Bartenbach/Volz
Arbeitnehmererfindungsgesetz
6. Auflage

Bartenbach/Volz

# Arbeitnehmer-erfindungsgesetz

Kommentar zum Gesetz über Arbeitnehmererfindungen

Von

**Professor Dr. iur. Kurt Bartenbach**
Rechtsanwalt, Köln

**Dr. iur. Franz-Eugen Volz**
Berlin

6., völlig neu bearbeitete und erweiterte Auflage
Bearbeitungsstand: 1. November 2018

Carl Heymanns Verlag 2019

Zitiervorschlag: Bartenbach/Volz, KommArbEG, § 12 Rdn. 1.

**Bibliografische Information der Deutschen Nationalbibliothek**

Die Deutsche Nationalbibliothek verzeichnet diese Publikation in der Deutschen Nationalbibliografie; detaillierte bibliografische Daten sind im Internet über http://dnb.d-nb.de abrufbar.

ISBN 978-3-452-29121-9

www.wolterskluwer.de

Alle Rechte vorbehalten
© 2019 Wolters Kluwer Deutschland GmbH, Luxemburger Straße 449, 50939 Köln.
Das Werk einschließlich aller seiner Teile ist urheberrechtlich geschützt. Jede Verwertung außerhalb der engen Grenzen des Urheberrechtsgesetzes ist ohne Zustimmung des Verlages unzulässig und strafbar. Das gilt insbesondere für Vervielfältigungen, Übersetzungen, Mikroverfilmungen und die Einspeicherung und Verarbeitung in elektronischen Systemen.
Verlag und Autorin übernehmen keine Haftung für inhaltliche oder drucktechnische Fehler.

Umschlagkonzeption: Martina Busch, Grafikdesign, Homburg Kirrberg
Satz: mediaTEXT Jena GmbH, Jena
Druck und Weiterverarbeitung: Williams Lea & Tag GmbH, München

Gedruckt auf säurefreiem, alterungsbeständigem und chlorfreiem Papier.

*Für Ulla Bartenbach*

## Vorwort zur 6. Auflage

Im ArbEG hat es seit nahezu zehn Jahren keine Gesetzesänderungen gegeben. Zwischenzeitlich konnten wichtige Erfahrungen mit der am 1. Oktober 2009 in Kraft getretenen ArbEG-Novelle 2009 gewonnen werden. Wie die Praxis zeigt und die Kommentierung belegt, ist hier eine wichtige Vereinfachung und Modernisierung des ArbEG gelungen. Wegen der übergangsrechtlich nachwirkenden Bedeutung des früheren Rechts für die vor Oktober 2009 gemeldeten Diensterfindungen wurde bei der Neuauflage die parallele Kommentierung wichtiger Alt-Vorschriften noch beibehalten.

Einzugehen ist aber auf diverse Rechtsänderungen in anderen Rechtsbereichen, die für die Praxis der Arbeitnehmererfindung von Relevanz sind, wie etwa im Arbeitsrecht oder zum geplanten Europäischen Einheitspatent. Daneben hat sich die Rechtsprechung weiterentwickelt. Das betrifft nicht nur den BGH, sondern auch die Instanzgerichte, deren Entscheidungen dank der technischen Möglichkeiten leichter zugänglich sind. Gleiches gilt für die Praxis der Schiedsstelle, die erfreulicherweise seit Ende 2015 auf der Homepage des DPMA ausgewählte Einigungsvorschläge einer breiteren Öffentlichkeit zugänglich macht. Die Neuauflage ist zugleich bestrebt, die neuen Entwicklungen im Schrifttum aufzuzeigen.

Das insgesamt zunehmende Interesse am Recht der Arbeitnehmererfindung verdeutlicht dessen Bedeutung für Deutschland als Wissens- und Wirtschaftsstandort. Unsere Wettbewerbsstärke beruht bekanntlich nicht zuletzt auf innovativen Ideen und deren zeitnaher Umsetzung. Verbunden mit einem allmählichen Ausgabenanstieg sind in Deutschland die Forschungs- und Entwicklungsaktivitäten sowie die Zahlen der Patentanmeldungen nach wie vor auf hohem Niveau. Das ArbEG einschließlich seiner Vergütungsregelungen ist auf technische Innovation und deren Markterfolg ausgerichtet. Unverändert gilt: Die Beachtung der Vorgaben des ArbEG und deren richtige Handhabung gehört zu den Investitionen in die Zukunft und dient dem technischen und wirtschaftlichen Fortschritt ebenso wie dem sozialen Ausgleich.

Unser Anliegen ist unverändert, den aktuellen Stand von Gesetzgebung, Rechtsprechung und Praxis der Schiedsstelle zu dokumentieren, Lösungen zu Rechtsfragen zu bieten sowie Diskussionsanstöße zu neuen Themen zu geben.

Auch bei dieser Auflage gilt unser besonderer Dank dem amtierenden Vorsitzenden der Schiedsstelle, Herrn Ltd. Regierungsdirektor Dirk Rabe, sowie dessen Vorgängern im Amt, den Herren Richter am BPatG Dr. Ulrich Himmelmann und Vors. Richter am BPatG a.D. Dipl.-Ing. Ortwin Hellebrand für ihre wichtigen Anregungen und Hinweise. Zugleich möchten wir uns für die

## Vorwort zur 6. Auflage

vielen weiterführenden Hinweise aus der Betriebspraxis bedanken. Zur Kommentierung beigetragen haben unverändert die intensiven Diskussionen in den von Kurt Bartenbach und Herrn Rechtsanwalt Jens Kunzmann, Köln, geführten Patentrechtlichen Arbeitskreisen, in deren Teilnehmerkreis sich das Wissen und die Erfahrung vieler Industriebereiche konzentriert.

Köln/Berlin, im Oktober 2018

*Kurt Bartenbach* *Franz-Eugen Volz*

## Vorwort zur 1. Auflage

Seiner Zielsetzung nach wendet sich dieser Kommentar nicht nur an Juristen, sondern auch und gerade an die betriebliche Praxis.

Das im Jahre 1957 einstimmig verabschiedete Gesetz über Arbeitnehmererfindungen (ArbEG) hat sich in der Praxis – nicht zuletzt dank des ausgewogenen Tätigwerdens der Schiedsstelle – bewährt. Die hier vorgelegte Kommentierung konnte auf dem von Rechtsprechung, Lehre und betrieblicher Praxis geschaffenen hohen Erfahrungs- und Entwicklungsstand aufbauen. Sie ist um eine praxisbezogene Erläuterung der vielfältigen Rechtsprobleme bemüht.

Gerade wegen der engen Verknüpfung des Rechts der Arbeitnehmererfindung mit dem Arbeitsrecht einerseits und dem Patent- und Gebrauchsmusterrecht andererseits war es ein besonderes Anliegen, trotz der Eigenständigkeit des ArbEG seine Einbindung in die allgemeine Rechtssystematik und Rechtsordnung angemessen zu berücksichtigen. Aus diesem Grunde wurden insbesondere zahlreiche arbeitsrechtliche Aspekte ausführlicher behandelt, etwa bei der Kennzeichnung der Arbeitnehmer- bzw. Arbeitgebereigenschaft, der das ArbEG ergänzenden wechselseitigen arbeitsrechtlichen Pflichten der Arbeitsvertragsparteien sowie des Mitwirkungsrechts des Betriebsrates bzw. Personalrates.

Die Rechtsprechung ist aufgrund des 23-jährigen Bestehens des ArbEG nicht allzu umfangreich. Deshalb bedurfte es bei einer Vielzahl der sich gerade für die Praxis ergebenden Rechtsprobleme neben der eigenen Wertung der Bezugnahme auf das einschlägige Schrifttum und die Entscheidungspraxis der Schiedsstelle. Besondere Aufmerksamkeit ist namentlich der sich aus den Meinungsverschiedenheiten über die Schutzfähigkeit einer Diensterfindung ergebenden Problematik gewidmet. Die Bestimmungen über die Vergütung, die – in Abweichung von der gemeinsamen Bearbeitung – von Herrn Bartenbach allein kommentiert wurden, bilden einen ihrer zentralen Bedeutung entsprechenden Schwerpunkt; die Erläuterung der Vergütungsrichtlinien ist einer gesonderten Veröffentlichung vorbehalten. Herrn Volz oblag im Übrigen die alleinige Kommentierung der den öffentlichen Dienst betreffenden Vorschriften (§§ 40-42).

Sind die Vergütungsrichtlinien im Rahmen des § 11 abgedruckt, beschränkt sich der Anhang auf die Wiedergabe der zum ArbEG ergangenen Verordnungen einschließlich der für den öffentlichen Dienst bedeutsamen Allgemeinen Anordnungen sowie der steuerrechtlichen Bestimmungen für Erfindungen und technische Verbesserungsvorschläge.

### Vorwort zur 1. Auflage

Ein chronologisches Register der BGH-Entscheidungen ist beigefügt. Im Hinblick auf eine praktikable Handhabung des Kommentars wurde auf ein ausführliches Sachregister Wert gelegt. Auf die nachfolgenden Benutzungshinweise wird aufmerksam gemacht.

Ein besonderer Dank gilt Herrn Prof. Dr. Dieter Gaul für seine im nun schon langjährigen Zusammenwirken mit Herrn Bartenbach vermittelten zahlreichen Anregungen und Ratschläge und die aus vielfachen Diskussionen gewonnenen Erkenntnisse. Verbunden mit dem Wunsch, dass auch die weitere Zusammenarbeit diesem Buch zukünftig zugute kommt, ist ihm diese Arbeit gewidmet.

Weiterer Dank gebührt Herrn Ltd. Regierungsdirektor Gernot Kaube, dem Leiter der Schiedsstelle für Arbeitnehmererfindungen beim Deutschen Patentamt, für vielfache Anregungen und weiterführende Hinweise. Aus der betrieblichen Praxis konnten Erfahrungen und Vorschläge nutzbar gemacht werden, für die wir uns an dieser Stelle bedanken. Anerkennung und Dank gebühren nicht zuletzt dem im privaten Bereich während des langen Bearbeitungszeitraums gezeigten Verständnis und der Geduld, ohne die diese Kommentierung nicht hätte erstellt werden können.

Für Anregungen jeder Art sind die Bearbeiter dankbar.

*Kurt Bartenbach*                 *Franz-Eugen Volz*

Köln, den 1. 5. 1980

# Benutzungshinweise

1. **Paragraphen** des »Gesetzes über Arbeitnehmererfindungen« werden grundsätzlich ohne Zusatz »ArbEG« zitiert. Paragraphen der übrigen Gesetze sind mit den üblichen Abkürzungen des Gesetzes bezeichnet, z.B. § 119 BGB, § 1 PatG. Die einzelnen Nummern der **Amtlichen Vergütungsrichtlinien** (»Richtlinien für die Vergütung von Arbeitnehmererfindungen im privaten Dienst«) sind mit der jeweiligen Ziffer zitiert, z. B. RL Nr. 10.

2. **Gerichtsentscheidungen** werden mit dem Entscheidungsdatum – und soweit üblich – mit Stichwort zitiert; bei BGH-Entscheidungen wird zudem deren Aktenzeichen genannt. Nach der Fundstelle wird die Zahl der Seite aufgeführt, auf der der Abdruck beginnt; die nachfolgende Zahl bedeutet die Seite, auf die besonders hingewiesen werden soll, ggf. mit Angabe der Spalte (z.B. BGH v. 19.05.2005 – X ZR 152/01, GRUR 2005, 761, 762 r. Sp. – Rasenbefestigungsplatte). Bei neueren (höchstrichterlichen) Entscheidungen wird neben der Seite, auf der der Abdruck beginnt, die Randnummer der einschlägigen Textstelle aufgeführt, z. B. BGH v. 14.02.2017 – X ZR 64/15, GRUR 2017, 504 (Rn. 13) – Lichtschutzfolie.

Der Zusatz »allg.« (allgemein) verdeutlicht, dass die betreffende Entscheidung zwar keine Stellungnahme zu Rechtsproblemen des ArbEG enthält, jedoch dafür nutzbare allgemeine Rechtsgedanken.

3. Die **Einigungsvorschläge** (EV) der Schiedsstelle für Arbeitnehmererfindungen beim Deutschen Patent- und Markenamt werden grundsätzlich nur mit Datum und grundsätzlich ohne einen Zusatz (»EV«) zitiert, und zwar mit der Fundstelle, soweit der Einigungsvorschlag in Zeitschriften veröffentlicht ist, z. B. »Schiedsst. v. 26.01.2015 Mitt. 2016, 140, 142«. Nur soweit vorhanden, wird das (amtliche) Stichwort des Einigungsvorschlages mit zitiert, z. B. »Gießereimaschinen«. Handelt es sich um Zwischenbescheide (ZB) bzw. Beschlüsse (Beschl.) der Schiedsstelle, wird hierauf mit der jeweiligen Abkürzung vor dem Datum hingewiesen. Unveröffentlichte Einigungsvorschläge bzw. Zwischenbescheide der Schiedsstelle sind mit dem amtlichen Aktenzeichen und dem Hinweis auf die fehlende Veröffentlichung zitiert, z. B. »Schiedsst. v. 26.02.2008 Arb.Erf. 88/03 (unveröffentl.)«. Der Hinweis »(Datenbank)« verweist auf die neutralisierte Fassung in der von O. Hellebrand und W. Schmidt als CD-ROM herausgegebenen »Aktuelle Schiedsstellenpraxis – Datenbank« (siehe unter www.arbnerfg.de). Mit »(www.dpma.de)« sind die Einigungsvorschläge gekennzeichnet, die die Schiedsstelle seit Ende 2015 auf der Internetseite des DPMA einstellt (vgl. den amtl. Hinweis in BlPMZ 2015, 333 u. hier vor § 28 Rdn. 5); dabei handelt es sich um eine

## Benutzungshinweis

Auswahl, bei denen die Einigungsvorschläge aus der Zeit ab September 2012 in Volltext – ggf. auszugsweise – und aus der Zeit zuvor im Regelfall nur in Leitsätzen (»LS.«) enthalten sind. Damit ist es möglich, dass die Fundstelle, auf die sich ein Zitat bezieht, im Internet-Auszug nicht enthalten ist.

4. Wird auf im **Internet zugängliche Quellen** verwiesen, sind diese durch »www.« gekennzeichnet, und zwar – soweit nicht anders angegeben – mit dem in der Titelei angegebenen Bearbeitungsstand: z. B. »www.justiz.nrw.de/nrwe« für die Rechtsprechungsdatenbank des Justizministeriums des Landes Nordrhein-Westfalen.

5. **Kommentare** zum ArbEG werden – im Gegensatz zu den Kommentaren sonstiger Gesetze – ohne einen Zusatz (»ArbEG«) zitiert. Überschriften der weiterführenden **Aufsätze**, die mit dem jeweils behandelten Thema in Zusammenhang stehen, werden nicht angegeben; sie sind vor der Kommentierung der einzelnen Paragraphen aufgeführt.

6. **KommRL** ist der Hinweis auf die 2017 im Carl Heymanns Verlag erschienene 4. Auflage der Kommentierung der Verfasser mit dem Titel »Arbeitnehmererfindervergütung«, **Kommentar zu den Amtlichen Richtlinien für die Vergütung von Arbeitnehmererfindungen im privaten Dienst (RL)**. Das Zitat »Komm RL Rn. 5 zu RL Nr. 11« bedeutet dementsprechend, dass auf die Kommentierung bei Randnummer 5 zur Vergütungsrichtlinie Nr. 11 in unserem gesonderten Vergütungskommentar verwiesen wird.

7. Im **Literaturverzeichnis** sind nur eigenständige Publikationen – getrennt nach Gewerblichem Rechtsschutz einerseits und sonstigen Rechtsgebieten andererseits – aufgeführt. Die eine spezielle Vorschrift betreffenden Aufsätze sind mit Titel vor der Kommentierung des jeweiligen Paragraphen aufgeführt. Aufsätze, die zum ArbEG allgemein bzw. zu einer Vielzahl von arbeitnehmerfinderrechtlichen Problemen Stellung nehmen, finden sich am Beginn der Einleitung vor § 1.

8. **Fußnoten** (Fn.) werden innerhalb der Kommentierung eines Paragraphen durchnummeriert.

9. Das **Sachregister** enthält die wichtigsten Stichworte, ggf. untergliedert, um so die konkrete Fundstelle schnell ermitteln zu können. Die Stichworte verweisen zunächst auf den jeweiligen Paragraphen; die nachfolgende Ziffer bezeichnet die Randziffer der Kommentierung innerhalb der Vorschrift.

10. **Zitiervorschlag:** (z.B.) Bartenbach/Volz, KommArbEG, § 12 Rn. 1.

# Inhaltsübersicht

Vorwort zur 6. Auflage ..................................... VII
Vorwort zur 1. Auflage ..................................... IX
Benutzungshinweis ........................................ XI
Abkürzungsverzeichnis .................................... XVII
Literaturverzeichnis ...................................... XXIX

**Gesetz über Arbeitnehmererfindungen (Text)** .................... 1
Einleitung ............................................... 31

1. Abschnitt  Anwendungsbereich und Begriffsbestimmungen ........... 59

§ 1  Anwendungsbereich ................................... 59
§ 2  Erfindungen ........................................ 213
Einleitung vor § 3 ........................................ 248
§ 3  Technische Verbesserungsvorschläge ..................... 255
§ 4  Diensterfindungen und freie Erfindungen ................. 279

2. Abschnitt  Erfindungen und technische Verbesserungsvorschläge von Arbeitnehmern im privaten Dienst ................... 322

1.  Diensterfindungen .................................... 322

§ 5       Meldepflicht ................................... 322
§ 6 n.F.   Inanspruchnahme (Fassung 2009) ................... 447
§ 6 a.F.   Inanspruchnahme (Fassung 1957) ................... 492
§ 7 n.F.   Wirkung der Inanspruchnahme (Fassung 2009) ......... 536
§ 7 a.F.   Wirkung der Inanspruchnahme (Fassung 1957) ......... 566
§ 8 n.F.   Frei gewordene Diensterfindungen (Fassung 2009) ..... 582
§ 8 a.F.   Frei gewordene Diensterfindungen (Fassung 1957) ..... 622
Einleitung vor §§ 9–12 .................................... 639
§ 9        Vergütung bei Inanspruchnahme ..................... 653
§ 10 n.F.  Vergütung bei beschränkter Inanspruchnahme (Fassung 2009) ... 959
§ 10 a.F.  Vergütung bei beschränkter Inanspruchnahme (Fassung 1957) ... 959
§ 11       Vergütungsrichtlinien ............................. 979
§ 12       Feststellung oder Festsetzung der Vergütung .......... 1000
§ 13       Schutzrechtsanmeldung im Inland .................... 1232
§ 14       Schutzrechtsanmeldung im Ausland ................... 1292
§ 15       Gegenseitige Rechte und Pflichten beim Erwerb von Schutzrechten ... 1339
§ 16       Aufgabe der Schutzrechtsanmeldung oder des Schutzrechts ..... 1355
§ 17       Betriebsgeheimnisse ............................... 1436

# Inhaltsübersicht

| | | |
|---|---|---|
| 2. | Freie Erfindungen | 1470 |
| § 18 | Mitteilungspflicht | 1470 |
| § 19 | Anbietungspflicht | 1490 |
| 3. | Technische Verbesserungsvorschläge | 1523 |
| § 20 | Technische Verbesserungsvorschläge | 1523 |
| Anhang zu § 20 | Die sonstigen Rechte des Betriebsrates (Personalrates) im Rahmen des Arbeitnehmererfindungsrechts – Rechte des Sprecherausschusses | 1599 |
| 4. | Gemeinsame Bestimmungen | 1614 |
| § 21 | Erfinderberater | 1614 |
| § 22 | Unabdingbarkeit | 1617 |
| § 23 | Unbilligkeit | 1636 |
| § 24 | Geheimhaltungspflicht | 1670 |
| § 25 | Verpflichtungen aus dem Arbeitsverhältnis | 1696 |
| § 26 | Auflösung des Arbeitsverhältnisses | 1737 |
| § 27 n.F. | Insolvenzverfahren (Fassung 2009) | 1765 |
| § 27 a.F. | Insolvenzverfahren (Fassung 1999) | 1825 |
| Anhang zu § 27 | Vergleichsverfahren und Zwangsvollstreckung | 1853 |
| 5. | Schiedsverfahren | 1856 |
| Einleitung vor § 28 | | 1856 |
| § 28 | Gütliche Einigung | 1861 |
| § 29 | Errichtung der Schiedsstelle | 1888 |
| § 30 | Besetzung der Schiedsstelle | 1890 |
| § 31 | Anrufung der Schiedsstelle | 1898 |
| § 32 | Antrag auf Erweiterung der Schiedsstelle | 1909 |
| § 33 | Verfahren vor der Schiedsstelle | 1911 |
| § 34 | Einigungsvorschlag der Schiedsstelle | 1935 |
| § 35 | Erfolglose Beendigung des Schiedsverfahrens | 1959 |
| § 36 | Kosten des Schiedsverfahrens | 1967 |
| 6. | Gerichtliches Verfahren | 1970 |
| § 37 | Voraussetzungen für die Erhebung der Klage | 1970 |
| § 38 | Klage auf angemessene Vergütung | 1983 |
| § 39 | Zuständigkeit | 1991 |
| 3. Abschnitt | Erfindungen und technische Verbesserungsvorschläge von Arbeitnehmern im öffentlichen Dienst, von Beamten und Soldaten | 2023 |
| Einleitung vor §§ 40–42 | | 2023 |
| § 40 | Arbeitnehmer im öffentlichen Dienst | 2028 |
| § 41 | Beamte, Soldaten | 2055 |

## Inhaltsübersicht

| | | |
|---|---|---|
| § 42 n.F. | Besondere Bestimmungen für Erfindungen an Hochschulen (Fassung 2002) | 2064 |
| § 42 a.F. | Besondere Bestimmungen für Erfindungen von Hochschullehrern und Hochschulassistenten (Fassung 1957) | 2226 |

4. Abschnitt  Übergangs- und Schlussbestimmungen .................. 2228

| | | |
|---|---|---|
| § 43 | Übergangsvorschrift | 2228 |
| § 44 | Anhängige Verfahren | 2237 |
| § 45 | Durchführungsbestimmungen | 2237 |
| § 46 | Außerkrafttreten von Vorschriften | 2238 |
| § 47 | Besondere Bestimmungen für Berlin | 2238 |
| § 48 | Saarland | 2239 |
| § 49 | In-Kraft-Treten | 2239 |

| | | |
|---|---|---|
| Anhang 1 | Richtlinien für die Vergütung von Arbeitnehmererfindungen im privaten Dienst vom 20.7.1959 | 2241 |
| Anhang 2 | Richtlinien für die Vergütung von Arbeitnehmererfindungen im öffentlichen Dienst | 2265 |
| Anhang 3 | Zweite Verordnung zur Durchführung des Gesetzes über Arbeitnehmererfindungen | 2267 |

BGH-Entscheidungsregister (chronologisch) ...................... 2273

BGH-Entscheidungsregister nach Stichworten .................... 2285

Stichwortverzeichnis .......................................... 2301

XV

# Abkürzungsverzeichnis

| | |
|---|---|
| a.A. | anderer Ansicht |
| a.a.O. | am angegebenen Ort |
| ABEI | Allgemeine Bedingungen für Entwicklungsverträge mit Industriefirmen (des BMVg) |
| ABFI | Allgemeine Bedingungen für Forschungsverträge mit Industriefirmen (des BMVg) |
| abl. | ablehnend |
| ABl.EG | Amtsblatt der Europäischen Gemeinschaften (Nr., Seite und Datum) |
| ABl.EPA | Amtsblatt des Europäischen Patentamtes (Jahr und Seite) |
| ABl. EU | Amtsblatt der Europäischen Union (Nr., Seite und Datum) |
| Abs. | Absatz |
| abw. | abweichend |
| AEUV | Vertrag über die Arbeitsweise der Europäischen Union |
| a.E. | am Ende |
| a.F. | alte Fassung |
| AFP | Archiv für Presserecht (Jahr und Seite) |
| AG | Aktiengesellschaft, Amtsgericht |
| AGB | Allgemeine Geschäftsbedingungen |
| AGG | Allgemeines Gleichbehandlungsgesetz |
| AiB | Arbeitsrecht im Betrieb (Jahr und Seite) |
| AktG | Aktiengesetz |
| allg. | allgemein |
| allg. A. | allgemeine Ansicht |
| Alt. | Alternative |
| ATG | Altersteilzeitgesetz |
| a. M. | anderer Meinung |
| AMBl. (Bay. ArbMin.) | Amtsblatt des bayerischen Arbeitsministeriums |
| Amtl. Begr. | Amtliche Begründung |
| Anh. | Anhang |
| Anl. | Anlage |
| Anm. | Anmerkung |
| AnwKomm-BGB | Anwaltkommentar Schuldrecht |
| AP | Nachschlagewerk des Bundesarbeitsgerichts (Gesetzes-stelle und Entscheidungs-Nr.); bis 1954 als Zeitschrift: Arbeitsrechtliche Praxis (Jahr und Nr.) |
| AR-Blattei | Arbeitsrechts-Blattei |
| ArbEG | Gesetz über Arbeitnehmererfindungen vom 25.7.1957 |
| ArbG | Arbeitgeber, Arbeitsgericht |
| ArbGG | Arbeitsgerichtsgesetz |
| ArbN | Arbeitnehmer |
| ArbNErf. | Arbeitnehmererfindung |
| ArbPlSchG | Arbeitsplatzschutzgesetz |
| ArbR | Arbeitsrecht |
| ArbRB | Der Arbeitsrechtsberater (Jahr und Seite) |

## Abkürzungsverzeichnis

| | |
|---|---|
| ArbRHdb. | Arbeitsrechtshandbuch |
| ArbuR | Arbeit und Recht (Band und Seite) |
| ArbZG | Arbeitszeitgesetz |
| ARS | Arbeitsrechtssammlung (Band und Seite) |
| ARSt. | Arbeitsrecht in Stichworten (Band und Entscheidungsnr) |
| ArbZG | Arbeitszeitgesetz |
| Art. | Artikel |
| AT | Allgemeiner Teil |
| AuA | Arbeit und Arbeitsrecht (Jahr und Seite) |
| AÜG | Gesetz zur Regelung der Arbeitnehmerüberlassung – Arbeitnehmerüberlassungsgesetz |
| AufenthaltG | Gesetz über den Aufenthalt, die Erwerbstätigkeit und die Integration von Ausländern im Bundesgebiet (Aufenthaltsgesetz) |
| Aufl. | Auflage |
| ausf. | ausführlich |
| AWD | Außenwirtschaftsdienst des BB (Jahr und Seite) |
| AWG | Außenwirtschaftsgesetz |
| Az. | Aktenzeichen |
| BAAINBw | Bundesamt für Ausrüstung, Informationstechnik Nutzung der Bundeswehr |
| BAG | Bundesarbeitsgericht |
| BAGE | Entscheidungen des Bundesarbeitsgerichts (Band und Seite) |
| BAnz. | Bundesanzeiger (Jahr und Seite) |
| BArbBl. | Bundesarbeitsblatt (Jahr und Seite) |
| BauR | Baurecht (Jahr und Seite) |
| BayVBl. | Bayerische Verwaltungsblätter (Jahr und Seite) |
| BB | Der Betriebsberater (Jahr und Seite) |
| BBG | Bundesbeamtengesetz |
| BBiG | Berufsbildungsgesetz |
| Bd. | Band |
| BeamtStG | Beamtenstatusgesetz |
| bearb., Bearb. | bearbeitet, Bearbeiter |
| BeckRS | Beck-Rechtsprechung, Rechtsprechungssammlung in beck-online, hrsg. v. Verlag C.H.Beck (Jahr u. lfd. Nr.) |
| Begr. | (Amtliche) Begründung |
| Beil. | Beilage |
| BeschFG | Gesetz über arbeitsrechtl. Vorschriften zur Beschäftigungsförderung (Beschäftigungsförderungsgesetz) |
| Beschl. | Beschluss |
| Bespr. | Besprechung |
| bestr. | bestritten |
| betr. | betrifft, betreffend |
| Betr. | Betrieb |
| BetrAVG | Gesetz zur Verbesserung der betrieblichen Altersversorgung |
| BetrVG | Betriebsverfassungsgesetz |

## Abkürzungsverzeichnis

| | |
|---|---|
| BFH | Bundesfinanzhof |
| BFHE | Sammlung der Entscheidungen und Gutachten des Bundesfinanzhofs (Band und Seite) |
| BGB | Bürgerliches Gesetzbuch |
| BGBl. | Bundesgesetzblatt (Jahr, Teil und Seite) |
| BGH | Bundesgerichtshof |
| BGHZ | Entscheidungen des Bundesgerichtshofs in Zivilsachen (Band und Seite) |
| BKartA | Bundeskartellamt |
| BlfStSozArbR | Blatt für Steuer-, Sozialversicherungs- und Arbeitsrecht (Jahr und Seite) |
| BlPMZ | Blatt für Patent-, Muster- und Zeichenwesen (Jahr und Seite) |
| BMAS | Bundesministerium für Arbeit und Sozialordnung |
| BMBF | Bundesministerium für Bildung und Forschung |
| BMF | Bundesministerium der Finanzen |
| BMI | Bundesministerium des Innern, für Bau und Heimat |
| BMJV | Bundesministerium der Justiz und für Verbraucherschutz |
| BMJV | Bundesministerium der Justiz und für Verbraucherschutz |
| BMWi | Bundesministerium für Wirtschaft und Energie |
| BPatG | Bundespatentgericht |
| BPatGE | Entscheidungen des Bundespatentgerichts (Band und Seite) |
| BPersVG | Bundespersonalvertretungsgesetz |
| BR | Deutscher Bundesrat |
| BR-Drucks. | Drucksache des Deutschen Bundesrates |
| BS | Beschwerdesenat |
| BSG | Bundessozialgericht |
| BStBl. | Bundessteuerblatt (Jahr, Teil und Seite) |
| BT | Deutscher Bundestag |
| BT-Drucks. | Drucksache des Deutschen Bundestages (Wahlperiode/lfd. Nr. und Seite) |
| BUrlG | Mindesturlaubsgesetz für Arbeitnehmer (Bundesur-laubsgesetz) |
| BVerfG | Bundesverfassungsgericht |
| BVerfGE | Entscheidungen des Bundesverfassungsgerichts (Band und Seite) |
| BVerwG | Bundesverwaltungsgericht |
| BVerwGE | Entscheidungen des Bundesverwaltungsgerichts (Band und Seite) |
| BVwVfG | Verwaltungsverfahrensgesetz (des Bundes) |
| BWB | Bundesamt für Wehrtechnik und Beschaffung (früher, jetzt BAAINBw) |
| BWMBl. | Ministerialblatt des Bundesministers für Wirtschaft (Jahr und Seite) |
| Chemie-Ing.-Techn. | Chemie-Ingenieur-Technik (Jahr und Seite) |

**Abkürzungsverzeichnis**

| | |
|---|---|
| CR | Computer und Recht (Jahr und Seite) |
| Datenbank | O. Hellebrand/W. Schmidt (HrsG.); Aktuelle Schiedsstellenpraxis, Rechtsprechungsdatenbank ARBEG |
| DB | Der Betrieb (Jahr und Seite) |
| DB. | Durchführungsbestimmung |
| ders. | derselbe |
| DesignG | Gesetz über den rechtlichen Schutz von Design – Designgesetz |
| dies. | dieselben |
| diff. | differenzierend |
| Diss. | Dissertation |
| DÖD | Der öffentliche Dienst (Jahr und Seite) |
| DÖV | Die öffentliche Verwaltung (Jahr und Seite) |
| DPAVO | Verordnung über das Deutsche Patentamt |
| DPMA | Deutsches Patent- und Markenamt |
| DPMAVO | Verordnung über das Deutsche Patent- und Markenamt |
| Drucks. | Drucksache |
| DStR | Deutsches Steuerrecht (Jahr und Seite) |
| DStZ | Deutsche Steuer-Zeitung (Jahr und Seite) |
| Düsseldf. Entsch. | Düsseldorfer Entscheidungen, veröffentl. v. CIP – Zentrum für gewerblichen Rechtsschutz Heinrich-Heine-Universität Düsseldorf (abrufbar unter www.hhu.de/duesseldorfer-archiv) |
| DVBl. | Deutsches Verwaltungsblatt (Jahr und Seite) |
| DVO | Durchführungsverordnung |
| DVO 1943 | Durchführungsverordnung zur Verordnung über die Behandlung von Erfindungen von Gefolgschaftsmitgliedern vom 20.3.1943 |
| eee-Recht | Elektronik-Technologie, Elektronik-Anwendung, Elektronik-Marketing (Jahr und Seite) |
| EFG | Entscheidungen der Finanzgerichte (Jahr und Seite) |
| EG | Europäische Gemeinschaften |
| EG-Komm. | Kommission der Europäischen Gemeinschaften |
| EGBGB | Einführungsgesetz zum Bürgerlichen Gesetzbuch |
| EGInsO | Einführungsgesetz zur Insolvenzordnung |
| EGovG | Gesetz zur Förderung der elektronischen Verwaltung (E-Government-Gesetz) |
| EGR | Entscheidungssammlung Arbeitnehmererfindungrecht, hrsg. von Gaul/Bartenbach (Gesetzesstelle und Entscheidungsnr.) |
| EGV | Vertrag z. Gründung d. Europ. Gemeinschaft |
| Einl. | Einleitung |
| Entscheidungen 4. ZK | Landgericht Düsseldorf, Entscheidungen der 4. Zivilkammer (Jahr und Seite) |
| Entw. | Entwurf |
| EPA | Europäisches Patentamt |

## Abkürzungsverzeichnis

| | |
|---|---|
| EPGÜ | Übereinkommen über ein Einheitliches Patentgericht vom 11.01.2013 |
| EPÜ | Übereinkommen vom 5.10.1973 über die Erteilung europäischer Patente |
| EPÜAO | Ausführungsordnung zum EPÜ |
| EPVO | Einheitspatentverordnung = VO (EU) Nr. 1257/2012 vom 17.12.2012 des Europäischen Parlaments und des Rates über die Umsetzung der Verstärkten Zusammenarbeit im Bereich der Schaffung eines einheitlichen Patentschutzes |
| Erf. | Erfindung |
| ErfK | Erfurter Kommentar zum Arbeitsrecht |
| ErstrG | Gesetz über die Erstreckung von gewerblichen Schutzrechten vom 23.4.1992 |
| EStG | Einkommensteuergesetz |
| EU | Europäische Union |
| EuGH | Europäischer Gerichtshof |
| EV | Einigungsvorschlag der Schiedsstelle |
| EWG | Europäische Wirtschaftsgemeinschaft |
| EWGV | Vertrag z. Gründung der Europäischen Wirtschaftsgemeinschaft |
| EzA | Entscheidungssammlung zum Arbeitsrecht (Gesetzesstelle und Entscheidungsnr.) |
| f., ff. | folgende, fortfolgende |
| Festschr. | Festschrift |
| Fn. | Fußnote |
| FS. | Festschrift |
| GBl. | Gesetzblatt der Deutschen Demokratischen Republik (Jahr, Teil und Seite) |
| GebrMG | Gebrauchsmustergesetz |
| GebrMV | Gebrauchsmusterverordnung |
| GSortV | VO EG Nr. 2100/94 über den gemeinschaftlichen Sortenschutz vom 27.7.1994 |
| GenG | Gesetz betreffend die Erwerbs- und Wirtschaftsgenossenschaften |
| GeschGehG-E | (Regierungs-)Entwurf eines Gesetzes zum Schutz von Geschäftsgeheimnissen (Stand: 18.07.2018) |
| GeschmMG a.F. | Gesetz über das Urheberrecht an Mustern und Modellen alte Fassung (siehe jetzt: DesignG) |
| GewO | Gewerbeordnung |
| GG | Grundgesetz für die Bundesrepublik Deutschland vom 23.5.1949 |
| gg. | gegen |
| ggf. | gegebenenfalls |
| GGV | Gemeinschaftsgeschmacksmusterverordnung vom 12.12.2001 |
| GK-BetrVG | Gemeinschaftskommentar Betriebsverfassungsgesetz |

# Abkürzungsverzeichnis

| | |
|---|---|
| GKG | Gerichtskostengesetz |
| GmbH | Gesellschaft mit beschränkter Haftung |
| GmbHG | Gesetz betreffend die Gesellschaften mit beschränkter Haftung |
| GPatG | Gesetz über das Gemeinschaftspatent und zur Änderung patentrechtlicher Vorschriften (Gemeinschaftspatentgesetz) |
| GPÜ | Übereinkommen vom 15.12.1975 über das europäische Patent für den Gemeinsamen Markt |
| GRUR | Zeitschrift für Gewerblichen Rechtsschutz und Urheberrecht (Jahr und Seite) |
| GRUR Int. | Gewerblicher Rechtsschutz und Urheberrecht, internationaler Teil (Jahr und Seite) |
| GRUR-Prax. | Gewerblicher Rechtsschutz und Urheberrecht, Praxis im Immaterialgüter- und Wirtschaftsrecht (Jahr und Seite) |
| GRUR-RR | Gewerblicher Rechtsschutz und Urheberrecht, Rechtsprechungsreport (Jahr und Seite) |
| GVBl. | Gesetz- und Verordnungsblatt (Jahr und Seite) |
| GVG | Gerichtsverfassungsgesetz |
| GVO | Gruppenfreistellungsverordnung |
| GWB | Gesetz gegen Wettbewerbsbeschränkungen |
| Hdb. | Handbuch |
| HGB | Handelsgesetzbuch |
| HK-ArbR | Handkommentar Arbeitsrecht |
| h.L. | herrschende Lehre |
| HlSchG | Halbleiterschutzgesetz |
| h.M. | herrschende Meinung |
| HRG | Hochschulrahmengesetz |
| hrsg., Hrsg. | herausgegeben, Herausgeber |
| HzA | Handbuch zum Arbeitsrecht, hrsg. v. W. Leinemann |
| i.d.F. | in der Fassung |
| i.d.R. | in der Regel |
| i.d.S. | in dem (diesem) Sinne |
| i.e.S. | im engeren Sinne |
| i.H.a. | im Hinblick auf |
| I&M | Innovation & Management (Heft/Jahr und Seite) |
| insb. | insbesondere |
| InsO | Insolvenzordnung |
| Inst. | Institut |
| InstGE | Entscheidungen der Instanzgerichte z. Recht des geistigen Eigentums (Band und Seite) |
| int. | international |
| IntPatÜG | Gesetz über internationale Patentübereinkommen |
| IP | Industrial Property (Jahr und Seite) |
| IPR | Internationales Privatrecht |
| IPRB | Der IP-Rechts-Berater (Jahr und Seite) |
| IPRG | Gesetz zur Neuregelung des Internationalen Privatrechts |

## Abkürzungsverzeichnis

| | |
|---|---|
| ITRB | Der IT-Rechts-Berater (Jahr und Seite) |
| i.V.m. | in Verbindung mit |
| i.w.S. | im weiteren Sinne |
| | |
| JA | Juristische Arbeitsblätter (Jahr und Seite) |
| JR | Juristische Rundschau (Jahr und Seite) |
| JurBüro | Das juristische Büro (Jahr und Seite) |
| juris | juris – Das Rechtsportal (www.juris.de) |
| JVEG | Justizvergütungs- und Entschädigungsgesetz |
| JW | Juristische Wochenschrift (Jahr und Seite) |
| JZ | Juristen-Zeitung (Jahr und Seite) |
| | |
| KG | Kammergericht, Kommanditgesellschaft |
| KGaA | Kommanditgesellschaft auf Aktien |
| KMK-HSchR/NF | Veröffentlichungen der Kultusministerkonferenz – Informationen zum Hochschulrecht/Neue Folge |
| KO | Konkursordnung |
| Komm. | Kommentar, Kommission |
| KommRL | Bartenbach/Volz, Die Arbeitnehmererfindervergütung, Komm. zu den Amtl. Richtlinien für die Vergütung von Arbeitnehmererfindungen, 4. Aufl. 2017 |
| krit. | kritisch |
| KSchG | Kündigungsschutzgesetz |
| KTS | Zeitschrift für Konkurs-, Treuhand- und Schiedsgerichtswesen (Jahr und Seite) |
| | |
| l. | links, linke |
| LAG | Landesarbeitsgericht |
| LBG | Landesbeamtengesetz |
| Lehrb. | Lehrbuch |
| LG | Landgericht |
| Lit. | Literatur |
| LM | Nachschlagewerk des BGH in Zivilsachen, hrsg. von Lindenmaier-Möhring (Gesetzesstelle und Entscheidungs-Nr.) |
| LMK | Kommentierte BGH-Rechtsprechung Lindenmaier-Möhring |
| LS. | Leitsatz |
| LSP | Leitsätze für die Preisermittlung |
| LStr. | Lohnsteuerrichtlinien |
| ltd. | leitend |
| | |
| m. | mit |
| MarkenG | Gesetz über den Schutz von Marken und sonstigen Kennzeichen |
| MDR | Monatsschrift für Dt. Recht (Jahr und Seite) |
| MiB | Mitteilungen des Bundesamtes für Wehrtechnik und Beschaffung |
| MinBl. | Ministerialblatt |

XXIII

## Abkürzungsverzeichnis

| | |
|---|---|
| MitBestG | Gesetz über die Mitbestimmung der Arbeitnehmer |
| Mitt. | Mitteilungen der Deutschen Patentanwälte (Jahr und Seite) |
| MünchArbR | Münchener Handbuch zum Arbeitsrecht |
| MünchKomm. | Münchener Kommentar zum Bürgerlichen Gesetzbuch |
| MuW | Markenschutz und Wettbewerb (Jahr und Seite) |
| m.H.a. | mit Hinweis auf |
| m.w.N./m.w.Nachw. | mit weiteren Nachweisen |
| NachwG | Gesetz über den Nachweis der für ein Arbeitsverhältnis geltenden wesentlichen Bedingungen – Nachweisgesetz |
| neuerer | »der neuerer« (Jahr, Heft und Seite) |
| n.F. | neue Fassung |
| NJ | Neue Justiz (Jahr und Seite) |
| NJOZ | Neue Juristische Online-Zeitschrift (Jahr und Seite) |
| NJW | Neue Juristische Wochenschrift (Jahr und Seite) |
| NW | Nordrhein-Westfalen |
| NZA | Neue Zeitschrift für Arbeitsrecht (Jahr und Seite) |
| NZA-RR | NZA Rechtsprechungsreport Arbeitsrecht (Jahr und Seite) |
| NZG | Neue Zeitschrift für Gesellschaftsrecht (Jahr und Seite) |
| NZI | Neue Zeitschrift für das Recht der Insolvenz und Sanierung (Jahr und Seite) |
| NZSt | Neue Zeitschrift für Strafrecht (Jahr und Seite) |
| OdW | Ordnung der Wissenschaft (Jahr, Heft und Seite) |
| OGH | Oberster Gerichtshof |
| OHG | offene Handelsgesellschaft |
| OLG | Oberlandesgericht |
| OLGZ | Entscheidungen der Oberlandesgerichte in Zivilsachen (Jahr und Seite) |
| OVG | Oberverwaltungsgericht |
| OWiG | Gesetz über Ordnungswidrigkeiten |
| PA | Patentamt |
| PatG | Patentgesetz |
| PatRModG | Gesetz zur Vereinfachung und Modernisierung des Patentrechts vom 31.7.2009 (BGBl. I S. 2521) |
| PatV | Patentverordnung |
| PCT | Patent Cooperation Treaty-Vertrag über die internationale Zusammenarbeit auf dem Gebiet des Patentwesens (Patentzusammenarbeitsvertrag) |
| Personal | Personal, Mensch und Arbeit im Betrieb (Jahr und Seite) |
| Praxisleitfaden | Batenbach/Volz, Arbeitnehmererfindungen – Praxisleitfaden mit Mustertexten, 6. Aufl. 2014 |
| PrPG | Produktpiraterriegesetz |
| PVÜ | Pariser Verbandsübereinkunft zum Schutz des gewerblichen Eigentums |
| r. | rechts, rechte |

# Abkürzungsverzeichnis

| | |
|---|---|
| RA | Rechtsanwalt |
| RabelsZ | Zeitschrift für ausländisches und internationales Privatrecht, begründet von Ernst Rabel (Jahr und Seite) |
| RAG | Reichsarbeitsgericht |
| RAnz. | Deutscher Reichsanzeiger (Jahr und Seite) |
| RdA | Recht der Arbeit (Jahr und Seite) |
| RDG | Gesetz über außergerichtliche Dienstleistungen – Rechtsdienstleistungsgesetz |
| Rdn. | Randnummer (innerhalb dieses Kommentars) |
| RDV | Recht der Datenverarbeitung (Jahr und Seite) |
| Referentenentw. | Referentenentwurf eines Gesetzes zur Änderung des Gesetzes über Arbeitnehmererfindungen, erstellt von den Bundesministerien für Arbeit und Sozialordnung und der Justiz (Stand 25.10.2001) |
| RegEntw. | Gesetzentwurf der Bundesregierung |
| RG | Reichsgericht |
| RGBl. | Reichsgesetzblatt (Jahr, Teil und Seite) |
| RGZ | Entscheidungen des Reichsgerichts in Zivilsachen (Band und Seite) |
| RiA | Recht im Amt (Jahr und Seite) |
| RiW | Recht der internationalen Wirtschaft |
| RL | Richtlinie |
| RLn | Richtlinien für die Vergütung von Arbeitnehmererfindungen im privaten Dienst vom 20.7.1959 |
| Rn. | Randnummer |
| Rom I-VO | Verordnung (EG) Nr. 593/2008 des EUROPÄISCHEN PARLAMENTS UND DES RATES v. 17.6.2008 über das auf vertragliche Schuldverhältnisse anzuwendende Recht (Rom I) |
| RPA | Reichspatentamt |
| Rpfleger | Der deutsche Rechtspfleger (Jahr und Seite) |
| Rspr. | Rechtsprechung |
| Rz. | Randziffer |
| s. | siehe |
| S. | Satz, Seite |
| s.a. | siehe auch |
| SaarEinglG | Gesetz über die Eingliederung des Saarlandes auf dem Gebiet des gewerblichen Rechtsschutzes vom 30.6.1959 |
| SAE | Sammlung arbeitsrechtlicher Entscheidungen |
| s. b. | siehe bei |
| Schiedsst. | Schiedsstelle für Arbeitnehmererfindungen beim Deutschen Patent- und Markenamt |
| Schriftenrh. | Schriftenreihe |
| Schulze | Rechtsprechung zum Urheberrecht, Entscheidungssammlung, hrsg. von E. Schulze (Gericht, lfd. Nr.) |
| SGB | Sozialgesetzbuch |

# Abkürzungsverzeichnis

| | |
|---|---|
| SGG | Sozialgerichtsgesetz |
| SigG | Signaturgesetz |
| Slg. | Sammlung |
| SoldatenG | Gesetz über die Rechtsstellung der Soldaten |
| SortG | Sortenschutzgesetz |
| Sp. | Spalte |
| StBp | Die steuerliche Betriebsprüfung (Jahr und Seite) |
| StBW | Die Steuerberater Woche (Jahr und Seite) |
| StGB | Strafgesetzbuch |
| str. | streitig |
| st. (ständ.) Rspr. | ständige Rechtsprechung |
| StuB | Steuer- und Bilanzpraxis (Jahr und Seite) |
| TB | Tätigkeitsbericht (Jahr und Seite) |
| TEV | Teileinigungsvorschlag der Schiedsstelle |
| TRIPS | Trade-Related-Aspects of Intellectual Property Rights |
| TT-GVO | Verordnung (EU) Nr. 316/2014 der Kommission über die Anwendung von Artikel 101 Absatz 3 des AEUV auf Gruppen von Technologietransfer-Vereinbarungen v. 21.03.2014 |
| TVG | Tarifvertragsgesetz |
| TzBfG | Teilzeit- und Befristungsgesetz |
| UFITA | Archiv für Urheber-, Film-, Funk- und Theaterrecht (Jahr und Seite) |
| UmwBerG | Gesetz zur Bereinigung des Umwandlungsrechts v. 28.10.1994 |
| UmwG | Umwandlungsgesetz |
| Univ. | Universität |
| unstr. | unstreitig |
| unveröffentl. | unveröffentlicht |
| unzutr. | unzutreffend |
| UrhG | Gesetz über Urheberrecht und verwandte Schutzrechte (Urheberrechtsgesetz) |
| UrhSchiedsVO | Verordnung über die Schiedsstelle für Urheberrechtsstreitfälle |
| UWG | Gesetz gegen den unlauteren Wettbewerb |
| v. | vom, von, vor |
| VDI | Verein Deutscher Ingenieure |
| Verf. | Verfahren, Verfasser |
| VersR | Zeitschrift für Versicherungsrecht (Jahr und Seite) |
| VerwR | Verwaltungsrecht |
| VGH | Verwaltungsgerichtshof |
| vgl. | vergleiche |
| VglO | Vergleichsordnung |
| VMBl. | Ministerialblatt des Bundesministers für Verteidigung (Jahr und Seite) |
| VO | Verordnung |

## Abkürzungsverzeichnis

| | |
|---|---|
| vorg. f. | vorgesehen für |
| VPP | Vereinigung von Fachleuten des Gewerblichen Rechtsschutzes |
| VPP-Rundbrief | Rundbrief des VPP |
| VV | Verwaltungsvorschrift |
| VwGO | Verwaltungsgerichtsordnung |
| VwVfG | Verwaltungsverfahrensgesetz (des Bundes) |
| VwZG | Verwaltungszustellungsgesetz |
| | |
| WehrPflG | Wehrpflichtgesetz |
| WiB | Wirtschaftsrechtliche Beratung (Jahr und Seite) |
| WissHG | Gesetz über die wissenschaftlichen Hochschulen des Landes Nordrhein-Westfalen |
| WissR | Wissenschaftsrecht (Jahr und Seite) |
| WKRS | Wolters Kluwer Online Rechtsprechungsdatenbank |
| WM | Wertpapiermitteilungen (Jahr und Seite) |
| WRP | Wettbewerb in Recht und Praxis (Jahr und Seite) |
| www.bmas.de | Bundesministerium für Arbeit und Soziales (Internetseite) |
| www.bmi.de | Bundesministerium des Innern, für Bau und Heimat (Internetseite) |
| www.bmbf.de | Bundesministerium für Bildung und Forschung (Internetseite) |
| www.bmjv.de | Bundesministerium der Justiz und für Verbraucherschutz (Internetseite) (Internetseite) |
| www.bmvg.de | Bundesministerium der Verteidigung (Internetseite) |
| www.bmwi.de | Bundesministerium für Wirtschaft und Energie (Internetseite) |
| www.boekler.de | Hans-Böckler-Stiftung, Düsseldorf (Internetseite) |
| www.bundeswehr.de | Bundeswehr (Internetseite) |
| www.bundesarbeitsgericht.de | Bundesarbeitsgericht (Internetseite, dort unter »Entscheidungen«) |
| www.bundesgerichtshof.de | Bundesgerichtshof (Internetseite, dort unter »Entscheidungen«) |
| www.bundesverfassungsgericht.de | Bundesverfassungsgericht (Internetseite, dort unter »Entscheidungen«) |
| www.dpma.de | Deutsches Patent- und Markenamt (Internetseite, dort unter Schiedsstelle für Arbeitnehmererfindungen/Einigungsvorschläge und Beschlüsse) |
| www.gesetze-bayern.de | Datenbank BAYERN-RECHT, hrsg v. d. Bayerischen Staatskanzlei (Internetadresse, dort unter »Gerichtsentscheidungen«) |
| www.justiz.nrw.de/nrwe | Rechtsprechungsdatenbank Justiz Nordrhein-Westfalen, hrsg. v. Ministerium der Justiz Nordrhein-Westfalen (Internetseite) |
| www.landesrecht.rpl.de | Justizportal des Landes Rheinland-Pfalz, hrsg. v. juris GmbH (Internetseite, dort unter »Rechtsprechung«) |
| www.lareda.hessenrecht.hessen.de | Hessenrecht – Landesrechtsprechungsdatenbank, hrsg. v. Wolters Kluwer Deutschland GmbH (Internetseite) |

# Abkürzungsverzeichnis

| | |
|---|---|
| www.lrbw.juris.de | Landesrechtsprechung Baden-Württemberg, hrsg. v. Ministerium der Justiz und für Europa Baden-Württemberg (Internetseite) |
| www.rechtsprechung.niedersachsen.de | Niedersächsisches Landesjustizportal, hrsg. v. Niedersächsischen Justizministerium (Internetseite, dort unter »Entscheidungen«) |
| www.ris.bka.gv.at | Rechtsinformationssystem des (österreichischen) Bundeskanzleramtes, dort unter den Stichworten Judikatur/Justiz, (Internetseite) |
| WZ | Warenzeichen |
| WZG a. F. | Warenzeichengesetz alte Fassung (siehe jetzt: MarkenG |
| z. | zu, zum, zur |
| z.B. | zum Beispiel |
| ZB. | Zwischenbescheid der Schiedsstelle |
| ZBR | Zeitschrift für Beamtenrecht (Jahr und Seite) |
| ZfA | Zeitschrift für Arbeitsrecht (Jahr und Seite) |
| ZGE/IPJ | Zeitschrift für Geistiges Eigentum (Jahr und Seite) |
| ZHR | Zeitschrift für das gesamte Handels- und Wirtschaftsrecht (Jahr und Seite) |
| ZIP | Zeitschrift für Wirtschaftsrecht (Jahr und Seite) |
| ZPF | Zeitschrift Post- und Fernmeldewesen |
| ZPO | Zivilprozessordnung |
| ZRP | Zeitschrift für Rechtspolitik (Jahr und Seite) |
| ZS | Zivilsenat |
| z.T. | zum Teil |
| zust. | zustimmend |
| zutr. | zutreffend |
| zw. | zwischen |
| z. Zt. | zur Zeit |

# Literaturverzeichnis

## A. Gewerblicher Rechtsschutz und Urheberrecht

| | |
|---|---|
| Adrian/Nordemann/Wandtke | Erstreckungsgesetz und Schutz des geistigen Eigentums, Berlin 1992 |
| Ann/Hauck/Maute | Auskunftsanspruch und Geheimnisschutz im Verletzungsprozess, 2011 |
| Ann/Loschelder/Grosch | Praxishandbuch Know-how-Schutz, 2010 |
| Bartenbach | Patentlizenz- und Know-how-Vertrag, 7. Aufl. Köln 2013 |
| Bartenbach | Zwischenbetriebliche Forschungs- und Entwicklungskooperation und das Recht der Arbeitnehmererfindung, 1985 |
| Bartenbach, Anja | Arbeitnehmererfindungen im Konzern, 4. Aufl. 2018 |
| Bartenbach, Britta | Die Patenzlizenz als negative Lizenz. Inhalt und Bedeutung, Abgrenzung zur positiven Lizenz, Diss., Berlin 2002 |
| Bartenbach/Volz | Arbeitnehmererfindervergütung, Kommentar zu den Amtlichen Richtlinien für die Vergütung von Arbeitnehmererfindungen, 4. Aufl. 2017 |
| Bartenbach/Volz | Arbeitnehmererfindungen, Praxisleitfaden mit Mustertexten, 6. Aufl. 2016 |
| Bartenbach u.a. | Formularsammlung zum Gewerblichen Rechtsschutz, 2. Aufl. 1998 |
| Bechmann | Ideenmanagement und betriebliches Vorschlagswesen, 2013 |
| Bechmann | Trendbericht: Prämiensysteme für Verbesserungsvorschläge mit rechenbarem Nutzen, hrsg. v. d. Hans-Böckler-Stiftung 2013 (auch abrufbar unter www.boekler.de) |
| Belz | Die Arbeitnehmererfindung im Wandel der patentrechtlichen Auffassungen, Diss. Nürnberg 1958 |
| Benkard | Patentgesetz, Gebrauchsmustergesetz, Kommentar, 11. Aufl. 2015 |
| Benkard | Europäisches Patentübereinkommen, Kommentar, 2. Aufl. 2012 |
| Bergmann | Erfindungen von Hochschulbeschäftigten nach der Reform von § 42 ArbnErfG, 2006 (= Diss. Freiburg 2005) |
| Boemke/Kursawe (Hrsg.) | Gesetz über Arbeitnehmererfindungen, Kommentar, 2015 |

# Literaturverzeichnis

| | |
|---|---|
| Borrmann | Erfindungsverwertung, 4. Aufl. 1973 |
| Brändel | Technische Schutzrechte, 1995 |
| Brinkmann/Heidack | Betriebliches Vorschlagswesen, 1982 |
| Bruchhausen | Patent-, Sortenschutz und Gebrauchsmusterrecht 1985 |
| Brückmann/Günther | Geschmacksmustergesetz, Kommentar 2007 |
| Brune | Bewährtes deutsches Arbeitnehmererfindergesetz?, Diss. München 2009 |
| Bulling/Langöhrig | Geschmacksmuster, 3. Aufl. 2011 |
| Bühring | Gebrauchsmustergesetz, Kommentar, 8. Aufl. 2011 |
| Busse/Keukenschrijver | Patentgesetz, Kommentar, 8. Aufl. 2016 |
| Collin | Innovations-Handbuch, Wien 1995 |
| Dantz | Das Inanspruchnahmerecht an einer Diensterfindung, Diss. Saarbrücken 1969 |
| Dick | Bewertung und Verwertung von Erfindungen, 2. Aufl. 1968 |
| Dohr | Die Nichtigkeitsklage des Arbeitnehmers bei der Arbeitnehmererfindung, Diss. Köln 1961 |
| Dreier/Schulze | Urheberrechtsgesetz, Kommentar, 5. Aufl. 2015 |
| Eichmann/v. Falckenstein/Kühne | Designgesetz, Kommentar, 5. Aufl. 2015 |
| Eidenmüller | Die Diensterfindung und ihre wirtschaftlichen Auswirkungen, Diss., München 1959 |
| Emmert | Technische Verbesserungsvorschläge von Arbeitnehmern in arbeitsrechtlicher Sicht, Diss. Bielefeld 1982 |
| Erfinder in der Bundesrepublik | Empirische Untersuchung zum Entstehungs-, Entwicklungs- und Verarbeitungsprozeß von Erfindungen, bearb. v. Schneider, Inst. f. freie Berufe an der UNI Erlangen/Nürnberg, 1973 |
| Fabry/Trimborn | Arbeitnehmererfinderrecht im internationalen Vergleich, 2007 |
| Festschrift | zum 20jährigen Bestehen des VPP. Entwicklungstendenzen im gewerblichen Rechtsschutz, 1975 |
| Festschrift | 50 Jahre VPP (1955-2005), (hrsg. v. Einsele u. Franke 2005) |
| Festschrift | 25 Jahre Bundespatentgericht (hrsg. vom Bundespatentgericht, 1986) |
| Festschrift | 50 Jahre BAG, 2004 (hrsg. v. Oetker, Preis und Rieble) |
| Festschrift | 80 Jahre Patentgerichtsbarkeit in Düsseldorf (hrsg. v. Kühnen), 2016 |

# Literaturverzeichnis

| | |
|---|---|
| Festschrift | zum hundertjährigen Bestehen der Deutschen Vereinigung für gewerblichen Rechtsschutz und Urheberrecht, 1991 (hrsg. v. Beier, Kraft, Schricker und Wadle) |
| Festschrift | für Kurt Bartenbach, 2005 (hrsg. v. Haesemann, Gennen, B. Bartenbach u. A. Bartenbach) |
| Festschrift | für Dieter Gaul, 1980 (hrsg. v.d. Techn. Akad. Wuppertal zum 25jähr. Dozentenjubiläum) |
| Festschrift | für Dieter Gaul, 1992 (hrsg. v. D. Boewer und B. Gaul) |
| Festschrift | für Ulrich Eisenhardt, 2007 (hrsg. v. Wackerbarth/Vormbaum/Marutschke) |
| Festschrift | für Reimar König, 2003 (hrsg. v. Ann) |
| Festschrift | für Michael Loschelder, 2010 (hrsg. v. Erdmann/Leistner/Rüffer/Schulte-Beckhausen) |
| Festschrift | für Klaus-Jürgen Melullis, GRUR 2009, 193 ff. |
| Festschrift | für Peter Mes, 2009 (hrsg. v. M. Bergmann, G. Rother, A. Verhauven) |
| Festschrift | für Rudolf Nirk, 1992 (hrsg. von Bruchhausen, Hefermehl, Hommelhoff und Messer) |
| Festschrift | für Thomas Reimann, 2009 (hrsg. v. Osterrieth/Köhler/Haft) |
| Festschrift | für Tilmann Schilling, 2007, (hrsg. v. Grosch/Ullmann) |
| Festschrift | für Winfried Tilmann, 2003 |
| Festschrift | für Karlheinz Quack, 1990 |
| Festschrift | für Helmut Schippel, 1996 (hrsg. v. d. Bundesnotarkammer) |
| Fischer, E. | Grundzüge des gewerblichen Rechtsschutzes, 2. Aufl. 1986 |
| Fischer, S. | Der Schutz von Know-how im deutschen materiellen und Internationalen Privatrecht, 2012 (= Diss. Hagen 2011) |
| Fitzner/Lutz/Bodewig | Patentrechtskommentar, 4. Aufl. 2012 |
| Formularsammlung | Formularsammlung zum gewerblichen Rechtsschutz mit Urheberrecht, hrsg. v. Bartenbach/Buddeberg u.a., 2. Aufl. 1998 |
| Friemel | Die Betriebsvereinbarung über Arbeitnehmererfindungen und technische Verbesserungsvorschläge, Diss. Leipzig 2004 |
| Fromm/Nordemann | Urheberrecht, Kommentar, 11. Aufl. 2014 |
| Führungsinstrument | Führungsinstrument Vorschlagswesen (hrsg. v. DIB), 3. Aufl. 1993 |

# Literaturverzeichnis

| | |
|---|---|
| Gärditz/Pahlow (Hrsg.) | Hochschulerfinderrecht, 2011 |
| Gaul | Die Arbeitnehmererfindung, 2. Aufl. 1990 |
| Gaul | Der erfolgreiche Schutz von Betriebs- und Geschäftsgeheimnissen, 1994 |
| Gaul/Bartenbach | Handbuch des gewerblichen Rechtsschutzes, Köln (Stand 1999) |
| Gaul/Bartenbach | Arbeitnehmererfindung und Verbesserungsvorschlag, 2. Aufl. Düsseldorf 1972 |
| Gaul/Bartenbach | Entscheidungssammlung Arbeitnehmererfindungsrecht (EGR), 2. Aufl. 1988 (Stand 1996) |
| Gaul/Bartenbach | Betriebliche Regelung des Erfindungswesens, 5. Aufl. 1991 (= Heidelberger Musterverträge Heft 26) |
| Gaul/Bartenbach | Betriebliche Regelungen des Verbesserungsvorschlagswesens mit Mustern und Erläuterungen, 1984 (= Heidelberger Musterverträge Heft 65) |
| Gerstenberg/Buddeberg | Geschmacksmustergesetz, Komm., 3. Aufl. Heidelberg 1996 |
| Götting | Gewerblicher Rechtsschutz – Patent-, Gebrauchsmuster,- Design- und Markenrecht – Ein Studienbuch, 10. Aufl. 2014 |
| Goetzmann | Die Harmonisierung des Arbeitnehmererfindungsrechts in der Europäischen Union, Diss., Hamburg 2008 |
| Groß | Der Lizenzvertrag, 11. Aufl. 2015 |
| Groß/Strunk | Lizenzgebühren, 4. Aufl. 2015 |
| Gruber/Adam/Haberl | Europ. u. internationales Patentrecht, 6. Aufl. 2008 |
| Günther/Beyerlein | Designgesetz, 3. Aufl. 2015 |
| Haas | Der Vergütungsanspruch einer unbeschränkt in Anspruch genommenen Diensterfindung vor Patenterteilung, Diss. Würzburg 1975 |
| Haedicke | Patentrecht, 2. Aufl. 2013 |
| Haertel/Krieger/Rother | Arbeitnehmererfinderrecht, 5. Aufl. 2009 |
| Halbach | Gesetz über Arbeitnehmererfindungen, Komm., 1962 |
| Hartmer/Detmer (Hrsg.) | Hochschulrecht – Ein Handbuch für die Praxis, 2. Aufl. 2010 |
| Hartung | Die Vergütung der Verbesserungsvorschläge, Diss. Köln 1979 |
| Hausmann | Das Arbeitnehmererfindungsrecht in Deutschland und Großbritannien: Eine Rechtsvergleichung, Diss. 2011 |
| Heine/Rebitzki | Arbeitnehmererfindungen, Komm., 3. Aufl. 1966 |
| Heine/Rebitzki | Die Vergütung für Erfindungen von Arbeitnehmern im privaten Dienst, Komm., 1960 |
| Hellebrand/Rabe | Lizenzsätze für technische Erfindungen, 5. Aufl. 2017 |

# Literaturverzeichnis

| | |
|---|---|
| Hellebrand/Schmidt (Hrsg.) | Rechtsprechungsdatenbank ArbEG, Aktuelle Schiedsstellenpraxis, CD-ROM Frankfurt am Main 2015 |
| Henke | Die Erfindungsgemeinschaft, 2005 (= Diss. Freiburg 2005) |
| Henn/Pahlow | Patentvertragsrecht, 6. Aufl. 2017 |
| Henn | Defensive Publishing, Diss. Augsburg 2010 |
| Hillenbrand | Der Begriff des Betriebs- und Geschäftsgeheimnisses – Eine vergleichende Untersuchung mit dem Begriff des trade secret in den USA und dem englischen common law, 2017 (= Diss. Augsburg 2016) |
| Himmelmann | Vergütungsrechtl. Ungleichbehandlung von Arbeitnehmererfindern und Arbeitnehmer-Urhebern, Baden-Baden 1998 |
| Homma | Der Erwerb des Miterfinderrechts, Diss. Hannover 1998 |
| Hübner | Erfindungen von Beschäftigten an Hochschulen – Ein Beitrag zur Reform des § 42 ArbEG, 2003 (= Diss. Münster 2002) |
| Hühnerbein | Rechtsvergleichende Untersuchung der Miterfinderschaft, Diss. München 2003 |
| Hüttermann | Einheitspatent und Einheitliches Patentgericht, 2017 |
| IMAI | Kaizen, 11. Aufl. 1993 |
| Isay | Patent- und Gebrauchsmusterrecht, Komm., 6. Aufl. 1932 |
| Janert | Betriebliche Verfahrensweisen im Arbeitnehmer-Erfinderrecht und ihre rechtlichen Probleme, Diss. Göttingen 1969 |
| Jestaedt | Patentrecht, 2. Aufl. 2008 |
| Johannesson | Arbeitnehmererfindungen – Kurzdarstellung des Gesetzes, 1979 |
| Kelbel | Patentrecht und Erfinderrecht, 2 Bde. 1966/67 |
| Keukenschrijver | Sortenschutz – Deutsches und eropäisches Sortenschutzrecht, Komm., 2. Aufl. 2018 |
| Keukenschrijver | Patentnichtigkeitsverfahren, 6. Aufl. 2016 |
| Klauer/Möhring | Patentrechtskommentar, 3. Aufl. 1971 (4. Aufl. hrsg. v. Fitzner/Lutz/Bodewig, s. dort) |
| Klaus | Arbeitnehmererfindungen und ihre rechtliche Behandlung, 1964 |
| Knauer | Möglichkeiten und Nutzen einer Vereinheitlichung des Arbeitnehmererfinderrechts in der EU und Schlussfolgerungen für die diesbezügliche deutsche Gesetzgebung, Diss. München 2007 |

# Literaturverzeichnis

| | |
|---|---|
| Körting | Das Arbeitnehmererfindungsrecht und die innerbetriebliche Innovationsförderung, Diss. Bayreuth 2006 |
| Kraemer | Die Vergütung von (Arbeitnehmer-)Erfindungen am Beispiel von Arzneimitteln, historisch, de lege late und de lege ferrenda, Diss. Frankfurt 2011 |
| Kraßer/Ann | Patentrecht, 7. Aufl. München 2016 |
| Kraßer/Schricker | Patent- und Urheberrecht an Hochschulen, 1988. |
| Krauss | Das betriebliche Vorschlagswesen aus rechtlicher Sicht, 1977 (= Abh. z. Arbeitnehmer- und Wirtschaftsrecht, Bd. 32) 1977 |
| Krekel | Der angestellte Erfinder, Diss. [Bw-Univ.] München 2009 |
| Kremnitz | Was steht mir an Erfindervergütung zu?, 1967 |
| Kremnitz | Das Arbeitnehmererfinderrecht in der Praxis des Unternehmers, 1977 |
| Kretzer | Die Novellierung des Hochschullehrerprivilegs (§ 42 ArbnErfG), Diss. Frankfurt 2007 |
| Kühnen | Handbuch der Patentverletzung, 10. Aufl. 2018 |
| Kumm | Leitfaden für Erfinder des öffentlichen Dienstes, 1980 |
| Kurz | Geschichte des Arbeitnehmererfindungsrechts, Köln 1997 |
| Langen/Bunte | Deutsches und Europäisches Kartellrecht, Komm., 13. Aufl. 2018 |
| Langloh | Das Angestelltenerfinderrecht, Diss. Hamburg 1956 |
| Lenhart | Arbeitnehmer- und Arbeitgeberbegriff im Arbeitnehmererfindungsrecht, Diss. Leipzig 2002 |
| Leuze | Urheberrechte der Beschäftigten im öffentl. Dienst und in den Hochschulen, 3. Aufl. 2008 |
| Lindenmaier | Das Patentgesetz, Komm., 6. Aufl. 1973 |
| Lindenmaier/Lüdecke | Die Arbeitnehmererfindungen, Komm., 1961 |
| Liu | Das Recht der Arbeitnehmererfindung Bundesrepublik Deutschland und Volksrepublik China im Vergleich, Diss. Trier 2008 |
| Löschnigg (Hrsg.) | Recht am Arbeitsergebnis von WissenschaftlerInnen, Wien 2016 (= Schriften z. österr. u. intern. Universitäts- u. Hochschulrecht Bd. 9) |
| Loth | Gebrauchsmustergesetz, Komm., 2. Aufl. 2017 |
| Lüdecke | Erfindungsgemeinschaften, 1962 |
| Lüdecke | Lizenzgebühren für Erfindungen, 1955 |
| Lüdecke/Fischer | Lizenzverträge, 1957 |

# Literaturverzeichnis

| | |
|---|---|
| Lux | Rechtsfragen der Kooperation zwischen Hochschulen und Wirtschaft – Ein Rechtsvergleich: Deutschland – USA, Diss. Köln 2002 |
| Marquardt | Freie Erfindungen im Arbeitsverhältnis, 2002 (= Diss. Leipzig 2001) |
| McGuire | Die Lizenz, 2012 |
| Mes | Patentgesetz u. Gebrauchsmustergesetz, Komm., 4. Aufl. 2015 |
| Mes (Hrsg.) | Münchener Prozessformularbuch, Bd. 5 Gewerblicher Rechtsschutz, Urheber- und Presserecht, 5. Aufl. 2018 |
| Metzger/Zech | Sortenschutzrecht – SortG, GSortV, PatG, EPÜ, Kommentar, 1. Aufl. 2016 |
| Möhring/Nicolini | Urheberrechtsgesetz, Komm., 2. Aufl. 2000 |
| Möller | Die Übergangsbestimmungen für Arbeitnehmererfindungen in den neuen Bundesländern, Berlin 1996 |
| Müller/Pohle | Erfindungen von Gefolgschaftsmitgliedern, 1943 |
| Niedzela-Schmutte | Miterfindungen in Forschungs- und Entwicklungskooperationen, Diss. München 1998 |
| Nirk | Gewerblicher Rechtsschutz, Studienbuch, 1981 |
| Nirk/Kurtze | Geschmacksmustergesetz, Komm., 2. Aufl. 1997 |
| Nirk/Ullmann | Patent-, Gebrauchsmuster- und Sortenschutzrecht, 3. Aufl. 2007 |
| Nordemann | Wettbewerbsrecht Markenrecht, 10. Aufl. 2004 |
| Pagenberg/Beier | Lizenzverträge, 6. Aufl. 2008 |
| Pedrazzini | Die patentfähige Erfindung, 1957 |
| Pfaff/Osterrieth | Lizenzverträge, 4. Aufl. 2018 |
| Portmann | Die Arbeitnehmererfindung (Schweiz), Bern 1986 |
| Reetz | Erfindungen an Hochschulen, Diss. Köln 2006 |
| Reichel | Patente, Arbeitnehmererfindungen, 1981 |
| Reimer | Patentgesetz und Gebrauchsmustergesetz, Komm., 3. Aufl. 1968 |
| Reimer/Schade/Schippel | Das Recht der Arbeitnehmererfindung, Komm., 8. Aufl. 2007 |
| Reimer/Schippel | Die Vergütung von Erfindungen, Gutachten 1956 (= Schriftenreihe des BMA H. 2) |
| Reitzle/Butenschön | Gesetz über Arbeitnehmererfindungen/Act on Employees Inventions, 3. Aufl. 2007 |
| Riemschneider/Barth | Die Gefolgschaftserfindung, Komm., 2. Aufl. 1944 |

# Literaturverzeichnis

| | |
|---|---|
| Röpke | Arbeitsverhältnis und Arbeitnehmererfindungen, Düsseldorf o. J. (um 1961) (= Das Verhältnis der Verpflichtungen aus dem Arbeitsverhältnis zu den Verpflichtungen aus dem Gesetz über Arbeitnehmererfindungen, Diss. Köln, 1961) |
| Röpke | Der Arbeitnehmer als Erfinder, 1966 |
| Rosenberger/Wündisch (Hrsg.), | Verträge über Forschung und Entwicklung, 3. Aufl. 2018 |
| Rüwe | Internationales Arbeitnehmererfinderprivatrecht – Die Einzelerfindung und die Gemeinschaftserfindung vom Arbeitnehmern im Internationalen Privatrecht Deutschlands, Europas und der Vereinigten Staaten von Amerika, Diss. München 2009 |
| Schmidt, A. K. | Erfinderprinzip und Erfinderpersönlichkeitsrecht im deutschen Patentrecht von 1877 bis 1936, Diss. Bayreuth 2009 |
| Schoden | Betriebliche Arbeitnehmererfindungen und betriebliches Vorschlagswesen, 1995 |
| Scholz | Die rechtliche Stellung des Computerprogramme erstellenden Arbeitnehmers nach Urheberrecht, Patentrecht und Arbeitnehmererfindungsrecht, 1989 |
| Schricker/Loewenheim | Urheberrecht, Komm., 5. Aufl. 2017 |
| Schulte | Patentgesetz mit Europäischem Patentübereinkommen, Komm., 10. Aufl. 2017 |
| Schwab | Erfindung und Verbesserungsvorschlag im Arbeitsverhältnis, 2. Aufl. 1991 (Schriften z. AR-Blattei, Bd. 15) |
| Schwab | Arbeitnehmererfindungsrecht, Handkomm., 4. Aufl. 2018 |
| Seetzen | Der Verzicht im Immaterialgüterrecht, 1969 |
| Singer/Stauder | Europäisches Patentübereinkommen, Komm. 7. Aufl. 2016 |
| Soudry | Die Rechtsstellung des Hochschulerfinders nach der Neufassung von § 42 ArbNErfG, Diss. Heidelberg 2010 |
| Ströbele/Hacker | Markengesetz, Komm., 12. Aufl. 2018 |
| Stumpf | Der Know-how-Vertrag, 3. Aufl. 1977 |
| Tetzner, H. | Das materielle Patentrecht der Bundesrepublik Deutschland, Komm., 1972 |
| Tetzner, V. | Leitfaden des Patent- und Gebrauchsmusterrechts, 3. Aufl. 1983 |
| Thom | Betriebliches Vorschlagswesen, 3. Aufl. 1991 |
| Trimborn | Erfindungen von Organmitgliedern, Diss. Berlin 1998 |

# Literaturverzeichnis

| | |
|---|---|
| Trimborn | Employees‹ Inventions in Germany – A Handbook for International Businesses, 2009 |
| Ullrich | Privatrechtsfragen der Forschungsförderung in der BRD, 1984 (= Staatl. Forschungsförderung u. Patentschutz, Bd. 2) |
| Ulrici | Vermögensrechtliche Grundfragen des Arbeitnehmerurheberrechts, 2008 |
| van Venroy | Patentrecht einschl. Arbeitn. Erf. Recht, 1996 |
| Veigel | Immalerialgüterrechte im Arbeitsverhältnis – Entstehung, Zuordnung, Vergütung, 2016 (= Diss. Augsburg 2016), |
| Villinger | Materialien für eine Harmonisierung des Rechts der Arbeitnehmererfindungen, 1994 |
| Volmer | Arbeitnehmererfindungsgesetz, Komm., 1958 |
| Volmer | Richtlinien über Vergütungen für Arbeitnehmererfindungen und Prämien für Verbesserungsvorschläge, Komm., 1964 |
| Volmer/Gaul | Arbeitnehmererfindungsgesetz, Komm., 2. (durch D. Gaul bearbeitete) Aufl. 1983 |
| Volz | Das Recht der Arbeitnehmererfindung im öffentlichen Dienst, 1985 |
| von der Grün | Die rechtliche Stellung von Miterfindern, Magisterarbeit Düsseldorf 2003 |
| Wagner/Fischer (Hrsg.) | Patentverwertung in Wissenschaft und Wirtschaft nach Wegfall des Hochschullehrerprivilegs, 2004 |
| Wagner/Thieler | Wegweiser für den Erfinder, Berlin 1994 |
| Wandtke/Bullinger | Praxiskommentar zum Urheberrecht, 4. Aufl. 2014 |
| Werum | Der Schutz von Halbleitererzeugnissen der Mikroelektronik im deutschen Rechtssystem, 1990 |
| Werdermann | Der Begriff der Diensterfindung und die dogmatische Begründung des Inanspruchnahmerechts, Diss. Bonn, 1960 |
| Wiedemann | Die Vergütung des Arbeitnehmererfinders in der Insolvenz des Arbeitgebers (§ 27 ArbNErfG), 2016 (zugl. Diss. Leipzig 2016) |
| Wiltschek | Patentrecht (in Österreich), 2006 |
| Winzer | Forschungs- und Entwicklungsverträge, 2006 |
| Witt/Witt | Der Kontinuierliche Verbesserungsprozess (KVP) 4. Aufl. 2010 |
| Witte | Die Betriebserfindung, Diss. Erlangen, 1957 |
| Witte/Vollrath | Praxis der Patent- u. Gebrauchsmusteranmeldung, 6. Aufl. 2008 |

# Literaturverzeichnis

| | |
|---|---|
| Wunderlich | Die gemeinschaftliche Erfindung, 1962 (= Schriftenr. z. Gewerbl. Rechtsschutz H. 12) |
| Zeller | Erfindervertragsrecht, 1952 |

## B. Sonstige Rechtsgebiete

| | |
|---|---|
| Bauer | Unternehmensveräußerung u. Arbeitsrecht, 1983 |
| Bauer/Krieger/Arnold | Arbeitsrechtliche Aufhebungsverträge, 9. Aufl. 2014 |
| Bauer/Diller | Wettbewerbsverbote, 7. Aufl. 2015 |
| Baumbach//Hopt | Handelsgesetzbuch, Komm., 38. Aufl. 2018 |
| Baumbach/Lauterbach/ Albers/Hartmann | Zivilprozeßordnung, Komm., 76. Aufl. 2018 |
| Becker/Wulfgramm | Arbeitnehmerüberlassungsgesetz, Komm., 3. Aufl.1985 |
| Boewer/Bommermann | Lohnpfändung, 1987 |
| Cordt | Die Vererbung arbeitsrechtlicher Ansprüche beim Tod des Arbeitnehmers, 2017 (= Diss. Marburg 2016) |
| Däubler/Kittner/Klebe/ Wedde | BetrVG, Komm., 16. Aufl. 2018 |
| Diller | Gesellschafter u. Gesellschaftsorgane als Arbeitnehmer, 1994 |
| Erfurter Kommentar | zum Arbeitsrecht, 19. Aufl. 2019 |
| Erman | Handkommentar zum Bürgerlichen Gesetzbuch, 15. Aufl., 2017 |
| Eyermann | Verwaltungsgerichtsordnung, Komm., 14. Aufl. 2014 |
| Festschrift | Arbeitsgerichtsbarkeit und Wissenschaft – Festschrift für Klaus Bepler zum 65. Geburtstag, 2012 |
| Festschrift | für Alfred Hueck, 1959 |
| Festschrift | für Arthur Nikisch, 1958 |
| Fitting/Engels/Schmidt/ Trebinger/Linsenmaier | Betriebsverfassungsgesetz, Komm., 29. Aufl. 2018 |
| Frankfurter Kommentar zur Insolvenzordnung | hrsg. v. K. Wimmer, 9. Aufl. 2018 |
| Galperin/Löwisch | Kommentar zum Betriebsverfassungsgesetz, 6. Aufl. 1982 |
| Gamillscheg | Internationales Arbeitsrecht, 1959 |
| von Gamm | Kartellrecht, Komm., 2. Aufl. 1990 |
| Gemeinschaftskommentar | – GWB –. Hrsg. v. Ch. Hootz, 5. Aufl. 2001 |
| Germelmann/Prütting/ Matthes | Arbeitsgerichtsgesetz, Komm., 9. Aufl. 2017 |

# Literaturverzeichnis

| | |
|---|---|
| Gnade/Kehrmann/ Schneider/Klebe/ Ratayczak | Kommentar zum Betriebsverfassungsgesetz, 10. Aufl. 2002 |
| Grunsky/Waas/Benecke/ Greiner | Arbeitsgerichtsgesetz, Komm., 8. Aufl. 2014 |
| Handbuch zum Arbeitsrecht | hrsg. von W. Leinemann, Neuwied (Stand August 2018) |
| Handkommentar Arbeitsrecht | hrsg. v. Däubler/Hjort/Schubert/Wolmerath, 4. Aufl. 2017 |
| Hauck/Helml/Biebl | ArbGG, 4. Aufl. 2011 |
| Hess/ Worzalla/ Glock/ Nicolai/Rose/Huke | BetrVG, Komm., 10. Aufl. 2018 |
| Höfer | Gesetz zur Verbesserung der betrieblichen Altersversorgung, Komm., Stand November 2014 |
| v. Hoyningen-Huene | Die Billigkeit im Arbeitsrecht, 1978 |
| v. Hoyningen-Huene/ Linck | KSchG, 154. Aufl. 2013 |
| Hueck/Nipperdey | Lehrbuch des Arbeitsrechts, Bd. I, 7. Aufl. 1967 |
| Immenga/Mestmäcker | Wettbewerbsrecht, Komm., 5. Aufl. 2012-2014 |
| Jäger/Henckel | Konkursordnung, Komm., 9. Aufl. 1997 |
| Kasseler Handbuch z. Arbeitsrecht | hrsg. v. Leinemann, 2. Aufl. 2000 |
| Kissel/Mayer | Gerichtsverfassungsgesetz, Komm., 9. Aufl. 2018 |
| Köhler/Bornkamm | Gesetz gegen den unlauteren Wettbewerb: UWG, PAngV, UKlaG, 36. Aufl. 2018 |
| Kopp/Schenke | Verwaltungsgerichtsordnung, Komm., 23. Aufl., 2017 |
| Lieb | Arbeitsrecht, 9. Aufl. 2006 |
| Lipke/Vogt/Steinmeyer | Sonderleistungen im Arbeitsverhältnis, 2. Aufl. 1995 |
| Löwisch/Kaiser | Betriebsverfassungsgesetz, Komm., 7. Aufl. 2017 |
| Münchener Handbuch zum Arbeitsrecht | Band I, Individualarbeitsrecht, (hrsg. v. Kiel/Lunk/Oetker), 4. Aufl. 2018 |
| Münchener Kommentar zum Bürgerlichen Gesetzbuch | 7. Aufl. 2015–18. |
| Münchener Vertragshandbuch | Münchener Vertragshandbuch, Bd. 3.II, Wirtschaftsrecht, (hrsg. v. Rieder/Schütze/Weipert), 7. Aufl. 2015 |
| Nikisch | Arbeitsrecht, Bd. I, 3. Aufl., 1961 |
| Palandt | Bürgerliches Gesetzbuch, Kommentar, 77. Aufl. 2018 |
| Plog/Wiedow/Lemhöfer/ Bayer | Kommentar zum Bundesbeamtengesetz, ab 1958 (Stand Semtember 2017) |
| Richardi | Betriebsverfassungsgesetz, Kommentar, 16. Aufl. 2018 |

# Literaturverzeichnis

| | |
|---|---|
| Schaub | Arbeitsrechts-Handbuch, 17. Aufl. 2017 |
| Schüren/Hamann | Arbeitnehmerüberlassungsgesetz, Kommentar, 4. Aufl. 2010 |
| Schwab/Weth (Hrsg.) | Arbeitsgerichtsgesetz, Komm., 5. Aufl. 2018 |
| Soergel | Bürgerliches Gesetzbuch, 13. Aufl. 1999 ff. |
| von Staudinger | Kommentar zum Bürgerlichen Gesetzbuch, 2005 ff. |
| Stege/Weinspach/Schiefer | Betriebsverfassungsgesetz, 9. Aufl. 2002 |
| Stein/Jonas | Kommentar zur Zivilprozeßordnung, 23. Aufl. 2014 ff. |
| Stöber | Forderungspfändung, 16. Aufl. 2013 |
| Thomas/Putzo | Zivilprozeßordnung, Komm., 38 Aufl. 2017 |
| Thüsing (Hrsg.) | Arbeitnehmerüberlassungsgesetz, Kommentar, 3. Aufl. 2012 |
| Tschöpe (Hrsg.) | Arbeitsrecht Handbuch, 10. Aufl. 2017 |
| Ulber (Hrsg.) | AÜG – Arbeitnehmerüberlassungsgesetz, Kommentar, 5. Aufl. 2017 |
| Westermann, I. | Handbuch Know-how-Schutz, 2007 |
| Wiedemann | Tarifvertragsgesetz, Komm., 7. Aufl. 2007 |
| Wiese/Kreutz/Oetker/Raab/Weber/Franzen | Gemeinschaftskommentar zum Betriebsverfassungsgesetz, 11. Aufl. 2018 |
| Wolf/Lindacher/Pfeiffer | AGB-Recht, 6. Aufl. 2013 |
| Wolff/Bachof/Stober/Kluth | Verwaltungsrecht, Bd. I, 13. Aufl. 2017, Bd. II, 7. Aufl. 2010 |

Aufsätze sind vor den betr. §§ aufgeführt; übergreifende Darstellungen s. Lit. bei Einl. vor § 1.

# Kommentar

# Gesetz über Arbeitnehmererfindungen

vom 25.7.1957 (BGBl. I, S. 756)
geändert durch Gesetz vom 23.3.1961 (BGBl. I, S. 274, ber. S. 316), vom 4.9.1967 (BGBl. I, S. 953), vom 15.8.1986 (BGBl. I, S. 1446), vom 24.6.1994 (BGBl. I, S. 1325), vom 5.10.1994 (BGBl. I, S. 2911), vom 22.12.1997 (BGBl. I, S. 3224), vom 16.7.1998 (BGBl. I, S. 1827), vom 18. 1. 2002 (BGBl. I, S. 414) und vom 31.7.2009 (BGBl. I, S. 2521).

**Übersicht über die Paragraphenfolge**[*]

**1. Abschnitt Anwendungsbereich und Begriffsbestimmungen**
  § 1 Anwendungsbereich
  § 2 Erfindungen
  § 3 Technische Verbesserungsvorschläge
  § 4 Diensterfindungen und freie Erfindungen

**2. Abschnitt Erfindungen und technische Verbesserungsvorschläge von Arbeitnehmern im privaten Dienst**

1. Diensterfindungen
  § 5 Meldepflicht
  § 6 Inanspruchnahme (Fassung 2009)
  *§ 6 a.F. Inanspruchnahme (Fassung 1957)*
  § 7 Wirkung der Inanspruchnahme (Fassung 2009)
  *§ 7 a.F. Wirkung der Inanspruchnahme (Fassung 1957)*
  § 8 Freigewordene Diensterfindungen (Fassung 2009)
  *§ 8 a.F. Freigewordene Diensterfindungen (Fassung 1957)*
  § 9 Vergütung bei Inanspruchnahme
  *§ 10 a.F. Vergütung bei beschränkter Inanspruchnahme (Fassung 1957)*
  § 11 Vergütungsrichtlinien
  § 12 Feststellung oder Festsetzung der Vergütung
  § 13 Schutzrechtsanmeldung im Inland
  § 14 Schutzrechtsanmeldung im Ausland
  § 15 Gegenseitige Rechte und Pflichten beim Erwerb von Schutzrechten
  § 16 Aufgabe der Schutzrechtsanmeldung
  § 17 Betriebsgeheimnisse

---

[*] Eine Inhaltsübersicht über die Kommentierung mit Seitenangaben finden Sie auf Seite XIII.

# Gesetz über Arbeitnehmererfindungen

2. Freie Erfindungen

§ 18 Mitteilungspflicht
§ 19 Anbietungspflicht

3. Technische Verbesserungsvorschläge

§ 20 Technische Verbesserungsvorschläge

4. Gemeinsame Bestimmungen

*§ 21 a.F. Erfinderberater (aufgehoben)*
§ 22 Unabdingbarkeit
§ 23 Unbilligkeit
§ 24 Geheimhaltungspflicht
§ 25 Verpflichtungen aus dem Arbeitsverhältnis
§ 26 Auflösung des Arbeitsverhältnisses
§ 27 Insolvenzverfahren (Fassung 2009)
*§ 27 a.F. Insolvenzverfahren (Fassung 1999)*

5. Schiedsverfahren

§ 28 Gütliche Einigung
§ 29 Errichtung der Schiedsstelle
§ 30 Besetzung der Schiedsstelle
§ 31 Anrufung der Schiedsstelle
§ 32 Antrag auf Erweiterung der Schiedsstelle
§ 33 Verfahren vor der Schiedsstelle
§ 34 Einigungsvorschlag der Schiedsstelle
§ 35 Erfolglose Beendigung des Schiedsverfahrens
§ 36 Kosten des Schiedsverfahrens

6. Gerichtliches Verfahren

§ 37 Voraussetzungen für die Erhebung der Klage
§ 38 Klage auf angemessene Vergütung
§ 39 Zuständigkeit

**3. Abschnitt Erfindungen und technische Verbesserungsvorschläge von Arbeitnehmern im öffentlichen Dienst, von Beamten und Soldaten**

§ 40 Arbeitnehmer im öffentlichen Dienst
§ 41 Beamte, Soldaten
§ 42 Besondere Bestimmungen für Erfindungen an Hochschulen (Fassung 2002)
*§ 42 a.F. Besondere Bestimmungen für Erfindungen von Hochschullehrern und Hochschulassistenten (Fassung 1957)*

**4. Abschnitt Übergangs- und Schlussbestimmungen**

§ 43 Übergangsvorschrift
*§ 44 Anhängige Verfahren (aufgehoben)*

# Gesetz über Arbeitnehmererfindungen

§ 45 Durchführungsbestimmungen
§ 46 Außerkrafttreten von Vorschriften
*§ 47 Besondere Bestimmungen für Berlin (aufgehoben)*
*§ 48 Saarland (aufgehoben)*
§ 49 In-Kraft-Treten

## Erster Abschnitt Anwendungsbereich und Begriffsbestimmungen

### § 1 Anwendungsbereich

Diesem Gesetz unterliegen die Erfindungen und technischen Verbesserungsvorschläge von Arbeitnehmern im privaten und im öffentlichen Dienst, von Beamten und Soldaten.

### § 2 Erfindungen

Erfindungen im Sinne dieses Gesetzes sind nur Erfindungen, die patent- oder gebrauchsmusterfähig sind.

### § 3 Technische Verbesserungsvorschläge

Technische Verbesserungsvorschläge im Sinne dieses Gesetzes sind Vorschläge für sonstige technische Neuerungen, die nicht patent- oder gebrauchsmusterfähig sind.

### § 4 Diensterfindungen und freie Erfindungen

(1) Erfindungen von Arbeitnehmern im Sinne dieses Gesetzes können gebundene oder freie Erfindungen sein.

(2) Gebundene Erfindungen (Diensterfindungen) sind während der Dauer des Arbeitsverhältnisses gemachte Erfindungen, die entweder
1. aus der dem Arbeitnehmer im Betrieb oder in der öffentlichen Verwaltung obliegenden Tätigkeit entstanden sind oder
2. maßgeblich auf Erfahrungen oder Arbeiten des Betriebes oder der öffentlichen Verwaltung beruhen.

(3) Sonstige Erfindungen von Arbeitnehmern sind freie Erfindungen. Sie unterliegen jedoch den Beschränkungen der §§ 18 und 19.

(4) Die Absätze 1 bis 3 gelten entsprechend für Erfindungen von Beamten und Soldaten.

# Gesetz über Arbeitnehmererfindungen

**Zweiter Abschnitt Erfindungen und technische Verbesserungsvorschläge von Arbeitnehmern im privaten Dienst**

## 1. Diensterfindungen

### § 5 Meldepflicht[1]

(1) Der Arbeitnehmer, der eine Diensterfindung gemacht hat, ist verpflichtet, sie unverzüglich dem Arbeitgeber gesondert in Textform zu melden und hierbei kenntlich zu machen, dass es sich um die Meldung einer Erfindung handelt. Sind mehrere Arbeitnehmer an dem Zustandekommen der Erfindung beteiligt, so können sie die Meldung gemeinsam abgeben. Der Arbeitgeber hat den Zeitpunkt des Eingangs der Meldung dem Arbeitnehmer unverzüglich in Textform zu bestätigen.

(2) In der Meldung hat der Arbeitnehmer die technische Aufgabe, ihre Lösung und das Zustandekommen der Diensterfindung zu beschreiben. Vorhandene Aufzeichnungen sollen beigefügt werden, soweit sie zum Verständnis der Erfindung erforderlich sind. Die Meldung soll dem Arbeitnehmer dienstlich erteilte Weisungen oder Richtlinien, die benutzten Erfahrungen oder Arbeiten des Betriebes, die Mitarbeiter sowie Art und Umfang ihrer Mitarbeit angeben und soll hervorheben, was der meldende Arbeitnehmer als seinen eigenen Anteil ansieht.

(3) Eine Meldung, die den Anforderungen des Absatzes 2 nicht entspricht, gilt als ordnungsgemäß, wenn der Arbeitgeber nicht innerhalb von zwei Monaten erklärt, dass und in welcher Hinsicht die Meldung einer Ergänzung bedarf. Er hat den Arbeitnehmer, soweit erforderlich, bei der Ergänzung der Meldung zu unterstützen.

### *§ 5 Meldepflicht [Fassung 1957][2]*

*(1) Der Arbeitnehmer, der eine Diensterfindung gemacht hat, ist verpflichtet, sie unverzüglich dem Arbeitgeber gesondert schriftlich zu melden und hierbei kennt-*

---

1 § 5 geändert in Absatz 1 Satz 1 und 3 durch Art. 7 Nr. 1 des am 01.10.2009 in Kraft getretenen Patentrechtsmodernisierungsgesetzes vom 31.07.2009 (BGBl. I S. 2521).
2 Bis zum 30.09.2009 geltende Fassung vor der Änderung in § 5 Abs. 1 Satz 1 und 3 durch Art. 7 Nr. 1 des am 01.10.2009 in Kraft getretenen Patentrechtsmodernisierungsgesetzes vom 31.07.2009 (BGBl. I S. 2521); zum Übergangsrecht siehe § 43 Abs. 3 ArbEG.

lich zu machen, dass es sich um die Meldung einer Erfindung handelt. Sind mehrere Arbeitnehmer an dem Zustandekommen der Erfindung beteiligt, so können sie die Meldung gemeinsam abgeben. Der Arbeitgeber hat den Zeitpunkt des Eingangs der Meldung dem Arbeitnehmer unverzüglich schriftlich zu bestätigen.

(2) In der Meldung hat der Arbeitnehmer die technische Aufgabe, ihre Lösung und das Zustandekommen der Diensterfindung zu beschreiben. Vorhandene Aufzeichnungen sollen beigefügt werden, soweit sie zum Verständnis der Erfindung erforderlich sind. Die Meldung soll dem Arbeitnehmer dienstlich erteilte Weisungen oder Richtlinien, die benutzten Erfahrungen oder Arbeiten des Betriebes, die Mitarbeiter sowie Art und Umfang ihrer Mitarbeit angeben und soll hervorheben, was der meldende Arbeitnehmer als seinen eigenen Anteil ansieht.

(3) Eine Meldung, die den Anforderungen des Absatzes 2 nicht entspricht, gilt als ordnungsgemäß, wenn der Arbeitgeber nicht innerhalb von zwei Monaten erklärt, dass und in welcher Hinsicht die Meldung einer Ergänzung bedarf. Er hat den Arbeitnehmer, soweit erforderlich, bei der Ergänzung der Meldung zu unterstützen.

## § 6 Inanspruchnahme[3]

(1) Der Arbeitgeber kann eine Diensterfindung durch Erklärung gegenüber dem Arbeitnehmer in Anspruch nehmen.

(2) Die Inanspruchnahme gilt als erklärt, wenn der Arbeitgeber die Diensterfindung nicht bis zum Ablauf von vier Monaten nach Eingang der ordnungsgemäßen Meldung (§ 5 Abs. 2 Satz 1 und 3) gegenüber dem Arbeitnehmer durch Erklärung in Textform freigibt.

## § 6 Inanspruchnahme [Fassung 1957][4]

*(1) Der Arbeitgeber kann eine Diensterfindung unbeschränkt oder beschränkt in Anspruch nehmen.*

*(2) Die Inanspruchnahme erfolgt durch schriftliche Erklärung gegenüber dem Arbeitnehmer. Die Erklärung soll sobald wie möglich abgegeben werden; sie ist spätestens bis zum Ablauf von vier Monaten nach Eingang der ordnungsgemäßen Meldung (§ 5 Abs. 2 und 3) abzugeben.*

---

3 § 6 geändert durch Art. 7 Nr. 2 des am 01.10.2009 in Kraft getretenen Patentrechtsmodernisierungsgesetzes vom 31.07.2009 (BGBl. I S. 2521).

4 Bis zum 30.09.2009 geltende Fassung des § 6 vor der Änderung durch Art. 7 Nr. 2 des am 01.10.2009 in Kraft getretenen Patentrechtsmodernisierungsgesetzes vom 31.07.2009 (BGBl. I S. 2521); zum Übergangsrecht siehe § 43 Abs. 3 ArbEG.

## Gesetz über Arbeitnehmererfindungen

### § 7 Wirkung der Inanspruchnahme[5]

(1) Mit Inanspruchnahme gehen alle vermögenswerten Rechte an der Diensterfindung auf den Arbeitgeber über.

(2) Verfügungen, die der Arbeitnehmer über eine Diensterfindung vor der Inanspruchnahme getroffen hat, sind dem Arbeitgeber gegenüber unwirksam, soweit seine Rechte beeinträchtigt werden.

### *§ 7 Wirkung der Inanspruchnahme [Fassung 1957][6]*

*(1) Mit Zugang der Erklärung der unbeschränkten Inanspruchnahme gehen alle Rechte an der Diensterfindung auf den Arbeitgeber über.*

*(2) Mit Zugang der Erklärung der beschränkten Inanspruchnahme erwirbt der Arbeitgeber nur ein nichtausschließliches Recht zur Benutzung der Diensterfindung. Wird durch das Benutzungsrecht des Arbeitgebers die anderweitige Verwertung der Diensterfindung durch den Arbeitnehmer unbillig erschwert, so kann der Arbeitnehmer verlangen, dass der Arbeitgeber innerhalb von zwei Monaten die Diensterfindung entweder unbeschränkt in Anspruch nimmt oder sie dem Arbeitnehmer freigibt.*

*(3) Verfügungen, die der Arbeitnehmer über eine Diensterfindung vor der Inanspruchnahme getroffen hat, sind dem Arbeitgeber gegenüber unwirksam, soweit seine Rechte beeinträchtigt werden.*

### § 8 Frei gewordene Diensterfindungen[7]

Eine Diensterfindung wird frei, wenn der Arbeitgeber sie durch Erklärung in Textform freigibt. Über eine frei gewordene Diensterfindung kann der Arbeitnehmer ohne die Beschränkungen der §§ 18 und 19 verfügen.

---

5   § 7 geändert durch Art. 7 Nr. 3 des am 01.10.2009 in Kraft getretenen Patentrechtsmodernisierungsgesetzes vom 31.07.2009 (BGBl. I S. 2521).

6   Bis zum 30.09.2009 geltende Fassung des § 7 vor der Änderung durch Art. 7 Nr. 3 des am 01.10.2009 in Kraft getretenen Patentrechtsmodernisierungsgesetzes vom 31.07.2009 (BGBl. I S. 2521); zum Übergangsrecht siehe § 43 Abs. 3 ArbEG.

7   § 8 geändert durch Art. 7 Nr. 4 des am 01.10.2009 in Kraft getretenen Patentrechtsmodernisierungsgesetzes vom 31.07.2009 (BGBl. I S. 2521).

## Gesetz über Arbeitnehmererfindungen

*§ 8 Frei gewordene Diensterfindungen [Fassung 1957]*[8]

*(1) Eine Diensterfindung wird frei,*
1. *wenn der Arbeitgeber sie schriftlich freigibt;*
2. *wenn der Arbeitgeber sie beschränkt in Anspruch nimmt, unbeschadet des Benutzungsrechts des Arbeitgebers nach § 7 Abs. 2;*
3. *wenn der Arbeitgeber sie nicht innerhalb von vier Monaten nach Eingang der ordnungsgemäßen Meldung (§ 5 Abs. 2 und 3) oder im Falle des § 7 Abs. 2 innerhalb von zwei Monaten nach dem Verlangen des Arbeitnehmers in Anspruch nimmt.*

*(2) Über eine frei gewordene Diensterfindung kann der Arbeitnehmer ohne die Beschränkungen der §§ 18 und 19 verfügen.*

## § 9 Vergütung bei Inanspruchnahme[9]

(1) Der Arbeitnehmer hat gegen den Arbeitgeber einen Anspruch auf angemessene Vergütung, sobald der Arbeitgeber die Diensterfindung in Anspruch genommen hat.

(2) Für die Bemessung der Vergütung sind insbesondere die wirtschaftliche Verwertbarkeit der Diensterfindung, die Aufgaben und die Stellung des Arbeitnehmers im Betrieb sowie der Anteil des Betriebes an dem Zustandekommen der Diensterfindung maßgebend.

*§ 9 Vergütung bei unbeschränkter Inanspruchnahme [Fassung 1957]*[10]

*(1) Der Arbeitnehmer hat gegen den Arbeitgeber einen Anspruch auf angemessene Vergütung, sobald der Arbeitgeber die Diensterfindung unbeschränkt in Anspruch genommen hat.*

*(2) Für die Bemessung der Vergütung sind insbesondere die wirtschaftliche Verwertbarkeit der Diensterfindung, die Aufgaben und die Stellung des Arbeitnehmers*

---

8  Bis zum 30.09.2009 geltende Fassung des § 8 vor der Änderung durch Art. 7 Nr. 4 des am 01.10.2009 in Kraft getretenen Patentrechtsmodernisierungsgesetzes vom 31.07.2009 (BGBl. I S. 2521); zum Übergangsrecht siehe § 43 Abs. 3 ArbEG.
9  § 9 (redaktionell) geändert in der Überschrift und in Absatz 1 durch Art. 7 Nr. 5 des am 01.10.2009 in Kraft getretenen Patentrechtsmodernisierungsgesetzes vom 31.07.2009 (BGBl. I S. 2521).
10 Bis zum 30.09.2009 geltende Fassung des § 9 vor der (redaktionellen) Änderung durch Art. 7 Nr. 5 des am 01.10.2009 in Kraft getretenen Patentrechtsmodernisierungsgesetzes vom 31.07.2009 (BGBl. I S. 2521); zum Übergangsrecht siehe § 43 Abs. 3 ArbEG.

## Gesetz über Arbeitnehmererfindungen

*im Betrieb sowie der Anteil des Betriebes an dem Zustandekommen der Diensterfindung maßgebend.*

### § 10 *(aufgehoben).*[11]

### § 10 *Vergütung bei beschränkter Inanspruchnahme [Fassung 1957]*[12]

*(1) Der Arbeitnehmer hat gegen den Arbeitgeber einen Anspruch auf angemessene Vergütung, sobald der Arbeitgeber die Diensterfindung beschränkt in Anspruch genommen hat und sie benutzt. § 9 Abs. 2 ist entsprechend anzuwenden.*

*(2) Nach Inanspruchnahme der Diensterfindung kann sich der Arbeitgeber dem Arbeitnehmer gegenüber nicht darauf berufen, dass die Erfindung zur Zeit der Inanspruchnahme nicht schutzfähig gewesen sei, es sei denn, dass sich dies aus einer Entscheidung des Patentamts oder eines Gerichts ergibt. Der Vergütungsanspruch des Arbeitnehmers bleibt unberührt, soweit er bis zur rechtskräftigen Entscheidung fällig geworden ist.*

### § 11 Vergütungsrichtlinien[13]

Der Bundesminister für Arbeit erlässt nach Anhörung der Spitzenorganisationen der Arbeitgeber und der Arbeitnehmer (§ 12 des Tarifvertragsgesetzes) Richtlinien über die Bemessung der Vergütung.

### § 11 *Vergütungsrichtlinien [Fassung 1957]*[14]

*Der Bundesminister für Arbeit erlässt nach Anhörung der Spitzenorganisationen der Arbeitgeber und der Arbeitnehmer (§ 10 a des Tarifvertragsgesetzes) Richtlinien über die Bemessung der Vergütung.*

---

11  § 10 aufgehoben durch Art. 7 Nr. 6 des am 01.10.2009 in Kraft getretenen Patentrechtsmodernisierungsgesetzes vom 31.07.2009 (BGBl. I S. 2521).

12  Bis zum 30.09.2009 geltende Fassung des § 10, der durch Art. 7 Nr. 6 des am 01.10.2009 in Kraft getretenen Patentrechtsmodernisierungsgesetzes vom 31.07.2009 (BGBl. I S. 2521) aufgehoben worden ist; zum Übergangsrecht siehe § 43 Abs. 3 ArbEG.

13  § 11 (redaktionell) geändert durch Art. 7 Nr. 5 des am 01.10.2009 in Kraft getretenen Patentrechtsmodernisierungsgesetzes vom 31.07.2009 (BGBl. I S. 2521).

14  Bis zum 30.09.2009 geltende Fassung des § 11 vor der (redaktionellen) Änderung durch Art. 7 Nr. 7 des am 01.10.2009 in Kraft getretenen Patentrechtsmodernisierungsgesetzes vom 31.07.2009 (BGBl. I S. 2521); zum Übergangsrecht siehe § 43 Abs. 3 ArbEG.

## Gesetz über Arbeitnehmererfindungen

### § 12 Feststellung oder Festsetzung der Vergütung[15]

(1) Die Art und Höhe der Vergütung soll in angemessener Frist nach Inanspruchnahme der Diensterfindung durch Vereinbarung zwischen dem Arbeitgeber und dem Arbeitnehmer festgestellt werden.

(2) Wenn mehrere Arbeitnehmer an der Diensterfindung beteiligt sind, ist die Vergütung für jeden gesondert festzustellen. Die Gesamthöhe der Vergütung und die Anteile der einzelnen Erfinder an der Diensterfindung hat der Arbeitgeber den Beteiligten bekannt zu geben.

(3) Kommt eine Vereinbarung über die Vergütung in angemessener Frist nach Inanspruchnahme der Diensterfindung nicht zustande, so hat der Arbeitgeber die Vergütung durch eine begründete Erklärung in Textform an den Arbeitnehmer festzusetzen und entsprechend der Festsetzung zu zahlen. Die Vergütung ist spätestens bis zum Ablauf von drei Monaten nach Erteilung des Schutzrechts festzusetzen.

(4) Der Arbeitnehmer kann der Festsetzung innerhalb von zwei Monaten durch Erklärung in Textform widersprechen, wenn er mit der Festsetzung nicht einverstanden ist. Widerspricht er nicht, so wird die Festsetzung für beide Teile verbindlich.

(5) Sind mehrere Arbeitnehmer an der Diensterfindung beteiligt, so wird die Festsetzung für alle Beteiligten nicht verbindlich, wenn einer von ihnen der Festsetzung mit der Begründung widerspricht, dass sein Anteil an der Diensterfindung unrichtig festgesetzt sei. Der Arbeitgeber ist in diesem Falle berechtigt, die Vergütung für alle Beteiligten neu festzusetzen.

(6) Arbeitgeber und Arbeitnehmer können voneinander die Einwilligung in eine andere Regelung der Vergütung verlangen, wenn sich Umstände wesentlich ändern, die für die Feststellung oder Festsetzung der Vergütung maßgebend waren. Rückzahlung einer bereits geleisteten Vergütung kann nicht verlangt werden. Die Absätze 1 bis 5 sind nicht anzuwenden.

### *§ 12 Feststellung oder Festsetzung der Vergütung [Fassung 1957][16]*

*(1) Die Art und Höhe der Vergütung soll in angemessener Frist nach Inanspruchnahme der Diensterfindung durch Vereinbarung zwischen dem Arbeitgeber und dem Arbeitnehmer festgestellt werden.*

---

15 § 12 geändert in Absatz 3 und 4 durch Art. 7 Nr. 8 des am 01.10.2009 in Kraft getretenen Patentrechtsmodernisierungsgesetzes vom 31.07.2009 (BGBl. I S. 2521).
16 Bis zum 30.09.2009 geltende Fassung des § 12 vor der Änderung durch Art. 7 Nr. 8 des am 01.10.2009 in Kraft getretenen Patentrechtsmodernisierungsgesetzes vom 31.07.2009 (BGBl. I S. 2521); zum Übergangsrecht siehe § 43 Abs. 3 ArbEG.

## Gesetz über Arbeitnehmererfindungen

*(2) Wenn mehrere Arbeitnehmer an der Diensterfindung beteiligt sind, ist die Vergütung für jeden gesondert festzustellen. Die Gesamthöhe der Vergütung und die Anteile der einzelnen Erfinder an der Diensterfindung hat der Arbeitgeber den Beteiligten bekannt zu geben.*

*(3) Kommt eine Vereinbarung über die Vergütung in angemessener Frist nach Inanspruchnahme der Diensterfindung nicht zustande, so hat der Arbeitgeber die Vergütung durch eine begründete schriftliche Erklärung an den Arbeitnehmer festzusetzen und entsprechend der Festsetzung zu zahlen. Bei unbeschränkter Inanspruchnahme der Diensterfindung ist die Vergütung spätestens bis zum Ablauf von drei Monaten nach Erteilung des Schutzrechts, bei beschränkter Inanspruchnahme spätestens bis zum Ablauf von drei Monaten nach Aufnahme der Benutzung festzusetzen.*

*(4) Der Arbeitnehmer kann der Festsetzung innerhalb von zwei Monaten durch schriftliche Erklärung widersprechen, wenn er mit der Festsetzung nicht einverstanden ist. Widerspricht er nicht, so wird die Festsetzung für beide Teile verbindlich.*

*(5) Sind mehrere Arbeitnehmer an der Diensterfindung beteiligt, so wird die Festsetzung für alle Beteiligten nicht verbindlich, wenn einer von ihnen der Festsetzung mit der Begründung widerspricht, dass sein Anteil an der Diensterfindung unrichtig festgesetzt sei. Der Arbeitgeber ist in diesem Falle berechtigt, die Vergütung für alle Beteiligten neu festzusetzen.*

*(6) Arbeitgeber und Arbeitnehmer können voneinander die Einwilligung in eine andere Regelung der Vergütung verlangen, wenn sich Umstände wesentlich ändern, die für die Feststellung oder Festsetzung der Vergütung maßgebend waren. Rückzahlung einer bereits geleisteten Vergütung kann nicht verlangt werden. Die Absätze 1 bis 5 sind nicht anzuwenden.*

### § 13 Schutzrechtsanmeldung im Inland[17]

(1) Der Arbeitgeber ist verpflichtet und allein berechtigt, eine gemeldete Diensterfindung im Inland zur Erteilung eines Schutzrechts anzumelden. Eine patentfähige Diensterfindung hat er zur Erteilung eines Patents anzumelden, sofern nicht bei verständiger Würdigung der Verwertbarkeit der Erfindung der Gebrauchsmusterschutz zweckdienlicher erscheint. Die Anmeldung hat unverzüglich zu geschehen.

---

17 § 13 (redaktionell) geändert in Absatz 2 Nr. 1 und Absatz 3 durch Art. 7 Nr. 9 des am 01.10.2009 in Kraft getretenen Patentrechtsmodernisierungsgesetzes vom 31.07.2009 (BGBl. I S. 2521).

(2) Die Verpflichtung des Arbeitgebers zur Anmeldung entfällt,
1. wenn die Diensterfindung frei geworden ist (§ 8);
2. wenn der Arbeitnehmer der Nichtanmeldung zustimmt;
3. wenn die Voraussetzungen des § 17 vorliegen.

(3) Genügt der Arbeitgeber nach Inanspruchnahme der Diensterfindung seiner Anmeldepflicht nicht, und bewirkt er die Anmeldung auch nicht innerhalb einer ihm vom Arbeitnehmer gesetzten angemessenen Nachfrist, so kann der Arbeitnehmer die Anmeldung der Diensterfindung für den Arbeitgeber auf dessen Namen und Kosten bewirken.

(4) Ist die Diensterfindung frei geworden, so ist nur der Arbeitnehmer berechtigt, sie zur Erteilung eines Schutzrechts anzumelden. Hatte der Arbeitgeber die Diensterfindung bereits zur Erteilung eines Schutzrechts angemeldet, so gehen die Rechte aus der Anmeldung auf den Arbeitnehmer über.

## § 13 Schutzrechtsanmeldung im Inland [Fassung 1957][18]

*(1) Der Arbeitgeber ist verpflichtet und allein berechtigt, eine gemeldete Diensterfindung im Inland zur Erteilung eines Schutzrechts anzumelden. Eine patentfähige Diensterfindung hat er zur Erteilung eines Patents anzumelden, sofern nicht bei verständiger Würdigung der Verwertbarkeit der Erfindung der Gebrauchsmusterschutz zweckdienlicher erscheint. Die Anmeldung hat unverzüglich zu geschehen.*

*(2) Die Verpflichtung des Arbeitgebers zur Anmeldung entfällt,*
*1. wenn die Diensterfindung frei geworden ist (§ 8 Abs. 1);*
*2. wenn der Arbeitnehmer der Nichtanmeldung zustimmt;*
*3. wenn die Voraussetzungen des § 17 vorliegen.*

*(3) Genügt der Arbeitgeber nach unbeschränkter Inanspruchnahme der Diensterfindung seiner Anmeldepflicht nicht und bewirkt er die Anmeldung auch nicht innerhalb einer ihm vom Arbeitnehmer gesetzten angemessenen Nachfrist, so kann der Arbeitnehmer die Anmeldung der Diensterfindung für den Arbeitgeber auf dessen Namen und Kosten bewirken.*

*(4) Ist die Diensterfindung frei geworden, so ist nur der Arbeitnehmer berechtigt, sie zur Erteilung eines Schutzrechts anzumelden. Hatte der Arbeitgeber die Dienst-*

---

18 Bis zum 30.09.2009 geltende Fassung des § 13 vor der (redaktionellen) Änderung in Absatz 2 Nr. 1 und Absatz 3 durch Art. 7 Nr. 9 des am 01.10.2009 in Kraft getretenen Patentrechtsmodernisierungsgesetzes vom 31.07.2009 (BGBl. I S. 2521); zum Übergangsrecht siehe § 43 Abs. 3 ArbEG.

### Gesetz über Arbeitnehmererfindungen

*erfindung bereits zur Erteilung eines Schutzrechts angemeldet, so gehen die Rechte aus der Anmeldung auf den Arbeitnehmer über.*

### § 14 Schutzrechtsanmeldung im Ausland[19]

(1) Nach Inanspruchnahme der Diensterfindung ist der Arbeitgeber berechtigt, diese auch im Ausland zur Erteilung von Schutzrechten anzumelden.

(2) Für ausländische Staaten, in denen der Arbeitgeber Schutzrechte nicht erwerben will, hat er dem Arbeitnehmer die Diensterfindung freizugeben und ihm auf Verlangen den Erwerb von Auslandsschutzrechten zu ermöglichen. Die Freigabe soll so rechtzeitig vorgenommen werden, dass der Arbeitnehmer die Prioritätsfristen der zwischenstaatlichen Verträge auf dem Gebiet des gewerblichen Rechtsschutzes ausnutzen kann.

(3) Der Arbeitgeber kann sich gleichzeitig mit der Freigabe nach Absatz 2 ein nicht ausschließliches Recht zur Benutzung der Diensterfindung in den betreffenden ausländischen Staaten gegen angemessene Vergütung vorbehalten und verlangen, dass der Arbeitnehmer bei der Verwertung der freigegebenen Erfindung in den betreffenden ausländischen Staaten die Verpflichtungen des Arbeitgebers aus den im Zeitpunkt der Freigabe bestehenden Verträgen über die Diensterfindung gegen angemessene Vergütung berücksichtigt.

### *§ 14 Schutzrechtsanmeldung im Ausland [Fassung 1957][20]*

*(1) Nach unbeschränkter Inanspruchnahme der Diensterfindung ist der Arbeitgeber berechtigt, diese auch im Ausland zur Erteilung von Schutzrechten anzumelden.*

*(2) Für ausländische Staaten, in denen der Arbeitgeber Schutzrechte nicht erwerben will, hat er dem Arbeitnehmer die Diensterfindung freizugeben und ihm auf Verlangen den Erwerb von Auslandsschutzrechten zu ermöglichen. Die Freigabe soll so rechtzeitig vorgenommen werden, dass der Arbeitnehmer die Prioritätsfristen der zwischenstaatlichen Verträge auf dem Gebiet des gewerblichen Rechtsschutzes ausnutzen kann.*

---

19 § 14 (redaktionell) geändert in Absatz 1 durch Art. 7 Nr. 10 des am 01.10.2009 in Kraft getretenen Patentrechtsmodernisierungsgesetzes vom 31.07.2009 (BGBl. I S. 2521).

20 Bis zum 30.09.2009 geltende Fassung des § 14 vor der (redaktionellen) Änderung in Absatz 1 durch Art. 7 Nr. 10 des am 01.10.2009 in Kraft getretenen Patentrechtsmodernisierungsgesetzes vom 31.07.2009 (BGBl. I S. 2521); zum Übergangsrecht siehe § 43 Abs. 3 ArbEG.

# Gesetz über Arbeitnehmererfindungen

*(3) Der Arbeitgeber kann sich gleichzeitig mit der Freigabe nach Absatz 2 ein nichtausschließliches Recht zur Benutzung der Diensterfindung in den betreffenden ausländischen Staaten gegen angemessene Vergütung vorbehalten und verlangen, dass der Arbeitnehmer bei der Verwertung der freigegebenen Erfindung in den betreffenden ausländischen Staaten die Verpflichtungen des Arbeitgebers aus den im Zeitpunkt der Freigabe bestehenden Verträgen über die Diensterfindung gegen angemessene Vergütung berücksichtigt.*

## § 15 Gegenseitige Rechte und Pflichten beim Erwerb von Schutzrechten

(1) Der Arbeitgeber hat dem Arbeitnehmer zugleich mit der Anmeldung der Diensterfindung zur Erteilung eines Schutzrechts Abschriften der Anmeldeunterlagen zu geben. Er hat ihn von dem Fortgang des Verfahrens zu unterrichten und ihm auf Verlangen Einsicht in den Schriftwechsel zu gewähren.

(2) Der Arbeitnehmer hat den Arbeitgeber auf Verlangen beim Erwerb von Schutzrechten zu unterstützen und die erforderlichen Erklärungen abzugeben.

## § 16 Aufgabe der Schutzrechtsanmeldung oder des Schutzrechts

(1) Wenn der Arbeitgeber vor Erfüllung des Anspruchs des Arbeitnehmers auf angemessene Vergütung die Anmeldung der Diensterfindung zur Erteilung eines Schutzrechts nicht weiterverfolgen oder das auf die Diensterfindung erteilte Schutzrecht nicht aufrechterhalten will, hat er dies dem Arbeitnehmer mitzuteilen und ihm auf dessen Verlangen und Kosten das Recht zu übertragen sowie die zur Wahrung des Rechts erforderlichen Unterlagen auszuhändigen.

(2) Der Arbeitgeber ist berechtigt, das Recht aufzugeben, sofern der Arbeitnehmer nicht innerhalb von drei Monaten nach Zugang der Mitteilung die Übertragung des Rechts verlangt.

(3) Gleichzeitig mit der Mitteilung nach Absatz 1 kann sich der Arbeitgeber ein nichtausschließliches Recht zur Benutzung der Diensterfindung gegen angemessene Vergütung vorbehalten.

## § 17 Betriebsgeheimnisse[21]

(1) Wenn berechtigte Belange des Betriebes es erfordern, eine gemeldete Diensterfindung nicht bekannt werden zu lassen, kann der Arbeitgeber von

---

21 § 17 Abs. 2 i.d.F. des Gesetzes zur Änderung des Patentgesetzes, des Warenzeichengesetzes und weiterer Gesetze vom 4. September 1967 (BGBl. I S. 953).

der Erwirkung eines Schutzrechts absehen, sofern er die Schutzfähigkeit der Diensterfindung gegenüber dem Arbeitnehmer anerkennt.

(2) Erkennt der Arbeitgeber die Schutzfähigkeit der Diensterfindung nicht an, so kann er von der Erwirkung eines Schutzrechts absehen, wenn er zur Herbeiführung einer Einigung über die Schutzfähigkeit der Diensterfindung die Schiedsstelle (§ 29) anruft.

(3) Bei der Bemessung der Vergütung für eine Erfindung nach Absatz 1 sind auch die wirtschaftlichen Nachteile zu berücksichtigen, die sich für den Arbeitnehmer daraus ergeben, dass auf die Diensterfindung kein Schutzrecht erteilt worden ist.

## 2. Freie Erfindungen

### § 18 Mitteilungspflicht[22]

(1) Der Arbeitnehmer, der während der Dauer des Arbeitsverhältnisses eine freie Erfindung gemacht hat, hat dies dem Arbeitgeber unverzüglich durch Erklärung in Textform mitzuteilen. Dabei muss über die Erfindung und, wenn dies erforderlich ist, auch über ihre Entstehung so viel mitgeteilt werden, dass der Arbeitgeber beurteilen kann, ob die Erfindung frei ist.

(2) Bestreitet der Arbeitgeber nicht innerhalb von drei Monaten nach Zugang der Mitteilung durch Erklärung in Textform an den Arbeitnehmer, dass die ihm mitgeteilte Erfindung frei sei, so kann die Erfindung nicht mehr als Diensterfindung in Anspruch genommen werden (§ 6).

(3) Eine Verpflichtung zur Mitteilung freier Erfindungen besteht nicht, wenn die Erfindung offensichtlich im Arbeitsbereich des Betriebes des Arbeitgebers nicht verwendbar ist.

### *§ 18 Mitteilungspflicht [Fassung 1957]*[23]

*(1) Der Arbeitnehmer, der während der Dauer des Arbeitsverhältnisses eine freie Erfindung gemacht hat, hat dies dem Arbeitgeber unverzüglich schriftlich mitzutei-*

---

22 § 18 geändert in Absatz 1 Satz 1 und Absatz 2 durch Art. 7 Nr. 11 des am 01.10.2009 in Kraft getretenen Patentrechtsmodernisierungsgesetzes vom 31.07.2009 (BGBl. I S. 2521).

23 Bis zum 30.09.2009 geltende Fassung des § 18 vor der Änderung in Absatz 1 Satz 1 und Absatz 2 durch Art. 7 Nr. 11 des am 01.10.2009 in Kraft getretenen Patentrechtsmodernisierungsgesetzes vom 31.07.2009 (BGBl. I S. 2521); zum Übergangsrecht siehe § 43 Abs. 3 ArbEG.

*len. Dabei muss über die Erfindung und, wenn dies erforderlich ist, auch über ihre Entstehung so viel mitgeteilt werden, dass der Arbeitgeber beurteilen kann, ob die Erfindung frei ist.*

*(2) Bestreitet der Arbeitgeber nicht innerhalb von drei Monaten nach Zugang der Mitteilung durch schriftliche Erklärung an den Arbeitnehmer, dass die ihm mitgeteilte Erfindung frei sei, so kann er die Erfindung nicht mehr als Diensterfindung in Anspruch nehmen.*

*(3) Eine Verpflichtung zur Mitteilung freier Erfindungen besteht nicht, wenn die Erfindung offensichtlich im Arbeitsbereich des Betriebes des Arbeitgebers nicht verwendbar ist.*

## § 19 Anbietungspflicht

(1) Bevor der Arbeitnehmer eine freie Erfindung während der Dauer des Arbeitsverhältnisses anderweitig verwertet, hat er zunächst dem Arbeitgeber mindestens ein nichtausschließliches Recht zur Benutzung der Erfindung zu angemessenen Bedingungen anzubieten, wenn die Erfindung im Zeitpunkt des Angebots in den vorhandenen oder vorbereiteten Arbeitsbereich des Betriebes des Arbeitgebers fällt. Das Angebot kann gleichzeitig mit der Mitteilung nach § 18 abgegeben werden.

(2) Nimmt der Arbeitgeber das Angebot innerhalb von drei Monaten nicht an, so erlischt das Vorrecht.

(3) Erklärt sich der Arbeitgeber innerhalb der Frist des Absatzes 2 zum Erwerb des ihm angebotenen Rechts bereit, macht er jedoch geltend, dass die Bedingungen des Angebots nicht angemessen seien, so setzt das Gericht auf Antrag des Arbeitgebers oder des Arbeitnehmers die Bedingungen fest.

(4) Der Arbeitgeber oder der Arbeitnehmer kann eine andere Festsetzung der Bedingungen beantragen, wenn sich Umstände wesentlich ändern, die für die vereinbarten oder festgesetzten Bedingungen maßgebend waren.

## 3. Technische Verbesserungsvorschläge

## § 20

(1) Für technische Verbesserungsvorschläge, die dem Arbeitgeber eine ähnliche Vorzugsstellung gewähren wie ein gewerbliches Schutzrecht, hat der Arbeitnehmer gegen den Arbeitgeber einen Anspruch auf angemessene Vergütung, sobald dieser sie verwertet. Die Bestimmungen der §§ 9 und 12 sind sinngemäß anzuwenden.

(2) Im Übrigen bleibt die Behandlung technischer Verbesserungsvorschläge der Regelung durch Tarifvertrag oder Betriebsvereinbarung überlassen.

## 4. Gemeinsame Bestimmungen

**§ 21** *(aufgehoben)*.[24]

*§ 21 Erfinderberater [Fassung 1957][25]*

*(1) In Betrieben können durch Übereinkunft zwischen Arbeitgeber und Betriebsrat ein oder mehrere Erfinderberater bestellt werden.*

*(2) Der Erfinderberater soll insbesondere den Arbeitnehmer bei der Abfassung der Meldung (§ 5) oder der Mitteilung (§ 18) unterstützen sowie auf Verlangen des Arbeitgebers und des Arbeitnehmers bei der Ermittlung einer angemessenen Vergütung mitwirken.*

## § 22 Unabdingbarkeit

Die Vorschriften dieses Gesetzes können zuungunsten des Arbeitnehmers nicht abgedungen werden. Zulässig sind jedoch Vereinbarungen über Diensterfindungen nach ihrer Meldung, über freie Erfindungen und technische Verbesserungsvorschläge (§ 20 Abs. 1) nach ihrer Mitteilung.

## § 23 Unbilligkeit[26]

(1) Vereinbarungen über Diensterfindungen, freie Erfindungen oder technische Verbesserungsvorschläge (§ 20 Abs. 1), die nach diesem Gesetz zulässig sind, sind unwirksam, soweit sie in erheblichem Maße unbillig sind. Das Gleiche gilt für die Festsetzung der Vergütung (§ 12 Abs. 4).

(2) Auf die Unbilligkeit einer Vereinbarung oder einer Festsetzung der Vergütung können sich Arbeitgeber und Arbeitnehmer nur berufen, wenn sie die

---

24 § 21 aufgehoben durch Art. 7 Nr. 12 des am 01.10.2009 in Kraft getretenen Patentrechtsmodernisierungsgesetzes vom 31.07.2009 (BGBl. I S. 2521).
25 Bis zum 30.09.2009 geltende Fassung des § 21, der – ohne Übergangsregelung (vgl. § 43) – durch Art. 7 Nr. 12 des am 01.10.2009 in Kraft getretenen Patentrechtsmodernisierungsgesetzes vom 31.07.2009 (BGBl. I S. 2521) (aufgehoben worden ist.
26 § 23 geändert in Absatz 2 durch Art. 7 Nr. 13 des am 01.10.2009 in Kraft getretenen Patentrechtsmodernisierungsgesetzes vom 31.07.2009 (BGBl. I S. 2521).

# Gesetz über Arbeitnehmererfindungen

Unbilligkeit spätestens bis zum Ablauf von sechs Monaten nach Beendigung des Arbeitsverhältnisses durch Erklärung in Textform gegenüber dem anderen Teil geltend machen.

## § 23 Unbilligkeit [Fassung 1957][27]

*(1) Vereinbarungen über Diensterfindungen, freie Erfindungen oder technische Verbesserungsvorschläge (§ 20 Abs. 1), die nach diesem Gesetz zulässig sind, sind unwirksam, soweit sie in erheblichem Maße unbillig sind. Das Gleiche gilt für die Festsetzung der Vergütung (§ 12 Abs. 4).*

*(2) Auf die Unbilligkeit einer Vereinbarung oder einer Festsetzung der Vergütung können sich Arbeitgeber und Arbeitnehmer nur berufen, wenn sie die Unbilligkeit spätestens bis zum Ablauf von sechs Monaten nach Beendigung des Arbeitsverhältnisses durch schriftliche Erklärung gegenüber dem anderen Teil geltend machen.*

## § 24 Geheimhaltungspflicht[28]

(1) Der Arbeitgeber hat die ihm gemeldete oder mitgeteilte Erfindung eines Arbeitnehmers solange geheimzuhalten, als dessen berechtigte Belange dies erfordern.

(2) Der Arbeitnehmer hat eine Diensterfindung solange geheimzuhalten, als sie nicht frei geworden ist (§ 8).

(3) Sonstige Personen, die aufgrund dieses Gesetzes von einer Erfindung Kenntnis erlangt haben, dürfen ihre Kenntnisse weder auswerten noch bekannt geben.

## § 24 Geheimhaltungspflicht [Fassung 1957][29]

*(1) Der Arbeitgeber hat die ihm gemeldete oder mitgeteilte Erfindung eines Arbeitnehmers so lange geheim zu halten, als dessen berechtigte Belange dies erfordern.*

---

27 Bis zum 30.09.2009 geltende Fassung des § 23 vor der Änderung in Absatz 2 durch Art. 7 Nr. 13 des am 01.10.2009 in Kraft getretenen Patentrechtsmodernisierungsgesetzes vom 31.07.2009 (BGBl. I S. 2521); zum Übergangsrecht siehe § 43 Abs. 3 ArbEG.

28 § 24 (redaktionell) geändert in Absatz 2 durch Art. 7 Nr. 14 des am 01.10.2009 in Kraft getretenen Patentrechtsmodernisierungsgesetzes vom 31.07.2009 (BGBl. I S. 2521).

29 Bis zum 30.09.2009 geltende Fassung des § 24 vor der (redaktionellen) Änderung in Absatz 2 durch Art. 7 Nr. 14 des am 01.10.2009 in Kraft getretenen Patentrechtsmodernisierungsgesetzes vom 31.07.2009 (BGBl. I S. 2521); zum Übergangsrecht siehe § 43 Abs. 3 ArbEG.

### Gesetz über Arbeitnehmererfindungen

*(2) Der Arbeitnehmer hat eine Diensterfindung so lange geheim zu halten, als sie nicht frei geworden ist (§ 8 Abs. 1).*

*(3) Sonstige Personen, die auf Grund dieses Gesetzes von einer Erfindung Kenntnis erlangt haben, dürfen ihre Kenntnis weder auswerten noch bekannt geben.*

### § 25 Verpflichtungen aus dem Arbeitsverhältnis[30]

Sonstige Verpflichtungen, die sich für den Arbeitgeber und den Arbeitnehmer aus dem Arbeitsverhältnis ergeben, werden durch die Vorschriften dieses Gesetzes nicht berührt, soweit sich nicht daraus, dass die Erfindung frei geworden ist (§ 8) etwas anderes ergibt.

### *§ 25 Verpflichtungen aus dem Arbeitsverhältnis [Fassung 1957][31]*

*Sonstige Verpflichtungen, die sich für den Arbeitgeber und den Arbeitnehmer aus dem Arbeitsverhältnis ergeben, werden durch die Vorschriften dieses Gesetzes nicht berührt, soweit sich nicht daraus, dass die Erfindung frei geworden ist (§ 8 Abs. 1), etwas anderes ergibt.*

### § 26 Auflösung des Arbeitsverhältnisses

Die Rechte und Pflichten aus diesem Gesetz werden durch die Auflösung des Arbeitsverhältnisses nicht berührt.

### § 27 Insolvenzverfahren[32]

Wird nach Inanspruchnahme der Diensterfindung das Insolvenzverfahren über das Vermögen des Arbeitgebers eröffnet, so gilt Folgendes:
1. Veräußert der Insolvenzverwalter die Diensterfindung mit dem Geschäftsbetrieb, so tritt der Erwerber für die Zeit von der Eröffnung des Insolvenzverfahrens an in die Vergütungspflicht des Arbeitgebers ein.

---

30 § 25 (redaktionell) geändert durch Art. 7 Nr. 14 des am 01.10.2009 in Kraft getretenen Patentrechtsmodernisierungsgesetzes vom 31.07.2009 (BGBl. I S. 2521).

31 Bis zum 30.09.2009 geltende Fassung des § 25 vor der Änderung durch Art. 7 Nr. 14 des am 01.10.2009 in Kraft getretenen Patentrechtsmodernisierungsgesetzes vom 31.07.2009 (BGBl. I S. 2521); zum Übergangsrecht siehe § 43 Abs. 3 ArbEG.

32 § 27 geändert durch Art. 7 Nr. 15 des am 01.10.2009 in Kraft getretenen Patentrechtsmodernisierungsgesetzes vom 31.07.2009 (BGBl. I S. 2521).

2. Verwertet der Insolvenzverwalter die Diensterfindung im Unternehmen des Schuldners, so hat er dem Arbeitnehmer eine angemessene Vergütung für die Verwertung aus der Insolvenzmasse zu zahlen.
3. In allen anderen Fällen hat der Insolvenzverwalter dem Arbeitnehmer die Diensterfindung sowie darauf bezogene Schutzrechtspositionen spätestens nach Ablauf eines Jahres nach Eröffnung des Insolvenzverfahrens anzubieten; im Übrigen gilt § 16 entsprechend. Nimmt der Arbeitnehmer das Angebot innerhalb von zwei Monaten nach dessen Zugang nicht an, kann der Insolvenzverwalter die Erfindung ohne Geschäftsbetrieb veräußern oder das Recht aufgeben. Im Fall der Veräußerung kann der Insolvenzverwalter mit dem Erwerber vereinbaren, dass sich dieser verpflichtet, dem Arbeitnehmer die Vergütung nach § 9 zu zahlen. Wird eine solche Vereinbarung nicht getroffen, hat der Insolvenzverwalter die Vergütung aus dem Veräußerungserlös zu zahlen.
4. Im Übrigen kann der Arbeitnehmer seine Vergütungsansprüche nach den §§ 9 bis 12 nur als Insolvenzgläubiger geltend machen.

## § 27 Insolvenzverfahren (Fassung 1999)[33]

*Wird nach unbeschränkter Inanspruchnahme der Diensterfindung das Insolvenzverfahren über das Vermögen des Arbeitgebers eröffnet, so gilt Folgendes:*
1. *Veräußert der Insolvenzverwalter die Diensterfindung mit dem Geschäftsbetrieb, so tritt der Erwerber für die Zeit von der Eröffnung des Insolvenzverfahrens an in die Vergütungspflicht des Arbeitgebers (§ 9) ein.*
2. *Veräußert der Insolvenzverwalter die Diensterfindung ohne den Geschäftsbetrieb, so hat der Arbeitnehmer ein Vorkaufsrecht. Übt der Arbeitnehmer das Vorkaufsrecht aus, so kann er mit seinen Ansprüchen auf Vergütung für die unbeschränkte Inanspruchnahme der Diensterfindung gegen die Kaufpreisforderung aufrechnen. Für den Fall, dass der Arbeitnehmer das Vorkaufsrecht nicht ausübt, kann der Insolvenzverwalter mit dem Erwerber vereinbaren, dass sich dieser verpflichtet, dem Arbeitnehmer eine angemessene Vergütung (§ 19) für die weitere Verwertung der Diensterfindung zu zahlen. Wird eine solche Vereinbarung nicht getroffen, so erhält der Arbeitnehmer eine angemessene Abfindung aus dem Veräußerungserlös.*

---

[33] Bis zum 30.09.2009 geltende Fassung des § 27 vor der (redaktionellen) Änderung durch Art. 7 Nr. 15 des am 01.10.2009 in Kraft getretenen Patentrechtsmodernisierungsgesetzes vom 31.07.2009 (BGBl. I S. 2521). Die Vorschrift war zuvor bereits durch das Einführungsgesetz zur Insolvenzverordnung (EGInsO) vom 05. 10. 1994 (BGBl. I S. 2911) zum 01.01.1999 (Art. 110 Abs. 1 EGInsO) geändert worden, Zum neuen Übergangsrecht der ArbEG-Novelle 2009 siehe § 43 Abs. 3 ArbEG.

## Gesetz über Arbeitnehmererfindungen

*3. Verwertet der Insolvenzverwalter die Diensterfindung im Unternehmen des Schuldners, so hat er dem Arbeitnehmer eine angemessene Vergütung für die Verwertung aus der Insolvenzmasse zu zahlen.*

*4. Will der Insolvenzverwalter die Diensterfindung weder im Unternehmen des Schuldners verwerten noch veräußern, so gilt § 16 Abs. 1 und 2 entsprechend. Verlangt der Arbeitnehmer die Übertragung der Erfindung, so kann er mit seinen Ansprüchen auf Vergütung für die unbeschränkte Inanspruchnahme der Diensterfindung gegen den Anspruch auf Erstattung der Kosten der Übertragung aufrechnen.*

*5. Im Übrigen kann der Arbeitnehmer seine Vergütungsansprüche nur als Insolvenzgläubiger geltend machen.*

## 5. Schiedsverfahren

### § 28 Gütliche Einigung

In allen Streitfällen zwischen Arbeitgeber und Arbeitnehmer auf Grund dieses Gesetzes kann jederzeit die Schiedsstelle angerufen werden. Die Schiedsstelle hat zu versuchen, eine gütliche Einigung herbeizuführen.

### § 29 Errichtung der Schiedsstelle

(1) Die Schiedsstelle wird beim Patentamt errichtet.

(2) Die Schiedsstelle kann außerhalb ihres Sitzes zusammentreten.

### § 30 Besetzung der Schiedsstelle[34]

(1) Die Schiedsstelle besteht aus einem Vorsitzenden oder seinem Vertreter und zwei Beisitzern.

(2) Der Vorsitzende und sein Vertreter sollen die Befähigung zum Richteramt nach dem Deutschen Richtergesetz besitzen. Sie werden vom Bundesminister der Justiz für die Dauer von vier Jahren berufen. Eine Wiederberufung ist zulässig.

(3) Die Beisitzer sollen auf dem Gebiet der Technik, auf das sich die Erfindung oder der technische Verbesserungsvorschlag bezieht, besondere Erfahrung

---

34 § 30 ist geändert in Absätzen 2 und 6 durch Art. 7 Nr. 16 des am 01.10.2009 in Kraft getretenen Patentrechtsmodernisierungsgesetzes vom 31.07.2009 (BGBl. I S. 2521).

besitzen. Sie werden vom Präsidenten des Patentamtes aus den Mitgliedern oder Hilfsmitgliedern des Patentamtes für den einzelnen Streitfall berufen.

(4) Auf Antrag eines Beteiligten ist die Besetzung der Schiedsstelle um je einen Beisitzer aus Kreisen der Arbeitgeber und der Arbeitnehmer zu erweitern. Diese Beisitzer werden vom Präsidenten des Patentamtes aus Vorschlagslisten ausgewählt und für den einzelnen Streitfall bestellt. Zur Einreichung von Vorschlagslisten sind berechtigt die in § 11 genannten Spitzenorganisationen, ferner die Gewerkschaften und die selbständigen Vereinigungen von Arbeitnehmern mit sozial- oder berufspolitischer Zwecksetzung, die keiner dieser Spitzenorganisationen angeschlossen sind, wenn ihnen eine erhebliche Zahl von Arbeitnehmern angehört, von denen nach der ihnen im Betrieb obliegenden Tätigkeit erfinderische Leistungen erwartet werden.

(5) Der Präsident des Patentamtes soll den Beisitzer nach Absatz 4 aus der Vorschlagsliste derjenigen Organisation auswählen, welcher der Beteiligte angehört, wenn der Beteiligte seine Zugehörigkeit zu einer Organisation vor der Auswahl der Schiedsstelle mitgeteilt hat.

(6) Die Dienstaufsicht über die Schiedsstelle führt der Vorsitzende, die Dienstaufsicht über den Vorsitzenden der Präsident des Patentamtes. Die Mitglieder der Schiedsstelle sind an Weisungen nicht gebunden.

## *§ 30 Besetzung der Schiedsstelle [Fassung 1957]*[35]

*(1) Die Schiedsstelle besteht aus einem Vorsitzenden oder seinem Vertreter und zwei Beisitzern.*

*(2) Der Vorsitzende und sein Vertreter sollen die Befähigung zum Richteramt nach dem Gerichtsverfassungsgesetz besitzen. Sie werden vom Bundesminister der Justiz am Beginn des Kalenderjahres für dessen Dauer berufen.*

*(3) Die Beisitzer sollen auf dem Gebiet der Technik, auf das sich die Erfindung oder der technische Verbesserungsvorschlag bezieht, besondere Erfahrung besitzen. Sie werden vom Präsidenten des Patentamts aus den Mitgliedern oder Hilfsmitgliedern des Patentamts für den einzelnen Streitfall berufen.*

*(4) Auf Antrag eines Beteiligten ist die Besetzung der Schiedsstelle um je einen Beisitzer aus Kreisen der Arbeitgeber und der Arbeitnehmer zu erweitern. Diese*

---

35 Bis zum 30.09.2009 geltende Fassung des § 30 vor der Änderung in Absätzen 2 und 6 durch Art. 7 Nr. 16 des am 01.10.2009 in Kraft getretenen Patentrechtsmodernisierungsgesetzes vom 31.07.2009 (BGBl. I S. 2521).

### Gesetz über Arbeitnehmererfindungen

*Beisitzer werden vom Präsidenten des Patentamts aus Vorschlagslisten ausgewählt und für den einzelnen Streitfall bestellt. Zur Einreichung von Vorschlagslisten sind berechtigt die in § 11 genannten Spitzenorganisationen, ferner die Gewerkschaften und die selbständigen Vereinigungen von Arbeitnehmern mit sozial- oder berufspolitischer Zwecksetzung, die keiner dieser Spitzenorganisationen angeschlossen sind, wenn ihnen eine erhebliche Zahl von Arbeitnehmern angehört, von denen nach der ihnen im Betrieb obliegenden Tätigkeit erfinderische Leistungen erwartet werden.*

*(5) Der Präsident des Patentamts soll den Beisitzer nach Absatz 4 aus der Vorschlagsliste derjenigen Organisation auswählen, welcher der Beteiligte angehört, wenn der Beteiligte seine Zugehörigkeit zu einer Organisation vor der Auswahl der Schiedsstelle mitgeteilt hat.*

*(6) Die Dienstaufsicht über die Schiedsstelle führt der Vorsitzende, die Dienstaufsicht über den Vorsitzenden der Bundesminister der Justiz.*

### § 31 Anrufung der Schiedsstelle

(1) Die Anrufung der Schiedsstelle erfolgt durch schriftlichen Antrag. Der Antrag soll in zwei Stücken eingereicht werden. Er soll eine kurze Darstellung des Sachverhalts sowie Namen und Anschrift des anderen Beteiligten enthalten.

(2) Der Antrag wird vom Vorsitzenden der Schiedsstelle dem anderen Beteiligten mit der Aufforderung zugestellt, sich innerhalb einer bestimmten Frist zu dem Antrag schriftlich zu äußern.

### § 32 Antrag auf Erweiterung der Schiedsstelle

Der Antrag auf Erweiterung der Besetzung der Schiedsstelle ist von demjenigen, der die Schiedsstelle anruft, zugleich mit der Anrufung (§ 31 Abs. 1), von dem anderen Beteiligten innerhalb von zwei Wochen nach Zustellung des die Anrufung enthaltenden Antrags (§ 31 Abs. 2) zu stellen.

### § 33 Verfahren vor der Schiedsstelle

(1)[36] Auf das Verfahren vor der Schiedsstelle sind §§ 41–48, 1042 Abs. 1 und § 1050 der Zivilprozessordnung sinngemäß anzuwenden. § 1042 Abs. 2 der Zivilprozessordnung ist mit der Maßgabe sinngemäß anzuwenden, dass auch

---

36 Geändert durch Art. 2 § 17 des Schiedsverfahrens-Neuregelungsgesetzes vom 22.12.1997 (BGBl. I, S. 3224, 3228).

# Gesetz über Arbeitnehmererfindungen

Patentanwälte und Erlaubnisscheininhaber *(Artikel 3 des Zweiten Gesetzes zur Änderung und Überleitung von Vorschriften auf dem Gebiet des gewerblichen Rechtsschutzes vom 2. Juli 1949 – WiGBl. S. 179)*[37] sowie Verbandsvertreter im Sinne des § 11 des Arbeitsgerichtsgesetzes von der Schiedsstelle nicht zurückgewiesen werden dürfen.

(2) Im Übrigen bestimmt die Schiedsstelle das Verfahren selbst.

## § 34 Einigungsvorschlag der Schiedsstelle

(1) Die Schiedsstelle fasst ihre Beschlüsse mit Stimmenmehrheit. § 196 Abs. 2 des Gerichtsverfassungsgesetzes ist anzuwenden.

(2) Die Schiedsstelle hat den Beteiligten einen Einigungsvorschlag zu machen. Der Einigungsvorschlag ist zu begründen und von sämtlichen Mitgliedern der Schiedsstelle zu unterschreiben. Auf die Möglichkeit des Widerspruchs und die Folgen bei Versäumung der Widerspruchsfrist ist in dem Einigungsvorschlag hinzuweisen. Der Einigungsvorschlag ist den Beteiligten zuzustellen.

(3) Der Einigungsvorschlag gilt als angenommen und eine dem Inhalt des Vorschlags entsprechende Vereinbarung als zustande gekommen, wenn nicht innerhalb eines Monats nach Zustellung des Vorschlages ein schriftlicher Widerspruch eines der Beteiligten bei der Schiedsstelle eingeht.

(4) Ist einer der Beteiligten durch unabwendbaren Zufall verhindert worden, den Widerspruch rechtzeitig einzulegen, so ist er auf Antrag wieder in den vorigen Stand einzusetzen. Der Antrag muss innerhalb eines Monats nach Wegfall des Hindernisses schriftlich bei der Schiedsstelle eingereicht werden. Innerhalb dieser Frist ist der Widerspruch nachzuholen. Der Antrag muss die Tatsachen, auf die er gestützt wird, und die Mittel angeben, mit denen diese Tatsachen glaubhaft gemacht werden. Ein Jahr nach Zustellung des Einigungsvorschlages kann die Wiedereinsetzung nicht mehr beantragt und der Widerspruch nicht mehr nachgeholt werden.

(5) Über den Wiedereinsetzungsantrag entscheidet die Schiedsstelle. Gegen die Entscheidung der Schiedsstelle findet die sofortige Beschwerde nach den Vorschriften der Zivilprozessordnung an das für den Sitz des Antragstellers zuständige Landgericht statt.

---

[37] Aufgehoben durch § 188 der Patentanwaltsordnung vom 7. September 1966 (BGBl. I S. 557); vgl. dort §§ 177 ff. für Erlaubnisscheininhaber.

# Gesetz über Arbeitnehmererfindungen

## § 35 Erfolglose Beendigung des Schiedsverfahrens

(1) Das Verfahren vor der Schiedsstelle ist erfolglos beendet,
1. wenn sich der andere Beteiligte innerhalb der ihm nach § 31 Abs. 2 gesetzten Frist nicht geäußert hat;
2. wenn er es abgelehnt hat, sich auf das Verfahren vor der Schiedsstelle einzulassen;
3. wenn innerhalb der Frist des § 34 Abs. 3 ein schriftlicher Widerspruch eines der Beteiligten bei der Schiedsstelle eingegangen ist.

(2) Der Vorsitzende der Schiedsstelle teilt die erfolglose Beendigung des Schiedsverfahrens den Beteiligten mit.

## § 36 Kosten des Schiedsverfahrens

Im Verfahren vor der Schiedsstelle werden keine Gebühren oder Auslagen erhoben.

## 6. Gerichtliches Verfahren

## § 37 Voraussetzungen für die Erhebung der Klage

(1) Rechte oder Rechtsverhältnisse, die in diesem Gesetz geregelt sind, können im Wege der Klage erst geltend gemacht werden, nachdem ein Verfahren vor der Schiedsstelle vorausgegangen ist.

(2) Dies gilt nicht,
1. wenn mit der Klage Rechte aus einer Vereinbarung (§§ 12, 19, 22, 34) geltend gemacht werden oder die Klage darauf gestützt wird, dass die Vereinbarung nicht rechtswirksam sei;
2. wenn seit der Anrufung der Schiedsstelle sechs Monate verstrichen sind;
3. wenn der Arbeitnehmer aus dem Betrieb des Arbeitgebers ausgeschieden ist;
4. wenn die Parteien vereinbart haben, von der Anrufung der Schiedsstelle abzusehen. Diese Vereinbarung kann erst getroffen werden, nachdem der Streitfall (§ 28) eingetreten ist. Sie bedarf der Schriftform.

(3) Einer Vereinbarung nach Absatz 2 Nr. 4 steht es gleich, wenn beide Parteien zur Hauptsache mündlich verhandelt haben, ohne geltend zu machen, dass die Schiedsstelle nicht angerufen worden ist.

(4) Der vorherigen Anrufung der Schiedsstelle bedarf es ferner nicht für Anträge auf Anordnung eines Arrestes oder einer einstweiligen Verfügung.

(5) Die Klage ist nach Erlass eines Arrestes oder einer einstweiligen Verfügung ohne die Beschränkung des Absatzes 1 zulässig, wenn der Partei nach den §§ 926, 936 der Zivilprozessordnung eine Frist zur Erhebung der Klage bestimmt worden ist.

## § 38 Klage auf angemessene Vergütung

Besteht Streit über die Höhe der Vergütung, so kann die Klage auch auf Zahlung eines vom Gericht zu bestimmenden angemessenen Betrages gerichtet werden.

## § 39 Zuständigkeit[38]

(1)[39] Für alle Rechtsstreitigkeiten über Erfindungen eines Arbeitnehmers sind die für Patentstreitsachen zuständigen Gerichte (§ 143 des Patentgesetzes) ohne Rücksicht auf den Streitwert ausschließlich zuständig. Die Vorschriften über das Verfahren in Patentstreitsachen sind anzuwenden.

(2) Ausgenommen von der Regelung des Absatzes 1 sind Rechtsstreitigkeiten, die ausschließlich Ansprüche auf Leistung einer festgestellten oder festgesetzten Vergütung für eine Erfindung zum Gegenstand haben.

**Dritter Abschnitt** **Erfindungen und technische Verbesserungsvorschläge von Arbeitnehmern im öffentlichen Dienst, von Beamten und Soldaten**

## § 40 Arbeitnehmer im öffentlichen Dienst

Auf Erfindungen und technische Verbesserungsvorschläge von Arbeitnehmern, die in Betrieben und Verwaltungen des Bundes, der Länder, der Gemeinden und sonstigen Körperschaften, Anstalten und Stiftungen des öffentlichen Rechts beschäftigt sind, sind die Vorschriften für Arbeitnehmer im privaten Dienst mit folgender Maßgabe anzuwenden:

---

38 § 39 Abs. 1 i.d.F. des Gesetzes zur Änderung des Gebrauchsmustergesetzes vom 15. August 1986 (BGBl. I S. 1446), sowie des Kostenrechtsänderungsgesetzes v. 24. Juni 1994 (BGBl. I S. 1325).

39 Satz 3 der Fassung 1986 ist im Hinblick auf die Neufassung des § 65 Abs. 2 GKG durch das Kostenrechtsänderungsgesetz 1994 aufgehoben (Art. 9 Nr. 5), und zwar mit Wirkung ab 1.7.1994 (Art. 12).

## Gesetz über Arbeitnehmererfindungen

1. An Stelle der Inanspruchnahme der Diensterfindung kann der Arbeitgeber eine angemessene Beteiligung an dem Ertrage der Diensterfindung in Anspruch nehmen, wenn dies vorher vereinbart worden ist. Über die Höhe der Beteiligung können im Voraus bindende Abmachungen getroffen werden. Kommt eine Vereinbarung über die Höhe der Beteiligung nicht zustande, so hat der Arbeitgeber sie festzusetzen. § 12 Abs. 3 bis 6 ist entsprechend anzuwenden.
2. Die Behandlung von technischen Verbesserungsvorschlägen nach § 20 Abs. 2 kann auch durch Dienstvereinbarung geregelt werden; Vorschriften, nach denen die Einigung über die Dienstvereinbarung durch die Entscheidung einer höheren Dienststelle oder einer dritten Stelle ersetzt werden kann, finden keine Anwendung.
3. Dem Arbeitnehmer können im öffentlichen Interesse durch allgemeine Anordnung der zuständigen obersten Dienstbehörde Beschränkungen hinsichtlich der Art der Verwertung der Diensterfindung auferlegt werden.
4. Zur Einreichung von Vorschlagslisten für Arbeitgeberbeisitzer (§ 30 Abs. 4) sind auch die Bundesregierung und die Landesregierungen berechtigt.
5. Soweit öffentliche Verwaltungen eigene Schiedsstellen zur Beilegung von Streitigkeiten auf Grund dieses Gesetzes errichtet haben, finden die Vorschriften der §§ 29 bis 32 keine Anwendung.

## § 41 Beamte, Soldaten

Auf Erfindungen und technische Verbesserungsvorschläge von Beamten und Soldaten sind die Vorschriften für Arbeitnehmer im öffentlichen Dienst entsprechend anzuwenden.

## § 42 Besondere Bestimmungen für Erfindungen an Hochschulen [Fassung 2002][40]

Für Erfindungen der an einer Hochschule Beschäftigten gelten folgende besonderen Bestimmungen:
1. Der Erfinder ist berechtigt, die Diensterfindung im Rahmen seiner Lehr- und Forschungstätigkeit zu offenbaren, wenn er dies dem Dienstherrn rechtzeitig, in der Regel zwei Monate zuvor, angezeigt hat. § 24 Abs. 2 findet insoweit keine Anwendung.

---

40 § 42 wurde neu gefasst durch Art. 1 Nr. 2 des Gesetzes zur Änderung des ArbEG vom 18.01.2002 (BGBl. I S. 414) und gilt ab 07.02.2002; zum Übergangsrecht siehe § 43 Abs. 1 und 2.

## Gesetz über Arbeitnehmererfindungen

2. Lehnt ein Erfinder aufgrund seiner Lehr- und Forschungsfreiheit die Offenbarung seiner Diensterfindung ab, so ist er nicht verpflichtet, die Erfindung dem Dienstherrn zu melden. Will der Erfinder seine Erfindung zu einem späteren Zeitpunkt offenbaren, so hat er dem Dienstherrn die Erfindung unverzüglich zu melden.
3. Dem Erfinder bleibt im Fall der Inanspruchnahme der Diensterfindung ein nichtausschließliches Recht zur Benutzung der Diensterfindung im Rahmen seiner Lehr- und Forschungstätigkeit.
4. Verwertet der Dienstherr die Erfindung, beträgt die Höhe der Vergütung 30 vom Hundert der durch die Verwertung erzielten Einnahmen.
5. § 40 Nr. 1 findet keine Anwendung.

*§ 42 Besondere Bestimmungen für Erfindungen von Hochschullehrern und Hochschulassistenten [Fassung 1957][41]*

*(1) In Abweichung von den Vorschriften der §§ 40 und 41 sind Erfindungen von Professoren, Dozenten und wissenschaftlichen Assistenten bei den wissenschaftlichen Hochschulen, die von ihnen in dieser Eigenschaft gemacht werden, freie Erfindungen. Die Bestimmungen der §§ 18, 19 und 22 sind nicht anzuwenden.*

*(2) Hat der Dienstherr für Forschungsarbeiten, die zu der Erfindung geführt haben, besondere Mittel aufgewendet, so sind die in Absatz 1 genannten Personen verpflichtet, die Verwertung der Erfindung dem Dienstherrn schriftlich mitzuteilen und ihm auf Verlangen die Art der Verwertung und die Höhe des erzielten Entgelts anzugeben. Der Dienstherr ist berechtigt, innerhalb von drei Monaten nach Eingang der schriftlichen Mitteilung eine angemessene Beteiligung am Ertrage der Erfindung zu beanspruchen. Der Ertrag aus dieser Beteiligung darf die Höhe der aufgewendeten Mittel nicht übersteigen.*

### Vierter Abschnitt Übergangs- und Schlussbestimmungen

### § 43 Übergangsvorschrift[42]

(1) § 42 in der am 7. Februar 2002 (BGBl. I S. 414) geltenden Fassung dieses Gesetzes findet nur Anwendung auf Erfindungen, die nach dem 6. Feb-

---

41 Bis zum 07.02.2002 geltende Fassung des § 42 vor der Neufassung durch das Gesetz zur Änderung des ArbEG vom 18.01.2002 (BGBl. I S. 414) und gilt ab 07.02.2002; zum Übergangsrecht siehe § 43 Abs. 1 und 2.
42 § 43 in der Fassung des Gesetzes zur Änderung des ArbEG vom 18.01.2002 (BGBl. I S. 414) ist durch Art. 7 Nr. 17 des am 01.10.2009 in Kraft getretenen Patentrechtsmodernisierungsgesetzes vom 31.07.2009 (BGBl. I S. 2521) um einen neuen Absatz 3 ergänzt worden.

ruar 2002 gemacht worden sind. Abweichend von Satz 1 ist in den Fällen, in denen sich Professoren, Dozenten oder wissenschaftliche Assistenten an einer wissenschaftlichen Hochschule zur Übertragung der Rechte an einer Erfindung gegenüber einem Dritten vor dem 18. Juli 2001 vertraglich verpflichtet haben, § 42 des Gesetzes über Arbeitnehmererfindungen in der bis zum 6. Februar 2002 geltenden Fassung bis zum 7. Februar 2003 weiter anzuwenden.

(2) Für die vor dem 7. Februar 2002 von den an einer Hochschule Beschäftigten gemachten Erfindungen sind die Vorschriften des Gesetzes über Arbeitnehmererfindungen in der bis zum 6. Februar 2002 geltenden Fassung anzuwenden. Das Recht der Professoren, Dozenten und wissenschaftlichen Assistenten an einer wissenschaftlichen Hochschule, dem Dienstherrn ihre vor dem 6. Februar 2002 gemachten Erfindungen anzubieten, bleibt unberührt.

(3) Auf Erfindungen, die vor dem 1. Oktober 2009 gemeldet wurden, sind die Vorschriften dieses Gesetzes in der bis zum 30. September 2009 geltenden Fassung weiter anzuwenden. Für technische Verbesserungsvorschläge gilt Satz 1 entsprechend.

## *§ 43 Übergangsvorschrift [Fassung 2002]*[43]

*(1) § 42 in der am 7. Februar 2002 (BGBl. I, S. 414) geltenden Fassung dieses Gesetzes findet nur Anwendung auf Erfindungen, die nach dem 6. Februar 2002 gemacht worden sind. Abweichend von Satz 1 ist in den Fällen, in denen sich Professoren, Dozenten oder wissenschaftliche Assistenten an einer wissenschaftlichen Hochschule zur Übertragung der Rechte an einer Erfindung gegenüber einem Dritten vor dem 18. Juli 2001 vertraglich verpflichtet haben, § 42 des Gesetzes über Arbeitnehmererfindungen in der bis zum 6. Februar 2002 geltenden Fassung bis zum 7. Februar 2003 weiter anzuwenden.*

*(2) Für die vor dem 7. Februar 2002 von den an einer Hochschule Beschäftigten gemachten Erfindungen sind die Vorschriften des Gesetzes über Arbeitnehmererfindungen in der bis zum 6. Februar 2002 geltenden Fassung anzuwenden. Das Recht der Professoren, Dozenten und wissenschaftlichen Assistenten an einer wissenschaftlichen Hochschule, dem Dienstherrn ihre vor dem 6. Februar 2002 gemachten Erfindungen anzubieten, bleibt unberührt.*

---

43 Bis zum 30.09.2009 geltende Fassung des § 43 vor der Einfügung des Absatzes 3 durch Art. 7 Nr. 17 des am 01.10.2009 in Kraft getretenen Patentrechtsmodernisierungsgesetzes vom 31.07.2009 (BGBl. I S. 2521). Die Vorschrift war zuvor bereits mit den Absätzen 1 und 2 neu gefasst durch Art. 1 Nr. 3 des Gesetzes zur Änderung des ArbEG vom 18.01.2002 (BGBl. I S. 414), das ab dem 07.02.2002 gilt.

**Gesetz über Arbeitnehmererfindungen**

*§ 44 Anhängige Verfahren*
*(aufgehoben).*[44]

**§ 45 Durchführungsbestimmungen**

Der Bundesminister der Justiz wird ermächtigt, im Einvernehmen mit dem Bundesminister für Arbeit die für die Erweiterung der Besetzung der Schiedsstelle (§ 30 Abs. 4 und 5) erforderlichen Durchführungsbestimmungen zu erlassen. Insbesondere kann er bestimmen,
1. welche persönlichen Voraussetzungen Personen erfüllen müssen, die als Beisitzer aus Kreisen der Arbeitgeber oder der Arbeitnehmer vorgeschlagen werden;
2. wie die auf Grund der Vorschlagslisten ausgewählten Beisitzer für ihre Tätigkeit zu entschädigen sind.

**§ 46 Außerkrafttreten von Vorschriften**

Mit dem In-Kraft-Treten dieses Gesetzes werden folgende Vorschriften aufgehoben, soweit sie nicht bereits außer Kraft getreten sind:
1. die Verordnung über die Behandlung von Erfindungen von Gefolgschaftsmitgliedern vom 12. Juli 1942 (Reichsgesetzbl. I S. 466);
2. die Durchführungsverordnung zur Verordnung über die Behandlung von Erfindungen von Gefolgschaftsmitgliedern vom 20. März 1943 (Reichsgesetzbl. I S. 257).

*§ 47 Besondere Bestimmungen für Berlin*
*(aufgehoben).*[45]

---

44 Aufgehoben durch Art. 1 Nr. 4 des Gesetzes zur Änderung des ArbEG vom 18.01.2002 (BGBl. I S. 414).
45 § 47 aufgehoben durch Art. 4 des Zweiten Gesetzes zur Änderung des Patentgesetzes und anderer Gesetze vom 16.07.1998 (BGBl. I S. 1827).

## Gesetz über Arbeitnehmererfindungen

### § 48 Saarland
*(aufgehoben).*[46]

### § 49 Inkrafttreten
Dieses Gesetz tritt am 1. Oktober 1957 in Kraft.

---

46 Der erst durch Art. 7 Nr. 18 des am 01.10.2009 in Kraft getretenen Patentrechtsmodernisierungsgesetz vom 31.07.2009 (BGBl. I S. 2521). aufgehobene § 48 war bereits aufgrund des Gesetzes zur Einführung von Bundesrecht im Saarland vom 30.06.1959 (BGBl. I S. 313) und des Gesetzes über die Eingliederung des Saarlandes auf dem Gebiet des gewerblichen Rechtsschutzes vom 30.06.1959 (BGBl. I. S. 388) überholt.

# Einleitung

## Lit. vor § 1

*Ahrens*, Die Modernisierg. d. ArbNErfR, IPRB 2010, 90; *Ann*, ArbNErfR. u. Arb-NUrhR., in: Obergfell (Hrsg.), Zehn Jahre reformiertes Urhebervertragsrecht, 2013, 85; *Aubert*, Das Ges. ü. ArbNErf., ZPF 1958, 105; *Bartenbach A.*, Arbeitnehmererfindungen im Konzern, 4. Aufl. 2018; *Bartenbach*, Zwischenbetriebl. Forschungs- u. Entwicklungskooperation u. d. Recht d. ArbNErf., 1985; *ders.*, Grundzüge d. Rechts d. ArbNErf., NZA Beil. 1990, Nr. 2, 21; *ders.*, Überlegungen z. Novellierung d. ArbEG, VPP-Rundbrief 1999, 41; *Bartenbach/Volz*, Geschichtliche Entwicklung u. Grundlagen d. ArbNErfR. – 25 J. ArbEG, GRUR 1982, 693; *dies.*, 50 Jahre ArbEG, Beil. I GRUR 4/2008, 1; *dies.*, Das Arbeitnehmererfindungsrecht auf d. Nahtstelle v. ArbR und gewerbl. Rechtsschutz, Festschr. Melullis GRUR 2009, 220; *dies.*, ArbNErf, VVe, HzA Gruppe 14; *dies.*, Die Novelle d. ArbEG 2009, GRUR 2009, 997; *Bayreuther*, Neue Spielregeln i. ArbNErfR, NZA 2009, 1123; *Beil*, Der 2. Entw. e. Ges. ü. Erf. v. ArbN u. Beamten, Chemie-Ing.-Technik 1956, 137; *ders.*, Das neue Ges. ü. ArbNErf., Chemie-Ing.-Technik 1957, 421, 489, 633, 775; *Beyerlein*, Die Erfindungsmeldg. als Grundlage f. d. Übergangsregelungen im PatRModG – praxisrelevante Überlegungen z. Anwendbarkt. d. neuen Rechts, Mitt. 2010, 524; *Brede*, Das Recht d. ArbNErf. NWB 1982, 1361(= Fach 26, S. 1751); *von Bredow*, Novellierung des ArbEG, VPP-Rundbrief 1999, 47; *Brune*, Bewährtes dt. ArbEG?, 2010 (zugl. Diss. München 2009); *Dänner*, Studie BDI/BDA z. ArbEG, Industrieposition, Kritik am Iststand, VPP-Rundbrief 1999, 31; *Danner*, Die Behandlg. d. zu e. geltend zu machenden Monopol führenden Arbeitsergebn. v. ArbN – das ArbEG, wie es ist u. wie es sein müsste, GRUR 1983, 91; *Dünnwald*, Der Urheber i. öffentl. Dienst, 1999; *Fabry/Trimborn*, ArbnErfR. intern. Vergleich, 2007; *v. Falckenstein*, ArbNErfG – Das Rote Kliff im gewerbl. Rechtsschutz, Festschr. f. Bartenbach (2005), S. 73; *ders.*, Vereinfachung d. ArbNErfR?, Festschr. 50 Jahre VPP (2005), S. 262; *Franke*, Darstellung d. Ist-Situation ArbEG-Intern. Vergleich, VPP-Rundbrief 1999, 28; *ders.*, Der lange Weg zur Reform des ArbEG, Festschr. f. Bartenbach (2005), S. 127; *ders./Steiling*, Novellierung des ArbEG, Festschr. 50 Jahre VPP (2005), S. 281; *Friedrich*, Das neue Ges. ü. ArbNErf., JZ 1957, 696; *ders.*, Zum Ges. ü. ArbNErf., GRUR 1958, 270; *Gaul*, Wechselwirkungen zw. Urheberrecht u. Arbeitsrecht, insbes. Grenzfragen d. ArbNErfR, NJW 1961, 1509; *ders.*, 20 Jahre ArbNErfR, GRUR 1977, 686; *Gärtner/Dobel*, Neue Spielregeln im ArbNErfR, BB 2009, 1293; *Gärtner/Simon*, Reform d. ArbNErfR – Chancen u. Risiken, BB 2011, 1909; *Geidel*, Das Ges. ü. ArbNErf., BlfStSozArbR 1958, 121 u. ZRArbWiss. 1958, 90; *Gennen*, Management von ArbNErf., ITRB 2010, 280; *ders.* Auswirkungen d. Reform d. ArbNErfR, ArbRB 2011, 86; *Greif*, ArbN als Erfinder, Der ltd. Angest. 1969, 46; *Heilmann/Taeger*, Prakt. Rechtsfragen d. ArbNErfR., BB 1990, 1969; *Heine*, Neuregelung d. Rechts d. ArbNErf., DB 1957, 549; *Hegel*, Gedanken z. Recht d. ArbNErf., Mitt. 1957, 3; *Hellebrand*, Änderungsbedarf f. d. ArbEG aus d. Sicht d. Schiedsstellenpraxis, VPP-Rundbrief 1999, 34; *ders.*, Lizenzanalogie u. Angemessenheit der ArbNErfVerg., Festschr. 50 Jahre VPP (2005), S. 289; *Henneberger-Sudjana/Henneberger*, ArbNErfR i. d. Schweiz u. i. Deutschland – anreizorientierte Strukturen, GRUR Int. 2013, 985; *Herbst*, Ges. ü. ArbNErf., NWB 57/Fach 26, 383; *Herold*, Das Recht d. ArbNErf., BlStSoz ArbR 1957, 297; *Herschel*, 25 Jahre ArbEG, RdA 1982, 265; *Hoffmann*, Das Ges. ü. ArbnErf. – Ein Exot auch f. Arbeitsrechtler, NJ 2013, 361; *Hueck*, Gedanken z. Neuregelung d.

# Einleitung

Rechts d. ArbNErf., Festschr. f. Nikisch (1958), S. 63; *Joos*, Grundlagen u. Möglichkeiten d. Angleichung d. Arbeitnehmererfinderrechts, GRUR Int. 1990, 366, *Johannesson*, Erfinder – Erfindung – »Betriebserf.«, GRUR 1973, 581; *Kockläuner*, Bewährtes dt. Arbeitnehmererfinderrecht?, GRUR 1999, 664; *Knoblauch*, Das Recht d. ArbNErf., Der ltd. Angest. 1957, 122; *Krekel*, Der angestellte Erfinder, Diss. [Bw-Univ.] München 2009; *Kunze*, ArbNErf.- u. ArbNUrhR als ArbR, RdA 1975, 42; *Kurz, Z.* Geschichte d. ArbNErfR., 1997; *ders.*, Die Vorarbeiten zum ArbEG, GRUR 1991, 422; *Leidgens*, Das neue Ges. ü. ArbNErf., BlfStSozArbR 1957, 280; *Lewcke*, Die ArbNErf., DB 1957, 424; *Loschelder*, Der ArbN als Urheber, Erfinder u. Entwerfer – eine Schnittst. zw. ArbR u. d. Recht d. Geist. Eigentums, in: Arbeitsgerichtsbarkt. u. Wissenschaft – Festschr. f. Bepler (2012), 389; *Lunze/Hessel*, Überblick ü. d. wichtigsten Änderungen durch d. Ges. z. Vereinfachung u. Modernisierung d. PatR., Mitt. 2009, 433; *McGuire*, Der Schutz von Know-how im System des Immaterialgüterrechts, GRUR 2016, 1000; *Meier*, Bewährtes deutsches ArbNErfR?, GRUR 1998, 779; 11; *Müller-Pohle*, ArbNErf. – Gegenwärtiges u. künftiges Recht, GRUR 1950, 172; *Neumeyer*, Der angest. Erfinder als Gegenstand d. Gesetzgebung, Mitt. 1971, 213; *ders.*, Das Recht d. ArbNErf., AWD 1974, 395; *Oehlrich*, ArbEG u. Innovationsfähigkeit, GRUR 2006, 17; *Paul*, Arbeitnehmererfindungsrechte i. d. Insolvenz d. ArbG., ZInsO 2009, 1839; *Raif*, Neuer Erfindergeist: Wichtige Änderungen b. ArbNErfR, ArbRAktuell 2010, 441; *Reinecke*, Das novellierte ArbNErfR, FA 2010, 98; *Sautter*, Einige Probleme d. prakt. Handhabung d. Ges. ü. ArbNErf. aus industrieller Sicht, Mitt. 1971, 203; *Schade*, Zu Fragen d. ArbNErfR, GRUR 1958, 519; *ders.*, Aus der bish. Praxis der Schiedsst. f. ArbNErf. i. München, Mitt. 1959, 253; *ders.*, ArbEG u. betriebl. Vorschlagswesen, VDI-Zeitschr. 1961, 50; *ders.*, ArbNErf., BB 1962, 260; *ders.*, Zur Auslegung d. Ges. ü. ArbNErf. durch Gerichte u. Schiedsst., GRUR 1965, 634; *ders.*, Aktuelle Probleme auf d. Gebiet d. ArbNErfR., GRUR 1970, 579; *ders.*, Aktuelle Probleme i. Recht d. ArbNErfR., VDI-Information Nr. 27/1971; *ders.*, ArbNErf., RdA 1975, 157; *ders.*, Der Erfinder, GRUR 1977, 390; *Schippel*, Die Entwicklung des Arbeitnehmererfinderrechts, in: Festschr. 100 J. GRUR (1991) Bd. 1, S. 585; *Schmidt*, Vor 75 Jahren: d. PatG v. 5.5.1936, Mitt 2011, 220; *Schoden*, Das Recht d. ArbNErf. u. d. betriebl. VV-Wesen, BetrR 1982, 119; *Schopp*, ArbNErf., Rpfleger 1971, 203; *Schreyer-Bestmann/Garbers-von Boehm*, Die Änderungen d. ArbEG durch d. PatRModG DB 2009, 2266; *Schultze-Rhonhof*, Vorschläge f. d. Reform d. Rechts d. ArbNErfinder, GRUR 1956, 440; *Schwab*, Das ArbNErf.-Recht in d. Rechtsprechung, Anwaltsbl. 1982, 41; *ders.* Das Arbeitnehmererfinderrecht, AlB 1998, 513; *ders.*, Arbeitnehmererfindergesetz, AiB 2009, 545; *ders.*, Der ArbN als Erf., NZA-RR 2014, 281; *Skauradszun*, Die Reform d. ArbNErfR als Vorbild f. d. UrhR, UFITA 2010, 373; *Straus*, Die intern.-privatrechtl. Beurteilung v. ArbNErfindungen i. europ. Patentrecht, GRUR Int. 1984, 1; *ders.*, Der Erfinderschein – Eine Würdigung aus d. Sicht d. ArbNErf., GRUR Int. 1982, 706; *ders.*, Rechtsvergleichende Bemerkungen zum Begriff des Arbeitnehmererfinders, GRUR Int. 1984, 402; *ders.*, ArbNErfRecht. Grundlagen u. Möglichkeiten d. Rechtsangsleichung, GRUR Int. 1990, 353; *ders.*, Zur Gleichbehandlung aller Diensterfindungen, Festschr. f. Bartenbach (2005), S. 111; *Teufel*, Portfoliomanagement, Innovationsförderung u. ArbEG, Festschr. f. Bartenbach (2005), S. 97; *Trimborn*, Entwicklungen i. ArbNErfRecht, Mitt. 2008, 546; *ders.* Aktuelles a. d. ArbNErfRecht ab 2009, Mitt. 2010, 461; *ders.*, Aktuelle Entwicklungen i. ArbnErfR ab 2010, Mitt. 2012, 70; *ders.*, Aktuelle Entwicklungen i. ArbnErfR ab 2011 – Teil I u. II, Mitt. 2013, 537 u. Mitt. 2014, 74; *ders.*, Aktuelle Entwicklungen i. ArbNErfR – Teil 1 u. 2, Mitt. 2015, 116 u. 308; *ders.*, Aktuelle Entwicklungen i. Arb-

## A. Allgemeines

## Einleitung

nErfR ab 2015, Mitt. 2017, 151; *ders.*, Aktuelle Entwicklungen i. ArbNErfR ab 2017 Teil 1, Mitt. 2018, 482; *Trimborn/Fabry*, Das Recht d. ArbnErfinders in der intern. Übersicht, Mitt. 2009, 529; *Volmer*, Das Ges. ü. ArbNErf., RdA 1957, 241; *ders.*, Das Recht d. ArbNErf., AR-Blattei, Erf. v. ArbN I; *ders.*, ArbNErf. u. Vollbeschäftigung, DB 1978, 209; *Volz*, Das Recht der Arbeitnehmererfindung im öffentl. Dienst, 1985; *Wagner*, Erf. v. ArbN., AuA 1991, 40; *Wendel*, Zur Neuregelung d. Rechts d. ArbNErfinder, AuR 1958, 297; *Wenzel*, Zum Recht d. Erf. v. ArbN u. Beamten, DöD 1957, 221; *Windisch*, Rechtsprechung im Bereich d. ArbNErf., GRUR 1985, 829; *Zumbach*, Die Angestelltenerf. im schweiz. u. deutschen Recht, Diss. Basel 1959; (o. Verf.) Zum Ges. ü. ArbNErf., Der Arbeitgeber 1957, 497; (o. Verf.) Neuregelg. d. Rechtes d. ArbNErf., BB 1957, 584. S. auch Lit. b. § 3.

### Übersicht

| | | Rdn. |
|---|---|---|
| A. | Allgemeines | 1 |
| B. | Zielsetzung des ArbEG | 3 |
| C. | Reformarbeiten zum ArbEG | 7 |
| D. | Die Arbeitnehmererfindung im ausländischen Recht | 10 |
| E. | Das ArbEG im Überblick | 16 |
| F. | Arbeitnehmererfindungen aus der Zeit der ehemaligen DDR | 31 |

## A. Allgemeines

Das am 25.07.1957 erlassene Gesetz über Arbeitnehmererfindungen (ArbEG) bildet den Abschluss einer bereits nach Inkrafttreten des PatG von 1877 einsetzenden Rechtsentwicklung.[1] Das ArbEG hat die als Provisorien gedachten Kriegsverordnungen (VO über die Behandlung von Erfindungen von Gefolgschaftsmitgliedern vom 12.07.1942[2] und DVO vom 20.03.1943[3]) abgelöst (vgl. § 46). Das ArbEG nimmt sowohl innerhalb des nationalen Rechts im Vergleich zu anderen im Arbeitsverhältnis geschaffenen Immaterialgüterrech-

1

---

[1] Ausf. zur hist. Entwicklung: Kurz, Geschichte des Arbeitnehmererfindungsrechts, 1997, u. ders., GRUR 1991, 422 ff.; Hueck in Festschr. f. Nikisch (1958) S. 63 ff.; Bartenbach/Volz, GRUR 1982, 693 ff. u. – seit 1957 – in Beil. I GRUR 4/2008, 1 ff.; Schippel in Festschrift 100 J. Dt. Vereinigg. f. Gewerbl. Rechtsschutz u. UrhR. (1991), S. 585 ff.; Ann in Obergfell (Hrsg.), Zehn Jahre reformiertes Urhebervertragsrecht, 2013, 85, 86 ff.; Volmer, ArbEG Einl. Rn. 13 ff.; Kraßer/Ann, PatR, § 21 Rn. 5 ff.; Volmer/Gaul, Einl. Rn. 34 ff.; Reimer/Schade/Schippel/Himmelmann, ArbEG Einl. S. 92 ff.; Boemke/Kursawe/Boemke Einl. Rn. 15 ff. S. auch A. K. Schmidt, Erfinderprinzip u. Erfinderpersönlichkeitsrecht i. dt. PatR v. 1877 bis 1936, Diss. 2009, S. 14, 25 f. 41 ff., 68 ff., 160 ff. Zum Bereich d. öffentl. Dienstes s. Volz, ArbNErf. im öffentl. Dienst, (1985), S. 7 ff.
[2] RGBl. (1942) I, 466.
[3] RGBl. (1943) I, 257.

# Einleitung

ten[4] (s. a. vor §§ 9 – 12 Rdn. 9) als auch im internationalen Vergleich (s. Einl. Rdn. 10) eine **Sonderstellung** ein, die der Bedeutung von technischen Neuerungen für Deutschland und dessen Volkswirtschaft Rechnung trägt.

Ausweislich §§ 1, 2 und 4 Abs. 1, 4 sind alle **Arbeitnehmererfindungen** erfasst. Nach heutigem Verständnis fallen darunter alle patent- oder gebrauchsmusterfähigen Erfindungen, die Arbeitnehmer, Beamte oder Soldaten während der Dauer eines Arbeits- bzw. Dienstverhältnisses fertiggestellt haben (s. auch § 1 Rdn. 2, 7), und zwar einschließlich Hochschulerfindungen (§ 42 n.F.). »Arbeitnehmererfindung« ist also der Oberbegriff für alle schutzfähigen Erfindungen dieses Personenkreises während ihres Beschäftigungsverhältnisses, gleich, ob es sich dabei um Diensterfindungen handelt oder nicht (vgl. § 4 Abs. 1, 4). Daneben enthält das ArbEG Regelungen für technische Verbesserungsvorschläge dieses Personenkreises (s. vor § 3 Rdn. 1 f.).

2 **Ca. 80 bis 90 % aller im Inland eingereichten Patentanmeldungen** beruhen auf Arbeitnehmererfindungen.[5] Dabei ist jedoch nicht zu übersehen, dass die Zeit der Pioniererfindungen und der überragenden technischen Innovations-

---

4 S. u. a. die vergl. Untersuchung v. Veigel, Immaterialgüterrechte im Arbeitsverh. (2017), S. 13 ff.
5 Genaue Statistiken fehlen, sodass die Angaben auf Schätzungen beruhen und dementsprechend schwanken; die Schiedsstelle ging schon vor Jahrzehnten von 80 % (EV. v. 13.09.1982 – Arb.Erf. 48/81, unveröffentl.) bzw. 85 % (EV. v. 27.06.1989 – ArbErf. 100/88, unveröffentl.) aus, was mit den seinerzeitigen Ermittlungen des DPMA im Wesentlichen übereinstimmte (vgl. RdA 1984, 303). Auch das Schrifttum geht von 80–90 % aus: Kraßer/Ann, PatR, § 21 Rn. 1; Keukenschrijver in Busse/Keukenschrijver, PatG Rn. 1 Einl. ArbEG (»mehr als vier Fünftel«); diff. Boemke/Kursawe/Boemke Einl. Rn. 13 zw. wertvollen Erfindungen (über 90 %) und sonstigen Erfindungen (über 80 %), im Ergebn. wie hier Boemke/Kursawe/Raif Rn. 8 zu § 4 (m. H. a. BReg. in DB 1974, 2343 »Arbeitnehmererfinderanteil von 87 %«), wonach »rund 80 bis 90 % aller Patentanmeldungen nicht von Einzelerfindern, sondern von Industrieunternehmen stammen«. Aufgrund der fortschreitenden techn. Entwicklung, die zunehmend erhebliches Know-how und den steigenden Einsatz persönlicher und sachlicher Mittel notwendig macht, dürften nunmehr die %-Zahlen in diesen Bereichen eher deutlich über als unter 80 % liegen. Auch der Antrag der SPD-Fraktion v. 06.03.1996 zur innovativen Forschungs- und Technologiepolitik hat bereits hervorgehoben, dass 90 % der Erfinder als Arbeitnehmer beschäftigt sind (BT-Drucks. 13/3979, S. 8 zu Nr. 4–6); die BReg. geht in einer Anfrage-Antwort v. 22.04.2002 von »mehr als 80 % aller Patentanmeldungen in der BRD« aus (in BT-Drucks. 14/8949, S. 23); ebenso der RegE zum Patentrechtsmodernisierungsgesetz v. 17.10.2008 in BR-Drucks. 757/08 S. 23. Nach dem DPMA-Jahresbericht 2017, S. 8 lag im Berichtsjahr 2017 bei nur 7,2 % der Patentanmeldungen von Inländern eine Identität von Anmelder und Erfinder vor (bei ausländ. Anmeldern sogar nur bei 2,1 %), welches tendenziell eher für einen Anteil um 90 % sprechen dürfte.

sprünge auf vielen Gebieten der Technik der Vergangenheit angehört und heute im Wesentlichen Verbesserungserfindungen entwickelt werden; hinzu kommt, dass die Erfindungstätigkeit häufig der Marktnachfrage folgt, im Vordergrund also nicht die technische Fortentwicklung als solche steht, sondern vielmehr die Entdeckung von Nachfragepotenzialen mit dem vorrangigen Drang nach dem sicheren Produkt. Die Stärkung der Grundlagenforschung unter gleichzeitigem Ausbau der angewandten Forschung werden als wichtige Innovations- und Wachstumsbeiträge für Deutschland angesehen.[6] Seit längerem ist die ganz überwiegende Zahl der neuen Produkte nicht durch Erfindungen beeinflusst, sondern durch Marktanalyse und Befriedigung von Marktnachfrage. Hier kann das ArbEG bei sachgerechter Handhabung als angemessene Motivationshilfe dienen, nicht nur kurzfristigen Innovationsbedarf zu befriedigen, sondern auch langfristig technisches Neuland zu betreten und mithilfe von (Vorrats-) Erfindungen neue Märkte zu eröffnen.

Das ArbEG hat sich in seiner über 50-jährigen Geltung **im Wesentlichen bewährt**.[7] Nicht zu verkennen ist indes, dass einzelne Bestimmungen in der Rechtspraxis keine nennenswerte Bedeutung haben, jedoch nicht unerheblichen administrativen Aufwand verursachen, wie etwa die Arbeitgeberpflichten im Zusammenhang mit der Auslandsfreigabe (§ 14) und der Aufgabe von Schutzrechtspositionen (§ 16).[8] Für beide Arbeitsvertragsparteien erweist sich die Ausfüllung des Begriffs der angemessenen Vergütung i.S.d. § 9 als schwierig. Dabei ist unstreitig, dass dem Arbeitnehmererfinder ein über das Arbeitsentgelt hinausgehender Vergütungsanspruch zustehen muss, wie dies auch von Verfassungs wegen geboten ist.[9] Denn unsere Rechtsordnung (§ 6 Satz 1 PatG)

---

6 S. das im März 2018 v. d. BReg. vorgelegte »Gutachten zu Forschung, Innovation und technologischer Leistungsfähigkeit Deutschlands 2018« in BT-Drucks. 19/1140, insbes. S. 16.
7 Bartenbach/Volz in Beil. I GRUR 4/2008, 1; zust. u. a. Reinecke, FA 2010, 98; s.a. BReg. v. 22.04.2002 in BT-Drucks. 14/8949, S. 23; vgl. aber die Kritik u. a. von Meier, GRUR 1998, 779 ff. sowie die Nachw. nachfolgend bei Rdn. 7 ff. Kritisch auch Brune, Bewährtes dt. ArbEG? (2010), 415 f. m.w.N. Dass Fehlentwicklungen auf Grund sach- und zweckwidrigen bzw. rechtsmissbräuchlichen Verhaltens möglich sind (vgl. Boemke/Kursawe/Boemke Einl. Rn. 10), rechtfertigt jedoch keine Kritik am ArbEG; solche Erscheinungen sind kein erfinderrechtliches Spezifikum, sondern generell bei gesetzlichen Leistungsansprüchen nicht auszuschließen, zumal solches nach unseren Erfahrungen im Bereich des ArbEG auf sehr seltene Ausnahmefälle begrenzt bleibt.
8 Vgl. hierzu auch die BDI/BDA-Studie zu den Auswirkungen des ArbEG in der Praxis, Juli 1998.
9 BVerfG, Beschl. v. 24.04.1998, NJW 1998, 3704, 3705 – *Induktionsschutz von Fernmeldekabeln.*

erkennt das Recht zur wirtschaftlichen Auswertung einer neuen Idee, die Technik und Wissenschaft fördert, demjenigen zu, der diese Idee hervorgebracht hat und dem deshalb auch ein Anspruch auf gerechte Vergütung für die Verwertung seiner Leistung durch Dritte zusteht.[10] Die Ermittlung der angemessenen Vergütung wirft trotz detaillierter, allerdings aktualisierungsbedürftiger Vergütungsrichtlinien des BMA (vgl. § 11, s. dort Rdn. 3) unverändert Probleme auf, sodass sie in der betrieblichen Praxis wiederholt zu Auseinandersetzungen führt. Dies belegen auch die Fülle der Einigungsvorschläge der Schiedsstelle zu diesem Themenbereich ebenso wie die zugänglichen Gerichtsentscheidungen, bei denen es überwiegend um Auskunfts- und Vergütungsklagen geht.

Das ArbEG hat mit seinem umfassenden Regelungsspektrum (s. Einl. Rdn. 4) den unbefriedigenden Interimszustand der partiellen Fortgeltung von nationalsozialistisch beeinflussten Kriegsverordnungen beendet und den Arbeitsvertragsparteien die für das innovative Schaffen unverzichtbare Rechtssicherheit in zuvor äußerst umstrittenen Kernfragen des Erfinderrechts gebracht.[11] Durch die ArbEG-Novelle 2009 sind die **bisherigen Reformbestrebungen abgeschlossen** (s. Einl. Rdn. 7 ff.). Angesichts der zahlreichen Einflüsse, denen das Erfinderrecht sowohl in rechtlicher als auch in tatsächlicher Hinsicht unterliegt,[12] bleibt die weitere Entwicklung abzuwarten, auch im Hinblick auf eine Harmonisierung innerhalb der EU (s. dazu Rdn. 10) und eine zunehmend länderübergreifende Forschungs- und Entwicklungslandschaft.[13]

## B. Zielsetzung des ArbEG

3 Zielsetzung des ArbEG ist es, den **Interessenwiderstreit angemessen zu lösen**, der sich daraus ergibt, dass aus arbeitsrechtlichen Gesichtspunkten das Ergebnis der Arbeit dem Arbeitgeber gebührt, wohingegen das Patentrecht die Erfindung dem (Arbeitnehmer-) Erfinder selbst zuordnet[14] (**Erfinderprin-**

---

10 BVerfG v. 15.01.1974, BlPMZ 1974, 147, 149.
11 Bartenbach/Volz in Beil. I GRUR 4/2008, S. 1, 20 ff.
12 S. den Überblick bei Bartenbach/Volz in Beil. I GRUR 4/2008, S. 1, 7 ff.
13 S. dazu Kather in Festschr. 80 J. Patentgerichtsbarkt. i. Düsseldorf (2016), S. 231 ff.
14 Amtl. Begründung BT-Drucks. II/1648 S. 12 = BlPMZ 1957, 225; zur Zielsetzung s.a. BGH v. 23.04.1974, GRUR 1974, 463, 464 – *Anlagengeschäft*; BGH v. 02.06.1987, GRUR 1987, 900, 901 – *Entwässerungsanlage* u. BGH v. 15.05.1990 – X ZR 119/88, GRUR 1990, 667 – *Einbettungsmasse*; ferner BPatG v. 08.11.1990, GRUR 1991, 755, 756 – *Tiegelofen*; Busche Festschr. Reimann (2009), 37; Boemke/Kursawe/Boemke Einl. Rn. 2 f.; a.A. Brune, Bewährtes dt. ArbEG?, 109 ff., der in der Zuordnung der im Arbeitsverhältnis geschaffenen Diensterfindungen einen reinen Interessenausgleich sieht.

## B. Zielsetzung des ArbEG   Einleitung

**zip**[15] – § 6 Satz 1 PatG, s. § 6 Rdn. 5 n.F.). Der Gesetzgeber hat das ArbEG – wie das *BVerfG* hervorhebt[16] – als **Kollisionsnorm** zwischen arbeitsrechtlichen Grundsätzen und den aus dem allgemeinen Erfinderrecht folgenden Rechten konzipiert. Da Arbeitsverhältnis und Erfindung unterschiedlichen Normen unterworfen sind und ein originärer Rechtserwerb des Arbeitgebers an einer im Arbeitsverhältnis gemachten Diensterfindung wegen des Erfinderprinzips ausscheidet, erfüllt das ArbEG die Brückenfunktion einer Kollisionsregelung. Es beantwortet die wesentlichen Fragen des Innenverhältnisses zwischen dem erfindenden Arbeitnehmer und dem die Erfindung fördernden und ggf. verwertenden Arbeitgeber.[17]

Die – von anderen gewerblichen Schutzrechten abweichende – Regelung des Rechts der Arbeitnehmererfindung in einem Spezialgesetz belegt die besondere **volkswirtschaftliche Bedeutung**, die der Gesetzgeber gerade patent- und gebrauchsmusterfähigen Erfindungen beimisst. Technische Erfindungen sind für Deutschland als eine der führenden Wirtschafts- und Exportnationen unverzichtbar. Sie sind der wesentliche »Rohstoff«, auf dem Deutschland aufbauen kann und muss. Im allseitigen Interesse sollen bei Arbeitnehmererfindungen die Rechtsbeziehungen der Arbeitsvertragsparteien auf eine allgemein gültige, einheitliche, gesicherte und zugleich interessengerechte Rechtsgrundlage gestellt werden. Dem im internationalen Vergleich weitgehend singulären Sondergesetz des ArbEG (s. Rdn. 10 ff.) wird damit wesentliche Bedeutung für die Innovationskraft Deutschlands und dessen internationale Stellung als Innovations-, Wissenschafts- und Wirtschaftsstandort zugemessen.

Einerseits **sichert** das ArbEG dem **Arbeitgeber** die Möglichkeit der freien **Verwertung** der in bzw. auf Grund seines Unternehmens entstandenen Erfindungen – eine gesetzliche Zielsetzung, die der Gesetzgeber durch die Inanspruchnahmefiktion in § 6 Abs. 2 ArbEG n. F. nochmals unterstrichen hat. Andererseits wird durch den im Voraus nicht und ansonsten nur im Rahmen der Billigkeit abdingbaren Vergütungsanspruch **gewährleistet**, dass der **Arbeitnehmererfinder** am wirtschaftlichen **Wert seiner Erfindung partizipiert** (s. Rdn. 6); flankiert wird dessen Rechtsposition durch eine Vielzahl von erfindungsbezogenen Arbeitgeberpflichten, die von der Schutzrechtsanmeldung bis hin zur Freigabe reichen. Diese Ausgestaltung rechtfertigt aber nicht, Zweckmäßigkeitserwägungen als Ausgangspunkt in den Vordergrund zu stellen.[18] In

---

15 S. zur Rechtsentwicklung Schmidt (2009), S. 17 ff. u. ders., Mitt 2011, 220 ff.
16 BVerfG v. 24.04.1998, NJW 1998, 3704, 3705 – *Induktionsschutz von Fernmeldekabeln.*
17 Windisch, GRUR 1985, 829, 830.
18 Anders aber Boemke/Kursawe/Boemke Einl. Rn. 2 f.

Anbetracht der durch das Arbeitsverhältnis vorgegebenen Abhängigkeit des Arbeitnehmers wird vielmehr ein gerechter Ausgleich in Anerkennung des Erfinderprinzips vorrangig aus sozialer Sicht bestimmt, so dass das ArbEG als ein dem **Arbeitsrecht zuzuordnendes Schutzgesetz** zugunsten des Arbeitnehmererfinders anzusehen ist[19] (s. aber vor §§ 40 bis 42 Rdn. 3); den §§ 1, 40–42 zufolge stellt es nach Auffassung im Schrifttum zugleich öffentliches Dienstrecht dar.[20]

4 Das ArbEG soll das Gebiet der Arbeitnehmererfindung möglichst **umfassend** und **abschließend** regeln, und zwar sowohl hinsichtlich des Personenkreises als auch im Hinblick auf benachbarte Sachgebiete, auf die sich das Arbeitnehmererfindungsrecht auswirkt;[21] der Gesetzgeber hat damit der übergeordneten Zielsetzung der ArbEG entsprochen und auch technische Neuerungen von Arbeitnehmern des öffentlichen Dienstes, Beamten und Soldaten aufgenommen (§§ 40 bis 42). Sachlich enthält das ArbEG über das eigentliche Recht der Arbeitnehmererfindung hinausgehend Bestimmungen über das Schiedsverfahren (§§ 28 bis 36), das gerichtliche Verfahren (§§ 37 bis 39) und die Stel-

---

19 Str., eingehend hierzu Bartenbach/Volz Festschr. Melullis, GRUR 2009, 220 ff.; Lenhart, AN- u. ArbGbegriff im ArbEG, 87; wie hier Schiedsst. v. 26.01.1988, BlPMZ 1988, 349, 352 l.Sp.; ähnl. Schiedsst. v. 22.12.2016 Mitt. 2017, 561, 562 f.; ferner wie hier Kunze, RdA 1975, 42, 44; Bauer, Int. Priv. Recht d. ArbN.Erf., 57; Jestaedt, Patentrecht (2008) III. 1. Rn. 387; Volmer/Gaul Einl. Rn. 29 ff.; Gaul, BB 1981, 1787; Schwab AnwBl. 1982, 41 u. ders., Arbeitnehmererfindungsrecht, Einl. Rn. 7; Volz, Öffentl. Dienst, 18 f.; im Ergebn. auch Boemke/Kursawe/Nebel Rn. 2 zu § 22; nach Kraßer/Ann, PatR, § 21 Rn. 18 ist das ArbEG systematisch »in der Hauptsache« dem ArbR zuzuordnen; a.A. (Zuordnung zum Gewerbl. Rechtsschutz) Haertel/Krieger, GRUR 1957, 98, 108; wohl auch Maunz/Dürig/Herzog GG Anm. 116 zu Art. 73. Vgl. i.Ü. auch Amtl. Begründung BT-Drucks. II/1648 S. 39 zu § 21 = BlPMZ 1957, 240 u. Ausschussbericht zu BT-Drucks. II/3327 S. 2 = BlPMZ 1957, 249; s.a. OLG Frankfurt am Main v. 29.10.1970, OLGZ 71, 372, 375 (Anlagengeschäft); Schiedsst. v. 26.06.1968, BlPMZ 1969, 25, 26; Keukenschrijver in Busse/Keukenschrijver, PatG, Rn. 1 Einl. ArbEG: »Von einer allein arbeits- oder dienstrechtlichen Zuordnung des ArbEG kann dabei keine Rede sein.« Vgl. ferner Loschelder in: Festschr. Bepler (2012), 389 ff.

20 Volmer, ArbEG Einl. Rn. 11; Volmer/Gaul Einl. Rn. 31; Volz, Öffentl. Dienst, 17 ff. Dagegen gehen Bundesregierung und Parlament zum Entwurf d. Gesetzes zur Änderung des ArbEG bzgl. § 42 n.F. davon aus, dass dies keine hochschul- oder dienstrechtliche Norm, sondern Teilregelung auf dem Gebiet des gewerbl. Rechtsschutzes ist (s. BT-Drucks. 14/5975 v. 09.05.2001, S. 8 u. BT-Drucks. 583/01 v. 17.01.2001, S. 14), bestätigt durch BGH v. 18.09.2007 – X ZR 167/05, GRUR 2008, 150, 151 f. – *Selbststabilisierendes Kniegelenk*; s. dazu Bartenbach/Volz Festschr. Melullis, GRUR 2009, 220 ff.

21 Amtl. Begründung BT-Drucks. II/1648 S. 14 = BlPMZ 1957, 225.

lung des Erfinders in der Insolvenz des Arbeitgebers (§ 27). Andererseits lässt es gem. § 25 die sonstigen Verpflichtungen aus dem Arbeitsverhältnis im Grundsatz unberührt.

Allgemein will das ArbEG durch eine ausführliche Regelung dieses Rechtsgebietes Lücken schließen, Streitfragen klären und so ein großes Maß an Rechtssicherheit bewirken; durch die Vorgabe kurzer Fristen soll zudem eine **schnelle Klärung der Rechtsbeziehungen über Arbeitnehmererfindungen** zwischen Arbeitgeber und Arbeitnehmer erzielt werden.[22] Die Verpflichtungen aus dem ArbEG sind für beide (ehemaligen) **Arbeitsvertragsparteien verbindlich** (zur Abdingbarkeit s. § 22). Nach ständiger Spruchpraxis der Schiedsstelle können Arbeitgeber und Arbeitnehmer ihre Pflichten aus dem ArbEG auch dann nicht unerfüllt lassen, wenn sie Rechtsverletzungen der jeweils anderen Seite befürchten.[23]

5

Die **Gesetzgebungskompetenz des Bundes** aus Art. 73 Nr. 9 GG dürfte heute weitgehend unbestritten sein (s. vor §§ 40 bis 42 Rdn. 3). Das *BVerfG* hat die **Verfassungsgemäßheit des ArbEG** bestätigt: Auch bei Arbeitnehmererfindungen genießt das allgemeine Erfinderrecht an der fertigen und verlautbarten Erfindung den Eigentumsschutz des Art. 14 Abs. 1 GG; daran ändert auch der Charakter als Diensterfindung nichts.[24] Das ausgewogene System wechselseitiger Rechte und Pflichten entspricht insb. auch den gestuften verfassungsrechtlichen Anforderungen an Eingriffe in das Verfügungs- und Verwertungsrecht, wie sie für das allgemeine Urheberrecht entwickelt worden sind.[25] Dies betrifft insb. die Inanspruchnahme, durch die kraft Gesetzes die vermögenswerten Rechte an der Diensterfindung auf den Arbeitgeber übergehen und an deren Stelle ebenfalls kraft Gesetzes der Anspruch auf angemessene Vergütung tritt; damit wird die zum Kernbereich der Eigentumsgarantie gehörende Zuordnung des wirtschaftlichen Werts der Erfindung an den Erfinder gewährleistet.[26]

6

---

22 Amtl. Begründung BT-Drucks. II/1648 S. 16 = BlPMZ 1957, 226.
23 Z.B. Schiedsst. v. 23.01.1996 – Arb.Erf. 42/94 (Datenbank); zust. Reimer/Schade/Schippel/Trimborn Rn. 13 zu § 15.
24 BVerfG v. 24.04.1998, NJW 1998, 3704, 3705 l. Sp. – *Induktionsschutz von Fernmeldekabeln*; Meier-Beck Festschr. Reimann (2009), S. 309, 314 f. Vgl. auch Schübel-Pfister in: Gärditz/Pahlow (2011), 11, 27 f. (Rn. 27 f.).
25 BVerfG v. 24.04.1998, NJW 1998, 3704, 3705 l. Sp. – *Induktionsschutz von Fernmeldekabeln*.
26 BVerfG v. 24.04.1998, NJW 1998, 3704, 3705 r. Sp. – *Induktionsschutz von Fernmeldekabeln*. Nach Boemke/Kursawe/Boemke Einl. Rn. 71 f. soll ohne Verletzung des Eigentumsrechts des Arbeitnehmererfinders nach Art. 14 GG auch eine originäre Zuordnung der Diensterfindung zum Arbeitgeber per Gesetz zulässig sein.

## C. Reformarbeiten zum ArbEG

7 Seit seinem Inkrafttreten hat das ArbEG **insgesamt 9 Änderungen** erfahren[27] (s. § 49 Rdn. 1). Die Mehrzahl der Änderungen sind Folgeänderungen zum Patent- und Gebrauchsmusterrecht. Eigenständige erfinderrechtliche Fortentwicklungen enthalten letztlich nur das Gesetz zur Änderung des ArbEG vom 18.01.2002 (BGBl. I, S. 414), das einen grundlegenden Wandel für Hochschulerfindungen bewirkt hat (s. dazu § 42 Rdn. 1), sowie Art. 7 des Gesetzes zur Vereinfachung und Modernisierung des Patentrechts (sog. Patentrechtsmodernisierungsgesetz) vom 31.07.2009 (BGBl. I, S. 2521).

8 Dem Patentrechtsmodernisierungsgesetz vorangegangen war eine in der 90'er Jahren des letzten Jahrhunderts einsetzende, dann nicht mehr abreißende **Kritik am ArbEG**[28] (s. Rdn. 2). Neben der Schwierigkeit und Komplexität der Vergütungsbemessung waren die Arbeitgeberpflichten aus §§ 14, 16 ArbEG ein Hauptthema (s. dazu § 14 Rdn. 4.1 und § 16 Rdn. 1.2). Ihre öffentliche Rechtfertigung fand die kritische Haltung in den schlechten Ergebnissen der Unternehmensabfrage von BDI/BDA aus dem Jahr 1998.[29] Die Reformbestrebungen in Wirtschaft und Politik führten im März 2000 zu einer gemeinsamen Anhörung durch BMJ und BMAS. Ergebnis der Stellungnahmen der Experten, Verbände und Vertreter der Wissenschaft war die Einsetzung einer Expertengruppe, die sich mit den Überlegungen zu einer generellen Reform des ArbEG auseinandersetzen sollte.[30] Der daraufhin seitens des BMJ unter Einbeziehung des BMAS vorgelegte RefE vom 25.10.2001[31] war der erste Schritt in Richtung einer umfassenden Reform des Arbeitnehmererfindungs-

---

27 Ausführlich dazu Bartenbach/Volz in Beil. I GRUR 4/2008 S. 1, 3 ff.
28 S. u.a. Meier, GRUR 1998, 779 ff.; Kretschmer, GRUR 1998, 31 ff.; Kockläuner, GRUR 1999, 664 ff.; Hellebrand in VPP-Rundbrief 1999, 34 f.; Bartenbach in VPP-Rundbrief 1999, 41, 42 f.; Oehlrich GRUR 2006, 17 ff.; s.a. Vorauflage Einl. Rn. 2. sowie die Übersicht bei Bartenbach/Volz in Beilage I GRUR 4/2008 S. 1, 5 f.; krit. Straus Festschr. Bartenbach (2005), 111.
29 S. dazu u.a. Kretschmer, GRUR 1998, 799 f.; Dänner in VPP-Rundbrief 2/1999 S. 31 ff.; Strauss in Festschr. Bartenbach (2005) S. 111, 112; Franke in Festschr. Bartenbach (2005) S. 127, 128.
30 S. den Bericht in GRUR 2000, 1000 ff.; dazu die Stellungnahme des Grünen Vereins in GRUR 2000, 385 ff.; s. i.Ü. Franke in Festschr. Bartenbach (2005) S. 127, 129 f.; Reimer/Schade/Schippel/Himmelmann Einl. Rn. 13.
31 RefE eines Gesetzes zur Änderung des Gesetzes über Arbeitnehmererfindungen vom 25.10.2001 (seinerzeit veröffentlicht im Internet unter »www.bmj.bund.de«; abgedruckt u. a. bei Bartenbach in VPP-Rundbrief 2004, S. 52, 54 ff. S. dazu Knorpp, GRUR 2003, 219; Franke in VPP-Rundbrief 2/2004, S. 49 ff.; Teufel in Festschr. Bartenbach (2005) S. 97, 107 ff.; Bergmann (2006) S. 12 ff.

rechts. Der RefE des BMJ stellte zweifellos einen sehr ambitionierten Schritt dar, waren doch – neben der Abschaffung des Instituts der beschränkten Inanspruchnahme – auch der Verzicht auf die Sonderregelungen für technische Verbesserungsvorschläge sowie eine weitgehende Pauschalierung der Erfindervergütung vorgesehen. Wie so oft in der Geschichte des Erfinderrechts in Deutschland scheiterte dieser weitgehende Reformansatz am mangelnden Konsens zwischen den Spitzenverbänden von Arbeitgebern und Gewerkschaften.[32]

Die Reformziele konzentrierten sich in der Folgezeit auf eine sog. Kleine Lösung bzw. »**Kleine Reform des ArbEG**«.[33] Dabei gingen die Überlegungen zunächst noch von der zusätzlichen Einbeziehung der Regelungen über Verbesserungsvorschläge aus. Angedacht war, dass es – wie im RefE von 2001 – beim ersatzlosen Verzicht auf alle diesbezüglichen Vorschriften zugunsten arbeitsrechtlicher Kollektivregelungen, insb. zugunsten von Betriebsvereinbarungen, verbleiben sollte.[34] Nachdem dazu der seitens der Politik angestrebte breite Konsens der Sozialpartner nicht erzielt werden konnte, wurde auf die Einbeziehung des Vorschlagswesens in die Reform verzichtet. Dies ist im Interesse der Verwirklichung anderer Reformziele zwar nachvollziehbar, in der Sache aber bedauerlich (s. vor § 3 Rdn. 2). Die sonstigen Vorstellungen sind dann weitgehend in den Regierungs-»Entwurf eines Gesetzes zur Vereinfachung und Modernisierung des Patentrechts« vom 17.10.2008 eingeflossen, der in Art. 7 die Änderungen des ArbEG enthielt.[35]

**8.1**

Durch die **ArbEG-Novelle 2009** i.R.d. Gesetzes zur Vereinfachung und Modernisierung des Patentrechts (sog. Patentrechtsmodernisierungsgesetz) vom 31.07.2009 (BGBl. I, S. 2521), ist das Gesetz an zwischenzeitliche Entwicklungen angepasst worden. Bei der ArbEG-Novelle 2009, die viel Beachtung im juristischen Schrifttum gefunden hat,[36] ist der Gesetzgeber davon ausgegangen, dass sich die **Grundprinzipien des deutschen Arbeitnehmererfindungsrechts bewährt** haben; Beleg dafür ist nicht zuletzt die Spitzenposition Deutschlands im internationalen Vergleich bei der Erteilung von Schutz-

**9**

---

32 S. Franke in Festschr. Bartenbach (2005) S. 127, 130; Bergmann (2006) S. 14.; ferner Bartenbach/Volz in Beilage I GRUR 4/2008 S. 1, 7.
33 S. dazu die Vorschläge des GRUR-Ausschusses für Erfinderrecht GRUR 2007, 494 f.
34 So der im GRUR-Ausschuss erörterte DiskE (Bearbeitungsstand vom 09.11.2007).
35 In BR-Drucks. 757/08, S. 13 ff. = BT-Drucks. 16/11339, S. 10 ff.
36 Vgl. u. a. Ahrens, IPRB 2010, 90; Bartenbach/Volz, GRUR 2009, 997 ff.; Bayreuther, NZA 2009, 1123 ff.; Paul, ZinsO 2009, 1839 ff.; Raif, ArbRAktuell 2010, 441 ff.; Reinecke, FA 2010, 98 ff.; Schreyer-Bestmann/Garbers-von Boehm, DB 2009, 2266 ff.; s.a. Gärtner/Simon, BB 2011, 1909 ff.; Gennen, ITRB 2010, 280 ff. u. ders. ArbRB 2011, 86 ff.; Schwab, AiB 2009, 545 ff.; Skauradszun, UFITA 2010, 373 ff.; Trimborn, Mitt. 2010, 461 f.; s. ferner Lunze/Hessel, Mitt. 2009, 433, 439.

rechten, die zu mehr als 80 % auf Arbeitnehmererfindungen zurückgehen.[37] Diesen Schluss teilen die Verfasser (s.o. Rdn. 2). Im Vordergrund der Novelle steht angesichts der Kritik an zu komplizierten Regelungen und langwierigen Verfahren des ArbEG die Vereinfachung und Modernisierung von Verfahrensabläufen des Arbeitnehmererfindungsrechts.[38] Ein »handhabbares Recht der Arbeitnehmererfindungen, das« – so die Amtl. Begründung des RegE[39] – »die Interessen sowohl der Arbeitgeber als auch der Arbeitnehmer angemessen berücksichtigt, ist eine unerlässliche Grundlage für funktionierende leistungsfähige Forschungs- und Entwicklungstätigkeit in den Unternehmen.« Nachdem der Bundesrat im 1. Durchgang lediglich eine Prüfbitte zur Möglichkeit der einvernehmlichen Verlängerung für die Inanspruchnahmefiktion gestellt hatte[40] (s. dazu § 6 n.F. Rdn. 89) und der RegE zum Bereich des ArbEG auch in der 1. Lesung im Bundestag weitgehende Anerkennung gefunden hatte,[41] ergaben sich auch in den Ausschussberatungen keine Veränderungen, soweit es um das ArbEG ging.[42] Das Gesetz hat dann der Deutsche Bundestag in 2./3. Lesung am 28.05.2009 mehrheitlich angenommen[43] und – als nicht zustimmungsbedürftig[44] – den Bundesrat im 2. Durchgang am 10.07.2009 passiert.[45]

Die ArbEG-Novelle ist – ungeachtet vereinzelter Kritik[46] – zu begrüßen. Damit dürften die bisherigen Forderungen nach einer **Reform des Arbeitnehmererfindungsrechts** jedenfalls vorerst einen **Abschluss** gefunden haben.

---

37 S. die Darstellung im RegE vom 17.10.2008 in BR-Drucks. 757/08 S. 23.
38 S. RegE in BR-Drucks. 757/08 S. 23.
39 In BR-Drucks. 757/08, S. 25.
40 S. Beschluss des Bundesrats in BR-Drucks. 757/08 (Beschluss) vom 28.11.2008, dort unter Nr. 1; s. dazu die Gegenäußerung der BReg. in BT-Drucks. 16/11339 (Anlage 4).
41 Vgl. die zu Protokoll gegebenen Reden in BT-Plenarprot. 16/200 v. 22.02.2009 – S. 21697 (B) bis 21702 (B).
42 Vgl. den Bericht des federführenden Rechtsausschusses vom 20.05.2009 in BT-Drucks. 16/13099, S. 2. Mitberatend im BT waren der Ausschuss für Wirtschaft und Technologie, der Ausschuss für Bildung, Forschung und Technologieabschätzung sowie – dank nachträglicher Einbeziehung – der Ausschuss für Arbeit und Soziales.
43 S. BT-Plenarprot. 16/224 v. 28.05.2009, S. 24590 (B).
44 So u.a. Pressemitteilung des BMJ vom 28.05.2009 »Bundestag beschließt modernes Patentrecht« S. 2.
45 S. BR-Drucks. 588/09 (Beschluss) v. 10.07.2009.
46 Vgl. etwa Trimborn, Mitt. 2010, 261 f. und Gärtner/Simon, BB 2011, 1909, 1910 (zum Wegfall der beschränkten Inanspruchnahme im Kontext der Inanspruchnahmefiktion).

Inwieweit sich vereinzelte Forderungen nach Detailänderungen[47] oder die weitergehenden (nichtamtlichen) Überlegungen zur einem »**Modellgesetz für Geistiges Eigentum**«, das Regelungen für sämtliche geistigen Schöpfungen von Arbeitnehmern umfassen soll,[48] realisieren, bleibt abzuwarten.

**Kernpunkt** der Neuregelung[49] durch die ArbEG-Novelle 2009 war die Einführung einer Fiktion der Inanspruchnahme der Diensterfindung in § 6 Abs. 2 n.F. (s. § 6 n.F. Rdn. 78 ff.). Hinzu kamen die bis dahin seit Langem geforderte Abschaffung des Instituts der beschränkten Inanspruchnahme (s. § 6 n.F. Rdn. 2) und der Einrichtung des Erfinderberaters (§ 21 ArbEG a.F., s. § 21 a.F. Rdn. 4), ferner die durchgehende Ersetzung des Erfordernisses der Schriftform durch die Textform und die Aktualisierungen im Bereich des Insolvenzverfahrens (s. § 27 n.F. Rdn. 3) sowie hinsichtlich der Stellung der Schiedsstellenmitglieder (s. dazu vor § 28 Rdn. 5). Im Überblick ergaben sich **folgende wesentlichen Änderungen:**
– An die Stelle des Schriftformerfordernisses (§ 126 BGB) ist durchgängig das Erfordernis der **Textform** (§ 126b BGB, s. dazu § 5 Rdn. 35) getreten, und zwar bei
  • der Erfindungsmeldung des Arbeitnehmers (§ 5 Abs. 1 Satz 1 n.F., s. § 5 Rdn. 35 ff.) und deren Eingangsbestätigung durch den Arbeitgeber (§ 5 Abs. 1 Satz 3 n.F., s. § 5 Rdn. 61),
  • der Freigabe der Diensterfindung durch den Arbeitgeber (§ 6 Abs. 2 n.F. und § 8, s. dazu § 6 n.F. Rdn. 11 und § 8 n.F. Rdn. 30 f.) als nunmehr einzige Arten der Freigabe,
  • der Vergütungsfestsetzung durch den Arbeitgeber (§ 12 Abs. 3 n.F., s. § 12 Rdn. 49) und dem dagegen gerichteten Widerspruch des Arbeitnehmers (§ 12 Abs. 4 n.F., s. § 12 Rdn. 80),
  • der Mitteilung einer freien Erfindung durch den Arbeitnehmer (§ 18 Abs. 2 ArbEG n.F., s. § 18 Rdn. 21) und dem entsprechenden Bestreiten des Arbeitgebers (§ 18 Abs. 2 ArbEG n.F., s. § 18 Rdn. 37),
  • der Geltendmachung der Unbilligkeit (§ 23 Abs. 2 n.F., s. § 23 Rdn. 28).

---

47 Vgl. etwa Veigel, Immaterialgüterrechte im Arbeitsverh. (2017), S. 122, 171 f. (»Abbau von Freigaberverpflichtungen« d. ArbG, ersatzlose Streichung von § 20 Abs. 1). S. dazu aber die Kritik von Himmelmann GRUR 1999, 897 ff. u. Meyer GRUR 1998, 779 ff.
48 S. Ahrens/McGuire, Modellgesetz für Geistiges Eigentum, 2012. Zu dem mit finanzieller Förderung von GRUR als Grundlage für weitere Fachdiskussionen erstellten »privaten wissenschaftlichen Entwurf« siehe im Übrigen Ahrens in Festschr. Reimann (2009), 1 ff.
49 So RegE in BR-Drucks. 757/08 S. 25.

Folglich verbleibt es beim bisherigen Schriftformerfordernis nur noch i.R.d. Verfahrens vor der Schiedsstelle (vgl. § 31 Abs. 1 Satz 1 und Abs. 2, § 34 Abs. 2 Satz 1, Abs. 3 und Abs. 4 Satz 2) sowie für die Vereinbarung, von einer Anrufung des Schiedsstelle abzusehen (§ 37 Abs. 2 Nr. 4), ferner für die vor dem 01.10.2009 gemeldeten »Alterfindungen« (vgl. § 43 Abs. 3 Satz 1).

- Die Möglichkeit der **beschränkten Inanspruchnahme** (§§ 6, 7 Abs. 2, § 10 a.F.) ist ersatzlos **abgeschafft** (s. dazu § 6 a.F. Rdn. 2), sodass es bei Neuerfindungen als einzige Inanspruchnahmeart die unbeschränkte Inanspruchnahme im früheren Sinne gibt (s. § 6 n.F. Rdn. 4), sieht man von der (seltenen) Besonderheit der Inanspruchnahme einer angemessenen Beteiligung im öffentlichen Dienst (s. dazu § 40 Rdn. 15 ff.) einmal ab.
- Das Gesetz begründet nunmehr eine **gesetzliche Fiktion der (unbeschränkten) Inanspruchnahme** der Diensterfindung, sofern der Arbeitgeber nicht bis zum Ablauf von 4 Monaten nach Eingang der ordnungsgemäßen Meldung ggü. dem Arbeitnehmer die Freigabe der Diensterfindung in Textform erklärt (§ 6 Abs. 2 n.F., s. § 6 Rdn. 78 ff.).
- Das Institut des **Erfinderberaters** (§ 21 a.F.) ist ersatzlos **entfallen** (s. § 21 a.F. Rdn. 4).
- Die Regelungen des **Insolvenzverfahrens** sind gestrafft und **modifiziert** (§ 27 n.F., s. dort).
- Die verwaltungsinternen Regelungen zur **Besetzung der Schiedsstelle** sind aktualisiert (§ 30 Abs. 2 und 6 n.F., s. § 30 Rdn. 4 und 14).
- Die geänderten Vorschriften des ArbEG a.F. gelten nach dem **Übergangsrecht** in § 43 Abs. 3 n.F. noch für Erfindungen, die dem Arbeitgeber vor dem 01.10.2009 gemeldet worden sind (s. dazu § 43 Rdn. 14 ff.).
- Mit Inkrafttreten aufgehoben ist die bereits seit Langem überholte Ausnahmeregelung für das **Saarland** (§ 48 a.F., s. dort).

Die vorliegende **Kommentierung basiert auf dem seit der ArbEG-Novelle 2009 geltenden Recht**. Als Fazit bleibt festzustellen, dass mit dieser Novelle eine wichtige Vereinfachung und **Modernisierung des ArbEG gelungen** ist. Dies zeigen die bisher in der Praxis gewonnenen Erfahrungen. In der Gesamtschau belegt wird das auch durch die nachfolgende Kommentierung mit den auf dieser Rechtsgrundlage ergangenen Entscheidungen und Darstellungen im Schrifttum. Das bedeutet naturgemäß nicht, dass alle Einzelprobleme gelöst wären – ein Ideal, dass für jeden Gesetzgeber unerfüllbar ist. Umso wichtiger ist jetzt eine zeitnahe Aktualisierung der Amtlichen Vergütungsrichtlinien (s. § 11 Rdn. 3).

Das auf den Zeitpunkt der Erfindungsmeldung abstellende Übergangsrecht bewirkt allerdings, dass die aufgehobenen bzw. geänderten Vorschriften des früheren Rechts im Einzelfall noch in diesem und in nächsten Jahrzehnt zur Anwendung kommen können. Deshalb wurde weiterhin für die vor dem 01.10.2009 gemeldeten Alt-Erfindungen die Kommentierung der bisherigen Vorschriften der §§ 6, 7, 8, 10, 27 a.F. insoweit beibehalten, als sie für die Alt-Erfindungen vom neuen Recht abweichen.

## D. Die Arbeitnehmererfindung im ausländischen Recht

Im **Vergleich zum Ausland** verfügt die Bundesrepublik mit dem ArbEG über ein detailliertes, zugleich erfindungsfreundliches Spezialgesetz. Eigenständige Regelungen dieser schwierigen Rechtsmaterie in einem Sondergesetz stellen – auch im Vergleich zu den EU-Staaten – eine Ausnahme dar.[50] So verwundert es nicht, dass sich die erste Initiative der EU-Kommission für eine Harmonisierung des Arbeitnehmererfindungsrechts i.R.d. **Europäischen Union** weitgehend an den Regelungen des ArbEG orientiert hatte, teilweise aber noch darüber hinausgegangen war;[51] dort ist es allerdings bislang bei der Kollisionsregelung des Art. 60 Abs. 1 EPÜ geblieben (s. dazu § 1 Rdn. 34). Eine Initiative der EG-Kommission Ende der 80er-Jahre des letzten Jahrhunderts hat ebenfalls zu keinen konkreten Ergebnissen geführt.[52] Allerdings sind die Appelle an eine Vereinheitlichung bzw. Vorgabe von EU-Mindeststandards für das Arbeitnehmererfindungsrecht nicht verstummt.[53] Andererseits darf nicht verkannt werden, dass zwischen den einzelnen nationalen Vorschriften zu Arbeitnehmerfindungen und dem diesbezüglichen Rechtsverständnis in den einzelnen Staaten teils sehr erhebliche Unterschiede bestehen, die EU- Kommission andere Aufgaben als vordringlich ansieht und eine Harmonisierung

10

---

50 Zur Rechtslage innerhalb der EU vgl. etwa die Übersicht von Knauer (Diss. 2007), S. 36 ff.
51 Vgl. dazu Kretschmer, GRUR 1980, 37; s. i.Ü. die »Vergleichende Untersuchung über das Recht der Arbeitnehmererfindungen in den Mitgliedstaaten der EG«, hrsg. v. d. EG-Komm., 1977 (= Slg. Studien, Reihe Arbeitsrecht Nr. 2); Straus, GRUR Int. 1984, 1; ders., GRUR 1990, 353. Die Arbeiten an einer Richtlinie zum Arbeitnehmererfinderrecht hatte die EG-Komm. zwischenzeitlich eingestellt; vgl. Schwartz in Festschr. f. H. v. d. Groeben (1987), S. 333, 349.
52 Vgl. a. die Vorschläge von Villinger, »Materialien für eine Harmonisierung d. Rechts d. Arbeitnehmererfindungen«, 1994; umfassende Darstellung der Harmonisierungsmöglichkeiten und des Status quo in der EU bei Goetzmann, Die Harmonisierung d. Arbeitnehmererfindungsrechts i. d. EU, Diss. Münster 2007, S. 174 ff.; Knauer, Möglichkeiten u. Nutzen e. Vereinheitlichg. des ArbNErfR in d. EU u. Schlussfolgerungen f. d. diesbzgl. dt. Gesetzgebg., Diss. München 2007, S. 140 ff.
53 Ausf. Knauer (Diss. München 2007), S. 81 ff. und Goetzmann (Diss. Hamburg 2008), S. 174 ff. Dafür auch Kraßer/Ann, PatR, § 21 Rn. 161.

länderübergreifend nicht zuletzt aus Kreisen der Wirtschaft mit Vorbehalten gesehen wird.[54]

Bezogen auf die **europäischen Länder** ist eine spezialgesetzliche Regelung die Ausnahme; solches ist auch in Dänemark, Finnland, Norwegen, Schweden und Slowenien anzutreffen. In anderen Ländern Europas, wie etwa Großbritannien, Frankreich, Italien, Luxemburg, den Niederlanden, Österreich, Portugal, Spanien und Ungarn, sind die Regelungen zum Arbeitnehmererfindungsrecht Bestandteil der Patentgesetze oder – wie etwa in der Schweiz – im allgemeinen bürgerlichen Recht verankert. Weitere Staaten, so die USA, Belgien und Kanada, haben diese Fragen weitgehend der Rechtsprechung überlassen und nur für bestimmte Bereiche, etwa für den öffentlichen Dienst, (Verwaltungs-) Vorschriften erlassen. Neuere Gesetzesregelungen in einzelnen Auslandsstaaten orientieren sich z.T. an § 120 des WIPO-Mustergesetzes über Erfindungen für Entwicklungsländer (so etwa die Regelung in den Vereinigten Arabischen Emiraten[55]).

11 Nachfolgend soll ein kurzer **Überblick**[56] über die Regelungen zum Recht der Arbeitnehmererfindung im **Ausland** gegeben werden; ergänzend sei auf die

---

54 Vgl. auch Keukenschrijver in Busse/Keukenschrijver, PatG, Rn. 12 Einl. ArbEG.
55 Stark, GRUR Int. 2000, 202, 209.
56 S. dazu Les Nouvelles (2017), 90 ff.; Fabry/Trimborn, ArbNErfR i. intern. Vergleich; dies., Mitt. 2009, 529; Godenhjelm, Die intern. Bestrebungen z. Vereinheitlichung d. Rechts d. ArbNErf., GRUR Int. 1966, 125; ders., Employees' Inventions in: International Encyclopedia of Comparative Law, Bd. XIV, Tübingen/Den Haag/Paris 1973 (Bespr. v. Dietz i. GRUR Int. 1984, 558); Goetzmann, Die Harmonisierung d. ArbNErfR i. d. EU, Diss. Münster 2008; Knauer, Möglichkeiten u. Nutzen einer Vereinheitl. d. ArbNErfR i.d. EU, Diss. München 2007; Schippel, Die Grenzen der Privatautonomie im intern. Arbeitsrecht und die Arbeitnehmererfindung, Mitt. 1971, 229; Straus, Die intern.-privatrechtl. Beurteilung v. Arbeitnehmererfindungen i. Europ. Patentrecht, GRUR Int. 1984, 1; ders., Rechtsvergleichende Bemerkungen z. Begriff d. Arbeitnehmererfinders, GRUR Int. 1984, 402; ders., Arbeitnehmererfinderrecht: Grundlagen u. Möglichkeiten d. Rechtsangleichung, GRUR Int. 1990, 353; Phillips (Hrsg.), Employees' Inventions, A comparative study, Sunderland/Fernsway/England 1981 (Bespr. von Straus i. GRUR Int. 1984, 199); Ramm, Vgl. Untersuchg. über d. Recht d. ArbNErf. in d. Mitgliedsstaaten d. EG, hrsg. v. d. EG-Komm., 1978 (= Slg. Studien, Reihe ArbR 2); Weinmiller, Bemerkungen z. ArbNErfR in d. EG, GRUR Int. 1975, 281; Reimer/Schade/Schippel/Himmelmann S. 10, 44 ff. mit zahlreichen Nachweisen. Vgl. auch die Auswahlbibliografie z. Arbeitnehmererfinderrecht (in Europa) von Hentschel, GRUR Int. 1990, 369; s. ferner Villinger, Materialien für eine Harmonisierung d. Rechts d. ArbNErf., 1994, 206 ff. (m. Vorschlägen für eine Harmonisierung im EU-Bereich).

Internet-Information der WIPO unter »http://clea-wipo.int/« zum ausländischen Arbeitnehmererfindungsrecht verwiesen:

In **Äthiopien** bestimmt Art. 7 des Gesetzes Nr. 123/1995 v. 10.05.1995 über Erfindungen die Zuordnung von Erfindungen, die im Arbeitsverhältnis geschaffen worden sind.[57] In **Algerien**[58] behandeln Art. 17 und 18 der Rechtsverordnung Nr. 03–07 über den Schutz von Erfindungen v. 19.07.2003 die in Erfüllung des Arbeitsvertrages anlässlich eines ausdrücklich erteilten Erfindungsauftrags geschaffenen Diensterfindungen. In den **Andenstaaten** normiert der Beschluss Nr. 344 v. 21.10.1993[59] i.R.d. gemeinsamen Regelung über den Gewerblichen Rechtsschutz die Zuordnung und Vergütung der im Anstellungsverhältnis geschaffenen Erfindungen (Art. 8 bis 11).

In **Argentinien** regelt das Patent- und Gebrauchsmustergesetz Nr. 24, 481, modifiziert durch Gesetz Nr. 25.859 v. 04.12.2003 in Art. 10 die Rechtsfragen betr. die während eines Beschäftigungsverhältnisses gemachten Erfindungen.[60] In **Belgien** fehlt derzeit eine Regelung zum Arbeitnehmererfindungsrecht, sodass hier Regelungen weitgehend der Parteidisposition überlassen bleiben.[61] **Brasilien** hat Regelungen zum Arbeitnehmererfindungsrecht in Art. 6, 88–93 des Gesetzes über das gewerbliche Eigentum v. 14.05.1996 (Gesetz Nr. 9.279) in der Änderungsfassung vom 14.02.2001 aufgenommen.[62] Auch **Bulgarien** hat das Recht der Arbeitnehmererfindung i.R.d. Gesetzes über Patente vom 18.03.1993, in der konsolidierten Fassung vom 20.07.2007, geregelt,[63] und zwar insbesondere in Art. 15.

**Chile** behandelt das Recht der Diensterfindung in den Art. 68 ff. des chilenischen Gesetzes über den Gewerblichen Rechtsschutz Nr. 19.039 v. 24.01.1991, nunmehr i.d.F. vom 17.01.2007.[64] Die **Volksrepublik China** hat am 12.03.1984 erstmals ein Patentgesetz verabschiedet, in dem auch die

---

57 GRUR Int. 2000, 531 sowie Eshete, GRUR Int. 2000, 512.
58 BlPMZ 1995, 344.
59 GRUR Int. 1994, 917, 918.
60 GRUR Int. 1998, 587, 588.
61 Vgl. §§ 8 bis 12 PatG v. 28.03.1984, BlPMZ 1987, 140; Neumeyer, DB 1978, 538, 542; Gaul/Schmelcher, ZfA 1982, 401, 445 f. = Volmer/Gaul Einl. 281 ff.; Knauer (Diss. 2007), S. 37.
62 Zum früheren Recht s. BlPMZ 1974, 155 ff.; vgl. dazu Gomez-Segade, GRUR Int. 1988, 99 ff.; Kaßnar, GRUR Int. 1984.
63 Vgl. z. früheren Recht: BlPMZ 1994, 7 ff. = GRUR Int. 1993, 940 ff.; Chivarov/Kowal-Wolk, GRUR Int. 1993, 910, 913 f.
64 BlPMZ 1996, 470.

Arbeitnehmererfindungen erfasst sind;[65] diese Bestimmungen sind durch die »Änderung des Patentgesetzes« v. 25.08.2000 und die Ausführungsrichtlinien z. PatG (Dekret Nr. 306) wesentlich neu gestaltet worden (Art. 6).[66] 2013/2014 wurde der Entwurf für neue Regelungen über Diensterfindungen vorgelegt, der die wechselseitigen Rechte und Pflichten zusammenfassen und klären soll.[67]

Ebenso wie die anderen skandinavischen Länder verfügt **Dänemark**[68] über eine eigenständige Regelung in dem Gesetz über Arbeitnehmererfindungen v. 18.03.1986 (Nr. 131). In **Estland** gelten die §§ 12, 13 PatG.

**Finnland** hat mit dem Gesetz Nr. 656 über Arbeitnehmererfindungen vom 29.12.1967 eine eigenständige Regelung, ergänzt durch die am 01.10.1988 in Kraft getretenen Änderungen, geändert durch Gesetz Nr. 1078/2000 v. 20.12.2000,[69] geschaffen, die durch Gesetz vom 19.05.2006 geändert worden ist[70]. In **Frankreich** regelt der code de la propriété intellectuelle in der Fassung vom 01.03.2006 (Änderungsgesetz Nr. 2006–236) in Art. L611–7 das Arbeitnehmererfindungsrecht.[71]

In **Georgien** enthält das Patentgesetz Nr. 302 vom 16.03.1992 i.d.F. v. 25.05.1999 Regelungen über Arbeitnehmererfindungen (Art. 20, 21).[72] In **Griechenland** enthält Art. 6 des Patentgesetzes (Gesetzes Nr. 1733/1987 vom

---

65 §§ 2, 6, 7, 16, 17 PatG 1984, BlPMZ 1984, 188; s. dazu Bauer, GRUR Int. 1984, 255 f.
66 In Kraft getreten am 01.07.2001; s. dazu GRUR Int. 2001, 541, 542; zuletzt geändert mit Wirkung zum 01.10.2009, BlPMZ 2010, 207; s. dazu u. a. X. Liu, Das Recht d. ArbNErf. – BRD und VR China im Vergleich, Diss. Trier 2007; Trimborn/Fabry, Mitt. 2009, 529, 534 f.; Changhui, AIPPI Report Q 183.
67 Ausf. dazu Scheil Mitt. 2014, 312 ff.
68 Neumeyer, DB 1978, 538, 540; Gaul/Schmelcher, ZfA 1982, 401, 422 ff. (= Volmer/Gaul Einl. Rn. 184 ff.); vgl. auch v. Zweigberk, GRUR Int. 1966, 136; Knauer (Diss. 2007), S. 37 ff.
69 BlPMZ 2001, 310; s.a. den Hinweis i. GRUR Int. 1989, 240 f.; das Gesetz von 1967 ist abgedruckt in BlPMZ 1974, 218; s. i.Ü. Volmer/Gaul Einl. Rn. 288; vgl. auch Straus, GRUR Int. 1984, 1; ders, GRUR Int. 1984, 402 u. ders., GRUR Int. 1990, 353.
70 Vgl. Knauer (Diss. 2007), S. 40.
71 Zur bisherigen Vergütung vgl. Cour de cass. Paris, Urt. v. 25.04.2006, GRUR Int. 2007, 85 (LS); Trimborn/Fabry, Mitt. 2009, 529, 530 f.; z. Höhe der Erf.vergütg. s. Court de cassation v. 21.11.2000, GRUR Int. 2001, 785 – *Hoechst Marion Roussell/Raynaud*, m. Anm. Petit. Vgl. zum, früheren Recht s. auch Knauer (Diss. 2007), S. 40 ff., s. ferner Baumann GRUR Int. 1977, 446 ff.; Hühnerbein (Diss. 2003), S. 150 ff.
72 GRUR Int. 1992, 937.

D. Die Arbeitnehmererfindung im ausländischen Recht **Einleitung**

22.09.1987, in der Fassung des Änderungsgesetzes Nr. 2359/1995 v. 15.11.1995) Regelungen über Arbeitnehmererfindungen.[73] In **Großbritannien** ist das Recht der Arbeitnehmererfindungen durch Art. 39 bis 43 des Patents Act 1977[74] (geändert durch Regulations 2006, Sect. 39–43)[75] gesetzlich geregelt.

In **Indonesien** ordnet Art. 12 des PatG v. 01.08.2001 (Ges. Nr. 14) die Rechte an einer Arbeitnehmererfindung dem Arbeitgeber zu.[76] **Irland** regelt in chapter III section 16 des Patents Act 1992 v. 27.02.1992, in der Fassung vom 11.12.2006 diesen Fragenkreis. In **Israel** regeln die §§ 131 ff. d. Patentgesetzes vom 08.08.1967 (Gesetz Nr. 5727–1967) geändert durch das Gesetz 5760–1999[77] diesen Fragenkreis. Grundlage des Arbeitnehmererfindungsrechts in **Italien** sind die Art. 64, 65, 89 des Gesetzbuches für das gewerbliche Eigentum, Gesetzesdekret Nr. 30 v. 10.02.2005[78], das vor 2014 auch bezüglich Erfindungen während Arbeitsverhältnissen novelliert worden ist.[79]

---

73 BlPMZ 1988, 330, 332. Vgl. auch Knauer (Diss. 2007), S. 42.
74 BlPMZ 1981, 200 ff., 230 ff. u. BlPMZ 1991, 412; s. dazu Neumeyer, DB 1978, 538, 540; Cornish, Employees' Inventions, in: Bowen u.a., Patents Act 1977, London 1978, 79 ff.; ders., GRUR Int. 1990, 339; Phillips, Employees' Inventions and the Patents Act 1977, Hampshire 1978; Employees' Inventions and English Law, in: Phillips, Employees' Inventions, 1981, 108 ff.; vgl. auch Gaul/Schmelcher, ZfA 1982, 401, 429 ff. (= Volmer/Gaul Einl. Rn. 215 ff.); Trimborn/Fabry, Mitt. 2009, 529, 531 f.; Hausmann, GRUR Int. 2009, 394 ff. m. Anm. zu Urteil d. High Court of Justice, Patents Court v. 11.02.2009, Kelly and another v. GE Healthcare u. ders., ArbNErfR in Deutschland u. Großbritanien, Diss. 2011; vgl. ferner Knauer (Diss. 2007), S. 54 f.
75 Vgl. hierzu Fabry/Trimborn S. 58 (dort Fn. 76 a.E.); s. auch Hühnerbein (Diss. 2003), S. 120 ff.
76 Rott, GRUR Int. 2000, 42, 44.
77 S. dazu Blum, Die Neuregelung d. Patentrechts in Israel, GRUR Int. 1967, 401, 407.
78 BlPMZ 2007, 17, 27, 31. Vgl. Di Cataldo, GRUR Int. 2007, 185.
79 Vgl. Mayer Mitt. 2014, 390 f. m. H. a. Art. 64 d. ital. PatG.

Für **Japan** enthält § 35 des Patentgesetzes 1959, geändert durch das Gesetz Nr. 16/2008, eine Sonderregelung für Arbeitnehmererfindungen.[80] Eine Vergütung gilt grds. als angemessen, wenn sie nach der Methode berechnet wurde, die zwischen Arbeitgeber und Arbeitnehmer gem. § 35 Abs. 4 PatG vereinbart worden ist; bei vereinbarter unangemessener Vergütung hat der Arbeitnehmer Anspruch auf eine Berechnung nach den in § 35 Abs. 5 PatG festgelegten Grundsätzen.

Das Patentrecht in **Kanada** kennt eine gesetzliche Regelung im Patentgesetz von 1985 in der Fassung vom 30.04.1996 (§§ 20, 49, 50) nur für Bedienstete im öffentlichen Bereich (Public Servants Inventions Act Nr. 2 und 3).[81] In **Kasachstan** finden sich im Patentgesetz vom 16.07.1999 (in der Fassung vom 02.03.2007 – Ges. Nr. 237-III LRK) Regelungen in Art. 10. Im Patentgesetz aus dem Jahr 1990 der Republik **Korea**, geändert durch Gesetz Nr. 9381 v. 30.11.2009, findet sich in §§ 39, 40 eine rudimentäre Regelung des Arbeitnehmererfindungsrechts[82], ebenso für **Kroatien** in Art. 14 des Patentgesetzes vom 17.03.2009.[83]

**Lettland** regelt das Recht der Arbeitnehmererfindungen in § 15 PatG v. 15.02.2007;[84] **Litauen** in Art. 7 des Patentgesetzes (Ges. Nr. I-372) v. 18.01.1994, zuletzt geändert durch das Gesetz Nr. X-1119 v. 10.05.2007.[85] In **Luxemburg** enthält das Patentgesetz vom 20.07.1992 i. d. F. v. 18.04.2004 in Art. 13 Regelungen über Arbeitnehmererfindungen.[86] Für **Malta** sind seit 2000 Zuordnung und Vergütung von Arbeitnehmererfindungen in Art. 11 des

---

80 BlPMZ 2008, 234 f.; GRUR-Int. 2005, 375 f.; ausführl. hierzu Petersen-Padberg, Z Japan R Sonderheft 1/2009, Rn. 120 ff. m.w.N.; Hinkelmann, Gewerblicher Rechtsschutz in Japan, 2. Aufl. (2008), 151 ff. Heath/Mori, IIC 2005, 663 f.; zu Hochschulerfindungen v. Falck/Schmaltz, IIC 2005, 912, 925; Trimborn/Fabry, Mitt. 2009, 529, 533 f.; s. ferner Knauer (Diss. 2007), S. 58 ff. Zur Auslegung d. § 35 PatG DG Tokio v. 29.01.2009, AIPPI, Journal 2010, 25; zu § 35 PatG a.F. DG Tokio v. 20.01.2004, GRUR Int. 2005, 439 – *Blaue Deode* m. Anm. Petersen-Padberg/ Großmann, GRUR-Int. 2005, 370; Vergleichsvorschlag II. Instanz v. 11.01.2005, AIPPI, Journal 2005, 311 ff. m. Anm. v. Shimanami AIPPI, Journal 2005, 306 ff. Zur Rechtslage vor der Reform 2004 s. Nakayama, GRUR Int. 1980, 23 ff.; Heath, GRUR Int. 1995, 382; ders., GRUR Int. 1998, 555, 569.
81 Industrial property 1990/12 (62); vgl. auch Straus, Rechtsvergleichende Bemerkungen zum Begriff des Arbeitnehmererfinders, GRUR Int. 1984, 402, 405.
82 Industrial property 1991/2; s.a. Heath, GRUR Int. 1995, 382, 387.
83 BlPMZ 2000, 230, 231.
84 BlPMZ 2010, 7 ff. Zum früheren Recht s. Knauer (Diss. 2007), S. 43 f.
85 BlPMZ 1997, 50. Vgl. Knauer (Diss. 2007), S. 44.
86 BlPMZ 1998, 292 f.; vgl. auch die Information in GRUR Int. 1993, 95; zum früheren Patentgesetz vgl. Neumeyer, DB 1978, 538, 542; Volmer/Gaul Einl. Rn. 286.

Patentgesetzes geregelt.[87] § 33 Abs. 2 des Gesetzes über den gewerblichen Rechtsschutz v. 12.2.2009[88] ordnet in **Mazedonien** im Arbeitsverhältnis geschaffene Erfindungen dem Arbeitgeber zu. Das Gesetz über den gewerblichen Rechtsschutz v. 25.06.1991 in der Fassung vom 28.06.2010 in **Mexiko**[89] verweist für Arbeitnehmererfindungen in Art. 14 auf Art. 163 des Bundesarbeitsgesetzes v. 25.06.1991.

Für die **Niederlande** enthalten die Art. 12 ff. des Reichspatentgesetzes 1995 vom 15.12.1994 eine Sonderregelung.[90] In **Norwegen** besteht eine spezialgesetzliche Regelung mit dem Gesetz Nr. 21 über Arbeitnehmererfindungen vom 17.04.1970.[91]

In **Österreich** sind die Vorschriften der §§ 6 bis 19 des Patentgesetzes 1970[92] i.d.F. der Änderung durch BGBl. I Nr. 135/2009[93] maßgeblich.[94] Gerade in Bezug auf die Vergütung von Diensterfindungen ergeben sich hier deutliche Parallelen zwischen deutschem und österreichischem Recht[95] (s. ausf. z. Vergütung v. Diensterf. in Österreich KommRL Einl. Rn. 240 ff.).

In **Polen** wurde durch das Gesetz über den gewerblichen Rechtsschutz vom 30.06.2000, in der Änderungsfassung vom 29.07.2007, auch das Recht der Arbeitnehmererfindungen geregelt (vgl. Art. 11 Abs. 3, Art. 20 f.).[96] In **Portu-**

---

87 Vgl. Knauer (Diss. 2007), S. 45.
88 BlPMZ 2012, 5 ff.
89 GRUR Int. 2002, 117, 119.
90 BlPMZ 1996, 230 ff.; GRUR Int. 1996, 122 ff. Vgl. Knauer (Diss. 2007), S. 45 f.; z. früheren Recht s. GRUR Ausl. 1955, 544; BlPMZ 1980, 130 ff.; s.a. Neumeyer, DB 1978, 538 f.; Gaul/Schmelcher, ZfA 1982, 401, 435 ff. (= Volmer/Gaul Einl. Rn. 244 ff.).
91 Industrial property 1971, 238; BlPMZ 1976, 179; s. i.Ü. d. Hinweise b. Neumeyer, DB 1978, 538 u. Straus, GRUR Int. 1984, 402, 403; vgl. (aber) auch Volmer/Gaul Einl. Rn. 288.
92 BlPMZ 1976, 357 ff.
93 BlPMZ 2010, 234 ff.
94 Aus dem neueren Schrifttum vgl. u. a. Bartenbach/Volz Mitt. 2016, 371 ff.; Burgstaller/Bürscher, Erfindervergütg. f. Dienstnehmer, 2014; Eypeltauer/Nemec, Diensterfindungsrecht: 100 Fragen u. Antworten, 2. Aufl. 2015; Faby Mitt 2015, 500 ff.; Kucsko, ÖBl. 2011, 276; Thiele, RdW 2012, 351. Zu Hochschulerf. s. u. a. Titscher, ÖBl. 2008, 123 u. ÖBl. 2008, 316 sowie Burgstaller in Löschnigg (Hrsg), Recht am Arbeitsergebn. v. Wissenschaftlern, 2016, S. 15 ff.
95 Ausf. u. a. Bartenbach/Volz Mitt. 2016, 371 ff.; Mayr, Vergütung f. Erf. v. Dienstnehmern – Komm. z. d. §§ 6 bis 20, 28 Patentgesetz 1970, 1997; Burgstaller/Bürscher, Erfindervergütg. f. Dienstnehmer, 2014 u. ferner Eypeltauer/Nemec, Diensterfindungsrecht, 2. Aufl. 2015.
96 GRUR Int. 2001, 927 ff. Vgl. Knauer (Diss. 2007), S. 47 f.

gal ist eine erfinderrechtliche Regelung (für Patente, Gebrauchs- und Geschmacksmuster) eingebettet in das Gesetz Nr. 36/2003 über gewerbliche Schutzrechte v. 05.03.2003, zuletzt geändert durch das Gesetz 16/2008 vom 1.4. (Art. 59).[97]

**Rumänien** verfügt über eine Regelung in Art. 3, 5, 88–91 des Gesetzes über Erfindungspatente vom 11.10.1991 in der Fassung vom 15.01.2007, zuletzt geändert durch Gesetz Nr. 28.[98] Die **Russische Föderation** hat im Zivilgesetzbuch vom 29.06.2009[99] eine Regelung.

**Schweden** verfügt über eine spezialgesetzliche Regelung im Gesetz Nr. 345 über das Recht an Erfindungen von Arbeitnehmern vom 18.06.1949, geändert durch Gesetz 2009:403 v. 30.06.2009.[100] In der **Schweiz** gelten Art. 321b und 332 des Bundesgesetzes vom 30.03.1911 betreffend die Ergänzung des Schweizerischen Zivilgesetzbuches (Fünfter Teil: Obligationenrecht) über Obligationenrecht (OR), eingefügt durch Gesetz vom 25.06.1971 in der Änderungsfassung vom 18.06.2010.[101] In **Serbien** ist eine Regelung im Patentgesetz vom 10.07.2004 enthalten (Art. 108 bis 119). **Singapur** hat die Regelung des Arbeitnehmererfindungsrechts in den am 23.02.1995 in Kraft getretenen Patent Act 1994 (geändert durch das Patentänderungsgesetz

---

[97] Vgl. Knauer (Diss. 2007), S. 48. Z. früheren Recht s. GRUR Int. 1997, 698 ff.; GRUR Ausl. 1955, 547.
[98] BlPMZ 1992, 457 ff. = GRUR Int. 1992, 291 ff.; vgl. dazu Eminesen, GRUR Int. 1993, 291 ff. und GRUR Int. 1992, 170 ff.
[99] GRUR Int. 2009, 205.
[100] GRUR Ausl. 1955, 548 ff.; Neumeyer, Erfahrungen mit dem schwedischen Gesetz über Arbeitnehmererfindungen, GRUR Ausl. 1956, 344 f.; Gaul/Schmelcher, ZfA 1982, 401, 409 ff. (= Volmer/Gaul Einl. Rn. 167 ff.). S. ferner zum früheren Recht Knauer (Diss. 2007), S. 49 f.
[101] BlPMZ 1972, 239, 240; s. hierzu Kantonsgericht St. Gallen v. 09.02.1983, GRUR Int. 1984, 708 – *Orthofotogerät*; s. insbes. Henneberger-Sudjana/Henneberger GRURInt. 2013, 985 ff.; ferner Pedrazzini, Bemerkungen zur Struktur der Diensterfindung, Zürich 1961; Portmann, Die Arbeitnehmererfindung, Bern 1986; Rehbinder, Die Arbeitnehmererfindung i. Festschr. z. 130jähr. Bestehen d. eidgenössischen PatG (Bern 1988), 71 ff.; Troller, Probleme d. Arbeitnehmererfindung i. schweiz. Recht, Schweiz. Mitt. 1980, 99 ff.; vgl. auch Dolder, GRUR Int. 1982, 158 ff. u. Andermatt SJZ 104 (2008), 285. Zur Mitwirkungspflicht des ArbN bei der Schutzrechtsanmeldung s. Bundesgericht v. 15.04.2015 GRUR Int. 2016, 21 ff. Siehe auch Spoendlin, Zur Behandlung immaterieller Arbeitsergebnisse i. Arbeits- u. Auftragsverhältnis, in Festschr. F. Vischer, Zürich 1983, 727 ff.; Zumbach, Die Angestelltenerfindung i. schweiz. u. deutschen Recht, Diss. Basel 1959; vgl. auch Gaul/Schmelcher, ZfA 1982, 401, 441 ff. (= Volmer/Gaul Einl. Rn. 267 ff.).

2005;[102] dort Sec. 49 f.) einbezogen, scheinbar wieder geändert 2007.[103] Die **Slowakei** behandelt im Arbeitsverhältnis entstehende gebrauchsmusterfähige Erfindungen und deren Zuordnung in Art. 11 und 12 des Gesetzes Nr. 517/2007, geändert durch das Gesetz Nr. 495/2008 (in Kraft getreten am 01.02.2009).[104] Das Arbeitnehmererfindungsrecht regelt das Gesetz Nr. 435/2001 (Patentgesetz), geändert durch Gesetz Nr. 202/2009 v. 01.06.2009 in Art. 11. **Slowenien** verfügt seit 1995 über ein eigenständiges »Gesetz über geistiges Eigentum aus einem Arbeitsverhältnis«.[105] Für **Spanien** gelten die Art. 15 ff. des Gesetzes Nr. 11/86 über Patente vom 20.03.1986 in der Änderungsfassung vom 22.12.2009 (Gesetz Nr. 25/2009).[106]

Für **Taiwan** sind die §§ 7 bis 10 PatG i.d.F. v. 21.01.1994 maßgeblich.[107] In **Thailand** gelten die §§ 11 bis 13 des Patentgesetzes BE 2522 (1979), geändert durch Patentgesetz (Nr. 2) BE 2535 (1992) und durch Patentgesetz (Nr. 3) BE 2542 (1999).[108] In **Tschechien** regelt § 9 PatG v. 27.11.1990 (Gesetz Nr. 527/1990 in der Fassung vom 06.12.2007)[109] diesen Rechtsbereich. In der **Türkei** ist das am 10.01.2017 in Kraft getretene Gesetz Nr. 6769 über das gewerbliche Eigentum maßgebend, in das auch – in Anlehnung an das deutsche ArbEG – Regelungen zum Recht der Arbeitnehmererfindungen integriert sind und welches auch in der Türkei das frühere Hochschullehrerprivileg abgeschafft hat.[110]

Das Gesetz der **Ukraine** über den Schutz von Rechten an Erfindungen und Gebrauchsmustern v. 15.12.1993 in der Fassung v. 22.05.2003 (Gesetz Nr. 850-IV)[111] behandelt in Art. 1, 9 die hierauf bezogenen Rechte und Pflichten der Arbeitsvertragsparteien. In **Ungarn** ist zum 01.01.1996 eine

---

102 BlPMZ 1999, 273 ff., 286.
103 Leong, GRUR Int. 1996, 112, 115 f.
104 BlPMZ 2010, 382. Zum früheren Recht vgl. Knauer (Diss. 2007), S. 50.
105 Knauer (Diss. 2007), S. 50 f.
106 BlPMZ 1987, 21 ff.; Gomez-Segade, Grundzüge u. Einzelheiten d. span. Patentrechts, GRUR Int. 1988, 99, s.a. GRUR Int. 1988, 149. S. ferner rechtsvergleichend Krekel, Der angestellte Erfinder, Diss [Bw.-Univ.] München 2009; s. ferner Knauer (Diss. 2007), S. 52 f.
107 GRUR Int. 1995, 391; s. hierzu auch Heath, GRUR Int. 1995, 382, 387.
108 BlPMZ 1983, 169 ff. u. BlPMZ 1995, 240 f.
109 Industrial property 1991/9. s. zum früheren Recht Knauer (Diss. 2007), S. 53.
110 S. Celik, GRUR Int. 2018, 748, 759. Zum früheren Patentgesetz von 1995 vgl. GRUR Int. 1996, 76 f.; Ortan, GRUR Int. 1996, 709, 710. Zur geplanten Angleichung des türkischen Patent- und Gebrauchsmusterrecht an europ. Recht unter Einschluss des ArbNErfR s. Celik, GRUR Int. 2008, 89 f.
111 BlPMZ 1996, 330, 332.

umfassende Neuregelung des Patentrechts in Kraft getreten (Gesetz Nr. XXXIII vom 25.04.1995 über den Patentschutz von Erfindungen in der konsolidierten Fassung vom 01.04.2010[112]); dort Art. 8 ff. mit Regelungen über das Arbeitnehmererfindungsrecht.[113] Die **USA** haben keine gesetzliche Regelung des Arbeitnehmererfindungsrechts; die Zuordnung von Erfindungen wird vielmehr im Wesentlichen durch das abdingbare common Law i.V.m. US-PatG 23 USC §§ 111, 115, 118 bestimmt.[114] Die im Arbeitsverhältnis im Rahmen arbeitsvertraglicher Pflichten entwickelte Erfindung steht dem Arbeitnehmer zu. Die Übertragung der Gesamtrechte erfolgt im Rahmen vertraglicher Vereinbarungen (assignment). Amerikanische Gerichte neigen dazu, eine implizite vertragliche Verpflichtung des Arbeitnehmers zur Rechtsübertragung anzunehmen, sofern dieser »zum Erfinden« angestellt wurde; einen Anspruch auf Vergütung sieht das Gesetzesrecht nicht vor.[115] Üblich sind Anerkennungsprämien (Inventors Dollar recognition), aber auch Gewinnbeteiligungen.[116]

Die **Vereinigten Arabischen Emirate** behandeln das Arbeitnehmererfindungsrecht in Art. 9 des Bundesgesetzes Nr. 44 vom 12.10.1992 über die Regelung und den Schutz des industriellen Eigentums für Erfindungspatente, industrielle Muster und Modelle.[117] Ansonsten ist in den arabischen Staaten keine einheitliche Handhabung festzustellen.[118] **Vietnam** regelt das Arbeitnehmererfindungsrecht in Art. 86 des Gesetzes zum Geistigen Eigentum vom 29.11.2005 in der Änderungsfassung vom 19.06.2009.

---

112 S. hierzu Bodewig, GRUR Int. 1995, 742.
113 Zum früheren Recht s. Knauer (Diss. 2007), S. 53f. Rechtsvergleichende Bemerkungen zum Begriff des Arbeitnehmererfinders, GRUR Int. 1984, 402.
114 Industrial property 1992/6; Zu USA vgl. u. a. Rüve, Intern. Arbeitnehmererfinderprivatrecht – Die Einzelerf. u. d. Gemeinschaftserf. v. ArbN im Int. PrivatR Deutschlands, Europas u. d. Vereinigten Staaten v. Amerika, Diss. München 2009, S. 153 ff.; s. ferner Knauer (Diss. 2007), S. 55 ff; Hühnerbein (Diss. 2003), S. 198 ff.; Neumeyer Forschungspolitik u. Arbeitnehmererfinderrecht i.d. Vereinigten Staaten, GRUR Int. 1967, 369; Sutton, Les inventions d'employés aux Etats-Unis d'Amerique, Prop. Ind. 1982; Neumeyer, The employed inventor in the United States, R & D policies, Law and Practices Cambridge 1971 (Bespr. Schippel, GRUR Int. 1972, 377); Volmer/Gaul Einl. Rn. 348 ff., 373; z. Zuordnung bei staatlich geförderter Forschung s. Supreme Court v. 06.06.2011, GRUR Int. 2011, 764.
115 Schmidt-Szalewski b. Ohly, GRUR Int. 1994, 879, 881.
116 Trimborn/Fabry, Mitt. 2009, 529, 532. S. ferner rechtsvergleichend Krekel, Der angestellte Erfinder, Diss [Bw.-Univ.] München 2009.
117 GRUR Int. 2000, 143, 144; s. dazu Stark, GRUR Int. 2000, 202, 209.
118 Vgl. die – zwischenzeitlich aber teilweise überholte – Übersicht bei Mangalo, Das Recht d. ArbNErf. i. d. arabischen Welt, 1980.

**Weißrussland** hat das Arbeitnehmererfindungsrecht im Patent- und Gebrauchsmustergesetz v. 16.12.2002 (Gesetz No. 160-Z) in der Änderungsfassung vom 24.12.2007 geregelt (dort insb. Art. 6).[119] Für **Zypern** enthält Art. 11 des Patentgesetzes i. d. Fassung vom 17.11.2000[120] Vergütungsregelungen zu Arbeitnehmererfindungen.

*Rn. 12–15 frei*

## E. Das ArbEG im Überblick

Das **ArbEG gliedert** sich in vier Abschnitte, die z.T. ihrerseits wieder in Unterabschnitte aufgeteilt sind. Der erste Abschnitt enthält in den §§ 1 bis 4 Begriffsbestimmungen, die für das gesamte Gesetz Geltung haben. Im 2. Abschnitt (§§ 5 bis 39) folgen die Vorschriften über Erfindungen und technische Verbesserungsvorschläge von Arbeitnehmern im privaten Dienst einschl. der Bestimmungen über das Schiedsstellenverfahren und das gerichtliche Verfahren; im 3. Abschnitt (§§ 40 bis 42) befinden sich die Vorschriften zum öffentlichen Dienst. Die Übergangs- bzw. Schlussbestimmungen sind im 4. Abschnitt (§§ 43 bis 49) zusammengefasst.    16

Der **persönliche Anwendungsbereich** des Gesetzes erstreckt sich auf Arbeitnehmer im privaten und öffentlichen Dienst, Beamte (Hochschulbeschäftigte, vgl. § 42) und Soldaten (§§ 1, 40–42). Die aufgrund des ArbEG entstandenen Rechte und Pflichten werden durch eine Auflösung (Beendigung) des Arbeits- oder Dienstverhältnisses nicht berührt (§ 26). Rechte und Pflichten aus dem ArbEG entstehen nur im Verhältnis zwischen Arbeitgeber und Arbeitnehmer bzw. deren Gesamtrechtsnachfolgern; sie stellen keine dingliche Belastung der Erfindung dar und gehen daher im Fall der Übertragung der Erfindung durch den Arbeitgeber nicht auf den Erwerber (Einzelrechtsnachfolger) über. Sonderregelungen sind allerdings für das Insolvenzverfahren getroffen (§ 27 n.F.).    17

In **sachlicher Hinsicht** erfasst das ArbEG die schutzfähigen, d.h. die patent- und gebrauchsmusterfähigen Erfindungen (§ 2) und die (nicht schutzfähigen) technischen Verbesserungsvorschläge, Letztere aber nur insoweit, als es in § 3 eine Begriffsbestimmung aufstellt und über § 20 Abs. 1 (nur) für qualifizierte technische Verbesserungsvorschläge die Vergütung regelt. § 20 Abs. 2 stellt klar, dass die Handhabung i.Ü., insb. der sog. einfachen technischen Verbesserungsvorschläge, einer Regelung durch Tarifverträge oder durch Betriebsvereinbarungen überlassen bleiben soll.    18

---

119 Zum früheren Recht s. BlPMZ 1993, 371 ff.
120 Vgl. BlPMZ 2003, 15 ff. S. auch Knauer (Diss. 2007), S. 55.

**19** Hinsichtlich der (schutzfähigen) **Erfindungen** unterscheidet das ArbEG streng zwischen gebundenen (Diensterfindungen) und freien Erfindungen (§ 4). Mit Rücksicht auf den dabei festzustellenden maßgeblichen Einfluss (Anteil) des Betriebes (Unternehmens) sieht das ArbEG eine Befugnis zur (einseitigen) Überleitung aller vermögenswerten Rechte an einer Erfindung auf den Arbeitgeber nur im Fall der Diensterfindung (§ 4 Abs. 2) vor. Ausgehend von dem Grundsatz, dass alle Rechte an der Erfindung in der Person des Erfinders entstehen (Erfinderprinzip, § 6 Satz 1 PatG), ist der Arbeitgeber bei diesen Erfindungen zur Rechtsüberleitung mittels (stillschweigender) Erklärung der **Inanspruchnahme** berechtigt (§§ 6, 7). Das Gesetz gesteht dem Arbeitgeber ein Wahlrecht zu, ob er alle vermögenswerten Rechte an der Erfindung auf sich überleiten ([unbeschränkte] Inanspruchnahme, §§ 6, § 7 Abs. 1 n.F.) oder diese freigeben will (§ 6 Abs. 2, § 8 n.F.; zum Wegfall der beschränkten Inanspruchnahme durch die ArbEG-Novelle 2009 s. § 6 n.F. Rdn. 2). Für den öffentlichen Dienst eröffnet § 40 Nr. 1 als weitere »Möglichkeit« die Inanspruchnahme einer angemessenen Beteiligung an dem Ertrag der Diensterfindung.

**20** Damit der Arbeitgeber über die Existenz einer Diensterfindung unterrichtet wird und eine Entscheidungsgrundlage erhält, ist der Arbeitnehmer gem. § 5 verpflichtet, nach Fertigstellung der Diensterfindung diese dem Arbeitgeber zu **melden**. Zum Ausgleich des durch die Inanspruchnahme bewirkten Rechtsverlustes sieht § 9 einen **Vergütungsanspruch** des Arbeitnehmers vor; dessen Bemessung dienen die gem. § 11 erlassenen Vergütungsrichtlinien, denen jedoch keine Gesetzeskraft zukommt. Der Vergütungsanspruch ist mittels Vereinbarung, ansonsten mittels Festsetzung zu konkretisieren (§ 12).

**21** Zur Wahrung der Prioritätsrechte an der Erfindung wird der Arbeitgeber durch § 13 zur unverzüglichen **Schutzrechtsanmeldung im Inland** verpflichtet, die nur in Ausnahmefällen (§ 13 Abs. 2), etwa bei der geheim zu haltenden, betriebsgeheimen Erfindung (§ 17) entfällt. Das Recht zur **Auslandsanmeldung** erwirbt der Arbeitgeber erst mit Inanspruchnahme (§ 14), da er erst ab diesem Zeitpunkt als alleiniger Rechtsinhaber über die Erfindung verfügen kann.

**22** Verzichtet der Arbeitgeber durch **Freigabe** der Erfindung (§ 6 Abs. 2, § 8 n.F.) auf seine Rechte hieran, kann der Arbeitnehmer über die frei gewordene Diensterfindung im Grundsatz frei verfügen (§ 8 Satz 2). Soweit der Arbeitgeber eine Diensterfindung in Anspruch genommen und zum Schutzrecht angemeldet hat, kann er diese Anmeldung und parallele Schutzrechtspositionen im Ausland unter den Voraussetzungen des § 16 aufgeben.

Von den frei gewordenen Diensterfindungen sind die (von Anfang an) **freien** 23
**Erfindungen** eines Arbeitnehmers (§ 4 Abs. 3) zu unterscheiden. Für diese
unterliegt der Arbeitnehmer nur einer Mitteilungs- (§ 18) und ggf. einer
Anbietungspflicht (§ 19).

Vorrangig dem Schutz des Arbeitnehmers als dem sozial Schwächeren dienen 24
die Regeln der §§ 22, 23 zur **Einschränkung der Dispositionsfreiheit** bzw.
zur **Wirksamkeit von Vereinbarungen** der Arbeitsvertragsparteien über Tatbestände des ArbEG.

Bei allen Meinungsverschiedenheiten zwischen Arbeitgeber und Arbeitnehmer 25
aufgrund des ArbEG kann die beim DPMA errichtete **Schiedsstelle** angerufen
werden (§§ 28 bis 36), der aber keine streitentscheidende, sondern lediglich
streitschlichtende Funktion über die Vorlage eines Einigungsvorschlages
zukommt. Bei bestehendem Arbeitsverhältnis ist der Klageweg grds. erst nach
erfolglos beendetem Schiedsstellenverfahren (§ 35 Abs. 1) eröffnet (§ 37). Ausschließlich zuständig für **Rechtsstreitigkeiten** über Arbeitnehmererfindungen
sind die Patentstreitkammern der LG (§ 39 Abs. 1), es sei denn, es handelt
sich um eine Rechtsstreitigkeit, die allein Ansprüche auf Leistung einer festgestellten oder festgesetzten Vergütung zum Gegenstand hat (§ 39 Abs. 2). Für
Letztere sowie für Streitigkeiten über technische Verbesserungsvorschläge sind
die Arbeits- bzw. Verwaltungsgerichte zuständig (§ 2 Abs. 2 ArbGG bzw.
§ 126 BRRG i.V.m. § 63 Abs. 3 Satz 2 BeamtStG).

*Rdn. 26–30 frei*

## F. Arbeitnehmererfindungen aus der Zeit der ehemaligen DDR

Lit.: *Adrian*, Schutz des geistigen Eigentums nach der Herstellung der deut- 31
schen Einheit, in: Adrian/Nordemann/Wandtke, Erstreckungsgesetz und
Schutz des geistigen Eigentums, Berlin 1992, 11; *Bartenbach/Volz*, Die Rechte
der Erfinder, in I & M 7/1991, 34; *dies.*, Anmerkungen zu den Einigungsvorschlägen der Schiedsst. zum DDR-Erfinderrecht, GRUR 1994, 619; *Gaul*, Die
erfinderrechtl. Auswirkungen d. ErstrG, Mitt. 1992, 289; *Möller*, Die Übergangsbestimmungen für Arbeitnehmererfindungen in den neuen Bundesländern, Berlin 1996; *v. Mühlendahl*, Gewerblicher Rechtsschutz im vereinten
Deutschland, München 1993; *v. Mühlendahl/Mühlens*, Gewerblicher Rechtsschutz im vereinten Deutschland, GRUR 1992, 725; *Mulitze*, Erfindervergütung in der DDR neu geregelt, in I & M 8/1990, 48 u. 9/1990, 50; *ders.*,
Neues Recht bei der Erfindervergütung, in I & M 6/1991, 41 u. 7/1991,
38; *ders.*, Ansprüche aus Diensterfindungen, in I & M 11/1991, 22; *Rose*,
Einigungsvertrag – Erstreckungsgesetz und Arbeitnehmererfindung, in:

Adrian/Nordemann/Wandtke, Erstreckungsgesetz und Schutz des geistigen Eigentums, Berlin 1992, 119.

Nach Art. 8 des Vertrages vom 31.08.1990 über die Herstellung der Einheit Deutschlands[121] (**Einigungsvertrag**) gilt bundesdeutsches Recht und damit auch das **ArbEG** und die dazu erlassenen Vergütungsrichtlinien uneingeschränkt **für alle nach dem 02.10.1990 gemachten Erfindungen** (zu technischen Verbesserungsvorschlägen s. § 3 Rdn. 2; zu den Einzelbestimmungen des ArbEG s. die Verweise in Einl. Rdn. 5). Das Übergangsrecht zur Geltung des Erfinderrechts der ehemaligen DDR für die vor dem 03.10.1990 in den neuen Bundesländern (einschließlich Berlin-Ost) fertiggestellten Arbeitnehmererfindungen ist heute weitestgehend durch Zeitablauf überholt (s. dazu ggf. die 4. Auflage dieses Kommentars, 2002, dort Einl. R. 32 ff.).

---

121 BGBl. II, S. 885, 962 i.V.m. dem Einigungsvertragsgesetz vom 23.09.1990 (BGBl. II, S. 885).

# 1. Abschnitt Anwendungsbereich und Begriffsbestimmungen

## § 1 Anwendungsbereich

**Diesem Gesetz unterliegen die Erfindungen und technischen Verbesserungsvorschläge von Arbeitnehmern im privaten und im öffentlichen Dienst, von Beamten und Soldaten.**

Lit.:
*Auer-Reinsdorff*, IT-Arbeitsverhältnisse, ITRB 2004, 116; *A. Bartenbach/Fock*, Erfindungen v. Organmitgliedern – Zuordng. u. Vergütg., GRUR 2005, 384; *A. Bartenbach*, Arbeitnehmererfindungen i. Konzern, 4. Aufl. 2018; *Bartenbach*, Erfindungen durch Handelsvertreter, Der Handelsvertreter 1972, 1006, 1068; *ders.*, Betriebsübergang u. ArbNErfR, Festschr. Gaul (1980), 9; *ders.*, Die Rechtsstellung der Erben e. ArbNErfinders, Mitt. 1982, 205; *Bartenbach/Volz*, Schuldrechtsreform und Arbeitnehmererfindungsrecht, Festschrift Tilmann (2003), 431; *dies.* Das ArbNErfR auf der Nahtstelle v. Arbeitsrecht u. gewerbl. Rechtsschutz, Festschr. Melullis GRUR 2009, 220; *Bartenbach/Volz*, 50 Jahre ArbEG, in Beil. I GRUR 4/2008, 1; *Bartenbach/Volz/Goetzmann*, Effects of the german law on employees inventious when posting employees within the European Union, Festschr. Straus (2009), 307; *Bauer*, Das Intern. Privatrecht d. ArbNErf., Diss. 1970; *ders.*, Die ArbNErf. im intern. Privatrecht, AWD 1970, 512; *Becker*, Die Zahlg. v. Erfindervergütungen an Vorstandsmitglieder u. ihre Behandlg. im Geschäftsbericht – eine Erwiderung, GRUR 1965, 127; *Brandi-Dohrn*, Arbeitnehmererfindungsschutz bei Softwareerstellung CR 2001, 285; *Busche*, Gesellschaftsorgane als Erfinder, Festschr. Reimann (2009), 37; *Cordt*, Die Vererbung arbeitsrechtl. Ansprüche b. Tod d. ArbN, 2017 (= Diss. Marburg 2016); *Björn Gaul*, Arbeitsrechtl. Aspekte einer Beschäftigung i. IT-Bereich, Festschr. Bartenbach (2005), 505; *Gaul*, Wechselwirkungen zw. UrhR u. ArbR, insbes. Grenzfragen d. Arbeitnehmererfinderrechts, NJW 1961, 1509; *ders.*, Die Erfindervergütung b. Vorstandsmitgliedern u. ihre Behandlg. im Geschäftsbericht, GRUR 1963, 341; *ders.*, 20 JahreArbNErfR, GRUR 1977, 686; *ders.*, Betriebsinhaberwechsel u. ArbNErfR, GRUR 1981, 379; *ders.*, Der pers. Geltungsbereich d. ArbEG, RdA 1982, 268; *ders.*, Zur Behandlg. v. schutzwürdigen Erfindungen durch GmbH-Geschäftsführer, GmbHRdschr. 1982, 101; *ders.*, Der Einfluss d. Betriebsübergangs auf ArbNErf., GRUR 1987, 590; *ders.*, Künstlerische Leistungen e. ArbN, NJW 1986, 163; *ders.*, Die ArbNErf. nach dem Betriebsübergang, GRUR 1994, 1; *Gennen*, Rechte an Arbeitsergebnissen, ITRB 2001, 138; *Grunert*, ArbNErf. i. d. Grauzone zw. Patent- u. Urheberrecht, Mitt. 2001, 234; *Himmelmann*, Vergütungsrechtl. Ungleichbehandlung v. ArbN-Erfinder und ArbN-Urheber, GRUR 1999, 897; *Jestaedt*, Die Vergütung d. Geschäftsführers f. unternehmensbezogene Erfindungen, Festschrift Nirk 1992, 493 ff.; *Kästle/Schmoll*, ArbNErf. b. M&A-Transaktionen u. Umstrukturierungen, BB 2018, 820 ff.; *Kather*, Erfindungen b. grenzüberschreitender Zusammenarb., Festschr. 80 Jahre Patentgerichtsbarkeit in Düsseldorf (2016), 231; *Kroitzsch*, Erf. in d. Vertragsforsch. u. bei F.- u. -gemeinschaften unter bes. Berücksichtigg. d. ArbEG, GRUR 1974, 177; *Lenhart*, ArbN- u. ArbGbegriff im Arbeitnehmererfindungsrecht, Diss. Leipzig 2002; *Loschelder*, Der ArbN als Urheber, Erfinder u. Entwerfer – e. Schnittstelle zw.

# § 1
Anwendungsbereich

ArbR u. d. Recht d. Geist. Eigentums, Festschr. Bepler (2012), 389; *Meier-Beck*, Vergütungs- u. Auskunftsanspruch d. ArbN b. d. Nutzung e. Diensterf. im Konzern, Festschr. Tilmann (2003), 539; *von Olenhusen*, Der Arbeitn.Urheber im Spannungsfeld zw. Urheber-, Vertrags- u. Arbeitsrecht, ZUM 2010, 474; *Rehbinder*, Der Urheber als Arbeitnehmer, WiB 1994, 460; *Sack*, Probleme d. Auslandsverwertung inländischer ArbNErf., RIW 1989, 612; *ders.*, Kollisions- und europarechtl. Probleme d. ArbNErfR, Festschr. Steindorff (1990), 1333; *Schaub*, ArbNErf. u. Betriebsnachfolge, Festschr. Bartenbach (2005), 229; *Schippel*, Der persönliche Geltungsbereich des ArbEG u. s. Ausdehnung durch Analogie u. Parteivereinbarung, GRUR 1959, 167; *ders.*, Die Grenzen d. Privatautonomie im Int. Arbeitsvertragsrecht u. d. ArbNErf., Mitt. 1971, 229; *Schramm*, Auftrags-, Dienst- u. Gesellschaftserf., BB 1961, 105; *Schwab*, Der Arbeitnehmerurheber in d. Rechtspr. d. BAG, Festschr. 50 J. BAG (2004), 213; *Stern*, Erf. i.R.d. Durchführg. e. baugewerbl. ArGE, BauR 1974, 217; *Trimborn*, Erfindungen während des Auslandseinsatzes, Mitt. 2006, 498; *ders.*, Erfindungen beim Betriebsübergang, Mitt. 2007, 208 ff.; *Ullmann*, Das urheberrechtl. geschützte Arbeitsergebnis – Verwertungsrecht u. Verg.pflicht, GRUR 1987, 6; *Villinger*, Verg.ansprüche d. ArbNErf. b. Gesamtrechtsnachfolge u. Betr.inhaberwechsel, GRUR 1990, 169; *Veigel*, Immaterialgüterrechte im Arbeitsverh., 2016; *Volmer*, Begriff des ArbN im ArbNErfR., GRUR 1978, 329; *ders.*, Begriff d. ArbG i. ArbEG, GRUR 1978, 393; *Wandtke*, Zum Vergütungsanspruch d. Urhebers i. Arbeitsverhältnis, GRUR 1992, 139; ders., Reform d. Arbeitnehmer-Urheberrechts? GRUR 1999, 390; *Weiß*, Die dt. ArbNErf. im Konzern m. ausländ. Leitg., GRUR Ausl. 1956, 99; *Zimmermann*, Erfindungen v. Organmitgliedern u. Gesellschaftern, Festschr. Schilling (2007), 415. S. auch Lit. bei Einl. vor § 1.

**Übersicht** Rdn.
**A. Allgemeines** .................................................. 1
**B. Sachlicher Anwendungsbereich** .............................. 2
 I. Technische Neuerungen .................................. 2
 II. Urheberschutzfähige Leistungen ......................... 3
 III. Design (früher Geschmacksmuster) ...................... 5
 IV. Halbleitererzeugnisse ................................... 5.1
 V. Marken ................................................... 6
**C. Persönlicher Geltungsbereich** ............................... 7
 I. Arbeitnehmer im privaten Dienst ......................... 8
  1. Abgrenzung privater/öffentlicher Dienst ............. 8
  2. Arbeitnehmerbegriff ................................. 9
   a) Pflicht zur Arbeitsleistung .................... 10
    aa) Arbeitsvertrag ............................ 10
    bb) Fehlerhaftes (faktisches) Arbeitsverhältnis .. 11
   b) Persönliche Abhängigkeit ....................... 14
   c) Weisungsgebundenheit und sonstige Indizien für den Arbeitnehmerstatus ........................................ 16
  3. Einzelfälle .......................................... 18
   a) Arbeitnehmer in mehreren Arbeits- oder sonstigen Rechtsverhältnissen ................................................. 19
   b) Arbeitnehmerähnliche Personen .................. 24
   c) Ausgeschiedene Arbeitnehmer .................... 28

|  |  |  | Rdn. |
|---|---|---|---|
| | d) | Aushilfsarbeitsverhältnisse | 31 |
| | e) | Auslandsberührung | 32 |
| | f) | Ausländische Arbeitnehmer | 35 |
| | g) | Auslandseinsatz von Arbeitnehmern | 36 |
| | h) | Auszubildende | 40 |
| | i) | Doktoranden | 41 |
| | j) | Franchisenehmer | 43 |
| | k) | Freie Mitarbeiter | 44 |
| | l) | Handelsvertreter | 50 |
| | m) | Leiharbeitnehmer | 56 |
| | | aa) Begriff | 56 |
| | | bb) Erlaubnisfreie Arbeitnehmerüberlassung | 57 |
| | | cc) Erlaubnispflichtige Arbeitnehmerüberlassung | 59 |
| | n) | Leitende Angestellte | 64 |
| | o) | Organmitglieder (gesetzliche Vertreter/Gesellschafter) | 68 |
| | | aa) Keine Geltung des ArbEG | 68 |
| | | bb) Paralleler Arbeitnehmerstatus | 71 |
| | | cc) Zuordnung von Organerfindungen | 72 |
| | | dd) Vergütungsanspruch (dem Grunde nach) | 75 |
| | | ee) Höhe und Umfang des Vergütungsanspruchs | 76 |
| | p) | Pensionäre | 77 |
| | q) | Praktikanten | 83 |
| | r) | Probearbeitsverhältnis | 85 |
| | s) | Teilzeitbeschäftigung und Job-Sharing | 86 |
| | t) | Umschüler | 87 |
| | u) | Volontäre | 88 |
| | v) | Wehrpflichtige Arbeitnehmer | 89 |
| | w) | Werkstudenten, Schüler | 91 |
| | x) | Werkvertrag | 91.1 |
| | 4. | Vertragliche Anwendbarkeit des ArbEG | 92 |
| II. | Arbeitgeber im privaten Dienst | | 95 |
| | 1. | Arbeitgeberbegriff | 95 |
| | 2. | Arbeitgeberähnliche Personen | 100 |
| | 3. | »Betrieb« i.S.d. ArbEG (Unternehmen) | 101 |
| | 4. | Besondere Erscheinungsformen | 105 |
| | | a) Arbeitsgemeinschaften, zwischenbetriebliche Kooperation, Gemeinschaftsbetrieb | 106 |
| | | b) Ausländische Arbeitgeber | 108 |
| | | c) Betriebsübergang | 114 |
| | | aa) Betriebsinhaberwechsel (Betriebsnachfolge) | 114 |
| | | bb) Umwandlung von Rechtsträgern durch Verschmelzung, Spaltung, Vermögensübertragung und Formwechsel; sonstige Gesamtrechtsnachfolge | 127 |
| | | d) Konzerne und sonstige verbundene Unternehmen | 129 |
| | | e) Leiharbeitsverhältnisse u.ä. | 133 |
| III. | Der öffentliche Dienst | | 136 |
| | 1. | Arbeitgeber und Arbeitnehmer im öffentlichen Dienst | 137 |

# § 1 Anwendungsbereich

|     |                                              | Rdn. |
|-----|----------------------------------------------|------|
|     | 2. Beamte und Soldaten                       | 139  |
|     | 3. Hochschulbeschäftigte                     | 140  |
| IV. | Die Rechtsstellung von Erben                 | 146  |
| D.  | **Zeitlicher Geltungsbereich**               | 154  |
| E.  | **Räumlicher Geltungsbereich**               | 155  |
| F.  | **Das gesetzliche Schuldverhältnis nach dem ArbEG** | 160 |

## A. Allgemeines

1   § 1 legt den **Geltungsbereich** des ArbEG in zweifacher Hinsicht fest, einmal dem Gegenstand und zum anderen dem Kreis der Personen nach. Damit wird der **Zielsetzung** des ArbEG entsprochen, den auch volkswirtschaftlich wesentlichen Bereich der **Arbeitnehmererfindung** (zum Begriff s. Einl. Rdn. 1) im allgemeinen Interesse möglichst umfassend zu regeln (s. Einl. Rdn. 3 ff.).

Der räumliche Geltungsbereich ist nach §§ 47 a.F., 48 a.F. sowie Art. 8 des Einigungsvertrages zu bestimmen (s. § 1 Rdn. 32, 155), der zeitliche nach §§ 43, 49 (s. § 1 Rdn. 154).

## B. Sachlicher Anwendungsbereich

### I. Technische Neuerungen

2   Nach dem Wortlaut des § 1 unterliegen dem ArbEG nur die rein **technischen** Erfindungen, die patent- oder gebrauchsmusterfähig sind (Einzelheiten s. bei § 2), sowie die sonstigen, diese Qualifikationsmerkmale nicht erfüllenden technischen Neuerungen i.S.d. § 3 (= technische Verbesserungsvorschläge; zur Abgrenzung ggü. sonstigen Arbeitsergebnissen s. § 3 Rdn. 6). Abweichend von den Vorstellungen im Vorfeld der ArbEG-Reform 2009 ist es unverändert bei der Einbeziehung der technischen Verbesserungsvorschläge in das ArbEG verblieben (s. Einl. Rdn. 8 f.). Für die Geltung des ArbEG ist es (zunächst) ohne Belang, wie, wo, auf welchem Gebiet der Technik und aus welchen Gründen die technische Neuerung von dem Arbeitnehmer (Beamten, Soldaten) entwickelt worden ist (s. § 3 Rdn. 15 u. § 4 Rdn. 6). Mangels Regelungslücke kann das ArbEG auf die im privaten oder öffentlichen Dienst von Arbeitnehmern geschaffenen **nicht technischen schöpferischen Leistungen weder unmittelbar noch analog** angewendet werden[1] (s. i. Übr. § 1 Rdn. 3.1, 4.4, 5–7; zu Pflanzensorten s. § 2 Rdn. 8).

---

[1] Vgl. Gaul, NJW 1961, 1509, 1510.

B. Sachlicher Anwendungsbereich                                           **§ 1**

Die sich im ArbEG widerspiegelnde Differenzierung zwischen vergütungspflichtigen technischen Neuerungen und sonstigen im Arbeitsverhältnis geschaffenen – im Regelfall nicht vergütungspflichtigen – schöpferischen Leistungen dürfte weniger ein allgemeingültiger Ausdruck der Wertigkeit dieser Schöpfungen sein, als vielmehr **historische Gründe** haben,[2] die mit der industriellen Entwicklung des 19. Jahrhunderts einsetzen und die gesellschaftlichen und politischen Einflüsse auf das Zivilrecht zeigen (zu Entwicklung s. Einl. Rdn. 1). Nach Auffassung des *BGH*[3] verstößt die Versagung urheberrechtlicher Vergütungsansprüche für die Überlassung von Nutzungsrechten an urheberrechtlich schutzfähigen Werken trotz der unterschiedlichen Behandlung ggü. Arbeitnehmererfindern nicht gegen höherrangiges Recht.[4]

**II. Urheberschutzfähige Leistungen**

Urheberrechtlich geschützte Werke sind persönliche geistige Schöpfungen auf   3
den Gebieten der Literatur, Wissenschaft und Kunst (vgl. § 2 UrhG). Zu den schutzfähigen Werken gehören nach § 2 Abs. 1 UrhG – neben den Sprachwerken einschließlich Computerprogrammen (Nr. 1) – auch Darstellungen wissenschaftlicher oder technischer Art, wie Zeichnungen,[5] Pläne, Karten, Skizzen, Tabellen und plastische Darstellungen (Nr. 7), an deren Individualität keine hohen Anforderungen gestellt werden.[6] Die persönlich-geistige Leistung (§ 2 Abs. 2 UrhG) muss in der Form der Darstellung selbst unter Einsatz des Ausdrucksmittels einer grafischen oder plastischen Darstellung liegen.[7] Weist ein Werk diese erforderliche Individualität (eigenschöpferische Gestaltung) auf, ist es auch dann urheberrechtlich geschützt, wenn es in erster Linie einem praktischen Zweck dient, der den Spielraum für eine individuelle Gestaltung einengt.[8] Zur **sortenschutzfähigen** Neuerung s. § 2 Rdn. 8.

---

2  Zutr. Schiedsst. v. 29.10.2009 – Arb.Erf. 51/05, (unveröffentl.).
3  BGH v. 23.10.2001, GRUR 2002, 149, 152 re. Sp. – *Wetterführungspläne II*.
4  S.a. Himmelmann, GRUR 1999, 897 ff.
5  S. zu technischen Zeichnungen u. a. BGH v. 28.05.1998 – I ZR 81/96, GRUR 1998, 916 – *Stadtplanwerk* m. krit. Anm. Schricker EwiR § 2 UrhG 2/98, 801; BGH v. 10.05.1984 – I ZR 85/82, GRUR 1985, 129, 130 – *Elektrodenfabrik*; BGH v. 16.03.1956, GRUR 1956, 284 u. BGH v. 11.04.2002 – I ZR 231/99, GRUR 2002, 958 – *Technische Lieferbedingungen*.
6  BGH v. 11.04.2002 – I ZR 231/99, GRUR 2002, 958 – *Technische Lieferbedingungen* m.w.N. u. BGH v. 01.06.2011 – I ZR 140/09, GRUR 2011, 803 – *Lernspiele* m. Anm. Leistner, GRUR 2011, 761.
7  BGH v. 01.06.2011 – I ZR 140/09, GRUR 2011, 803 (Rn. 43, 48 ff., 62) – *Lernspiele*.
8  BGH v. 12.05.2010, GRUR 2011, 59, 61 (Rn. 23) – *Lärmschutzwand* u. BGH v. 01.06.2011 – I ZR 140/09, GRUR 2011, 803 (Rn. 43, 48 ff., 62) – *Lernspiele*.

Zur Einbeziehung der **Computerprogramme** (§ 2 Abs. 1 Nr. 1 UrhG; zum Patentschutz s. § 2 Rdn. 7) stellt **§ 69a UrhG** besondere Grundsätze zu den Schutzvoraussetzungen auf. Angesichts der schnellen Entwicklungsprozesse auf diesem Gebiet enthält sich das UrhG einer Begriffsbestimmung, geht aber von einer weiten Auslegung aus; so sind nach § 69a Abs. 1 UrhG Programme jeder Art einschließlich Entwurfsmaterial geschützt. Schutzgegenstand ist das Computerprogramm in allen seinen Ausdrucksformen, die es erlauben, es in den verschiedenen Datenverarbeitungssprachen, wie Quellcode und Objektcode, zu vervielfältigen.[9] § 69a Abs. 3 UrhG minimiert die Schutzvoraussetzungen, um so zu erreichen, dass der Urheberrechtsschutz eines Programms die Regel, fehlende Schöpfungshöhe dagegen die Ausnahme ist.[10] Bei komplexen Computerprogrammen spricht eine tatsächliche Vermutung für eine hinreichende Individualität der Programmgestaltung.[11] § 69a UrhG unterstellt auch die kleine Münze des Programmschaffens dem urheberrechtlichen Schutz und lässt lediglich die einfache, routinemäßige Programmierleistung, die jeder Programmierer auf dieselbe oder ähnliche Weise erbringen würde, schutzlos.[12] Da vom Gesetzgeber keine besondere schöpferische Gestaltungshöhe vorausgesetzt wird, reicht eine individuelle geistige Schöpfung des Programmierers, die über eine banale Programmierleistung und über eine bloße Übernahme des Programmschaffens eines Dritten hinausgeht, aus.[13]

**Schutzobjekt** ist nur die **Darstellung als solche**, soweit sie der Vermittlung von belehrenden oder unterrichtenden Informationen über den dargestellten Gegenstand mit dem Ausdrucksmittel der grafischen oder plastischen Gestal-

---

9 EuGH v. 22.12.2010, K&R 2011, 105 (Rn. 35); s.a. Czychowski/Nordemann, GRUR-RR 2010, 177, 181 f.
10 Vgl. Begr. in BT-Drucks. 12/4597 v. 23.03.1993 (zu § 69a UrhG-E-); vgl. dazu u. a. BGH v. 14.07.1993 – I ZR 47/91, CR 1993, 752, 753 – *Buchhaltungsprogramm*, wonach § 69a Abs. 3 UrhG über § 137a Abs. 1 Satz 1 UrhG auch für vor Inkrafttreten der Gesetzesänderung (24.06.1993) geschaffene Computerprogramme gilt; bestätigt durch BGH v. 24.10.2000, GRUR 2001, 155, 157 – *Wetterführungspläne*; vgl. zur erforderlichen Gestaltungshöhe auch OLG Düsseldorf v. 27.03.1997, CR 1997, 337 f. – *Dongle-Umgehung* u. v. 26.07.1995, WiB 1996, 501; OLG Karlsruhe v. 13.06.1994, WiB 1995, 223 m. Anm. Vogt; LG München v. 28.08.1998, CR 1998, 655, 656; s.a. OGH Wien v. 28.10.1997, GRUR Int. 1998, 1008 – *Einzigartiges EDV-Programm*.; vgl. zur Neuregelung insgesamt Michalski, DB 1993, 1961 ff.
11 BGH v. 03.03.2005 – I ZR 111/02, CR 2005, 854, 855 – *Fash 2000* m. Anm. Heymann; s.a. Spindler K & R 2007, 345, 347.
12 BGH v. 03.03.2005 – I ZR 111/02, CR 2005, 854, 855 – *Fash 2000* m. H.a. Amtl. Begründung d. Entw. e. 2. UrhÄndG, BT-Drucks. 12/4022, 9 f.
13 BGH v. 20.09.2012, GRUR 2013, 509 (Rn. 24) – *UniBasic-IDOS*.

B. Sachlicher Anwendungsbereich § 1

tung dient.[14] Das zugrunde liegende (technische) Gedankengut selbst ist urheberrechtlich frei und jedermann zugänglich.[15] Folgerichtig schützt das UrhG bei einem Computerprogramm nur die Struktur des Programms (vgl. § 69a Abs. 2 UrhG), während sich bei einer (auch) patentfähigen Software der Schutz auf die technische Idee selbst erstreckt (s. auch § 2 Rdn. 7).

Bei bloß urheberrechtsfähigen Leistungen eines Arbeitnehmers/Beamten finden die – auf patent- bzw. gebrauchsmusterfähige Erfindungen oder entsprechende technische Verbesserungsvorschläge abstellenden – spezialgesetzlichen Regeln das **ArbEG keine Anwendung**, auch nicht analog.[16] Diese mangelnde Anwendbarkeit betrifft nicht nur die Vorgaben zu Diensterfindungen und deren Vergütung[17] (§ 9 ArbEG), sondern auch die Bestimmungen über qualifizierte technische Verbesserungsvorschläge[18] (§ 20 Abs. 1), ferner das Hochschulprivileg des § 42.[19] 3.1

Im Unterschied zum ArbEG kennt das UrhG keine Inanspruchnahmemöglichkeit des Arbeitgebers bei urheberrechtfähigen Werken, sondern geht (nur) von der Möglichkeit der **Einräumung von Nutzungsrechten an den Arbeitgeber** aus. Soweit urheberschutzfähige Werke von einem Arbeitnehmer in Erfüllung 4

---

14 BGH v. 01.06.2011 – I ZR 140/09, GRUR 2011, 803, (Rn. 39) – *Lernspiele*.
15 Vgl. BGH v. 29.03.1984 – I ZR 32/82, GRUR 1984, 659, 660 – *Ausschreibungsunterlagen*; BGH v. 27.02.1981, GRUR 1981, 520, 522 – *Fragen-Sammlung*; BGH v. 21.11.1980, GRUR 1981, 352, 353 – *Staatsexamensarbeit*; vgl. auch BGH v. 1.12.2010 – I ZR 12/08, GRUR 2011, 123 (Rn. 36) – *Perlentaucher*.
16 Ganz h.M., z.B. BAG v. 12.03.1997, DB 1997, 1571, 1572 – *Schaufensterdekoration*; BGH v. 24.10.2000, GRUR 2001, 155, 157 – *Wetterführungspläne* u. BGH v. 23.10.2001, GRUR 2002, 149, 151 f. – *Wetterführungspläne II* (zu § 20 Abs. 1 ArbEG i. H. a. Computerprogramm) unter Aufhebung von OLG Düsseldorf v. 05.03.1998, WRP 1998, 1202, 1208 ff.; Reimer/Schade/Schippel/Rother Rn. 9 zu § 2; Boemke/Kursawe/Boemke § 1 Rn. 6; Ullmann, GRUR 1987, 6, 12 f.; Dressel, GRUR 1989, 319, 320 f.; Rehbinder, WiB 1994, 460, 463; Fromm/Nordemann/A. Nordemann, UrhG, Rn. 64 zu § 43; Dreier/Schulze/Dreier, UrhG, § 43 Rn. 25; Brandi-Dohrn, CR 2001, 285, 290; Grunert, Mitt. 2001, 234; a.A. LG München v. 16.01.1997, CR 1997, 351, 353 f. (zum Computerprogramm), aufgehoben durch OLG München v. 25.11.1999, CR 2000, 428; ferner Schwab, NZA 1999, 1254, 1257; Wandtke/Bullinger/Wandtke, UrhG, § 43 Rn. 143.
17 Ganz h. M., z. B. Schricker/Loewenheim/Rojahn, UrhG, Rn. 64 zu § 42 m. H. a. BGH v. 23.10.2001, GRUR 2002, 149, 152 – *Wetterführungspläne II*.
18 Zu § 20 ArbEG s. BGH v. 24.10.2000, GRUR 2001, 155, 157 – *Wetterführungspläne* u. BGH v. 23.10.2001, GRUR 2002, 149, 151 – *Wetterführungspläne II*.
19 Zu § 42 a.F. vgl. Kraßer/Schricker, PatR an Hochschulen (1988), S. 99 f.; Schricker/Loewenheim/Rojahn, UrhG, Rn. 31, 131 zu § 43 m. w. Nachw.; i. Anschl. daran KG v. 06.09.1994, NJW-RR 1996, 1066, 1067 – *Poldock*.

seiner Verpflichtungen aus dem Arbeitsverhältnis geschaffen werden, bestimmen sich die **Nutzungsrechte des Arbeitgebers** gemäß der **Generalklausel des § 43 UrhG** nach den allgemeinen Grundsätzen der §§ 31 ff. UrhG.[20]

§ 43 UrhG bestätigt damit das Urheberschaftsprinzip (Schöpferprinzip – vgl. § 7 UrhG), d.h. auch bei den im Arbeits- bzw. Dienstverhältnis geschaffenen Werken erwächst das Urheberrecht zunächst in der Person des Werkschöpfers[21], und lässt damit die Urhebereigenschaft des Arbeitnehmers unangetastet[22] – ein Grund, warum de lege ferenda eine Anlehnung an die Regelungssystematik des ArbEG empfohlen wird.[23]

4.1 Ein (vertraglich abdingbares) Nutzungsrecht zugunsten des Arbeitgebers normiert das UrhG für aufgaben- bzw. weisungsbezogen[24] geschaffene **Computerprogramme**. Nach **§ 69b UrhG** (ebenso Art. 2 Abs. 3 der Richtlinie 2009/24/EG über den Rechtsschutz von Computerprogrammen v. 23.04.2009)[25] hat der Arbeitgeber – mangels abweichender ausdrücklicher Vereinbarung[26] – eine wohl vergütungsfreie (streitig, s. allgemein § 1 Rdn. 4.4) ausschließliche Befugnis zur alleinigen Benutzung des Programms in Form einer gesetzlichen ausschließlichen Lizenz.[27] § 69b UrhG umfasst sämtliche vermögensrechtlichen Nutzungsbefugnisse an dem Computerprogramm, jedenfalls soweit nicht ein über dessen Geltungsbereich hinausgehender technischer Charakter im

---

20 S. dazu v. MünchArbR/Bayreuther, § 99 Rn. 2 ff.; Schwab, Arbeitnehmererfindungsrecht, Anhang § 1; Vogel, NJW-Spezial 2007, 177; Auer-Reinsdorff, ITRB 2004, 116; Fuchs, GRUR 2006, 561.
21 Vgl. auch BVerfG v. 29.07.1998, NJW 1999, 414 – *DIN-Normen*; BGH v. 05.03.1998 – I ZR 250/95, 673 – *Popmusikproduzenten*; Gaul, NJW 1986, 163.
22 KG v. 06.09.1994, NJW-RR 1996, 1066, 1067 – *Poldock*; vgl. auch Balle, NZA 1997, 868 f.; Schwab, NZA 1999, 1254, 1257 f. (dort auch zum Namensnennungsrecht).
23 S. Skauradszun, UFITA 2010, 373, 376 ff.; s. auch Wandtke GRUR 2015, 831, 838.
24 Zur »Freizeitentwicklung« s. OLG Köln v. 25.02.2005, K&R 2005, 328, 329. Auch für freie Mitarbeiter geht der BGH v. 03.03.2005 – I ZR 111/02, CR 2005, 854 – *Fash 2000* von einer konkludenten Rechtseinräumung aus; ebenso Spindler K&R 2007, 345, 347.
25 BlPMZ 2009, 258; zur vergleichbaren Regelung in der Schweiz (§ 17 UrhRG) s. Stutz/Ambühl, GRUR Int. 2010, 667.
26 Vgl. KG v. 28.01.1997, NZA 1997, 718 – *Computerprogramm*.
27 BGH v. 24.10.2000, GRUR 2001, 155, 157 – *Wetterführungspläne* u. BGH v. 23.10.2001, GRUR 2002, 149, 151 – *Wetterführungspläne II*; Schricker/Loewenheim/Spindler, UrhG, Rn. 11 f. zu § 69 b m. w. Nachw.

Sinne einer Patentfähigkeit des Programms vorliegt.[28] Nach herrschender Meinung ist die **Nutzungsrechtseinräumung zeitlich unbeschränkt**, wird also durch die Beendigung des Arbeitsverhältnisses nicht berührt.[29]

Hat der Arbeitgeber ein auch patentfähiges Computerprogramm dem Arbeitnehmer freigegeben, kann dieser sämtliche aus einem erteilten Schutzrecht sich ergebenden Ansprüche ggü. Dritten nutzen; das auf das schutzfähige Computerprogramm beschränkte Nutzungsrecht seines Arbeitgebers kann er jedoch nicht unterbinden.[30]

Für **sonstige urheberschutzfähige Leistungen**, die Arbeitsergebnisse darstellen, gehen Rechtsprechung und Lehre von der Zuordnung zum Arbeitgeber aus, und zwar aufgrund einer Verpflichtung des Arbeitnehmers zur Nutzungsrechtseinräumung.[31] Besteht die arbeitsvertragliche (Dienst-) Pflicht in der Schaffung solcher Leistungen (**Pflichtwerke**), ist im Allgemeinen von einer stillschweigenden Nutzungsrechtseinräumung auszugehen.[32] Je nach arbeitsvertraglich übernommenem Pflichtenkreis und bei berechtigtem Verwertungsinteresse des Arbeitgebers wird eine stillschweigende Vorausverfügung des

4.2

---

28 Keukenschrijver in Busse/Keukenschrijver, PatG, Rn. 5 zu § 2 ArbEG m.H.a. BGH v. 24.10.2000, GRUR 2001, 155, 157 – *Wetterführungspläne*; vgl. auch Benecke, NZA 2002, 883, 888; vgl. auch Bayreuther, GRUR 2003, 570, 572; krit. Grunert, Mitt. 2001, 234.
29 Vgl. BAG v. 13.09.1983, GRUR 1984, 429, 433 – *Statikprogramm*; a. A.Wandtke GRUR 2015, 831, 836.
30 Bartenbach/Volz/Kelter in Festschr. Mes (2009) S. 11, 23 ff.; a.A. Bayreuther, GRUR 2003, 570, 572.
31 Vgl. u. a. BAG v. 12.03.1997, DB 1997, 1571 f. – *Schaufensterdekoration*; v. 21.08.1996, CR 1997, 88 (Nutzungsrecht an Computerprogramm); BAG v. 13.09.1983, GRUR 1984, 429 – *Statikprogramm*; BGH v. 09.05.1985 – I ZR 52/83, GRUR 1985, 1041 – *Inkasso-Programm*; LAG München v. 16.05.1986, RDV 1987, 145; s.a. BGH v. 22.02.1974 – I ZR 128/72, GRUR 1974, 480, 483 – *Hummelrechte*; BGH v. 26.10.1951, NJW 1952, 661 – *Krankenhauskartei*; KG v. 29.11.1974, GRUR 1976 m 264 – *Gesicherte Spuren*; OGH Wien v. 28.10.1997, GRUR Int. 1998, 1008; Bartenbach/Volz in Festschr. Tilmann (2003), 431, 445 ff.; Schwab, Festschr. 50 Jahre BAG (2004), 224; Keukenschrijver in Festschr. Bartenbach (2005), 243, 248; Balle, NZA 1997, 868, 870 f.; Sundermann, GRUR 1988, 350 ff.; Henkel, BB 1987, 833 f.; Ullmann, GRUR 1987, 6 ff.; Kindermann, NZA 1984, 209 ff.; Schmidt, ZTR 1987, 170 f. (zum öffentl. Dienst).
32 Z.B. BAG v. 12.03.1997, DB 1997, 1571 f. – *Schaufensterdekoration*; BGH v. 26.10.1951, NJW 1952, 661 f. – *Krankenhauskartei* u. BGH v. 03.03.2005 – I ZR 111/02, CR 2005, 854, 855 – *Fash 2000*; Schricker/Loewenheim/Rojahn, UrhG, Rn. 40 ff. zu § 43 m.w.N.; MünchArbR/Bayreuther, § 99 Rn. 3 ff.; Wandtke/Bullinger/Wandtke, UrhG, § 43 Rn. 49 ff.; s. i.Ü., auch zur Neuregelung im UrhR, Bartenbach/Volz Festschr Tilmann (2003), 431, 445 ff.

## § 1

Arbeitnehmers über Nutzungsrechte angenommen,[33] es sei denn, der Arbeitnehmer erklärt ausdrücklich einen entsprechenden Vorbehalt.[34]

Der **Umfang der Rechtseinräumung** wird nach herrschender Meinung allerdings auch im Arbeitsverhältnis – soweit es nicht um die Sondervorschrift des § 69b UrhG für Computerprogramme geht[35] – von der in § 31 Abs. 5 Satz 2 UrhG normierten **Zweckübertragungslehre**[36] eingeschränkt, sofern die Arbeitsvertragsparteien nicht ausdrücklich geregelt haben, ob und inwieweit Nutzungsrechte eingeräumt werden. Nach § 31 Abs. 5 Satz 2 UrhG räumt ein Nutzungsberechtigter im Zweifel nur in dem Umfang Nutzungsrechte ein, den der Vertragszweck unbedingt erfordert, sodass im Allgemeinen nur diejenigen Nutzungsrechte stillschweigend eingeräumt sind, die für das Erreichen des Vertragszwecks unerlässlich sind[37] (s.a. § 1 Rdn. 74).

Bei Anwendung dieses Grundsatzes auf Arbeits-/Dienstverhältnisse ist davon auszugehen, dass ein Arbeitnehmer/Beamter, der in Erfüllung seiner (Arbeits-/Dienst-) Pflichten ein Werk geschaffen hat, seinem Arbeitgeber/Dienstherrn **stillschweigend sämtliche Nutzungsrechte** einräumt, die dieser zur Erfüllung seiner betrieblichen Aufgaben benötigt.[38] Insoweit kann im Einzelfall das Recht zur Übertragung der Nutzungsrechte (§ 34 UrhG) oder zur Gewährung von Unterlizenzen (§ 35 Abs. 1 Satz 1 UrhG) ausgeschlossen sein.[39]

Bei Pflichtwerken ist die Nutzungsrechtseinräumung im Zweifel zeitlich unbeschränkt, und zwar über die **Dauer des Arbeitsverhältnisses hinaus**[40] (s. aber auch § 40a UrhG, s. dazu § 16 Rdn. 1).

---

33 Vgl. BAG v. 13.09.1983, GRUR 1984, 429 – *Statikprogramm*; Schricker/Rojahn, UrhG, Rn. 45 ff. zu § 43 m.w.N.; Balle, NZA 1997, 868, 870.
34 BAG v. 13.09.1983, GRUR 1984, 429 – *Statikprogramm*.
35 Nach BGH v. 24.10.2000, GRUR 2001, 155, 157 – *Wetterführungspläne* ist die Anwendbarkeit im Geltungsbereich des § 69b UrhG ausgeschlossen.
36 Vgl. dazu u. a. BGH, 27.09.1995, NJW 1995, 3252.
37 BGH v. 22.04.2004, GRUR 2004, 938 – *Comic-Übersetzungen III*; BGH v. 29.04.2010, GRUR 2010, 623 (Rn. 20) – *Restwertbörse* u. BGH v. 12.05.2010, GRUR 2011, 59, 60 – *Lärmschutzwand*.
38 BGH v. 22.02.1974 – I ZR 128/72, GRUR 1974, 480, 483 – *Hummelrechte*; BGH v. 12.05.2010, GRUR 2011, 59, 60 – *Lärmschutzwand*; Cirkel, WRP 2003, 59; ähnl. Schaub/Koch, ArbRHdb., § 115 Rn. 5, 7; Einzelheiten aber streitig, vgl. etwa Wandtke GRUR 2015, 831, 832 ff.
39 BGH v. 12.05.2010, GRUR 2011, 59, 60 – *Lärmschutzwand* (dort Rechtseinräumung zugunsten eines Bundeslandes und zur unzulässigen Gewährung von Unterlizenzen an andere Bundesländer).
40 Vgl. Schaub/Koch, ArbRHdb., § 115 Rn. 7.

## B. Sachlicher Anwendungsbereich § 1

Eine **freie, allein dem Arbeitnehmer zustehende Werkschöpfung** (Freiwerk) 4.3
ist jedenfalls dann gegeben, wenn die urheberschutzfähige Schöpfung in keinem inneren Zusammenhang mit den arbeitsvertraglichen Pflichten und mit dem Berufsbild des Arbeitnehmers sowie dem Arbeitsbereich des Arbeitgebers steht.[41] Frei sind auch die vom Arbeitnehmer vor Beginn des Arbeitsverhältnisses geschaffenen Werke. Bringt der Arbeitnehmer Nutzungsrechte an derartigen urheberrechtsfähigen Leistungen – auch wenn er dazu nicht gesetzlich verpflichtet ist[42] (s.a. § 9 Rdn. 334) – unentgeltlich in das Arbeitsverhältnis ein und tätigt der Arbeitgeber zur Verwertung Investitionen, etwa durch Änderung der Betriebsabläufe, kann dem Arbeitgeber über die Beendigung des Arbeitsverhältnisses hinaus ein einfaches Nutzungsrecht verbleiben.[43]

Die **Vergütungsansprüche** des angestellten Urhebers sind umstritten.[44] § 20 4.4
Abs. 1 ArbEG scheidet allerdings als Anspruchsgrundlage ebenso aus[45] wie §§ 9, 10 ArbEG analog.[46] Im Grundsatz war und ist davon auszugehen, dass urheberrechtsfähige Leistungen des Arbeitnehmers, die der Arbeitgeber kraft Gesetzes (§ 69b UrhG) oder kraft Arbeitsvertrags verwerten kann, durch den Arbeitslohn abgegolten sind, sodass deren Verwertung durch den Arbeitgeber

---

41 S. dazu OLG Karlsruhe v. 27.05.1987, GRUR 1987, 845, 848 – *Schutzrechtsverwarnung*; von Olenhusen, ZUM 2010, 474, 478; Schaub/Koch, ArbRHdb., § 115 Rn. 6.
42 BGH v. 10.05.1984 – I ZR 85/82, GRUR 1985, 129 – *Elektrodenfabrik*; Keukenschrijver in Busse/Keukenschrijver. PatG, Rn. 11 zu § 15 PatG.
43 BAG v. 21.08.1996, CR 1997, 88, 89 (dort für Nutzungsrecht am Computerprogramm); vgl. auch OGH Wien v. 28.10.1997, GRUR Int. 1998, 1008 – *Einzigartiges EDV-Programm*.
44 Vgl. im Einzelnen die Übersichten bei Schricker/Loewenheim/Rojahn, UrhG, Rn. 64 ff. zu § 43; Schwab, NZA 1999, 1254, 1257 u. ders., Arbeitnehmererfindungsrecht, Anhang § 1 Rn. 84 ff.; MünchArbR/Bayreuther, § 99 Rn. 21 ff.; Wandtke GRUR 2015, 831, 837 ff.; Veigel, Immaterialgüterrechte im Arbeitsverh. (2016), S. 138 ff.
45 BGH v. 24.10.2000, GRUR 2001, 155, 157 – *Wetterführungspläne* (zu § 20 Abs. 1 ArbEG i. H. a. Computerprogramm) unter Aufhebung von OLG Düsseldorf v. 05.03.1998, WRP 1998, 1202, 1208 ff.; a.A. Schwab, NZA 1999, 1254, 1257.
46 BAG v. 12.03.1997, NZA 1997, 765, 766 – *Schaufensterdekoration*; Veigel, Immaterialgüterrechte im Arbeitsverh. (2016), S. 145 f. m. w. Nachw.; a. A. z.B. Schwab, Arbeitnehmererfindungsrecht, Anhang § 1 Rn. 93 ff. m. w. Nachw. zum Meinungsstand.

grundsätzlich vergütungsfrei ist.[47] Die grundsätzliche Vergütungsfreiheit von Pflichtwerken i. S. d. § 43 UrhG entspricht bei fehlender Vereinbarung nach wie vor der wohl h. M. und der Sicht des Gesetzgebers: Im Rahmen der 2017 in Kraft getretenen Ergänzung des § 32 UrhG geht dieser davon aus, dass die Nutzungsrechte des Arbeitgebers, die der Arbeitnehmer in Erfüllung der Verpflichtungen aus dem Arbeits- oder Dienstverhältnis einräumt, in der Regel »pauschal in Form des Arbeitsentgelts oder der Besoldung abgegolten werden«, soweit es sich nicht um »befristete Kurzzeit-Arbeitsverhältnisse« handelt.[48] Nach herrschender Meinung kann für urheberrechtsfähige Arbeitsergebnisse von Arbeitnehmern allerdings ein ergänzender Anspruch aus §§ 32, 32a, 36, 43 UrhG dann in Betracht kommen, wenn zwischen Gehalt und dem Gewinn des Arbeitgebers aus dem Nutzungsrecht ein Missverhältnis besteht.[49] Ob dies angesichts der Regelung in § 69b UrhG auch für Computerprogramme gilt, ist aber bereits mit Blick auf § 43 UrhG, der sich nur auf die §§ 31 bis 44

---

47 So im Ergebn. BGH v. 24.10.2000, GRUR 2001, 155, 157 – *Wetterführungspläne* u. BGH v. 23.10.2001, GRUR 2002, 149, 152 – *Wetterführungspläne II*; Schaub/Koch, ArbRHdb., § 115 Rn. 8 f.; vgl. (aber) auch BAG v. 12.03.1997, NZA 1997, 765, 766 – *Schaufensterdekoration*; weitergehend dagegen u. a. Balle, NZA 1997, 868, 870 f.; auf die Ungleichbehandlung zum AN-Erfinder weist Himmelmann, GRUR 1999, 897, hin. Eine zwingende Anwendung von §§ 32, 32a UrhG u. a. bejahend Wandtke GRUR 2015, 831, 838; im Ergebn. auch Veigel, Immaterialgüterrechte im Arbeitsverh. (2016), S. 140 ff. (dort auch ausf. zum akt. Meinungsstand); ferner 2005, S. 187 ff.; Wandtke GRUR 2015, 831, 838.; Schwab, Arbeitnehmererfindungsrecht, Anhang § 1 Rn. 84 ff. (dort ebenfalls zum akt. Meinungsstand).
48 Vgl. Beschlussempfehlung und Bericht des Rechtsausschusses zum »Entwurf eines Gesetzes zur verbesserten Durchsetzung des Anspruchs der Urheber und ausübenden Künstler auf angemessene Vergütung« in BT-Drucks. 18/10637, S. 21 (zu Art. 1 Nr. 2 Buchst. a d. Entwurfs) unter Bezug auf die Amtl. Begr. im Regierungsentwurf in BT-Drucks. 18/8625, S. 26, die unter Bezug auf § 42 letzter Halbs. UrhG zur Begründung darauf verweist: »Der Arbeitnehmer und Beamte wird unabhängig von der Verwertbarkeit seines Werkes bezahlt. Er trägt somit kein wirtschaftliches Risiko und es ist nicht erforderlich, seine geschützte Leistung nutzungsabhängig zu vergüten.«
49 Vgl. BAG v. 12.03.1997, NZA 1997, 765, 766 f. – *Schaufensterdekoration*; für eine Anwendbarkeit des § 36 UrhG a.F.; ferner dazu Balle, NZA 1997, 868, 871; Rehbinder, WiB 1994, 461, 467; Schaub/Koch, ArbRHdb., § 115 Rn. 10; Holzapfel in Tschöpe, ArbR (2017), Teil 2 H Rn. 73 f.; Fromm/Nordemann/A. Nordemann, UrhG, Rn. 59 ff. zu § 43; Schricker/Loewenheim/Rojahn, UrhG, Rn. 71 f. zu § 43 m.w.N. (dort für § 32a UrhG) – allerdings ablehnend für Beamte s. Dechmann ZBR 2012, 247, 249 f. m. w. Nachw.; einschränkend (»allenfalls denkbar«) auf §§ 32a, 32c UrhG MünchArbR/Bayreuther, § 99 Rn. 24 ff. Vgl. allg. zur urheberrechtl. Vergütung Degenhart, GRUR 2018, 342 ff.

## B. Sachlicher Anwendungsbereich § 1

UrhG bezieht, zweifelhaft.[50] Ein solches Missverhältnis wurde jedenfalls dann abgelehnt, wenn der Gewinn lediglich rd. das Doppelte eines Durchschnittsgehalts ausmachte.[51] Auch wenn nach § 69g UrhG anderweitige Rechtsvorschriften unberührt bleiben, scheidet aus hiesiger Sicht– trotz eines Nebeneinanders der Schutzrechte und deren unterschiedlichen Schutzgegenständen – auch bei patentfähigen Computerprogrammen ein **ungeregeltes Nebeneinander von Vergütungsansprüchen** aus § 9 ArbEG und urheberrechtlichen Vergütungsansprüchen aus (zur Vergütung nach § 20 Abs. 1 s. § 20 Rdn. 13), und zwar gleich, ob man urheberrechtliche Vergütungen im Rahmen der Angemessenheit nach § 9 Abs. 1 berücksichtigt[52] bzw. in § 9 entsprechend der Zielrichtung des ArbEG (s. Einl. Rdn. 4) eine abschließende Vergütungsregelung für schöpferische Leistungen mit technischem Bezug sieht, die deshalb § 69b UrhG verdrängt[53], oder ob man den tatbestandlichen Bedarf für einen (ergänzenden) Vergütungsanspruch aus § 32a UrhG bzw. als Sonderleistung generell ablehnt.

---

50 Im Ergebnis bei § 69b UrhG eine Vergütung wohl grds. ablehnend BGH v. 24.10.2000, GRUR 2001, 155, 157 – *Wetterführungspläne* u. BGH v. 23.10.2001, GRUR 2002, 149, 152 – *Wetterführungspläne II*; folgend wohl Dreier/Schulze/Dreier, UrhG, § 69b Rn. 9; einschränkend Brandi-Dohrn, CR 2001, 285, 291, der § 69b UrhG nur als Zuordnungs-, nicht aber als Vergütungsregelung versteht; ebenso von Olenhusen, ZUM 2010, 474, 478 ff.; weitergehend Keukenschrijver in Busse/Keukenschrijver, PatG, Rn. 5 zu § 2 ArbEG u. Keukenschrijver, Festschr. Bartenbach (2005), 243, 249, wonach »im Anwendungsbereich des § 69b UrhG ... weitergehende Ansprüche, jetzt aus §§ 32, 32a, 36 UrhG, in Betracht« kommen; im Ergeb. ebenso bzgl. §§ 32, 32a UrhG Kuckuk, Die Vergütungsansprüche d. ArbNUrheber im Spannungsfeld zw. ArbR u. UrhR, Diss. Köln 2005, S. 187 ff.; Wandtke GRUR 2015, 831, 838 u. ders. in Wandtke/Bullinger, UrhG, § 69b Rn. 22 ff. (dort auch ausf. zum Meinungsstand); Veigel, Immaterialgüterrechte im Arbeitsverh. (2016), S. 145; Schwab, Arbeitnehmererfindungsrecht, Anhang § 1 Rn. 113; vgl. auch Bayreuther, GRUR 2003, 570, 572 ff.; Brandner, GRUR 2001, 883, 885; Schaub/Koch, ArbRHdb., § 115 Rn. 18 f. Einschränkend Ulrici, Vermögensrechtl. Grundfragen des Arbeitnehmerurheberrechts (2008), 132 f.; einschränkend ferner MünchArbR/Bayreuther, § 99 Rn. 24 ff. (ggf. §§ 32a, 32c UrhG).

51 So i. Ergebnis BAG v. 12.03.1997, NZA 1997, 765, 766 f. – *Schaufensterdekoration* m.H.a BGH v. 27.06.1991 – I ZR 22/90, BGHZ 115, 63, 67 – *Horoskop-Kalender*, wonach »ein zusätzlicher Gewinn des Arbeitgebers von 7.000 DM bei einem durchschnittlichen Gehalt eines angestellten Dekorateurs noch nicht zu einem groben Missverhältnis« führt.

52 Vgl. Bartenbach/Volz, Festschr. Tilmann (2003), 431, 446 ff.; a. A. Boemke/Kursawe/Boemke Rn. 8 zu § 1.

53 Abw. aber Keukenschrijver in Busse/Keukenschrijver, PatG, Rn. 5 zu § 2 ArbEG, wonach die Regelung des § 69a UrhG »als späteres Gesetz in ihrem Anwendungsbereich § 2« ArbEG vorgeht.

### III. Design (früher Geschmacksmuster)

5 Das Gesetz über den rechtlichen Schutz von Design – Designgesetz (DesignG) vom 24.02.2014[54], das mit Wirkung vom 01.01.2014 das Geschmacksmustergesetz abgelöst hat (zum Übergangsrecht siehe §§ 72 ff. DesignG), betrifft nach der **Legaldefinition in § 1 Nr. 1 DesignG** (entsprechend § 1 Nr. 1 GeschmMG) die zwei- oder dreidimensionale Erscheinungsform eines ganzen Erzeugnisses (d.h. eines industriellen oder handwerklichen Gegenstandes – § 1 Nr. 2 DesignG) oder eines Teils davon, die sich insbesondere aus den Merkmalen der Linien, Konturen, Farben, der Gestalt, Oberflächenstruktur oder der Werkstoffe des Erzeugnisses selbst oder seiner Verzierung ergeben. Damit gibt es bei der Begriffsbestimmung keine Unterschiede zwischen altem Geschmacksmuster- und neuem Designschutz, so dass nach wie vor jede – insbesondere auf Form und Farbgebung beruhende – Erscheinungsform eines Erzeugnisses als Design in Betracht kommt, sei es als Flächenmuster oder als dreidimensionales Modell.[55] Für die Schutzfähigkeit ist entscheidend, dass das Muster neu ist und Eigenart hat (§ 2 DesignG, zuvor § 2 GeschmMG a.F.). Maßgebliches Kriterium hierfür ist die Unterschiedlichkeit der Muster, die in einem Einzelvergleich mit bereits vorhandenen Mustern zu ermitteln ist. Eigentümlichkeit und Gestaltungshöhe sind keine Schutzvoraussetzungen[56] (zur Abgrenzung zu technischen Erfindungen vgl. § 2 Rdn. 27 f.).

Nach § 7 Abs. 2 DesignG (früher **§ 7 Abs. 2 GeschmMG** a. F.) steht dem Arbeitgeber das Recht an dem Design zu, das sein Arbeitnehmer in Ausübung dessen Aufgaben oder nach den Weisungen des Arbeitgebers entworfen hat, sofern vertraglich nichts anderes vereinbart wurde. Damit legt das Gesetz nach h. M. einen **originären Rechtserwerb des Arbeitgebers** fest,[57] der sich mit Fertigstellung des Entwurfs des Designs kraft Gesetzes vollzieht, ohne dass es einer Inanspruchnahme bedarf. Der Arbeitnehmer ist aufgrund seiner arbeitsvertraglichen Treuepflicht[58] zur (formlosen) Meldung des Entwurfs verpflich-

---

54 BGBl. I S. 122.
55 Vgl. auch Amtl. Begr. zum Entwurf eines Gesetzes zur Reform des Geschmacksmusterrechts – Geschmacksmusterreformgesetz – in BT-Drucks. 15/1075 zu Art. 1 Einl. Nr. 2c, S. 29 f.
56 BGH v. 22.04.2010 GRUR 2010, 718 – *Verlängerte Limousinen*.
57 Eichmann/v. Falckenstein/Kühne, DesignG, § 7 Rn. 24; Günther/Beyerlein, DesignG, § 7 Rn. 10 f.; Keukenschrijver, Festschr. Bartenbach (2005), 243, 248; Boemke/Kursawe/Boemke Rn 10 zu § 1; ebenso Schiedsst. v. 29.10.2009, Arb.Erf. 51/05, (unveröffentl.).
58 Vgl. allg. BGH v. 18.03.2003, GRUR 2003, 702 ff. – *Gehäusekonstruktion*; Eichmann/v. Falckenstein/Kühnen, DesignG § 7 Rn. 23; Günther/Beyerlein, DesignG, § 7 Rn. 13.

tet. Voraussetzung für die Meldung und generelle Zuordnung zum Arbeitgeber ist, dass das Design in Ausübung der dienstlichen Aufgaben des Arbeitnehmers oder nach den Weisungen des Arbeitgebers entworfen worden ist.[59] Das Recht auf das Design entsteht damit unverändert – anders als im Patent- und Gebrauchsmusterrecht – nicht in der Person des Arbeitnehmers als Entwerfer; vielmehr steht dieses Recht bei den in einem Arbeitsverhältnis geschaffenen Gestaltungen unmittelbar dem Arbeitgeber zu. Der Gesetzgeber hat damit auch im DesignG die aus den Geburtsstunden des Gewerblichen Rechtsschutzes in Deutschland stammende Zuordnungslehre des § 2 des Geschmacksmustergesetzes v. 11.01.1876[60] beibehalten.[61] Diese Zuordnung ist ausdrücklich nach § 7 Abs. 2 DesignG dispositiv, d.h. sie kann im Arbeitsvertrag oder in einer sonstigen Vereinbarung abbedungen werden, und zwar formlos, auch konkludent.[62]

In der Entscheidung, ob und in welchen Ländern eine Anmeldung erfolgt, ist der Arbeitgeber frei; Gleiches gilt für die Verwertung eines Designs.[63]

Da Design im Wesentlichen durch nicht-technische (ästhetische) Wirkung bestimmte Gestaltungen[64] betrifft und sich das **ArbEG** auf technische Neuerungen beschränkt, ist das ArbEG auf designschutzfähige Schöpfungen **weder unmittelbar noch analog anwendbar**[65]. Etwas anderes gilt allerdings dann, wenn **Patent-/Gebrauchsmusterschutz** und **Designschutz zusammentreffen**

---

[59] Vgl. dazu u.a. Eichmann/v. Falckenstein/Kühne, Designgesetz, § 7 Rn. 20; s. a. Günther/Beyerlein, DesignG, § 7 Rn. 13, 15 ff.
[60] RGBl. S. 11.
[61] Vgl. den Hinweis in der Amtl. Begr. zum Geschmacksmusterreformgesetz BT-Drucks. 15/107, S. 36 zu § 7 des dortigen Entwurfs.
[62] Eichmann/v. Falckenstein/Kühne, DesignG, § 7 Rn. 27; Günther/Beyerlein, DesignG, § 7 Rn. 20.
[63] Eichmann/v. Falckenstein/Kühne DesignG, § 7 Rn. 24.
[64] S. dazu BGH v. 22.04.2010, GRUR 2010, 718 – *Verlängerte Limousinen* (zum GeschmG a.F.).
[65] Wohl allg. A., z. B. Schiedsst. EV. v. 23.03.1981 – Arb. Erf. 56/79, u. v. 29.10.2009 – Arb.Erf. 51/05, (beide unveröffentl.); Veigel, Immaterialgüterrechte im Arbeitsverh. (2016), S. 148 f.; Eichmann/v. Falckenstein/Kühne, DesignG § 7 Rn. 16; Günther/Beyerlein, DesignG, § 7 Rn. 19; Boemke/Kursawe/Boemke Rn. 10 zu § 1; Volmer/Gaul, ArbEG Rn. 13 ff. zu § 1, wonach es aber de lege ferenda wünschenswert sei, Geschmacksmuster in den Geltungsbereich des ArbEG einzubeziehen; ähnlich Danner, GRUR 1984, 565 ff.; im Ergebn. auch Keukenschrijver in Busse/Keukenschrijver, PatG, Rn. 3 zu § 2 ArbEG. Zur Berechtigung der Ungleichbehandlung vgl. auch BGH v. 23.10.2001, GRUR 2002, 149, 152 r. Sp., – *Wetterführungspläne II* (dort zu urheberschutzfähigen Werken).

(s. dazu § 2 Rdn. 28). Im Übrigen ist die vertraglich geregelte Geltung der materiellen Bestimmungen des ArbEG möglich.[66]

Einen **Vergütungsanspruch** des Arbeitnehmers sieht § 7 Abs. 2 DesignG – ebenso wie zuvor § 7 Abs. 2 GeschmMG a. F. – nicht vor. Mangels (analoger) Anwendbarkeit des ArbEG hat der Arbeitnehmer für die Verwertung designschutzfähiger Leistungen grundsätzlich **keinen** gesonderten **Vergütungsanspruch**.[67] Mit dem Arbeitsentgelt sind grds. alle Nutzungsrechte an dem rechtlich geschützten Arbeitsergebnis abgegolten,[68] selbst dann, wenn das Unternehmen hiermit erhebliche Gewinne erzielt. Etwas Anderes gilt nur dann, wenn es sich bei dieser Schöpfung um eine echte Sonderleistung handelt[69] (s. dazu Rdn. 66 zu § 20). Wegen der Vergleichbarkeit mit dem eingetragenen Gebrauchsmuster als Registerrecht hat sich allerdings *v. Falckenstein*[70] nach (früherer) Geschmacksmustereintragung für eine Vergütungspflicht ausgesprochen. Eine Vereinbarung der Anwendung der Regelungen des ArbEG auf designschutzfähige Schöpfungen ist zulässig.[71]

### IV. Halbleitererzeugnisse

5.1 Die durch das Gesetz über den Schutz der Topografien von mikroelektronischen Halbleitererzeugnissen (Halbleiterschutzgesetz – HlSchG) vom 22.10.1987 (BGBl. I, S. 2294; zuletzt geändert durch Gesetz v. 31.07.2009, BGBl. I, S. 2521) geschützten dreidimensionalen Strukturen von mikroelektronischen Halbleitererzeugnissen (Topografien) werden, sofern sie im Rahmen eines Arbeitsverhältnisses geschaffen werden, durch **§ 2 Abs. 2** HlSchG unmittelbar (originär[72]) dem **Arbeitgeber zugeordnet**, soweit durch Vertrag nichts anderes bestimmt ist. Einer besonderen Überleitung bedarf es also nicht. Der

---

66 Keukenschrijver in Busse/Keukenschrijver, PatG, Rn. 3 zu § 2 ArbEG m. H.a. BGH v. 02.04.1998, NJW-RR 1998, 1057 – *Trias*.
67 Ebenso Eichmann/v. Falckenstein/Kühne, DesignG, § 7 Rn. 25; Boemke/Kursawe/Boemke Rn. 10 zu § 1. Vgl. auch BGH v. 23.10.2001, GRUR 2002, 149, 152 – *Wetterführungspläne II*.
68 Ebenso Günther/Beyerlein, DesignG, § 7 Rn. 19.
69 Vgl. Eichmann/v. Falckenstein/Kühne, DesignG, § 7 Rn. 26. Nach MünchArbR/Bayreuther, § 100 Rn. 4 soll eine arbeitsrechtliche Sondervergütung entsprechend §§ 32, 32a UrhG in Betracht kommen.
70 GeschmMG, Kommentar, 4. Aufl. 2010, § 7 GeschmMG, Rn. 25.
71 Keukenschrijver in Festschr. Bartenbach (2005), 243, 248 m.H.a. BGH v. 02.04.1998, NJW-RR 1998, 1057 – *Trias*, m.w.N.
72 Werum (1990) S. 96; einschränkend Rother, GRUR Int. 2004, 235, der in der Vorschrift nur einen Vermutungstatbestand für eine Übertragung sieht. Siehe im Übr. Keukenschrijver in Busse/Keukenschrijver, PatG, Rn. 9 zu § 2 HlSchG.

B. Sachlicher Anwendungsbereich § 1

Schutz von Topografien erfolgt nicht wegen einer darin verkörperten Qualität einer erfinderischen Lehre; geschützt wird vielmehr die Topografie als solche wegen der Eigenart ihrer dreidimensionalen Struktur (vgl. § 1 Abs. 1 Satz 1 HlSchG). Mit diesem maßgeblichen Kriterium der Eigenart entsprechen die sachlichen Voraussetzungen einer dreidimensionalen Struktur denen von geschütztem Design.[73] Nicht geschützt sind die zugrunde liegenden Entwürfe, Verfahren, Systeme, Techniken und auf einem Halbleitererzeugnis gespeicherten Informationen (§ 1 Abs. 4 HlSchG). Eine – auch analoge – **Anwendung des ArbEG** entfällt auch hier[74] (vgl. § 1 Rdn. 5). Sollte die Entwicklung zugleich eine (schutzfähige) Erfindung darstellen (vgl. § 2 ArbEG) oder Werkhöhe i.S.d. Urheberrechts erreichen, greifen insoweit die Regeln des ArbEG (zur Vergütungshöhe s. KommRL RL Nr. 10 Rn. 144) bzw. des Urheberrechts.[75]

Auch begründet ein Halbleiterschutz als solcher noch keinen Vergütungsanspruch nach § 20 Abs. 1 ArbEG, da es dort entscheidend auf die tatsächliche Vorzugsstellung ankommt (s. § 20 Rdn. 13). Eventuelle **Vergütungsansprüche** des Arbeitnehmers richten sich ausschließlich nach allgemeinen arbeitsrechtlichen Grundsätzen. Zum Sonderleistungsprinzip s. vor §§ 9 bis 12 Rdn. 9 u. § 20 Rdn. 66.

### V. Marken

Im Arbeits- oder Dienstverhältnis geschaffene Marken, insb. Wörter, Abbildungen, Buchstaben, Zahlen, Hörzeichen, dreidimensionale Gestaltungen einschl. der Form einer Ware oder ihrer Verpackung sowie sonstige Aufmachungen einschl. Farben und Farbzusammenstellungen, die geeignet sind, Waren oder Dienstleistungen eines Unternehmens von denjenigen anderer Unternehmen zu unterscheiden (§ 3 MarkenG) und geschäftliche Bezeichnungen (§ 5 MarkenG) fallen **nicht** in den sachlichen **Anwendungsbereich des**

6

---

73 H. M., vgl. Benkard/Goebel/Engel, PatG, Vorbem. 5 c vor § 1 GebrMG (mit dem früheren Geschmacksmusterschutz »verwandt«); a.A. Keukenschrijver in Busse/Keukenschrijver, PatG Rn. 7 zu § 1 HlSchG.
74 Zust. auch Boemke/Kursawe/Boemke Rn. 11 zu § 1; wie hier auch Veigel, Immaterialgüterrechte im Arbeitsverh. (2016), S. 150; im Ergebn. auch Keukenschrijver in Busse/Keukenschrijver, PatG Rn. 9 zu § 2 HlSchG; wonach das ArbEG (nur) anwendbar ist für patent- und gebrauchsmusterfähige Erfindungen, die sich in Halbleitererzeugnissen niederschlagen.
75 Amtl. Begründung z. HalbleiterschutzG (zu § 2 d. Entw.) in BlPMZ 1987, 374, 377 f.; Keukenschrijver in Busse/Keukenschrijver, PatG Rn. 9 zu § 2 HlSchG.

**ArbEG.**[76] Wegen der bewussten Beschränkung des ArbEG auf technische Neuerungen scheidet auch eine analoge Anwendung aus. Soweit Bezeichnungen zugleich eigentümliche geistige Schöpfungen darstellen, etwa bei Werbesprüchen und Werbeslogans, kann Urheberrechtsschutz[77] mit den Konsequenzen des § 43 UrhG in Betracht kommen (s.a. oben § 1 Rdn. 3). I.Ü. gelten die allgemeinen arbeitsrechtlichen Grundsätze. Zum Sonderleistungsprinzip s. vor §§ 9 bis 12 Rdn. 9 u. § 20 Rdn. 66.

## C. Persönlicher Geltungsbereich

7 Rechte und Pflichten aus dem ArbEG bestehen nur zwischen den Parteien eines (früheren, s. § 26) **Arbeits- bzw. öffentlich-rechtlichen Dienstverhältnisses**. Eine Übertragung der Erfindungsrechte durch den Arbeitgeber auf Dritte berührt das durch das ArbEG begründete Rechtsverhältnis zwischen Arbeitgeber und Arbeitnehmer nicht (s. im Einzelnen § 7 n.F. Rdn. 24 f.; § 9 Rdn. 4 ff.).

Der vom ArbEG erfasste Personenkreis erstreckt sich auf **Arbeitnehmer** im privaten und öffentlichen Dienst, **Beamte** und **Soldaten**. Eigenständige Begriffsbestimmungen für diese Personengruppen gibt das ArbEG nicht, setzt diese vielmehr voraus. Gemessen an der Zahl der Erfindungen und technischen Verbesserungsvorschläge und entsprechend ihrer wirtschaftlichen Tragweite hat das ArbEG in der Praxis vorrangige Bedeutung für technische Neuerungen von Arbeitnehmern im privaten Dienst.[78] Das ArbEG findet nur Anwendung, wenn das Arbeits-/Dienstverhältnis deutschem Recht unterliegt[79] (vgl. § 1 Rdn. 32 ff. u. 108 ff.). Dabei knüpfen die Regelungen des ArbEG zunächst an den Bestand eines Arbeitsverhältnisses an (s. § 4 Rdn. 10 ff.), sodass Unterbrechungen, die dessen Rechtsbestand unberührt lassen (z.B. Urlaub, Kurzarbeit usw.) ohne Einfluss sind[80] (zum Ruhen des Arbeitsverhältnisses s. § 26 Rdn. 14 ff.; zum faktischen Arbeitsverhältnis s. § 1 Rdn. 11 ff.). Für die wäh-

---

76 Ebenso Volmer/Gaul Rn. 20 zu § 1 (z. früheren WZG); zust. auch Boemke/Kursawe/ Boemke Rn. 12 zu § 1. De lege ferenda fordert Danner (GRUR 1983, 91, 97) eine Einbeziehung von Marken und Design, zumindest in vergütungsrechtlicher Hinsicht.
77 Vgl. v. Gamm UrhG Anm. 21 zu § 2; Fromm/Nordemann, Urheberrecht Rn. 39 zu § 2; s.a. BGH vom 27.02.1963, GRUR 1963, 485, 487 – *Micky Maus Orangen*; abw. Möhring/Nicolini, UrhG, Anm. 3 f. zu § 1.
78 Vgl. d. empirische Untersuchung: Erfinder in der BRD, hrsg. v. Inst. f. freie Berufe an d. Univ. Erlangen-Nürnberg (1973).
79 Kraßer/Ann, PatR, § 21 Rn.28 m. H. a. BGH v. 27.11.1975 – X ZB 24/73, GRUR 1976, 385, 387 – *Rosenmutation*, dort zur Zuordnung von Pflanzenzüchtungen des Arbeitnehmers nach dem Sortenschutzgesetz zum Arbeitgeber.
80 Allg. A., z.B. Gaul, RdA 1982, 268, 276.

C. Persönlicher Geltungsbereich § 1

rend der Dauer des Arbeitsverhältnisses gemachten Erfindungen bleiben die daran nach dem ArbEG begründeten Rechte und Pflichten auch nach dessen Beendigung gem. § 26 bestehen. Wie auch § 4 Abs. 2 zeigt, ist für den Status als Arbeitnehmer und damit zugleich für die Kennzeichnung als Arbeitnehmererfindung auf den **Zeitpunkt der Fertigstellung der Erfindung** abzustellen[81] (s. auch § 4 Rdn. 16 ff.); nichts anderes gilt für technische Verbesserungsvorschläge (zum Arbeitgeber s. § 1 Rdn. 99).

## I. Arbeitnehmer im privaten Dienst

### 1. Abgrenzung privater/öffentlicher Dienst

Dem **privaten Dienst** sind alle Unternehmen mit privater Rechtsform zuzuordnen. **Öffentlicher Dienst** sind alle Verwaltungen und Betriebe des Bundes, der Länder, der Gemeinden und sonstiger Körperschaften, Anstalten und Stiftungen des öffentlichen Rechts (vgl. §§ 1 BPersVG, 130 BetrVG; Einzelheiten s. § 40 Rdn. 4 ff.). Diese Abgrenzung ist bei Arbeitsverhältnissen i. H. a. die Sonderregelungen in § 40 von Bedeutung. Beamte und Soldaten sind mit Blick auf ihr öffentlich-rechtliches Dienstverhältnis und die zur Begründung erforderliche Dienstherrnfähigkeit stets dem öffentlichen Dienst zuzuordnen und deshalb ebenfalls im Dritten Abschnitt des ArbEG verortet. 8

Für die Abgrenzung privater/öffentlicher Dienst ist bei Arbeitnehmern nicht die Art der Tätigkeit, sondern allein die **Rechtsform** des Unternehmens bzw. der Verwaltung entscheidend.[82] Folglich sind dem privaten Dienst auch solche Unternehmen mit privater Rechtsform zuzuordnen, die der öffentlichen Hand (ausschließlich oder überwiegend, z.B. in Form von Gesellschaftsanteilen) gehören oder ganz bzw. teilweise aus staatlichen Haushaltsmitteln finanziert werden, wie etwa außeruniversitäre Forschungseinrichtungen oder sonstige in

---

81 Im Ergebn. allg. A., z. B. BGH v. 18.05.1971 – X ZR 68/67, GRUR 1971, 407, 408 – *Schlussurlaub* u. BGH v. 05.10.2005, GRUR 2006, 141 (Rn. 14) – *Ladungsträgergenerator*; OLG Karlsruhe v. 28.04.2010 GRUR 2011, 318, 320 – *Initialidee* (zu § 5 Abs. 1, insoweit nicht thematisiert von BGH v. 12.04.2011, GRUR 2011, 733 – Initialidee); LG Düsseldorf v. 14.09.1999, Entscheidungen 4. ZK 2000, 3, 5 – *Ozonerzeuger*; Boemke/Kursawe/Boemke Rn. 37 zu § 1 m. w. Nachw.; vgl. auch BGH v. 21.10.1980 – X ZR 56/78, GRUR 1981, 128 – *Flaschengreifer*; ferner BGH v. 16.11.1954, GRUR 1955, 402, 404 – *Anreißgerät* u. RG v. 12.12.1941, GRUR 1942, 210 (zum früheren Recht).
82 Allg. A. i. Anschl. an Amtl. Begründung in BT-Drucks. II/1648, S. 50 = BlPMZ 1957, 246; s. z.B. Reimer/Schade/Schippel/Rother Rn. 9 zu § 1. Reimer/Schade/Schippel/Leuze Rn. 3 zu § 40; Volmer/Gaul Rn. 213 ff. zu § 1 u. 12 ff. zu § 40; Volz, ArbNErf. im öffentl. Dienst, S. 43 ff.

privater Rechtsform organisierte Zuwendungsempfänger. Ausgehend von dieser **formalen Kennzeichnung des Arbeitgebers** als Vertragspartner des Arbeitsverhältnisses zählen auch sog. gemischt-wirtschaftliche Unternehmen mit privater Rechtsform ebenso zum privaten Dienst wie sog. Regiebetriebe (z.B. Ent- oder Versorgungsunternehmen), die in der Rechtsform einer juristischen Person des privaten Rechts geführt werden. Im Gegensatz hierzu stehen die öffentlichen Verwaltungen und die unmittelbar von der öffentlichen Hand geführten Unternehmen (sog. Eigenbetriebe).

Unerheblich ist es, ob auf die Arbeitsverhältnisse der Beschäftigten Tarifverträge des öffentlichen Dienstes angewendet werden.[83] Auf die Abgrenzung ist es auch ohne Einfluss, inwieweit ein Unternehmen – wie es in der Privatwirtschaft dem Grundsatz und im öffentlichen Bereich der Ausnahme entspricht – auf die Erzielung von Gewinn ausgerichtet ist.[84]

Diese Differenzierung entspricht i.Ü. der Betrachtungsweise des Betriebsverfassungsgesetzes (vgl. § 130 BetrVG)[85] und des Bundespersonalvertretungsgesetzes (vgl. §§ 1, 95 BPersVG). Weitere Einzelheiten s. bei § 1 Rdn. 136 ff.

### 2. Arbeitnehmerbegriff

9 Das ArbEG legt den **im deutschen Arbeitsrecht allgemein geltenden Arbeitnehmerbegriff** zugrunde.[86] Auf den sozialversicherungsrechtlichen Begriff des Beschäftigungsverhältnisses kommt es nicht an[87] (s. [aber] auch § 42 n.F. Rdn. 10). Maßstab ist nunmehr § 611a BGB n.F. Nach ständiger Rechtspre-

---

83 Vgl. BAG v. 07.11.1975, BB 1976, 270 u. v. 30.07.1987, DB 1987, 2658 (jeweils zu § 130 BetrVG); zust. Reimer/Schade/Schippel/Leuze Rn. 3 zu § 40.
84 Z. Anwendbarkeit d. ArbEG auf Mitarbeiter staatl. Forschungseinrichtungen vgl. Schiedsst. v. 08.02.1973, BlPMZ 1973, 215.
85 Einzelheiten bei Richardi/Annuß, BetrVG, § 130 Rn. 3 zu § 130; Fitting/Engels/Schmidt/Trebinger/Linsenmaier, BetrVG, Rn. 4 zu § 130.
86 Ganz h.M.; z.B. BGH v. 24.10.1989 – X ZR 58/88, GRUR 1990, 193 a.E. – *Auto-Kindersitz*; OLG Hamburg v. 06.11.1958, GRUR 1960, 487, 488 – *Geruchbeseitigungsverfahren*; Schiedsst. v. 06.02.1987, BlPMZ 1987, 362, 363; v. 15.02.1996 – Arb.Erf. 67/94, (unveröffentl.) u. v. 17.01.2017 – Arb.Erf. 32/14, (www.dpma.de); Gaul, RdA 1982, 268 u. Volmer/Gaul Rn. 25 ff. zu § 1; Keukenschrijver in Busse/Keukenschrijver, PatG, Rn. 2 zu § 1 ArbEG; Boemke/Kursawe/Boemke Rn. 21 zu § 1; MünchArbR/Bayreuther § 98 Rn. 5; Schaub/Koch, ArbRHdb., § 114 II 2 Rn. 6; s.a. Amtl. Begründung in BT-Drucks. II/1648 S. 17 = BlPMZ 1957, 227; vgl. auch BGH v. 25.02.1958, GRUR 1958, 334, 336 – *Mitteilungs- und Meldepflicht*; diff. Volmer, GRUR 1978, 329, 330.
87 Schiedsst. v. 17.01.2017 – Arb.Erf. 32/14, (www.dpma.de).

## C. Persönlicher Geltungsbereich § 1

chung des *BAG*[88] ist Arbeitnehmer derjenige, der aufgrund eines privatrechtlichen Vertrages im Dienste eines anderen zur Leistung weisungsgebundener, fremdbestimmter Arbeit in persönlicher Abhängigkeit verpflichtet ist.[89] Die Begriffsbestimmung des *BAG* hatte der Regierungsentwurf zum neuen § 611a Satz 1 BGB-E wörtlich übernommen.[90] Sie wurde anschließend vom Gesetzgeber aufgegriffen und der Legaldefinition des Arbeitsvertrags in § 611a Abs. 1 Satz 1 BGB n.F. zugrundegelegt[91]. Beispielsweise ist auch erfinderrechtlich derjenige Arbeitnehmer, welcher im Rahmen einer Arbeitsbeschaffungsmaßnahme[92] oder eines als Student übernommenen Ferienjobs[93] in abhängiger Stellung beschäftigt wird. Siehe im Übrigen zu den Einzelmerkmalen § 1 Rdn. 10, 14 ff.

Die Auslegungen des *EuGH* zum Arbeitnehmerbegriff legen eine eigene unionsrechtliche Bedeutung zugrunde[94] (siehe Art. 45 AEUV). Zur Frage der Arbeitnehmereigenschaft von Organmitgliedern (Geschäftsführern) geht der EuGH letztlich von einer richtlinienspezifischen Definition in Orientierung an Regelungsgegenstand und Zweck der betreffenden Richtlinie aus.[95] Insoweit sind die Einstufungen des *EuGH* u. E. nicht allgemein übertragbar auf das gesamte nationale Arbeitsrecht[96] und damit auch nicht auf den Arbeitnehmerbegriff des ArbEG. Im Ergebnis ist die Anwendung arbeitsrechtlicher Vor-

---

88 BAG v. v. 14.03.2007, AP BGB § 611 Arbeitnehmerähnlichkeit Nr. 13; v. 18.03.2014 – 9 AZR 694/12, juris (Rn. 16); v. 22.11 2016 NZA 2017, 581 (Rn. 17) u. v. 17.01.2017 AP Nr. 40 zu § 1 AÜG (Rn. 14).
89 Ständ. neuere Rspr. BAG, u. a. Urt. v. 27.09.2012 DB 2013, 1364 (Rn. 16); v. 24.01.2013 – 2 AZR 453/11, (juris, Rn. 14) u. Beschl. v. 22,11.2016 NZA 2017, 581 (Rn. 17).
90 § 611a BGB-E i. d. Fassung d. Art. 2 d. Regierungsentwurfs e. Ges. z. Änderung d. AÜG u. anderer Gesetze vorgesehene Definition des ArbN in in BT-Drucks. 18/9232 v. 20.07.2017, S. 12, wozu die Amtl. Begr. (a.a.O. S. 30 f.) ausdrücklich auf die Wiedergabe von Leitsätzen der höchstrichterl. Rspr. verweist, vgl. etwa BAG v. 21.07.2015 NZA-RR 2016, 344 (Rn. 20).
91 Vgl. auch BAG v. 27.06.2017 – 9 AZR 851/16, (juris, Rn. 17).
92 Schiedsst. v. 06.02.1987, BlPMZ 1987, 362, 363.
93 Schiedsst. v. 16.04.2015 – Arb.Erf. 2/13, (www.dpma.de).
94 Vgl. u. a. EuGH v. 10.09.2014 NVwZ 2014, 1508 (Rn. 27 ff.) – Iraklis Haralambidis/Carlogero Casilli m. w. Nachw., wonach der Arbeitnehmerbegriff i.S.v. Art. 45 AUUV ein autonomer, nicht eng auszulegender Begriff des Unionsrechts ist.
95 Vgl. etwa zum Arbeitnehmerbegriff der Mutterschutz-Richtlinie 92/85/EWG vom 19.10.1992 für Organvertreter EuGH v. 11.11.2010, NJW 2011, 2343, 2344 f. (Rn. 39 f., 53 ff.) – *Danosa*. Vgl. zum unionsrechtlichen Arbeitnehmerbegriff u.a. Lunk/Rodenbusch, GmbHR 2012, 188 ff.; ErfK/Wissmann Art. 45 AEUV Rn. 7 ff.
96 S. Lunk/Rodenbusch, GmbHR 2012, 188, 189 ff.; im Ergebn. u. a. auch BAG v. 16.05.2012 BB 2012, 2375 (Rn. 26); abw. Fischer, NJW 2011, 2329, 2330 f.

schriften davon abhängig, ob ein Erfinder Arbeitnehmer gerade im Sinne der betreffenden Vorschriften ist[97], hier also des ArbEG. Im ArbEG wird zu Recht vom allgemeinen nationalen und nicht von einem erweiterten bzw. eigenständigen Arbeitnehmerbegriff ausgegangen. Es fehlen für den Bereich der Arbeitnehmererfindung – von der Kollisionsregelung des Art. 60 EPÜ (s. dazu § 1 Rdn. 34) abgesehen – Vorgaben des Gemeinschaftsrechts (s. Einl. Rdn. 10). Mithin liegt auch kein Bedarf für einen Rückgriff auf unionsrechtliche Begriffsinhalte vor. Zudem erfordert auch der Schutzzweck des ArbEG keine Abweichung vom nationalen Arbeitnehmerbegriff; im ArbEG steht der Interessenausgleich zwischen den Arbeitsvertragsparteien bei erfinderischen Arbeitnehmerleistungen und nicht das soziale Schutzbedürfnis von Beschäftigten im Vordergrund (s. Einl. Rdn. 3).

a) **Pflicht zur Arbeitsleistung**

aa) **Arbeitsvertrag**

10 Das **Arbeitsverhältnis** wird durch **privatrechtlichen**[98] Vertrag begründet (§ 611a BGB). Der – i.d.R. schriftlich abgefasste[99] – Arbeitsvertrag ist auch nach der Einfügung des § 611a BGB weiterhin ein Unterfall des Dienstvertrages (§§ 611 ff. BGB). Ausweislich § 611a BGB ist der Arbeitsvertrag begrifflich auf die Verpflichtung zur Leistung weisungsgebundener, fremdbestimmter Arbeit in persönlicher Abhängigkeit im Dienste eines anderen gegen Zahlung einer (vereinbarten) Vergütung gerichtet. Dementsprechend hat das *BAG* bereits vor der Einfügung des § 611a BGB ein Arbeitsverhältnis angenommen, wenn die Leistung von Diensten nach Weisung des Dienstberechtigten und gegen Zahlung von Entgelt Schwerpunkt des Rechtsverhältnisses ist.[100] **Schuldner** der Arbeitsleistung ist der Arbeitnehmer (s. im Übrigen § 1 Rdn. 9); **Gläubiger** ist der Arbeitgeber (s. § 1 Rdn. 95).

---

97 So für Organmitglieder zu Recht Mauer in HzA Gruppe 1/7 Rz. 2510.
98 Dementsprechend sind Personen, die aufgrund eines öffentlich-rechtlichen Gewaltverhältnisses zur Arbeit verpflichtet sind (z.B. Strafgefangene, Anstaltsinsassen), keine Arbeitnehmer, vgl. Schaub/Vogelsang, ArbRHdb., § 8 II 2 b Rn. 14.
99 Vgl. § 2 NachwG. Formerfordernisse können sich auch aus tarifvertraglichen Abschlussnormen ergeben; vgl. hierzu z.B. BAG v. 15.11.1957, AP Nr. 2 zu § 125 BGB u. BAG, BB 1986, 2056; vgl. auch die EG-Richtlinie v. 14.10.1991 (91/533/EWG) über d. Pflicht d. ArbG. z. Unterrichtung d. ArbN. über d. f. seinen Arbeitsvertrag oder sein Arbeitsverh. geltenden Bedingungen (ABlEG l 288/32).
100 BAG v. 18.03.2014 – 9 AZR 694/12, juris (Rn. 16) u. v. 22.11 2016 NZA 2017, 581 (Rn. 17).

Für einen Arbeitsvertrag erforderlich ist ein entsprechender **Rechtsbindungswille** der Beteiligten, ein Rechtsverhältnis zu begründen.[101] Ansonsten ist nach der Rechtsprechung des *BAG* an Hand einer Gesamtwürdigung aller maßgebenden Umstände des Einzelfalls nach den allgemeinen Kriterien zu entscheiden, ob es sich im Einzelfall um ein Arbeitsverhältnis handelt.[102] Dem ist § 611a Abs. 1 Satz 5 BGB n.F. weitgehend gefolgt. Belegt die tatsächliche Durchführung des Vertragsverhältnisses ein Arbeitsverhältnis, kommt es auf die **Bezeichnung** im Vertrag nach § 611a Abs. 1 Satz 6 BGB n.F. nicht an. Haben die Parteien ihr Rechtsverhältnis dagegen selbst als Arbeitsverhältnis vertraglich gekennzeichnet, so ist dieses nach der bisherigen Rechtsprechung regelmäßig als solches einzuordnen.[103]

**Erfinderrechtliche Regelungen im Arbeitsvertrag**, die die Rechte und Pflichten aus dem ArbEG zuungunsten des Arbeitnehmers ändern, sind nach § 22 Satz 1 ArbEG unwirksam[104] (s. § 22 Rn. 5 ff.). Möglich sind allerdings arbeitsvertragliche Regelungen, die den Aufgaben- und Pflichtenkreis des Arbeitnehmers bezüglich seiner Forschungs- und Entwicklungstätigkeit konkretisieren; zur erfinderischen Tätigkeit als Gegenstand des Arbeitsvertrages s. § 25 Rdn. 25 ff.; z. Begriff der Sonderleistung § 9 Rdn. 332 ff.; zu den arbeitsvertraglichen Auswirkungen zur Kennzeichnung einer Diensterfindung s. § 4 Rdn. 23 ff. u. zum Anteilsfaktor s. § 9 Rdn. 271–281.

**bb) Fehlerhaftes (faktisches) Arbeitsverhältnis**

Erbringt jemand ohne oder ohne wirksamen Arbeitsvertrag (§ 611a BGB), aber mit Wissen und Willen des Arbeitgebers tatsächliche Arbeitsleistungen, besteht ein **fehlerhaftes (faktisches) Arbeitsverhältnis**, aus dem sich quasivertragliche Ansprüche für die in der Vergangenheit tatsächlich erbrachten Leis-   11

---

101 BAG v. 17.01.2017 AP Nr. 40 zu § 1 AÜG (Rn. 19).
102 BAG v. 18.03.2014 – 9 AZR 694/12, juris (Rn. 17, 19); v. 31.07.2014 NZA 2014, 101 (Rn. 24) u. v. 22.11 2016 NZA 2017, 581 (Rn. 17); LAG Berlin v. 20.05.2016 – 6 Sa 1787/15, BB-Online BBL2016–2548-6 (www.betriebs-berater-de).
103 BAG v. 18.03.2014 – 9 AZR 694/12, juris (Rn. 16); v. 08.09.2015 – 9 AZB 21/15, juris (Rn. 13) u. Beschl. v. 22.11 2016 NZA 2017, 581 (Rn. 17).
104 Zu arbeitsvertraglichen Regelungen mit Programmierern und Urhebern s. Auer-Reinsdorff, ITRB 2004, 116; z. Arbeitnehmer als Urheber s.a. von Vogel, NJW-Spezial 2007, 177.

tungen ergeben[105] (z. Weiterbeschäftigung während des Kündigungsschutzstreits s. § 26 Rdn. 5; z. ausländischen Arbeitnehmern unten § 1 Rdn. 32 ff.). Für die Dauer des vollzogenen fehlerhaften Vertragsverhältnisses bestehen die gleichen Rechte und Pflichten wie im wirksam begründeten Arbeitsverhältnis.[106]

12 In diesem Zeitraum, also ab Arbeitsaufnahme (s. § 4 Rdn. 10) fertiggestellte Erfindungen oder technische Verbesserungen lösen grds. die **Rechte und Pflichten aus dem ArbEG** für beide Seiten aus, sind also nach den Maßstäben des § 4 entweder Dienst- oder freie Erfindungen mit den daran anküpfenden Rechtsfolgen, wie etwa dem Inanspruchnahmerecht des »faktischen Arbeitgebers« nach §§ 6,7 ArbEG. Wird das faktische Arbeitsverhältnis durch einseitige Beendigungserklärung mit ex nunc-Wirkung aufgelöst, steht der Erfinder »faktisch« einem ausgeschiedenen Arbeitnehmererfinder (vgl. § 26) gleich.

13 Die der Billigkeit entsprechenden Grundsätze des faktischen Vertragsverhältnisses kommen jedoch nicht zum Tragen, wenn beide Parteien die Nichtigkeitsfolge bewusst missachtet haben.[107] Bspw. kann ein Arbeitgeber keine Rechte aus den §§ 5, 6 ArbEG geltend machen, wenn er zu Lasten eines anderen Arbeitgebers ein Doppelarbeitsverhältnis im kollusiven Zusammenwirken[108] mit einem gegenüber dem ersten Arbeitgeber vertragsbrüchigen Arbeitnehmererfinder begründet hat; trotz Nichtigkeit des zweiten Arbeitsvertrages gem. § 138 Abs. 1 BGB ist es den Arbeitsvertragsparteien des zweiten Arbeitsverhältnisses verwehrt, sich auf die Grundsätze des faktischen Arbeitsverhältnisses zu berufen; in diesem »Arbeitsverhältnis« getätigte Erfindungen sind dem »Erstarbeitgeber« als dem allein Berechtigten zu melden (§ 5 ArbEG) bzw. mitzuteilen (§ 18 ArbEG).

Zum Verstoß gegen ein Wettbewerbsverbot s. § 26 Rdn. 40 ff.

**b) Persönliche Abhängigkeit**

14 Erforderlich für die Annahme eines Arbeitsverhältnisses ist, dass die Arbeitsleistung für einen Dritten in persönlicher Abhängigkeit erbracht werden muss

---

105 Vgl. BAG v. 27.02.1985 (GS) DB 1985, 2203; v. 05.12.1957, AP Nr. 2 zu § 123 BGB; v. 15.11.1957, AP Nr. 2 zu § 125 BGB; v. 16.02.2000, NZA 2000, 385 u. v. 26.09.2007, NZA 2007, 1422; BGH v. 16.01.1995, BB 1995, 536 betr. fehlerhaften Anst.-Vertrag eines KG-Geschäftsführers.
106 BAG v. 15.01.1986, AP LohnFG § 1 Nr. 66.
107 HK-ArbR/Ring, §§ 611, 611a BGB Rn. 213 m.H.a. BAG v. 25.04.1963, AP Nr. 2 zu § 611 BGB – Faktisches Arbeitsverhältnis.
108 Zum Begriff vgl. Palandt/Ellenberger, BGB, § 164, Rn. 13 u. Palandt/Sprau, BGB, § 826 BGB, Rn. 21.

(§ 611a Abs. 1 BGB). Dieses Merkmal kennzeichnet die Abgrenzung zwischen Dienst- und Arbeitsvertrag und damit zwischen selbständiger und unselbständiger Tätigkeit, unabhängig davon, ob man in der persönlichen Abhängigkeit einen eigenständigen materiellen oder lediglich einen – im Verhältnis zur Weisungsbindung und Fremdbestimmtheit – lediglich rechtstechnischen Begriff sehen will.[109] Eine bloß **wirtschaftliche Abhängigkeit**, bei der der Dienstleistende zwar hinsichtlich der Art und Dauer seiner Tätigkeit und der Höhe der Vergütung auf den Dienstgeber angewiesen sein kann, i.Ü. aber seine Arbeit in eigener Gestaltung »selbstbestimmt« und »weisungsfrei« ausübt (z.B. Angehörige freier Berufe wie Architekten, freie Ingenieure, Patent- und Rechtsanwälte), reicht hierfür nicht aus.[110]

Für die in der Praxis relevante Abgrenzung zwischen Arbeitnehmer und **freiem Mitarbeiter** ist der **Grad der persönlichen Abhängigkeit** entscheidend, in der sich der zur Dienstleistung Verpflichtete jeweils befindet (§ 611a Abs. 1 Satz 4 BGB; s. § 1 Rdn. 44 f.; z. Franchisenehmer s. § 1 Rdn. 43). Dieser bestimmt sich unter Gesamtbetrachtung aller Umstände auch nach der Eigenart der Tätigkeit (§ 611a Abs. 1 Satz 4 i.V.m. Satz 5 BGB). Selbst eine eigenverantwortliche Tätigkeit ändert an dem Arbeitnehmerstatus nichts, wenn der Betreffende im Übrigen bei seiner Tätigkeit im Wesentlichen vom Vertragspartner abhängig und an dessen Weisungen gebunden ist.[111]

### c) Weisungsgebundenheit und sonstige Indizien für den Arbeitnehmerstatus

**Wesentliche Anknüpfungspunkte** für ein Arbeitsverhältnis sind neben der persönlichen Abhängigkeit die **Weisungsgebundenheit** des Dienstverpflichteten bei der Leistung seiner **fremdbestimmten Arbeit,** wobei auch hier eine Gesamtbetrachtung aller Umstände vorzunehmen ist (§ 611a Abs. 1 Satz 1 i.V.m. Satz 4 BGB). Das Weisungsrecht kann Inhalt, Durchführung, Zeit und

---

109 Streitig, vgl. ErfK/Preis § 611a BGB Rn. 32.
110 BAG v. 13.07.1995, DB 1995, 2271 u. v. 03.06.1998, DB 1998, 2274; Schaub/Vogelsang, ArbRHdb., § 8 II 3 Rn. 21 ff.
111 BAG v. 22.11 2016 NZA 2017, 581 (Rn. 19), dort für die Bestellung eines Universitätsprofessors der med. Fakultät zum Abteilungsleiter eines verbundenen, aber rechtlich selbständigen Universitätsklinikums.

Ort der Tätigkeit betreffen[112] (§ 611a Abs. 1 Satz 2 BGB; vgl. auch § 106 GewO). Davon unberührt bleiben abweichende Regelungen im Arbeitsvertrag sowie in kollektivrechtlichen und gesetzlichen Vorschriften.[113] Entsprechend § 84 HGB[114] kommt es für die Abgrenzung zwischen selbständiger und weisungsgebundener Tätigkeit darauf an, dass ein Arbeitnehmer seine Tätigkeit nicht im Wesentlichen frei gestalten und seine Arbeitszeit frei bestimmen kann (§ 611a Abs. 1 Satz 3 BGB). Das frühere Merkmal einer organisatorischen Eingliederung in den Betrieb des Dienstberechtigten[115] dürfte nicht mehr wesentliches Element eines Arbeitsverhältnisses sein,[116] wie dies auch mit § 611a BGB deutlich wird (vgl. auch § 1 Abs. 1 Satz 2 AÜG). Die organisatorische Eingliederung kann allerdings u. E. im Rahmen der Gesamtwürdigung ein Indiz unter mehreren, insbesondere für die Fremdbestimmtheit sein. Abstrakte, für alle Arbeitsverhältnisse geltende Merkmale gab es jedenfalls nach ständiger, dem § 611a BGB vorangegangener Rechtsprechung nicht.[117]

17   Aus der **Sicht des Arbeitnehmererfindungsrechts** können für den Arbeitnehmerstatus eines Erfinders insb. eine weisungsgebundene Entwicklungstätigkeit für einen Dritten sprechen, wenn die Entwicklungsarbeiten innerhalb vorgegebener Tätigkeitszeiten in der fremden Arbeitsorganisation unter Nutzung bereitgestellter Arbeitsmittel zu erfolgen haben.

---

112 Vgl. zuvor BAG v. 22.04.1998, NZA 1998, 1275 u. 1277, jeweils m.w.N.; v. 09.07.2003, NZA-RR 2004, 9; v. 14.03.2007, AP BGB § 611 Arbeitnehmerähnlichkeit Nr. 13; v. 20.05.2009, AfP 2010, 89, 90 (Rn. 19); v. 20.01.2010, DB 2010, 788; v. 18.03.2014 – 9 AZR 694/12, juris (Rn. 16) u. Beschl. v. 22,11.2016 NZA 2017, 581 (Rn. 17); Rebhahn, RdA 2009, 154 – rechtsvergleichend für EU-Mitgliedsstaaten; s.a. BVerfG v. 18.02.2000, NZA 2000, 653; Schiedsst. v. 05.02.2009 – Arb.Erf. 25/08, (Datenbank). Nach ErfK/Preis § 611a BGB Rn 33 muss das Weisungsrecht nicht für alle (nicht abschließend aufgezählten) Kriterien erfüllt sein.
113 Vgl. Amtl. Begr. zum Regierungsentwurf e. Ges. z. Änderung d. AÜG u. anderer Gesetze in BT-Drucks. 18/9232 v. 20.07.2017, S. 31.
114 Auf den Umkehrschluss aus § 84 Abs. 1 S. 2 HGB verweist ausdrücklich die Amtl. Begr. zum Regierungsentwurf e. Ges. z. Änderung d. AÜG u. anderer Gesetze in BT-Drucks. 18/9232 v. 20.07.2017, S. 32.
Darauf verweist ausdrücklich die Amtl. Begr. zum Regierungsentwurf e. Ges. z. Änderung d. AÜG u. anderer Gesetze in BT-Drucks. 18/9232 v. 20.07.2017, S. 31.
115 S. etwa BAG v. 12.09.1996, NZA 1997, 600 u. v. 20.05.2009, AfP 2010, 89, 90 (Rn. 19); Schaub/Vogelsang, ArbRHdb., § 8 II 3 Rn. 23 f.
116 Streitig, vgl. BAG vom 21.01.1999 NJW 1999, S. 539, 541; Wisskirchen/Bissels DB 2007, 340 mit Nachweisen zur BAG-Rechtsprechung. Abw. wohl ErfK/Wank § 1 AÜG Rn. 18 u. ders. AuR 2017, 140, 150 f.; vgl. auch ErfK/Preis § 611a Rn. 32;
117 Vgl. BAG v. 17.01.2017 NZG 2017, 630 (Rn. 14) m. w. Nachw.

C. Persönlicher Geltungsbereich § 1

**3. Einzelfälle**

Nachstehend sind einzelne problematische Fallgestaltungen und die Auswirkungen bei der Anwendung des ArbEG dargestellt. 18

**a) Arbeitnehmer in mehreren Arbeits- oder sonstigen Rechtsverhältnissen**

Zeitlich nicht kollidierende Arbeitsverhältnisse eines Arbeitnehmers mit mehreren Arbeitgebern sind zulässig[118] (zur Unwirksamkeit nach § 138 BGB s. Rdn. 13). Derartige **Doppelarbeitsverhältnisse** sind insb. im Konzernbereich[119] (s. z. partiellen Organstellung eines Arbeitnehmers § 1 Rdn. 71), bei Hochschulwissenschaftlern im Rahmen genehmigter Nebentätigkeit (s. zu § 42 Rdn. 36 f.) und bei zwischenbetrieblicher Kooperation anzutreffen. Zur Arbeitgebereigenschaft in diesen Fällen vgl. unten § 1 Rdn. 106 f. und Rdn. 129 ff. Zum ruhenden Arbeitsverhältnis s. aber § 26 Rdn. 16. 19

Die **Zuordnung** der in mehreren voneinander unabhängigen Arbeitsverhältnissen (zum sog. einheitlichen Arbeitsverhältnis s. § 1 Rdn. 129.1) geschaffenen Erfindungen und technischen Verbesserungsvorschläge ist **umstritten**. Teile des Schrifttums machen die Charakterisierung als Diensterfindung und deren Zuordnung davon abhängig, welches Arbeitsverhältnis »gegenständlich der Erfindung am nächsten kommt«.[120] Gegen diese Auffassung wird zu Recht eingewandt, dass sie ein mit § 4 Abs. 2 ArbEG unvereinbares und unnötiges Alles-oder-Nichts-Prinzip einführt.[121] Andere stellen auf eine Einzelbetrachtung der gesetzlichen Voraussetzungen nach § 4 Abs. 2 ArbEG ab, wobei diese für Erfahrungserfindungen mit Blick auf das Tatbestandsmerkmal »maßgeblich beruhen« regelmäßig auf einen bestimmten Arbeitgeber eingeschränkt wird.[122] Die Zuordnung als Diensterfindung entscheidet sich u. E. im Ergebnis danach, in welcher Eigenschaft bzw. auf welcher Grundlage der Erfinder diese techni- 20

---

118 S. BAG v. 19.06.1959, AP Nr. 1 zu § 611 BGB – Doppelarbeitsverhältnis; vgl. ferner BAG v. 19.03.2003 – 7 AZR 269/02, (WKRS 2003, 10324, Rn. 20) u. v. 21.02.2012, NZA 2012, 793 (Rn. 16 ff.); s. auch allg. BGH v. 07.11.2015, NJW-RR 2017, 439 (Rn. 13); Palandt/Weidenkaff, BGB Einf. v. § 611, Rn. 36; vgl. auch BAG v. 02.10.1974, BB 1975, 468; zum Umfang vertragl. Nebentätigkeitsverbote s. BAG v. 26.08.1976, DB 1977, 544.
119 Vgl. z.B. den Sachverhalt bei LG Braunschweig v. 01.07.1975, GRUR 1976, 585 (betr. GmbH – Geschäftsführertätigkeit); ausf. A. Bartenbach, Arbeitnehmererfindungen i. Konzern (2018) Rn. 192 ff.
120 So Volmer/Gaul Rn. 48 zu § 1.
121 Lenhart, Arbeitnehmer- und Arbeitnehmerbegriff (Diss. 2002), S. 228.
122 I. d. S. wohl Boemke/Kursawe/Boemke Rn. 39, 42 zu § 1.

schen Neuerungen entwickelt hat (**Sphärentheorie**).[123] Auch das *BAG*[124] differenziert bei Mehrfachfunktionen einer Person nach Rechtsverhältnissen und lässt für die Beurteilung jeweils dasjenige entscheidend sein, aus dem der Anspruch hergeleitet wird. Diesen Überlegungen widerspricht der *BGH*[125] für den Fall, dass die einzelnen Funktionen tatsächlich nicht trennbar sind und tendiert zu einer **Gesamtbetrachtung**[126].

Im praktischen Ergebnis wird es u. E. darauf ankommen, ob sich bei mehreren (aktiven) Arbeitsverhältnissen die einzelnen betrieblichen Funktionen des Arbeitnehmers trennen lassen. Dann bestimmt sich auf dieser Grundlage, ob überhaupt eine Diensterfindung gegeben ist, und damit, ob und wem die Erfindung zu melden ist (§ 5) oder ob sie ggf. (bei freier Erfindung) allen Arbeitgebern mitgeteilt (§ 18) werden muss, jeweils mit den entsprechenden Folgewirkungen gem. dem ArbEG. Maßgebend für die Abgrenzung ist nach § 4 Abs. 2 im Ergebnis, ob ein und welcher Arbeitgeber die durch die Erfindung gelöste Aufgabe gestellt hat bzw. auf wessen betriebliche Erfahrungen bzw. Arbeiten die Erfindung entscheidend zurückzuführen ist, und ob der Erfinder dabei (zumindest auch[127]) im Verhältnis zu diesem als Arbeitnehmer tätig geworden ist. Denkbar ist dabei, dass eine Erfahrungserfindung (§ 4 Abs. 2 Nr. 2) im Verhältnis zu jedem Arbeitgeber vorliegen kann, sofern deren betriebliche Arbeiten bzw. Erfahrungen für das Zustandekommen erheblich waren (s. § 4 Rdn. 44).

21 Stellt sich die Erfindung danach **im Verhältnis zu jedem Arbeitgeber als Diensterfindung** dar, ist nicht entscheidend, wessen Anstoß für die Entwicklung der Erfindung »prioritätsbegründend« ursächlich war.[128] Jedem ggü. hat

---

123 Insoweit zutr. Volmer, GRUR 1978, 329, 332; zust. Schiedsst. v. 05.07.1991, GRUR 1992, 499, 501 r.Sp. – *Einheitliches Arbeitsverhältnis* u. LG München v. 11.11.2010 – 7 O 20114/08, (unveröffentl.); Marquardt, Freie Erf. im ArbVerh. (2002), S. 54 ff.; s.a. Schiedsst. v. 01.07.1999 – Arb.Erf 49/97, (unveröffentl.).
124 V. 10.07.1980, GmbH-Rundschau 1981, 113, 114.
125 BGH v. 24.10.1989 – X ZR 58/88, GRUR 1990, 193, 194 – *Auto-Kindersitz* (dort im Zusammenhang m. d. Erf. e. Geschäftsführers e. Komplementär-GmbH und gleichzeitigem ltd. Angestellten d. KG).
126 So das Verständnis von Keukenschrijver in Busse/Keukenschrijver, PatG, Rn. 3 zu § 1 ArbEG.
127 Vgl. auch BGH v. 24.10.1989 – X ZR 58/88, GRUR 1990, 193, 194 r. Sp. (unter II 2 a der Gründe) – *Auto-Kindersitz*, wo der BGH auf die gleichzeitige tatsächliche Stellung und Funktion des Erfinders »auch im Bereich« der anderen Gesellschaft abstellt.
128 Vgl. Gaul/Bartenbach, GRUR 1979, 750 f.; abw. Volmer, GRUR 1978, 329, 332.

### C. Persönlicher Geltungsbereich § 1

die Meldung (§ 5) zu erfolgen.[129] Jeder Arbeitgeber kann – bezogen auf seinen Anteil – die Diensterfindung in Anspruch nehmen. Die Rechte an der Diensterfindung stehen allen Arbeitgebern nach jeweiliger Inanspruchnahme gemeinschaftlich zu (§§ 741 ff. BGB entsprechend).[130] Der unterschiedliche Einfluss der »betrieblichen Anteile« der einzelnen Arbeitgeber kann allenfalls bei der Bemessung der auf die Arbeitgeber in Bruchteilsgemeinschaft übergegangenen »Erfindungs«-Anteile berücksichtigt werden.[131] Verzichtet ein Arbeitgeber – durch Freigabeerklärung in Textform – zugunsten seines Arbeitnehmers auf sein Inanspruchnahmerecht (§ 6 Abs. 2), so wird die Erfindung insoweit gemäß § 8 frei.[132] Der Arbeitnehmer tritt dann in eine Bruchteilsgemeinschaft mit dem anderen Arbeitgeber ein, wenn dieser von der (unbeschränkten) Inanspruchnahme Gebrauch macht. Jeder Arbeitgeber schuldet die auf seine Nutzung entfallende Vergütung nach § 9; für gemeinsame Nutzungen stehen alle Arbeitgeber als Gesamtschuldner (§ 421 BGB) ein.

Wegen Einzelheiten zur Bruchteilsgemeinschaft s. § 5 Rdn. 52 f.

Ist die Erfindung dagegen nur **im Verhältnis zu einem Arbeitgeber eine** 22 **Diensterfindung**, so muss sie nur diesem gemeldet werden. Dem anderen Arbeitgeber ist sie entsprechend § 18 mitzuteilen, um dessen Kontrollrecht aus § 18 Abs. 2 zu wahren[133]; wegen dessen Geheimhaltungspflicht wird § 24 dadurch ggü. dem anderen Arbeitgeber nicht verletzt. Das Inanspruchnahmerecht aus §§ 6,7 geht dem Anbietungsanspruch aus § 19 vor[134] (vgl. § 7 Abs. 2).

Die Grundsätze dieser Sphärentheorie gelten entsprechend bei der Entscheidung, ob eine **freie Erfindung** (§ 4 Abs. 3) vorliegt und wem sie mitzuteilen (§ 18) bzw. anzubieten (§ 19) ist. In Zweifelsfällen ist wegen des Kontrollrechts

---

129 Gaul/Bartenbach, GRUR 1979, 750, 752; Kraßer/Ann, PatR, § 21 Rn. 62; im Ergebn. auch Boemke/Kursawe/Boemke Rn. 41 f. zu § 1.
130 Ebenso LG München v. 11.11.2010 – 7 O 20114/08, (unveröffentl.); im Ergebn. auch Kraßer/Ann, PatR, § 21 Rn. 73; vgl. auch BGH v. 27.09.2016, Mitt. 2016, 549 (Rn. 17) – *Beschichtungsverfahren*. Demgegenüber ordnen Volmer/Gaul (Rn. 48 zu § 1 u. 24 f. zu § 5) die Erfindung unter dem Gesichtspunkt der Sachnähe dem Arbeitsverhältnis zu, das gegenständlich der Erfindung am nächsten kommt; ebenso Gaul, RdA 1982, 268, 270.
131 Vgl. auch Kraßer/Ann, PatR, § 21 Rn. 73.
132 Zust. Boemke/Kursawe/Boemke Rn. 43 zu § 1.
133 Im Ergebn. auch Boemke/Kursawe/Boemke Rn. 41 zu § 1.
134 Im Ergebn. auch Boemke/Kursawe/Boemke Rn. 41 zu § 1, m. d. Hinw., dass es dann regelmäßig an einer Eigenverwertung des ArbN i. S. v. § 19 fehlen wird.

aus § 18 Abs. 2 die Mitteilung an alle Arbeitgeber zu richten[135], sofern nicht im Einzelfall der Ausnahmetatbestand des § 18 Abs. 3 gegeben ist.

Die Sphärentheorie gilt auch hinsichtlich der Zuordnung von **technischen Verbesserungsvorschlägen** (s. dazu allgemein § 3 Rdn. 26 f.).

Die Sphärentheorie greift nach der hier vertretenen Auffassung aber nur in den Fällen des Bestehens mehrerer Arbeits- und/oder Dienstverhältnisse, um quasi als Kollisionsregel bei Zweifeln über die Fragen des Inanspruchnahmerechts der jeweiligen Arbeitgeber (Dienstherren) bzw. der Zuordnung entscheiden zu können. Sie gilt u. E. dagegen nicht, wenn ein Arbeitnehmer neben seinem Arbeitsverhältnis **zusätzlich eine selbstständige Tätigkeit** ausübt oder ein Auftragsverhältnis mit Dritten eingeht und während dieses Zeitraums eine Erfindung entwickelt. Hier verbleibt es bei den allgemeinen Grundsätzen[136], d.h. es ist anhand der Maßstäbe des § 4 zu entscheiden, ob im Verhältnis zum Arbeitgeber eine Diensterfindung (insb. Erfahrungserfindung) vorliegt, die dann dem betreffenden Arbeitgeber zu melden ist. Ist dies der Fall, steht das Inanspruchnahmerecht allein dem Arbeitgeber zu; entgegenstehende Verfügungen sind nach § 7 Abs. 2 n.F. (relativ) unwirksam, und zwar auch dann, wenn der Arbeitnehmer dadurch Vertragspflichten ggü. Dritten erfüllen will. Ansonsten verbleibt es bei der Mitteilungspflicht des Arbeitnehmers gegenüber dem/den Arbeitgeber(n). Etwaige Ersatzansprüche des Dritten gegenüber dem Arbeitnehmer bestimmen sich nach allgemeinem Zivilrecht (vgl. etwa §§ 280 i.V.m. 275, 283 BGB).

23 Bei sog. **Gruppenarbeitsverhältnissen**, die in unterschiedlichen Erscheinungsformen anzutreffen sind[137], bestehen in aller Regel Arbeitsverhältnisse der einzelnen Gruppenmitglieder mit dem Gläubiger der Arbeitsleistung als Arbeitgeber. Dann ergeben sich erfinderrechtlich keine Besonderheiten, da die Rechte und Pflichten nach dem ArbEG nur im Verhältnis zwischen Arbeitgeber und Arbeitnehmererfinder bestehen.[138] Im Übrigen kann u. E. infolge des (Real-)Akts des Erfindens der Erfinder nur »der Mensch als Einzelwesen«[139] sein (vgl. § 6 PatG). Allein durch ihre internen Rechtsbeziehungen wird eine Gruppe nicht zu Miterfindern (z. Begriff s. § 5 Rdn. 44 ff.). Bestehen arbeitsvertragliche Beziehungen mit dem Unternehmen kann aus hiesiger Sicht das gesetzliche Schuldverhältnis nach dem ArbEG (s. § 1 Rdn. 160) ausschließlich

---

135 Im Ergebn. auch Kraßer/Ann, PatG, § 21 Rn. 65.
136 Im Ergebn. wie hier Kraßer/Ann, PatR, § 21 Rn. 65.
137 Vgl. etwa ErfK/Preis, § 611a BGB Rn. 164 ff.
138 S. Schwab, Arbeitnehmererfindungsrecht, § 1 Rn. 44.
139 Benkard/Mellulis, PatG, § 6 Rn. 30.

im Verhältnis zwischen diesem als Arbeitgeber und dem Arbeitnehmererfinder entstehen, und zwar unabhängig davon, ob und inwieweit den Arbeitnehmererfinder im Innenverhältnis (Ausgleichs-)Pflichten gegenüber anderen Gruppenmitgliedern treffen.[140] Zum Leiharbeitsverhältnis s. § 1 Rdn. 56 ff.

**b) Arbeitnehmerähnliche Personen**

Im Unterschied zum Arbeitnehmer sind arbeitnehmerähnliche Personen – namentlich auf Grund fehlender Eingliederung in eine betriebliche Organisation und im Wesentlichen freier Zeitbestimmung – **nicht in gleichem Maße persönlich abhängig wie Arbeitnehmer**.[141] An die Stelle der persönlichen Abhängigkeit und Weisungsgebundenheit tritt das Merkmal der **wirtschaftlichen Abhängigkeit**, d. h. der Beschäftigte ist zur Existenzsicherung auf die Verwertung seiner Arbeitskraft und die daraus erzielten Einkünfte angewiesen.[142] Diese Personen werden aufgrund von Dienst- oder Werkverträgen für den Dienstberechtigten in wirtschaftlich abhängiger Stellung tätig (vgl. § 12a Abs. 1 TVG; s. ferner § 5 Abs. 1 Satz 2 ArbGG, § 2 Satz 2 BUrlG). Zu der wirtschaftlichen Abhängigkeit hinzutreten muss, dass diese Personen in ihrer gesamten sozialen Stellung, d.h. in ihrer wirtschaftlichen Unselbstständigkeit, einem Arbeitnehmer vergleichbar **sozial schutzbedürftig** sind.[143] Entscheidend dafür ist letztlich, ob die für einen Arbeitnehmer typische Notwendigkeit, seine Arbeitskraft zur Sicherung der wirtschaftlichen Existenz einzusetzen, für eine arbeitnehmerähnliche Person unter Berücksichtigung seiner gesamten Einkünfte noch in vergleichbarer Weise besteht.[144]

An der wirtschaftlichen Abhängigkeit ggü. **bestimmten** (auch mehreren) **Personen**, fehlt es regelmäßig, wenn die Arbeitsleistung beliebig vielen Dritten angeboten bzw. erbracht wird (z.B. von Patent- oder Rechtsanwälten, Unternehmensberatern).

---

140 Vgl. dazu auch Schwab, Arbeitnehmererfindungsrecht, § 1 Rn. 40 ff.
141 BGH v. 27.01.2000, NZA 2000, 390.
142 S. BAG Beschl. v. 21.02.2007, NJW 2007, 1709 (Rn. 8) u. v. 21.12.2010, NZA 2011, 209 (Rn. 8).
143 Einzelheiten s. b. BAG v. 13.09.1956, GRUR 1957, 242, 243 m. Anm. Volmer (betr. selbstständigen Erfinder) u. v. 08.06.1967, AP Nr. 6 zu § 611 BGB – Abhängigkeit; BAG v. 15.04.1993, DB 1993, 2163, 2165; BGH v. 04.11.1998, NJW 1999, 218, 220 – *Eismann-Franchisevertrag*; Willemsen/Müntefering, NZA 2008, 194 ff.; Herschel, DB 1977, 1185 f.; Schaub/Vogelsang, ArbRHdb., § 10 I Rn. 1 ff.
144 BAG v. 21.06.2011, NZA-RR 2012, 365 (Rn. 34).

Wichtigste **Rechtsfolge** der Annahme einer arbeitnehmerähnlichen Stellung ist die grundsätzliche Nichtanwendbarkeit des Arbeitsrechts.[145] Der **Scheinselbstständige**, also eine Person, die für einen anderen (oder einige wenige andere) andauernd Dienst- oder Werkleistungen erbringen soll und dabei wie ein Arbeitnehmer weisungsgebunden oder in wirtschaftlicher Abhängigkeit von dem Auftraggeber tätig wird,[146] ist entweder Arbeitnehmer oder (i.d.R.) arbeitnehmerähnliche Person (vgl. § 7 Abs. 4 in Abgrenzung zu Abs. 1 SGB IV).[147]

25 Da der Wortlaut des § 1 ArbEG die arbeitnehmerähnlichen Personen nicht erfasst, **scheidet** eine unmittelbare **Anwendbarkeit des Gesetzes** auf diesen Personenkreis **aus**; auch eine analoge Anwendung der Gesamtheit aller Bestimmungen des ArbEG kommt u. E. grds. nicht in Betracht.[148] Es ist zwar nicht zu verkennen, dass der Gesetzgeber über die bloß prozessuale Gleichstellung von Arbeitnehmern und arbeitnehmerähnlichen Personen in § 5 ArbGG hinaus auch in einzelnen Bereichen des materiellen Rechts eine Gleichstellung beider Personengruppen ausdrücklich vollzogen hat (vgl. etwa § 2 Satz 2 BUrlG). Aber gerade die Regelung des § 12a TVG verdeutlicht, dass der Gesetzgeber sich zu einer grundsätzlichen Gleichstellung beider Personenkreise (noch) nicht entschlossen hat. Zudem darf nicht übersehen werden, dass das ArbEG nicht nur Rechte zugunsten des Arbeitnehmers enthält; insb. die Mög-

---

145 BAG v. 08.05.2007, Nr. 15 zu AP § 611 BGB – Arbeitnehmerähnlichkeit.
146 S. hierzu Palandt/Weidenkaff, BGB, Einf. v. § 611 Rn. 11 m.w.N.
147 BAG v. 16.07.1997, NJW 1997, 2973; Bauer/Diller/Lorenzen, NZA 1999, 169; Buchner, DB 1999, 146.
148 So auch Schiedsst. v. 17.01.2017 – Arb.Erf. 32/14, (www.dpma.de); v. 03.08.2017 – Arb.Erf. 12/15, (z.Z. unveröffentl.); Kraßer/Ann, PatR, § 21 Rn. 34; Jestaedt, Patentrecht III. 2. Rn. 391; v. Olenhusen, GRUR 2002, 11; Marquardt, Freie Erf. im ArbVerh. (2002), S. 41 ff.; Keukenschrijver in Busse/Keukenschrijver, PatG, Rn. 4 zu § 1 ArbEG; Staudinger/Nipperdey/Neumann BGB (14. Aufl.) Bem. 117 zu § 611 BGB; Schaub/Koch, ArbRHdb,. § 114 II 2 Rn. 6; Volmer, GRUR 1978, 329, 334; Brune, Bewährtes dt. ArbEG?, 11 ff.; Boemke/Kursawe/Boemke Rn. 46 f. zu § 1; von Steinau-Holzapfel in Tschöpe, ArbR (2017), Teil 2 H Rn. 16; s.a. Soergel/Kraft, BGB (12. Aufl.), Rn. 48 zu § 611 u. Schiedsst. (Berlin) v. 30.07.1958 – Arb. Erf. 1 (B)/58 zitiert bei Klaus, ArbNErf. (1964), 14 (zum Fall der Umwandlung des Verh. in Dienstverh. als freier Mitarb.); a.A. (d.h. uneingeschränkte Anwendung d. ArbEG) Gaul, GRUR 1977, 686, 689; ders., RdA 1982, 268, 274; Volmer/Gaul Rn. 59 ff., 224 zu § 1; HK-ArbR/Kronisch Rn. 1 zu § 1, Schwab, Arbeitnehmererfindungsrecht, § 1 Rn. 4 u. ders. NZA-RR 2014, 281; Herschel, DB 1977, 1185, 1189; diff. Reimer/Schade/Schippel/Rother Rn. 6 zu § 1 u. Schippel, GRUR 1959, 167, 168 f. Offen gelassen von OLG Düsseldorf v. 24.10.2013, Mitt. 2013, 475, 477 – Haltesystem für Werbeprints II.

C. Persönlicher Geltungsbereich § 1

lichkeit der Inanspruchnahme einer Diensterfindung und die damit verbundene Zuordnung der Erfindung zum Arbeitgeber würden konsequenterweise zu einem Rechtsverlust für den Arbeitnehmer führen. Dementsprechend steht beim ArbEG der Aspekt des Interessenausgleichs zwischen den Arbeitsvertragsparteien bei erfinderischen Arbeitnehmerleistungen im Vordergrund (s. Einl. Rdn. 3) und nicht die soziale Schutzbedürftigkeit des Arbeitnehmers.

Nach der hier vertretenen Auffassung kann die arbeitnehmerähnliche Person **26** über die **Zuordnung** einer von ihr gemachten Erfindung frei entscheiden, sofern nicht dahin gehende Verpflichtungen aus dem ihrem Tätigwerden zugrunde liegenden Vertragsverhältnis (z.B. Werkvertrag, §§ 631 ff. BGB oder Dienstvertrag, §§ 611 ff. BGB) oder – etwa bei Erfindungen, die maßgeblich auf Vorarbeiten des Unternehmens beruhen und in dessen Arbeitsbereich fallen – aus dem Grundsatz von Treu und Glauben (§ 242 BGB) folgen[149] (vgl. auch § 1 Rdn. 48, 55, 75, 92 ff.). Eine analoge Anwendung einzelner Schutzbestimmungen des ArbEG (insb. Vergütungsvorschriften,[150] die Anmeldepflicht des Arbeitgebers nach § 13 und seine Pflichten im Zusammenhang mit der Aufgabe und Freigabe von Rechten an der Erfindung bzw. Schutzrechtspositionen) können nur dann je nach dem Maß der sozialen Schutzbedürftigkeit des arbeitnehmerähnlichen Erfinders zum Tragen kommen, wenn er zuvor seine Erfindung seinem Vertragspartner überlassen hat.[151]

Keinesfalls anwendbar sind die Bestimmungen der §§ 28 ff. über das Schieds- **27** verfahren;[152] Gleiches gilt für die Regeln über das gerichtliche Verfahren

---

149 Abw. Kraßer/Ann, PatR, § 21 Rn. 34, wonach die Arbeitnehmerähnlichkeit zu einer Pflicht zur Mitteilung von Erfindungen und zur Rechtseinräumung unter Berücksichtigung der entsprechenden Vorgaben des ArbEG für ArbN führen kann.
150 Ebenso Jestaedt, Patentrecht, Rn. 391; Kraßer/Ann, PatR § 21 Rn. 34 sprechen sich für eine »Orientierung« an den Maßstäben von § 9 bei Einräumung von Rechten an Erf. aus, wenn eine diesbezügl. Vertragsabrede fehlt; z. Urheber- u. Leistungsrechtsschutz arbeitnehmerähnlicher Personen s. v. Olenhusen, GRUR 2002, 11 ff.
151 BGH v. 10.07.1959 – I ZR 73/58, (unveröffentl.) hat offengelassen, »ob die Anwendung der Bestimmungen über die Vergütung von Arbeitnehmererfindungen schon damit begründet werden kann, dass der Erfinder arbeitnehmerähnl. Person i.S.d. § 5 ArbGG« ist; nach Soergel/Kraft, BGB (12. Aufl.), Rn. 48 zu § 611 soll allein der (Dienst-) Vertrag maßgebend sein, wobei eine Vergütung auch im Voraus abdingbar sei. Nach Boemke/Kursawe/Boemke Rn. 48 zu § 1 bleibt mit Blick auf die vertraglichen Übertragungsregelungen »kein Raum« für eine analoge Anwendung des ArbEG.
152 So auch Volmer, GRUR 1978, 329, 334; zust. Boemke/Kursawe/Boemke Rn. 9 zu § 28; a.A. Reimer/Schade/Schippel/Trimborn Rn. 4 zu § 28; Schwab, Arbeitnehmererfindungsrecht, § 36 Rn. 1; offengelassen Schiedsst. Beschl. v. 13.02.1977 – Arb. Erf. 47/75, (unveröffentl.).

(§§ 37 ff.).[153] Die Zuständigkeit der Patentstreitkammer beim LG kann sich indes unter dem Aspekt des § 143 PatG ergeben, etwa wenn die Vertragsparteien über die Nutzungsbefugnis an einer vom arbeitnehmerähnlichen Erfinder geschaffenen patentfähigen Erfindung streiten (vgl. §§ 139 ff. PatG). I.Ü. bewendet es bei den allgemeinen Zuständigkeitsregeln (vgl. insb. § 5 Abs. 1 Satz 2 ArbGG).[154]

**c) Ausgeschiedene Arbeitnehmer**

28  Die Auflösung eines Arbeitsverhältnisses lässt die Erfüllung der Rechte und Pflichten aus dem ArbEG für alle **bis zum rechtlichen**[155]**Ende** des Arbeitsverhältnisses **fertiggestellten** (zum Begriff s. zu § 4 Rdn. 16 f.) Erfindungen und Verbesserungsvorschläge unberührt (§ 26). Unerheblich ist, ob aufgrund einer **Freistellung** die Verpflichtung eines Arbeitnehmers zur Dienstleistung schon vorher beendet wird[156]. Einzelheiten s. § 4 und § 26 Rdn. 10 ff.

Zur Stellung der Pensionäre s. § 1 Rdn. 77 ff.

29  Hat ein Arbeitnehmer eine (unberechtigte) Kündigung wirksam durch **Kündigungsschutzklage** angefochten, zwischenzeitlich aber ein neues Arbeitsverhältnis begründet (vgl. auch § 12 KSchG), so gelten hinsichtlich der in diesem Zeitraum gemachten Erfindungen die Grundsätze der Sphärentheorie[157] (s. § 1 Rdn. 20 f.). Zu den Auswirkungen der Weiterbeschäftigung im Kündigungsschutzprozess s. § 26 Rdn. 5, dort auch zu den Rechtsfolgen der Ausübung des Wahlrechts nach § 12 KSchG.

30  Scheidet ein Arbeitnehmer unter **Vertragsbruch** oder durch **Provozieren einer Kündigung** kurz vor Fertigstellung einer schutzwürdigen Erfindung mit dem Ziel aus, die Erfindung seinem Arbeitgeber zu entziehen, ist in Anwendung der Rechtsgedanken der §§ 242, 162 BGB – bezogen auf diese Erfindung – das Arbeitsverhältnis als solange fortbestehend anzusehen, als es unter Beach-

---

153 A.A. Volmer, GRUR 1978, 329, 334.
154 Vgl. auch BAG v. 13.09.1956, GRUR 1957, 242, 243 m. Anm. Volmer.
155 Die rechtliche, nicht die tatsächliche Beendigung ist maßgebend, vgl. BGH v. 18.05.1971 – X ZR 68/67, GRUR 1971, 407, 408 – *Schlussurlaub* – m. Anm. Schippel.
156 Vgl. BGH v. 18.05.1971 – X ZR 68/67, GRUR 1971, 407, 408 – *Schlussurlaub* – m. Anm. Schippel.
157 Näheres zu diesem Problemkreis s. Gaul/Bartenbach, GRUR 1979, 750 f.; s. auch Boemke/Kursawe/Raif Rn. 33 f. zu § 4.

tung der vertraglichen Kündigungsfristen angedauert hätte.[158] Zum Anspruch des Arbeitgebers auf Rechtsüberleitung bei pflichtwidrig unterlassener Entwicklungstätigkeit des Arbeitnehmers s. § 4 Rdn. 16 u. § 26 Rdn. 22, zum Recht des Arbeitgebers auf Einsicht in die Akten von Schutzrechtsanmeldungen eines ausgeschiedenen Arbeitnehmers beim Patentamt s. § 4 Rdn. 16.

### d) Aushilfsarbeitsverhältnisse

Bei einem Aushilfsarbeitsverhältnis wird ein Arbeitnehmer eingestellt, um einen vorübergehenden Bedarf an Arbeitskräften abzudecken (Ersatz- oder Zusatzkräfte).[159] Demgemäß ist das Aushilfsarbeitsverhältnis ein – wenn auch regelmäßig befristetes – uneingeschränkt dem Anwendungsbereich des **ArbEG unterliegendes** Arbeitsverhältnis[160] (vgl. § 622 Abs. 5 Satz 1 Nr. 1 BGB, § 14 Abs. 1 Nr. 1, 3 TzBfG). Ein solches Arbeitsverhältnis kann auch bei zeitlich begrenzten Forschungsvorhaben bzw. -projekten gegeben sein.[161] Wegen der üblicherweise nur kurzen Dauer der Betriebszugehörigkeit ist besonders sorgfältig zu prüfen, ob bei einer in dieser Zeit entwickelten Erfindung die Voraussetzungen des § 4 Abs. 2 ArbEG (Aufgaben- oder Erfahrungserfindung) erfüllt sind. In dieser Zeit gemachte (s. dazu § 4 Rdn. 10 ff.) technische Verbesserungsvorschläge sind dem Arbeitgeber zuzuordnen (s. § 3 Rdn. 15, 26 f.). Zu Pensionären s. § 1 Rdn. 77 ff.

31

### e) Auslandsberührung

Gegenstand des Arbeitnehmererfindungsrechts ist bereits die Erfindung als solche und nicht erst das darauf bezogene Schutzrecht.[162] Wegen der untrennba-

32

---

158 Vgl. BGH v. 16.11.1954, GRUR 1955, 402, 404 – *Anreißgerät*; Nikisch ArbR, Bd. 1 § 28 II b (dort Fn. 14); Gaul/Bartenbach, GRUR 1979, 750, 751; Kraßer/Ann, PatR, § 21 Rn. 48; Volmer/Gaul Rn. 52 zu § 4 (aber: analog § 628 Abs. 2 BGB); Boemke/Kursawe/Raif Rn. 37 zu § 4; MünchArbR/Bayreuther § 98 Rn. 8 (dort »nach §§ 283, 280 Abs. 1 u. Abs. 3, 286, 287 S. 2 bzw. 280, 249 BGB«); im Ergebn. auch Schaub/Koch, ArbRHdb., § 114 Rn. 14. Ausf. Schütt/Boenke GRUR 2013, 789 ff.
159 ErfK/Preis § 611a BGB Rn. 160; bei Unwirksamkeit eines befristeten Aushilfsvertrages mangels Aushilfsbedürfnisses des Arbeitgebers (s.u.a. BAG v. 10.06.1988, AP Nr. 5 zu § 1 BeschEG 1985 u. v. 03.10.1984, NZA 1985, 561 f.) liegt ein unbefristetes Arbeitsverhältnis vor (§ 16 TzBfG).
160 Unstreitig, vgl. etwa Schiedsst. v. 16.04.2015 – Arb.Erf. 02/13, (www.dpma.de), dort bei einem studentischen Ferienjob.
161 Vgl. Antwort der BReg. in BT-Drucks. 14/8949, S. 23.
162 Vgl. auch BFH v. 26.08.1993, DB 1994, 258 (zur Zuordnung der Erfindungsrechte z. Inlandsbetrieb) u. BGH v. 18.05.2010 – X ZR 79/07, Mitt. 2010, 443, 445 (Rn. 28) – *Steuervorrichtung*.

ren **Verbindung zwischen Arbeitsverhältnis** (s.a. § 2 Abs. 2 NachwG) **und Arbeitnehmererfindung**[163] muss auch für das internationale Privatrecht der Arbeitnehmererfindung mit der herrschenden Meinung auf die Anknüpfungsgrundsätze zurückgegriffen werden, die für das betreffende Arbeitsverhältnis maßgeblich sind, also das **Arbeitsstatut**[164] (zu den sachlichen Auswirkungen s. § 1 Rdn. 36). Das gilt auch bei Miterfinderschaft;[165] mögliche Probleme bei Arbeitnehmer-Miterfindern, die damit im Einzelfall unterschiedlichen Rechtsordnungen unterliegen können[166], rechtfertigen nicht einen Rückgriff auf das patentrechtliche Territorialitätsprinzip (s. dazu § 1 Rdn. 36).

Bei Sachverhalten mit Auslandsberührung i. S. d. Art. 1 Abs. 1 Rom I-VO bestimmen sich die Rechtsbeziehungen auch in Bezug auf Arbeitnehmererfindungen nach dem für Arbeitsverhältnisse geltenden internationalen Privatrecht, also namentlich des **Art. 8 Rom I-VO**. Art. 8 Rom I-VO entspricht inhaltlich weitgehend dem **früheren Art. 30 EGBGB**, der für vor dem 17.12.2009 begründete Vertragsverhältnisse weiter anzuwenden ist (Art. 28 Rom I-VO).[167] Wird ein vor diesem Stichtag begründeter Arbeitsvertrag danach in gegenseitigem Einvernehmen in einem solchen Umfang geändert, dass ab diesem Zeitpunkt von einem neuen Arbeitsvertrag auszugehen ist, ist die Rom I-VO anzuwenden.[168]

---

163 S. dazu Bartenbach/Volz in Festschr. Melullis, GRUR 2009, 220 ff.
164 Heute ganz h. M., z. B. OLG Karlsruhe v. 13.04.2018 – 6 U 161/16, (www.lrbw.juris.de, Rn. 145) – Rohrprüfsystem; Schiedsst. v. 09.01.1986 – Arb. Erf. 30/85, u. v. 16.01.1991 – Arb.Erf. 70/90, (beide unveröffentl); Schade GRUR 1978, 569; Birk, RabelsZ 46 (1982), 400; Trimborn Mitt. 2006, 498; 499 f.; Bauer, Das Intern. Privatrecht der Arbeitnehmererfindung (1970) S. 59 ff. und ders. AWD 1970, 512, 513 f.; Gamillscheg Intern. Arbeitsrecht (1959) S. 326 ff.; MünchKomm/Martiny (IPR) Rn. 113 zu Art. 8 Rom I-VO; MünchKomm/Drexl (IPR II) Rn. 204 zu IntImmGR; ausf. Sack FS Steindorff, 1990, S. 1333 ff.; Götting, Gewerbl. Rechtsschutz, § 7 Rn. 58; Deinert, Internationales Arbeitsrecht, 2013, S. 148 § 12 Rn. 9; ferner Keukenschrijver in Busse/Keukenschrijver, PatG, Rn. 11 zu Einl. ArbEG; Reimer/Schade/Schippel/Rother Rn. 14 zu § 1; Boemke/Kursawe/ Boemke Rn. 52 f. zu § 1 u. Boemke/Kursawe/Hoppe-Jänisch Rn. 4 Anh. zu § 1 – alle m. w. Nachw.; vgl. auch BGH v. 27.11.1975 – X ZB 24/73, GRUR 1976, 385, 387 – *Rosenmutation*, dort zur Zuordnung von Pflanzenzüchtungen des Arbeitnehmers nach dem Sortenschutzgesetz zum Arbeitgeber.S. i. Einzelnen Bartenbach/ Volz/Goetzmann in Festschr. Straus (2009), 307 ff.
165 Ganz h.M., u.a. MünchKomm/Drexl (IPR II) Rn. 209 zu IntImmGR.
166 Vgl. dazu MünchKomm/Drexl (IPR II) Rn. 209 zu IntImmGR.
167 Vgl. Berichtigg. in ABl. EU 2009 L 309/87. S. dazu z. B. BAG v. 26.5.2011, BB 2012, 577, 580 [Rn. 39 ff.]. Zum geänderten internationalen Arbeitsvertragsrecht s. u. a. Deinert, RdA 2009, 144 ff.
168 EuGH v. 18.10.2016 – C-135/15, (NZA 2016, 1389 ff. – Nikiforidis.

## C. Persönlicher Geltungsbereich § 1

Eine Auslandsberührung i. S. v. Art. 1 Abs. 1 Rom I-VO, also die Verbindung des Arbeitsverhältnisses zum Recht verschiedener Staaten, ist sowohl bei ausländischen Arbeitnehmern (s. Rdn. 34) als auch bei Auslandseinsatz inländischer Arbeitnehmer (s. dazu § 1 Rdn. 36 f.) sowie im Fall eines ausländischen Arbeitgebers (s. dazu § 1 Rdn. 106 ff.) gegeben (zur Zuständigkeit der Schiedsstelle s. § 28 Rdn. 19). Die Rom I-VO enthält allseitige Kollisionsnormen und gilt unabhängig davon, ob es um das Recht eines Mitgliedsstaates i. S. v. Art. 1 Abs. 4 Satz 1 Rom I-VO oder eines Drittstaates geht.[169] Der privatrechtliche Grundsatz der **Parteiautonomie** gilt nach der **Rom I-VO** auch im Arbeitsrecht bei Auslandsberührung (vgl. Art. 8 Abs. 1 Satz 1 i. V. m. Art. 3 Rom I-VO, früher Art. 30 i. V. m. Art. 27 EGBGB a. F.). Demzufolge besteht auch für die Arbeitsvertragsparteien die Möglichkeit zur **Rechtswahl**, d. h. das für ihre Arbeitsvertragsbeziehung maßgebliche Recht frei zu wählen. Die Rechtswahl kann ausdrücklich oder konkludent erfolgen.[170]

Eine **Teilrechtswahl** ist nach h. M. auch hinsichtlich des Inhalts einzelner Vertragspflichten zulässig[171], sofern sich dadurch keine unauflöslichen Widersprüche zu anderen Rechtsbereichen ergeben. Deshalb wäre z. B. denkbar, ausschließlich die Geltung des deutschen Arbeitnehmererfindungsrechts zu wählen.[172] Dagegen ist eine teilweise »Abwahl« von Einzelbestimmungen des ArbEG zugunsten bestimmter materieller Bestimmungen eines ausländischen Arbeitnehmererfindungsrechts u. E. nicht möglich, z. B. bezüglich Inanspruchnahme einerseits und Vergütung andererseits.[173] Eine Geltung unterschiedlichen Arbeitnehmererfindungsrechts birgt zwangsläufig die zu vermeidende Gefahr unauflöslicher Widersprüche in sich. Eine teilweise »Abwahl« von Bestimmungen des ArbEG wäre zudem mit dem Charakter des ArbEG unvereinbar: Das ArbEG stellt sich in seiner Sachgesamtheit als Ausgleich zwischen schutzwürdigen Interessen des Arbeitnehmererfinders und berechtigten Belangen des Arbeitgebers bzw. Dienstherrn und damit als ausgewogenes System wechselsei-

---

169 BAG v. 23.03.2016 – 6 AZR 767/14, (juris, Rn. 21) u. v. 15.12.2016 – 6 AZR 430/15, (juris, Rn. 39).
170 S. dazu u. a. BAG v. 15.12.2016 – 6 AZR 430/15, (juris, Rn. 40 ff.). Vgl. auch den Sachverhalt bei Schiedsst. v. 04.08.2017 – 21/13, (www.dpma.de), dort Rechtswahl auf Grund schweizerischen Gerichtsstands.
171 Palandt/Thorn, BGB, (IPR) Rom I 3, Rn. 10; MünchKomm/Martiny, (IPR) Rn. 75 zu Art. 3 Rom I-VO.
172 Ebenso Rüwe (Diss. München 2009), S. 33.
173 Abw. bezogen auf den Günstigkeitsvergleich aber Boemke/Kursawe/Hoppe-Jänisch Rn. 30 f. Anh. zu § 1.

tig abgestimmter Rechte und Pflichten dar[174]; zugleich sichert der gesetzliche Vergütungsanspruch die durch Art. 14 Abs. 1 GG geschützte Zuordnung des wirtschaftlichen Wertes der Erfindung an den Arbeitnehmererfinder als gerechter Ausgleich für das dem Arbeitgeber zugestandene Inanspruchnahmerecht (s. § 9 Rdn. 1.2).

Im Übrigen setzen die Vorgaben der Rom I-VO (EGBGB a.F.) einer Rechtswahl mehrere Grenzen.

32.1 Zunächst wird die Möglichkeit der gem. **Art. 8 Abs. 1 Satz 2 Rom I-VO** (Art. 30 Abs. 1 EGBGB a.F.) **eingeschränkt**. Das ist insbesondere für das ArbEG relevant. Die Rechtswahl darf nicht dazu führen, dass dem Arbeitnehmer der Schutz entzogen wird, den ihm die zwingenden Bestimmungen des Rechts gewähren, das bei Fehlen einer Rechtswahl sonst anzuwenden wäre. Die arbeitsrechtlichen Schutzvorschriften des abbedungenen Rechts sind dann also – trotz Rechtswahl – weiterhin anzuwenden. Im Hinblick darauf, dass das ArbEG ein arbeitsrechtliches Schutzgesetz zugunsten des Arbeitnehmers ist (vgl. Einl. Rdn. 3) und mit Rücksicht auf die Unabdingbarkeitsregelung des § 22 Satz 1 ArbEG ist das ArbEG als zwingendes Recht im Sinne des Art. 8 Abs. 1 Satz 1 Rom I-VO anzusehen, so dass die Normen des **ArbEG zugunsten einer ausländischen Rechtsordnung dann nicht abbedungen** werden können,[175] wenn für das Arbeitsverhältnis bei Fehlen einer Rechtswahl gemäß der Prüfungsreihenfolge nach Art. 8 Abs. 2 bis 4 Rom I-VO sonst deutsches Arbeitsrecht anzuwenden wäre (Art. 8 Abs. 1 Satz 2 Rom I-VO, Art. 30 Abs. 1 EGBGB a.F.; siehe dazu unten § 1 Rdn. 35). Das erfordert einen **Günstigkeitsvergleich** zwischen der gewählten Rechtsordnung und den zwingenden Bestimmungen des ohne Rechtswahl anwendbaren Rechts.[176] Der Günstig-

---

174 Vgl. BVerfG, Beschl. v. 24.04.1998, NJW 1998, 3704, 3705 – *Induktionsschutz von Fernmeldekabeln* u. BGH 02.06.1987, GRUR 1987, 900, 902 – *Entwässerungsanlage*.

175 Im Ergebn. wie hier OLG Karlsruhe v. 13.04.2018 – 6 U 161/16, (www.lrbw.juris.de, Rn. 145) – Rohrprüfsystem; Sack Festschr. Steindorff (1990) S. 1333, 1343; ebenso Kraßer/Ann, PatR § 21 Rn. 28, 30; Deinert, Internationales Arbeitsrecht, 2013, S. 148 § 12 Rn. 9; zust. Palandt/Thorn, BGB, (IPR) Art. 8 Rom I-VO Rn. 9; MünchKomm/Martiny (IPR) Rn. 113 zu Art. 8 Rom I-VO; MünchKomm/Drexl (IPR II), Rn. 205 zu IntImmGR; vgl. auch Gaum, GRUR 1991, 805 f.; Keukenschrijver in Busse/Keukenschrijver, PatG, Rn. 11 Einl. ArbEG; s. auch Boemke/Kursawe/Hoppe-Jänisch Rn. 32 ff. Anh. zu § 1. Abw. (noch) auf Grundlage von Art. 30 EGBGB Rüwe (Diss. München 2009), S. 34 ff. (dort zugleich zum früheren Meinungsstand); ferner Reimer/Schade/Schippel/Rother Rn. 14 zu § 1.

176 BAG v. 15.12.2016 – 6 AZR 430/15, (juris, Rn. 51).

## C. Persönlicher Geltungsbereich § 1

keitsvergleich erfolgt bezogen auf die Ergebnisse im Einzelfall.[177] Maßgebender Zeitpunkt ist nicht der Vertragsabschluss, sondern der jeweilige Konfliktfall, da es auf die Anwendung der jeweiligen Rechtordnung auf den Streitgegenstand ankommt.[178] Dabei gilt nach h. M. ein sog. Sachgruppenvergleich.[179] Demzufolge sind nicht Einzelvorschriften oder die Gesamtheit der Rechtsordnungen miteinander zu vergleichen, sondern die in einem inneren, sachlichen Zusammenhang stehenden Teilkomplexe der beiden Rechtsordnungen.[180] Zu vergleichen ist damit grundsätzlich das beiderseitige Arbeitnehmererfindungsrecht, da die aufeinander abgestimmten Vorschriften des ArbEG als in sich geschlossene Sachgruppe zu sehen sind und nicht in einzelne materielle Teile aufgeteilt und damit zersplittert werden können, etwa in die Bereiche Inanspruchnahme und Vergütung[181] (s. zu Teilrechtswahl § 1 Rdn. 32).

Eine **Ausnahme** von der Rechtswahl einer ausländischen Rechtsordnung ist nur dann denkbar, wenn die gewählte ausländische Rechtsordnung mit ihren zwingenden Vorschriften dem Arbeitnehmer insgesamt einen gleichwertigen oder besseren Schutz als das ArbEG vermittelt;[182] in diesem Fall bewendet es bei der gewählten ausländischen Rechtsordnung. Angesichts der detaillierten und ausgewogenen Regelung des ArbEG kann jedenfalls gegenwärtig kaum davon ausgegangen werden, dass eine ausländische Rechtsordnung einen vergleichbaren Rechtsschutz in der Gesamtheit gewährt (zum Auslandsrecht s. Einl. Rdn. 10 f.). Bleibt das gewählte Recht hinter dem Schutz des objektiven Vertragsstatuts zurück, finden stattdessen die dem Arbeitnehmer günstigeren zwingenden Vorschriften dieser (deutschen) Rechtsordnung Anwendung,[183] also das ArbEG. 32.2

---

177 Palandt/Thorn, BGB, (IPR) Art. 8 Rom I-VO Rn. 8.
178 So zu Art. 30 EGBGB a.F. BAG v. 10.04.2014 AP Nr. 8 zu § 20 GVG (Rn. 47). S. (aber) auch MünchKomm/Martiny, (IPR I) Rn. 43 zu Art. 8 Rom I-VO: (»Zeitpunkt, für den das Arbeitsvertragsstatut bestimmt ist«).
179 So u. a. MünchKomm/Martiny, (IPR) Rn. 42 zu Art. 8 Rom I-VO. Ebenso zu Art. 30 EGBGB a.F. BAG v. 10.04.2014 AP Nr. 8 zu § 20 GVG (Rn. 46).
180 BAG v. 10.04.2014 AP Nr. 8 zu § 20 GVG (Rn. 46).
181 So aber Boemke/Kursawe/Hoppe-Jänisch Rn. 30 f. Anh. zu § 1, für die eine »differenzierende Herangehensweise an voneinander trennbaren Bereichen des Arbeitnehmererfindungsrechts denkbar« sein soll, namentlich bei Inanspruchnahme und Vergütung (wie hier aber wohl dort Rn. 32 am Ende). Vgl. auch Rüwe (Diss. München 2009), S. 38 ff. (dort zu Art. 8 Abs. 1 der Legislativ-Entschließung des EU-Parlaments v. 29.11.2007).
182 Amtl. Begründung z. Entw. z. Neuregelung des IPR in BT-Drucks. 10/504 zu Art. 30 Abs. 1 EGBGB S. 81; vgl. auch Däubler, RIW 1987, 249 ff.
183 Vgl. Palandt/Thorn, BGB, (IPR) zu Art. 8 Rom I-VO Rn. 8 f.

**32.3** Zudem kann **nach Erfindungsmeldung** für den jeweiligen konkreten Erfindungsgegenstand gem. § 22 Satz 2 eine abweichende Regelung getroffen werden, die dann jedoch weiterhin unter der Unbilligkeitskontrolle des § 23 steht. Das würde auch für eine erfindungsbezogene Rechtswahl gelten (streitig[184]).

**32.4** Nach unserer Auffassung gehört das ArbEG allerdings nicht zu den zwingenden Vorschriften des deutschen Rechts i.S.v. Art. 9 Abs. 1 Rom I-VO, die einem ausländischen Vertragsstatut vorgehen (Art. 9 Abs. 2 Rom I-VO, vgl. Art. 34 EGBGB a.F.). Sog. »**Eingriffsnormen**« **i.S.v. Art. 9 Rom I-VO**, die ohne Rücksicht auf das nach den deutschen Kollisionsnormen anwendbare Recht gelten sollen, setzen voraus, dass damit nicht nur Individualinteressen der Arbeitnehmer, sondern zumindest zugleich in besonderer Weise unmittelbar Gemeinwohlinteressen verfolgt werden.[185] Trotz des Charakters als Schutzgesetz zugunsten des Arbeitnehmererfinders (s. Einl. Rdn. 3) und dem Bestreben, mit dem ArbEG in Deutschland ein erfinderfreundliches Klima zu bewirken, welches für den Wirtschaftsstandort Deutschland sicherlich als volkswirtschaftlich sinnvoll anzusehen ist, dürften derartige bedeutsame Allgemeininteressen beim ArbEG grundsätzlich nicht in Rede stehen.[186] Solche Gemeinwohlinteressen könnten, wenn überhaupt, allenfalls in Bezug auf die hier regelmäßig nicht einschlägigen Sonderregelungen für den deutschen öffentlichen Dienst (§§ 40 bis 42 ArbEG) in Betracht gezogen werden.

**32.5** Angesichts der speziellen Kollisionsregelung in **Art. 8 Rom I-VO** (Art. 30 EGBGB a.F.) bleibt in Bezug auf das ArbEG für einen Rückgriff auf **Art. 21**

---

184 Wie hier in Bezug auf § 22 ArbEG Boemke/Kursawe/Hoppe-Jänisch Rn. 32 ff. Anh. zu § 1; abw. (noch) auf Grundlage von Art. 30 EGBGB Rüwe (Diss. München 2009), S. 34 ff. (dort zugleich zum früheren Meinungsstand); ferner Reimer/Schade/Schippel/Rother Rn. 14 zu § 1.
185 Vgl. etwa BAG v. 12.12.2001, NZA 2001, 734 zu § 34 EGBGB a.F., wonach in Anwendung dieser Grundsätze § 14 Abs. 1 MuSchG und § 3 EFZG Eingriffsnormen darstellen. S. dazu auch Gragert/Drenckhahn, NZA 2003, 305. Vgl. auch BAG v. 29.10.1992, DB 1993, 637 zu § 613a BGB, der danach weder eine Eingriffsnorm (§ 34 EGBGB a.F.) noch ein wesentlicher Grundsatz des deutschen Rechts (ordre public) nach Art. 6 EGBGB a.F. ist; ferner BAG v. 01.07.2010, NZA 2012, 760 (Rn. 31), wonach §§ 1 – 14 KSchG nicht unter Art. 9 Rom I-VO fallen. Vgl. dazu auch EuGH v. 18.10.2016 – C-135/15, (NZA 2016, 1389 ff. – Nikiforidis).
186 Die Charakterisierung d. ArbEG als Eingriffsnorm generell abl. u. a. Sack Festschr. Steindorff (1990) S. 1333, 1344; MünchKomm/Drexl (IPR II), Rn. 257 zu IntImmGR; Deinert, Internationales Arbeitsrecht, 2013, S. 148 § 12 Rn. 9.

## C. Persönlicher Geltungsbereich § 1

**Rom I-VO (ordre public**, vgl. Art. 6 EGBGB) nur eingeschränkt Raum.[187] Die ordre-public-Klausel greift nur ein, wenn die Anwendung einer Vorschrift des ausländischen Rechts zu einem mit wesentlichen Grundsätzen des deutschen Rechts offensichtlich unvereinbaren Ergebnis führt.[188] Dabei sind insbesondere Grundrechtsbeeinträchtigungen von Bedeutung (vgl. Art. 6 Satz 2 EGBGB, der allerdings durch Art. 21 Rom I-VO verdrängt wird). Dabei dürfte es angesichts der heutigen Möglichkeit einer fiktiven Inanspruchnahme zu vernachlässigen sein, wenn eine ausländische Rechtsordnung eine originäre Zuordnung von Diensterfindungen vorsieht.[189] Grundrechtsrelevanz könnte aber mit Blick auf den Eigentumsschutz nach Art. 14 GG bestehen. Immerhin gewährleistet die Vergütung nach der Rechtsprechung des *BVerfG* die zum Kernbereich der Eigentumsgarantie gehörende Zuordnung des wirtschaftlichen Werts der Erfindung an den Erfinder (s. Einl. Rdn. 6). Angesichts des ordre publik sind deshalb Bedenken gegen eine Rechtswahl mit generellem Ausschluss von Vergütungsansprüchen nicht auszuschließen.

Haben die Arbeitsvertragsparteien von der in Art. 3 Rom I-VO (Art. 27 EGBGB a.F.) eingeräumten Möglichkeit einer ausdrücklichen oder konkludenten **Rechtswahl keinen Gebrauch** gemacht, so gilt für das anzuwendende Recht Art. 8 Abs. 2 bis 4 Rom I-VO (Art. 30 Abs. 2 EGBGB a.F.). Soweit die Rechtswahl nach dem dafür maßgebenden Recht unwirksam ist, bestimmt sich das anzuwendende Recht auf der Grundlage des Art. 10 Rom I-VO (Art. 31 EGBGB a.F.) nach dem Recht, das nach Art. 3 bis 8 Rom I-VO bei Wirksamkeit anzuwenden wäre. Nach Art. 8 Abs. 2 bis 4 Rom I-VO (Art. 30 Abs. 2 EGBGB a.F.) ergibt sich damit folgende Abstufung und damit **Prüfungsabfolge**: 33

---

187 Vgl. dazu Sack Festschr. Steindorff (1990) S. 1333, 1344 ff.; s.a. Birk, RabelsZ 46 (1982), 400; z. früheren Recht vgl. auch Schade, GRUR 1978, 569, 574; Volmer Rn. 36 z. § 1. Weitergehend Boemke/Kursawe/Hoppe-Jänisch Rn. 35 Anh. zu § 1, wonach das ArbEG kein Bestandteil des deutschen Ordre public ist; ebenso Münch-Komm/Drexl, IPR II, Rn. 257 zu IntImmGR. Im Sinne des früheren EGBGB besitzt das ArbEG auch nach Volmer/Gaul (Rn. 260 zu § 1) »kein so schweres Gewicht, dass es als unverzichtbarer Teil des ordre public angesehen werden könnte.«; so im Ergebn. ferner Reimer/Schade/Schippel/Rother Rn. 14 zu § 1 m. H. a. Schippel Mitt. 1971, 229, 231(zu EGBGB); Rüwe (Diss. München 2009), S. 43; krit. dazu Gaum, GRUR 1991, 805 f., der zu Recht auf die Besonderheiten i.H.a. Art. 5 Abs. 3 GG bei § 42 ArbEG a. F. hinweist, welches ebenfalls heute für die Sonderregelungen des § 42 Nrn. 1 bis 3 ArbEG n.F. gilt.
188 BGH v. 19.03.1997, NJW 1997, 1697, 1700 – *Isle of Man-Rechtswahlklausel.*
189 Nach Boemke/Kursawe/Boemke Einl. Rn. 71 f. soll ohne Verletzung des Eigentumsrechts des Arbeitnehmererfinders nach Art. 14 GG sogar im deutschen Recht eine originäre Zuordnung der Diensterfindung zum Arbeitgeber per Gesetz zulässig sein.

33.1 Mangels (wirksamer) Rechtswahl unterliegt der Arbeitsvertrag nach Art. 8 Abs. 2 Satz 1 Rom I-VO (Art. 30 Abs. 2 Nr. 1 EGBGB a.F.) dem Recht des Staates, in dem oder andernfalls von dem aus der Arbeitnehmer in Erfüllung des Vertrages gewöhnlich seine Arbeit verrichtet (**Recht des gewöhnlichen Arbeitsortes – Arbeitsstatut**). Der Begriff ist letztlich weit auszulegen.[190] Darunter wird im Ergebnis der Ort verstanden, in dem der tatsächliche Mittelpunkt der Berufstätigkeit liegt.[191] Das ist in der Regel der Ort mit der zeitlich überwiegenden Tätigkeit.[192] Bei Tätigkeit in mehreren Vertragsstaaten ist bei Fehlen eines Mittelpunkts der Tätigkeit gewöhnlicher Arbeitsort der Ort, an dem der Arbeitnehmer den größten Teil seiner Arbeit verrichtet.[193] Ist dieser Mittelpunkt der Arbeit innerhalb Deutschlands, kommt das ArbEG zur Anwendung. Über Art. 8 Abs. 1 Satz 2 Rom I-VO (Art. 30 Abs. 1 EGBGB a.F.) gilt das ArbEG auch für den Fall der Rechtswahl einer ausländischen Rechtsordnung (s. § 1 Rdn. 35). Zum Auslandseinsatz siehe § 1 Rdn. 36 ff.

33.2 **Fehlt** es an einem **gewöhnlichen Arbeitsort**, verrichtet der Arbeitnehmer seine Arbeit also gewöhnlich nicht (mehr) in ein und demselben Staat, so sieht Art. 8 Abs. 3 Rom I-VO (Art. 30 Abs. Nr. 2 EGBGB a.F.) eine Anknüpfung an das **Recht des Staates vor, in dem sich die Niederlassung befindet, die den Arbeitnehmer eingestellt hat** (Abschluss des Arbeitsvertrages[194]).

33.3 Die Anknüpfung an den gewöhnlichen Arbeitsort bzw. – falls ein solcher fehlt – an den Ort der Niederlassung scheidet jedoch dann aus, wenn sich aus der Gesamtheit der Umstände ergibt, dass der Arbeitsvertrag oder das Arbeitsverhältnis **engere Verbindungen zu einem anderen Staat** aufweist.[195]

---

190 BAG v. 15.12.2016 – 6 AZR 430/15, (juris, Rn. 56). S. auch EuGH v. 14.08.2017, RIW 2017, 749 (Rn. 57).
191 BAG v. 15.12.2016 – 6 AZR 430/15, (juris, Rn. 57 f.); Palandt/Thorn, BGB, (IPR) Art. 8 Rom I-VO Rn. 10 m. w. Nachw. S. ferner ErfK/Schlachter Rom I-VO Art. 9 Rn. 9; s. auch EuGH v. 15.12.2011, NZA 2012, 227, 229 (zu Art. 6 Abs. 2 EVÜ). Einzelheiten streitig.
192 ErfK/Schlachter, Rom I-VO, Art. 9 Rn. 9 (»mehr als die Hälfte seiner Arbeitszeit«); s. ferner EuGH v. 15.12.2011, NZA 2012, 227, 229 (zu Art. 6 Abs. 2 EVÜ). Einzelheiten streitig.
193 BAG v. 15.12.2016 – 6 AZR 430/15, (juris, Rn. 57 f.). Abw. MünchKomm/Martiny (IPR), Rn. 50 zu Art. 8 Rom I-VO mm. H.a. EuGH NZA 1997, 225: der Staat, von dem der ArbN »seine Tätigkeit für den ArbG organisiert und wohin er von Auslandsreisen zurückkehrt«.
194 Vgl. EuGH v. 15.12.2011, NZA 2012, 227, 230 f. (zu Art. 6 Abs. 2 EVÜ).
195 Vgl. dazu u. a. BAG v. 10.04.2014 IPrax. 2015, 342 (Rn. 43, dort zu Art. 30 EGBGB a.F.).

## C. Persönlicher Geltungsbereich § 1

In diesem **Ausnahmefall** ist das Recht dieses anderen Staates anzuwenden (Art. 8 Abs. 4 Rom I-VO, Art. 30 Abs. 2 EGBGB a.F.). Zum Auslandseinsatz s. § 1 Rdn. 38.

Von dem Arbeitsstatut zu unterscheiden ist als Sondervorschrift die **Kollisionsregelung** des **Art. 60 Abs. 1 EPÜ**.[196] Damit wird für das **Recht auf das europäische Patent** eine Brücke geschlagen zwischen dem patentrechtlichen Territorialitätsprinzip (s. dazu § 1 Rdn. 36) und dem dem Arbeitsstatut unterliegenden Arbeitnehmererfinderrecht. Nach Art. 60 Abs. 1 Satz 2 EPÜ bestimmt sich bei Arbeitnehmererfindungen das **Recht auf das europäische Patent** nach dem Recht des Staates, in dem der Arbeitnehmer (tatsächlich[197]) überwiegend beschäftigt ist. Kann Letzteres nicht festgestellt werden, so ist das Recht des Staates anzuwenden, in dem der Arbeitgeber den Betrieb unterhält, dem der Erfinder angehört (Recht des Arbeitsplatzes bzw. Unternehmenssitzes[198]). Kommt nach Art. 60 Abs. 1 Satz 2 EPÜ deutsches Recht zur Anwendung, ist auch für den Arbeitnehmerbegriff des Art. 60 EPÜ vom deutschen Recht auszugehen[199]. Umfasst sind privater und öffentlicher Dienst.[200] Erfinder ist – nach der autonom zu treffenden Begriffsbestimmung – auch hier diejenige (natürliche) Person, die die erfinderische Lehre – nach dem tatsächli-

34

---

196 Hierzu i. Einzelnen Goetzmann (Diss. Hamburg 2008) S. 65 ff.; Straus, GRUR Int. 1984, 1 ff.; ders., GRUR Int. 1990, 353; Sack Festschr. Steindorff, (1990), 1333, 1346 ff. Kraßer/Ann, PatR § 21 Rn. 31 f.; Cronauer, Das Recht auf das Patent im EPÜ (1988), 1 ff.
197 So zu Recht Benkard/Mellulis, EPÜ, Rn. 24 zu Art. 60.
198 Singer/Stauder EPÜ Rn. 12 zu Art. 60.
199 Siehe allg. BAG 27.9.2012 DB 2013, 1364, 1365 (Rn. 17), dort zu Richtlinie 2001/23/EG des Rates vom 12.03.2001. Im Ergebn. auch Cronauer (Diss. München 1988), S. 120 f.; Benkard/Mellulis, EPÜ, Rn. 25 zu Art. 60 EPÜ; Bremi/Stauder in Singer/Stauder, EPÜ, Rn. 13 zu Art. 60. Demgegenüber folgen Boemke/Kursawe/Hoppe-Jänisch Rn. 12 Anh. zu § 1 Rüwe (Diss. München 2009), S. 67 f., 231, der von einer konventionsautonomen Bestimmung ausgehen will, wobei mangels eines einheitlichen Arbeitnehmerbegriffs auf die Weisungsgebundenheit und persönliche Abhängigkeit gegenüber dem Dienstherrn als dem »kleinsten gemeinsamen Nenner« (Rüwe [Diss. München 2009], S. 68) abzustellen sei; im Ergebnis dürfte dies aber regelmäßig mit dem deutschen Arbeitnehmerbegriff übereinstimmen.
200 Vgl. Rüwe (Diss. München 2009), S. 67 m.H.a. Straus GRUR Int. 1990, 353, 357.

chen Kausalverlauf – entwickelt hat, und zwar unabhängig von deren Patentfähigkeit.[201]

Im Hinblick auf die unterschiedliche Ausgestaltung des Arbeitnehmererfindungsrechts innerhalb der EU (s. dazu Einleitung Rdn. 11) stellt Art. 60 Abs. 1 Satz 2 EPÜ eine Minimallösung dar, die mehr Fragen aufwirft als sie Antworten gibt. Geregelt wird letztlich nur das Recht auf das europäische Patent (vgl. auch Art. II § 5 Abs. 1 IntPatÜG). Nach herrschender Meinung handelt es sich um eine **Gesamtrechtsverweisung**, die über das materielle Arbeitnehmererfindungsrecht auch das nationale Kollisionsrecht der Arbeitnehmererfindung umfasst und damit die Möglichkeit einer Rechtswahl nach Art. 8 Abs. 1 Satz 1 i.V.m. Art. 3 Rom I-VO.[202] Dies entspricht der Intention der Regelung, die Anwendung einheitlichen nationalen Rechts für das Arbeitsverhältnis und für das Recht auf das europäische Patent sicherzustellen. Demzufolge ist eine abweichende Rechtswahl in dem Umfang möglich, wie dies vom nationalen Kollisionsrecht zugelassen wird[203] (s. dazu § 1 Rdn. 32 ff.).

---

201 BGH v. 15.05.2001, GRUR 2001, 823, 824, 825 – *Schleppfahrzeug*. Ähnl. Benkard/Mellulis, EPÜ, Rn. 10 zu Art. 60 EPÜ; s. auch Bremi/Stauder in Singer/Stauder, EPÜ, Rn. 5 zu Art. 60 im Anschl. an Cronauer (Diss. München 1988), S. 50 ff.: Erfinder ist »derjenige, der Urheber der beanspruchten Erfindung ist, d. h. den Erfindungsgedanken erkannt und in schöpferischer Tätigkeit zu einer Anweisung zum technischen Handeln entwicklelt hat«. Ähnl. Boemke/Kursawe/Hoppe-Jänisch Rn. 10 Anh. zu § 1, wonach Erfinder i. S. v. Art.60 EPÜ derjenige ist, »der aufgrund seiner geistigen Leistung die technische Lehre bis zur Reife entwickelt hat und deshalb als ihr Urheber erscheint«. Im Ergebn. wohl auch OLG Karlsruhe v. 13.04.2018 – 6 U 161/16, (www.lrbw.juris.de, Rn. 151 ff.) – *Rohrprüfsystem*.
202 Straus, GRUR-Int. 1984, 1 ff.; Sack Festschr. Steindorff (1999), S. 1333, 1347 f.; Goetzmann (Diss. Hamburg 2008) S. 65 ff.; S. Fischer, Know-how (2012), S. 242 f.; MünchKomm/Martiny (IPR) Rn. 114 zu Art. 8 Rom I-VO; MünchKomm/Drexl (IPR II) Rn. 208 zu IntImmGR; im Ergebn. auch Reimer/Schade/Schippel/Rother Rn. 14 zu § 1; Deinert, Internationales Arbeitsrecht, 2013, S. 148 § 12 Rn. 12; Schulte/Moufang, PatG, § 6 Rn. 19. Ablehnend Bremi/Stauder in Singer/Stauder, EPÜ, Rn. 14 zu Art. 60. Abw. auch Boemke/Kursawe/Hoppe-Jänisch Rn. 18 Anh. zu § 1 m. H. a. Cronauer (Diss. München 1988), S. 139: »punktuell erweiterte Sachnormverweisung«, wobei aber im Ergebnis ebenfalls von der Möglichkeit einer Rechtswahl und einem »Gleichlauf mit Fallgestaltungen außerhalb des EPÜ …, für die das Arbeitsstatut ohne weiteres heranzuziehen ist« ausgegangen werden soll; ferner Rüwe (Diss. München 2009), S. 68 ff., dort auch zum Meinungsstand.
203 Im Ergebn. wie hier Goetzmann (Diss. Hamburg 2008), S. 67 ff. m.w.N.; s. ferner Straus, GRUR 1984, 1, 3; Kraßer/Ann, PatR, § 21 Rn. 31; vgl. auch Benkard/Ullmann/Tochtermann, PatG, Einl. Int. Teil Rn. 111. Vgl. ferner Benkard/Mellulis, EPÜ, Rn. 24 zu Art. 60 EPÜ.

C. Persönlicher Geltungsbereich § 1

Im Ergebnis ist Art. 60 EPÜ nach der hier vertretenen Auffassung einerseits eine ausschließliche **Sondervorschrift für das Recht auf das europäische Patent** und damit für Patentanmeldungen nach dem EPÜ, so dass dafür bei Arbeitnehmererfindungen vorrangig das Recht des Beschäftigungsortes, hilfsweise des Betriebsortes maßgeblich ist.[204] Erfasst ist zugleich die Miterfinderschaft.[205] Andererseits wird u. E. durch Art. 60 Abs. 1 Satz 2 EPÜ keine eigenständige Rechtsfolge herbeigeführt, sondern als Kollisionsnorm für Erfindungen von Arbeitnehmern lediglich auf das jeweilige **nationale Recht verwiesen**. Damit richtet sich bei Erfindungen von Arbeitnehmern mit Deutschland als Beschäftigungsort das Recht auf das europäische Patent insgesamt nach den Bestimmungen des ArbEG[206] (im Einzelnen streitig). Folglich verbleibt es u. E. arbeitnehmererfindungsrechtlich auch bei den Vorgaben der Rom-I-VO. Das Recht auf das europäische Patent steht bei Inanspruchnahme der Diensterfindung nach Art. 60 Abs. 1 Satz 1 EPÜ dem Arbeitgeber als Rechtsnachfolger zu.[207] Im Falle des Freiwerdens bestimmt sich auch bei Auslandsberührung die Vindikation der europäischen Patentanmeldungen bzw. Patente mit Blick auf sämtliche nationale Teile nach Art. II § 5 IntPatÜG i.V.m. Art. 60 EPÜ[208] (s. § 13 Rdn. 92 ff.; s. auch § 8 n.F. Rdn. 113 ff.). Zum EU-Einheitspatent s. § 2 Rdn. 1.

---

204 Vgl. ausf. Goetzmann (Diss. Hamburg 2008) S. 58 ff.; im Ergebn. wie hier ferner Benkard/Ullmann/Tochtermann, PatG, Einl. Int. Teil Rn. 111; s. auch Rüwe (Diss. München 2009), S. 77 ff. Weitergehend aber Boemke/Kursawe/Hoppe-Jänisch Rn. 19 Anh. zu § 1 m. H. a. Sack Festschr. Steindorff (1990), 1333, 1350, wonach Art. 60 »entsprechend auf die sonstigen Fragen des Arbeitnehmererfindungsrechts anzuwenden« ist; ebenso Kraßer/Ann, PatR, § 21 Rn.,32; dagegen sprechen aber Wortlaut und Historie (so zu Recht Rüwe a.a.O. S. 79). Vgl. auch OLG Karlsruhe v. 13.04.2018 – 6 U 161/16, (www.lrbw.juris.de, Rn. 146 f.) – Rohrprüfsystem.
205 Ganz h. M., z. B. Cronauer (Diss. München 1988), S. 147 ff.; im Ergebn. auch OLG Karlsruhe v. 13.04.2018 – 6 U 161/16, (www.lrbw.juris.de, Rn. 146 ff.) – Rohrprüfsystem; a. A. Rüwe (Diss. München 2009), S. 124 ff.
206 OLG München v. 10.07.2008, GRUR-RR 2009, 219, 220 – *Vliesproduktion*; wohl auch OLG Karlsruhe v. 13.04.2018 – 6 U 161/16, (www.lrbw.juris.de, Rn. 146 f., 172) – Rohrprüfsystem; abw. Nieder, GRUR 2015, 936, 938 f.
207 Der Meinungsstreit, ob der Begriff des »Rechtsnachfolgers« konventionsautonom oder auf Basis des nationalen Rechts zu ermitteln ist (vgl. zum Meinungsstreit u. a. Rüwe [Diss. München 2009], S. 58 ff.), dürfte sich im Ergebnis angesichts des durch die Inanspruchnahme vermittelten originären Rechtserwerbs vom Erfinder (§ 7 ArbEG) nicht auswirken.
208 So OLG Karlsruhe v. 13.04.2018 – 6 U 161/16, (www.lrbw.juris.de, Rn. 146 f., 172) – Rohrprüfsystem m. H.a. OLG Düsseldorf v. 27.02.2003, Mitt. 2004, 418, 428 – *Hub-Kipp-Vorrichtung* gegen Nieder, GRUR 2015, 936, 938 f.

### f) Ausländische Arbeitnehmer

35 Die Grundsätze zur Auslandsberührung nach der Rom I-VO (s. § 1 Rdn. 32 ff.) kommen auch bei Arbeitsverhältnissen mit im Inland tätigen Arbeitnehmern mit ausländischer Staatsangehörigkeit zum Tragen, und zwar gleich, ob es sich um Arbeitnehmer aus anderen EU-Mitgliedsstaaten oder um Angehörige sonstiger Staaten handelt.

Liegt bei ausländischen Arbeitnehmern der gewöhnliche **Arbeitsort, d. h. der Mittelpunkt ihres Arbeitsverhältnisses im Inland**, greifen auch bei anderer Rechtswahl die (zwingenden) **Normen des ArbEG** als arbeitsrechtliches Schutzgesetz (vgl. Einl. Rdn. 3) **in vollem Umfang ein**.[209] Jedenfalls über Art. 8 Abs. 1 Satz 2 Rom I-VO (Art. 30 Abs. 1 EGBGB a.F.) verbleibt es bei der Geltung des ArbEG (s. § 1 Rdn. 32.1).

Hat der Arbeitnehmer dagegen seinen gewöhnlichen Arbeitsort im Ausland und wird deutsches Recht gewählt, kann er sich – auch bei vorübergehendem Arbeitseinsatz in Deutschland – nach Art. 8 Rom I VO auf das Recht seines Heimatstaates berufen, wenn das dortige Recht für ihn günstigere Bestimmungen enthält.[210] Dass bei internationalen Forscherteams für Arbeitnehmererfindungen damit unterschiedliche Rechtsordnungen zur Anwendung kommen können, rechtfertigt keine Kritik am ArbEG[211], sondern ist zwangsläufige Folge des allgemein im Arbeitsrecht geltenden internationalen Privatrechts.

### g) Auslandseinsatz von Arbeitnehmern

36 Erfindungen, die ein bei einem inländischen Unternehmen beschäftigter Arbeitnehmer im Ausland fertigstellt (s. § 4 Rdn. 16 f.), unterliegen nicht dem Recht des jeweiligen Staates, in dem Schutzrechte angemeldet bzw. erworben werden[212] (patentrechtliches Territorialitätsprinzip). Gegenstand des Arbeitnehmererfindungsrechts ist bereits die Erfindung als solche und nicht erst das darauf bezogene Schutzrecht.[213] Wegen der untrennbaren **Verbindung mit**

---

209 Ebenso Schiedsst. v. 09.01.1986 – Arb. Erf. 30/85, (unveröffentl.); Palandt/Thorn, BGB, (IPR) Art. 8 Rom I-VO Rn. 7, 9; im Ergebn. wohl auch Boemke/Kursawe/ Boemke Rn. 52 f. zu § 1.
210 MünchKomm/Martiny, (IPR) Rn. 41 zu Art. 8 Rom I-VO.
211 Vgl. aber Boemke/Kursawe/Boemke Einl. Rn. 10.
212 A.A. M. Wolff, Das Intern. Privatrecht Deutschlands (1954), S. 183; wohl auch Drobnig, RabelsZ 40 (1976), 195, 206 f.
213 Vgl. auch BFH v. 26.08.1993, DB 1994, 258 (zur Zuordnung der Erfindungsrechte z. Inlandsbetrieb) u. BGH v. 18.05.2010 – X ZR 79/07, Mitt. 2010, 443, 445 (Rn. 28) – *Steuervorrichtung*.

## C. Persönlicher Geltungsbereich § 1

dem Arbeitsverhältnis gelten auch für das internationale Privatrecht der Arbeitnehmererfindung mit der herrschenden Meinung das **Arbeitsstatut und damit Art. 8 Rom I-VO** (s. dazu § 1 Rdn. 32 ff.). Entscheidend ist letztlich auch für das ArbEG, ob sich das Arbeitsverhältnis nach deutschem Recht richtet.[214]

Nach dem Arbeitsstatut entscheiden sich insb. die Fragen, ob es sich um eine Arbeitnehmererfindung handelt, ob diese eine Diensterfindung oder freie Erfindung ist, wer das Recht auf die Erfindung hat einschließlich der materiellen Verwertungs- und Verfügungsbefugnisse, ferner Bestehen, Fälligkeit und Höhe von Vergütungsansprüchen.[215] Im Ergebnis ist das Arbeitsstatut damit namentlich für die Frage der Zuordnung der Rechte an der Arbeitnehmererfindung und deren Vergütung maßgebend. Davon geht letztlich auch Art. 60 Abs. 1 Satz 2 EPÜ aus (s. § 1 Rdn. 34).

Das Arbeitsstatut gilt jedoch – worauf *Sack* zu Recht aufmerksam macht[216] – nicht uneingeschränkt. Demgegenüber regelt das **patentrechtliche Territorialitätsprinzip**[217] (Schutzlandprinzip) die mit dem Patentschutz im Zusammenhang stehenden Fragen, wie insb. das Recht auf Erteilung des Patents (zum Recht auf das Patent s. aber § 2 Rdn. 16) und das Recht aus dem Patent sowie die Erfinderpersönlichkeitsrechte (Erfindernennung usw.). Gleiches gilt u. E. für die Feststellung der (Mit-) Erfinderschaft, da sich dies nicht nach Arbeitnehmererfindungsrecht, sondern ebenfalls nach allgemeinen, dem Patentrecht zugrunde liegenden Kriterien bestimmt (s. § 5 Rdn. 44 f.; s. zu Art. 60 Abs. 1 EPÜ § 1 Rdn. 34). Auch die im Zusammenhang mit Entstehung, Inhalt und Erlöschen des Patentschutzes stehenden Fragen unterliegen dem Patentrecht und damit dem Territorialitätsprinzip.[218] Soweit das **patentrechtliche Territorialitätsprinzip** gilt, greift die Rechtswahl nach Art. 3 Rom I-VO nicht, da diese sich auf vertragliche Schuldverhältnisse beschränkt. Das **Territorialitätsprinzip** betrifft auch den patentrechtlichen Vindikationsanspruch[219], wobei sich Auswirkungen des ArbEG aus Art. 60 Abs. 1 EPÜ ergeben (s. § 1 Rdn. 34).

---

214 Busse/Keukenschrijver, PatG (7. Aufl.), Rn. 13 Einl. ArbEG.
215 U. a. Sack Festschr. Steindorff (1990), 1334, 1338 f.
216 In Festschr. Steindorff (1990), 1334, 1337 ff. Abw. wohl MünchArbR/Bayreuther, § 98 Rn. 46, der generell vom Arbeitsstatut ausgeht.
217 Vgl. dazu u. a. Benkard/Scharen, PatG, Rn. 8 zu § 9 PatG.
218 Vgl. Benkard/Ullmann/Deichfuß, PatG, Rn. 225 zu § 15 PatG.
219 Z.B. OLG Karlsruhe v. 13.04.2018 – 6 U 161/16, (www.lrbw.juris.de, Rn. 146) – Rohrprüfsystem.

37 Nach Art. 8 Abs. 2 Satz 2 Rom I-VO (Art. 30 Abs. 2 Nr. 1 EGBGB a.F.) wechselt der Staat, in dem die Arbeit gewöhnlich verrichtet wird (s. § 1 Rdn. 33.2), nicht, wenn der Arbeitnehmer seine **Arbeit vorübergehend in einem anderen Staat verrichtet** (vgl. auch § 2 Abs. 2 NachwG). Derartige Sachverhalte sind denkbar bei Montagetätigkeiten im Ausland, bei Unterweisung eines ausländischen Vertragspartners im Rahmen einer Anlagenerstellung, bei Kooperations- oder sonstigen Forschungstätigkeiten in Auslandsunternehmen, bei Abordnungen zu Ausbildungs- oder Schulungszwecken. Nach Erwägungsgrund 36 Satz 1 der Rom I-VO gilt die Erbringung der Arbeitsleistung in einem anderen Staat als vorübergehend, wenn von dem Arbeitnehmer erwartet wird, dass er nach seinem Arbeitseinsatz seine Arbeit im Herkunftsstaat wieder aufnimmt. Dabei ist der Abschluss eines neuen Arbeitsvertrages mit dem ursprünglichen Arbeitgeber oder einem Arbeitgeber, der zur selben Unternehmensgruppe gehört wie der ursprüngliche Arbeitgeber, unschädlich (Erwägungsgrund 36 Satz 2 Rom I-VO). Es bleibt also grds. das **Recht des gewöhnlichen Arbeitsortes** entscheidend, und zwar auch dann, wenn der Arbeitnehmer im Ausland in eine feste betriebliche Organisation eingegliedert wird,[220] sofern die Rückkehr gewollt und vereinbart ist.[221] Für die bei einem vorübergehenden Auslandseinsatz fertiggestellten Erfindungen von Arbeitnehmern inländischer Unternehmen gilt folglich nicht das an den (ggf. zufälligen, insb. bei einer internationalen Miterfinderschaft) Ort der Fertigstellung der Erfindung anknüpfende Recht, sondern das **ArbEG**[222] (s. i.Ü. § 1 Rdn. 33 f.; zur Zuständigkeit des Betriebsrates s. § 20 Anh. Rdn. 3); das betrifft auch Tätigkeiten in multinationalen Konzernen.[223] Allerdings können angesichts des Zusammenhangs mit Arbeitnehmererfindungen ggf. zwingende **Ver- oder Gebote des Auslandsstaates** bestehen, die insbesondere als Eingriffsnormen (Art. 9 Abs. 1 Rom I-VO) nach Art. 9 Abs. 3 Rom I-VO zu beachten wären.[224] Neben den Eingriffsnormen des Staates, in dem die Vertragspflichten erfüllt werden sollen bzw. erfüllt worden sind (Art. 9 Abs. 3 Rom I-VO) kann ein

---

220 Zum früheren Recht s. BAG v. 25.04.1978 u. v. 21.10.1980, AP Nr. 16, 17 Intern. Privatrecht – Arbeitsrecht; LAG Frankfurt v. 28.03.1994, ZIP 1994, 1626, 1628.
221 Einzelheiten streitig, vgl. ErfK/Schlachter Art. 9 Rom I-VO Rn. 13 f. m.w.N.
222 Ebenso Schiedsst. v. 16.01.1991 – Arb.Erf. 70/90, (unveröffentl.); Volmer/Gaul Rn. 254 f. zu § 1; im Ergebn. auch Boemke/Kursawe/Boemke Rn. 54 zu § 1; zu Einzelheiten siehe Mankowski RIW 2004, 133 ff.; ferner Trimborn MittPat. 2006, 498 ff.
223 Vgl. auch LG Braunschweig v. 01.07.1975, GRUR 1976, 585, 587 a.E. – *Polysiocyanatgemisch I*; A. Bartenbach, Arbeitnehmererf. i. Konzern (2018), Rn. 1014 ff.
224 S. dazu allg. Reiter NZA-Beilage 1/2014, 22, 25; vgl. auch EuGH v. 18.10.2016 – C-135/15, NZA 2016, 1389 ff. – Nikiforidis; BAG v. 21.03.2017 – 7 AZR 207/15, (juris).

angerufenes Gericht nur die Eingriffsnormen seines Staates (Art. 9 Abs. 2 Rom I-VO) anwenden[225] (zu Deutschland s. § 1 Rdn. 32.4).

Im Gegensatz zu einem vorübergehenden Auslandseinsatz kommt es bei einer (gewollt) **auf Dauer angelegten Versetzung ins Ausland** regelmäßig zu einem Statutenwechsel und zur grundsätzlichen Anwendbarkeit des Auslandsrechts[226] Wird hierzu – wie in der Praxis verbreitet – das Arbeitsverhältnis auf eine neue arbeitsvertragliche Grundlage gestellt, steht Art. 8 Abs. 1 Satz 2 Rom I-VO (Art. 30 Abs. 1 EGBGB a.F., siehe dazu § 1 Rdn. 32.1) der Wirksamkeit der Wahl der Rechtsordnung jedenfalls des betreffenden Auslandsstaates auch für den Bereich des Arbeitnehmererfindungsrechts nicht entgegen, da sich dann der gewöhnliche Arbeitsort i.S.v. Art. 8 Abs. 2 Rom I-VO (Art. 30 Abs. 2 Nr. 1 EGBGB a.F.) in diesem Auslandsstaat befindet. Die (Weiter-) Geltung des ArbEG wird man im Regelfall vertraglich vereinbaren können, da die Einschränkung des Art. 8 Abs. 1 Satz 2 Rom I-VO (s. dazu § 1 Rdn. 32.1f.) angesichts der internationalen Sonderstellung des ArbEG kaum praktisch werden dürfte. Zudem kann sich die Geltung des ArbEG wegen einer fortbestehenden engen Bindung an Deutschland auch über Art. 8 Abs. 4 Rom I-VO (Art. 30 Abs. 2 2. Halbs. EGBGB a.F.) ergeben. **38**

Geht ein deutscher Arbeitnehmer bei einem Auslandseinsatz ein (ggf. zusätzliches) **Arbeitsverhältnis mit dem ausländischen Unternehmen** ein – z.B. auch mit einem rechtlich selbstständigen Tochterunternehmen seines (bisherigen) Arbeitgebers –, so ist für dieses Arbeitsverhältnis die ausdrücklich oder stillschweigend getroffene Rechtswahl maßgeblich (vgl. § 1 Rdn. 32 ff.). Bei fehlendem Parteiwillen gelten die allgemeinen Grundsätze des internationalen Arbeitsrechts, vorrangig wiederum mit der Anknüpfung an den gewöhnlichen Arbeitsort (vgl. Art. 8 Abs. 2 Rom I-VO, Art. 30 Abs. 2 Nr. 1 EGBGB a.F.). Bei fortbestehendem inländischen Arbeitsverhältnis, gelten für die Zuordnung der Erfindung ggf. die Grundsätze des Doppelarbeitsverhältnisses (vgl. dazu oben § 1 Rdn. 19 ff., siehe aber zum ruhenden Arbeitsverhältnis § 26 Rdn. 26). **38.1**

Wird ein bei einem inländischen Unternehmen beschäftigter Arbeitnehmer mit **wechselndem Auslandseinsatz** tätig, ist auf den Sitz der einstellenden Niederlassung[227] gem. Art. 8 Abs. 3 Rom I-VO als Anknüpfungspunkt abzu- **39**

---

225 EuGH v. 18.10.2016 – C-135/15, (NZA 2016, 1389 – Nikiforidis.
226 Palandt/Thorn, BGB, (IPR) Art. 8 Rom I-VO Rn. 11 m.w.N.; s. ferner BAG v. 26.5.2011, NZA 2012, 577, 580 [Rn. 40], 581 [Rn. 44 f.] m.w.N.
227 Zum entsprechenden Begriff i.S. v. Art. 6 Abs. 2 EVÜ vgl. EuGH v. 15.12.2011, NZA 2012, 227, 230 f. [Rn. 53 ff.].

stellen.[228] Es verbleibt auch in diesen Fällen grds. bei der **Geltung des ArbEG**, wenn der Abschluss des Arbeitsvertrages in Deutschland erfolgte (s. § 1 Rdn. 33.2; vgl. auch Art. 60 Abs. 1 Satz 2 EPÜ und dazu oben § 1 Rdn. 34).

Das Tätigwerden bei einem ausländischen verbundenen Unternehmen begründet regelmäßig weder einen Vertragsbeitritt dieses Unternehmens noch einen weiteren Arbeitsvertrag.[229]

**h) Auszubildende**

40 Ein Berufsausbildungsverhältnis, also die Vermittlung von beruflichen Fertigkeiten, Kenntnissen und Fähigkeiten im Rahmen einer geregelten Berufsausbildung,[230] untersteht nach § 10 Abs. 2 BBiG, den für den Arbeitsvertrag geltenden Rechtsvorschriften und Rechtsgrundsätzen. Die weite Fassung des § 10 BBiG soll auch die **Anwendung des ArbEG** auf Auszubildende gewährleisten[231] (vgl. auch RL Nr. 34–8. Gruppe). Dies gilt jedenfalls, soweit sich deren Berufsausbildung i.R.d. arbeitstechnischen Zwecks eines (Produktions- oder Dienstleistungs-) Betriebes vollzieht und sie deshalb in vergleichbarer Weise wie die sonstigen Arbeitnehmer in den Betrieb eingegliedert sind (vgl. auch § 5 Abs. 1 BetrVG). Auszubildende unterscheiden sich von den in einem Betrieb beschäftigten Arbeitnehmern im Wesentlichen dadurch, dass sie durch ihre Einbindung in das Betriebsgeschehen weitgehend erst die Kenntnisse und Fertigkeiten erwerben sollen, die bei den anderen Arbeitnehmern des Betriebs bereits vorhanden sind und von diesen zur Förderung des Betriebszwecks eingesetzt werden.[232]

Für den **öffentlichen Dienst** wird dies durch § 4 Abs. 1 BPersVG klargestellt. Auch die Auszubildenden im öffentlichen Dienst unterliegen daher uneingeschränkt dem ArbEG.[233]

---

228 Zum früheren Recht vgl. Gamillscheg Intern. Arbeitsrecht (1959) S. 128 f.; Bauer, Das Intern. Privatrecht der Arbeitnehmererfindung (1970) S. 86; s.a. BAG v. 10.04.1975, AWD 1975, 521.
229 LAG Frankfurt v. 28.03.1994, ZIP 1994, 1626, 1628; Windbichler, Arbeitsrecht i. Konzern, 1989, S. 68 ff.; dies. RdA 1999, 146, 149; Rüthers, ZfA 1990, 245, 278.
230 ErfK/Schlachter § 10 BBiG Rn. 2.
231 Volmer, GRUR 1978, 331 m.H.a. Amtl. Begründung z. BBiG in BT-Drucks. V/ 4260 u. 7/3714 S. 74 (schriftl. Ausschussber.); i. Ergbn. ebenso BAG v. 09.07.1997, NZA 1997, 1181 – *Pulsinduktionsmetall-Detektoren*; Kraßer/Ann, PatR § 21 Rn. II Rn. 34; im Ergebn. auch Keukenschrijver in Busse/Keukenschrijver, PatG, Rn. 2 zu § 1 ArbEG.
232 LAG Schleswig-Holstein – 1 Ta BV 30/16, (juris).
233 Ebenso Reimer/Schade/Schippel/Rother Rn. 9 zu § 1; f. analoge Anwendung d. ArbEG Gaul, GRUR 1977, 688 f. u. RdA 1982, 268, 271; Volmer/Gaul Rn. 55 zu § 1.

C. Persönlicher Geltungsbereich § 1

Wird die Ausbildung im Rahmen **überbetrieblicher Berufsausbildung** durchgeführt, etwa in Berufsbildungszentren, fehlt es an der betrieblichen Eingliederung und der darauf bezogenen Tätigkeit. Diese Auszubildenden sind nicht als Arbeitnehmer anzusehen[234] und unterliegen deshalb **nicht dem ArbEG.**

Eine Erfindung, bei der die Vorarbeiten zwar in die Zeit der Berufsausbildung zurückreichen, die aber erst in der daran anschließenden Weiterbeschäftigung im Arbeitsverhältnis (vgl. § 24 BBiG) fertiggestellt wird, ist uneingeschränkt Diensterfindung i. S. v. § 4 ArbEG.

**i) Doktoranden**

Ein Doktorandenverhältnis (vgl. früher § 21 HRG)[235] ist mangels persönli- 41 cher, weisungsgebundener Abhängigkeit und wegen seiner öffentlich-rechtlichen Ausrichtung – auch erfinderrechtlich – einem Arbeitsverhältnis nicht gleichzustellen;[236] § 42 findet daher keine Anwendung.[237] Die Zuordnung von im Zusammenhang mit der Erstellung einer Dissertation entwickelten Erfindungen wird auch durch das zwischen Doktorand und Hochschule bzw. Hochschullehrer (»Doktorvater«) bestehende hochschulrechtliche Verhältnis nicht beeinflusst. Etwas anderes gilt dann, wenn der Doktorand zugleich als Arbeitnehmer eine Rechtsposition gem. § 42 ArbEG einnimmt (s. hierzu § 42 Rdn. 10 ff.) oder sich als Mitarbeiter in einem Anstellungsverhältnis zu seinem Hochschullehrer befindet, dem insoweit die Stellung eines Arbeitgebers (im privaten Dienst) zukommt.[238] Fehlt es daran, so besteht kein Zugriffsrecht der Hochschule bzw. des »Doktorvaters«;[239] auch Mitteilungs- bzw. Anbietungs-

---

234 Vgl. allgem. BAG v. 21.07.1993, NZA 1994, 713 unter Aufgabe von BAG v. 26.11.1987, DB 1988, 972.
235 Vgl. dazu BGH v. 14.12.1959, JZ 1960, 366 f.; Schiedsst. v. 13.09.2006 – Arb.Erf. 19/05, (unveröffentl.).
236 Vgl. zu § 42 Fassung 1957 ausf. Wimmer, GRUR 1961, 449 ff., 452 f.; Ballhaus, GRUR 1984, 1, 6; Kraßer/Schricker PatR an Hochschulen (1988), 27, 39; Heine/Rebitzki Anm. 2 zu § 42; Volmer/Gaul Rn. 32 zu § 42.
237 So Amtl. Begründung zu § 42 Fassung 2002 in BT-Drucks. 14/5975 S. 6 (zu Art. 1 Nr. 2 d. Entw.); übereinstimmend die Amtl. Begründung des RegEntw. in BR-Drucks. 583/01 S. 7.
238 Vgl. auch Amtl. Begründung BT-Drucks. II/1648 S. 52 (zu § 43 d. Entw.) = BlPMZ 1957, 247; BAG v. 29.06.1988, DB 1989, 388.
239 Kraßer b. Ohly, GRUR Int. 1994, 879, 880.

pflichten entsprechend §§ 18, 19 ArbEG gelten für den (nicht angestellten) Doktoranden nicht.[240]

42 Gewährt ein Unternehmen einem Doktoranden die Möglichkeit, zur Erstellung der Dissertation betriebliche Forschungsmittel oder sonstige Einrichtungen zu nutzen, wird hierdurch allein kein Arbeitsverhältnis begründet. Vertragliche Regelungen betr. die Überleitung bzw. Nutzung von Doktorandenerfindungen – evtl. unter Einbeziehung der materiellen Bestimmungen des ArbEG (vgl. § 1 Rdn. 92 ff.) – sind jedoch zulässig und stellen sich im Einzelfall als angemessener Ausgleich für die Bereitstellung sächlicher Mittel dar.

Im Einzelfall kann sich – bei Übernahme von Arbeitspflichten – die Stellung des Doktoranden mit der Rechtssituation eines Praktikanten (s. § 1 Rdn. 83 f.; dort auch zur Rechtsstellung eines Diplomanden) bzw. Werkstudenten (s. § 1 Rdn. 91) überschneiden.

### j) Franchisenehmer

43 Der Franchisenehmer im Rahmen eines üblichen Franchise-Vertrages[241] ist im Regelfall kein Arbeitnehmer, sondern selbstständiger **Gewerbetreibender**.[242] Die selbstständige Tätigkeit kennzeichnen die unternehmerischen Erwerbschancen, das eigene Unternehmerrisiko, die Verfügungsmöglichkeit über die eigene Arbeitskraft und die im Wesentlichen frei gestaltete Tätigkeit und Arbeitszeit,[243] wobei eine notwendige Integration z.B. in die Absatzorganisation des Franchisegebers der Annahme der Selbstständigkeit nicht entgegensteht.[244] Maßgebend ist stets, dass der Franchisenehmer seine Geschäfte völlig selbstständig und auf eigene Rechnung betreibt.[245] Demgegenüber liegt ein Arbeitsverhältnis vor (bzw. eine arbeitnehmerähnliche Stellung), wenn der Franchisegeber die Verfügungsgewalt über die gesamte Arbeitszeit innehat und

---

240 So zu Recht Reimer/Schade/Schippel/Leuze Rn. 8 zu § 42; vgl. (aber) auch Wimmer, GRUR 1961, 449, 454.
241 Zum Begriff s. Palandt/Weidenkaff, BGB, vor § 581 Rn. 21.
242 S. BGH v. 20.03.2003, NJW 2003, 3049 u. BGH v. 16.10.2002, NJW-RR 2003, 277; OLG Schleswig v. 27.08.1986, NJW-RR 1987, 220; Weltrich, DB 1988, 806; Skaupy, NJW 1992, 1790; abw. LAG Düsseldorf v. 20.10.1987, NJW 1988, 725 = DB 1988, 293.
243 LSG Berlin v. 27.10.1993, NZA 1995, 139 m.w.N.
244 OLG Düsseldorf v. 30.11.1998 – AZ 16U 182/96, (unveröffentl.).
245 BAG v. 16.07.1997, EZA § 5 ArbGG 1979 Nr. 24; Skaupy, BB 1969, 113 ff.; Kustner, BAG AP Nr. 1 zu § 84 HGB; LSG Berlin v. 27.10.1993, NZA 1995, 139; Palandt/Weidenkaff, BGB, vor § 581 Rn. 22.

der (vermeintliche) Franchisenehmer daher – einem Arbeitnehmer ähnlich – außerstande ist, seine Arbeitskraft auch nur teilweise für andere Zwecke zu verwenden, er vielmehr in persönlicher Abhängigkeit weisungsgemäße Arbeit unter Einbindung in die Organisation des Franchisegebers leistet.[246]

Für die von (selbstständigen) Franchisenehmern – etwa im Rahmen von Innovationsprozessen des Franchisesystems – entwickelten Erfindungen gelten **nicht** die Regelungen des **ArbEG**, sondern die Grundsätze für Handelsvertreter (s. § 1 Rdn. 54) entsprechend. Hat die Überlassung von Know-how zur Erfindung geführt, so kann sich mangels ausdrücklicher Abrede daraus nach Treu und Glauben die Pflicht zur Einräumung von (einfachen) Nutzungsrechten ergeben.

### k) Freie Mitarbeiter

Der freie Mitarbeiter unterliegt **grds. nicht dem ArbEG**.[247] Sein Vertragsverhältnis unterscheidet sich vom Arbeitsverhältnis durch das **Fehlen der persönlichen Abhängigkeit**, in der sich der zur Dienstleistung Verpflichtete jeweils befindet.[248] Die Abgrenzung kann nur aufgrund einer Gesamtwürdigung aller Umstände des Einzelfalles vorgenommen werden.[249] Dabei kommt es weniger darauf an, was die Vertragspartner zunächst gewollt (und vertraglich fixiert haben), als darauf, wie sie ihr Rechtsverhältnis nach objektiven Maßstäben tatsächlich durchgeführt haben[250] (wirklicher Geschäftsinhalt[251]). Denn die praktische Handhabung lässt Rückschlüsse darauf zu, von welchen Rechten und Pflichten die Parteien in Wirklichkeit ausgegangen sind.[252] Eine wirt-

44

---

246 S. BAG v. 16.07.1997, EZA § 5 ArbGG 1979 Nr. 24; BGH v. 04.11.1998 – VII ZB 12/98, BB 1999, 11 – *Eismann-Franchisevertrag*; vgl. auch Skaupy, NJW 1992, 1790; Weltrich, DB 1988, 806.
247 Allg. Ansicht z.B. Gaul, RdA 1982, 268, 275 f.; Volmer/Gaul Rn. 78 zu § 1; Kraßer/Ann, PatR § 21 Rn. 34; Benkard/Melullis, PatG, Rn. 93 zu § 6 PatG m.w.N.; Keukenschrijver in Busse/Keukenschrijver, PatG, Rn. 5 zu § 1 ArbEG; s.a. BGH v. 10.09.2009, GRUR 2010, 47, 49 [Rn. 20, 23] – *Füllstoff*; OLG Frankfurt v. 03.03.2016 Mitt. 2016, 241, 242 – Freier Mitarbeiter.
248 BAG v. 07.02.1990, EzA Nr. 31 zu § 611 BGB Arbeitnehmerbegriff; v. 20.07.1994, DB 1994, 2502 u. v. 09.06.1993, DB 1994, 787; Niebler/Meier/Dobber, Arbeitnehmer oder freier Mitarbeiter? (1994) S. 29 ff.; Irens, WiB 1995, 694.
249 St. Rspr. BAG; z.B. v. 20.07.1994, DB 1994, 2502; v. 09.03.1977, AP Nr. 21 zu § 611 BGB – Abhängigkeit u. v. 16.08.1977, AP Nr. 23 zu § 611 BB – Abhängigkeit; Kunz/Kunz, DB 1994, 326.
250 Vgl. BAG v. 14.02.1974, AP Nr. 12 zu § 611 BGB – Abhängigkeit = DB 1974, 1487 u. v. 03.10.1975, DB 1976, 299.
251 BAG v. 26.05.1999, AP Nr. 104 zu § 611 BGB – Abhängigkeit.
252 BAG v. 20.07.1994, DB 1994, 2502.

schaftliche Abhängigkeit ist weder erforderlich noch ausreichend. Während der Arbeitnehmer **fremdbestimmte Arbeit** bezüglich Zeit, Ort und Inhalt im Rahmen einer von Dritten vorgegebenen Arbeitsorganisation erbringt (s. § 1 Rdn. 9), leistet der freie Mitarbeiter, der sich durch Dienstvertrag (§§ 611 ff. BGB) zur Erbringung von Diensten verpflichtet, in größerem Maße **selbstbestimmte Arbeit**.

Insoweit enthält **§ 84 Abs. 1 Satz 2 HGB** ein typisches allgemein geltendes[253] **Abgrenzungsmerkmal**. Hiernach ist selbstständig, wer im Wesentlichen frei seine Tätigkeit gestalten und seine Arbeitszeit bestimmen kann.[254] Für die Abgrenzung entscheidend sind demnach die Umstände der Dienstleistung, also insb., ob der Vertragspartner innerhalb eines bestimmten zeitlichen Rahmens über die Arbeitsleistung des Mitarbeiters verfügen kann,[255] ob vom Mitarbeiter eine ständige Dienstbereitschaft erwartet wird bzw. Arbeiten ihm letztlich »zugewiesen« werden. Dabei ist es i.R.d. Erbringung von Leistungen höherer Art unerheblich, wenn die fachliche Weisungsgebundenheit zurücktritt. Denn die Art der Tätigkeit kann es mit sich bringen, dass dem Dienstverpflichteten ein hohes Maß an Gestaltungsfreiheit, Eigeninitiative und fachlicher Selbstständigkeit verbleibt, was der Annahme eines Arbeitsverhältnisses nicht entgegenstehen muss.[256]

**45** Bei der Klärung, ob und in welchem Maße ein Dienstverpflichteter persönlich abhängig ist, muss vor allem die Eigenart der jeweiligen Tätigkeit berücksichtigt werden.

Wesentliches **Indiz** für eine selbstbestimmte Tätigkeit ist es, inwieweit der Einzelne seine schöpferische Leistung ohne Hilfe des technischen Apparates seines Auftraggebers und unabhängig von einer dort vorgegebenen Organisation (Forschungsteam u.ä.) erbringen kann; ferner, inwieweit der Einzelne seine Arbeitskraft grds. nach selbst gesetzten Zielen unter eigener Verantwortung und mit eigenem Risiko am Markt verwerten kann.[257]

---

253 BAG v. 09.06.1993, DB 1994, 787.
254 BAG v. 07.02.1990, EzA Nr. 31 zu § 611 BGB – *Arbeitnehmerbegriff* u. v. 20.07.1994, DB 1994, 2502.
255 BAG v. 09.06.1993, DB 1994, 787; Berger-Delhey/Alfmeier, NzA 1991, 257 ff.
256 BAG v. 09.06.1993, DB 1994, 787; v. 15.03.1978, DB 1978, 1035, Tz. 28 (juris); a.A. Volmer, GRUR 1978, 329, 334; vgl. auch BAG v. 08.02.1962, AP Nr. 1 zu § 611 BGB Erfinder.
257 Vgl. BAG v. 15.03.1978, DB 1978, 1035, Tz. 29 (juris).

C. Persönlicher Geltungsbereich § 1

Freie Mitarbeiterverhältnisse sind insb. denkbar mit Mitarbeitern von Ingenieurbüros,[258] mit Hochschulangehörigen für Forschungsaufgaben außerhalb der Hochschultätigkeit (vgl. auch § 42 Rdn. 17), Pensionären (vgl. hierzu § 1 Rdn. 77 ff.) oder mit externen technischen bzw. wissenschaftlichen Beratern.[259] Bei freien Patent- und Rechtsanwälten kann ein Dienstvertrag dann vorliegen, wenn ein Dauerberatungsverhältnis vereinbart ist; andernfalls liegt regelmäßig ein Geschäftsbesorgungsvertrag (§ 675 BGB) bzw. – bei Gutachtenerstellung oder Rechtsauskünften über Einzelfragen – ein Werkvertrag (§§ 631 ff. BGB) vor.[260] 46

Im Einzelfall kann ein freier Mitarbeiter den Status einer arbeitnehmerähnlichen Person haben (vgl. dazu § 1 Rdn. 24 f.). 47

Das **ArbEG** findet **keine Anwendung** (s. § 1 Rdn. 44). Vielmehr bleiben freie Mitarbeiter im Grundsatz **Inhaber aller Rechte an von ihnen geschaffenen Erfindungen** bzw. Erfindungsanteilen (als Miterfinder). Eine Verpflichtung zur Abtretung dieser Rechtsposition auf den Auftraggeber bzw. Dienstherrn kann nur durch dahingehende – den Einschränkungen der §§ 22, 23 ArbEG nicht unterliegende – **Vertragsabsprachen** begründet werden;[261] ausnahmsweise kann aber auch nach Treu und Glauben eine Übertragungspflicht bestehen (vgl. § 1 Rdn. 72, 75). 48

Mit Rücksicht auf die persönlichkeits- und vermögensrechtlichen Interessen des (freien) Erfinders bedarf es grds. einer ausdrücklichen oder wenigstens klar erkennbaren stillschweigenden Abrede;[262] die Pflicht zur Übertragung der Erfindungsrechte folgt regelmäßig noch nicht aus der Erfüllung des erteilten Auftrages und der Entgegennahme des Werklohnes bzw. der sonstigen Vergütungen[263]. Auch hier ist der allgemein im Immaterial-Güterrecht geltende

---

258 S. dazu BGH v. 06.04.1995, NJW 1995, 2629, betr. einen als freier Mitarbeiter tätigen Projektingenieur f. Mess- und Regelungstechnik.
259 Vgl. etwa den Fall bei BGH v. 10.09.2009, GRUR 2010, 47 – *Füllstoff*; s. auch Benkard/Melullis, PatG, Rn. 93 zu § 6 PatG.
260 Vgl. Palandt/Weidenkaff, BGB, Einf. v. § 611 Rn. 16 ff.
261 Vgl. z.B. den Fall bei Hans. OLG v. 18.11.1949, GRUR 1950, 90; vgl. auch Ullrich, Privatrechtsfragen der Forschungsförderung S. 132 ff.; s. ferner BGH v. 10.09.2009, GRUR 2010, 47 [Rn. 20] – *Füllstoff*.
262 BGH v. 20.02.1979 – X ZR 63/77, GRUR 1979, 540, 542 – *Biedermeiermanschetten* m. zust. Anm. Schwanhäuser; BGH v. 25.01.1983, GRUR 1983, 237, 238 r.Sp. – *Brückenlegepanzer*; s.a. Benkard/Melullis, PatG, Rn. 75 ff., 94 zu § 6 PatG m.w.N.
263 BGH v. 20.02.1979 – X ZR 63/77, GRUR 1979, 540, 542 – *Biedermeiermanschetten* u. BGH v. 25.01.1983, GRUR 1983, 237, 238 r.Sp. – *Brückenlegepanzer*.

**Zweckübertragungsgrundsatz** einschlägig[264] (s. dazu § 1 Rdn. 4). Ein (eigenständiger) Forschungsauftrag zur Lösung eines bestimmten technischen Problems wird aber vielfach die (stillschweigende) Verpflichtung enthalten, dahin gehende Erfindungen auf den Auftraggeber zu übertragen.[265] Gleiches gilt, wenn sich der freie Mitarbeiter dienstvertraglich u. a. zur Mitarbeit bei technischen Weiterentwicklungen im Unternehmen des Dienstberechtigten verpflichtet hat.[266] Mangels einer weiter gehenden Absprache wird der freie Mitarbeiter regelmäßig gehalten sein, seinem Auftraggeber jedenfalls ein Nutzungsrecht an einer auf den Auftragsgegenstand bezogenen Erfindung einzuräumen.[267] Bei der Bemessung des Umfanges des Nutzungsrechts sind die konkreten Umstände des Einzelfalles wertend zu berücksichtigen. Soweit eine Pflicht zur Rechtseinräumung besteht, ist der freie Mitarbeiter zur unverzüglichen und umfassenden Unterrichtung des Dienstberechtigten über die Fertigstellung der Erfindung verpflichtet.[268]

49 Im Allgemeinen ist davon auszugehen, dass ein freier Erfinder im Fall der Übertragungspflicht einen Anspruch auf angemessenen **finanziellen Ausgleich** hat, da regelmäßig kein Erfinder ohne einen derartigen Ausgleich sein Recht aufgeben würde.[269] Ausschlaggebend sind vorrangig die (ggf. stillschweigenden) Abreden, die die Vertragsparteien getroffen haben.[270] Eine Vergütungsregelung für eine frühere Erfindung, zu der keine Abhängigkeit besteht, erfasst eine nachfolgende Erfindung zwangsläufig nicht.[271] Fehlt eine vertragliche Regelung gilt für solche außergewöhnlichen Leistungen eines freien Mitarbeiters regelmäßig eine übliche Vergütung als stillschweigend vereinbart[272] (§ 612 BGB, ggf. § 632 BGB). Angesichts der vertraglichen Bindungen zwischen Unternehmer und freiem Mitarbeiter kann es naheliegen, zur Höhe der Vergü-

---

264 Vgl. BGH v. 30.10.1990, GRUR 1991, 127, 129 – *Objektträger* (zur Gesellschaftererfindung) u. BAG v. 21.08.1996, CR 1997, 88, 89 zur Einräumung eines Nutzungsrechts an einem Computerprogramm.
265 Ähnl. Benkard/Melullis, PatG, Rn. 80 zu § 6 PatG m.H.a. PA Mitt. 1935, 314, 315.
266 OLG Frankfurt v. 03.03.2016 Mitt. 2016, 241, 242 – Freier Mitarbeiter.
267 Vgl. auch BGH v. 21.03.1961 – I ZR 133/59, GRUR 1961, 432, 435 l.Sp. o. – *Klebemittel* m. Anm. Schippel.
268 Vgl. auch OLG Frankfurt v. 03.03.2016 Mitt. 2016, 241, 242 – Freier Mitarbeiter.
269 Vgl. (zur Organerfindung) BGH v. 26.09.2006 – X ZR 181/03, GRUR 2007, 52, 53 [Rn. 16] – *Rollenantriebseinheit II*; vgl. auch BGH v. 04.04.2006 – X ZR 155/03, GRUR 2006, 754, 759 [Rn. 35] – *Haftetikett* (zur frei gewordenen Diensterfindung).
270 OLG Frankfurt v. 03.03.2016 Mitt. 2016, 241, 242 – Freier Mitarbeiter.
271 OLG Frankfurt v. 03.03.2016 Mitt. 2016, 241, 242 – Freier Mitarbeiter.
272 OLG Frankfurt v. 03.03.2016 Mitt. 2016, 241, 242 – Freier Mitarbeiter.

tung auf die Grundsätze zurückzugreifen, die der *BGH* zu Organerfindern entwickelt hat (s. dazu § 1 Rdn. 76 ff.); dabei werden wertend die im Allgemeinen geringeren persönlichen Bindungen zwischen Unternehmen und freiem Mitarbeiter sowie dessen fehlende organisatorische Eingliederung in das Unternehmen zu beachten sein.[273] Für die mangels Vertragsvereinbarung i.R.d. §§ 612, 632 BGB bzw. der ergänzenden Vertragsauslegung oder nach §§ 315, 316 BGB zu ermittelnde billige bzw. angemessene **Vergütung** eines freien Mitarbeiters, kommt es – neben dem Gegenstand und der Qualität der Erfindung und deren Verwertungsmöglichkeiten – auf die Bedeutung der geschuldeten Dienstleistung und deren Ausgestaltung einschließlich der Entlohnung an, wie sich dies aus den bei Abschluss des Dienstvertrages erkennbaren Umständen, daneben aus dem erzielten Umsatz, ablesen lässt[274] (s.a. vor §§ 9 bis 12 Rdn. 12 f., § 9 Rdn. 332 ff. u. § 1 Rdn. 75 ff.). Vergütungsvereinbarungen, die der Dienstberechtigte mit seinen Arbeitnehmermiterfindern abgeschlossen hat, sind zwar kein allgemeingültiger Maßstab[275], können aber ggf. wertend mitherangezogen werden. Soweit ein Vergütungsanspruch besteht, hat der freie Mitarbeiter gem. §§ 242, 259, 612 BGB einen Auskunftsanspruch zu den vergütungsrelevanten Tatsachen[276] (zum Auskunftsanspruch im Übrigen s. § 12 Rdn. 163 ff.).

Zur vertraglichen Anwendbarkeit der materiellen Regeln der ArbEG s. § 1 Rdn. 92 ff., zur Verjährung s. § 9 Rdn. 45.

## l) Handelsvertreter

Nach der Legaldefinition des **§ 84 Abs. 1 HGB** ist Handelsvertreter, wer (kraft Vereinbarung) als selbstständiger Gewerbetreibender ständig damit betraut[277] ist, für einen anderen Unternehmer Geschäfte zu vermitteln oder in dessen Namen abzuschließen. Selbstständig ist, wer im Wesentlichen frei seine Tätigkeit gestalten und seine Arbeitszeit bestimmen kann (§ 84 Abs. 1 Satz 2 HGB).

50

---

273 S. (aber) auch die Situation bei BGH v. 10.09.2009, GRUR 2010, 47 ff. – *Füllstoff*.
274 S. BGH v. 21.03.1961, GRUR 1961, 432, 435 r.Sp.; Benkard/Melullis, PatG, Rn. 88 ff. zu § 6 PatG m.w.N.; zur Frage der bes. Vergütung einer erfinderischen Sonderleistung s. BGH v. 13.07.1956, GRUR 1956, 500; zum Organerfinder s. BGH v. 26.09.2006 – X ZR 181/03, GRUR 2007, 52, 54 [Rn. 20, 25] – *Rollenantriebseinheit II*.
275 Vgl. auch OLG Frankfurt v. 03.03.2016 Mitt. 2016, 241, 242 – *Freier Mitarbeiter*.
276 Vgl. etwa OLG Frankfurt v. 03.03.2016 Mitt. 2016, 241, 242 f. – *Freier Mitarbeiter*.
277 BGH v. 18.11.1971, DB 1972, 36: Wer des öfteren Geschäfte für einen anderen vermittelt, ohne dazu vertraglich verpflichtet zu sein, ist nicht Handelsvertreter.

**51** Das Merkmal der **Selbstständigkeit** unterscheidet den Handelsvertreter vom Arbeitnehmer (Handlungsgehilfen). Maßgeblich für die Abgrenzung ist das Gesamtbild der Tätigkeit, also die gesamte tatsächliche Ausgestaltung der Beziehungen zwischen Unternehmen und Beauftragtem.[278] Entscheidende **Indizien**[279] für die Selbständigkeit sind: weitgehende Weisungsfreiheit, Freiheit im Einsatz der Arbeitskraft, eigenes Unternehmen und Unternehmerrisiko; eine evtl. wirtschaftliche Abhängigkeit ist unbeachtlich[280] (s.a. § 1 Rdn. 44 f.).

**52 Mangels Arbeitnehmereigenschaft** unterliegt der Handelsvertreter **nicht** dem **ArbEG**.[281]

**53** Gleiches gilt für sog. **Eigenhändler**, die unter Dauervertrag Waren kaufen und sie in eigenem Namen und auf eigene Rechnung weiterverkaufen (Vertragshändler);[282] ebenso für **Kommissionsagenten** (Kommissionsvertreter), die – wie der Eigenhändler – zwar im eigenen Namen, aber auf Rechnung des Kommittenten handeln (§§ 383, 384 HGB).[283]

**54 Ein-Firmenvertreter**, also Handelsvertreter, die vertraglich nicht für weitere Unternehmen tätig werden dürfen oder denen dies nach Art und Umfang der von ihnen verlangten Tätigkeit nicht möglich ist (§ 92 a Abs. 1 HGB), werden wegen ihrer starken wirtschaftlichen Abhängigkeit in prozessrechtlicher Beziehung wie Arbeitnehmer behandelt (vgl. § 5 Abs. 3 ArbGG n.F.);[284] dies bedeutet aber nicht, dass damit auch materielles Arbeitsrecht zur Anwendung kommt. Entscheidend ist, ob die zeitliche und gestalterische Freiheit im Wesentlichen unberührt (geblieben) ist.[285] Auf diese in Art. 3 des Gesetzes zur Änderung des HGB vom 06.08.1953 (BGBl. I, S. 771, 776) i.V.m. Art. 91 VO v. 29.10.2001 (BGBl. I 2785) genannten arbeitnehmerähnlichen Personen

---

278 BAG v. 28.04.1972, AP Nr. 1 zu § 88 HGB; v. 21.02.1990, AP Nr. 57 zu § 611 BGB Abhängigkeit u. v. 20.08.2003, NZA 2004, 39; BGH v. 04.03.1998, DB 1998, 1460; Baumbach/Hopt, HGB, Rn. 36 zu § 84 m. w. Nachw.
279 BAG v. 28.04.1972, AP Nr. 1 zu § 88 HGB; ausf. Schaub/Vogelsang, ArbRHdb., § 8 I 4c Rn. 35.
280 BGH v. 20.01.1964, VersR 1964, 331; BAG v. 15.02.1999, AP HGB § 92 Nr. 5.
281 Allg. A., z.B. Reimer/Schade/Schippel/Rother Rn. 7 zu § 1; Schwab, Arbeitnehmererfindungsrecht, § 1 Rn. 5. Einzelheiten bei Bartenbach, Der Handelsvertreter 1972, 1006 ff., 1068 ff.; Volmer/Gaul Rn. 75 ff. zu § 1.
282 Zum Begriff s. BGH v. 23.09.1975, BB 1976, 6; s.a. OLG Köln v. 27.11.1974, BB 1975, 8; v. Gamm, NJW 1979, 2489 f.
283 Zum Begriff Baumbach/Hopt, HGB, Rn. 3 zu § 383 u. Rn. 18 zu § 84. Vgl. auch Schaub/Vogelsang, ArbRHdb., § 11 II Rn. 4 f.
284 So schon BAG v. 20.04.1964, AP Nr. 1 zu § 90 a HGB.
285 BAG v. 15.12.1999, AP HGB § 92 Nr. 5 u. 6.

findet das ArbEG im Grundsatz keine Anwendung[286] (Einzelheiten bei § 1 Rdn. 24 f.).

Für den Handelsvertreter besteht grds. **keine Pflicht zur Übertragung** von ihm entwickelter Erfindungen auf seinen Auftraggeber.[287] Im Einzelfall kann sich jedoch nach Treu und Glauben eine Pflicht zur Einräumung von Nutzungsrechten ergeben, soweit die Erfindung im Tätigkeitsbereich des Auftraggebers liegt. Darüber hinaus können sich für den Handelsvertreter Verwertungsbeschränkungen aus seiner Geheimhaltungspflicht und einem Wettbewerbsverbot ergeben. Da der Handelsvertreter wegen seines evtl. Zugangs zum technischen Know-how seines Auftraggebers und den Entwicklungsvorstellungen und -bedürfnissen des Marktes und seiner Kunden Anregungen für eigene Erfindungen erhalten kann, wird sich eine auf die Überleitung oder jedenfalls die Nutzung derartiger Erfindungen und sonstiger technischer Entwicklungsergebnisse ausgerichtete Vereinbarung ggf. unter Einbeziehung der Vergütungsregeln des ArbEG (vgl. dazu § 1 Rdn. 92 ff.) empfehlen. Häufig genügt auch eine Optionsabrede bzw. Vorhandregelung zugunsten des Auftraggebers.[288]

55

### m) Leiharbeitnehmer

### aa) Begriff

Der Begriff des Leiharbeitnehmers ist in § 1 Abs.1 Satz 1, 2 AÜG definiert: Leiharbeitnehmer sind danach solche Arbeitnehmer, die von Arbeitgebern (Verleiher) Dritten (Entleiher) zur Arbeitsleistung überlassen werden; Arbeitnehmer werden zur Arbeitsleistung überlassen, wenn sie in die Arbeitsorganisation des Entleihers eingegliedert sind und dessen Weisungen unterliegen.[289] Dabei sieht die höchstrichterliche Rechtsprechung in der »vorübergehenden« Überlassung, wie diese in § 1 Abs. 1 Satz 4 AÜG angesprochen wird, eine Voraussetzung[290] (vgl. aber § 1 Abs. 3 Nr. 2b AÜG). Das entspricht der Definition des Leiharbeitnehmers in Art. 3 Abs. 1 Buchst. c der Richtlinie 2008/104/EG vom 19.11.2008 über Leiharbeit;[291] danach ist Leiharbeitnehmer der-

56

---

286 A.A. Volmer/Gaul Rn. 79 zu § 1, die eine analoge Anwendung des ArbEG bejahen.
287 Vgl. dazu Bartenbach, Der Handelsvertreter 1972, 1006 ff., 1068 ff.
288 Zur Wirksamkeit solcher Abreden s. Bartenbach, Patentlizenz- u. Know-how-Vertrag, Rn. 395 ff. u. 401 f.
289 Zur früheren Definition vgl. BAG v. 08.07.1998, DB 1999, 386.
290 Vgl. BAG v. 10.07.2013, NZA 2013, 1297 (Rn. 32 ff.); s. auch EuGH v. 13.09.2007 NZA 2007, 1151 (Rn. 35) – Jouini u.a./PSS; ErfK/Wank § 1 AÜG Rn. 52 f.
291 ABl. EU L 327 v. 05.12.2008 S. 9.

jenige Arbeitnehmer, der mit einem Leiharbeitsunternehmen einen Arbeitsvertrag geschlossen hat, um einem entleihenden Unternehmen überlassen zu werden und dort unter dessen Aufsicht und Leitung vorübergehend zu arbeiten. Der Arbeitnehmerbegriff des AÜG ist nach der Rechtsprechung nicht allein im Sinne des nationalen deutschen Rechts zu verstehen, sondern des Unionsrechts, so dass auch Beschäftigungsverhältnisse erfasst werden, die nach deutschem Recht mangels Arbeitsvertrags nicht als Arbeitnehmer gelten.[292] Kennzeichen der (erlaubnispflichtigen) Arbeitnehmerüberlassung sind die spezifische Ausgestaltung der Vertragsbeziehungen zwischen Verleiher und Entleiher (Arbeitnehmerüberlassungsvertrag) und zwischen Verleiher und Arbeitnehmer (Leiharbeitsvertrag) sowie das Fehlen arbeitsvertraglicher Beziehungen zwischen Leiharbeitnehmer und Entleiher[293] (ausgenommen die Fallsituation des § 10 Abs. 1 i.V.m. § 9 AÜG).

Bei der Überlassung von Arbeitnehmern an ein anderes Unternehmen zur Arbeitsleistung – auch als »**Personalgestellung**« bezeichnet[294] – ist im Hinblick auf die am 1.12.2011 in Kraft getretene Änderung[295] des § 1 Abs. 1 Satz 1 AÜG bei der Arbeitnehmerüberlassung danach zu unterscheiden, ob der Verleiher die Arbeitnehmer »**im Rahmen seiner wirtschaftlichen Tätigkeit**« an Dritte überlässt (**erlaubnispflichtige Arbeitnehmerüberlassung** i.S. des § 1 Abs. 1 AÜG; früher auch sog. unechtes Leiharbeitsverhältnis bzw. gewerbliche Arbeitnehmerüberlassung). Dabei wird dieses Merkmal von der h.M. – dem EuGH folgend – weit ausgelegt und dann als erfüllt angesehen, wenn Waren oder Dienstleistungen auf einem bestimmten Markt angeboten werden.[296] Auf die Gewinnerzielungsabsicht kommt es nicht mehr an.[297] Das AÜG gilt in vollem Umfang nur für die erlaubnispflichtige Arbeitnehmerüberlassung.

---

292 Vgl. BAG v. 17.01.2017, NZG 2017, 630 (Rn. 25 f.), dort für Gesellschafter, ferner BAG Beschl. v. 21.02.2017 BB 2017, 1085 (Rn. 27 ff.), dort für Mitglieder der DRK-Schwesternschaft.
293 BAG v. 17.01.2017 NZG 2017, 630 (Rn. 21) m. w. Nachw.
294 Vgl. BAG v. 23.10.2010, NZA 2011, 197, 199. S. aber auch den engeren Begriff in § 4 Abs. 3 TVöD/TV-L.
295 Im Rahmen des Ersten Gesetzes zur Änderung des AÜG vom 28.4.2011 (BGBl. I S. 642). Daran hat die am 01.04.2017 in Kraft getretene Neufassung des § 1 AÜG im Rahmen des Ges. z. Änderung d. AÜG u. anderer Gesetze nichts geändert.
296 BAG v. 20.01.2016, AP Nr. 38 zu § 1 AÜG (Rn. 27) m. H.a. EuGH v. 01.07.2008 – C-49/07 Rn. 22; Beschl. v. 21.02.2017, BB 2017, 1081 (Rn. 51) m. H. a. EuGH v. 17.11.2016 – C-216/15, Rn. 44 ff. [RIW 2017, 42].
297 H. M., u.a. BAG Beschl. v. 21.02.2017 ZIP 2017, 984 (Rn. 51); ErfK/Wank § 1 AÜG Rn. 45 f.; Palandt/Weidenkaff, BGB, vor § 611 Rn. 40; a.A. Hamann, NZA 2011, 70, 71.

C. Persönlicher Geltungsbereich § 1

Zur Dauer der Arbeitnehmerüberlassung gibt § 1 Abs. 1b Satz 1 AÜG eine **Überlassungshöchstdauer** von grundsätzlich 18 aufeinander folgenden Monaten vor. Unterbrechungen bei demselben Entleiher bleiben erst unberücksichtigt, wenn deren Zeitraum drei Monate übersteigt (vgl. § 1 Abs. 1b Satz 2 AÜG). Tarifverträge können Abweichungen durch Betriebs- oder Dienstvereinbarung zulassen (vgl. § 1 Abs. 1b S. 3 ff. AÜG). Ein Überschreiten der Höchstdauer führt nach Maßgabe des § 9 Abs. 1 Nr. 1b AÜG zur Unwirksamkeit des Leiharbeitsvertrages mit der Folge der gesetzlichen Fiktion eines Arbeitsverhältnisses zwischen Entleiher und Leiharbeitnehmer nach § 10 AÜG.

Von den vorstehenden Fällen der Arbeitnehmerüberlassung abzugrenzen sind die in § 1 Abs. 3 AÜG genannten Fallgestaltungen, in denen **keine erlaubnispflichtige Arbeitnehmerüberlassung** vorliegt und das AÜG nur sehr eingeschänkt anzuwenden ist. Die früheren Begrifflichkeiten der »gewerbsmäßigen« und »nicht gewerbsmäßigen« Arbeitnehmerüberlassung sind damit überholt.[298]

**Keine Arbeitnehmerüberlassung** und damit kein Leiharbeitsverhältnis liegt vor, wenn **Arbeitnehmer eines Werkunternehmers** im Betrieb des Bestellers zur Erfüllung werk- oder dienstvertraglich übernommener Pflichten als dessen Erfüllungsgehilfen tätig werden, ohne in die Arbeitsorganisation des Auftraggebers eingegliedert zu sein und ohne dessen (arbeitsvertraglichen) Weisungen zu unterstehen[299] (Umkehrschluss aus § 1 Abs. 1 Satz 2 AÜG; z.B. bei Montagearbeiten). Die Rechte und Pflichten aus dem ArbEG bestimmen sich hier unverändert im Verhältnis zum Werkunternehmer als dem alleinigen Arbeitgeber.[300]

**bb) Erlaubnisfreie Arbeitnehmerüberlassung**

Dem AÜG weitgehend entzogen sind nach § 1 Abs. 3 AÜG die **Arbeitnehmerüberlassungen**, wenn die Überlassung **nur gelegentlich** erfolgt und der Arbeitnehmer nicht zum Zweck der Überlassung eingestellt und beschäftigt wird (vgl. § 1 Abs. 3 Nr. 2a AÜG). Auch wenn aus Sicht des Gesetzgebers an 57

---

298 Vgl, auch ErfK/Wank Einl. AÜG Rn. 15.
299 Std. Rspr. seit BAG v. 10.02.1977, AP BetrVG 1972 § 103 Nr. 9; v. 22.06.1994, NZA 1995, 462, 464; s. auch BAG v. 13.05.2014, NZA 2014, 1149 (Rn. 21 ff., 29) u. v. 20.09.2016 AP Nr. 39 zu § 1 AÜG (Rn. 30); ferner BGH v. 21.01.2003, NZA 2003, 616; zu den schwierigen Abgrenzungs- und Umgehungsproblemen s. Erfk/Wank § 1 AÜG Rn. 14 ff., Schaub/Koch, ArbRHdb., § 120 Rn. 14 ff. u. Ulber/J. Ulber, AÜG, Einl. C Rn. 22 ff. – jeweils m.w.N.
300 Volmer, GRUR 1978, 393, 399.

das Merkmal »gelegentlich« strenge Anforderungen zu stellen sind, sollen damit gelegentliche Überlassungsfälle, wie z.B. die Abdeckung eines kurzfristigen Spitzenbedarfs eines anderen Unternehmens, vom AÜG ausgeklammert werden.[301] Es kommt also darauf an, dass Mitarbeiter von ihrem Arbeitgeber nur gelegentlich, namentlich bei besonderem Bedarf, und **nicht planmäßig an Dritte »ausgeliehen« werden**.[302] Bestimmte Zeitvorgaben zur Dauer enthält das Gesetz – im Unterschied zu § 1 Abs. 1b AÜG – nicht.

Derartige Fallgestaltungen können z.B. auch beim Einsatz von Mitarbeitern in einer zwischenbetrieblichen **Forschungs- und Entwicklungskooperation** gegeben sein. Ob bei Tätigwerden von Arbeitnehmern im Rahmen einer solchen Kooperation überhaupt die Voraussetzungen einer Arbeitnehmerüberlassung i. S. d. § 1 Abs. 1 AÜG vorliegen, ist stets vorab zu prüfende Frage des Einzelfalls. Hier kann es entweder bereits an der für die Arbeitnehmerüberlassung erforderlichen Drittbeziehung fehlen, wenn der Arbeitnehmer nur die Pflichten seines Arbeitgebers gegenüber Dritten erfüllt[303] (zum Werkvertrag s. oben § 1 Rdn. 56), oder weil es an der erforderlichen Eingliederung in die Arbeitsorganisation eines anderen Kooperationspartners mangelt, etwa wenn der Arbeitnehmer zu einem Gemeinschaftsbetrieb unter gemeinsamer Führung der Kooperationspartner entsandt[304] wird. Eine Arbeitnehmerüberlassung liegt auch dann begrifflich nicht vor, wenn mehrere Arbeitgeber im Rahmen einer unternehmerischen Zusammenarbeit mit dem wechselseitigen Einsatz ihrer Arbeitnehmer jeweils eigene Betriebszwecke verfolgen, sich deren Zusammenarbeit also nicht in einer Überlassung von (Forschung-)Personal an einen Dritten für dessen Betriebszwecke erschöpft.[305] Sollte im Einzelfall, etwa mit Blick auf eine Eingliederung und ein Weisungsrecht des Dritten bei der Abordnung von Mitarbeitern (mit deren Zustimmung – vgl. § 613 Satz 2 BGB) zu einem Kooperationspartner eine Überlassung gleichwohl gegeben sein, können derartige Fallgestaltungen u. E. bei Kooperationen desselben Wirtschaftszweiges unter die Ausnahmeregelung des § 1 Abs. 1a AÜG fallen. § 1 Abs. 1a Satz 1 AÜG nimmt die Abordnung von Arbeitnehmern zu einer zur Herstellung eines Werkes gebildeten **Arbeitsgemeinschaft** ausdrücklich vom Anwendungsbereich des AÜG aus, wenn der Arbeitgeber Mitglied der Arbeitsgemeinschaft

---

301 Amtl. Begr. zum Gesetzentwurf der Bundesregierung e. Ersten Ges. z. Änd. des AÜG vom 17.02.2011 in BT-Drucks. 17/4804, S. 8.
302 S. ErfK/Wank § 1 AÜG Rn. 91.
303 Vgl. Erfk/Wank § 1 AÜG Rn. 14.
304 S. BAG v. 01.12.1997, AP Nr. 24 zu § 1 AÜG, bestätigt durch BAG v. 25.10.2000, NZA 2001, 259, 260.
305 S. BAG v. 25.10.2000, NZA 2001, 259, 260.

ist, für alle Mitglieder der Arbeitsgemeinschaft Tarifverträge desselben Wirtschaftszweiges gelten und alle Mitglieder aufgrund des Arbeitsgemeinschaftsvertrages zur selbstständigen Erbringung von Vertragsleistungen verpflichtet sind. Die Heranziehung des § 1 Abs. 1a Satz 1 AÜG entspricht der gesetzgeberischen Zielsetzung der Ausnahmeregelung, wirtschaftlich sinnvolle Formen der Zusammenarbeit von Unternehmen unter Beachtung des sozialen Schutzes der Arbeitnehmer zu fördern.[306] Soweit im Einzelfall die tatbestandlichen Voraussetzungen des § 1 Abs. 1a AÜG nicht vorliegen – auch wenn streitig sein sollte, ob der von der Kooperation verfolgte Zweck, ein bestimmtes technisches Problem zu lösen bzw. ein bestimmtes Forschungsprojekt durchzuführen, die Voraussetzungen eines Werkes i. S. d. § 1 Abs. 1a AÜG erfüllt[307] – so wird in solchen Fällen einer Arbeitnehmerüberlassung regelmäßig jedenfalls die bereits angesprochene Ausnahme der erlaubnisfreien gelegentlichen Entsendung nach § 1 Abs. 3 Nr. 2a AÜG gegeben sein.

Das AÜG findet zudem weitgehend keine Anwendung in den anderen in § 1 Abs. 3 AÜG genannten Fallgestaltungen. Das betrifft namentlich die **Arbeitnehmerüberlassung zwischen Konzernunternehmen** i.S.d. § 18 AktG, wenn der Arbeitnehmer nicht zum Zwecke der Überlassung eingestellt und beschäftigt wird (§ 1 Abs. 3 Nr. 2 AÜG).[308] Dieses Konzernprivileg hat das *BAG*[309] – entgegen vieler kritischer Stimmen mit Blick auf eine Vereinbarkeit mit EU-Recht[310] – bestätigt. Der Amtlichen Begründung zufolge sollte mit der Neuregelung verhindert werden, dass das Konzernprivileg auch für solche Konzerngesellschaften gilt, deren Zweck die Einstellung und Überlassung von Personal ist.[311] Das Konzernprivileg ist u. E. im Sinn dieser gesetzgeberischen Zielsetzung zu verstehen.[312] Von einer Umgehung des AÜG im Sinne eines »Drehtüreffekts« kann daher bei einem vorübergehenden Arbeitseinsatz von vorhan-

---

306 S. Amtl. Begr. in BT-Drucks. 10/4211 S. 32 f.
307 Nach h.M. wird die Herstellung eines Werkes i.S.d. § 631 BGB verstanden, s. ErfK/Wank § 1 AÜG Rn. 62 m.w.N.
308 S. hierzu u. a. A. Bartenbach, Arbeitnehmererfindungen i. Konzern (2018), Rn. 127 ff.
309 Vgl. BAG vom 20.01.2015 – 9 AZR 735/13, NZA 2015, S. 816 (Rn. 21). Siehe auch Geis, Die Auswirkungen der Reform des AÜG im Jahr 2011 auf die konzerninterne Arbeitnehmerüberlassung, Diss. Würzburg 2014, S. 138 ff.
310 Etwa ErfK/Wank § 1 AÜG Rn. 86 u. ders. RdA 2010, 193, 203.
311 Amtl. Begr. zum Gesetzentwurf der Bundesregierung e. Ersten Ges. z. Änd. des AÜG vom 17.02.2011 in BT-Drucks. 17/4804, S. 7 f.
312 Im Ergebn. auch ErfK/Wank § 1 AÜG Rn. 90.

denem Stammpersonal innerhalb des Konzerns keine Rede sein.[313] Bei § 1 Abs. 3 AÜG handelt es sich um eine rechtsformneutrale Verweisung, d. h. es ist nicht notwendig, dass die verbundenen Unternehmen eine bestimmte Rechtsform (z.B. AG) haben.[314] Erforderlich ist lediglich eine Überlassung zwischen Konzernunternehmen, gleich, ob von der Muttergesellschaft an ein Tochterunternehmen ausgeliehen wird oder umgekehrt bzw. zwischen zwei Tochterunternehmen.[315] Vom Konzernprivileg erfasst sind damit auch grenzüberschreitende Entsendungen von Arbeitnehmern innerhalb multinationaler Konzerne.[316]

Arbeitnehmerüberlassungen sind zwar auch im **Bereich des öffentlichen Dienstes** denkbar. Allerdings hat der Gesetzgeber hier insbesondere in § 1 Abs. 3 Nr. 2b und 2c privilegierte Ausnahmen zugelassen, soweit diese – wie im Regelfall – einen Tarifvertrag des öffentlichen Dienstes (TVöD, TV-L usw.) anwenden. Soweit Träger öffentlicher Aufgaben in Konzernstrukturen organisiert sind, können sie auch das Konzernprivileg unter den Voraussetzungen des § 1 Abs. 3 Nr. 2 AÜG in Anspruch nehmen.

Geht der Arbeitnehmer **anschließend ein Arbeitsverhältnis mit dem Entleiher** ein, so entfällt eine Arbeitnehmerüberlassung, da diese voraussetzt, dass keine arbeitsvertraglichen Beziehungen zum Entleiher vorliegen (s. § 1 Rdn. 56). Für danach fertiggestellte Erfindungen des Arbeitnehmers bestimmen sich die erfinderrechtlichen Beziehungen nach den allgemeinen Regeln des ArbEG im Verhältnis der Arbeitsvertragsparteien zueinander (zum Falle eines Doppelarbeitsverhältnisses s. § 1 Rdn. 19 ff.).

**58** Die arbeitsvertraglichen Beziehungen zwischen Arbeitgeber (»Verleiher«) und seinem »entliehenen« Arbeitnehmer bleiben während der Ausleihe bestehen; allein der **Verleiher** und nicht der Entleiher ist damit **Arbeitgeber** des entliehe-

---

313 Nach der Amtl. Begr. zum Gesetzentwurf der Bundesregierung e. Ersten Ges. z. Änd. des AÜG vom 17.02.2011 in BT-Drucks. 17/4804, S. 8 sollen in Einklang mit EU-LeiharbeitsRL »Arbeitnehmer, die nicht zum Zwecke der Überlassung eingestellt und beschäftigt werden vom Schutzbereich ausgenommen werden.«
314 Vgl. auch Ziff. 1.4.2 der Fachlichen Weisungen der Bundesanstalt für Arbeit (2017). S. im Übrigen BAG v. 05.05.1988 AP Nr. 8 zu § 1 AÜG; Schaub/Koch, ArbRHdb., § 120 Rn. 25.
315 ErfK/Wank § 1 AÜG Rn. 88.
316 Ebenso Ziff. 1.4.2 Nr. 6 der Fachlichen Weisungen der Bundesanstalt für Arbeit (2017).

nen Arbeitnehmers.³¹⁷ § 11 Abs. 7 AÜG gilt hier nicht. Auch eine analoge Anwendung³¹⁸ etwa in Fällen, in denen die Überlassung nicht im Rahmen einer wirtschaftlichen Tätigkeit erfolgt oder in denen eine Ausnahme nach § 1 Abs. 3 AÜG greift, scheidet angesichts der gesetzlichen Vorgaben in § 1 AÜG (siehe auch § 1 Abs. 3 Eingangssatz AÜG) aus; eine Geltung des § 11 Abs. 7 AÜG wäre zudem mit dem Ausnahmecharakter der Vorschrift unvereinbar und im Regelfall auch nicht sach- und interessengerecht (z.B. Arbeitsgemeinschaft, Forschungskooperation, gelegentliche vorübergehende Entsendung). Folglich bestimmen sich die **Rechte und Pflichten aus dem ArbEG** u. E. ausschließlich im Verhältnis zwischen diesen Arbeitsvertragsparteien.³¹⁹ Unerheblich ist, ob und inwieweit der Arbeitnehmer während der Ausleihe in den Betrieb des Entleihers integriert wird.³²⁰ Auch bei noch so intensiver Eingliederung des Arbeitnehmers in den betrieblichen Arbeitsablauf beim Entleiher erwachsen diesem keine Rechte aus dem ArbEG. Er kann allenfalls mit dem »Verleiher« vereinbaren, dass dieser vom »Leiharbeitnehmer« gemachte Diensterfindungen (unbeschränkt) in Anspruch nimmt und anschließend auf ihn überträgt.

Allein im Verhältnis zum Verleiher als Arbeitgeber beurteilt sich auch die Frage, ob überhaupt eine **Diensterfindung** (§ 4 Abs. 2 ArbEG) vorliegt.³²¹ Dies kann einmal bei entsprechender Aufgabenstellung des Verleihers – auch bezogen auf die Tätigkeit des Arbeitnehmers während der Ausleihe – der Fall sein; eine Diensterfindung liegt zudem dann vor, wenn die vom Leiharbeitnehmer gemachte Erfindung maßgeblich auf Erfahrungen und Arbeiten des Verleihers beruht. Wird dagegen die Erfindung aufgrund von eigenen Direktiven des Entleihers (außerhalb einer Bevollmächtigung durch den Verleiher) oder auf der Grundlage von dem Arbeitgeber nicht zurechenbaren Erfahrungen und Arbeiten des Entleihers entwickelt, handelt es sich um eine freie Erfindung i.S.d. § 4 Abs. 3 ArbEG; während der Verleiher dann ggf. auf sein Unternehmen bezogene Rechte aus den §§ 18, 19 geltend machen kann, bleibt der

58.1

---

317 Allg. A., vgl. BGH v. 09.03.1971, AP Nr. 1 zu § 611 BGB – Leiharbeitsverhältnis; BAG v. 08.07.1971, AP Nr. 2 zu § 611 BGB – Leiharbeitsverhältnis u. v. 18.01.1989, BB 1989, 1408.
318 A. A. Boemke/Kursawe/Boemke Rn. 69 u. 103 zu § 1, die zumindest von einer analogen Heranziehung ausgehen.
319 Ebenso Schaub/Koch, ArbRHdB, § 114 II 2 b Rn. 7; a. A. Boemke/Kursawe/ Boemke Rn. 72 zu § 1.
320 Abw. die von Volmer, GRUR 1978, 393, 401 vorgenommene Differenzierung.
321 Vgl. auch RG v. 22.12.1939, ARS 1939, 224, 226. A. A. Boemke/Kursawe/Boemke Rn. 72 zu § 1.

Entleiher auf eine vom Willen des Arbeitnehmers abhängende Vereinbarung beschränkt.

cc) **Erlaubnispflichtige Arbeitnehmerüberlassung**

59 Bei der erlaubnispflichtigen Arbeitnehmerüberlassung ist der Verleiher Arbeitgeber des Arbeitnehmers und es bestehen – von den Sanktionen des § 10 AÜG abgesehen – zwischen **Entleiher und Leiharbeitnehmer keine arbeitsvertraglichen Beziehungen.**[322]

§ **11 Abs. 7 AÜG** enthält für Arbeitnehmererfindungen eine **Sondervorschrift**. Die bereits im Jahr 1972 auf Empfehlung des BT-Rechtsausschusses[323] eingefügte Vorschrift ist auch im Rahmen der Änderung des AÜG mit Wirkung ab 01.04.2017[324] unverändert beibehalten worden. Mit dieser erfinderrechtlichen Sondervorschrift soll »klargestellt« werden, »daß bei Erfindungen des Leiharbeitnehmers während seines Einsatzes im Entleiherbetrieb die Vorschriften des Gesetzes über Arbeitnehmererfindungen Anwendung finden und in diesem Fall der Entleiher als Arbeitgeber gilt.«[325] § 11 Abs. 7 AÜG stellt die unwiderlegbare[326] Fiktion auf, dass für die vom Leiharbeitnehmer während der Dauer der Tätigkeit beim Entleiher gemachten (= fertiggestellten, s. hierzu § 4 Rdn. 16 f.) Erfindungen oder technischen Verbesserungsvorschläge der **Entleiher »als Arbeitgeber im Sinne des ArbEG gilt«**. Durch § 11 Abs. 7 AÜG wird dem Umstand Rechnung getragen, dass ein betrieblicher Einfluss für das Zustandekommen der Erfindung eines entliehenen Arbeitnehmers während des Leiharbeitsverhältnisses regelmäßig aus der Sphäre des Entleihers und nicht aus der des Verleihers kommt. Insoweit handelt es sich um eine interessengerechte Zuordnung der Erfindungsrechte.[327] Ein arbeitsvertragliches Rechtsverhältnis zwischen Entleiher und Leiharbeitnehmer wird dadurch nicht begründet, wohl aber das an die Fertigstellung der Erfindung anknüpfende gesetzliche Schuldverhältnis nach dem ArbEG[328] (s. dazu § 1 Rdn. 160). Der Entleiher wird also kraft gesetzlicher Regelung unter Ausschluss des Verlei-

---

322 Einzelheiten streitig, vgl. zum Meinungsstreit ErfK/Wank AÜG Einl. Rn. 36 ff. Wie hier Schiedsst. v. 15.01.2009 – Arb.Erf. 51/07, (Datenbank).
323 S. Bericht AuS-Ausschuss v. 09.06.1972 zu BT-Drucks. VI/3505, S. 4 (zu § 11 Abs. 6 d. Entw.).
324 Gesetz vom 21.02.2017 (BGBl. I S. 258).
325 Bericht AuS-Ausschuss v. 09.06.1972 zu BT-Drucks. VI/3505, S. 4 (zu § 11 Abs. 6 d. Entw.).
326 Zutreffend Thüsing, AÜG, § 11 Rn. 59.
327 ErfK/Wank § 11 AÜG Rn. 23.
328 In entsprechendem Sinn z.B. BAG v. 24.04.2014 NZA 2014, 968 (Rn. 15) für § 13 AÜG.

hers **alleiniger Träger aller Rechte und Pflichten aus dem ArbEG und tritt damit erfinderrechtlich an die Stelle des Verleihers** (streitig).³²⁹
Die gesetzliche Fiktion greift **ab dem Zeitpunkt der** (tatsächlichen) **Überlassung** (s. auch § 1 Rdn. 60) und wird wirksam mit dem Zeitpunkt der Fertigstellung der Erfindung.

**Sachlich erfasst** § 11 Abs. 7 AÜG Erfindungen (§ 2 ArbEG) – und zwar sowohl Dienst- als auch freie Erfindungen (§ 4 ArbEG, s. § 1 Rdn. 62) – und technische Verbesserungsvorschläge (§§ 3, 20 ArbEG, s. § 1 Rdn. 63). Die Begriffe Leiharbeitnehmer und Entleiher bestimmen sich nach § 1 AÜG. Der Leiharbeitnehmer muss die Erfindung **während der Dauer der Tätigkeit beim Entleiher** entwickelt haben. Insoweit maßgebend ist u. E. der Zeitpunkt der Fertigstellung der Erfindung. Das folgt aus der mit § 4 Abs. 2 inhaltsgleichen Kennzeichnung »gemacht« (s. dazu § 4 Rdn. 16 f.). Demzufolge muss der Leiharbeitnehmer zu diesem Zeitpunkt beim Entleiher tätig gewesen sein. Aus dieser Voraussetzung des Bestehens eines Leihverhältnisses mit einem Entleiher folgt, dass für technische Neuerungen, die während **einsatzfreier Zeiten** (ohne Überlassung an einen Entleiher) fertig gestellt worden sind, § 11 Abs. 7 AÜG nicht greift und die Rechte und Pflichten aus dem ArbEG ausschließlich im Verhältnis zum Verleiher bestehen.³³⁰

Auf **sonstige schöpferische Leistungen** des Leiharbeitnehmers, die dieser beim Entleiher entwickelt, findet § 11 Abs. 7 AÜG keine (analoge) Anwendung³³¹; deren Zuordnung bestimmt sich im Verhältnis zum Verleiher; einen Zugriff auf solche Leistungen muss sich der Entleiher durch entsprechende Vereinbarung mit dem Verleiher sichern.

Probleme wirft die gesetzliche Regelung des § 11 Abs. 7 AÜG bereits bei der Frage auf, nach welchen Kriterien das **Vorliegen der Diensterfindung** zu beurteilen ist. Nach einer Mindermeinung ist die Abgrenzung, ob eine freie oder gebundene Erfindung i.S.d. § 4 ArbEG vorliegt, im Verhältnis zu dem

**60**

---

329 H.M., wie hier z. B. Schwab, Rn. 27 f zu § 1; Ulber/J. Ulber, AÜG, § 11 Rn. 175; Schüren/Hamann/Schüren, AÜG, § 11 Rn. 142; wohl auch ErfK/Wank § 11 AÜG Rn. 23. A. A. Boemke/Kursawe/Boemke Rn. 71 zu § 1, wonach § 11 Abs. 7 AÜG erfinderrechtlich die Arbeitgeberstellung des Verleihers nicht verdrängt, wobei allerdings verkannt wird, dass § 11 Abs. 7 AÜG den »Arbeitgeber im Sinne des ArbEG« erkennbar abschließend fingiert und keine »Verdoppelung der Arbeitgeberposition« zu Lasten des Arbeitnehmers beabsichtigt. Für eine im Regelfall sowohl im Verh. zum Ent- auch zum Verleiher vorliegende Diensterfindung dagegen Ulrici, HK-AÜG, § 11 Rn. 127!
330 Zutreffend Boemke/Kursawe/Boemke Rn. 68 zu § 1.
331 Vgl. etwa zum Urheberrecht Lampenius K&R 2012, 12, 15 ff.

»bisherigen« Arbeitgeber (Verleiher) zu bestimmen.[332] Diese am Wortlaut des § 11 Abs. 7 AÜG orientierte Beurteilung des Erfindungscharakters deckt sich aber nicht mit dem Zweck der Regelung. Soll diese dem Entleiher das Recht am Arbeitsergebnis sicherstellen, so muss die Fiktion bereits an die Entwicklung der Erfindung anknüpfen, also daran, ob die Erfindung im Verhältnis zum Entleiher eine Diensterfindung darstellt.[333] Es muss also entscheidend sein, ob die Erfindung aus der dem Leiharbeitnehmer **im Entleiherbetrieb obliegenden Tätigkeit** entstanden ist oder maßgeblich auf **Erfahrungen oder Arbeiten des Entleihers** beruht,[334] sich also auf den Betrieb des Entleihers bezieht.[335] Dafür bedarf es u. E. aber keiner »teleologischen Reduktion«, wie dies von der wohl h. M. befürwortet wird,[336] da sich die ausschließliche Zuordnung nur solcher (Dienst-)Erfindungen zwanglos aus der gesetzlichen Abgrenzung in § 4 ArbEG ergibt.Ist dies nicht der Fall, weil die Erfindung maßgeblich auf Erfahrungen bzw. Arbeiten des Verleihers zurückzuführen ist, nimmt eine verbreitete Ansicht im Schrifttum eine Diensterfindung im Verhältnis zum Verleiher an.[337] U. E. liegt dann auf Grund des § 11 Abs. 7 AÜG gleichwohl eine freie Erfindung vor.[338] Macht die Erfindung Erfahrungen bzw. Arbeiten bei einem früheren Entleiher nutzbar, wird sie aber erst nach Beendigung der dortigen Tätigkeit fertig gestellt, handelt es sich u. E. mit Blick auf die Wertung des § 11 Abs. 7 AÜG ebenfalls um eine freie Erfindung.

---

332 So Gaul, GRUR 1977, 686, 691.
333 Vgl. auch Ausschussbericht zu BT-Drucks. VI/3505 S. 4 (zu § 11 Abs. 6).
334 Wie hier i. Ergebn. nunmehr h. M., z. B. Schiedsst. v. 07.03.1984 – Arb.Erf. 64/83, (unveröffentl.); Keukenschrijver in Busse/Keukenschrijver, PatG, Rn. 3 zu § 4 ArbEG (zur Obliegenheitserf.); Volmer/Gaul Rn. 72 zu § 1 u. 27 zu § 5; im Ergebn. auch Schwab, Erf. u. VV, S. 46 f. u. ders. Arbeitnehmererfindungsrecht, § 1 Rn. 28. Im Ergebn. auch h. L. im AÜG-Schrifttum, wie etwa ErfK/Wank § 11 AÜG Rn. 23; Thüsing/Mengel, AÜG, § 11 Rn. 59; Schüren/Hamann/Schüren AÜG, § 11 Rn. 146. Nach HK-ArbR/Lorenz (§ 11 AÜG Rn. 36) sind Erfindungen erfasst, die sich zeitlich und sachlich auf den Betrieb des Entleihers beziehen.
335 Im Ergebn. wie hier: Thüsing/Mengel, AÜG, § 11, Rn. 59; Erfk/Wank § 11 AÜG Rn. 23; Franßen/Haesen Rn. 52 zu Art. 1 § 11; Schüren/Hamann/Schüren, AÜG, § 11 Rn. 46 m. w. Nachw.; abw. Boemke/Kursawe/Boemke Rn. 70 ff. zu § 1, wonach die Grundsätze über mehrere Arbeitsverh. zur Anwendung kommen sollen (vgl. [aber] auch Boemke/Kursawe/Ulrici Rn. 30 zu § 19).
336 Vgl. Schwab Rn. 28 zu § 1; Thüsing/Mengel, AÜG, § 11 Rn. 56; Erfk/Wank § 11 AÜG Rn. 23 – jeweils m. w.N.
337 Kock/Milenk, BeckOK, AÜG § 11 Rn. 27. m.w.N.
338 Im Ergebn. auch Boemke/Kursawe/Boemke Rn. 72 zu § 1, wo dies aber mit der ausschließlichen Arbeitserbringung im Entleiherbetrieb begründet wird.

## C. Persönlicher Geltungsbereich § 1

**Weitere Folgen des § 11 Abs. 7 AÜG**, wodurch mit der h. M. erfinderrechtlich der Entleiher insgesamt an die Stelle des Arbeitgebers (Verleiher) tritt (s. § 1 Rdn. 59), sind für die während der Überlassung entwickelten Diensterfindungen:

61

Ausschließlich dem Entleiher gegenüber hat der Arbeitnehmer seiner **Meldepflicht** (§ 5 ArbEG) nachzukommen (streitig). Das entleihende Unternehmen ist nunmehr insbesondere in der Lage, die Erfindung des bei ihm tätigen Leiharbeitnehmers in Anspruch zu nehmen und auf sich überzuleiten (§§ 6, 7 ArbEG). Auch für die **Inanspruchnahmefiktion** bzw. Freigabe nach § 6 Abs. 2 n. F. kommt es allein auf die Verhaltensweise des Entleihers an; die **Fiktion** des § 6 Abs. 2 n.F. kommt allein dem Entleiher zu Gute. Will der Entleiher später eine **Schutzrechtsposition aufgeben**, so hat er – über die Dauer der Entleihe hinaus – das Verfahren nach § 16 ArbEG zu beachten. Bei Insolvenz des Entleihers gilt in Bezug auf die von ihm zuvor in Anspruch genommene Diensterfindung § 27 ArbEG.[339]

Nur der Entleiher ist **vergütungspflichtig** (§ 9) und damit allein für die Regelung der Vergütung nach § 12 ArbEG zuständig. Er ist – ebenso wie bei den sonstigen Pflichten aus dem ArbEG – nach § 11 Abs. 7 AÜG zugleich alleiniger Schuldner des Vergütungsanspruchs, ohne dass eine Mithaftung (§ 421 BGB) des Entleihers besteht. Ungeachtet allgemeiner Fragen einer Gleichstellung des Leiharbeitnehmers mit der Stammbelegschaft des Entleihers bzw. des (ggf. auf Grund von § 11 Abs. 7 AÜG geltenden) arbeitsrechtlichen Gleichbehandlungsgrundsatzes dürfte es dem Normzweck des § 11 Abs. 7 AÜG i. V. m. dem Gebot der Angemessenheit der Vergütung (§ 9 Abs. 1 ArbEG) entsprechen, Leiharbeitnehmer in Bezug auf die Erfindervergütung und deren Bemessung nicht schlechter zu stellen, als Stammarbeitnehmer. Bei der Höhe des Anteilsfaktors kommt es auf die tatsächliche Stellung im Entleiherunternehmen und den Vergleich mit entsprechend tätigen Stammbeschäftigten des Entleihers an. Im Interesse einer Vergleichsmöglichkeit wird dem Leiharbeitnehmer u. E. auch insoweit ein vor den Arbeitsgerichten einklagbarer Anspruch auf Auskunft gegenüber dem Entleiher aus § 13 AÜG zugutekommen.[340] Davon unberührt bleibt der erfinderrechtliche Anspruch auf Auskunft

---

339 Wie hier u. a. Boemke/Kursawe/Ulrici Rdn. 14 zu § 27.
340 S. allg. BAG v. 24.04.2014 NZA 2014, 968 ff. Zu den wesentlichen Arbeitsbedingungen, auf die sich die Auskunft erstreckt, gehört auch das Arbeitsentgelt (vgl. § 3 Abs. 1 Nr. 3 AÜG), das üblicherweise in einem weiten Sinn verstanden wird und auch auf Gesetz zurückgehende Geld- und Sachleistungen umfasst (vgl. Freckmann/Gallini BB 2013, 309, 310).

und ggf. Rechnungslegung des Leiharbeitnehmers gegenüber dem Entleiher (s. dazu § 12 Rdn. 162 ff.).

Die **Geheimhaltungspflichten** treffen neben dem Arbeitnehmer (§ 24 Abs. 2 ArbEG) den Entleiher (§ 24 Abs. 1 ArbEG). Der Verleiher ist zumindest entsprechend § 24 Abs. 3 ArbEG geheimhaltungspflichtig. Daneben können über § 25 ArbEG die allgemeinen Geheimhaltungsverpflichtungen greifen[341].

**Endet das Leiharbeitsverhältnis**, findet § 26 ArbEG Anwendung. Demzufolge bestehen die wechselseitigen Rechte und Pflichten zwischen Entleiher und Leiharbeitnehmer, die durch § 11 Abs. 7 AÜG für die während des Leiharbeitsverhältnisses fertiggestellten Erfindungen begründet wurden, fort. Zur Begründung eines Arbeitsverhältnisses mit dem Entleiher s. § 1 Rdn. 57.

Für **erfinderrechtliche Streitigkeiten** zwischen Entleiher und Leiharbeitnehmer ist die Schiedsstelle nach § 28 ArbEG zuständig (s. § 28 Rdn. 12). Ebenso gelten die gesetzlichen Vorgaben für das gerichtliche Verfahren nach §§ 37 bis 39 ArbEG.[342] Dies ist sachgerecht und folgt bereits daraus, dass § 11 Abs. 7 AÜG nach dem Willen des Gesetzgebers nicht nur die erfinderrechtliche Arbeitgebereigenschaft, sondern zugleich die umfassende Geltung des ArbEG klarstellen sollte (s. § 1 Rdn. 59).

Ist der Entleiher ein Arbeitgeber des **öffentlichen Dienstes** (s. § 1 Rdn. 8), findet die Sondervorschrift des § 40 ArbEG Anwendung, soweit diese Erfindungen und technische Verbesserungsvorschläge betrifft, also § 40 Nrn. 1 bis 3 und 5 ArbEG.

**Erfindungsbezogene Vereinbarungen** zwischen Leiharbeitnehmer und Entleiher unterliegen ebenso wie solche mit dem Verleiher den Schranken der §§ 22, 23 ArbEG. § 11 Abs. 7 AÜG lässt allerdings Vereinbarungen zu Ungunsten des Arbeitnehmers und damit auch solche, die von § 11 Abs. 7 AÜG abweichen sollen, bei einem Leiharbeitsverhältnis nach Erfindungsmeldung (§ 22 Satz 2 ArbEG) nur mit dem Entleiher zu. Einer Vereinbarung zwischen Entleiher und Leiharbeitnehmer über eine Zuordnung aller zukünftigen Erfindungen, die während der Dauer der Tätigkeit bei dem Entleiher entstehen, dürfte § 22 Satz 1 ArbEG entgegenstehen, auch wenn zum Zeitpunkt des Vertragsabschlusses das ArbEG im Verhältnis dieser Vertragsparteien noch keine Wirkung entfaltet.

62 Umstritten sind die Konsequenzen des § 11 Abs. 7 AÜG bezogen auf **freie Erfindungen**. Teilweise wird die Geltung des § 11 Abs. 7 AÜG für freie

---

341 S. dazu bei Leiharbeitnehmern u.a. Lampenius K&R 2012, 12 ff.
342 Zust. Schwab, Arbeitnehmererfindungsrecht, § 39 Rn. 4.

Erfindungen generell abgelehnt.[343] In den Fällen, in denen die Voraussetzungen einer Diensterfindung im Verhältnis zum Entleiher bei einer während der Überlassung entwickelten Erfindung nicht vorliegen, handelt es sich u. E. um eine freie Erfindung i. S. v. § 4 Abs. 3 ArbEG mit der Folge, dass diese nur dem Entleiher nach § 18 ArbEG mitzuteilen[344] und ausschließlich diesem unter den Voraussetzungen des § 19 ArbEG anzubieten ist[345]; erfinderrechtliche Bindungen gegenüber dem Verleiher aus dem ArbEG bestehen u. E. nicht.[346] Ist die Erfindung maßgeblich auf Erfahrungen bzw. Arbeiten des Verleihers zurückzuführen, nimmt eine verbreitete Ansicht im Schrifttum allerdings eine Diensterfindung im Verhältnis zum Verleiher an.[347] Macht die Erfindung Erfahrungen bzw. Arbeiten bei einem früheren Entleiher nutzbar, wird sie aber erst nach Beendigung der dortigen Tätigkeit fertig gestellt, handelt es sich u. E. auf Grund der Wertung des § 11 Abs. 7 AÜG ebenfalls um eine freie Erfindung (zu Ausnahmen s. § 4, Rdn. 16, 18).

Nutzt der Entleiher seine »Arbeitgeber«-Rechte (insb. §§ 6, 7, 18, 19 ArbEG) nicht, so besteht keine Pflicht des Leiharbeitnehmers, seine während dieser Zeit fertiggestellten Erfindungen und technischen Verbesserungsvorschläge zusätzlich noch dem Verleiher zu melden bzw. mitzuteilen;[348] nach der hier vertretenen Auffassung sind durch die Arbeitgeberfiktion des § 11 Abs. 7 AÜG dem Verleiher diese Rechte genommen (s. § 1 Rdn. 59). Ob auf vertraglicher Grundlage erfinderrechtliche Verpflichtungen zugunsten des Verleihers begründet werden können, erscheint angesichts des Normzwecks des § 11 Abs. 7 AÜG und § 22 ArbEG zweifelhaft.

Die Grundsätze des § 11 Abs. 7 AÜG erfassen auch **technische Verbesserungsvorschläge**. Entwickelt der Arbeitnehmer im Entleiherbetrieb einen technischen Verbesserungsvorschlag, ist dieser dem Entleiher mitzuteilen. Im

63

---

343 So Schaub in Festschr. Bartenbach (2004), S. 229, 240.
344 Wie hier im Ergebn. Ulber/J. Ulber, AÜG, § 11 Rn. 175. A. A. Boemke/Kursawe/Boemke Rn. 73 zu § 1 u. Boemke/Kursawe/Ulrici Rn. 25 zu § 18, wonach eine Erfindung, die sowohl im Verhältnis zum Entleiher als auch zum Verleiher eine freie Erfindung darstellt, beiden mitzuteilen ist.
345 A. A. Boemke/Kursawe/Boemke Rn. 73 zu § 1, wonach auch die Anbietungspflicht gegenüber beiden besteht, wohingegen nach Boemke/Kursawe/Ulrici Rn. 30 zu § 19 eine Anbietungspflicht aus § 19 ArbEG ausschließlich im Verhältnis zum Verleiher auch während eines Einsatzes beim Entleiher bestehen soll. Unklar Schwab Rn. 30 zu § 1.
346 Im Ergebn. wohl auch Schwab Rn. 30 zu § 1; abw. Boemke/Kursawe/Boemke Rn. 72 f. zu § 1 u. Boemke/Kursawe/Ulrici Rn. 25 zu § 18.
347 S. die Nachw. oben bei § 1 Rdn. 59.
348 Gaul/Bartenbach Handbuch C 107, 109; a.A. Volmer, GRUR 1978, 393, 400.

Verhältnis zum Entleiher beurteilt es sich, ob es sich um einen technischen Verbesserungsvorschlag handelt und ob die qualifizierenden Voraussetzungen des Vergütungsanspruchs nach § 20 Abs. 1 ArbEG vorliegen. Einfache Verbesserungsvorschläge eines Leiharbeitnehmers werden von einer beim Entleiher bestehenden Betriebsvereinbarung über das Vorschlagswesen erfasst; der Arbeitnehmer ist zur Mitteilung verpflichtet und hat unter den Voraussetzungen der Betriebsvereinbarung einen Prämienanspruch.[349] Auch im Übrigen umfasst das Mitbestimmungsrecht aus § 87 Abs. 1 Nr. 12 BetrVG ebenfalls Leiharbeitnehmer.[350]

**n) Leitende Angestellte**

64 Als leitender Angestellter (vgl. § 5 Abs. 3 u. 4 BetrVG) wird angesehen, wer mit eigenem erheblichen Entscheidungsspielraum ausgestattet (jedenfalls auf Teilbereichen) anstelle des Unternehmers Arbeitgeberfunktionen in eigener Verantwortung ausübt und/oder eine hoch qualifizierte, mit besonderer Verantwortung verbundene Tätigkeit (Schlüsselposition) leistet,[351] auch z.B. im Bereich Forschung und Entwicklung.[352] Dieser Oberbegriff erfährt in einzelnen arbeitsrechtlichen Gesetzen eine Modifizierung (vgl. auch § 2 Abs. 2 Nr. 2 der 2. VO zur Durchf. d. ArbEG[353]). Die Verleihung der Prokura (vgl. § 5 Abs. 3 Satz 2 Nr. 2 BetrVG) genügt nur dann, wenn der Arbeitnehmer auf der Grundlage dieser Vertretungsbefugnis auch im Außenverhältnis tätig wird.[354]

65 Auch der leitende Angestellte ist wegen seiner persönlichen Abhängigkeit (vgl. zum Arbeitnehmerbegriff § 1 Rdn. 9 f.) Arbeitnehmer. Da das **ArbEG** keine gesetzliche Differenzierung – wie etwa § 5 Abs. 3 BetrVG – trifft, **gilt** es für

---

349 ArbG Frankfurt v. 10.12.1985, EzA AÜG § 11 AÜG Inhalt Nr. 1; folgend auch Ulber/J. Ulber, AÜG, § 11 Rn. 177.
350 Thüsing/Thüsing, AÜG, § 14 Rn. 138; HK-ArbR/Lorenz § 14 AÜG Rn. 67.
351 BAG v. 17.11.1966, AP Nr. 1 zu § 611 BGB – Leitender Angestellter; v. 11.01.1995, AP Nr. 55 zu § 5 BetrVG u. v. 16.04.2002, AP BetrVG 1972 § 5 Nr. 69; Kronich, AuA 2001, 484 ff.; Diringer, NZA 2003, 890.
352 Für den Sektionsleiter eines Forschungsunternehmens, der auch am Abschluss von Lizenzverträgen beteiligt war vgl. BAG v. 23.03.1976, AP Nr. 14 zu § 5 BetrVG 1972 u. ArbG Berlin v. 23.01.1978, DB 1978, 1085; für den Leiter d. pharmazeutischen Entwicklung LAG Baden-Württemberg v. 08.03.1978, DB 1978, 843.
353 V. 01.10.1957 (BGBl. I, S. 1680), geändert durch VO v. 22.08.1968 (BGBl. I, S. 994), zuletzt geändert durch Art. 8 des Gesetzes v. 31.07.2009 (BGBl. I, S. 2521).
354 BAG v. 25.03.2009, DB 2009, 1825.

diesen Personenkreis **uneingeschränkt**.[355] Davon gehen auch die RLn. 1959 aus (vgl. RL Nr. 35 Satz 5, 6). Die hervorgehobene betriebliche Funktion des leitenden Diensterfinders wirkt sich aber – vergütungsmindernd – bei der Berechnung des Anteilfaktors A (insb. beim Teilfaktor c – vgl. RL Nr. 33–36) aus (vgl. insb. RL Nr. 35 Satz 5, 6; s. dazu Komm RL Rn. 7 ff. zu RL Nr. 35 und zum ltd. kaufm. Angestellten Rn. 25 ff. zu RL Nr. 36).

Die in § 5 Abs. 3 BetrVG erfolgte Herausnahme der leitenden Angestellten **66** aus dem Kreis der Arbeitnehmer ist bei leitenden Diensterfindern insoweit bedeutsam, als sonst gegebene Mitbestimmungs- bzw. Mitwirkungsrechte des Betriebsrats (Kontrollrechte gem. § 80 Abs. 1 BetrVG, Akteneinsichtsrecht gem. § 80 Abs. 2 BetrVG, Unterstützung von Arbeitnehmerbeschwerden gem. § 84 Abs. 1, § 82 Abs. 2 BetrVG u.a., vgl. hierzu § 20, Anh. Rdn. 7 ff., 24 ff.) für diese Gruppe nicht bestehen.

Eingeschränkte Informations- und Mitwirkungsrechte sind durch das Sprecherausschussgesetz für den **Sprecherausschuss** geschaffen worden (vgl. hierzu Anhang zu § 20).

*Rdn. 67 frei*

### o) Organmitglieder (gesetzliche Vertreter/Gesellschafter)

### aa) Keine Geltung des ArbEG

Mangels arbeitsrechtlicher Weisungsgebundenheit und aufgrund ihrer Reprä- **68** sentantenstellung und ihres Einflusses auf die Unternehmensgeschicke (zu arbeitgeberähnlichen Personen – s.a. § 1 Rdn. 100) sind die gesetzlichen Vertreter von juristischen Personen und Personengesamtheiten (Organmitglieder)

---

355 BGH v. 25.02.1958, GRUR 1958, 334, 336 – *Mitteilungs- und Meldepflicht*; = AP Nr. 1 zu § 43 ArbEG m. Anm. Volmer; OLG Hamburg v. 06.11.1958, GRUR 1960, 487, 488; Gaul, GRUR 1977, 686, 688; Volmer/Gaul Rn. 50 zu § 1; Gaul, RdA 1982, 268, 270 f.; dies entspricht auch dem Rechtszustand unter der DVO 1943, s. Riemschneider/Barth Vorbem. 1 zu §§ 3 ff. DVO 1943; im Ergebn. auch Schiedsst. v. 02.04.1992 – Arb.Erf. 44/91, (unveröffentl.).

**keine Arbeitnehmer** i.S.d. ArbEG[356] (vgl. auch § 5 Abs. 2 Nr. 1 BetrVG); sie sind regelmäßig nicht in abhängiger und unselbständiger Funktion tätig (s. aber zum parallelen Arbeitsverh. § 1 Rdn. 71.1), sondern repräsentieren vielmehr die juristische Person unmittelbar als Arbeitgeber.[357] Soweit der EuGH bei Fremdgeschäftsführern unionsrechtlich eine Arbeitnehmereigenschaft annimmt,[358] ist diese richtlinienspezifische Auslegung nicht auf das ArbEG übertragbar (s. § 1 Rdn. 9).

Bestand vor Berufung in die Organstellung ein Arbeitsverhältnis mit dem Unternehmen, wird mit Abschluss eines schriftlichen Organvertrages grds. das vorherige Arbeitsverhältnis einvernehmlich beendet.[359] Wird die Organstellung widerrufen, wandelt sich der zu Grunde liegende Dienstvertrag nicht (wieder) in einen Arbeitsvertrag, sodass eine in diesem Zeitraum gemachte Erfindung keine Arbeitnehmererfindung, sondern Organerfindung ist. Sieht der Dienstvertrag des Vorstands einer AG bei Beendigung der Organstellung die unveränderte Weiterführung des Vertragsverhältnisses als Arbeitsverhältnis über die Fristen des § 84 Abs. 1 AktG hinaus vor, kommt ein Arbeitsverhältnis

---

356 Allg. A., BGH v. 22.10.1964 – I a ZR 8/64, GRUR 1965, 302, 304 – *Schellenreibungskupplung*; BGH v. 24.10.1989 – X ZR 58/88, GRUR 1990, 193 – *Auto-Kindersitz*; OLG Düsseldorf v. 17.09.1987 – 2 U 180/86, (unveröffentl.) v. 10.06.1999, GRUR 2000, 49; LG Düsseldorf v. 03.02.2005, InstGE 5, 100, 102 – Geschäftsführer-Erfindung II u. v. 25.08.2011 – 4a O 142/10, (unveröffentl.); s. auch OLG München v. 15.03.2007 – 6 U 5581/05, NJOZ 2007, 4716 (= Mitt. 2007, 523 = DB 2007, 2198, dort nur LS) m. Anm. Friemel/Kamlah BB 2008, 613; ferner Schiedsst. Beschl. v. 27.08.1986 – Arb.Erf. 19/86, u. v. 26.06.1997 – Arb.Erf. 1(B)/96, (beide unveröffentl.); ausf. A. Bartenbach/Fock, GRUR 2005, 384 ff.; Zimmermann in Festschr. T. Schilling (2007), 415, 416 ff.; Trimborn S. 91 ff.; Diller, Gesellschaft u. Gesellschaftsorgane als Arbeitnehmer, 1994, 43 ff.; Gaul, GRUR 1977, 686, 690; Volmer, GRUR 1978, 329, 333; Gaul in GmbH-Rdsch. 1982, 101 u. ders., DB 1990, 671; Volmer/Gaul Rn. 106 f. zu § 1; Boemke/Kursawe/Boemke Rn. 75 f. zu § 1; im Ergebn. auch Keukenschrijver in Busse/Keukenschrijver, PatG, Rn. 3 zu § 1 ArbEG; vgl. z. entspr. österr. Recht OGH Wien v. 05.02.1985, GRUR Int. 1986, 64 – *Vorstandsmitglied*; zur teilw. Vergleichbarkeit eines GmbH-Geschäftsführers mit einem Arbeitnehmer vgl. Köhl, DB 1996, 2597 ff. u. BAG v. 26.05.1999, NJW 1999, 3731.
357 Vgl. im Einzelnen ErfK/Preis § 611a BGB Rn. 88 f.
358 EuGH v. 11.11.2010, NJW 2011, 2343, 2344 f. – *Danosa* zum Arbeitnehmerbegriff der Mutterschutz-Richtlinie 92/85/EWG vom 19.10.1992; s. dazu u. a. Fischer, NJW 2011, 2329 ff. u. von Steinau-Steinrück/Mosch, NJW-Spezial 2011, 178 ff. S. auch zur MassenentlassungsRL 98/59/EG EuGH v. 09.07.2015, NZA 2015, 861 – *Balkaya*; s. dazu auch Commandeur/Kleinebrink NZA-RR 2017, 449 ff.
359 BAG v. 05.06.2008, NJW 2008, 3514 u. v. 03.02.2009, NZA 2009, 669, 670.

## C. Persönlicher Geltungsbereich § 1

aufgrund Gesetzesumgehung nicht zustande (§ 134 BGB)[360] und eine in diesem Zeitraum fertiggestellte Erfindung unterliegt den Grundsätzen eines faktischen Dienst-, nicht eines Arbeitsverhältnisses.

Sah noch der RegE von 1952 die Anwendbarkeit des ArbEG auch auf diesen Personenkreis vor, so wurde diese Anregung zur Vermeidung von Interessengegensätzen bereits im Gesetzentwurf von 1955 endgültig fallen gelassen.[361]

Daher **verbietet sich auch** eine **analoge Anwendung des ArbEG auf Organmitglieder juristischer Personen**[362] (zur vertraglichen Anwendbarkeit des ArbEG s. § 1 Rdn. 92 ff.), und zwar: bei der 69
- AG: die Vorstandsmitglieder (§ 84 AktG)[363] und ihre Stellvertreter (§ 94 AktG),
- KGaA: die Komplementäre nach Maßgabe des Gesellschaftsvertrages (§ 278 Abs. 2 AktG, §§ 125, 161 HGB),
- bergrechtl. Gewerkschaft: der Repräsentant bzw. Grubenvorstand (§ 17 PreußAllgBergG a.F.),
- Genossenschaft: die Vorstandsmitglieder (§ 24 GenG),

---

360 BAG v. 26.08.2009, MDR 2010, 92.
361 Vgl. Amtl. Begründung BT-Drucks. II/1648 S. 17 = BlPMZ 1957, 227.
362 BGH v. 22.10.1964 – I a ZR 8/64, GRUR 1965, 302, 304 – *Schellenreibungskupplung*; ferner BGH v. 24.10.1989 – X ZR 58/88, GRUR 1990, 193 – *Auto-Kindersitz*; BGH v. 22.02.2011, GRUR 2011, 509 [Rn. 13] – *Schweißheizung*; OLG Hamm v. 18.09.1985, NJW-RR 1986, 780; Reimer/Schade/Schippel/Rother Rn. 4 zu § 1 m. Hinweis auf BGH v. 21.05.1963 – I a ZR 104/63, (unveröffentl.); OLG München v. 15.03.2007 – 6 U 5581/05, NJOZ 2007, 4716 (= Mitt. 2007, 523 = DB 2007, 2198, dort nur LS) m. Anm. Friemel/Kamlah BB 2008, 613; OLG Düsseldorf v. 10.06.1999, GRUR 2000, 49 – *Geschäftsführer-Erfindung*; LG Düsseldorf v. 25.08.2011 – 4a O 142/10, (Düsseldf. Entsch. Nr. 1710) – Lärmschutzwand; Zimmermann Festschr. Schilling (2007), 415, 417 f.; Richardi/Fischinger in Staudinger, BGB Bd. 2 (Dienstvertragsrecht I, 2016), § 611 BGB Rn. 1257; nach Schaub/Koch ArbHdb. § 114 II 2 Rn. 6 muss etwas anderes bei einer Beschäftigung aufgrund eines Arbeitsvertrages gelten; dazu Meier-Rudolph, sj 2007/8, 43; z. Vertragsgestaltung s. Friemel/Kamlah, BB 2008, 613.
363 S. Reimer/Schade/Schippel/Rother Rn. 4 zu § 1 m.H.a. BGH v. 11.11.1959 – KZR 1/59 – *Malzflocken*, insoweit nicht in GRUR 1960, 350 = BGHZ 31, 162; Hinweis auch bei BGH v. 22.10.1964 – I a ZR 8/64, GRUR 1965, 302, 304 – *Schellenreibungskupplung*; ebenso Schiedsst. Beschl. v. 20.11.1990 – Arb.Erf. 6/90, (unveröffentl.); vgl. auch BFH v. 26.06.1970, BStBl. II 1970, S. 824.

## § 1

- GmbH: die Geschäftsführer (§ 35 Abs. 1 GmbHG),[364]
- Stiftung: die Mitglieder des nach dem Stiftungsgeschäft bestellten Vertretungsorgans (§§ 85, 86 BGB)

sowie für die im Fall der Liquidation an deren Stelle tretenden **Liquidatoren** (§§ 66 GmbHG, 83 GenG) bzw. bei Auflösung der AG deren Abwickler (§ 269 AktG). Der bei Insolvenzverfahren einer juristischen Person das Verwaltungs- und Verfügungsrecht ausübende **Insolvenzverwalter** (§ 56 InsO) unterliegt ebenfalls nicht dem ArbEG, auch nicht der in dessen Auftrag die GmbH abwickelnde Geschäftsführer.[365]

70 Das ArbEG findet ferner **keine**, auch keine entsprechende **Anwendung** auf solche Personen, die bei einer **Personengesamtheit** (durch Gesetz, Satzung oder Gesellschaftsvertrag) zur Vertretung und/oder zur Geschäftsführung berufen sind:[366]
- GbR: alle oder einzelne Gesellschafter (§§ 709, 710, 714 BGB),

---

364 Vgl. dazu BGH v. 22.10.1964 – I a ZR 8/64, GRUR 1965, 302, 304 – *Schellenreibungskupplung* m.w.N., BGH v. 10.05.1988 – X ZR 89/87, GRUR 1988, 762, 763 – *Windform*; BGH v. 24.10.1989 – X ZR 58/88, GRUR 1990, 193 – *Auto-Kindersitz*; BGH v. 22.02.2011, GRUR 2011, 509 [Rn. 13] – *Schweißheizung*; OLG Düsseldorf v. 10.06.1999, GRUR 2000, 49, 50 – *Geschäftsführer-Erfindung* u. OLG Düsseldorf v. 15.05.2008 – 2 U 36/07, (unveröffentl.) – *Fahrzeugrad für Nutzfahrzeuge*; LG Düsseldorf v. 25.08.2011 – 4a O 142/10, (Düsseldf. Entsch. Nr. 1710) – *Lärmschutzwand*; LG München v. 30.04.2003, InstGE 4, 5 – *Geschäftsführer-Erfindung*; vgl. auch BGH v. 11.04.2000 – X ZR 185/97, NZA-RR 2000, 486 – *Gleichstromsteuerschaltung*; BGH v. 17.10.2000, GRUR 2001, 226 – *Rollenantriebseinheit*; u. BGH v. 26.09.2006, GRUR 2007, 52 – *Rollenantriebseinheit II*; BGH v. 21.12.2005 – X ZR 165/04, GRUR 2006, 401, 402 – *Zylinderrohr*; Schiedsst. v. 29.10.1958, BlPMZ 1959, 16 = GRUR 1959, 182 (LS) m. Anm. Friedrich u. v. 26.06.1997 – Arb.Erf. 1(B)/96, (unveröffentl.); LG Braunschweig v. 01.03.1977 (Endurteil) in EGR Nr. 4 zu § 1 ArbEG; ausf. Gaul GmbHRdsch. 1982, 101 u. DB 1990, 671; vgl. auch Bauer, DB 1979, 2178, 2180 f.; Schramm, BB 1961, 105 u. Jestaedt in Festschr. Nirk 1992, S. 493 ff.; dies gilt auch schon für den Geschäftsführer einer Vor-GmbH, vgl. BAG v. 13.05.1996, BB 1996, 1774. Zum »faktischen Geschäftsführer« vgl. BGH 5. Strafsenat v.28.11.2002 NStZ 2004, 575 (Rn. 8 f.).
365 Ebenso Reimer/Schade/Schippel/Rother Rn. 5 zu § 1; vgl. allgem. LAG Hamm, BB 1975, 331.
366 BGH v. 30.10.1990, GRUR 1991, 127, 129 – *Objektträger* m.H.a. BGH v. 16.11.1954, GRUR 1955, 286, 289 – *Schnellkopiergerät*; Trimborn S. 212 u. 222; Zimmermann Festschr. Schilling (2007), 415, 418 f.

C. Persönlicher Geltungsbereich § 1

- KG: die persönlich haftenden Gesellschafter – Komplementäre[367] (§§ 164, 170 HGB),
- OHG: alle oder einzelne Gesellschafter (§§ 114, 125 HGB),
- Verein (nicht rechtsfähiger): Vereinsvorstand (§§ 54, 26 BGB analog[368]).

**bb) Paralleler Arbeitnehmerstatus**

Ist ein Organmitglied – etwa im Rahmen eines Konzerns – für **andere recht-** 71 **lich selbstständige Unternehmen** (z.b. Konzerntöchter) zusätzlich **in einem Anstellungsverhältnis** tätig oder umgekehrt ein leitender Mitarbeiter der Muttergesellschaft als Geschäftsführer einer konzernabhängigen Gesellschaft[369] eingesetzt, so hängt die Anwendbarkeit des ArbEG auch u.e. davon ab, in welcher Eigenschaft die Erfindung entwickelt wird[370] (vgl. auch § 1 Rdn. 19 f.). Der Geschäftsführer einer abhängigen GmbH, dessen Bestellung ein Vertragsverhältnis mit dem herrschenden Unternehmen zugrunde liegt, gilt nur im Verhältnis zur GmbH nicht als Arbeitnehmer.[371] Da allein in der Bestellung zum Geschäftsführer einer konzernabhängigen Gesellschaft noch keine (stillschweigende) Aufhebung eines Arbeitsverhältnisses mit der Oberge-

---

367 Vgl. BGH v. 16.11.1954, GRUR 1955, 286, 289 – *(Schnell-) Kopiergerät* u. BGH v. 30.10.1990, GRUR 1991, 127, 129 – *Objektträger*; BGH v. 10.11.1970 – X ZR 54/67, GRUR 1971, 210, 212 – *Wildverbissverhinderung*; BGH v. 24.10.1989, GRUR 1990, 193 – *Auto-Kindersitz*; Gaul, DB 1990, 671; OLG Hamm v. 18.09.1985, NJW-RR 1986, 780; vgl. auch RG v. 11.06.1932, GRUR 1932, 1028 = RGZ 1936, 415.Vgl. auch OLG München v. 15.03.2007 – 6 U 5581/05, NJOZ 2007, 4716 (= Mitt. 2007, 523 [LS] = DB 2007, 2198 [LS], m. Anm. Friemel/Kamlah BB 2008, 613 ff.).
368 So Schiedsst. v. 16.08.1988, BlPMZ 1989, 57, 58 für einen Vorstandsfunktionen ausübenden Vereinsgeschäftsführer; ebenso Kraßer/Ann, PatR, § 21 Rn. 34 m.H.a. die Max-Planck-Gesellschaft als eingetr. Verein; s. allg. BAG v. 28.09.1995, NJW 1996, 614 m. Anm. Krasshöfer, EWiR 1996, 201.
369 S. dazu BAG v. 20.10.1995, NZA 1996, 200 m. Anm. Miller, EWiR 1996, 247. vgl. auch BAG v. 25.10.2007, NZA 2008, 168 m. Anm. Bauer/Arnold, DB 2008, 350 ff.
370 Diese Differenzierung übersieht LG Braunschweig i. Urt. v. 01.07.1975 (Zwischenurteil) GRUR 1976, 585 – *Polyisocyanatgemisch*. Ausf. hierzu A. Bartenbach, Arbeitnehmererfindungen i. Konzern (2018), Rn. 84 ff., 93, 676. Vgl. auch den Fall bei OLG München v. 15.03.2007 – 6 U 5581/05, NJOZ 2007, 4716 (= Mitt. 2007, 523 [LS] = DB 2007, 2198 [LS], m. Anm. Friemel/Kamlah BB 2008, 613 ff.).
371 BAG v. 21.02.1994, BB 1994, 1224; Schiedsst. v. 01.07.1999 – Arb.Erf. 49/97, (unveröffentl.).

sellschaft liegt,³⁷² kann auch insoweit eine Arbeitnehmererfindung in Betracht kommen.

Die Grundsätze der Sphärentheorie (§ 1 Rdn. 20) gelten nach der hier vertretenen Auffassung³⁷³ auch für den **Geschäftsführer einer Komplementär-GmbH, der zugleich in einem Dienstverhältnis zur KG steht** und als solcher nach den Umständen des Einzelfalls Arbeitnehmer der KG sein kann.³⁷⁴ Demgegenüber tendiert der *BGH* zu einer Gesamtbetrachtung³⁷⁵: Nach Auffassung des *BGH* scheidet eine differenzierende Betrachtung bei Doppelfunktionen und damit die Anwendbarkeit des ArbEG trotz des Arbeitnehmerstatus aus, wenn es sich nach den tatsächlichen Gegebenheiten bei beiden Gesellschaften um *ein* Unternehmen handelt und die Organstellung und betriebliche Funktion des Erfinders nicht trennbar sind, dieser vielmehr insgesamt Arbeitgeberfunktion ausübt.³⁷⁶ Anderseits verbleibt es insgesamt bei dem Arbeitnehmerstatus, wenn ein Arbeitnehmer zusätzlich die Stellung eines Geschäftsführers der Komplementär-GmbH einnimmt, dies faktisch aber nur eine formale Position ohne Änderung der Arbeitnehmereigenschaft darstellt.³⁷⁷ Übt dagegen der Geschäftsführer der Komplementär-GmbH die Geschäftsführertätigkeit für diese tatsächlich aus, so verleiht ihm der mit der GmbH & Co. ausschließlich abgeschlossene Arbeitsvertrag im Verhältnis zu der Komplementär-GmbH nicht den Status eines Arbeitnehmers im arbeitsrechtlichen Sinne, und damit auch nicht i.S.d. ArbEG.³⁷⁸

**71.1** Von den Organmitgliedern zu unterscheiden sind **Gesellschafter**. Diese können in Ausnahmefällen zugleich **in einem Arbeitsverhältnis zur Gesellschaft** stehen.³⁷⁹ Eine evtl. Arbeitnehmerstellung bestimmt sich ausschließlich nach

---

372 BAG v. 20.10.1995, NZA 1996, 200 m. Anm. Miller, EWiR 1996, 247 u. v. 25.06.1997, ZIP 1997, 1930 ff.
373 S.a. Zimmermann Festschr. Schilling (2007), 415, 419 f.
374 BAG v. 10.07.1980, NJW 1981, 302; v. 15.04.1982, GmbHRdsch. 1984, 70 u. v. 13.07.1995, NJW 1995, 3338, 3339.
375 So Keukenschrijver in Busse/Keukenschrijver, PatG, Rn. 3 zu § 1 ArbEG.
376 BGH v. 24.10.1989 – X ZR 58/88, GRUR 1990, 193, 194 – *Auto-Kindersitz*; ebenso Busche in Festschr. Reimann (2009), 37, 43 f.
377 BAG v. 13.07.1995, NJW 1995, 3338, 3339.
378 OLG München v. 15.03.2007 – 6 U 5581/05, NJOZ 2007, 4716 (= Mitt. 2007, 523 [LS] = DB 2007, 2198 [LS], m. Anm. Friemel/Kamlah BB 2008, 613) m. H. a. BAG v. 20.08.2003, NJW 2003, 3290.
379 Vgl. etwa BAG v. 17.01.2017 NJG 2017, 630 (Rn. 22) m. w. Nachw.

## C. Persönlicher Geltungsbereich § 1

den allgemeinen Kriterien für die Arbeitnehmereigenschaft[380] und damit nach dem Vorliegen eines Arbeitsvertrages (§ 611a BGB, s.o. § 1 Rdn. 9 f.). Ein rechtlich maßgeblicher Einfluss auf die Willensbildung der Gesellschaft schließt ein Beschäftigungsverhältnis grds. aus, da es an der Weisungsgebundenheit fehlt.[381] Das gilt jedenfalls dann, wenn einem Gesellschafter als Kapitaleigner ein großer Einfluss auf die Führung der Gesellschaft i.s. einer Leitungsmacht zukommt, insbesondere als Allein- oder Mehrheitsgesellschafter bzw. aufgrund einer Sperrminorität.[382] Besteht ein Arbeitsverhältnis, kommen die allgemeinen Regeln des Arbeitsrechts,[383] und damit auch des ArbEG, zur Anwendung. Hier kommt der Feststellung, ob eine Diensterfindung vorliegt, allerdings besondere Bedeutung zu.[384]

Ist ein Gesellschafter im Rahmen einer ihm erlaubten **freiberuflichen Tätigkeit** berechtigt, dabei auch erfinderische (Entwicklungs-) Arbeiten auszuüben, liegt insoweit keine Arbeitnehmerstellung vor; solche Erfindungen sind sein geistiges Eigentum und unterliegen nicht dem Inanspruchnahmerecht der Gesellschaft.[385]

Stammen die Erfindungen aus einer **Vortätigkeit** eines Organmitgliedes **als** 71.2 **Arbeitnehmer**, gilt insoweit selbstverständlich weiterhin das ArbEG.[386] Maßgebend ist der arbeitsrechtliche Status zum Zeitpunkt der Fertigstellung der Erfindung[387] (s. § 1 Rdn. 7). Wechselt der Arbeitnehmer aus einem Anstellungsverhältnis in eine Organstellung, findet das ArbEG auf die von ihm als Organ fertiggestellten Erfindungen auch dann keine Anwendung, wenn das

---

380 Nach Zimmermann in Festschr. Schilling (2007), 415, 419, soll bei gesellschaftsvertraglicher Leistungspflicht für die Gesellschaft »mindestens eine Vermutung für den gesellschaftsrechtlichen Ursprung der Dienstleistung« bestehen.
381 Vgl. auch allgemein BSG v. 25.01.2006, GmbHR 2006, 645.
382 Vgl. BAG v. 17.01.2017 NZG 2017, 630 (Rn. 22).
383 Vgl. allg. BAG v. 09.01.1990, AP Nr. 6 zu § 35 GmbHG u. LAG Berlin v. 26.03.2003 – 5 Ta 1306/01, (unveröffentl.), dort betr. *Kommanditist ohne Sperrminorität*; vgl. auch Schiedsst. v. 26.06.1997 – Arb.Erf. 1 (B)/96, u. v. 15.02.1996 – Arb.Erf. 67/94, (beide unveröffentl.).
384 Vgl. auch BGH v. 10.09.2002 – X ZR 199/01, Mitt. 2003, 24 – *Ozon*.
385 BGH 5. Strafsenat v. 28.11.2002, NStZ 2004, 575 (Rn. 9). Zur Rechtsstellung der Gesellschafter von Personengesellschaften Zimmermann Festschr. Schilling (2007), 415, 418 f.
386 BGH v. 10.09.2002 – X ZR 199/01, Mitt. 2003, 24, 25 – *Ozon*; Gaul, DB 1990, 671; vgl. auch BGH v. 21.12.1989 – X ZR 30/89, GRUR 1990, 515 – *Marder*.
387 LG Düsseldorf v. 14.09.1999, Entscheidungen 4. ZK 2000, 3, 5 – *Ozonerzeuger*.

bisherige Arbeitsverhältnis – ausnahmsweise[388] – trotz des Abschlusses des nachfolgenden Dienstverhältnisses als ruhend fortbestehen sollte (s. etwa zur Konzernsituation oben § 1 Rdn. 71).

Hat das Organ **Erfindervergütungsansprüche** gegen die Gesellschaft aus Diensterfindungen als früherer Arbeitnehmer, so besteht gegenüber Vergütungsansprüchen aus Geschäftsführererfindungen ein **Aufrechnungsverbot** (§ 12 Abs. 6 ArbEG i.V.m. § 393 BGB).

### cc) Zuordnung von Organerfindungen

72 Eine Verpflichtung zur Entwicklung von Erfindungen besteht für Organmitglieder im Grundsatz nicht, auch dann nicht, wenn in deren sachlichen Zuständigkeitsbereich die Forschung und Entwicklung bzw. der Gesamtbereich der Technik fallen.[389]

Mit ihrer Fertigstellung steht die Erfindung dem Organmitglied persönlich zu (vgl. § 6 Satz 1 PatG).[390] Allerdings können sich aus dem Dienstvertrag/Gesellschaftsvertrag **Anbietungspflichten** ergeben. Mangels Anwendbarkeit des ArbEG unterliegen Erfindungen von Organmitgliedern der **freien Vereinbarung**;[391] die Gesellschaft kann sie nicht einseitig im Wege der (fiktiven) Inanspruchnahme auf sich überleiten. Ob und in welchem Umfang (Rechtsübertragung oder bloße Einräumung von einfachen oder ausschließlichen Nutzungsrechten) ein Organmitglied bzw. Gesellschafter verpflichtet ist, in seiner Person entstehende (§ 6 Satz 1 PatG) Rechte an einer von ihm entwickelten Erfindung auf die von ihm vertretene juristische Person oder Personengesamtheit zu übertragen, bestimmt sich zunächst nach dem **Inhalt des Dienstvertra-**

---

388 Nach BAG (z.B. BAG v. 14.06.2006, AP ArbGG 1979 § 5 Nr. 62; v. 24.11.2005, NZA 2006, 728 u. v. 03.02.2009, NZA 2009, 669, 670) endet im Zweifel das bisherige Arbeitsverhältnis, es ruht nicht lediglich.
389 OLG Düsseldorf v. 08.06.2006, NJOZ 2007, 1583, 1587 – *Strangpressprofilbehandlung*; Busche Festschr. Reimann (2009), 37, 43; s.a. OLG Düsseldorf v. 10.06.1999, GRUR 2000, 49, 50 – *Geschäftsführererfindung*.
390 BGH v. 16.11.1954, GRUR 1955, 286 – *Schnellkopiergerät*; OLG Düsseldorf v. 10.06.1999, GRUR 2000, 49, 50 – *Geschäftsführererfindung*; Jestaedt, Festschr. Nirk (1992) S. 493, 497.
391 BAG v. 07.10.1993, DB 1994, 428, 429 v. 28.09.1995, BB 1996, 114 u. v. 18.12.1996, WiB 1997, 652 ff. m. Anm. Boemke; Martens in Anm. AP Nr. 3 zu § 5 ArbGG 1979. Zur Vertragsgestaltung s. Friemel/Kamlah, BB 2008, 613.

C. Persönlicher Geltungsbereich § 1

ges[392] (§§ 611 ff. BGB) bzw. **des Gesellschaftsvertrages**[393]. Ist der Dienstvertrag fehlerhaft, so ist das Organmitglied für die Dauer seiner Beschäftigung so zu behandeln, als wäre der Vertrag wirksam[394] (»faktischer Geschäftsführer«).

Das Organmitglied bzw. der Gesellschafter kann über seine zukünftigen Erfindungen – sofern deren Gegenstand jedenfalls bestimmbar ist – **im Voraus zugunsten seiner Gesellschaft verfügen oder sich im Voraus zur Übertragung verpflichten.**[395] Bei der Vorausverfügung erwirbt die Gesellschaft ohne weiteren Übertragungsakt das Recht an der Erfindung; bei bloßer Übertragungsverpflichtung bedarf es noch des Übertragungsaktes.[396] Möglich ist auch die Vereinbarung eines Optionsrechts zugunsten der Gesellschaft bzw. Personengesamtheit, um dieser das einseitige Recht zur Übernahme der Erfindung (entsprechend §§ 6, 7 Abs. 1 ArbEG) einzuräumen.[397]

73

Eine pauschale Einbeziehung sämtlicher Regeln des ArbEG – sei es ausdrücklich oder stillschweigend[398] – ist zwar zulässig[399] (s. § 1 Rdn. 92 ff.), aber nicht zweckmäßig. Zur Vermeidung etwa von Meinungsunterschieden bei der

---

392 BGH v. 16.11.1954, GRUR 1955, 286, 289 – *Schnellkopiergerät*; bestätigt durch BGH v. 30.10.1990, GRUR 1991, 127, 129 – *Objektträger*; OLG Düsseldorf v. 10.06.1999, GRUR 2000, 49, 50 – *Geschäftsführer-Erfindung*; Trimborn S. 249 ff.; Benkard/Mellulis Rn. 77 f., 81 zu § 6 PatG; vgl. auch zur F.+E.-Kooperation Ullrich, GRUR 1993, 338 ff.
393 Vgl. etwa BGH v. 10.05.1988 – X ZR 89/87, GRUR 1988, 762, 763 – *Windform*; vgl. auch BGH v. 22.10.1964 – I a ZR 8/64, GRUR 1965, 302, 304 – *Schellenreibungskupplung* u. BGH v. 24.10.1989 – X ZR 58/88, GRUR 1990, 193 – *Auto-Kindersitz*.
394 BGH v. 16.11.1954, GRUR 1955, 286, 289 – *Schnellkopiergerät*; bestätigt durch BGH v. 30.10.1990, GRUR 1991, 127, 129 – *Objektträger*; s.a. BGH, NJW 1995, 1158, 1159.
395 Vgl. allg. BGH v. 16.01.1995, NJW 1995, 1158 (zum »faktischen Geschäftsführer« einer GmbH & Co. KG).
396 Vgl. BGH v. 16.11.1954, GRUR 1955, 286, 289 – *Schnellkopiergerät*; bestätigt durch BGH v. 30.10.1990, GRUR 1991, 127, 129 – *Objektträger*; Benkhard/Mellulis Rn. 27 zu § 6 PatG.
397 Benkard/Mellulis, PatG, Rn. 82 zu § 6 PatG.
398 LG Düsseldorf v. 08.08.2002, Mitt. 2002, 534 – *Freigabeanspruch*; A. Bartenbach/Fock, GRUR 2005, 384, 385 f.
399 Vgl. BGH v. 22.10.1964 – I a ZR 8/64, GRUR 1965, 302, 304 – *Schellenreibungskupplung* u. BGH v. 10.05.1988 – X ZR 89/87, GRUR 1988, 762, 763 – *Windform*; OLG Düsseldorf v. 28.02.2014 – I – 2 U 110/11, (juris, Rn. 74) – technischer Geschäftsführer; LG Düsseldorf v. 10.02.2005 – 4a O 150/04, (www.justiz.nrw.de/nrwe, Rn. 27) – Strangpressverfahren; LG Braunschweig v. 01.03.1977 (Endurteil) in EGR Nr. 4 zu § 1 ArbEG m.H.a. Schiedsst. v. 29.10.1958, BlPMZ 1959, 16; Schippel, GRUR 1959, 167 ff.

Frage der Inanspruchnahme einer Erfindung kann sich eine Regelung dahin empfehlen, dass das Organmitglied bzw. der Gesellschafter im Voraus seine zukünftigen Erfindungen (im Arbeitsbereich des Unternehmens) überträgt.[400] Sollte die gesetzliche Fiktionswirkung des § 6 Abs. 2 ArbEG nicht individualrechtlich vereinbart werden können, liegt in der Vereinbarung der Anwendung des ArbEG jedenfalls auch eine (konkludente) Vorausabtretung zukünftiger Erfindungsrechte mit der befristeten Möglichkeit eines Verzichts der Gesellschaft. Zum Vergütungsanspruch s. § 1 Rdn. 75 ff. Denkbar ist auch die Einzelübertragung nach Fertigstellung der Erfindung, etwa durch »assignment« nach US-Recht.[401]

74 Bei **Fehlen einer** ausdrücklichen **Abrede** kann nicht ausnahmslos von einer Pflicht des Organmitglieds bzw. Gesellschafters zur Übertragung bzw. Rechtseinräumung ausgegangen werden.[402] Entscheidend sind die Umstände des Einzelfalls.[403] Ggf. ist nach den Grundsätzen der ergänzenden Vertragsauslegung der hypothetische Parteiwille zu erforschen.[404] Für die Entscheidung können insb. folgende **Kriterien** bedeutsam sein:
– der **Zweck des Dienstverhältnisses** bzw. der übernommenen Funktionen, etwa ob das Organmitglied bzw. der Gesellschafter wegen technischer Kenntnisse angestellt wurde, für den technischen Bereich verantwortlich ist oder auch dort eingesetzt wurde, ggf. mit dem Ziel, auf technische

---

400 Ebenso Zimmermann Festschr. Schilling (2007), 415, 422.
401 S. den Fall b. BGH v. 17.10.2000 – X ZR 181/03, GRUR 2001, 226 – *Rollenantriebseinheit*.
402 BGH v. 16.11.1954, GRUR 1955, 286, 289 – *Schnellkopiergerät* u. BGH v. 30.10.1990, GRUR 1991, 127, 129 – *Objektträger*; OLG Düsseldorf v. 28.02.2014, Mitt. 2014, 337, 341 – *Rapssaatenschälung*.
403 Ebenso OLG Düsseldorf v. 28.02.2014, Mitt. 2014, 337, 341 f. – *Rapssaatenschälung*; OLG Frankfurt am Main v. 13.04.2017, GRUR-RR 2017, 294 – *Transportwerkzeuge* (= www.lareda.hessenrecht.hessen.de); Benkard/Mellulis Rn. 77 ff. zu § 6 PatG; auch Gaul, GRUR 1977, 686, 691, der aus der »engen organschaftlichen Beziehung« bzw. aus dem Dienstvertrag eine generelle Anbietungspflicht herleitet (ebenso ders. in GmbHRdsch. 1982, 101, 103); ähnl. Heine/Rebitzki Anm. 4 zu § 1.
404 BGH v. 11.04.2000 – X ZR 185/97, GRUR 2000, 788, 790 – *Gleichstromsteuerschaltung*; OLG Düsseldorf v. 10.06.1999, GRUR 2000, 49, 50 – *Geschäftsführer-Erfindung* u. v. 28.02.2014, Mitt. 2014, 337, 341 – *Rapssaatenschälung*; OLG Frankfurt am Main v. 13.04.2017, GRUR-RR 2017, 294 – *Transportwerkzeuge* (= www.lareda.hessenrecht.hessen.de); LG München v. 30.04.2003, InstGE 4, 5, 9 – *Geschäftsführer-Erfindung*. Siehe zur Vergütungspflicht BGH v. 26.09.2006 – X ZR 181/03, GRUR 2007, 52 (Rn. 20) – *Rollenantriebseinheit II*.

## C. Persönlicher Geltungsbereich § 1

Neuerungen bedacht zu sein;[405] insb. bei einer Personengesellschaft kann sich im Einzelfall eine Anbietungspflicht aus dem **Sinn und Zweck der Gesellschaft ergeben;**[406]
- die **Treuepflicht**, sei es aus der Stellung als Gesellschafter insb. bei einer Personengesellschaft,[407] ggf. aber auch aus der Stellung als Organmitglied juristischer Personen.[408] Ohne besondere Umstände kann allerdings allein aus der Treuepflicht heraus grundsätzlich keine Pflicht zur Übertragung bzw. Rechtseinräumung hergeleitet werden.[409] Beruht bspw. die Erfindung überwiegend auf Mitteln, Erfahrungen und Vorarbeiten des Unternehmens oder ist die Erfindung (überwiegend) während der Arbeitszeit entstanden, kann nach Treu und Glauben (§ 242 BGB) eine Pflicht bestehen, Erfindungsrechte ganz oder z.T. der Gesellschaft zu übertragen (in entsprechen-

---

405 Vgl. etwa BGH v. 22.10.1964 – I a ZR 8/64, GRUR 1965, 302, 304 – *Schellenreibungskupplung* u. BGH v. 11.04.2000 – X ZR 185/97, GRUR 2000, 788, 790 – *Gleichstromsteuerschaltung*; OLG Düsseldorf v. 10.06.1999, GRUR 2000, 49, 50 – *Geschäftsführer-Erfindung* u. OLG Düsseldorf v. 28.02.2014 Mitt. 2014, 337, 341 f. – *Rapssaatenschälung*; LG Düsseldorf v. 14.09.1999, Entsch. 4. ZK. 2000, 3, 7 – *Ozonerzeuger*; vgl. auch BGH v. 26.09.2006 – X ZR 181/03, GRUR 2007, 52 (Rn. 15) – *Rollenantriebseinheit II* u. im Anschluss daran OLG München v. 31.01.2008 – 6 U 2464/97, (unveröffentl.).
406 Vgl. BGH v. 24.06.1952, GRUR 1953, 29, 30 – *Plattenspieler I*; BGH v. 16.11.1954, GRUR 1955, 286, 289 – *Schnellkopiergerät* u. BGH v. 11.04.2000 – X ZR 185/97, GRUR 2000, 788, 790 – *Gleichstromsteuerschaltung*; vgl. auch BFH v. 26.06.1970, BFHE 100, 25, 28; Ullrich, GRUR 1993, 338, 342 f.; OLG Düsseldorf v. 28.02.2014, Mitt. 2014, 337, 342 – *Rapssaatenschälung*; Busche Festschr. Reimann (2009), 37, 41.
407 Vgl. BGH v. 16.11.1954, GRUR 1955, 286, 289 – *Schnellkopiergerät* u. BGH v. 11.04.2000 – X ZR 185/97, GRUR 2000, 788, 790 – *Gleichstromsteuerschaltung*; vgl. auch BGH v. 30.10.1990, GRUR 1991, 127, 129 – *Objektträger*; OLG Hamm v. 18.09.1985, NJW-RR 1986, 780, 781.
408 Vgl. BGH v. 22.10.1964 – I a ZR 8/64, GRUR 1965, 302, 304 – *Schellenreibungskupplung*; OLG Düsseldorf v. 28.02.2014, Mitt. 2014, 337, 341, 344 – *Rapssaatenschälung*.
409 OLG Düsseldorf v. 28.02.2014, Mitt. 2014, 337, 341 – *Rapssaatenschälung*.

der Anwendung des § 667 BGB).[410] Dementsprechend hat das *OLG Frankfurt am Main* **eine Pflicht zur (entschädigungslosen) Übertragung** angenommen, wenn sich die Leitungsfunktion eines Gesellschafters auf den technischen Unternehmensbereich bezieht, seine Erfindung dem Geschäftsgegenstand der Gesellschaft zuzuordnen ist und diese überwiegend auf Mitteln, Erfahrungen und Vorarbeiten des Unternehmens (der Gesellschaft) beruht.[411] Ergänzend hat sich das *OLG Frankfurt am Main*[412] auf die **sog. Geschäftschancenlehre** gestützt, wonach Geschäftsführer einer gewerblich tätigen (Personen-)Gesellschaft sich der Gesellschaft bietende Geschäftschancen nicht für sich selbst, sondern ausschließlich für die Gesellschaft auszunutzen haben.[413] Diese Parallele zum US-Recht erscheint hier allerdings fraglich; immerhin geht es nicht um die Ausnutzung einer fremden Leistung aus eigennützigen Motiven zu Lasten der Gesellschaft, sondern um die grundsätzlich selbstbestimmte Nutzung eigenen geistigen Eigentums unter legitimer Wahrung eigener Interessen. Bei einem »weisungsabhängigen Organ«[414] reicht regelmäßig die bloße Tatsache, dass Anregungen zu der Erfindung aus dem Unternehmensbereich kamen oder dass ein Unternehmen mit dem Einsatz der Erfindung wirtschaftliche Vorteile erlangen könnte, für sich allein noch nicht zur Annahme einer Übertragungspflicht aus; i.Ü. ist zu beachten, dass die Treuepflicht als solche dem Organmitglied vorrangig das Unterlassen schädigender Verwertungshandlungen auferlegt, während positive Zweckförderungs-/Leistungs-

---

410 OLG Düsseldorf v. 10.06.1999, GRUR 2000, 49, 50 – *Geschäftsführer-Erfindung*; LG Düsseldorf v. 25.08.2011 – 4a O 142/10, (Düsseldf. Entsch. Nr. 1710) – Lärmschutzwand; Jestaedt Festschr. Nirk, S. 493, 500 ff.; A. Bartenbach/Fock, GRUR 2005, 384, 385; Gaul, GRUR 1963, 341 u. ders., GRUR 1977, 686, 691; so im Ergebn. wohl auch BGH v. 22.10.1964 – I a ZR 8/64, GRUR 1965, 302, 304 – *Schellenreibungskupplung*, der zutr. darauf hinweist, »dass eine Gehaltserhöhung weder als stillschweigende Abgeltung schon bestehender Vergütungsansprüche noch als stillschweigende Vorausabgeltung späterer Erfindungen gewertet werden kann«; vgl. auch BGH v. 24.10.1989 – X ZR 58/88, GRUR 1990, 193 – *Auto-Kindersitz*; a.A. Becker, GRUR 1965, 127, 128; diff. Bauer, DB 1979, 2178, 2180 f.; zur Vergütg. vgl. ferner Gaul in DB 1990, 671 ff. u. Jestaedt in Festschr. Nirk 1992, S. 493 ff.
411 So OLG Frankfurt v. 13.04.2017, GRUR-RR 2017, 294 – Transportwerkzeuge (= www.lareda.hessenrecht.hessen.de).
412 OLG Frankfurt v. 13.04.2017, GRUR-RR 2017, 294 – Transportwerkzeuge (= www.lareda.hessenrecht.hessen.de) m. H.a. BGH v. 04.12.2012, NJW-RR 2013, 363.
413 Vgl. dazu allg. BGH v. 04.12.2012, NJW-RR 2013, 363 (Rn. 20 ff.) u. v. 16.03.2017 NJW 2017, 1749 (Rn. 20,22, dort im Bezug auf Insolvenzverwalter).
414 Vgl. dazu Schaub/Vogelsang, ArbRHdb., § 114 II Rn. 2ff.

## C. Persönlicher Geltungsbereich § 1

pflichten vertraglich zu regeln sind,[415] sodass für die Herleitung von Ansprüchen der Gesellschaft auf Übertragung bzw. Rechtseinräumung aus Treuepflichten Zurückhaltung geboten ist.[416] Andererseits wird im Schrifttum bei einem Gesellschafter-Geschäftsführer eine regelmäßige Anbietungs bzw. Übertragungsverpflichtung für Erfindungen auf dem Geschäftsgebiet der Gesellschaft befürwortet.[417] Auch dem kann in dieser Allgemeinheit nicht gefolgt werden, jedenfalls nicht bei überobligatorischen schöpferischen Leistungen.[418] Vom Einzelfall hängt neben der Frage einer Zuordnung zur Gesellschaft auch hier – ebenso wie bei sonstigen Geschäftsführererfindungen – die davon grundsätzlich getrennte Frage der Vergütung für eine Übertragung bzw. Nutzungsrechtseinräumung ab. Eine unentgeltliche Übertragungspflicht kann sich etwa aus einer arbeitsteiligen Zusammenarbeit der (Gesellschafter-)Geschäftsführer bei der Umsetzung eines gemeinsamen Projektes der Gesellschaft ergeben;[419]
- die rechtliche **Behandlung früherer Erfindungen**, etwa, wenn diese regelmäßig einvernehmlich übergeleitet wurden;[420]
- das **Inkenntnissetzen der Gesellschaft** von einer fertiggestellten Erfindung allein genügt nicht, um eine Übertragung des Rechts an der Erfindung und damit auch des Rechts, das Schutzrecht übernehmen zu können, anzunehmen;[421]
- der für das Immaterialgüterrecht allgemein geltende **Zweckübertragungsgrundsatz**,[422] wonach der Erfinder als Rechtsinhaber im Zweifel nur insoweit eine Verfügung trifft, als dies zur Erreichung des schuldrechtlich fest-

---

415 Vgl. BGH v. 07.12.1972, WM 1973, 990, 991 f., wonach Sonderpflichten nicht ohne Einverständnis des geschäftsführenden Gesellschafters eingeführt werden können.
416 S. Zimmermann Festschr. Schilling (2007), S. 415, 426 ff. m.w.N.; s. auch OLG Düsseldorf v. 28.02.2014, Mitt. 2014, 337, 341 – Rapssaatenschälung; vgl. aber auch Jestaedt Festschr. Nirk, S. 493, 499 f.
417 Vgl. Bartenbach/Fock GRUR 2005, 384, 386;
418 Zu Recht zurückhaltend, aber offen gelassen von OLG Düsseldorf v. 28.02.2014, Mitt. 2014, 337, 342 – Rapssaatenschälung m. w. Nachw. Ablehnend wohl – im Unterschied zum damaligen Berufungsgericht – BGH v. 30.10.1990, GRUR 1991, 127, 128 f. – *Objektträger*.
419 OLG Düsseldorf v. 28.02.2014, Mitt. 2014, 337, 344 – Rapssaatenschälung.
420 Vgl. BGH v. 22.10.1964 – I a ZR 8/64, GRUR 1965, 302, 306 – *Schellenreibungskupplung* u. BGH v. 11.04.2000 – X ZR 185/97, GRUR 2000, 788, 790 – *Gleichstromsteuerschaltung*.
421 Vgl. BGH v. 30.10.1990, GRUR 1991, 127, 128 – *Objektträger*.
422 BGH v. 30.10.1990, GRUR 1991, 127, 128 – *Objektträger*; Zimmermann Festschr. Schilling (2007), S. 415, 422.

gelegten Zwecks unbedingt erforderlich ist[423] (s.a. § 1 Rdn. 4). Dieser Erfahrungssatz lässt jedoch die Vertragsfreiheit unberührt und bestimmt nur den **Umfang einer bestehenden Anbietungspflicht**.[424] Er hindert indes im Einzelfall die Auslegung dahin nicht, der Erfinder und sein Vertragspartner hätten sich auf eine weiter gehende Verpflichtung, insb. auf eine Vollrechtsübertragung geeinigt.[425]

Ergibt sich aus den gesamten Umständen des Dienstvertrages eines Organmitglieds dessen Verpflichtung, eine Erfindung dem Dienstherrn zu melden, verpflichtet ein Verstoß zum Schadensersatz (§ 823 Abs. 1 BGB u. ggf. § 823 Abs. 2 BGB i.V.m. § 266 StGB).

**dd) Vergütungsanspruch (dem Grunde nach)**

75 Die Feststellung, ob und in welchem Umfang dem Organmitglied bzw. Gesellschafter für die Übertragung und/oder Nutzung seiner Erfindung (Miterfinderanteils) eine **Erfindervergütung** zusteht, gehört seit jeher zu einer der **schwierigen Rechtsfragen des Erfinderrecht**, die **durch eine umfangreiche Kasuistik** gekennzeichnet ist. Von daher ist es zu begrüßen, wenn die höchstrichterliche Rechtsprechung seit den 1990'er Jahren bestrebt ist, das Dickicht zunehmend zu lichten. Weitgehend unstreitig ist heute, dass die Frage, ob und in welchem Umfang eine Vergütung geschuldet wird, stets im **Einzelfall unter Würdigung aller tatsächlichen Umstände** zu entscheiden ist.[426] Dabei gibt es für das Bestehen eines Vergütungsanspruchs (»Ob«) nach Auffassung des *BGH* **keine tatsächliche Vermutung**, und zwar weder für noch gegen eine Vergütungspflicht.[427] Daraus folgt, dass auch die **Vermutung** einer stillschweigenden Vergütungspflicht aufgrund Üblichkeit, Verkehrssitte, Organstellung usw. nach **§ 612 Abs. 1 BGB nicht** greift (s. aber auch § 1 Rdn. 75.4; zur Bestimmung der Vergütungshöhe nach § 612 Abs. 2 BGB s. § 1 Rdn. 76.2).

75.1 Zunächst kommt es entscheidend auf die zwischen der juristischen Person/ Gesellschaft und dem Organmitglied bzw. Gesellschafter – im Dienstvertrag

---

423 BGH v. 16.11.1954, GRUR 1955, 286, 289 – *Schnellkopiergerät*; Benkard/Ullmann/Deichfuß, PatG, Rn. 26 zu § 15 PatG m.w.N.
424 So zutreffend Busche in Festschr. Reimann (2009), 37, 41.
425 BGH v. 11.04.2000 – X ZR 185/97, GRUR 2000, 788, 790 – *Gleichstromsteuerschaltung*.
426 BGH v. 26.09.2006 – X ZR 181/03, GRUR 2007, 52 (LS 2a, Rn. 16) – *Rollenantriebseinheit II*; OLG Düsseldorf v. 28.02.2014, Mitt. 2014, 337, 341 – Rapssaatenschälung. Vgl. dazu auch Friemel/Kamlah BB 2008, 613, 615 ff.
427 BGH v. 26.09.2006 – X ZR 181/03, GRUR 2007, 52 (LS 2a, Rn. 16) – *Rollenantriebseinheit II*; vgl. aber auch Zimmermann in Festschr. Schilling (2007), S. 415, 429 ff.

## C. Persönlicher Geltungsbereich § 1

oder anderweitig – **getroffenen Vereinbarungen/**Regelungen an.[428] Hier gilt **Vertragsfreiheit** mit den allgemeinen zivilrechtlichen Schranken (insb. §§ 134, 138 BGB). §§ 22, 23 ArbEG finden keine Anwendung (s. § 1 Rdn. 70).

Die Möglichkeiten für eine **ausdrückliche Vereinbarung** reichen grds. vom gänzlichen Ausschluss von Vergütungsansprüchen[429] (z.b. infolge Abgeltung mit den Geschäftsführerbezügen oder sonstiger Beteiligung am Unternehmenserfolg, etwa durch Tantiemen, Boni, Aktienoptionen[430]) bzw. völligen Verzicht des Organmitglieds auf Vergütung[431] (zum Verzicht auf Vergütungsansprüche s. allgemein § 23 Rdn. 21), über Einschränkungen von Vergütungsansprüchen (gegenständlich, zeitlich, Verrechnung mit Tantiemen usw.) bis hin zur unbegrenzten Anerkennung eines Vergütungsanspruchs unter Vorgabe konkreter Vergütungsparameter oder in der Einbeziehung der **materiellen Vergütungsregelungen des ArbEG**[432] (vgl. § 1 Rdn. 92 ff.) bzw. der **Vergütungsrichtlinien** (zur Bestimmung von Erfindungswert und Anteilsfaktor). Bei Vorstandsmitgliedern einer AG bedarf es zur Wirksamkeit der Vornahme durch den Aufsichtsrat (§ 112 AktG), bei Geschäftsführern einer GmbH der Beschlussfassung durch die Gesellschafter (§ 46 GmbHG).[433]

75.2

Soweit ein Organmitglied Einfluss auf Produktentscheidungen nimmt, kann zur Vermeidung möglicher Interessenkonflikte eine zulässige, abschließende **Pauschalvergütungsregelung** (s. dazu § 9 Rdn. 57 ff. u. RL Nr. 40 Buchst. c) gewollt sein.

---

428 Vgl. etwa BGH v. 22.10.1964 – I a ZR 8/64, GRUR 1965, 302, 304 – *Schellenreibungskupplung* zur Vereinbarung der DVO 1943 (= ArbEG) bezgl. d. Vergütung; vgl. auch BGH v. 10.05.1988 – X ZR 89/87, GRUR 1988, 762, 763 – *Windform*; BGH v. 11.04.2000 – X ZR 185/97, GRUR 2000, 788 f. – *Gleichstromsteuerschaltung*; BGH v. 17.10.2000, GRUR 2001, 226, 227 – *Rollenantriebseinheit* u. BGH v. 26.09.2006 – X ZR 181/03, GRUR 2007, 52 (Rn. 15 ff.) – *Rollenantriebseinheit II*.
429 Vgl. etwa BGH v. 26.09.2006 – X ZR 181/03, GRUR 2007, 52 (Rn. 16) – *Rollenantriebseinheit II*.
430 Busche in Festschr. Reimann (2009), 37, 41 m.H.a. OLG München, BeckRS 2008 06565 (unter B 1 d) ee) [1], [3]).
431 Vgl. z. entspr. österr. Recht OGH Wien v. 05.02.1985, GRUR Int. 1986, 64 – *Vorstandsmitglied*.
432 BGH v. 22.10.1964 – I a ZR 8/64, GRUR 1965, 302, 304 – *Schellenreibungskupplung*; Schippel, GRUR 1959, 167 ff.; vgl. auch BGH v. 10.05.1988 – X ZR 89/87, GRUR 1988, 762, 763 – *Windform*; LG Braunschweig v. 01.03.1977, EGR Nr. 4 zu § 1 ArbEG; s. (aber) auch BGH v. 24.10.1989 – X ZR 58/88, GRUR 1990, 193, 194 r. Sp. – *Auto-Kindersitz*; Reimer/Schade/Schippel/Rother Rn. 4 zu § 1.
433 Vgl. auch FG München v. 10.12.2002, EFG 2003, 544 f.

**75.3** Mangels Formerfordernissen kommt bei Fehlen ausdrücklicher Absprachen eine **stillschweigende Vereinbarung** in Betracht. Hierzu erfolgt nach der Rechtsprechung vorrangig eine Prüfung und Auslegung (§§ 133, 157 BGB) des Geschäftsführervertrages (Dienstvertrages) bzw. des Gesellschaftsvertrages bei Gesellschaftern (s. § 1 Rdn. 72), eventueller sonstiger Vereinbarungen sowie aller sonstigen Umstände des Einzelfalls.[434] Dabei ist zu prüfen, ob es sich bei der Entwicklung einer technischen Neuerung um eine durch die vereinbarten Dienstbezüge (einschließlich Tantieme)[435] abgegoltene Vertragserfüllung handelt.[436] Dies kann dann der Fall sein, wenn dem Organmitglied z.b. als technischer Geschäftsführer – in Abgrenzung zu einer rein kaufmännischen Funktion eines Organmitglieds[437] – (auch) Forschungs- und Entwicklungsaufgaben dienstvertraglich (gesellschaftsvertraglich) zugewiesen sind[438] bzw. er mit dem Ziel beschäftigt wird, persönlich auf technische Neuerungen, die zu Schutzrechten führen können, hinzuarbeiten[439] oder ihm sonst die Verpflichtung zukommt, seine Arbeitskraft auch der Leitung des technischen Bereichs zu widmen und insoweit die Unternehmenszwecke zu fördern,[440] und die Erfindung im Unternehmensbereich liegt.[441] Insoweit kann § 4 ArbEG »Fingerzeige geben«.[442] Andererseits kann in den Fällen, in denen eine Übertragung von Diensterfindungen zwar geschuldet, eine Vergütung aber nicht bestimmt ist, der Erfahrungssatz zu beachten sein, dass ein Erfinder seine Rechte **i.d.R. nicht ohne angemessenen Ausgleich** aufgeben wird.[443] Letzteres gilt insbesondere dann, wenn die Erfindung eine **überobligatorische Son-**

---

434 S. BGH v. 26.09.2006 – X ZR 181/03, GRUR 2007, 52 (Rn. 16) – *Rollenantriebseinheit II*.
435 LG Mannheim v. 14.01.2000 – 7 0 363/99, (unveröffentl.).
436 BGH v. 11.04.2000 – X ZR 185/97, GRUR 2000, 788, 791 – *Gleichstromsteuerschaltung*; OLG Düsseldorf v. 10.06.1999, GRUR 2000, 49, 50 – *Geschäftsführer-Erfindung*; s. BGH v. 26.09.2006 – X ZR 181/03, GRUR 2007, 52 (Rn. 16) – *Rollenantriebseinheit II*; ferner LG Düsseldorf v. 14.09.1999, Entscheidungen 4. ZK 2000, 3, 7 f. – *Ozonerzeuger*.
437 Vgl. BGH v. 26.09.2006 – X ZR 181/03, GRUR 2007, 52 (Rn. 25) – *Rollenantriebseinheit II*.
438 Vgl. dazu OLG Düsseldorf v. 10.06.1999, GRUR 2000, 49, 50 – *Geschäftsführer-Erfindung*; Keukenschrijver in Busse/Keukenschrijver, PatG, Rn. 29 zu § 6 PatG.
439 BGH v. 26.09.2006 – X ZR 181/03, GRUR 2007, 52 (Rn. 15) – *Rollenantriebseinheit II*; Jestaedt Festschr. Nirk (1992), 493, 503.
440 Bestätigt durch LG Düsseldorf v. 21.12.1995 – 4 O 161/95, (unveröffentl.); vgl. auch BFH v. 02.06.1976, BFHE 119, 410, 413.
441 OLG Hamm v. 18.09.1985, NJW-RR 1986, 780, 781.
442 So zutreffend Keukenschrijver in Busse/Keukenschrijver, PatG, Rn. 29 zu § 6 PatG.
443 Vgl. BGH v. 26.09.2006 – X ZR 181/03, GRUR 2007, 52 (Rn. 16) – *Rollenantriebseinheit II* m.w.N.

C. Persönlicher Geltungsbereich § 1

derleistung außerhalb des Zuständigkeitsbereiches des Geschäftsführers darstellt.[444]

Denkbar ist auch die **stillschweigende Behandlung wie eine Arbeitnehmererfindung**, also nach dem materiellen Recht des ArbEG, hier der §§ 9, 11 ArbEG i.V.m. den Vergütungsrichtlinien. Für die Annahme einer dahingehenden stillschweigenden Vereinbarung reicht allein der Umstand, dass das Unternehmen die Patentanmeldung vornimmt und der Erfinder auf seine Erfindernennung nach außen verzichtet, nicht aus; erforderlich ist vielmehr, dass sich das Organmitglied (Gesellschafter) bewusst ist und damit rechnet, sich durch sein Verhalten im Zusammenhang mit der Anmeldung seiner Erfindung durch das Unternehmen gleichzeitig dem ArbEG zu unterwerfen[445] (s.a. § 1 Rdn. 93 f.). Für eine dahin gehende Vereinbarung spricht z.B. eine frühere (Weiter-) Vergütung von Geschäftsführer-Erfindungen wie gebundene Arbeitnehmererfindungen. Besteht aufgrund des Geschäftsführervertrages unter dem Gesichtspunkt einer angemessenen **Gesamtvergütung** ein Zusammenhang zwischen dem Gehalt des Organmitglieds und den Erfindervergütungen, muss im Einzelfall überprüft werden, ob hieraus eine Beschränkung der vereinbarten entsprechenden Anwendung der Regeln des ArbEG auf den Zeitraum des Bestehens des Dienstverhältnisses folgt.[446]

Fehlen auch Anhaltspunkte für einen stillschweigenden Vergütungsanspruch und hilft auch die Auslegung der getroffenen Vereinbarungen nicht weiter, so ist die damit bestehende Regelungslücke ggf. nach den Grundsätzen der **ergänzenden Vertragsauslegung** zu schließen (s. § 1 Rdn. 74). Dabei sind auch hier **Erfindungsgegenstand sowie Aufgabenkreis, Stellung und Bezüge** des Organs von Bedeutung.[447] Solches scheidet selbstverständlich aus, wenn die Auslegung ergibt, dass keine Regelungslücke besteht, weil die Vertragsparteien – namentlich mit Blick auf die Organstellung und die Höhe der geregelten Bezüge – von einem Vergütungsanspruch für Organerfindungen absehen wollten. So kann sich aus einer besonderen Stellung in Verbindung mit einer

75.4

---

444 OLG Düsseldorf v. 28.02.2014, Mitt. 2014, 337, 341 – Rapssaatenschälung m. H. a. Urt. v. 10.06.1999, GRUR 2000, 49, 50 – *Geschäftsführer-Erfindung*;
445 OLG Nürnberg v. 18.12.1990 – 3 U 3517/87, (unveröffentl.).
446 Abgelehnt v. OLG München i. Urt. v. 06.02.1992 – 6 U 2295/91, (unveröffentl.) hins. d. Formulierung: »Sollten das Gehalt und die Ihnen zufließenden Erfindervergütungen eines Jahres zusammen den Betrag von x DM p. a. unterschreiten, wird der Differenzbetrag ausgeglichen.«.
447 Vgl. allgemein BGH v. 26.09.2006 – X ZR 181/03, GRUR 2007, 52 (Rn. 20) – *Rollenantriebseinheit II* (dort allerdings nicht zum Bestehen des Vergütungsanspruchs, sondern zu dessen Umfang).

spezifischen Funktion eine unentgeltliche Übertragungspflicht ergeben, z. B. bei einem (mit-)geschäftsführendem Gesellschafter einer personalistisch geführten GmbH mit Entscheidungsgewalt über die strategische Ausrichtung der auf technischem Gebiet tätigen Gesellschaft.[448]

75.5 Im Ergebnis wird man von folgenden **Grundsätzen** auszugehen haben:
– Für eine Pflicht eines Geschäftsführers zur unentgeltlichen Überlassung der Erfindungsrechte an die Gesellschaft kommt es primär darauf an, ob nach dem **Anstellungsvertrag** eine (ggf. stillschweigende) Verpflichtung besteht, auf technische Neuerungen hinzuwirken, so dass keine vergütungspflichtige überobligatorische Sonderleistung, sondern vertraglich geschuldete Dienstleistung vorliegt.[449] Liegen eigene Erfindungen dagegen – wie in der Regel – außerhalb der Geschäftsführerpflichten, sind sie vergütungspflichtige Sonderleistungen.[450]
– Ansonsten kommt es für die Annahme einer unentgeltlichen Überlassungspflicht des Geschäftsführers namentlich darauf an, ob die Erfindung unmittelbar in den **Zuständigkeitsbereich** des Erfinders fällt (insbesondere als »technischer Geschäftsführer«). Für die Annahme der erforderlichen Zuständigkeit reicht eine bloße Gesamtverantwortung für das Unternehmen als (Allein-) Geschäftsführer nicht aus[451];
– Die vorstehenden Regeln gelten auch für **Gesellschafter-Geschäftsführer**. Ohne besondere Umstände kann allein aus der Treuepflicht heraus grundsätzlich keine Pflicht zur unentgeltlichen Übertragung bzw. Rechtseinräumung hergeleitet werden.[452]
– Im Übrigen greift in den Fällen, in denen eine Übertragung von Diensterfindungen zwar erfolgt, eine Vergütung aber nicht bestimmt ist, der **Erfahrungssatz**, dass ein Erfinder seine Rechte in der Regel nicht ohne angemes-

---

448 S. OLG Frankfurt v. 13.04.2017, GRUR-RR 2017, 294 – Transportwerkzeuge (= www.lareda.hessenrecht.hessen.de).
449 Vgl. etwa OLG Düsseldorf v. 10.06.1999, GRUR 2000, 49 ff. – Geschäftsführer-Erfindung.
450 LG Düsseldorf v. 10.02.2005 – 4a O 150/04, (www.justiz.nrw.de/nrwe, Rn. 39) – Strangpressverfahren.
451 OLG München v. 31.01.2008 – 6 U 2464/97, (juris) – Rollenantriebseinheit III; im Ergebnis auch OLG Düsseldorf v. 10.06.1999, GRUR 2000, 49, 50 – Geschäftsführer-Erfindung.
452 OLG Düsseldorf v. 28.02.2014, Mitt. 2014, 337, 341 – Rapssaatenschälung; im Ergebn. auch BGH v. 11.04.2000 – X ZR 185/97, GRUR 2000, 788, 790 – *Gleichstromsteuerschaltung*.

senen Ausgleich aufgeben wird (s. § 1 Rdn. 75.3). Letzteres gilt damit insbesondere dann, wenn die Erfindung eine überobligatorische Sonderleistung außerhalb des primären Zuständigkeitsbereiches des (Gesellschafter-)Geschäftsführers darstellt[453] (Sonderleistungsprinzip).

Auch wenn keine tatsächliche Vermutung besteht (s. § 1 Rdn. 75), gilt damit als Grundsatz, dass der Geschäftsführer (Gesellschafter) für die Überlassung von Rechten an einer Erfindung **im Zweifel einen eigenständigen Vergütungsanspruch** aus § 612 Abs. 2 BGB hat[454], jedenfalls, wenn eine wertvolle Erfindung auf einer überobligatorischen **Sonderleistung** beruht, die außerhalb der eigentlichen Aufgaben des Organmitglieds (Gesellschafters) liegt[455].

Die (stillschweigende) Abrede, etwa über die Geltung der materiellen Regelungen des ArbEG, kann jederzeit geändert oder **aufgehoben** werden, auch zuungunsten des Organmitglieds, da für dieses die §§ 22, 23 ArbEG nicht gelten[456] (s.o. § 1 Rdn. 70). 75.6

**ee) Höhe und Umfang des Vergütungsanspruchs**

Besteht ein Vergütungsanspruch dem Grunde nach, so gilt für die Bestimmung von Höhe und Umfang des Anspruchs nach dem *BGH*-Urteil »Rollenantriebseinheit II« nachstehende **Prüfungsfolge:**[457] 76
– Maßgebend sind vorrangig die Vereinbarungen der Vertragsparteien (s. § 1 Rdn. 76.1).
– Fehlen solche, kommt eine »übliche Vergütung« i.S.d. § 612 Abs. 2 BGB in Betracht (s. § 1 Rdn. 76.2).
– Ist – wie regelmäßig – eine übliche Vergütung für Organerfindungen nicht feststellbar, ist auf die Grundsätze der ergänzenden Vertragsauslegung zurückzugreifen (s. § 1 Rdn. 76.3).
– Führt auch diese zu keinem Ergebnis, hat das Organmitglied ein Bestimmungsrecht nach §§ 316, 315 Abs. 1 BGB (s. § 1 Rdn. 76.4).

Maßgebend sind die (ausdrücklich oder stillschweigend) **getroffenen Abreden**, sei es im Dienstvertrag oder in sonstigen Vereinbarungen. Dies betrifft insb. 76.1

---

453 OLG Düsseldorf v. 28.02.2014, Mitt. 2014, 337, 341 – Rapssaatenschälung m. H. a. Urt. v. 10.06.1999, GRUR 2000, 49, 50 – Geschäftsführer- Erfindung.
454 Vgl. BGH v. 11.04.2000, GRUR 2000, 788 – Gleichstromsteuerschaltung m. H. a. BGH v. 24.10.1989 – X ZR 58/88, GRUR 1990, 193 f. – *Auto-Kindersitz*.
455 Vgl. auch OLG Düsseldorf v. 10.06.1999, GRUR 2000, 49, 50 – *Geschäftsführer-Erfindung*.
456 Ebenso Bauer, Aufhebungsverträge Rn. 610.
457 Grundlegend BGH v. 26.09.2006 – X ZR 181/03, GRUR 2007, 52 (Rn. 18 f.) – *Rollenantriebseinheit II*.

(konkludente) Abreden im Zusammenhang mit der Überleitung der Erfindungsrechte. Auch hierzu gilt der Grundsatz der Vertragsfreiheit[458] (s. § 1 Rdn. 75.2 ff.). Allerdings schließt die Vereinbarung eines symbolischen Betrags, der ersichtlich in keinem Bezug zur erfinderischen Leistung steht, einen Anspruch auf übliche Vergütung nicht aus (z. B. von »einem US-Dollar« bei einem Assignment für eine US-Patentanmeldung)[459].

76.2 Sind keine abweichenden Vereinbarungen ausdrücklich oder stillschweigend getroffen, richtet sich der **Anspruch** des Organmitglieds **auf angemessene Vergütung** für die Übertragung seiner Erfindung nach **§ 612 Abs. 2 BGB**[460] (s.a. oben § 1 Rdn. 48 f. und vor §§ 9 bis 12 Rdn. 12 ff.; zu § 9 Rdn. 332 ff.). Für die Feststellung der – für Organerfinder üblichen[461] (!) – Vergütungshöhe nach § 612 Abs. 2 BGB sind nach Auffassung des *BGH* nicht die Regeln des ArbEG und die Vergütungsrichtlinien heranzuziehen, soweit dies auf eine analoge Anwendung des ArbEG hinausliefe[462] (s. aber auch § 1 Rdn. 75.2 f.).

76.3 Hilft auch § 612 Abs. 2 BGB (mangels feststellbarer Üblichkeit)[463] nicht weiter, sind im nächsten Schritt die Grundsätze der **ergänzenden Vertragsauslegung** heranzuziehen.[464] Maßgebend zur Feststellung des hypothetischen Parteiwillens sind die überlassene Erfindung und die prägenden Umstände für das Verhältnis der Beteiligten, insb. sind Aufgabenkreis, Stellung und Bezüge des

---

458 Vgl. BGH v. 11.04.2000 – X ZR 185/97, GRUR 2000, 788, 789, 791 – *Gleichstromsteuerschaltung*.
459 OLG München v. 31.01.2008 – 6 U 2464/97, (unveröffentl.) im Nachgang zu BGH v. 26.09.2006 – X ZR 181/03, GRUR 2007, 52 f. – *Rollenantriebseinheit II*.
460 BGH v. 26.09.2006 – X ZR 181/03, GRUR 2007, 52 (Rn. 19) – *Rollenantriebseinheit II*; s. ferner BGH v. 24.10.1989 – X ZR 58/88, GRUR 1990, 193, 194 – *Auto-Kindersitz*; OLG Düsseldorf v. 08.06.2006, NJOZ 2007, 1583, 1587 – *Strangpressprofilbehandlung*; A. Bartenbach/Fock, GRUR 2005, 384, 387.
461 So für »Geschäftsführererfinder« BGH v. 26.09.2006 – X ZR 181/03, GRUR 2007, 52 (Rn. 19) – *Rollenantriebseinheit II*.
462 BGH v. 24.10.1989 – X ZR 58/88, GRUR 1990, 193, 194 – *Auto-Kindersitz*; im Ergebnis auch BGH v. 26.09.2006 – X ZR 181/03, GRUR 2007, 52 (Rn. 19) – *Rollenantriebseinheit II*; a.A. Schiedsst. v. 01.07.1999 – Arb.Erf. 49/97, (unveröffentl. – zum Anteilsfaktor).
463 Bezogen auf »Geschäftsführererfinder« wird vom BGH (Urt. v. 26.09.2006 – X ZR 181/03, GRUR 2007, 52 [Rn. 19] – *Rollenantriebseinheit II*) zutreffend hervorgehoben, dass sich hierfür »kaum eine am Markt verbreitete Berechnungsregel ergeben« wird.
464 BGH v. 26.09.2006 – X ZR 181/03, GRUR 2007, 52 (Rn. 20) – *Rollenantriebseinheit II*.

## C. Persönlicher Geltungsbereich §1

Organs von Bedeutung.[465] Hier betont der *BGH*, dass als hypothetischer Parteiwille gerade mit Blick auf die Organstellung nahe liegen kann, mangels anderer Anknüpfungspunkte von der üblichen Vergütung eines freien Erfinders auszugehen und daran die Frage eines Abschlags anzuschließen.[466] Dabei nähert sich der *BGH* – was er selbst betont[467] – den Maßstäben für die Vergütungsbemessung von Arbeitnehmererfindungen an, wie sie § 9 Abs. 2, § 19 Abs. 1 ArbEG zugrunde liegen. Folgerichtig wird ein Abschlag einerseits geboten sein, wenn das Organ technische Aufgaben hat und andererseits fernliegen, wenn das Organ eine rein kaufmännische Funktion hat oder nicht zur Übertragung der Erfindung verpflichtet war.[468] Hier können folglich die Kriterien zum Erfindungswert als Preis für eine freie Erfindung einerseits (s. § 9 Rdn. 83 ff.) und andererseits die Überlegungen zum Abschlag für die betrieblichen Einflüsse beim Anteilsfaktor (s. § 9 Rdn. 261 ff.) regelmäßig nutzbar gemacht werden.

Dieser Ansatz ist gerechtfertigt.

Es darf nicht verkannt werden, dass die Erfindung eines Organmitglieds auch im Fall einer fraglichen Überleitung nicht derjenigen eines freien Erfinders gleichgestellt werden kann.[469] Im Unterschied zu einem freien Erfinder profitiert hier das Organmitglied von den ihm in vollem Umfang zur Verfügung stehenden und von ihm gesteuerten betrieblichen Einflüssen. Bei einer vergleichbaren Lizenzsituation im freien Markt wäre kein Lizenznehmer bereit, einem Lizenzgeber (hier also dem Organmitglied), die volle marktübliche Lizenzgebühr zu zahlen, wenn er erst die Entwicklung der zu lizenzierenden Erfindung ermöglicht oder gefördert hat. Diese Lizenzgebühren würden wegen der vorangegangenen Unterstützungsleistung des Lizenznehmers (Dienstherrn) u. U. erheblich gemindert werden, um der »Vorleistung« des Lizenznehmers angemessen Rechnung zu tragen. Dies gilt jedenfalls bei Anregungen durch Kundenwünsche und bei dem Organmitglied zur Verfügung stehenden Entwicklungshilfen, wie Vorarbeiten des Unternehmens, Rückgriff auf die Ent-

---

465 BGH v. 26.09.2006 – X ZR 181/03, GRUR 2007, 52 (Rn. 20) – *Rollenantriebseinheit II*.
466 BGH v. 26.09.2006 – X ZR 181/03, GRUR 2007, 52 (Rn. 20) – *Rollenantriebseinheit II*.
467 BGH v. 26.09.2006 – X ZR 181/03, GRUR 2007, 52, 54 [Rn. 22, 25] – *Rollenantriebseinheit II*.
468 S. BGH v. 26.09.2006 – X ZR 181/03, GRUR 2007, 52 [LS 2e], Rn. 23] – *Rollenantriebseinheit II* in Fortentwicklung von BGH v. 24.10.1989 – X ZR 58/88, GRUR 1990, 193 – *Auto-Kindersitz*.
469 LG Düsseldorf v. 27.04.2010 – 4 B O 138/06, (unveröffentl.).

wicklungstätigkeit sonstiger Mitarbeiter, Kostenübernahme und sonstige nichtunerhebliche Unterstützungsleistungen bei der Entwicklung der Erfindung.[470] Hierbei sind auch die vertragsrechtlichen Bindungen des Organmitglieds zu berücksichtigen, insb., ob und in welchem Umfang sein »Bezug zur Technik« durch seine Organvergütung abgedeckt ist.[471]

76.4 **Für die Höhe** der dem Organgmitglied geschuldeten üblichen Vergütung sind dem *BGH* zufolge namentlich **von Belang**[472]:
- Gegenstand und Bedeutung der überlassenen Erfindung
- Umstände des Zustandekommens der Erfindung,
- tatsächliche Ausgestaltung der Geschäftsführerstellung, wie Aufgabenkreis und vereinbarte Geschäftsführerbezüge,
- Bestehen einer Verpflichtung zur Überlassung der Erfindung.

Zu den betriebsbezogenen Umständen gehören insbesondere der Umfang, in dem der Erfinder bei Aufgabenstellung und Lösung des technischen Problems durch das Unternehmen unterstützt worden ist (betriebliche Anregungen, Erfahrungen, Vorarbeiten, Versuche, technische und personelle Unterstützungsleistungen und Mithilfe usw.), ferner seine Stellung und Verantwortlichkeit im Unternehmen einschließlich der Nähe zu dem erfindungsrelevanten Gebiet und der mit seiner Bezahlung berechtigterweise verbundenen Leistungserwartung, schließlich die Umstände, aus denen sich seine Pflicht zur Übertragung der Erfindung ableitet.

Dabei kann der Unternehmenseinfluss auf das Zustandekommen einer Erfindung über einen die Vergütung mindernden »**Unternehmensfaktor**« berücksichtigt werden.[473] Fallen Erfindungen in das unmittelbare Aufgabengebiet bzw. in die (technische) Zuständigkeit des Organmitglieds und ist das Organ zur Übetragung verpflichtet muss dieser Faktor angesichts Aufgabenstellung, herausgehobener Funktion, Veranwortlichkeit und Einblick in das Unternehmen regelmäßig zu einer Minderung des Erfindungswertes unterhalb des durch

---

470 Vgl. zur Bestimmung der angemessenen Vergütung Anja Bartenbach/Fock, GRUR 2005, 384, 387 ff., die vorschlagen, bei der Berechnung einen die Vergütung mindernden, mit dem Anteilsfaktor nach RL Nr. 30–38 vergleichbaren »Unternehmens-Faktor« von ca. 5–15 % zu berücksichtigen, um so den umfassenden Zugang des Organmitglieds zu allen Entwicklungsergebnissen im Unternehmen Rechnung zu tragen.
471 Busche Festschr. Reimann (2009) S. 37, 47; Anja Bartenbach/Fock, GRUR 2005, 384, 388 f.
472 BGH v. 26.09.2006 – X ZR 181/03, GRUR 2007, 52 (Rn. 20) – *Rollenantriebseinheit II*.
473 Anja Bartenbach/Fock, GRUR 2005, 384, 390.

den für Diensterfindungen geltenden Anteilsfaktors (vgl. RL Nr. 30 ff.) von durchschnittlich 10 % bis 25 % führen.[474] So dürfte der Unternehmensfaktor **bei spezifischer Zuständigkeit** des Organmitglieds für den Forschungs- und Entwicklungsbereich oder bei dessen Verpflichtung, um technische Neuerungen bemüht zu sein, bei **5 % bis 15 %** liegen.[475] **Deutlich höher** liegt der Unternehmensfaktor dagegen, wenn eine derartige **Zuständigkeit fehlt**. Bei primär kaufmännisch ausgerichteter Organtätigkeit hat das *OLG München*[476] den marktüblichen Lizenzsatz auf Grund einer Gesamtverantwortlichkeit als alleiniger Geschäftsführer, vertraglicher Übertragungspflicht sowie Nutzung betrieblicher Vorkenntnisse und Vorarbeiten halbiert, also als Unternehmensfaktor 50 % angesetzt. Der Unternehmensfaktor erhöht sich, soweit die relevanten Abschlagskriterien nur teilweise oder gar nicht erfüllt sind. Dem *BGH*[477] zufolge kann ein Abschlag sogar ganz entfallen, insbesondere bei Zuweisung und Ausübung einer rein kaufmännischen Funktion oder bei fehlender Übertragungspflicht des Organs und dessen Verwertungsmöglichkeit im freien Markt.

Hat der Dienstherr aus der Erfindung keinen wirtschaftlichen Gewinn gezogen und ist nicht absehbar, dass die Erfindung zukünftig von wirtschaftlichem Wert ist, entspricht eine Vergütung nicht billigem Ermessen.[478]

Sollte auch eine ergänzende Vertragsauslegung ausscheiden, gesteht die Rechtsprechung dem Organ **das Recht zur Bestimmung der Vergütung** nach billigem Ermessen (§§ 316, 315 Abs. 1 BGB) zu.[479] Die einseitige Leistungsbestimmung hat das Organmitglied nach billigem Ermessen unter umfassender Interessenabwägung zu treffen (§ 315 Abs. 1 BGB). Die Bestimmung ist für das Unternehmen nur verbindlich, wenn sie der Billigkeit entspricht; ist dies nicht der Fall, so wird die Bestimmung durch Urteil getroffen (§ 315 Abs. 3 BGB).[480] Dazu kann der Wert der Erfindung, d.h. der an einen freien Erfinder für die überlassene Erfindung zu zahlende Preis, mittels Analogie zu einem

---

474 S. § 9 Rdn. 265, im Entwicklungs- u. Forschungsbereich sogar bis 16%.
475 Anja Bartenbach/Fock, GRUR 2005, 384, 391.
476 OLG München v. 31.01.2008 – 6 U 2464/97, (unveröffentl.), im Nachgang zu BGH v. 26.09.2006 – X ZR 181/03, GRUR 2007, 52 – *Rollenantriebseinheit II.*
477 Vgl. BGH v. 26.09.2006 – X ZR 181/03, GRUR 2007, 52 (Rn. 23) – *Rollenantriebseinheit II.*
478 LG Düsseldorf v. 21.12.1995 – 4 O 161/95, (unveröffentl.).
479 BGH v. 26.09.2006 – X ZR 181/03, GRUR 2007, 52 (Rn. 20, 24) – *Rollenantriebseinheit II.*
480 BGH v. 24.10.1989 – X ZR 58/88, GRUR 1990, 193, 194 – *Auto-Kindersitz*; LG Nürnberg v. 17.07.1991 – 3 O 10116/86, (unveröffentl.).

Lizenzvertrag bestimmt werden.[481] Mit Blick auf das Billigkeitserfordernis schließt es der *BGH* allerdings bereits im Grundsatz aus, dass ein Organerfinder einem freien Erfinder gleichstellt werden kann (s. § 1 Rdn. 76.3); vielmehr sind – ähnlich wie bei Diensterfindungen – die betriebsbezogenen Umstände vergütungsmindernd zu berücksichtigen.[482] Letztlich greifen auch hier wieder die obigen Kriterien, die i.R.d. ergänzenden Vertragsauslegung zu berücksichtigen sind.[483]

76.5 **Aufsichtsratsmitglieder** stehen als solche nicht in einem Arbeitsverhältnis zur Gesellschaft,[484] sodass sich die Zuordnung von Erfindungen nach den obigen allgemeinen Regeln richtet. Soweit dem Aufsichtsrat einer Gesellschaft allerdings Belegschaftsvertreter und damit Arbeitnehmer des Unternehmens angehören (vgl. § 96 AktG), gilt für Erfindungen dieses Personenkreises (auch während der Dauer des Aufsichtsratsmandats) das ArbEG.[485]

p) **Pensionäre**

77 Der Eintritt in das Rentenalter bzw. die Vollendung eines bestimmten Lebensalters führen – außerhalb des öffentlichen Dienstes (vgl. § 51 BBG, § 25 BeamtStG; § 33 TVöD/§ 33 TV-L) – nicht automatisch zur Beendigung des Arbeitsverhältnisses.[486] Im Regelfall wird dieser Auflösungsgrund jedoch einzelvertraglich bzw. kollektivrechtlich vereinbart (vgl. § 41 SGB VI). Mit der Beendigung des aktiven Dienstes scheidet der nunmehrige Pensionär aus dem Arbeitsvertrag rechtlich aus. Zwischen ihm und dem Arbeitgeber besteht kein die Betriebszugehörigkeit vermittelndes Arbeitsverhältnis mehr.[487] Mangels Arbeitnehmereigenschaft findet das **ArbEG** auf den Pensionär für die nach

---

481 Z. B. OLG München v. 31.01.2008 – 6 U 2464/97, (unveröffentl.) im Nachgang zu BGH v. 26.09.2006 – X ZR 181/03, GRUR 2007, 52 f. – *Rollenantriebseinheit II*.
482 BGH v. 26.09.2006 – X ZR 181/03, GRUR 2007, 52, 54 [Rn. 25] – *Rollenantriebseinheit II*; s.a. BGH v. 24.10.1989 – X ZR 58/88, GRUR 1990, 193 – *Auto-Kindersitz*.
483 BGH v. 26.09.2006 – X ZR 181/03, GRUR 2007, 52 (Rn. 20, 24) – *Rollenantriebseinheit II* u. BGH v. 24.10.1989 – X ZR 58/88, GRUR 1990, 193, 194 – *Auto-Kindersitz*.
484 Vgl. i. Einz. Trimborn, Erfindungen von Organmitgliedern, 1998, S. 328 ff.
485 Trimborn, Erfindungen von Organmitgliedern, 1998, S. 329.
486 BAG v. 28.09.1961, AP Nr. 1 zu § 1 KSchG = NJW 1962, 73; v. 20.12.1984, AP BGB § 620 Bedingung Nr. 9; v. 20.11.1987, AP BGB § 620 Altersgrenze Nr. 2 u. Schiedsst. v. 27.07.2010 – Arb.Erf. 40/09, (unveröffentl.).
487 BAG (GS) v. 16.03.1956, AP Nr. 1 zu § 57 BetrVG 1952 NJW 1956, 1086, 1087; Schiedsst. v. 25.05.2007 – Arb.Erf. 23/05, (unveröffentl.).

C. Persönlicher Geltungsbereich                                    § 1

Ausscheiden fertiggestellten Erfindungen und technischen Verbesserungsvorschläge (vgl. § 26) **keine Anwendung**[488] (zur Altersteilzeit s. § 26 Rdn. 18 u. § 37 Rdn. 18; zur Zuständigkeit der Schiedsstelle s. § 28 Rdn. 13, 16 ff.).

Schließt der Arbeitgeber mit seinem Mitarbeiter für die Zeit nach Erreichen der Altersgrenze einen (zumeist befristeten) sog. **Beratervertrag**, ist im Einzelfall zu prüfen, ob diesem der Status eines freien Mitarbeiters (s. § 1 Rdn. 44 ff.) zukommt[489] oder ob durch eine hiermit evtl. verbundene persönliche Abhängigkeit nicht weiterhin bzw. erneut ein Arbeitsverhältnis auf Grundlage eines Arbeitsvertrages (§ 611a BGB) begründet wird[490] (vgl. hierzu § 1 Rdn. 14 f.). Zu Vereinbarungen anlässlich der Aufhebung des Arbeitsverhältnisses s. § 26 Rdn. 55 u. unten § 1 Rdn. 81 f.     77.1

Der Pensionär kann über die nach (rechtlicher) Beendigung seines Arbeitsverhältnisses fertiggestellten Erfindungen auch dann, wenn es sich um eine Erfahrungserfindung (vgl. § 4 Abs. 2 Nr. 2) handelt, ohne die Beschränkungen der §§ 18, 19 verfügen.[491]     78

Letzteres gilt auch dann, wenn unter Zahlung einer betrieblichen Altersversorgung oder sonstiger Vorruhestands- bzw. Übergangsleistungen ein **Ruhestandsverhältnis** begründet wird.[492] Zwar unterliegt der Pensionär im Rahmen dieses Rechtsverhältnisses einer – eingeschränkten – Treuepflicht (vgl. auch § 26 Rdn. 31 ff.) zugunsten seines bisherigen Arbeitgebers.[493] Aus dieser Treuepflicht folgt aber – da das Ruhegeld quasi durch die zurückliegende Arbeitsleistung bis zum Eintritt in den Ruhestand bereits verdientes Arbeits-     79

---

488 OLG Düsseldorf v. 26.05.1961, BlPMZ 1962, 193 = EGR Nr. 2 zu § 1 ArbEG; Schiedsst. v. 13.09.1994 – Arb.Erf. 20/94, u. v. 19.03.2009 – Arb.Erf. 24/06, (beide unveröffentl.); Keukenschrijver in Busse/Keukenschrijver, PatG, Rn. 3 zu § 1 ArbEG; Volmer/Gaul Rn. 81 ff. zu § 1.
489 Vgl. etwa LG Düsseldorf v. 20.03.2013 – 4b O 43/12, (Düsseldf. Entsch. Nr. 2024) – Rückhalteprofil.
490 Schiedsst. v. 05.12.2002 – Arb.Erf. 80/01, (Datenbank).
491 Unstreitig, zust. u. a. LG Düsseldorf v. 20.03.2013 – 4b O 43/12, (Düsseldf. Entsch. Nr. 2024) – Rückhalteprofil.
492 Wie hier auch Volmer/Gaul Rn. 81 zu § 1 u. Gaul, RdA 1982, 268, 275 (anders noch GRUR 1977, 686, 690); ebenso für den Ruhestandsbeamten Schiedsst. v. 19.11.1985 – Arb.Erf. 50/85, (unveröffentl.); nunmehr auch Reimer/Schade/Schippel/Rother Rn. 10 zu § 26; a.A. Volmer, GRUR 1978, 329; Röpke Arbeitsverhältnis und Arbeitnehmererfindung S. 78. Nach Schiedsst. v. 09.07.2013 – Arb.Erf. 45/12, (www.dpma.de) liegt bei Eintritt in den Vorruhestand eine Beendigung des Arbeitsverh. i.S. v. § 23 Abs. 2 ArbEG vor.
493 Vgl. Höfer/Abt. BetrAVG, ArbGr. Rn. 376; s.a. BAG v. 07.05.1966, AP Nr. 109 zu § 242 BGB – Ruhegehalt = NJW 1966, 1985; abw. Bohn, DB 1967, 641.

entgelt ist – keine Pflicht des Pensionärs zur Übertragung von Erfindungsrechten auf den früheren Arbeitgeber bzw. zur Unterlassung eigener Verwertungshandlungen, wie zudem ein Rückschluss aus den §§ 18, 19 ergibt. Da § 18 primär der Erhaltung des Arbeitsfriedens und dem Schutz des Arbeitnehmererfinders vor etwaigen Ersatzansprüchen bei unzutreffender Bewertung einer Diensterfindung als »freie« dient (s. § 18 Rdn. 3), verbietet sich mangels vergleichbarer Rechtssituation die Anerkennung einer Mitteilungspflicht des Pensionärs entsprechend § 18.[494] Die Treuepflicht des Pensionärs begründet auch keine Anbietungspflicht analog § 19.[495] Ähnlich wie in § 18 stellt der Wortlaut des § 19 ausdrücklich auf Verwertungshandlungen »während der Dauer des Arbeitsverhältnisses« ab, schränkt also als Ausnahmebestimmung das umfassende freie Verfügungsrecht des Erfinders (§§ 6, 9 PatG) auf diesen konkreten Zeitraum ein.

80   Ein (grober[496]) Verstoß des Pensionärs gegen seine Rücksichtnahmepflicht aus dem Ruhestandsverhältnis führt nicht zur Einschränkung fortbestehender Vergütungsansprüche aus früheren Diensterfindungen (§ 26).

81   Den früheren Arbeitsvertragsparteien steht es frei, die Anwendbarkeit einzelner oder aller materiellen Bestimmungen des **ArbEG** auch für Erfindungen eines Pensionärs zu **vereinbaren**[497] (s. dazu § 22 Rdn. 16).

82   Inwieweit ein **nachvertragliches Wettbewerbsverbot** die Verwertungsbefugnisse einschränkt, entscheidet sich nach dem Vertragsinhalt und ggf. nach seiner Auslegung (§§ 133, 157 BGB; vgl. auch § 26 Rdn. 34 ff.).

Zur Behandlung von Erfindungen, die vor Beendigung des Arbeitsverhältnisses fertiggestellt sind, s. § 26 (s.a. oben § 1 Rdn. 28 ff. zum ausgeschiedenen Arbeitnehmer); zu pensionierten Hochschulwissenschaftlern s. § 42 Rdn. 9.

### q) Praktikanten

83   Praktikant ist derjenige, der sich zur beruflichen Vorbereitung für eine vorübergehende bzw. begrenzte Dauer in einem Unternehmen zum Erwerb praktischer Kenntnisse und beruflicher Erfahrungen einer bestimmten praktischen Tätig-

---

494   Ebenso Volmer/Gaul Rn. 84 zu § 1; a.A. Röpke Arbeitsverhältnis und Arbeitnehmererfindung S. 78; Reimer/Schade/Schippel/Rother Rn. 10 zu § 26, die §§ 18, 19 analog anwenden wollen.
495   Volmer/Gaul Rn. 84 zu § 1.
496   BAG v. 18.10.1979, AP Nr. 1 zu § 1 BetrAVG – Treuebruch = BB 1980, 470, wonach der Verstoß des ArbN so schwer wiegen muss, dass die Berufung auf die Versorgungszusage arglistig erscheint.
497   Einzelheiten bei Gaul/Bartenbach, Handbuch C 130 ff.

## C. Persönlicher Geltungsbereich § 1

keit unterzieht[498] (vgl., § 22 Abs. 1 Satz 3 MiLoG; s. auch § 26 BBiG). Im Unterschied zum Auszubildenden strebt der Praktikant keine abgeschlossene bzw. systematische Fachausbildung an; andererseits unterscheidet er sich vom Arbeitnehmer im eigentlichen Sinne dadurch, dass bei ihm im Vordergrund die Ausbildungsabsicht[499] bzw. der Ausbildungszweck[500] steht, also deutlich überwiegen muss[501]. Daran hat sich durch § 22 Abs. 1 MiLoG nichts geändert.[502] Die Praktikantentätigkeit ist häufig Teil einer Gesamtausbildung[503], muss es aber nicht sein[504]. Haben die Parteien ihr Rechtsverhältnis nicht selbst als Arbeitsverhältnis eingeordnet, so ist an Hand einer **Gesamtwürdigung aller maßgebenden Umstände** des Einzelfalls nach den allgemeinen Kriterien des § 611a BGB zu entscheiden, ob es sich im Einzelfall um ein Arbeitsverhältnis handelt.[505] Soweit danach ein Arbeitsverhältnis vorliegt, wie dies zumindest häufig bei »Praktika« von bereits fertigen Hochschulabsolventen zum Einstieg in den einschlägigen Arbeitsmarkt der Fall ist[506], kommt das ArbEG uneingeschränkt zur Anwendung. Dagegen wird bei einem zeitlich eng begrenzten, studienbegleitenden Praktikum, insbesondere wenn es nach einer Prüfungsordnung vorgeschrieben ist, ein Arbeitsverhältnis ebenso ausscheiden wie eine Einstufung nach § 26 BBiG (vgl. auch § 22 Abs. 1 Nrn. 1, 3 MiLoG), so dass das ArbEG keine Anwendung findet.[507] Soweit dagegen ein Rechtsverhältnis i. S. v. § 26 BBiG vorliegt, wird mit Blick auf die Anwendbarkeit des § 10 Abs. 2 BBiG – ebenso wie bei Auszubildenden (s. § 1 Rdn. 40) – die Geltung

---

498 Abw. für § 26 BBiG ErfK/Schlachter § 26 BBiG Rn. 3 m. w. N.
499 Vgl. BAG v. 5, 8.1965 AP Nr. 2 zu § 21 KSchG 1951.
500 Vgl. BAG v. 13.03.2003 – 6 AZR 564/01, juris (Rn. 35); ErfK/Preis § 611a Rn. 178.
501 LAG Berlin v. 20.05.2016 – 6 Sa 1787/15, BB-Online BBL2016–2548–6 (www.betriebs-berater-de) im Anschl. an LAG Baden-Württemberg v. 08.02.2008 – 5 Sa 45/07, NZA 2008, 768.;
502 Vgl. LAG Berlin v. 20.05.2016 – 6 Sa 1787/15, BB-Online BBL2016–2548–6 (www.betriebs-berater-de).
503 BAG v. 13.03.2003 – 6 AZR 564/01, juris (Rn. 35).
504 LAG Berlin v. 20.05.2016 – 6 Sa 1787/15, BB-Online BBL2016–2548–6 (www.betriebs-berater-de); abw. ErfK/Schlachter § 26 BBiG Rn. 3 m. w. Nachw., der das grundsätzl. als Voraussetzung ansehen.
505 ErfK/Preis § 611a BGB Rn. 179. Ebenso zur früheren Recht s. BAG v. 18.03.2014 – 9 AZR 694/12, juris (Rn. 17, 19); LAG Berlin v. 20.05.2016 – 6 Sa 1787/15, BB-Online BBL2016–2548–6 (www.betriebs-berater-de).
506 LAG Berlin v. 20.05.2016 – 6 Sa 1787/15, BB-Online BBL2016–2548–6 (www.betriebs-berater-de) m. H.a. ErfK/Schlachter § 26 BBiG Rn. 4 u. LAG Köln v. 16.05.2008 – 11 Sa 20/08, juris (Rn. 40).
507 Im Ergebn. auch Keukenschrijver in Busse/Keukenschrijver, PatG, Rn. 3 zu § 1 ArbEG.

**des ArbEG bejaht**[508] (vgl. auch § 5 Abs. 1 Satz 1 ArbGG). Zur Vermeidung von Meinungsverschiedenheiten empfiehlt sich unter Beachtung der Grenzen des BBiG die ausdrückliche Einbeziehung des ArbEG in den Praktikantenvertrag.

**83.1** Eine noch stärkere arbeitsvertragliche Ausrichtung ergibt sich bei dem **Praktischen Studienjahr** (»ausbildungsintegriertes Studium«) als Teil des von einigen Fachhochschulen angebotenen Studiengangs. Für dieses praktische Studienjahr wird ein Arbeitsvertrag zwischen dem Studenten und einem Unternehmen abgeschlossen, der getrennt von der Berufsausbildung (Studium) zu beurteilen ist.[509] Dieser Vertrag unterliegt den allgemeinen Regeln des ArbEG.

**84** Unerheblich ist, dass ein **Student**, wenn er ein Praktikum während des Studiums absolviert, zugleich Mitglied der Hochschule ist (§ 36 HRG). Beide Rechtsverhältnisse ergänzen sich, ohne sich zu überschneiden.[510] Ansprüche aus dem ArbEG auf eine Praktikantenerfindung kann allenfalls der den Praktikanten beschäftigende Arbeitgeber geltend machen, nicht aber – wie die abschließende Regelung der §§ 40 bis 42 ArbEG zeigt – die Hochschule (s.a. § 42 Rdn. 16).

Bei **Diplomanden** wird es im Regelfall an einem Arbeitsverhältnis – sei es zur Hochschule oder zu einem Unternehmen, mit dessen Unterstützung die Diplomarbeit erstellt wird – fehlen, sodass deren Erfindungen nicht dem ArbEG unterliegen. Ob und in welchem Umfang gleichwohl eine Pflicht zur Übertragung von Erfindungsrechten insb. an unterstützende Unternehmen besteht, richtet sich nach den (stillschweigend) getroffenen Abreden.[511] Sie unterliegen auch nicht § 42 (s. dort Rdn. 17).

Zur Rechtsstellung des Doktoranden s. § 1 Rdn. 41 ff., von Werkstudenten und Schülern § 1 Rdn. 91, von Teilzeitkräften § 1 Rdn. 86.

---

508 Boemke/Kursawe/Boemke Rn. 80 zu § 1; im Ergebn. bereits zum früheren Rechtszustand die Geltung des ArbEG für Praktikanten bejahend Volmer, GRUR 1978, 329, 331.
509 BAG v. 25.07.2002 – 6 AZR 381/00, (unveröffentl.).
510 Weber in Anm. AP Nr. 2, 3 zu § 3 BAT.
511 Vgl. Kraßer/Schricker PatR u. UrhG an Hochschulen (1988) S. 39 u. Reimer/Schade/Schippel/Leuze Rn. 8 zu § 42 m.w.N.; im Ergebn. auch OLG München v. 14.09.2017, GRUR-RR 2018, 137 – Spantenmontagevorrichtung, dort zur vertraglichen Vereinbarung einer »entsprechenden Behandlung und ggf. Entschädigung nach den gesetzlichen Bestimmungen über Arbeitnehmererfindungen«.

## r) Probearbeitsverhältnis

Sinn und Zweck eines Probearbeitsverhältnisses ist es, dass sich die Vertragsparteien in der Probezeit gegenseitig kennenlernen wollen und können.[512] Das Probearbeitsverhältnis ist entweder ein befristetes (vgl. § 14 Abs. 1 Satz 2 Nr. 5 TzBfG) oder – wenn keine erkennbare Befristung vereinbart wurde – unbefristetes Arbeitsverhältnis (vgl. § 622 Abs. 3 BGB). 85

Der Probearbeitnehmer ist uneingeschränkt **Arbeitnehmer i.S.d. ArbEG**.[513]

Liegt lediglich ein sog. **Einfühlungsverhältnis** ohne Arbeitspflicht des potenziellen Arbeitnehmers und evtl. ohne Entgeltanspruch[514] vor, besteht noch kein Arbeitsverhältnis.[515] Es sollen erst die Voraussetzungen einer evtl. zukünftigen Zusammenarbeit geklärt werden. Hierbei vom potenziellen Arbeitnehmer entwickelte Erfindungen sind freie Erfindungen.

## s) Teilzeitbeschäftigung und Job-Sharing

Eine **Teilzeitbeschäftigung** ist bei den Arbeitnehmern gegeben, deren regelmäßige Wochenarbeitszeit kürzer ist als diejenige vergleichbarer vollzeitbeschäftigter Arbeitnehmer des Betriebes[516] (vgl. § 2 Abs. 1 Satz 1 TzBfG). 86

Eine besondere Erscheinungsform eines Teilzeitarbeitsverhältnisses ist das sog. **Job-Sharing**,[517] bei welchem der Arbeitgeber mit zwei oder mehreren Arbeitnehmern vereinbart, dass sie sich die Arbeitszeit an einem Arbeitsplatz teilen (Arbeitsteilung – vgl. § 13 Abs. 1 Satz 1 TzBfG). Ein weiterer, in der Praxis allerdings kaum relevanter[518] Unterfall ist das sog. **Job-Pairing** (= Turnus-Arbeitsverhältnis), bei welchem sich Gruppen von Arbeitnehmern auf bestimmten Arbeitsplätzen in festgelegten Zeitabschnitten abwechseln, ohne dass eine Arbeitsplatzteilung i.S.d. § 13 TzBfG vorliegt (vgl. § 13 Abs. 3 TzBfG). Zur Altersteilzeit s. § 26 Rdn. 18.

Die Teilzeitbeschäftigung ändert am Arbeitnehmerstatus und an der (uneingeschränkten) Geltung des ArbEG nichts. **Erfindungen** und Verbesserungsvor-

---

512 Vgl. BAG v. 01.08.1968, AP Nr. 10 zu § 620 BGB – Probearbeitsverhältnis; vgl. auch Eich, DB 1978, 1785 ff.; Gaul ArbR i. Betr. Bd. I C II 1 ff.
513 Allg. A., z.B. Volmer Rn. 12 zu § 1; Volmer/Gaul Rn. 39 zu § 1 – zumindest analoge Anwendung.
514 Vgl. hierzu Schaub/Koch, ArbRHdb., § 41 I 1 b Rn. 2.
515 LAG Hamm v. 24.05.1989, BB 1989, 1759; LAG Schleswig-Holstein v. 17.03.2005, AuA 2005, 431.
516 Schaub, BB 1990, 1069.
517 Schaub/Linck, ArbRHdb., § 43 II 7 Rn. 20.
518 S. HK-ArbR/Ahrendt, § 13 TzBfG Rn. 13.

schläge dieser Teilzeitbeschäftigten unterliegen den **gleichen Grundsätzen wie solche von vollzeitbeschäftigten Arbeitnehmern**,[519] und zwar auch bei der Vergütung von Diensterfindungen. Dies entspricht auch dem in § 5 TzBfG normierten Benachteiligungsverbot. Soweit ein Arbeitnehmer mehrere Teilzeitbeschäftigungsverhältnisse nebeneinander eingeht oder eine Teilzeitbeschäftigung neben einer Hauptbeschäftigung erbringt, gelten die erfinderrechtlichen Grundsätze zum Doppelarbeitsverhältnis (s. dazu § 1 Rdn. 19 ff.).[520]

**t) Umschüler**

87 Die Umschulung kann, muss aber nicht als Arbeitsverhältnis ausgestaltet werden.[521] Soweit eine berufliche Umschulung, also die Ausbildung zu einer anderen beruflichen Tätigkeit (vgl. § 1 Abs. 5, §§ 58 ff. BBiG), im Rahmen eines Arbeitsvertrages erfolgt, unterliegt der Umschüler als Arbeitnehmer auch dem persönlichen Anwendungsbereich des ArbEG.[522]

**u) Volontäre**

88 Volontäre sind in Anlehnung an die durch das BBiG weitgehend gegenstandslose[523] Legaldefinition des § 82a HGB solche Personen, die dem Arbeitgeber zur Leistung von Diensten im Rahmen einer von diesem vorzunehmenden Aus-(Weiter-)bildung verpflichtet sind, ohne dass mit der Ausbildung eine vollständig abgeschlossene Fachausbildung in einem anerkannten Ausbildungsberuf beabsichtigt ist.[524] Die Abgrenzung zum Praktikanten (vgl. § 1 Rdn. 83 f.) ist auch mit Blick auf § 26 BBiG schwierig.[525]; Soweit der Volontär seine Arbeitsleistung weisungsgebunden und fremdbestimmt in persönlich abhängiger Stellung i. S. d. § 611a BGB erbringt (wegen der Pflicht zur Vergü-

---

519 Gaul, ArbR i. Betr. C 1I1 65; vgl. auch Volmer/Gaul Rn. 44 f. zu § 1.
520 Volmer/Gaul Rn. 46 ff. zu § 1.
521 BAG v. 19.01.2006, NZA 2007, 97.
522 Differenzierend Volmer/Gaul Rn. 89 ff. zu § 1 (i.H.a. § 47 AFG); ferner ausf. Boemke/Kursawe/Boemke Rn. 86 f. zu § 1; s. auch allg. Schaub/Vogelsang, ArbRHdb., § 15 VII Rn. 16.
523 Vgl. dazu Baumbach/Hopt/Roth, HGB, Rn. 1–3 zu § 82a HGB; Einzelheiten b. Schmidt, BB 1971, 622, 623 f. u. Scherer, NZA 1986, 283 f.
524 Vgl. Schmidt, BB 1971, 622, 623 f. m.w.N., der zutreffend die von Nikisch ArbR Bd. I S. 887 vorgenommene Gleichstellung von Volontär und Praktikant, für den aufgrund v. Ausbildungsbestimmungen ein Praktikum für ein bestimmtes Berufs-/Studienziel notwendig ist, ablehnt; zur Abgrenzung vgl. auch Weber in Anm. zu BAG v. 19.06.1974, AP Nr. 3 zu § 3 BAT; Scherer, NZA 1986, 280, 281 u. ErfK/Schlachter, § 26 BBiG Rn. 2.
525 Vgl. ErfK/Preis, § 611a BGB Rn. 177 ff.

C. Persönlicher Geltungsbereich § 1

tungszahlung s. §§ 17, 26 BBiG), ist er Arbeitnehmer i.S.d. ArbEG.[526] In allen anderen Fällen, in denen es nicht auf die Erbringung von Dienstleistungen ankommt, muss die Arbeitnehmereigenschaft im Einzelfall geprüft werden (s. dazu § 1 Rdn. 9 ff.). Sie ist zu verneinen, wenn es dem Volontär lediglich um einen betrieblichen Einblick und Überblick geht, ohne weisungsgebunden Arbeit zu verrichten. Zur Vermeidung von Meinungsverschiedenheiten sollte die Anwendbarkeit der materiellen Bestimmungen des ArbEG (ausdrücklich) vertraglich geregelt werden.

v) **Wehrpflichtige**[527] **Arbeitnehmer**

Wird ein Arbeitnehmer (vgl. § 15 Abs. 1 ArbPlSchG) zur Ableistung von Grundwehrdienst oder zu einer Wehrübung einberufen, so **ruht** gem. § 1 Abs. 1 ArbPlSchG[528] das **Arbeitsverhältnis** während des Wehrdienstes, d.h., es besteht rechtlich fort, wobei allerdings die Hauptpflichten aus dem Arbeitsverhältnis, insb. Arbeitsleistung und Arbeitsentgelt, ruhen (zum Ruhen des Arbeitsverhältnisses s. § 26 Rdn. 14 ff.). Diese Situation kann sich – auch nach Aussetzung der gesetzlichen Verpflichtung zum Grundwehrdienst durch das Wehrrechtsänderungsgesetz 2011 – aufgrund freiwilligen Wehrdienstes (§ 54 WPflG), Wehrdienst als Soldat auf Zeit oder in den sonstigen Fällen des §§ 16, 16a ArbPlSchG ergeben. Ein Ruhen des Arbeitsverhältnisses gilt nach herrschender Meinung auch dann, wenn ein ausländischer Arbeitnehmer aus dem EU-Bereich zur Erfüllung seiner Wehrpflicht in seinem Heimatland einberufen wird.[529] Hatte der Arbeitnehmer in dieser Zeit bei der Bundeswehr eine Erfindung gemacht, so gelten für die Zuordnung der Erfindung die Grundsätze über die Behandlung von Erfindungen eines Arbeitnehmers im Doppelarbeitsverhältnis entsprechend[530] (s. § 1 Rdn. 19 f., Sphärentheorie). Ist die

**89**

---

526 Im Ergebn. auch Boemke/Kursawe/Boemke Rn. 88 zu § 1 m. w. Nachw.; ganz allg. bejahend HK-ArbR-Kronisch, § 1 ArbEG Rn.1. S.a. Volmer, GRUR 1978, 329, 331. Vgl. allg. ErfK/Preis § 611a BGB Rn. 179.
527 Mit Inkrafttreten des Gesetzes zur Änderung wehrrechtlicher Vorschriften 2011 (Wehrrechtsänderungsgesetz 2011 – WehrRÄndG 2011 – v. 28.04.2011, BGBl. I, S. 678) zum 01.07.2011 ist die Wehrpflicht ausgesetzt worden. Die nachfolgende Kommentierung ist im Hinblick auf die vor dem 01.07.2011 begründeten Rechtsverhältnisse beibehalten worden.
528 Einzelheiten bei Schaub/Vogelsang ArbRHdb. § 177 III Rn. 5 ff.
529 Vgl. EuGH v. 15.10.1969, AP Nr. 2 zu Art. 177 EWG-Vertrag; zu sonstigen ausländ. ArbN s. LAG Frankfurt v. 02.03.1973, NJW 1974, 2198.
530 Zu dieser Problematik s.a. Heine/Rebitzki Anm. 3 zu § 41; Reimer/Schade/Schippel/Leuze Rn. 18 zu § 41; Volmer/Gaul Rn. 53 ff. zu § 41 u. Rn. 178 ff. zu § 1, Rn. 154 zu § 4 u. Rn. 30 ff. zu § 5; Gaul, RdA 1982, 268, 277; Volz, ArbNErf. i. öffentl. Dienst, S. 50 ff. m.w.N.; abw. Volmer Rn. 28 f. zu § 41.

Erfindung im Verhältnis zum Bund eine Diensterfindung, gelten die Sonderregelungen der §§ 40, 41. Zu Besonderheiten bei Erfindungen von Soldaten vgl. § 41.

90 Auf (frühere, bis zum 31.12.2011 tätige) **Zivildienstleistende** einschließlich der freiwillig zusätzlichen Zivildienst Leistenden finden die Vorschriften der §§ 1, 41 ArbEG (als öffentliches Dienstrecht, s. Einl. Rdn. 3) entsprechende Anwendung.[531] Diese sind zwar rechtlich Soldaten nicht gleichgestellt; aus der Verweisungsvorschrift des § 78 Abs. 2 ZDG folgt, dass mangels eigenständiger Regelungen die entsprechenden dienstrechtlichen Vorschriften auf sie Anwendung finden.

Dagegen wird durch einen **Bundesfreiwilligendienst** kein Arbeitsverhältnis begründet,[532] sodass das ArbEG keine Anwendung findet; angesichts der Sonderregelung in § 13 BFDG scheidet auch eine analoge Anwendung aus.

### w) Werkstudenten, Schüler

91 Bei Werkstudenten und (zur Mitarbeit eingestellten) Schülern liegt regelmäßig ein (meist befristetes) Arbeitsverhältnis vor, da sie – jedenfalls vorrangig – nicht zu Zwecken der Berufsausbildung, sondern zum Gelderwerb gegen Arbeitsleistung in persönlich abhängiger Stellung tätig werden.[533] Sie sind damit i.d.R. Arbeitnehmer auch i.S.d. ArbEG.[534] Die im Zusammenhang mit der besonderen sozialen Typik der Werkstudenten wesentlichen Gesichtspunkte – wie etwa Befristung, Beschäftigung neben einem Studium, anderweitige wirtschaftliche bzw. rechtliche Absicherung, besonderes Qualifikationsprofil usw. – sind für die arbeitsrechtliche Einordnung unter den allgemeinen arbeitsrechtlichen Arbeitnehmerbegriff irrelevant.[535] Maßgebend ist das Erbringen weisungsabhängiger Tätigkeit in persönlicher Abhängigkeit.[536]

---

531 Volz, ArbNErf. im öffentl. Dienst, S. 48; zust. Reimer/Schade/Schippel/Leuze Rn. 16 zu § 41; Keukenschrijver in Busse/Keukenschrijver, PatG, Rn. 4 zu § 41 ArbEG.
532 So Amtl. Begr. zum Gesetz z. Einführung eines Bundesfreiwilligendienstes in BT-Drucks. 17/4803, S. 18 (zu Art. 1 § 13 d. Entw.).
533 LAG München v. 10.05.2007 – 3 Ta BV 93/06; vgl. allg. Schaub/Vogelsang, ArbRHdb., § 15 VI Rn. 13 ff.; vgl. auch LAG Frankfurt v. 06.08.1952, RdA 1952, 400; Natzel, NZA 2008, 567, 569; Schmidt, BB 1971, 622.
534 Ebenso Volmer/Gaul Rn. 51 zu § 1; zust. auch Boemke/Kursawe/Boemke Rn. 91 zu § 1. Vgl. allg. ErfK/Schlachter § 26 BBiG Rn. 5.
535 LAG München v. 10.05.2007 – 3 TaBV 93/06 – (unveröffentl.).
536 BAG v. 11.11.2008, NZA 2009, 450, 452.

C. Persönlicher Geltungsbereich § 1

Zu Doktoranden s. § 1 Rdn. 41 ff.; zu Praktikantenverhältnissen vgl. § 1 Rdn. 83 f.; zu Studenten als Hochschulangehörige s. § 42 Rdn. 15 f.

**x) Werkvertrag**

Wer aufgrund eines Werkvertrags nach §§ 631 ff. BGB tätig wird, ist kein Arbeitnehmer und unterliegt damit nicht dem ArbEG.[537] **91.1**

**4. Vertragliche Anwendbarkeit des ArbEG**

Ob angesichts des Ausnahmecharakters des ArbEG und des durch das Optionsrecht des Arbeitgebers (vgl. §§ 6, 7) bedingten Eingriffs in die Erfinderrechte der persönliche Geltungsbereich des Gesetzes im Wege der **Analogie** auf andere Personengruppen ausgedehnt werden kann,[538] erscheint fraglich. Jedenfalls ist seine entsprechende Anwendbarkeit bei den sonstigen typischen Erscheinungsformen des Arbeitslebens wie arbeitnehmerähnlichen Personen (vgl. § 1 Rdn. 24 f.), Organmitgliedern (§ 1 Rdn. 68 f.), wenn auch aus unterschiedlichen Gründen, nicht angebracht. Hiervon zu trennen ist die Frage eines in Ausnahmefällen aus Treu und Glauben herzuleitenden Anspruchs auf Übertragung von Erfindungsrechten (vgl. dazu § 1 Rdn. 48, 55, 72–76, 79). **92**

Der privatrechtliche Grundsatz der **Vertragsfreiheit** (Art. 2 GG, § 311 Abs. 1 BGB) gestattet es, die Anwendbarkeit des ArbEG ausdrücklich oder stillschweigend (formlos) zu vereinbaren[539] (»Behandlung als Arbeitnehmer/Arbeitnehmererfindung im Sinne des ArbEG«). Das Verbot von Verfügungsbe- **93**

---

537 Schiedsst. v. 05.02.2009 – Arb.Erf. 25/08, (Datenbank); Keukenschrijver in Busse/Keukenschrijver PatG Rn. 5 zu § 1 ArbEG.
538 Für eine grundsätzl. Analogiefähigkeit Schippel, GRUR 1959, 167, 168; Volmer/Gaul Rn. 66 zu § 1 für arbeitnehmerähnliche Personen.
539 Allg. A., BGH v. 22.10.1964 – I a ZR 8/64, GRUR 1965, 302, 306 – *Schellenreibungskupplung* u. BGH v. 10.05.1988 – X ZR 89/87, GRUR 1988, 762, 763 – *Windform*; OLG Düsseldorf v. 28.02.2014 – I – 2 U 110/11, (juris, Rn. 74) – technischer Geschäftsführer; LG Düsseldorf v. 05.04.2001, InstGE 1, 50, 53 – *Schraubenspindelpumpe* u. v. 03.02.2005, InstGE 5, 100, 102 – Geschäftsführer-Erfindung II; Schiedsst. v. 29.10.1958, BlPMZ 1959, 16, 17; im Anschluss daran LG Braunschweig v. 01.03.1977, EGR Nr. 4 zu § 1 ArbEG; s.a. BGH v. 16.11.1954, NJW 1955, 541 m. Anm. Volmer S. 789; Benkard/Mellulis, PatG, Rn. 77 zu § 6.

schränkungen nach § 137 Satz 1 BGB steht der Vereinbarung des ArbEG nicht entgegen.[540]

Allerdings gilt dies nur für die **materiellen Bestimmungen des ArbEG**[541], nicht dagegen für die verfahrensrechtlichen (§ 17 Abs. 2, § 19 Abs. 3, §§ 28 ff.;[542] vgl. auch § 28 Rdn. 6, 17)[543] sowie für § 27. Zulässig wäre es allenfalls, durch einen Schiedsvertrag gem. § 1025 ZPO (unter Beachtung der Formvorschrift des § 1027 ZPO) den Vorsitzenden, seinen Stellvertreter oder einzelne Beisitzer der Schiedsstelle (nicht aber »die Schiedsstelle« als Spruchkörper) als Schiedsrichter eines privaten Schiedsgerichts zu bestellen, sofern nicht die Schranke des § 101 ArbGG i.V.m. § 4 ArbGG für den dort genannten Personenkreis (etwa »arbeitnehmerähnliche Personen«) entgegensteht. Ferner sind die Bestimmungen zum gerichtlichen Verfahren in §§ 37 bis 39 ArbEG der Parteidisposition entzogen.[544] Insoweit verbleibt es bei den allgemeinen prozessualen Vorschriften, also insb. bei den jeweils weit auszulegenden[545] Bestimmungen des § 143 PatG (»Patentstreitsache«) und des § 27 GebrMG (»Gebrauchsmusterstreitsache«), die sich auch auf Rechtsstreitigkeiten über Erfindungen erstrecken.[546]

---

540 Nach Boemke/Kursawe/Boemle Rn. 110 zu § 1 kann »auf Grund des Rechtsgedankens des § 137 BGB nicht die Anwendung der dinglich wirkenden Regelungen vereinbart werden«, wobei dort offen bleibt, welche Regelungen konkret gemeint sind; § 137 Satz 2 BGB lässt ausdrücklich schuldrechtliche Bindungswirkungen zu, so dass im Zweifel die Auswirkungen im Verhältnis der Vertragsparteien zueinander ggf. unter Umdeutung (§ 140 BGB) durch Auslegung nach §§ 133, 157 BGB zu ermitteln sind. So hätten z. B. Verfügungen des Arbeitnehmers über die Diensterfindung vor Inanspruchnahme im Innenverhältnis gegenüber dem Inanspruchnahmeberechtigten »keine Wirkung« (vgl. § 7 Abs. 2 ArbEG) mit der Folge entsprechender Erfüllungs- und hilfsweise Schadensersatzansprüche gegen den Erfinder, während eine zur »Erfindungsmeldung« korrespondierende »Inanspruchnahme« zugleich eine Übertragung (Abtretung) aller vermögenswerten Rechte an der »Diensterfindung« (vgl. § 7 Abs. 1) beinhalten kann, sofern im Einzelfall keine Vorausabtretung solcher dienstlichen Erfindungen gewollt war.
541 So auch Keukenschrijver in Busse/Keukenschrijver, PatG, Rn. 9 zu § 1 ArbEG.
542 Schiedsst. v. 25.09.2001 – Arb.Erf. 96/99, (Datenbank) – für *Organmitglieder*.
543 Schiedsst. v. 29.10.1958, BlPMZ 1959, 16, 17 m. krit. Anm. Friedrich, GRUR 1959, 182; Reimer/Schade/Schippel/Rother Rn. 4 zu § 1; Einzelheiten b. Schippel, GRUR 1959, 167, 169 f.; weitergehend wohl Boemke/Kursawe/Boemle Rn. 110 zu § 1 (siehe vorstehende Fn.).
544 Abw. zu §§ 38, 39 Abs. 2 ArbEG Zimmermann Festschr. Schilling (2007), 415, 420 f.
545 Schulte/Rinken, PatG, § 143 Rn. 7 m.H.a. BGH v. 22.02.2011 GRUR 2011, 662, 663 – *Patentstreitsache*; Benkard/Grabinski/Zülch, PatG, Rn. 1 zu § 143 PatG.
546 Benkard/Grabinski/Zülch, PatG, Rn. 1 zu § 143 PatG.

## C. Persönlicher Geltungsbereich § 1

Für eine **stillschweigende Vereinbarung des ArbEG** müssen eindeutige, konkrete Anhaltspunkte bestehen.[547] Allein die Tatsache, dass ein (freier) Erfinder zur Übertragung von Erfindungsrechten verpflichtet ist, der Vertragspartner für ihn die Erfindung zum Patent anmeldet oder der Erfinder auf seine Erfindernennung nach außen verzichtet, reicht dafür nicht aus.[548] Erforderlich ist stets, dass sich der Erfinder bewusst war und damit rechnete, sich durch sein Verhalten dem ArbEG zu unterwerfen, und zugleich die andere Vertragspartei durch eindeutige Willensäußerungen zu erkennen gibt, dass das ArbEG angewendet werden soll[549] (zu Organmitgliedern s. § 1 Rdn. 74).

Haben die Parteien global »das ArbEG« einbezogen, ist im Einzelfall im Wege 94 der **Auslegung** (§§ 133, 157 BGB) zu ermitteln, ob sich dies auf alle oder einzelne materielle Bestimmungen des ArbEG, ggf. einschließlich der Vergütungsrichtlinien bezieht; hier sollte auch gewertet werden, dass das ArbEG mit seinen wechselseitigen und wechselbezüglichen Rechten und Pflichten in seiner Gesamtheit als ausgewogene Regelung konzipiert ist.[550] Bei den den Besonderheiten des Arbeitsverhältnisses Rechnung tragenden Normen (z.B. §§ 4, 25, 26 ArbEG) tritt an die Stelle des »Arbeitsverhältnisses« das jeweilige »Vertragsverhältnis«. Bezieht sich die Vereinbarung über die Geltung des ArbEG auf eine Erfindung, die keine Diensterfindung ist, beurteilt sich der Rechtsübergang sowohl hinsichtlich der Voraussetzungen (»Erfindungsmeldung«) als auch hinsichtlich der Rechtsfolgen (»Inanspruchnahme«) nach den Bestimmungen des ArbEG.[551] Ob und inwieweit die Parteien allein durch die Vereinbarung des Inanspruchnahmerechts eine (zulässige) Vorausverfügung (s. dazu § 1 Rdn. 73) über die Erfindungsrechte treffen wollten, ist nicht von vornherein eindeutig[552] und muss deshalb aufgrund der jeweiligen Umstände ausgelegt werden. Auch wenn bei vereinbartem »Inanspruchnahmerecht nach §§ 6, 7 ArbEG« die Unwirksamkeit einer Verfügung des Erfinders über seine Erfindung nach § 7 Abs. 2 ArbEG gegenüber Dritten selbstverständlich nicht greift, dürfte sich aus der Vereinbarung bei schuldhaft unberechtigten Verfügungen eine Schadensersatzpflicht des Erfinders auf Rückgängigmachung nach § 280

---

547 Vgl. BGH v. 24.10.1989 – X ZR 58/88, GRUR 1990, 193, 194 r.Sp. – *Auto-Kindersitz*; wie hier auch Keukenschrijver in Busse/Keukenschrijver, PatG, Rn. 9 zu § 1 ArbEG.
548 OLG Nürnberg v. 18.12.1990 – 3 U 3517/87, (unveröffentl.).
549 OLG Nürnberg v. 18.12.1990 – 3 U 3517/87, (unveröffentl.).
550 Vgl. allg. BGH v. 02.06.1987, GRUR 1987, 900, 901 f. – *Entwässerungsanlage*.
551 LG Düsseldorf v. 05.04.2001, InstGE 1, 50, 53 – *Schraubenspindelpumpe*.
552 Nach Schippel, GRUR 1959, 167, 169 soll dies regelmäßig als Vorausabtretung auszulegen sein.

Abs. 1 i. V. m. § 249 BGB ableiten lassen, die bei kollusivem Zusammenwirken gemäß § 826 BGB sogar auf den Erfindungserwerber durchschlägt.

Für die (insb.) zugunsten des Arbeitnehmers geltenden Schutzbestimmungen der §§ 22, 23 ArbEG besteht – sofern keine besonderen Umstände vorliegen – regelmäßig kein Bedürfnis (s.a. § 1 Rdn. 5 zu § 23). Zwischen Nichtarbeitsvertragsparteien gilt allein der Grundsatz der Vertragsfreiheit. Im Regelfall gelten diese Vorschriften also nur dann, wenn sie auch ausdrücklich bzw. erkennbar in den Vertrag einbezogen sind bzw. der Erfinder wegen seines sozialen Abhängigkeitsverhältnisses einem Arbeitnehmer gleich zu stellen ist.[553] Selbst wenn die Parteien die Unabdingbarkeitsregel des § 22 mit einbeziehen wollten, steht dies einer späteren vertraglichen Modifizierung der materiellen Vorschriften des ArbEG aufgrund der Vertragsfreiheit nicht entgegen.[554] Allerdings kann eine Vereinbarung von § 22 ArbEG dahingehend auszulegen sein, dass eine für zukünftige Neuerungen getroffene Vereinbarung vor Meldung einer Erfindung insbesondere nicht formlos/stillschweigend abgeändert werden kann.

Im Einzelfall kann es sich empfehlen, die zukünftige Nutzung durch eine **Pauschalabfindung** abzugelten oder aber zur Vermeidung zukünftiger Streitigkeiten die wesentlichen Vergütungsberechnungskriterien, wie etwa Bezugsgröße, Lizenzsatz, Anwendung der Abstaffelung u.a., festzulegen. Sollen die **Vergütungsrichtlinien** insgesamt in das Vertragsverhältnis einbezogen und damit auch ein Anteilsfaktor wirksam werden, empfiehlt sich eine entsprechende vertragliche Absprache. Bei der Höhe der zu vereinbarenden Erfindervergütung kann ferner berücksichtigt werden, inwieweit freie Mitarbeiter seitens des Unternehmens sonstige wirtschaftliche und/oder technische Unterstützung durch die Bereitstellung von Personal oder sachlichen Mitteln erfahren. Möglich ist auch eine Regelung, dass eine Vergütung erst ab einer bestimmten Umsatzhöhe geschuldet wird.

Haben die Vertragsparteien lediglich vereinbart, dass die **Vergütung nach den Regeln des ArbEG** erfolgen soll, so spricht dies mangels abweichender Anhaltspunkte dagegen, dass zugleich die sonstigen Vorschriften des ArbEG

---

553 OLG Düsseldorf v. 15.05.2008 – 2 U 36/07, (unveröffentl.) – dort für *Fremdgeschäftsführer.*
554 Dies entspricht etwa der st. Rspr. zum vereinbarten Schriftformzwang, der jederzeit formlos wieder aufgehoben werden kann; vgl. BGH v. 02.06.1976, NJW 1976, 1395 m.w.N.

anwendbar sein sollen.[555] Andererseits spricht dies dafür, dass dann über § 11 auch die Vergütungsrichtlinien gelten sollen.[556]

Haben die Parteien dabei zusätzlich bestimmt, dass sämtliche Erfindungen »Eigentum des Arbeitgebers werden«, lässt dies auf den Willen der Vertragsparteien schließen, der Arbeitgeber schulde zwar eine Vergütung für die Erfindungen, könne aber i.ü. mit den Erfindungen nach Belieben verfahren, wie es dem Wesen des Eigentums entspricht (vgl. § 903 BGB)[557].

Soweit **technische Verbesserungsvorschläge** in Betracht kommen, sollten von vornherein feste Pauschalsätze vereinbart werden, die sich an internen Erfahrungssätzen des Unternehmens orientieren können; es kann aber auch – wie nicht selten – vereinbart werden, dass technische (nicht qualifizierte) Verbesserungsvorschläge dem Unternehmen ohne zusätzliche Gegenleistung zur Verfügung stehen.

S.a. zur arbeitnehmerähnlichen Person § 1 Rdn. 24 ff., zu freien Mitarbeitern § 1 Rdn. 44 ff., zu Organmitgliedern s. § 1 Rdn. 68 ff.

## II. Arbeitgeber im privaten Dienst

### 1. Arbeitgeberbegriff

Mangels eigenständiger Begriffsbestimmung gilt im Arbeitnehmererfindungsrecht für den Arbeitgeberbegriff die allgemeine **arbeitsrechtliche Definition**.[558] Im ArbEG hat der Gesetzgeber von dem früher verwendeten Begriff des »Unternehmers« abgesehen, da bei dieser Bezeichnung die Stellung nach außen, also im Wirtschaftsleben, im Vordergrund steht.[559]

**Arbeitgeber** auch i.S.d. ArbEG ist damit jede natürliche und juristische Person sowie Personengesamtheit, die wenigstens einen Arbeitnehmer oder eine arbeitnehmerähnliche Person i. S. v. § 5 Abs. 1 ArbGG beschäftigt.[560] Auf dieser Begriffsbestimmung basiert letztlich auch der Begriff des Arbeitsvertrages

95

---

555 OLG Düsseldorf v. 17.09.1987 – 2 U 180/86, (unveröffentl.).
556 So im Ergebn. auch Zimmermann Festschr. Schilling (2007), 415, 421 m. H. a. Trimborn (1998) S. 253.
557 OLG Düsseldorf v. 17.09.1987 – 2 U 180/86, (unveröffentl.).
558 Wohl allg. A., z. B. Schaub/Koch, ArbRHdb., § 114 II 2 c Rn. 8. Vgl. zum Arbeitgeberbegriff im ArbEG ausf. Volmer, GRUR 1978, 393, 394; Volmer/Gaul Rn. 108 ff. zu § 1.
559 Vgl. Amtl. Begründung BT-Drucks. II/1648 S. 22 (zu § 4) = BlPMZ 1957, 230.
560 GmS-OBG v. 27.09.2010, NZA 2011, 534, 535 [Rn. 17]; BAG v. 21.01.1999, AP KSchG 1969 § 1 Konzern Nr. 9; vgl. Gaul ArbR i. Betr. A V 1; s.a. Hueck/Nipperdey, Lehrb. ArbR Bd. I § 15 I; Schaub/Vogelsang, ArbRHdb., § 16 Rn 1 ff.

in § 611a BGB (s. dazu § 1 Rdn. 9 f.). Der Arbeitgeber ist als der andere Partner des Arbeitsverhältnisses Gläubiger der Arbeitsleistung, der kraft Arbeitsvertrages die Dienstleistungen vom Arbeitnehmer fordern kann und damit die wirtschaftliche und organisatorische Dispositionsbefugnis über die Arbeitsleistung des Arbeitnehmers und den Nutzen aus ihr hat.[561] Für den Arbeitgeberbegriff und damit für die Anwendbarkeit des ArbEG ist es ohne Belang, ob der Arbeitgeber mit seinem Unternehmen erwerbswirtschaftliche Ziele verfolgt[562] und ob mangels Rechtswirksamkeit lediglich ein faktisches Arbeitsverhältnis besteht[563] (s. hierzu oben § 1 Rdn. 11 ff.).

96 Bei Arbeitsverträgen mit einer **juristischen Person** ist diese Arbeitgeber; die durch den Arbeitsvertrag vermittelten Weisungsbefugnisse übt sie jedoch durch ihre Organe, etwa bei der AG durch den Vorstand, bei der GmbH durch den/die Geschäftsführer aus. Letztere wiederum sind als Organmitglieder zur Delegation ihrer Rechte auf andere betriebliche Ebenen befugt. Die Organmitglieder (s. § 1 Rdn. 68 f.) nehmen also Arbeitgeberfunktionen wahr, sind somit bspw. – sofern keine Delegation etwa auf die Patentabteilung erfolgt (vgl. hierzu § 5 Rdn. 14 ff.) – Adressat der Meldepflicht gem. § 5.

97 Eine **Personengesamtheit** wird unter ihrer Firma Partner des Arbeitsvertrages und damit Arbeitgeber.[564] Sie übt ihre Arbeitgeberrechte durch die vertretungsberechtigten Gesellschafter aus. Zur wirtschaftlichen Einheit mehrerer (Konzern-) Unternehmen s. § 1 Rdn. 131 f. u. zu § 9 Rdn. 185 ff.

98 Ist jemand nicht Arbeitgeber, erweckt er aber den Irrtum, Inhaber oder persönlich haftender Gesellschafter eines kaufmännischen Unternehmens zu sein, so muss er sich an diesem **Rechtsschein** festhalten lassen, soweit die Arbeitnehmer darauf vertrauen und vertrauen dürfen.[565] Er haftet nach Rechtsscheingrundsätzen, ohne zugleich Berechtigter (Arbeitgeber) i.S.d. ArbEG zu werden. Die Rechtsstellung des (wahren) Arbeitgebers aus dem ArbEG bleibt davon unberührt.

99 Wer Arbeitgeber ist, bestimmt sich – korrespondierend mit dem Arbeitnehmerstatus (s. dazu § 1 Rdn. 7) – nach dem **Zeitpunkt der Fertigstellung der (Dienst-)Erfindung.** Soweit das ArbEG von Arbeitgeber spricht, ist also diejenige natürliche oder juristische Person gemeint, zu der der Arbeitnehmer zur

---

561 BAG v. 27.09.2012 DB 2013, 1364 (Rn. 16) m. w. Nachw.
562 Vgl. Schiedsst. v. 04.08.1972, BlPMZ 1973, 205.
563 GmS-OBG v. 27.09.2010, NZA 2011, 534, 535 [Rn. 17].
564 Vgl. z.B. BSG v. 31.07.1963, Slg. Breithaupt 1963, 1027 (f. d. KG).
565 Vgl. BAG v. 19.04.1979, BB 1979, 1036; s.a. BGH v. 26.11.1979, NJW 1980, 784 allg. zur Rechtsscheinhaftung n. § 129 HGB.

C. Persönlicher Geltungsbereich  §1

Zeit der Fertigstellung der Erfindung in einem Arbeitsverhältnis steht. Davon geht erkennbar auch § 11 Abs. 7 AÜG aus, weicht jedoch als Sonderregelung für Leiharbeitnehmer davon ab (s. dazu § 1 Rdn. 59). Darauf baut nicht zuletzt die Begriffsbestimmung der Diensterfindung (§ 4) ebenso auf wie die Adressierung der Erfindungsmeldung (§ 5), das Inanspruchnahmerecht (§§ 6, 7) sowie die Arbeitgeberpflichten aus §§ 9 bis 16; allein auf diesen Arbeitgeber stellen u. a. auch §§ 25, 26, 28 ab (zu den Sonderfällen des Betriebsübergangs s. § 1 Rdn. 114 ff und der Insolvenz s. § 27).

### 2. Arbeitgeberähnliche Personen

Vom Arbeitgeber unterschieden wurden früher sog. »arbeitgeberähnlichen Personen«, d. h. solche, die für den Arbeitgeber dessen Weisungsrecht und seine sonstigen Funktionen selbst ausüben und ihn repräsentieren.[566] Dazu zählen insb. die gesetzlichen Vertreter juristischer Personen (s. dazu § 1 Rdn. 68 f.). Hier ist nach arbeitsrechtlichen Kriterien zu bestimmen, ob sie Arbeitnehmer auch i.S.d. ArbEG sind (s. § 1 Rdn. 9 ff., 24 ff., 64 ff.).  100

### 3. »Betrieb« i.S.d. ArbEG (Unternehmen)

Eine Differenzierung ist hinsichtlich der Begriffe **Unternehmen/Betrieb** vorzunehmen, wobei das ArbEG nur die Bezeichnung »Betrieb« verwendet (Ausnahme in § 27 Nr. 2 n.F., s. § 27 n.F. Rdn. 49, 111).  101

Während der Begriff des Arbeitgebers und der des Betriebes auf den arbeitstechnischen Zweck abstellen, kommt es bei dem **Begriff des Unternehmens** allein auf die wirtschaftliche Wertung und Zielsetzung an.[567] Unternehmen ist die organisatorische Einheit, die bestimmt wird durch den wirtschaftlichen oder ideellen Zweck, dem ein Betrieb oder mehrere organisatorisch verbundene Betriebe desselben Unternehmens dienen.[568]  102

Ebenso wie es für den Unternehmensbegriff an einer für die gesamte Rechtsordnung allgemein verbindlichen Definition fehlt,[569] gilt dies auch für den **Betriebsbegriff**. Sein Bedeutungsumfang ist deshalb für den jeweiligen Rechtsbereich eigenständig auszulegen.[570] Im Allgemeinen wird im Arbeitsrecht hierunter die organisatorische Einheit verstanden, innerhalb derer der Arbeitgeber allein oder mit seinen Arbeitnehmern mithilfe technischer (sächlicher) und  103

---

566 Vgl. BGH v. 16.12.1953, BGHZ 12, 1, 8 f.; s.a. Volmer, GRUR 1978, 329, 333.
567 Gaul ArbR i. Betr. A V 5.
568 So Hueck/Nipperdey Lehrb. ArbR Bd. I § 16 VI.
569 Vgl. BAG v. 05.12.1975, AP Nr. 1 zu § 47 BetrVG 72 m.w.N.
570 Schaub/Vogelsang, ArbRHdb., § 17 I 1 Rn. 1.

immaterieller Mittel bestimmte arbeitstechnische Zwecke fortgesetzt verfolgt.[571] Durch die arbeitstechnische Zweckbestimmung der organisatorischen Einheit unterscheidet sich der Betrieb von dem weiter gefassten Unternehmensbegriff[572].

**104** In welchem Sinne die im ArbEG verwendete Bezeichnung »Betrieb« zu verstehen ist, bedarf der Auslegung. Ein Abstellen auf die den Betriebsbegriff kennzeichnende organisatorisch-technische Einheit würde dem Normzweck einiger Bestimmungen, die – wie etwa § 17 Abs. 1, § 19 Abs. 1 Satz 1 – über die betriebsinterne Sphäre hinausgehen und an die Außenwirkung eines Unternehmens im Wirtschaftsleben anknüpfen, nicht gerecht. Wenn der Gesetzgeber ausdrücklich den Begriff »Unternehmer« zugunsten des Begriffs »Arbeitgeber« fallen ließ, um damit deutlicher auf die Beziehungen der Arbeitsvertragsparteien abzustellen (s. § 1 Rdn. 95), war es nur konsequent, unter Vermeidung des Begriffs »Unternehmen« den des »Betriebes« zu verwenden. Davon ausgehend kann angenommen werden, dass der Gesetzgeber in gleicher Weise eine Identität von Betrieb und Unternehmen zugrunde gelegt hat; »Betrieb« ist für ihn die Kennzeichnung des gesamten für die Arbeitsvertragsparteien maßgeblichen Bereichs eines Unternehmens. Eine Einschränkung auf »einzelne Betriebe« (Betriebsstätten) innerhalb der Organisation eines Unternehmens war damit nicht beabsichtigt. Bestätigt wird dies auch durch die Fassung des § 27 a.F., der – in Abgrenzung zum »Geschäftsbetrieb« (§ 27 a.F. Nr. 1 u. 2) – vom »Unternehmen« spricht (§ 27 a.F. Nr. 3 u. 4). In der Neuregelung des § 27 wird dies fortgeführt (vgl. § 27 Nr. 1 u. 3 n.F. = Geschäftsbetrieb, Nr. 2 n.F. = Unternehmen). **Im ArbEG deckt sich somit der Begriff des Betriebs grds. mit dem des Unternehmens.**[573] Zum Gemeinschaftsbetrieb s. § 1 Rdn. 106.1.

### 4. Besondere Erscheinungsformen

**105** Da die Entwicklung einer Erfindung durch einen Arbeitnehmer mit seiner betrieblichen Tätigkeit im Zusammenhang steht, richtet sich die Bestimmung

---

571 BAG v. 23.10.2010, NZA 2011, 197, 199 m.w.N.; Hueck/Nipperdey Lehrb. ArbR Bd. I § 16 II.
572 Vgl. BAG v. 26.08.1971, AP Nr. 1 zu § 23 KSchG 1969; Hueck/Nipperdey Lehrb. ArbR Bd. I § 16 II.
573 So auch Volmer, GRUR 1978, 393, 396; ferner Gaul, GRUR 1977, 686, 693 u. ders. in Volmer/Gaul Rn. 112 ff. zu § 1; Kraßer/Ann, PatR, § 21 Rn. 42; Schwab, Erf. u. VV, S. 11 u. ders., Arbeitnehmererfindungsrecht, § 4 Rn. 15; zust. auch Schiedsst. v. 10.10.1989 – Arb.Erf. 37/89, (unveröffentl.); Boemke/Kursawe/Raif Rn. 42 zu § 4 (s. [aber] auch Boemke/Kursawe/Boemke Rn. 99 zu § 1); abw. noch Neumann-Duesberg, AR-Blattei »Betrieb I«, A VII.

des »Arbeitgebers« i.S.d. ArbEG entscheidend danach, wer letztlich als Gläubiger des Arbeitsvertrages berechtigt ist, vom Arbeitnehmer die vertragliche Arbeitsleistung zu fordern.[574]

### a) Arbeitsgemeinschaften, zwischenbetriebliche Kooperation, Gemeinschaftsbetrieb

Die (meist vorübergehende) Zusammenarbeit einzelner Unternehmen im Bereich der Forschung und Entwicklung ist in vielfältigen Modalitäten denkbar.[575] Bei der **nicht koordinierten** wie auch bei der **koordinierten Einzelforschung** mit planmäßigem Erfahrungs- und Ergebnisaustausch werden die einzelnen Arbeitnehmer der Kooperationspartner i.R.d. bestehenden Arbeitsverhältnisses tätig, ohne dass eine Veränderung der Arbeitgeberposition eintritt. Dies gilt auch i.R.d. **Gemeinschaftsforschung**, soweit unter Beibehaltung der unternehmerischen Eigenständigkeit lediglich eine Abordnung einzelner Mitarbeiter zu einem der Kooperationspartner erfolgt. Bei solchen Arbeitsgemeinschaften, die zwischen mehreren Unternehmen gebildet werden, bleibt regelmäßig das Arbeitsverhältnis der hierbei mitwirkenden Arbeitnehmer zu ihrem Arbeitgeber unverändert bestehen, sodass die Rechte und Pflichten aus dem ArbEG jeweils nur im Verhältnis zu dieser Arbeitsvertragspartei begründet werden.[576] **106**

Tritt die zwischenbetriebliche Kooperation als solche nach außen hin im Rechtsverkehr auf (**BGB-Außengesellschaft**) und stellt die Personengesamtheit selbst Arbeitnehmer ein, ist sie aufgrund anerkannter eigener Rechtspersönlichkeit der Arbeitgeber, soweit sie durch Teilnahme am Rechtsverkehr selbst Rechte und Pflichten begründet.[577] Entsprechendes gilt, wenn die Kooperationspartner Arbeitnehmer mit deren Zustimmung zur Tätigkeit in der Arbeitsgemeinschaft (BGB-Außengesellschaft) abstellen und zwischen der **106.1**

---

574 So auch Volmer, GRUR 1978, 393, 397; s.a. allg. BAG v. 16.10.1974, DB 1975, 183.
575 Vgl. z.B. Ullrich, GRUR 1993, 338 ff.
576 Ausführl. hierzu Bartenbach, Zwischenbetriebliche Forschungs- und Entwicklungskooperation 1985, S. 66 ff.; Lüdecke Erf.gemeinschaften (1962) S. 77, 113 f.; s. auch Niedzela-Schmutte, Miterfindungen in Forschungs- und Entwicklungskooperationen (Diss. München 1998), S. 127 ff.
577 So BGH v. 29.01.2001, Mitt. 2001, 176 – *Rechtsfähigkeit der GbR* m. Anm. Ann = NJW 2001, 1056 ff.; ebenso BAG v.29.01.2001 – AP Nr. 1 zu § 50 ZPO u. v. 01.12.2004, AP Nr. 14 zu § 50 ZPO = NZA 2005, 318; Diller, NZA 2003, 401; s. hierzu auch Schmidt, NJW 2001, 993 ff. Die eigene Rechtsfähigkeit der BGB-(Außen-)Gesellschaft hat zwischenzeitlich auch der Gesetzgeber im Grundsatz anerkannt (vgl. § 899a BGB).

Kooperation als Personengesamtheit einerseits und dem jeweiligen Arbeitnehmer andererseits ein neues unmittelbares Arbeitsverhältnis begründet wird, während das bisherige Arbeitsverhältnis mit einzelnen Kooperationspartnern ruht (zum Ruhen des Arbeitsverhältnisses s. § 26 Rdn. 14 ff.).

Diese Situation kann sich auch bei der Rechtsfigur des **Gemeinschaftsbetriebes** (gemeinsamen Betriebes) ergeben. Dieser ist gegeben, wenn sich mehrere Unternehmen zu einer gemeinsamen, einheitlichen Führung rechtlich verbunden haben und deren materielle und immaterielle Betriebsmittel in *einer* Betriebsstätte für einen einheitlichen arbeitstechnischen Zweck zusammengefasst und gezielt einsetzt werden und der Einsatz der Arbeitnehmer von einem einheitlichen Leitungsapparat, der zugleich in den personellen und sozialen Angelegenheiten zuständig ist, gesteuert wird.[578]

Beschränken sich die Bindungen der Kooperationspartner auf das Innenverhältnis zueinander (**BGB-Innengesellschaft**), so bleiben die jeweiligen Kooperationspartner, soweit sie Arbeitnehmer für die gemeinschaftliche Forschungs- und Entwicklungstätigkeit abordnen, uneingeschränkt deren Arbeitgeber auch in arbeitnehmererfindungsrechtlicher Hinsicht; die Rechtsbeziehungen beschränken sich ausschließlich auf das Innenverhältnis der Kooperationspartner, ohne unmittelbar Rechtswirkungen in arbeitsrechtlicher und damit auch arbeitnehmererfindungsrechtlicher Hinsicht ggü. den jeweiligen Arbeitnehmern zu tätigen.[579]

**107** **Arbeitnehmererfindungsrechtliche Beziehungen** bestehen nur im Verhältnis zum jeweiligen Arbeitgeber.[580] Im Regelfall behalten die Partner einer Forschungs- und Entwicklungskooperation ihren Arbeitgeberstatus. Nur in Bezug auf den jeweiligen Arbeitgeber kann festgestellt werden, ob eine Diensterfindung i.S.d. § 4 Abs. 2 vorliegt (s. hierzu § 4 Rdn. 14). Nur der jeweilige Arbeitgeber ist Adressat der Meldung (s. § 5 Rdn. 9, 58), nur er kann die auf seine Mitarbeiter zurückzuführenden ideellen Erfindungsanteile diesen ggü. in Anspruch nehmen (Einzelheiten s. § 6 a.F. Rdn. 74 f. u. § 6 n.F. Rdn. 145 ff.). Der jeweilige Arbeitgeber ist alleiniger Schuldner der Vergütungsansprüche seiner Arbeitnehmererfinder (s. § 9 Rdn. 4 ff., 191 ff., 314). Zur Abgrenzung

---

578 Vgl. BAG v. 23.09.2010, NZA 2011, 197, 199; zur Wirkung eines einheitlichen Arbeitsverhältnisses s. Schiedsst. EV v. 03.05.2011, Arb.Erf. 10/09, (in www.dpma.de nur LS.).
579 Vgl. auch BFH v. 11.02.1983, BStBl. II 1983, S. 442.
580 Teilw. abweichend die unter (analoger) Geltung des § 11 Abs. 7 AÜG stehende Differenzierung von Boemke/Kursawe/Boemke Rn. 101 ff. zu § 1; ferner teilw. abw. auch Schwab, Arbeitnehmererfindungsrecht, § 1 Rn. 35 ff.

bei **Arbeitnehmerüberlassung** s. § 1 Rdn. 57 f.; zur Schutzrechtsanmeldung s. § 13 Rdn. 3.1.

Kommt bei einer BGB-Außengesellschaft i.S.d. §§ 705 ff. BGB der Gesellschaft selbst Arbeitgeberstellung zu, ist diese alleiniger Träger der Rechte und Pflichten aus dem ArbEG, ohne dass insoweit erfinderrechtliche Beziehungen zu den Gesellschaftern i. S. d. § 420 ff. BGB bestehen. Dann beurteilt sich das Vorliegen einer Diensterfindung im Verhältnis zu dieser Gesellschaft; deshalb reicht es grds. aus, wenn im Verhältnis zu einem Kooperationspartner die qualifizierenden Voraussetzungen einer Diensterfindung im Sinne von § 4 Abs. 2 festzustellen sind. Für die Erfüllung der Meldepflicht gem. § 5 muss der Arbeitnehmer der Außengesellschaft ggü. seiner Meldepflicht nachkommen. Die Inanspruchnahme gem. § 6 kann im (Außen-) Verhältnis zum Arbeitnehmer i.d.R. von jedem geschäftsführenden Gesellschafter wirksam erklärt werden (vgl. § 714 BGB); ggf. bedarf sie (im Innenverhältnis) der Genehmigung. Die Inanspruchnahmefiktion (§ 6 Abs. 2) wirkt zugunsten der BGB-Außengesellschaft. Eine in Anspruch genommene Diensterfindung wird bei einer BGB-Außengesellschaft[581] – sofern nichts Abweichendes vereinbart ist – Gesellschaftsvermögen i.S.d. § 718 BGB. Für Vergütungsansprüche des Arbeitnehmererfinders haftet die Gesellschaft und nicht die einzelnen Kooperationspartner als Gesamtschuldner persönlich. Ist dagegen – wie im Fall einer BGB-Innengesellschaft – der einzelne Kooperationspartner der Arbeitgeber, bestehen die Rechte und Pflichten aus dem ArbEG nur mit diesem. Einzelheiten zur Vergütung s. § 9 Rdn. 191 ff.; bei Miterfinderschaft § 9 Rdn. 315.

Zur Problematik eines Doppelarbeitsverhältnisses s. § 1 Rdn. 19 f.; zu Geheimhaltungspflichten s. § 24 Rdn. 12, 38, 50.

Gesellschaftsrechtliche Auswirkungen prägen auch die Rechtsfragen bei **Beendigung** der Forschungs- und Entwicklungskooperation. Dies gilt nicht nur für den Auflösungsgrund, sondern auch für die Auseinandersetzung dieser Kooperation in Bezug auf die eingebrachten und von ihr entwickelten Arbeitsergebnisse bzw. Schutzrechte. Dabei greifen wiederum erfinderrechtliche Regeln insb. hinsichtlich der Vergütung der Arbeitnehmererfinder i.R.d. Schuldenberichtigung gem. § 733 Abs. 1 BGB ein.[582]

107.1

---

581 Zum Streit, ob eine BGB-Innengesellschaft Gesamthandsvermögen i.S.d. § 718 BGB bilden kann, vgl. Palandt/Sprau, BGB, § 705 Rn. 33 entgegen Beuthin NZG 2017, 201, 204.

582 Bartenbach, Zwischenbetriebliche Forschungs- und Entwicklungskooperation 1985, S. 137 ff.

**107.2** Im Grundsatz sind die Rechtsinstitute der GbR (§§ 705 ff. BGB) und der Bruchteilsgemeinschaft (§§ 741 ff. BGB) zur Regelung der Rechtsbeziehungen innerhalb einer zwischenbetrieblichen Forschungs- und Entwicklungskooperation ausreichend. Da jedoch im Einzelfall die vorgegebene gesetzliche Regelung lückenhaft ist bzw. bei ihrer Übertragung auf die einzelnen Erscheinungsformen der zwischenbetrieblichen Kooperation den wirtschaftlichen Interessen der Kooperationspartner zuwiderlaufende Fragen auftreten lässt, erscheint eine umfassende vertragliche Ausgestaltung der Rechtsbeziehungen empfehlenswert.

Zu den Auswirkungen einer Bruchteilsgemeinschaft s. § 5 Rdn. 52 ff.; zur Inanspruchnahme von Diensterfindungen s. § 6 n.F. Rdn. 145 ff.; zur Zuständigkeit der Schiedsstelle s.a. § 28 Rdn. 16.

**b) Ausländische Arbeitgeber**

**108** Die Anwendbarkeit des ArbEG wird nicht durch den Umstand beeinflusst, dass eine im Inland tätige juristische Person deutschen Rechts unter ausländischer Leitung oder Kapitalbeteiligung steht.[583] Nur bei Arbeitsverhältnissen mit **Auslandsberührung** (s. § 1 Rdn. 32) greift das internationale Arbeitsrecht ein. Zur Auslandsberührung rechnen insb. die Fälle, in denen eine Vertragspartei Ausländer ist oder beide Parteien Ausländer sind, aber im Inland tätig werden.[584] Für das Recht der Arbeitnehmererfindung ist auf das **Arbeitsstatut** abzustellen (s.o. § 1 Rdn. 32 ff.; zu Art. 60 Abs. 1 EPÜ s. § 1 Rdn. 34).

**109** Arbeitsverträge mit Auslandsberührung unterliegen zwar dem Grundsatz der **Privatautonomie**. Diese ist jedoch in Bezug auf das ArbEG **eingeschränkt**, sodass die Normen des **ArbEG nicht zugunsten einer ausländischen Rechtsordnung abbedungen** werden können, d. h. es ist zwingend deutsches Arbeitnehmererfindungsrecht anzuwenden (Art. 8 Abs. 1 Satz 2 Rom I-VO, Art. 30 Abs. 1 EGBGB a.F.; Einzelheiten s. § 1 Rdn. 32 f.).

*Rdn. 110 – 111 frei*

**112 Mangels** ausdrücklich oder stillschweigend (rechtswirksam) getroffener **Rechtswahl** (zugunsten des Arbeitnehmererfinders) oder bei Unwirksamkeit der Rechtswahl (zu Ungunsten des Arbeitnehmererfinders, s. § 1 Rdn. 32.1 f.)

---

583 Vgl. Weiss, GRUR Ausl. 1956, 99; Schippel, Mitt. 1971, 229, 230; s.a. Bauer, Int. PrivatR d. ArbNErf. (1970) S. 72 ff. u. ders., AWD 1970, 512 ff.
584 Z.B. BAG v. 20.07.1967, AP Nr. 10 – Int. Privatr./Arbeitsrecht; vgl. zur Auslandsberührung ausf. Schippel, Mitt. 1971, 229, 230; s.a. allgem. Hickl NZA Beilage 1/1987, 10 ff.; Hohloch, RIW 1987, 353 ff.

C. Persönlicher Geltungsbereich § 1

bestimmt sich das anzuwendende Recht nach Art. 8 Abs. 2 bis 4 Rom I-VO (Art. 30 Abs. 2 EGBGB a.F.; s. hierzu § 1 Rdn. 33 f.). Grds. ist **inländisches Recht** anzuwenden, wenn ein ausländisches Unternehmen **in Deutschland** eine **Niederlassung**, sei es eine handelsregisterlich eingetragene Filiale **oder** einen sonstigen **Betrieb** oder Betriebsteil, unterhält und der Arbeitnehmer seine Arbeit gewöhnlich in dieser Betriebsstätte verrichtet (s. dazu § 1 Rdn. 32.3). In diesem Fall verbleibt es zwingend (§ 22 Satz 1) bei der **Geltung des ArbEG**. Gleiches gilt, wenn der Arbeitsvertrag (Arbeitsverhältnis) nach der Gesamtheit der Umstände eine engere Verbindung zu Deutschland i. S. v. Art. 8 Abs. 4 Rom I-VO (Art. 30 Abs. 2 2. Halbs. EGBGB a.F.) aufweist.[585] Letzteres dürfte bei Einstellung in Deutschland und nicht nur vorübergehender Tätigkeit in Deutschland regelmäßig gegeben sein (zu Art. 60 EPÜ s. § 1 Rdn. 34;). Die gemeinsame Staatsangehörigkeit bei ausländischen Vertragsparteien kann allerdings – trotz Tätigkeit in Deutschland – ein Indiz dafür sein, dass von dem Recht des gemeinsamen Heimatstaates auszugehen ist.[586]

Da die Parteiautonomie ihre Grenzen an den Rechten Dritter findet, können insb. die **personellen Mitwirkungsrechte des Betriebsrates** nach dem deutschen Betriebsverfassungsgesetz, auch soweit sie sich erfinderrechtlich auswirken (vgl. hierzu Anhang zu § 20 Rdn. 1 ff.), nicht durch die Wahl ausländischen Rechts berührt werden.[587] Das Betriebsverfassungsgesetz unterliegt nach der Rechtsprechung dem Territorialitätsprinzip und erfasst sämtliche in seinem räumlichen Geltungsbereich befindlichen Betriebe, gleichgültig, ob es sich um den Betrieb eines deutschen oder ausländischen Unternehmens handelt[588] (s. auch § 20 Rdn. 61). Darüber hinaus ist deutsches Betriebsverfassungsrecht auch auf Arbeitnehmer eines inländischen Betriebes anzuwenden, die im Ausland tätig sind, wenn sich diese Auslandstätigkeit als »Ausstrahlung« des inländischen Betriebs darstellt;[589] ein einmal begründeter betriebsverfassungsrechtlicher Status eines Arbeitnehmers wird durch einen vorübergehenden Auslandsaufenthalt nicht beeinträchtigt.[590] Voraussetzung hierfür ist, dass zunächst eine persönliche, tätigkeitsbezogene und rechtliche Bindung an den

113

---

585 In diesem Sinne auch Schiedsst. v. 09.01.1986 – ArbErf 30/85, (unveröffentl.).
586 Vgl. auch BGH v. 27.11.1975 – X ZB 24/73, GRUR 1976, 385, 387 – *Rosenmutation*; BAG v. 10.04.1975, AP Nr. 12 – Int. Privatrecht/Arbeitsrecht.
587 BAG v. 09.11.1977, AP Nr. 13 – Int. Privatrecht/Arbeitsrecht.
588 BAG v. 25.04.1978, AP Nr. 16 – Int. Privatrecht/Arbeitsrecht; HWK/Gaul BetrVG Vorbem. 5; ErfK/Schlachter Art. 9 Rom I-VO Rn. 29 m.w.N. zum Meinungsstand; vgl. auch LAG Köln v. 17.07.2014 – 7 Sa 705/12, (juris, Rn. 47 ff.).
589 BAG v. 22.03.2000, NZA 2000, 1119, 1120 f.; ErfK/Schlachter Art. 9 Rom I-VO Rn. 30 m.w.N. zum Meinungsstand.
590 BAG v. 21.10.1980, DB 1981, 696, 697.

entsendenden Betrieb vorliegt,[591] was bei einem Arbeitnehmer, der während der Dauer seines Arbeitsverhältnisses niemals im inländischen Betrieb seines Arbeitgebers tätig gewesen, sondern nur für einen einmaligen befristeten Auslandseinsatz beschäftigt ist, nicht der Fall ist[592]. Aufgrund des Territorialitätsprinzips sind Verwertungen bei Auslandstöchtern grundsätzlich nicht in eine Gesamtbetriebsvereinbarung einzubeziehen (s. § 20 Rdn. 61). Zur Beschäftigung ausländischer Arbeitnehmer s. § 1 Rdn. 35.; zum Auslandseinsatz s. § 1 Rdn. 36.

c) Betriebsübergang[593]

aa) Betriebsinhaberwechsel (Betriebsnachfolge)

114 Geht ein Betrieb oder Betriebsteil durch Rechtsgeschäft auf einen anderen Betriebsinhaber über[594] (**Einzelrechtsnachfolge**), so tritt dieser gem. **§ 613a Abs. 1 BGB** kraft Gesetzes in die Rechte und Pflichten aus den im Zeitpunkt des Übergangs bestehenden Arbeitsverhältnissen ein, sofern der einzelne Arbeitnehmer der Überleitung des Arbeitsverhältnisses nicht fristgerecht widerspricht. Der Arbeitnehmer kann dem Übergang innerhalb eines Monats nach Zugang der Unterrichtung über den Übergang (§ 613a Abs. 5 BGB) schriftlich ggü. dem bisherigen Arbeitgeber oder dem neuen Inhaber widersprechen (§ 613a Abs. 6 BGB; zu den Folgen eines rechtzeitigen und wirksamen Widerspruchs s. § 1 Rdn. 116 und § 26 Rdn. 19 ff.).

**Nicht anwendbar** ist § 613a BGB auf Dienstverhältnisse von **Organmitgliedern** von Kapitalgesellschaften.[595] Auch die **Übertragung von Geschäftsanteilen** oder die Aufnahme neuer Gesellschafter beim Arbeitgeber (Gesellschaft) hat mangels Inhaberwechsels keinen Einfluss auf die Rechte und Pflichten aus

---

591 BAG v. 22.03.2000, AP AÜG § 14 Nr. 8; v. 07.12.1989, AP Intern. Privatrecht, Arbeitsrecht Nr. 27.
592 BAG v. 21.10.1980, DB 1981, 696, 697.
593 Ausf. zur erfinderrechtl. Problematik Schaub in Festschr. Bartenbach (2005), 229 ff.; Bartenbach i. Festschr. Gaul (1980), 9 ff.; Gaul, GRUR 1981, 379 ff., ders., GRUR 1987, 590 ff. u. GRUR 1994, 1; Bauer, Unternehmensveräußerung u. ArbR (1983), 67 ff.; Trimborn, Mitt. 2007, 208 ff.; s. ferner Oster GRUR 2012, 467 ff.
594 Zum Begriff des Betriebsübergangs s. Betriebsübergangsrichtlinie 2001/23/EG (ABl EU 2001 Nr. L 82, S. 16); Franzen NZA Beilage 4/2008 S. 139; Willemsen NZA Beilage 4/2008, 155 ff.; zum Betriebsübergang bei Übertragung von Patent- und Gebrauchsmusterrechten s. LAG Hamm v. 28.03.1979, DB 1979, 1365; und bei Übernahme des Know how BAG v. 09.02.1994, NJW 1995, 73 f.
595 BGH v. 11.04.2000 – X ZR 185/97, GRUR 2000, 788, 792 – *Gleichstromsteuerschaltung*.

## C. Persönlicher Geltungsbereich §1

dem ArbEG, löst also auch keinerlei zusätzliche Vergütungsansprüche aus.[596] Dagegen sind unmittelbare Vertragsbeziehungen zwischen Erwerber und Veräußerer keine zwingende Voraussetzung.[597]

Ein **Betriebsübergang** liegt vor, wenn ein neuer Rechtsträger eine bestehende wirtschaftliche Einheit (Betrieb oder Betriebsteil) unter Wahrung ihrer Identität fortführt[598] (vgl. auch Art. 1 Abs. 1 Buchst. a der Richtlinie 2001/23/EG v. 12.03.2001[599]).

Den für die Beurteilung maßgebenden **Kriterien des Übergangs** einer auf Dauer angelegten, ihre Identität bewahrenden wirtschaftlichen Einheit kommt je nach der ausgeübten Tätigkeit und je nach den Produktions- und Betriebsmethoden unterschiedliches Gewicht zu, wobei sämtliche den betreffenden Vorgang kennzeichnenden Tatsachen zu berücksichtigen sind.[600] So ist ein Betriebsübergang regelmäßig dann gegeben, wenn bei einem (betriebsmittelgeprägten) Produktionsbetrieb die technischen Produktionsmittel nebst Schutzrechtspositionen übergehen. Gleiches gilt, wenn ein technisch und organisatorisch abgrenzbarer Betriebsteil nebst Schutzrechten, Maschinen, Vorräten und Dokumenten übernommen wird, um erfindungsgemäße Produkte herzustellen und diesbezügliche Serviceleistungen erbringen zu können.[601] Werden dagegen in solchen Fällen bspw. nur Schutzrechte und Schutzrechtspositionen einschl. Konstruktionsunterlagen und sonstigem Know how übertragen, aber ohne die zugehörigen sächlichen Mittel und die für die Umsetzung des Know hows maßgeblichen Mitarbeiter, so scheidet eine Anwendbarkeit des § 613a BGB selbst dann aus, wenn aufgrund der übertragenen immateriellen Betriebsmittel ein bestimmtes Produktionsprogramm fortgeführt werden könnte.[602] Gleiches gilt, wenn lediglich sächliche Betriebsmittel (Maschinen pp.) ohne dazugehöriges technisches Know how überlassen werden, sodass eine Aufrecht-

---

596 Darauf weisen zu Recht Kästle/Schmoll, BB 2018, 820, 822 hin.
597 EuGH v. 11.07.2018, NZA 2018, 1053 (Rn. 27) – Hermo u.a./FOGASAL.
598 Ständ. Rspr., z.B. BAG v. 25.08.2016 – 8 AZR 53/15, (juris); v. 22.01.2015, NZA 2015, 1325 (Rn. 13); v. 26.5.2011, BB 2012, 577 (Rn. 32), jeweils m. w. Nachw. S. dazu im Einzelnen die ausführl. Erläuterungen z.B. in ErfK/Preis, § 613a BGB Rn. 5 ff.
599 ABl. EG Nr. L 82 v. 22.03.2001 S. 16.
600 Ständ. Rspr., z.B. BAG v. 22.01.2015, NZA 2015, 1325 (Rn. 15) m. w. Nachw.
601 LG Düsseldorf v. 10.08.2010 – 4a O 67/09, (Düsseldf. Entsch. Nr. 1497, unter I.1.a); im Ergebn. auch LG Düsseldorf v. 10.08.2010 – 4a O 132/09, NZI 2012, 627, 629, 630 f.
602 Schiedsst. v. 24.07.1985, BlPMZ 1989, 225 u. LG Düsseldorf v. 13.04.2010, Mitt. 2010, 541, 544 f. – *Beschichtung für Solarabsorber*.

erhaltung der bisherigen Produktion nicht möglich ist.[603] Demgegenüber ist die Übernahme des wesentlichen Know-how-Trägers ein starkes Indiz für eine Betriebsübernahme,[604] jedenfalls bei einem betriebsmittelarmen Betrieb. Allerdings stellt die Übernahme von Patenten und Know-how für sich betrachtet noch keine organisatorische Gesamtheit dar.[605] Gewichtiges Indiz für einen Betriebsübergang ist nicht nur die Übernahme der Hauptbelegschaft.[606] Indiz ist ebenso die Übernahme eines nach Zahl und Sachkunde wesentlichen Teils des Personals, insbesondere wenn der Betrieb durch Spezialkenntnisse und Qualifikation seiner Mitarbeiter geprägt ist, wie beispielsweise bei einem IT-Dienstleister.[607] Übernimmt der Lizenzgeber mit Beendigung eines Lizenzvertrages von dem die Lizenz allein ausübenden Lizenznehmer Kunden- und Lieferantenbeziehungen sowie eine umfangreiche technische Dokumentation und nutzt er nunmehr erstmals das Schutzrecht, können dies auf einen Betriebsübergang hindeutende Hilfstatsachen sein.[608] Eine bloße Einstellung der Produktion erfindungsgemäßer Gegenstände durch den Betriebsveräußerer bedeutet noch keine einem Betriebsübergang entgegenstehende endgültige Betriebseinstellung.[609]

Ein Betriebsübergang setzt aber nicht nur die identitätsbewahrende Überleitung einer auf Dauer angelegten wirtschaftlichen Einheit voraus, sondern erfordert zugleich den **Wechsel der Verantwortlichkeit für den Betrieb**. Dazu muss die für den Betrieb bzw. Betriebsteil veranwortliche (natürliche oder juristische) Person diese wirtschaftliche Einheit im eigenen Namen führen und als deren Inhaberin nicht nur im Verhältnis zur Belegschaft, sondern auch nach außen auftreten.[610] Dafür reicht z. B. eine **Lohnfertigung** selbst bei einer mit dem Dienstleister vereinbarten Überleitung von Arbeitsverhältnissen und Bereitstellung von Betriebsmitteln nicht aus, sofern die Verantwortung für den

---

603 Willemsen, ZIP 1986, 477, 481 f. m.w.N.
604 BAG v. 09.02.1994, NZA 1994, 612; Schiefer, NZA 1998, 1095, 1097 f. Vgl. ferner Fuhlrott NZA 2013, 183 ff., dort auch zum anderweitigen Einsatz von Know-how-Trägern durch den Betriebserwerber, z. B. als freie Mitarbeiter, Leiharbeitnehmer (vgl. auch § 11 Abs. 7 AÜG).
605 BAG 13.10.2011 BB 2012, 1798, 1801 f., dort wurde ein Betriebsübergang i.S.v. § 613a BGB trotz gleichzeitiger Übernahme von einigen Arbeitnehmern verneint, da diese »nicht für eine bestimmte organisatorische Einheit identitätsprägend« waren.
606 Vgl. etwa EuGH v. 11.07.2018, NZA 2018, 1053 (Rn. 37) – Hermo u.a./FOGASAL.
607 BAG v. 21.06.2012 BB 2012, S. 3144 (Rn. 41 ff.), dort rd. 57,5 % des Personals.
608 Vgl. BAG v. 21.05.2008, NZA 2008, 753.
609 LG Düsseldorf v. 10.08.2010 – 4a O 132/09, NZI 2012, 627, 631.
610 BAG v. 25.01.2018, NZA 2018, 933 (Rn. 52 ff.).

## C. Persönlicher Geltungsbereich § 1

Betrieb beim Arbeitgeber verbleibt, indem dieser Inhaber der Lizenzrechte, Liegenschaften und sonstigen Vermögensgegenstände bleibt und diese verwaltet.[611]

Der **Erwerber** tritt grds. nicht neben, sondern anstelle des früheren Arbeitgebers in das übergehende Arbeitsverhältnis ein[612] (Schuldnerwechsel[613]). Der Betriebserwerber wird **neuer Arbeitgeber** mit allen Rechten und Pflichten aus dem bisherigen Arbeitsverhältnis[614] und ist – vom Fall der Veräußerung im Insolvenzfall (s. dazu § 1 Rdn. 126.1 f.) abgesehen – Schuldner aller bisher entstandenen und fällig gewordenen Ansprüche der Arbeitnehmer aus dem Arbeitsverhältnis; daneben haftet der bisherige Arbeitgeber i.R.d. inhaltlichen und zeitlichen Beschränkung des § 613a Abs. 2 BGB gesamtschuldnerisch fort (s. § 1 Rdn. 118.6). 114.1

Werden die auf den übernommenen Betrieb bezogenen **Erfindungsrechte** (einschließlich evtl. Schutzrechtspositionen) auf den Betriebserwerber **übertragen** und widerspricht der **Arbeitnehmererfinder** der Fortführung seines Arbeitsverhältnisses mit diesem **nicht**, ist umstritten und bislang höchstrichterlich noch nicht geklärt, ob unter »**Rechten und Pflichten**« i.S.d. **§ 613a Abs. 1 BGB auch solche aus dem ArbEG** zu verstehen sind. Dies wird von uns seit der ersten Auflage (1980) bejaht und entspricht heute – jedenfalls bei paralleler Übertragung der betreffenden Schutzrechtspositionen (zur neueren 115

---

611 Vgl. BAG v. 25.01.2018, NZA 2018, 933 (Rn. 46 ff.).
612 So BAG seit, Urt. v. 02.10.1974 u. v. 22.06.1978, AP Nr. 1, 12 zu § 613 a BGB.
613 Schaub/Koch, ArbRHdB., § 118 II 1 Rn. 5.
614 BAG v. 10.08.1994, BB 1995, 521, 522.

Schiedsstellenpraxis s. nachfolgend) – ganz herrschender Meinung[615]. Zwar handelt es sich bei der Rechtsbeziehung zwischen Arbeitgeber und Arbeitnehmererfinder nicht um eine solche aus dem Arbeitsvertrag; vielmehr entsteht mit der Fertigstellung einer Erfindung durch den Arbeitnehmer gem. § 4 ArbEG ein gesetzliches Schuldverhältnis (s. § 1 Rdn. 160). Auch die den Arbeitsvertragsparteien in Bezug auf eine solche Erfindung obliegenden Rechte und Pflichten haben ihre Grundlage in den Regeln des ArbEG. Dennoch findet gem. § 1 ArbEG dieses gesetzliche Schuldverhältnis letztlich seinen Rechtsgrund im Arbeitsverhältnis, sodass es – auch und gerade um des gesetzgeberisch gewollten Bestandsschutzes der Rechte des Arbeitnehmers willen – akzessorisch zu diesem auf den neuen Betriebsinhaber übergeht[616] (s.a. Einl. Rdn. 3). Zweck des § 613a BGB ist es in erster Linie, sicherzustellen, dass erworbene Rechtspositionen infolge des Betriebsübergangs nicht geschmälert werden.[617] Damit soll also nicht nur das Arbeitsverhältnis des betroffenen Arbeitnehmers unabhängig von seiner inhaltlichen Ausgestaltung aufrechterhalten werden; es soll vielmehr mit seinem **konkreten Umfang an Rechten**

---

615 Bartenbach i. Festschr. Gaul (1980), 9; so auch LG Düsseldorf 13.04.2010 Mitt. 2010, 541, 544 – Beschichtung für Solarabsorber; ebenso LG Düsseldorf v. 13.04.2010, Mitt. 2010. 541, 544 – *Beschichtung für Solarabsorber*; Bauer, Unternehmensveräußerung u. ArbR (1983), 67 ff. 68; ders./v. Steinau-Steinrück/Thees in Hölters, Handbuch Unternehmenskauf (2010), V Rn. 201 ff.; Oster GRUR 2012, 467, 468 f.; Trimborn Mitt. 2007, 208 ff. u. Mitt. 2012, 70, 72 f.; Oster, GRUR 2012, 467, 468f.; Kästle/Schmoll, BB 2018, 820, 822; Wiedemann, Vergütg. i. d. Insolvenz (2016), S. 76 ff.; Keukenschrijver in Busse/Keukenschrijver, PatG, Rn. 10 f. zu § 9 ArbEG; Schaub/Koch, ArbRHdb., § 114 II 2 c Rn. 8; Schaub in Festschr. Bartenbach (2005) S. 229, 233; MünchArbR/Wank, § 102 Rn. 136; Schwab, Arbeitnehmererfindungsrecht, § 1 Rn. 16, 19 u. ders. NZA-RR 2014, 281, 285 f.; Staudinger/Annuß, BGB, [2005] § 613a, Rn. 223; MünchKomm/Schaub BGB Rn. 66 zu § 613a; Mulch, IPRB 2010, 232; Boemke/Kursawe/Boemke Rn. 111 f. zu § 1 u. Boemke/Kursawe/Engemann Rn. 36 zu § 9; wohl auch Reimer/Schade/Schippel/Rother Rn. 13 a zu § 5; vgl. auch OLG Frankfurt am Main v. 08.03.2007 – 6 U 92/06, (juris.); a.A. Gaul, GRUR 1981, 379, 384 f. u. GRUR 1987, 590, 593 ff.; ders. differenzierend in Der Betriebsübergang (1993), S. 374 ff. u. in GRUR 1994, 1 ff.; Volmer/Gaul Rn. 148 ff. zu § 1 i. Bezug a. schutzfähige Erfindungen; im Anschluss daran auch LG Nürnberg-Fürth v. 27.11.1985 – 3 O 5382/84 ArbEG-Modem (unveröffentl.); Villinger, GRUR 1990, 169 u. ders., CR 1996, 393, 400.
616 LG Düsseldorf v. 13.04.2010, Mitt. 2010, 541, 544 – *Beschichtung für Solarabsorber* m. H. a. Villinger, GRUR 1990, 169.
617 Vgl. BAG v. 02.10.1974; v. 20.07.1982, AP Nr. 1, 31 zu § 613 a BGB; v. 21.03.1991, AP Nr. 49 zu § 615 BGB; u. v. 10.08.1994, BB 1995, 521, 522.

## C. Persönlicher Geltungsbereich § 1

**und Pflichten auf den Erwerber übergehen**.[618] Bereits aus den Gesetzesmaterialien des ArbEG ergibt sich, dass der Gesetzgeber seinerzeit als selbstverständlich davon ausging, dass der Betriebsnachfolger auch arbeitnehmererfindungsrechtlich in jeder Hinsicht in die Rechtsstellung des früheren Betriebsinhabers eintreten sollte.[619] Der sodann 1972 geschaffene § 613a BGB, der den sozialen Schutz des Arbeitnehmers sichern soll, kann hieran nach seiner Zwecksetzung nichts geändert haben. Dementsprechend ist der Gesetzgeber auch bei der Neufassung des § 27 ArbEG i.R.d. Insolvenzrechtsreform von der Geltung des § 613a BGB ausgegangen (s. § 27 a.F. Rdn. 6).

Die gegenteilige Auffassung,[620] die zwischen betriebs- und unternehmensbezogenen Rechtspositionen differenzieren will, übersieht, dass auch das Arbeitsverhältnis grds. nicht an den Betrieb, sondern an das Unternehmen anknüpft und der Übergang der Arbeitsverhältnisse nicht Voraussetzung, sondern Rechtsfolge eines (bloßen) Betriebsübergangs ist. Eine andere Betrachtung würde gerade in vergütungsrechtlicher Sicht eine unbillige Schlechterstellung des Arbeitnehmers in den Fällen bedeuten, in denen der Betriebserwerber die Erfindung bzw. Schutzrechtsposition zum Zwecke der Weiternutzung mit übernimmt; denn dann bliebe der Arbeitnehmererfinder trotz fortgeführter Nutzung durch seinen »neuen« Arbeitgeber hinsichtlich der Erfindervergütung auf eine Beteiligung am – ggf. fiktiv zu berechnenden – Verkaufserlös seines früheren Arbeitgebers beschränkt, obschon das **bisherige Arbeitsverhältnis rechtlich unverändert fortbesteht**, also lediglich ein Wechsel in der Person des Arbeitgebers stattgefunden hat.

Selbst wenn man den Begriff der Rechte und Pflichten aus dem Arbeitsverhältnis i.S.d. § 613a BGB nicht in diesem weiten Sinne verstehen will, ist **jedenfalls** – ausgehend von seinem Normzweck – eine **analoge Anwendung** dieser Vorschrift geboten, wie dies die *Schiedsstelle*[621] nunmehr – in Abkehr zu ihrer zuvor langjährigen Anerkennung der unmittelbaren Geltung des § 613a

---

618 Birk i. Anm. zu BAG v. 26.01.1977, EzA Nr. 11 zu § 613 a BGB; BAG v. 10.08.1994, BB 1995, 521, 522.
619 Amtl. Begründung i. BT-Drucks. II/1648, S. 16 (Zu V.) = BlPMZ 1957, 226; vgl. auch Volmer Rn. 8 zu § 9; Reimer/Schade/Schippel/Rother Rn. 13a zu § 5.
620 Gaul, GRUR 1981, 379, 384 f. u. GRUR 1987, 590, 593 ff.; Volmer/Gaul Rn. 148 ff. zu § 1; wie hier aber wohl Gaul, Der Betriebsübergang (1993), S. 374 ff.
621 Schiedsst. v. 08.12.2016 – Arb.Erf. 14/13, (www.dpma.de); v. 22.02.2017 – Arb.Erf. 45/15, (z.Z. unveröffentl.).

BGB[622] – in den Fällen identischer Interessenslage, d. h. bei Übergang von Arbeitsverhältnis und Diensterfindung, befürwortet.

Der **Betriebsnachfolger tritt also** – auch **arbeitnehmererfindungsrechtlich** – in jeder Hinsicht **in die Rechtsstellung des früheren Betriebsinhabers** ein.[623] Dies gilt auch für den öffentlichen Dienst.[624] Die an die Beendigung des Arbeitsverhältnisses anknüpfenden Regeln des ArbEG, wie etwa § 23 Abs. 2, § 26 kommen daher im Verhältnis zum »neuen« Arbeitgeber nicht zum Zuge (s. im Übrigen Rn. 8 zu § 26). Im Übrigen ist danach **zu differenzieren, ob** das **Arbeitsverhältnis sowie die Diensterfindung** auf den Betriebserwerber **übergehen.**

116 Ein Wirksamwerden des § 613a BGB scheidet dann aus, wenn der **Arbeitnehmer der Fortführung seines Arbeitsverhältnisses** mit dem Betriebsnachfolger innerhalb eines Monats nach Zugang der Unterrichtung nach § 613a Abs. 5 BGB **widerspricht** (§ 613a Abs. 6 BGB); in diesem Fall bleibt seine arbeitsvertragliche Bindung zum bisherigen Arbeitgeber bestehen.[625] Dieser ist weiterhin alleiniger Träger aller Rechte und Pflichten aus dem ArbEG.

Hat der Arbeitgeber die Rechte an (unbeschränkt) in Anspruch genommenen **Diensterfindungen auf den Betriebsnachfolger übertragen**, stehen dem Arbeitnehmererfinder **keine Vergütungsansprüche gegen den Rechtsnachfolger** zu (s.a. § 7 n.F. Rdn. 24); er hat lediglich ggü. seinem Arbeitgeber einen Anspruch aus § 9 auf Beteiligung an dem – ggf. fiktiv zu ermittelnden – Kaufpreis für die Rechte an der Erfindung analog RL Nr. 16[626] (s. § 9 Rdn. 253). Den Betriebs- und Erfindungserwerber treffen auch keine sonstigen Pflichten aus dem ArbEG, etwa aus § 16.[627] Dessen Eintritt in die Vergütungspflicht analog § 27 Nr. 1 ArbEG[628] scheidet aus, da die insolvenzrechtliche Ausnah-

---

622 Schiedsst. v. 12.05.1987/26.01.1988, BlPMZ 1988, 349, 350 f.; bestätigt durch EV. v. 04.07.1989 – Arb.Erf. 110/88; v. 26.10.1993 – Arb.Erf. 105/92; v. 04.07.1995 – Arb.Erf. 3 (B)/93; v. 02.12.1999 – Arb.Erf. 45/98; v. 10.11.2004 – Arb.Erf. 47/03; v. 15.12.2004 – Arb.Erf. 52/02, (alle unveröffentl.); v. 17.01.2006 – Arb.Erf. 45/04, (Datenbank); ferner v. 26.02.2015 – Arb.Erf. 59/12, (www.dpma.de).
623 Ebenso Schiedsst. v. 06.10.2004 – Arb.Erf. 7/03, (Datenbank). S. im Übr. die Nachw. vorstehend.
624 Schaub Festschr. Bartenbach (2005), 229, 241.
625 Ständ. Rspr. z.B. BAG v. 19.03.1998, ZIP 1998, 1080, 1082; s. hierzu im Einzelnen Meyer NZA Beilage 4/2008, 173 ff.
626 Ebenso Schiedsst. v. 10.11.2004 – Arb.Erf. 47/03, (unveröffentl.); Gaul, GRUR 1994, 1, 3; ferner Keukenschrijver in Busse/Keukenschrijver PatG, Rn. 11 zu § 9 ArbEG.
627 Wie hier auch Boemke/Kursawe/Hoppe-Jänisch Rn. 17 zu § 16.
628 So aber Kästle/Schmoll, BB 2018, 820, 824 f.

## C. Persönlicher Geltungsbereich § 1

mevorschrift des § 27 ArbEG (vgl. § 27 n.F. Rn. 5) keiner Analogie für Erfindungsübertragungen außerhalb einer Insolvenz zugänglich ist; das zeigt auch § 27 Nr. 3 i.V.m. § 16 ArbEG und entspräche zudem nicht dem insolvenzrechtlichen Hintergrund des § 27 Nr. 1 ArbEG, bei dem es um den vorangigen Erhalt von Arbeitsplätzen in der Insolvenz geht (s. § 27 n.F. Rdn. 47).

Keine Ansprüche gegen den Betriebs- und Erfindungserwerber bestehen im Ergebnis auch dann, wenn das **Arbeitsverhältnis vor** bzw. mit **Betriebsübergang beendet** wurde.[629] Die gegenteilige, auf § 26 ArbEG gestützte Auffassung des LG Düsseldorf[630] übersieht, dass § 613a BGB arbeitsrechtlich die Erhaltung des Arbeitsplatzes sichern soll, dessen Fortbestand also notwendig voraussetzt. Demgegenüber ist der Zweck des § 26 ArbEG auf die Sicherung der nach dem ArbEG bei Beendigung des Arbeitsverhältnisses bereits begründeten Rechte und Pflichten ausgerichtet; Ansprüche gegen den Betriebserwerber können aber erst durch Überleitung des bestehenden Arbeitsverhältnisses begründet werden. Die zum Zeitpunkt des Betriebsübergangs bereits ausgeschiedenen Mitarbeiter müssen ihre Rechte dort geltend machen, wo sie entstanden sind, also beim Betriebsveräußerer;[631] das gilt auch für erfinderrechtliche Ansprüche, insb. auf Vergütung für die Veräußerung der Erfindungsrechte. Dementsprechend sind ausgeschiedene Arbeitnehmer über § 9 i.V.m. RL Nr. 16 am Verkaufserlös zu beteiligen[632] (s. a. § 9 Rdn. 253).

Die **Unterrichtungspflicht** von Betriebsveräußerer und Betriebserwerber nach **§ 613a Abs. 5 BGB**,[633] ohne deren Beachtung die Frist für den Widerspruch nach § 613a Abs. 6 BGB grds. nicht läuft,[634] ist auch für die Rechte und Pflichten aus dem ArbEG relevant.[635] Bei mehreren Arbeitnehmererfindern

117

---

629 BAG v. 11.11.1986, NJW, 1987, 3031; Schiedsst. v. 15.12.2004 – Arb.Erf. 52/02, (unveröffentl.); v. 21.07.2016 – Arb.Erf. 36/13, (www.dpma.de); zust. auch Kästle/Schmoll, BB 2018, 820, 823.
630 Urt. v. 13.04.2010, Mitt. 2010, 541, 544 – *Beschichtung für Solarabsorber*; zust. wohl Keukenschrijver in Busse/Keukenschrijver, PatG, Rn. 10 zu § 9 ArbEG (s. aber auch dort Rn. 11); zu Recht krit. Trimborn Mitt. 2012, 70, 72.
631 S. allg. BAG v. 11.11.1986, DB 1987, 2047.
632 Keukenschrijver in Busse/Keukenschrijver, PatG, Rn. 11 zu § 9 ArbEG.
633 S. dazu u.a. Gaul/Niklas, DB 2009, 452 ff.; Grau, RdA 2006, 367 f.; Haas/Salamon/Hoppe, NZA 2011, 128 ff.; Jeger, ZIP 2004, 433 ff.; Schiefer/Worzalla, NJW 2009, 558; Thüsing/Schorn, ZTR 2008, 651 (z. öffentl. Dienst); Willemsen, NJW 2007, 2065 ff.
634 Zur Verwirkung s. u.a. BAG v. 15.02.2007, NZA 2007, 793 dort Zeitmoment über 1 Jahr; v. 20.03.2008, NZA 2008, 1354 u. v. 23.07.2009, BB 2010, 831.
635 S. Schaub Festschr. Bartenbach (2005), 229, 233; Trimborn, Mitt. 2007, 208, 211; Bartenbach/Volz in Beil. I GRUR 4/2008, 1, 9 ff.

## § 1

bedarf es regelmäßig **keiner gesonderten Unterrichtung jedes einzelnen Arbeitnehmererfinders**.[636] Etwas anderes kann dann gelten, wenn ein pauschaler Hinweis wegen unterschiedlicher Zuordnungen von Erfindungen – teils Verbleib beim Veräußerer, teils Übergang an den Erwerber bzw. Einräumung von Nutzungsrechten – zu Missverständnissen bzw. fehlerhaften Aussagen führen würde.[637]

Maßstab für **Inhalt und Umfang der Unterrichtungspflicht** ist auch insoweit deren Zweck, dem betroffenen Arbeitnehmer eine ausreichende Wissensgrundlage für seine Entscheidung über die Ausübung seines Widerspruchsrechts zu vermitteln.[638] Bei (zulässigen) Standardschreiben zur Unterrichtung wird meist eine Aussage zur konkret geplanten Zuordnung aller bzw. einzelner (näher bezeichneter) Erfindungen/Schutzrechtspositionen zu treffen sein, verbunden mit einem zusammenfassenden Hinweis auf die sich nach der höchstrichterlichen Rechtsprechung bzw. der herrschenden Meinung ergebenden Auswirkungen des Betriebsübergangs auf die Rechte und Pflichten aus dem ArbEG[639] (bei Insolvenz einschließlich § 27 ArbEG n.F.). U. E. kann allerdings eine weiter gehende Information über zukünftige Verwertungsabsichten und wirtschaftliche Planungen grds. nicht verlangt werden.[640] Dagegen können sich aus § 613a Abs. 5 Nr. 4 BGB besondere Unterrichtungspflichten über geplante betriebsorganisatorische Maßnahmen[641] ergeben, etwa bei konkretisierten Planungen über Personalabbaumaßnahmen im Forschungs- und Entwicklungsbereich.[642]

118 Liegt ein Betriebsübergang i.S.d. § 613a BGB vor, besteht das **Arbeitsverhältnis mit dem neuen Betriebsinhaber** mangels Widerspruchs fort. **Gehen** zugleich die Rechte an einer **Diensterfindung** auf den Betriebserwerber **über**, ergeben sich folgende **erfinderrechtliche Konsequenzen**:

Ebenso wie § 613a BGB dem »neuen« Arbeitgeber Pflichten überträgt, gehen auch die **Rechte** aus dem Arbeitsverhältnis auf ihn über. Er kann also die Erfüllung noch offener Arbeitnehmerpflichten (etwa Melde- oder Mitteilungs-

---

636 Bartenbach/Volz in Beil. I GRUR 4/2008, 1, 10.; Trimborn, Mitt. 2007, 208, 211; möglicherweise anders Schaub Festschr. Bartenbach (2005), 229, 233.
637 Bartenbach/Volz in Beil. I GRUR 4/2008, 1, 10.
638 S. allg. BAG v. 13.07.2006, NZA 2006, 1268 m.H.a. Amtl. Begründung zu § 613a Abs. 5 BGB in BT-Drucks. 14/7760 S. 19.
639 Bartenbach/Volz in Beil. I GRUR 4/2008, 1, 11.
640 Bartenbach/Volz in Beil. I GRUR 4/2008, 1, 11.
641 Vgl. dazu allg. Staudinger/Annuß, BGB (2005), § 613a Rn. 166; Jaeger, ZIP 2004, 433, 441 f.
642 Bartenbach/Volz in Beil. I GRUR 4/2008, 1, 11.

pflichten/Anbietungspflichten) ebenso verlangen, wie die Wahrung allgemeiner arbeitsrechtlicher Pflichten (z.b. Treue- und Geheimhaltungspflicht). Als alleiniger Arbeitgeber ist er z. B. Adressat der Erfindungsmeldung nach § 5, auch wenn die Diensterfindung bereits vor Betriebsübergang fertig gestellt wurde. Er allein entscheidet auch bei zuvor gemeldeten Diensterfindungen über deren Inanspruchnahme bzw. Freigabe nach §§ 6, 7[643] bzw. ihm ggü. greift die Wirkung der Inanspruchnahmefiktion (§ 6 Abs. 2); ihm allein stehen die Nutzungsrechte zu.

Sind die Rechte an einer vom früheren Betriebsinhaber (unbeschränkt) in Anspruch genommenen Erfindung auf den Betriebserwerber mit übertragen worden, so haftet der Erwerber u. E. gem. § 613a Abs. 1 BGB auch für die darauf bezogenen **Pflichten** aus dem ArbEG. Den Betriebserwerber treffen damit die noch nicht erfüllten Verpflichtungen aus §§ 9 ff. ArbEG. 118.1

Er ist damit in erster Linie Schuldner der **Vergütungsansprüche**, die aus (ggf. auch unterbliebenen, s. dazu § 9 Rdn. 201 ff.) Verwertungshandlungen des bisherigen Arbeitgebers bis zum Zeitpunkt des Betriebsübergangs entstanden sind,[644] und zwar zeitlich unbefristet (zur Verjährung s. § 9 Rdn. 39 ff.). Aufgrund der Arbeitgeberauswechslung wird der neue Arbeitgeber zudem in vollem Umfang anstelle des bisherigen für alle zukünftigen Verwertungshandlungen alleine nach § 9 ArbEG vergütungspflichtig (zur gesamtschuldnerischen Haftung des bisherigen Arbeitgebers s. § 1 Rdn. 118.6). 118.2

Soweit bereits eine **Vergütungsvereinbarung bzw. Vergütungsfestsetzung** gem. § 12 Abs. 1 oder 3 erfolgt ist, bleibt der Erwerber hieran gebunden.[645] Der Betriebsinhaberwechsel stellt grds. keine wesentliche Änderung i.S.d. § 12 Abs. 6 dar; allerdings hat der neue Arbeitgeber bei unbilligen Vergütungsregelungen die Korrekturmöglichkeit des § 23. § 613a BGB hindert Arbeitnehmer und Erwerber nicht, nach einem Betriebsübergang einzelvertraglich bestehende erfindungsbezogene (Vergütungs-) Regelungen gem. § 22 Satz 2 ArbEG abzuändern, ohne dass es eines rechtfertigenden Sachgrundes bedarf.[646] Ist bisher eine Vergütungsfeststellung noch nicht getroffen, ist diese vom neuen Arbeitgeber vorzunehmen, und zwar auch für etwaige Nutzungshandlungen vor Betriebsübergang. 118.3

---

643 Vgl. Reimer/Schade/Schippel/Rother Rn. 13a zu § 5; LG Düsseldorf v. 13.04.2010, Mitt. 2010, 541, 544 – *Beschichtung für Solarabsorber*.
644 Schiedsst. v. 12.05.1987/26.01.1988, BlPMZ 1988, 349, 350 f.; im Ergebnis auch EV. v. 04.07.1989 – Arb.Erf. 110/88, u. v. 26.10.1993 – Arb.Erf. 105/92, (alle unveröffentl.).
645 Wohl unstrittig, z. B. v. 22.02.2017 – Arb.Erf. 45/12, (z. Z. unveröffentl.).
646 S. allgemein BAG v. 07.11.2007 – 5 AZR 1007/06.

Da eine bloße Arbeitgeberauswechslung erfolgt, erfährt der Vergütungsanspruch inhaltlich keine Veränderung; insb. bleibt ein den Vergütungsanspruch mindernder **Anteilsfaktor** (vgl. RL Nr. 30 ff.) erhalten. Ist eine **Abstaffelung** des Erfindungswertes (RL Nr. 11) angemessen, so sind in den Gesamtumsatz grds. auch die Umsätze des früheren Arbeitgebers einzubeziehen.

118.4 **Vergütungszahlungen für zukünftige Nutzungen** kann der (neue) Arbeitgeber nicht mit dem Hinweis darauf ablehnen, dass er evtl. im Zusammenhang mit dem Betriebsübergang **für die mitübertragenen Erfindungsrechte** einen gesonderten **Kaufpreis** gezahlt habe und nunmehr doppelt belastet würde.[647] § 613a BGB begründet zulasten des Betriebserwerbers besondere Pflichten unabhängig davon, ob er im Zusammenhang mit dem Betriebserwerb selbst bereits wirtschaftliche Leistungen erbracht hat. Diese Rechtsfolge der Haftung des Betriebserwerbers tritt unabhängig davon ein, welche Zahlungen der neue Arbeitgeber dem bisherigen Betriebsinhaber geleistet hat. Dem Schutzgedanken des § 613a BGB steht es entgegen, diese Haftungsvorschrift davon abhängig zu machen, ob und aus welchen Motiven wirtschaftliche Vorleistungen vom Betriebserwerber anlässlich des Betriebserwerbs erbracht wurden. Der möglichen »Doppelbelastung« kann der Betriebserwerber dadurch Rechnung tragen, dass er bei dem Betriebserwerb i.R.d. Kaufpreisbestimmung wegen seiner zukünftigen Vergütungsbelastungen eine Minderung verlangt.[648]

118.5 Erbringt der neue Arbeitgeber für die Übernahme der Erfindungsrechte irgendwelche **Zahlungen an den bisherigen Arbeitgeber**, ist der Arbeitnehmererfinder konsequenterweise an diesen Einnahmen seines bisherigen Arbeitgebers nicht zu beteiligen, da § 613a BGB keine Besserstellung der übernommenen Arbeitnehmer, sondern nur einen Bestandsschutz bewirken soll (s.a. § 1 Rdn. 118.6). Der Ausgleich für die übergeleiteten Arbeitnehmererfinder liegt darin, dass sie gegen den neuen Arbeitgeber im Nutzungsfall einen Anspruch auf laufende Weiterzahlung der Erfindervergütung haben.[649]

118.6 Entsprechend allgemeinen Grundsätzen[650] haftet der **bisherige Arbeitgeber** in voller Höhe für Vergütungsansprüche, die vor dem Betriebsübergang entstanden und fällig waren, und zwar neben dem Erwerber.[651] Darüber hinaus

---

647 Vgl. Schiedsst. v. 09.05.1985, BlPMZ 1985, 383, 384 u. v. 26.01.1988, BlPMZ 1988, 349, 353; zust. auch Kästle/Schmoll, BB 2018, 820, 823; s. auch Keukenschrijver in Busse/Keukenschrijver PatG, Rn. 10 zu § 9 ArbEG.
648 Ebenso Keukenschrijver in Busse/Keukenschrijver PatG, Rn. 11 zu § 9 ArbEG, m.d.H., dass Maßstab hierfür der Anteilsfaktor ist.
649 Schiedsst. v. 10.11.2004 – Arb.Erf. 47/03, (unveröffentl.).
650 S. dazu Palandt/Weidenkaff, BGB, § 613a Rn. 24zu.
651 Vgl. etwa Schiedsst. v. 23.06.2015 – Arb.Erf. 42/12, (www.dpma.de).

## C. Persönlicher Geltungsbereich                                              § 1

haftet der bisherige Arbeitgeber gem. § 613a Abs. 2 Satz 1 BGB **befristet gesamtschuldnerisch** für solche **Vergütungsansprüche**, die **vor Betriebsübergang** entstanden sind, aber erst innerhalb eines Jahres nach Betriebsübergang fällig werden. Die Fälligkeit des Vergütungsanspruchs bestimmt sich nach allgemeinen Grundsätzen (s. dazu § 9 Rdn. 20 ff.). Die Haftung beschränkt sich allerdings auf solche Nutzungshandlungen bzw. vergütungspflichtigen Umstände (z.B. Vorratswirkung), die in die Zeit bis zum Betriebsübergang fallen (§ 613a Abs. 2 Satz 2 BGB). Da der Vergütungsanspruch bei (unbeschränkter) Inanspruchnahme – dem Grunde nach – erst mit Zugang der Inanspruchnahmeerklärung bzw. Wirksamwerden der Inanspruchnahmefiktion entsteht (s. § 9 Rdn. 11 ff.), scheidet eine Haftung des bisherigen Arbeitgebers regelmäßig dann aus, wenn die Inanspruchnahme erst durch den Betriebserwerber erfolgt (s. aber § 9 Rdn. 11).

Erfolgt der Erfindungsverkauf in einem einheitlichen zeitlichen Vorgang mit dem Betriebsübergang oder im Anschluss daran, schuldet der bisherige Arbeitgeber den übergeleiteten Arbeitnehmern mangels Fälligkeit vor Betriebsübergang keine Vergütung aus Erfindungsverkauf.[652] Die Beschränkung einer Vergütung für den Erfindungsverkauf auf die beim alten Arbeitgeber verbliebenen Arbeitnehmer bedeutet keine Ungleichbehandlung ggü. den übergeleiteten Arbeitnehmern, da letztere ihre Erfindervergütungsansprüche für die Nutzung des Betriebserwerbers aufgrund des Schuldnerwechsels behalten und sie andernfalls eine doppelte Erfindervergütung erhielten.[653]

Dem **neuen Arbeitgeber** obliegen auch die **sonstigen arbeitgeberseitigen Pflichten** aus dem ArbEG wie die Anmeldepflicht gem. § 13, die Freigabepflicht nach § 14 Abs. 2 bzw. die Pflicht zur Mitteilung der Aufgabeabsicht nach § 16 Abs. 1 ebenso wie die Informationspflicht nach § 15. Er unterliegt (weiterhin) der Geheimhaltungspflicht nach § 24 Abs. 1.   118.7

Sind an einer übergeleiteten Diensterfindung und darauf erworbenen Schutzrechtspositionen **Miterfinder** beteiligt, gelten die vorstehenden Überlegungen für jeden Miterfinder. Widersprechen nur einzelne Miterfinder der Überleitung ihres Arbeitsverhältnisses, so richten sich deren Vergütungsansprüche allein gegen den Betriebsveräußerer als Arbeitgeber (s.o. § 1 Rdn. 116); den übergeleiteten Miterfindern stehen die Vergütungsansprüche gegen den Betriebserwerber zu (s.o. § 1 Rdn. 115). Hier kann sich die Frage stellen, ob diese übergewechselten Miterfinder im Verhältnis zum Betriebserwerber bei der Vergütungsberechnung so zu behandeln sind, als seien sie insgesamt die   118.8

---

652 Schiedsst. v. 10.11.2004 – Arb.Erf. 47/03, (unveröffentl.).
653 Schiedsst. v. 10.11.2004 – Arb.Erf. 47/03, (unveröffentl.).

**alleinigen Erfinder**, sodass der Miterfinderanteil der beim Betriebsveräußerer verbliebenen Arbeitnehmer nicht zu berücksichtigen sei[654] (vgl. § 9 Rdn. 314). Dagegen sprechen die oben behandelten Aspekte des (bloßen) Bestandsschutzes (vgl. oben § 1 Rdn. 118.5). Der Betriebserwerber hat die Schutzrechtspositionen bzw. hierauf bezogene Nutzungsrechte nicht durch die erfinderische Leistung der übergeleiteten Miterfinder erworben, sondern aufgrund des Betriebsinhaberwechsels, sodass es an einer Kausalität der erfinderischen Leistung für das Nutzungsrecht fehlt.

119   **Problematisch** sind ferner die Fälle, in denen das **Arbeitsverhältnis** zwar mit dem Betriebserwerber **fortbesteht**, die vor Betriebsübergang entstandenen **Erfindungsrechte aber beim früheren Betriebsinhaber verbleiben**. Klarzustellen ist zunächst, dass eine Betriebsübertragung nicht automatisch auch einen Übergang der Rechte an einer Erfindung auf den Betriebsnachfolger bewirkt, da diese stets dem Unternehmen als Rechtsträger zuzuordnen sind[655] (zum Unternehmensbegriff s. § 1 Rdn. 101 ff.). Insoweit bedarf es also einer zusätzlichen, auf diese Rechtsübertragung gerichteten Absprache (vgl. aber § 27 Abs. 2 MarkenG), es sei denn, dass ein Unternehmen in seiner Gesamtheit mit allen Aktiva übergeht. Zu den Rechtsfolgen des Verbleibs s. § 1 Rdn. 120.

119.1 Soweit es sich um **unternehmensbezogene Mitbenutzungsrechte** des Betriebsveräußerers gem. § 14 Abs. 3, § 16 Abs. 3, § 19 Abs. 1 (s. hierzu. § 14 Rdn. 51 ff. u. § 16 Rdn. 80 ff.) handelt, sind diese nicht isoliert mit einem Betrieb oder Betriebsteil übertragbar; aus ihrer Unternehmensbezogenheit folgt vielmehr, dass sie nur im Zusammenhang mit einer Überleitung des gesamten Unternehmens auf den Betriebserwerber übertragen werden können. Insoweit bleibt der bisherige Betriebsinhaber bei einer bloßen Betriebs- oder Betriebsteilveräußerung Inhaber einfacher Benutzungsrechte, es sei denn, sie werden mit Zustimmung des (übernommenen) Arbeitnehmererfinders dem Betriebserwerber eingeräumt.

Verwertet der frühere Arbeitgeber ihm **verbliebene einfache Benutzungsrechte** aus dem ArbEG weiter, so hat der Arbeitnehmer analog § 26 ArbEG für diese Nutzungshandlungen weiterhin seine Vergütungsansprüche ggü. dem

---

654 Dagegen und für eine Minderung über den Miterfinderanteil Keukenschrijver in Busse/Keukenschrijver, PatG, Rn. 11 zu § 9 ArbEG m. H.a. Schiedsst. v. 16.12.1996 – Arb.Erf. 97/94.
655 Gaul, GRUR 1981, 379, 382, 385; ders., GRUR 1987, 590, 590, 592 u. GRUR 1994, 1.

bisherigen Arbeitgeber.[656] Für Vergütungsansprüche aus der Ausübung dieser einfachen Benutzungsrechte durch den bisherigen Arbeitgeber **vor Betriebsübergang** haftet der neue Arbeitgeber neben dem früheren Arbeitgeber aufgrund der Wirkung des § 613a BGB gesamtschuldnerisch.

I.Ü. bleibt der Arbeitnehmer Inhaber aller sonstigen Rechte an einer **freien oder frei gewordenen Erfindung**. Setzt er sein Arbeitsverhältnis mit dem Betriebsnachfolger fort, folgt daraus nicht die Verpflichtung, diesem Rechte an solchen Erfindungen übertragen zu müssen. Es obliegt vielmehr seiner freien Entscheidung, dem neuen Arbeitgeber Nutzungsrechte oder die gesamte Rechtsposition einzuräumen. Dies bestimmt sich nach den Grundsätzen des allgemeinen Vertragsrechts außerhalb des ArbEG.

119.2

Bei einem **Verbleib der gesamten Erfindungsrechte beim früheren Betriebsinhaber** lehnt die *Schiedsstelle* nunmehr eine auch analoge Geltung von § 613a BGB ab.[657] Nach wohl h. M. haften dagegen der bisherige und der neue Betriebsinhaber gem. § 613a Abs. 1 und 2 BGB gesamtschuldnerisch für Vergütungsansprüche aufgrund von **Nutzungshandlungen vor Betriebsübergang**.[658] Dagegen ist der aufgrund seiner Rechtsinhaberschaft allein zur Weiternutzung der Erfindung berechtigte **frühere Betriebsinhaber** entsprechend § 26 ArbEG für seine Verwertungshandlungen **nach dem Betriebsübergang** alleiniger Schuldner des Vergütungsanspruchs; § 613a Abs. 1 BGB ist insoweit nicht einschlägig.[659] Die Analogie zu § 26 ArbEG rechtfertigt sich – trotz Fortbestands des Arbeitsverhältnisses mit dem Betriebserwerber – aus der gleichgerichteten Interessenlage, die sich aus der unverändert fortbestehenden Rechtsinhaberschaft des früheren Arbeitgebers an der Diensterfindung und

120

---

656 Im Ergebn. auch Wiedemann, Vergütg. i. d. Insolvenz (2016), S. 80 f., der allerdings auf eine analoge Anwendung von § 26 ArbEG wegen der Unternehmensbezogenheit verzichten will.
657 Schiedsst. v. 08.12.2016 – Arb.Erf. 14/13, (www.dpma.de = Mitt. 2017, 563, dort nur LS.).
658 Bartenbach i. Festschr. Gaul (1980), 9, 14 f.; ebenso Bauer, Unternehmensveräußerung u. ArbR (1983), 69; ebenso noch Schiedsst. v. 06.10.2004 – Arb.Erf 7/03 (Datenbank); Kästle/Schmoll, BB 2018, 820, 825; im Ergebn. auch Keukenschrijver in Busse/Keukenschrijver, PatG, Rn. 10 zu § 9 ArbEG; vgl. auch Trimborn Mitt. 2007, 208, 211 f.; abw. Schwab, Arbeitnehmererfindungsrecht, § 1 Rn. 20 (Vergütungsansprüche nur gegenüber dem neuen Arbeitgeber als Betriebsnachf.).
659 Insoweit im Ergebn. auch Schiedsst. v. 08.12.2016 – Arb.Erf. 14/13, (www.dpma.de = Mitt. 2017, 563, dort nur LS.) m.H.a. BAG v. 07.09.2004 – 9 AZR 613/03, (juris), dort zu Personalrabatten bei geänderter Produktion; insoweit zust. auch Kästle/Schmoll, BB 2018, 820, 825.

dessen alleiniger Verwertungsbefugnis ergibt.[660] Die gegenteilige Auffassung, wonach die arbeitnehmererfindungsrechtlichen Rechte und Pflichten unabhängig von der Inhaberschaft an den Erfindungs- bzw. Schutzrechten auf den Betriebserwerber als neuen Arbeitgeber übergehen sollen[661], trägt – auch mit Blick auf § 27 ArbEG – weder rechtlich noch faktisch wegen des Unvermögens des Betriebserwerbers, ohne eigene Rechtsinhaberschaft alle Pflichten aus dem ArbEG erfüllen zu können (etwa aus §§ 13 bis 16 ArbEG). Angesichts der bisherigen arbeitsvertraglichen Bindungen, innerhalb derer die Diensterfindung entstanden ist, wäre es auch nicht sach- und interessengerecht, den bisherigen Arbeitgeber trotz Verbleibs der Rechtsinhaberschaft – wie einen beliebigen Schutzrechtserwerber (s. § 7 n.F. Rdn. 24 f.) – aus seinen persönlichen Verpflichtungen nach dem ArbEG, insbesondere aus §§ 9 bis 16, zu entlassen[662] und bei Insolvenz des früheren Arbeitgebers dem Arbeitnehmer den Schutz des § 27 zu entziehen. Verfehlt ist deshalb auch die Auffassung[663], dem Arbeitnehmererfinder werde in solchen Fällen lediglich eine »Endvergütung« geschuldet, für die zudem nicht der Betriebsveräußerer (früherer Arbeitgeber), sondern »einzig der Betriebserwerber in seiner Rolle als neuer Arbeitgeber« nach § 613a BGB hafte, wobei diese Auffassung die praktischen Anschlussfragen offen lässt, wonach die Vergütungshöhe (Erfindungswert) für diese Endvergütung bemessen werden soll und wie diese vom Betriebserwerber (als letztlich Außenstehendem) rechtssicher nach § 12 festgestellt werden kann. Als Fazit bleibt nach der hiesigen Auffassung: Der (frühere) Arbeitnehmer ist vom früheren Arbeitgeber (Betriebsveräußerer) an dessen künftigen Eigennutzungen wie auch dessen künftigen Lizenzeinnahmen aus der vor Betriebsübergang fertiggestellten Diensterfindung (unverändert) gem. § 9 ArbEG zu beteili-

---

660 A. A. Boemke/Kursawe/Boemke Rn. 112 zu § 1; Wiedemann, Vergütg. i. d. Insolvenz (2016), S. 88.
661 So aber Boemke/Kursawe/Boemke Rn. 111 f. zu § 1 (wie hier demgegenüber wohl Boemke/Kursawe/Engemann Rn. 36 f. zu § 9, wonach der Betriebserwerber »bei Übernahme des Schutzrechts oder lizenzvertraglich begründeter Nutzungsberechtigung« vergütungspflichtig ist und ansonsten nur gesamtschuldnerisch für »Vergütungsansprüche auf Grund von Nutzungshandlungen vor dem Betriebsübergang« haftet; vgl. auch zu § 16 Boemke/Kursawe/Hoppe-Jänisch Rn. 16 f. zu § 16). Im Ergebn. zur Vergütungpflicht auch Wiedemann, Vergütg. i. d. Insolvenz (2016), S. 86 ff.
662 So im Ergebn. aber wohl Boemke/Kursawe/Boemke Rn. 111 f. zu § 1, die von einem »Übergang« der Rechte und Pflichten aus dem ArbEG auf den Betriebserwerber und davon ausgehen, dass der bisherige Arbeitgeber nur »unter den Voraussetzungen des § 613a BGB« für noch nicht erfüllte Vergütungsansprüche haftet.
663 So Wiedemann, Vergütg. i. d. Insolvenz (2016), S. 86 ff.

gen⁶⁶⁴ (analog § 26 ArbEG); den früheren Arbeitgeber treffen unverändert die Pflichten aus §§ 12 ff. ArbEG und die daraus folgenden Rechte gegenüber seinem früheren Arbeitnehmer.

Hat der bisherige Betriebsinhaber dem **Betriebserwerber lizenzvertragliche Nutzungsrechte** eingeräumt, stehen u.e. dem Arbeitnehmererfinder, der sein Arbeitsverhältnis mit dem neuen Betriebsinhaber fortführt, Vergütungsansprüche aus § 9 gegen den neuen Betriebsinhaber (Arbeitgeber) für dessen Nutzungen nach Betriebserwerb zu⁶⁶⁵ (s. aber auch § 7 n.F. Rdn. 24). Dies gilt aber nur bei ausschließlicher Lizenzvergabe, sofern diese bei wirtschaftlicher Betrachtungsweise einer Übertragung aller Erfindungsrechte gleichgestellt werden kann. Maßgeblich muss sein, ob die **bisherige Nutzungssituation** beim Betriebsveräußerer **unverändert im übergeleiteten Betrieb fortbesteht**. Konsequenz wäre dann, dass (zusätzliche) Vergütungsansprüche aus den auf dieses Nutzungsrecht bezogenen Lizenzeinnahmen des früheren Arbeitgebers diesem ggü. nicht bestehen, zumal eine »Verbesserung« der wirtschaftlichen Stellung des Arbeitnehmers nicht von § 613a BGB umfasst sein dürfte. Erfolgt dagegen eine zusätzliche Verwertung der dem Betriebsveräußerer verbliebenen Nutzungsrechte durch diesen, etwa in Form zusätzlicher Lizenzvergabe oder der Eigennutzung, ist der Arbeitnehmererfinder auch hieran zu beteiligen (§ 26). 120.1

Behält der bisherige Betriebsinhaber **einzelne parallele Schutzrechte aus einer Schutzrechtsfamilie**, bleibt er für deren Nutzung dem übergewechselten Arbeitnehmer ebenso vergütungspflichtig (analog § 26). Eine Haftung des Betriebserwerbers für diesbezügliche Vergütungsansprüche besteht u. E. nicht. 120.2

Wurde ein **Schutzrecht vor Betriebsübergang aufgegeben** oder nach § 16 ArbEG auf den Arbeitnehmer übertragen worden, lehnt die *Schiedsstelle* eine (analoge) Geltung von § 613a BGB ab.⁶⁶⁶ 120.3

Für **technische Verbesserungsvorschläge** gelten die vorstehenden Grundsätze in gleicher Weise.⁶⁶⁷ Zu beachten bleibt allerdings, dass das in einem technischen Verbesserungsvorschlag verkörperte Wissen unmittelbar betriebs- bzw. 121

---

664 Im Ergebnis wie hier Gaul, GRUR 1987, 590, 595; Schiedsst. v. 12.05.1987, BlPMZ 1988, 349 r.Sp.
665 Schiedsst. v. 12.05.1987/26.01.1988, BlPMZ 1988, 349, 350 f.; a.A. Gaul, GRUR 1987, 590, 595.
666 Schiedsst. v. 08.12.2016 – Arb.Erf. 14/13, (www.dpma.de = Mitt. 2017, 563, dort nur LS.).
667 Insoweit bejahen auch Gaul (GRUR 1981, 379, 384) u. Volmer/Gaul (Rn. 151 ff. zu § 1) die Anwendbarkeit d. § 613 a BGB; zust. auch Oster GRUR 2012, 467, 469.

unternehmensbezogen ist, also bei der Übertragung des Betriebes oder Betriebsteils, in welchem es bisher genutzt wurde, im Zweifel auch ohne dahingehende Absprache zum Know-how mitübergeht.

122 Soweit Ansprüche, für die § 613a BGB anwendbar ist, Gegenstand eines anhängigen **Rechtsstreits oder Schiedsstellenverfahrens** bilden, finden verfahrensrechtlich die §§ 265, 325, 727 ZPO (entsprechend) auf den neuen Betriebsinhaber Anwendung.[668]

123 Nachfolgende Betriebsübergänge lassen auch erfinderrechtlich die entstandenen Pflichten des Rechtsvorgängers aus einem vorangegangenen Betriebsübergang nicht erlöschen; soweit sie noch bestehen, begründen sie bei einem weiteren Betriebsübergang die Mithaftung dieses Betriebserwerbers.[669]

124 Neben § 613a BGB kann sich eine (**zusätzliche**) **Haftung** des Betriebsnachfolgers für die zum Zeitpunkt des Geschäftsübergangs bestehenden Verbindlichkeiten des früheren Arbeitgebers **aus § 25 HGB**[670] unter den dort genannten Voraussetzungen ergeben,[671] einschließlich der Verpflichtungen aus dem ArbEG.[672] Diese Regelungen beziehen sich ebenfalls auf Ansprüche aus Arbeitsverhältnissen. Während der früher geltende § 419 BGB a. F. die vertragliche Übernahme des – bei wirtschaftlicher Betrachtungsweise – ganzen bzw. nahezu des gesamten Aktivvermögens voraussetzte, greift § 25 HGB als Fall eines gesetzlichen Schuldbeitritts bei Fortführung des Handelsgeschäfts unter Beibehaltung der bisherigen Firma (Handelsname, § 17 HGB) ein.[673]

125 § 25 HGB gewinnt insb. für den vor Betriebsübergang **ausgeschiedenen Arbeitnehmer** Bedeutung, da auf diesen § 613a BGB, der ein z.Zt. des Betriebsübergangs bestehendes (übergeleitetes) Arbeitsverhältnis voraussetzt, nicht anwendbar ist[674] (s. § 1 Rdn. 116).

126 Für den **Insolvenzfall** hat § 27 ArbEG bezüglich der Vergütungspflichten eine Sonderregelung getroffen, wenn der Betriebserwerber die Diensterfindung zusammen mit dem Geschäftsbetrieb erwirbt. Demzufolge wird § 613a BGB durch die Sondervorschrift des § 27 Nr. 1 ArbEG Fassung 2009 bzw. Fassung 1999 verdrängt, soweit deren Anwendungsbereich reicht (s. im Einzelnen § 27n.F./a.F. Rdn. 47 ff.). Wird die Diensterfindung vom Insolvenzverwalter

---

668 BAG v. 15.12.1976, BB 1977, 395 f. u. v. 04.03.1993, NZA 1994, 260, 261.
669 Schiedsst. v. 06.10.2004 – Arb.Erf. 7/03, (Datenbank).
670 § 419 BGB ist gem. Art. 33 EGInsO Ende 1998 außer Kraft getreten.
671 Vgl. BAG v. 24.03.1974, AP Nr. 6 zu § 613 a BGB m.w.N.
672 Vgl. Schiedsst. v. 26.01.1981, BlPMZ 1982, 56; Gaul 1994, 1, 3.
673 Vgl. BAG v. 24.03.1974, AP Nr. 6 zu § 613 a BGB m.w.N.
674 Schiedss. V. 26.1.1981, BlPMZ 1982, 56; Gaul (1993) 1, 3.

## C. Persönlicher Geltungsbereich § 1

ohne den Geschäftsbetrieb veräußert, kann sich eine fortwirkende Vergütungspflicht des Erfindungserwerbers aus einer entsprechenden Vereinbarung zwischen ihm und dem Insolvenzverwalter ergeben (§ 27 Nr. 2 Satz 3 Fassung 1999, s. dort Rdn. 89 ff.; § 27 Nr. 3 Satz 3 Fassung 2009, s. dort Rdn. 164 ff.).

Bei »**formlosen**« **Liquidationen** außerhalb des gesetzlich vorgesehenen Insolvenzverfahrens verbleibt es dagegen bei der **uneingeschränkten Haftung des Betriebserwerbers** aus § 613a BGB, also auch insb. hinsichtlich der »Altverbindlichkeiten«.[675] Dies gilt auch, wenn vor der Betriebsveräußerung die Insolvenzeröffnung mangels Masse abgelehnt worden ist.[676]

**126.1**

**bb) Umwandlung von Rechtsträgern durch Verschmelzung, Spaltung, Vermögensübertragung und Formwechsel; sonstige Gesamtrechtsnachfolge**

Das **Gesetz zur Bereinigung des Umwandlungsrechts** (UmwBerG) erfasst die Möglichkeiten zur Umwandlung eines Unternehmens, sei es durch die Umwandlung von Rechtsträgern durch Verschmelzung (§§ 2 bis 122 UmwG), durch Spaltung (§§ 123, 173 UmwG) in Form der Aufspaltung (§ 123 Abs. 1 UmwG), Abspaltung (§ 123 Abs. 2 UmwG) und Ausgliederung (§ 123 Abs. 3 UmwG), ferner durch Vermögensübertragung (§§ 174 bis 189 UmwG) in Form der Vollübertragung (§ 174 Abs. 1 UmwG) und der Teilübertragung (§ 174 Abs. 2 UmwG) oder schließlich durch Formwechsel (§§ 190 bis 304 UmwG).[677] **§ 324 UmwG** bestimmt, dass § 613a Abs. 1 und Abs. 4 bis 6 BGB durch die Wirkungen der Eintragung einer Verschmelzung, Spaltung oder Vermögensübertragung unberührt bleibt. Nach allgemeiner Ansicht kommt hierin der gesetzgeberische Wille zum Ausdruck, dass auf diese Umwandlungen mit Arbeitgeberwechsel – trotz fehlenden rechtsgeschäftlichen Übergangs – die Grundsätze des § 613a BGB anzuwenden sind und § 324 UmwG danach konstitutiv die Anwendung der Rechtsfolgen des § 613a Abs. 1 und 4 bis 6 BGB begründet.[678] Allerdings ist aufgrund des Charakters des § 324 UmwG

**127**

---

675 BAG v. 20.11.1984, AP Nr. 38 zu § 613a BGB Willemsen, ZIP 1986, 477, 486.
676 BAG v. 20.11.1984, AP Nr. 38 zu § 613a BGB unter Aufgabe v. BAG v. 03.07.1980, AP Nr. 22 zu § 613 a BGB.
677 S. zu den arbeitsrechtl. Auswirkungen u. a. ErfK/Oetker, Gesetz Nr. 650 (UmwG); Schaub/Ahrendt, ArbRHdb., § 116 II Rn. 3 ff.; Bauer/Lingemann, NZA 1994, 1057; Kallmeyer, ZIP 1994, 1746; Bachner, NJW 1995, 2881; Wlotzke, DB 1995, 40 ff.; Düwell, NZA 1996, 393.
678 Vgl. Amtl. Begründung BR-Drucks. 75/94 S. 31; BAG v. 25.5.2000, RdA 2001, 236, 239 – *Kreiskrankenhaus*; Kreßel, BB 1995, 925, 928; Bauer/Lingemann, NZA 1994, 1057, 1061; Wlotzke, DB 1995, 40, 42 f.

als Rechtsgrundverweisung der Übergang eines Betriebes bzw. Betriebsteils auch hier Voraussetzung.[679] Damit gelten die zuvor (s.o. § 1 Rdn. 114 ff.) dargestellten Rechtsgrundsätze auch bei diesen Umwandlungsformen. Dagegen ist § 613a Abs. 2 BGB unanwendbar bei Verschmelzung, Spaltung und Vermögensübertragung nach § 11 Nr. 1 bis 3 UmwG (vgl. § 613a Abs. 3 BGB). Angesichts des eindeutigen Gesetzeswortlauts des § 613a Abs. 3 BGB kommt eine analoge Anwendung der Regeln in § 613a Abs. 1 und 4 BGB auf sonstige Fälle der Gesamtrechtsnachfolge – auch außerhalb des UmwG – nicht in Betracht.[680]

Insgesamt kommt den Vorgaben des ArbEG bei **Unternehmensfusionen, -käufen und -umstrukturierungen** von innovativen, technologiestarken Unternehmen auch mit Blick auf rechtliche und wirtschaftliche Risiken besondere Bedeutung zu[681] (zum Betriebsübergang s. § 1 Rdn. 114 ff.; zur Vergütung bei Erfindungsverkauf s. § 9 Rdn. 251 f.).

128 Auch der **Erbfall** (§§ 1922 ff. BGB) stellt eine **Gesamtrechtsnachfolge** dar, die als solche die Rechte und Pflichten aus dem Arbeitsverhältnis und damit auch aus dem ArbEG unverändert fortbestehen lässt mit Ausnahme der höchstpersönlichen Pflichten (s. dazu § 1 Rdn. 146 ff.).

d) **Konzerne und sonstige verbundene Unternehmen**[682]

129 Bei einer von **verbundenen Unternehmen**, die wirtschaftlich durch Vertrag oder kapitalmäßige Beherrschung unter einheitlicher Leitung stehen[683] (vgl. §§ 15, 18 AktG), gebildeten Unternehmensgruppe ist **Arbeitgeber** nicht der Konzern, sondern regelmäßig nur das rechtlich selbstständige Unternehmen, welches aufgrund des Arbeitsvertrages (§ 611a BGB) Gläubiger der Arbeitsleis-

---

679 H.M. im Anschl. an BAG v. 25.5.2000, RdA 2001, 236, 239 – *Kreiskrankenhaus* u.a. ErfK/Oetker, § 324 UmwG Rn. 2 u. Schaub/Koch, HrbRHb. § 116 III 2 Rn. 10 f. – jeweils m.w.N.
680 Bauer/Lingemann, NZA 1994, 1057, 1062 m.w.N.
681 Ausf. Kästle/Schmoll, BB 2018, 820 ff.
682 Vgl. z. d. Problemkreis insb. A. Bartenbach, Arbeitnehmererfindungen im Konzern (2018) Rn. 36 ff.; Schade, GRUR 1978, 569 ff.; vgl. auch Kraushaar, ZRP 1972, 279 ff.; Weiss, GRUR Ausl. 1956, 99 f. und allg. Windbichler, RdA 1999, 146 ff.
683 Theisen, Der Konzern, 1991, 19 ff.; Klein, BB 1995, 225 ff. S.a. BGH v. 16.04.2002 – X ZR 127/99, GRUR 2002, 801, 802 – *Abgestuftes Getriebe*.

C. Persönlicher Geltungsbereich § 1

tung ist,[684] sofern kein einheitliches Arbeitsverhältnis vorliegt (s. hierzu § 1 Rdn. 129, 1; zur Rechtslage bei mehreren Arbeits-/Dienstverhältnissen vgl. § 1 Rdn. 19 f.). Folgerichtig können das **herrschende Unternehmen** (Konzernmutter, Dachgesellschaft) oder ein anderes Konzernunternehmen weder im eigenen Namen Rechte aus dem ArbEG ggü. dem Arbeitnehmer eines anderen Konzernunternehmens geltend machen,[685] noch können sie vom Arbeitnehmer für dessen Rechte aus dem ArbEG in Anspruch genommen werden.[686] Das gilt auch für technische Verbesserungsvorschläge (s. § 20 Rdn. 3). Alleiniger Schuldner ist das jeweilige Konzernunternehmen als Arbeitgeber (s. § 9 Rdn. 185). Zur Situation der Bevollmächtigung eines anderen Konzernunternehmens s. § 5 Rdn. 16.

Wenn in einzelnen gesetzlichen Sonderregelungen die Arbeitnehmer sämtlicher Konzernunternehmen als Arbeitnehmer des herrschenden Unternehmens gelten (vgl. § 5 MitbestimmungsG), kann aus diesen Ausnahmebestimmungen nicht der Schluss gezogen werden, dass auch individualarbeitsrechtlich durch eine Eingliederung eines Arbeitgebers in einen Konzernverbund Rechtsbeziehungen zwischen den übrigen am Arbeitsvertrag nicht beteiligten Konzernunternehmen und den einzelnen Arbeitnehmern entstehen.

---

684 Vgl. BAG v. 14.10.1982, DB 1983, 2635 – betr. »konzernbezogenen Kündigungsschutz«; ebenso für den Bereich d. ArbEG: Schiedsst., 16.05.2007 – Arb.Erf. 12/06; v. 10.10.1989 – Arb.Erf. 37/89, (beide unveröffentl.); v. 18.12.2014 – Arb.Erf. 61/10, (www.dpma.de); LG Düsseldorf v. 29.12.1999, Entscheidungen 4. ZK. 2000, 8, 10 – *Abfallsammelbehälter*; OLG München v. 08.02.2001, Mitt. 2001, 207, 210 – *Verwertung durch eine ausländische Muttergesellschaft*. Vgl. auch BGH v. 16.04.2002 – X ZR 127/99, GRUR 2002, 801, 803 – *Abgestuftes Getriebe*.
685 Zustimmend Schiedsst. v. 09.12.2008 – Arb.Erf. 19/08, (unveröffentl.).
686 Heute wohl allg. A., z.B. Meier-Beck in Festschr. Tilmann (2003) S. 539, 542; Volmer/Gaul Rn. 140 f. zu § 1; wie hier u. a. LG Düsseldorf v. 29.12.1999, Entscheidungen 4. ZK. 2000, 8, 10 – *Abfallsammelbehälter*. Im Ergebnis auch BGH v. 16.04.2002 – X ZR 127/99, GRUR 2002, 801, 803 f. – *Abgestuftes Getriebe* u. BGH v. 17.11.2009, GRUR 2010, 223, 227 (Rn. 37 ff.) – *Türinnenverstärkung* (jeweils zum Auskunftsanspruch). Insoweit unzutr. LG Braunschweig v. 01.07.1975, GRUR 1976, 585, 586 – *Polyisocyanatgemisch I* u. v. 01.03.1977 – EGR Nr. 4 zu § 1 ArbEG – *Polyisocyanatgemisch II*.

## § 1

**129.1** Von der Arbeitgeberstellung eines einzelnen Konzernunternehmens zu unterscheiden ist die Situation eines – rechtlich unverändert anerkannten[687] – sog. **einheitlichen Arbeitsverhältnisses**, wie sie insbesondere im Konzernbereich anzutreffen sind, namentlich bei Entsendungen innerhalb des Konzers. Im Prinzip ist bei einem einheitlichen Arbeitsverhältnis die Ausgangslage nicht anders, als wenn ein Arbeitnehmer mit demselben Arbeitgeber mehrere Vereinbarungen getroffen hätte und sich die Frage ihres rechtlichen Zusammenhangs stellt.[688] Ein solches einheitliches Arbeitsverhältnis kann u.U. dann anzunehmen sein, wenn ein Arbeitnehmer mit mehreren Konzern- oder sonst verbundenen Unternehmen in arbeitsvertraglichen Beziehungen steht und zumindest eine tatsächliche Einflussnahme der verschiedenen Arbeitgeber auf Abschluss oder Durchführung der vom Arbeitnehmer mit dem jeweils anderen Arbeitgeber abgeschlossenen Vereinbarung gegeben ist.[689] Denkbar ist das etwa dann, wenn bei Entsendung ein Arbeitsverhältnis ruht und ein weiteres Arbeitsverhältnis mit der aufnehmenden Konzerngesellschaft begründet wird.[690] Erforderlich – aber auch ausreichend – ist ein rechtlicher Zusammenhang der arbeitsvertraglichen Beziehungen, der eine getrennte rechtliche Behandlung verbietet.[691] Ob tatsächlich ein einheitliches Arbeitsverhältnis gegeben ist, hängt von der Auslegung der zugrunde liegenden Vereinbarungen ab.[692] Der rechtliche Zusammenhang kann sich aber auch aus zwingenden rechtlichen Wertungen ergeben.[693] Dieser rechtliche Zusammenhang ist anzunehmen, wenn nach den Vorstellungen der Vertragsschließenden die einzelnen Vereinbarungen nur gemeinsam gelten und zusammen durchgeführt werden sollen,

---

687 Vgl. allg. BAG v. 27.03.1982, NJW 1984, 1703 = DB 1982, 1569; v. 15.12.2011 NZA-RR 2012, 570 (Rn. 30 f.); v. 19.04.2012 NJW 2013, 104 (Rn. 16 f.) u. v. 10.04.2014 – 2 AZR 647/13 (juris, Rn. 27) – jeweils m. w. N.; ErfK/Preis § 611a BGB Rn. 191; krit. hierzu Schwerdtner, ZIP 1982, 900; u. U. einschränkend (noch) BAG v. 21.01.1999, NZA 1999, 539, 542; ausf. hierzu Thüsing, NZA 2003, 1303; ferner Lange NZA 2012, S. 1121 ff. An der Möglichkeit eines einheitl. Arbeitsverh. hat auch § 611a BGB n.F. nichts geändert, da diese Vorschrift lediglich die bisherige Rechtsprechung des BAG zusammenfassen kodifiziert hat.
688 BAG von 27.03.1982, NJW 1984, 1703, 1704.
689 Schiedsst. v. 05.07.1991, GRUR 1992, 499, 501 f. – *Einheitliches Arbeitsverhältnis* u. v. 03.05.2011 – Arb.Erf. 10/09, (Datenbank, in www.dpma.de nur LS.); A. Bartenbach, Arbeitnehmererfindungen i. Konzern (2018) Rn. 179 ff.; s. auch Keukenschrijver in Busse/Keukenschrijver, PatG, Rn. 9 zu § 9 ArbEG; allgemein hierzu BAG v. 27.03.1982, NJW 1984, 1703 ff.
690 So ErfK/Preis§ 611a BGB Rn. 191. S. (aber) auch Reister NZA 2014, 22, 23.
691 BAG v. 19.04.2012 NJW 2013, 104 (Rn. 16) m. w. Nachw.
692 Vgl. allg. BAG v. 19.04.2012 NJW 2013, 104 (Rn. 16); ErfK/Preis § 611a BGB Rn. 191.
693 BAG v. 15.12.2011 NZA-RR 2012, 570 (Rn. 30) m. w. Nachw.

also derart voneinander abhängen, dass sie miteinander »stehen und fallen«, d.h. Teile eines einheitlichen Rechtsgeschäfts sein sollen.[694] So spricht z.b. der Beitritt weiterer Arbeitgeber zu einem bestehenden Arbeitsverhältnis für ein einheitliches Arbeitsverhältnis, wenn damit eine nach Arbeitgebern getrennte Durchführung des Arbeisverhältnisses nicht möglich wäre.[695] In der Praxis wird das Verhältnis der Arbeitgeber zueinander regelmäßig (ausdrücklich oder stillschweigend) als BGB-(Innen-)Gesellschaft (§§ 705 ff. BGB) oder Bruchteilsgemeinschaft (§§ 741 ff. BGB) ausgestaltet sein.

Sowohl die arbeitsrechtlichen[696] als auch die **erfinderrechtlichen Auswirkungen** eines einheitlichen Arbeitsverhältnisses[697] im Verhältnis Arbeitgeber/Arbeitnehmer sind noch nicht hinreichend geklärt. Das betrifft bereits die Charakterisierung als Diensterfindung. Dafür reicht es u. E. im Zweifel aus, wenn die Voraussetzungen einer Diensterfindung nach § 4 Abs. 2 ArbEG nur im Verhältnis zu einem der Beteiligten vorliegen, da auf Grund des einheitlichen Arbeitsverhältnisses eine einheitliche Bewertung und Behandlung geboten ist.[698] In jedem Fall können zugewiesene Aufgaben sowie genutzte Erfahrungen und Vorarbeiten eines Arbeitgebers allen Arbeitgebern nach § 4 Abs. 2 ArbEG zugerechnet werden (s. auch § 4 Rdn. 14.1).

---

694 BAG v. 27.03.1982, NJW 1984, 1703, 1705; BGH v. 17.04.2000, LM Nr. 34 zu § 139 BGB; ähnl. BAG v. 19.04.2012 NJW 2013, 104 (Rn. 16). Folgend auch Schiedsst. v. 05.07.1991, GRUR 1992, 499, 502 – *Einheitliches Arbeitsverhältnis*.
695 Vgl. allg. BAG v. 19.04.2012 NJW 2013, 104 (Rn. 17).
696 Vgl. dazu etwa Lange NZA 2012, S. 1121 ff.
697 S. dazu insbes. A. Bartenbach, Arbeitnehmererfindungen i. Konzern (2018), Rn. 188 ff.
698 In seinem Urteil vom 27.03.1982, (NJW 1984, 1703, 1705 f.) geht das BAG davon aus, dass sich beim einheitlichen Arbeitsverhältnis einerseits das Vorliegen eines nur im Verhältnis zu einem Arbeitgeber vorliegenden Kündigungsgrundes auch gegenüber den anderen Arbeitgebern auswirkt, und andererseits eine Sozialwidrigkeit einer Kündigung auch dann vorliegt, wenn nur einer der Arbeitgeber den Arbeitnehmer weiter beschäftigen kann, obschon jeder von ihnen Schuldner ist und im Innenverhältnis zum Ausgleich verpflichtet wird, und zwar im Zweifel zu gleichen Teilen (vgl. § 426 BGB). Auch z. B. im Fall der Anfechtung wegen arglistiger Täuschung lässt die h. M. ausreichen, wenn nur einzelne Gläubiger getäuscht wurden (z. B. Staudinger/Looschelders, BGB (2017), Bd. 2, Rn. 70 zu § 432). § 432 Abs. 2 BGB ist nicht einschlägig, da es hier bei Diensterfindungen nicht um Tatsachen geht, die »in der Person eines Gläubigers« eintreten. Abw. bzgl. der Möglichkeit einer Inanspruchn. durch einen der ArbG Schiedsst. v. 03.05.2011 – Arb.Erf. 10/09, (Datenbank, in www.dpma.de nur LS. 2).

Ein einheitliches Arbeitsverhältnis könnte im Übrigen in Fortführung der Rechtsprechung des *BAG* dazu führen, dass die Rechte und Pflichten aus dem ArbEG einheitlich wahrzunehmen sind bzw. einheitlich wirken:

Alle Arbeitgeber haften dann jedem Arbeitnehmererfinder gegenüber im Zweifel als **Gesamtschuldner** nach § 421 BGB.[699] Der Arbeitnehmererfinder kann gemäß § 421 Satz 1 BGB nach seinem Belieben von jedem der gesamtschuldnerisch haftenden Arbeitgeber eine nach dem ArbEG von den Arbeitgebern geschuldete Leistung ganz oder zum Teil fordern, obschon jeder von ihnen Schuldner ist und im Innenverhältnis zum Ausgleich verpflichtet wird, und zwar mangels abweichender Vereinbarung zu gleichen Teilen (vgl. § 426 BGB). Die Verwertungshandlungen aller Arbeitgeber sind gleichermaßen nach § 9 ArbEG vergütungspflichtig und der Arbeitnehmer kann jeden der Arbeitgeber auf die volle Vergütung in Anspruch nehmen[700], d. h. selbst dann, wenn nur einzelne Arbeitgeber die Diensterfindung berechtigterweise verwertet haben. Insoweit kann die Vergütung nur einheitlich bestimmt und geregelt werden.[701] Auch die sonstigen Pflichten aus dem ArbEG schulden die Arbeitgeber als Gesamtschuldner nach § 421 BGB. Jeder Arbeitgeber ist dem Arbeitnehmererfinder gegenüber zur prioritätssichernden Inlandsschutzrechtsanmeldung – und sei es auch nur auf den Namen einzelner Arbeitgeber – nach § 13 ArbEG ebenso verpflichtet wie zur Freigabe nach § 14 ArbEG für solche Staaten, in denen keiner der Arbeitgeber ein Schutzrecht erwirken will.

Ob die Arbeitgeber eines einheitlichen Arbeitsverhältnisses dagegen erfinderrechtlich im Verhältnis zu den Arbeitnehmererfindern als **Gesamtgläubiger** nach § 428 BGB[702] oder als sog. **Mitgläubiger** nach § 432 BGB berechtigt sind[703], dürfte vom Einzelfall, insbesondere vom Gegenstand der geschuldeten Leistung und dem Rechtsverhältnis der Arbeitgeber untereinander, abhängen. Der wesentliche Unterschied zwischen beiden Gläubigerstellungen besteht

---

699 So A. Bartenbach, Arbeitnehmererfindungen i. Konzern (2018), Rn. 188, bestätigt durch Schiedsst. v. 03.05.2011 – Arb.Erf. 10/09, (Datenbank, in www.dpma.de nur LS. 1, 2).
700 Zust. Schiedsst. v. 05.07.1991, GRUR 1992, 499, 501 f. – *Einheitliches Arbeitsverhältnis.*
701 Ebenso BAG v. 27.03.1982, NJW 1984, 1703, 1706 für die Abfindung bei Ausscheiden.
702 So A. Bartenbach, Arbeitnehmererfindungen i. Konzern (2018), Rn. 188. Vgl. auch allg. zur Gesamtgläubigerschaft bzgl. der Arbeitsleistung LAG Hessen v. 05.03.2007 – 19 Sa 686/06 (www.lerada.hessenrecht.hessen.de, Rn. 28).
703 Lange NZA 2012, S. 1121, 1122 bezweifelt mit Blick auf das Direktionsrecht bezüglich der Arbeitspflicht generell einen passenden Rückgriff auf § 428 und den eine »unteilbare Leistung« voraussetzenden § 432 BGB.

darin, ob der Arbeitnehmer als Schuldner – ungeachtet interner Aufteilungsrisiken – an jeden einzelnen Gläubiger leisten kann (§ 428 BGB) oder ob seine Leistung nur an alle Gläubiger gemeinsam möglich ist (§ 432 Abs. 1 BGB). Aus § 428 Satz 1 BGB folgt bei Gesamtgläubigerschaft, dass jeder Arbeitgeber eine nach dem ArbEG geschuldete Leistung zwar nur einheitlich für alle fordern, der Arbeitnehmererfinder aber nach seinem Belieben an jeden von ihnen leisten kann; im Innenverhältnis sind sie bei Fehlen einer Vertragsabsprache nach § 430 BGB zu gleichen Teilen berechtigt. Nach § 432 BGB kann dagegen bei Miteigentümerschaft jeder Arbeitgeber eine nach dem ArbEG geschuldete Leistung nur an alle fordern und der Arbeitnehmererfinder muss an alle gemeinsam leisten, d. h. eine Leistung nur an einen wäre keine Erfüllung. Gleich ob Gesamt- oder Mitgläubiger kann damit jeder Arbeitgeber vom Arbeitnehmer die Meldung der Diensterfindung an alle gem. § 5 ArbEG verlangen; dabei dürfte u. E. schon mit Blick auf § 6 Abs. 2 ArbEG die Meldung des Arbeitnehmers nur an einen einzelnen Arbeitgeber sowohl bei Gesamt- als auch bei Mitgläubigerschaft nicht ausreichen.[704] Die Ausübung von Gestaltungserklärungen bestimmt sich nach dem Innenverhältnis der Arbeitgeber untereinander, aus dem sich häufig rechtsgeschäftliche oder gesetzliche Handlungsbefugnisse ergeben (vgl. §§ 164 ff., 744 f. BGB); unabhängig davon dürfte im Zweifel von einer Gesamtwirkung auszugehen sein, wenn sich eine solche Erklärung für alle Arbeitgeber rechtlich vorteilhaft auswirkt.[705] Die Inanspruchnahmeerklärung eines Arbeitgebers entfaltet im Zweifel u. E. zugleich Wirkung für die anderen,[706] zumal die Inanspruchnahmefiktion nach § 6 Abs. 2 ArbEG ohnehin ggü. allen Arbeitgebern wirkt. Von einzelnen Arbeitgebern können mit Wirkung für alle auch verjährungshemmende Maßnahmen sowie eine fristgerechte Geltendmachung einer Unbilligkeit i.S. v. § 23 Abs. 2 ArbEG vorgenommen werden. Für eine Frei- bzw. Aufgabe (§§ 6 Abs. 2, 8, 14, 16 ArbEG) dürfte dagegen ebenso wie bei Schutzrechtsanmeldungen gemeinsames Handeln erforderlich sein.

Wird eine Diensterfindung von einem (in einem Konzernverbund stehenden) Arbeitgeber in Anspruch genommen, als Schutzrecht angemeldet und benutzt, führt die Einheitlichkeit des Arbeitsverhältnisses nach Auffassung der *Schiedsstelle* dazu, dass jedenfalls dieser Arbeitgeber Schuldner des Vergütungsan-   129.2

---

704 Im Ergebn. auch A. Bartenbach, Arbeitnehmererfindungen i. Konzern (2018), Rn. 188, die davon ausgeht, dass eine Meldung gegenüber allen Arbeitgebern zu erfolgen hat.
705 Vgl. A. Bartenbach, Arbeitnehmererfindungen i. Konzern (2018), Rn. 189.
706 Im Ergebn. auch Schiedsst. v. 03.05.2011 – Arb.Erf. 10/09, (Datenbank, in www.dpma.de, nur LS. 2).

spruchs ist, selbst wenn die Diensterfindung kurz vor der Begründung des einheitlichen Arbeitsverhältnisses und während des Bestehens eines Arbeitsverhältnisses nur mit dem anderen Arbeitgeber gemacht worden ist.[707]

**130** Auch bei einer zulässigen (s. § 1 Rdn. 132) und im Konzernverbund üblichen (Voraus-) **Übertragung der Erfindungsrechte** vom Arbeitgeber auf die Konzernober- oder eine Konzernverwaltungsgesellschaft (IP-Gesellschaft) bleibt alleine der (konzernverbundene) Arbeitgeber aus dem ArbEG verpflichtet und berechtigt.[708] Gleiches gilt bei Einbringung der Diensterfindung in einen konzernweiten Patentpool.[709] Mangels anderslautender Vereinbarungen mit dem Erfinder (vgl. § 415 BGB) ist der Arbeitgeber selbst bei Abtretung sämtlicher vermögenswerten Erfindungsrechte auf Konzernunternehmen oder bei Einräumung eines ausschließlichen Nutzungsrechts weiterhin Alleinschuldner insb. der Vergütungsansprüche.[710] Insoweit gilt auch hier uneingeschränkt der Grundsatz, dass die erfinderrechtlichen Ansprüche des Arbeitnehmers keine dingliche Belastung der Erfindung darstellen und nicht auf Rechtserwerber (andere Konzernunternehmen) übergehen (s. § 7 n.F. Rdn. 24). Der Arbeitgeber ist und bleibt als alleiniger Vergütungsschuldner (s. § 9 Rdn. 4) bei Vergütungsklagen alleine passivlegitimiert[711] und ist damit auch alleiniger Schuldner

---

707 Schiedsst. v. 05.07.1991, GRUR 1992, 499, 501, 502 – *Einheitliches Arbeitsverhältnis*; zust. Keukenschrijver in Busse/Keukenschrijver, PatG, Rn. 9 zu § 9 ArbEG.
708 Allg. A., vgl. etwa zum Vergütungsanspruch: BGH v. 16.04.2002 – X ZR 127/99, GRUR 2002, 801, 803 – *Abgestuftes Getriebe*; OLG München v. 08.02.2001, GRUR-RR 2001, 103, 104 – *Verankerungsmittel*; LG Frankfurt v. 01.11.2006 – 2–06 O 647/05, (unveröffentl.); LG Düsseldorf v. 28.04.2016 – 4a O 154/14, (www.justiz.nrw.de, Rn. 148) – *Glasplatte*; LG Braunschweig v. 26.04.2017 – 9 O 1722/16, (www.rechtsprechung.niedersachsen.de, Rn. 114 f.) – *Schwenkfüße*; Schiedsst. v. 09.12.2008 – Arb.Erf. 19/08, (unveröffentl.); v. 22.02.1991, BlPMZ 1992, 369 – *Medikalprodukt*; ausführlich A. Bartenbach, Arbeitnehmererfindungen im Konzern (2018) Rn. 458 ff.
709 So im Ergebn. u. a. BGH v. 16.04.2002 – X ZR 127/99, GRUR 2002, 801, 802 f. – *Abgestuftes Getriebe* und BGH v. 17.11.2009, GRUR 2010, 223, 227 (Rn. 37 ff.) – *Türinnenverstärkung*.
710 OLG München v. 08.02.2001, Mitt. 2001, 207, 210 – *Verwertung durch eine ausländische Muttergesellschaft*; im Ergebnis auch BGH v. 17.11.2009, GRUR 2010, 223, 227 – *Türinnenverstärkung* in Bestätigung von OLG Düsseldorf v. 13.09.2007, InstGE 8, 147, 149 – *Türinnenverstärkung*; ebenso ständ. Praxis Schiedsst., z.B. EV v. 09.12.2008 – Arb.Erf. 19/08, (unveröffentl.); Volmer, GRUR 1978, 393, 402; Volmer/Gaul Rn. 141 zu § 1.
711 OLG Düsseldorf v. 13.09.2007, InstGE 8, 147, 149 – *Türinnenverstärkung*; davon geht der BGH im Revisionsurt. v. 17.11.2009, GRUR 2010, 223 f. – *Türinnenverstärkung* ohne weitere Ausführungen aus.

C. Persönlicher Geltungsbereich §1

etwaiger Auskunfts- und Rechnungslegungsansprüche des Arbeitnehmers (s. § 12 Rdn. 296).

Auch wenn kein einheitliches Arbeitsverhältnis (s. § 1 Rdn. 129.1) vorliegt, so können sich – unbeschadet der Stellung des Arbeitgebers als Alleinberechtigter und -verpflichteter aus dem ArbEG – erfinderrechtliche Besonderheiten dann ergeben, wenn sich der Konzern bei wirtschaftlicher Betrachtung **als wirtschaftliche Einheit darstellt**. Das entspricht jedenfalls der herrschenden Meinung im Schrifttum[712] und von Instanzgerichten.[713] Rechtsfolge einer solchen engen Verflechtung der Konzernunternehmen mit arbeitsteiliger Verlagerung von Forschungs-, Produktions- und Vertriebsaufgaben innerhalb eines Konzerns ist, dass eine Übertragung bzw. Überlassung von Erfindungsrechten innerhalb des Konzerns im Innenverhältnis zwischen Arbeitgeber/Arbeitnehmererfinder nicht als Erfindungsverkauf bzw. Lizenzvergabe bewertet wird.[714] Das betrifft insb. Vergütungsansprüche des Arbeitnehmererfinders, sodass sich diese insb. nach den Verwertungshandlungen der konzernverbundenen Unternehmen bestimmen (s. § 9 Rdn. 187.3).

**131**

Zwar hat der **BGH** diesen bislang vorherrschenden Ansatz der wirtschaftlichen Einheit 2002 als »nicht von Gesetzes wegen geltend« **relativiert**[715] (s. zu § 9 Rdn. 187.3). Gleichwohl kann u. E. das in der wirtschaftlichen Einheit zum Ausdruck kommende Moment einer arbeitsteiligen Vorgehensweise unverän-

---

712 Vgl. u. a. Keukenschrijver in Busse/Keukenschrijver, PatG, Rn. 10 zu § 11 ArbEG; Reimer/Schade/Schippel/Himmelmann Rn. 1 zu § 11/RL Nr. 17; A. Bartenbach, Arbeitnehmererfindungen i. Konzern (2018) Rn. 59 ff., 801 ff.; HK-Kronisch, § 9 Rn. 19; Trimborn, Mitt. 2013, 537 f.; relativierend dagegen BGH v. 16.04.2002 – X ZR 127/99, GRUR 2002, 801, 804 – *Abgestuftes Getriebe*; im Anschluss daran Meier-Beck Festschr. Tilmann (2003) S. 539, 543 ff. Zur kartellrechtl. Bewertung des Konzerns als wirtsch. Einheit s. EuGH v. 24.10.1996, ZIP 1997, 87 – *Parker Pen*.
713 Z. B. OLG Frankfurt a. M. v. 07.12.2017 – 6 U 204/16 – Mark up im Anschl. an Urt. v. 27.09.2007 – 6 U 176/06, – Insulinprodukt, (beide www.lareda.hessenrecht.hessen.de) m. Anm. Wenn, jurisPR-ITR 4/2018 Anm. 3.
714 S.a. Schade, GRUR 1978, 569, 572 f.; Reimer/Schade/Schippel/Himmelmann Rn. 1 zu § 11/RL Nr. 17; i. Ergebn. ebenso LG Braunschweig v. 01.07.1975, GRUR 1976, 585, 586 – *Polyisocyanatgemisch I* u. v. 01.03.1977 – EGR Nr. 4 zu § 1 ArbEG – *Polyisocyanatgemisch II*.
715 BGH v. 16.04.2002 – X ZR 127/99, GRUR 2002, 801, 804 – *Abgestuftes Getriebe*; im Anschluss daran Meier-Beck Festschr. Tilmann (2003), 539, 544 ff.

dert Geltung beanspruchen, wie das auch als Ausgangspunkt in der nachfolgenden *BGH*-Entscheidung »Türinnenverstärkung« anklingt.[716]
Von einer wirtschaftlichen Einheit ist im Einzelfall auszugehen in den **Fällen einer arbeitsteiligen Aufspaltung** der Entwicklungs-, Herstellungs- und Vertriebsvorgänge auf unterschiedliche Konzernunternehmen.[717] Einschlägig kann dies bspw. dann sein, wenn der Arbeitgeber eine allein Zwecken der Forschung und Entwicklung dienende Tochtergesellschaft ist und die Verwertung anderen Konzernunternehmen obliegt.[718] Eine Rolle dabei spielen kann auch, ob und inwieweit diese Entwicklungsgesellschaft mit anderen Gesellschaften des Konzerns oder externen Dienstleistern im Wettbewerb steht und ob sie ihre Dienstleistungen zugleich anderen Auftraggebern außerhalb des Konzerns anbietet bzw. unabhängige Drittunternehmen als Unterauftragnehmer in die Entwicklungsarbeiten einschaltet und zu welchen Konditionen. Für eine wirtschaftliche Einheit kann ferner eine arbeitsteilige Verlagerung sprechen, indem die einzelnen Konzerngesellschaften arbeitsteilig wie unselbstständige Abteilungen eines einheitlichen Unternehmens geführt werden,[719] ferner,

---

716 So im Ausgangspunkt wohl auch BGH v. 17.11.2009, GRUR 2010, 223, 227 (Rn. 39) – *Türinnenverstärkung* in diesbezüglicher Bestätigung von OLG Düsseldorf v. 13.09.2007, InstGE 8, 147, 150 – *Türinnenverstärkung*. Einschränkend wohl Trimborn, Mitt. 2010. 461, 463.
717 Zum Begriff s. OLG Hamburg v. 25.04.1985, GRUR 1985, 923 – *Imidazol*. s.a. BGH v. 20.02.1986, RIW 1986, 547 – *Gebührendifferenz IV* = GRUR Int. 1986, 724, 725; Schiedsst. v. 12.10.2010 – Arb.Erf. 23/09, (Datenbank – insoweit auch in Bartenbach, Akt. Probleme des Gewerbl. Rechtsschutzes 1/2011, 357, 370); v. 12.01.2011 – Arb.Erf. 12/08, (www.dpma.de, dort nur LS. 3) u. v. 11.07.2012 – Arb.Erf. 03/11, (Datenbank, insoweit nicht in www.dpma.de); vgl. auch zu § 17 UrhG Loewenheim in Schricker/Loewenheim, UrhG, Rn. 46 zu § 17. Zur kartellrechtl. Bewertung des Konzerns als wirtsch. Einheit s. EuGH v. 24.10.1996, ZIP 1997, 87 – *Parker Pen*.
718 Vgl. BGH v. 16.04.2002 – X ZR 127/99, GRUR 2002, 801, 804 – *Abgestuftes Getriebe* m.H.a. Schade, GRUR 1978, 569, 572; OLG Frankfurt a. M. v. 27.09.2007 – 6 U 176/06, (www.lareda.hessenrecht.hessen.de, Rn. 14) – Insulinprodukt u. v. 07.12.2017 – 6 U 204/16, (www.lareda.hessenrecht.hessen.de) – Mark up; vgl. auch Trimborn Mitt. 2017, 151, 152 (zur Vorinstanz LG Frankfurt v. 31.08.2016). S. ferner Schiedsst. v. 15.04.2005 – Arb.Erf. 63/03, (Datenbank) zur Lizenzvergabe durch eine Patentverwertungsgesellschaft des Arbeitgebers (außeruniversitäre Forschungseinrichtung); s.a. Schiedsst. v. 25.07.1983 – Arb.Erf. 14/82, (unveröffentl.).
719 Vgl. auch BGH v. 16.04.2002 – X ZR 127/99, GRUR 2002, 801, 804 – *Abgestuftes Getriebe*; folgend OLG Frankfurt a. M. v. 27.09.2007 – 6 U 176/06, (www.lareda.hessenrecht.hessen.de, Rn. 14) – Insulinprodukt u. v. 07.12.2017 – 6 U 204/16, (www.lareda.hessenrecht.hessen.de) – Mark up.

## C. Persönlicher Geltungsbereich § 1

wenn die Produktion erfindungsgemäßer Gegenstände einem eigens dafür gegründetem Tochterunternehmen mit identischer Eigentümer-, Führungs- und Vertriebsstruktur in Lizenz vergeben wird[720] oder wenn sich die Konzernmutter (Arbeitgeber) unter Verzicht auf eine eigene Produktion zur Herstellung von erfindungsgemäßen Produkten ausschließlich ihrer weisungsgebundenen Tochterunternehmen quasi als Subunternehmer bedient[721], oder arbeitsteilig tätige Joint-Venture-Unternehmen gegründet werden[722] oder wenn einer 100 %-igen Tochtergesellschaft, die zuvor gezielt zur Steigerung des Marktanteils auf dem erfindungsrelevanten Produktmarkt übernommen worden war, Produktion und Vertrieb identischer erfindungsgemäßer Produkte auf dem gleichen Markt vorgegeben wurde.[723]

**Kein hinreichendes Indiz** sind dagegen personelle Verbindungen einschließlich der Mitarbeit von Beschäftigten anderer Konzerngesellschaften, da diese auch bei nicht verbundenen Auftraggebern bzw. Kooperationspartnern anzutreffen sind.[724] Entgegen *OLG Frankfurt am Main*[725] reicht es für eine wirtschaftliche Einheit ohne weitere Differenzierung nicht allein aus, wenn das Konzernunternehmen (Arbeitgeber) ausschließlich **für andere Konzernunternehmen Entwicklungsarbeiten** erbringt; aus Sicht des *OLG Frankfurt am Main* spricht dabei gegen eine wirtschaftliche Einheit auch nicht, dass der Arbeitgeber mit anderen Konzerngesellschaften und externen Dienstleistern im Wettbewerb stehe. Würde man dem folgen, bliebe faktisch kein Raum mehr, eine konzernverbundene Forschungs- und Entwicklungsgesellschaft auf der Ebene der Erfindervergütung mit der Situation gleichzustellen, die für ein nicht verbundenes Unternehmen gilt. Hier verkennt das *OLG Frankfurt u. E.* durch seine retrospektive Betrachtung angesichts des Vorliegens einer fertigen Erfindung, dass die Ausgangslage bei Abschluss eines Forschungs- und Entwicklungsvertrages sich hiervon erheblich unterscheidet. Es geht nicht um die Bestimmung des Erfindungswerts einer bereits fertigen Erfindung mit entsprechenden Nutzungsaussichten, sondern um die Bewertung der bei Forschungsbeginn noch völlig offenen Frage, ob aus einer (kostenaufwendigen) For-

---

720 Schiedsst. v. 21.11.2017 – Arb.Erf. 06/15, (www.dpma.de).
721 Vgl. zu den Auswirkungen bei Schutzrechtsverletzungen OLG Düsseldorf Beschl. v. 23.01.2013, GRUR-RR 2013, 273, 274 f. – Scheibenbremse.
722 S. dazu Schiedsst. v. 06.06.2014 – Arb.Erf. 54/12, (www,dpma.de).
723 S. Schiedsst. v. 10.03.2016 – Arb.Erf. 23/12, (www.dpma.de), dort auch mit Blick auf die unschwere Umsatzfeststellung der Tochterges.
724 Abw. aber OLG Frankfurt v. 07.12.2017 – 6 U 204/16, (www.lareda.hessenrecht.hessen.de) – Mark up.
725 OLG Frankfurt v. 07.12.2017 – 6 U 204/16, (www.lareda.hessenrecht.hessen.de) – Mark up.

schungs- und Entwicklungstätigkeit überhaupt eine Erfindung entsteht. Zu diesem Zeitpunkt wäre auch ein freier Erfinder bereit, den finanziellen Regelungen zuzustimmen, wie sie bei solchen Auftragsentwicklungen üblich sind; andernfalls würde es tendenziell gar nicht erst zu einer Entwicklungskooperation kommen.

Eine Einheit wurde deshalb zutreffend **abgelehnt** bei einer Entwicklungsgesellschaft (Arbeitgeber), die eine ausländische Konzernmutter in Deutschland gegründet hat, um Entwicklungsarbeiten von dem Auslandsstaat nach Deutschland zu verlagern, wobei die Entwicklungsarbeiten nach einer jeweils abgeschlossenen Vereinbarung (»cost plus«) entlohnt wurden.[726]

Ist der **Arbeitgeber** neben der Forschung **zugleich mit dem Vertrieb** erfindungsgemäßer Produkte befasst, spricht dies – auch bei Vertriebssteuerung durch die Muttergesellschaft – tendenziell gegen eine Einheit, selbst wenn der konzerninterne Verkauf der erfindungsgemäßen Produkte erheblich und der Lieferanteil an nicht verbundene Dritte gering ist.[727] Ebenso reicht die im Konzernbereich nicht selten anzutreffende Verpflichtung der verbundenen Unternehmen, ihre Schutzrechte (unentgeltlich) in einen konzernbezogenen **Schutzrechtspool** einzubringen, für sich alleine u. E. nicht zur Annahme einer Einheit aus.[728] Davon abweichend – und damit u. E. zu weitgehend – dehnt das *OLG Düsseldorf*[729] mit Bestätigung des ***BGH***[730] die Betrachtung des Konzerns als wirtschaftliche Einheit aus: Danach liegt eine Einheit wohl bereits in den Fällen vor, in denen ein selbst produzierender konzernangehöriger Arbeitgeber zugleich anderen produzierenden Konzernunternehmen die Nutzung der Diensterfindung gestattet, indem die Erfindungsrechte – entsprechend den für den Gesamtkonzern geltenden Vorgaben der Konzernmutter – in einen durch alle Konzernunternehmen lizenzgebührenfrei nutzbaren Patentpool einge-

---

726 OLG München v. 08.02.2001, GRUR-RR 2001, 103, 104 – *Verankerungsmittel*; vgl. aber auch OLG Frankfurt v. 07.12.2017 – 6 U 204/16, (www.lareda.hessenrecht.hessen.de) – Mark up.
727 Vgl. OLG Frankfurt a. M. v. 27.09.2007 – 6 U 176/06, (www.lareda.hessenrecht.hessen.de, Rn. 14) – Insulinprodukt im Anschl. an LG Frankfurt v. 01.11.2006 – 2–06 O 647/05, (unveröffentl.), wo der konzerninterne Umsatz über die Hälfte des Gesamtumsatzes ausmachte und der Arbeitgeber als alleiniger Produzent die erfindungsgem. Produkte nur zu 10 % an Dritte und zu 90 % an konzernverbundene Auslandsunternehmen lieferte.
728 Im Ergebn. wohl auch BGH v. 16.04.2002 – X ZR 127/99, GRUR 2002, 801, 804 – *Abgestuftes Getriebe*; ferner LG Frankfurt v. 01.11.2006 – 2–06 O 647/05, (unveröffentl.).
729 OLG Düsseldorf v. 13.09.2007, InstGE 8, 147, 150 f. – *Türinnenverstärkung*.
730 BGH v. 17.11.2009, GRUR 2010, 223, 227 (Rn. 39) – *Türinnenverstärkung*.

C. Persönlicher Geltungsbereich § 1

bracht werden und diese Einbringung der zielgerichtet der arbeitsteiligen optimalen Verwertung der Diensterfindung durch andere, ebenfalls mit der Produktion betraute Konzernunternehmen dient.[731]

Auch wenn im Konzernverbund regelmäßig die **Einräumung von Nutzungsrechten oder die Übertragung von Erfindungsrechten** durch Konzernfirmen **ohne unmittelbare Gegenleistung** erfolgt, liegt hierin noch keine Umgehung des ArbEG.[732] Gleiches gilt für die Einbringung von Erfindungsrechten in einen konzernweiten Patentpool[733] (zur Vergütung s. § 9 Rdn. 188.1). Auch die Lieferung von erfindungsgemäßen Produkten an Konzernunternehmen zu ermäßigten konzerninternen Abgabepreisen (Verrechnungspreisen) ist trotz geringerer Teilhabe des Arbeitnehmererfinders an den Konzernumsätzen nicht schlechthin unbillig.[734] Derartige unternehmenspolitische Vorgänge liegen in der Entscheidungsfreiheit des Arbeitgebers (s. § 7 n.F. Rdn. 20 ff.). Damit sie nicht zum Nachteil des Arbeitnehmererfinders gereichen, ist ihm nach Treu und Glauben (§ 242 BGB) im Einzelfall ein Anspruch darauf zuzuerkennen, von seinem Arbeitgeber nicht schlechter gestellt zu werden, wie er bei der Rechtseinräumung an (konzernfremde) Dritte stehen würde (s. hierzu zu § 9 Rdn. 187 f.). Zur Vergütungsberechnung vgl. i.Ü. § 9 Rdn. 185 f.; zur Konzernnutzung bei betriebsgebundenen, nicht ausschließlichen Nutzungsrechten s. § 16 Rdn. 80; zur konzernweiten Nutzung eines technischen Verbesserungsvorschlages s. § 20 Rdn. 27; zur Geheimhaltungspflicht ggü. Konzernunternehmen s. § 24 Rdn. 8; zu Konzernrichtlinien s. § 11 Rdn. 19. 132

Zu Mitwirkungsrechten des Betriebsrats bzw. europäischen Betriebsrats s. Anhang zu § 20 Rdn. 1.

**e) Leiharbeitsverhältnisse u.ä.**

Das Leiharbeitsverhältnis ist dadurch gekennzeichnet, dass der Arbeitgeber (Verleiher) einen Arbeitnehmer zur (vorübergehenden) Arbeitsleistung einem anderen Unternehmen (Entleiher) überlässt (Einzelheiten hierzu s. § 1 Rdn. 56 ff.). 133

---

731 S. BGH v. 17.11.2009, GRUR 2010, 223, 227 (Rn. 39) – *Türinnenverstärkung* im Anschl. an OLG Düsseldorf v. 13.09.2007, InstGE 8, 147, 151 – *Türinnenverstärkung*.
732 Unklar Schade, GRUR 1978, 569, 572 f.
733 So im Ergebnis BGH v. 16.04.2002 – X ZR 127/99, GRUR 2002, 801, 803 f. – *Abgestuftes Getriebe*, der von der uneingeschränkten Zulässigkeit der Rechtseinräumung unausgesprochen ausgeht.
734 BGH v. 06.03.2012, GRUR 2012, 605 (LS. d u. Rn. 38) – *Antimykotischer Nagellack*.

I.R.d. erlaubnispflichtigen Arbeitnehmerüberlassung i.S.d. § 1 Abs. 1 AÜG greift § 11 Abs. 7 AÜG, wonach der Entleiher erfinderrechtlich als Arbeitgeber gilt (s. § 1 Rdn. 59 f.).

Ist die erlaubnispflichtige Arbeitnehmerüberlassung nach § 9 AÜG unwirksam, kann kraft gesetzlicher Fiktion eine **Auswechslung des Arbeitgebers** gem. § 10 Abs. 1 AÜG eintreten. Das gilt insbesondere dann, wenn der Verleiher einen Leiharbeitnehmer einem Entleiher ohne eine nach § 1 AÜG erforderliche Erlaubnis überlässt (illegale Arbeitnehmerüberlassung) und der Leiharbeitsvertrag nach § 9 Abs. 1 Nr. 1 AÜG unwirksam ist.[735] Zur Absicherung des Leiharbeitnehmers **fingiert** das Gesetz dann sowie in den sonstigen Fällen einer Unwirksamkeit gemäß § 9 AÜG ein **Arbeitsverhältnis zwischen Entleiher und Leiharbeitnehmer nach Maßgabe des § 10 AÜG.** Das ArbEG gilt auf Grund der Fiktion des § 10 AÜG dann ausschließlich im Verhältnis Entleiher und Leiharbeitnehmer.[736] Wegen der auf das ArbEG bezogenen Fiktion des Entleihers als Arbeitgeber i.S.d. ArbEG gem. § 11 Abs. 7 AÜG vgl. § 1 Rdn. 59 f.

*Rdn. 134 – 135 frei*

**III. Der öffentliche Dienst**

**136** Der Zielsetzung des ArbEG folgend, das Gebiet der Arbeitnehmererfindung möglichst umfassend zu regeln, ergreift dieses Gesetz auch die Erfindungen von Angehörigen des öffentlichen Dienstes.[737] Gemäß dem **Grundsatz der Gleichstellung** (s. vor §§ 40 bis 42 Einl. Rdn. 4 ff.) gelten die Vorschriften des 1. und 4. Abschnitts (§§ 1 bis 4, 43–49) uneingeschränkt auch für den öffentlichen Dienst; über die §§ 40, 41 finden die Vorschriften des 2. Abschnitts (§§ 5 bis 39) »entsprechende« Anwendung (vgl. hierzu § 41 Rdn. 4). Besonderheiten für den öffentlichen Dienst normieren die §§ 40 bis 42.

**1. Arbeitgeber und Arbeitnehmer im öffentlichen Dienst**

**137 Arbeitgeber** im öffentlichen Dienst ist die juristische Person des öffentlichen Rechts als Partner des Arbeitsvertrages, die berechtigt ist, vom Arbeitnehmer die vertragliche Arbeitsleistung zu fordern (s. § 40 Rdn. 5 ff.).

---

735 S. dazu BAG v. 09.11.1994, NZA 1995, 572 m. Anm. Hamann, WiB 1995, 632; s.a. Irens, WiB 1995, 694.
736 Zust. Boemke/Kursawe/Boemke Rn. 108 zu § 1.
737 Vgl. Amtl. Begründung BT-Drucks. II/1648 S. 14 f. = BlPMZ 1957, 226; ausf. Volz, ArbNErf. im öffentl. Dienst (1985) u. Leuze, GRUR 1994, 415 ff.

## C. Persönlicher Geltungsbereich §1

**Arbeitnehmer** im öffentlichen Dienst ist derjenige, der aufgrund eines privatrechtlichen Vertrages oder diesem gleichgestellten Rechtsverhältnisses in solchen Betrieben oder Verwaltungen in persönlich abhängiger Stellung beschäftigt ist, die in der Rechtsträgerschaft einer juristischen Person des öffentlichen Rechts stehen. Einzelheiten s. bei § 40. 138

Zu **Arbeitnehmerüberlassungen** im öffentlichen Dienst s. § 1 Rdn. 57.

### 2. Beamte und Soldaten

Beamte i.S.d. ArbEG sind nur solche im staatsrechtlichen Sinne (s. dazu § 41 Rdn. 5 ff.). Soldat i.S.d. ArbEG ist jeder, der (aufgrund Wehrpflicht oder freiwilliger Verpflichtung) in einem Wehrdienstverhältnis steht (§ 1 Abs. 1 SoldatenG; s. dazu § 41 Rdn. 18 f.). Zu den Zivilbediensteten der Bundeswehr und der NATO s. § 41 Rdn. 21 f.; zum Wehrpflichtigen s.a. § 1 Rdn. 89 f. 139

### 3. Hochschulbeschäftigte

Ausgehend von der in Art. 5 Abs. 3 GG verankerten Wissenschaftsfreiheit bestimmt § 42 besondere Vorrechte für die Erfindungen von Hochschulwissenschaftlern sowie für die Vergütung von Hochschulerfindungen. Einzelheiten s. bei § 42. 140

*Rdn. 141 – 145 frei*

### IV. Die Rechtsstellung von Erben

Die Rechtsposition der Erben eines Arbeitnehmererfinders oder Arbeitgebers bestimmt sich nach den allgemeinen Grundsätzen des bürgerlichen Rechts. Demzufolge geht gem. § 1922 BGB im Wege der **Gesamtrechtsnachfolge** mit dem Tod das Vermögen als Ganzes auf die Erben über, soweit es sich nicht um höchstpersönliche, unvererbliche Rechtspositionen handelt.[738] Wenn der Erblasser nicht durch Verfügung von Todes wegen den Kreis der Begünstigten bestimmt hat, sei es als Erben, sei es als Vermächtnisnehmer (§ 1939 BGB), verbleibt es bei der gesetzlichen Erbfolge (§§ 1924 ff. BGB). 146

Zur Feststellung der Erbenposition kann die **Vorlage eines Erbscheins** verlangt werden, der gem. § 2365 BGB die gesetzliche Vermutung der Richtigkeit der darin aufgeführten Erbfolge begründet.

---

738 Ausführl. Bartenbach, Mitt. 1982, 205 ff.; Cordt, Vererbung arbeitsrechtl. Ansprüche (2017), S. 171 ff.; vgl. auch Schiedsst. v. 19.10.2007 – Arb.Erf. 14/06, (Datenbank).

**§ 1** Anwendungsbereich

**147** Auszugehen ist von dem **Grundsatz**, dass die Rechte und Pflichten aus dem ArbEG durch Auflösung des Arbeitsverhältnisses – auch durch Tod – unberührt bleiben, soweit es sich um während der Dauer des Arbeitsverhältnisses gemachte Arbeitnehmererfindungen handelt (§ 26 ArbEG[739]).

**148** Wurde eine Diensterfindung **vor dem Tod des Arbeitnehmererfinders fertiggestellt**, sind nunmehr dessen Erben gehalten, die Meldepflicht nach § 5 zu erfüllen,[740] sofern sie über den Wissensstand des Erblassers etwa aufgrund von persönlichen Aufzeichnungen oder sonstigen Informationen des Erfinders pp. verfügen. Auch in diesen Fällen greift die Fiktionswirkung des § 6 Abs. 2 n.F., sodass es zur Überleitung keiner Inanspruchnahmeerklärung ggü. den Erben bedarf.[741] Dagegen muss eine **Freigabeerklärung** des Arbeitgebers (§ 6 Abs. 2, § 8 Satz 1) ggü. den Erben erfolgen, wobei bei mehreren Miterben entsprechend dem Grundsatz der Gemeinschaftsverwaltung (vgl. § 2033 Abs. 2 BGB) Willenserklärungen an den Nachlass ggü. allen Miterben abzugeben sind; folglich genügt die Freigabeerklärung lediglich an einen Miterben zur vollständigen Rechtsüberleitung grds. nicht, es sei denn, dieser ist von den übrigen Miterben entsprechend bevollmächtigt worden. Im Rahmen ihrer Möglichkeiten sind die Erben auch verpflichtet, den Arbeitgeber beim Schutzrechtserwerb gem. § 15 Abs. 2 zu unterstützen.[742] Auch die **Mitteilungspflicht** nach § 18 ist von den Erben – sofern sie hierzu in der Lage sind – noch zu erfüllen;[743] sie unterliegen aber **nicht** der **Anbietungspflicht** nach § 19 Abs. 1, da diese nur bei Verwertungsabsichten »während der Dauer des Arbeitsverhältnisses« besteht.[744] Die Geheimhaltungspflicht nach § 24 Abs. 2 ist von den Erben so lange zu beachten, wie die Diensterfindung nicht frei geworden ist.[745]

**149** Die Erben des Arbeitnehmererfinders rücken auch in die Rechte des Arbeitnehmererfinders ein. Dies gilt insb. für den **Vergütungsanspruch** des verstor-

---

739 Die Geltung des § 26 im Fall des Todes des Arbeitnehmers ist – soweit ersichtlich – unstreitig, vgl. etwa Cordt, Vererbung arbeitsrechtl. Ansprüche (2017), S. 172.
740 Heine/Rebitzki Anm. 2 zu § 26; Riemschneider/Barth, Gefolgschaftserfindungen, Anm. 3 zu § 8 DVO (1943); unklar Lindenmaier/Lüdecke Anm. 2 zu § 26; ablehnend Volmer/Gaul Rn. 12, 20 zu § 5, der insoweit nur eine Verpflichtung zur Übergabe von Unterlagen des verstorbenen Arbeitnehmers annimmt.
741 Folgend auch Cordt, Vererbung arbeitsrechtl. Ansprüche (2017), S. 172 (dort Fn. 1005).
742 Heine/Rebitzki Anm. 2 zu § 26; a.A. Lindenmaier/Lüdecke Anm. 2 zu § 26; Reimer/Schade/Schippel/Rother Rn. 1 zu § 26.
743 Heine/Rebitzki Anm. 2 zu § 26.
744 Im Ergebn. ebenso Schwab, Arbeitnehmererfindungsrecht, § 1 Rn. 48.
745 Ebenso Heine/Rebitzki Anm. 2 zu § 26.

C. Persönlicher Geltungsbereich § 1

benen Arbeitnehmers, der übertragbar und damit vererblich ist.[746] Die Erben sind nunmehr auch Vertragspartner einer einverständlich vorzunehmenden Vergütungsfeststellung bzw. Adressat einer einseitig durchzuführenden Vergütungsfestsetzung[747] (§ 12 Abs. 1 und 3). Bereits zu Lebzeiten des Arbeitnehmererfinders verbindlich gewordene Vergütungsregelungen wirken auch ggü. den Erben[748] (zur Auskunft s. § 12 Rdn. 162.2). Steht bislang eine Vergütungsregelung aus, so gilt § 12 Abs. 1 bis 5 auch für und gegen die Erben; von und gegenüber diesen kann ein Anpassungsanspruch nach § 12 Abs. 6 geltend gemacht werden. Zur Ablaufhemmung der Verjährung in Nachlassfällen s. § 211 BGB.

Macht der Arbeitgeber von seinem Recht zur **Freigabe** Gebrauch, wird die Erfindung zugunsten der Erben gem. § 8 Satz 1 frei; diese können hierüber frei verfügen (§ 8 Satz 2); die durch die Treuepflicht für den Arbeitnehmer begründeten Verwertungsbeschränkungen (s. hierzu § 8 n.F. Rdn. 52 ff.) entfallen.[749] 150

Wegen der Höchstpersönlichkeit des Anspruchs auf **Auslandsfreigabe** (§ 14 Abs. 2, streitig, s. § 14 Rdn. 22) muss der Arbeitgeber – anders als etwa bei einem ausgeschiedenen Arbeitnehmer – nach dem Tod des Arbeitnehmererfinders Freigabeverpflichtungen aus § 14 Abs. 2 u. E. ggü. den Erben nicht mehr beachten[750], es sei denn, dass der verstorbene Arbeitnehmererfinder zuvor bereits seinen Übertragungsanspruch geltend gemacht und eine Freigabeerklärung erhalten hat[751]. Gleiches gilt für das unvererbliche Vorkaufsrecht aus § 27 Nr. 2 a.F. (s. § 27 n.F. Rdn. 75). Dagegen hat der Arbeitgeber den 151

---

746 Ganz h.M. z.B. Schiedsst. v. 18.01.1966, BlPMZ 1966, 124; v. 21.04.1997 – Arb.Erf. 75/95, u. v. 19.10.2007 – Arb.Erf. 14/06, (beide unveröffentl.); LG Düsseldorf v. 17.09.1991, Entsch. 4. ZK. 2000, 25, 32 – *Reißverschluss*; Heine/Rebitzki Anm. 6 zu § 9; im Ergebnis auch OLG Frankfurt am Main v. 19.12.1991, GRUR 1993, 910 – *Bügelschließmaschinen*; Keukenschrijver in Busse/Keukenschrijver, PatG, Rn. 4 zu § 9 ArbEG; Reimer/Schade/Schippel/Himmelmann Rn. 17 zu § 9; zust. auch Cordt, Vererbung arbeitsrechtl. Ansprüche (2017), S. 172; diff. aber Volmer Rn. 9 zu § 9, wonach die Übertragbarkeit erst nach Konkretisierung i.S.d. § 12 ArbEG eintritt.
747 Zust. Cordt, Vererbung arbeitsrechtl. Ansprüche (2017), S. 171.
748 S. dazu insb. Bartenbach, Mitt. 1982, 205, 207 f.; zust. Cordt, Vererbung arbeitsrechtl. Ansprüche (2017), S. 172 f.
749 Zust. Cordt, Vererbung arbeitsrechtl. Ansprüche (2017), S. 175.
750 Zust. Cordt, Vererbung arbeitsrechtl. Ansprüche (2017), S. 174 f. A. A. Boemke/Kursawe/Boemke Rn. 114 zu § 1 und Boemke/Kursawe/Hoppe-Jänisch Rn. 35 zu § 14.
751 Auch insoweit zust. Cordt, Vererbung arbeitsrechtl. Ansprüche (2017), S. 175 im Anschl. an Bartenbach, Mitt. 1982, 205, 207.

Übertragungsanspruch nach § 16 Abs. 2 infolge einer vorangegangenen Mitteilung der Aufgabeabsicht auch ggü. den Erben zu erfüllen (s. § 16 Rdn. 25).

152 Zur Stellung der Erben im Schiedsstellen- und Klageverfahren s. § 28 Rdn. 15, § 34 Rdn. 26.

153 Ist das Arbeitsverhältnis mit einer natürlichen Person als Arbeitgeber begründet, endet das Arbeitsverhältnis bei **Tod des Arbeitgebers** grundsätzlich nicht, kann aber von den Erben gekündigt werden.[752] Dementsprechend gehen regelmäßig alle Rechte und Pflichten aus dem ArbEG auf den oder die Erben des verstorbenen Arbeitgebers über. Erlischt das Arbeitsverhältnis, so haben die Erben die (bis zu diesem Zeitpunkt begründeten) Pflichten des verstorbenen Arbeitgebers gem. § 26 zu erfüllen.

Sind die Rechte aus einer in Anspruch genommenen Diensterfindung durch Gesamtrechtsnachfolge (z.B. Erbfall nach dem Arbeitgeber) auf den Arbeitnehmererfinder übergegangen, so hat er nunmehr als Rechtsnachfolger die Stellung eines freien Erfinders, sodass mit Wirkung ab diesem Zeitpunkt die Rechte und Pflichten aus dem ArbEG erlöschen.[753]

### D. Zeitlicher Geltungsbereich

154 Gem. § 49 erfasst das ArbEG – von der früheren Übergangsbestimmung des § 43 a.F. abgesehen – die nach dem 30.09.1957 fertiggestellten Erfindungen und technischen Verbesserungsvorschläge.

### E. Räumlicher Geltungsbereich

155 Das ArbEG gilt in räumlicher Hinsicht in der **BRD**. Untersteht das Arbeitsverhältnis also dem Recht der Bundesrepublik, so findet das ArbEG Anwendung.[754] Die Regelungen des § 47 a.F. (Besondere Bestimmungen für Berlin) und des § 48 a.F. (Saarland) sind aufgehoben. Einzelheiten des internationalen Arbeitnehmererfindungsrechts s. § 1 Rdn. 32 ff., 36 ff. u. 108 ff.; zu den **neuen Bundesländern** s. Einl. Rdn. 31.

*Rdn. 156 – 159 frei*

---

752 Einzelheiten streitig, s. u. a. Schaub/Linck, ArbRHdb., § 121 III 3 Rn. 15; ErfK/Müller-Glöge, § 620 BGB Rn. 36.
753 Vgl. BFH v. 16.08.1973, BFHE 110, 155, 158 f.
754 Kraßer/Ann, PatR, § 21 I c 1 m.H.a. BGH v. 27.11.1975 – X ZB 24/73, GRUR 1976, 385, 387 – *Rosenmutation*.

## F. Das gesetzliche Schuldverhältnis nach dem ArbEG

Mit der **Fertigstellung der Arbeitnehmererfindung** (§ 4) durch den Arbeitnehmer entsteht ein gesetzliches Schuldverhältnis,[755] und zwar ausschließlich zwischen Arbeitgeber und Arbeitnehmer;[756] gem. § 1 findet es seinen Ursprung im Arbeitsverhältnis. Nach (inzwischen relativierter[757]) Auffassung der *Schiedsstelle*,[758] die ebenfalls von einem gesetzlichen Schuldverhältnis ausgeht, sollte dieses aber erst mit der (unbeschränkten) Inanspruchnahme einer Diensterfindung entstehen. Diese Auffassung verkennt, dass bereits die Fertigstellung der Diensterfindung Rechte und Pflichten aus dem ArbEG begründet, und zwar für den Arbeitnehmer die Meldepflicht (§ 5) und den daran anknüpfenden Anspruch auf Schutzrechtsanmeldung durch den Arbeitgeber (§ 13); damit korrespondiert der Anspruch des Arbeitgebers insb. auf unverzügliche Meldung und auf Unterbleiben von Verfügungen, die sein Inanspruchnahmerecht beeinträchtigen können (vgl. § 7 Abs. 2); darüber hinaus ist bereits ab Fertigstellung eine Inanspruchnahme der Diensterfindung möglich, auch wenn diese noch nicht gemeldet ist (s. § 6 n.F. Rdn. 17). Schließlich ergeben sich für beide Beteiligte mit der Fertigstellung wechselbezügliche Pflichten, wie insb. die Geheimhaltungspflicht (§ 24) und – im Nachgang zur Meldung – die Möglichkeit von abweichenden Vereinbarungen (§ 22 Satz 2). An die Fertigstellung knüpfen auch erfinderrechtliche Übergangsbestimmungen üblicherweise an (Ausnahme § 43 Abs. 3, s. dort Rdn. 15). Aus alledem folgt, dass das gesetzliche Schuldverhältnis nach dem ArbEG zwischen Arbeitgeber und Arbeitnehmer nicht erst an die (unbeschränkte) Inanspruchnahme anknüpft, sondern bereits an die Fertigstellung einer Diensterfindung.

160

Eine Konsequenz des gesetzlichen Schuldverhältnisses ist es, dass die Verletzung der wechselseitigen Pflichten für den anderen Teil **Schadensersatzansprüche** begründen kann, wie dies auch die *Schiedsstelle* anerkennt.[759] Anspruchsgrundlage ist § 280 Abs. 1 BGB, der – unter Einschluss der Verlet-

161

---

755 Zust. u. a. Hellebrand Mitt. 2008, 433, 434. Vgl. auch OLG Frankfurt am Main v. 19.12.1991, EGR Nr. 12 zu § 25 ArbEG – *Bügelverschließmaschinen*.
756 Schiedsst. v. 30.04.1995 – Arb.Erf. 87/93, (unveröffentl.).
757 S. Reimer/Schade/Schippel/Himmelmann Rn. 20 zu § 9 m.H.a. Schiedsst. v. 04.04.1997 – Arb.Erf. 64/95, (unveröffentl.); vgl. auch die Kritik bei Boemke/Kursawe/Kursawe Rn. 10 f. zu § 7.
758 Schiedsst. v. 26.02.1993, GRUR 1996, 49, 53 – *Gießereimaschinen*; v. 04.06.1993, GRUR 1994, 615, 618 – *Anspruchsentstehung*; v. 16.09.1993 – Arb.Erf. 174/92, u. v. 15.11.1994 – Arb.Erf. 3/93, (beide unveröffentl.).
759 So z.B. für die Verletzung der Freigabepflicht nach § 14 Abs. 2: Schiedsst. v. 15.11.1994 – Arb.Erf. 3/93, (unveröffentl.); vgl. auch OLG Frankfurt am Main v. 19.12.1991, EGR Nr. 12 zu § 25 ArbEG – *Bügelverschließmaschinen*.

zung von Schutz- und Obhutspflichten (vgl. § 241 Abs. 2 BGB) – ebenso wie § 619a BGB bei Haftung des Arbeitnehmers auch für gesetzliche Schuldverhältnisse gilt.[760]

162 Das gesetzliche Schuldverhältnis begründet vom Bestand des Arbeitsverhältnisses grds. unabhängige (vgl. § 26) wechselseitige Leistungs- und Nebenpflichten. Diese ent- und bestehen im Grundsatz auch unabhängig vom Willen der Parteien, sind allerdings einzelerfindungsbezogen in den Schranken der §§ 22, 23 dispositiv. Das Schuldverhältnis kann einem vertraglichen Dauerschuldverhältnis nicht gleichgestellt werden; so unterliegt es z.b. weder § 314 BGB noch Art. 229 § 5 Satz 2 EGBGB.[761] Allerdings gilt die Grundregel des Art. 229 § 5 Satz 1 EGBGB auch für gesetzliche Schuldverhältnisse[762] nach dem ArbEG, die (vollständig) vor dem 1.1.2002 entstanden sind.

163 Dieses gesetzliche Schuldverhältnis ist – wie jede Rechtsbeziehung – den Grundsätzen von Treu und Glauben (§ 242 BGB) unterworfen.[763]

---

760 S. Amtl. Begründung in BT-Drucks. 14/6040 S. 136 (zu § 280 Abs. 1 Satz 1 des Entwurfs); bestätigt u. a. durch BGH v. 06.02.2002 – X ZR 215/00, GRUR 2002, 609, 611 – *Drahtinjektionseinrichtung*.
761 Dies zeigt auch der Normzweck der Überleitungsvorschrift zum SchuldRModG, den Parteien die Möglichkeit zur Anpassung »ihrer Verträge« an das neue Recht (s. Amtl. Begründung zum SchuldRModG BT-Drucks. 14/6040, S. 272) zu eröffnen.
762 S. allg. MünchKomm/Krüger, Art. 229 EGBGB § 5 Rn. 8.
763 S. allg. BGH v. 12.07.2007 – I ZKR 147/04 und I ZR 147/04, GRUR 2008, 156, 159 – *Aspirin II* m.w.N.

## § 2 Erfindungen

Erfindungen im Sinne dieses Gesetzes sind nur Erfindungen, die patent- oder gebrauchsmusterfähig sind.

Lit.:
*Bartenbach/Volz/Kelter*, Identischer techn. Gegenstand u. d. erfinderrechtl. Wirkungen unterschiedl. (Schutz-)Rechte, Festschr. Mes (2009), 11; *Bunke*, 40 Jahre »Rote Taube« – die Entwicklung des Erfindungsbegriffs, Mitt. 2009, 169; *Danner*, Die Wechselbeziehungen zw. Erfindungen u. techn. Verbesserungsvorschlägen unter d. Aspekt d. ArbEG, Mitt. 1960, 178; *ders.*, Bemerkungen z. d. Urt. d. BGH v. 2.12.1960 – Chlormetylierung, GRUR 1962, 25; *Gaul*, Die Arbeitnehmererfindung im technischen, urheberrechtsfähigen u. geschmacksmusterfähigen Bereich, RdA 1993, 90; *Hesse*, Züchtungen u. Entdeckungen neuer Pflanzensorten d. ArbN, GRUR 1980, 404; *ders.*, Der ArbN als Züchter o. Entdecker neuer Pflanzensorten, Mitt. 1984, 81; *Fischer*, Die Bedeutg. d. Schutzfähigkt. f.d. Vergütungspfl. d. ArbG, GRUR 1963, 107; *Gennen*, Softwareerfindungen u. Arbeitnehmererfindungsrecht ITRB 2001, 84; Keukenschrijver, Zur ArbN-Züchtung u. -entdeckung im Sortenschutzrecht, Festschr. Bartenbach (2005), 243; *Kumm*, Systematische Kennzeichnung d. schutzfähigen u.d. nicht schutzfähigen Erfindungen, GRUR 1967, 621; *Liebenau/Zech/Hofmann*, Das Recht an der Erfindung u. d. Recht auf das Patent, ZGE/IPJ 2012, 133; *Lindenmaier*, Definition d. techn. Verbesserungsvorschläge, RdA 1957, 1218; *Sack*, Probleme d. Auslandverwertg. inländ. ArbNErf., RIW 1989, 612; *Straus*, Z. Anwendbarkeit d. ErfVO auf Sortenschutz f. Pflanzenzüchtungen freier Erfinder GRUR 1986, 767; *Volmer*, Das Wesen der Erfindung u.d. techn. Verbesserungsvorschläge, RdA 1957, 166; *ders.*, Die Computererfindung, Mitt. 1971, 256; *Witte*, Die Behandlg. v. augenscheinl. nicht schutzfähigen Diensterf., GRUR 1965, 586; s. auch Lit. bei §§ 3, 4, 9, 14, 20.

| Übersicht | Rdn. |
|---|---|
| A. Allgemeines | 1 |
| B. Erfindungsbegriff. | 2 |
| C. Schutzfähigkeit | 6 |
| I. Patentfähigkeit | 6 |
| II. Ausnahmen von der Patentfähigkeit | 7 |
| III. Gebrauchsmusterfähigkeit | 9 |
| IV. Feststellung der Schutzfähigkeit der Erfindung | 12 |
| 1. Bindende Entscheidung über die Schutzfähigkeit | 12 |
| 2. Zweifel an der Schutzfähigkeit | 16 |
| 3. Auswirkungen endgültiger Schutzrechtsversagung | 22 |
| V. Schutzfähigkeit nach ausländischem Recht | 25 |
| D. **Abgrenzung zum Design- und Urheberrecht** | 27 |

## A. Allgemeines

**1** In Abweichung von § 3 Abs. 1 DVO 1943[1] stellt § 2 klar, dass Erfindungen i.S.d. ArbEG nur patent- oder gebrauchsmusterfähige Erfindungen sind. Mit § 2, der durch die ArbEG-Novelle (s. Einl. Rdn. 9) unverändert geblieben ist, knüpft das ArbEG mangels eigenständiger Begriffsbestimmung ausschließlich an die (zum Zeitpunkt der Fertigstellung der Erfindung geltenden) Regeln des **deutschen Patent- und Gebrauchsmustergesetzes** an[2] (s.a. die Regelung in § 13 mit der Pflicht zur Inlandsschutzrechtsanmeldung; zu den neuen Bundesländern s. Einl. Rdn. 31). Patent- und Gebrauchsmustergesetz enthalten jedoch nur die Qualifikationsmerkmale für die Schutzfähigkeit einer Erfindung (vgl. §§ 1 bis 5 PatG; §§ 1 bis 3 GebrMG) und setzen ihrerseits den Begriff der Erfindung voraus. Zur Schutzfähigkeit ausschließlich nach Auslandsrecht s. § 2 Rdn. 25 f.

Mit Blick auf Art. 2, 3, 66, 79 EPÜ steht das auf Grundlage der EPÜ-Vorgaben erteilte **europäische Patent**, welches nach Erteilung in nationale Bestandteile entsprechend den benannten Staaten zerfällt, bei (beibehaltener) Benennung der BRD als Vertragsstaat dem nationalen Patent i. S. d. § 2 ArbEG gleich[3] (s. a. § 13 Rdn. 27; zu den bisherigen Bestrebungen einer EU-weiten Harmonisierung des Gebrauchsmusterschutzes s. § 2 Rdn. 9).

Gleiches gilt für ein künftiges **EU-Einheitspatent** (offiziell: Europäisches Patent mit einheitlicher Wirkung), das – als neue alternative Patentart neben dem nationalen und dem europäischen Patent[4] – in allen teilnehmenden Staa-

---

1 Vgl. dazu Riemschneider/Barth Anm. 1 zu § 3 DVO 1943.
2 Allg. A., z.B. VGH Bayern v. 31.03.1982, GRUR 1982, 559, 560 – *Albalonga*; Schiedsst. v. 07.02.1984 – Arb. Erf. 39/81, (unveröffentl.); s.a. BGH v. 08.12.1981, GRUR 1982, 227 – *Absorberstab-Antrieb II*; Melullis, GRUR 2001, 684, 688; Volmer/Gaul Rn. 4, 86, 93 zu § 2; Windisch, GRUR 1985, 829, 834 f.; Reimer/Schade/Schippel/Rother Rn. 8 zu § 2; dies. abweichend dagegen zum Vergütungsanspruch Rn. 8 zu § 2 u. Reimer/Schade/Schippel/Himmelmann Rn. 2 zu § 11/RL Nr. 26 (entsprechende Anwendung der §§ 9 ff.). In den Auswirkungen aber streitig.
3 Windisch, GRUR 1985, 829, 834 f.; Volmer/Gaul Rn. 90 f. zu § 2; Schwab, Arbeitnehmererfindungsrecht, § 2 Rn. 7.
4 Mit dem EU-Einheitspatent wird ein neues Schutzrecht neben dem nationalen und europäischen Patent geschaffen, um zukünftig einen flächendeckenden einheitl. Patentschutz in Europa zu eröffnen (s. Amtl. Begr. z. Entw. e. Ges. z. Anpassung patentrechtl. Vorschriften auf Grund d. europ. Patentreform in BT-Drucks. 18/8827, S. 1, 13). Das Gutachten zu Forschung, Innovation und technologischer Leistungsfähigkeit Deutschlands 2013 (Unterrichtung durch die Bundesregierung v. 28.02.2013 in BT-Drs. 17/12611 S. 27) ist mit Blick auf die geplante Ausdehnung der Regelungen des einheitlichen Patentgerichts zukünftig von der Wahlmöglichkeit zwischen vier, sich teilweise überlappenden Arten von Patentschutz ausgegangen.

A. Allgemeines § 2

ten eine einheitliche Wirkung entfaltet und für die die EU bereits 2012 mit der EPVO[5] und dem EPGÜ[6] die wesentlichen europäischen Rechtsgrundlagen geschaffen hat.[7] Die Bedeutung des EU-Einheitspatent, das im Unterschied zum europäischen Patent quasi die teilnehmenden EU-Mitgliedsstaaten einheitlich als »Benennungsstaat« umfasst,[8] wird tendenziell gerade bei Arbeitnehmererfindungen nicht unerheblich sein. Immerhin entfallen auf die deutsche Industrie bereits derzeit rund 40 Prozent der an Anmelder aus Europa erteilten europäischen Patente.[9] Das EU-Einheitspatent basiert auf einem erteilten europäischen Patent, da dieses die Erteilung des europäischen Bündelpatents nach dem EPÜ voraussetzt[10]: Nach Erteilung des europäischen Patents kann dessen Inhaber im Interesse eines einheitlichen Schutzes in den teilnehmenden Staaten einen Antrag auf einheitliche Wirkung stellen, so dass sich in der Phase vor Erteilung grundsätzlich nichts ändern dürfte (vgl. Art. 9 Abs. 1 Buchst. g i. V. m. Art. 149 EPÜ u. Art. 3 EPVO). Allerdings macht dies notwendig, dass die Benennungsstaaten des europäischen Patents alle teilnehmenden Staaten umfassen und das europäische Patent für diese Staaten dieselben Ansprüche haben muss.[11] Ein EU-Einheitspatent kann auch für solche europäischen Patente beantragt werden, die ab dem Tag der Geltung der EPVO beantragt

---

5 VO (EU) Nr. 1257/2012 vom 17.12.2012 des Europäischen Parlaments und des Rates über die Umsetzung der Verstärkten Zusammenarbeit im Bereich der Schaffung eines einheitlichen Patentschutzes (ABl. EU L 361 vom 31.12.2012, S. 1). Daneben gibt es zur Sprachenregelung die VO (EU) Nr. 1260/2012 vom 17.12.2012 des Rates über die Umsetzung der Verstärkten Zusammenarbeit im Bereich der Schaffung eines einheitlichen Patentschutzes im Hinblick auf die anzuwendenden Übersetzungsregelungen (ABl. EU L 361 vom 31.12.2012 S. 89).
6 Übereinkommen über ein Einheitliches Patentgericht vom 11.01.2013 (ABl. EU C 175 vom 20.06.2013, S. 1).
7 Siehe dazu u.a. Hüttermann, Einheitspatent u. Einheitl. Patentgericht, 2017, Rn. 7 ff; Eck GRURInt. 2014, 114 ff.; Teschemacher Mitt. 2013, 153 ff.; Tilmann GRUR 2013, 157 f.; Haberl/Schallmoser GRUR-Prax. 2013, 1 ff.; Pagenberg GRUR 2012, 582 ff.; Lutz GRUR-Int. 2012, 331 f.; Weisse/Meyer zu Riemsloh Mitt. 2012, 120 ff.; siehe ferner Gutachten zu Forschung, Innovation und technologischer Leistungsfähigkeit Deutschlands 2013 a.a.O. S. 25 ff. Die Informationsseite des Rates der EU spricht verkürzt von EU-Einheitspatent (siehe www.consilium.europa.eu, Stand 01.04.2018).
8 So Würtenberger/Freischem in GRUR-Stellungnahme v. 27.12.2017, GRUR 2018, 270, 273.
9 So der Hinweis in Amt. Begr. z. Entwurf e. Ges. z. Anpassung patentrechtl. Vorschriften auf Grund d. europ. Patentreform in BT-Drucks. 18/8827 v. 20.06.2016, S. 1. Vgl. auch Antwort d. BReg. in BT-Drucks. 18/9966 v. 13.10.2016, S. 3 f.
10 Vgl. hierzu u.a. McGuire Mitt. 2015, 537 ff.
11 Hüttermann, Einheitspatent u. Einheitl. Patentgericht, 2017, Rn. 107.

worden sind (Art. 18 Abs. 2, 6 EPVO, zur sog. Opt-out-Möglichkeit[12] vgl. Art. 83 EPGÜ). Das bisherige Doppelschutzverbot zwischen nationalen und europäischen Patenten in Art. II § 8 IntPatÜG wird durchbrochen und für die Zukunft neu gestaltet. Dagegen ist eine Kollision von europäischem Patent und EU-Einheitspatent nach Art. II § 15 Abs. 2 IntPatÜG-E ausgeschlossen.[13] In seinen Rechtswirkungen wird das EU-Einheitspatent nach Art. 7 Abs. 1 EPVO wie ein nationales Patent desjenigen Staates behandelt, in dem der Patentanmelder zum Zeitpunkt der Einreichung der europäischen Anmeldung seinen Wohnsitz oder den Sitz seiner Hauptniederlassung, ggf. einer Niederlassung, hat (vgl. dazu auch § 15 IntPatÜG i. d. F. des vorgesehenen deutschen Umsetzungsgesetzes). Bei mehreren Anmeldern kommt es auf den erstgenannten, ersatzweise auf den jeweils anschließend genannten Anmelder an (Art. 7 Abs. 2 EPVO).

Im Ergebnis wird damit für ein künftiges **EU-Einheitspatent**, das auf einer **Arbeitnehmererfindung** i. S. d. ArbEG basiert, regelmäßig deutsches Patentrecht zur Anwendung kommen[14] (vgl. auch Art. 60 EPÜ, s. dazu § 1 Rdn. 34). Arbeitnehmererfinderrechtliche Maßgaben, die über Art. 60 EPÜ hinausgehen würden, sind zum EU-Einheitspatent nicht vorgesehen. Allerdings wird in Deutschland die Möglichkeit eines Doppelschutzes eröffnet, um Schutz durch ein nationales Patent neben einem europäischen Patent oder einem EU-Einheitspatent beanspruchen zu können[15] (vgl. §§ 8, 18 IntPatÜG i. d. F. des vorgesehenen deutschen Umsetzungsgesetzes). Die **arbeitnehmererfinderrechtlichen Auswirkungen** eines EU-Einheitspatents und einer damit verbundenen Erweiterung des Geltungsraums dürfen nicht unterschätzt werden (zur Schutzrechtsanmeldung s. § 13 Rdn. 27, zur Auslandsfreigabe s. § 14 Rdn. 7, zur Schutzrechtsaufgabe s. § 16 Rdn. 8.3; zur Vergütung s. § 9 Rdn. 246 u. z. Insolvenz § 27 n.F. Rdn. 124).

Allerdings war bei Bearbeitungsschluss dieser Neuauflage noch offen, wie das *BVerfG* über die insbesondere das EPGÜ betreffende Verfassungsbeschwerde

---

12 Vgl. dazu u. a. Nieder GRUR 2014, 527 ff.; Tillmann Mitt. 2014, 58 ff.
13 S. Amtl. Begr. z. Entwurf e. Ges. z. Anpassung patentrechtl. Vorschriften auf Grund d. europ. Patentreform in BT-Drucks. 18/8827 v. 20.06.2016, S. 14.
14 Die Auffangregelung des Art. 7 Abs. 3 EPVO, wonach bei Fehlen eines Wohnsitzes bzw. einer Niederlassung in einem teilnehmenden EU-Staat deutsches Recht als Recht des Mitgliedsstaates gilt, in dem die Europäische Patentorganisation gem. Art. 6 Abs. 1 EPÜ ihren Sitz hat, dürfte zwar in der Mehrzahl der Fälle, etwa mit Blick auf Patentanmeldungen aus Amerika, Asien und Russland, gegeben sein, dürfte aber im Rahmen des ArbEG wegen des territorialen Bezugs zu Deutschland allenfalls nachrangig relevant werden.
15 Vgl. dazu MdB Künast in BT-Plenarprotokoll 18/221 v. 09.03.2017, S. 22344.

B. Erfindungsbegriff § 2

zur Umsetzungsgesetzgebung[16], die bereits vor Ablauf der 18. Legislaturperiode vom Bundestag mit Zustimmung des Bundesrates beschlossen wurde[17], entschieden wird.[18] Soweit das EU-Einheitspatent eingeführt wird, sind dessen Entwicklung und Nutzung bislang nicht absehbar.[19]

## B. Erfindungsbegriff

Ein einheitlicher Erfindungsbegriff hat sich trotz vielfacher Ansätze[20] bisher noch nicht herausgebildet. Nach herrschender Meinung soll die Erfindung eine auf schöpferischer Leistung[21] beruhende technische Lehre zum planmäßigen Handeln[22] darstellen, also einen individuellen geistigen Inhalt als Ergebnis einer produktiven Geistestätigkeit zum Ausdruck bringen.[23] Dem *BGH*[24] zufolge hat der Erfinder dann eine Erfindung gemacht, wenn »er selbst sich die Erkenntnis erschließt, wie mit bestimmten technischen Mitteln ein konkretes technisches Problem gelöst werden kann und diese Erkenntnis – unter Wahrung einer die Öffentlichkeit hiervon ausschließenden Vertraulichkeit – so verlautbart, dass sie als Anweisung zum technischen Handeln genutzt werden

2

---

16 Vgl. Entwurf e. Ges. z. Anpassung patentrechtl. Vorschriften auf Grund d. europ. Patentreform in BT-Drucks. 18/8827 v. 20.06.2016 u. Entwurf e. Ges. zu d. Übereink. v. 19. Februar 2013 über ein Einheitliches Patentgericht in BT-Drucks. 18/11137.
17 Vgl: dazu BT-Plenarprotokoll 18/221 v. 09.03.2017, S. 22341 ff.
18 Aufgeführt in der Jahresvorausschau 2018 des BVerfG (abrufbar unter www.bundesverfassungsgericht.de) als beim 2. Senat mit dem Az. 2 BvR 739/12 anhängige Verfassungsbeschwerde. S. dazu die GRUR-Stellungnahme v. Würtenberger/Freischem v. 27.12.2017, abgedruckt in GRUR 2018, 270 ff.
19 Vgl. Antwort d. BReg. v. 11.10.2016 in BT-Drucks. 18/9966, S. 3 ff.
20 Vgl. u.a. Müller, Mitt. 1926, 122; Lindenmaier, GRUR 1939, 155; ders., GRUR 1953, 12 ff. u. BB 1957, 1218; Pedrazzini, Die patentfähige Erfindung 1957; Volmer, RdA 1957, 166 ff. u. Mitt. 1971, 256, 258 f.; Elben, Technische Lehre und Anweisung an den menschlichen Geist nach geltendem und künftigem Recht Diss. 1960; Kumm, GRUR 1967, 621 ff.; Graßer, GRUR 2001, 959; Anders, GRUR 2004, 461; Schölch, GRUR 2006, 969; Nack GRUR 2014, 148 ff.; vgl. auch Adrian, Mitt. 1995, 329 ff.
21 Volmer, RdA 1957, 166, 167 m.w.N.; diff. z.B. Götting, Gewerbl. Rechtsschutz, § 4 II 1; s.a. Kraßer/Ann, PatR § 11 Rn. 5 ff.; Schick, Mitt. 1982, 181 ff.
22 BGH v. 21.03.1958, GRUR 1958, 602 – *Wettschein* u. BGH v. 01.07.1976, GRUR 1977, 152 f. – *Kennungsscheibe*.
23 Gaul/Bartenbach, Handbuch B 1 ff.
24 BGH v. 18.05.2010 – X ZR 79/07, GRUR 2010, 817 (Rn. 28) – *Steuervorrichtung* unter teilw. Bezug auf EPA v. 15.11.2006 – T 154/04 – unter 8, Mitt. 407 L m.w.N. Folgend u.a. Schiedsst. ZB. v. 07.03.2016 – Arb.Erf. 09/14, (www.dpma.de = in Mitt. 2017, 134 nur LS.) u. v. 01.12.2016 – Arb.Erf. 42/14, (www.dpma.de).

kann.« Der Erfindungsbegriff ist damit unabhängig von der Schutzfähigkeit im patentrechtlichen Sinn.[25] Unerheblich für den Begriff der »Erfindung« (im weiteren Sinne) muss es folglich sein, ob die gefundene Lehre absolut oder relativ **neu** ist;[26] entscheidend ist allein der schöpferische Vorgang. Das Merkmal der absoluten Neuheit ist erst maßgeblicher Gesichtspunkt für die Schutzfähigkeit der Erfindung (vgl. §§ 3 PatG, 3 Abs. 1 GebrMG). Die Eigenschaft als Erfindung ist auch unabhängig von der gewerblichen Anwendbarkeit (vgl. §§ 5 PatG, 3 Abs. 2 GebrMG) und der – von der notwendigen schöpferischen Leistung zu unterscheidenden – erfinderischen Tätigkeit im patentrechtlichen Sinn (vgl. § 4 PatG; »erfinderischer Schritt« i.S.v. § 1 Abs. 1 GebrMG).[27]

3 Durch diesen Schaffensvorgang unterscheidet sich die Erfindung von der auf bloßem Kennenlernen (Erkenntnis) beruhenden, gem. § 1 Abs. 3 Nr. 1 PatG, § 1 Abs. 2 Nr. 1 GebrMG bzw. Art. 52 Abs. 2 Buchst. a) EPÜ nicht schutzfähigen **Entdeckung**, also dem bloßen Auffinden von Vorhandenem, Vorgegebenem.[28] Aufgrund der schöpferischen Leistung eines Menschen (zum Erfinderbegriff s. § 5 Rdn. 44 ff.) und der damit verbundenen Lehre zum Handeln, entstehen zugleich das unübertragbare, unverzichtbare **Erfinderpersönlichkeitsrecht**, also das geistig-persönliche Band des Erfinders zu seinem Werk einschließlich des Rechts auf Anerkennung seiner Erfinderschaft (zu den Rechtswirkungen s. § 7 n.F. Rdn. 81 ff.; zum Erfinderprinzip vgl. § 4 Rdn. 4), und das bereits von der Rechtsordnung anerkannte **Recht an der Erfindung** (s. dazu § 2 Rdn. 16). Mit der Erfinderschaft wird nicht nur das Ergebnis eines tatsächlichen Vorgangs, das Auffinden einer neuen technischen Lehre, beschrieben, sondern auch die rechtliche Beziehung einer natürlichen Person zum Gegenstand einer technischen Lehre begründet.[29]

4 Sowohl der Bezug des § 2 auf das Patent- und Gebrauchsmusterrecht als auch der in § 3 verwendete Oberbegriff der technischen Neuerung verdeutlichen, dass das ArbEG nur die schöpferischen Leistungen auf **technischem Gebiet**

---

25 Wohl ganz h. M., etwa BGH v. 18.05.2010 – X ZR 79/07, GRUR 2010, 817 (insbes. Rn. 28, 30) – *Steuervorrichtung*.
26 So auch Volmer, RdA 1957, 166 ff. u. Mitt. 1971, 256, 258 f.; str.
27 Vgl. BGH v. 18.05.2010 – X ZR 79/07, GRUR 2010, 817 (Rn. 30) – *Steuervorrichtung*.
28 Klauer/Möhring/Technau PatG Rn. 3 zu § 1; Schulte/Moufang, PatG, § 1 Rn. 75 f.; vgl. auch RG v. 19.12.1938, GRUR 1938, 533, 536; Schickedanz, GRUR 1972, 161 ff.; Beier/Straus, GRUR 1983, 100.
29 BGH v. 24.10.1978 NJW 1979, 269, 271 – *Aufwärmvorrichtung*.

## B. Erfindungsbegriff § 2

erfasst. »Technik« bezieht sich auf die »Welt der realen Dinge«.[30] Eine Erfindung ist technischer Natur, wenn sie durch eine Erkenntnis geprägt ist, die auf technischen Überlegungen beruht, auch wenn die Lehre nicht die Erreichung eines kausal übersehbaren Erfolgs bezweckt, der unter Einsatz beherrschbarer Naturkräfte unmittelbar ohne Zwischenschaltung menschlicher Verstandestätigkeit herbeigeführt wird.[31]

Ist die Technik durch Einwirkung auf die Natur gekennzeichnet,[32] scheiden bloße Anweisungen an den menschlichen Geist, die also nur die menschliche Verstandestätigkeit ansprechen, als Erfindung aus[33] (vgl. § 1 Abs. 3 Nr. 3 PatG, § 1 Abs. 2 Nr. 3 GebrMG, Art. 52 Abs. 2 Buchst. c) EPÜ).

**Erfindung** (im weiteren Sinn) ist demnach – unabhängig von der Frage der Schutzfähigkeit – das auf einer individuellen Geistestätigkeit beruhende Aufzeigen einer Anweisung zur (wiederholbaren) Lösung einer technischen Aufgabe mittels Nutzbarmachung von Naturgesetzlichkeiten[34] bzw. – in Übernahme der *BGH*-»Steuervorrichtung«-Entscheidung (vgl. oben Rdn. 2) – die auf Erkenntnis des Erfinders beruhende und verlautbarte Anweisung zum tech-

5

---

30 RG v. 21.01.1933, GRUR 1933, 289; BGH v. 27.03.1969 – X ZB 15/67, GRUR 1969, 672 – *Rote Taube* (»im Gegensatz zur Welt des rein Geistigen und der Kunst«); s. zur Rechtsentwicklung Bunke, Mitt. 2009, 169; vgl. auch BGH v. 18.05.2010 – X ZR 79/07, GRUR 2010, 817, 819 f. [Rn. 28] – *Steuervorrichtung*; OLG Düsseldorf v. 05.03.1998, WRP 1998, 1202, 1209 ff. – *Wetterführungspläne* (z. Technizität einer softwarebezogenen Lehre), einschränkend die aufhebende Entscheidung des BGH v. 24.10.2000, GRUR 2001, 155, 157 f. – *Wetterführungspläne*.
31 Ständ. Rspr. seit BGH v. 27.03.1969 – X ZB 15/67, GRUR 1969, 672 – *Rote Taube*; BGH v. 13.12.1999 – X ZB 11/98, GRUR 2000, 498 – *Logikverifikation*; Schulte/Moufang, PatG, § 1 Rn. 14 ff. m.w.N., dort auch zur Praxis des BPatG u. des EPA.
32 Vgl. auch EPA v. 01.07.1998, GRUR Int. 1999, 1053 ff. – *Computerprogrammprodukt/IBM*.
33 BGH v. 27.03.1969 – X ZB 15/67, GRUR 1969, 672 – *Rote Taube* (s. dazu Bunke, Mitt. 2009, 169) u. BGH v. 07.06.1977, BlPMZ 1977, 41 – *Prüfverfahren*; s.a. BGH v. 21.04.1977 – X ZB 24/74, GRUR 1977, 567 – *Straken*.
34 Vgl. BGH v. 01.07.1976, GRUR 1977, 152 f. – *Kennungsscheibe*: »... technische Erfindung, d.h. Regel zu technischem Handeln, (die) ... eine Erkenntnis auf technischem Gebiet anwendet, d.h. eine Lehre enthält, mit bestimmtem technischen Mittel zur Lösung einer technischen Aufgabe ein technisches Ergebnis zu erzielen«; vgl. auch BGH v. 11.03.1975, GRUR 1975, 430, 432 – *Bäckerhefe*; BGH v. 16.09.1980 – X ZB 6/80, GRUR 1981, 39, 41 – *Walzstabteilung*; BGH v. 13.12.1999 – X ZB 11/98, GRUR 2000, 498 – *Logikverifikation* u. BGH v. 11.05.2000 – X ZB 15/98, GRUR Int. 2000, 930 ff. – *Sprachanalyseeinrichtung*; Schiedsst. v. 01.02.2016 – Arb.Erf. 42/14 (www.dpma.de); Busche, Mitt. 2001, 49 ff.; Engelhard, Mitt. 2001, 58 ff.; vgl. auch Art. 332 Abs. 1 SchweizOR. Das Merkmal der Wiederholbarkeit ist streitig (vgl. BGH v. 12.02.1987, GRUR 1987, 131).

nischen Handeln zur Lösung eines konkreten technischen Problems mit bestimmten technischen Mitteln. Nach *Moufang*[35] ist eine Erfindung eine technische Lehre, die eine konkrete Handlungsanweisung, einen praktischen Nutzen und eine Realisierbarkeit in wiederholbarer Weise voraussetzt und die eine technische Lösung einer technischen Aufgabe durch technische Überlegungen darstellt.

## C. Schutzfähigkeit

### I. Patentfähigkeit

6   Die Schutzfähigkeit i.S.d. § 2 knüpft an das zum Zeitpunkt der Fertigstellung der Erfindung bzw. der Schutzrechtsanmeldung geltende deutsche Patent- und Gebrauchsmusterrecht an, wobei dem ein europäisches Patent nach dem EPÜ bei Bestimmung der BRD als Vertragsstaat gleichsteht (s. § 2 Rdn. 1). Die **Patentfähigkeit** einer Erfindung setzt gem. § 1 Abs. 1 PatG voraus, dass die zugrunde liegende Lehre zum technischen Handeln absolut neu ist (§ 3 PatG bzw. Art. 54, 55 EPÜ), auf einer erfinderischen Tätigkeit beruht (§ 4 PatG bzw. Art. 56 EPÜ) und gewerblich anwendbar (§ 5 PatG bzw. Art. 57 EPÜ) ist.

Für Erfindungen aus der Zeit der **ehemaligen DDR** enthält das ErstrG übergangsrechtliche Sonderbestimmungen, die sich heute weitgehend durch Zeitablauf erledigt haben (zum Erfinderrecht s. Einl. Rdn. 31).

### II. Ausnahmen von der Patentfähigkeit

7   § 1 Abs. 3 PatG (Art. 52 Abs. 2 EPÜ) zählt die Gegenstände auf, die wegen fehlenden technischen Charakters kraft gesetzlicher Fiktion nicht als Erfindungen angesehen werden.[36] Gemäß diesem nicht abschließenden (»insbesondere«)[37] **Negativkatalog** werden Entdeckungen, wissenschaftliche Theorien und mathematische Methoden (Nr. 1), ferner ästhetische Formschöpfungen (Nr. 2) sowie Pläne, Regeln und Verfahren für gedankliche Tätigkeiten, für Spiele oder für geschäftliche Tätigkeiten ebenso wie Programme für Datenverarbeitungsanlagen (Nr. 3) und schließlich die Wiedergabe von Informationen (Nr. 4) nicht als Erfindung i.S.d. PatG angesehen. Durch § 1 Abs. 4 PatG wird klargestellt, dass der mangelnde Erfindungscharakter sich nur auf die oben genannten Gegenstände oder Tätigkeiten als solche bezieht.

---

35  In Schulte, PatG, § 1 Rn. 15.
36  Schulte/Moufang, PatG, § 1 Rn. 60 ff.
37  Amtl. Begründung BT-Drucks. 7/3712 S. 27.

## C. Schutzfähigkeit § 2

Für **Computerprogramme** bedeutet dies, dass sie **als solche**, d.h. der bloße Programmtext[38] bzw. als Verfahrensanspruch, gem. § 1 Abs. 3 Nr. 3 PatG (Art. 52 Abs. 2 Buchst. c) EPÜ) grds. nicht patentfähig sind.[39] Ein generelles Verbot der Patentierbarkeit von Lehren, die von Programmen für Datenverarbeitungsanlagen Gebrauch machen, besteht allerdings nicht, wie sich schon im Umkehrschluss aus § 1 Abs. 3 Nr. 3, Abs. 4 PatG und der parallelen Regelung in Art. 52 EPÜ ergibt[40] (vgl. auch Art. 27 TRIPS-Abkommen). Während das Urheberrecht das Computerprogramm als solches – allerdings beschränkt auf seine Struktur – schützt (s. § 1 Rdn. 3), geht es beim Patentrecht für Computerprogramme um den Schutz der hierin verkörperten technischen Lehre.[41]

Soweit Computerprogramme patentfähig i. S. d. § 2 ArbEG sind, findet das ArbEG uneingeschränkt Anwendung.[42] Nach der Rechtsprechung des *BGH* setzt ein Patentschutz voraus, dass der Erfindungsgegenstand zumindest mit einem Teilaspekt auf **technischem Gebiet** liegt (§ 1 Abs. 1 PatG).[43] Dabei erkennt der *BGH* die technische Natur von Computerprogrammen insb. dann an, wenn die programmbezogene Lehre die Funktionsfähigkeit der Datenverarbeitungsanlage als solche betrifft und damit das unmittelbare Zusammenwir-

---

38 OLG Düsseldorf v. 05.03.1998, WRP 1998, 1202, 1210 u. insoweit bestätigend BGH v. 24.10.2000, GRUR 2001, 155, 157 f. – *Wetterführungspläne* m.w.N.
39 Einzelheiten s. den vom Europ. Parlament 2005 abgelehnten Vorschlag für eine Richtlinie des EP u. d. Rates über die Patentierbarkeit computerimplementierter Erfindungen v. 25.06.2002, Kom (2002) 92 (ABl.EG C 151 E, S. 129); BGH v. 11.03.1986 – X ZR 65/85, GRUR 1986, 531, 533 f. – *Flugkostenminimierung* u. BGH v. 16.09.1980 – X ZB 6/80, GRUR 1981, 39, 40 – *Walzstabteilung*; BGH v. 17.10.2001, GRUR 2002, 143 – *Suche fehlerhafter Zeichenketten* BPatG v. 18.03.1986, BPatGE 28, 77 u. v. 20.08.1985, BPatGE 27, 186; EPA G 03/08, ABl. EPA 2009, 142; Teufel, Mitt. 2009, 249; s. im Übrigen Benkard/Bacher, PatG, Rn. 104 ff. zu § 1 m.w.N.
40 BGH v. 11.05.2000 – X ZB 15/98, GRUR Int. 2000, 930, 932 – *Sprachanalyseeinrichtung*; s. i. Einzelnen Spindler K & R 2008, 565 ff.; Ernsthaler, GRUR 2010, 1 ff. u. ders GRUR 2013, 666, 667 f.; Hoeren/Vossen, K & R 2018, 79 ff.
41 Vgl. BGH v. 11.05.2000 – X ZB 15/98, GRUR Int. 2000, 930 ff. – *Sprachanalyseeinrichtung*; vgl. auch Esslinger, CR 2000, 502 ff.; Brandi-Dohrn, CR 2001, 285, 289.
42 Unstreitig, z. B. im Ergebn. Schiedsst. v. 04.03.2010 Arb.Erf. 59/08, (Datenbank) u. v. 18.12.2014 Arb.Erf. 61/10 (www.dpma.de); Kraßer/Ann, PatR, § 21 Rn. 38 f.
43 BGH v. 24.02.2011 – X ZR 121/09, GRUR 2011, 610 (Rn. 15 ff.) – *Webseitenanzeige*. Ausf. Kraßer/Ann, PatR, § 12 Rn. 36 ff.

ken ihrer Elemente ermöglicht.[44] Dass die Ergebnisse der eingesetzten Software auch oder sogar primär einen technischen Bereich betreffen, verleiht der Software noch keinen technischen Charakter.[45] So begründen beispielsweise Anweisungen zu einer erleichterten Darstellung oder Verwertung von Informationen noch keinen technischen Erfolg.[46] Andererseits scheidet bei Kombinationen von technischen und nichttechnischen bzw. vom Patentschutz ausgeschlossenen Merkmalen eine Patentfähigkeit nicht zwangsläufig aus.[47] Über die Technizität hinaus ist weitere Patentierungsvoraussetzung, dass eine neue technische Lehre vorliegt, die auf **erfinderischer Tätigkeit** beruht.[48] Dafür ausreichend, aber auch erforderlich, ist eine Anweisung zum technischen Handeln, also eine Anweisung zur Lösung eines konkreten technischen Problems mit technischen Mitteln[49], auch wenn sich dies auf Teilaspekte des Programms beschränkt[50]. Nicht der Einsatz des Computerprogramms selbst, sondern die Lösung eines konkreten technischen Problems mit Hilfe eines (programmier-

---

44 BGH v. 11.06.1991 – X ZB 13/88, GRUR 1992, 33 – *Seitenpuffer*; BGH v. 11.06.1991 – X ZB 24/89, GRUR 1992, 36 – *Chinesische Schriftzeichen*; BGH v. 04.02.1992 – X ZR 43/91, GRUR 1992, 430 – *Tauchcomputer*; BPatG v. 13.02.1992, GRUR 1992, 681; BPatG v. 28.08.1998, CR 1998, 651; BPatG v. 07.05.1998, Mitt. 1998, 473 – *Sprachanalyseeinrichtung*; BPatG v. 07.03.2006, GRUR 2006, 663 ff. – *vorausbezahlte Telefongespräche* u. BPatG v. 19.05.2005, GRUR 2005, 749 ff. – *Aufzeichnungsträger*; BPatG v. 17.04.2007, CR 2007, 695 – *Expertensystem*; Bulling, Mitt. 2007, 1 ff.; Laub, GRUR Int. 2006, 629 ff.
45 BGH v. 24.10.2000 GRUR 2001, 155, 157 – *Wetterführungspläne*.
46 BGH v. 24.02.2011 – X ZR 121/09, GRUR 2011, 610 (Rn. 31) – *Webseitenanzeige*.
47 BGH v. 20.01.2009, GRUR 2009, 479, 480 (Rn. 10) – *Steuerungseinrichtung für Untersuchungsmodalitäten* und BGH v. 26.10.2010, CR 2011, 144 (Rn. 27) – *Wiedergabe topographischer Informationen*; siehe auch Spindler K & R 2009, 521 ff. und Ernsthaler GRUR 2010, 1 ff.
48 S. dazu insbes. Kraßer/Ann, PatR, § 12 Rn. 77 ff. (»Notwendigkeit technischer Überlegungen«).
49 BGH v. 24.02.2011 – X ZR 121/09, GRUR 2011, 610 (Rn. 17) – *Webseitenanzeige* m. Anm. Försterling, MMR 2011, 543; BGH v. 23.04.2013, GRUR 2013, 909 (Rn. 14) – *Fahrzeugnavigationssystem*; BGH v. 25.08.2015, Mitt. 2015, 503 (Rn. 18) – *Entsperrbild*; s. ferner BGH v. 22.04.2010 – Xa ZB 20/08, GRUR 2010, 613 (Rn. 22) – *Dynamische Dokumentengenerierung* m. Anm. Teufel, Mitt. 2010, 405, 408 ff. u. BGH v. 26.10.2010, CR 2011, 144 (Rn. 27 ff.) – *Patentschutz für Software*; Teufel, Mitt. 2011, 497 ff.; Spindler/Wiebe, K&R 2011, 764, 766 ff.
50 Vgl. BGH v. 26.10.2010 CR 2011, 144, 145 f. (Rn. 27 ff.) – *Wiedergabe topographischer Informationen* m. Anm. Hössle; s. ferner BGH v. 13.12.1999 CR 2000, 281, 284 – *Logikverifikation*; BGH v. 24.05.2004 GRUR 2004, 667, 669 – *Elektronischer Zahlungsverkehr* m. Anm. Hoeren LMK 2004, 164 f.; vgl. auch BGH v. 17.10.2001 GRUR 2002, 143 ff. – *Suche fehlerhafter Zeichenketten*; Esslinger MittPat 2004, 305.

ten) Computers kann vor dem Hintergrund des Patentierungsverbotes eine Patentfähigkeit zur Folge haben.[51] Zur Einstufung als technischer Verbesserungsvorschlag s. § 3 Rdn. 22 u. § 20 Rdn. 13, zu den allgemeinen Auswirkungen bei Patentschutz im Ausland s. § 2 Rdn. 26.1.

Das **EPA** vertritt seit jeher die Auffassung, eine Erfindung sei in ihrer Gesamtheit zu würdigen, sodass eine Mischung technischer und nichttechnischer Bestandteile einer Schutzfähigkeit nach Art. 52 EPÜ nicht zwingend entgegenstehe.[52] Der Ausschluss nach Art. 52 Abs. 2 EPÜ betrifft reine Computerprogramme, also den bloßen Programmtext. Dagegen kann u. a. ein **computerimplementiertes Verfahren**, also eine Erfindung, zu deren Ausführung ein Computer, ein Computernetz oder eine sonstige programmierbare Vorrichtung eingesetzt wird und die mindestens ein Merkmal aufweist, das ganz oder teilweise mit einem Computerprogramm realisiert wird, schutzfähig sein.[53] Mit ihrem Beschluss vom 12.05.2010[54] hat die Große Beschwerdekammer des EPA die Rechtsprechung der EPA-Beschwerdekammern bestätigt. Im Ergebnis wird den Ausschlusstatbeständen des Art. 52 Abs. 2 EPÜ damit Rechnung getragen, »in einer Art Grobsichtung« solche Fälle vom Patentschutz auszufiltern, in denen der Patentanspruch überhaupt keine technische Anweisung enthält, die sinnvollerweise der Prüfung auf erfinderische Tätigkeit zugrunde gelegt werden kann.[55]

---

51 BGH v. 20.01.2009 GRUR 2009, 479, 480 (Rn. 11) – *Steuerungseinrichtung für Untersuchungsmodalitäten.*
52 EPA v. 21.05.1987, GRUR Int. 1988, 585, 586 – *Röntgeneinrichtung/KOCH & STERZEL*; EPA v. 01.07.1998, GRUR Int. 1999, 1053 (T 1173/97) – *IBM*; EPA, GRUR Int. 2002, 87 (T 931/95) – *Steuerung eines Pensionssystems/PBS*; EPA, GRUR Int. 2003, 852 (T 641/00) – *Zwei Kennungen (COMVIK)*; EPA v. 21.04.2004, ABl. EPA 2004, 575 (T 258/03) – *Auktionsverfahren/HITACHI* m. Anm. Wiebe/Heidinger, GRUR 2006, 177 ff.; ausführlich zum europäischen Recht Steinbrener in Festschr. Bartenbach (2005) S. 313 ff.
53 Mitt. ABl. EPA 2007, 594 ff.; Steinbrener in Festschr. Bartenbach, 2005, S. 313 ff., EPA vom 21.04.2004, ABl. EPA 2004, 575 – *Auktionsverfahren/HITACHI* m. Anm. Wiebe/Heidinger, GRUR 2006, 177 ff. Zur Entscheidungspraxis d. EPA s. u.a. Schulte/Moufang, PatG, § 1 Rn. 123 f.
54 EPA, GRUR Int. 2010, 608 (G 3/08) – *Program for computers* m. Anm. Hössle, CR 2010, 559; Kleiber, GRUR 2010, 561; Teufel, Mitt. 2010, 405; s. dazu auch Steinbrenner in Singer/Stauder, EPÜ, Art. 52 Rn. 48; zur US Supreme-Court-Entscheidung i.S. Bilski vom Kappos, s. Lejeune/Sieckmann, MMR 2010, 741.
55 BGH v. 26.10.2010, CR 2011, 144 (Rn. 31) – *Wiedergabe topographischer Informationen* m. H. a. EPA GBK Beschl. v. 12.05.2010, GRUR Int. 2010, 608 (G 3/08) – *Program for computers.*

Weitgehend übereinstimmend[56] werden damit von *BGH* und *EPA* im Ergebnis die patentrechtlichen Ausschlusstatbestände für Datenverarbeitungsprogramme und Informationswiedergabe so stark relativiert, dass deren praktische Bedeutung auf offensichtliche Fälle einer fehlenden technischen Anweisung eingeschränkt ist.[57]

**8** Während § 1 Abs. 3 PatG (Art. 52 Abs. 2 EPÜ) solche Neuerungen erfasst, die keine Erfindungen i.S.d. PatG (EPÜ) darstellen (s. aber auch § 1 Abs. 4 PatG), enthalten §§ 1a, 2 und 2a PatG – übereinstimmend mit Art. 53 EPÜ – einen Katalog von Erfindungen, die gesetzlich **vom Patentschutz ausgeschlossen** werden. Soweit die Schutzfähigkeit ausgeschlossen ist, finden die Vorschriften des ArbEG über Diensterfindungen nach § 2 keine Anwendung. Dies betrifft namentlich Erfindungen im Bereich der Biotechnologie:

Nach dem in Umsetzung der BiotechnologieRL erlassenen § 1a PatG (Regel 29 EPÜ-AO, Art. 5 BiotechnologieRL) können der **menschliche Körper** sowie die bloße Entdeckung eines seiner Bestandteile keine patentfähigen Erfindungen sein; einem Patentschutz zugänglich ist allerdings ein isolierter Bestandteil des menschlichen Körpers oder ein durch ein technisches Verfahren gewonnener Bestandteil.[58] **Verfahren zur chirurgischen oder therapeutischen Behandlung des menschlichen oder tierischen Körpers und Diagnostizierverfahren**, die am menschlichen oder tierischen Körper vorgenommen werden,[59] wird der Patentschutz gem. § 2a Abs. 1 Nr. 2 Satz 1 PatG (Art. 53 Buchst. c EPÜ) mangels gewerblicher Anwendbarkeit versagt; Letzteres gilt jedoch nicht für Erzeugnisse zur Anwendung in einem der vorstehend genannten Verfahren (§ 2a Abs. 1 Nr. 2 Satz 2 PatG, Art. 53 Buchst. c Satz 2 EPÜ). Soweit ein Patentschutz ausgeschlossen ist, scheidet eine Anwendung des ArbEG aus.

---

56 Bacher in Benkard, PatG, Rn. 111 ff. zu § 1 PatG sieht eine zunehmende Annäherung, wenn auch (noch) keine vollständige Einigkeit zw. BGH und EPA hinsichtlich der Bedeutung der Ausschlusstatbestände des § 1 Abs. 3 Nr. 3 PatG u. Art. 52 Abs. 2 lit. C) EPÜ.
57 So zu Recht Hössle in Anm. zu BGH v. 26.10.2010 – X ZR 47/07, CR 2011, 148 – *Wiedergabe topographischer Informationen*; vgl. auch Schwarz GRUR 2014, 224 f. sowie die Analyse von Kraßer/Ann, PatR, § 12 Rn. 57 ff., 115. Politische Bemühungen, die umstrittene Patentierbarkeit computerimplementierter Erfindungen auf europäischer Ebene zu beschränken, hatten bislang keinen Erfolg, vgl. Benkard/Bacher, PatG, Rn. 106 f. zu § 1 PatG.
58 S. dazu u. a. Kraßer/Ann, PatR, § 14 Rn. 126 ff., 134 ff.
59 Vgl. dazu EPA G 01/04, ABl. EPA 2006, 334 u. G 02/08, ABl. EPA 2008, 392.

C. Schutzfähigkeit                                                                 § 2

Pflanzensorten und Tierrassen sowie im Wesentlichen **biologische Verfahren zur Züchtung** von Pflanzen und Tieren werden nach § 2a Abs. 1 PatG (Art. 53 Buchst. b EPÜ, Art. 4 Abs. 1 BiotechnologieRL) vom Patentschutz grds. ausgeschlossen. Nach § 2a Abs. 2 PatG können Patente aber erteilt werden für Erfindungen,
(1) deren Gegenstand Pflanzen oder Tiere sind, wenn die Ausführung der Erfindung technisch nicht auf eine bestimmte Pflanzensorte oder Tierrasse beschränkt ist;
(2) die ein mikrobiologisches oder ein sonstiges technisches Verfahren oder ein durch ein solches Verfahren gewonnenes Erzeugnis zum Gegenstand haben, sofern es sich dabei nicht um eine Pflanzensorte oder Tierrasse handelt.[60]
Für Erfindungen, die Pflanzensorten und im Wesentlichen biologische Verfahren zur Züchtung von Pflanzen betreffen, steht mit dem **Sortenschutz** ein spezielles Schutzrecht zur Verfügung, sei es national auf Grund des Sortenschutzgesetzes (SortG) bzw. europäisch mit der VO EG Nr. 2100/94 des Rates über den gemeinschaftlichen Sortenschutz (GSortV)[61] oder international mit dem Internationalen Übereinkommen zum Schutz von Pflanzenzüchtungen (UPOV-Übereinkommen), die nach wie vor als Spezialregelungen dem Patentgesetz vorgehen.[62]

**Sortenschutz** wird erteilt für eine Pflanzensorte, wenn sie unterscheidbar, homogen, beständig, neu und durch eine eintragungsfähige Sortenbezeichnung bezeichnet ist (§ 1 SortG, Art. 6 GSortV). Der Patentierungsausschluss greift nicht erst ab Erteilung eines Sortenschutzes, sondern bereits dann, wenn Sortenschutz erteilbar ist.[63]

Ist ein **Arbeitnehmer Ursprungszüchter** oder **Entdecker einer Sorte**, entsteht das Recht auf den Sortenschutz zwar (zunächst) in seiner Person[64] (vgl. § 8 Abs. 1 Satz 1 SortG, Art. 11 Abs. 3 GSortV). Auf das für das jeweilige Arbeits-

---

60 Kock/Porzig/Willnegger, GRUR Int. 2005, 184 ff.; Hüttermann/Storz, Mitt. 2009, 277.
61 Amtsbl. EG Nr. L 227 01.09.1994, 1 = BlPMZ 1995, 353, geändert durch VO (EG) Nr. 15/2008 v. 20.12.2007.
62 Benkard/Melullis, PatG, Rn. 22 f. zu § 2a PatG.
63 Keukenschrijver in Busse/Keukenschrijver, PatG, Rn. 23 zu § 2a. Zum Unterschied zwischen Patent- und Sortenschutz s. Schulte/Moufang, PatG, § 29 § 2a Rn. 15; zur Zuordnung der Mutation einer geschützten Pflanzensorte s. Württenberger, GRUR 2009, 378.
64 Ausführl. zur erfinderrechtlichen Problematik Hesse, GRUR 1980, 404 ff.; Keukenschrijver, SortG, § 8 Rn. 14 ff. u. ders. in Festschr. Bartenbach (2005), 243, 251; s. ferner MünchArbR/Bayreuther, § 100 Rn. 1.

## § 2

verhältnis geltende nationale Recht verweist bei Arbeitnehmern auch Art. 11 Abs. 4 GSortV.[65] Umstritten ist die **Zuordnung** des Rechts auf den Sortenschutz im Rahmen eines Arbeitsverhältnisses und die Frage, ob und inwieweit dazu auf Regelungen des ArbEG zurückgegriffen werden kann.

Eine unmittelbare Anwendung des ArbEG scheidet wegen dessen Vorgaben in §§ 2, 3 aus.[66] Im Hinblick auf die Eigenständigkeit des Sortenschutzrechtes und die hieraus resultierenden Ausschließlichkeits- und Verbietungsrechte (§§ 10, 37 SortG) und wegen des immer engeren Zusammenhangs von Sortenschutz und Patentschutz bei den heutigen Pflanzenzüchtungen wird z.T. eine analoge Anwendung der §§ 2, 5 ff. ArbEG gefordert.[67] Eine Mitteilungspflicht wird unabhängig davon bereits als arbeitsvertragliche Nebenpflicht des Arbeitnehmerzüchters anzuerkennen sein.[68]

Nach wohl weiterhin herrschender Meinung sind auf sortenschutzfähige Leistungen die für Diensterfindungen geltenden Vorschriften des ArbEG dagegen weder unmittelbar noch analog übertragbar.[69] Zur Begründung wird darauf verwiesen, dass der Gesetzgeber bei der Schaffung des ArbEG das Phänomen des Sortenschutzes bereits kannte und auf eine Einbeziehung verzichtet hat.[70] Ähnlich wie bei der Zuordnung urheberschutzfähiger Nutzungsrechte (§ 43 UrhG; s. hierzu § 1 Rdn. 3 ff.) ist von einem Übergang des Rechts auf den Sortenschutz auf den Arbeitgeber als **Arbeitsergebnis** (vgl. § 950 BGB) auszu-

---

65 Keukenschrijver, Sortenschutz, Rn. 14 zu § 8 SortG.
66 Allg. A., z. B. Keukenschrijver, SortG, Rn. 15 zu § 8 SortG; Metzger/Zech/Baduri, SortenR, §8 SortG Rn. 20. Davon geht auch die Amtl. Begr. zum Entw. d. SortG in BT-Drucks. 10/816 v. 15.12.1985, S. 16 aus.
67 Leßmann/Würtenberger, Sortenschutzrecht, § 2 Rn. 21 ff., 24; vgl. auch mit beachtlicher Begründung Keukenschrijver in Festschr. Bartenbach (2005), 243, 253 ff. u. ders., Sortenschutz, Rn. 16 zu § 8 SortG, der eine Übertragungspflicht nur auf individual- oder kollektivvertraglicher Grundlage annimmt und bei Übertragung einen Anspruch auf vertragsgerechte, im Zweifel angemessene Entschädigung anerkennt.
68 Keukenschrijver, Sortenschutz, Rn. 16 zu § 8 SortG.
69 BPatG v. 16.07.1973, Mitt. 1984, 94 – *Rosenmutation*; VGH Bayern v. 31.03.1982, GRUR 1982, 559, 561 – *Albalonga* m. krit. Bespr. Hesse, Mitt. 1984, 81 ff.; ders., GRUR 1980, 404, 407 ff.; Keukenschrijver, Sortenschutz, Rn. 15 f. zu § 8 SortG (dort auch ausf. zum Meinungsstand); Leßmann, GRUR 1986, 279, 282; vgl. auch OVG Nordrhein-Westfalen v. 17.11.1989, GRUR 1991, 38 ff. u. Straus, GRUR 1986, 767 ff. zur Anwendbarkeit der ErfVO; ferner BFH v. 10.11.1994, BStBl. II 1995, S. 455; Schade in Festschr. Klaka (1987), 115 ff.; Boemke/Kursawe/Boemke Rn. 13 zu § 1; vgl. auch Schaub/Koch, ArbRHandb. § 114 Rn. 10; a.A. MünchArbR/Sack (2. Aufl. 2000), § 103 Rn. 3 ff.; LG München v. 16.01.1976, EGR Nr. 8 zu § 2 ArbEG.
70 Brune, Bewährtes dt. ArbEG?, S. 25.

C. Schutzfähigkeit                                                                 § 2

gehen.[71] Dies soll gem. Art. 11 Abs. 4 GSortV auch für den gemeinschaftlichen Sortenschutz gelten.[72] Soweit von einer analogen Anwendung des § 20 ArbEG ausgegangen wird (s. nachfolgend), käme wegen der Behandlung als (qualifizierter) Verbesserungsvorschlag ebenfalls eine »automatische« Zuordnung als Arbeitsergebnis zum Arbeitgeber in Betracht. Das entspricht im Ergebnis der rechtlichen Ausgangslage beim Entwurf des Sortenschutzgesetzes 1985, in dem deshalb auch für das Sortenschutzgesetz bewusst auf eine gesetzliche Regelung verzichtet wurde.[73]

Nach (noch) herrschender Meinung besteht ein **Vergütungsanspruch** für verwertete Sortenschutzrechte zumindest analog § 20 Abs. 1,[74] sofern man nicht deren Zuordnung zum Arbeitgeber bzw. dessen (einseitiges) Überleitungsrecht ablehnt und für einen Rechtsübergang eine (auch stillschweigend mögliche) Individualvereinbarung bzw. kollektivvertragliche Regelung fordert, nach der sich dann auch der grds. anzuerkennende Anspruch des Arbeitnehmers auf angemessene Entschädigung ergibt.[75] Für die h. M. spricht, dass auch der

---

71 MünchArbR/Bayreuther § 100 Rn. 1, zust. auch Metzger/Zech/Baduri, SortenR, § 8 SortG Rn. 17; vgl. auch Becker in Kittner/Zwanziger, Arbeitsrecht § 75 Rn. 1 u. Schwab, Festschr. 50 Jahre BAG (2004), 213, 214; abl. aber Keukenschrijver, Sortenschutz, Rn. 16 zu § 8 SortG.
72 Metzger/Zech/Baduri, SortenR, §8 SortG Rn. 25 weisen zu Recht darauf hin, dass sich damit ohne Rechtswahl bei Geltung deutschen Arbeitsrechts alle konkreten Rechtsfolgen nach deutschem Recht bestimmen.
73 Vgl. Amtl. Begr. zum Entw. d. SortG in BT-Drucks. 10/816, S. 16.
74 Schiedsst. v. 09.03.1973 – Arb.Erf. 33/72, (unveröffentl.); BPatG v. 16.07.1973, Mitt. 1984, 94 – *Rosenmutation*; VGH Bayern v. 31.03.1982, GRUR 1982, 559, 561 – *Albalonga*; Kraßer/Ann, PatR, § 21 Rn. 37; a.A. Hesse, GRUR 1980, 407 ff. u. Mitt. 1984, 81 f.; im Anschluss daran Leßmann, GRUR 1986, 279, 283; vgl. auch Straus, GRUR 1986, 767, 775. Für unmittelbare Geltung des § 20: Reimer/Schade/Schippel/Rother Rn. 13 zu § 2 u. Rn. 4, 8 zu § 20. Für analoge Anwendung der §§ 2, 5 ff. ArbEG dagegen MünchArbR/Sack (2 Aufl. 2000), § 103 Rn. 3 ff. sowie wohl Nirk/Ullmann (1999) S. 179; s. zum Meinungsstand auch MünchArbR/Bayreuther § 100 Rn. 1 u. Keukenschrijver, Sortenschutz, Rn. 16 zu § 8 SortG – jeweils m.w.N. Vgl. auch LG München v. 16.01.1976, EGR Nr. 8 zu 2 ArbEG. Gem. BFH, Urt. v. 10.11.1994, BStBl. II 1995, S. 455 fand die Vergünstigung des § 4 Nr. 3 der früheren ErfVO auf Einkünfte aus der Neuentwicklung von Pflanzensorten keine Anwendung (vgl. dazu auch Straus a.a.O.). Eine unmittelbare oder analoge Anwendung von § 20 Abs. 1 ablehnend Boemke/Kursawe/Boemke Rn. 14 ff. zu § 1. Offen gelassen von Metzger/Zech/Baduri, SortenR, § 8 SortG Rn. 21 ff., die aus Gründen der Rechtssicherheit eine gesetzliche Regelung im ArbEG (!) für angezeigt erachten (Rn. 24).
75 So mit beachtlichen Gründen Keukenschrijver in Festschr. Bartenbach (2005) S. 243, 250 ff. u. der., Sortenschutz, Rn. 16 zu § 8 SortG.

§ 2

historische Gesetzgeber von einem Vergütungsanspruch analog § 20 Abs. 1 ArbEG ausgegangen ist; dieser hat immerhin bewusst mit Blick auf diesen schon seinerzeit von der h. L. und der Rspr. zuerkannten Anspruch von einer Regelung des Verhältnisses zwischen Arbeitnehmer und Arbeitgeber im Sortenschutzgesetz abgesehen.[76]

Sortenschutzrechtliche **Streitigkeiten** fallen nicht unter § 39 ArbEG, sondern unter § 2 Abs. 1 Nr. 3 Buchst. a) ArbGG und damit in die Zuständigkeit der Arbeitsgerichte.[77]

Handelt es sich um (auch) **patentfähige Erfindungen bei Pflanzen und Tierrassen** i.S.d. § 2a Abs. 2 PatG (Art. 53 Buchst. b Satz 2 EPÜ, Art. 4 Abs. 2 BiotechnologieRL),[78] gilt selbstverständlich das ArbEG. Während der Patentlaufzeit dürfte neben dem durch die Inanspruchnahme der Diensterfindung begründeten Vergütungsanspruch (§ 9 ArbEG) für ein parallel bestehendes Sortenschutzrecht grds. keine weitere Vergütung in Betracht kommen, sofern nicht das Sortenschutzrecht bei wirtschaftlicher Betrachtung einen über den faktischen Schutzbereich des Patents hinausgehenden Monopolschutz vermittelt. Sollten parallele Vergütungsansprüche aus § 9 ArbEG sowie analog § 20 ArbEG angenommen werden, wäre bei der Ermittlung des Erfindungswerts RL Nr. 19 zu beachten.

### III. Gebrauchsmusterfähigkeit

9 § 2 verkörpert den für das gesamte ArbEG verbindlichen Grundsatz der Gleichstellung von Patent und Gebrauchsmuster[79] (zur Schutzrechtsanmeldung s. Rn. 10 ff. zu § 13; zur Vergütung s. RL Nr. 28 u. § 9 Rdn. 250).

Auch das **Gebrauchsmustergesetz** erwähnt den Begriff der Erfindung als Schutzfähigkeitsvoraussetzung ausdrücklich (§ 1 Abs. 1 GebrMG), sodass auch

---

76 Vgl. Amtl. Begr. zum Entw. d. SortG in BT-Drucks. 10/816 v. 15.12.1985, S. 16 (unter Bezug auf Amtl. Begr. zu § 12 SortSchG 1968 in BT-Drucks. V/1630 sowie das Urteil des BayVGH v. 31.03.1982 – 45 V 78, Recht d. Landwirtschaft 1982, S. 146 [= GRUR 1982, 559 – Albalonga]).
77 Keukenschrijver in Festschr. Bartenbach (2005), 243, 256; Keukenschrijver in Busse/Keukenschrijver, PatG, Rn. 9 zu § 39 ArbEG.
78 Vgl. etwa BGH v. 30.03.1993 – X ZB 13/90, GRUR 1993, 651 – *Tetraploide Kamille*; s.a. BGH v. 12.02.1987 – X ZB 4/86, GRUR 1987, 231 ff. – *Tollwutvirus*; ausf. Kraßer/Ann, PatR, § 14 Rn. 92 ff.
79 Zust. Schiedsst. v. 09.10.2012 – Arb.Erf. 39/11, (www.dpma.de).

für Gebrauchsmuster eine (technische) **Erfindung** begriffsnotwendig ist,[80] wobei die Voraussetzungen mit denen eines Patents identisch sind[81]. Durch die Verwendung des eigenständigen Begriffs des »**erfinderischen Schrittes**« in § 1 Abs. 1 GebrMG soll zum einen klargestellt werden, dass auch eine gebrauchsmusterfähige Erfindung, um Schutz erlangen zu können, eine gewisse Erfindungsqualität (Erfindungshöhe) voraussetzt und nicht nur auf rein handwerkliches Können zurückzuführen sein darf.[82] Auf diese Weise bleiben Erfindungen, die die Technik nicht wenigstens in einem gewissen Ausmaß bereichern, auch von dem Gebrauchsmusterschutz ausgeschlossen.[83] Zum anderen soll aber das erforderliche – im Verhältnis zum Patent geringere – Maß an erfinderischer Leistung für den Gebrauchsmusterschutz durch den Begriff des »erfinderischen Schrittes« ggü. dem Begriff der »erfinderischen Tätigkeit« im Patentgesetz (§ 4 PatG) deutlich abgehoben werden.[84] An der geltenden Praxis in der Rechtsprechung, wonach das Gebrauchsmuster im Verhältnis zum Patent ein geringeres Maß an »Erfindungshöhe« erfordert, sollte sich mit der Neufassung des Gebrauchsmusterrechts nichts ändern[85]. Mit seiner Entscheidung vom 20.06.2006[86] hat der **BGH** die Differenzierung hinsichtlich der Erfindungshöhe bei Patenten einerseits und Gebrauchsmustern andererseits aber aufgegeben. Denn die Anforderungen in § 4 PatG an die erfinderi-

---

80 In d. Fassung des Art. 5 Nr. 1 des PrPG v. 07.03.1990, BGBl. I, S. 428; vgl. dazu Benkard/Goebel/Engel, PatG, Rn. 3 ff. zu § 1 GebrMG; so z. früheren Recht bereits absolut h.M., vgl. z.B. RG vom 29.03.1928, RGZ 120, 224, 227; vgl. auch BGH v. 19.12.1968, GRUR 1969, 271 ff. – *Zugseilführung* u. BGH v. 17.02.2004, GRUR 2004, 495, 497 – *Signalfolge*; a.A. noch Conradt, GRUR 1963, 405 ff.
81 Keukenschrijver in Busse/Keukenschrijver, PatG, Rn. 4 zu § 1 GebrMG.
82 Amtl. Begründung z. Entw. e. Gesetzes z. Änd. d. GebrMG in BT-Drucks. 10/3903, S. 17 f.; BGH v. 02.11.1956, GRUR 1957, 270, 271 – *Unfallverhütungsschuh*; OLG Düsseldorf v. 27.04.2006, Mitt. 2006, 435; zur Rechtsprechung des BPatG s. Winterfeldt, GRUR 2006, 441, 459 sowie BPatG, GRUR 2006, 489 – *Schlagwerkzeug*; Benkard/Goebel/Engel, PatG, Rn. 13 f. zu § 1 GebrMG m.w.N.
83 Vgl. Amtl. Begründung z. Entw. e. Gesetzes z. Änd. d. GebrMG in BT-Drucks. 10/3903, S. 17 f.
84 Amtl. Begründung z. Entw. e. Gesetzes z. Änd. d. GebrMG in BT-Drucks. 10/3903, S. 17 f.; so bereits z. früh. Recht ständ. Rspr., z.B. RG vom 12.06.1920, RGZ 99, 211, 212; BGH v. 02.11.1956, GRUR 1957, 270 – *Unfallverhütungsschuh*; S. zur Entwicklung im Einz. Keukenschrijver in Busse/Keukenschrijver, PatG, Rn. 12 ff. zu § 1 GebrMG.
85 Amtl. Begründung z. Entw. e. Gesetzes z. Änd. d. GebrMG in BT-Drucks. 10/3903, S. 17 f.
86 BGH v. 20.06.2006, Mitt. 2006, 512 – *Demonstrationsschrank*; s. ferner BGH v. 20.12.2011, GRUR 2012, 378 (Rn. 16) – *Installiereinrichtung II*; a.A. die h.M. im Schrifttum, vgl. Mes, PatG/GebrMG, § 1 GebrMG Rn. 13 m. w. Nachw.

sche Tätigkeit i.S.d. § 4 PatG seien inzwischen derart herabgesetzt worden, dass sie alle nicht nur durchschnittlichen Leistungen erfassten; damit das Gebrauchsmusterrecht nicht Gefahr laufe, zum Auffangbecken für nach dem Patentrecht gerade nicht mehr schutzfähige technische Neuerungen zu werden, sei für die Beurteilung des erfinderischen Schrittes auf die im Patentrecht entwickelten Grundsätze zurückzugreifen.[87]

Materiell unterscheidet sich der **Anwendungsbereich** des Gebrauchsmusters vom Patent inzwischen nur noch dadurch, dass einerseits **Verfahren** (§ 2 Nr. 3 GebrMG) und biotechnologische Erfindungen i.S.d. § 1 Abs. 2 PatG (§ 1 Abs. 2 Nr. 5 GebrMG) vom Gebrauchsmusterschutz ausgeschlossen sind[88] und die **Schutzdauer** zunächst 3 Jahre beträgt mit der Möglichkeit einer zweifachen Verlängerung um max. weitere 7 Jahre auf insgesamt 10 Jahre (§ 23 GebrMG).

Schließlich muss ein Gebrauchsmuster in Übereinstimmung mit § 1 Abs. 1 PatG **gewerblich anwendbar** sein (§ 1 Abs. 1 GebrMG; vgl. dazu § 5 PatG). Entsprechend § 2 PatG sieht auch § 2 GebrMG einen Ausnahmekatalog für die nicht schutzfähigen Gegenstände vor (s. dazu § 2 Rdn. 7 f.).

Im Hinblick auf die Beliebtheit des Gebrauchsmusterschutzes bei der europäischen Industrie, insb. bei kleineren und mittleren Unternehmen, hatte die damalige EG-Kommission die Möglichkeiten zur Harmonisierung des Gebrauchsmusterschutzes in der EG geprüft.[89]

10 Erfindungen, für die ein Gebrauchsmusterschutz verlangt wird, sind beim Patentamt schriftlich anzumelden, und zwar jede gesondert (§ 4 Abs. 1 GebrMG). Im Unterschied zum Patenterteilungsverfahren findet für die Eintragung eines Gebrauchsmusters gem. § 8 GebrMG grds. **nur eine Prüfung der formellen Anmeldevoraussetzungen** des § 4 GebrMG statt, nicht jedoch eine Prüfung des Gegenstandes der Anmeldung auf Neuheit, erfinderischen Schritt und gewerbliche Anwendbarkeit (vgl. § 8 Abs. 1 Satz 2 GebrMG).

---

87 I.d.S. auch der österr. Oberste Patent- und Markensenat (OPM) – OGM 1/10, Teleskopausleger, s. dazu Adocker, GRUR Int. 2011, 673; einschränkend aber BGH v. 18.09.2007 – X ZR 167/05, GRUR 2008, 150, 153 – *Selbststabilisierendes Kniegelenk*.

88 Zur Verfassungsgemäßheit s. BGH v. 27.03.2018, GRUR 2018, 605 – *Feldmausbekämpfung*.

89 Vgl. dazu Grünbuch (über) Gebrauchsmusterschutz im Binnenmarkt, hrsg. v. d. EG-Komm. (KOM [95] 370 v. 19.07.1995) u. geänd. Vorschlag f. e. Richtlinie des Eur. Parlaments u. d. Rates über die Angleichung d. Rechtsvorschriften betr. den Schutz v. Erfindungen durch Gebrauchsmuster (KOM [1999], 309 v. 25.06.1999); s. hierzu GRUR-Eingabe, GRUR 2000, 134.

Geprüft wird allerdings auch, ob einer der Ausnahmetatbestände des § 2 GebrMG[90] vorliegt; eine umfassende Prüfung, insb. der materiellen Schutzvoraussetzungen, bleibt einem späteren Verletzungsprozess oder Löschungsverfahren vorbehalten.

Gem. § 7 GebrMG führt das Patentamt allerdings auf Antrag eine **Recherche** hinsichtlich der in Betracht zu ziehenden öffentlichen Druckschriften durch, wodurch die Aussichten eines Löschungsantrages oder von Verletzungsverfahren besser und frühzeitiger geprüft werden können.

Die Eintragung eines Gebrauchsmusters hat die Wirkung, dass allein der Inhaber befugt ist, den Gegenstand des Gebrauchsmusters zu benutzen (vgl. §§ 11 ff. GebrMG).

Patent- und Gebrauchsmusterschutz schließen sich – wie auch § 14 GebrMG zeigt – nicht gegenseitig aus. Soweit also die Erfindungsidee ihren Niederschlag z.B. in einem Arbeitsgerät oder Gebrauchsgegenstand findet, ist **gleichzeitig Patent- und Gebrauchsmusterschutz** möglich.[91] Hat der Arbeitgeber für dieselbe Erfindung mit Wirkung für die BRD bereits ein Patent nachgesucht, kann er mit einer nachfolgenden Gebrauchsmusteranmeldung die Erklärung abgeben, dass der für die Patentanmeldung maßgebende Anmeldetag in Anspruch genommen wird, sodass also das für die Patentanmeldung beanspruchte Prioritätsrecht auch für die Gebrauchsmusteranmeldung erhalten bleibt (**Abzweigung** – vgl. § 5 GebrMG; s. dazu § 13 Rdn. 11.1).  11

### IV. Feststellung der Schutzfähigkeit der Erfindung

#### 1. Bindende Entscheidung über die Schutzfähigkeit

Die Entscheidung über die **Patentfähigkeit** einer Erfindung trifft letztlich das Patentamt im Patenterteilungsverfahren (§§ 35 ff. PatG); im Beschwerdeverfahren entscheiden das Bundespatentgericht (BPatG, §§ 73 ff. PatG) und ggf. der BGH im Rechtsbeschwerdeverfahren (§§ 100 ff. PatG). Im Nichtigkeitsverfahren vor dem Bundespatentgericht (§§ 81 ff. PatG i.V.m. § 22 PatG) bzw. vor dem BGH (§§ 110 ff. PatG) wird die Rechtsbeständigkeit eines erteilten Patents überprüft. Bei Erlangung eines europäischen Patents unter Benennung  12

---

90 BGH v. 30.01.1964, GRUR 1965, 234, 236 – *Spannungsregler* u. BGH v. 03.10.1968, GRUR 1969, 184, 185 – *Lotterielos*.
91 BPatG v. 01.09.1983, GRUR 1984, 115, 117 – *Verbundfolienbahn aus Kunststoff*; vgl. auch Amtl. Begründung z. Ges. z. Änderg. d. GebrMG z. Entw. e. Gesetzes z. Änd. d. GebrMG in BT-Drucks. 10/3903, S. 17 f., 23; Benkard/Goebel/Engel, PatG, Rn. 5a vor § 1 GebrMG u. Rn. 7 zu § 14 GebrMG.

der Bundesrepublik als Vertragsstaat (vgl. Art. 79 EPÜ) vollzieht sich das Erteilungsverfahren vor dem EPA (Art. 90 bis 112a EPÜ). Die Prüfung der Nichtigkeit eines europäischen Patents unterliegt dagegen für das jeweilige Hoheitsgebiet eines Vertragsstaates dem dort nach dem nationalen Recht vorgesehenen Nichtigkeitsverfahren[92] (vgl. Art. 138 EPÜ).

13 Die Eintragung eines Gebrauchsmusters erfolgt durch das Deutsche Patent- und Markenamt (§ 8 GebrMG). Die (materielle) **Schutzfähigkeit des Gebrauchsmusters** wird erst im Löschungsverfahren vor dem Patent- und Markenamt (§ 17 GebrMG), anschließend vor dem Bundespatentgericht oder ggf. vor dem BGH (§ 18 GebrMG) sowie im Gebrauchsmuster-Verletzungsstreit durch die Verletzungsgerichte (§ 19 GebrMG) überprüft (vgl. Rn. 10).

14 Unabhängig von einer Klärung der Schutzfähigkeit durch die dazu berufenen Behörden bzw. Gerichte kann i.Ü. eine bindende Feststellung der Schutzfähigkeit unter den Voraussetzungen des **§ 17 ArbEG** oder im Einvernehmen zwischen Arbeitgeber und Arbeitnehmer getroffen werden. Eine vertragliche **Vereinbarung** der Arbeitsvertragsparteien **über die Schutzfähigkeit** einer Erfindung ist – ggf. auf der Grundlage eines Einigungsvorschlages der Schiedsstelle – grds. zulässig.[93] Denkbar ist auch, dass die Arbeitsvertragsparteien im Anschluss an die Erfindungsmeldung (vgl. § 22) einverständlich eine technische Neuerung als technischen Verbesserungsvorschlag bewerten und in Zukunft so behandeln wollen[94] (vgl. auch § 13 Abs. 2 Nr. 2), sodass die Vorschriften über Diensterfindungen selbst dann nicht mehr eingreifen, wenn es sich objektiv um eine schutzfähige Erfindung handeln sollte[95] (s. auch vor § 3 Rdn. 15).

15 Eine derartige (konkludente) Vereinbarung bzw. ein Anerkenntnis der Schutzfähigkeit durch den Arbeitgeber darf mangels eines entsprechenden Erklärungswillens nicht bereits in einer (ausdrücklichen oder stillschweigenden) Inanspruchnahme (§§ 6, 7) oder einer Schutzrechtsanmeldung (§ 13) gesehen

---

92 Vgl. BGH v. 04.05.1995, GRUR Int. 1996, 56 – *Zahnkranzfräser*; Brinkhof, GRUR 1993, 177 ff.
93 Vgl. dazu Rebitzki, GRUR 1963, 555, 556; Reimer/Schade/Schippel/Rother Rn. 7 zu § 2 m.H.a. BGH v. 24.10.2000, GRUR 2001, 155 – *Wetterführungspläne*; s.a. RG v. 07.02.1932, RGZ 139, 87, 91 – *Kupferseidenfaden* u. BGH v. 09.01.1964 – I a ZR 190/63, GRUR 1964, 449, 452 – *Drehstromwicklung*.
94 Vgl. dazu Schiedsst. v. 20.3.2003 Mitt. 2003, 559, 560; Gaul, NJW 1961, 1509, 1514 f.
95 Schiedsst. v. 20.3.2003 Mitt. 2003, 559, 560.

werden.[96] Vielmehr ist nach der Inanspruchnahme die Schutzfähigkeit zunächst grds. zu unterstellen und die Erfindung vorläufig als schutzfähig zu behandeln (s.u. § 2 Rdn. 18 f. u. § 6 Rdn. 17 f.), wohingegen die abschließende Klärung der Schutzfähigkeit in aller Regel bis zum endgültigen Ergebnis des Erteilungsverfahrens in der Schwebe bleibt.[97] Andererseits kann aber das Berufen auf eine mangelnde Schutzfähigkeit bei Vorliegen besonderer Umstände nach Treu und Glauben ausgeschlossen sein[98] (s.a. § 2 Rdn. 24). Im Hinblick auf § 10 Abs. 2 a.F. bewirkte die Erklärung der beschränkten Inanspruchnahme bei Alt-Erfindungen (s. dazu. § 43 Rdn. 14 ff.) eine vergütungsbegründende Bindung des Arbeitgebers (s. § 10 a.F. Rdn. 21).

## 2. Zweifel an der Schutzfähigkeit

Ist die Schutzfähigkeit einer technischen Neuerung noch nicht bestands- bzw. rechtskräftig festgestellt und bestehen darüber Meinungsverschiedenheiten zwischen Arbeitgeber und Arbeitnehmer, so steht dies im Grundsatz der Anwendbarkeit aller Bestimmungen des ArbEG nicht entgegen,[99] es sei denn, diese

16

---

96 Vgl. Danner, Mitt. 1960, 171, 175 f.; Fischer, GRUR 1963, 107, 109 f.; Rebitzki, GRUR 1963, 555, 556 m.w.N.; Haas Vergütungsanspruch (1975) S. 16 ff.; Janert Betriebl. Verfahrensweisen (1969) S. 8, 10 ff. m.w.N.; s.a. OLG Frankfurt am Main v. 28.10.1965, GRUR 1966, 425, 426 – *Strophocor*; BGH v. 30.03.1971 – X ZR 8/68, GRUR 1971, 475, 476 – *Gleichrichter*; abw. BGH v. 02.12.1960 – I ZR 23/59, GRUR 1961, 338, 339 – *Chlormethylierung*; OLG Frankfurt am Main v. 01.12.1960, BB 1961, 1323; s.a. BGH v. 23.06.1977, GRUR 1977, 784, 787 – *Blitzlichtgeräte*; Karl, Mitt. 1960, 242, 244; Volmer, BB 1960, 1332, 1333; Windisch, GRUR 1985, 829, 832 ff.
97 BGH v. 30.03.1971 – X ZR 8/68, GRUR 1971, 475, 476 – *Gleichrichter*; vgl. auch BGH v. 02.06.1987, GRUR 1987, 900, 902 – *Entwässerungsanlage*; LG München v. 25.03.1998 – AZ. 21 O 20044/89, (unveröffentl.) geht von einer Indizwirkung der Inanspruchnahme für die Schutzfähigkeit aus.
98 Vgl. dazu OLG Frankfurt am Main v. 28.10.1965, GRUR 1966, 425, 426 – *Strofocor*; ebenso LG Düsseldorf v. 16.03.1999 – AZ. 4 O 171/98, (unveröffentl.).
99 BGH v. 02.12.1960 – I ZR 23/59, GRUR 1961, 338, 339 – *Chlormethylierung* m. abl. Anm. Friedrich; BGH v. 28.06.1962 GRUR 1963, 135, 136 – *Cromegal*; BGH v. 02.06.1987, GRUR 1987, 900, 901 f. – *Entwässerungsanlage* u. BGH v. 15.05.1990 – X ZR 119/88, GRUR 1990, 667, 668 – *Einbettungsmasse*; Schiedsst. v. 04.06.1993, GRUR 1994, 615, 619 – *Anspruchsentstehung*; ZB. v. 07.03.2016 – Arb.Erf. 09/14, (www.dpma.de = Mitt. 2017, 134 nur LS.); v. 29.06.2017, Arb.Erf. 62/16, (www.dpma.de) v. 24.01.2018 – Arb. Erf. 39/16; (vor. f. www.dpma.de); vgl. auch Schiedsst. v. 08.04.1993, Mitt. 1996, 245, 246 – *Vorführbare Mustergeräte*; a.A. Danner, Mitt. 1960, 171, 174 u. ders., GRUR 1962, 25, 26; Rebitzki, GRUR 1963, 555 ff.; vgl. auch Heine/Rebitzki Anm. 5 zu § 9; Reimer/Schade/Schippel/Rother Rn. 6 zu § 2; offengelassen von OLG Karlsruhe v. 14.07.1976 – 6 U 61/74, (unveröffentl.), wonach bei Streit d. Arbeitsvertragsparteien über die Schutzfähigkeit »min-

stellen ausdrücklich auf die Erteilung eines Schutzrechts ab (vgl. § 12 Abs. 3 Satz 2, § 16 Abs. 1); dies gilt auch für all die Fälle, in denen es insb. wegen der Schwierigkeit einer zuverlässigen Erfassung des einschlägigen Standes der Technik und zutreffenden Würdigung der technischen Bedeutung einer Neuerung als zweifelhaft erscheinen kann, ob und in welchem Umfang die materiellen Voraussetzungen eines Schutzrechtes gegeben sind und ob eine Schutzrechtserteilung erreicht werden kann und das Schutzrecht Löschungs- bzw. Nichtigkeitsklagen standhält.[100]

Die **Wirkungen des ArbEG** sind **zunächst** nicht von dem Nachweis (der amtlichen Feststellung) der Schutzfähigkeitsmerkmale, also der Schutzrechtserteilung, abhängig; sie **knüpfen** – als Arbeitshypothese[101] – entsprechend dem Wortlaut des § 2 **bereits an die einer Erfindung von vornherein anhaftende Eigenschaft (»Fähigkeit«) an, dass hierfür ein (deutsches) Schutzrecht erteilt werden kann**,[102] eine Eigenschaft, die lediglich im Prüfungsverfahren

---

destens diejenigen Vorschriften« des ArbEG »anzuwenden sind, welche den Rechtsanspruch (des ArbG) an der wirklichen oder vermeintlichen Diensterfindung und die Klärung ihrer Patent- oder Gebrauchsmusterfähigkeit regeln«. Abw. Marquardt, Freie Erf. im ArbVerh. (2002), S. 29 ff. 154 f., wonach hinsichtlich der Schutzfähigkeit das ArbEG »entweder von Anfang an und dauerhaft oder gar nicht anzuwenden ist«, die aber (inkonsequent) für Lizenz- und sonstige Verwertungsverträge über freie Erfindungen sogar annimmt, dass diese bei späterer Feststellung der (ursprünglichen) Schutzunfähigkeit des Vertragsrechts fortbestehen und nur einem Anpassungsanspruch nach § 19 Abs. 4 an den Wert des damit ungeschützten Know-hows unterliegen!
100 BGH v. 02.06.1987, GRUR 1987, 900, 902 – *Entwässerungsanlage*; vgl. auch BGH v. 15.05.1990 – X ZR 119/88, GRUR 1990, 667, 668 – *Einbettungsmasse*; Schiedsst. v. 17.10.1988, BlPMZ 1989, 366, 367 r.Sp. u. v. 08.02.1991, GRUR 1991, 753, 755 – *Spindeltrieb*.
101 Windisch, GRUR 1985, 829, 835; ebenso LG München v. 11.11.2010 – 7 O 20114/08, (unveröffentl.); ferner Schiedsst. v. 24.01.2018 – Arb. Erf. 39/16, (vorg. f. www.dpma.de).
102 Grundlegend BGH v. 28.06.1962 – I ZR 28/61, GRUR 1963, 135, 136 – *Cromegal* m. krit. Anm. Friedrich = LM Nr. 2 zu § 12 ArbEG (LS) m. zust. Anm. Löscher; zust. auch Volmer, BB 1964, 1223, 1224 f.; OLG Düsseldorf v. 15.03.2007, InstGE 7, 210 – *Türbeschläge*; folgend auch Schiedsst., z.B. v. 12.06.2013 – Arb.Erf. 61/11; v. 22.03.2017 – Arb.Erf. 15/15, (beide www.dpma.de); v. 24.01.2018 – Arb. Erf. 39/16, (vorg. g. www.dpma.de); so auch schon RG v. 07.02.1932, RGZ 139, 87, 91 – *Kupferseidenfaden* zum Reichstarifvertrag »Chemie« v. 13.07.1927; vgl. auch Meier-Beck in Festschr. Reimann (2009) S. 309, 314 ff.; Keukenschrijver in Busse/Keukenschrijver, PatG, Rn. 2 zu § 5 ArbEG (»objektive Möglichkeit einer Schutzrechtserteilung«). Im Einzelnen sehr str., s. Reimer/Schade/Schippel/Rother Rn. 6 zu § 2.

bestätigt oder verneint wird.¹⁰³ Über den Wortlaut des § 2 hinaus folgt das aus den Bestimmungen der §§ 5 (Meldepflicht), 6 (Inanspruchnahme), 13 (Anmeldung) und 18 (Mitteilungspflicht), für deren Anwendbarkeit es selbstverständlich nicht auf eine vorherige, verbindliche Feststellung oder Prüfung der Schutzfähigkeit ankommen kann.¹⁰⁴ Deutlich wird dies auch aus der gesetzlichen Fiktion der Inanspruchnahme in § 6 Abs. 2 n.F. und des daraus nach § 7 Abs. 1 n.F. – ohne weiteres Zutun – folgenden Übergangs aller vermögenswerten Rechte an der Diensterfindung (vgl. § 15 PatG, § 22 GebrMG) auf den Arbeitgeber (s. § 6 n.F. Rdn. 122).

Dies steht im Einklang mit dem Monopolprinzip (s. vor § 9 Rdn. 9 f. ) und entspricht dem patentrechtlichen Verständnis, dass bereits mit Verlautbarung einer Erfindung ggü. einem Dritten das Recht an der Erfindung als absolutes Recht entsteht.¹⁰⁵ Dieses **Recht an der Erfindung**,¹⁰⁶ das seine Grundlage in der schöpferischen Tat des Erfinders hat,¹⁰⁷ wird durch die Rechtsordnung geschützt und sichert den Erfinder durch § 812 BGB sowie § 8 Satz 1 PatG bzw. Art. II § 5 Abs. 1 IntPatÜG vor unbefugten Eingriffen in sein Recht zur Verwertung der Erfindung sowie zur Schutzrechtsanmeldung im In- und Ausland¹⁰⁸ und gewährt als sonstiges Recht bei schuldhaftem und rechtswidrigem Vorenthalten einen Schadensersatzanspruch nach § 823 Abs. 1 BGB (s. § 8 n.F. Rdn. 113). Das Recht an der Erfindung entsteht in der Person des (Arbeitnehmer-) Erfinders unabhängig von der Schutzfähigkeit der Erfindung und deren Schutzrechtsanmeldung mit deren Fertigstellung und besteht so lange fort, wie die Erfindung eine Vorzugsstellung gewährt, auch wenn später

---

103 Schiedsst. v. 04.06.1993, GRUR 1994, 615, 619 – *Anspruchsentstehung*.
104 Ebenso Schiedsst. v. 18.01.2005 – Arb.Erf. 87/03 (Datenbank); v. 24.07.2012 Arb.Erf. 53/10, (unveröffentl.) u. v. 12.06.2013 – Arb.Erf. 61/11, (www.dpma.de). So auch Löscher Anm. zu BGH v. 28.02.1962, LM Nr. 2 zu § 12 ArbEG (LS); Volmer, BB 1964, 1223, 1225.
105 Meier-Beck in Festschr. Reimann (2009) S. 309, 313 ff.; BGH v. 18.05.2010 – X ZR 79/07, GRUR 2010, 817, 820 [insb. Rn. 28] – *Steuervorrichtung*.
106 S. dazu grundlegend Meier-Beck in Festschr. Reimann (2009) S. 309 ff.; BGH v. 18.05.2010 – X ZR 79/07, GRUR 2010, 817, 820 f. [insb. Rn. 28 ff.] – *Steuervorrichtung*; bestätigt u. a. durch BGH v. 22.02.2011, GRUR 2011, 509, 512 [Rn. 34] – *Schweißheizung*; ferner u.a. OLG Düsseldorf v. 26.07.2018 – I – 15 U 2/ 17, BeckRS 2018, 17622 (Rn. 51) – *Flammpunktprüfung* = GRUR 2018, 1037 (Rn. 51) – Flammpunktprüfungsvorrichtung; krit. Liebenau/Zech/Hofmann ZGE/ IPJ 2012, 133 ff.
107 BGH v. 18.05.2010 – X ZR 79/07, GRUR 2010, 817, 820 [Rn. 31] – *Steuervorrichtung*.
108 BGH v. 18.05.2010 – X ZR 79/07, GRUR 2010, 817, 819 f. [insb. Rn. 27 f.] – *Steuervorrichtung*.

die mangelnde Schutzfähigkeit festgestellt wird[109] (s. § 2 Rdn. 10). Aus dem Recht an der Erfindung folgt das **Recht auf das Schutzrecht**, das § 6 PatG dem Erfinder oder dessen Rechtsnachfolger zuweist.[110] Der *BGH* trennt – gerade mit Auswirkungen für Arbeitnehmererfindungen – offenkundig zwischen dem Recht an der Erfindung und dem Recht auf das Schutzrecht[111] und geht davon aus, dass Rechtsfolge einer Inanspruchnahme nach § 7 ArbEG nur der gesetzliche Übergang des Rechts an der Erfindung und nicht aber zugleich der auf der Erfindung beruhenden Schutzrechtspositionen ist[112] (s. auch § 7 n.F. Rdn. 11).

17 Für die Forderung,[113] bei der hier in Rede stehenden Frage der Schutzfähigkeit nach formellen und materiellen **Bestimmungen des ArbEG zu differenzieren**, findet sich im Gesetz keine Stütze[114], da § 2 eine einheitliche Begriffsbestimmung der Erfindung i.S.d. ArbEG geben soll.[115] Eine solche Differenzierung scheidet auch im Hinblick auf die Gleichstellung von Patent- und Gebrauchsmusterfähigkeit nach § 2 aus, handelt es sich doch bei der Eintragung des Gebrauchsmusters lediglich um einen »bloßen Registrierungsakt«, ohne dass damit etwas über die materiellen Schutzrechtsvoraussetzungen ausgesagt wird (s. § 2 Rdn. 10). Insoweit ist es folgerichtig, dass der Arbeitgeber sich ggü. seinem Arbeitnehmer nicht auf die mangelnde Schutzfähigkeit eines erteilten Gebrauchsmusters (etwa zur Abwehr von Vergütungsansprüchen) berufen kann, solange diese nicht in dem dafür vorgesehenen Verfahren (s. § 2 Rdn. 10) festgestellt wurde[116] bzw. die Vernichtbarkeit des Gebrauchsmusters offenbar oder wahrscheinlich geworden ist, sodass das Gebrauchsmuster nach den Umständen seine wirtschaftliche Wirkung verliert[117] (vgl. auch RL Nrn. 28, 43 sowie § 9 Rdn. 35).

---

109 BGH v. 18.05.2010 – X ZR 79/07, GRUR 2010, 817, 819 ff. [insb. Rn. 27 f., 30] – *Steuervorrichtung*.
110 Ausf. Benkard/Melullis, PatG, Rn. 4 ff. zu § 6 PatG.
111 Vgl. BGH v. 18.05.2010 – X ZR 79/07, GRUR 2010, 817, 820 f. [insb. Rn. 28] – *Steuervorrichtung*; dogmatisch krit. dazu Liebenau/Zech/Hofmann ZGE/IPJ 2012, 133, 142 ff.
112 BGH v. 12.04.2011, 318 [Rn. 31] – Initialidee. Zust. u.a. OLG Karlsruhe v. 13.04.2018 – 6 U 161/16, (www.lrbw.juris.de, Rn. 145 f.) – Rohrprüfsystem.
113 So Fischer, GRUR 1971, 430, 431; vgl. auch Reimer/Schade/Schippel/Rother Rn. 6 zu § 2; Haas Vergütungsanspruch (1975) S. 36 ff.
114 Zust. Boemke/Kursawe/Raif, Rn. 54 zu § 2.
115 Vgl. Amtl. Begründung BT-Drucks. II/1648 S. 18 = BlPMZ 1957, 227.
116 BGH v. 23.06.1977, GRUR 1977, 784, 786 ff. – *Blitzlichtgeräte*.
117 BGH v. 23.06.1977, GRUR 1977, 784, 786 ff. – *Blitzlichtgeräte*.

## C. Schutzfähigkeit §2

Bei dieser – auch aus Gründen der Durchführbarkeit des ArbEG gebotenen – **18**
Auslegung müssen die Konsequenzen insb. bei der Vergütungspflicht des
Arbeitgebers hingenommen werden (vgl. auch § 9 Rdn. 14). Für das Wirksamwerden aller im ArbEG vorgesehenen Rechtsfolgen formaler (insb. Meldung
und Mitteilung gem. §§ 5, 18; Schutzrechtsanmeldung gem. § 13) und materieller Art (insb. Inanspruchnahme gem. §§ 6, 7, Freiwerden gem. § 6 Abs. 2,
§ 8, Vergütungspflicht gem. § 9) kommt es demzufolge bis zur abschließenden
amtlichen oder gerichtlichen Feststellung der Schutzfähigkeit jeweils nur auf
die **Möglichkeit einer Schutzrechtserteilung** an.[118] Etwaige **Zweifel** an der
Schutzfähigkeit **entbinden** die Arbeitsvertragsparteien also **nicht** von ihren
gesetzlichen Pflichten.[119] Demzufolge bleibt der Arbeitgeber trotz Zweifeln
auch zur **Schutzrechtsanmeldung** nach § 13 verpflichtet (s. § 13 Rdn. 57).
Solange die Schutzunfähigkeit einer Diensterfindung nicht im Erteilungsverfahren rechtsbeständig geklärt ist bzw. ein erteiltes Schutzrecht n.rk. widerrufen bzw. für nichtig erklärt wird, kann sich der Arbeitgeber grds. **nicht** mit
Erfolg **auf eine mangelnde Schutzfähigkeit der Erfindung berufen**[120] (zum
Risikoabschlag s. § 12 Rdn. 64 ff.; zum Wegfall der Vergütungspflicht bei
Unzumutbarkeit s. § 9 Rdn. 321 ff.; zu den Auswirkungen endgültiger Schutzrechtsversagung s.u. § 2 Rdn. 22).

Durch das Abstellen auf die bloße Möglichkeit einer Schutzrechtserteilung **19**
ergibt sich für die Praxis, dass die Arbeitsvertragsparteien zur Wahrnehmung
ihrer Pflichten und Wahrung ihrer Rechte zunächst von der (potenziellen)
Schutzfähigkeit einer technischen Neuerung ausgehen müssen.

Im Hinblick auf das Erfordernis einer »patent- oder gebrauchsmusterfähigen«
Erfindung gilt dies nach der hier vertretenen Auffassung jedoch dann nicht,

---

118 Ebenso im Ergebn. Schiedsst. v. 12.06.2013 – Arb.Erf. 61/11, (www.dpma.de).
119 Im Ergebn. unstreitig, so auch Schiedsst. v. 22.03.2017, Arb.Erf. 15/15, (www.dpma.de); v. 24.01.2018 – Arb.Erf. 39/16, (vorg. f. www.dpma.de).
120 Im Ergebn. ständ. Rspr., z.B. BGH v. 06.02.2002 – X ZR 215/00, GRUR 2002, 609, 610 – *Drahtinjektionseinrichtung* m. H. a. BGH v. 15.05.1990 – X ZR 119/88, GRUR 1990, 667, 668 – *Einbettungsmasse* (dort zur Vergütungspflicht); ebenso ständ. Praxis d. Schiedsst., z.B. ZB v. 07.03.2016 – Arb.Erf. 09/14 u. v. 09.12.2016 – Arb.Erf. 73/13, (beide www.dpma.de).

wenn eine **Schutzfähigkeit** im Einzelfall **offensichtlich ausgeschlossen** ist,[121] d.h. die mangelnde Schutzfähigkeit für den Sachkundigen zweifelsfrei erkennbar ist (vgl. auch § 33 Abs. 2 PatG).

Demgegenüber geht die *Schiedsstelle* selbst in diesen Fällen von einer Anmeldepflicht des Arbeitgebers nach § 13 aus, sofern die Schutzunfähigkeit nicht unstreitig ist. Das Gesetz überlasse es weder dem Arbeitnehmererfinder noch dem Arbeitgeber, kraft eigener Autorität verbindlich für den anderen Teil festzustellen, ob eine gemeldete Diensterfindung schutzfähig ist oder nicht; vielmehr sei dies allein Sache der dazu berufenen Patenterteilungsbehörden, wie das auch § 13 Abs. 1 zeige.[122] Will der Arbeitgeber in solchen Fällen seiner Schutzrechtsanmeldepflicht nicht nachkommen, gibt ihm das ArbEG nach Auffassung der *Schiedsstelle*[123] nur drei Möglichkeiten:

– Zunächst kann er **auf die Inanspruchnahme** der ihm als Erfindung gemeldeten technischen Lehre durch deren Freigabe (nach § 6 Abs. 2 n.F.) **verzichten**. Unterlässt der Arbeitnehmer eine Schutzrechtsanmeldung oder gelingt es ihm nicht, die Erteilung eines Schutzrechts zu erreichen, steht fest, dass es sich um ein dem Arbeitnehmer bereits durch sein Arbeitsentgelt vergütetes Arbeitsergebnis handelt.

– Nach einer (unbeschränkten) Inanspruchnahme besteht für den Arbeitgeber in solchen Zweifelsfällen die Möglichkeit, nach § 13 Abs. 2 Nr. 2 die **Zustimmung** des Arbeitnehmererfinders **zur Nichtanmeldung** einzuholen (ggf. auch über eine »Abkaufvereinbarung«[124], s. § 11 Rdn. 29 ff.; zur Möglichkeit der Freigabe nach § 8 Satz 1 n.F. s. § 8 n.F. Rdn. 39 f.).

– Schließlich kann der Arbeitgeber die ihm gemeldete technische Lehre als **Betriebsgeheimnis nach § 17** behandeln und zur Klärung der Schutzfähigkeit nach § 17 Abs. 2 die Schiedsstelle anrufen.

---

121 Ebenso LG München v. 11.11.2010 – 7 O 20114/08, (unveröffentl.); im Ergebn. auch Keukenschrijver in Busse/Keukenschrijver, PatG, Rn. 4 zu § 13 ArbEG, wonach eine Anmeldepflicht »nur bei eindeutiger Schutzunfähigkeit« entfällt (vgl. auch BGH v. 02.06.1987, GRUR 1987, 900 – *Entwässerungsanlage*); zust. Boemke/Kursawe/Raif Rn. 56 f. zu § 2, wohl auch Boemke/Kursawe/Hoppe-Jänisch Rn. 18 zu § 13. Nach OLG Karlsruhe v. 21.11.1972 (Mitt. 1973, 112) ist eine offensichtl. Patentunfähigkeit dann gegeben, wenn die Zurückweisung d. Anmeldung v. DPMA bereits in Aussicht gestellt u. ein ausländ. Parallelpatent rechtskräftig für nichtig erklärt ist.

122 Schiedsst. v. 08.02.1991, GRUR 1991, 753, 755 – *Spindeltrieb* u. v. 22.03.2017 – Arb.Erf. 15/15, (www.dpma.de).; ebenso Reimer/Schade/Schippel/Trimborn Rn. 5 zu § 13; Schiedsst. v. 18.11.1994 – Arb.Erf. 97/93, (unveröffentl.); s. aber auch Schiedsst. v. 19.12.2014 – Arb.Erf. 48/12, (www.dpma.de).

123 Schiedsst. v. 18.11.1994 – Arb.Erf. 97/93, (unveröffentl.).

124 Vgl. Schiedsst. v. 22.03.2017 – Arb.Erf. 15/15, (www.dpma.de).

## C. Schutzfähigkeit § 2

Die Auffassung der *Schiedsstelle* läuft auf eine zu formale Betrachtung hinaus, die es allein dem Arbeitnehmer überlässt, durch eine förmliche Erfindungsmeldung das Verfahren nach dem ArbEG in Gang zu setzen, und zwar auch in den Fällen, in denen von einer Schutzfähigkeit i.S.v. § 2 keine Rede mehr sein kann, etwa dann, wenn der Arbeitnehmer den Gegenstand einer bereits geschützten Neuerung meldet. Die hier vertretene Auffassung steht in Einklang mit der höchstrichterlichen Rechtsprechung, die den Anwendungsbereich des ArbEG dann bejaht, wenn die Schutzfähigkeit einer technischen Neuerung zweifelhaft ist.[125] Davon kann nicht mehr gesprochen werden, wenn die Schutzunfähigkeit offen zu Trage tritt.

Damit **verbietet sich** zugleich die Überlegung, **§ 20 Abs. 1 als Auffangtatbestand** anzusehen.[126] Es widerspricht der den §§ 2 und 3 zugrunde liegenden Systematik (Negativabgrenzung), eine schutzfähige Erfindung bis zur Schutzrechtserteilung (insb. hinsichtlich der Vergütung) als technischen Verbesserungsvorschlag zu behandeln.[127] Die schutzfähige Erfindung stellt auf eine objektive Neuheit ab, der Verbesserungsvorschlag auf die betriebliche Neuheit.[128] Durch die »vorläufige« Behandlung einer Erfindung als Verbesserungsvorschlag würde zudem eine den eindeutigen Zuweisungsregeln der §§ 39 ArbEG, 2 Abs. 2 Buchst. a) ArbGG widersprechende gerichtliche Zuständigkeit begründet. Auch die Anmeldepflicht des Arbeitgebers gem. § 13 Abs. 1 ArbEG könnte nicht relevant werden, da § 20 eine derartige Pflicht aus der Natur der Sache heraus nicht vorsieht. Nach § 22 Satz 2 ArbEG steht es den

20

---

125 BGH v. 02.06.1987, GRUR 1987, 900, 902 – *Entwässerungsanlage* u. BGH v. 15.05.1990 – X ZR 119/88, GRUR 1990, 667, 668 – *Einbettungsmasse*.
126 So aber: Mellulis, GRUR 2001, 684, 687; wohl auch Keukenschrijver Festschr. Bartenbach (2005), 243, 250 f.; Bock, Mitt. 1971, 220, 233 f.; Danner, Mitt. 1960, 171, 176; Fischer, GRUR 1971, 430, 434; Gaul, GRUR 1977, 686, 698; Haas Vergütungsanspruch (1975) S. 133 ff.; Schulz-Süchting, GRUR 1973, 293, 299; Brandi-Dohrn, CR 2001, 285, 287; OLG Düsseldorf v. 05.03.1998, WRP 1998, 1202, 1211 – *Wetterführungspläne*; früher Bartenbach Festschr. VVPP S. 131, 141 f. Wie hier: Schiedsst. v. 20.3.2003 Mitt. 2003, 559, 560; Karl, Mitt. 1960, 242, 244; Löscher Anm. zu BGH v. 28.02.1962, LM Nr. 2 zu § 12 ArbEG (LS); Volmer, BB 1964, 1223, 1225; im Ergebnis auch Schiedsst. v. 20.3.2003 Mitt. 2003, 559, 560; Johannesson, Arbeitnehmererfindungen Anm. 2.2 zu § 9; zust. auch Boemke/Kursawe/Raif Rn. 55 zu § 2 u. Boemke/Kursawe/Kursawe/Nebel Rn. 6 zu § 20; vgl. auch Volmer/Gaul Rn. 25 zu § 20; Schiedsst. v. 27.08.1980, EGR Nr. 8 zu § 20 ArbEG u. v. 04.11.1982, BlPMZ 1983, 107, 108.
127 Karl, Mitt. 1960, 242, 244; Löscher Anm. zu BGH v. 28.02.1962, LM Nr. 2 zu § 12 ArbEG (LS); Volmer, BB 1964, 1223, 1225; im Ergebnis auch Johannesson Arbeitnehmererfindungen Anm. 2.2 zu § 9.
128 Grabinski, GRUR 2001, 922, 923.

Arbeitsvertragsparteien aber frei, vertraglich – insb. in vergütungsrechtlicher Hinsicht – die Behandlung einer potenziellen Erfindung als technischen Verbesserungsvorschlag bis zur Klärung der Schutzfähigkeit zu vereinbaren[129] (s.a. § 20 Rdn. 12) oder eine gemeldete Diensterfindung einvernehmlich als Verbesserungsvorschlag einzustufen (s. § 2 Rdn. 14). Davon zu trennen sind die Sachverhalte, in denen der Arbeitnehmer eine Diensterfindung lediglich als technischen Verbesserungsvorschlag mitteilt (s. vor § 3 Rdn. 5 ff.)

21 **Gibt** der Arbeitgeber die »Diensterfindung« **frei**, weil er sie nicht für schutzfähig hält, so geht er das Risiko ein, dass der Arbeitnehmer bzw. ein Dritter, dem der Arbeitnehmer die Neuerung zulässigerweise (s. § 8 n.F. Rdn. 75) überträgt, die Neuerung zum Schutzrecht anmeldet;[130] s. i.Ü. § 8 n.F., insb. § 8 Rdn. 74 ff. Führt der Arbeitgeber das Schutzrechtserteilungsverfahren für eine frei gewordene Diensterfindung zu seinen Gunsten weiter und nutzt er die Schutzrechtsposition, so haftet er dem *BGH* zufolge bis zum Wegfall der Schutzrechtsposition nach Bereicherungsrecht (s. § 8 n.F. Rdn. 114). Zu **Meinungsverschiedenheiten** über die **Schutzfähigkeit** anlässlich der Erfindungsmeldung s. § 5 Rdn. 23, des Inanspruchnahmerechts s. § 6 a.F. Rdn. 17 f. u. § 6 n.F. Rdn. 26 ff. u. § 8 a.F. Rdn. 36 ff. u. § 8 n.F. Rdn. 47, der Vergütung s. § 9 Rdn. 14, der Schutzrechtsanmeldung s. § 13 Rdn. 53 ff. und zu der geheim zu haltenden Erfindung s. § 17 Rdn. 43 ff. Zur Behandlung als (qualifizierter) Verbesserungsvorschlag bei unverschuldetem **Irrtum** über die Schutzfähigkeit s. § 3 Rdn. 24.

### 3. Auswirkungen endgültiger Schutzrechtsversagung

22 Wird in einem dazu vorgesehenen amtlichen oder gerichtlichen Verfahren bestands- bzw. rechtskräftig die Schutzunfähigkeit einer Erfindung festgestellt, so **entfallen** nunmehr grds. – mangels abweichender Vereinbarung der Arbeitsvertragsparteien – die auf eine Diensterfindung bezogenen, gegenseitigen **Rechte und Pflichten aus dem ArbEG**.

Die Feststellung der Schutzunfähigkeit wirkt auch erfinderrechtlich **im Grundsatz ex tunc**[131] (vgl. § 58 Abs. 2 PatG). Besonderheiten bestehen allerdings hinsichtlich der **Vergütung** einer Diensterfindung: Insoweit wirkt eine

---

129 Zust. Schiedsst. v. 20.3.2003 Mitt. 2003, 559, 560; vgl. auch Janert Betriebl. Verfahrensweisen (1969) S. 31 ff.
130 Schiedsst. v. 04.11.1982, BlPMZ 1983, 107.
131 Zust. OLG Karlsruhe v. 13.04.2018 – 6 U 161/16, (www.lrbw.juris.de, Rn. 177) – Rohrprüfsystem.Vgl. auch Schiedsst. v. 21.06.1976, BlPMZ 1977, 173, 175 (hins. der Inanspruchnahme); vgl. auch Boemke/Kursawe/Raif Rn. 60 zu § 2.

C. Schutzfähigkeit                                                                  § 2

(rechtsbeständige) Schutzrechtsversagung grundsätzlich nur **ex nunc** (s. § 12 Rdn. 65 f.). Einmal können bereits geleistete Vergütungen nicht mehr zurückverlangt werden (§ 12 Abs. 6 Satz 2; s. § 12 Rdn. 154 ff.); andererseits sind Nutzungen bis zur endgültigen Versagung eines Schutzrechts noch zu vergüten,[132] jedoch unter Berücksichtigung eines Risikoabschlags (vgl. hierzu § 9 Rdn. 33 u. § 12 Rdn. 64 ff.). Etwas Anderes gilt nur dann, wenn eine offenbar oder wahrscheinlich vernichtbare Schutzrechtsposition von den Wettbewerbern des Arbeitgebers nicht mehr beachtet wird, der Arbeitgeber also nicht mehr über eine Vorzugsstellung aufgrund des Ausschließlichkeitsrechts verfügt[133] (vgl. auch RL Nr. 43 Satz 2 u. § 9 Rdn. 35). Als Konsequenz des Monopolprinzips[134] (s. Einl. Rdn. 11 f.) gilt im Übrigen der Grundsatz, dass Benutzungshandlungen des Arbeitgebers nach Wegfall der Schutzrechtsposition (Schutzrechtsanmeldung, erteiltes Schutzrecht) nicht (mehr) vergütungspflichtig sind[135] (zu den Ausnahmen s. RL Nr. 42 Satz 4 ff., s. dazu § 9 Rdn. 33). Eine auf unbestimmte Zeit getroffene **Vergütungsregelung** – gleich ob Vereinbarung (§ 12 Abs. 1) oder Festsetzung (§ 12 Abs. 3) – setzt das Bestehen eines Vergütungsanspruchs gemäß § 9 und damit nach § 2 die Schutzfähigkeit der Erfindung voraus. Der rechtliche Bestand der Vergütungsregelung bleibt bis zur (rechtsbeständigen) Versagung des Schutzrechts unberührt[136] (s. auch § 9 Rdn. 34). Folglich entfaltet mit (rechtsbeständig) erwiesener Schutzunfähigkeit der als Diensterfindung gemeldeten technischen Neuerung die Vergütungsregelung erst für die Zukunft grundsätzlich keine Wirkung mehr. Einer (ohnehin nicht möglichen, s. § 12 Rdn. 13.2) Kündigung der Vergütungsvereinbarung durch den Arbeitgeber bei erwiesener Schutzunfähigkeit bedarf es indes nicht.[137] Der Arbeitgeber (Dienstherr) kann die nicht schutzfä-

---

132 Ebenso OLG Düsseldorf v. 15.03.2007, InstGE 7, 210, 216 – *Türbeschläge* (insoweit vom BGH v. 17.11.2009 – X ZR 60/07, [juris] – *Türbänder* nicht erörtert).
133 Keukenschrijver in Busse/Keukenschrijver, PatG, Rn. 17 zu § 9 ArbEG m.H.a. BGH, GRUR 1988, 123 – *Vinylpolymerisate*, BGH v. 23.06.1977, GRUR 1977, 784 – *Blitzlichtgeräte*u. LG Düsseldorf v. 13.10.1998 – 4 O 192/94, Entsch. 4. ZK 1998, 107, 112.
134 Schiedsst. v. 09.07.2013 Arb.Erf. 45/12 (www.dpma.de).
135 Wohl allg. A., z.B. Schiedsst. v. v. 09.10.2012 Arb.Erf. 39/11; v. 09.07.2013 Arb.Erf. 45/12 u. v. 19.09.2013 Arb.Erf. 29/12 (alle www.dpma.de); vgl. auch LG Düsseldorf v. 03.12.2013 – 4a O 13/12 – (www.justiz.nrw.de/nrwe, Rz. 30 ff. = Düsseldf. Entsch. Nr. 2144) – *Rohranfasgeräte*.
136 Vgl. auch zum Lizenzvertrag BGH v. 26.06.1969 GRUR 1969, 677, 678 – *Rüben-Verladeeinrichtung*
137 A. A. Boemke/Kursawe/Engemann Rn. 32 zu § 12.

hige Erfindung zukünftig wie jedes andere Arbeitsergebnis frei von Vergütungsansprüchen aus § 9 nutzen.[138]

Hat der Arbeitgeber die Schutzrechtsposition im Verfahren **nach § 16 aufgegeben**, kann er nunmehr den Erfindungsgegenstand – wie jeder Dritte – ebenfalls vergütungsfrei nutzen (s. § 16 Rdn. 91).

Bei der **früheren beschränkten Inanspruchnahme** blieb der Vergütungsanspruch des Arbeitnehmers gem. § 10 Abs. 2 Satz 2 a.F. unberührt, soweit er bis zur rechtskräftigen Entscheidung fällig geworden ist (s. § 10 a.F. Rdn. 19 ff.). Bei **Aufgabe der Schutzrechtsanmeldung** (§ 16 Abs. 1) besteht mit Versagung die Möglichkeit einer vergütungsfreien Nutzung der technischen Neuerung (s. § 16 Rdn. 66).

23 Diese nicht schutzfähige Erfindung kann als Arbeitsergebnis eine sonstige technische Neuerung i.S.d. § 3 darstellen; dieses Arbeitsergebnis war und ist möglicherweise nunmehr unter den Voraussetzungen des § 20 als (einfacher) technischer **Verbesserungsvorschlag** zu vergüten.

24 Bei Zurücknahme bzw. Fallenlassen einer Schutzrechtsanmeldung unter Verstoß gegen § 16 ArbEG oder bei sonstigem vorzeitigen Wegfall der Schutzrechtsposition aufgrund **fehlerhaften Verhaltens des Arbeitgebers** (etwa Nichtzahlung der Jahresgebühren), kann es dem Arbeitgeber im Einzelfall nach Treu und Glauben (§§ 162, 242 BGB) verwehrt sein, sich auf die mangelnde Schutzfähigkeit einer Erfindung zu berufen (s. § 3 Rdn. 20 u. § 16 Rdn. 73; zur Schadensberechnung s. § 9 Rdn. 330 f.).

Andererseits scheiden Ausgleichs- oder Ersatzansprüche des Arbeitgebers gegenüber dem Arbeitnehmer für Maßnahmen auf Grund der »Erfindungsmeldung«, etwa für Aufwendungen im Zusammenhang mit den Schutzrechtsanmeldungen (§§ 13, 14), aus, da das ArbEG bis zur (amtlichen, gerichtlichen) Klärung der Schutzfähigkeit zunächst an die Möglichkeit der Schutzrechtserteilung anknüpft (s. § 2 Rdn. 16 ff.). Im Übrigen würde es – von den Fällen einer vorwerfbaren Verletzung der Meldepflicht abgesehen (z. B. bewusste »Falschmeldung«) – an einem eine Schadensersatzpflicht auslösenden Verschulden fehlen (s. auch § 5 Rdn. 95). Dagegen trifft den Arbeitnehmer eine Schadensersatzpflicht, wenn er arglistig in Kenntnis der fehlenden Schutzfähigkeit den Arbeitgeber zum Schutzrechtserteilungsverfahren veranlasst hat.

---

138 Vgl. auch Schiedsst. v. 09.10.2012 – Arb.Erf. 39/11, (www.dpma.de).

C. Schutzfähigkeit § 2

Zur »Freigabe« einer nicht schutzfähigen Diensterfindung s. § 8 a.F. Rdn. 42 ff. u. § 8 n.F. Rdn. 56 ff.

## V. Schutzfähigkeit nach ausländischem Recht

§ 2 knüpft für Arbeitnehmererfindungen ausschließlich an das deutsche Patent- und Gebrauchsmusterrecht mit Gleichstellung des europäischen Patents nach dem EPÜ an (s. § 2 Rdn. 1, 6). Ein im Ausland erlangtes Schutzrecht eröffnet, **sofern im Inland** (zum Inlandsbegriff s. § 13 Rdn. 24) ein paralleler **Schutz nicht möglich** ist, – entgegen der Auffassung der *Schiedsstelle* und Teilen des Schrifttums[139] – den sachlichen Anwendungsbereich des § 2 nicht, so dass eine Behandlung als **Arbeitnehmererfindung ausscheidet**.[140] Dies wird auch durch die unterschiedliche Gestaltung der Schutzrechtsanmeldung im In- oder Ausland gem. §§ 13, 14 bestätigt; wäre es dem Gesetzgeber auf die Klärung der Schutzfähigkeit in einem beliebigen Staat angekommen, hätte es nahe gelegen, auf den Zwang zur Inlandsanmeldung (§ 13) dann zu verzichten, wenn jedenfalls eine Auslandsanmeldung erfolgt, also von einer Gleichstellung der inländischen mit ausländischen Schutzrechtsanmeldungen auszugehen. Ein Wirksamwerden des § 14 knüpft nach der gesetzlichen Syste-

25

---

139 Ständ. Entscheidungspraxis, z.B. EV. v. 19.01.1970, BlPMZ 1970, 426 u. v. 26.04.1976, BlPMZ 1977, 202; v. 25.07.2007 – Arb.Erf. 27/04 u. v. 23.02.2010 – Arb.Erf. 37/08, (beide unveröffentl.); ebenso Reimer/Schade/Schippel/Trimborn Rn. 12 zu § 14 (bezügl. Erfindervergütung); eine grundsätzliche Anwendbarkeit des § 2 ArbEG auch auf bloß auslandsschutzfähige Neuerungen bejaht auch Sack, RIW 1989, 612, 613 (dort Fn. 6); ferner Schwab, Arbeitnehmererfindungsrecht, § 14 Rn. 11; 7. Keukenschrijver (in Busse/Keukenschrijver, PatG, Rn. 2 zu § 2 ArbEG u. ders. in Festschr. Bartenbach [2005], S. 243, 247 f.) differenziert zw. »Nichterfindungen« (= keine Geltung des ArbEG) und vom Patent- bzw. Gebrauchsmusterschutz im Inland ausgeschlossenen Erfindungen (= Geltung des ArbEG).

140 So schon zu § 9 Reichstarifvertrag Chemie v. 13.07.1927 RG v. 07.12.1932, RGZ 139, 87, 91 – *Kupferseidenfaden*; wie hier Volmer/Gaul Rn. 86 zu § 2 u. 42 f. zu § 4; Schaub/Koch, ArbRHandb. § 114 Rn. 11; Marquardt, Freie Erf. i. ArbVerh. (2002), S. 26 f.; insoweit noch übereinstimmend Reimer/Schade/Schippel/Rother Rn. 8 zu § 2. Uneinheitlich Boemke/Kursawe: wie hier Boemke/Kursawe/Raif Rn. 41, 43 zu § 2 (keine Diensterfindung i.S. v. §§ 2,4 und Vergütung nach § 20 Abs. 1 und ggf. als Sonderleistung), abweichend dagegen zur Vergütung Boemke/Kursawe/Engemann Rn. 381 zu § 9 u. Rn. 29 zu § 12 ArbEG (unmittelbare Geltung von § 9 ohne Risikoabschlag bei Schutzerteilung) sowie zur Auslandsfreigabe und Schutzrechtsaufgabe Boemke/Kursawe/Hoppe-Jänisch Rn. 15, 21 ff. u. 80 zu § 14 ArbEG u. Rn. 34, 161 zu § 16 (entsprechende Geltung bei Freigabe nach § 14 Abs. 2 und bei Aufgabe nach § 16 Abs. 1 ArbEG, dagegen unmittelbare Geltung von § 14 Abs. 3 und § 16 Abs. 3 ArbEG).

matik daran an, dass eine Schutzfähigkeit der Erfindung nach inländischem Recht gegeben ist[141] (s.a. § 14 Rdn. 4). Die Folge der fehlenden Anwendbarkeit des ArbEG ist letztlich Konsequenz der Wertentscheidung des nationalen Gesetzgebers in § 2 ArbEG, der auch bei der ArbEG-Novelle 2009 unverändert geblieben ist, einerseits und der Patentrechtsordnung (PatG, EPÜ) andererseits.

Steht die inländische Schutzfähigkeit fest, ist eine **unterschiedliche Schutzdauer** der jeweiligen Schutzrechtsposition im In- bzw. Ausland wechselseitig ohne Einfluss.

Angesichts der jedenfalls in den Industrieländern festzustellenden Angleichung der nationalen Schutzrechtsordnungen und des weltweit möglichen Informationszugriffs ist heute stärker die Wechselbezüglichkeit von Entscheidungen über die Schutzfähigkeit bzw. -unfähigkeit zu beachten:

Stellt sich **im Inland die mangelnde Schutzfähigkeit** einer Erfindung heraus, ist regelmäßig nicht zu erwarten, dass parallel angemeldete Auslandsschutzrechte erteilt werden bzw. Bestand haben.[142] Dies gilt jedenfalls dann, wenn das Inlandspatent mangels Neuheit versagt worden ist; wird dagegen die inländische Schutzfähigkeit mangels erfinderischer Tätigkeit (Erfindungshöhe) i.S.d. § 4 PatG versagt, wird zu beachten sein, ob die inländischen Anforderungen hieran höher sind als in anderen Staaten, sodass Erteilung und Bestand eines Auslandsschutzrechtes nicht ausgeschlossen sind. Bei insoweit eingeschränkter Erteilung bzw. Aufrechterhaltung eines Auslandsschutzrechts nimmt die *Schiedsstelle* trotz der grundsätzlichen Gleichbehandlung von In- und Auslandsschutzrechten eine Minderung des Erfindungswertes an.[143] Ergibt sich in einem **ausländischen Patenterteilungsverfahren die mangelnde Schutzfähigkeit** eines parallelen Schutzrechts, besteht die tatsächliche Vermutung, dass auch das nationale Schutzrecht (zukünftig) keinen Bestand haben kann.[144]

---

141 Bartenbach, Zwischenbetriebliche F. u. E-Kooperation, 47 f.
142 So BGH v. 10.07.1979 – X ZR 23/78, GRUR 1979, 869, 872 l.Sp. a. E. – *Oberarmschwimmringe*. Nach EV. v. 24.07.1989 (Arb.Erf. 88/88, unveröffentl.) vermag die Schiedsst. dem BGH-Urteil nicht darin zu folgen, dass Auslandspatente grds. nicht zu beachten seien, wenn das deutsche Schutzrecht nicht erteilt bzw. gelöscht wird; sie gesteht aber zu, dass Auslandsschutzrechte nicht isoliert vom Inlandsschutz gewertet werden dürfen und bei versagtem Inlandsschutz gefährdet sind, sodass eine Reduzierung des Erfindungswertes bzw. nur eine vorläufige Vergütung in Betracht kommt.
143 EV v. 25.07.2007 – Arb.Erf. 27/04, (unveröffentl.) – dort Minderung um 50 %.
144 OLG Düsseldorf v. 15.03.2007, InstGE 7, 210, 218 – *Türbeschläge* m.H.a. BGH v. 08.12.1981 – X ZR 50/80, GRUR 1982, 227 – *Absorberstab-Antrieb II*.

## C. Schutzfähigkeit   § 2

Ist **im Inland rechtsbeständig ein Patent erteilt** worden, lässt dies grds. den Rückschluss auf eine Patentfähigkeit einer ausländischen Parallelanmeldung ebenso zu wie auf die Rechtsbeständigkeit eines erteilten ausländischen Parallelpatentes. Wird jedoch nachträglich ein Stand der Technik aufgedeckt, der im deutschen Patenterteilungsverfahren nicht in Betracht gezogen worden ist, erlaubt eine Patenterteilung in der Bundesrepublik nicht zwingend den Rückschluss auf ein potenzielles oder rechtsbeständiges paralleles Auslandsschutzrecht.[145]

Ist eine technische Neuerung nach deutschem bzw. europäischem Recht einem **Patentschutz nicht zugänglich**, kommt das ArbEG nach der hier vertretenen Auffassung selbst dann nicht zur Anwendung, wenn für die Neuerung **im Ausland Patentschutz** erreicht wird. Dies kann sich insb. für den Bereich der Computerprogramme auswirken (s. hierzu oben § 2 Rdn. 7 u. § 1 Rdn. 3 f.). Eine technische Neuerung, für die nur Auslandsschutz möglich ist, steht dem Arbeitgeber als Arbeitsergebnis ohne Inanspruchnahme zu (s. § 3 Rdn. 26 f.); sie kann allerdings nach den Regeln des innerbetrieblichen Vorschlagswesens ggf. als Verbesserungsvorschlag vergütungspflichtig sein (s. § 9 Rdn. 16 u. § 20 a.F. Rdn. 14). Auch die sonstigen Pflichten des ArbEG greifen nicht, sodass der Arbeitgeber u. E. grds. auch nicht der Anbietungspflicht nach § 16 für fallen zu lassende Auslandsschutzrechte unterliegt; diese kann sich allenfalls in besonders gelagerten Ausnahmefällen aus Treu und Glauben (§ 242 BGB) ergeben. **26**

Allerdings gilt bis zur (rechtsbeständigen) Klärung der inländischen Schutzfähigkeit die **Arbeitshypothese der Schutzfähigkeit** auch in Bezug auf Auslandsanmeldungen und darauf bezogene Auslandsverwertungshandlungen (Behandlung »als ob«[146], Erst nach endgültiger Klärung der inländischen Schutzunfähigkeit sind ausländische Schutzrechtsanmeldungen bzw. darauf erteilte Schutzrechte trotz formalen Auslandsschutzes als Arbeitsergebnis zu behandeln (streitig, s. hierzu § 9 Rdn. 15 f.).

Bei der Prüfung der Schutzfähigkeit i.R.d. § 17 ist ebenfalls ausschließlich auf deutsches (europäisches) Recht abzustellen (s.a. KommRL Rn. 33 f., 48 ff. u. 64 ff. zu RL Nr. 27).

Die vorstehenden Grundsätze gelten selbstverständlich auch dann, wenn im Ausland kein technisches, sondern ein »sonstiges« Schutzrecht (etwa Designschutz) erteilt wird.

---

145 BGH v. 08.12.1981 – X ZR 50/80, GRUR 1982, 227 – *Absorberstab-Antrieb II.*
146 Windisch, GRUR 1985, 829, 833; s.a. Volmer/Gaul Rn. 87 zu § 2, Rn. 17, 68 zu § 3 u. Rn. 43 zu § 4.

Zur Frage der Erfindervergütung für im Ausland erteilte Schutzrechte bei mangelnder Schutzfähigkeit im Inland vgl. § 9 Rdn. 15 f.; zum vorbehaltenen Nutzungsrecht bei Auslandsfreigabe s. § 14 Rdn. 61.

### D. Abgrenzung zum Design- und Urheberrecht

**27** **Designschutzfähig** ist ein Design, soweit es neu ist und Eigenart hat (vgl. § 2 Abs. 1 DesignG; zum Begriff s. § 1 Rdn. 5). Zwar ist auch für ein Design (s. § 1 Rdn. 5) eine gewerbliche Verwertbarkeit erforderlich und somit das Designgesetz auch dem Gebiet des gewerblichen Rechtsschutzes zuzuordnen. Jedoch besteht der entscheidende Unterschied zum Patent- und Gebrauchsmuster darin, dass bei Letzteren der Schutzgedanke auf dem Gebiet der Technik liegt, während das Design eher die darin zum Ausdruck kommende Gestaltung schützt.[147]. Eine generelle Abgrenzung kann aber nach wie vor über den Gehalt des auf individueller Leistung beruhenden Formgedankens erfolgen. Patent- und Gebrauchsmuster entsprechen dem Nützlichkeitsgedanken, das Design eher dem des Gefälligen[148] und Ästhetischen[149] (vgl. auch § 1 Abs. 3 Nr. 2 PatG, Art. 52 Abs. 2 lit. b EPÜ). Allerdings kann Letzterem ein vergleichbarer Wert wie technischen Schutzrechten zukommen, soweit Kaufentscheidungen zu einem nicht unbedeutenden Teil vom Design des Produkts abhängig gemacht werden, etwa im Automobilbereich.[150]

**28** Um eine Monopolisierung von Merkmalen, die technisch bedingt sind, durch die Gewährung von Designschutz auszuschließen, sind nach § 3 Abs. 1 Nr. 1 DesignG (Art. 8 Abs. 1 GGV) Erscheinungsmerkmale von Erzeugnissen, die ausschließlich durch deren technische Funktion bedingt sind, vom Designschutz ausgeschlossen (s.a. Erwägungsgrund 10 GGV).[151] Dennoch schließen sich technische Schutzrechte und Design nicht gegenseitig aus.[152] Vielmehr können **Patent- und Gebrauchsmusterschutz** einerseits und **Designschutz** andererseits bei einer Formgestaltung **zusammentreffen**, obschon der Schutz-

---

147 S. zu § 2 GeschmMG a.F. BGH v. 22.04.2010, GRUR 2010, 718 – *Verlängerte Limousinen*, m. Anm. Schabenberger, WRP 2010, 992 u. Ruhl, GRUR 2010, 692.
148 RG v. 30.06.1923, RGZ 107, 100, 102 (zum Geschmacksmuster); vgl. auch BGH v. 27.03.1969 – X ZB 15/67, GRUR 1969, 672 – *Rote Taube*.
149 Vgl. Eichmann/Kühne/Eichmann, DesignG, Allgemeines Rn. 51 f.
150 Schiedsst. v. 29.10.2009 – Arb.Erf. 51/05, (unveröffentl.); zur Bedeutung der Designwirkung (ästhetischen Gestaltung) für die Kaufentscheidung vgl. auch BGH v. 14.05.2009, GRUR 2009, 856 – *Tripp-Trapp-Stuhl*.
151 S. zu § 3 Abs. 1 Nr. 1 GeschmMG BGH v. 22.04.2010, GRUR 2010, 718 – *Verlängerte Limousinen* u. Schabenberger, WRP 2010, 992, 996.
152 RG v. 30.06.1923, RGZ 107, 100, 102; OLG Düsseldorf v. 12.07.1959, GRUR 1961, 459 – *Rückblickspiegel*.

## D. Abgrenzung zum Design- und Urheberrecht § 2

gegenstand jeweils ein anderer ist (abstrakte technische Lehre einerseits und Schutz der Erscheinungsform andererseits). Objektiv ausschließlich durch deren technische Funktion bedingte Formgestaltungen sind aber vom Designschutz ausgeschlossen[153] (§ 3 Abs. 1 Nr. 1 DesignG); Gleiches gilt im Grundsatz für Verbindungselemente (§ 3 Abs. 1 Nr. 2 DesignG). Ausschließlich technisch bedingt ist die Erscheinungsform eines Erzeugnisses aber nur dann, wenn die darin verwirklichte technische Problemlösung **notwendigerweise** gerade zu dieser Erscheinungsform führt.[154] Ein Zusammentreffen von Design und Gebrauchsmuster kommt dann in Betracht, wenn der designfähige Entwurf zugleich eine schutzfähige technische Gestaltung verwirklicht[155] bzw. eine technische Gestaltung und die ästhetische Form in einem Erzeugnis verbunden sein.[156] Nur in solchen Fällen kann es sich zugleich um Erfindungen i.S.d. § 2 ArbEG handeln, so dass dann hinsichtlich dieses technischen Teils die gesamten Rechte und Pflichten des ArbEG gelten. Macht der Arbeitgeber von seinem Inanspruchnahmerecht keinen Gebrauch, verbleibt es bei seinem Nutzungsrecht nach § 7 Abs. 2 DesignG;[157] Ansonsten ist eine designschutzfähige Schöpfung dem Anwendungsbereich des ArbEG entzogen (s. § 1 Rdn. 5).

Ebenfalls keine schutzfähigen Erfindungen i.s.d. § 2 ArbEG stellen **urheberschutzfähige**, individuelle **Leistungen** dar, soweit ihnen nicht ausnahmsweise daneben Patent- oder Gebrauchsmusterschutz zukommt (Näheres s. § 1 Rdn. 3 f.; zu Computerprogrammen s. § 2 Rdn. 7). 29

---

153 S. hierzu zum GeschmMG a.F. BGH v. 22.04.2010, GRUR 2010, 718 – *Verlängerte Limousinen* u. v. 01.10.1980, GRUR 1981, 269 – Haushaltsschneidemaschine II.
154 Kraßer/Ann, PatR § 2 Rn. 33 (zu § 3 Abs. 1 Nr. 1 DesignG).
155 Eichmann/v. Falckenstein/Kühne, DesignG, § 7 Rn. 16.
156 Vgl. Benkard/Goebel/Engel, PatG Rn. 5b vor § 1 GebrMG m.w.N. Zu GeschmMG a.F. s. BGH v. 01.10.1980, GRUR 1981, 269, 271 – *Haushaltsschneidemaschine II*; Lidle, GRUR 1965, 223.
157 Bartenbach/Volz/Kelter in Festschr. Mes (2009), 11, 29 ff. Bei eigenen Schutzrechtsanmeldungen kann dann der Arbeitnehmer – nach der hier vertretenen Auffassung – seine patentrechtlichen Befugnisse ggü. Dritten durchsetzen, nicht aber ggü. dem Arbeitgeber.

# Einleitung vor § 3

1 Das **ArbEG regelt technische Verbesserungsvorschläge** neben der Begriffsbestimmung in § 3 nur sehr eingeschränkt, und zwar nur hinsichtlich des Anwendungsbereichs (§ 1), der Vergütung (§ 20), der Zulässigkeit darauf bezogener Individualabreden (§ 22) sowie der Anwendbarkeit dieser Vorschriften auf den öffentlichen Dienst (§§ 40, 41). Darüber hinaus finden über § 20 Abs. 1 die Bestimmungen der §§ 12, 23, 25, 26 auch auf qualifizierte technische Verbesserungsvorschläge – bezogen auf deren Vergütung – Anwendung. Dagegen scheidet bei den auf schutzfähige Erfindungen i.S.d. § 2 bezogenen Vorschriften grds. eine – auch analoge – Anwendbarkeit auf technische Verbesserungsvorschläge aus (s. a. § 20 Rdn. 51). Das bestätigt die Übergangsregelung zur ArbEG-Reform in § 43 Abs. 3 Satz 2. Dementsprechend kann der Arbeitgeber beispielsweise die Verwertung eines qualifizierten Verbesserungsvorschlags unterlassen oder einstellen, ohne diesen – wie bei Diensterfindungen (auch bei Zweifeln an der Schutzfähigkeit, s. § 6 n.F. Rdn. 26 ff., § 8 n.F. Rdn. 3 u. § 16 Rdn. 9) – nach § 8 dem Arbeitnehmer freigeben oder nach § 16 anbieten zu müssen[1] (s. auch § 20 Rdn. 31).

2 Der i.R.d. **ArbEG-Reform** zunächst angedachte Wegfall aller gesetzlichen Vorgaben zu technischen Verbesserungsvorschlägen zugunsten arbeitsrechtlicher Kollektivregelungen hat sich nicht realisieren lassen (s. Einl. Rdn. 41). Das betraf den angedachten Verzicht auf die Regelungen in §§ 3, 20 und 23, also im Wesentlichen die gesetzliche Vergütung sog. qualifizierter technischer Verbesserungsvorschläge; damit verbunden waren redaktionelle Folgeänderungen in den §§ 1, 30 Abs. 3 Satz 1, § 40 Nr. 2 und § 41. Die Entscheidung, an den gesetzlichen Vorgaben für den Bereich der nicht patent- bzw. gebrauchsmusterfähigen technischen Neuerungen unverändert fest zu halten, ist im Interesse einer Verwirklichung der anderweitigen Reformziele zwar nachvollziehbar. Allerdings ist unverkennbar, dass der 1957 – auf Wunsch der Arbeitnehmerseite – im Gesetzgebungsverfahren zum ArbEG aufgenommene Vergütungsanspruch für monopolartige, nicht schutzfähige technische Neuerungen[2] in den vergangenen Jahrzehnten der Praxis mehr Probleme und streitige Auseinandersetzungen als Vorteile gebracht hat.

3 Die **praktische Relevanz der ArbEG-Regelungen über technische Verbesserungsvorschläge** ist relativ gering, nachdem §§ 20 Abs. 2, 40 Nr. 2 für einfache technische Verbesserungsvorschläge die kollektivrechtlichen Rege-

---

1 Vgl. dazu auch Boemke/Kursawe/Hoppe-Jänisch Rn. 23 f. zu § 16.
2 S. Ausschussber. zu BT-Drucks. II/3327 S. 7 = BlPMZ 1957, 253.

lungsmöglichkeiten klarstellen. Geringe praktische Bedeutung hat auch der **Vergütungsanspruch aus § 20 Abs. 1 ArbEG.** Das gilt nicht zuletzt angesichts der vom Gesetz geforderten Qualifizierungsmerkmale, für die der Arbeitnehmer darlegungs- und beweispflichtig ist. Die Bedeutung des § 20 Abs. 1 steht jedenfalls in keinem Verhältnis zu den rechtlichen und faktischen Problemen, die die Vorschriften aufwerfen. Das beginnt bereits bei der schwierigen Differenzierung zwischen qualifizierten und einfachen technischen Verbesserungsvorschlägen (zur Abgrenzung s. § 20 Rdn. 11 ff.). Weitere Schwierigkeiten ergeben sich für die Arbeitsvertragsparteien i.R.d. Vergütung und deren Regelung. Hier sind bei qualifizierten Verbesserungsvorschlägen die §§ 9 und 12 sinngemäß anzuwenden (§ 20 Abs. 1 Satz 2 Rdn. 32). Einer von den Arbeitsvertragsparteien u. U. angestrebten Annäherung an die Regeln zum betrieblichen Vorschlagswesen steht bereits die grundsätzliche Unabdingbarkeitsschranke des § 22 entgegen. Bei der komplexen Bemessung der Vergütungshöhe nach § 20 Abs. 1 hat die Praxis nicht selten gezeigt, dass die Prämien für einfache Verbesserungsvorschläge aus wirtschaftlicher Sicht durchaus eine Alternative gewesen wären. Die Notwendigkeit zur Differenzierung betrifft aber auch die Betriebsparteien, deren Regelungskompetenz die Vergütung qualifizierter Verbesserungsvorschläge entzogen ist (s. Rn.: 50 zu § 20). Ein Verzicht auf die Sonderregelungen für qualifizierte Verbesserungsvorschläge hätte der praktischen Bedeutung des betrieblichen Vorschlagswesens[3] Rechnung getragen, die Stellung der Betriebsparteien gestärkt, diesem Rechtsbereich den verdienten Vorrang eingeräumt und die Möglichkeit eröffnet, uneingeschränkt spezifische und betriebsbezogene Regelungen zu treffen. Darüber hinaus sind die Gerichte angesichts der unterschiedlichen Zuständigkeiten nach § 2 ArbGG und § 39 ArbEG gezwungen, im Einzelfall die Abgrenzung zwischen schutzfähiger Erfindung und (qualifiziertem) technischem Verbesserungsvorschlag zu beachten (s. § 39 Rdn. 31 ff.).

In der Praxis sind die Fälle nicht selten, in denen der Arbeitnehmer eine **4** **schutzfähige Diensterfindung** – ohne weitere Hinweise – entgegen seinen Verpflichtungen aus § 5 nicht förmlich als Diensterfindung meldet, sondern lediglich **als technischen Verbesserungsvorschlag mitteilt.** Dies löst im Regelfall nicht die an eine ordnungsgemäße Meldung anknüpfenden Rechtsfolgen aus (s. § 5 Rdn. 43.1). Auch besteht u. E. keine grundsätzliche Prüfungspflicht des Arbeitgebers (s. § 3 Rdn. 24). In der Behandlung einer nicht formgerecht nach § 5 Abs. 1 gemeldeten Diensterfindung als Verbesserungs-

---

3 Vgl. u.a. Bartenbach/Volz, Praxisleitfaden, Rn. 20.

## Einleitung vor § 3

vorschlag liegt grundsätzlich **keine Inanspruchnahme**[4] (s. auch § 5 Rdn. 39 u. § 6 a.F. Rdn. 35). Aufgrund seines fehlerhaften Vorgehens hat der Arbeitnehmer die weitere tatsächliche und rechtliche, insb. vergütungsrechtliche Behandlung, grds. zu vertreten[5] (zu den Ausnahmen s. § 5 Rdn. 43.2). Dabei ist zu differenzieren:

5 Erfolgt einvernehmlich eine **Behandlung nach dem betrieblichen Vorschlagswesen (Ideenmanagement)**, stehen dem Arbeitgeber die sich bei Verbesserungsvorschlägen ergebenden Verwertungsrechte (s. § 3 Rdn. 26 f.) und dem Arbeitnehmer die Vergütungs- bzw. Prämienansprüche nach der betrieblichen Regelung zu[6] (s. dazu § 20 Rdn. 60 f., 65 f.); ein Vergütungsanspruch nach § 20 Abs. 1 scheidet aus, es sei denn, im Ausnahmefall sind die dortigen Qualifizierungsmerkmale erfüllt (s. § 20 Rdn. 11 ff.; auch eine (zusätzliche) Vergütung nach § 9 scheidet bei identischer Benutzungslage u. E. aus[7] . Die Vergütung als Verbesserungsvorschlag anstelle einer Vergütung nach § 9 ist auch deshalb gerechtfertigt, weil die Neuerung wegen ihres fehlenden Monopolschutzes und ihres innerbetrieblichen Einsatzes nicht die mit einem Schutzrecht verbundenen Vorteile und Rechtspositionen vermittelt. Zur zulässigen Vereinbarung über die Schutzfähigkeit s. § 2 Rdn. 14.

6 Folgt dieser Mitteilung **später eine Meldung derselben technischen Lehre als Diensterfindung**, so ist danach zu differenzieren, ob eine Inanspruchnahme des Arbeitgebers (durch ausdrückliche Erklärung oder Eintritt der Fiktionswirkung) erfolgt oder nicht. **Bei Inanspruchnahme** bestimmt sich der Vergütungsanspruch zwar nach § 9, allerdings begrenzt auf die **zusätzlichen wirtschaftlichen Vorteile des Arbeitgebers** aus der (nunmehrigen) Schutzrechtsposition.[8] Denn der Arbeitgeber, der eine Diensterfindung in Anspruch nimmt, will damit i.d.R. über sein Nutzungsrecht an dem Verbesserungsvorschlag hinaus weitergehende Rechte (Ausschlussrechte, ggf. auch im Ausland) erhalten.

---

4 Busse/Keukenschrijver, PatG (7. Aufl.), Rn. 10 zu § 6 m. H. a. OLG München v. 26.06.2008, InstGE 10, 87.
5 So im Ergebn. auch Schiedsst. v. 21.06.2006 – Arb.Erf. 38/05 (Datenbank); v. 24.01.2018 – Arb.Erf. 39/16, (vorg. f. www.dpma.de).
6 Schiedsst. v. 21.06.2006 – Arb.Erf. 38/05 (Datenbank); vgl. auch Schiedsst. v. 25.07.2017 – Arb.Erf. 13/16; v. 12.09.2017 – Arb.Erf. 05/16, (beide www.dpma.de); v. 24.01.2018 – Arb.Erf. 39/16, (vorg. f. www.dpma.de).
7 Im Ergebn. so auch Schiedsst. v. 24.01.2018 – Arb.Erf. 39/16, (vorg. f. www.dpma.de). Zu § 20 Abs. 1 s. Schiedsst. v. 20.03.2003, Mitt. 2003, 559 f.
8 Im Ergebn. auch Schiedsst. v. 25.07.2017 – Arb.Erf. 13/16, (www.dpma.de).

# Einleitung vor § 3

Dementsprechend sind dann auch nur solche **über** die Verwertung als **Verbesserungsvorschlag hinausgehenden Nutzungen** (z.B. Nutzung in geschützten Auslandsstaaten, Lizenzierung oder Verkauf der Schutzrechtspositionen, Schadensersatzansprüche aus Schutzrechtsverletzungen, Sperrwirkung usw.), die also nicht mehr auf dem mitgeteilten Verbesserungsvorschlag beruhen, nach dem ArbEG vergütungspflichtig.[9] Diese wirtschaftlichen Vorteile sind nicht mehr von der auf die innerbetrieblichen Vorteile abstellenden Verbesserungsvorschlagsprämie umfasst. Solange der Arbeitgeber diese Ausschlussrechte noch nicht nutzt, kommt eine Vergütung als Vorratspatent nach Maßgabe der RL Nr. 21 in Betracht.[10]  6.1

Soweit dagegen die betriebliche **Benutzung** des Erfindungsgegenstandes **mit** der Verwertung als **Verbesserungsvorschlag identisch** ist und damit keine zusätzlichen wirtschaftlichen Vorteile vermittelt werden, schließt u. E. der Anspruch auf Gewährung einer Verbesserungsvorschlagsprämie eine Erfindervergütung sowohl für die Vergangenheit als auch für die Zukunft aus.[11] Eine (zusätzliche bzw. mit der Vorschlagsprämie zu verrechnende) Erfindervergütung scheidet schon deshalb aus, weil der Arbeitgeber i.R.d. innerbetrieblichen Nutzung keine andere technische Lehre nutzt als die aus dem ihm mitgeteilten Verbesserungsvorschlag und dem daraus folgenden Verwertungsrecht (s. § 3 Rdn. 26). Das Nutzungsrecht, das die spätere Meldung und Inanspruchnahme der technischen Neuerung, vermittelt, ist nicht (mehr) **kausal** für die dem Arbeitgeber bereits mit dem Verbesserungsvorschlag vermittelte Nutzungssituation, d.h. es vermittelt ihm hinsichtlich der Eigennutzung keine zusätzlichen wirtschaftlichen Vorteile und es verbleibt insoweit bei der Prämierung als Verbesserungsvorschlag.[12] Das ist auch nicht unbillig, zumal der Arbeitnehmer mit der Mitteilung einer technischen Lehre als Verbesserungsvorschlag die wei-  6.2

---

9 Bartenbach/Volz/Kelter Festschr. Mes (2009), 11, 17 f. Im Ergebn. bestätigend Schiedsst. v. 25.07.2017 – Arb.Erf. 13/16, u. v. 12.09.2017 – Arb.Erf. 05/16, (beide www.dpma.de); vgl. (aber) auch Schiedsst. v. 30.01.2018 – Arb.Erf. 36/16, (vorg. f. www.dpma.de).
10 Schiedsst. v. 21.06.2006 – Arb.Erf. 38/05, (Datenbank).
11 Ebenso Schiedsst. v. 21.06.2006 – Arb.Erf. 38/05, (Datenbank); zust. Keukenschrijver in Busse/Keukenschrijver, PatG, Rn. 6 zu § 20 m. w. Nachw.; s. (aber) auch Melullis, GRUR 2001, 684 ff.; Schwab, Arbeitnehmererfindungsrecht, Anhang zu § 20 Rn. 36, 40.
12 Schiedsst. v. 02.02.1999 – Arb.Erf. 43/97; v. 22.10.2004 – Arb.Erf. 79/02; v. 10.11.2005 – Arb.Erf. 93/04, u. v. 15.10.2009 – Arb.Erf. 44/08, (sämt. unveröffentl.); v. 21.06.2006 – Arb.Erf. 38/05, (Datenbank); ebenso Bartenbach/Volz/Kelter, FS Mes (2009), S. 11, 17 ff.

teren Rechtsfolgen bestimmt hat und es legitim ist, ihn an den Gehalt seiner Erklärung zu binden.

Stimmt der Arbeitnehmer einer **Nichtanmeldung** der Diensterfindung zum Schutzrecht im Inland **zu**, entfällt die diesbezüglich grds. bestehende Anmeldepflicht des Arbeitgebers nach § 13 Abs. 2 Nr. 2 ArbEG mit der Folge, dass es bei der Behandlung und Vergütung der technischen Neuerung als Verbesserungsvorschlag sein Bewenden hat.[13]

6.3 Auch wenn streitig ist, ob der gesetzliche Anspruch aus § 9 durch die vorherige Behandlung als Verbesserungsvorschlag und dessen (abschließende) Prämierung verdrängt werden kann, dürfte unstreitig sein, dass **Nutzungen des Verbesserungsvorschlags vor der Erfindungsmeldung** einen Anspruch auf eine Verbesserungsvorschlagsprämie auslösen und nicht auf eine Vergütung nach § 9.

6.4 Soweit **Vorschlagsprämie** und Erfindervergütung zusammentreffen, stellt sich die Frage der Anrechnung: Im Grundsatz ist der Schiedsstelle dahin zu folgen, dass aus rechtssystematischen Gründen eine **Anrechnung** der Verbesserungsvorschlagsprämie auf den Erfindervergütungsanspruch **nicht in Betracht** kommt.[14] Etwas anderes gilt dann, wenn die innerbetriebliche Prämienregelung zum Vorschlagswesen vorsieht, dass bei nachfolgender Behandlung als schutzfähige Erfindung eine »Nachprämierung« erfolgen solle.[15]

Ein Recht zur **Verrechnung einer Verbesserungsvorschlagsprämie** besteht selbstverständlich auch dann, wenn die Arbeitsvertragsparteien dies vereinbart haben, was auch vor Erfindungsmeldung zulässig ist;[16] denkbar ist auch eine entsprechende kollektivrechtliche Regelung (Betriebsvereinbarung). § 22 steht dem u. E. nicht entgegen, da es im Ergebnis nicht um eine Minderung von Erfinderansprüchen, sondern um eine Rückabwicklung im Bereich des Vorschlagswesens geht.

---

13 Bartenbach/Volz/Kelter Festschr. Mes (2009), 11, 17 f.; im Ergebn. ebenso Schiedsst. v. 20.03.2003, Mitt. 2003, 559 f.
14 S. hierzu Schiedsst. v. 02.02.1999 – Arb.Erf. 43/97; v. 22.10.2004 – Arb.Erf. 79/02; v. 20.11.2005 – Arb.Erf. 94/03 (alle in Datenbank). v. 20.03.2003, Mitt. 2003, 559, 560; v. 21.06.2006 – Arb.Erf. 38/05, u. v. 17.04.2007 – Arb.Erf. 7/06, (beide unveröffentl.).
15 Schiedsst. v. 21.06.2006 – Arb.Erf. 38/05, (Datenbank).
16 Im Ergebnis so auch Schiedsst. v. 17.04.2007 – Arb.Erf. 7/06, (Datenbank), dort auch zur Zulässigkeit einer Verrechnungsvereinbarung unter dem Aspekt der §§ 22, 23 ArbEG; ebenso EV v. 09.12.2008 – Arb.Erf. 19/08, (unveröffentl.). S. auch Schiedsst. v. 10.11.2005 – Arb.Erf. 94/03, (Datenbank).

**Unterbleibt eine Inanspruchnahme** und wird die Diensterfindung frei, sei es 7
bei einer Meldung vor dem 01.10.2009 wegen Versäumens der fristgerechten
Inanspruchnahme nach §§ 6 Abs. 2, 8 oder wegen ausdrücklicher Freigabe
nach § 6 Abs. 2 ArbEG n.F., etwa, weil der Arbeitgeber die Erfindung nicht für
schutzfähig hält, oder weil ihm die Eigennutzung als Verbesserungsvorschlag
ausreicht, so ist streitig, inwieweit sich bei Schutzrechtserwerb durch den
Arbeitnehmer Verbietungs- und Vergütungsansprüche für selbigen ggü. dem
den Verbesserungsvorschlag verwertenden Arbeitgeber ergeben. Nach hiesiger
Auffassung behält der Arbeitgeber – entgegen verbreiteter Auffassung[17] – sein
Nutzungsrecht aus dem gemeldeten Verbesserungsvorschlag, sodass dem
Arbeitnehmer ggü. dem Arbeitgeber keine Verbietungsrechte zustehen, sondern nur ggü. Dritten.[18] Würde ein Dritter prioritätsgleiche Schutzrechtspositionen z.b. bei einer Doppelerfindung erwerben, könnte sich der Arbeitgeber
diesem ggü. auf ein Vorbenutzungsrecht nach § 12 PatG wegen der Nutzung
des Gegenstandes des Verbesserungsvorschlags berufen[19]; es ist nicht erkennbar, warum er dieses Nutzungsrecht im Verhältnis zu seinem Arbeitnehmer
verlieren sollte, der ihm bereits mit dem Verbesserungsvorschlag ein zeitlich
unbefristetes Nutzungsrecht vermittelt hat. Auch ansonsten ist nicht ersichtlich, warum der Arbeitgeber das zunächst erworbene Nutzungsrecht aus dem
Verbesserungsvorschlag verlieren soll. Dabei ist gleichgültig, ob es sich nach
der ursprünglichen Wertung um einen qualifizierten oder einfachen Verbesserungsvorschlag gehandelt hat. Spätestens durch die Prämierung einer zunächst
als einfacher Verbesserungsvorschlag eingereichten technischen Lehre erwirbt
der Arbeitgeber ein dauerhaftes einfaches Nutzungsrecht, welches u. E. nicht
dadurch entzogen wird, dass diese technische Lehre später als Erfindung gemel-

---

17 Dafür LG München v. 17.01.2007, InstGE 8, 136 – *Keramikschneidwerkzeug II* u. bestätigend OLG München v. 26.06.2008, InstGE 10, 87 mit bestätigender Anm. Eck, Mitt. 2009, 367. Zu Unrecht geht das LG München davon aus, dass die »Nutzung eines Verbesserungsvorschlags mit der Nutzung einer patentierten Erfindung nicht zu vergleichen« sei.
18 Bartenbach/Volz/Kelter, Festschr. Mes (2009), 11, 17, 20 ff. S.a. Ohly, Mitt. 2006, 241 – zur Wirkung prioritätsgleicher Patente m.d.H., dass auch bei erteilten Patenten Besitzstände anderer Berücksichtigung verdienen.
19 Vgl. dazu allg. OLG Düsseldorf v. 08.03.2012, GRUR-RR 2012, 319, 321 – Einstiegshilfe für Kanalöffnungen.

### Einleitung vor § 3

det und vom Arbeitgeber insoweit freigegeben wird.[20] Auch weiter gehende Zahlungs- oder Ersatzansprüche gegen den Arbeitgeber wegen Verwertung des (bisherigen) Verbesserungsvorschlages scheiden aus, da er keine andere technische Lehre als jene nutzt, an der er bereits kraft Mitteilung als Verbesserungsvorschlag eine dauerhafte Benutzungsberechtigung hat.[21]

---

20 Ebenso Schiedsst. v. 07.10.1999 – Arb.Erf. 43/98, u. v. 02.02.1999 – Arb.Erf. 43/97, (beide unveröffentl.); ausf. hierzu Bartenbach/Volz/Kelter, Festschr. Mes (2009), 11; a.A. OLG München v. 26.06.2008, InstGE 10, 87, 91 ff. – *Keramikschneidwerkzeug II*.
21 Schiedsst. v. 21.06.2006 – Arb.Erf. 38/0,5 (Datenbank).

# § 3 Technische Verbesserungsvorschläge

**Technische Verbesserungsvorschläge im Sinne dieses Gesetzes sind Vorschläge für sonstige technische Neuerungen, die nicht patent- oder gebrauchsmusterfähig sind.**

Lit.:
*Bartenbach/Volz/Kelter*, Identischer technischer Gegenstand und die erfinderrechtlichen Wirkungen unterschiedlicher (Schutz-)Rechte, Festschr. Mes (2009), 11; *Danner*, ArbEG, techn. VV u. betr. Vorschlagswesen, GRUR 1984, 565; *Dörner*, Zum »qualifizierten« techn. Verbesserungsvorschlag, GRUR 1963, 72; *Einsele*, Abgrenzung VV zur Erfindung, Betriebl. Vorschl.wesen 1989, 178; *ders.*, Spannungsfeld Verbesserungsvorschläge – Erfindungen im Erfindungsumfeld 200X, Festschr. Bartenbach (2005), 89; *Emmert*, Techn. Verbesserungsvorschläge v. ArbN in arbeitsrechtl. Sicht, Diss. Bielefeld 1982; *Gaul*, Der VV i.S. Abgrenzung z. Arb.NErf., BB 1983, 1357 ff.; *ders.*, Gemeinsamkeiten u. Unterschiede v. schutzwürdigen Erf. u. VV, GRUR 1984, 713; *Gaul/Bartenbach*, Die kollektivrechtl. Ordnung d. betr. Vorschlagswesens DB 1980, 1843; dies. Individualrechtl. Rechtsprobleme betriebl. Verbesserungsvorschläge DB 1978, 1161; *Hagen*, Über techn. Verbesserungsvorschläge, GRUR 1959, 163; *Halbach*, Die Pflicht z. Mitteilung v. techn. Verbesserungsvorschlägen, AuR 1960, 371; *Hartung*, Die Vergütung der VV, Diss. Köln 1979; *Hubmann*, Das Recht am Arbeitsergebnis, Festschr. f. Hueck, 1959, S. 43; *Krauss*, Das betriebl. Vorschlagswesen aus rechtl. Sicht, 1977 (= Abh. z. Arb.- u. WirtschaftsR Bd. 32); *Martin*, Die arbeitsrechtl. Behandlung betriebl. Verbesserungsvorschläge unter Berücksichtigung immaterialgüterrechtlicher Grundlagen, 2003; *May*, Der Verbesserungsvorschlag als Erfindungsanmeldung, BB 1960, 628; *Mönig*, Der techn. Verbesserungsvorschlag i.S. von § 20 Abs. 1 ArbEG, GRUR 1972, 518; *Pleyer*, Vermögens- u. persönlichkeitsrechtl. Probleme d. betriebl. Vorschlagswesens i. d. BRD u. d. Neuererbewegung i.d. DDR, Festschr. f. Pedrazzini (1990), S. 449; *Röpke*, Arbeitsrechtl. Verpflichtungen b. Verbesserungsvorschlägen, DB 1962, 369, 406; *Schultz-Süchting*, Der techn. Verbesserungsvorschlag i. System d. ArbEG, GRUR 1973, 293; *Troidl*, Techn. Verbesserungsvorschläge, BB 1974, 468; *Voigt*, Zum »techn. Verbesserungsvorschlag« nach d. Ges. ü. ArbNErf., BB 1969, 1310; *Volmer*, Zur Problematik des techn. Verbesserungsvorschlags, BB 1960, 1332; *Wisskirchen/Bissels/Domke*, Japanische Produktionsmethoden: Kaizen, Kaban & Co. im Lichte d. betriebl. Mitbestimmung, BB 2008, 890. S. auch Lit. vor § 1 und bei §§ 2, 9, 20.

Übersicht | Rdn.
---|---
A. Allgemeines | 1
B. Begriff des technischen Verbesserungsvorschlages | 3
I. Technische Neuerung als Oberbegriff | 4
II. Keine Patent- oder Gebrauchsmusterfähigkeit, Betriebs-/Unternehmensbezogenheit | 9
III. Fälle des technischen Verbesserungsvorschlages | 18
IV. Persönlichkeitsrecht | 25
C. Zuordnung des technischen Verbesserungsvorschlages zum Arbeitgeber | 26

|  | Rdn. |
|---|---|
| D. Mitteilungspflicht des Arbeitnehmers | 28 |
| E. Schutz des technischen Verbesserungsvorschlages | 31 |
| F. Vergütung | 33 |

## A. Allgemeines

1 Von der näheren Regelung technischer Verbesserungsvorschläge im ArbEG hatte der RegE von 1955 – im Gegensatz zum RegE von 1952 – abgesehen, um diese Materie ausschließlich den Tarif- bzw. Betriebsparteien zu überlassen.[1] Durch die Ausweitung des jetzigen § 20 (s. dazu § 20 Rdn. 1) war aber zur Klarstellung eine Aufnahme in den »ersten Abschnitt« des ArbEG (Begriffsbestimmungen) notwendig geworden.[2] Das Institut des technischen Verbesserungsvorschlages war auch im früheren Recht unter der DVO 1943 anerkannt; § 5 Abs. 6 DVO stellte aber lediglich klar, dass für (technische) Verbesserungsvorschläge eine Belohnung gewährt werden konnte. § 3 ist bei der ArbEG-Novelle 2009 (s. Einl. Rdn. 9) unverändert geblieben. Zwischenzeitliche Bestrebungen anlässlich der **ArbEG-Reform**, auf diesen Regelungskomplex im ArbEG zugunsten kollektivrechtlicher Regelungen gänzlich zu verzichten, haben sich nicht realisiert (s. vor § 3 Rdn. 1 f.).

2 Das ArbEG enthält bewusst (vgl. § 20 Abs. 2) nur wenige Regelungen über technische Verbesserungsvorschläge, so dass die **Geltung des ArbEG** stark **begrenzt** ist und sich im Wesentlichen auf die Vergütung sog. qualifizierter technischer Verbesserungsvorschläge nach § 20 Abs. 1 beschränkt (s. im Übrigen vor § 3 Rdn. 1 ff.). Gem. § 11 Abs. 7 AÜG gilt bei der gewerbsmäßigen **Arbeitnehmerüberlassung** (s. dazu § 1 Rdn. 59 ff.) der Entleiher als Arbeitgeber i.S.d. ArbEG auch in Bezug auf technische Verbesserungsvorschläge jeder Art.

Auf Neuerervorschläge aus der Zeit der **ehemaligen DDR**[3] findet das ArbEG (§§ 3, 20) keine Anwendung (s. 4. Voraufl. Rn. 2.1 zu § 3). Für die in den neuen Bundesländern seit dem 03.10.1990 fertiggestellten (qualifizierten) technischen Verbesserungsvorschläge gilt uneingeschränkt das ArbEG.

---

1 Vgl. Amtl. Begründung BT-Drucks. II/1648 S. 18 = BlPMZ 1957, 228.
2 Vgl. Ausschussbericht zu BT-Drucks. II/3327 S. 4 = BlPMZ 1957, 251.
3 Vgl. dazu u.a. Pleyer in Festschr. Pedrazzini (1990) S. 449 ff.; Möller, Übergangsbestimmungen f. ArbNErf. i. d. neuen Bundesländern (1996), S. 10 ff. m.w.N.

Zum Schiedsstellenverfahren s. § 20 Rdn. 63 u. § 28 Rdn. 22, zum gerichtlichen Verfahren s. § 39 Rdn. 11, 20, 27 ff.; zu den Besonderheiten bei mehreren Vorschlagenden s. § 20 Rdn. 48 f.

## B. Begriff des technischen Verbesserungsvorschlages

Nach der Legaldefinition des § 3 sind technische Verbesserungsvorschläge solche Vorschläge für sonstige technische Neuerungen, die nicht patent- oder gebrauchsmusterfähig i.S.d. deutschen Rechts (s. dazu § 2 Rdn. 1) sind. Der Begriff des Vorschlages indiziert das Aufzeigen der Lösung eines (technischen) Problems, sodass das (bloße) Erkennen eines bestimmten Mangels oder Bedürfnisses und dessen Mitteilung für sich allein grds. noch keinen Vorschlag für eine Verbesserung darstellen können[4] (vgl. auch § 3 Rdn. 5, 7, 17).

### I. Technische Neuerung als Oberbegriff

Dem Wortlaut zufolge ordnet § 3 die schutzfähige Erfindung einerseits und den technischen Verbesserungsvorschlag andererseits dem Oberbegriff »technische Neuerung« unter.[5]

Ausgehend vom allgemeinen Sprachgebrauch[6] indiziert der Begriff der **Neuerung** eine menschliche Tätigkeit, die darauf hinzielt, etwas »Neues« im weiteren Sinne zu schaffen, zu entwickeln. Die Neuerung setzt also – ebenso wie der Begriff des »Verbesserungsvorschlags« (s. § 3 Rdn. 3) – nach der hier vertretenen Auffassung eine individuelle, schöpferische Geistesleistung des einzelnen voraus (s. § 3 Rdn. 8), die über das bloße Auffinden von Vorhandenem, Vorgegebenem, d.h. ein **Entdecken, hinausgehen** muss[7] (s. auch § 3 Rdn. 10). Dabei kann sich der Maßstab des »Neuen« begrifflich von dem absolut Neuen, also für jedermann Unbekannten, bis hin zum relativ Neuen spannen, was sich letztlich auf das für eine Einzelperson Unbekannte (subjektiv Neue) zu reduzieren vermag.

Zugleich beinhaltet bereits der Begriff der Neuerung die Anregung eines oder mehrerer Arbeitnehmer zur **Verbesserung** eines vorhandenen Zustandes[8] bzw.

---

4 Schiedsst. v. 12.12.1973 – Arb. Erf. 35/73, (unveröffentl.).
5 Vgl. Volmer, RdA 1957, 166, 170 u. ders., BB 1960, 1332.
6 Vgl. dazu Wahrig, Deutsches Wörterbuch (2008), S. 1096.
7 Zust. HK-ArbR/Kronisch, § 3 ArbEG Rn. 1; insoweit im Ergebn. wie hier bereits Krauss Betriebl. Vorschlagswesen (1977) S. 29; Dörner, GRUR 1963, 72, 73. A.A. Volmer, RdA 1957, 166, 170 u. ders., BB 1960, 1332 u. Rn. 1 zu § 3; Gaul, BB 1983, 1357, 1358 u. Volmer/Gaul Rn. 7, 85 zu § 3.
8 Vgl. auch Wahrig, Deutsches Wörterbuch (2008), S. 1096.

des **Ist-Zustandes**[9]. Davon geht auch die begriffliche Gleichstellung der Neuerung mit dem Verbesserungsvorschlag in § 3 aus.

6 Durch den Bezugspunkt »**Technik**« ist auch für die Neuerung eine Nutzbarmachung der belebten und unbelebten Natur mittels Anwendung von Naturgesetzlichkeiten bzw. Einsatzes beherrschbarer Naturkräfte erforderlich (zum Begriff der Technik s. § 2 Rdn. 4). Dementsprechend hat die *Schiedsstelle* zutreffend in ständiger Praxis hervorgehoben, dass der patentrechtliche Begriff der »Technik« auch für den technischen Verbesserungsvorschlag gilt.[10]

Damit findet das ArbEG auf nichttechnische, insb. kaufmännische, organisatorische oder werbemäßige Verbesserungsvorschläge keine (analoge) Anwendung (s. § 3 Rdn. 22, dort auch zu den Einzelfällen).

7 Der Begriff des **Vorschlages** indiziert die Darstellung und Übermittlung – sei es mündlich oder schriftlich – der Lösungsmöglichkeit für ein bestimmtes (technisches) Bedürfnis, Problem bzw. für eine konkrete Aufgabe (zur Mitteilung s. § 3 Rdn. 28 ff.); er zielt auf eine Änderung oder Neuerung des gegenwärtigen Zustands des Betriebes, und zwar bezogen auf das »Ob« und »Wie«.[11] Dementsprechend reichen das bloße Erkennen eines bestimmten Mangels bzw. Bedürfnisses und dessen Mitteilung für sich allein ebenso wenig aus[12] (s.a. § 3 Rdn. 10) wie bloße pauschale Zielvorstellungen zu einem technischen Problem.[13]

Hinzutreten muss vielmehr das **nachvollziehbare Aufzeigen eines Lösungsweges** für ein bestimmtes (technisches) Problem[14] und damit das Darlegen eines ausschöpfbaren technischen Grundgedankens, der zumindest einen Hinweis auf einen eigenständigen Lösungsansatz in sich birgt.[15]

---

9 Wollwert NZA 2012, 889 m.w.N. Das liegt häufig auch ausdrücklich Betriebsvereinbarungen zum Vorschlagswesen zu Grunde, vgl. Bechmann, Ideenmanagement (2013), S. 33 f.
10 Schiedsst. Beschl. v. 24.07.1973 – Arb. Erf. 39/72; EV. v. 21.05.1980 – Arb. Erf. 48/79; v. 05.11.1985 – Arb. Erf. 11/85; v. 07.11.1985 – Arb. Erf. 13/85; v. 30.10.1989 – Arb. Erf. 30/89, u. v. 25.01.1994 – Arb.Erf. 139/92, (alle unveröffentl.).
11 Fitting/Engels/Schmidt/Trebinger/Linsenmaier, BetrVG, § 87 Rn. 540.
12 I.d. Sinne Schiedsst. v. 12.12.1973 – Arb. Erf. 35/73, (unveröffentl.).
13 I.d. Sinne BAG v. 09.05.1995 – 9 AZR 580/93, (WKRS 1995, 27998, Rn. 27 ff.); Schiedsst. v. 12.12.1973 – Arb. Erf. 35/73, (unveröffentl.); vgl. auch LAG Köln v. 16.10.2014 – 7 Sa 943/13, (www.justiz.nrw.de, Rn. 25 ff.).
14 I.d. Sinne bereits Schiedsst. v. 12.12.1973 – Arb. Erf. 35/73, (unveröffentl.).
15 BAG v. 09.05.1995 – 9 AZR 580/93, (WKRS 1995, 27998, Rn. 27, 29 ).

## B. Begriff des technischen Verbesserungsvorschlages § 3

Eine **Neuerung technischer Art** i.S.d. § 3 ist mithin **begrifflich** immer gegeben, wenn jemand aufgrund eines Erkenntnisprozesses einen objektiv nachvollziehbaren Weg zum planmäßigen Handeln aufzeigt, wie unter Einsatz beherrschbarer Naturkräfte bzw. unter Ausnutzung von Naturgesetzlichkeiten ein bisher – absolut oder relativ – nicht bekannter, kausal übersehbarer Erfolg erreicht werden kann. Damit kommt die technische Neuerung dem Begriff der Erfindung im weiteren Sinne gleich (s. dazu § 2 Rdn. 2).

Aus der Unterordnung unter den Oberbegriff der technischen Neuerung folgt auch für den technischen Verbesserungsvorschlag die Notwendigkeit einer **schöpferischen Leistung**[16] (s. auch § 3 Rdn. 5, 7, 10). Damit verbietet es sich, den Begriff des technischen Verbesserungsvorschlags ausschließlich betriebswirtschaftlich zu verstehen.[17] Demzufolge sind auch technische Anregungen und Überlegungen von Mitarbeitern im Rahmen **kontinuierlicher Verbesserungsprozesse (KVP/»Kaizen«)**, also kleinschrittige Verbesserungen bzw. Optimierungen, nicht zwangsläufig bereits technische Verbesserungsvorschläge i.S.d. § 3, können es aber sein[18] (z.B. technische Verbesserung eines Arbeitsverfahrens/Produkts als Ergebnis eines KVP-Prozesses; s.a. § 3 Rdn. 22 u. § 20 Rdn. 57). Aus dem gleichen Grunde besteht zwischen dem technischen Verbesserungsvorschlag als sonstiger technischer Neuerung und der schutzfähigen Erfindung an sich kein Aliud-Verhältnis;[19] vielmehr ist von einem **Stufenverhältnis**[20] auszugehen. Ein solches »Stufenverhältnis« rechtfertigt es aber wegen der in den §§ 2, 3 zum Ausdruck gekommenen Gesetzessystematik mit dem Abgrenzungskriterium der »Schutzfähigkeit« nicht, jede Erfindung bis zur Schutzrechtserteilung als »schutzunfähigen« technischen Verbesserungsvor-

8

---

16 Wie hier Keukenschrijver in Busse/Keukenschrijver, PatG, Rn. 4 zu § 3 ArbEG m.H.a. BAG 11.11.1983 – 3 AZR 483/80. Vgl. auch Schiedsst. v. 06.08.1965, EGR Nr. 1 zu § 3; Kumm, GRUR 1967, 621, 622; Schultz-Süchting, GRUR 1973, 293, 294 f.; BFH v. 25.01.1966, BFHE 84, 466, 470 spricht von »erfinderischer Sonderleistung«; a.A. Volmer, RdA 1957, 166, 170 u. ders., BB 1960, 1332; Volmer/Gaul Rn. 84 f. zu § 3; Krauss, Betriebliches Vorschlagswesen (1977) S. 29.
17 So aber Volmer Rn. 3 zu § 3; Troidl, BB 1974, 468, 469.
18 Vgl. dazu u.a. Pfisterer, AiB 1995, 329 ff.; vgl. ferner Imai, Kaizen – der Schlüssel zum Erfolg der Japaner im Wettbewerb, 11. Aufl. 1993; Wisskirchen/Bissels/Domke BB 2008, 890, 892.
19 So aber Volmer, GRUR 1966, 90; wie hier Schwab, AIB 1999, 445, 448 u. ders. NZA-RR 2015, 225, 226.
20 Haas Vergütungsanspruch (1975) S. 127 ff.; Schultz-Süchting, GRUR 1973, 293, 299 m.w.N.; Reimer/Schade/Schippel/Rother Rn. 3 zu § 3; Volmer/Gaul Rn. 34 ff. zu § 3; zust. auch Boemke/Kursawe/Raif Rn. 24 f. zu § 3.

schlag²¹ (s. § 2 Rdn. 20) oder § 3 als Auffangtatbestand bei unklarer Schutzfähigkeit²² anzusehen.

## II. Keine Patent- oder Gebrauchsmusterfähigkeit, Betriebs-/Unternehmensbezogenheit

9 Die mangelnde Patent- bzw. Gebrauchsmusterfähigkeit (zum Begriff s. § 2 Rdn. 6–11) ist das entscheidende **Abgrenzungskriterium** des technischen Verbesserungsvorschlags zur schutzfähigen Erfindung i.S.d. § 2. Zwar stellt auch der technische Verbesserungsvorschlag als technische Neuerung eine Erfindung im weiteren Sinne dar (s. § 3 Rdn. 7, 10), jedoch fehlen von Anfang an die Schutzvoraussetzungen der §§ 1 ff. PatG, 1 ff. GebrMG. Die mangelnde Patent- und Gebrauchsmusterfähigkeit, drückt sich insbesondere in dem für Verbesserungsvorschläge ausreichenden Unternehmensbezug aus (s. § 3 Rdn. 11 ff.), nicht dagegen im Grad der schöpferischen Leistung (s. § 3 Rdn. 10). Folgerichtig stehen die Vergütungsansprüche für eine schutzfähige Erfindung nach § 9 und für einen qualifizierten technischen Verbesserungsvorschlag nach § 20 Abs. 1 alternativ nebeneinander²³ (s. § 20 Rdn. 9).

Auf welchen **Gründen die Schutzunfähigkeit** letztlich beruht, ist für die Einstufung einer technischen Neuerung als Verbesserungsvorschlag grds. ohne Belang²⁴ (zur vertraglichen Einstufung von Erfindungen als technischer Verbesserungsvorschlag s. § 2 Rdn. 14, 20).

Noch nicht entschieden ist allerdings die Frage, ob als technische Verbesserungsvorschläge auch solche technischen Neuerungen anerkannt werden können, die aus Gründen des Allgemeinwohls bzw. der öffentlichen Sicherheit und Ordnung allgemein **vom Patentschutz ausgeschlossen** sind (vgl. etwa § 1a Abs. 1, §§ 2, 2a Abs. 1 PatG, s. § 2 Rdn. 8). Zwar ließe sich für eine Einbeziehung in § 3 ArbEG der bei technischen Verbesserungsvorschlägen maßgebende Unternehmensbezug und die fehlende Außenwirkung anführen. U. E. dürfte es jedoch jedenfalls für eine Vergütungspflicht nach § 20 Abs. 1 an einer anzuerkennenden schutzrechtsähnlichen Vorzugsstellung fehlen, wenn die bloß faktische Monopolposition des Arbeitgebers nicht zuletzt auf ein allge-

---

21 So aber Danner, Mitt. 1960, 171, 176; Schultz-Süchting, GRUR 1973, 293, 299; ähnl. Haas Vergütungsanspruch (1975) S. 133 f.
22 So aber Melullis, GRUR 2001, 684, 687 f.; Schwab, Arbeitnehmererfindungsrecht, § 3 Rn. 1.
23 Schiedsst. v. 18.07.2012 – Arb.Erf. 30/10, (www.dpma.de, nur LS).
24 Im Ausgangspunkt ebenso Keukenschrijver in Busse/Keukenschrijver, PatG Rn. 2 zu § 3 ArbEG.

## B. Begriff des technischen Verbesserungsvorschlages § 3

meines gesetzliches Verbot eines rechtlichen Monopolschutzes zurückgeht[25] (s. auch § 3 Rdn. 16). Zum Sortenschutz s. § 2 Rdn. 8.

**Namentlich** sind an den **Grad der schöpferischen Leistung** (§ 3 Rdn. 8) keine so hohen Anforderungen wie an eine erfinderische Tätigkeit i.S.d. § 4 PatG zu stellen sind. Ebenso aber wie eine bloße Entdeckung (s. dazu § 2 Rdn. 3, 7 u. § 3 Rdn. 5) keine schöpferische Leistung und damit keinen technischen Verbesserungsvorschlag darstellt, kommt auch dem Kennenlernen und bloßen Vermitteln von Erfahrungswissen Dritter keine Qualität als technischer Verbesserungsvorschlag zu,[26] es sei denn, die Umsetzung auf die konkreten betrieblichen Belange hat ein gewisses Maß an individueller Leistung des Vorschlagenden erfordert (s.a. § 3 Rdn. 5). Nicht ausreichend ist ferner, wenn eine besondere Einsatzmöglichkeit handelsüblicher Waren durch einfaches Ausprobieren ermittelt wird.[27] Dagegen stellt es einen Verbesserungsvorschlag losgelöst von patentrechtlichen Wertungen dar, wenn aufgrund der Neuerung eine erkennbare Qualitäts-/Leistungssteigerung eintritt, ohne dass die konkreten technischen Ursachen bekannt sind.[28]

10

Verfehlt ist allerdings die Auffassung, der Unterschied zwischen Erfindung und Verbesserungsvorschlag liege in den Maßstäben des Grades der schöpferischen Leistung, nach welchen die Neuerung bewertet werde.[29] Verdeutlichen mag das bereits die Kennzeichnung des Miterfinders, an dessen schöpferischen Beitrag auch keine hohen Anforderungen gestellt werden (s. § 5 Rdn. 46 ff.). Entscheidend ist allein die fehlende Patent- bzw. Gebrauchsmusterfähigkeit der technischen Neuerung (s. § 3 Rdn. 9).

Wird der Erfindung eine Schutzfähigkeit nur zuerkannt, wenn die darin enthaltene Lehre zum technischen Handeln sich von dem allgemeinen Stand der Technik hinsichtlich Neuheit und erfinderischer Tätigkeit abhebt (vgl. §§ 1, 3, 4 PatG), so bedarf es zur Kennzeichnung eines technischen Verbesserungsvorschlages als schutzunfähiger technischer Neuerung dieser absoluten Bezugsgröße nicht; ausgehend von der Zielsetzung des ArbEG, im Arbeitsverhältnis geschaffene schöpferische technische Leistungen einer angemessenen Regelung

11

---

25 Im Ergebn. ähnl. Boemke/Kursawe/Nebel Rn. 4 zu § 20 für § 2 Abs. 1 PatG. S. aber auch zu § 1 Abs. 3 PatG im Zusammenhang m. § 17 ArbEG: Schiedsst. v. 09.12.2016 – Arb.Erf. 73/13, (www.dpma,.de); weitergehend ferner Keukenschrijver in Busse/Keukenschrijver, PatG Rn. 2 zu § 3 ArbEG m. H. a. OLG München InstGE 9, 9.
26 A.A. Volmer Rn. 15 zu § 3; Troidl, BB 1974, 468, 469.
27 Schiedsst. v. 06.08.1965, EGR Nr. 1 zu § 3 ArbEG.
28 Vgl. Schiedsst. v. 20.3.2003, Mitt 2003, 559 f.
29 So aber Boemke/Kursawe/Raif Rn. 27 zu § 3.

zuzuführen, kann nur die »**Betriebsebene**« als Anknüpfungspunkt für die **Neuheit** herangezogen werden.[30] Dabei muss sich die »Betriebsbezogenheit« nicht auf den Betrieb als organisatorisch-arbeitstechnische Einheit beschränken, sondern kann den Arbeitsbereich des Unternehmens (zum Unternehmensbegriff s. § 1 Rdn. 101 f.) umfassen; deshalb liegt ein »betrieblicher Verbesserungsvorschlag« auch dann vor, wenn seine Verwirklichung nicht in dem Betrieb, in dem der Arbeitnehmer tätig ist, erfolgen soll und/oder kann, vielmehr eine unternehmensbezogene Aktivität betrifft.[31] Wegen des ungeschriebenen Tatbestandsmerkmals der »**Unternehmensbezogenheit**« kann ein technischer Verbesserungsvorschlag nur vorliegen, wenn eine nicht schutzfähige Lehre zum technischen Handeln den »innerbetrieblichen« Stand der Technik des jeweiligen Unternehmens verbessert; d.h. zunächst, sie muss ggü. den bisherigen »innerbetrieblichen« Arbeiten und Erfahrungen (s. dazu § 4 Rdn. 26 ff.) neu sein; ggf. kann aber auch der Erfahrungsstand kooperierender Unternehmen einzubeziehen sein.[32]

12 Wegen dieser **relativen Neuheit** kann sich je nach dem »innerbetrieblichen« Stand der Technik eine Neuerung in einem Unternehmen als technischer Verbesserungsvorschlag darstellen und in einem anderen nicht; gesteigerte Anforderungen können nur im Hinblick auf die vergütungsrechtlich relevante Frage der Abgrenzung zwischen einfachem und qualifiziertem Verbesserungsvorschlag notwendig sein (s. dazu § 20 Rdn. 52). Ist denkbar, dass – etwa im Hinblick auf geheim gehaltene Erfindungen – der interne Stand der Technik über dem äußeren Stand der Technik liegt, so ergibt sich in solchen Fällen die Konsequenz, dass (vorrangig) eine schutzfähige Erfindung in Betracht kommt, obwohl der betriebsinterne Stand nur geringfügig verbessert wird.

13 Wenn es auch nicht des Erfordernisses eines absoluten technischen Fortschritts wie für die patentrechtliche Schutzfähigkeit bedarf, so indiziert doch der Begriff des »Verbesserungs«-Vorschlages, dass die technische Neuerung den internen Stand der Technik des Arbeitgeberunternehmens heben und insoweit

---

30 Im Ergebnis h.M.: vgl. Mönig, GRUR 1972, 518, 519; Schultz-Süchting, GRUR 1973, 293, 295; Troidl, BB 1974, 468, 469; Schippel, GRUR 1963, 523; Keukenschrijver in Busse/Keukenschrijver, PatG, Rn. 3 f. zu § 3 ArbEG; s.a. BGH v. 26.11.1968, GRUR 1969, 341, 342 (zu II 2 b) – *Räumzange*; Dörner, GRUR 1963, 72, 74; a.A. Kumm, GRUR 1967, 621, 624.
31 Gaul/Bartenbach, DB 1978, 1161, 1162.
32 OLG Braunschweig v. 17.07.1997 – 2 U 6/97, u. Keukenschrijver in Busse/Keukenschrijver, PatG Rn. 3 zu § 3 ArbEG m. H. a. OLG Braunschweig v. 17.07.1997; s. hierzu auch Grabinski, GRUR 2001, 922, 923.

## B. Begriff des technischen Verbesserungsvorschlages §3

für das Unternehmen **fortschrittlich** sein muss.[33] Findet die Neuerung nur für einen (speziellen) Kundenauftrag Anwendung, ist sie aber ansonsten als (allgemeine) Verbesserung im Betrieb ungeeignet, so scheidet ein technischer Verbesserungsvorschlag aus.[34]

Aus der Unternehmensbezogenheit folgt zugleich, dass die vorgeschlagene technische Neuerung für das Arbeitgeberunternehmen **gewerblich verwertbar** (im weiteren Sinne) sein muss, also nicht alleine der Nutzung im privaten Bereich zu nicht gewerblichen Zwecken oder nur zur Verwertung außerhalb des Unternehmens des Arbeitgebers dienlich sein darf; gewerblich verwertbar sind aber als technische Verbesserungsvorschläge (im Unterschied zu schutzfähigen Erfindungen)[35] auch solche Neuerungen, die ausschließlich in Betrieben Verwendung finden, welche kein Gewerbe ausüben[36] (z.B. freie Berufe; öffentlicher Dienst, vgl. §§ 40, 41). Die Notwendigkeit einer Verwertbarkeit für den Arbeitgeber spiegelt sich nicht zuletzt in § 20 Abs. 1 wider, der für den Vergütungsanspruch die tatsächliche Verwertung durch den Arbeitgeber voraussetzt (s. dazu § 20 Rdn. 24 ff.). Eine gewerbliche Verwertung setzt damit auch eine objektiv feststellbare **Wirtschaftlichkeit** des Einsatzes beim Arbeitgeber voraus. Eine Verwertbarkeit kann sich im Einzelfall z.B. in einer dem Arbeitgeber (tatsächlich) eröffneten Weitergabe des technischen Wissens an Dritte ausdrücken, insbesondere per Lizenzvergabe. Daran fehlt es aber – trotz eines (partiellen) Einsatzes – solange, wie zweifelhaft ist, ob sich eine auf dem Vorschlag beruhende technische Neuerung im Markt behaupten kann.[37]

14

Wegen der für einen technischen Verbesserungsvorschlag begrifflich notwendigen »Unternehmensbezogenheit« verbietet sich u. E. die – im Hinblick auf eine Mitteilungspflicht – vorgeschlagene **Differenzierung nach dem Tätigkeitsbereich** des Arbeitnehmers in »dienstliche«, »gebundene« oder »freie«

15

---

33 Vgl. LAG Hamburg v. 28.04.1960, ARSt. XXIV Nr. 349; Dörner, GRUR 1963, 72, 75; Keukenschrijver in Busse/Keukenschrijver, PatG Rn. 4 zu § 3 m. H. a. OLG Braunschweig v. 17.07.1997 – 2 U 6/97; Lindenmaier/Lüdecke Anm. zu § 3; s.a. Volmer/Gaul Rn. 18 zu § 3; Schultz-Süchting, GRUR 1973, 293, 295; Danner, Mitt. 1960, 171, 173; unklar Kumm, GRUR 1967, 621, 624.
34 LAG Hamburg v. 28.04.1960, ARSt. XXIV Nr. 349.
35 Vgl. BGH v. 20.01.1977 – X ZB 13/75, GRUR 1977, 652 – *Benzolsulfonylharnstoff.*
36 Krauss, Betriebliches Vorschlagswesen (1977) S. 27; zust. Volmer/Gaul Rn. 29 zu § 3.
37 Vgl. z.B. Thür. LAG v. 16.01.2007 – 7/1/7 Sa 212/04, (juris, Rn. 25 ff.).

technische Verbesserungsvorschläge,[38] zumal das ArbEG eine solche Unterscheidung nur hinsichtlich schutzfähiger Erfindungen vorgibt[39] (s.a. § 3 Rdn. 28 f.). Deshalb und wegen des Erfinderprinzips und der damit verbundenen Eigentumsrechte ist der Vergleich mit Dienst- und freien Erfindungen[40] (§ 4) untauglich, zumal das ArbEG dem Arbeitgeber selbst bei freien Erfindungen im Fall eines engen Unternehmensbezugs Nutzungsrechte zuerkennt (vgl. § 19 Abs. 1). Eine solche Unterscheidung, die auch § 20 Abs. 1 fremd ist, wäre auch nicht interessengerecht.[41] Der Begriff eines technischen Verbesserungsvorschlages und dessen Zuordnung zu einem Unternehmen können nicht davon abhängen, in welcher Funktion ein Arbeitnehmer diesen Vorschlag entwickelt hat bzw. inwieweit die Verbesserung im Zusammenhang mit der geschuldeten Arbeit entstanden ist,[42] sondern vielmehr davon, ob ein Zusammenhang mit der betrieblichen Tätigkeit besteht[43] und dieser Verbesserungsvorschlag im **vorhandenen oder vorbereiteten Arbeitsbereich des Unternehmens** (vgl. dazu § 18 Rdn. 29) **nutzbar** gemacht werden kann. Somit ist bspw. auch die den technischen Bereich eines Unternehmens betreffende Neuerung eines kaufmännischen Mitarbeiters des Rechnungswesens dem Unternehmen als Verbesserungsvorschlag zuzuordnen und daher dem Arbeitgeber mitzuteilen; der Tätigkeitsbereich des Vorschlagenden kann sich lediglich bei der Bemessung der Vergütung auswirken. Dementsprechend stellt

---

38 So aber Volmer, BB 1960, 1332, 1334; Janert Betriebl. Verfahrensweisen (1969) S. 156 ff.; Röpke Arbeitsverhältnis und Arbeitnehmererfindung S. 137 u. ders., DB 1962, 369, 370; Schwab, AIB 1999, 445, 446 u. ders., Arbeitnehmererfindungsrecht, Anhang zu § 20 Rn. 16 (»Differenzierungstheorie«); Halbach, AuR 1960, 171, 172 f.; Krauss Betriebliches Vorschlagswesen (1977) S. 66 ff.; Schopp, Rpfleger 1971, 203, 207 f.; vgl. auch Westhoff, RdA 1976, 353, 357; Marquardt, Freie Erf. im ArbVerh. (2002), S. 28 f.; s. auch Boemke/Kursawe/Raif, die einerseits für die »Übertragung der Verwertungsrechte auf den Arbeitgeber« voraussetzen, dass es sich um einen »dienstlichen« Verbesserungsvorschlag handelt, der in Bezug zum Arbeitsverhältnis gesetzt werden kann (Rn. 34 zu § 3) und andererseits im Zusammenhang mit der Mitteilung eine Differenzierung zwischen »dienstlichen, gebundenen oder freien Vorschlägen« – wie wir – ablehnen (s. Rn. 41 ff. zu § 3); unklar Boemke/Kursawe/Ulrici Rn. 6 zu § 18. Vgl. auch MünchArbR/Bayreuther, § 98 Rn. 54 (»dienstliche Verbesserungsvorschläge« entsprechend § 4 Abs. 2 ArbEG).
39 Im Ergebn. wie hier: Veigel, Immaterialgüterrechte im Arbeitsverh. (2017), S. 78 ff. (bzgl. Mitteilungspflicht); Gaul, BB 1983, 1357, 1361; Volmer/Gaul Rn. 22 f., 50 ff. zu § 3; Mönig, GRUR 1972, 518, 519; HK-Kronisch, § 3 Rn. 2; Reimer/Schade/Schippel/Rother Rn. 8 zu § 3.
40 So etwa Marquardt, Freie Erf. im ArbVerh. (2002), S. 28.
41 Veigel, Immaterialgüterrechte im Arbeitsverh. (2017), S. 80 f.
42 So aber LG Düsseldorf v. 16.10.1990 – 40/126/90, (unveröffentl.).
43 So Schaub/Koch § 114 V 2 Rn. 42.

bspw. auch die Entwicklung einer Neuerung während einer vorübergehenden Tätigkeit bei einem Geschäfts- oder Kooperationspartner einen dem Arbeitgeber zuzuordnenden technischen Verbesserungsvorschlag dar, da es ausreicht, wenn der Verbesserungsvorschlag einen Bezug zum Arbeitsverhältnis aufweist und dem Arbeitgeber nützlich ist.[44] Entwickelt dagegen ein Angestellter z.B. eines optischen Unternehmens ein Verfahren zur Verbesserung von Blechwalzanlagen, so handelt es sich bereits begrifflich nicht um einen (dem Arbeitgeber zuzuordnenden) Verbesserungsvorschlag, da hier die notwendige Unternehmensbezogenheit fehlt. Darüber kann der Arbeitnehmer folglich frei verfügen,[45] es sei denn, betriebliches Know-how ist eingeflossen (s. dazu auch § 24 Rdn. 38 ff.). Zur Zuordnung s. § 3 Rdn. 26 f. und zur Mitteilungspflicht § 3 Rdn. 28 f.

Entsprechend den allgemeinen Rechtsgrundsätzen können technische Neuerungen, die **gegen das Gesetz** bzw. die **guten Sitten verstoßen**, nicht als technische Verbesserungsvorschläge behandelt werden[46] (s. auch § 3 Rdn. 9). **16**

Nach der hier vertretenen Auffassung ist der technische Verbesserungsvorschlag dahin zu **definieren**, dass er jede (dem Arbeitgeber übermittelte) Lehre zum technischen Handeln umfasst, die einerseits nicht (nach PatG/GebrMG) schutzfähig ist, andererseits den internen Stand der Technik des jeweiligen Unternehmens bereichert, also zumindest im Hinblick auf dieses Unternehmen (relativ) neu, fortschrittlich und gewerblich verwertbar ist.[47] **17**

Auf dieser Linie liegt auch die Definition der *Schiedsstelle*, wonach der Verbesserungsvorschlag inhaltlich eine Änderung eines innerbetrieblichen Zustandes in einer wirtschaftliche Vorteile erbringenden Weise ohne Rücksicht auf den äußeren Stand der Technik ist, sodass der innerbetriebliche Fortschritt den Vergütungsmaßstab bildet.[48]

### III. Fälle des technischen Verbesserungsvorschlages

Damit kommen als technische Verbesserungsvorschläge solche technischen Neuerungen in Betracht, denen zwar die spezifischen Schutzrechtsvoraussetzungen des deutschen Patent- oder Gebrauchsmusterrechts fehlen bzw. denen ein Monopolschutz aberkannt wird (s. § 2 Rdn. 7–10, 12), die aber Einrich- **18**

---

44 I. d. S. BSG v. 26.03.1998, NZA-RR 1998, 510, 511.
45 Schaub/Koch § 114 V 2 Rn. 42.
46 Dörner, GRUR 1963, 72, 75.
47 Im Anschluss hieran Schwab, Erf. u. VV, 35 u. ders., Arbeitnehmererfindungsrecht, § 3 Rn. 1; ferner Volmer/Gaul Rn. 26 zu § 3.
48 EV v. 10.11.2005 – Arb.Erf. 94/03 (Datenbank).

tungen, Erzeugnisse oder Verfahren des jeweiligen Unternehmens verbessern und vom Unternehmen verwertet werden können (s. § 3 Rdn. 10 ff.). Zum gesetzlichen Ausschluss vom Patentschutz s. § 3 Rdn. 9.

19  Ist eine Neuerung im **Ausland**, nicht aber im Inland schutzfähig, so kann sie ebenfalls (nur) einen (qualifizierten) technischen Verbesserungsvorschlag darstellen (streitig, s. § 2 Rdn. 25 u. § 20 Rdn. 13 ff.). Andererseits kann eine schutzfähige Erfindung nach Meldung kraft Parteidisposition (vgl. § 22) für die Zukunft als technischer Verbesserungsvorschlag behandelt werden (s. § 2 Rdn. 14).

20  Dagegen stellen Erfindungen eines Arbeitnehmers nach **Ablauf ihrer Schutzdauer** keine technischen Verbesserungsvorschläge mehr dar, da diese zum Zeitpunkt ihrer Fertigstellung schutzfähig i.S.d. § 2 waren und sich damit ein Rückgriff auf das Vorschlagswesen (Ideenmanagement) bzw. auf § 20 von Anfang an verboten hat[49] (s.a. § 2 Rdn. 20). Nutzt der Arbeitgeber den Erfindungsgegenstand nach regelmäßigem Schutzrechtsablauf weiter, so kann eine anschließende Vergütungspflicht nur kraft Vereinbarung (Zusage) entstehen, es sei denn, einer der in RL Nr. 43 bezeichneten Ausnahmefälle läge vor. Wurde die vorzeitige Beendigung der Schutzdauer dagegen durch vorwerfbares Verhalten des Arbeitgebers – etwa Versäumung der Zahlung fälliger Jahresgebühren – herbeigeführt, so hat der Arbeitnehmer aus Pflichtverletzung (§ 280 Abs. 1 BGB) hinsichtlich der Vergütung einen Anspruch darauf, so gestellt zu werden, als sei die Schutzfähigkeit bis zu dem unter regelmäßigen Umständen bei dem betreffenden Arbeitgeber zu erwartenden Ablauf der Schutzdauer noch gegeben (vgl. § 2 Rdn. 24).

21  Wird das Schutzrecht versagt bzw. nachträglich vernichtet oder gelöscht, so steht die **mangelnde Schutzfähigkeit** der technischen Neuerung fest. Diese ist ggf. als technischer Verbesserungsvorschlag zu behandeln; obschon die Vernichtung bzw. Löschung ex tunc wirkt, muss die technische Neuerung im Hinblick auf vorangegangene Nutzungshandlungen des Arbeitgebers namentlich vergütungsrechtlich als schutzfähig behandelt werden (s. § 2 Rdn. 22, 23 und § 12 Rdn. 61).

22  **Mangels technischen Charakters** sind vom Anwendungsbereich des ArbEG Verbesserungsvorschläge rein ästhetischer, kaufmännischer, organisatorischer, werbemäßiger oder wissenschaftlicher Natur **ausgeschlossen**[50] (s.a. § 3

---

49  Zust. Boemke/Kursawe/Raif Rn. 26 zu § 3. A.A. Volmer Rn. 12 zu § 3.
50  Allg. Ansicht, z.B. BAG v. 22.01.2008 NJW-RR 2008, 525 (Rn. 20); vgl. auch BAG v. 20.01.2004 NZA 2004, 994, 996.

Rdn. 6). Dies entspricht der bewussten Vorgabe des Gesetzgebers, wie sie auch in § 20 Abs. 2 zum Ausdruck gekommen ist (s. § 20 Rdn. 51). Damit scheiden grds. Vorschläge zur Rationalisierung und Automatisierung als solche, also ohne Aufzeigen von Wegen zur technischen Verbesserung von Produktionsanlagen u.ä., ebenso aus,[51] wie Vorschläge, die reine Organisationsanweisungen enthalten (etwa, welche Arbeitsprozesse wann vorzunehmen sind[52] oder dahin gehende Vorschläge im Rahmen eines KVP-Prozesses/Kaizen) oder die unternehmenspolitische bzw. betriebswirtschaftliche Vorgänge betreffen, wie etwa den Wareneinkauf[53]. Gleiches gilt für die bloße Auswahl des geeignetsten unter mehreren bekannten Mitteln, Stoffen, Verfahren.[54] Ebenso betrifft der Vorschlag, dass aufgrund veränderter Umstände einzelne Teile einer Anlage überflüssig geworden sind und diese deshalb künftig entfallen können,[55] keine technische, sondern nur eine wirtschaftliche Maßnahme.[56] Das trifft auch zu für mithilfe mathematischer Methoden aufgestellte Berechnungstabellen als Hilfsmittel zur Verbesserung der Einstellung von Apparaturen,[57] oder sonstige reine Anweisungen an den menschlichen Geist (s.a. § 3 Rdn. 6, 7).

Auch (urheberschutzfähige) **Computerprogramme** scheiden als technische Verbesserungsvorschläge aus (s. § 20 Rdn. 13; s. a. § 1 Rdn. 3 f.), es sei denn, sie haben technischen Charakter im patentrechtlichen Sinne[58] (s. dazu § 2 Rdn. 7); zu deren Zuordnung zum Arbeitgeber s. § 3 Rdn. 27; zu deren Vergütung § 9 Rdn. 332 f. u. § 20 Rdn. 13; zur Urheberschutzfähigkeit von Darstellungen technischer Art wie Zeichnungen, Plänen, Modellen s. § 2 Abs. 1 Nr. 7 UrhG sowie § 1 Rdn. 4.

22.1

Mangels technischen Charakters sind auch Vorschläge, die ausschließlich in den Bereich eines **Designschutzes** fallen, keine Verbesserungsvorschläge i.S.d § 3[59] (vgl. § 2 Rdn. 27). Zur **sortenschutzfähigen** Neuerung s. § 2 Rdn. 8.

---

51  Reimer/Schade/Schippel/Rother Rn. 5 zu § 3 m.w.N.; Grabinski, GRUR 2001, 922, 923.
52  Schiedsst. v. 30.10.1989 – Arb. Erf. 30/89, (unveröffentl.); vgl. auch LAG Hamm v. 04.09.1996, NZA-RR 1997, 258 ff.
53  Vgl. BAG v. 22.01.2008 NZA-RR 2008, 525 (Rn. 20) u. v. 20.01.2004 NZA 2004, 994, 996.
54  Schiedsst. v. 06.08.1968, EGR Nr. 1 zu § 3 ArbEG.
55  Schiedsst. v. 05.11.1985 – Arb.Erf. 11/85, (unveröffentl.).
56  Schiedsst. v. 05.11.1985 – Arb. Erf. 11/85, (unveröffentl.).
57  Schiedsst. v. 07.11.1985 – Arb.Erf. 13/85, (unveröffentl.).
58  Schiedsst. v. 25.01.1994 – Arb.Erf. 139/92, (unveröffentl.).
59  Vgl. Schiedsst. v. 12.12.1966, BlPMZ 1967, 159 m. Anm. Schippel, GRUR 1968, 195.

23 Bestehen zwischen Arbeitgeber und Arbeitnehmer **Meinungsverschiedenheiten über die Schutzfähigkeit** oder hegt der Arbeitgeber diesbezüglich Zweifel, so muss er – um die Gefahr eines Rechtsverlustes zu vermeiden – die technische Neuerung als Diensterfindung behandeln, also insb. zum Schutzrecht anmelden (§ 13)[60] und in Anspruch nehmen (§§ 6, 7), da nach § 2 zunächst die (theoretische) Möglichkeit einer Schutzrechtsfähigkeit ausreicht[61] (Näheres s. § 2 Rdn. 16 ff.). Der Arbeitnehmer hat ggf. das Recht zur Anmeldung (Ersatzvornahme) gem. § 13 Abs. 3 (s. § 13 Rdn. 61 ff.).

24 Bei ordnungsgemäßer Meldung einer Diensterfindung geht ein **Irrtum** des Arbeitgebers über ihre **Schutzfähigkeit** grds. zu seinen Lasten (vgl. auch § 6 n.F. Rdn. 26 ff.). Irrt der Arbeitnehmer über die Schutzfähigkeit und teilt er eine objektiv schutzfähige Erfindung lediglich als technischen Verbesserungsvorschlag mit, hat der Arbeitgeber entsprechend seiner Fürsorgepflicht den Arbeitnehmer zu einer ordnungsgemäßen Meldung i.S.d. § 5 aufzufordern, wenn er die Schutzfähigkeit (tatsächlich) erkennt.[62] Irren beide Arbeitsvertragsparteien über eine tatsächlich bestehende Schutzfähigkeit einer mitgeteilten Neuerung und unterbleiben deshalb sowohl Erfindungsmeldung als auch Inanspruchnahme sowie Schutzrechtsanmeldung, kommt mangels rechtswirksamer Inanspruchnahme eine Vergütung nach § 9 nicht in Betracht; im Einzelfall kann sich jedoch eine Vergütung als (qualifizierter) technischer Verbesserungsvorschlag nach § 20 ergeben.[63] S. i. Übr. Rdn. 4 ff. vor § 3 sowie § 20 Rdn. 70 ff.).

U. E. besteht **keine** eigenständige und damit **regelmäßige Pflicht des Arbeitgebers**, einen mitgeteilten Verbesserungsvorschlag auf seine Qualität als (Dienst-)Erfindung hin zu prüfen[64], und zwar auch nicht unter dem Aspekt

---

60 Schiedsst. v. 21.06.1976, BlPMZ 1977, 173, 175.
61 Vgl. auch Schultz-Süchting, GRUR 1973, 293, 295 f.; Volmer, BB 1960, 1332 ff. gegen May, BB 1960, 628 ff.
62 Gaul, NJW 1961, 1509, 1514; ähnl. Keukenschrijver in Busse/Keukenschrijver, PatG, Rn. 12 zu § 20 ArbEG (»bei gegebenem Anlass«) m. H. a. Schiedsst. v. 28.02.2002 – Arb.Erf. 72/98; wie hier auch Boemke/Kursawe/Raif Rn. 54 zu § 3 (s. aber auch dort Rn. 47).
63 Schiedsst. v. 25.01.1994 – Arb.Erf. 139/92, (unveröffentl.); bestätigt durch OLG Düsseldorf v. 05.03.1998, WRP 1998, 1202, 1208 ff. (betr. Softwareprogramm), aufgehoben durch BGH v. 24.10.2000, GRUR 2001, 155 – *Wetterführungspläne*.
64 Streitig, a. A. etwa LG Düsseldorf v. 27.03.1973, GRUR 1974, 173, 174 – Blockeinweiser; Bechmann, Ideenmanagement (2013), S. 65; Schwab, Arbeitnehmererfindungsrecht, Anhang zu § 20 Rn. 33; s. auch Boemke/Kursawe/Raif Rn. 47 zu § 3. Wie hier im Ergebn. Schiedsst., z. B. v. 25.07.2017 – Arb.Erf. 13/16, u. v. 12.09.2017 – Arb.Erf. 05/16, (beide www.dpma.de).

## B. Begriff des technischen Verbesserungsvorschlages §3

der Fürsorgepflicht. Insoweit geht das Gesetz auf Grund der §§ 5, 18 von einer alleinigen Verantwortlichkeit des Arbeitnehmers aus (s. auch § 5 Rdn. 43.1 f.). Angesichts der zwingenden Vorgaben des § 5 Abs. 1 erscheint die Auffassung fraglich, bei Fehlen eines besonderen betrieblichen Meldewesens sei es weder erforderlich noch angemessen, dem Arbeitnehmer im Vorherein die Abgrenzung zwischen Erfindungsmeldung und betrieblichem Verbesserungsvorschlag zuzumuten.[65] Dass weder Arbeitnehmer noch Arbeitgeber sich zur Schutzfähigkeit festlegen können, ist selbstverständlich. Vom Arbeitnehmer erwartet das ArbEG aber eine eigene Einschätzung der Erfindungsqualität seiner Neuerung und erwartet von ihm, **im Zweifel** von einer **förmlichen Meldung** mit den daran anknüpfenden Rechtsfolgen Gebrauch zu machen, in der er durchaus seine Zweifel zum Ausdruck bringen kann (s. § 5 Rdn. 6, 22 ff., 43.2; § 6 Rdn. 26 ff.). Soweit kollektivrechtliche Regelungen sich dazu festlegen[66], dürfen sie nicht zu Lasten des Arbeitnehmers dessen Rechtsposition aus dem ArbEG, insbesondere aus §§ 5 ff., 20 Abs. 1, 28 ff. einschränken.

### IV. Persönlichkeitsrecht

Aus dem Erfordernis einer individuellen Leistung (s. § 3 Rdn. 5) folgt zugleich, dass dem Schöpfer des technischen Verbesserungsvorschlages in gewissem Umfange Persönlichkeitsrechte zugestanden werden müssen,[67] die allerdings nicht so weit reichen können wie das im Patentrecht anerkannte Erfinderpersönlichkeitsrecht (vgl. dazu § 2 Rdn. 3 u. § 7 n.F. Rdn. 81 ff.). Das sich aus der Anerkennung der schöpferischen Persönlichkeit (Art. 1, 2 GG) ergebende Persönlichkeitsrecht des Arbeitnehmers ist immer dann tangiert, wenn er durch Handlungen Dritter in Bezug auf den von ihm entwickelten technischen Verbesserungsvorschlag in seiner »Erfinderehre« und/oder seiner beruflichen Stellung widerrechtlich belastet wird. Geriert sich etwa ein Arbeitskollege unberechtigterweise als Urheber des technischen Verbesserungsvorschlages, so hat der Arbeitnehmer einen Anspruch auf Unterlassung (§ 1004 BGB analog) und ggf. Schadensersatz (§ 823 Abs. 1 BGB).[68]

---

65 So aber Boemke/Kursawe/Raif Rn. 47 zu § 3 m. H. a. OLG Karlsruhe v. 28.04.2010 – 6 U 147/08, BeckRS 2010, 28488 (s. aber auch dort Rn. 54).
66 Zur Betriebspraxis s. Bechmann, Ideenmanagement (2013), S. 65 ff.
67 Zustimmend Gaul, BB 1983, 1357, 1360 f. u. Volmer/Gaul Rn. 40 zu § 3; vgl. auch Pleyer in Festschr. Pedrazzini (1990) S. 449 ff.; a.A. Reimer/Schade/Schippel/Rother Rn. 6 zu § 3; Klauer/Möhring/Nirk, PatG Rn. 11 in Anh. zu § 3 PatG; Kumm, GRUR 1967, 621, 624.
68 Ebenso Gaul, BB 1983, 1357, 1361.

## C. Zuordnung des technischen Verbesserungsvorschlages zum Arbeitgeber

26 Wegen der mangelnden Schutzfähigkeit (s. § 3 Rdn. 9 ff.) begründet der technische Verbesserungsvorschlag kein Erfinderrecht des Arbeitnehmers, sodass Rechte daran – wie bei jedem anderen nicht gesondert geschützten Arbeitsergebnis[69] (vgl. § 950 BGB) – nicht in der Person des Erfinders entstehen[70] (zum Sonderfall der als Verbesserungsvorschlag gemeldeten Diensterfindung s. Rdn. 4 ff. vor § 3). Die auf Diensterfindungen bezogenen Regelungen des ArbEG können sinnvoll auf technische Verbesserungsvorschläge weder unmittelbar noch analog angewendet werden (als Ausnahme vgl. § 20 Abs. 1 Satz 2). Der Arbeitgeber erhält mit Fertigstellung der dem Verbesserungsvorschlag zugrunde liegenden technischen Lehre als »Rechtsinhaber« das alleinige, unbeschränkte und unbefristete Recht zur Verwertung dieses Arbeitsergebnisses.[71] Die »Überleitung« erfolgt durch die **Übermittlung** des in der technischen Neuerung enthaltenen **Wissensstandes**; eines besonderen Rechtsübertragungsaktes bedarf es nicht.[72] Der Arbeitgeber kann den technischen Verbesserungsvorschlag als Arbeitsergebnis ohne förmliche Meldung bzw. Inanspruchnahme verwerten[73] (zur Inanspruchnahme einer gemeldeten Diensterfindung »als Verbesserungsvorschlag« s. § 6 a.F. Rdn. 7). Er kann über die mitgeteilten bzw. ihm sonst zur Kenntnis gelangenden Verbesserungsvorschläge frei verfügen, sie also insb. auch Dritten, etwa Kooperationspartnern, zur Verfügung stellen.

27 Soweit ein Arbeitnehmer arbeitsvertraglich verpflichtet ist, sich um technische Neuerungen zu bemühen (s. § 25 Rdn. 25 f.), handelt es sich um **tätigkeitsbezogene Arbeitsergebnisse**, die unmittelbar dem Arbeitgeber zuzuordnen

---

69 S. allg. Schaub/Koch, ArbRHdb. § 113 III Rn. 9 ff.
70 Kraßer/Ann, PatR § 21 Rn. 19; s. allg. Ulrici, RdA 2009, 92 ff.
71 Im Ergebnis wohl nahezu allg. Ansicht, vgl. etwa BGH v. 09.01.1964 – I a ZR 190/63, GRUR 1964, 449, 452 – *Drehstromwicklung*; Schiedsst. v. 21.06.2006 – Arb.Erf 38/05 (Datenbank) u. v. 25.07.2017 – Arb.Erf. 13/16, (www.dpma.de); im Ergebn. auch Veigel, Immaterialgüterrechte im Arbeitsverh. (2017), S. 17. Vgl. auch Bomeke/Kursawe/Raif Rn. 32 zu § 3, wonach tVV »originär dem Arbeitgeber zustehen«; s. aber auch dort Boemke/Kursawe/Hoppe-Jänisch Rn. 24 zu § 14 im Rahmen v. Auslandsanmeldungen nicht schutzfähiger Neuerungen.
72 Zust. LG Düsseldorf v. 22.03.2001 – 4 O 211/00, (unveröffentl.).
73 BGH v. 09.01.1964 – I a ZR 190/63, GRUR 1964, 449, 452 – *Drehstromwicklung*; Schiedsst. v. 27.08.1980, EGR Nr. 8 zu § 20; v. 05.11.1986, BlPMZ 1987, 209 u. v. 27.08.1980, EGR Nr. 24 zu § 5 ArbEG; Mönig, GRUR 1972, 518, 519; Reimer/Schade/Schippel/Rother Rn. 6 zu § 3; Boemke/Kursawe/Boemke Rn. 23 zu § 26. S. auch Schiedsst. v. 24.01.2018 – Arb.Erf. 39/16, u. 30.01.2018 – Arb.Erf. 36/16, (beide vorg. f. www.dpma.de).

## C. Zuordnung des technischen Verbesserungsvorschlages zum Arbeitgeber § 3

sind.[74] Grundlage hierfür ist der Austauschgedanke (Dienstleistung gegen Entgelt).[75] Gleiches gilt, wenn der Verbesserungsvorschlag das Ergebnis einer Tätigkeit aufgrund des Direktionsrechts des Arbeitgebers ist. Diese Zuordnung als Arbeitsergebnis erfasst auch nicht gemeldete Teile einschließlich Weiterentwicklungen von Diensterfindungen, soweit solche nicht eigenständig schutzfähig sind.[76]

Die Zuordnung solcher Verbesserungsvorschläge zum Arbeitgeber, die nur »bei Gelegenheit« der Erfüllung der arbeitsvertraglich umschriebenen Aufgaben entstanden sind (s. dazu § 3 Rdn. 15), wurde bislang ebenfalls aus der (diesbezüglich nicht unbedenklichen) Annahme eines Arbeitsergebnisses hergeleitet.[77] Zutreffend dürfte jedoch die Annahme einer **gewohnheitsrechtlich anerkannten Zuordnung** sein,[78] auch wenn hierbei der Gesichtspunkt der schöpferischen Leistung des Arbeitnehmers nicht voll zum Tragen kommt.

---

74 Wohl allg. A., vgl. insb. BGH v. 09.01.1964 – I a ZR 190/63, GRUR 1964, 449, 452 – *Drehstromwicklung*; LG Düsseldorf v. 22.03.2001 – 4 O 211/00, (unveröffentl); Schiedsst. ZB. v. 23.12.1981 – Arb. Erf. 48/81 u. v. 17.04.2001 – Arb.Erf. 82/99, (beide unveröffentl.); Schaub/Koch, ArbRHdb. § 114 V 2 Rn. 42 m.H.a. BAG v 20.1.2004 AP Nr. 3 zu § 87 BetrVG 1972 – Vorschlagswesen; Hubmann, Festschr. f. Hueck, S. 43 ff.; Buchner, GRUR 1981, 7 ff.; Volmer/Gaul Rn. 49 ff. zu § 3; Krauss, Betriebliches Vorschlagswesen (1977) S. 67; im Ergebn. auch Kraßer/Ann, PatR § 21 Rn. 19; vgl. auch BAG v. 13.09.1983, GRUR 1984, 429 – *Statikprogramme* (betr. urheberschutzfähige Computerprogramme) und BGH v. 22.02.1974 – I ZR 128/72, GRUR 1974, 480 – *Hummelrechte*. Eine arbeitsvertragliche Übertragungsregelung für Know-how empfiehlt Enders GRUR 2012, 25, 27 f.
75 Hubmann, Festschr. f. Hueck, S. 43 ff.
76 Im Ergebn. ebenso Keukenschrijver in Busse/Keukenschrijver, PatG, Rn. 2 zu § 7 ArbEG.
77 So wohl Kumm, GRUR 1967, 621, 624; Bock, Mitt. 1971, 220, 222; Reimer/Schade/Schippel/Rother Rn. 6 zu § 3; s.a. BGH v. 09.01.1964 – I a ZR 190/63, GRUR 1964, 449, 452 – *Drehstromwicklung*; Schiedsst. v. 12.10.1978, BlPMZ 1979, 255, 257; 30.01.2018 – Arb.-Erf. 36/16, (vorg. f. www.dpma.de); vgl. auch Boemke/Kursawe/Raif Rn. 32 zu § 3 (s. aber auch dort Rn. 34); ablehnend die Vertreter der »Differenzierungstheorie« für »freie« technische Verbesserungsvorschläge (s. die Nachw. bei § 3 Rdn. 15).
78 Mönig, GRUR 1972, 518, 519; Gaul/Bartenbach, DB 1978, 1161, 1165; Volmer/Gaul Rn. 49 f., 144 zu § 3; zust. auch Schaub/Koch ArbRHdb. § 114 V 2 Rn. 42 (bei Entstehen »im Zusammenhang mit der betrieblichen Tätigkeit«); vgl. auch Boemke/Kursawe/Raif Rn. 34 zu § 3, die für »Verbesserungsvorschläge »bei Gelegenheit« im Rahmen der arbeitsvertraglichen Tätigkeit« ebenfalls von einer gewohnheitsrechtlichen Zuordnung ausgehen; krit. Krauss, Betriebliches Vorschlagswesen (1977) S. 69 f.

Zur Differenzierung nach »freien und gebundenen Vorschlägen« s. § 3 Rdn. 15, 29. Zur Zuordnung von urheberrechtsfähigen Leistungen s. § 2 Rdn. 4.

### D. Mitteilungspflicht des Arbeitnehmers

28 Um dem Arbeitgeber die »faktische« Position des sich im technischen Verbesserungsvorschlag niederschlagenden Wissens um technische Vorgänge zu vermitteln, ist der Arbeitnehmer, der einen Verbesserungsvorschlag entwickelt hat (zur Miturheberschaft s. § 20 Rdn. 48), zur **Mitteilung** verpflichtet.

Die Pflicht zur Mitteilung einschließlich deren Form, Inhalt und Adressat kann sich einmal aus einer arbeitsvertraglichen oder **kollektivrechtlichen Regelung** (i. d. R. Betriebsvereinbarung[79], ggf. auch Tarifvertrag) ergeben. Insoweit erfasst diese im Zweifel auch qualifizierte technische Verbesserungsvorschläge i. S. v. § 20 Abs. 1.[80] S. auch § 20 Rdn. 24.

Aber auch wenn eine ausdrückliche Regelung fehlt, besteht eine Mitteilungspflicht des Arbeitnehmers,[81] Zwar normiert das ArbEG nicht ausdrücklich die Pflicht zur Mitteilung, geht aber davon aus, wie § 22 und § 43 Abs. 3 Satz 2 n.F. zeigen.[82] Zudem enthält der Verbesserungs-»Vorschlag« bereits begrifflich diese Pflicht. Dabei kann offenbleiben, ob sich dogmatisch eine solche Rechtspflicht i.d.R. nur aus der Treuepflicht des Arbeitnehmers[83] bzw.

---

79 Vgl. z.B. LAG Köln v. 16.10.2014 – 7 Sa 943/13, (www.justiz.nrw.de, Rn. 25 ff.).
80 Im Ergebn. ebenso zum Formerfordernis Schiedsst. v. v. 05.11.1986, Blatt 1987, 209 f.; Keukenschrijver in Busse/Keukenschrijver, PatG, Rn. 12 zu § 20 ArbEG.
81 Als Grundsatz bislang unstreitig, z. B. Schiedsst. ZB. v. 07.03.2016 – Arb.Erf. 09/14, (www.dpma.de = Mitt. 2017, 134 nur LS.); Reimer/Schade/Schippel/Rother Rn. 7 zu § 3; im Ergebn. ebenfalls für eine generelle Mitteilungspflicht Veigel, Immaterialgüterrechte im Arbeitsverh. (2017), S. 78 ff. Uneinheitlich aber Boemke/Kursawe: wie hier Boemke/Kursawe/Raif Rn. 40 ff. zu § 3 (s. auch Boemke/Kursawe/Nebel Rn. 7 zu § 5), enger dagegen Boemke/Kursawe/Ulrici Rn. 6 zu § 18, wonach das ArbEG für techn. VV »keine besondere Pflicht zur Offenbarung vorsieht«, sich aber »eine entsprechende Verpflichtung … unmittelbar aus dem Arbeitsverhältnis i.V.m. § 242 BGB für solche technischen Verbesserungsvorschläge ergeben« kann, »auf deren Verwertung der Arbeitgeber angewiesen ist, um die zum entsprechenden Verbesserungsvorschlag führende Arbeitsleistung entsprechend Sinn und Zweck des Arbeitsverhältnisses zu verwerten.«
82 Ebenso Schiedsst. v. 27.02.2013 – Arb.Erf. 20/10 (www.dpma.de).
83 So Mönig, GRUR 1972, 518, 519; Danner, Mitt. 1960, 171, 175; Hubmann Festschr. f. Hueck S. 49; Röpke, DB 1962, 369, 370; LG Düsseldorf v. 16.10.1990 – 40 126/90, (unveröffentl.).

D. Mitteilungspflicht des Arbeitnehmers § 3

als Ergebnis einer Interessenabwägung[84] oder (auch) aus der Arbeitspflicht[85] bzw. aus Gewohnheitsrecht herleiten lässt. Bereits mangels Regelungslücke verbietet sich damit eine analoge Anwendung des § 5.

**Adressat** der Mitteilung ist der Arbeitgeber bzw. eine von ihm dazu beauftragte Person, sofern sich keine besonderen Vorgaben aus einzelvertraglichen bzw. kollektiv-rechtlichen Regelungen ergeben.

Die Mitteilungspflicht wird ausgelöst durch die Fertigstellung des technischen Verbesserungsvorschlages (s. dazu § 4 Rdn. 16 f.); sie erstreckt sich auf **alle technischen Verbesserungsvorschläge**,[86] ohne dass – nach der hier vertretenen Auffassung – begrifflich eine Differenzierung zwischen »freien«, »gebundenen« und »dienstlichen« Verbesserungsvorschlägen vorgenommen werden kann (vgl. dazu § 3 Rdn. 15). Der Arbeitnehmer ist in jedem Fall gehalten, die Interessen und das Wohl des Arbeitgebers und des Betriebes nach besten Kräften wahrzunehmen, also auch außerhalb seiner eigentlichen Arbeit liegende Verbesserungen des Betriebsgeschehens mitzuteilen.[87] 29

**Gesetzlich** werden an die Mitteilung im Grundsatz keine besonderen Anforderungen wie etwa bei der Erfindungsmeldung (vgl. § 5) gestellt. Davon geht auch § 43 Abs. 3 Satz 2 aus, der die Bezugnahme auf die Erfindungsmeldung (§ 43 Abs. 3 Satz 1) durch den Hinweis auf eine entsprechende Anwendung relativiert. Solche besonderen Anforderungen können sich allerdings aus dem Arbeits- oder Tarifvertrag bzw. aus einer Betriebsvereinbarung ergeben (vgl. auch § 20 Rdn. 57). Auch wenn keine kollektivrechtlichen Vorgaben bestehen, setzt der Verbesserungsvorschlag begrifflich voraus, dass **inhaltlich** zumindest der »innovative Kern des Vorschlags«[88] mit seinen (technischen) Verbesserungen für das Arbeitgeberunternehmen aus sich heraus verständlich und nachvollziehbar dargestellt werden muss. 30

---

84 S. Veigel, Immaterialgüterrechte im Arbeitsverh. (2017), S. 81.
85 Vgl. Reimer/Schade/Schippel/Rother Rn. 7 zu § 3. S. auch Schiedsst. ZB. v. 07.03.2016 – Arb.Erf. 09/14, (www.dpma.de = Mitt. 2017, 134 nur LS.), dort neben § 241 Abs. 2 BGB »aus der Hauptleistungspflicht nach § 611 BGB«.
86 So die wohl h.M.: Heine/Rebitzki Anm. 2 zu § 20; May, BB 1960, 628; Mönig, GRUR 1972, 518, 519; Reimer/Schade/Schippel/Rother Rn. 7 f. zu § 3.
87 Reimer/Schade/Schippel/Rother Rn. 8 zu § 3.
88 So LAG Köln v. 16.10.2014 – 7 Sa 943/13, (www.justiz.nrw.de, Rn. 26), allerdings zu einer Betriebsvereinbarung, wonach jeder Vorschlag »den zu verbessernden Zustand (das IST) darstellen, die Art der möglichen Verbesserung (das SOLL) beschreiben und, wenn möglich, die zu erwartenden Vorteile oder Einsparungen benennen« sollte.

Mit Blick auf die Vergütungspflicht bestehen indes regelmäßig Besonderheiten bei den **qualifizierten technischen Verbesserungsvorschlägen** (s. § 3 Rdn. 30.1). Da § 20 Abs. 1 nur eine gesetzliche Sonderregelung für die Vergütung vorgibt, greift auch bei qualifizierten technischen Verbesserungsvorschlägen i.Ü. Abs. 2 des § 20 ein; dementsprechend sind auch qualifizierte technische Verbesserungsvorschläge einer kollektivrechtlichen oder arbeitsvertraglichen Regelung insoweit zugänglich, als das ArbEG keine Vorgaben enthält (vgl. auch § 22). Folglich sind qualifizierte Verbesserungsvorschläge dann **schriftlich mitzuteilen**, wenn kollektiv-rechtlich für Verbesserungsvorschläge eine Schriftform vorgeschrieben ist.[89] Fehlt es insoweit an einer Regelung durch Tarifvertrag, Betriebsvereinbarung oder Einzelabrede (Arbeitsvertrag), reicht auch für qualifizierte Vorschläge eine **mündliche Mitteilung** grds. aus,[90] auch wenn dies nicht ratsam ist.

30.1 Für die **Mitteilung qualifizierter technischer Verbesserungsvorschläge** ergeben sich bei Fehlen einer einzelvertraglichen bzw. kollektiv-rechtlichen Regelung folgende **Besonderheiten**:

Da der Arbeitgeber die freie Entscheidung über den Einsatz eines qualifizierten Verbesserungsvorschlages haben muss, darf er – ebenso wie bei der Diensterfindung – auch beim qualifizierten Verbesserungsvorschlag nicht ohne sein Wissen und Wollen in eine Vergütungspflicht nach § 20 Abs. 1 gelangen (s. § 20 Rdn. 24).

Folglich muss auch ein qualifizierter Verbesserungsvorschlag **gesondert** mitgeteilt werden, darf also bspw. nicht in turnusmäßigen Untersuchungs- bzw. Arbeitsberichten oder sonstigen Arbeitsunterlagen quasi »versteckt« enthalten[91] sein (s. i.Ü. § 5 Rdn. 40).

Aus der Bedeutung eines qualifizierten Verbesserungsvorschlages folgt auch, dass der Vorschlag die Qualifizierung der technischen Neuerung in gewisser Weise erkennen lassen muss. Zwar ist eine **Kenntlichmachung** im Rechtssinne (vgl. § 5 Abs. 1 Satz 1, s. dazu dort Rdn. 41 ff.) nicht vorgeschrieben. Ist der Arbeitnehmer der Überzeugung, dass eine Qualifizierung gegeben ist oder liegen ihm entsprechende Anhaltspunkte vor, hat er den Arbeitgeber i.R.d. (ggf.

---

89 So i. Ergebn. auch Schiedsst. v. 05.11.1986, BlPMZ 1987, 209, 210; wie hier auch Schiedsst. v. 26.02.1997 – Arb.Erf. 56/95, (unveröffentl.) u v. 27.02.2013 – Arb.Erf. 20/10, (www.dpma.de); Volmer/Gaul Rn. 91 zu § 3; Keukenschrijver in Busse/Keukenschrijver, PatG, Rn. 12 zu § 20 ArbEG.
90 Schiedsst. v. 01.12.1988 – Arb.Erf. 94/87, (unveröffentl.); v. 05.11.1986, BlPMZ 1987, 209, 210 u. v. 26.02.1997 – Arb.Erf. 56/95, (unveröffentl.).
91 So i. Ergebn. auch Schiedsst. v. 21.05.1982 – Arb.Erf. 14/81, (unveröffentl.).

mündlichen) Mitteilung darauf **hinzuweisen**, dass er seinen **Verbesserungsvorschlag als qualifiziert ansieht**. Aus der Mitteilung muss für den Arbeitgeber erkennbar werden, dass der Arbeitnehmer bestimmte Erwartungen hinsichtlich Bedeutung und Qualität des Vorschlages und damit auch hinsichtlich der Vergütung hat.[92] Dabei ist es allerdings zu weitgehend, wenn die *Schiedsstelle* fordert, dass der Arbeitnehmer auf die durch den Vorschlag vermittelte wettbewerbliche Vorzugsstellung hinweist (Hinweis: »dass der Arbeitgeber damit in den Besitz einer technischen Lehre gelangt, die ihm alleine, nicht aber den Wettbewerbern zur Verfügung steht«).[93] Da der Arbeitnehmer i.d.R. eine derartige Qualifikation seines Vorschlages nicht überblicken kann, würde eine solche Information und Wertung den Arbeitnehmer im Einzelfall überfordern; es kann deshalb von ihm nicht generell eine Aussage erwartet werden, inwieweit sein Vorschlag dem Arbeitgeber eine schutzrechtsähnliche Vorzugsstellung vermittelt.[94] Es reicht folglich aus, wenn die Mitteilung für den Arbeitgeber zweifelsfrei erkennen lässt, dass der Vorschlag über eine besondere Qualität verfügen soll[95] bzw. auf die Vorteile ggü. Produkten/Verfahren von Wettbewerbern hingewiesen wird[96] und der Arbeitgeber damit Anlass hat, seinerseits in die Prüfung der Qualifizierung des Vorschlages einzutreten und damit die Entscheidung über die Verwertung zu treffen. Die ordnungsgemäße Mitteilung ist **Voraussetzung für die Vergütung** nach § 20 Abs. 1 (s. § 20 Rdn. 24).

Allerdings ist es u. E. **nicht** Aufgabe des Arbeitgebers, ohne weitere Anhaltspunkte eine **Überprüfung** eingegangener Verbesserungsvorschläge dahin vorzunehmen, ob es sich hierbei um Vorschläge i.S.d. § 20 Abs. 1 handelt. Erst dann, wenn er eine solche Qualifizierung erkannt hat oder (zweifelsfrei) hätte erkennen müssen, treffen ihn auch gesteigerte Pflichten, sei es hinsichtlich der Vergütung gem. § 20 Abs. 1, sei es hinsichtlich der Geheimhaltung (s. dazu § 20 Rdn. 35).

---

92 Schiedsst. v. 23.09.1996 – Arb.Erf. 2(B)/93; ähnl. Schiedsst. v. 26.02.1997 – Arb.Erf. 56/95; v. 14.11.2000 – Arb.Erf. 13/97; v. 10.05.2001 – Arb.Erf. 18/99 u. v. 18.10.2002 – Arb.Erf. 93/00, (sämtl. unveröffentl.) u. v. 26.02.2008 – Arb.Erf. 88/03 (Datenbank); zust. auch Keukenschrijver in Busse/Keukenschrijver, PatG, Rn. 12 zu § 20 ArbEG u. Boemke/Kursawe/Raif Rn. 46 zu § 3.
93 Schiedsst. v. 23.09.1996 – Arb.Erf. 2(B)/93, (unveröffentl.) u. v. 27.02.2013 – Arb.Erf. 20/10, (www.dpma.de); einschränkend noch Schiedsst. v. 25.01.1994 – Arb.Erf. 139/92, (unveröffentl.).
94 So früher Schiedsst. ZB v. 06.08.1979 – Arb.Erf. 64/78, (unveröffentl.).
95 Schiedsst., 21.05.1982 – Arb.Erf. 14/81, (unveröffentl.), u. v. 27.02.2013 – Arb.Erf. 20/10, (www.dpma.de).
96 So im Ergebn. auch Schiedsst. v. 26.02.1997 – Arb.Erf. 56/95, (unveröffentl.).

Versäumt der Arbeitnehmer eine gesonderte Mitteilung, aus der eine mögliche Qualität des Vorschlages ersichtlich ist, scheidet eine Vergütungspflicht des Arbeitgebers nach § 20 Abs. 1 aus[97] (vgl. § 20 Rdn. 25). Dies gilt etwa dann, wenn die Mitteilung als bloßer Verbesserungsvorschlag im Rahmen eines betrieblich geregelten Vorschlagswesens (Ideenmanagements) ohne weitere Hinweise erfolgt. Zur Prüfung des Arbeitgebers auf eine Schutzfähigkeit s. § 5 Rdn. 43.1.

30.2 **Inhaltlich** sollte – neben dem zwingend gebotenen Hinweis auf die besondere Qualität des Vorschlages – nach Art einer Erfindungsmeldung die Beschreibung der technischen Lehre, des Anwendungsbereichs im Unternehmen sowie die Angabe der beteiligten Personen enthalten sein. Sie muss so deutlich abgefasst werden, dass die neue technische Lehre für den Arbeitgeber nachvollziehbar ist[98] bzw. sie muss Ansatzpunkte für die Problemlösung aufzeigen.[99] Ggf. hat der Arbeitgeber im Rahmen seines Direktions- und Beanstandungsrechts auf hinreichende Konkretisierung hinzuwirken (vgl. auch § 5 Abs. 3). Allerdings kann ein Vergütungsanspruch für einen benutzten qualifizierten technischen Verbesserungsvorschlag nicht mit dem Hinweis abgelehnt werden, die ursprüngliche Mitteilung des Arbeitnehmers beschreibe die technische Neuerung nicht hinreichend oder sei sonst wie unvollständig (vgl. auch die Differenzierung zwischen den zwingenden Voraussetzungen des § 5 Abs. 1 und den Inhaltsangaben nach § 5 Abs. 2 bei der Erfindungsmeldung (s. dazu § 5 Rdn. 34).

30.3 Ist der technische Verbesserungsvorschlag von **mehreren Arbeitnehmern** entwickelt worden, so ist jeder zur Mitteilung verpflichtet.[100] Sie kann auch gemeinschaftlich erfolgen (vgl. die Grundsätze in § 5 Rdn. 54 ff.). Zur Bestimmung der »Miturheberschaft« s. § 20 Rdn. 48 f.

30.4 **Verletzt** der Arbeitnehmer seine **Mitteilungspflicht** schuldhaft, so macht er sich jedenfalls unter dem Aspekt der Pflichtverletzung des Arbeitsvertrages schadensersatzpflichtig nach § 280 Abs. 1, § 241 Abs. 2, § 619a BGB (s.a. § 5 Rdn. 56 ff.). Zu den Auswirkungen auf die Vergütungspflicht s. hier § 3 Rdn. 30.1 sowie § 20 Rdn. 25.

---

97 I. Ergebn. ebenso Schiedsst. v. 23.09.1996 – Arb.Erf. 2(B)/93 u. v. 14.11.2000 – Arb.Erf. 13/97, (beide unveröffentl).
98 Ebenso v. 27.02.2013 – Arb.Erf. 20/10 (www.dpma.de); Volmer/Gaul Rn. 90 zu § 3.
99 BAG v. 09.05.1995 – 9 AZR 580/93, (WKRS 1995, 27998, Rn. 27, 29).
100 Ebenso Volmer/Gaul Rn. 120 zu § 3.

## E. Schutz des technischen Verbesserungsvorschlages

Die spezielle Geheimhaltungspflicht des § 24 ArbEG gilt nur für schutzfähige Erfindungen, findet damit auf technische Verbesserungsvorschläge keine Anwendung; insoweit verbleibt es bei den allgemeinen Regelungen[101] (vgl. § 24 Rdn. 2). Der Auswertung eines technischen Verbesserungsvorschlages durch einen Konkurrenten kann sich der Arbeitgeber nur dann erwehren, wenn dies einen **Wettbewerbsverstoß** i.S.d. § 3 UWG darstellt (z.b. sittenwidriger, sklavischer Nachbau, vgl. § 4 Nr. 9 UWG). Hat der Arbeitgeber den technischen Verbesserungsvorschlag zum **Betriebsgeheimnis** (s. § 20 Rdn. 16 u. § 24 Rdn. 39) erklärt, so kann ein Verrat der technischen Neuerung gegen § 17 UWG verstoßen und zugleich zum Schadensersatz (§§ 823, 826 BGB) verpflichten; daneben kann sich der Verrat eines technischen Verbesserungsvorschlages – auch wenn keine Geheimhaltung verlangt war, ein Interesse des Arbeitgebers an der Unterlassung einer Offenbarung an Dritte aber billigenswerterweise nahe lag – als Verstoß gegen die Treuepflicht des Arbeitnehmers darstellen, ggf. mit der Folge einer Haftung aus Pflichtverletzung des Arbeitsvertrages[102] (§ 280 Abs. 1, § 241 Abs. 2, § 619a BGB). Zur Geheimhaltungspflicht und zum GeschGehG-E s. i. Übr. § 24 Rdn. 38 ff.

31

Mangels Ausschließungsrechts des Arbeitgebers **kann jeder** die nicht schutzfähige **technische Neuerung für seine Zwecke nutzen**, ohne dass ihn der Arbeitgeber rechtlich daran zu hindern vermag. Dies gilt zwar im Grundsatz auch für den vorschlagenden Arbeitnehmer selbst. Während des bestehenden Arbeitsverhältnisses wird sich regelmäßig eine Mitteilung an Dritte (Wettbewerber) – soweit sie nicht bereits unter § 17 UWG bzw. zukünftig unter das geplante GeschGehG fällt (s. dazu § 24 Rdn. 38 ff.) – aber als Verstoß gegen die arbeitsvertragliche Treuepflicht darstellen; eine (gewerbliche) Eigenverwertung durch den Arbeitnehmer selbst verletzt das arbeitsvertragliche Wettbewerbsverbot (s.a. § 8 n.F. Rdn. 77 ff., § 25 Rdn. 37 ff. u. § 26 Rdn. 34 ff.). Ist der Arbeitnehmer ausgeschieden, so kann er grds. sein beim früheren Arbeitgeber erworbenes Wissen frei verwerten, den technischen Verbesserungsvorschlag z.B. seinem neuen Arbeitgeber mitteilen. Dies gilt i.d.R. selbst dann, wenn es sich um Betriebsgeheimnisse seines früheren Arbeitgebers i.S.d. § 17 UWG gehandelt hat (Näheres s. § 26 Rdn. 34 ff.).

32

---

101 S. dazu auch Röpke, DB 1962, 369, 371 f.; Volmer/Gaul Rn. 138 ff. zu § 3.
102 S.a. Volmer/Gaul Rn. 39 ff., 142 zu § 3.

## F. Vergütung

33 Bei einem **qualifizierten technischen Verbesserungsvorschlag** folgt die Vergütungspflicht bei Verwertung aus § 20 Abs. 1, wobei die Bestimmungen der §§ 9 und 12 sinngemäß anzuwenden sind (vgl. im Einzelnen § 20 Rdn. 24 ff., s.a. § 20 Rdn. 12 zum beiderseitigen Irrtum über die Schutzfähigkeit).

34 Bei einem **einfachen technischen Verbesserungsvorschlag**[103] hängt die Frage der Vergütung davon ab, ob der technische Verbesserungsvorschlag eine Sonderleistung darstellt bzw. eine Prämie nach dem betrieblichen Vorschlagswesen (Ideenmanagement) in Betracht kommt (s. im Einzelnen § 20 Rdn. 60 ff. u. 65 f.).

---

103 Zur wirtschaftl. Bedeutung s. Einsele in Festschr. Bartenbach (2005), 89 ff.

## § 4 Diensterfindungen und freie Erfindungen

(1) Erfindungen von Arbeitnehmern im Sinne dieses Gesetzes können gebundene oder freie Erfindungen sein.

(2) Gebundene Erfindungen (Diensterfindungen) sind während der Dauer des Arbeitsverhältnisses gemachte Erfindungen, die entweder
1. aus der dem Arbeitnehmer im Betrieb oder in der öffentlichen Verwaltung obliegenden Tätigkeit entstanden sind oder
2. maßgeblich auf Erfahrungen oder Arbeiten des Betriebes oder der öffentlichen Verwaltung beruhen.

(3) Sonstige Erfindungen von Arbeitnehmern sind freie Erfindungen. Sie unterliegen jedoch den Beschränkungen der §§ 18 und 19.

(4) Die Absätze 1 bis 3 gelten entsprechend für Erfindungen von Beamten und Soldaten.

**Lit.:**
*Friedrich*, Zur Abgrenzg. d. Diensterf., GRUR 1951, 211; *Johannesson*, Erfinder – Erfindungen – »Betriebserfindg.«, GRUR 1973, 581; *Pedrazzini*, Bemerkungen z. Struktur d. Diensterf., Festschr. z. Zentenarium d. schw. Jur.-Ver. (1961), 103; *Marquardt*, Freie Erf. im Arbeitsverh., 2002 (= Diss. 2001); *Meitinger*, Erfinderlose Erf. durch Know-how e. Organisation u. Erfinderprinzip: kein Widerspruch, Mitt. 2017, 149; *Riemschneider*, Zur Frage d. Betriebserf. GRUR 1958, 433; *Schade*, Der Erfinder, GRUR 1977, 390; *Volmer*, Die Betriebserf., NJW 1954, 92; *ders.* Die Computererfindung, Mitt. 1971, 256 ff.; *Werdermann*, Der Begriff d. Diensterf. u.d. dogmat. Begründung d. Inanspruchnahmerechts, Diss. Bonn 1960; *Witte*, Die Betriebserf., Diss. Erlangen 1957; *ders.*, Betriebserf. GRUR 1958, 163; s. auch Lit. bei § 2.

| Übersicht | Rdn. |
|---|---|
| **A. Allgemeines** | 1 |
| I. Arbeitnehmererfindungen | 1 |
| II. Vergleich zum früheren Recht | 3 |
|     1. Betriebserfindung | 4 |
|     2. Anregungserfindung | 5 |
| III. Grundsatz (Abs. 1) | 6 |
| **B. Diensterfindungen (Abs. 2)** | 7 |
| I. Begriff | 7 |
| II. Fertigstellung während der Dauer des Arbeitsverhältnisses | 10 |
|     1. »Dauer des Arbeitsverhältnisses« | 10 |
|     2. »Gemacht« | 16 |
|     3. Beweislast | 18 |
| III. Aufgabenerfindung (Abs. 2 Nr. 1) | 19 |
|     1. Betrieb (Unternehmen) | 20 |
|     2. Öffentliche Verwaltung | 21 |

|  | | Rdn. |
|---|---|---|
| | 3. »Obliegende Tätigkeit«. | 22 |
| | 4. Kausalität | 33 |
| IV. | Erfahrungserfindung (Abs. 2 Nr. 2) | 35 |
| | 1. Erfahrungen oder Arbeiten des »Betriebes« | 36 |
| | 2. »Maßgeblich beruhen« | 42 |
| C. | Freie Erfindungen (Abs. 3) | 47 |
| D. | Erfindungen von Beamten und Soldaten (Abs. 4) | 49 |
| E. | Mehrere Erfinder | 50 |
| F. | Zweifel bzw. Meinungsverschiedenheiten hinsichtlich des Charakters der Erfindung | 51 |

## A. Allgemeines

### I. Arbeitnehmererfindungen

**1** § 4 regelt in Ergänzung zu § 2 den sachlichen Anwendungsbereich des ArbEG hinsichtlich schutzfähiger Erfindungen. Die Bestimmung, die seit 1957 – auch durch die ArbEG-Novelle 2009 – nicht verändert worden ist, unterteilt ausweislich § 4 Abs. 1 die **Arbeitnehmererfindungen** (zum Begriff s, Einl. Rdn. 1) in zwei Gruppen, einmal in gebundene Erfindungen (Diensterfindungen, § 4 Abs. 2), zum anderen in freie Erfindungen (§ 4 Abs. 3). Diese Unterteilung ist für das Arbeitnehmererfindungsrecht von **ausschlaggebender Bedeutung**.

**2** § 4 erkennt als **Diensterfindungen** nur die schutzfähigen technischen Neuerungen an, die als Auftrags- (Aufgabenerfindung – Abs. 2 Nr. 1) oder als Erfahrungserfindung (Abs. 2 Nr. 2) während der Dauer des Arbeitsverhältnisses entstanden sind.[1] Nur die Diensterfindungen (§ 4 Abs. 2) unterliegen den Beschränkungen der §§ 5 bis 17, insb. dem Inanspruchnahmerecht des Arbeitgebers (§§ 6, 7), da allein bei diesen das Unternehmen (Arbeitgeber) einen entscheidenden Anteil zu deren Zustandekommen beigetragen hat (s. auch § 4 Rdn. 35 u. § 6 Rdn. 6). Freie Erfindungen (§ 4 Abs. 3), also solche, die ohne oder nur mit unbedeutendem Einfluss des Unternehmens entwickelt worden sind, sollen dagegen im Grundsatz dem Arbeitnehmer verbleiben; für sie besteht lediglich eine Mitteilungs- und ggf. Anbietungspflicht nach §§ 18, 19.

**2.1** Die Vorschrift gilt uneingeschränkt in den **neuen Bundesländern** für die seit dem 03.10.1990 fertiggestellten Arbeitnehmererfindungen (s. Einl. Rdn. 31).

---

1 Vgl. Amtl. Begründung BT-Drucks. II/1648, S. 12 f., 18 ff. = BlPMZ 1957, 214 f., 228 f. mit Einzelheiten z. geschichtl. Entwicklung.

A. Allgemeines                                                   § 4

Für die dort zuvor gemachten Arbeitnehmererfindungen wirkte das DDR-Recht gem. Einigungsvertrag fort (s. 4. Vorauflage Einl. Rdn. 32 sowie dort § 4 Rn. 2.1).

## II. Vergleich zum früheren Recht

Die Unterscheidung zwischen Diensterfindung und freier Erfindung – von der § 4 ausgeht – war im Prinzip schon vor der VO 1942 bzw. der DVO 1943 anerkannt.[2]   3

### 1. Betriebserfindung

Als dritte Art der Arbeitnehmererfindung war die sog. (unpersönliche) Betriebserfindung von Bedeutung. Als Betriebserfindung wurden insb. solche Erfindungen gekennzeichnet und dem Arbeitgeber unmittelbar zugeordnet, die zwar innerhalb eines Betriebs entstanden, aber so weitgehend durch Erfahrungen, Hilfsmittel, Anregungen und Vorarbeiten des Betriebes beeinflusst waren, dass sie nicht auf erfinderische Leistungen einzelner Personen zurückgeführt werden konnten, also die Tätigkeit des Arbeitnehmers eine nebensächliche war, ohne selbst die Merkmale einer schöpferischen Leistung zu besitzen.[3] Mit Einführung des Erfinderprinzips durch das PatG 1936[4] (vgl. § 3 Satz 1 PatG a.F., jetzt § 6 Satz 1 PatG) ist der Begriff der Betriebserfindung **gegenstandslos** geworden und hat folgerichtig im ArbEG keine Anerkennung gefunden.[5] Das gilt auch für Gebrauchsmuster.[6] Eine Erfindung setzt zwingend die schöpferische Leistung eines Menschen voraus (s. § 2 Rdn. 3 u. § 5 Rdn. 45). Davon geht erkennbar § 4 Abs. 2 Nr. 2 aus. Folglich scheidet auch eine »Miterfinderschaft« einschließlich Erfinderbenennung einer juristischen Person oder   4

---

2  Vgl. Amtl. Begründung BT-Drucks. II/1648, S. 12 f., 18 ff. = BlPMZ 1957, 214 f., 228 f. mit Hinweisen z. geschichtl. Entwicklung.
3  Vgl. RG v. 07.12.1932, RGZ 139, 87, 93; Entw. d. PatG v. 1936, zitiert bei Klauer/Möhring/Nirk PatG Rn. 3 in Anh. zu § 3.
4  S. hierzu Schmidt, Mitt. 2011, 220 ff.
5  Heute wohl nahezu allg. A., vgl. BGH v. 05.05.1966 – Ia ZR 110/64, GRUR 1966, 558, 560 – *Spanplatten*; Hueck in Festschr. Nikisch (1958) S. 63, 76 f. u. ders. i. Anm. ARS 39, 24; Keukenschrijver in Busse/Keukenschrijver, PatG, Rn. 2 zu § 4 ArbEG; Reimer/Schade/Schippel/Rother Rn. 23 ff. zu § 4; Volmer, NJW 1954, 92 ff.; Volmer/Gaul Einl. Rn. 85 f., 127 u. Rn. 7 ff. zu § 4, der sich allerdings in Ausnahmefällen de lege ferenda für die Wiedereinführung der Betriebserf. ausspricht! (insb. Rn. 20 zu § 4); Wunderlich Die gemeinschaftliche Erfindung S. 82 ff.; unklar OLG Düsseldorf v. 30.10.1970, GRUR 1971, 215; a.A. noch Witte, GRUR 1958, 433 f.
6  S. allg. Bühring, GebrMG, § 13 Rn. 54.

einer Organisationseinheit wie die eines Unternehmens[7] aus. Da derartige Erfindungen im Regelfall maßgeblich auf betrieblichem Know-how beruhen, sind sie regelmäßig den Erfahrungserfindungen (§ 4 Abs. 2 Nr. 2) zuzuordnen.

### 2. Anregungserfindung

5   Eine weitere Wandlung[8] hat der Begriff der Diensterfindung insoweit erfahren, als der Gesetzgeber auch die früher als Unterfall der Diensterfindung behandelte sog. Anregungserfindung (§ 4 Abs. 1 Halbs. DVO 1943) aus dem Kreis der gebundenen Erfindungen herausgenommen hat. Hierunter wurden die Erfindungen verstanden, die, obwohl sie nicht auf betrieblichen Erfahrungen oder Vorarbeiten beruhen, auf irgendwelche Verknüpfungen zwischen Betrieb und erfinderischer Tätigkeit des Arbeitnehmers zurückzuführen sind.[9] Dagegen sollten die Erfindungen, die durch bloße betriebliche Anregungen bedingt sind, d.h. z.B. durch eine reine Anschauung von Maschinen oder Fertigungsvorgängen des Betriebes, dem Arbeitnehmer wegen des geringen betrieblichen Anteils als freie Erfindungen zustehen.[10] Derartige Anregungserfindungen erfüllen heute im Regelfall die Voraussetzungen für **freie Erfindungen** (Abs. 3). Den Interessen des Arbeitgebers trägt das ArbEG auch insoweit durch die Mitteilungs- und Anbietungspflicht des Arbeitnehmers gem. §§ 18, 19 Rechnung.

### III. Grundsatz (Abs. 1)

6   § 4 Abs. 1 stellt zunächst klar, dass das ArbEG in seinem **sachlichen Anwendungsbereich** nur noch von freien und gebundenen Erfindungen von Arbeitnehmern ausgeht, also insb. die frühere Betriebserfindung nicht mehr anerkennt (s. § 4 Rdn. 4). Zugleich folgt aus Abs. 1, dass alle Erfindungen von Arbeitnehmern des privaten und öffentlichen Dienstes vom ArbEG erfasst werden; dieser Grundsatz gilt – Abs. 4 zufolge – uneingeschränkt auch für Erfindungen von Beamten und Soldaten. Damit findet das ArbEG auf **alle Erfindungen** von Personen Anwendung, die sich in persönlich abhängiger Stellung befinden, **gleichgültig, wie, wo, auf welchem Gebiet und aus welchen**

---

7  So aber neuerlich Meitinger Mitt. 2017, 149, 151.
8  Vgl. dazu Volmer Rn. 7 zu § 3; s.a. Friedrich, GRUR 1951, 211 ff.
9  Amtl. Begründung BT-Drucks. II/1648 S. 19 f. = BlPMZ 1957, 228 f. S. aber auch die unterschiedl. Definitionen von Boemke/Kursawe/Raif einerseits Rn. 89 zu § 4 u. Rn. 101 zu § 4 andererseits.
10 Vgl. Amtl. Begründung BT-Drucks. II/1648 S. 19 = BlPMZ 1957, 228; Keukenschrijver in Busse/Keukenschrijver, PatG, Rn. 2 zu § 4 ArbEG; abw. noch RG v. 14.10.1936, GRUR 1936, 1053, 1055.

Gründen bzw. Motiven die Erfindung entwickelt bzw. gemacht worden ist; s.a. § 4 Rdn. 9 und die Beispiele bei § 4 Rdn. 15. An dieser Eigenschaft als **Arbeitnehmererfindung** ändert auch der Umstand nichts, dass etwa ein außenstehender Dritter (freier Erfinder) mitgearbeitet hat und der Arbeitnehmer (nur) Miterfinder ist (s.a. § 6 Rdn. 73). Zur Erfindung aufgrund eines eigenständigen Entwicklungsauftrages s. § 22 Rdn. 14.

## B. Diensterfindungen (Abs. 2)

### I. Begriff

Diensterfindungen sind nach Wegfall der sog. Anregungserfindung (s. § 4 Rdn. 5) gem. der Legaldefinition des § 4 Abs. 2 nur die Auftrags- (Nr. 1, s. Rdn. 19 ff.) und die Erfahrungserfindung (Nr. 2, s. Rdn. 35 ff.). Der weitgehend verwendete Begriff der Auftragserfindung lässt die hier maßgebliche arbeitsvertragliche Betrachtungsweise nicht so deutlich werden, sodass für die Fälle der Nr. 1 u.E. der Begriff der **Aufgabenerfindung** zur Unterscheidung von der **Erfahrungserfindung** (Nr. 2) sachgerecht ist. 7

**Kriterium für die Feststellung** einer Aufgabenerfindung ist der Einfluss der dem Arbeitnehmer im Betrieb (Unternehmen – s. § 4 Rdn. 20) oder in der öffentlichen Verwaltung obliegenden Tätigkeit auf die Entwicklung des Erfindungsgegenstandes. Die Bewertung als Erfahrungserfindung hängt davon ab, ob die schutzfähige Erfindung (§ 2) maßgeblich auf Erfahrungen oder Arbeiten des Betriebs oder der öffentlichen Verwaltung beruht. Vgl. auch RL Nrn. 31 ff. 8

Die Eigenschaft als Diensterfindung setzt – wie Abs. 2 zeigt – voraus, dass die schöpferische Leistung des Arbeitnehmers **in Abhängigkeit zum Arbeitsverhältnis** gesehen werden muss – ein Umstand, der sich zwangsläufig im Vergütungsanspruch nach § 9 Abs. 2 niederschlägt[11] (s.a. § 9 Rdn. 77–261). 9

Andererseits ist die Qualifizierung als Diensterfindung weder davon abhängig, dass eine Erfindung dem Arbeitgeber nützlich ist, noch ob sie in den **Arbeitsbereich des Unternehmens** fällt, dort also verwendet bzw. verwertet werden kann[12] (s.a. § 4 Rdn. 51), noch ob ihr Einsatz beim betreffenden Arbeitgeber

---

11 Vgl. BGH v. 16.04.2002 – X ZR 127/99, GRUR 2002, 801, 802 r. Sp. – *Abgestuftes Getriebe*.
12 Vgl. Amtl. Begründung BT-Drucks. II/1648 S. 19 = BlPMZ 1957, 228; Schiedsst. v. 25.04.1991 – Arb.Erf. 74/90, (unveröffentl., zitiert b. Reimer/Schade/Schippel/Rother Rn. 11 zu § 4 u. v. 30.09.1993 – Arb.Erf. 176/92, (unveröffentl.); ebenso Kraßer/Ann, PatR, § 21 Rn. 44, 58; Volmer/Gaul Rn. 35 zu § 4.

gewinnversprechend oder sonst wie wirtschaftlich sinnvoll ist.[13] Das sind auch keine Kriterien für die Abgrenzung von Diensterfindung und freier Erfindung. Allerdings gewinnt der Arbeitsbereich des Unternehmens für die Pflichten des Arbeitnehmers bei freien Erfindungen Bedeutung (vgl. § 18 Abs. 3, § 19 Abs. 1).

## II. Fertigstellung während der Dauer des Arbeitsverhältnisses

### 1. »Dauer des Arbeitsverhältnisses«

10 Als »Dauer des Arbeitsverhältnisses« ist die Zeit **vom rechtlichen Beginn** des Arbeitsverhältnisses **bis** zu seiner **Beendigung im Rechtssinne** zu verstehen, ohne dass es darauf ankommt, wann der Arbeitnehmer seine Arbeit tatsächlich aufnimmt oder ob er bis zum letzten Tag tatsächlich tätig ist[14] (zum ruhenden Arbeitsverhältnis s. § 4 Rdn. 14). Daraus wird deutlich, dass es für die Kennzeichnung als Arbeitnehmererfindung und damit auch als Diensterfindung entscheidend auf den **Zeitpunkt der Fertigstellung** der Erfindung (s. § 5 Rdn. 16 ff.) ankommt, d. h. zu diesem Zeitpunkt muss das Arbeitsverhältnis rechtlich bestehen (s. § 1 Rdn. 7; zum Beurteilungszeitraum für die zu einer Diensterfindung erforderlichen Aufgaben bzw. Erfahrungen s. aber unten § 4 Rdn. 34, 38). Der Zeitpunkt der tatsächlichen Arbeitsaufnahme ist lediglich in Fällen eines **faktischen Arbeitsverhältnisses** bei rechtsunwirksamem Arbeitsvertrag (s. hierzu § 1 Rdn. 11 f. und § 26 Rdn. 13) bedeutsam; hier kommt es für eine Diensterfindung auf die tatsächliche Arbeitserbringung an.[15]

Das Gesetz stellt ausdrücklich auf den umfassenden Begriff des Arbeitsverhältnisses ab und nicht auf den der **Arbeitszeit** (vgl. § 2 Abs. 1 ArbZG). Daraus folgt zugleich, dass es nicht darauf ankommt, inwieweit eine Erfindung während der Arbeitszeit entwickelt bzw. fertiggestellt worden ist (vgl. i.Ü. § 4 Rdn. 15).

11 Ist eine Erfindung bereits **vor Begründung eines Arbeitsverhältnisses** und vor tatsächlicher Arbeitsaufnahme fertiggestellt, handelt es sich um die Erfin-

---

13 Vgl. Schiedsst. v. 06.02.1987, BlPMZ 1987, 362, 363 r. Sp.
14 Vgl. BGH v. 18.05.1971 – X ZR 68/67, GRUR 1971, 407, 408 – *Schlussurlaub* m. zust. Anm. Schippel; Schiedsst. v. 10.04.2008 – Arb.Erf. 43/06 (Datenbank); Kraßer/Ann, PatR, § 21 Rn. 46.
15 Zust. Schiedsst. v. 05.07.1991, GRUR 1992, 499, 502 l. Sp. – *Einheitliches Arbeitsverhältnis*.

## B. Diensterfindungen (Abs. 2) § 4

dung eines freien Erfinders,[16] es sei denn, dieser unterliegt noch Pflichten aus einem vorangegangenen Arbeitsverhältnis. Das gilt in gleicher Weise für den schöpferischen Beitrag eines Miterfinders.[17] Eine Schutzrechtsanmeldung nach Beginn des Arbeitsverhältnisses ändert daran nichts.[18] Ein Anspruch des Arbeitgebers auf Überlassung der Erfindungsrechte oder auf Einräumung besteht grundsätzlich nicht, kann aber vertraglich vereinbart werden.[19]

Ein **Rückdatieren** eines später abgeschlossenen **Arbeitsvertrages** kann zwar die Wirkungen des späteren Arbeitsverhältnisses auch auf einen früheren Zeitraum erstrecken, ohne dass aber damit die von vornherein »ungebundene« Erfindung zur Diensterfindung wird.[20] Vielmehr kann in der einverständlichen Rückdatierung allenfalls die Vereinbarung liegen, die bisher freie Erfindung dem neuen Arbeitgeber zur Nutzung zur Verfügung zu stellen. Hierzu bedarf es aber einer ausdrücklichen oder jedenfalls eindeutig erkennbaren stillschweigenden Abrede.[21] Auch wenn der Arbeitnehmer nach dem Anstellungsvertrag gehalten ist, dem Arbeitgeber sein gesamtes technisches Wissen zu vermitteln und seine volle Arbeitskraft zur Verfügung zu stellen, folgt weder hieraus noch aus der Höhe des vereinbarten Gehaltes, dass der Arbeitnehmer verpflichtet ist, dem neuen Arbeitgeber Nutzungsrechte an dem vor Begründung des Arbeitsverhältnisses geschaffenen Erfindungspotenzial zu überlassen; vielmehr bedarf es zu einer solchen Annahme weiter gehender Anhaltspunkte.[22]

Wollen die Parteien eines neuen Arbeitsverhältnisses frühere (freie) Erfindungen des Arbeitnehmers in ihr Vertragsverhältnis einbeziehen, kommt es für den **Umfang der Nutzungsbefugnisse des Arbeitgebers** (einfaches, aus-

---

16 Thür. OLG v. 07.12.2011, Mitt. 2012, 364, 366 – *Allwettertrittschicht*; Keukenschrijver in Busse/Keukenschrijver, PatG, Rn. 6 zu § 4 ArbEG m. H. a. BGH v. 16.01.1962 – I ZR 48/60, (unveröffentl.); s.a. BGH v. 22.02.2011, GRUR 2011, 509 [Rn. 28 f. – *Schweißheizung* im Anschluss an BPatG v. 26.06.2008 – 8 W (pat) 308/03, Mitt. 2009, 72 – *Schweißheizung für Kunststoffrohrmatte*, dort Rn. 58 (insoweit nicht in Mitt. 2009, 72 ff.).
17 Vgl. BGH v. 22.02.2011, GRUR 2011, 509 [Rn. 28 f.] – *Schweißheizung*.
18 Thür. OLG v. 07.12.2011, Mitt. 2012, 364, 366 – *Allwettertrittschicht*.
19 Vgl. auch Thür. OLG v. 07.12.2011, Mitt. 2012, 364, 366 f. – *Allwettertrittschicht*.
20 A.A. Schiedsst. v. 24.05.1972, BlPMZ 1973, 29, 30 = EGR Nr. 4 zu § 4 ArbEG m. abl. Anm. Bessel-Lorck.
21 BGH v. 20.02.1979 – X ZR 63/77, GRUR 1979, 540, 542 – *Biedermeiermanschetten*.
22 Vgl. BGH v. 10.05.1984 – I ZR 85/82, GRUR 1985, 129, 130 – *Elektrodenfabrik* (zu urheberrechtlich geschützten Darstellungen); BAG v. 13.09.1983, GRUR 1984, 429, 430 – *Statikprogramm* (zu urheberrechtsfähigen Computerprogrammen).

schließliches Nutzungsrecht, Übertragung der gesamten Rechte) auf die Umstände des Einzelfalls an[23] (s.a. § 1 Rdn. 48 f.).

Nach den Umständen des Einzelfalls richtet es sich auch, ob und in welchem Umfang die **Übertragung** der Rechte an dieser **freien Erfindung** auf den Arbeitgeber bzw. die Einräumung von Nutzungsbefugnissen **vergütungspflichtig** sein sollen. Da erfahrungsgemäß niemand Erfindungsrechte kostenlos überlässt, kann der Arbeitgeber (nur) in besonders gelagerten Ausnahmefällen davon ausgehen, dass sie unentgeltlich erfolgt, etwa dann, wenn die Bereitstellung dieser Erfindungsposition eine Grundlage für den Abschluss des Arbeitsvertrages überhaupt war und der Arbeitnehmer nicht klargestellt hat, dass dies nur gegen Zahlung eines Entgelts über die Gehaltszahlung hinaus geschehen soll.[24] Dies mag auch dann gelten, wenn der Arbeitnehmer von sich aus ohne jegliche Arbeitgeberveranlassung eine solche Erfindungsposition in das Unternehmen »eingebracht« hat und dort nutzen lässt.[25] Zur Höhe der Vergütung s. vor §§ 9 bis 12 Rdn. 14; s. i.Ü. auch § 1 Rdn. 48 f., 72 ff., 92 ff. sowie § 6 a.F. Rdn. 57 ff.

Hatte der Arbeitnehmer bereits vor Beginn des Arbeitsverhältnisses eine (Initial-) **Idee zur Lösung** eines technischen Problems, wird die Lösung sodann auf der Grundlage der betrieblichen Bedürfnisse des Arbeitgebers und der technischen Gegebenheiten des Unternehmens fortentwickelt und fertiggestellt, erfüllt dies die Voraussetzungen einer Diensterfindung.[26] Insoweit ist allein entscheidend, dass die Vollendung der Diensterfindung während des betreffenden Arbeitsverhältnisses erfolgt.[27]

Zur Fertigstellung einer Erfindung bei notwendigen Versuchen nach Aufnahme eines neuen Arbeitsverhältnisses s. § 4 Rdn. 17.

---

23 Vgl. BAG v. 21.08.1996, CR 1997, 88, 89 (zur Einräumung eines einf. Nutzungsrechtes an einem Computerprogramm).
24 Vgl. BAG v. 13.09.1983, GRUR 1984, 429, 430 – *Statikprogramm* (zu urheberrechtsfähigen Computerprogrammen).
25 Vgl. zu urheberrechtsfähigen Leistungen BGH v. 10.05.1984 – I ZR 85/82, GRUR 1985, 129, 130 – *Elektrodenfabrik*.
26 BPatG v. 26.06.2008 – 8 W (pat) 308/03, Rn. 58 – *Schweißheizung für Kunststoffrohrmatten* (insoweit nicht in Mitt. 2009, 72 ff.; insoweit unbeanstandet durch BGH v. 22.02.2011, GRUR 2011, 509 [Rn. 27 ff.] – *Schweißheizung*); bestätigt ferner durch BAG v. 09.07.1997, NZA 1997, 1181, 1182 – *Pulsinduktionsmetall-Detektoren*; Schiedsst. v. 25.07.1991 – Arb.Erf. 86/89, (unveröffentl.); v. 10.04.2008 – Arb.Erf. 43/06 (Datenbank).
27 So im Ergebn. BPatG v. 26.06.2008 – 8 W (pat) 308/03, Rn. 60 – *Schweißheizung für Kunststoffrohrmatten* (insoweit nicht in Mitt. 2009, 72 ff.) und im Anschl. daran BGH v. 22.02.2011, GRUR 2011, 509 [Rn. 27 ff.] – *Schweißheizung*.

## B. Diensterfindungen (Abs. 2)

§ 4

Die durch das Arbeitsverhältnis begründete und für § 4 Abs. 2 ausschlaggebende Beziehung des Arbeitnehmers zum Unternehmen dauert so lange an, wie ein arbeitsrechtliches Band zwischen Arbeitgeber und Arbeitnehmer vorhanden ist, mag die Verpflichtung zur Arbeitsleistung auch schon durch vorzeitige **Freistellung** oder einen **Schlussurlaub** ihr Ende gefunden haben.[28] Zur passiven (Freistellungs-) Phase bei der Altersteilzeit s. § 26 Rdn. 17.

12

Unter einer **Beendigung des Arbeitsverhältnisses** ist nicht der Abbruch der tatsächlichen Beschäftigung, sondern erst die rechtliche Beendigung des Arbeitsverhältnisses zu verstehen.[29] Ist die Erfindung während der Dauer des Arbeitsverhältnisses fertiggestellt worden, so bleiben die daran nach dem ArbEG anknüpfenden Rechte und Pflichten von dessen Beendigung unberührt bestehen (§ 26).

**Wechselt** der Arbeitnehmer **zu einem neuen Arbeitgeber** und fällt die Fertigstellung in die Zeit nach rechtlichem Ende des Arbeitsverhältnisses, stellt diese technische Neuerung keine Diensterfindung in Bezug auf den früheren Arbeitgeber dar; dies gilt unabhängig davon, ob der Arbeitnehmer (nicht erfinderische) Erfahrungen oder Arbeiten des früheren Betriebes nutzbar gemacht hat oder ob die erfinderische Tätigkeit auf den damaligen Arbeits- und Pflichtenkreis bzw. auf eine seinerzeit (pflichtgemäß erfüllte) Aufgabenstellung zurückgeht (s. i.Ü. § 4 Rdn. 16, 18). Greifen weder eine tatsächliche Vermutung (Beweisanzeichen, s. § 4 Rdn. 18 f.) noch der Vorwurf einer Treu- bzw. Pflichtwidrigkeit des Arbeitnehmers (s. § 4 Rdn. 16), so handelt es sich entweder um eine freie Erfindung (§ 4 Abs. 3) oder (ausnahmsweise) um eine dem neuen Arbeitgeber (etwa als Aufgabenerfindung) zuzuordnende Diensterfindung. Stellt der **vor Ausscheiden gemachte Entwicklungsanteil** bereits einen **erfinderischen Beitrag** (s. hierzu § 5 Rdn. 46 ff.) zu einer vom Arbeitnehmer nach Ausscheiden weiterentwickelten Erfindung dar, kann es sich nach Auffassung des *BGH*[30] um eine widerrechtliche Entnahme zulasten des früheren Arbeitgebers handeln, der insoweit zur (unbeschränkten) Inanspruchnahme berechtigt sein soll; ihm wird das Recht zuerkannt, mithilfe des Vindikationsanspruchs gem. § 8 PatG eine Mitinhaberschaft an der Gesamterfindung geltend zu machen. Zur widerrechtlichen Entnahme von Erfindungsgedanken aus dem Bereich des früheren Arbeitgebers s.auch § 7 n.F. Rdn. 51 ff.

---

28 BGH v. 18.05.1971 – X ZR 68/67, GRUR 1971, 407, 408 – *Schlussurlaub* m. zust. Anm. Schippel; vgl. auch Schiedsst. v. 06.02.1987, BlPMZ 1987, 362, 363 r. Sp. m. H.a. BGH v. 14.07.1966 – I a ZR 58/64, (unveröffentl.).
29 BAG v. 08.08.1985, AP Nr. 94 zu § 4 TVG – Ausschlussfristen. Zust. u. a. Boemke/Kursawe/Raif Rn. 18 zu § 4.
30 BGH v. 17.01.1995 – X ZR 130/93, Mitt. 1996, 16, 18 – *Gummielastische Masse*.

**13 Sozialrechtliche** Bestimmungen über eine Fiktion des Fortbestandes des Arbeitsverhältnisses wirken sich als Sondervorschrift nur sozial-, nicht dagegen erfinderrechtlich aus[31] (vgl. etwa § 143a SGB III).

Weitere **Einzelheiten zur Beendigung** eines Arbeitsverhältnisses, auch zu den Folgen von Streik und Aussperrung s. § 26 Rdn. 3 ff.; zur unberechtigten Kündigung s. § 1 Rdn. 29 f.; zur Weiterbeschäftigung während des Kündigungsschutzprozesses s. § 26 Rdn. 5, zur Beweislast s. hier § 4 Rdn. 18.

**14** Das **Ruhen** des Arbeitsverhältnisses führt nicht zu dessen rechtlicher Beendigung (s. § 26 Rdn. 14 ff.). Besteht zu dieser Zeit ein **weiteres Arbeits- bzw. Dienstverhältnis** (z.B. bei Wehrdienst), so gelten für die Feststellung und Zuordnung einer Diensterfindung weitgehend die Grundsätze zum Doppelarbeitsverhältnis (s. § 26 Rdn. 16). Zu Leiharbeitsverhältnissen s. § 1 Rdn. 60.

Zur Feststellung und Zuordnung einer Diensterfindung bei **Abordnung** eines Arbeitnehmers s. § 1 Rdn. 36 f., 106 f. und § 26 Rdn. 17.

**14.1** Ob im Rahmen einer **zwischenbetrieblichen Kooperation** eine Diensterfindung vorliegt, ist ausschließlich im Verhältnis zum jeweiligen Arbeitgeber zu klären[32] (s.a. § 17 Rdn. 106 f.). Besteht – wie im Regelfall – das **Arbeitsverhältnis** auch bei Tätigkeit des Arbeitnehmers innerhalb einer Forschungs- und Entwicklungskooperation unverändert **mit dem jeweiligen Kooperationspartner** als Arbeitgeber fort, bestimmt sich allein im Verhältnis zu Letzterem, ob eine Diensterfindung anzunehmen ist. Entwickelt ein zu einer Kooperationsgemeinschaft abgeordneter Arbeitnehmer eine Erfindung auf dem Forschungsgebiet der Kooperation, so wird regelmäßig eine **Aufgabenerfindung** i.S.d. § 4 Abs. 2 Nr. 1 vorliegen, da üblicherweise ein konkreter Forschungs- und Entwicklungsauftrag gegeben ist.

Fehlt ausnahmsweise ein (auch stillschweigend) erteilter Entwicklungsauftrag, wird doch zumindest aufgrund der Abordnung zur Kooperation diese Aufgabe dem dem Arbeitnehmer durch seine tatsächliche Stellung zugewiesenen Arbeits- und Pflichtenkreis entsprechen und damit jedenfalls eine Aufgabenerfindung im weiteren Sinne (s. § 4 Rdn. 23) vorliegen. Eine solche kann auch dann noch in Betracht kommen, wenn die vom abgeordneten Arbeitnehmer gemachte Erfindung nicht unmittelbar in das Forschungsgebiet der Kooperation fällt, sondern nur bei Gelegenheit der Kooperation entwickelt wird. Denn auch ohne besondere Vertragsabsprache bzw. ohne besonderen Auftrag kann

---

31 Ausf. Volmer/Gaul Rn. 58 ff. zu § 4.
32 Bartenbach, Zwischenbetriebliche Forschungs- und Entwicklungskooperation (1985) S. 76 ff.; Volmer/Gaul Rn. 68 ff. zu § 4.

sich unmittelbar aus dem Tätigkeitsbereich des Arbeitnehmers eine Pflicht ergeben, um technische Verbesserungen bemüht zu sein.[33] Dabei ist es ohne Belang, ob die Erfindung in dem Unternehmen des Arbeitgebers selbst oder in der räumlichen Sphäre eines anderen Kooperationspartners entwickelt worden ist, da der in § 4 Abs. 1 verwendete Begriff des »Betriebes« nicht im räumlichen Sinne einer bestimmten Betriebs- bzw. Arbeitsstätte zu verstehen ist, sondern den Bezug zum Arbeitsverhältnis und damit zum Arbeitgeber kennzeichnet (s. § 4 Rdn. 20).

Zur Feststellung einer **Erfahrungserfindung** können auch all diejenigen Erfahrungen und Arbeiten herangezogen werden, die erst im Rahmen einer zwischenbetrieblichen Kooperation dem Arbeitnehmer zur Kenntnis gelangen, wobei es regelmäßig ohne Belang ist, ob diese Erfahrungen bzw. Arbeiten unmittelbares Ergebnis der Kooperationstätigkeit sind oder ob die Kooperationspartner aufgrund ihres Kooperationsverhältnisses eigene Erfahrungen, Know how o.ä. beigesteuert hatten, welche dann den Arbeitnehmern des jeweils anderen Kooperationspartners vermittelt werden.[34] Die Bedeutung einer zwischenbetrieblichen Forschungs- und Entwicklungskooperation liegt ja gerade darin, dass aufgrund eines Austauschs von Erfahrungswissen und Fertigkeiten ein gemeinschaftliches Forschungsergebnis erzielt werden soll.

Steht der Arbeitnehmer in einem **eigenständigen Arbeitsverhältnis** zu der zwischenbetrieblichen Kooperation als **Personengesamtheit** (s. hierzu § 1 Rdn. 106 f.) und ist diese als Außengesellschaft selbst Arbeitgeber, reicht es für das Vorliegen einer Diensterfindung aus, wenn zumindest im Verhältnis zu einem Kooperationspartner die qualifizierenden Voraussetzungen einer Diensterfindung festzustellen sind.

14.2

Wird die Kooperation dagegen unter Beendigung des bisherigen Arbeitsverhältnisses alleiniger Arbeitgeber in Rechtsform einer **Kapitalgesellschaft**, etwa als Forschungs-GmbH, besteht nach § 4 Abs. 2 – von Fällen des pflichtwidrigen Unterlassens abgesehen (s. § 4 Rdn. 16) – nur begrenzter Raum, zur Einstufung einer während des neuen Arbeitsverhältnisses entstandenen Erfindung auf die vorangegangene Tätigkeit des Erfinders beim früheren Arbeitgeber abzustellen. Relevant ist das insbesondere in den Fällen, in denen die Erfindung maßgeblich auf Erfahrungen des früheren Arbeitgeberbetriebs zurückgeht (s. § 4 Rdn. 12). Eine Diensterfindung setzt u. E. dann voraus, dass der frühere Arbeitgeber das genutzte erfindungsrelevante Know-how (nachweisbar,

---

33 Vgl. LG Düsseldorf vom 04.12.1973, GRUR 1974, 275 – *Mischröhre*.
34 Bartenbach, Zwischenbetriebliche Forschungs- und Entwicklungskooperation (1985) S. 78 f.

s. § 4 Rdn. 46) als Gesellschafter in die Forschungsgesellschaft eingebracht hat. Ob hilfsweise ein Rückgriff auf Treu und Glauben in Betracht kommt, ist unklar, zumal dagegen ggf. angeführt werden könnte, der Arbeitgeber (als Kooperationspartner) habe selbst die erste Ursache für den Arbeitnehmerwechsel gesetzt. Soweit ersichtlich, liegt dazu noch keine höchstrichterliche Entscheidung vor.

15 Kommt es für das Merkmal »während der Dauer des Arbeitsverhältnisses« grds. nur auf das Bestehen rechtlicher Bindungen zwischen Arbeitgeber und Arbeitnehmer an, ist es insoweit **unerheblich, wann und wo** der Arbeitnehmer die **Erfindung entwickelt** bzw. fertigstellt[35] (s.a. § 4 Rdn. 6, 9, 10). Dieses Merkmal ist auch bei schöpferischen Leistungen des Arbeitnehmers während einer krankheitsbedingten Arbeitsverhinderung, seiner Freizeit,[36] seines Erholungsurlaubs[37] (einschließlich des Zeitraums einer Freistellung bzw. eines unbezahlten Sonderurlaubs oder eines Schlussurlaubs zum Ende des Arbeitsverhältnisses[38]), bei Altersteilzeit trotz Freistellungsphase (s. § 26 Rdn. 17), ferner bei Kurzarbeit,[39] auf dem Weg von und zur Arbeitsstätte,[40] auf Dienstreisen usw. ebenso erfüllt, wie wenn er diese Arbeiten sonst wie räumlich außerhalb der Betriebsstätte erbringt. Ebenso wenig wie die Entwicklung der Erfindung in der Privatwohnung für sich allein eine freie Erfindung begründet,[41] rechtfertigt der Umstand, dass die Erfindung in den vom Arbeitgeber zur Verfügung gestellten bzw. zugänglich gemachten Arbeitsräumen fertiggestellt worden ist,

---

35 So auch Reimer/Schade/Schippel/Rother Rn. 16 zu § 4 u. Schiedsst. v. 06.02.1987, BlPMZ 1987, 362, 363 – jeweils m.H.a. BGH v. 14.07.1966 – I a ZR 58/64, (unveröffentl.); ferner EV v. 10.04.2008 – Arb.Erf. 43/06; 06.11.2008 – Arb.Erf. 39/07, u. v. 23.04.2009 – Arb.Erf. 51/06, (alle unveröffentl.); vgl. auch Hueck/Nipperdey, Lehrb. ArbR § 53 II 4 Fn. 17 m.H.a. RG v. 09.07.1919, JW 1920, 382; Volmer/Gaul Rn. 56 zu § 4; Boemke/Kursawe/Raif Rn. 57 ff. zu § 4 in Ablehnung zur abw. Auffassung von Ulrici in Anwaltkommentar-ArbR § 4 ArbNErfG Rn. 6.
36 RG v. 09.07.1919, JW 1920, 382; Schiedsst. v. 01.10.1987, BlPMZ 1988, 221; v. 06.02.1987, BlPMZ 1987, 362, 363 u. v. 04.06.1997 – Arb.Erf. 82/95, (unveröffentl.); ebenso Schiedsst. v. 10.04.2008 – Arb.Erf. 43/06, u. v. 23.04.2009 – Arb.Erf. 51/06, (beide unveröffentl.); Schiedsst. v. 04.07.2013 – Arb.Erf. 46/12, (www.dpma.de); s.a. Kantonsgericht St. Gallen v. 09.02.1983, GRUR Int. 1984, 708, 709 – *Orthofotogerät*.
37 Vgl. Schiedsst. v. 01.10.1987, BlPMZ 1988, 221.
38 BGH v. 18.05.1971 – X ZR 68/67, GRUR 1971, 407 – *Schlussurlaub* m.H.a. RG v. 25.02.1933, RGZ 140, 53, 57.
39 Gaul, RdA 1982, 268, 276.
40 Schiedsst. v. 06.02.1987, BlPMZ 1987, 362, 363.
41 Vgl. PA v. 17.02.1904, BlPMZ 1910, 187.

bereits die Annahme einer Diensterfindung.⁴² Bei der Fertigstellung einer Diensterfindung evtl. ausbleibende dienstliche Einflüsse und (technische) Unterstützungshandlungen des Arbeitgebers sind ggf. bei der Vergütungsbemessung i.R.d. Bestimmung des Anteilsfaktors zu berücksichtigen⁴³ (vgl. RL Nr. 31 ff.; s.a. § 4 Rdn. 43).

Ohne Einfluss ist auch die **Willensrichtung** des Arbeitnehmererfinders, ob er also für das Unternehmen oder für sich selbst tätig werden wollte.⁴⁴

Der Eigenschaft als Diensterfindung steht – bei Vorliegen der sonstigen Voraussetzungen – auch nicht entgegen, dass die Erfindung ausschließlich oder im Wesentlichen mit eigenen **finanziellen** (technischen) **Mitteln** des Erfinders oder Dritter entwickelt wurde⁴⁵ (z. Anspruch auf Aufwendungsersatz s. § 25 Rdn. 8 ff.).

## 2. »Gemacht«

Die Diensterfindung muss während der Dauer des Arbeitsverhältnisses 16 »gemacht«, d.h. innerhalb dieses Zeitraums **fertiggestellt**⁴⁶ worden sein. Davon gehen neben § 5 Abs. 1 auch § 18 Abs. 1 und § 43 Abs. 1, 2 ArbEG aus. Eine Erfindung – gleich welcher Patentkategorie sie zuzuordnen wäre – ist dann fertig, wenn die ihr zu Grunde liegende Lehre **technisch ausführbar** ist, wenn also der Durchschnittsfachmann nach den Angaben des Erfinders ohne eigene erfinderische Überlegungen notfalls mithilfe orientierender, das übliche

---

42 So bereits RG v. 22.04.1898, JW 1898, 365.
43 LG Berlin v. 08.04.1972 – 16 O 23/72, (unveröffentl.).
44 So bereits die durch Gesetz überholte Rechtsprechung des RG z.B. v. 02.02.1887, JW 1887, 209 u. v. 14.09.1903, RGZ 56, 223; Schiedsst. v. 10.04.2008 – Arb.Erf. 43/06 (Datenbank); vgl. auch Schiedsst. v. 01.10.1987, BlPMZ 1988, 221 u. v. 06.02.1987, BlPMZ 1987, 362, 363.
45 Vgl. Schiedsst. v. 01.10.1987, BlPMZ 1988, 221.
46 Allg. A., z.B. OLG Karlsruhe v. 28.04.2010 – X ZR 72/10, GRUR 2011, 318, 320 – *Initialidee* (zu § 5 Abs. 1; insoweit nicht thematisiert von BGH v. 12.04.2011 – X ZR 72/10, GRUR 2011, 733 – *Initialidee*); LG Düsseldorf v. 18.01.2011, InstGE 12, 264 – *Krankheitsvorhersage* (zu § 43 Abs. 1); Reimer/Schade/Schippel/Rother Rn. 8, 18 zu § 5; ferner Keukenschrijver in Busse/Keukenschrijver, PatG, Rn. 6 zu § 4 ArbEG (»während des Arbeitsverhältnisses vollendet«).

Maß nicht übersteigender Versuche mit Erfolg arbeiten kann[47] (vgl. auch § 34 Abs. 4 PatG; s. auch § 5 Rdn. 26 f.). Dabei kommt es nur auf die Darstellung an, wie der Erfolg erzielbar ist, nicht warum.[48] Die subjektive Sicht der Arbeitsvertragsparteien ist irrelevant. Für die Fertigstellung ist nicht auf die Meinung des Erfinders, sondern auf die (objektive) Erkenntnis eines Durch-

---

[47] BGH v. 10.11.1970 – X ZR 54/67, GRUR 1971, 210, 212 – *Wildverbissverhinderung* m. Anm. Fischer; zust. u. a. OLG Karlsruhe v. 28.04.2010 – X ZR 72/10, GRUR 2011, 318, 320 – *Initialidee* (zu § 5 Abs. 1; insoweit nicht thematisiert von BGH v. 12.04.2011, GRUR 2011, 733); im Anschluss an BGH v. 10.11.1970, GRUR 1971, 210 Thür. OLG v. 07.12.2011, Mitt. 2012, 364, 366 – *Allwettertrittschicht*; auch ständ. Praxis d. Schiedsst., z.B. EV v. 27.06.1991 – Arb.Erf. 96/89, (unveröffentl.); v. 10.04.2008 – Arb.Erf. 43/06 (Datenbank); v. 06.11.2008 – Arb.Erf. 39/07 (Datenbank); v. 28.07.2009 – Arb.Erf. 29/06, v. 30.06.2009 – Arb.Erf. 51/98, (beide unveröffentl.); v. 12.06.2013 – Arb.Erf. 61/11, (www.dpma.de); LG Düsseldorf v. 23.04.2002, InstGE 2, 100, 102 – *Korrosionsschutzmittel*; vgl. auch Amtl. Begründung zum Entw. d. Gesetzes z. Änderung des ArbEG v. 09.05.2001, BR-Drucks. 13/5975, S. 8 (zu § 43 Abs. 1 ArbEG n.F.); BGH v. 27.11.1975, GRUR 1976, 213, 214 – *Brillengestelle*; Benkard/Bacher PatG Rn. 51 zu § 1; s.a. Loth, GebrMG, § 1 Rn. 20 f.; Schulte/Moufang, PatG, § 34 Rn. 352 Buchst. b); Röpke Arbeitsverhältnis und Arbeitnehmererfindung S. 31 u. Schiedsst. v. 05.07.1991, GRUR 1992, 499, 500 r. Sp. – *Einheitliches Arbeitsverhältnis*. Vgl. auch in tatsächlicher Sicht OLG Düsseldorf, v. 28.02.2014, Mitt. 2014, 337, 342 f. – *Rapssaatenschälung* (zur Fertigstellung einer Gesellschaftererfindung).
[48] Schulte/Moufang, PatG, § 34 Rn. 352 Buchst. b) m.H.a. BGH v. 05.11.1964, GRUR 1965, 138 (I 5 c) – *Polymerisationsbeschleuniger*.

schnittsfachmanns abzustellen.[49] Irrtum oder Unkenntnis des Erfinders über die technische Ausführbarkeit der Erfindung sind unbeachtlich.[50]

Hat der Arbeitnehmer **kurz vor Fertigstellung der Erfindung die Auflösung** seines Arbeitsverhältnisses veranlasst, um so die Verpflichtung zur Meldung einer Diensterfindung zu vereiteln, ist der Arbeitgeber entsprechend § 162 BGB zur Inanspruchnahme berechtigt (s. § 1 Rdn. 30; zur Mitberechtigung s. oben § 4 Rdn. 12). Verfügungen über die Diensterfindung zugunsten Dritter (z. B. zugunsten eines neuen Arbeitgebers) sind nach § 7 Abs. 2 (§ 7 Abs. 3 a.F.) unwirksam.

Ein Anspruch auf Erfindungsmeldung und ein hierauf bezogenes Inanspruchnahmerecht kann sich für den Arbeitgeber aus dem Gesichtspunkt des Schadensersatzes wegen Pflichtverletzung (§§ 280 Abs. 1, 249 BGB) ergeben, wenn der Arbeitnehmer es **pflichtwidrig unterlassen** hat, während der Dauer des Arbeitsverhältnisses Überlegungen hinsichtlich einer ihm aufgetragenen technischen Verbesserung anzustellen.[51] Verzögert der Arbeitnehmer pflichtwidrig die Fertigstellung einer Erfindung beim bisherigen Arbeitgeber und stellt er sie erst beim neuen Arbeitgeber fertig, wird für Letzteren ein Inanspruchnahmerecht verneint, da mangels Kausalität weder eine Obliegenheits- noch eine Erfahrungserfindung vorlägen;[52] dagegen dürfte der frühere Arbeitgeber nach

---

49 BGH v. 10.11.1970 – X ZR 54/67, GRUR 1971, 210, 212 – *Wildverbissverhinderung* m. Anm. Fischer in Abweichung von der früheren Rechtsprechung: BGH v. 30.03.1951, GRUR 1951, 404, 407 – *Wechselstromgeneratoren* u. BGH v. 05.05.1966 – Ia ZR 110/64, GRUR 1966, 558, 559 – *Spanplatten* u. RG-Rspr., z.B. v. 22.01.1936, RGZ 150, 95, 98; Keukenschrijver in Busse/Keukenschrijver, PatG, Rn. 45 zu § 11 ArbEG; vgl. auch BAG vom 01.11.1956, NJW 1957, 477 = AP Nr. 4 zu § 2 ArbNErfindVO m. Anm. Volmer. S. aber auch Boemke/Kursawe/Nebel Rn. 20 zu § 5, die vorrangig auf die subjektive Sicht des Erfinders abstellen, wonach eine Diensterfindung »dann fertiggestellt« ist, »wenn der Erfinder den Erfindungsgedanken klar erkannt hat, sodass er nicht mehr anzweifelt, dass der erstrebte Erfolg auch stets eintritt«, vermittelnd dagegen Boemke/Kursawe/Raif Rn. 12 ff. zu § 4, die eine Fertigstellung dann annehmen, »wenn der Erfinder seinen Erfindungsgedanken, d. h. den Zusammenhang zwischen Ursache und Wirkung bereit in diesem Zeitpunkt klar erkannt hat und die gefundene Lehre umgesetzt werden kann« (so auch Boemke/Kursawe/Boemke Rn. 37 zu § 1) und – wie hier – auf die technische Ausführbarkeit aus Sicht und Erkenntnis des Durchschnittsfachmanns abstellen.
50 BGH v. 10.11.1970 – X ZR 54/67, GRUR 1971, 210, 212 – *Wildverbissverhinderung* m. Anm. Fischer; Benkard/Bacher, PatG, Rn. 53 zu § 1; Schulte/Moufang, PatG, § 34 Rn. 352 Buchst. b).
51 BGH vom 21.10.1980 – X ZR 56/78, GRUR 1981, 128, 129 – *Flaschengreifer* (dort noch pVV); Kraßer/Ann, PatR, § 21 Rn. 48.
52 Kraßer/Ann, PatR, § 21 Rn. 61.

§ 162 BGB zur Inanspruchnahme berechtigt sein.[53] Wird dagegen die beim früheren Arbeitgeber pflichtwidrig unterlassene Erfindungstätigkeit beim neuen Arbeitgeber erstmals aufgenommen und führt dies dort zur Fertigstellung einer Erfindung, die im Verhältnis zu diesem neuen Arbeitgeber eine Diensterfindung ist, steht u.E. das Inanspruchnahmerecht regelmäßig nur diesem zu; der frühere Arbeitgeber ist dann auf einen Schadensersatzanspruch ggü. seinem früheren Arbeitnehmer in Geld beschränkt. Eine (Mit-) Berechtigung beider Arbeitgeber mag in Betracht kommen, wenn die aus der Zeit des früheren Arbeitsverhältnisses eingeflossenen Beiträge ihrerseits bereits erfinderisch waren (s. § 4 Rdn. 12).

In jedem Fall hat der Arbeitgeber ein berechtigtes Interesse an der Einsicht in die Anmeldeunterlagen einer von seinem Arbeitnehmer kurze Zeit nach dessen Ausscheiden eingereichten Patentanmeldung, wenn zusätzliche Anhaltspunkte für ein Inanspruchnahmerecht des Arbeitgebers sprechen;[54] dabei darf an das berechtigte Interesse an der Akteneinsicht kein allzu strenger Maßstab angelegt werden[55] (s.a. § 4 Rdn. 18).

17 **Versuche**, die erst dem Auffinden einer Lösung der gestellten Aufgabe dienen, die dem Erfinder erst Klarheit darüber geben sollen, ob der von ihm eingeschlagene Weg zum beabsichtigten technischen Erfolg führt, die also der Prüfung der (grundsätzlichen) Funktionstüchtigkeit dienen,[56] zeigen, dass noch keine fertige Erfindung vorliegt; dagegen wird der Zeitpunkt der Fertigstellung nicht dadurch beeinflusst, dass noch Versuche zum Ausprobieren der gefundenen technischen Lehre erfolgen,[57] etwa, um die Produktionsreife zu erreichen.[58] Auch insoweit kommt es nicht auf die subjektive Auffassung des Erfinders an, sondern auf die objektive Sicht des Durchschnittsfachmanns.[59]

---

53 Zust. Kraßer/Ann, PatR, § 21 Rn. 47.
54 BPatG v. 04.03.1981, BB 1982, 1380 (dort Nr. 8) = BPatGE 23, 278, 279; BPatG v. 16.12.2010 – 10 W (pat) 27/09 [Rn. 12 f.], JURIS; s.a. BGH v. 26.09.1972, GRUR 1973, 154 – *Akteneinsicht XII* (betr. Zusatzanmeldung durch Arbeitnehmer); BPatG v. 20.02.2003 – 10 W(pat) 34/02 –, aufgeführt bei Winterfeldt, GRUR 2004, 361, 372.
55 BPatG v. 16.12.2010 – 10 W (pat) 27/09 [Rn. 15], JURIS.
56 LG Düsseldorf v. 23.04.2002, InstGE 2, 100, 102 – *Korrosionsschutzmittel*.
57 BGH vom 10.11.1970 – X ZR 54/67, GRUR 1971, 210, 212 – *Wildverbissverhinderung* m. Anm. Fischer; vgl. auch BGH vom 27.11.1975, GRUR 1976, 213, 214 – *Brillengestelle*, BGH v. 21.02.1989 – X ZR 53/87, GRUR 1990, 997 – *Ethofumesat* u. BGH v. 11.07.1995, GRUR 1995, 109, 113 f. – *Klinische Versuche I*.
58 Schiedsst. v. 27.06.1991 – Arb.Erf. 96/89, (unveröffentl.).
59 S. allg. Benkard/Bacher, PatG, Rn. 53 zu § 1 m. H. a. BGH vom 10.11.1970 – X ZR 54/67, GRUR 1971, 210, 212 – *Wildverbissverhinderung* m. Anm. Fischer.

## B. Diensterfindungen (Abs. 2) § 4

Hat der Arbeitnehmer das Ergebnis seiner Versuche nicht als Erfindung erkannt, kann auch in der bloßen Vorlage der Versuchsunterlagen keine Erfindungsmeldung liegen.[60]

Eine Diensterfindung wird nicht dadurch ausgeschlossen, dass die (wesentlichen) Vorarbeiten bereits vor Beginn des Arbeitsverhältnisses erbracht worden sind.[61] Nach Auffassung des LG Frankfurt[62] liegt eine Diensterfindung selbst dann noch vor, wenn der Arbeitnehmer aufgrund früher gemachter Erfahrungen zu Beginn eines (neuen) Arbeitsverhältnisses das erfinderische Verfahren »theoretisch bereits zu Ende gedacht hat, es jedoch noch praktischer Versuche zur Ermittlung von Temperaturen und Druckverhältnissen der Anlage bedarf, um die Patentbeschreibung zu vollenden« (s.a. § 4 Rdn. 11, 18.2, 40).

### 3. Beweislast

Die Beweislast dafür, dass eine Erfindung während der Dauer des Arbeitsverhältnisses fertiggestellt worden ist, trifft den **Arbeitgeber**[63] (Dienstherrn). Die ursprünglich vorgesehene gesetzliche Beweisvermutung ist ersatzlos gestrichen worden[64] (s. § 26 Rdn. 2). Allerdings spricht bei einer Erfindung, die der Arbeitnehmer unmittelbar nach seinem Ausscheiden selbst zum Schutzrecht anmeldet, wegen des engen zeitlichen Zusammenhangs eine **tatsächliche Vermutung** dafür, dass diese Erfindung noch während der Dauer des Arbeitsverhältnisses zustande gekommen ist;[65] dies insb. dann, wenn die Erfindung dem

18

---

60 BGH v. 17.01.1995 – X ZR 130/93, Mitt. 1996, 16, 17 – *Gummielastische Masse*.
61 Schiedsst. v. 10.04.2008 – Arb.Erf. 43/06, (Datenbank); MünchArbR/Bayreuther § 98, Rn. 6 m.w.N.
62 Urt. v. 23.04.1980 – 2/6 O 476/76, (unveröffentl.) – dort 10 Wochen bis zum Entwurf der Patentanmeldung; krit. auch Keukenschrijver in Busse/Keukenschrijver, PatG, Fußn. 21 zu Rn. 6 zu § 4 ArbEG (»sehr weitgehend«).
63 Vgl. Amtl. Begründung BT-Drucks. II/1648 S. 20 = BlPMZ 1957, 229; Hueck/Nipperdey, Arbeitsrecht, Bd. 1, § 53 II 4 (dort) Fn. 16; BGH v. 21.10.1980 – X ZR 56/78, GRUR 1981, 128 (zu 3 a) – *Flaschengreifer*; KG v. 17.03.2017 – 5 U 23/15, (BeckRS 2017, 131412); OLG München v. 27.01.1994, Mitt. 1995, 316; OLG Nürnberg v. 18.12.1990 – 3 U 3517/87, (unveröffentl.); LG Düsseldorf v. 28.07.1955, Mitt. 1957, 157, 158 u. v. 23.04.2002, InstGE 2, 100, 103 – *Korrosionsschutzmittel*; LG Mannheim v. 25.08.1989 – 7 O 87/89, (unveröffentl.); Schiedsst. v. 16.01.1990 – Arb. Erf. 86/88, (unveröffentl.); Schippel, GRUR 1971, 409; Boemke/Kursawe/Raif Rn. 119 zu § 4; Volmer/Gaul Rn. 71 zu § 4; MünchArbR/Bayreuther § 98, Rn. 7; s.a. RG v. 12.12.1941, GRUR 1942, 210.
64 § 25 Abs. 2 d. Reg.-Entw. 1955, BT-Drucks. II/1648 S. 7; vgl. Ausschussber. zu BT-Drucks. II/3327 S. 8 f. (zu § 25) = BlPMZ 1957, 254.
65 Wie hier Volmer/Gaul Rn. 75 ff. zu § 4; MünchArbR/Bayreuther § 98, Rn. 7; Amtl. Begründung BT-Drucks. II/1648 S. 41 = BlPMZ 1957, 241 (zu § 25 d. Entw.).

unmittelbaren früheren Aufgabengebiet des Arbeitnehmers zuzuordnen ist bzw. langdauernde Entwicklungsarbeiten oder Versuchsreihen erfordert, ferner, wenn der Arbeitnehmer vor seinem Ausscheiden nicht aufgeklärte Entwicklungsarbeiten beim Arbeitgeber durchgeführt hat und eine Schutzrechtsanmeldung – trotz Vorhandenseins nur unzureichender technischer Hilfsmittel für entsprechende Entwicklungen – bereits relativ kurze Zeit nach dem Ausscheiden erfolgte.[66] Für eine solche Vermutung gibt es keine bestimmten zeitlichen Grenzen zwischen dem Zeitpunkt des Ausscheidens und der Schutzrechtsanmeldung; die für die Vermutung relevante Zeitspanne hängt vielmehr von den Umständen des Einzelfalls ab, u. a. vom früheren Tätigkeitsbereich des Arbeitnehmers, dem Arbeits- bzw. Produktionsbereich des früheren Arbeitgebers sowie von Gegenstand und Art der Erfindung.[67]

**18.1** Solche Zusammenhänge führen nach h. M. (aber) nicht zu einer Umkehr der Beweislast, wohl aber im Einzelfall als **Beweisanzeichen** zur Anwendung des **prima facie-Beweises**;[68] in diesen Fällen kann sich eine Behauptungs- und Beweislast des Arbeitnehmers dahin ergeben, einen anderen als den vom Arbeitgeber dargestellten und bewiesenen typischen Geschehensablauf darlegen[69] bzw. den genauen zeitlichen Ablauf der Entwicklung der Erfindung belegen[70] zu müssen und ggf. die Tatsachen, aus denen die Abweichung hergeleitet werden soll, zu beweisen (Gegendarstellungslast).[71] Hierdurch wäre der Anscheinsbeweis erschüttert, sodass wieder die allgemeinen Beweisregeln ein-

---

66 OLG München v. 27.01.1994, Mitt. 1995, 316, 318 – *Widerrechtliche Entnahme* (dort bei Gebrauchsmusteranmeldung durch die Ehefrau eines ausgeschiedenen Leiters der Entwicklungsabt. ca. 18 Mon. nach Beendigung des Arbeitsverh.); zust. auch Keukenschrijver in Busse/Keukenschrijver, PatG, Rn. 9 zu § 4 ArbEG.
67 Vgl. dazu auch Boemke/Kursawe/Raif Rn. 122 ff. zu § 4, wonach einerseits »längstens drei Wochen« zutreffend als starre Obergrenze abgelehnt und andererseits ein Zeitraum von 10 Monaten »regelmäßig ohne besondere Umstände als zu lang« angesehen wird; s. auch HK-Kronisch, § 4 Rn. 3 (auch noch »sechs Monate nach Ausscheiden«).
68 BGH v. 21.10.1980 – X ZR 56/78, GRUR 1981, 128 – *Flaschengreifer*; OLG München v. 27.01.1994, Mitt. 1995, 316, 318 – *Widerrechtliche Entnahme*; Busse/Keukenschrijver, PatG, Rn. 9 zu § 4 ArbEG; wie hier Boemke/Kursawe/Raif Rn. 120 zu § 4; vgl. auch Reimer/Schade/Schippel/Rother Rn. 20 zu § 4 m.H.a. BGH v. 16.11.1954, GRUR 1955, 286, 290 u. DPA v. 27.06.1960, BlPMZ 1960, 314; allgem. z. Anscheinsbeweis i. Arbeitsverhältnis BAG v. 18.01.1995, ZIP 1995, 941.
69 Gaul/Bartenbach, GRUR 1979, 750, 751.
70 So Keukenschrijver in Busse/Keukenschrijver, PatG, Rn. 9 zu § 4 ArbEG m. H. auch auf OLG München v. 30.09.2010 – 6 U 2340/08.
71 Vgl. BGH v. 21.10.1980 – X ZR 56/78, GRUR 1981, 128 – *Flaschengreifer* u. OLG München v. 27.01.1994, Mitt. 1995, 316, 318 – *Widerrechtliche Entnahme*.

## B. Diensterfindungen (Abs. 2) § 4

greifen, d.h. der Arbeitgeber muss nun seinerseits wieder der ihn treffenden Darlegungs- und Beweislast in vollem Umfang nachkommen (s.a. § 25 Rdn. 26 u. § 26 Rdn. 22 u. § 18 Rdn. 14).

Bei einem **neu eingetretenen Arbeitnehmer** kann die Tatsache, dass die Erfindung einige Monate nach Beginn des Arbeitsverhältnisses dem Arbeitgeber mitgeteilt wird, eine tatsächliche Vermutung für eine Fertigstellung während der Dauer des Arbeitsverhältnisses begründen.[72]  18.2

Hat der Arbeitnehmer seine Erfindung zum Schutzrecht angemeldet und beruft er sich auf einen bestimmten, **vor dem Anmeldetag liegenden Zeitpunkt** für die Fertigstellung seiner Erfindung bzw. seines Miterfinderbeitrages, ist er dafür darlegungs- und beweispflichtig, wann und wie es zur Fertigstellung der Erfindung bzw. zum Abschluss seiner Mitwirkung gekommen ist[73] (s. auch Rn. 13).

Die Beweislastverteilung zulasten des Arbeitgebers bedeutet jedoch nicht, dass auch der Anspruch des Arbeitgebers auf **Auskunftserteilung** über die im unmittelbaren Anschluss an das Arbeitsverhältnis (= Anmeldung innerhalb von 6 Monaten nach Ausscheiden) vom Arbeitnehmer auf dem Arbeitsbereich seines früheren Arbeitgebers getätigten Schutzrechtsanmeldungen von einem entsprechenden Nachweis abhängig ist.[74]  18.3

Zum pflichtwidrigen Unterlassen erfinderischer Leistungen während des Arbeitsverhältnisses und zum Einsichtsrecht des Arbeitgebers in die Anmeldeakten s. § 4 Rdn. 16. Zur Beweislast bezüglich der (Mit-) Erfindereigenschaft s. § 5 Rdn. 51.2.

### III. Aufgabenerfindung (Abs. 2 Nr. 1)

Die Aufgaben- oder Auftragserfindung (s. § 4 Rdn. 7) ist dadurch gekennzeichnet, dass sie aus der dem Arbeitnehmer im Betrieb oder in der öffentlichen Verwaltung obliegenden Tätigkeit entstanden ist. Dabei geht die herrschende Meinung von einer **weiten Auslegung** aus.[75] Maßgebend ist der Zeitraum bis zur Fertigstellung der Erfindung (s. § 4 Rdn. 34).  19

---

72 Schiedsst. v. 10.03.1991, EGR Nr. 80 zu § 12 ArbEG.
73 BGH v. 22.02.2011, GRUR 2011, 509 [Rn. 29] – *Schweißheizung*, dort zur Abwehr des Einspruchs des Arbeitgebers wegen widerrechtlicher Entnahme.
74 LG Mannheim v. 25.08.1989 – 7 O 87/89, (unveröffentl.).
75 MünchArbR/Bayreuther § 98 Rn. 10.

## 1. Betrieb (Unternehmen)

**20** Im ArbEG deckt sich der Begriff des Betriebs grds. mit dem des **Unternehmens** (Einzelheiten s. § 1 Rdn. 104). Es kommt also nicht auf die Tätigkeit des Arbeitnehmers in einer bestimmten Betriebsstätte bzw. einem Betrieb an,[76] zumal § 4 Abs. 2 Nr. 1 über den Begriff der dem Arbeitnehmer »obliegenden Tätigkeit« den Bezug zum Arbeitsverhältnis und damit zum Arbeitgeber (Unternehmer) herstellt.

Zur Kennzeichnung der Diensterfindung im Doppelarbeitsverhältnis s. § 1 Rdn. 19 f.; im Konzern § 1 Rdn. 129; bei Arbeitsgemeinschaften § 1 Rdn. 106; im Leiharbeitsverhältnis § 1 Rdn. 60; bei Betriebsübergang § 1 Rdn. 114 f.

## 2. Öffentliche Verwaltung

**21** Unter »öffentlicher Verwaltung« sind alle Dienststellen zu verstehen, in denen Arbeitnehmer im öffentlichen Dienst oder Beamte beschäftigt sind, gleichgültig, ob es sich im Einzelfall um Behörden, Anstalten, (Eigen-/Wirtschafts-)Betriebe, Institute, Stiftungen oder sonstige Verwaltungen handelt.[77] Für die Bestimmung der hier maßgeblichen organisatorischen Einheit ist regelmäßig die Feststellung der jeweiligen Anstellungskörperschaft (Dienstherr – Arbeitgeber) entscheidend[78] (s.a. § 40 Rdn. 5 ff.), sodass darunter die organisatorische Zusammenfassung von Verwaltungs- bzw. Betriebseinheiten unter einem einheitlichen Dienstherrn/Arbeitgeber zu verstehen ist (vgl. auch § 4 Rdn. 49).

## 3. »Obliegende Tätigkeit«

**22** Eine **Aufgabenerfindung** liegt immer dann vor, wenn der Arbeitnehmer arbeitsvertraglich oder kraft Direktionsrechts seines Arbeitgebers, Dienstherrn bzw. Vorgesetzten (ausdrücklich oder stillschweigend) einen **bestimmten Forschungs- oder Entwicklungsauftrag erhalten** hat und aus dieser Tätigkeit

---

76 Abw. Volmer Rn. 14 ff. zu § 4; wie hier Volmer/Gaul Rn. 116 ff. zu § 4.
77 Amtl. Begründung BT-Drucks. II/1648 S. 20 = BlPMZ 1957, 229; Schiedsst. v. 10.04.2008 – Arb.Erf. 43/06 (Datenbank).
78 Ebenso Jestaedt, Patenrecht (2008), III. 2. Rn. 394; Volmer/Gaul Rn. 80 f. zu § 4 (abw. dagegen Rn. 219 zu § 1 u. Rn. 16 zu § 40); Volz, ArbNErf. im öffentl. Dienst, S. 57 ff.; a.A. (»kleinste organisatorische Einheit«) Volmer Rn. 17 zu § 4; vgl. auch Kelbel, PatR u. ErfR, Bd. 1 S. 102. Partiell abw. Kraßer/Ann, PatR, § 21 Rn. 42 u. Boemke/Kursawe/Raif Rn. 43 zu § 4, wo maßgebend auf die organisatorische, nicht aber auf die rechtliche Selbständigkeit abgestellt wird, so dass bei organisatorisch selbständigen Unternehmen z. B. für Zwecke der Energieversorgung oder im Verkehrswesen dieses »Unternehmen die maßgebende Einheit« sein soll.

B. Diensterfindungen (Abs. 2)  § 4

eine Erfindung hervorgeht[79] (**Aufgabenerfindung im engeren Sinne**).[80] Handelt es sich im Einzelfall um jeweils abgeschlossene Aufgabenstellungen, werden diese mit Erreichen des Entwicklungsziels beendet, es sei denn, dass noch eine Restaufgabenstellung bestehen bleibt. Ist dies nicht der Fall und entwickelt der Arbeitnehmer außerhalb des ihm sonst zugewiesenen Pflichtenkreises eine Erfindung, kann dies gegen eine Aufgabenerfindung sprechen.[81]

Daneben wird die dem Arbeitnehmer »obliegende Tätigkeit« über eine evtl. nur allgemeine Umschreibung im Arbeitsvertrag hinaus durch seine tatsächliche Stellung im Unternehmen bzw. durch den **ihm tatsächlich zugewiesenen (konkreten) Arbeits- und Pflichtenkreis** bestimmt[82] (**Aufgabenerfindung im weiteren Sinne**). Darunter fällt nicht nur das spezielle Aufgabengebiet eines Arbeitnehmers, sondern darüber hinaus der gesamte Bereich seiner ihm im Unternehmen tatsächlich zugewiesenen Arbeiten, Aufgaben und Leistungspflichten. Es genügt, wenn die Erfindung i.R.d. Pflichtenkreises des Arbeitnehmers liegt.[83] Ein Unternehmer darf grds. erwarten, dass ein Arbeitnehmer seine gesamte Kraft und sein gesamtes Wissen in den Dienst des Unternehmens stellt, auch auf den Gebieten, die nicht im unmittelbaren Aufgabenbereich liegen.[84] Je höher ein Arbeitnehmer in der Unternehmenshierarchie steigt, umso mehr erweitert sich vielfach sein Arbeits- und Pflichtenkreis.[85] Die Voraussetzung einer dem Arbeitnehmer »obliegenden Tätigkeit« ist immer

23

---

79 Allg. A., z.B. LG Düsseldorf v. 04.12.1973, GRUR 1974, 275 – *Mischröhre*; Schiedsst. ZB v. 07.03.2016 – Arb.Erf. 09/14, (www.dpma.de); s.a. Amtl. Begründung BT-Drucks. II/1648 S. 19 = Bl. 1957, 228; vgl. auch RG v. 21.02.1931, RGZ 131, 328, 331 u. v. 14.10.1936, GRUR 1936, 1053, 1054; BGH v. 23.05.1952 – I ZR 149/51, GRUR 1952, 573 – *Zuckerdiffuseur*.
80 Schiedsst. v. 03.10.1961, BlPMZ 1962, 54 m. Anm. Schippel, GRUR 1962, 359 u. v. 10.04.2008 – Arb.Erf. 43/06 (Datenbank).
81 Schiedsst. v. 30.09.1993 – Arb.Erf. 176/92, (unveröffentl.).
82 So schon RG v. 05.02.1930, RGZ 127, 197, 204 u. v. 21.02.1931, RGZ 131, 328, 331 zu § 4 DVO 1943; ähnlich Reimer/Schade/Schippel/Rother Rn. 8 zu § 4 m.H.a. BGH v. 14.07.1966 – I a ZR 58/64, (unveröffentl.); Schiedsst. v. 03.10.1961, BlPMZ 1962, 54 m. Anm. Schippel, GRUR 1962, 359; v. 06.02.1987, BlPMZ 1987, 362, 363 r. Sp.; v. 21.09.1993 – Arb.Erf. 52/92; v. 30.09.1993 – Arb.Erf. 176/92, (beide unveröffentl.) u. v. 10.04.2008 – Arb.Erf. 43/06 (Datenbank); Lindenmaier/Lüdecke Anm. 4 zu § 4.; Schwab, Arbeitnehmererfindungsrecht, § 4 Rn. 5; vgl. auch BGH v. 17.01.1995 – X ZR 130/93, Mitt. 1996, 16, 17 r.Sp. – *Gummielastische Masse*.
83 So Keukenschrijver in Busse/Keukenschrijver PatG Rn. 3 zu § 4 ArbEG.
84 Schiedsst. v. 26.03.1980 – Arb.Erf. 34/79, (unveröffentl.); LG Düsseldorf v. 04.12.1973, EGR Nr. 5 zu § 4 ArbEG.
85 Schiedsst. v. 06.02.1987, BlPMZ 1987, 362, 363 r. Sp.; zust. auch Reimer/Schade/Schippel/Rother Rn. 9 zu § 4; Boemke/Kursawe/Raif Rn. 52 zu § 4.

schon dann erfüllt, wenn die dem Erfinder übertragene Tätigkeit Probleme aufwirft oder Überlegungen veranlasst, die zu der Erfindung geführt haben[86] (vgl. auch RL Nr. 31). Nicht erforderlich ist, dass die Lösung dieser Probleme mit zu den speziellen Aufgaben des Arbeitnehmers gehört. Unerheblich ist auch, woher der Arbeitnehmer die Kenntnisse besitzt, die es ihm ermöglichen, die Lösung dieser Probleme anzugehen.[87]

Kann ein Arbeitgeber dank eines **zu diesem Zweck angestellten Mitarbeiters** mit einschlägiger wissenschaftlicher Vortätigkeit Aufträge auf einem ihm zuvor fremden technischen Gebiet ausführen, verkörpert die Arbeitsleistung des neu eingestellten Mitarbeiters dieses Geschäftsfeld und diesbezügliche Erfindungen sind aus der dem neuen Arbeitnehmer obliegenden Tätigkeit i. S. v. § 4 Abs. 2 Nr. 1 entstanden.[88] Dies gilt auch dann, wenn der Arbeitnehmer bei der Entwicklung der Erfindungen hauptsächlich von weit zurückliegenden Kenntnissen Gebrauch gemacht hat.[89] (z.B. aufgrund seiner Dissertation).

Eine **Differenzierung** zwischen Aufgabenerfindung im engeren und weiteren Sinne ist entbehrlich, da die rechtlichen Konsequenzen – vom vergütungsrechtlich relevanten Anteilsfaktor (vgl. RL Nr. 30 ff.) abgesehen – gleich sind.

24 Die Arbeitsvertragsparteien sind grds. frei darin, **vertraglich** eine besondere Pflicht des Arbeitnehmers, **auf technische Neuerungen hinzuarbeiten**, zu begründen, etwa mittels arbeitsvertraglicher Aufgabenübertragung oder im Rahmen von Zielvereinbarungen. Auch in den Arbeitsvertrag einbezogene Arbeits- bzw. Stellenbeschreibungen können ebenso wie eine Arbeitsordnung zu einer solchen Pflicht des Arbeitnehmers führen. Näheres s. § 25 Rdn. 25 f.

Derartige Regelungen **verletzen nicht die Unabdingbarkeit** nach § 22 Satz 1. Zwar kann dadurch zulasten des Arbeitnehmers (vgl. §§ 18, 19) der Kreis der gebundenen Erfindungen erweitert werden; § 4 Abs. 2 Nr. 1 geht indes davon aus, dass es dem Arbeitgeber frei steht, den Tätigkeitsbereich seiner Arbeitnehmer zu bestimmen, sodass das ArbEG über § 4 Abs. 2 Nr. 1 erst an diese Ausübung der arbeitsvertraglichen Gestaltungsfreiheit und die dadurch geschaffene Situation anknüpft.

25 Dagegen begründen ein allgemeiner **Hinweis**, auf technische Neuerungen bedacht zu sein bzw. auf solche hinzuwirken, für sich allein ebenso wie die

---

86 Ebenso Schiedsst. v. 10.04.2008 – Arb.Erf. 43/06, (Datenbank).
87 LG Düsseldorf v. 04.12.1973, EGR Nr. 5 zu § 4 ArbEG.
88 Schiedsst. v. 18.07.2006 – Arb.Erf. 44/05, (unveröffentl.). Vgl. auch OLG Düsseldorf v. 09.10.2014 – I – 2 U 15/13, (www.justiz.nrw.de/nrwe, Rn. 341 ff.) – Scharniereinrichtung, dort zu RL Nr. 32.
89 Schiedsst. v. 18.07.2006 – Arb.Erf. 44/05, (unveröffentl.).

allgemeine Treuepflicht des Arbeitnehmers[90] regelmäßig noch keine aufgabenbezogene Erfindung i.S.d. § 4 Abs. 2 Nr. 1 (vgl. auch RL Nr. 31 a.E.; zum Forschungs- und Entwicklungsbereich s. aber § 4 Rdn. 26). Es würde dem rechtspolitischen Zweck des § 4 zuwiderlaufen, durch derartig umfassende Bindungen praktisch jede Erfindung zur Aufgabenerfindung zu machen. Daher muss ein **Zusammenhang** dieser allgemeinen Pflicht **mit** der dem Arbeitnehmer **zugewiesenen bzw. von ihm ausgeübten Tätigkeit** bestehen.[91] Vor allem muss dem Arbeitnehmer auch tatsächlich die Möglichkeit eingeräumt sein, im Rahmen seiner arbeitsvertraglich umschriebenen Stellung eine derartige auf die Entwicklung technischer Neuerungen gerichtete Tätigkeit zu entfalten. Eine bloß verbale Pflichtzuweisung kann eine außerhalb des tatsächlich gehandhabten Pflichtenkreises liegende Entwicklung dieses Arbeitnehmers grds. nicht zur Aufgabenerfindung machen.

Insoweit stellt § 4 Abs. 2 Nr. 1 ausdrücklich darauf ab, dass die Erfindung **aus** der dem Arbeitnehmer (allgemein oder speziell) obliegenden **Tätigkeit entstanden** sein muss. Nach der tatsächlichen Stellung beurteilt sich auch die Frage, ob im Rahmen einer **dienstlichen Vertretung** die Aufgaben des Vertretenen zugleich dem Vertreter zugerechnet werden können.[92] Im Regelfall scheidet eine Aufgabenerfindung aber aus, wenn der Erfinder von seiner Arbeitspflicht freigestellt ist oder ihm kraft Direktionsrechts des Arbeitgebers (weitere) Forschungs- oder Entwicklungsarbeiten auf dem erfindungsgemäßen Gebiet untersagt wurden; in diesen Fällen liegen jedoch vielfach die Voraussetzungen einer Erfahrungserfindung (s. § 4 Rdn. 35 ff.) vor; keine Aufgaben-, sondern allenfalls eine Erfahrungserfindung kommt auch im Fall einer »betrieblichen Auslobung« in Betracht.[93]

Auch ohne besondere Vertragsabsprache bzw. ohne besonderen Auftrag i.R.d. Direktionsrechts kann sich **unmittelbar aus dem Tätigkeitsbereich** des Arbeitnehmers eine Pflicht, um technische Verbesserungen bemüht zu sein, **26**

---

90 Zu weit Lindenmaier/Lüdecke Anm. 4 zu § 4; zu Recht kritisch Dantz Inanspruchnahmerecht (1968) S. 7; vgl. auch Werdermann Diensterf. (1960) S. 21–23.
91 Vgl. Riemschneider/Barth Anm. 1 zu § 4 DVO 43; im Ergebnis auch LG Düsseldorf v. 04.12.1973, GRUR 1974, 275 – *Mischröhre* = EGR Nr. 5 zu § 4 ArbEG m. krit. Anm. Gaul u. v. 28.07.1955, Mitt. 1957, 157.
92 Weitergehend Volmer/Gaul Rn. 95 zu § 4; vgl. auch Boemke/Kursawe/Raif Rn. 61 zu § 4.
93 Zur Auslobung i.S.d. § 657 BGB s. Dantz Inanspruchnahmerecht (1968) S. 4 f. u. RG v. 22.04.1898, JW 1898, 365 Nr. 53; Volmer/Gaul Rn. 92 f. zu § 4. Zust. auch Boemke/Kursawe/Raif Rn. 56 zu § 4.

ergeben.[94] Dies gilt insb. für Mitarbeiter im **Forschungs- und Entwicklungsbereich**,[95] in Konstruktions-, Versuchs- und Fertigungsabteilungen,[96] im Organisationsbereich, in Arbeitsstudien- und Arbeitsvorbereitungsabteilungen oder in Schnittstellenbereichen, aus denen sich eine (Mit-) Verantwortlichkeit für Innovationen bzw. Lösungen von technischen Problemen ergibt.

27 Bei der Abgrenzung der dem Arbeitnehmer obliegenden Tätigkeit kommt es nicht allein auf die Verteilung der **internen Zuständigkeiten** an, wie sie sich aus der Organisation eines Unternehmens bzw. Geschäftsverteilung einer Verwaltung ergibt; vielmehr kann die Pflicht des Arbeitnehmers, im Interesse seines Arbeitgebers tätig zu werden und auch solche beruflichen Erfahrungen und Kenntnisse, die er auf anderen Gebieten erworben hat, für seinen Arbeitgeber nutzbar zu machen, im Einzelfall über die Grenzen seiner Ressortaufgaben hinausgehen.[97] Auch eine nicht dem Arbeitnehmer selbst, sondern seiner Abteilung erteilte Aufgabenstellung sowie ein dem Mitarbeiter als Mitglied einer Forschungs- und Entwicklungsgruppe zugestandener Forschungsfreiraum können eine Aufgabenerfindung begründen.

Die **Höhe des Arbeitsentgelts** ist dagegen ebenso wenig ausschlaggebendes Kriterium für die Annahme einer aufgabenbezogenen Erfindung[98] wie die bloße Tatsache einer **leitenden Stellung** im Unternehmen bzw. der öffentlichen Verwaltung[99] (s. aber auch § 4 Rdn. 23). Maßgebend bleibt stets, dass die Erfindung aus dem Zusammenhang mit dem dem Erfinder obliegenden Tätigkeitsbereich hervorgegangen ist, wobei es gleichgültig ist, ob der Lösungsweg oder lediglich die »Aufgabe der Erfindung«, das technische Problem, sei-

---

94 Vgl. LG Düsseldorf v. 04.12.1973, GRUR 1974, 275 – *Mischröhre*; so schon RG v. 05.02.1930, RGZ 127, 197, 204 u. v. 17.10.1936, GRUR 1937, 41, 42; ebenso Kraßer/Ann, PatR § 21 Rn. 49; Volmer/Gaul Rn. 98 f. zu § 4.
95 LG Düsseldorf v. 04.12.1973, GRUR 1974, 275 – *Mischröhre*; BGH v. 14.07.1966 – I a ZR 58/64, (unveröffentl); zust. auch Reimer/Schade/Schippel/Rother Rn. 8 zu § 4; Boemke/Kursawe/Raif Rn. 50 zu § 4vgl. auch BGH v. 21.10.1980 – X ZR 56/78, GRUR 1981, 128, 129 – *Flaschengreifer*.
96 RG v. 17.10.1936, GRUR 1937, 41, 42 m.w.N.; vgl. auch BGH v. 23.05.1952 – I ZR 149/51, AP 53 Nr. 120 m. Anm. Volmer = GRUR 1952, 573 – *Zuckerdiffuseur*.
97 KG v. 24.03.1965 – 5 U 532/62 bestätigt durch BGH v. 14.07.1966 – I a ZR 58/64, (unveröffentl).
98 BGH v. 14.07.1966 – I a ZR 58/64, (unveröffentl) bezeichnet die Rspr. d. RG insoweit seit Einführung des gesetzl. Arbeitnehmererfindungsrechts als bedeutungslos.
99 Abw. Lindenmaier/Lüdecke Anm. 4 zu § 4 im Anschl. an die Rspr. d. RG (s. die Nachw. bei § 4 Rdn. 23); s.a. RG v. 11.06.1932, RGZ 136, 415, 418.

## B. Diensterfindungen (Abs. 2) § 4

nem Fachgebiet (Tätigkeitsbereich) angehört[100]. Damit ist der Ausgangspunkt der Vergütungsrichtlinien Nrn. 34 bis 36 bedenklich, soweit sie vorrangig in Anwendung der früheren Rechtsprechung des RG[101] auf typisierte Erwartungshorizonte bei leitenden Positionen (ab der Ebene der unteren betrieblichen Führungskräfte, d.h. ab Gruppe 6 der RL Nr. 34 – vgl. auch RL Nr. 36) und sogar auf die Gehaltshöhe (RL Nr. 35) mit unzulänglichem Bezug auf die konkrete Tätigkeit abstellen.

Weist der **Aufgabenbereich** des Arbeitnehmers (bzw. Beamten, Soldaten) **keine Beziehung zu technischen Fragen** – etwa im kaufmännischen Bereich (vgl. RL Nr. 36 S. 1) – auf und/oder ist er mit lediglich untergeordneter Tätigkeit betraut bzw. fehlt ihm jegliche technische Vorbildung, so fällt i.d.r. eine erfinderische Betätigung nicht in seinen Pflichtenkreis.[102] Gleiches gilt, wenn der Erfindungsgegenstand zu dem betrieblichen Aufgabengebiet des Arbeitnehmers keinen hinreichenden Bezug hat.[103] Eine Aufgabenerfindung scheidet auch dann aus, wenn die Erfindung im Rahmen einer dem Arbeitnehmer ausdrücklich erlaubten **Nebentätigkeit außerhalb** seiner **arbeitsvertraglichen Verpflichtungen** entwickelt worden ist.[104] Da solche Nebentätigkeiten üblicherweise nur gestattet werden, wenn ein Tätigwerden außerhalb des Arbeitsbereiches des Unternehmens liegt, kann es auch an einer Erfahrungserfindung fehlen; ein bloßes Interesse des Arbeitgebers, zukünftig auf diesem Gebiet tätig zu werden, reicht hierfür nicht aus.[105] Etwas anderes kann gelten, wenn sich die Bereiche der arbeitsvertraglichen Aufgaben einerseits und der Nebentätigkeit andererseits überschneiden, da § 4 keine zeitliche Begrenzung derart enthält, dass alles, was ein Arbeitnehmer außerhalb seiner Arbeitszeit erarbeitet, ein freies Arbeitsergebnis ist[106] (s. Rn. 10, 15). Im Einzelfall ist auch zu wer-

28

---

100 KG v. 24.03.1965 – 5 U 532/62 bestätigt durch BGH v. 14.07.1966 – I a ZR 58/64, (unveröffentl).
101 S. Rspr.-Nachw. b. Rdn. 23.
102 Vgl. LG Düsseldorf v. 04.12.1973, GRUR 1974, 275 – *Mischröhre*; so auch ständ. Rspr. d. RG, z.B. v. 05.02.1930, RGZ 127, 197, 204; vgl. aber auch Schiedsst. v. 06.02.1987, BlPMZ 1987, 362; z.T. abw. Reimer/Schade/Schippel/Rother Rn. 9 zu § 4 m.H.a. RL Nr. 34.
103 Schiedsst. v. 10.03.1993, EGR Nr. 80 zu § 12 ArbEG.
104 Schiedsst. v. 20.05.1994 – Arb.Erf. 149/92; v. 10.04.2008 – Arb.Erf. 43/06 u. v. 19.03.2009 – Arb.Erf. 24/06 (sämtlich Datenbank); ebenso Reimer/Schade/Schippel/Rother Rn. 9 zu § 4; zust. auch Keukenschrijver in Busse/Keukenschrijver, PatG, Rn. 3 zu § 4 ArbEG.
105 Schiedsst. v. 20.05.1994 – Arb.Erf. 149/92, (unveröffentl.).
106 Schiedsst. v. 04.06.1997 – Arb.Erf. 82/95, (unveröffentl.) u. v. 10.04.2008 – Arb.Erf. 43/06 (Datenbank).

ten, inwieweit die Erfindung auf technischem Erfahrungswissen des Arbeitgebers, auch auf früheren Diensterfindungen des Arbeitnehmers, aufbaut.[107]

29 Diese Grundsätze verdeutlichen, dass **jeweils im Einzelfall der individuelle Pflichtenkreis bestimmt werden muss**, und dass sich eine schematische Handhabung mangels sicher zu treffender Unterscheidungsmerkmale verbietet.[108]

Da es auf den tatsächlich zugewiesenen (konkreten) Arbeits- und Pflichtenkreis ankommt (s. § 4 Rdn. 23), ist es ohne Einfluss, inwieweit dieser **Pflichtenkreis** gem. **§ 2 Abs. 1 Satz 2 Nr. 5 NachwG** bzw. die diesen ergänzenden Mitteilungen über Änderungen der wesentlichen Vertragsbedingungen (§ 3 Satz 1 NachwG) **schriftlich fixiert** worden ist.[109] Ein etwaiger Verstoß gegen die zwingenden Vorschriften des NachwG ist erfinderrechtlich ohne Einfluss, d.h. es nimmt einer Erfindung, die im tatsächlichen Aufgabenbereich des Arbeitnehmers liegt, nicht den Charakter einer Diensterfindung. Allenfalls könnten sich daraus Beweisanforderungen ergeben, soweit eine Fixierung nach §§ 2, 3 NachwG im Rahmen einer Gesamtwürdigung Berücksichtigung findet. Die praktische Bedeutung dürfte allerdings gering sein, da § 2 Abs. 1 Satz 2 Nr. 5 NachwG nur eine Charakterisierung bzw. Beschreibung der vom Arbeitnehmer zu leistenden Tätigkeit fordert, letztlich also eine Darstellung der für die (tarifliche) Eingruppierung bzw. das Arbeitsentgelt relevanten Tätigkeitsmerkmale häufig ausreicht.[110]

30 In folgenden Fällen wurde **beispielsweise** eine aufgabenbezogene Erfindung **bejaht**:[111]
– bei einem **Volkswirt**, der mit der Leitung eines neuen Produktbereichs betraut war und sich dabei intensiv in technische Entwicklungsarbeiten eingeschaltet hatte;[112]

---

107 Schiedsst. v. 19.03.2009 – Arb.Erf. 24/06 (Datenbank).
108 Zutr. so schon RG v. 21.02.1931, RGZ 131, 328, 331.
109 Zust. Boemke/Kursawe/Raif Rn. 63 zu § 4; Schwab, Arbeitnehmererfindungsrecht, § 4 Rn. 1.
110 Vgl. etwa ErfK/Preis § 2 NachwG Rn. 15 f.
111 Die vorstehend bei Rdn. 23–27 zitierte Rspr. d. RG ist insoweit überholt. Keine weiteren Beispiele bei Boemke/Kursawe (Hrsg.), Gesetz über Arbeitnehmererfindungen (2015), Rn. 69 zu § 4 ArbEG; die dortigen sieben Beispiele sind – in anderer textlicher Fassung und Reihenfolge – gegenständlich mit sieben der vierzehn Fallbeispiele unserer 5. Auflage 2013 identisch.
112 Schiedsst. v. 03.10.1961, BlPMZ 1962, 54 m. Anm. Schippel, GRUR 1962, 359.

## B. Diensterfindungen (Abs. 2) § 4

- bei dem **kaufmännischen Leiter** einer Niederlassung mit der Pflicht zu Kundenkontakten auch auf technischem Gebiet und der damit verbundenen Beteiligung an der technischen Entwicklung seiner Firma;[113]
- bei einem **Entwicklungsingenieur** für die Entwicklung einer Mischröhre, obwohl seine Tätigkeit im Schaltlabor sich auf die Entwicklung von Schaltungen für Röhren bezog (zutreffender: Erfahrungserfindung);[114]
- bei einem in die Unternehmensleitung berufenen **Dipl.-Kaufmann**, der erhebliche Mängel der vorhandenen Maschine erkannte und entscheidend an Verbesserungen beteiligt war (besser: Erfahrungserfindung);[115]
- bei einem **Elektroingenieur** als vorübergehendem Leiter eines Entwicklungslabors mit relativ weisungsfreier Stellung, der im Zusammenhang mit Weiterentwicklungsarbeiten eine Erfindung macht, die (auch) zur Verbesserung der betreffenden Produkte führt, obschon der Erfindungsgegenstand nicht auf seinem eigentlichen Fachgebiet liegt und die Erfindung nicht unmittelbar in den Produktionsbereich des Unternehmens fällt;[116]
- bei einem **Projektleiter** (Ingenieur) einer speziellen Forschungsgruppe, auch wenn er in seiner Freizeit von sich aus mit eigenen Studien begonnen hatte, da die Erfindung auf dem dem Erfinder zugewiesenen speziellen Forschungsgebiet lag und ihm damit die Möglichkeit wie auch die Pflicht gegeben war, die einschlägigen Probleme zu erkennen und mit seiner Erfindung zu deren Lösung beizutragen; dies insb. dann, wenn er erkannt hatte, dass andere Mitarbeiter seines Arbeitgebers eine falsche Entwicklungsrichtung eingeschlagen hatten;[117]
- bei einem **Leiter der Konstruktionsabteilung**, auch wenn nur ein genereller Auftrag an die Abteilung zur Lösung eines bestimmten technischen Problems gegeben war;[118]
- bei einem mit einer **Arbeitsbeschaffungsmaßnahme** betrauten Arbeitnehmer (promovierter Dipl.-Ing.), der die Erfindung zwar außerhalb der Arbeitszeit entwickelt hatte (hier: auf der Bahnfahrt zur Arbeitsstelle), der

---

113 Schiedsst. v. 14.08.1972, BlPMZ 1973, 144.
114 LG Düsseldorf v. 04.12.1973, GRUR 1974, 275 – *Mischröhre* = EGR Nr. 5 zu § 4 ArbEG m. krit. Anm. Gaul.
115 Schade, GRUR 1965, 634, 635 m. H. auf Praxis der Schiedsstelle.
116 BGH v. 14.07.1966 – I a ZR 58/64, (unveröffentl.).
117 Kantonsgericht St. Gallen v. 09.02.1983, GRUR Int. 1984, 708, 709 – *Orthofotogerät* – zu Art. 332 Abs. 1 d. schweiz. OR, der schon das bloße Mitwirken an der Fertigstellung einer Erfindung f. d. Anerkennung einer aufgabenbezogenen Diensterfindung ausreichen lässt.
118 BGH v. 21.10.1980 – X ZR 56/78, GRUR 1981, 128, 129 – *Flaschengreifer*; vgl. Buchner, GRUR 1985, 1, 10.

Erfindungsgegenstand (hier: Mehrscheibenisolierglas und Wärmedämmplatte) aber im Bereich der ABM-Maßnahme (hier: Bestandsaufnahme u. Umsetzung eines Handlungskonzepts auf d. Gebiet d. Energieeinsparung) lag;[119]
– bei einem **wissenschaftlichen Mitarbeiter einer Universität**, der im Rahmen eines zwischen der Universität und einem Privatunternehmen abgeschlossenen Forschungs- und Entwicklungsvertrages auf Weisung seines vorgesetzten Professors tätig geworden war;[120]
– bei einem **Chemiker**, der mit Versuchen auf dem erfindungsgemäßen Gebiet beruflich befasst war;[121]
– bei dem **Leiter einer Laborgruppe**, bei dem die Erfindung auf einer mit dem Arbeitgeber getroffenen Qualitätszielvereinbarung zur Entwicklung einer verbesserten Produktvariante beruhte;[122]
– bei einem mit **Aufgaben der Produktions- und Verfahrensoptimierung** sowie Produktverbesserung betrauten Arbeitnehmer, der als wichtiger Know-How-Träger in seinem Spezialgebiet (eigenständige) Entwicklungsarbeiten durchführt,[123]
– bei einem **Projektingenieur**, dessen Erfindung eine Alternative zu den bisher beim Arbeitgeber eingesetzten Verfahren darstellt,[124]
– bei einem in der **technischen Kundenberatung** tätigen Diplomingenieur (FH) für die Lösung einer zum Produkteinsatz wesentlichen technischen Problemstellung.[125]
– bei einer Erfindung, deren Gegenstand in ein **eng umrissenes technisches Gebiet** fällt, dem sich der Arbeitgeber nach seinem Unternehmensgegenstand widmet und das dem Betätigungsfeld des Arbeitnehmers im Arbeitgeberunternehmen entspricht.[126]

31 **Verneint** wurde u.a. eine tätigkeitsbezogene Erfindung trotz Zugehörigkeit des Arbeitnehmers zu einer **Versuchsabteilung**, da dies eine reine Anfangstätigkeit ohne intensive Beschäftigung mit den dort anfallenden Problemkreisen war;[127]

---

119 Schiedsst. v. 06.02.1987, BlPMZ 1987, 362.
120 LG Düsseldorf v. 26.06.1990, GRUR 1994, 53 – *Photoplethysmograph*.
121 BGH v. 17.01.1995 – X ZR 130/93, Mitt. 1996, 16, 17 – *Gummielastische Masse*.
122 LG Düsseldorf, 23.04.2002, InstGE 2, 100 – *Korrosionsschutzmittel*.
123 LG Düsseldorf v. 13.04.2010, Mitt. 2010, 541 – *Beschichtung für Solarabsorber*.
124 OLG Karlsruhe v. 28.04.2010, GRUR 2011, 318, insoweit bestätigt durch BGH v. 12.04.2011 – X ZR 72/10, GRUR 2011, 733 – *Initialidee*.
125 So im Ergebn. Schiedsst. v. 22.07.2016 – Arb.Erf. 37/14, (www.dpma.de), dort bezogen auf RL Nr. 31.
126 Vgl. BPatG, Beschl. v. 16.12.2010 – 10 W (pat) 27/09 [Rn. 13], JURIS.
127 Schade, BB 1962, 260, 261 m.H.a. Schiedsst. Arb.Erf. 16/59.

ferner bei einem Arbeitnehmer, der mit dem bloßen Instandhalten von Stanzwerkzeugen befasst war, bei der Entwicklung einer prinzipiell anders ausgestalteten Lochstanzmaschine.[128]

Für eine aufgabenbezogene Erfindung ist der Arbeitgeber (Dienstherr) **beweispflichtig** (s.a. § 4 Rdn. 18). Lässt sich dies nicht feststellen, bleibt stets zu prüfen, ob eine Erfahrungserfindung (§ 4 Abs. 2 Nr. 2) vorliegt (hierzu § 4 Rdn. 35 f.). 32

### 4. Kausalität

Die Aufgabenerfindung muss aus der dem Arbeitnehmer obliegenden Tätigkeit entstanden sein, d.h. sie muss kausal auf den Aufgaben- und Pflichtenkreis des Arbeitnehmers zurückzuführen sein, ohne dass die bestehende Aufgabe zweckgerichtet auf eine technische Neuerung hinzuzielen brauchte. Dies ist grds. schon dann gegeben, wenn die dem Arbeitnehmer **obliegende Tätigkeit Fragestellungen bzw. Probleme aufwirft oder Überlegungen veranlasst**, die zu der Erfindung führen, ungeachtet, ob die Problemlösung selbst mit zu dem Aufgabenkreis des Arbeitnehmers gehört.[129] Unerheblich ist auch, woher der Arbeitnehmer die Kenntnisse zur Problemlösung besitzt oder erhält[130], insb., ob er auf dem internen Stand der Technik aufbaut oder von den im Betrieb bekannten Vorstellungen abweicht und neue Lösungswege geht.[131] 33

Bei Miterfindern ist ausreichend, wenn die Erfindung in den Arbeits- und Pflichtenkreis eines Miterfinders fällt (s. § 4 Rdn. 50; s. aber zum öffentl. Dienst § 4 Rdn. 49).

**Maßgebender Beurteilungszeitraum** für eine Aufgabenerfindung ist nicht ausschließlich die zum Zeitpunkt der Fertigstellung obliegende Tätigkeit[132]; ausreichend ist vielmehr, dass ein entsprechender dienstlicher Auftrag bzw. Pflichtenkreis innerhalb des Entwicklungszeitraums der Erfindung bestanden 34

---

128 LG Düsseldorf v. 28.07.1955, Mitt. 1957, 157, 158; vgl. auch BAG v. 13.09.1983, GRUR 1984, 429, 430 – *Statikprogramme* zur Erstellung eines Computerprogramms durch einen angestellten Statiker.
129 LG Düsseldorf v. 04.12.1973, GRUR 1974, 275 – *Mischröhre* = EGR Nr. 5 zu § 4 ArbEG m. krit. Anm. Gaul; Schiedsst. v. 10.04.2008 – Arb.Erf. 43/06 (Datenbank).
130 LG Düsseldorf v. 04.12.1973, GRUR 1974, 275 – *Mischröhre* = EGR Nr. 5 zu § 4 ArbEG m. Anm. Gaul.
131 BGH v. 23.05.1952 – I ZR 149/51, GRUR 1952, 573 – *Zuckerdiffuseur* = AP 53 Nr. 120 m. Anm. Volmer; OLG Hamburg v. 06.11.1958, GRUR 1960, 487; Keukenschrijver in Busse/Keukenschrijver, PatG, Rn. 4 zu § 4 ArbEG.
132 So aber wohl Boemke/Kursawe/Boemke Rn. 45 zu § 1 u. Boemke/Kursawe/Raif Rn. 65 zu § 4.

hat (s. zum maßgebenden Zeitpunkt für eine Arbeitnehmererfindung § 1 Rdn. 7 u. § 4 Rdn. 16). Dementsprechend entfällt – etwa bei Miterfindern – die Möglichkeit einer Aufgabenerfindung nicht zwangsläufig dann, wenn der Arbeitnehmer vor Fertigstellung sein Aufgabengebiet im Arbeitgeberunternehmen verändert oder den Arbeitsplatz gewechselt hat. Im Ergebnis bestehen insoweit keine grundsätzlichen Unterschiede zur Erfahrungserfindung (s. § 4 Rdn. 38), so dass in solchen Fällen angesichts einer vorangegangenen Befassung mit dem Erfindungsthema meistens zugleich die Voraussetzungen einer Erfahrungserfindung vorliegen werden.

Eine **Ursächlichkeit fehlt allerdings**, wenn ein konkreter Entwicklungsauftrag erst nach Fertigstellung der Erfindung (§ 4 Rdn. 16) erteilt wird,[133] ebenso wenn ein konkreter Entwicklungsauftrag durch eine vorangegangene andere Problemlösung bereits erfüllt war und der Arbeitnehmer später von sich aus das Problem auf erfinderische Weise löst;[134] ferner, wenn der Arbeitgeber nach Misserfolgen den Auftrag fallen lässt und der Arbeitnehmer nach längerer Zeit aus eigenem Antrieb die Arbeiten für sich wieder aufnimmt und dabei zu einer Erfindung gelangt;[135] in solchen Fällen kann aber (häufig) eine Erfahrungserfindung vorliegen.

### IV. Erfahrungserfindung (Abs. 2 Nr. 2)

35 Die maßgeblich auf Erfahrungen oder Arbeiten des Betriebes beruhenden Erfindungen bilden die sog. Erfahrungserfindungen, gleichgültig, ob sie für das Unternehmen verwertbar sind oder nicht[136] (s. § 4 Rdn. 9, 51). Derartige Erfindungen stellen nicht das ausschließliche Verdienst des Erfinders, sondern letzten Endes eine »**Gemeinschaftsarbeit**« des Unternehmens und des Erfinders dar, was die Gewährung eines gesetzlichen Inanspruchnahmerechts zugunsten des Arbeitgebers rechtfertigt[137].

#### 1. Erfahrungen oder Arbeiten des »Betriebes«

36 Erfahrungen und Arbeiten des »Betriebes« sind im Grundsatz verkörpert durch den sog. **inneren Stand der Technik** eines Unternehmens.[138]

---

133 LG Düsseldorf v. 04.12.1973, GRUR 1974, 275 – *Mischröhre* = EGR Nr. 5 zu § 4 ArbEG m. krit. Anm. Gaul.
134 Vgl. RG v. 14.10.1936, GRUR 1936, 1053.
135 Vgl. Riemschneider/Barth Anm. 1 zu § 4 DVO S. 113; Dantz, Inanspruchnahmerecht (1968) S. 4.
136 Amtl. Begründung BT-Drucks. II/1648 S. 19 f. = BlPMZ 1957, 228 f.; Schiedsst. v. 13.09.2001 – Arb.Erf. 70/99 (Datenbank).
137 Amtl. Begründung BT-Drucks. II/1648 S. 19 f. = BlPMZ 1957, 228 f.
138 Amtl. Begründung BT-Drucks. II/1648 S. 19 f. = BlPMZ 1957, 228 f.

### B. Diensterfindungen (Abs. 2)  § 4

Weder der Wortlaut noch der Gesetzessinn fordern es, dass dieser betriebsinterne Stand über dem allgemeinen Stand der Technik liegen muss,[139] der Arbeitnehmer also die Erkenntnisse nicht ebenso gut aus einem anderen Unternehmen oder aus dem Schrifttum gewinnen konnte[140] (s.a. § 4 Rdn. 39, 45).

Der Begriff des **Betriebes** ist auch hier im »untechnischen« Sinne zu verstehen, sodass auf den gesamten Unternehmensbereich und nicht auf einzelne Betriebsstätten abzustellen ist (vgl. § 4 Rdn. 20; zur Unterscheidung Betrieb/Unternehmen s. § 1 Rdn. 104). 37

Die **Begriffe** »Erfahrungen« und »Arbeiten« sind **weit auszulegen;**[141] beide Begriffe überschneiden sich häufig, sodass eine Abgrenzung im Einzelfall schwierig, aber letztlich auch entbehrlich ist. Bei **Miterfindern** reicht das Erfahrungswissen eines (Arbeitnehmer-) Erfinders aus (s. § 4 Rdn. 50). Zudem müssen die betrieblichen Erfahrungen bzw. Arbeiten **nicht** derart spezifisch sein, dass sie **passgenau** das erfindungsgemäße Gebiet umfassen; vielmehr reicht es – wie auch die Beispiele belegen (s. § 5 Rdn. 45) – aus, wenn technisch und thematisch ein enger Bezug besteht, so dass darauf maßgebend bei der Entwicklung aufgebaut werden konnte. Die Nutzbarmachung betrieblicher Erfahrungen und/oder Arbeiten dürfte prima facie in der Praxis jedenfalls immer dann naheliegen, wenn der **Erfindungsgegenstand** eine Nähe zu dem (ggf. auch früheren) betrieblichen Tätigkeitsbereich des Erfinders oder zu einem spezifischen Arbeitsbereich bzw. Betätigungsfeld des Arbeitgebers aufweist. Davon geht auch RL Nr. 32 Nr. 5 aus (s. KommRL RL Nr. 32, insb. Rn. 14 ff.). 38

Auf **Art und Zeitpunkt der Kenntniserlangung** von den betrieblichen Erfahrungen bzw. Arbeiten kommt es nicht an. Folglich ist ein Wechsel oder eine

---

139 Ebenso Jestaedt, Patentrecht III. 2. Rn. 396; Volmer/Gaul Rn. 115 zu § 4; a.A. Werdermann Diensterf. (1960) S. 26, 32; Dantz Inanspruchnahmerecht (1968) S. 11; Kraßer/Ann, PatR, § 21 Rn. 51.
140 Ebenso Jestaedt, Patentrecht III. 2. Rn. 396; Volmer/Gaul Rn. 115 zu § 4; a.A. Werdermann Diensterf. (1960) S. 26, 32; Dantz Inanspruchnahmerecht (1968) S. 11; Kraßer/Ann, PatR, § 21 Rn. 51; wohl auch MünchArbR/Bayreuther § 98 Rn. 10.
141 Keukenschrijver in Busse/Keukenschrijver, PatG, Rn. 4 zu § 4 m.H.a. Schiedsst. v. 22.05.2001 – Arb.Erf. 75/98 (Datenbank), dort Entwicklung eines Zusatzmoduls zu einem vom Arbeitgeber gehandelten Gerät; wie hier auch Schiedsst. ZB. v. 07.03.2016 – Arb.Erf. 09/14, (www.dpma.de = Mitt. 2017, 134 nur LS.). Demgegenüber geht Bayreuther (MünchArbR § 98 Rn. 10) davon aus, dass der Begriff der Erfahrungserf. i.S.d. § 4 Abs. 2 Nr. 2 insgesamt eng zu verstehen sei.

Änderung des Aufgabengebietes vor Fertigstellung ohne Einfluss auf die Kennzeichnung als Diensterfindung, wenn die Erfahrungen aus der früheren betrieblichen Tätigkeit herrühren (s. auch oben § 4 Rdn. 34; zum maßgebenden Zeitpunkt für eine Arbeitnehmererfindung s. § 1 Rdn. 7); insoweit bestehen keine grundsätzlichen Unterschiede zur Aufgabenerfindung. Auch Kenntnisse, die der Arbeitnehmer dank seiner Betriebszugehörigkeit lediglich bei Gelegenheit erfahren hat, reichen aus (z.b. aufgrund von Kollegenberichten oder Kundengesprächen). Zur Beweislast s. § 4 Rdn. 46. Zur Aufgabenerfindung im Tätigkeitsbereich s. § 4, Rdn. 23 u. die Beispiele in Rdn. 30.

39 Unter »**Erfahrungen**« sind alle Informationen und Kenntnisse, Know-how, Übungen u.ä. zu verstehen, mithin das gesamte im Unternehmen vorhandene Wissen auf technischem Gebiet, z.B. Kenntnis von Produktionsabläufen und Fertigungsmethoden, Kunstgriffe, praktische Kniffe, Verfahrensweisen, Fabrikationsgeheimnisse, Rezepturen usw.[142] Erkenntnisse aus einem dienstlichen Erfahrungsaustausch[143] (z.b. mit Kollegen[144] [zu Miterfindern s. § 4 Rdn. 50], Lieferanten, Geschäfts-,[145] Konzern-[146] oder Kooperationspartnern) oder aus dienstlich veranlassten Tagungen oder Messebesuchen fallen ebenso hierunter wie Erfahrungen negativer Art, etwa aufgrund von Kundenbeanstandungen[147], eigenen Fehlentwicklungen im Unternehmen,[148] Analysen von Konkurrenzprodukten oder sonstigen aus der betrieblichen Tätigkeit gewonnenen Erkenntnissen über spezifische technische Probleme.[149] Dazu gehören

---

142 Zust. Schiedsst. v. 20.05.1994 – Arb.Erf. 149/92, (unveröffentl.).
143 Vgl. auch S. OLG Düsseldorf v. 09.10.2014 – I – 2 U 15/13, (www.justiz.nrw.de/nrwe, Rn. 341 ff.) – Scharniereinrichtung, dortt zu RL Nr. 32.
144 Zurückhaltend allg. für »Kollegenwissen« Keukenschrijver in Busse/Keukenschrijver, PatG, Rn. 4 zu § 4 ArbEG m. H. a. Peter Mitt. 2004, 396, 398.
145 So im Ergebn. auch Schiedsst. v. 09.11.1987 – Arb.Erf. 98/86, (unveröffentl.).
146 So z. B. Schiedsst. ZB. v. 07.03.2016 – Arb.Erf. 09/14, (www.dpma.de = Mitt. 2017, 134 nur LS.), dort für bei der Konzernmutter durchgeführte Versuche (»Testfahrten«).
147 Amtl. Begründung BT-Drucks. II/1648 S. 19 f. = BlPMZ 1957, 228 f.
148 Vgl. (auch) Schiedsst. v. 08.05.1972, BlPMZ 1972, 382, 383 u. v. 01.10.1987, BlPMZ 1988, 221.
149 I.d.S. z.B. Schiedsst. v. 25.04.1991 – Arb.Erf. 74/90, (unveröffentl.) – dort bejaht für einen Service-Ingenieur, dem aufgrund seiner Kundenbetreuung ein – auch ansonsten bekanntes – techn. Problem bewusst wurde. Vgl. auch OLG Düsseldorf v. 09.10.2014 – I – 2 U 15/13, (www.justiz.nrw.de/nrwe, Rn. 344 ff.) – Scharniereinrichtung, dort zu RL Nr. 32.

## B. Diensterfindungen (Abs. 2) § 4

auch eigene Erfahrungen des Erfinders aus seinen Entwicklungsarbeiten für eine frühere Diensterfindung.[150]

**Gleichgültig** ist, ob dieser technische Wissensstand in Arbeitsunterlagen oder sonstigen Informationsträgern schriftlich oder sonst wie fixiert wurde oder ob sich dieser in den Kenntnissen der Mitarbeiter niedergeschlagen hat. Zu den Erfahrungen zählt auch das vom Erfinder selbst im Rahmen seiner bisherigen Tätigkeit im Unternehmen entwickelte bzw. von Dritten durch Einkauf von Know-how oder durch Abschluss von Lizenzverträgen erworbene Erfahrungsgut.[151]

»Betriebliche Erfahrungen« **fehlen** dagegen, wenn es sich im Wesentlichen um Kenntnisse des Erfinders aus früheren Arbeitsverhältnissen handelt[152] (s. aber auch RL Nr. 17), ferner, wenn das Wissen ausschließlich aus Umständen herrührt, die keinen unmittelbaren Bezug zum Unternehmen aufweisen (z.B. Fortbildungsveranstaltung aus eigenem Antrieb ohne betriebl. Kostenbeteiligung). Wird Erfahrungswissen »von außen« an den Erfinder herangetragen, kommt es darauf an, ob diese Kenntniserlangung dienstlich veranlasst (Geschäftspartner, Messen usw., s. § 4 Rdn. 39) oder allein dem privaten Umfeld zuzuordnen ist.[153] In solchen Fällen kann aber eine Aufgabenerfindung naheliegen. Hat der Arbeitnehmer eine freie Erfindung auf den Arbeitgeber übertragen, so können allerdings eigenständige Weiterentwicklungen des Arbeitnehmers Diensterfindungen (Erfahrungserfindungen) darstellen, insb., wenn der Betrieb die Ersterfindung innerbetrieblich verwertet.[154] **40**

In Abgrenzung zu »Erfahrungen« setzt der Begriff »**Arbeiten**« eine praktische Anwendung, Umsetzung oder sonstige praktische Ergebnisse im Unternehmen voraus (s.a. RL Nr. 32). Das Auswechseln des früheren Begriffs der »Vorarbeiten« (§ 4 Abs. 1 DVO 1943) durch den Begriff »Arbeiten« soll verdeutlichen, **41**

---

150 Reimer/Schade/Schippel/Rother Rn. 11 zu § 4 m. H. a. das von BGH (Urt. v. 14.01.1966 – Ia ZR 58/64, unveröffentl.) bestätigte Urteil des KG v. 24.03.1966 – 5 U 532/62, (unveröffentl.).
151 OLG Frankfurt am Main v. 22.01.2009 – 6 U 151/06; Schiedsst. v. 04.06.1997 – Arb.Erf. 82/95, (beide unveröffentl.); Reimer/Schade/Schippel/Rother Rn. 11 zu § 4 m. H. a. BGH v. 14.01.1966 – I a ZR 58/64, (unveröffentl.); diff. Werdermann Diensterf. (1960) S. 29 f.
152 Zust., Keukenschrijver in Busse/Keukenschrijver, PatG, Rn. 4 zu § 4 ArbEG.
153 Insoweit u. E. unscharf Keukenschrijver in Busse/Keukenschrijver, PatG, Rn. 4 zu § 4 ArbEG (»nicht aus dem Betrieb, sondern von außen her« rührend); enger Reimer/Schade/Schippel/Rother Rn. 11 zu § 4 (»Erfahrungen, die der Arbeitnehmer von außen mitbringt«, d. h. bei neu eingestellten Arbeitnehmern).
154 Z.B. Schiedsst. v. 21.09.1993 – Arb.Erf. 52/92 u. v. 04.06.1997 – Arb.Erf. 82/95, (beide unveröffentl.).

dass nicht etwa nur auf Arbeiten des Unternehmens, die eine bestimmte Zweckrichtung aufweisen, abgestellt werden kann[155]; somit können mangels Zweckgebundenheit alle praktischen Ergebnisse, die unabhängig von der Erfindung nur bei Gelegenheit irgendeiner Betätigung auf technischem Gebiet angefallen sind (z.B. bei fehlgeschlagenen Versuchen), »Arbeiten« darstellen. Arbeiten können auch – ebenso wie Erfahrungen – eigene Vorarbeiten des Arbeitnehmers im Unternehmen sein. Neben Arbeitsergebnissen, Studien und Versuchen gehören auch bisher entwickelte technische Neuerungen, auf denen der Erfinder aufbaut, zum Kreis der Arbeiten. Ebenso wie bei »Erfahrungen« ist auf den gesamten, dem Unternehmen zuzurechnenden Bereich abzustellen; auch für den Begriff der »Arbeiten« ist eine schriftliche oder sonstige Fixierung (z.B. Labor-/Versuchsberichte) nicht notwendig, sodass mündliche Mitteilungen ausreichen können (s.o. § 4 Rdn. 39 f.).

### 2. »Maßgeblich beruhen«

42 Eine Zuordnung der Erfindung zum Arbeitgeber ist nur dann gerechtfertigt, wenn diese maßgeblich auf den Erfahrungen bzw. Arbeiten des Unternehmens beruht; der innere Stand der Technik des Unternehmens muss also nicht nur kausal sein, sondern darüber hinaus **in erheblichem Maße zu der Erfindung beigetragen** haben.

43 An einem **ursächlichen Zusammenhang** fehlt es stets, wenn dem Erfinder die Erfahrungen bzw. Arbeiten des Unternehmens nicht zugänglich waren und er sich diese daher nicht zunutze machen konnte. Aber auch wenn dem Arbeitnehmer dieses technische Wissen verfügbar war, ist entscheidend, ob gerade dadurch das Zustandekommen der Erfindung beeinflusst wurde, sei es, dass die technische Neuerung ohne diese Zutaten nicht, nicht so schnell oder nicht in diesem Umfange möglich gewesen wäre. Dabei kann aber die bloße Bereitstellung und Verwendung von Betriebsmitteln (Räumen, Gerätschaften, technischen Hilfsmitteln) oder das Abordnen von Arbeitskräften nicht ausreichen, wenn nicht gleichzeitig Wissen und/oder praktische Ergebnisse aus dem Unternehmensbereich zur Problemlösung beigetragen haben[156] (s.a. § 4 Rdn. 15).

44 Im Unterschied zur Aufgabenerfindung (s. § 4 Rdn. 19 f.) reicht eine bloße Ursächlichkeit allein nicht aus, sondern der Beitrag des Unternehmens muss

---

155 Vgl. auch Vollrath, GRUR 1987, 670, 671 f. u. Jestaedt, Patentrecht, Rn. 396.
156 S.a. Werdermann Diensterf. (1960) S. 32; abw. Halbach Anm. 7 zu § 4.

maßgeblich, d.h. **von erheblichem Einfluss** gewesen sein[157] bzw. in erheblichem Maße dazu beigetragen haben.[158] Maßgeblich bedeutet nicht notwendig »überwiegend«, so dass auch ein Beitrag »von 50 % und weniger« ausreicht, wenn er für die Entwicklung der Erfindung erheblich war. Dies kann nur – ausgehend von der fertiggestellten Erfindung unter Berücksichtigung ihres Entstehungsprozesses – im Einzelfall festgestellt werden, ohne dass allgemeingültige Maßstäbe verfügbar sind.[159]

Regelmäßig wird es an einem maßgeblichen Beitrag **fehlen**, wenn sich der Einfluss des Unternehmens auf die Erfindung nur als nebensächlich (unbedeutend) darstellt, z.b. nur als Anstoß, sich mit dem Erfindungsgegenstand zu befassen. Gleiches gilt, wenn der Erfindungsgegenstand keinen hinreichenden Bezug zum Arbeitsbereich des Unternehmens aufweist.[160] Diese Maßgeblichkeit des betrieblichen Wissens fehlt auch, wenn die Überlegungen der vom Arbeitnehmer entwickelten neuen technischen Lehre erheblich über den Bereich hinausgehen, in welchem er tätig war und seine Erfahrungen sammeln konnte.[161] Zur Erfindung im Rahmen einer Nebentätigkeit s. § 4 Rdn. 28.

Schlägt sich das innerbetriebliche Wissen nur in **einzelnen Ausführungsformen der Erfindung** (Schutzansprüchen) maßgeblich nieder, handelt es sich nach Auffassung der Schiedsstelle[162] insoweit um eine gebundene und i.Ü. um eine freie Erfindung (bedenklich).

Der **maßgebliche betriebliche Einfluss** wird i.d.R. zu **bejahen** sein, wenn das »betriebliche« Erfahrungsgut in der Erfindung erkennbar seinen Niederschlag gefunden hat.[163] Letzteres ist bspw. dann der Fall, wenn die Erfindung ein konkretes Problem auf einem Gebiet löst, auf dem das Unternehmen seit längerem Erfahrungen gesammelt hat und der Erfinder im Rahmen seiner beruflichen Tätigkeit damit befasst war.[164]

---

157 Wie hier Volmer/Gaul Rn. 125 zu § 4; Keukenschrijver in Busse/Keukenschrijver, PatG, Rn. 5 zu § 4 ArbEG; zu weitgehend Werdermann Dienserf. (1960) S. 35, wonach für § 4 Abs. 2 Nr. 2 nicht die Leistung des Erfinders, sondern d. betriebl. Erfahrungen f. d. Auffinden d. Erfindungsgedankens entscheidend sein sollen.
158 Schiedsst. v. 20.05.1994 – Arb.Erf. 149/92, (unveröffentl.).
159 Zweifelhaft deshalb der Hinweis von Boemke/Kursawe/Raif Rn. 89 zu § 4, wonach »ausreichend … bereits ein Anteil des Unternehmens an der Erfindung in Höhe von 10 % sein« könne.
160 Schiedsst. v. 10.03.1993, EGR Nr. 80 zu § 12 ArbEG.
161 Schiedsst. v. 30.09.1993 – Arb.Erf. 176/92, (unveröffentl.).
162 Schiedsst. v. 30.09.1993 – Arb.Erf. 176/92, (unveröffentl.).
163 Ähnl. Kraßer/Ann, PatR, § 21 II Rn. 51.
164 Vgl. (auch) Schiedsst. v. 08.05.1972, BlPMZ 1972, 382, 383 u. v. 01.10.1987, BlPMZ 1988, 221.

Da aber eine bloße Anregung keine Diensterfindung begründen kann (s. § 4 Rdn. 5), muss der maßgebliche betriebliche Beitrag vorrangig nicht bei der Aufgabenstellung, sondern **bei der Erfindungslösung** gegeben sein.

Für die Bestimmung des maßgeblichen Einflusses ist zudem nicht der Abstand zwischen innerem und äußerem Stand der Technik ausschlaggebend, da vorrangig das Gesamtmaß der Beeinflussung und nicht allein die Qualität eines einzelnen Beitrages entscheidend sein kann (s. § 4 Rdn. 37). Eine Berufung auf den äußeren Stand der Technik ist dem Erfinder nur dann möglich, wenn allein dieser Einfluss entscheidend war, mit der Folge, dass eine freie Erfindung vorliegt.

45 In folgenden Fällen wurde **beispielsweise** eine Erfahrungserfindung bejaht:[165]
– bei einem **Laborleiter für Technologie der Faserverbundstoffe** in einem mit Raum- und Luftfahrttechnik befassten (öffentlichen) Forschungsinstitut für die Entwicklung eines Gabelbaums für Segelbretter aus kohlefaserverstärktem Kunststoff aus Anlass seiner Freizeitbetätigung als Hobbywindsurfer,[166]
– bei einem für die **Projektierung zuständigen Diplom-Ingenieur** einer mit der Errichtung und Unterhaltung von Funknetzen befassten Telefongesellschaft, der in seiner Freizeit mit privaten Mitteln aufgrund privater Erkenntnisse als Amateurfunker eine Erfindung zum verbesserten Funkempfang bei Mobilfunkendgeräten entwickelt hatte,[167]
– bei der **Auswertung von Erkenntnissen** (hier: Musterstücke) **eines Drittunternehmens**, mit dem der Arbeitgeber in Geschäftsbeziehungen eintritt, und von denen der Arbeitnehmer als Beauftragter des Arbeitgebers Kenntnis erlangt hat,[168]
– bei einem **Betriebsleiter**, der im Rahmen seiner Tätigkeit **von negativen Erfahrungen auf einem technischen Spezialgebiet** Kenntnis erhielt und dessen Erfindung gerade zur Lösung dieser Probleme diente,[169]

---

165 Keine weiteren Beispiele bei Boemke/Kursawe (Hrsg.), Gesetz über Arbeitnehmererfindungen (2015), Rn. 97 zu § 4 ArbEG; die dortigen vier Beispiele sind – in anderer textlicher Fassung und Reihenfolge – gegenständlich mit vier der zehn Fallbeispiele unserer 5. Auflage 2013 identisch.
166 Schiedsst. v. 01.10.1987, BlPMZ 1988, 221.
167 Schiedsst. v. 13.9.2001 – ArbErf. 70/99, (unveröffentl.).
168 Schiedst. v. 09.11.1987 – Arb.Erf. 98/86, (unveröffentl.).
169 Schiedsst. v. 08.05.1972, BlPMZ 1972, 382.

B. Diensterfindungen (Abs. 2)  § 4

- bei einem **Bereichsleiter**, der ohne Auftrag eine spezifisch seinen technischen Bereich betreffende Erfindung entwickelt hatte (hier: Erzeugung der vertriebenen Produkte und diesbezügliche Schadstoffentfernung),[170]
- bei einem **Universitätsprofessor** und Direktor der kieferorthopädischen Abteilung einer Universitätsklinik, der im Rahmen seiner eigenen biomechanischen Forschungen ein »selbststabilisierendes Kniegelenk« entwickelt hatte,[171]
- bei einer eigenständig schutzfähigen **Fortentwicklung einer Diensterfindung**, an der der Arbeitnehmer bereits als (Mit-) Erfinder beteiligt war;[172]
- bei einem **mit der Patentsachbearbeitung betrauten Diplom-Ingenieur**, der sich aufgrund seiner Betriebszugehörigkeit an der Fertigstellung einer Schweißheizung für das Herstellen von Kunststoffrohrmatten beteiligt und im Zuge deren Konzeption seine bereits zuvor bestehende technische Idee aufgrund der betrieblichen Bedürfnisse und technischen Gegebenheiten **fortentwickelt** und vollendet hat;[173]
- bei einer Erfindung, die das Problem des Herausfilterns von Kleinstpartikeln aus dem Öl für Automatikgetriebe mittels Saugfilters betraf und damit in starkem Maß den **betrieblichen Tätigkeitsbereich des Erfinders als Planer** in der Getriebetechnik berührte, zumal er zuvor bei dem Arbeitgeber – im Anschluss an seinen Eintritt als Mechaniker – langjährig als Meister der Getriebemontage eingesetzt war;[174]
- bei einem Projektleiter, dessen schöpferischer Beitrag als Miterfinder in einer **Idee zur Abwandlung einer beim Arbeitgeber bislang angewandten konventionellen Verfahrensweise** zur Herstellung von Formteilen bestanden hat;[175]

---

170 Vgl. BGH v. 10.09.2002 – X ZR 199/01, GRUR 2003, 237 – *Ozon*.
171 Vgl. im Ergebn. BVerfG, 12.03.2004, NVwZ 2004, 974 u. OLG Braunschweig, 10.11.2005, GRUR 2006, 178, bestätigt durch BGH, 18.09.2007, GRUR 2008, 150.
172 BGH v. 05.10.2005, GRUR 2006, 141 – *Ladungsträgergenerator*; Schiedsstelle, 18.04.2005 – Arb.Erf. 41/04, (unveröffentl.).
173 BPatG, 26.06.2008, GRUR 2009, 587, 592 – *Schweißheizung für Kunststoffrohrmatten*; im Ergebn. bestätigt durch BGH v. 22.02.2011, GRUR 2011, 509 [Rn. 27] – *Schweißheizung*.
174 OLG Frankfurt am Main, 22.01.2009, GRUR-RR 2009, 291 – *Erfindungsanmeldung*.
175 OLG Karlsruhe v. 28.04.2010 GRUR 2011, 318, 319 – Formlose Meldung einer Initialidee (insoweit unbeanstandet von BGH v. 12.04.2011 – X ZR 72/10, GRUR 2011, 733 [Rn. 8] – *Initialidee*).

- bei einem **Versuchsfahrer**, der seinen Verbesserungsvorschlag dank Erkenntnissen aus den bei der Konzernmutter durchgeführten **Testfahrten** weiterentwickelt hat;[176]
- bei einem **Auszubildenden**, der auf Basis seines in die Zeit vor Ausbildungsbeginn zurückreichenden Konzepts seine Überlegungen auf Grundlage der betrieblichen Bedürfnisse des Arbeitgebers und dessen technischer Gegebenheiten fortentwickelt hat;[177]
- bei einer neuartigen Rasenbefestigungsplatte, deren Erfinder als **Betriebsleiter** für das beschäftigende Unternehmen schon **zuvor maßgeblich an der Entwicklung entsprechender Unternehmensprodukte beteiligt war**.[178]

46 Die **Beweislast** für das Vorliegen einer Erfahrungserfindung trägt der Arbeitgeber (Dienstherr).[179] Berührt der Gegenstand der Erfindung offensichtlich den betrieblichen Tätigkeitsbereich des Arbeitnehmers, so kann u.U. eine **tatsächliche Vermutung** für eine Erfahrungserfindung sprechen,[180] sofern nicht bereits eine Aufgabenerfindung (s. § 4 Rdn. 19 ff.) vorliegt (vgl. auch § 4 Rdn. 18, 38). Diese Vermutung muss der Arbeitnehmer widerlegen.

## C. Freie Erfindungen (Abs. 3)

47 Nach der in § 4 Abs. 3 vorgegebenen **Negativabgrenzung** (»sonstige Erfindungen«) sind alle sonstigen Erfindungen von Arbeitnehmern »freie Erfindungen« (zur Abgrenzung s. insb. § 4 Rdn. 6, 9, 15). Damit will das Gesetz als freie Erfindungen solche bezeichnen, die von einem Arbeitnehmer zwar während der Dauer des Arbeitsverhältnisses gemacht werden, die jedoch weder aus dem Aufgabenbereich des Arbeitnehmers im Betrieb des Arbeitgebers entstanden sind, noch maßgeblich auf betrieblichen Erfahrungen oder Arbeiten beruhen.[181] Daraus folgt, dass die freien Erfindungen sich überhaupt nicht als betriebliches Arbeitsergebnis darstellen, sondern dem außerbetrieblichen Lebensbereich des Arbeitnehmers zuzurechnen sind.[182] Zu den freien Erfindungen rechnen auch die bloßen Anregungserfindungen (s. § 4 Rdn. 5). Als Ausnahmevorschrift behandelte § 42 Abs. 1 a.F. einen weiteren Komplex freier

---

176 Schiedsst. ZB. v. 07.03.2016 – Arb.Erf. 09/14, (www.dpma.de = Mitt. 2017, 134 nur LS.).
177 BAG v. 09.07.1997, NZA 1997, 1181 f. – *Pulsinduktionsmetall-Detektoren*.
178 BGH v. 19.05.2005 – X ZR 152/01, GRUR 2005, 761 – *Rasenbefestigungsplatte*.
179 Wohl allg. A., z.B. Schaub/Koch, ArbRHdb., § 114 Rn. 15.
180 Ebenso OLG Frankfurt am Main v. 22.01.2009 – 6 U 151/06, (unveröffentl.).
181 S. BAG v. 30.07.2009, NZA 2009, 747 (Rn. 34).
182 BGH v. 29.11.1984 – X ZR 39/83, NJW 1985, 1031, 1032 – *Fahrzeugsitz II*.

## C. Freie Erfindungen (Abs. 3)

§ 4

Erfindungen von Hochschullehrern und -assistenten (nunmehr im Regelfall Diensterfindungen, s. § 42 n.F.).

Der Wortlaut des Abs. 3 könnte darauf schließen lassen, dass auch solche Erfindungen als freie Erfindungen i.S.d. ArbEG gelten, die **vor rechtlichem Beginn des Arbeitsverhältnisses fertiggestellt** worden sind. Insoweit ist die Fassung verunglückt. Das ArbEG bestimmt nur die Rechtsbeziehungen für solche Erfindungen, die **während der (rechtlichen) Dauer des Arbeitsverhältnisses gemacht** worden sind. Dies ergibt sich sowohl aus § 1 als auch aus § 4 Abs. 2 und den §§ 18, 19, 22 Satz 2 und folgt auch aus der nach § 4 Abs. 1 ArbEG vorausgesetzten, an den Zeitpunkt der Fertigstellung der Erfindung anknüpfenden »Arbeitnehmer«-Eigenschaft. Dabei spielt es keine Rolle, ob die Erfindung zeitlich einen Zusammenhang mit dienstlichen Tätigkeiten aufweist[183], so dass eine freie Erfindung auch dann vorliegen kann, wenn der Arbeitnehmer die Idee zur erfinderischen Lösung während seiner Arbeitszeit hatte. Erfindungen, die allerdings außerhalb der Dauer des rechtlichen Bestandes eines Arbeitsverhältnisses geschaffen worden sind, unterliegen u. E. nicht dem ArbEG[184] und damit auch nicht dessen Schutzwirkungen einerseits und den Verpflichtungen andererseits; der Arbeitnehmer ist in der Verfügung über solche Erfindungen wie ein sonstiger freier Lizenzgeber uneingeschränkt (§§ 6,

---

183 A. A. offenkundig Schwab NZA-RR 2014, 281, 282.
184 Vgl. auch Keukenschrijver in Busse/Keukenschrijver, PatG, Rn. 6 zu § 4 ArbEG m. H. a. BGH v. 16.01.1962 – I ZR 48/60 – u. OLG Jena Mitt. 2012, 364. Uneinheitlich Boemke/Kursawe: wie hier Boemke/Kursawe/Raif (Rn. 99 zu § 4), wonach es sich bei Erfindungen, die vor Beginn oder nach Ende des Arbeitsverhältnisses fertiggestellt worden sind, nicht um eine freie Erfindung i. S. v. § 4 Abs. 3, sondern »um die Erfindung eines freien Erfinders« handelt und sich »aus §§ 1, 4 II und 18,19 ergibt …, dass Erfindungen, die außerhalb dieser Rechtsbeziehungen« zwischen Arbeitgeber und Arbeitnehmer »entwickelt worden sind, arbeitnehmererfindungsrechtlich nicht von Relevanz sind«; anders aber zur Geltung von § 19 Boemke/Kursawe/Ulrici (Rn. 7 ff., 16 zu § 19), wonach für den Ansatz, dass »der Anbietungspflicht des § 19 auch die vor Begründung des Arbeitsverhältnisses gemachten Erfindungen«, u. a. »der Wortlaut der Bestimmungen des § 19 und § 4 III …« sprechen (Rn. 9 f.) und »die Anbietungspflicht entgegen der h A nicht nur in Ansehung der während der Dauer des Arbeitsverhältnisses gemachten freien Erfindungen« bestehen soll, sondern ein Nutzungsrecht ggf. auch vor Begründung des Arbeitsverhältnisses gemachten Erfindungen anzubieten; im Ergebn. wohl auch Boemke/Kursawe/Boemke (Rn. 21 zu § 26), wonach »anders als die Mehrzahl der Rechte und Pflichten nach dem ArbnErfG … die Anbietungspflicht mithin nicht daran« anknüpfen soll, »dass eine Erfindung während der Dauer des Arbeitsverhältnisses geschaffen wurde«.

9 PatG);[185] das gilt auch für § 19 ArbEG (s. § 19 Rdn. 7). Folgerichtig kann sich ein Arbeitnehmer, der mit seinem Arbeitgeber Vereinbarungen über solche freien Erfindungen getroffen hat, nicht auf die Unbilligkeitsregelung des § 23 ArbEG berufen (s.o. § 4 Rdn. 11). Hat der Arbeitnehmer eine Erfindung in einem früheren (oder anschließenden) Arbeitsverhältnis fertiggestellt, unterliegen solche Erfindungen den Bindungen des ArbEG im Verhältnis zu dem jeweiligen Arbeitgeber.

**Nicht** zu den freien Erfindungen zählen die **frei gewordenen** (§ 6 Abs. 2, § 8) bzw. später **aufgegebenen** (§ 16) **Diensterfindungen** oder solche, die kraft zulässiger Abrede (s. dazu § 22 Rdn. 27) von der Behandlung als Diensterfindungen ausgeschlossen sind; in diesen Fällen kommen also (erneute) Mitteilungs- und Anbietungspflichten (§§ 18, 19) nicht in Betracht.

Unter steuerrechtlichen Gesichtspunkten sieht der BFH eine auf den Arbeitnehmererfinder im Wege der Gesamtrechtsnachfolge übergegangene Diensterfindung als freie Erfindung an.[186]

48 Während die Diensterfindung wegen ihrer Beziehung zum Unternehmen bestimmten rechtlichen Bindungen unterworfen ist, legt das Gesetz dem Arbeitnehmer als freiem Erfinder lediglich einzelne **Verpflichtungen** auf, die aus dem Bestehen des Arbeitsverhältnisses als solchem und der sich daraus ergebenden Treuepflicht sowie dem Schutzcharakter der §§ 18, 19, 22, 23 abzuleiten sind[187]. Über die freien Erfindungen kann ein Arbeitnehmer wie ein freier Erfinder grds. frei verfügen (vgl. § 8 Satz 2, Einzelheiten § 8 n.F. Rdn. 74 ff.). Mangels »betrieblicher« Beteiligung am Zustandekommen solcher Erfindungen kann der Arbeitgeber die Erfindungsrechte insb. nicht durch (einseitige) Inanspruchnahme auf sich überleiten; sie sind also unbelastet (»frei«) vom »Optionsrecht« des Arbeitgebers aus §§ 6, 7. Der Arbeitnehmer unterliegt allerdings – wie § 4 Abs. 3 Satz 2 klarstellt – der Mitteilungspflicht gem. § 18 und der Anbietungspflicht nach § 19 (Näheres s. dort).

Darüber hinaus können sich weitere Einschränkungen aus der über § 25 einbezogenen arbeitsvertraglichen Treuepflicht ergeben (s. § 8 n.F. Rdn. 40 f. u. Rdn. 77 ff.).[188]

---

185 Ebenso OLG München v. 10.07.2008, GRUR-RR 2009, 219, 221 – *Vliesproduktion*.
186 BFH v. 16.08.1973, BFHE 110, 155, 158.
187 BGH v. 29.11.1984 – X ZR 39/83, NJW 1985, 1031, 1032 – *Fahrzeugsitz II*.
188 Amtl. Begründung BT-Drucks. II/1648 S. 16, 18 = BlPMZ 1957, 227, 228.

Nach Erfahrungen der Schiedsstelle liegt die Quote der verwerteten freien bzw. frei gewordenen Erfindungen, auf die ein Schutzrecht erteilt worden ist, weit unter 5 %.[189] An diesen Verhältnissen dürfte sich auch zwischenzeitlich kaum etwas geändert haben. S. i. Einzelnen KommRL Rn. 3 zu RL Nr. 20.

## D. Erfindungen von Beamten und Soldaten (Abs. 4)

§ 4 Abs. 4 ergänzt den (auf die §§ 5 bis 39 bezogenen) Regelungsinhalt der §§ 41, 40 und stellt klar, dass die Begriffsbestimmungen der Abs. 1 bis 3 auf Erfindungen von Beamten und Soldaten Anwendung finden[190] (vgl. auch § 40 Rdn. 13). Um den Geltungsbereich des § 4 über Berufssoldaten hinaus auch auf (frühere) Wehrpflichtige zu erstrecken, wurde die Gruppe der »Soldaten« ausdrücklich erwähnt, sodass Diensterfindungen auch solche Erfindungen sind, die aus der einem (früheren) Wehrpflichtigen bei Ableistung seines Wehrdienstes obliegenden Tätigkeit entstanden sind oder maßgeblich auf Erfahrungen oder Arbeiten der Bundeswehr beruhen;[191] das betrifft nunmehr auch die freiwillig Wehrdienstleistenden (s.a. § 1 Rdn. 89 f.). 49

Diensterfindungen können selbstverständlich auch solche sein, die der Beamte/Soldat im Zusammenwirken mit einem privaten Auftragnehmer oder Kooperationspartner seines Dienstherrn macht.[192]

Die Tatsache, dass der Beamte die Erfindung im Rahmen einer genehmigten bzw. genehmigungsfreien Nebentätigkeit (s. dazu § 4 Rdn. 28 u. § 41 Rdn. 14) entwickelt hat, steht der Annahme einer Diensterfindung (Erfahrungserfindung) nicht entgegen.[193]

Zu Hochschulerfindungen s. § 42 n.F. Rdn. 30 ff.

## E. Mehrere Erfinder

Soweit an dem Zustandekommen einer Erfindung mehrere Personen beteiligt sind (Miterfinder, s. dazu § 5 Rdn. 44 ff.), kann sich die Erfindung für den einen Erfinder als Diensterfindung und für den anderen als freie Erfindung 50

---

189 Mitgeteilt in EV v. 03.12.1982 – Arb.Erf. 25/82, (unveröffentl.).
190 Vgl. auch Volz, ArbNErf. im öffentl. Dienst, S. 55 ff. u. Schiedsst. v. 10.04.2008 – Arb.Erf. 43/06 (Datenbank).
191 Ausschussber. zu BT-Drucks. II/3327 S. 4 = BlPMZ 1957, 251. Boemke/Kursawe/Raif Rn. 102 zu § 4.
192 Vgl. z.B. OLG Frankfurt am Main v. 30.04.1992, GRUR 1992, 852 – *Simulation von Radioaktivität*; LG Düsseldorf v. 26.06.1990, GRUR 1994, 53 – *Fotoplethysmograf*; Schiedsst. v. 10.04.2008 – Arb.Erf. 43/06 (Datenbank).
193 So im Ergebn. Schiedsst. ZB v. 07.07.1998 – Arb.Erf. 101/96, (unveröffentl.).

darstellen, sei es mangels Arbeitnehmereigenschaft (vgl. dazu § 1 Rdn. 9 f.) oder weil die Voraussetzungen des § 4 Abs. 2 für seinen Beitrag nicht zutreffen. Es erfolgt also eine beitragsbezogene, nicht jedoch eine bruchteilsbezogene Prüfung.[194] Allerdings muss sich ein Miterfinder qualitativ die Beiträge anderer Arbeitnehmer seines Arbeitgebers als Kollegenwissen (s. § 4 Rdn. 39) und damit als betriebliche Erfahrungen zurechnen lassen, so dass zumindest häufig insgesamt eine Diensterfindung vorliegt. So liegt insgesamt eine Diensterfindung vor, wenn die Erfindung lediglich in den Arbeits- und Pflichtenkreis eines Miterfinders fällt und die anderen »freiwillig« mitgearbeitet haben bzw. auf dessen schöpferischem Beitrag aufbauen (s. aber zum öffentl. Dienst § 4 Rdn. 49). Ebenso reicht es aus, wenn die maßgeblichen betrieblichen Erfahrungen oder Arbeiten, ohne die die Erfindung nicht zustande gekommen wäre, nur von einem (Arbeitnehmer-) Erfinder in das Team eingebracht wurden.

Bei einer »**gemischten Erfindungsgemeinschaft**«[195], die sich mit Fertigstellung der Erfindung rechtlich regelmäßig als Bruchteilsgemeinschaft i.S.d. § 741 BGB darstellt (s. dazu § 5 Rdn. 52 f.), ergreift das Inanspruchnahmerecht des Arbeitgebers nur den Bruchteil des Arbeitnehmers, für den die Erfindung eine Diensterfindung ist; der Arbeitgeber rückt damit in die Bruchteilsgemeinschaft mit den übrigen (»freien«) Miterfindern ein (Näheres s. § 6 n.F. Rdn. 138 ff.). Für den Arbeitnehmer, für den die Erfindung eine freie i.S.d. § 4 Abs. 3 darstellt, verbleibt es hinsichtlich seiner Anteile bei der Mitteilungs- und Anbietungspflicht (§§ 18, 19) und den Beschränkungen aus der arbeitsvertraglichen Treuepflicht (dazu s. § 25 Rdn. 40 f. u. § 8 n.F. Rdn. 77 ff.); er bleibt Teilhaber der Bruchteilsgemeinschaft.

### F. Zweifel bzw. Meinungsverschiedenheiten hinsichtlich des Charakters der Erfindung

**51** Ist der **Arbeitnehmer** im Zweifel, ob es sich um eine Diensterfindung oder eine freie Erfindung handelt, so sollte er diese gem. § 5 melden (s. § 5 Rdn. 6, 24 f.). Teilt er die Erfindung dagegen (nur) als freie mit, so eröffnet § 18 Abs. 2 dem Arbeitgeber, der von einer Diensterfindung ausgeht, ein Widerspruchsrecht (s. § 18 Rdn. 32 ff.); die Beweislast für eine Diensterfindung verbleibt beim Arbeitgeber[196] (s. § 4 Rdn. 18, 32, 46). Da es für den Charakter als Diensterfindung nicht auf die Verwendbarkeit im Arbeitsbereich des Arbeitgebers ankommt (s. § 4 Rdn. 9), greift bei Diensterfindungen die Ausnahmere-

---

194 So aber Boemke/Kursawe/Raif Rn. 109 zu § 4.
195 Ausführl. dazu Lüdecke Erfindungsgemeinschaften (1962) S. 11 ff.
196 Allg. A., z.B. Volmer/Gaul Rn. 139 zu § 4.

gelung des § 18 Abs. 3 nicht und der Arbeitnehmer muss seiner Meldepflicht nachkommen, will er sich nicht dem Vorwurf der Rechtsverletzung aussetzen.[197] Die vom Arbeitnehmer – trotz Zweifel – als Diensterfindung nach § 5 gemeldete Erfindung löst die allgemeinen Rechtsfolgen der §§ 6, 7 aus, also einschließlich der Inanspruchnahmefiktion des § 6 Abs. 2.

Stellt nach Auffassung des **Arbeitgebers** eine als frei mitgeteilte Erfindung eine Diensterfindung dar, bedarf es des Bestreitens nach § 18 Abs. 2 (s. § 18 Rdn. 32 ff.) mit der Möglichkeit der Inanspruchnahme (s. § 6 n.F. Rdn. 46). Sieht der Arbeitgeber eine als Diensterfindung gemeldete Erfindung dagegen als freie Erfindung an, kann er die »Diensterfindung« mangels Einigung mit dem Arbeitnehmer gem. § 6 Abs. 2 unter Entledigung des Zwangs zur Schutzrechtsanmeldung (§ 13) freigeben (s. dazu § 6 n.F. Rdn. 108 ff.); dadurch verliert er allerdings seine Rechte aus § 19.

Droht bei einer gemeldeten Diensterfindung eine **Schutzrechtsanmeldung** 52 **des Arbeitnehmers**, kann der Arbeitgeber dagegen aus § 823 Abs. 2, § 1004 BGB analog i.V.m. § 13 ArbEG unter Beachtung des Schiedsstellenverfahrens (§§ 28 ff.) auf Unterlassung klagen (§ 39) und notfalls ohne vorherige Anrufung der Schiedsstelle (§ 37 Abs. 4) eine einstw. Verfügung erwirken; nach (unbeschränkter) Inanspruchnahme hat er zudem einen Anspruch auf Übertragung der Anmelderechte und Herausgabe der Anmeldeunterlagen (s. dazu § 7 n.F. Rdn. 42 ff., 100).

Entsprechend kann ein Arbeitnehmer aus seinem Erfinderrecht (§ 6 PatG) 53 vorgehen, wenn die Anmeldung einer freien Erfindung durch den Arbeitgeber droht. Ist der Arbeitgeber zu Unrecht der Auffassung, es handele sich um eine Diensterfindung, kann der Arbeitnehmer auch Klage auf Feststellung, dass die Erfindung eine freie darstellt, erheben,[198] soweit im Schiedsstellenverfahren (§§ 28 ff.) keine gütliche Einigung zustande gekommen ist (s.a. § 13 Rdn. 51 f.). Zur Auslandsanmeldung s. § 14 Rdn. 6 f.

Bei **beiderseitigem** unverschuldeten **Irrtum** über die Schutzfähigkeit hat die 54 Schiedsstelle eine Vergütung nach § 20 Abs. 1 vorgeschlagen (s. § 3 Rdn. 24 u. § 20 Rdn. 12).

Zu **Zweifeln** oder zu Meinungsverschiedenheiten über die **Schutzfähigkeit** s. i.Ü. § 2 Rdn. 16 f., § 6 n.F. Rdn. 26 ff. u. § 13 Rdn. 53 f.; zur »widerrechtlichen Entnahme« s. § 7 n.F. Rdn. 51 ff.; zur Meldepflicht des Arbeitnehmers s. § 5 Rdn. 22 f. und zur Behandlung einer Diensterfindung als Verbesserungsvorschlag vor § 3 Rdn. 4 ff. u. § 3 Rdn. 23 f.

---

197 Kraßer/Ann, PatR, § 21 Rn. 44, 58.
198 S. RG v. 05.02.1930, RGZ 127, 197 ff.

# 2. Abschnitt Erfindungen und technische Verbesserungsvorschläge von Arbeitnehmern im privaten Dienst

## 1. Diensterfindungen

### § 5 Meldepflicht

(1)[1] Der Arbeitnehmer, der eine Diensterfindung gemacht hat, ist verpflichtet, sie unverzüglich dem Arbeitgeber gesondert in Textform zu melden und hierbei kenntlich zu machen, dass es sich um die Meldung einer Erfindung handelt. Sind mehrere Arbeitnehmer an dem Zustandekommen der Erfindung beteiligt, so können sie die Meldung gemeinsam abgeben. Der Arbeitgeber hat den Zeitpunkt des Eingangs der Meldung dem Arbeitnehmer unverzüglich in Textform zu bestätigen.

(2) In der Meldung hat der Arbeitnehmer die technische Aufgabe, ihre Lösung und das Zustandekommen der Diensterfindung zu beschreiben. Vorhandene Aufzeichnungen sollen beigefügt werden, soweit sie zum Verständnis der Erfindung erforderlich sind. Die Meldung soll dem Arbeitnehmer dienstlich erteilte Weisungen oder Richtlinien, die benutzten Erfahrungen oder Arbeiten des Betriebes, die Mitarbeiter sowie Art und Umfang ihrer Mitarbeit angeben und soll hervorheben, was der meldende Arbeitnehmer als seinen eigenen Anteil ansieht.

(3) Eine Meldung, die den Anforderungen des Absatzes 2 nicht entspricht, gilt als ordnungsgemäß, wenn der Arbeitgeber nicht innerhalb von zwei Monaten erklärt, dass und in welcher Hinsicht die Meldung einer Ergänzung bedarf. Er hat den Arbeitnehmer, soweit erforderlich, bei der Ergänzung der Meldung zu unterstützen.

Lit.:
*Gaul*, Die unvollständige Erfindungsmeldg. nach d. ArbEG, DB 1982, 2499; *Gennen*, Zum Ausgleichsanspruch zw. Mitinhabern e. Schutzrechts, Festschr. f. Bartenbach (2005), 335; *ders.*, Management v. ArbNErf., ITRB 2010, 280; *Hellebrand*, Dienster-

---

1 Absatz 1 i.d.F. des Art. 7 des Gesetzes zur Vereinfachung und Modernisierung des Patentrechts vom 31.7.2009 (BGBl. I, S. 2521).

findungen ab jetzt m. Haftungsetikett f. d. ArbG wg. e. Pflichtverletzung d. ArbNerfinders, Mitt. 2006, 486; *ders.*, Die Realteilung d. Gemeinschaftserf. u. ihre Folgen, Festschr. f. Bartenbach (2005), 141; *ders.*, Probleme d. Teilhabe an Erf. u. Patent m. bes. Blick a. d. ArbNErfR., Mitt. 2008, 433; *ders.*, Definition u. Bewertg. d. miterfinderischen Beitrags, Mitt. 2013, 432; *May*, Der Verbesserungsvorschlag als Erfindermeldg., BB 1960, 628; *Scharen*, Haftetikett – Zweierlei Maß i. ArbNErfR?, VPP-Rundbrief 4/2007, 155; *Schwab*, Anford. an Meldg. u. Inanspruchn. e. ArbNErf., AiB 2010, 51; *Schütt/Böhnke*, Rechtsfolgen b. erhebl. verspäteter Erfindungsmeldg., GRUR 2013, 789; *Schwab*, Anforderungen a. d. Meldg. u. Inanspruchn. E. ArbNErf., AiB 2010, 51; *Seehaus*, Das Erfordernis d. Schriftform f. Erfindungsmeldungen u. Inanspruchnahme b.d. ArbNErf., GRUR 1952, 220; *Volmer*, Der Verlust e. Erfindungsmeldg. u. s. Folgen, RdA 1965, 269; s. auch Lit. bei § 6. Zur Miterfinderschaft s. unten Lit. vor § 5 Rdn. 44.

### Übersicht

| | Rdn. |
|---|---|
| A. Allgemeines | 1 |
| B. Rechtsfolgen der Meldung | 4 |
| C. Rechtsnatur der Meldung | 5 |
| D. Beteiligter Personenkreis | 7 |
| I. Arbeitnehmer als Meldepflichtiger | 7 |
| II. Arbeitgeber als Adressat | 9 |
| E. Zugang der Meldung | 10 |
| I. Zugang unter Anwesenden | 11 |
| II. Zugang unter Abwesenden | 12 |
| III. Übermittlungsrisiko, Beweislast | 13 |
| IV. Meldung an Bevollmächtigte des Arbeitgebers, betriebliche Ordnung des Meldewesens | 14 |
| V. Übermittlung der Meldung an sonstige Dritte | 18 |
| F. Gegenstand der Meldepflicht | 20 |
| I. Diensterfindungen | 20 |
| II. Weiterentwicklungen, Ergänzungen und Verbesserungen | 21 |
| G. Entscheidung des Arbeitnehmers | 22 |
| H. Zeitpunkt der Meldung | 26 |
| I. Fertigstellung der Erfindung – »gemacht« | 26 |
| II. Unverzüglich | 28 |
| III. Entfallen der Meldepflicht | 30 |
| 1. Verzicht des Arbeitgebers auf die Meldung | 30 |
| 2. Anderweitig dokumentierte Wissensvermittlung | 31 |
| 3. Sonstige Fälle | 32 |
| J. Formerfordernisse und Mindestvoraussetzungen | 33 |
| I. Grundsatz | 33 |
| II. Textform | 35 |
| 1. Grundsatz | 35 |
| 2. Schriftform für Alterfindungen | 36 |
| 3. Verzicht auf die Text-/Schriftform | 38 |
| III. Gesonderte Meldung | 40 |
| IV. Kenntlichmachen der Erfindungsmeldung | 41 |

|  | Rdn. |
|---|---|
| K. Miterfinder | 44 |
| I. Begriffsbestimmung | 44 |
| II. Rechtsverhältnis der Miterfinder zueinander | 52 |
| III. Gemeinsame Meldung | 54 |
| L. Betriebliche Doppelerfindung | 59 |
| M. Bestätigung durch den Arbeitgeber | 61 |
| N. Inhalt der Meldung (Abs. 2) | 65 |
| I. Abgrenzung der Muss- und Sollvorschriften | 65 |
| II. »Beschreiben« | 68 |
| III. Maßstab für den Darstellungsumfang | 69 |
| IV. Einzelheiten der Darstellung | 70 |
|     1. Technische Aufgabe | 70 |
|     2. Lösung | 71 |
|     3. Zustandekommen | 72 |
|     4. Einzelbegriffe des § 5 Abs. 2 Satz 2 und 3 | 74 |
|         a) Vorhandene Aufzeichnungen | 76 |
|         b) Erforderlich | 77 |
|         c) Dienstlich erteilte Weisungen/Richtlinien | 78 |
|         d) Erfahrungen oder Arbeiten des Betriebes | 79 |
|         e) Mitarbeiter, Art und Umfang ihrer Mitarbeit | 80 |
|     5. Unvollständige Erfindungsmeldung | 83 |
| V. Beanstandungsrecht und Unterstützungspflicht des Arbeitgebers (Abs. 3) | 84 |
|     1. Grundsatz | 84 |
|     2. Erfordernisse der Beanstandung, Form und Inhalt | 87 |
|     3. Beanstandungsfrist | 88 |
|     4. Ergänzung der Erfindungsmeldung durch den Arbeitnehmer | 89 |
|     5. Unterstützungspflicht des Arbeitgebers | 90 |
|     6. Beginn der Frist für die Inanspruchnahmefiktion bzw. der früheren Inanspruchnahmefrist | 92 |
| O. Folgen einer Verletzung der Meldepflicht | 94 |

## A. Allgemeines

1 Die **Meldepflicht** stellt eine **Konkretisierung** der dem Arbeitnehmer i.R.d. arbeitsrechtlichen **Treuepflicht** obliegenden Informationspflicht[2] dar. Die

---

2 Vgl. Röpke Arbeitsverh. u. ArbNErf. S. 32 ff.; Reimer/Schade/Schippel/Rother Rn. 1 zu § 5. In diesem Sinn auch BGH v. 18.03.2003, GRUR 2003, 702, 703 – *Gehäusekonstruktion*. Vgl. auch Schiedsst. v. 18.06.2015 – Arb.Erf. 17/13, (www.dpma.de, »aus der Treuepflicht des Arbeitnehmers und der Unterstützungspflicht des Beamten resultierende gesetzlich normierte arbeitsvertragliche und beamtenrechtliche Pflicht des Erfinders«); ferner ZB. v. 07.03.2016 – Arb.Erf. 09/14, (www.dpma.de = Mitt. 2017, 134 nur LS.) u. v. 12.05.2016 – Arb.Erf. 41/13, (www.dpma.de); Keukenschrijver in Busse/Keukenschrijver, PatG, Rn. 1 zu § 5 ArbEG (»Konkretisierung der arbeitsrechtlichen Verpflichtungen« des Arbeitnehmers).

# A. Allgemeines § 5

Regelung dient der Rechtsklarheit und **Rechtssicherheit**,[3] und zwar zum Schutz des Arbeitgebers und des Arbeitnehmers.[4] Daran hat auch die **ArbEG-Novelle 2009** durch das Patentrechtsmodernisierungsgesetz vom 31.07.2009 (s. dazu Einl. Rdn. 9) wenig geändert. Hierdurch ist lediglich mit Wirkung ab 01.10.2009 die **Textform** an die Stelle der Schriftform getreten (§ 5 Abs. 1 Sätze 1 und 3); dagegen sind die sonstigen Erfordernisse an die Meldung unverändert beibehalten worden (s. Rdn. 3.2).

Ausweislich der höchstrichterlichen Rechtsprechung sollen die **Meldung** und deren gesetzliche Anforderungen Folgendes **sicherstellen:** Dem Arbeitgeber sollen eine unter den Voraussetzungen des § 4 Abs. 2 gemachte (Dienst-) Erfindung und die insoweit maßgeblichen Umstände so bekannt werden, dass er den Erfindungscharakter und die an der Erfindung beteiligten Personen erkennen kann und in der Lage ist, sachgerecht über eine Inanspruchnahme oder Freigabe – ggf. allen etwaigen Miterfindern ggü. – sowie über den der Erfindung gerecht werdenden Inhalt einer Schutzrechtsanmeldung und über die Festsetzung einer Vergütung ggü. allen Miterfindern zu entscheiden.[5] Mit besonderer Beweisfunktion ausgestattet soll sie dem Arbeitgeber für seine Entscheidung über die Frage der Inanspruchnahme eine tatsächliche Unterrichtung über abgeschlossene innerbetriebliche Forschungs- und Entwicklungsarbeiten, den beteiligten Personenkreis, den Anteil des Betriebes und den Grad der erfinderischen Leistung vermitteln[6]. Gerade die in § 5 Abs. 2 geforderten Angaben zur Erfindungsgeschichte liefern wichtige Anhaltspunkte zur Qualifizierung als Diensterfindung, zur Prüfung der (Mit-) Erfindereigenschaft und zur Bestimmung des Miterfinderanteils (s. § 5 Rdn. 44 ff.) sowie zur Vergütungsbemessung (s. § 5 Rdn. 72). Die Meldepflicht hat damit nicht nur die allgemeine Unterrichtung des Arbeitgebers von den durchgeführten (Entwicklungs-) Arbeiten zum **Zweck**, sondern soll ihn gezielt auf eine vom Arbeitnehmer (mit-)entwickelte Erfindung hinweisen, um ihm die Frage einer Inan-

---

3 Vgl. Amtl. Begründung BT-Drucks. II/1648, S. 21 = BlPMZ 1957, 229.
4 OLG Düsseldorf v. 26.10.2006 – I-2 U 29/06, (unveröffentl.).
5 BGH v. 12.04.2011 – X ZR 72/10, GRUR 2011, 733, [Rn. 14] – *Initialidee* m. H. a. BGH v. 04.04.2006 – X ZR 155/03, GRUR 2006, 754, 757 [Rn. 26] – *Haftetikett*; bestätigend zu § 5 a.F. BGH v. 14.02.2017 – X ZR 64/15, GRUR 2017, 504 (Rn. 13) – *Lichtschutzfolie*; OLG München v. 10.07.2008, GRUR-RR 2009, 219, 220 – *Vliesproduktion*; OLG Düsseldorf v. 01.10.2010 – I – 2 U 41/07//2 U 41/07, [Rn. 67] JURIS – *Glasverbundplatte*; OLG Karlsruhe v. 13.04.2018 – 6 U 161/16, (www.lrbw.juris.de, Rn. 166) – Rohrprüfsystem.
6 Vgl. Amtl. Begründung BT-Drucks. II/1648, S. 21 = BlPMZ 1957, 229.

spruchnahme oder Freigabe nahe zu bringen,[7] ihn also auf die von ihm zu treffende (fristgebundene) Entscheidung aufmerksam zu machen.[8] Deshalb ist im ArbEG – trotz vielfältiger gegenteiliger Anregungen – an Formvorgaben festgehalten und eine »gesonderte« Meldung vorgeschrieben worden.[9]
Daneben dient die Erfindungsmeldung – ergänzt durch § 15 Abs. 2 – als Grundlage der Anmeldung zum Schutzrecht, die der Arbeitgeber gem. § 13 unverzüglich nach Zugang der Meldung durchzuführen hat.[10] Auch insoweit sind gerade die Informationen des Erfinders bedeutsam, da er regelmäßig wichtige Erkenntnisse beisteuern kann, um Gegenstand und technische Bedeutung der Erfindung – auch in Abgrenzung zum Stand der Technik – zu erfassen.[11]

2 **Inhaltlich** stellt Abs. 1 klar, dass der Arbeitnehmer – gleich, ob als Allein- oder Miterfinder – eine Diensterfindung, die er während der Dauer des Arbeitsverhältnisses gemacht hat, dem Arbeitgeber gesondert per Textform melden muss; zudem wird die Bestätigungspflicht des Arbeitgebers in Satz 3 geregelt. Bestimmungen über den Inhalt der Meldung enthält Abs. 2. Gerade im Hinblick auf die Fiktion der Inanspruchnahme des § 6 Abs. 2 n.F. kommt der Fiktion des Abs. 3 bezüglich der Ordnungsgemäßheit der Meldung besondere Bedeutung zu. Wichtige **Konsequenz der Gesetzessystematik** ist, dass bei Nichtbeachtung der Formerfordernisse nach Abs. 1 keine (wirksame) Erfindungsmeldung vorliegt (s. § 5 Rdn. 33 ff.), während eine Nichtbeachtung der Inhaltserfordernisse des Abs. 2 (s. § 9 Rdn. 65 ff.) lediglich zur fristgebundenen Beanstandung nach Abs. 3 berechtigt; unterlässt der Arbeitgeber dies, wird die Wirksamkeit der (fehlerhaften) Erfindungsmeldung gesetzlich fingiert (s. § 5 Rdn. 84 ff.). Dementsprechend ist eine Meldung dann ordnungsgemäß, wenn sie einmal die Erfordernisse des Abs. 1 und zum anderen von Anfang an oder kraft Heilung gem. § 5 Abs. 3 die Voraussetzungen des Abs. 2 erfüllt.

3 Eine schwächere Form der Meldung stellt die **Mitteilungspflicht** nach § 18 für freie Erfindungen dar, die dem Arbeitgeber die Prüfung ermöglichen soll, ob die vom Arbeitnehmer als frei angesehene Erfindung nicht doch eine

---

7 BGH v. 17.01.1995 – X ZR 130/93, Mitt. 1996, 16 – *Gummielastische Masse* m. H. a. BGH v. 25.02.1958, GRUR 1958, 334, 336 – *Mitteilungs- und Meldepflicht* u. OLG Düsseldorf v. 26.10.2006 – I-2 U 29/06, (unveröffentl.).
8 Hellebrand, Mitt. 2001, 195, 196.
9 LG Düsseldorf v. 10.04.1984 – 4 O 55/83 – *Polymerisationsanlage* (unveröffentl.).
10 Schiedsst. v. 19.12.1988, BlPMZ 1989, 368, 369 l.Sp. u. v. 18.06.2015 – Arb.Erf. 17/13, (www.dpma.de).
11 Vgl: auch Schiedsst. v. 18.06.2015 – Arb.Erf. 17/13, (www.dpma.de).

# A. Allgemeines § 5

Diensterfindung ist;[12] zur Mitteilungspflicht bei technischen Verbesserungsvorschlägen s. § 3 Rdn. 28 f.

§ 5 gilt uneingeschränkt in den **neuen Bundesländern** für die seit dem 03.10.1990 fertig gestellten Diensterfindungen (s. Einl. Rdn. 31).[13]    3.1

Aufgrund der **ArbEG-Novelle 2009** (s. dazu Einl. 9) ist durch Art. 7 Nr. 1 des Patentrechtsmodernisierungsgesetzes das frühere Schriftformerfordernis für Erfindungsmeldungen in § 5 Abs. 1 Sätze 1 und 3 a.F. (s. dazu § 5 Rdn. 36) zugunsten der Textform i.S.d. § 126b BGB (s. dazu § 5 Rdn. 35 ff.) entfallen, und zwar mit Wirkung für die ab dem 01.10.2009 gemeldeten Diensterfindungen (§ 43 Abs. 3 n.F.). Der Gesetzgeber hat sich dabei von der fortgeschrittenen Entwicklung im Bereich der Informations- und Kommunikationstechniken leiten lassen, um so einem offensichtlichen Bedürfnis der Praxis in den Unternehmen Rechnung zu tragen.[14] Auch wenn dies wegen der Bedeutung der Erfindungsmeldung teilweise kritisch gesehen werden mag, sieht der Gesetzgeber die Übermittlung per Textform als ausreichend an, um der erfinderrechtlichen Bedeutung der Meldung und dem Anliegen nach Rechtssicherheit und Rechtsklarheit zu entsprechen.[15] Auf die mit der eigenhändigen Unterschrift verbundene Beweis-, Identifikations- und Warnfunktion kommt es nach Auffassung des Gesetzgebers im Bereich der Erfindungsmeldung nicht (mehr) entscheidend an.[16]    3.2

Diese an der Unternehmenspraxis orientierte Modernisierung ist zu begrüßen, zumal die früher von Arbeitgeberseite gesehene Gefahr eines »versehentlichen Freiwerdens« einer Diensterfindung wegen Ablaufs der Inanspruchnahmefrist nunmehr aufgrund der Änderung des § 6 begrenzt ist. Es wäre – worauf *Reinecke* zutreffend hinweist[17] – ein Anachronismus gewesen, wenn gerade das technische Neuerungen betreffende ArbEG auf dem bisherigen Schriftformerfordernis beharrt hätte. Aus § 43 Abs. 3 folgt, dass die Textform für alle Diensterfindungen ausreicht, die dem Arbeitgeber ab dem Inkrafttreten des

---

12 Vgl. Amtl. Begründung BT-Drucks. II/1648, S. 21 = BlPMZ 1957, 229.
13 Zu Alterfindungen vgl. Möller, Übergangsbestimmungen f. ArbNErf. i. d. neuen Bundesländern (1996) S. 119 ff.
14 Amtl. Begründung zum Patentrechtsmodernisierungsgesetz in BR-Drucks. 757/08, S. 49 (zu Art. 7 Nr. 1 d. Entw.).
15 S. Amtl. Begründung zum Patentrechtsmodernisierungsgesetz in BR-Drucks. 757/08, S. 49 (zu Art. 7 Nr. 1 d. Entw.).
16 S. Amtl. Begründung zum Patentrechtsmodernisierungsgesetz in BR-Drucks. 757/08, S. 49 (zu Art. 7 Nr. 1 d. Entw.).
17 In FA 2010, 98, 99.

Patentrechtsmodernisierungsgesetzes, also seit dem 01.10.2009, gemeldet werden (zum Übergangsrecht s. § 43 Rdn. 14 ff.).

## B. Rechtsfolgen der Meldung

4 Die Meldung löst – unabhängig vom Willen der Vertragsparteien – als gesetzliche Rechtsfolge insb. das Ingangsetzen der Freigabefrist nach § 6 Abs. 2 n.F. (s. § 6 n.F. Rdn. 84 ff.) aus; dem entsprach nach früherem Recht das In-Gang-Setzen der Inanspruchnahmefrist (§ 6 Abs. 2 a.F. Rdn. 44 ff.). Dabei war und ist die Meldung allerdings nicht Voraussetzung für die Inanspruchnahme selbst (s. § 6 n.F. Rdn. 17). Die Meldung begründet als Obliegenheit des Arbeitgebers dessen Beanstandungsrecht gem. § 5 Abs. 3 Satz 1. Sie löst (unabhängig von einer Inanspruchnahme, vgl. hierzu § 13 Rdn. 4 f.) die Pflicht des Arbeitgebers zur Schutzrechtsanmeldung im Inland (§ 13 – »gemeldete Diensterfindung«) bzw. zur Anerkennung der Schutzfähigkeit oder zur Anrufung der Schiedsstelle gem. § 17 aus. Sie eröffnet ferner die Möglichkeit zum Abbedingen der Bestimmungen des ArbEG gem. § 22 Satz 2. Der Inhalt der Meldung (Offenbarung) beeinflusst die Vergütungsbemessung (vgl. § 9 Rdn. 83 ff., § 12 Rdn. 13, 33) ebenso wie den Umfang, in welchem eine Diensterfindung gem. § 8 frei werden kann (vgl. § 8 a.F. Rdn. 46 ff. u. § 8 n.F. Rdn. 66 ff.). Sie verpflichtet die Arbeitsvertragsparteien zur besonderen Geheimhaltung nach § 24. Schließlich ist die Meldung bei Alt-Erfindungen maßgebliches Kriterium für die Geltung des Übergangsrechts aufgrund der ArbEG-Novelle 2009 (s. dazu Einl. Rdn. 9, § 43 Rdn. 14 ff.). Zu den Rechtsfolgen einer tatsächlichen Unterrichtung des Arbeitgebers über eine Diensterfindung ohne deren förmliche Meldung § 6 n.F. Rdn. 126.

## C. Rechtsnatur der Meldung

5 Die Abgabe einer Erfindungsmeldung ist ausweislich § 5 Abs. 1 Satz 1 nicht lediglich eine Obliegenheit[18], sondern eine gegenüber dem Arbeitgeber bestehende **Rechtspflicht des Arbeitnehmererfinders**[19], deren schuldhafte Verletzung Schadensersatzpflichten auslösen kann (s. § 5 Rdn. 94 ff.). Dazu korrespondiert der Erfüllungsanspruch des Arbeitgebers (s. § 5 Rdn. 94 f.). Da die Erfindungsmeldung – ohne Rücksicht auf den Willen des Meldenden –

---

18 So aber Schütt/Böhnke GRUR 2013, 789, 791.
19 Im Ergebn. wie hier BGH v. 04.04.2006 – X ZR 155/03, GRUR 2006, 754, 757 (Rn. 26) – *Haftetikett*; BGH v. 12.04.2011 – X ZR 72/10, GRUR 2011, 733 (Rn. 12, 15) – *Initialidee* u. v. 14.02.2017 GRUR 2017, 504 (Rn. 14, 34) – Lichtschutzfolie; Keukenschrijver in Busse/Keukenschrijver, PatG, Rn. 2 zu § 5; Reimer/Schade/Schippel/Rother Rn. 11 zu § 5.

## C. Rechtsnatur der Meldung  § 5

Rechtsfolgen kraft Gesetzes nach sich zieht, ist sie keine Willenserklärung[20] und kein (einseitiges) Rechtsgeschäft. Der *BGH* begründet dies mit Hinweis auf die von der Meldung bezweckte **Wissensvermittlung**,[21] ohne diese u. E. einer »Wissenserklärung« – etwa vergleichbar der Auskunft (§ 259 BGB) – gleichzustellen.[22] Mit der herrschenden Meinung ist die Erfindungsmeldung – über eine bloße Wissensvermittlung hinaus – als auf einen tatsächlichen Erfolg gerichtete Erklärung **Rechtshandlung**[23] in Form einer »geschäftsähnlichen Handlung«,[24] deren Rechtsfolgen kraft Gesetzes eintreten. Durch die willentlich übermittelte Information über eine fertig gestellte (schutzfähige) technische Neuerung und die Beanspruchung der Urheberschaft hieran[25] unterscheidet sie sich von bloßen Tathandlungen (Realakten), wie etwa der Fertigstellung einer Erfindung. Zur Wirkung einer in der Erfindungsmeldung enthaltenen Angabe über Miterfinderanteile s. § 5 Rdn. 51.1.

Auf die Erfindungsmeldung sind die **zivilrechtlichen Vorschriften** über unterbliebene oder mangelhafte Willenserklärungen nicht ohne Weiteres anwend-

---

20 BGH v. 04.04.2006 – X ZR 155/03, GRUR 2006, 754, 757 [Rn. 26] – *Haftetikett*.
21 BGH v. 04.04.2006 – X ZR 155/03, GRUR 2006, 754, 757 [Rn. 26] – *Haftetikett*.
22 Darauf weist auch Matthes (Mitt. 2009, 135) zu Recht hin; vgl. auch OLG Düsseldorf v. 01.10.2010 – I-2 U 41/07//2 U 41/07, [Rn. 67] JURIS – *Glasverbundplatte*; Trimborn, Mitt. 2010, 461, 464. Abw. u. a. Reinecke, FA 2010, 98, 99. Schiedsst. v. 18.06.2015 – Arb.Erf. 17/13, (www.dpma.de) geht ebenfalls nunmehr von »Wissenserklärung« aus; ebenso Schaub/Koch, ArbRHdb., § 114 Rn. 17; ferner MünchArbR/Bayreuther § 98 Rn. 13 m.d.Hinw., dass die Regelungen über Willenserkl. »überwiegend (entsprechende) Anwendung finden«.
23 BGH v. 24.11.1961 – I ZR 156/59, GRUR 1962, 305, 307 – *Federspannvorrichtung*; OLG München v. 13.01.1977, Mitt. 1977, 239, 240; Volmer, RdA 1965, 269, 270. Nicht eindeutig BGH v. 04.04.2006 – X ZR 155/03, GRUR 2006, 754, 757 [Rn. 26] – *Haftetikett*.
24 H.M., LG Düsseldorf v. 29.02.2000, Entscheidungen 4. ZK. 2000, 32, 37 – *Müllbehältergreifvorrichtung*; Fricke/Meier-Beck, Mitt. 2000, 199, 201; Matthes, Mitt. 2009, 135; Röpke Arbeitsverh. u. ArbNErf. S. 29 Fn. 82; Volmer, RdA 1965, 269; Volmer/Gaul Rn. 11 zu § 5; Boemke/Kursawe/Nebel Rn. 11 zu § 5; Schwab, Arbeitnehmererfindungsrecht, § 5 Rn. 4. Vgl. auch Hellebrand, Mitt. 2006, 486 f. S. auch die (frühere) Kritik bei Schiedsst. v. 22.07.2013 – Arb.Erf. 40/11, (www.dpma.de), wonach auf die Meldung § 125 BGB entsprechend anzuwenden ist. Offen gelassen von Keukenschrijver in Busse/Keukenschrijver, PatG, Rn. 5 zu § 5 ArbEG. Riemschneider/Barth Anm. 1 zu § 3 DVO 1943 neigten beim alten Recht – trotz des Erklärungscharakters der Meldung – zu »Tathandlungen«.
25 Hellebrand, Mitt. 2001, 195, 197.

bar.²⁶ Wie allgemein bei geschäftsähnlichen Handlungen ist die analoge Anwendbarkeit der §§ 104 ff. BGB unter Berücksichtigung von Eigenart, Interessenlage und Zweck zu entscheiden.²⁷ Im Ergebnis dürften einzelne Vorschriften über Willenserklärungen nach §§ 104 ff. BGB analog Anwendung finden (im Einzelnen streitig). Ausgenommen sind die Regelungen zur Anfechtung nach §§ 119 ff. BGB.²⁸ Die Meldung an einen falschen Adressaten entfaltet mangels Zugangs an den (richtigen) Erklärungsempfänger keine Rechtswirkungen; für eine Anfechtung ist kein Raum²⁹ (s. § 5 Rdn. 9 ff., 18). Dagegen gelten u. E. die §§ 130 ff. BGB über die Empfangsbedürftigkeit und das Wirksamwerden entsprechend.³⁰ Etwaige Vorbehalte³¹ des Arbeitnehmers, wie Bedingungen, Befristungen (vgl. §§ 158 ff. BGB) und Auflagen, sind unbeachtlich.

Die Meldung ist – wie auch die gemeinsame Meldung durch Miterfinder nach § 5 Abs. 1 Satz 2 zeigt (s. dazu § 5 Rdn. 54 f.) keine »höchstpersönliche« Pflicht. Für die Meldung als geschäftsähnliche Handlung ist eine **Stellvertretung**³² zulässig (s.a. § 5 Rdn. 35, 54). Allein der Umstand, dass ein Dritter (z. B. ein Vorgesetzer) mit Billigung des Arbeitnehmers die technische Neuerung meldet, reicht für eine Vollmachtserteilung (vgl. § 167 Abs. 1 BGB) für eine Meldung nicht aus, so dass es an einer Meldung fehlt.³³ Im Übrigen muss wegen der Tragweite der Erfindungsmeldung und der im Interesse des Arbeit-

---

26 BGH v. 04.04.2006 – X ZR 155/03, GRUR 2006, 754, 757 [Rn. 26] – *Haftetikett* m. H.a. Urt. BGH v. 24.11.1961 – I ZR 156/59, GRUR 1962, 305, 307 – *Federspannvorrichtung* (zu § 125 BGB).
27 Vgl. allg. BGH v. 17.10.2000, NJW 2001, 289, 290 f.
28 Im Ergebn. auch Keukenschrijver in Busse/Keukenschrijver, PatG Rn. 5 zu § 5 ArbEG m. H. a. LG Düsseldorf v. 30.05.2006 – 4b O 206/03; a. A. Boemke/Kursawe/Nebel Rn. 11 zu § 5.
29 A. A. Boemke/Kursawe/Nebel Rn. 15 zu § 5, die – ausgehend von der Anfechtungsmöglichkeit nach §§ 119, 120, 123 BGB – einer Anfechtung »größere Bedeutung« dann zumessen, »wenn die Erfindungsmeldung an den falschen Adressaten gerichtet ist.«
30 An dem Zugangserfordernis i. S. v. § 130 BGB hat auch die ArbEG-Novelle nichts geändert, z.B. Reinecke, FA 2010, 98, 99. Offen gelassen von Keukenschrijver in Busse/Keukenschrijver, PatG, Rn. 5 zu § 5 ArbEG.
31 Vgl. auch OLG München v. 13.01.1977, Mitt. 1977, 239, 240, das sogar den Willen des Arbeitnehmers, keine Erfindung zu melden, sondern lediglich ein Gespräch über seine Erfindung anzuregen, für unbeachtlich hält.
32 Zust. Boemke/Kursawe/Raif Rn. 18 zu § 5; vgl. allg. MünchKomm-Thiele BGB Rn. 6 zu § 164; a.A. Volmer/Gaul Rn. 16 zu § 5 (wie hier jedoch dies. Rn. 37 zu § 5); offen gelassen von Keukenschrijver in Busse/Keukenschrijver, PatG Rn. 5 zu § 5 ArbEG.
33 A. A. Boemke/Kursawe/Hoppe-Jänisch Rn. 23 zu § 13.

gebers gebotenen Klarheit eine Vertretungsbefugnis entweder durch einen entsprechenden Zusatz bei der Unterzeichnung oder durch eine hinreichend deutliche Erklärung im Text der Erfindungsmeldung offengelegt werden.[34] Die Erteilung der Vollmacht bedarf zwar grds. keiner Form (vgl. § 167 Abs. 2 BGB), Eine unter den Voraussetzungen des § 174 BGB vorzulegende Vollmachtsurkunde ist allerdings im Original, d.h. in Urschrift oder Ausfertigung – beglaubigte Abschrift oder Fotokopie genügen nicht –, vorzulegen.[35]

Die Rechtsfolgen einer Erfindungsmeldung (s. dazu § 5 Rdn. 4) treten auch dann ein, wenn der Arbeitnehmer hierin (zulässigerweise) **Zweifel an der Einordnung der gemeldeten Erfindung als Diensterfindung i.S.d. § 4 Abs. 2 äußert, sei es, dass er diese als möglicherweise freie Erfindung ansieht**[36] (s. dazu auch § 4 Rdn. 51; s. auch unten § 5 Rdn. 24, 41), sei es, dass er sich über deren **Schutzfähigkeit** unsicher ist. Insoweit ermöglicht § 5 dem Arbeitnehmer eine förmliche Erfindungsmeldung auch dann, wenn er Zweifel hat, ob seine Neuerung schutzfähig ist oder lediglich einen Verbesserungsvorschlag darstellt (s. § 3 Rdn. 24).

6

Versäumt der Arbeitgeber – etwa wegen einer Prüfung der Erfindungsqualität – die fristgerechte Freigabe nach § 6 Abs. 2, gilt die Inanspruchnahme als erklärt, selbst wenn sich der Arbeitgeber über die Überleitung noch nicht im Klaren war (s. zu § 6 n.F. Rdn. 122 ff.). Vor dem 01.10.2009 gemeldete Erfindungen, die gem. § 43 Abs. 3 dem § 6 a.F. unterliegen, sind mit Ablauf der früheren Inanspruchnahmefrist in jedem Fall frei geworden (§ 8 Abs. 1 Nr. 3 a.F.), wenn der Arbeitgeber – etwa aufgrund einer Auseinandersetzung mit dem Arbeitnehmer i.R.d. § 18 – ein fristgerechtes Bestreiten und ggf. eine (vorsorgliche) unbeschränkte Inanspruchnahme gem. § 6 a.F. versäumt hatte.[37]

## D. Beteiligter Personenkreis

### I. Arbeitnehmer als Meldepflichtiger

**Meldepflichtig** sind Arbeitnehmer (s. § 1 Rdn. 9 f.) im privaten (vgl. § 1 Rdn. 8) und öffentlichen Dienst (vgl. § 40), Beamte und Soldaten (vgl. § 41; zur Ausnahme bei Hochschulwissenschaftlern s. § 42 Nr. 2). Die Meldepflicht

7

---

34 LG Düsseldorf v. 17.09.1991 – 4 O 13/91; Schiedsst. v. 15.01.1997 – Arb.Erf. 39/95, (beide unveröffentl.).
35 Palandt/Ellenberger, BGB, § 174 Rn. 5.
36 Ebenso Keukenschrijver in Busse/Keukenschrijver, PatG Rn. 3 zu § 5 ArbEG m. H. a BGH v. 14.07.1966 – I a ZR 58/64, (unveröffentl.).
37 Schiedsst. v. 28.03.1966, BlPMZ 1967, 131; vgl. auch BPatG v. 21.01.1959, BlPMZ 59, 115.

wird durch eine zwischenzeitliche Auflösung des Arbeitsverhältnisses nicht berührt (§ 26). Pensionäre (s. § 1 Rdn. 77) oder sonst ausgeschiedene Arbeitnehmer (s. § 1 Rdn. 28) bleiben hinsichtlich der bis zur rechtlichen Beendigung des Arbeitsverhältnisses fertig gestellten Diensterfindungen meldepflichtig (zur Auskunftspflicht eines früheren Arbeitnehmers über unmittelbar nach seinem Ausscheiden bewirkte Schutzrechtsanmeldungen s. § 18 Rdn. 14 und § 4 Rdn. 16, 18). Die Meldepflicht trifft den jeweiligen Arbeitnehmererfinder (zur Bevollmächtigung s. § 5 Rdn. 5, zur Miterfinderschaft s. § 5 Rdn. 54). Sie besteht auch, wenn **Zweifel an der (Mit-)Erfindereigenschaft** bestehen, da die Meldung ausweislich § 5 Abs. 2 auch dazu dienen soll, dem Arbeitgeber ein vollständiges Bild über die (Mit-)Erfinderschaft zu vermitteln. Als Meldung reichen dagegen **Erklärungen Dritter** nicht aus, z. B. schriftliche Aufzeichnungen eines eingeschalteten Patentanwaltes[38] oder eines Fachvorgesetzten (zur Entbehrlichkeit einer Meldung bei anderweitiger Wissensvermittlung s. aber § 5 Rdn. 31).

8 **Arbeitgeberähnliche Personen** (Organmitglieder; s. dazu § 1 Rdn. 68 f.) können entweder kraft ausdrücklicher, die materiellen Bestimmungen des ArbEG einbeziehender vertraglicher Regelung zur Meldung oder aufgrund dienst- bzw. gesellschaftsvertraglicher Treuepflicht zur umfassenden Information über von ihnen geschaffene Erfindungen verpflichtet sein (vgl. i.Ü. § 1 Rdn. 92 f.). Mangels anderslautender Absprache ist für derartige Informationen grds. das den Vertrag des Organmitglieds gegenzeichnende Organ als Adressat zuständig (etwa Aufsichtsrat, Beirat, Gesellschafterversammlung). Zulässig ist aber auch die Bestimmung der Patentabteilung als Adressat.

Entsprechende Grundsätze gelten für **freie Mitarbeiter** (s. dazu § 1 Rdn. 44 f.).

Die Meldepflicht knüpft an die **Erfindereigenschaft** als Allein- oder Miterfinder an (zur [Mit-]Erfinderschaft s. § 5 Rdn. 44 f., zur Meldung mehrerer Arbeitnehmer s. § 5 Rdn. 54 ff.). Meldepflichtig ist selbstverständlich nur der »wahre Erfinder« (zur Beweislast s. § 5 Rdn. 51.2; zur Meldepflicht von **Erben** s. § 1 Rdn. 148).

## II. Arbeitgeber als Adressat

9 **Empfänger** der Erfindungsmeldung ist der »Arbeitgeber« (zum Begriff und den Erscheinungsformen s. § 1 Rdn. 95 ff.) bzw. der Dienstherr, also die

---

38 Keukenschrijver in Busse/Keukenschrijver, PatG, Rn. 6 zu § 5 ArbEG m. H. a. Schiedsst. v. 13.11.2003 Arb.Erf. 68/01.

oberste Dienstbehörde ggf. über den Dienstvorgesetzten (s. § 41 Rdn. 13). Daraus folgt, dass Mitteilungen ggü. Dritten, wie z.b. die Erstellung von Kundenangeboten mit Beschreibung der Erfindung, nicht als Meldung angesehen werden können.[39] Dies gilt nach der hier vertretenen Auffassung auch dann, wenn die »Meldung« auf einer – allgemein oder für Mitarbeiter – zugänglichen Homepage (Internet, Intranet) bzw. in einen sog. Informationspool eingestellt wird, selbst wenn dies im Einzelfall als ausreichend i.S.d. § 126b BGB angesehen wird;[40] zudem reicht die bloße Zugriffsmöglichkeit nicht aus (s. § 5 Rdn. 10), i.Ü. würde der Arbeitnehmer damit seine Geheimhaltungspflichten aus § 24 Abs. 2 verletzen. Zur Meldepflicht beim Doppelarbeitsverhältnis s. § 1 Rdn. 21 f.; zur Stellung des Dritten als Empfangsbote s. § 5 Rdn. 18.

Bei der **zwischenbetrieblichen Kooperation** unter Beteiligung mehrerer Arbeitgeber muss der einzelne Arbeitnehmererfinder stets ggü. seinem Arbeitgeber als Gläubiger des Arbeitsvertrages die Meldung vornehmen, es sei denn, dieser habe einen Dritten (Kooperationspartner) zur Entgegennahme bevollmächtigt (vgl. § 1 Rdn. 106; vgl. auch § 5 Rdn. 15, 54). 9.1

Ist dagegen die **Kooperation** als Personengesamtheit **Arbeitgeber** (s. § 1 Rdn. 106 f.), so kann die Meldung jedem Kooperationspartner ggü. erbracht werden, wobei der Zugang bei einem der Partner ausreicht.[41] Steht der Arbeitnehmererfinder aufgrund des Abschlusses eines neuen Arbeitsvertrages mit der Kooperationsgemeinschaft als Personengesamtheit und des Ruhens seines bisherigen Arbeitsvertrages mit einem Kooperationspartner in einem **Doppelarbeitsverhältnis** (s. hierzu § 1 Rdn. 19 f.), so hat er grds. sowohl der Kooperationsgemeinschaft als auch dem bisherigen Arbeitgeber ggü. seiner Meldepflicht zu entsprechen, soweit nicht der einzelne Arbeitgeber darauf ausdrücklich oder stillschweigend verzichtet hat (s. § 5 Rdn. 30). 9.2

Gerade bei der zwischenbetrieblichen Kooperation gewinnt die Regelung des § 5 Abs. 1 und 2 erhebliche Bedeutung, wonach im Fall der gemeinschaftlichen Erfindung dem Arbeitnehmererfinder die Möglichkeit der **gemeinsamen Meldung** anstelle der **Einzelmeldung** eingeräumt wird (s. hierzu § 5 Rdn. 54). Diese Regelung bezieht sich indes auf diejenigen Arbeitnehmer-Miterfinder, die in einem **Arbeitsverhältnis zum selben Arbeitgeber** stehen. Dabei muss jeder Arbeitnehmer-Miterfinder an der gemeinsamen Meldung 9.3

---

39 Schiedsst. v. 30.11.1981 – Arb.Erf. 33/80, (unveröffentl.).
40 Vgl. allgemein Palandt/Ellenberger, BGB, § 126b Rn. 3 m.w.Nachw. Vgl. z. Konzernsituation Schiedsst. v. 18.12.2014 – Arb.Erf. 61/10, (www.dpma.de).
41 Bartenbach, Zwischenbetriebliche Forschungs- und Entwicklungskooperation (1985) S. 83; Volmer/Gaul Rn. 22 zu § 5.

mitwirken, da ein Miterfinder bei bloßer Erwähnung durch die übrigen Miterfinder seiner Meldepflicht nicht genügt.[42] Wird – was insb. bei größeren Kooperationsgemeinschaften nicht auszuschließen ist – die Miterfindereigenschaft eines Mitarbeiters erst nachträglich bekannt, so bleibt dieser wegen der damit verbundenen Rechtsfolgen (u.a. Inanspruchnahmefiktion gem. § 6 Abs. 2) auch dann zur Meldung verpflichtet, wenn seinem Arbeitgeber die Erfindung schon durch die frühere Meldung anderer Miterfinder in vollem Umfang bekannt war (s. § 5 Rdn. 56).

**9.4** Haben **Arbeitnehmer verschiedener Kooperationspartner** (unabhängig voneinander) die gleiche erfinderische Lösung entwickelt, liegt also keine Miterfinderschaft vor, greifen **nicht** die Grundsätze der **betrieblichen Doppelerfindung** (s. § 5 Rdn. 29, 59 f.) ein;[43] vielmehr liegt im Verhältnis zu jedem Kooperationspartner als Arbeitgeber eine eigenständige (Allein-) Erfindung vor. Beeinflusst wird die Rechtslage aber dann, wenn einer der Kooperationspartner in Erfüllung seiner Anmeldepflicht aus § 13 Abs. 1 ArbEG bereits eine Schutzrechtsanmeldung betrieben hat. Hier greifen dann zulasten der anderen Kooperationspartner die Prioritätsgrundsätze des § 6 Satz 3 PatG ein, wonach demjenigen das Recht auf das Patent zusteht, der die Erfindung zuerst zum Schutzrecht angemeldet hat. Der andere Kooperationspartner verliert mit der Schutzrechtserteilung zugunsten des Erstanmelders sein Recht auf das Patent, es sei denn, dass die erste Anmeldung vor der Offenlegung z.B. durch Rücknahme wegfällt.[44] Ggü. einem erteilten Patent können die anderen Kooperationspartner evtl. unter den Voraussetzungen des § 12 PatG ein Vorbenutzungsrecht beanspruchen.[45] Ihren Arbeitnehmererfindern steht allenfalls ein Vergütungsanspruch nach § 20 Abs. 2 unter dem Aspekt der Sonderleistung zu (s. hierzu § 9 Rdn. 332 ff.). Eine andere Frage ist es, ob und inwieweit der erstanmeldende Kooperationspartner gesellschaftsrechtlich gehalten ist, dieses Schutzrecht in die Kooperationsgemeinschaft einzubringen bzw. seinen Kooperationspartnern Nutzungsrechte hieran zu vermitteln.[46]

---

42 Lüdecke, Erfindungsgemeinschaften S. 73 m.w.N.
43 Zust. LG Düsseldorf v. 29.12.1999, Entscheidungen 4. ZK. 2000, 8, 12 – *Abfallsammelbehälter*.
44 Vgl. Schulte/Moufang, PatG, § 6 Rn. 26 f.
45 Zum Vorbenutzungsrecht bei vertraglicher Beziehung zum Erfinder s. BGH v. 10.09.2009, GRUR 2010, 47 – *Füllstoff*.
46 S. hierzu Bartenbach, Zwischenbetriebliche Forschungs- und Entwicklungskooperation (1985) S. 121 ff. Zur unberechtigten eigenen Patentanmeldung durch einen Kooperationspartner s. BGH v. 27.09.2016 – X ZR 163/12, GRUR 2016, 1257 – *Beschichtungsverfahren*.

Zu den Auswirkungen eines Betriebsübergangs (§ 613 a BGB) s. § 1 **9.5**
Rdn. 114 f.

## E. Zugang der Meldung

Die an die Meldung anknüpfenden gesetzlichen Rechtsfolgen (s. dazu § 5 **10**
Rdn. 4) treten erst mit deren »Eingang« (vgl. § 5 Abs. 1 Satz 3) beim Arbeitgeber ein, also mit Zugang der Erfindungsmeldung (vgl. § 130 Abs. 1 BGB analog). »Zugegangen« ist die Meldung, wenn sie derart in den Machtbereich des Arbeitgebers gelangt ist, dass diesem unter gewöhnlichen Verhältnissen die **Möglichkeit der Kenntnisnahme** eröffnet ist.[47] Eine bloße Zugriffsmöglichkeit der Geschäftsleitung auf Erfindungsunterlagen reicht nicht aus[48] (zum Einstellen in elektronische Medien s. s. § 5 Rdn. 9); andererseits kommt es auf eine tatsächliche Kenntnisnahme der Geschäftsleitung von ihr übermittelten Unterlagen grds. nicht an.[49] I.Ü. gelten die allgemeinen, von Rechtsprechung und Lehre zu § 130 BGB entwickelten Grundsätze entsprechend.

### I. Zugang unter Anwesenden

Ein wirksames Zugehen unter Anwesenden liegt bei einer schriftlichen Mitteilung mit deren (endgültiger) Aushändigung an den Arbeitgeber vor.[50] Eine **11**
Meldung fehlt, wenn ein Arbeitnehmer dem Arbeitgeber Konstruktionszeichnungen, Berechnungen, Laborberichte, Versuchsprotokolle oder vergleichbare Unterlagen erkennbar nur zur vorläufigen Überprüfung übergibt (s. § 5 Rdn. 40, 43). Um Zweifeln vorzubeugen, ob der Arbeitnehmer bloß eine solche – vorübergehende – Hergabe und nicht doch eine ordnungsgemäße Erfindungsmeldung vornehmen will, empfehlen sich seitens des Arbeitgebers jedenfalls eine förmliche Beanstandung unter den Voraussetzungen des § 5 Abs. 3 wie auch die Aufforderung zur Erfüllung der Pflicht nach § 5 Abs. 1.

---

47 So f.d. Zugang von Willenserklärg.: RGZ 50, 191, 194; BGH v. 27.01.1965, NJW 1965, 965, 966; BAG v. 13.10.1976, DB 1977, 546; zust. Schiedsst. v. 21.11.1995 – Arb.Erf. 16/94, (unveröffentl.).
48 Schiedsst. v. 21.11.1995 – Arb.Erf. 16/94, (unveröffentl.); bestätigt durch LG München v. 20.03.1998 – 21 O 13505/96, (unveröffentl.).
49 So für Willenserklärungen h.M., z.B. BGH v. 30.10.1974, NJW 1975, 382, 384.
50 So für Willenserklärungen RG v. 27.10.1905, RGZ 61, 414, 415; obschon die Mitteilung i.S.d. § 5 Abs. 1 rechtlich nicht eine Willenserklärung, sondern eine geschäftsähnliche Handlung (s.o. § 5 Rdn. 5) darstellt, ist dafür auch eine »Entäußerung« notwendig.

## II. Zugang unter Abwesenden

12 Unter Abwesenden ist eine **Mitteilung** – gleich ob in Schrift- oder Textform – dann zugegangen, wenn sie die allgemeine (etwa die Posteingangsstelle) oder für den Einzelfall bestimmte (etwa die Patentabteilung) Empfangseinrichtung des Adressaten erreicht hat und eine angemessene Frist verstrichen ist, innerhalb derer nach den Gepflogenheiten des Verkehrs eine Kenntnisnahme erwartet werden konnte.[51] Auch hier können die zu § 130 BGB entwickelten Grundsätze herangezogen werden.

Besondere Bedeutung haben diese bei **Übermittlungen in elektronischer Form**. Danach genügt eine solche Übermittlung den Erfordernissen des § 130 BGB grds. nur dann, wenn der Empfänger (Arbeitgeber) sein Einverständnis mit der elektronischen Übermittlung rechtserheblicher Erklärungen zu erkennen gegeben hat (s. dazu § 5 Rdn. 35). Ist der Arbeitgeber mit der Übermittlungsform einverstanden, trifft ihn zugleich die Pflicht, in geeigneter Weise sicherzustellen, dass ihn die betreffenden elektronischen Erklärungen (Telefax, E-Mail usw.) auch tatsächlich erreichen können,[52] dass also insb. die Empfangsgeräte in technischer Hinsicht funktionsfähig sind. Dazu gehört auch der Schutz vor technischen Manipulationsmöglichkeiten oder unbefugten Zugriffen Dritter.

Die Meldung ist bei der **E-Mail-Adresse** dann zugegangen, wenn sie in der Mailbox des Arbeitgebers oder der seines Providers abrufbar gespeichert ist.[53] Bei Eingang zur Unzeit, insb. außerhalb der Geschäfts- bzw. Bürozeiten, dürfte ein Zugang regelmäßig erst am folgenden Arbeitstag anzunehmen sein.[54] Beim **Telefax** setzt der Zugang zumindest einen Ausdruck beim Empfänger voraus.[55]

---

51 Vgl. zur Willenserklärg. RG v. 10.11.1933, RGZ 142, 402, 407; BGH v. 30.10.1974, NJW 1975, 382, 384; ArbG Hagen v. 01.04.1976, DB 1976, 1159; eine Zeitspanne zur Erwartung der Kenntnisnahme wird von dem Schrifttum z.T. nur dann gefordert, wenn es auf die Frage der Rechtzeitigkeit des Zugangs ankommt (MünchKomm-Förschler BGB § 130 Rn. 14), was etwa in Fällen der Prioritätsfeststellung bei innerbetrieblichen Doppelerfindungen bedeutsam sein kann; zur betrieblichen Praxis s. Janert Betriebl. Verfahrensweisen (1969) S. 15 ff.; zum Zugang einer Festsetzung durch Übergabe an einen Wohnungsbesucher des Arbeitnehmers ausf. Schiedsst. v. 25.10.1989, BlPMZ 1991, 253, 254.
52 S. allg. Palandt/Ellenberger, BGB, § 130 Rn. 7a, 17; Janal, MDR 2006, 368.
53 Ultsch, NJW 1997, 3007; Vehslage, DB 2000, 1803 u. Janal, MDR 2006, 368.
54 S. allg. Palandt/Ellenberger, BGB, § 130 Rn. 7, 7a m.w.N.
55 BGH, NJW 1995, 665, 667; NJW 2004, 1320; zu Verfahrensanweisungen d. Arbeitgebers s. Rn. 16.

E. Zugang der Meldung § 5

## III. Übermittlungsrisiko, Beweislast

Bis zum Zugang beim Arbeitgeber trägt der **Arbeitnehmer** das Übermittlungsrisiko;[56] er muss – um den Vorwurf der Pflichtverletzung zu vermeiden – die Kontrolle darüber behalten, ob die Meldung den Empfänger auch tatsächlich erreicht und damit ihren Zweck erfüllt.[57] Benutzt der Arbeitnehmer für seine Erfindungsmeldung den allgemeinen Postweg, so genügt eine Übermittlung durch einfachen Brief regelmäßig nicht[58]. Unterbleibt insb. eine baldige Eingangsbestätigung (vgl. § 5 Abs. 1 Satz 3, s. § 5 Rdn. 61 ff.) oder sonstige Reaktion des Arbeitgebers, so muss der Arbeitnehmer von sich aus aktiv werden und ggf. die Meldung »wiederholen«[59] (s.a. § 5 Rdn. 62); bei Nichtzugang der ersten treten mit Zugang der zweiten Meldung die gesetzlichen Folgen ein.[60]

13

Bei Nutzung **elektronischer Kommunikationsmedien** muss der Arbeitnehmer, der auch hier im Grundsatz das Übermittlungsrisiko trägt, den Zugang der elektronischen Erklärung in geeigneter Form kontrollieren. Jedenfalls muss der Arbeitnehmer bei Zweifeln von sich aus um Klärung und ggf. Wiederholung bemüht sein. Unbeschadet davon ist es die Pflicht des Arbeitgebers, die Funktionsfähigkeit der Empfangsanlagen in technischer Hinsicht sicherzustellen (s. § 5 Rdn. 12) und die Eingangsbestätigung (s. § 5 Rdn. 61 ff.) abzugeben.

Bei mehreren räumlich getrennten **Betrieben** hat allerdings der Arbeitgeber organisatorisch sicherzustellen, dass die Meldung ordnungsgemäß zur unverzüglichen Bearbeitung an ihn bzw. die bei ihm beauftragte Stelle – etwa eine zentrale Patentabteilung – gelangt[61] (s.a. § 5 Rdn. 16).

---

56 Ebenso Volmer/Gaul Rn. 66 zu § 5; Keukenschrijver in Busse/Keukenschrijver, PatG Rn. 12 zu § 5 ArbEG; zu den Folgen eines Verlustes der Erfindungsmeldung ausführl. Volmer, RdA 1965, 269 ff.
57 Vgl. BGH v. 31.01.1978 – X ZR 55/75, GRUR 1978, 430, 434 – *Absorberstab-Antrieb* (f. d. vergleichbaren Fall d. Zugangs d. Freigabeerklärung nach § 14); ebenso Schiedsst. v. 10.06.2005 – Arb.Erf. 68/03 (Datenbank) u. v. 01.10.2009 – Arb.Erf. 36/06, (unveröffentl.); Volmer, RdA 1965, 269, 271 folgert das Erfordernis eines Einschreibebriefes aus § 24 Abs. 2; vgl. auch BGH v. 08.12.1981 – X ZR 50/80, GRUR 1982, 227, 229 – *Absorberstab-Antrieb II* u. BGH v. 05.06.1984 – X ZR 72/82, GRUR 1984, 652 – *Schaltungsanordnung*; s. allg. z. Zugangsnachweis beim Einwurf – Einschreiben Reichert, NJW 2001, 2523 f.
58 Vgl. BGH v. 31.01.1978 – X ZR 55/75, GRUR 1978, 430, 434 – *Absorberstab-Antrieb* (f. d. vergleichbaren Fall d. Zugangs d. Freigabeerklärung nach § 14)
59 Wie hier Volmer/Gaul Rn. 66 u. 166 zu § 5.
60 Volmer, RdA 1965, 269, 270.
61 Volmer/Gaul Rn. 67 zu § 5.

**13.1** Der Arbeitnehmer war und ist – gerade im Hinblick auf die Fristen nach § 6 Abs. 2 n.F./a.F. – **für den Zugang beim Arbeitgeber beweispflichtig.**[62] Dazu gehört bei Nutzung elektronischer Kommunikationsmedien der zusätzliche Nachweis, dass der Arbeitgeber im Rechtsverkehr mit dieser Übermittlungsform einverstanden war[63] (s. § 5 Rdn. 35.3). Inwieweit bei E-Mails eine technische Rückmeldung des Übertragungssystems ausreicht, dass die E-Mail »erfolgreich abgesandt« bzw. die E-Mail vom Empfänger »geöffnet« wurde bzw. eine »Lesebestätigung« erfolgt, als Anscheinsbeweis ausreicht, ist ungewiss.[64] Erfolgt keine eigene Eingangsbestätigung durch den Arbeitgeber, führt dies nicht zur Beweislastumkehr, da eine Bestätigung nur abgegeben werden kann, wenn auch tatsächlich eine Erfindungsmeldung zugegangen ist.[65]

Der Arbeitnehmer trägt auch die **Beweislast** für das Einhalten der Text- bzw. früheren Schriftform einer Erfindungsmeldung.[66]

**IV. Meldung an Bevollmächtigte des Arbeitgebers, betriebliche Ordnung des Meldewesens**

**14** Erfolgt die Meldung an einen vom Arbeitgeber allgemein (z.B. Generalbevollmächtigter, Prokurist, Handlungsbevollmächtigter, Organmitglied) oder für den Einzelfall zur Entgegennahme Bevollmächtigten (sog. Empfangsvertreter i.S.d. § 164 Abs. 3 BGB), so bewirkt der Zugang an diesen Personenkreis zugleich den Zugang an den Arbeitgeber, ohne dass es auf dessen Kenntnisnahme ankommt.[67] Auch insoweit gelten die allgemeinen Grundsätze zu § 130 BGB entsprechend.

---

62 LG Frankfurt v. 09.06.2010 – 2–06 O 599/09 u. v. 26.10.2011 – 2–06 O 601/10, (beide unveröffentl.); Schiedsst. v. 07.02.1995 – Arb.Erf. 6(B)/93 u. 7(B)/93, (unveröffentl.); v. 07.11.1997 – ArbErf. 29/96, (unveröffentl.); v. 19.01.2006 – Arb.Erf. 69/04 u. v. 06.11.2008 – Arb.Erf. 39/07 (beide Datenbank); v. 01.10.2009 – Arb.Erf. 36/06, v. 18.11.2009 – Arb.Erf. 28/04 (beide unveröffent.) u. v. 28.01.2010 – Arb.Erf. 56/08, (insoweit nicht in www.dpma.de).
63 S. allg. Palandt/Ellenberger, BGB, § 126b Rn. 3, 6.
64 Nach Palandt/Ellenberger (BGB, § 130 Rn. 21 m.H.a. Mankowski, NJW 2004, 1901) begründen Eingangs- und Lesebestätigungen des Empfängers »*möglicherweise*« einen Anscheinsbeweis für den Zugang.
65 Schiedsst. v. 01.10.2009 – Arb.Erf. 36/06; i. Ergebn. ebenso LG Frankfurt v. 09.06.2010 – 2–06 O 599/99 u. v. 26.10.2011 – 2–06 O 601/10, (alle unveröffentl.).
66 Schiedsst. v. 18.11.2009 – Arb.Erf. 28/04, (unveröffentl.).
67 Ebenso Schiedsst. v. 10.10.2018 – Arb.Erf. 49/16, (vorg. f. www.dpma.de); s. allg. MünchKomm-Förschler BGB Rn. 18 zu § 130; s.a. BAG v. 13.10.1976, DB 1977, 546 u. v. 16.01.1976, DB 1976, 1018.

### E. Zugang der Meldung § 5

Als mitbestimmungsfreie Maßnahme des Arbeitsvollzuges kann der Arbeitgeber (Dienstherr) kraft seines – insoweit durch § 22 ArbEG nicht eingeschränkten – Direktionsrechts die Entgegennahme der Erfindungsmeldung auf **bestimmte Personen** oder Bereiche (Abteilungen) des Unternehmens (Betriebes) **beschränken**.[68] Das kann auch den Empfängerkreis bei einer vom Arbeitgeber zugelassenen (s. § 5 Rdn. 35.3) **elektronischen Übermittlung** betreffen. Eine solche Anordnung muss allerdings den betreffenden Arbeitnehmern **bekannt gemacht** werden (z.b. durch Einzelhinweis – insb. bei leitenden Angestellten – oder Veröffentlichung im Intranet bzw. durch Aushang am schwarzen Brett, sofern die Arbeitsordnung diese Informationsquellen in ihre Regelung einbezieht). Erfolgt diese organisatorische Regelung im Rahmen einer – leitende Angestellte i.S.d. § 5 Abs. 3 BetrVG (vgl. hierzu § 1 Rdn. 64 f.) allerdings nicht einbeziehenden (freiwilligen, vgl. § 88 BetrVG) – **Betriebsvereinbarung**, entfaltet diese nach § 77 BetrVG als kollektivrechtliche Regelung ihre normative Wirkung auch dann, wenn der einzelne Arbeitnehmer hiervon keine Kenntnis nimmt.

Diese Grundsätze gelten auch im Bereich des **öffentlichen Dienstes**.[69] So schrieb z.b. die Dienstanweisung des BMVg v. 29.07.2004[70] vor, alle Erfindungsmeldungen im Geschäftsbereich des BMVg – ausgenommen Hochschulerfindungen – an das (frühere) Bundesamt für Wehrtechnik und Beschaffung (jetzt: Bundesamt für Ausrüstung, Informationstechnik und Nutzung der Bundeswehr) zu richten.

Voraussetzung für die Wirksamkeit solcher Anordnungen im privaten und öffentlichen Sektor ist ihre **Zumutbarkeit** für die betroffenen Arbeitnehmer. Ggf. muss der Arbeitgeber klarstellen, dass er das »spezifische Organisationsrisiko«[71] selbst trägt, also etwa zusätzliche Versandkosten sowie ein zusätzliches Verlustrisiko übernimmt. In diesem Rahmen können auch zur Verschwiegenheit verpflichtete Betriebsfremde (z.B. ein das Unternehmen beratender Patent- oder Rechtsanwalt) zur Entgegennahme der Erfindungsmeldung bevollmäch-

---

68 Da d. ArbN dadurch nicht an e. »selbstbestimmten« Meinung gehindert wird, steht § 22 ArbEG nicht entgegen; i. Ergebnis ebenso Schiedsst. v. 06.11.2008 – Arb.Erf. 39/07 (Datenbank); v. 01.10.2009 – Arb.Erf. 36/06, (unveröffentl.); v. 10.10.2018 – Arb.Erf. 49/18, (vorg. f. www.dpma.de); Volmer/Gaul Rn. 54 ff. zu § 5; zust. auch Boemke/Kursawe/Nebel Rn. 8 zu § 5; abw. Volmer, RdA 1965, 269, 272.
69 Vgl. etwa den Sachverhalt in Schiedsst. EV v. 06.11.2008 – Arb.Erf. 39/07 (Datenbank).
70 Erlass des BMVg »Arbeitnehmererfindungen in der Bundeswehr« in VMBl. 2004, 126 f. Vgl. sodann BMVg-Erlass v. 29.07.2008 – Rü II 5 – 74–30–00 (VMBl. 2008, 126).
71 Vgl. hierzu BAG v. 05.05.1977, EzA Nr. 57 zu § 626 BGB n.F.

tigt werden. Möglich innerhalb eines Unternehmensverbundes (vgl. hierzu § 1 Rdn. 129 f.) ist auch die Beauftragung und Bevollmächtigung einer **zentralen Patentabteilung**, die insoweit Arbeitgeberfunktionen wahrnimmt[72] (zur Stellvertretung bei der Inanspruchnahme s. § 6 a.F. Rdn. 29).

**16.1** Verstößt der Arbeitnehmer **gegen** eine (wirksame) **betriebliche Ordnung des Meldewesens**, etwa durch Übermittlung an einen unzuständigen Vorgesetzten (zur Übergabe an Organmitglieder s. § 5 Rdn. 17), liegt keine wirksame Erfindungsmeldung vor.[73] Wenn ein Vorgesetzter trotz fehlender Zuständigkeit die Erfindungsmeldung vorbehaltlos entgegennimmt, handelt er zwar auch fehlerhaft; jedoch richtet sich die dienstliche Ordnung des Meldewesens vorrangig an den Erfinder, der mit seinem Fehlverhalten die erste Ursache für eine mögliche Verzögerung oder für einen fehlenden Eingang der Erfindungsmeldung bei der zuständigen Stelle (Patentabteilung) setzt, was er sich nach Treu und Glauben (§ 242 BGB) – etwa in Hinblick auf den Lauf der Inanspruchnahmefrist – zurechnen lassen muss.[74] Im Einzelfall kann ausnahmsweise etwas anderes gelten, wenn der Erfinder etwa aufgrund einer bisherigen (abweichenden) tatsächlichen Übung annehmen durfte, der betreffende Vorgesetzte sei hierzu (dennoch) berechtigt gewesen.[75] Die Ermächtigung bzw. Bevollmächtigung zur Entgegennahme von Erfindungsmeldungen bedeutet ohne weitere Anhaltspunkte noch nicht, dass sich diese Vollmacht auch auf andere Rechtshandlungen bzw. Erklärungen, wie etwa auf einen Verzicht auf die Textform bzw. das Inanspruchnahmerecht oder auf Inanspruchnahmeerklärungen, erstreckt.[76]

**17** Da sich der Vollmachtgeber nicht eigener Rechtsbefugnisse berauben kann und damit eine »**verdrängende Vollmacht**« rechtlich nicht möglich ist,[77]

---

72 Einzelheiten bei Anja Bartenbach, ArbNErf. im Konzern (2018), Rn. 404 ff., 410 ff.
73 Schiedsst. v. 07.10.1999 – Arb.Erf. 43/98, (unveröffentl.); v. 26.02.2004 – Arb.Erf. 22/03 u. v. 06.11.2008 – Arb.Erf. 39/07 (beide Datenbank); Keukenschrijver in Busse/Keukenschrijver, PatG, Rn. 12 zu § 5 ArbEG; zust. auch Boemke/Kursawe/Nebel Rn. 8 zu § 5.
74 Für den öffentl. Dienst ebenso Volz, ArbNErf. im öffentl. Dienst, S. 70; vgl. auch Volmer/Gaul Rn. 45, 59 ff. zu § 5; a.A. Volmer, RdA 1965, 269, 272 u. Schiedsst. ZB. v. 09.02.1978 – Arb.Erf. 62/77, (unveröffentl.), die bei vorbehaltloser Entgegennahme durch einen unzuständigen Vorgesetzten einen Wechsel in der Verantwortungssphäre zulasten des Arbeitgebers annehmen, sofern die mangelnde Zuständigkeit dem ArbN nicht positiv bekannt gewesen ist.
75 Schiedsst. v. 09.02.1978 – Arb.Erf. 62/77, (unveröffentl.).
76 I.d.S. Schiedsst. v. 21.05.1982 – Arb.Erf. 14/81, (unveröffentl.).
77 MünchKomm-Thiele BGB Rn. 129 f. zu § 164 u. Rn. 102 zu § 167; Palandt/Ellenberger, BGB, § 167 Rn. 15 m. H.a. BGH v. 10.11.1951, BGHZ 3; 358 u. v. 14.05.1956, BGHZ 20, 364; a.A. Gernhüber, JZ 1995, 381 ff.

## E. Zugang der Meldung §5

bleibt eine unmittelbare Meldung an den Arbeitgeber als natürliche Person oder an die ihn repräsentierenden Organmitglieder mit der Entgegennahme durch diese ebenfalls wirksam.[78] Allerdings kann dieser Personenkreis mit Rücksicht auf eine wirksam getroffene Organisationsregelung, die ja zur Vermeidung von Übermittlungsrisiken auch im Interesse des Arbeitnehmers vorgenommen wird, u.U. aus berechtigtem Grund die **Annahme** der Erfindungsmeldung **verweigern**[79] (streitig).

Erfolgt tatsächlich eine solche Annahmeverweigerung, ist die Meldung nicht zugegangen.[80] Meldet der Arbeitnehmer seine Erfindung etwa einem mit diesem Problemkreis nicht vertrauten Organmitglied mit dem Ziel der Umgehung des zuständigen Empfängerkreises, so kann seine **Berufung auf** einen **Ablauf der Freigabefrist** (§ 6 Abs. 2 n.F.) bzw. der (früheren) Inanspruchnahmefrist (§ 6 Abs. 2 a.F.) – ebenso wie bei Verstoß gegen eine betriebliche Ordnung des Meldewesens (s. § 5 Rdn. 16) – gegen Treu und Glauben (§ 242 BGB) verstoßen.[81]

Enthalten **betriebliche Ordnungen zum Meldewesen** über den Adressatenkreis hinausgehende **sonstige erfinderrechtliche Vorgaben**, so müssen sie die Schranken der §§ 22, 23 beachten und ggf. auch einer AGB-Kontrolle genügen (s. § 22 Rdn. 41 f.). Trotz eines nachvollziehbaren Wunsches nach Absicherung und Geheimhaltungsschutz wäre es z.B. nach § 22 Satz 1 unzulässig, würde man durch allgemeine Verfahrensanordnung bzw. betriebliche Ordnung generell – **anstelle** der vom ArbEG zugelassenen Textform – am **Schriftformerfordernis** (§ 126 BGB) festhalten (s. aber § 5 Rdn. 35.3). Gleiches gilt, wenn in (elektronischen) Meldeformularen über die Erfindungsmeldung nach § 5 hinausgehende Zusatzanforderungen nicht lediglich als freiwillige Möglichkeit aufgezeigt, sondern als zwingende Vorgabe verlangt werden, etwa eine verpflichtende gemeinsame Erfindungsmeldung durch alle Miterfinder oder deren zwingende vorherige Einigung über Miterfinderanteile. Der Arbeitgeber kann allerdings **kraft** seines **Direktionsrechts** – im Rahmen einer Richtlinie oder Arbeitsordnung – seinen Arbeitnehmern über § 5 Abs. 2 hinausgehende **Inhaltserfordernisse** (etwa durch spezifizierte Formulare) aufgeben, die bei

17.2

---

78 So i. Ergebn. auch Reimer/Schade/Schippel/Kaube Rn. 12 zu § 5; Volmer, RdA 1965, 269; Volmer/Gaul Rn. 45 zu § 5.
79 Abw. wohl Volmer, RdA 1965, 269, 273; a. A. auch Boemke/Kursawe/Nebel Rn. 9 zu § 5.
80 Vgl. allg. MünchKomm-Förschler BGB Rn. 31 zu § 130.
81 Vgl. auch Volmer/Gaul Rn. 45 zu § 5, wonach sich der ArbN gem. § 162 BGB bei Delegation nicht auf einen Ablauf der (früheren) Inanspruchnahmefrist berufen konnte.

der Beschreibung der Erfindung zu beachten sind[82], wie bspw. Angaben über Einsatzmöglichkeiten der Erfindung. Auch bei diesen Zusatzerfordernissen kann deren Nichtbeachten indes – auch mit Blick auf § 22 – **keine fehlerhafte Meldung** begründen,[83] sofern sie im Übrigen den Anforderungen des § 5 Abs. 1 und 2 entspricht (zur Sprache siehe § 5 Rdn. 67). Gleiches gilt für möglicherweise weitergehende Erfordernisse nach § 15 Abs. 2. Eine wirksame Meldung liegt auch vor, wenn der Arbeitnehmererfinder nicht das betrieblich vorgegebene (elektronische) Formular verwendet, sondern eine »individuelle« Erfindungsmeldung vornimmt, die § 5 entspricht. Soweit es um die Nichtbeachtung unzulässiger Vorgaben geht, können diese selbstverständlich auch keine arbeitsrechtlichen Konsequenzen nach sich ziehen. Zur Bestimmung des Adressaten s. § 5 Rdn. 16 f.

Eine schuldhafte Verletzung von (zulässigen) Arbeitgebervorgaben zur Erfindungsmeldung kann unabhängig vom ArbEG eine **Verletzung arbeitsvertraglicher Pflichten** (§§ 611, 286 BGB) sowie der Rücksichtnahmepflicht (§ 241 Abs. 2 BGB) bedeuten.[84]

### V. Übermittlung der Meldung an sonstige Dritte

18 Übermittelt der Arbeitnehmer die Meldung einem sonstigen Dritten, so ist entscheidend, ob dieser Dritte nach der Verkehrsauffassung als vom Arbeitgeber zur Annahme ermächtigt und geeignet angesehen werden kann (Empfangsbote),[85] was sich z.B. aus der Stellung im Betrieb oder einer bisherigen tatsächlichen Übung ergeben kann. Mit Abgabe an einen **Empfangsboten** des Arbeitgebers trägt letzterer das Übermittlungsrisiko;[86] die Meldung geht dem Arbeitgeber aber erst in dem Zeitpunkt zu, in dem nach dem regelmäßigen Lauf der Dinge seine Kenntnis bzw. die seines Vertreters zu erwarten ist.[87] Fehlt es an einer Ermächtigung und Eignung, so ist dieser Dritte lediglich **Erklärungsbote** des Arbeitnehmers; der Arbeitnehmer trägt bis zum Zugang der Meldung beim Arbeitgeber das Übermittlungsrisiko.[88] Geht die Meldung

---

82 Vgl. im Einzelnen dazu Gaul/Bartenbach, Handbuch, C 236 ff.
83 Ebenso Keukenschrijver in Busse/Keukenschrijver, PatG Rn. 11 zu § 5 ArbEG; Boemke/Kursawe/Nebel Rn. 26 zu § 5 u. Rn. 13 zu § 22.
84 Vgl. Schiedsst. v. 18.06.2015 – Arb.Erf. 17/13, (www.dpma.de).
85 Palandt/Ellenberger, BGB, § 130 Rn. 8 f.
86 Schiedsst. v. 21.05.1982 – Arb.Erf. 14/81, (unveröffentl.).
87 Vgl. BGH v. 31.01.1978 – X ZR 55/75, GRUR 1978, 430, 434 – *Absorberstab-Antrieb*, dort zur früheren Inanspruchnahmefrist nach § 6 Abs. 2 a.F.
88 Schiedsst. v. 21.05.1982 – Arb.Erf. 14/81, (unveröffentl.).

dem Arbeitgeber nicht zu, wird die Frist des § 6 Abs. 2 n.F./a.F. zwangsläufig nicht ausgelöst.[89]

Für die **Abgrenzung** von Empfangsvertretern (§ 164 Abs. 3 BGB) und Empfangsboten ist maßgebend, ob die »Empfangsstelle« nach außen hin mit eigener Empfangszuständigkeit ausgestattet ist (Vertreter) oder ob sie nur als unselbstständige Empfangsvorkehrung des Arbeitgebers eingesetzt wird (Bote).[90] Im Regelfall wird der Arbeitgeber seiner **Patentabteilung** eine solche eigene Empfangszuständigkeit zuweisen.[91] Dagegen kann der Arbeitnehmer bei einem unmittelbaren Vorgesetzten nicht von einer entsprechenden Empfangsermächtigung ausgehen, wenn der Vorgesetzte nicht zur Geschäftsleitung gehört.[92] **19**

## F. Gegenstand der Meldepflicht

### I. Diensterfindungen

Im Gegensatz zu § 3 Abs. 1 DVO 1943 beschränkt sich die Meldepflicht auf die während der Dauer des Arbeitsverhältnisses bis zu dessen rechtlicher Beendigung **fertig gestellten** (s. hierzu § 4 Rdn. 16 u. § 5 Rdn. 26 f.) **Diensterfindungen** i.S.d. § 4 Abs. 2, da nur für diese ein anerkennenswertes Interesse an einer völligen Offenbarung der Erfindung besteht.[93] **Freie Erfindungen** unterliegen der (evtl. eingeschränkten)[94] Mitteilungspflicht gem. § 18. Für **technische Verbesserungsvorschläge** ergibt sich eine Mitteilungspflicht regelmäßig aus dem Arbeitsverhältnis (s. § 3 Rdn. 28 f.). **20**

An einer Meldung i. S.d. Abs. 1 fehlt es dann, wenn der Arbeitnehmer **überhaupt keine Diensterfindung** meldet. Dies betrifft einmal die Fälle, in denen der Arbeitnehmer eine bereits freigegebene **Diensterfindung** erneut meldet; durch die erneute Meldung erlangt diese nicht die Rechtsnatur als meldepflichtige Diensterfindung zurück, es sei denn, sie enthält einen überschießenden weiteren Erfindungsgehalt.[95] Eine erneute Erfindungsmeldung löst keine arbeitnehmererfinderrechtlichen Wirkungen aus, setzt also auch keine erneute Frist für die Inanspruchnahmefiktion in Gang, kann aber ggf. in ein Angebot **20.1**

---

89 Schiedsst. v. 26.09.1991 – Arb.Erf. 6/91, (unveröffentl.).
90 Vgl. MünchKomm-Thiele BGB Rn. 58 vor § 164.
91 Z. Stellung d. Patentabt. vgl. Gaul/Bartenbach Handbuch C 209 ff. u. Gaul in VVPP-Festschr. (1975) S. 31 ff.; ders., DB 1982, 2499, 2501.
92 I.d.S. Schiedsst. v. 21.05.1982 – Arb.Erf. 14/81, (unveröffentl.).
93 Amtl. Begründung BT-Drucks. II/1648, S. 21 = BlPMZ 1957, 229.
94 Vgl. BGH v. 25.02.1958, GRUR 1958, 334, 336 – *Mitteilungs- und Meldepflicht*.
95 Schiedsst. v. 21.11.2000 – Arb.Erf. 11/98, (unveröffentl.).

zu einer vertraglichen Überleitung der frei gewordenen Erfindung (s. dazu § 6 Rdn. 59 ff.) umgedeutet werden.[96] Meldet der Arbeitnehmer aus Unkenntnis eine **freie Erfindung** (§ 4 Abs. 3), ist dies zwar eine Mitteilung i.S.d. § 18; der Arbeitnehmer kann sich aber nicht auf den Ablauf der Bestreitens-Frist berufen (s. dazu § 18 Rdn. 49; zur berechtigten Meldung bei Zweifeln über den Charakter der Erfindung s. § 4 Rdn. 51 ff.). Wird eine **nicht schutzfähige Erfindung** gemeldet, ist diese Meldung dennoch grds. zunächst als Erfindungsmeldung i. S. d. § 5 zu werten[97] (s. § 3 Rdn. 24 sowie § 2 Rdn. 16 ff.; zur Kenntlichmachung als technischer Verbesserungsvorschlag s. § 5 Rdn. 43.1). Zur fehlenden Kennzeichnung des Erfindungscharakters s. § 18 Rdn. 24.

20.2 An einer Meldung fehlt es, wenn der Arbeitnehmer keine eigene, sondern die **Erfindung eines Dritten** meldet (zur Schutzrechtsanmeldung s. § 7 Rdn. 21, zur Miterfinderschaft s. § 5 Rdn. 54 ff.).

20.3 Ferner liegt dann keine Meldung vor, wenn der Erfinder nicht die Diensterfindung, also nicht die von ihm entwickelte technische Lehre meldet und damit die Erklärung **nicht den wahren Erfindungsgehalt** wiedergibt.[98] Daran sind allerdings – auch mit Blick auf die Abgrenzung zu den Inhaltsvorgaben des Abs. 2 (s. dazu § 5 Rdn. 65 ff.) – strenge Anforderungen zu stellen. Hier geht es nicht um eine mangelnde Kenntlichmachung (s. § 5 Rdn. 43 f.) bzw. eine unzureichende Beschreibung i.S.d. Abs. 2 (s. § 5 Rdn. 68 ff.); vielmehr betrifft das insb. die Fälle eines **bewusst unterlassenen, unrichtigen oder verschleiernden Offenbarens der Erfindung**, um den Arbeitgeber zu täuschen. Dies gilt etwa, wenn der Arbeitnehmer bewusst nur einen Teil der Diensterfindung meldet[99] bzw. den Erfindungsgegenstand arglistig unkorrekt oder unvollständig darstellt,[100] etwa ihm bekannte besondere Ausführungsformen in der Meldung verschweigt.[101] Zu den Fällen zählt auch eine **vorsätzlich verspätete** Erfindungsmeldung.

**Rechtsfolge** der hier vertretenen Auffassung ist, dass der Arbeitnehmer aus solchen bewusst fehlerhaften Meldungen **billigerweise keine rechtlichen Vorteile** ziehen kann (vgl. § 162 Abs. 2 BGB). Folglich liegt in solch seltenen

---

96 Schiedsst. v. 05.05.1998 – Arb.Erf. 37/96, (unveröffentl.).
97 Zustimmend Schiedsst. v. 09.12.2008 – Arb.Erf. 19/08, (unveröffentl.).
98 Ebenso Schiedsst. v. 28.01.2009 – Arb.Erf. 34/06, (Datenbank).
99 Vgl. OLG Düsseldorf v. 08.11.1957, GRUR 1958, 425, 437 – *Kohlenstaubfeuerung*.
100 Vgl. Schiedsst. v. 17.10.1988, BlPMZ 1989, 366, 368 f.
101 OLG Düsseldorf v. 26.10.2006 – I-2 U 29/06, (unveröffentl.).

Fällen grundsätzlich keine Meldung i.S.d. Abs. 1 vor.[102] Damit können derartige vorsätzliche »Nichtmeldungen« die gesetzlichen Wirkungen einer Erfindungsmeldung nicht auslösen. Folglich wird insb. die Frist der Inanspruchnahmefiktion für die wahre Diensterfindung nicht in Gang gesetzt;[103] deren fingierte Inanspruchnahme nach § 6 Abs. 2 n.F. scheidet ebenso aus wie bei Alterfindungen (vgl. § 43 Rdn. 14 ff.) ein Freiwerden kraft Fristablaufes nach § 8 Abs. 1 Nr. 3 a.F. Nach unserer Auffassung kann eine **vorsätzlich fehlerhafte Erfindungsmeldung,** durch die der Arbeitgeber arglistig zu einer Freigabe veranlasst werden soll, nicht als (rechtswirksame) Erfindungsmeldung angesehen werden. Zumindest kann der Arbeitgeber eine nach § 6 Abs. 2 i.V.m. § 8 n.F. erklärte Freigabe wegen arglistiger Täuschung nach § 123 BGB anfechten[104], und zwar auch bei unrichtigen Angaben i. S. v. § 5 Abs. 2[105]. Gleiches gilt bei Alterfindungen für eine etwaige bloß beschränkte Inanspruchnahmeerklärung und das damit bedingte Freiwerden der wahren Diensterfindung nach § 8 Abs. 1 Nr. 2 a.F. (s.a. § 8 Rdn. 37); dabei kann die Anfechtungserklärung auch in der Forderung auf Schutzrechtsübertragung liegen.[106] Darüber hinaus behält der Arbeitgeber seinen Anspruch auf Erfüllung der Meldepflicht aus § 5 (s. dazu § 5 Rdn. 94 f.). Er kann die wahre Diensterfindung damit (unbeschränkt) in Anspruch nehmen. Daneben hat er aufgrund der schuldhaften Verletzung der Meldepflicht Schadensersatzansprüche (s. dazu § 5 Rdn. 95). Hat der Arbeitnehmer die Diensterfindung bereits zum Patent angemeldet, liegt patentrechtlich eine widerrechtliche Entnahme vor (s. dazu § 7 n.F. Rdn. 51 ff.); nach (unbeschränkter) Inanspruchnahme kann der Arbeitgeber vom Arbeitnehmer die Umschreibung der gesamten Schutzrechts-

---

102 In diesem Sinne wohl auch Schiedsst. v. 17.10.1988, BlPMZ 1989, 366, 368 f.; im Ergebn. auch Boemke/Kursawe/Nebel Rn. 40 zu § 5; s. auch Keukenschrijver in Busse/Keukenschrijver, PatG, Rn. 3, 13 zu § 5 ArbEG; vgl. (aber) auch Reimer/Schade/Schippel/Rother Rn. 13, 18 zu § 8.
103 Vgl. auch BGH v. 18.03.2003, GRUR 2003, 702, 703 f. – *Gehäusekonstruktion* (zur Anfechtung der Freigabe i.S.v. § 8 a.F. nach § 123 BGB) sowie Schiedsst. v. 17.10.1988, BlPMZ 1989, 366, 368 f. zu § 6 Abs. 2 a.F.
104 Schiedsst. v. 17.10.1988, BlPMZ 1989, 366, 368 f.; Gaul, DB 1982, 2499, 2504; Volmer/Gaul Rn. 129 ff. zu § 5; vgl. auch BGH v. 18.03.2003, GRUR 2003, 702, 703 f. – *Gehäusekonstruktion*.
105 Keukenschrijver in Busse/Keukenschrijver, PatG, Rn. 13 zu § 5 ArbEG (dort m. H. a. BGH v. 18.03.2003, GRUR 2003, 702 – *Gehäusekonstruktion*) u. Rn. 3 zu § 8 ArbEG.
106 Schiedsst. v. 17.10.1988, BlPMZ 1989, 366, 368 f.

position verlangen (streitig, s. § 7 n.F. Rdn. 42).[107] Zu den Rechtsfolgen einer unvollständigen Erfindungsmeldung s. i.Ü. § 5 Rdn. 83.

In einem Fall, in dem es aufgrund eines Inanspruchnahmeverzichts des Arbeitgebers auf das Datum der Fertigstellung der Diensterfindung ankam, geht der *BGH* bei einer **vorsätzlich verspäteten Erfindungsmeldung** davon aus, dass diese die Beanstandungsfrist nach § 5 Abs. 3 nicht auslöst.[108] Gleiches gilt, wenn ein Arbeitnehmer eine Diensterfindung als »freie Erfindung (§ 4 Abs. 3) getarnt« mitteilt (s. § 18 Rdn. 40). Eine vorsätzlich verspätete Meldung setzt die Frist zur Inanspruchnahme nicht in Lauf.[109] Eine erheblich verspätete Erfindungsmeldung kann analog § 162 BGB auch zum Verlust von Vergütungsansprüchen aus § 9 führen (s. § 9 Rdn. 48); zu deren Auswirkungen auf die Vertragsfreiheit nach § 22 Satz 1 s. § 22 Rdn. 1.

## II. Weiterentwicklungen, Ergänzungen und Verbesserungen

21 Auch **nachträgliche Verbesserungen, Weiterentwicklungen, Ergänzungen**[110] oder Änderungen einer bereits gemeldeten Diensterfindung können noch der Meldepflicht nach § 5 unterliegen. Dabei ist auf Basis der höchstrichterlichen Rechtsprechung[111] zu differenzieren:
(1) Stellen diese Ergänzungen bzw. Verbesserungen **eigenständige, schutzfähige Erfindungen** dar (vgl. etwa früher § 16 Abs. 1 Satz 2 PatG a. F. – sog. Zusatzpatent; s.a. § 6 a.F. Rdn. 14), so begründen sie – wie jede andere Erfindung – eine zusätzliche eigenständige Meldepflicht.[112] Das gilt auch dann, wenn der spätere schöpferische Gedanke weiter reicht und nicht

---

107 Vgl. OLG Düsseldorf v. 08.11.1957, GRUR 1958, 425, 437 – *Kohlenstaubfeuerung*; Schiedsst. v. 17.10.1988, BlPMZ 1989, 366, 368 f.; a. A. Keukenschrijver in Busse/Keukenschrijver PatG Rn. 6 zu § 7 ArbEG u. Rn. 21 zu § 13 ArbEG (Anspruch gegenüber ArbN auf Übertragung der Rechte im Anschluss an BGH v. 12.04.2011 – X ZR 72/10, GRUR 2011, 733 – *Initialidee*).
108 BGH v. 19.05.2005 – X ZR 152/01, GRUR 2006, 761, 762 – *Rasenbefestigungsplatte*.
109 Zu Recht Keukenschrijver in Busse/Keukenschrijver, PatG, Rn. 12 zu § 6 ArbEG m. H.a. BGH v. 19.05.2005 – X ZR 152/01, GRUR 2005, 761 f. – *Rasenbefestigungsplatte*.
110 Ausführlich z. Problematik d. unvollständigen Erfindungsmeldung Gaul, DB 1982, 2499.
111 Vgl. BGH v. 05.10.2005, GRUR 2006, 141 (Rn. 19 ff.) – *Ladungsträgergenerator* u. v. 14.02.2017 GRUR 2017, 504 (Rn. 33 ff.) – *Lichtschutzfolie*.
112 BGH v. 14.02.2017 – X ZR 64/15, GRUR 2017, 504 (Rn. 34, 36) – *Lichtschutzfolie*; Schiedsst. v. 05.12.1995 – Arb.Erf. 37/94; v. 02.02.2010 – Arb.Erf. 15/09, (beide unveröffentl.); v. 17.01.2013 – Arb.Erf. 23/11, (www.dpma.de); Hellebrandt, Mitt. 2008, 433, 435 f.; Volmer/Gaul Rn. 93 zu § 5.

mehr die ursprüngliche Diensterfindung betrifft, sodass sich die Erweiterung im Ergebnis als eine andere Erfindung darstellt.[113] Jede Erfindung ist auch hier separat zu beurteilen, losgelöst davon, ob sie inhaltlich zusammenhängen und gemeinsam verwertet werden können.[114] Bei der Beurteilung kommt es nach der Praxis der *Schiedsstelle* auf den innerbetrieblichen Stand der Technik nach der Meldung der weiterentwickelten Diensterfindung an.[115] Die Weiterentwicklung und deren Inanspruchnahme erfasst damit nicht die vorangegangene Erfindung, auch wenn diese als Diensterfindung frei geworden ist.[116]

(2) Handelt es sich um eine nicht eigenständig schützfähige, aber **schöpferische Ergänzung/Weiterentwicklung einer bereits gemeldeten Diensterfindung, welche zu einer wesentlichen Veränderung der Anteile von Miterfindern führt,** geht der *BGH* – unbeschadet der bereits erfolgten Erfindungsmeldung – seit der »Ladungsträgergenerator«-Entscheidung von einer Verpflichtung zur erneuten Erfindungsmeldung nach § 5 aus[117] (»Nachmeldung«[118]). Begründet wird dies damit, dass die erste Meldung dem Arbeitgeber angesichts der Weiterentwicklung nicht mehr die zutreffende Vorstellung vom Umfang der Erfindung vermittelt.[119] Das scheint der *BGH* – abweichend vom »Ladungsträgergenerator«-Urteil[120] – nunmehr losgelöst von der Frage zu beurteilen, ob sich durch die Weiterentwicklung der Gegenstand der ursprünglich gemeldeten Erfindung wesentlich verändert. Der *BGH* dürfte die Nachmeldung aber weiterhin

---

113 Scharen, VPP-Rundbrief 2007, 155, 159.
114 BGH v. 14.02.2017 – X ZR 64/15, GRUR 2017, 504 (Rn. 36) – *Lichtschutzfolie*
115 Schiedsst. v. 28.01.2009 – Arb.Erf. 34/06, (Datenbank); v. 17.01.2013 – Arb.Erf. 23/11, (www.dpma.de) – beide im Anschl. an Hellebrand Mitt. 2008, 433, 435 f.
116 BGH v. 14.02.2017 – X ZR 64/15, GRUR 2017, 504 (Rn. 35 f.) – *Lichtschutzfolie*.
117 BGH v. 14.02.2017 – X ZR 64/15, GRUR 2017, 504 (Rn. 34, 37) – *Lichtschutzfolie* im Anschl. an Urt. v. 05.10.2005, GRUR 2006, 141 (Rn. 17 ff.) – *Ladungsträgergenerator*; folgend u. a. Kraßer/Ann, PatR, § 21 Rn. 54. Nach früher h. M. galt die Meldepflicht jedenfalls dann, wenn sich eine Weiterentwicklung bzw. Ergänzung mit dem Gegenstand der ursprünglichen Meldung zu einer einheitlichen Diensterfindung zusammenfassen lässt (ggf. durch Ergänzung oder Berichtigung bereits eingereichter Anmeldungen, vgl. § 38 PatG, Art. 123 EPÜ i.V.m. Regel 137 ff. EPÜ AO), i.d.S. wohl auch Schiedsst. v. 09.01.1986 – Arb.Erf. 30/85, (unveröffentl.); Volmer/Gaul Rn. 93, 96 f., 111, 116 f. zu § 5 sowie 5. Vorauflage.
118 So die eingängige Kennzeichnung bei Scharen, VPP-Rundbrief 2007, 155, 158 ff.
119 BGH v. 14.02.2017 – X ZR 64/15, GRUR 2017, 504 (Rn. 34) – *Lichtschutzfolie*.
120 Vgl. BGH v. 05.10.2005, GRUR 2006, 141, 142 f. (Rn. 19) – *Ladungsträgergenerator*.

von einer Änderung der Miterfinder bzw. deren Anteilen abhängig machen.[121]

Diese Entscheidungspraxis des *BGH* ist – entgegen einer verbreiteten Auffassung[122] – u. E. folgerichtig, zumal wenn man mit der herrschenden Meinung eine sukzessive Miterfinderschaft nach Fertigstellung der Erfindung zulässt[123] (s. § 5 Rdn. 50.1). Die Loslösung von einer wesentlichen Veränderung des ursprünglichen Erfindungsgegenstandes ist zutreffend. Die Frage des schöpferischen Beitrags muss u. E. nach den Maßstäben der Miterfinderschaft beurteilt werden (s. dazu § 5 Rdn. 46 ff.). Da der Beitrag eines Miterfinders (lediglich) schöpferisch und nicht eigenständig erfinderisch sein muss (s. § 5 Rdn. 46 ff.), muss die ordnungsgemäße Unterrichtung des Arbeitgebers per (erstmaliger bzw. ergänzender) Meldung des Beitrags und dessen Zuordnung zum Arbeitgeber sichergestellt sein. Die Verpflichtung zur Meldung soll ausschließlich den/die betreffenden Miterfinder treffen, auf den/die die Ergänzung/Weiterentwicklung zurückgeht[124], obschon sowohl der Arbeitgeber als auch die anderen Arbeitnehmer-Miterfinder – losgelöst von § 744 Abs. 1 BGB – zumindest ein berechtigtes Interesse an der allseitigen Beteiligung haben. Allerdings greift u. E. die Meldepflicht nicht allein bei Miterfinderschaft mit veränderten Miterfinderanteilen. Auch wenn die Ergänzung/Weiterentwicklung ausschließlich auf einen Alleinerfinder oder auf Miterfinder mit identischen Anteilen wie bei der Ursprungserfindung zurückgeht, muss u. E. nach dem Sinn dieser ergänzenden Meldepflicht, dem Arbeitgeber ein vollständiges Bild vom Erfindungsumfang zu vermitteln, auch diese Ergänzung gemeldet werden.[125]

---

121 S. BGH v. 14.02.2017 – X ZR 64/15, GRUR 2017, 504 (Rn. 34, 37) – *Lichtschutzfolie*, wo bei der Ursprungserfindung ein Alleinerfinder und bei der Weiterentwicklung daneben zwei weitere Mitarbeiter beteiligt waren.
122 Vgl. u.a. Hellebrand, Mitt. 2008, 433, 435 f u. ders. Mitt. 2013, *432 ff.*; krit. auch Schiedsst. v. 28.01.2009 – Arb.Erf. 34/06, (Datenbank); im Ergebn. abw. auch Schiedsst. v. 17.01.2013 – Arb.Erf. 23/11, (www.dpma.de).
123 Insoweit ist der Hinweis von Hellebrand (Mitt. 2008, 433, 435 f.), eine bereits gemeldete Diensterfindung sei »per definitionem fertig« und könne nicht erneut gemeldet werden, zu relativieren.
124 Boemke/Kursawe/Nebel Rn. 30 zu § 5; vgl. auch Keukenschrijver in Busse/Keukenschrijver, PatG, Rn. 4 zu § 5 ArbEG.
125 Vgl. (aber) auch Trimborn Mitt. 2014, 74, 75, wonach es nach §§ 6, 7 a.F. auf den innerbetrieblichen Stand der Technik bei Fertigstellung der Weiterentwicklung ankommen soll.

(3) Handelt es sich um **sonstige Verbesserungen oder Ergänzungen des gemeldeten Erfindungsgegenstandes**, etwa zur technischen Durchführung, zur betrieblichen Nutzbarmachung, oder zum Einsatzbereich, ergibt sich regelmäßig aus § 15 Abs. 2 ArbEG sowie aus der arbeitsrechtlichen Treuepflicht eine ergänzende – ggf. auch weiter gehende – Auskunfts-, Informations- und Unterstützungspflicht, die im Einzelfall der Warn- und Hinweisfunktion und den Förmlichkeiten des § 5 Abs. 1 (Textform, gesondert, kenntlich gemacht) entsprechen sollte[126] (vgl. auch § 25 Rdn. 33).

Diese (Nach-)Meldepflichten bestehen **unabhängig von der Inanspruchnahme der bereits gemeldeten Diensterfindung**. Zur Befriedigung des Informationsanspruchs des Arbeitgebers sind diese ergänzenden Pflichten auch dann noch zu erfüllen, wenn die ursprünglich gemeldete Diensterfindung zwischenzeitlich frei geworden ist.[127] Der Arbeitnehmer kann sich nicht darauf verlassen, dass der Arbeitgeber auch hinsichtlich der Weiterentwicklung kein Interesse an der Übernahme der Erfindung hat[128] (s.a. § 5 Rdn. 86).   21.1

Für die Überleitung der Weiterentwicklungen und Ergänzungen auf den Arbeitgeber ergibt sich daraus im Anschluss an *Scharen*:[129]   21.2
(1) Bei **eigenständigen schutzfähigen Erfindungen** bedarf es einer neuen Inanspruchnahme nach den allgemeinen Regeln, die an diese (zweite) Erfindungsmeldung anknüpft, bzw. greift erneut die Inanspruchnahmefiktion.[130]
(2) Bei **schöpferischen Ergänzungen/Weiterentwicklungen** bedarf es ebenfalls einer Inanspruchnahme des gesamten Gegenstandes der neuen Mel-

---

126 Vgl. auch Keukenschrijver in Busse/Keukenschrijver, PatG, Rn. 4 zu § 5, der auf Basis der BGH-Entscheidung v. 05.10.2005 (GRUR 2006, 141 – *Ladungsträgergenerator*) auch für den Fall, dass ein Miterfinder nachträglich den Erfindungsgegenstand durch »zumindest schöpferische Ergänzungen« – wesentlich verändert, eine neue Meldung i.S.d. § 5 ArbEG fordert.
127 Im Ergebn. auch BGH v. 14.02.2017 – X ZR 64/15, GRUR 2017, 504 (Rn. 33 ff.) – *Lichtschutzfolie*; ähnl. Reimer/Schade/Schippel/Rother Rn. 6 zu § 5; Boemke/Kursawe/Nebel Rn. 6 zu § 5; zur Nachmeldung im Ergebn. auch BGH v. 05.10.2005, GRUR 2006, 141, 142 f. [Rn. 19 ff.] – *Ladungsträgergenerator*; abw. Keukenschrijver in Busse/Keukenschrijver, PatG, Rn. 9 zu § 5 ArbEG m. H. a. Schiedsst. v. 28.01.2009 Arb.Erf. 34/06, sofern die Weiterentwicklung keine eigenständige neue Erf. darstellt.
128 Schiedsst. v. 09.01.1986 – Arb.Erf. 30/85, (unveröffentl.); s.a. Gaul, DB 1982, 2499, 2503 f.
129 Scharen, VPP-Rundbrief 2007, 155, 158 f. S. aber Hellebrand Mitt. 2008, 433 ff.
130 Unstreitig, vgl. BGH v. 14.02.2017 – X ZR 64/15, GRUR 2017, 504 (Rn. 36) – *Lichtschutzfolie*.

dung¹³¹, und zwar ggü. dem meldenden Miterfinder (nicht aber ggü. den anderen Miterfindern) jedenfalls dann, wenn dieser Miterfinder nicht an der Ursprungserfindung beteiligt war¹³² oder, wenn er an der Ursprungserfindung beteiligt war, der Arbeitgeber jedoch die Inanspruchnahme unterlassen hatte.¹³³ Damit ist u.E. von einer (sukzessiven) Miterfinderschaft (s. hierzu § 5 Rdn. 44 ff., 50) auszugehen. Erfolgt keine ausdrückliche Inanspruchnahme, greift nunmehr die Inanspruchnahmefiktion, und zwar bezüglich dieses Miterfinderanteils. Insoweit erstreckt sich das Inanspruchnahmerecht nur auf den Anteil, der dem Gegenstand der zweiten Meldung an der Erfindung insgesamt zukommt.¹³⁴ Ist die ursprünglich gemeldete Diensterfindung frei geworden, führt die Inanspruchnahme der Weiterentwicklung/Ergänzung zur Mitberechtigung des Arbeitgebers am Gegenstand einer einheitlichen Schutzrechtsanmeldung und der daraus resultierenden Schutzrechte.¹³⁵ Der *BGH* lässt allerdings offen, ob anstelle einer solchen Mitberechtigung eine »andere Beurteilung ... geboten sein« mag, wenn erst die zweite Meldung das »wahre Potential der Erfindung ergibt«, etwa weil die Ursprungsmeldung wirtschaftlich keinen ausreichenden Erfolg versprach oder den Erfindungsgegenstand unzutreffend wiedergab.¹³⁶ Im Übrigen sind die schöpferischen Weiterentwicklungen von den Regelungen des ArbEG über Diensterfindungen umfasst (zur Vergütung s. § 20 Rdn. 13, zum Miterfinderanteil § 12 Rdn. 110).

(3) Bei den **sonstigen Verbesserungen oder Ergänzungen** handelt es sich u. E. um von vornherein dem Arbeitgeber ohne Inanspruchnahme zustehende Arbeitsergebnisse¹³⁷ (vgl. § 3 Rdn. 26 f.). Nicht als Arbeitsergebnis, sondern als von der ursprünglichen Inanspruchnahme umfasst sind diejenigen Fallgestaltungen anzusehen, bei denen sich die Verbesserung nicht als Erweiterung des Erfindungsgegenstands darstellt, sondern nur als Konkretisierung einer in allgemeiner Form erkannten Lehre zum technischen Handeln aufgrund weiterer Forschungen.¹³⁸

---

131 BGH v. 14.02.2017 – X ZR 64/15, GRUR 2017, 504 (Rn. 37) – *Lichtschutzfolie*.
132 So zutreffend Scharen, VPP-Rundbrief 2007, 155, 159.
133 So im Ergebnis der Sachverhalt bei BGH v. 05.10.2005, GRUR 2006, 141, 142 f. [Rn. 13, 19] – *Ladungsträgergenerator*. Krit. Hellebrand Mitt. 2008, 433, 434 ff.
134 BGH v. 14.02.2017 – X ZR 64/15, GRUR 2017, 504 (Rn. 37) – *Lichtschutzfolie*.
135 BGH v. 14.02.2017 – X ZR 64/15, GRUR 2017, 504 (Rn. 37, 43) – *Lichtschutzfolie*.
136 BGH v. 14.02.2017 – X ZR 64/15, GRUR 2017, 504 (Rn. 38 ff.) – *Lichtschutzfolie*.
137 Ebenso Schiedsst. v. 02.02.2010 – Arb.Erf. 15/09 (unveröffentl.); Keukenschrijver in Busse/Keukenschrijver, PatG, Rn. 2 zu § 7 ArbEG.
138 Scharen, VPP-Rundbrief 2007, 155, 160.

## G. Entscheidung des Arbeitnehmers

Zur Mitteilungspflicht von Verbesserungen s. § 25 Rdn. 36.

### G. Entscheidung des Arbeitnehmers

Im Gegensatz zum früheren Recht treffen den Arbeitnehmer aufgrund der im ArbEG vorgenommenen Unterteilung in gebundene und freie Erfindungen (vgl. § 4 Abs. 1) unterschiedliche Pflichten, für die Diensterfindung die Meldepflicht (§ 5), für die freie Erfindung die Mitteilungspflicht (§ 18); bezüglich technischer Verbesserungsvorschläge besteht ebenfalls eine Mitteilungspflicht (vgl. dazu § 3 Rdn. 28 f.). Für den Arbeitnehmer ist es in der Praxis **vielfach schwierig zu erkennen**, ob es sich bei der von ihm entwickelten technischen Neuerung um einen technischen Verbesserungsvorschlag oder um eine **schutzfähige Erfindung** handelt, und, zudem im letzteren Fall, ob diese eine Diensterfindung (§ 4 Abs. 2) oder freie Erfindung (§ 4 Abs. 3) darstellt (s. auch § 3 Rdn. 24). 22

Es versteht sich von selbst, dass die Meldung nicht vom amtlichen bzw. gerichtlichen Nachweis der Schutzfähigkeit der technischen Neuerung abhängt (vgl. etwa § 13 Abs. 1), sondern bereits an die Möglichkeit anknüpft, dass ein (deutsches) Schutzrecht erteilt werden kann (s. § 2 Rdn. 16 ff.). Insoweit kommt es nicht auf die Vorstellung der Arbeitsvertragsparteien, sondern auf die **objektive Möglichkeit der Schutzfähigkeit an.**[139] Da der Arbeitnehmer seinem Arbeitgeber aber nicht die Möglichkeit zur Prüfung der Schutzfähigkeit und seines Inanspruchnahmerechts nehmen darf und auch technische Verbesserungsvorschläge mitzuteilen sind (s. hierzu § 3 Rdn. 28 ff.), erstreckt sich die Meldepflicht nicht nur auf solche technischen Neuerungen, die objektiv patentfähig sind, sondern auch auf Entwicklungen, die nach dem innerbetrieblichen Stand der Technik neu und als Lösung von Aufgaben mit technischen Mitteln ihrer Art nach geeignet sind, patentiert bzw. gebrauchsmustergeschützt zu werden.[140] Allein auf die Beurteilung des Arbeitnehmers, ob tatsächlich eine (schutzfähige) Diensterfindung vorliegt, kann es nicht ankommen. Es wird auch nicht erwartet, dass der Arbeitnehmer in seiner Meldung eindeutig zur Schutzfähigkeit Stellung nimmt[141] (s. [aber] auch § 5 Rdn. 41). Die unverzügliche Meldung (s.u. § 5 Rdn. 28 ff.) dient gerade dem Zweck, dem Arbeitgeber die Beurteilung zu ermöglichen, ob es sich bei den Entwicklungsergeb- 23

---

139 Ebenso Keukenschrijver in Busse/Keukenschrijver PatG Rn. 2 zu § 5 ArbEG m. H. a. BGH v. 02.06.1987, GRUR 1987, 900, 902 – *Entwässerungsanlage*.
140 LG Berlin v. 08.04.1972 – 16 O 23/72, (unveröffentl.).
141 LG Düsseldorf v. 03.11.2016 – 4c O 79/15, (www.justiz.nrw.de, Rn. 76) – Retardtablette I.

nissen um eine (schutzfähige) Diensterfindung handelt.[142] **Auch eine Neuerung, bei der zweifelhaft** erscheint, **ob und in welchem Umfang die materiellen Voraussetzungen eines Schutzrechts** (Patent, Gebrauchsmuster) **gegeben** sind, **unterliegt also der Meldepflicht**[143] (s.a. oben § 5 Rdn. 5 sowie § 2 Rdn. 16 f.). Nur wenn zweifelsfrei feststeht, dass es sich um eine vom Patentschutz ausgeschlossene Nichterfindung (vgl. etwa § 1 Abs. 3 und 4 PatG, Art. 52 Abs. 2 und 3 EPÜ) oder um Erfindungen handelt, für die ein Patentschutz kraft Gesetzes ausgeschlossen ist (vgl. § 1a PatG = Regel 29 EPÜ; §§ 2, 2a PatG, Art. 53 EPÜ), besteht zwar gem. §§ 5, 2 keine Melde-, jedoch eine (arbeitsrechtliche) Mitteilungspflicht, sei es, um dem Arbeitgeber eine schutzfähige Gestaltung zu ermöglichen (z.B. bei Computerprogrammen), sei es, um den Arbeitgeber über einen Verbesserungsvorschlag bzw. ein Arbeitsergebnis zu informieren.

23.1 Die dem ArbEG zugrunde liegende Unterteilung in schutzfähige und nicht schutzfähige technische Neuerungen (vgl. §§ 2, 3) sowie in gebundene und freie Erfindungen (§ 4 Abs. 1) räumt dem Arbeitnehmer eine **vorläufige, pflichtgemäße Entscheidungsbefugnis**[144] und Verantwortung[145] – nicht aber ein Wahlrecht[146] – darüber ein, ob er eine von ihm fertig gestellte technische Neuerung als Diensterfindung meldet (§ 5) oder (lediglich) als freie Erfindung bzw. als technischen Verbesserungsvorschlag oder als sonstiges bloßes Arbeitsergebnis mitteilt (s. zur Kennzeichnung einer Diensterfindung als Verbesserungsvorschlag § 5 Rdn. 43.1 u. zu den Folgen deren Mitteilung als Verbesserungsvorschlag Rdn. 4 ff. vor § 3).

24 Hat der Arbeitnehmer **Zweifel**, ob es sich um eine **gebundene oder freie Erfindung** handelt, sollte er – auch im Hinblick auf die Frist des § 6 Abs. 2 und die Anmeldepflicht des Arbeitgebers (§ 13) – eine Erfindung unverzüglich gem. § 5 melden[147] (s.a. § 4 Rdn. 51 u. oben § 5 Rdn. 6). Ohne gegen seine Pflichten aus § 5 zu verstoßen, kann der Arbeitnehmer aber mit der Meldung zugleich seine Auffassung zum Ausdruck bringen, dass es sich seines Erachtens

---

142 OLG München v. 10.09.1992, GRUR 1994, 625 – *Prägemaschine*.
143 BGH v. 02.06.1987, GRUR 1987, 900, 902 r.Sp. – *Entwässerungsanlage*; vgl. auch Schiedsst. v. 17.10.1988, BlPMZ 1989, 366, S. 367 r.Sp. u. v. 24.01.2018 – Arb.Erf. 39/16, (vorg. f. www.dpma.de).
144 Vgl. auch Amtl. Begründung BT-Drucks. II/1648, S. 21 = BlPMZ 1957, 229; s.a. BGH v. 25.02.1958, GRUR 1958, 334, 336 – *Mitteilungs- und Meldepflicht*.
145 Schiedsst. v. 10.02.1994 – Arb.Erf. 18/93, (unveröffentl.).
146 Schiedsst. v. 12.09.2017 – Arb.Erf. 05/16, (www.dpma.de).
147 Ebenso Schiedsst. v. 23.03.2003 – Arb.Erf. 8/01 (Datenbank). S.a. Lindenmaier/Lüdecke Anm. 2 zu § 5; Heine/Rebitzki Anm. 3 zu § 5; Schwab, Arbeitnehmererfindungsrecht, § 5 Rn. 15.

nach um eine freie Erfindung handelt[148] bzw. die technische Neuerung (nur) einen technischen Verbesserungsvorschlag darstellt[149] (vgl. auch § 5 Rdn. 6, 43.1). Wählt der Arbeitnehmer die abgeschwächte Form der Mitteilung für eine freie Erfindung, löst dies gem. § 18 Abs. 2 ein Kontrollrecht des Arbeitgebers aus (s. § 18 Rdn. 24, 41).

Ein **schuldhafter Irrtum** des Arbeitnehmers über den Charakter der von ihm gefundenen technischen Neuerung[150] zum Nachteil des Arbeitgebers kann u.a. Schadensersatzpflichten auslösen (s. dazu § 5 Rdn. 94 f.). 25

## H. Zeitpunkt der Meldung

### I. Fertigstellung der Erfindung – »gemacht«

Die Meldepflicht hat der Arbeitnehmer unverzüglich zu erfüllen, sobald er die Diensterfindung »gemacht«, sie also **fertig gestellt** hat.[151] Einzelheiten s. § 4 Rdn. 16 f.; zum pflichtwidrigen Unterlassen der Fertigstellung während der Dauer des Arbeitsverhältnisses s. § 26 Rdn. 22. 26

**Meldet** der Arbeitnehmer eine **noch unfertige Erfindung**, so fehlt es an dem Erfordernis der »gemachten« Diensterfindung gem. § 5 Abs. 1.[152] Hier liegt keine Erfindungsmeldung vor, sodass die Frist für die Inanspruchnahmefiktion (§ 6 Abs. 2 n.F.) bzw. – früher – die Inanspruchnahmefrist bei Alterfindungen (§ 6 Abs. 2 a.F.) nicht ausgelöst wird bzw. wurde.[153] Eine solche Information begründet keine »innerbetriebliche Priorität« (s. hierzu § 5 Rdn. 59 f.) und nimmt auch nicht an der sich auf Mängel gem. § 5 Abs. 2 beschränkenden Fiktionswirkung des § 5 Abs. 3 teil. Der Arbeitgeber hat aber im Rahmen seiner arbeitsrechtlichen Fürsorgepflicht den Arbeitnehmer auf derartige von ihm erkannte Mängel aufmerksam zu machen.[154] 27

---

148 Ausf. dazu Röpke ArbN als Erf. (1966) S. 92 ff. u. ders., Der leitende Angestellte 1962, 104 ff.
149 S. Schiedsst. ZB v. 07.03.2016 – Arb.Erf. 09/14, (www.dpma.de = Mitt. 2017, 134 nur LS.).
150 BGH v. 14.07.1966 – I a ZR 58/64, (unveröffentl.).
151 Allg. A., z.B. OLG Karlsruhe v. 28.04.2010, GRUR 2011, 318, 320 – *Initialidee* (zu § 5 Abs. 1; insoweit nicht Gegenstand von BGH v. 12.04.2011 – X ZR 72/10, GRUR 2011, 733 ff. – *Initialidee*); Keukenschrijver in Busse/Keukenschrijver, PatG, Rn. 4 zu § 5 ArbEG.
152 So auch Schiedsst. v. 19.04.1960, BlPMZ 1960, 280; im Ergebn. auch BGH v. 17.01.1995 – X ZR 130/93, Mitt. 1996, 16 – *Gummielastische Masse*.
153 Vgl. auch BGH v. 30.03.1951, GRUR 1951, 404 – *Wechselstromgeneratoren*.
154 Im Ergebn. auch Schwab, Arbeitnehmererfindungsrecht, § 5 Rn. 6.

## II. Unverzüglich

**28** Der Arbeitnehmer hat die Erfindung nach ihrer Fertigstellung unverzüglich zu melden, also i.S.d. Legaldefinition des § 121 Abs. 1 Satz 1 BGB »**ohne schuldhaftes Zögern**«. Dies bedeutet ein nach den Umständen des Einzelfalles zu messendes, beschleunigtes Handeln, durch das dem Interesse des Arbeitgebers an einer möglichst frühzeitigen Kenntnis einer technischen Neuerungen und deren Prioritätssicherung Rechnung getragen wird.[155]

**29** Unverzüglich ist nicht dasselbe wie »sofort«;[156] vielmehr ist dem Arbeitnehmer eine **angemessene Überlegungsfrist** zuzugestehen,[157] innerhalb derer er sich etwa über die Konzeption der Erfindung – ggf. unter Einschaltung der Patentabteilung – schlüssig werden kann. Im Einzelfall wird stets auf eine verständige Abwägung der beiderseitigen Interessen abzustellen sein[158]. Ob ein Zögern schuldhaft ist, beurteilt sich danach, inwieweit das Zuwarten durch die Umstände des Einzelfalls gerechtfertigt war.

Verzögert der Arbeitnehmer die Erfindungsmeldung, kann dies im Fall einer Doppelerfindung für ihn selbst einen Prioritätsverlust bewirken (vgl. hierzu § 5 Rdn. 59 f.). Soweit Nutzungshandlungen vor Inanspruchnahme nicht vergütungspflichtig sind (vgl. § 9 Rdn. 31 f.), vermindert der Arbeitnehmer u.U. auch seine Vergütungsansprüche. Der Arbeitgeber hat zu beachten, dass auch eine (fahrlässig) **verspätete Meldung wirksam** ist und die Inanspruchnahmefrist gem. § 6 a. F. ausgelöst hat[159] bzw. die Frist für die Freigabe nach § 6 Abs. 2 n. F. in Gang setzt[160]. Insofern ist das Merkmal der Unverzüglichkeit nicht Wesensbestandteil einer Meldung. Etwas Anderes gilt bei vorsätzlich verspäteter Meldung (s. § 5 Rdn. 20.3). Zu sonstigen Rechtsfolgen bei fehlerhafter Meldung vgl. § 5 Rdn. 20.3–94 f.

---

155 Vgl. f. d. Anfechtungsfrist n. § 121 BGB RG v. 22.02.1929, RGZ 124, 115, 118. Zust. u. a. Schiedsst. v. 19.06.2012 – Arb.Erf. 35/11; v. 11.12.2012 – Arb.Erf. 46/11, v. 09.01.2013 – Arb.Erf. 16/10 u. v. 22.07.2013 Arb.Erf. 40/11 (alle www.dpma.de).
156 Vgl. BGH v. 26.01.1962, DB 1962, 660.
157 Vgl. auch allg. Palandt/Ellenberger, BGB, § 121 Rn. 3.
158 Vgl. BGH v. 26.01.1962, DB 1962, 660.
159 Ebenso Schiedsst. v. 28.03.1966, BlPMZ 1967, 131; v. 08.01.1986, BlPMZ 1986, 273; LG Mannheim v. 26.06.1974 – 7 O 26/74, (unveröffentl.), bestätigt durch OLG Karlsruhe v. 14.07.1976 – 6 U 61/74, (unveröffentl.).
160 Insoweit offen gelassen bei fahrlässiger Verspätung von Keukenschrijver in Busse/Keukenschrijver PatG Rn. 12 zu § 6 ArbEG.

## III. Entfallen der Meldepflicht

### 1. Verzicht des Arbeitgebers auf die Meldung

Ein Verzicht auf die Erfindungsmeldung als solche ist im Hinblick auf § 22 dann unbedenklich, wenn sich dieser zugleich (stillschweigend) auf das Inanspruchnahmerecht erstreckt.[161] Eine Regelung zuungunsten des Arbeitnehmers ist allerdings gegeben, wenn eine »vorweggenommene Freigabe« (vgl. § 6 Abs. 2, § 8) nicht gewollt ist, da dann insb. die vom Gesetzgeber auch zugunsten des Arbeitnehmers mit der Meldung bezweckte eindeutige Fristensituation nicht eintreten könnte.[162] Bei einem solchen Verzicht ist kein Raum mehr für die Inanspruchnahmefiktion des § 6 Abs. 2 n.F.

Von dem in der Praxis seltenen Verzicht auf die Erfindungsmeldung selbst ist der Verzicht auf die Text- bzw. (frühere) Schriftform der Meldung zu unterscheiden (vgl. hierzu § 5 Rdn. 38). Zur Verjährung und Verwirkung des Erfüllungsanspruchs. S. § 5 Rdn. 94.1.

### 2. Anderweitig dokumentierte Wissensvermittlung

Nach Auffassung des *BGH*[163] entfällt die Pflicht des Arbeitnehmers zur Erfindungsmeldung, wenn in einer der ordnungsgemäßen Meldung vergleichbaren anderweitigen Form **dokumentiert** ist, dass der Arbeitgeber in Bezug auf eine konkrete Diensterfindung bereits das Wissen und die Erkenntnismöglichkeiten hat, die ihm nach § 5 vermittelt werden müssen. Einen solchen Fall nimmt der *BGH* dann an, »wenn der Arbeitgeber die Diensterfindung mit dem Inhalt der von seinen Arbeitnehmern entwickelten technischen Lehre zum Patent

---

161 Weitergehend LG Düsseldorf v. 07.01.1965, EGR Nr. 5 zu § 5 ArbEG u. v. 04.11.1975 – 4 O 260/74, (unveröffentl.). Nach Boemke/Kursawe/Nebel Rn. 47 zu § 5 ist ein pauschaler Verzicht auf alle Erfindungsmeldungen als (nach § 22 zulässige) »Freigabe aller Erfindungen vor Meldung zu verstehen«.
162 Zu §§ 6, 8 a.F.: So zutr. Volmer Rn. 17 zu § 5 ArbEG; nicht eindeutig Volmer/Gaul Rn. 193 f. u. 198 f. zu § 5; abw. Reimer/Schade/Schippel/Rother Rn. 3 zu § 5.
163 BGH v. 04.04.2006 – X ZR 155/03, GRUR 2006, 754, 757 [Rn. 26] – *Haftetikett*; BGH v. 12.04.2011 – X ZR 72/10, GRUR 2011, 733 [Rn. 15] – *Initialidee* u. BGH v. 14.02.2017 – X ZR 64/15, GRUR 2017, 504 (Rn. 14) – *Lichtschutzfolie* (m. letztlich zust. Anm. Gärtner S. 508 ff.) unter Aufhebung von OLG München v. 30.04.2015 – 6 U 2465/13, (unveröffentl.) u. LG München I. v. 08.07.2013 GRUR-RR 2014, 8 – Spülbare Mehrschichtfolie. S. dazu ausf. Scharen in VPP-Rundbrief 2007, 155 ff., der allerdings – auch unter Hinweis auf BGH v. 05.10.2005, GRUR 2006, 141 – *Ladungsträgergenerator* – von einer fortbestehenden Meldepflicht ausgeht (a.a.O. S. 158).

anmeldet und dabei alle an der Entwicklung beteiligten Erfinder benennt«.[164] Ein Beharren auf einer formgerechten Meldung sei in einem solchen Fall eine vom Zweck des § 5 nicht mehr gedeckte und treuwidrige Förmelei.[165] Der *BGH* geht davon aus, dass dann die Inanspruchnahmefrist (§ 6 Abs. 2 a.F.) nicht mit Erarbeitung einer Schutzrechtsanmeldung, sondern erst mit deren Einreichung (d. h. Eingang, s. § 34 PatG) bei der Erteilungsbehörde zu laufen beginnt[166] und – bezogen auf Alterfindungen – die Diensterfindung bei Unterbleiben einer form- und fristgerechten Inanspruchnahme frei wird[167] (zu den Ausgleichsansprüchen bei Nutzung s. § 8 n.F. Rdn. 102).

Durch Urteile vom 12.04.2011[168] und 14.02.2017[169] hat der *BGH* u. E. seine »Haftetikett«-Entscheidung[170] konkretisiert und die förmliche Meldung **ausnahmsweise** bei Vorliegen **zweier Voraussetzungen** als entbehrlich angesehen:

(1) die Einreichung einer Schutzrechtsanmeldung mit dem Inhalt der technischen Lehre der Diensterfindung durch den Arbeitgeber *und*

(2) die Dokumentation der Kenntnis des Arbeitgebers von der Person des (Mit-) Erfinders, dessen förmliche Meldung fehlt, und zwar durch vollständige Benennung der an der Entwicklung beteiligten Erfinder ggü. der Erteilungsbehörde.

---

164 BGH v. 04.04.2006 – X ZR 155/03, GRUR 2006, 754, 757 [Rn. 26] – *Haftetikett* in Bestätigung von OLG Düsseldorf v. 18.09.2003, GRUR-RR 2004, 163; bestätigt durch BGH v. 12.04.2011 – X ZR 72/10, GRUR 2011, 733 [Rn. 15] – *Initialidee* u. v. 14.02.2017 GRUR 2017, 504 (Rn. 14) – Lichtschutzfolie. Folgend u. a. OLG Karlsruhe v. 13.04.2018 – 6 U 161/16, (www.lrbw.juris.de, Rn. 166) – Rohrprüfsystem. Ebenso bereits OLG Düsseldorf v. 01.10.2009 – 2 U 41/07 – *Glasverbundplatten* (juris.).
165 BGH v. 14.02.2017 – X ZR 64/15, GRUR 2017, 504 (Rn. 21) – *Lichtschutzfolie*.
166 Ausf. BGH v. 14.02.2017 – X ZR 64/15, GRUR 2017, 504 (Rn. 14 ff.) – *Lichtschutzfolie* (m. letztlich zust. Anm. Gärtner S. 508 ff.) m. H. a. Urt. BGH v. 12.04.2011 – X ZR 72/10, GRUR 2011, 733 (Rn. 20) – *Initialidee*; folgend u. a. OLG Karlsruhe v. 13.04.2018 – 6 U 161/16, (www.lrbw.juris.de, Rn. 166) – Rohrprüfsystem.
167 BGH v. 04.04.2006 – X ZR 155/03, GRUR 2006, 754, 757 [Rn. 26] – *Haftetikett* u. BGH v. 14.02.2017 – X ZR 64/15, GRUR 2017, 504 (Rn. 24 f.) – *Lichtschutzfolie*; s.a. Amtl. Begründung zum Entwurf eines Gesetzes zur Vereinfachung und Modernisierung des Patentrechts in BR-Drucks. 757/08, S. 51 (zu § 6 Abs. 2 n.F.).
168 BGH v. 12.04.2011 – X ZR 72/10, GRUR 2011, 733 (Rn. 15, 19 f., 21) – *Initialidee*.
169 BGH v. 14.02.2017 – X ZR 64/15, GRUR 2017, 504 (Rn. 14 ff.) – *Lichtschutzfolie*.
170 BGH v. 04.04.2006 – X ZR 155/03, GRUR 2006, 754, 757 [Rn. 26] – *Haftetikett* in Bestätigung von OLG Düsseldorf v. 18.09.2003, GRUR-RR 2004, 163.

## H. Zeitpunkt der Meldung § 5

Dabei sind nach der höchstrichterlichen Rechtsprechung solche Umstände, die erst **nachträglich**, d. h. nach Schutzrechtsanmeldung, eingetreten oder erkennbar geworden sind, ohne Bedeutung und ändern nichts an dem durch die Schutzrechtsanmeldung in Gang gesetzten Lauf der gesetzlichen Inanspruchnahmefrist.[171] Das soll dem *BGH* zufolge auch für eine nachträgliche **formgerechte Erfindungsmeldung** des betreffenden Arbeitnehmers gelten, selbst dann, wenn diese noch innerhalb der gesetzlichen Inanspruchnahmefrist erfolgt.[172] Letzteres erscheint zweifelhaft. Wenn der *BGH* einerseits die Entbehrlichkeit einer förmlichen Erfindungsmeldung maßgeblich aus Treu und Glauben zu Gunsten des Arbeitnehmererfinders ableitet, muss es u. E. andererseits nach § 242 BGB zugleich zu Lasten des Arbeitnehmers gehen, wenn sich dieser trotz des Rechtsscheins, den er durch das »vorbehaltslose« Nachreichen einer erstmaligen formgerechten Meldung gesetzt hat, gegenüber dem Arbeitgeber nunmehr auf einen Ablauf der gesetzlichen Frist berufen will.[173] Immerhin erkennt der *BGH* an, dass der Arbeitnehmer auf freiwilliger Basis dem Arbeitgeber erneut eine Inanspruchnahmemöglichkeit – auch konkludent – einräumen kann, soweit dafür besondere, über die nachträgliche Erfindungsmeldung hinausgehende Anhaltspunkte vorliegen, aus denen sich der bewusste Verzicht des Arbeitnehmers auf eine (mögliche) gesetzliche Rechtsposition zugunsten einer Disposition des Arbeitgebers ergibt.[174]

Auch wenn der *BGH* seine zwischenzeitliche Rechtsprechung zweckmäßigerweise konkretisiert hat, ist die frühere **Kritik** der *Schiedsstelle*[175] sowie von

31.1

---

171 BGH v. 14.02.2017 – X ZR 64/15, GRUR 2017, 504 (Rn. 21 ff.) – *Lichtschutzfolie*.
172 So im Ergebn. BGH v. 14.02.2017 – X ZR 64/15, GRUR 2017, 504 (Rn. 24 ff.) – *Lichtschutzfolie* unter Aufhebung von OLG München v. 30.04.2015 – 6 U 2465/13, (unveröffentl.) u. LG München I. v. 08.07.2013 GRUR-RR 2014, 8 – Spülbare Mehrschichtfolie.
173 Diese Fragestellung eines treuwidrigen Berufens auf den Fristablauf »bedarf« laut BGH (Urt. v. 14.02.2017 – X ZR 64/15, GRUR 2017, 504 [Rn. 30]) – *Lichtschutzfolie*) dort »keiner abschließenden Entscheidung«. Siehe auch die insoweit krit., aber letztlich zust. Anm. Gärtner GRUR 2017, 508, 509.
174 S. BGH v. 14.02.2017 – X ZR 64/15, GRUR 2017, 504 (Rn. 25 f.) – *Lichtschutzfolie*
175 Ablehnend u.a. Schiedsst. v. 01.10.2006 – Arb.Erf. 36/06, (unveröffentl.); v. 06.11.2008 – Arb.Erf. 39/07 (Datenbank) u. ausf. EV v. 22.07.2013 – Arb.Erf. 40/11, (www.dpma.de); s. auch Schiedsst. v. 17.01.2013 – Arb.Erf. 23/11, u. v. 19.09.2013 – Arb.Erf. 29/12, (beide www.dpma.de); vgl. aber auch Schiedsst. v. 18.12.2014 – Arb.Erf. 61/10, (www.dpma.de).

Teilen des Schrifttums[176] nach wie vor berechtigt: Die Bedeutung der Erfindungsmeldung geht weit über eine bloße Wissensvermittlung hinaus.[177] Sie dient nicht allein der inhaltlichen Vorbereitung der Schutzrechtsanmeldung. Vielmehr ermöglicht die Erfindungsmeldung mit den Angaben über ihr Zustandekommen (Erfindungsgeschichte) und die Beteiligten u. a. die Prüfung der (Mit-) Erfindereigenschaft sowie die Bestimmung des Miterfinderanteils und ist wichtige Grundlage für die Ausfüllung der betriebsbezogenen Kriterien des Vergütungsanspruchs, insb. der Teilwerte a) und b) des Anteilsfaktors[178] (s. § 9 Rdn. 261 ff.; zur Bedeutung der Erfindungsmeldung s.a. oben § 5 Rdn. 1). Wegen ihrer weitreichenden Folgen für die Rechtsbeziehungen nach dem ArbEG (s. § 5 Rdn. 4) gehört die Erfindungsmeldung zu den zentralen Pflichten des Arbeitnehmererfinders. Deren Warn- und Beweisfunktion hat der Gesetzgeber durch besondere Förmlichkeiten in § 5 Abs. 1 Satz 1 Rechnung getragen, die zu einem Eckpfeiler des Erfinderrechts gehören. Der vom *BGH* herangezogenen Gleichstellung von Erfindungsmeldung und Patentanmeldung[179] kann angesichts der vom Gesetz vollzogenen Trennung zwischen Erfindungsmeldung (§ 5) und Schutzrechtsanmeldung (§§ 13, 14, 17 ArbEG) und deren unterschiedlichen Rechtsfolgen (vgl. §§ 6, 15, 16, 22) nicht gefolgt werden.

31.2 Die Entscheidung des *LG Mannheim* vom 30.09.2008[180] sowie die bestätigende, vom *BGH* insoweit aufgehobene Entscheidung des *OLG Karlsruhe*,[181] mit denen letztlich offenkundig treuwidriges Verhalten des Arbeitnehmers (unberechtigte eigene Schutzrechtsanmeldung) sanktioniert würde, zeigen die Gefahren eines Aufweichens von gesetzlichen Vorgaben. Solche instanzgericht-

---

176 Hellebrand, Mitt. 2006, 486 ff.; Reimer/Schade/Schippel/Himmelmann Einl. Rn. 31 u. Reimer/Schade/Schippel/Rother Rn. 15 zu § 5. Dem BGH zustimmend Scharen in VPP-Rundbrief 2007, 155 ff.; Keukenschrijver in Busse/Keukenschrijver, PatG, Rn. 2 zu § 5 ArbEG (m. d. Hinw., dass dafür strenge Anforderungen gelten) u. Rn. 11 zu § 6 ArbEG; Gärtner GRUR 2017, 508, 509 in Anm. zu BGH v. 14.02.2017 GRUR 2017, 504 – Lichtschutzfolie; vgl. auch Boemke/Kursawe/Nebel Rn. 44 f. zu § 5.
177 So zu Recht Schiedsst. v. 06.11.2008 – Arb.Erf. 39/07 (Datenbank); v. 01.10.2009 – Arb. Erf. 36/06 u. v. 21.10.2010 – Arb.Erf. 21/09, (beide unveröffentl.); Matthes, Mitt. 2009, 135, f.
178 So zutr. OLG Düsseldorf v. 12.03.2009 – I-2 U 72/06 – *Laserschweißanlage* (unveröffentl.) in Abgrenzung zu BGH »Haftetikett«.
179 S. BGH v. 14.02.2017 – X ZR 64/15, GRUR 2017, 504 (Rn. 23) – *Lichtschutzfolie*.
180 In Mitt. 2009, 133 m. zutreffend abl. Anm. von Matthes; s.a. Trimborn, Mitt. 2010, 461, 463 ff.
181 OLG Karlsruhe v. 28.04.2010, GRUR 2011, 318 – *Formteil*, aufgehoben durch BGH v. 12.04.2011 – X ZR 72/10, GRUR 2011, 733 – *Initialidee*.

## H. Zeitpunkt der Meldung § 5

lichen Entscheidungen negieren nicht nur das vom *BGH* verlangte Erfordernis einer der Erfindungsmeldung vergleichbaren »Wissensdokumentation«[182] und die Notwendigkeit einer vollständigen Meldung durch den Arbeitnehmer; sie bestätigten zudem die befürchteten Einbußen an Rechtssicherheit, auf die das Arbeitnehmererfindungsrecht angewiesen ist.

Von daher ist es verständlich, wenn die als unbefriedigend empfundene »Haftetikett«-Entscheidung i.R.d. ArbEG-Novelle 2009 ein wesentliches Argument für die Notwendigkeit der Einführung der Inanspruchnahmefiktion in § 6 Abs. 2 n.F. gewesen ist[183] (s. dazu § 6 n.F. Rdn. 79). Insoweit sollte die »Haftetikett«-Entscheidung ursprünglich als reine Einzelfallentscheidung verstanden werden.[184] Allerdings kann nicht verkannt werden, dass auch der Gesetzgeber – trotz aller Vorbehalte – letztlich in den Gesetzesmaterialien zur ArbEG-Novelle 2009 von der Möglichkeit der Fortgeltung der BGH-Rechtsprechung ausgeht[185] (s.a. § 43 Rdn. 19). Zudem sind die Instanzgerichte diesem Urteil gefolgt.[186] Auch innerhalb des Schrifttums ist die Rechtsprechung so verstanden worden, dass die förmliche Erfindungsmeldung dann entfällt, wenn der Arbeitgeber über die Entstehung der Diensterfindung in seinem Betrieb und deren Gegenstand und Erfinder unterrichtet ist, wofür die (Schutzrechts-) »Anmeldung der Erfindung durch den Arbeitgeber jedenfalls unter Angabe der Miterfinder« ausreicht.[187]

31.3

Nachdem der *BGH* in den Entscheidungen »Initialidee« und »Lichtschutzfolie« zwischenzeitlich den Ausnahmecharakter herausgestellt hat, muss sich die Praxis darauf einstellen, dass die Erfindungsmeldung unter den vorgenannten Voraussetzungen »Schutzrechtsanmeldung« plus »Dokumentation aller/des/Erfinder/s mittels (vollständiger) Erfinderbenennung« durch den Arbeitgeber

31.4

---

182 In diesem Sinne Trimborn, Mitt. 2010, 461, 464 f. m. H. a. OLG Frankfurt am Main v. 22.01.2009 GRUR-RR 2009, 291 – Erfindungsanmeldung.
183 Vgl. bereits die kritischen Hinweise im RegE (BR-Drucks. 757/08, S. 50 f. zu § 6 Abs. 2 n.F.,); vgl. ferner die Redebeiträge der Berichterstatterin MdB Leutheusser-Schnarrenberger in der 1. Lesung im Deutschen Bundestag am 22.01.2009 (BT-Plenarprot. 16/200, S. 21698 f.).
184 Scharen in VPP-Rundbrief 2007, 155, 160; LG München v. 11.11.2010 – 7 O 20114/08, (unveröffentl.).
185 Vgl. Amtl. Begründung zum Patentrechtsmodernisierungsgesetz in BR-Drucks. 757/08, S. 51 a.E. zur Inanspruchnahmefiktion nach § 6 Abs. 2 n.F. (zu Art. 7 Nr. 2 d. Entw.).
186 Z. B. OLG München v. 10.07.2008, GRUR-RR 2009, 219, 220 – *Vliesproduktion*. Siehe (aber) auch Trimborn, Mitt. 2017, 151, 153 ff.
187 Keukenschrijver in Busse/Keukenschrijver, PatG, Rn. 2 zu § 5 ArbEG (s. auch dort Rn. 11 zu § 6 ArbEG).

(s. § 5 Rdn. 31) entbehrlich ist. Gleiches soll dann gelten, wenn der Arbeitgeber vom Arbeitnehmer aus einem (von Letzterem widerrechtlich angemeldeten und) erteilten Patent verklagt wird.[188] Auch kann der Schutzrechtsanmeldung durch den Arbeitgeber die eines Dritten (vermeintlicher Rechtserwerber, Kooperationspartner) gleichstehen, die erkennbar unter unmittelbarer Beteiligung des Arbeitgebers erstellt wurde.[189] Maßgeblich bleibt auch auf Basis der neueren *BGH*-Entscheidungen der **Grundsatz**, dass eine Erfindungsmeldung, die der gesetzlich vorgeschriebenen (früheren Schrift-, jetzt Text-) **Form ermangelt**, nicht rechtswirksam ist und die erfinderrechtlichen Folgen nicht auslöst[190] (s. § 5 Rdn. 34).

31.5 Dementsprechend ist **beispielsweise** in folgenden Fällen eine der Erfindungsmeldung vergleichbare **Dokumentation** zu **verneinen**, sodass die Rechtsfolgen einer Erfindungsmeldung nicht eingreifen, insb. keine Inanspruchnahme fingiert wird, und eine förmliche **Erfindungsmeldung erforderlich** bleibt:[191]

- Eine **Patentanmeldung** wurde lediglich erarbeitet oder sonst wie **vorbereitet**.[192] Das gilt – entgegen *OLG München*[193] – auch dann, wenn der Arbeitgeber die auf dessen Weisung vom Arbeitnehmer vorbereitete Patentanmeldung zur anschließenden Schutzrechtsanmeldung an seinen Patentanwalt weitergeleitet hat. In der vom Arbeitnehmer vorbereiteten Patentanmeldung kann allerdings eine ordnungsgemäße Meldung liegen, sofern sie die Voraussetzungen des § 5 ArbEG erfüllt.[194]
- Die mündlich mitgeteilte Erfindung ist lediglich in (Zwischen- und/oder Abschluss-) **Berichten** über vom Arbeitgeber anschließend in Auftrag gegebene erfindungsbezogene Versuche **dokumentiert**.[195]

---

188 Keukenschrijver in Busse/Keukenschrijver, PatG, Rn. 11 zu § 6 ArbEG.
189 Vgl. OLG Karlsruhe v. 26.09.2012, NZI 2012, 983, 984 = Mitt. 2013, 91, 92 f. – Formatkreissäge.
190 Schiedsst. v. 01.10.2009 – Arb.Erf. 36/06, (unveröffentll.).
191 S. a. Scharen, VPP-Rundbrief 2007, 155, 158.
192 BGH v. 12.04.2011 – X ZR 72/10, GRUR 2011, 733 [Rn. 20] – *Initialidee*.
193 OLG München v. 10.07.2008, GRUR-RR 2009, 219, 220 f. – *Vliesproduktion* m. zust. Anm. Schwab, AiB 2010, 51 f.
194 Insoweit zutr. OLG München v. 10.07.2008, GRUR-RR 2009, 219, 220 – *Vliesproduktion*.
195 BGH v. 12.04.2011 – X ZR 72/10, GRUR 2011, 733 [Rn. 19] – *Initialidee* m. H. a. OLG Frankfurt am Main v. 22.01.2009, GRUR-RR 2009, 291, 292 – Erfindungsanmeldung unter Aufhebg. v. OLG Karlsruhe v. 28.04.2010, GRUR 2011, 318.

## H. Zeitpunkt der Meldung § 5

- Nicht der Arbeitgeber, sondern der **Arbeitnehmererfinder** hat die Diensterfindung (unter Verletzung von § 13 Abs. 1) zum **Schutzrecht angemeldet**.[196] Aus der Kenntnis von dieser Schutzrechtsanmeldung und deren Inhalt kann der Arbeitgeber weder den Charakter als Diensterfindung noch die gesicherte Kenntnis über die sonstigen für eine Inanspruchnahmeentscheidung relevanten Umstände ableiten.[197] Gleiches gilt, wenn nicht der Arbeitgeber, sondern ein nicht dazu ermächtigter **Dritter** die Diensterfindung zum Schutzrecht anmeldet.[198] Damit reicht es u. E. auch nicht aus, wenn der Arbeitgeber aus einem Patent des Arbeitnehmers verklagt wird.[199]
- Der Arbeitgeber **benennt** ggü. der Erteilungsbehörde aufgrund von Zweifeln über die Erfindereigenschaft oder Unkenntnis **noch keine bzw. nicht alle Miterfinder**.[200] Jedenfalls bleibt – trotz Schutzrechtsanmeldung – grds. eine förmliche Erfindungsmeldung für diejenigen Miterfinder erforderlich, die der Arbeitgeber nicht benannt hat.[201] Das gilt nach Auffassung der *Schiedsstelle* auch dann, wenn der Arbeitgeber die Benennung eines Miterfinders fälschlicherweise unterlassen hat.[202] Darauf, ob der Arbeitgeber einer zur (Mit-)Erfinderschaft fehlerhaften Erfindungsmeldung eines anderen Miterfinders widersprochen hat, kommt bei fehlender Dokumentation aller Miterfinder in der Schutzrechtsanmeldung nicht an.[203]
- Der Arbeitgeber nimmt **Benutzungshandlungen** auf, ohne dass es zu einer Dokumentation der erfinderischen Lehre durch Schutzrechtsanmeldung und Erfinderbenennung gekommen ist.[204]

---

196 BGH v. 12.04.2011 – X ZR 72/10, GRUR 2011, 733 [Rn. 23 ff.] – *Initialidee* unter Aufhebung von OLG Karlsruhe v. 28.04.2010, GRUR 2011, 318 u. LG Mannheim v. 30.09.2008, Mitt. 2009, 133, 134 m. abl. Anm. Matthes, Mitt. 2009, 135, 136 f.
197 BGH v. 12.04.2011 – X ZR 72/10, GRUR 2011, 733 [Rn. 23 ff.] – *Initialidee*.
198 Schiedsst. v. 18.12.2014 – Arb.Erf. 61/10, (www.dpma.de), dort ein anderes Konzernunternehmen, zu dem der Arbeitnehmer vorübergehend abgeordnet war.
199 A. A. Keukenschrijver in Busse/Keukenschrijver, PatG, Rn. 11 zu § 6 ArbEG m.H.a. OLG München Mitt. 2009, 417.
200 LG München I. v. 16.05.2013 –/O 6031/12 (unveröffentl.); Schiedsst. v. 28.01.2010 – Arb.Erf. 56/08, (www.dpma.de, dort nur LS. 1).
201 BGH v. 12.04.2011 – X ZR 72/10, GRUR 2011, 733 [Rn. 21] – *Initialidee*. Vgl. auch LG Düsseldorf v. 05.04.2011 – 4a O 493/05 -, dargestellt bei Trimborn Mitt. 2012, 70, 74.
202 Schiedsst. v. 28.01.2010 – Arb.Erf. 56/08, (www.dpma.de, LS. 1).
203 Abweichend zu § 5 a.F. möglicherweise OLG Karlsruhe v. 13.04.2018 – 6 U 161/16, (www.lrbw.juris.de, Rn. 167) – Rohrprüfsystem.
204 Ebenso LG München v. 11.11.2010 – 7 O 20114/08, (unveröffentl.).

- Der Arbeitnehmer hat seine technische Neuerung lediglich im Rahmen eines »Technologiemeetings« vorgestellt und anschließend die **Vortragsunterlagen** per E-Mail übersandt.[205]
- Der Arbeitnehmer hat eine **Erfindungsmeldung unterlassen**, weil er den Arbeitgeber bereits von Anfang an über alle Entwicklungsarbeiten voll informiert[206] bzw. dieser aufgrund sonstiger Umstände die Kenntnis erlangt hat.[207]

### 3. Sonstige Fälle

32 **Die Meldepflicht entfällt** mit **Freigabe** einer Diensterfindung, von der der Arbeitgeber auf sonstige Weise Kenntnis erlangt hat.[208] Hierbei trägt allerdings der Arbeitgeber das Risiko, auf eine Erfindung zu verzichten, von deren Gegenstand und Bedeutung er sich mangels formeller Meldung ggf. noch kein abschließendes Bild machen konnte (zur evtl. Irrtumsanfechtung vgl. § 8 n.F. Rdn. 47 ff.).

32.1 Der Arbeitnehmer bleibt u. E. dagegen auch dann zur Erfindungsmeldung verpflichtet, wenn der Arbeitgeber eine ihm zur Kenntnis gelangte Diensterfindung (vorsorglich) **vor formeller Meldung** (unbeschränkt) **in Anspruch nimmt**,[209] da an die Meldung außer dem Ingangsetzen der Frist für die Inanspruchnahmefiktion bzw. Freigabe noch weitere Rechtsfolgen (vgl. § 5 Rdn. 4) anknüpfen (zum Verzicht auf eine Meldung s. § 5 Rdn. 37, 38).

Der Arbeitnehmer ist von seiner Meldepflicht auch dann nicht entbunden, wenn sich diese auf eine erfinderische **Weiterentwicklung** einer vom Arbeitgeber freigegebenen Diensterfindung eines Miterfinders bezieht (s. § 5 Rdn. 21 f.).

### J. Formerfordernisse und Mindestvoraussetzungen

#### I. Grundsatz

33 Gem. § 5 Abs. 1 Satz 1 n.F. ist die Diensterfindung gesondert in Textform zu melden und als Erfindungsmeldung kenntlich zu machen. Das frühere Schriftformerfordernis hat der Gesetzgeber durch die erleichterte Textform ersetzt (s.

---

205 LG Düsseldorf v. 13.04.2010, Mitt. 2010, 541, 545 – *Beschichtung für Solarabsorber*.
206 BGH v. 17.01.1995 – X ZR 130/93, Mitt. 1996, 16 – *Gummielastische Masse*.
207 Schiedsst. v. 04.06.1997 – Arb.Erf. 82/95, (unveröffentl.).
208 Allg. A., vgl. Röpke Arbeitsverh. u. ArbNErf. S. 65; Keukenschrijver in Busse/Keukenschrijver PatG Rn. 3 zu § 5 ArbEG u. Rn. 3 zu § 8.
209 A.A. Volmer Rn. 18 zu § 5. Wie hier Kraßer/Ann, PatR, § 21 Rn. 60.

§ 5 Rdn. 35). Im Interesse der Rechtssicherheit und Rechtsklarheit sowie zur Vermeidung von Streitigkeiten sind an diese formellen Erfordernisse grds. **strenge Anforderungen** zu stellen.[210] Die Formvorschrift des § 5 Abs. 1 dient nicht nur der Beweiserleichterung und damit dem Schutz des Arbeitnehmers insb. im Hinblick auf den Beginn der Frist für die Inanspruchnahmefiktion (§ 6 Abs. 2 n.F.) bzw. – für die vor dem 01.10.2009 gemeldeten Diensterfindungen (§ 43 Abs. 3) – für die Inanspruchnahme nach § 6 Abs. 2 a.F. Sie dient zugleich dem Schutz des Betriebes, in dem die Erfindung gemacht worden ist; jedenfalls in Bezug auf Alterfindungen soll der Arbeitgeber nicht der Gefahr eines unvorhergesehenen einschneidenden Fristablaufs mit drohendem Rechtsverlust ausgesetzt sein.[211] Die Formerfordernisse sollen deshalb sicherstellen, dass der Arbeitgeber zuverlässige Kenntnis von der Erfindung erhält, aufmerksam (problembewusst[212]) wird, vor die Entscheidung über eine Inanspruchnahme gestellt zu sein[213] und damit eine Grundlage für seine Entscheidung über die Freigabe oder Inanspruchnahme zu haben[214] (s.a. § 5 Rdn. 3). In dieser Gesetzesanweisung liegt somit kein übertriebener Formalismus.[215] Daran hat u. E. auch die ArbEG-Novelle 2009 (s. dazu Einl. Rdn. 7 ff.) nichts geändert, da hierdurch lediglich die Schriftform durch die Textform ersetzt worden ist (s.a. § 5 Rdn. 1 und 3.2).

Sofern eine Erfindungsmeldung diese **Formvoraussetzungen des Abs. 1 nicht beachtet**, etwa bei bloß mündlicher Information des Arbeitgebers, und auch ein eindeutiger Verzicht des Arbeitgebers hierauf (s. § 5 Rdn. 39) nicht fest- 34

---

210 OLG Karlsruhe v. 18.04.1958, Mitt. 1958, 220, 222 m.w.N.; OLG München v. 17.09.1992, GRUR 1993, 661, 663 – *Verstellbarer Lufteinlauf*; Schiedsst. v. 08.02.1991, GRUR 1991, 753, 754 – *Spindeltrieb* u. v. 07.02.1995 – Arb.Erf. 6(B)/93 u. Arb.Erf. 7(B)/93, (unveröffentl.). Im EV v. 30.06.1994 – Arb.Erf. 181/92, (unveröffentl.) betont die Schiedsst. ihre ständ. Praxis, die wohlüberlegten Formvorschriften des ArbEG hinsichtl. Meldung und Inanspruchnahme streng auszulegen, weil sie der Klarheit über die Zuordnung der Rechte an einer Diensterfindung dienen und weil sie z.T. dem Arbeitnehmer als sozial Schwächerem im Verhältnis zum Arbeitgeber einen besonderen Schutz geben sollen.
211 OLG Düsseldorf v. 17.03.1977 – 2 U 117/76, (unveröffentl.) zu § 6 Abs. 2 a.F.
212 Schiedsst. v. 12.03.2002 – Arb.Erf. 92/99 [unveröffentl.].
213 Schiedsst. v. 07.02.1995 – Arb.Erf. 6 (B)/93 u. Arb.Erf. 7(B)/93, (unveröffentl.) u. ZB. v. 07.03.2016 – Arb.Erf. 09/14, (www.dpma.de = Mitt. 2017, 134 nur LS.).
214 LG Düsseldorf v. 08.03.1984 – 4 O 155/893, Gasflaschenpalette (unveröffentl.); s.a. BGH v. 17.01.1995 – X ZR 130/93, Mitt. 1996, 16 – *Gummielastische Masse* u. BGH v. 12.04.2011 – X ZR 72/10, GRUR 2011, 733 [Rn. 12] – *Initialidee*.
215 Schiedsst. v. 15.04.1989 – Arb.Erf. 3/88, (unveröffentl.).

stellbar ist, **fehlt** es an einer **Meldung**,[216] sodass die an eine Meldung anknüpfenden Rechtsfolgen (vgl. § 5 Rdn. 4) grds. nicht eintreten[217] (zur Inanspruchnahmefrist s. aber § 6 a.F. Rdn. 40 ff. und § 6 n.F. Rdn. 84 ff.). Die Fiktion des § 5 Abs. 3 findet auf diese Fälle keine Anwendung (s. § 5 Rdn. 85). Offen bleiben kann, ob sich diese Rechtsfolge bei Nichtbeachtung der Text-/Schriftform (auch) aus § 125 Satz 1 BGB ableiten lässt[218] (s. a. § 5 Rdn. 38).

Damit unterscheiden sich die Formerfordernisse des § 5 Abs. 1 von den Inhaltsmerkmalen des Abs. 2, bei denen Mängel durch Zeitablauf geheilt werden können[219] (vgl. § 5 Abs. 3; s.a. unten § 5 Rdn. 84 ff.).

Weitere **Mindestvoraussetzung** i.S.d. Abs. 1 ist, dass für den Arbeitgeber aus der Erklärung selbst in irgendeiner Weise die **Absicht** des Arbeitnehmers erkennbar wird, hiermit eine von ihm entwickelte Diensterfindung zu melden[220] (s. i.Ü. § 5 Rdn. 11, 41 ff., 65–85).

Zur Unvollständigkeit s. § 5 Rdn. 83 ff., zur vorsätzlich unrichtigen Meldung s. § 5 Rdn. 21.1.

## II. Textform

### 1. Grundsatz

**35** Aufgrund der Änderung durch die **ArbEG-Novelle 2009** (s. Einl. Rdn. 42) ist mit Art. 7 Nr. 1 des Patentrechtsmodernisierungsgesetzes das frühere

---

216 LG Düsseldorf v. 13.04.2010, Mitt. 2010, 541, 545 – *Beschichtung für Solarabsorber*; Schiedsst. v. 07.02.1995 – Arb.Erf. 6 (B)/93 u. Arb.Erf. 7(B)/93, (unveröffentl.).
217 Vgl. z. früheren Recht BGH v. 25.02.1958, GRUR 1958, 334, 336 – *Mitteilungs- und Meldepflicht*; m. Anm. Friedrich; OLG Frankfurt am Main v. 22.01.2009 GRUR-RR 2009, 291, 292 – *Erfindungsanmeldung*; LAG Baden-Württemberg v. 24.01.1958, DB 1958, 312 = ARSt. XX Nr. 244; LG Düsseldorf v. 06.07.1973, EGR Nr. 8 zu § 5 ArbEG; Schiedsst. vom 22.08.1985, BlPMZ 1986, 205, 206; s.a. Schiedsst. v. 18.02.1976, EGR Nr. 18 zu § 5 ArbEG; OLG Düsseldorf v. 17.03.1977 – 2 U 117/76, (unveröffentl.) zu § 6 Abs. 2 a.F.; s. auch Keukenschrijver in Busse/Keukenschrijver, PatG, Rn. 13 zu § 5 ArbEG u. Rn. 13 zu § 6 ArbEG.
218 Für eine analoge Geltung Schiedsst. v. 22.07.2013 – Arb.Erf. 40/11, (www.dpma.de); iI.d.S. wohl auch Schiedsst. v. 01.10.2009 – Arb.Erf. 36/06, (unveröffentl.). Nach Schaub/Koch, ArbRHdb., § 114 Rn. 17, führt dagegen eine fehlende Textform nicht zur Unwirksamkeit der Meldung.
219 BGH v. 25.02.1958, GRUR 1958, 334, 336 – *Mitteilungs- und Meldepflicht*; m. Anm. Friedrich.
220 Ebenso LG München v. 11.11.2010 – 7 O 20114/08, (unveröffentl.).

Schriftformerfordernis (s. dazu § 5 Rdn. 36) entfallen (zu den Motiven s. § 5 Rdn. 3.2). Für Erfindungsmeldungen reicht seit dem 01.10.2009 die Textform aus (zum Übergangsrecht s. § 5 Rdn. 3.2). Da mündliche Mitteilungen leichter in Vergessenheit geraten können, dient auch die Textform – über die anderen Funktionen hinaus (s. § 5 Rdn. 3, 33) – den Interessen beider Arbeitsvertragsparteien nach Dokumentation und Sicherung der entwickelten Neuerung. Damit wird unverändert eine jederzeit nachweisbare aktenmäßige Grundlage für die Entscheidung des Arbeitgebers über Inanspruchnahme oder Freigabe geschaffen.[221] Ohne Einhaltung zumindest der Textform entfaltet eine Meldung grundsätzlich keine Wirkung (s. § 5 Rdn. 34).

Zur Textform trifft das ArbEG keine besonderen Vorgaben. Vielmehr gelten die allgemeinen Grundsätze des § 126b BGB. Die Textform als im Jahr 2001[222] eingeführter **Formtyp der lesbaren, aber unterschriftslosen Erklärung**[223] erfordert, dass 

35.1

– die Erklärung in einer Urkunde oder auf andere zur dauerhaften Wiedergabe in Schriftzeichen geeignete Weise abgegeben,
– die Person des Erklärenden genannt und
– der Abschluss der Erklärung durch Nachbildung der Namensunterschrift oder anders erkennbar gemacht werden.

Im Unterschied zur Schriftform ist die Textform dank des Verzichts auf eine eigenhändige Unterschrift nicht an das Papier gebunden, sondern kann daneben auch in einem **elektronischen Dokument** erfüllt werden.[224] Damit steht letztlich das breite Spektrum der heutigen Kommunikationsmittel zur Verfügung,[225] soweit diese eine textliche Fixierung erlauben. Dazu gehören insb. CD-Rom, Computerfax, Diskette oder E-Mail.[226] Dem Lesbarkeitserfordernis wird bereits genügt, wenn der Empfänger (Arbeitgeber) den Text auf seinem

35.2

---

221 Darauf weist zu § 5 a.F. zu Recht hin BGH v. 12.04.2011 – X ZR 72/10, GRUR 2011, 733 [Rn. 14] – *Initialidee*.
222 Durch »Gesetz zur Anpassung der Formvorschriften des Privatrechts und anderer Vorschriften an den modernen Rechtsverkehr« vom 13.07.2001 (BGBl. I, S. 1542).
223 Palandt/Ellenberger, BGB, § 126b Rn. 1.
224 Vgl. Amtl. Begründung zum Entwurf e. Ges. z. Anpassung d. Formvorschriften d. Privatrechts u. anderer Vorschriften an den modernen Rechtsverkehr BT-Drucks. 14/4987, S. 10, 12, 19.
225 Reinecke, FA 2010, 98; s. auch Gennen ArbRB 2011, 86, 88 f.
226 So die Beispiele in Amtl. Begründung zum Patentrechtsmodernisierungsgesetz in BR-Drucks. 757/08, S. 49 (zu Art. 7 Nr. 1 d. Entw.); vgl. z. B. Schleswig-Holst. OLG v. 25.01.2012 NJW 2012, 2524 m.w.Nachw.

Bildschirm lesen kann.[227] Darauf, ob der Empfänger z.B. die E-Mail geöffnet, ausgedruckt oder gelesen hat, kommt es nicht an.[228] Daneben ist eine Übermittlung per Telefax denkbar.[229] Unverändert erfüllt selbstverständlich auch die bisherige Schriftform (s. § 5 Rdn. 36) die Formvorgabe des § 5 Abs. 1 n.F.

Werden **bspw**. Vortragsunterlagen (»Slides« bzw. Folien) vom Erfinder im Anschluss an seinen Vortrag über eine von ihm entwickelte Erfindung als Datei an die Teilnehmer eines »Technologie-Meetings« als E-Mail versandt, entspricht die Übersendung der Textform.[230]

35.3 Angesichts des Zugangserfordernisses (s. § 5 Rdn. 10) genügt eine elektronische Übermittlung den Voraussetzungen des § 130 BGB grds. nur dann, wenn der Empfänger (Arbeitgeber) sein **Einverständnis mit der elektronischen Übermittlung** rechtserheblicher Erklärungen zu erkennen gegeben hat.[231] Dies kann ausdrücklich oder stillschweigend erfolgen, etwa durch Mitteilung der Fax-Nummer oder E-Mail-Anschrift[232] oder in sonstiger Weise (zur Beweislast s. § 5 Rdn. 13.1). Davon kann insb. dann ausgegangen werden, wenn der Arbeitgeber von den betreffenden Kommunikationsmitteln dienstlich bzw. im Geschäftsverkehr Gebrauch macht.[233] Ein Anspruch des Arbeitnehmers auf ein solches Einverständnis besteht u. E. erfinderrechtlich allerdings nicht. Insb. ist ein Arbeitgeber nicht gehalten, entsprechende elektronische Einrichtungen zur Verfügung zu stellen. Verfügt der Arbeitgeber über entsprechende Einrichtungen und lässt er diese im Rechtsverkehr ggü. Dritten für rechtserhebliche Erklärungen zu, wird dies im Allgemeinen auch von den Arbeitnehmern genutzt werden können (zur Möglichkeit betrieblicher Regelungen s. § 5 Rdn. 15 f.). Die verbreitete Praxis in den Unternehmen war ja gerade Anlass für den Gesetzgeber, diesen neuen Formtyp zuzulassen (s. § 5 Rdn. 3.2). Von der nach § 22 Satz 1 unzulässigen Vorgabe schriftlicher Meldungen und Erklärungen (s. § 5 Rdn. 17.2) zu trennen ist die Anregung oder Bitte des Arbeitgebers, Erfindungsmeldungen nicht per E-Mail zu senden;

---

227 Amtl. Begründung zum Patentrechtsmodernisierungsgesetz in BR-Drucks. 757/08, S. 49 (zu Art. 7 Nr. 1 d. Entw.).
228 Reinecke, FA 2010, 98.
229 Unstreitig, z.B. BGH v. 03.11.2011 WM 2012, 760 (Rn. 18); Reinecke, FA 2010, 98.
230 LG Düsseldorf v. 13.04.2010, Mitt. 2010, 541, 545 f. – *Beschichtung für Solarabsorber*.
231 S. allg. Palandt/Ellenberger BGB § 126b Rn. 3; wie hier auch Reinecke, FA 2010. 98, 99.
232 Reinecke, FA 2010. 98, 99 m. H. a. Palandt/Ellenberger, BGB (2010), § 126b Rn. 3 u. § 130 Rn. 3.
233 Vgl. Reinecke, FA 2010. 98, 99.

solches wäre u. E. wegen des Einverständniserfordernisses losgelöst von § 22 zulässig.

**Fehlt** – gleich aus welchen sachlichen Gründen – das **Einverständnis mit der elektronischen Übermittlung**, bedarf es (weiterhin) der »Erklärung in einer Urkunde«, also der Papierform, wenn auch mit der Möglichkeit des Verzichts auf die eigenhändige Unterschrift.

Ferner bedarf es der **Angabe der Person des Erklärenden**. Dabei reicht eine mechanisch hergestellte Unterschrift oder eine Angabe oberhalb oder im Text aus.[234] Letztlich müssen in der Erklärung der bzw. die Verfasser zweifelsfrei zum Ausdruck kommen.[235] 35.4

Schließlich ist der **Abschluss der Erklärung** in geeigneter Weise erkennbar zu machen. Das kann bspw. durch (eigenhändige) Unterschrift oder durch Abschluss mittels Datierung oder Grußformel erfolgen,[236] ferner durch nachgebildete Namensunterschrift (Faksimile) oder mit maschinenschriftlicher »Unterschrift« per Namensnennung.[237] Notwendig ist ein eindeutig wahrnehmbarer Hinweis, der sich am Textende befindet und inhaltlich das Ende der rechtlich relevanten Erklärung verlautbart.[238] An dem erforderlichen räumlichen Abschluss der rechtlich verbindlichen Erklärung fehlt es aber dann, wenn nachträglich unterhalb der Unterschriftszeile noch (handschriftliche) Ergänzungen vorgenommen werden, die den vorangestellten Text inhaltlich ergänzen, modifizieren oder sonst wie ändern und nicht lediglich erläutern oder veranschaulichen.[239] 35.5

Auch wenn der Grundsatz der »Urkundeneinheit« (s. § 5 Rdn. 36.1) begrifflich an die Papierform anknüpft, gilt u. E. auch für die Erfindungsmeldung in Textform, dass **die gesamte Erklärung in dem Text enthalten** sein und ohne Bezugnahme auf außenstehende Unterlagen auskommen muss. Demzufolge ist es möglich, z.B. in der E-Mail-Meldung andere elektronische Dokumente als »Anlagen« beizufügen oder bspw. auf einer CD-Rom neben der Meldung die in Bezug genommenen Erklärungen und Dokumentationen zu speichern. Andererseits reicht ein in Textform (z.B. E-Mail) gehaltener Hin- 35.6

---

234 Amtl. Begründung zum Patentrechtsmodernisierungsgesetz in BR-Drucks. 757/08, S. 49 (zu Art. 7 Nr. 1 d. Entw.).
235 BGH v. 03.11.2011 WM 2012, 760 (Rn. 18).
236 Amtl. Begründung zum Patentrechtsmodernisierungsgesetz in BR-Drucks. 757/08, S. 49 (zu Art. 7 Nr. 1 d. Entw.).
237 S. allg. BAG v. 16.02.2012 NZA 2012, 667 (Rn. 27).
238 S. allg. BGH v. 03.11.2011 WM 2012, 760 (Rn. 20).
239 S. allg. BGH v. 03.11.2011 WM 2012, 760 (Rn. 22 ff.).

weis auf anderweitige, nicht beigefügte Unterlagen (Aktenvermerke, Besprechungsprotokolle, Laborberichte, Patentunterlagen usw.) grds. nicht aus. Fehlt es in einem solchen Fall bereits an den (inhaltlichen) Mindestvoraussetzungen des § 5 Abs. 1, scheidet eine Meldung aus (s. § 5 Rdn. 34). Ist die Meldung dadurch inhaltlich i.S.d. § 5 Abs. 2 unvollständig, rechtfertigt sich eine Beanstandung nach § 5 Abs. 3 (s. § 5 Rdn. 84 ff.).

35.7 Die Nutzung elektronischer Medien kann **besondere Vorkehrungen** erforderlich machen. Das betrifft einerseits die Sicherung des Zugangs von Erklärungen 8 s. § 5 Rdn. 12). Zugleich betrifft dies die wechselseitigen Geheimhaltungspflichten aus § 24, die im Einzelfall besondere Sicherungsmaßnahmen erfordern, insb. zum Schutz vor unberechtigten Zugriffen Dritter (z.B. Verwendung besonderer Passwörter, Unterlassen von automatischen Weiterleitungen von E-Mails, Einschränkungen der Zugriffmöglichkeiten auf »elektronische Postfächer«).

Zur gemeinsamen Erfindungsmeldung bei **Miterfindern** s. § 5 Rdn. 54 ff.

35.8 Bloße **Gespräche** selbst mit dem Unternehmensinhaber (Arbeitgeber) persönlich können eine formgerechte Meldung nach § 5 nicht ersetzen;[240] allein in der widerspruchslosen Entgegennahme von Informationen über Entwicklungsergebnisse liegt weder ein Verzicht auf eine förmliche Meldung (s. § 5 Rdn. 39) noch trifft den Arbeitgeber nach Treu und Glauben eine Hinweispflicht auf die Formbedürftigkeit, es sei denn, der Arbeitnehmer befindet sich erkennbar in einem Irrtum (s. § 25 Rdn. 20). Auch ein **mündlicher Vortrag** des Erfinders über seine Diensterfindung erfüllt weder das frühere Erfordernis der Schriftlichkeit noch das der Textform, selbst dann, wenn dabei Folien (»Slides«) visuell genutzt werden.[241] Werden diese Vortragsunterlagen im Anschluss an den Vortrag als Datei an die Teilnehmer eines »Technologie-Meetings« versandt, entspricht die Übersendung der Textform, erfüllt indes nicht das frühere Schriftformerfordernis nach § 5 ArbEG a.F.[242] Zur Entbehrlichkeit einer förmlichen Meldung s. aber § 5 Rdn. 31.

### 2. Schriftform für Alterfindungen

36 Das (zwingende) Schriftformerfordernis (vgl. § 126 Abs. 1 BGB) nach § 5 Abs. 1 a.F. betrifft nur noch Erfindungen, die vor dem Inkrafttreten des Patentrechtsmodernisierungsgesetzes, also **vor dem 01.10.2009 gemeldet** worden

---

240 BPatG Beschl. v. 17.10.2005 – 34 W (pat) 336/03, (juris, Rn. 33) = Mitt. 2006, 41 (dort nur LS).
241 LG Düsseldorf v. 13.04.2010, Mitt. 2010, 541, 545 – *Beschichtung für Solarabsorber*.
242 LG Düsseldorf v. 13.04.2010, Mitt. 2010, 541, 545 – *Beschichtung für Solarabsorber*.

sind (zum Übergangsrecht s. § 5 Rdn. 3.2). Schriftform bedeutet nach § 126 Abs. 1 BGB, dass eine Urkunde von deren Aussteller eigenhändig **durch Namensunterschrift zu unterzeichnen** ist. Demzufolge war die Meldung einer Alterfindung vom Arbeitnehmer in einer Urkunde aufzunehmen, die von ihm (bzw. seinem Bevollmächtigten, s. § 5 Rdn. 5, 54) eigenhändig[243] durch seine **Namensunterschrift** zu unterzeichnen war; eine notarielle Beurkundung und ein gerichtlicher Vergleich stehen dem gleich (§ 126 Abs. 4, § 127a BGB). Zur Miterfinderschaft s. Rdn. 54. Mit der Schriftform sollte ein erhöhtes Maß an Zuverlässigkeit und eine jederzeit aktenmäßig nachweisbare Grundlage für die Inanspruchnahmeentscheidung des Arbeitgebers gewährleistet werden.[244]

Seit 01.08.2001 konnte das frühere Schriftformerfordernis gem. § 126 Abs. 3 BGB – mangels abweichender Gesetzesregelung – auch für den Bereich des ArbEG durch die **elektronische Form** i.S.d. § 126a BGB ersetzt werden.[245] Auch hierzu wird aber das (ggf. konkludente) Einverständnis des Erklärungsempfängers mit der alternativen Verwendung der elektronischen Form vorausgesetzt:[246] Für den Zugang gelten die Grundsätze des § 130 BGB mit den Besonderheiten, die sich aus der elektronischen Datenübermittlung ergeben[247] (zur Beweislast s. § 5 Rdn. 13.1). Die Möglichkeit der elektronischen Form gilt weiterhin für alle anderen Fälle, in denen die materiellen Regeln des ArbEG vor der ArbEG-Novelle 2009 die Schriftform vorsahen (z.B. § 6 Abs. 2, § 8 Abs. 1 Nr. 1, § 12 Abs. 3, § 18 Abs. 1 – jeweils a.F.). Für Verträge gibt § 126a Abs. 2 BGB vor, dass die Parteien bei einem im elektronischen Wege beabsichtigten Vertragsabschluss in dieser Weise jeweils ein gleichlautendes Dokument elektronisch signieren müssen.[248]

---

243 Schiedsst. v. 22.08.1985, BlPMZ 1986, 205, 206 u. v. 21.11.1995 – Arb.Erf. 16/94, bestätigt durch LG München v. 20.03.1998 – 21 O 13505/96, (beide unveröffentl.). Bei Stellvertretung muss d. Bevollmächtigte b.d. Unterzeichnung seine Stellvertretereigenschaft durch Zusatz klarlegen oder im Text hinreichend andeuten (vgl. Soergel/Siebert BGB Rn. 13 zu § 126).
244 BGH v. 14.02.2017 – X ZR 64/15, GRUR 2017, 504 (Rn. 13, 17) – *Lichtschutzfolie*.
245 S. dazu 4. Vorauflage § 5 Rn. 35.
246 So Palandt/Ellenberger, BGB, § 126a Rn. 6 m.H.a. Stellungn. d. BReg. in Amtl. Begründung zum Entwurf e. Ges. z. Anpassung d. Formvorschriften d. Privatrechts u. anderer Vorschriften an den modernen Rechtsverkehr BT-Drucks. 14/4987, S. 41, aber streitig.
247 S. dazu Amtl. Begründung zum Entwurf e. Ges. z. Anpassung d. Formvorschriften d. Privatrechts u. anderer Vorschriften an den modernen Rechtsverkehr BT-Drucks. 14/4987, S. 11 f.
248 Zu Einzelheiten s. die BGB-Kommentare, u. a. Palandt/Ellenberger, BGB, § 126a Rn. 10.

Die Schriftform war im ArbEG 1957 noch in Anlehnung an die Regelung des § 3 Abs. 1 DVO 1943 beibehalten worden, da diese wegen der Bedeutung der Meldung für die Inanspruchnahme aus Gründen der Rechtssicherheit und Rechtsklarheit unentbehrlich sei.[249] Die Schriftform ist für die Wirksamkeit einer Erfindungsmeldung bei Alt-Erfindungen unverändert ein **zwingendes Erfordernis**[250] (§ 43 Abs. 3) und deren Fehlen löst damit die gesetzlichen Rechtsfolgen einer Meldung nicht aus. Deshalb war bei Alt-Erfindungen eine schriftliche Meldung nach der hier vertretenen Auffassung auch dann nicht überflüssig, wenn der Arbeitgeber bereits **anderweitig Kenntnis** von der Diensterfindung hatte.[251] Demgegenüber geht der *BGH* seit seiner »Haftetikett«-Entscheidung davon aus, dass eine Diensterfindung frei wird und damit eine Meldepflicht entfällt, wenn der Arbeitgeber die (nicht gemeldete) Erfindung aufgrund anderweitiger Kenntnis unter vollständiger Erfinderbenennung zum Schutzrecht angemeldet und die Erfindung nicht innerhalb der Inanspruchnahmefrist in Anspruch genommen hat (s. § 5 Rdn. 31).

36.1 Gemäß dem Grundsatz der **Urkundeneinheit**[252] hat es die *Schiedsstelle* mangels »Unter«-Schrift nicht ausreichen lassen, wenn der Arbeitnehmer eine von ihm entworfene Patentanmeldung auf deren erster Seite oben mit seinem Namenszug versieht.[253] Allerdings führt eine räumlich nicht den gesamten Text abschließende »Oberschrift« nicht zwangsläufig zur Verneinung der Schriftform, sondern hängt in der Bewertung von einer Gesamtwürdigung der Umstände des Einzelfalls ab.[254]

36.2 Soweit für Alt-Erfindungen gem. § 43 Abs. 3 weiterhin Schriftform vorausgesetzt wird, verbleibt es bei der bisherigen Rechtspraxis, wonach Übermittlungen im Wege der **Telekommunikation** (Telefax bzw. Telekopie, telegrafische

---

249 Vgl. Amtl. Begründung BT-Drucks. II/1648, S. 21 = BlPMZ 1957, 229.
250 BGH v. 14.02.2017 – X ZR 64/15, GRUR 2017, 504 (Rn. 12 f.) – *Lichtschutzfolie*; aus der Zeit vor der ArbEG-Novelle 2009 ebenso Schiedsst. v. 22.08.1985, BlPMZ 1986, 205; v. 07.02.1995 – Arb.Erf. 6(B)/93 u. Arb.Erf. 7(B)/93; v. 26.02.1997 – Arb.Erf. 56/95 (alle unveröffentl.); v. 06.11.2008 – Arb.Erf. 39/07 (Datenbank); v. 23.04.2009 – Arb.Erf. 51/06, v. 18.11.2009 – Arb.Erf. 28/04, (beide unveröffentl.); LG München v. 20.03.1998 – 21 O 13505/96, (unveröffentl.).
251 So i. Ergebn. bereits OLG Düsseldorf v. 28.02.1950, GRUR 1950, 524; zustimmend LG München v. 20.03.1998 – 21 O 13505/96, (unveröffentl.).
252 S. dazu 4. Vorauflage § 5 Rn. 36.
253 Schiedsst. v. 17.05.1990 – Arb.Erf. 11/89, (unveröffentl.).
254 Vgl. BGH v. 18.06.2013 – X ZR 103/11, Mitt. 2013, 551 (Rn. 18) – *Flexibles Verpackungsbehältnis*.

oder fernschriftliche Übermittlungen einschließlich E-Mail[255]) die gesetzlichen Schriftformerfordernisse des ArbEG nicht erfüllen.[256] Schreibt das ArbEG keine Form vor, kann eine Übermittlung per Text- oder Schriftform zu Beweiszwecken sinnvoll – wenn auch nicht geboten – sein (zum Zugang einer E-Mail s. § 16 Rdn. 29). Eine (bestätigende) »Nachreichung« der unterschriebenen Originalerklärung erfüllt selbstverständlich das Schriftformerfordernis; gesetzliche Fristen werden jedoch dadurch nur dann gewahrt, wenn dieses Original dem Erklärungsempfänger innerhalb der Frist zugeht. Im Einzelfall ist zu prüfen, ob ein Verzicht auf die Schriftform in Betracht kommt (s. dazu unten § 5 Rdn. 38 f.) oder ob die BGH-Rechtsprechung zur anderweitigen Dokumentation der Erfindung eine schriftliche Meldung überflüssig macht (s. § 5 Rdn. 31).

**Einzelfälle zum früheren Recht: Erstellt** ein Mitarbeiter der **Patentabteilung** 37 auf der Grundlage der mündlichen Angaben des Erfinders eine Meldung, die der Erfinder akzeptiert und unterzeichnet, erfüllt dies (selbstverständlich) die Voraussetzungen des § 5.[257] Fertigt der Arbeitgeber (Patentabteilung oder beauftragter Patentanwalt) aufgrund mündlicher Mitteilung des Erfinders den **Entwurf einer Schutzrechtsanmeldung,** die der Erfinder unterzeichnet, vermag dies im Einzelfall die Voraussetzung einer ordnungsgemäßen Meldung zu erfüllen;[258] jedenfalls kann hierin ein Indiz für einen Verzichtswillen des Arbeitgebers bezüglich der Schriftform liegen (s.a. § 5 Rdn. 39). Entsprechendes kann gelten, wenn der Arbeitgeber (unter Mitwirkung des Erfinders) ein Auftragsschreiben an seinen Patentanwalt unter konkreter Darstellung des

---

255 BGH v. 14.02.2017 GRUR 2017, 504 (Rn. 12 f., 17) – *Lichtschutzfolie* insoweit in Bestätigung von von OLG München v. 30.04.2015 – 6 U 2465/13, (unveröffentl.) u. LG München I. v. 08.07.2013 GRUR-RR 2014, 8, 11 – Spülbare Mehrschichtfolie; Schiedsst. v. 25.09.1998 – Arb.Erf. 100/96 [unveröffentl.].
256 BGH v. 14.02.2017 – X ZR 64/15, GRUR 2017, 504 (Rn. 12 f.) – *Lichtschutzfolie*; Schiedsst. v. 07.10.1999 – Arb.Erf. 43/98, (unveröffentl.); s.a. ZB v. 22.07.1992/ EV v. 04.03.1993, EGR Nr. 79 zu § 12 ArbEG (zu § 12 Abs. 4); v. 18.01.1994 – ArbErf 21/93 (zu § 6 Abs. 1) u. v. 14.02.1995 – ArbErf 46/93, (zu § 12 Abs. 4, beide unveröffentl.); v. 06.11.2008 – Arb.Erf. 39/07, (Datenbank), u. v. 08.10.2009 – Arb.Erf. 50/08, (unveröffentl.); abweichend für die Inanspruchnahmefrist aber Gennen, ITRB 2010, 280, 281.
257 So im Ergebn. LG Düsseldorf v. 22.03.2001 – 4 O 211/00, (unveröffentl.) zum früheren Schriftformerfordernis.
258 A.A. BGH v. 14.07.1966 – I a 58/64, (unveröffentl.); auszugsweise wiedergegeben bei Schiedsst. v. 22.08.1985, BlPMZ 1986, 205, 206 r.Sp.

Erfindungsgedankens mit dem Ziel formuliert,[259] diesen mit der Durchführung eines Schutzrechtserteilungsverfahrens zu beauftragen.

Dagegen soll nach Ansicht der *Schiedsstelle* keine (schriftliche) Erfindungsmeldung vorliegen, wenn der Arbeitnehmer seine Darstellung des Erfindungsgedankens dem Patentsachbearbeiter vorträgt und dieser dann eine Zusammenstellung der erfinderischen Gedanken fertigt, die den Patentanwalt befähigen soll, daraus **Patentanmeldungen** zu fertigen;[260] unterbleibe eine Unterschrift durch den Erfinder, sei der Patentsachbearbeiter nicht Vertreter des Erfinders bei der Unterschriftengestaltung.[261] Richtigerweise wird man aber in dem Verhalten des vom Arbeitgeber bevollmächtigten Patentsachbearbeiters den Ausdruck eines Verzichtswillens auf die Schriftform sehen können (s.a. § 5 Rdn. 31 ff. zur neueren BGH-Rechtsprechung). Gleiches kann gelten, wenn der Arbeitnehmer eine Meldung seiner Erfindung einem vom Arbeitgeber beauftragten Patentanwalt zur Niederschrift erklärt;[262] auch hier kann bei fehlender Unterschrift von einem Verzichtswillen des Arbeitgebers ausgegangen werden, jedenfalls dann, wenn er dieses Vorgehen veranlasst hat.

In der **Anrufung der Schiedsstelle** kann – nach Zustellung an den Arbeitgeber – möglicherweise eine Meldung liegen;[263] daran sind jedoch im Hinblick auf die Voraussetzungen in § 5 Abs. 1, »gesonderte« und »kenntlich gemachte« Meldung, strenge Anforderungen zu stellen. Bei einer Anrufung der Schiedsstelle »wegen Erfindervergütung« fehlt im Zweifel eine Kenntlichmachung, da sie beim Arbeitgeber den Eindruck erweckt, es gehe nur um die Höhe der Vergütung für eine bereits übergeleitete Erfindung.[264]

### 3. Verzicht auf die Text-/Schriftform

38 Da die Meldung eine geschäftsähnliche Handlung und kein Rechtsgeschäft darstellt (vgl. § 5 Rdn. 5), kann der Arbeitgeber (ausdrücklich oder stillschweigend) ungehindert durch § 125 BGB auf die Textform (§ 5 Abs. 1 Satz 1 n.F.)

---

259 LG Düsseldorf v. 08.03.1984 – 4 O 155/89 – *Gasflaschenpalette* (unveröffentl.); Schiedsst. v. 22.08.1985, BlPMZ 1986, 205, 206 r.Sp; vgl. auch BGH v. 14.07.1966 – I a 58/64, (unveröffentl.).
260 Schiedsst. v. 22.08.1985, BlPMZ 1986, 205, 206 r.Sp.
261 I.d.S. auch Schiedsst. v. 07.02.1995 – Arb.Erf. 6 u. 7 (B)/93, (unveröffentl.).
262 Einschränkend Schiedsst. v. 15.04.1989 – Arb.Erf. 3/88, (unveröffentl.) u. v. 13.11.2003 – Arb.Erf. 68/01 (Datenbank).
263 So wohl Schiedsst. v. 17.07.1979, BlPMZ 1980, 234 r.Sp.
264 OLG Frankfurt am Main v. 22.01.2009 GRUR-RR 2009, 291, 292 – Erfindungsanmeldung.

bzw. die Schriftform (§ 5 Abs. 1 a.F. i.V.m. § 43 Abs. 3) – auch noch nachträglich – verzichten[265] (zum Verzicht auf die Meldung als solche s. § 5 Rdn. 30). Stets sollte jedoch bedacht werden, dass ein derartiger Verzicht für beide Parteien erhebliche **Risiken** in sich birgt, namentlich Beweisschwierigkeiten etwa im Hinblick auf das »Ob« der Meldung, deren Ordnungsmäßheit und deren Umfang (vgl. § 5 Abs. 2 und 3) oder bezüglich des Zeitpunktes, auf den es für die Fristen und Termine nach § 6 Abs. 2, § 13 Abs. 1 Satz 2, § 17 Abs. 1 und § 24 Abs. 1 ankommt (zur Vereinbarkeit mit § 22 s. § 22 Rdn. 27).

Ein **stillschweigender Verzicht** auf dieses Formerfordernis kann nicht ohne Vorliegen beachtlicher Umstände, die (eindeutig) für einen dahingehenden Willen des Arbeitgebers sprechen, angenommen werden.[266] Ein (schlüssiger) Verzicht auf die Text- bzw. Schriftform setzt voraus, dass der Arbeitgeber überhaupt erkennen kann, dass ein ihm vom Arbeitnehmer vorgelegtes Arbeitsergebnis von letzterem als schutzfähige Diensterfindung bewertet wird. Dabei ist notwendig, dass inhaltlich die sonstigen Erfordernisse einer Erfindungsmeldung i.S.d. § 5 Abs. 1 erfüllt sind, also eine gesonderte Meldung derart erfolgt, dass der Erfindungscharakter herausgestellt wird.[267] Die (konkludente) Meldung muss so beschaffen sein, dass der Arbeitgeber aufmerksam gemacht wird, damit vor die Entscheidung über die Inanspruchnahme gestellt zu sein[268] (s.a. § 5 Rdn. 31). Der Arbeitnehmer muss den Arbeitgeber zumindest darauf hin-

39

---

265 So schon Amtl. Begründung BT-Drucks. II/1648, S. 21 = BlPMZ 1957, 229; BGH v. 24.11.1961 – I ZR 156/59, GRUR 1962, 305, 307 – *Federspannvorrichtung* m. krit. Anm. Friedrich; BGH v. 14.07.1966 – I a 58/64, (unveröffentl.) u. v. 17.01.1995, Mitt. 1996, 16 – *Gummielastische Masse*; OLG Karlsruhe v. 12.02.1997, Mitt. 1998, 101, 102 – *Umschreibung während d. Vindikationsrechtsstreits*; Schiedsst. v. 19.04.1960, BlPMZ 1960, 280, 281 u. v. 06.08.1982 – Arb.Erf. 62/81, (unveröffentl.); LG Düsseldorf v. 30.09.1975, EGR Nr. 15 zu § 5 ArbEG; Volmer/Gaul Rn. 39 zu § 5; vgl. auch Schiedsst. v. 22.08.1985, BlPMZ 1986, 205, 206 r.Sp; a.A. LAG Baden-Württemberg v. 24.01.1958, DB 1958, 312 = ARSt. XX Nr. 244; diff. Klauer/Möhring/Nirk PatG Rn. 16 Anh. zu § 3 (nur, wenn Fristbeginn zweifelsfrei); vgl. (aber) insbes. zum stillschweigenden Verzicht auch Busse/Keukenschrijver PatG, Rn. 7 zu § 5 ArbEG.
266 So BGH v. 24.11.1961 – I ZR 156/59, GRUR 1962, 305, 307 – *Federspannvorrichtung* m. krit. Anm. Friedrich; Schiedsst. v. 18.02.1976, EGR Nr. 18 zu § 5 ArbEG; vgl. auch Schiedsst. v. 22.08.1985, BlPMZ 1986, 205, 206 r.Sp. u. Volmer/Gaul Rn. 199 zu § 5.
267 BGH v. 17.01.1995 – X ZR 130/93, Mitt. 1996, 16, 17 – *Gummielastische Masse*.
268 LG Düsseldorf v. 10.04.1984 – 4 O 55/83 – *Polymerisationsanlage* (unveröffentl.), wonach auch die Erfindung erläuternde Gespräche selbst i.V.m. einer vom Arbeitgeber vorgenommenen Schutzrechtsanmeldung allein nicht ausreichen; ähnl. Schiedsst. v. 07.02.1995 – Arb.Erf. 6 (B) u 7 (B)/93, (unveröffentl.).

weisen, dass er die mitgeteilten Entwicklungsarbeiten für bedeutsam und als Ausdruck eines ggf. patentfähigen allgemeinen Lösungsprinzips oder einer Erfindung ansieht; ein Tätigkeitsbericht ohne näheren Hinweis auf eine mögliche Bedeutung als Erfindung genügt nicht[269] (zu Gesprächen s. auch § 5 Rdn. 35.8).

An den Nachweis eines (stillschweigenden) Verzichts sind **strenge Anforderungen** zu stellen.[270] Ob ein Verzicht vorliegt, ist nach den Umständen des Einzelfalles unter Beachtung der Grundsätze von Treu und Glauben zu beurteilen.[271] Solches mag bspw. dann anzunehmen sein, wenn der Arbeitgeber im Bewusstsein einer Erfindungsmeldung bisher die Nichtbeachtung der Text- bzw. Schriftform stets geduldet hat,[272] oder in den Fällen, in denen die Unterschrift oder ein Abschlusshinweis fehlt, weil auf einem vom Arbeitgeber ausgegebenen Meldungsformular kein Unterschriftsfeld für den Arbeitnehmer bzw. kein Abschlusshinweis vorgesehen war.[273]

Nach der Rechtsprechung der Instanzgerichte kann die spätere Anfertigung und Einreichung einer **Patentanmeldung** auf der Grundlage einer formlosen Meldung bzw. die Beauftragung eines Patentanwalts mit einer Schutzrechtsanmeldung unter abschließender (schriftlicher) Darstellung des Erfindungsge-

---

269 BGH v. 17.01.1995 – X ZR 130/93, Mitt. 1996, 16, 17 – *Gummielastische Masse*.
270 OLG Düsseldorf v. 16.08.2001 – 2 U 105/00, (unveröffentl.); LG München I. v. 16.05.2013 –/O 6031/12 (unveröffentl.) u. v. 08.07.2013 GRUR-RR 2014, 8, 11 – Spülbare Mehrschichtfolie, bestätigt durch OLG München v. 30.04.2015 – 6 U 2465/13, (unveröffentl.; insoweit nicht thematisiert bei BGH v. 14.02.2017 – X ZR 64/15, GRUR 2017, 504 – *Lichtschutzfolie*); Schiedsst. v. 07.02.1995 – Arb.Erf. 6 (B) u 7 (B)/93, (unveröffentl.); v. 05.05.1998 – Arb.Erf. 37/96, (unveröffentl.) u. v. 06.11.2008 – Arb.Erf. 39/07 (Datenbank) u. v. 18.11.2009 – Arb.Erf. 28/04, (unveröffentl.); Keukenschrijver in Busse/Keukenschrijver PatG Rn. 7 zu § 5 ArbEG.
271 Vgl. Amtl. Begründung BT-Drucks. II/1648, S. 21 = BlPMZ 1957, 229. Zust. LG München I. v. 16.05.2013 –/O 6031/12 (unveröffentl.) u. v. 08.07.2013 GRUR-RR 2014, 8, 11 – Spülbare Mehrschichtfolie (insoweit nicht thematisiert bei BGH v. 14.02.2017 – X ZR 64/15, GRUR 2017, 504 – *Lichtschutzfolie*).
272 Zust. OLG Düsseldorf v. 16.08.2001 – 2 U 105/00, (unveröffentl.); LG Braunschweig v. 01.06.1976, EGR Nr. 14 zu § 5 ArbEG – jeweils zur Schriftform nach § 5 Abs. 1 a.F.
273 Vgl. Schiedsst. v. 22.08.1985, BlPMZ 1986, 205, 206 zur eigenhändigen Unterschrift.

## J. Formererfordernisse und Mindestvoraussetzungen § 5

genstandes[274] ebenso ein Indiz für den Verzichtswillen sein[275] (zur neueren BGH-Rechtsprechung s. aber § 5 Rdn. 31) wie die Zahlung von Vergütungsbeiträgen für die Nutzung mündlich gemeldeter Diensterfindungen[276] (s.a. die Beispiele in § 5 Rdn. 37). In derartigen Fällen bringe der Arbeitgeber zum Ausdruck, hinreichend mit dem Gegenstand der Diensterfindung vertraut zu sein, sodass regelmäßig nicht ersichtlich wird, welches Interesse er noch an einer förmlichen (schriftlichen) Erfindungsmeldung haben könnte.[277]

Nach Ansicht des *OLG Karlsruhe*[278] ist bei **Kleinstbetrieben** die Annahme eines Verzichts auf die vom Gesetz geforderte Form einer Erfindungsmeldung besonders naheliegend. Dies erscheint dann bedenklich, wenn in einem solchen Kleinstbetrieb keine Kenntnis der wechselseitigen Rechte und Pflichten aus dem ArbEG besteht, was Voraussetzung für den (auch schlüssig zu erklärenden) Verzichtswillen ist.

Dagegen verbietet sich die Annahme eines Verzichtswillens, wenn die Arbeitsvertragsparteien (oder der Arbeitgeber für den Arbeitnehmer erkennbar) lediglich von einem (nicht meldepflichtigen – s. § 3 Rdn. 28 ff.) **Verbesserungsvorschlag** ausgehen.[279] Gleiches gilt für die bloße Bekanntgabe von Versuchsergebnissen, und zwar auch dann, wenn der Arbeitgeber von Anfang an über sämtliche Entwicklungsarbeiten voll informiert war.[280]

Zum Beginn der Frist der Inanspruchnahmefiktion s. § 6 n.F. Rdn. 84.

---

274 LG Düsseldorf v. 08.03.1984 – 4 O 155/83 – *Gasflaschenpalette* (unveröffentl.); v. 17.09.1991, Entscheidungen 4. ZK 2000, 25, 27 f. – *Reißverschluss* u. v. 29.02.2000, Entscheidungen 4. ZK 2000, 32, 35 – *Müllbehältergreifvorrichtung* u. OLG München v. 10.07.2008, GRUR-RR 2009, 219, 220 – *Vliesproduktion*; Fricke/Meier-Beck, Mitt. 2000, 199, 202.
275 Schiedsst. v. 18.02.1976, EGR Nr. 18 zu § 5 ArbEG; Volmer/Gaul Rn. 201 zu § 5; grundsätzlich weitergehend wohl Boemke/Kursawe/Hoppe-Jänisch Rn. 24 zu § 13, wonach (bereits) eine Schutzrechtsanmeldung trotz Nichteinhaltung der Formalien und inhaltlichen Erfordernisse nach § 5 Abs.2 den Verzicht auf eine ordnungsgemäße Meldung bedeuten soll; a.A. m. beachtlichen Argumenten Hellebrand, Mitt. 2001, 195 ff.
276 LG Düsseldorf v. 07.01.1965, EGR Nr. 5 zu § 5 ArbEG.
277 OLG Düsseldorf v. 16.08.2001 – 2 U 105/00, (unveröffentl.); LG Düsseldorf v. 17.09.1991, Entscheidungen 4. ZK 2000, 25, 27 f. – *Reißverschluss*; i. Anschl. hieran LG Frankfurt v. 22.12.2004 – 2/6, O 89/04, (unveröffentl.).
278 OLG Karlsruhe v. 12.02.1997, Mitt. 1998, 101, 102 – *Umschreibung während d. Vindikationsrechtsstreits*.
279 LG Düsseldorf v. 10.04.1984 – 4 O 55/83 – *Polymerisationsanlage* (unveröffentl.).
280 BGH v. 17.01.1995 – X ZR 130/93, Mitt. 1996, 16, 17 – *Gummielastische Masse*; vgl. auch LG Düsseldorf v. 13.04.2010, Mitt. 2010, 541, 545 – *Beschichtung für Solarabsorber*.

## III. Gesonderte Meldung

40 Mit Rücksicht auf die vom Zeitpunkt der Meldung der Diensterfindung an laufende Frist zur Inanspruchnahme oder Freigabe fordert das Gesetz eine »gesonderte« Meldung, d.h. ein von anderweitigen Dokumenten und Inhalten getrenntes (separates), **für sich stehendes Meldungsdokument**[281]. Die Erklärung darf also z.B. nicht eingefügt (»versteckt«) in andere Berichte eingereicht werden[282] bzw. nicht in einer Vielzahl von unterschiedlichen Informationen quasi untergehen[283]. Damit soll einer fehlenden Aufmerksamkeit im Bereich des Arbeitgebers angesichts der Fülle von innerbetrieblichem Schriftverkehr vorgebeugt werden[284] – eine Gefahr, die aufgrund des zunehmenden E-Mail-Austausches wächst. Demzufolge sind an dieses Merkmal gerade seit dem Genügen der Textform keine geringen Anforderungen zu stellen. Damit reichen bloße Tätigkeitsberichte, Arbeitsberichte,[285] Laborberichte oder allgemeine Unterrichtungen des Arbeitgebers über Versuchsergebnisse[286] und Entwicklungsarbeiten sowie sonstige Sachstandsmitteilungen zum weiteren Meinungsaustausch[287] nicht aus.[288] Gleiches gilt, wenn in einer nicht als Erfindungsmeldung gekennzeichneten Mitteilung selbst überhaupt keine technischen Informationen enthalten sind, sondern sich diese erst in der Zusam-

---

281 Im Ergebn. zust. LG Düsseldorf v. 13.04.2010, Mitt. 2010, 541, 545 – *Beschichtung für Solarabsorber*; ferner OLG Frankfurt am Main v. 22.01.2009 GRUR-RR 2009, 291, 292 – Erfindungsanmeldung; zust. auch Keukenschrijver in Busse/Keukenschrijver, PatG, Rn. 6 zu § 5 (»getrennte, für sich stehende Erklärung«).
282 S. BGH v. 12.04.2011 – X ZR 72/10, GRUR 2011, 733 [Rn. 12, 19] – *Initialidee* m.H.a. Amtl. Begründung BT-Drucks. II/1648, S. 21 = BlPMZ 1957, 230; ferner LG Düsseldorf v. 18.05.1972 – 4 O 213/71, (unveröffentl.); Schiedsst. v. 22.04.1992 – Arb.Erf. 45/91, (unveröffentl.); v. 06.11.2008 – Arb.Erf. 39/07 (Datenbank); v. 18.11.2009 – Arb.Erf. 28/04 (unveröffentl.) u. v. 28.01.2010 – Arb.Erf. 56/08, (insoweit nicht in www.dpma.de).
283 LG Düsseldorf v. 03.11.2016 – 4c O 79/15, (www.justiz.nrw.de, Rn. 85, 86) – Retardtablette.
284 S. BGH v. 12.04.2011, GRUR 2011, 733 [Rn. 12] – *Initialidee* m. H. a. Scharen, VPP-Rundbrief 2007, 155, 158.
285 Schiedsst. v. 18.11.2009 – Arb.Erf. 28/04, (unveröffentl.).
286 Keukenschrijver in Busse/Keukenschrijver, PatG, Rn. 6 Fn. 24 zu § 5 ArbEG m. H. a. OLG München v. 18.09.1997 – 6 U 1781/92, (unveröffentl.).
287 LG Düsseldorf v. 03.11.2016 – 4c O 79/15, (www.justiz.nrw.de, Rn. 81) – Retardtablette I.
288 Vgl. BGH v. 12.04.2011 – X ZR 72/10, GRUR 2011, 733 [Rn. 18 f.] – *Initialidee*; BGH v. 17.01.1995 – X ZR 130/93, Mitt. 1996, 16, 17 – *Gummielastische Masse*; LG München v. 11.11.2010 – 7 O 20114/08, (unveröffentl.); vgl. auch Schiedsst. v. 19.01.2006 – Arb.Erf. 69/04 u. v. 12.10.2006 – Arb.Erf. 8/05 (beide Datenbank).

menschau mit Anlagen erschließen, die zugleich eine Fülle unterschiedlicher technischer Informationen aufweisen.[289] Ein Verzicht auf eine gesonderte Meldung liegt nicht schon in einem Verzicht auf die Text- bzw. Schriftform.[290]

### IV. Kenntlichmachen der Erfindungsmeldung

Die vom Arbeitnehmer vorgelegten Unterlagen müssen schließlich für den Arbeitgeber (objektiver Empfängerhorizont[291]) **eindeutig erkennen lassen**, dass es sich um die Meldung einer (Dienst-)Erfindung handelt. Daran hat auch das Patentrechtsmodernisierungsgesetz nichts geändert (s. § 5 Rdn. 1). Durch dieses Kenntlichmachen soll – ebenso wie durch die Pflicht zur gesonderten Meldung (s. § 5 Rdn. 40) – der Arbeitgeber auf die vom Arbeitnehmer entwickelte Diensterfindung hingewiesen werden, um ihm die Frage deren Inanspruchnahme oder Freigabe nahezubringen.[292] So soll insb. sichergestellt werden, dass sich der Arbeitgeber der Bedeutung des Schriftstückes im Hinblick auf die nunmehr beginnende Inanspruchnahmefrist bewusst wird (**Warnfunktion**[293]); im Interesse des Arbeitgebers soll verhindert werden, dass sich – bezogen auf Alterfindungen – ein Arbeitnehmer nach geraumer Zeit auf irgendwelche Berichte oder sonstige Informationen berufen und damit – für Alterfindungen – den Ablauf der Inanspruchnahmefrist behaupten kann[294] (s.a. § 5 Rdn. 33). Dieser Zweck greift auch bei der nunmehr geltenden Inanspruchnahmefiktion nach § 6 Abs. 2. Denn der Arbeitgeber muss zumindest in die Lage versetzt werden, den Erfindungscharakter zu erkennen und sachgerecht über die Frage der Inanspruchnahme oder Freigabe und eine etwaige

41

---

289 LG Düsseldorf v. 03.11.2016 – 4c O 79/15, (www.justiz.nrw.de, Rn. 87) – *Retardtablette I.*
290 BGH v. 17.01.1995 – X ZR 130/93, Mitt. 1996, 16, 17 – *Gummielastische Masse.*
291 LG Düsseldorf v. 03.11.2016 – 4c O 79/15, (www.justiz.nrw.de, Rn. 72, 76) – *Retardtablette I.*
292 BGH v. 12.04.2011 – X ZR 72/10, GRUR 2011, 733 [Rn. 12] – *Initialidee* m.H.a. BGH v. 25.03.1958, GRUR 1958, 334 – *Mitteilungs- und Meldepflicht*; vgl. auch Schiedsst. ZB. v. 07.03.2016 – Arb.Erf. 09/14, (www.dpma.de = Mitt. 2017, 134 nur LS).
293 Ebenso OLG Düsseldorf v. 12.03.2009 – I-2 U 72/06, (unveröffentl.).
294 LG Düsseldorf v. 18.05.1972 – 4 O 213/71, (unveröffentl.); v. 29.12.1999, Entscheidungen 4. ZK. 2000, 8, 13 – *Abfallsammelbehälter* u. v. 03.11.2016 – 4c O 79/15, (www.justiz.nrw.de, Rn. 65) – *Retardtablette I* m.H.a. OLG Düsseldorf v. v. 12.03.2009 – I-2 U 72/06, (unveröffentl.); LG München v. 11.11.2010 – 7 O 20114/08, (unveröffentl.).

Schutzrechtsanmeldung zu entscheiden.[295] Darauf, ob der Arbeitgeber den eigenständigen erfinderischen Charakter der mitgeteilten technischen Neuerung tatsächlich erkannt hat, kommt es nicht an.[296] Hat der Arbeitgeber allerdings den Charakter eines gesonderten, formgerechten Dokuments als Erfindungsmeldung erkannt und dies – etwa per Eingangsbestätigung (§ 5 Abs. 1 S. 2) oder in sonstiger Weise – ohne Vorbehalt bzw. Beanstandung gegenüber dem Arbeitnehmer dokumentiert, kann grundsätzlich von einer ausreichenden Kenntlichmachung ausgegangen werden.[297]

Angesichts der Warnfunktion sind – trotz Änderung der §§ 6, 7 n.F. – an einen (grundsätzlich möglichen) konkludenten **Verzicht** auf dieses Wirksamkeitserfordernis unverändert strenge Anforderungen zu stellen, die nicht bereits durch einen Verzicht auf das Formbedürfnis erfüllt sind.[298]

Das Kenntlichmachen muss nicht ausdrücklich unter Verwendung der Worte »Meldung« oder »Erfindungsmeldung« erfolgen; insgesamt ist **kein formaler Wortlaut vorgeschrieben**.[299] Vielmehr kann auch in anderer Weise ersichtlich werden, dass eine neue Lehre zu technischem Handeln gefunden worden ist,[300] sofern für den Arbeitgeber erkennbar wird, dass ihm der Arbeitnehmer eine **Erfindung** oder ein ggf. patent-/gebrauchsmusterfähiges allgemeines Lösungsprinzip **nahebringen will**[301] und nicht etwa ein normales Arbeitsergebnis oder

---

295 Vgl. allg. BGH v. 04.04.2006 – X ZR 155/03, GRUR 2006, 754 – *Haftetikett*, bestätigt durch BGH v. 12.04.2011 – X ZR 72/10, GRUR 2011, 733 (Rn. 14) – *Initialidee*.
296 OLG Düsseldorf v. 12.03.2009 – 2 U 72/06, (unveröffentl.). Im Ergebnis auch BGH (v. 04.04.2006 – X ZR 155/03, GRUR 2006, 754 – *Haftetikett* u. BGH v. 12.04.2011 – X ZR 72/10, GRUR 2011, 733 – *Initialidee*).
297 So im Ergebn. auch LG Frankfurt v. 22.10.2014 – 2–06 O 214/14, (juris, Rn. 70), dort auf Grund der Arbeitgebermitteilung an den Arbeitnehmer, ihn »fristgerecht über eine eventuelle Inanspruchnahme zu informieren«.
298 So zu Recht Keukenschrijver in Busse/Keukenschrijver, PatG, Rn. 8 zu § 5 ArbEG.
299 Amtl. Begründung BT-Drucks. II/1648, S. 21 = BlPMZ 1957, 229; OLG Düsseldorf v. 12.03.2009 – 2 U 72/06, (unveröffentl.); LG Düsseldorf v. 27.03.1973, GRUR 1974, 173, 174 – *Blockeinweiser* u. v. 03.11.2016 – 4c O 79/15, (www.justiz.nrw.de, Rn. 65) – Retardtablette I; Schiedsst. v. 27.08.1980, EGR Nr. 24 zu § 5 ArbEG u. v. 18.01.2005 – Arb.Erf. 87/03 (Datenbank).
300 Vgl. OLG München v. 13.01.1977, Mitt. 1977, 239; LG Düsseldorf v. 29.12.1999, Entscheidungen 4. ZK. 2000, 8, 13 – *Abfallsammelbehälter*; im Ergebn. so auch stand. Praxis Schiedsst., z.B. v. 01.02.1988 – Arb.Erf. 55/87, (unveröffentl.).
301 S. BGH v. 12.04.2011 – X ZR 72/10, GRUR 2011, 733 [Rn. 12] – *Initialidee* m.H.a. BGH v. 17.01.1995 – X ZR 130/93, Mitt. 1996, 16 – *Gummielastische Masse*.

ein Verbesserungsvorschlag gemeldet werden soll[302] oder es ihm um sonstige Mitteilungen, etwa um einen (Zwischen-)Bericht zu Arbeitsinhalten oder zum Stand von Entwicklungsarbeiten, geht.[303] Es kommt auf die Verständnismöglichkeit des Arbeitgebers an (»Empfängerhorizont«). Die Kenntlichmachung soll gerade vermeiden, dass ein Arbeitgeber vor derartige Abgrenzungsprobleme gestellt wird. Zur Kenntlichmachung genügt u. a. der **eindeutige Hinweis** darauf, dass der Meldende glaubt, bei der dargestellten technischen Lösung eine (schutzfähige) **Erfindung gemacht zu haben**.[304] Gleiches gilt für die Mitteilung von Versuchsergebnissen verbunden mit dem Hinweis, dass der Arbeitnehmer die Versuche als bedeutsam und als ggf. patent- oder gebrauchsmusterfähiges Lösungsprinzip ansieht.[305] Ein damit verbundener Hinweis des Erfinders, er sei sich der Schutzfähigkeit nicht sicher oder habe Zweifel, ist unschädlich (s. auch § 5 Rdn. 6, 24). Allerdings spricht ein diesbezüglicher Hinweis, sich nach dem bisherigen Stand der Entwicklungsarbeiten dazu noch nicht definitiv und nur in Abstimmung mit anderen Miterfindern äußern zu wollen, aus Sicht des Arbeitgebers dagegen, dass der Arbeitnehmer bereits in diesem Stadium eine (fertiggestellte) Erfindung melden will.[306] Mitteilungen, deren Hauptaussage in eine ganz andere Richtung geht als in die einer Erfindungsmeldung, können nur unter besonderen Umständen, d.h. wenn starke weitere Indizien hinzutreten, dass solche Mitteilungen vom Arbeitgeber als Erfindungsmeldung aufgefasst werden mussten, als Erfindungsmeldung qualifiziert werden[307] (zur Anrufung der Schiedsstelle s. § 5 Rdn. 37). Ohnehin ist ggü. der Forderung, auch außerhalb der schriftlichen Urkunde bzw. der elektronischen Erklärung liegende Umstände wertend mitheranzuziehen,[308] Zurückhaltung geboten, da dies schwerlich mit dem Begriff des »Kenntlichma-

---

302 Schiedsst. v. 27.08.1980, EGR Nr. 24 zu § 5 ArbEG u. v. 18.11.2009 – Arb.Erf. 28/04, (unveröffentl.); im Ergebn. ebenso Schiedsst. v. 18.02.1983 – Arb.Erf. 23/82, (unveröffentl.).
303 Zust. LG Düsseldorf v. 03.11.2016 – 4c O 79/15, (www.justiz.nrw.de, Rn. 65, 77) – Retardtablette I.
304 LG Düsseldorf v. 03.11.2016 – 4c O 79/15, (www.justiz.nrw.de, Rn. 65) – Retardtablette I; Schiedst. v. 05.05.1998 – Arb.Erf. 37/96 u. v. 06.11.2008 – Arb.Erf. 39/07 (beide Datenbank). Ähnl. Keukenschrijver in Busse/Keukenschrijver, PatG, Rn. 8 zu § 5 ArbEG: Der ArbN muss in seiner Meldung »kenntlich machen, dass er das Ergebnis seiner Arbeit für patentrechtlich bedeutsam hält«.
305 BGH v. 12.04.2011 – X ZR 72/10, GRUR 2011, 733 [Rn. 12] – *Initialidee*.
306 I. d. Sinn LG Düsseldorf v. 03.11.2016 – 4c O 79/15, (www.justiz.nrw.de, Rn. 76 f.) – Retardtablette I.
307 Schiedsst. v. 07.02.1995 – Arb.Erf. 6 u. 7(B)/93, (unveröffentl.).
308 LG Düsseldorf v. 18.05.1972 – 4 O 213/71, (unveröffentl.).

42 Wegen der vom Gesetz vorgegebenen Formstrenge kann unter besonderen Umständen[309] ein Kenntlichmachen im Einzelfall auch z.B. durch die Kennzeichnung als »**Entwurf einer Patentanmeldung**«[310] oder als »Zusatz zur Patentanmeldung« erfolgen.[311] In einem Anmeldungsentwurf wird üblicherweise allerdings nur die Erfindung als solche umschrieben, aber nicht ohne Weiteres die an den Arbeitgeber gerichtete Warnfunktion bezüglich Fristenablauf und Entstehen des Vergütungsanspruchs verfolgt, die einer formgerechten Erfindungsmeldung eigen ist.[312] Ebenso wenig reicht im Regelfall der Hinweis aus, bei dem mitgeteilten technischen Gegenstand handele es sich um eine **Erweiterung bzw. Ergänzung der eine frühere Erfindung betreffenden Patentanmeldung**, da sich daraus nicht entnehmen lässt, eine neue und erfinderische technische Lehre zum Handeln gefunden zu haben.[313]

43 Ebenso genügt die Vorlage einer (unterschriebenen) **Konstruktionszeichnung** ohne weiteren Hinweis grds. nicht[314] (s.a. § 5 Rdn. 11). Übliche **Arbeitsprotokolle** und Laborberichte erfüllen i.d.R. nicht die Voraussetzungen einer Erfindungsmeldung[315] (s.a. § 5 Rdn. 40). Sie geben im Regelfall nur einen Sachstand bzw. erreichte Arbeitsergebnisse und ggf. Vorstellungen über ein evtl. weiteres zweckmäßiges Vorgehen wieder.[316] Eine Kennzeichnung fehlt auch, wenn der Arbeitnehmer unter Vorlage von Entwicklungsberichten, in denen er unter Einbeziehung einer nicht näher gekennzeichneten Erfindung seinem Vorgesetzten einen bestimmten Entwicklungs- bzw. Arbeitsstand schil-

---

309 Schiedsst. v. 12.03.2002 – Arb.Erf. 92/99, (unveröffentl.).
310 LG Düsseldorf v. 08.03.1983 – 4 O 155/82, (unveröffentl.); einschränkend Schiedsst. v. 07.02.1995 – Arb.Erf. 6 u. 7(B)/93, (unveröffentl.).
311 Schiedsst. v. 19.04.1960, BlPMZ 1960, 280, 281.
312 Schiedsst. v. 12.03.2002 – Arb.Erf. 92/99, (unveröffentl.).
313 OLG Düsseldorf v. 12.03.2009 – 2 U 72/06, (unveröffentl.).
314 OLG Karlsruhe v. 18.04.1958, Mitt. 1958, 220, 222; LG Düsseldorf v. 29.12.1999, Entscheidungen 4. ZK. 2000, 8, 13 – *Abfallsammelbehälter* u. Schiedsst. ZB. v. 29.08.1985 – Arb.Erf. 13/84, (unveröffentl.).
315 Vgl. BGH v. 12.04.2011 – X ZR 72/10, GRUR 2011, 733 [Rn. 18 f.] – *Initialidee*; BGH v. 17.01.1995 – X ZR 130/93, Mitt. 1996, 16, 17 – *Gummielastische Masse*; LG Düsseldorf v. 03.11.2016 – 4c O 79/15, (www.justiz.nrw.de, Rn. 65, 72 ff.) – *Retardtablette I*; Schiedsst. v. 05.11.1986 – Arb.Erf. 61/85, (unveröffentl.) Schiedsst. v. 12.10.2006 – Arb.Erf. 8/05 (Datenbank); s.a. BGH v. 17.01.1995 – X ZR 130/93, Mitt. 1996, 16, 17 – *Gummielastische Masse*.
316 S. BGH v. 12.04.2011 – X ZR 72/10, GRUR 2011, 733 [Rn. 18 f.] – *Initialidee*.

## J. Formerfordernisse und Mindestvoraussetzungen  § 5

dert und um eine Entscheidung über das weitere Vorgehen bittet.[317] Als Meldung nicht ausreichend ist ferner die »Meldung einer Produktidee«,[318] die Mitteilung einer »neuen Idee für ein Konzept«[319] oder eines »Schlüssels zur Lösung des Problems«,[320] ferner die Einstellung von Projektinformationen in eine firmeninterne Datenbank, in der zur organisatorischen Nachverfolgung von Arbeitsprogrammen bestimmte Arbeitsabläufe als Grundlage für weitere Arbeitsschritte festgehalten werden.[321] In all diesen Fällen bedarf es eines deutlichen, unmissverständlichen **Hinweises auf eine mögliche Erfindungsqualität**[322] Ein bloßer Hinweis auf frühere Mitteilungen reicht dafür nicht aus, weil auch hierbei die Signalwirkung der Kenntlichmachung für den Arbeitgeber fehlt. Etwas anderes gilt allerdings dann, wenn sich beispielsweise aus der Bekanntgabe der Versuchsergebnisse oder Entwicklungsarbeit für den Arbeitgeber hinreichend erkennbar die Bedeutung der mitgeteilten technischen Neuerung als Erfindung bzw. deren Einstufung als schutzfähiges Lösungsprinzig ergibt (s. § 5 Rdn. 41). Ebenso kann die **spätere Einreichung einer Schutzrechtsanmeldung** durch den Arbeitgeber aufgrund einer vorangegangenen Information des Arbeitnehmers ein Indiz für eine ausreichende Kenntlichmachung sein[323] (vgl. auch § 5 Rdn. 31). Berechtigte Zweifel aus Arbeitgebersicht daran, ob es sich um eine Erfindungsmeldung oder einen bloßen Arbeitsbericht bzw. eine sonstige nach § 5 irrelevante Mitteilung handelt, gehen grundsätzlich zu Lasten des meldenden Arbeitnehmers.[324]

---

317 Schiedsst. v. 08.02.1988 – Arb.Erf. 75/87; v. 01.02.1988 – Arb.Erf. 55/87 u. v. 17.11.2004 – Arb.Erf. 60/03, (sämtl. unveröffentl.).
318 Schiedsst. v. 17.04.2001 – Arb.Erf. 82/99, (unveröffentl.).
319 Schiedsst. v. 06.11.2008 – Arb.Erf. 39/07 (Datenbank); a.A. wohl BGH v. 12.04.2011 – X ZR 72/10, GRUR 2011, 733 [Rn. 12] – *Initialidee* für den Fall der Mitteilung eines »zentralen Gedankens«, der z. Anlass weiterer Forschungstätigkeit genommen wird; diese Information soll nachfolgende Erfindungsmeldung nach Fertigstellung der Erfindung überflüssig machen (!). Schiedsst. v. 06.11.2008 – Arb.Erf. 39/07 (Datenbank).
320 Schiedsst. v. 18.11.2009 – Arb.Erf. 28/04, (unveröffentl.).
321 LG Düsseldorf v. 08.03.2005 – 4a O 484/04, (unveröffentl.).
322 I.d.S. Schiedsst. v. 17.04.2001 – Arb.Erf. 82/99, (unveröffentl.); s.a. BGH v. 12.04.2011 – X ZR 72/10, GRUR 2011, 733 [Rn. 19] – *Initialidee*.
323 Schiedsst. v. 12.03.2002 – Arb.Erf. 92/99, (unveröffentl.).
324 So im Ergebn. LG Düsseldorf v. 03.11.2016 – 4c O 79/15, (www.justiz.nrw.de, Rn. 77) – Retardtablette I; s. auch Schiedst. v. 24.01.2018 – Arb.Erf. 39/16, (vorg. f. www.dpma.de).

**43.1** Eine **Kennzeichnung als »Verbesserungsvorschlag«** reicht regelmäßig nicht zur Kenntlichmachung als Erfindungsmeldung aus,[325] so dass damit die 4-Monats-Frist des § 6 Abs. 2 n.F./a.F. nicht anläuft.[326] Dies ist gerechtfertigt: Das ArbEG geht von einer klaren Trennung von Erfindungswesen und Vorschlagswesen aus (vgl. §§ 2, 3, 20). Zum anderen ist auch in der Betriebspraxis seit jeher eine organisatorische Trennung zwischen Erfindungs- und Vorschlagswesen – jedenfalls in größeren Unternehmen – anzutreffen, sodass bei einer falschen Kennzeichnung die Gefahr der Zuleitung an eine unzuständige Fachabteilung besteht.[327] Eine als Verbesserungsvorschlag angesehene Erklärung des Arbeitnehmers wird auch ansonsten üblicherweise wegen des regelmäßig geringeren Stellenwertes der Verbesserungsvorschläge und deren originärer Zuordnung zum Arbeitgeber einer anderen tatsächlichen und rechtlichen Behandlung – häufig auch durch einen anderen Personenkreis – zugeführt.[328] Wenn der Gesetzgeber mit der Pflicht zur besonderen Kenntlichmachung die Erfindungsmeldung geradezu mit einer Signalwirkung ausstatten wollte, um einer unzutreffenden Behandlung vorzubeugen, geht es nicht an, eine gerade das Gegenteil bewirkende Kennzeichnung als ausreichend anzusehen. Zudem ist es allein Sache des Arbeitnehmers, dafür Sorge zu tragen, dass seine Erfindungsmeldung auch als solche erkannt wird.[329] Eine eigenständige Prüfungspflicht des Arbeitgebers besteht nicht, es sei denn, er erkennt einen Irrtum des Arbeitnehmers über die Schutzfähigkeit des »Verbesserungsvorschlags« (s. § 3 Rdn. 24). Auch eine Kennzeichnung als »Neue technische Innovation« reicht

---

325 Im Ergebn. ebenso ständ. Praxis d. Schiedsst. v. 18.02.1983 – Arb.Erf. 23/82, (unveröffentl.), v. 27.08.1980, EGR Nr. 24 zu § 5 ArbEG; v. 26.02.1997 – Arb.Erf. 56/95, (unveröffentl.); ZB. v. 07.03.2016 – Arb.Erf. 09/14, (www.dpma.de = Mitt. 2017, 134 nur LS.); v. 04.08.2017 – 21/13, (www.dpma.de); im Ergebn. auch Schiedsst. v. 21.06.2006 – Arb.Erf. 38/05 (Datenbank); ferner Keukenschrijver in Busse/Keukenschrijver PatG Rn. 8 zu § 5 ArbEG; Jestaedt, Patentrecht, Rn. 398 (dort Fn. 136); vgl. auch OLG Karlsruhe v. 28.04.2010 – X ZR 72/10, GRUR 2011, 318, 320 – *Initialidee* (insoweit nicht thematisiert von BGH v. 12.04.2011 – X ZR 72/10, GRUR 2011, 733 – *Initialidee*); a.A. LG Düsseldorf v. 27.03.1973, GRUR 1974, 173, 174 – *Blockeinweiser* m. krit. Anm. Gaul i. EGR Nr. 10 zu § 5 ArbEG; vgl. auch Einsele, BVW 1989, 178 ff. (danach waren in einem Unternehmen immerhin 16 % der mitgeteilten VV'e patentrechtl. relevant).
326 Schiedsst. v. 09.12.2008 – Arb.Erf. 19/08, (unveröffentl.); im Ergebn. auch Schiedsst. v. 25.07.2017 – Arb.Erf. 13/16, (www.dpma.de).
327 Ebenso nunmehr Schiedsst. ZB. v. 07.03.2016 – Arb.Erf. 09/14, (www.dpma.de = Mitt. 2017, 134 nur LS).
328 Ebenso nunmehr Schiedsst. ZB. v. 07.03.2016 – Arb.Erf. 09/14, (www.dpma.de = Mitt. 2017, 134 nur LS).
329 Schiedsst. v. 24.07.2001 – Arb.Erf. 32/99, (unveröffentl.).

nach Auffassung der *Schiedsstelle* nicht aus.[330] Teilt ein Arbeitnehmer seinem Arbeitgeber ganz allgemein eine verbesserte technische Lehre mit, ohne von der Möglichkeit einer Erfindungsmeldung nach § 5 Gebrauch zu machen, ist diese Gegenstand der arbeitsvertraglich zu erbringenden Arbeitsleistung und geht deshalb ohne weiteres (vergütungsfrei) in das Eigentum des Arbeitgebers über.[331] Zu den sonstigen Rechtsfolgen s. vor § 3 Rdn. 4 ff., 26 ff.

Für die Kennzeichnung als Erfindungsmeldung kann es ausreichen, wenn der Arbeitnehmer in der Meldung eines Verbesserungsvorschlages zugleich erkennbar die **Bitte** äußert, die technische Neuerung auch **auf ihre Schutzfähigkeit hin zu überprüfen**[332] oder sonstige eindeutige Hinweise auf die Schutzfähigkeit bzw. einen Erfindungscharakter enthalten sind[333] (s. auch § 3 Rdn. 24). Zur Äußerung von Zweifeln an der Schutzfähigkeit in der Meldung s. § 5 Rdn. 6, 24.

43.2

Ferner kann es für eine Kenntlichmachung als Erfindungsmeldung ausreichen, wenn der Arbeitnehmer eine **Mitteilung nach § 18** vornimmt, zugleich aber Zweifel am Freisein der Erfindung äußert[334] (vgl. auch § 5 Rdn. 25); ansonsten genügt eine »Mitteilung« – auch wegen der u.U. geringeren inhaltlichen Anforderungen – regelmäßig nicht als Erfindungsmeldung (s.a. § 18 Rdn. 42 f.).

43.3

Diese Grundsätze gelten auch und gerade für den **öffentlichen Dienst** mit der hier verstärkt anzutreffenden organisatorischen Unterscheidung zwischen Erfindungs- und Vorschlagswesen (bzw. Ideenmanagement).[335]

## K. Miterfinder

Lit.:
*Bartenbach*, Zwischenbetriebl. Forschungs- bzw. Entw.Kooperation u. d. Recht d. ArbN-Erfindung, 1985; *Bartenbach/Kunzmann*, Bruchteilsgemeinschaft an Patenten – Nutzungsrechte, Ausgleichsanspruch u. Aufhebg. d. Gemeinschaft, Festschr. 80 J. Patentgerichtsbarkt. in Düsseldorf (2016), 37; *Beier*, Die gemeinschaftl. Erf. v. ArbN, GRUR 1979, 669; *Beil*, Erfindernennung u. Miterfinder, Chemie-Ing.-Technik 1953, 633;

---

330 Schiedsst. v. 04.08.2017 – 21/13, (www.dpma.de).
331 Schiedsst. v. 30.01.2018 – Arb.Erf. 36/16, (www.dpma.de).
332 Vgl. dazu auch May, BB 1960, 628.
333 Schiedsst. ZB. v. 23.01.1980 – Arb.Erf. 41/79, (unveröffentl.), auszugsweise bei Volz, ArbNErf. im öffentl. Dienst, S. 67 ff. (dort Fn. 9); ferner Schiedsst. ZB. v. 07.03.2016 – Arb.Erf. 09/14, (www.dpma.de = Mitt. 2017, 134, dort LS.).
334 Vgl. Schiedsst. v. 12.08.1966, BlPMZ 1967, 131 m. Anm. Schippel, GRUR 1967, 291.
335 Volz, ArbNErf. im öffentl. Dienst, S. 67 ff. (dort Fn. 9).

*Fischer*, Verwertungsrechte bei Patentgemeinschaften, GRUR 1977, 313; *Homma*, Der Erwerb des Miterfinderrechts, Diss. Hannover 1998; *Hellebrand*, Probleme d. Teilhabe an Erf. u. Patent, m. bes. Blick a. d. ArbNErfR, Mitt. 2008, 433; **ders.**, Die Realteilung d. Gemeinschaftserf. u. ihre Folgen, Festschr. Bartenbach (2005), 141; *Henke*, Die Erfindungsgemeinschaft, 2005; *Hühnerbein*, Rechtsvergleichende Untersuchung der Miterfinderschaft, Diss. München 2003; *Jestaedt*, Miterfinder im Unternehmen, Festschr. z. 400jähr. Gründungsjub. der Justus-Liebig-Universität Gießen (2007), 469; *Lüdecke*, Erfindungsgemeinschaften, 1962; *Niedzela-Schmutte*, Miterfindungen in Forschungs- u. Entw.Kooperationen, Diss. München 1998; *Quodbach*, Aus d. Praxis: Voraussetzungen d. Miterfinderschaft u. daraus resultierende Probleme, IPkompakt 9/2017, S. 5; *Schade*, Die gemeinschaftl. u. d. Doppelerf. v. ArbN, GRUR 1972, 510; *Schwab*, Rechtsprobleme e. Miterfindung n. d. ArbEG, GRUR 2018, 670; *Seeger/Wegner*, Offene Fragen d. Miterfinderschaft, Mitt. 1975, 108; *Sefzig*, Das Verwertungsrecht des einzelnen Miterfinders, GRUR 1995, 302; *Spengler*, Die gemeinschaftl. Erf., GRUR 1938, 231; *Storch*, Die Rechte d. Miterfinders i.d. Gemeinschaft, Festschr. f. A. Preu 1988 S. 39; *Villinger*, Rechte d. Erfinders/Patentinhabers u. daraus ableitbare Rechte von Mitinhabern von Patenten, CR 1996, 331 ff.u. 393 ff.; *von der Grün*, Die rechtl. Stellung v. Miterfindern, 2003; *Wunderlich*, Die gemeinschaftl. Erf., 1962 (= Schriftenrh. z. gewerbl. Rechtssch. 12); *Zeller*, Gemeinschaftserf., GRUR 1942, 247.

## I. Begriffsbestimmung

44 § 5 Abs. 1 Satz 2 knüpft an die Tatsache, dass »mehrere Arbeitnehmer an dem Zustandekommen der Erfindung beteiligt« sind, die Möglichkeit einer gemeinsamen Meldungsabgabe an. Damit enthält das ArbEG (vgl. auch § 12 Abs. 2 Satz 1) allerdings keine eigene Definition des Miterfinders. Vielmehr setzt das ArbEG die begriffliche Kennzeichnung der (Mit-) Erfindereigenschaft voraus. Diese bestimmt sich für Arbeitnehmererfinder nach den gleichen Regeln, wie für freie Erfinder.[336] Entscheidend für die Feststellung der (Mit-) Erfinderschaft sind die allgemeinen, dem **Patentrecht zu Grunde liegenden Bewertungsmaßstäbe** (vgl. § 6 Satz 2 PatG; zum Erfindungsbegriff s. § 2 Rdn. 2 ff.; bei Auslandsbezug s. § 1 Rdn. 36). Bei der Frage, wer (Mit-)Erfinder ist, geht es patentrechtlich darum, wem ein Recht am Gegenstand der Erfindung zusteht;[337] arbeitnehmererfinderrechtlich bestimmt sich danach, wer Träger der Rechte und Pflichten aus dem ArbEG ist.

45 **Erfinder** ist diejenige natürliche Person, die sich selbst die Erkenntnis erschließt, wie mit bestimmten technischen Mitteln ein konkretes technisches

---

336 Jestaedt in Festschr. Univ. Gießen (2007), S. 469, 478.
337 BGH v. 18.06.2013 – X ZR 103/11, Mitt. 2013, 551 (Rn. 8) – *Flexibles Verpackungsbehältnis* m. H. a. BGH v. 17.05.2011 – X ZR 53/08, GRUR 2011, 903 (Rn. 13) – *Atemgasdrucksteuerung*.

K. Miterfinder                                                                 § 5

Problem gelöst werden kann.[338] Als Einzel- bzw. **Alleinerfinder** kann derjenige bestimmt werden, dessen alleinige individuelle geistige Tätigkeit zu einer Erfindung geführt hat[339] oder – anders ausgedrückt – der die erfinderische Lehre ausweislich des tatsächlichen Kausalverlaufs alleine entwickelt hat[340] (zum Erfinderbegriff s. § 5 Rdn. 45; zur Beweislast s. § 5 Rdn. 51.2).

Eine einhellige **Begriffsbestimmung des Miterfinders** haben Rechtsprechung 46 und Schrifttum bislang nicht gefunden.[341] Für Mit- und Einzelerfinderschaft gilt allerdings übereinstimmend, dass es für die begriffliche Kennzeichnung als Einzel- bzw. Miterfinder (zunächst) **nicht auf die Feststellung der Schutzfähigkeit** der technischen Lehre ankommt[342] (vgl. aber § 5 Rdn. 51). Das RG hat in ständiger **Rechtsprechung** in Übereinstimmung mit einem Teil der Lehre gefordert, dass als Miterfinder nur derjenige anerkannt werden könne, der einen schöpferischen bzw. **erfinderischen Beitrag** zu der Erfindung beigesteuert, also schöpferischen Anteil am Erfindungsgedanken, hat.[343] In seinem »*Spanplatten*«-Urteil hat der *BGH* diese Rechtsprechung des RG im Grundsatz aufrechterhalten.[344]

Auch wenn der *BGH* anerkennt, dass der Hilfsbegriff »**schöpferischer Beitrag**« (Anteil) weitgehend unbestimmt ist und der Praxis keine genügende

---

338 BGH v. 18.05.2010 GRUR 2010, 817 (Rn. 28) m. H. a. EPA v. 15.11.2006 – T 154/04 (unter 8.) Mitt. 2008, 407 L; im Anschluss daran u. a. Benkard/Mellulis, PatG, Rn. 30 zu § 6 PatG.
339 BGH v. 16.11.1954, NJW 1955, 541, 542 – *Schnellkopiergerät* m. Anm. Volmer S. 789; vgl. auch § 8 Abs. 2 UrhG.
340 BGH v. 15.05.2001, GRUR 2001, 823, 824 – *Schleppfahrzeug* (dort zu Art. 60 EPÜ); LG Düsseldorf v. 06.03.2012 – 4b O 283/10, (Düsseldf. Entsch. Nr. 1867) – Panikschloss.
341 Henke, Erfindungsgem. (2005), S. 21 ff. geht unter Darstellung des Meinungsspektrums davon aus, dass die begrifflichen Voraussetzungen »nicht mit einem universell gültigen Vokabular umrissen werden können«.
342 Vgl. auch BGH v. 15.05.2001, GRUR 2001, 823, 824, 825 – *Schleppfahrzeug* (zu Art. 60 EPÜ). Zur Miterfinderschaft z.B. BGH v. 17.05.2011 – X ZR 53/08, GRUR 2011, 903 [Rn. 18] – *Atemgasdrucksteuerung*.
343 RG v. 18.12.1937, GRUR 1938, 156, 162; v. 16.05.1939, Mitt. 1939, 199; v. 10.10.1939, GRUR 1940, 339, 341; vgl. auch OLG Düsseldorf v. 30.10.1970, GRUR 1971, 215 – *Einsackwaage*; LG Hamburg v. 31.10.1956, GRUR 1958, 77 lässt den gegenseitigen Austausch »erfinderischer Gedanken« ausreichen.
344 Urt. v. 05.06.1966, GRUR 1966, 558, 559 f. – Spanplatten m. Anm. Schippel.

Hilfe zur Abgrenzung gibt, hat er bis heute daran festgehalten.[345] Allerdings stellt er klar, dass der einzelne Beitrag für sich allein keine Erfindungsqualität besitzen, also **nicht selbstständig erfinderisch sein muss und für sich allein betrachtet nicht alle Voraussetzungen einer schutzfähigen Erfindung erfüllen muss;**[346] es dürfe kein zu strenger Maßstab an die Qualität des Beitrages angelegt werden.[347] Darauf, ob der Beitrag den »springenden Punkt der Erfindung« betrifft, kommt es nicht an.[348] Ebenso wenig muss der Beitrag die

---

345 S. BGH v. 30.04.1968 – X ZR 67/66, GRUR 1969, 133, 135 – *Luftfilter* – m. Anm. Schippel u. BGH v. 23.06.1977, GRUR 1977, 784, 787 – *Blitzlichtgeräte*; vgl. auch BGH v. 26.11.1968, GRUR 1969, 341, 342 – *Räumzange* (»zum Gesamtergebnis der Entwicklung ... einen wesentlichen Beitrag geleistet hat«); BGH v. 20.02.1979 – X ZR 63/77, GRUR 1979, 540, 541 f. – *Biedermeiermanschetten*; BGH v. 17.01.1995 – X ZR 130/93, Mitt. 1996, 16, 18 – *Gummielastische Masse* u. BGH v. 17.10.2000, GRUR 2001, 226, 227 – *Rollenantriebseinheit*; BGH v. 16.09.2003, GRUR 2004, 50, 51 – *Verkranzungsverfahren*; BGH v. 26.09.2006 – X ZR 181/03, GRUR 2007, 52, 53 [Rn. 13] – *Rollenantriebseinheit II* u. BGH v. 17.05.2011 – X ZR 53/08, GRUR 2011, 903 [Rn. 15, 18] – *Atemgasdrucksteuerung*. S.a. BGH v. 12.03.2009 – Xa ZR 86/06, GRUR 2009, 657, 659 (Rn. 13 ff.) – *Blendschutzbehang* u. BGH v. 14.02.2017 – X ZR 64/15, GRUR 2017, 504 (Rn. 34) – *Lichtschutzfolie*. Folgend d. Instanzgerichte, u.a. OLG Düsseldorf v. 03.05.2018 – 2 U 79/18, (www.justiz-nrw.de/nrw, Rn. 64) – *Retardtablette II*; ferner Schiedsst., u. a. ZB. v. 15.06.2016, Mitt. 2017, 502, 503; EV. v. 06.07.2016 – Arb.Erf. 23/13, (www.dpma.de); v. 06.07.2017 – Arb.Erf. 51/16, (z.Z. unveröffentl.). Krit. dazu Niedzela-Schmutte (Diss. München 1998), S. 52 ff., wonach letztlich vorrangig auf eine negative Begriffsbestimmung in Abgrenzung zum Erfindungsgehilfen und nur in Ausnahmefällen auf einen »positiven Miterfinderbegriff« abzustellen ist (a.a.O. S. 86 ff.). Weitergehend Boemke/Kursawe/Engemann Rn. 39 zu § 12, wonach jeder als Miterfinder anzuerkennen ist, der »selbständig, d.h. nicht nur nach Weisung eines anderen Arbeitnehmers oder Vorgesetzten und/oder ausschließlich in handwerklicher Weise an dem Entstehen der Diensterfindung mitgewirkt hat« (s. aber auch Boemke/Kursawe/Raif Rn. 105, 108 zu § 4, wonach Miterfinder nur sein kann, wer einen »schöpferischen Beitrag« geleistet hat). Krit. auch Hellebrand Mitt. 2013, 432 ff.
346 Ständ. Rspr., z.B. BGH v. 18.06.2013 – X ZR 103/11, Mitt. 2013, 551 (Rn. 8) – *Flexibles Verpackungsbehältnis* u. BGH v. 17.05.2011 – X ZR 53/08, GRUR 2011, 903 [Rn. 14] – *Atemgasdrucksteuerung* beide m. H. a. BGH v. 16.09.2003, GRUR 2004, 50, 51 – *Verkranzungsverfahren*; i. d. S. bereits BGH v. 05.05.1966, GRUR 1966, 558, 559 f. – *Spanplatten*; ebenso OLG Frankfurt v. 16.05.2012 – 6 U 39/12, (juris).
347 BGH v. 05.05.1966, GRUR 1966, 558, 559 f. – *Spanplatten* m. Anm. Schippel u. v. 17.10.2000, GRUR 2001, 226 f. – *Rollenantriebseinheit*.
348 BGH v. 18.06.2013 Mitt. 2013, 551 (Rn. 8) – *Flexibles Verpackungsbehältnis* m. H.a. Urt. v. 17.10.2000, GRUR 2001, 226, 227 – *Rollenantriebseinheit*

Qualität einer erfinderischen Tätigkeit haben.[349] Letztlich geht die höchstrichterliche Rechtsprechung heute davon aus, an den schöpferischen Beitrag **keine allzu hohen Anforderungen** zu stellen. Im Ergebnis kommt es nur noch darauf an, ob ein eigenständiger (schöpferische) Beitrag vorliegt, der für den Gesamterfolg der Erfindung nicht unwesentlich ist (s. § 5 Rdn. 48). **Keine Miterfinderschaft** begründen dem *BGH* zufolge (lediglich) solche Beiträge, die den Gesamterfolg (gar) nicht beeinflusst haben und deshalb **unwesentlich für die Lösung** sind oder die **nach Weisungen** eines Erfinders oder eines Dritten geschaffen wurden[350], also **nicht eigenständig**[351] sind. Letztlich gelöst hat sich der *BGH* damit von dem noch in früheren Entscheidungen[352] anerkannten, von *Lüdecke*[353] herausgestellten Kriterium der »**qualifizierten Mitwirkung**«, wonach Miterfinder nur der sein kann, der am Zustandekommen der Erfindung, also bei der Aufgabenstellung oder der Lösung, durch solche Gedankengänge mitgewirkt hat, die das Durchschnittskönnen auf diesem Gebiet übersteigen. Auch wenn der *BGH* an dem Merkmal der »qualifizierten Mitwirkung« schon zuvor kaum mehr festhalten hat,[354] scheiden u. E. unverändert **bloß handwerkliches Mitarbeiten und technische Hilfestellungen** (»konstruktive Mithilfe«,[355] »handwerkliche Umsetzungen[356]«, Tätigkeit als

---

349 S. BGH v. 18.06.2013 – X ZR 103/11, Mitt. 2013, 551 (Rn. 13) – *Flexibles Verpackungsbehältnis*.
350 BGH v. 18.06.2013 – X ZR 103/11, Mitt. 2013, 551 (Rn. 8) – *Flexibles Verpackungsbehältnis* m. H.a. Urt. BGH v. 05.06.1966 – Ia ZR 110/64, GRUR 1966, 558, 559 f. – *Spanplatten*; BGH v. 20.06.1978, GRUR 1978, 583, 585 – *Motorkettensäge* (m. Anm. Harmsen), BGH v. 17.01.1995 – X ZR 130/93, Mitt. 2016, 16, 18 – *Gummielastische Masse* u. v. 16.09.2003, GRUR 2004, 50, 51 – *Verkranzungsverfahren*; ebenso BGH v. 17.05.2011 – X ZR 53/08, GRUR 2011, 903 [Rn. 14] – *Atemgasdrucksteuerung*. Ähnl. Beil in Chemie-Ing.-Technik 1953, 633, 634; LG Frankfurt v. 22.10.2014 – 2-06 O 214/14, (juris, Rn. 79); vgl. auch OLG Karlsruhe v. 28.04.2009, GRUR 2010, 318, 319 – *Initialidee* (insoweit nicht angegriffen bei BGH v. 12.04.2011 – X ZR 72/10, GRUR 2011, 733 – *Initialidee*).
351 Vgl. BGH v. 17.05.2011 – X ZR 53/08, GRUR 2011, 903 [Rn. 23] – *Atemgasdrucksteuerung*.
352 BGH v. 05.05.1966, GRUR 1966, 558, 559 f. – *Spanplatten* m. Anm. Schippel u. v. 17.10.2000, GRUR 2001, 226, 227 – *Rollenantriebseinheit*; s. ferner OLG Karlsruhe v. 28.04.2009 – X ZR 72/10, GRUR 2010, 318, 319 – *Initialidee* (insoweit nicht angegriffen bei BGH v. 12.04.2011 – X ZR 72/10, GRUR 2011, 733 – *Initialidee*).
353 Lüdecke Erfindungsgem. (1962) S. 31.
354 Vgl. BGH v. 17.05.2011 – X ZR 53/08, GRUR 2011, 903 [Rn. 19 f.] – *Atemgasdrucksteuerung*.
355 BGH v. 17.10.2000, GRUR 2001, 226, 227 – *Rollenantriebseinheit*.
356 OLG Karlsruhe v. 13.04.2018 – 6 U 161/16, (www.lrbw.juris.de, Rn. 158) – *Rohrprüfsystem*.

Erfindungsgehilfe[357]) als unwesentliche Beiträge zur Begründung einer Miterfinderschaft aus[358]. Als unwesentliche Beiträge zählen auch rein konstruktive Beigaben, rein mechanische Ausführungs- und Konstruktionsarbeiten nach Anweisung sowie nichtschöpferische Anregungen und Hinweise auf technisches Allgemeinwissen, etwa im Rahmen von Experimenten oder Versuchen.[359] Gleiches gilt selbstverständlich für **Beiträge materieller Art**[360] (Geld, Bereitstellung von Personal, Hilfsmittel oder Arbeitsmöglichkeiten). Allerdings sieht es der *BGH* als rechtsfehlerhaft an, die Miterfinderschaft mit Hinweis auf Beiträge »im Rahmen handwerklicher Ausgestaltung« bzw. »handwerklichen Fachkönnens« oder »im Rahmen des Üblichen liegend« zu verneinen[361] – Argumente, mit denen die frühere Rechtspraxis eine Miterfinderschaft abgelehnt hat, etwa weil es sich um Hinweise auf technische Zwangsläufigkeiten gehandelt hat, die sich für den Durchschnittsfachmann aus der gestellten Aufgabe aufdrängen[362] oder weil lediglich Ratschläge mit allgemein geläufigen Erkenntnissen[363] bzw. die Bereitstellung bloßen Fachwissens[364] vorgelegen haben.

47 Die Erscheinungsformen der sog. **Zufallserfindung**[365] und der unter Einsatz moderner Technologien nicht seltenen Erfindungen aufgrund planmäßiger Versuchsreihen (Auswahlerfindungen) bzw. sog. computerimplementierten Erfindungen[366] machen allerdings deutlich, dass beim Zustandekommen einer

---

357 BGH v. 16.09.2003, GRUR 2004, 50, 51 – *Verkranzungsverfahren*.
358 Im Ergebn. so auch OLG Düsseldorf v. 26.04.2012 – 2 U 24/11, (Düsseldf. Entsch. Nr. 1879) – *Klebstoffzusammensetzung* u. v. 03.05.2018 – 2 U 79/18, (www.justiz.nrw.de/nrwe, Rn. 64) – *Retardtablette II*; LG Düsseldorf v. 06.03.2012 – 4b O 283/10, (Düsseldf. Entsch. Nr. 1867) – *Panikschloss* u. LG Düsseldorf v. 03.11.2016 – 4c O 87/15, (Düsseldf. Entsch. Nr. 2583) – *Retardtablette II*.
359 Vgl. OLG Düsseldorf v. 03.05.2018 – 2 U 79/18, (www.justiz.nrw.de/nrwe, Rn. 64) – ; LG Düsseldorf v. 06.03.2012 – 4b O 283/10, (Düsseldf. Entsch. Nr. 1867) – *Panikschloss*.
360 OLG Karlsruhe v. 13.07.1983, GRUR 1984, 42, 44 f. – *Digitales Gaswarngerät*; Götting § 13 I.
361 BGH v. 17.05.2011 – X ZR 53/08, GRUR 2011, 903 [Rn. 19 f.] – *Atemgasdrucksteuerung*.
362 I.d.S. aber Schiedsst. v. 27.06.1991 – Arb.Erf. 96/89, (unveröffentl.).
363 So aber Schiedsst. v. 18.12.2001 – Arb.Erf. 57/98, (unveröffentl.).
364 So OLG Düsseldorf v. 30.11.1970, GRUR 1971, 215.
365 S. dazu Schulte/Moufang, PatG, § 4 Rn. 108 (»Glücklicher Griff«) u. 169 (»Zufall«).
366 S. dazu Art. 2 bis 5 des (nicht realisierten) Entwurfs einer Richtlinie über die Patentierbarkeit computerimplementierter Erfindungen der EU-Komm. i.d.F. v. 07.03.2005 (abgedruckt bei Schulte/Moufang, PatG, § 1 Rn. 125).

Erfindung vielfach Einzelleistungen erbracht werden, die wertmäßig kaum als »qualifizierte Mitwirkung« anzusehen wären, die aber dennoch für das Zustandekommen der Erfindung wesentlich sind und einen in der erfinderischen Lösung selbst enthaltenen Gedanken beitragen. Um diesen Mangel der *Lüdecke'schen* Definition auszugleichen, ist auch der *BGH* bereit, die Anforderungen an den Begriff der qualifizierten Leistung in derartigen Fällen graduell so stark abzustufen, dass er sich damit ziemlich dem Punkt nähert, an dem letztlich jeder Mitarbeiter, der eine über die bloße Aufgabenstellung und einfache Zuarbeit hinausgehende Leistung erbringt, zugleich Miterfinder sein kann.[367]

Bei einer Gesamtleistung von geringer Erfindungshöhe, bei der die einzelnen Anteile der mehreren Beteiligten das jeweilige Maß des Durchschnittskönnens eines Fachmanns auf dem betreffenden Gebiet kaum übersteigen, kann es gerechtfertigt sein, relativ **geringe Anforderungen** für den Erwerb einer Mitberechtigung an der Erfindung zu stellen; denn andernfalls könnte sich ergeben, dass ein individueller Erfinder für eine solche Erfindung überhaupt nicht zu ermitteln wäre[368] (»Das Ganze ist mehr als die Summe seiner Teile«). So kann es ggf. genügen, eine in einem **Unteranspruch** beschriebene besondere Ausbildung des im Hauptanspruchs dargestellten Gegenstandes entwickelt zu haben[369] (s.a. § 12 Rdn. 32.1). Dieser Aspekt der geringen Anforderungen an den schöpferischen Beitrag führt in der betrieblichen Praxis wiederholt dazu, dass Miterfinder in die Erfindungsmeldung einbezogen werden, die für sich lediglich einen geringen (»einstelligen«) Miterfinderanteil beanspruchen können; hier kann es zweckmäßig sein, den jeweiligen Arbeitnehmer zu bitten, im Einzelnen seinen technischen Beitrag dazustellen, zumal die *Schiedsstelle* erhebliche Zweifel an Miterfinderanteilen unter 10 % hegt[370] (s. dazu aber § 12 Rdn. 32).

---

367 BGH v. 05.05.1966, GRUR 1966, 558, 559 f. m. Anm. Schippel.
368 BGH v. 05.05.1966, GRUR 1966, 558, 559 f. m. Anm. Schippel; OLG Düsseldorf v. 26.04.2012 – 2 U 24/11, (Düsseldf. Entsch. Nr. 1879) – *Klebstoffzusammensetzung*; LG Düsseldorf v. 22.01.1991 – 4 O 298/89, (unveröffentl.).
369 I.d.S. BGH v. 30.04.1968 – X ZR 67/66, GRUR 1969, 133, 135 – *Luftfilter* u. BGH v. 20.02.1979 – X ZR 63/77, GRUR 1979, 540, 541 f. – *Biedermeiermanschetten*; OLG Düsseldorf v. 12.09.2009 – 2 U 71/04, (Düsseldf. Entsch. Nr. 1088) – Ankoppeln eines hydraul. Antriebes u.v. 26.04.2012 – 2 U 24/11, (Düsseldf. Entsch. Nr. 1879) – *Klebstoffzusammensetzung*; LG Düsseldorf v. 13.10.1994 – 4 O 45/93 (unveröffentl.); Schiedsst. v. 09.06.1995 – Arb.Erf. 102/93 m.H.a. EV v. 27.06.1991 – Arb.Erf. 96/89, (beide unveröffentl.); vgl. (aber) auch BGH v. 17.10.2000 – X ZR 223/98, GRUR 2001, 226, 227 – *Rollenantriebseinheit*; u. LG Düsseldorf v. 18.12.2007 – 4a O 26/98 (unveröffentl.).
370 Vgl. Schiedsst. v. 06.07.2016 – Arb.Erf. 23/13, (www.dpma.de).

**48** Die geistige **Mitarbeit** muss **bei der Problemlösung** stattfinden; hieran fehlt es, wenn lediglich eine Aufgabe gestellt bzw. Anregungen oder bloße Ideen, die noch nicht Gestalt angenommen haben, vermittelt werden; der Aufgabensteller als solcher ist also noch nicht Miterfinder.[371] Etwas anderes gilt jedoch dann, wenn er über die bloße Aufgabenstellung hinaus Lösungshinweise gibt.[372] Das Beisteuern eines Ausführungsbeispiels nach Vorliegen der fertigen Erfindung genügt ebenso wenig wie deren Ausgestaltung mit einer aus dem Stand der Technik entnommenen bekannten Maßnahme oder die Mithilfe bei der Abfassung der Anmeldeunterlagen.[373] Erst recht begründet die bloße Erkenntnis, dass eine von Dritten entwickelte technische Lehre schutzfähig ist, keine Miterfinderschaft.[374] Letztlich bedarf es eines **kausalen Beitrags** zur Erfindung.[375]

Versucht man die Rechtsprechung zusammenzufassen, so ist Miterfinder derjenige, der neben anderen Miterfindern **eigenständig einen nicht unwesentlichen**, **schöpferischen Beitrag zu einer gemeinschaftlichen Erfindung geleistet** hat, ohne dass sein Beitrag – für sich allein gesehen – selbständig erfinderisch sein muss.[376]

---

371 S. OLG Düsseldorf v. 03.05.2018 – 2 U 79/16, (www.justiz.nrw.de/nrwe, Rn. 64) – *Retardtablette II*; so bereits LG Düsseldorf v. 22.01.1991 – 4 O 298/89, (unveröffentl.) m.H.a. Kraßer, PatR, § 19 III 2 (jetzt: Kraßer/Ann, PatR, § 19 Rn. 20); Beier, GRUR 1979, 671; s. auch OLG Düsseldorf v. 26.04.2012 – 2 U 24/11, (Düsseldf. Entsch. Nr. 1879) – *Klebstoffzusammensetzung*.
372 Vgl. BGH v. 10.11.1970 – X ZR 54/67, GRUR 1971, 210, 213 – *Wildverbissverhinderung*.
373 Keukenschrijver in Busse/Keukenschrijver PatG Rn. 37 zu § 6 PatG m.H.a. BGH v. 28.02.1963 – I a ZR 92/63, u. v. 28.04.1970 – X ZR 42/67, (beide unveröffentl.); zust. OLG Düsseldorf 12.03.2009 – 2 U 71/04 (Düsseldf. Entsch. Nr. 1088) – *Ankoppeln eines hydraul. Antriebs* u. v. 26.04.2012 – I-2 U 24/11, (www.justiz.nrw.de/nrwe, Rn. 51 f.) – *Klebstoffzusammensetzung*.
374 Schiedsst. v. 08.02.1996 – Arb.Erf. 61/94, (unveröffentl.).
375 S. BGH v. 20.06.1978, GRUR 1978, 583, 585 – *Motorkettensäge* m. Anm. Harmsen.
376 Vgl. BGH v.18.06.2013 – X ZR 103/11, Mitt. 2013, 551 (Rn. 8, 10 f.) – *Flexibles Verpackungsbehältnis*; BGH v. 17.05.2011 – X ZR 53/08, GRUR 2011, 903 (Rn. 14 ff.) – *Atemgasdrucksteuerung*; BGH v. 16.09.2003 – X ZR 142/01, GRUR 2004, 50, 51 – *Verkranzungsverfahren*; BGH v. 17.10.2000 GRUR 2001, 226, 227 – *Rollenantriebseinheit*; LG Frankfurt v. 22.10.2014 – 2–06 = 214/14 – (juris, Rn. 79). Vgl. auch BGH v. 26.09.2006 Mitt. 2007, 42 (Rn. 13) – *Rollenantriebseinheit II*; ferner BGH v. 26.11.1968 GRUR 1969, 341, 342 – *Räumzange* u. BGH v. 20.02.1979 – X ZR 63/77, GRUR 1979, 540, 541 – *Biedermeiermanschetten*; OLG Düsseldorf v. 26.04.2011 – I – 2 U 24/11 – (www.justiz.nrw.de/nrwe, Rz. 51) – *Klebstoffzusammensetzung* u. v. 07.12.2015 – I – 2 U 88/11 – (www.justiz.nrw.de/nrwe); krit. Hellebrand Mitt. 2013, 432 ff.

## K. Miterfinder § 5

Insgesamt kommt der *BGH* der Begriffsbestimmung von *Wunderlich*[377] nahe, wonach Miterfinder alle diejenigen sind, die im gemeinsamen geistigen Schaffen an der Konzeption der erfinderischen Idee gearbeitet haben und dabei selbstständig tätig geworden sind. Zutreffend verzichtet *Wunderlich* bewusst darauf, allzu hohe Anforderungen an die einzelnen Teilbeträge der Beteiligten zu stellen. Entscheidend sind allein die **sich in der Erfindung niederschlagende** (kausale) **geistige Mitarbeit und das selbstständige, nicht weisungsgebundene Handeln**.[378] **49**

**Miterfinder ist** folglich derjenige, der durch einen aufgrund eines **eigenständigen** Erkenntnisprozesses gewonnenen **Beitrag** adäquat-kausal am Zustandekommen einer (schutzfähigen) Erfindung, d.h. an der Lösung des betreffenden technischen Problems, mitgewirkt hat.[379]

Auch die *Schiedsstelle* will eine Miterfindereigenschaft dann bejahen, wenn eigene qualitative Beiträge vorliegen, die nicht auf weisungsgemäß ausgeführten Arbeiten beruhen.[380] Weisung ist dabei nicht im arbeitsrechtlichen Sinne zu verstehen, sondern im Sinne einer (fallbezogenen) Anweisung zu konkretem Handeln. Danach beurteilt sich auch, ob Beiträge zu einem sog. **Brainstorming** eine Miterfinderschaft begründen[381] (s.a. § 5 Rdn. 51.2). **49.1**

Die **Beurteilung der Miterfinderschaft** bestimmt sich anhand der gesamten Erfindung und deren Zustandekommen, und zwar unabhängig davon, ob bereits ein Schutzrecht erteilt wurde und wie breit die Patentansprüche formu- **50**

---

377 Wunderlich, Gemeinschaftl. Erf. (1962) S. 66; vgl. auch LG Nürnberg/Fürth v. 25.10.1967, GRUR 1968, 252, 254 – *Softeis*.
378 Wie hier Volmer/Gaul Rn. 191 zu § 2 u. Rn. 16 zu § 4; zustimmend Reimer/Schade/Schippel/Rother Rn. 26 zu § 5 u. Hellebrand Festschr. Bartenbach (2005), 141, 144 ff.
379 Bartenbach, Zwischenbetriebl. Forschungskoop. (1985), S. 52 ff., 59. S. auch die Definition von Schulte/Moufang, PatG, § 6 Rn. 21 im Anschluss an die BGH-Rspr., wonach Miterfinder i.S.d. § 6 Satz 2 PatG nur ist, »wer durch selbständige geistige Mitarbeit zum Auffinden des Erfindungsgedankens einen schöpferischen Anteil beigetragen hat, ohne dass dieser selbst erfinderisch zu sein braucht«.
380 EV v. 23.04.1979, BlPMZ 1980, 233, 234. Nach dem EV v. 21.09.1993 (ArbErf 52/92, unveröffentl.) sind die Beiträge zur erfinderischen technischen Lehre auch dann miterfinderisch i.S.d. BGH-Rechtsprechung, wenn sie zwar für sich allein keine Erfindungsqualität besitzen, aber »das Kriterium einer qualifizierten Mitwirkung i.S. eines noch schöpferischen Beitrages erfüllen, wobei an die Qualität des Beitrages kein zu strenger Maßstab angelegt werden dürfe.«
381 Ausführl. Volmer/Gaul Rn. 224 ff. zu § 2 u. Rn. 17 zu § 4. S. dazu auch BGH v. 15.05.2001, GRUR 2001, 823, 824 f. – *Schleppfahrzeug*.

liert sind.³⁸² Maßgebend für die Beurteilung sind objektive Kriterien und Maßstäbe und nicht die (subjektive) Einschätzung der am Zustandekommen Beteiligten.³⁸³ Ob ein kausaler schöpferischer Beitrag zur Erfindung, der nicht selbstständig erfinderisch sein muss (s. § 5 Rdn. 46), geleistet worden ist, darf nicht isoliert auf der Grundlage des Einzelanteils des Arbeitnehmers geprüft werden, sondern ist **vom schließlich gefundenen Enderfolg der fertigen Erfindung her** zu werten. Dies beurteilt sich nach der Gesamtlösung der Aufgabe mit den vorgeschlagenen Mitteln und dem Zustandekommen der Lösung.³⁸⁴ Es ist damit die entwickelte **technische Lehre in ihrer Gesamtheit zu betrachten** (s. § 5 Rdn. 51) und zu prüfen, mit welcher **Leistung der Einzelne** zu der (fertigen) Erfindung, also **zum Zustandekommen der technischen Lehre** beigetragen hat³⁸⁵.

Aus der Tatsache allein, dass der »entscheidende Gedanke« nur von einem Beteiligten stammt, folgt aber noch nicht, dass andere als Miterfinder ausscheiden.³⁸⁶ Es genügt, dass die Handlungen eines Beteiligten sich ursächlich für den endgültigen Erfolg ausgewirkt haben.³⁸⁷ Deshalb ist auch nicht ausschlaggebend, ob und inwieweit die **Einzelbeiträge** zur technischen Lehre für sich genommen zum **Stand der Technik** gehören.³⁸⁸ Mithin reichen für eine Mit-

---

382 Vgl. BGH v. 18.06.2013 – X ZR 103/11, Mitt. 2013, 551 (Rn. 9 ff., 13) – *Flexibles Verpackungsbehältnis*.
383 OLG Düsseldorf v. 26.04.2012 – 2 U 24/11, (Düsseldf. Entsch. Nr. 1879) – *Klebstoffzusammensetzung* u. v. 03.05.2018 – 2 U 79/16, (www.justiz.nrw.de/nrwe, Rn. 65) – *Retardtablette II*.
384 BGH v. 17.01.1995 – X ZR 130/93, Mitt. 1996, 16, 18 – *Gummielastische Masse* m.H.a. BGH v. 20.02.1979 – X ZR 63/77, GRUR 1979, 540, 541 r.Sp. – *Biedermeiermanschetten*; bestätigt durch BGH v. 17.05.2011 – X ZR 53/08, GRUR 2011, 903 [Rn. 16] – *Atemgasdrucksteuerung*.
385 S. BGH v. 17.05.2011 – X ZR 53/08, GRUR 2011, 903 [Rn. 15 f., 21, 23] – *Atemgasdrucksteuerung*; s. auch BGH v. 14.02.2017 – X ZR 64/15, GRUR 2017, 504 (Rn. 55) – *Lichtschutzfolie*; Schiedsst. v. 15.06.2016 – Arb.Erf. 60/13, (www.dpma.de).
386 BGH v. 17.01.1995 – X ZR 130/93, Mitt. 1996, 16, 18 – *Gummielastische Masse* m.H.a. BGH v. 05.05.1966 – Ia ZR 110/64, GRUR 1966, 558, 559 f. – *Spanplatten*; LG Düsseldorf v. 06.03.2012 – 4b O 283/10, (Düsseldf. Entsch. Nr. 1867) – *Panikschloss*; LG Frankfurt v. 22.10.2014 – 2–06 O 214/14, (juris, Rn. 79).
387 LG Düsseldorf v. 06.03.2012 – 4b O 283/10, (Düsseldf. Entsch. Nr. 1867) – *Panikschloss*.
388 Vgl. BGH v. 17.05.2011 – X ZR 53/08, GRUR 2011, 903 (Rn. 21) – *Atemgasdrucksteuerung*; im Anschl. daran auch BGH v. 18.06.2013 – X ZR 103/11, Mitt. 2013, 551 (Rn. 10) – *Flexibles Verpackungsbehältnis*; ferner BGH v. 14.02.2017 – X ZR 64/15, GRUR 2017, 504 (Rn. 56) – *Lichtschutzfolie* m. H. a. Urt. v. 20.10.2015, GRUR 2016, 265 (Rn. 22) – *KfZ-Stahlbeutel*.

erfinderschaft solche Beiträge aus, die eigenständig sind, den Gesamterfolg der technischen Lehre beeinflusst haben und in Bezug auf die Lösung nicht nur unwesentlich ist[389] (s. § 5 Rdn. 48).

Trotz Beteiligung Dritter wird eine Alleinerfinderschaft i.d.R. allenfalls dann gegeben sein, wenn ein weiterer »Erfindungsanteil« keinen beachtenswerten Beitrag zum Gegenstand der Anmeldung oder des Schutzrechts geliefert hat. So scheidet eine Miterfinderschaft eines Dritten und damit auch ein Miterfinderanteil aus, wenn der Dritte keine eigenen Überlegungen zur technischen Lehre einbringt, sondern eine technische Lehre mit ihren Merkmalen lediglich umsetzt.[390]

Ohne Belang ist, dass der Erfinder **nicht an allen schöpferischen Elementen der Erfindung mitgewirkt** hat; die Miterfinder brauchen nicht überall einen Beitrag zum gemeinsamen Werk zu erbringen.[391] Für die Miterfindereigenschaft als solche sind deshalb der Umfang und die Größe der Beiträge nicht entscheidend, sofern sie nur geistiger (schöpferischer) Art sind. Damit sind auch geringe Beiträge und folglich **Miterfinderanteile von unter 10 %** denkbar, wenn auch in der Praxis selten (s. § 12 Rdn. 32; s. aber auch oben § 5 Rdn. 47).

Ebenso wie bei einem Alleinerfinder ist auch im Fall der Miterfinderschaft allein der **tatsächliche Kausalverlauf maßgebend**, nicht hingegen etwaige hypothetische Geschehensabläufe.[392] Folglich kann es für eine (Mit-) Erfinderschaft weiterer Mitarbeiter keinesfalls ausreichen, wenn diese ebenfalls in der Lage gewesen wären, die technische Lehre zu entwickeln.[393] Zur Bestimmung der Miterfinderschaft bei einer während eines vorübergehenden Auslandseinsatzes fertig gestellten Erfindung s. § 1 Rdn. 36.

Auf den **Zeitpunkt** der Erbringung des Beitrags oder dessen Erfassung als Haupt- oder Unteranspruch kommt es für die Miterfindereigenschaft nicht an. Die schöpferische Mitwirkung kann bei einer stufenweise entstehenden Erfindung (gemeinsame Konzeption) auch in einem Vorstadium erfolgen, wenn sie als unselbstständiger Beitrag zum einheitlichen Schöpfungsprozess

50.1

---

389 I. d. S. zusammenfassend BGH v. 17.05.2011 – X ZR 53/08, GRUR 2011, 903, 905 [Rn. 23] – *Atemgasdrucksteuerung*.
390 Im Ergebn. BGH v. 15.05.2001, GRUR 2001, 823, 824 – *Schleppfahrzeug*.
391 Vgl. zur Miturheberschaft BGH v. 14.07.1993 – I ZR 47/91, GRUR 1994, 39, 40 – *Buchhaltungsprogramm*.
392 S. BGH v. 15.05.2001, GRUR 2001, 823, 824 r.Sp. – *Schleppfahrzeug*.
393 BGH v. 15.05.2001, GRUR 2001, 823, 824 r.Sp. – *Schleppfahrzeug*.

der Gesamtlösung geleistet wird.[394] Demzufolge ist bis zur Fertigstellung der Erfindung auch eine **sukzessive Miterfinderschaft** möglich,[395] etwa, wenn die technische Idee eines Dritten aufgegriffen und einer funktionsfähigen Lösung zugeführt wird.[396] Selbst wenn bereits eine fertige Erfindung vorliegt, erkennt die höchstrichterliche Rechtsprechung grundsätzlich die Möglichkeit einer Weiterentwicklung bzw. Ergänzung durch schöpferischen Beitrag eines (neuen) Miterfinders an.[397] Dies gilt etwa für Weiterentwicklungen des ursprünglich gemeldeten Erfindungsgegenstandes, sofern diese in die frühere Erfindungsmeldung/Schutzrechtsanmeldung einbezogen werden[398] (vgl. § 40 PatG – Innere Priorität; s.a. § 6 n.F. Rdn. 41, 49; zur nachträglichen Meldung bei Weiterentwicklungen s. § 5 Rdn. 21 f.). Eine sukzessive Miterfinderschaft kann auch vorliegen, wenn bei der Erfindung auf noch nicht offenbarte Ergebnisse eines früheren Entwicklungsprojekts bzw. in einer firmeninternen Datenbank gespeicherte Entwicklungsergebnisse zurückgegriffen wird[399] (s. auch § 5 Rdn. 48), ferner, wenn im Rahmen einer Patentanmeldung schöpferische Überlegungen z. B. seitens eines Fachvorgesetzten eingebracht werden[400].

Eine Erfindergemeinschaft entsteht auch dann, »wenn mehrere zwar dieselbe Erfindung unabhängig voneinander gemacht haben, dann aber ihre beiderseiti-

---

394 Vgl. BGH v. 09.05.1985 – I ZR 52/83, GRUR 1985, 1041 – *Inkasso-Programm*.
395 Vgl. RG v. 18.08.1937, GRUR 1938, 256; Spengler, GRUR 1938, 231, 234; Lüdecke Erfindungsgem. (1962) S. 6 m.w.N.; s.a. RG v. 17.10.1938, JW 1939, 239 (LS); Klauer/Möhring/Nirk PatG Rn. 16 zu § 3 m.w.N.; vgl. auch OLG München v. 17.09.1992, GRUR 1993, 661, 663 – *Verstellbarer Lufteinlauf*.
396 So im Ergebn. z.B. Schiedsst. v. 03.08.1993 – Arb.Erf. 22/92, (unveröffentl.).
397 Im Ergebn. etwa BGH. v. 14.02.2017 – X ZR 64/15, GRUR 2017, 504 (Rn. 34, 37, 43, 51 ff.) – *Lichtschutzfolie*. Nach Niedzela-Schmutte (Diss. München 1998), S. 17 ff. kann eine Miterfinderstellung bis zur Patenterteilung erworben werden. A. A. Hellebrand Mitt. 2008, 433 u. Mitt. 2013, 432, 435.
398 Vgl. etwa BGH v. 12.03.2009 – Xa ZR 86/06, GRUR 2009, 657, 659 – *Blendschutzbehang*; vgl. auch BGH v. 03.03.2005 – I ZR 111/02, CR 2005, 854, 856 – *Fash 2000*, mit dem Hinweis, dass eine zeitliche Staffelung der Beiträge eine Miturheberschaft zwar nicht ausschließt, diese jedoch voraussetzt, dass jeder Beteiligte seinen schöpferischen Beitrag in Unterordnung unter die gemeinsame Gesamtidee erbracht hat; s. ferner BGH. v 14.02.2017 – X ZR 64/15, GRUR 2017, 504 (Rn. 34, 37, 43, 51 ff.) – *Lichtschutzfolie*; a.A. Hellebrand, Mitt. 2008, 433 ff., dort S. 438 auch zur kritischen Sicht der betr. Praxis bei Weiterentwicklungen von bereits gemeldeten Diensterfindungen (»Trittbrettfahrer«).
399 Quodbach IPkompakt 9/2017, S. 5 f.
400 Vgl. etwa Schiedsst. ZB. v. 12.05.2016 – Arb.Erf. 41/13, (www.dpma.de = Mitt. 2017, 370, dort nur LS. 1), dort für einen Abteilungsleiter Entwicklung, nachdem die Patentanmeldung auf Basis einer rudimentären Erfindungsmeldung im Zusammenspiel zwischen Erfindern, Abteilungsleiter und Patentabteilung erarbeitet wurde.

gen **Erfinderleistungen** in gemeinsamer Überprüfung und gegenseitiger Billigung in einer einheitlich geformten und in einer Patentanmeldung niedergelegten Fassung **verschmelzen«**.[401] Dagegen liegt eine durch Zusammenarbeit gekennzeichnete Miterfinderschaft nicht vor, wenn der Arbeitgeber ausdrücklich bestimmte Mitarbeiter mit Entwicklungsarbeiten beauftragt und einen späteren (Allein-) Erfinder bewusst nicht miteinbezieht.[402] Ebenso kann eine spätere, wegen Fristablaufs nicht mehr in frühere Schutzrechtsanmeldungen einzubeziehende Weiterentwicklung mangels eigenständiger Schutzfähigkeit keine Miterfinderschaft begründen.[403]

Ob jemand Miterfinder ist, bestimmt sich nach der neueren höchstrichterlichen Rechtsprechung auf Grundlage der fertigen **Erfindung in ihrer Gesamtheit**, also danach, welche technische Lehre insgesamt entwickelt und in der **Schutzrechtsanmeldung** sowohl in allgemeiner Form als auch in Gestalt konkreter Ausführungsformen beschrieben ist bzw. werden kann.[404] Maßstab ist dabei nicht allein der Gegenstand der **Patentansprüche**.[405] Vielmehr ist anhand der gesamten im Patent beschriebenen Erfindung und deren Zustandekommen zu prüfen und zu bewerten, mit welcher Leistung der Einzelne zu der in ihrer Gesamtheit zu betrachtenden Erfindung beigetragen hat.[406] Die Patentansprüche sind allerdings auch insoweit von Bedeutung, als sich daraus ergeben kann, dass Teile der in der Beschreibung dargestellten Erfindung **außerhalb des geschützten Gegenstandes** liegen und daher diesbezügliche Beiträge keine Miterfinderschaft am geschützten Gegenstand begründen kön-

51

---

401 So schon RG v. 17.10.1938, JW 1939, 239 (LS); s.a. BGH v. 23.06.1977, GRUR 1977, 784 – *Blitzlichtgeräte*; vgl. auch BGH v. 22.11.2011 – X ZR 35/09, GRUR 2012, 380, 381 [Rn. 21 f.] – *Ramipril II*; BGH v. 14.07.1993 – I ZR 47/91, GRUR 1994, 39, 40 – *Buchhaltungsprogramm* (betr. d. Miturheberschaft an einem Computerprogramm); Boemke/Kursawe/Engemann Rn. 52 zu § 12 m.h.a. OLG Hamburg v. 03.03.194 NJW-RR 1995,238.
402 OLG München v. 17.09.1992, GRUR 1993, 661, 663 – *Verstellbarer Lufteinlauf*.
403 Vgl. BGH v. 28.04.1970, GRUR 1970, 459, 460 – *Scheinwerfereinstellgerät*; vgl. auch BGH v. 05.10.2005, GRUR 2006, 141, 142 – *Ladungsträgergenerator*.
404 BGH v. 17.05.2011 – X ZR 53/08, GRUR 2011, 903 [Rn. 18, 23] – *Atemgasdrucksteuerung*; vgl. auch BGH v. 14.02.2017 GRUR 2017, 504 (Rn. 55) – *Lichtschutzfolie*.
405 BGH v. 18.06.2013 – X ZR 103/11, Mitt. 2013, 551 (Rn. 9) – *Flexibles Verpackungsbehältnis*.
406 BGH v. 18.06.2013 – X ZR 103/11, Mitt. 2013, 551 (Rn. 9) – *Flexibles Verpackungsbehältnis* unter Bezug auf Urt. BGH v. 20.02.1979 – X ZR 63/77, GRUR 1979, 540, 541 f. – *Biedermeiermanschetten*; ähnl. BGH v. 17.05.2011 – X ZR 53/08, GRUR 2011, 903 (Rn. 15 f., 21, 23) – *Atemgasdrucksteuerung*.

nen.⁴⁰⁷ Dabei ist eine abstrahierende Fassung von Patentansprüchen, um die Erfindung im Interesse eines weiten Patentschutzes in möglichst allgemeiner Form anzumelden, unschädlich.⁴⁰⁸

Der **Kreis der Miterfinder** – so der *BGH*⁴⁰⁹ – steht **mit** der **Schutzrechtsanmeldung** der Erfindung »**unerweiterbar**« fest und erfasst alle diejenigen, die einen schöpferischen Beitrag zu derjenigen technischen Lehre der Erfindung geleistet haben, auf die ein Schutzrechtsanspruch gerichtet ist oder nach dem Gesamtinhalt der Ursprungsoffenbarung gerichtet werden kann. Gegenstand und Umfang des schöpferischen Beitrags ist danach unabhängig davon zu bestimmen, ob ein Schutzrecht erteilt ist, wie breit die Ansprüche formuliert sind und inwieweit diese in einem späteren Einspruchs-, Nichtigkeits- oder Beschränkungsverfahren beschränkt werden.⁴¹⁰

Ob jemand Miterfinder bleibt, lässt sich **abschließend** dagegen nur auf der **Grundlage eines erteilten Schutzrechts**, anhand des (endgültig) geschützten Erfindungsgedankens, bestimmen (s. i. Einzelnen § 12 Rdn. 30 ff.). Wird ein Schutzrecht nicht in dem ursprünglich erhofften Umfang erteilt, kann u.U. der Beitrag eines Miterfinders aus den endgültigen Schutzrechtsansprüchen wieder herausfallen.⁴¹¹ Ebenso wie sich die Bestimmungen des ArbEG zunächst nur an der Möglichkeit eines Schutzrechts orientieren (s. § 2 Rdn. 18 f.), muss für die Kennzeichnung einer Miterfinderschaft und die Feststellung der daran anknüpfenden Rechtsfolgen (Meldung, Inanspruchnahme, vorläufige Vergütung usw.) **vorerst** die **objektive Möglichkeit** einer Miterfinderschaft ausreichen (s. aber auch § 12 Rdn. 33).

Im **Streit um die (Mit-) Erfinderschaft** eines Arbeitnehmers kann sich der Arbeitgeber nicht auf den Widerruf des Patents berufen, solange die fehlende Schutzrechtsfähigkeit nicht rechtskräftig festgestellt ist.⁴¹² Das bloße Bestreiten

---

407 BGH v. 18.06.2013 – X ZR 103/11, Mitt. 2013, 551 (Rn. 9) – *Flexibles Verpackungsbehältnis* m.H.a. Urt. v. 17.05.2011, GRUR 2011, 903 (Rn. 16) – *Atemgasdrucksteuerung*.
408 S. BGH v. 18.06.2013 – X ZR 103/11, Mitt. 2013, 551 (Rn. 13) – *Flexibles Verpackungsbehältnis*.
409 BGH v. 17.05.2011 – X ZR 53/08, GRUR 2011, 903 [Rn. 18] – *Atemgasdrucksteuerung*.
410 BGH v. 17.05.2011 – X ZR 53/08, GRUR 2011, 903 [Rn. 18] – *Atemgasdrucksteuerung*.
411 Vgl. BGH v. 17.05.2011 – X ZR 53/08, GRUR 2011, 903 [Rn. 18] – *Atemgasdrucksteuerung*. S.a. BGH v. 20.02.1979 – X ZR 63/77, GRUR 1979, 540, 541 f. – *Biedermeiermanschetten* u. BGH v. 02.12.1960 – I ZR 23/59, GRUR 1961, 338, 341 l.Sp. a.E. – *Chlormethylierung*.
412 LG Frankfurt v. 10.10.2007 – 2 – 6 O 774/06, (unveröffentl.).

## K. Miterfinder § 5

einer (Mit-) Erfinderschaft stellt keine Freigabe einer Diensterfindung dar (s. § 8 n.F. Rdn. 22). S. auch § 12 Rdn. 54. Zum Irrtum s. § 12 Rdn. 20, 107.

Haben sich **sämtliche** am Zustandekommen einer Diensterfindung beteiligten **51.1 Mitarbeiter über ihre Miterfindereigenschaft und ihre Anteile geeinigt**, kann der Arbeitgeber dies bei der Schutzrechtsanmeldung (§ 13), der Inanspruchnahme (§§ 6, 7) und bei der Vergütungsregelung (§ 12) zugrunde legen (s. nachstehend). Eine besondere Form für eine solche **Miterfindervereinbarung** ist vom ArbEG nicht vorgeschrieben, sondern steht im freien Belieben eines jeden Miterfinders. Zu Beweiszwecken empfiehlt sich Schriftform.

**Inhaltlich** umfasst eine solche Vereinbarung üblicherweise zunächst die gemeinsame Klärung der Beteiligten, wer an dem Zustandekommen der Diensterfindung als Miterfinder beteiligt ist, und zusätzlich die Einigung über die Höhe der auf die einzelnen Miterfinder entfallenden Miterfinderanteile (s. dazu § 12 Rdn. 30 ff.). Eine solche Vereinbarung ist zulässig (vgl. auch § 742 BGB »im Zweifel«). Ob dem **Rechtscharakter** nach schuldrechtlich eine die Miterfinder im Innenverhältnis bindende Vereinbarung[413] vorliegt und wie weit diese reicht, insbesondere ob und inwieweit allseits ein rechtsgeschäftlicher Bindungswille gegeben war, ist durch **Auslegung** zu ermitteln (§§ 133, 157 BGB). Allein in der Angabe von Miterfindern und deren Anteilen in der gemeinsamen Erfindungsmeldung (§ 5 Abs. 1 Satz 2) liegt noch keine Vereinbarung zwischen den Miterfindern über den Umfang ihrer Miterfinderanteile, da diese Angabe in einer Meldung auch mit Blick auf § 5 Abs. 2 Satz 3 lediglich informatorischen Charakter[414] haben kann; zudem ist die Erfindungsmeldung eine einseitige Erklärung jedes Arbeitnehmererfinders ggü. dem Arbeitgeber, welche nicht notwendigerweise die Erklärenden untereinander schuldrechtlich binden soll.[415] Für die Annahme einer bindenden Einigung bedarf es vielmehr weiterer Anhaltspunkte. Liegt eine Einigung vor, sind darauf die allgemeinen zivilrechtlichen Grundsätze anzuwenden. Falls Gründe für eine wirksame **Anfechtung** (§§ 119 ff. BGB) gegeben sind, sind bei der Frage einer fristgerechten Erklärung auch die Wirkungen der Miterfindervereinbarung für den Arbeitgeber zu sehen. Waren sich die Erfinder bei ihrer Quotenaufteilung über die vergütungsrechtlichen Folgen nicht im Klaren, handelt es sich um einen unbeachtlichen Motivirrtum (§ 119 Abs. 2 BGB).[416]

---

413 Davon geht bei interner Verständigung Keukenschrijver (in Busse/Keukenschrijver, PatG, Rn. 13 zu § 12 ArbEG) aus.
414 S. BGH v. 14.02.2017 – X ZR 64/15, GRUR 2017, 504 (Rn. 47) – *Lichtschutzfolie*.
415 Schiedsst. v. 01.02.1994 – Arb.Erf. 51/93, (unveröffentl.); vgl. auch Schiedsst. v. 22.03.1991, Mitt. 1993, 145 m. Anm. Bartenbach/Volz.
416 Schiedsst. v. 30.01.1989 – Arb.Erf. 42/88, (unveröffentl.).

Sie unterliegt im Regelfall als interne Vereinbarung zwischen Arbeitnehmern **nicht** der **Unbilligkeitsschranke** des § 23 (s. § 23 Rdn. 4); davon zu unterscheiden ist eine nachfolgende Vergütungsregelung, deren Unbilligkeit wegen fehlerhafter Miterfinderanteile auch nur eingeschränkt greift (s. § 12 Rdn. 32.3).

Eine zeitnah zur Fertigstellung der Erfindung getroffene **Absprache zwischen den Mitarbeitern** (Miterfindern) ist in der Praxis für Arbeitgeber und Arbeitnehmer gleichermaßen **sinnvoll**; diese dient der Rechtssicherheit und beugt Meinungsverschiedenheiten im Zusammenhang mit den sich aus dem ArbEG ergebenden Rechten und Pflichten vor, beginnend bei Erfindungsmeldungen bis hin zur Vergütung und deren Regelung. Allerdings hat der Arbeitgeber, trotz seiner Schwierigkeiten (als Außenstehender) bei der Feststellung der Miterfindereigenschaft und der Höhe der Miterfinderanteile, **keinen Rechtsanspruch** auf eine (interne) Einigung über die Größe der Anteile[417] (zu den Rechtsfolgen einer unterbliebenen Einigung bei der Vergütungsregelung s. § 12 Rdn. 39).

Haben sich die **Miterfinder auf** eine bestimmte **Quotenverteilung verständigt**, so ist der Arbeitgeber grundsätzlich **berechtigt**, diese **zu übernehmen**, sofern für ihn keine Anhaltspunkte zur Annahme einer Unrichtigkeit oder Unverbindlichkeit der Aufteilung bestehen[418], und zwar unabhängig davon, ob es sich um eine schuldrechtlich im Innenverhältnis bindende Einigung zwischen den Miterfindern oder um eine gemeinsame (informatorische) Angabe handelt. Das betrifft auch sonstige einvernehmliche Erklärungen der Miterfinder, namentlich zur Erfindungshistorie. Der Arbeitgeber ist jedoch nicht dazu verpflichtet, die Angaben der Miterfinder zu übernehmen.[419] Das folgt einerseits daraus, dass sich die Miterfinderschaft nach objektiven Maßstäben und Kriterien bestimmt und nicht nach der subjektiven Sicht der am Zustandekommen Beteiligten (s. § 5 Rdn. 50). Zudem bindet eine Miterfindervereinbarung die Miterfinder nur im Innenverhältnis; sie bindet aber nicht

---

417 Vgl. auch BGH v. 02.12.1960 – I ZR 23/59, GRUR 1961, 338, 339 r.Sp. – *Chlormethylierung*.
418 BGH v. 17.05.1994 – X ZR 82/92, GRUR 1994, 898, 902 – *Copolyester*; vgl. auch BGH v. 20.06.1978, GRUR 1978, 583, 584 – *Motorkettensäge*; ferner Schiedsst. v. 19.04.2005 – Arb.Erf. 66/03 (Datenbank); Keukenschrijver in Busse/Keukenschrijver, PatG, Rn. 16 zu § 5 ArbEG; ebenso bereits Volmer/Gaul Rn. 194 zu § 2; im Ergebnis auch LG Düsseldorf v. 07.11.1989 – 4 O 146/86, (unveröffentl.).
419 Wie hier auch Schiedsst. ZB. v. 15.06.2016, Mitt. 2017, 502, 503; Keukenschrijver in Busse/Keukenschrijver, PatG, Rn. 13 zu § 12 ArbEG.

den Arbeitgeber.[420] Letzteres gilt gleichermaßen für die Angaben der Miterfinder in einer gemeinsamen Erfindungsmeldung. Das gilt auch dann, wenn der Arbeitgeber die Beanstandungsfrist nach § 5 Abs. 3 ungenutzt verstreichen lässt.[421] Anderenfalls liefe der Arbeitgeber Gefahr, wegen der u. U. sehr unterschiedlichen Anteilsfaktoren der einzelnen Miterfinder (RL Nrn. 30 ff.) insgesamt höhere Vergütungszahlungen erbringen zu müssen, als es seiner gesetzlichen Verpflichtung entspräche.[422] Das Einvernehmen der Miterfinder kann sich der Arbeitgeber insb. dann zu eigen machen, wenn er aus eigenem Wissen keine (besseren) Kenntnisse vom Zustandekommen der Erfindung hat und die Erfindungsmeldung(en) keinen Anlass bietet(n), von dem übereinstimmenden Vorbringen der Arbeitnehmer abzuweichen. Der Arbeitgeber ist also grds. nicht zur Nachforschung hinsichtlich der Angaben über eine Miterfinderschaft verpflichtet.[423] Der Arbeitgeber kann die Angaben daher grundsätzlich in eine Vergütungsvereinbarung oder -festsetzung übernehmen (s. dazu § 12 Rdn. 32.3). Hat der Arbeitgeber dagegen **Anlass zu Zweifeln** an der Richtigkeit der Angaben, kann er im Einzelfall aufgrund seiner Fürsorgepflicht gehalten sein, diesen nachzugehen.[424] Das gilt etwa bei konkreten Hinweisen auf einen weiteren bzw. anderen Miterfinder, den er dann zur Meldung auffordern kann.[425] Da sich der Arbeitgeber durch eine solche vorsorgliche Aufforderung zur Abgabe einer Meldung auf einfache Weise Klarheit verschaffen kann, läuft er bei einem Unterlassen Gefahr, dass sein passives Verhalten als Verzicht auf die Meldung – jedenfalls bei Alterfindungen mit der Folge eines Freiwerdens dieses Miterfinderanteils – gewertet werden könnte[426] oder er bei späterer Überleitung dieses Miterfinderanteils überhöhten Vergütungsforderungen ausgesetzt ist, weil ihm dies als Mitverschulden zur Last gelegt wird bzw. die anderen Erfinder kein Verschuldensvorwurf trifft.

---

420 Ebenso im Ergebn. Keukenschrijver in Busse/Keukenschrijver, PatG, Rn. 13 zu § 12 ArbEG.
421 Schiedsst. v. 12.05.2016 – Arb.Erf. 41/13, (www.dpma.de). Die Frist hat insoweit nur Relevanz für die Inanspruchnahmefrist des § 6 Abs. 2 ArbEG.
422 Schiedsst. v. 01.02.1994 – Arb.Erf. 51/93, (unveröffentl.).
423 Vgl. Ausschussbericht zu BT-Drucks. II/3327, S. 4 (zu § 4 d. Entw.) = BlPMZ 1957, 251; BGH v. 17.05.1994 – X ZR 82/92, GRUR 1994, 898, 902 – *Copolyester*; LG Düsseldorf v. 03.11.2016 – 4c O 79/15, (www.justiz.nrw.de) – Retardtablette I.
424 Nach Keukenschrijver in Busse/Keukenschrijver, PatG, Rn. 17 zu § 5 ArbEG muss der Arbeitgeber »bei Anlass zu Zweifeln … nachfassen«.
425 Vgl. auch LG Düsseldorf v. 07.01.1965, EGR Nr. 5 zu § 5 ArbEG (zu §§ 6, 8 a.F.);
426 Vgl. auch LG Düsseldorf v. 07.01.1965, EGR Nr. 5 zu § 5 ArbEG (zu §§ 6, 8 a.F.).

**Bewusst falsche Erklärungen** zur Miterfinderschaft mit dem Ziel, den Arbeitgeber zu ungerechtfertigten Vergütungszahlungen zu veranlassen, machen die Vereinbarung wegen der damit verbundenen Betrugs- und Schädigungsabsicht nach §§ 134, 138 BGB unwirksam. Solche begründen darüber hinaus Schadensersatzansprüche des Arbeitgebers nach §§ 280, 823, 826 BGB (s. auch § 5 Rdn. 81, 94 ff.).

Zur Beweislast s. nachstehend § 5 Rdn. 51.2; zur fehlenden Einigung der Miterfinder s. § 12 Rdn. 39; zur Änderung oder Ergänzung von Erfinderbenennungen s. § 8 n.F. Rdn. 83 f.; zur Bestimmung des **Umfangs der Miterfinderanteile** s. § 12 Rdn. 30 ff.; zur Vergütungsfestsetzung bei Bestreiten s. § 12 Rdn. 54; zur Schutzrechtsaufgabe und den Verwertungsrechten bei Erfindergemeinschaften s. § 16 Rdn. 93 ff.; zum anwendbaren Recht zur Bestimmung des Miterfinderanteils bei einer (teilweise) im Ausland fertiggestellten Erfindung s. § 1 Rdn. 33 ff.

**51.2** Wer eine (Mit-) Erfindereigenschaft beansprucht, trägt dafür nach den allgemeinen Beweislastregeln die **Darlegungs- und Beweislast**.[427] Dies gilt sowohl für die Alleinerfinderschaft[428] als auch für die Miterfinderschaft.[429] Diese Beweislast betrifft aber nicht nur die (patentrechtlich zu bewertende, s. § 5 Rdn. 44) Feststellung der (Mit-) Erfindereigenschaft, sondern auch den Umfang des Miterfinderanteils (s. dazu § 12 Rdn. 32). Es gibt **keinen Anscheinsbeweis**, wonach bei gemeinsamen Versuchen und Gesprächen, etwa einem **Brainstorming**, die dem Auffinden einer Lösung vorhandener Probleme

---

427 BGH v. 04.04.2006 – X ZR 155/03, GRUR 2006, 754, 755 – *Haftetikett*; OLG Düsseldorf v. 26.04.2012 – 2 U 24/11, (Düsseldf. Entsch. Nr. 1879) –*Klebstoffzusammensetzung.*
428 BGH v. 04.04.2006 – X ZR 155/03, GRUR 2006, 754, 755 [Rn. 17] – *Haftetikett* u. v. 17.08.2011, ZUM 2012, 141 [Rn. 4 ff.] – *Hauptregisseur* (dort zum Filmwerk); LG Düsseldorf v. 18.12.2007 – 4a O 26/98 – *Pflückvorsatz* (unveröffentl.); vgl. auch BGH, 15.05.2001, GRUR 2001, 823, 824 l. Sp. – *Schleppfahrzeug.*
429 BGH v. 04.04.2006 – X ZR 155/03, GRUR 2006, 754, 755 [Rn. 17] – *Haftetikett*; v. 05.10.2005, GRUR 2006, 141, 142 [Rn. 12] – *Ladungsträgergenerator*; OLG München v. 17.09.1992, GRUR 1993, 661 – *Verstellbarer Lufteinlauf*; OLG Düsseldorf v. 26.04.2012 – I-2 U 24/11, (www.justiz.nrw.de/nrwe, Rn. 53) – Klebstoffzusammensetzung u.v. 03.05.2018 – 2 U 79/16, (www.justiz.nrw.de/nrwe, Rn. 65) – *Retardtablette II*; LG Frankfurt v. 07.11.2007 – 2–6 O 116/07; LG Düsseldorf v. 18.12.2007 – 4a O 26/98 – u. LG Mannheim v. 04.12.2009 – 7 O 107/09, (sämtlich unveröffentl.), vergleichbar ist dies mit dem Fall einer Patentvindikationsklage, in dem es unstreitig dem Kläger obliegt, darzutun und im Bestreitensfall zu beweisen, dass der Patentinhaber nicht auch Erfinder ist – BGH v. 24.10.1978, GRUR 1979, 145, 147 – *Aufwärmvorrichtung*; BGH v. 21.10.1980 – X ZR 56/78, GRUR 1981, 128– *Flaschengreifer.*

dienen, die Lebenserfahrung darauf hindeutet, dass der entscheidende Gedanke, die endgültige Lösung, nicht lediglich von einem oder einzelnen oder mehreren Beteiligten stammt, sondern auf der Miterfinderschaft aller beruht.[430] Denn es gehört nicht zum Wesen einer Zusammenarbeit mehrerer Beteiligter, dass sich die auf die Lösung gerichteten Versuche und Überlegungen der Beteiligten nicht trennen lassen und der Lösungsgedanke nur als Beitrag aller gewertet werden kann.[431]

Eine **Miterfindervereinbarung** begründet eine Vermutung für deren Richtigkeit. Der Arbeitgeber kann hier ebenso wie bei einer übereinstimmenden Erklärung der Miterfinder in einer gemeinsamen Erfindungsmeldung ohne eigene Nachforschungen darauf vertrauen, dass die Miterfinder mit einer Vergütungsabrechnung auf der Grundlage der mitgeteilten Miterfinderanteile einverstanden sind, und zwar auch für die Zukunft.[432] Beansprucht ein Arbeitnehmer eine höhere Vergütung unter Hinweis auf die Fehlerhaftigkeit der früheren gemeinsamen Feststellung, so trägt er dafür die Darlegungs- und Beweislast. Ein nachträgliches Korrekturbegehren von Miterfindern mit Blick auf eine höhere Erfindervergütung wäre zudem nach Auffassung des *BGH* treuwidrig (s. § 12 Rdn. 32.3).

Angesichts der Wahrheitspflicht gem. § 124 PatG liegt in der **Benennung** eines Arbeitnehmers als Erfinder bzw. Miterfinder im Rahmen einer **Schutzrechtsanmeldung** (§ 37 Abs. 1 Satz 1 PatG) ein starkes Indiz für dessen

---

430 LG Düsseldorf v. 22.01.1991 – 4 O 298/89 u. LG Frankfurt v. 22.12.2004 – 2/6, O 89/04, (beide unveröffentl.).
431 So aber wohl LG Nürnberg-Fürth v. 25.10.1967 – X ZR 5/72, GRUR 1968, 252, 254 f. – *Softeis*; wie hier LG Frankfurt v. 10.10.2007 – 2-6 O 774/06, (unveröffentl.). Zweifelnd, ob Beteiligung am Brainstorming für eine Miterfinderschaft ausreicht, auch Schwab GRUR 2018, 670, 671.
432 Vgl. BGH v. 17.05.1994 – X ZR 82/92, GRUR 1994, 898, 902 – *Copolyester*.

Erfindereigenschaft,[433] die auch das Gericht i.R.d. Beweiswürdigung (§ 286 ZPO) berücksichtigen darf.[434] Gleiches gilt bei Abgabe einer einvernehmlichen Erfinderbenennung ggü. dem Patentamt.[435] Die Indizwirkung rechtfertigt sich regelmäßig auch aus dem engen zeitlichen Bezug zwischen Zustandekommen und Einreichung der Schutzrechtsanmeldung, bei dem die Erfindungsgeschichte allen Beteiligten »noch frisch im Gedächtnis ist«.[436] Zudem ist das Verhältnis der beteiligten Arbeitnehmer untereinander bzw. zwischen Arbeitgeber und Arbeitnehmern zu diesem frühen Zeitpunkt regelmäßig noch nicht mit etwaigen Interessenstreitigkeiten befrachtet[437] (vgl. auch die – widerlegbare – Urheberschaftsvermutung nach § 10 Abs. 1 UrhG[438]). Liegt allerdings zwischen Fertigstellung der Erfindung und ihrer Schutzrechtsanmeldung ein erheblicher Zeitraum, kann das Indiz für die Richtigkeit der Benennung der Erfinder in der Patentanmeldung entfallen.[439]

---

433 BGH v. 04.04.2006 – X ZR 155/03, GRUR 2006, 754, 756 [Rn. 18] – *Haftetikett*; ebenso OLG Düsseldorf v. 26.04.2012 – I-2 U 24/11, (www.justiz.nrw.de/nrwe) – *Klebstoffzusammensetzung* u.v. 03.05.2018 – 2 U 79/16, (www.justiz.nrw.de/nrwe, Rn. 111) – *Retardtablette II*; LG Frankfurt v. 22.12.2004 – 2/6, O 89/04, (unveröffentl.); m.H.a. BGH v. 06.10.1981 – ZR 57/80, GRUR 1982, 95, 96 – *Pneumatische Einrichtung*; u. LG Frankfurt v. 10.10.2007 – 2-6 O 774/06, (unveröffentl.); auch nach LG Düsseldorf (Urt. v. 11.08.2005 – 4 b O 456/04, unveröffentl., m. H. a. LG Düsseldorf v. 03.02.2005 InstGE 5, 100 – *Geschäftsführer-Erfindung II*) liegt in der arbeitgeberseitigen Erfinderbenennung grundsätzlich ein Indiz für die Miterfinderschaft; ebenso ständ. Praxis d. Schiedsst. z.B. v. 30.11.1993 – Arb.Erf. 140/92 u. v. 25.01.1995 – Arb.Erf. 79/93, (beide unveröffentl.); Schiedsst. v. 12.01.2005 – Arb.Erf. 21/02, (unveröffentl.): »Nach den Erfahrungen der Schiedsstelle – z.B. EV v. 12.1.2005 Arb.Erf. 21/02 (Datenbank) – hat die vom Arbeitgeber bei der Einreichung einer Patentanmeldung vorgenommene Erfinderbenennung eine hohe Wahrscheinlichkeit der Richtigkeit für sich, wenngleich eine darin angegebene *Alleinerfinderschaft* durchaus in Zweifel gezogen werden und eine Überprüfung zur Einbeziehung weiterer Erfinder führen kann (vgl. auch BGH v. 18.03.2003, GRUR 2003, 702 – *Gehäusekonstruktion*).«.
434 BGH v. 04.04.2006 – X ZR 155/03, GRUR 2006, 754, 756 [LS 1, Rn. 18] – *Haftetikett*.
435 Schiedsst. v. 21.09.1993 – Arb.Erf. 52/92, (unveröffentl.).
436 Schiedsst. v. 21.09.1993 – Arb.Erf. 52/92, (unveröffentl.).
437 Schiedsst. v. 30.11.1993 – Arb.Erf. 140/92; ZB. v. 02.05.1995 – Arb.Erf. 63/93; v. 12.01.2005 – Arb.Erf. 21/02 u. v. 18.11.2009 – Arb.Erf. 28/04; LG Frankfurt v. 10.10.2007 – 2-6 O 774/06, (sämtl. unveröffentl.).
438 S. dazu BGH v. 14.07.1993 – I ZR 47/91, GRUR 1994, 39, 40 – *Buchhaltungsprogramm* u. BGH v. 26.02.2009, WRP 2009, 1404, 1407 ff. – *Kranhäuser*.
439 Schiedsst. v. 18.11.2009 – Arb.Erf. 28/04, (unveröffentl.).

## K. Miterfinder § 5

Die Erfinderbenennung begründet aber weder einen Anscheinsbeweis noch eine Beweislastumkehr.[440] So ist der **Arbeitgeber nicht** zwingend **an** seine **frühere Erfindernennung** ggü. den Schutzrechtserteilungsbehörden **gebunden**.[441] Es widerspricht insb. nicht dem Grundsatz von Treu und Glauben (§ 242 BGB), wenn der Arbeitgeber einen zunächst von ihm angenommenen, später als unrichtig erkannten Standpunkt ändert, insb. wenn er die bei Eingang der Erfindungsmeldung möglichen Nachforschungen unterlassen und die Angaben der Arbeitnehmererfinder in der Erfindungsmeldung ohne eigene Prüfung hingenommen hat.[442] Er hat dann das Vorliegen eines anderen Entwicklungssachverhaltes substantiiert vorzutragen und ggf. zu beweisen, insb., welche Merkmale der Erfindung wann und von welchen anderen Personen erfunden worden sein sollen.[443] Insofern ist es auch Sache des Arbeitgebers, darzulegen und zu beweisen, warum er einen Arbeitnehmer als (Mit-) Erfinder benannt hat.[444] Ergeben sich Anhaltspunkte, dass die Erfinderbenennung nicht dem damaligen Kenntnisstand des Arbeitgebers entsprach, oder bestehen sonstige Zweifel an der Richtigkeit der Benennung, so entkräftet dies deren Indizwirkung und es wird sich der Rückgriff auf die Erfinderbenennung verbieten.[445] Das gilt unabhängig davon, ob vom (wirklichen) Erfinder ein **Anspruch auf Berichtigung** nach § 63 Abs. 2 PatG[446] geltend gemacht wird.

---

440 OLG Düsseldorf v. 26.04.2012 – I-2 U 24/11, (www.justiz.nrw.de/nrwe, Rn. 116) – Klebstoffzusammensetzung u.v. 03.05.2018 – 2 U 79/16, (www.justiz.nrw.de/nrwe, Rn. 111) – Retardtablette II.
441 BGH v. 18.03.2003, GRUR 2003, 702 – *Gehäusekonstruktion*; OLG Düsseldorf v. 26.04.2012 – I-2 U 24/11, (www.justiz.nrw.de/nrwe, Rn. 116) – Klebstoffzusammensetzung u.v. 03.05.2018 – 2 U 79/16 (www.justiz.nrw.de/nrwe, Rn. 111) – Retardtablette II (dort Rn. 116 auch zur Verwirkung); Schiedsst. v. 12.01.2005 – Arb.Erf. 21/02, (unveröffentl.); im Ergebn. auch Schiedsst. ZB. v. 12.05.2016 – Arb.Erf. 41/13, (www.dpma.de) u. ZB. v. 15.06.2016, Mitt. 2017, 502, 503.
442 BGH v. 20.06.1978, GRUR 1978, 583, 584 – *Motorkettensäge*; im Ergebn. auch OLG Düsseldorf v. 26.04.2012 – I-2 U 24/11, (www.justiz.nrw.de/nrwe, Rn. 116) – Klebstoffzusammensetzung; LG Düsseldorf v. 03.11.2016 – 4c O 87/15, (Düsseldorfer Entscheidungen Nr. 2583) – Retardtablette II.
443 Schiedsst. v. 12.01.2005 – Arb.Erf. 21/02, (unveröffentl.); vgl. auch BGH v. 04.04.2006 – X ZR 155/03, GRUR 2006, 754, 756 [Rn. 18 ff.] – *Haftetikett*.
444 LG Frankfurt v. 07.11.2007 – 2 – 6 O 116/07, (unveröffentl.).
445 Im Ergebn. auch OLG Düsseldorf v. 26.04.2012 – I-2 U 24/11, (www.justiz.nrw.de/nrwe, Rn. 116) – Klebstoffzusammensetzung. Vgl. auch BGH v. 04.04.2006 – X ZR 155/03, GRUR 2006, 754, 756 [Rn. 18 – 22] – *Haftetikett*;
446 S. dazu BGH v. 17.5.2011 – X ZR 53/08, GRUR 2011, 903 [Rn. 10 ff.] – *Atemgasdrucksteuerung*.

**51.3** Der Anspruch auf Miterfinderschaft, auf vermeintliche Alleinerfinderschaft oder einen höheren Miterfinderanteil unterliegt schneller der **Verwirkung** als z.B. der Vergütungsanspruch[447] (s. dazu § 9 Rdn. 46 ff.). Dies hat seinen Grund einmal in der umfassenden Meldepflicht des Arbeitnehmers nach § 5 Abs. 1 und zum anderen darin, dass der Arbeitgeber mangels eigener Kenntnis der Erfindungsgeschichte auf die Informationen des Arbeitnehmers angewiesen ist. Zudem dürfte regelmäßig kein Grund vorliegen, die Beendigung des Arbeitsverhältnisses abwarten zu müssen, da dem Arbeitnehmer bei Geltendmachung dieses Persönlichkeitsrechts, welches als solches noch mit keinen Zahlungsverpflichtungen des Arbeitgebers verbunden ist, schwerlich atmosphärische Störungen im Verhältnis zu dem Arbeitgeber drohen dürften.[448] Hinzu kommt, dass das Recht der Allein- oder Miterfinderschaft zunächst eine Rechtsposition ist, die nicht ggü. dem Arbeitgeber geltend gemacht wird, sondern ggü. den weiteren, als Miterfinder genannten Personen, die ihre Miterfinderschaft behaupten.[449] Die Abklärung innerhalb der Miterfinder kann regelmäßig erfolgen, ohne dass damit eine Belastung des Arbeitsverhältnisses verbunden ist. Dem Zeitmoment kommt auch deshalb besondere Bedeutung zu, weil die Aufklärung der Erfindungsgeschichte mit zunehmendem Zeitablauf ungenauer und unsicherer wird, nicht zuletzt weil es häufiger nicht auf präsente Beweisunterlagen, sondern auf das Erinnerungsvermögen der beteiligten Personen ankommt. Zur Darstellungs- und Beweislast des Arbeitnehmers für den Vergütungsanspruch s. § 9 Rdn. 299 f.

Ist die Geltendmachung eines Miterfinderanteils ggü. dem Arbeitgeber verwirkt, betrifft die Verwirkung ausschließlich die Rechtsbeziehungen zwischen dem Geltendmachenden und dem Arbeitgeber ohne die Aufteilung der Erfindervergütung zu beeinflussen, sodass ein »verwirkter Miterfinderanteil« den übrigen Miterfindern nicht zuwächst, sondern vergütungsmindernd entgegengehalten werden kann;[450] beweispflichtig bleibt der Arbeitgeber.

Der Verwirkungseinwand gilt auch **zulasten des Arbeitgebers**, bspw. wenn sich dieser zwecks Minderung von geltend gemachten Vergütungsansprüchen

---

447 Schiedsst. ZB. v. 02.05.1995 – Arb.Erf. 63/93; v. 06.10.1998 – Arb.Erf. 117/96; v. 17.06.1999 – Arb.Erf. 91/96 u. v. 09.07.2008 – Arb.Erf. 45/03, (sämtl. unveröffentl.). Siehe zum US-Recht Urteil d. US-Court of Appeals for the Federal Circuit v. 16.02.2016, GRUR Int. 2016, 1034 – Lismunt/Binzel, dort Verwirkung nach mehr als sechsjährigem Untätigbleiben nach Kenntniserlangung v. d. Nichtnennung als Erfinder im dt. Patent.
448 Schiedsst. Beschl. v. 09.07.2008 – Arb.Erf. 45/03 (Datenbank).
449 Schiedsst. v. 06.10.1998 – Arb.Erf. 117/96, (unveröffentl).
450 LG Düsseldorf v. 18.12.2007 – 4a O 26/98, (unveröffentl.).

nachträglich nach Jahren auf die Existenz weiterer Miterfinder beruft[451] (s.a. § 9 Rdn. 46 ff.).

## II. Rechtsverhältnis der Miterfinder zueinander

Das Verhältnis der Miterfinder zueinander bestimmt sich nach einer zwischen ihnen getroffenen **Vereinbarung**.

52

Soweit es daran fehlt, gelten mangels ausdrücklicher Regelung im PatG und ArbEG, die **Vorschriften des bürgerlichen Rechts** über die Bruchteilsgemeinschaft (§§ 741 ff. BGB) oder die bürgerlich-rechtliche Gesellschaft (§§ 705 ff. BGB).[452] Welches der beiden Rechtsinstitute vorliegt, entscheidet sich vorrangig nach dem Anlass der Zusammenarbeit: Erfolgt diese aufgrund eines – auch stillschweigend geschlossenen – Vertrages zur Erreichung eines gemeinsamen Zwecks, der Schaffung der Erfindung und ggf. ihrer anschließenden Verwertung (etwa bei der Forschungs- und Entwicklungskooperation), handelt es sich regelmäßig um eine **GbR**.[453] Entwickeln Arbeitnehmer dagegen – wie **im Regelfall**[454] bzw. im Zweifel[455] – ohne besondere Vereinbarung aufgrund der bloßen Tatsache der (beruflich bedingten) gemeinsamen erfinderischen Tätig-

---

451 Schiedsst. v. 17.06.1999 – Arb.Erf. 91/96, (unveröffentl.) – dort 15 Jahre nach Schutzrechtsanmeldung und Erfinderbenennung; s. aber auch OLG Düsseldorf v. 03.05.2018 – 2 U 79/16, (www.justiz.nrw.de/nrwe, Rn. 111).
452 Ganz h.M.; BGH v. 17.10.2000, GRUR 2001, 226, 227 – *Rollenantriebseinheit*; s.a. AIPPI-Entschließung Q 194 BA, GRUR Int. 2010, 210; GRUR Int. 2009, 818 u. GRUR Int. 2007, 503; Lindenmaier/Weiss PatG Rn. 26 ff. zu § 3; Schulte/Moufang, PatG, § 6 Rn. 22; krit. u.a. Fischer GRUR 1977, 313 ff.; s.a. Sefzig, GRUR 1995, 302 ff. u. Villinger, CR 1996, 331, 334 ff., 393 ff.
453 RG v. 18.08.1937, GRUR 1938, 256 u. v. 17.10.1938, JW 1939, 239 (LS); vgl. auch BGH v. 20.02.1979 – X ZR 63/77, GRUR 1979, 540, 542 r.Sp. – *Biedermeiermanschetten*; ebenso zur Miturheberschaft (§ 8 UrhG) BGH v. 05.03.1998 – I ZR 250/95, WM 1998, 1020 – *Popmusikproduzenten* m. Anm. van Look EWiR § 705 BGB 2/98, S. 495.
454 In diesem Sinne wohl BGH v. 22.03.2005 – X ZR 152/03, GRUR 2005, 663 (r. Sp.) – *Gummielastische Masse II*.
455 BGH v. 17.10.2000, GRUR 2001, 226, 227 – *Rollenantriebseinheit*; BGH v. 04.04.2006 – X ZR 155/03, GRUR 2006, 754, 755 [Rn. 10] – *Haftetikett* m.w.N.

keit eine Erfindung, liegt eine **Bruchteilsgemeinschaft** i.S.d. § 741 BGB vor.[456]

Die Bruchteilsgemeinschaft zwischen den Miterfindern entsteht mit der Fertigstellung (zum Begriff vgl. § 4 Rdn. 16 f.) der Erfindung[457] und endet ggf. mit der (unbeschränkten) Inanspruchnahme aller Erfindungsanteile durch den Arbeitgeber[458] (s. hierzu § 6 n.F. Rdn. 140 f., dort auch zur gemischten Erfindungsgemeinschaft unter Beteiligung freier Erfinder; zu den Rechtsfolgen s. auch unten § 5 Rdn. 93.6 f.). Zur Beweislast s. § 5 Rdn. 51.2.

**53** Mit der GbR hat die Bruchteilsgemeinschaft gemeinsam, dass das einzelne Mitglied nicht ohne Zustimmung der anderen Teilhaber über das gemeinsame Recht als Ganzes **verfügen** kann, eine Verfügung vielmehr von allen gemeinschaftlich vorgenommen werden muss (§ 718 Abs. 1 bzw. § 747 Satz 2 BGB).[459] Dies gilt etwa für die **Lizenzvergabe**, so dass die Erteilung einer (einfachen oder ausschließlichen) **Lizenz** nur mit **Zustimmung aller Teilha-**

---

456 BGH v. 27.09.2016 – X ZR 163/12, Mitt. 2016, 549 (Rn. 17) – *Beschichtungsverfahren*; BGH v. 21.12.2005 – X ZR 165/04, GRUR 2006, 401 (Rn. 9 f.) – *Zylinderrohr*; BGH v. 22.03.2005 – X ZR 152/03, GRUR 2005, 663 (r. Sp.) – *Gummielastische Masse II*; v. 18.03.2003, GRUR 2003, 702, 704 – *Gehäusekonstruktion*; v. 17.10.2000, GRUR 2001, 226, 227 – *Rollenantriebseinheit*; OLG Düsseldorf v. 25.08.2005, GRUR-RR 2006, 118, 119 – *Drehschwingungstilger* u. v. 26.07.2018 – I – 15 U 2/17, (BeckRS 2018, 17622, Rn. 80 ff.) – *Flammpunktprüfung* (insoweit nur teilw. in GRUR 2018, 1037 – *Flammpunktprüfungsvorrichtung*); Reimer/Neumar PatG Rn. 11 ff. zu § 3; Schiedsst. v. 01.03.1961, BlPMZ 1962, 17 u. ZB. v. 15.06.2016, Mitt. 2017, 502, 504; Volmer/Gaul Rn. 153 zu § 5 u. 200 zu § 7; ausführl. Lüdecke Erfindungsgem. (1962), 111 ff. u. Bartenbach, Zwischenbetriebl. Kooperation (1985) 62 f.; vgl. auch BGH v. 04.04.2006 – X ZR 155/03, GRUR 2006, 754, 755 [Rn. 10] – *Haftetikett* (zur freigewordenen Diensterfindung); BGH v. 12.03.2009 – Xa ZR 86/06, GRUR 2009, 657, 659 (Rn. 18) – *Blendschutzbehang* u. BGH v. 14.02.2017 – X ZR 64/15, GRUR 2017, 504 (Rn. 67) – *Lichtschutzfolie*; OLG Frankfurt am Main v. 30.04.1992, GRUR 1992, 852, 854 – *Simulation von Radioaktivität* (dort zum Forschungsauftrag). S. auch BGH v. 13.03.2014, Mitt. 2014, 513 (Rn. 9) – *VIVA Friseure/VIVA* – dort Bruchteilsgem. b. Marken.

457 Allg. Ansicht, z.B. im Ergebnis BGH v. 04.04.2006 – X ZR 155/03, GRUR 2006, 754, 755 [Rn. 10] – *Haftetikett*; s.a. BGH v. 21.12.2005 – X ZR 165/04, GRUR 2006, 401, 402 (Rn. 9) – *Zylinderrohr*.

458 Einzelheiten b. Bartenbach/Volz, GRUR 1978, 669, 671 ff.

459 BGH v. 17.10.2000, GRUR 2001, 226, 227 – *Rollenantriebseinheit*. Siehe hierzu im Einz. Bartenbach/Kunzmann Festschr.80 J. Patentgerichtsbarkt. Düsseldorf (2016), 37, 40 ff.

**ber** erfolgen kann.[460] Die Lizenzierung ist nicht Gebrauch des gemeinschaftlichen Rechts durch die Teilhaber, sondern überlässt den Gebrauch einem Dritten.[461] Sie geht damit u. E. über eine auch mit Mehrheitsbeschluss oder bei billigem Ermessen mögliche Verwaltungs- und Benutzungsmaßnahme i.S.v. §§ 744 Abs. 1, 745 Abs. 1, 2 BGB hinaus (streitig).[462] Eine von einem Teilhaber ohne Zustimmung der übrigen Teilhaber erteilte Lizenz ist ebenso unwirksam[463] wie eine Übertragung durch einen einzelnen Teilhaber. Verwertungen solcher Patente durch damit unberechtigte Dritte sind Patentverletzung.[464] Die (Netto-)Lizenzeinnahmen stehen den Teilhabern anteilig zu (§ 743 Abs. 1 BGB), soweit nicht Abweichendes mit Zustimmung des betreffenden Teilhabers geregelt ist (§ 745 Abs. 3 Satz 2 BGB). Während bei einer BGB-Gesellschaft dem einzelnen Gesellschafter gem. § 719 Abs. 1 BGB wegen der gesamthänderischen Bindung des Gesellschaftsvermögens auch die Verfügung über seinen Anteil verboten ist, kann der einzelne Teilhaber einer Bruchteilsgemeinschaft hierüber – ggf. unter Beachtung evtl. bestehender Geheimhaltungs-

---

460 H.M., z. B. OLG Karlsruhe v. 22.10.2014 – 6 U 127/13, (unveröffentl.); LG Düsseldorf v. 26.06.1990, GRUR 1994, 53, 56 – *Photoplethysmograph*; Schiedsst. ZB. v. 15.06.2016, Mitt. 2017, 502, 504; Sefzig, GRUR 1995, 302 zur Lizenzvergabe bei Miterfindern; vgl. auch Benkard/Mellulis, PatG, Rn. 67 zu § 6 PatG; im Ergebnis ebenso Keukenschrijver in Busse/Keukenschrijver, PatG, Rn. 52 zu § 6 PatG; a.A. Chakraborty/Tilmann in Festschr. König (2003), 63, 87 f.; abw. ferner OLG Düsseldorf v. 26.07.2018 – I – 15 U 2/17, (BeckRS 2018, 17622, Rn. 92) – *Flammpunktprüfung* m.H.a. OLG Düsseldorf v. 08.03.2012, GRUR-RR 2012, 319, 320 – Einstieghilfe für Kanalöffnungen (auch Mehrheitsbeschluss bzw. billiges Verlangen nach § 745 BGB).
461 Vgl. hierzu OLG Düsseldorf v. 08.03.2012, GRUR-RR 2012, 319, 320 – Einstieghilfe für Kanalöffnungen; Kraßer/Ann, PatR; § 19 Rn. 99; Bartenbach/Kunzmann, Festschr. 80 J. Patentgerichtsbarkt. Düsseldorf (2017), 37, 40 f.
462 Wohl h.M., u. a. Bartenbach/Kunzmann, Festschr. 80 J. Patentgerichtsbarkt. Düsseldorf (2017), 37, 41 m.H.a. OLG Karlsruhe v. 22.10.2014 – 6 U 127/13, (unveröffentl.). A. A. OLG Düsseldorf v. 26.07.2018 – I – 15 U 2/17, (BeckRS 2018, 17622, Rn. 92) – *Flammpunktprüfung* m.H.a. OLG Düsseldorf v. 08.03.2012, GRUR-RR 2012, 319, 320 – Einstieghilfe für Kanalöffnungen; vgl. auch OLG Düsseldorf v. 04.04.2013 – I – 2 U 72/11, (juris).
463 OLG Düsseldorf v. 08.03.2012, GRUR-RR 2012, 319, 320 – Einstieghilfe für Kanalöffnungen; im Ergebn. auch OLG Düsseldorf v. 26.07.2018 – I – 15 U 2/17, (BeckRS 2018, 17622, Rn. 102) – *Flammpunktprüfung*, dort aber bei fehlendem Mehrheitsbeschluss bzw. billigem Ermessen i.S.v. § 745 BGB. Im Einzelnen streitig, s. die Nachw. bei Keukenschrijver in Busse/Keukenschrijver, PatG, Rn. 52 zu § 6 PatG.
464 Keukenschrijver in Busse/Keukenschrijver, PatG, Rn. 52 zu § 6 PatG.

pflichten – frei verfügen (§ 747 Satz 1 BGB).[465] Eine – etwa mit Blick auf das Benutzungsrecht vereinbarte – Rückwirkung der Anteilsübertragung für die Zeit vor Zustandekommen des Verfügungsgeschäfts scheidet aus.[466]

**53.1** Eine Realteilung des Schutzrechts – etwa nach Patentansprüchen – ist nach deutschem Recht nicht zulässig.[467] Dementsprechend sind die einzelnen Erfinder, gleich, an welchen Teilen der Erfindung sie mitgewirkt haben, stets als **Miterfinder am gesamten (Schutz-) Recht** beteiligt[468] (zur Bestimmung des Miterfinderanteils s. § 12 Rdn. 30 ff.; zur Schutzrechtsanmeldung s. § 13 Rdn. 3.1).

**53.2** Gleich, ob allein die Miterfinder Teilhaber sind, oder ob der Arbeitgeber mit weiteren Miterfindern (z.B. bei teilweiser Freigabe) bzw. deren Rechtsnachfolgern (z.B. Kooperationspartner) eine Bruchteilsgemeinschaft bildet, ist jeder Teilhaber – unabhängig von der Größe seines Anteils – grds. befugt, das gemeinsame Recht mittels **Eigennutzung** zu verwerten, wobei das gleichartige Benutzungsrecht des anderen Teilhabers zu beachten ist (§ 743 Abs. 2

---

[465] BGH v. 20.02.1979 – X ZR 63/77, GRUR 1979, 540, 541 – *Biedermeiermanschetten*; BGH v. 17.10.2000, GRUR 2001, 226, 227 – *Rollenantriebseinheit*; Münch-Komm-Schmidt, BGB Rn. 55 zu § 741 u. Rn. 2 zu § 747; Storch i. Festschr. Preu 1998, 39, 43.

[466] OLG Düsseldorf v. 26.07.2018 – I – 15 U 2/17, (BeckRS 2018, 17622, Rn. 82 ff.) – *Flammpunktprüfung*.

[467] BGH v. 12.03.2009 – Xa ZR 86/06, GRUR 2009, 657, 659 [Rn. 17] – *Blendschutzbehang*; Schiedsst. v. 07.01.1991 – Arb.Erf. 33/89 u. v. 09.06.1995 – Arb.Erf. 102/93, (beide unveröffentl.); Hellebrand Festschr. Bartenbach (2005), 141 ff.

[468] Vgl. BGH v. 22.11.2011 – X ZR 35/09, GRUR 2012, 380, 381 [Rn. 22, 26] – *Ramipril II*; BGH v. 12.03.2009 – Xa ZR 86/06, GRUR 2009, 657, 659 [Rn. 17 f.] – *Blendschutzbehang*; Schiedsst. v. 07.01.1991 – Arb.Erf. 33/89 u. v. 09.06.1995 – Arb.Erf. 102/93, (beide unveröffentl.).

## K. Miterfinder § 5

BGB).[469] Jeder Teilhaber – gleich, ob Arbeitgeber oder Arbeitnehmer – ist also **gleichermaßen zur eigenen Benutzung** des Gegenstandes der gemeinsamen Schutzrechtsposition **berechtigt**[470], auch wenn sein ideeler Anteil gering ist.[471] Das Nutzungsrecht schließt ein Herstellenlassen im Wege einer verlängerten Werkbank ein[472] (s. dazu § 16 Rdn. 89). Es gilt auch uneingeschränkt § 745 BGB.[473] Nach Maßgabe des § 745 Abs. 1 BGB können die Teilhaber durch Stimmenmehrheit (nach Größe der Anteile, aber unter vorheriger Einräumung rechtlichen Gehörs an Minderheitsgesellschafter[474]) eine abweichende ordnungsmäßige Verwaltung und Benutzung beschließen. Solange die Teilhaber keinen abweichenden Beschluss nach § 745 Abs. 1 BGB gefasst bzw. keine Vereinbarung getroffen haben, kann jeder Teilhaber eine dem Interesse aller Teilhaber nach billigem Ermessen entsprechende Verwaltung und Benutzung

---

469 BGH v. 22.03.2005 – X ZR 152/03, GRUR 2005, 663, 664 – *Gummielastische Masse II*; BGH v. 21.12.2005 – X ZR 165/04, GRUR 2006, 401, 402 – *Zylinderrohr*; BGH v. 12.03.2009 – Xa ZR 86/06, GRUR 2009, 657, 659 [Rn. 18] – *Blendschutzbehang*; v. 14.02.2017 GRUR 2017, 504 (Rn. 67) – Lichtschutzfolie; OLG Düsseldorf v. 25.08.2005, GRUR-RR 2006, 118, 119 – *Drehschwingungstilger*; v. 08.03.2012, GRUR-RR 2012, 319, 320 – Einstiegshilfe für Kanalöffnungen; v. 24.10.2013, Mitt. 2013, 475, 477 – Haltesystem für Werbeprints II (dort auch zur Notwendigkeit einer formellen Berechtigung kraft Eintragung)u. v. 26.07.2018 – I – 15 U 2/17, (BeckRS 2018, 17622, Rn. 80, 125) – *Flammpunktprüfung*; OLG Karlsruhe v. 22.10.2014 – 6 U 127/13, (unveröffentl.); LG Düsseldorf v. 13.04.2010, Mitt. 2010, 541, 543 – Beschichtung für Solarabsorber; Schiedsst. v. 31.08.2008 – Arb.Erf. 1/07 (Datenbank) u. v. 23.11.2010 – Arb.Erf. 33/09, (unveröffentl.); Fischer GRUR 1977, 313 ff.; von der Grün, Die rechtl. Stellg. v. Miterf. (Diss. 2003), S. 64 ff.; Bartenbach/Kunzmann, Festschr.80 J. Patentgerichtsbarkt. Düsseldorf (2016), 37, 39 f.; Benkard/Mellulis, PatG, Rn. 56 zu § 6; Schulte/Moufang, PatG, § 6 Rn. 22; a.A. Lüdecke, Erf.gemeinschaften, 1962, S. 199 ff.; Sefzig, GRUR 1995, 302 ff. Ausf. zum Meinungsstand Henke, Erfindungsgem. (2005), S. 124 ff.
470 BGH v. 14.02.2017 – X ZR 64/15, GRUR 2017, 504 (Rn. 67) – *Lichtschutzfolie*; vgl. auch BGH v. 27.09.2016 – X ZR 163/12, Mitt. 2016, 549 (Rn. 29) – *Beschichtungsverfahren*; Schiedsst. v. 07.05.2015 – Arb.Erf. 71/11, (www.dpma.de, in Mitt. 2016, 517 nur LS.).
471 Vgl. etwa BGH v. 16.05.2017 – X ZR 85/14, GRUR 2017, 890 (Rn. 27, 28, 32) – *Sektionaltor II*, dort Miteigentumsanteil von 5 %.
472 H.M., z. B. OLG Düsseldorf v. 08.03.2012, GRUR-RR 2012, 319, 320 – Einstiegshilfe für Kanalöffnungen.
473 Ständ. Rspr., u. a. BGH v. 22.03.2005 GRUR 2005, 663, 664 – *Gummielastische Masse II*; v. 14.02.2017 – X ZR 64/15, GRUR 2017, 504 (Rn. 67) – *Lichtschutzfolie*; im Ergebn. auch BGH v. 16.05.2017 – X ZR 85/14, GRUR 2017, 890 (Rn. 19 ff.) – *Sektionaltor II*.
474 S. OLG Düsseldorf v. 26.07.2018 – I – 15 U 2/17, (BeckRS 2018, 17622, Rn. 96 ff.) – *Flammpunktprüfung*.

verlangen (§ 745 Abs. 2 BGB). Die Grenzen des § 745 Abs. 3 BGB sind zu beachten. Eine Benutzungsregelung, die einzelnen Teilhabern die Nutzung der gemeinsamen Erfindung verbietet, kann – so der *BGH*[475] – »allenfalls unter besonderen Voraussetzungen einer ordnungsgemäßen Verwaltung und Benutzung entsprechen – etwa dann, wenn ein Mitberechtigter sich gegenüber den anderen zu besonders hohen Ausgleichsleistungen verpflichtet und im Gegenzug eine alleinige Nutzungsbefugnis erhält.«

53.3 Ohne eine entsprechende Regelung (Vereinbarung, Mehrheitsbeschluss) schuldet der die Erfindung nutzende Arbeitgeber seinen Arbeitnehmer-Miterfindern als Teilhabern aufgrund ihres freigewordenen Miterfinderanteils grds. keinen **finanziellen Ausgleich** für die von ihm erzielten Gebrauchsvorteile.[476] Gleiches gilt, wenn ein anderer Arbeitnehmer-Miterfinder die gemeinsame Erfindung nutzt.

53.4 Erforderlich ist vielmehr ein berechtigtes Ausgleichsverlangen i.S.d. § 745 Abs. 2 BGB. Der **Ausgleichsanspruch** setzt erst ein, wenn ein Teilhaber mit hinreichender Deutlichkeit[477] mit einem entsprechenden Verlangen an den nutzenden Teilhaber (z. B. an den Arbeitgeber) herantritt und eine Ausgleichspflicht des Nutzenden (z. B. des Arbeitgebers) dem Interesse aller Teilhaber nach billigem Ermessen entspricht (§ 745 Abs. 2 BGB).[478] Das erfordert die positive Kenntnis der Existenz einer Gemeinschaft oder gleichkommender Umstände.[479] Eine rückwirkende Geltendmachung ist nicht möglich.[480] Der

---

475 BGH v. 14.02.2017 – X ZR 64/15, GRUR 2017, 504 (Rn. 67) – *Lichtschutzfolie*; Schulte/Moufang, PatG, § 6 Rn. 23.
476 Ebenso Schiedsst. v. 09.03.2017 – Arb.Erf. 07/15, (www.dpma.de) m.H.a. BGH v. 22.03.2005 – X ZR 152/03, GRUR 2005, 663 – *Gummielastische Masse II*.
477 S. dazu allg. OLG Düsseldorf v. 07.08.2014, GRUR 2014, 1190, 1191 – *Sektionaltorantrieb*, insoweit bestätigt durch BGH v. 16.05.2017 – X ZR 85/14, GRUR 2017, 890 (Rn. 20 ff.) – *Sektionaltor II*.
478 BGH v. 22.03.2005 – X ZR 152/03, GRUR 2005, 663, 664 – *Gummielastische Masse II*; BGH v. 12.03.2009 – Xa ZR 86/06, GRUR 2009, 657, 659 [Rn. 18] – *Blendschutzbehang*; OLG Düsseldorf v. 01.10.2010 – I – 2 U 41/07//2 U 41/07, [Rn. 78] JURIS – *Glasverbundplatte*; Schiedsst. v. 16.05.2007 – Arb.Erf. 12/06, (unveröffentl.). S. auch zum Ausgleichanspruch bei frei gewordenen Diensterf. von der Groeben GRUR 2014, 113 ff.
479 BGH v. 27.09.2016, Mitt. 2016, 549 (Rn. 29) – *Beschichtungsverfahren*.
480 OLG Düsseldorf v. 25.08.2005, GRUR-RR 2006, 118, 119 – *Drehschwingungstilger* m H. a. BGH, NJW 1966, 1708, 1709; im Ergebn. auch BGH v. 16.05.2017 – X ZR 85/14, GRUR 2017, 890 (Rn. 19 f.) – *Sektionaltor II* einen Ausgleichsanspruch generell ablehnend Gennen Festschr. Bartenbach (2005), S. 335; s.a. Kasper, Mitt. 2005, 488 f. Vgl. auch OLG Düsseldorf v. 26.07.2018 – I – 15 U 2/17, (BeckRS 2018, 17622, Rn. 125) – *Flammpunktprüfung*.

Ausgleichsanspruch entsteht vielmehr erst mit der Geltendmachung[481] und unterliegt den allgemeinen Verjährungsregelungen[482]. Nutzungshandlungen vor Geltendmachung bleiben damit grundsätzlich unberücksichtigt. Bei der Frage, ob ein Ausgleich zusteht und wie dieser zu bemessen ist, sind umfassend **alle Umstände des Einzelfalls** zu würdigen.[483]

**Allgemein gilt** dabei: Die Beteiligung des nicht nutzenden Mitinhabers an den Nutzungsvorteilen des anderen Teilhabers muss nicht zwangsläufig die Größe des Anteils an der Patentanmeldung bzw. an dem Patent widerspiegeln;[484] das gilt u. E. in beide Richtungen. Vor Schutzrechtserteilung kann der finanzielle Ausgleich nicht höher ausfallen als eine »angemessene Entschädigung« i. S. v. § 33 PatG bzw. Art. II § 1 Abs. 1 IntPatÜG.[485] Eine Orientierung des Ausgleichsanspruchs am Gewinn des benutzenden Teilhabers scheidet damit regelmäßig aus.[486]

**53.5**

---

481 Vgl. OLG Düsseldorf v. 07.08.2014, GRUR 20.14, 1190, 1191 – Sektionaltorantrieb, insoweit bestätigt durch BGH v. 16.05.2017 – X ZR 85/14, GRUR 2017, 890 (Rn. 19 f.) – *Sektionaltor II.*
482 S. dazu BGH v. 16.05.2017 – X ZR 85/14, GRUR 2017, 890 (Rn. 38 ff.) – *Sektionaltor II* in teilw. Abweichg. v. OLG Düsseldorf v. 07.08.2014, GRUR 2014, 1190, 1193 f. – Sektionaltorantrieb.
483 Vgl. BGH v. 16.05.2017 – X ZR 85/14, GRUR 2017, 890 (Rn. 29 ff., 50 ff.) – *Sektionaltor II.*
484 BGH v. 12.03.2009 – Xa ZR 86/06, GRUR 2009, 657, 659 – *Blendschutzbehang* u. BGH v. 16.05.2017 – X ZR 85/14, GRUR 2017, 890 (Rn. 47) – *Sektionaltor II*; s.a. BGH v. 22.03.2005 – X ZR 152/03, GRUR 2005, 663, 664 – *Gummielastische Masse II.* Vgl. etwa BGH v. 21.12.2005 – X ZR 165/04, GRUR 2006, 401, 402 [Rn. 10 ff.] – *Zylinderrohr*, wonach im Rahmen einer Benutzungsvereinbarung geregelt werden kann, dass die Nutzung durch einen bzw. einzelne Teilhaber unter Ausschluss der anderen alleine erfolgt.
485 BGH v. 27.09.2016 – X ZR 163/12, Mitt. 2016, 549 (Rn. 30) – *Beschichtungsverfahren* u. BGH v. 16.05.2017 – X ZR 85/14, GRUR 2017, 890 (Rn. 59) – *Sektionaltor II.*
486 BGH v. 16.05.2017 – X ZR 85/14, GRUR 2017, 890 (Rn. 52 ff., 60) – *Sektionaltor II.*

Im Regelfall geht der *BGH* für die **Bemessung des Ausgleichs** vielmehr von der **Lizenzanalogie** aus.[487] Dazu zieht der *BGH* eine Parallele zum Arbeitnehmererfinderrecht und überträgt dortige Erwägungen auf den Ausgleichsanspruch. Hierbei wird aber nicht berücksichtigt, dass die Lizenzanalogie bei Arbeitnehmererfindungen gerade deshalb berechtigt ist, weil der Arbeitgeber kein originäres Nutzungsrecht an der Erfindung hat, sondern die nach der Lizenzanalogie zu bemessende Vergütung die Gegenleistung für den Erwerb der Erfindungsrechte und damit des Benutzungsrechts ist. Demgegenüber verfügt der Mitinhaber einer Erfindung nach § 743 Abs. 2 BGB von vornherein über ein eigenes Benutzungsrecht. Die Höhe des von einem Teilhaber zu leistenden Ausgleichsanspruchs muss dieses eigene Benutzungsrecht widerspiegeln, so dass ein Teilhaber für seine Benutzung nicht das gleiche Entgelt schulden kann wie ein Lizenznehmer für ein fremdes Patent.[488] Zudem ist Maßstab des § 743 Abs. 2 BGB nicht der Nutzungumfang des einen Teilhabers, sondern die mögliche Beeinträchtigung des Mitgebrauchs der übrigen Teilhaber.[489] Damit wäre vorrangig an alternative Ermittlungen zu denken.[490] In jedem Fall muss sich bei Heranziehung der Lizenzanalogie das bestehende eigene Benutzungsrecht des ausgleichspflichtigen Teilhabers zumindest mindern in der **Höhe des Analogielizenzsatzes** niederschlagen. Deshalb ist es u. E. zu weitgehend, wenn man eine marktübliche Lizenz als Obergrenze für den Ausgleichsanspruch ansetzen wollte. Zugleich wegen der »geteilten Monopolwirkung«, die auf Grund des Nutzungsrechts der Mitteilhaber und deren Verfügungsmöglichkeit (§ 747 Satz 1 BGB) besteht, ist die Obergrenze u. E. regel-

---

487 BGH v. 16.05.2017 – X ZR 85/14, GRUR 2017, 890 (Rn. 52) – *Sektionaltor II*, wobei der BGH – abweichend vom Berufungsurteil (OLG Düsseldorf v. 07.08.2014, GRUR 2014, 1190, 1194 f. – Sektionaltorantrieb) jedoch in besonderen Ausnahmefällen auch eine »am erzielten Gewinn orientierte Ausgleichsleistung als der Billigkeit entsprechend« ansehen will, wozu er allerdings allein eine besonders hohe Gewinnmarge als nicht ausreichend ansieht (a.a.o. Rn. 54). Auch Henke, Erfindungsgem. (2005), S. 265 ff. spricht sich auf Basis eines »Partizipationsmodells« für eine Orientierung des Ausgleichsanspruchs am (tatsächlichen) »objektiven Gebrauchs- und Ertragswert« aus seiner Verwertung für den nutzenden Teilhaber (d. h. quasi der kausal auf den Erfindungsanteil zurückzuführende Gewinn nach Abzug von Kosten einschl. Gemeinkostenanteil und Verlusten) unter Heranziehung der erfinderrechtl. Grundsätze zum Erfindungswert aus.
488 Bartenbach/Kunzmann, Festschr. 80 J. Patentgerichtsbarkt. Düsseldorf (2016), 37, 46 f.
489 Bartenbach/Kunzmann, Festschr. 80 J. Patentgerichtsbarkt. Düsseldorf (2016), 37, 44.
490 S. dazu Bartenbach/Kunzmann, Festschr. 80 J. Patentgerichtsbarkt. Düsseldorf (2016), 37, 46 f.

mäßig noch unterhalb des marktüblichen Lizenzsatzes für eine **einfache Lizenz** anzusetzen.

Einfluss auf die Bemessung einer Ausgleichszahlung haben ferner die Lasten- und Kostentragung (§ 748 BGB) sowie gemeinsame Einnahmen, etwa aus Lizenzvergaben oder Schutzrechtsverletzungen. Auch besondere Aufwendungen des Nutzenden im Zusammenhang mit der Erlangung der Produktionsreife und Markteinführung können mindernden Einfluss haben. Letztlich können in die Gesamtwürdigung eine Vielzahl solcher Umstände in die Bewertung einfließen, die vernünftige Lizenzvertragsparteien bei der Bemessung einer einfachen Lizenz berücksichtigt hätten. Im Übrigen steht der Lizenzsatz auch hier in Wechselbezug zu der zutreffenden technisch-wirtschaftlichen Bezugsgröße (i.S.d. RL Nr. 8). Bei wesentlichen Änderungen gilt § 313 BGB.

Bei der rechnerischen Bezugsgröße, also im Regelfall dem Umsatz, mindert ein vom Arbeitgeber an die anderen Teilhaber zu zahlender Ausgleich seinen wirtschaftlichen Vorteil. Es ist deshalb vorgeschlagen worden, z. B. bei der Berechnung des Ausgleichs nach der Lizenzanalogie den vom Arbeitgeber tatsächlich erzielten (Netto-)Umsatz mit dem erfindungsgemäßen Gegenstand entsprechend zu reduzieren.

Die Grundsätze gelten im Allgemeinen auch bei einer **zwischen Arbeitgeber und Arbeitnehmer bestehenden Bruchteilsgemeinschaft.**[491] Allerdings wird im Rahmen der Billigkeitsentscheidung bei Erfindungsgemeinschaften zu differenzieren sein:

**Nutzt allein der Arbeitgeber,** dürfte die üblicherweise für einen Anspruchsinhaber nachteilige Tatsache, dass letzterer als Teilhaber selbst keinen Gebrauch von seinem Nutzungsrecht macht[492], bei Arbeitnehmern gerade nicht zum Nachteil gereichen, da diese regelmäßig sowohl aus faktischen Gründen (fehlende Betriebsmittel, Erfahrungen und Ressourcen) als auch aus Rechtsgründen (Konkurrenzverbot, vgl. § 8 n.F. Rdn. 77 ff.) an einer Eigenverwertung gehindert sind. Andererseits wird man u. a. den Umstand, dass und in welchem Umfang der Arbeitgeber zum Zustandekommen der (ursprünglichen) Dienst-)Erfindung – etwa durch Übernahme der Entwicklungskosten – beigetragen hat, bei der Höhe nicht gänzlich unberücksichtigt lassen können. Im

53.6

---

491 Im Grundsatz auch Keukenschrijver in Busse/Keukenschrijver, PatG, Rn. 49 zu § 6 PatG m.H.a. OLG Düsseldorf v. 25.08.2005, GRUR-RR 2006, 118 = Mitt. 2006, 184.
492 Vgl. allg. BGH v. 16.05.2017 – X ZR 85/14, GRUR 2017, 890 (Rn. 28 ff.) – *Sektionaltor II* insoweit unter Aufhebung v. OLG Düsseldorf v. 07.08.2014, GRUR 2014, 1190, 1192 – Sektionaltorantrieb.

Regelfall sollte der Ausgleich nicht den Betrag unterschreiten, den der ausgleichsberechtigte Teilhaber als Vergütungszahlung nach § 9 ArbEG erhalten hätte. Frühere Pauschalvergütungen des Arbeitgebers für künftige Nutzungen sind zu berücksichtigen. Gleiches gilt für laufende Vergütungszahlungen an andere Miterfinder.

**Nutzen einzelne Miterfinder** die gemeinsame Erfindung, dürften die früheren Beiträge des Arbeitgebers am Zustandekommen der Diensterfindung ebenso ohne Einfluss bleiben wie frühere Vergütungszahlungen des Arbeitgebers, da diese Umstände einen anderen Sachverhalt betreffen. Dagegen gewinnt hier u. a. die Frage an Bedeutung, aus welchen Gründen die an sich anspruchsberechtigten Teilhaber nicht selbst von ihrem Nutzungsrecht Gebrauch machen (s. oben). Erhält der Arbeitgeber von Dritter Seite eine Ausgleichszahlung, ist jeder Arbeitnehmererfinder hieran nach § 9 wie bei einer Lizenzeinnahme (RL Nr. 14, 15) zu beteiligen (s. KommRL Rn. 51 zu RL Nr. 14).

**53.7** Ob der gesetzliche Anspruch jedes Teilhabers auf **Aufhebung** einer mit dem Arbeitgeber bestehenden Gemeinschaft, insbesondere im Wege des Verkaufs (§ 753 BGB), auch ohne Bestehen einer Vereinbarung (vgl. § 749 Abs. 2 BGB) durch Treuepflichten des Arbeitnehmers eingeschränkt sein kann[493], erscheint mit Blick auf § 749 Abs. 3 BGB offen.[494] Andererseits darf nicht verkannt werden, dass die Aufhebung der Gemeinschaft im Wege des Verkaufs an Dritte erhebliche Interessen der nutzenden Teilhaber beeinträchtigen und sich deshalb als unzulässige Rechtsausübung (§ 242 BGB) darstellen kann.[495] Ein Aufhebungsverlangen ist ferner bei Verstoß gegen das Schikaneverbot (§ 226 BGB) unwirksam. Zum Anteilsverzicht s. § 16 Rdn. 96.

Zur Hinweispflicht ggü. beteiligten Arbeitnehmern s. § 25 Rdn. 20. Zum Vergütungsanspruch bei Miterfinderschaft s. § 9 Rdn. 311 ff.

### III. Gemeinsame Meldung

**54** Jeder Miterfinder einer gemeinsamen Diensterfindung (s. auch § 4 Rdn. 50) ist für die Erfüllung seiner **eigenen Meldepflicht verantwortlich**, sodass die Meldung eines anderen Miterfinders grds. kein Ersatz für eine eigene Meldung

---

493 Vgl. von der Groeben GRUR 2014, 113, 117 f. in Kritik v. BGH v. 22.03.2005 – X ZR 152/03, GRUR 2005, 663, 664 – *Gummielastische Masse II*.
494 Vgl. auch BGH v. 22.03.2005 – X ZR 152/03, GRUR 2005, 663, 664 – *Gummielastische Masse II*.
495 S. Bartenbach/Kunzmann, Festschr. 80 J. Patentgerichtsbarkt. Düsseldorf (2016), 37, 47 f. Zurückhaltend aber allg. Henke, Erfindungsgem. (2005), S. 197 f.

## K. Miterfinder § 5

ist.[496] Melden einzelne Miterfinder nicht, läuft ihnen ggü. auch keine Frist zur Inanspruchnahmefiktion bzw. – nach früherem Recht – keine Inanspruchnahmefrist.[497] (z. Inanspruchnahmefrist bei Miterfindern s. § 6 a.F. Rdn. 70 ff.). Das Gesetz (§ 5 Abs. 1 Satz 2) räumt aber neben der Einzelmeldung die Möglichkeit der **gemeinsamen Meldung** ein. Die Benennung als Miterfinder in der Erfindungsmeldung eines anderen Beteiligten befreit die betreffenden Miterfinder nicht von ihrer (eigenen) Pflicht zur Erfindungsmeldung.[498] Etwas Anderes mag dann gelten, wenn der Meldende zugleich eindeutig seinen Vertretungswillen für andere Miterfinder kundgibt.[499]

Nach früherem Recht hatte jeder Miterfinder die gemeinsame Meldung eigenhändig zu unterschreiben[500] (§ 5 Abs. 1 Satz 1 a.F. i.V.m. § 126 BGB, s.a. § 5 Rdn. 36 f.). Die **Textform** ist gewahrt, wenn in der dokumentierten Erklärung die Personen aller Erklärenden genannt werden, deren jeweilige oder gemeinsame Erklärung ersichtlich wird und der Abschluss der Erklärungen erkennbar gemacht wird, etwa durch Nachbildung der Namensunterschriften (s. § 5 Rdn. 35 f.). Das gilt auch, wenn die gemeinsame Meldung in elektronischer Form (E-Mail) abgegeben werden soll. Alternativ kann es sich anbieten, dass die Erfinder nach wie vor eine eigenhändig unterschriebene gemeinsame oder jeweils einzelne Meldung vorlegen oder – was zulässig ist – einen der Miterfinder zur Abgabe der gemeinsamen Meldung bevollmächtigen und letzterer – erkennbar – die Erklärung für alle unter Namensnennung der Vertretenen und unter Darlegung seiner Vollmacht abgibt (zur Bevollmächtigung s. § 5 Rdn. 5).

Die Miterfinder tragen das **Übermittlungsrisiko** (s. § 5 Rdn. 13) und die Beweislast für die gemeinsame Meldung und deren **Zugang** beim Arbeitgeber (s. § 5 Rdn. 13.1).

---

496 Vgl. BGH v. 05.10.2005, GRUR 2006, 141, 143 [Rn. 26] – *Ladungsträgergenerator* u. BGH v. 12.04.2011 – X ZR 72/10, GRUR 2011, 733 [Rn. 21] – *Initialidee*; ebenso Schiedsst. v. 15.01.1997 – Arb.Erf. 39/95, (unveröffentl.); Volmer/Gaul Rn. 151 zu § 5; im Ergebn. auch Schiedsst. v. 23.04.1979, BlPMZ 1980, 233; Keukenschrijver in Busse/Keukenschrijver, PatG, Rn. 2 zu § 5 ArbEG.
497 Reimer/Schade/Schippel/Rother Rn. 27 zu § 5 m. H. a. Schiedsst. v. 16.09.1993 – Arb.Erf. 171/92, (unveröffentl.).
498 BGH v. 12.04.2011 – X ZR 72/10, GRUR 2011, 733 [Rn. 21] – *Initialidee*.
499 So Keukenschrijver in Busse/Keukenschrijver, PatG, Rn. 2 zu § 5 ArbEG m. H. a. Schiedsst. v. 15.01.1997 – Arb.Erf. 39/95 – u. (vgl.) BGH v. 05.10.2005, GRUR 2006, 141 – *Ladungsträgergenerator*.
500 Vgl. etwa den Sachverhalt bei BGH v. 05.10.2005, GRUR 2006, 141, 143 [Rn. 26] – *Ladungsträgergenerator*.

**Fehlt** es ganz oder teilweise an einer **gemeinsamen Meldung**, verbleibt es bei der Verpflichtung der (restlichen) Miterfinder zur Einzelmeldung nach § 5 Abs. 1 Satz 1 und Abs. 2[501] (s. § 5 Rdn. 54). Soweit die Rechtsprechung aufgrund erfolgter Schutzrechtsanmeldung ausnahmsweise auf eine Meldung verzichtet (s. § 5 Rdn. 31), muss durch Dokumentation des Arbeitgebers erkennbar werden, dass diesem der betreffende Erfinder bekannt ist, namentlich durch Erfinderbenennung (s. § 5 Rdn. 31).

54.1 Die Miterfinder können bereits in ihrer (Einzel-) Erfindungsmeldung einen Miterfinder als Ansprechpartner des Arbeitgebers bestimmen und ihn **bevollmächtigen** (s. dazu § 5 Rdn. 5), etwa zur Abstimmung des Inhalts der Patentanmeldung bzw. bei zukünftigen Prüfbescheiden, ferner i.R.d. Anbietungspflicht nach § 16 (mit Vollmacht ausgestatteter »technischer Ansprechpartner«). Soll sich eine solche Bevollmächtigung auch auf die Regelung von Vergütungsansprüchen erstrecken, muss dies angesichts der weitreichenden Bedeutung zweifelsfrei aus der Vollmacht hervorgehen.

55 Auch bei einer gemeinsamen Meldung ist die **Unverzüglichkeit** (s. Rn.: 28 f.) zu wahren. Führt bereits ein Arbeitsabschnitt eines geplanten größeren Forschungs- und Entwicklungsvorhabens zu einer fertigen Erfindung (s. § 4 Rdn. 16), so dürfen die hieran beteiligten Erfinder mit ihrer Meldung nicht bis zur Vollendung des Gesamtwerkes warten. Zur Beanstandung s. § 5 Rdn. 84.

56 Wird **nachträglich** die Miterfindereigenschaft eines Mitarbeiters bekannt, so bleibt dieser wegen der hiermit verbundenen Rechtsfolgen auch dann zur Meldung verpflichtet, wenn dem Arbeitgeber die Erfindung schon durch die frühere Meldung in vollem Umfang bekannt war.[502] Zur vergütungsrechtlichen Auswirkung s. § 12 Rdn. 94, 106, 110.

57 Sind – etwa im Rahmen einer **zwischenbetrieblichen Kooperation** – mehrere Arbeitnehmer unterschiedlicher Arbeitgeber am Zustandekommen einer Diensterfindung beteiligt, hat jeder Arbeitnehmer seinem Arbeitgeber ggü. die Meldepflicht zu erfüllen (vgl. auch oben § 5 Rdn. 9 ff. u. § 6 a.F. Rdn. 74 f. u. § 6 n.F. Rdn. 145 ff.).

58 **Inhaltlich** muss die gemeinsame Meldung die Erfordernisse nach § 5 Abs. 1 Satz 1 und Abs. 2 erfüllen. Der Arbeitgeber hat Anspruch darauf, eigene

---

501 Allg. A., z.B. BGH v. 12.04.2011 – X ZR 72/10, GRUR 2011, 733 [Rn. 21] – *Initialidee*.
502 Ebenso Keukenschrijver in Busse/Keukenschrijver PatG Rn. 19 zu § 5 ArbEG; vgl. auch OLG Düsseldorf v. 28.02.1950, GRUR 1950, 524; zur etwaigen Schadensersatzpflicht dieses »neuen« Miterfinders vgl. Gaul/Bartenbach Handbuch C 217 ff.

Erklärungen aller beteiligter Miterfinder über Ausgangstatbestand, Inhalt und Zustandekommen der technischen Lehre zu erhalten.[503] Nur soweit es zum Verständnis des Arbeitgebers nicht erforderlich ist, bestehen weder ein Bedürfnis noch eine rechtliche Notwendigkeit, in einer gemeinsamen Meldung für jeden Miterfinder gesondert das Zustandekommen der Erfindung und die sonstige Erfindungsgeschichte zu beschreiben;[504] es reicht vielmehr aus, wenn aus einer »**Gesamtbeschreibung**« die Besonderheiten (in Bezug auf die Angaben nach § 5 Abs. 2) für den einzelnen Miterfinder ersichtlich werden.

## L. Betriebliche Doppelerfindung

Wenn mehrere Erfinder **unabhängig** voneinander ein- und dieselbe Erfindung **entwickelt** haben (vgl. § 6 Satz 3 PatG u. Art. 60 Abs. 2 EPÜ), liegt eine sog. Doppelerfindung[505] vor. Diese in der Praxis seltene Fallkonstellation muss genau getrennt werden von der Situation einer durch – auch sukzessiv mögliche – Zusammenarbeit gekennzeichneten Miterfinderschaft (vgl. hierzu § 5 Rdn. 50) und von dem Fall bewusster oder unbewusster Aneignung fremden Gedankengutes.

59

Hier ist danach zu differenzieren, ob aufgrund einer Erfindungsmeldung bereits **Außenwirkungen** für eine Erfindung entstanden sind:[506]

Soweit aufgrund einer früheren Meldung eines Erfinders bereits **Außenwirkungen** (Schutzrechtsanmeldungen – »first-to-file«-Prinzip des § 6 Satz 3 PatG, Lizenzvergaben, Anerkennung der Schutzfähigkeit gem. § 17) für diese Erfindung entstanden sind, vermag der nachmeldende Erfinder, der entweder später fertig geworden ist oder verspätet gemeldet hat, seinem Arbeitgeber keine Grundlage für eine Schutzrechtsanmeldung[507] und eine dadurch begründete Monopolposition mehr zu vermitteln; hier gilt mit Rücksicht auf die

60

---

503 Schiedsst. v. 19.02.1997 – Arb.Erf. 55/95, (unveröffentl.).
504 A.A. Volmer/Gaul Rn. 147 zu § 5.
505 Vgl. BGH v. 15.05.2001, GRUR 2001, 823, 824 r. Sp. – *Schleppfahrzeug*; Schiedsst. v. 05.05.1998 – Arb.Erf. 37/96, (unveröffentl.); vgl. auch Redies, GRUR 1937, 416; Dörner 1962, 169, 170 f.; Schade, GRUR 1972, 510, 517 f. u. Ohly, Mitt. 2006, 241 zur Wirkung prioritätsgleicher Patente.
506 Zust. LG Düsseldorf v. 29.12.1999, Entscheidungen 4. ZK. 2000, 8, 12 – *Abfallsammelbehälter*.
507 So zutr. Reimer/Schade/Schippel/Rother Rn. 28 zu § 5.

Regelung des § 5 uneingeschränkt der **Grundsatz der (innerbetrieblichen) Priorität**.[508]

Ist dagegen noch **keine Außenwirkung** entstanden, verbietet sich jede schematische Lösung.[509] Eine Entscheidung ist im Einzelfall – insb. unter Berücksichtigung eines evtl. Verstoßes des Arbeitnehmers gegen das Unverzüglichkeitsgebot des § 5 Abs. 1 Satz 1 – nach den Grundsätzen von Treu und Glauben vorzunehmen. Im Grundsatz muss maßgeblich bleiben, dass die Erfindungsmeldung nach dem ArbEG letztlich das einzige förmliche Mittel ist, die innerbetriebliche Priorität zu sichern. Der Arbeitnehmererfinder trägt hierzu durch die Erfüllung seiner Pflicht zur unverzüglichen Meldung einer fertig gestellten Erfindung bei. U.U. kann sich unter Bewertung der beiden Erfindungen als zeitgleich und ihrer Zusammenfassung[510] durch den Arbeitgeber eine Behandlung der Erfinder als Miterfinder (insb. hinsichtlich der Vergütung) anbieten[511] (s.a. § 5 Rdn. 9.5).

Beruft sich ein Dritter auf eine Doppelerfindung, ist es seine Sache, die Umstände, aus denen er eine Doppelerfindung herleitet, eingehend zu substantiieren.[512]

## M. Bestätigung durch den Arbeitgeber

**61** Der Arbeitgeber ist gem. § 5 Abs. 1 Satz 3 verpflichtet, den Zeitpunkt des Eingangs (vgl. § 5 Rdn. 10) der Meldung dem Arbeitnehmer **unverzüglich**

---

508 Ebenso OLG München v. 17.09.1992, GRUR 1993, 661, 663 – *Verstellbarer Lufteinlauf* u. LG Düsseldorf v. 29.12.1999, Entscheidungen 4. ZK. 2000, 8, 12 – *Abfallsammelbehälter*; kritisch hierzu Schiedsst. v. 10.10.1996 – Arb.Erf. 34/94, (unveröffentl.). Gaul/Bartenbach Handbuch C 220 f., die darauf verweisen, dass dies dann nicht gilt, wenn betriebl. Vorgänge (z.B. Arbeitsplatzwechsel) den unterschiedlichen Meldungseingang beeinflusst haben; s. i.Ü. Volmer/Gaul Rn. 202 ff. zu § 2; vgl. auch Schiedsst. Arb.Erf. 34/58 mitgeteilt bei Schade, Mitt. 1959, 253, 256 f.; Reimer/Schade/Schippel/Rother Rn. 4, 28 zu § 5; im Ergebn. auch Schwab, Arbeitnehmererfindungsrecht, § 4 Rn. 12; s. (aber) auch Boemke/Kursawe/Nebel Rn. 21 zu § 5.
509 Vgl. die Kompromissvorschläge v. Volmer Rn. 33 ff. zu § 2; krit. dazu Dörner 1962, 169, 170 f.; Volmer/Gaul Rn. 217 ff. zu § 2 (fiktive Miterfinderschaft); s.a. Riemschneider/Barth Anm. 3 zu § 3 DVO 1943.
510 Vgl. hierzu auch BGH v. 23.06.1977, GRUR 1977, 784, 787 – *Blitzlichtgeräte*.
511 Bartenbach, Zwischenbetriebliche Forschungs- und Entwicklungskooperation (1985) S. 86 m.w.N.; zust. LG Düsseldorf v. 29.12.1999, Entscheidungen 4. ZK. 2000, 8, 12 – *Abfallsammelbehälter*.
512 Vgl. allg. zum Doppelerfindungseinwand ggü. einer Patentvindikationsklage BGH v. 15.05.2001, GRUR 2001, 823, 824 – *Schleppfahrzeug*.

## M. Bestätigung durch den Arbeitgeber §5

(s. § 5 Rdn. 28) zu bestätigen. Auch diese Regelung dient in Anbetracht der Bedeutung der Erfindungsmeldung der Rechtssicherheit und Rechtsklarheit. Der Arbeitnehmer soll hierdurch den Lauf der durch die Meldung in Gang gesetzten Fristen überprüfen können.

Es bedarf einer **Arbeitgebererklärung**. Damit kann bspw. die rein IT-technische Benachrichtigungsfunktion, dass eine E-Mail »erfolgreich abgesandt« oder vom Empfänger »geöffnet« wurde, die Eingangsbestätigung des Arbeitgebers nicht ersetzen. Gleiches gilt für die Erklärung von Miterfindern, die Meldung abgegeben zu haben.

Die früher vorgegebene Schriftform (s. dazu § 5 Rdn. 36) ist für die seit dem 01.10.2009 gemeldeten Diensterfindungen entfallen (§ 43 Abs. 3, s. dort § 5 Rdn. 14 ff.). Insoweit reicht nunmehr die **Textform** i.S.d. § 126b BGB auch für die Bestätigungserklärung des Arbeitgebers (s. dazu § 5 Rdn. 35).

Von dem für eine elektronische Übermittlung erforderlichen **Einverständnis des Arbeitnehmers** (s. § 5 Rdn. 35.3) kann der Arbeitgeber grds. dann ausgehen, wenn der Arbeitnehmer seinerseits eine elektronische Meldung abgegeben hat und die Bestätigung an die Absendestelle (z.B. dieselbe E-Mail-Adresse) gesandt wird. Ausreichend ist regelmäßig auch eine Meldungsbestätigung an die dienstliche E-Mail-Adresse eines (im Dienst befindlichen) Arbeitnehmers, jedenfalls dann, wenn darüber auch sonstiger, das Arbeitsverhältnis betreffender Schriftverkehr läuft (z.B. Urlaubsbestätigungen, Genehmigung von Nebentätigkeiten usw.).

Eine ausdrückliche Arbeitgeberbestätigung per E-Mail ist ebenso ausreichend wie die elektronische Eingangsbestätigung des Arbeitgebers unter Nutzung der elektronischen Antwortfunktion, sofern die weiteren Erfordernisse des § 130b BGB erfüllt sind (s. § 5 Rdn. 35).

Die Bestätigung des Arbeitgebers bezieht sich nur auf den **Zeitpunkt des Eingangs**, nicht aber auf die Ordnungsmäßigkeit der Meldung; nur für den Eingangszeitpunkt kann ihr folglich Beweisfunktion zukommen.[513] Es reicht die Angabe des Eingangsdatums. Eine Angabe der Uhrzeit ist nicht erforderlich, wird aber im Schrifttum vereinzelt empfohlen.[514]

Erhält der Arbeitnehmer **innerhalb angemessener Frist keine Eingangsbestätigung**, ist es – sofern er noch ein Übermittlungsrisiko trägt (vgl. § 5 Rdn. 13, 62

---

513 Im Ergebn. ebenso Kraßer/Ann, PatR § 21 Rn. 56; Keukenschrijver in Busse/Keukenschrijver PatG Rn. 16 zu § 5 ArbEG.
514 So Boemke/Kursawe/Nebel Rn. 37 zu § 5.

14) – seine Obliegenheit, sich nach dem Verbleib zu erkundigen (s. § 5 Rdn. 13). Ist nach Eingang einer ordnungsgemäßen Meldung die 4-Monats-Frist für die Freigabe verstrichen, greift die Inanspruchnahmefiktion. Bei vor dem 01.10.2009 gemeldeten Alterfindungen (vgl. § 43 Abs. 3, Rdn. 14 ff.) kann der Arbeitnehmer im Fall des Verstreichens der Inanspruchnahmefrist über seine Erfindung frei verfügen (§ 8 Abs. 1 Nr. 3 a.F.).

Dem Arbeitnehmer obliegt die Beweislast für den Zugang der Meldung (s. § 5 Rdn. 13.1).

63 Erfolgt aufgrund einer Beanstandung des Arbeitgebers gem. § 5 Abs. 3 eine **Ergänzung der Erfindungsmeldung** durch den Arbeitnehmer, ist wegen des Neubeginns des Laufs der Frist des § 6 Abs. 2 auch der Eingang der Ergänzung zu bestätigen.[515]

64 Bei **mehreren Erfindern** muss der Arbeitgeber entsprechend der Art der Meldung entweder jedem Einzelnen oder dem beauftragten Miterfinder ggü. (s. § 5 Rdn. 54.1) den Eingang bestätigen.

## N. Inhalt der Meldung (Abs. 2)

### I. Abgrenzung der Muss- und Sollvorschriften

65 Während Abs. 1 die Mindestvoraussetzungen normiert, um überhaupt von einer (wirksamen) Meldung sprechen zu können (s. § 5 Rdn. 33 f., 85), konkretisiert § 5 Abs. 2 die Pflicht des Arbeitnehmers, seine Erfindung eindeutig zu beschreiben. Nach der vom Gesetzgeber vorgenommenen Differenzierung **muss** (»hat«) der Arbeitnehmer die technische Aufgabe, ihre Lösung und das Zustandekommen der Diensterfindung beschreiben (Satz 1); i.Ü. **soll** er die ergänzenden Informationen gemäß Satz 2 und 3 erbringen.

66 Die Umwandlung der bloßen Sollvorschrift des § 3 Abs. 2 DVO 1943 in die Mussvorschrift des § 5 Abs. 2 Satz 1 bezweckt, dem Arbeitgeber tatsächlich zu gewährleisten, binnen kurzer Frist über die Erfüllung seiner Anmeldepflicht gem. § 13 und die Ausübung seines Inanspruchnahmerechts entscheiden zu können.[516] Insoweit konkretisiert § 5 Abs. 2 die allgemeine arbeitsrechtliche Aufklärungs- bzw. Mitteilungspflicht des Arbeitnehmers.[517]

---

515 So zutr. Reimer/Schade/Schippel/Rother Rn. 22 zu § 5.
516 Vgl. Amtl. Begründung BT-Drucks. II/1648, S. 22 = BlPMZ 1957, 230.
517 Vgl. im Einzelnen dazu Gaul/Bartenbach Handbuch C 236 ff.

N. Inhalt der Meldung (Abs. 2) § 5

Der Arbeitgeber kann **kraft** seines **Direktionsrechts** seinen Arbeitnehmern 67
ggf. **weitere Inhaltserfordernisse** (etwa durch Formulare) aufgeben (s. § 5
Rdn. 17.2).

Aus dem Zweck der Meldung folgt, dass diese grundsätzlich in **deutscher Sprache** abzufassen ist.[518] Um der Anmeldepflicht nach § 13 genügen zu können, ist das patentamtliche Erfordernis deutschsprachiger Texte zu wahren (vgl. §§ 35a, 126 PatG). Nach Praxis der *Schiedsstelle* ist der Erfinder auf Anforderung des Arbeitgebers gem. §§ 5, 15 Abs. 2 und auf Grund seiner Treuepflicht verpflichtet, den Arbeitgeber mittels einer deutschsprachigen Erfindungsmeldung zu unterstützen.[519] Es handelt sich dabei u. E. um ein Inhaltserfordernis i. S. v. § 5 Abs. 2, so dass insoweit die Beanstandungsregelung nach § 5 Abs. 3 greift. Ob der Arbeitgeber allerdings mit Blick auf seine unternehmerische Freiheit ein Wahlrecht bezüglich der Sprache hat und verlangen kann, dass eine Erfindungsmeldung gemäß einer »betrieblich vorherrschenden Arbeitssprache« in dieser anderen Sprache abgefasst wird[520], erscheint insoweit zweifelhaft, als daran Wirksamkeitserfordernisse anknüpfen würden; in einem solchen Fall löst u. E. eine in Deutsch abgefasste Meldung die gesetzlichen Wirkungen des § 5 Abs. 1, 2 aus und berechtigt auch nicht zur Beanstandung i. S. v. § 5 Abs. 3, kann aber aus dem Aspekt der arbeitsrechtlichen Treuepflicht eine Übersetzung nahelegen.

### II. »Beschreiben«

»Beschreiben« bedeutet **deutliches und vollständiges Darstellen und Erläu-** 68
**tern** von technischer Aufgabe, Lösung und Zustandekommen der Erfindung.[521]

Die Beschreibung hat die **gesamte Erfindung vollständig** zu erfassen. Das liegt mit Blick auf die Rechtsprechung zur Bedeutung der Erfindungsmeldung für den Vergütungsanspruch (vgl. § 9 Rdn. 83 ff.) zugleich im Eigeninteresse des Arbeitnehmers. Eine unzureichende Beschreibung liegt vor, wenn nur Teile der Erfindung gemeldet werden, etwa nur deren Grundgedanke (Hauptanspruch), nicht dagegen alle dem Arbeitnehmer ersichtlichen Ausführungsfor-

---

518 Vgl. auch Schiedsst. v. 18.06.2015 Arb.Erf. 17/13, (www.dpma.de, in Mitt. 2016, 570 nur LS. 1).
519 Schiedsst. v. 18.06.2015 – Arb.Erf. 17/13, (www.dpma.de = Mitt. 2016, 570 LS. 1).
520 So Trimborn Mitt. 2017, 151, 162.
521 Ebenso OLG Düsseldorf v. 26.10.2006 – I-2 U 29/06, (unveröffentl.).

men (Unteransprüche)⁵²² – s. aber auch § 5 Rdn. 71. Zu beschreiben sind zudem alle dem Erfinder bekannten Wirkungen der Erfindung einschließlich der Ausführungswege. Zur vorsätzlich unvollständigen Meldung s. § 5 Rdn. 20.3.

Der Begriff des Beschreibens, der das Verständlichmachen für einen Dritten indiziert, zeigt, dass das **Schwergewicht** der Erfindungsmeldung **im Verbalen** und nicht in der Darstellung in Zeichnungen und Modellen liegt, sodass die bloße Hereingabe von Zeichnungen oder Mustern keine ausreichende Erfindungsmeldung darstellt.⁵²³ Den Anforderungen des Abs. 2 genügt auch die bloße Bezugnahme auf bereits im Unternehmen eingesetzte Werkstücke nicht.⁵²⁴

### III. Maßstab für den Darstellungsumfang

69 Da die Meldung der Entschließung des Arbeitgebers über Schutzrechtsanmeldung und Inanspruchnahme dienen soll, ist sein technisches Verständnis (vgl. auch § 5 Abs. 2 Satz 2) **Maßstab** für den Darstellungsumfang. Die Meldung muss vom Arbeitnehmer so substantiiert werden, dass sein Arbeitgeber aus ihr heraus das Wesen der Erfindung verstehen und deren (technische) Brauchbarkeit ggf. durch einen Sachverständigen begutachten lassen kann.⁵²⁵ Der Arbeitgeber muss in die Lage versetzt werden, sich ein **umfassendes Bild** von dem zu machen, was der Arbeitnehmer erfunden hat.⁵²⁶ Der Arbeitnehmer hat im Rahmen seiner Meldung den Erfindungsgehalt **vollständig zu offenbaren** (s. § 5 Rdn. 68). Bezogen auf die technische Aufgabe und Lösung muss dies dergestalt erfolgen, dass sie eine für eine Patenterteilung ausreichende Offenbarung der technischen Lehre liefert⁵²⁷ bzw. die **Erfindung ausgeführt und deren Brauchbarkeit beurteilt werden kann**⁵²⁸ (vgl. die Offenbarungspflicht gem. § 34 Abs. 4 PatG, Art. 83 EPÜ, die hier Anhaltspunkt für den Mindestumfang der Erfindungsmeldung ist). Entsprechend § 1 Abs. 1, § 4

---

522 Vgl. Schiedsst. v. 19.12.1988, BlPMZ 1989, 368, 369 f.; vgl. auch Schiedsst. v. 17.10.1988, BlPMZ 1989, 366, 367. Ebenso OLG Düsseldorf v. 26.10.2006 – I-2 U 29/06, (unveröffentl.).
523 Schiedsst. v. 27.08.1984 – Arb.Erf. (unveröffentl.).
524 Schiedsst. v. 08.01.1986, BlPMZ 1986, 273.
525 Zutr. OLG Nürnberg v. 24.08.1967, GRUR 1968, 147, 148 – *Farbnebel*; Schiedsst. v. 19.12.1988, BlPMZ 1989, 368, 369 f.; eingehend Gaul, DB 1982, 2499.
526 Schiedsst. v. 17.10.1988, BlPMZ 1989, 366, 367.
527 So Keukenschrijver in Busse/Keukenschrijver, PatG, Rn. 9 zu § 5 ArbEG m. H. a. Schiedsst. v. 04.03.1999 Arb.Erf. 87/97 u. OLG Nürnberg v. 24.08.1967, GRUR 1968, 147, 148 – *Farbnebel*;
528 Vgl. OLG Düsseldorf v. 18.09.2003, GRUR-RR 2004, 163 – *Haftetikett*.

N. Inhalt der Meldung (Abs. 2)  § 5

GebrMG muss der Erfinder bei einer gebrauchsmusterfähigen Erfindung den »erfinderischen Schritt« (s. § 5 Rdn. 9 zu § 2) kennzeichnen. Allein das Beschreiben der Grundgedanken einer Erfindung reicht nicht aus.[529] Andererseits ist nicht ein Beschreiben in allen Einzelheiten und Details erforderlich; vielmehr genügt es regelmäßig, wenn in Grundzügen das der Erfindung zu Grunde liegende technische Problem, die technischen Zusammenhänge sowie die Lösung umfassend und für einen Fachmann nachvollziehbar dargelegt werden (s. auch § 5 Rdn. 87.1). Grds. kann der Arbeitgeber keine weiter gehenden Angaben über die technische Aufgabe und deren Lösung verlangen, als sie ein Prüfer des Patentamtes für die Beurteilung einer Schutzrechtsanmeldung benötigt[530] (vgl. § 34 Abs. 4 PatG; Art. 83 EPÜ); zugleich muss die Darstellung selbstverständlich nicht so detailliert sein, dass sie den Mindestanforderungen an eine Beschreibung in einer Patentanmeldung genügen würde.

**Zusätzliche Informationspflichten** können sich ggf. aus arbeitsvertraglichen Grundsätzen ergeben. So dürfen dem Arbeitgeber keine dem Arbeitnehmer bekannten, für die Schutzrechtsanmeldung und/oder Inanspruchnahme ggf. wichtigen Details vorenthalten werden.[531] Zu weitergehenden Mitteilungspflichten aufgrund der Treuepflicht s. § 25 Rdn. 33 f. Zur unvollständigen Erfindungsmeldung s. § 5 Rdn. 83.

**Kein Inhalt** der Erfindungsmeldung ist jedoch die Darstellung, ob die Erfindung Vorteile ggü. anderen Lösungen im Betrieb bringt oder ob deren Einsatz im Unternehmen **wirtschaftlich sinnvoll** ist; weder ist das Merkmal des technischen Fortschritts eine Patentierungsvoraussetzung (s. § 2 Rdn. 6), noch fällt die Klärung der wirtschaftlichen Verwertung in den Bereich des Arbeitnehmers. Diese Prüfung obliegt vielmehr allein dem Arbeitgeber[532] (zum Beanstandungsrecht s.u. § 5 Rdn. 87 f.).

Die Beschreibung muss in der Erfindungsmeldung selbst enthalten sein. Eine **bloße Bezugnahme** bzw. ein Verweis auf solche Texte und Darstellungen, die der Meldung nicht als Anlage beigefügt sind (z. B: frühere Arbeitsprotokolle, Versuchsberichte usw.), dürfte auch mit Blick auf die Vorgabe in § 5 Abs. 2 Satz 2 grundsätzlich nicht genügen, soweit der Arbeitgeber dies nicht gebilligt oder gar angeregt hat. Reicht eine Darstellung mit Worten für das Beschreiben nicht aus, muss der Arbeitnehmer weitere Unterlagen, insb. solche zeichnerischer Art, beifügen. Die Pflicht zur **Beifügung ergänzender Unterlagen**, u.U.

---

529 Keukenschrijver in Busse/Keukenschrijver, PatG, Rn. 9 zu § 5 ArbEG.
530 Schiedsst. v. 08.04.1993, EGR Nr. 34 zu § 6 ArbEG.
531 OLG Düsseldorf v. 26.10.2006 – I-2 U 29/06, (unveröffentl.).
532 Schiedsst. v. 08.04.1993, EGR Nr. 34 zu § 6 ArbEG.

auch der vorhandenen Aufzeichnungen gem. § 5 Abs. 2 Satz 2, folgt dann bereits unmittelbar aus der Mussvorschrift des § 5 Abs. 2 Satz 1. Unerheblich ist dabei, ob derartige Unterlagen vorhanden sind. Ggf. muss der Arbeitnehmer eine mit technischen Daten versehene Zeichnung (oder ein entsprechendes Modell) noch anfertigen[533] (s.a. § 5 Rdn. 76).

### IV. Einzelheiten der Darstellung

#### 1. Technische Aufgabe

70 Der Gesetzgeber hat mit den Kriterien »technische Aufgabe« und »Lösung« die jedenfalls früher einhellige patentrechtliche Auffassung zugrunde gelegt, wonach Aufgabe und Lösung Bestandteil jeder Erfindung seien.[534] Die höchstrichterliche Rechtsprechung sieht die Erfindung seit Längerem allein in der Lösung eines technischen Problems.[535] Folglich bedeutet »technische Aufgabe« die anhand des von der Erfindung erreichten Erfolges nach objektiven Kriterien zu bestimmende Aufgabenstellung. Aufgabe ist die Zielvorstellung, auf dem Gebiet der Technik einen bestimmten Erfolg herbeizuführen.[536] Dabei ist nicht eine auf die Geistesrichtung des Erfinders abgestellte subjektive Charakteristik dessen entscheidend, was der Erfinder gewollt hat; vielmehr ist maßgeblich eine auf den von der Erfindung erreichten **technischen Erfolg** (gesehen aus der Zeit vor ihrer Vollendung) gerichtete objektive Charakteristik der fertigen Erfindung[537] (vgl. auch § 9 Rdn. 268 ff.). Es muss der konkrete Bezug zwischen »Aufgabenstellung« und dem in der Erfindungsmeldung festgehaltenen Erfindungsgegenstand dargestellt werden. Allerdings sind daran **keine allzu hohen Anforderungen** zu stellen (s. § 5 Rdn. 69).

#### 2. Lösung

71 »Technische Lösung« ist die **Angabe der technischen Mittel**, mit denen das über die (objektive) technische Problem-(Aufgaben-)stellung angestrebte tech-

---

533 Vgl. OLG Nürnberg v. 24.08.1967, GRUR 1968, 147, 148 – *Farbnebel*.
534 Zur früheren Lehre von »Aufgabe und Lösung« s. RG, GRUR 1935, 535, 536 f.; BGH v. 06.07.1971, GRUR 1972, 80 – *Trioxan*.
535 BGH v. 26.09.1989, BlPMZ 1990, 75 – *Schlüsselmühle* i. Anschluss an Hesse, GRUR 1981, 853 ff.; s.a. BGH v. 11.11.1980 – X ZR 58/79, GRUR 1981, 186, 188 – *Spinnturbine II*; Bruchhausen in Festschrift 25 Jahre BPatG (1986) S. 125 ff.
536 Schulte/Moufang, PatG, § 1 Rn. 46.
537 BGH v. 27.10.1966, GRUR 1967, 194, 196 – *Hohlwalze* m.w.N. Abw. aber Boemke/Kursawe/Nebel Rn. 34 zu § 5, wonach technische Aufgabe keine Aufgabe sein muss, »die vom Arbeitgeber oder einem Dritten gestellt wurde«, sondern es »sich auch um eine selbstgestellte Aufgabe handeln« kann, »auf die der Erfinder im Rahmen seiner Tätigkeit gestoßen ist«.

nische Ergebnis erreicht wird,[538] also die (für einen Fachmann erforderlichen) technischen und ggf. funktionalen Angaben, um die Neuerung »in die Praxis umzusetzen«.[539] So genügt z.b. die bloße Schilderung eines technischen Effekts nicht, wenn nicht zugleich dargestellt wird, in welcher Weise und mit welchen technischen Mitteln dieser Effekt erreicht bzw. zur Erreichung eines bestimmten Ergebnisses eingesetzt werden soll.[540] Andererseits gelten auch hier für die Beschreibung **keine allzu hohen Anforderungen** (s. § 5 Rdn. 69). Der Erfinder ist damit in keiner Weise verpflichtet, in der Erfindungsmeldung Ansprüche für eine Schutzrechtsanmeldung zu formulieren; diese Verpflichtung trifft allein den Arbeitgeber gem. § 13 Abs. 1[541] (s.a. § 5 Rdn. 87). Die Erfindungsmeldung muss jedoch die gesamte Erfindung umfassen, also den Grundgedanken sowie die vom Erfinder in Betracht gezogenen Ausgestaltungen bzw. Ausführungsform(en) – s. § 5 Rdn. 68.

### 3. Zustandekommen

Das »Zustandekommen« der Erfindung kennzeichnet den **Weg von der gestellten Aufgabe bis zur Lösung**, also die Vorgänge, die kausal für die Entwicklung der Problemlösung waren, wobei auch ein Abweichen von ursprünglichen Absichten und Planungen darzustellen ist. Da dem Arbeitnehmer die Darstellung unschwer möglich ist, sin die **Anforderungen daran nicht gering**. Eine Erfindungsmeldung, die keine eindeutigen und klaren Angaben über das Zustandekommen enthält, ist nicht ordnungsgemäß.[542] Mit diesem Erfordernis soll dem Arbeitgeber die Möglichkeit eröffnet werden, Einzelheiten zur Abgrenzung zwischen Dienst- und freier Erfindung, ferner zur Bestimmung der Erfinder- bzw. Miterfindereigenschaft und des Anteilsfaktors (RL Nrn. 30 ff.) zu erfahren. Daraus folgt, dass diese Angaben nicht entbehrlich sind und deren Fehlen zu Recht beanstandet werden kann, selbst wenn die Erfindung bereits zum Patent angemeldet worden ist.[543]

72

Die in der Sollbestimmung des § 5 Abs. 2 Satz 3 aufgeführten Inhaltsmerkmale charakterisieren üblicherweise das Zustandekommen. Auch wenn der

73

---

538 Vgl. Schulte/Moufang, PatG, § 1 Rn. 57; s.a. BGH v. 23.03.1965, GRUR 1965, 533, 534 – *Typensatz* u. BGH v. 16.06.1998 – X ZB 3/97, GRUR 1998, 899, 900 – *Alpinski*.
539 S. allg. Einsele in Fitzner/Lutz/Bodewig, PatG, § 1 Rn. 45 m. w. Nachw.
540 Schiedsst. v. 25.09.1998 – Arb.Erf. 100/96, (unveröffentl).
541 Schiedsst. v. 17.07.1985 – Arb.Erf. 1/85, (unveröffentl.).
542 Schiedsst. v. 12.07.1963, BlPMZ 1963, 342; Keukenschrijver in Busse/Keukenschrijver, PatG, Rn. 9 zu § 5 ArbEG.
543 Schiedsst. v. 27.08.1984 – Arb.Erf., (unveröffentl.).

Gesetzgeber diese Kriterien nicht von der Mussvorschrift des § 5 Abs. 2 Satz 1 erfassen lässt, liegt es **nicht im Ermessen des Arbeitnehmers**, ob er dienstlich erteilte Weisungen, berufliche Erfahrungen, Mitarbeiter usw. angibt.[544] Denn andernfalls würde sich die nach Satz 1 geforderte Angabe des Zustandekommens der Erfindung ohne Erläuterung insb. der betrieblichen Einflüsse (vgl. Satz 3) im Wesentlichen auf die Darstellung des Entwicklungsprozesses als solchen beschränken. Die Beschreibung des bloßen Entwicklungshergangs ist der Entscheidung des Arbeitgebers, insb. über sein Inanspruchnahmerecht, i.d.R. aber wenig förderlich. Die Angaben des Arbeitnehmers müssen dem Arbeitgeber eine sachgerechte Entscheidung über eine Inanspruchnahme ermöglichen.[545] Die Entschließung des Arbeitgebers über eine Inanspruchnahme hängt von der Prüfung ab, ob überhaupt eine Diensterfindung (§ 4 Abs. 2) vorliegt, und wird auch von der Überlegung beeinflusst, in welchem Umfang er später Erfindervergütungen zahlen muss; deren Höhe ist wiederum von der Frage, ob und wie viele Miterfinder (mit evtl. unterschiedlichem Anteilsfaktor A) beteiligt waren, und von der Berechnung des Anteilsfaktors abhängig. Entgegen dem missverständlichen Wortlaut des § 5 Abs. 2 Satz 2 und 3 (»soll«) ist im Regelfall eine Pflicht zur Darstellung betrieblicher Einflüsse anzunehmen.[546] Diese Pflicht folgt regelmäßig bereits zwingend aus § 5 Abs. 2 Satz 1 bei der Angabe über das Zustandekommen der Erfindung und entspricht der arbeitsrechtlichen Treuepflicht (s. § 5 Rdn. 2).

### 4. Einzelbegriffe des § 5 Abs. 2 Satz 2 und 3

74 Soweit die in der Sollvorschrift des § 5 Abs. 2 Satz 2 und 3 behandelten Konkretisierungen der Mitteilungspflicht nicht bereits in den Bereich der Mussvorschrift des § 5 Abs. 2 Satz 1 fallen (s. § 5 Rdn. 73), hängt auch deren Erfüllung nicht vom **Ermessen des Arbeitnehmers** ab.[547]

75 Die in § 5 Abs. 2 Satz 3 aufgeführten Inhaltsmerkmale geben den **betrieblichen Einfluss** auf das Zustandekommen der Erfindung wieder. Sie sollen dem

---

544 Zustimmend BGH v. 18.03.2003, GRUR 2003, 702, 703 – *Gehäusekonstruktion*; bestätigt durch BGH v. 12.04.2011 – X ZR 72/10, GRUR 2011, 733 [Rn. 13] – *Initialidee*.
545 BGH v. 18.03.2003, GRUR 2003, 702, 703 – *Gehäusekonstruktion*.
546 Im Ergebnis auch BGH v. 18.03.2003, GRUR 2003, 702, 703 – *Gehäusekonstruktion*.
547 So BGH v. 05.10.2005, GRUR 2006, 141, 142 [Rn. 19] – *Ladungsträgergenerator* im Anschluss an BGH v. 18.03.2003, GRUR 2003, 702, 703 – *Gehäusekonstruktion*; bestätigt durch BGH v. 12.04.2011 – X ZR 72/10, GRUR 2011, 733 [Rn. 13] – *Initialidee*. Die Gegenansicht in der 4. Vorauflage (Rn. 74 zu § 5) wurde bereits 2012 aufgegeben.

N. Inhalt der Meldung (Abs. 2) § 5

Arbeitgeber die Abgrenzung zwischen freier und gebundener (Aufgaben- oder Erfahrungs-) Erfindung (vgl. § 4 Abs. 2) sowie die Feststellung einer Erfinder- bzw. Miterfindereigenschaft ermöglichen und ihm zugleich Bewertungskriterien bei der Vergütungsbemessung vermitteln. Dementsprechend beziehen sich die Angaben auf den gesamten Umfang der Diensterfindung.[548]

### a) Vorhandene Aufzeichnungen

Da es für das Erkennen der Erfindung auf das Verständnis des Arbeitgebers ankommt (s. § 5 Rdn. 69), ist der in Abs. 2 Satz 2 verwendete Begriff der »vorhandenen Aufzeichnungen« **weit auszulegen**.[549] Hierunter zu verstehen sind die im Zeitpunkt der Meldung existenten und dem Erfinder zugänglichen bzw. von ihm erstellten[550] Unterlagen, insb. Berechnungen, Notizen, erläuternde Zeichnungen, sonstige Niederschriften wie Besprechungsprotokolle, Fachveröffentlichungen, Patentschriften, Versuchsberichte u. ä. sowie im Einzelfall auch Modelle. S. i.Ü. oben § 5 Rdn. 69. 76

### b) Erforderlich

»Erforderlich« sind diese Aufzeichnungen, soweit sie – bezogen auf den Arbeitgeber – für das Erfassen von Wesen und Bedeutung der Erfindung notwendig sind. An die Notwendigkeit des Beifügens sind allerdings keine strengen Anforderungen zu stellen, wie auch dessen fehlende Einbeziehung in § 6 Abs. 2 verdeutlicht (s. dazu § 6 Rdn. 97). 77

### c) Dienstlich erteilte Weisungen/Richtlinien

Mit dem Begriff »dienstlich erteilte Weisung« und »Richtlinien« wird der Bezug zu dem Kriterium der »im Betrieb oder in der öffentlichen Verwaltung obliegenden Tätigkeit« des § 4 Abs. 2 Nr. 1 (vgl. hierzu § 4 Rdn. 22 f.) hergestellt. Während die **Weisung** die Ausübung des Direktionsrechts[551] durch den Arbeitgeber/Dienstvorgesetzten im Einzelfall kennzeichnet, legt die **Richtlinie** als abstrakt für bestimmte Personengruppen oder Arbeitsbereiche geltende Regelung Grundsätze für die Art und Weise der zu leistenden Arbeit fest. Der Begriff der »dienstlich erteilten Weisung« ist wegen der ihm zu Grunde liegenden hierarchischen Blickrichtung enger als der der (betrieblichen) Aufgaben- 78

---

548 So BGH v. 05.10.2005, GRUR 2006, 141, 142 [Rn. 19] – *Ladungsträgergenerator*.
549 Schiedsst. v. 19.12.1988, BlPMZ 1989, 368, 370; so auch Volmer Rn. 44 zu § 5.
550 Herschel, RdA 1982, 265, 267 (m.H.a. §§ 402, 413 BGB).
551 Zum Direktionsrecht vgl. BAG v. 10.11.1965, AP Nr. 2 zu § 611 BGB-Beschäftigungspflicht.

stellung gem. Vergütungsrichtlinie Nr. 31, der jede betriebliche Einflussnahme, also auch die von Arbeitskollegen, Kunden etc. mit umschließt (vgl. § 9 Rdn. 272).

**d) Erfahrungen oder Arbeiten des Betriebes**

79 Der Begriff der »Erfahrungen oder Arbeiten des Betriebes« (der öffentlichen Verwaltung) entspricht dem des § 4 Abs. 2 Nr. 2 (s. dort Rdn. 36 f.).

**e) Mitarbeiter, Art und Umfang ihrer Mitarbeit**

80 Wie der umfassende, wertneutrale Begriff des »Mitarbeiters« verdeutlicht, sind darunter sowohl die **Miterfinder** (zur Definition vgl. § 5 Rdn. 44 ff.) als auch sonstige am Zustandekommen der Erfindung beteiligte Personen (»**Erfindungsgehilfen**«)[552] zu verstehen.[553] Mit diesem weit auszulegenden Begriff wird der Arbeitnehmer der häufig schwierigen Abgrenzung zwischen Miterfindern und Erfindungsgehilfen enthoben; diese bleibt dem Arbeitgeber überlassen, der durch die Tatsachenangaben des Arbeitnehmers dazu in den Stand versetzt werden muss.[554]

81 Die Angabe beschränkt sich nicht auf betriebsangehörige Mitarbeiter. Aufzuführen sind **Name** (bei Außenstehenden ggf. die Anschrift), Stellung im Betrieb oder sonstige Funktion. Zu beschreiben sind ferner **Art und Umfang der Mitarbeit** dieser Dritten. Diese Informationen über die Tätigkeit der Mitarbeiter sollen dem Arbeitgeber ein vollständiges Bild über die Erfindungshistorie vermitteln und eine abschließende Bewertung der Erfindung und der daran Beteiligten (insb. unter dem Aspekt Diensterfindung, Miterfindereigenschaft, Miterfinderanteile, Vergütungsbemessung) ermöglichen.[555] Die **Art** der Mitarbeit soll den bzw. die Einzelbeiträge charakterisieren, also darlegen, inwieweit es sich um bloß handwerkliche Mitarbeit, unterstützende Gehilfentätigkeit, Beiträge materieller oder geistiger Art handelt (vgl. § 5 Rdn. 46), ferner, ob diese Beiträge weisungsfrei oder weisungsgebunden (vgl. § 5 Rdn. 49) erbracht wurden. Der **Umfang** der Mitarbeit kennzeichnet dagegen die Dauer der Leistung des Einzelnen während des Zustandekommens der Erfindung ebenso wie die Größenordnung seiner Beteiligung am Erfindungsergebnis. Bewusst unrichtige **Angaben** über eine Miterfinderschaft Dritter

---

552 Wie hier Heine/Rebitzki Anm. 6 zu § 5; abw. Volmer Rn. 43 zu § 5 (nur Miterfinder).
553 Zust. BGH v. 18.03.2003, GRUR 2003, 702, 704 – *Gehäusekonstruktion*.
554 BGH v. 18.03.2003, GRUR 2003, 702, 704 – *Gehäusekonstruktion*.
555 S. BGH v. 18.03.2003, GRUR 2003, 702, 704 – *Gehäusekonstruktion*.

## N. Inhalt der Meldung (Abs. 2) § 5

machen die Erfindungsmeldung u. E. wegen der damit verbundenen Schädigungsabsicht zulasten des Arbeitgebers unwirksam, ohne dass es einer Anfechtung durch die »echten Erfinder« bedarf[556] (s. auch § 5 Rdn. 20.3, 51.1, 83–94 ff.).

Der Arbeitnehmer soll in diesem Zusammenhang schließlich hervorheben, was er als »**seinen eigenen Anteil ansieht**«; er soll seinen eigenen tatsächlichen Beitrag am Zustandekommen der Erfindung zugleich unter Bewertung seines Erfinder- bzw. Miterfinderanteils aufzeigen und charakterisieren. Die Anteile der übrigen Beteiligten muss er dabei nicht qualifizieren. Auch diese Mitteilung hat lediglich informatorischen Charakter ohne, dass damit die tatsächlichen Miterfinderanteile beeinflusst werden[557]; sie bindet den Arbeitgeber selbst im Fall einer gemeinsamen Meldung nicht (s. § 5 Rdn. 51.1). Selbstverständlich ist es dem Arbeitgeber unbenommen, seine eigene Wertung zu äußern. 82

Diese Angaben erfolgen vorbehaltlich einer abschließenden, späteren Überprüfung und Bewertung durch den Arbeitgeber (vgl. auch § 12 Abs. 2); sie begründen keine Bindungswirkung für die Arbeitsvertragsparteien. Eine **Absprache zwischen den Mitarbeitern** (Miterfindern) kann der Arbeitgeber ebenso wenig verlangen wie deren (interne) Einigung über die Größe ihrer Anteile, auch wenn einvernehmliche Vorschläge der Beteiligten sicherlich sinnvoll sind (vgl. hier § 5 Rdn. 51.1 sowie § 12 Rdn. 32.2, 39).

### 5. Unvollständige Erfindungsmeldung

Bei **Unvollständigkeit** einer Erfindungsmeldung ergeben sich zusammenfassend nachstehende **Rechtsfolgen:**[558] 83

Werden der **Gegenstand einer Diensterfindung** (technische Aufgabe und deren Lösung, s. § 5 Rdn. 70 f.) **oder deren Entstehungsgeschichte** (Zustandekommen, Weisungen oder Richtlinien, benutzte Erfahrungen oder Arbeiten

---

556 Nach Boemke/Kursawe/Nebel Rn. 31 zu § 5 sollen die »echten Erfinder« eine Anfechtung nach § 123 Abs. 1 i. V. m. § 124 Abs. 2 BGB dann erklären können, wenn die »Vorgabe« bestehe, »dass immer ein Mitglied der Geschäftsleitung oder der Leiter der Forschungs- und Entwicklungsabteilung als Miterfinder benannt werden muss«. Als zwangsläufige Konsequenz dieser Auffassung läge in solchen Fällen eine Meldung i. S. v. § 5 Abs. 1 vor, die erst bei Anfechtung durch die »echten Erfinder« von Anfang an analog § 142 BGB als unwirksam anzusehen wäre (s. aber auch Boemke/Kursawe/Nebel Rn. 40 zu § 5).
557 BGH v. 14.02.2017 – X ZR 64/15, GRUR 2017, 504 (Rn. 47) – *Lichtschutzfolie*.
558 Ausf. dazu Gaul, DB 1982, 2499 u. Volmer/Gaul Rn. 72 ff. zu § 5.

des Betriebes, Mitarbeiter sowie Art und Umfang ihrer Mitarbeit, s. im Einzelnen § 5 Rdn. 72 ff.) **nicht vollständig beschrieben**, so hat der Arbeitgeber das Recht zur Beanstandung (s. § 5 Rdn. 84 ff.); ungeachtet dessen kann der Arbeitgeber Ergänzungen verlangen, insb. soweit diese zur Schutzrechtsanmeldung (§ 13, s.a. § 15 Abs. 2) oder zur Vergütungsbemessung (Anteilsfaktor, Miterfinderanteil) notwendig sind (s. § 5 Rdn. 84).

Bei Verschulden sind **Schadensersatzansprüche** wegen Pflichtverletzung (§ 280 Abs. 1, § 619a BGB) denkbar (s. § 5 Rdn. 95 f.). Ggf. ist ein etwaiges Mitverschulden des Arbeitgebers oder seiner Erfüllungsgehilfen (z.B. wegen Nichtbeachtung der Unterstützungspflicht gem. Abs. 3 Satz 2) zu berücksichtigen (s.a. § 5 Rdn. 90 f.). Hat der Arbeitnehmer irrtümlich den Erfindungsgegenstand unvollständig erfasst, scheiden i.d.R. auf Geld (entgangener Gewinn) gerichtete Schadensersatzansprüche aus, wenn die Meldung keine (endgültigen) Einschränkungen des möglichen Monopolschutzes bewirkt hat. Ist dagegen die Entstehungsgeschichte fehlerhaft, kann im Einzelfall – etwa bei bewusst unzutreffender Darstellung der Beteiligung an der Erfindung – insb. ein Schadensersatzanspruch wegen unrichtig bzw. zu viel gezahlter Erfindervergütung in Betracht kommen (s.a. § 12 Rdn. 160).

Hat der Arbeitnehmer **vorsätzlich** gehandelt, bestehen Schadensersatzansprüche auch gem. § 826 BGB (s. § 5 Rdn. 95). Darüber hinaus kann ein derartiges Verhalten eine Kündigung des Arbeitsverhältnisses aus wichtigem Grund rechtfertigen (s. § 5 Rdn. 97). Zur bewusst unvollständigen Meldung s. § 5 Rdn. 20.3.

Hat der Arbeitnehmer die Unvollständigkeit verschuldet oder erkennt er später die Unvollständigkeit, bleibt er aus der gesetzlichen Meldepflicht nach § 5 und der arbeitsvertraglichen Pflicht, den Arbeitgeber über alle Aspekte seiner Arbeitsergebnisse zu informieren, zur Ergänzung der Erfindungsmeldung und damit zur unverzüglichen **Nachmeldung** verpflichtet.[559] I.R.d. bei schuldhafter Verletzung der Meldepflicht bestehenden Schadensersatzanspruches ist er auch gehalten, alle Erklärungen abzugeben bzw. Rechtshandlungen vorzunehmen, die für ein Rückgängigmachen oder eine Änderung der patentrechtlich relevanten Umstände und zur Herstellung des ordnungsgemäßen Zustandes erforderlich sind (vgl. § 249 BGB).

Hat der Arbeitgeber die Diensterfindung aufgrund der fehlerhaften Erfindungsmeldung freigegeben (§ 6 Abs. 2, § 8), ist er zur **Anfechtung der Freigabe** wegen Irrtums (§ 119 Abs. 2) oder ggf. wegen arglistiger Täuschung

---

[559] Schiedsst. v. 04.06.1997 – Arb.Erf. 82/95, (unveröffentl.).

(§ 123 BGB) berechtigt (s. § 8 a.F. Rdn. 36 ff.; § 8 n.F. Rdn. 46 ff. u. § 5 Rdn. 20.3, 95). Die Täuschung kann bspw. in der Verletzung von § 5 Abs. 2 durch bewusst fehlerhafte oder unvollständige Angaben zum Zustandekommen der Diensterfindung und der Mitwirkung Dritter liegen.[560]

Zur Bedeutung der unzureichenden Erfindungsmeldung für den **Vergütungsanspruch** vgl. § 9 Rdn. 83 ff.

Zum Fehlen einer Meldung **bei Nichtbeachtung der (förmlichen) Mindestvoraussetzungen** i.S.d. Abs. 1 s. § 5 Rdn. 33 ff., 85.

### V. Beanstandungsrecht und Unterstützungspflicht des Arbeitgebers (Abs. 3)

#### 1. Grundsatz

§ 5 Abs. 3 Satz 1 sieht zur Vermeidung von Meinungsverschiedenheiten[561] der Arbeitsvertragsparteien über die Erfüllung der Inhaltserfordernisse des Abs. 2 vor, dass eine insoweit nicht ordnungsgemäße Erfindungsmeldung als ordnungsgemäß gilt, wenn der Arbeitgeber sie nicht innerhalb von 2 Monaten nach Zugang substantiiert beanstandet. Damit obliegt es dem Arbeitgeber, die Erfindungsmeldung auf die vollständige Erfüllung der inhaltlichen Vorgaben des Abs. 2 und deren Richtigkeit (Schlüssigkeit) hin zu prüfen und bei Bedarf ergänzende Angaben zu verlangen, zu denen der Arbeitnehmer nach § 5 Abs. 2 verpflichtet ist.[562]

**84**

Diese **Fiktionswirkung** greift selbst dann ein, wenn keinerlei Offenbarung der Erfindung i.S.d. Abs. 2 erfolgt ist[563] (zur vorsätzlich unvollständigen oder sonst wie fehlerhaften Erfindungsmeldung s. aber § 5 Rdn. 20.1). Die Fiktionsregelung begründet i. H. a. die Rechte und Pflichten aus dem ArbEG (s. § 5 Rdn. 4) die Ordnungsgemäßheit der Meldung, sodass insb. mit Wirkung ex tunc die Frist für die Fiktion der Inanspruchnahme beginnt (s. § 5 Rdn. 92).

---

560 BGH v. 18.03.2003, GRUR 2003, 702, 704 – *Gehäusekonstruktion*.
561 Amtl. Begründung BT-Drucks. II/1648, S. 22 = BlPMZ 1957, 230.
562 S. BGH v. 18.03.2003, GRUR 2003, 702, 704 – *Gehäusekonstruktion*.
563 Zust. BGH v. 18.03.2003, GRUR 2003, 702, 704 – *Gehäusekonstruktion*. I.Übr. s. OLG München v. 13.01.1977, Mitt. 1977, 239, 240. Zust. ferner Schiedsst. v. 08.01.1986 – Arb.Erf. 75/84, (unveröffentl.) – bei fehlender Beschreibung d. Lösung d. Aufgabe; ebenso Schiedsst. v. 18.12.1992 – Arb.Erf. 81/88, (unveröffentl.) u. v. 28.01.2009 – Arb.Erf. 34/06 (Datenbank); Busse/Keukenschrijver PatG Rn. 12 zu § 5 ArbEG.

§ 5 Abs. 3 ist bei **Miterfindern** im Verhältnis zu jedem einzelnen Miterfinder zu beachten und wirkt gegenüber jedem gesondert. Bei **mehreren Erfindern** hat der Arbeitgeber die Meldung gegenüber jedem Einzelnen (ggf. einem bevollmächtigten Miterfinder ggü., s. § 5 Rdn. 54.1) fristgerecht zu beanstanden, auch wenn es sich um eine gemeinsame Meldung handelt. Die Beanstandungen müssen naturgemäß – insbesondere bei gesonderten Erfindungsmeldungen – nicht inhaltsgleich; vielmehr werden sie je nach Meldung unterschiedlich ausfallen, sich beispielsweise bei einem auf widersprüchliche Angaben zu Miterfindern und beim anderen auf fehlende Angaben etwa zur Aufgabenstellung beziehen (s. auch § 12 Rdn. 32.2).

Kann der Arbeitgeber mangels ausreichender Kenntnis des Erfindungsgegenstandes seiner Anmeldepflicht nach § 13 Abs. 1 nicht nachkommen,[564] so folgt dann aus der **Unterstützungpflicht** nach § 15 Abs. 2 die Verpflichtung des Arbeitnehmers, dem Arbeitgeber ergänzende Angaben zu machen.[565]

Bedarf der Arbeitgeber zur Erfüllung seiner Pflichten aus dem ArbEG – etwa zur Bestimmung des Anteilsfaktors oder von Miterfinderanteilen i.R.d. Vergütungsregelung – weiterer Angaben, so wäre es **treuwidrig**, wenn sich der Arbeitnehmer auf die Fiktionswirkung berufen würde; der Arbeitnehmer ist also – ungeachtet des § 5 Abs. 3 und eines etwaigen Fristablaufs – nach Treu und Glauben (§ 242 BGB) verpflichtet, dem Arbeitgeber das Erforderliche mitzuteilen. Die *Schiedsstelle* sieht den Arbeitgeber auf Grund der Treuepflicht des Arbeitnehmers (s.a. § 5 Rdn. 1) als berechtigt an, die in § 5 Abs. 2 genannten Informationen vom Arbeitnehmererfinder auch dann nachzufordern, wenn er die Beanstandungsfrist ungenutzt hat verstreichen lassen.[566]

85 Die Fiktionsregelung des § 5 Abs. 3 geht von einer – nicht ordnungsgemäßen – **Meldung** aus, **die** zwar die **Voraussetzungen des § 5 Abs. 1**, nicht

---

564 Vgl. auch BGH v. 18.03.2003, GRUR 2003, 702, 7034 – *Gehäusekonstruktion.* Nach Volmer Rn. 22 zu § 13 soll die Anmeldepflicht mit Ablauf der Beanstandungsfrist wirksam werden.
565 Schiedsst. v. 04.03.1999 – Arb.Erf. 87/97, (unveröffentl.).
566 Schiedst. ZB. v. 12.05.2016 – Arb.Erf. 41/13, (www.dpma.de), dort Mitarbeitern und Art und Umfang deren Mitarbeitern sowie zum Anteil des meldenden ArbN.

## N. Inhalt der Meldung (Abs. 2) § 5

**aber** die des **Abs. 2** erfüllt; sie bezieht sich also nur auf die Anforderungen des Abs. 2.[567]

**Mangelt es bereits** an einem **Form- bzw. Mindesterfordernis des § 5 Abs. 1** (gesonderte, als Erfindungsmeldung kenntlich gemachte Erklärung in Textform), liegt überhaupt keine Meldung vor und eine Heilung nach § 5 Abs. 3 kann nicht eintreten (vgl. § 5 Rdn. 34).

Gleiches gilt, wenn eine Diensterfindung als »**freie Erfindung**« gem. **§ 18 Abs. 1 mitgeteilt** wird (s.a. § 5 Rdn. 43.3 u. nachfolgend § 5 Rdn. 86). In solchen Fällen greift die Sonderregelung des § 18 Abs. 2 (s. dort Rdn. 32 ff.). Folglich wird weder die Frist für die Inanspruchnahmefiktion in Gang gesetzt, noch tritt die Heilungswirkung des § 5 Abs. 3 ein.[568]

Hat der Arbeitgeber eine ihm zugegangene Mitteilung des Arbeitnehmers über Entwicklungsergebnisse ausdrücklich als (ordnungsgemäße) Meldung einer Diensterfindung **anerkannt**, so kann er sich – insb. im Hinblick auf den Ablauf der Frist des § 6 Abs. 2 – nicht mehr darauf berufen, die Meldung entspreche nicht den Erfordernissen des § 5 Abs. 2.[569] **86**

Der Arbeitgeber hat das Recht zur Beanstandung, das mit Blick auf die Fiktionswirkung **im eigenen Interesse** ausgeübt werden sollte (Obliegenheit). Eine Verpflichtung zur Beanstandung besteht nicht, auch nicht im Verhältnis zu anderen Arbeitnehmer-Miterfindern.[570] Das Recht zur Beanstandung **verliert**

---

567 BGH v. 25.02.1958, GRUR 1958, 334, 337 – *Mitteilungs- und Meldepflicht* u. v. 18.03.2003, GRUR 2003, 702, 704 – *Gehäusekonstruktion*; LG Frankfurt v. 22.10.2014 – 2–06 O 214/14, (juris, Rn. 69 f.); Schiedsst. v. 22.08.1985, BlPMZ 1986, 205, 206; 08.04.1993, EGR Nr. 34 zu § 6 ArbEG = Mitt. 1996, 245 – *Vorführbereite Mustergeräte*; zust. Keukenschrijver in Busse/Keukenschrijver, PatG, Rn. 13 zu § 5 ArbEG u. Rn. 13 zu § 6 ArbEG; vgl. auch LG Düsseldorf v. 13.04.2010, Mitt. 2010, 541, 545 – *Beschichtung für Solarabsorber*; ausf. zur unvollst. Erf.meldung Gaul, DB 1982, 2499 ff.
568 Vgl. zum früheren Recht BGH v. 25.02.1958, GRUR 1958, 334, 337 – *Mitteilungs- und Meldepflicht*; BGH v. 18.03.2003, GRUR 2003, 702, 703 – *Gehäusekonstruktion*; OLG Düsseldorf v. 12.03.2009 – 2 U 72/06, (unveröffentl.); Schiedsst. v. 22.08.1985, BlPMZ 1986, 205, 206, v. 18.12.1992 – Arb.Erf. 81/88, u. v. 26.02.1997 – Arb.Erf. 56/95, (beide unveröffentl.); abw. Keukenschrijver in Busse/Keukenschrijver, PatG, Rn. 8 zu § 5 ArbEG m.H.a. Schiedsst. v. 10.12.05.2003 Arb.Erf. 15/03, wonach die Meldung als »freie Erfindung« »eine Meldung im Rechtssinn« sein soll.
569 OLG Karlsruhe v. 13.07.1983, GRUR 1984, 42, 43 – *Digitales Gaswarngerät*; Keukenschrijver in Busse/Keukenschrijver, PatG, Rn. 13 zu § 5 ArbEG.
570 Vgl. Schiedsst. Beschl. v. 11.08.2014 – Arb.Erf. 45/11, (www.dpma.de).

der Arbeitgeber nicht bereits durch eine Schutzrechtsanmeldung (s.a. § 5 Rdn. 72) oder eine zwischenzeitliche Inanspruchnahme (s.a. § 5 Rdn. 31).

### 2. Erfordernisse der Beanstandung, Form und Inhalt

87 Will der Arbeitgeber die Fiktionswirkung des § 5 Abs. 3 vermeiden, so muss er innerhalb von 2 Monaten nach Eingang (vgl. hierzu § 5 Rdn. 10) der Meldung erklären, **dass und in welcher Hinsicht die Meldung ergänzungsbedürftig ist.** Da § 5 Abs. 3 Satz 1 keine Text- bzw. **Schriftform** für eine Beanstandung verlangt, kann sie auch mündlich erfolgen.[571] Die Text- bzw. Schriftform empfiehlt sich aus Gründen des Nachweises der Beanstandung.

Die Beanstandung muss für den Erfinder **eindeutig** als solche **erkennbar** sein; dafür reicht es allerdings aus, dass der Arbeitgeber zur Anfertigung der Patentanmeldung auf die Notwendigkeit ergänzender Unterlagen und/oder Beschreibungen (Zeichnungen) verweist und deren Vorlage anfordert.[572] Gleiches gilt, wenn der Arbeitgeber den Arbeitnehmer um Korrektur einer auf dessen Meldung beruhenden Patentanmeldung bittet.[573]

Eine Beanstandung setzt ferner die Angabe voraus, **in welcher Hinsicht**, d. h. konkret zu welchen in Absatz 2 aufgeführten Elementen der Arbeitgeber Ergänzungsbedarf sieht. Es bedarf also einer entsprechenden Angabe des Arbeitgebers, aus der die ergänzungsbedürftigen Punkte für den Arbeitnehmer erkennbar werden. Eine bloß formularmäßige bzw. unsubstantiierte Beanstandung ohne Darstellung des Ergänzungsbedarfs ist keine solche i.S.d. § 5 Abs. 3,[574] sodass die vorgelegte Meldung als ordnungsgemäß gilt.[575] Ein bloßes Bestreiten der Schutzfähigkeit genügt nicht, wenn dies nicht mit einer Aufforderung an den Arbeitnehmer, substantiert dargelegte Inhaltsmängel i.S.d. § 5 Abs. 2 zu beseitigen (Handlungspflicht des Arbeitnehmers), verbunden wird.[576]

---

571 Schiedsst. v. 08.04.1993, EGR Nr. 34 zu § 6 ArbEG = Mitt. 1996, 245 – *Vorführbereite Mustergeräte*; Schiedsst. Beschl. v. 21.11.2000 – Arb.Erf. 11/98, (unveröffentl.); Keukenschrijver in Busse/Keukenschrijver, PatG, Rn. 14 zu § 5 ArbEG.
572 Schiedsst. v. 17.05.1990 – Arb.Erf. 11/89, (unveröffentl.); s.a. EV v. 19.12.1988, BlPMZ 1989, 368, 369 r.Sp.
573 Schiedsst. v. 08.04.1993, EGR Nr. 34 zu § 6 ArbEG = Mitt. 1996, 245 – *Vorführbereite Mustergeräte*.
574 Vgl. Schiedsst. v. 19.04.1960, BlPMZ 1960, 282 m. Anm. Heydt, GRUR 1961, 134; v. 08.04.1993, EGR Nr. 34 zu § 6 ArbEG = Mitt. 1996, 245 – *Vorführbereite Mustergeräte*; im Ergebn. ebenso Beschl. v. 21.11.2000 – Arb.Erf. 11/98, (unveröffentl.).
575 Ebenso Keukenschrijver in Busse/Keukenschrijver, PatG, Rn. 13 zu § 5 ArbEG.
576 Schiedstst. v. 27.06.2006 – Arb.Erf. 46/04 (Datenbank).

N. Inhalt der Meldung (Abs. 2) § 5

Das Beanstandungsrecht räumt dem Arbeitgeber nicht die Befugnis zu beliebigen Fragen ein; es steht ausschließlich im Zusammenhang mit den Anforderungen, die § 5 Abs. 2 an den Inhalt der Erfindungsmeldung stellt.[577] **Ergänzung** i.S. einer Berichtigung oder Vervollständigung kann deshalb nur hinsichtlich der **Inhaltsmerkmale des Abs. 2** verlangt werden (s. dazu § 5 Rdn. 68 ff.). So ist z.B. eine Beanstandung, die darauf abzielt, die Möglichkeiten der mit der Erfindung angestrebten technischen Vorteile und deren wirtschaftliche Verwertung zu prüfen, nicht i.S.d. § 5 Abs. 3 zulässig.[578] Gleiches gilt bei der Aufforderung, eine Abschätzung der betrieblichen Umsetzbarkeit, insb. durch praktische Versuche vorzunehmen.[579] Auch darüber hinausgehende Forderungen, wie etwa Verwendung betrieblicher (elektronischer) Meldeformulare, sind – bezogen auf die Fiktionswirkung des § 5 Abs. 3 – unbeachtlich und können allenfalls sonstige arbeitsrechtliche Konsequenzen auslösen,[580] es sei denn, § 15 Abs. 2 ist einschlägig. Eine Erfindungsmeldung kann auch nicht zu dem Zweck beanstandet werden, die Frist nach § 6 Abs. 2 n.F./a.F. damit hinauszuschieben und Zeit für eine interne Prüfung der Patentfähigkeit und der weiteren Behandlung der Erfindung zu gewinnen.[581] Der Arbeitgeber kann sich nicht darauf berufen, dass der Arbeitnehmer im Zweifel wisse, was er noch angeben müsse[582]. Stellt der Arbeitnehmer – obschon er rechtlich dazu nicht verpflichtet ist – in der Meldung Patentansprüche auf, so dürfen diese i. H. a. die durch § 5 bezweckte Überprüfungsmöglichkeit des Arbeitgebers nicht in Widerspruch zur Beschreibung der Dienstfindung stehen, sodass eine Beanstandung durch den Arbeitgeber zu Recht erfolgt[583] (s.a. § 5 Rdn. 71). Kein Fall des § 5 Abs. 3 sind auch die Fälle, in denen es um nachträgliche Fortentwicklungen des Erfindungsgegenstandes geht[584] (s. dazu § 5 Rdn. 21).

87.1

---

577 Schiedsst. v. 08.04.1993, EGR Nr. 34 zu § 6 ArbEG = Mitt. 1996, 245 – *Vorführbereite Mustergeräte*.
578 Schiedsst. v. 08.04.1993, EGR Nr. 34 zu § 6 ArbEG = Mitt. 1996, 245 – *Vorführbereite Mustergeräte*.
579 Schiedstst. v. 27.06.2006 – Arb.Erf. 46/04 (Datenbank).
580 Zur weitergehenden arbeitsrechtl. Mitteilungspfl. vgl. inbes. Röpke Arbeitsverh. u. ArbNErf. S. 33 ff.; s.a. hier Rn. 33 ff. zu § 25.
581 Schiedsst. v. 08.04.1993, EGR Nr. 34 zu § 6 ArbEG = Mitt. 1996, 245 – *Vorführbereite Mustergeräte*, v. 17.02.1998 – Arb.Erf. 61/96 u. v. 04.03.1999 – Arb.Erf. 87/97, (beide unveröffentl.).
582 Schiedsst. v. 08.04.1993, EGR Nr. 34 zu § 6 ArbEG = Mitt. 1996, 245 – *Vorführbereite Mustergeräte*.
583 Schiedsst. v. 17.07.1985 – Arb.Erf. 1/85, (unveröffentl.).
584 S. BGH v. 05.10.2005, GRUR 2005, 141, 143 – *Ladungsträgergenerator*.

Soweit der Arbeitgeber Angaben über die **technische Aufgabe und ihre Lösung** verlangt, ist Maßstab das Verständnis des Durchschnittsfachmanns zur Nacharbeitung der erfinderischen Lehre (vgl. § 34 Abs. 4 PatG). Eine Beanstandung kann insoweit ausgesprochen werden, als die technische Lehre der Erfindung zu unklar dargestellt ist, um sie zu verstehen; demgegenüber gehört die Darlegung von Beispielen zum Beleg der behaupteten technischen Vorteile zu den Erfordernissen einer Patentanmeldung, nicht jedoch zu dem Kern der technischen Lehre.[585] Solche zusätzlichen Informationen kann der Arbeitgeber ggf. i.R.d. § 15 Abs. 2 ArbEG abfordern. Sie dienen i.d.R. nicht dem Verständnis der technischen Lehre der Erfindung.[586] Insoweit muss der Arbeitnehmer mit seiner Erfindungsmeldung nicht die Patentfähigkeit seiner erfinderischen Lehre nachweisen. Darüberhinausgehende Fragen insb. zur wirtschaftlichen Verwertung der Erfindung liegen außerhalb der Patentierungsvoraussetzungen; das Ergebnis dieser Überprüfungen liegt im Risikobereich des Arbeitgebers, wie schon RL Nr. 23 Abs. 2 zeigt; diese Fragen können nicht in der Inanspruchnahmefrist durch Beanstandung der Erfindungsmeldung geklärt werden[587] (s.a. § 5 Rdn. 69). Unbeachtlich ist auch die Beanstandung einer verspäteten Erfindungsmeldung.[588]

### 3. Beanstandungsfrist

88 Die Beanstandungserklärung ist eine **empfangsbedürftige Willenserklärung**, die dem Arbeitnehmer innerhalb des 2-Monats-Zeitraumes zugegangen sein muss. Wegen des Untergangs des Beanstandungsrechts des Arbeitgebers nach Ablauf von 2 Monaten und der hieran geknüpften Rechtsfolgen handelt es sich bei der 2-Monats-Frist um eine – nicht verlängerungsfähige[589] – **Ausschlussfrist**[590] (s. dazu auch § 6 a.F. Rdn. 45 u. § 6 n.F. Rdn. 87; zur Fristberechnung § 6 a.F. Rdn. 50 f. u. § 6 a.F. Rdn. 94 ff.). Der Arbeitgeber kann den Zeitraum der 2-Monats-Frist (»innerhalb von zwei Monaten«) grds. voll ausnutzen, sodass auch mehrfache, substantiierte Beanstandungen bei hinreichendem Anlass innerhalb dieser Frist möglich sind. Ein »**Nachschieben**« von weiteren Beanstandungen nach Ablauf der 2-monatigen Beanstandungsfrist ist im Hinblick auf den Wortlaut des § 5 Abs. 3 Satz 1 grds. nicht möglich (»…, dass und in welcher Hinsicht …«). Kein Nachschieben von Gründen stellt

---

585 Schiedsst. v. 17.02.1998 – Arb.Erf. 61/96, (unveröffentl.).
586 Schiedsst. v. 04.03.1999 – Arb.Erf. 87/97, (unveröffentl.).
587 Schiedsst. v. 08.04.1993, EGR Nr. 35 zu § 5 ArbEG.
588 Schiedsst. v. 21.07.2005 – Arb.Erf. 15/04 (Datenbank).
589 Zur Ausschlussfrist vgl. auch Bartenbach, Mitt. 1971, 232, 234 f.
590 So auch Volmer Rn. 63 zu § 5; Keukenschrijver in Busse/Keukenschrijver PatG Rn. 14 zu § 5 ArbEG.

N. Inhalt der Meldung (Abs. 2)   § 5

es dar, wenn der Arbeitgeber nach Fristablauf ursprünglich geltend gemachte Mängel weiter konkretisiert bzw. substantiiert. Zur Beanstandung einer Ergänzung der Erfindungsmeldung s. § 5 Rdn. 89.

Bei Vorliegen besonderer Umstände (etwa drohendem Prioritätsverlust) kann der Arbeitgeber zu einer **unverzüglichen Beanstandung** gehalten sein, ohne dass dies Einfluss auf die Fiktionswirkung des Abs. 3 hat (s. § 13 Rdn. 5).

Nach **Ablauf der Frist** von 2 Monaten nach Zugang der Erfindungsmeldung können Mängel auf der Grundlage des § 5 Abs. 3 nicht mehr geltend gemacht werden; der Arbeitgeber kann sich dann nicht mehr darauf berufen, die Meldung sei unvollständig gewesen[591] (s. aber auch § 5 Rdn. 84).

### 4. Ergänzung der Erfindungsmeldung durch den Arbeitnehmer

**89** Der Eingang der Ergänzung seitens des Arbeitnehmers ist nicht an den 2-Monats-Zeitraum gebunden; jedoch muss sie entsprechend § 5 Abs. 1 Satz 1 ebenfalls »**unverzüglich**« erfolgen. Zudem hat der Arbeitnehmer die entsprechenden **Formerfordernisse** des § 5 Abs. 1 zu beachten,[592] da erst mit dem Eingang der Ergänzung eine den Lauf der Freigabefrist des § 6 Abs. 2 n.F. in Gang setzende ordnungsgemäße Meldung vorliegt und der Arbeitgeber entsprechend dem Rechtsgedanken des § 5 Abs. 1 eindeutig hierauf aufmerksam gemacht werden soll. Damit genügt für die Ergänzung nunmehr die Textform (zum Übergangsrecht s. § 5 Rdn. 3.2). Eine erforderliche Ergänzung kann auch im Rahmen eines zwischen den Arbeitsvertragsparteien anhängigen Schiedsstellen- (s. Rn. 18 zu § 31) oder Gerichtsverfahrens erfolgen.

Erweist sich die Ergänzung **wiederum als unvollständig** bzw. ergänzungsbedürftig – was etwa bei einer wesentlichen »Umstellung« des Erfindungsgegenstandes oder einer Einfügung zwischenzeitlicher Weiterentwicklungen der Fall sein kann –, setzt die »Meldung« erneut die zweimonatige Beanstandungsfrist – allerdings beschränkt auf diese Ergänzungsmeldung – in Gang.[593]

**89.1** Da ein Nachschieben von (zusätzlichen) Beanstandungsgründen nach Ablauf der 2-Monats-Frist nicht möglich ist (s.o. § 5 Rdn. 88), **beginnt** die Frist für die Fiktion der Inanspruchnahme bzw. die frühere **Inanspruchnahmefrist** (s.u. § 5 Rdn. 92 f.) mit dem Zeitpunkt, in dem die – gemäß fristgerechter Beanstandung – ergänzte Erfindungsmeldung beim Arbeitgeber eingeht. Eine Stellungnahme des Arbeitnehmererfinders zu verspäteten Beanstandungen ist

---

591 Schiedsst. v. 08.01.1986, BlPMZ 1986, 273.
592 Ebenso Keukenschrijver in Busse/Keukenschrijver PatG Rn. 15 zu § 5 ArbEG.
593 Wie hier Keukenschrijver in Busse/Keukenschrijver PatG Rn. 15 zu § 5 ArbEG.

ohne Einfluss auf den Lauf der Frist des § 6 Abs. 2. Die ergänzte Erfindungsmeldung gilt dann als ordnungsgemäß, wenn der Arbeitnehmer abschließend zu den fristgerecht beanstandeten Punkten Stellung genommen hat. Dem Arbeitgeber ist es verwehrt, eine insoweit ordnungsgemäß ergänzte Erfindungsmeldung wegen anderweitiger Mängel, die bereits in der ursprünglichen Erfindungsmeldung lagen, aber nicht fristgerecht beanstandet wurden, nachträglich zu beanstanden.

89.2 Entsprechend § 5 Abs. 1 Satz 3 wird der Arbeitgeber als verpflichtet angesehen, den Eingang einer Ergänzungsmeldung zu bestätigen.[594]

### 5. Unterstützungspflicht des Arbeitgebers

90 Damit der Arbeitgeber nicht durch ein mehrfaches Zurückweisen einer Meldung wegen nicht ordnungsgemäßer Abfassung den Beginn der Inanspruchnahmefrist über Gebühr hinauszögern kann, begründet § 5 Abs. 3 Satz 2 eine Rechtspflicht des Arbeitgebers zur **Unterstützung** (zum Inhalt s. § 21 Rdn. 20) bei der Ergänzung[595] (vgl. auch § 21 Abs. 2). Diese besteht auch ohne ausdrückliches Verlangen des Arbeitnehmers.

91 In den Rahmen dieser besonderen Erscheinungsform der Fürsorgepflicht[596] gehört es auch, dass der Arbeitgeber ggf. den Erfinder auf ein Nichteinhalten der Formvorschriften bei der Ergänzungsmeldung entsprechend § 5 Abs. 1 aufmerksam macht (vgl. auch § 25 Rdn. 17). Ein Unterlassen der Unterstützungspflicht kann bewirken, dass es dem Arbeitgeber nach Treu und Glauben versagt ist, sich auf ein Nicht-in-Gang-Setzen der Inanspruchnahmefrist zu berufen.

### 6. Beginn der Frist für die Inanspruchnahmefiktion bzw. der früheren Inanspruchnahmefrist

92 Der Wortlaut des § 5 Abs. 3 lässt es offen, wann bei **unterbliebener Beanstandung** die Frist für die Fiktion der Inanspruchnahme (§ 6 Abs. 2 n.F.) bzw. die frühere Inanspruchnahmefrist des § 6 Abs. 2 a.F. beginnt. Da § 6 Abs. 2 Satz 2 Halbs. 2 a.F. die inhaltlich ordnungsgemäße Erfindungsmeldung mit der fiktiv ordnungsgemäßen gleichgesetzt hat, wurde schon bisher davon ausgegangen, dass die Heilungswirkung des § 5 Abs. 3 ex tunc, also von Anfang an ein-

---

594 So Volmer/Gaul Rn. 183 zu § 5.
595 Ausschussber. zu BT-Drucks. II/3327, S. 4 = BlPMZ 1957, 251.
596 Röpke Arbeitsverh. u. ArbNErf. S. 93.

N. Inhalt der Meldung (Abs. 2) §  5

tritt;⁵⁹⁷ die Frist des § 6 Abs. 2 zur Fiktion der Inanspruchnahme beginnt u. E. damit bereits **ab Zugang der (nicht beanstandeten) Erfindungsmeldung**⁵⁹⁸. Dies entspricht dem durch § 5 besonders geschützten Interesse des Arbeitnehmers an einer eindeutigen Regelung über den Ablauf der Inanspruchnahmefrist. Die Neufassung des § 6 Abs. 2 verweist nunmehr – anders als § 6 Abs. 2 a.F. – auf § 5 Abs. 2 Satz 1 und 3 und bestätigt damit, dass es auf den Zugang der Erfindungsmeldung ankommt. Dies bedeutet zwar eine Abweichung gegenüber einer beanstandeten Meldung (s. nachstehend), ist aber durch das eigene Versäumnis des Arbeitgebers gerechtfertigt.

Erfüllt die Meldung nicht die Voraussetzungen des § 5 Abs. 1, wird die Inanspruchnahmefrist des § 6 Abs. 2 n.F./a.F. dagegen nicht in Gang gesetzt (s. § 5 Rdn. 85).

Hat der Arbeitgeber eine Erfindungsmeldung gem. § 5 Abs. 3 Satz 1 inhaltlich beanstandet, beginnt die Frist des § 6 Abs. 2 n.F./a.F. erst **mit Zugang der** (vervollständigten s. § 5 Rdn. 89) **Ergänzungsmeldung**, da erst jetzt die für den Beginn maßgebliche ordnungsgemäße Meldung (vgl. § 6 Abs. 2 n.F./§ 6 Abs. 2 Satz 2 Halbs. 2 a.F.) vorliegt.⁵⁹⁹ Das gilt allerdings nicht für Beanstandungsfälle nach § 5 Abs. 2 Satz 2 (s. § 6 n.F. Rdn. 97 f.).

93

Die Frist des § 6 Abs. 2 n.F. wird nur dann hinausgeschoben, wenn die Beanstandung berechtigt war, also eine nicht den Erfordernissen des § 5 Abs. 2 entsprechende Meldung vorlag.⁶⁰⁰ Eine inhaltlich **unzulässige Beanstandung**, die sich dagegen ausschließlich auf nicht in Abs. 2 behandelte Fragen bezieht (s. dazu § 5 Rdn. 87.1), lässt den Fristbeginn der Inanspruchnahme unberührt.⁶⁰¹ Bei § 6 Abs. 2 n.F. besteht allerdings insoweit eine Besonderheit, als

---

597 So auch zum früheren Recht Volmer Rn. 68 zu § 5; i. Ergebn. auch Schiedsst. v. 19.04.1960, BlPMZ 1960, 282 m. Anm. Heydt, GRUR 1961, 134 u. v. 08.01.1986, BlPMZ 1986, 273; v. 28.02.1991, BlPMZ 1992, 21 – *Exzentrizitätsmessung* u. Beschl. v. 21.11.2000 – Arb.Erf. 11/98, (unveröffentl.).
598 Unklar OLG Karlsruhe v. 13.04.2018 – 6 U 161/16, (www.lrbw.juris.de, Rn. 167) – Rohrprüfsystem. A. A. Boemke/Kursawe/Kursawe Rn. 19 zu § 6, wonach »die Inanspruchnahmefiktion nach sechs Monaten greift (Fiktion der Ordnungsgemäßheit der Meldung: 2 Monate zzgl. Fiktion der Inanspruchnahmeerklärung 4 Monate).«.
599 Schiedsst. v. 12.07.1963, BlPMZ 1963, 342; v. 19.12.1988, BlPMZ 1989, 368, 369; Jestaedt, Patentrecht, Rn. 398; wie hier auch zu § 6 n.F. Kraßer/Ann, PatR § 21 Rn. 56 u. 67; im Ergebn. auch Keukenschrijver in Busse/Keukenschrijver, PatG, Rn. 13 zu § 6.
600 Schiedsst. v. 19.12.1988, BlPMZ 1989, 368, 369 (zu § 6 Abs. 2 a.F.).
601 Schiedsst. v. 08.04.1993, EGR Nr. 35 zu § 5 ArbEG u. v. 04.03.1999 – Arb.Erf. 87/97, (unveröffentl.).

dort nur inhaltliche Mängel i.S.d. § 5 Abs. 2 Satz 1 und 3, nicht aber Satz 2 relevant sind (s. § 6 Rdn. 94 ff.). Zur Neufassung des § 6 Abs. 2 s. die Übersicht in § 6 n.F. Rdn. 78 ff.; zum Übergangsrecht s. § 5 Rdn. 3.2.

## O. Folgen einer Verletzung der Meldepflicht

**94** Kommt der Arbeitnehmer seiner Meldepflicht nicht nach, hat der Arbeitgeber einen **Erfüllungsanspruch**, den er auch noch nach Beendigung des Arbeitsverhältnisses (vgl. § 26) durchsetzen kann.[602] Dieser auf die Erbringung einer unvertretbaren Handlung gerichtete Anspruch kann nach gerichtlicher Geltendmachung gem. § 888 ZPO vollstreckt werden.[603] Zum pflichtwidrigen Unterlassen der Fertigstellung einer Erfindung während der Dauer eines Arbeitsverhältnisses s. § 26 Rdn. 22.

**94.1** Der Anspruch auf Erfüllung der Meldepflicht ist als eigenständiger **Auskunftsanspruch** darauf gerichtet, dem Arbeitgeber die gesamte durch § 5 vorgegebene Information über den Gegenstand einer technischen Neuerung zu vermitteln.[604] Zugleich hat der Arbeitnehmer dem Arbeitgeber mitzuteilen, ob und ggf. welche Schutzrechte er selbst oder durch Dritte für diese technische Neuerung angemeldet hat oder hat anmelden lassen, ferner, ob und ggf. welche Verfügungen er über solche Schutzrechtspositionen vorgenommen hat. Ggü. diesem – auch auf §§ 242, 259 BGB gestützten[605] – Auskunftsanspruch kann der Arbeitnehmer nicht einwenden, es handle sich nicht um eine Diensterfindung, sondern um eine freie Erfindung oder einen nicht schutzfähigen Verbesserungsvorschlag oder ein sonstiges Arbeitsergebnis. Eine **Rechtsgrundlage** findet die Auskunftspflicht bei der Diensterfindung in § 5, bei der freien Erfindung in § 18, bei einem Verbesserungsvorschlag und einem (sonstigen) Arbeitsergebnis in der arbeitsvertraglichen Treuepflicht. Da die Auskunftspflicht den Arbeitgeber in die Lage versetzen soll, zu überprüfen, ob und welche Rechte ihm an technischen Entwicklungsarbeiten seiner (ausgeschiedenen) Arbeitnehmer zustehen,[606] ist sie bereits dann zu bejahen, wenn nur die Möglichkeit besteht, dass die Arbeitsergebnisse einer der genannten Alternativen zuzuordnen sind. Der Arbeitgeber braucht sich nicht auf die Bewertung seines

---

602 Vgl. BGH v. 25.02.1958, GRUR 1958, 334 ff. – *Mitteilungs- und Meldepflicht*; vgl. auch BGH v. 21.10.1980 – X ZR 56/78, GRUR 1981, 128 – *Flaschengreifer*.
603 Vgl. OLG Nürnberg v. 24.08.1967, GRUR 1968, 147, 148 – *Farbnebel*.
604 LG Düsseldorf v. 16.10.1990 – 4 O 126/90, (unveröffentl.).
605 Vgl. LG Düsseldorf v. 05.04.2001, InstGE 1, 50, 56 – *Schraubenspindelpumpe*.
606 BGH v. 25.02.1958, GRUR 1958, 334 ff. – *Mitteilungs- und Meldepflicht*.

## O. Folgen einer Verletzung der Meldepflicht § 5

Arbeitnehmers zu verlassen, sondern muss die Möglichkeit haben, die erforderliche Nachprüfung selbstständig vorzunehmen.[607] Der Erfüllungsanspruch des Arbeitgebers unterliegt u. E. der allgemeinen **Verjährung**.[608] Deren Beginn setzt zumindest dessen (abstraktes) Wissen um die Fertigstellung einer potentiell schutzfähigen technischen Neuerung auf einem konkreten unternehmensrelevanten Gebiet sowie die Kenntnis der Person des/der Erfinder(s) bzw. die entsprechende grob fahrlässige Unkenntnis voraus (§ 199 Abs. 1 BGB). Für eine (theoretisch mögliche[609]) Verwirkung dürfte im Allgemeinen wegen der arbeitgeberseitigen Unkenntnis und des damit fehlenden Umstandsmoments kein Raum sein.

Besteht die Gefahr, dass der Arbeitnehmer Arbeitsergebnisse **Dritten offenbart**, sodass deshalb eine Absicherung durch Schutzrechtsanmeldung gefährdet ist, kann der Arbeitgeber ggf. auch im Wege der **einstweiligen Verfügung Unterlassungsansprüche** durchsetzen.[610] Dieser Anspruch ist darauf gerichtet, dem Arbeitnehmer zu verbieten, über seine während des Anstellungsverhältnisses durchgeführten Entwicklungsarbeiten sowie erzielten Entwicklungsergebnisse Dritten zu berichten oder Dritte hierüber zu informieren. Dabei sind an die Bestimmtheit des Unterlassungsantrags keine strengen Anforderungen zu stellen.[611] Gleiches gilt für den Fall einer beabsichtigten Schutzrechtsanmeldung durch den Arbeitnehmer. 94.2

Hat ein Arbeitnehmer vorsätzlich oder fahrlässig gegen die ihm obliegende Meldepflicht verstoßen – sei es durch falsche, unterlassene, unvollständige (s. dazu auch § 5 Rdn. 83) oder sonst wie fehlerhafte Meldung –, kann der Arbeitgeber unter den Voraussetzungen der §§ 119, 123 BGB eine irrtümlich erklärte »Freigabe« der Erfindung ggf. **anfechten** (s. § 8 n.F. Rdn. 46 ff.). Wird der Erfindungsgegenstand bewusst unkorrekt bzw. unvollständig offenbart, liegt hierin ein arglistiges Verhalten im Sinne von § 123 BGB (s. dazu § 5 Rdn. 20.3). 95

Wegen einer solchen Pflichtverletzung sowie bei Prioritätsverlust wegen verspäteter Meldung kann der Arbeitnehmer auch für den dadurch dem Arbeitgeber entstandenen **Schaden ersatzpflichtig** werden. Beispielsweise kann eine Pflichtverletzung des Arbeitnehmers in einem (ganzen oder teilweisen) Vorent-

---

607 LG Düsseldorf v. 16.10.1990 – 4 O 126/90, (unveröffentl.).
608 Abw. Schütt/Böhnke GRUR 2013, 789, 791.
609 Abw. Schütt/Böhnke GRUR 2013, 789, 791.
610 OLG München v. 10.09.1992, GRUR 1992, 625 – *Prägemaschine*.
611 Keukenschrijver in Busse/Keukenschrijver, PatG, Rn. 1 zu § 5 ArbEG m.H. a. OLG München v. 10.09.1992, GRUR 1992, 625 – *Prägemaschine*.

halten der fertiggestellten Diensterfindung liegen, die den Arbeitnehmer zum Ersatz des vom Arbeitgeber konkret nachzuweisenden Schadens verpflichtet.[612] Eine Pflichtverletzung des Arbeitnehmers, die ihn zum Ersatz von Arbeitgeberaufwendungen (etwa im Zusammenhang mit Schutzrechtsanmeldungen) verpflichtet, kann ferner z. B. in der unzutreffenden Behauptung seiner (Mit-)Erfindereigenschaft liegen, ebenso in der (»vorbehaltslosen«) Meldung einer »Erfindung«, deren mangelnde Schutzfähigkeit dem Arbeitnehmer bekannt ist (z.b. auf Grund von Schutzrechten Dritter, neuheitsschädlicher Veröffentlichung usw.). Zur falschen Miterfindervereinbarung s. § 5 Rdn. 51.1. Die **Rechtsgrundlage** für den Anspruch des Arbeitgebers auf **Schadensersatz** bei schuldhafter Verletzung der Meldepflicht ergibt sich mangels eigenständiger arbeitnehmererfinderrechtlicher Regelung[613] einmal aus Pflichtverletzung (§ 280 Abs. 1, § 619a BGB) und zum anderen aus unerlaubter Handlung gem. §§ 823, 826 BGB. Da **§ 5** (auch) den schutzwürdigen Interessen des Arbeitgebers Rechnung tragen soll (vgl. dazu § 5 Rdn. 1), ist diese Vorschrift **Schutzgesetz** i.S.d. § 823 Abs. 2 BGB.[614]

An einem **schuldhaften Verhalten fehlt** es im Regelfall, wenn sich der Arbeitnehmer an Weisungen oder Empfehlungen der Patentabteilung gehalten hat.[615] Der höchstrichterlichen Rechtsprechung zufolge scheidet eine Pflichtverletzung wegen unterbliebener Meldung auch in den Fällen aus, in denen der Arbeitgeber anderweitig die zur Schutzrechtsanmeldung ausreichende Kenntnis von der Erfindung erhalten hat[616] (s. § 5 Rdn. 31 f.).

**96** Hat der **Arbeitnehmer** unter schuldhafter Verletzung seiner Meldepflicht ein **Schutzrecht angemeldet**, kann der Arbeitgeber die **Umschreibung** dieser Schutzrechtsposition (nach Inanspruchnahme) verlangen[617] (s.a. § 7 n.F. Rdn. 42 ff. und § 13 Rdn. 46 ff. sowie hier § 5 Rdn. 21.1).

---

612 Keukenschrijver in Busse/Keukenschrijver, PatG, Rn. 3 zu § 5 ArbEG.
613 Der Gesetzgeber hat auf eine eigenständige Normierung verzichtet, da die allg. Vorschriften ausreichend seien, s. Amtl. Begründung II/1648, S. 22 = BlPMZ 1957, 230.
614 Wohl allg. A., z. B. Keukenschrijver in Busse/Keukenschrijver, PatG, Rn. 3 zu § 5 ArbEG; Schwab, Arbeitnehmererfindungsrecht, § 5 Rn. 17, 21 f.
615 Volmer/Gaul Rn. 71 zu § 5.
616 OLG Düsseldorf v. 01.10.2010 – I – 2 U 41/07//2 U 41/07, (Rn. 67, 73, juris) – *Glasverbundplatte* m. H. a. BGH v. 04.04.2006 – X ZR 155/03, GRUR 2006, 754, 757 [Rn. 26] – *Haftetikett*.
617 Schiedsst. v. 17.10.1988, BlPMZ 1989, 366, 368 r.Sp. u. v. 06.11.2008 – Arb.Erf. 39/07 (Datenbank); s.a. OLG Düsseldorf v. 08.11.1957, GRUR 1958, 435, 437 – *Kohlenstaubfeuerung* u. LG Düsseldorf v. 05.04.2001, InstGE 1, 50, 56 – *Schraubenspindelpumpe*.

## O. Folgen einer Verletzung der Meldepflicht § 5

Dem Arbeitgeber können auch in solchen Fällen **Unterlassungs- bzw. Schadensersatzansprüche** gegen den Arbeitnehmer gem. §§ 823, 826 BGB oder aus Pflichtverletzung (§ 280 Abs. 1, § 619a BGB) zustehen (s.a. § 13 Rdn. 49). Dies kann bspw. dann der Fall sein, wenn der Arbeitnehmer i.R.d. Schutzrechtsanmeldung den Erfindungsgegenstand nicht voll ausgeschöpft hat, auf Patentansprüche verzichtet[618] bzw. das Patentbegehren sonst einschränkt oder gar die Schutzrechtsposition ganz aufgibt. Anmeldung und Verzicht stellen einen widerrechtlichen Eingriff in das nach Inanspruchnahme dem Arbeitgeber zustehende Erfinderrecht dar, das als Immaterialgüterrecht ein sonstiges Recht i.S.d. § 823 Abs. 1 BGB ist.[619] Die Durchsetzung eines Schadensersatzanspruches ist von dem Nachweis der Schutzfähigkeit abhängig (s. § 5 Rdn. 97). Können Patentbehörden und -gerichte – etwa wegen Fristablaufs – mit dieser Frage nicht mehr befasst werden, ist die Schutzfähigkeit durch die ordentlichen Gerichte zu klären.[620] Bei fehlender Schutzfähigkeit kommen ggf. Ansprüche wegen unberechtigter Verfügung über ein Arbeitsergebnis in Betracht.

96.1

Zivilrechtliche Unterlassungs- bzw. Schadensersatzansprüche werden insb. dann bedeutsam, wenn die patentrechtlichen Ansprüche wegen Fristablaufs[621] (vgl. § 7 Abs. 2, § 21 Abs. 1 Nr. 3 i.V.m. § 59 Abs. 1 Satz 1 PatG, § 8 Satz 3 PatG) nicht mehr geltend gemacht werden können.

96.2

Die Ansprüche aus unerlaubter Handlung (§§ 823, 826 BGB, § 17 UWG bzw. küftigem GeschGehG) können ggf. auch ggü. **Dritten** durchgesetzt werden.

96.3

Der Arbeitnehmer hat **Nutzungen** aus etwaigen Verfügungs- bzw. Verwertungshandlungen vor Schutzrechtsübertragung auf den Arbeitgeber jedenfalls nach Bereicherungsrecht (§§ 812 ff. BGB) herauszugeben, ggf. unter Abzug seiner notwendigen Aufwendungen (z.B. Patentkosten[622]).

96.4

I.Ü. kann der dem Arbeitgeber entstehende **Schaden** (§§ 249 ff. BGB) im Prioritätsverlust und den daraus resultierenden Folgen – etwa in einem entgan-

---

618 BGH v. 17.01.1995 – X ZR 130/93, Mitt. 1996, 16 – *Gummielastische Masse I* im Anschl. an OLG München v. 23.09.1993, GRUR 1994, 746 (LS).
619 BGH v. 17.01.1995 – X ZR 130/93, Mitt. 1996, 16 – *Gummielastische Masse I* m.H.a. BGH v. 24.10.1978, GRUR 1979, 145, 148 – *Aufwärmvorrichtung*.
620 BGH v. 17.01.1995 – X ZR 130/93, Mitt. 1996, 16 – *Gummielastische Masse*.
621 S. hierzu BGH v. 18.05.2010 – X ZR 79/07, Mitt. 2010, 443, 446 – *Steuervorrichtung*.
622 S. dazu BGH v. 06.10.1981, GRUR 1982, 95 – *Pneumatische Einrichtung*; OLG Frankfurt a.M. v. 13.04.2017, GRUR-RR 2017, 294 – *Transportfahrzeuge u.* v. 15.02.2018, BeckRS 2018, 9085.

genen Gewinn (§ 252 BGB) aus der Verwertung der Erfindung und/oder in einer sonstigen Verschlechterung seiner Wettbewerbsstellung – liegen.

97 Der **Arbeitgeber** ist sowohl für die schuldhafte Pflichtverletzung seitens des Arbeitnehmers als auch hinsichtlich des Schadensumfangs grds. **darlegungs- und beweispflichtig**. Hierzu gehört zunächst ein Nachweis der **Schutzfähigkeit**. Dies bedeutet gem. der § 287 ZPO ergänzenden Beweiserleichterung des § 252 Satz 2 BGB nicht die Feststellung, dass die Erteilung eines Schutzrechtes mit Gewissheit zu erwarten gewesen wäre; vielmehr reichen Nachweise aus, dass eine Patenterteilung mit Wahrscheinlichkeit erwartet werden konnte.[623] Zum Nachweis der Schutzfähigkeit paralleler Auslandsanmeldungen s. zu § 2 Rdn. 25. Ergibt eine Prüfung eine von vornherein fehlende Schutzfähigkeit der Erfindung, so ist ein Schadensersatzanspruch wegen Verletzung der Meldepflicht ausgeschlossen; hier kommen eventuelle Schadensfolgen aus der Nichtmeldung eines Arbeitsergebnisses in Betracht (s. hierzu § 3 Rdn. 28 ff.). Die ursprüngliche Schutzunfähigkeit steht fest, wenn sich dies aus einer Entscheidung der Erteilungsbehörde oder eines Gerichts ergibt (vgl. auch § 10 a.F. Rdn. 19 ff.). Wird dagegen die Schutzrechtserteilung aufgrund eines Standes der Technik versagt, der erst nach dem Zeitpunkt liegt, in welchem der Arbeitgeber bei ordnungsgemäßer Meldung eine Schutzrechtsanmeldung vorgenommen hätte, so kann dies der Nachweis einer an sich gegebenen Schutzfähigkeit sein. Anhaltspunkte für oder gegen eine Schutzfähigkeit können sich auch aus einem parallelen Schutzrechtserteilungsverfahren, etwa eines Wettbewerbers, für eine vergleichbare Erfindung ergeben.

97.1 Der Arbeitgeber hat schließlich darzulegen und nachzuweisen, dass er bei rechtzeitiger Meldung die **Diensterfindung in Anspruch genommen** und tatsächlich zum Gegenstand von In- und/oder parallelen Auslandsschutzrechtsanmeldungen gemacht bzw. nach § 17 als Betriebsgeheimnis behandelt hätte. Ein starkes Indiz in diesem Zusammenhang können der im Arbeitsbereich des Unternehmens liegende Erfindungsgegenstand und die bisherige Unternehmenspolitik bei vergleichbaren Erfindungen sein. Entspricht es grds. der Unternehmenspolitik, keine oder nur in geringem Umfang Schutzrechtsanmeldungen zu betreiben, bedarf es konkreter Anhaltspunkte für eine behauptete, hiervon abweichende Absicht.

97.2 Dem Arbeitgeber obliegt des Weiteren der Nachweis, in welchem Umfang ihm **konkrete Verwertungsmöglichkeiten** offen gestanden hätten. Das bloße Vorenthalten der Möglichkeit, eine Erfindung zum Schutzrecht anzumelden,

---

623 BGH v. 08.12.1981, GRUR 1982, 227, 228 – *Absorberstab-Antrieb II*.

## O. Folgen einer Verletzung der Meldepflicht § 5

begründet noch nicht die Wahrscheinlichkeit einer Schadensentstehung.[624] Angesichts der Tatsache, dass nur ein geringer Teil der erteilten Schutzrechte einer erfolgreichen Verwertung zugeführt wird,[625] sind vielmehr die Darlegung und der Nachweis konkreter Anhaltspunkte dafür notwendig, dass gerade bei rechtzeitiger Meldung der Erfindung mit einem Schutzrecht nach dem gewöhnlichen Lauf der Dinge ein Gewinn, sei es durch Eigenproduktion, durch Lizenzvergabe oder durch Verfolgung von Verletzungshandlungen erzielt worden wäre[626].

**Schadensmindernd** kann es sein, wenn unter den Voraussetzungen des § 12 PatG durch die Erfindung ein **Vorbenutzungsrecht** zugunsten des Arbeitgebers begründet worden ist. Ebenso kann sich ein etwaiges **Mitverschulden** (§ 254 BGB) des Arbeitgebers oder seiner Erfüllungsgehilfen einschränkend auswirken, etwa wegen Nichtbeachtung der Unterstützungspflicht (s. dazu § 5 Rdn. 90 f.) oder fehlerhafter Hinweise bzw. unsachgemäßer Bearbeitung durch Patentsachbearbeiter.[627] Zum Nachweis des Schadens und seiner Berechnung s. i.Ü. auch § 16 Rdn. 70 ff. für den parallelen Fall des Schadensersatzanspruches des Arbeitnehmers wegen schuldhafter Verletzung der Freigabe bzw. Aufgabe einer Diensterfindung. 97.3

Der Arbeitgeber kann mit seinem Schadensersatzanspruch gegen eventuelle Erfindervergütungsansprüche i.d.R. **aufrechnen** (§§ 387 ff. BGB[628]), soweit diese nicht gem. §§ 394 BGB, 850 ff. ZPO unpfändbar sind[629] (zur Unpfändbarkeit von Erfindervergütungsansprüchen vgl. § 27 Anh. Rdn. 8 ff.).

---

624 BGH v. 08.12.1981, GRUR 1982, 227, 229 – *Absorberstab-Antrieb II* m.H.a. BGH v. 27.11.1969, GRUR 1970, 296, 298 f.– *Allzweck-Landmaschine*.
625 S. z.B. die Erfahrungen von Franke FS Bartenbach (2005) S. 127, 132 u. Straus FS Bartenbach (2005) S. 111, 115, die von einem Nutzungsgrad von max. 15 % ausgehen. Weitere Nachweise bei Brune, Bewährtes dt. ArbEG? (2009), S. 294 f. u. S. 572 ff.
626 BGH v. 08.12.1981, GRUR 1982, 227, 229 – *Absorberstab-Antrieb II*.
627 S.a. Volmer/Gaul Rn. 107 f. zu § 5.
628 Vgl. Riemschneider/Barth Anm. 4 zu § 3 DVO 1943; vgl. auch BAG v. 18.05.1972, AP Nr. 2 zu § 39 ArbEG m. Anm. Volmer.
629 Zum Wegfall des Aufrechnungsverbotes des § 394 BGB bei vorsätzl. Arbeitsvertragsverletzung s. BAG v. 31.03.1960, NJW 1960, 1589.

**98** Schließlich kann ein Fehlverhalten eines Arbeitnehmers bei der Erfüllung der Meldepflicht **arbeitsrechtliche Konsequenzen** bis zur Kündigung aus wichtigem Grund (§ 626 BGB) nach sich ziehen[630] (in besonders schwerwiegenden Fällen, insb. bei Wiederholung nach vorhergegangener Abmahnung oder bei Vorschieben eines anderen Arbeitnehmers als angeblichem Erfinder zur Manipulation des Anteilsfaktors A).

---

[630] Vgl. dazu Röpke Arbeitsverh. u. ArbNErf. S. 32; LAG Stuttgart v. 30.12.1966 AP Nr. 1 zu § 25 ArbEG; für Kündigungsmöglichkeit aus wichtigem Grund auch Schaub/Koch, ArbRHdb., § 114 Rn. 18; ferner MünchArbR/Bayreuther § 98 Rn. 14. S. auch Schwab, Arbeitnehmererfindungsrecht, § 5 Rn. 24 ff., dort auch zur Strafbarkeit falscher Angaben in der Erfindungsmeldung.

# § 6 n.F. Inanspruchnahme (Fassung 2009)[1]

(1) Der Arbeitgeber kann eine Diensterfindung durch Erklärung gegenüber dem Arbeitnehmer in Anspruch nehmen.

(2) Die Inanspruchnahme gilt als erklärt, wenn der Arbeitgeber die Diensterfindung nicht bis zum Ablauf von vier Monaten nach Eingang der ordnungsgemäßen Meldung (§ 5 Abs. 2 Satz 1 und 3) gegenüber dem Arbeitnehmer durch Erklärung in Textform freigibt.

Lit. (einschl. zu §§ 6, 7 a.F.):
***Ballreich***, Die Inanspruchn. v. Diensterf. i. d. Max-Planck-Ges., Mitt. d. Max-Planck-Ges. 1958, 193; ***Bartenbach***, Übergang e. Diensterf. auf d. ArbG trotz Nichtbeachtung v. Form u. Frist d. Inanspruchn., Mitt. 1971, 232; ***Bartenbach/Kunzmann/Kelter***, Materiellrechtl. Zuordnung u. verfahrensrechtl. Zuständigkeit bei unberecht. Patentanmeldung i. Arbeitsverh., Festschr. 50 Jahre BPatG (2011), 1035; ***Dantz***, Das Inanspruchnahmerecht a. e. Diensterf., Diss. Saarbrücken 1968; ***Datzmann***, Meldung u. Inanspruchn. v. Diensterf., BB 1976, 1375; ***Fricke/Meier-Beck***, Der Übergang d. Rechte a. d. Diensterfindung auf d. Arbeitgeber, Mitt. 2000, 199; ***Friedrich***, Das Aneignungsrecht d. Unternehmens an Gefolgschaftserf., GRUR 1943, 222; ***Hellebrand***, Nochmals: Der Übergang der Rechte an der Diensterfindung auf den Arbeitgeber, Mitt. 2001, 195; ***ders.***, Diensterfindungen ab jetzt m. Haftungsetikett f. d. ArbG wg. e. Pflichtverletzung d. ArbNErfinders, Mitt 2006, 486; ***Hofmann***, Das Anwartschaftsrecht d. ArbG vor Inanspruchn. e. Diensterf. in d. Insolvenz, GRUR-RR 2013, 233; ***Kunzmann***, Recht zur Inanspruchn. e. Diensterf. kein Anwartschaftsrecht, NZI 2012, 995; ***Rosenberger***, Zum 3. Mal: Meldung u. Inanspruchn. v. Diensterf., BB 1977, 251; ***Trueb***, Derivativer u. originärer Erwerb d. ArbNErf. d. d. ArbG i. intern. Privatr., GRUR Ausl. 1961, 14; ***Volmer***, Nochmals: Meldung u. Inanspruchn. v. Diensterf., BB 1976, 1513; s. auch Lit. bei §§ 4, 5, 14, 16.

## Übersicht

| | | Rdn. |
|---|---|---:|
| A. | Allgemeines | 1 |
| B. | Bedeutung der Inanspruchnahme | 15 |
| I. | Rechtsnatur | 15 |
| II. | Entscheidungsrecht des Arbeitgebers | 21 |
| | 1. Freie Entscheidung über Inanspruchnahme bzw. Freigabe | 21 |
| | 2. Inanspruchnahme bei Zweifeln des Arbeitgebers an der Schutzfähigkeit der Diensterfindung | 26 |
| | 3. Verzicht des Arbeitgebers auf das Inanspruchnahmerecht | 36 |
| C. | Gegenstand der Inanspruchnahme | 40 |
| D. | Die ausdrückliche Inanspruchnahmeerklärung | 55 |
| I. | Grundsatz | 55 |

---

[1] Absatz 1 i.d.F. des Art. 7 des Gesetzes zur Vereinfachung und Modernisierung des Patentrechts vom 31.7.2009 (BGBl. I S. 2521).

|  |  | Rdn. |
|---|---|---|
| II. | Form und Frist. | 63 |
| III. | Erklärungsinhalt | 71 |
| E. | **Die fingierte Inanspruchnahmeerklärung (Abs. 2).** | 78 |
| I. | Grundsatz | 78 |
| II. | Die »Vier-Monats-Frist« | 84 |
|  | 1. Grundsatz | 84 |
|  | 2. Rechtsnatur der Frist, abweichende Vereinbarungen | 87 |
|  | 3. Fristbeginn bei ordnungsgemäßer Meldung | 94 |
|  | 4. Fristberechnung und Fristablauf. | 104 |
| III. | Freigabeerklärung | 108 |
|  | 1. Regelungsgehalt | 108 |
|  | 2. Frist- und formgerechte Erklärung | 112 |
|  | 3. Wirkung der Freigabe | 118 |
| IV. | Rechtswirkungen der Fiktion der Inanspruchnahmeerklärung | 122 |
| V. | Rechtsfolgen einer tatsächlichen Unterrichtung des Arbeitgebers über eine Diensterfindung ohne deren förmliche Meldung | 128 |
| F. | **Besonderheiten bei mehreren Beteiligten.** | 138 |
| I. | Mehrere Arbeitnehmer-Miterfinder | 138 |
| II. | Mehrere Arbeitgeber (insb. zwischenbetriebliche Kooperation) | 145 |
| G. | **Besonderheiten beim öffentlichen Dienst** | 151 |
| H. | **Beweislast.** | 152 |

## A. Allgemeines

**1** Der Gesetzgeber hat § 6 mit der **ArbEG-Novelle 2009** (s. dazu Einl. Rdn. 7 ff.) – konkret durch Art. 7 Nr. 2 des Patentrechtsmodernisierungsgesetzes vom 31.07.2009 (BGBl. I, S. 2521) – in einem notwendigen, aber gleichwohl beherzten Schritt neu gefasst und damit grundlegend in zwei Richtungen geändert, die zugleich die **Kernpunkte der Reform** darstellen:

- Die Möglichkeit der beschränkten Inanspruchnahme ist ersatzlos entfallen (s. dazu § 6 Rdn. 2 n.F.) und es verbleibt nach § 6 Abs. 1 n.F. einheitlich bei der Möglichkeit der Inanspruchnahme i.S.d. früheren unbeschränkten Inanspruchnahme (mit der Folge des Erwerbs aller vermögenswerten Rechte – § 7 Abs. 1 n.F.).
- Eine ausdrückliche Inanspruchnahmeerklärung ist entbehrlich, da die Inanspruchnahme kraft Gesetzes fingiert wird, wenn der Arbeitgeber die Diensterfindung nicht ausdrücklich freigibt (§ 6 Abs. 2 n.F., s. dazu § 6 Rdn. 78 ff. n.F.).

Das neue Recht gilt für alle Diensterfindungen, die dem Arbeitgeber seit dem 01.10.2009 gemeldet werden (s. § 43 Rdn. 14 ff.). Das frühere Recht besteht nach dem **Übergangsrecht** lediglich für diejenigen Diensterfindungen fort, die

## A. Allgemeines § 6 n.F.

vor dem 01.10.2009 gemeldet wurden (§ 43 Abs. 3 Rdn. 14 ff.). Insoweit wird auf die noch beibehaltene Kommentierung zu § 6 a.F. verwiesen.

Mit dem ersatzlosen **Verzicht auf die beschränkte Inanspruchnahme** hat sich der Gesetzgeber von einem Rechtsinstitut verabschiedet, das 1957 – trotz kritischer Stimmen und ohne nennenswerte praktische Erfahrungen – in das ArbEG aufgenommen worden war, das die Praxis jedoch letztlich nie angenommen hat[2] und dessen sachliche Notwendigkeit nicht belegt wurde. Grundgedanke war, dem Arbeitgeber mit der beschränkten Inanspruchnahme die Möglichkeit zu eröffnen, ein nichtausschließliches Nutzungsrecht an der Diensterfindung zu erwerben (§ 7 Abs. 2 Satz 1 a.F.). Er erhielt damit gleichsam eine einfache, nicht übertragbare und unternehmensbezoge Lizenz an der Diensterfindung, deren tatsächliche Verwertung im Unternehmen vergütungspflichtig war (§ 10 a.F.), und zwar losgelöst davon, ob der Arbeitnehmer oder ein potenzieller Rechtserwerber ein Schutzrecht angestrebt hatten oder nicht.

2

Es liegt auf der Hand, dass diese Konstruktion für beide Arbeitsvertragsparteien letztlich mehr Nachteile als Vorteile mit sich bringen musste – ein Umstand, den die Amtl. Begründung zum Patentrechtsmodernisierungsgesetz zu Recht als **Motiv des Gesetzgebers** betont:[3] So wurde dem Arbeitnehmer die Verwertung der beschränkt in Anspruch genommenen Erfindung, insb. deren Lizenzierung oder Veräußerung an Dritte, bereits durch die bloße Existenz des Nutzungsrechts des Arbeitgebers erschwert,[4] und das, obschon er erst im Fall einer Verwertung durch den Arbeitgeber eine Vergütung beanspruchen konnte. Hier half die in § 7 Abs. 2 Satz 2 a.F. vorgesehene Möglichkeit, den

---

2 In der Praxis war – soweit die Diensterfindung nicht vollständig freigegeben wurde – die unbeschränkte Inanspruchnahme seit jeher die Regel; dagegen spielte die beschränkte Inanspruchnahme im privaten Dienst eine völlig unbedeutende Rolle, da der Arbeitgeber sich schon aus Wettbewerbsgründen regelmäßig für eine unbeschränkte Inanspruchnahme entschieden hatte. Nach Janert [Betriebl. Verfahrensweisen (1968) S. 56] lag der Anteil der beschränkten Inanspruchnahme bereits früher bei unter 5 % der Erfindungsmeldungen; dieser ist seitdem tendenziell noch weiter zurückgegangen. Dagegen war die beschränkte Inanspruchnahme – jedenfalls früher – im Bereich des öffentlichen Dienstes häufiger anzutreffen [vgl. Volz, ArbNErf. i. öffentl. Dienst (1985), S. 80 f.].
3 Amtl. Begründung zum Patentrechtsmodernisierungsgesetz in BR-Drucks. 757/08, S. 49 (zu Art. 7 Nr. 2 des Entwurfs); danach hat sich gezeigt, dass in der Praxis von dem Institut der beschränkten Inanspruchnahme regelmäßig kein Gebrauch gemacht wurde, weil sie sowohl für den Arbeitgeber als auch für den Arbeitnehmer mit nicht unerheblichen Einschränkungen verbunden war.
4 Amtl. Begründung zum Patentrechtsmodernisierungsgesetz in BR-Drucks. 757/08, S. 49 (zu Art. 7 Nr. 2 des Entwurfs).

Arbeitgeber vor die Wahl »unbeschränkte Inanspruchnahme« oder »Freigabe« zu stellen, in der Praxis selten weiter; dieses Verlangen war einmal an besondere Voraussetzungen gebunden (»unbilliges Erschweren einer anderweitigen Verwertung«) und nach herrschender Meinung zudem fristgebunden. Da häufig eine Schutzrechtsanmeldung unterblieb, war der Arbeitgeber – um aus Geheimhaltungsgründen (vgl. § 24 Abs. 2 ArbEG) und um im eigenen Interesse ein Offenkundigwerden zu vermeiden – in seinen Verwertungsmöglichkeiten beschränkt. Nicht selten lief der Arbeitgeber Gefahr, Erfindervergütung für eine Neuerung zu schulden, die keinen Monopolschutz genoss und die seine Mitbewerber kostenfrei nutzen konnten, bei der ihm aber mangels patentamtlicher Prüfung die Berufung auf eine fehlende Schutzfähigkeit verwehrt war (vgl. § 10 Abs. 2 Satz 1 a.F.). Bei Erfindungen, die einen gewinnbringenden Einsatz versprachen oder sonst wie das Patentportfolio anreicherten, kam bei wirtschaftlicher Betrachtung ohnehin nur die unbeschränkte Inanspruchnahme mit voller Rechtsüberleitung in Betracht. Von daher lag es für die Arbeitgeberseite nahe, die Möglichkeit der beschränkten Inanspruchnahme nicht in die Entscheidungsfindung über die Frage »Inanspruchnahme oder Freigabe« einzubeziehen.

3 Neben der Streichung der beschränkten Inanspruchnahme besteht der zweite Teil der Reform des Inanspruchnahmerechts in der Einführung der **Fiktion der Inanspruchnahmeerklärung**. Dadurch wird ohne weiteres Zutun der Arbeitsvertragsparteien im Interesse der Rechtsklarheit und Rechtssicherheit und damit zugleich des Rechtsfriedens eine Inanspruchnahme und so die Zuordnung der vermögenswerten Rechte an der Diensterfindung zum Arbeitgeber fingiert, welches nur durch fristgerechte Freigabe in Textform widerlegt werden kann (s. § 6 n.F. Rdn. 78 f.).

In der **Terminologie** ist das Gesetz dank der ArbEG-Novelle 2009 **vereinheitlicht**: Soweit das ArbEG nunmehr von »Inanspruchnahme« bzw. »in Anspruch genommen« spricht, ist – vom Übergangsrecht abgesehen – ausschließlich die frühere unbeschränkte Inanspruchnahme gemeint, also die – materiell unverändert – auf einen vollen Rechtsübergang auf den Arbeitgeber ausgerichtete Inanspruchnahme der Diensterfindung (§ 7 Abs. 1 a.F./§ 7 Abs. 1 n.F.). Dabei ist es gleichgültig, ob die Inanspruchnahme – wie bisher – vom Arbeitgeber ausdrücklich erklärt worden oder – so die neue Möglichkeit – durch Stillschweigen kraft der Fiktion des § 6 Abs. 2 n.F. eingetreten ist (s. § 6 n.F. Rdn. 5).

4 Demzufolge verbleibt es für alle seit dem 01.10.2009 gemeldeten Diensterfindungen allein bei der bisherigen »**unbeschränkten Inanspruchnahme**«, durch die alle vermögenswerten Rechte an der Diensterfindung auf den Arbeitgeber übergehen (§ 7 Abs. 1 n.F. Rdn. 10 ff.). Lediglich für den Bereich des öffentli-

## A. Allgemeines
## § 6 n.F.

chen Dienstes gibt es die Alternative der Inanspruchnahme einer angemessenen Ertragsbeteiligung (§ 40 Nr. 1 Rdn. 15 ff.). Materielle Auswirkungen für die vor dem 01.10.2009 unbeschränkt in Anspruch genommenen Diensterfindungen haben sich durch den Wegfall der beschränkten Inanspruchnahme nicht ergeben, und zwar auch nicht für die Vergütung. Davon zu trennen sind die sonstigen Änderungen, die die Novellierung durch das Patentrechtsmodernisierungsgesetz für die (unbeschränkt) in Anspruch zu nehmenden Diensterfindungen mit sich gebracht hat (s. dazu Einl. Rdn. 9).

Das ArbEG baut mit dem Institut der Inanspruchnahme auf dem in § 6 PatG **5** niedergelegten **Erfinderprinzip**[5] auf. Damit ist dem deutschen Patent- und Arbeitnehmererfindungsrecht einerseits die Möglichkeit einer sog. Betriebserfindung (»Erfindung ohne Erfinder«, vgl. § 4 Rdn. 4) fremd. Andererseits scheidet – auch mit Rücksicht auf das Erfinderpersönlichkeitsrecht (s. § 7 n.F. Rdn. 81 ff.) – ein originärer Rechtserwerb des Arbeitgebers an einer Diensterfindung (§ 4 Abs. 2) aus[6] (s. auch Einl. Rdn. 3), wie er bei (sonstigen) Arbeitsergebnissen anzunehmen ist (vgl. dazu § 3 Rdn. 27). Demzufolge lässt das ArbEG einerseits die Entstehung des Rechts an der Erfindung (s. dazu § 2 Rdn. 16) und des Rechts auf das Schutzrecht in der Person des Erfinders unberührt; andererseits schränkt es die Inhaberschaft an den vermögenswerten Rechten durch die Inanspruchnahmebefugnis ein und stellt die Prioritätswahrung über § 13 sicher.[7] Dem Arbeitgeber steht an den während des Arbeitsverhältnisses gemachten Erfindungen kein Vorbenutzungsrecht i.S.d. § 12 PatG zu (s. § 8 n.F. Rdn. 106). Es bedarf deshalb des in § 6 Abs. 1 ArbEG dem Arbeitgeber vorbehaltenen Rechts der Inanspruchnahme einer Diensterfindung. Zur Überleitung der Erfindungen von freien Mitarbeitern s. § 1 Rdn. 48 f., von Handelsvertretern s. § 1 Rdn. 55, von Leiharbeitnehmern s. § 1 Rdn. 56 f., von Organmitgliedern s. § 1 Rdn. 72 f. und von Pensionären s. § 1 Rdn. 77 f.

Durch das Inanspruchnahmerecht des Arbeitgebers hat der Gesetzgeber aner- **6** kannt, dass das Unternehmen einen (entscheidenden) Anteil zu dem Zustandekommen einer Diensterfindung beigetragen hat und deren wirtschaftlicher Wert daher sowohl dem Arbeitgeber als auch dem Arbeitnehmer zugutekommen muss. Seine **Rechtfertigung** findet das Inanspruchnahmerecht des Arbeitgebers darin, dass dieser erhebliche Beiträge zum Zustandekommen der Diensterfindung geleistet hat, die einem freien Erfinder im Unterschied zu

---

5 Statt vieler Scharen in VPP-Rundbrief 4/2007, S. 155 f.
6 BGH v. 16.11.1954, GRUR 1955, 286 – *Schnellkopiergerät*; Kraßer/Ann, PatR § 21 Rn. 2.
7 BGH v. 04.04.2006 – X ZR 155/03, GRUR 2006, 754, 756 [Rn. 23] – *Haftetikett*.

einem während der Entwicklungstätigkeit finanziell abgesicherten Arbeitnehmererfinder typischerweise nicht zur Verfügung stehen.[8] Die Anteile des Arbeitgebers kennzeichnen die gesamte Historie der Arbeitnehmererfindung, beginnend bei betrieblichen Aufgabenstellungen bzw. Impulsen aus dem betrieblichen Umfeld, und reichen bis hin zur Fertigstellung der Erfindung, indem der Arbeitnehmererfinder regelmäßig die Möglichkeit des Rückgriffs auf betriebliches Know how, personelle bzw. technische Unterstützung und sonstige Hilfestellungen des Betriebs hat[9] (s. auch § 4 Rdn. 35 u. § 9 Rdn. 261). Letztlich haben zu einer im Arbeitsverhältnis entstandenen Diensterfindung beide Arbeitsvertragsparteien ihren Beitrag geleistet, und zwar der Arbeitnehmer seine schöpferische Leistung und der Arbeitgeber wesentliche Anstöße nebst Know-how verbunden mit materieller und technischer Unterstützung. **Rechtsdogmatisch** soll das Inanspruchnahmerecht in dem zwischen Arbeitnehmer und Arbeitgeber bestehenden sozialen Abhängigkeitsverhältnis wurzeln, das die Grundlage für die Zurechnung der Diensterfindung als (fremdbestimmtes) Arbeitsergebnis bildet.[10]

7   Während § 6 die grundsätzliche Inanspruchnahmebefugnis des Arbeitgebers und deren Ausübung festschreibt, normiert **§ 7** die **Wirkungen der Inanspruchnahme**. Bestreben des Gesetzgebers war es, mit dem neu gefassten § 6 Abs. 2 n.F. das Institut der (unbeschränkten) Inanspruchnahme den praktischen Erfordernissen anzupassen.[11] Will der Arbeitgeber von seinem Inanspruchnahmerecht keinen Gebrauch machen, ist er – im Unterschied zum früheren Recht – nunmehr aufgrund des § 6 Abs. 2 n.F. veranlasst, die Diensterfindung ausdrücklich **freizugeben**, über die der Arbeitnehmer dann verfügen kann (§ 8 Satz 2 n.F.). Insoweit ist mit dem Gesetz eine Umkehr der Verfahrensgrundsätze zur Überleitung einer Diensterfindung auf den Arbeitgeber getroffen worden: Die Diensterfindung wird nicht mehr – wie im früheren Recht (§ 6 Abs. 2 a.F. i.V.m. § 8 Abs. 1 Nr. 3 a.F.) – bei Untätigkeit des Arbeitgebers, sei es bewusst, versehentlich oder aus Unkenntnis, frei; vielmehr tritt

---

8  OLG Düsseldorf v. 09.10.2014 – I-2 U 15/13, (www.justiz.nrw.de, Rn. 324) – Scharniereinrichtung; folgend u. a. auch Schiedsst. v. 30.03.2017 – Arb.Erf. 11/15 (www.dpma.de). Vgl. auch BGH v. 16.04.2002 – X ZR 127/99, GRUR 2002, 801, 802 r. Sp. – *Abgestuftes Getriebe* u. BGH v. 26.09.2006 – X ZR 181/03, GRUR 2007, 52, 54 (Rn. 22, 25) – *Rollenantriebseinheit II* (zur Geschäftsführererfindung).
9  S. OLG Düsseldorf v. 09.10.2014 – I-2 U 15/13, (www.justiz.nrw.de, Rn. 324) – Scharniereinrichtung.
10 Ausführl. Dantz, Inanspruchnahmerecht (1968) S. 22 ff., 32 f.; Werdermann Diensterf. (1960) S. 58 ff., 98.
11 S. Amtl. Begründung zum Patentrechtsmodernisierungsgesetz in BR-Drucks. 757/08, S. 50 (zu Art. 7 Nr. 2 a des Entwurfs).

nunmehr die entgegengesetzte Folge ein, d.h. die Diensterfindung gilt dank der Fiktion des § 6 Abs. 2 n.F. als (unbeschränkt) in Anspruch genommen, es sei denn, der Arbeitgeber gibt sie unter Beachtung der Form- und Fristvorgaben ausdrücklich frei (s. i.Ü. § 6 Rdn. 78 ff.).

§ 6 n.F. stellt mit der dem Arbeitgeber eingeräumten Möglichkeit zur einseitigen Rechtsüberleitung **eine der zentralen Bestimmungen** des ArbEG dar. Ihre Bedeutung für den Arbeitgeber korrespondiert mit der für den Arbeitnehmer elementaren Regelung des Vergütungsanspruchs in § 9. Der im ArbEG verankerte Übergang der Rechte aus der Diensterfindung auf den Arbeitgeber und die über den gesetzlichen Vergütungsanspruch gewährleistete Zuordnung des wirtschaftlichen Wertes der Erfindung zum Arbeitnehmer entspricht den **verfassungsrechtlichen Anforderungen** an Eingriffe in das Verfügungs- und Verwertungsrecht des Erfinders.[12] An diesem Austauschverhältnis hat das Patentrechtsmodernisierungsgesetz nichts geändert. 8

Die §§ 6, 7 n.F. gelten uneingeschränkt auch in den **neuen Bundesländern**. Für alle dort zuvor seit dem 03.10.1990 fertiggestellten Diensterfindungen gilt das ArbEG[13] (s. Einl. Rdn. 31) und damit das Übergangsrecht nach § 43 Abs. 3 (s. dort Rdn. 14 ff.). 9

*Rdn. 10 – 14 frei*

## B. Bedeutung der Inanspruchnahme

### I. Rechtsnatur

Mit der Fertigstellung (vgl. § 4 Rdn. 16 f.) einer Diensterfindung (§ 4 Rdn. 19) erlangt der Arbeitgeber kraft Gesetzes ein Recht auf ihre Inanspruchnahme, also die Befugnis zur **Aneignung der vermögenswerten Rechte** an der Erfindung (zum unübertragbaren Erfinderpersönlichkeitsrecht vgl. § 7 n.F. Rdn. 81), also zum derivativen, nicht originären Rechtserwerb.[14] Der Arbeitgeber ist mit der Inanspruchnahme dank deren Rechtswirkungen (§ 7) Rechtsnachfolger i. S. v. § 6 Satz 1 PatG.[15] Die zunächst dem Arbeitnehmer zugeordnete Diensterfindung entsteht demnach von vornherein belastet mit diesem 15

---

12 S. BVerfG v. 24.04.1998, NJW 1998, 3704 f. – *Induktionsschutz von Fernmeldekabeln.*
13 Zur Behandlung von Erfindungen aus der Zeit vor dem 03.10.1990 s. ausf. Möller, Die Übergangsbestimmungen f. ArbNErf. i. d. neuen Bundesländern (1996), insb. S. 119 ff.; vgl. auch Schiedsst. v. 04.02.1993, GRUR 1994, 611, 612 – *Regelkreisanordnung* m. Anm. Bartenbach/Volz.
14 Kraßer/Ann, PatR, § 21 Rn. 79.
15 Vgl. Kraßer/Ann, PatR, § 19 Rn. 11, § 21 Rn. 71.

**Aneignungsrecht des Arbeitgebers.**[16] Das Unterlassen einer Inanspruchnahme soll ggf. eine verdeckte Gewinnausschüttung darstellen können.[17]

16 Das Inanspruchnahmerecht begründet **kein** (dingliches) **Anwartschaftsrecht**,[18] vielmehr ein **Recht eigener Art**, ein der Diensterfindung von vornherein anhaftendes gesetzliches **Optionsrecht**.[19] Es ist ein durch seine Beiträge am Zustandekommen der Erfindung (s. § 6 Rdn. 6) gerechtfertigtes, **höchstpersönliches** Recht des Arbeitgebers,[20] das als solches weder übertragbar noch pfändbar bzw. verpfändbar oder vererbbar ist[21] (zum Betriebsübergang s. § 1 Rdn. 114 ff., zur Vertretung s. § 6 Rdn. 57). Das Inanspruchnahmerecht als solches wird damit auch nicht Teil der Insolvenzmasse (s. § 27 n.F. Rdn. 41). Dagegen ist die durch eine (unbeschränkte) Inanspruchnahme erworbene Rechtsposition frei übertragbar (vgl. § 7 n.F. Rdn. 20 ff.).

---

16 BGH v. 19.05.2005 – X ZR 152/01, GRUR 2006, 761, 762 – *Rasenbefestigungsplatte*. In ähnl. Sinn bereits zum alten Recht Friedrich, GRUR 1943, 222, 223.
17 So Keukenschrijver in Busse/Keukenschrijver, PatG, Rn. 19 zu § 6 ArbEG m.H.a. BGH v.28.11.2002 NStZ 2004, 575 (Rn. 10, u. E. nach dem auf dem Erfinderprinzip aufbauenden Regelungssystem des ArbEG zweifelhaft, zumal man fiktiv auf eine zu diesem Zeitpunkt zwangsläufig ungesicherte Schutzfähigkeit, ungewisse Verwertbarkeit und demgegenüber stehende belastende Rechtsfolgen einer Inanspruchnahme einschl. Schutzrechtserwerbs abstellen müsste und damit eine verminderte Vermögensvermehrung eine spekulative Größe wäre; anders wäre die Situation bei Aufgabe eines rechtsbeständigen und praxiserprobten Schutzrechts nach § 16 ArbEG).
18 S. aber Dantz Inanspruchnahmerecht (1968) S. 34; Volmer Vorbem. 9, 10 vor § 5 u. Rn. 10 zu § 6; Weiss, GRUR 1958, 64; wohl auch Johannesson Anm. 2.2 zu § 9; Schopp, Rpfleger 1971, 203, 205; diff. Kraßer/Ann, PatR, § 21 Rn. 80 f.; vgl. auch Volmer/Gaul Rn. 10 zu § 6. Wie hier OLG Karlsruhe v. 26.09.2012 Mitt. 2013, 91, 92 – *Formatkreissäge* m. krit. Anm. Cranshaw in juris PR-InsR 24/2012 Anm. 2 unter C III) u. abl. Bespr. Hofmann GRUR-RR 2013, 233, 235, der von einem Anwartschaftsrecht ausgeht; zust. ferner Schwab, Arbeitnehmererfindungsrecht, § 6 Rn. 5.
19 Bartenbach, Mitt. 1971, 232, 233; Keukenschrijver in Busse/Keukenschrijver, PatG, Rn. 4 zu § 6 ArbEG; vgl. auch Heine/Rebitzki Anm. 2 zu § 7; Werdermann Diensterf. (1960) S. 58.
20 OLG Karlsruhe v. 26.09.2012, Mitt. 2013, 91, 92 – *Formatkreissäge* m. krit. Bespr. Hofmann, GRUR-RR 2013, 233, 235 sowie Kunzmann, NZI 2012, 995 ff.; ferner Kraßer/Ann, PatR, § 21 Rn. 81; Keukenschrijver in Busse/Keukenschrijver, PatG, Rn. 4 zu § 6 ArbEG; Volmer Rn. 11 zu § 6; Reimer/Schade/Schippel/Rother Rn. 3 zu § 6; s.a. BPatG v. 25.02.1960, BPatGE 10, 207, 213.
21 OLG Karlsruhe v. 26.09.2012 Mitt. 2013, 91, 92 – *Formatkreissäge*; Kraßer/Ann, PatR, § 21 Rn. 81; Keukenschrijver in Busse/Keukenschrijver, PatG, Rn. 4 zu § 6 ArbEG; Volmer Rn. 11 zu § 6; Reimer/Schade/Schippel/Rother Rn. 3 zu § 6; s.a. BPatG v. 25.02.1960, BPatGE 10, 207, 213; a. A. wohl Hofmann GRUR-RR 2013, 233, 235.

## B. Bedeutung der Inanspruchnahme § 6 n.F.

In der Inanspruchnahme liegt **keine Anerkennung der Erfindereigenschaft** 17
ggü. dem Erklärungsempfänger.²² **Ebenso wenig** kann sie als **Anerkenntnis der Schutzfähigkeit** angesehen werden (s. § 2 Rdn. 15, s. auch unten Rdn. 26 f.).

Auch wenn die **Erfindungsmeldung** durch den Arbeitnehmer (§ 5) i.d.R. die Grundlage für eine Inanspruchnahme bildet, so ist sie doch nicht deren Voraussetzung;²³ vielmehr kann die Inanspruchnahme auch ohne Erfindungsmeldung aufgrund anderweitiger Kenntnis des Arbeitgebers von der Fertigstellung einer Diensterfindung wirksam ausgesprochen werden²⁴ etwa wenn es an einer die Mindestvoraussetzungen des § 5 Abs. 1 erfüllenden Meldung fehlt oder wenn der Arbeitgeber auf sonstige Weise, etwa der Meldung durch einen Miterfinder, von der Diensterfindung Kenntnis erlangt hat.

Die Inanspruchnahme ist ein vom Willen des Erklärungsempfängers unabhängiges **einseitiges, gestaltendes Rechtsgeschäft**.²⁵ Die Wirkung der Inanspruchnahme ist zwingend, kann also auch gegen den Willen des Arbeitnehmers herbeigeführt werden;²⁶ dessen etwaiger Widerspruch gegen die Inanspruchnahme ist unbeachtlich.²⁷  18

Der **Zeitpunkt**, in dem die **Inanspruchnahme vollzogen** wird und an den damit die Rechtswirkungen des ArbEG (vgl. insbes. §§ 7, 9, 12, 14) anknüpfen, ist der Zugang einer ausdrücklichen Inanspruchnahmeerklärung beim  19

---

22 Schiedsst. ZB. v. 23.01.1980 – Arb.Erf. 41/79, (unveröffentl.).
23 Amtl. Begründung BT-Drucks. II/1648, S. 22 = BlPMZ 1957, 230.
24 OLG Nürnberg v. 19.11.1974 – 3 U 137/73 – *Blitzlichtgeräte* (unveröffentl.); LG Düsseldorf v. 13.04.2010, Mitt. 2010, 541, 546 – *Beschichtung für Solarabsorber*, im Ergebn. auch BGH v. 02.06.1987, GRUR 1987, 900, 901 r.Sp. – *Entwässerungsanlage* u. BGH v. 17.01.1995 – X ZR 130/93, Mitt. 1996, 16, 17 – *Gummielastische Masse*; BPatG v. 26.06.2008, GRUR 2009, 587, 592 – *Schweißheizung für Kunststoffrohrmatte*; LG Frankfurt v. 22.11.2000 – 2/6 0.239/00, (unveröffentl.); Schiedsst. v. 07.02.1995 – Arb.Erf. 6(B)/93, v. Arb.Erf. 7(B)/93; v. 04.06.1997 – Arb.Erf. 82/95 u. v. 12.03.2002 – Arb.Erf. 92/99, (alle unveröffentl.).
25 Allg. A., z.B. BGH v. 04.04.2006 – X ZR 155/03, GRUR 2006, 754, 757 [Rn. 27] – *Haftetikett*; OLG München v. 10.05.2007 – 6 U 3150/06 u. OLG Düsseldorf v. 01.10.2009 – 2 U 41/07 – *Glasverbund* (beide unveröffentl.) u. OLG Nürnberg v. 29.04.1969, GRUR 1970, 135 – *Kunststoffskimatte*; Fricke/Meier-Beck, Mitt. 2000, 199.
26 Vgl. BAG v. 30.04.1984, DB 1984, 1831, 1832; BPatG v. 26.06.2008 – 8 W (pat) 308/03 [Rn. 55] – *Schweißheizung für Kunststoffrohrmatte* (insoweit nicht in Mitt. 2009, 72).
27 Schiedsst. v. 06.02.1987, BlPMZ 1987, 362, 364; Keukenschrijver in Busse/Keukenschrijver PatG Rn. 5 zu § 6.

Arbeitnehmer (s. § 6 Rdn. 58), ansonsten der Ablauf der 4-Monats-Frist nach § 6 Abs. 2 (s. § 6 n.F. Rdn. 122). Die **Rechtswirkungen einer Inanspruchnahme treten kraft Gesetzes ein** unmittelbar **mit Zugang** der Inanspruchnahmeerklärung oder mit Wirksamwerden der Inanspruchnahmefiktion, unabhängig vom Willen des Arbeitnehmers und unabhängig von einer Zustimmung bzw. Mitwirkung des Arbeitnehmers.[28] Vom unmittelbaren Rechtserwerb mit Inanspruchnahme geht auch § 27 Eingangssatz aus (s. § 27 n.F. Rdn. 41). Zu trennen von § 7 ist die 4-Monats-Frist, die das Gesetz für das Wirksamwerden der Inanspruchnahmefiktion und damit für die Möglichkeit zum Verzicht auf eine Inanspruchnahme per Freigabeerklärung nach § 6 Abs. 2 vorgibt (s. § 6 Rdn. 84 ff.).

*Rdn. 20 frei*

### II. Entscheidungsrecht des Arbeitgebers

#### 1. Freie Entscheidung über Inanspruchnahme bzw. Freigabe

21 Das Gesetz überlässt es der **freien Entscheidung** des Arbeitgebers, ob er eine gemeldete Diensterfindung (unbeschränkt) in Anspruch nimmt und damit alle vermögenswerten Rechte an der Diensterfindung auf sich überleitet (§ 7 Abs. 1) oder ob er diese freigibt.[29] Der Arbeitnehmer hat keinerlei Mitspracherechte (s.a. § 7 n.F. Rdn. 6). Dessen etwaiger Widerspruch ist unbeachtlich (s. oben Rdn. 18). Will der Arbeitgeber eine Diensterfindung verwerten, muss er sie nunmehr in vollem Umfang auf sich überleiten (§ 7 Abs. 1).

22 Nachdem das frühere Rechtsinstitut der beschränkten Inanspruchnahme weggefallen ist (s. oben Rdn. 2), lässt das Gesetz die Möglichkeit des **Erwerbs eines nicht ausschließlichen Benutzungsrecht** durch einseitige Inanspruchnahmeerklärung nicht mehr zu. Das schließt zwar eine dahingehende Vereinbarung im Voraus aus (§ 22 Satz 1), nicht jedoch die Möglichkeit, ein solches Nutzungsrecht bzw. eine einfache Lizenz – erfindungsbezogen – nach Meldung

---

28 Allg. A., z. B. Keukenschrijver in Busse/Keukenschrijver, PatG, Rn. 1 zu § 7. Zuvor bereits allg. A. zu § 7 a.F.: vgl. BGH v. 10.11.1970 – X ZR 54/67, GRUR 1971, 210, 212 – *Wildverbissverhinderung*; OLG Nürnberg v. 29.04.1969, GRUR 1970, 135 – *Kunststoffskimatte*; ArbEG; s. z. alten Recht auch LG Braunschweig v. 26.01.1955, NJW 1955, 994; Friedrich, GRUR 1943, 222, 226. Vgl. auch BGH v. 19.05.2005 – X ZR 152/01, GRUR 2006, 761, 762 – *Rasenbefestigungsplatte* u. OLG Karlsruhe v. 26.09.2012 Mitt. 2013, 91, 92 – Formatkreissäge.
29 Allg. A. (auch bereits zum früheren Recht), z.B. Keukenschrijver in Busse/Keukenschrijver, PatG, Rn. 3 zu § 6 ArbEG; Reimer/Schade/Schippel/Rother Rn. 5 zu § 6 (a.F.).

### B. Bedeutung der Inanspruchnahme § 6 n.F.

mit dem Arbeitnehmererfinder auf freiwilliger Basis zu vereinbaren (§ 22 Satz 2).

Ebenso wenig lässt es das ArbEG zu, eine **Inanspruchnahme in Bruchteilen** in dem Sinne auszusprechen, dass der Arbeitgeber durch Inanspruchnahme eines Bruchteils der (Mit-) Erfinderrechte zugleich – neben seinem Arbeitnehmer – Mitberechtigter (§ 741 BGB) an der Erfindung wird; auch dies kann nur durch Vereinbarung nach Erfindungsmeldung (vgl. § 22 Satz 2) herbeigeführt werden[30] (zur Inanspruchnahme von Teilen s. unten § 6 Rdn. 45; zur »Mitberechtigung« bei partieller Inanspruchnahme gegenüber einzelnen Arbeitnehmermiterfindern s. unten § 6 Rdn. 141). Ein Wahlrecht auf **Ertragsbeteiligung anstelle der Inanspruchnahme** gewährt § 40 Nr. 1 für den öffentlichen Dienst; außerhalb dessen besteht ein solches Wahlrecht nicht (s. zu § 40 Rdn. 15 ff.; s. aber für Hochschulerfindungen § 42 Nr. 5).

Derartige Erklärungen des privaten Arbeitgebers stellen weder eine wirksame Inanspruchnahme noch eine partielle Freigabe dar. Bei Fristablauf greift mangels vorangegangener Korrektur die Inanspruchnahmefiktion des § 6 Abs. 2.

Wenn der Arbeitgeber zur Fristwahrung und Sicherstellung seiner Rechte eine Diensterfindung **vorsorglich in Anspruch nimmt**, obwohl er sich über deren Verwertung noch nicht im Klaren ist, liegt hierin keine Gesetzesumgehung;[31] solches ist unbedenklich zulässig, auch wenn er auf andere Weise als durch eine Erfindungsmeldung von der Diensterfindung erfahren hat.[32] Dementsprechend häufig sind in der Praxis sog. Vorratspatente, wovon auch die Vergütungsrichtlinien ausgehen (vgl. RL Nr. 21, 23). Bei fehlendem Verwertungsinteresse an einer in Anspruch genommenen und zum Schutzrecht angemeldeten Diensterfindung hat der Arbeitgeber zur »Freigabe« allerdings grds. das Verfahren nach § 16 zu beachten (s. § 8 n.F. Rdn. 7). 23

*Rdn. 24, 25 frei*

### 2. Inanspruchnahme bei Zweifeln des Arbeitgebers an der Schutzfähigkeit der Diensterfindung

In der Inanspruchnahme liegt kein Anerkenntnis der Schutzfähigkeit der Erfindung durch den Arbeitgeber (s. § 2 Rdn. 15). Dies gilt im Fall der aus- 26

---

30 Zust. Keukenschrijver in Busse/Keukenschrijver, PatG, Rn. 7 zu § 6 ArbEG.
31 So im Ergebn. auch Keukenschrijver in Busse/Keukenschrijver PatG Rn. 6 zu § 6 ArbEG; Schiedsst. v. 27.02.1984, BlPMZ 1984, 301 f.; (zu § 6 a. F.).
32 LG Düsseldorf v. 13.04.2010, Mitt. 2010, 541, 546 – *Beschichtung für Solarabsorber* m. H.a. Reimer/Schade/Schippel/Rother Rn. 37 zu § 5.

drücklichen Inanspruchnahme (Abs. 1) ebenso wie bei deren Fiktion (Abs. 2 n.F.). Da aber § 2 nicht auf eine im Schutzrechtserteilungsverfahren festgestellte oder wenigstens geprüfte, sondern nur auf eine theoretisch mögliche Schutzfähigkeit abstellt (Einzelheiten hierzu s. § 2 Rdn. 16 ff.), löst eine (ggf. nur vorsorglich erklärte, s. dazu oben Rdn. 23) Inanspruchnahme die Vergütungsfolge des § 9 unter den dort genannten Voraussetzungen aus (s. zu § 12 Rdn. 57 ff.) und bewirkt auch i.Ü., dass die technische Neuerung vorläufig als (schutzfähige) Diensterfindung erfinderrechtlich zu behandeln ist. Der Arbeitgeber kann sich nicht auf eine fehlende Schutzfähigkeit der in Anspruch genommenen Diensterfindung berufen, um so seiner Vergütungspflicht zu entgehen (s. § 9 Rdn. 14), es sei denn, eine (Fort-)Zahlung der Vergütung ist für ihn ausnahmsweise unzumutbar (s. § 9 Rdn. 321 ff.). Damit finden neben den §§ 9 bis 12 auch die sonstigen materiellen Vorschriften des ArbEG (§ 14 Rdn. 14; § 15; § 16 Rdn. 9; § 17 Rdn. 43 ff.; §§ 23 bis 27) Anwendung.[33] Aufgrund der Inanspruchnahme wird die technische Neuerung bis zur Feststellung einer Schutzunfähigkeit so behandelt, als sei sie eine (schutzfähige) Diensterfindung.[34] Zur Zuständigkeit der Schiedsstelle s. § 28 Rdn. 21 und zu der der Gerichte s. § 39 Rdn. 11 f. Dieses gilt auch in den Fällen, in denen der Arbeitgeber die Schutzfähigkeit bestreitet; da in dem Bestreiten keine Freigabeerklärung liegt (s. § 8 n.F. Rdn. 22), greift kraft Gesetzes die Inanspruchnahmefiktion des Abs. 2. Zum Bestreiten der (Mit-) Erfinderschaft s. ebenfalls zu § 8 n.F. Rdn. 22.

27  Die vorläufige Behandlung als schutzfähige Diensterfindung verdeutlicht nunmehr auch die Inanspruchnahmefiktion nach § 6 Abs. 2 n.F. Diese knüpft zwar an das Vorliegen einer Diensterfindung und damit an deren begrifflich notwendige Schutzfähigkeit an. Jedoch ist der Eintritt der Fiktionswirkung des Abs. 2 zwangsläufig von einer amtlichen bzw. gerichtlichen Feststellung der Schutzfähigkeit unabhängig. Vielmehr folgt aus dem Regelungssystem des ArbEG, dass die Fiktionswirkung – jedenfalls zunächst – auch dann greift, wenn Zweifel an der Schutzfähigkeit bestehen. Das hat zur Folge, dass auch in diesen Fällen die von der Rechtsprechung aus §§ 9, 12 abgeleiteten Pflichten zur vorläufigen Vergütung bei Nutzung der in Anspruch genommenen Diensterfindung aufgrund der Fiktion grds. bis zum (rechtskräftigen) Abschluss des Erteilungsverfahren bestehen (s. dazu § 12 Rdn. 64 ff.).

---

33 Vgl. auch BGH v. 02.06.1987, GRUR 1987, 900, 902 l.Sp. – *Entwässerungsanlage* u. BGH v. 15.05.1990 – X ZR 119/88, GRUR 1990, 667, 668 – *Einbettungsmasse*; Windisch, GRUR 1985, 829, 832 ff.
34 Vgl. Windisch, GRUR 1985, 829, 832.

B. Bedeutung der Inanspruchnahme § 6 n.F.

Selbst wenn der Arbeitgeber (berechtigte) **Zweifel an der Schutzfähigkeit** 27.1
einer ihm gemeldeten Diensterfindung hat, sollte er sie dennoch im Interesse
der Rechtsklarheit möglichst ausdrücklich – und nicht bloß stillschweigend
(§ 6 Abs. 2 n.F.; zu den Rechtsfolgen des Bestreitens s. § 6 Rdn. 22) – in
Anspruch nehmen.[35] Gibt der Arbeitgeber die »Diensterfindung« frei (§ 6
Abs. 2, § 8 n.F.), so geht er das Risiko ein, dass der Arbeitnehmer selbst bzw.
ein Rechtserwerber die Neuerung zum Schutzrecht anmeldet.[36] Hält der
Arbeitnehmer die freigegebene technische Neuerung für schutzfähig und verlangt er vom Arbeitgeber z.B. für dessen Verwertungshandlungen ein Entgelt
oder eine Unterlassung der Nutzung, richtet sich die Durchsetzbarkeit dieser
Ansprüche nach allgemeinen schutzrechtlichen Bestimmungen (s. im Einzelnen § 8 n.F. Rdn. 93 ff.). Vom Zeitpunkt des Freiwerdens an steht der Arbeitnehmer – von eventuellen Vergütungsansprüchen abgesehen (s. dazu § 8 n.F.
Rdn. 93 ff.) – einem freien Erfinder gleich, der gegen Verwertungshandlungen
Dritter nach den Vorschriften des PatG geschützt ist.[37] Zu den Rechtsfolgen
bei späterer Schutzrechtsversagung s. § 8 n.F. Rdn. 56 ff.

Sieht der Arbeitgeber die Neuerung als bloßes Arbeitsergebnis (ggf. als techni- 27.2
schen Verbesserungsvorschlag) an, so ergibt sich – angesichts der vorläufigen
erfinderrechtlichen Behandlung der Neuerung als (schutzfähige) Diensterfindung – durch die neue Regelungssystematik des ArbEG eine weitere Verschiebung der vergütungsrechtlichen Auswirkungen zugunsten des Arbeitnehmers
und zulasten des Arbeitgebers: Gibt der Arbeitgeber die Diensterfindung nicht
frei, tritt die vom Willen der Arbeitsvertragsparteien unabhängige (s. § 6 n.F.
Rdn. 125) Fiktionswirkung des Abs. 2 ein; gibt der Arbeitgeber die Erfindung
ausdrücklich frei, hat dies grds. die freie Verfügungsbefugnis des Arbeitnehmers nach § 8 Satz 2 n.F. zur Folge (s. unten Rdn. 118). Der Arbeitgeber
bliebe dann auf die Geltendmachung allgemeiner patentrechtlicher Gegenansprüche wie jeder Dritte beschränkt, also etwa auf die Geltendmachung der
Schutzunfähigkeit einer vom Arbeitnehmer eingereichten Patentanmeldung
i.R.d. Einspruchsverfahrens oder der Nichtigkeits- bzw. Löschungsklage (s.
§ 25 Rdn. 27 ff.). Insoweit zwingt diese Rechtsfolge des § 8 den an der Neuerung interessierten Arbeitgeber umso mehr dazu, bei Zweifeln an der Schutzfä-

---

35 Vgl. BGH v. 02.06.1987, GRUR 1987, 900, 902 l.Sp. – *Entwässerungsanlage* u.
   BGH v. 15.05.1990 – X ZR 119/88, GRUR 1990, 667, 668 – *Einbettungsmasse*.
36 Schiedsst. v. 04.11.1982, BlPMZ 1983, 107; Reimer/Schade/Schippel/Rother Rn. 27
   zu § 8.
37 LG Düsseldorf v. 17.09.1991 v. 17.09.1991, Entscheidungen 4. ZK 2000, 25, 31 –
   *Reißverschluss*.

higkeit zu versuchen, eine unter Beachtung der §§ 22, 23 zulässige Vereinbarung mit dem Arbeitnehmer zu treffen[38] (s. dazu unten Rdn. 31).

28 Der **Entscheidungspraxis** der Gerichte wie auch der Schiedsstelle zum früheren Recht (§§ 6, 7 a.F.) ist die **Tendenz** zu entnehmen, der Arbeitgeber sei bei Zweifeln an der Schutzfähigkeit einer ihm gemeldeten Erfindung stets gehalten, zunächst eine Inanspruchnahme auszusprechen,[39] bzw. die Inanspruchnahmefiktion (Abs. 2) wirksam werden zu lassen. Bis zur amtlichen bzw. gerichtlichen Klärung der Schutzfähigkeit müsste der Arbeitgeber die übergeleitete Erfindung auf der Grundlage des § 9 vorläufig vergüten. So hat die *Schiedsstelle* (im Einzelfall) das Freiwerden einer technischen Neuerung bei unterbliebener Inanspruchnahme des Arbeitgebers, der sich auf das bloße Vorliegen eines Arbeitsergebnisses beruft, nach § 8 Abs. 1 Nr. 3 a.F. bejaht, und zwar unabhängig davon, ob und wie die Frage der Schutzfähigkeit überhaupt geklärt wird.[40]

29 Derartige Tendenzen, eine vom Arbeitnehmer als Diensterfindung gemeldete technische Neuerung auch **bei (objektiven) Zweifeln an deren Schutzfähigkeit** stets auf der Grundlage des ArbEG als schutzfähige Erfindung zu behandeln, dürfen aber nicht dazu führen, den gewohnheitsrechtlich begründeten und gefestigten arbeitsrechtlichen Grundsatz der originären Zuordnung von (nicht schutzfähigen) Arbeitsergebnissen zum Arbeitgeber (s. § 3 Rdn. 26 f.) unbeachtet zu lassen. Ansonsten hätte es der Arbeitnehmer in der Hand, allein durch die Wahl einer förmlichen Erfindungsmeldung gem. § 5 (zunächst) die für ihn günstige Rechtsfolge der Behandlung als Diensterfindung gemäß dem ArbEG auszulösen, sofern die Schutzunfähigkeit nicht offensichtlich ist. Andererseits darf nicht verkannt werden, dass das ArbEG einen möglichst umfassenden Schutz des erfinderisch tätigen Arbeitnehmers anstrebt und zunächst auf eine potenzielle Schutzfähigkeit abstellt (s. § 2 Rdn. 16 ff.); zudem muss eine möglichst großzügige Anerkennung von Vergütungsansprüchen als Motivation für zukünftige Innovationen dienen. Jedoch sollte das dem ArbEG nach wie

---

38 Vgl. auch Schiedsst. v. 28.03.1966, BlPMZ 1967, 131.
39 S. BGH v. 02.06.1987, GRUR 1987, 900, 902 l.Sp. – *Entwässerungsanlage*, BGH v. 15.05.1990 – X ZR 119/88, GRUR 1990, 667, 668 – *Einbettungsmasse* u. Windisch, GRUR 1985, 829, 832 ff.; Schiedsst. v. 07.09.1987 – Arb.Erf. 44/86 u. v. 10.02.1994 – Arb.Erf. 18/93, (beide unveröffentl.); vgl. OLG Karlsruhe v. 13.07.1983, GRUR 1984, 42 – *Digitales Gaswarngerät*; Schiedsst. v. 08.02.1991, GRUR 1991, 753, 755 – Spindeltrieb u. v. 08.04.1993, Mitt. 1996, 245, 246 – *Vorführbereite Mustergeräte*; vgl. auch Keukenschrijver in Busse/Keukenschrijver, PatG, Rn. 18 zu § 6 ArbEG.
40 Schiedsst. v. 07.09.1987 – Arb.Erf. 44/86, ähnl. Schiedsst. v. 10.02.1994 – Arb.Erf. 18/93, (beide unveröffentl.).

B. Bedeutung der Inanspruchnahme  § 6 n.F.

vor zugrunde liegende Nebeneinander von schutzfähiger Erfindung einerseits und nicht schutzfähigem Arbeitsergebnis andererseits, weiterhin berücksichtigt bleiben, jedenfalls dann, wenn von vornherein belegbares Material zweifelsfrei gegen eine Schutzfähigkeit spricht[41] (s. § 2 Rdn. 19).

Ein – von Rechtsprechung und Schiedsstelle allerdings noch nicht bestätigter – Schritt in diese Richtung könnte es sein, dass der Arbeitgeber seine **Freigabeerklärung unter einen ausdrücklichen Vorbehalt** stellt[42]: »*Die Freigabe wird nur unter der Voraussetzung erklärt, dass es sich bei der in Rede stehenden Neuerung um eine schutzfähige (Dienst-) Erfindung handelt.*« Zwar ist die Freigabeerklärung als Gestaltungserklärung bedingungs- und auflagenfeindlich (s. § 6 n.F. Rdn. 114); jedoch würde es sich u.E. um eine (zulässige) Rechtsbedingung handeln, da sie lediglich die gesetzlichen Voraussetzungen für eine Freigabeerklärung nach § 6 Abs. 2 n.F./§ 8 Satz 1 n.F. wiedergibt, und nur vermeiden soll, dass der Arbeitnehmer die Erklärung als Anerkenntnis der Schutzfähigkeit verstehen könnte. Insoweit kann nichts anderes gelten als für einen entsprechenden Vorbehalt bei der Inanspruchnahmeerklärung (s. unten § 6 n.F. Rdn. 60). Allerdings wird nicht verkannt, dass eine solche Rechtsbedingung für den Arbeitnehmererfinder einen Schwebezustand bewirken kann und er damit über seine Befugnisse im Unklaren bleibt. Dementsprechend ist eine solche »bedingte Freigabeerklärung« nach § 6 Abs. 2 n.F. aus unserer Sicht nur dann interessengerecht, wenn im Einzelfall von vornherein belegbares Material zweifelsfrei gegen eine Schutzfähigkeit spricht. Die Haltung von Schiedsstelle und Rechtsprechung bleibt allerdings abzuwarten.

30

Unbedenklich zulässig wäre statt dessen (nach Erfindungsmeldung, § 22 Satz 2) z. B. eine **Vereinbarung** zwischen Arbeitgeber und Arbeitnehmererfinder, wonach dem Arbeitgeber das (Options-) Recht eingeräumt wird, eine frei gewordene Diensterfindung in dem bei Inanspruchnahme gesetzlich vorgesehenen Umfang und gegen die gesetzliche Vergütungspflicht vertraglich auf sich überzuleiten, wenn sich nach Freigabe die Schutzfähigkeit herausstellen sollte.[43] Gleiches gilt für eine Vereinbarung, bis zum Abschluss der unternehmensinternen Ermittlungen zur Schutzfähigkeit die gemeldete Neuerung als Verbesserungsvorschlag zu behandeln; möglich ist u.a. auch eine Regelung, wonach der Arbeitnehmer (befristet) einer Nichtmeldung nach § 13 Abs. 2

31

---

41 Vgl. auch Volmer/Gaul Rn. 17 ff. u. 150 ff. zu § 8.
42 Nach Boemke/Kursawe/Kursawe Rn. 33 zu § 8 soll ein derartiger Vorbehalt wegen der Bedingungsfeindlichkeit nicht zulässig, die Freigabeerklärung insgesamt nichtig sein und damit bei Fristablauf die Inanspruchnahmefiktion des § 6 Abs. 2 greifen.
43 Vgl. Schiedsst. v. 08.04.1993, EGR Nr. 34 zu § 6 ArbEG (LS).

Nr. 2 zustimmt. Zur Freigabe unter Vorbehalt der Erfindungseigenschaft s. unten Rdn. 30.

32 Im Fall einer Inanspruchnahmeerklärung folgt aus der Gesetzessystematik: Erweist sich im Schutzrechtserteilungsverfahren bzw. in einem Nichtigkeits- oder Löschungsverfahren die **Erfindung endgültig als nicht schutzfähig**, bewendet es bis zu diesem Zeitpunkt hinsichtlich der Rechtsfolgen bei den durch eine Inanspruchnahme zunächst begründeten Pflichten (insb. der Vergütungspflicht). Mit der endgültigen Schutzrechtsversagung steht aber fest, dass die technische Neuerung lediglich einen Verbesserungsvorschlag bzw. sonstiges Arbeitsergebnis darstellt, das von vornherein dem Arbeitgeber zusteht. Damit stellt sich die Inanspruchnahme als gegenstandslos dar,[44] wobei jedoch der (vorläufige) Vergütungsanspruch des Arbeitnehmers für die Vergangenheit unberührt bleibt (s. § 12 Rdn. 61); diese Rechtslage ist vergleichbar mit der bei Lizenzverträgen über vernichtbare Schutzrechte[45] (vgl. auch § 8 n.F. Rdn. 56 ff.; § 9 Rdn. 35 f.; § 10 a.F. Rdn. 22, 24 ff.). Zur Inanspruchnahme unter Vorbehalt der Schutzfähigkeit s. u. Rdn. 60.

*Rdn. 33 – 35 frei*

### 3. Verzicht des Arbeitgebers auf das Inanspruchnahmerecht

36 Auf das Recht der Inanspruchnahme der Diensterfindung kann der Arbeitgeber generell durch eine – auch vor der Meldung zulässige (vgl. § 22) – Vereinbarung mit dem Arbeitnehmer verzichten.[46] I.Ü. kann er darauf erfindungsbezogen durch einseitige Erklärung ggü. dem Arbeitnehmer im Wege der Freigabe verzichten (vgl. hier Rdn. 21, 108 sowie § 8 n.F. Rdn. 7).

*Rdn. 37 – 39 frei*

### C. Gegenstand der Inanspruchnahme

40 Das Inanspruchnahmerecht erfasst die (schutzfähige) Diensterfindung i.S.d. § 4 Abs. 2. Es setzt die **fertige** (s. dazu § 4 Rdn. 16 f.) **Diensterfindung** voraus. Scheidet der Arbeitnehmer vor Fertigstellung der von ihm geplanten Erfindung aus den Diensten des Arbeitgebers aus, so kann der Arbeitgeber das

---

44 Schiedsst. v. 21.06.1976, BlPMZ 1977, 173, 175 u. v. 07.09.1987 – Arb.Erf. 44/86, (unveröffentl.); zust. Keukenschrijver in Busse/Keukenschrijver, PatG, Rn. 18 zu § 6 ArbEG.

45 Vgl. dazu BGH v. 13.07.1977, 308, 310 – *Speisekartenwerbung* u. v. 28.09.1976, GRUR 1977, 107, 109 – *Werbespiegel* m.w.N.

46 Vgl. etwa BGH v. 19.05.2005 – X ZR 152/01, GRUR 2005, 761, 762 – *Rasenbefestigungsplatte* zum Verzicht auf das Inanspruchnahmerecht nach früherem Recht.

bis dahin geschaffene Entwicklungsergebnis nur dann in Anspruch nehmen, wenn es selbstständig schutzfähig ist (s. aber auch § 4 Rdn. 12). Andererseits kann mit endgültiger Fertigstellung der Erfindung beim neuen Arbeitgeber das Inanspruchnahmerecht evtl. diesem zustehen, sofern es sich diesem ggü. ebenfalls um eine Diensterfindung handelt. Die unfertigen Entwicklungsergebnisse kann der bisherige Arbeitgeber aber u.U. als Arbeitsergebnis (s. § 3 Rdn. 26 f.) bzw. zur Geltendmachung einer Mitinhaberschaft an der Gesamterfindung bzw. hierauf bezogener Schutzrechtspositionen (s. § 4 Rdn. 12) nutzen. Zur **Beweislast** bei Ausscheiden des Erfinders s. § 4 Rdn. 18, zur **Übertragungspflicht** bei unterlassener Erfindungsleistung s. § 26 Rdn. 22. Zu **Zweifeln über die Einstufung als Dienst- oder freie Erfindung** s. § 4 Rdn. 51 ff.

Die Inanspruchnahme erfasst die fertige Diensterfindung in ihrer Gesamtheit, also den **gesamten Gegenstand (Umfang)**, und zwar auch soweit dazugehörige Teile in der Erfindungsmeldung nicht offenbart worden sind.[47] Mitumfasst sind sämtliche technischen Erkenntnisse des Arbeitnehmers, die die – in welcher Form auch immer – gemeldete Diensterfindung betreffen und sich für die Schutzrechtsanmeldung nach § 13 Abs. 1 nutzen lassen.[48] Das stimmt mit der Aussage in § 7 Abs. 1 n.F. überein, wonach auf den Arbeitgeber »alle vermögenswerten Rechte an der Diensterfindung« übergehen (zur Fiktionswirkung s. § 6 Rdn. 123). Demzufolge ist der Umfang der Inanspruchnahme letztlich auch unabhängig davon, was durch Formulierung der Patentansprüche zum Gegenstand des angemeldeten Patents gemacht worden ist[49] (s.a. § 9 Rdn. 83 ff.). Zur vorsätzlich unrichtigen Meldung einer Erfindung s. § 5 Rdn. 21.1. Zu Weiterentwicklungen s. unten Rdn. 49. 41

Eine (pauschale) Inanspruchnahme **zukünftiger Erfindungen** eines Arbeitnehmers – etwa in einer betrieblichen Arbeitsordnung oder einem Arbeitsvertrag – ist mit Rücksicht auf § 22 ausgeschlossen.[50] 42

---

47 Im Ergebnis ebenso BGH v. 05.10.2005, GRUR 2006, 141, 142 [Rn. 15] – *Ladungsträgergenerator*; Keukenschrijver in Busse/Keukenschrijver, PatG, Rn. 2 zu § 7 ArbEG; so wohl auch Volmer/Gaul Rn. 43 ff. zu § 7, der indes eine Ausnahme (unzutreffend) dann machen will, wenn der ArbN die Erfindung bewusst oder unbewusst für den ArbG nicht erkennbar unvollständig offenbart hat.
48 BGH v. 05.10.2005, GRUR 2006, 141, 142 [Rn. 15] – *Ladungsträgergenerator*.
49 BGH v. 05.10.2005, GRUR 2006, 141, 142 [Rn. 19] – *Ladungsträgergenerator* m. H. a. BGH v. 18.03.2003, GRUR 2003, 702, 703 f. – *Gehäusekonstruktion*; Keukenschrijver in Busse/Keukenschrijver, PatG, Rn. 10 zu § 6 ArbEG.
50 Vgl. BGH v. 16.11.1954, GRUR 1955, 286, 287 – *Schnellkopiergerät* (zu § 9 DVO 1943).

**§ 6 n.F.**

43 § 6 Abs. 1 n.F. stellt unverändert klar, dass jede Diensterfindung in Anspruch genommen werden kann und es nicht auf deren **Verwertbarkeit im Arbeitsbereich** des Unternehmens des Arbeitgebers ankommt[51] (z. Abgrenzung vgl. § 18 Abs. 3).

44 Bei **mehreren gemeldeten Diensterfindungen** muss zur vollständigen Rechtsüberleitung jede in Anspruch genommen werden, sei es gesondert, zusammengefasst in einer Erklärung oder mittels Wirksamwerdens der Fiktion. Eine einheitliche Behandlung aller Erfindungen ist unter keinem Gesichtspunkt geboten. Sofern mehrere Diensterfindungen zugleich in einem Dokument gemeldet worden sind, ist selbstverständlich eine unterschiedliche Behandlung, d. h. Inanspruchnahme der einen und Freigabe der anderen, rechtlich möglich (zur Teilinanspruchnahme s. aber § 6 n.F. Rdn. 22).

45 Mangels Abrede mit dem Arbeitnehmer ist der Arbeitgeber weder befugt noch rechtlich in der Lage, die Diensterfindung teilweise, d. h. **einzelne**, selbstständig nicht schutzfähige **Teile der Diensterfindung** in Anspruch zu nehmen, da sich das Inanspruchnahmerecht des § 6 Abs. 1 n.F. nur auf die Diensterfindung als Ganzes bezieht[52] (zur Inanspruchnahme eines Bruchteils s. oben Rdn. 22). Eine entsprechende Inanspruchnahmeerklärung geht ins Leere und löst die Fiktion nach § 6 Abs. 2 aus (s. auch § 6 n.F. Rdn. 60).

Sind **mehrere Arbeitnehmer** Miterfinder der Diensterfindung, kann der Arbeitgeber jeweils nur den auf den einzelnen Miterfinder entfallenden ideellen Anteil an der gesamten Erfindung, nicht aber einen realen Anteil der Erfindung beanspruchen (s. § 6 n.F. Rdn. 138 ff.).

46 Das Inanspruchnahmerecht erstreckt sich **nicht auf freie Erfindungen** i.S.d. § 4 Abs. 3. Teilt der Arbeitgeber nicht die Auffassung des Arbeitnehmers, es handele sich um eine freie Erfindung, muss er gem. § 18 Abs. 2 (s. § 18 Rdn. 32 ff.) widersprechen und fristgerecht (vorsorglich) die Erfindung in Anspruch nehmen.[53] Zugleich kann er den Arbeitnehmer innerhalb der Frist des § 5 Abs. 3 auffordern, eine ordnungsgemäße Meldung i.S.d. § 5 Abs. 2 vorzulegen, falls die Mitteilung diesen Erfordernissen nicht bereits entspricht.

47 Bloße **Verbesserungsvorschläge** bedürfen keiner Inanspruchnahme[54] (s. i. Ü. § 3 Rdn. 28 f.). Nach der hier vertretenen Auffassung ist auch für solche tech-

---

51 Vgl. Amtl. Begründung BT-Drucks. II/1648, S. 19 = BlPMZ 1957, 228.
52 Reimer/Schade/Schippel/Rother Rn. 10 zu § 6 m. H. a. Schiedsst. v. 10.02.1994 – Arb.Erf. 18/93, (unveröffentl.); zust. auch Keukenschrijver in Busse/Keukenschrijver, PatG, Rn. 2 zu § 7 ArbEG; Boemke/Kursawe/Kursawe Rn. 9 zu § 6.
53 Vgl. auch Schiedsst. v. 08.05.1972, BlPMZ 1972, 382, 383.
54 BGH v. 09.01.1964 – I a ZR 190/63, GRUR 1964, 449, 452 – *Drehstromwicklung*.

nischen Neuerungen, die nur **nach ausländischem Recht**, nicht jedoch nach deutschem Recht **schutzfähig** sind, aufgrund des durch § 2 vorgegebenen Erfindungsbegriffs keine Inanspruchnahme erforderlich[55] (streitig, s. i.Ü. § 2 Rdn. 25).

Für den Bereich der **Hochschulerfindungen** geht § 42 n.F. generell vom Inanspruchnahmerecht aus, enthält aber Sonderregelungen (Einzelheiten s. dort). 48

Zukünftige **Weiterentwicklungen des Erfindungsgegenstandes** einer bereits gemeldeten Diensterfindung können einer Meldepflicht (Nachmeldung) unterliegen (s. § 5 Rdn. 21 ff.). 49

*Rdn. 50 – 54 frei*

## D. Die ausdrückliche Inanspruchnahmeerklärung

### I. Grundsatz

Die Neufassung des § 6 hält dogmatisch daran fest, dass die Inanspruchnahme durch »Erklärung gegenüber dem Arbeitnehmer« erfolgt. Mit der Übernahme dieses Grundsatzes aus dem bisherigen Recht (vgl. § 6 Abs. 2 Satz 2 a.F.) ist klargestellt, dass es sich bei der Inanspruchnahmeerklärung unverändert um eine rechtsgestaltende **empfangsbedürftige Willenserklärung** (vgl. § 130 BGB) handelt[56] (Gestaltungsrecht[57]). Es gelten die zivilrechtlichen Regeln über rechtsgeschäftliches Handeln.[58] Ein entgegenstehender Wille des Arbeitnehmers ist unbeachtlich (s. Rdn. 18, 21). **Adressat** der Inanspruchnahme ist der Arbeitnehmer(mit)erfinder (auch ein ausgeschiedener, § 26), d. h. der (wahre) Erfinder der Diensterfindung (zu Miterfindern s. § 6 n.F. Rdn. 138 ff.). Hat ein Nicht-Erfinder die Diensterfindung gemeldet, geht eine ihm gegenüber erklärte/fingierte Inanspruchnahme zwangsläufig ins Leere und entfaltet keine Rechtswirkungen, ohne dass es einer Anfechtung nach § 123 55

---

[55] Ebenso Volmer/Gaul Rn. 29 zu § 6.
[56] Amtl. Begründung zum Patentrechtsmodernisierungsgesetz in BR-Drucks. 757/08, S. 49 f. (zu Art. 7 Nr. 2 a des Entwurfs); allg. A., z.B. OLG Karlsruhe v. 13.04.2018 – 6 U 161/16, (www.lrbw.juris.de, Rn. 168) – Rohrprüfsystem; ebenso zum früheren Recht: BGH v. 23.06.1977, GRUR 1977, 784, 786 – *Blitzlichtgeräte* u. BGH v. 04.04.2006 – X ZR 155/03, GRUR 2006, 754, 757 [Rn. 27] – *Haftetikett*.
[57] So zu § 6 a.F. Keukenschrijver in Busse/Keukenschrijver, PatG, Rn. 5 zu § 6 ArbEG u.a. m. H. a. BGH v. 04.04.2006 – X ZR 155/03, GRUR 2006, 754 – *Haftetikett*; i. d. S. bereits Müller-Pohle (1943) S. 57; ferner Kraßer/Ann, PatR, § 21 Rn. 78.
[58] BGH v. 04.04.2006 – X ZR 155/03, GRUR 2006, 754, 757 [Rn. 27] – *Haftetikett*.

BGB bedarf; sie löst selbstverständlich auch keine Rechtswirkungen gegenüber dem wahren Erfinder aus.[59]

**56** Zugleich folgt aus § 6 Abs. 1 n.F., dass auch nach neuem Recht **weiterhin die Möglichkeit der ausdrücklichen Inanspruchnahme** besteht.[60] Allerdings ist deren praktische Bedeutung angesichts der Fiktionswirkung des Abs. 2 (s. § 6 Rdn. 78 ff.) zurückgeführt. Die Fiktion lässt die Wirkungen der Inanspruchnahme (§ 7 Abs. 1 n.F.) mit bloßem Zeitablauf eintreten (s. § 6 Rdn. 122 f.) und macht so die ausdrückliche Inanspruchnahmeerklärung **verzichtbar**. Folglich kommt eine ausdrückliche Inanspruchnahmeerklärung nur innerhalb der 4-Monats-Frist des Abs. 2 in Betracht (s. § 6 Rdn. 65). Da die Fiktionswirkung des § 6 Abs. 2 uneingeschränkt eintritt, kennt das Gesetz keine Fallsituation, bei der eine ausdrückliche Inanspruchnahme zur Erreichung des Rechtsübergangs (§ 7 Abs. 1 n.F.) erklärt werden muss.

Zur Rechtswirkung der Fiktion bei fehlerhafter Inanspruchnahmeerklärung s. § 6 Rdn. 82.

**57** Will der Arbeitgeber nicht bis zum Ablauf der viermonatigen Frist für die Fiktionswirkung zuwarten, sondern die Inanspruchnahme zuvor ausdrücklich erklären, muss die **Erklärung** vom ihm selbst bzw. von einem hierzu kraft gesetzlicher Vertretungsmacht oder aufgrund einer (Sonder-) Vollmacht Berechtigten abgegeben werden[61] (s.a. § 6 a.F. Rdn. 29 f.; zum vollmachtlosen Vertreter s. § 6 Rdn. 30). Eine **Vertretung** bei Erklärung der Inanspruchnahme oder Freigabe ist uneingeschränkt zulässig.[62] Eine ausdrückliche Inanspruchnahme kann etwa im Hinblick auf beabsichtigte Schutzrechtsanmeldungen im Ausland ratsam sein (s. zu § 14 Rdn. 6), ferner wenn der Arbeitgeber frühzeitig mit einer Verwertung beginnen will (Eigenverwertung, Lizenzvergabe usw.) oder er zur anschließenden Rechtsübertragung verpflichtet ist (z. B. im Konzern, bei Forschungsaufträgen usw.).

**58** Als empfangsbedürftige Willenserklärung (vgl. § 130 BGB) treten die Rechtsfolgen der ausdrücklichen Inanspruchnahme (§ 7 Abs. 1 n.F.) mit **Zugang** der

---

59 S. auch Keukenschrijver in Busse/Keukenschrijver, PatG, Rn. 1 zu § 7 ArbEG.
60 S. Amtl. Begründung zum Patentrechtsmodernisierungsgesetz in BR-Drucks. 757/08, S. 50 (zu Art. 7 Nr. 2 a des Entwurfs).
61 Vgl. auch BGH v. 09.01.1964 – I ZR 190/63, GRUR 1964, 449, 452 – *Drehstromwicklung* u. Schiedsst. v. 15.12.2009 – Arb.Erf. 16/09, (unveröffentl.).
62 Unstreitig, z. B. Keukenschrijver in Busse/Keukenschrijver, PatG, Rn. 8 zu § 6 ArbEG (zur Freigabe).

## D. Die ausdrückliche Inanspruchnahmeerklärung § 6 n.F.

Erklärung beim Arbeitnehmer ein[63] (s. § 6 a.F. Rdn. 6.1). Dabei unterliegt die Inanspruchnahmeerklärung regelmäßig – sofern nicht Befreiung erteilt ist – dem **Verbot des Selbstkontrahierens** gem. § 181 BGB.[64] Das ist für Patentsachbearbeiter in Bezug auf die Inanspruchnahme eigener Diensterfindungen beachtlich.

Eine **Erfindungsmeldung** ist nicht Wirksamkeitsvoraussetzung für die Inanspruchnahme (s. § 6 a.F. Rdn. 44). Zur Beweislast s. u. Rdn. 152 f. Zum Zugang s. i.Ü. § 5 Rdn. 10 ff. und § 7 a.F. Rdn. 2 f. Zur Form s. u. § 6 n.F. Rdn. 63 ff. **59**

Aus ihrem Charakter als sog. Gestaltungsgeschäft (s. § 6 Rdn. 55) ergibt sich zugleich ihre **Bedingungsfeindlichkeit**.[65] Eine entsprechende (unwirksame) Inanspruchnahmeerklärung löst die Fiktion nach § 6 Abs. 2 aus. Einer unbedingten Inanspruchnahme steht u. E. nicht entgegen, dass der Arbeitgeber die Inanspruchnahme von der **Schutzfähigkeit** der Erfindung abhängig macht, da die Schutzfähigkeit keine echte Bedingung, sondern eine rechtliche Voraussetzung der Inanspruchnahme ist[66] (vgl. auch § 17 Abs. 2; zu Zweifeln an der Schutzfähigkeit s. auch Rdn. 30). **60**

*Rdn. 61, 62 frei*

---

63 Zum früheren Recht: BGH v. 04.04.2006 – X ZR 155/03, GRUR 2006, 754, 757 [Rn. 27] – *Haftetikett*; Schiedsst. v. 26.04.2012 – Arb.Erf. 28/11, (www.dpma.de, nur LS. 2).
64 BGH v. 23.06.1977, GRUR 1977, 784, 786 – *Blitzlichtgeräte*; Keukenschrijver in Busse/Keukenschrijver, PatG, Rn. 8 zu § 6 ArbEG m. d. H., dass dies i.H.a. § 6 Abs.2 prakrtisch keine Rolle mehr spielt.
65 Allg. A., Schiedsst. v. 26.04.2012 – Arb.Erf. 28/11, (www.dpma.de, nur LS. 1); Keukenschrijver in Busse/Keukenschrijver, PatG, Rn. 6 zu § 6 ArbEG; ebenso zu § 6 a. F. Klauer/Möhring/Nirk Anh. zu § 3 Anm. 23; Bartenbach, Mitt. 1971, 232, 233; Volmer/Gaul Rn. 49 zu § 6; vgl. auch Schiedsst. v. 08.04.1993, Mitt. 1996, 245 f. – *Vorführbereite Mustergeräte*.
66 OLG Karlsruhe v. 13.07.1983, GRUR 1984, 42, 43 – *Digitales Gaswarngerät*; zust. auch Keukenschrijver in Busse/Keukenschrijver PatG Rn. 6 zu § 6 ArbEG m. H. a. Schiedsst. v. 18.01.2005 Arb.Erf. 87/03; wie hier ferner Reimer/Schade/Schippel/Rother Rn. 23 zu § 6; MünchArbR/Bayreuther § 98 Rn. 15. Widersprüchlich Boemke/Kursawe/Kursawe, wie hier Rn. 15 zu § 6, wonach »der Arbeitgeber die Inanspruchnahme unter der Bedingung der Schutzfähigkeit erklären« kann, da er damit »nur Selbstverständliches« ausspricht, ablehnend dagegen wohl Rn. 11 zu § 6 im Zusammenhang mit der Bedingungsfeindlichkeit der Inanspruchnahme: »Eine bedingte Inanspruchnahme insofern, dass sich die Erfindung als schutzfähig erweist, ist nicht möglich, denn die Schutzfähigkeit ist Voraussetzung der Inanspruchnahme. ...«.

## II. Form und Frist

63 Das Gesetz schreibt – im Gegensatz zum Schriftformerfordernis des früheren Rechts (vgl. § 6 Abs. 2 Satz 1 a.F.; s. § 6 a.F. Rdn. 27 ff.) – bewusst **keine Form** vor.[67] Demzufolge kann die Inanspruchnahmeerklärung nicht nur schriftlich oder per Textform, sondern auch mündlich – auch konkludent – erfolgen.[68] Insoweit ist der Gesetzgeber davon ausgegangen, dass angesichts der vom *BGH* anerkannten Vergütungspflicht von Nutzungshandlungen vor Inanspruchnahme (s. zu § 9 Rdn. 11) und dank der Fiktion des Abs. 2 eine Beweissicherung für den exakten Zeitpunkt des Zugangs einer ausdrücklichen Inanspruchnahmeerklärung entbehrlich ist.[69] Auch wenn aufgrund der vorherigen Inanspruchnahmeerklärung die Rechtwirkung der Inanspruchnahme früher als im Fall der Fiktion nach Abs. 2 eintritt, werden sich die Rechtsfolgen in dieser Zeitspanne nach Auffassung des Gesetzgebers kaum unterscheiden, da zwischenzeitliche Verfügungen und Rechtshandlungen des Arbeitgebers – wie etwa die Schutzrechtsanmeldung im Ausland – spätestens durch die anschließende Fiktionswirkung des Abs. 2 regelmäßig geheilt werden[70] (zur Fiktion bei unwirksamer Inanspruchnahmeerklärung s. § 6 Rdn. 82).

64 Auch unter Geltung des neuen Rechts wird für eine (über § 6 Abs. 2 hinausgehende) **stillschweigende Inanspruchnahmeerklärung** (s. dazu § 6 a.F. Rdn. 35 ff.) im Regelfall kaum Raum bleiben. Insoweit legt bereits die Fiktion des Abs. 2 n.F. häufig den Schluss nahe, dass sich der Arbeitgeber nicht »vorzeitig« binden will und seine Entscheidungsfindung noch nicht abgeschlossen hat, es also an einem Willen zur Inanspruchnahme fehlt. Allerdings wird man bei einer Auslandsanmeldung, die nach § 14 Abs. 1 eine Inanspruchnahme voraussetzt, mit persönlicher Einschaltung des Arbeitnehmererfinders (vgl. auch § 15) eine Inanspruchnahme annehmen können.[71]

---

67 S. Amtl. Begründung zum Patentrechtsmodernisierungsgesetz in BR-Drucks. 757/08, S. 50 (zu Art. 7 Nr. 2 a des Entwurfs).
68 Ganz h.M., wie hier z. B. Schaub/Koch, ArbRHdb., § 114 Rn. 20. Widersprüchlich Boemke/Kursawe, wonach einerseits ein Formzwang entbehrlich ist (Boemke/Kursawe/Kursawe Rn. 12 zu § 6); demgegenüber Boemke/Kursawe/Kursawe/Nebel Rn. 57 zu § 22: »Sowohl die Inanspruchnahme- als auch die Freigabeerklärung haben in Textform zu erfolgen«, wobei die Textform nicht abdingbar sein soll.
69 Vgl. Amtl. Begründung zum Patentrechtsmodernisierungsgesetz in BR-Drucks. 757/08, S. 50 (zu Art. 7 Nr. 2 a des Entwurfs).
70 S. Amtl. Begründung zum Patentrechtsmodernisierungsgesetz in BR-Drucks. 757/08, S. 50 (zu Art. 7 Nr. 2 a des Entwurfs).
71 Im Grundsatz abw. wohl Boemke/Kursawe/Hoppe-Jänisch Rn. 16 zu § 14.

D. Die ausdrückliche Inanspruchnahmeerklärung　　　　　　　　§ 6 n.F.

Der Gesetzgeber hat bewusst auch **keine Fristen** für die Inanspruchnahmeerklärung vorgegeben.[72] Dies ist folgerichtig; mit Blick auf die geänderte Fassung des § 6 wäre eine Frist für die ausdrückliche – unter keinem Aspekt zwingende – Inanspruchnahmeerklärung systemwidrig gewesen. Aus der Rechtssystematik folgt zugleich, dass eine ausdrückliche Erklärung nur Rechtswirkungen i.S.d. § 7 Abs. 1 n.F. entfalten kann, wenn sie vor Eintritt der Fiktionswirkung des Abs. 2 erfolgt.[73] Eine nach Fristablauf erklärte Inanspruchnahme geht zwangsläufig ins Leere. 65

Der Gesetzgeber hat erkennbar auch davon abgesehen, über die 4-Monats-Frist des § 6 Abs. 2 Satz 2 hinausgehende, besondere Maßgaben zum Zeitraum der Entscheidungsfindung aufzunehmen. Wie bereits die Fiktionswirkung zeigt, kann es nicht als Pflichtverletzung des Arbeitgebers angesehen werden, wenn er die **4-Monats-Frist ausschöpft**.[74] Folglich gibt es – auch unter dem Aspekt der Treuepflicht – weder ein Gebot zur »unverzüglichen Entscheidung« noch den im früheren Recht enthaltenen Appell, die Entscheidung über die Inanspruchnahme »sobald wie möglich« zu treffen (§ 6 Abs. 2 Satz 2 Halbs. 1 a.F., s. dazu oben Rdn. 41 ff.). Vielmehr ist der Arbeitgeber berechtigt, den Ablauf der 4-Monats-Frist des Abs. 2 und damit – ohne dies ggü. dem Arbeitnehmer rechtfertigen zu müssen – den Eintritt der Fiktionswirkung abzuwarten. Insoweit geht das Gesetz davon aus, dass die Fiktionswirkung ohne weiteres Zutun mit Zeitablauf eintritt (s. u. Rdn. 84 ff.). 66

Der Arbeitnehmer hat ausweislich der Regelungssystematik grds. **keinen Anspruch auf vorzeitige Entscheidung**, also darauf, dass der Arbeitgeber bereits innerhalb der Frist von 4 Monaten seine Entscheidung über Inanspruchnahme oder Freigabe trifft. Ebenso wenig hat der Arbeitnehmer einen Anspruch darauf, dass der Arbeitgeber sein Zuwarten begründet. Nur in besonders gelagerten Ausnahmefällen mag unter dem Aspekt der Rücksichtnahmepflicht (Fürsorgepflicht, § 241 Abs. 2 BGB) oder Treu und Glauben (§ 242 BGB) etwas anderes gelten, wobei allerdings diese Frage wegen der insgesamt (für die betriebliche Praxis) kurzen Zeitspanne des § 6 Abs. 2 n.F. kaum akut werden wird. 67

*Rdn. 68 – 70 frei*

---

72 Amtl. Begründung zum Patentrechtsmodernisierungsgesetz in BR-Drucks. 757/08, S. 50 (zu Art. 7 Nr. 2 a des Entwurfs).
73 In diesem Sinn auch Amtl. Begründung zum Patentrechtsmodernisierungsgesetz in BR-Drucks. 757/08, S. 50 (zu Art. 7 Nr. 2 a des Entwurfs).
74 So zu § 8 a.F. auch Volmer/Gaul Rn. 42 zu § 8.

## III. Erklärungsinhalt

71 **Inhaltlich** muss die ausdrückliche Inanspruchnahmeerklärung nicht die Verwendung der Worte »die Diensterfindung wird in Anspruch genommen« enthalten;[75] als Gestaltungsgeschäft muss sich jedoch (für den Arbeitnehmererfinder) der Aneignungswille klar und unzweideutig aus der Erklärung ergeben. Dementsprechend muss dem Arbeitnehmer aus der Erklärung zweifelsfrei erkennbar werden, dass sich der Arbeitgeber für die Inanspruchnahme entschieden hat und er durch sein Verhalten gerade die materielle Rechtslage über die Erfindungsrechte zu seinen Gunsten gestalten will.[76] Die Erklärung muss den Willen des Arbeitgebers zum rechtlichen Erfolg des Erwerbs der vermögenswerten Rechte an der Diensterfindung zum Ausdruck bringen.[77] Dafür reicht eine Erklärung, sich die Entscheidung über eine Inanspruchnahme vorzubehalten, reicht nicht aus, auch wenn die Inanspruchnahme als sehr wahrscheinlich dargestellt wird.[78] Ausreichende Bindungswirkung zeigt dagegen die Erklärung »Hiermit teilen wir Ihnen mit, dass wir uns entschlossen haben, Ihre Diensterfindung in Anspruch zu nehmen«, da dies nur eine verbindlichere Formulierung der am Gesetzeswortlaut ausgerichteten Erklärung »wir nehmen Ihre Diensterfindung in Anspruch« ist.[79]

72 Die **Auslegung** einer Inanspruchnahmeerklärung richtet sich im Übrigen maßgeblich nicht nach den Vorstellungen und Erwartungen des Erklärenden, sondern danach, wie der Empfänger sie verstehen muss.[80] Dabei können gem. § 133 BGB auch außerhalb der Urkunde liegende Umstände herangezogen

---

75 Ebenso zu § 6 a.F. BPatG v. 26.06.2008 – 8 W (pat) 308/03 [Rn. 53] – *Schweißheizung für Kunststoffrohrmatte* u. Schiedsst. v. 08.02.1991, GRUR 1991, 753, 754 – Spindeltrieb.
76 So zu § 6 a.F. BPatG v. 26.06.2008 – 8 W (pat) 308/03 [Rn. 53] – *Schweißheizung für Kunststoffrohrmatte* (insoweit nicht in Mitt. 2009, 72) m. H. a. Scharen VPP-Rundbrief 4/2007, 155, 156.
77 OLG Karlsruhe v. 13.04.2018 – 6 U 161/16, (www.lrbw.juris.de, Rn. 168) – Rohrprüfsystem.
78 OLG Karlsruhe v. 13.07.1983, GRUR 1984, 42, 43 – *Digitales Gaswarngerät*; zust. Busse/Keukenschrijver (6. Aufl. 2003), PatG, Rn. 10 zu § 6 ArbEG (a.F.).
79 Vgl. zum früheren Recht Schiedsst. v. 28.02.1991, BlPMZ 1992, 21 – *Exzentrizitätsmessung*.
80 Vgl. etwa BGH v. 18.06.2013 – X ZR 103/11, Mitt. 2013, 551 (Rn. 17) – *Flexibles Verpackungsbehältnis*, dort zweifelnd für die Inanspruchnahmeerklärung nach § 6 a.F. innerhalb einer vom Arbeitnehmer zu quittierenden Arbeitgeber-Eingangsbestätigung zur Erfindungsmeldung. Vgl. allg. z. Ausrichtung am »Empfängerhorizont« BGH v. 17.11.1969, LM Nr. 31 zu § 133 (C) BGB u. v. 25.01.1977, JZ 1977, 341; abw. MünchKomm-Mayer-Maly BGB Anm. 29 zu § 133.

werden,[81] wie etwa begleitende Erklärungen, Vorbesprechungen, sonstiges an einen bestimmten (gewollten) Inhalt der Erklärung anknüpfendes Verhalten[82] (etwa in Kenntnis des Arbeitnehmers erfolgende parallele Schutzrechtsanmeldungen durch den Arbeitgeber mit Unterzeichnung der Erfinderbenennung durch den Arbeitnehmer). Zur Inanspruchnahme von Teilen einer Diensterfindung s. § 6 n.F. Rdn. 22.

*Rdn. 73 – 77 frei*

## E. Die fingierte Inanspruchnahmeerklärung (Abs. 2)

### I. Grundsatz

Abs. 2 fingiert die Inanspruchnahmeerklärung, wenn der Arbeitgeber die Diensterfindung nicht bis zum Ablauf von 4 Monaten nach Eingang der ordnungsgemäßen Meldung ggü. dem Arbeitnehmer förmlich freigibt. Die Regelung begründet mit tatenlosem Fristablauf eine **unwiderlegbare gesetzliche Vermutung der Inanspruchnahme** durch den Arbeitgeber.[83] Der Gesetzgeber hat sich damit im Interesse einer rechtsklaren und **rechtssicheren Zuordnung der im Arbeitsverhältnis entstandenen Diensterfindung zum Arbeitgeber**[84] zu einer grundlegenden Änderung, nämlich der Umkehr der bisherigen Regelungssystematik entschieden: Das frühere Recht ging davon aus, dass die Diensterfindung binnen einer bestimmten Frist (4 Monate nach Meldung) ausdrücklich in Anspruch genommen werden musste und mangels fristgerechter Inanspruchnahme frei wurde (vgl. § 6 Abs. 2 a.F. i.V.m. § 8 Abs. 1 Nr. 3 a.F.). Nunmehr ist der Arbeitgeber aufgrund des § 6 Abs. 2 n.F. gehalten, eine ausdrückliche Freigabe zu erklären, will er den Übergang der Erfindungsrechte und die damit zugleich verbundenen Pflichten ausschließen. Folglich wird die (unbeschränkte) Inanspruchnahme die Regel und die Freigabe der Diensterfindung die Ausnahme – eine zweifellos zutreffende Sicht des Gesetzgebers,[85] die der derzeitigen Praxis bei gemeldeten Diensterfindungen entspricht.

78

---

81 Einschränkend b. dingl. Rechtsgeschäften allerdings BGH v. 28.03.1969, LM Nr. 13 zu § 133 (b) BGB.
82 Vgl. BAG v. 10.04.1973, AP Nr. 37 zu § 133 BGB.
83 So zu Recht Keukenschrijver in Busse/Keukenschrijver, PatG, Rn. 14 zu § 6 ArbEG.
84 S. Amtl. Begründung zum Patentrechtsmodernisierungsgesetz in BR-Drucks. 757/08, S. 50 (zu Art. 7 Nr. 2b des Entwurfs).
85 Amtl. Begründung zum Patentrechtsmodernisierungsgesetz in BR-Drucks. 757/08, S. 50 (zu Art. 7 Nr. 2b des Entwurfs).

**79** Die **Reform im Patentrechtsänderungsgesetz** ist **zu begrüßen** (s.a. Einl. Rdn. 9). Der Gesetzgeber hat sich zu diesem beherzten Schritt entschieden, nachdem die bisherige Regelung »häufig zur Problemen geführt« hat, »weil Fristen versäumt und Formerfordernisse nicht beachtet wurden, und zwar von beiden Arbeitsvertragsparteien«;[86] das betraf – ausweislich der Amtlichen Begründung – bspw. die Frage der schlüssigen Überleitung in den Fällen der beiderseitiger Nichtbeachtung der Formvorschriften, ferner die kontrovers diskutierte »Haftetikett-«Entscheidung des *BGH* zum Freiwerden einer ohne förmliche Erfindungsmeldung zum Schutzrecht angemeldeten Diensterfindung[87] (s. dazu § 5 Rdn. 31). Zwar mag allgemein darüber gestritten werden, inwieweit mangelnde Rechtstreue ein anerkennenswerter Grund für eine Gesetzesnovelle sein sollte. Es ist aber in dem hier in Rede stehenden Bereich des Erfinderrechts nicht zu übersehen, dass die fehlende Beachtung gesetzlicher Vorgaben für die (schuldrechtlichen) Beziehungen zwischen Arbeitgeber und Arbeitnehmererfinder jedenfalls Anlass sein muss, die auslösenden Regelungsmechanismen kritisch zu hinterfragen. Die Reform macht die schon seit Jahren nicht mehr überschaubare Kasuistik zur schlüssigen Überleitung von Diensterfindungen sowie zum Verzicht auf Formvorschriften (s. dazu § 6 a.F. Rdn. 35 ff.) überflüssig.

Zugleich trägt die Fiktion zur angemessenen Lösung der in der Praxis nicht seltenen Fallsituationen bei, in denen die Schutzfähigkeit der gemeldeten Neuerung dem Arbeitgeber zweifelhaft erscheint oder dort falsch bewertet wird. Dieses Problem gewann für die Arbeitsvertragsparteien aufgrund der »Ladungsträgergenerator«-Entscheidung des *BGH* vom 5.10.2005 stärkere Bedeutung; dadurch war für eine technische Ergänzung der Erfindungsmeldung die Notwendigkeit zur gesonderten Prüfung der Schutzfähigkeit zur Vermeidung eines Freiwerden offenbar geworden (s. dazu § 5 Rdn. 21 u. oben § 6 Rdn. 49). Die gesetzliche Inanspruchnahmefiktion bringt die notwendige Rechtssicherheit und Rechtsklarheit und vermeidet überflüssigen Verwaltungsaufwand für beide Arbeitsvertragsparteien. Sie entspricht – worauf die Amtl.

---

86 Amtl. Begründung zum Patentrechtsmodernisierungsgesetz in BR-Drucks. 757/08, S. 50 (zu Art. 7 Nr. 2b des Entwurfs).

87 S. dazu die Kritik in Amtl. Begründung zum Patentrechtsmodernisierungsgesetz in BR-Drucks. 757/08, S. 50 (zu Art. 7 Nr. 2b des Entwurfs); s. ferner die Rede von MdB Dr. Krings vom 22.01.2009 [in BT-Plenarprot. 16/200, S. 21698 (B)], wonach die Haftetikett-Entscheidung »den Reformbedarf« zur Inanspruchnahmeregelung des ArbEG »offengelegt« hat, und den Hinweis von MdB Leutheusser-Schnarrenberg in der Rede vom 22.01.2009 [in BT-Plenarprot. 16/200, S. 21699 (D)], wonach es »richtig erscheint …, bei dieser Gelegenheit die umstrittene Haftetikett-Entscheidung des Bundesgerichtshofs zu korrigieren …«.

### E. Die fingierte Inanspruchnahmeerklärung (Abs. 2)

Begründung zu Recht hinweist[88] – der Zielsetzung des ArbEG, die Zuordnung der im Arbeitsverhältnis entstandenen Diensterfindung an den Arbeitgeber sicherzustellen und schafft eine gesicherte Grundlage für den damit synallagmatisch verknüpften Vergütungsanspruch des Arbeitnehmers.

Zudem darf die Rechtswirklichkeit nicht außer Acht gelassen werden. Immerhin ist in der Unternehmenspraxis die (unbeschränkte) Inanspruchnahme bei gemeldeten Diensterfindungen die Regel; die Quote der vom Arbeitnehmer verwerteten freien oder frei gewordenen Erfindungen dürfte unter 15 % liegen (s. § 8 n.F. Rdn. 2). Von daher ist es verständlich, dass gerade die Inanspruchnahmefiktion als ein Kernelement der ArbEG-Novelle 2009 im Gesetzgebungsverfahren parteiübergreifend befürwortet worden ist.[89]

Die **Fiktion des Abs. 2** ergänzt die Möglichkeit zur ausdrücklichen Erklärung der Inanspruchnahme,[90] macht sie aber zugleich verzichtbar (s.a Rdn. 55): Erfolgt keine ausdrückliche Freigabe (s. dazu Rdn. 108 ff.), treten die Wirkungen der Inanspruchnahme »ohne weiteres Zutun« – quasi automatisch – »mit Zeitablauf« ein.[91] 80

Nach der Gesetzesfassung geht die Fiktion von **drei Voraussetzungen** aus:
– ordnungsgemäße Meldung (s. u. Rdn. 94 ff.)
– Fristablauf (s. u. Rdn. 88 f., 104 f.)
– unterbliebene frist- und formgerechte Freigabeerklärung (s. u. Rdn. 108 ff.).

Die gesetzliche Fiktion knüpft zwangsläufig an die **potenzielle Schutzfähigkeit** an (s. Rdn. 26 f.).

Kein Raum besteht für die Fiktion, wenn der Arbeitgeber **zuvor** eine **ausdrückliche Inanspruchnahme** wirksam erklärt hat (s. o. Rdn. 55 ff.). Gleiches gilt, wenn vor Fristablauf eine wirksame (vgl. §§ 22, 23) Vereinbarung über die Zuordnung der Erfindungsrechte zustande gekommen ist (z.B. Einräu- 81

---

88 S. Amtl. Begründung zum Patentrechtsmodernisierungsgesetz in BR-Drucks. 757/08, S. 50 (zu Art. 7 Nr. 2b des Entwurfs).
89 S. die Reden bei der 1. Lesung am 22.01.2009 u. a. von MdB Leutheusser-Schnarrenberg [in BT-Plenarprot. 16/200, S. 21699 (D)], MdB Montag [in BT-Plenarprot. 16/200, S. 21701 (C)], MdB Hartenbach [in BT-Plenarprot. 16/200, S. 21702 (A)], kritisch dagegen MdB Manzewski [in BT-Plenarprot. 16/200, S. 21698 (D) u. 21699 (A)].
90 S. Amtl. Begründung zum Patentrechtsmodernisierungsgesetz in BR-Drucks. 757/08, S. 50 (zu Art. 7 Nr. 2b des Entwurfs).
91 S. Amtl. Begründung zum Patentrechtsmodernisierungsgesetz in BR-Drucks. 757/08, S. 50 (zu Art. 7 Nr. 2a des Entwurfs).

mung einer einfachen Lizenz unter Freigabe i.Ü.). Bei einer wirksamen, aber inhaltlich fehlerhaften Inanspruchnahmeerklärung wäre ggf. zu prüfen, ob diese im Einzelfall Grundlage einer (stillschweigenden) Vereinbarung über die Zuordnung geworden ist.

82 Ist die ausdrückliche **Inanspruchnahmeerklärung unwirksam** oder nicht zugegangen bzw. eine wirksame Vereinbarung nicht zustande gekommen, verbleibt es bei der Inanspruchnahmefiktion nach Abs. 2. Eine – gleich aus welchen Gründen – rechtsunwirksame Inanspruchnahmeerklärung, die den Rechtserfolg des § 7 Abs. 1 n.F. nicht bewirkt, verdrängt also nicht die Fiktionswirkung des § 6 Abs. 2 n.F. (zur Heilungswirkung der Fiktion s. Rdn. 63). Insoweit bewirkt die Fiktion des Abs. 2 n.F. zwangsläufig, dass sich eine unwirksame Inanspruchnahmeerklärung mit Eintritt der Fiktionswirkung (für die Zukunft) erledigt hat. Ist bspw. die (ausdrückliche) Inanspruchnahmerung aufgrund einer Anfechtung gem. § 119 BGB unwirksam oder ist sie erst nach Ablauf der 4-Monats-Frist zugegangen, kommt die Fiktionswirkung des § 6 Abs. 2 n.F. zum Tragen.

*Rdn. 83 frei*

## II. Die »Vier-Monats-Frist«

### 1. Grundsatz

84 Der Arbeitgeber muss seine Entscheidung, ob er die Erfindung in Textform freigibt (s. u. Rdn. 108 ff. n.F.), die ausdrückliche Inanspruchnahme erklärt (s. o. Rdn. 55 ff. n.F.) oder die Fiktionswirkung des Abs. 2 eintreten lässt, innerhalb von 4 Monaten **nach der ordnungsgemäßen Meldung** der Diensterfindung getroffen haben. Andernfalls tritt die Fiktionswirkung der Inanspruchnahme der Diensterfindung ein (s. u. Rdn. 122 ff. n.F.). Die Frist zur Freigabe entspricht der bisherigen Inanspruchnahmefrist des § 6 Abs. 2 Satz 2 Halbs. 2 a.F. (s. dazu § 6 a.F. Rdn. 44 ff.). Der Arbeitgeber kann die Frist voll ausschöpfen (s. § 6 n.F. Rdn. 66 f.).

*Rdn. 85, 86 frei*

### 2. Rechtsnatur der Frist, abweichende Vereinbarungen

87 Da die Freigabe zur Vermeidung der Fiktionswirkung nur innerhalb dieser Frist erklärt werden kann, ist diese 4-Monats-Frist im Hinblick auf ihre Gestaltungswirkung eine gesetzliche **Ausschlussfrist**. Dieses Verständnis der viermonatigen Freigabefrist entspricht der herrschenden Meinung zum Charakter der

früheren Inanspruchnahmefrist[92] (s. § 6 a.F. Rdn. 45). Diese Ausschlussfrist beginnt ebenfalls ohne Rücksicht auf den Willen der Arbeitsvertragsparteien zu laufen, unabhängig auch von ihrer Kenntnis über Beginn und Ende der Frist.[93] Sie läuft auch unabhängig davon, ob sich der Arbeitgeber während der Frist über die technische Ausführbarkeit oder wirtschaftliche Verwertbarkeit der Erfindung im Klaren ist[94] (zum Eintritt der Fiktionswirkung s.a. Rdn. 122 n.F.).

Der **Arbeitnehmer** ist **weder gehalten**, den Arbeitgeber auf einen evtl. **Fristablauf aufmerksam zu machen**[95] noch kann und muss er in diesem Zeitraum in irgendeiner Form aktiv werden. Die Regelung des Abs. 2 verdeutlicht, dass die Beachtung des Fristablaufs allein Sache des Arbeitgebers ist.[96]

88

Die Ausschlussfrist ist als Einwendung von Amts wegen zu beachten.[97] Anders als bei der früheren Inanspruchnahmefrist nach § 6 Abs. 2 a.F. (s. dazu § 6 a.F. Rdn. 47) ist bei der Freigabefrist u. E. eine **Fristverlängerung** nach Erfin-

89

---

92 H.M., z.B. BGH v. 14.07.1966 – I a ZR 58/64, (unveröffentl.); v. 04.04.2006, GRUR 2006, 754, 757 – *Haftetikett*; BPatG v. 26.06.2008 – 8 W (pat) 308/03 [Rn. 56] – *Schweißheizung für Kunststoffrohrmatte* (insoweit nicht in Mitt. 2009, 72); OLG München v. 10.05.2007 – 6 U 3150/06 u. OLG Düsseldorf v. 01.10.2009 – 2 U 41/07, *Glasverbundplatten* (beide unveröffentl.); LAG Baden-Württemberg v. 24.01.1958, DB 1958, 312; so auch BR in Anl. 2 zu BT-Drucks. II/1648, S. 60; Keukenschrijver in Busse/Keukenschrijver, PatG, Rn. 11 zu § 6 ArbEG.
93 So zur früheren Inanspruchnahmefrist: BGH v. 23.05.1952 – I ZR 149/51, GRUR 1952, 573 – *Zuckerdiffuseur* = AP 53 Nr. 120 m. Anm. Volmer (dort noch zur DVO 1943); s.a. LG Bremen v. 12.04.1956, MDR 1956, 747.
94 Vgl. etwa Schiedsst. v. 08.04.1993, Mitt. 1996, 245, 246 – *Vorführbereite Mustergeräte*.
95 Zur früheren Inanspruchnahmefrist: Bartenbach, Mitt. 1971, 232, 234 ff.; vgl. aber auch Schiedsst. v. 12.08.1966, BlPMZ 1967, 132.
96 Vgl. auch Schiedsst. v. 23.04.1979 – Arb.Erf. 68/78, (unveröffentl.) mit dem allg. Hinweis, dass Unterrichtungspflichten b. gesetzlichen Fristen für die Arbeitsvertragsparteien nicht bestehen.
97 S. allg. Palandt/Ellenberger, BGB, vor § 194 Rn. 13.

dungsmeldung gem. § 22 Satz 2 **möglich**.[98] Dies ergibt sich aus der Entstehungsgeschichte der Vorschrift. So hatte der Bundesrat – auf Empfehlung des dortigen Rechtsausschusses[99] – im 1. Durchgang um Prüfung gebeten, »ob die im Entwurf vorgesehene starre Frist von vier Monaten … von Arbeitgeber und Arbeitnehmer einvernehmlich verlängert werden kann.«[100] Die Bundesregierung hat daraufhin in ihrer Gegenäußerung[101] klargestellt, dass nach der Meldung der Diensterfindung Vereinbarungen gem. § 22 Satz 2 unbeschränkt zulässig sind und die Arbeitsvertragsparteien die Möglichkeit haben, **einvernehmlich** die **Frist** zu **verlängern**, die **Inanspruchnahmefiktion auszuschließen** oder für die Inanspruchnahme eine Erklärung als erforderlich zu vereinbaren und selbst nach Fristablauf die **Rechtswirkungen** einvernehmlich dahin **verändern** können, als seien die Rechtswirkungen nicht oder noch nicht eingetreten. Dementsprechend hatte sich die Frage der Verlängerungsmöglichkeit bzw. einvernehmlicher Modifikationen im weiteren Gesetzgebungsverfahren erledigt.[102] Folglich sind zwar nicht im Voraus (§ 22 Satz 1), jedoch ab Erfindungsmeldung (§ 22 Satz 2) **abweichende Vereinbarungen** möglich.

Das umfasst auch eine erfindungsbezogene **Verkürzung** der Frist. Selbstverständlich steht es den Arbeitsvertragsparteien zudem frei, Vereinbarungen über die »Inanspruchnahme« selbst bzw. über eine nachträgliche Freigabe der Erfindung zu treffen.[103]

---

98 Ebenso Gennen, ITRB 2010, 280, 283; Schaub/Koch, ArbRHdb., § 114 Rn. 20. Nach Boemke/Kursawe/Kursawe Rn. 24 zu § 6 ist zwar eine einvernehmliche Verlängerung möglich, müsse »jedoch einer AGB-Kontrolle standhalten. Freigabefristen von über sechs Monaten benachteiligen den Arbeitnehmer in der Regel unzulässig und sind daher unwirksam.« Abw. Keukenschrijver in Busse/Keukenschrijver, PatG, Rn. 11 zu § 6 ArbEG (»Fristverlängerung wird nach der Neuregelung nicht mehr in Betracht kommen«); abw. ferner Schwab, Arbeitnehmererfindungsrecht, § 6 Rn. 5: »durch Vereinbarung nicht (im Voraus) verlängerbar«. Die Möglichkeit einer einvernehmlichen Verlängerung dagegen bereits nach früherem Recht bejahend Beil in Chemie-Ing.-Technik 1957, 489; Volmer Rn. 34 zu § 6; Reimer/Schade/Schippel/Rother Rn. 29 zu § 6; Hueck/Nipperdey Lehrb. ArbR, Bd. 1 § 53 II 7 a Fn. 23; unklar BGH v. 23.05.1952 – I ZR 149/51, AP 53 Nr. 120 – *Zuckerdiffuseur* (zu § 4, DVO 43).
99 In BR-Drucks. 757/1/08 vom 14.11.2008, dort unter A.1.
100 Stellungnahme des BR in BT-Drucks. 16/11339, Anlage 3.
101 BReg. in Gegenäußerung in BT-Drucks. 16/11339, Anlage 4, dort Ziff. 1.
102 S.a. die zustimmende Erklärung von MdB Dr. Krings vom 22.01.2009 in BT-Plenarprot. 16/200 unter 2198 (B).
103 Vgl. zur früheren Inanspruchnahmefrist: Schiedsst. v. 08.04.1993, EGR Nr. 34 zu § 6 rbEG – *Vorführbereite Mustergeräte*.

### E. Die fingierte Inanspruchnahmeerklärung (Abs. 2) § 6 n.F.

Allerdings unterliegen derartige Vereinbarungen **strengen Anforderungen** bezüglich Eindeutigkeit und Klarheit.[104] Ferner gilt die allgemeine Schranke des § 23. Unbedenklich ist danach z.b. eine Fristverlängerung, wenn sich herausstellt, dass umfangreiche Forschungen und Bewertungen erforderlich sind, für die die 4-Monats-Frist nicht ausreicht.[105] Eine Fristverlängerung entbindet den Arbeitgeber nicht von seiner Verpflichtung zur unverzüglichen Schutzrechtsanmeldung nach § 13; deshalb liegt im Fall der Fristverlängerung eine gleichzeitige Vereinbarung zum Hinausschieben der Schutzrechtsanmeldung (s. zu § 13 Rdn. 33.2) nahe.[106]

Aufgrund des wesensmäßigen Unterschieds zur Verjährungsfrist ist eine **Hemmung** i.S.d. § 209 BGB bei Ausschlussfristen grds. ausgeschlossen.[107] 90

Zwar ist der unverzüglich geltend zu machende[108] Einwand der **unzulässigen Rechtsausübung** (§ 242 BGB) auch ggü. der Berufung auf die Ausschlussfristen möglich.[109] Im Unterschied zum Ablauf der Inanspruchnahmefrist (s. § 6 a.F. Rdn. 49) wird für den Arbeitgeber angesichts der Fiktionswirkung kaum Anlass für einen solchen Einwand bestehen. Eine Geltendmachung durch den Arbeitnehmer scheidet im Regelfall aus, da es sich um eine vom Gesetz zuerkannte Rechtsposition handelt, die unabhängig vom Verhalten des Arbeitgebers mit Zeitablauf eintritt und der Arbeitnehmer an der Entscheidungsfindung nicht teilnimmt (s. § 6 n.F. Rdn. 18, 21.). 91

Zur evtl. Unterbrechung einer Frist durch Anrufung der Schiedsstelle vgl. § 31 Rdn. 18 f.

*Rdn. 92, 93 frei*

---

104 Ebenso Schaub/Koch, ArbRHdb., § 114 Rn. 20. Vgl. auch zum früheren Recht (DVO 1943): BGH v. 23.05.1952 – I ZR 149/51, GRUR 1952, 573 – *Zuckerdiffuseur* = AP 53 Nr. 120 m. Anm. Volmer.
105 Vgl. den Hinweis der BReg. in Gegenäußerung in BT-Drucks. 16/11339, Anlage 4, dort Ziff. 1.
106 Gennen, ITRB 2010, 280, 281.
107 Vgl. dazu allg. u. a. RG v. 17.03.1930, RGZ 128, 46, 47 u. v. 22.07.1938, RGZ 158, 137, 140; OLG Celle, WM 1975, 652, 654; OLG Hamm v. 11.03.1996, NZV 1996, 498 f.; vgl. auch BVerwG v. 19.12.1996, NVwZ 1996, 1217 f.; vgl. aber auch die Rspr. zu § 626 Abs. 2 BGB, z.B. LAG Frankfurt v. 28.02.1985, BB 1986, 258.
108 Vgl. allg. BGH v. 03.02.1953, NJW 1953, 541.
109 Vgl. Schiedsst. v. 12.08.1966, BlPMZ 1967, 132; vgl. allg. RG v. 23.11.1933, RGZ 142, 280, 285 u. v. 30.05.1935, RGZ 148, 298, 301.

### 3. Fristbeginn bei ordnungsgemäßer Meldung

94 Die Vier-Monatsfrist knüpft an den »Eingang der ordnungsgemäßen Meldung« an. § 6 Abs. 2 n.F. hat zur Konkretisierung der Frist die frühere Regelung zur Inanspruchnahmefrist (§ 6 Abs. 2 Satz 2 Halbs. 2 a.F.) weitgehend übernommen, weicht allerdings im Klammerzusatz ab. Hier wird nunmehr auf § 5 Abs. 2 Satz 1 und 3 und nicht mehr – wie im früheren Recht – auf § 5 Abs. 2 und 3 verwiesen. Hinweise für die Hintergründe dieser Abweichung gibt die Amtl. Begründung nicht. Da sich die Frist an der bisherigen Inanspruchnahmefrist orientiert, ist davon auszugehen, dass sich durch diese redaktionelle Änderung keine grundlegenden materiellen Änderungen bei der Bestimmung der Frist ergeben sollen.

95 Die Frist **beginnt** mit Eingang der ordnungsgemäßen, den gesetzlichen Erfordernissen des § 5 entsprechenden Meldung[110] beim Arbeitgeber, gem. § 187 Abs. 1 BGB also mit dem auf den Zugang der Meldung folgenden Tag.[111] Eine wiederholte Meldung derselben Diensterfindung löst keine neue Frist aus[112] (s. auch § 8 n.F. Rdn. 63; zur Meldung an Bevollmächtigte s. § 5 Rdn. 14).

96 Wenn auch § 6 Abs. 2 n.F. – wie bereits die Vorgängerregelung – nicht auf § 5 Abs. 1 Bezug nimmt, so bedeutet dies nicht, dass damit die Formerfordernisse des § 5 Abs. 1 (insb. die Textform) entbehrlich sind.[113] Wie aus dem Begriff der Ordnungsgemäßheit folgt, kann eine die **Mindesterfordernisse des § 5 Abs. 1 nicht erfüllende Meldung** keine Fristen in Gang setzen (s. § 5 Rdn. 85). Zum Übertragungsanspruch des Arbeitgebers bei pflichtwidrigem Unterlassen der Fertigstellung der Erfindung während des Arbeitsverhältnisses s. § 26 Rdn. 22; zur Inanspruchnahmeerklärung ohne Meldung s. zu § 6 a.F. Rdn. 44.

97 Soweit es um die **inhaltlichen Vorgaben des § 5 Abs. 2** geht, wird man angesichts des insoweit eindeutigen Klammerhinweises nur auf die Vorgaben des § 5 Abs. 2 Satz 1 und 3 abstellen müssen. Ein bloßes Redaktionsversehen dürfte angesichts der ausdrücklichen Satzbezeichnungen ausgeschlossen sein;

---

110 Zur Inanspruchnahmefrist: Schiedsst. v. 07.02.1995 – Arb.Erf. 6(B)/93 u. Arb.Erf. 7(B)/93, (unveröffentl).

111 So u.a. zur Inanspruchnahmefrist: Busse/Keukenschrijver, PatG (6. Aufl. 2003), Rn. 12 zu § 6 ArbEG.

112 Ebenso Keukenschrijver in Busse/Keukenschrijver, PatG, Rn. 12 zu § 5 ArbEG.

113 Vgl. zu § 6 Abs. 2 a.F. auch LG Düsseldorf v. 30.09.1975, EGR Nr. 15 zu § 5 ArbEG; insoweit liegt wohl ein fortbestehendes Redaktionsversehen vor. Zust. Boemke/Kursawe/Kursawe Rn. 18 zu § 6.

### E. Die fingierte Inanspruchnahmeerklärung (Abs. 2)

hierin ist die gesetzgeberische Wertentscheidung zu sehen, den Gang der Fiktionsfrist nicht an den in § 5 Abs. 2 Satz 2 genannten, bloß hilfreichen Aufzeichnungen scheitern zu lassen. Bei den inhaltlichen Erfordernissen nach § 5 Abs. 2 Satz 1 und 3 kommt es u.e. auch bei der Neufassung des § 6 Abs. 2 darauf an, ob der Arbeitgeber von der Möglichkeit einer **Beanstandung nach § 5 Abs. 3** Gebrauch gemacht hat. Zwar wird diese Beanstandungsregelung nicht mehr ausdrücklich aufgeführt. Jedoch würde es angesichts der ausdrücklichen Erwähnung des § 5 Abs. 2 i.V.m. dem Erfordernis der Ordnungsgemäßheit weder sachlich noch vom Normtext her Sinn machen, wollte man den Fristbeginn trotz Beanstandung an den Eingang der inhaltlich unvollständigen, nicht ordnungsgemäßen Meldung anknüpfen. Ohne Beanstandung des Arbeitgebers beginnt die Frist dagegen bereits mit Eingang der nach § 5 Abs. 2 unzureichenden Meldung.[114]

Im Anschluss an das zu § 5 Gesagte (s. dort § 6 Rdn. 92 ff. n.F.) können demnach als **Fallgestaltungen zum Fristbeginn** festgehalten werden:
– Erfüllt eine Erfindungsmeldung nicht die Mindesterfordernisse des § 5 Abs. 1 (Textform, gesonderte Meldung, Kenntlichmachung als Erfindungsmeldung) fehlt es an einer Meldung (s. dazu § 5 Rdn. 34) und die Frist wird nicht in Gang gesetzt. In der Behandlung einer nicht formgerecht nach § 5 Abs. 1 gemeldeten Diensterfindung als Verbesserungsvorschlag liegt grundsätzlich keine Inanspruchnahme (s. § 20 Rdn. 70).
– Eine Erfindungsmeldung, die die Mindesterfordernisse des § 5 Abs. 1 erfüllt, nicht aber die inhaltlichen Erfordernisse des § 5 Abs. 2 Satz 1 und 3, löst mit ihrem Zugang (u. E. rückwirkend) die Fiktionsfrist aus, wenn der Arbeitgeber eine fristgerechte Beanstandung unterlässt (§ 5 Abs. 3 Satz 1, s. § 5 Rdn. 92). Das gilt selbst dann, wenn die unbeanstandete Meldung keine Offenbarung der erfinderischen Lehre enthält (s. § 5 Rdn. 84).
– Erfüllt die Erfindungsmeldung die Mindesterfordernisse des § 5 Abs. 1, nicht aber die inhaltlichen Erfordernisse des § 5 Abs. 2 Satz 1 und 3 und wird sie fristgerecht nach § 5 Abs. 3 beanstandet, beginnt die Frist erst mit Zugang der (vervollständigten s. § 5 Rdn. 89 f.) Ergänzungsmeldung. (s. § 5 Rdn. 93).
– Erfüllt die Erfindungsmeldung die Mindesterfordernisse des § 5 Abs. 1, nicht aber die inhaltlichen Erfordernisse des § 5 Abs. 2 Satz 2 (Beifügung vorhandener Aufzeichnungen), beginnt die Frist bereits mit Zugang der

98

---

114 Ebenso jetzt Keukenschrijver in Busse/Keukenschrijver, PatG, Rn. 14 zu § 6 ArbEG; unklar OLG Karlsruhe v. 13.04.2018 – 6 U 161/16, (www.lrbw.juris.de, Rn. 167) – Rohrprüfsystem.

§ 6 n.F. Inanspruchnahme (Fassung 2009)

unvollständigen (Erst-) Meldung, unabhängig davon, ob der Arbeitgeber diese beanstandet hat und ob der Arbeitnehmer diese mittels Ergänzungsmeldung vervollständigt hat (s. vorstehend § 6 Rdn. 97).
– Auch eine verspätete Erfindungsmeldung setzt die Frist in Gang (s. § 5 Rdn. 29).
– Ob und inwieweit bei einer formlosen, aber gleichwohl umfassenden Arbeitgeberunterrichtung die Frist in Gang gesetzt werden kann, ist streitig (s. unten Rdn. 130).

99 Die Fiktion knüpft – so die Amtl. Begründung – an die ordnungsgemäße Meldung an[115] und setzt sie damit grds. voraus. Ansonsten kann die Frist ohne Meldung grds. nicht beginnen.[116] S. zu den Ausnahmen bzw. Rechtfolgen einer formlosen Arbeitgeberunterrichtung § 6 Rdn. 128 ff.

*Rdn. 100 – 103 frei*

### 4. Fristberechnung und Fristablauf

104 Steht der Fristbeginn fest (s. o. Rdn. 94 ff.) bestimmen sich die sonstigen Einzelheiten der **Fristberechnung** nach den allgemeinen Vorschriften der §§ 187 ff. BGB.[117]

105 Die Vier-Monatsfrist **endet** nach § 188 Abs. 2 BGB mit Ablauf desjenigen Tages des letzten Monats, welcher durch seine Zahl dem Tage entspricht, an dem die Erfindungsmeldung dem Arbeitgeber zugegangen ist (z.B. bei Zugang der Meldung am 2. Januar endet die Frist mit Ablauf des 2. Mai dieses Jahres). Weisen die Monate unterschiedliche Dauer auf und fehlt in dem letzten Monat der für den Fristablauf maßgebliche Tag, so endet die Frist gem. § 188 Abs. 3 BGB mit Ablauf des letzten Tages dieses Monats (z.B. bei Zugang der Meldung am 31. Oktober endet die Frist mit Ablauf des 28. [29.] Februar des folgenden Jahres). Fällt der letzte Tag auf einen Samstag, Sonntag oder gesetzlichen Feiertag, so tritt nach § 193 BGB an die Stelle eines solchen Tages der nächste Werktag.

Aus den aufgezeigten Gründen (s. o. Rdn. 89) ist eine einvernehmliche **Verlängerung** der viermonatigen Ausschlussfrist möglich.

---

115 Amtl. Begründung zum Patentrechtsmodernisierungsgesetz in BR-Drucks. 757/08, S. 50 (zu Art. 7 Nr. 2b des Entwurfs).
116 Zur früheren Inanspruchnahmefrist vgl. DPA v. 21.01.1959, BlPMZ 1959, 115; Schiedsst. v. 07.02.1995 – Arb.Erf. 6(B)/93 u. Arb.Erf. 7(B)/93, (unveröffentl.).
117 Zu § 6 Abs. 2 a.F. so allg. A., z.B. Busse/Keukenschrijver, PatG (6. Aufl. 2003), Rn. 12 zu § 6.

### E. Die fingierte Inanspruchnahmeerklärung (Abs. 2)

*Rdn. 106, 107 frei*

### III. Freigabeerklärung

#### 1. Regelungsgehalt

**Hat der Arbeitgeber kein Interesse an der Diensterfindung** (zur Entscheidungsfreiheit s. Rdn. 21) und will er deshalb die Fiktion der Inanspruchnahme vermeiden und die Erfindungsrechte vollständig dem Arbeitnehmer überlassen, so erfordert das eine **förmliche Freigabe** der Diensterfindung gegenüber dem/den Arbeitnehmererfinder(n) innerhalb der 4-Monats-Frist. Unterbleibt dies, greift (automatisch) die gesetzliche Fiktion nach § 6 Abs. 2 mit der Folge der Inanspruchnahme ein (s. § 6 n.F. Rdn. 112). 108

Nach Textfassung, Regelungsinhalt (mit Form- und Fristvorgabe), zusätzlicher Rechtswirkung (Wegfall der Inanspruchnahmefiktion) und angesichts unterbliebener Bezugnahme auf § 8 n.F. enthält § 6 Abs. 2 u. E. bereits seinem Wortlaut zufolge (Normadressat, Handlung, Formvorgabe, Erklärungsempfänger) eine **eigenständige Vollregelung zur Erklärung der Freigabe** einer gemeldeten Diensterfindung während der 4-Monats-Frist.[118] Dabei ist der Begriff der Freigabe mit dem des § 8 identisch (s. § 8 n.F. Rdn. 12 f.). Da es sich – wie der Rückschluss aus § 7 n.F. ergibt – auch im Fall des § 6 Abs. 2 n.F. um eine »Freigabe aller vermögenswerten Erfindungsrechte« handelt, ergeben sich mangels abweichender Vorgaben neben dem Wegfall der Inanspruchnahmefiktion (auch hier) die weiteren **Rechtsfolgen aus § 8 Satz 2 n.F.**, sobald die formgerechte Freigabe nach § 6 Abs. 2 n.F. fristwahrend beim Arbeitnehmer zugegangen ist (s. § 6 n.F. Rdn. 118). Damit ist es unschädlich, wenn in §§ 13, 24 und 25, lediglich auf § 8 verwiesen wird (s.a. § 13 Rdn. 32). Dies verkennt die Gegenansicht,[119] die sich über den Wortlaut des § 6 Abs. 2 n.F. hinwegsetzt und der Vorschrift den Charakter als eigenständige Freigaberegelung abspricht.

Im Ergebnis sieht das ArbEG folglich drei Möglichkeiten für den Arbeitgeber vor, sich bei einer Diensterfindung der Inhaberschaft zu »entziehen«, nämlich Freigabe nach § 6 Abs. 2, nach § 8 Satz 1 sowie nach § 16 Abs. 2[120] (vgl. § 8 n.F. Rdn. 7).

---

118 Im Ergebn. bestätigt nunmehr durch Schiedsst. v. 29.06.2017, Arb.Erf. 62/16, (www.dpma.de).
119 Gärtner/Simon, BB 2011, 1909, 1911; Boemke/Kursawe/Kursawe Rn. 4 zu § 8 u. Boemke/Kursawe/Hoppe-Jänisch Rn. 60 f. zu § 13; s.a. Gennen, ITRB 2010, 280, 283.
120 Schiedsst. v. 29.06.2017, Arb.Erf. 62/16, (www.dpma.de).

**§ 6 n.F.**

§ 6 Abs. 2 n.F. geht– nach der hier vertretenen Auffassung – der allgemeinen Regelung zur Freigabe in § 8 Satz 1 n.F. vor[121] (Spezialität, s.a. § 8 n.F. Rdn. 39 ff.), wobei die Rechtswirkungen von § 8 – insb. Satz 2 – n F. mitumfasst sind.

Vor bzw. nach Fristablauf ist eine Freigabe nach § 6 Abs. 2 n.F. nicht mehr möglich. Insoweit gelten dann § 8 n.F. (vor Schutzrechtsanmeldung) bzw. § 16 (nach Schutzrechtsanmeldung, s. § 8 Rdn. 7). Ggf. kann in einer auf § 6 Abs. 2 n.F. gestützten Freigabe aber eine Erklärung i.S.d. §§ 8, 16 oder ein Angebot zur rechtsgeschäftlichen Überleitung der in Anspruch genommenen Erfindung auf den Arbeitnehmer liegen (Umdeutung). Zum zulässigen Ausschöpfen der 4-Monats-Frist s. o. § 6 n.F. Rdn. 66., zur einvernehmlichen Fristverlängerung s. § 8 n.F. 89.

*Rdn. 109 – 111 frei*

### 2. Frist- und formgerechte Erklärung

112 Zur Vermeidung der Inanspruchnahmefiktion muss die Freigabe als empfangsbedürftige Willenserklärung (s. § 8 n.F. Rdn. 25) dem Arbeitnehmer **vor Fristablauf** innerhalb der 4-Monats-Frist ab Meldung (s. § 6 n.F. Rdn. 104 ff., 108) **zugegangen** sein (Einzelheiten zum Zugang s. § 5 Rdn. 10 f.). Das Übermittlungsrisiko trägt der Arbeitgeber. Er hat für den Zugang der Freigabeerklärung beim Arbeitnehmer Sorge zu tragen und ist u. E. für den fristgerechten Zugang beweispflichtig (s. Rdn. 152). Bei **Zugang nach Fristablauf** entfaltet die Freigabe keine Wirkung und die Diensterfindung gilt nach § 6 Abs. 2 unwiderlegbar als in Anspruch genommen.

Die allein Beweiszwecken dienende **Textform** (s. dazu § 5 Rdn. 35 ff.) ist Wirksamkeitsvoraussetzung. Eine formlose (mündliche) Erklärung ist unwirksam (§ 125 BGB), sodass die Inanspruchnahmefiktionswirkung greift.[122] Selbstverständlich kann eine formgerechte Freigabeerklärung innerhalb der Frist »nachgeholt« werden. Ebenso ist selbstredend eine Erklärung in Schriftform rechtswirksam, aber nicht mehr erforderlich (s. auch § 8 n.F. Rdn. 30). Eine bloß mündliche Freigabeerklärung ist nur bei einvernehmlichem Formverzicht ausreichend. Das Textformerfordernis ist nach Erfindungsmeldung

---

121 Abl. aber Gärtner/Simon, BB 2011, 1909, 1910 f.
122 Unstreitig, z, B. Schiedsst. ZB. v. 07.03.2016 – Arb.Erf. 09/14, (www.dpma.de = Mitt. 2017, 134 nur LS.), dort für eine telefonische Freigabeerklärung eines Vorgesetzten.

### E. Die fingierte Inanspruchnahmeerklärung (Abs. 2) § 6 n.F.

gemäß § 22 Satz 2 abdingbar.[123] (s. auch § 8 n.F. Rdn. 30). Dies kann auch formlos (konkludent) erfolgen. Angesichts der mit der Inanspruchnahmefiktion verbundenen Bedeutung der Freigabe und der Beweisfunktion der Form sollten u. E. an den Nachweis eines (stillschweigenden) Verzichts auf die Textform strenge Anforderungen gestellt werden.

Sind an der Diensterfindung mehrere beim Arbeitgeber beschäftigte **Miterfinder** beteiligt, ist die Freigabe jedem ggü. frist- und formgerecht zu erklären (s. § 6 n.F. Rdn. 138 ff.). 113

Für den **Erklärungsinhalt** der Freigabe gelten die gleichen Grundsätze wie bei § 8 n.F. (s. § 8 n.F. 21 ff.). Ausreichend für eine Freigabe nach § 6 Abs. 2 ist, wenn der Wille des Arbeitgebers, die gemeldete Diensterfindung nicht in Anspruch nehmen, sondern dem Arbeitnehmererfinder belassen zu wollen, zweifelsfrei aus der Erklärung unter Würdigung der Begleitumstände hervorgeht (§ 133 BGB; vgl. auch § 14 Rdn. 26). Die Freigabeerklärung ist als Gestaltungserklärung **bedingungs- und auflagenfeindlich** (s. zu § 8 Rdn. 26). Zur Möglichkeit eines Vorbehalts zur Schutzfähigkeit s.o. Rdn. 30). 114

Eine erklärte Freigabe ist bindend und kann nicht mehr **einseitig widerrufen** werden. Als Willenserklärung unterliegt die Freigabeerklärung allerdings den **allgemeinen Grundsätzen über Willensmängel** gem. §§ 116 ff. BGB; insb. der Anfechtung nach §§ 119 ff. BGB (zur Anfechtung s. § 8 a.F. Rdn. 36 ff. u. § 8 n.F. Rdn. 46 ff.). Zur Beweislast s. Rdn. 152 f. 115

*Rdn. 116, 117 frei*

#### 3. Wirkung der Freigabe

Die Freigabe erfasst die Diensterfindung ihrem Gegenstand nach nur in dem Umfang, in dem diese in der **Erfindungsmeldung offenbart** worden ist (s. § 8 n.F. Rdn. 13). Diese Bewertung kann im Einzelfall dann schwierig sein, wenn die Erfindungsmeldung (unbeanstandet) unvollständig ist. 118

Mit fristgerechtem Zugang der formgerechten Freigabeerklärung beim Arbeitnehmer treten deren Rechtsfolgen ein, d. h. die Inanspruchnahmefiktion entfällt und die weiteren Rechtsfolgen des Freiwerdens der Diensterfindung nach § 8 Satz 2 n.F. werden wirksam (s. § 8 n.F. Rdn. 63 ff.). Eine Korrektur der Freigabeentscheidung mittels **rückwirkender Inanspruchnahme** durch einseitige Erklärung des Arbeitgebers scheidet aus. Unmittelbar mit Zugang der

---

123 A. A. Boemke/Kursawe/Kursawe/Nebel Rn. 57 f. zu § 22, wonach sich der Arbeitgeber jedoch bei vom Arbeitnehmer nachgewiesener mündlicher Freigabeerklärung nicht auf die Inanspruchnahmefiktion berufen darf!

formgerechten Erklärung treten deren Rechtswirkungen ein (s. auch § 6 n.F. Rdn. 118),

*Rdn. 120, 121 frei*

### IV. Rechtswirkungen der Fiktion der Inanspruchnahmeerklärung

122 Hat der Arbeitgeber die Diensterfindung nicht (rechtswirksam) freigegeben, gilt nach Abs. 2 »die Inanspruchnahme als erklärt«. Es handelt sich dabei um eine **gesetzliche Fiktion, die ohne weiteres Zutun allein mit Zeitablauf** eintritt.[124] Fingiert wird die (stillschweigende) Erklärung der (unbeschränkten) Inanspruchnahme. Demzufolge gehen nach § 7 Abs. 1 n.F. alle vermögenswerten Rechte an der Diensterfindung auf den Arbeitgeber über (s. dazu § 7 n.F. Rdn. 10 ff.). Dies erfolgt **nicht rückwirkend**, sondern mit dem Zeitpunkt des Ablaufs der 4-Monats-Frist.[125] Eine **verspätete Inanspruchnahmeerklärung**, die nach Ablauf diese Frist und damit nach Rechtsübergang (§ 7 Abs. 1 n.F.) erklärt wird, geht ins Leere und entfaltet keine Rechtswirkungen.

123 Die Fiktionswirkung erstreckt sich auf die fertiggestellte Diensterfindung im Ganzen (s. o. Rdn. 41). Liegen die Voraussetzungen des Abs. 2 vor, greift die Fiktionswirkung selbst dann, wenn die Erfindungsmeldung keinerlei Offenbarung der Erfindung i.S.d. § 5 Abs. 2 enthält (s. o. Rdn. 50). I.Ü. kann es nahe liegen, zur Kennzeichnung auf eine innerhalb der Inanspruchnahmefrist bereits erfolgte Schutzrechtsanmeldung zurückzugreifen, jedenfalls dann, wenn der Arbeitnehmererfinder mit der Fassung einverstanden war.

124 Von der Fiktion **nicht** umfasst ist die **Schutzfähigkeit**. Auch hier geht das Gesetz grds. – jedenfalls zunächst – von der potenziellen Schutzfähigkeit aus (s. o. Rdn. 26 f.). Insoweit hat die Neuregelung nichts daran geändert, dass die endgültige Entscheidung über die Schutzfähigkeit den dazu berufenen Erteilungsbehörden bzw. Gerichten vorbehalten ist (zu den Folgen einer Schutzrechtsversagung s. § 6 Rdn. 32).

125 Die Inanspruchnahmefiktion tritt **zwingend** ein. Da es nicht auf ein Zutun der Arbeitsvertragsparteien ankommt (s. o. Rdn. 122), bedarf es zum Eintritt der Fiktion weder weiterer Mitwirkungshandlungen der Arbeitsvertragsparteien noch ist sie von deren Willen abhängig. Die Fiktionswirkung tritt also auch ein, wenn sich der Arbeitgeber dessen nicht bewusst ist. Selbst ein **entge-**

---

124 S. Amtl. Begründung zum Patentrechtsmodernisierungsgesetz in BR-Drucks. 757/08, S. 50 f. (zu Art. 7 Nr. 2a und 2b des Entwurfs).

125 In diesem Sinn Amtl. Begründung zum Patentrechtsmodernisierungsgesetz in BR-Drucks. 757/08, S. 50 (zu Art. 7 Nr. 2a des Entwurfs).

### E. Die fingierte Inanspruchnahmeerklärung (Abs. 2)

genstehender **Wille** des Arbeitgebers ist **unbeachtlich**; das gilt erst recht für eine ablehnende Haltung des Arbeitnehmers (s.a. Rdn. 18, 21).

Aufgrund des zwingenden, vom Willen der Arbeitsvertragsparteien unabhängigen Fiktionseintritts dürfte auch für eine **Anfechtung wegen Irrtums** (§ 119 BGB) kein Raum sein. Insoweit unterscheidet sich die Rechtslage im Ergebnis nicht vom früheren Recht, unter dem eine Anfechtung einer ausdrücklichen Inanspruchnahmeerklärung bei Irrtum über die Schutzfähigkeit i.d.R. ebenfalls ausgeschieden ist (s. § 6 a.F. Rdn. 68).

Vielmehr bedarf es einer einvernehmlichen Abrede zwischen den Arbeitsvertragsparteien, um die Rechtswirkungen der Fiktion nachträglich zu beseitigen (§ 22 Satz 2). Davon zu unterscheiden sind die Möglichkeiten, die das ArbEG dem Arbeitgeber zugesteht, um sich einseitig von einer in Anspruch genommenen Diensterfindung bzw. diesbezüglichen Schutzrechtspositionen zu lösen (s. § 8 n.F. Rdn. 7 sowie zu § 16; bei Zweifeln über die Schutzfähigkeit s.o. Rdn. 26 ff.). Allerdings kann die Fiktionswirkung in den Grenzen der §§ 22, 23 ArbEG abbedungen werden, jedoch u. E. erst nach Erfindungsmeldung (zur Verlängerbarkeit der 4-Monats-Frist s. Rdn. 89).

*Rdn. 126, 127 frei*

### V. Rechtsfolgen einer tatsächlichen Unterrichtung des Arbeitgebers über eine Diensterfindung ohne deren förmliche Meldung

Erlangt der Arbeitgeber von einer Diensterfindung ohne förmliche Meldung i. S. v. § 5 Abs. 1 (s. dazu § 5 Rdn. 33 ff.) Kenntnis, wird die Inanspruchnahmefrist nach § 6 Abs. 2 grds. nicht in Gang gesetzt (s. o. Rdn. 94 ff.). **128**

Eine Ausnahme gilt zunächst dann, wenn der Arbeitgeber auf die **Formerfordernisse einer Erfindungsmeldung** i.S.d. § 5 Abs. 1 **verzichtet** (s. § 5 Rdn. 38 ff.) oder eine formlose Mitteilung ausdrücklich **als ordnungsgemäße Meldung anerkannt** hat (s. § 5 Rdn. 86). In diesen Fällen war im Zusammenhang mit der Inanspruchnahmefrist des § 6 Abs. 2 a.F. anerkannt, dass die Frist mit dem auf die tatsächliche Kenntnis des Arbeitgebers folgenden Tag zu laufen begann, bei nachträglichem Verzicht indes erst mit Zugang der Verzichtserklärung beim Arbeitnehmer; bei Vorabverzicht auf das Formerfordernis, stellte man zur Fristberechnung jedenfalls auf den Zeitpunkt der Einreichung einer Patentanmeldung durch den Arbeitgeber ab (s. § 6 a.F. Rdn. 51). Diese Grundsätze können u. E. für die Frist der Inanspruchnahmefiktion des § 6 Abs. 2 n.F. entsprechend gelten. **129**

Sofern die **Erfindungsmeldung** nach Maßgabe der (umstrittenen) »**Haftetikett**«-Entscheidung des *BGH* ausnahmsweise wegen anderweitiger Kenntnis- **130** erlangung des Arbeitgebers **entbehrlich** ist (s. dazu § 5 Rdn. 31 f.), stellt der Gesetzgeber[126] für den Fristbeginn auf den Zeitpunkt ab, zu dem der Arbeitgeber sein Wissen um die nach § 5 relevanten Tatsachen dokumentiert hat, und damit im Regelfall auf das Datum der Schutzrechtsanmeldung. Bei diesen Sachverhalten ist u. E. von einer analogen Geltung des § 6 Abs. 2 n.F. und damit von einem Wirksamwerden der Fiktion auszugehen, da nicht unterstellt werden kann, dass der Gesetzgeber in diesen Fällen die mit der Fiktion bezweckte Rechtsklarheit bei der Erfindungszuordnung durchbrechen will.[127] In der Praxis dürfte sich allerdings in solchen Fällen bis zur höchstrichterlichen Klärung dieser Rechtsfragen eine ausdrückliche Inanspruchnahmeerklärung empfehlen.

131 **Nutzt der Arbeitgeber** die Diensterfindung ohne Schutzrechtsanmeldung im eigenen Unternehmen (z. Nutzung z.B. durch Lizenzvergabe s. § 5 Rdn. 31.6), fehlt es an einer ausreichenden Dokumentation (s. § 5 Rdn. 31.5); folglich greift in diesen Fällen nicht die Inanspruchnahmefiktion (zu § 6 a.F. s. zu § 6 a.F. Rdn. 36). Mangels Inanspruchnahme besteht insoweit kein Vergütungsanspruch nach § 9, s. § 9 Rdn. 11. Besonderheiten ergeben sich bei **Meldung einer Diensterfindung als Verbesserungsvorschlag** (s. vor § 3 Rdn. 4 ff.).

*Rdn. 132 – 137 frei*

## F. Besonderheiten bei mehreren Beteiligten

### I. Mehrere Arbeitnehmer-Miterfinder

138 Jeder einzelne Arbeitnehmer-Miterfinder (zum Begriff s. § 5 Rdn. 44 f.) ist in seiner Beziehung zum Arbeitgeber von den anderen Miterfindern unabhängig. Die einzelne oder gemeinsame Erfindungsmeldung (vgl. auch § 5 Abs. 1 Satz 2) eines Miterfinders löst **gesonderte**, nur seinen Anteil an der Erfindung betreffende **Rechtsbeziehungen zum Arbeitgeber** bezüglich der Inanspruchnahme aus. Will der Arbeitgeber die Diensterfindung durch ausdrückliche Erklärung in Anspruch nehmen (Abs. 1), ist auch bei einer gemeinsamen Meldung i.S.d. § 5 Abs. 1 Satz 2 die Erklärung gegenüber **jedem einzelnen** Miter-

---

126 S. Amtl. Begründung zum Patentrechtsmodernisierungsgesetz in BR-Drucks. 757/08, S. 51 (zu Art. 7 Nr. 2b des Entwurfs).
127 Für unmittelbare Geltung wohl Raif, ArbRAktuell 2010, 441, 443 m. H. a. Bayreuther, NZA 2009, 1123, 1124; krit. Schreyer-Bestmann/Garbers-von Boehm, DB 2009. 2266, 2267.

finder abzugeben.¹²⁸ Allerdings können die Miterfinder einen von ihnen oder einen Dritten zur Entgegennahme der Inanspruchnahmeerklärung bevollmächtigen (vgl. auch § 5 Rdn. 54.1). Soweit gegenüber einzelnen Miterfindern eine ausdrückliche Inanspruchnahme unterbleibt, können sich über die Fiktionswirkung (Abs. 2) unterschiedliche Zeitpunkte für den Übergang der Erfindungsanteile ergeben – ein Umstand, der im Regelfall allerdings keine nennenswerten Auswirkungen mehr haben dürfte.

**139** Die Frist für die Inanspruchnahmefiktion läuft für jeden Miterfinder gesondert nach dem individuellen Zeitpunkt des Zugangs seiner Meldung,¹²⁹ es sei denn, es liegt eine gemeinsame Meldung aller Miterfinder (§ 5 Abs. 1 Satz 2) vor.

**140** Aufgrund der zwischen den Miterfindern bestehenden Bruchteilsgemeinschaft gem. §§ 741 ff. BGB (s. dazu zu § 5 Rdn. 52 f.) ergreift die Inanspruchnahme – gleich ob aufgrund Erklärung oder Fiktion – jeweils nur den Anteil des einzelnen Miterfinders¹³⁰ (§ 747 Satz 1 BGB).

**141** Da die Inanspruchnahme damit nur den jeweiligen Miterfinderanteil erfasst, muss die **Inanspruchnahme jedem Miterfinder ggü.** erfolgen, damit der Arbeitgeber die vermögenswerten Rechte an einer Diensterfindung in vollem Umfang erlangt. Grds. denkbar – allerdings im Hinblick auf das allgemeine Gleichbehandlungsgebot (s. dazu § 25 Rdn. 21) und die arbeitsrechtliche Fürsorgepflicht bedenklich¹³¹ und auch im Regelfall nicht zweckmäßig – ist es, nur ggü. einzelnen Miterfindern die Diensterfindung in Anspruch zu nehmen und anderen ggü. freizugeben.¹³² Bei Inanspruchnahme einzelner und Freigabe

---

128 Allg. Ansicht zum früheren Recht, z.B. LG Mannheim v. 30.09.2008, Mitt. 2009, 133, 134 – *Formteil*; s. zum früheren Recht u.a. Lüdecke Erfindungsgem. (1962) S. 75 ff., 77 mit eingehender Darstellung dieses Problemkreises.
129 So auch allg. Ansicht zur früheren Inanspruchnahmefrist, z.B. BGH v. 05.10.2005, GRUR 2006, 141, 143 [Rn. 26] – *Ladungsträgergenerator*; Schiedsst. v. 23.04.1979, BlPMZ 1980, 233; LG Mannheim v. 30.09.2008, Mitt. 2009, 133, 134 – *Formteil*; Volmer/Gaul Rn. 60 f. zu § 6.
130 Allg. Ansicht zum früheren Recht, z.B. Schiedsst. v. 23.04.1979, BlPMZ 1980, 233; Volmer/Gaul Rn. 60 f. zu § 6; Reimer/Schade/Schippel/Rother Rn. 11 zu § 6 m.w.N.
131 Vgl. Wunderlich, Die gemeinschaftl. Erfindung S. 133 f.; s.a. Volmer/Gaul Rn. 74 f., 115 zu § 8.
132 H.M. (zum früheren Recht): Reimer/Schade/Schippel/Rother Rn. 11 zu § 6; Lindenmaier/Weiss PatG Rn. 31 zu § 3; Lüdecke Erfindungsgem. (1962) S. 78; Wunderlich, Die gemeinschaftl. Erfindung S. 133 f.; vgl. auch Boemke/Kursawe/Kursawe Rn. 32 zu § 8; a.A. Halbach Anm. 4 zu § 6, wonach die Inanspruchnahme »unteilbar« sei.

anderer Miterfinderanteile rückt der Arbeitgeber ab Wirksamwerden der Inanspruchnahme anstelle der betreffenden Miterfinder in die Bruchteilsgemeinschaft mit den übrigen Miterfindern ein.[133] Dann verschafft die Inanspruchnahme eines oder einzelner Bruchteile dem Arbeitgeber jedenfalls ein Eigennutzungsrecht an der gesamten Erfindung gem. § 743 Abs. 2 BGB[134] (s. im Übrigen § 5 Rdn. 93 ff.; s. a. § 16 Rdn. 99). Dies gilt entsprechend, wenn nur einzelne Miterfinderanteile einer freigewordenen Diensterfindung an den Arbeitgeber abgetreten werden.[135]

Zur vollständigen **Freigabe** der Diensterfindung bedarf es der Freigabeerklärung (in Textform) **gegenüber jedem einzelnen Miterfinder**.[136] Ist die Diensterfindung dagegen bei allen Arbeitnehmer-Miterfindern frei geworden (§ 6 Abs. 2 n.F., § 8 a.F./n.F.), verbleibt es unverändert bei der zwischen den Arbeitnehmern bestehenden Bruchteilsgemeinschaft.[137]

Will der Arbeitgeber eine **auf einzelne Erfinder begrenzte Freigabe nutzen**, um dadurch gezielt wesentliche Pflichten des ArbEG (z.B. Vergütungspflichten wegen des Benutzungsrechts als Teilhaber) zu umgehen, so stellt sich ein solches Vorgehen als rechtsmissbräuchlich (§ 242 BGB) dar.[138] Ggf. können die betroffenen Arbeitnehmererfinder aus §§ 242, 241 Abs. 2 BGB eine einheitliche Behandlung (Freigabe oder Inanspruchnahme) verlangen. I.Ü. unterliegt er aber den durch die Bruchteilsgemeinschaft vermittelten Bindungen; so ist

---

133 Allg. A., z.B. BGH v. 21.12.2005 – X ZR 165/04, GRUR 2006, 401, 402 – *Zylinderrohr*; OLG Düsseldorf v. 25.08.2005, GRUR-RR 2006, 118, 119 – *Drehschwingungstilger* u. v. 01.10.2010 – I – 2 U 41/07//2 U 41/07, [Rn. 75 ff.] (JURIS); Schiedsst. v. 16.05.2007 – Arb.Erf. 12/06 (n.v.); Schaub/Koch, ArbRHdb., § 114 Rn. 22; Lüdecke Erfindungsgem. (1962) S. 78; Wunderlich, Die gemeinschaftl. Erfindung S. 133; Keukenschrijver in Busse/Keukenschrijver, PatG, Rn. 2 zu § 8 ArbEG.
134 BGH v. 21.12.2005 – X ZR 165/04, GRUR 2006, 401, 402 – *Zylinderrohr*; BGH v. 22.03.2005 – X ZR 152/03, GRUR 2005, 663, 664 *Gummielastische Masse II*; BGH v. 14.02.2017 – X ZR 64/15, GRUR 2017, 504 (Rn. 67) – *Lichtschutzfolie*; Kraßer/Ann, PatR, § 21 Rn. 72i.V.m. § 19 Rn. 79 ff. (aber streitig; zum Meinungsstand s. dort sowie Sefzig, GRUR 1995, 302 ff.); s. auch BGH v. 27.09.2016 – X ZR 163/12, GRUR 2016, 1257 (Rn. 17) – *Beschichtungsverfahren*.
135 S. OLG Düsseldorf v. 26.07.2018 – I – 15 U 2/17, BeckRS 2018, 17622 (Rn. 80 ff., 107) – *Flammpunktprüfung*.
136 Unstreitig, z. B. Keukenschrijver in Busse/Keukenschrijver, PatG, Rn. 2 zu § 8 ArbEG.
137 Allg. Ansicht, z.B. im Ergebnis BGH v. 04.04.2006 – X ZR 155/03, GRUR 2006, 754, 755 [Rn. 10] – *Haftetikett*; OLG Düsseldorf v. 01.10.2010 – I – 2 U 41/07// 2 U 41/07, [Rn. 77 f.] (juris).
138 Vgl. Wunderlich, Die gemeinschaftl. Erfindung S. 133 f.

er insb. gehindert, über die Erfindung als Ganzes, etwa durch Verkauf bzw. Lizenzvergabe, zu verfügen (s. dazu § 5 Rdn. 53 f.) und schuldet bei Eigennutzung den anderen Teilhabern ggf. einen Ausgleich (s. § 5 Rdn. 53.3 ff.).

Haben neben den Arbeitnehmern **noch freie Miterfinder** an dem Zustandekommen der Erfindung mitgewirkt (sog. gemischte Erfindungsgemeinschaften, s. § 4 Rdn. 50), so richtet sich das Überleitungsrecht insoweit nach der mit diesen getroffenen vertraglichen Abrede (vgl. zu § 1 Rdn. 48 f.). Verbleiben den freien Miterfindern ihre ideellen Erfindungsanteile, so tritt der Arbeitgeber nach Inanspruchnahme ggü. seinen Arbeitnehmern an deren Stelle in die mit den freien Erfindern bestehende Bruchteilsgemeinschaft ein.[139] 142

*Rdn. 143, 144 frei*

## II. Mehrere Arbeitgeber (insb. zwischenbetriebliche Kooperation)

Ist eine Erfindung bspw. im Rahmen einer zwischenbetrieblichen Kooperation unter Beteiligung der Miterfinder mehrerer Arbeitgeber entstanden, sind die **Rechte und Pflichten aus dem ArbEG jeweils nur im Verhältnis der Arbeitsvertragsparteien** begründet (s. hierzu zu § 1 Rdn. 106) und auch nur in dieser Beziehung auszuüben. Der jeweilige Arbeitgeber (Kooperationspartner) kann also nur die auf seine Mitarbeiter zurückzuführenden ideellen Erfindungsanteile diesen ggü. – ausdrücklich oder kraft Fiktion – in Anspruch nehmen.[140] Das Inanspruchnahmerecht als höchstpersönliches Recht (s.o. Rdn. 16) ist nicht auf die übrigen Kooperationspartner übertragbar. Es steht dem Arbeitgeber aber frei, einen anderen Kooperationspartner oder sonstigen Dritten zur Abgabe einer ausdrücklichen Inanspruchnahmeerklärung zu bevollmächtigen[141] (s. auch § 6 Rdn. 57), auch wenn das mit Blick auf die Fiktion nach § 6 Abs. 2 im Regelfall entbehrlich sein dürfte. Die Inanspruchnahme wirkt auch nur ggü. dem Miterfinder, dem ggü. sie ausgesprochen ist und ergreift nur den dem einzelnen Arbeitnehmererfinder zustehenden Bruchteil an den Erfindungsrechten (s. § 6 Rdn. 140 f.). 145

Soll die Erfindung als Ganzes der zwischenbetrieblichen Kooperation zugutekommen, ist eine **Inanspruchnahme** seitens der einzelnen Kooperationspart- 146

---

139 Allg. A., z.B. BGH v. 21.12.2005 – X ZR 165/04, GRUR 2006, 401, 402 (Rn. 9) – *Zylinderrohr*; Lüdecke Erfin. (1962), S. 75 ff., 77, 114 f.; vgl. auch BGH v. 27.09.2016 – X ZR 163/12, Mitt. 2016, 549 (Rn. 17) – *Beschichtungsverfahren*.
140 Vgl. z.B. OLG Frankfurt am Main v. 30.04.1992, GRUR 1992, 852, 854 l.Sp. – *Simulation von Radioaktivität*; ausf. Bartenbach, Zwischenbetriebl. Koop. S. 86 ff.
141 Zum früheren Recht s.a. BGH v. 09.01.1964 – I a ZR 190/63, GRUR 1964, 449, 452 – *Drehstromwicklung*; ferner Bartenbach, Zwischenbetriebl. Koop. S. 86 ff.

ner ggü. der Gesamtheit ihrer jeweiligen Arbeitnehmererfinder erforderlich. Sofern keine gesellschaftsrechtlichen Bindungen (insbs. §§ 705 ff. BGB) zwischen den Arbeitgebern vorliegen, setzt sich die zunächst zwischen den Miterfindern bestehende Bruchteilsgemeinschaft i. S. v. §§ 741 ff. BGB mit (umfassender) Inanspruchnahme zwischen den Arbeitgebern fort[142] (s. § 5 Rdn. 52 ff.). Ob zwischen den mehreren Arbeitgebern gesellschaftsrechtliche Bindungen bestehen oder es – mit Erwerb der Erfindungsrechte – bei der Bruchteilsgemeinschaft bleibt, bestimmt sich nach den internen Abreden (s. § 1 Rdn. 106 ff.; zum Verwertungsrecht und Ausgleichsanspruch bei Bruchteilsgemeinschaften s. § 5 Rdn. 53 f.). Zur Wirkung einer (auch unvollständigen) Inanspruchnahme s. zu § 7 n.F. Rdn. 14; zum Betriebsübergang s. § 1 Rdn. 114 f.; zur Konzernsituation s. § 1 Rdn. 129 ff. und zum Leiharbeitsverhältnis s. § 1 Rdn. 133 f.

**147** Steht der Arbeitnehmer in einem **Arbeitsverhältnis zur Kooperation als Personengesamtheit** (vgl. § 1 Rdn. 107), ist jeder Kooperationspartner als Arbeitgeber im Verhältnis zum Arbeitnehmererfinder zur Inanspruchnahme berechtigt.

Zur Vergütung s. § 9 Rdn. 191 f.

*Rdn. 148 – 150 frei*

## G. Besonderheiten beim öffentlichen Dienst

**151** Bei Erfindungen von Arbeitnehmern im öffentlichen Dienst kann der Arbeitgeber/Dienstherr die Diensterfindung (s. § 4 Rdn. 21 f., 49) ebenfalls nach (im Verhältnis zum Bediensteten) freier – intern aber haushaltsrechtlich gebundener – Entscheidung in Anspruch nehmen oder freigeben[143] (§ 6 Abs. 2, § 8). Der Arbeitgeber/Dienstherr kann aber auch gem. § 40 Nr. 1 anstelle der Inanspruchnahme der Diensterfindung eine angemessene Beteiligung an dem Ertrag der Diensterfindung beanspruchen, wenn dies vorher vereinbart worden ist (Einzelheiten s. § 40 Rdn. 15 ff.).

Nach § 42 n.F. unterliegen auch Erfindungen an Hochschulen als Diensterfindung im Grundsatz dem Inanspruchnahmerecht nach §§ 6, 7, nicht jedoch dem Beteiligungsanspruch nach § 40 Nr. 1 (vgl. § 42 Nr. 5). Im Fall der Inanspruchnahme verbleibt dem Hochschulwissenschaftler nach § 42 Nr. 3 ein einfaches Benutzungsrecht. Einzelheiten s. bei § 42 n.F.

---

142 Vgl. etwa BGH v. 27.09.2016 – X ZR 163/12, Mitt. 2016, 549 (Rn. 17) – *Beschichtungsverfahren*; Schiedst. v. 11.04.2018 – Arb.Erf. 27/16, (vorg. f. www.dpma.de).
143 Zum früheren Recht ausf. dazu Volz, ArbNErf. i.öffentl. Dienst (1985), S. 71 ff.

*Rdn. 151 frei*

## H. Beweislast

Die **Beweislast** für das Freiwerden trägt derjenige, der sich darauf beruft. Will 152
der Arbeitgeber damit Pflichten aus dem ArbEG aufgrund einer vom Arbeitnehmer behaupteten fingierten Inanspruchnahme nach § 6 Abs. 2 n. F. zurückweisen und ist der Zugang der Erfindungsmeldung unstreitig bzw. vom Arbeitnehmer bewiesen, ist der Arbeitgeber für den fristgerechten Zugang der Freigabeerklärung beweispflichtig. Dagegen trägt der Arbeitnehmer nach allgemeinen Grundsätzen die Beweislast. wenn er sich auf eine Freigabe der Diensterfindung durch den Arbeitgeber nach § 6 Abs. 2 n. F. beruft. Zur Beweissituation bei Erklärungen in Textform s. § 5 Rdn. 13.1. Beruft sich der Arbeitgeber auf einen früheren Übergang der Erfindungsrechte als nach § 6 Abs. 2 i.V.m. § 7 auf Grund ausdrücklicher Inanspruchnahmeerklärung, ist er für deren Zugang beim Arbeitnehmer darlegungs- und beweispflichtig. Zur Beweislast bei der Inanspruchnahme nach §§ 6, 7 a. F. s. § 6 a.F. Rdn. 6.1.

## § 6 a.F. Inanspruchnahme (Fassung 1957)

*(1) Der Arbeitgeber kann eine Diensterfindung unbeschränkt oder beschränkt in Anspruch nehmen.*

*(2) Die Inanspruchnahme erfolgt durch schriftliche Erklärung gegenüber dem Arbeitnehmer. Die Erklärung soll sobald wie möglich abgegeben werden; sie ist spätestens bis zum Ablauf von vier Monaten nach Eingang der ordnungsgemäßen Meldung (§ 5 Abs. 2 und 3) abzugeben.*

**Lit.:**
Siehe bei § 6 n. F.

**Hinweis:**

I.R.d. ArbEG-Novelle 2009 ist § 6 aufgrund des Wegfalls des Rechtsinstituts der beschränkten Inanspruchnahme und der Einführung der Inanspruchnahmefiktion grundlegend neu gefasst worden (s. § 6 n.F. Rdn. 1 ff.). Nachstehend ist die Kommentierung der alten, bis zum 30.09.2009 geltenden Fassung des § 6 beibehalten, die übergangsrechtlich nach § 43 Abs. 3 Satz 1 noch auf alle Diensterfindungen Anwendung findet, die dem Arbeitgeber vor dem 01.10.2009 gemeldet worden sind (Einzelheiten bei § 43 Rdn. 14 ff.).

**Übersicht** Rdn.
A. Allgemeines ... 1
B. Bedeutung der Inanspruchnahme ... 5
I. Rechtsnatur ... 5
II. Erklärungsinhalt – Abgrenzung unbeschränkte/beschränkte Inanspruchnahme ... 9
III. Wahlrecht des Arbeitgebers ... 13
    1. Grundsatz ... 13
    2. Wechsel in der Art der Inanspruchnahme ... 15
    3. Verzicht des Arbeitgebers auf das Inanspruchnahmerecht ... 16
IV. Inanspruchnahme bei Zweifeln des Arbeitgebers an der Schutzfähigkeit der Diensterfindung ... 17
C. Gegenstand der Inanspruchnahme ... 19
D. Form und Frist der Inanspruchnahme ... 26
I. Formerfordernis ... 27
    1. Schriftform (Abs. 2 Satz 1) ... 27
    2. Verzicht auf die Schriftform ... 31
    3. Inanspruchnahme durch schlüssige Handlungen des Arbeitgebers ... 35
II. Frist (Abs. 2 Satz 2) ... 40
    1. Zeitraum ... 40
        a) »Sobald wie möglich« (Halbs. 1) ... 41
        b) »Vier-Monats-Frist« (Halbs. 2) ... 44
    2. Fristbeginn, Fristberechnung ... 50
III. Vertragliche Überleitung der Diensterfindung auf den Arbeitgeber ... 57
    1. Grundsatz ... 57
    2. Innerhalb der Inanspruchnahmefrist ... 58

| | Rdn. |
|---|---|
| 3. Nach Ablauf der Inanspruchnahmefrist | 59 |
| 4. Vereinbarungen aufgrund schlüssigen Verhaltens | 61 |
| a) Erfordernisse | 62 |
| b) Einzelfälle | 63 |
| c) Inhalt und Umfang | 66 |
| **E. Anfechtung der Inanspruchnahmeerklärung** | 68 |
| **F. Besonderheiten bei mehreren Beteiligten** | 70 |
| I. Mehrere Arbeitnehmer-Miterfinder | 70 |
| II. Mehrere Arbeitgeber (insb. zwischenbetriebliche Kooperation) | 74 |
| **G. Besonderheiten beim öffentlichen Dienst** | 76 |

## A. Allgemeines

Aufgrund des in § 6 PatG niedergelegten **Erfinderprinzips** scheidet im deutschen Patent- und Arbeitnehmererfindungsrecht ein originärer Rechtserwerb des Arbeitgebers an einer Diensterfindung (§ 4 Abs. 2) aus[1] (s. im Einzelnen § 6 n.F. Rdn. 5). Der Gesetzgeber hatte jedoch schon mit §§ 6, 7 a.F., die im Grundsatz auf die VO 1943 zurückgingen (s. § 7 a.F. Rdn. 1), anerkannt, dass dem Arbeitgeber (dem Unternehmen) angesichts des betrieblichen Beitrags am Zustandekommen einer Diensterfindung die Möglichkeit zur Zuordnung von (vermögenswerten) Rechten an der Diensterfindung eröffnet werden soll.[2]   1

Nach der früheren **Gesetzessystematik** schrieb § 6 a.F. die grundsätzliche Inanspruchnahmebefugnis des Arbeitgebers in Form einer unbeschränkten oder beschränkten Inanspruchnahme und deren Formalien fest; sodann normierte § 7 a.F. die unterschiedlichen Wirkungen von unbeschränkter und beschränkter Inanspruchnahme. Machte der Arbeitgeber von seinem Recht zur unbeschränkten Inanspruchnahme keinen oder fehlerhaft Gebrauch oder erfolgte lediglich eine beschränkte Inanspruchnahme, so wurde die Diensterfindung gem. § 8 Abs. 1 Nr. 2 bzw. 3 a.F. frei.   2

Bereits im früheren Recht stellte § 6 a.F. mit der dem Arbeitgeber eingeräumten Möglichkeit zur einseitigen Rechtsüberleitung **eine der zentralen Bestimmungen** des ArbEG dar, die mit der für den Arbeitnehmer elementaren Regelung des Vergütungsanspruchs in den §§ 9, 10 a.F. korrespondiert. Der im ArbEG verankerte Übergang der Rechte an der Diensterfindung auf den Arbeitgeber und die über den gesetzlichen Vergütungsanspruch gewährleistete   3

---

1 BGH v. 16.11.1954, GRUR 1955, 286 – *Schnellkopiergerät*.
2 S. Amtl. Begründung BT-Drucks. II/1648, S. 19 (zu § 3), BlPMZ 1957, 228; vgl. auch Hellebrand, Mitt. 2001, 195, 197.

**§ 6 a.F.**

Zuordnung des wirtschaftlichen Wertes der Erfindung an den Arbeitnehmer entspricht den **verfassungsrechtlichen Anforderungen** an Eingriffe in das Verfügungs- und Verwertungsrecht des Erfinders.[3]

4 § 6 a.F. betrifft grds. nur noch Diensterfindungen, die vom Arbeitnehmer **vor dem 01.10.2009** nach § 5 (wirksam) **gemeldet** worden sind (Einzelheiten bei § 43 Rdn. 14 ff., zur Ausnahme bei Schutzrechtsanmeldung ohne Erfindungsmeldung s. § 43 Rdn. 19). Für die später, also seit dem 01.10.2009 gemeldeten Diensterfindungen ist die in §§ 6, 7 a.F. begründete Möglichkeit der beschränkten Inanspruchnahme ersatzlos entfallen (s. § 6 n.F. Rdn. 2); zudem bedarf es nach § 6 n.F. im Gegensatz zu § 6 Abs. 2 a.F. keiner schriftlichen Inanspruchnahmeerklärung mehr, da im Fall des Unterbleibens einer Inanspruchnahmeerklärung nach Ablauf von 4 Monaten (automatisch) die gesetzliche Inanspruchnahmefiktion des § 6 Abs. 2 n.F. greift.

Die §§ 6, 7 a.F. galten uneingeschränkt auch in den **neuen Bundesländern** für alle ab dem 03.10.1990 fertiggestellten Diensterfindungen[4] (s. Einl. Rdn. 31) und finden insoweit auch nach dem Übergangsrecht (§ 43 Abs. 3) uneingeschänkt Anwendung.

## B. Bedeutung der Inanspruchnahme

### I. Rechtsnatur

5 Nach § 7 Abs. 1 a.F. sind mit Zugang der Erklärung der unbeschränkten Inanspruchnahme alle Rechte an der Diensterfindung auf den Arbeitgeber übergegangen. Dieses Abstellen auf den Zugang der Erklärung (s. dazu § 5 Rdn. 10 ff.) ist notwendige Folge der in § 6 Abs. 2 a.F. als Wirksamkeitsvoraussetzung vorgeschriebenen schriftlichen Inanspruchnahmeerklärung.

I.Ü. ist der Regelungsgehalt des § 7 Abs. 1 a.F. identisch mit der Neufassung des § 7 Abs. 1 n.F. (s. § 7 n.F. Rdn. 10).

Mit der Fertigstellung (vgl. § 4 Rdn. 16 f.) einer Diensterfindung (§ 4, s. dazu § 6 n.F. Rdn. 40 f.) erlangt der Arbeitgeber kraft Gesetzes ein Recht auf ihre Inanspruchnahme, also die Befugnis zur **Aneignung der vermögenswerten Rechte** an der Erfindung (zum unübertragbaren Erfinderpersönlichkeitsrecht vgl. § 7 n.F. Rdn. 81 f.). Die zunächst dem Arbeitnehmer zugeordnete Dienst-

---

3 S. BVerfG v. 24.04.1998, NJW 1998, 3704 f. – *Induktionsschutz von Fernmeldekabeln.*
4 Zur Behandlung von Erfindungen aus der Zeit vor dem 03.10.1990 s. ausf. Möller, Die Übergangsbestimmungen f. ArbNErf. i. d. neuen Bundesländern (1996), insb. S. 119 ff.; vgl. auch Schiedsst. v. 04.02.1993, GRUR 1994, 611, 612 – *Regelkreisanordnung* m. Anm. Bartenbach/Volz.

## B. Bedeutung der Inanspruchnahme § 6 a.F.

erfindung entsteht demnach von vornherein belastet mit diesem Aneignungsrecht des Arbeitgebers.[5] Auch wenn die **Erfindungsmeldung** durch den Arbeitnehmer (§ 5) i.d.R. die Grundlage für eine Inanspruchnahme bildet, so ist sie doch nicht deren Voraussetzung; vielmehr kann die Inanspruchnahme auch ohne Erfindungsmeldung aufgrund anderweitiger Kenntnis des Arbeitgebers von der Fertigstellung einer Diensterfindung wirksam ausgesprochen werden.[6]

Sowohl die unbeschränkte als auch die beschränkte Inanspruchnahme sind vom Willen des Erklärungsempfängers unabhängige **einseitige, gestaltende Rechtsgeschäfte**[7] (rechtgestaltende Willenserklärungen[8]). Es gelten die zivilrechtlichen Regeln über rechtsgeschäftliches Handeln.[9] Die Wirkung der Inanspruchnahme ist zwingend, kann also auch gegen den Willen des Arbeitnehmers herbeigeführt werden;[10] dessen etwaiger Widerspruch gegen die Inanspruchnahme ist unbeachtlich.[11] Die Erklärung kann nur vom Arbeitgeber bzw. von einem hierzu kraft gesetzlicher Vertretungsmacht oder aufgrund einer (Sonder-) Vollmacht Berechtigten abgegeben werden.[12] Zum vollmachtlosen Vertreter s. § 6 Rdn. 30. 6

Die Rechtsfolge des § 7 trat ein mit **Zugang** der Erklärung beim Arbeitnehmer – empfangsbedürftige Willenserklärung (vgl. § 130 BGB; zum Begriff des Zugangs s. § 5 Rdn. 10 ff.).[13] 6.1

---

5 Vgl. Friedrich, GRUR 1943, 222, 223.
6 OLG Nürnberg v. 19.11.1974 – 3 U 137/73 – *Blitzlichtgeräte* (unveröffentl.); im Ergebn. auch BGH v. 02.06.1987, GRUR 1987, 900, 901 r.Sp. – *Entwässerungsanlage*; Schiedsst. v. 07.02.1995 – Arb.Erf. 6(B)/93 u. Arb.Erf. 7(B)/93, (unveröffentl.); v. 04.06.1997 – Arb.Erf. 82/95, (unveröffentl.) u. v. 12.03.2002 – Arb.Erf. 92/99, (unveröffentl.); Busse/Keukenschrijver, PatG (6. Aufl. 2003), Rn. 14 zu § 6.
7 Allg. A., z.B. BGH v. 04.04.2006 – X ZR 155/03, GRUR 2006, 754, 757 [Rn. 27] – *Haftetikett*; OLG Nürnberg v. 29.04.1969, GRUR 1970, 135 – *Kunststoffskimatte*; Fricke/Meier-Beck, Mitt. 2000, 199.
8 OLG Düsseldorf v. 01.10.2010 – I – 2 U 41/07//2 U 41/07, [juris, Rn. 69] – *Glasverbundplatte*.
9 BGH v. 04.04.2006 – X ZR 155/03, GRUR 2006, 754, 757 [Rn. 27] – *Haftetikett*.
10 Vgl. BAG v. 30.04.1984, DB 1984, 1831, 1832; BPatG v. 26.06.2008 – 8 W (pat) 308/03 [Rn. 55] – *Schweißheizung für Kunststoffrohrmatte* (insoweit nicht in Mitt. 2009, 72).
11 Schiedsst. v. 06.02.1987, BlPMZ 1987, 362, 364; Busse/Keukenschrijver, PatG (6. Aufl. 2003), Rn. 5 zu § 6.
12 Vgl. auch BGH v. 09.01.1964 – I a ZR 190/63, GRUR 1964, 449, 452 – *Drehstromwicklung*.
13 BGH v. 23.06.1977, GRUR 1977, 784, 786 – *Blitzlichtgeräte*.

**§ 6 a.F.**

**Beweispflichtig** für den fristgerechten Zugang der ordnungsgemäßen Inanspruchnahmeerklärung ist der Arbeitgeber.[14] Allein der Nachweis der Absendung der Inanspruchnahmeerklärung (etwa durch die Firmenpost) reicht ebenso wenig aus wie das Löschen von Kontrollfristen; diese Beweiszeichen können jedoch im Zusammenhang mit weiteren Indizien (etwa Aufnahme der Fertigung in Kenntnis oder gar unter Mitwirkung des Arbeitnehmers) aufgrund ihrer Häufung im Einzelfall Beweis für den Zugang erbringen.[15] Wegen der Beweislast für den (rechtzeitigen) Zugang der schriftlichen Inanspruchnahmeerklärung war es sinnvoll gewesen, das Schriftstück gegen datierte Empfangsbestätigung auszuhändigen oder per Einschreiben (mit Rückschein) zu übersenden (s. zu § 16 Rdn. 29).

6.2 Als empfangsbedürftige Willenserklärung unterliegt die Inanspruchnahmeerklärung regelmäßig – sofern nicht Befreiung erteilt ist – dem **Verbot des Selbstkontrahierens** gem. § 181 BGB[16], was für Patentsachbearbeiter in Bezug auf die Inanspruchnahme eigener Diensterfindungen beachtlich ist.

7 Aus ihrem Charakter als sog. Gestaltungsgeschäft[17] ergibt sich zugleich die **Bedingungsfeindlichkeit** der Inanspruchnahme.[18] Einer unbedingten Inanspruchnahme steht allerdings nicht entgegen, dass der Arbeitgeber die Inanspruchnahme von der Schutzfähigkeit der Erfindung abhängig macht, da die Schutzfähigkeit keine echte Bedingung, sondern eine rechtliche Voraussetzung der Inanspruchnahme ist[19] (vgl. auch § 17 Abs. 2; zu Zweifeln an der Schutzfähigkeit s. § 6 Rdn. 17). Nach Auffassung der Schiedsstelle kann in der Erklärung des Arbeitgebers, die gemeldete Erfindung »als qualifizierten technischen Verbesserungsvorschlag in Anspruch zu nehmen« eine wirksame Inanspruch-

---

14 BGH v. 05.06.1984 – X ZR 72/82, GRUR 1984, 652 f. – *Schaltungsanordnung*; OLG Frankfurt am Main v. 08.03.2007 – 6 U 92/06, (juris); Volmer/Gaul Rn. 38 zu § 6 und Rn. 38 zu § 7.
15 BGH v. 05.06.1984 – X ZR 72/82, GRUR 1984, 652 – *Schaltungsanordnung*.
16 BGH v. 23.06.1977, GRUR 1977, 784, 786 – *Blitzlichtgeräte*; Keukenschrijver in Busse/Keukenschrijver, PatG, Rn. 8 zu § 6.
17 Busse/Keukenschrijver, PatG (6. Aufl. 2003), Rn. 5 zu § 6; so bereits Müller-Pohle (1943) S. 57.
18 Allg. A., Klauer/Möhring/Nirk Anh. zu § 3 Anm. 23; Bartenbach, Mitt. 1971, 232, 233; Busse/Keukenschrijver, PatG (6. Aufl. 2003), Rn. 6 zu § 6 ArbEG; Volmer/Gaul Rn. 49 zu § 6; vgl. auch Schiedsst. v. 08.04.1993, Mitt. 1996, 245 f. – *Vorführbereite Mustergeräte*.
19 OLG Karlsruhe v. 13.07.1983, GRUR 1984, 42, 43 – *Digitales Gaswarngerät*; zust. auch Busse/Keukenschrijver, PatG (6. Aufl. 2003), Rn. 6 zu § 6 ArbEG.

## B. Bedeutung der Inanspruchnahme § 6 a.F.

nahme verbunden mit der Erklärung zum Betriebsgeheimnis nach § 17 liegen.[20]

In der Inanspruchnahme liegt **keine Anerkennung der Erfindereigenschaft** 7.1 ggü. dem Erklärungsempfänger.[21] **Ebenso wenig** kann sie als **Anerkenntnis der Schutzfähigkeit** angesehen werden (s. § 2 Rdn. 15 und § 6 n.F. Rdn. 17).

Das Inanspruchnahmerecht ist kein (dingliches) Anwartschaftsrecht,[22] viel- 8 mehr ein **Recht eigener Art**, ein der Diensterfindung von vornherein anhaftendes gesetzliches **Optionsrecht**.[23] Es ist ein **höchstpersönliches** Recht des Arbeitgebers[24] und als solches nicht übertragbar, pfändbar bzw. verpfändbar oder vererbbar[25] (zum Betriebsübergang s. § 1 Rdn. 114 ff.). Dagegen ist die durch eine unbeschränkte Inanspruchnahme erworbene Rechtsposition frei übertragbar (vgl. § 7 n.F. Rdn. 20 ff.).

Der *BGH* hat offen gelassen, ob eine unbeschränkte Inanspruchnahme, die nicht durch schriftliche Erklärung belegt ist, einem (prozessualen) **Geständnis** i.S.d. § 288 Abs. 1 ZPO zugänglich sein kann.[26]

### II. Erklärungsinhalt – Abgrenzung unbeschränkte/beschränkte Inanspruchnahme

**Inhaltlich** muss die Inanspruchnahmeerklärung nicht die Verwendung der 9 Worte »die Diensterfindung wird unbeschränkt/beschränkt in Anspruch

---

20 Schiedsst. v. 10.02.1994 – Arb.Erf. 18/93, (unveröffentl.); dort war für den Arbeitnehmer erkennbar, dass der Arbeitgeber von einer Patentanmeldung i.H.a. die wegen einer Vorbenutzung des Erfindungsgegenstandes ungünstige patentrechtliche Beweissituation bei Verletzungsklagen absehen und die Erfindung betriebsgeheim verwerten wollte.
21 Schiedsst. ZB. v. 23.01.1980 – Arb.Erf. 41/79, (unveröffentl.).
22 S. aber Dantz, Inanspruchnahmerecht (1968) S. 34; Volmer Vorbem. 9, 10 vor § 5 u. Rn. 10 zu § 6; Weiss, GRUR 1958, 64; wohl auch Johannesson Anm. 2.2 zu § 9; Schopp, Rpfleger 1971, 203, 205; Kraßer PatR § 21 III b 7; vgl. auch Volmer/Gaul Rn. 10 zu § 6.
23 Bartenbach, Mitt. 1971, 232, 233; Keukenschrijver in Busse/Keukenschrijver, PatG, Rn. 4 zu § 6 ArbEG; vgl. auch Heine/Rebitzki Anm. 2 zu § 7; Werdermann, Diensterfindung (1960) S. 58.
24 Keukenschrijver in Busse/Keukenschrijver, PatG, Rn. 4 zu § 6 ArbEG; Volmer Rn. 11 zu § 6; Reimer/Schade/Schippel/Rother Rn. 3 zu § 6; s.a. BPatG v. 25.02.1960, BPatGE 10, 207, 213.
25 Keukenschrijver in Busse/Keukenschrijver, PatG, Rn. 4 zu § 6 ArbEG; Volmer Rn. 11 zu § 6; Reimer/Schade/Schippel/Rother Rn. 3 zu § 6; s.a. BPatG v. 25.02.1960, BPatGE 10, 207, 213.
26 S. BGH v. 04.04.2006 – X ZR 155/03, GRUR 2006, 754, 758 [Rn. 28 ff.] – *Haftetikett*.

**§ 6 a.F.** Inanspruchnahme (Fassung 1957)

genommen« enthalten;[27] als Gestaltungsgeschäft muss sich jedoch (für den Arbeitnehmererfinder) der Aneignungswille und der Umfang der Aneignungsabsicht klar und unzweideutig aus der Erklärung ergeben.[28] Dementsprechend muss für eine unbeschränkte Inanspruchnahme dem Arbeitnehmer aus der Erklärung zweifelsfrei erkennbar werden, dass sich der Arbeitgeber für die Überleitung sämtlicher vermögenswerten Rechte an der Diensterfindung entschieden hat und er durch sein Verhalten gerade die materielle Rechtslage über die Erfindungsrechte zu seinen Gunsten gestalten will.[29] Die Erklärung, sich die Entscheidung über eine Inanspruchnahme vorzubehalten, reicht nicht aus, auch wenn die Inanspruchnahme als sehr wahrscheinlich dargestellt wird.[30] Gleiches gilt – mit Blick auf § 13 Abs. 1 und 3 – für die Schutzrechtsanmeldung als solche (s. unten § 6 a.F. Rdn. 31), und zwar selbst bei einem Auftrag an den Arbeitnehmererfinder, die Patentanmeldung der Diensterfindung zu veranlassen und sich dazu mit dem für den Arbeitgeber tätigen Patentanwalt in Verbindung zu setzen.[31] Ausreichende Bindungswirkung zeigt dagegen die Erklärung »Hiermit teilen wir Ihnen mit, dass wir uns entschlossen haben, Ihre Diensterfindung unbeschränkt in Anspruch zu nehmen«, da dies nur eine verbindlichere Formulierung der gebräuchlichen Erklärung »wir nehmen Ihre Diensterfindung unbeschränkt in Anspruch« ist.[32] Für eine unbeschränkte Inanspruchnahme reicht ferner, wenn der Arbeitgeber den Arbeitnehmer bei unberechtigter Schutzrechtsanmeldung wegen widerrechtlicher Entnahme abmahnt und von ihm ausdrücklich die Übertragung der Schutzrechtsposition verlangt.[33] Die Erklärung kann auch in einer Klageschrift enthalten sein (s. unten Rdn. 30)

---

27 Ebenso BPatG v. 26.06.2008 – 8 W (pat) 308/03 [Rn. 53] – *Schweißheizung für Kunststoffrohrmatte* (insoweit nicht in Mitt. 2009, 72); Schiedsst. v. 08.02.1991, GRUR 1991, 753, 754 – *Spindeltrieb*.
28 S.a. BGH v. 04.04.2006 – X ZR 155/03, GRUR 2006, 754, 757 [Rn. 27] – *Haftetikett*.
29 BPatG v. 26.06.2008 – 8 W (pat) 308/03 [Rn. 53] – *Schweißheizung für Kunststoffrohrmatte* (insoweit nicht in Mitt. 2009, 72) m.H.a. Scharen, VPP-Rundbrief 4/ 2007, 155, 156; OLG Düsseldorf v. 01.10.2009 – 2 U 41/07 – *Glasverbundplatten* (unveröffentl.).
30 OLG Karlsruhe v. 13.07.1983, GRUR 1984, 42, 43 – *Digitales Gaswarngerät*; zust. Busse/Keukenschrijver, PatG (6. Aufl. 2003), Rn. 10 zu § 6 ArbEG.
31 OLG Düsseldorf v. 01.10.2010 – I – 2 U 41/07//2 U 41/07, [juris, Rn. 70] – *Glasverbundplatte*.
32 Vgl. Schiedsst. v. 28.02.1991, BlPMZ 1992, 21 – *Exzentrizitätsmessung*.
33 In diesem Sinn wohl BGH v. 12.04.2011 – X ZR 72/10, GRUR 2011, 733 [Rn. 29] – *Initialidee*.

## B. Bedeutung der Inanspruchnahme § 6 a.F.

Die **Auslegung** einer Inanspruchnahmeerklärung richtet sich maßgeblich nicht 10
nach den Vorstellungen und Erwartungen des Erklärenden, sondern danach,
wie der Empfänger sie verstehen muss.[34] So soll nach Auffassung der Schiedsstelle der Hinweis in der Meldungsbestätigung (§ 5 Abs. 1 Satz 3), bei Vorbekanntsein der gemeldeten Erfindung werde eine Arbeitnehmervergütung nicht gezahlt, jedenfalls ggü. einem im Erfinderrecht bewanderten Arbeitnehmer als Inanspruchnahmeerklärung ausreichen.[35] Aus dem Formbedürfnis der Inanspruchnahmeerklärung (vgl. § 6 Rdn. 27 f.) folgt keine Beschränkung der Auslegung auf diese Urkunde selbst. Vielmehr können gem. § 133 BGB auch außerhalb der Urkunde liegende Umstände herangezogen werden,[36] wie etwa begleitende Erklärungen, Vorbesprechungen, sonstiges an einen bestimmten (gewollten) Inhalt der Erklärung anknüpfendes Verhalten[37] (etwa in Kenntnis des Arbeitnehmers erfolgende parallele Schutzrechtsanmeldungen durch den Arbeitgeber mit Unterzeichnung der Erfinderbenennung durch den Arbeitnehmer; s.a. § 6 Rdn. 7 und 62). So liegt nach Auffassung des BPatG eine unbeschränkte Inanspruchnahme vor, wenn der Arbeitgeber einen wegen Verdachts der Konkurrenztätigkeit fristlos gekündigten Arbeitnehmer, der widerrechtlich Patentanmeldungen von Diensterfindungen betrieben hatte, auffordert, »sämtliche Unterlagen im Zusammenhang mit diesen Patenten, insbesondere die Patentanmeldungen, an … [den Arbeitgeber] zurückzugeben sowie sämtliche Handlungen im Zusammenhang mit den Patenten ab … zu unterlassen«.[38]

Im Hinblick auf die Rechtswirkungen bestehen grundlegende **Unterschiede** 11
zwischen unbeschränkter und beschränkter Inanspruchnahme:

Mit der **unbeschränkten** Inanspruchnahme wird der Arbeitgeber unmittelbar Rechtsnachfolger des Arbeitnehmers hinsichtlich aller vermögenswerten Rechte an der Diensterfindung (§ 7 Abs. 1 a.F.). Diese Rechtsüberleitung beschränkt sich nicht auf die Arbeitsvertragsparteien; sie hat vielmehr auch

---

34 Vgl. auch BGH v. 18.06.2013 – X ZR 103/11, Mitt. 2013, 551 (Rn. 17) – *Flexibles Verpackungsbehältnis*, dort zweifelnd für die Inanspruchnahmeerklärung innerhalb einer vom Arbeitnehmer zu quittierenden Arbeitgeber-Eingangsbestätigung zur Erfindungsmeldung. Vgl. allg. z. Ausrichtung am »Empfängerhorizont« BGH v. 17.11.1969, LM Nr. 31 zu § 133 (C) BGB u. v. 25.01.1977, JZ 1977, 341; abw. MünchKomm-Mayer-Maly BGB Anm. 29 zu § 133.
35 Schiedsst. v. 08.02.1991, GRUR 1991, 753, 754 – *Spindeltrieb*; zust. Busse/Keukenschrijver, PatG (6. Aufl. 2003), Rn. 10 zu § 6 ArbEG.
36 Einschränkend b. dingl. Rechtsgeschäften allerdings BGH v. 28.03.1969, LM Nr. 13 zu § 133 (b) BGB.
37 Vgl. BAG v. 10.04.1973, AP Nr. 37 zu § 133 BGB.
38 BPatG v. 26.06.2008 – 8 W (pat) 308/03 [Rn. 53] – *Schweißheizung für Kunststoffrohrmatte* (insoweit nicht in Mitt. 2009, 72).

Außenwirkung ggü. jedermann. Damit und im Hinblick auf § 7 Abs. 3 a.F. kommt dem Inanspruchnahmerecht quasi-dingliche Wirkung zu.[39]

Dagegen hat die **beschränkte** Inanspruchnahme nur schuldrechtliche Wirkung – vergleichbar einer einfachen Lizenz (s. hierzu § 7 Rdn. 29 ff.). Sie bedeutet – wie § 8 Abs. 1 Nr. 2 a.F. klarstellt (s. § 8 a.F. Rdn. 29) – einen Verzicht des Arbeitgebers auf die volle Rechtsüberleitung. Sie hat darüber hinaus die Konsequenz, dass dem Arbeitgeber nach § 10 Abs. 2 im Grundsatz der Einwand der mangelnden Schutzfähigkeit genommen ist (s. § 10 a.F. Rdn. 21).

12 Nimmt der Arbeitgeber **ohne nähere inhaltliche Kennzeichnung** des Umfangs der Rechtsüberleitung eine Diensterfindung »in Anspruch«, ist regelmäßig von seinem Willen zur unbeschränkten Inanspruchnahme auszugehen. Wenn auch im vergleichbaren Bereich des Urheberrechts der Grundsatz gilt, dass derjenige, der zu einer vertraglichen Rechtsübertragung verpflichtet ist, nicht mehr Rechte als für die Erfüllung des Vertragszwecks notwendig übertragen will (vgl. § 31 Abs. 5 UrhG – Zweckübertragungstheorie), muss andererseits angenommen werden, dass derjenige, der gesetzlich befugt ist, alle Rechte durch einseitige Erklärung auf sich überzuleiten, dies im Zweifel auch will, zumal der Wille des bisherigen Rechtsinhabers, des Arbeitnehmers, hier unbeachtlich ist.[40] Zudem ist die unbeschränkte Inanspruchnahme in der betrieblichen Praxis, jedenfalls im privaten Dienst, die Regel (s. § 6 Rdn. 14).

Erklärt dagegen der Arbeitgeber, sich ein »einfaches Nutzungsrecht« vorbehalten, i.Ü. die technischen Neuerungen aber dem Erfinder überlassen zu wollen, so liegt darin auch ohne die Verwendung des Begriffs »beschränkte Inanspruchnahme« eine solche i.S.d. §§ 6, 7 Abs. 2 a.F.[41]

Die **Beweislast** für den Umfang der Inanspruchnahme trägt der Arbeitgeber.

### III. Wahlrecht des Arbeitgebers

#### 1. Grundsatz

13 Das Gesetz überließ es der **freien Entscheidung** des Arbeitgebers, ob und welche Inanspruchnahme er erklärte;[42] der Arbeitnehmer hat kein Mitsprache-

---

39 Bartenbach, Mitt. 1971, 232, 233; vgl. auch LG Braunschweig v. 26.01.1955, NJW 1955, 994 m.H.a. Friedrich, GRUR 1943, 222, 226.
40 Bartenbach, Mitt. 1971, 232, 234; vgl. auch Volmer Rn. 24 zu § 6 u. Volmer/Gaul Rn. 50 ff. zu § 6; Schiedsst. v. 08.02.1991, GRUR 1991, 753, 754 – *Spindeltrieb*.
41 Schiedsst. ZB. v. 29.02.1984 – Arb.Erf. 27/83, (unveröffentl.).
42 Allg. A., z.B. Keukenschrijver in Busse/Keukenschrijver, PatG, Rn. 3 zu § 6 ArbEG.

## B. Bedeutung der Inanspruchnahme § 6 a.F.

recht (s.a. § 7 n.F. Rdn. 22); dessen Widerspruch ist unbeachtlich (s. § 6 Rdn. 6). Will der Arbeitgeber eine Diensterfindung verwerten, kann er sie in vollem Umfang auf sich überleiten (§ 7 Abs. 1 a.F.) oder sich auf ein nicht ausschließliches Benutzungsrecht hieran (§ 7 Abs. 2 a.F.) beschränken. Hinsichtlich der beschränkten Inanspruchnahme wird allerdings das Wahlrecht des Arbeitgebers durch die sog. Unbilligkeitsregelung des § 7 Abs. 2 Satz 2 a.F. (vgl. § 7 a.F. Rdn. 39 f.) beeinflusst.

Wenn der Arbeitgeber zur Fristwahrung eine Diensterfindung **vorsorglich in Anspruch nimmt**, obwohl er sich über deren Verwertung noch nicht im Klaren ist, liegt hierin keine Gesetzesumgehung[43] (vgl. auch RL Nr. 23). Bei fehlendem Verwertungsinteresse hat er – nach Schutzrechtsanmeldung – zur »Freigabe« allerdings das Verfahren nach § 16 zu beachten (s. § 8 a.F. Rdn. 24 ff.).

Schließlich lässt es das ArbEG nicht zu, eine **teilweise Inanspruchnahme** in dem Sinne auszusprechen, dass der Arbeitgeber zugleich neben seinem Arbeitnehmer Mitberechtigter (§ 741 BGB) an der Erfindung wird (s.a. § 6 Rdn. 22); dies kann nur durch Vereinbarung nach Erfindungsmeldung (vgl. § 22) herbeigeführt werden (zur »Mitberechtigung« bei mehreren Arbeitnehmererfindern s. § 6 Rdn. 72). Ein Wahlrecht auf **Ertragsbeteiligung anstelle der Inanspruchnahme** gewährt § 40 Nr. 1 (nur) dem Arbeitgeber im öffentlichen Dienst[44] (s. § 40 Rdn. 15 ff.; s. aber für Hochschulerfindungen § 42 Nr. 5).

Zu einer bloß beschränkten Inanspruchnahme hatte sich der Arbeitgeber u.U. 14 entschlossen bei Zusatzerfindungen zur näheren Ausgestaltung einer Haupterfindung (bei früher möglichen Zusatzpatenten), ferner bei Erfindungen, die er nur in geringem Umfang – z.B. zur Arbeitssicherheit – verwerten kann bzw. denen er an sich keine Bedeutung für sein Unternehmen beimisst, an denen er sich aber ein Benutzungsrecht für noch nicht absehbare Nutzungsfälle vorbehalten will.[45]

**In der Praxis** war – soweit die Diensterfindung nicht vollständig freigegeben wurde (vgl. § 8 Abs. 1 Nr. 1 a.F.) – die unbeschränkte Inanspruchnahme seit jeher die Regel; dagegen spielte die beschränkte Inanspruchnahme im privaten

---

43 Schiedsst. v. 27.02.1984, BlPMZ 1984, 301 f.; zust. Busse/Keukenschrijver, PatG (6. Aufl.), Rn. 3 zu § 6 ArbEG.
44 Z. Wahlrecht u.d. Entscheidungsfindung i. öffentl. Dienst s. Volz, ArbNErf. im öffentl. Dienst, S. 31 f., 72 ff.
45 Vgl. d. Beispiele i.d. Amtl. Begründung BT-Drucks. II/1648, S. 23 f. = BlPMZ 1957, 230 f.

Dienst eine völlig unbedeutende Rolle, da der Arbeitgeber sich schon aus Wettbewerbsgründen regelmäßig für eine unbeschränkte Inanspruchnahme entscheiden wird.[46] Dagegen ist sie im Bereich des öffentlichen Dienstes häufiger anzutreffen.[47]

## 2. Wechsel in der Art der Inanspruchnahme

15 Hat der Arbeitgeber einmal von seinem Wahlrecht Gebrauch gemacht, sich also für eine Form der Inanspruchnahme entschieden, ist er hieran gebunden, soweit nicht die Grundsätze über Willensmängel (§§ 116 ff. BGB – vgl. dazu § 6 Rdn. 68 f.) eingreifen. Nach der **Systematik des ArbEG 1957** ist – im Unterschied zum neuen Recht (s. dazu § 6 n.F. Rdn. 108 und § 8 n.F. Rdn. 7) – die (einseitige) nachträgliche Umwandlung einer unbeschränkt ausgesprochenen Inanspruchnahme in eine beschränkte ebenso wie der Verzicht auf die durch eine unbeschränkte Inanspruchnahme erlangte gesamte Rechtsposition wegen der Rechtswirkung des § 7 Abs. 1 nur unter den Voraussetzungen der §§ 14, 16 bzw. durch Vereinbarung mit dem Arbeitnehmer (§ 22) möglich (streitig, s. § 8 a.F. Rdn. 25 ff., 30). Ein Wechsel von der beschränkten zur unbeschränkten Inanspruchnahme ist dem Arbeitgeber – außer im Fall des § 7 Abs. 2 Satz 2 a.F. – ebenfalls nicht möglich; vielmehr bedarf es auch hier einer vertraglichen Vereinbarung (Abtretung der Erfinderrechte) mit dem Arbeitnehmer (s. § 8 a.F. Rdn. 28).

## 3. Verzicht des Arbeitgebers auf das Inanspruchnahmerecht

16 Auf das Recht der unbeschränkten bzw. beschränkten Inanspruchnahme der Diensterfindung konnte der Arbeitgeber entweder durch eine auch vor der Meldung zulässige (vgl. § 22) Vereinbarung mit dem Arbeitnehmer oder einseitig im Wege der Alternativen des § 8 Abs. 1 a.F. verzichten (vgl. § 8 a.F. Rdn. 9).

## IV. Inanspruchnahme bei Zweifeln des Arbeitgebers an der Schutzfähigkeit der Diensterfindung

17 In der Inanspruchnahme liegt kein Anerkenntnis der Schutzfähigkeit der Erfindung durch den Arbeitgeber (streitig, s. § 2 Rdn. 15). Da aber § 2 nicht auf eine im Schutzrechtserteilungsverfahren festgestellte oder wenigstens geprüfte, sondern nur auf eine **theoretisch mögliche Schutzfähigkeit** abstellt

---

[46] Nach Janert, Betriebl. Verfahrensweisen (1968) S. 56 bei weniger als 5 % der Erfindungsmeldungen.
[47] Vgl. Volz, ArbNErf. im öffentl. Dienst, S. 80 f.

## D. Form und Frist der Inanspruchnahme

(Einzelheiten hierzu s. § 2 Rdn. 16 ff.), löst eine (auch nur vorsorglich erklärte, s. dazu § 6 Rdn. 13) Inanspruchnahme je nach ihrem Umfang die Vergütungsfolge des § 9 bzw. § 10 a.F. unter den dort genannten Voraussetzungen aus (s. § 12 Rdn. 57 ff. zu); sie bewirkt auch i.Ü., dass die technische Neuerung vorläufig als (schutzfähige) Diensterfindung erfinderrechtlich zu behandeln ist. Damit finden neben den §§ 9 bis 12 auch die sonstigen materiellen Vorschriften des ArbEG (§ 14 Abs. 2, 3 – s. dort Rn. 14; § 15; § 16 – s. dort Rn. 9; § 17 – s. dort Rn. 43 ff.; §§ 23 bis 27) Anwendung.[48] Aufgrund der Inanspruchnahme wird die technische Neuerung bis zur Feststellung einer Schutzunfähigkeit so behandelt, als ob es sich um eine (schutzfähige) Diensterfindung handelt.[49] Zur Zuständigkeit der Schiedsstelle s. § 28 Rdn. 12 ff. und zu der der Gerichte s. § 39 Rdn. 11 ff., 31 ff.

I.Ü. wird auf die Ausführungen in § 6 n.F. Rdn. 26–31 verwiesen.

*Rdn. 18 frei*

## C. Gegenstand der Inanspruchnahme

Das Inanspruchnahmerecht erfasst die gesamte (schutzfähige) Diensterfindung i.S.d. § 4 Abs. 2. Wegen der Einzelheiten wird auf § 6 n.F. Rdn. 40 bis 54 verwiesen. **19**

*Rdn. 20 bis 25 frei*

## D. Form und Frist der Inanspruchnahme

Die wohlüberlegten Formvorschriften des Gesetzes müssen **streng ausgelegt** werden[50] (s.a. § 5 Rdn. 33). Andernfalls würden dem Arbeitnehmer auf einem Umweg die Rechte genommen, die ihm das Gesetz als dem sozial Schwächeren einräumt.[51] **26**

---

48 Vgl. auch BGH v. 02.06.1987, GRUR 1987, 900, 902 l.Sp. – *Entwässerungsanlage* u. BGH v. 15.05.1990 – X ZR 119/88, GRUR 1990, 667, 668 – *Einbettungsmasse*; Windisch, GRUR 1985, 829, 832 ff.
49 Vgl. Windisch, GRUR 1985, 829, 832.
50 Ebenso ständ. Praxis d. Schiedsst., z.B. v. 30.06.1994 – Arb.Erf. 181/92, (unveröffentl.); Busse/Keukenschrijver, PatG (6. Aufl. 2003), Rn. 9 zu § 6 ArbEG; vgl. auch Schiedsst. v. 08.02.1991, GRUR 1991, 754, 755 – *Spindeltrieb*.
51 Vgl. Schiedsst. v. 19.04.1960, BlPMZ 1960, 280, 281.

§ 6 a.F. Inanspruchnahme (Fassung 1957)

## I. Formerfordernis

### 1. Schriftform (Abs. 2 Satz 1)

27 Die Inanspruchnahme erfolgte durch schriftliche Erklärung des Arbeitgebers (seines Bevollmächtigten) ggü. dem Arbeitnehmer (§ 6 Abs. 2 Satz 1 a.F.). Die allein Beweiszwecken dienende[52] Schriftform ist **Wirksamkeitsvoraussetzung**,[53] ihre Nichtbeachtung führt zur Nichtigkeit der Inanspruchnahme als einseitiges Rechtsgeschäft gem. § 125 BGB,[54] sodass – mangels »Wiederholung« einer formgerechten Inanspruchnahme innerhalb der Frist des § 6 Abs. 2 a.F. – die Diensterfindung gem. § 8 Abs. 1 Nr. 3 a.F. frei wird. Eine bloß mündliche Inanspruchnahme ist nur bei beiderseitigem Formverzicht ausreichend[55] (s. dazu unten § 6 a.F. Rdn. 31).

28 Die Inanspruchnahmeerklärung war vom Arbeitgeber (Bevollmächtigten) eigenhändig zu **unterschreiben**[56] (§ 126 Abs. 1 BGB). Dem steht die **elektronische Form** gleich (§ 126 Abs. 3, § 126 a BGB; s. § 5 Rdn. 35). Die mit der ArbEG-Novelle 2009 durchgängig im ArbEG eingeführte Textform (s. dazu § 5 Rdn. 35 ff.) erfasst nicht die unter das Übergangsrecht des § 43 Abs. 3 fallenden, also die vor dem 01.10.2009 gemeldeten Alt-Erfindungen (s. allgemein § 43 Rdn. 14 ff.). Demzufolge fehlt es an der notwendigen Schriftform, wenn die Unterschrift auf der dem Empfänger zugegangenen Erklärung im Wege der mechanischen Vervielfältigung, sei es durch Matrizenabzug, Fotokopie, Stempelaufdruck, Faksimile oder durch Schreibmaschine oder Fernschrei-

---

52 BGH v. 09.01.1964 – I a ZR 190/63, GRUR 1964, 449, 452 – *Drehstromwicklung*.
53 BGH v. 04.04.2006 – X ZR 155/03, GRUR 2006, 754 (Rn. 27) – *Haftetikett*; v. 18.06.2013 Mitt. 2013, 551 (Rn. 16) – *Flexibles Verpackungsbehältnis*; LG Düsseldorf v. 17.09.1991, Entscheidungen 4. ZK. 2000, 25, 28 – *Reißverschluss* u. LG Düsseldorf v. 22.03.2001 – 4 O 211/00 – *Blasformmaschine* (unveröffentl.); a.A. Volmer/Gaul Rn. 17 zu § 7.
54 BGH v. 04.04.2006 – X ZR 155/03, GRUR 2006, 754, 757 [Rn. 27] – *Haftetikett*; bestätigt durch BGH v. 18.05.2010 – X ZR 79/07, GRUR 2010, 817, 818 f. [Rn. 18] – *Steuervorrichtung*; OLG Düsseldorf v. 01.10.2010 – I – 2 U 41/07//2 U 41/07, [juris, Rn. 69] – *Glasverbundplatte*; vgl. auch OLG Karlsruhe v. 28.04.2010, GRUR 2011, 318, 319 – *Initialidee* (insoweit nicht thematisiert von BGH v. 12.04.2011 – X ZR 72/10, GRUR 2011, 733 – *Initialidee*).
55 Volmer, BB 1976, 1513; unzutr. Datzmann, BB 1976, 1375; unklar Reimer/Schade/Schippel/Kaube Rn. 15, 16 zu § 6.
56 OLG Nürnberg v. 29.04.1969, GRUR 1970, 135 – *Kunststoffskimatte*; vgl. zum räumlichen Ort der »Unterschrift« bei einer Inanspruchnahmerklärung BGH v. 18.06.2013 – X ZR 103/11, Mitt. 2013, 551 (Rn. 17 f.) – *Flexibles Verpackungsbehältnis*.

## D. Form und Frist der Inanspruchnahme § 6 a.F.

ber bzw. Telefax[57] hergestellt wird.[58] Ein Telegramm genügt selbst dann nicht, wenn das Aufgabeformular die eigenhändige Unterschrift trägt, weil die Urschrift dem Empfänger nicht zugeht[59] (vgl. i.Ü. § 5 Rdn. 35 ff.).

Eine **Stellvertretung** bei Abgabe der Inanspruchnahmeerklärung und ihrer Unterzeichnung ist zulässig und in der Praxis verbreitet, etwa durch Mitarbeiter der Patentabteilung[60] des Arbeitgebers oder einer zentralen Patentabteilung im Konzernverbund.[61] Die Stellvertretung muss sich aus einem Vermerk bei der Unterschrift (für das Handelsrecht vgl. §§ 51, 57 HGB) oder aus dem Text der Urkunde ergeben.[62] Zulässig ist auch, dass der Vertreter ohne Zusatz über das vertretungsweise Handeln mit dem Namen des Vertretenen unterzeichnet.[63] Daneben bleibt – was insb. bei Inanspruchnahme kurz vor Fristablauf bedeutsam werden kann – im Ausnahmefall die Rechtsfolge der Unwirksamkeit der Inanspruchnahme gem. § 174 Satz 1 BGB beachtlich, wenn der Arbeitnehmer mangels sonstiger Kenntnisse von der Bevollmächtigung (etwa als neu eingetretener Mitarbeiter) wegen der Nichtvorlage (§ 174 Satz 2 BGB) einer ordnungsgemäßen Vollmachtsurkunde die Inanspruchnahmeerklärung unverzüglich zurückweist. Eine Genehmigung gem. § 177 BGB kommt in einem solchen Fall nicht in Betracht. 29

Die Zurückweisung ist ausgeschlossen, wenn der Arbeitgeber den Arbeitnehmer von der Bevollmächtigung in Kenntnis gesetzt hat; ein In-Kenntnis-Setzen i.S.v. § 174 Satz 2 BGB liegt in aller Regel darin, dass der Arbeitgeber die Berufung eines bestimmten Mitarbeiters zum **Leiter der Patentabteilung** veröffentlicht, womit das Recht zur Inanspruchnahmeerklärung verbunden zu sein pflegt,[64] auch wenn im Einzelfall keine Handlungsvollmacht oder Prokura erteilt ist. In einem solchen Fall genügt es, wenn der Arbeitnehmer weiß, dass der Unterzeichner der Inanspruchnahmeerklärung Leiter der Patentabteilung ist.

---

57 Bestätigt zu § 126 a.F. durch Schiedsst. v. 04.03.1993, EGR Nr. 79 zu § 12 ArbEG u. v. 18.01.1994 – Arb.Erf. 21/93, (unveröffentl.).
58 BGH v. 23.03.1970, NJW 1970, 1078, 1080 (zu § 126 BGB a.F.).
59 BGH v. 27.05.1957, BGHZ 24, 297, 300 ff. (zu § 126 BGB a.F.).
60 Vgl. im einz. Volmer/Gaul Rn. 5 ff. zu § 7.
61 Schiedsst. v. 15.12.2009 – Arb.Erf. 16/09, (unveröffentl.).
62 St. Rspr., RG v. 12.12.1907, RGZ 67, 204, 214 u. v. 30.09.1919, RGZ 96, 286, 289 (zu § 126 BGB a.F.).
63 BGH v. 03.03.1966, BGHZ 45, 193, 195 m.w.N. (zu § 126 BGB).
64 Vgl. allgemein z. Kündigungserklärung BAG v. 30.05.1972, EzA § 174 BGB Nr. 1 u. v. 18.05.1994, EzA § 102, BetrVG 1972 Nr. 85.

**§ 6 a.F.**

Eine Inanspruchnahme kann auch in einer dem Arbeitnehmer zugestellten **Klageschrift** durch den Prozessbevollmächtigten erklärt werden.[65]

30 Im Fall **vollmachtlosen Handelns** gelten die Grundsätze des § 180 BGB, ggf. mit der Möglichkeit der nachträglichen Zustimmung gem. §§ 177 bis 179 BGB.[66] Nach Ablauf der Frist des § 6 Abs. 2 Satz 2 a.F. kann der Arbeitgeber wegen deren Rechtscharakter als Ausschlussfrist (vgl. unten Rdn. 45) eine Inanspruchnahmeerklärung eines vollmachtlosen Vertreters nicht mehr wirksam mit rückwirkender Kraft genehmigen.[67] – Weitere Einzelheiten zur Schriftform s. § 5 Rdn. 35 f. Zur Frage der Verwirkung s. unten Rdn. 34.

### 2. Verzicht auf die Schriftform

31 Mit der jedenfalls früher herrschenden Meinung ist ein (beiderseitiger) Verzicht auf die Schriftform **nach Meldung** der Diensterfindung (§ 22 Satz 2) möglich[68] (s.a. § 6 Rdn. 57). Ein solcher Verzicht kommt nach der neueren

---

65 Vgl. etwa BGH v. 12.04.2011 – X ZR 72/10, GRUR 2011, 733 [Rn. 29] – *Initialidee*.
66 Vgl. auch BGH v. 09.01.1964 – I a ZR 190/63, GRUR 1964, 449, 452 – *Drehstromwicklung* zur Anscheinsvollmacht.
67 Ebenso Busse/Keukenschrijver, PatG (6. Aufl. 2003), Rn. 8 zu § 6 ArbEG; Volmer/Gaul Rn. 69 zu § 6; offen gelassen BGH v. 14.07.1966 – I a ZR 58/64, (unveröffentl.); vgl. dazu allg. BGH v. 15.06.1960, BGHZ 32, 375, 383; bejahend aber KG v. 24.03.1965 – 5 U 532/62, (unveröffentl.).
68 Vgl. BGH v. 09.01.1964 – I a ZR 190/63, GRUR 1964, 449, 452 – *Drehstromwicklung*; ebenso zu § 9, DVO 1943: BGH v. 28.06.1962 – I ZR 28/61, GRUR 1963, 135 – *Cromegal*; OLG Karlsruhe v. 27.06.2007 – 6 U 55/06, (unveröffentl.); LG Düsseldorf v. 17.09.1991, Entscheidungen 4. ZK 2000, 25, 28 – *Reißverschluss*; v. 29.02.2000, Entscheidungen 4. ZK 2000, 33, 36 – *Müllbehältergreifvorrichtung*; LG Düsseldorf v. 22.03.2001 – 4 O 211/00 – *Blasformmaschine* (unveröffentl.) u. v. 22.10.2015 – 4c O 41/13, (Düsseldf. Entsch. Nr. 2470) – Kettenkratzförderer; Schiedsst. v. 08.02.1996 – Arb.Erf. 61/94 u. v. 12.03.2002 – Arb.Erf. 92/99, (beide unveröffentl.); Busse/Keukenschrijver, PatG (6. Aufl. 2003), Rn. 9 zu § 6 ArbEG; Fricke/Meier-Beck, Mitt. 2000, 199, 201; Reimer/Schade/Schippel/Rother Rn. 15 zu § 6; Dantz Inanspruchnahmerecht (1968) S. 42 f.; s.a. OLG Karlsruhe v. 13.07.1983, GRUR 1984, 42, 43 f. – *Digitales Gaswarngerät*; Schade, RdA 1975, 157, 160; letztlich offen gelassen bei BGH v. 04.04.2006 – X ZR 155/03, GRUR 2006, 754, 757 [Rn. 27] – *Haftetikett*; a.A. allg. zu § 125 BGB MünchKomm-Förschler BGB Anm. 30 zu § 125; kritisch auch Scharen, VPP-Rundbrief 2007, 155, 157.

## D. Form und Frist der Inanspruchnahme § 6 a.F.

höchstrichterlichen Rechtsprechung – wenn überhaupt – allenfalls während der Inanspruchnahmefrist in Betracht.[69]

An den Nachweis eines (stillschweigenden) Verzichts sind **strenge Anforderungen** zu stellen.[70] Da § 6 a.F. in erster Linie den Schutz des Arbeitnehmers bezweckt, der Klarheit darüber gewinnen soll, ob der Arbeitgeber die gemeldete Erfindung auf sich überleiten will oder ob dem Arbeitnehmer die Erfindung zur alleinigen Disposition zur Verfügung steht,[71] bedurfte die Annahme eines stillschweigenden Verzichts auf die Schriftform der Inanspruchnahme der Feststellung solcher Umstände bzw. Handlungen, die verlässlich als ein Verzicht auf die schriftliche Inanspruchnahme gewertet werden können,[72] die also den sicheren Schluss rechtfertigen, der Arbeitnehmer begnüge sich mit einer formlosen und demnach schlüssig erklärten Inanspruchnahme.[73] Weiter setzt dies voraus, dass der Arbeitgeber ebenso erkennbar gewillt ist, die Diensterfindung in Anspruch zu nehmen und nicht etwa deutlich macht, ihm sei die Übernahme gleichgültig oder er lehne sie ab.[74] Solche Umstände darzulegen, ist im Streitfall Sache des Arbeitgebers.[75]

Zu § 6 a.F. war jedenfalls zuletzt weitgehend einhellige Auffassung, dass eine **Schutzrechtsanmeldung im Inland** durch den Arbeitgeber eine Inanspruch-

---

[69] Vgl. BGH v. 04.04.2006 – X ZR 155/03, GRUR 2006, 754, 757 [Rn. 27] – *Haftetikett*, aber letztlich offen gelassen; ebenso offen gelassen bei BGH v. 18.05.2010 – X ZR 79/07, GRUR 2010, 817, 818 f. [Rn. 18] – *Steuervorrichtung*. Wie hier OLG Düsseldorf v. 01.10.2009 – 2 U 41/07, [juris, Rn. 70] – *Glasverbundplatten*.
[70] Bartenbach, Mitt. 1971, 232, 235; Schiedsst. v. 08.02.1991, GRUR 1991, 753, 754 – *Spindeltrieb* u. v. 28.01.2010 – Arb.Erf. 56/08, (insoweit nicht in www.dpma.de); LG Düsseldorf v. 22.03.2001 – 4 O 211/00 – *Blasformmaschine* (unveröffentl.), vgl. auch BGH v. 18.05.2010 – X ZR 79/07, GRUR 2010, 817, 819 [Rn. 18] – *Steuervorrichtung*.
[71] LG Düsseldorf v. 17.09.1991, Entscheidungen 4. ZK 2000, 25, 29 – *Reißverschluss*.
[72] BGH v. 18.05.2010 – X ZR 79/07, GRUR 2010, 817, 819 [Rn. 18] – *Steuervorrichtung*.
[73] LG Düsseldorf v. 17.09.1991, Entscheidungen 4. ZK 2000, 25, 29 – *Reißverschluss*, v. 29.02.2000, Entscheidungen 4. ZK 2000, 33, 37 – *Müllbehältergreifvorrichtung* u. LG Düsseldorf v. 22.03.2001 – 4 O 211/00 – *Blasformmaschine* (unveröffentl.); Fricke/Meier-Beck, Mitt. 2000, 199, 201; Volmer/Gaul Rn. 35 zu § 6.
[74] Schiedsst. v. 12.03.2002 – Arb.Erf. 92/99, (unveröffentl.).
[75] LG Düsseldorf v. 17.09.1991, Entscheidungen 4. ZK 2000, 25, 28 – *Reißverschluss* u. v. 29.02.2000, Entscheidungen 4. ZK 2000, 33, 37 – *Müllbehältergreifvorrichtung*; Volmer/Gaul Rn. 38 zu § 6; vgl. auch BGH v. 18.05.2010 – X ZR 79/07, GRUR 2010, 817, 819 [Rn. 18] – *Steuervorrichtung*.

§ 6 a.F. Inanspruchnahme (Fassung 1957)

nahmeerklärung nicht zu ersetzen vermag[76] (im Einzelnen s. 4. Vorauflage § 6 Rdn. 37).

32 Die **Schiedsstelle** hatte in diesem Zusammenhang in ständiger – wenn auch stark umstrittener[77] – Praxis die Auffassung vertreten, dass hinsichtlich der Erfordernisse von **Meldung und Inanspruchnahme nicht mit verschiedenem Maß** gemessen werden sollte, wenn weder die Meldung noch die Inanspruchnahme schriftlich erfolgt seien; im Regelfall könne – insb. bei Verwertung der Diensterfindung durch den Arbeitgeber – von einem vereinbarten Übergang der Diensterfindung ausgegangen werden[78] oder die **Berufung auf den Formmangel** sei nach § 242 BGB **wechselseitig ausgeschlossen**.[79] Konsequent hat die Schiedsstelle andererseits die Möglichkeit einer formlosen (schlüssigen) Inanspruchnahme bei ordnungsgemäß gemeldeten Diensterfindungen abgelehnt, sodass sie diese stets mangels schriftlicher Inanspruchnah-

---

76 Im Ergebnis auch BGH v. 04.04.2006 – X ZR 155/03, GRUR 2006, 754, 757 f. – *Haftetikett*; ferner LG Frankfurt v. 22.11.2000 – 2/06.00 239/00, (unveröffentl.); LG Düsseldorf v. 22.12.2016 – 4a O 105/14, (www.justiz.nrw.de/nrwe, Rn. 119, 129) – Flammpunktprüfung; Busse/Keukenschrijver, PatG (6. Aufl. 2003), Rn. 10 zu § 6 ArbEG; Fricke/Meier-Beck, Mitt. 2000, 199, 200. Ebenso Schiedsst. v. 18.02.1976, EGR Nr. 18 zu § 5 ArbEG; v. 17.07.1985 – Arb.Erf. 1/85, (unveröffentl.); v. 08.04.1993, Mitt. 1996, 245, 246 – *vorführbereite Mustergeräte* u. v. 12.03.2002 – Arb.Erf. 92/99, (unveröffentl.); Fricke/Meier-Beck, Mitt. 2000, 199, 200; Reimer/Schade/Schippel/Rother, Rn. 20 zu § 6; Volmer/Gaul Rn. 40 f. zu § 6 u. 104 zu § 8; a.A. dies. Rn. 88 zu § 6 (bei Schutzrechtsanmeldung einer dem ArbG formlos bekannt gewordenen Diensterfindung); vgl. auch OLG Nürnberg v. 29.04.1969, GRUR 1970, 135 – *Kunststoffskimatte*; Schiedsst. v. 08.02.1991, GRUR 1991, 753, 754 – *Spindeltrieb*; abw. noch LG Düsseldorf v. 18.05.1972 – 4 O 213/71, (unveröffentl.); wie hier LG Düsseldorf v. 17.09.1991, Entscheidungen 4. ZK. 2000, 25, 29 – *Reißverschluss*, v. 29.02.2000, Entscheidungen 4. ZK 32, 37 – *Müllbehältergreifvorrichtung* u. LG Düsseldorf v. 22.03.2001 – 4 O 211/00 – *Blasformmaschine* (unveröffentl.); wie hier auch OLG München v. 10.07.2008, GRUR-RR 2009, 219, 221 – *Vliesproduktion*.
77 Abl. u. a. LG Düsseldorf v. 22.10.2015 – 4c O 41/13, (Düsseldf. Entsch. Nr. 2470) – Kettenkratzförderer m. w. Nachw.
78 Z.B. Schiedsst. v. 06.08.1992, EGR Nr. 5 zu § 15 ArbEG m.d.Hinw., dass dabei alle Umstände des beiderseitigen Verhaltens für einen beiderseitigen Übertragungswillen sprechen müssen; ebenso Schiedsst. v. 10.01.1995 – Arb.Erf. 142/92, (unveröffentl.); im Ergebnis auch Schiedsst. v. 08.02.1996 – Arb.Erf. 61/94 u. v. 15.01.1997 – Arb.Erf. 39/95, (beide unveröffentl.); OLG Karlsruhe v. 12.02.1997, Mitt. 1998, 101, 103 – *Umschreibung während des Vindikationsrechtsstreits*.
79 Vgl. Schiedsst. v. 19.04.1960, BlPMZ 1960, 280, 282, v. 18.02.1976, EGR Nr. 18 zu § 5 ArbEG u. v. 22.08.1985, BlPMZ 1986, 205, 206 a. E. u. v. 10.06.2005 – Arb.Erf. 68/03, (unveröffentl.); ähnl. Reimer/Schade/SchippelRother Rn. 17 zu § 6.

meerklärung – trotz Nutzungsaufnahme – gem. § 8 Abs. 1 a. F. als frei geworden angesehen hat.[80]

Wegen der Einzelheiten wird auf die 4. Vorauflage verwiesen (dort § 6 Rdn. 32 f.).

Demzufolge kann grds. eine **fehlerhafte Erfindungsmeldung** dem Arbeitnehmer **nicht das Recht nehmen, sich auf eine Formnichtigkeit der Inanspruchnahme zu berufen,** wie umgekehrt der Arbeitgeber nicht aus der formwidrigen Meldung ein Abbedingen der ihm gesetzlich obliegenden Schriftform der Inanspruchnahme ableiten darf. 33

Davon bleibt allerdings die Möglichkeit eines auf sonstige Weise – ausdrücklich oder konkludent – zustande gekommenen **Überleitungsvertrags** unberührt[81] (s. unten Rdn. 57 f.).

Wurde die Erfindung über längere Zeit vom Arbeitgeber mit Kenntnis des Arbeitnehmererfinders genutzt, so kann Letzterer – trotz ordnungsgemäßer Meldung – sein Recht, sich auf eine fehlerhafte (nicht schriftliche) Inanspruchnahme zu berufen, **verwirken**[82] (zur Verwirkung allgemein s. § 9 Rdn. 46 f.). Zum Einwand des Rechtsmissbrauchs s. zu § 8 a.F. Rdn. 35 u. unten Rdn. 49. 34

### 3. Inanspruchnahme durch schlüssige Handlungen des Arbeitgebers

Eine Inanspruchnahmeerklärung als einseitige Handlung kann grds. **nicht durch einseitiges schlüssiges Handeln des Arbeitgebers** erfolgen,[83] und zwar auch nicht durch Handeln innerhalb der Inanspruchnahmefrist[84] (zur vertrag- 35

---

80 Länd. Praxis, z.B. Schiedsst. v. 13.06.1989 – Arb.Erf. 116/88 u. v. 30.06.1994 – Arb.Erf. 181/92, (beide unveröffentl.).
81 Im Ergebn. ähnl. Halbach Anm. 3 zu § 6; Volmer Rn. 27 zu § 6; vgl. auch Schiedsst. v. 28.03.1966, BlPMZ 1967, 131.
82 Schiedsst. v. 06.10.1989 – Arb.Erf. 8/89, (unveröffentl.) – dort bei 4 Jahren nach Meldung und 2 Jahren nach Ausscheiden. Zurückhaltend im Ergebn. aber Schiedsst. v. 17.09.2013 – Arb.Erf. 13/12, (www.dpma.de) trotz »jahrelangen Hinnehmens« und hoher Investitionen.
83 DPA v. 21.02.1959, BlPMZ 1959, 115; Schiedsst. v. 24.05.1972, BlPMZ 1973, 29, 30; v. 06.08.1992, EGR Nr. 5 zu § 15 ArbEG; v. 19.04.1960, BlPMZ 1960, 280, 281; v. 25.02.1991 – Arb.Erf. 32/90; v. 13.03.1994 – Arb.Erf. 180/92; v. 10.01.1995 – Arb.Erf. 142/92; v. 05.03.1998 – ArbErf 85/96; v. 18.11.2009 – Arb.Erf. 28/04 (alle unveröffentl.) u. v. 28.01.2010 – Arb.Erf. 56/08, (in www.dpma.de nur LS. 2); Volmer/Gaul Rn. 43 zu § 6; Reimer/Schade/Schippel/Rother Rn. 22 zu § 6; abw. wohl Lindenmaier/Lüdecke Anm. 3 zu § 6.
84 LG Düsseldorf v. 22.10.2015 – 4c O 41/13, (Düsseldf. Entsch. Nr. 2470) – Kettenkratzförderer.

## § 6 a.F. Inanspruchnahme (Fassung 1957)

lichen Überleitung s. § 6 Rdn. 57 ff.). In ständiger Praxis hat die Schiedsstelle[85] betont, dass der Arbeitgeber die vom Gesetzgeber aus Gründen der Klarheit und der Beweisführung an die wechselseitigen, gesetzlich vorgeschriebenen Erklärungen der Meldung und Inanspruchnahme geknüpften Formerfordernisse für diese jeweils einseitigen Erklärungen nicht durch einseitiges konkludentes Handeln ersetzen könne, vielmehr dem durch § 6 Abs. 2 Satz 1 a.F. vorgeschriebenen Schriftformerfordernis als Wirksamkeitsvoraussetzung Folge zu leisten habe. Insb. bei vorangegangener schriftlicher Erfindungsmeldung sei eine nicht schriftlich erklärte schlüssige Inanspruchnahme seitens des Arbeitgebers wegen Umgehung der Formvorschrift des § 6 Abs. 2 Satz 1 a.F. nicht möglich.[86] Mit Rücksicht auf dieses Formerfordernis des § 6 Abs. 2 Satz 1 a.F. bedürfe es vorab jedenfalls eines beiderseitigen Abbedingens der Form,[87] woran grds. strenge Anforderungen zu stellen seien (s. dazu oben § 6 a.F. Rdn. 31).

Damit und angesichts der Tendenzen aus der »Haftetikett«-Entscheidung des *BGH*, der die Möglichkeit des Verzichts auf die Schriftform der Inanspruchnahme sogar während der Dauer der Inanspruchnahmefrist infrage stellt bzw. offen lässt (s. § 6 a.F. Rdn. 31, zur »Haftetikett«-Entscheidung allgemein s. § 5 Rdn. 31), dürfte für eine **stilschweigende Inanspruchnahme letztlich kein Raum** mehr bleiben (zur Behandlung als Verbesserungsvorschlag s. § 20 Rdn. 70). Wenn der *BGH* i.Ü. an den Erklärungsinhalt des Verhaltens der Arbeitsvertragsparteien strenge Maßstäbe anlegt (s. zur stillschweigenden Überleitung s. unten § 6 a.F. Rdn. 61 ff.), kann jedenfalls dem Verhalten der Arbeitsvertragsparteien nach Ablauf der Inanspruchnahmefrist keine hinreichende Aussagekraft für eine vorangegangene schlüssige Inanspruchnahme beigemessen werden, sondern allenfalls für eine nachfolgende konkludente Überleitung der frei gewordenen Diensterfindung (s. dazu § 6 Rdn. 61 ff.). Von daher sind frühere Beispiele aus der Praxis der Schiedsstelle und der Instanzgerichte, in denen für Ausnahmefälle eine schlüssige Inanspruchnahme angenommen wurde, regelmäßig überholt. Wegen der diesbezüglichen Einzelheiten wird auf die 4. Vorauflage verwiesen (dort § 6 Rdn. 36 ff.).

Angesichts der seit Oktober 2009 geltenden **Inanspruchnahmefiktion** des § 6 Abs. 2 n.F. (s. dazu § 6 n.F. Rdn. 78 ff.) ist die praktische Bedeutung einer

---

85 Schiedsst. v. 06.08.1992, EGR Nr. 5 zu § 15 ArbEG; v. 30.06.1994 – Arb.Erf. 181/92 u. v. 05.03.1998 – ArbErf 85/96, (beide unveröffentl.).
86 Schiedsst. v. 06.08.1992, EGR Nr. 5 zu § 15 ArbEG; v. 30.06.1994 – Arb.Erf. 181/92 u. v. 05.03.1998 – ArbErf 85/96, (beide unveröffentl.).
87 OLG Karlsruhe v. 13.07.1983, GRUR 1984, 42, 43 f. – *Digitales Gaswarngerät*.

### D. Form und Frist der Inanspruchnahme §6 a.F.

schlüssigen Inanspruchnahme bei den seit dem 01.10.2009 gemeldeten Diensterfindungen – wenn überhaupt – sehr gering.

Davon sind die Fälle zu unterscheiden, bei denen in einer schriftlichen Erklärung des Arbeitgebers innerhalb der Inanspruchnahmefrist incidenter eine Inanspruchnahme liegen könnte. Diesbezüglich ist von dem Grundsatz auszugehen, dass eine Inanspruchnahme als Gestaltungserklärung klar und eindeutig sein muss, was bei Anwendung der Auslegungsregeln der §§ 133, 157 BGB zu beachten ist (s. oben § 6 a.F. Rdn. 9 f.). 36

Zur schlüssigen vertraglichen Überleitung s. § 6 a.F. Rdn. 61 ff.

*Rdn. 37 bis 39 frei*

### II. Frist (Abs. 2 Satz 2)

#### 1. Zeitraum

Der Arbeitgeber hatte gem. § 6 Abs. 2 Satz 2 Halbs. 1 a.F. seine Entscheidung über Inanspruchnahme oder Freigabe sobald wie möglich zu treffen; eine Inanspruchnahmeerklärung war spätestens bis zum Ablauf von 4 Monaten nach Eingang der ordnungsgemäßen Meldung (vgl. § 5 Abs. 2 und 3; zum Ingangsetzen der Inanspruchnahmefrist infolge anderweitiger Unterrichtung des Arbeitgebers über die Diensterfindung s. § 5 Rdn. 31) abzugeben, und zwar unabhängig von der Prüfung der Erfindungsqualität (s. oben Rdn. 17 f.), der technischen Ausführbarkeit und der wirtschaftlichen Verwertbarkeit (s. unten Rdn. 45). 40

#### a) »Sobald wie möglich« (Halbs. 1)

Diese **Ordnungsvorschrift** (»soll«) stellte einen Appell an den Arbeitgeber dar, dem Arbeitnehmer möglichst schnell Klarheit über das weitere Schicksal seiner Erfindung zu vermitteln.[88] »Sobald wie möglich« ist nicht gleichbedeutend mit »unverzüglich« (vgl. § 121 Abs. 1 Satz 1 BGB – ohne schuldhaftes Zögern), sondern ist u.U. zeitlich weiter gestreckt. Dieses Merkmal knüpft – im Unterschied zur 4-Monats-Frist des § 6 Abs. 2 Halbs. 2 a.F. – nicht an die ordnungsgemäße Meldung der Diensterfindung an, sondern vielmehr an die tatsächliche umfassende Kenntnisnahme des Arbeitgebers von Zustandekommen und Inhalt der Erfindung. Ab diesem Zeitpunkt wird ihm eine hinsichtlich ihrer Länge vom Einzelfall abhängige **Überlegungsfrist** zugestanden, innerhalb der er so schnell wie möglich alle für seine Entscheidung maßgeblichen Informationen beschaffen und Erkenntnisquellen ausschöpfen muss. 41

---

88 Vgl. Amtl. Begründung BT-Drucks. II/1648, S. 25 = BlPMZ 1957, 232.

**§ 6 a.F.** Inanspruchnahme (Fassung 1957)

42  Hat der Arbeitgeber dieses Gebot nicht eingehalten, vielmehr die viermonatige Inanspruchnahmefrist voll ausgenutzt, berührt dies die Wirksamkeit einer Inanspruchnahme nicht,[89] wie dies auch die Freigabetatbestände des § 8 Abs. 1 Nr. 2 und 3 a.F. verdeutlichen.

In besonders gelagerten Ausnahmefällen mag eine willkürliche Verzögerung der Entscheidung über Inanspruchnahme oder Freigabe einen Verstoß gegen die arbeitsrechtliche Fürsorgepflicht darstellen, der u.U. Schadensersatzansprüche – z.B. wegen entgangener Vergütung (vgl. § 9, der den Vergütungsanspruch erst mit Inanspruchnahme entstehen lässt) oder entgangenen Gewinns (z.B. wegen später Freigabe unterbliebene Lizenz- oder sonstige Verwertungen) – auslöst.[90] Wegen der insgesamt (für die betriebliche Praxis) sehr kurzen Zeitspanne des § 6 Abs. 2 war dieses Problem allerdings kaum akut geworden.

*Rdn. 43 frei*

**b) »Vier-Monats-Frist« (Halbs. 2)**

44  Der Arbeitgeber musste seine Entscheidung spätestens vor Ablauf von 4 Monaten **nach der ordnungsgemäßen Meldung** der Diensterfindung getroffen haben. Andernfalls trat die Wirkung des Freiwerdens der Erfindung gem. § 8 Abs. 1 Nr. 3 a.F. ein (s. § 8 a.F. Rdn. 31 ff.; zum Ingangsetzen der Inanspruchnahmefrist infolge anderweitiger Unterrichtung des Arbeitgebers über die Diensterfindung s. § 5 Rdn. 31).

Eine **Erfindungsmeldung** i.S.d. § 5 ArbEG ist allerdings **nicht Voraussetzung** für die Inanspruchnahme,[91] sodass es rechtlich möglich war und ist, auch eine

---

[89] Vgl. Begr. des BR in Anl. 2 zu BT-Drucks. II/1648, S. 60; s.a. Volmer/Gaul Rn. 42 zu § 8.

[90] Ähnl. Reimer/Schade/Schippel/Rother Rn. 25 zu § 6; Volmer Rn. 28 zu § 6 u. Volmer/Gaul Rn. 78 f. zu § 6; eine Pflichtverletzung generell verneinend Ausschussbericht zu BT-Drucks. II/3327, S. 4 = BlPMZ 1957, 251 u. im Anschl. daran Heine/Rebitzki Anm. 5 zu § 6; Halbach Anm. 5 zu § 6; wohl auch Busse/Keukenschrijver, PatG (6. Aufl. 2003), Rn. 11 zu § 6 ArbEG (sanktionslose Ordnungsvorschrift).

[91] Amtl. Begründung BT-Drucks. II/1648, S. 22 = BlPMZ 1957, 230; ebenso LG Düsseldorf v. 13.04.2010, Mitt. 2010, 541, 546 – *Beschichtung für Solarabsorber*; Schiedsst. v. 23.04.2009 – Arb.Erf. 51/06, (unveröffentl.). S. aber auch Schiedsst. v. 26.04.2012 – Arb.Erf. 28/11, (www.dpma.de, nur LS. 3).

## D. Form und Frist der Inanspruchnahme § 6 a.F.

(noch) nicht gemeldete Diensterfindung in Anspruch zu nehmen,[92] etwa wenn es an einer die Mindestvoraussetzungen des § 5 Abs. 1 erfüllenden Meldung fehlt oder wenn der Arbeitgeber auf sonstige Weise von der Diensterfindung Kenntnis erlangt hat (z.b. Meldung durch einen Miterfinder). Eine formularmäßige Erklärung der Inanspruchnahme in einem Meldungsformular entfaltet keine Rechtswirkungen,[93] da es an einer schriftlichen Erklärung des Arbeitgebers i. S. v. § 6 Abs. 2 Satz 1 a.F. fehlt.

Da § 6 Abs. 2 Satz 2 Halbs. 2 a.F. bestimmt, dass das Inanspruchnahmerecht **45** nur innerhalb dieser **4-Monats-Frist** ausgeübt werden kann mit der Folge, dass mit Fristablauf das nicht gewahrte Inanspruchnahmerecht untergeht, ist diese 4-Monats-Frist im Hinblick auf ihre Gestaltungswirkung eine gesetzliche **Ausschlussfrist**.[94] Diese Ausschlussfrist beginnt ohne Rücksicht auf den Willen der Arbeitsvertragsparteien zu laufen, unabhängig auch von ihrer Kenntnis über Beginn und Ende der Frist.[95] Sie läuft auch unabhängig davon, ob sich der Arbeitgeber während der Frist über die technische Ausführbarkeit oder wirtschaftliche Verwertbarkeit der Erfindung im Klaren ist.[96] Zur nachträglichen Genehmigung bei vollmachtslosem Vertreter s. § 6 Rdn. 30.

Auch aus der Treuepflicht ist der **Arbeitnehmer nicht gehalten**, den Arbeitge- **46** ber auf einen evtl. Fristablauf für die Inanspruchnahme **aufmerksam zu**

---

92 BGH v. 02.06.1987, GRUR 1987, 900, 901 r.Sp. – *Entwässerungsanlage* u. BGH v. 17.01.1995 – X ZR 130/93, Mitt. 1996, 16, 17 – *Gummielastische Masse*; LG Düsseldorf v. 13.04.2010, Mitt. 2010, 541, 546 – *Beschichtung für Solarabsorber*; LG Frankfurt v. 22.11.2000 – 2/6 O 239/00, (unveröffentl.); Schiedsst. v. 18.12.1992 – Arb.Erf. 81/88; v. 07.02.1995 – Arb.Erf. 6(B)/93 u. 7(B)/93; v. 12.03.2002 – Arb.Erf. 92/99; v. 06.11.2008 – Arb.Erf. 39/07 u. v. 23.04.2009 – Arb.Erf. 51/06, (sämtl. unveröffentl.).
93 Im Ergebn. ebenso Schiedsst. v. 26.04.2012 – Arb.Erf. 28/11, (www.dpma.de, nur LS. 3), dort aber mit Hinweis auf § 22; zust. auch Trimborn Mitt. 2014, 74.
94 H.M., z.B. BGH v. 14.07.1966 – I a ZR 58/64, (unveröffentl.); v. 04.04.2006, GRUR 2006, 754, 757 – m. H. a. Bartenbach, Mitt. 1971, 232, 234; BPatG v. 26.06.2008 – 8 W (pat) 308/03 – *Schweißheizung für Kunststoffrohrmatte*, dort Rn. 56 (insoweit nicht in Mitt. 2009, 72 ff.); LAG Baden-Württemberg v. 24.01.1958, DB 1958, 312; so auch BR in Anl. 2 zu BT-Drucks. II/1648 S. 60; Busse/Keukenschrijver, PatG (6. Aufl. 2003), Rn. 9 zu § 8 ArbEG.
95 BGH v. 23.05.1952 – I ZR 149/51, GRUR 1952, 573 – *Zuckerdiffuseur* = AP 53 Nr. 120 m. Anm. Volmer; s.a. LG Bremen v. 12.04.1956, MDR 1956, 747.
96 Vgl. etwa Schiedsst. v. 08.04.1993, Mitt. 1996, 245, 246 – *Vorführbereite Mustergeräte*.

**machen.**[97] Die Regelung des § 8 Abs. 1 Nr. 3 a.F. verdeutlicht, dass die Beachtung des Fristablaufs allein Sache des Arbeitgebers ist.[98]

47 Die Ausschlussfrist ist als Einwendung von Amts wegen zu beachten.[99] U. E. ist – entgegen der wohl herrschenden Meinung – eine **Fristverlängerung** trotz der grundsätzlichen Zulässigkeit von Parteivereinbarungen im Sinne von § 22 Satz 2 **nicht möglich.**[100] Wegen des aufgrund der gesetzlichen Fiktionswirkung eintretenden Rechtsverlusts gilt dies jedenfalls für die Zeit nach Fristablauf. Selbstverständlich steht es den Arbeitsvertragsparteien aber frei, Vereinbarungen über die »Inanspruchnahme« selbst bzw. eine nachträgliche Überleitung der Rechte an der Erfindung zu treffen (s. § 6 Rdn. 57 ff.), um so eine »faktische Verlängerung« zu erreichen.[101] Allerdings unterliegen derartige Vereinbarungen strengen Anforderungen bezüglich Eindeutigkeit und Klarheit.[102]

---

97 Bartenbach, Mitt. 1971, 232, 234 ff.; vgl. aber auch Schiedsstelle v. 12.08.1966, BlPMZ 1967, 132.
98 Vgl. auch Schiedsst. v. 23.04.1979 – Arb.Erf. 68/78, (unveröffentl.) mit dem allg. Hinweis, dass Unterrichtungspflichten b. gesetzlichen Fristen für die Arbeitsvertragsparteien nicht bestehen.
99 Palandt/Ellenberger, BGB, vor § 194 Rn. 13.
100 Bartenbach, Mitt. 1971, 232, 235; i. Anschluss daran Volmer/Gaul Rn. 82, 96 zu § 6; offen gelassen bei BGH v. 14.02.2017 – X ZR 64/15, GRUR 2017, 504 (Rn. 28) – *Lichtschutzfolie* im Anschl. an BGH Urt. v. 04.04.2006, GRUR 2006, 754 (Rn. 27) – *Haftetikett*; ferner OLG Karlsruhe v. 13.07.1983, GRUR 1984, 42, 43 – *Digitales Gaswarngerät*; vgl. auch LAG Frankfurt v. 25.04.1978, BB 1979, 1604 zur Ausschlussfrist des § 99 BetrVG; s. dazu aber BAG v. 17.05.1983, DB 1983, 2638, 2639, das diese Frist für verlängerbar erachtet; hiergegen ausdrückl. LAG Berlin v. 22.09.1986, DB 1987, 234 u. LAG Sachsen v. 08.08.1995, NZA-RR 1996, 331; a.A. Beil in Chemie-Ing.-Technik 1957, 489; Busse/Keukenschrijver, PatG (6. Augl. 2003), Rn. 11 zu § 6 ArbEG (bei Verlängerung während des Laufs der Frist); Volmer Rn. 34 zu § 6; Reimer/Schade/Schippel/Rother Rn. 29 zu § 6; Hueck/Nipperdey Lehrb. ArbR, Bd. 1 § 53 II 7 a Fn. 23; eine Verlängerung bereits nach früherem Recht bejaht wohl auch BReg. in Gegenäußerung in BT-Drucks. 16/11339, Anlage 4; unklar BGH v. 23.05.1952 – I ZR 149/51, AP 53 Nr. 120 – *Zuckerdiffuseur* (zu § 4, DVO 43); abweichend wohl auch BT-Ausschussber. in BT-Drucks. II/3327, S. 4 = BlPMZ 1957, 251 u. Schiedsstr. Beschl. v. 09.03.1981 – Arb. Erf. 56/80, (unveröffentl.).
101 Schiedsst. v. 08.04.1993, EGR Nr. 34 zu § 6 ArbEG – *Vorführbereite Mustergeräte*; vgl. auch BGH v. 14.02.2017 GRUR 2017, 504 (Rn. 25 ff.) – *Lichtschutzfolie*.
102 Vgl. BGH v. 23.05.1952 – I ZR 149/51, AP 53 Nr. 120 – *Zuckerdiffuseur* (zu § 4, DVO 43) u. v. 14.02.2017 GRUR 2017, 504 (Rn. 25 ff.) – *Lichtschutzfolie*.

## D. Form und Frist der Inanspruchnahme § 6 a.F.

Aufgrund des wesensmäßigen Unterschieds zur Verjährungsfrist ist eine **Hemmung** i.S.d. § 209 BGB bei Ausschlussfristen grds. ausgeschlossen.[103]  48

Dagegen ist der unverzüglich geltend zu machende[104] Einwand der **unzulässigen Rechtsausübung** (§ 242 BGB) auch ggü. der Berufung auf die Ausschlussfristen möglich;[105] etwa, wenn der Arbeitnehmer bewusst einen Irrtum des Arbeitgebers über den Fristablauf bewirkt hat oder Fristüberschreitungen seitens des Arbeitgebers durch Verhaltensweisen aus der Sphäre des Arbeitnehmers veranlasst sind[106] (s.a. § 8 Rdn. 35, 40).  49

Korrespondiert ein i.Ü. für Schutzrechtsfragen unzuständiger leitender Mitarbeiter mit dem Patentanwalt des Arbeitgebers über Patentangelegenheiten und erweckt er diesem ggü. den Eindruck, der einzige Ansprechpartner für diesen Anmeldungsvorgang zu sein, ist es seine Sache, Hinweisen des Patentanwalts auf eine notwendige Inanspruchnahme der Diensterfindung zu entsprechen oder jedenfalls den Arbeitgeber hierauf aufmerksam zu machen. Ein bewusstes Untätigbleiben oder Verschweigen des Arbeitnehmers hinsichtlich der Inanspruchnahmeerklärung hat als Pflichtverletzung des Arbeitsvertrages zur Folge, dass er sich nach den Grundsätzen von Treu und Glauben (§ 242 BGB) nicht auf den Ablauf der Inanspruchnahmefrist berufen darf.[107]

Zur evtl. Unterbrechung einer Frist durch Anrufung der Schiedsstelle vgl. § 31 Rdn. 18 f.

### 2. Fristbeginn, Fristberechnung

Die Frist **beginnt** erst mit Eingang der ordnungsgemäßen, den gesetzlichen Erfordernissen des § 5 entsprechenden Meldung,[108] gem. § 187 Abs. 1 BGB also mit dem auf den Zugang der Meldung folgenden Tag.[109] Wenn § 6 Abs. 2 Satz 2 Halbs. 2 a.F. nur auf die Abs. 2 und 3 des § 5 Bezug nimmt, so sind  50

---

103 Vgl. dazu u. allg. RG v. 17.03.1930, RGZ 128, 46, 47 u. v. 22.07.1938, RGZ 158, 137, 140; OLG Celle, WM 1975, 652, 654; OLG Hamm v. 11.03.1996, NZV 1996, 498 f.; vgl. auch BVerwG v. 19.12.1996, NVwZ 1996, 1217 f.; vgl. aber auch die Rspr. zu § 626 Abs. 2 BGB, z.B. LAG Frankfurt v. 28.02.1985, BB 1986, 258.
104 Vgl. BGH v. 03.02.1953, NJW 1953, 541.
105 Vgl. Schiedsst. v. 12.08.1966, BlPMZ 1967, 132; vgl. allg. RG v. 23.11.1933, RGZ 142, 280, 285 u. v. 30.05.1935, RGZ 148, 298, 301.
106 Vgl. auch BGH v. 23.05.1952 – I ZR 149/51, GRUR 1952, 573 – *Zuckerdiffuseur* = AP 53 Nr. 120 m. Anm. Volmer; Schiedsst. v. 12.08.1966, BlPMZ 1967, 132 u. v. 08.05.1972, BlPMZ 1972, 382; Volmer/Gaul Rn. 94 zu § 6.
107 Schiedsst. v. 05.03.1998 – Arb.Erf. 85/96, (unveröffentl.).
108 Schiedsst. v. 07.02.1995 – Arb.Erf. 6(B)/93 u. Arb.Erf. 7(B)/93, (unveröffentl.).
109 Ebenso Busse/Keukenschrijver, PatG (6. Aufl. 2003), Rn. 122 a § 6 ArbEG.

§ 6 a.F. Inanspruchnahme (Fassung 1957)

damit nicht die Formerfordernisse des § 5 Abs. 1 (insb. die Schriftform) entbehrlich.[110] Eine nicht die Mindesterfordernisse des § 5 Abs. 1 erfüllende Meldung setzt die Inanspruchnahmefrist nicht in Gang (s. § 5 Rdn. 85; s. aber zum Ingangsetzen der Inanspruchnahmefrist infolge anderweitiger Unterrichtung des Arbeitgebers über die Diensterfindung § 5 Rdn. 31). Entspricht die Erfindungsmeldung dagegen nicht den inhaltlichen Vorgaben des § 5 Abs. 2, kommt es darauf an, ob der Arbeitgeber von der Möglichkeit einer Beanstandung nach § 5 Abs. 3 Gebrauch gemacht hat (s. § 5 Rdn. 92 ff.). Im Ergebnis löst eine Erfindungsmeldung, die die Mindesterfordernisse des § 5 Abs. 1 erfüllt, die Inanspruchnahmefrist auch dann aus, wenn sie keine Offenbarung der erfinderischen Lehre enthält, der Arbeitgeber dies aber nicht fristgerecht gem. § 5 Abs. 3 beanstandet hat (s. § 5 Rdn. 84). Auch eine verspätete Erfindungsmeldung setzt die Frist in Gang (s. § 5 Rdn. 29).

Zum Übertragungsanspruch des Arbeitgebers bei pflichtwidrigem Unterlassen der Fertigstellung der Erfindung während des Arbeitsverhältnisses s. § 26 Rdn. 22; zum Lauf der Inanspruchnahmefrist bei Beanstandung der Erfindungsmeldung durch den Arbeitgeber nach § 5 Abs. 3 s. § 5 Rdn. 92 f.

**51** Hat der Arbeitgeber vorab auf die Vorlage einer ordnungsgemäßen **Meldung** i.S.d. § 5 **verzichtet** (s. dazu § 5 Rdn. 30) oder eine Mitteilung ausdrücklich als ordnungsgemäße Meldung anerkannt (s. dazu § 5 Rdn. 86), beginnt diese Frist mit dem auf die tatsächliche Kenntnis des Arbeitgebers folgenden Tag zu laufen, bei nachträglichem Verzicht indes erst mit Zugang der Verzichtserklärung beim Arbeitnehmer.[111] Liegt ein Verzicht des Arbeitgebers lediglich auf das Schriftformerfordernis vor (s. § 5 Rdn. 38 ff.), stellt die Rechtsprechung zur Fristberechnung jedenfalls auf den Zeitpunkt der Einreichung einer Patentanmeldung durch den Arbeitgeber ab.[112] In solchen Fällen wäre die Berufung des Arbeitgebers auf die mangelnde Schriftform treuwidrig.[113]

Ansonsten **kann** die Frist **ohne förmliche Meldung i.S.d. § 5 Abs. 1 grds. nicht beginnen**.[114] Damit stellt sich die Frage, wie diejenigen Fälle zu bewerten sind, in denen eine **Erfindungsmeldung** aus rechtlich anerkannten Grün-

---

110 Vgl. auch LG Düsseldorf v. 30.09.1975, EGR Nr. 15 zu § 5 ArbEG; insoweit liegt wohl ein gesetzgeberisches Redaktionsversehen vor.
111 Zust. Busse/Keukenschrijver, PatG (6. Aufl. 2003), Rn. 12 zu § 6 ArbEG.
112 Ebenso Volmer/Gaul Rn. 201 zu § 5; bestätigt durch LG Düsseldorf v. 17.09.1991, Entscheidungen 4. ZK. 2000, 25, 28 – *Reißverschluss* u. v. 29.02.2000, Entscheidungen 4. ZK. 2000, 32, 35 – *Müllbehältergreifvorrichtung*.
113 LG Düsseldorf v. 17.09.1991, Entscheidungen 4. ZK. 2000, 25, 28 – *Reißverschluss*.
114 Vgl. DPA v. 21.01.1959, BlPMZ 1959, 115; Schiedsst. v. 07.02.1995 – Arb.Erf. 6(B)/93 u. Arb.Erf. 7(B)/93, (unveröffentl.).

## D. Form und Frist der Inanspruchnahme § 6 a.F.

den **entbehrlich** ist bzw. unterbleibt, einschließlich der Ausnahmen nach der »**Haftetikett**«-**Entscheidung des *BGH*** (s. dazu § 5 Rdn. 31). Die Amtl. Begründung zur ArbEG-Novelle 2009 geht im Hinblick auf die »Haftetikett«-Entscheidung als Lösung von einer Anknüpfung an das Datum der Schutzrechtsanmeldung aus (s. § 6 n.F. Rdn. 129 f.). Dies entspricht der BGH-Rechtsprechung und der zwischenzeitlich wohl herrschenden Meinung.[115]

Wegen sonstiger Einzelheiten der **Fristberechnung** ist auf die §§ 187 ff. BGB zurückzugreifen.[116] 52

Die Vier-Monatsfrist **endet** nach § 188 Abs. 2 BGB mit Ablauf desjenigen Tages des letzten Monats, welcher durch seine Zahl dem Tage entspricht, an dem die Erfindungsmeldung dem Arbeitgeber zugegangen ist (z.B. bei Zugang der Meldung am 2. Januar endet die Frist mit Ablauf des 2. Mai dieses Jahres). Weisen die Monate unterschiedliche Dauer auf und fehlt in dem letzten Monat der für den Fristablauf maßgebliche Tag, so endet die Frist gem. § 188 Abs. 3 BGB mit Ablauf des letzten Tages dieses Monats (z.B. bei Zugang der Meldung am 31. Oktober endet die Frist mit Ablauf des 28. [29.] Februar des folgenden Jahres). Fällt der letzte Tag auf einen Samstag, Sonntag oder gesetzlichen Feiertag, so tritt nach § 193 BGB an die Stelle eines solchen Tages der nächste Werktag. 53

Es reicht nicht aus, dass die Inanspruchnahme innerhalb der Frist erklärt wird; vielmehr muss sie dem Arbeitnehmer **vor Fristablauf zugegangen** sein (Einzelheiten s. § 5 Rdn. 10 f.). Das Übermittlungsrisiko trägt der Arbeitgeber. Er ist für den Zugang **beweispflichtig** (s. hierzu oben Rdn. 6.1). 54

Nach **Fristablauf** ohne Inanspruchnahme ist die Wirkung des Freiwerdens der Erfindung gem. § 8 Abs. 1 Nr. 3 a.F. eingetreten. Diese Wirkung erfasst die Diensterfindung ihrem Gegenstand nach nur in dem Umfang, in dem sie in der Erfindungsmeldung offenbart worden ist (s. § 8 n.F. Rdn. 67). 55

In der nach Fristablauf erklärten »Inanspruchnahme« kann aber das Angebot zur rechtsgeschäftlichen Überleitung der frei gewordenen Erfindung auf den Arbeitgeber liegen[117] (s. hierzu unten Rdn. 59 f.).

---

115 BGH v. 04.04.2006 – X ZR 155/03, GRUR 2006, 754, 757 [Rn. 26] – *Haftetikett*; im Anschluss daran OLG Düsseldorf v. 01.10.2010 – I – 2 U 41/07//2 U 41/07, [juris, Rn. 67] – *Glasverbundplatte*; folgend Trimborn, Mitt. 2010, 461, 464. S.a. BGH v. 12.04.2011 – X ZR 72/10, GRUR 2011, 733 – *Initialidee*.
116 Allg. A., z.B. Busse/Keukenschrijver, PatG (6. Aufl. 2003), Rn. 12 zu § 6.
117 Schiedsst. Beschl. v. 09.03.1981 – Arb.Erf. 56/80, (unveröffentl.); Busse/Keukenschrijver, PatG (6. Aufl. 2003), Rn. 13 zu § 6 ArbEG.

56 Macht ein Arbeitnehmer zu Unrecht die Rechtsfolge des § 8 Abs. 1 Nr. 3 a.F. geltend, so ist der Arbeitgeber grds. nicht gehalten, den Arbeitnehmer etwa auf die Ungültigkeit seiner Erfindungsmeldung und den deshalb unterbliebenen Lauf der Inanspruchnahmefrist aufmerksam zu machen[118] (s.a. § 25 Rdn. 20). Will er sich aber nicht der Gefahr der Verwirkung seiner Ansprüche aussetzen, sollte er alsbald den Arbeitnehmer zur Vornahme einer ordnungsgemäßen Meldung gem. § 5 Abs. 1 auffordern, um Klarheit über den Fristenlauf schaffen, oder – falls er bereits Kenntnis vom Erfindungsgegenstand hat – seine Entscheidung über die Inanspruchnahme treffen zu können.

### III. Vertragliche Überleitung der Diensterfindung auf den Arbeitgeber

### 1. Grundsatz

57 Auf Basis der nach altem Recht erforderlichen fristgerechten unbeschränkten Inanspruchnahmeerklärung war es eine – auch in der Praxis – seit jeher umstrittene Thematik, ob bei Fehlen einer schriftlichen Inanspruchnahmeerklärung eine vertragliche Überleitung der Diensterfindung erfolgt ist[119] (zu der davon zu unterscheidenden schlüssigen Inanspruchnahme nach Verzicht auf die Schriftform s. § 6 Rdn. 35 ff.). Die damit verbundenen schwierigen Rechtsfragen haben sich für die Zukunft weitgehend erledigt, nachdem nunmehr die Inanspruchnahmefiktion des § 6 Abs. 2 n.F. bei den seit dem 01.10.2009 gemeldeten Diensterfindungen greift (s. dazu § 6 n.F. Rdn. 78 ff.). Die nachfolgenden Erläuterungen sind daher im Wesentlichen nur noch für die vor dem 01.10.2009 gemeldeten Alt-Erfindungen relevant:

Eine – formlos gültige – Vereinbarung zwischen Arbeitgeber und Arbeitnehmer über die einverständliche Überleitung einer Diensterfindung auf den Arbeitgeber ist **grds. möglich**.[120] Das kann ausdrücklich oder **konkludent**

---

118 LG Düsseldorf v. 30.09.1975, EGR Nr. 15 zu § 5 ArbEG.
119 S. dazu auch aktuell Trimborn Mitt. 2012, 70, 74 f.
120 Ganz h.M., z.B. BGH v. 04.04.2006 – X ZR 155/03, GRUR 2006, 754, 758 [Rn. 31] – *Haftetikett*; im Ergebn. Auch BGH v. 18.05.2010 – X ZR 79/07, GRUR 2010, 817, 819 [Rn. 19] – *Steuervorrichtung*; ferner Schiedsst. v. 21.03.1973, EGR Nr. 8 zu § 6 ArbEG m. zust. Anm. Gaul; v. 12.03.2002 – Arb.Erf. 92/99; v. 18.11.2009 – Arb.Erf. 28/04, (beide unveröffentl.); v. 17.09.2013 – Arb.Erf. 13/12, (www.dpma.de); OLG Karlsruhe v. 13.07.1983, GRUR 1984, 42, 44 – *Digitales Gaswarngerät*; LG Düsseldorf v. 22.03.2001 – 4 O 211/00 – *Blasformgerät* (unveröffentl.); Reimer/Schade/Schippel/Rother Rn. 18 ff. zu § 6; s.a. BGH v. 23.05.1952 – I ZR 149/51, GRUR 1952, 573 – *Zuckerdiffuseur* = AP 53 Nr. 120 m. Anm. Volmer; BFH v. 25.01.1963, BFHE 76, 503, 505; Busse/Keukenschrijver, PatG (6. Aufl. 2003), Rn. 10, 15 zu § 6 ArbEG.

erfolgen.¹²¹ Allerdings ist nicht zu verkennen, dass die höchstrichterliche Rechtsprechung zunehmend **strenge Anforderungen** an eine konkludente vertragliche Überleitung stellt.¹²² Die vertragliche Überleitung setzt zu ihrer Wirksamkeit gem. § 22 Satz 2 an sich zunächst eine ordnungsgemäße Meldung der Diensterfindung gem. § 5 voraus¹²³ (vgl. hierzu § 22 Rdn. 38 ff.), wobei allerdings die »Haftetiket«-Entscheidung des *BGH* hier eine Aufweichung gebracht hat (s. § 5 Rdn. 31). Bei bloß mündlicher Unterrichtung des Arbeitgebers über den Erfindungsgegenstand durch den Arbeitnehmer ohne Beachtung der Schriftform wird aber in einer auf diese Erfindung bezogenen vertraglichen Überleitung regelmäßig zugleich der zulässige Verzicht auf die Schriftform (vgl. § 5 Rdn. 39) liegen, sodass § 22 Satz 2 nicht entgegensteht.¹²⁴ Die Darlegungs- und **Beweislast** für eine vertragliche Überleitung trägt der dies behauptende Arbeitgeber.¹²⁵

### 2. Innerhalb der Inanspruchnahmefrist

**Unbedenklich** sind alle Vereinbarungen zwischen Arbeitgeber und Arbeitnehmer, die innerhalb der Inanspruchnahmefrist anstelle der einseitigen unbeschränkten Inanspruchnahme eine vertragliche Überleitung der Rechte an der Diensterfindung zum Gegenstand haben.¹²⁶ Dies folgt daraus, dass der Arbeitgeber in diesem Zeitraum die Rechtsüberleitung auch einseitig – sogar gegen den Willen des Arbeitnehmers – bewirken könnte.¹²⁷ Obschon für die Inan-

58

---

121 Allg. A., z.B. BGH v. 04.04.2006 – X ZR 155/03, GRUR 2006, 754, 758 [Rn. 31] – *Haftetikett*; LG Düsseldorf v. 22.10.2015 – 4c O 41/13, (Düsseldf. Entsch. Nr. 2470) – Kettenkratzförderer; Scharen, VPP-Rundbrief 2007, 155, 156 f.
122 Vgl. BGH v. 04.04.2006 – X ZR 155/03, GRUR 2006, 754, 758 f. [Rn. 31 ff.] – *Haftetikett* u. BGH v. 18.05.2010 – X ZR 79/07, GRUR 2010, 817, 819 [Rn. 19] – *Steuervorrichtung*; für strenge Anforderungen auch Busse/Keukenschrijver, PatG (6. Aufl. 2003), Rn. 13 zu § 6 ArbEG; vgl. auch LG Düsseldorf v. 22.10.2015 – 4c O 41/13, (Düsseldf. Entsch. Nr. 2470) – Kettenkratzförderer.
123 LG Düsseldorf v. 18.05.1972, EGR Nr. 7 zu § 6 ArbEG; Schiedsst. v. 25.11.1959, BlPMZ 1960, 279, 280 m. Anm. Friedrich, GRUR 1961, 133; abweichend wohl BGH v. 04.04.2006 – X ZR 155/03, GRUR 2006, 754, 758 [Rn. 27, 31] – *Haftetikett*.
124 Vgl. auch OLG Düsseldorf v. 09.07.1971, EGR Nr. 6 zu § 6 ArbEG u. Schiedsst. v. 28.01.2010 – Arb.Erf. 56/08, (www.dpma.de, LS. 3); s. aber LAG Baden-Württemberg v. 24.01.1958, DB 1958, 312.
125 Unstreitig, z.B. OLG Düsseldorf v. 26.07.2018 – I – 15 U 2/17, (BeckRS 2018, 17622, Rn. 54) – *Flammpunktprüfung*.
126 Ebenso ständ. Praxis d. Schiedsst., z.B. EV. v. 15.11.1994 – Arb.Erf. 3/93, (unveröffentl.).
127 Vgl. OLG Düsseldorf v. 09.07.1971, EGR Nr. 6 zu § 6 ArbEG.

spruchnahme Schriftform vorgeschrieben ist, hierauf aber wirksam verzichtet werden kann (streitig, vgl. oben Rdn. 31), sind diese **Vereinbarungen auch formlos** gültig. Für eine konkludente Vereinbarung reichen aber auch hier mit Blick auf §§ 13, 15 weder eine Schutzrechtsanmeldung noch diesbezügliche Informationen des Arbeitnehmers noch eine bloße Benutzungsaufnahme aus.[128] Erforderlich sind vielmehr weitere Umstände, aus denen der Arbeitnehmer auf einen Inanspruchnahme- und Übernahmewillen des Arbeitgebers schließen konnte, wie die parallele Aufnahme von Vergütungsverhandlungen, die Hinzuziehung des Arbeitnehmers im Rahmen von Nutzungshandlungen usw.[129]

### 3. Nach Ablauf der Inanspruchnahmefrist

59  Zurückhaltung im Hinblick auf §§ 8, 23 ist bei solchen Vereinbarungen angebracht, die die Überleitung von Diensterfindungen nach Ablauf der Inanspruchnahmefrist betreffen. Hierdurch gibt der Arbeitnehmer eine ihm zwischenzeitlich durch das ArbEG (vgl. § 8 Abs. 1 Nr. 3 a.F.) zugewachsene Rechtsposition auf.

Ist sich der Arbeitnehmer seiner nunmehr uneingeschränkten **Rechtsinhaberschaft an der Erfindung bewusst** und erklärt er sich (ausdrücklich oder schlüssig) mit der nachträglichen Zuordnung seiner Erfindung zum Arbeitgeber oder gar ihrer Behandlung als Diensterfindung einverstanden, ist regelmäßig eine rechtswirksame Übertragung der Erfindung anzunehmen.[130] Erforderlich ist aber stets eine Vereinbarung, bei der in deutlicher Weise zum Ausdruck kommt, dass die Arbeitsvertragsparteien einen Übergang der vermögenswerten Rechte an der Diensterfindung gewollt haben.[131] Die Vereinbarung muss also

---

128 LG Düsseldorf v. 22.10.2015 – 4c O 41/13, (Düsseldf. Entsch. Nr. 2470) – Kettenkratzförderer.
129 Vgl. LG Düsseldorf v. 22.10.2015 – 4c O 41/13, (Düsseldf. Entsch. Nr. 2470) – Kettenkratzförderer.
130 Im Ergebn. auch OLG Düsseldorf v. 26.07.2018 – I – 15 U 2/17, (BeckRS 2018, 17622, Rn. 55 ff.) – *Flammpunktprüfung*. Wie hier auch Schiedsst. v. 09.12.2008 – Arb.Erf. 19/08 (Datenbank); zust. auch Busse/Keukenschrijver, PatG (6. Aufl. 2003), Rn. 6 zu § 22 ArbEG. Vgl. auch BGH v. 04.04.2006 – X ZR 155/03, GRUR 2006, 754, 758 (Rn. 32) – *Haftetikett*.
131 Vgl. BGH v. 04.04.2006 – X ZR 155/03, GRUR 2006, 754, 758 [Rn. 31] – *Haftetikett*; vgl. auch BGH v. 18.05.2010 – X ZR 79/07, GRUR 2010, 817, 819 [Rn. 19] – *Steuervorrichtung*. Nach Busse/Keukenschrijver, PatG (6. Aufl. 2003), Rn. 13 zu § 6 ArbEG m. H. a. OLG Düsseldorf v. 01.10.2010 GRUR-RR 2004, 163, 167 [- Glasverbundplatte] gegen Hellebrand Mitt. 2001, 185 f. ist »der Rechtsübertragungswille, nicht bloß der Zuordnungswille des Übertragenden« maßgeblich.

nach außen – neben dem Übernahmewillen des Arbeitgebers – den Übertragungswillen des Arbeitnehmers eindeutig erkennen lassen.[132] Gehen beide Arbeitsvertragsparteien fälschlicherweise davon aus, die Diensterfindung stehe dem Arbeitgeber ohnehin zu und es bedürfe keiner Übertragung mehr, ist für die Annahme des grundsätzlich erforderlichen Erklärungsbewusstseins nach der Rechtsprechung kein Raum[133] (s. zum Erklärungsbewusstsein bei konkludentem Verhalten im Übr. § 6 a.F. Rdn. 62).

Demgegenüber reicht für eine vertragliche Überleitung bspw. (bei Annahme durch den Arbeitgeber) die dokumentierte Erklärung des Arbeitnehmererfinders aus:[134] *»Hiermit erkläre ich, dass mein Anteil an der Erfindungsmeldung ... durch Inanspruchnahme auf ... [Arbeitgeber] übertragen wurde. Vorsorglich erkläre ich, dass sämtliche Rechte an meinem Teil der Erfindung bei ... [Arbeitgeber] liegen.«* Hieraus wird deutlich, dass der Arbeitnehmer in dem Bewusstsein und mit dem Willen handelt, dass auch im Fall einer etwaigen Unwirksamkeit einer Inanspruchnahme die Erfindungsrechte dank seiner Erklärung gesichert auf den dies akzeptierenden Arbeitgeber übergeleitet sein sollen. Eine solche Herbeiführung einer rechtssicheren Überleitung ist insb. dann anzunehmen, wenn die Rechtzuordnung zum Arbeitgeber Voraussetzung für eine Erfindervergütung sein soll. Denn wenn es auf Seiten des Arbeitnehmererfinders um die Aufgabe eines geldwerten Rechts geht, wird nach der Rechtsprechung des *BGH* eine vernünftige Partei sich hierzu regelmäßig nur bereitfinden, wenn auch über eine geldwerte Gegenleistung Einigung erzielt wird.[135]

Eine etwaige Unbilligkeit[136] weiterer damit verbundener Abreden (z.B. der Vergütungsregelung) und deren aus § 23 folgende Unwirksamkeit ergreift nach § 139 BGB i.d.R. nicht die Abtretung der Rechte an der Erfindung; denn der Arbeitgeber hätte im Zweifel auch bei höheren Vergütungsansprüchen die von ihm zu nutzende Erfindung erworben, und der Arbeitnehmer hätte angesichts seiner zunächst bekundeten Bereitschaft, die Erfindung auch ohne Vergütung oder gegen eine solche auf der Basis des ArbEG zu überlassen, die Erfindung

---

132 Ähnl. LG Düsseldorf v. 22.10.2015 – 4c O 41/13, (Düsseldf. Entsch. Nr. 2470) – Kettenkratzförderer; Schiedsst. v. 28.01.2010 – Arb.Erf. 56/08, (insoweit nicht in www.dpma.de, dort nur LS. 2 – 5).
133 OLG Düsseldorf v. 01.10.2010 – I – 2 U 41/07//2 U 41/07, [juris, Rn. 72] – *Glasverbundplatte* m. H. a. BGH v. 04.04.2006 – X ZR 155/03, GRUR 2006, 754, 758 [Rn. 31 – 33] – *Haftetikett*; Busse/Keukenschrijver, PatG, Rn. 13 zu § 6 ArbEG.
134 So der Sachverhalt bei BGH v. 05.10.2005, GRUR 2006, 141, 143 [Rn. 29 f.] – *Ladungsträgergenerator*.
135 BGH v. 04.04.2006 – X ZR 155/03, GRUR 2006, 754, 759 [Rn. 33] – *Haftetikett*.
136 Vgl. auch Rosenberger, BB 1977, 251, der in solchen Fällen eine Unbilligkeit grds. verneint.

**§ 6 a.F.**                                          Inanspruchnahme (Fassung 1957)

selbstverständlich auch zu einem ihm evtl. zustehenden (höheren) Vergütungsanspruch als freier Erfinder (ohne Anteilsfaktor) abgetreten[137]. Zur Bestimmung des angemessenen Vergütungsbetrages s. vor §§ 9 bis 12 Rdn. 16 ff.

**60** Kennt der die frei gewordene Diensterfindung übertragende **Arbeitnehmer seine Rechtsposition** aus § 8 Abs. 1 Nr. 3 a.F. **nicht**, besteht – selbst unter dem Aspekt der Fürsorgepflicht – grds. keine Pflicht des Arbeitgebers, ihn vor Abschluss einer Vereinbarung hierauf aufmerksam zu machen[138] (s.a. § 8 a.F. Rdn. 35 u. § 25 Rdn. 20), es sei denn, der Arbeitnehmer befindet sich erkennbar in einem Irrtum. War sich der Arbeitnehmer nicht des Freiwerdens seiner Diensterfindung nach § 8 Abs. 1 Nr. 3 a.F. bewusst, kann allerdings – trotz eines ausdrücklichen »Einvernehmens mit einer Inanspruchnahme« – bereits der für einen Rechtsübergang erforderliche **Übertragungswille fehlen**[139] (s. auch § 6 a.F. Rdn. 61). Ggf. stehen dem Arbeitnehmer ansonsten die **Anfechtungsrechte** gem. §§ 119, 123 BGB zu, unabhängig von der Befugnis, sich auf § 23 ArbEG zu berufen. Die vorstehenden Überlegungen zu § 119 BGB gelten hier nicht uneingeschränkt, da der Zuordnungswille des Arbeitnehmers durch seine Unkenntnis über sein freies Verfügungsrecht beeinflusst gewesen sein kann und er sonst u.U. anderweitige Verfügungen getroffen hätte.

### 4. Vereinbarungen aufgrund schlüssigen Verhaltens

**61** Hinsichtlich der Vereinbarungen aufgrund schlüssigen Verhaltens der Arbeitsvertragsparteien ist zu beachten, dass diese von dem mit der strengen Inanspruchnahmeregelung verfolgten Gesetzeszweck abweichen, sich daher auf eindeutige **Ausnahmesachverhalte** beschränken müssen. Dementsprechend sehr streng sind die Anforderungen an eine konkludente Überleitung.[140] Diese seit jeher – auch in der Praxis – schwierige und umstrittene Thematik hat sich für die ab dem 01.10.2009 gemeldeten Diensterfindungen erledigt, nachdem nunmehr die Inanspruchnahmefiktion des § 6 Abs. 2 n.F. greift (s. dazu § 6 n.F. Rdn. 78 ff.).

---

137 Vgl. OLG Düsseldorf v. 09.07.1971, EGR Nr. 6 zu § 6 ArbEG.
138 A.A. LG Düsseldorf v. 01.07.1986 – 4 O 70/86, (unveröffentl.) u. BGH v. 04.04.2006 – X ZR 155/03, GRUR 2006, 754 – *Haftetikett*.
139 Schiedsst. v. 17.09.2013 – Arb.Erf. 13/12, (www.dpma.de); vgl. auch OLG Düsseldorf v. 26.07.2018 – I – 15 U 2/17, (BeckRS 2018, 17622, Rn. 56 ff.) – *Flammpunktprüfung*; siehe (aber) auch Schiedsst. v. 30.01.2018 – Arb.Erf. 36/16, (vorg. f. www. dpma.de) zur einvernehml. Behandlung als techn. Verbesserungsvorschlag.
140 Vgl. z. B. LG Düsseldorf v. 22.10.2015 – 4c O 41/13, (Düsseldf. Entsch. Nr. 2470) – Kettenkratzförderer.

Die neuere **höchstrichterliche Rechtsprechung** stellt mit Blick auf die mit der Übertragung verbundene Rechtsaufgabe des Arbeitnehmers (s. § 6 Rdn. 59) – auch bei Fehlen einer ordnungsgemäßen Meldung – strenge Anforderungen an die Annahme einer konkludenten vertraglichen Übertragung einer Diensterfindung; sie fordert i.d.R., dass in deutlicher Weise der Wille beider Vertragsparteien zum Rechtsübergang zum Ausdruck kommen muss, der Arbeitnehmer sich der Notwendigkeit der rechtsgeschäftlichen Erklärung für die Übertragung der Erfindungsrechte bewusst ist bzw. sich des entsprechenden Verständnisses seines Verhaltens seitens des Arbeitgebers hätte bewusst sein müssen und sich die Arbeitsvertragsparteien ebenfalls über die dafür zu zahlende Vergütung geeinigt haben[141] (s. zum Erklärungsbewusstsein § 6 a.F. Rdn. 59).

Auf der Grundlage des alten Rechts hat die **Schiedsstelle** regelmäßig in den Fällen, in denen eine ordnungsgemäße Meldung vorlag, eine schlüssige Übertragung abgelehnt[142] (s.a. § 6 Rdn. 35). Ausnahmen hat sie unter Anlegung eines strengen Maßstabes nur dann gelten lassen, wenn Erklärungen und Handlungen des Arbeitnehmers einen **Übertragungswillen eindeutig** offenbaren.[143] Wenn der Arbeitgeber sich von den Formvorschriften des ArbEG lösen will, obliegt es ihm, klare und eindeutige Verhältnisse zu schaffen.[144]

### a) Erfordernisse

Auch eine konkludente Übertragung setzt voraus, dass der **Übertragungswille** des Arbeitnehmers und der (**Übernahme-) Wille** des Arbeitgebers, die Verfügung über die Erfindung anzunehmen, vorhanden sein müssen oder dass wenigstens ein Sachverhalt gegeben ist, der die Annahme einer solchen Wil-

62

---

141 Ausf. BGH v. 04.04.2006 – X ZR 155/03, GRUR 2006, 754, 758 f. [Rn. 31 ff.] – *Haftetikett* m. H. a. Bartenbach, Mitt. 1971, 232, 239; ferner BGH v. 18.05.2010 – X ZR 79/07, GRUR 2010, 817, 819 [Rn. 19] – *Steuervorrichtung*; folgend u.a. OLG Düsseldorf v. 26.07.2018 – I – 15 U 2/17, (BeckRS 2018, 17622, Rn. 56) – *Flammpunktprüfung*; Scharen, VPP-Rundbrief 2007, 155, 156.
142 Schiedsst. v. 19.12.1983 – Arb.Erf. 29/83 u. v. 12.03.2002 – Arb.Erf. 92/99, (beide unveröffentl.).
143 Schiedsst. v. 08.04.1993, EGR Nr. 34 zu § 6 ArbEG; v. 05.03.1998 – Arb.Erf. 85/96 u. v. 18.11.2009 – Arb.Erf. 28/04, (beide unveröffentl.); vgl. auch Schiedsst. v. 06.08.1992, EGR Nr. 5 zu § 15 ArbEG.
144 Schiedsst. v. 08.04.1993, EGR Nr. 34 zu § 6 ArbEG u. LG Düsseldorf v. 22.03.2001 – 4 O 211/00 – *Blasformgerät* (unveröffentl.).

## § 6 a.F. Inanspruchnahme (Fassung 1957)

lensübereinstimmung rechtfertigt[145] (zur schlüssigen Inanspruchnahme s. § 6 Rdn. 35 f.). Erforderlich bleibt nach der höchstrichterlichen Rechtsprechung der Übertragungswille und nicht der Zuordnungswille von Arbeitnehmer und Arbeitgeber.[146]

In einer stillschweigenden Hinnahme bzw. in einem tatsächlichen Verhalten des Arbeitnehmers liegt nur dann eine schlüssige Erklärung, wenn hieraus nach Treu und Glauben[147] der Schluss gezogen werden kann, dass der Arbeitnehmer aufgrund eines bestimmten rechtsgeschäftlichen Willens gehandelt hat. Aus dem gesamten Sachverhalt muss sich – nach außen erkennbar **unzweideutig**[148] – ergeben, dass der Arbeitnehmer seine Erfindung dem Arbeitgeber übertragen und Letzterer die Erfindung übernehmen will.[149]

Der durch die Übertragung bewirkte Rechtsverlust setzt regelmäßig die Kenntnis dieses Rechts voraus. Kennt der Arbeitnehmer seine Rechtsposition aus § 8 Abs. 1 Nr. 3 a.F. nicht (zur Möglichkeit der Kenntnisnahme s. aber § 6 Rdn. 63), kann dahinstehen, ob eine Pflicht des Arbeitgebers besteht, den Arbeitnehmer vor Abschluss einer Überleitungsvereinbarung darauf hinzuweisen, dass die Diensterfindung frei geworden ist und infolgedessen der alleinigen Verfügung des Arbeitnehmers untersteht (s. § 6 Rdn. 60); eine stillschwei-

---

145 S. BGH v. 04.04.2006 – X ZR 155/03, GRUR 2006, 754, 758 [Rn. 27, 31] – *Haftetikett*; ferner BGH v. 18.05.2010 – X ZR 79/07, GRUR 2010, 817, 819 [Rn. 19] – *Steuervorrichtung*.
146 BGH v. 04.04.2006 – X ZR 155/03, GRUR 2006, 754, 758 f. [Rn. 33] – *Haftetikett* gegen Hellebrand, Mitt. 2001, 195, 198.
147 LG Düsseldorf v. 17.09.1991, Entscheidungen 4. ZK. 2000, 25, 30 – *Reißverschluss* u. v. 29.02.2000, Entscheidungen 4. ZK. 2000, 32, 38 – *Müllbehältergreifvorrichtung*; Fricke/Meier-Beck, Mitt. 2000, 199, 203; vgl. allg. Soergel/Siebert/Knopp BGB Rn. 13 zu § 157.
148 OLG Frankfurt am Main v. 08.03.2007 – 6 U 92/06, (juris.). So für die vergleichbare schlüssige Einräumung urheberrechtlicher Nutzungsbefugnisse BGH v. 20.11.1970, GRUR 1971, 362, 363 – *Kandinsky II* m.w.N.
149 Zust. OLG Düsseldorf v. 26.07.2018 – I – 15 U 2/17, (BeckRS 2018, 17622, Rn. 56) – *Flammpunktprüfung*; vgl. ferner OLG Frankfurt am Main v. 08.03.2007 – 6 U 92/06, (juris.); OLG Karlsruhe v. 13.07.1983, GRUR 1984, 42, 44 – *Digitales Gaswarngerät*; OLG Düsseldorf v. 27.02.2003, Mitt. 2004, 418, 420 – *Hub-Kipp-Vorrichtung*; LG Düsseldorf v. 22.03.2001 – 4 O 211/00 – *Blasformgerät* (unveröffentl.); v. 23.01.1996, Entscheidungen 4. ZK. 1996, 17, 19 f. – *Hochregalanlage* u. v. 22.12.2016 – 4a O 105/14, (www.justiz.nrw.de/nrwe, Rn. 133 ff.) – *Flammpunktprüfung*; ferner Schiedsst. v. 24.05.1972, BlPMZ 1973, 29, 30; v. 06.08.1992, EGR Nr. 5 zu § 15 ArbEG; Busse/Keukenschrijver, PatG (6. Aufl. 2003), Rn. 1 zu § 8 ArbEG m. H. a. LG Düsseldorf v. 29.02.2000 – 4 O 415/98, Entscheidungen (4. ZK) 2000, 32.

## D. Form und Frist der Inanspruchnahme

gende Überleitung kann jedenfalls dann nicht in Betracht kommen, wenn die Unkenntnis des Arbeitnehmers von der ihm mit dem Freiwerden der Diensterfindung zugefallenen Rechtsposition für den Arbeitgeber erkennbar ist[150] (s. § 6 Rdn. 65).

Das Verhalten des Arbeitnehmers kann regelmäßig nur dann eine auf Rechtsübertragung gerichtete Willenserklärung darstellen, wenn er in dem Bewusstsein gehandelt hat, dass seine rechtsgeschäftliche Erklärung wenigstens möglicherweise für einen Rechtsübergang auf den Arbeitgeber erforderlich ist. Am Erklärungsbewusstsein (Rechtsbindungswille, Geschäftswille) fehlt es dem *OLG Düsseldorf* zufolge auch dann, wenn sich der Arbeitnehmer über die rechtlichen Konsequenzen seines Handelns (erkennbar) »keine Gedanken gemacht« hat[151] Fehlt ein derartiges **Erklärungsbewusstsein**, kann ein Verhalten des Arbeitnehmers nur dann als auf Übertragung gerichtete Willenserklärung zugerechnet werden, wenn der Arbeitnehmer bei Anwendung der im Verkehr erforderlichen Sorgfalt hätte erkennen und vermeiden können, dass sein Verhalten nach Treu und Glauben und der Verkehrssitte als Willenserklärung dieses Inhalts aufgefasst werden durfte (Empfängerhorizont), und der Arbeitgeber sie auch tatsächlich so verstanden hat.[152] Demzufolge reichen ein bloßes Schweigen oder eine Passivität ggü. Handlungen der anderen Arbeitsvertragspartei regelmäßig nicht aus,[153] es sei denn, daraus kann wegen besonderer Umstände eine bewusste Billigung des anderen gesehen werden.

Zudem verlangt der *BGH* für die Annahme einer schlüssigen Übertragung neben der Einigung über die Übertragung auch die **Einigung über die dafür zu zahlende Vergütung**.[154]

Klare und eindeutige Verhältnisse werden üblicherweise nur durch eine entsprechende ausdrückliche Vereinbarung erzielt und können sich nur in beson-

---

150 LG Düsseldorf v. 17.09.1991, Entscheidungen 4. ZK. 2000, 25, 30 – *Reißverschluss*.
151 OLG Düsseldorf v. 26.07.2018 – I – 15 U 2/17, (BeckRS 2018, 17622, Rn. 76) – *Flammpunktprüfung*.
152 BGH v. 04.04.2006 – X ZR 155/03, GRUR 2006, 754, 758 [Rn. 32] – *Haftetikett*; folgend OLG Düsseldorf v. 26.07.2018 – I – 15 U 2/17, (BeckRS 2018, 17622, Rn. 57) – *Flammpunktprüfung* m.w.Nachw. zur BGH-Rspr.
153 Schiedsst. v. 08.04.1993, EGR Nr. 34 zu § 6 ArbEG u. v. 18.11.2009 – Arb.Erf. 28/04, (unver-öffentl.); vgl. auch OLG Frankfurt am Main v. 08.03.2007 – 6 U 92/06, (juris.).
154 BGH v. 04.04.2006 – X ZR 155/03, GRUR 2006, 754, 759 [Rn. 33] – *Haftetikett* m. H. a. Bartenbach, Mitt. 1971, 232, 239; ferner BGH v. 18.05.2010 – X ZR 79/07, GRUR 2010, 817, 819 [Rn. 19] – *Steuervorrichtung*; Scharen, VPP-Rundbrief 2007, 155, 156.

deren Ausnahmefällen aus dem Verhalten der Beteiligten in so ausreichend schlüssiger Weise ergeben, dass die Regelungen des ArbEG als durch Vereinbarung abbedungen angesehen werden können.[155]

Auf einen Annahmewillen des Arbeitgebers wird regelmäßig die durch ihn veranlasste, seinen Interessen entsprechende Verwertung der Erfindung schließen lassen. An einem Annahme- bzw. Erklärungswillen fehlt es aber, wenn der Arbeitgeber sich selbst als Erfinder ansieht[156] bzw. zweifelsfrei davon ausgeht, dass er bereits zuvor Rechtsinhaber geworden ist.[157]

Für die Umstände, die eine konkludente Überleitung begründen, ist der (sich darauf berufende) Arbeitgeber **darlegungs- und beweispflichtig**.[158]

**b) Einzelfälle**

63 Ein schlüssiges, auf Vollrechtsübertragung gerichtetes Verhalten des Arbeitnehmers hat der *BGH* trotz Mitarbeit des Arbeitnehmers an der Patentanmeldung des Arbeitgebers, Annahme von Vergütungen für außerbetriebliche Auslandsnutzungen und gerichtlicher Geltendmachung von Arbeitnehmererfindervergütungen verneint, wenn der Arbeitgeber erkennbar von einer bereits zuvor vollzogenen, einseitigen Überleitung auf sich ausgegangen ist und damit aus dem wechselseitigen Verhalten kein rechtsgeschäftlicher Übertragungs- und korrespondierender Annahmewille angenommen werden könne.[159]

Insoweit könnte die neuere BGH-Rechtsprechung und deren Anforderungen zu einer Relativierung der früheren Praxis der Schiedsstelle und der Instanzgerichte (s. dazu 4. Vorauflage § 6 Rdn. 63 ff.) führen.

**Bejahen** wird man bspw. eine einvernehmliche Überleitung im Einzelfall können, wenn beiden Arbeitsvertragsparteien die nicht fristgerechte Inanspruchnahme bekannt ist, der Arbeitnehmer aber die Befugnis des Arbeitgebers zur

---

155 So im Ergebn. Schiedsst. v. 08.04.1993, EGR Nr. 34 zu § 6 ArbEG.
156 OLG Nürnberg v. 29.04.1969, GRUR 1970, 135 – *Kunststoffskimatte*.
157 BGH v. 20.11.1970, GRUR 1971, 362, 363 – *Kandinsky II*; LG Düsseldorf v. 17.09.1991, Entscheidungen 4. ZK. 2000, 25, 31 – *Reißverschluss* u. v. 29.02.2000, Entscheidungen 4. ZK. 2000, 32, 39 – *Müllbehältergreifvorrichtung* u. OLG Düsseldorf v. 01.10.2009 – 2 U 41/07 – *Glasverbundplatten*, (juris.); Fricke/Meier-Beck, Mitt. 2000, 199, 204.
158 LG Düsseldorf v. 22.03.2001 – 4 O 211/00 – (unveröffentl.).
159 Vgl. BGH v. 04.04.2006 – X ZR 155/03, GRUR 2006, 754, 758 f. [Rn. 31 ff.] – *Haftetikett*; im Ergebn. ähnl. BGH v. 18.05.2010 – X ZR 79/07, GRUR 2010, 817, 819 [Rn. 19] – *Steuervorrichtung*; vgl. auch Schiedsst. v. 17.09.2013 – Arb.Erf. 13/12, (www.dpma.de).

Verwertung der Diensterfindung anerkennt und dafür die Zahlung der Erfindervergütung nach § 9 verlangt.[160] Dies rechtfertigt die Annahme eines Angebots des Arbeitnehmers zur vertraglichen Überleitung der Rechte an der Erfindung gegen die gesetzliche Vergütungszahlungspflicht.[161] Ein solches Verhalten kann sich bspw. aus der aktiven Teilnahme des Arbeitnehmers an Verhandlungen über seine Erfindung mit potenziellen Lizenznehmern oder Käufern ebenso ergeben wie die intensive Einschaltung des Arbeitnehmers in eine geplante bzw. von ihm angeregte Produktionsaufnahme,[162] im Einzelfall auch durch eine jahrelange widerspruchslose Duldung einer Erfindungsverwertung des Arbeitgebers unter Entgegennahme von Vergütungszahlungen, die eindeutig diese Nutzungsfälle betreffen.[163]

Bei **Auslandsanmeldungen**, zu denen der Arbeitgeber nach § 14 Abs. 1 ArbEG (erst) nach (unbeschränkter) Inanspruchnahme der Diensterfindung berechtigt ist, kann in Mitwirkungshandlungen des Arbeitnehmers ein Indiz für einen auf die uneingeschränkte Übertragung der Erfindungsrechte gerichteten Rechtsübertragungswillen liegen.[164] So kann nach – allerdings nicht unumstrittener[165] – Auffassung der *Schiedsstelle*[166] die Unterzeichnung eines **assignments** für eine US-Patentanmeldung des Arbeitgebers (also der Erklärung der Übertragung der Rechte an der Erfindung vom Erfinder auf den

64

---

160 Zust. LG Düsseldorf v. 22.10.2015 – 4c O 41/13, (Düsseldf. Entsch. Nr. 2470) – Kettenkratzförderer So im Ergebn. Schiedsst. auch v. 27.01.2004 – Arb.Erf. 48/02 (Datenbank).
161 Schiedsst. v. 09.12.2008 – Arb.Erf. 19/08, (unveröffentl.).
162 Vgl. auch BGH v. 05.06.1984 – X ZR 72/82, GRUR 1984, 652, 653 – *Schaltungsanordnung*.
163 In diesem Sinn schon Schiedsst. Z.B. v. 27.03.1981 – Arb.Erf. 33/80, (unveröffentl.); s.a. Volmer/Gaul Rn. 45 zu § 6.
164 Vgl. etwa Schiedsst. v. 06.08.2014 – Arb.Erf. 41/12, (www.dpma.de). Einschränkend Schade, BB 1962, 260, 261 m.H.a. Schiedsst. v. 05.04.1961 – Arb.Erf. 16/60, (unveröffentl.); vgl. auch EV v. 06.08.1992 – Arb.Erf. 59/91 (Datenbank).
165 Abw. OLG Frankfurt am Main v. 08.03.2007 – 6 U 92/06, (juris); einschränkend auch LG Düsseldorf v. 01.03.2011 – 4b O 124/08 (unveröffentl.), dargestellt bei Trimborn Mitt. 2012, 70, 75, sowie ablehnend wegen des Charakters als bloße »Formalerklärung« LG Düsseldorf v. 22.10.2015 – 4c O 41/13, (Düsseldf. Entsch. Nr. 2470) – Kettenkratzförderer. Für eine ausreichende Dokumentation des Übertragungswillens dagegen OLG Karlsruhe v. 13.04.2018 – 6 U 161/16, (www.lrbw.juris.de, Rn. 176) – Rohrprüfsystem.
166 Schiedsst. v. 15.04.1989 – Arb.Erf. 3/88, (unveröffentl.); v. 10.06.2005 – Arb.Erf. 68/03 (Datenbank); v. 28.01.2010 – Arb.Erf. 56/08, (in www.dpma.de, nur LS. 4); v. 06.08.2014 – Arb.Erf. 41/12, (www.dpma.de).

Anmelder) diesen Zuordnungswillen dokumentieren.[167] Ein solches Assignment hat ebenso wie die in diesem Zusammenhang zu unterzeichnende Versicherung der Erfinderschaft und Beauftragung des Anwalts in der US-amerikanischen Patentpraxis nicht nur bloß formalistische Bedeutung; das Assignment muss – durchaus vergleichbar einer eidesstattlichen Versicherung – der materiell-rechtlichen Wahrheit entsprechen und führt, wenn sich bewusste Unrichtigkeit herausstellen sollte, zu erheblichen Rechtsnachteilen für den Anmelder.[168] Nach Auffassung der *Schiedsstelle* beschränkt sich diese Wirkung des Assignments nicht auf die Rechtsübertragung für Anmeldezwecke in dem betreffenden Anmeldestaat; vielmehr sei, sofern nicht besondere Gesichtspunkte entgegenstehen, davon auszugehen, dass das Assignment eine nicht ländermäßig beschränkte Rechtsübertragung verlautbart, von der die Übertragung bezogen auf die USA lediglich einen Ausschnitt bildet.[169] Auch ein vom Arbeitnehmer (ausdrücklich) erklärter Verzicht auf die Übernahme der Erfindungsrechte für eigene Auslandsanmeldungen kann ein Indiz für einen solchen Zuordnungswillen hinsichtlich der gesamten Erfindung zum Arbeitgeber sein.

65 **Nicht ausreichend** sind dagegen im Regelfall Aktivitäten des Arbeitnehmers bei einer **inländischen Schutzrechtsanmeldung** (§ 13 Abs. 1) zugunsten seines Arbeitgebers[170], und zwar auch dann nicht, wenn diese sehr intensiv waren[171]. Das dürfte nicht nur gelten, solange der Arbeitnehmer rechtlich der Mitwirkungspflicht nach § 15 Abs. 2 unterliegt,[172] ggf. auch in den Fällen, in denen dem Arbeitnehmer das Freiwerden der Diensterfindung durch Fristablauf (§ 8 Abs. 1 Nr. 3 a.F.) nicht bewusst ist. So reicht nach Auffassung des *OLG Düsseldorf* selbst eine verantwortliche Mitwirkung bei der Patentanmeldung des Arbeitgebers in Form einer Anwaltsbevollmächtigung sowie Korrespondenz und technische Diskussionen mit den Patentanwälten nicht aus,

---

167 Vgl. auch den Fall bei BGH v. 17.10.2000, GRUR 2001, 226 – *Rollenantriebseinheit* u. BGH v. 26.09.2006 – X ZR 181/03, GRUR 2007, 52, 53 – *Rollenantriebseinheit II*.
168 Schiedsst. v. 10.06.2005 – Arb.Erf. 68/03 (Datenbank) u. v. 28.01.2010 – Arb.Erf. 56/08, (in www.dpma.de nur teilw. LS 4.).
169 Schiedsst. v. 10.06.2005 – Arb.Erf. 68/03 (Datenbank).
170 Im Ergebn. auch OLG Frankfurt v. 25.09.2015 – 6 U 149/13, (www,lareda.hessenrecht.hessen.de); ferner Schiedsst. v. 17.09.2013 – Arb.Erf. 13/12, (www.dpma.de).
171 OLG Düsseldorf v. 26.07.2018 – I – 15 U 2/17, (BeckRS 2018, 17622, Rn. 75 f.) – *Flammpunktprüfung*; LG Düsseldorf v. 22.10.2015 – 4c O 41/13, (Düsseldf. Entsch. Nr. 2470) – Kettenkratzförderer.
172 OLG Karlsruhe v. 13.07.1983, GRUR 1984, 42, 44 – *Digitales Gaswarngerät*; Schiedsst. v. 05.03.1998 – Arb.Erf. 85/96 (unveröffentl.) u. v. 28.01.2010 – Arb.Erf. 56/08, (in www.dpma.de nur LS. 4).

### D. Form und Frist der Inanspruchnahme
### § 6 a.F.

sofern sich der Arbeitnehmer dabei nicht (erkennbar) der rechtlichen Konsequenzen bewusst war.[173] Auch die Angabe des Arbeitgebers in der Erfinderbenennung (vgl. § 37 PatG, Art. 81 EPÜ sowie § 7 f. PatV)[174] über eine Inanspruchnahme entfaltet als solche keine Rechtswirkung[175] (s. aber 4. Vorauflage § 6 Rdn. 64). Keinen ausreichenden Rückschluss auf einen rechtsgeschäftlichen Übertragungswillen gestattet regelmäßig auch das **bloße Dulden betrieblicher Vorgänge**, auf die der Arbeitnehmer üblicherweise keinen Einfluss hat.[176] Insb. das widerspruchslose Hinnehmen der vom Arbeitgeber durchgeführten Eigen- und Fremdnutzung der Diensterfindung reicht für sich allein grds. nicht aus.[177] Auch bloße **Verhandlungen** der Arbeitsvertragsparteien **über** die **Vergütung** von Nutzungshandlungen sind alleine noch kein ausreichendes Indiz für eine einvernehmliche Überleitung der (frei gewordenen) Erfindung auf den Arbeitgeber, wenn sich der Erfinder seiner Rechtsposition hinsichtlich des Freiwerdens seiner Erfindung nicht bewusst ist.[178] Es müssen vielmehr weitere Tatbestände hinzutreten, die einen entsprechenden Übertragungswillen und die Erforderlichkeit einer rechtsgeschäftlichen Übertragung zweifelsfrei erkennen lassen.[179]

#### c) Inhalt und Umfang

Von der Feststellung des Zustandekommens einer schlüssigen Vereinbarung ist – da ja hier eine Übertragung außerhalb des ArbEG vorliegt – die ihres **Inhalts** zu trennen, namentlich, ob die Einräumung eines einfachen Nutzungsrechts (vergleichbar dem Recht aus der beschränkten Inanspruchnahme – § 7 Abs. 2 a.F.) oder die Vollrechtsübertragung gewollt ist, ferner, ob die Vergütung nach den Regeln des ArbEG für eine in Anspruch genommene Dienster-

66

---

173 OLG Düsseldorf v. 26.07.2018 – I – 15 U 2/17, (BeckRS 2018, 17622, Rn. 75 f.) – *Flammpunktprüfung.*
174 S. dazu auch Mitt. Nr. 7/08 (BlPMZ 2008, 261 f.) des Präs. d. DPMA v. 16.07.2008 u. Formblatt P 2792 »Erfinderbenennung« BlPMZ 2010, 45, 46.
175 Bestätigt durch LG Düsseldorf v. 22.03.2001 – 4 O 211/00, (unveröffentl.).
176 Vgl. Volmer, BB 1976, 1513.
177 Ebenso z. B. LG Düsseldorf v. 22.12.2016 – 4a O 105/14, (www.justiz.nrw.de/nrwe, Rn. 137) – Flammpunktprüfung. Vgl. auch BGH v. 05.06.1984 – X ZR 72/82, GRUR 1984, 652, 653 – *Schaltungsanordnung.*
178 LG Düsseldorf v. 22.03.2001 – 4 O 211/00, (unveröffentl.); i.d.S. wohl auch Schiedsst. v. 19.12.1983 – Arb.Erf. 29/83, (unveröffentl.).
179 Vgl: auch Schiedsst. v. 17.09.2013 – Arb.Erf. 13/12, (www.dpma.de).

findung oder für einen freien Erfinder (also ohne den Anteilsfaktor A – vgl. RL Nr. 30 ff.) erfolgen soll.[180]

67 Der **Umfang der Rechtseinräumung** kann sich nur nach dem Einzelfall bestimmen, ohne dass hierfür Regeln aufgestellt werden können. Ein Hinweis kann sich aus der Höhe der Vergütung wie auch daraus ergeben, ob sich dem Arbeitnehmer nach der Marktsituation noch anderweitige Verwertungsmöglichkeiten eröffnen und inwieweit ihm diese Nutzungen »überlassen« werden.

I.Ü. wird mangels anderweitiger Anhaltspunkte davon auszugehen sein, dass die Arbeitsvertragsparteien **im Zweifel die (ausgewogenen) Regeln des ArbEG** über die Behandlung als (unbeschränkt in Anspruch genommene) Diensterfindung (§§ 9 ff.) zugrunde legen wollen, sofern dies der Billigkeit (vgl. § 23) und dem Vertragszweck entspricht.[181] Soweit aus dem Zweckübertragungsgrundsatz (s. dazu § 1 Rdn. 4) hergeleitet wird, es sei nur eine – ggf. zeitlich beschränkte – Nutzungsrechtseinräumung gewollt,[182] kann dem nicht gefolgt werden: Bei vorbehaltloser schlüssiger Rechtseinräumung an einer Diensterfindung will der Arbeitnehmer im Zweifel die umfassenden Pflichten des Arbeitgebers, die bei unbeschränkter Inanspruchnahme bestehen (§§ 9, 12 bis 16, 23, 24, 26), mitvereinbaren. Damit korrespondiert das regelmäßige Interesse des Arbeitgebers an einem vollen Rechtserwerb aus betrieblichen Zwecken. Dementsprechend wird auch das dem ArbEG für Diensterfindungen zugrunde liegende **Leitbild des vollen Rechtsübergangs** (vgl. § 7 Abs. 1 a.F./ n.F.) gewollt sein (s.a. oben Rdn. 12). Insoweit unterscheiden sich die Vorstellungen der Arbeitsvertragsparteien bei Diensterfindungen von den Sachverhalten, auf die die Zweckübertragungslehre üblicher Weise zugeschnitten ist.

Im Fall einer einvernehmlichen konkludenten Überleitung der Rechte an der Erfindung auf den Arbeitgeber geht die *Schiedsstelle* deshalb zu Recht davon aus, dass die Arbeitsvertragsparteien alle Rechte und Pflichten des ArbEG für

---

180 Bartenbach, Mitt. 1971, 232, 238 ff.; vgl. auch BGH v. 24.09.1979 – KZR 14/78, GRUR 1980, 38, 39 r.Sp. – *Fullplastverfahren* u. v. 14.11.2000, GRUR 2001, 223, 224 – *Bodenwaschanlage*, der beim Erwerb einer Vorrichtung die Einräumung von Nutzungsrechten bewusst von deren Vergütung trennt; s.a. Schiedsst. v. 22.02.1985, BlPMZ 1985, 195; BGH v. 09.01.1964 – I a ZR 190/63, GRUR 1964, 449, 441 – *Drehstromwicklung*.
181 Davon geht die Schiedsst. in ständ. Praxis aus, sofern keine Anhaltspunkte für eine bloße Einräumung von Benutzungsrechten vorliegen, z.B. i. Ergeb. Schiedsst. v. 06.08.1992, EGR Nr. 5 zu § 15 ArbEG; v. 15.11.1994 – Arb.Erf. 3/93; v. 18.11.1994 – Arb.Erf. 87/93; v. 08.02.1996 – Arb.Erf. 61/94, (sämtl. unveröffentl.).
182 So Fricke/Meier-Beck, Mitt. 2000, 199, 205.

Diensterfindungen vereinbaren. Dementsprechend hält die *Schiedsstelle* den Arbeitgeber u.a. für verpflichtet, die unverzügliche Schutzrechtsanmeldung nach § 13 Abs. 1 zu bewirken, auch ohne dass eine Meldung des Arbeitnehmers nach § 5 vorangegangen ist.[183] Ebenso verpflichtet ist der Arbeitgeber zur Auslandsfreigabe gem. § 14 Abs. 2[184] sowie zur Beachtung des § 16 bei späterer Schutzrechtsaufgabe[185]. Andererseits führt die beiderseitige Fehleinschätzung nach Auffassung der *Schiedsstelle* dazu, dass die Arbeitsvertragsparteien bezüglich der auf diese Fehleinschätzung zurückgehenden Pflichtverletzungen, insb. der Verletzung der Meldepflicht einerseits und der Verletzung der Schutzrechtsanmeldepflicht andererseits, keinen Schadensersatz schulden.[186]

Zur **Vergütung** s. Rdn. 16 ff. vor §§ 9 bis 12.

### E. Anfechtung der Inanspruchnahmeerklärung

Als Willenserklärung unterliegt die Inanspruchnahmeerklärung den **allgemeinen Grundsätzen über Willensmängel** gem. §§ 116 ff. BGB. 68

Ein **Irrtum** des Arbeitgebers **über die Schutzfähigkeit** der Erfindung berechtigt i.d.R. nicht zur Anfechtung nach § 119 BGB. Auch wenn die Schutzfähigkeit an sich eine verkehrswesentliche Eigenschaft i.S.d. § 119 Abs. 2 BGB darstellt (s. hierzu zu § 8 a.F. Rdn. 37), so fehlt es jedoch grds. an der Kausalität. Beachtlich bleibt, dass § 2 lediglich die Möglichkeit der Schutzrechtserteilung genügen lässt (vgl. oben Rdn. 17), sodass eine sich im Erteilungsverfahren herausstellende mangelnde Schutzfähigkeit die vorläufige Vergütungspflicht des Arbeitgebers für die bis zur endgültigen Schutzrechtsversagung vorgenommenen Nutzungstatbestände nicht berührt[187] (s.a. § 12 Rdn. 65). Eine rückblickende Bewertung der Schutzfähigkeit ist nicht zulässig.[188] Ein Irrtum des Arbeitgebers **über die Verwertbarkeit** der Erfindung berechtigt als unbeachtlicher Motivirrtum ebenfalls grds. nicht zur Anfechtung. Zum beiderseitigen Irrtum über die Schutzfähigkeit und Behandlung als qualifizierter Verbesserungsvorschlag s. § 20 Rdn. 12.

---

183 Schiedsst. v. 25.01.1994 – Arb.Erf. 139/92 u. v. 15.11.1994 – Arb.Erf. 3/93, (beide unveröffentl.).
184 Ständ. Praxis d. Schiedsst., z.B. v. 15.11.1994 – Arb.Erf. 3/93, (unveröffentl.).
185 Ebenso im Ergebn. Boemke/Kursawe/Hoppe-Jänisch Rn. 29 zu § 16.
186 Schiedsst. v. 25.01.1994 – Arb.Erf. 139/92, (unveröffentl.).
187 BGH v. 23.06.1977, GRUR 1977, 784, 786 f. – *Blitzlichtgeräte*; s.a. BGH v. 28.06.1962 – I ZR 28/61, GRUR 1963, 135 ff. – *Cromegal*.
188 BGH v. 30.03.1971 – X ZR 8/68, GRUR 1971, 475, 477 – *Gleichrichter*.

**69** Eine **Täuschung** des Arbeitgebers durch den Arbeitnehmer über die Schutzfähigkeit (z.B. durch Meldung eines einem Dritten erteilten Patentes zur Erschleichung von Vergütungsansprüchen) berechtigt den Arbeitgeber zur Anfechtung gem. § 123 BGB (womit er die Vergütungsfolgen einer Inanspruchnahme beseitigt) und zu Schadensersatzforderungen (§§ 823, 826 u. § 280 Abs. 1, § 619 a BGB).

Zur Inanspruchnahme einer freien Erfindung als »Diensterfindung« vgl. § 18 Rdn. 43.

## F. Besonderheiten bei mehreren Beteiligten

### I. Mehrere Arbeitnehmer-Miterfinder

**70** Da jeder einzelne Arbeitnehmer-Miterfinder (zum Begriff s. § 5 Rdn. 44 f.) in seiner Beziehung zum Arbeitgeber von seinen anderen Arbeitnehmer-Miterfindern unabhängig ist, löst jede Erfindungsmeldung (vgl. auch § 5 Abs. 1 Satz 2) eines Miterfinders eine **gesonderte**, nur seinen Anteil an der Erfindung betreffende **Inanspruchnahmefrist** aus.[189] Die Inanspruchnahme wirkt nur ggü. dem Miterfinder, ggü. dem sie ausgesprochen worden ist.[190]

**71** Auch bei einer gemeinsamen Meldung i.S.d. § 5 Abs. 1 Satz 2 muss der Arbeitgeber **jedem einzelnen** Miterfinder ggü. die Inanspruchnahme erklären[191] (zur Form s. oben Rdn. 27 ff.). Aufgrund der zwischen den Miterfindern bestehenden Bruchteilsgemeinschaft gem. §§ 741 ff. BGB (s. dazu § 5 Rdn. 52 f.) ergreift die Inanspruchnahme jeweils nur den Anteil des einzelnen Miterfinders (§ 747 Satz 1 BGB).[192] Allerdings können die Miterfinder einen von ihnen oder einen Dritten zur Entgegennahme der Inanspruchnahmeerklärung bevollmächtigen (vgl. auch § 5 Rdn. 54.1).

**72** Will der Arbeitgeber die Rechte an einer Diensterfindung in vollem Umfang erlangen, muss er die **unbeschränkte Inanspruchnahme jedem Miterfinder ggü.** erklären. Grds. denkbar – allerdings im Hinblick auf das Gleichbehandlungsgebot (s. dazu § 25 Rdn. 21) und die arbeitsrechtliche Fürsorgepflicht bedenklich[193] und auch im Regelfall nicht zweckmäßig – ist es, nur ggü. ein-

---

189 Allg. A., z.B. Schiedsst. v. 23.04.1979, BlPMZ 1980, 233; Volmer/Gaul Rn. 60 f. zu § 6.
190 Schiedsst. v. 23.04.1979, BlPMZ 1980, 233; Volmer/Gaul Rn. 60 f. zu § 6.
191 Lüdecke, Erfindungsgem. (1962) S. 75 ff., 77 mit eingehender Darstellung dieses Problemkreises.
192 Reimer/Schade/Schippel/Rother Rn. 11 zu § 6 m.w.N.
193 Vgl. Wunderlich, Die gemeinschaftl. Erfindung S. 133 f.

zelnen Miterfindern die Diensterfindung in Anspruch zu nehmen.[194] In diesem Fall rückt der Arbeitgeber in die Bruchteilsgemeinschaft mit den übrigen Miterfindern ein.[195] Gleiches gilt, wenn er die Inanspruchnahmefrist einzelnen ggü. versäumt. Dann verschafft die unbeschränkte Inanspruchnahme eines oder einzelner Bruchteile dem Arbeitgeber jedenfalls ein Eigennutzungsrecht an der gesamten Erfindung gem. § 743 Abs. 2 BGB[196] (s.a. § 16 Rdn. 99). I.Ü. unterliegt er aber den durch die Bruchteilsgemeinschaft vermittelten Bindungen, ist also insb. gehindert, über die Erfindung als Ganzes, etwa durch Verkauf bzw. Lizenzvergabe zu verfügen. Dies gilt auch dann, wenn er ggü. einzelnen Miterfindern unbeschränkt, den Übrigen ggü. nur beschränkt in Anspruch nimmt mit der Folge, dass zugunsten der Letzteren die Erfindungsanteile gem. § 8 Abs. 1 Nr. 2 a.F. frei werden (vgl. i.Ü. § 8 n.F. Rdn. 131 zu § 6 n.F. u. Rdn. 113).

Wollte der Arbeitgeber die Erfindung lediglich **beschränkt in Anspruch nehmen**, bedurfte es einer solchen Inanspruchnahmeerklärung ggü. allen Miterfindern. Nur auf diese Weise erhielt der Arbeitgeber ein einfaches Benutzungsrecht, ohne in die Bruchteilsgemeinschaft der Miterfinder einzurücken.[197] Versäumte er einzelnen Miterfindern ggü. eine beschränkte Inanspruchnahme oder unterließ er diese bewusst, ist zweifelhaft, ob er dann überhaupt – ungeachtet einer unbilligen Erschwerung i.S.d. § 7 Abs. 2 Satz 2 a.F. – ein solches einfaches Nutzungsrecht erworben hat. Dieses Nutzungsrecht ist richtigerweise wohl nur dann entstanden, wenn es sich auf sämtliche Anteile an dem gemeinsamen Recht (Bruchteilsgemeinschaft) bezieht, da anderenfalls eine der Bruchteilsgemeinschaft wesensfremde Vervielfältigung dieses auf den Anteil an der Bruchteilsgemeinschaft beschränkten Nutzungsrechts eintreten würde[198]. Dieses Ergebnis könnte der Arbeitgeber formal nach dem oben Gesagten dadurch vermeiden, dass er nur ggü. einem Miterfinder unbeschränkt in Anspruch nimmt und damit über das Einrücken in die Bruchteilsgemeinschaft ein Eigenverwertungsrecht erwerben würde. Ein solches Vorgehen verbietet sich aber bereits aus den obigen arbeitsrechtlichen Überlegungen.

---

194 H.M. Reimer/Schade/Schippel/Rother Rn. 11 zu § 6; Lindenmaier/Weiss PatG Rn. 31 zu § 3; Lüdecke, Erfindungsgem. (1962) S. 78; Wunderlich, Die gemeinschaftl. Erfindung S. 133 f.; a.A. Halbach Anm. 4 zu § 6, wonach die Inanspruchnahme »unteilbar« sei.
195 Lüdecke, Erfindungsgem. (1962) S. 78; Wunderlich, Die gemeinschaftl. Erfindung S. 133.
196 Kraßer PatR § 21 III b 4 a. E. (aber streitig; zum früheren Meinungsstand s. Sefzig, GRUR 1995, 302 ff.).
197 Kraßer PatR § 21 III b 4 a. E.
198 Kraßer PatR § 21 III b 4 a. E.

**73** Haben neben den Arbeitnehmern **noch freie Miterfinder** an dem Zustandekommen der Erfindung mitgewirkt, so richtet sich das Überleitungsrecht letzteren ggü. nach der mit diesen getroffenen vertraglichen Abrede (vgl. § 1 Rdn. 48 f.). Verbleiben den freien Miterfindern ihre ideellen Erfindungsanteile, so tritt der Arbeitgeber nach unbeschränkter Inanspruchnahme ggü. seinen Arbeitnehmern an deren Stelle in die mit den freien Erfindern bestehende Bruchteilsgemeinschaft ein.[199]

### II. Mehrere Arbeitgeber (insb. zwischenbetriebliche Kooperation)

**74** Ist eine Erfindung bspw. im Rahmen einer zwischenbetrieblichen Kooperation unter Beteiligung der Miterfinder mehrerer Arbeitgeber entstanden, sind die **Rechte und Pflichten aus dem ArbEG jeweils nur im Verhältnis der Arbeitsvertragsparteien** begründet (s. hierzu § 1 Rdn. 106) und auch nur in dieser Beziehung auszuüben. Der jeweilige Arbeitgeber (Kooperationspartner) kann also nur die auf seine Mitarbeiter zurückzuführenden ideellen Erfindungsanteile diesen ggü. in Anspruch nehmen.[200] Das Inanspruchnahmerecht als höchstpersönliches Recht (s. oben Rdn. 8) kann er nicht auf die übrigen Kooperationspartner übertragen; es steht ihm aber frei, zur Abgabe der Inanspruchnahmeerklärung einen anderen Kooperationspartner oder sonstigen Dritten zu bevollmächtigen.[201] Die Inanspruchnahme wirkt auch nur ggü. dem Miterfinder, dem ggü. sie ausgesprochen ist und ergreift nur den dem einzelnen Arbeitnehmererfinder zustehenden Bruchteil an den Erfindungsrechten (s. oben Rdn. 70 f.).

Soll die Erfindung als Ganzes der zwischenbetrieblichen Kooperation zugutekommen, ist eine **unbeschränkte Inanspruchnahme** seitens der einzelnen Kooperationspartner ggü. der Gesamtheit ihrer jeweiligen Arbeitnehmererfinder erforderlich. Zur Wirkung einer (auch unvollständigen) Inanspruchnahme s. § 7 n.F. Rdn. 13; zum Betriebsübergang s. § 1 Rdn. 114 f.; zur Konzernsituation s. § 1 Rdn. 129 ff. und zum Leiharbeitsverhältnis s. § 1 Rdn. 133 f.

Hat jeder Kooperationspartner ggü. seinen Arbeitnehmererfindern lediglich eine **beschränkte Inanspruchnahme** erklärt, so ist dies nach der herrschenden Meinung allenfalls geeignet, jedem Partner ein auf die Bedürfnisse seines eigenen Unternehmens ausgerichtetes Eigennutzungsrecht zu vermitteln; die zwi-

---

[199] Lüdecke, Erfindungsgem. (1962) S. 75 ff., 77, 114 f.
[200] Vgl. z.B. OLG Frankfurt am Main v. 30.04.1992, GRUR 1992, 852, 854 l.Sp. – *Simulation von Radioaktivität*; ausf. Bartenbach, Zwischenbetriebl. Koop. S. 86 ff.
[201] S.a. BGH v. 09.01.1964 – I a ZR 190/63, GRUR 1964, 449, 452 – *Drehstromwicklung*; Bartenbach, Zwischenbetriebl. Koop. S. 86 ff.

schen den Arbeitnehmermiterfindern gegebene Bruchteilsgemeinschaft (s. dazu § 5 Rdn. 51 f. und oben Rdn. 71) ist zwischen diesen bestehen geblieben, *ohne dass die Kooperationspartner als Teilhaber eingerückt sind;* eine Rechtsgemeinschaft »an der Erfindung« besteht zwischen den einzelnen Arbeitgebern nicht.[202] Ob allerdings eine damit zwangsläufig verbundene Vervielfältigung der Benutzungsrechte an den einzelnen Erfindungsanteilen mit dem Wesen der Bruchteilsgemeinschaft vereinbar ist, erscheint sehr fraglich (vgl. oben Rdn. 72). Jedenfalls wird ein solches letztlich auch dem Wesen einer Kooperation widersprechendes Vorgehen eine unbillige Erschwerung der Nutzungsbefugnisse der Arbeitnehmererfinder i.S.d. § 7 Abs. 2 Satz 2 a.F. darstellen.

Steht der Arbeitnehmer in einem **Arbeitsverhältnis zur Kooperation als Personengesamtheit** (vgl. § 1 Rdn. 107), ist jeder Kooperationspartner als Arbeitgeber im Verhältnis zum Arbeitnehmererfinder zur Inanspruchnahme berechtigt. 75

Zur Vergütung s. § 9 Rdn. 191 f. zu.

## G. Besonderheiten beim öffentlichen Dienst

Bei Erfindungen von Arbeitnehmern im öffentlichen Dienst konnte der Arbeitgeber/Dienstherr die Diensterfindung (s. § 4 Rdn. 21 f., 49) ebenfalls nach (im Verhältnis zum Bediensteten) freier – intern aber haushaltsrechtlich beeinflusster – Entscheidung unbeschränkt oder (wie vielfach praktiziert) beschränkt in Anspruch nehmen oder freigeben[203] (§ 8 Abs. 1 Nr. 1 a.F.). Er kann aber auch gem. § 40 Nr. 1 anstelle der Inanspruchnahme der Diensterfindung eine angemessene Beteiligung an dem Ertrag der Diensterfindung beanspruchen, wenn dies vorher vereinbart worden ist (Einzelheiten s. § 40 Rdn. 15 ff.). Nach § 42 n.F. unterliegen auch Erfindungen an Hochschulen als Diensterfindung im Grundsatz dem Inanspruchnahmerecht nach §§ 6, 7, nicht jedoch dem Beteiligungsanspruch nach § 40 Nr. 1 (vgl. § 42 Nr. 5). Im Fall der unbeschränkten Inanspruchnahme nach §§ 6, 7 a. F. verblieb dem Hochschulwissenschaftler nach § 42 Nr. 3 ein einfaches Benutzungsrecht. 76

---

202 Zutr. Lüdecke, Erfindungsgem. (1962) S. 144.
203 Ausf. dazu Volz, ArbNErf. im öffentl. Dienst, S. 71 ff.

## § 7 n.F. Wirkung der Inanspruchnahme (Fassung 2009)[1]

(1) Mit der Inanspruchnahme gehen alle vermögenswerten Rechte an der Diensterfindung auf den Arbeitgeber über.

(2) Verfügungen, die der Arbeitnehmer über eine Diensterfindung vor der Inanspruchnahme getroffen hat, sind dem Arbeitgeber gegenüber unwirksam, soweit seine Rechte beeinträchtigt werden.

**Lit.**
S. bei § 6 n.F.

### Übersicht

|  |  | Rdn. |
|---|---|---|
| A. | Allgemeines | 1 |
| B. | Erfolgte Inanspruchnahme | 5 |
| C. | Wirkungen der Inanspruchnahme (Abs. 1) | 10 |
| I. | Übergang »aller vermögenswerten Rechte an der Diensterfindung auf den Arbeitgeber« | 10 |
|  | 1. Erwerb der vermögenswerten Rechte | 10 |
|  | 2. Materielle Befugnisse des Arbeitgebers | 20 |
|  | 3. Verfahrensrechtliche Stellung des Arbeitgebers ggü. Schutzrechtserteilungsbehörden | 40 |
|  | a) Der Arbeitgeber als Herr des Erteilungsverfahrens | 40 |
|  | b) Inlandschutzrechtsanmeldung des Arbeitnehmers vor Inanspruchnahme | 42 |
|  | aa) Übergang der Verfahrensposition auf den Arbeitgeber | 42 |
|  | bb) Beseitigung von Schutzumfangseinschränkungen | 47 |
|  | cc) Geltendmachung der widerrechtlichen Entnahme (§ 7 Abs. 2, § 21 Abs. 1 Nr. 3 PatG, § 13 Abs. 3 GebrMG) | 51 |
|  | c) Inlandsschutzrechtsanmeldung des Arbeitnehmers nach Inanspruchnahme | 66 |
|  | d) Inlandschutzrechtsanmeldungen durch Dritte | 70 |
|  | e) Auslandsschutzrechtsanmeldungen durch den Arbeitnehmer oder Dritte | 73 |
|  | f) Ergänzende Ansprüche des Arbeitgebers | 76 |
|  | 4. Verbleib der Persönlichkeitsrechte beim Arbeitnehmer | 81 |
| II. | Pflichten des Arbeitgebers ggü. dem Arbeitnehmer | 87 |
| D. | Verfügungsbeschränkungen des Arbeitnehmers (Abs. 2) | 94 |
| I. | Verfügungen vor Inanspruchnahme | 94 |
|  | 1. Bedeutung der Vorschrift | 94 |
|  | 2. Relative Unwirksamkeit | 95 |
|  | 3. Arten der Verfügungen | 98 |
|  | 4. Rechtsfolgen | 103 |

---

1 § 7 i.d.F. des Art. 7 des Gesetzes zur Vereinfachung und Modernisierung des Patentrechts vom 31.7.2009 (BGBl. I, S. 2521).

| | Rdn. |
|---|---|
| II. Verfügungen nach Inanspruchnahme | 106 |
| E. **Eigenverwertungshandlungen des Arbeitnehmers** | 109 |

## A. Allgemeines

§ 7 baut auf dem durch § 6 eingeräumten Inanspruchnahmerecht auf und beschreibt die umfassenden **Rechtswirkungen der Inanspruchnahme** der Diensterfindung durch den Arbeitgeber (s. § 6 Rdn. 7), und zwar nicht nur im Verhältnis zum Arbeitnehmererfinder, sondern **auch im Außenverhältnis** gegenüber Dritten einschließlich Erteilungsbehörden. **1**

Bei den Änderungen des § 7 i.R.d. **ArbEG-Novelle 2009** gem. Art. 7 Nr. 3 PatRModG (s. dazu Einl. Rdn. 42) handelt es sich im Wesentlichen um Folgen der Streichung des Rechtsinstituts der beschränkten Inanspruchnahme in § 6 n.F.[2] (s. dazu § 6 n.F. Rdn. 1 f.), sodass Abs. 2 a.F. gegenstandslos geworden ist (zu den Rechtsfolgen einer beschränkten Inanspruchnahme von Alt-Erfindungen s. § 7 Abs. 2 a.F. Rdn. 28 ff.). Die Ergänzung des § 7 Abs. 1 um den Zusatz »vermögenswerten« ist dagegen klarstellender Natur und gibt lediglich den bislang bestehenden Rechtszustand wieder.[3]

Das neue Recht gilt für alle Diensterfindungen, die seit dem 01.10.2009 dem Arbeitgeber gemeldet werden (s. § 43 Rdn. 14 ff.). Das frühere Recht besteht nach dem **Übergangsrecht** lediglich für diejenigen Diensterfindungen fort, die vor dem 01.10.2009 gemeldet worden sind (§ 43 Abs. 3, s. dort Rdn. 14 ff.). Für diese Alt-Erfindungen wird auf die **Kommentierung zu § 7 a.F.** verwiesen.

Soweit das ArbEG nunmehr – im Anschluss an das PatRModG – von **Inanspruchnahme** spricht, wird damit allein die – frühere unbeschränkte – Inanspruchnahme mit den sich aus Abs. 1 ergebenden Rechtswirkungen angesprochen (s. Rdn. 10 ff.). I.Ü. hat der Gesetzgeber das Regelungssystem des ArbEG beibehalten: In Ergänzung zu § 6 beschreibt § 7 Abs. 1 die Wirkung der (unbeschränkten) Inanspruchnahme. Zum Schutz des Arbeitgebers vor Verfügungen des Arbeitnehmers vor Inanspruchnahme bestimmt Abs. 2, der mit dem früheren Abs. 3 wortgleich ist, die relative Unwirksamkeit solcher Verfügungen. **2**

---

2 Amtl. Begründung zum PatRModG in BR-Drucks. 757/08, S. 51 (zu Art. 7 Nr. 3 b des Entwurfs).
3 Vgl. Amtl. Begründung zum PatRModG in BR-Drucks. 757/08, S. 51 (zu Art. 7 Nr. 3 a des Entwurfs).

3 Die Inanspruchnahme stellt zwar kein Anerkenntnis der Schutzfähigkeit der technischen Neuerung dar (vgl. § 2 Rdn. 15); jedoch bewirkt diese Erklärung, dass die technische Neuerung vorläufig so behandelt wird, als ob es sich um eine (schutzfähige) Diensterfindung handelt (s. § 6 n.F. Rdn. 27 ff.).

Zur Geltung in den neuen Bundesländern s. § 6 n.F. Rdn. 9.

*Rdn. 4 frei*

## B. Erfolgte Inanspruchnahme

5 § 7 n.F. setzt die wirksame (unbeschränkte) Inanspruchnahme i.S.d. § 6 n.F. voraus, sei es durch ausdrückliche (§ 6 Abs. 1 n.F. Rdn. 55 ff.) oder fingierte (§ 6 Abs. 2 n.F. Rdn. 78 ff.) Inanspruchnahmeerklärung.

6 Der **maßgebliche Zeitpunkt** für die **Rechtswirkung** nach § 7 Abs. 1 folgt aus § 6 n.F. Die **Rechtswirkung** tritt – unabhängig vom Willen des Arbeitnehmers – kraft Gesetzes unmittelbar **mit Zugang** der ausdrücklichen Inanspruchnahmeerklärung beim Arbeitnehmer oder mit Wirksamwerden der Inanspruchnahmefiktion ein (s. § 6 n.F. Rdn. 19).

*Rdn. 7 – 9 frei*

## C. Wirkungen der Inanspruchnahme (Abs. 1)

### I. Übergang »aller vermögenswerten Rechte an der Diensterfindung auf den Arbeitgeber«

#### 1. Erwerb der vermögenswerten Rechte

10 Die Regelung ist materiell unverändert. Durch die ArbEG-Novelle 2009 (s. dazu Einl. Rdn. 43) ist in Abs. 1 lediglich der klarstellende Zusatz »vermögenswerten« eingefügt (s. § 7 n.F. Rdn. 1). Folglich kann in vollem Umfang auf die zur unbeschränkten Inanspruchnahme nach § 7 Abs. 1 a.F. entwickelten Rechtsgrundsätze zurückgegriffen werden.

11 Das Gesetz schränkt durch §§ 6, 7 das in der Person des Erfinders entstandene **Recht an der Erfindung** (s. § 2 n.F. Rdn. 16) in seinem Bestand ein.[4] Aufgrund des gesetzlichen Rechtsübergangs wird der Arbeitgeber **Rechtsnachfolger** des Arbeitnehmers hinsichtlich **aller** dem Erfinder nach § 6 PatG zustehenden[5] **vermögenswerten Rechte** an der Diensterfindung. Der 2009 eingefügte gesetzliche Hinweis auf die »vermögenswerten« Rechte soll im Inte-

---

4 BGH v. 04.04.2006 – X ZR 155/03, GRUR 2006, 754, 756 [Rn. 23] – *Haftetikett*.
5 BGH v. 16.04.2002 – X ZR 127/99, GRUR 2002, 801, 802 – *Abgestuftes Getriebe*.

resse des Arbeitnehmererfinders klarstellen, dass »lediglich« alle übertragbaren Rechte an der Erfindung auf den Arbeitgeber übergehen und das Erfinderpersönlichkeitsrecht beim Arbeitnehmer verbleibt.[6] Die Neufassung baut auf der **Doppelnatur des Rechts an einer Erfindung** auf, das sowohl vermögens- als auch persönlichkeitsrechtlichen Charakter hat[7] und damit einen gesetzlichen Niederschlag findet. Dies entsprach uneingeschränkt dem bisherigen Recht[8] (zum Erfinderpersönlichkeitsrecht s. Rdn. 81 ff.). Erfasst werden alle übertragbaren Rechte an der Erfindung (vgl. § 15 Abs. 1 PatG, § 22 Abs. 1 GebrMG). Der Hinweis auf »alle vermögenswerten Rechte an der Diensterfindung« stellt zugleich klar, dass der **Rechtsübergang unabhängig vom Umfang der Erfindungsmeldung** ist (s. § 6 n.F. Rdn. 40 f.). Dieser kraft Gesetzes eintretende Rechtsübergang ist wegen des daran ebenfalls kraft Gesetzes anknüpfenden Vergütungsanspruchs **verfassungskonform** (s. § 6 n.F. Rdn. 8).

Von den gesetzlichen Wirkungen der Inanspruchnahme umfasst sind u. E. etwaige vom **Arbeitnehmer bereits erworbene Schutzrechtspositionen** (Vollrechtserwerb).[9] Demgegenüber geht der *BGH* auf Grund seiner Trennung von Recht an der Erfindung und Recht auf das Schutzrecht (s. dazu § 2 Rdn. 16) in seinem Urteil »Initialidee« davon aus, dass Rechtsfolge einer Inanspruchnahme nach § 7 nur der gesetzliche Übergang des Rechts an der Erfindung und nicht aber zugleich der auf der Erfindung beruhenden Schutzrechtspositionen ist[10]. Dogmatische Folge ist, dass der Arbeitgeber dem *BGH* zufolge auf Grund des Rechtserwerbs nach §§ 6, 7 die Übertragung einer vom Arbeitnehmer widerrechtlich angemeldeten Schutzrechtsposition verlangen kann (s. § 7 Rdn. 42).

Nach (früherer) Auffassung der *Schiedsstelle* zu § 7 Abs. 1 a.F. entsteht durch die (unbeschränkte) Inanspruchnahme ein gesetzliches Schuldverhältnis zwischen Arbeitgeber und Arbeitnehmererfinder bezüglich der Diensterfindung, 12

---

6 Amtl. Begründung zum PatRModG in BR-Drucks. 757/08, S. 51 (zu Art. 7 Nr. 3 a des Entwurfs).
7 Zur Doppelnatur s. u. a. Benkard/Mellulis, PatG, Rn. 9 zu § 6 PatG; vgl. (aber) auch BGH v. 18.05.2010 – X ZR 79/07, GRUR 2010, 817 (Rn. 27 ff.) – *Steuervorrichtung* u. Liebenau/Zech/Hofmann ZGE/IPJ 2012, 133 ff.
8 Vgl. etwa Vorauflage Rn. 5 u. 24 ff. zu § 6 m.w.N.
9 Bislang h.M., ebenso Reimer/Schade/Schippel/Rother Rn. 2 f. zu § 7 (a.F.); Boemke/Kursawe/Kursawe Rn. 9 zu § 7 n.F.
10 BGH v. 12.04.2011 – X ZR 72/10, 318 [Rn. 31] – *Initialidee*; krit. Liebenau/Zech/Hofmann ZGE/IPJ 2012, 133 ff.

das alle Merkmale eines Dauerschuldverhältnisses trägt.[11] Dieser Auffassung kann u.E. – auch unter Geltung der Neufassung der §§ 6, 7 – nicht beigetreten werden; vielmehr entsteht das durch das ArbEG begründete gesetzliche Schuldverhältnis bereits mit Fertigstellung der Diensterfindung und wird durch deren Inanspruchnahme konkretisiert (s. § 1 Rdn. 160). Dieses Verständnis wird auch der Fiktion des § 6 Abs 2 n.F. gerecht, die ja ohne weiteres Zutun an die Erfüllung der – mit der Fertigstellung der Erfindung begründeten – Meldepflicht anknüpft (s. § 6 Rdn. 122 ff.).

13 Von der Inanspruchnahme und damit von dem Rechtsübergang erfasst wird die **gesamte Diensterfindung** und damit auch vom Arbeitnehmer nicht gemeldete Teile der Erfindung.[12]

14 Bei **Miterfindern** erfasst die Inanspruchnahme nur den jeweiligen Miterfinderanteil (s. § 5 Rdn. 52). Erfolgt bei der **zwischenbetrieblichen Kooperation** eine Inanspruchnahme seitens der einzelnen Kooperationspartner ggü. der Gesamtheit ihrer jeweiligen Arbeitnehmererfinder (s. hierzu § 6 n.F. Rdn. 145 f.), wird mit Zugang der Inanspruchnahmeerklärung bzw. mit Wirksamwerden der Inanspruchnahmefiktion die bisherige Bruchteilsgemeinschaft der Miterfinder von den betreffenden Kooperationspartnern fortgeführt;[13] ggf. wird die Erfindung bei Vorliegen eines Gesellschaftsverhältnisses (§§ 705 ff. BGB) zwischen den Kooperationspartnern Bestandteil des Gesamthandsvermögens[14] (§ 718 BGB). Nehmen die einzelnen Arbeitgeber die Erfindungsanteile nur teilweise in Anspruch oder verzichten sie mittels Freigabe ganz auf die Inanspruchnahme, bilden einzelne Kooperationspartner mit der jeweiligen Rechtsüberleitung eine Bruchteilsgemeinschaft mit den verbleibenden Miterfindern, deren Erfindungsanteile nicht in Anspruch genommen worden sind

---

11 Schiedsst. v. 26.02.1993, GRUR 1996, 49, 53 – *Gießereimaschinen* m. krit. Anm. Bartenbach/Volz; bestätigt d. Schiedsst. v. 04.06.1993, GRUR 1994, 615, 618. S. auch die Kritik von Boemke/Kursawe/Kursawe Rn. 10 f. zu § 7.
12 BGH v. 05.10.2005, GRUR 2006, 141, 142 – *Ladungsträgergenerator*.
13 Ebenso ständ. Praxis d. Schiedsst., z.B. v. 07.05.2015 – Arb.Erf. 71/11, (www.dpma.de, insoweit nicht in Mitt. 2016, 517); v. 25.01.2018 – 66/16; v. 11.04.2018 – 27/16 (beide vorg. f. www.dpma.de). Vgl. zu § 7 Abs. 1 a.F.: Lüdecke, Erfindungsgem., S. 114, der allerdings von der Entstehung einer neuen Bruchteilsgemeinschaft ausgeht; vgl. auch Schiedsst. v. 01.03.1961, BlPMZ 1962, 17 m. Anm. Schippel, GRUR 1962, 191 f. u. v. 23.07.1991, BlPMZ 1993, 114, 155 – *Mischer*; OLG Frankfurt am Main v. 30.04.1992, GRUR 1992, 852, 854 – *Simulation von Radioaktivität*; s. auch Keukenschrijver in Busse/Keukenschrijver, PatG, Rn. 1 zu § 7 ArbEG.
14 Einzelheiten bei Bartenbach, Zwischenbetr. Kooperation (1985) S. 89 (unter Bezug auf das frühere Recht).

## C. Wirkungen der Inanspruchnahme (Abs. 1)

(vgl. § 747 BGB). Zu den Rechtswirkungen einer Bruchteilsgemeinschaft s. § 5 Rdn. 53 f.

Haben bei einer Erfindergemeinschaft neben den Arbeitnehmern noch **freie** **Miterfinder** an dem Zustandekommen der Erfindung mitgewirkt, so richtet sich das Überleitungsrecht letzteren ggü. nach den mit diesen getroffenen vertraglichen Absprachen (s. § 6 n.F. Rdn. 142). 15

*Rdn. 16 – 19 frei*

### 2. Materielle Befugnisse des Arbeitgebers

Als nunmehr **alleiniger Berechtigter** kann der Arbeitgeber die vermögenswerten Rechte an der Erfindung (vgl. § 6 Satz 1, § 15 Abs. 1 PatG, § 13 Abs. 3, § 22 Abs. 1 GebrMG) in allen Benutzungsarten z.B. des § 9 PatG selbst nutzen bzw. hieran (ausschließliche oder einfache) Nutzungsrechte (Lizenzen) vergeben (vgl. § 15 Abs. 2 PatG, § 22 Abs. 2 GebrMG); aufgrund der Vollrechtsübertragung hat er auch das Recht, im Ausland Schutzrechtsanmeldungen gem. § 14 zu tätigen[15] und die Erfindung dort zu nutzen, unbeschadet der Freigabepflichten aus § 14. Er kann über die Erfindung auch dadurch frei verfügen, dass er sie als Ganzes oder – zur Erlangung von Auslandsschutzrechten – teilweise Dritten überträgt[16] (§ 15 Abs. 1 PatG, § 22 Abs. 1 GebrMG), und zwar u. E. auch ohne vorherige Schutzrechtsanmeldung (s. dazu § 13 Rdn. 3). 20

Die Inanspruchnahme begründet keine Pflicht des Arbeitgebers zur wirtschaftlichen Verwertung der Diensterfindung, auch nicht unter dem Gesichtspunkt der Optimierung der Vergütungsansprüche des Arbeitnehmererfinders.[17] Die **Verwertung** der Erfindung steht vielmehr **im Belieben des Arbeitgebers**; in seiner unternehmerischen Ermessensfreiheit ist er lediglich begrenzt durch das Gebot der guten Sitten und durch das Verbot von Rechtsmissbrauch und Willkür.[18] Zu Recht weist die *Schiedsstelle* darauf hin, dass die Gestaltung des 21

---

15  Zu § 7 Abs. 1 a.F.: Schiedsst. v. 09.05.1985, BlPMZ 1985, 383, 384 u. LG Düsseldorf v. 29.12.1999, Entscheidungen 4. ZK. 2000, 8, 11 – *Abfallsammelbehälter*.
16  Allg. A., z.B. Keukenschrijver in Busse/Keukenschrijver PatG Rn. 3 zu § 7 ArbEG, Ebenso zu § 7 Abs. 1 a.F., z.B. Schiedsst. v. 08.06.1973, BlPMZ 1973, 366, 367 u. v. 19.12.1991, GRUR 1992, 847, 848 – *Geschäftsaktivitäten-Veräußerung*.
17  Zu § 7 Abs. 1 a.F.: Schiedsst. v. 29.05.1996 – Arb.Erf. 9/95, (unveröffentl.).
18  Zust. Boemke/Kursawe/Kursawe Rn. 14 zu § 7; s. auch Keukenschrijver in Busse/Keukenschrijver, PatG, Rn. 3 zu § 7 ArbEG, wonach »in Extremfällen« § 242 BGB eingreifen kann. Vgl. zum früheren Recht: BAG v. 30.04.1965, GRUR 1966, 88 – *Abdampfverwertung*.

Betriebs ebenso wie die Frage, ob, wann und in welcher Weise sich der Arbeitgeber wirtschaftlich betätigen will, Bestandteil der grundrechtlich **geschützten unternehmerischen (Handlungs-)Freiheit** ist, wie sie sich aus Art. 2 Abs. 1, Art. 12 und 14 GG ableiten lässt.[19] Da der Arbeitgeber das Risiko einer Verwertung der Diensterfindung völlig allein trägt und ihn auch etwaige Verluste allein treffen, liegt der Entschluss, ein solches Verwertungsrisiko einzugehen, im Kernbereich der unternehmerischen Gestaltungs- und Entscheidungsfreiheit. Auch nach Auffassung der *Schiedsstelle* fällt die Entscheidung, ob und in welcher Form die Diensterfindung verwertet und die damit verbundenen wirtschaftlichen Risiken eingegangen werden sollen, in diesen Kernbereich.[20] Das gilt sowohl für die betriebliche als auch außerbetriebliche Verwertung. So wird die Entscheidung für das eine oder andere Produkt von dessen unternehmerischer Entschließungsfreiheit umfasst und allein von ihm getroffen.[21] Gleiches gilt beispielsweise für Lizenzverträge, so dass der Arbeitgeber bei deren Gestaltung auch nicht gehalten ist, dabei einen größtmöglichen Vergütungsanspruch für den Arbeitnehmer zu erzielen.[22] Der Arbeitgeber wird schon im eigenen Interesse eine Diensterfindung im sachlich möglichen und wirtschaftlich vernünftigen Umfang ausnutzen (s. § 9 Rdn. 86, 89). S. auch § 9 Rdn. 214 und § 16 Rdn. 1.

22 Mit dem Übergang der Erfindungsrechte auf den Arbeitgeber wird die Diensterfindung dem **Einflussbereich des Arbeitnehmers** – mit Ausnahme seiner Persönlichkeitsrechte (s. dazu Rdn. 81 ff.) und des Anspruchs auf Auslandsfreigabe s. § 14 Rdn. 14 ff.) – gänzlich **entzogen**; er ist nicht befugt und rechtlich nicht in der Lage, auf die Entschließungen des Arbeitgebers zur wirtschaftli-

---

19 Schiedsst. v. 06.06.2014 – Arb.Erf. 54/12; v. 09.03.2016 – Arb.Erf. 39/13; v. 13.04.2016 – Arb.Erf. 68/13; v. 06.07.2016 – Arb.Erf. 23/13; v. 15.07.2016 – Arb.Erf. 26/14, (alle www.dpma.de), jeweils m.H.a. BAG v. 26.09.2002 – 2 AZR 636/01; ferner v. 22.12.2012 – 2 AZR 673/11 (Datenbank) u. v. 15.09.2016 – Arb.Erf. 63/14, Mitt. 2018, 192, 194 (= www.dpma.de); vgl. auch Schiedsst. v. 16.07.2015 – Arb.Erf. 20/13, (www.dpma.de).
20 Schiedsst. v. 09.09.1993 – Arb.Erf. 155/92, (unveröffentl); v. 06.06.2014 – Arb.Erf. 54/12; v. 18.06.2015 – Arb.Erf. 17/13; v. 16.07.2015 – Arb.Erf. 20/13 u. v. 01.12.2015 Arb.Erf. 44/13, (alle www.dpma.de).
21 Schiedsst. v. 28.11.1991 – Arb.Erf. 60/90; v. 09.09.1993 – Arb.Erf. 155/92 u. v. 19.03.2002 – Arb.Erf. 6/99, (alle unveröffentl.).
22 Schiedsst. v. 16.07.2015 – Arb.Erf. 20/13, (www.dpma.de = in Mitt. 2016, 479 nur LS.2)

## C. Wirkungen der Inanspruchnahme (Abs. 1) § 7 n.F.

chen Auswertung der Erfindung Einfluss zu nehmen.[23] Ein Mitspracherecht hinsichtlich der Verwertung der Erfindung ist dem Erfinder vom Gesetzgeber ebenso wenig eingeräumt worden[24] wie ein Anspruch auf Übernahme der Diensterfindung, wenn der Arbeitgeber diese nicht verwertet[25] (vgl. aber auch RL Nr. 22 Satz 3; s. i.Ü. § 9 Rdn. 89 u. § 16 Rdn. 15 ff.).

**Unterlässt der Arbeitgeber eine Verwertung**, so geben weder das ArbEG noch das allgemeine Recht dem Erfinder einen Anspruch ggü. dem Arbeitgeber auf Begründung seiner Entscheidung; dies galt auch bei einer früheren beschränkten Inanspruchnahme.[26] Aus dem Gesichtspunkt der Fürsorgepflicht bzw. aus Treu und Glauben (§ 242 BGB) könnte solches allenfalls dann in Betracht gezogen werden, wenn konkrete Anhaltspunkte für einen willkürlichen Verzicht auf Nutzungshandlungen gegeben sind oder wenn der Arbeitgeber damit von einer vorherigen Verwertungszusage abrückt.[27] 23

Zur Vergütungspflicht bei nicht verwerteten Erfindungen s. § 9 Rdn. 210 ff. sowie RL Nrn. 20 ff.

Die **Übertragung** der Erfindungsrechte durch den Arbeitgeber **auf Dritte** beseitigt das durch das ArbEG begründete Rechtsverhältnis zwischen Arbeitgeber und Arbeitnehmer nicht.[28] Mit der Abtretung aller Erfindungsrechte hat der Arbeitgeber allerdings seine Verwertung der Diensterfindung durch einen letzten Verwertungsvorgang beendet und schuldet hierfür die abschließende 24

---

23 Zu § 7 Abs. 1 n.F.: Schiedsst. v. 04.07.2013 – Arb.Erf. 46/12; v. 01.12.2015 – Arb.Erf. 44/13, (beide www.dpma.de). Zu § 7 Abs. 1 a.F.: BGH v. 17.04.1973 – X ZR 59/69, GRUR 1973, 649, 651 r.Sp. – *Absperrventil*; vgl. auch BVerfG v. 24.04.1998, NJW 1998, 3704, 3705 – *Induktionsschutz von Fernmeldekabeln*; s.a. Antwort der BReg. betr. Förderung d. Tätigkt. d. ArbNErf. v. 07.11.1974 in BT-Drucks. 7/2758, S. 5; vgl. auch den Fall Schiedsst. v. 28.01.1970, BlPMZ 1970, 454, 456 u. v. 19.12.1991, GRUR 1992, 847, 848 – *Geschäftsaktivitäten-Veräußerung*.
24 Zu § 7 Abs. 1 n.F.: Schiedsst. v. 04.07.2013 – Arb.Erf. 46/12; v. 01.12.2015 –. Arb.Erf. 44/13, (beide www.dpma.de). Zu § 7 Abs. 1 a.F.: Schiedsst. v. 09.09.1993 – Arb.Erf. 155/92; v. 22.03.1994 – Arb.Erf. 77/93; v. 17.01.1996 – Arb.Erf. 43/94; v. 23.04.1998 – Arb.Erf. 92/96, (alle unveröffentl.).
25 Zu § 7 Abs. 1 a.F.: Schiedsst. v. 14.09.1981 – Arb.Erf. 59/80; v. 09.09.1993 – Arb.Erf. 155/92; v. 24.10.1995 – Arb.Erf. 21/94 u. v. 13.10.2009 – Arb.Erf. 38/06, (sämtl. unveröffentl.) u. v. 20.06.2013 – Arb.Erf.33/12 (www,dpma.de).
26 Schiedsst. v. 19.11.1985 – Arb.Erf. 56/85, (unveröffentl.).
27 Weitergehend wohl Boemke/Kursawe/Kursawe Rn. 16 zu § 7.
28 LG Düsseldorf v. 22.12.2009 – 4a O 301/08, (unveröffentl.); im Ergebn. auch LG Düsseldorf u. v. 28.04.2016 – 4a O 154/14, (www.justiz.nrw.de), Rn. 148) – *Elektrische Glühlampen*; Schiedsst. v. 15.12.2004 – Arb.Erf. 52/02 u. (unveröffentl.).

Endvergütung[29] (s. § 9 Rdn. 251 ff.). Vergütungsansprüche des Arbeitnehmers gegenüber dem Schutzrechtserwerber bestehen nicht[30] (Ausnahmen: § 613a BGB, § 27 Nrn. 1, 3 ArbEG n.F. bzw. per Vereinbarung §§ 398, 413, 414 f. BGB). Gerade weil die **Rechte und Pflichten aus dem ArbEG** nur im Verhältnis zwischen den Arbeitsvertragsparteien entstehen, stellen sie **keine dingliche Belastung der Erfindung** dar; sie **gehen** im Fall der Übertragung der Erfindungsrechte durch den Arbeitgeber **nicht auf den Rechtserwerber über.**[31] Dieser Grundsatz gehört seit jeher zu den wesentlichen Prinzipien des ArbEG; daran hat auch die ArbEG-Novelle 2009 (s. dazu Einl. Rdn. 42) nichts geändert.

25 Der **Rechtserwerber** übernimmt die Erfindungsrechte folglich **unbelastet** und kann damit nach Belieben verfahren.[32] Das betrifft insb. den **Vergütungsanspruch**, der ebenfalls rein obligatorischer Natur ist;[33] das ArbEG kennt keine § 34 Abs. 5 UrhG vergleichbare Norm. Der Rechtserwerber kann die Erfindungsrechte also seinerseits ohne Vergütungspflichten ggü. dem Arbeitnehmer weiter übertragen.[34] Den Rechtserwerber trifft auch keine Anbietungspflicht nach § 16.[35] Der Arbeitgeber bleibt für seine gesamten Verwertungshandlungen und für seinen Verkauf der Erfindungsrechte (vgl. RL Nr. 16; zur unterbliebenen Schutzrechtsanmeldung s. § 13 Rdn. 3) weiterhin vergütungspflichtig (vgl. dazu § 9 Rdn. 4 ff., 251 f.). Da es an einer Arbeitgeberstellung des Rechtserwerbers fehlt, entfaltet auch eine von diesem vorgenommene Vergütungsfestsetzung (vgl. § 12 Abs. 3) keinerlei rechtliche Wirkung.[36] Allenfalls kann hierin das Angebot des Rechtserwerbers an den Arbeitnehmer liegen, mit dessen Einverständnis eine eigene (gesamtschuldnerische oder den Arbeitgeber befreiende) Vergütungspflicht zu begründen. Besonderheiten ergeben sich im Insolvenzverfahren nach § 27, und zwar sowohl in der Fassung 1999 als auch in der Fassung 2009, s. dazu insb. § 27 a.F. Rdn. 89 ff. und § 27 n.F. Rdn. 89 ff.

---

29 Schiedsst. v. 15.12.2004 – Arb.Erf. 52/02, (unveröffentl.).
30 Keukenschrijver in Busse/Keukenschrijver, PatG, Rn. 10 zu § 9 ArbEG.
31 Amtl. Begründung BT-Drucks. II/1648, S. 16 = BlPMZ 1957, 226; Schiedsst. v. 26.01.1981, BlPMZ 1982, 56; v. 06.05.1996 – Arb.Erf. 1/95 u. v. 09.01.2001 – Arb.Erf. 69/00, (beide unveröffentl.); OLG Düsseldorf v. 13.09.2007 – I-2 U 113/05, InstGE 8, 147 ff. – *Türinnenverstärkung*; Keukenschrijver in Busse/Keukenschrijver PatG Rn. 3 zu § 7 ArbEG; Reimer/Schade/Schippel/Rother Rn. 1 zu § 7.
32 Schiedsst. v. 19.12.1991, GRUR 1992, 847, 848 – Geschäftsaktivitäten-*Veräußerung*.
33 Allg. A., z.B. Schiedsst. ZB. v. 12.05.1987, BlPMZ 1988, 349.
34 Schiedsst. v. 15.12.2004 – Arb.Erf. 52/02, (unveröffentl.).
35 Schiedsst. v. 19.12.1991, GRUR 1992, 847, 848 – *Geschäftsaktivitäten-Veräußerung*.
36 Schiedsst. v. 06.08.1986 – Arb.Erf. 99/85, (unveröffentl.).

## C. Wirkungen der Inanspruchnahme (Abs. 1)

I.Ü. können Arbeitgeber und Rechtserwerber bzw. ein sonstiger Dritter (z.B. im Konzernbereich die Konzernmutter) ohne Zustimmung des Arbeitnehmers eine **Schuldmitübernahme** durch den Rechtserwerber bzw. den Dritten vereinbaren,[37] etwa in dem Sinne, dass der Arbeitgeber im Innenverhältnis von Vergütungspflichten freigestellt wird.

26

Durch **Vertrag** zwischen Arbeitnehmer und Rechtserwerber bzw. einem sonstigen Dritten kann die Übernahme der Pflichten des Arbeitgebers aus dem ArbEG durch den Rechtserwerber oder den Dritten vereinbart werden (vgl. § 414 BGB); ebenso kann der Arbeitnehmer einer Gesamtregelung zwischen Arbeitgeber und dem Rechtserwerber gem. § 415 BGB dahin zustimmen, dass Letzterer hinsichtlich aller vermögenswerten Rechte und Pflichten aus dem ArbEG an die Stelle des Arbeitgebers tritt[38] (s. dazu § 9 Rdn. 6). Zur Betriebsnachfolge und Vermögensübernahme s. § 1 Rdn. 114 ff.

27

§ 7 Abs. 1 gestattet es dem Arbeitgeber uneingeschränkt, die Erfindungsrechte auf Dritte zu übertragen, und zwar auch in Form einer Vorausabtretung. Aus der **freien Verfügungsbefugnis** des Arbeitgebers folgt zugleich, dass er auch aus der arbeitsrechtlichen Fürsorge- bzw. Rücksichtnahmepflicht (vgl. § 25 Rdn. 2 ff.) heraus nicht gehalten ist, dafür Sorge zu tragen, dass der Arbeitnehmer ggü. dem Dritten dieselbe Rechtsstellung erhält, als wäre er dessen Arbeitnehmer.[39] Es besteht auch ansonsten kein Anspruch des Arbeitnehmers darauf, dass der Rechtserwerber die Pflichten aus dem ArbEG übernimmt bzw. vom Arbeitgeber entsprechend verpflichtet wird[40] (vgl. aber auch § 27 Nr. 2 Satz 3 Fassung 1999 und § 27 Nr. 3 Fassung 2009). Verfehlt ist deshalb die Ansicht des LG Frankfurt,[41] wonach der Arbeitgeber beim Verkauf der Erfindungsrechte dem Erwerber die Wahrung der allein dem Arbeitgeber nach § 16 obliegenden Anbietungspflicht aufzuerlegen habe; ansonsten sei er verpflichtet, dem Arbeitnehmer vor Abschluss des Kaufvertrages »in allen Konsequenzen« mitzuteilen, er beabsichtige, dem Schutzrechtserwerber vorbehaltlos die Möglichkeit des Fallenlassens einzuräumen.

28

---

37 Vgl. dazu allg. BGH v. 26.11.1964, BGHZ 42, 381, 384 f.; jedoch hat d. ArbN eine Zurückweisungsmöglichkeit nach § 333 BGB.
38 Schiedsst. v. 26.01.1981, BlPMZ 1982, 56; v. 12.05.1987, BlPMZ 1988, 349 u. v. 15.12.2009 – Arb.Erf. 16/09, (unveröffentl.); so auch Reimer/Schade/Schippel/Himmelmann Rn. 19 zu § 9; vgl. auch Schiedsst. v. 05.07.1991, GRUR 1992, 499, 500 – *Einheitliches Arbeitsverhältnis*.
39 Zust. Reimer/Schade/Schippel/Rother Rn. 1 zu § 7; Boemke/Kursawe/Kursawe Rn. 13 zu § 7; vgl. auch Schiedsst. v. 08.06.1973, BlPMZ 1973, 366, 367; abw. Volmer Rn. 14 zu § 7.
40 Schiedsst. v. 14.12.1995 – Arb.Erf. 41/94, (unveröffentl.).
41 Urt. v. 04.07.1973 – 2/6 O 182/72, (unveröffentl.).

**§ 7 n.F.** Wirkung der Inanspruchnahme (Fassung 2009)

**Schadensersatzpflichten** des Arbeitgebers werden durch nicht erfüllbare Arbeitgeberpflichten aus §§ 13, 14 und 16 u. E. nicht ausgelöst (im Einzelnen streitig, s. zu den Konsequenzen der Rechtsübertragung für die Pflicht zur Schutzrechtsanmeldung s. § 13 Rdn. 3, zur Auslandsfreigabe s. § 14 Rdn. 21 und zur Schutzrechtsaufgabe s. § 16 Rdn. 4).

29 Die Inanspruchnahme löst als weitere **Rechtsfolge** – unabhängig von dem ohnehin schon ab Meldung der Erfindung (§ 5) gem. § 13 Abs. 1 bestehenden Recht zur Inlandsanmeldung – das Recht des Arbeitgebers aus, gem. § 14 die Erfindung **im Ausland zur Schutzrechtserteilung anzumelden**; der Arbeitgeber ist auch befugt, mehrere (unbeschränkt) in Anspruch genommene Diensterfindungen ohne Einverständnis der Arbeitnehmer in einer **Gemeinschaftserfindung zu verbinden** (s. § 13 Rdn. 10.1). Die Inanspruchnahme begründet ferner – unabhängig vom Beginn der Nutzungshandlungen durch den Arbeitgeber – die **Vergütungspflicht dem Grunde nach** (s. § 9 Rdn. 11 f.).

30 Von seiner Rechtsposition kann sich der Arbeitgeber ggf. durch Freigabe (§ 8 n.F. Rdn. 7 ff.), nach Schutzrechtsanmeldung nur durch Aufgabe i.S.d. § 16 trennen.

*Rdn. 31 – 39 frei*

### 3. Verfahrensrechtliche Stellung des Arbeitgebers ggü. Schutzrechtserteilungsbehörden

#### a) Der Arbeitgeber als Herr des Erteilungsverfahrens

40 Der Arbeitgeber ist gem. § 13 bei Inlandsanmeldungen alleiniger Herr des Erteilungsverfahrens[42], ohne dass besondere Mitwirkungsrechte des Arbeitnehmers bestehen (s. § 13 Rdn. 41 f.). Die gleiche Rechtsposition nimmt der Arbeitgeber – jedenfalls erfinderrechtlich – nach Inanspruchnahme in Bezug auf die von ihm getätigten Auslandsschutzrechtsanmeldungen ein (§ 14).

*Rdn. 41 frei*

#### b) Inlandschutzrechtsanmeldung des Arbeitnehmers vor Inanspruchnahme

##### aa) Übergang der Verfahrensposition auf den Arbeitgeber

42 Soweit der Arbeitnehmer vor Inanspruchnahme bereits eine Schutzrechtsanmeldung im Inland getätigt oder gar Schutzrechte erworben hat – was bei

---

[42] Zust. u. a. Keukenschrijver in Busse/Keukenschrijver, PatG, Rn. 4 zu § 7 ArbEG.

## C. Wirkungen der Inanspruchnahme (Abs. 1)

Verletzung der Meldepflicht durch den Arbeitnehmer, gleich aus welchen Gründen, zeitlich möglich ist (vgl. auch § 13 Rdn. 46 f.) –, tritt der Arbeitgeber mit der Inanspruchnahme auch in die verfahrensmäßigen Rechte an der Anmeldung oder aus dem Schutzrecht unmittelbar ein.[43]

Dabei fordert der **BGH** mit Hinweis darauf, dass der Rechtsübergang nach § 7 Abs. 1 nur das Recht an der Erfindung und nicht die darauf beruhenden Schutzrechtspositionen erfasse (s. dazu § 7 Rdn. 11), die **Übertragung** der auf der Diensterfindung beruhenden Schutzrechte und Schutzrechtsanmeldungen nach §§ 398 ff. BGB[44] (zum umgekehrten Fall d. § 13 Abs. 4 s. § 13 Rdn. 81).

Dem kann u. E. nicht gefolgt werden, d. h. es bedarf keiner Übertragung dieser Rechte i.S.d. §§ 398 ff. BGB.[45] Auch ist keine Geltendmachung des auf Rechtsübertragung gerichteten erfinderrechtlichen Vindikationsanspruchs nach § 8 Satz 1 PatG erforderlich.[46] Vielmehr erfasst der gesetzliche Rechtsübergang aufgrund der speziellen erfinderrechtlichen Vorgaben in §§ 7, 13 Abs. 1 ArbEG – abweichend von allgemeinen patentrechtlichen Grundsätzen – alle vermögenswerten Erfindungsrechte und damit auch die erfindungsbezogenen Schutzrechtspositionen.

Da der Arbeitgeber bereits der materiell Berechtigte ist, bleibt nach der hier vertretenen Auffassung im Inland lediglich noch die formale **Umschreibung**

---

43 So auch z. früheren Recht LG Braunschweig v. 26.01.1955, NJW 1955, 994, 995 i. Anschl. an Friedrich, GRUR 1943, 222, 226 f.; im Ergebn. auch Schiedsst. v. 28.02.1991, GRUR 1991, 910, 911 – *Exzentrizitätsmessung* (dort m.H.a. § 13 Abs. 4 Satz 2 ArbEG).
44 BGH v. 12.04.2011 – X ZR 72/10, GRUR 2011, 733 [Rn. 31] – *Initialidee* m. H.a BGH v. 17.01.1995 – X ZR 130/93, Mitt. 1996, 16, 18 – *Gummielastische Masse* u. OLG München v. 27.01.1994, Mitt. 1995, 316; trotz Bedenken folgend OLG Düsseldorf v. 24.10.2013, Mitt. 2013, 475, 477 – *Haltesystem für Werbeprints II*; LG Düsseldorf v. 12.05.2015 – 4a O 90/13, (Düsseld. Entsch. Nr. 2422) – *Doppelplattenschieber*; zust. auch OLG Karlsruhe v. 13.04.2018 – 6 U 161/16, (www.lrbw.juris.de, Rn. 145) – *Rohrprüfsystem*. Unklar noch BGH v. 10.11.1970 – X ZR 54/67, GRUR 1971, 210, 212 f. – *Wildverbissverhinderung*. S. allg. z. Vindikationsanspruch Kather Festschr. Reimann (2009), S. 237 ff.; Kraßer/Ann, PatR, § 20 Rn. 1 ff.
45 Wie hier u. a. Reimer/Schade/Schippel/Rother Rn. 3 zu § 7 (a.F.); dem BGH folgend Keukenschrijver in Busse/Keukenschrijver, PatG, Rn. 6 zu § 7 ArbEG; Schaub/Koch, ArbRHdb., § 114 Rn. 23, MünchArbR/Bayreuther § 98 Rn. 20. Vgl. auch Boemke/Kursawe/Kursawe Rn. 19 zu § 7 (s. aber dort auch Rn. 9). Diff. Kraßer/Ann, PatR. § 21 Rn. 88: Übertragung bei Schutzrechtsanmeldung des ArbN *nach* Inanspruchn., dagegen bloße Umschreibung bei Schutzrechtsanmeldung *vor* Inanspruchnahme.
46 LG Braunschweig v. 26.01.1955, NJW 1955, 994, 995.

der Anmeldung bzw. des Schutzrechts in der Rolle (vgl. § 30 Abs. 3 PatG, § 8 Abs. 4 GebrMG) erforderlich.[47]

43 Der Inhaberwechsel ist der **Patentbehörde** nachzuweisen. Die Form des Nachweises steht im Ermessen der Erteilungsbehörde, die üblicherweise den Nachweis durch Urkunden verlangt.[48] Auch soweit man von einem gesetzlichen Rechtsübergang ausgeht, hat der Arbeitgeber bei Bedarf Anspruch ggü. dem Arbeitnehmer darauf, dass gem. §§ 413, 412, 403 BGB eine öffentlich beglaubigte Urkunde über den Rechtsübergang erstellt wird, deren Kosten grundsätzlich der Arbeitgeber zu tragen hat (§ 403 Satz 2 BGB). Anmeldeunterlagen (Urkunden) hat der Arbeitnehmer gem. § 402 i.V.m. §§ 412, 413 BGB herauszugeben.

44 Solange die Erteilungsbehörde im Einzelfall vorgelegte Unterlagen für den Nachweis als nicht ausreichend ansieht, kann der Arbeitgeber nach der hier vertretenen Auffassung dem Arbeitnehmer ggf. durch einstweilige Verfügung ein Verfügungsverbot auferlegen lassen,[49] da Letzterer andernfalls mit Rücksicht auf seine formale Rechtsposition weiterhin allein Berechtigter im Erteilungsverfahren bleibt und insoweit zulasten des Arbeitgebers verfügen könnte. Eine Sicherung kann auch durch eine im Wege der einstweiligen Verfügung durchsetzbare Sequestration erfolgen (vgl. §§ 938, 940 ZPO). Zu Auslandsanmeldungen durch den Arbeitnehmer bzw. Schutzrechtsanmeldungen durch Dritte s.u. Rdn. 73 f.

Ein vorher erhobener **Einspruch des Arbeitgebers** wegen patenthindernder Widerrufsgründe nach § 21 Abs. 1 Nrn. 1,2 und 4 PatG ist – im Unterschied zum Einspruch wegen widerrechtlicher Entnahme (§ 21 Abs. 1 Nr. 3 PatG) – mit Übergang der Schutzrechtsposition auf den Arbeitgeber mangels Rechtsschutzinteresses und wegen unzulässiger Rechtsausübung auch mit Blick auf § 16 ArbEG unzulässig.[50]

Zur **Kostentragung** s. i.Ü. § 13 Rdn. 49 f.

45 Die vorstehenden Ansprüche stehen dem Arbeitgeber auch dann zu, wenn der Arbeitnehmer den ursprünglichen **Erfindungsgegenstand** bei der Schutz-

---

47 Ebenso OLG Karlsruhe v. 22.01.2009 – 6 U 151/06, (unveröffentl.); LG Düsseldorf v. 27.03.2009 – 4b O 196/05, (unveröffentl.); Schiedsst. v. 10.04.2008 – Arb.Erf. 43/06 (Datenbank) m.H.a. Reimer/Schade/Schippel/Rother Rn. 3 zu § 7.
48 Vgl. Benkard/Schäfers, PatG, Rn. 13a f. zu § 30 PatG.
49 Vgl. den Sachverhalt b. BGH v. 10.11.1970 – X ZR 54/67, GRUR 1971, 210, 212 f. – *Wildverbissverhinderung*.
50 BPatG v. 16.07.2009 – 11 W (pat) 323/06, (juris, Rn. 52, 57 ff.); folgend Keukenschrijver in Busse/Keukenschrijver, PatG, Rn. 45 zu § 59 PatG.

C. Wirkungen der Inanspruchnahme (Abs. 1)  § 7 n.F.

rechtsanmeldung durch zusätzliche (weiterentwickelte) Merkmale, die nicht dem Inanspruchnahmerecht des Arbeitgebers unterliegen, ergänzt bzw. **erweitert** hat. Nach Auffassung des *BGH* hat der Arbeitgeber über den Vindikationsanspruch nach § 8 PatG einen Anspruch auf Einräumung einer Mitinhaberschaft[51] (s.a. § 4 Rdn. 12).

*Rdn. 46 frei*

**bb) Beseitigung von Schutzumfangseinschränkungen**

Das Einrücken des Arbeitgebers in die verfahrensmäßigen Rechte an einer Schutzrechtsanmeldung bzw. einem Schutzrecht – gleich ob kraft Gesetzes oder Abtretung – bedeutet, dass er diese Schutzrechtsposition in dem Zustand übernimmt, wie er durch den Arbeitnehmer geschaffen wurde, evtl. mit einer erheblichen Einschränkung des Schutzumfangs durch Verzichtserklärungen des Arbeitnehmers im Erteilungsverfahren (zur Frage, inwieweit derartige Beschränkungen Verfügungen i.S.d. § 7 Abs. 2 darstellen, s.u. Rdn. 98 ff.). Zwar kann ein Verzicht im Erteilungsverfahren, da er auch materiellrechtliche Wirkungen hat, wegen Irrtums nach den §§ 119 ff. BGB angefochten werden. Selbst wenn evtl. Anfechtungsgründe des Arbeitnehmers prinzipiell vom Arbeitgeber als Rechtsnachfolger (wegen der Rückwirkung des § 7 Abs. 2 ArbEG n.F. kommt insoweit § 166 Abs. 1 BGB analog in Betracht) geltend gemacht werden könnten,[52] ist die Anfechtung jedoch dann ausgeschlossen, wenn der Verzicht Grundlage einer Entscheidung geworden ist, die Wirkung nach außen entfaltet, also z.B. (früher) nach Erlass des Bekanntmachungsbeschlusses.[53] 47

Auf diesem Wege kann der Arbeitgeber nach Inanspruchnahme also u.U. nicht jede unberechtigte Einschränkung des Gegenstandes der Schutzrechtsanmeldung durch den Arbeitnehmer beseitigen. Dies ist ihm nur über die Geltendmachung einer widerrechtlichen Entnahme (§ 7 Abs. 2, § 21 Abs. 1 Nr. 3 PatG; vgl. auch § 13 Abs. 3 GebrMG) möglich.[54] Zur Zulässigkeit s. hier § 7 Rdn. 51; zu Schadensersatzansprüchen s. hier § 7 Rdn. 76 sowie § 5 Rdn. 96. 48

*Rdn. 49, 50 frei*

---

51 BGH v. 17.01.1995 – X ZR 130/93, Mitt. 1996, 16 – *Gummielastische Masse.*
52 Eine Übertragbarkeit des Anfechtungsrechts generell ablehnend z.B. Palandt/Grüneberg, BGB, § 413 Rn. 5 m.w.N.
53 BGH v. 15.03.1977, Mitt. 1977, 135 – *Aluminium-Oxydation.*
54 Vgl. auch Keukenschrijver in Busse/Keukenschrijver PatG Rn. 16 zu § 6 ArbEG u. Rn. 78 zu § 21 PatG.

cc) **Geltendmachung der widerrechtlichen Entnahme (§ 7 Abs. 2, § 21 Abs. 1 Nr. 3 PatG, § 13 Abs. 3 GebrMG)**

51 Ob die deutsche Schutzrechtsanmeldung eines Arbeitnehmers vor (erfolgter) Inanspruchnahme eine – sowohl zum Einspruch (§ 21 Abs. 1 Nr. 3 PatG) als auch daneben zur Vindikationsklage (§ 8 PatG) berechtigende[55] – widerrechtliche Entnahme nach § 7 Abs. 2, § 21 Abs. 1 Nr. 3 PatG darstellt (das europäische Patentrecht kennt die widerrechtliche Entnahme als Einspruchsgrund nicht), ist umstritten. Die heute wohl herrschende Meinung bejaht eine widerrechtliche Entnahme durch den Arbeitnehmer jedenfalls bei späterer Inanspruchnahme.[56] Zur Begründung wurde bislang darauf verwiesen, das zunächst in der Person des Arbeitnehmers entstandene Erfindungsrecht sei von Anfang an mit dem dinglichen Aneignungsrecht des Arbeitgebers (vgl. §§ 6, 7 Abs. 1 n.F.) sowie mit der Geheimhaltungspflicht nach § 24 Abs. 2 belastet und der Arbeitnehmer melde wegen des alleinigen Anmelderechts des Arbeitgebers aus § 13 Abs. 1 als Nichtberechtigter an;[57] Der Arbeitgeber, der erst

---

55 BGH v. 22.02.2011, GRUR 2011, 509 [Rn. 9 f.] – *Schweißheizung* im Anschl. an BGH v. 16.12.1993 – X ZB 12/92 und X ZB 12/93, GRUR 1996, 42, 43 – *Lichtfleck*; Busse/Keukenschrijver, PatG, Rn. 4, 35 zu § 8; vgl. zu diesem Problemkreis auch Bartenbach/Kunzmann/Kelter, FS 50 Jahre BPatG (2011) S. 1035, 1043 ff.

56 So u. a. Keukenschrijver in Busse/Keukenschrijver, PatG, Rn. 78 zu § 21 PatG; ferner Benkard/Rogge/Kober-Dehm, PatG, Rn. 22 zu § 21 PatG m.H.a. BGH v. 17.01.1995 – X ZR 130/93, Mitt. 1996, 16, 17 – *Gummielastische Masse*; Reimer/Nastelski PatG Rn. 23 zu § 4; Schulte/Moufang, PatG, § 21 Rn. 43; Reimer/Schade/Schippel/Rother Rn. 4 zu § 7 u. Reimer/Schade/Schippel/Trimborn Rn. 16 zu § 13; Volmer/Gaul Rn. 138 zu § 5 u. Rn. 278 zu § 13; Gaul/Bartenbach, Handbuch C 310; im Ergebn. auch Boemke/Kursawe/Kursawe Rn. 21 f. zu § 7; f. analoge Anwendung Volmer Rn. 53 zu § 13; abw. Kraßer/Ann, PatR, § 21 Rn. 89 f. (»nur vorläufiger Rechtsschutz« d. ArbG gegen Verschlechterung seiner Rechtsstellg.); vgl. auch BGH v. 21.10.1980 – X ZR 56/78, GRUR 1981, 128, r.Sp. – *Flaschengreifer*; RG v. 10.06.1929, Mitt. 1929, 179; Schiedsst. v. 28.03./12.08.1966, BlPMZ 1967, 131; OLG München v. 27.01.1994, Mitt. 1995, 31; s. ferner Koch, Mitt. 1965, 23; Asendorf, GRUR 1990, 229, 235; f. Zur Gesellschaftererfindung vgl. OLG Karlsruhe v. 23.09.1981, GRUR 1983, 67, 69 – *Flipchart-Ständer* u. LG Düsseldorf v. 29.06.2017 – 4b O 108/15, Düsseldf. Entsch. Nr. 2663.

57 Vgl. BPatG v. 25.02.1969, BPatGE 10, 207, 214–216; DPA v. 21.01.1959, BlPMZ 1959, 115, 117 m. zust. Anm. Friedrich, GRUR 1959, 275; im Ergebn. eine widerrechtl. Entnahme bejahend auch BGH v. 22.02.2011, GRUR 2011, 509 [Rn. 9 ff., 26 f.] – *Schweißheizung* im Anschl. an BPatG v. 26.06.2008, GRUR 2009, 587, 591 f. – *Schweißheizung für Kunststoffrohrmatte*; ferner OLG München v. 18.09.1997 – 64.1781/92, (unveröffentl.); LG Berlin v. 21.12.1959 – 16 O 35/57, (unveröffentl.).

durch die Offenlegung oder Patenterteilung von der Entnahme erfahre, könne nicht schutzlos sein.⁵⁸

Wenn auch im Ergebnis dieser Ansicht zuzustimmen ist, dürfte ihre Begründung indes nicht unbedenklich sein,⁵⁹ da der anmeldende Arbeitnehmer vor Inanspruchnahme einerseits materiell alleiniger Inhaber der Erfindungsrechte und damit auch Inhaber des Rechts auf das Patent (§ 6 Satz 1 PatG) ist, andererseits ein Übergang auf den Arbeitgeber zu diesem Zeitpunkt noch ungewiss erscheint. Fordert man für § 7 Abs. 2 i.V.m. § 21 Abs. 1 Nr. 3 PatG zudem, dass der Anmelder als Unberechtigter seine Kenntnis zumindest aus dem Erfindungsbesitz des Berechtigten herleitet,⁶⁰ so kann dies beim Arbeitnehmer nie zutreffen. Diese Bedenken werden durch den Zweck des § 7 Abs. 2 i.V.m. § 21 Abs. 1 Nr. 3 PatG verstärkt, der als Durchbrechung des in § 7 Abs. 1 PatG zugrunde gelegten Anmelderprinzips in erster Linie dem Schutz des wahren Erfinders vor unberechtigten Anmeldungen, die dessen Recht auf das Patent gefährden könnten, dienen soll⁶¹ (vgl. auch Art. 138 Abs. 1 Buchst. e) EPÜ). 52

Schließt man sich dagegen der Auffassung an, dass die widerrechtliche Entnahme sich nicht darauf gründet, dass der Anmelder ohne oder gegen den Willen des Berechtigten die Kenntnis von der Erfindung entnommen hat, sondern allein darauf, dass die Erfindung unbefugt (ohne Einwilligung des Berechtigten) zur Patenterteilung angemeldet wurde,⁶² so ist der herrschenden Meinung im Hinblick auf § 13 Abs. 1 ArbEG jedenfalls dann zuzustimmen, wenn und sobald der Arbeitnehmer die **Diensterfindung gemeldet** hat und damit die alleinige Anmeldebefugnis des Arbeitgebers nach § 13 Abs. 1 begründet wird. Ab diesem Zeitpunkt tritt auch die formale Stellung des Arbeitgebers als Erfindungsbesitzer i.S.d. § 7 Abs. 2 PatG hinzu. 53

---

58 So Schulte/Moufang, PatG, § 21 Rn. 43.
59 § 7 Abs. 2 PatG *vor* Inanspruchnahme ablehnend: Lindenmaier/Lüdecke Anm. 1 zu § 7; Klauer/Möhring/Nirk PatG Rn. 26 zu § 4; Riemschneider/Barth Anm. 4 zu § 6 DVO 43; Tetzner PatG Anm. 40 zu § 4.
60 Vgl. Reimer/Nastelski PatG Anm. 25 zu § 4.
61 Vgl. zum Schutzzweck Benkard/Rogge/Kober-Dehn, PatG, Rn. 19 f. zu § 21 PatG.
62 Vgl. Benkard/Rogge/Kober-Dehm, PatG, Rn. 22 zu § 21; ähnl. BPatG v. 26.06.2008, GRUR 2009, 587, 592 – *Schweißheizung für Kunststoffrohrmatte* (im Ergebnis auch BGH v. 22.02.2011, GRUR 2011, 509 [Rn. 10 f.] – *Schweißheizung*); OLG Düsseldorf v. 15.08.1969, BB 1970, 1110; Schulte/Moufang, PatG, § 21 Rn. 49.

**54** Solange noch **keine Erfindungsmeldung** erfolgt ist und der Arbeitgeber auch keine sonstige Kenntnis vom Erfindungsgegenstand hat,[63] kann der Arbeitgeber mangels Erfindungsbesitzes an sich nicht Verletzter (vgl. § 13 Abs. 1 ArbEG) sein. Da aber bereits die Schutzrechtsanmeldung durch den Arbeitnehmer eine Verfügung i.S.d. § 7 Abs. 2 ArbEG n.F. darstellt (vgl. u. Rdn. 94 ff.), ist sie im Verhältnis zum Arbeitgeber unwirksam, und zwar unabhängig von der Erfindungsmeldung oder einer Kenntnis des Arbeitgebers bereits ab Fertigstellung der Erfindung. Wenn somit auch die relative Unwirksamkeit nach § 7 Abs. 2 ArbEG nicht den verfahrensrechtlichen Vorgang der Anmeldung erfasst[64], begründet sie aber doch die mangelnde Berechtigung des Arbeitnehmers im Verhältnis zu seinem Arbeitgeber. Andernfalls könnte die Anwendung des § 8 PatG dadurch umgangen werden, dass der Arbeitnehmer mit Vorbedacht durch Unterlassen einer Meldung die Inanspruchnahme der Erfindung durch den Arbeitgeber verhindert.[65] Der Arbeitgeber ist also Anspruchsinhaber i.S.d. § 7 Abs. 2 i.V.m. § 21 Abs. 1 Nr. 3 PatG.[66] Zu Unterlassungs- und Schadensersatzansprüchen des Arbeitgebers wegen Verletzung der Meldepflicht s. § 5 Rdn. 96 f.

**55** Der Arbeitgeber kann u. E. den **Einspruch** nach § 7 Abs. 2 i.V.m. § 21 Abs. 1 Nr. 3 PatG bereits vor (unbeschränkter) Inanspruchnahme **einlegen**. Da in der Einspruchseinlegung noch keine (schlüssige) Inanspruchnahmeerklärung liegt, ist aber für die weitere Durchsetzung des Einspruchs der Nachweis einer wirksamen Inanspruchnahme (ggf. im Wege der Fiktion nach § 6 Abs. 2 ArbEG) erforderlich.[67] Insoweit ist der Arbeitgeber aber nicht an die Einspruchsfrist gebunden.[68] Für die Entscheidung über die Vorfrage, ob eine (durch Inanspruchnahme übergeleitete) Diensterfindung vorliegt, von deren Beantwortung die Beurteilung der im Einspruchsverfahren geltend gemachten Widerrechtlichkeit abhängt, sind nach der hier vertretenen Auffassung nicht die Patentabteilungen des DPMA im Einspruchsverfahren, sondern die in § 39 Abs. 1 Satz 1 ArbEG für Patentstreitsachen nach § 143 PatG bestimmten

---

63 Zu d. Voraussetzungen d. Erfindungsbesitzes s. Reimer/Nastelski Anm. 22 zu § 4; RG v. 16.12.1938, GRUR 1939, 193, 197 u. v. 13.06.1939, GRUR 1940, 35, 39.
64 Vgl. auch Keukenschrijver in Busse/Keukenschrijver, PatG, Rn. 11 zu § 7 ArbEG.
65 So BGH v. 17.01.1995 – X ZR 130/93, Mitt. 1996, 16, 17 – *Gummielastische Masse*.
66 Im Ergebn. ebenso BGH v. 17.01.1995 – X ZR 130/93, Mitt. 1996, 16, 17 – *Gummielastische Masse* u. Volmer/Gaul Rn. 10 zu § 6.
67 Unter Geltung des § 7 a.F.: DPA v. 21.01.1959, BlPMZ 1959, 115, 117 m. zust. Anm. Friedrich, GRUR 1959, 275 u. BPatG v. 25.02.1969, BPatGE 10, 207, 214–216; im Ergebn.- auch Benkard/Rogge/Kober-Dehm, PatG, Rn. 22 zu § 12; Keukenschrijver in Busse/Keukenschrijver, PatG, Rn. 78 zu § 21 PatG.
68 S. auch Schulte/Moufang, PatG, § 21 Rn. 43.

Gerichte ausschließlich zuständig,[69] sodass regelmäßig eine Aussetzung des Einspruchsverfahrens analog § 148 ZPO erfolgen müsste.

Eine Miterfinderschaft bzw. eine **Mitinhaberschaft an einem Patent** können der Zulässigkeit des Einspruchs wegen widerrechtlicher Entnahme entgegenstehen.[70] Dies soll allerdings dann nicht gelten, wenn der Einsprechende im Zeitpunkt der Patentanmeldung kein Anmelder war, sondern die Schutzrechtsposition erst später auf ihn übergegangen ist und umgeschrieben wurde[71] oder die Schutzrechtsinhaberschaft durch eine untergeschobene Erklärung zustande gekommen ist.[72] Allerdings erfolgt nach herrschender Meinung keine Prüfung der Schutzfähigkeit der Diensterfindung,[73] da es in diesem Einspruchsverfahren nur um die Frage der Zuordnung der Diensterfindung geht. 56

Die vorstehenden Grundsätze gelten weitgehend für **Gebrauchsmusteranmeldungen** entsprechend (vgl. § 13 Abs. 3 GebrMG). Zur widerrechtlichen Entnahme bei Übernahme erfinderischer Beiträge nach Ausscheiden s. § 4 Rdn. 12. Zur Beweislast bei Einwand der Erfindungsfertigstellung vor Beginn des Arbeitsverhältnisses s. § 4 Rdn. 18.02. 57

Da das **europäische Patentrecht** (EPÜ) die widerrechtliche Entnahme als Einspruchsgrund nicht kennt, stehen dem Verletzten bei einer Anmeldung durch einen Nichtberechtigten nur die Rechte gem. Art. 61 EPÜ zu. Wird dem wahren Berechtigten durch rechtskräftige Entscheidung der Anspruch auf Erteilung des europäischen Patents zugesprochen, kann er die drei in Art. 61 58

---

69 BPatG v. 25.02.1969, BPatGE 10, 207, 214–216; Schiedsst. v. 04.03.1999 – Arb.Erf. 87/97, (unveröffentl.); Koch, Mitt. 1965, 23; Bartenbach/Kunzmann/Kelter, Festschr. 50 Jahre BPatG (2011), S. 1035, 1049 ff.; a.A. Engels in Busse/Keukenschrijver, PatG, § 59 Rn. 153 u. dort Keukenschrijver, Rn. 6 zu § 7 ArbEG (Entscheidung über Vorliegen einer Diensterf. im Erteilungsverf.) u. Reimer/Schade/Schippel/Rother, Rn. 5 zu § 7 (Zuständigkeit der Erteilungsbehörde auch für diese Voraussetzungen); Schulte/Moufang, PatG, § 59 Rn. 130 (incidenter im Einspruchsverf. ohne Zwang zur Klageerhebung); abw. wohl auch BPatG v. 26.06.2008, GRUR 2009, 587, 591 – *Schweißheizung für Kunststoffrohrmatten*.
70 BGH v. 24.01.2011 – X ZB 33/08, GRUR 2011, 409 (Rn. 15 f.) – *Deformationsfelder* m.H.a. BPatG 32, 54, 65; Engels in Busse/Keukenschrijver, PatG § 59 Rn. 42.
71 BPatG v. 26.06.2008, GRUR 2009, 587, 588 ff. – *Schweißheizung für Kunststoffrohrmatten*; im Anschl. daran im Ergebnis auch BGH v. 22.02.2011, GRUR 2011, 509 [Rn. 11] – *Schweißheizung*.
72 BGH v. 22.02.2011, GRUR 2011, 509 [Rn. 12] – *Schweißheizung*.
73 BPatG v. 26.06.2008, GRUR 2009, 587, 591 – *Schweißheizung für Kunststoffrohrmatten* u. Bezug auf BGH v. 24.07.2007, Mitt. 2008, 458 – *Angussvorrichtung für Spritzgießwerkzeuge* [Rn. 13]; zustimmend BGH v. 22.02.2011, GRUR 2011, 509 [Rn. 33 f.] – *Schweißheizung*.

EPÜ vorgegebenen Wahlmöglichkeiten **vor Patenterteilung** (also nicht im Einspruchsverfahren) verfolgen. Ist der Inhaber eines europäischen Patents nicht nach Art. 60 Abs. 1 EPÜ berechtigt, ist dies ein Nichtigkeitsgrund nach Art. 138 Abs. 1 Buchst. e) EPÜ bzw. Abs. 2 § 6 Abs. 1 Nr. 1 IntPatÜG.

*Rdn. 59 – 65 frei*

### c) Inlandsschutzrechtsanmeldung des Arbeitnehmers nach Inanspruchnahme

66 Nach erfolgter **Inanspruchnahme** ist der Arbeitnehmer in jedem Fall Nichtberechtigter i.S.d. § 7 Abs. 2 PatG, da nunmehr alle Erfindungsrechte auf den Arbeitgeber übergangen sind; er begeht damit eine widerrechtliche Entnahme.[74] Den dem Arbeitnehmer verbliebenen Persönlichkeitsrechten (s. dazu § 7 Rdn. 81 ff.) wird durch die Befugnisse aus den §§ 37, 63 PatG (Art. 81 EPÜ i.V.m. Regeln 19 ff. EPÜ AO) Rechnung getragen. Der Arbeitgeber hat die patentrechtlichen Ansprüche aus § 8 PatG (vgl. aber auch § 7 Rdn. 42 f.) bzw. § 21 Abs. 1 Nr. 3 i.V.m. § 7 Abs. 2 PatG (§ 13 Abs. 3 GebrMG).[75]

67 Ist die **Erfindung** durch Freigabe gem. § 6 Abs. 2, § 8 bzw. nach § 18 Abs. 2 **frei geworden**, liegt in einer danach erfolgenden Anmeldung selbstverständlich keine widerrechtliche Entnahme.[76] Hat der Arbeitnehmer die Anmeldung schon vorher betrieben, entfällt eine Widerrechtlichkeit i.S.d. § 21 Abs. 1 Nr. 3 PatG im Zeitpunkt des Freiwerdens.[77] Auch ein nicht als Miterfinder von den anderen Arbeitnehmererfindern benannter Arbeitnehmer kann vor (ordnungsgemäßer) Meldung und Freigabe seines Anteils an der Diensterfindung keine widerrechtliche Entnahme geltend machen.[78]

---

[74] Ganz h.M., vgl. z.B. DPA v. 21.01.1959, BlPMZ 1959, 115, 117 m. zust. Anm. Friedrich, GRUR 1959, 275; BGH v. 17.01.1995 – X ZR 130/93, Mitt. 1996, 16, 17 – *Gummielastische Masse*; Keukenschrijver in Busse/Keukenschrijver, PatG, Rn. 6 zu § 7 ArbEG u. Rn. 77 zu § 21 PatG; Benkard/Rogge/Kober-Dehm, PatG, Rn. 22 zu § 21; Schulte/Moufang, PatG, § 21 Rn. 43; abw. Kraßer/Ann, PatR, § 21 Rn. 89 f.; w. Nachw. s. bei Rdn. 51. Vgl. auch BGH v. 22.02.2011, GRUR 2011, 509 [Rn. 32] – *Schweißheizung* u. BPatG v. 16.07.2009 – 11 W (pat) 323/06, (juris, Rn. 52).

[75] Vgl. allg. BGH v. 16.12.1993 – X ZB 12/92 und X ZB 12/93, Mitt. 1994, 75 – *Lichtfleck*.

[76] Schiedsst. v. 12.08.1966, BlPMZ 1967, 131; Benkard/Rogge/Kober-Dehm, PatG, Rn. 22 zu § 21.

[77] Vgl. Keukenschrijver in Busse/Keukenschrijver, PatG, Rn. 6 zu § 7 ArbEG.

[78] BPatG Beschl. v. 17.10.2005 – 34 W (pat) 336/03, (juris, Rn. 33) = Mitt. 2006, 41 (nur LS).

*Rdn. 68, 69 frei*

### d) Inlandsschutzrechtsanmeldungen durch Dritte

Meldet ein Dritter die Diensterfindung zur Schutzrechtserteilung an, ohne 70 Inhaber der Rechte zu sein, so erfüllt dies den Tatbestand der **Patentvindikation (widerrechtliche Entnahme)** und der Arbeitgeber kann nach herrschender Meinung gem. § 8 PatG Abtretung des Erteilungsanspruchs bzw. der Patentanmeldung verlangen[79] (s.o. Rdn. 51). Das gilt auch bei einer europäischen Patentanmeldung[80] (Art. 60 Abs. 1 EPÜ i.V.m. Art. II § 5 IntPatÜG). Diese Ansprüche des Arbeitgebers hängen nicht von der Klärung der Schutzfähigkeit ab.[81] Dabei ist es gleichgültig, ob die Anmeldung durch eigenmächtiges Handeln des Dritten erfolgt oder aufgrund einer Übertragung der Rechte an der Erfindung durch den Arbeitnehmer. Eine solche Verfügung durch den Arbeitnehmer wäre vor der Inanspruchnahme gem. § 7 Abs. 2 ArbEG im Verhältnis zum Arbeitgeber unwirksam. Nach der Inanspruchnahme ist der Arbeitnehmer nicht mehr Rechtsinhaber und damit rechtlich nicht mehr in der Lage, Dritten die Rechte an der Erfindung zu übertragen; ein gutgläubiger Erwerb von Rechten ist ausgeschlossen.

Der Arbeitgeber kann dem Dritten ggf. durch einstweilige Verfügung ein Ver- 71 fügungsverbot auferlegen lassen bzw. eine Sequestrierung beantragen (vgl. oben Rdn. 44).

*Rdn. 72 frei*

### e) Auslandsschutzrechtsanmeldungen durch den Arbeitnehmer oder Dritte

Vergleichbare Situationen können sich in Bezug auf europäische Anmeldungen 73 ergeben, sodass dann die dort normierten Grundsätze zur Anmeldung von Nichtberechtigten Anwendung finden (vgl. z.B. Art. 61, 138 Abs. 1 Buchst. e EPÜ[82]). Die Rechtssituation bei Auslandsanmeldungen bestimmt sich nach der jeweiligen Schutzrechtsordnung.

---

79 BGH v. 15.05.2001, GRUR 2001, 823, 824 f. – *Schleppfahrzeug* (dort Schutzrechtsanmeldung durch einen Kooperationspartner); OLG München v. 27.01.1994, Mitt. 1995, 316, 317 – *Widerrechtliche Entnahme* (dort Schutzrechtsanmeldung durch die Ehefrau eines ausgeschiedenen Arbeitnehmers).
80 BGH v. 15.05.2001, GRUR 2001, 823, 824 – *Schleppfahrzeug*.
81 BGH v. 15.05.2001, GRUR 2001, 823, 825 – *Schleppfahrzeug*.
82 Keukenschrijver in Busse/Keukenschrijver, PatG, Rn. 6 zu § 7 ArbEG.

74 Bei einer europäischen Patentanmeldung kommt ein an das EPA zu richtender Antrag auf Aussetzung des Verfahrens in Betracht (Regel 14 EPÜAO). Da im PCT eine der Regel 14 EPÜAO vergleichbare Bestimmung fehlt, ist bei PCT-Anmeldungen eine vorrangige Sicherung in deren Sequestrierung zu sehen, die auch im Wege der einstweiligen Verfügung durchgesetzt werden kann (vgl. §§ 938, 940 ZPO).

Einzelheiten zu Auslandsschutzrechtsanmeldungen durch den Arbeitnehmer s. § 14 Rdn. 39 ff.

*Rdn. 75 frei*

**f) Ergänzende Ansprüche des Arbeitgebers**

76 Neben den patentrechtlichen Ansprüchen gem. § 7 Abs. 2 i.V.m. § 21 Abs. 1 Nr. 3 bzw. § 8 PatG (s. dazu oben Rdn. 42 ff.) stehen dem Arbeitgeber u.U. **Unterlassungs- bzw. Schadensersatzansprüche** ggü. dem Arbeitnehmer zu (s. dazu § 5 Rdn. 96). Hat der Arbeitnehmer fahrlässig den Arbeitgeber, auf den die Rechte an der Diensterfindung nach §§ 6, 7 übergegangen sind, zu Unrecht wegen Verletzung von vermeintlich ihm, dem Arbeitnehmer, zustehenden Schutzrechtspositionen ernstlich und endgültig zur Unterlassung und Abgabe einer Unterlassungsverpflichtungserklärung aufgefordert, stellt dies eine **unberechtigte**, nach § 823 Abs. 1 BGB schadensersatzpflichtige **Schutzrechtsverwarnung** dar.[83]

*Rdn. 77 – 80 frei*

**4. Verbleib der Persönlichkeitsrechte beim Arbeitnehmer**

81 Unberührt von der Inanspruchnahme verbleibt das mit der Fertigstellung der Erfindung entstehende **Erfinderpersönlichkeitsrecht** beim Arbeitnehmer[84] (zum Recht an der Erfindung s. § 6 n.F. Rdn. 5). Das stellt nunmehr der Hinweis in Abs. 1 auf den Übergang der »vermögenswerten Rechte« ausdrücklich klar (s. oben Rdn. 11). Das Erfinderpersönlichkeitsrecht ist durch das geistig-persönliche Band des Erfinders als Schöpfer zu seinem Werk gekenn-

---

83 LG München I v. 16.05.2013 – 7 O 6031/12, (unveröffentl.) m.H.a. BGH GS v. 17.05.2005 – GSZ 1/04, GRUR 2005, 882 – *Unberechtigte Schutzrechtsverwarnung*).
84 Allg. Ansicht, z. B. Keukenschrijver in Busse/Keukenschrijver, PatG, Rn. 7 zu § 7 ArbEG. So ausdrücklich auch Amtl. Begründung zum PatRModG in BR-Drucks. 757/08, S. 51 (zu Art. 7 Nr. 3 a des Entwurfs). Zum früheren Recht z.B. Reimer/Schade/Schippel/Rother Rn. 1 zu § 7; Jestaedt, Patentrecht, Rn. 403.

## C. Wirkungen der Inanspruchnahme (Abs. 1) § 7 n.F.

zeichnet.[85] Es ist Ausdruck dessen, dass die schöpferische Tat des Erfinders die wahre Grundlage des Erfinderrechts darstellt.[86] Als höchstpersönliches Recht ist es unübertragbar, nicht verzichtbar und unpfändbar.[87] Erben können das ideelle Recht nur für den verstorbenen Erfinder (z.b. seine Erfindernennung) geltend machen.[88] Das Erfinderpersönlichkeitsrecht besteht unabhängig von der Existenz eines darauf bezogenen Schutzrechts.[89] Es verbleibt dem Erfinder auch nach Erlöschen des Schutzrechts.[90] Aufgrund der in § 7 Abs. 1 geregelten Rechtswirkungen der (unbeschränkten) Inanspruchnahme werden – worauf *Windisch* zutreffend hinweist[91] – die ursprünglichen Rechte des Erfinders in vermögens- und persönlichkeitsrechtliche Elemente aufgespalten.

Das Persönlichkeitsrecht des Erfinders auf Anerkennung seiner **Erfinderehre**, seiner persönlichen Leistung, stellt als besondere Ausgestaltung des aus den Art. 1 und 2 GG abzuleitenden allgemeinen Persönlichkeitsrechts ein absolutes Recht dar.[92] Als sonstiges Recht genießt das Erfinderpersönlichkeitsrecht den

82

---

85 Vgl. BGH v. 20.06.1978, GRUR 1978, 583, 585 – *Motorkettensäge* m. Anm. Harmsen u. BGH v. 21.09.1993 – X ZB 31/92, BlPMZ 1994, 121, 122 – *Akteneinsicht XIII*; vgl. auch BGH v. 30.04.1968 – X ZR 67/66, GRUR 1969, 133 – *Luftfilter* u. v. 24.10.1978 NJW 1979, 269, 271 – *Aufwärmvorrichtung*; Götting, Gewerbl. Rechtsschutz § 15 II 1; ausführl. Lang Persönlichkeitsrecht und Persönlichkeitsschutz des Erfinders im Vergleich mit dem Persönlichkeitsrecht des Urhebers, Diss. 1953; Vocke, Das Persönlichkeitsrecht d. Erfinders unter bes. Berücksichtigung d. Erfindungen ohne Schutzrecht, Diss. 1965; Wank Das Persönlichkeitsrecht d. Erfinders, Diss. 1938; Benkard/Melullis, PatG, Rn. 19 ff. zu § 6 PatG m.w.N.; Windisch, GRUR 1993, 352, 357 f.; vgl. auch Dölemeyer/Kippel in Festschr. 100 J. GRUR (1991) Bd. I S. 185 ff.; zur historischen Entwicklung s. A. K. Schmidt (2009) S. 17 ff.
86 S. BGH v. 18.05.2010 – X ZR 79/07, GRUR 2010, 817, 820 [Rn. 30] – *Steuervorrichtung* m. H. a. Pinzger, ZZP 1960, 27, 28.
87 BGH v. 20.06.1978, GRUR 1978, 583, 585 – *Motorkettensäge* m. Anm. Harmsen; BPatG v. 12.11.1986, GRUR 1987, 234 – *Miterfinder*; vgl. auch Amtl. Begründung BT-Drucks. II/1648, S. 25 = BlPMZ 1957, 232; Volmer/Gaul Rn. 5 zu § 6; z.T. abw. Götting, Gewerbl. Rechtsschutz § 22 II 1 c.
88 BPatG v. 12.11.1986, GRUR 1987, 234 – *Miterfinder*; Schulte/Moufang, PatG, Rn. 17 zu § 6.
89 LG Düsseldorf v. 13.10.2016 – 4a O 23/16, (juris).
90 Schulte/Moufang, PatG, Rn. 17 zu § 6.
91 GRUR 1993, 352, 357 m.H.a. BGH v. 20.06.1978, GRUR 1978, 583, 585 – *Motorkettensäge* m. Anm. Harmsen.
92 BGH v. 30.04.1968 – X ZR 67/66, GRUR 1969, 133 – *Luftfilter* m. Anm. Schippel; BGH v. 20.06.1978, GRUR 1978, 583, 585 – *Motorkettensäge* u. BGH v. 09.12.2003 – X ZR 64/03, GRUR 2004, 272 – *Rotierendes Schaftwerkzeug*; zust. Boemke/Kursawe/Boemke Einl. Rn. 67.

Rechtsschutz nach § 823 Abs. 1 BGB[93], d.h., eine Verletzungshandlung kann zum Schadensersatz verpflichten und gem. §§ 1004, 823 BGB analog einen vorbeugenden Unterlassungsanspruch gewähren;[94] bei besonders schwerwiegenden Eingriffen kann ein Schmerzensgeldanspruch gerechtfertigt sein.[95] Wer die Erfinderschaft leugnet, kann vom wahren Erfinder auf Feststellung der Erfindereigenschaft[96] und auf Widerruf verklagt werden.[97]

83 Ausfluss des Erfinderpersönlichkeitsrechts ist das Recht des Erfinders auf Anerkennung seiner Erfinderschaft in Bezug auf die von ihm (mit-)entwickelte Erfindung.[98] Das Recht auf die Erfinderehre hat außer in § 6 PatG besonders in den §§ 37, 63 PatG seinen Niederschlag gefunden[99] (zur Erfinderbenennung in der Schutzrechtsanmeldung s. § 13 Rdn. 40.1). Der Anspruch auf Benennung und **Nennung als Diensterfinder** hat im Kern (nur) einen immateriellen Wert.[100]

Ist ursprünglich (vgl. § 37 PatG, § 7 PatV) ein falscher Erfinder benannt worden, sind der Arbeitgeber als Patentsucher bzw. -inhaber und der zu Unrecht benannte Erfinder dem wahren Erfinder ggü. verpflichtet, die Zustimmung zur **Berichtigung der Nennung** ggü. dem Patentamt zu erklären (§ 63 Abs. 2 PatG; § 8 PatV; Regel 21 Abs. 1 EPÜAO). Der Anspruch auf Berichtigung besteht unabhängig von der Schutzfähigkeit der Erfindung.[101] Der nicht oder nicht richtig benannte Arbeitnehmererfinder muss nicht die Erfindernennung (§ 63 Abs. 1 PatG) abwarten, sondern kann schon vorher den Anspruch auf Zustimmung zur Nachholung der Nennung als Erfinder (§ 63 Abs. 2 Satz 1

---

93 BGH v. 24.10.1978 NJW 1979, 269, 271 – *Aufwärmvorrichtung*; folgend u. a. LG Düsseldorf v. 13.10.2016 – 4a O 23/16, (juris); Mes, PatG, § 6 Rn. 15.
94 Vgl. OLG Frankfurt am Main v. 06.06.1963, GRUR 1964, 561, 562 – *Plexiglas*.
95 Vgl. OLG Frankfurt am Main v. 06.06.1963, GRUR 1964, 561, 562 – *Plexiglas*. Vgl. auch zum Ersatz des immateriellen Schadens EuGH v. 17.03.2016 GRUR 2016, 485 – *Liffers/Mandarina*.
96 BGH v. 24.10.1978, GRUR 1979, 145 – *Aufwärmvorrichtung*.
97 LG Nürnberg-Fürth v. 25.10.1967, GRUR 1968, 252 – Soft-Eis.
98 Vgl. BGH v. 24.10.1978 NJW 1979, 269, 271 – *Aufwärmvorrichtung*; folgend u. a. LG Düsseldorf v. 13.10.2016 – 4a O 23/16, (juris).
99 BGH v. 30.04.1968 – X ZR 67/66, GRUR 1969, 133 – *Luftfilter* m. Anm. Schippel; LG Düsseldorf v. 13.10.2016 – 4a O 23/16, (juris); s.a. BGH v. 17.05.2011 – X ZR 53/08, GRUR 2011, 903, 904 [Rn. 10 ff.] – *Atemgasdrucksteuerung*; Schacht GRUR-Prax. 2017, 306 f. Zum Namensnennungsrecht des angestellten Urhebers vgl. Schwab, NZA 1999, 1254 ff.
100 Vgl. BGH v. 09.12.2003 – X ZR 64/03, GRUR 2004, 272 – *Rotierendes Schaftwerkzeug*.
101 BGH v. 17.05.2011 – X ZR 53/08, GRUR 2011, 903, 904 [Rn. 13] – *Atemgasdrucksteuerung*.

## C. Wirkungen der Inanspruchnahme (Abs. 1)   § 7 n.F.

PatG) geltend machen bzw. vom Arbeitgeber als Anmelder die Berichtigung der Erfinderbenennung verlangen.[102] Soll noch ein zusätzlicher (Mit-) Erfinder in die Erfinderbenennung mit aufgenommen werden, bedarf es keiner Zustimmung der bereits genannten Erfinder, da es sich insoweit nicht um »zu Unrecht als Erfinder Genannte« handelt.[103] Die Änderung der Erfinderbenennung durch den Arbeitgeber i.R.d. Patentanmeldung ggü. dem Patentamt (§ 37 PatG) bedarf vor Veröffentlichung der Patentanmeldung auch dann keiner Zustimmung des bisher genannten (falschen) Erfinders, wenn es sich um eine Erfinderauswechslung bei einer Alleinerfinderschaft handelt.[104] Nach Erlöschen des Schutzrechts besteht ein Feststellungsanspruch des (Mit-)Erfinders zur wahren Erfinderschaft.[105]

Nicht der Arbeitgeber, sondern nur der wahre Erfinder hat das Recht, von einem zu Unrecht benannten Miterfinder die **Löschung dieser Erfinderbenennung** zu verlangen. Das Erfinderrecht ist als höchstpersönliches Recht an die Person des Inhabers gebunden und kann nicht von Dritten, auch nicht vom Arbeitgeber oder dem (formellen) Patentinhaber, (gerichtlich) im eigenen Namen geltend gemacht werden.[106] Es obliegt folglich allein der Entscheidung des wahren Erfinders, ob er in der fälschlich vorgenommenen Erfinderbenennung eines anderen eine zu beseitigende Beeinträchtigung seiner Rechte empfindet.[107] Bei unzutreffender Benennung eines Dritten als (Mit-)Erfinder hat dieser jedenfalls aus seinem allgemeinen Persönlichkeitsrecht einen »Anspruch auf Nicht(be-)nennung«.[108]

**84**

Die Darlegungs- und **Beweislast** für eine unrichtige Erfinder(be)nennung trägt nach allgemeinen Grundsätzen derjenige, der einen Berichtigungsanspruch geltend macht. Wer seine (Mit-)Erfinderschaft behauptet, hat dies folglich zu beweisen. Wer behauptet, Dritte seien zu Unrecht als Miterfinder genannt, hat

---

102 BGH v. 30.04.1968 – X ZR 67/66, GRUR 1979, 133 – *Luftfilter* m. Anm. Schippel; BGH v. 09.12.2003 – X ZR 64/03, GRUR 2004, 272 – *Rotierendes Schaftwerkzeug*, dort auch zur Streitwertbewertung des Nennungsanspruchs; Schwab GRUR 2019, 670, 673.
103 Ebenso EPA v. 08.11.1983, GRUR Int. 1984, 441 – FUJITSU; a.A. BPatG v. 06.04.1984, GRUR 1984, 646 – *Erfindernachbenennung* i. Anschl. a. Schippel, GRUR 1969, 135.
104 BPatG v. 07.10.1971, BPatGE 13, 53, 55 f.; ebenso Benkard/Schäfers/Schwarz, PatG, Rn. 23zu § 63 PatG.
105 LG Düsseldorf v. 06.03.2012 – 4b O 283/10, (Düsseldf. Entsch. Nr. 1867) – Panikschloss.
106 BGH v. 20.06.1978, GRUR 1978, 583 – *Motorkettensäge*.
107 LG Frankfurt v. 10.10.2007 – 2 – 6 O 774/06, (unveröffentl.).
108 Ausf. Schacht InTeR 2014, 27 ff.

zu beweisen, dass diese keinen schöpferischen Beitrag (s. dazu § 5 Rdn. 46 ff.) erbracht haben.[109] Nach der Rechtsprechung handelt es sich insoweit allerdings um eine sog. negative Tatsache, bei der die Gegenseite auf Grund der sie treffenden sekundären Behauptungslast substantiiert konkrete Tatsachen zu ihrem schöpferischen Beitrag vorzutragen hat, wenn die Mitfindereigenschaft des Anspruchsinhabers feststeht und dieser Tatsachen gegen eine Miterfinderschaft der Dritten darlegt.[110]

85 Miterfinder haben keinen Anspruch darauf, dass in oder bei der Erfindernennung das Maß ihres **Miterfinderanteils** oder sonst wie Art und Umfang ihrer Beteiligung angegeben werden.[111]

86 Aus dem Erfinderpersönlichkeitsrecht ergibt sich kein Anspruch darauf, bei einer **öffentlichen Erwähnung** bzw. Beschreibung der Erfindung oder etwa auf dem erfinderischen Erzeugnis selbst als Erfinder genannt zu werden.[112]

## II. Pflichten des Arbeitgebers ggü. dem Arbeitnehmer

87 Neben der im Vordergrund stehenden Vergütungspflicht (§ 9) verbleibt es bei der Pflicht des Arbeitgebers zur unverzüglichen Schutzrechtsanmeldung im Inland (§ 13 Abs. 1), sofern er dieser nicht schon pflichtgemäß nach Erhalt der Erfindungsmeldung nachgekommen ist. Die dem Arbeitnehmer in § 13 Abs. 3 eingeräumte Befugnis zur »Ersatzvornahme« nach Fristsetzung verstärkt insoweit die Anmeldepflicht des Arbeitgebers (s. dazu § 13 Rdn. 61 ff.). Weitere Pflichten ergeben sich unter den Voraussetzungen des § 15 Abs. 1 und des § 16. Eine Pflicht des Arbeitgebers, die in Anspruch genommene Diensterfindung zu verwerten, besteht grds. nicht (vgl. oben Rdn. 21).

*Rdn. 88 – 93 frei*

---

[109] Vgl. LG Düsseldorf v. 06.03.2012 – 4b O 283/10, (Düsseldf. Entsch. Nr. 1867) – Panikschloss; Benkard/Schäfers/Schwarz, PatG, Rn. 19 § 63 PatG.
[110] S. dazu LG Düsseldorf v. 06.03.2012 – 4b O 283/10, (Düsseldf. Entsch. Nr. 1867) – Panikschloss.
[111] S. BGH v. 30.04.1968 – X ZR 67/66, GRUR 1969, 133 – *Luftfilter* m. Anm. Schippel.
[112] Götting, Gewerbl. Rechtsschutz § 15 II 1 a; s.a. BGH v. 17.03.1961, GRUR 1961, 470, 472 – *Mitarbeiter-Urkunde* m. Anm. Moser v. Filseck.

## D. Verfügungsbeschränkungen des Arbeitnehmers (Abs. 2)

### I. Verfügungen vor Inanspruchnahme

#### 1. Bedeutung der Vorschrift

Ihrer **Zielsetzung** nach soll die Vorschrift den Arbeitgeber davor schützen, dass seine sich aus dem ArbEG ergebenden Rechte seitens des Arbeitnehmers durch Verfügungen über die Diensterfindung vor Inanspruchnahme beeinträchtigt werden.[113] Die Vorschrift hat damit die **erhebliche praktische Bedeutung**, die Zuordnung der im Arbeitsverhältnis geschaffenen Diensterfindungen zum Arbeitgeber – als eine der beiden wesentlichen Zielsetzungen des ArbEG – sicherzustellen. Der Gesetzgeber hat die Vorschrift i.R.d. ArbEG-Novelle 2009 (s. Einl. Rdn. 8 ff.) unverändert beibehalten; lediglich als zwangsläufige, redaktionelle Folgeänderung zur Streichung der Möglichkeit zur beschränkten Inanspruchnahme wurde die bisher in Abs. 3 verankerte Regelung in Abs. 2 aufgenommen.[114] 94

#### 2. Relative Unwirksamkeit

Im Interesse eines ungehinderten und lastenfreien Rechtsübergangs an den Arbeitgeber bestimmt Abs. 2, dass derartige Verfügungen zwar nicht ggü. dem Dritten, wohl aber ggü. dem Arbeitgeber unwirksam sind.[115] Es handelt sich hierbei um ein **relatives Verfügungsverbot**,[116] das eine von Amts wegen zu beachtende[117] relative Unwirksamkeit bewirkt (vgl. § 135 BGB; zu den Rechtsfolgen s. § 7 Rdn. 103 f.). I.Ü. stellt sich eine solche Verfügung als Verstoß gegen die arbeitsrechtliche Treuepflicht dar und kann den Arbeitnehmer zum Schadensersatz verpflichten (s. u. § 7 n.F. Rdn. 104). 95

*Rdn. 96, 97 frei*

#### 3. Arten der Verfügungen

Diese relative Unwirksamkeit erfasst **alle Verfügungen**, die unmittelbar darauf gerichtet oder geeignet sind, auf die **vermögenswerten Rechte an der Erfin-** 98

---

113 S. Amtl. Begründung BT-Drucks. II/1648, S. 26 = BlPMZ 1957, 232.
114 Vgl. Amtl. Begründung zum PatRModG in BR-Drucks. 757/08, S. 51 (zu Art. 7 Nr. 3 b des Entwurfs).
115 Vgl. Amtl. Begründung BT-Drucks. II/1648, S. 26 = BlPMZ 1957, 232.
116 Ebenso LG Düsseldorf v. 05.04.2001, InstGE 1, 50, 55 – *Schraubenspindelpumpe*; folgend auch Boemke/Kursawe/Kursawe Rn. 35 zu § 7; vgl. auch Staudinger/Dilscher, BGB Rn. 9 zu § 135; Volmer/Gaul Rn. 108 zu § 7.
117 A. A. allg. Staudinger/Dilscher, BGB Rn. 15 zu § 135; wie hier Volmer/Gaul Rn. 113 zu § 7.

**§ 7 n.F.** Wirkung der Inanspruchnahme (Fassung 2009)

dung einzuwirken, sie zu übertragen, zu belasten, aufzuheben oder sonst wie zu ändern.[118] Darunter fallen insb. Verfügungen i.S.d. §§ 15 PatG, 22 GebrMG, wie bspw. die Abtretung der übertragbaren Erfinderrechte, einfache oder ausschließliche Lizenzvergaben oder sonstige Nutzungsrechtseinräumungen,[119] Verpfändungen, nicht aber die tatsächliche Eigennutzung durch den Arbeitnehmer (s. u. § 7 n.F. Rdn. 109). Entsprechend § 135 Abs. 1 Satz 2 BGB steht der rechtsgeschäftlichen Verfügung eine Verfügung gleich, die im Wege der Zwangsvollstreckung oder Arrestvollziehung erfolgt. Im Fall der Zwangsvollstreckung kann der Arbeitgeber die Drittwiderspruchsklage gem. §§ 771, 772 ZPO erheben bzw. Erinnerung gem. § 766 ZPO einlegen. Zur Insolvenz s. § 80 InsO.

99 Der **gute Glaube eines Dritten** an die unbeschränkte Verfügungsbefugnis des Arbeitnehmers über die Erfindungsrechte ist nicht geschützt,[120] da es an einer § 135 Abs. 2 BGB entsprechenden Regelung fehlt. Der Dritte hat keinerlei Ansprüche gegen den unbeteiligten Arbeitgeber, sondern nur solche gegenüber dem Arbeitnehmererfinder aus allgemeinem Zivilrecht (z.B. Schadensersatz auf Grund Unvermögen wegen rechtlichen Leistungshindernisses gemäß §§ 280 Abs. 1 i.V.m. 275 Abs. 1, 283 BGB).

100 Die **Schutzrechtsanmeldung** bewirkt aufgrund ihres Doppelcharakters nicht nur, dass der Anmelder in ein prozessuales Verhältnis zur Patenterteilungsbehörde tritt,[121] sondern als rechtsgestaltender Akt daneben auch, dass damit das Anwartschaftsrecht auf das Patent zur Entstehung gelangt;[122] daraus folgt, dass die Anmeldung als eine (auch) rechtsgeschäftliche Handlung[123] unmittelbar auf die Erfindungsrechte einwirkt, mithin eine Verfügung mit materiell-rechtlicher Wirkung darstellt.[124] Nichts anderes kann auch für die Rücknahme

---

118 Zum Verfügungsbegriff s. allg. RG v. 22.12.1922, RGZ 106, 109, 111 f.; BGH v. 15.03.1951, BGHZ 1, 294, 304.
119 Vgl. BGH v. 19.05.2005 – X ZR 152/01, GRUR 2006, 761, 762 r. Sp. – *Rasenbefestigungsplatte*.
120 Reimer/Schade/Schippel/Rother Rn. 22 zu § 7; Herschel, RdA 1982, 265, 267; Volmer/Gaul Rn. 112 zu § 7; Boemke/Kursawe/Kursawe Rn. 35 zu § 7; MünchArbR/Bayreuther § 98 Rn. 19.
121 BPatG v. 02.12.1970, BPatGE 12, 153, 155.
122 PA v. 09.01.1954, GRUR 1954,118, 119 f.; Schulte PatG Rn. 22 ff. zu § 34.
123 Vgl. Reimer/Trüstedt, PatG Anm. 2 zu § 26.
124 So schon Isay, PatG (1936) S. 142; a.A. Lindenmaier/Lüdecke Anm. 1 zu § 7; Volmer Rn. 46 zu § 7; offengelassen für § 7 Abs. 3 bei Reimer/Schade/Schippel/Rother Rn. 24 zu § 7.

einer Patentanmeldung,[125] Verzicht und Teilverzicht,[126] Lizenzbereitschaftserklärung[127] (§ 23 PatG) gelten. Zu den Rechten des Arbeitgebers in Verfahren vor den Erteilungsbehörden s. oben Rdn. 40 ff.

*Rdn. 101, 102 frei*

### 4. Rechtsfolgen

**Sobald der Arbeitgeber** die Erfindung (ausdrücklich oder kraft Fiktionswirkung) **in Anspruch nimmt**, sind alle vom Arbeitnehmer vor Inanspruchnahme getroffenen Verfügungen (dem Arbeitgeber ggü.) **unwirksam**.[128] Maßgeblich ist der Zugang der ausdrücklichen Inanspruchnahmeerklärung (s. § 6 n.F. Rdn. 57) bzw. – bei Wirksamwerden der Inanspruchnahmefiktion – der Ablauf der 4-Monats-Frist (s. § 6 n.F. Rdn. 122). Damit geht die Diensterfindung ohne weitere Erfordernisse auf den Arbeitgeber über, und zwar ohne durch Rechte Dritter belastet zu sein.[129] Einer Geltendmachung der Arbeitgeberrechte ggü. Dritten bedarf es nicht; allerdings wird ein entsprechender Hinweis des Arbeitgebers auf die eigene Rechtsposition zweckmäßig sein. Genehmigt der Arbeitgeber die von seinem Arbeitnehmer getroffene Verfügung und verzichtet er damit auf seine durch die Inanspruchnahme erworbene uneingeschränkte Rechtsposition, wird die Verfügung voll wirksam[130] (§ 185 Abs. 2, § 184 BGB). Zum Schutzrechtserteilungsverfahren s. oben Rdn. 42 ff. **103**

Da derartige Verfügungen gegen die Treuepflicht verstoßen, hat der Arbeitgeber ggf. einen **Schadensersatzanspruch** ggü. seinem Arbeitnehmer aus Pflichtverletzung[131] (§ 280 Abs. 1 BGB). Verwertungshandlungen von Rechtserwerbern sind unberechtigte Erfindungs- bzw. Schutzrechtsbenutzungen und begründen bei Kenntnis bzw. vorwerfbarer Unkenntnis des Vorliegens einer **104**

---

125 Vgl. auch BGH v. 07.12.1976, BlPMZ 1977, 171 – *Rücknahme der Patentanmeldung*; BPatG v. 01.10.1973, BPatGE 16, 11, 13.
126 Vgl. BGH v. 13.05.1965, GRUR 1966, 146, 149 – *Beschränkter Bekanntmachungsantrag*.
127 Vgl. auch BPatG v. 28.04.1972, BPatGE 13, 159, 160.
128 Vgl. BGH v. 19.05.2005 – X ZR 152/01, GRUR 2005, 761, 762 (r. Sp.) – *Rasenbefestigungsplatte*; vgl. auch Schiedsst. v. 29.06.2017, Arb.Erf. 62/16, (www.dpma.de).
129 Zu § 7 Abs. 3 a.F. ebenso LG Düsseldorf v. 05.04.2001, InstGE 1, 50, 55 – *Schraubenspindelpumpe*.
130 LG Düsseldorf v. 05.04.2001, InstGE 1, 50, 55 – *Schraubenspindelpumpe*.
131 Im Ergebn. auch Keukenschrijver in Busse/Keukenschrijver PatG Rn. 12 zu § 7 ArbEG.

dem Inanspruchnahmerecht unterliegenden Diensterfindung Schadensersatzansprüche des Arbeitgebers aus Schutzrechtsverletzung.[132]

105 Im Fall der **Freigabe** der Diensterfindung (§ 6 Abs. 2, § 8 n.F.) entfällt die schwebende Unwirksamkeit der vorangegangenen Verfügung des Arbeitnehmers, sodass die getroffene Verfügung voll wirksam bestehen bleibt.[133]

### II. Verfügungen nach Inanspruchnahme

106 Rechtsgeschäftliche Verfügungen des Arbeitnehmers nach Inanspruchnahme haben mangels Rechtsinhaberschaft **keine Wirkung**, da bei der Abtretung von Rechten ein gutgläubiger Erwerb grds. nicht möglich ist[134] (ggf. aber Genehmigung nach § 185 BGB[135]). Das betrifft selbstverständlich auch die Einräumung von Nutzungsrechten durch den Arbeitnehmer.[136]

107 Verfügungen des Arbeitnehmers im Schutzrechtserteilungsverfahren nach Inanspruchnahme lösen die Rechte des Arbeitgebers gem. § 7 Abs. 2, § 8 PatG aus (s. dazu oben Rdn. 66 ff.).

*Rdn. 108 frei*

### E. Eigenverwertungshandlungen des Arbeitnehmers

109 Bei einer noch nicht in Anspruch genommenen Diensterfindung ist der Arbeitnehmer bis zur Freigabe (§ 6 Abs. 2, § 8 n.F.) nicht zu Eigenverwertungshandlungen berechtigt; er darf also den Gegenstand der Diensterfindung nicht selbst herstellen, durch Dritte herstellen lassen (Lohnfertigung), in den Verkehr bringen, feilhalten oder sonst wie gebrauchen. Dieses **Verbot der Eigenverwertung** folgt aus § 24 Abs. 2 ArbEG; einer Benutzung wohnt die Gefahr der neuheitsschädlichen Offenbarung der erfinderischen Lehre inne (vgl. § 3 Abs. 1 Satz 2 PatG), für die bereits die bloße Möglichkeit einer Kenntnisnahme durch einen nicht begrenzten Personenkreis ausreicht.[137] Die

---

132 Vgl. BGH v. 19.05.2005 – X ZR 152/01, GRUR 2005, 761, 762 f. – *Rasenbefestigungsplatte*.
133 LG Düsseldorf v. 05.04.2001, InstGE 1, 50, 55 – *Schraubenspindelpumpe*. S. auch Keukenschrijver in Busse/Keukenschrijver, PatG, Rn. 11 zu § 7 ArbEG (»Nach Freiwerden wird die Verfügung wirksam«).
134 OLG Karlsruhe v. 23.09.1981, GRUR 1983, 67, 69 – *Flipchart-Ständer* (zur Gesellschaftererfindung); im Ergebn. auch Schiedsst. v. 29.06.2017, Arb.Erf. 62/16, (www.dpma.de).
135 Ebenso Keukenschrijver in Busse/Keukenschrijver, PatG, Rn. 11 zu § 7 ArbEG.
136 So im Ergebn. etwa BGH v. 19.05.2005, GRUR 2006, 761, 762 r. Sp. – *Rasenbefestigungsplatte*.
137 Vgl. allg. Benkard/Mellulis, PatG, Rn. 76 ff., 84 f. zu § 3 PatG m. w. Nachw.

## E. Eigenverwertungshandlungen des Arbeitnehmers § 7 n.F.

Unzulässigkeit einer Eigenverwertung leitet sich ferner aus der arbeitsrechtlichen Treuepflicht ab (vgl. dazu Rdn. 28 ff., 38 zu § 25) und wird bestätigt durch einen Rückschluss aus § 6 Abs. 2 und § 8 n.F. Entsprechendes gilt selbstverständlich nach Inanspruchnahme, da der Arbeitnehmer alle vermögenswerten Rechte an der Diensterfindung verloren hat. Dabei ist es ohne Belang, ob der Arbeitnehmer zwischenzeitlich ausgeschieden ist.[138]

Dem Arbeitnehmer steht auch kein **Vorbenutzungsrecht** i.S.d. § 12 PatG zu.[139] **110**

---

138 BGH v. 14.07.1966 – I a ZR 58/64, (unveröffentl.).
139 S.a. BGH v. 10.09.2009, GRUR 2010, 47, 48 [Rn. 15] – *Füllstoff*.

## § 7 a.F. Wirkung der Inanspruchnahme (Fassung 1957)

*(1) Mit Zugang der Erklärung der unbeschränkten Inanspruchnahme gehen alle Rechte an der Diensterfindung auf den Arbeitgeber über.*

*(2) Mit Zugang der Erklärung der beschränkten Inanspruchnahme erwirbt der Arbeitgeber nur ein nichtausschließliches Recht zur Benutzung der Diensterfindung. Wird durch das Benutzungsrecht des Arbeitgebers die anderweitige Verwertung der Diensterfindung durch den Arbeitnehmer unbillig erschwert, so kann der Arbeitnehmer verlangen, dass der Arbeitgeber innerhalb von zwei Monaten die Diensterfindung entweder unbeschränkt in Anspruch nimmt oder sie dem Arbeitnehmer freigibt.*

*(3) Verfügungen, die der Arbeitnehmer über eine Diensterfindung vor der Inanspruchnahme getroffen hat, sind dem Arbeitgeber gegenüber unwirksam, soweit seine Rechte beeinträchtigt werden.*

**Lit.:**
S. bei § 6 n.F.

**Hinweis:**

I.R.d. ArbEG-Novelle 2009 ist § 7 aufgrund des Wegfalls des Rechtsinstituts der beschränkten Inanspruchnahme grundlegend neu gefasst worden (s. § 7 n.F. Rdn. 1 ff.). Nachstehend ist die Kommentierung der alten, bis zum 30.09.2009 geltenden Fassung des § 7 beibehalten, die übergangsrechtlich nach § 43 Abs. 3 Satz 1 noch auf alle Diensterfindungen Anwendung findet, die dem Arbeitgeber vor dem 01.10.2009 gemeldet worden sind (Einzelheiten bei § 43 Rdn. 14 ff.).

| Übersicht | Rdn. |
|---|---|
| A. Allgemeines | 1 |
| B. Zugang der Inanspruchnahmeerklärung | 2 |
| C. Wirkungen der unbeschränkten Inanspruchnahme (Abs. 1) | 5 |
| D. Wirkungen der beschränkten Inanspruchnahme (Abs. 2 Satz 1) | 28 |
| I. Das nichtausschließliche Recht zur Benutzung | 28 |
|     1. Inhalt des Benutzungsrechts | 29 |
|     2. Nutzungsrecht des Arbeitgebers im Ausland | 36 |
|     3. Einschränkungen des Nutzungsrechts durch Geheimhaltungspflichten | 38 |
| II. Unbilliges Erschweren anderweitiger Verwertung (Abs. 2 Satz 2) | 39 |
|     1. Grundsatz | 39 |
|     2. Unbilliges Erschweren | 41 |
|     3. Verlangen des Arbeitnehmers – Wahlrecht des Arbeitgebers | 49 |
|     4. Fristbeginn | 52 |
|     5. Rechtsfolgen nach § 8 Abs. 1 Nr. 3 2. Alt. a.F. | 54 |
|     6. Beweis | 59 |

| | Rdn. |
|---|---|
| E. Verfügungsbeschränkungen des Arbeitnehmers (Abs. 3) | 60 |
| F. Eigenverwertungshandlungen des Arbeitnehmers | 69 |

## A. Allgemeines

In Ergänzung zu § 6 a.F. regelt diese Bestimmung die Wirkung der Inanspruchnahme, je nachdem, ob der Arbeitgeber die Diensterfindung früher unbeschränkt (Abs. 1) oder nur beschränkt (Abs. 2) in Anspruch genommen hat. § 7 a.F. erfasst nur noch **Alterfindungen**, also Diensterfindungen, **die vor dem 01.10.2009** vom Arbeitnehmer nach § 5 **gemeldet** worden sind (§ 43 Abs. 3, Einzelheiten bei § 43 Rdn. 14 ff.). **1**

Der Möglichkeit **einer beschränkten Inanspruchnahme, die nach früherem Recht** nur für den öffentlichen Dienst vorgesehen war (vgl. § 11 Abs. 3 DVO 1943),[1] waren aus Billigkeitsgründen im Interesse der Arbeitnehmer durch § 7 Abs. 2 Satz 2 a.F. gewisse Grenzen gesetzt worden. Die beschränkte Inanspruchnahme hatte gem. § 8 Abs. 1 Nr. 2 a.F. die Wirkung einer Freigabe (s. § 8 a.F. Rdn. 29 f.). Zum Schutz des Arbeitgebers vor Verfügungen des Arbeitnehmers vor Inanspruchnahme bestimmte Abs. 3 deren relative Unwirksamkeit.

Die Inanspruchnahme stellt zwar kein Anerkenntnis der Schutzfähigkeit der technischen Neuerung dar (vgl. § 2 Rdn. 15); jedoch bewirkt diese Erklärung, dass die technische Neuerung vorläufig so behandelt wird, als ob es sich um eine (schutzfähige) Diensterfindung handelt (s. § 6 a.F. Rdn. 17 f.).

Zur Geltung in den neuen Bundesländern s. § 6 a.F. Rdn. 4

## B. Zugang der Inanspruchnahmeerklärung

Sowohl die unbeschränkte als auch die beschränkte Inanspruchnahme setzen zum jeweiligen Rechtserfolg den Zugang der schriftlichen Erklärung i.S.d. § 6 Abs. 2 Satz 1 a.F. (s. § 6 a.F. Rdn. 54 und § 5 Rdn. 10 f.) voraus. **2**

Wegen der dem Arbeitgeber obliegenden **Beweislast** für den (rechtzeitigen) Zugang der Inanspruchnahmeerklärung (s. dazu § 6 a.F. Rdn. 6.1) wäre das Schriftstück gegen datierte Empfangsbestätigung auszuhändigen oder per Einschreiben (mit Rückschein) zu übersenden (s. zu § 16 Rdn. 29). **3**

---

1 Krit. zu dieser Ausweitung: Herschel, RdA 1982, 265, 267.

4 Die in § 7 Abs. 1 bzw. 2 a.F. genannten **Rechtswirkungen** treten unmittelbar **mit Zugang** der Erklärung beim Arbeitnehmer kraft Gesetzes ein, ohne dass es noch einer Zustimmung bzw. Mitwirkungshandlung des Arbeitnehmers bedarf.[2]

## C. Wirkungen der unbeschränkten Inanspruchnahme (Abs. 1)

5 Nach § 7 Abs. 1 a.F. sind mit Zugang der Erklärung der unbeschränkten Inanspruchnahme alle Rechte an der vor dem 01.10.2009 gemeldeten Diensterfindung auf den Arbeitgeber übergegangen. Dieses Abstellen auf den Zugang der Erklärung (s. § 7 n.F. Rdn. 6) ist notwendige Folge der in § 6 Abs. 2 a.F. als Wirksamkeitsvoraussetzung vorgeschriebenen schriftlichen Inanspruchnahmeerklärung.

6 I.Ü. ist der **Regelungsgehalt des § 7 Abs. 1 a.F. identisch mit der Neufassung des § 7 Abs. 1.** Der in § 7 Abs. 1 n.F. enthaltene Hinweis auf den Übergang aller »vermögenswerten« Rechte hat lediglich klarstellenden Charakter (s. zu § 7 n.F. Rdn. 1). Auch zu § 7 a.F. war seit jeher anerkannt, dass aufgrund des gesetzlichen Rechtsübergangs der Arbeitgeber **Rechtsnachfolger** des Arbeitnehmers hinsichtlich **aller übertragbaren vermögenswerten Rechte** an der Erfindung einschließlich etwaiger vom Arbeitnehmer bereits erworbener Schutzrechtspositionen (s. § 7 n.F. Rdn. 11 f. – Vollrechtserwerb) wurde, und zwar unabhängig vom Umfang der Erfindungsmeldung (s. hierzu § 6 n.F. Rdn. 41 f.).[3]

Wegen der Rechtswirkungen und Rechtsfolgen der unbeschränkten Inanspruchnahme kann deshalb auf die Kommentierung zu § 7 n.F. (dort § 7 Rdn. 5 bis 93) verwiesen werden.

*Rdn. 7 bis 27 frei*

## D. Wirkungen der beschränkten Inanspruchnahme (Abs. 2 Satz 1)

### I. Das nichtausschließliche Recht zur Benutzung

28 Mit der beschränkten Inanspruchnahme einer vor dem 01.10.2009 gemeldeten Diensterfindung hat der Arbeitgeber daran ein einfaches, nicht ausschließ-

---

[2] Allg. A., vgl. BGH v. 10.11.1970 – X ZR 54/67, GRUR 1971, 210, 212 – *Wildverbissverhinderung*; OLG Nürnberg v. 29.04.1969, GRUR 1970, 135 – *Kunststoffskimatte*; Busse/Keukenschrijver, PatG (6. Aufl. 2003), Rn. 1 f. zu § 7 ArbEG; s. z. früheren Recht auch LG Braunschweig v. 26.01.1955, NJW 1955, 994; Friedrich, GRUR 1943, 222, 226.

[3] Allg. A., z.B. Reimer/Schade/Schippel/Rother Rn. 1 f. zu § 7.

## D. Wirkungen der beschränkten Inanspruchnahme (Abs. 2 Satz 1)

liches Benutzungsrecht erworben (§ 7 Abs. 2 Satz 1 a.F.). I.Ü. ist die Diensterfindung gem. § 8 Abs. 1 Nr. 2 a.F. frei geworden (s. dort § 8 Rdn. 29 f.); eine Pflicht des Arbeitnehmers zur Schutzrechtsanmeldung oder zur Aufrechterhaltung eines Schutzrechtes besteht nicht (s. § 8 a.F. Rdn. 46).

Zum Verzicht auf das Benutzungsrecht s. § 8 a.F. Rdn. 9.

Erfüllt der Arbeitgeber ihm bei Ausübung des Nutzungsrechts obliegende Auskunfts- (s. hierzu § 12 Rdn. 162 ff.) und Vergütungspflichten (§ 10 a.F.) nicht, ändert dies am Bestand des Nutzungsrechts nichts. Insb. steht dem Arbeitnehmer kein Kündigungsrecht zu, auch nicht analog § 23 Abs. 3 Satz 6 PatG;[4] die auf freiwilliger Basis begründete Lizenzbereitschaft i.S.d. § 23 PatG kann nicht mit einfachen Nutzungsrechten i.S.d. ArbEG gleichgestellt werden, die von vornherein auf der Diensterfindung kraft Gesetzes lasten.

### 1. Inhalt des Benutzungsrechts

Wegen des gleichen Gesetzeswortlauts entspricht das Recht i.S.d. § 7 Abs. 2 Satz 1 a.F. inhaltlich dem Recht in § 14 Abs. 3, § 16 Abs. 3, § 19 Abs. 1; es ist dem einer **einfachen Lizenz**, also einer nicht ausschließlichen Benutzungsbefugnis (s. dazu § 9 Rdn. 221), gleichgestellt.[5] Im Gegensatz zu den letztgenannten Rechten ist hier im Hinblick auf § 10 a.F. die Vergütungspflicht des Arbeitgebers vom Bestand eines Schutzrechtes (Schutzrechtsanmeldung) unabhängig (s. § 10 a.F. Rdn. 11). 29

Anders als die in § 15 Abs. 2 PatG, § 22 Abs. 2 GebrMG geregelte vertragliche Einräumung einer (einfachen) Lizenz **entsteht** dieses Benutzungsrecht unmittelbar **kraft Gesetzes mit Zugang** der Inanspruchnahmeerklärung. Es erzeugt lediglich gesetzlich niedergelegte, schuldrechtliche Wirkungen.[6] 30

---

4 A.A. Ohl, GRUR 1992, 77, 80; vgl. auch Boemke/Kursawe/Ulrici Rdn. 29 zu § 27.
5 BGH v. 23.04.1974, GRUR 1974, 463, 464 – *Anlagengeschäft* = LM Nr. 1 zu § 16 ArbEG m. Anm. Bruchhausen; OLG Frankfurt am Main v. 29.10.1970, OLGZ 71, 373, 374 (Anlagengeschäft); Schiedsst. v. 28.05.1968, BlPMZ 1968, 349; s.a. BGH v. 15.05.1990 – X ZR 119/88, GRUR 1990, 667, 668 – *Einbettungsmasse*; Kunze, AuR 1977, 294 ff.; Bartenbach/Volz, GRUR 1984, 257; Volmer/Gaul Rn. 75 zu § 7; abw. Heine/Rebitzki Anm. 3 zu § 7; Kraft, GRUR 1970, 381, 383; s.a. Sack, RIW 1989, 612, 614 f. (zu § 14 Abs. 2, § 16 Abs. 3).
6 BGH v. 23.04.1974, GRUR 1974, 463, 465 – *Anlagengeschäft*; vgl. auch BGH v. 29.04.1965, GRUR 1965, 591, 595 – *Wellplatten*; abw. Volmer Rn. 23 zu § 7, der von einem »dinglichen, gegen alle wirkenden Nutzungsrecht« spricht; zust. Dantz Inanpruchnahmerecht S. 85; insoweit zu Recht krit. OLG Frankfurt am Main v. 29.10.1970, OLGZ 71, 373, 374 (Anlagengeschäft).

**31** Das nicht ausschließliche Benutzungsrecht ist **betriebsgebunden**,[7] also unternehmensbezogen (z. Begriff s. § 16 Rdn. 80 ff.); dies folgt daraus, dass § 7 Abs. 2 a.F. das Benutzungsrecht dem Arbeitgeber zuweist, der seine wirtschaftliche Zielsetzung nicht über einzelne Betriebsstätten, sondern über das Unternehmen als die organisatorische Zusammenfassung betriebstechnischer Mittel, der Arbeitskraft der Mitarbeiter sowie der immateriellen Mittel verfolgt. Das Benutzungsrecht ist also nicht auf eine bestimmte Betriebsstätte beschränkt; der Arbeitgeber kann es vielmehr in seinem durch die Rechtseinheit abgegrenzten Unternehmen nutzen[8] (zum Konzern s. § 16 Rdn. 80).

**32** Das Benutzungsrecht umfasst **alle Nutzungsarten**, auf die sich ein etwa erteiltes Schutzrecht erstrecken würde (vgl. § 9 PatG); der Arbeitgeber ist also berechtigt, den Gegenstand der Diensterfindung herzustellen oder herstellen zu lassen (Lohnfertigung durch Dritte, vgl. hierzu § 16 Rdn. 83), ihn in den Verkehr zu bringen, feilzuhalten oder sonst wie zu gebrauchen.[9]

**33** Allerdings bleibt der Arbeitgeber mangels Abrede mit dem Arbeitnehmer auf eine **Eigennutzung** beschränkt und ist nicht befugt, Unterlizenzen zu vergeben oder das Nutzungsrecht zu übertragen[10] (s. § 16 Rdn. 81 f.); daher ist dieses Benutzungsrecht auch unpfändbar (§ 851 ZPO). Schließlich folgt aus der »Unternehmensgebundenheit« eine Begrenzung auf die unmittelbare Benutzung (weiteres s. § 16 Rdn. 84, dort auch zur Stellung der Abnehmer des Arbeitgebers). Ferner ist der Arbeitgeber nicht berechtigt, eine befugte anderweitige Benutzung der Diensterfindung durch den Arbeitnehmer als Rechtsinhaber (vgl. § 8 Abs. 1 Nr. 2 a.F.) oder durch Dritte, denen dieser das Recht vermittelt hat, zu verbieten.[11]

**34** Ebenso wie der einfache Lizenznehmer ist der Arbeitgeber **nicht zur** tatsächlichen **Ausübung** des Nutzungsrechts **verpflichtet**.[12] § 10 Abs. 1 a.F., wonach

---

[7] BGH v. 23.04.1974, GRUR 1974, 463, 464 – *Anlagengeschäft*; Reimer/Schade/Schippel/Rother Rn. 10 zu § 7; Busse/Keukenschrijver PatG (6. Aufl. 2003), Rn. 9 zu § 7 ArbEG.
[8] Ebenso Volmer/Gaul Rn. 26 zu § 6; Busse/Keukenschrijver, PatG (6. Aufl. 2003), Rn. 9 zu § 7 AbEG; zum Unternehmensbegriff vgl. Hueck/Nipperdey Lehrb. ArbR Bd. I § 126 VI.
[9] So Amtl. Begründung BT-Drucks. II/1648, S. 25 f. = BlPMZ 1957, 232; vgl. auch OLG Frankfurt am Main v. 29.10.1970, OLGZ 71, 373, 375 f. (Anlagengeschäft).
[10] BGH v. 23.04.1974, GRUR 1974, 463, 464 – *Anlagengeschäft*.
[11] Amtl. Begründung BT-Drucks. II/1648, S. 25 f. = BlPMZ 1957, 232.
[12] H.M., z.B. Heine/Rebitzki Anm. 3 zu § 7; Volmer/Gaul Rn. 77 zu § 7; Busse/Keukenschrijver, PatG (6. Aufl. 2003), Rn. 9 zu § 7 ArbEG; zur vertragl. Ausübungspflicht des Lizenznehmers vgl. Bartenbach, Patentlizenz- u. Know-how-Vertrag, Rn. 1895 ff.

### D. Wirkungen der beschränkten Inanspruchnahme (Abs. 2 Satz 1) § 7 a.F.

der Arbeitgeber nur tatsächlich erfolgte Verwertungen vergüten muss, verdeutlicht, dass eine Nutzung der Erfindung im Ermessen des Arbeitgebers steht. Auch die arbeitsrechtliche Fürsorgepflicht ändert daran nichts.[13] Dem Gedanken der Rücksichtnahme auf die Interessen des Arbeitnehmers ist durch § 7 Abs. 2 Satz 2 a.F. abschließend Rechnung getragen. Der Arbeitnehmer hat also weder ein Mitspracherecht bei der Frage, ob und wie sein Arbeitgeber die Erfindung nutzt, noch einen Anspruch auf Begründung, warum etwaige Nutzungshandlungen unterbleiben.

Das Nutzungsrecht aus § 7 Abs. 2 Satz 1 a.F. **wirkt** auch **ggü. Dritten**, denen  35
der Arbeitnehmer Erfindungsrechte, Schutzrechte oder hierauf bezogene Lizenzen übertragen hat.[14] Dies folgt zum einen aus den Rechtsgrundsätzen des Sukzessionsschutzes nach § 15 Abs. 3 PatG bzw. § 22 Abs. 3 GebrMG, wonach ein Rechtsübergang oder die Erteilung einer Lizenz nicht Lizenzen berührt, die Dritten vorher erteilt worden sind. Darüber hinaus bedingt die von der Rechtsprechung angenommene inhaltliche Gleichstellung der einfachen Lizenz mit den gesetzlichen Nutzungsrechten des Arbeitgebers[15] in den Rechtsfolgen zudem keine völlige Identität dieser beiden Nutzungsbefugnisse. Dass der Gesetzgeber des ArbEG das Fortbestehen dieser gesetzlichen Nutzungsrechte im Fall der Veräußerung der Erfindung bzw. hierauf erworbener Schutzrechtspositionen durch den Arbeitnehmer als selbstverständlich vorausgesetzt hat, findet seinen Niederschlag nicht nur in der Amtl. Begründung,[16] sondern auch und gerade in § 7 Abs. 3 a.F., der nach seinem erkennbaren Normzweck die uneingeschränkte Erhaltung der Rechte des Arbeitgebers in Bezug auf Diensterfindungen sichern soll. Dass es an einer ausdrücklichen Regelung – anders als etwa im Urheberrechtsgesetz (§ 33) – fehlt, ist in der Rechtssituation begründet, die der Gesetzgeber bei Schaffung des ArbEG im Jahr 1957 vorfand, als die ganz herrschende Lehre vom Fortbestand auch der einfachen Lizenz bei Veräußerung des lizenzierten Schutzrechts ausging.[17]

---

13 A. A. Peter Schade, Die Ausübungspflicht b. Lizenzen (1967) S. 67.
14 H.M. – jedoch m. teilw. abw. Begr. – Volmer Rn. 30 zu § 7; Reimer/Schade/Schippel/Rother Rn. 20, 22 zu § 7 u. Rn. 6 zu § 14; Heine/Rebitzki Anm. 3 zu § 7; Busse/Keukenschrijver, PatG (6. Aufl. 2003), Rn. 9 zu § 7 ArbEG; Bartenbach/Volz, GRUR 1984, 257 ff.; Kraßer, PatR. (6. Aufl. 2009), § 21 III b 6 u. 7; vgl. auch Brandi-Dohrn, GRUR 1983, 146, 147; a.A. Volmer/Gaul, GRUR. 83 zu § 7, 140 ff. zu § 14 und 194 zu § 16; ders., in, GRUR 1984, 494 ff. (dort namentlich nur im Hinblick auf §§ 14 Abs. 3, 16 Abs. 3 und 19 Abs. 1) u. b. Gaul/Bartenbach, Mitt. 1983, 81 ff.
15 BGH v. 23.04.1974, GRUR 1974, 463 ff. – *Anlagengeschäft*; s.o. Rn. 29 f.
16 S. d. Nachw. b. Bartenbach/Volz, GRUR 1984, 257 ff.
17 S. Lüdecke/Fischer, Lizenzverträge, A 26 m.w.N.

Jedenfalls rechtfertigt sich eine analoge Anwendung der §§ 33, 43 UrhG, da der Erwerber einer frei gewordenen bzw. aufgegebenen Diensterfindung aufgrund der an die Diensterfindung anknüpfenden gesetzlichen Bindungen stets damit rechnen muss, dass der Arbeitgeber von seinen gesetzlichen Befugnissen Gebrauch gemacht hat und demzufolge derartige Nutzungsrechte des Arbeitgebers bestehen.[18] Deshalb muss der Erwerber von Erfindungsrechten das gesetzliche Benutzungsrecht des Arbeitgebers uneingeschränkt gegen sich gelten lassen.

Aus dem Gesichtspunkt der arbeitsrechtlichen **Treuepflicht** (§ 25 Rdn. 28 ff.) kann der Arbeitnehmer im Einzelfall gehalten sein, die berechtigten Belange seines Arbeitgebers insoweit zu wahren, dass er i.R.d. Veräußerung der Erfindung mit dem Erwerber den Fortbestand der Nutzungsrechte seines Arbeitgebers vereinbart (Vertrag zugunsten Dritter – § 328 BGB).

Diese Grundsätze gelten uneingeschränkt für das **Inland**. Inwieweit das Benutzungsrecht des Arbeitgebers jedoch in Bezug auf die Erwerber paralleler **ausländischer Schutzrechte** Wirkung entfaltet, bestimmt sich nach der jeweiligen ausländischen Rechtsordnung.[19] Aus dem Gesichtspunkt der arbeitsrechtlichen Treuepflicht hat der Arbeitnehmer auch hier ggfls. durch Absprache mit dem Rechtserwerber den ungehinderten Fortbestand der Nutzungsrechte sicherzustellen (s. i.Ü. § 14 Rdn. 51). Zum Vergütungsanspruch bei Übertragung auf einen Dritten s. § 10 a.F. Rdn. 6).

Zur beschränkten Inanspruchnahme und dem daraus folgenden Benutzungsrecht bei Miterfindern und bei zwischenbetrieblichen Kooperationen s. § 6 a.F. Rdn. 72–74. Weitere Einzelheiten s. § 16 Rdn. 79–84.

### 2. Nutzungsrecht des Arbeitgebers im Ausland

**36** Erwirbt der Arbeitnehmer Auslandsschutzrechte auf die Diensterfindung (zur evtl. Pflicht des Arbeitnehmers, Schutzrechtsanmeldungen zu betreiben, s. § 8 a.F. Rdn. 47), steht ihm zwar ggü. jedem Dritten hinsichtlich dessen Nutzungshandlungen in dem jeweiligen Staat (Territorialitätsprinzip) ein Verbietungsrecht zu (vgl. § 9 PatG). Ausgehend vom Wortlaut des § 7 Abs. 2 Satz 1 a.F., der das Nutzungsrecht des Arbeitgebers nicht auf das Inland begrenzt, hat der Arbeitnehmer ein solches Verbietungsrecht aber weder ggü. Nutzungshandlungen des Arbeitgebers mit Auslandswirkungen (z.B. Export)

---

18 Vgl. Volz, ArbNErf. im öffentl. Dienst, S. 81 ff.
19 Vgl. auch Volmer Rn. 27 ff. zu § 7; zur Anerkennung einfacher Lizenzen in ausländischen Patentrechtsordnungen s. Groß, Lizenzvertrag Rn. 382 ff. m.w.N.

## D. Wirkungen der beschränkten Inanspruchnahme (Abs. 2 Satz 1) § 7 a.F.

noch ggü. dessen Nutzungshandlungen im jeweiligen Schutzrechtsland (Betriebsstätte des Arbeitgebers im Ausland).[20]

Dies entspricht dem Gesetzeszweck des § 7 Abs. 2 a.F., der dem Arbeitgeber ein Nutzungsrecht an der Diensterfindung als solcher unabhängig davon einräumen will, ob und in welchen Staaten der Arbeitnehmer Schutzrechte erwirbt; zum Ausgleich dafür unterliegt der Arbeitgeber der Vergütungspflicht aus § 10 Abs. 1 a.F. grds. unabhängig von Schutzrechtstatbeständen. Ein Korrektiv stellt i.Ü. die Unbilligkeitsregelung des § 7 Abs. 2 Satz 2 a.F. dar. Bestätigt wird dieses Ergebnis durch die Regelung des § 14 Abs. 3, wonach ein vorbehaltenes (inhaltsgleiches) Nutzungsrecht ggü. allen evtl. Auslandsanmeldungen des Arbeitnehmers wirkt. Gilt dies aber bereits bei der bloß partiellen Freigabe, muss dies erst recht (vgl. § 8 Abs. 1 Nr. 2 a.F.) bei der beschränkten Inanspruchnahme der Fall sein (zur Rechtsposition des Arbeitgebers ggü. Erwerbern ausl. Schutzrechte s. § 7 Rdn. 35). Zur »Erschöpfung« des Patents s. § 14 Rdn. 37, zu Nutzungsbefugnissen der Abnehmer des Arbeitgebers s. § 16 Rdn. 84. 37

### 3. Einschränkungen des Nutzungsrechts durch Geheimhaltungspflichten

Soweit durch die Nutzung des Arbeitgebers die Gefahr begründet ist, dass der Gegenstand der Erfindung offenkundig wird, würde letztere damit zum Stand der Technik; dies stünde gem. § 3 Abs. 1 PatG (vgl. auch Art. 54 Abs. 1, 2 EPÜ) einer beabsichtigten nachfolgenden Schutzrechtsanmeldung des Arbeitnehmers entgegen. Die eingeschränkte[21] (vgl. Art. XI § 3 VI 2 IntPatÜG) Neuheitsschonfrist des § 3 Abs. 5 PatG stellt keinen ausreichenden Schutz zugunsten des Arbeitnehmers dar, zumal diese für Auslandsanmeldungen keine Wirkung hat. Die Gefahr der Neuheitsschädlichkeit kann es in Anwendung der Geheimhaltungspflicht gem. § 24 Abs. 1 dem Arbeitgeber gebieten, die Erfindung erst dann zu nutzen, wenn zuvor Klarheit über Absicht und Zeitpunkt einer Schutzrechtsanmeldung durch den Arbeitnehmer besteht. Weitere Einzelheiten bei § 24 Rdn. 20 ff. u. § 8 n.F. Rdn. 93 ff. 38

## II. Unbilliges Erschweren anderweitiger Verwertung (Abs. 2 Satz 2)
### 1. Grundsatz

Erschwert das nicht ausschließliche Benutzungsrecht des Arbeitgebers (§ 7 Abs. 2 Satz 1 a.F.) eine anderweitige Verwertung der Diensterfindung durch 39

---

20 Volmer Rn. 27, 28 zu § 7; zust. Dantz, Inanspruchnahmerecht S. 86; Busse/Keukenschrijver, PatG (6. Aufl. 2003), Rn. 9 zu § 7 ArbEG; a.A. Münch ArbR/Sack (2. Aufl.) § 101 Rn. 87 (nur in den Fällen d. § 14 Abs. 3, § 16 Abs. 3).
21 S. dazu Mitt. Präs. DPA v. 16.04.1980, BlPMZ 1980, 157, 167.

den Arbeitnehmer unbillig, kann er vom Arbeitgeber verlangen, dass dieser sich innerhalb von 2 Monaten für die volle Freigabe oder die unbeschränkte Inanspruchnahme der Erfindung entscheidet. Trifft der Arbeitgeber diese Entscheidung nicht oder nicht fristgerecht, tritt die Rechtsfolge des gänzlichen Freiwerdens der Diensterfindung gem. § 8 Abs. 1 Nr. 3 a.F. ein.

40 Sinn der Regelung ist es, dem Arbeitnehmer zur Durchsetzung seiner anderweitigen Verwertungsrechte bessere wirtschaftliche Ausgangsbedingungen zu verschaffen.[22] Insoweit eröffnet das Gesetz nur in diesem Ausnahmefall einen Wechsel in der Art der Inanspruchnahme (s. § 8 a.F. Rdn. 25 ff.).

## 2. Unbilliges Erschweren

41 Der Begriff des »unbilligen Erschwerens« ist ein voll nachprüfbarer, **unbestimmter Rechtsbegriff**, der nur unter Berücksichtigung aller Umstände des Einzelfalls ausgefüllt werden kann.

42 Ein **Erschweren** liegt in solchen tatsächlichen oder rechtlichen Umständen, die sich auf die beabsichtigte oder bereits laufende Verwertung der Erfindung seitens des Arbeitnehmers bei wirtschaftlicher Betrachtungsweise mit gewisser Wahrscheinlichkeit nachteilig auswirken können.

43 Allein die Tatsache der bloß beschränkten Inanspruchnahme und die damit verbundene Einschränkung der Nutzungsmöglichkeiten des Arbeitnehmers sind noch nicht ausreichend. Denn eine solche Erschwernis ist mit jeder beschränkten Inanspruchnahme und dem dadurch begründeten nicht ausschließlichen Recht des Arbeitgebers zur Benutzung verbunden. Das Gesetz fordert deshalb zusätzlich eine **Unbilligkeit** dieser Erschwernis. Der Begriff der Unbilligkeit schließt bereits von seinem Wortsinn her die Gebote der Angemessenheit und der Gerechtigkeit in sich ein. Daher muss der Grundsatz von Treu und Glauben (§ 242 BGB) den Bewertungshintergrund bilden, auf dem sich die Frage der Unbilligkeit im Einzelfall entscheidet. Dabei setzt die Unbilligkeit quantitativ eine nicht unerhebliche Einschränkung der Verwertungsmöglichkeiten voraus, die dem Gebot von Treu und Glauben in erheblichem Umfang zuwiderläuft.[23] Für die Beurteilung sind im jeweiligen Einzelfall die Interessen des Arbeitnehmers und die des Arbeitgebers festzustellen und wertend gegeneinander abzuwägen.[24] Hierbei dürfen aber nicht Einzelaspekte

---

22 Vgl. dazu auch den Ausschussber. zu BT-Drucks. II/3327, S. 2, 3 = BlPMZ 1957, 250.
23 Vgl. auch BGH v. 20.02.1970, DB 1970, 827; RG v. 09.02.1935, RGZ 147, 58, 63, (beide zu § 319 Abs. 1 Satz 1 BGB).
24 So auch Reimer/Schade/Schippel/Rother Rn. 15 zu § 7.

## D. Wirkungen der beschränkten Inanspruchnahme (Abs. 2 Satz 1)

maßgeblich sein, sondern das **Gesamtbild**, da ein wirtschaftlich belastender Umstand durch einen anderen Vorteil des Arbeitnehmers wieder ausgeglichen werden könnte. Insoweit muss eine Erschwernis in einem Land, in dem der Arbeitnehmer etwa ein Schutzrecht erworben hat, mit Rücksicht auf sonstige Verwertungsmöglichkeiten der Diensterfindung in anderen Ländern noch keine unbillige Belastung des Arbeitnehmers ergeben.[25]

Da § 7 Abs. 2 a.F. dem Arbeitgeber »nachträglich« noch die Möglichkeit einer Vollrechtsüberleitung eröffnet, muss **im Zweifel** die Entscheidung zugunsten des Arbeitnehmers ausfallen. Einschränkungen, die nicht von einigem Gewicht sind, muss der Arbeitnehmer allerdings bereits aus dem Gebot der gegenseitigen Rücksichtnahme hinnehmen. Ferner setzt die unbillige Erschwerung begrifflich nicht den Vorwurf des Missbrauchs voraus; letzterem kann jedoch i.R.d. Interessenabwägung ausschlaggebendes Gewicht zukommen. 44

Ob eine unbillige Erschwerung vorliegt, ist aus der **Sicht eines vernünftigen, unparteiischen und sachkundigen Dritten** zu beurteilen.[26] Maßgeblicher Zeitpunkt für die Beurteilung ist der tatsächliche Zustand im Augenblick des Zugangs der Erklärung des Arbeitnehmers (Verlangen). Zu diesem Zeitpunkt müssen also die maßgeblichen Umstände vorliegen bzw. bereits deren späterer Eintritt feststehen; für die Frage des unbilligen Erschwerens reicht es dann aus, wenn die nachteiligen Folgen wahrscheinlich bzw. bei gewöhnlichem Lauf der Dinge üblicherweise eintreten. Die **Darlegungs- und Beweislast** trägt der Arbeitnehmer (s. § 7 a.F. Rdn. 59). 45

Im Anschluss an *Volmer*[27] lässt sich ein **Indiz** für die Bestimmung der Unbilligkeit daraus herleiten, dass der – fiktive – Gesamtgewinn des Arbeitnehmers bei alleiniger Verwertung (Soll-Wert) dem Gewinn gegenübergestellt wird, den er bei Verwertung durch den Arbeitgeber (§ 10 Abs. 1 a.F.) und durch daneben bestehende eigene anderweitige Verwertungshandlungen erzielt (Ist-Gewinn); eine erhebliche Differenz wird i.d.R. auf eine unbillige Erschwerung hinweisen. 46

Eine solche Sachlage ist i.d.R. gegeben, wenn ein potenzieller Lizenzgeber vom Abschluss eines Lizenzvertrages mit dem Arbeitnehmer deshalb Abstand nehmen will, weil ihm der Benutzungsvorbehalt des Arbeitgebers als Hindernis in der uneingeschränkten Verwertung erscheint. Ist im Einzelfall bei überragender Marktposition des Arbeitgebers die anderweitige Verwertungsmöglichkeit des 47

---

25 A.A. wohl Volmer Rn. 42 zu § 7.
26 Volmer Rn. 32 zu § 7 u. Volmer/Gaul Rn. 92 f. zu § 7; zust. auch Busse/Keukenschrijver, PatG (6. Aufl. 2003), Rn. 11 zu § 7 ArbEG.
27 Volmer Rn. 32 zu § 7.

Arbeitnehmers praktisch ausgeschlossen, so kann auch dies das Recht des Arbeitnehmers aus § 7 Abs. 2 Satz 2 a.F. auslösen.

48 Unbeachtlich aber müssen solche vom Arbeitnehmer angeführten Verwertungsmöglichkeiten bleiben, deren Ausübung ihm selbst bei völliger Freigabe der Erfindung aus sonstigen Gründen verboten wäre; eine derartige Schranke kann die Treuepflicht des Arbeitnehmers sein[28] sowie als Ausfluss hieraus ein arbeitsvertragliches oder nachvertragliches Wettbewerbsverbot, welches einer eigenen Nutzung durch den Arbeitnehmer entgegenstehen kann (vgl. hierzu § 8 n.F. Rdn. 77 ff.), ferner Schranken der allgemeinen Rechtsordnung (öffentlich-rechtliche Verbote, kartellrechtliche Beschränkungen usw.).

### 3. Verlangen des Arbeitnehmers – Wahlrecht des Arbeitgebers

49 Das Verlangen des Arbeitnehmers ist im Hinblick auf das daran anknüpfende Wahlrecht des Arbeitgebers eine **empfangsbedürftige Willenserklärung** (§ 130 BGB). Einzelheiten dazu s. § 5 Rdn. 10 f.

50 Die Erklärung nach § 7 Abs. 2 a.F. muss in sich klar und eindeutig sein, sodass der Arbeitgeber ohne Weiteres deren Bedeutung erkennen kann; eine bestimmte **Form**, etwa Schriftlichkeit, fordert das Gesetz indes nicht.[29] Auch schreibt die Vorschrift nicht ausdrücklich eine **Begründung** seitens des Arbeitnehmers vor; da das Verlangen des Arbeitnehmers nicht schlechthin, sondern nur unter engen Voraussetzungen zulässig ist, wird man den Arbeitnehmer allerdings als verpflichtet ansehen müssen, dem Arbeitgeber ausreichende Tatsachen darzulegen, um diesem die Überprüfung der Rechtmäßigkeit des Anspruchs zu ermöglichen, ohne dass dadurch jedoch der Fristbeginn beeinflusst wird (s. § 7 Rdn. 53). Bei veränderten Umständen kann der Arbeitnehmer ein zunächst ergebnisloses »Verlangen« erneut geltend machen.

51 Das Verlangen des Arbeitnehmers i.S.d. § 7 Abs. 2 Satz 2 a.F. löst das **Wahlrecht des Arbeitgebers** zwischen einer (nachträglichen) unbeschränkten Inanspruchnahme und einer völligen Freigabe aus. Entscheidet der Arbeitgeber sich nicht innerhalb von 2 Monaten für eine unbeschränkte Inanspruchnahme, tritt die Wirkung des Freiwerdens gem. § 8 Abs. 1 Nr. 3 a.F. ein, sodass der Arbeitgeber auch sein bisheriges beschränktes Nutzungsrecht verliert.

---

28 Peters, GRUR 1961, 514, 518 f.
29 Reimer/Schade/Schippel/Rother Rn. 18 zu § 7; abw. Volmer Rn. 39 zu § 7.

D. Wirkungen der beschränkten Inanspruchnahme (Abs. 2 Satz 1) § 7 a.F.

## 4. Fristbeginn

Streitig ist, wann diese Frist **beginnt**. § 8 Abs. 1 Nr. 3 a.F. knüpft den Fristbeginn an das **Verlangen** des Arbeitnehmers. Da diese Erklärung des Arbeitnehmers eine einseitige empfangsbedürftige Willenserklärung ist, beginnt die 2-Monats-Frist mit Zugang des auf § 7 Abs. 2 Satz 2 a.F. gestützten Verlangens des Arbeitnehmers beim Arbeitgeber[30] (§ 130 BGB – Einzelheiten zum Zugang vgl. § 5 Rdn. 10 f.). 52

Der Fristbeginn ist nicht abhängig von der (gebotenen, s. oben Rdn. 50) schlüssigen Darlegung[31] bzw. der Glaubhaftmachung[32] oder gar dem vollständigen Nachweis[33] der die Unbilligkeit i.S.d. § 7 Abs. 2 Satz 2 a.F. begründenden Umstände, da § 7 Abs. 2 Satz 2 a.F. und § 8 Abs. 1 Nr. 3 a.F. keine besonderen inhaltlichen Anforderungen an das »Verlangen« stellen. 53

## 5. Rechtsfolgen nach § 8 Abs. 1 Nr. 3 2. Alt. a.F.

Von dieser aus Gründen der Rechtssicherheit eindeutigen Feststellung des Fristbeginns ist die der **Rechtsfolge** des § 8 Abs. 1 Nr. 3 a.F. zu unterscheiden. § 8 Abs. 1 Nr. 3 a.F. lässt die Wirkung des Freiwerdens – entgegen der wohl herrschenden Meinung – nur eintreten, wenn eine unbillige Erschwerung **objektiv gegeben** ist.[34] Dies folgt daraus, dass § 8 Abs. 1 Nr. 3 a.F. nicht formal auf einen bloßen Fristablauf abstellt, sondern umfassend auf § 7 Abs. 2 a.F. und damit auf dessen gesamte tatbestandlichen Voraussetzungen Bezug nimmt (»im Falle des § 7 Abs. 2«). 54

Diese missglückte gesetzliche Regelung[35] zwingt die Arbeitsvertragsparteien – sofern sie sich nicht verständigt haben (§ 22) – **Meinungsverschiedenheiten** über das Vorliegen der unbilligen Erschwerung durch Anrufung der Schiedsstelle (§ 28) und/oder der ordentlichen Gerichte (§§ 37, 39) klären zu lassen. 55

---

30 So auch Volmer Rn. 36 zu § 7 u. Volmer/Gaul Rn. 105 zu § 7; Reimer/Schade/Schippel/Rother Rn. 18 zu § 7; Dantz Inanspruchnahmerecht S. 101 m.w.N.
31 So aber Halbach Anm. 7 zu § 7.
32 So aber Lindenmaier/Lüdecke Anm. 5 zu § 7.
33 So aber Heine/Rebitzki Anm. 5 zu § 7.
34 Vgl. Pakebusch, GRUR 1959, 161; ebenso Busse/Keukenschrijver, PatG (6. Aufl. 2003), Rn. 11 zu § 7 ArbEG; vgl. auch Reimer/Schade/Schippel/Rother Rn. 18 zu § 7; abw. Volmer Rn. 33 ff. zu § 7 u. Volmer/Gaul Rn. 106 zu § 7, die über den Fristbeginn hinaus auf eine formale Betrachtung abstellen und als Korrektiv den Einwand der unzulässigen Rechtsausübung zulassen.
35 Vgl. insoweit die Kritik v. Friedrich, GRUR 1958, 270.

**56** Will der Arbeitgeber weiterhin Nutzungsrechte behalten, muss er mit Rücksicht auf die nicht verlängerbare (vgl. § 6 a.F. Rdn. 47) und auch durch Anrufung der Schiedsstelle nicht zu unterbrechende (vgl. § 31 Rdn. 18 f.) Ausschlussfrist des § 8 Abs. 1 Nr. 3 a.F. (vgl. § 8 a.F. Rdn. 45) vorsorglich die Erfindung unbeschränkt in Anspruch nehmen. Dies kann mit dem (ausdrücklichen) **Vorbehalt der Begründetheit** der unbilligen Erschwerung verbunden werden. Eine solche Erklärung stellt eine zulässige Rechtsbedingung dar.

Mit **rechtskräftiger Feststellung einer unbilligen Erschwerung** wird die unbeschränkte Inanspruchnahme bestätigt; umgekehrt wird sie mit Verneinung des Tatbestandsmerkmals des § 7 Abs. 2 Satz 2 a.F. gegenstandslos, da nunmehr feststeht, dass die rechtlichen Voraussetzungen für die Möglichkeit einer nachträglichen (einseitigen) Inanspruchnahme nicht vorgelegen haben. Es bewendet bei dem bisherigen nicht ausschließlichen Benutzungsrecht, das unverändert fortbestanden hat. Zwischenzeitliche Verfügungen des Arbeitgebers oder Arbeitnehmers stehen unter dem Risiko des Ausgangs des amtlichen bzw. gerichtlichen Verfahrens.

Erweist sich die unbeschränkte Inanspruchnahme des Arbeitgebers mangels unbilliger Erschwerung als gegenstandslos, so hat er evtl. – über sein einfaches Nutzungsrecht hinausgehende – Verfügungen über die Rechte an der Diensterfindung als Nichtberechtigter getroffen (§ 185 BGB). Wird die Wirksamkeit der unbeschränkten Inanspruchnahme bestätigt, gilt Entsprechendes für zwischenzeitliche Verfügungen des Arbeitnehmers über die Diensterfindung, allerdings mit der Möglichkeit der Genehmigung durch den Arbeitgeber gem. § 185 BGB.

**57** Hat der Arbeitgeber die **unbeschränkte Inanspruchnahme ohne Vorbehalt erklärt**, treten die allgemeinen Folgen gem. § 7 Abs. 1 a.F. ein (s.o. Rdn. 5 sowie § 7 n.F. Rdn. 5 ff.). War vor der ursprünglichen Erklärung der beschränkten Inanspruchnahme noch keine Schutzrechtsanmeldung durch den Arbeitgeber erfolgt, entfiel mit Zugang der beschränkten Inanspruchnahmeerklärung die Verpflichtung des Arbeitgebers zur Anmeldung (§ 13 Abs. 2 Nr. 1); nur der Arbeitnehmer war zur Schutzrechtsanmeldung berechtigt (§ 13 Abs. 4 Satz 1). Die Rechte aus einer vom Arbeitnehmer durchgeführten Schutzrechtsanmeldung gehen kraft Gesetzes mit Zugang der unbeschränkten Inanspruchnahmeerklärung gem. § 7 Abs. 1 auf den Arbeitgeber über. Die Umschreibung in der Patentrolle erfolgt aufgrund des vom Arbeitgeber zu führenden Nachweises über die (nachträgliche) unbeschränkte Inanspruchnahme gem. § 7 Abs. 2 i.V.m. Abs. 1 a.F. Dem Arbeitnehmer aus der Schutzrechtsanmeldung entstandene notwendige Kosten muss der Arbeitgeber erstatten, da dieser (nunmehr wieder) seiner Anmeldepflicht zu genügen hat (vgl. auch § 13 Rdn. 20 ff.). War noch kein Schutzrechtserteilungsverfahren eingeleitet, lebt die Verpflichtung des Arbeitgebers zur unverzüglichen Schutzrechtsanmeldung nach § 13 Abs. 1 mit Zugang der unbeschränkten Inanspruchnahmeerklärung wieder auf.

Zu Auslandsanmeldungen ist er nunmehr berechtigt (§ 14 Abs. 1).

Hat der Arbeitgeber ohne Erklärung einer unbeschränkten Inanspruchnahme die Frist verstreichen lassen, tritt die Wirkung des **Freiwerdens** der Diensterfindung gem. § 8 Abs. 1 Nr. 3 a.F. nicht ein, wenn das Vorliegen einer unbilligen Erschwerung verneint wird. Soweit der Arbeitgeber mit Rücksicht auf ein Verlangen des Arbeitnehmers gem. § 7 Abs. 2 Satz 2 a.F. eine schriftliche Freigabe erklärt hat (Fall des § 8 Abs. 1 Nr. 1 und nicht der Nr. 3 a.F.), kann er diese Erklärung ggf. gem. §§ 119, 123 BGB anfechten (vgl. § 8 a.F. Rdn. 36 ff.). 58

### 6. Beweis

Für die Umstände der unbilligen Erschwerung ist der Arbeitnehmer nach allgemeinen Grundsätzen **beweispflichtig**.[36] Er muss grds. den vollen Beweis für die die unbillige Erschwerung begründenden Umstände erbringen[37] (s. oben Rdn. 45); eine bloße Glaubhaftmachung (§ 293 ZPO) reicht nicht aus. Dagegen können Erfahrungssätze (§ 286 ZPO) als Grundlage eines Anscheinsbeweises besondere Bedeutung gewinnen. Als Beweismittel mag insb. die Vorlage von Lizenzvertragsangeboten, Korrespondenzunterlagen, amtlichen Bescheiden oder Sachverständigengutachten dienen. 59

### E. Verfügungsbeschränkungen des Arbeitnehmers (Abs. 3)

Um den Arbeitgeber davor zu schützen, dass der Arbeitnehmer durch anderweitige Verfügungen über die Diensterfindung vor (beschränkter oder unbeschränkter) Inanspruchnahme dessen Rechte beeinträchtigt, bestimmt Abs. 3, dass derartige Verfügungen zwar nicht ggü. dem Dritten, wohl aber dem Arbeitgeber ggü. unwirksam sind.[38] Es handelt sich hierbei um ein **relatives Verfügungsverbot**[39] (vgl. § 135 BGB). I.Ü. stellt sich eine solche Verfügung als Verstoß gegen die arbeitsrechtliche Treuepflicht dar. 60

---

36 Busse/Keukenschrijver, PatG (6. Aufl. 2003), Rn. 11 zu § 7 ArbEG.
37 H.M.; z.B. Reimer/Schade/Schippel/Rother Rn. 16 zu § 7; Wendel, AuR 1958, 297, 300; Volmer/Gaul Rn. 94 zu § 7; abw. Volmer Rn. 33 zu § 7.
38 Amtl. Begründung BT-Drucks. II/1648, S. 26 = BlPMZ 1957, 232.
39 Ebenso LG Düsseldorf v. 05.04.2001, InstGE 1, 50, 55 – *Schraubenspindelpumpe*; vgl. auch Staudinger/Dilscher, BGB Rn. 9 zu § 135; Volmer/Gaul Rn. 108 zu § 7; ebenso MünchArbR/Bayreuther § 90, Rn. 18.

**61** Die Regelung ist in der ArbEG-Reform 2009 (s. Einl. Rdn. 42) als heutiger Abs. 2 des § 7 n.F. unverändert beibehalten worden (Art. 7 Nr. 3 c des Patentrechtsmodernisierungsgesetzes).

Auf die Ausführungen zu § 7 Abs. 2 n.F. wird damit weitgehend verwiesen (dort § 7 Rdn. 94 ff.).

Nachfolgend sind nur noch Besonderheiten zur Wirkung von Verfügungen des Arbeitnehmers vor und nach einer **beschränkten Inanspruchnahme** von Alt-Erfindungen dargestellt.

*Rdn. 62 bis 65 frei*

**66** Sobald der Arbeitgeber die Erfindung beschränkt in Anspruch nimmt, sind **vorherige Verfügungen des Arbeitnehmers** nicht insgesamt, sondern nur insoweit unwirksam, als sie das nicht ausschließliche Benutzungsrecht des Arbeitgebers beeinflussen.[40] Bspw. entsteht das Benutzungsrecht des Arbeitgebers auch bei vorheriger Abtretung der Erfindungsrechte an Dritte, da diese selbst wirksam ist[41] (s.a. oben Rdn. 35). Aufgrund des **Freiwerdens** der Diensterfindung (§ 8 a.F.) entfällt auch hier die schwebende Unwirksamkeit der vorangegangenen Verfügung des Arbeitnehmers, sodass die getroffene Verfügung voll wirksam bestehen bleibt.[42]

*Rdn. 67, 68 frei*

Rechtsgeschäftliche **Verfügungen des Arbeitnehmers nach beschränkter** Inanspruchnahme stehen grds. im Belieben des Arbeitnehmers, der über seine (übertragbaren) Erfinderrechte verfügen kann (s. § 8 a.F. Rdn. 46 ff. u. § 25 Rdn. 40 f.); derartige Verfügungen lassen aber das gesetzliche Benutzungsrecht des Arbeitgebers unberührt (s.o. Rdn. 35).

### F. Eigenverwertungshandlungen des Arbeitnehmers

**69** Bei einer noch nicht in Anspruch genommenen Diensterfindung ist der Arbeitnehmer bis zur Freigabe (§ 8) nicht zu Eigenverwertungshandlungen berechtigt; er darf also den Gegenstand der Diensterfindung nicht selbst herstellen, durch Dritte herstellen lassen (Lohnfertigung), in den Verkehr bringen, feilhalten oder sonst wie gebrauchen. Dieses Verbot der Eigenverwertung folgt aus § 24 Abs. 2 sowie aus der arbeitsrechtlichen Treuepflicht (vgl. dazu § 25 Rdn. 28 ff., 38) und wird bestätigt durch einen Rückschluss aus § 8 a.F. Ent-

---

40 LG Düsseldorf v. 05.04.2001, InstGE 1, 50, 55 – *Schraubenspindelpumpe*.
41 Ebenso Reimer/Schade/Schippel/Rother Rn. 22 zu § 7.
42 LG Düsseldorf v. 05.04.2001, InstGE 1, 50, 55 – *Schraubenspindelpumpe*.

## F. Eigenverwertungshandlungen des Arbeitnehmers

sprechendes gilt selbstverständlich nach unbeschränkter Inanspruchnahme, da der Arbeitnehmer alle vermögenswerten Rechte an der Diensterfindung verloren hat. Dabei ist es ohne Belang, ob der Arbeitnehmer zwischenzeitlich ausgeschieden ist.[43]

Dem Arbeitnehmer steht auch kein **Vorbenutzungsrecht** i.S.d. § 12 PatG zu.

---

43 BGH v. 14.07.1966 – I a ZR 58/64, (unveröffentl.).

## § 8 n.F. Frei gewordene Diensterfindungen (Fassung 2009)

Eine Diensterfindung wird frei, wenn der Arbeitgeber sie durch Erklärung in Textform freigibt. Über eine frei gewordene Diensterfindung kann der Arbeitnehmer ohne die Beschränkungen der §§ 18 und 19 verfügen.

§ 8 *i.d.F. des Art. 7 des Gesetzes zur Vereinfachung und Modernisierung des Patentrechts vom 31.7.2009 (BGBl. I S. 2521).*

**Lit.:**
**Peters**, Die Verwertung e. frei gewordenen Diensterf. GRUR 1961, 514; **Röpke**, Das Recht d. ArbN auf Verwertg. e. frei gewordenen Diensterf. GRUR 1962, 127; **Rother**, Die Stellung d. ArbN einer frei gewordenen Diensterf., Festschr. Bartenbach (2005), 159; **Vollrath**, D. frei gewordene Diensterf. u. d. benutzten geheimen Erfahrungen d. Betriebs GRUR 1987, 670; **Vorwerk**, Kann d. ArbG e. freie ArbN-Erf. benutzen? GRUR 1975, 4; s. auch Lit. bei §§ 13, 16.

### Übersicht

| | | Rdn. |
|---|---|---|
| A. | Allgemeines | 1 |
| I. | Bedeutung der Regelung | 1 |
| II. | Überblick | 7 |
| III. | Wesen des Freiwerdens – Verhältnis zu §§ 14, 16, 18, 19 | 12 |
| B. | Freigabe in Textform (Satz 1) | 21 |
| I. | Inhalt | 21 |
| II. | Form und Zeitpunkt | 30 |
| III. | Freigabe nach Inanspruchnahme und vor Schutzrechtsanmeldung | 39 |
| C. | Unwirksamkeit der Freigabe | 46 |
| D. | Freigabe einer nicht schutzfähigen technischen Neuerung | 56 |
| E. | Rechtsfolgen des Freiwerdens | 63 |
| I. | Allgemein | 63 |
| II. | Für den Arbeitnehmer | 66 |
| | 1. Grundsatz | 66 |
| | 2. Anmelderecht | 70 |
| | 3. Verfügungs- und Verwertungsrecht (Satz 2) | 74 |
| |    a) Grundsatz | 74 |
| |    b) Schranken | 77 |
| | 4. Sonstige Rechtsfolgen | 88 |
| III. | Für den Arbeitgeber | 93 |
| | 1. Verwertung einer frei gewordenen Diensterfindung durch den Arbeitgeber | 93 |
| |    a) Grundsatz | 93 |
| |    b) Rechtsfolgen bei Schutzrechtsposition des Arbeitnehmers | 100 |
| |    c) Rechtsfolgen des Vorenthaltens der Schutzrechtsposition durch den Arbeitgeber | 113 |
| |    d) Rechtsfolgen bei Fehlen von Schutzrechtspositionen | 121 |
| | 2. Sonstige Rechtsfolgen | 126 |
| IV. | Für Dritte | 127 |

| | Rdn. |
|---|---|
| F. Mehrere Arbeitnehmererfinder | 131 |
| G. Meinungsverschiedenheiten über die Schutzfähigkeit | 139 |

## A. Allgemeines

### I. Bedeutung der Regelung

§ 8 stellt klar, dass der Arbeitgeber frei darin ist, auf die Überleitung einer ihm gemeldeten Diensterfindung zu verzichten. Die Regelung ist i.R.d. **ArbEG-Novelle 2009** durch Art. 7 Nr. 4 des Patentrechtsmodernisierungsgesetzes (s. Einl. Rdn. 42) neu gefasst worden, und zwar in Konsequenz der grundlegenden Änderungen zur Inanspruchnahme:[1] Nachdem die bisherigen Alternativen des Freiwerdens nach § 8 Abs. 1 Nr. 2 a.F. (frühere Möglichkeit der beschränkten Inanspruchnahme) und Nr. 3 a.F. (Versäumung der früheren Inanspruchnahmefrist) dank der ArbEG-Reform ersatzlos weggefallen sind, verbleibt es bei der Möglichkeit der ausdrücklichen Freigabe (früher: § 8 Abs. 1 Nr. 1 a.F.). Diese ist in Satz 1 der Neufassung übernommen worden, allerdings nunmehr mit der im ArbEG allgemein geltenden Vorgabe der Textform (s. Rdn. 30 ff.). Satz 2 regelt die Verfügungsbefugnis des Arbeitnehmers über die frei gewordene Erfindung, indem der bisherige Abs. 2 des § 8 a.F. wortgleich übernommen worden ist. Durch die ArbEG-Novelle wurde im Zusammenhang mit der Inanspruchnahmefiktion die Freigabe nach § 6 Abs. 2 n.F. neu eingefügt (s. § 6 n.F. Rdn. 3, 78 f.).

In Übereinstimmung mit dem früheren Recht unter Geltung der DVO 1943, die allerdings keine ausdrückliche Regelung enthielt, hat der Gesetzgeber das Institut der Freigabe seit 1957 im Grundsatz beibehalten.[2] Die **wirtschaftliche Bedeutung** dieser Vorschrift sollte allerdings nicht überschätzt werden. In der Praxis war und ist die (unbeschränkte) Inanspruchnahme die Regel und die Freigabe die Ausnahme. Die Quote der verwerteten freien oder frei gewordenen Erfindungen dürfte unverändert weit unter 15 % liegen (s. § 4 Rdn. 48 u. § 14 Rdn. 4.1).

Da das ArbEG auch bei **Zweifeln an der Schutzfähigkeit einer gemeldeten Diensterfindung** eingreift, empfiehlt es sich für den Arbeitgeber im eigenen Interesse (Obliegenheit), auch in diesen Fällen eine Inanspruchnahme (still-

---

1 S. Amtl. Begründung zum Patentrechtsmodernisierungsgesetz in BR-Drucks. 757/08 S. 51 (zu Art. 7 Nr. 4 des Entwurfs).
2 Vgl. auch Amtl. Begründung BT-Drucks. II/1648 S. 26 = BlPMZ 1957, 232.

schweigend) auszusprechen (vgl. § 6 n.F. Rdn. 26 ff.). Gleichwohl gilt § 8 nur für Diensterfindungen und nicht für (qualifizierte) technische Verbesserungsvorschläge, die dem Arbeitgeber als Arbeitsergebnis zustehen (s. auch vor § 3 Rdn. 1).

4   § 8 gilt uneingeschränkt in den **neuen Bundesländern**, soweit es sich um Diensterfindungen handelt, die ab dem 03.10.1990 fertiggestellt sind.[3]

*Rdn. 5, 6 frei*

## II. Überblick

7   Die Fassung des § 8 a.F. knüpfte – wie insb. § 8 Abs. 1 Nrn. 2 und 3 a.F. zeigen – systematisch an die Meldung der Erfindung (§ 5) und die dadurch ausgelöste Frist für die Inanspruchnahmeerklärung (§ 6 Abs. 2 a.F.) an und ging damit von einem untrennbaren Zusammenhang zwischen Freigabe und Erfindungsmeldung aus (s. § 8 a.F. Rdn. 3). Dies ist allerdings nur noch für sog. Alt-Erfindungen (s. dazu § 43 Rdn. 14 ff.) relevant, für die § 8 n.F. nicht einschlägig ist und für die es beim bisherigen Verfahren nach § 16 ArbEG verbleibt (s. § 8 a.F. Rdn. 24 ff.). § 8 n.F setzt nach seinem Wortlaut keine vorangegangene Erfindungsmeldung mehr voraus[4] (s. § 8 Rdn. 34). Soweit es sich um nach dem 30.09.2009 gemeldete Diensterfindungen handelt (s. § 43 Rdn. 14 ff.), hat die ArbEG-Novelle 2009 das frühere Regelungssystem offenkundig nicht beibehalten: Im Unterschied zum früheren Recht (s. § 8 a.F. Rdn. 1 zu) umfasst § 8 n.F. aus hiesiger Sicht nicht mehr sämtliche Fälle eines Freiwerdens einer Diensterfindung. Vielmehr enthält **§ 6 Abs. 2** n.F. unseres Erachtens eine (eigenständige) **Sonderregelung für eine Freigabe** in der Zeit zwischen **Meldung und Ablauf der 4-Monats-Frist**, die § 8 n.F. vorgeht (s. § 6 n.F. Rdn. 108). Demzufolge ist nach diesseitiger, gerichtlich aber noch nicht bestätigter Auffassung von einem gestaffelten System des Ineinandergreifens unterschiedlicher »Freigabe-Vorschriften« je nach Zeitpunkt auszugehen:[5]

– Für eine Freigabe **innerhalb der 4-Monats-(Freigabe-) Frist** vor Wirksamwerden der Inanspruchnahmefiktion, also der 4 Monate ab Erfindungsmeldung, greift die spezielle Freigaberegelung des § 6 Abs. 2 n.F., und zwar

---

3   S. zum Übergangsrecht für zuvor fertiggestellte Erfindungen Möller, Übergangsbestimmungen f. ArbNErf. i. d. neuen Bundesländern (1996), S. 290 ff. (auf Basis des § 8 a.F.).
4   Die abweichende Aussage von Keukenschrijver in Busse/Keukenschrijver, PatG, Rn. 2 zu § 8 ArbEG bezieht sich wohl auf § 8 a.F.
5   Im Ergebn. wie hier auch Schiedsst. v. 29.06.2017 – Arb.Erf. 61/16, (www.dpma.de). A. A. Gärtner/Simon, BB 2011, 1909, 1910 f.; Boemke/Kursawe/Kursawe Rn. 4, 16 zu § 8 (s. auch Boemke/Kursawe/Hoppe-Jänisch Rn. 60 f. zu § 13).

## A. Allgemeines   § 8 n.F.

unabhängig davon, ob vor oder nach Schutzrechtsanmeldung (s. dazu § 6 n.F. Rdn. 108).

- Wird die **Freigabe vor Beginn oder nach Ablauf der 4-Monats-Frist** des § 6 Abs 2 erklärt und ist noch keine Schutzrechtsanmeldung erfolgt, bestimmt sich eine Freigabe nach § 8 Satz 1 n.F.; das betrifft auch den (Ausnahme-) Fall einer Freigabe nach Inanspruchnahme und vor Schutzrechtsanmeldung (s. § 8 Rdn. 39 f.).
- Ab **Schutzrechtsanmeldung einer in Anspruch genommenen Diensterfindung** ist eine einseitige Freigabe nicht mehr möglich; vielmehr gilt das Verfahren nach § 16 bei einem zukünftig vom Arbeitgeber beabsichtigen Fallenlassen von Schutzrechtspositionen (s. § 8 Rdn. 13, 42).
- Davon als Sonderform zu trennen ist die sog. **Auslandsfreigabe einer in Anspruch genommenen Diensterfindung** gemäß § 14 Abs. 2; danach hat der Arbeitgeber die Diensterfindung von sich aus rechtzeitig unter Wahrung von Prioritätsfristen für solche Auslandsstaaten, in denen er kein Schutzrecht erwerben will, dem Arbeitnehmer zu eigenen Schutzrechtsanmeldungen freizugeben (s. § 8 Rdn. 11, 13 f.).

Mit der ArbEG-Novelle 2009 hat sich die frühere Streitfrage, ob eine Freigabe nach unbeschränkter Inanspruchnahme bei noch ausstehender Schutzrechtsanmeldung möglich ist (s. § 8 a.F. Rdn. 24 ff.), u. E. erledigt. 8

Nicht ausdrücklich erwähnt ist die Möglichkeit von **Vereinbarungen** der Arbeitsvertragsparteien **über das Freiwerden** von Diensterfindungen, die nach § 22 auch schon vor Erfindungsmeldung zulässig sind (s. § 8 a.F. Rdn. 20). 9

Im **öffentlichen Dienst** kommt die Beanspruchung einer Ertragsbeteiligung durch den Arbeitgeber (Dienstherrn) gem. § 40 Nr. 1 einer Freigabe gleich (s. § 40 Rdn. 15 ff.). 10

Zu den **gesetzlichen Sonderfällen** der Freigabe gehört zunächst die Freigabepflicht für **Auslandsstaaten**, in denen der Arbeitgeber kein Schutzrecht für die in Anspruch genommene Diensterfindung erwerben will; das regelt § 14 (s. nachf. Rdn. 12). Einen Sonderfall des stillschweigenden Freiwerdens enthält § 18 Abs. 2, wenn der Arbeitgeber nach Mitteilung einer »freien Erfindung« deren Eigenschaft als freie nicht fristgerecht bestreitet.[6] Eine weitere Sondervorschrift hinsichtlich der von Anfang an freien Erfindungen begründet § 19 Abs. 2. 11

---

6 Vgl. dazu Schiedsst. v. 08.05.1972 – BlPMZ 1972, 382.

### III. Wesen des Freiwerdens – Verhältnis zu §§ 14, 16, 18, 19

12 Mit einer Freigabe bringt der Arbeitgeber seine Entscheidung zum Ausdruck, **die vermögenswerten Rechte** (vgl. § 7 Abs. 1 n.F. Rdn. 10 ff.) an einer ungeschützten Diensterfindung **nicht zu erwerben** bzw. **darauf zu verzichten**. Entsprechend dem allgemeinen Sprachgebrauch ist dieser Begriff dahin zu verstehen, dass der Arbeitgeber ihm gesetzlich eingeräumte Rechte zugunsten eines Dritten (hier des Arbeitnehmers) aufgibt bzw. fallen lässt. Die Freigabe bedeutet im Ergebnis einen **Rechtsverzicht**, der kraft ausdrücklicher gesetzlicher Regelung durch einseitige Erklärung des Arbeitgebers zugelassen ist. In diesem Sinn ist auch der Freigabebegriff in § 6 Abs. 2 n.F. zu verstehen. I.R.d. § 8 Satz 1 bezieht sich dieser (bedingungsfeindliche, s. § 8 Rdn. 26) **Rechtsverzicht**[7] des Arbeitgebers auf eine Rechtsinhaberschaft an der noch nicht zum Schutzrecht angemeldeten Diensterfindung i.S.d. § 7 Abs. 1 n.F. zugunsten des Arbeitnehmererfinders. Aufgrund der Regelungssystematik lässt § 8 n.F. nach diesseitiger Auffassung damit auch – abweichend von § 397 BGB – den einseitigen Verzicht auf die durch Inanspruchnahme bereits erworbenen Rechtspositionen (§ 7 Abs. 1 n.F.) zu (s. § 8 n.F. Rdn. 39 ff.). Die **Motive** des Arbeitgebers sind dabei grds. **ohne Belang** (zur Anfechtung s. aber unten § 8 Rdn. 46 ff.). Nach der hier vertretenen Auffassung kommt die Freigabe nach § 8 Satz 1 n.F. wegen des Vorrangs des § 6 Abs. 2 n.F. im Ergebnis allerdings nur für die **Freigabe vor oder nach der 4-Monats-Frist** des § 6 Abs 2 zum Tragen und wird durch § 16 verdrängt, sobald nach Inanspruchnahme eine Schutzrechtsanmeldung erfolgt ist (s. § 8 Rdn. 39 ff.).

13 § 8 erfasst – spiegelbildlich zur Inanspruchnahme (s. § 6 n.F. Rdn. 40–123) – die **Diensterfindung im Ganzen**[8] bzw. **den gesamten jeweiligen Miterfinderanteil**, allerdings nur insoweit, als der Arbeitnehmer diese gemeldet hat (s. § 8 n.F. Rdn. 67). Ist die Diensterfindung bereits zum Schutzrecht angemeldet, ist der Umfang der Schutzrechtsanmeldung auch dann miterfasst, sollte diese über die Erfindungsmeldung hinausgehen. Eine Freigabe von Erfindungsteilen ist ebenso wenig möglich wie eine Freigabe für einzelne Schutzrechtsanmeldungen. Für den letztgenannten Fall ist § 14 einschlägig.

Im Unterschied zu § 8 erstreckt sich eine **Freigabe gem. § 14 Abs. 2** auf die dem Arbeitnehmer vom Arbeitgeber eingeräumte Möglichkeit zum Erwerb

---

7 Reimer/Schade/Schippel/Rother Rn. 13 zu § 8.
8 Ebenso Keukenschrijver in Busse/Keukenschrijver, PatG, Rn. 1 zu § 8 ArbEG. Unzutreffend (zum früheren Recht) Volmer Rn. 6 zu § 6, der über § 14 Abs. 2 hinausgehende, räumlich begrenzte Freigaben der Diensterfindung selbst innerhalb eines Staates befürwortet; wie hier zu § 8 a.F. auch Volmer/Gaul Rn. 12 u. 34 zu § 8.

A. Allgemeines § 8 n.F.

einzelner Auslandsschutzrechte für die in Anspruch genommene Diensterfindung. Die an eine Aufgabeabsicht des Arbeitgebers anknüpfende **Übertragung (mit Wirkung ex nunc) gem. § 16** Abs. 1 u. 2 betrifft ebenfalls nicht die in Anspruch genommene Diensterfindung als solche, sondern nur darauf bezogene, vom Arbeitgeber aufzugebende Schutzrechtspositionen. Demzufolge kann sich der Arbeitgeber dort auf einzelne von ihm getätigte In- und/oder Auslandsanmeldungen bzw. ihm erteilte Schutzrechte (s. dazu § 16 Rdn. 5, 12 ff.) beschränken; möglich ist aber auch, dass er sich von den gesamten vorhandenen Schutzrechtspositionen trennen will. Die Freigabe nach § 14 Abs. 2 bzw. die Rechtsübertragung gem. § 16 Abs. 1 u. 2 setzen im Gegensatz zu den Freigaben gem. § 6 Abs. 2 n.F. und § 8 Satz 1 n.F. zwingend eine zuvor erklärte (unbeschränkte) Inanspruchnahme nach § 6 n.F. voraus.

Die Freigaben gem. § 6 Abs 2 und § 8 wirken grds. auf den Zeitpunkt der Entstehung des Rechts zurück, also **ex tunc**.[9] Bei der Freigabe nach § 6 Abs. 2 verbleibt die originär in der Person des Arbeitnehmers begründete Diensterfindung ihm als Rechtsinhaber weiterhin, nunmehr frei von dem Aneignungsrecht des Arbeitgebers gem. § 6 Abs. 1. Es erfolgt grds. **kein Rechtsübergang** i.S. einer Rückübertragung der Erfinderrechte; anders als im Fall des § 14 Abs. 2 (s. dort Rdn. 16) und des § 16 Abs. 1 und 2 (s. dort Rdn. 48) wird der Arbeitnehmer nicht mit Wirkung ex nunc Rechtsnachfolger seines Arbeitgebers.[10] Hatte der Arbeitnehmer zwischenzeitlich Verfügungen über die Diensterfindung getroffen, so entfällt deren relative, schwebende Unwirksamkeit (vgl. § 7 Abs. 2 n.F.) mit dem Freiwerden (s. § 7 n.F. Rdn. 105). Die Erfindung ist als eine **von Anfang an freie Erfindung** zu behandeln.[11] Konsequenterweise entlastet § 8 Satz 2 den Arbeitnehmer von den für eine (geborene) freie Erfindung (§ 4 Abs. 3) geltenden Beschränkungen der §§ 18, 19, um ihm eine freie Verfügungsbefugnis zu gewähren. 14

Eine **Ausnahme** von der ex-tunc-Wirkung müsste u.E. allerdings dann gelten, wenn der Arbeitgeber die Freigabe einer bereits **in Anspruch genommenen** 15

---

9 So zu § 8 a.F. u.a. Schiedsst. v. 15.10.1964 – BlPMZ 1965, 66 u. LG Düsseldorf v. 22.03.2001 – 4 O 211/00 – *Blasformgerät* (n.v.); Rother in Festschr. Bartenbach (2005), 159, 162. Wie hier auch Boemke/Kursawe/Kursawe Rn. 5 zu § 8.
10 Keukenschrijver in Busse/Keukenschrijver, PatG, Rn. 5 zu § 8 ArbEG. So auch die h. M. zu § 8 a.F., z.B. Schiedsst. v. 28.03.1966, BlPMZ 1967, 131, 132; Reimer/Schade/Schippel/Rother Rn. 1 zu § 8; unzutr. BFH v. 16.08.1973, BFHE 110, 155, 158.
11 So zu § 8 a.F. Schiedsst. v. 28.03.1966, BlPMZ 1967, 131, 132.

Diensterfindung vor Schutzrechtsanmeldung erklärt[12] (s. dazu § 8 Rdn. 39 f.). Hier wirkt die Freigabe aus unserer Sicht – ebenso wie im Fall der Auslandsfreigabe nach § 14 Rdn. 16 – **ex nunc**, also nicht rückwirkend, sondern nur mit Wirkung für die Zukunft (s. § 8n.F. Rdn. 66 ff.).

16 Nicht von § 8 n.F. erfasst ist ein Verzicht des Arbeitgebers auf ein vorbehaltenes nicht ausschließliches **Benutzungsrecht** (vgl. § 14 Abs. 3, § 16 Abs. 3, § 19 Abs. 1). Will der Arbeitgeber auf derartige Rechte verzichten, wäre dies zudem wegen des bloß schuldrechtlichen Charakters des Benutzungsrechts (s. § 14 Rdn. 70 und § 16 Rdn. 89) nur durch formlosen Erlass-(Vertrag) mit dem Arbeitnehmer möglich.[13] Soweit die wohl herrschende Auffassung einen Verzicht des Arbeitgebers durch einseitige Erklärung ggü. dem Arbeitnehmer zulässt,[14] und zwar mit dem Hinweis, der Arbeitgeber könne das Recht in gleicher Weise wieder aufgeben, wie er es sich vorbehalten habe,[15] verkennt sie, dass sich die vom ArbEG eingeräumten Freigabemöglichkeiten nicht auf vorbehaltene Nutzungsrechte beziehen. Sie verkennt ferner, dass mit dem Vorbehalt ein schuldrechtlich wirkendes, inhaltlich im Wesentlichen einer einfachen Lizenz gleichgestelltes Benutzungsrecht entsteht (s. § 16 Rdn. 79 ff.). Wegen der Wesensgleichheit des Verzichts mit dem Erlass i.S.d. § 397 BGB ist unserem Recht ein einseitiger Verzicht auf schuldrechtliche Ansprüche – anders als bei Gestaltungsrechten – fremd;[16] das greift jedenfalls dann, wenn eine entsprechende gesetzliche Legitimation der einseitigen Rechtsaufgabe fehlt. Insoweit kommt es hier nicht auf die vom *BGH* offen gelassene Frage an, ob ein solcher Verzicht auch für die Vergangenheit wirkt, in der der Arbeitgeber die Diensterfindung aufgrund seines Benutzungsrechts verwertet hat, und welche Rechtsfolgen sich bejahendenfalls für die Ansprüche des Arbeitnehmers aus der Vergangenheit ergeben.[17] Erklärt der Arbeitnehmer nicht sein – nach diesseitiger Auffassung notwendiges – Einverständnis mit dem Verzicht, trotz des damit für ihn verbundenen Vorteils, nunmehr unbelastet von Nutzungsrechten über die Diensterfindung bzw. die Schutzrechtsposition ver-

---

12 Für eine ex tunc-Wirkung unter dem Aspekt eines »internen Vorgangs zwischen Arbeitgeber und Arbeitnehmer« dagegen zu der dort auf Grundlage des § 8 a.F. bejahten Möglichkeit einer einseitigen Freigabe nach Inanspruchnahme: Reimer/Schade/Schippel/Rother Rn. 6 zu § 8.
13 Bestätigend Schiedsst. v. 25.11.1997 – Arb.Erf. 24/96, (unveröffentl.).
14 BGH v. 15.05.1990 – X ZR 119/88, GRUR 1990, 667, 668 – *Einbettungsmasse*; Reimer/Schade/Schippel/Rother Rn. 9 zu § 8; vgl. (aber) auch BPatG v. 31.05.2012 – 2 Ni 1/11, (juris, Rn. 29).
15 So BGH v. 15.05.1990 – X ZR 119/88, GRUR 1990, 667, 668 – *Einbettungsmasse*.
16 Vgl. RG v. 12.11.1909, RGZ 72, 165, 171; Palandt/Grüneberg, BGB, § 397 Rn. 4.
17 BGH v. 15.05.1990 – X ZR 119/88, GRUR 1990, 667, 668 – *Einbettungsmasse*.

fügen zu können, kann sich der Arbeitgeber nur durch Nichtausübung dieses Rechts weiteren Zahlungspflichten entziehen. Zur Nichtigkeitsklage des Arbeitgebers s. § 25 Rdn. 47 f.; zum Bestand des Nutzungsrechts bei »Rückerwerb« der freigegebenen Erfindung durch den Arbeitgeber s. § 14 Rdn. 70 b.

*Rdn. 17 – 20 frei*

## B. Freigabe in Textform (Satz 1)

### I. Inhalt

Den Begriff der Freigabe verwendet das ArbEG nicht nur in § 8 Satz 1, sondern auch in § 6 Abs. 2 und in § 14 Abs. 2. Er bringt einen **freiwilligen Verzicht des Arbeitgebers** auf Rechtspositionen zugunsten des Arbeitnehmererfinders zum Ausdruck (s. § 8 Rdn. 12). 21

Für eine **Freigabeerklärung** ist kein bestimmter Wortlaut vorgeschrieben. Es kommt nicht auf den Gebrauch des Begriffs der Freigabe an. Die Verwendung des Begriffs »freigeben« ist ratsam, aber nicht erforderlich. Allerdings reicht in jedem Fall die wörtliche Erklärung des Arbeitgebers aus, dass er »die Diensterfindung freigibt«. Denkbar ist stattdessen ein unzweideutiger Hinweis auf die Rechtsfolge des Satzes 2. Ausreichend ist ansonsten, wenn der Wille des Arbeitgebers, Diensterfindung nicht auf sich überleiten, sondern gänzlich dem Arbeitnehmererfinder freigeben zu wollen, zweifelsfrei aus der Erklärung unter Würdigung der Begleitumstände hervorgeht (§ 133 BGB; vgl. auch § 14 Rdn. 26). Dementsprechend wird regelmäßig auch die Erklärung des Arbeitgebers ausreichen, auf die gemeldete Diensterfindung »uneingeschränkt zu verzichten«, »auf mein Inanspruchnahmerecht zu verzichten« oder »von einer Inanspruchnahme (endgültig) abzusehen«. Ebenso stellt es im Regelfall eine Freigabe der Erfindungsrechte dar, wenn ein diese Rechte enthaltender »Verbesserungsvorschlag« dem Arbeitnehmer »zum eigenen Erwerb von Patent- oder Gebrauchsmusterschutz überlassen« bzw. »freigegeben« wird.[18] S.a. § 13 Rdn. 33.3. 22

Dagegen liegt weder in dem bloßen **Bestreiten der Schutzfähigkeit** noch in dem Bestreiten einer (Mit-) **Erfinderschaft** ggü. dem (eine Erfindung meldenden) Arbeitnehmer eine Freigabeerklärung. In solchen Erklärungen kommt gerade nicht der Wille des Arbeitgebers zum Ausdruck, auf gesetzliche Rechte an einer Erfindung zugunsten des Arbeitnehmers verzichten zu wollen; vielmehr bestreitet er im Gegenteil, dass die rechtlichen bzw. tatsächlichen Voraussetzungen für eine solche Verfügung vorliegen.

---

18 Schiedsst. v. 02.02.1999 – Arb.Erf. 43/97, (unveröffentl.).

23 Wesensmerkmal der Freigabe ist es, dass die Wirkung unmittelbar mit Zugang der Erklärung eintritt, **ohne** dass es auf eine **Mitwirkung des Arbeitnehmers** als Erklärungsempfänger ankommen kann. Demzufolge kann die Freigabe sogar bei entgegenstehendem Willen des Arbeitnehmers ausgesprochen werden. Eine Belastung ist damit für den Arbeitnehmer nicht verbunden, da es ihm überlassen bleibt, ob er die Rechte an der Diensterfindung, insb. die Anmelderechte, nutzt bzw. weiterführt.

24 Auch ein **Übergang der Rechte aus einer Schutzrechtsanmeldung** gem. § 13 Abs. 4 Satz 2 (vgl. dazu § 13 Rdn. 72 ff.) belastet den Arbeitnehmer nicht; diese Bestimmung stellt nur klar, dass zu seiner in § 6 Satz 1 PatG geregelten materiellen Berechtigung an der Erfindung (Erfinderprinzip) noch der Anspruch auf Erteilung des Patents (vgl. § 7 Abs. 1 PatG) hinzutritt.

25 Die Freigabeerklärung ist eine erst **mit Zugang** beim Arbeitnehmer **wirksam** werdende, empfangsbedürftige Willenserklärung (§ 130 BGB; s. zum Zugang § 5 Rdn. 10). Unmittelbar mit Zugang der formgerechten Erklärung treten die Rechtswirkungen nach § 8 Satz 2 n.F ein (s. § 8 n.F. Rdn. 63 ff.; vgl. auch § 6 n.F. Rdn. 118). Der Arbeitgeber hat dafür Sorge zu tragen, dass diese Erklärung dem Arbeitnehmer tatsächlich zugeht[19] (s. § 14 Rdn. 25). Als Willenserklärung unterliegt die Freigabeerklärung allerdings den **allgemeinen Grundsätzen über Willensmängel** gem. §§ 116 ff. BGB; insb. der Anfechtung nach §§ 119 ff. BGB (zur Anfechtung s. § 8 Rdn. 46 f.). Ansonsten kann sie vom Arbeitgeber nicht mehr einseitig widerrufen werden.

26 Da sich der Arbeitnehmer als Empfänger der Freigabeerklärung über die damit geschaffene Rechtslage für von ihm zu treffende Maßnahmen (z.B. Anmeldung, Fristen, Gebühren, Rechtsmittel) endgültig im Klaren sein muss, ist diese Gestaltungserklärung **bedingungs- und auflagenfeindlich**[20] (vgl. aber für den öffentl. Dienst § 40 Nr. 3; zur Möglichkeit eines Vorbehalts zur Schutzfähigkeit s. § 6 n.F. Rdn. 26 ff.).

27 Bspw. kann der Arbeitgeber seine Freigabe nicht von einem Benutzungsrecht oder davon abhängig machen, dass der Arbeitnehmer die Erfindung zum

---

[19] Vgl. BGH v. 31.01.1978 – X ZR 55/75, GRUR 1978, 430, 434 – *Absorberstab-Antrieb* m. Anm. Goltz.
[20] Schiedsst.ZB. v. 23.06.1983 – Arb.Erf. 3 (B)/83, (unveröffentl.); Reimer/Schade/Schippel/Rother Rn. 14 zu § 8; Volmer/Gaul Rn. 46, 62 f. zu § 8; Keukenschrijver in Busse/Keukenschrijver, PatG, Rn. 4 zu § 8 ArbEG; Boemke/Kursawe/Kursawe Rn. 8 zu § 8. S. auch Schiedsst. v. 24.01.2018 – Arb.Erf. 39/16, (vorg. f. www.dpma.de) zum vorbehaltenen Benutzungsrecht.

B. Freigabe in Textform (Satz 1) § 8 n.F.

Schutzrecht anmeldet und/oder sie nicht verwertet (zu Vereinbarungen s. unten § 8 Rdn. 83).

Die Rechtsfolgen einer (unwirksam) bedingten Freigabe bestimmen sich nach den allgemeinen zivilrechtlichen Grundsätzen zu § 139 BGB. Ggf. kann darin auch ein Vertragsangebot liegen bzw. die Erklärung in ein solches umgedeutet werden (§ 140 BGB).

*Rdn. 28, 29 frei*

**II. Form und Zeitpunkt**

Zu Beweiszwecken (vgl. § 416 ZPO, zur Beweislast s. § 8 Rdn. 69) fordert **30** § 8 Satz 1 – ebenso wie § 6 Abs. 2 n.F. – die **Textform** i.S.d. § 126b BGB. Das frühere Schriftformerfordernis (§ 8 Abs. 1 Nr. 1 a.F.) ist zugunsten dieser neueren Formvorschrift entfallen, nicht zuletzt um angesichts der modernen Informations- und Kommunikationstechniken einem Bedürfnis der Unternehmenspraxis Rechnung zu tragen.[21] Die Freigabeerklärung muss also vom Arbeitgeber bzw. einem Bevollmächtigten ggü. dem Arbeitnehmererfinder zumindest in Textform abgegeben werden (Einzelheiten bei § 5 Rdn. 35 ff.).

Selbstverständlich bleibt auch hier die **Schriftform** (§ 126 BGB) für eine Freigabe möglich, wenn auch nicht mehr erforderlich. Eine formlose (mündliche) Erklärung ist unwirksam (§ 125 BGB). Allerdings kann eine formgerechte Freigabeerklärung »nachgeholt« werden.

Eine bloß mündliche Freigabeerklärung ist nur bei einvernehmlichem Formverzicht ausreichend; auf dieses **Textformerfordernis** kann u. E. nach Erfindungsmeldung einvernehmlich (formlos) **verzichtet** werden[22]; insoweit sieht das Gesetz keine Einschränkung zu der nach § 22 Satz 2 eröffneten Vertragsfreiheit vor (s. aber zum Verzicht auf die frühere Schriftform der Inanspruchnahme § 6 a.F. Rdn. 31); § 23 greift bei bloßem Verzicht auf das Formerfordernis nicht durch, zumal nach Meldung ein vollständiger Verzicht sowohl auf ein Inanspruchnahmerecht (s. § 6 n.F. Rdn. 36) als auch auf eine Freigabe der Diensterfindung zulässig wäre. Angesichts der Bedeutung der Freigabeerklä-

---

21 Die Amtl. Begründung zum Patentrechtsmodernisierungsgesetz (BR-Drucks. 757/08 S. 51 [zu Art. 7 Nr. 4]) verweist insoweit auf die Ausführungen zur Neufassung des § 5 Abs. 2 n.F.
22 Zust. Keukenschrijver in Busse/Keukenschrijver, PatG, Rn. 4 zu § 8 ArbEG; abw. Boemke/Kursawe/Kursawe Rn. 12 f. zu § 8, wonach es dem Arbeitgeber bei mündlicher Einigung verwehrt sein soll, sich auf die Textform zu berufen! (ähnl. Boemke/Kursawe/Kursawe/Nebel Rn. 57 f. zu § 22); ferner Schwab, Arbeitnehmererfindungsrecht, § 8 Rn. 3, wonach die Textform der Freigabe unabdingbar sein soll.

rung und mit Blick auf die Beweisfunktion der Form sollten u. E. an den Nachweis eines (stillschweigenden) Verzichts auf die Textform wenn nicht strenge, so doch keine geringen Anforderungen gestellt werden.

31 Bei **Miterfindern** bedarf es zur Freigabe der formgerechten Erklärung jedem Arbeitnehmer-Miterfinder ggü. (zu unterschiedlichen Erklärungsinhalten s. § 6 n.F. Rdn. 141).

32 Die arbeitsrechtliche Fürsorgepflicht kann es dem Arbeitgeber nicht nur gebieten, dem Arbeitnehmer mit der Freigabeerklärung die Diensterfindung betreffende **Unterlagen herauszugeben** (vgl. auch § 15 Abs. 1 Satz 1, § 16 Abs. 1), sondern zudem sonstige sachdienliche Informationen zu erteilen.[23]

33 Im Unterschied zur Freigabe zur Vermeidung einer Inanspruchnahme gemäß § 6 Abs. 2 n.F. (s. § 6 n.F. Rdn. 112 f.) gibt es für die anderweitige Freigabe i.S.d. § 8 Satz 1 n.F. nach hiesiger Auffassung **grds. keine Fristen**. Aufgrund der Regelungssystematik (s. § 8 Rdn. 7) besteht diese Freigabemöglichkeit außerhalb der 4-Monats-Frist des § 6 Abs. 2 n.F., entfällt allerdings zugunsten der Schutzrechtsaufgabe nach § 16, wenn bzw. sobald eine in Anspruch genommene Diensterfindung zum Schutzrecht angemeldet ist (s. § 8 Rdn. 42).

34 Die Freigabe kann damit **vor bzw. ohne** ordnungsgemäße **Meldung** i.S.d. § 5 erfolgen; in der Freigabeerklärung liegt dann zugleich ein Verzicht auf die Erfindungsmeldung.[24] Als Abrede zugunsten des Arbeitnehmers (vgl. § 22) kann eine Freigabe zu jedem Zeitpunkt vertraglich vereinbart werden, es sei denn, sie ist mit Zusatzbestimmungen verknüpft, die den Arbeitnehmer im Verhältnis zum ArbEG rechtlich schlechterstellen (vgl. § 22 Rdn. 17 ff.). So können z.B. schon im Anstellungsvertrag bestimmte technische Bereiche zugunsten des freien Verfügungsrechts des Arbeitnehmers »freigestellt« werden. Auch die Freigabe einer dem Arbeitgeber (noch) unbekannten Diensterfindung ist grundsätzlich wirksam (vgl. auch § 22 Satz 1), soweit diese nicht durch bewusst unterlassene unverzügliche Erfindungsmeldung vom Arbeitnehmererfinder erschlichen worden ist.[25]

*Rdn. 35 – 38 frei*

---

23 Volmer Rn. 16 zu § 8; s.a. Volmer/Gaul Rn. 83 ff., 89 zu § 8.
24 So zum früheren Recht bereits Schiedsst. v. 02.02.1999 – Arb.Erf. 43/97, (unveröffentl.).
25 Vgl. BGH v. 19.05.2005 – X ZR 152/01, GRUR 2005, 761, 762 – *Rasenbefestigungsplatte* zu Verzicht auf das Inanspruchnahmerecht nach früherem Recht.

B. Freigabe in Textform (Satz 1) § 8 n.F.

### III. Freigabe nach Inanspruchnahme und vor Schutzrechtsanmeldung

Nach der hier vertretenen Auffassung ist nunmehr eine Freigabe gem. § 8 Satz 1 n.F. nach Inanspruchnahme (§§ 6, 7 n.F.) möglich, sofern die Schutzrechtsanmeldung (§ 13) noch nicht erfolgt ist. Im Einzelnen. 39

Diese Möglichkeit war auf der Grundlage des früheren Rechts streitig. Entgegen einer weitverbreiteten Auffassung[26] haben sich die Verfasser zu § 8 Abs. 1 Nr. 1 a.F. dafür ausgesprochen, die Freigabe einer unbeschränkt in Anspruch genommenen Diensterfindung *vor* deren Schutzrechtsanmeldung nicht zuzulassen und dazu auf den Weg über § 14 Abs. 2, § 16 Abs. 1 verwiesen (s. § 8 a.F. Rdn. 24 ff.). 40

Auf Grundlage von § 8 n.F. gilt dies indes nach der hier vertretenen Auffassung[27] angesichts der **neuen Regelungssystematik** zur Freigabe (s. § 8 Rdn. 7) nicht mehr. Wenn der Gesetzgeber – neben der Sonderregelung in § 6 Abs. 2 n.F. für Freigaben innerhalb der Frist für die Inanspruchnahmefiktion (s. § 6 n.F. Rdn. 108) – trotz Wegfalls der früheren Alternativen des § 8 Abs. 1 Nr. 2 und 3 a.F. für die Freigabe in § 8 n.F. keinerlei zeitliche Begrenzungen eingezogen hat, spricht auch dies für die nunmehrige Möglichkeit einer Freigabe von in Anspruch genommenen Diensterfindungen vor deren Schutzrechtsanmeldung. Wollte man – wie die Gegenansicht[28] – in diesen Fällen eine Freigabe nach § 8 ablehnen und den Weg über § 16 und damit die Notwendigkeit einer Schutzrechtsanmeldung fordern, wäre dies ein überflüssiger und sachlich nicht mehr begründbarer Formalismus. Folglich ist u. E. nunmehr davon auszugehen, dass der Arbeitgeber dem Arbeitnehmer die Erfindung auch in den Fällen einer in Anspruch genommenen, aber noch nicht zum Schutzrecht angemeldeten Diensterfindung (einseitig) nach § 8 Satz 1 n.F. in Text-

---

26 Vgl. Reimer/Schade/Schippel/Rother Rn. 6, 16 zu § 8; Volmer Rn. 12–15 zu § 8; wohl auch BGH v. 09.01.1964 – I a ZR 190/63, GRUR 1964, 449, 451 – *Drehstromwicklung* u. Schiedsst. v. 17.10.1988, BlPMZ 1989, 366, 368 l.Sp. (anders deren neuere Praxis, s. die Nachweise bei § 8 a.F. Rdn. 28).
27 Zust. Schiedsst. v. 29.06.2017, Arb.Erf. 62/16, (www.dpma.de); ferner im Ergebnis Schiedsst. v. 24.01.2018 – Arb.Erf. 39/16, (vorg. f. www.dpma.de). Wie hier im Ergebn. auch Reinecke, FA 2010. 98, 100; Schwab, Arbeitnehmererfindungsrecht, § 6 Rn. 5.
28 Gärtner/Simon, BB 2011, 1909, 1911; s. ferner Gennen, ITRB 2010, 280, 283.

form freigeben kann,[29] und zwar nach Ablauf der Freigabefrist des § 6 Abs. 2 n.F.[30] (zur Freigabe während der 4-Monats-Frist s. § 6 n.F. Rdn. 104, 112).

In diesem (Ausnahme-) Fall ist konsequenterweise davon auszugehen, dass die **Inanspruchnahmewirkung** durch die Freigabe kraft Gesetzes **ex nunc entfällt**; der Arbeitnehmer wird dann wieder Inhaber aller Rechte an der Erfindung[31] (s. § 8 Rdn. 15), bzw. – anders ausgedrückt – die vermögenswerten Rechte an der Diensterfindung fallen auf ihn zurück.

41 Will der Arbeitgeber nach (ausdrücklicher oder stillschweigender) Inanspruchnahme einseitig von einer nach § 13 gebotenen **Schutzrechtsanmeldung absehen**, ist er nach der hier vertretenen Auffassung zu dieser Freigabeerklärung verpflichtet, da das Gesetz nur in den Schranken der §§ 8, 16 einen einseitigen Rechtsverzicht zulässt. Das Verfahren nach § 16 stellt – wie ausgeführt – insoweit keine Alternative dar, da die Regelung zwingend eine Schutzrechtsanmeldung voraussetzt. Wollte man das Erfordernis einer Schutzrechtsanmeldung verneinen und die Notwendigkeit einer ausdrücklichen Freigabe unter Hinweis auf eine mangels Verwertung nicht bestehende Anbietungspflicht ablehnen, käme dies einem einseitigen Entzug der Erfindung gleich, der weder mit § 8, noch mit § 13, noch mit § 16 vereinbar wäre.

42 Ist die in Anspruch genommene Diensterfindung **bereits zum Schutzrecht** nach § 13 und/oder § 14 **angemeldet**, scheidet eine Freigabe nach § 8 n.F. aus. Diese Fallsituation ist abschließend in § 16 geregelt (s. § 8 Rdn. 12 f.). Folglich ist § 8 n.F. nicht einschlägig, sondern das Verfahren nach § 16 zu beachten.

---

29 Bestätigt durch Schiedsst. v. 29.06.2017 – Arb.Erf. 62/16, (www.dpma.de); v. 24.01.2018 – Arb.Erf. 39/16, (vorg. f. www.dpma.de); ferner wie hier nunmehr Keukenschrijver in Busse/Keukenschrijver, PatG, Rn. 9 zu § 8 ArbEG. Widersprüchlich Boemke/Kursawe, wonach einerseits der Arbeitgeber »die Erfindung jederzeit, auch nach Inanspruchnahme (auch nach der Inanspruchnahmefiktion des § 6 II) freigeben« kann (so Boemke/Kursawe/Kursawe Rn. 26 zu § 6,), andererseits aber »eine einseitige Freigabe nach ausdrücklicher Inanspruchnahme nicht möglich« sein soll (Boemke/Kursawe/Kursawe Rn. 28 zu § 8, ferner dort Rn. 16; vgl. auch Boemke/Kursawe/Hoppe-Jänisch Rn. 60 f. zu § 13). A.A. Gennen, ITRB 2010, 280, 283; Gärtner/Simon, BB 2011, 1909, 1911.
30 Wie hier im Ergebn. Reinecke, FA 2010. 98, 100.
31 Ebenso zum früheren Recht Rother in Festschr. Bartenbach (2005), 159, 161. Im Ergebn. wohl auch Schiedsst. v. 24.01.2018 – Arb.Erf. 39/16, (vorg. f. www.dpma.de).

C. Unwirksamkeit der Freigabe  § 8 n.F.

Zur Freigabe bei **betriebsgeheimen Erfindungen** s. § 17 Rdn. 33, 35 f., zur teilweisen Freigabe einzelner Erfindungsbereiche bzw. Patentkategorien s. § 16 Rdn. 13.

*Rdn. 43 – 45 frei*

## C. Unwirksamkeit der Freigabe

Die Freigabeerklärung stellt eine Willenserklärung dar und unterliegt als solche den bürgerlich-rechtlichen Bestimmungen über die Nichtigkeit (§§ 116, 118, 125 BGB) und **Anfechtbarkeit** wegen Irrtums oder arglistiger Täuschung (§§ 119 ff. BGB). 46

Gibt der Arbeitgeber eine gemeldete Diensterfindung »frei«, weil er sie **nicht für schutzfähig hält**, so liegt hierin die Erklärung an den Arbeitnehmer, über diese technische Neuerung frei verfügen zu können, also auch Schutzrechtsanmeldungen zur Klärung der Schutzfähigkeit zu betreiben.[32] Ist der Arbeitgeber irrig von der Schutzunfähigkeit der Diensterfindung ausgegangen, so ist die Freigabeerklärung – aufgrund der Systematik des ArbEG, die auf die bloße Möglichkeit der Schutzrechtserteilung abstellt (s. dazu § 2 Rdn. 16 ff.) und vorrangig dem Arbeitgeber die Klärung der Schutzfähigkeit überlässt (vgl. § 13 Abs. 1 und die Frist für die Inanspruchnahmefiktion des § 6 Abs. 2 n.F.) – nicht gem. § 119 Abs. 2 BGB wegen Irrtums über eine verkehrswesentliche Eigenschaft der Erfindung (s. dazu § 17 Rdn. 36 zu) anfechtbar[33] (s.a. § 6 a.F. Rdn. 17 u. § 6 n.F. Rdn. 26 ff.). Zweifelhaft ist, ob für eine Anfechtung nach § 119 BGB dann Raum ist, wenn der Arbeitgeber übersehen hat, dass die freigegebene Erfindung im Zusammenhang mit einem Forschungsauftrag steht;[34] in derartigen Fällen mag die Prüfung eines Rückübertragungsanspruchs nach Treu und Glauben (§ 242 BGB) näherliegen. Eine Anfechtung nach § 119 BGB scheidet jedenfalls auch dann aus, wenn sich der Arbeitgeber lediglich über die wirtschaftliche Verwertbarkeit bzw. Bedeutung einer Diensterfindung irrt. Ein Anfechtungsrecht nach § 119 BGB kann jedoch dann bestehen, wenn der Arbeitnehmer die Erfindung **nicht vollständig gemeldet** 47

---

32 Ebenso zum § 8 Abs. 1 Nr. 1 a.F. Schiedsst. ZB. v. 06.08.1979 – Arb.Erf. 64/78, (unveröffentl.).
33 Zust. Keukenschrijver in Busse/Keukenschrijver, PatG, Rn. 3 zu § 8 ArbEG (kein Anfechtungsrecht »wegen der gesetzlichen Risikoverteilung«); a.A. Röpke, Arbeitsverh. u. ArbNErf. S. 66.
34 So aber möglicherweise Schiedsst. ZB. v. 23.06.1983 – Arb.Erf. 3 (B)/83, (unveröffentl.).

hatte und der Arbeitgeber deshalb den Charakter als Diensterfindung oder deren Inhalt, Umfang bzw. Bedeutung verkannt und diese freigegeben hat.[35]

48  Als **Rechtsfolge** einer wirksamen **Anfechtung nach § 119 BGB** wird die Freigabeerklärung von Anfang an nichtig (§ 142 Abs. 1 BGB), sodass die ursprüngliche Inanspruchnahmesituation wieder gegeben ist. War die Meldung ordnungsgemäß und ist die 4-Monats-Frist nach § 6 Abs. 2 n.F. bereits abgelaufen, tritt die – vom Willen der Arbeitsvertragsparteien unabhängige (s. § 6 n.F. Rdn. 122, 125) – Fiktionswirkung der Inanspruchnahme ein. Läuft diese Frist noch, hat der Arbeitgeber zu entscheiden, ob er vor deren Ablauf (vorsorglich!) eine ausdrückliche Inanspruchnahme erklärt (§ 6 Abs. 1 n.F.), den Fristablauf mit Eintritt der Fiktionswirkung abwartet oder die Erfindung erneut nach § 6 Abs. 2 n.F. freigibt. Inwieweit eine Schadensersatzpflicht des Arbeitgebers nach § 122 BGB besteht, ist Tatfrage.[36]

49  Hat der Arbeitnehmer **vorsätzlich eine falsche bzw. unvollständige Erfindungsmeldung** abgegeben, um eine Freigabe zu erschleichen, rechtfertigt dies eine Anfechtung wegen arglistiger Täuschung nach § 123 BGB[37] und lässt das Inanspruchnahmerecht des Arbeitgebers unberührt fortbestehen (s. im Einzelnen § 5 Rdn. 20.3). Die Freigabe entfaltet auch dann keine Wirkung, wenn diese durch bewusst unterlassene unverzügliche Erfindungsmeldung vom Arbeitnehmererfinder **erschlichen** worden ist.[38]

Zur Unwirksamkeit bei einer **Freigabe unter Auflagen oder Bedingungen** s. § 8 Rdn. 26 f.

*Rdn. 50 – 55 frei*

### D. Freigabe einer nicht schutzfähigen technischen Neuerung

56  Da § 8 zunächst nur an die Möglichkeit der Schutzfähigkeit anknüpft (s. § 2 Rdn. 16, 18), kann sich in einem vom Arbeitnehmer bzw. dessen Rechtserwerber nach einer Freigabe i.S.d. § 6 Abs. 2, § 8 n.F. (weiter-)betriebenen Anmeldeverfahren die Schutzunfähigkeit der technischen Neuerung ergeben. Die Freigabe wird dadurch nicht unwirksam.[39] Die Rechtswirkungen der Freigabe

---

35 Ebenso Busse/Keukenschrijver, PatG, Rn. 12 zu § 5 ArbEG; vgl. auch Gaul, DB 1982, 2499, 2502; Volmer/Gaul Rn. 123 ff. zu § 5.
36 Vgl. Volmer/Gaul Rn. 127 zu § 5.
37 Ebenso Keukenschrijver in Busse/Keukenschrijver, PatG, Rn. 4 zu § 8 ArbEG.
38 Vgl. BGH v. 19.05.2005 – X ZR 152/01, GRUR 2005, 761, 762 – *Rasenbefestigungsplatte* zum Verzicht des Arbeitgebers auf sein Inanspruchnahmerecht nach früherem Recht.
39 Im Ergebn. auch Reimer/Schade/Schippel/Rother Rn. 27 zu § 8 (a.F.).

## D. Freigabe einer nicht schutzfähigen technischen Neuerung § 8 n.F.

sind zunächst bei sich später als fehlend erwiesener Schutzfähigkeit eingetreten[40], auch wenn der Arbeitgeber bereits Zweifel hatte (s. § 6 n.F. Rdn. 27.1). Wird amtlich bzw. gerichtlich die Schutzunfähigkeit festgestellt, so wird die auf eine »Diensterfindung« bezogene Freigabe **gegenstandslos**, da nunmehr feststeht, dass es sich bei der Neuerung von vornherein um ein bloßes – dem Arbeitgeber gehörendes – Arbeitsergebnis (s. dazu § 3 Rdn. 26 f.) gehandelt hat.[41]

Aufgrund der Freigabe durch den Arbeitgeber war und bleibt der Arbeitnehmer jedoch befugt, i.R.d. § 8 n.F. über dieses Wissen zu verfügen, dieses also auch an Dritte (Wettbewerber) weiterzugeben bzw. im Rahmen von Schutzrechtserteilungsverfahren offenzulegen.[42] Hierdurch entstandene Wettbewerbsverluste oder sonstige Vermögensnachteile des Arbeitgebers muss dieser hinnehmen. Insb. scheiden **Schadensersatzansprüche** des Arbeitgebers (§ 280 Abs. 1 i.V.m. §§ 619a, 823, 826 BGB, 17 UWG, s. auch GeschGehG-E) i.d.R. aus, da es an einer rechtswidrigen Verletzungshandlung des Arbeitnehmers fehlt, dieser lediglich von seiner ihm in § 8 Satz 2 n.F., § 13 Abs. 4 eingeräumten Befugnis (»zunächst«) rechtmäßig Gebrauch gemacht hat, die Schutzfähigkeit im Erteilungsverfahren klären zu lassen bzw. über die Erfindung frei zu verfügen[43] (s.a. § 6 a.F. Rdn. 17 f. u. unten § 8 Rdn. 70). I.Ü. wäre es Sache des Arbeitgebers gewesen, bei einem besonderen Geheimhaltungsinteresse seinerseits die gerade für diesen Fall vorgesehene Möglichkeit des Verfahrens nach § 17 mit Klärung der Schutzfähigkeit durch die Schiedsstelle (vgl. § 17 Abs. 2) zu nutzen. Auch Bereicherungsansprüche nach §§ 812 ff. BGB sind ausgeschlossen.[44]

57

Ein Verschuldensvorwurf kann den Arbeitnehmer jedoch dann treffen, wenn er der Schutzfähigkeit offensichtlich entgegenstehende Tatsachen positiv kannte oder jedenfalls – etwa aufgrund eines spezifizierten Hinweises des Arbeitgebers – zweifelsfrei kennen musste.

58

---

40 Im Ergebn. wohl h. M., z. B. Keukenschrijver in Busse/Keukenschrijver, PatG, Rn. 12 zu § 8 ArbEG.
41 Ebenso Volmer/Gaul Rn. 150 zu § 8.
42 Ähnl. Keukenschrijver in Busse/Keukenschrijver, PatG, Rn. 12 zu § 8 ArbEG. So wohl auch Volmer/Gaul Rn. 153 zu § 8.
43 Zust. Keukenschrijver in Busse/Keukenschrijver, PatG, Rn. 12 zu § 8 ArbEG. Nach OLG Karlsruhe v. 14.07.1976 – 6 U 61/74, (unveröffentl.) wird auch eine vermeintliche Erfindung nach § 8 frei und steht dem ArbN uneingeschränkt zu; vgl. auch OLG Karlsruhe v. 13.07.1983, GRUR 1984, 42 f. – *Digitales Gaswarngerät*.
44 So zu Recht Keukenschrijver in Busse/Keukenschrijver, PatG, Rn. 12 zu § 8 ArbEG.

**59** Der Arbeitgeber ist nunmehr zur (vergütungsfreien) **Nutzung** dieses technischen Wissens – wie der Arbeitnehmer und jeder Dritte – berechtigt. Problematisch sind allerdings die Fälle, in denen der Arbeitnehmer auf eine im Inland nicht schutzfähige Neuerung ein **Auslandspatent** erwirbt. Konsequenz der hier vertretenen Auffassung (s. § 2 Rdn. 25 f.) wäre ein Nutzungsrecht des Arbeitgebers an diesen Auslandsschutzrechten als Arbeitsergebnis (s. § 8 a.F. Rdn. 45).

Zu Meinungsverschiedenheiten und Zweifeln über die Schutzfähigkeit s. § 6 n.F. Rdn. 26 ff.

*Rdn. 60 – 62 frei*

### E. Rechtsfolgen des Freiwerdens

#### I. Allgemein

**63** Mit Zugang der Freigabeerklärung (s. § 6 n.F. Rdn. 118 u. oben § 8 n.F. Rdn. 25) wird die Diensterfindung frei (§ 8 Satz 1 n.F.) und der Arbeitnehmer kann über diese Diensterfindung ohne die Beschränkungen der §§ 18, 19 verfügen (§ 8 Satz 2 n.F.). Die Freigabe betrifft – wie auch der Rückschluss aus § 7 zeigt – alle vermögenswerten Rechte an der Diensterfindung. Der Arbeitnehmer behält also die vermögenswerten Rechte an seiner Erfindung, nunmehr unbelastet von dem Aneignungsrecht des Arbeitgebers.[45] Diese Wirkung gilt sowohl bei Freigabe nach § 6 Abs. 2 n.F. (s. dort Rdn. 108) als auch bei Freigabe nach § 8 Satz 1 n.F. In den Fällen des § 6 Abs. 2 n.F. und bei Freigabe vor Inanspruchnahme tritt die Rechtswirkung unabhängig davon ein, ob der Arbeitgeber bereits Schutzrechtsanmeldungen vorgenommen hat. Eine erneute »Erfindungsmeldung« der freigewordenen Diensterfindung ist ohne Rechtswirkungen (s. § 6 n.F. Rdn. 95), lässt also das Inanspruchnahmerecht nicht wiederaufleben, kann aber ggf. als Angebot zur Übertragung umgedeutet werden.[46]

**64** Gibt der Arbeitgeber die Diensterfindung **vor Schutzrechtsanmeldung** frei, entfällt gem. § 13 Abs. 2 Nr. 1 seine Pflicht zur Inlandsanmeldung (vgl. i.Ü. § 13 Rdn. 32); nur noch der Arbeitnehmer ist zur Schutzrechtsanmeldung befugt (§ 13 Abs. 4 Satz 1, s. dazu § 8 Rdn. 70 ff.).

Die Situation einer Freigabe **nach Schutzrechtsanmeldung** kann nach hiesiger Auffassung nur innerhalb der 4-Monats-Frist des § 6 Abs. 2 n.F. in Betracht

---

[45] Rother in Festschr. Bartenbach (2005), 159, 161.
[46] S. Busse/Keukenschrijver, PatG (7. Aufl. 2013), Rn. 4 zu § 8 ArbEG.

### E. Rechtsfolgen des Freiwerdens § 8 n.F.

kommen (s. § 8 Rdn. 7). In diesem Fall gehen gem. § 13 Abs. 4 Satz 2 die Rechte aus der Anmeldung auf den Arbeitnehmer über (streitig, s. § 13 Rdn. 81).

Bei der **Beweislast** ist zu differenzieren: Diese trägt der **Arbeitnehmer**, wenn er sich auf ein Freiwerden der Diensterfindung beruft. Während er auf Basis der §§ 6, 7 a.F. insb. den Zugang der ordnungsgemäßen Meldung der Erfindung beim Arbeitgeber (s. § 6 a.F. Rdn. 50) darzulegen und zu beweisen hat,[47] betrifft dies auf Basis des § 6 n.F. die Freigabeerklärung durch den Arbeitgeber (s. dazu § 6 n.F. Rdn. 112). **64.1**

Gibt der Arbeitgeber die Diensterfindung **vor Schutzrechtsanmeldung** frei, entfallen gem. § 13 Abs. 4 seine Anmeldepflicht und sein Anmelderecht. **65**

**II. Für den Arbeitnehmer**

**1. Grundsatz**

Mit dem Freiwerden **bleibt der Arbeitnehmer Inhaber der Erfindung**[48] (ex-tunc-Wirkung; zum Sonderfall der Freigabe nach Inanspruchnahme s. oben § 8 Rdn. 39 f.). Allerdings bedarf es im Unterschied zu § 16 keiner Abtretung; vielmehr vollzieht sich der **Verbleib bzw. Rückfall aller vermögenswerten Erfindungsrechte** an der nunmehr frei gewordenen Diensterfindung auf den Arbeitnehmer gem. § 8 Satz 2 n.F. kraft Gesetzes. **66**

Von der Freigabe wird im Zweifel nur dasjenige **erfasst**, was der Arbeitnehmer gem. § 5 **gemeldet** hat[49] (vgl. auch § 8 n.F. Rdn. 13). Von einer nicht den Anforderungen des § 5 Abs. 2 entsprechenden Erfindungsmeldung, die der Arbeitgeber indes nicht nach § 5 Abs. 3 beanstandet hat, ist im Zweifel alles das erfasst, was der Arbeitnehmer ersichtlich melden wollte; etwaige Unklarheiten gehen zulasten des Arbeitgebers.[50] **67**

---

47 Schiedsst. v. 07.02.1995 – Arb.Erf. 6(B)/7(B)/93, (unveröffentl.).
48 Ebenso Keukenschrijver in Busse/Keukenschrijver PatG Rn. 5 zu § 8 ArbEG. So auch die h. M. zu § 8 a.F., z.B. Reimer/Schade/Schippel/Rother Rn. 4 zu § 8; unzutr. BFH v. 16.08.1973, BFHE 110, 155, 158.
49 So zum früheren Recht: OLG Düsseldorf v. 08.11.1957, GRUR 1958, 435, 436 – *Kohlenstaubfeuerung*; LG Düsseldorf v. 30.06.1975, EGR Nr. 15 zu § 5 ArbEG; Schiedsst. v. 04.06.1997 – Arb.Erf. 82/95, (unveröffentl.); Heine/Rebitzki Anm. 2 zu § 8; vgl. auch Schiedsst. v. 17.10.1988, BlPMZ 1989, 366, 368 u. BGH v. 17.01.1995 – X ZR 130/93, Mitt. 1996, 16, 17 – *Gummielastische Masse*; Rother in Festschr. Bartenbach (2005), 159, 165 f.
50 Zu § 8 a.F. so im Ergebn. Schiedsst. v. 08.06.1986, BlPMZ 1986, 273, 274.

**68** Dem **Arbeitgeber** stehen mit Freiwerden **keinerlei Rechte** an der Diensterfindung zu. Nach Erfindungsmeldung (vgl. § 22) kann mit dem Arbeitnehmer – insb. zur Wahrung von Betriebsgeheimnissen – ein **Verzicht** auf die Rechtswirkungen des Freiwerdens vereinbart werden;[51] im Hinblick auf die Möglichkeit einer (vergütungspflichtigen) Inanspruchnahme bedarf es dann angesichts des § 23 im Grundsatz einer hinreichenden wirtschaftlichen Gegenleistung.

*Rdn. 69 frei*

### 2. Anmelderecht

**70** Der Arbeitnehmer ist nunmehr **allein** befugt, entweder eine zuvor vom Arbeitgeber gem. § 13 Abs. 1 betriebene Schutzrechtsanmeldung fortzuführen (§ 13 Abs. 4 Satz 2) oder mangels vorheriger Anmeldung diese selbst zu betreiben (§ 13 Abs. 4 Satz 1, s. dazu § 13 Rdn. 72 ff.). Einer Rückübertragung der Rechte aus einer Schutzrechtsanmeldung bedarf es nicht (§ 13 Rdn. 75). Ist die Schutzrechtsanmeldung bereits erfolgt, verbleibt es im Fall einer (stillschweigenden) Inanspruchnahme bei dem Verfahren nach § 16 (zur Gesetzessystematik s. § 8 Rdn. 7). Eine Pflicht des Arbeitnehmers zur Schutzrechtsanmeldung oder zur Fortführung der Schutzrechtsanmeldung besteht nicht[52] (zu den Auswirkungen einer Schutzrechtsposition des Arbeitnehmers für den Arbeitgeber s. unten § 8 Rdn. 100 ff.). Der Entschluss zu nationalen, europäischen oder ausländischen Schutzrechtsanmeldungen (bzw. deren Fortführung) sowie zu Art und Umfang von Schutzrechten fällt – ebenso wie eine potentielle wirtschaftliche Verwertung – in die **alleinige Entscheidungs- und Verantwortungshoheit des Arbeitnehmers**. Der Arbeitgeber hat weder ein Mitspracherecht noch – wie in § 14 Abs. 2 Satz 1 bei Auslandsfreigabe vorgesehen – eine Unterstützungspflicht (s. auch § 14 Rdn. 36. 2).

*Rdn. 71 – 73 frei*

### 3. Verfügungs- und Verwertungsrecht (Satz 2)

#### a) Grundsatz

**74** In seiner **Entstehungsgeschichte** ist Satz 2 wortgleich mit § 8 Abs. 2 a.F. Auf einen eigenen Absatz wurde aus rein redaktionellen Gründen mit Blick auf die

---

51 Vollrath, GRUR 1987, 670, 675 f.
52 Unstreitig, z. B. Keukenschrijver in Busse/Keukenschrijver, PatG, Rn. 8 zu § 8 ArbEG. So zum früheren Recht (selbst bei beschränkter Inanspruchnahme) auch Reimer/Schade/Schippel/Rother Rn. 10, 14 zu § 7; Volmer/Gaul Rn. 79 ff. zu § 7 u. Rn. 125 ff. zu § 8.

E. Rechtsfolgen des Freiwerdens § 8 n.F.

Verdichtung des bisherigen Abs. 1 zu einem Satz 1 verzichtet.[53] Allerdings hat es der Gesetzgeber hier – ebenso wie bei § 24 Abs. 2 und § 25 – bei dem aus § 8 Abs. 1 a.F. herrührenden Begriff der »frei gewordenen« Erfindung belassen; dieser ist jetzt deckungsgleich mit dem Begriff der »frei gegebenen« Erfindung.

Die Regelung betrifft **sämtliche Fälle des Freiwerdens** nach § 6 Abs. 2 n.F. und § 8 n.F. (s. § 8 Rdn. 63). Sie stellt zunächst klar, dass der Arbeitnehmer nach Freiwerden der Diensterfindung nicht zur Mitteilung und Anbietung i.S.d. §§ 18, 19 verpflichtet ist – eigentlich eine Selbstverständlichkeit, da die §§ 18, 19 nur für die freie Erfindung i.s.d. § 4 Abs. 3 gelten. Aus Satz 2 ist darüber hinaus zu folgern, dass die Diensterfindung mit Freiwerden der Sphäre des Unternehmens entzogen ist und es dem Arbeitnehmer im Grundsatz freisteht, die Erfindung wie ein freier Erfinder nach seinem Belieben zu verwerten.[54] Das nachträgliche Freiwerden hat regelmäßig zur Folge, dass die Erfindung damit als von Anfang an frei anzusehen ist (s. dazu § 8 Rdn. 14 f.). Als alleiniger Inhaber der Erfindungsrechte bzw. des Schutzrechts kann der Arbeitnehmer darüber **verfügen**. Er kann sie also einem Dritten (auch erneut dem Arbeitgeber) anbieten, auf diesen übertragen, Lizenzbereitschaft erklären (§ 23 PatG), einfache oder ausschließliche Lizenzen erteilen; ebenso steht es ihm zu, Verletzungshandlungen Dritter abzuwehren; in die Erfinderrechte können seine Gläubiger vollstrecken (s. dazu § 27 n.F. Anhang Rdn. 5). 75

Im Grundsatz geht das ArbEG weiter davon aus, dass der Arbeitnehmer seine Erfindung **durch eigene Nutzung verwerten** kann. Ein Anspruch des Arbeitgebers auf wirtschaftliche Beteiligung besteht nicht, selbst dann, wenn er die erfindungsgemäßen Produkte nunmehr von seinem (ausgeschiedenen) Arbeitnehmer bezieht.[55] 76

**b) Schranken**

Inwieweit sich Schranken für das Verfügungs- bzw. Verwertungsrecht des Arbeitnehmers aus dessen arbeitsvertraglicher Bindung, insb. hinsichtlich des aus der Rücksichtnahme- bzw. Treuepflicht abzuleitenden Wettbewerbsverbots und der Verschwiegenheitspflicht (zum Inhalt vgl. § 24 Rdn. 28 ff. u. § 25 Rdn. 37 f.), ergeben, ist umstritten. Nach **§ 25 Halbs. 2** sollen die Verpflichtungen aus dem Arbeitsverhältnis (nur) bestehen bleiben, soweit sich nicht aus 77

---

53 Vgl. Amtl. Begründung zum Patentrechtsmodernisierungsgesetz in BR-Drucks. 757/08 S. 51 (zu Art. 7 Nr. 4 des Entwurfs).
54 Vgl. auch Amtl. Begründung zu § 8 a.F. in BT-Drucks. II/1648 S. 26 = BlPMZ 1957, 232 u. Rother in Festschr. Bartenbach (2005), 159, 162.
55 So bereits z. alten Recht vor der DVO: RG v. 16.03.1937, ARS 30, 78, 81.

dem Freiwerden etwas anderes ergibt. Diese Klausel, die ursprünglich insb. mit Blick auf das frühere Institut der beschränkten Inanspruchnahme aufgenommen wurde, soll klarstellen, dass die frei gewordene Erfindung dem Arbeitnehmer zur freien Verfügung steht, nicht aber, dass der Arbeitnehmer seinem Arbeitgeber durch eigene Verwertung selbst Konkurrenz machen darf.[56]

Da § 25 Halbs. 2 keinen völligen Dispens von arbeitsrechtlichen Verpflichtungen ausspricht, ist es gerechtfertigt, solche Verwertungshandlungen der frei gewordenen Diensterfindung auszuschließen, die in den Kernbereich arbeitsvertraglicher Beziehungen derart störend hineinwirken können, dass sie den Fortbestand des Arbeitsverhältnisses untragbar werden lassen. Aus § 25 Halbs. 2 folgt also, dass der Arbeitnehmer hinsichtlich der Beschränkung aus der Rücksichtnahme- bzw. Treuepflicht insoweit befreit wird, als dies für eine Verfügung über die Erfindung notwendig ist,[57] nicht aber hinsichtlich der Möglichkeiten zur Eigenverwertung[58] (s. nachfolgend Rdn. 78 f.; zur Unterlassungsklage gegen den Arbeitgeber wegen Schutzrechtsverletzung s. § 8 Rdn. 93 ff.). Daran hat u. E. auch der Wegfall des Instituts der beschränkten Inanspruchnahme durch die ArbEG-Novelle 2009 (s. Einl. Rdn. 42 und § 6 n.F. Rdn. 2) nichts geändert, da schon die Treuepflicht (bzw. Rücksichtnahmepflicht, § 241 Abs. 2 BGB) dem Arbeitnehmer grds. jede Konkurrenztätigkeit zum Nachteil seines Arbeitgebers verbietet (vgl. auch § 60 HGB).[59]

78 § 8 Satz 2 n.F. gibt dem Arbeitnehmer demzufolge ein im **Grundsatz freies Verfügungsrecht, nicht jedoch ein Recht zur Eigenverwertung**, soweit er dadurch **während des Arbeitsverhältnisses** (zum Nutzungsrecht nach Arbeitsvertragsende s. nachfolgend Rdn. 84) **in Konkurrenz zu seinem Arbeitgeber** tritt;[60] der Arbeitnehmer kann die Erfindung also dann nicht selbst verwerten, wenn diese Eigennutzung in den Arbeitsbereich seines Arbeitgebers fällt[61] (s.a.

---

56 Ausschussber. zu BT-Drucks. II/3327, S. 8 = BlPMZ 1957 254.
57 Hueck in Festschr. f. Nikisch (1958) S. 63, 79.
58 Ebenso (z. bish. Recht) Rother in Festschr. Bartenbach (2005) 159, 165.
59 S. allg. ErfK/Preis § 611a BGB Rn. 720.
60 So auch Keukenschrijver in Busse/Keukenschrijver, PatG, Rn. 6 zu § 8 u. Rn. 4 zu § 25 ArbEG; Reimer/Schade/Schippel/Rother Rn. 21 zu § 25 u. Rn. 20 zu § 8; Rother in Festschr. Bartenbach (2005), 159, 165; wie hier Volmer/Gaul Rn. 131 ff. zu § 8 (zu weitgehend bei Rn. 121 zu § 25, wonach der ArbN mit Freiwerden berechtigt sei, »jedwede Verwertung vorzunehmen«); Kraßer/Ann, PatR, § 21 Rn. 121; wie hier im Ergebn. auch Schwab, Arbeitnehmererfindungsrecht, § 8 Rn. 4; Boemke/Kursawe/Boemke Rn. 28 zu § 25; ähnl. Ausschussbericht zu BT-Drucks. II/3327 S. 8 = BlPMZ 1957, 254.
61 Heine/Rebitzki Anm. 3 zu § 8.

## E. Rechtsfolgen des Freiwerdens § 8 n.F.

§ 19 Rdn. 37). Als treuwidrige Eigenverwertung ist die Nutzung der Erfindung in einem arbeitnehmereigenen Unternehmen ebenso anzusehen[62] wie die Zwischenschaltung eines Strohmannes, etwa die Beteiligung des Arbeitnehmers mit seiner Erfindung als stiller Teilhaber eines Konkurrenten seines Arbeitgebers.[63]

Maßstab für die Frage, ob der Arbeitnehmer in Konkurrenz zu seinem Arbeitgeber tritt, sind die **Grundsätze des § 60 HGB**, der über den dort geregelten Personenkreis der kaufmännischen Angestellten hinaus auch für alle sonstigen Arbeitnehmer (etwa technische Angestellte) (entsprechend) gilt.[64] Dem Arbeitnehmer wird also, auch wenn er kein Handlungsgehilfe ist, während des rechtlichen Bestandes des Arbeitsverhältnisses (s. § 8 Rdn. 84) jede Form eigener Tätigkeit verboten, die seinem Arbeitgeber Konkurrenz machen könnte; insb. darf er Dienste und Leistungen nicht Dritten im Geschäftsbereich seines Arbeitgebers anbieten, und zwar auch dann nicht, wenn er sicher ist, dass der Arbeitgeber den vom Arbeitnehmer betreuten Sektor oder Kunden nicht erreichen wird.[65] Entscheidend ist letztlich, dass Arbeitgeber und Arbeitnehmer als Anbieter für denselben Kundenkreis in Betracht kommen können.[66] Erlaubt sind allenfalls Aktivitäten in einem Bereich, in dem eine Wettbewerbssituation schlechthin ausgeschlossen ist, z.B. bei Auslandsaktivitäten des Arbeitnehmers und eindeutiger Beschränkung des Arbeitgebers auf den Inlandsmarkt. **79**

Dagegen darf der Arbeitnehmer die **Erfindung** grds. – wie sich aus § 25 Halbs. 2 ergibt – ohne Verstoß gegen die Treuepflicht auch einem **Konkurrenten** seines Arbeitgebers **anbieten**,[67] sie auf diesen übertragen oder diesem eine Lizenz daran erteilen.[68] Das gilt selbst dann, wenn der Arbeitgeber eine einfa- **80**

---

62 Abw. für den Fall eines mit Wissen des ArbG geführten »Eigenbetriebs«: Röpke, GRUR 1962, 127, 130; Volmer Rn. 42 zu § 8.
63 Röpke, GRUR 1962, 127, 130; Heine/Rebitzki Anm. 3 zu § 8; vgl. auch BGH v. 02.06.1987, GRUR 1987, 900, 903 – *Entwässerungsanlage*.
64 Ständ. Rspr. BAG, z.B. v. 16.10.1975, AP Nr. 8 zu § 60 HGB u. v. 20.09.2006, AP HGB § 60 Nr. 13; ErfK/Preis § 611a BGB Rn. 720.
65 BAG v. 16.06.1976, NJW 1977, 646.
66 BAG v. 03.05.1983, AP Nr. 10 zu § 60 HGB.
67 S. Ausschussber. zu BT-Drucks. II/3327 S. 8 = BlPMZ 1957, 254.
68 H. M., Halbach Anm. 1 zu § 25; Röpke, GRUR 1962, 127, 130; Reimer/Schade/Schippel/Rother Rn. 21 zu § 25; Volmer Rn. 37 zu § 8; Boemke/Kursawe/Kursawe Rn. 22 zu § 8 u. Boemke/Kursawe/Boemke Rn. 28 zu § 25; krit. Heine/Rebitzki Anm. 3 zu § 8.

che Lizenz an der Erfindung hat,⁶⁹ da dieser durch den Sukzessionsschutz (§ 15 Abs. 3 PatG, § 22 Abs. 3 GebrMG) abgesichert ist. Allerdings kann die Treuepflicht dem Arbeitnehmer i.R.d. Zumutbaren gebieten, bei mehreren wirtschaftlich vergleichbaren Möglichkeiten (z.b. bei mehreren Interessenten) auf berechtigte Interessen seines Arbeitgebers Rücksicht zu nehmen und ggf. diejenige zu wählen, welche seinen Arbeitgeber am wenigsten belastet.⁷⁰

81 Das Verfügungsrecht des Arbeitnehmers wird im Grundsatz auch nicht durch seine **Verschwiegenheits- bzw. Geheimhaltungspflicht** eingeengt. Die gesetzliche Geheimhaltungspflicht endet gem. § 24 Abs. 2 mit Freiwerden der Erfindung; die arbeitsrechtliche Verschwiegenheitspflicht tritt gem. § 25 Halbs. 2 mit Freiwerden zurück.⁷¹ Soll § 25 Halbs. 2 grds. das freie Verfügungsrecht des Arbeitnehmers sicherstellen, so wäre es unberechtigt, dessen Befugnis mit Hinweis auf die Verschwiegenheitspflicht entgegen der gesetzlichen Wertung auszuhöhlen.⁷² Der Arbeitnehmer ist also in seinem Verfügungsrecht grds. auch dann nicht beschränkt, wenn eine Verfügung über die Erfindungsrechte notwendigerweise⁷³ eine Offenbarung des damit verbundenen betriebsinternen Standes der Technik seines Arbeitgebers mit sich bringt.⁷⁴

---

69 Zur früheren beschränkten Inanspruchnahme so die h. M.: Hueck in Festschr. f. Nikisch (1958) S. 63, 81; Reimer/Schade/Schippel/Rother Rn. 21 zu § 25; Kraßer PatR § 21 III b 4; abw. Peters, GRUR 1961, 514, 518.
70 Ähnl. Lindenmaier/Lüdecke Anm. 8 zu § 25; Röpke, GRUR 1962, 127, 130; Reimer/Schade/Schippel/Rother Rn. 21 zu § 25 u. Rn. 20 zu § 8; vgl. auch MünchArbR/Sack (2. Aufl.) § 101 Rn. 45 (Lizenzvergabe an Konkurrenten nur ausnahmsweise bei Vorliegen ganz besonderer Umstände treuwidrig).
71 Zust. OLG Karlsruhe v. 28.04.2010 – X ZR 72/10, GRUR 2011, 318, 321 – *Initialidee* (insoweit nicht thematisiert von BGH v. 12.04.2011 – X ZR 72/10, GRUR 2011, 733 – *Initialidee*); s. auch Schaub/Koch, ArbRHdb., § 114 Rn. 22. Vgl. (aber) auch Boemke/Kursawe/Boemke Rn. 26 f. zu § 25.
72 So zu Recht Hueck in Festschr. f. Nikisch (1958) S. 63, 79; Röpke, GRUR 1962, 127, 129; vgl. auch Depenheuer, Mitt. 1997, 1, 5; aber str.
73 S. hierzu den Maßstab bei BGH v. 11.01.2005, GRUR 2005, 406, 407 – *Leichtflüssigkeitsabscheider*.
74 Wie hier zu § 8 a.F.: Hueck in Festschr. f. Nikisch (1958) S. 63, 79 f.; Hueck/Nipperdey, LehrbArbR Bd. 1, § 53 II 11 b; Nikisch ArbR Bd. 1, § 28 II 5 c; Halbach Anm. 1 zu § 25; Reimer/Schade/Schippel/Rother Rn. 20 zu § 25 m.w.N.; Volmer/Gaul Rn. 135 f. zu § 8 (s.a. dort Rn. 81); ähnl. Volmer Rn. 19 zu § 25; zu weitgehend Röpke, GRUR 1962, 127, 129, der auch für den Erwerber nützliche Kenntnisse einbeziehen will; nach Einzelfällen auf der Grundlage der arbeitsrechtl. Treue- und Fürsorgepflicht diff.: Janert, Betriebl. Verfahrensweisen (1969) S. 68 ff.; ähnlich Vollrath, GRUR 1987, 670, 674 f., wonach die Abwägung zwischen Verfügungsrecht d. ArbN und Geheimhaltungsinteresse d. ArbG im Einzelfall entscheidet.

### E. Rechtsfolgen des Freiwerdens § 8 n.F.

Die Gegenansicht[75] lässt die im damaligen Gesetzgebungsverfahren geänderte Fassung des § 25 unberücksichtigt. Zudem hat es der Arbeitgeber in der Hand, durch Verzicht auf eine Freigabe diese Folge zu verhindern.[76] An diesem Ergebnis ändert u. E. auch das geplante GeschGehG nichts (vgl. § 3 Abs. 2 GeschGehG-E i.V.m. § 6 Abs. 2, §§ 8, 24 Abs. 2, 25 ArbEG; s. auch § 24 Rdn. 38). Allerdings kann u. E. eine (weitergehende) vertragliche Verschwiegenheitspflicht den Arbeitnehmer über das Wettbewerbsverbot hinaus an einer Eigenverwertung hindern (vgl. auch § 4 Abs. 2 Nr. 3 GeschGehG).

Für den **öffentlichen Dienst** können sich zusätzliche Beschränkungen aufgrund allgemeiner Anordnungen nach § 40 Nr. 3 ergeben (s. § 40 Rdn. 34 ff.), ferner aus dem Nebentätigkeitsrecht (s. dazu § 41 Rdn. 14). 82

Nach Erfindungsmeldung (§ 22 Satz 2) können die Arbeitsvertragsparteien **Vereinbarungen über Verwertungsbeschränkungen** zulasten des Arbeitnehmers treffen, die aber durch die allgemeinen Grenzen der §§ 23 ArbEG, 134, 138 BGB eingeschränkt sind.[77] So können die Arbeitsvertragsparteien anlässlich, bei oder nach Freigabe Vereinbarungen zu der frei gewordenen Diensterfindung abschließen, und zwar auch über Verwertungsbeschränkungen, ferner Nutzungsrechte sowie Übertragungsansprüche des Arbeitgebers, etwa bei Nichtanmeldung innerhalb einer bestimmten Frist.[78] § 23 setzt allerdings starken Einschränkungen des Arbeitnehmers in seiner Verwertungs- und Verfügungsfreiheit (ohne angemessenen finanziellen Ausgleich) ebenso Grenzen wie der Einräumung von Arbeitgeberrechten, die mit den Vorgaben des ArbEG zu in Anspruch genommenen Diensterfindungen unvereinbar wären (z.B. unentgeltliches Nutzungsrecht des Arbeitgebers bei Schutzrechtserwerb des Arbeitnehmers). Zur vertraglichen Überlassung von frei gewordenen Diensterfindungen s. § 6 a.F. Rdn. 59 ff. und zu deren Vergütung s. vor § 9 bis 12 Rdn. 16 ff. 83

---

75 Beil in Chemie-Ing.-Technik 1957, 757, 759; Friedrich, GRUR 1958, 270, 281; Heine/Rebitzki Anm. 2 zu § 25; Lindenmaier/Lüdecke Anm. 8 zu § 25; Peters, GRUR 1961, 514, 517 f.; vgl. auch Amtl. Begründung BT-Drucks. II/1648 S. 40 (zu § 24) = BlPMZ 1957, 240, die aber durch den später zugefügten Halbs. 2 des § 25 überholt ist.
76 Rother in Festschr. Bartenbach (2005), 159, 165 f.
77 Schiedsst. ZB. v. 23.06.1983 – Arb.Erf. 3 (B)/83, (unveröffentl.).
78 S. Keukenschrijver in Busse/Keukenschrijver, PatG (7. Aufl. 2013), Rn. 6 zu § 8 ArbEG.

84 Nach **Beendigung des Arbeitsverhältnisses** ist der Arbeitnehmer in seinem Verfügungs- und Verwertungsrecht mangels ausdrücklicher Vereinbarung grds. unbeschränkt[79] (vgl. dazu § 26 Rdn. 34 ff.).

*Rdn. 85 – 87 frei*

### 4. Sonstige Rechtsfolgen

88 Neben der gesetzlich geregelten Beendigung der Geheimhaltungspflicht (§ 24 Abs. 2 Rdn. 35 ff. sowie § 8 Rdn. 81) **erlöschen** mit der Freigabe weitere **Pflichten aus dem ArbEG**.[80] Die Meldepflicht (§ 5) entfällt bei vorheriger Freigabe (s. § 5 Rdn. 31). Das relative Verfügungsverbot des § 7 Abs. 2 n.F. wird ebenso wie die Unterstützungspflicht nach § 15 Abs. 2 gegenstandslos. Vergütungsansprüche des Arbeitnehmers entstehen durch die Freigabe nicht. Vereinbarungen über die frei gegebene Erfindung sind unbeschadet des § 22 in den allgemeinen Grenzen zulässig (s. § 8 Rdn. 83). Da keine Pflichten des Arbeitnehmers aus den §§ 18, 19 bestehen, kann der Arbeitnehmer wegen des vorangegangenen Verzichts des Arbeitgebers auch nicht aus der Treuepflicht gehalten sein, die Erfindung (erneut) dem Arbeitgeber anzubieten.[81]

Zur **vertraglichen Überleitung einer frei gewordenen Diensterfindung** auf den Arbeitgeber s. § 6 a.F. Rdn. 61 ff.; zur Zuständigkeit der Schiedsstelle s. § 28 Rdn. 22; zur widerrechtlichen Entnahme i.S.d. PatG s. § 7 n.F. Rdn. 51 ff. u. unten § 8 Rdn. 113; zur vorsätzlich falschen Erfindungsmeldung s. § 5 Rdn. 21.1. Zur Anspruchsberechtigung wegen Schutzrechtsverletzung s. § 13 Rdn. 92 ff.

*Rdn. 89 – 92 frei*

### III. Für den Arbeitgeber

#### 1. Verwertung einer frei gewordenen Diensterfindung durch den Arbeitgeber

##### a) Grundsatz

93 Grundsätzlich hat die Freigabe zur Folge, dass der Arbeitgeber damit auf seine Rechte an der Diensterfindung verzichtet (s. § 8 Rdn. 12) und damit – neben

---

[79] OLG Düsseldorf, Mitt. 2004, 418, 428; Rother in Festschr. Bartenbach (2005), 159, 167 ff.; vgl. auch Boemke/Kursawe/Kursawe Rn. 23 ff. zu § 8.
[80] Ausführl. Röpke, Arbeitsverh. u. ArbNErf. S. 65 ff.
[81] I. Ergebn. ebenso Schiedsst. v. 28.12.1982 – Arb.Erf. 17/82, (unveröffentl.); a.A. Röpke, Arbeitsverh. u. ArbNErf. S. 72; Volmer Rn. 20 zu § 25.

### E. Rechtsfolgen des Freiwerdens  § 8 n.F.

den sonstigen Rechtswirkungen (s. unten § 8 Rdn. 126) – kein Recht zu deren Benutzung hat. Allerdings ist hier zu differenzieren:

Gibt der Arbeitgeber die Diensterfindung frei und nutzt er den Erfindungsgegenstand gleichwohl weiter, ist zunächst zu prüfen, ob derartige Nutzungshandlungen auf einem **Nutzungsrecht** beruhen. Dies kann einmal in der Überleitung eines Miterfinderanteils begründet sein (s. § 7 n.F. Rdn. 14 f.). Denkbar ist auch eine (stillschweigende) Nutzungsrechtsvergabe durch den Arbeitnehmererfinder; ist dies der Fall, bestimmt sich danach – unter Beachtung kartellrechtlicher Schranken – der Umfang der Verwertungsbefugnisse des Arbeitgebers sowie dessen Vergütungspflicht (s.a. vor §§ 9 bis 12 Rdn. 12; zur früheren Situation bei beschränkter Inspruchnahme s. § 7 a.F. Rdn. 28 ff. sowie § 10 a.F.).

Fehlt ein Verwertungsrecht, ist danach zu differenzieren, ob eine Schutzrechtsanmeldung bzw. ein Schutzrecht vorliegt (s. nachfolgend Rdn. 100 ff.) oder nicht (s. § 8 Rdn. 121 ff.) und ob der Arbeitgeber die Diensterfindung bzw. darauf bezogene Schutzrechtspositionen dem Arbeitnehmer vorenthalten hat (s. dazu § 8 Rdn. 113 f.). Eine Vergütungspflicht unmittelbar aus dem ArbEG scheidet in allen Fällen aus (s. vor §§ 9 bis 12 Rdn. 12).

Für **Benutzungshandlungen vor der Freigabe** wird ein Vergütungsanspruch nach der hier vertretenen Auffassung nur unter den Voraussetzungen einer arbeitsrechtlichen Sonderleistung anerkannt,[82] wenn also der Arbeitnehmer mit seiner (später freigewordenen) Diensterfindung eine Leistung außerhalb seines eigentlichen vertraglichen Tätigkeitsbereichs erbracht hat, die durch das vereinbarte Arbeitsentgelt nicht abgegolten ist (vgl. hierzu § 9 Rdn. 332 ff.). Dies ist Billigkeitsfrage im Einzelfall.[83] Ansonsten können u. E. Vergütungsansprüche nicht aus § 9 hergeleitet werden, wenn es an einer Inanspruchnahme fehlt (s. aber zur neueren BGH-Rechtsprechung § 9 Rdn. 11). Nach dem Regelungssystem des ArbEG scheiden u. E. für die Zeit vor Freigabe Vergütungsansprüche aus dem Gesichtspunkt der Verletzung arbeitsvertraglicher Pflichten (§§ 280 Abs. 1, 241 Abs. 2 BGB) oder nach Bereicherungsrecht[84] (§§ 812 ff. BGB) aus, anders jedoch für die Zeit ab Freigabe (s. § 8 Rdn. 101; s. aber auch § 8 Rdn. 109). Allerdings geht der *BGH* wohl grds. von einem

94

---

82 LG Düsseldorf v. 17.09.1991, Entscheidungen 4. ZK 2000, 25, 31 – *Reißverschluss*; Volmer/Gaul Rn. 143 ff. zu § 8; Keukenschrijver in Busse/Keukenschrijver, PatG, Rn. 8 zu § 8 ArbEG (s. aber auch dort Rn. 14 zu § 9 ArbEG).
83 Rother in Festschr. Bartenbach (2005), S. 159, 171.
84 So im Ergebnis auch Rother in Festschr. Bartenbach (2005), S. 159, 171. Abw. Keukenschrijver in Busse/Keukenschrijver, PatG, Rn. 14 zu § 9 ArbEG (anders aber dort Rn. 8 zu § 8 ArbEG).

Bereicherungsanspruch des Arbeitnehmers jedenfalls für die Zeit ab Schutzrechtsanmeldung aus[85] (s. i.Ü. nachfolgend Rdn. 105 f.). Ggf. sind auch Ersatzansprüche wegen Verletzung der Geheimhaltungspflicht nach § 24 Abs. 1 denkbar (s. dort § 24 Rdn. 3 ff.).

Zur Rechtslage bei Freigabe und **unterbliebener bzw. nicht weiterverfolgter Schutzrechtsanmeldung** durch den Arbeitnehmer s. § 9 Rdn. 124 ff.

*Rdn. 95 – 99 frei*

**b) Rechtsfolgen bei Schutzrechtsposition des Arbeitnehmers**

100 Hat der Arbeitnehmer die freigewordene Diensterfindung zum Schutzrecht angemeldet bzw. die Schutzrechtsanmeldung des Arbeitgebers fortgeführt (s. dazu § 13 Rdn. 72 ff.), ist der Arbeitgeber ab Schutzrechtserteilung nach §§ 9 PatG, 11 GebrMG an der Nutzung des Erfindungsgegenstandes gehindert; der Arbeitnehmer kann – wie jeder Dritte – die Rechte aus dem Patent nach PatG (ggf. i.V.m. Art. 2 Abs. 2, Art. 64 EPÜ bei für Deutschland erteilten europäischen Patenten) bzw. dem Gebrauchsmuster nach GebrMG geltend machen.[86] Zum Recht des Arbeitgebers zur Nichtigkeitsklage gegen ein auf eine Diensterfindung erteiltes Schutzrecht s. § 25 Rdn. 47 f.

101 Nutzt der Arbeitgeber den Gegenstand der später frei gewordenen Diensterfindung bereits **vor Offenlegung** der vom Arbeitnehmer betriebenen Schutzrechtsanmeldung, kann dies gegen seine Geheimhaltungspflicht gem. § 24 Abs. 1 verstoßen und entsprechende Schadensersatzansprüche auslösen.[87] Unabhängig davon unterliegt er u. E. jedenfalls **ab Freigabe** ggf. den Bereicherungsansprüchen nach §§ 812 ff. BGB[88] (s. dazu § 8 Rdn. 113 f.). Er hat zwar die Kenntnis vom Erfindungsgegenstand wegen seines Anspruchs auf Erfindungsmeldung (§ 5) nicht rechtsgrundlos erlangt. Ein Verwertungsrecht hätte er jedoch nur bei Inanspruchnahme erworben, und zwar vergütungspflichtig. Der Arbeitgeber kann bei unterlassener Inanspruchnahme nicht besser stehen. Die angemaßte tatsächliche Nutzung erfolgt ohne Rechtsgrund. Diese Vergü-

---

85 BGH v. 04.04.2006 – X ZR 155/03, GRUR 2006, 754, 759 [Rn. 35] – *Haftetikett* für die Situation einer fehlenden Erfindungsmeldung und der durch die Schutzrechtsanmeldung des Arbeitgebers ausgelösten Inanspruchnahmefrist mit Freiwerden nach § 8 Abs. 1 Nr. 3 ArbEG a.F.
86 Vgl. Schiedsst. v. 04.11.1982, BlPMZ 1983, 107; v. 08.01.1986, BlPMZ 1986, 273, 274 r.Sp.; LG Düsseldorf v. 17.09.1991, Entscheidungen 4. ZK. 2000, 25, 31 – *Reißverschluss*.
87 Ebenso Rother in Festschr. Bartenbach (2005), 159, 171.
88 Bereicherungsansprüche ablehnend Rother in Festschr. Bartenbach (2005), 159, 171.

tungspflicht besteht bis zur Offenlegung der Patentanmeldung. Zur Vergütungspflicht vor Freigabe s. § 8 Rdn. 94.

Die Nutzungshandlungen des Arbeitgebers **ab Veröffentlichung** der Patentanmeldung und vor Patenterteilung unterliegen dem Entschädigungsanspruch des Arbeitnehmers als Patentanmelder nach § 33 PatG[89] (Art. II § 1 IntPatÜG bei europäischen Patentanmeldungen mit Deutschland als Bestimmungsland). Zum Vorenthalten der Schutzrechtsposition durch den Arbeitgeber s. § 8 Rdn. 113 ff. 102

Bei **Schutzrechtserteilung** hat der Arbeitnehmer einen **Unterlassungsanspruch** nach § 139 Abs. 1 PatG bzw. § 24 Abs. 1 GebrMG.[90] Die Auffassung von *Rother*,[91] bei fortbestehendem Arbeitsverhältnis könne der Arbeitnehmer aufgrund der arbeitsrechtlichen Treuepflicht den Arbeitgeber nicht auf Unterlassung wegen Patentverletzung in Anspruch nehmen, entspricht weder dem ausgewogenen Regelungssystem des ArbEG noch ist sie mit dem Erfinderrecht des Arbeitnehmers und mit § 8 Satz 2 vereinbar (s.a. § 8 Rdn. 74 ff.). 103

Aufgrund der (schuldhaften) Patentverletzung hat er auch den **Schadensersatzanspruch** gegen den Arbeitgeber aus § 139 Abs. 2 Satz 1 PatG (bei europäischem Patent nach Art. 64 Abs. 3 i.V.m. § 139 Abs. 2 PatG) bzw. § 24 Abs. 2 GebrMG. Dieser Anspruch ist infolge des Freiwerdens – trotz des Ursprungscharakters als Diensterfindung – nicht eingeschränkt.[92] Demzufolge hat der Arbeitnehmer gegen den Arbeitgeber neben dem Auskunfts- und Rechnungslegungsanspruch (s.a. § 12 Rdn. 340) einen Anspruch auf Ersatz des aus der Verletzung entstandenen Schadens nach Maßgabe der §§ 249 ff. BGB unter Wahl einer der drei Berechnungsmethoden (konkrete Schadensberechnung, Gewinnherausgabe oder Lizenzanalogie).[93] Soweit sich – wie häufig – die Schadensbemessung nach dem Verletzergewinn oder nach der Lizenzanalogie bestimmt, stellt sich auch hier die Frage, ob einerseits gewinnursächliche 104

---

89 Z.B. Rother in Festschr. Bartenbach (2005), 159, 170; vgl. auch BGH v. 18.05.2010 – X ZR 79/07, GRUR 2010, 817, 819 [Rn. 22] – *Steuervorrichtung*.
90 Allg. A., vgl. etwa BGH v. 18.05.2010 – X ZR 79/07, GRUR 2010, 817, 819 [Rn. 22] – *Steuervorrichtung*.
91 In Festschr. Bartenbach (2005), 159, 167.
92 Wohl unstreitig, vgl. z. B. im Ergebn. z.B. OLG München v. 10.07.2008, GRUR-RR 2009, 219, 221 – *Vliesproduktion*.
93 Vgl. etwa LG Düsseldorf v. 22.10.2015 – 4c O 41/13, (Düsseld. Entsch. Nr. 2470) – Kettenkratzförderer. S. auch Keukenschrijver in Busse/Keukenschrijver, PatG, Rn. 7 zu § 8 ArbEG m, H. a. OLG Düsseldorf v. 18.09.2003 GRUR-RR 2004, 163, 168 – Haftetiket.

Faktoren aus dem Arbeitgeberbereich den Gewinn mindern können,[94] bzw. ob andererseits ein Anteilsfaktor abzuziehen ist, auch wenn derartige Abzugsfaktoren der Schadensbestimmung nach § 139 PatG nicht immanent sind (s. dazu § 8 Rdn. 118 ff.).

Der Arbeitnehmer hat im Fall einer Verjährung des Schadensersatzanspruchs aus § 139 PatG auch den sog. **Restschadensersatzanspruch** gem. § 141 Satz 2 PatG i.V.m. §§ 852, 812 ff.bzw. § 823 BGB.[95]

105 Darüber hinaus kann dem Arbeitnehmer ein **Bereicherungsanspruch** zustehen, der unabhängig von den patentrechtlichen Ansprüchen geltend gemacht werden kann und kein Verschulden voraussetzt. Der Anspruch aus § 812 Abs. 1 BGB kommt in Betracht, wenn der Arbeitgeber widerrechtlich vom Schutzrechtsgegenstand Gebrauch macht und damit Vermögensvorteile aus der Verletzung des Schutzrechts des Arbeitnehmers erzielt[96] (sog. Eingriffskondiktion). Umfasst sind ggf. auch Nutzungshandlungen Dritter, etwa verbunder Unternehmen. S. i.Ü. § 8 Rdn. 114 f.

106 In Bezug auf ein vom Arbeitnehmer erworbenes Patent steht dem Arbeitgeber **kein Vorbenutzungsrecht** i.S.d. § 12 PatG zu, da er von der gesetzlichen Möglichkeit der Inanspruchnahme keinen Gebrauch gemacht hat[97] und ein Vorbenutzungsrecht dem Sinn der Freigabe widersprechen würde[98] (s.a. Rn. 7 zu § 18). Zudem fehlt der für ein Vorbenutzungsrecht erforderliche[99] selbstständige Erfindungsbesitz, da der Erfindungsgegenstand aufgrund gesetzlicher

---

94 Vgl. dazu allg. OLG Frankfurt am Main v. 31.03.2011, GRUR-RR 2011, 201 ff. – *Getränkelager*.
95 S. dazu LG Düsseldorf v. 22.12.2016 – 4a O 105/14, (www.justiz.nrw.de/nrwe, Rn. 189 ff.) – Flammpunktprüfung (insoweit im Ergebn. bestätigt durch OLG Düsseldorf v. 26.07.2018 – I – 15 U 2/17, BeckRS 2018, 17622, Rn. 49, 51, 107).
96 Grundlegend zum allgemeinen Bereicherungsanspruch bei Patentverletzung BGH v. 30.11.1976 – X ZR 81/72, GRUR 1977, 250, 253 ff. – *Kunststoffhohlprofil I* m.w.N.; ausf. u.a. Kraßer, PatR, § 35 III, S. 853 ff.
97 BGH v. 10.09.2009, GRUR 2010, 47, 48 f. (Rn. 18, 20) – *Füllstoff* unter Aufhebung von OLG Jena v. 24.10.2007, GRUR-RR 2008, 115 – *Bodenbelagsbeschichtungen* m. Anm. Heselberger juris PR-WettbR 3/2009, Nr. 5.
98 Im Ergebnis – neben BGH v. 10.09.2009, GRUR 2010, 47, 48 f. – *Füllstoff* – auch ansonsten ganz h. M., OLG München v. 17.09.1992, GRUR 1993, 661, 662 f. – verstellbarer Lufteinlauf u. v. 22.06.2008, InstGE 10, 87, 97 f. – *Keramikschneidwerkzeug II*; Meier-Beck Festschr. Reimann (2009), S. 309, 317; Reimer/Schade/Schippel/Rother Rn. 25 zu § 8; Keukenschrijver in Busse/Keukenschrijver, PatG, Rn. 7 zu § 8 ArbEG u. Rn. 41 zu § 12 PatG; diff. Klauer/Möhring/Nirk PatG Rn. 27 Anh. zu § 3; abw. Oberster Pat.-u. Markensenat Wien v. 14.10.1981, GRUR Int. 1982, 560.
99 Vgl. allg. Benkard/Scharen, PatG, Rn. 9 zu § 12 PatG m.w.N.

### E. Rechtsfolgen des Freiwerdens
§ 8 n.F.

Pflicht aus § 5 ArbEG (zunächst) für die befristete Prüfungsmöglichkeit einer Inanspruchnahme anvertraut ist.[100] Etwas anderes kann im Ausnahmefall jedoch dann gelten, wenn ein solches Vorbenutzungsrecht wirksam durch eigenständige Erfindungsleistungen Dritter zugunsten des Arbeitgebers begründet worden ist.[101] Wird die Erfindung vom Arbeitgeber allerdings in Anspruch genommen, scheidet ein Vorbenutzungsrecht begrifflich aus.[102]

Wird die Anmeldung zurückgewiesen (§ 48 PatG) bzw. das Patent im Einspruchsverfahren widerrufen, **entfallen die Schutzrechtspositionen** rückwirkend und ihre Wirkung gilt als von Anfang an nicht eingetreten (§ 21 Abs. 3 PatG, Art. 68 EPÜ). Gleiches gilt nach Art. II § 1a Abs. 1 Satz 1 InPatÜG, wenn eine europäische Patentanmeldung mangels Zahlung der Jahresgebühren fallen gelassen wird.[103] Dementsprechend kann der Arbeitnehmererfinder aus den nicht rechtsbeständigen Schutzrechten von Anfang an kein Verbietungsrecht ableiten und die Benutzung ihres Gegenstandes stand jedermann frei, ohne dass es der Erlaubnis zur Nutzung bedurft hätte. Damit scheiden Schutzrechtsverletzungsansprüche nach §§ 139 PatG, 24 GebrMG mangels Widerrechtlichkeit etwaiger Benutzungshandlungen durch den Arbeitgeber aus.[104] Gleiches gilt für etwa entstandene Entschädigungsansprüche nach § 33 Abs. 1 PatG (i.V.m. Art. 67 Abs. 1; 64 Abs. 1 EPÜ; vgl. § 33 Abs. 2 PatG).[105] Dies gilt nach Auffassung des *BGH* aber nicht für den **Bereicherungsanspruch** aus § 812 BGB (s. nachfolgend Rdn. 115). 107

Verfolgt der Arbeitnehmer die Schutzrechtsanmeldung des Arbeitgebers dagegen nicht weiter, gelten ebenfalls die dargestellten allgemeinen Grundsätze. 108

*Rdn. 109 – 112 frei*

---

100 LG Düsseldorf v. 09.10.1997 – 4 O 13/97, (unveröffentl.).
101 Vgl. auch OLG München v. 17.09.1992, GRUR 1993, 661, 662 f. – *Verstellbarer Lufteinlauf.*
102 Keukenschrijver in Busse/Keukenschrijver PatG Rn. 17 zu § 6 ArbEG m. H. a. OLG München v. 17.09.1992, GRUR 1993, 661, 662 f. – *Verstellbarer Lufteinlauf*; Schiedsst. v. 01.07.1999 – Arb.Erf. 49/97, (unveröffentl.).
103 BGH v. 18.05.2010 – X ZR 79/07, GRUR 2010, 817, 819 [Rn. 22] – *Steuervorrichtung.*
104 BGH v. 18.05.2010 – X ZR 79/07, GRUR 2010, 817, 819 [Rn. 22] – *Steuervorrichtung* im Anschluss an OLG München v. 10.05.2007 – 6 U 3150/06, (unveröffentl.).
105 BGH v. 18.05.2010 – X ZR 79/07, GRUR 2010, 817, 819 [Rn. 22] – *Steuervorrichtung* im Anschluss an OLG München v. 10.05.2007 – 6 U 3150/06, (unveröffentl.).

## c) Rechtsfolgen des Vorenthaltens der Schutzrechtsposition durch den Arbeitgeber

113 Ergibt sich – nicht zuletzt für Alterfindungen infolge der »Haftetikett«-Entscheidung des *BGH* (s. § 6 a.F. Rdn. 51) – nachträglich das Freiwerden einer Diensterfindung, hat der Arbeitnehmer – neben dem Anspruch auf Zuordnung der Schutzrechtsposition (s. § 13 Rdn. 92 ff.) – Ansprüche aufgrund des Vorenthaltens einer frei gewordenen Erfindung gegen den noch als Schutzrechtsinhaber eingetragenen Arbeitgeber. In diesen Fällen gehen u. E. die Rechte an der Inlandsanmeldung nach § 13 Abs. 4 Satz 2 kraft Gesetzes auf den Arbeitnehmer über (streitig, s. § 13 Rdn. 81); ansonsten würde der Arbeitgeber bei Anmeldung einer frei gewordenen Diensterfindung eine widerrechtliche Entnahme begehen (s. § 13 Rdn. 92). Im Übrigen ist der Arbeitnehmer nach herrschender Meinung[106] auch **ohne vorherige Registerumschreibung** befugt, ihm gegen den Arbeitgeber zustehende Ansprüche auf Auskunft, Rechnungslegung, Entschädigung und Schadensersatz geltend zu machen. Hier gilt der Grundsatz, dass der aus einer Erfindung materiell Berechtigte für die Geltendmachung dieser Ansprüche gegen den zu Unrecht als Schutzrechtsinhaber im Register eingetragenen Arbeitgeber ausnahmsweise keiner formalen Berechtigung bedarf.[107] Dies gilt jedenfalls dann, wenn der Arbeitnehmer mit der Klage gleichzeitig den Arbeitgeber als formell eingetragenen Inhaber auf Einwilligung in die Umschreibung in Anspruch nimmt. Demzufolge wird davon ausgegangen, dass sich der Arbeitgeber dem Entschädigungsanspruch nach § 33 PatG auch dann aussetzt, wenn er noch als Schutzrechtsinhaber registriert ist, und zwar ohne Karenzfristen.[108] Zum patentrechtlichen Schadensersatzanspruch s. § 8 n.F. Rdn. 104.

Soweit der Arbeitnehmer dagegen Ansprüche nach §§ 33, 139 PatG ggü. Dritten geltend macht, bedarf es seiner formalen Berechtigung i. S. v. § 30 PatG, § 13 GebrMG, auch ggü. solchen Dritten, die als Schutzrechtsinhaber einer

---

106 OLG Düsseldorf v. 01.10.2009 – 2 U 41/07 – *Glasverbundplatten* (juris.); OLG München v. 10.07.2008, GRUR-RR 2009, 219, 220 f. – *Vliesproduktion*; LG Düsseldorf v. 22.10.2015 – 4c O 41/13, (Düsseldf. Entsch. Nr. 2470) – *Kettenkratzförderer*; ebenso Rother in Festschr. Bartenbach (2005), 159, 166 f. m.H.a. RGZ 144, 389, 390; vgl. auch LG Düsseldorf v. 12.05.2015 – 4a O 90/13, (Düsseldf. Entsch. Nr. 2422) –*Doppelplattenschieber*.
107 Vgl. Kühnen/Geschke, Die Durchsetzung von Patenten in der Praxis, Rn. 334; Benkard/Grabinski/Zülch, PatG, Rn. 16 zu § 139; Schulte/Voß, PatG, § 139 Rn. 9; a. A. Keukenschrijver in Busse/Keukenschrijver, PatG, § 139 PatG, Rn. 22.
108 So Rother in Festschr. Bartenbach (2005), 159, 170; vgl. z.B. OLG Düsseldorf v. 01.10.2010 – I – 2 U 41/07//2 U 41/07, (juris, Rn. 65) – *Glasverbundplatte*.

seines Erachtens frei gewordenen Diensterfindung eingetragen sind.[109] Ein Dritter, gegen den der Arbeitgeber wegen Patentverletzung klageweise vorgeht, kann sich nicht auf eine fehlende Aktivlegitimation des als derzeitiger Schutzrechtsinhaber eingetragenen Arbeitgebers berufen[110].

Die Darlegungs- und **Beweislast** für die (Mit-) Erfindereigenschaft und das Recht auf das Schutzrecht obliegen dem Arbeitnehmer, wobei das Gericht die Erfinderbenennung durch den Arbeitgeber nach § 286 ZPO berücksichtigen kann.[111] Der Arbeitgeber muss konkret darlegen, welche tatsächlichen Umstände für seine von der Erfinderbenennung abweichende Auffassung sprechen, d.h. bei von ihm behaupteten (anderen bzw. weiteren) Miterfindern, welche konkreten schöpferischen Beiträge diese zur Erfindung geleistet haben und wie sich diese in der Schutzrechtsposition niedergeschlagen.[112]

Das rechtswidrige und schuldhafte Vorenthalten von Schutzrechtspositionen durch den Arbeitgeber stellt einen Eingriff in das Recht an der Erfindung als sonstiges (absolutes) Recht und damit auch in das Recht auf das Schutzrecht (s. § 2 Rdn. 16) dar und begründet damit einen **Schadensersatzanspruch aus § 823 Abs. 1 BGB**[113] (zum Restschadensersatzanspruch nach § 852 BGB s. § 8 Rdn. 104).

Darüber hinaus soll der Arbeitgeber nach **Bereicherungsrecht** auf Herausgabe des ungerechtfertigt Erlangten nach §§ 812 ff. BGB haften, wenn er für eine frei gewordene Diensterfindung das Schutzrechtserteilungsverfahren zu seinen Gunsten weiterführt bzw. weitergeführt hat und die auf seinen Namen lau- **114**

---

109 OLG Düsseldorf v. 01.10.2010 – I – 2 U 41/07//2 U 41/07 [Rn. 62 ff.], JURIS – *Glasverbundplatte*.
110 LG Mannheim v. 27.02.2009 Mitt. 2010, 25 (Rn. 87) – IPCom./.HTC.
111 BGH v. 04.04.2006 – X ZR 155/03, GRUR 2006, 754, 755 f. [Rn. 17 f.] – *Haftetikett*; OLG Karlsruhe v. 13.04.2018 – 6 U 161/16, (www.lrbw.juris.de, Rn. 154 ff.) – Rohrprüfsystem.
112 OLG Karlsruhe v. 13.04.2018 – 6 U 161/16, (www.lrbw.juris.de, Rn. 151 ff.) – Rohrprüfsystem.
113 Ausf. OLG Düsseldorf v. 27.02.2003, Mitt. 2004, 418, 423 – *Hub-Kipp-Vorrichtung*; LG Düsseldorf v. 22.12.2016 – 4a O 105/14, (www.justiz.nrw.de/nrwe, Rn. 109 ff.) – Flammpunktprüfung m. H. a. BGH v. 17.01.1995 – X ZR 130/93, Mitt. 1996, 16, 18 – *Gummielastische Masse* (insoweit bestätigt durch OLG Düsseldorf v. 26.07.2018 – I – 15 U 2/17, [BeckRS 2018, 17622, Rn. 51] m.H.a. BGH v. 27.11.1969, GRUR 1970, 296 – Allzeck-Landmaschine). Vgl. auch OLG Karlsruhe v. 13.04.2018 – 6 U 161/16, (www.lrbw.juris.de) – Rohrprüfsystem.

tende **Schutzrechtsposition unberechtigt nutzt**.[114] Der Bereicherungsanspruch folgt aus § 812 Abs. 1 Satz 1, 2. Alt. BGB (Eingriffskondiktion).[115] Da Eingriffsobjekt als vermögensrechtlich nutzbare Position bereits das **Recht** des Erfinders **an der Erfindung** (s. dazu § 2 Rdn. 16) sein kann,[116] besteht der Bereicherungsanspruch nach Ansicht des *BGH* auch dann, wenn sich später die mangelnde Schutzfähigkeit ergibt.[117] Folglich schulde der Arbeitgeber als Anmelder und/oder Inhaber eines Schutzrechts dem Arbeitnehmer nach Bereicherungsrecht die Herausgabe dessen, was er durch Benutzungshandlungen aufgrund einer durch Wissen um die frei gewordene Erfindung, durch deren Schutzrechtsanmeldung oder durch Schutzrechtserteilung vermittelten Vorzugsstellung erlangt hat.[118] Der Bereicherungsanspruch ist insbesondere dann bedeutsam, wenn der Erfinder die Frist für die Geltendmachung seines Anspruchs auf Zuordnung der Schutzrechtsposition versäumt hat. Dem *BGH* zufolge ist es nämlich ohne Belang, ob die Fristen nach § 8 PatG bzw. Art. II § 5 IntPatÜG zwischenzeitlich abgelaufen sind; gleich, ob es sich dabei um materielle oder prozessuale Ausschlussfristen handelt, lassen sie den unberechtigten Eingriff in das Recht des Erfinders i. S. d. § 812 Abs. 1 BGB unberührt bestehen[119] (s. auch § 14 Rdn. 7).

---

114 BGH v. 04.04.2006 – X ZR 155/03, GRUR 2006, 754, 759 [Rn. 34] – *Haftetikett*; BGH v. 18.05.2010 – X ZR 79/07, GRUR 2010, 817 (Rn. 24 ff.) – *Steuervorrichtung*;Schiedsst. ZB. v. 15.06.2016, Mitt. 2017, 502, 503 f.; LG Düsseldorf v. 12.05.2015 – 4a O 90/13, (Düsseldf. Entsch. Nr. 2422) –*Doppelplattenschieber*.
115 BGH v. 18.05.2010 – X ZR 79/07, GRUR 2010, 817 [Rn. 24 ff.] – *Steuervorrichtung*; LG Düsseldorf v. 12.05.2015 – 4a O 90/13, (Düsseldf. Entsch. Nr. 2422) – *Doppelplattenschieber*; s.a. BGH v. 04.04.2006 – X ZR 155/03, GRUR 2006, 754, 759 [Rn. 34] – *Haftetikett*.
116 BGH v. 18.05.2010 – X ZR 79/07, GRUR 2010, 817 [Rn. 27 f.] – *Steuervorrichtung*.
117 BGH v. 18.05.2010 – X ZR 79/07, GRUR 2010, 817 [Rn. 27 ff.] – *Steuervorrichtung*.
118 BGH v. 18.05.2010 – X ZR 79/07, GRUR 2010, 817 [LS 2 u. Rn. 28 ff.] – *Steuervorrichtung*; s. auch LG Düsseldorf v. 12.05.2015 – 4a O 90/13, (Düsseldf. Entsch. Nr. 2422) –*Doppelplattenschieber*.
119 S. BGH v. 18.05.2010 – X ZR 79/07, GRUR 2010, 817 [Rn. 31] – *Steuervorrichtung*; s. ferner Schiedsst. ZB. v. 15.06.2016, Mitt. 2017, 502, 503 f., die von prozessualen Fristen ausgeht.

## E. Rechtsfolgen des Freiwerdens § 8 n.F.

Der Bereicherungsanspruch betrifft gleichermaßen inländische wie ausländische Schutzrechtspositionen.[120] Umfasst sind – im Unterschied zu den patentrechtlichen Ansprüchen aus §§ 33, 139 ff. PatG – auch Nutzungshandlungen des Arbeitgebers in der Zeit vor Offenlegung und vor Erteilung des Patents;[121] nach der höchstrichterlichen Rechtsprechung sind letztlich alle Verwertungen seit Erfindungsmeldung erfasst, es sei denn, der Arbeitgeber kann darlegen und beweisen, in der Zeit tatsächlich keine Vorzugsstellung gehabt zu haben[122] (s. dazu nachfolgend Rdn. 115). Der Bereicherungsanspruch gegen den Arbeitgeber erstreckt sich ggf. auch auf Nutzungshandlungen Dritter, denen der Arbeitgeber die Nutzung unberechtigterweise gestattet hat, wie etwa bei verbundenen Unternehmen.[123]

Nach Auffassung des *BGH* bleibt der Bereicherungsanspruch aus § 812 Abs. 1 BGB – angesichts der tatsächlichen Vorzugsstellung aufgrund einer Schutzrechtsanmeldung bzw. -erteilung – von der rückwirkenden Vernichtung der Schutzrechtsposition unberührt, sodass der Bereicherungsausgleich für die Zeit (ab Meldung, s.o.) **bis zum Zeitpunkt** der Feststellung **des Wegfalls der Schutzrechtsposition** (Widerruf bzw. Nichtigerklärung) fortbesteht[124] (zur Ausnahme s. nachfolgend Rdn. 118). Diese Betrachtung des *BGH* entspricht seiner Rechtsprechung über die Verpflichtung zur Zahlung der vorläufigen Vergütung auch bei späterem Schutzrechtswegfall (s. § 12 Rdn. 61). Allerdings erscheint es nicht unbedenklich, wenn der Arbeitgeber in diesen Fällen nicht – wie bei der vorläufigen Vergütung (s. § 12 Rdn. 64 ff.) – einen um das Schutzrechtsrisiko ermäßigten, sondern unbegrenzten Ausgleich schulden soll; zudem ist die Kenntnis um die Erfindung nicht ohne Rechtsgrund erfolgt, sondern in Erfüllung der gesetzlichen Verpflichtungen aus § 5 ArbEG und als Ausfluss des betrieblichen Beitrags am Zustandekommen der (Dienst-) Erfindung.

115

---

120 S. BGH v. 18.05.2010 – X ZR 79/07, GRUR 2010, 817, 821 [Rn. 33] – *Steuervorrichtung*. Im Urt. BGH v. 04.04.2006 – X ZR 155/03,(GRUR 2006, 754, 759 [Rn. 34, 37] – *Haftetikett*) hat der BGH den Bereicherungsanspruch einerseits wegen der Benutzungshandlungen des deutschen Patents zuerkannt, aber andererseits die Bereicherungen des Arbeitgebers aus den von ihm gestatteten Benutzungshandlungen der verbundenen Unternehmen im geschützten Ausland einbezogen.
121 BGH v. 04.04.2006 – X ZR 155/03, GRUR 2006, 754, 759 [Rn. 35] – *Haftetikett*.
122 BGH v. 18.05.2010 – X ZR 79/07, GRUR 2010, 817, 821 [Rn. 42] – *Steuervorrichtung* m. H. a. BGH v. 04.04.2006 – X ZR 155/03, GRUR 2006, 754, 759 [Rn. 35] – *Haftetikett*.
123 S. BGH v. 04.04.2006 – X ZR 155/03, GRUR 2006, 754, 759 [Rn. 37] – *Haftetikett*.
124 BGH v. 18.05.2010 – X ZR 79/07, GRUR 2010, 817, 820 f. [Rn. 30 ff.] – *Steuervorrichtung* unter Aufhebung von OLG München v. 10.05.2007 – 6 U 3150/06, (unveröffentl.).

116 Der Arbeitnehmer trägt die Darlegungs- und **Beweislast** dafür, dass der Arbeitgeber die Diensterfindung benutzt hat, sei es im Wege der Eigennutzung in seinem Unternehmen oder außerbetrieblich, etwa per Lizenzvergabe.[125] Der nutzende Arbeitgeber schuldet dem Arbeitnehmer allerdings **Auskunft** und ggf. Rechnungslegung über die Eingriffshandlungen.[126] Voraussetzung ist eine ausreichende Wahrscheinlichkeit dafür, dass der Arbeitgeber die Erfindung tatsächlich verwertet hat.[127]

117 Der **Bereicherungsausgleich** (§ 818 BGB) umfasst bei betrieblicher Nutzung den Wertersatz nach § 818 Abs. 2 BGB und ist regelmäßig im Wege der Lizenzanalogie zu bestimmen,[128] und zwar vorzugsweise in Orientierung an der mit dem Dritten für die Diensterfindung vereinbarten Lizenz (konkrete Lizenzanalogie). Bei Lizenzvergabe ist nach Ansicht des *BGH* die erlangte Lizenzgebühr gem. § 818 Abs. 1 BGB herauszugeben.[129]

118 Streitig und höchstrichterlich noch nicht entschieden ist, ob und inwieweit der Arbeitgeber bei der Bestimmung des Wertersatzes (§ 818 Abs. 2 BGB) seine betrieblichen Beiträge zur Entwicklung der Erfindung, insb. entsprechend dem **Anteilsfaktor, mindernd** in Ansatz bringen kann.[130] Da der *BGH* bei der bereicherungsrechtlichen Lizenzanalogie auf die zum Lizenzvertragsrecht entwickelten Grundsätze abstellt,[131] liegt es nahe, bei der Wertbestimmung die Tatsache zu berücksichtigen, dass die Erfindung im Unternehmen des Arbeitgebers (Lizenznehmers) mithilfe von betrieblichen Mitteln und Leistungen entstanden ist; auch vernünftige Lizenzvertragsparteien hätten wirt-

---

125 Vgl. auch LG Düsseldorf v. 12.05.2015 – 4a O 90/13, (Düsseldf. Entsch. Nr. 2422) – *Doppelplattenschieber*.
126 BGH v. 18.05.2010 – X ZR 79/07, GRUR 2010, 817, 821 [Rn. 37] – *Steuervorrichtung*; s. auch OLG Düsseldorf v. 26.07.2018 – I – 15 U 2/17, (BeckRS 2018, 17622, Rn. 49) – *Flammpunktprüfung*; LG Düsseldorf v. 12.05.2015 – 4a O 90/13, (Düsseldf. Entsch. Nr. 2422) –*Doppelplattenschieber*.
127 In diesem Sinn auch LG Düsseldorf v. 12.05.2015 – 4a O 90/13, (Düsseldf. Entsch. Nr. 2422) – *Doppelplattenschieber*.
128 BGH v. 18.05.2010 – X ZR 79/07, GRUR 2010, 817, 821 [Rn. 40] – *Steuervorrichtung*. Vgl. auch allg. BGH v. 18.02.1992 – X ZR 8/90, GRUR 1992, 599 – *Teleskopzylinder*.
129 BGH v. 18.05.2010 – X ZR 79/07, GRUR 2010, 817, 821 [Rn. 39] – *Steuervorrichtung*; folgend Schiedsst. ZB. v. 15.06.2016, Mitt. 2017, 502, 504.
130 Ablehnend Rother in Festschr. Bartenbach (2005) S. 159, 167 m.H.a. LG Düsseldorf, Entscheidungen 1996, 17, 18 – *Hochregalanlage*. Bejahend, soweit es sich um Abzugsfaktoren handelt, die üblicherweise auch ein Verletzter bei Fremdschutzrechten mindernd ansetzen kann, dagegen Trimborn, Mitt. 2010, 461, 465 f.
131 BGH v. 18.05.2010 – X ZR 79/07, GRUR 2010, 817, 821 f. [Rn. 41 f.] – *Steuervorrichtung*.

### E. Rechtsfolgen des Freiwerdens    § 8 n.F.

schaftliche und technische Beiträge, die ein das Schutzrecht Nutzender zur Entwicklung der Erfindung erbracht hat, lizenzgebührenmindernd berücksichtigt. Von daher erscheint es gerechtfertigt, solche Beiträge mindernd in Ansatz zu bringen. Als Kompromiss schlägt die *Schiedsstelle* in solchen Fällen vor, den persönlichen Anteilsfaktor – als das eigentliche Unterscheidungsmerkmal zwischen freiem und Arbeitnehmererfinder – zu verdoppeln.[132]

I.Ü. kann der Arbeitgeber darlegen und unter Umständen beweisen, dass und in welchem Umfang die erzielten Umsätze und sonstigen **Vermögensvorteile nicht kausal** auf die Ausnutzung der durch Anmeldung und Schutzrecht vermittelten Vorzugsstellung zurückzuführen sind, etwa, weil Mitbewerber die Schutzrechtspositionen nicht als wirksam anerkennen.[133]

U. E. können ggf. die bei der Abstaffelung geltenden Grundsätze der Kausalitätsverschiebung (s. dazu § 9 Rdn. 141) herangezogen werden.

Streitig ist, ob bei **Zweifeln an der Schutzfähigkeit** eine Minderung des Analogielizenzsatzes im Sinne eines Risikoabschlags (s. dazu § 12 Rdn. 67 ff.) in Betracht kommt. Der *BGH* scheint dies abzulehnen (s. § 8 Rdn. 115) und verneint (auch) im Fall eines späteren Schutzrechtswegfalls einen der Höhe nach an § 20 ArbEG ausgerichteten Vergütungsanspruch.[134] Andererseits lässt er den Einwand zu, dass eine Vorzugsstellung wegen Missachtung der Schutzrechtsposition durch Mitbewerber nicht besteht.[135]

I.R.d. § 818 Abs. 3 BGB kann sich zudem **eine Begrenzung auf den Gewinn** ergeben, den der Arbeitgeber aus der Schutzrechtsverletzung erzielt hat und der über den (hypothetischen) Gewinn hinausgeht, den er aus »einer schutzrechtsfreien Tätigkeit« erzielt hätte[136] (zur vergleichbaren Ermittlung beim Erfindungswert nach dem erfassbaren betrieblichen Nutzen s. § 9 Rdn. 164).

Der *BGH* hat in seiner »Haftetikett«-Entscheidung unter dem Aspekt der **Verletzung des Arbeitsvertrages** (pVV) bzw. nachvertraglicher Verletzung der Fürsorgepflicht i.V.m. §§ 249, 252, 242, 259 BGB einen Anspruch auf Schadensersatz angenommen, wenn der Arbeitgeber die Diensterfindung in einem **Auslandsstaat**, in dem er **kein Schutzrecht** angemeldet hat, nutzt und den    119

---

132 Schiedsst. ZB. v. 15.06.2016, Mitt. 2017, 502, 504.
133 BGH v. 18.05.2010 – X ZR 79/07, GRUR 2010, 817, 821 [Rn. 41] – *Steuervorrichtung*.
134 S. BGH v. 18.05.2010 – X ZR 79/07, GRUR 2010, 817, 819 ff. [Rn. 28 ff., 35] – *Steuervorrichtung*.
135 Vgl. BGH v. 18.05.2010 – X ZR 79/07, GRUR 2010, 817, 821 [Rn. 41] – *Steuervorrichtung*.
136 Vgl. allg. Kraßer, PatR § 35 IV 3 S. 867.

Arbeitnehmer nicht rechtzeitig (entsprechend dem Rechtsgedanken des § 14 ArbEG) darauf hingewiesen hat, die Diensterfindung dort selbst zum Schutzrecht anzumelden[137] (zur Fürsorgepflicht s. § 25 Rdn. 20). Entsprechendes gilt dem *LG Düsseldorf* zufolge, wenn der Arbeitgeber eine zu Unrecht vorenthaltene **Schutzrechtsposition fallen lässt**, ohne diese zuvor (entsprechend § 16 ArbEG) dem Arbeitnehmer angeboten zu haben.[138]

*Rdn. 120 frei*

### d) Rechtsfolgen bei Fehlen von Schutzrechtspositionen

121 Ist eine Schutzrechtsanmeldung des Arbeitgebers unterblieben, ist dieser – bei Fehlen einer Vereinbarung mit dem Arbeitnehmer – zunächst nur eingeschränkt zur Verwertung einer freigewordenen, ungeschützten Diensterfindung berechtigt. Zwar kann jeder Dritte eine ungeschützte Erfindung benutzen, es sei denn, die besonderen Voraussetzungen des § 826 BGB, § 3 i.V.m. § 4 Nr. 3 UWG liegen vor[139] (zum künftigen GeschGehG s. § 24 Rdn. 38 ff.). Für den Arbeitgeber ergibt sich jedoch die Besonderheit, dass er gem. § 24 Abs. 1 ArbEG **zur Geheimhaltung verpflichtet** ist, solange es berechtigte Interessen des Arbeitnehmers erfordern (vgl. § 24 Rdn. 14 ff., insb. § 24 Rdn. 20 ff.; s.a. § 7 a.F. Rdn. 38). **Verletzen** Nutzungshandlungen des Arbeitgebers dessen **Geheimhaltungspflicht** nach § 24 Abs. 1 (z.B. offenkundige Vorbenutzungshandlungen), sieht die *Schiedsstelle*[140] den Arbeitgeber unter dem Aspekt des Schadensersatzes als verpflichtet an, den Arbeitnehmer vergütungsmäßig so zu stellen, wie er bei einer Schutzrechtsanmeldung vor Nutzungsaufnahme gestanden hätte. Erst wenn derartige Geheimhaltungsinteressen nicht mehr bestehen, kann eine befugte Nutzung der ungeschützten Erfindung durch den Arbeitgeber grds. in Betracht kommen[141] (s.a. § 24 Rdn. 20, 23 f.).

122 Letzteres gilt insb. dann, wenn der Arbeitnehmer erklärt, eine Schutzrechtsanmeldung mangels Verwertungsinteresses (auch zukünftig) zu unterlassen, oder wenn er die Anmeldung des Arbeitgebers nicht fortführt, sondern fallen lässt. Mangels Schutzrechtsposition entfallen grds. patentrechtliche Ansprüche. Nach Auffassung der *Schiedsstelle* bleiben die Nutzungshandlungen des Arbeit-

---

137 S. BGH v. 04.04.2006 – X ZR 155/03, GRUR 2006, 754, 759 f. [Rn. 39 ff.] – Haftetikett.
138 LG Düsseldorf v. 06.03.2012 – 4b O 283/10, (Düsseldf. Entsch. Nr. 1867) – Panikschloss.
139 Vgl. Kraßer, GRUR 1970, 578 ff. u. GRUR 1977, 177 ff.
140 EV v. 16.07.1998 – Arb.Erf. 32/96, (unveröffentl.).
141 Im Ergebnis so auch Janert, Betriebl. Verfahrensweisen (1969) S. 42; Vorwerk, GRUR 1975, 4, 7; vgl. (aber) auch Volmer/Gaul Rn. 138 ff. zu § 8.

E. Rechtsfolgen des Freiwerdens    § 8 n.F.

gebers grds. vergütungsfrei[142] (zur Vergütung bei Übertragung von Rechten an freigewordenen Diensterfindungen s. vor §§ 9 bis 12 Rdn. 12 ff.). Bereicherungsansprüche können sich allerdings für die Zeit bis zum Wegfall eines Schutzrechts ergeben (s. § 8 Rdn. 115). Zum späteren Wegfall der Schutzrechtsposition s. i.Ü. § 8 Rdn. 107 f. u. Rdn. 115.

Eine (weitere) Einschränkung eines Verwertungsrechts des Arbeitgebers ergibt sich dann, wenn er sich ggü. dem Arbeitnehmer rechtsgeschäftlich zu einem Unterlassen verpflichtet hat; eine solche **Unterlassungserklärung** kann allenfalls dann (stillschweigend) in einer Freigabeerklärung gesehen werden, wenn der Arbeitgeber damit zugleich (eindeutig) die Schutzfähigkeit der Erfindung anerkannt hat.[143]

*Rdn. 123 – 125 frei*

### 2. Sonstige Rechtsfolgen

Bei Freigabe vor Erfindungsmeldung kann der Arbeitgeber keine Meldung vom Arbeitnehmer (§ 5) verlangen (s. § 5 Rdn. 31). Sein Recht und seine Pflicht zur Schutzrechtsanmeldung erlöschen (§ 13 Abs. 4); bisherige Auslagen anlässlich eines Schutzrechtserteilungsverfahrens kann er nicht vom Arbeitnehmer ersetzt verlangen (s. § 13 Rdn. 22 f.). Seine Geheimhaltungspflicht nach § 24 Abs. 1 bleibt grds. bestehen (s. § 24 Rdn. 14 ff., 20). Die Rücksichtnahme- bzw. Fürsorgepflicht gebietet es dem Arbeitgeber, die für eine Schutzrechtsanmeldung bzw. für die Fortführung des Schutzrechtserteilungsverfahrens erforderlichen Unterlagen dem Arbeitnehmer zu übergeben.[144] Dies kann im Einzelfall auch die Herausgabe bzw. Zurverfügungstellung solcher Materialien (z.B. Muster, Modelle usw.) erfassen, die der Arbeitnehmer selbst gefertigt bzw. an denen er maßgeblich mitgewirkt hat,[145] jedenfalls soweit dem keine berechtigten Belange des Arbeitgebers (Geheimhaltungsbedürftigkeit, weiter gehender Inhalt, zukünftiger betrieblicher Bedarf usw.) entgegenstehen (s.a. § 8 Rdn. 32). Zur Zulässigkeit von Löschungs- und Nichtigkeitsklagen gegen das aufgrund der frei gewordenen Erfindung erlangte Schutzrecht des Arbeitnehmers s. § 25 Rdn. 47 f. **126**

---

142 Schiedsst. v. 04.11.1982, BlPMZ 1981, 107; v. 30.05.1989 – Arb.Erf. 116/88, (unveröffentl.); LG Düsseldorf v. 17.09.1991, Entscheidungen 4. ZK 2000, 25, 31 – *Reißverschluss*.
143 So zu Recht Janert, Betriebl. Verfahrensweisen (1969) S. 41; bestätigend LG Düsseldorf v. 17.09.1991, Entscheidungen 4. ZK. 2000, 25, 31 – *Reißverschluss*.
144 Ähnl. Volmer Rn. 16 zu § 8; Schiedsst. v. 01.10.1973 – Arb.Erf. 34/71, bestätigt durch OLG Karlsruhe v. 14.07.1976 – 6 U 61/74, (beide unveröffentl.).
145 So im Ergebn. OLG Karlsruhe v. 14.07.1976 – 6 U 61/74, (unveröffentl.).

## IV. Für Dritte

127 Dritte werden von der Freigabe nur insoweit berührt, als die relative Unwirksamkeit von Verfügungen des Arbeitnehmers nach § 7 Abs. 2 n.F. mit der Freigabe entfällt. Zur Aufgabe von Diensterfindungen, die mit Rechten Dritter belastet sind, s. § 16 Rdn. 62 f.

*Rdn. 128 – 130 frei*

## F. Mehrere Arbeitnehmererfinder

131 Korrespondierend zur Inanspruchnahmeerklärung muss auch die Freigabe eines ideellen Erfindungsanteils **jedem einzelnen Miterfinder ggü. erklärt** werden,[146] zumal bei nicht gemeinsamer Meldung (vgl. § 5 Abs. 1 Satz 2) für jeden Miterfinder unterschiedliche Fristen i.S.d. § 6 Abs. 2 n.F. laufen können (s. § 6 n.F. Rdn. 138 f.).

132 Bei ex tunc-Wirkung (s. § 8 Rdn. 14) einer allen Miterfindern ggü. erklärten Freigabe i.S.d. § 6 Abs. 2 bzw. § 8 Satz 1 n.F. besteht die durch die Fertigstellung der Diensterfindung entstandene **Bruchteilsgemeinschaft** (§ 741 BGB) zwischen den Miterfindern unverändert fort[147] (s. hierzu § 5 Rdn. 52 f.), nunmehr unbelastet von dem Optionsrecht des Arbeitgebers gem. § 6 Abs. 1 n.F. Das Verfügungsrecht der Miterfinder richtet sich mangels anderslautender Absprache nach dem Recht der Bruchteilsgemeinschaft (§§ 741 ff. BGB).

133 Erfolgt das **Freiwerden nur ggü. einzelnen Miterfindern** und nimmt der Arbeitgeber i.Ü. die Erfindungsanteile in Anspruch, tritt er in die Bruchteilsgemeinschaft mit den sonstigen Miterfindern, deren Anteile er freigegeben hat, ein (s. i.Ü. § 6 n.F. Rdn. 141).

134 Benutzt der Arbeitgeber die auf einzelne Erfinder begrenzte Freigabe, um dadurch wesentliche Pflichten des ArbEG (z.B. Vergütungspflichten) zu umgehen, so stellt sich ein solches Vorgehen als rechtsmissbräuchlich (§ 242 BGB) dar[148]. Ggf. können sich die betroffenen Arbeitnehmererfinder auf den in § 745 Abs. 2 BGB zum Ausdruck gekommenen Rechtsgedanken berufen und eine einheitliche Behandlung (Freigabe oder Inanspruchnahme) verlangen.

Zu den Besonderheiten bei mehreren Arbeitgebern bzw. bei zwischenbetrieblichen Kooperationen s. § 6 n.F. Rdn. 138 ff. u. 145 ff.

---

146 Lüdecke, Erfindungsgemeinschaften S. 81, 112.
147 Lüdecke, Erfindungsgemeinschaften S. 81, 112; Rother in Festschr. Bartenbach (2005), 159, 171 ff.
148 Wunderlich, Die gemeinschaftl. Erfindung S. 133 f.; s. auch Volmer/Gaul Rz. 74 f., 115 zu §8.

*Rdn. 135 – 138 frei*

**G. Meinungsverschiedenheiten über die Schutzfähigkeit**

Ist die technische Neuerung offensichtlich nicht schutzfähig, handelt es sich also um ein bloßes Arbeitsergebnis (s. § 2 Rdn. 19), ist eine Freigabe nach § 8 n.F. an sich gegenstandslos. **139**

S. i.Ü. § 8 Rdn. 56 ff. sowie im Einzelnen § 6 n.F. Rdn. 26 ff.

## § 8 a.F. Frei gewordene Diensterfindungen (Fassung 1957)

(1) Eine Diensterfindung wird frei,
1. wenn der Arbeitgeber sie schriftlich freigibt;
2. wenn der Arbeitgeber sie beschränkt in Anspruch nimmt, unbeschadet des Benutzungsrechts des Arbeitgebers nach § 7 Abs. 2;
3. wenn der Arbeitgeber sie nicht innerhalb von vier Monaten nach Eingang der ordnungsgemäßen Meldung (§ 5 Abs. 2 und 3) oder im Falle des § 7 Abs. 2 innerhalb von zwei Monaten nach dem Verlangen des Arbeitnehmers in Anspruch nimmt.

(2) Über eine frei gewordene Diensterfindung kann der Arbeitnehmer ohne die Beschränkungen der §§ 18 und 19 verfügen.

**Lit.:**
Siehe bei § 8 n.F.

**Hinweis:**

I.R.d. ArbEG-Novelle 2009 ist § 8 aufgrund des Wegfalls des Rechtsinstituts der beschränkten Inanspruchnahme und der Einführung der Inanspruchnahmefiktion grundlegend neu gefasst worden (s. § 8 n.F.Rdn. 1). Nachstehend ist die Kommentierung der alten, bis zum 30.09.2009 geltenden Fassung des § 8 beibehalten, die übergangsrechtlich nach § 43 Abs. 3 Satz 1 noch auf alle Diensterfindungen Anwendung findet, die dem Arbeitgeber vor dem 01.10.2009 gemeldet worden sind (Einzelheiten bei § 43 Rdn. 14 ff.).

**Übersicht**

| | Rdn. |
|---|---|
| **A. Allgemeines** | 1 |
| I. Bedeutung der Regelung | 1 |
| II. Überblick | 3 |
| III. Wesen des Freiwerdens – Verhältnis zu §§ 14, 16, 18, 19 | 4 |
| **B. Schriftliche Freigabe (Nr. 1)** | 10 |
| I. Inhalt | 10 |
| II. Form und Zeitpunkt | 17 |
| III. Einzelfälle der Freigabe nach Nr. 1 | 21 |
|     1. Freigabe vor unbeschränkter Inanspruchnahme | 21 |
|         a) Vor Schutzrechtsanmeldung | 22 |
|         b) Nach Schutzrechtsanmeldung | 23 |
|     2. Freigabe nach unbeschränkter Inanspruchnahme und vor Schutzrechtsanmeldung | 24 |
| **C. Freigabe durch beschränkte Inanspruchnahme (Nr. 2)** | 29 |
| **D. Freiwerden durch Fristablauf (Nr. 3)** | 31 |
| **E. Unwirksamkeit einer Freigabe** | 36 |
| I. In den Fällen des § 8 Abs. 1 Nrn. 1 u. 2 | 36 |
| II. Im Fall des § 8 Abs. 1 Nr. 3 | 39 |

|     |     |
| --- | --- |
|     | Rdn. |
| F. Freigabe einer nicht schutzfähigen technischen Neuerung | 42 |
| G. Rechtsfolgen des Freiwerdens. | 46 |

## A. Allgemeines

### I. Bedeutung der Regelung

§ 8 a.F. stellt klar, dass der Arbeitgeber frei darin ist, auf die Überleitung einer ihm gemeldeten Diensterfindung zu verzichten. § 8 soll insoweit die **Fälle des Freiwerdens** einer Diensterfindung **zusammenfassen**. Mit einer Freigabe bringt der Arbeitgeber zum Ausdruck, eine Diensterfindung nicht verwerten zu wollen oder zu können. Die Vorschrift ist durch die ArbEG-Novelle 2009 grundlegend verändert worden (s. dazu § 8 n.F. Rdn. 1). **§ 8 a.F. betrifft** damit nur noch Diensterfindungen, die **vor dem 01.10.2009** vom Arbeitnehmer nach § 5 (wirksam) **gemeldet** worden sind (Einzelheiten bei § 43 Rdn. 14 ff.; zur Ausnahme bei Schutzrechtsanmeldung ohne Erfindungsmeldung s. § 43 Rdn. 19). Für die seit dem 01.10.2009 gemeldeten Diensterfindungen verbleibt es bei den Freigabe-Vorschriften der § 6 Abs. 2 n.F. und § 8 n.F.  1

In inhaltlicher Übereinstimmung mit dem alten Recht, das allerdings keine ausdrückliche Regelung enthielt, ist nach Abs. 1 Nrn. 1 u. 3 a.F. eine Diensterfindung frei geworden, wenn der Arbeitgeber sie ausdrücklich oder dadurch stillschweigend freigegeben hat, dass er die Inanspruchnahmefrist ohne ausdrückliche Erklärung verstreichen ließ;[1] Abs. 1 Nr. 2 a.F. sollte dagegen klarstellen, dass eine nur beschränkte Inanspruchnahme der Diensterfindung deren Freigabe unter Vorbehalt eines nicht ausschließlichen Nutzungsrechts bedeutete[2]. Abs. 2 erfasst die Verfügungsbefugnis des Arbeitnehmers über die frei gewordene Erfindung.  2

Aufgrund der Tendenzen in Rechtsprechung und Schiedsstellenpraxis, das ArbEG auch bei **Zweifeln an der Schutzfähigkeit einer gemeldeten Diensterfindung** eingreifen zu lassen, hat es sich für den Arbeitgeber im eigenen Interesse (Obliegenheit) empfohlen, auch in diesen Fällen eine Inanspruchnahme auszusprechen, wollte er das Freiwerden der Diensterfindung ausschließen (vgl. § 6 a.F. Rdn. 17 u. § 6 n.F. Rdn. 26 ff.).  2.1

---

1 Amtl. Begründung BT-Drucks. II/1648 S. 26 = BlPMZ 1957, 232.
2 Amtl. Begründung BT-Drucks. II/1648 S. 26 = BlPMZ 1957, 232.

## II. Überblick

3 § 8 a.F. knüpft systematisch an die Meldung der Erfindung (§ 5) und die dadurch ausgelöste Frist zur Inanspruchnahme (§ 6 Abs. 2) an; damit besteht zwischen Freigabe und **Erfindungsmeldung** zugleich ein **sachlicher Zusammenhang** (s. hier § 8 n.F. Rdn. 67).

§ 8 Abs. 1 a.F. regelt **drei Tatbestände des Freiwerdens** einer Diensterfindung, einmal die Fälle der Freigabe vor Inanspruchnahme, sei es vor (s. § 8 a.F. Rdn. 22) bzw. nach (s. § 8 a.F. Rdn. 23) Schutzrechtsanmeldung (Nr. 1); zum anderen die Freigabe aufgrund beschränkter Inanspruchnahme (Nr. 2, s. § 8 a.F. Rdn. 29 f.), ferner das Freiwerden mangels Inanspruchnahme (Nr. 3, s. § 8 a.F. Rdn. 31 f.). Die Freigabe nach unbeschränkter Inanspruchnahme und nach Schutzrechtsanmeldung regelt § 16 (s. § 8 a.F. Rdn. 5, 7). Eine Freigabe nach unbeschränkter Inanspruchnahme ohne vorherige Schutzrechtsanmeldung ist – von den Ausnahmen des § 14 Abs. 2 abgesehen – auf Basis des ArbEG 1957 im Unterschied zum neuen Recht nicht möglich (s. § 8 a.F. Rdn. 24 ff.; s.a. § 17 Rdn. 35 f.). Im öffentlichen Dienst kommt die Beanspruchung einer Ertragsbeteiligung durch den Arbeitgeber (Dienstherrn) gem. § 40 Abs. 2 einer Freigabe gleich (s. § 40 Rdn. 15 ff.). Einen Sonderfall des Freiwerdens enthält § 18 Abs. 2 (s. § 8 a.F. Rdn. 33). Nicht ausdrücklich erwähnt ist die Möglichkeit von **Vereinbarungen** der Arbeitsvertragsparteien über das Freiwerden von Diensterfindungen, die nach § 22 auch schon vor Erfindungsmeldung zulässig sind (s. § 8 a.F. Rdn. 20).

3.1 § 8 a.F. gilt uneingeschränkt auch in den **neuen Bundesländern**, soweit es sich um Diensterfindungen handelt, die ab dem 03.10.1990 fertiggestellt sind.[3]

## III. Wesen des Freiwerdens – Verhältnis zu §§ 14, 16, 18, 19

4 § 8 a F. wird für Diensterfindungen ergänzt durch die Spezialregelungen der §§ 14, 16. Verwandte Sondervorschriften enthalten hinsichtlich der von Anfang an freien Erfindungen (geborene freie Erfindungen, § 4 Abs. 3) § 18 Abs. 2 (s. § 8 a.F. Rdn. 33) und § 19 Abs. 2.

5 Während § 8 a.F. die **Diensterfindung im Ganzen**[4] erfasst (s. § 8 Rdn. 46), erstreckt sich eine Freigabe gem. § 14 Abs. 2 auf die dem Arbeitnehmer vom

---

[3] S. zu Übergangsrecht für zuvor fertiggestellte Erfindungen Möller, Übergangsbestimmungen f. ArbNErf. i. d. neuen Bundesländern (1996), S. 290 ff.

[4] Unzutr. Volmer Rn. 6 zu § 6, der über § 14 Abs. 2 hinausgehende, räumlich begrenzte Freigaben der Diensterfindung selbst innerhalb eines Staates befürwortet; wie hier Volmer/Gaul Rn. 12 u. 34 zu § 8; Busse/Keukenschrijver, PatG (6. Aufl. 2003), Rn. 1 zu § 8 ArbEG.

Arbeitgeber eingeräumte Befugnis zum Erwerb einzelner Auslandsschutzrechte. Die an eine Aufgabeabsicht des Arbeitgebers anknüpfende Übertragung (mit Wirkung ex nunc) gem. § 16 Abs. 1 u. 2 kann sich auf einzelne vom Arbeitgeber getätigte In- und/oder Auslandsanmeldungen bzw. ihm erteilte Schutzrechte (s. dazu § 16 Rdn. 12 ff.) beschränken, aber auch die gesamte vorhandene Schutzrechtsposition des Arbeitgebers erfassen. Die Freigabe gem. § 14 Abs. 2 bzw. die Rechtsübertragung gem. § 16 Abs. 1 u. 2 setzen im Gegensatz zu den Freigaben gem. § 8 Abs. 1 a.F. eine zuvor erklärte unbeschränkte Inanspruchnahme voraus.

Die Freigabe gem. § 8 Abs. 1 a.F. wirkt auf den Zeitpunkt der Entstehung des Rechts zurück, also **ex tunc**.[5] Die originär in der Person des Arbeitnehmers begründete Diensterfindung verbleibt ihm als Rechtsinhaber weiterhin, nunmehr frei von dem Aneignungsrecht des Arbeitgebers gem. § 6 Abs. 1 a.F. Es erfolgt **kein Rechtsübergang**; anders als im Fall des § 16 wird der Arbeitnehmer nicht Rechtsnachfolger seines Arbeitgebers.[6] Hatte der Arbeitnehmer zwischenzeitlich Verfügungen über die Diensterfindung getroffen, so entfällt deren relative, schwebende Unwirksamkeit (vgl. § 7 Abs. 3 a.F.) mit dem Freiwerden (s. § 7 n.F. Rdn. 105 zu). Die Freigabe bedeutet den Verzicht[7] des Arbeitgebers auf den Erwerb der vollen Rechtsinhaberschaft an der Diensterfindung gem. § 7 Abs. 1. Die Erfindung ist als eine **von Anfang an freie Erfindung** zu behandeln.[8] Konsequenterweise entlastet § 8 Abs. 2 a.F. den Arbeitnehmer von den für eine (geborene) freie Erfindung (§ 4 Abs. 3) geltenden Beschränkungen der §§ 18, 19, um ihm eine freie Verfügungsbefugnis zu gewähren.

6

Im Gegensatz dazu wirkt die **Freigabe** für Schutzrechtsanmeldungen im Ausland gem. § 14 Abs. 2 ebenso wie die mit der Aufgabe verbundene Übertragung der Schutzrechtspositionen nach § 16 Abs. 1 u. 2 **ex nunc**;[9] erst mit der dabei erforderlichen Abtretung (§§ 413, 398 ff. BGB) wird der Arbeitnehmer mit Wirkung für die Zukunft Rechtsinhaber und ist damit zugleich (nur) Rechtsnachfolger des Arbeitgebers. Bei dem Rechtsübergang gem. § 16 Abs. 1 u. 2 erwirbt der Arbeitnehmer die Rechtsposition zudem nur noch in dem Umfang, in dem sie zu diesem Zeitpunkt besteht (vgl. § 16 Rdn. 13).

7

---

5 Schiedsst. v. 15.10.1964, BlPMZ 1965, 66 u. LG Düsseldorf v. 22.03.2001 – 4 O 211/00 2 – *Blasformgerät* (unveröffentl.).
6 H.M., z.B. Reimer/Schade/Schippel/Rother Rn. 1 zu § 8; Busse/Keukenschrijver, PatG (6. Aufl. 2003), Rn. 4 zu § 8 ArbEG; unzutr. BFH v. 16.08.1973, BFHE 110, 155, 158.
7 Reimer/Schade/Schippel/Rother Rn. 13 zu § 8.
8 Schiedsst. v. 28.03.1966, BlPMZ 1967, 131, 132.
9 Schiedsst. v. 15.10.1964, BlPMZ 1965, 66.

**§ 8 a.F.**           Frei gewordene Diensterfindungen (Fassung 1957)

8 Nicht von § 8 Abs. 1 a.F. erfasst ist nach der hier vertretenen Ansicht die Situation einer »Freigabe« nach unbeschränkter Inanspruchnahme, aber vor Schutzrechtsanmeldung (s. § 8 a.F. Rdn. 24 f.).

9 Will der Arbeitgeber auf ein vorbehaltenes nicht ausschließliches **Benutzungsrecht** (vgl. § 7 Abs. 2 a.F., § 14 Abs. 3, § 16 Abs. 3, § 19 Abs. 1) »**verzichten**«, ist dies wegen des bloß schuldrechtlichen Charakters des Benutzungsrechts[10] nur durch formlosen Erlass-(Vertrag) mit dem Arbeitnehmer möglich.[11] Demgegenüber lässt die herrschende Auffassung einen Verzicht des Arbeitgebers durch einseitige Erklärung ggü. dem Arbeitnehmer zu,[12] und zwar mit dem Hinweis, der Arbeitgeber könne das Recht in gleicher Weise wieder aufgeben, wie er es sich vorbehalten habe.[13] Die herrschende Meinung verkennt, dass mit beschränkter Inanspruchnahme bzw. Vorbehalt ein schuldrechtlich wirkendes, inhaltlich im Wesentlichen einer einfachen Lizenz gleichgestelltes Benutzungsrecht entsteht (s. § 7 a.F. Rdn. 29 ff.). Wegen der Wesensgleichheit des Verzichts mit dem Erlass i.S.d. § 397 BGB ist unserem Recht ein einseitiger Verzicht auf Ansprüche – anders als bei Gestaltungsrechten – fremd.[14] Insoweit kommt es hier nicht auf die vom *BGH* offen gelassene Frage an, ob ein solcher Verzicht auch für die Vergangenheit wirkt, in der der Arbeitgeber die Diensterfindung aufgrund seines Benutzungsrechts verwertet hat, und welche Rechtsfolgen sich bejahendenfalls für die Ansprüche des Arbeitnehmers aus der Vergangenheit ergeben.[15] Einer durch solchen Rechtsverzicht angestrebten Vergütungsfreiheit steht auch § 10 Abs. 2 a.F. entgegen, wonach die Vergütungspflicht bis zur rechtsbeständigen Entscheidung über die Schutzunfähigkeit fortbesteht.[16]

Erklärt der Arbeitnehmer nicht sein – nach diesseitiger Auffassung notwendiges – Einverständnis mit dem Verzicht, trotz des damit für ihn verbundenen Vorteils, nunmehr unbelastet von Nutzungsrechten über die Diensterfindung bzw. die Schutzrechtsposition verfügen zu können, kann sich der Arbeitgeber nur durch Nichtausübung dieses Rechts weiteren Zahlungspflichten entziehen. Zur Nichtigkeitsklage des Arbeitgebers s. § 25 Rdn. 47 f.; zum Wegfall der Vergütungspflicht gem. § 10 Abs. 2 a.F. Rdn. 18; zum Bestand des Nutzungs-

---

10 BGH v. 23.04.1974, GRUR 1974, 463, 465 – *Anlagengeschäft*.
11 Bestätigend Schiedsst. v. 25.11.1997 – Arb.Erf. 24/96, (unveröffentl.).
12 BGH v. 15.05.1990 – X ZR 119/88, GRUR 1990, 667, 668 – *Einbettungsmasse*; Reimer/Schade/Schippel/Rother Rn. 9 zu § 8.
13 So BGH v. 15.05.1990 – X ZR 119/88, GRUR 1990, 667, 668 – *Einbettungsmasse*.
14 Vgl. RG v. 12.11.1909, RGZ 72, 165, 171; Palandt/Grüneberg, BGB, § 397 Rn. 4.
15 BGH v. 15.05.1990 – X ZR 119/88, GRUR 1990, 667, 668 – *Einbettungsmasse*.
16 Schiedsst. v. 25.11.1997 – Arb.Erf. 24/96, (unveröffentl.).

## B. Schriftliche Freigabe (Nr. 1)

rechts bei »Rückerwerb« der freigegebenen Erfindung durch den Arbeitgeber s. § 14 Rdn. 70 b.

### B. Schriftliche Freigabe (Nr. 1)

#### I. Inhalt

Den Begriff der Freigabe verwendet das ArbEG nicht nur in § 8 Abs. 1 Nr. 1 a.F., sondern auch in § 14 Abs. 2. Er bringt einen freiwilligen Verzicht des Arbeitgebers auf Rechtspositionen zugunsten des Arbeitnehmererfinders zum Ausdruck (s. § 8 n.F. Rdn. 12). I.R.d. § 8 Abs. 1 Nr. 1 a.F. bezieht sich dieser **Rechtsverzicht** auf das an eine Diensterfindung anknüpfende gesetzliche Optionsrecht auf Inanspruchnahme i.S.d. § 6 Abs. 1 a.F. 10

Für die inhaltlichen Erfordernisse und Maßgaben gilt nichts anderes als bei der Freigabeerklärung i.S.d. § 8 Satz 1 n.F. Insoweit wird auf die Ausführungen unter § 8 n.F. Rdn. 21 bis 29 verwiesen.

*Rdn. 11 bis 16 frei*

#### II. Form und Zeitpunkt

Um eindeutige Beweismöglichkeiten (§ 416 ZPO) zu schaffen, fordert § 8 Abs. 1 Nr. 1 a.F. **Schriftform** i.S.d. § 126 BGB; die schriftliche Erklärung muss also vom Arbeitgeber bzw. einem Bevollmächtigten eigenhändig unterschrieben sein bzw. in elektronischer Form abgegeben werden (Einzelheiten bei § 5 Rdn. 35 ff.). Im Unterschied zu § 8 Satz 1 n.F. (s. dort § 8 Rdn. 30) reicht hier Textform i.S.d. § 126b BGB nicht aus. Auf das Schriftformerfordernis kann aber nach Erfindungsmeldung einvernehmlich (formlos) verzichtet werden (§ 22 Satz 2).[17] 17

Die arbeitsrechtliche Fürsorgepflicht kann es dem Arbeitgeber nicht nur gebieten, dem Arbeitnehmer mit der Freigabeerklärung die Diensterfindung betreffende **Unterlagen herauszugeben** (vgl. auch § 15 Abs. 1 Satz 1, § 16 Abs. 1), sondern zudem sonstige sachdienliche Informationen zu erteilen.[18] 18

Aus dem Gebot, sich »**sobald wie möglich**« zur Inanspruchnahme zu äußern (vgl. § 6 Abs. 2 Satz 2 a.F.), folgt mittelbar, dass sich der Arbeitgeber innerhalb dieser Zeitspanne auch über die Alternativentscheidung einer Freigabe schlüssig werden soll.[19] Wie die besonderen Freigabetatbestände des Abs. 1 Nrn. 2 19

---

17 Ebenso Schiedsst. v. 06.11.2008 – Arb.Erf. 39/07 (Datenbank).
18 Volmer Rn. 16 zu § 8; s.a. Volmer/Gaul Rn. 83 ff., 89 zu § 8.
19 Wie hier nunmehr Reimer/Schade/Schippel/Rother Rn. 3 zu § 8.

**§ 8 a.F.**             Frei gewordene Diensterfindungen (Fassung 1957)

u. 3 a.F. verdeutlichen, ist es aber grds. nicht als Pflichtverletzung des Arbeitgebers anzusehen, wenn er die Inanspruchnahmefrist des § 6 Abs. 2 Satz 2 a.F. bzw. die Frist des § 7 Abs. 2 Satz 2 a.F. ausschöpft[20] (vgl. dazu § 6 a.F. Rdn. 41 ff.).

20    Die schriftliche Freigabe kann auch **vor bzw. ohne** ordnungsgemäße **Meldung** durch den Arbeitnehmer i.S.d. § 5 erfolgen; in der Freigabeerklärung liegt dann zugleich ein Verzicht auf die Erfindungsmeldung.[21] Als Abrede zugunsten des Arbeitnehmers (vgl. § 22) kann eine Freigabe zu jedem Zeitpunkt vertraglich vereinbart werden, es sei denn, sie ist mit Zusatzbestimmungen verknüpft, die den Arbeitnehmer im Verhältnis zum ArbEG rechtlich schlechterstellen (vgl. § 22 Rdn. 17 ff.). So können z.b. schon im Anstellungsvertrag bestimmte technische Bereiche zugunsten des Arbeitnehmers »freigestellt« werden. Nach unbeschränkter Inanspruchnahme ist die Freigabe nicht mehr einseitig möglich (s. dazu u. Rdn. 24 f.).

### III. Einzelfälle der Freigabe nach Nr. 1

**1. Freigabe vor unbeschränkter Inanspruchnahme**

21    § 8 Abs. 1 Nr. 1 a.F. behandelt vorrangig den Regelfall, dass sich die Freigabe – ggf. auch in der Form des § 8 Abs. 1 Nr. 2 a.F. – für den Arbeitgeber als Alternative zur unbeschränkten Inanspruchnahme darstellt, er mithin also die Entscheidung über die Freigabe innerhalb der Inanspruchnahmefrist des § 6 Abs. 2 Satz 2 a.F. fällt.

**a) Vor Schutzrechtsanmeldung**

22    Die Wirkung der Freigabe tritt unabhängig davon ein, ob der Arbeitgeber bereits Schutzrechtsanmeldungen vorgenommen hat. Der Arbeitgeber kann also auch vor Schutzrechtsanmeldung freigeben. Damit entfällt gem. § 13 Abs. 2 Nr. 1 seine sonst gegebene Pflicht zur unverzüglichen Inlandsanmeldung (vgl. i.Ü. § 13 Rdn. 32). Nur noch der Arbeitnehmer ist zur Schutzrechtsanmeldung befugt (§ 13 Abs. 4 Satz 1). S.a. u. Rdn. 46 ff.

**b) Nach Schutzrechtsanmeldung**

23    Im Hinblick auf die von dem Ausspruch der unbeschränkten Inanspruchnahme unabhängige (vgl. § 13 Rdn. 4) Pflicht des Arbeitgebers zur unverzüglichen Schutzrechtsanmeldung der Diensterfindung im Inland (vgl. § 13 Abs. 1)

---

20 Wie hier Volmer/Gaul Rn. 42 zu § 8.
21 Schiedsst. v. 02.02.1999 – Arb.Erf. 43/97, (unveröffentl.).

wird u.U. eine Freigabe der Schutzrechtsanmeldung erst nachfolgen. In diesem Fall gehen gem. § 13 Abs. 4 Satz 2 die Rechte aus der Anmeldung auf den Arbeitnehmer über; einer vertraglichen Rückübertragung der Rechte bedarf es nicht (s. § 13 Rdn. 75 zu).

## 2. Freigabe nach unbeschränkter Inanspruchnahme und vor Schutzrechtsanmeldung

Da § 16 nur die Situation nach unbeschränkter Inanspruchnahme und nach Schutzrechtsanmeldung behandelt, bleibt offen, ob § 8 Abs. 1 Nr. 1 a.F. den in der Praxis seltenen Fall der »Freigabe« der Diensterfindung nach unbeschränkter Inanspruchnahme und vor Schutzrechtsanmeldung mit erfasst; die Sonderregelung des § 14 Abs. 2, die zwar von dieser letztgenannten Fallgestaltung ausgeht, beschränkt sich auf die Freigabe (Verzicht) für Auslandsanmeldungen; mit Zugang dieser Freigabeerklärung wird der Arbeitnehmer ex nunc Rechtsnachfolger des Arbeitgebers. 24

Der Wortlaut des § 8 Abs. 1 Nr. 1 a.F. enthält keine zeitliche Schranke für die Freigabeerklärung. Allerdings verdeutlicht die Gesamtregelung des § 8 a.F. im Vergleich zu § 16 die Vorstellung des Gesetzgebers, dass der Arbeitgeber mit der Freigabe durch einseitige, von einer Mitwirkung des Arbeitnehmers unabhängige (ausdrückliche oder konkludente) Erklärung die Rechtsfolge des rückwirkenden Freiwerdens der Diensterfindung vom Optionsrecht des § 6 zugunsten des Arbeitnehmers herbeiführen kann. Dieses Ziel wird auf Basis des ArbEG 1957 bei einer »Freigabe« nach vorhergegangener unbeschränkter Inanspruchnahme nicht erreicht. Der durch diese **Inanspruchnahme** bewirkte Rechtsinhaberwechsel (vgl. § 7 Abs. 1 a.F.) kann nach § 8 a.F. mangels gesetzlicher Legitimation **nicht** mehr **durch einseitige Erklärung des Arbeitgebers rückgängig** gemacht werden[22] (s.a. § 6 a.F. Rdn. 15 f.). Davon ist die ArbEG-Novelle 2009 abgewichen (s. § 8 n.F. Rdn. 7 ff.). Zur Begründung sei auf die 4. Vorauflage verwiesen (dort § 8 Rdn. 26 ff.). 25

*Rdn. 26, 27 frei*

Die Regelung der einseitigen Freigabe gem. § 8 Abs. 1 Nr. 1 a.F. umfasst nach hiesiger Auffassung mithin nicht die »Freigabe« nach unbeschränkter Inan- 28

---

22 A.A. Volmer Rn. 12 zu § 8; Reimer/Schade/Schippel/Rother Rn. 6, 16 zu § 8; wohl auch BGH v. 09.01.1964 – I a ZR 190/63, GRUR 1964, 449, 451 – *Drehstromwicklung*, aber offen gelassen.

**§ 8 a.F.**                 Frei gewordene Diensterfindungen (Fassung 1957)

spruchnahme und vor Schutzrechtsanmeldung.[23] Will sich der Arbeitgeber von der auf ihn übergeleiteten Diensterfindung und evtl. inzwischen hieran – etwa durch Lizenzabreden – erworbenen Rechten (und Pflichten) wieder trennen, bedarf es einer gem. § 22 zulässigen **Vereinbarung** mit dem Arbeitnehmer. Im Fall einer wegen § 13 Abs. 1 regelmäßig nicht treuwidrigen Ablehnung durch den Arbeitnehmer kann der Arbeitgeber (auf Basis des ArbEG 1957) **nur den Weg über § 14 Abs. 2, § 16 Abs. 1 u. 2 gehen**; er muss also die Diensterfindung zunächst gem. § 13 Abs. 1 anmelden. Vor Anmeldung eines solchen Schutzrechts kann er dem Arbeitnehmererfinder die Diensterfindung weder vollständig noch unter Vorbehalt eines nicht ausschließlichen Benutzungsrechts freigeben, wie dies § 16 vorsieht, es sei denn, dass er die Kosten für eine ggf. von dem Arbeitnehmererfinder beabsichtigte inländische Schutzrechtsanmeldung übernimmt.[24] Andernfalls macht der Arbeitgeber sich wegen Versäumung seiner Anmeldepflicht gem. § 13 Abs. 1 schadensersatzpflichtig.[25]

Aus diesen Grundsätzen folgt auf der Grundlage des ArbEG 1957 zugleich:

Ein einseitiger **Wechsel** des Arbeitgebers **in der Art der Inanspruchnahme** ist nicht möglich[26]: Dies gilt einmal bei unbeschränkter Inanspruchnahme, sodass eine nachträgliche Umwandlung der unbeschränkten in eine beschränkte Inanspruchnahme nur mit Einvernehmen des Arbeitnehmers (§ 22 Satz 2) möglich ist,[27] sofern der Arbeitgeber nicht den Weg des § 16 beschreitet.[28] Ein Wechsel von der beschränkten zur unbeschränkten Inanspruchnahme ist ebenfalls nur einvernehmlich möglich, es sei denn, der Arbeit-

---

23 Wie hier Klauer/Möhring/Nirk PatG Rn. 26 Anh. zu § 3 m.H.a. Seetzen, Der Verzicht i. Immaterialgüterrecht (1965) S. 113; Busse/Keukenschrijver, PatG (6. Aufl. 2003), Rn. 8 zu § 8 ArbEG (u. 7. Aufl. 2013 Rn. 7 zu § 8); Volmer/Gaul Rn. 14 ff., 30 ff., 53 ff. u. 98 ff. zu § 8; ebenso Schiedsst. v. 05.03.1991 Arb.Erf. 56/90; v. 15.04.1993 – Arb.Erf. 12/92; v. 10.02.1994 – Arb.Erf. 18/93; v. 18.11.1994 – Arb.Erf. 97/93 (alle unveröffentl.) u. v. 13.07.2011 – Arb.Erf. 08/10, (www.dpma.de, LS. 2); vgl. auch Schiedsst. v. 08.02.1991, GRUR 1991, 753, 755 – *Spindeltrieb*.
24 Schiedsst. v. 18.11.1994 – Arb.Erf. 97/93, (unveröffentl.).
25 Schiedsst. v. 18.11.1994 – Arb.Erf. 97/93 u. v. 13.7.2011 – Arb.Erf. 8/10, (beide unveröffentl.).
26 Zust. Busse/Keukenschrijver, PatG (6. Aufl. 2003), Rn. 2 zu § 6 ArbEG.
27 A. A. BGH v. 09.01.1964 – I a ZR 190/63, GRUR 1964, 449, 451 – *Drehstromwicklung*; Volmer Rn. 5 zu § 8; wie hier Busse/Keukenschrijver, PatG (6. Aufl. 2003), Rn. 2 zu § 6 ArbEG u. Rn. 8 zu § 8 ArbEG; Volmer/Gaul Rn. 96 ff. zu § 8.
28 So wohl auch BGH v. 28.06.1962 – I ZR 28/61, GRUR 1963, 135, 138 – *Cromegal*; insoweit bestätigt durch BGH v. 23.04.1974, GRUR 1974, 463, 465 – *Anlagengeschäft*.

nehmer hat ein unbilliges Erschweren nach § 7 Abs. 2 a.F. geltend gemacht[29] (s. dazu § 7 a.F. Rdn. 39 ff.). Zum Verzicht auf das Nutzungsrecht s. § 8 a.F. Rdn. 9.

Zur Freigabe im Fall des § 17 s. dort Rdn. 35 f., zur teilweisen Freigabe einzelner Erfindungsbereiche bzw. Patentkategorien s. § 16 Rdn. 13.

## C. Freigabe durch beschränkte Inanspruchnahme (Nr. 2)

§ 8 Abs. 1 Nr. 2 a.F. stellt lediglich klar, dass eine nur beschränkte Inanspruchnahme einer Diensterfindung (vgl. § 7 Abs. 2 a.F.) deren Freigabe unter Vorbehalt eines nicht ausschließlichen Benutzungsrechts bedeutet.[30] Hierin liegt ein (stillschweigender) Verzicht auf das Optionsrecht, der mit Zugang der Erklärung der beschränkten Inanspruchnahme wirksam wird (s.a. § 8 a.F. Rdn. 10 f.). 29

Da § 7 Abs. 2 a.F. an das in § 6 Abs. 1 a.F. festgelegte Wahlrecht des Arbeitgebers zwischen beschränkter und unbeschränkter Inanspruchnahme anknüpft, wird durch die Bezugnahme in § 8 Abs. 1 Nr. 2 a.F. deutlich, dass ein **nachträglicher Wechsel** des Arbeitgebers von der unbeschränkten auf die beschränkte Inanspruchnahme – entgegen der herrschenden Meinung – von § 8 Abs. 1 nicht erfasst ist. Dies ist nur unter der Voraussetzung des § 16 möglich (s. § 8 a.F. Rdn. 28). Es ist daher bedenklich, die Situation, dass der Arbeitgeber trotz Freigabe die Eigennutzung fortsetzt, als »beschränkte Freigabe« i.S.d. § 8 Abs. 1 Nr. 2 a.F. anzusehen.[31] 30

## D. Freiwerden durch Fristablauf (Nr. 3)

Die Fälle der **stillschweigenden** Freigabe durch Fristablauf werden in § 8 Abs. 1 Nr. 3 a.F. behandelt. 31

Lässt der Arbeitgeber nach Eingang der **ordnungsgemäßen Meldung** (§ 5 Abs. 2 u. 3) die Inanspruchnahmefrist des § 6 Abs. 2 Satz 2 a.F. verstreichen, ohne die Diensterfindung unbeschränkt in Anspruch zu nehmen, so gilt dies gem. § 8 Abs. 1 Nr. 3 a.F. als Freigabe (Einzelheiten zur Inanspruchnahmefrist als Ausschlussfrist s. § 6 a.F. Rdn. 45 f.; s. dort § 6 a.F. Rdn. 27 ff. zum Formerfordernis der Inanspruchnahme). Dies dürfte nach der neueren Rechtspre- 32

---

29 Wie hier Dantz, Inanspruchnahmerecht (1968), S. 102; im Ergebn. auch Busse/Keukenschrijver, PatG (6. Aufl. 2003), Rn. 2 zu § 6 ArbEG; Volmer/Gaul Rn. 17 zu § 6.
30 Amtl. Begründung BT-Drucks. II/1648 S. 26 = BlPMZ 1957, 232.
31 So aber BGH v. 09.01.1964 – I a ZR 190/63, GRUR 1964, 449, 451 – *Drehstromwicklung*.

chung auch in den Fällen gelten, in denen die Schutzfähigkeit zweifelhaft ist[32] (s. im Einzelnen § 6 a.F. Rdn. 17).

33 § 8 Abs. 1 Nr. 3 a.F. mit der Folge des Freiwerdens kommt dagegen nicht zur Anwendung, wenn es bereits – ungeachtet des § 5 Abs. 2, 3 – an einer förmlichen **Meldung** i.S.d. § 5 Abs. 1 **fehlt**[33] (z. Verzicht des Arbeitgebers auf eine ordnungsgemäße Meldung s. § 6 a.F. Rdn. 51; zur vorsätzlich falschen Erfindungsmeldung s. Rdn. 20.3 f. zu § 5). Ohne Belang ist es aber, ob eine **Meldung verspätet** war.[34]

Die Diensterfindung wird auch frei, wenn der Arbeitgeber sein durch das Verlangen des Arbeitnehmers i.R.d. Unbilligkeitsregelung des § 7 Abs. 2 Satz 2 a.F. ausgelöstes Wahlrecht nicht fristgerecht ausübt; die 2-Monats-Frist als Ausschlussfrist beginnt mit dem Zugang des Verlangens des Arbeitnehmers (s. § 7 a.F. Rdn. 52 f., 54 ff.).

Einen **Sonderfall** des stillschweigenden Freiwerdens enthält § 18 Abs. 2, wenn der Arbeitgeber nach Mitteilung einer »freien Erfindung« deren Eigenschaft als freie nicht fristgerecht bestreitet.[35]

34 Die Wirkung der Freigabe tritt **unabhängig von der Kenntnis** der Arbeitsvertragsparteien über Beginn und Ende der Inanspruchnahmefrist ein.[36]

Die **Beweislast** für ein Freiwerden trägt der sich darauf berufende **Arbeitnehmer**, sodass er insb. den Zugang der ordnungsgemäßen Meldung der Erfindung beim Arbeitgeber darzulegen und zu beweisen hat.[37]

35 Im Einzelfall kann dem Arbeitnehmer ein Berufen auf den Fristablauf wegen Verstoßes gegen **Treu und Glauben verwehrt** sein, etwa, wenn er sich – im Bewusstsein des Fristablaufs – mit Erprobungsversuchen des Arbeitgebers, der sich damit Klarheit über eine etwaige Inanspruchnahme verschaffen will, einverstanden erklärt.[38] S.a. § 6 a.F. Rdn. 49.

---

32 Vgl. BGH v. 15.05.1990 – X ZR 119/88, GRUR 1990, 667, 668 – *Einbettungsmasse*.
33 BGH v. 17.01.1995 – X ZR 130/93, Mitt. 1996, 16, 17 – *Gummielastische Masse*; LG Düsseldorf v. 30.09.1975, EGR Nr. 15 zu § 5 ArbEG; Busse/Keukenschrijver, PatG (6. Aufl. 2003), Rn. 9 zu § 8 ArbEG (u. 7. Aufl. 2013 Rn. 9 zu § 8 ArbEG); weitergehend wohl Volmer/Gaul Rn. 104 zu § 8.
34 Schiedsst. v. 28.03.1966, BlPMZ 1967, 131 u. v. 06.01.1986, BlPMZ 1986, 273.
35 Vgl. dazu Schiedsst. v. 08.05.1972, BlPMZ 1972, 382.
36 BGH v. 23.05.1952 – I ZR 149/51, AP 53 Nr. 120 – *Zuckerdiffuseur* m. Anm. Volmer; s.a. LG Bremen v. 12.04.1956, MDR 1956, 747.
37 Schiedsst. v. 07.02.1995 – Arb.Erf. 6(B)/7(B)/93, (unveröffentl.).
38 Vgl. BGH v. 23.05.1952 – I ZR 149/51, AP 53 Nr. 120 – *Zuckerdiffuseur* m. Anm. Volmer.

Zur Verwirkung s. § 6 a.F. Rdn. 34.

Unbedenklich zulässig ist nach Erfindungsmeldung (vgl. § 22 Satz 2) eine **Vereinbarung** zwischen Arbeitgeber und Arbeitnehmererfinder, wonach dem Arbeitgeber das (**Options**-) Recht eingeräumt wird, eine frei gewordene Diensterfindung in dem bei unbeschränkter Inanspruchnahme gesetzlich vorgesehenen Umfang und gegen die gesetzliche Vergütungspflicht vertraglich auf sich überzuleiten.[39]

Auch wenn sich die Arbeitsvertragsparteien darauf verständigen, eine als Diensterfindung gemeldete Neuerung nach deren Freiwerden wegen Zweifeln an der Schutzfähigkeit einvernehmlich als schutzunfähiges Arbeitsergebnis zu behandeln, trifft den Arbeitgeber grundsätzlich **keine Aufklärungspflicht** über die Arbeitnehmerrechte bei freigewordenen Diensterfindungen und er ist damit auch keinem Anspruch des Arbeitnehmers auf Vertragsaufhebung nach §§ 311 Abs. 2 Nr. 1, 241 Abs. 2, 242, 280 Abs. 1, 249 Abs. 1 BGB ausgesetzt.[40]

## E. Unwirksamkeit einer Freigabe

### I. In den Fällen des § 8 Abs. 1 Nrn. 1 u. 2

Die Freigabeerklärungen nach Nrn. 1 und 2 a.F. stellen Willenserklärungen dar und unterliegen somit den bürgerlichrechtlichen Bestimmungen über die Nichtigkeit (§§ 116, 118, 125 BGB) und **Anfechtbarkeit** wegen Irrtums oder arglistiger Täuschung (§§ 119 bis 124 BGB). 36

Hat der Arbeitgeber eine gemeldete Diensterfindung »freigegeben«, weil er sie **nicht für schutzfähig hält**, so liegt hierin die Erklärung an den Arbeitnehmer, über diese technische Neuerung frei verfügen zu können, also auch Schutzrechtsanmeldungen zur Klärung der Schutzfähigkeit zu betreiben.[41] Ist der Arbeitgeber irrig von der Schutzunfähigkeit der Diensterfindung ausgegangen, so ist die Freigabeerklärung nach der Systematik des ArbEG, die auf die bloße Möglichkeit der Schutzrechtserteilung abstellt (s. dazu § 2 Rdn. 16 ff.) und vorrangig dem Arbeitgeber die Klärung der Schutzfähigkeit überlässt (vgl. § 13 Abs. 1 und die Überlegungsfrist des § 6 Abs. 2 Satz 2 a.F.), nicht gem. § 119 Abs. 2 BGB wegen Irrtums über eine verkehrswesentliche Eigenschaft der 37

---

39 Schiedsst. v. 08.04.1993, EGR Nr. 34 zu § 6 ArbEG (LS).
40 Abw. Schiedsst. v. 30.01.2018 – Arb.Erf. 36/16 (vorg. f. www.dpma.de), referiert von Quodbach unter www.cbh.de/News2 (Stand 27.07.2018)
41 Ebenso Schiedsst. ZB. v. 06.08.1979 – Arb.Erf. 64/78, (unveröffentl.).

§ 8 a.F. — Frei gewordene Diensterfindungen (Fassung 1957)

Erfindung (s. dazu § 17 Rdn. 36) anfechtbar[42] (s.a. § 6 a.F. Rdn. 17 u. § 6 n.F. Rdn. 26 ff.). Zweifelhaft ist, ob für eine Anfechtung nach § 119 BGB dann Raum ist, wenn der Arbeitgeber übersehen hat, dass die freigegebene Erfindung im Zusammenhang mit einem Forschungsauftrag steht;[43] in derartigen Fällen mag die Prüfung eines Rückübertragungsanspruchs nach Treu und Glauben (§ 242 BGB) näher liegen. Eine Anfechtung nach § 119 BGB scheidet jedenfalls auch dann aus, wenn sich der Arbeitgeber lediglich über die wirtschaftliche Verwertbarkeit bzw. Bedeutung einer Diensterfindung irrt.[44] Ein Anfechtungsrecht nach § 119 BGB kann jedoch dann bestehen, wenn der Arbeitnehmer die Erfindung **nicht vollständig gemeldet** hatte und der Arbeitgeber deshalb den Charakter als Diensterfindung oder deren Inhalt, Umfang bzw. Bedeutung verkannt und diese freigegeben hat.[45]

38 Als **Rechtsfolge** einer wirksamen **Anfechtung nach § 119 BGB** wird die Freigabeerklärung von Anfang an nichtig (§ 142 Abs. 1 BGB), sodass die ursprüngliche Inanspruchnahmesituation wiedergegeben ist. War die Meldung ordnungsgemäß, ist nach Ablauf der Inanspruchnahmefrist eine einseitige Inanspruchnahmeerklärung i.S.d. §§ 6, 7 a.F. nicht mehr möglich; hat der Arbeitgeber innerhalb der Inanspruchnahmefrist eine (vorsorgliche) unbeschränkte Inanspruchnahme versäumt, scheidet eine Überleitung nach §§ 6, 7 a.F. endgültig aus.[46] Insoweit hat – ungeachtet des § 122 BGB – im Interesse der Rechtssicherheit die Gesetzesfolge des Freiwerden zugunsten des Arbeitnehmers nach § 8 a.F. letztlich Vorrang ggü. dem Interesse des Arbeitgebers an der Rechtsüberleitung, die aus in seiner Sphäre liegenden Gründen unterblieben ist. Anders ist letztlich die Rechtslage, wenn die »irrtümliche« Freigabe auf einer unvollständigen Erfindungsmeldung beruht (s. dazu § 5 Rdn. 83); hier kann dem Arbeitnehmer ein Berufen auf den Fristablauf nach Treu und Glauben (§ 242 BGB) versagt sein (s.a. § 8 a.F. Rdn. 35). Inwieweit eine Schadensersatzpflicht des Arbeitgebers nach § 122 BGB besteht, ist Tatfrage.[47]

---

42 Busse/Keukenschrijver, PatG (6. Aufl. 2003), Rn. 3 zu § 8 ArbEG; a.A. Röpke, Arbeitsverh. u. ArbNErf. S. 66.
43 So aber möglicherweise Schiedsst. ZB. v. 23.06.1983 – Arb.Erf. 3 (B)/83, (unveröffentl.).
44 Vgl. DPA, GRUR 1962, 238.
45 Ebenso Busse/Keukenschrijver, PatG (6. Aufl. 2003), Rn. 11 zu § 5 ArbEG; vgl. auch Gaul, DB 1982, 2499, 2502; Volmer/Gaul Rn. 123 ff. zu § 5.
46 Im Ergebn. ebenso Riemschneider/Barth Anm. 5 zu § 4, DVO 43 (S. 124, dort Fn. 15).
47 Vgl. Volmer/Gaul Rn. 127 zu § 5.

Hat der Arbeitnehmer **vorsätzlich eine falsche bzw. unvollständige Erfindungsmeldung** abgegeben, um eine Freigabe zu erschleichen, rechtfertigt dies eine Anfechtung wegen arglistiger Täuschung nach § 123 BGB und lässt das Inanspruchnahmerecht des Arbeitgebers unberührt fortbestehen (s. im Einzelnen § 5 Rdn. 21.1).

Zur Unwirksamkeit bei einer **Freigabe unter Auflagen oder Bedingungen** s. § 8 n.F. Rdn. 26 f.

### II. Im Fall des § 8 Abs. 1 Nr. 3

Im Fall eines (stillschweigenden) Freiwerdens i.S.d. § 8 Abs. 1 Nr. 3 a.F. ist für eine **Anfechtung grds. kein Raum**. Einmal stellt die Nichtabgabe einer Inanspruchnahmeerklärung innerhalb der Frist des § 6 Abs. 2 Satz 2 a.F. nicht ihrerseits zwangsläufig eine Willenserklärung dar.[48] Vielmehr bedarf es für die Annahme einer (stillschweigenden) Willenserklärung und damit für die Möglichkeit einer Anfechtung weiterer, begleitender Umstände, die nach außen hin erkennbar geworden sind. Eine Anfechtung nach § 119 BGB scheidet jedoch wegen des hier zwangsläufig vorgegebenen Ablaufs der Inanspruchnahmefrist aus. **39**

Dem Arbeitnehmer kann es im Einzelfall verwehrt sein, sich auf den Ablauf der Inanspruchnahmefrist zu berufen (s. § 8 a.F. Rdn. 35). Eine Anfechtung nach § 123 BGB kommt mangels Erklärung selbst dann nicht in Betracht, wenn die Erfindung wegen einer **arglistigen Täuschung** des Arbeitnehmers nicht als Diensterfindung erkannt wurde[49] oder die Erfindungsmeldung wesentliche Inhalte bewusst ausließ (s. dazu § 5 Rdn. 21.1). Ein arglistiges Verhalten scheidet aus, wenn der Arbeitnehmer – entgegen seinen früheren ständigen Gepflogenheiten – nicht mehr bereit ist, die durch Fristablauf frei gewordene Diensterfindung auf den Arbeitgeber zu übertragen.[50] **40**

*Rn. 41 frei*

### F. Freigabe einer nicht schutzfähigen technischen Neuerung

Da § 8 a.F. zunächst nur an die Möglichkeit der Schutzfähigkeit anknüpft (s. § 2 Rdn. 16, 18), kann sich in einem vom Arbeitnehmer nach einer Freigabe **42**

---

48 Vgl. allg. OLG Celle v. 16.09.1969, NJW 1970, 48.
49 So zutr. Busse/Keukenschrijver, PatG (6. Aufl. 2003), Rn. 10 zu § 8 ArbEG; a.A. Reimer/Schade/Schippel/Rother Rn. 18 zu § 8; Volmer/Gaul Rn. 118 zu § 8.
50 Busse/Keukenschrijver, PatG (7. Aufl. 2013), Rn. 10 zu § 8 ArbEG m.H.a. Schiedsst. v. 28.01.2009 Arb.Erf. 34/06.

**§ 8 a.F.**             Frei gewordene Diensterfindungen (Fassung 1957)

i.S.d. § 8 Abs. 1 Nr. 1–3 a.F. (weiter-)betriebenen Anmeldeverfahren die Schutzunfähigkeit der technischen Neuerung ergeben. Damit wird die auf eine »Diensterfindung« bezogene Freigabe an sich **gegenstandslos**, da nunmehr feststeht, dass es sich bei der Neuerung von vornherein um ein bloßes – dem Arbeitgeber gehörendes – Arbeitsergebnis (s. dazu § 3 Rdn. 26 f.) gehandelt hat.[51]

43 Aufgrund der Freigabe durch den Arbeitgeber war der Arbeitnehmer befugt, i.R.d. § 8 a.F. über dieses Wissen zu verfügen, dieses also auch an Dritte (Wettbewerber) weiterzugeben bzw. im Rahmen von Schutzrechtserteilungsverfahren offenzulegen.[52] Hierdurch entstandene Wettbewerbsverluste oder sonstige Vermögensnachteile des Arbeitgebers muss dieser hinnehmen. Insb. scheiden **Schadensersatzansprüche** des Arbeitgebers (§ 280 Abs. 1 i.V.m. §§ 619 a, 823, 826 BGB, 17 UWG) i.d.R. aus, da es an einer rechtswidrigen Verletzungshandlung des Arbeitnehmers fehlt und dieser lediglich von seiner ihm in § 8 Abs. 2, a.F., § 13 Abs. 4 eingeräumten Befugnis (»zunächst«) rechtmäßig Gebrauch gemacht hat, die Schutzfähigkeit im Erteilungsverfahren klären zu lassen bzw. über die Erfindung frei zu verfügen[53] (s.a. § 6 a.F. Rdn. 17 f. u. unten § 8 a.F. Rdn. 49). I.Ü. wäre es Sache des Arbeitgebers gewesen, bei einem besonderen Geheimhaltungsinteresse seinerseits die gerade für diesen Fall vorgesehene Möglichkeit des Verfahrens nach § 17 mit Klärung der Schutzfähigkeit durch die Schiedsstelle (vgl. § 17 Abs. 2) zu nutzen.

44 Ein Verschuldensvorwurf kann den Arbeitnehmer jedoch dann treffen, wenn er der Schutzfähigkeit offensichtlich entgegenstehende Tatsachen positiv kannte oder jedenfalls – etwa aufgrund eines spezifizierten Hinweises des Arbeitgebers – zweifelsfrei kennen musste.

45 Der Arbeitgeber ist zur **Nutzung** dieses technischen Wissens – wie jeder Dritte – berechtigt (s.a. § 8 n.F. Rdn. 93). Problematisch sind allerdings die Fälle, in denen der Arbeitnehmer auf eine im Inland nicht schutzfähige Neuerung ein **Auslandspatent** erwirbt. Konsequenz der hier vertretenen Auffassung (s. § 2 Rdn. 25 f.) wäre ein Nutzungsrecht des Arbeitgebers an diesen Auslandsschutzrechten als Arbeitsergebnis, gfls. allerdings verbunden mit einer Vergütungspflicht als qualifizierter technischer Verbesserungsvorschlag nach § 20 Abs. 1. Hatte der Arbeitgeber die (vermeintliche) Diensterfindung zuvor

---

51 Ebenso Volmer/Gaul Rn. 150 zu § 8.
52 So wohl auch Volmer/Gaul Rn. 153 zu § 8.
53 Nach OLG Karlsruhe v. 14.07.1976 – 6 U 61/74, (unveröffentl.) wird auch eine vermeintliche Erfindung nach § 8 frei und steht dem ArbN uneingeschränkt zu; vgl. auch OLG Karlsruhe v. 13.07.1983, GRUR 1984, 42 f. – *Digitales Gaswarngerät*.

beschränkt in Anspruch genommen (§ 8 Abs. 1 Nr. 2 a.F.), bleibt der Vergütungsanspruch des Arbeitnehmers aus § 10 Abs. 1 a.F. unberührt, soweit er bis zur rechtskräftigen Entscheidung über die mangelnde Inlandsschutzfähigkeit fällig geworden ist (§ 10 Abs. 2 Satz 2 a.F. Rdn. 24).
Zu Meinungsverschiedenheiten über die Schutzfähigkeit s. § 6 a.F. Rdn. 17.

## G. Rechtsfolgen des Freiwerdens

Mit Freigabe wird die Diensterfindung frei (§ 8 Eingangssatz a.F.) und der Arbeitnehmer kann über diese Diensterfindung ohne die Beschränkungen der §§ 18, 19 verfügen (§ 8 Abs 2 a.F.). Damit entfällt gem. § 13 Abs. 2 Nr. 1 die sonst gegebene Pflicht des Arbeitgebers zur unverzüglichen Inlandsanmeldung (vgl. i.Ü. § 13 Rdn. 32). Nur noch der Arbeitnehmer ist zur Schutzrechtsanmeldung befugt (§ 13 Abs. 4 Satz 1). Ist – wie häufig – die Freigabe **nach Schutzrechtsanmeldung** erfolgt, gehen gem. § 13 Abs. 4 Satz 2 die Rechte aus der Anmeldung auf den Arbeitnehmer über; einer vertraglichen Rückübertragung der Rechte bedarf es nicht (s. § 8 n.F. Rdn. 70). Zur Situation, dass der Arbeitgeber die Schutzrechtsanmeldung fortführt s. § 8 n.F. Rdn. 113 ff.

46

Dem Arbeitgeber stehen mit Freiwerden keine Rechte an der Diensterfindung mehr zu, es sei denn, er hatte sie **beschränkt in Anspruch** genommen (§ 7 Abs. 2 Satz 1 a.F., § 8 Abs. 1 Nr. 2 a.F.; zu den Schranken aus § 25 Halbs. 2 bei beschränkter Inanspruchnahme s. § 8 n.F. Rdn. 77). Der Arbeitnehmer darf eine beschränkt in Anspruch genommene Erfindung ohne Verstoß gegen die Treuepflicht selbst einem Konkurrenten seines Arbeitgebers anbieten, sie auf diesen übertragen oder diesem eine Lizenz daran erteilen[54] (zur Treuepflicht des Arbeitnehmers s. § 8 n.F. Rdn. 80). Eine Pflicht des Arbeitnehmers zur Schutzrechtsanmeldung, zur Fortführung des Erteilungsverfahrens oder zur Aufrechterhaltung eines Schutzrechts besteht – auch im Fall einer beschränkten Inanspruchnahme (§ 7 Abs. 2 a.F.) – weder nach dem ArbEG noch folgt sie aus der Treuepflicht;[55] davon gehen § 10 Abs. 2 a.F. ebenso wie RL Nr. 25 Abs. 3 Satz 4 aus (zum Problem des Freiwerdens schutzunfähiger technischer Neuerungen s. § 8 Rdn. 56 ff.; zur widerrechtlichen Entnahme bei Freiwerden s. § 8 n.F. Rdn. 113; zur Kostenerstattung bei Fortführung von Schutzrechtsanmeldungen des Arbeitgebers s. § 13 Rdn. 22 f.).

47

---

54 H.M., Hueck in FS Nikisch (1958) S. 63, 81; Reimer/Schade/Schippel/Rother Rn. 21 zu § 25; Kraßer, PatR (6. Aufl. 2009), § 21 III b 4; abw. Peters, GRUR 1961, 514, 518.
55 So auch Reimer/Schade/Schippel/Rother Rn. 10, 14 zu § 7; Volmer/Gaul Rn. 79 ff. zu § 7 u. Rn. 125 ff. zu § 8; Busse/Keukenschrijver, PatG (6. Aufl. 2003), Rn. 6 zu § 8 ArbEG.

**48** Nach Erfindungsmeldung (vgl. § 22) kann mit dem Arbeitnehmer – insb. zur Wahrung von Betriebsgeheimnissen – ein **Verzicht** auf die Rechtswirkungen des Freiwerdens vereinbart werden;[56] im Hinblick auf § 23 bedarf es jedoch im Grundsatz einer hinreichenden wirtschaftlichen Gegenleistung.

**49** § 8 Abs. 2 a.F. stellt – **inhaltsgleich mit § 8 Satz 2 n.F.** – klar, dass die Diensterfindung mit Freiwerden der Sphäre des Unternehmens – ggf. mit Ausnahme eines einfachen Benutzungsrechts – entzogen ist und es dem Arbeitnehmer im Grundsatz freisteht, die Erfindung nach seinem Belieben zu verwerten.[57]

Da der bisherige § 8 Abs. 2 a.F. wortgleich in § 8 Satz 2 n.F. übernommen worden ist, kann wegen der weiteren Rechtsfolgen auf die **Kommentierung bei § 8 n.F. Rdn. 66 bis 107 sowie auf die 4. Vorauflage verwiesen** werden.

---

[56] Vollrath, GRUR 1987, 670, 675 f.
[57] Vgl. auch Amtl. Begründung BT-Drucks. II/1648 S. 26 = BlPMZ 1957, 232.

# Einleitung vor §§ 9–12

**Lit.:**

***Bartenbach***, Die Erfindervergütg. b. benutzten, nicht patentgeschützten Dienstf., VVPP-Festschr. (1975) 131; ***Bartenbach/Fischer***, Aktivierungspflicht f. ArbNErf.Vergtg. (§ 5 Abs. 2 EStG), GRUR 1980, 1025; ***Bartenbach/Volz***, Wann kann e. Abstaffelg. erfindungsgem. Umsätze n. RL Nr. 11 erfolgen?, GRUR 2016, 225; ***dies.***, Arbeitnehmererfindervergütung – Kommentar z. d. Amtl. RLn. f. d. Vgtg. v. ArbNErf., 4. Aufl. 2017; ***Bartenbach/Volz/Kelter***, Die Lizenzanalogie b. d. Ermittlg. d. Erfindungswertes v. ArbNErf. u. b. d. Berechng. d. Schadensersatzes f. Patentverletzungen – ein Vergleich, Festschr. 50 Jahre PAO (2017), S. 251; ***Bengelsdorf***, Berücksichtigung v. Verg. f. ArbNErf. u. VV b. d. Karenzentschädigung gem. § 74 Abs. 2 HGB? DB 1989, 1024; ***Bock***, Erfindervergütg. f. benutzte, nichtgeschützte Dienstf., Mitt. 1971, 220; ***Böcker***, Steuerl. Prüfung u. Behandlung v. Lizenzzahlungen an verbundene ausländ. Untern., StBp 1991, 73; ***Brandner***, Geschäftsgrundlage u. Inhaltskontrolle bei d. Regelung d. Vergütung f. Urheber u. Erfinder, GRUR 1993, 173; ***Buchner***, Die Vergütg. f. Sonderleistungen d. ArbN – ein Problem d. Äquivalenz d. i. Arbverh. z. erbringenden Leistungen, GRUR 1985, 1; ***Danner***, Der Erfindungswert, das A und O d. Erfindervergütg., GRUR 1976, 232; ***Derichs***, Treu u. Glauben u. d. Nullfälle i. Recht d. ArbNErf., GRUR 1961, 66; ***Dick***, Bewertung d. ArbNErf. i. d. Praxis, GRUR 1962, 226; ***Fischer***, E., Die Bedeutung d. Schutzfähigkt. d. Dienstf. f. d. Vergütungspfl. d. ArbG, GRUR 1963, 107; ***ders.***, Die Erfindervergütg. f. d. Benutzung e. nicht patentfähigen Erf., GRUR 1971, 420; ***Fischer***, F. B., Ein Vorschlag z. Vereinfachg. d. Ermittlg. d. Erfindungswerts v. ArbNErf., GRUR 1971, 131; ***ders.***, Lizenzanalogie-Kaufanalogie, GRUR 1972, 118; ***Follert***, Z. Zahlg. e. angemessenen Vergütg. n. § 9 ArbEG aus Sicht d. Bewertungstheorie, DStR 2017, 2449; ***Gaul***, Die Vorzugssicht d. ArbG i.S.d. § 9 ArbEG, GRUR 1980, 1029; ***ders.***, Die ArbNErfVergütg. b. Gesamtanlagen u. d. Abstaffelungsproblem, GRUR 1983, 209; ***ders.***, Die ArbNErfVergütg. b. Vorratspatent, Mitt. 1984, 144; ***ders.***, Der erfassbare betriebl. Nutzen als Grundlage d. Erfindervergütungsberechng., GRUR 1988, 254; ***Gaul/Bartenbach***, Die Änderg. d. RL Nr. 11 – Abstaffelg., GRUR 1984, 11; ***Gaul/Wexel***, Der Einfluss d. Arbeitsentgelts auf d. ErfVergütg., BB 1984, 2260; ***Geier***, Die Aktivierung v. ArbNErf., DStR 2017, 1192; ***Groß***, Aktuelle Lizenzgebühren in Patentlizenz-, Knowhow- und Computerprogrammlizenz-Verträgen, BB 1995, 885; ***Haas***, Der Vergütungsanspr. e. unbeschränkt i. Anspr. gen. Dienstf. vor Patenterteilung, Diss. Würzbg. 1975; ***Hahne***, Die Erfindervergütg. i. industriellen Rechnungswesen, GRUR 1972, 336; ***Halbach***, Die Nullfälle i. Recht d. Arb.NErf., GRUR 1960, 457 u. 1961, 338; ***Hagen***, Formel z. Bemessung d. Aufgabenlösungs-Summanden b. d. Anteilsfaktor A d. VergRLn. f. ArbNErf., GRUR 1979, 207; ***Hegel***, Zur Ermittlg. d. betriebl. Nutzens v. ArbNErf., GRUR 1975, 307; ***Heine***, Z. Ermittlg. d. Erf.wertes n. d. RLn. f. d. Vergütg. v. ArbNErf. i. priv. Dienst, GRUR 1960, 321; ***Hellebrand***, Wann ist b. d. Ermittlg. d. Erfindungswertes nach d. Lizenzanalogie z. Berechnung. d. Arbeitnehmererfindervergütung e. Abstaffelung b. hohen Umsätzen zulässig u. geboten? GRUR 1993, 449; ***ders.***, Gewinn und Lizenzgebühr: Gibt es einen quantifizierbaren Zusammenhang? GRUR 2001, 678; ***ders.***, Die Unfassbarkeit d. Wertes einer Dienstf. nach d. erfassb. betriebl. Nutzen, Mitt. 2010, 362; ***ders.***, Ableitg. v. angemessenen Lizenzsätzen aus ökonom. Perspektive? Eine Erwiderung, Mitt. 2014, 494; ***Hellebrand/Rabe***, Lizenzsätze für technische Erfindungen, 5. Aufl. 2017; ***Heine/Vierkötter/Richter***, Abfindungen nach ArbEG – Steuerliche Fallstricke, StBW 2012, 553; **Henn**, Adäquate Kausalität d. Erfindungswerts, GRUR 1968, 121; **Himmelmann**, Vergütungsrechtl. Ungleichbehandlung von Arbeitnehmer – Erfinder u. AN – Urheber GRUR 1999, 897; **Hoffmann/Bühner**, Z. Ermittlg. d. betriebl. Nutzens v. ArbNErf., GRUR 1974, 445; **Johannesson**, Erfindervergütg. unter d. Monopolprinzip d. Ges. ü. ArbNErf., GRUR 1970, 114; **ders.**, Zur jüngsten Rspr. d. BGH z. Erfindervergütg., GRUR 1972, 63; **ders.**, Lizenzbasis, Lizenzsatz u. Erfindungswert i. Vergütungsregelungen nach d. Lizenzanalogie, GRUR 1975, 588; **ders.**, Die Vergütungsformel f. d. ArbNErf., GRUR 1981, 324; **Karl**, Vergütg. e. ArbNErf. vor d. Patenterteilg. als techn. Verbesserungsvorschlag, Mitt. 1960, 242; **ders.**, Die sog. Millionenstaffelung b. d. Vergütg. v. ArbNErf., GRUR 1968, 565; **Kaube**, Neue Lösungsvorschläge d. Schiedsst. hinsichtl. d. Vergütg. von nicht benutzten Schutzrechten, GRUR 1986, 15; **ders.**, Zur Staffelung nach Nr. 11 der VergütungsRLn., GRUR 1986, 572; **Kraushaar**, Die Vergütg. d. ArbNErf. b. Vergabe e. kostenlosen Lizenz, ZRP 1972, 279; **Krekeler**, Erfindervergütg. n. d. RL b. Lizenzeinnahmen (zu RL Nr. 14 Abs. 3, GRUR 1978, 576; **Kremnitz**, Was steht mir an Erfindervergütg. zu?, 1967; **ders.**, Probleme d. Vergütg. nach d. ArbEG aus d. Sicht d. ArbNErfinders, Mitt. 1971, 209; **Krieger**, Zum Verhältnis v. Monopolprinzip im Recht d. ArbNErf., in Festschr. K. Quack (1991), 41; **Loschelder**, Der ArbN als Urheber, Erfinder u. Entwerfer – eine Schnittst. zw. ArbR u. d. Recht d. Geist. Eigentums, in: Arbeitsgerichtsbarkt. u. Wissenschaft – Festschr. f. Bepler (2012), 389; **Meier-Beck**, »Abwasserbehandlung« u. Monopolprinzip – ein Beitrag z. Recht an der Erfindung, Festschr. Reimann (2009), 309; **Nestler**, Ermittlung von Lizenzentgelten, BB 2008, 2002; **dies.**, Die Ableitg. v. angemessenen Lizenzsätzen aus ökonom. Perspektive, Mitt. 2014, 262; **Osann**, Vergütg. v. ArbNErf. unter Ermittlg. d. Erfindungswertes nach d. erfassb. betriebl. Nutzen, GRUR 1964, 113, **Pietzker**, Zur adäquaten Kausalität b. Ermittlg. d. Erfindungswerts, GRUR 1968, 172; **Rebitzki**, Zur Rspr. d. BGH i. d. Frage d. Vergütgspfl. f. Dienesterf., GRUR 1963, 555; **Reimer/Schippel**, Die Vergütung v. ArbNErf., Gutachten 1956 (Schriftenrh. d. BArbMin. 2); **Rogge**, Schadensersatz nach der Lizenzanalogie bei Verletzung v. Patenten, Urheberrechten u. anderen Schutzrechten, Festschr. Nirk (1992), 929; **Röpke**, Die Vergütgspfl. f. ArbNErf. als arbeitsrechtl. Verpflichtg., RdA 1963, 405; **Rosenberger**, Zur Erfindervergütg. für nicht benutzte Schutzrechte, GRUR 1986, 782; **ders.**, Kriterien f. d. Erf.wert, erhebliche Unbilligkeit v. Verg.vereinbarungen, Verg. b. zu enger Fassung v. Schutzrechtsansprüchen, GRUR 1990, 238; **Schade**, Meinungsstreit zw. BGH u. d. Schiedst. b. DPA?, BB 1964, 1381; **ders.**, Zur Ermittlg. d. Erfindgswerts n. d. betriebl. Nutzen, insbes. z. Problematik d. Nr. 12 d. RL 59, GRUR 1968, 114; **ders.**, Ermäßigung d. Lizenzsatzes b. hohen Umsätze v. Verwertung d. ArbNErf., Mitt. 1969, 291; **ders.**, Die Bezugsgröße f. d. Lizenz b. Erf. a. Teilen e. Vorrichtung o. e. Verfahrens, VVPP-Festschr. (1975) 148; **Schickedanz**, Zur Frage d. Vergütg. v. ArbNErf. u. techn. Verbesserungsvorschlägen, DB Beil. 4, 75; **Schweikhardt**, Zur »Abstaffelung« nach d. RL f. d. Vergütg. v. ArbNErf. i. priv. Dienst, GRUR 1968, 340; **Sickinger**, Genießt d. Anspr. auf Erfindervergütg. d. Lohnpfändungsschutz d. §§ 850 ff. ZPO, GRUR 1985, 785; **Tetzner**, H., Zum Vergütungsanspr. b. ArbNErf., GRUR 1967, 513; **Trimborn**, Lizenzsätze in Deutschland ab 1995, Mitt. 2009, 257; **ders.**, Ab wann verjährt die ArbNErfVergtg.?, Mitt. 2011, 209; **ders.**, Aktuelle Entwicklungen im ArbNErfR – Aktuelles zu Rechteabkaufvereinbarungen, Pauschalvergütungssystemen u. ErfindungsRLn in Mittelstand u. (intern.) Konzernen, Mitt. 2015, 116, 308; **Ulrici**, Das Recht am Arbeitsergebnis, RdA 2009, 92; **Volmer**, Das Monopolprinzip u. d. Leistungsprinzip i. ArbNErfR, RdA 1956, 212; **ders.**, D. (unechte) Monopolprinzip i. ArbNErfR. u. s. Bedeutg. f. d. Praxis, BB 1964, 1223; **Weisse**, D. Ermittlg.

d. Erfindungswerts v. ArbNErf., GRUR 1966,165; **Werner**, Zur Anrechnung d. Dienstgehalts auf d. ArbNErfindungsvergütung, BB 1983, 839; **Werres**, Analoge Anwendung d. Staffel d. RL b. Lizenzeinnahmen, GRUR 1977, 139; **ders.**, Erwiderung auf d. Beitrag ... (Krekeler), GRUR 1979, 213; **Willich**, Erfvergtgsanspr. b. außerbetriebl. Nutzung v. Diensterf., GRUR 1973, 406; **Willich/Preisher**, Zur Ermittlung d. Anteilsfaktors b. d. Erfvergtg., insbes. f. i. d. Forschung u. Entwicklg. tätige Erfinder, GRUR 1975, 526; **Windisch**, Rspr. im Bereich d. ArbNErf., GRUR 1985, 829; **Witte**, Vergütungsrechtliche Probleme b. Auftragsdiensterf., Mitt. 1962, 195. S. auch Lit. bei Einf. vor § 1 u. bei §§ 11, 12.

Die Vergütung für in Anspruch genommene **Diensterfindungen** (§ 4 Abs. 2) **1** wird in den §§ 9 bis 12 behandelt. Bei der Einräumung von Nutzungsrechten an **freien Erfindungen** (§ 4 Abs. 3) ist die Höhe des Entgelts weitgehend der Parteiabsprache überlassen (vgl. § 19). § 20 Abs. 1 regelt die Vergütung für qualifizierte **technische Verbesserungsvorschläge** unter Bezug auf die §§ 9 und 12. Für einfache technische Verbesserungsvorschläge ist die Vergütung nicht gesetzlich geregelt, sondern gemäß § 20 Abs. 2 der betrieblichen Praxis, insb. der Regelung durch Tarifverträge und Betriebsvereinbarungen, überlassen (s. § 20 Rdn. 51).

Für die Vergütung von **Erfindungen** aus der Zeit der **ehemaligen DDR** wirken aufgrund des Einigungsvertrages die erfinderrechtlichen DDR-Übergangsbestimmungen fort, modifiziert lediglich durch § 49 ErstrG. Für Diensterfindungen, die in den **neuen Bundesländern** ab dem 03.10.1990 fertiggestellt worden sind, gelten uneingeschränkt die §§ 9 ff. (s. dazu Einl. Rdn. 31 f.).

Gem. §§ 40, 41 gelten für die Angehörigen des **öffentlichen Dienstes** diese **2** Vergütungsvorschriften »entsprechend«. Eine Sonderbestimmung zur Vergütungshöhe enthält § 42 Nr. 4 bei Hochschulerfindungen (s. § 42 Rdn. 145 ff.).

Die Vergütungsansprüche des Arbeitnehmers stellen den wirtschaftlichen Aus- **3** gleich für die dem Arbeitgeber durch Inanspruchnahme überlassenen Erfindungsrechte dar, und zwar in **verfassungskonformer** Weise (s. § 9 Rdn. 1.2). Insoweit stehen die Vergütungsbestimmungen korrespondierend zur Inanspruchnahme (§§ 6, 7). Ihnen kommt als den wichtigsten Rechten des Arbeitnehmers **zentrale Bedeutung** zu. Eine zufrieden stellende Regelung der Vergütung wird im besonderen Maße Motivation für den Arbeitnehmer sein, schöpferischen Ideen nachzugehen; sie liegt daher sowohl im Interesse des Arbeitgebers, der sich diese Leistungen nutzbar machen kann, als auch im allgemeinen Interesse, da von Erfindungen die Fortentwicklung von Technik und Wirtschaft abhängig ist.[1]

**4** Nach der ursprünglichen **Gesetzessystematik** regelte § 9 die Vergütung bei unbeschränkter und § 10 a.F. die Vergütung bei beschränkter Inanspruchnahme von Diensterfindungen. Nachdem das Institut der beschränkten Inanspruchnahme dank der ArbEG-Novelle 2009 ersatzlos entfallen ist (s. Einl. Rdn. 42 und § 6 n.F. Rdn. 2), versteht das ArbEG den Begriff der »Inanspruchnahme« nunmehr einheitlich – von § 40 Nr. 1 ArbEG abgesehen – i.S.d. früheren unbeschränkten Inanspruchnahme mit der Rechtsfolge des Übergangs aller vermögenswerten Rechte an der Diensterfindung auf den Arbeitgeber (§ 7 Abs. 1 n.F.). Bei der (unbeschränkten) Inanspruchnahme lässt § 9 Abs. 1 den Vergütungsanspruch dem Grunde nach bereits mit Zugang der Inanspruchnahmeerklärung bzw. mit Wirksamwerden der Inanspruchnahmefiktion (§§ 6, 7 Abs. 1) entstehen (h.M., s. § 9 Rdn. 11 ff.); er wird aber im Regelfall erst durch die Aufnahme der tatsächlichen Verwertung der Erfindung seitens des Arbeitgebers konkretisiert. Dagegen ist bei beschränkter Inanspruchnahme (§§ 6, 7 Abs. 2) einer vor dem 01.10.2009 gemeldeten Alt-Erfindung (s. § 43 Rdn. 14 ff.) gem. § 10 Abs. 1 a.F. das Entstehen des Vergütungsanspruchs über die Inanspruchnahmeerklärung hinaus stets von der Benutzung der Diensterfindung durch den Arbeitgeber abhängig. Ergänzende Sonderregelungen für den Fall vorbehaltener Benutzungsrechte enthalten § 14 Abs. 3, § 16 Abs. 3 und bei betriebsgeheimen Diensterfindungen § 17 Abs. 3, ferner § 27 für den Fall der Insolvenz des Arbeitgebers.

**5** In allen Fällen ist der Anspruch auf **angemessene Vergütung** gerichtet, wobei regelmäßig bei allen auf Diensterfindungen bezogenen Vergütungsansprüchen des ArbEG (vgl. § 10 Abs. 1 Satz 2 a.F.) für die Bemessung der Vergütung die (nicht abschließenden) Kriterien des § 9 Abs. 2 maßgeblich sind (zur Ausnahme des § 42 Nr. 4 s. dort Rdn. 145 ff.).

**6** Bei der regelmäßig schwierigen Ermittlung der angemessenen Vergütung sollen die nach § 11 erlassenen, aber unverbindlichen (vgl. RL Nr. 1 Satz 1 Halbs. 2) **Richtlinien für die Vergütung von Arbeitnehmererfindungen im privaten Dienst** vom 20.07.1959 (abgedr. als Anhang 1) sowie die Richtlinien für die Vergütung von Arbeitnehmererfindungen im öffentlichen Dienst vom

---

1 Vgl. Ausschussber. zu BT-Drucks. II/3327, S. 2 = BlPMZ 1957, 249 f.; vgl. auch Amtl. Begründung z. Entw. e. Ges. z. Änderung d. ArbEG v. 09.05.2001 (BT-Drucks. 14/5975, zu § 42 Nr. 5 d. Entw.): »Ein Anreiz für die Hochschullehrer, zu forschen und die Forschungsergebnisse dem Dienstherrn zu melden, kann nur auf finanziellem Wege erfolgen.«.

01.12.1960 (abgedr. als Anhang 2) eine besondere Hilfe geben (ausf. dazu Bartenbach/Volz, Arbeitnehmererfindervergütung – Kommentar z. d. Amtl. RLn. f. d. Vgtg. v. ArbNErf., 4. Aufl. 2017).

Das Verfahren der einverständlichen Feststellung oder einseitigen Festsetzung der Vergütung (der Höhe nach) und damit die Bestimmung ihrer **Fälligkeit** ist sowohl für Allein- als auch für Miterfinder in § 12 geregelt. Nach der höchstrichterlichen Rechtsprechung wird auch bei der (unbeschränkten) Inanspruchnahme der Vergütungsanspruch schon vor endgültiger Schutzrechtserteilung unabhängig vom Stand des Erteilungsverfahrens spätestens **drei Monate nach Nutzungsaufnahme** fällig (vgl. § 12 Rdn. 58 ff.). Den Risiken des Erteilungsverfahrens wird dabei durch einen die Vergütung mindernden **Risikoabschlag** Rechnung getragen (s. § 12 Rdn. 64 ff.), der nach Schutzrechtserteilung grds. nachzuzahlen ist. 7

Eine **Sicherstellung der Vergütungsansprüche** gewährleisten die §§ 22, 23, die die Vertragsfreiheit zum Schutze des Arbeitnehmers einengen. § 12 Abs. 6 behandelt die nachträglichen, wesentlichen Veränderungen der Bemessungsgrundlagen der Vergütungsberechnung und den hieran anknüpfenden Neuregelungsanspruch, unterstützt durch das Rückforderungsverbot des § 12 Abs. 6 Satz 2. 8

Seine **Grundlage** findet der Vergütungsanspruch nicht darin, dass der Arbeitnehmererfinder eine besondere (wirtschaftliche) Leistung erbracht hat, die über das nach dem Arbeitsvertrag Geschuldete bzw. zu Erwartende hinausgeht (**Sonderleistungsprinzip**).[2] Es geht also nicht darum, ob der Arbeitnehmer eine herausragende Sonderleistung im und für den Betrieb erbracht hat.[3] Vielmehr beruht dieser Anspruch auf der Tatsache, dass der Arbeitgeber dank der technischen Neuerung in die Lage versetzt wird, ein gesetzliches Ausschluss- 9

---

2 So aber wohl Volmer ArbEG Einl. Rn. 78 u. Rn. 2 zu § 9; ders., in Anm. AP Nr. 3 zu § 9 ArbEG (Prinzip des Leistungserfolges); zust. Hubmann, RdA 1959, 238; diff. aber Volmer in BB 1964, 1223 u. BB 1968, 253, 258, u. Volmer/Gaul Einl. Rn. 136 ff.; ähnl. noch Bartenbach in Festschr. VVPP (1975) S. 131, 133 ff.
3 Vgl. BAG v. 30.04.1984, DB 1984, 1831, 1832; Ulrici, RdA 2009, 92.

recht zu erwerben (**Monopolprinzip**/Schutzrechtstheorie)[4] oder eine wirtschaftliche Vorrangstellung einzunehmen. Letzteres entspricht dem Willen des Gesetzgebers, der sich – abweichend vom früheren Recht der DVO[5] und in Ablehnung anderslautender Vorschläge[6] – zur Übernahme des Monopolprin-

---

4 Ganz h.M.; vgl. Krieger Festschr. Quack (1991), 41, 50 ff.; Fischer, GRUR 1963, 107, 108; v. Falckenstein FS Bartenbach (2005), S. 73, 80; Johannesson, GRUR 1970, 114, 115 ff. u. ders., Arbeitnehmererfindungen Anm. 1.1 zu § 9; Heine/Rebitzki Anm. 1 zu § 9; Klauer/Möhring/Nirk PatG Anh. zu § 3 Rn. 4; Rebitzki, GRUR 1963, 555; Reimer/Schade/Schippel/Himmelmann Einl. S. 34 ff., 46 ff. u. Rn. 3 ff. zu § 9; Lindenmaier/Lüdecke Anm. 4 zu § 11 RL Nr. 2; Schade, GRUR 1958, 519, 522 f.; HK-Kronisch, § 9 Rn. 2; MünchArbR/Bayreuther § 98 Rn. 24; BFH v. 26.01.2005 DStRE 2005, 572, 573 u. v. 21.10.2009 DB 2010, 87, 89; FG Niedersachsen v. 10.07.2008 – 11 K 335/06, (JURIS) m.H.a. BGH v. 25.11.1980, GRUR 1981, 263 – *Drehschiebeschalter*; FG Münster v. 27.04.2013 Mitt. 2014, 148 (Rn. 36) – *Aluminium Silicon Tape*; ebenso ständ. Praxis Schiedsst., z. B. v. 06.02.1970, BlPMZ 1970, 456, 457; v. 06.03.1986 – Arb.Erf. 43/85 (unveröffentl.); v. 04.08.1987, BlPMZ 1988, 171, 172; v. 18.12.1992 – Arb.Erf. 81/88; v. 29.02.1996 – Arb.Erf. 20/93 u. v. 03.12.2009 – Arb.Erf. 16/08, (alle unveröffentl.); v. 09.10.2012 Arb.Erf. 39/11; v. 09.07.2013 Arb.Erf. 45/12; v. 19.09.2013 Arb.Erf. 29/12; v. 10.10.2013 Arb.Erf. 22/12; v. 17.01.2014 Arb.Erf. 53/12; v. 17.12.2014 – Arb.Erf. 52/13, (alle www.dpma.de); vgl. auch Schiedsst. v. 18.01.1990, BlPMZ 1990, 336 u. v. 30.09.1992, EGR Nr. 69 zu § 9 ArbEG (VergHöhe). Einschränkend wohl Meier-Beck in Festschr. Reimann (2009), S. 309 ff. und i. Anschl. daran (a.a.O. S. 320) Keukenschrijver in Busse/Keukenschrijver, PatG, Rn. 2 zu § 9 ArbEG, wonach die Vergütungspflicht an die Verwertung der vom Arbeitnehmer erbrachten und dessen Eigentumssphäre zugeordneten schöpferischen Leistung anknüpf; vgl. (aber) auch Keukenschrijver FS Bartenbach (2005), S. 243, 246. S.auch BGH v. 13.11.1997 – X ZR 6/96, GRUR 1998, 684, 689 – *Spulkopf*, wonach die wirtschaftl. Vorrangstellung des Arbeitgebers ggü. den Mitbewerbern im Markt Maßstab der Erfindervergütung ist; ebenso OLG Düsseldorf v. 12.01.2010 – 2 U 44/06, Ummantelung von Stahlröhren II (unveröffentl.); s. ferner Röpke, RdA 1963, 405 ff.
5 Entgegen der Ansicht des 17. Ausschusses (i. Ausschussber. zu BT-Drucks. II/3427, S. 2 = BlPMZ 1957, 249 f.) ging § 5 DVO vom Sonderleistungsprinzip aus (vgl. auch RL 1944 »Erfinderische Sonderleistungen«, s. dazu Riemschneider/Barth Anm. 3 zu § 5 DVO 1943).
6 Reimer/Schippel Vergütung von Arbeitnehmererfindungen Gutachten 1956 (Schriftenreihe des Bundesarbeitsministeriums H. 2) S. 18 ff., 41 f.; Schulze-Rhondorf, GRUR 1956, 440, 447 ff.; vgl. auch die Kritik von Volmer, RdA 1956, 212 ff.

zips in das Gesetz⁷ entschlossen hat.⁸ Ein maßgeblicher Grund für die Ablehnung des Sonderleistungsprinzips wurde in der Gefahr gesehen, dass sonst der Kreis der leitenden Angestellten bzw. der Mitarbeiter im Forschungs- und Entwicklungsbereich »leer ausgehen würde«.⁹ Die potentielle Erlangung eines Monopolrechts, dessen Schutz sich nicht in der Individualität bzw. Eigenart von Darstellung, Gestaltung oder Struktur erschöpft, sondern eine technische Lehre unter Schutz stellt, sowie der darin verkörperte wirtschaftliche Wert rechtfertigen letztlich die Sonderstellung des ArbEG innerhalb der im Arbeitsverhältnis geschaffenen Immaterialgüterrechte und den wirtschaftlichen Interessenausgleich zwischen Arbeitgeber und Arbeitnehmererfinder.¹⁰ Angesichts der klaren gesetzgeberischen Entscheidung, die u. a. sowohl in §§ 2, 9, 12 und 16 als auch in § 20 Abs. 1 zum Ausdruck kommt, scheidet u. E. auch das Verständnis des Vergütungsanspruchs als eine Kombination beider Prinzipien aus.¹¹

**10** Das Monopolprinzip darf aber nicht dahin missverstanden werden, dass es auf eine tatsächlich bereits vorhandene, rechtliche oder faktische Monopol-

---

7 Insb. in § 9 Abs. 2 sind die Worte »Anteil des Betriebes am Zustandekommen der Diensterfindung« an die Stelle der »schöpferischen Leistung« (so § 5 Abs. 1 Satz 2 DVO 1943) getreten, worauf Reimer/Schade/Schippel/Himmelmann Rn. 6 zu § 9 zutr. hinweisen.
8 Vgl. Amtl. Begründung in BT-Drucks. II/1648, S. 26 = BlPMZ 1957, 232 u. Ausschussber. zu BT-Drucks. II/3327, S. 2 = BlPMZ 1957, 249 f.; s. i. Einzelnen Kurz, GRUR 1991, 422 ff.
9 So Ausschussber. zu BT-Drucks. II/3327, S. 2 = BlPMZ 1957, 250.
10 Vgl. auch BVerfG v. 24.04.1998 NJW 1998, 3704, 3705 – Induktionsschutz von Fernmeldekabeln. Die Rechtfertigung insbesondere der vergütungsmäßig unterschiedlichen Behandlung von technischen Erfindungen und urheberschutzfähigen Werken, ist streitig; vgl. Loschelder in Festschr. Bepler (2012), S. 389 ff.; Veigel, Immaterialgüterrechte im Arbeitsverh. (2017), S. 157 ff. (dort auch zum Meinungsstand) sowie die Kritik v. Himmelmann GRUR 1999, 897 ff.; Diederichsen, Der Vergütungsanspr. d. angest. Urhebers – Gleichbeh. m. d. ArbNErfinder (2002), S. 192 ff.; Lücken, Der ArbN als Schöpfer v. Werken geist. Eigentums (2008), S. 181 ff.
11 Nach Boemke/Kursawe/Engemann (Rn. 27 zu § 9) sind »Sonderleistungs- und Monolprinzip, zwei Seiten der gleichen Medaille, die sich in erster Linie nach Betrachtungswinkel und Beweislastverteilung unterscheiden«; sie gehen aber letztlich wohl vom Monopolprinzip aus (dort Rn. 42, 59 zu § 9, ferner Boemke/Kursawe/Hoppe-Jänisch Rn. 2 zu § 13; uneingeschränkt zugunsten des Monopolprinzips wohl Boemke/Kursawe/Boemke Einl. Rn. 7 f.). Für eine Kombination von Monopol- und Sonderleistungsprinzip bereits Hubmann in Festschr. Hueck (1959), 43, 49. Vgl. auch Veigel, Immaterialgüterrechte im Arbeitsverh. (2017), S. 160 ff.: »Sonderleistungsprinzip als rechtspolitischer Unterbau des Monopolprinzips«.

### Einleitung vor §§ 9–12

(Vorzugs-) Stellung ankommt;[12] vielmehr muss – ebenso wie für die Bestimmung des sachlichen Anwendungsbereichs des ArbEG nach § 2 (s. § 2 Rdn. 16 ff.) – die dem Arbeitgeber **durch die Inanspruchnahme vermittelte Möglichkeit einer Schutzrechtserlangung** (bei [unbeschränkter] Inanspruchnahme) bzw. die Einräumung von Nutzungsrechten an potenziellen Schutzrechten (bei beschränkter Inanspruchnahme sog. Alt-Erfindungen, s. § 43 Rdn. 14 ff.) für einen Vergütungsanspruch ausreichend sein.[13] Das Monopolprinzip entspricht auch dem **Recht an der Erfindung**, das unabhängig von der Schutzfähigkeit der Erfindung und deren Schutzrechtsanmeldung ist und solange fortbesteht, wie die Erfindung eine Vorzugsstellung gewährt, auch wenn später die mangelnde Schutzfähigkeit festgestellt wird (s. § 2 Rdn. 16). Zur praktischen Bedeutung d. Monopolprinzips s. KommRL Einl. Rn. 12.

11 Die **Höhe der Vergütung** wird zunächst bestimmt durch den **allgemeinen Vergütungsgrundsatz**, wonach der Erfinder grds. an allen wirtschaftlichen Vorteilen zu beteiligen ist, die seinem Arbeitgeber aufgrund der Erfindung zufließen (s. § 9 Rdn. 2). Daneben kommt auch die individuelle, über die betrieblichen Einflüsse hinausgehende (Sonder-) Leistung des Erfinders bei der Erfindungsentwicklung zum Tragen (vgl. § 9 Abs. 2; s. § 9 Rdn. 261 ff.), ausgedrückt durch den Anteilsfaktor A (RL Nr. 30 ff.). Allerdings wird nicht die schöpferische Leistung als solche belohnt (s. § 9 Rdn. 79). Eine pauschale Vergütungsbemessung erfolgt nur bei Hochschul-Erfindern (s. § 42 n.F. Rdn. 145 ff.).

12 Das **Entgelt** für die **Übertragung von freien** (§ 4 Abs. 3), **frei gewordenen** (§ 6 Abs. 2, § 8 n.F. bzw. § 8 Abs. 1 a.F.) oder bereits **vor Beginn des Arbeitsverhältnisses fertiggestellten Erfindungen** des Arbeitnehmers ist weitgehend der Parteiabsprache überlassen. Gleiches gilt für die Einräumung von Nutzungsrechten an diesbezüglichen Rechten, soweit es sich nicht um vorbehaltene Nutzungsrechte an beschränkt in Anspruch genommenen (s. § 10 a.F.) bzw. an aufgegebenen (Dienst-) Erfindungen (s. dazu § 14 Abs. 3, § 16 Abs. 3) oder um die angemessenen Bedingungen für eine freie Erfindung nach § 19 Abs. 1 handelt. Vergütungsansprüche nach dem ArbEG bestehen im Fall einer Vergütungsvereinbarung nicht.[14] Soweit ein Vergütungsanspruch besteht, hat

---

12 So aber u. a. Friedrich, GRUR 1963, 139; Rebitzki, GRUR 1963, 555, 557.
13 Vgl. Volmer BB 1964, 1223,1226, der in diesem Zusammenhang von einem »unechten Monopolprinzip« spricht; nach Himmelmann in Reimer/Schade/Schippel/Himmelmann Rn. 6 zu § 9 »abgeschwächte Monopoltheorie«; Johannesson, GRUR 1970, 114, 115 u. GRUR 1971, 63, 64; s.a. Fischer, GRUR 1963,107, 108.
14 Vgl. etwa zur Situation des Freiwerdens BGH v. 18.05.2010 – X ZR 79/07, GRUR 2010, 817, 818 f. [Rn. 17 f.] – *Steuervorrichtung*.

der Erfinder gem. §§ 242, 259, 612 BGB einen Auskunftsanspruch zu den vergütungsrelevanten Tatsachen.[15] Zur Entschädigung bei Schutzrechtserwerb ohne Rechtseinräumung s. KommRL Einl. Rn. 173.

Besteht eine Übertragungspflicht des Arbeitnehmererfinders bzw. eine Pflicht zur Einräumung von Nutzungsrechten an den Arbeitgeber, fehlt jedoch eine ausdrückliche Vereinbarung zur Vergütung, so ist gleichwohl (stets) von einer Vergütungspflicht auszugehen. Auch hier gilt der allgemeine Erfahrungssatz, dass i.d.R. kein Erfinder sein Recht ohne wirtschaftlichen Ausgleich aufgeben wird,[16] und sich ein Arbeitnehmer zur Überlassung einer freien bzw. frei gewordenen Erfindung regelmäßig nur bereit erklären wird, wenn auch über eine geldwerte Gegenleistung Einigkeit erzielt wird[17] (s.a. § 8 n.F. Rdn. 93 ff.). Dementsprechend kann ein Verzicht auf üblicherweise zustehende Zahlungsansprüche nur angenommen werden, wenn ein solcher eindeutig erklärt worden ist (s. § 23 Rdn. 21). So bestimmt sich die Vergütungspflicht nach den Umständen des Einzelfalles. Bezüglich der Höhe ist jedoch nach Fallgestaltung zu differenzieren: **13**

Handelt es sich um eine **vor Beginn des Arbeitsverhältnisses fertiggestellte Erfindung**, wird im Zweifel ein angemessenes Entgelt geschuldet (vgl. § 4 Rdn. 11). Aus der Bereitschaft des Arbeitnehmers, die Erfindungsrechte dem neuen Arbeitgeber zu überlassen bzw. hieran Nutzungsrechte einzuräumen, folgt nicht ohne Weiteres, dass die Vergütung nach den Grundsätzen der Vergütungsrichtlinien für eine Diensterfindung zu bestimmen ist.[18] Die Gegenleistung bestimmt sich danach, in welchem Umfang Erfindungsrechte auf den Arbeitgeber übertragen werden. Bei Übertragung aller vermögenswerten Rechte an der Erfindung (**Rechtskauf**; §§ 453, 433 BGB), bestimmt sich die Leistung im Zweifel nach §§ 315, 316 BGB.[19] Im Regelfall wird dies auf einen angemessenen, marktüblichen Pauschalbetrag abzielen.[20] Statt dessen können sich die Beteiligten aber auch auf eine fortlaufende angemessene Lizenzgebühr entsprechend den Lizenzsätzen im Fall einer ausschließlichen Lizenzvergabe einigen, wobei dann die vom Arbeitgeber zu tragenden Kosten (Schutzrechtsverwaltung usw.) in Ansatz zu bringen wären. **14**

---

15 Vgl. allg. OLG Frankfurt v. 03.03.2016 Mitt. 2016, 241, 242 f. – Freier Mitarbeiter.
16 S. (zur Organerfindung) BGH v. 26.09.2006 – X ZR 181/03, GRUR 2007, 52, 53 [Rn. 16] – *Rollenantriebseinheit II*.
17 BGH v. 04.04.2006 – X ZR 155/03, GRUR 2006, 754, 755 [Rn. 33] – *Haftetikett*.
18 Bartenbach, Mitt. 1971, 232, 239; vgl. auch BGH v. 24.09.1979 – KZR 14/78, GRUR 1980 38, 39 – *Fullplastverfahren* – dort für Lizenzvergabe.
19 Thür. OLG v. 07.12.2011, Mitt. 2012, 364, 367 – *Allwettertrittschicht*.
20 Zust. Thür. OLG v. 07.12.2011, Mitt. 2012, 364, 367 – *Allwettertrittschicht*.

**14.1** Im Fall einer **Nutzungsrechtseinräumung** gilt bei Fehlen einer ausdrücklichen Vereinbarung im Zweifel ein übliches Entgelt entsprechend § 612 Abs. 1, § 632 Abs. 1 BGB als **stillschweigend vereinbart**.[21] Der Höhe nach schuldet der Arbeitgeber – mangels abweichender Anhaltspunkte – denjenigen Betrag, der im Zeitpunkt der Nutzungsrechtseinräumung für die betreffende Erfindung **üblicherweise gezahlt** worden wäre (analog § 612 Abs. 2, § 632 Abs. 2 BGB[22]), und zwar – je nach Umfang der Nutzungsrechtseinräumung – für ausschließliche bzw. einfache Lizenzen (vgl. auch § 19 ArbEG). Da bei der Bestimmung der Üblichkeit auch die persönlichen Verhältnisse der Beteiligten und der Ort der Benutzungshandlung nicht unberücksichtigt bleiben,[23] erscheint es zulässig, auch hier die Grundsätze zur Ermittlung des Erfindungswertes (RL Nr. 3 ff.) heranzuziehen (s. dazu § 9 Rdn. 101 ff.). Die Berücksichtigung eines Anteilsfaktors scheidet jedoch aus, da der Arbeitnehmer bezüglich dieser Erfindungen freier Erfinder ist.

**15** Im Fall der Übertragung einer **während des Arbeitsverhältnisses** entwickelten **freien Arbeitnehmererfindung** (§ 4 Abs. 3) bzw. der Einräumung diesbezüglicher Nutzungsrechte ist ebenfalls davon auszugehen, dass im Zweifel ein **übliches Entgelt** (Kaufpreis, Lizenzgebühr) stillschweigend vereinbart ist (zur Mitteilung als Verbesserungsvorschlag s. aber vor § 3 Rdn. 4 ff.). Im Ergebnis unterscheidet sich diese Situation nicht von einer Rechtseinräumung im Verfahren nach § 19, sodass die dazu entwickelten Grundsätze heranzuziehen sind (s. dazu auch § 19 Rdn. 28 f.).

Nach Auffassung der *Schiedsstelle* ist in den Fällen, in denen ein Arbeitnehmer seinem Arbeitgeber eine **Erfindung, deren Gebundenheit zweifelhaft** ist, zur Schutzrechtsanmeldung und Übernahme anbietet, mangels abweichender Anhaltspunkte regelmäßig davon auszugehen, dass dieses Angebot gegen Vergütung als Diensterfindung entsprechend § 9 erfolgt; denn die Übernahme der Kosten und des Aufwandes für die Schutzrechtserwirkung durch den Arbeitgeber sei typisch für das schuldrechtliche Verhältnis zwischen Arbeitnehmererfinder und Arbeitgeber bei der Übertragung von Schutzrechten an einer

---

21 BGH v. 10.05.1984 – I ZR 85/82, GRUR 1985, 129, 130 – *Elektrodenfabrik* (bezügl. Überlassung von vor Beginn des Arbeitsverhältnisses geschaffenen urheberrechtl. geschützten Leistungen); OLG Frankfurt v. 03.03.2016 Mitt. 2016, 241 242 – freier Mitarbeiter; vgl. auch BGH v. 24.10.1989 – X ZR 58/88, Mitt. 1990, 99, 100 – *Auto-Kindersitz*.
22 BGH v. 10.05.1984 – I ZR 85/82, GRUR 1985, 129, 130 – *Elektrodenfabrik*; LG Düsseldorf v. 17.09.1991, Entscheidungen 4. ZK, 2000, 25, 32 – *Reißverschluss*.
23 Palandt/Weidenkaff, BGB, § 612 Rn. 8.

freien Erfindung, sodass man auch bezüglich der Gegenleistung von einer Vergütung als Diensterfindung auszugehen habe.²⁴

Häufiger Anwendungsfall hierfür war – vor Geltung der Inanspruchnahmefiktion i.S.d. § 6 Abs. 2 n.F. – die **schlüssige Überleitung von Diensterfindungen** auf den Arbeitgeber (s. dazu § 6 a.F. Rdn. 61 ff.; s.a. § 9 Rdn. 9). 16

Hier ist zunächst zu prüfen, ob die Arbeitsvertragsparteien eine **(stillschweigende) Vergütungsabrede** getroffen haben. Macht der Arbeitnehmer z.B. Erfindervergütung unter Ansatz eines Anteilsfaktors geltend, liegt darin regelmäßig ein Indiz dafür, dass die Vergütungsberechnung in üblicher Weise wie für eine in Anspruch genommene Diensterfindung erfolgen soll.²⁵ 17

Wurde die Diensterfindung **ohne ordnungsgemäße Erfindungsmeldung** und **ohne Inanspruchnahmeerklärung ausdrücklich oder konkludent** auf den Arbeitgeber übergeleitet, wird bei Fehlen abweichender Anhaltspunkte nach weitverbreiteter Ansicht davon ausgegangen, dass die Arbeitsvertragsparteien die Erfindung umfassend den Regelungen des ArbEG unterwerfen wollen (s. § 6 a.F. Rdn. 67); als Rechtsfolge wollen sie nur das ins Auge fassen, was sich typischerweise bei Austausch ordnungsgemäßer Erklärungen als gesetzliche Folge ergeben hätte.²⁶ Für die Annahme der stillschweigenden Vereinbarung einer marktüblichen Lizenzgebühr müssen stets besondere Anhaltspunkte vorliegen.²⁷ Dementsprechend bestimmt sich die Vergütungspflicht im Regelfall uneingeschränkt nach § 9 unter Einschluss des Anteilsfaktors²⁸ (zur Vergütung 18

---

24 Schiedsst. v. 10.03.1993, EGR Nr. 80 zu § 12 ArbEG.
25 Schiedsst. v. 21.11.1995 – Arb.Erf. 16/94, (unveröffentl.); ebenso Schiedsst. v. 30.01.2018 – 36/16, (vorg. f. www.dpma.de) bei vereinbarter Geltung von §§ 13, 14, 16 ArbEG. Z. Vergütungszeitraum – Vergütung auch für Nutzungen vor Rechtsüberleitung – s. LG Düsseldorf v. 22.11.2011 – 4a O 228/10, Düsseldf. Entsch. Nr. 1754.
26 Schiedsst. v. 23.04.1998 – Arb.Erf. 92/96, (unveröffentl.).
27 Keukenschrijver in Busse/Keukenschrijver, PatG, Rn. 15 zu § 6 ArbEG.
28 Wohl h.M., ständ. Praxis Schiedsst., z.B. EV v. 30.06.1994 – Arb.Erf. 181/92 (Datenbank); v. 18.11.1994 – Arb.Erf. 97/93; v. 15.11.1994 – Arb.Erf. 3/93; v. 08.02.1996 – Arb.Erf. 61/94; v. 23.04.1998 – Arb.Erf. 92/96, (alle unveröffentl.); v. 09.12.2008 – Arb.Erf. 19/08 (Datenbank); v. 28.01.2010 – Arb. Erf. 56/08 (www.dpma.de, LS 5) u.v. 16.12.2011 – Arb.Erf. 63/08, (unveröffentl.); so LG Düsseldorf in ständ. Rspr., z.B. Urt. v. 04.11.1975 – 4 O 260/74 im Anschluss an Schiedsst. EV. v. 12.11.1973 – Arb.Erf. 40/72, (beide unveröffentl.); v. 17.09.1991, Entscheidungen 4. ZK, 2000, 25, 32 – *Reißverschluss*; Volmer/Gaul Rn. 100 zu § 6 (s. dort aber auch Rn. 110 zu § 8); so zur Praxis auch Keukenschrijver in Busse/Keukenschrijver, PatG, Rn. 8 zu § 8 ArbEG m. w. Nachw.; vgl. auch Schiedsst. v. 22.02.1985, BlPMZ 1985, 195 u. v. 06.08.1992, EGR. Nr. 5 zu § 15 ArbEG.

bei Mitteilung als bloßen Verbesserungsvorschlag s. vor § 3 Rdn. 4 ff.). Bei Streit über die Höhe der Vergütung hat die *Schiedsstelle* in ihrer früheren Praxis als Kompromiss gelegentlich vorgeschlagen, von § 9 und § 10 a.F. ArbEG i.V.m. den RLn. 1959 auszugehen, indes den individuellen Anteilsfaktor zu verdoppeln.

**18.1** Die *Schiedsstelle* begründet die grundsätzliche Anwendbarkeit der §§ 9 ff. ArbEG mit ihrer in langjähriger Praxis gewonnenen Erfahrung, dass freigewordene Diensterfindungen von Arbeitnehmererfindern regelmäßig auf der Basis der gesetzlichen Vergütungsverpflichtung auf den Arbeitgeber übergeleitet werden, sodass eine tatsächliche Vermutung hierfür spreche, es sei denn, dass besondere Umstände vorliegen, die etwas anderes nahelegen.[29] Dementsprechend kann nach Auffassung der *Schiedsstelle* von einer Rechtseinräumung gegen marktübliche Lizenzgebühren, die nicht um den Anteilsfaktor gemindert sind, nur bei Vorliegen besonderer Anhaltspunkte ausgegangen werden.[30]

**18.2** Dem Einwand der Gegenauffassung,[31] der Arbeitnehmer stehe dem Arbeitgeber bezüglich dieser Erfindungen aufgrund der Regelungssystematik des ArbEG wie ein freier Erfinder gegenüber[33], entgegnet das LG Düsseldorf mit dem Hinweis, dass die Erfindervergütung nach Maßgabe des § 9 i.V.m. den Vergütungsrichtlinien für das Benutzungsverhältnis zwischen Arbeitnehmer und seinem die Erfindung verwertenden Arbeitgeber üblich sei und zudem berücksichtigt werden müsse, dass der Arbeitgeber am Zustandekommen der Diensterfindung beteiligt gewesen sei.[32]

**18.3** Unseres Erachtens darf zwar nicht übersehen werden, dass die ausgewogenen Regelungen des ArbEG einen – im Verhältnis zum freien Erfinder – geminderten Zahlungsanspruch nur bei erfolgter Inanspruchnahme anerkennen (§§ 9, 10 a.F.). Andererseits sind aber die **Unterschiede zu einer freien Erfindung und zu einem freien Lizenzgeber** zu würdigen. So bietet der Arbeitnehmer die Erfindung nicht im Markt an, sondern willigt in die nachträgliche Zuordnung zum Arbeitgeber vor dem Hintergrund dessen Beiträge am Zustandekommen der Erfindung ein. Zudem steht der Erfinder dem Arbeitgeber nicht wie ein üblicher Lizenzgeber ggü.: Der **Arbeitgeber** trägt regelmäßig die Kos-

---

29 Schiedsst. v. 30.06.1994 – Arb.Erf. 181/92, (unveröffentl.).
30 Schiedsst. v. 30.06.1994 – Arb.Erf. 181/92 u. v. 09.12.2008 – Arb.Erf. 19/08, (beide unveröffentl.).
31 Vgl. (noch) Bartenbach, Mitt. 1971, 232, 238 f.; s.a. OLG Düsseldorf v. 09.07.1971, EGR Nr. 6 zu § 6 ArbEG u. Fricke/Meier-Beck, Mitt. 2000, 199, 206; s. ferner BGH v. 04.04.2006 – X ZR 155/03, GRUR 2006, 754, 759 [insb. Rn. 34 ff.] – *Haftetikett*.
32 LG Düsseldorf v. 17.09.1991, Entscheidungen 4. ZK, 2000, 25, 32 – *Reißverschluss*.

ten der Entwicklung der Erfindung, er führt das Schutzrechtserteilungsverfahren durch, trägt die Kosten der Schutzrechtserteilung und Aufrechterhaltung und kommt für die Produktionsreife und Aufrechterhaltung des Schutzrechts einschließlich dessen Verteidigung auf;[33] ferner hat der Arbeitnehmer im Hinblick auf § 12 Abs. 3 einen bindenden Anspruch auf vorläufige Vergütung; er kommt i.ü. in den Genuss der weiteren zu seinen Gunsten vorgegebenen Regelungen (§§ 14, 16). All dies wird auch bei der Feststellung einer üblichen Vergütung i.R.d. § 612 Abs. 2 BGB zu würdigen sein. Unbeschadet der notwendigen Prüfung der besonderen Umstände jedes Einzelfalles erscheinen vor diesem Hintergrund die Überlegungen der *Schiedsstelle*, mangels abweichender Anhaltspunkte einen übereinstimmenden Willen, neben den sonstigen Bestimmungen des ArbEG über Diensterfindungen auch die zur Vergütung (§§ 9 bis 12) zugrunde zu legen, u. E. vertretbar, sofern der Übertragungswille des Arbeitnehmers zweifelsfrei feststeht und sich dieser zur Vergütung nicht anderweitig einlässt, etwa indem er sich ausdrücklich zuvor auf ein Freiwerden der Diensterfindung berufen hat.[34] S.a. KommRL Einl. Rn. 172 ff.

Problematisch sind die auf der Grundlage des vor dem 01.10.2009 geltenden Rechts nicht seltenen Fälle einer schlüssigen Überleitung einer vor dem 01.10.2009 gemeldeten Alt-Diensterfindung, die wegen **Versäumung einer schriftlichen Inanspruchnahme** nach ordnungsgemäßer Meldung gem. § 8 Abs. 1 Nr. 3 a.F. **freigeworden** ist. Um hier überhaupt eine schlüssige Überleitung annehmen zu können, verlangt der *BGH* gesicherte Umstände bzw. Handlungen, die – über die Tatsache einer Schutzrechtsanmeldung und die Einigung der Arbeitsvertragsparteien über die Übertragung der Erfindungsrechte (Schutzrechtsanmeldung) hinaus – zugleich die Einigung über die dafür zu zahlende Vergütung belegen.[35] Diese (stillschweigende) Vereinbarung ist dann Grundlage für den Vergütungsanspruch. Im Einzelfall hat die *Schiedsstelle* hier eine einvernehmliche Vergütungsbemessung nach Maßgabe des § 9 ArbEG unter Verdoppelung des persönlichen Anteilsfaktors vorgeschlagen[36] (s.a. Einl. vor §§ 9 bis 12 Rdn. 17 f.). **19**

---

33 Ebenso Schiedsst. v. 18.11.2008 – Arb.Erf. 31/07 (Datenbank).
34 Schiedsst. Beschl. v. 09.03.1981 – Arb.Erf. 56/80, (unveröffentl.); s. (aber) auch BGH v. 04.04.2006 – X ZR 155/03, GRUR 2006, 754, 759 [insb. Rn. 33] – *Haftetikett* u. BGH v. 26.09.2006 – X ZR 181/03, GRUR 2007, 52, 54 [Rn. 22, 25] – *Rollenantriebseinheit II*.
35 BGH, 04.04.2006 – X ZR 79/07, GRUR 2006, 754, 759 (Rn. 33) – *Haftetikett* m. H. a. Bartenbach, Mitt. 1971, 232, 239; v. 18.05.2010, GRUR 2010, 817, 819 (Rn. 19) – *Steuervorrichtung*.
36 Vgl. etwa Schiedsst. ZB. v. 15.06.2016, Mitt. 2017, 502, 504.

**Einleitung vor §§ 9–12**

20 Zur Vergütung einer **als technischer Verbesserungsvorschlag gemeldeten Diensterfindung** s. vor § 3 Rdn. 4 ff. Zur Vergütung von **Erfindungen freier Mitarbeiter** und **Organmitglieder** s. § 1 Rdn. 48 f., 76; zur **Vergütung einer freigegebenen Diensterfindung** bei deren Verwertung durch den Arbeitgeber § 8 n.F. Rdn. 93 ff. zu; zur Vergütung als **Sonderleistung** s. § 9 Rdn. 332 ff.; zur Vergütung **freier Arbeitnehmererfindungen bei Anbietung** nach § 19 s. dort Rdn. 28 f.; zur Abstaffelung hoher Umsätze s. § 19 Rdn. 28; zur Verjährung s. § 9 Rdn. 39 ff., 45; zur Anwendbarkeit des Kartellrechts s. § 9 Rdn. 139. Zum **Ausgleichsanspruch bei Erfindergemeinschaften** nach § 745 Abs. 2 BGB s. § 5 Rdn. 53.2.

## § 9 Vergütung bei Inanspruchnahme

(1) Der Arbeitnehmer hat gegen den Arbeitgeber einen Anspruch auf angemessene Vergütung, sobald der Arbeitgeber die Diensterfindung in Anspruch genommen hat.

(2) Für die Bemessung der Vergütung sind insbesondere die wirtschaftliche Verwertbarkeit der Diensterfindung, die Aufgaben und die Stellung des Arbeitnehmers im Betrieb sowie der Anteil des Betriebes an dem Zustandekommen der Diensterfindung maßgebend.

*Absatz 1 i.d.F. des Art. 7 des Gesetzes zur Vereinfachung und Modernisierung des Patentrechts vom 31.7.2009 (BGBl. I S. 2521)*

**Lit.:**
Siehe Einl. vor §§ 9–12 u. bei § 11.

| Übersicht | Rdn. |
|---|---|
| A. **Allgemeines** | 1 |
| I. Übersicht | 1 |
| II. Allgemeiner Vergütungsgrundsatz | 2 |
| B. **Rechtsnatur, Schuldner und Gläubiger des Vergütungsanspruchs** | 3 |
| I. Rechtsnatur | 3 |
| II. Schuldner | 4 |
| III. Gläubiger | 8 |
| C. **Entstehung und Fälligkeit des Vergütungsanspruchs** | 11 |
| I. Entstehung dem Grunde nach | 11 |
|   1. Inanspruchnahme | 11 |
|   2. Schutzfähige Diensterfindung | 13 |
|     a) Zweifel an der Schutzfähigkeit | 14 |
|     b) Auslandsschutzrechte bei mangelnder Inlandsschutzfähigkeit | 15 |
|     c) Einrede des Rechtsmissbrauchs | 17 |
|   3. Rechtsfolge | 19 |
| II. Fälligkeit des Vergütungsanspruchs | 20 |
| D. **Dauer des Vergütungsanspruchs** | 31 |
| E. **Verjährung, Verwirkung des Vergütungsanspruchs, Ausschlussfristen** | 39 |
| I. Verjährung | 39 |
|   1. Die aktuellen Verjährungsvorschriften | 39 |
|   2. Das Übergangsrecht | 44 |
| II. Verwirkung | 46 |
| III. Ausschlussfristen | 51 |
| F. **Art der Vergütung** | 52 |
| I. Geld- oder Sachleistung | 52 |
| II. Zahlung der Vergütung | 54 |
|   1. Laufende Zahlung | 55 |
|   2. Pauschalvergütung | 57 |
|   3. Incentive-Systeme | 61 |

|  | | Rdn. |
|---|---|---|
| | 4. Erfindervergütung in Form von Gehaltsanhebungen/Sonderzahlungen . . | 62 |
| | 5. Sonstige Formen der Vergütungszahlung . . . . . . . . . . . . . . . . . . . . | 68 |
| G. | **Bemessung der Vergütung** . . . . . . . . . . . . . . . . . . . . . . . . . . . . . . . . . . | 69 |
| I. | Angemessenheit (Abs. 1) . . . . . . . . . . . . . . . . . . . . . . . . . . . . . . . . . . . . | 69.1 |
| II. | Bemessungskriterien – Prinzip der Vergütungsbemessung und Erfindungswert (Abs. 2) . . . . . . . . . . . . . . . . . . . . . . . . . . . . . . . . . . . . . . . . . . . . . . . . . | 74 |
| III. | Bemessungsgrundsätze . . . . . . . . . . . . . . . . . . . . . . . . . . . . . . . . . . . . . | 83 |
| | 1. Die Erfindungsmeldung als Grundlage des Vergütungsanspruchs? . . . . . | 83 |
| | 2. Wirtschaftliche Verwertbarkeit . . . . . . . . . . . . . . . . . . . . . . . . . . . . | 86 |
| | 3. Tatsächliche Verwertung . . . . . . . . . . . . . . . . . . . . . . . . . . . . . . . . | 90 |
| IV. | Erfindungswert bei (tatsächlicher) betrieblicher Eigennutzung . . . . . . . . . . | 101 |
| | 1. Betriebliche Eigennutzung . . . . . . . . . . . . . . . . . . . . . . . . . . . . . . | 101 |
| | 2. Berechnung des Erfindungswertes . . . . . . . . . . . . . . . . . . . . . . . . . | 103 |
| | a) Verhältnis der Berechnungsmethoden zueinander – Wahl der Berechnungsmethode . . . . . . . . . . . . . . . . . . . . . . . . . . . . . . . | 103 |
| | b) Lizenzanalogie . . . . . . . . . . . . . . . . . . . . . . . . . . . . . . . . . . . . | 120 |
| | aa) Grundsatz . . . . . . . . . . . . . . . . . . . . . . . . . . . . . . . . . . . . | 120 |
| | bb) Wahl der Lizenzsätze . . . . . . . . . . . . . . . . . . . . . . . . . . . . | 124 |
| | cc) Bestimmung der rechnerischen und technisch-wirtschaftlichen Bezugsgröße (RL Nrn. 7, 8) . . . . . . . . . . . . . . . . . . . . . . . | 125 |
| | (1) Rechnerische Bezugsgröße . . . . . . . . . . . . . . . . . . . . . | 125 |
| | (2) Technisch-wirtschaftliche Bezugsgröße . . . . . . . . . | 125.1 |
| | dd) Schutzrechtskomplex, Gesamterfindungswert (RL Nr. 19)/ Höchstbelastbarkeit . . . . . . . . . . . . . . . . . . . . . . . . . . . . . | 128 |
| | ee) Übliche Lizenzsätze (RL Nr. 10) . . . . . . . . . . . . . . . . . . . . | 131 |
| | ff) Einfluss des Kartellrechts . . . . . . . . . . . . . . . . . . . . . . . . . | 136 |
| | gg) Abstaffelung (RL Nr. 11) . . . . . . . . . . . . . . . . . . . . . . . . . | 141 |
| | (1) Anwendungsbereich . . . . . . . . . . . . . . . . . . . . . . . . | 141 |
| | (2) Abstaffelungstabelle . . . . . . . . . . . . . . . . . . . . . . . . | 149 |
| | c) Ermittlung des Erfindungswertes nach dem erfassbaren betrieblichen Nutzen (RL Nr. 12) . . . . . . . . . . . . . . . . . . . . . . . . . . . . . | 161 |
| | d) Schätzung des Erfindungswertes (RL Nr. 13) . . . . . . . . . . . . . . . | 176 |
| V. | Erfindungswert bei Konzernnutzung und bei Nutzung durch sonstige verbundene Unternehmen . . . . . . . . . . . . . . . . . . . . . . . . . . . . . . . . . . . . . . | 185 |
| | 1. Konzern . . . . . . . . . . . . . . . . . . . . . . . . . . . . . . . . . . . . . . . . . . . | 185 |
| | 2. Nutzung durch sonstige verbundene Unternehmen . . . . . . . . . . . . . | 190 |
| VI. | Erfindungswert bei Nutzung durch Kooperationspartner . . . . . . . . . . . . . | 191 |
| VII. | Erfindungswert bei Forschungs- und Entwicklungsaufträgen . . . . . . . . . . . | 196 |
| VIII. | Erfindungswert bei Sperr- und Vorratspatenten (RL Nrn. 18, 21) . . . . . . . | 201 |
| IX. | Erfindungswert für nicht verwertete Erfindungen (RL Nrn. 20 ff.) . . . . . . . | 210 |
| X. | Erfindungswert bei Lizenzvergaben . . . . . . . . . . . . . . . . . . . . . . . . . . . . | 221 |
| | 1. Lizenz- und Know-how-Verträge (RL Nrn. 14, 15) . . . . . . . . . . . . . | 221 |
| | 2. Austauschverträge (RL Nr. 17) . . . . . . . . . . . . . . . . . . . . . . . . . . . | 236 |
| | 3. »Lizenzeinnahmen« aufgrund von Schutzrechtsverletzungen Dritter . . . . | 239 |
| | 4. Erfindungswert beim Verkauf von Konstruktionszeichnungen . . . . . . . | 241 |
| XI. | Erfindungswert bei Auslandsnutzungen . . . . . . . . . . . . . . . . . . . . . . . . . | 245 |
| XII. | Erfindungswert für gebrauchsmusterfähige Erfindungen (RL Nr. 28) . . . . . | 250 |

## A. Allgemeines

**§ 9**

|  | Rdn. |
|---|---|
| XIII. Erfindungswert bei Verkauf der Erfindungsrechte (RL Nr. 16) | 251 |
| XIV. Anteilsfaktor (RL Nrn. 30 ff.) | 261 |
|     1. Grundsatz | 261 |
|     2. Stellung der Aufgabe (RL Nr. 31/Teilwert a) | 267 |
|     3. Lösung der Aufgabe (RL Nr. 32/Teilwert b) | 274 |
|     4. Aufgaben und Stellung des Arbeitnehmers im Betrieb (RL Nrn. 33 bis 36/Teilwert c) | 280 |
|     5. Berechnung des Anteilsfaktors (RL Nr. 37) | 291 |
| XV. Rechnerische Ermittlung der Vergütung (RL Nr. 39) | 292 |
| XVI. Beweisfragen | 299 |
| **H. Sonderformen der Vergütungsberechnung** | 301 |
| **J. Vergütung bei Miterfinderschaft** | 311 |
| **K. Nullfall** | 321 |
| **L. Schadensberechnung nach Vergütungsgrundsätzen** | 330 |
| **M. Vergütungspflichtige Sonderleistungen** | 332 |
| **N. Besonderheiten für den öffentlichen Dienst** | 341 |
| **O. Steuerliche Behandlung der Erfindervergütung** | 350 |

## A. Allgemeines

### I. Übersicht

§ 9 hat die Vergütung für (unbeschränkt) in Anspruch genommene (§§ 6, 7 Abs. 1) Diensterfindungen (§ 4 Abs. 2) zum Gegenstand. Im Unterschied zum früheren Recht (vgl. § 5 DVO 1943) erstreckt sich die Vergütungspflicht mit Rücksicht auf § 2 nicht nur auf patentfähige, sondern auch auf gebrauchsmusterfähige Erfindungen, da diese ebenfalls ein monopolartiges Ausschlussrecht gewähren können.[1] **1**

Sieht man von der redaktionellen Streichung des Zusatzes »unbeschränkte« in Abs. 1 (Folgeänderung zum Wegfall des Instituts der beschränkten Inanspruchnahme, siehe dazu § 6 n.F. Rdn. 1) ab, ist § 9 durch die **ArbEG-Novelle 2009** (s. Einl. Rdn. 42) – unverändert geblieben. Insb. hat es der Gesetzgeber bei der Vorgabe der einzelfallbezogen zu bestimmenden Vergütung belassen. Die in den Anfängen der Reformarbeiten angedachte Ausfüllung des Begriffs der »angemessenen Vergütung« (s. § 9 Abs. 1) durch gesetzlich festgeschriebene Pauschalbeträge,[2] die die individuelle Ermittlung von Erfindungswert und Anteilsfaktor entbehrlich machen sollte, wurde nicht weiterverfolgt (s. § 9 Rdn. 41). Diese Konstruktion ist auch vom Gesetzgeber nicht aufgegriffen

---

[1] Vgl. Amtl. Begründung BT-Drucks. II/1648, S. 26 = BlPMZ 1957, 232.
[2] S. BMJ-RefE vom 25.10.2001, S. 17 f. (s. dazu hier Einl. Rn. 40).

worden, zumal dagegen – unter Bezug auf die Entscheidung des *BVerfG* vom 24.04.1998[3] (s. § 9 Rdn. 1.2) – verfassungsrechtliche Bedenken laut geworden waren.[4]

**1.1** Während Abs. 1 die Entstehung des Vergütungsanspruchs dem Grunde nach regelt, werden in Abs. 2 die maßgeblichen Kriterien für die Bemessung der Höhe beispielhaft aufgeführt.

Bei **Miterfindern** hat jeder Arbeitnehmer einen eigenständigen Vergütungsanspruch (siehe § 9 Rdn. 311 f.). Zum **Überblick** über die Vergütungsregelungen des ArbEG s. Einleitung vor §§ 9 bis 12. Zur uneingeschränkten Geltung in den **neuen Bundesländern** für die ab dem Beitritt (03.10.1990) fertig gestellten und (unbeschränkt) in Anspruch genommenen Diensterfindungen s. Einl. Rdn. 31 f.

**1.2** Nach der Entscheidung des *BVerfG* vom 24.04.1998[5] stellt § 9 ArbEG eine zulässige Inhaltsbestimmung des Eigentums im Sinne von Art. 14 Abs. 1 Satz 2 GG dar, durch die die schutzwürdigen Interessen des Arbeitnehmererfinders und die Belange des Arbeitgebers bzw. Dienstherrn zu einem gerechten Ausgleich gebracht werden; insoweit kommt § 9 die Funktion zu, die grundsätzliche Zuordnung des wirtschaftlichen Wertes der Erfindung dem Arbeitnehmer als Ergebnis seiner geistigen und persönlichen Leistung zu gewährleisten (s. a. § 9 Rdn. 75).

Die gesetzgeberische **Privilegierung von Hochschulerfindern** in § 42 Nr. 4 hat keinen Einfluss auf die Vergütung und deren Ermittlung nach § 9 (s. dazu § 42 Rdn. 145). Zum Verzicht und sonstigen Erlöschen des Vergütungsanspruchs s. § 9 Rdn. 37.

**1.3 Voraussetzungen des Vergütungsanspruchs** nach § 9 Abs. 1 sind:
– fertige (schutzfähige) Diensterfindung i. S. d. §§ 2, 4 Abs. 2 (s. § 9 Rdn. 13 ff.) und
– deren (unbeschränkte) Inanspruchnahme gemäß §§ 6, 7 Abs. 1 (s. § 9 Rdn. 11 f.).

---

3 In NJW 1998, 3704 f. – *Induktionsschutz von Fernmeldekabeln.*
4 Vgl. etwa Kraßer, PatR (6. Aufl. 2009), § 21 IX 3 S. 427; Volz in Festschr. Bartenbach (2005), S, 226 (dort Fn. 170); zust. Schwab, Arbeitnehmererfindungsrecht, Einl. Rn. 24.
5 In NJW 1998, 3704 f. – *Induktionsschutz von Fernmeldekabeln*; folgend BGH v. 18.09.2007 – X ZR 167/05, GRUR 2008, 150, 153 [Rn. 72]. – *selbststabilisierendes Kniegelenk* u. BGH v. 06.03.2012 – X ZR 104/09, Mitt. 2012, 285 (Rn. 15 f.) – *Antimykotischer Nagellack.*

## A. Allgemeines

**Keine Voraussetzung**, aber von erheblichem Einfluss auf Vergütungszahlung und -höhe, sind die endgültige **Schutzrechtserteilung** (zur Vergütungspflicht trotz Zweifeln an der Schutzfähigkeit s. § 9 Rdn. 14 f.; zur Fälligkeit der Vergütung s. § 9 Rdn. 20 ff.; zur Fälligkeit d. Vergütungsfestsetzung s. § 12 Rdn. 55 ff.; zu den Grundsätzen über die vorläufige Vergütung bei Verwertung vor Schutzrechtserteilung s. § 12 Rdn. 60 ff.; zur Nachzahlung bei Schutzrechtserteilung s. § 12 Rdn. 69; zur Vergütung bei Vorratsschutzrechten s. § 9 Rdn. 205 ff.; zur Dauer des Vergütungsanspruchs s. § 9 Rdn. 31 ff.) sowie die wirtschaftliche **Verwertbarkeit** im Arbeitgeberunternehmen (zum Erfindungswert als maßgebendes Vergütungskriterium s. § 9 Rdn. 86 ff.; zur Vergütung bei nicht verwerteten Diensterfindungen s. § 9 Rdn. 205 ff., 210 ff.; zur Vergütung bei Verlust s. § 9 Rdn. 2.3; zur Fälligkeit der Vergütung bei Verwertung s. § 9 Rdn. 21 f. u. der Vergütungsfestsetzung s. § 12 Rdn. 55 ff.; zum Wegfall der Vergütung wegen Unzumutbarkeit s. § 9 Rdn. 35, zur Auskunftspflicht des Arbeitgebers über die Verwertung s. § 12 Rdn. 162 ff.).

### II. Allgemeiner Vergütungsgrundsatz

Der Arbeitnehmererfinder ist nach § 9 grds. **an allen wirtschaftlichen (geld-** 2 **werten) Vorteilen zu beteiligen, die seinem Arbeitgeber/Dienstherrn** als dem (alleinigen) Schuldner des Vergütungsanspruchs **aufgrund der Diensterfindung** (kausal) tatsächlich (s. § 9 Rdn. 25) zufließen (Allgemeiner Vergütungsgrundsatz[6]). Dieser – auch vom *BGH* unter Berufung auf die Amtl. Begründung zum ArbEG anerkannte[7] – Grundsatz ist Ausfluss des Monopol-

---

6 Vgl. z.B. Schiedsst. v. 19.12.1991, GRUR 1992, 848 – *Geschäftsaktivitäten – Veräußerung*; v. 18.01.1990, BlPMZ 1990, 336; v. 26.11.1992, EGR Nr. 70 zu § 9 ArbEG (VergHöhe); v. 19.10.2007 – Arb.Erf. 14/06, (unveröffentl.); v. 24.06.2008 – Arb.Erf. 4/07, (Datenbank) u. v. 16.10.2008 – Arb.Erf. 38/07; 21.04.2008 – Arb.Erf. 3/08; 10.02.2009 – Arb.Erf. 30/07; v. 03.03.2009 – Arb.Erf. 9/07 u. v. 14.07.2010 – Arb.Erf. 53/08, (alle unveröffentl.); v. 12.06.2013 – Arb.Erf. 61/11; v. 19.09.2013 – Arb.Erf. 29/12, (beide www.dpma.de); Keukenschrijver in Busse/Keukenschrijver, PatG, Rn. 5 zu § 9 ArbEG; vgl. auch Willich, GRUR 1973, 406, 408 f.
7 BGH v. 13.11.1997 – X ZR 6/96, GRUR 1998, 684, 688 – *Spulkopf*; BGH v. 13.11.1997 – X ZR 132/95, GRUR 1998, 689, 692 – *Copolyester II*. m.H.a. Amtl. Begründung BT-Drucks. II/1648, S. 26 = BlPMZ 1957, 232; ferner BGH v. 23.10.2001, GRUR 2002, 149, 151 – *Wetterführungspläne II*; BGH v. 29.04.2003 – X ZR 186/01, GRUR 2003, 789, 790, 791 – *Abwasserbehandlung*; v. 17.11.2009, GRUR 2010, 223, 225 f. (Rn. 20, 31) – *Türinnenverstärkung*; BGH v. 17.11.2009 – X ZR 60/07, (juris, Rn. 22) – *Türbänder*. S. auch BGH v. 05.02.2013 – X ZR 59/12, GRUR 2013, 498 (Rn. 16 ff.) – *Genveränderungen*, dort zu § 42 Nr. 4 (in Bestätigung von OLG Düsseldorf v. 12.04.2012 Mitt. 2012, 463, 464 – Verwendung einer Genveränderung).

prinzips (s. vor §§ 9 bis 12 Rdn. 9). Der Vergütungsanspruch rechtfertigt sich aus der Überlegung des Gesetzgebers, dass der Arbeitnehmer das Arbeitsentgelt nur für seine arbeitsvertraglich geschuldete Arbeitsleistung erhält, nicht aber für die Überlassung der zunächst ihm zustehenden Erfindungsrechte (§ 6 Satz 1 PatG), die dem Arbeitgeber eine alleinige Verwertung erlauben.[8] Die Erfindervergütung nach dem ArbEG ist deshalb keine Gegenleistung für die Ausführung von Arbeiten oder die Leistung von Diensten,[9] sondern ein Ausgleich für die Zuordnung des wirtschaftlichen Wertes der Erfindung an den Arbeitgeber und damit[10] abhängig von den (wirtschaftlichen) Vermögenswerten, die der Arbeitgeber durch die Erfindung erwirbt[11] (s. i.Ü. § 9 Rdn. 69 ff.). Andererseits ist der Erfinder auch nur an den Erträgen zu beteiligen, die das Monopol bringt.[12]

2.1 Der Allgemeine Vergütungsgrundsatz hat **zwei wesentliche Aspekte:**
– der Nutzen muss auf der Erfindung und nicht auf anderen Umständen beruhen (Kausalität; s. § 9 Rdn. 2.2),
– es ist nur auf die wirtschaftlichen Auswirkungen beim betreffenden Arbeitgeber und nicht bei Dritten abzustellen (s. § 9 Rdn. 2.4).

2.2 Es muss sich um **geldwerte** (also nicht bloß ideelle) **Vorteile** aus der (fertiggestellten, s. § 4 Rdn. 16 f.) Diensterfindung handeln. Dabei sind auch mittelbare Vorteile einzubeziehen[13] (s. dazu § 9 Rdn. 95). Darauf, ob der Arbeitgeber diesen Vermögensvorteil **mit oder ohne (wirksamen) Rechtsgrund** erlangt (z.B. aus einem kartellrechtswidrigen Lizenzvertrag), kommt es nicht an, sofern dem Arbeitgeber dieser Vorteil tatsächlich verbleibt. Die Erfindung muss für die geldwerten Vorteile **ursächlich** sein.[14] Der erforderliche Kausalzusammenhang zwischen Verwertung und Vorteil besteht dann, wenn die Verwertung der Diensterfindung nicht hinweggedacht werden kann, ohne dass der konkrete Vermögensvorteil entfallen wäre.[15] Umstände, die nicht in kausalem

---

8 Ebenso LG Mannheim v. 19.12.2008 – 7 O 303/07, (unveröffentl.).
9 BGH v. 25.11.1980 – X ZR 12/80, GRUR 1981, 263, 265 – *Drehschiebenschalter*.
10 S. BVerfG v. 24.04.1998, NJW 1998, 3704 f. – *Induktionsschutz von Fernmeldekabeln*.
11 So Volmer, Verg. RLn., Rn. 2 zu RL 1959/Nr. 9.
12 Schiedsst. v. 04.08.1987, BlPMZ 1988, 171, 172.
13 Wohl allg. A., z. B. BGH v. 05.02.2013 – X ZR 59/12, GRUR 2013, 498 (Rn. 17 ff.) – *Genveränderungen*.
14 Vgl. auch BGH v. 13.11.1997 – X ZR 6/96, GRUR 1998, 684, 688 – *Spulkopf* u. v. 23.10.2001, GRUR 2002, 149, 151 – *Wetterführungspläne II*.
15 LG Düsseldorf v. 18.01.2011, InstGE 12, 264 – *Krankheitsvorhersage* m. H. a. Stallberg, GRUR 2007, 1035, 1037 (im Ergebn. bestätigend BGH v. 05.02.2013 – X ZR 59/12, GRUR 2013, 498 [Rn. 17 f., 23] – *Genveränderungen*).

## A. Allgemeines § 9

Zusammenhang zu der Erfindung selbst stehen, bleiben dagegen außer Ansatz.[16] Dies gilt etwa im öffentlichen Dienst für die Frage, ob und wie viel Haushaltsmittel für die Vergütungszahlung zur Verfügung stehen[17], ferner für staatliche oder private Mittel zur Forschungsförderung[18]. Ebenso wenig ist vergütungspflichtig die **abstrakte Bedeutung der erfinderischen Leistung** als solche (s. § 9 Rdn. 79). Das Entstehen des Vergütungsanspruchs ist weder vom Maß der Erfindungshöhe noch davon abhängig, ob die Erfindung das Ergebnis langwieriger oder intensiver Forschungen ist oder auf einem glücklichen Zufall beruht.[19] Irrelevant sind auch die Möglichkeiten einer gewinnbringenden Verwertung bei Dritten[20] (vgl. KommRL Rn. 19 ff. zu RL Nr. 24).

Die Beteiligung des Arbeitnehmererfinders am wirtschaftlichen Nutzen seines Arbeitgebers bedeutet nicht, dass er dessen **wirtschaftliches Risiko** in vollem Umfang mitträgt. So wird z.B. bei der Berechnungsmethode nach der Lizenzanalogie (s. hierzu § 9 Rdn. 120 ff.) – im Unterschied zur Berechnung nach dem erfassbaren betrieblichen Nutzen (s. § 9 Rdn. 161 ff.) – zunächst darauf abgestellt, ob überhaupt ein erfindungsgemäßer Umsatz erzielt wird. Insoweit reicht im Regelfall die bloße Herstellung der erfindungsgemäßen Produkte noch nicht aus. Wird die erfindungsgemäße Ware zwar umgesetzt oder die Erfindung Dritten lizenziert, erlangt der Arbeitgeber aber dafür keine Gegenleistung (z.B. Insolvenz des Abnehmers, Devisenbeschränkungen im Ausland, hohe Kosten der Durchsetzung des Lizenzgebührenanspruchs[21]), kann der

2.3

---

16 Ebenso Schiedsst. v. 16.05.2007 – Arb.Erf. 12/06, (unveröffentl.). S. auch BGH v. 05.02.2013 – X ZR 59/12, GRUR 2013, 498 (Rn. 35) – *Genveränderungen*, dort zu § 42 Nr. 4.
17 Zutreffend wird bei Volmer/Gaul (ArbEG Rn. 157 zu § 40) darauf hingewiesen, dass etwa fehlende Haushaltsmittel keine Bemessungsfaktoren darstellen und es Sache des Arbeitgebers/Dienstherrn ist, ggf. durch Bereitstellung außerplanmäßiger Mittel die erforderlichen Voraussetzungen für die Erfüllung des Vergütungsanspruchs zu schaffen.
18 BGH v. 05.02.2013 – X ZR 59/12, GRUR 2013, 498 (Rn. 35) – *Genveränderungen*, dort zu § 42 Nr. 4.
19 FG Niedersachsen v. 10.07.2008 – 11 K 335/06, (juris) m.H.a. Reimer/Schade/Schippel/Himmelmann Rn. 9 zu § 9.
20 Schiedsst. v. 23.03.2010 – Arb.Erf. 13/09, (www.dpma.de, LS. 1).
21 Schiedsst. v. 23.04.1995 – Arb.Erf. 177/92, (unveröffentl.).

Arbeitnehmer dafür mangels Zuflusses geldwerter Vorteile keine Vergütung beanspruchen[22] (s.a. § 9 Rdn. 23, 25).

Bringt der erzielte Umsatz dem Arbeitgeber **keinen oder nur einen geringen Gewinn** oder sogar **Verlust**, enthebt ihn dies allein aber nicht der Verpflichtung, Vergütung zu zahlen.[23] Nach h. M. und ständiger Praxis der *Schiedsstelle* wird der Tatsache des Verlustes bei der Methode der Lizenzanalogie (s. § 9 Rdn. 120 ff.) nicht durch Reduzierung der rechnerischen Bezugsgröße, sondern regelmäßig durch **Minderung des Lizenzsatzes** Rechnung getragen,[24] da jeder Lizenzsatz grds. auch in einer gewissen Relation zum erwarteten Unternehmensgewinn steht (s. § 9 Rdn. 134). Erforderlich für eine Minderung des Lizenzsatzes ist allerdings, dass der Verlust (auch) auf den Einsatz der zu vergütenden Diensterfindung zurückzuführen ist.[25] Im Einzelfall kann die Vergütung auf den Wert Null schrumpfen,[26] etwa, wenn sie dem Arbeitgeber wegen ungewöhnlicher Verluste nicht (mehr) zuzumuten ist (s.a. § 9 Rdn. 321 ff.). S. im Einzelnen KommRL Rn. 58 ff. zu RL Nr. 7.

---

22 Allg. A., z.B. Schiedsst. v. 22.03.1994 – Arb.Erf. 77/93; ebenso OLG Karlsruhe v. 25.11.2009 – 6 U 13/09, (beide unveröffentl.); OLG Düsseldorf v. 20.12.2012 -2 U 139/10 – Düsseldf. Entsch. Nr. 1969 – Stahlbetontunnel; Reimer/Schade/Schippel/Himmelmann, Rn. 9 zu § 11/RL Nr. 6 m. H. a. Teil-EV v. 25.07.1991 Arb.Erf. 86/89 (unveröffentl.); vgl. auch Keukenschrijver in Busse/Keukenschrijver, PatG, Rn. 5 zu § 9 ArbEG u. Rn. 13 zu § 11 ArbEG (»tatsächlich erzielter Umsatz«); ferner Schiedsst. v. 22.06.1995, Mitt. 1996, 220, 221 l. Sp. – *Bedienungseinrichtung*.
23 OLG Düsseldorf v. 20.12.2012 -2 U 139/10, Düsseldf. Entsch. Nr. 1969 – Stahlbetontunnel; Schiedsst. v. 08.08.1989 – Arb.Erf. 90.93, 103/88, (unveröffentl., bei »Umsatz mit Verlust«); v. 14.07.1992 – Arb.Erf. 58/91; v. 29.05.1996 – Arb.Erf. 9/95, v. 17.06.1998 – Arb.Erf. 86/96, (alle unveröffentl.). v. 21.06.2001 BlPMZ 2002, 230, 233 u. v. 22.07.2013 Arb.Erf. 40/11, (www.dpma.de); Keukenschrijver in Busse/Keukenschrijver, PatG, Rn. 5 zu § 9 ArbEG u. Rn. 12 zu § 11 ArbEG.
24 Schiedsst. v. 11.11.1987 – Arb.Erf. 22/87; v. 25.07.1991 – Arb.Erf. 86/96; v. 27.04.1995 – Arb.Erf. 35/94, (sämtlich unveröffentl.); v. 22.07.2013 Arb.Erf. 40/11, (www.dpma.de); LG Düsseldorf v. 23.11.2010 – 4b O 20/10, Düsseldf. Entsch. Nr. 1509 – *Stahlbetontunnel* (insoweit grundsätzl. bestätigt durch OLG Düsseldorf v. 20.12.2012 – 2 U 139/10, (juris Rn. 64) – *Stahlbetontunnel*); Reimer/Schade/Schippel/Himmelmann Rn. 9 zu § 11/RL Nr. 6; Keukenschrijver in Busse/Keukenschrijver, PatG, Rn. 12 zu § 11 ArbEG.
25 OLG Düsseldorf v. 20.12.2012 – 2 U 139/10, (juris, Rn. 64) – *Stahlbetontunnel*.
26 Schiedsst. v. 23.04.1998 – Arb.Erf. 92/96, (unveröffentl.).

## A. Allgemeines § 9

Zweiter Teilaspekt des allgemeinen Vergütungsanspruchs ist die **Begrenzung** 2.4
**auf den Nutzen des jeweiligen Arbeitgebers**,[27] d.h. die objektiv zu bestimmenden Vorteile des Arbeitgebers aus der (tatsächlichen oder möglichen) Verwertung der Diensterfindung sind betriebsbezogen[28] bzw. **unternehmensbezogen** zu ermitteln[29] (s. auch § 9 Rdn. 76 f.). Auf die Möglichkeiten einer gewinnbringenden Verwertung bei Dritten kommt es ebenso wenig an wie (grds.) auf die Vorteile, die ein Lizenznehmer oder ein Erfindungserwerber zieht.[30] Insoweit kommt hier das allgemeine Prinzip des ArbEG zum Ausdruck, dass Rechte und Pflichten aus diesem Gesetz ausschließlich zwischen Arbeitgeber/Dienstherrn und angestelltem/bediensteten Erfinder ent- bzw. bestehen und keine dingliche Belastung der Arbeitnehmererfindung darstellen (s. § 9 Rdn. 4 ff.).

Relevant wird der allgemeine Vergütungsgrundsatz namentlich in Fällen einer Forschungs- und Entwicklungskooperation des Arbeitgebers mit Drittpartnern (s. dazu § 9 Rdn. 191 ff.), ferner bei Forschungsaufträgen (s. § 9 Rdn. 196 ff.) und sonstiger Veräußerung der Erfindung (s. dazu § 9 Rdn. 4, 251 ff.) oder bei Vergabe von Nutzungsrechten (s. § 9 Rdn. 221 ff.). Vergütungspflichtig

---

27 Vgl. Schiedsst. v. 01.03.1961, BlPMZ 1962, 17, 18 = GRUR 1962, 291 (LS) m. Anm. Schippel; v. 19.12.1991, GRUR 1992, 848 – Geschäftsaktivitäten – *Veräußerung* ebenso Schiedsst. v. 10.12.1990 – Arb.Erf. 27/90, (unveröffentl.), dort f.d. Fall d. Schutzrechtsübertragung im Rahmen eines Forschungsauftrages; Schiedsst. v. 20.01.1995 – Arb.Erf. 12/94, (unveröffentl.) – dort zur zwischenbetriebl. Kooperation; v. 23.03.2010 – Arb.Erf. 13/09 (www.dpma.de, LS. 1), dort zu Vorteilen des Lizenznehmers oder Erfindungskäufers; LG Düsseldorf v. 18.06.1991 – 4 O 254/90, (unveröffentl.), dort zum Konzernbereich; OLG Frankfurt am Main v. 30.04.1992, GRUR 1992, 852, 854 – *Simulation von Radioaktivität* (dort zum Forschungsauftrag); Willich, GRUR 1973, 406, 408 f.; Reimer/Schade/Schippel/Himmelmann Rn. 2 zu § 11/RL Nr. 17; Bartenbach, Zwischenbetriebl. F.+E.-Kooperation, S. 126 f.; Volz, ArbNErf. im öffentl. Dienst, S. 103 f.
28 Vgl. BGH v. 17.11.2009, GRUR 2010, 223, 225 (Rn. 20) – *Türinnenverstärkung*; zust. u. a. Schiedsst. v. 06.06.2014 – Arb.Erf. 54/12, (www.dpma.de).
29 BGH v. 13.11.1997 – X ZR 6/96, GRUR 1998, 684, 687 – *Spulkopf* u. BGH v. 13.11.1997 – X ZR 132/95, GRUR 1998, 689, 692 – *Copolyester II*; OLG Düsseldorf v. 16.08.2001 – 2 U 105/00, (unveröffentl.).
30 St. Praxis Schiedsst. s. z.B. EV v. 29.01.2008 – Arb.Erf. 7/07, (unveröffentl.); v. 12.06.2008 – Arb.Erf. 23/06; v. 24.06.2008 – Arb.Erf. 4/07, (beide Datenbank); v. 25.11.2008 – Arb.Erf. 3/08, (unveröffentl.); v. 20.01.2009 – Arb.Erf. 40/06, (Datenbank); v. 02.04.2009 – Arb.Erf. 58/07; v. 15.10.2009 – Arb. Erf. 44/08; v. 15.12.2009 – Arb.Erf. 16/09, (alle unveröffentl.); v. 17.06.2010 – Arb.Erf. 14/09, (insoweit nicht in www.dpma.de); v. 12.06.2013 – Arb.Erf. 61/11; v. 19.09.2013 – Arb.Erf. 29/12, (beide www.dpma.de); Keukenschrijver in Busse/Keukenschrijver, PatG, Rn. 1 zu § 9 ArbEG.

sind also im Grundsatz nur die Verwertungshandlungen bzw. sonstigen Einnahmen (Verkaufserlös, Lizenzeinnahmen usw.) oder geldwerten Vorteile des betreffenden Arbeitgebers aus der Diensterfindung, nicht dagegen die Vermögensvorteile, die seinen Vertragspartnern zufließen (vgl. auch § 9 Rdn. 192, 314); dies gilt im Grundsatz auch bei Konzernverbundenheit des Arbeitgebers (s. § 9 Rdn. 185 ff.). Ebenso wenig sind abstrakte volkswirtschaftliche Vorteile zu vergüten (s. § 9 Rdn. 79). Da aber bereits die Erfindung und die hieran anknüpfende Möglichkeit der monopolgeschützten Verwertung einen Vermögenswert darstellt, sind nicht ausgenutzte Verwertungsmöglichkeiten des betreffenden Arbeitgebers mit zu berücksichtigen (s. dazu § 9 Rdn. 86 ff. u. RL Nr. 20 ff.). Aus dem allgemeinen Vergütungsgrundsatz folgt schließlich, dass nicht auf den Betrieb (Betriebsstätte), in dem der Erfinder tätig ist, abgestellt werden kann, sondern auf den **gesamten Unternehmensbereich** des Arbeitgebers. Relevant werden kann dieses Problem sowohl im öffentlichen Dienst (s. dazu § 40 Rdn. 6 ff.) als auch in den Fällen der Konzernnutzung[31] (s. dazu § 9 Rdn. 185 ff.).

## B. Rechtsnatur, Schuldner und Gläubiger des Vergütungsanspruchs

### I. Rechtsnatur

3   Trotz des untrennbaren Bezugs zum Arbeitsverhältnis ist der gesetzliche Anspruch auf Erfindervergütung ein **Anspruch eigener Art**, der zwar belohnenden Charakter hat, jedoch im Grundsatz – wie auch § 26 verdeutlicht – zivilrechtlich **kein Arbeitsentgelt** darstellt.[32] Denn die Erfindervergütung ist nicht – wie das Arbeitsentgelt – die arbeitsvertraglich geschuldete Gegenleistung des Arbeitgebers zum Ausgleich der vertraglichen Arbeitsleistung des Arbeitnehmers. Der Vergütungsanspruch besteht unabhängig vom Arbeitsent-

---

31  Wie hier Keukenschrijver in Busse/Keukenschrijver, PatG, Rn. 1 zu § 9 ArbEG.
32  BGH v. 25.11.1980 – X ZR 12/80, GRUR 1981, 263, 265 – *Drehschiebeschalter*; v. 23.06.1977, GRUR 1977, 784, 786 – *Blitzlichtgeräte*; BGH v. 10.09.2002 – X ZR 199/01, GRUR 2003, 237, 240 – *Ozon*; OLG Düsseldorf v. 12.01.2010 – 2 U 41/06 u. 2 U 44/06 – *Ummantelung von Stahlröhren I u. II* (unveröffentl.); i. Ergebn. ebenso Schiedsst. ZB v. 05.08.1981 – Arb. Erf. 20/81, (unveröffentl.); zust. Schiedsst. v. 26.01.1988, BlPMZ 1988, 349, 352; vgl. auch BGH v. 21.06.1979 – X ZR 2/78, GRUR 1979, 800, 802 – *Mehrzweckfrachter*; BAG v. 21.06.1979, DB 1979, 2187; BFH v. 28.01.1976, BFHE 118, 430, 433; Keukenschrijver in Busse/Keukenschrijver, PatG, Rn. 3 zu § 9 ArbEG; Reimer/Schade/Schippel Rn. 17 zu § 9; Sickinger, GRUR 1985, 785, 787 f.; s. ferner Boemke/Kursawe/Engemann Rn. 21 f. zu § 9 (»schuldrechtlicher Anspruch ..., der neben den arbeitsvertraglichen Ansprüchen besteht und durch das ArbEG begründet wird.«).

gelt und kann deshalb nicht auf dieses angerechnet werden[33] (etwa bei Gratifikationen, Tantiemen).[34] Eine andere Beurteilung mag ggf. dann gelten, wenn die Erfindervergütung (ganz oder teilweise) durch Gehaltsanhebung erbracht wird (s.u. Rn. 62, 63) und hierbei eine klarstellende Abgrenzung zum Arbeitsentgelt nicht erfolgt (s.u. Rn. 64). Auch wenn es sich bei der Erfindervergütung nicht um Arbeitsentgelt handelt, ändert dies nichts daran, dass der Erfindervergütungsanspruch im Arbeitsverhältnis seinen Ursprung findet,[35] also seiner Natur nach dem Arbeitsverhältnis zuzuordnen ist.[36]

Erst recht stellen (Lizenz-) Einnahmen des Arbeitnehmers aus der Überlassung einer **freien Erfindung** an den Arbeitgeber (vgl. § 19) kein Arbeitsentgelt dar.[37]

Es erscheint allerdings vertretbar, die Vergütung für Erfindungen und Verbesserungsvorschläge als Arbeitsentgelt i.S.d. § 14 SGB IV anzusehen;[38] sie ist dann auch beitragspflichtig in der **Sozialversicherung**.[39] Mangels anderslautender betrieblicher Regelung kann sie im Einzelfall auch bei der Berechnung einer Ruhegeldanwartschaft mit zu berücksichtigen sein.[40] Zur **steuerlichen Behandlung** s.u. Rn. 350 ff.

---

33 BGH v. 10.09.2002 – X ZR 199/01, GRUR 2003, 237, 240 – *Ozon*; Röpke Arbeitsverh. u. ArbNErf S. 112.
34 OLG München v. 18.01.1973 – 6 U 1392/72, (unveröffentl.).
35 Schiedsst. ZB v. 09.03.1973 – Arb. Erf. 33/72, (unveröffentl.) u. v. 26.01.1988, BlPMZ 1988, 349, 352; ähnl. Volmer i. Anm. AP 3 zu § 9 ArbEG; offen gelassen bei BAG v. 21.06.1979, DB 1979, 2187.
36 Schiedsst. ZB v. 09.03.1973 – Arb. Erf. 33/72, (unveröffentl.); s.a. Schiedsst. ZB v. 12.05.1987, BlPMZ 1988, 349, 350 l.Sp.
37 BGH v. 29.11.1984 – X ZR 39/83, NJW 1985, 1031, 1032 – *Fahrzeugsitz II*; LAG Frankfurt v. 29.07.1983, BB 1984, 278, 279; zust. Schwab, Erf. u. VV., S. 43; Bauer/Diller Wettbewerbsverbote Rn. 243; Keukenschrijver in Busse/Keukenschrijver, PatG, Rn. 18 zu § 19 ArbEG.
38 BSG v. 26.03.1998, NZA-RR 1998, 510, 511; BAG v. 09.07.1985, BB 1986, 1228 i. Anschl. a. LAG Frankfurt v. 29.07.1983, BB 1984, 278, 279; zust. Schwab, Arbeitnehmererfindungsrecht, § 9 Rn. 71 f. u. Anhang § 20 Rn. 142; i. Ergebn. ebenso Benner/Bals i. BB-Beil. Nr. 12/1983, S. 6.
39 BSG v. 26.03.1998, NZA-RR 1998, 510, 511 – zur Verbesserungsvorschlagsprämie; Benner/Bals i. BB-Beil. Nr. 12/1983, S. 6; Schwab, Arbeitnehmererfindungsrecht, § 9 Rn. 71 f. u. § 21 Rn. 142; Reimer/Schade/Schippel/Himmelmann Rn. 17 zu § 9; Keukenschrijver in Busse/Keukenschrijver, PatG, Rn. 10 vor § 9 ArbEG; Boemke/Kursawe/Engemann Rn. 23 zu § 9; diff. unter Bezug auf d. Steuerrecht: Volmer/Gaul Rn. 172 zu § 12 m.w.N.
40 BAG v. 09.07.1985, BB 1986, 1228 u. LAG Frankfurt v. 29.07.1983, BB 1984, 278, 279.

Vergütungsansprüche können nicht (erzwingbarer) Inhalt eines **Sozialplanes** i.S.d. § 112 BetrVG sein,[41] da eine dem Sozialplan zugrunde liegende Auflösung des Arbeitsverhältnisses die Rechte und Pflichten aus dem ArbEG nach § 26 unberührt lässt; s. i.Ü. z. Mitbestimmungsrecht des Betriebsrates § 20 Anh. Rdn. 6.

Die Erfindervergütung ist kein auf das **Arbeitslosengeld** anrechnungsfähiges Einkommen i.S.d. SGB III. Erfindervergütung, die im Zeitraum nach rechtlicher Beendigung eines Arbeitsverhältnisses bezogen wird, stellt kein Nebeneinkommen i.S.d. § 155 Abs. 1 SGB III dar, weil sie nicht in einem Zeitraum erarbeitet wurde, in dem Anspruch auf Arbeitslosengeld besteht. Die Erfindervergütung ist auch keine Entlassungsentschädigung i.S.d. § 158 SGB III, weil es sich nicht um eine Leistung handelt, die im Zusammenhang mit dem Ausscheiden gewährt wird.[42]

Die Höhe der Vergütung ist unabhängig von den Unkosten, die der Arbeitnehmererfinder für die Entwicklung der Diensterfindung aufgewendet hat (vgl. auch RL Nr. 32); insoweit enthält die Vergütung keine Elemente einer **Unkostenerstattung** (z. Unkostenerstattung s. § 25 Rdn. 8 ff.).

Die Erfindervergütung ist bei der Bemessung der **Karenzentschädigung** für ein Wettbewerbsverbot nach § 74 Abs. 2 HGB nicht zu berücksichtigen,[43] da diese sich an den vom Arbeitnehmer vor seinem Ausscheiden aus dem Arbeitsverhältnis »zuletzt bezogenen vertragsmäßigen Leistungen« orientiert.[44]

Soweit die **Zuordnung einer (frei gewordenen) Diensterfindung** zum Arbeitgeber **aufgrund** einer vertraglichen **Vereinbarung** (Abtretung) erfolgt, besteht kein gesetzlicher Anspruch nach § 9, sondern ein vertraglicher Vergütungsanspruch gegenüber dem Arbeitgeber. Dabei ist im Zweifel davon auszugehen, dass die Vergütungsgrundsätze des ArbEG und der Vergütungsrichtlinien (RLn) stillschweigend Vertragsinhalt geworden sind (s. vor §§ 9 bis 12 Rdn. 16 ff.).

## II. Schuldner

4 Der durch § 9 Abs. 1 mit der Erklärung der (unbeschränkten) Inanspruchnahme bzw. mit Eingreifen der Inanspruchnahmefiktion entstandene (vgl.

---

41 Volmer/Gaul Rn. 317 zu § 12.
42 Im Ergebn. auch ErfK/Rolfs § 158 SGB III Rn. 10; zust. auch Schwab, Arbeitnehmererfindungsrecht, § 9 Rn. 5.
43 Grundlegend Bengelsdorf, DB 1989, 1024 ff.
44 S. hierzu i. Einzelnen Bauer/Diller, Wettbewerbsverbote, Rn. 236 ff.

hierzu § 9 Rdn. 11 f.) Vergütungsanspruch löst lediglich schuldrechtliche Wirkungen zwischen den Arbeitsvertragsparteien aus. Gesetzlicher **Schuldner des Vergütungsanspruchs** ist allein der Arbeitgeber[45] (zum Konzern s. § 1 Rdn. 130 u. § 9 Rdn. 185 ff.; zur Kooperation s. § 9 Rdn. 191; zum Forschungsauftrag s. § 9 Rdn. 199; zum Betriebsübergang s. § 1 Rdn. 118 ff.; zum Doppelarbeitsverhältnis s. § 1 Rdn. 19 f.). Der Vergütungsanspruch stellt also **keine dingliche Belastung** der Erfindung dar und geht im Fall der **Übertragung der Erfindung** durch den Arbeitgeber nicht auf den Erwerber über (s. § 7 n.F. Rdn. 24).

Davon zu trennen ist die Frage der Vergütungspflicht von Rechtsübertragungen. In Fällen dieser **Einzelrechtsnachfolge** ist **Bezugsgröße** für die Ermittlung der Vergütung die dem Arbeitgeber dabei zugeflossene Vermögensbereicherung (s. § 9 Rdn. 251 f.). 5

Eine **Haftung des Dritten** kommt nur in Betracht, wenn dieser – obschon ein dahingehender Anspruch des Arbeitnehmers nicht besteht (s. § 7 n.F. Rdn. 24; zum Sonderfall der Insolvenz siehe § 27 n.F. Rdn. 89 f.) – eine solche durch Vertrag mit dem Arbeitnehmer (§ 414 BGB) bzw. durch Vertrag mit dem Arbeitgeber unter Genehmigung des Arbeitnehmers (§ 415 BGB) übernommen hat.[46] Nach § 415 Abs. 1 Satz 2 BGB kann eine Genehmigung durch den Arbeitnehmer erst nach Mitteilung der Schuldübernahme erfolgen; zulässig ist auch eine Einwilligung, also eine Zustimmung vor Abschluss des Vertrages[47] (§ 183 Abs. 1 BGB). Die Genehmigung setzt die hinreichende Information des Arbeitnehmers durch die Vertragspartei voraus.[48] Aus einem längeren Schweigen des Arbeitnehmers kann noch nicht geschlossen werden, 6

---

45 Allg. A., vgl. z.B. BGH v. 02.06.1987, GRUR 1987, 900, 901 – *Entwässerungsanlage*; OLG Frankfurt am Main v. 30.04.1992, GRUR 1992, 852, 854 – *Simulation von Radioaktivität*; LG Braunschweig v. 26.04.2017 – 9 O 1722/16, (www.rechtsprechung.niedersachsen.de, Rn. 114) – *Schwenkfüße*; Schiedsst. v. 12.05.1987, BlPMZ 1988, 349; v. 19.12.1991, GRUR 1992, 847, 848 u. v. 30.10.1998 – Arb.Erf. 10/97, (unveröffentl.); Keukenschrijver in Busse/Keukenschrijver, PatG, Rn. 7 zu § 9 ArbEG; Reimer/Schade/Schippel/Himmelmann Rn. 17 zu § 9. Dieser Grundsatz liegt auch der Rechtsprechung zur Vergütungspflicht im Konzern zugrunde, vgl. etwa BGH v. 17.11.2009, GRUR 2010, 223, 226 f. (Rn. 31, 39 f.) – *Türinnenverstärkung*.
46 Schiedsst., 26.01.1981, BlPMZ 1982, 56 u. v. 30.10.1998 – Arb.Erf. 10/97, (unveröffentl.).
47 Vgl. dazu ausführl. Schiedsst. v. 05.07.1991, GRUR 1992, 499, 500, 502 – *Einheitliches Arbeitsverhältnis*.
48 Schiedsst. v. 11.09.1996 – Arb.Erf. 18/95, (unveröffentl.); vgl. auch Busse/Keukenschrijver, PatG, Rn. 7 zu § 9 ArbEG.

dass die Genehmigung als verweigert gilt.[49] Ein solcher Schluss ist erst dann zulässig, wenn ihm eine Frist zur Erklärung über die Genehmigung gesetzt worden ist (vgl. § 415 Abs. 2 BGB). Insoweit ist auch eine spätere Genehmigung denkbar. Die Vereinbarung zum Schuldnerwechsel kann auch formfrei und konkludent erfolgen.[50]

Ob eine Schuldübernahme, ein Schuldbeitritt oder eine nur im Innenverhältnis (zwischen Arbeitgeber und Drittem) wirkende Erfüllungsübernahme bzw. Freistellungsverpflichtung gewollt war, ist Auslegungsfrage. Kommt es den Vertragspartnern darauf an, dass die Arbeitnehmererfinder einen solventen Schuldner für ihre zukünftigen Vergütungsansprüche erhalten, spricht dies für eine (den Schuldner auswechselnde) Schuldübernahme.[51] Im Zweifel beginnt die Vergütungspflicht des Dritten ab Vertragsschluss und nicht ab Nutzungsaufnahme.[52]

6.1 **Verpflichtet sich ein Dritter** – bspw. der Auftraggeber eines Forschungs- und Entwicklungsauftrages oder der Schutzrechtserwerber bzw. Kooperationspartner – ggü. dem Arbeitgeber zur Zahlung anfallender Erfindervergütungen, so betrifft dies regelmäßig nur das (Innen-) Verhältnis des Dritten zum Arbeitgeber; ein eigener unmittelbarer Leistungsanspruch des Arbeitnehmers ggü. dem Dritten besteht im Zweifel nicht (§ 329 BGB).[53] Diese im Innenverhältnis wirkende Freistellung des Arbeitgebers von seinen Vergütungspflichten bezieht sich im Zweifel auch nur auf die vergütungspflichtigen Verwertungshandlungen des Arbeitgebers. Übernimmt der Dritte vertraglich die »Pflicht zur Zahlung der Erfindervergütung für den Arbeitgeber im Rahmen der Vergütungsrichtlinien nach dem ArbEG«, begründet dies mangels abweichender Anhaltspunkte keine Verpflichtung des Dritten, dem Erfinder eigene Verwertungen zu vergüten; vielmehr bedeutet dies regelmäßig nur, dass der Dritte den Arbeitnehmer in dem Umfang zu vergüten hat, wie der Arbeitgeber tatsächlich eine Vergütung schuldet.[54]

---

49 Schiedsst. v. 05.07.1991, GRUR 1992, 499, 500, 502 – *Einheitliches Arbeitsverhältnis*.
50 Schiedsst. v. 04.02.2003 – Arb.Erf. 57/01, (Datenbank).
51 Vgl. Schiedsst. v. 05.07.1991, GRUR 1992, 499, 500, 502 f. – *Einheitliches Arbeitsverhältnis*.
52 Keukenschrijver in Busse/Keukenschrijver, PatG, Rn. 8 zu § 9 ArbEG.
53 Schiedsst. v. 02.04.2009 – Arb.Erf. 58/07, (unveröffentl.).
54 Schiedsst. v. 20.01.1995 – Arb.Erf. 12/94, (unveröffentl.) – dort zur Erfindungsübertragung bei einer Gemeinschaftserfindung einer zwischenbetrieblichen Kooperation; ebenso Schiedsst. v. 30.10.1998 – Arb.Erf. 10/97, (unveröffentl.).

## B. Rechtsnatur, Schuldner und Gläubiger des Vergütungsanspruchs § 9

Denkbar ist selbstverständlich, dass Arbeitgeber und der Dritte als (echten) **Vertrag zugunsten des Arbeitnehmererfinders** (vgl. § 328 BGB) vereinbaren, letzteren vergütungsrechtlich so zu stellen, als sei er Arbeitnehmer des Dritten.[55] Welche unmittelbaren Ansprüche der Arbeitnehmer daraus gegen den Dritten erwirbt, richtet sich nach dem Vertragsinhalt, dem Vertragszweck, der ggf. durch Auslegung zu ermitteln ist. Ergibt sich aus der Vereinbarung – insb. bei einer Übertragung der Erfindungsrechte vom Arbeitgeber auf den Dritten –, dass der Arbeitnehmer Vergütungsansprüche aus der Nutzung der Diensterfindung durch den Dritten, auf die er ohne eine solche Vereinbarung keinen Rechtsanspruch hätte, erwerben soll, kann darin vergütungsrechtlich der Gegenwert für die Übertragung der Rechte an der Diensterfindung gesehen werden; liegen keine Anhaltspunkte für sonstige betragsmäßig erfassbare Vorteile des Arbeitgebers aus der Übertragung der Diensterfindung vor, etwa, weil es sich um die Erfüllung einer Verpflichtung aus einem Forschungs- und Entwicklungsvertrag handelt, so hat der Arbeitnehmer keine finanziell weiter gehende Vergütungsforderung gegen seinen Arbeitgeber.[56] Tritt der Auftraggeber in die Rechte und Pflichten des Arbeitgebers aus dem ArbEG ein, so kann dies dafür sprechen, dass der Arbeitnehmer einen eigenständigen Anspruch gegen den Auftragggeber in dem vom Arbeitgeber geschuldeten Umfang haben soll.[57] Auslegungsfrage ist es weiterhin, ob durch die Zustimmung des Arbeitnehmers der Arbeitgeber von eigenen Vergütungspflichten befreit wird (§§ 414 ff. BGB) oder ob ein Schuldbeitritt mit der Folge einer gesamtschuldnerischen Haftung von Arbeitgeber und Drittem gewollt ist. Im Zweifel ist letzteres anzunehmen.

**Ausnahmsweise** entsteht die **Haftung eines Dritten** im Fall des Betriebsübergangs (§ 613 a BGB) oder bei Übernahme eines Handelsgeschäfts (§ 25 HGB); Einzelheiten dazu s. § 1 Rdn. 114 ff. Zum Insolvenzverfahren s. § 27 n.F., dort insb. § 27 Rdn. 41 ff., 89 ff., 105 ff. 7

---

55 Vgl. Schiedsst. v. 13.08.1976, BlPMZ 1977, 53, 54; bestätigt durch Schiedsst. v. 15.01.1989 – Arb.Erf. 41/88, u. v. 09.09.1993 – Arb.Erf. 155/93, (beide unveröffentl.) – zum Forschungs- bzw. Entwicklungsauftrag u. v. 02.04.2009 – Arb.Erf. 58/07, (unveröffentl.) – zum Betriebsübergang; vgl. auch Schiedsst. v. 30.10.1998 – Arb.Erf. 10/97, (unveröffentl.) zur Übernahme der Vergütungspflichten des (bisherigen) Arbeitgebers i. Zusammenhang mit einer Schutzrechtsübertragung; Schiedsst. v. 06.10.2006 – Arb.Erf. 10/06, u. v. 04.02.2003 – Arb.Erf. 57/01, (beide Datenbank).
56 Ähnl. Schiedsst. v. 09.09.1993 – Arb.Erf. 155/93, (unveröffentl.) – dort zur Übertragung im Rahmen eines Entwicklungsauftrages;
57 Vgl. Keukenschrijver in Busse/Keukenschrijver, PatG, Rn. 7 zu § 9 ArbEG m. H. a. Schiedsst. v. 06.10.2006 – Arb.Erf. 10/06.

## III. Gläubiger

**8** Alleiniger Gläubiger des Vergütungsanspruchs ist der **Arbeitnehmererfinder**. Dabei kommt es allein auf die wahre Erfindereigenschaft an, und nicht auf formale Kriterien, wie etwa die Abgabe einer Erfindungsmeldung. Miterfinder sind keine Gesamtgläubiger, sondern haben jeweils einen eigenständigen Vergütungsanspruch (s. § 9 Rdn. 311).

Der Vergütungsanspruch des Arbeitnehmers ist **vererblich** (s. § 1 Rdn. 149).

Dagegen ist der Anspruch erst **mit Konkretisierung** durch eine Vergütungsvereinbarung oder -festsetzung i.S.v. § 12 **übertragbar**.[58] Vor seiner Konkretisierung ist der Vergütungsanspruch u. E. ein höchstpersönliches Recht des Arbeitnehmers; den höchstpersönlichen Charakter verliert er erst mit seiner Konkretisierung. Das macht nicht zuletzt das ausschließlich an den Arbeitnehmererfinder (und ggf. dessen Erben) gerichtete Festsetzungsverfahren nach § 12 Abs. 3 mit dessen Widerspruchsmöglichkeit nach § 12 Abs. 4 einschließlich des spezifischen Quotenwiderspruchs nach Abs. 5 deutlich.

Möglich ist damit auch die klarstellende Vereinbarung eines **Abtretungsverbotes** (**§ 399 Satz 1, 2. Alt. BGB**). Diese Möglichkeit besteht nicht nur erfindungsbezogen nach Erfindungsmeldung (§ 22 Satz 2). Vielmehr ist eine solche Vereinbarung auch schon vorab zulässig;[59] das folgt aus dem u. E. lediglich klarstellenden Charakter einer solchen Vereinbarung, unabhängig davon, ob man ohnehin § 22 Satz 1 als nicht einschlägig ansieht, da das ArbEG die Frage der Abtretung von Erfindervergütungsansprüchen nicht regelt. Ein Abtretungsverbot erfasst zwangsläufig auch den Auskunftsanspruch als Hilfsanspruch (zur streitigen Abtretbarkeit s. § 12 Rdn. 162.3). Der Arbeitgeber kann andererseits den Arbeitnehmer nicht (einseitig) verpflichten, seine Vergütung ganz oder teilweise an Dritte abzutreten.[60]

In dem Umfang, in dem der Vergütungsanspruch übertragbar ist, ist er auch **pfändbar**.

---

58 Insoweit im Anschluss an Volmer (Rn. 9 zu § 9) unter teilweiser Aufgabe der Ansicht der 4. Vorauflage; vgl. auch Volmer/Gaul, Rn. 306 zu § 12; s. auch LG Düsseldorf v. 20.02.2000 – 4 O 415/98, Entsch. 4. ZK. 2000, 32 f., 40 – *Müllbehältergreifarm*; im Ergebn. auch OLG Frankfurt am Main v. 19.12.1991, GRUR 1993, 910 – *Bügelverschließmaschine*; Lindenmaier/Lüdecke Anm. 1 zu §§ 9, 10; Reimer/Schade/Schippel/Himmelmann Rn. 17 zu § 9; Keukenschrijver in Busse/Keukenschrijver, PatG, Rn. 4 zu § 9 ArbEG (»jedenfalls nach Konkretisierung«).
59 Im Ergebn. auch Volmer Rn. 85a zu § 12, aber streitig.
60 Keukenschrijver in Busse/Keukenschrijver, PatG, Rn. 1 zu § 9 ArbEG m. H. a. Schiedsst. v. 06.10.2005 – Arb.Erf. 51/03.

Übertragbarkeit und Pfändbarkeit haben jeweils die Grenzen der §§ 400 BGB, 850 ff. ZPO (Einzelheiten s. Rdn. 8 ff. Anhang zu § 27) zu beachten; bei einer Aufrechnung ist § 394 BGB relevant.

*Rdn. 9, 10 frei*

## C. Entstehung und Fälligkeit des Vergütungsanspruchs

### I. Entstehung dem Grunde nach

#### 1. Inanspruchnahme

Der Vergütungsanspruch nach § 9 **setzt** die **Inanspruchnahme** der Diensterfindung **voraus**. Ohne eine Inanspruchnahme scheidet der Vergütungsanspruch nach § 9 aus.[61] Ggf. kommen vertragliche Zahlungsansprüche des Arbeitnehmers (s. vor §§ 9 – 12, Rdn. 12 ff.) oder Schadensersatz- sowie Bereicherungsansprüche gegen den nutzenden Arbeitgeber (s. § 8 n.F. Rdn. 93 ff., u. § 13 Rdn. 92) in Betracht.

11

Gemeint ist mit der in § 9 angesprochenen Inanspruchnahme eine solche i.S.d. §§ 6, 7 n.F. bzw. der früheren unbeschränkten Inanspruchnahme i.S.d. §§ 6, 7 Abs. 1 a.F., mit der identischen Rechtsfolge, dass alle vermögenswerten Rechte an der Diensterfindung auf den Arbeitgeber übergegangen sind. Sobald der Arbeitgeber die Diensterfindung gem. §§ 6, 7 Abs. 1 (unbeschränkt) in Anspruch genommen hat, also **mit Zugang** (s. dazu § 5 Rdn. 10 ff.) **der wirksamen Inanspruchnahmeerklärung** beim Arbeitnehmer bzw. mit Eingreifen der Inanspruchnahmefiktion[62] des § 6 Abs. 2 n.F., entsteht der Vergütungsan-

---

[61] Vgl. etwa LG Düsseldorf v. 12.05.2015 – 4a O 90/13, (Düsseldf. Entsch. Nr. 2422) –*Doppelplattenschieber*; Schiedsst. v. 24.01.2018 – Arb.Erf. 39/16; v. 30.01.2018 – Arb.Erf. 36/18, (beide vorg. f. www.dpma.de).

[62] So auch Keukenschrijver in Busse/Keukenschrijver, PatG, Rn. 13 zu § 9 ArbEG (»wird es auf den Ablauf der Viermonatsfrist ankommen«); im Ergebn. nunmehr auch Schiedsst. v. 25.07.2017 – Arb.Erf. 13/16, (www.dpma.de); 24.01.2018 – Arb.Erf. 39/16, (vorg. f. www. dpma.de).

spruch,[63] und zwar zunächst dem Grunde nach.[64] Der Vergütungsanspruch nach § 9 setzt also zwingend eine Inanspruchnahme der Diensterfindung (bzw. deren einvernehmliche Überleitung) voraus.[65] Andererseits hat die Inanspruchnahme des Arbeitgebers dessen grundsätzliche Vergütungspflicht zur Konsequenz, selbst wenn er **Zweifel an der Schutzfähigkeit** haben sollte (s. § 6 n.F. Rdn. 26 und unter § 9 Rdn. 14). Der Vergütungsanspruch kann damit im Grundsatz bereits ab dem Zeitpunkt der Inanspruchnahme geltend gemacht werden[66] – allerdings ein Zeitpunkt, zu dem im Regelfall noch keine Zahlungen geschuldet werden (s. § 9 Rdn. 12). Hintergrund für das (frühe) Entstehen des Vergütungsanspruchs dem Grunde nach ist, dass der Arbeitgeber gem. § 7 Abs. 1 n.F./a.F. alle vermögenswerten Rechte an der Diensterfindung erwirbt.[67]

Der (früheren) Entscheidungspraxis der *Schiedsstelle*, wonach der Vergütungsanspruch **erst mit Benutzung der Diensterfindung** durch den Arbeitgeber entstehen[68] soll, jedenfalls »in zahlbarer Höhe«,[69] kann aus den in der 3. Aufl. dargelegten Gründen nicht gefolgt werden.[70]

---

63 BVerfG, Beschl. v. 24.04.1998, NJW 1998, 3704, 3705 r. Sp. – *Induktionsschutz v. Fernmeldekabeln*; BGH v. 04.10.1988 – X ZR 71/86, GRUR 1990, 271, 272 – *Vinylchlorid*; BGH v. 29.11.1988 – X ZR 63/87, GRUR 1989, 205, 207 – *Schwermetalloxidationskatalysator*; BGH v. 15.05.1990 – X ZR 119/88, GRUR 1990, 667, 668 – *Einbettungsmasse*; BGH v. 17.05.1994 – X ZR 82/92, GRUR 1994, 898, 900 – *Copolyester* u. BGH v. 10.09.2002 – X ZR 199/01, GRUR 2003, 237 – *Ozon*; Schiedsst. v. 21.03.1995 – Arb.Erf. 57/93, (unveröffentl.).

64 BGH v. 02.12.1960 – I ZR 23/59, GRUR 1961, 338, 339 – *Chlormethylierung*; BGH v. 10.09.2002 – X ZR 199/01, GRUR 2003, 237, 238 – *Ozon*; BGH v. 04.12.2007 – X ZR 102/06, GRUR 2008, 606 [Rn. 15] – *Ramipril I*; BGH v. 18.05.2010 – X ZR 79/07, GRUR 2010, 817, 819 (Rn. 18) – *Steuervorrichtung*; Schiedsst. v. 27.02.1984, BlPMZ 1984, 301, 302; v. 09.05.1985, BlPMZ 1985, 383, 384 u. v. 05.05.1989, BlPMZ 1985, 344, 345; v. 04.02.1993, GRUR 1994, 611, 613 u. v. 01.12.2009 – Arb.Erf. 48/08, (unveröffentl); ferner v. 12.06.2013 – Arb.Erf. 61/11; v. 12.09.2013 Arb.Erf. 21/12, (beide www.dpma.de); Reimer/Schade/Schippel/Himmelmann Rn. 20 zu § 9; Volmer/Gaul Rn. 21 zu § 9; Keukenschrijver in Busse/Keukenschrijver, PatG, Rn. 1, 13 zu § 9 ArbEG.

65 BGH v. 29.04.2003 – X ZR 186/01, GRUR 2003, 789, 791 r. Sp. – *Abwasserbehandlung*; LG Düsseldorf v. 08.03.2005 – 4a O 484/04, (unveröffentl.).

66 BGH v. 10.09.2002 – X ZR 199/01, GRUR 2003, 237, 238 – *Ozon*.

67 OLG Düsseldorf v. 26.07.1995 – 2 U 6/89, (unveröffentl.).

68 EV. v. 04.06.1993, GRUR 1994, 615, 618 f. – *Anspruchsentstehung* m.H.a. EV. v. 26.02.1993, GRUR 1996, 49, 52 f. – *Gießereimaschinen* m. Anm. Bartenbach/Volz.

69 So Schiedsst. v. 04.04.1997 – Arb.Erf. 64/95 auszugsweise bei Reimer/Schade/Schippel/Himmelmann Rn. 20 zu § 9.

70 S. 3. Auflage (1997) Rdn. 11 zu § 9.

Verfehlt ist auch die Auffassung[71], es gebe nicht einen »einzigen Vergütungsanspruch«, der einheitlich mit der Inanspruchnahme entstehe, sondern stets eine **Mehrheit von Vergütungsansprüchen**, die anschließend laufend parallel mit der Verwertung der betreffenden Diensterfindung entstehen würden. Ein solches Verständnis, das zu einer unüberschaubaren Anspruchsfülle führen kann, verwischt Anspruchsentstehung und -fälligkeit und ist weder mit § 9 noch mit der Systematik des ArbEG (vgl. etwa §§ 12, 16 Abs. 1, ferner § 20 Abs. 1) vereinbar. Zudem bleibt diese Auffassung eine Antwort in den Fällen der Vergütungspflicht bei unterbliebener Verwertung und nicht ausgenutzter Verwertbarkeit schuldig. Als Begründung dafür kann auch nicht § 27 n.F. dienen, der einen einheitlichen Vergütungsanspruch nach § 9 gerade voraussetzt, wie dies § 27 Nrn. 1 und 3 Satz 3 zeigen; der Plural in § 27 Nr. 4 n. F. versteht sich mit Blick auf eine Vergütungsregelung nach § 12, da dadurch unterschiedliche Ansprüche je nach Benutzungsform begründet werden können (s. § 27 Rdn. 190).

Ausgehend vom Wortlaut des § 9 Abs. 1 sind nach verbreiteter Auffassung **Verwertungshandlungen** des Arbeitgebers **vor Inanspruchnahme** der Diensterfindung nicht nach den Bestimmungen des ArbEG vergütungspflichtig und damit (de lege lata) grds. **vergütungsfrei;**[72] dies kann insb. bei Versäumung der unverzüglichen Meldung (§ 5 Abs. 1) durch den Arbeitnehmer praktisch werden.[73] Demgegenüber gehen der *BGH* – und ihm folgend die Instanzge-

---

71 So Wiedemann, Vergütg. i. d. Insolvenz (2016), S. 69 ff.
72 Ebenso ständ. Praxis d. Schiedsst. vor 2008, z.B. EV. v. 23.04.1979 – Arb.Erf. 68/78; v. 08.01.1986 – Arb.Erf. 75/84; v. 08.02.1988 – Arb.Erf. 75/87; v. 26.09.1991 – Arb.Erf. 6/91; v. 17.02.1994 – Arb.Erf. 20/94; v. 03.03.1995 – Arb.Erf. 90/9,3 u. v. 25.06.1998 – Arb.Erf. 88/96, (sämtl. unveröffentl.); v. 04.11.2003, BlPMZ 2005, 83, 85 f. (dort Vergütungspflicht für Nutzungen des Arbeitgebers frühestens ab dem Erhalt der [verspäteten] Erfindungsmeldung); ferner OLG Düsseldorf v. 16.08.2001 – 2 U 105/00, (unveröffentl.); LG Hamburg v. 07.02.1990, EGR Nr. 34 zu § 5 ArbEG; Schaub/Koch, ArbRHdb., § 114 Rn. 29; Reimer/Schade/Schippel/Himmelmann Rn. 20 zu § 9; von Falkenstein in Festschr. Bartenbach (2005) S. 73, 80 f. u. ders., Festschr. 50 Jahre VPP (2005) S. 262, 271 f., 275 f.; auch die Schiedsstelle erwähnt in ihrem EV. v. 17.02.1994 – Arb.Erf. 20/94, (unveröffentl.) die Möglichkeit, dass im Einzelfall die vergütungsfreie Nutzung vor Inanspruchnahme unbillig sein könnte, insb. wenn eine verspätete, der Nutzungsaufnahme nachfolgende Erfindungsmeldung vom Arbeitgeber zu verantworten ist und nicht von dem gesetzlich zu unverzüglicher Meldung verpflichteten Erfinder.
73 Schiedsst. v. 21.03.1995 – Arb.Erf. 57/93, (unveröffentl.).

richte[74] sowie beachtliche Teile des Schrifttums[75] – auf Grundlage des Allgemeinen Vergütungsgrundsatzes (s. § 9 Rdn. 2) davon aus, dass der Arbeitgeber nach § 9 im Fall der (unbeschränkten) Inanspruchnahme uneingeschränkt eine **angemessene Vergütung schuldet**, und zwar für alle Verwertungshandlungen, also auch für solche vor Inanspruchnahme und sogar vor Erfindungsmeldung.[76] Dabei setzt der *BGH* wohl voraus, dass der Arbeitgeber bei seiner Benutzung tatsächlich eine Vorzugsstellung innehaben muss.[77] Zwar normiert § 9 nach seinem Wortlaut (»sobald«) keine zeitliche Durchbrechung für die Entstehung des Anspruchs und den Beginn der Vergütungspflicht. Jedoch ist die Auffassung des *BGH* jedenfalls ab Erfindungsmeldung grundsätzlich vereinbar mit dem Monopolprinzip, zumal bereits mit Verlautbarung einer Erfindung ggü. einem Dritten das Recht an der Erfindung als absolutes Recht entsteht, aus dem sich Rechtsansprüche ableiten (Eigentumsschutz, Recht auf das Patent, Erfinderpersönlichkeitsrecht).[78]

Das *OLG München* folgt dem *BGH* und erkennt einen Vergütungsanspruch für Nutzungen des Arbeitgebers ab dem Zeitpunkt der Mitteilung des Erfindungsgegenstandes und nicht erst ab formeller Erfindungsmeldung zu (dort bei Powerpoint-Präsentation, der erst rd. vier Jahre später eine förmliche Erfindungsmeldung folgte).[79] Zur Begründung wird darauf verwiesen, allein dem Arbeitgeber wären vor der förmlichen Meldung die von ihm vorgenommenen Benutzungshandlungen möglich, weil er auf andere Weise von der Diensterfindung des Arbeitnehmers erfahren habe; einen solchen Wissensvorsprung erhalte der Arbeitgeber mit jeder Information über ein Arbeitsergebnis,

---

74 U. a. OLG München v. 14.09.2017, GRUR-RR 2018, 137 (Rn. 61 f.) – Spantenmontagevorrichtung.
75 Zustimmend Keukenschrijver in Busse/Keukenschrijver, PatG, Rn. 14 zu § 9 ArbEG; Boemke/Kursawe/Engemann Rn. 60 ff. zu § 9; ferner Kunzmann in Festschr. Bartenbach (2005), 175, 196 f., soweit es um Verwertungshandlungen vor Inanspruchnahme, aber nach Erfindungsmeldung geht. Wohl in diesem Sinne zustimmend auch Meier-Beck in Festschr. Reimann (2009), S. 309, 317 f. Für Einzelfälle wird in der Praxis eine analoge Anwendung des § 9 mit dem Hinweis befürwortet, der Gesetzgeber sei wohl im Hinblick auf das Erfinderprinzip von einer Verwertung durch den Arbeitgeber erst nach Inanspruchnahme ausgegangen (siehe 3. Auflage). Diff. Sack in LMK Anm. zu BGH v. 29.04.2003, S. 194 m.H.a. §§ 812, 818 Abs. 2 BGB.
76 BGH v. 29.04.2003 – X ZR 186/01, GRUR 2003, 789, 790 – *Abwasserbehandlung*; Keukenschrijver in Busse/Keukenschrijver, PatG, Rn. 14 zu § 9 ArbEG.
77 BGH v. 29.04.2003 – X ZR 186/01, GRUR 2003, 789, 790 – *Abwasserbehandlung*.
78 Meier-Beck in Festschrift Reimann (2003) S. 309, 312 ff. u. BGH v. 18.05.2010 – X ZR 79/07, GRUR 2010, 817, 819 f. – *Steuervorrichtung*.
79 Urteil v. 14.09.2017, GRUR-RR 2018, 137 (Rn. 61 f.) – Spantenmontagevorrichtung.

auch ohne das Bewusstsein zu haben, hierfür eine frühzeitige Schutzrechtssicherung zu erlangen.

Allerdings macht gerade das Monopolprinzips u. E. eine **Differenzierung** notwendig: Eine generelle Ausweitung der Vergütung auf Nutzungen des Arbeitgebers in der **Zeit vor der Erfindungsmeldung** erscheint – wegen Unvereinbarkeit mit dem Monopolprinzip – jedenfalls solange zweifelhaft, als der Arbeitnehmer die Diensterfindung unter Verletzung seiner Pflichten aus § 5 nicht gemeldet und der Arbeitgeber die technische Neuerung ohne Kenntnis des Erfindungscharakters als Arbeitsergebnis genutzt hat.[80] Dagegen können – mit der *Schiedsstelle* – bei nachfolgender Inanspruchnahme Nutzungshandlungen in der **Zeit nach Erfindungsmeldung und vor Inanspruchnahme** als vergütungspflichtig angesehen werden[81], da der Arbeitgeber mit Kenntnis der Erfindung die Möglichkeit hat, für die Erfindung ein Schutzrecht zu erhalten.[82] Zur Nutzung durch den Arbeitgeber **vor dem Freiwerden der Diensterfindung** s. § 8 n.F. Rdn. 94 und zu dessen **Nutzungshandlungen ab Freigabe** s. § 8 n.F. Rdn. 93 ff.

Im Unterschied zu dem Vergütungsanspruch bei (früherer) beschränkter Inanspruchnahme gem. § 10 Abs. 1 a.F. ist – dem eindeutigen Wortlaut des § 9 Abs. 1 zufolge – die Entstehung (dem Grunde nach) von einer Verwertungshandlung des Arbeitgebers ebenso **unabhängig**[83] wie von einer positiven Entscheidung der Patenterteilungsbehörde.[84] Im Regelfall sind jedoch im Zeitpunkt der Inanspruchnahme die für die Bemessung der Vergütung entscheidenden Tatsachen noch nicht bekannt; solange die **maßgeblichen Ver-**

12

---

80 Zutreffend Schiedsst. v. 04.11.2003, BlPMZ 2005, 83 ff.; v. 24.01.2008 – Arb.Erf. 12/07, u. v. 26.02.2008 – Arb.Erf. 88/03, (beide Datenbank). Siehe auch Schütt/Böhnke GRUR 2013, 789, 792 ff. Einschränkend auch Meier-Beck in Festschr. Reimann (2009), S. 309, 317 f.; ferner Kunzmann in Festschr. Bartenbach (2005), 175, 196.
81 Ebenso neuere Praxis d. Schiedsst., u. a. v. 24.01.2008 – Arb.Erf. 12/07; v. 26.02.2008 – Arb.Erf. 88/03 (beide Datenbank, im Anschluss an Kunzmann in Festschr. Bartenbach, 2005, 175, 196 f.); ferner v. 01.10.2009 – Arb.Erf. 36/06; v. 18.11.2009 – Arb.Erf. 28/04, (beide. unveröffentl.) u. v. 21.09.2011 Arb.Erf. 2/10, (Datenbank, in www.dpma.de nur LS. 1).
82 Schiedsst. v. 24.01.2008 – Arb.Erf. 12/07; v. 26.02.2008 – Arb.Erf. 88/03, (beide Datenbank); v. 18.11.2009 – Arb.Erf. 28/04, (unveröffentl.) u. v. 21.09.2011 Arb.Erf. 2/10, (Datenbank, in www.dpma.de nur LS. 1).
83 Vgl. z.B. LAG Frankfurt am Main v. 19.05.1960, GRUR 1961, 135 – *Schwingankermotor*; missverständl. BGH v. 23.06.1977, GRUR 1977, 784, 788 – *Blitzlichtgeräte*.
84 BGH v. 28.06.1962 – I ZR 28/61, GRUR 1963, 135, 136 – *Cromegal* m. Anm. Friedrich; BGH v. 06.02.2002 – X ZR 215/00, GRUR 2002, 609, 610 – *Drahtinjektionseinrichtung*.

gütungskriterien aber **noch nicht ermittelt werden können**, kann zwangsläufig auch noch kein Vergütungsanspruch geltend gemacht werden.[85] Dementsprechend bedeutet »Entstehung dem Grunde nach« also nicht, dass der Arbeitgeber verpflichtet ist, »jetzt zu zahlen«, sondern erst bei Eintritt der Fälligkeit, die i.d.R. durch **Aufnahme von Benutzungshandlungen** begründet wird.[86] Außer für die Fälligkeit des Vergütungsanspruchs (s. dazu unten § 9 Rdn. 20 ff. sowie zur Fälligkeit d. Vergütungsfestsetzung § 12 Rdn. 55 ff.) gewinnt der Umfang der Benutzungshandlungen Bedeutung für die Bemessung der Höhe der Vergütung (s.u. § 9 Rdn. 69 ff.). Dementsprechend ist es auch nach der in §§ 9, 12 ArbEG zum Ausdruck kommenden Gesetzessystematik weder angezeigt noch – etwa mit Blick auf eine Verwirkung – zumutbar, dass der Arbeitnehmer bereits zu so einem frühen Zeitpunkt mit (potenziellen) Vergütungsansprüchen ggü. dem Arbeitgeber hervortritt.[87]

### 2. Schutzfähige Diensterfindung

13 Voraussetzung für den Vergütungsanspruch ist, dass es sich um eine fertige (s. dazu § 4 Rdn. 16 f.) Diensterfindung (§ 4 Abs. 2; zur Überlassung freier bzw. frei gewordener Erfindungen s. vor §§ 9 bis 12 Rdn. 12 ff.; zu schöpferischen Weiterentwicklungen s. § 20 Rdn. 13) handelt, also um eine nach deutschem (europäischem) Recht patent- bzw. gebrauchsmusterfähige Erfindung i.S.d. § 2, die die qualifizierenden Voraussetzungen des § 4 Abs. 2 ArbEG erfüllt.

#### a) Zweifel an der Schutzfähigkeit

14 Für das Entstehen des Vergütungsanspruchs dem Grunde nach sind zunächst die Schutzrechtslage und Zweifel an der Schutzfähigkeit ohne Belang, da es bis zur abschließenden Klärung der Schutzfähigkeit nur auf die objektive **Möglichkeit einer Schutzrechtserteilung** ankommt[88] (ausführlich hierzu § 2 Rdn. 16–21). Nimmt der Arbeitgeber eine Erfindung in Anspruch, ist er grds. auch vergütungspflichtig und kann sich zunächst **nicht auf mangelnde**

---

85 Schiedsst. v. 20.10.1986 – Arb. Erf. 82/85, (unveröffentl.).
86 Schiedsst. v. 10.04.1986 – Arb. Erf. 15/85, u. v. 17.09.1991 – Arb.Erf. 62/86, (beide unveröffentl.).
87 In diesem Sinn zutreffend BGH v. 10.09.2002 – X ZR 199/01, GRUR 2003, 237, 238 r. Sp. – *Ozon*.
88 OLG Düsseldorf v. 26.07.1995 – 2 U 6/89, (unveröffentl.); Schiedsst. v. 01.04.2015 – Arb.Erf. 49/11, (www.dpma.de).

**Schutzfähigkeit berufen.**[89] Der Arbeitgeber kann sich also durch den Einwand einer fehlenden Schutzfähigkeit der in Anspruch genommenen Diensterfindung seiner grundsätzlichen Vergütungspflicht nicht entziehen, es sei denn, eine (Fort-)Zahlung der Vergütung ist für ihn ausnahmsweise unzumutbar (s. § 9 Rdn. 321 ff.). Zweifel an der Schutzfähigkeit sind grundsätzlich auch kein Kriterium zur Bestimmung der Höhe der angemessenen Vergütung i. S. v. § 9.[90] Allerdings wird der Ungewissheit des Ergebnisses des Erteilungsverfahrens vergütungsrechtlich durch die Berücksichtigung eines (bei Erteilung grundsätzlich nachzuzahlenden) **Risikoabschlages** Rechnung getragen (vgl. hierzu § 12 Rdn. 64 ff.). Stellt sich später die Schutzunfähigkeit der Diensterfindung heraus, wird z.B. ein zunächst erteiltes Patent widerrufen, wird trotz der Rückwirkung einer solchen Entscheidung der Vergütungsanspruch grds. nur für die Zukunft betroffen; der Arbeitgeber ist bis zur Rechtskraft einer solchen Entscheidung zur Vergütungszahlung verpflichtet, weil er bis dahin faktisch eine Vorzugsstellung ggü. Mitbewerbern hatte.[91] Zum Wegfall der Vergütungspflicht bei Unzumutbarkeit siehe § 9 Rdn. 321 ff.; zur Vergütung bei im Erteilungsverfahren zusammengelegten Diensterfindungen s. § 13 Rdn. 43; zur Behandlung als qualifizierter Verbesserungsvorschlag bei unverschuldetem **Irrtum** über die Schutzfähigkeit s. § 20 Rdn. 12; zur Vergütung einer als Verbesserungsvorschlag gemeldeten Diensterfindung s. vor § 3 Rdn. 4 ff.

**b) Auslandsschutzrechte bei mangelnder Inlandsschutzfähigkeit**

Da der Vergütungsanspruch i.S.d. § 9 eine nach deutschem (europäischem) Recht schutzfähige Diensterfindung (§ 2) voraussetzt, besteht aus hiesiger Sicht bei (im Erteilungsverfahren oder gerichtlich rechtskräftig festgestellter) man-

15

---

89 BGH v. 02.06.1987, GRUR 1987, 900, 902 – *Entwässerungsanlage* u. BGH v. 15.05.1990 – X ZR 119/88, GRUR 1990, 667, 668 – *Einbettungsmasse*; bestätigt durch BGH v. 06.02.2002 – X ZR 215/00, GRUR 2002, 609, 610 – *Drahtinjektionseinrichtung*; BPatG 31.05.2012 – 2 Ni 1/11, (juris, Rn. 25); OLG Düsseldorf v. 24.10.2013 – I-2 U 63/12 – (www.justiz.nrw.de/nrwe, Rn. 161 = Düsseldf. Entsch. Nr. 2098) – Kunststoffbeutel; LG Düsseldorf v. 18.01.2018 – 4c O 37/16, (Düsseldf. Entsch. Nr. 2741, Rn. 47) – Photovoltaikanlage 1; Schiedsst. v. 09.10.2012 – Arb.Erf. 39/11; v. 01.04.2015 – Arb.Erf. 49/11, (beide www.dpma.de); Keukenschrijver in Busse/Keukenschrijver, PatG Rn. 6 vor § 9 ArbEG.
90 Schiedsst. v. 09.12.2016 – Arb.Erf. 73/13, (www.dpma.de).
91 BGH v. 06.02.2002 – X ZR 215/00, GRUR 2002, 609, 610 – *Drahtinjektionseinrichtung* m. H. a. BGH v. 02.06.1987, GRUR 1987, 900, 902 – *Entwässerungsanlage*; OLG Düsseldorf v. 24.10.2013 – I-2 U 63/12 – (www.justiz.nrw.de/nrwe, Rn. 161 = Düsseldf. Entsch. Nr. 2098) – Kunststoffbeutel.

gelnder inländischer Schutzfähigkeit **kein Anspruch auf Erfindervergütung gem. § 9**, und zwar auch dann nicht, wenn für die technische Neuerung in ausländischen Staaten Schutzrechte erteilt worden sind[92] (s.a. § 2 Rdn. 25). Die gegenteilige, stark verbreitete Meinung, die keinen Unterschied zwischen in- und ausländischen Schutzrechten machen will[93], kann sich nicht auf RL Nr. 26 stützen, da diese erkennbar von der Situation ausgeht, dass neben dem deutschen Schutzrecht **zusätzlich** entsprechende Auslandsschutzrechte bestehen (vgl. RL Nr. 26 Abs. 1 Satz 3; s. i.Ü. auch § 20 Rdn. 14 u. unten § 9 Rdn. 245 ff.).

Hier kann wegen des Charakters einer (im Inland) nicht schutzfähigen technischen Neuerung (§ 3) nur ein **Vergütungsanspruch** nach den Regeln für einen (qualifizierten) **Verbesserungsvorschlag**[94] bzw. nach den Grundsätzen der vergütungspflichtigen **Sonderleistung** (s. dazu unten § 9 Rdn. 332 ff.) in Betracht kommen. In diesem Rahmen ist die rechtliche Wirkung des Auslands-

---

[92] Wie hier Heine/Rebitzki Anm. 1 zu § 9 m. H.a. LAG Mainz v. 29.11.1957 – I SA 266/56, (unveröffentl.); Gaul/Bartenbach i. Anm. EGR Nr. 9 zu § 9 ArbEG (VergAnspr.); Volmer/Gaul Rn. 86, 87 zu § 2 u. Rn. 295 f., 807, 818 zu § 9; Schaub/Koch, ArbRHdb. § 114 Rn. 11; wie hier auch Boemke/Kursawe/Raif Rn. 41 zu § 2 (keine Diensterfindung i.S. v. §§ 2,4; aber anders Boemke/Kursawe/Engemann Rn. 381 zu § 9 u. Rn. 29 zu § 12); vgl. auch Windisch, GRUR 1985, 829, 833; OLG Hamburg v. 11.05.1978, EGR Nr. 23 zu § 9 ArbEG (VergAnspr.) zu I B 1 u. C 2 b d.Gr.;

[93] So Schiedsst. v. 30.10.1969, BlPMZ 1970, 426; v. 01.12.1970, BlPMZ 1971, 143; v. 26.04.1976, BlPMZ 1977, 202 ff.; v. 21.12.1978 – Arb. Erf. 62/78; v. 25.07.1983 – Arb.Erf. 14/82; v. 11.03.1985 – Arb. Erf. 17/84; v. 03.04.1985 – Arb. Erf. 28/84; v. 20.01.2009 – Arb.Erf. 40/06; v. 23.02.2010 – Arb.Erf. 37/08, (sämtl. unveröffentl.); im Ergebn. auch EV. 12.06.1996 – Arb.Erf. 87/94, (unveröffentl.); v. 08.09.1986, BlPMZ 1987, 306, 307 u. v. 25.07.2007 – Arb.Erf. 27/04, (unveröffentl.); LG Düsseldorf v. 21.06.1983 – 4 O 266/81, (unveröffentl.); Reimer/Schade/Schippel/Trimborn Rn. 12 zu § 14 u. Reimer/Schade/Schippel/Himmelmann Rn. 2 f. zu § 11/RL Nr. 26; vgl. auch Schiedsst. ZB v. 23.02.1978, BlPMZ 1979, 410, 412. Auch Boemke/Kursawe/Engemann Rn. 381 zu § 9 u. Rn. 29 zu § 12 ArbEG sprechen sich für unmittelbare Geltung des § 9 ohne Risikoabschlag bei Auslandserteilung aus (wie hier aber Boemke/Kursawe/Raif Rn. 41, 43 zu § 2).

[94] Ebenso Volmer/Gaul Rn. 86, 87 zu § 2 u. Rn. 295 f., 807, 818 zu § 9; wie hier auch Boemke/Kursawe/Raif Rn. 43 zu § 2 (Vergütung nach § 20 Abs. 1 oder als Sonderleistung; aber anders Boemke/Kursawe/Engemann Rn. 381 zu § 9 u. Rn. 29 zu § 12); im Ergebn. auch Schaub/Koch, ArbRHdb., § 114 Rn. 11. Weitergehend lehnt Einsele i. Betriebl. Vorschlagswesen 1986, 97, 102 sowohl einen VergAnspr. nach § 9 als auch nach § 20 Abs. 1 mangels räumlicher Geltung d. ArbEG ab, wobei er unberücksichtigt lässt, dass für den Geltungsbereich allein auf das Arbeitsverhältnis abzustellen ist, nicht auf die Verwertung der technischen Neuerung.

schutzrechtes nur insoweit beachtlich, als sie sich zugleich im Auslandsmarkt faktisch (wirtschaftlich) auswirkt (vgl. auch § 9 Rdn. 245 f.); damit wird der unterschiedlichen Wertigkeit von Prüf- und Registrierschutzrechten im Ausland ebenso wie der jeweiligen Markt- bzw. Wettbewerbssituation angemessen Rechnung getragen. Im Ergebnis entspricht dem auch die *Schiedsstelle*: Unter Aufrechterhaltung des von ihr grundsätzlich bejahten Vergütungsanspruchs aus § 9 nimmt sie Abstriche in der Wertigkeit vor und setzt einen **niedrigeren Lizenzsatz** an, wenn z.B. der Bestand eines erteilten ausländischen Schutzrechts aufgrund der Versagung des parallelen Inlandsschutzrechts gefährdet erscheint[95] bzw. es sich um ein ungeprüftes Auslandsschutzrecht handelt.[96]

Solange allerdings die inländische Schutzunfähigkeit noch nicht rechtskräftig feststeht, gelten – entgegen der Praxis der *Schiedsstelle* – auch für Auslandsverwertungen in Bezug auf dort bestehende Schutzrechtspositionen die Grundsätze der **vorläufigen Vergütung** (vgl. § 12 Rdn. 63). Wird ein Inlandsschutz rechtskräftig versagt, steht dem Arbeitnehmer u. E. in Bezug auf eine vorläufige Vergütung trotz formeller Schutzrechtserteilung im Ausland ein Nachzahlungsanspruch nicht zu (s. dazu § 12 Rdn. 69). Die zukünftigen Verwertungshandlungen sind ausschließlich unter den vorgenannten Voraussetzungen unter dem Aspekt eines (qualifizierten) technischen Verbesserungsvorschlags oder nach den Grundsätzen der Sonderleistung zu vergüten (s. insoweit zuvor § 9 Rdn. 15).

**16**

Die diesseitigen Überlegungen müssen entsprechend gelten, wenn ein inländisches Schutzrecht nicht im Erteilungsverfahren versagt, sondern anschließend im **Einspruchs-, Nichtigkeits- oder Löschungsverfahren** widerrufen bzw. vernichtet worden ist.

Andererseits wirkt sich ein unterschiedlicher **Ablauf der Schutzdauer** bei festgestellter inländischer Schutzfähigkeit auf die Höhe und Dauer der Vergütungspflicht nicht generell aus. Ist das inländische Schutzrecht abgelaufen, bleiben auf das Inland beschränkte Verwertungshandlungen grds. vergütungsfrei (s. RL Nr. 42); dagegen sind Verwertungshandlungen in den ausländischen Staaten, in denen die Schutzdauer von Parallelschutzrechten noch nicht abgelaufen ist, weiterhin gem. § 9 vergütungspflichtig[97] (vgl. RL Nr. 42 Satz 4).

**16.1**

---

95 Schiedsst. v. 26.04.1976, BlPMZ 1977, 202 ff.; vgl. auch LG Düsseldorf v. 21.06.1983 – 4 O 266/81, (unveröffentl.) u. Sack, RIW 1989, 612, 619.
96 Schiedsst. v. 25.07.2007 – Arb.Erf. 27/04, (unveröffentl.) – dort die Hälfte des Erfindungswerts (bei ital. u. UK-Patent).
97 S.a. Volmer/Gaul Rn. 67 zu § 3; i. Ergebnis ebenso Schiedsst. v. 04.03.1985 – Arb.Erf. 41/84, u. v. 17.03.1994 – Arb.Erf. 177/92, (beide unveröffentl.).

## c) Einrede des Rechtsmissbrauchs

17 Die Geltendmachung von Vergütungsansprüchen durch den Arbeitnehmer ist rechtsmissbräuchlich (§ 242 BGB), wenn er die Grundlagen des Anspruchs durch **unredliches Verhalten** erworben hat.[98] Dies kann z.B. dann der Fall sein, wenn der Arbeitnehmererfinder (etwa als Patentsachbearbeiter) bestimmenden Einfluss auf die Einleitung und Durchführung des Schutzrechtserteilungsverfahrens nimmt und dieses Verfahren trotz Kenntnis von schutzrechtshindernden Tatbeständen (etwa offenkundige Vorbenutzung, entgegenstehender Stand der Technik) betreibt.[99] Anders ist es dagegen, wenn dem Arbeitnehmererfinder kein Vorsatz zur Last fällt, etwa, wenn er eine Vernichtbarkeit der Schutzrechtsposition (z.B. durch neuheitsschädliche Offenbarung) aufgrund falscher Einschätzung der Rechtslage befördert.[100]

18 Einem **Rückforderungsanspruch** des Arbeitgebers (aus Pflichtverletzung § 280 Abs. 1, § 823 Abs. 2, § 826 BGB, ggf. § 812 BGB) für bereits erbrachte Zahlungen steht das Rückforderungsverbot nach § 12 Abs. 6 Satz 2 nicht entgegen (s. § 12 Rdn. 157).

### 3. Rechtsfolge

19 Der Anspruch entsteht mit Zugang der Inanspruchnahmeerklärung zunächst nur **dem Grunde nach** (s. § 9 Rdn. 11); er bedarf also noch seiner Konkretisierung, insb. nach den Kriterien des § 9 Abs. 2 i.R.d. Verfahrens nach § 12. Erst ab Fälligkeit hat der Arbeitgeber seiner Zahlungspflicht nachzukommen (s.a. § 9 Rdn. 12, 20 ff.).

## II. Fälligkeit des Vergütungsanspruchs

20 Der **gesetzliche Vergütungsanspruch** ist fällig, sobald der Arbeitnehmer als Gläubiger vom Arbeitgeber als Schuldner die Vergütung verlangen kann. Maßgebend ist § 271 BGB[101] mit seinen Vorgaben (vorrangige Bestimmung durch die Parteien, ansonsten Bestimmung per Gesetz oder aus den weiteren

---

[98] BGH v. 06.02.2002 – X ZR 215/00, GRUR 2002, 609, 610 – *Drahtinjektionseinrichtung*; zust. LG Düsseldorf v. 18.01.2018 – 4c O 37/16, (Düsseldf. Entsch. Nr. 2741, Rn. 48 ff.) – Photovoltaikanlage 1, dort auch zur Frage einer eigenen offenkundigen Vorbenutzung des ArbN; Keukenschrijver in Busse/Keukenschrijver, PatG, Rn. 22 zu § 9 ArbEG.
[99] Vgl. BGH v. 23.06.1977, GRUR 1977, 784, 787 – *Blitzlichtgeräte*.
[100] Vgl. BGH v. 06.02.2002 – X ZR 215/00, GRUR 2002, 609, 610 – *Drahtinjektionseinrichtung*.
[101] Wohl allg. A., z. B. BGH v. 26.11.2013 GRUR 2013, 357 (Rn. 12) – *Profilstrangpressverfahren*; Schiedsst. ZB v. 25.04.2016, Mitt. 2016, 230, 233 f.

Umständen und schließlich sofortige Fälligkeit bei Fehlen einer Bestimmung). Die Fälligkeitsregelung des § 614 BGB gilt nicht, da die Erfindervergütung kein Arbeitsentgelt ist (s. § 9 Rdn. 3). Auch die Empfehlung der jährlichen Abrechnung in RL Nr. 40 Abs. 1 (s. dazu § 9 Rdn. 55.1) als solche bewirkt keine Fälligkeit; das folgt aus der Unverbindlichkeit der Vergütungsrichtlinien (vgl. RL Nr. 1).

Die Vergütungsregelung und deren Zeitpunkt normiert das ArbEG in § 12. § 12 begründet keinen Vergütungsanspruch, sondern **setzt der Vergütungsanspruch voraus**, hier also den Anspruch aus § 9 (s. § 12 Rdn. 1; zur Bedeutung der Vergütungsrichtlinien s. § 11 Rdn. 3 ff.). Während § 9 Abs. 1 den Anspruch auf angemessene Vergütung dem Grunde nach schon mit Inanspruchnahme entstehen lässt (s. § 9 Rdn. 11 f.), bestimmt sich die Fälligkeit, also der Zeitpunkt, von dem an der Arbeitgeber Vergütung zahlen muss, an Hand der Vorgaben in § 12, der vorrangig eine Vergütungsvereinbarung und ansonsten eine (einseitige) Vergütungsfestsetzung durch den Arbeitgeber unter Vorgabe von Endterminen vorschreibt. § 271 Abs. 1 BGB erfordert damit eine **Differenzierung zwischen zwei Sachverhalten**, und zwar
- bei Ausstehen einer Vergütungsregelung (s. § 9 Rdn. 21) sowie
- bei Vorliegen einer Vergütungsregelung (s. § 9 Rdn. 23),

woran sich dann die Frage des Umfangs (der Höhe) anschließt (s. § 9 Rdn. 24 f.).

Besteht noch **keine Vergütungsregelung**, also weder eine Vergütungsvereinbarung (§ 12 Abs. 1) noch eine Vergütungsfestsetzung (§ 12 Abs. 3), so bestimmt sich die Fälligkeit der Vergütungszahlungen gemäß § 271 Abs. 1 2. Alt. BGB nach gesetzlichen Vorgaben und ansonsten nach den jeweiligen Umständen des Einzelfalls[102] (zur Fälligkeit auf Grund einer Vergütungsregelung s. § 9 Rdn. 23).

Eine Vergütung kann nur in dem Umfang fällig werden, in dem der Arbeitgeber gemäß § 9 ArbEG tatsächlich vergütungspflichtig ist. Grds. wird der Vergütungsanspruch erst fällig, wenn die **wirtschaftliche Verwertbarkeit** der Diensterfindung (bei dem konkreten Arbeitgeber) **feststeht**,[103] also die nach § 9 Abs. 2 für die Bemessung der Vergütungshöhe entscheidenden Kriterien

---

[102] S. BGH v. 26.11.2013 GRUR 2013, 357 (Rn. 12) – *Profilstrangpressverfahren*; OLG Frankfurt v. 16.05.2013 – 6 U 39/12 (juris); Schiedsst. v. 25.04.2016, Mitt. 2016, 230, 233.
[103] Schiedsst. v. 03.04.1985 – Arb. Erf. 28/84; v. 05.12.2000 – Arb.Erf. 30/98 (beide unveröffentl.) u. v. 17.06.2010 – Arb.Erf. 14/09 – *Fruchtgummi* (insoweit nicht in www.dpma.de); Keukenschrijver in Busse/Keukenschrijver, PatG, Rn. 15 zu § 9 ArbEG.

bekannt sind[104], und dem Arbeitgeber wirtschaftliche Vorteile aus der Nutzung der Diensterfindung (tatsächlich) zufließen[105] (s.a. § 9 Rdn. 12). Losgelöst von dem in § 12 Abs. 3 Satz 2 genannten Endtermin für eine Vergütungsregelung von drei Monaten nach (rechtsbeständiger) Schutzrechtserteilung (s. § 12 Rdn. 55 ff.) ist damit die Aufnahme der Benutzung letztlich entscheidend für die Fälligkeit der Vergütung:

Nach den höchstrichterlich entwickelten Rechtsgrundsätzen ist maßgebliches Kriterium für den Fälligkeitseintritt bei (unbeschränkter) Inanspruchnahme nicht der Gang des Erteilungsverfahrens mit dem meist ungewissen Zeitpunkt der Patenterteilung, sondern die **Nutzungsaufnahme** seitens des Arbeitgebers,[106] wenn also der wirtschaftliche Vorteil aus der Benutzung der Diensterfindung beim Arbeitgeber tatsächlich eingetreten ist.[107] Solange der Gegenstand der in Anspruch genommenen Erfindung vom Arbeitgeber noch nicht in Benutzung genommen und ein Schutzrecht noch nicht erteilt ist, hat der Arbeitnehmer i.d.R. noch keinen fälligen gesetzlichen Anspruch auf eine (endgültige) Erfindervergütung;[108] es verbleibt bei dem Endtermin des § 12 Abs. 3 Satz 2. Nach der Rechtsprechung des *BGH* ist die Fälligkeit des Vergütungsanspruchs unabhängig von Verlauf und Abschluss eines Schutzrechtserteilungs-

---

104 Schiedsst. v. 03.04.2008 – Arb.Erf. 46/06, (Datenbank) u. v. 01.12.2009 – Arb.Erf. 48/08, (unveröffentl.); s.a. Schiedsst. v. 03.05.1979, BlPMZ 1985, 344, 345 l.Sp; Reimer/Schade/Schippel/Himmelmann Rn. 21 zu § 9.
105 Ebenso OLG Frankfurt v. 16.05.2013 – 6 U 39/12, (juris); LG Mannheim v. 19.12.2008 – 7 O 303/07, (unveröffentl.).
106 Grundlegend BGH v. 28.06.1962 – I ZR 28/61, GRUR 1963, 135, 138 – *Cromegal*; BGH v. 30.03.1971 – X ZR 8/68, GRUR 1971, 475, 477 – *Gleichrichter*; v. 02.06.1987, GRUR 1987, 900, 901 f. – *Entwässerungsanlage* u. BGH v. 10.09.2002 – X ZR 199/01, GRUR 2003, 237 – *Ozon*; ebenso Schiedsst. v. 03.04.2008 – Arb.Erf. 46/06; v. 11.12.2008 – Arb.Erf. 16/06 u. v. 01.12.2009 – Arb.Erf. 48/08 (alle Datenbank) u. v. 17.06.2010 – Arb.Erf. 14/09, (insoweit nicht in www.dpma.de), streitig.
107 Schiedsst. v. 23.03.1995 – Arb.Erf. 177/92, (Datenbank); v. 05.12.2007 – Arb.Erf. 35/06; v. 21.04.2009 – Arb.Erf. 13/08, (beide unveröffentl.) u. v. 15.07.2016 – Arb.Erf. 26/14, (www.dpma.de).
108 BGH v. 23.06.1977, GRUR 1977, 784, 788 – *Blitzlichtgeräte* u. Schiedsst. v. 27.02.1984, BlPMZ 1984, 301, 302.

verfahrens.[109] Weitere Einzelheiten s. § 12 Rdn. 55 ff. Ebenso wie früher der Vergütungsanspruch bei der beschränkten Inanspruchnahme von Alterfindungen (§ 10 a.F. i. V. m. § 12 Abs. 3 Satz 2 a.F.) ist nach der Vorgabe des BGH der Vergütungsanspruch aus § 9 spätestens **drei Monate nach Aufnahme der Benutzung fällig**, und zwar zunächst in vorläufiger Höhe; die Pflicht des Arbeitgebers zur Vergütungsfestsetzung entsteht spätestens 3 Monate nach Nutzungsaufnahme (s. § 12 Rdn. 56, 60), d.h. dann ist zugleich der Festsetzungsanspruch des Arbeitnehmers aus § 12 Abs. 3 fällig.[110] Der Vergütungsanspruch kann spätestens nach Ablauf von drei Monaten ab Nutzungsaufnahme – ggf. nach vorherigem erfolglosen Schiedsstellenverfahren (vgl. §§ 28 ff.) – durch Zahlungsklage geltend gemacht werden (s. § 12 Rdn. 44). Zu den weiteren Einzelheiten und zugleich zur Fälligkeit d. Vergütungsfestsetzung s. § 12 Rdn. 55 ff.

Aus § 12 Abs. 3 folgt zugleich, dass ein **Unterbleiben einer Nutzung vor (rechtsbeständiger) Schutzrechtserteilung** grundsätzlich noch keinerlei Vergütungspflichten auslöst und damit ein Vergütungsanspruch noch nicht fällig sein kann. **Vor Schutzrechtserteilung** besteht in diesen Fällen keine Vergütungspflicht (s. § 12 Rdn. 72 f.). **22**

Bei **Vorliegen einer Vergütungsregelung**, also einer **Vergütungsvereinbarung** (§ 12 Abs. 1) oder durch eine widerspruchslos gebliebene **Vergütungsfestsetzung,** ist gemäß § 271 Abs. 1 BGB die darin (ausdrücklich oder konkludent) vorgesehene Bestimmung der Leistungszeit maßgebend (§ 12 Abs. 3, s. § 12 Rdn. 50.4 f.). **23**

Von der Fälligkeit des Vergütunganspruchs zu unterscheiden, ist die Frage, in welchem **Umfang** bzw. welcher Höhe Vergütungsansprüche fällig sind. Dies richtet sich ebenfalls nach **§ 271 BGB**. **24**

---

109 BGH v. 28.06.1962 – I ZR 28/61, GRUR 1963, 135, 137 l.Sp. – *Cromegal*, bestätigt durch BGH v. 30.03.1971 – X ZR 8/68, GRUR 1971, 475, 477 – *Gleichrichter*; vgl. auch BGH v. 02.06.1987 GRUR 1987, 900, 902 – *Entwässerungsanlage*; LG Düsseldorf v. 16.03.1999 Az. 4 O 171/98 (unveröffentl.); ebenso ständ. Praxis d. Schiedsst., z. B. v. 07.02.1983, BlPMZ 1984, 218, 220; v. 08.10.1991, GRUR 1992, 849, 850 – Bewehrungsrollmatte. v. 02.07.2013 – Arb.Erf. 25/12, (Datenbank).
110 Ständ. Rspr., grundlegend BGH v. 28.06.1962 – I ZR 28/61, GRUR 1963, 135, 137 f. – *Cromegal*; folgend u. a. LG Düsseldorf v. 03.12.2013 – $a O 13/12, (juris); Schiedsst. v. 18.11.2008 – Arb.Erf. 31/07, (Datenbank) u. v. 10.02.2009 – Arb.Erf. 30/07, (unveröffentl.); ebenso Keukenschrijver in Busse/Keukenschrijver, PatG, Rn. 15 zu § 9 ArbEG.

Maßgebend ist gemäß § 271 Abs. 1 BGB zunächst eine Bestimmung durch eine **Vergütungsvereinbarung** bzw. **Vergütungsfestsetzung** (§ 12 Abs. 3, Rdn. 50.5).

**Fehlt** eine **Vergütungsregelung**, umfasst die drei Monate nach Benutzungsaufnahme eintretende Fälligkeit (s. § 9 Rdn. 22) grds. die Vergütung für die bis dahin erfolgten Nutzungshandlungen.

Die für die Fälligkeit maßgebliche Leistungszeit wird im Ürigen **durch die Umstände bestimmt** (§ 271 Abs. 1, 2. Alt. BGB. § 9 Rdn. 20). Dabei können nunmehr die Maßstäbe der RL Nr. 40 und der allgemeinen Praxis (s. § 9 Rdn. 55.1) wertend herangezogen werden. Maßstab können auch frühere Vergütungsregelungen mit dem Arbeitnehmer, ggf. auch eine allgemeine langjährige Handhabung beim Arbeitgeber sein. Ansonsten ist angesichts unangemessener Risiken aufgrund des Rückforderungsverbotes des § 12 Abs. 6 und nach der bei § 271 Abs. 1 BGB zu berücksichtigenden Verkehrssitte davon auszugehen, dass – vom Aspekt der Vorratsschutzrechte (s. dazu § 9 Rdn. 201 ff.) bzw. unausgenutzter Verwertungsmöglichkeiten (s. § 9 Rdn. 214) abgesehen – stets nur **eine der Verwertung nachfolgende Vergütung** beansprucht werden kann. Die nachschüssige Zahlung entspricht dem Grundsatz, dass eine Vergütung für Diensterfindungen nur in dem Umfang fällig werden kann, in dem der Arbeitgeber gemäß § 9 ArbEG tatsächlich vergütungspflichtig ist (s. § 9 Rdn. 25).

In der betrieblichen Praxis wird in Übereinstimmung mit RL Nr. 40 Abs. 1 Satz 2 üblicherweise bei der laufenden Vergütung der betrieblichen Verwertung von Diensterfindungen **nachkalkulatorisch auf einen jährlichen Nutzungszeitraum** abgestellt.[111] Mit dieser vom *BGH* gebilligten[112] nachkalkulatorischen Errechnung wird dem Umstand Rechnung getragen, dass der Vergütungsanspruch zwar dem Grunde nach bereits mit (unbeschränkter) Inanspruchnahme entsteht (s. dazu § 9 Rdn. 11), jedoch regelmäßig erst mit Benutzung fällig wird (s. zur Fälligkeit d. Vergütungsfestsetzung § 12 Rdn. 55 ff.). Die nachkalkulatorische Berechung folgt der Notwendigkeit, dass für die Erfüllung des Vergütungsanspruchs **alle zu dessen Bezifferung erforderlichen Informationen (Umsatzzahlen usw.) tatsächlich, vollständig und**

---

111 S. Schiedsst. v. 28.04.2006 – Arb.Erf. 35/04, (unveröffentl.) mit Bezug auf EV v. 22.06.2004 Arb.Erf. 32/03; v. 04.07.2007 – Arb.Erf. 86/04, (Datenbank); ferner v. 12.09.2013 – Arb.Erf. 21/12; v. 19.09.2013 – Arb.Erf. 29/12; v. 26.02.2015 – Arb.Erf. 51/12 –, u. ZB v. 12.05.2016 – Arb.Erf. 41/13, (alle www.dpma.de); vgl. auch Schiedsst. v. 03.07.2015 Mitt. 2016, 277, 278.
112 BGH v. 26.11.2013 – X ZR 3/13, GRUR 2014, 357 (Rn. 12 ff.) – *Profilstrangpressverfahren.*

**verlässlich vorliegen müssen.**[113] Zweckmäßigerweise bezogen wird der Jahreszeitraum damit auf das **vorangegangene Geschäftsjahr** des Arbeitgebers, da erst dann alle relevanten Daten für die Vergütungsbemessung feststehen, und zwar sowohl nach der Lizenzanalogie (Umsätze usw.) bzw. nach dem erfassbaren betrieblichen Nutzen (Kosten, Ersparnisse usw.).[114] Deshalb kann der Arbeitnehmer die Vergütung nicht sofort mit jeder Erfindungsverwertung verlangen, sondern erst angemessene Zeit später, und zwar bei laufender Verwertung im Regelfall **nach Ablauf eines jeden Geschäftsjahres** (siehe im Einzelnen § 9 Rdn. 55.1). Das Geschäftsjahr ist bei den meisten Unternehmen das Kalenderjahr, muss es aber nicht sein.

Fällig wird die Vergütung nur in dem Umfang, wie der Arbeitgeber nach § 9 vergütungspflichtig ist. Im Fall einer tatsächlichen Verwertung kommt es für die Vergütungspflicht des Arbeitgebers auf den ihm **tatsächlich zufließenden** wirtschaftlichen **Nutzen** aus der Diensterfindung an (Allgemeiner Vergütungsgrundsatz, s.o. § 9 Rdn. 2). Dies bedeutet bspw. bei der Bemessung des Erfindungswertes nach der Lizenzanalogie und der damit verbundenen Anknüpfung der Vergütung an Umsätze des Arbeitgebers mit erfindungsgemäßen Produkten, dass eine Vergütungspflicht nur und erst dann vorliegt, wenn die Erlöse aus den Umsatzgeschäften dem Arbeitgeber in den jeweiligen Nutzungszeiträumen tatsächlich zugeflossen sind[115] (s.a. § 9 Rdn. 2.3); darauf stellt auch Satz 3 der RL Nr. 7 für den Regelfall ab (s. § 9 Rdn. 125). Dementsprechend sind Auftragsvergaben, Lieferaufträge, Kundenbestellungen usw. noch nicht vergütungspflichtig und begründen auch **keinen** – im ArbEG nicht vorgesehenen – Anspruch auf **Vorschusszahlungen**[116] (s. im Übrigen § 9 Rdn. 53.3 f., 125). Zum Sachpatent s. § 9 Rdn. 33. Bei Vergütung nach RL Nr. 12 kommt es auf die tatsächliche Realisierung des betrieblichen Nutzens im betreffenden

25

---

113  I. d. Sinne zu Recht OGH (Wien) v. 02.02.2005 – 9 ObA 7/04a, (www.ris.bka.gv.at), dort im Zusammenhang mit der Verjährung des Vergütungsanspruchs nach österr. Recht. Im Ergebn. ähnl. BGH v. 26.11.2013 – X ZR 3/13, GRUR 2014, 357 (Rn. 12) – *Profilstrangpressverfahren*.
114  Vgl. BGH v. 26.11.2013 – X ZR 3/13, GRUR 2014, 357 (Rn. 12) – *Profilstrangpressverfahren*.
115  OLG München v. 16.08.2012 – 6 U 2572/11, (unveröffentl.) – Elektronische Funktionseinheit; ebenso ständ. Praxis Schiedsst. z.B. EV. v. 28.09.1993 – Arb.Erf. 133/92, (unveröffentl.); grundlegend Schiedsst. v. 23.03.1995 – Arb.Erf. 177/92, u. v. 05.12.2007 – Arb.Erf. 35/06, (beide Datenbank); vgl. auch Schiedsst. v. 11.04.2018 – Arb.Erf. 27/16, (vorg. f. www.dpma.de).
116  Im Ergebn. ebenso Schiedsst. v. 17.07.2016 – Arb.Erf. 26/14, (www.dpma.de = Mitt. 2017, 468, dort nur LS.).

Nutzungszeitraum an.[117] Bei außerbetrieblicher Verwertung ist der Zufluss der Lizenzgebühren (RL Nrn. 14, 15) bzw. des Kaufpreises (RL Nr. 16) erforderlich. S. im Übrigen KommRL Rn. 5 zu RL Nr. 40.

**Im Ergebnis bedeutet dies** nach der hier vertretenen Auffassung für die **Fälligkeit bei Fehlen einer Vergütungsregelung** i.S.d. § 12:
– Im Fall der **Benutzung** der Erfindung wird u. E. der **Zahlungsanspruch** nicht fortlaufend mit jeder einzelnen Nutzungshandlung, sondern erst nachschüssig fällig, sobald die zur Bemessung erforderlichen Daten feststehen, also grundsätzlich nicht vor Abschluss des Geschäftsjahres des Arbeitgebers. Für den Beginn der Verjährungsfrist geht die *Schiedsstelle* von 6 Monaten nach Ablauf des Geschäftsjahres aus (s. § 9 Rdn. 40.2).
– Bei **nicht benutzten Diensterfindungen** ist für die Fälligkeit auf den Endtermin für die Vergütungsregelung nach § 12 Abs. 3 abzustellen, also drei Monate nach (rechtsbeständiger) Schutzrechtserteilung. Damit beginnt die regelmäßige dreijährige Verjährung mit dem Schluss des Kalenderjahres, in das der Endtermin für die Vergütungsregelung nach § 12 Abs. 3 fällt[118] (zur vergütungsfreien Erprobungsphase s. aber § 9 Rdn. 212).

26 An die Fälligkeit knüpft die Frage des **Verzugs des Arbeitgebers** an. Die Schuldrechtsreform hat die Verzugsvoraussetzungen letztlich nicht geändert.

**Allein die nicht fristgerechte Erfüllung der gesetzlichen Festsetzungspflicht** nach § 12 Abs. 3 ArbEG (s. dort § 9 Rdn. 41 ff.) begründet seit jeher u.E. noch keinen Verzug des Arbeitgebers.[119] Insoweit gilt seit 01.01.2002 nach § 286 BGB n.F. nichts anderes als nach § 284 BGB a.F.[120] In beiden Fällen ist Fälligkeit der Vergütung Voraussetzung. Unterschiede ergeben sich aber

---

117 Vgl. auch BGH v. 26.11.2013 – X ZR 3/13, GRUR 2014, 357 (Rn. 12) – *Profilstrangpressverfahren*.
118 Ebenso z. B. MünchArbR/Bayreuther, § 98 Rn. 39.
119 A. A. OLG Frankfurt v. 30.04.1992 EGR Nr. 62 zu § 9 ArbEG (Verg. Höhe) – Simulation für Radioaktivität (insoweit nicht in GRUR 1992, 852).
120 Ebenso OLG München v. 16.08.2012 – 6 U 2572/11, (unveröffentl.) – Elektronische Funktionseinheit; Schiedsst. v. 10.02.2009 – Arb.Erf. 30/07; v. 19.03.2009 – Arb.Erf. 24/06, u. v. 21.04.2009 – Arb.Erf. 13/08, (sämtl. unveröffentl.); zu § 284 BGB a.F. so u.a. LG Nürnberg v. 17.07.1991 – 3 O 10116/86, (unveröffentl.); ebenso ständ. Praxis Schiedsst., z.B. EV v. 10.06.1974 – Arb.Erf. 90/73; v. 13.09.1982 – Arb.Erf. 48/81; v. 07.03.1991 – Arb.Erf. 38/90; v. 30.04.1994 – Arb.Erf. 181/92; v. 23.03.1995 – Arb.Erf. 177/92; 05.08.1998 – Arb.Erf. 103/96, (alle unveröffentl.); v. 22.06.1995, Mitt. 1996, 220, 222 f. – *Bedienungseinrichtung*; Keukenschrijver in Busse/Keukenschrijver, PatG, Rn. 15 zu § 12 ArbEG; Reimer/Schade/Schippel/Trimborn Rn. 36 zu § 12. Vgl. (aber) auch Boemke/Kursawe/Engemann Rn. 72 zu § 12.

bezüglich der Mahnung. Da § 284 BGB a.F. nur noch auf die vor 2002 entstandenen Schuldverhältnisse anzuwenden ist (Art. 229 § 5 Satz 1 EGBGB, s. § 1 Rdn. 162), folgt daraus:
- Soweit die Erfindung **vor 2002** fertig gestellt worden ist, kann die 30-Tage-Regelung des § 284 Abs. 3 BGB a.F. zum Tragen kommen. Diese erfasste auch gesetzliche Ansprüche und mithin Vergütungsansprüche, sodass für den Verzug – anstelle einer Mahnung – eine der **Rechnung gleichwertige Zahlungsaufforderung** ausreicht.[121] Der Verzug tritt 30 Tage nach Fälligkeit und Zugang der Zahlungsaufforderung ein.
- Soweit die Erfindung **seit 2002** fertig gestellt wird, ist dagegen u.E. neben der Fälligkeit grds. die **Mahnung** erforderlich[122] (§ 286 Abs. 1 Satz 1 BGB n.F./§ 284 Abs. 1 Satz 1 BGB a.F.). Für eine kalendermäßig bestimmte Zeit (§ 286 Abs. 2 Nr. 1 BGB n.F./§ 284 Abs. 2 Satz 2 BGB a.F.) fehlt es an der (auch mittelbaren) Festlegung eines bestimmten Kalendertages.[123] Die Annahme einer durch ein Ereignis bestimmten Leistungszeit i.S.d. § 286 Abs. 2 Nr. 2 BGB n.F. kann zwar durch Gesetz erfolgen,[124] eine Fristsetzung »3 Monate nach Benutzungsaufnahme bzw. Schutzrechtserteilung« reicht u.E. jedoch nicht als mit dem Ereignis beginnende Leistungszeitbestimmung aus, da die Frist vor Eintritt der Fälligkeit gesetzt wird und damit die ab dem Ereignis beginnende Länge der Frist

---

121 Zum Begriff s. u.a. Palandt/Heinrichs, BGB (2002), § 284 a.F. Rn. 29.
122 Ebenso OLG München v. 16.08.2012 – 6 U 2572/11, (unveröffentl.) – Elektronische Funktionseinheit; LG Düsseldorf v. 23.11.2010 – 4b O 20/10, Düsseldf. Entsch. Nr. 1509 – *Stahlbetontunnel* (insoweit unbeanstandet von OLG Düsseldorf v. 20.12.2012 – 2 U 139/10, (juris Rn. 75) – *Stahlbetontunnel*); ferner ständ. Praxis Schiedsst., z. B. v. 22.06.1995 Mitt. 1996, 220, 222 f. – *Bedienungseinrichtung*; v. 05.08.1998 – Arb.Erf. 103/96, (Datenbank); v. 19.03.2009 – Arb.Erf. 24/06, (unveröffentl.) u. v. 10.03.2016 – Arb.Erf. 23/12, (www.dpma.de); wie hier auch Reimer/Schade/Schippel/Trimborn Rn. 36 zu § 12; vgl. auch Schiedsst. v. 25.04.2016, Mitt. 2016, 230, 233 f.; s. ferner Boemke/Kursawe/Engemann Rn. 73 ff. zu § 12, die allerdings davon unabhängig einen Anspruch auf Verzinsung ohne Verzug anerkennen.
123 Im Ergebn. auch Schiedsst. v. 25.04.2016, Mitt. 2016, 230, 233 u. v. 31.01.2018 – Arb.Erf. 53/15, (www.dpma.de). Zu § 284 BGB a.F. Schiedsst. v. 31.01.1995 – Arb.Erf. 144/92, (unveröffentl.); Reimer/Schade/Schippel/Kaube Rn. 36 zu § 12 (7. Aufl.).
124 Vgl. Amtl. Begründung z. SchuldRModG BT-Drucks. 14/6040, S. 145 (zu § 286 Abs. 2 Nr. 2 BGB-E).

unangemessen auf »Null schrumpfen« würde.[125] Ebenfalls scheidet eine allgemeine Anwendung der Billigkeitsregelung des § 286 Abs. 2 Nr. 4 BGB n.F., die nur einzelfallbezogen unter Interessenabwägung einen sofortigen Verzugseintritt anordnet, aus. Auch die 30-Tages-Regelung in § 286 Abs. 3 BGB n.F. kommt nicht zum Tragen, da davon – im Unterschied zu § 284 Abs. 3 BGB a.F. – nur vertragliche Ansprüche auf »Entgelt«, nicht aber gesetzliche Ansprüche erfasst[126] werden, wie etwa die Erfindervergütung. Denkbar bleibt ansonsten nur der Verzicht auf die Mahnung, wenn der Arbeitgeber eine Erfüllung des Vergütungsanspruchs ernsthaft und endgültig i.S.d. § 286 Abs. 2 Nr. 3 BGB n.F. verweigern sollte.[127]

27 Ist die **Vergütung** nach § 12 **vereinbart oder festgesetzt**, kommt es nach dem Inhalt der Vergütungsregelung darauf an, ob damit der Zahlungstermin kalendermäßig i.S.d. § 286 Abs. 2 Nr. 1 BGB n.F./§ 284 Abs. 2 Satz 1 BGB a.F. bestimmt ist (z.B. jeweils der 30. Juni des auf das abzurechnende Jahr folgenden Jahres, s. § 9 Rdn. 55.1). Dafür kann es auch ausreichen, wenn ein bestimmter Kalendertag mittelbar festgelegt ist, wie etwa »Mitte Mai«,[128] sodass dann bei Nichtleistung zum Jahreswechsel Verzug ohne Mahnung eintritt.[129] Ansonsten bedarf es auch hier der Mahnung.[130]

28 Als **Mahnung** genügt jede eindeutige und bestimmte Aufforderung, mit der der Gläubiger unzweideutig zum Ausdruck bringt, dass er die geschuldete Leistung verlangt.[131] Nach Auffassung der *Schiedsstelle* muss die Aufforderung keinen bezifferten Geldbetrag enthalten, da der Vergütungsanspruch insoweit einem betragsmäßig unbestimmten Anspruch gleichgestellt werden kann und (nur) der Arbeitgeber gem. § 12 zur Vergütungsberechnung verpflichtet

---

125 Im Ergebn. auch Schiedsst. v. 25.04.2016, Mitt. 2016, 230, 233. Vgl. allg. Amtl. Begründung z. SchuldRModG BT-Drucks. 14/6040, S. 146 (zu § 286 Abs. 2 Nr. 2 BGB-E); vgl. auch die Wertung in Art. 3 Abs. 1 Buchst. b) lit. iv der EU-Zahlungsverzugsrichtlinie v. 29.06.2000.
126 Vgl. Gegenäußerung BReg. zur Stellungn. Bundesrat z. SchuldRModG-E in BT-Drucks. 14/6857, S. 57 sowie dazu Rechtsausschuss in BT-Drucks. 14/7052, S. 186.
127 Die Regelung entspricht gemäß der Amtl. Begründung z. SchuldRModG (BT-Drucks. 14/6040, S. 146 – zu § 286 Abs. 2 Nr. 3 BGB-E) der Rechtsprechung zur Entbehrlichkeit der Mahnung nach § 242 BGB.
128 Vgl. die Beispiele bei Palandt/Grüneberg, BGB, § 286 Rn. 22.
129 Vgl. allg. BGH v. 25.01.2001, NJW 2001, 2878, 2879.
130 Volmer/Gaul Rn. 158 zu § 12.
131 BGH v. 10.03.1998, DB 1998, 1459; OLG München v. 16.08.2012 – 6 U 2572/11, (unveröffentl.) – Elektronische Funktionseinheit.

### C. Entstehung und Fälligkeit des Vergütungsanspruchs §9

wird.[132] Eine Fristsetzung oder Androhung von Folgen ist nicht notwendig.[133] Eine Mahnung wird auch durch Anrufung der Schiedsstelle mit Zustellung an den Arbeitgeber (Antragsgegner) begründet[134] bzw. mit Durchführung eines vom Arbeitgeber betriebenen Schiedsstellenverfahrens, auf das sich der Arbeitnehmer eingelassen hat[135], ferner durch Widerspruch gegen eine Vergütungsfestsetzung nach § 12 Abs. 4 ArbEG.[136] Leistungsklage und Mahnbescheid sind nach Maßgabe des § 286 Abs. 1 Satz 2 BGB n.F. (§ 284 Abs. 1 Satz 2 BGB a.F.) der Mahnung gleichgestellt.

Die Mahnung erfasst naturgemäß nur die fälligen Vergütungsansprüche; eine **Mahnung vor Fälligkeit** ist bedeutungslos. Folglich sind ohne entsprechende Vergütungsregelung keine zukünftigen Nutzungen einbezogen, sodass insoweit später bei Nichtzahlung eine diesbezügliche Mahnung bzw. ein erneutes In-Verzug-Setzen erforderlich bleibt.[137] 28.1

**Rechtsfolge** der Mahnung ist der Verzug des Arbeitgebers (§ 286 Abs. 1 BGB), sofern er die verzögerte Zahlung zu vertreten hat (vgl. § 286 Abs. 4 BGB n.F./§ 285 BGB a.F.). Der Verzug löst seinerseits als wesentliche Rechtsfolgen einmal einen Anspruch auf **Schadensersatz** wegen Verzögerung der Leistung nach § 280 Abs. 1 u. 2 i.V.m. § 286 BGB n.F. aus, der an die Stelle des früheren Anspruchs auf Verzugsschaden aus § 286 BGB a.F. getreten ist. Dazu gehören bspw. die notwendigen Kosten der Rechtsverfolgung. 28.2

Daneben schuldet der Arbeitgeber während des Verzuges die **Verzugszinsen** nach § 288 BGB (zu Prozesszinsen s. § 291 BGB). Der Verzugszinssatz beträgt 5 %-Punkte über dem Basiszinssatz i.S.d. § 247 BGB. Der höhere Zinssatz nach § 288 Abs. 2 BGB gilt – ebenso wie § 286 Abs. 3 BGB n.F. (s. § 9 Rdn. 26) – nur für Entgeltforderungen aus vertraglichen Rechtsgeschäften im Geschäftsverkehr, nicht aber für Arbeitnehmer.[138] Für Alt-Ansprüche gilt § 288 BGB a.F. i.V.m. dem Übergangsrecht (vgl. Art. 229 § 7 EGBGB). Einen weiter gehenden Schaden (insb. Kreditaufnahme zu höheren Zinsen) kann der 28.3

---

132 Schiedsst. v. 31.01.1995 – Arb.Erf. 144/92, (unveröffentl.); zust. OLG München v. 16.08.2012 – 6 U 2572/11, (unveröffentl.) – Elektronische Funktionseinheit.
133 S. allg. Palandt/Grüneberg, BGB, § 286 Rn. 17.
134 Schiedsst. v. 14.03.1995 – Arb.Erf. 48/93; v. 23.03.1995 – Arb.Erf. 177/92, (beide unveröffentl.) u. v. 22.06.1995, Mitt. 1996, 220, 222 f. – *Bedienungseinrichtung*.
135 OLG München v. 16.08.2012 – 6 U 2572/11, (unveröffentl.) – Elektronische Funktionseinheit.
136 Schiedsst. v. 13.11.2001 – Arb.Erf. 76/99, (unveröffentl.).
137 OLG München v. 16.08.2012 – 6 U 2572/11, (unveröffentl.) – Elektronische Funktionseinheit; Schiedsst. v. 23.10.1989 – Arb.Erf. 109/88, (unveröffentl.).
138 Palandt/Grüneberg, BGB, § 288 Rn. 9.

Arbeitnehmer nach § 288 Abs. 4 BGB n.F. (§ 288 Abs. 2 BGB a.F.) geltend machen. Zinseszinsen können nicht verlangt werden (§ 289 BGB n.F./a.F.). Der Arbeitnehmer kann die Verzugszinsen nach § 288 Abs. 1 Satz 1 BGB aus der in Geld geschuldeten **Brutto**vergütung verlangen.[139]

28.4 Mit der h. M. schuldet der Arbeitgeber **ohne Verzug keine Zinsen**.[140] Auch wenn kein Verzug vorliegt, gehen demgegenüber *LG* und *OLG Düsseldorf*[141] davon aus, Zinsen i.H.v. 3,5 % über dem jeweiligen EZB-Basiszinssatz ab dem 1. Februar des Folgejahres zu berücksichtigen. Eine solche Verzinsungsregelung sei Bestandteil eines gedachten Lizenzvertrages, in dem die geschuldeten Lizenzgebühren nicht zeitnah, sondern mit erheblicher Verzögerung gezahlt werden und vernünftige Vertragsparteien diesem Vorteil des Lizenznehmers durch Vereinbarung einer angemessenen Verzinsung der geschuldeten Lizenzgebühren Rechnung trügen.[142] Dieser Überlegung, die der Rechtsprechung auf dem Gebiet der Schutzrechtsverletzung für die Schadensberechnung nach der Lizenzanalogie entnommen ist, kann nicht zugestimmt werden, da es eine

---

139 So zum Arbeitsentgelt BAG (GS) v. 07.03.2001, BB 2001, 2270.
140 Z. B. Schiedsst. v. 22.06.1995 Mitt. 1996, 220, 222 f. – Bedienungseinrichtung, v. 16.11.2004 – Arb.Erf. 1/00; u. v. 13.07.2004 – Arb.Erf. 12/03, (beide unveröffentl.); im Ergbn. ferner Schiedsst. v. 10.03.2016 – Arb.Erf. 23/12, (www.dpma.de); v. 11.04.2018 – Arb.Erf. 27/16, (vorg. f. www.dpma.de); Reimer/Schade/Schippel/Trimborn Rn. 36 zu § 12; Keukenschrijver in Busse/Keukenschrijver, PatG, Rn. 15 zu § 9 ArbEG u., wonach »Zinsen ... erst ab Verzugseintritt verlangt werden« können (s. auch dort Rn. 15 zu § 12 ArbEG; vgl. aber auch dort Rn. 32 zu § 9 ArbEG, wonach eine »Vergütungslizenz ... eine angemessene Verzinsung der rückständigen Lizenzbeträge« umfassen soll, und zwar – wie OLG Düsseldorf – im Zweifel 3,5 %-Punkte über dem EZB-Basiszinssatz ab 01.02. des Folgejahres).
141 Ständ. Rspr. z.B. OLG Düsseldorf v. 12.03.1998 – 2 U 199/93, (unveröffentl.); v. 04.03.2004, InstGE 4, 165, 182 f. – *Spulkopf II*; OLG Düsseldorf v. 20.12.2012 – I – 2 U 139/10, (juris, Rn. 73) – *Stahlbetontunnel* u. OLG Düsseldorf v. 09.10.2014 – I-2 U 15/13, (www.justiz.nrw.de, Rn. 400) – *Scharniereinrichtung* in Bestätigung von LG Düsseldorf v. 20.03.2013 – 4b O 295/10, (Düsseldf. Entsch. Nr. 2027) – *Scharniereinrichtung*; LG Düsseldorf, 14.07.1988, Mitt. 1990, 101 – *Dehnungsfugenabdeckprofil*; u. LG Düsseldorf v. 10.03.1998 – 4 O 329/95, (unveröffentl.); v. 13.10.1998, Entscheidungen 4. ZK 1998, 107, 113 – *Schaltungsanordnung*; v. 24.11.2013 – 4a O 52/06, (Düsseldf. Entsch. Nr. 2010) – Betonschutzwände II u. v. 03.11.2016 – 4c O 79/15, (www.justiz.nrw.de, Rn.160) – *Retardtablette*. Zust. Boemke/Kursawe/Engemann Rn. 76 zu § 12.
142 LG Düsseldorf v. 14.07.1988, Mitt. 1990, 101 – *Dehnungsfugenabdeckprofil*.

solche allgemeine Lizenzvertragspraxis nicht gibt und die Verzinsung nicht Bestandteil der Angemessenheit nach § 9, sondern Folge eines Verzuges ist.[143] Zur Zuständigkeit der Schiedsstelle für Ansprüche aus Verzug s. § 28 Rdn. 22.1 u. § 34 Rdn. 46.

Ob der Arbeitgeber ggü. einem fälligen Vergütungsanspruch ein **Zurückbehal-** 29 **tungsrecht** geltend machen kann, bestimmt sich nach § 273 BGB (vgl. zum Zurückbehaltungsrecht des Arbeitnehmers § 25 Rdn. 39). Soweit der Arbeitgeber einer Vergütungsforderung eigene Schadensersatzansprüche oder sonstige Geldforderungen entgegenhält, liegt in der Ausübung eines Zurückbehaltungsrechts regelmäßig eine Aufrechnungserklärung mit der Folge, dass die Forderungen, soweit sie sich decken, getilgt sind. Denkbar wäre ein Zurückbehaltungsrecht, wenn der Arbeitnehmer wesentliche Pflichten aus dem ArbEG nicht erfüllt, wie etwa die Pflicht zur Meldung anderer Diensterfindungen, zur Mitteilung freier Erfindungen oder Mitwirkungspflichten beim Erwerb oder der Aufrechterhaltung von Schutzrechtspositionen (§ 15 Abs. 2). Treu und Glauben verbieten es, ein Zurückbehaltungsrecht geltend zu machen, wenn dies unverhältnismäßig ist oder der Gegenanspruch des Arbeitgebers bereits anderweitig ausreichend gesichert ist (Rechtsgedanke aus § 320 Abs. 2 BGB).

Ggü. einem auf Vergütungsforderungen bezogenen **Auskunfts- bzw. Rech-** 30 **nungslegungsanspruch** kommt ein Zurückbehaltungsrecht nicht in Betracht. Der Arbeitnehmer bedarf der Auskunft, um sich über die ihm zustehenden Rechte klar zu werden; mit diesem Inhalt des Auskunfts- bzw. Rechnungslegungsanspruchs als einer Vorbereitung der endgültigen Auseinandersetzung über die Vergütung ist die Geltendmachung eines Zurückbehaltungsrechts nach dem Inhalt des gesetzlichen Schuldverhältnisses nicht vereinbar.[144] Dies gilt selbst dann, wenn der Arbeitgeber seinerseits Ansprüche auf Schadensersatz wegen möglicher Schutzrechtsverletzung durch den Arbeitnehmererfinder haben sollte.[145]

## D. Dauer des Vergütungsanspruchs

Obwohl erst die Erklärung der (unbeschränkten) Inanspruchnahme den Ver- 31 gütungsanspruch dem Grunde nach entstehen lässt (s.o. § 9 Rdn. 11 f.), und die Fälligkeit an die danach folgenden Verwertungshandlungen des Arbeitgebers anknüpft (§ 9 Rdn. 20), können (die Grenzen des § 24 beachtende) **Nut-**

---

143 Ablehnend auch Schiedsst. v. 10.03.2016 – Arb.Erf. 23/12, (www.dpma.de) u.v. 11.04.2018 – Arb.Erf. 27/16, (vorg. f. www.dpma.de).
144 BGH v. 25.02.1958, GRUR 1958, 334, 337 – *Mitteilungs- und Meldepflicht*.
145 OLG Hamburg v. 19.02.1981, EGR Nr. 31 zu § 12 ArbEG.

zungshandlungen des Arbeitgebers in der Zeit **vor Inanspruchnahme** nach der Rechtsprechung des *BGH* **vergütungspflichtig** sein (s. § 9 Rdn. 11).

32 Zu den Fällen der Weiternutzung durch den Arbeitgeber trotz unterbliebener Inanspruchnahme s.o. § 9 Rdn. 11.

33 Eine zeitliche Begrenzung des Vergütungsanspruchs ist im ArbEG nicht ausdrücklich festgelegt. Aus dem dem ArbEG zu Grunde liegenden Monopolprinzip (s. Einl. vor §§ 9 bis 12 Rdn. 9 f.) folgt, dass sich im Regelfall die Vergütungsdauer nach der **Laufzeit des Schutzrechts** (s. dazu § 13 Rdn. 14) bestimmt[146] (s.a. RL Nr. 42 u. § 12 Rn. 13.1 u. 17). Solange ein Schutzrecht besteht und verwertet wird (zur Verwertbarkeit s. § 9 Rdn. 82 ff.), ist grds. eine Erfindervergütung zu zahlen;[147] erlischt das Schutzrecht, so entfällt trotz weiterer Benutzung regelmäßig zugleich ein Vergütungsanspruch[148] (zur Situation paralleler Auslandsschutzrechte s. § 9 Rdn. 16; zur Schutzrechtsaufgabe s. aber § 16 Rdn. 24). Somit addiert sich die Zeitspanne zwischen Inanspruchnahme und Schutzrechtsanmeldung mit der tatsächlichen Schutzrechtsdauer zur **maximalen Vergütungsdauer.**[149]

Nur in besonders gelagerten und in der Praxis äußerst seltenen **Ausnahmefällen** kann die Zahlung einer Vergütung für einen darüber hinaus gehenden Zeitraum angemessen sein, insb. wenn eine faktische Monopolstellung und damit verbunden eine wirtschaftliche Vorzugsstellung für den Arbeitgeber erhalten bleiben[150] (Grundsatz der Angemessenheit). Insoweit sind die in **RL Nr. 42, Sätze 4–6** behandelten Ausnahmefälle Ausdruck und Konkretisierung

---

146 Allg. A. vgl. BGH v. 28.06.1962 – I ZR 28/61, GRUR 1963, 135, 138 – *Cromegal* u. BGH v. 15.05.1990 – X ZR 119/88, GRUR 1990, 667, 668 – *Einbettungsmasse*; LG Düsseldorf v. 26.03.2009 – 4a O 89/08, (unveröffentl.) u. v. 03.12.2013 – 4a O 13/12, (www.justiz.nrw.de, Rn. 30 ff.) – *Rohranfasgerät*; Schiedsst. v. 03.01.1979, BlPMZ 1983, 159 u. v. 12.11.2008 – Arb.Erf. 26/07, (Datenbank); s.a. Schiedsst. v. 19.01.1970, BlPMZ 1970, 426, 427; ebenso Keukenschrijver in Busse/Keukenschrijver, PatG, Rn. 16 zu § 9 ArbEG. So bereits Amtl. Begründung BT-Drucks. II/1648, S. 26 = BlPMZ 1957, 232 u. Ausschussber. zu BT-Drucks. II/3327, S. 5 = BlPMZ 1957, 251 f.
147 Schiedsst. v. 20.11.1967, BlPMZ 1969, 23, 25 l.Sp u. v. 28.03.2007 – Arb.Erf. 22/05, (unveröffentl.).
148 Schiedsst. v. 03.01.1979, BlPMZ 1983, 159 u. v. 12.11.2008 – Arb.Erf. 26/07, (Datenbank); OLG Düsseldorf v. 09.08.2007 – 2 U 44/06 – *Ummantelung von Stahlröhren I* (unveröffentl.).
149 Schiedsst. v. 21.03.1995 – Arb.Erf. 57/93, (unveröffentl.).
150 Amtl. Begründung BT-Drucks. II/1648, S. 27 = BlPMZ 1957, 233 u. Ausschussber. zu BT-Drucks. II/3327, S. 5 = BlPMZ 1957, 251 f.; Keukenschrijver in Busse/Keukenschrijver, PatG, Rn. 16 zu § 9 ArbEG.

### D. Dauer des Vergütungsanspruchs §9

des gesetzgeberischen Willens; daraus geht hervor, dass eine über die Laufdauer des Schutzrechts hinausgehende Vergütungspflicht als Durchbrechung des Monopolprinzips nur dann in Betracht kommen kann, wenn die Summe der bisherigen Leistungen noch keine angemessene Beteiligung des Arbeitnehmers am wirtschaftlichen Wert seiner Erfindung darstellt und ferner die Monopolstellung praktisch noch weiter fortbesteht[151] (vgl. RL Nr. 42 Satz 5; zur Schutzrechtsaufgabe s. aber § 16 Rdn. 24). S. i.Ü. KommRL Rn. 11 ff. zu RL Nr. 42. Zum Schutzrechtskomplex s. § 9 Rdn. 130; zum Schutzzertifikat für Arzneimittel und zu § 24b Arzneimittelgesetz s. § 12 Rdn. 141; zur Vererblichkeit s. § 1 Rdn. 149.

Bei einem **Sachpatent** genügt für die Vergütungspflicht selbstverständlich, dass noch während des Bestehens des Schutzrechts mit der Herstellung der erfindungsgemäßen Vorrichtung begonnen worden ist, auch wenn die Kaufpreiserlöse dem Arbeitgeber erst später zufließen.[152]

Der Vergütungsanspruch bleibt grds. bis zur Nichtigerklärung, Löschung bzw. **34** bis zum Widerruf des Schutzrechts oder bis zur rechtskräftigen Zurückweisung der Schutzrechtsanmeldung erhalten.[153]

**Ein Nichtigkeits- bzw. Löschungsverfahren** bringt den Vergütungsanspruch – trotz rückwirkender Kraft der Entscheidung – erst ab dem Zeitpunkt der Rechtskraft des Urteils, das die Vernichtung des Schutzrechts ausspricht, zum Wegfall.[154] Da der Arbeitgeber bis zu diesem Zeitpunkt die Vorteile der

---

151 Schiedsst. v. 23.02.1988, BlPMZ 1988, 293, 294 gg. Volmer/Gaul Rn. 1125 ff. zu § 9/RL Nr. 42; ebenso Schiedsst. v. 12.11.2008 – Arb.Erf. 26/07, (Datenbank); vgl. auch LG Düsseldorf v. 03.12.2013 – 4a O 13/12, (www.justiz.nrw.de, Rn. 30 f.) – Rohranfasgerät; Schiedsst. v. 03.01.1979, BlPMZ 1983, 159.
152 Schiedsst. v. 28.09.1993 (insoweit nicht in EGR Nr. 2 zu § 11 ArbEG/RL Nr. 42).
153 BGH v. 15.05.1990 – X ZR 119/88, GRUR 1990, 667, 668 – *Einbettungsmasse*.
154 BGH v. 23.06.1977, GRUR 1977, 784, 786 f. – *Blitzlichtgeräte* m. Anm. Müller-Börner = AP Nr. 3 zu § 9 ArbEG m. Anm. Volmer; v. 02.06.1987, GRUR 1987, 900, 902 – *Entwässerungsanlage* u. v. 15.05.1990, GRUR 1990, 667, 668 – Einbettungsmasse; LG Düsseldorf v. 13.10.1998, Entscheidungen 4. ZK. 1998, 107, 112 – *Schaltungsanordnung* u. v. 03.12.2009 – 4b O 213/08, (unveröffentl.); so auch ständ. Rspr. z. Lizenzvertrag, vgl. RG v. 21.11.1914, RGZ 86, 45, 53 ff., 56; BGH v. 12.04.1957, GRUR 1957, 595, 596 – *Verwandlungstisch*, v. 26.06.1969, GRUR 1969, 677, 678 – *Rüben-Verladeeinrichtung* m.w.N. u. v. 25.01.1983, GRUR 1983, 237 – *Brückenlegepanzer*; vgl. auch EuGH v. 07.07.2016 RIW 2016, 601 (Rn. 35 ff.) – Gentech./.Hoechst, Sanofi-Aventis. Im Anschl. an BGH wie hier Reimer/Schade/Schippel/Himmelmann Rn. 24 zu § 9 (s. aber auch dort Rn. 4 zu § 11/RL Nr. 43); Keukenschrijver in Busse/Keukenschrijver, PatG, Rn. 17 zu § 9 ArbEG.

Monopolstellung nutzen konnte, also eine tatsächliche Nutzungsmöglichkeit und günstigere Geschäftsstellung hatte,[155] bleibt er grds. bis zur Rechtskraft der Entscheidung zur Vergütung verpflichtet und kann die erbrachten Vergütungsleistungen gem. § 12 Abs. 6 Satz 2 nicht zurückfordern[156] (vgl. auch RL Nr. 43 Satz 1; s. KommRL Rn. 13 ff. zu RL Nr. 43, dort auch zur Teilnichtigkeit).

35 Der Arbeitgeber kann sich bei Zweifeln an der Schutzfähigkeit oder durch Einwand einer fehlenden Schutzfähigkeit seiner Vergütungspflicht nicht entziehen (s. § 9 Rdn. 14). Eine Ausnahme besteht nur dann, wenn eine (Fort-)Zahlung der Vergütung für ihn unzumutbar ist. Ausnahmsweise entfällt die Vergütungspflicht (ex nunc) bereits vor Ende bzw. Vernichtung des Schutzrechts, wenn dem Arbeitgeber infolge offenbar oder wahrscheinlich gewordener **Vernichtbarkeit des Schutzrechts** dessen wirtschaftliche Vorteile derart entzogen werden, dass ihm eine weitere **Vergütungszahlung** nach Treu und Glauben (§ 242 BGB) **nicht mehr zugemutet** werden kann;[157] dies gilt jedenfalls dann, wenn Wettbewerber, ohne eine Verletzungsklage fürchten zu müssen, nach dem Schutzrecht arbeiten[158] (vgl. **RL Nr. 43 Sätze 2, 3**), das Schutzrecht also wegen seiner offenbaren oder wahrscheinlichen Vernichtbarkeit von den Konkurrenten nicht mehr beachtet wird und dadurch die aufgrund des Ausschließungsrechts ggü. den Mitbewerbern erlangte Vorzugsstellung verloren

---

155 Schiedsst. v. 03.12.2009 – Arb.Erf. 16/08, (unveröffentl.).
156 BGH v. 23.06.1977, GRUR 1977, 784, 786 f. – *Blitzlichtgeräte* m. Anm. Müller-Börner = AP Nr. 3 zu § 9 ArbEG m. Anm. Volmer; v. 02.06.1987, GRUR 1987, 900, 902 – *Entwässerungsanlage* u. v. 15.05.1990, GRUR 1990, 667, 668 – *Einbettungsmasse*; s. auch Keukenschrijver in Busse/Keukenschrijver, PatG, Rn. 17 zu § 9 ArbEG.
157 BGH v. 23.06.1977, GRUR 1977, 784, 786 f. – *Blitzlichtgeräte* m. Anm. Müller-Börner = AP Nr. 3 zu § 9 ArbEG m. Anm. Volmer; bestätigt durch BGH v. 29.09.1987 – X ZR 44/86, GRUR 1988, 123, 124 – *Vinylpolymerisate* u. v. 15.05.1990, GRUR 1990, 667, 668 – *Einbettungsmasse*; BPatG 31.05.2012 – 2 Ni 1/11, (juris, Rn. 26); vgl. auch OLG Düsseldorf v. 20.10.2013 – I-2 U 63/12 – (www.justiz.nrw.de/nrwe, Rn. 161 = Düsseldf. Entsch. Nr. 2098) – *Kunststoffbeutel*; so auch ständ. Rspr. z. Lizenzvertrag: vgl. RG v. 21.11.1914, RGZ 86, 45, 53 ff. u. BGH v. 12.04.1957, GRUR 1957, 595, 596 – *Verwandlungstisch*; ausf. Bartenbach/Volz, Mitt. 1991, 46 ff.
158 BGH v. 23.06.1977, GRUR 1977, 784, 786 f. – *Blitzlichtgeräte* m. Anm. Müller-Börner = AP Nr. 3 zu § 9 ArbEG m. Anm. Volmer; v. 29.09.1987, GRUR 1988, 123, 124 – Vinylpolymerisate; LG Düsseldorf v. 13.10.1998 – X ZR 72/82, Entscheidungen 4. ZK. 1998, 107, 112 – *Schaltungsanordnung*; Schiedsst. v. 03.12.2009 – Arb.Erf. 16/08, (unveröffentl.).

geht.[159] Dann entfällt der Vergütungsanspruch des Arbeitnehmererfinders für die Zukunft bereits mit dem tatsächlichen Verlust der durch die Schutzrechtsposition zunächst begründeten Vorzugsstellung.[160] Im Allgemeinen entfällt auch eine Vergütungspflicht unter dem Aspekt des Vorratspatents, da bei offenbar gewordener Vernichtbarkeit eine Verwertbarkeit der Erfindung nicht zu erwarten ist.[161] I.Ü. vermag eine drohende Vernichtbarkeit allein den Wegfall der Zahlungsverpflichtung nicht zu begründen;[162] werden im Einzelfall von Dritten bestimmte Bedenken gegen die Schutzfähigkeit erhoben, kann dies aber die Höhe der Vergütung beeinflussen (vgl. RL Nr. 28),[163] etwa im Fall der bestandswahrenden Einräumung von Freilizenzen;[164] bei einer bestehenden Vergütungsregelung kommt eine Anpassung nach § 12 Abs. 6 in Betracht (s. § 12 Rdn. 117).

Ausf. zu den Ausnahmen KommRL Rn. 11 ff. zu RL Nr. 43. Zum Risikoabschlag bei anhängiger Nichtigkeitsklage s. Komm RL Rn. 22 f. zu RL Nr. 43; zum sog. **Nullfall** s.u. § 9 Rdn. 321 ff.; zur Vergütungsminderung bei Freilizenzen s. KommRL Rn. 48 ff. zu RL Nr. 43; zur Vergütung bei Abhängigkeit von älteren Schutzrechten s. § 12 Rdn. 72.2 und zum Risikoabschlag bei vorläufiger Vergütung s. § 12 Rdn. 68.3.

Dem endgültigen Wegfall eines Schutzrechts gleichzustellen ist die **rechtskräftige Schutzrechtsversagung** im Erteilungsverfahren; auch hier kann selbst aus dem Gesichtspunkt der Angemessenheit (s.u. § 9 Rdn. 69 ff.) keine Zahlung 36

---

159 BGH v. 15.05.1990 – X ZR 119/88, GRUR 1990, 667, 668 – *Einbettungsmasse*; s.a. BGH v. 06.02.2002 – X ZR 215/00, GRUR 2002, 609, 610 – *Drahtinjektionseinrichtung*.
160 BGH v. 15.05.1990 – X ZR 119/88, GRUR 1990, 667, 668 – *Einbettungsmasse*; folgend u. a. Schiedsst. v. 01.04.2015 – Arb.Erf. 49/11, (www.dpma.de); Keukenschrijver in Busse/Keukenschrijver, PatG, Rn. 17 zu § 9 ArbEG.
161 Schiedsst. v. 03.12.2009 – Arb.Erf. 16/08, (unveröffentl.).
162 BGH v. 23.06.1977, GRUR 1977, 784, 786 f. – *Blitzlichtgeräte* m. Anm. Müller-Börner = AP Nr. 3 zu § 9 ArbEG m. Anm. Volmer; so auch z. Lizenzvertrag BGH v. 28.06.1957, GRUR 1958, 175, 177 – *Wendemanschette*; Schiedsst. v. 08.12.2000 – Arb.Erf. 73/97, (unveröffentl.).
163 BGH v. 23.06.1977, GRUR 1977, 784, 786 f. – *Blitzlichtgeräte* m. Anm. Müller-Börner = AP Nr. 3 zu § 9 ArbEG m. Anm. Volmer.
164 Schiedsst. v. 10.08.1993 – Arb.Erf. 14/92, u. v. 03.03.1995 – Arb.Erf. 90/93, (beide unveröffentl.); v. 22.06.1995, Mitt. 1996, 220, 221 f. – *Bedienungseinrichtung*.

über den Zeitpunkt der Versagung hinaus beansprucht werden.[165] Bis zum Abschluss des Schutzrechtserteilungsverfahrens einschließlich eines Einspruchsverfahrens ist nach den Grundsätzen der höchstrichterlichen Rechtsprechung eine sog. vorläufige Vergütung zu zahlen (s. dazu § 12 Rdn. 64 ff.).

Zur Rückforderung bereits gezahlter Vergütungen s. § 12 Rdn. 154 ff.

37 I.Ü. gelten für das **Erlöschen** des Vergütungsanspruchs die allgemeinen zivilrechtlichen Grundsätze; danach erlischt der Anspruch insb. infolge vollständigen Bewirkens der Vergütungsleistungen (Erfüllung, §§ 362 ff. BGB, s. dazu § 16 Rdn. 18 ff.), durch Hinterlegung (§§ 372 ff. BGB), Aufrechnung (§§ 387 ff. BGB, beachte § 394); zur Pauschalvergütung s. § 23 Rdn. 21 ff.; zur Ausgleichsquittung bei Ausscheiden des Arbeitnehmers s. § 26 Rdn. 56 ff.). Erlöschensgrund ist ebenfalls die vollständige Befriedigung im Wege der Zwangsvollstreckung (vgl. §§ 815, 819 ZPO).

Der Vergütungsanspruch entfällt ferner durch (formlosen) **Erlassvertrag** (§ 397 BGB). Ein solcher ist allerdings gem. § 22 ArbEG erst nach Meldung (§ 5 ArbEG) und unter Beachtung des § 23 ArbEG wirksam. An dessen Nachweis sind strenge Anforderungen zu stellen.[166] Zum Verzicht s. im Übrigen § 23 Rdn. 21, zum Verzicht auf den Anpassungsanspruch s. § 12 Rdn. 96.1; zum Verzicht auf Schutzrechtsanmeldung und Vergütung s. § 13 Rdn. 33.

38 Die obigen Grundsätze zur Vergütung – auch zum Entstehen sowie zu deren Fälligkeit und Wegfall bei Unzumutbarkeit – gelten gleichfalls bei **Gebrauchsmustern**.[167] Sie gelten ferner entsprechend bei **betriebsgeheimen Erfindungen** (s. § 17 Rdn. 69). Zur Anpassung einer Vergütungsregelung wegen **veränderter Umstände** s. § 9 Rdn. 143.

---

165 OLG Düsseldorf v. 11.01.1974, EGR Nr. 35 zu § 9 ArbEG (VergHöhe) – *Gleichrichter II* m. zust. Anm. Gaul/Bartenbach; vgl. auch Schiedsst. v. 27.04.1967, Mitt. 1967, 218, 219 m. Anm. Schade; BGH v. 20.11.1962 – I ZR 40/61, GRUR 1963, 315, 317 r.Sp. – *Pauschalabfindung* g u. BGH v. 15.05.1990 – X ZR 119/88, GRUR 1990, 667, 668 – *Einbettungsmasse*.
166 Ebenso LG Düsseldorf v. 26.03.2009 – 4a O 89/08, (unveröffentl.); Schiedsst. ZB. v. 12.05.2016 – Arb.Erf. 41/13, (www.dpma.de = Mitt. 2017, 370, dort nur LS. 2); Volmer/Gaul Rn. 321 ff. zu § 12; vgl. auch Schiedsst. v. 01.12.1996, EGR Nr. 6 zu § 10 ArbEG
167 Im Ergebn. wohl allg. A., z. B. Schiedsst. v. 09.10.2012 – Arb.Erf. 39/11, (www.dpma.de).

## E. Verjährung, Verwirkung des Vergütungsanspruchs, Ausschlussfristen

## I. Verjährung

### 1. Die aktuellen Verjährungsvorschriften

Die Verjährung des Anspruchs des Arbeitnehmers auf Zahlung einer Vergütung für die Diensterfindung ist im ArbEG nicht geregelt; sie richtet sich damit ausschließlich[168] nach den allgemeinen **Verjährungsregelungen des BGB**.[169] Die Anwendung der §§ 194 ff. BGB – einschließlich der regelmäßigen Verjährung – auf die Ansprüche aus dem ArbEG ist gerechtfertigt. Dies entspricht nicht nur der allgemeinen Auffassung zu dem vor 2002 geltenden alten Recht;[170] sondern dies zeigen auch die unmittelbare Einbeziehung aller arbeitsrechtlichen Ansprüche (ausgenommen § 18a BetrAVG) sowie die Verweisungen in Bestimmungen des gewerblichen Rechtsschutzes (vgl. u.a. §§ 141 PatG, 24c GebrMG, 20 MarkenG, 102 UrhG, 9 Abs. 3 HalbleiterschutzG). Das aktuelle Verjährungsrecht erfasst uneingeschränkt **alle nach dem 31.12.2001 entstandenen, d.h. fälligen Vergütungsansprüche**.[171] Soweit Diensterfindungen bereits vor 2002 fertiggestellt worden sind, kann nach dem Übergangsrecht des Art. 229 § 6 EGBGB das frühere, bis Ende 2001 geltende Recht (nachfolgend: BGB a.F.) über 2002 hinaus zur Anwendung kommen, soweit die Ansprüche noch bestehen und nicht verjährt sein sollten (s. dazu § 9 Rdn. 45).

39

Wie jedes Recht, von einem anderen ein Tun oder Unterlassen zu verlangen, unterliegt auch die Erfindervergütung der Verjährung nach **§ 194 Abs. 1**

40

---

168 Vgl. Schiedsst. v. 11.12.2014 Arb.Erf. 31/10, (www.dpma.de), wonach die Fristenregelung in § 23 Abs. 2 ArbEG die zivilrechtliche Verjährung eines Vergütungsanspruchs unberührt lässt.
169 Allg. A., z.B. OLG Düsseldorf v. 15.03.2007 – 2 U 108/05, InstGE 7, 210 – *Türbänder*; LG Düsseldorf v. 03.12.2013 – 4a O 13/12 – (www.justiz.nrw.de/nrwe, Rn. 39 ff. = Düsseldf. Entsch. Nr. 2144) – *Rohranfasgeräte*; Schiedsst. v. 03.07.2015, Mitt. 2016, 277, 278 u. ZB. v. 12.05.2016 – Arb.Erf. 41/13, (www.dpma.de); Trimborn, Mitt. 2011, 209 ff.; vgl. auch BGH v. 26.11.2013 – X ZR 3/13, GRUR 2014, 357 (Rn. 12 ff.) – *Profilstrangpressverfahren*.
170 Zu §§ 194 ff. BGB a.F. z.B. BGH v. 23.06.1977, GRUR 1977, 784, 786 – *Blitzlichtgeräte* m. Anm. Müller-Börner = AP Nr. 3 zu § 9 ArbEG m.Anm. Volmer; v. 25.11.1980, GRUR 1981, 263, 265 – *Drehschiebeschalter*; OLG Düsseldorf v. 29.03.1957, DB 1957, 555; vgl. auch BGH v. 21.06.1979 – X ZR 2/78, GRUR 1979, 800, 802 f. – *Mehrzweckfrachter*; Schiedsst. v. 04.08.1986, BlPMZ 1987, 207; Reimer/Schade/Schippel/Himmelmann Rn. 25 zu § 9; Volmer/Gaul Rn. 345 zu § 12.
171 Bartenbach/Volz, Praxisleitfaden, Rn. 218; ferner Trimborn, Mitt. 2011, 209.

**BGB.** Dafür gilt im Grundsatz die – gesetzliche und vertragliche Ansprüche gleichermaßen umfassende[172] – **regelmäßige Verjährungsfrist von 3 Jahren** gem. **§ 195 BGB.** Damit gilt jedenfalls für alle Vergütungsansprüche, die nach dem 31.12.2001 entstanden sind bzw. entstehen, also nach dem 31.12.2001 fällig geworden sind bzw. fällig werden, die regelmäßige Verjährungsfrist von drei Jahren gemäß § 195 BGB mit der subjektiven Anknüpfung des Verjährungsbeginns nach § 199 Abs. 1 BGB.[173] Dabei ist es ohne Belang, ob der Vergütungsanspruch auf Inanspruchnahme (§§ 9, 10 a.F., 42 Nr. 4 ArbEG), auf vertraglicher Überleitung (s. dazu vor §§ 9 bis 12 Rdn. 12 ff.) oder auf einem vorbehaltenen Benutzungsrecht (§ 14 Abs. 3, § 16 Abs. 3, § 19 Abs. 1 ArbEG) beruht, ferner ob der Anspruch nach § 12 ArbEG vereinbart oder festgesetzt worden ist und schließlich, ob Anspruchsinhaber Arbeitnehmer im privaten oder öffentlichen Dienst, Beamte oder Soldaten sind. Zur Verjährung des Anpassungsanspruchs aus § 12 Abs. 6 ArbEG s. § 12 Rdn. 96.2.

Der regelmäßigen Verjährung unterliegen grds. auch die Zahlungsansprüche des Erfinders aus dem Gesichtspunkt der Pflichtverletzung (§ 280 Abs. 1 BGB), der ungerechtfertigten Bereicherung (§§ 812 ff. BGB, s. aber § 852 BGB) und der unerlaubten Handlung (§§ 823 ff. BGB), allerdings insb. mit den sich aus § 199 Abs. 3, §§ 202 ff. BGB ergebenden Besonderheiten. Zur Verjährung des Vergütungsanpassungsanspruchs s. § 12 Rdn. 96.2, zur Verjährung bei Unbilligkeit i.S.d. § 23 s. § 23 Rdn. 29, 37.

Da hier der Verjährungsbeginn auch von subjektiven Voraussetzungen abhängt (Kenntniserlangung, s. § 9 Rdn. 40.3), handelt es sich um eine relative Frist, sodass den **Verjährungshöchstfristen** – insb. der 10-Jahres-Höchstfrist nach § 199 Abs. 4 BGB – besondere Bedeutung zukommt (s. § 9 Rdn. 41).

40.1 **Beginn der regelmäßigen Verjährung** von drei Jahren (§ 195 BGB) ist nach § 199 Abs. 1 BGB der Schluss des Kalenderjahres, in dem der Anspruch entstanden ist und in dem der Arbeitnehmer (Gläubiger) zugleich von den den Anspruch begründenden Umständen und der Person des Schuldners (Arbeitgebers) Kenntnis erlangt oder ohne grobe Fahrlässigkeit erlangen müsste.[174] Nach **Ablauf von 3 Jahren** tritt die Verjährung ein (Fristablauf gem. § 188

---

172 S. allg. Amtl. Begründung zum SchuldRModG S. 103 f. (zu § 195 BGB-E).
173 Vgl. etwa BGH v. 26.11.2013 – X ZR 3/13, GRUR 2014, 357 (Rn. 31) – *Profilstrangpressverfahren*; OLG Düsseldorf v. 09.08.2007- 2 U 41/06 – (juris, Rn. 177); LG Düsseldorf v. 03.12.2013 – 4a O 13/12 – (www.justiz.nrw.de/nrwe, Rn. 39 ff. = Düsseldf. Entsch. Nr. 2144) – Rohranfasgeräte; Schiedsst. v. 03.07.2015 Arb.Erf. 18/13 (www.dpma.de = Mitt. 2016, 277, 278); s. ferner Trimborn, Mitt. 2011, 209 ff.
174 Vergütungsrechtlich ausf. Trimborn, Mitt. 2011, 209, 210 ff.

Abs. 2 BGB, z.B. Beginn am 31.12.2020 24.00 Uhr/Ende am 31.12.2023 24.00 Uhr; zur Ausnahme bei Hemmung, Neueintritt usw. s. § 9 Rdn. 43). Bei **Erben** des Arbeitnehmererfinders kommt es vorrangig auf die Kenntnis des Verstorbenen an und – sofern eine solche fehlt – auf deren eigene Kenntnis.[175]

**40.2** Für das **Entstehen des Anspruchs** (§ 199 Abs. 1 Nr. 1 BGB) gelten die bereits zu § 198 BGB a.F. aufgestellten Grundsätze.[176] Das Entstehen setzt grds. die Fälligkeit des Anspruchs voraus.[177] Die **Fälligkeit** des Vergütungsanspruchs bestimmt sich nach der getroffenen Vergütungsregelung i.S.d. § 12, ansonsten nach § 271 BGB (s. dazu § 9 Rdn. 20 ff.). Somit entsteht **bei fehlender Fälligkeitsabrede** der Vergütungsanspruch der Höhe nach gem. § 199 Abs. 1 Nr. 1 BGB regelmäßig mit seiner Fälligkeit nachschüssig zum abgelaufenen Geschäftsjahr[178] (s. § 9 Rdn. 24). Dementsprechend stellt die *Schiedsstelle* für den Beginn der Verjährungsfrist für einen Zahlungsanspruch auf den Zeitraum von 6 Monaten nach Ablauf des Geschäftsjahres ab,[179] während das *OLG Düsseldorf* wohl von 2 Monaten nach Jahresablauf ausgeht.[180]

**40.3** Zusätzliche subjektive Voraussetzung ist – im Unterschied zum früheren Recht – die Kenntnis oder die grob fahrlässige Unkenntnis der **anspruchsbegründenden Umstände**, also der Umstände, auf denen der Vergütungsanspruch beruht (§ 199 Abs. 1 Nr. 2 BGB). Erfasst werden alle Elemente des materiellrechtlichen Anspruchs, deren Vorliegen Voraussetzung für eine zusprechende gerichtliche Entscheidung ist.[181] Die anspruchsbegründenden Umstände erstrecken sich u. E. auf die für Grundlage und Entstehen (Fällig-

---

175 Vgl. BGH Beschl. v. 28.02.2017 GRUR-RR 2017, 185 (Rn. 26) – *Derrick*, dort zu § 32a UrhG.
176 Beschlussempfehlung BT-Rechtsausschuss in BT-Drucks. 14/7052, S. 180 (zu § 199 BGB-E).
177 Vgl. Beschlussempfehlung BT-Rechtsausschuss in BT-Drucks. 14/7052, S. 180 (zu § 199 BGB-E); s.a. Amtl. Begründung zum SchuldRModG S. 108 (zu § 199 BGB-E) m.H.a. BGHZ 53, 222, 225 und BGHZ 55, 340, 341; Palandt/Grüneberg, BGB, § 199 Rn. 3 m.H.a. u.a. BGH, ZIP 2008, 1762 [Rn. 17]; Schiedsst. v. 13.06.2007 – Arb.Erf. 56/05, (unveröffentl.); v. 03.04.2008 – Arb.Erf. 46/06; v. 13.01.2009 – Arb.Erf. 19/06, (beide Datenbank) u. v. 01.12.2009 – Arb.Erf. 48/08, (unveröffentl.).
178 Schiedsst. v. 04.05.2015 – Arb.Erf. 64/13, (www.dpma.de); v. 03.07.2015, Mitt. 2016, 277, 278; vgl. auch OGH (Wien) v. 02.02.2005 – 9 ObA 7/04a, (www.ris.bka.gv.at); ferner Schiedsst. v. 25.04.2016, Mitt. 2016, 230, 234 u. ZB. v. 12.05.2016 – Arb.Erf. 41/13, (www.dpma.de).
179 Schiedsst. ZB. v. 12.05.2016 – Arb.Erf. 41/13, (www.dpma.de).
180 S. OLG Düsseldorf v. 28.02.2014- 2 U 109/11, (juris, Rn. 118)) – Technischer Geschäftsführer, dort für den erfinderrechtl. Auskunftsanspruch.
181 So AnwKomm-BGB-Mansel § 198 BGB Rn. 31.

keit) des Vergütungsanspruchs relevanten Tatsachen[182], also Erfinder-/Miterfindereigenschaft, Charakter als Diensterfindung bzw. freie Erfindung (§ 4 ArbEG), erfolgte Inanspruchnahme (§ 6 n.F./a.F. i.V.m §§ 9, 10 a.F. ArbEG); sonstige Rechtsüberleitung oder sonst wie vorbehaltenes Benutzungsrecht (§ 16 Abs. 3, § 19 Abs. 1 ArbEG; s. vor §§ 9 bis 12 Rdn. 12 ff.) sowie die Tatsache der Verwertung der Erfindung durch den Arbeitgeber bzw. – als Ausnahme – deren Verwertbarkeit.[183]

Die nach § 199 Abs. 1 Nr. 2 BGB für die dreijährige Verjährung erforderlichen subjektiven Voraussetzungen umfassen **nicht alle Einzelheiten** zu Art, Umfang und exakter Höhe des jeweiligen Vergütungsanspruchs.[184] Die anspruchsbegründenden Tatsachen müssen also, wenn auch nicht im Detail, so doch zumindest in den wesentlichen Grundzügen bzw. Grunddaten bekannt sein.[185] Die Möglichkeit, dass der Arbeitnehmer aufgrund der ihm bekannten oder erkennbaren Tatsachen eine einigermaßen aussichtsreiche Feststellungs- oder Stufenklage – erheben kann, ist ausreichend (s. § 12 Rdn. 40.4).

Die nach § 199 Abs. 1 BGB erforderliche Kenntnis des Arbeitnehmers umfasst bei der **Vergütung für benutzte Diensterfindungen** also neben seiner Erfinder-/Miterfindereigenschaft, dem Diensterfindungscharakter und der (ausdrücklichen oder fiktiven) Inanspruchnahme nur die Tatsache der Verwertung

---

182 Folgend LG Düsseldorf v. 03.12.2013 – 4a O 13/12, (www.justiz.nrw.de/nrwe, Rn. 47 = Düsseldf. Entsch. Nr. 2144) – Rohranfasgeräte; Schiedsst. v. 04.05.2015 – Arb.Erf. 64/13, (www.dpma.de); v. 03.07.2015, Mitt. 2016, 277, 278.
183 Ebenso Schiedsst. v. 03.04.2008 – Arb.Erf. 46/06, v. 13.01.2009 – Arb.Erf. 19/06 (beide Datenbank); v. 01.12.2009 – Arb.Erf. 48/08; v. 08.10.2009 – Arb.Erf. 50/08 (alle unveröffentl.); v. 17.06.2010 – Arb.Erf. 14/09, (insoweit nicht in www.dpma.de); v. 02.02.2011 – Arb.Erf. 8/07, (unveröffentl.).
184 Ebenso LG Düsseldorf v. 03.12.2013 – 4a O 13/12, (www.justiz.nrw.de/nrwe, Rn. 46 = Düsseldf. Entsch. Nr. 2144) – Rohranfasgeräte; folgend ständ. Praxis Schiedsst., z. B. v. 11.12.2014 – Arb.Erf. 31/10; v. 04.05.2015 – Arb.Erf. 64/13, (beide www.dpma.de) u. v. 03.07.2015, Mitt. 2016, 277, 278.
185 LG Düsseldorf v. 03.12.2013 – 4a O 13/12, (www.justiz.nrw.de/nrwe, Rn. 47 = Düsseldf. Entsch. Nr. 2144) – Rohranfasgeräte; folgend ebenso Schiedsst. v. 03.07.2015, Mitt. 2016, 277, 278; ZB. v. 12.05.2016 – Arb.Erf. 41/13, (www.dpma.de).

der Erfindung durch den Arbeitgeber.[186] Die Kenntnis näherer Einzelheiten zur Nutzung und deren Umfang ist nicht erforderlich, da der Arbeitnehmer solche über seinen Auskunfts- und ggf. Rechnungslegungsanspruch erfahren kann (s. dazu § 12 Rdn. 162 ff.). Gerade die allgemein anerkannte Möglichkeit des Auskunftsanspruchs zeigt, dass der Arbeitnehmer u. E. lediglich von der Tatsache einer Verwertung seiner Erfindung Kenntnis haben muss, nicht aber von deren Umfang. Das *OLG Frankfurt*[187] lässt es sogar ausreichen, wenn der Arbeitnehmererfinder Kenntnis von der Inanspruchnahme der Diensterfindung und ihrer Schutzrechtsanmeldung hat, da dem Arbeitnehmer ab diesem Zeitpunkt klar sein müsse, dass die Erfindung genutzt werden soll und mit der baldigen Nutzungsaufnahme zu rechnen sei; ob dem Erfinder z. B. auch die Rechtslage in Bezug auf die Erstreckung von Vergütungsansprüchen auf Nutzungen durch Konzerngesellschaften klar gewesen sei, sei unmaßgeblich.

Bei (nicht benutzten) **Vorratspatenten** muss dem Arbeitnehmer deren Aufrechterhaltung bekannt sein.[188]

Bei **Ansprüchen auf Grund einer Vergütungsregelung** bezieht sich die Kenntnis auf Tatsache und Inhalt einer Vergütungsregelung i.S.d. § 12 ArbEG (vgl. auch § 39 Abs. 2 ArbEG), beim **Anpassungsanspruch** aus § 12 Abs. 6 auf die eine Vergütungsanpassung rechtfertigenden Umstände sowie für (ergänzende) Vergütungsansprüche wegen geltend gemachter **Unwirksamkeit** nach § 23 ArbEG auf die diese begründenden Umstände (s. § 23 Rdn. 37; zum Auskunftsanspruch s. § 12 Rdn. 306, 323).

Bezüglich der subjektiven Voraussetzungen ist allerdings danach zu unterscheiden, ob und inwieweit den Arbeitnehmererfinder die **Darlegungs- und Beweislast** für diese anspruchsbegründenden Umstände trifft (s. dazu § 9 Rdn. 299 f.), also z.B. für die Erfindereigenschaft, den Umfang des Miterfinderanteils und die Kriterien des Anteilsfaktors. Für diese in der Sphäre des

---

186 Vgl. LG Düsseldorf v. 03.12.2013 – 4a O 13/12, (www.justiz.nrw.de/nrwe, Rn. 47, 50 = Düsseldf. Entsch. Nr. 2144) – Rohranfasgeräte; Schiedsst. v. 11.12.2014 – Arb.Erf. 31/10 (www.dpma.de); ZB. v. 26.02.2015 – Arb.Erf. 51/12; v. 04.05.2015 – Arb.Erf. 64/13 (alle www.dpma.de); v. 03.07.2015, Mitt. 2016, 277, 278; ZB. v. 12.05.2016 – Arb.Erf. 41/13; EV. v. 04.08.2017 – 21/13, (beide www.dpma.de). Ähnl. zum Auskunftsanspr. OLG Düsseldorf v. 28.02.2014 – 2 U 110/11, (juris, Rn. 118) – Technischer Geschäftsführer; überholt OLG Düsseldorf v. 15.03.2007 – 2 U 108/05, InstGE 7, 210, (juris, Rn. 32), zust. Trimborn, Mitt. 2011, 209, 210 ff.
187 Urteil v. 07.12.2017 – 6 U 205/16, Mitt. 2018, 91 (LS) = BeckRS 2017, 138234.
188 Schiedsst. v. 12.06.2008 – Arb.Erf. 23/06, u. v. 03.04.2008 – Arb.Erf. 46/06, (beide Datenbank); vgl. auch Trimborn Mitt. 2010, 461, 467 f.

Arbeitnehmers liegenden Tatsachen ist regelmäßig von der Kenntnis des Arbeitnehmers auszugehen.

Ebenfalls von den subjektiven Merkmalen umfasst ist die Person des **Schuldners** des Vergütungsanspruchs; das ist grds. der Arbeitgeber bzw. – bei Beamten/Soldaten – der Dienstherr (s. dazu § 9 Rdn. 4 ff.; zur Insolvenz vgl. § 27 ArbEG).

40.4 **Kenntnis** bedeutet das positive Wissen. Dem steht die **grob fahrlässige Unkenntnis** (Kennenmüssen) gleich. Vorausgesetzt wird ein objektiv schwerer und subjektiv unentschuldbarer Verstoß gegen die im Verkehr erforderliche Sorgfalt und damit ein schwerer Obliegenheitsverstoß in der eigenen Anspruchsverfolgung.[189] Dieser liegt vor, wenn dem Arbeitnehmer die Kenntnis fehlt, weil er die im Verkehr erforderliche Sorgfalt in ungewöhnlich grobem Maße verletzt hat, ganz naheliegende Überlegungen nicht angestellt oder dasjenige beiseite geschoben oder unbeachtet gelassen hat, was im gegebenen Fall jedem hätte einleuchten müssen.[190] Das gilt etwa, wenn der Gläubiger leicht zugängliche Informationsquellen bzw. auf der Hand liegende Erkenntnismöglichkeiten nicht nutzt,[191] z. B. Recherchen zur Benutzung im Internet[192] bzw. im ihm befugterweise zugänglichen unternehmensinternen Intranet oder als Patentreferent Recherchen zur Schutzrechtslage[193]. So kann bei Arbeitnehmern, die auf Grund ihrer Tätigkeit über vertiefte Erfahrungen im Patent- und Erfindungswesen verfügen, eine Unkenntnis den Vorwurf der groben Fahrlässigkeit begründen.[194] Gleiches gilt, wenn Arbeitnehmer auf Grund

---

189 BGH v. 16.06.2016, WRP 2016, 1517 (Rn. 28) – *Geburtstagskarawane* m. H. a. Urt. v. 10.05.2012, GRUR 2012, 1248 (Rn. 23) – *Fluch der Karibik*, beide zum UrhG.
190 Vgl. zum UrhG BGH v. 16.06.2016, WRP 2016, 1517 (Rn. 28) – *Geburtstagskarawane* u. v. 10.05.2012, GRUR 2012, 1248 (Rn. 23) – *Fluch der Karibik*.
191 Palandt/Ellenberger, BGB, § 199 Rn. 40 m.H.a. BGH WM 2010, 1493 (Rn. 28); ferner allg. OLG Saarbrücken, NZG 2008, 638, 640 u. OLG Köln, BauR 2008, 526, 528.
192 S. dazu allg. BGH v. 17.11.2009, GRUR 2010, 223 (Rn. 18) – *Türinnenverstärkung*, wonach gerade die verbesserten und vereinfachten Informationsmöglichkeiten durch die elektronischen Medien ein wesentliches Argument für die Ablehnung einer erfinderrechtl. Gewinnauskunft des ArbN waren.
193 Vgl. Schiedsst. v. 04.05.2015 – Arb.Erf. 64/13, (www.dpma.de). S. auch Schiedsst. v. 03.07.2015 – Arb.Erf. 18/13 (www.dpma.de), dort Kenntnismöglichkeiten als Entwicklungsleiter.
194 Vgl. etwa Schiedsst. v. 04.05.2015 – Arb.Erf. 64/13, (www.dpma.de), dort für einen Patentreferenten.

ihrer Funktion oder einer herausgehobenen Position sich unschwer die relevanten Tatsachen eigeninitiativ verschaffen können.

Es genügt, wenn der Gläubiger aufgrund der ihm bekannten oder erkennbaren Tatsachen eine einigermaßen bzw. hinreichend aussichtsreiche, wenn auch nicht risikolose Klage – zumindest eine **Feststellungs- oder Stufenklage – erheben kann.**[195]

Strittig ist, ob eine grob fahrlässige Unkenntnis des Arbeitnehmers auch bereits durch die ungenutzte rechtliche Möglichkeit eines **Auskunftsanspruchs** (s. hierzu § 12 Rdn. 162 ff.) begründet werden kann. Erfordert – wie regelmäßig – die Geltendmachung des Auskunftsanspruchs weder besondere Kosten noch hohen Aufwand, so kann ein Unterlassen u. E. eine grob fahrlässige Unkenntnis begründen.[196] So wird die Geltendmachung der Auskunft jedenfalls dann eine Obliegenheit des Arbeitnehmers darstellen, wenn ihm eine Erfindungsverwertung (positiv) bekannt ist. Gleiches gilt, wenn der Arbeitgeber Informationen über Verwertungshandlungen gegeben bzw. angeboten hat.[197] Zur selbständigen Verjährung des Auskunftsanspruchs s. § 12 Rdn. 306 ff.

**Anhaltspunkte für ein grob fahrlässiges Verhalten** könnten i.Ü. gegeben sein, wenn der Arbeitnehmer einer begründeten Vergütungsfestsetzung widerspricht (§ 12 Abs. 4 ArbEG), seine Vergütungsansprüche aber nicht weiterverfolgt. Ähnliches kann bei Widerspruch gegen einen Einigungsvorschlag (§ 34 Abs. 3 ArbEG) gelten oder wenn ein mit der Verwertung seiner Erfindung vertrauter Mitarbeiter bzw. ein Angehöriger der Patentabteilung längere Zeit untätig zuwartet, obschon ihm weitere relevante Tatsachen zugänglich wären.

---

195 Ähnl. OLG Düsseldorf v. 28.02.2014 – 2 U 110/11, (juris, Rn. 118) – Technischer Geschäftsführer m. H. a. BGH v. 25.04.2012, GRUR 2012, 1279 (Rn. 53) – Das große Rätselheft; wie hier auch LG Düsseldorf v. 03.12.2013 – 4a O 13/12, (www.justiz.nrw.de/nrwe, Rn. 48 = Düsseldf. Entsch. Nr. 2144) – Rohranfasgeräte; im Grundsatz ebenso ständ. Praxis d. Schiedsst., z. B. v. 11.12.2014 – Arb.Erf. 31/10; ZB. v. 26.02.2015 – Arb.Erf. 51/12; EV v. 04.05.2015 – Arb.Erf. 64/13, (alle www.dpma.de); vgl. ferner BGH vom 10.05.2012, GRUR 2012, 1248 (Rn. 30) – *Fluch der Karibik*, dort zum urheberrechtl. Vergütungsanpassungsanspruch. S. allg. BGH v. 03.06.2008, NJW 2008, 2576 (Rn. 28); Palandt/Ellenberger, BGB, § 199 Rn. 28 m.w.N. Mit der BGH-Rspr. zum UrhR überholt OLG Düsseldorf v. 15.03.2007 – 2 U 108/05, InstGE 7, 210 u. LG Düsseldorf v. 26.03.2009 – 4a O 89/08, Betonfließmittel, zit. m. jeweils zust. Hinweis v. Trimborn, Mitt. 2011, 209, 210 ff. An der einschränkenderen Auffassung in der 5. Vorauflage wird auf Grund der neueren Rspr. nicht festgehalten.
196 Abw. wohl Trimborn, Mitt. 2011, 209, 211 ff.
197 Zutr. Trimborn, Mitt. 2011, 209, 212.

Im Einzelfall kann hier auch von einer positiven Kenntnis der den Anspruch begründenden Umstände ausgegangen werden.

Nach der Rechtsprechung ändert eine **Rechtsunkenntnis** an einer groben Fahrlässigkeit regelmäßig nichts. Auf eine zutreffende rechtliche Würdigung kommt es grundsätzlich nicht an,[198] auch wenn manche dies angesichts der rechtlichen Komplexität des ArbEG im Einzelfall zu relativieren versuchen. Insbesondere kommt es nicht auf eine Kenntnis des Arbeitnehmers über die Regeln des Arbeitnehmererfindungsrechts an.[199] Ausnahmsweise kann eine Rechtsunkenntnis den Verjährungsbeginn wegen Unzumutbarkeit einer Klageerhebung dann hinausschieben, wenn eine unsichere und zweifelhafte Rechtslage vorliegt, die selbst ein rechtskundiger Dritter nicht zuverlässig einzuschätzen vermag.[200] Alleine eine – wie beim ArbEG – oftmals schwierige und komplexe Rechtsthematik reicht dafür nicht aus. Weder divergierende Rechtsauffassungen noch ausstehende höchstrichterliche Klärungen begründen bereits eine zweifelhafte Rechtslage.[201] Gleiches gilt für den unbestimmten Rechtsbegriff der Angemessenheit der Vergütung, da dessen Ausfüllungsbedürftigkeit ebenso wie die volle gerichtliche Überprüfbarkeit in dessen Rechtsnatur liegt (s. § 9 Rdn. 71), zumal insbesondere durch die amtlichen RLn. 1959 und die allgemein zugängliche Gerichts- und Schiedsstellenpraxis konkrete Anhaltspunkte zur Verfügung stehen. Dementsprechend ist eine solche Ausnahme für den Bereich des ArbEG – soweit ersichtlich – bislang noch nicht von der Rechtsprechung anerkannt worden. Ausnahmsweise bei zuvor nicht einzuschätzender Änderung der höchstrichterlichen Rechtsprechung hält der *BGH* eine Unzumutbarkeit der Klageerhebung für begründet.[202]

**40.5** **Im Ergebnis** bedeutet dies nach der hier vertretenen Auffassung für den Beginn der regelmäßigen, dreijährigen Verjährungsfrist bei **Fehlen einer entsprechenden Vergütungsregelung** i.S.d. § 12:

---

198 Z. B. LG Düsseldorf v. 03.12.2013 – 4a O 13/12 – (www.justiz.nrw.de/nrwe, Rn. 46 = Düsseldf. Entsch. Nr. 2144) – Rohranfasgeräte. Vgl. zu § 852 BGB a.F., der als Vorbild vom Gesetzgeber herangezogen worden ist (Amtl. Begründung zum SchuldRModG S. 108), u.a. BGH v. 17.10.1995, NJW 1996, 117, 118; vgl. aber auch BGH v. 06.11.1973, DB 1974, 427 f.
199 Schiedsst. v. 03.04.2008 – Arb.Erf. 46/06, (Datenbank).
200 Ständ. Rspr., z. B. BGH v. 16.06.2016, WRP 2016, 1517 (Rn. 42) – Geburtstagskarawane.
201 Vgl. auch LG Bonn v. 14.05.2008 – 5 S 58/07, (juris, Rn. 15).
202 So zum UrhG bei BGH v. 16.06.2016, WRP 2016, 1517 (Rn. 44 f.) – Geburtstagskarawane.

## E. Verjährung, Verwirkung des Vergütungsanspruchs, Ausschlussfristen § 9

– Da bei **Benutzung** der Erfindung der Zahlungsanspruch erst nachschüssig zum Geschäftsjahr fällig wird (s. § 9 Rdn. 25, 55 f.), d. h. sechs (bzw. zwei) Monate nach Ende dieses Geschäftsjahres (s. § 9 Rdn. 40.2), beginnt die Verjährungsfrist mit Schluss des Kalenderjahres, in dem die Fälligkeit eingetreten ist.

▶ Beispiel:

Sind Vergütungsansprüche für im Jahr 2019 vorgenommene Benutzungshandlungen wegen der nachschüssigen Zahlungspflicht erst in 2020 fällig, so beginnt die regelmäßige Verjährungsfrist am 31.12.2020 und die Vergütungsforderung für 2019 ist mit Ablauf des 31.12.2023 verjährt.

– Bei **nicht benutzten Diensterfindungen** beginnt die regelmäßige dreijährige Verjährung mit dem Schluss des Kalenderjahres, in das der Endtermin für die Vergütungsregelung nach § 12 Abs. 3, d. h. drei Monate nach (rechtsbeständiger) Schutzrechtserteilung, fällt.[203] Zur vergütungsfreien Erprobungsphase für eine Vorratsvergütung s. (aber) § 9 Rdn. 212.

▶ Beispiel:

Wurde das Schutzrecht am 15.06.2019 (rechtsbeständig) erteilt, beginnt die regelmäßige Verjährungsfrist am 31.12.2019 und eine für 2019 geschuldete Vergütung ist mit Ablauf 31.12.2022 verjährt. Läuft eine vergütungsfreie Prüfungs- und Erprobungsphase für eine Vorratsvergütung nach RL Nr: 21 (s. § 9 Rdn. 212) dagegen erst im Laufe des Jahres 2021 ab, beginnt dafür die regelmäßige Verjährungsfrist am 31.12.2021, so dass diese Vorratsvergütung mit Ablauf 31.12.2024 verjährt.

**Besteht eine Vergütungsregelung** i.S.d. § 12, so bestimmt sich danach die Fälligkeit der Vergütungszahlung (s. § 9 Rdn. 20 ff.; s. § 12 Rdn. 50.5). Bei solchen konkretisierten Vergütungsansprüchen beginnt folglich die regelmäßige Verjährungsfrist von drei Jahren mit Ablauf des Kalenderjahres, in dem die festgelegte Fälligkeit eingetreten ist.

▶ Beispiel:

Nach der Vergütungsfestsetzung waren Vergütungsansprüche für im Jahr 2016 vorgenommene Benutzungshandlungen zum 01.07. des Folgejahres, also zum 01.07.2017 fällig und zahlbar, so dass die regelmäßige Verjährungsfrist am 31.12.2017 begonnen hat und die Vergütungsforderung für 2016 mit Ablauf 31.12.2020 verjährt.

---

203 Ebenso z. B. MünchArbR/Bayreuther, § 98 Rn. 39.

**41** Fehlen (ausnahmsweise, s. § 12 Rdn. 40. 3 ff.) die für die regelmäßige Verjährung nach § 199 Abs. 1 BGB erforderlichen subjektiven Merkmale, sieht das Gesetz absolute Verjährungsfristen vor, damit in solchen Fällen der Eintritt der Verjährung im Interesse des Rechtsfriedens und auch der Rechtssicherheit für den Schuldner nicht auf unabsehbare Zeit hinausgeschoben wird.[204] Während sich § 199 Abs. 2 und 3 BGB auf Schadensersatzansprüche bezieht, gilt für die erfinderrechtlichen Vergütungsansprüche die allgemeine **Verjährungshöchstfrist von 10 Jahren** des **§ 199 Abs. 4 BGB**, und zwar **Tag genau**[205] ab Entstehen des Anspruchs und nicht erst ab Jahresende (zur Ausnahme bei Hemmung usw. s. § 9 Rdn. 43). Die Wirkung der Verjährungshöchstfrist ist von der Kenntnis bzw. dem Kennenmüssen unabhängig und tritt im Grundsatz auch dann ein, wenn der Anspruch noch nicht nach § 199 Abs. 1 BGB verjährt ist.[206]

**42** § 195 BGB vorgehende **besondere Verjährungsfristen** dürften für arbeitnehmererfinderrechtliche Vergütungsansprüche die Ausnahme sein (zum Fristbeginn s. § 201 BGB). Die 30-jährige Verjährungsfrist des § 197 Abs. 1 Nrn. 3 bis 5 BGB für rechtskräftig festgelegte Ansprüche, Ansprüche aus vollstreckbaren Vergleichen (§ 794 Abs. 1 Nr. 1 ZPO) bzw. Urkunden (§ 794 Abs. 1 Nr. 5 ZPO) sowie vollstreckbare Ansprüche aufgrund Feststellung im Insolvenzverfahren (vgl. § 201 Abs. 2, § 215 Abs. 2 Satz 2, § 257 InsO) kann zwar grds. auch erfinderrechtliche Vergütungsansprüche betreffen. Soweit es sich aber im Einzelfall um regelmäßig wiederkehrende Leistungen handelt (s. § 9 Rdn. 23), ist die Ausnahme nach § 199 Abs. 2 BGB zu beachten.

**43** Die Bestimmungen der §§ 203 ff. BGB über **Hemmung**, Ablaufhemmung und **Neubeginn** (früher Unterbrechung) der Verjährung, die sowohl die Regel- als auch die Verjährungshöchstfristen des § 199 BGB erfassen, können bei Vergütungsansprüchen einschlägig werden. Dies gilt insb. für den auf Schuldner-Anerkenntnis und Vollstreckungsmaßnahmen beschränkten Neubeginn der Verjährung (§ 212 BGB).[207]

Relevant sind vor allem die gem. § 209 BGB nicht in die Verjährungsfrist einzurechnenden Zeiträume einer Hemmung. Das betrifft insb. eine nach

---

204 Vgl. Amtl. Begründung zum SchuldRModG S. 108 f. (zu § 199 Abs. 2 und 3 BGB-E).
205 Zust. LG Düsseldorf v. 03.12.2013 – 4a O 13/12, (www.justiz.nrw.de/nrwe, Rn. 40 = Düsseld. Entsch. Nr. 2144) – Rohranfasgeräte. Ebenso Schiedsst. v. 03.04.2008 – Arb.Erf. 46/06 (Datenbank).
206 Zust. LG Düsseldorf v. 03.12.2013 – 4a O 13/12, (www.justiz.nrw.de/nrwe, Rn. 40 = Düsseldf. Entsch. Nr. 2144) – Rohranfasgeräte.
207 S. dazu OLG Frankfurt v. 16.05.2013 – 6 U 39/12, (juris).

### E. Verjährung, Verwirkung des Vergütungsanspruchs, Ausschlussfristen § 9

§ 204 BGB verjährungshemmende **Rechtsverfolgung** durch Klage auf Leistung oder Feststellung des Anspruchs. Dazu reicht allerdings die bloße Auskunftsklage nicht aus;[208] zur Hemmung bei **Anrufung der Schiedsstelle** s. § 31 Rdn. 18 f.

In der Praxis der Arbeitnehmererfindung ist häufig die Frage streitig, inwieweit eine **Verjährungshemmung infolge von Verhandlungen** eingetreten ist. Solange die Arbeitsvertragsparteien über den Erfindervergütungsanspruch oder die den Anspruch begründenden Umstände verhandeln, ist die Verjährung nach **§ 203 Satz 1 BGB** gehemmt, bis der eine oder der andere Teil die Fortsetzung der Verhandlungen verweigert. Der Begriff der »**Verhandlungen**« ist **weit auszulegen**;[209] es genügt jeder Meinungsaustausch (»ständiger Dialog« bzw. Nachberechnungen der Erfindervergütung[210]) über den Anspruch oder die den Anspruch begründenden Umstände zwischen dem Berechtigten und dem Verpflichteten[211]. Demzufolge kann bereits die Geltendmachung des Auskunftsanspruchs durch den Arbeitnehmer ausreichen. Eine Hemmung tritt dagegen nicht ein, sofern sofort und eindeutig jeglicher Anspruch abgelehnt wird[212] bzw. der Verpflichtete sich auf eine bloße Anregung zur Aufnahme von Verhandlungen nicht einlässt.[213] Nicht erforderlich ist, dass eine Vergleichs- oder Kompromissbereitschaft signalisiert wird.[214] Es genügen Erklärungen, die Gegenseite lasse sich auf Erörterungen oder einen Meinungsaustausch über Berechtigung, Bestand, Umfang und/oder Höhe des Anspruchs ein.[215] Will der Arbeitgeber diesen Eindruck und damit die Hemmung vermeiden, muss er dies klarstellen.[216] Hierfür kann auch ein bloßes Verneinen der Vergütungspflicht genügen. Andererseits beendet das bloße Zuwarten einer Partei auf das Ergebnis einer angekündigten Prüfung der Gegenseite eine

---

208 Vgl. OLG Düsseldorf v. 15.03.2007 – I-2 U 108/05 – (juris, Rn. 33). Vgl. zur Unterbrechung nach § 209 BGB a.F. allg. BAG v. 05.09.1995, NJW 1996, 1693.
209 BGH v. 26.10.2006, NJW 2007, 587; LG Düsseldorf v. 28.04.2016 – 4a O 154/14, (www.justiz.nrw.de, Rn. 259) – Elektrische Glühlampen; Schiedsst. v. 03.04.2008 – Arb.Erf. 46/06 (Datenbank) u. v. 02.02.2011 – Arb.Erf. 8/07.
210 Schiedsst. v. 01.04.2008 – Arb.Erf. 52/05 [Datenbank].
211 LG Düsseldorf v. 28.04.2016 – 4a O 154/14, (www.justiz.nrw.de, Rn. 259) – Elektrische Glühlampen.
212 Schiedsst. v. 13.01.2009 – Arb.Erf. 19/06 (Datenbank).
213 LG München v. 30.04.2003, InstGE 4, 5, 11 – *Geschäftsführer-Erfindung*.
214 BGH, NJW 2004, 1654 u. NJW 2007, 65 u. 587; Schiedsst. v. 17.06.2010 – Arb.Erf. 14/09, (insoweit nicht in www.dpma.de).
215 OLG Düsseldorf v. 28.06.2007, InstGE 8, 117 – *Fahrbare Betonpumpe*.
216 Schiedsst. v. 03.04.2008 – Arb.Erf. 46/06; v. 13.01.2009 – Arb.Erf. 19/06 (,Datenbank); v. 01.12.2009 – Arb.Erf. 48/08, (unveröffentl.) u. v. 17.06.2010 – Arb.Erf. 14/09, (insoweit nicht in www.dpma.de).

Hemmung nicht.²¹⁷ Regelmäßig muss die Weigerung durch ein klares und eindeutiges Verhalten einer der Parteien zum Ausdruck kommen.²¹⁸ An Verhandlungen fehlt es jedoch, wenn dem Verhalten einer Seite keine (erneute) Bereitschaft entnommen werden kann, in Verhandlungen mit der Gegenseite einzutreten.²¹⁹

Ein **Abbruch der Verhandlungen** und damit eine Beendigung der Verjährungshemmung kann auch im »**Einschlafenlassen**« der Verhandlungen gesehen werden, und zwar zu dem Zeitpunkt, zu dem eine Reaktion nach Treu und Glauben zu erwarten gewesen wäre.²²⁰ Dies kann durch ein langwährendes Schweigen auf ein Angebot des Arbeitgebers erfolgen²²¹ oder durch ausdrückliche Verweigerung der Fortsetzung von Verhandlungen. Daran fehlt es jedoch, wenn der Arbeitgeber erklärt, für den Erfindervergütungsanspruch sei »keine Eile geboten«, und der Erfinder alsdann langfristig mit der Geltendmachung seines Anspruchs abwartet.²²² Gleiches gilt, solange es der Arbeitgeber unterlässt, ggü. dem Arbeitnehmer ein Vergütungsangebot abzugeben bzw. sonst wie seine konkreten Vorstellungen über die maßgeblichen Vergütungsparameter darzulegen, auch wenn er den Arbeitnehmer zuvor nach dessen Vorstellung über die Vergütungshöhe gefragt und dieser hierauf nicht antwortet hat.²²³

Der Zeitraum, während dessen die Verjährung gehemmt ist, wird in die Verjährungsfrist nicht eingerechnet (§ 209 BGB). Die Verjährung tritt frühestens 3 Monate nach dem Ende der Hemmung ein (§ 203 Satz 2 BGB).

43.1 Die **Rechtsfolgen** der Verjährung bestimmen sich nach §§ 214 ff. BGB. Der Anspruch wird durch die Verjährung nicht beseitigt, besteht vielmehr fort.²²⁴ Jedoch hat der Arbeitgeber als Schuldner des Vergütungsanspruchs ein dauerndes, im Prozess allerdings nur auf **Einrede** zu beachtendes Leistungsverweigerungsrecht (§ 214 Abs. 1 BGB), das prozessual nach § 531 Abs. 2 ZPO im

---

217 Keukenschrijver in Busse/Keukenschrijver, PatG, Rn. 20 zu § 9 ArbEG.
218 Palandt/Ellenberger, BGB, § 203 Rn. 4; Schiedsst. v. 02.02.2011 – Arb.Erf. 8/07, (unveröffentl.).
219 Vgl. BGH v. 26.11.2013 GRUR 2014, 357 (Rn. 16) – Profilstrangpressverfahren.
220 Vgl. LG Düsseldorf v. 28.04.2016 – 4a O 154/14, (www.justiz.nrw.de, Rn. 259 ff.) – Elektrische Glühlampen. S. allg. BGH v. 07.01.1986, NJW 1986, 1337, 1338 u. v. 06.11.2008, MDR 2009, 275; Palandt/Ellenberger, BGB, § 203 Rn. 4 m.w.N.
221 Vgl. allg. BGH v. 06.11.2008, WM 2009, 282.
222 Schiedsst. v. 01.12.2009 – Arb.Erf. 48/08, (unveröffentl.).
223 S. Schiedsst. v. 17.06.2010 – Arb.Erf. 14/09, (www.dpma.de. LS. 2).
224 Schiedsst. v. 13.06.2007 – Arb.Erf. 56/05, (unveröffentl.).

Grundsatz spätestens in 1. Instanz zu erheben ist;[225] die Verjährung hindert die Erfüllbarkeit nicht (§ 214 Abs. 2 BGB). Dem Arbeitgeber ist es nach Verjährungseintritt gemäß § 214 Abs. 1 BGB nicht verwehrt, Vergütungsansprüche teilweise zu befriedigen und sich – auch ohne entprechenden Vorbehalt – im Übrigen auf Verjährung zu berufen, es sei denn, er hätte auf die Verjährungseinrede gegenüber dem Arbeitnehmer verzichtet.[226]

Die Geltendmachung der Verjährungseinrede kann wegen unzulässiger Rechtsausübung nach § 242 BGB ausgeschlossen sein.[227] Das setzt einen groben Verstoß des Schuldners gegen Treu und Glauben voraus. Dafür reicht allein ein Verstoß des Arbeitgebers gegen seine Pflicht aus § 12 Abs. 3 ArbEG, die Vergütung durch eine begründete Erklärung spätestens bis zum Ablauf von 3 Monaten nach Erteilung des Schutzrechts festzusetzen und entsprechend der Festsetzung zu zahlen, nicht aus.[228] Letzteres gilt auch für ein bloßes Inaussichtstellen einer späteren erneuten Prüfung bei veränderten Umständen, da dies regelmäßig nicht als ein zeitlich uneingeschränktes Wiederaufnahmeversprechen des Arbeitgebers, sondern nur als Ausdruck einer möglichen Rechtspflicht nach § 12 Abs. 6 ArbEG gemeint sein dürfte.[229] Zum Verhältnis zur Ausschlussfrist nach § 23 Abs. 2 ArbEG s. § 23 Rdn. 37.

In Erweiterung des früheren Rechts unterliegen die Verjährungsvorschriften im Grundsatz der Vertragsfreiheit (§ 311 Abs. 1 BGB), sind also **dispositiv**. Insb. ist ein Verzicht auf die Einrede der (noch nicht eingetretenen) Verjährung möglich. Das gilt auch für Vergütungsansprüche. Dafür reicht ein Vergütungsangebot des Arbeitgebers nicht, wenn er sich der zuvor eingetretenen Verjährung nicht bewusst war.[230] Eine zeitliche Obergrenze für das Hinausschieben der Verjährung zieht § 202 Abs. 2 BGB. Im Fall Allgemeiner Geschäftsbedingungen ist die Inhaltskontrolle nach § 307 BGB zu beachten. Zu Alt-Ansprüchen s. § 9 Rdn. 45.

43.2

---

225 Vgl. etwa zum Ausgleichsanspruch bei Teilhabern einer Diensterfindung BGH v. 21.12.2005 – X ZR 165/04, GRUR 2006, 401, 404 (Rn. 26 ff.) – *Zylinderrohr*.
226 So BAG v. 16.12.2014 NZA-RR 2015, 229 (Rn. 44) – *Ersatzbrennstoff*, dort zur Prämierung einfacher Verbesserungsvorschläge.
227 MünchKomm/Grothe, BGB Rn. 19 vor § 194; Erman/Schmidt-Räntsch, BGB Rn. 11 zu § 214.
228 Schiedsst. v. 10.06.2010 – Arb.Erf. 14/09, (www.dpma.de, LS. 1).
229 Vgl. auch BAG v. 16.12.2014 NZA-RR 2015, 229 (Rn. 46 ff.) – *Ersatzbrennstoff*, dort zur Aussage eines Bewertungsausschusses zum einfachen techn. Verbesserungsvorschlag.
230 Keukenschrijver in Busse/Keukenschrijver, PatG, Rn. 20 zu § 9 ArbEG m. H. a. Schiedsst. v. 13.01.2009 – Arb.Erf. 9/06.

43.3 Beginn und Ablauf der Verjährungsfrist hat der Arbeitgeber als **Schuldner** des Erfindervergütungsanspruchs zu **beweisen**, insb. im Fall der Regelverjährung (§ 199 BGB) auch die Kenntnis (grob fahrlässige Unkenntnis) des Arbeitnehmers als Gläubiger.[231] Der **Gläubiger** trägt die Beweislast für die Voraussetzungen von Hemmung und Neubeginn.[232]

43.4 Nach § 212 Abs. 1 Nr. 1 BGB beginnt die Verjährung erneut, wenn der Schuldner dem Gläubiger ggü. den Anspruch durch Abschlagszahlung, Zinszahlung, Sicherheitsleistung oder in anderer Weise anerkennt. Ein Neubeginn ist allerdings ausgeschlossen nach Einritt der Verjährung. Ein nach Ablauf der Verjährungsfrist abgegebenes Anerkenntnis beseitigt die Verjährung nicht.[233]

43.5 **Auf die Verjährungseinrede** kann ausdrücklich oder konkludent verzichtet werden. So kann ein nach Ablauf der Verjährungsfrist abgegebenes Anerkenntnis u.U. als Verzicht aufzufassen sein.[234] Dagegen ist ein Fallenlassen der Einrede im Prozess nicht immer ein Verzicht, erst recht nicht die Zahlung von Teilbeträgen hinsichtlich des Restes.[235]

### 2. Das Übergangsrecht

44 Beim **Übergangsrecht** ist auch erfinderrechtlich von der **Grundregel** des **Art. 229 § 6 Abs. 1 Satz 1 EGBGB** auszugehen.[236] Dieses hat sich heute weitgehend erledigt (s. § 9 Rdn. 39). Unterlag der (noch nicht verjährte) Vergütungsanspruch nach altem Recht der 30-jährigen Verjährungsfrist, so hat sich diese gemäß Art. 229 § 6 Abs. 4 EGBGB in die kürzere **regelmäßige Verjährungsfrist von 3 Jahren (§ 195 BGB n.F.)**, gerechnet ab 01.01.2002, umgewandelt, so dass die Verjährungsfrist Ende 2004 abgelaufen war, es sei denn,

---

231 S. allg. BGH v. 23.01.2007, NJW 2007, 1584 (Rn. 32); v. 03.06.2008, NJW 2008, 2576 (Rn. 25); vgl. auch LG Düsseldorf vom 20.04.2017 – 4c O 67/16, (www.justiz.nrw.de, Rn. 32 f.) – Hydraulikhämmer.
232 Palandt/Ellenberger, BGB, vor § 194 Rn. 24.
233 Palandt/Ellenberger, BGB, § 212 Rn. 2 m.H.a. BGH NJW 2015, 351 (Rn. 40); folgend Schiedsst. v. 02.02.2011 – Arb. Erf. 8/07, (unveröffentl.).
234 Palandt/Ellenberger, BGB, § 212 Rn. 2 a.E.; Schiedsst. v. 13.01.2009 – Arb.Erf. 19/06, (Datenbank).
235 Palandt/Ellenberger, BGB, § 202 Rn. 7 m.w.N.
236 Zur Erfindervergütung s. etwa OLG Düsseldorf v. 15.03.2007 – I-2 U 108/05, (juris, Rn. 30); Schiedsst. v. 13.06.2007 – Arb.Erf. 56/05, u. v. 02.02.2011 – Arb.Erf. 8/07, (beide Datenbank); Reimer/Schade/Schippel/Himmelmann Rn. 25 zu § 9; vgl. auch LG Düsseldorf v. 03.12.2013 – 4a O 13/12, (www.justiz.nrw.de/ nrwe, Rn. 39 f. = Düsseldf. Entsch. Nr. 2144) – Rohranfasgeräte sowie zur Verjährung der Prämie für einfachen techn. Verbesserungsvorschlag BAG v. 16.12.2014 NZA 2015, 229 (Rn. 40) – Ersatzbrennstoff.

zuvor wäre bereits nach altem Recht Verjährung eingetreten bzw. es lag eine Hemmung (s. dazu Art. 229 § 6 Abs. 2 EGBGB) vor.[237] Wegen der Einzelheiten zum Übergangsrecht und dem bis Ende 2001 geltenden Verjährungsrecht wird auf die einschlägigen Kommentierungen zum BGB (EGBGB) und auf unsere 3. Auflage verwiesen (dort § 9 Rdn. 44 ff.).

*Rdn. 45 frei.*

## II. Verwirkung

Mit der Verwirkung, einem Sonderfall der unzulässigen Rechtsausübung (§ 242 BGB), wird die illoyal verspätete Geltendmachung von Rechten ausgeschlossen.[238] Auch hier gelten die allgemeinen Grundsätze.[239] Ein Arbeitnehmer verwirkt seinen Vergütungsanspruch, wenn er eine so lange Zeit nicht mit seinem Anspruch hervortritt (**Zeitmoment**), dass der Arbeitgeber bei verständiger Würdigung aller Umstände des Einzelfalles dem Verhalten des Arbeitnehmers entnehmen konnte, dieser werde seinen Anspruch nicht mehr geltend machen, und der Arbeitgeber sich in seinen Vermögensentscheidungen bei objektiver Beurteilung darauf einrichten durfte und sich darauf eingerichtet hat, der Arbeitnehmer werde auch zukünftig von der Geltendmachung seines Vergütungsanspruchs absehen (**Umstandsmoment**); in einem solchen Fall **verstößt** die **verspätete Geltendmachung gegen Treu und Glauben**[240] (§ 242 BGB – Vertrauensschutz). Gerade wegen dieses Vertrauenstatbestandes muss die verspätete Geltendmachung als eine mit Treu und Glauben unvereinbare Härte erscheinen.[241]

46

---

237 Vgl. etwa Schiedsst. v. 04.05.2015 – Arb.Erf. 64/13, (www.dpma.de).
238 BAG v. 24.07.2008, DB 2009, 69, 70 u. v. 21.12.2017 – 8 AZR 99/17, (juris, Rn. 15 ff.).
239 Keukenschrijver in Busse/Keukenschrijver, PatG, Rn. 21 zu § 9 ArbEG.
240 BGH v. 23.06.1977, GRUR 1977, 784, 785 – *Blitzlichtgeräte* m. Anm. Müller-Börner = AP Nr. 3 zu § 9 ArbEG m. Anm. Volmer; BGH v. 10.09.2002 – X ZR 199/01, GRUR 2003, 237 – *Ozon* (im Nachgang zu LG Düsseldorf v. 07.04.1998, Entscheidungen 4. ZK. 1998, 54 – *Verwirkung der Arbeitnehmererfindervergütung* u. v. 14.09.1999, Entscheidungen 4. ZK. 2000, 3, 6 f. – *Ozonerzeuger*); BAG v. 25.04.2001, DB 2001, 1833, 1834; Schiedsst. v. 09.07.2008 – Arb.Erf. 45/03; v. 05.07.2006 – Arb.Erf. 49/05, (beide Datenbank); v. 04.08.1986, BlPMZ 1987, 207; v. 01.02.1996 – Arb.Erf. 57 u. 80/94, u. v. 18.11.2009 – Arb.Erf. 28/04, (beide unveröffentl.); v. 19.09.2013 – Arb.Erf. 29/12, (www.dpma.de).
241 LG Düsseldorf v. 11.12.2007 – 4b O 69/07, (unveröffentl.) m.H.a. Palandt/Grüneberg, BGB (2007), Rn. 95 zu § 242 BGB.

Bei der Verwirkung stehen **Zeit- und Umstandsmoment** nicht unabhängig nebeneinander, sondern in einer **Wechselwirkung**.[242] Je länger der Arbeitnehmer zuwartet, umso geringere Anforderungen sind an das Umstandsmoment zu richten – und umgekehrt.[243] Je gewichtiger das Umstandsmoment ist, also das gesetzte Vertrauen oder die Umstände, die eine Geltendmachung für den Anspruchsgegner unzumutbar machen, desto schneller kann der Anspruch verwirken.[244] Offen ist, inwieweit der Berechtigte Kenntnis von den ihm zustehenden Rechten haben muss.[245]

An einem die Verwirkung begründenden Zuwarten des Arbeitnehmers fehlt es nach Auffassung des *BGH* regelmäßig dann, wenn und solange der Arbeitgeber seiner Pflicht zur **Vergütungsfestsetzung** (§ 12 Abs. 3) nicht nachgekommen ist.[246] In den Fällen, in denen **Anmeldeverfahren** noch schweben oder bei denen noch bestehende **Schutzrechte weiterhin benutzt** werden, kann der Arbeitgeber regelmäßig nicht damit rechnen, ein Arbeitnehmer werde keine Vergütung verlangen.[247] Dagegen kommt es nicht darauf an, dass das Schutzrecht bereits abgelaufen ist.[248] Eine Verwirkung scheidet grundsätzlich auch dann aus, wenn der Arbeitnehmer regelmäßig beim Arbeitgeber wegen der Erfüllung von Vergütungsansprüchen nachgefragt hat.[249]

**47** Angesichts der kurzen Verjährungsfristen (s. hierzu § 9 Rdn. 39 ff.) und des Grundsatzes, dass Vergütungsansprüche nur in Ausnahmefällen bei Vorliegen besonderer Umstände verwirkt werden,[250] kann erfinderrechtlich u.E. eine Verwirkung nur noch in **besonderen Ausnahmefällen** und nur i.R.d. Verjährungshöchstfristen (s. § 9 Rdn. 41) wirksam werden. Dies schließt nicht aus, dass in besonderen Ausnahmefällen eine Verwirkung auch innerhalb der Regelverjährungsfrist von 3 Jahren (§ 9 Rdn. 40) greift.[251] Das gilt dann, wenn der

---

242 BGH v. 10.09.2002 – X ZR 199/01, GRUR 2003, 237, 23 – *Ozon*; s. allg. BGH v. 19.12.2000, GRUR 2001, 323 – *Temperaturwächter* (z. Ansprüchen wg. Patentverletzung).
243 BGH v. 19.12.2000, GRUR 2001, 323 – *Temperaturwächter*.
244 BAG v. 24.07.2008, DB 2009, 69, 70.
245 S. BGH v. 15.09.1999, GRUR 2000, 144, 145 f. – *Comic-Übersetzungen II*.
246 BGH v. 10.09.2002 – X ZR 199/01, GRUR 2003, 237, 238 f. – *Ozon*; zust. Schiedsst. v. 03.04.2008 – Arb.Erf. 46/06 (Datenbank) u. v. 19.09.2013 Arb.Erf.29/12 (www.dpma.de); Boemke/Kursawe/Engemann Rn. 111 zu § 9.
247 BGH v. 10.09.2002 – X ZR 199/01, GRUR 2003, 237 – *Ozon* m. H. a. BGH v. v. 23.06.1977, GRUR 1977, 784 – *Blitzlichtgeräte*.
248 BGH v. 10.09.2002 – X ZR 199/01, GRUR 2003, 237 – *Ozon*.
249 Vgl. auch Schiedsst. ZB v. 12.05.2016 – Arb.Erf. 41/13, (www.dpma.de).
250 BGH v. 10.09.2002 – X ZR 199/01, GRUR 2003, 237, 238 l. Sp. – *Ozon*.
251 Vgl. allg. OLG Düsseldorf v. 12.06.2015, NJW-RR 2016, 85 (zum Bauvertrag).

Arbeitnehmer durch sein Verhalten einen stillschweigenden Verzicht auf seinen Anspruch zum Ausdruck bringt oder ein sonstiger besonderer Vertrauenstatbestand zu Gunsten des Arbeitgebers begründet wird.[252] Zu Einzelfragen der Verwirkung, die innerhalb des Übergangsrechts (s. dazu § 9 Rdn. 45) beachtlich sein kann, s. 3. Voraufl. Rn. 46 ff.

**Während des Arbeitsverhältnisses** kommt eine Verwirkung von Ansprüchen des Arbeitnehmers nach dem ArbEG kaum bzw. nur ausnahmsweise in Betracht.[253] Ausnahmsweise angenommen hat der *BGH* eine Verwirkung bei einem mit der Bearbeitung der Erfinderangelegenheiten befassten Leiter der Patentabteilung, von dem ein Hinweis auf seine Vergütungsansprüche angesichts der erforderlichen Berücksichtigung bei der Preiskalkulation erwartet werden konnte.[254] Ein weitere Ausnahme mag beispielsweise anzunehmen sein, wenn früher intensiv über die Vergütung der Diensterfindung diskutiert wurde und der Arbeitnehmer lange Zeit nicht mehr darauf zurückgekommen ist,[255] ferner, wenn vom Arbeitnehmer auf Grund seiner herausgehobenen betrieblichen Funktion oder seiner permanenten dienstlichen Befassung mit Arbeitnehmererfindungs-Angelegenheiten eine zeitnahe Geltendmachung zu erwarten gewesen wäre.[256]

48

Demgegenüber wurde eine Verwirkung bei einem – nicht für Erfindungsangelegenheiten zuständigen – technischen Geschäftsführer verneint, der erst nach 4 Jahren seine Vergütungsansprüche für die zuvor von ihm entwickelten Arbeitnehmererfindungen geltend gemacht hatte.[257]

**Nach Beendigung des Arbeitsverhältnisses** ist vom Arbeitnehmererfinder zu verlangen, dass er seine Vergütungsansprüche baldmöglichst anmeldet.[258] Hier sind die Gründe für eine zurückhaltende Annahme einer Verwirkung entfallen. Auch die durch § 23 Abs. 2 vorgegebene Ausschlussfrist von 6 Monaten nach

---

252 S. allg. OLG Frankfurt v. 16.05.2013 – 6 U 39/12, (juris) m.H.a. Palandt/Ellenberger, BGB, § 242 Rn. 93.
253 Schiedsst. v. 02.07.2002 – Arb.Erf. 8/00, (Datenbank); Keukenschrijver in Busse/Keukenschrijver, PatG, Rn. 21 zu § 9 ArbEG m. w. Nachw.
254 BGH v. v. 23.06.1977, GRUR 1977, 784 – *Blitzlichtgeräte*; zust. BGH v. 10.09.2002 – X ZR 199/01, GRUR 2003, 237, 239 – *Ozon*.
255 I. d. S. wohl Keukenschrijver in Busse/Keukenschrijver, PatG, Rn. 21 zu § 9 ArbEG.
256 Vgl. Schiedsst. ZB. v. 26.02.2015 – Arb.Erf. 51/12, (www.dpma.de) m. H.a. BGH-Rspr.; s. auch Keukenschrijver in Busse/Keukenschrijver, PatG, Rn. 21 zu § 9 ArbEG m.H.a. Schiedsst. v. 20.11.1967, BlPMZ 1969, 23 f.
257 BGH v. 10.09.2002 – X ZR 199/01, GRUR 2003, 237, 239 f. – *Ozon*.
258 Schiedsst. v. 01.02.1996 – Arb.Erf. 57 u. 80/94, (unveröffentl.).

Beendigung des Arbeitsverhältnisses zeigt, dass der Gesetzgeber dem Arbeitnehmer nur ersparen will, das Arbeitsverhältnis selbst durch die Auseinandersetzung mit dem Arbeitgeber zu belasten.[259] Eine Verwirkung bzw. ein Ausschluss von Vergütungsansprüchen analog § 162 BGB wird etwa dann angenommen, wenn der ausgeschiedene Arbeitnehmer Vergütungsansprüche geltend macht, obwohl er während des Arbeitsverhältnisses seiner Pflicht zur unverzüglichen Erfindungsmeldung nicht nachgekommen ist.[260] Gleiches gilt, wenn auf Grund einer herausgehobenen betrieblichen Funktion eine zeitnahe Geltendmachung zu erwarten gewesen wäre.[261]

49 Im Allgemeinen kommt es für den Einwand der Verwirkung nicht darauf an, ob der Arbeitnehmer sich seines Vergütungsanspruchs **bewusst** war,[262] es sei denn, der Arbeitgeber hat dem Arbeitnehmer anspruchsbegründende Tatsachen pflichtwidrig[263] bzw. treuwidrig verheimlicht.[264]

50 Anders als die Verjährung hindert die Verwirkung den Arbeitnehmer nicht nur an der Geltendmachung seines Vergütungsanspruchs, sondern **lässt den Anspruch** selbst **entfallen**; der Arbeitnehmer verliert also bei Verwirkung seinen Vergütungsanspruch insgesamt;[265] ggf. also auch Ansprüche für zukünftige Nutzungen des Arbeitgebers selbst nach Beendigung des Arbeitsverhältnisses.[266] Aufgrund des in einem Streitfall vorgetragenen Sachverhalts ist die Verwirkung als Einwendung **von Amts wegen zu prüfen**.[267]

---

259 LG Düsseldorf, Urt. v. 12.12.1995 – 4 O 139/95, (unveröffentl.) geht unter Berufung auf § 23 Abs. 2 ArbEG davon aus, dass vom ArbN während eines noch länger fortbestehenden Arbeitsverhältnisses zumindest erwartet werden kann, seinen Vergütungsanspruch dem Grunde nach geltend zu machen; s.a. Urt. v. 07.04.1998, Entscheidungen d. 4. ZK. 1998. 54, 56 – Verwirkung.
260 S. Schütt/Böhnke GRUR 2013, 789, 792 ff. zweifelnd Schwab, Arbeitnehmererfindungsrecht, § 9 Rn. 68.
261 Vgl. Schiedsst. ZB. v. 26.02.2015 – Arb.Erf. 51/12, (www.dpma.de) m. H.a. BGH-Rspr.
262 Schiedsst. v. 15.02.1996 – Arb.Erf. 67/94, (unveröffentl.).
263 Schiedsst. v. 17.03.1994 – Arb.Erf. 177/92, (unveröffentl.).
264 Vgl. Schiedsst. v. 04.08.1986, BlPMZ 1987, 207, 209; allg. BGH v. 27.06.1957, BGHZ 25, 47, 53.
265 Schiedsst. v. 04.08.1986, BlPMZ 1987, 207, 208.
266 LG Düsseldorf v. 07.04.1998, Entscheidungen 4. ZK. 1998, 54 – *Verwirkung der Arbeitnehmererfindervergütung*.
267 Vgl. BGH v. 10.11.1965 – I b ZR 101/63, NJW 1966, 343, 345 – *Kupferberg*; Schiedsst. v. 09.07.2008 – Arb.Erf. 45/03 (Datenbank) u. v. 18.11.2009 – Arb.Erf. 28/04, (unveröffentl.).

## III. Ausschlussfristen

**Einzelvertragliche Verfallklauseln bzw. tarifvertragliche Ausschlussfristen,** 51
die auch einzelvertraglich einbezogen sein können,[268] erfassen regelmäßig nur
die unmittelbaren, typischerweise anfallenden Ansprüche aus dem Arbeitsverhältnis[269] und führen zum Erlöschen des Anspruchs, sofern er nicht fristgerecht geltend gemacht wird. Erfindervergütungsansprüche fallen auch wegen
des gesetzlichen Konkretisierungsverfahrens (vgl. §§ 12, 20 Abs. 1) im Zweifel
nicht hierunter.[270] Dies folgt bereits aus dem Normzweck des § 22 Satz 1 (s.
dazu § 22 Rdn. 7). Zur Ausschlussfrist bei Vergütungen für einfache Verbesserungsvorschläge s. § 20 Rdn. 61.3.

Allgemeine vertragliche oder tarifvertragliche Ausschlussfristen gelten darüber
hinaus auch nicht ohne Weiteres für sonstige Vergütungsansprüche aus schöpferischen Sonderleistungen eines Arbeitnehmers.[271]

Für einzelvertragliche Ausschlussklauseln, die ab dem 01.10.2016 vereinbart
werden, ist zudem **§ 309 Nr. 13 Buchst. b BGB** zu beachten, der für die
Geltendmachung von Ansprüchen keine strengere Form als **Textform** (§ 126
b BGB) zulässt. Ein formularmäßiges Erfordernis der Schriftform widerspricht
also § 319 Nr. 3 BGB n, F.[272]

---

268 BAG v. 17.06.1997, NJW 1998, 1732, 1733.
269 Weitergehend BAG v. 17.06.1997, NJW 1998, 1732, 1733.
270 Schiedsst. v. 20.11.1967, BlPMZ 1969, 23 f. u. v. 11.11.1998 – Arb.Erf. 19/97, (unveröffentl.); BAG v. 21.06.1979, DB 1979, 2187 – allgemein zu schöpferischen Sonderleistungen eines Arbeitnehmers; im Ergebn. auch MünchArbR/Bayreuther, § 98 Rn. 27; ferner Keukenschrijver in Busse/Keukenschrijver, PatG, Rn. 23 zu § 9 ArbEG (abw. wohl für Vergütungsansprüche aus § 20 Abs. 1 dort Rn. 7 zu § 20 ArbEG, wonach tarifl. Ausschlussfristen zu beachten sind); eine Geltung ablehnend auch Reimer/Schade/Schippel/Himmelmann Rn. 30a zu § 9; s. auch Volmer/Gaul Rn. 357 f. zu § 12; abw. für konkretisierte VergAnspr. Schwab, Arbeitnehmererfindungsrecht, § 22 Rn. 5. Uneinheitlich Boemke/Kursawe: nach Boemke/Kursawe/Nebel Rn. 33 zu § 22 sollen Vergütungsansprüche selbst nicht erfasst sein, wohl aber Zahlungsansprüche nach Festlegung und Fälligkeit des Vergütungsanspruchs; demgegenüber sollen nach Boemke/Kursawe/Engemann Rn. 113 zu § 9 »tarifvertragliche und einzelvertragliche Ausschlussfristen auf Ansprüche aus dem Arbeitnehmererfinderrecht keine Anwendung« finden und arbeitnehmererfinderrechtl. Vergütungsansprüche bei Auslegung des Tarifvertrages regelmäßig nicht ergriffen werden, wobei jedoch Abweichendes bei ausdrücklicher Bezeichnung im TV gelten kann; auch nach Boemke/Kursawe/Boemke Rn. 67 zu § 31 greifen kollektivvertragliche Ausschlussfristen, soweit sie nach Auslegung Ansprüche aus dem ArbEG erfassen, ungeachtet von § 22.
271 BAG v. 21.06.1979, DB 1979, 2187.
272 S. dazu Düwell BB 2016, 2485 ff.; Lingemann/Otte NRA 2016, 519 ff.

## F. Art der Vergütung

### I. Geld- oder Sachleistung

52 Das ArbEG schreibt zwar nicht ausdrücklich vor, wie der Arbeitgeber die Vergütung zu erbringen hat. Das Gesetz geht jedoch – wie § 12 Abs. 3 Satz 1, Abs. 6 Satz 2 zeigen und es der Rechtsprechung sowie der Betriebspraxis entspricht – von **Geldleistungen** aus[273] (vgl. auch RL Nr. 40).

Im Einzelfall kann – ausnahmsweise – bei Einverständnis aller Beteiligten auch eine Vergütung in Form von geldwerten **Sachleistungen** erfolgen (s. § 9 Rdn. 68).

53 Dem Arbeitnehmer wegen der Erfindungsleistung gewährte ideelle bzw. **immaterielle Vorteile** vermögen dagegen die Vergütungszahlung nicht zu ersetzen und stellen nur eine »begleitende« Anerkennung dar[274] (s.a. § 9 Rdn. 68). Entsprechendes gilt im Grundsatz für eine **berufliche Beförderung** und für **Sonderzahlungen**; bei einer Gehaltserhöhung und sonstigen Vermögensvorteilen, ist im Einzelfall abzugrenzen, ob diese z.B. wegen eines erweiterten Aufgabenbereichs in Anrechnung auf die Erfindervergütung erbracht werden[275] (s. § 9 Rdn. 62 ff.).

### II. Zahlung der Vergütung

54 Die Vergütung kann in Form einer laufenden Beteiligung oder in einer einmaligen bzw. mehrmaligen Gesamtabfindung gezahlt werden. Einzelheiten dazu enthält RL Nr. 40. Das ArbEG schreibt allerdings auch insoweit keine Form vor.[276] Im Hinblick auf § 12 Abs. 3 steht dem Arbeitgeber insoweit ein Initiativrecht, nicht aber ein den Arbeitnehmer bindendes Wahlrecht zu.[277] Denn auch die Art der Zahlung der Vergütung steht unter dem **Gebot der Angemessenheit** i. S. v. § 9 Abs. 1.

---

[273] Allg. Ansicht, vgl. z.B., BGH v. 17.11.2009, GRUR 2010, 223, 225 (Rn. 24) – *Türinnenverstärkung*, der von »monitärer Erfassung der Erfindung« spricht; wie hier ferner Schiedsst. v. 18.11.2008 – Arb.Erf. 31/07, (Datenbank); Keukenschrijver in Busse/Keukenschrijver, PatG, Rn. 24 zu § 9 ArbEG.
[274] Zust. Keukenschrijver in Busse/Keukenschrijver, PatG, Rn. 24 zu § 9 ArbEG.
[275] Wie hier Volmer Rn. 11 zu § 12; vgl. auch Volmer/Gaul Rn. 21 zu § 12.
[276] Vgl. auch FG Münster v. 27.04.2013 Mitt. 2014, 148, 149 – Aluminium Silicon Tape.
[277] Zu weitgehend Reimer/Schade/Schippel/Himmelmann Rn. 1 zu § 11/RL Nr. 40.

## F. Art der Vergütung § 9

**Der Erfüllungsort** für die Zahlung der Erfindervergütung bestimmt sich nach § 269 BGB; Vereinbarungen (etwa über bargeldlose Zahlung) sind unabhängig von § 22 ArbEG zulässig.[278]

### 1. Laufende Zahlung

Die laufende Vergütung, die jährlich nachschüssig abgerechnet und gezahlt wird, ist die in der Praxis **übliche Zahlungsweise.**[279] RL Nr. 40 Abs. 1 Satz 2 geht zutreffend davon aus, dass bei einer Berechnung nach der Lizenzanalogie bzw. nach dem erfassbaren betrieblichen Nutzen die Vergütung zweckmäßig **nachkalkulatorisch** errechnet wird (s. § 9 Rdn. 24). 55

Nach der höchstrichterlichen Rechtsprechung muss der Arbeitgeber – sofern es nicht zuvor zu einer einvernehmlichen Vergütungsfeststellung im Sinne von § 12 Abs. 1 kommt (s. dazu § 12 Rdn. 14 ff.), spätestens mit Ablauf von 3 Monaten nach Aufnahme der Benutzung den Vergütungsanspruch vorläufig festsetzen (s. dazu § 12 Rdn. 60). Hiermit steht der Hinweis auf eine jährliche Abrechnung in RL Nr. 40 Abs. 1 Satz 2 nicht in Widerspruch, da dieser Abrechnungsrhythmus auf die Folgezeit bezogen ist und der Ausfüllung der in der Festsetzung berücksichtigten Bemessungsfaktoren dient (s.a. § 12 Rdn. 11 ff.).

RL Nr. 40 Abs. 1 Satz 2 empfiehlt die jährliche Abrechnung und sieht es zudem im Einzelfall als angemessen an, entsprechende Abschlagszahlungen zu leisten; dies entspricht der bei Lizenzverträgen üblichen Fälligkeitsabrede[280] mit einem jährlichen Fälligkeitstermin ebenso wie dem den §§ 9, 12 ArbEG zugrunde liegenden Leitmotiv, dem Arbeitnehmer möglichst frühzeitig eine Beteiligung an dem durch seine Erfindung vermittelten wirtschaftlichen Vorteil seines Arbeitgebers zukommen zu lassen. Mit Blick auf gesicherte Bemessungsgrundlagen und zur Vermeidung zusätzlichen Verwaltungsaufwandes ist deshalb in der betrieblichen Praxis die jährliche **nachschüssige Zahlung** üblich und auch von der Rechtsprechung anerkannt (s. § 9 Rdn. 24). 55.1

---

278 Ebenso Volmer/Gaul Rn. 159 zu § 12.
279 Vgl. BGH v. 26.11.2013, GRUR 2014, 357 (Rn. 12, 14) – Profilstrangpressverfahren; danach tritt eine für das Ingangsetzen der Verjährung maßgebende Fälligkeit »frühestens« mit Ablauf des Nutzungsjahres ein (Rn. 31); im Ergebn. auch ständ. Praxis d. Schiedsst., z.B. v. 04.05.2015 Arb.Erf. 64/13 (www.dpma.de); ebenso u. a. Keukenschrijver in Busse/Keukenschrijver, Rn. 24 f. zu § 9 ArbEG. Vgl. auch für Österreich OGH v. 02.02.2005 – 9 ObA 7/04a – (www.ris.bka.gv.at)), dort ebenfalls im Zusammenhang mit der Verjährung des Vergütungsanspruchs.
280 Vgl. BGH v. 24.11.1981, GRUR 1982, 286 – *Fersenabstützvorrichtung*.

Bezieht sich der Jahresabschluss – wie bei der Mehrzahl der Unternehmen – auf das vorangegangene Kalenderjahr, so wird – gerade mit Blick auf die für die Vergütungsbemessung notwendige Auswertung und Konkretisierung – nach weitverbreiteter Übung in der Privatwirtschaft und ständiger Entscheidungspraxis der *Schiedsstelle* für die Abrechnung und Zahlung der Erfindervergütung abgestellt max. auf den **30. Juni des Folgejahres**[281] bzw. auf einen Zeitraum **von 3 bis 6 Monaten nach Jahresabschluss/-ende**[282] bzw. **innerhalb von (maximal) 6 Monaten nach Ablauf des jeweiligen Geschäftsjahres**[283] (s. i.Ü. KommRL Nr. 40, dort insb. Rn. 5). Dies ist zutreffend, da sich bei kürzeren Fristen die notwendigen Bewertungsparameter noch nicht verlässlich bestimmen lassen, abgesehen davon, dass betriebliche Abrechnungssysteme auf kürzere Zeiträume kaum eingerichtet sind.

55.2 Eine Bestimmung der Leistungszeit in der **Vergütungsvereinbarung** (§ 12 Abs. 1) bzw. Vergütungsfestsetzung (§ 12 Abs. 3, 4) ist maßgeblich für die Fälligkeit (s. § 12 Rdn. 50.5).

55.3 Durch die Vergütungsvereinbarung bzw. (widerspruchslos gebliebene) Vergütungsfestsetzung kann auch ein von der Empfehlung der RL Nr. 40 Abs. 1 **abweichender Abrechnungsrhythmus** wirksam begründet werden. Hierbei kann es im Einzelfall noch dem Gebot der Angemessenheit der Vergütung entsprechen, wenn aus sachgerechten betriebsbedingten Gründen (etwa bei sehr zeitaufwendigen Abrechnungen im Konzernbereich bzw. mit Auslandspartnern, bei der langjährigen Durchführung von Großprojekten oder der Abhängigkeit von einem mit anderen Vertragspartnern vereinbarten abweichenden Zahlungsrhythmus; vgl. zu letzterem RL Nr. 40 Abs. 1 Satz 3) der Arbeitgeber einen längeren Abrechnungszeitraum (etwa 2–3-Jahres-Rhythmus) wählt. In diesen Fällen kann es angebracht sein, zwischenzeitlich den bekannt gewordenen Umsatzgrößen oder den gesicherten Umsatzerwartungen angepasste Abschlagszahlungen vorzunehmen oder auch Abschlagszahlungen, die

---

281 Schiedsst. v. 08.10.2009 – Arb.Erf. 50/08, (unveröffentl.).
282 Ständ. Praxis Schiedsst., z.B. EV v. 02.02.2011 – Arb.Erf. 8/07, (unveröffentl.) u.v. 15.03.2012 – Arb.Erf. 48/10, (Datenbank, insoweit nicht in www.dpma.de); vgl. auch BGH v. 26.11.2013 GRUR 2014, 357 (Rn. 14) – Profilstrangpressverfahren. S. (aber) auch OLG Düsseldorf v. 28.02.2014 – I-2 U 109/11 u. 2 U 109/11, (juris, Rn. 118) – Feuerfester Formstein I.
283 So die neuere Praxis, z. B. Schiedsst. v. 06.06.2014 – Arb.Erf. 54/12; v. 15.01.2016 – Arb.Erf. 65/13; ZB. v. 12.05.2016 – Arb.Erf. 41/13, (alle www.dpma.de). Demgegenüber geht das OLG Düsseldorf v. 28.02.2014 – I-2 U 109/11 u. 2 U 109/11, (juris, Rn. 119) – Feuerfester Formstein I im Zusammenhang mit der Fälligkeit des erfinderrechtl. Auskunftsanspruchs von zwei Monaten nach Jahresschluss aus.

sich an der Vergütungszahlung des Vorjahres oder an einem Durchschnitt früherer Vergütungszahlungen orientieren, wobei ein etwaiger Zinsverlust bei der jeweiligen Endabrechnung auszugleichen wäre.

Seit Wegfall der Steuervergünstigung zum 31.12.1988 spielen **einkommensteuerrechtliche Gesichtspunkte** grundsätzlich keine Rolle mehr (s. § 9 Rdn. 350).

Ob zwischenzeitlich **Abschlagszahlungen** zu leisten sind, richtet sich ebenfalls nach der Vergütungsregelung i.S.d. § 12, ansonsten nach dem Grundsatz der Angemessenheit i.S.d. § 9 Abs. 1, wobei sowohl die berechtigten Belange des Arbeitgebers als auch die des Arbeitnehmers zu berücksichtigen sind (s.a. RL Nr. 40 Abs. 1 Satz 2 u. KommRL Rn. 5 zu RL Nr. 40). Ein Rechtsanspruch auf Abschlagszahlungen innerhalb eines jährlichen Abrechnungszeitraumes ist auch wegen unzumutbarer Belastung des Arbeitgebers mit überschlägigen Berechnungen für den Regelfall zu verneinen[284] (s.a. § 12 Rdn. 158 u. oben § 9 Rdn. 25). Bei sicher zu erwartenden besonders hohen Vergütungsansprüchen können im Einzelfall Abschlagszahlungen angemessen sein.[285] 55.4

**Rechnungsgröße** für die laufende Zahlung können der Umsatz bzw. die Erzeugung (vgl. RL Nrn. 6–11, 18, s. Rn. 122), der erfassbare betriebliche Nutzen (RL Nr. 12, s. Rn. 161 ff.) oder eingehende Lizenzzahlungen (RL Nrn. 14, 15, s. Rn. 221 ff.) sein. 56

## 2. Pauschalvergütung

Die Zahlung einer einmaligen oder mehrmaligen festen Summe (Gesamtabfindung/Pauschalvergütung) ist in der betrieblichen Praxis **verbreitet**. Die Pauschalvergütungsabrede **dient letztlich beiden Arbeitsvertragsparteien**, da sie im Interesse der Vermeidung von Meinungsverschiedenheiten eine alsbaldige Klärung des gesamten Vergütungsanspruchs herbeiführen kann, womit Arbeitgeber und Arbeitnehmer der Ungewissheit über das künftige Schicksal einer Diensterfindung und damit der Unsicherheit ihrer rechtlichen, technischen und wirtschaftlichen Entwicklung i.S. eines Vergleichs gem. § 779 BGB vor- 57

---

284 So im Grundsatz Schiedsst. v. 08.08.1989 – Arb.Erf. 90, 103/88, (unveröffentl.) wegen der unzumutbaren Belastung des ArbG mit überschlägigen Berechnungen; dafür in Ausnahmefällen Volmer, VergRL Rn. 4 zu RL 1959/40; im Grundsatz weitergehend wohl Boemke/Kursawe/Engemann Rn. 117 zu § 9: »in der Regel« kein Rechtsanspruch auf Abschlagszahlungen, »obwohl Abschlagszahlungen insbesondere bei zu erwartenden hohen Vergütungen sachgerecht und angemessen sind.«.
285 Zust. Keukenschrijver in Busse/Keukenschrijver, PatG, Rn. 25 zu § 9 ArbEG.

beugend Rechnung tragen können.²⁸⁶ Zur Festlegung in der Vergütungsregelung s. § 12 Rdn. 13.

Eine Pauschalvergütung hat **Vor- und Nachteile für beide Arbeitsvertragsparteien**:

57.1 Für den **Arbeitnehmererfinder** liegt der **Vorteil** einer Pauschalabrede darin, frühzeitig in den Genuss einer summenmäßig höheren Vergütungszahlung zu gelangen, die bereits zukünftige Vergütungsansprüche mitumfasst. Ergibt sich später eine ursprünglich nicht berücksichtigte ungewöhnliche Nutzungsentwicklung, kann er einen Abänderungsanspruch nach § 12 Abs. 6 (s. dazu § 12 Rdn. 111 ff.) geltend machen; wegen des Rückforderungsverbotes aus § 12 Abs. 6 Satz 2 behält er bei unerwarteter Negativentwicklung (geringerer Nutzungsanfall, überholende Technologie, Wegfall der Schutzrechtsposition etc.) seinen Anspruch auf den ihm gezahlten vollen Vergütungsbetrag.²⁸⁷ Ein **Nachteil** für den Arbeitnehmererfinder wäre dann feststellbar, wenn die zukünftigen Nutzungshandlungen seines Arbeitgebers über den ursprünglich gemeinsam vorgestellten Nutzungsrahmen hinausgehen, diese Nutzungssteigerung aber noch nicht die Voraussetzungen für eine Anpassung nach § 12 Abs. 6 Satz 1 erfüllt (s. dazu § 12 Rdn. 112–131). Zum Verzicht auf den Anpassungsanspruch s. § 12 Rdn. 96.1 sowie KommRL Rn. 10 zu RL Nr. 40.

57.2 Für den **Arbeitgeber** ist der **Vorteil** darin zu sehen, dass dieser von vornherein mit dem festgelegten Gesamtvergütungsbetrag kalkulieren kann;²⁸⁸ er erspart die sich zukünftig wiederholende, u.U. zeit- und verwaltungsaufwendige Jahresabrechnungen²⁸⁹ und damit verbundene evtl. umfangreiche Rechnungslegungspflichten. Bedenkt man, dass nach allgemeiner Erfahrung max. 5–10 % aller zur Schutzrechtserteilung angemeldeten Erfindungen wirtschaftliche Bedeutung erlangen und die gezahlte Pauschalvergütung auch dann nicht zurückgefordert werden kann, wenn der Arbeitgeber zukünftig gar nicht mehr nach der Diensterfindung arbeitet, liegt das (überwiegende) **Risiko** einer pauschalen Zahlung regelmäßig beim Arbeitgeber.²⁹⁰

---

286 BGH v. 17.04.1973 – X ZR 59/69, GRUR 1973, 649, 651 – *Absperrventil*; Schiedsst. v. 20.09.2005 – Arb.Erf. 97/03 (Datenbank); vgl. auch Schiedsst. v. 09.07.2013 – Arb.Erf. 45/12, (www.dpma.de).
287 Schiedsst. v. 13.01.1986, BlPMZ 1991, 201, 202.
288 Seiz, BB 1985, 808.
289 Vgl. auch Schiedsst. v. 15.01.2016 – Arb.Erf. 65/13, (www.dpma.de).
290 Schiedsst. v. 06.03.1980, BlPMZ 1982, 277; Keukenschrijver in Busse/Keukenschrijver, PatG, Rn. 26 zu § 9 ArbEG.

## F. Art der Vergütung  §9

Die Pauschalvergütungsabrede empfiehlt sich insb. in den in RL Nr. 40 Abs. 2 genannten Fällen, wenn es sich also um **kleinere, wirtschaftlich unbedeutende bzw. gering genutzte Erfindungen** handelt (Buchst. a)) bzw. wenn die Diensterfindung als **Vorrats- oder Ausbaupatent** verwendet wird (Buchst. b)) (s. dazu RL Nr. 21 u. unten § 9 Rdn. 201 ff.).  **57.3**

Auch in der unter Buchst. c) in RL Nr. 40 Abs. 2 geschilderten Fallsituation der **Interessenkollision** liegt eine Pauschalvergütungsabrede nahe, also dann, wenn ein Erfinder aufgrund seiner herausragenden betrieblichen Stellung die Verwertung seiner Erfindung beeinflussen und in die Entwicklung neuer Technologien zugunsten seiner Diensterfindung eingreifen könnte[291]. Zweckmäßig ist die Pauschalabrede auch bei **Ausscheiden** eines Arbeitnehmers, auch um damit zukünftigen Rechnungslegungsstreitigkeiten vorzubeugen.[292] Daneben kommt die Pauschalvergütung außer bei **betriebsgeheimen Erfindungen** (RL Nr. 27) auch bei **Schutzrechtskomplexen** (RL Nr. 19, s. dazu Rn. 128 ff.) und bei technischen **Verbesserungsvorschlägen** (RL Nr. 29) in Betracht,[293] ebenso bei Vorbehalt eines **nicht ausschließlichen Nutzungsrechts** nach §§ 14 Abs. 3, 16 Abs. 3,[294] sowie in allen Fällen, in denen die zu erwartende Vergütung in keinem vernünftigen Verhältnis zu dem mit einer laufenden Vergütung verbundenen Verwaltungsaufwand steht.[295]

Auch wenn einer der vorerwähnten Sachverhalte der RL Nr. 40 vorliegt oder eine Pauschalvergütungsabrede aus Gründen des Betriebsfriedens oder aus sonstigen Sachgründen zweckmäßig erscheint, kann sie u.U. solange (noch) **nicht empfehlenswert** sein, wie noch offen ist, ob die Erfindung benutzt wird und welche technischen und/oder wirtschaftlichen Entwicklungen der Erfindungseinsatz zukünftig mit sich bringt,[296] etwa, weil eine Produktion gerade erst angelaufen ist oder es sich um eine gänzlich neue Technologie  **57.4**

---

291 Schiedsst. v. 06.03.1980, BlPMZ 1982, 277.
292 Vgl. Schiedsst. ZB v. 12.03.1969, BlPMZ 1969, 363 r.Sp.; v. 21.04.2009 – Arb.Erf. 13/08, (unveröffentl.) u. v. 09.07.2013 – Arb.Erf. 45/12, (www.dpma.de); ebenso LG Düsseldorf v. 30.09.1975 – 4 O 215/72, (unveröffentl.).
293 Lindenmaier/Lüdecke Anm. 4 zu § 11/RL Nr. 40.
294 Volmer VergRL Rn. 4 zu RL 1959/40.
295 Schiedsst. v. 24.09.1985 – Arb.Erf. 22/85, (unveröffentl.). Vgl. zu den Fallgestaltungen auch Boemke/Kursawe/Engemann Rn. 118 ff. zu § 9.
296 Ebenso Schiedsst. v. 04.07.2007 – Arb.Erf. 86/04, v. 20.11.2008 – Arb.Erf. 27/07, (beide unveröffentl.); 19.02.2013 – Arb.Erf. 11/12; v. 12.09.2013 – Arb.Erf. 21/12, (beide www.dpma.de).

handelt.²⁹⁷ Für die Ermittlung einer Pauschalabfindung sollte schon eine breitere Basis vorhanden sein,²⁹⁸ etwa dass aufgrund des planmäßigen Einsatzes der Diensterfindung schon von einer bestimmten Tendenz der zukünftigen Entwicklung ausgegangen oder zumindest auf Erfahrungen aus dem Einsatz vergleichbarer Technologien zurückgegriffen werden kann.²⁹⁹ Auch wenn der Ausgang eines Schutzrechtserteilungs-verfahrens noch offen ist, kann es sich empfehlen, zunächst abzuwarten, zumal – bezogen auf Inlandspatentanmeldungen – eine erhebliche Anzahl aller Anmeldungen nicht zur Patenterteilung führt (s.a. § 9 Rdn. 60).

57.5 Ein **Anspruch** des Arbeitgebers wie auch des Arbeitnehmers **auf Abschluss einer Pauschalvergütungsvereinbarung besteht nicht**,³⁰⁰ auch nicht im Fall einer denkbaren Interessenkollision oder eines Ausscheidens des Arbeitnehmers aus dem Arbeitsverhältnis.

57.6 Das **Zustandekommen einer Pauschalvergütung** setzt stets eine Einigung der Arbeitsvertragsparteien (vgl. § 12 Abs. 1) oder eine widerspruchslos gebliebene Vergütungsfestsetzung (§ 12 Abs. 3, 4 Rdn. 50) voraus. An einer (auch konkludenten) Pauschalvergütungsregelung fehlt es regelmäßig dann, wenn sich die Parteien keine Vorstellungen über die Grundlagen der Vergütungsberechnung und über die Spannbreite einer Verständigung nach oben und unten gebildet haben.³⁰¹ Nimmt dagegen ein Arbeitnehmer stillschweigend Vergütungszahlungen an, bei denen er erkennen muss, dass der Arbeitgeber hiermit die (bislang geschuldete und/oder zukünftige) Erfindervergütung pauschal

---

297 Ebenso Schiedsst. v. 03.02.2009 – Arb.Erf. 53/07; v. 21.04.2009 – Arb.Erf. 13/08 (beide Datenbank) u. v. 21.10.2010 – Arb.Erf. 21/09, (Datenbank, insoweit nicht in www.dpma.de).
298 Ebenso Schiedsst. v. 17.04.2007 – Arb.Erf. 7/06; v. 05.03.2009 – Arb.Erf. 26/08, (beide unveröffentl.); v. 12.09.2013 – Arb.Erf. 21/12, (www.dpma.de).
299 Schiedsst. v. 06.03.1980, BlPMZ 1982, 277; v. 12.09.2013 – Arb.Erf. 21/12; v. 19.09.2013 – Arb.Erf. 29/12, (beide www.dpma.de).
300 Im Ergebn. auch BGH v. 26.11.2013 GRUR 2014, 357 (Rn. 13) – Profilstrangpressverfahren; wie hier Schiedsst. v. 10.10.1994 – Arb.Erf. 75/93, v. 04.07.2007 – Arb.Erf. 86/04, (beide unveröffentl.); v. 06.12.2012 Arb.Erf. 34/10 (Datenbank, insoweit nicht in www.dpma.de); v. 12.09.2013 Arb.Erf. 21/12; v. 19.09.2013 Arb.Erf. 29/12, u. v. 10.10.2013 Arb.Erf. 22/12, (alle www.dpma.de); Schwab NZA-RR 2014, 281, 284; Boemke/Kursawe/Engemann Rn. 124 zu § 9; vgl. auch Volmer/Gaul Rn. 1094 f. zu § 9/RL Nr. 40 u. Rn. 14 zu § 12; Trimborn Mitt. 2006, 160.
301 LG Düsseldorf v. 12.12.1995 – 4 O 139/95, (unveröffentl.).

abgelten wollte, so liegt darin regelmäßig seine Einverständniserklärung mit einer Pauschalabfindung³⁰² (vgl. § 12 Rdn. 18.3).

Pauschalvergütungsabreden können mit unterschiedlichem **Inhalt** getroffen werden³⁰³, sei es durch die Festlegung einer jährlich neu fällig werdenden Jahrespauschalvergütungssumme (vgl. RL Nr. 40 Abs. 2 Satz 1 »mehrmalige feste Summe«), sei es durch Vereinbarung eines (einmaligen) Gesamtvergütungsbetrages für die gesamte zukünftige Nutzung, sei es durch die Festlegung eines höheren Lizenzsatzes und damit höheren Erfindungswertes unter gleichzeitiger Begrenzung des zu vergütenden Nutzungszeitraumes, sei es durch Vereinbarung eines einmaligen oder regelmäßigen Sockelbetrages, der dann in einem u. U. schon festgelegten Rahmen steigt, wenn ein bestimmter Nutzungsumfang (erheblich) überschritten wird. Da die Regelung der Höhe der Abfindung das Wesentliche einer Pauschalabrede ist, kann von einer solchen nur ausgegangen werden, wenn insoweit eine Einigung vorliegt, sei es auch in der Form, dass die Bemessung der Höhe durch einen Vertragsteil gem. § 315 BGB bzw. durch einen Dritten (§ 317 BGB) erfolgt.³⁰⁴ 58

Die in RL Nr. 40 Abs. 3 behandelte **Verbindung von laufender Zahlung und Gesamtabfindung** ist in zwei unterschiedlichen Arten denkbar: Einmal der Wechsel von einer bisherigen laufenden Vergütungszahlung zu einer (einmaligen) Gesamtabfindung für sämtliche zukünftigen Nutzungsfälle (s. dazu § 9 Rdn. 59 sowie Komm RL zu RL Nr. 41) und zum anderen der Wechsel von einer Pauschalvorableistung zu späteren laufenden Vergütungszahlungen. Die letztgenannte Form ist im Lizenzvertragsbereich mit freien Erfindern nicht unüblich, etwa bei nicht auf laufende Lizenzgebührenzahlungen anrechenbaren Beteiligungen des Lizenznehmers an Entwicklungskosten des Lizenzgebers (down payment), oder auch als Ausgleich für die bloße Bereitschaft zum Vertragsabschluss (vgl. auch § 9 Rdn. 229); solches ist aber bei der Erfindervergütung nicht praktisch.

Stets ist zu fordern, dass die getroffene Pauschalabrede **eindeutig** ist und dem Arbeitnehmererfinder deutlich macht, ob und in welchem Umfang etwaige weitergehende Vergütungsansprüche mit abgegolten sein sollen.³⁰⁵ Dabei ist

---

302 Schiedsst. v. 02.12.1981, BlPMZ 1982, 302, 303.
303 Zu den diversen Möglichkeiten in der Praxis s. Trimborn, Mitt. 2006, 160 ff. u. Mitt. 2015, 116, 121 ff.
304 Schiedsst. v. 04.08.1989, BlPMZ 1989, 398, 399.
305 Ebenso LG Düsseldorf v. 12.12.1995 – 4 O 139/95, (unveröffentl.).

allerdings keine Auflistung der einzelnen Vergütungsparameter erforderlich; es genügt die bloße Angabe der vereinbarten Vergütungssumme.[306]

59 Bei der **Bemessung der Höhe** der Pauschalvergütung sind die rechtliche, technische und wirtschaftliche Entwicklung der Erfindung zu berücksichtigen. In **rechtlicher Hinsicht** kommt es insb. auf den Stand des Schutzrechtserteilungsverfahrens und die Chance einer Schutzrechtserteilung ebenso wie auf das Risiko einer späteren Vernichtung (Löschung) an. Bei einer Miterfinderschaft ist zu würdigen, ob eine endgültige Schutzrechtserteilung eine Einschränkung des ursprünglich angestrebten Schutzumfangs ergeben und damit Einfluss auf den Umfang eines Miterfinderanteils haben kann (s.a. § 12 Rdn. 30, 33). In **technischer Hinsicht** ist etwa das Risiko einzuschätzen, ob und in welcher Zeit die erfinderische Lehre durch Verbesserungen oder Alternativlösungen technisch überholt sein wird. Dieser Gesichtspunkt ist ebenso wie die Produktionsreife (Investitionskosten) auch bei den **wirtschaftlichen** Aspekten zu beachten, die sich i.Ü. vornehmlich an der aktuellen und künftigen Marktsituation zu orientieren haben. Hierzu gehören insb. der erwartete Umsatz, die Marktstellung des Unternehmens, seine Kapazität, die Aufnahme des Produktes im Markt, die Marktbedürfnisse, die Möglichkeit von Lizenzvergaben, die Wettbewerbssituation sowie die vermutliche Dauer der Vorzugsstellung bis hin zum Verkauf der Schutzrechtsposition. Evtl. zukünftig für das erfindungsgemäße Produkt im Markt erzielbare Teuerungszuschläge können gfls. mit dem mit einer vorzeitigen Gesamtvergütungszahlung verbundenen Abzinsungseffekt kompensiert werden. Andererseits kann es auf technisch »schnelllebigen« Gebieten gerechtfertigt sein, wegen der zukünftig zu erwartenden Verbilligung eines (Massen-) Produkts einen Abschlag vorzunehmen.[307]

59.1 I.R.d. Pauschalabfindung ist es weder begrifflich angebracht noch üblich, von der **Gesamtlaufdauer** des zu vergütenden Schutzrechts auszugehen; insoweit weist RL Nr. 41 (auch heute noch) zutreffend darauf hin, dass nur wenige Schutzrechte für die gesamte gesetzliche Laufdauer aufrechterhalten werden[308] (zur mittleren Patentlaufdauer zwischen 12 und 13 Jahren s. KommRL Rn. 9 ff. zu RL Nr. 41). Anstelle der in RL Nr. 41 Satz 3 angesprochenen »durchschnittlichen Laufdauer eines Patents« (s. dazu § 13 Rdn. 14) ist seit Längerem in der Betriebspraxis – und auch in der Praxis der *Schiedsstelle* – üblicher Ausgangspunkt eine konkrete **Nutzungsprognose** für die zu vergütende Diensterfindung (s. KommRL Rn. 4 ff.). Bestehen keine besonderen

---

306 Vgl. z. Pauschallizenzgebühr OLG München v. 28.06.1990, WuW 1991, 412 – *Windsurfing*.
307 Schiedsst. Arb.Erf. 33/87, (unveröffentl.).
308 Ebenso Schiedsst. v. 15.01.2009 – Arb.Erf. 51/07, (unveröffentl.).

## F. Art der Vergütung § 9

Anhaltspunkte dafür, dass das konkrete Schutzrecht für eine bestimmte Dauer aufrechterhalten und genutzt wird, sollte zunächst geprüft werden, ob **im Unternehmen Erfahrungswerte** über die durchschnittliche betriebliche Nutzungsdauer von Schutzrechten auf dem betreffenden oder einem vergleichbaren Gebiet vorhanden sind. Fehlt ein (vergleichbarer) unternehmensbezogener Innovationszyklus, so ist im Regelfall der Pauschalierung eine **durchschnittliche Nutzungsdauer gewerblich genutzter Patente in den einzelnen Branchen – gerechnet ab Anmeldung** (vgl. § 16 PatG), **zugrunde zu legen**. Die *Schiedsstelle*[309] wie auch die betriebliche Praxis berücksichtigen hierbei Umfrageergebnisse aus der deutschen Industrie, die im Branchenmittel eine durchschnittliche Nutzungsdauer der gewerblich genutzten Patente von etwa 10,6 Jahren nachgewiesen haben[310] (s. im Einz. § 13 Rdn. 14 sowie KommRL Rn. 14 f. zu RL Nr. 41).

Die durchschnittliche Nutzungsdauer kann aber **nur dann voll in Ansatz** gebracht werden, wenn die Pauschalvergütung zu einem frühen Zeitpunkt nach Inanspruchnahme bzw. Schutzrechtsanmeldung festgestellt oder vereinbart wird.

Für die Pauschalabfindung der zukünftigen Nutzungshandlungen geht die *Schiedsstelle* dabei vielfach von einem **Durchschnitts-Jahresumsatz** des zurückliegenden Nutzungszeitraums aus,[311] s. im Übr. KommRL zu RL Nr. 41.

Bei diesen Berechnungsgrundsätzen gilt häufig der Aspekt einer **Abzinsung** für vorschüssige Zahlungen als kompensiert. Nach Auffassung der *Schiedsstelle*[312] stehen die dem Arbeitgeber bei einer Pauschalvergütung vermittelten Vorteile, wie Einsparung von Verwaltungskosten bei jährlicher Abrechnung, sowie Vermeidung des Risikos erhöhter Vergütungsansprüche, einer Abzinsung entgegen.

---

309 Schiedsst. v. 13.11.1997 – Arb.Erf. 31; v. 22.01.1998 – Arb.Erf. 63/96; v. 03.06.1998 – Arb.Erf. 89/96; v. 15.01.2009 – Arb.Erf. 51/07, u. v. 23.02.2010 – Arb.Erf. 37/08, (sämtl. unveröffentl.).
310 BDI/BDA-Umfrage 1995 – 1997, GRUR 1999, 134 f. Hiernach ergeben sich als durchschnittliche Benutzungsdauer: Chemie 12 Jahre, Feinmechanik/High-Technologie-Bereich 8,8 Jahre; Maschinenbau 10 Jahre; Werkstoffe (Papier, Kautschuk, Holz, Kunststoffe) 9,3 Jahre; ansonsten überwiegend 10 Jahre (ohne Bereiche Pharma und Pflanzenschutz).
311 Schiedsst. v. 24.09.1984 – Arb. Erf. 22/85, (unveröffentl.); v. 13.01.1986, BlPMZ 1991, 201, 202 u. v. 03.06.1998 – Arb.Erf. 89/96, (unveröffentl.).
312 EV v. 15.01.2016 – Arb.Erf. 65/13, (www.dpma.de).

60 Eine auf einer Vereinbarung beruhende Pauschalabfindung stellt vielfach einen **Vergleich** i.S.d. § 779 BGB dar.[313] Pauschalvergütungsvereinbarungen sind gem. § 22 erst nach Meldung zulässig und unterliegen in besonderem Maß dem **Unbilligkeitsverbot** des § 23 (s. dazu § 23 Rdn. 21 ff., insbes. Rdn. 22.5 f.). Soweit Pauschalvergütungen **vor Schutzrechtserteilung** ins Auge gefasst werden, wirkt sich dies insb. bei der Bemessung des Risikofaktors aus[314] (s. dazu § 12 Rdn. 67 f. u. 114). Zur Überprüfung der Pauschalvergütung bei **veränderten Umständen** s. § 12 Rdn. 111 f.

Ausf. zur Pauschalvergütung KommRL Rn. 6 ff. zu RL Nr. 40.

### 3. Incentive-Systeme

61 Eine Pauschalvergütungsregelung besonderer Art sind sog. Incentive-Systeme. Sie bezwecken, **Anreize** für schöpferische Leistungen zu geben, indem diese frühzeitig **durch Prämien und Pauschalzahlungen** honoriert und anerkannt werden. Incentive-Zahlungen werden als honorierende, freiwillige Arbeitgeberleistung im Zweifel auch **nicht auf Arbeitnehmererfindervergütungsansprüche angerechnet**, was aber Sache der Vereinbarung im Einzelfall ist. S. im Übr. § 11 Rdn. 22 ff.

### 4. Erfindervergütung in Form von Gehaltsanhebungen/Sonderzahlungen

62 Im Einzelfall kann die Erfindervergütung – nach Erfindungsmeldung (vgl. § 22 Satz 1 Rdn. 21) – (ganz oder teilweise) auch durch Gehaltserhöhung[315] oder Gratifikation bzw. Tantiemeleistungen erbracht werden, allerdings nur dann, wenn dies mit dem Erfinder vereinbart wird (§ 12 Abs. 1) bzw. der Arbeitgeber dies unwidersprochen festgesetzt hat[316] (§ 12 Abs. 3, 4; s.a. § 23 Rdn. 21 ff.). Für eine erfolgte bzw. für die Zukunft festgelegte Erfüllung des

---

313 Vgl. BGH v. 17.04.1973 – X ZR 59/69, GRUR 1973, 649, 651 – *Absperrventil* m. Anm. Schade; Volmer/Gaul Rn. 14 zu § 12; vgl. auch BGH v. 20.11.1962 – I ZR 40/61, GRUR 1963, 315, 317 r.Sp. – *Pauschalabfindung*; Tetzner, BB 1963, 649; krit. Beck-Mannagetta, BB 1976, 421, 423.
314 S. dazu Schiedsst. v. 24.10.1977, BlPMZ 1979, 186; s.a. Schiedsst. v. 09.11.1970, BlPMZ 1971, 170.
315 S. dazu etwa LG Düsseldorf v. 25.03.2014 – 4a O 122/12, (juris, Rn. 48 ff., in Mitt. 2015, 47 nur LS) – Insektenschutzrollo; Schiedsst. v. 18.01.2017 – Arb.Erf. 67/14, (www.dpma.de); Boemke/Kursawe/Engemann Rn. 150 f. zu § 9.
316 Schiedsst. v. 16.11.1961, BlPMZ 1962, 138 = GRUR 1962, 455 (LS) m. zust. Anm. Schippel; v. 04.04.1995 – Arb.Erf. 53/93 (unveröffentl.); ferner Schiedsst. v. 27.01.2011 – Arb.Erf. 49/09, (www.dpma.de, nur LS. 1, dort bei Vergütungsvereinbarung); Volmer/Gaul Rn. 1067 zu § 9/RL Nr. 40 u. Rn. 21 zu § 12; i. Ergebn. auch Schiedsst. v. 21.05.1982 – Arb.Erf. 14/81, (unveröffentl., zu § 20 Abs. 1).

Vergütungsanspruchs durch derartige Sonderformen ist der Arbeitgeber darlegungs- und beweispflichtig.

Das **laufende Arbeitsentgelt** als solches vermag noch keine Abgeltung für die Diensterfindung darzustellen.[317] Dies gilt auch bei überdurchschnittlicher Gehaltszahlung an den Arbeitnehmererfinder ebenso wie bei hohen Erfolgsprämien, es sei denn, es wird ausdrücklich vereinbart, dass diese Zahlungen für die Abgeltung von Erfindervergütungsansprüchen erfolgen.[318] Hohe Gehalts- oder Sonderzahlungen sind allenfalls ein Umstand, der bei der Bemessung des Anteilsfaktors zu berücksichtigen ist (s.u. § 9 Rdn. 280 ff.).

Der Arbeitgeber muss deutlich (**zweifelsfrei erkennbar**) machen, dass er eine **Gehaltsanhebung** als Erfindervergütung gewähren will.[319] Die bloße Tatsache einer Gehaltserhöhung nach Übertragung der Diensterfindung kann nicht als stillschweigende Abgeltung schon bestehender Vergütungsansprüche gewertet werden,[320] erst recht nicht von zukünftigen.[321] Dementsprechend können auch Gehaltserhöhungen, die im Zusammenhang mit dem betrieblichen Aufstieg stehen, nicht auf eine Erfindervergütung angerechnet werden.[322]

63

Mangels eindeutiger, ausdrücklicher Hinweise des Arbeitgebers kommt eine Abgeltung der Erfindervergütung auch nicht durch Tantiemezahlungen,[323] Leistungszahlungen[324] oder beliebige **Gratifikationen** in Betracht.

Bei einer **Tantiemeregelung** des Arbeitgebers, wonach bestimmte Personenkreise (z.B. alle AT-Mitarbeiter bzw. alle Leitenden Angestellten) eine am Unternehmensgewinn orientierte Jahrestantieme erhalten und hierauf Erfin-

---

317 Abw. (noch) BAG v. 01.11.1956, GRUR 1957, 338, 339 l.Sp. oben; s.a. Werner, BB 1983, 839, 840 f. u. die Kritik v. Gaul/Wexel, BB 1985, 2069 ff.
318 Schiedsst. v. 15.09.1994 – Arb.Erf. 172/92, (unveröffentl.). Zur Gehaltsanhebung vgl. ferner LG Düsseldorf v. 25.03.2014 – 4a O 122/12, (juris, Rn. 48 ff., in Mitt. 2015, 47 nur LS); Boemke/Kursawe/Engemann Rn. 150 f. zu § 9.
319 Schiedsst. v. 12.03.1964, BlPMZ 1964, 233 u. v. 16.11.1961, BlPMZ 1962, 138 = GRUR 1962, 455 (LS) m. zust. Anm. Schippel; Keukenschrijver in Busse/Keukenschrijver, PatG, Rn. 27 zu § 9 ArbEG.
320 BGH v. 22.10.1964 – I a ZR 8/64, GRUR 1965, 302 a. E., 305 – *Schellenreibungskupplung*.
321 Reimer/Schade/Schippel/Himmelmann Rn. 59 zu § 9; abw. Bengelsdorf, DB 1989, 1024, 1029; s. (aber) auch Schiedsst. v. 18.01.2017 – Arb.Erf. 67/14, (www.dpma.de).
322 OLG Düsseldorf v. 11.01.1974 – 2 U 84/71 – *Gleichrichter*, insoweit nicht in EGR Nr. 35 zu § 9 (Verg.Höhe); zust. Boemke/Kursawe/Engemann Rn. 149 zu § 9.
323 LG Braunschweig v. 12.05.1970 – 9c O 13/69, (unveröffentl.).
324 Schiedsst. v. 15.09.1994 – Arb.Erf. 172/92, (unveröffentl.).

dervergütungsansprüche (ganz oder teilweise) angerechnet werden sollen, bestehen – über § 22 hinaus – rechtliche Zweifel bereits unter dem Gesichtspunkt der Verletzung des Gleichbehandlungsgrundsatzes (s. hierzu § 25 Rdn. 21).

**63.1** Werden in **Zielvereinbarungen** der Arbeitsvertragparteien (s. dazu § 22 Rdn. 16.1) Bonuszahlungen für technische Neuerungen vereinbart, so bestehen im Hinblick auf § 22 Satz 1 Bedenken, wenn damit zugleich evtl. Vergütungsansprüche nach dem ArbEG abgegolten sein sollen; ggf. greift auch § 23 ArbEG.[325] Soweit die Bonuszahlung an die Stelle der gesetzlichen Vergütung treten soll, gilt das unabhängig davon, in welcher Höhe sich der Bonusbetrag bewegt und ob es überhaupt zu einer späteren Nutzung der Erfindung und damit einer Erfindervergütung kommt[326] (s. hierzu § 22 Rdn. 21). Die Auswirkungen unwirksamer erfinderrechtlicher Abreden auf die sonstigen Festlegungen in der Zielvereinbarung bestimmen sich nach § 139 BGB.

**64** Früher war eine **ziffernmäßige Abgrenzung** der als Vergütungsleistung vorgesehenen Gehaltsbestandteile bzw. Sonderzahlungen bereits deshalb notwendig, um dem Arbeitnehmer die Steuervergünstigungen für Erfindervergütungen zu gewährleisten.[327] Ungeachtet des Wegfalls steuerlicher Vergünstigungen zum 31.12.1988 (s. § 9 Rdn. 350) kann sich eine klarstellende Abgrenzung vom Arbeitsentgelt (s.a. oben § 9 Rdn. 3) als notwendig erweisen; denn an das Arbeitsentgelt können – etwa im Hinblick auf Vollstreckungsmaßnahmen, betriebliche Altersversorgung, Insolvenzfall, Sozialplanregelungen usw. – andere Rechtsfolgen anknüpfen. Dementsprechend hat die *Schiedsstelle* bislang »**Sonderzahlungen/Erfolgsprämien**« nur dann als Vergütungszahlung angesehen, wenn zwischen den Arbeitsvertragsparteien vereinbart bzw. vom Arbeitgeber i.R.d. Vergütungsfestsetzung eindeutig erklärt worden ist, dass diese Sonderzahlungen als Erfindervergütung anzusehen und – jedenfalls vor 1989 – auch anschließend ggü. dem Finanzamt als solche deklariert worden sind.[328]

---

325 Schiedsst. v. 20.03.2003, BlPMZ 2003, 559 f. u. v. 17.11.2004 – Arb.Erf. 60/03 (Datenbank); vgl. auch BAG v. 18.11.2003 – 9 AZR 173/03, (unveröffentl.). Ausf. A. Bartenbach/K. Bartenbach Festschr. Ulrich Eisenhardt (2007), 185 ff.
326 Schiedsst. v. 17.11.2004 – Arb.Erf. 60/03, (Datenbank).
327 Schiedsst. v. 12.03.1964, BlPMZ 1964, 233; Schippel in Anm. zu Schiedsst. v. 16.11.1961, GRUR 1962, 455 (LS); vgl. auch Heine/Rebitzki Anm. 2 zu § 9 u. dies., Vergütungen f. Erf. Anm. 7 zu RL 40 (S. 243 a. E.).
328 Schiedsst. ZB v. 10.08.1981 – Arb. Erf. 54/80; ähnl. ZB v. 29.08.1985 – Arb.Erf. 13/84, beide unveröffentl.; i.d.S. auch Schiedsst. v. 02.03.1993 – Arb.Erf. 27/92; i. Anschl. an OLG München v. 18.01.1973 – 6 U 1392/72, (beide unveröffentl.); Schiedsst. v. 15.09.1994 – Arb.Erf. 172/92 u. v. 04.04.1995 – Arb.Erf. 53/93, (beide unveröffentl.).

## F. Art der Vergütung  § 9

Wird die Sonderzahlung vom Arbeitgeber unter Hinweis auf die tatkräftige Mitarbeit und ein anerkennenswertes Engagement des Erfinders erbracht, spricht dies für eine freiwillige (motivierende) Zuwendung und gegen eine (anrechenbare) Vergütungsleistung[329] (s. zu sog. Incentive-Systemen § 11 Rdn. 22 ff.). Gleiches gilt für Steigerungen auf Grund von Lohnerhöhungen, mit denen im Regelfall der allgemeinen Lohnentwicklung sowie einer positiven Unternehmensentwicklung Rechnung getragen werden soll.[330]

Pauschale Vergütungsregelungen können im Hinblick auf §§ 9, 22 Satz 2 zudem nur **Erfindungen** umfassen, die im Zeitpunkt der Gehaltsfestsetzung bzw. -vereinbarung dem Arbeitgeber **gemeldet** und (i.d.R. bereits) von ihm in Anspruch genommen waren.[331] Davon zu unterscheiden sind (anrechenbare) **Vorschüsse** bzw. Abschlagszahlungen, die selbstverständlich bereits vor Meldung der Diensterfindung möglich bleiben. 65

Soweit die Arbeitsvertragsparteien keine ausdrückliche Abrede über die Laufzeit der zusätzlichen »Gehaltszahlung« getroffen haben, muss die **beabsichtigte Zahlungsdauer** im Wege der Auslegung (§§ 133, 157 BGB) ermittelt werden. Da eine Gehaltserhöhung i.d.R. auf Dauer angelegt ist – vom Fall der Verrechenbarkeit bei Tariferhöhungen abgesehen –, fällt sie regelmäßig nicht mit Ablauf des Schutzrechts oder mit Aufgabe der Nutzung weg[332]; im Zweifelsfall handelt es sich um eine vom Bestehen und von der Nutzungslage des Schutzrechts unabhängige Pauschalabfindung, in der zugleich eine vollständige Erfüllung i.S.d. § 16 liegt[333] (s. dort auch § 9 Rdn. 18 ff.). 66

**Scheidet ein Arbeitnehmer (vorfristig)** – aus welchem Grunde auch immer – aus dem Arbeitsverhältnis **aus**, so endet zwangsläufig die Pflicht des Arbeitgebers zur Gehaltszahlung. Haben die Parteien diesem Umstand bei einer pauschalierten Vergütungsvereinbarung nicht Rechnung getragen – bspw. indem die Erfindervergütung unabhängig von der zukünftigen Dauer des Arbeitsverhältnisses als abgegolten gelten soll –, geht dem Arbeitnehmer die Entlohnung nicht zwangsläufig verloren, es sei denn, der Arbeitnehmer hat für den Vorteil der Gehaltserhöhung, unabhängig davon, ob und in welchem Umfang die Erfindung überhaupt genutzt wird, bewusst das Risiko einer früheren Vertrags- 67

---

329 LG Düsseldorf v. 12.12.1995 – 4 0 139/35, (unveröffentl.).
330 Vgl. auch Schiedsst. v. 18.01.2017 – Arb.Erf. 67/14, (www.dpma.de).
331 Schiedsst. v. 30.11.1977, EGR Nr. 19 zu § 9 ArbEG (VergAnspr.); vgl. auch V. Tetzner, BB 1963, 649 gegen H. Tetzner, Mitt. 1962, 194 f.
332 Zust. LG Düsseldorf v. 25.03.2014 – 4a O 122/12, (juris, Rn. 53, in Mitt. 2015, 47 nur LS) – Insektenschutzrollo.
333 Vgl. Schiedsst. v. 30.11.1977, EGR Nr. 19 zu § 9 ArbEG (VergAnspr.).

beendigung in Kauf genommen.³³⁴ Andernfalls kann der Arbeitnehmer unter den sonstigen Voraussetzungen des § 12 Abs. 6 einen Ausgleichsanspruch haben (s. § 12 Rdn. 109). Dies gilt auch beim Tod des Arbeitnehmers zugunsten seiner Erben.³³⁵ In krassen Fällen bleibt evtl. der Rückgriff auf § 23.

Zur Fortgeltung der Erfindervergütungsansprüche nach Auflösung des Arbeitsverhältnisses vgl. auch § 26 Rdn. 27 f.

### 5. Sonstige Formen der Vergütungszahlung

**68** Während im Bereich des betrieblichen Vorschlagswesens die Prämierung einfacher Verbesserungsvorschläge mit **Sachleistungen** oder sonstigen vergleichbaren geldwerten Leistungen verbreitet ist, sind diese im Bereich der Erfindervergütungszahlungen gänzlich **unüblich**. Eine Befugnis zur einseitigen Zuweisung derartiger geldwerter Leistungen anstelle einer Erfindervergütungszahlung hat der Arbeitgeber nicht. Im Einzelfall sind – ausnahmsweise – bei Einverständnis aller Beteiligten Vergütungen in Form von geldwerten **Sachleistungen** möglich, wie etwa durch Abtretung der erfindungsbezogenen Schutzrechtspositionen nach §§ 413, 398 ff. BGB, § 15 Abs. 1 Satz 2 PatG³³⁶ (vgl. auch § 107 Abs. 2 GewO).

Sachleistungen kommen im Übrigen – wenn überhaupt – letztlich nur bei kleinen, wirtschaftlich unbedeutenden Erfindungen in Betracht.³³⁷ Üblicherweise werden solche vom Arbeitgeber gewährten Sachleistungen nicht zum Ausgleich des durch die Erfindung vermittelten wirtschaftlichen Nutzens erbracht,³³⁸ sondern »aus Anlass« der Erfindungsleistung; derartige Anerkennungen können dann mit ihrem Geldwert nicht auf später erfolgende Vergütungszahlungen angerechnet werden (s.a. § 9 Rdn. 53).

**68.1** In noch größerem Maße als bei der Erfindervergütung in Form von Gehaltsanhebungen (vgl. § 9 Rdn. 62 ff.) sprechen die dort aufgeführten Gründe gegen eine Umwandlung der Erfindervergütung in **rentenähnliche Leistungen** bzw. eine Anhebung gegebener betrieblicher Ruhegeldzusagen, auch wenn dies auf

---

334 Schiedsst. v. 21.05.1980 – Arb.Erf. 48/79, (unveröffentl.).
335 Bartenbach, Mitt. 1982, 205, 208.
336 Ebenso Schiedsst. v. 18.11.2008 – Arb.Erf. 31/07, (Datenbank).
337 Keukenschrijver in Busse/Keukenschrijver, PatG, Rn. 24 zu § 9 ArbEG; folgend auch Boemke/Kursawe/Engemann Rn. 154 zu § 9.
338 Volmer, VergRichtl. Rn. 9 zu RL 1959/Nr. 40.

der Grundlage einverständlicher Regelung der Arbeitsvertragsparteien als zulässig erachtet werden kann.³³⁹

## G. Bemessung der Vergütung

Die Bemessung der Vergütung ist die schwierigste und am meisten mit Streit behaftete Materie des Erfinderrechts. Hier sollen die vom Bundesminister für Arbeit und Sozialordnung im Jahr 1959 erlassenen Amtlichen Vergütungsrichtlinien Hilfen zur Bestimmung der angemessenen Vergütung vermitteln (vgl. § 11). Wir haben hierzu eine eigenständige Kommentierung erstellt, den 2017 in 4. Aufl. im Carl Heymanns-Verlag erschienenen **Vergütungs-Kommentar »Arbeitnehmererfindervergütung«** (im Folgenden abgekürzt: **KommRL**). Mit Rücksicht hierauf beschränkt sich die nachfolgende Darstellung auf die wesentlichen Grundsätze der Erfindervergütung unter Berücksichtigung aktueller Entscheidungen der *Schiedsstelle* und der Gerichte. Wegen der Einzelheiten wird jeweils auf die entsprechende Darstellung in KommRL verwiesen.

**69**

### I. Angemessenheit (Abs. 1)

In Übereinstimmung mit § 5 Abs. 1 DVO 1943 bestimmt § 9 Abs. 1 lediglich, dass der Vergütungsanspruch des Arbeitnehmers (der Höhe nach) »angemessen« sein muss. § 9 Abs. 2 enthält Anhaltspunkte zur Bemessung der Vergütung und nennt die **maßgeblichen Bemessungskriterien** (s. dazu § 9 Rdn. 74 ff.).

**69.1**

Ein Anspruch auf **Mindestvergütung** besteht nicht;³⁴⁰ der Gesetzgeber hat davon ausdrücklich abgesehen³⁴¹. Ebenfalls gibt es keine Vergütungsobergrenze im Sinne einer **Höchst- bzw. Maximalvergütung** (s. KommRL Einl. Rn. 100).

Die **»angemessenen Vergütung«** ist der **Kernbegriff** für die Vergütung von Arbeitnehmererfindungen. Den Begriff verwendet das ArbEG außer in § 9

**70**

---

339 Vgl. dazu Volmer/Gaul, Rn. 1077 f. zu § 9/RL Nr. 40; vgl. zur Frage der Anrechnung von Erfindervergütung auf betriebliche Versorgungsleistungen BAG v. 09.07.1985, BB 1986, 1228 i. Anschluss an LAG Frankfurt v. 29.07.1983, BB 1984, 278; zur kartellrechtlichen Bewertung einer Altersversorgungsregelung zugunsten eines Lizenzgebers vgl. BKartA i. Tätigkeitsbericht 1975, 95 (BT-Drucks. 7/5390).
340 Schiedsst. v. 20.10.1986 – Arb.Erf. 82/85, (unveröffentl.); Reimer/Schade/Schippel/Himmelmann Rn. 33 zu § 9.
341 Amtl. Begr. BT-Drucks. II/1648 S. 26 = Blatt 1957 232.

Abs. 1 noch in § 10 Abs. 1 a.F., § 14 Abs. 3, § 16 Abs. 3 und § 20 Abs. 1 (vgl. auch § 38); ergänzend spricht § 19 Abs. 1, 3 von »angemessenen Bedingungen«, § 40 Nr. 1 von einer »angemessenen Beteiligung« (vgl. aber § 42 Nr. 4). Durch das Kriterium der »Angemessenheit« trägt der Gesetzgeber dem Umstand Rechnung, dass gerade die Bemessung der Vergütung einer schematischen Handhabung nicht zugänglich ist, soll sie zu gerechten Ergebnissen im Einzelfall führen (s.a. § 9 Rdn. 301 f.). Zudem stehen nicht nur die Höhe, sondern auch die Art der Vergütungszahlung unter dem Gebot der Angemessenheit. Zum allgemeinen Vergütungsgrundsatz s.o. § 9 Rdn. 2.

71 Das Gebot der Angemessenheit verwehrt dem Arbeitgeber eine Entscheidung nach freiem Ermessen; bei diesem Kriterium handelt es sich vielmehr um einen gerichtlich voll überprüfbaren, **unbestimmten Rechtsbegriff**,[342] der die Wahl zwischen mehreren Ergebnissen ausschließt und (rechtstheoretisch) nur eine richtige Entscheidung zulässt. Für die Kennzeichnung des »Angemessenen« kommt es nicht auf (subjektive) Vorstellungen der Arbeitsvertragsparteien an. Angemessen ist die Vergütung, die einen **gerechten Ausgleich** zwischen den betrieblichen Interessen des Arbeitgebers und dem Vergütungsinteresse des Arbeitnehmers darstellt.[343] Nach *Keukenschrijver* müssen die betrieblichen Interessen des Arbeitgebers und die berechtigten Interessen des Arbeitnehmererfinders gleichwertig berücksichtigt und miteinander abgewogen werden.[344] Der Begriff der Angemessenheit ist allein nach **sachlichen Kriterien** auszufüllen, d.h. nach den objektiv zu bestimmenden Vorteilen des Arbeitgebers, die er aus der Verwertung der in Anspruch genommenen Erfindung zieht oder ziehen kann, wobei die Bemessung betriebsbezogen zu ermitteln ist[345] (s. § 9 Rdn. 2.4, 75f.). Entscheidend sind die tatsächlichen **Umstände des Einzelfalls**, wobei eine wirtschaftliche Betrachtungsweise im Vordergrund steht.[346]

---

342 Wie hier Reimer/Schade/Schippel/Himmelmann Rn. 33 zu § 9; Keukenschrijver in Busse/Keukenschrijver, PatG, Rn. 29 zu § 9 ArbEG; Volmer Rn. 11 zu § 9; vgl. auch Windisch, GRUR 1985, 829, 831; so auch zu § 32 Abs. 1 UrhG: BVerfG v. 23.10.2013 GRUR 2014, 169 (Rn. 84) – *Übersetzerhonorare*. Abw. noch LG Düsseldorf v. 31.03.1953, AP Nr. 3 zu § 9 ArbNErfind-DVO.
343 BGH v. 13.11.1997 – X ZR 132/95, GRUR 1998, 689, 692 – *Copolyester II* u. BGH v. 13.11.1997 – X ZR 6/96, GRUR 1998, 684, 687 – *Spulkopf*; vgl. auch BVerfG v. 24.04.1998, NJW 1998, 3704 f. – *Induktionsschutz von Fernmeldekabeln*; OLG Düsseldorf v. 16.08.2001 – 2 U 105/00, (unveröffentl.).
344 So zu Recht Keukenschrijver in Busse/Keukenschrijver, PatG, Rn. 5 zu § 9 ArbEG.
345 BGH v. 13.11.1997 – X ZR 132/95, GRUR 1998, 689, 692 – *Copolyester II* u. BGH v. 13.11.1997 – X ZR 6/96, GRUR 1998, 684, 687 – *Spulkopf*. Ebenso ständ. Praxis d. Schiedsst., z. B. v. 06.06.2014 – Arb.Erf. 54/12, (www.dpma.de).
346 Vgl. auch BGH v. 29.04.2003 – X ZR 186/01, Mitt. 2003, 466, 468 l.Sp. – *Abwasserbehandlung*.

G. Bemessung der Vergütung                                                          § 9

Dies erfolgt nach Maßgabe von § 9 Abs. 2 insbesondere mittels der Kriterien »Erfindungswert« und »Anteilsfaktor« (s. § 9 Rdn. 74 ff.). Da § 9 bezüglich der Angemessenheit auf die Vergütung der Diensterfindung insgesamt abstellt, kommt es entscheidend darauf an, ob »per saldo« die **Gesamtvergütung für die Diensterfindung** angemessen ist. Selbst wenn also im Einzelfall bei einer getroffenen Vergütungsregelung eine einzelne Verwertungsform (z.B. die Lizenzvergabe) niedriger als nach den Kriterien der Amtlichen Vergütungsrichtlinien bewertet worden ist, reicht dies zur Feststellung der Unangemessenheit einer Erfindervergütung dann nicht aus, wenn diese Nachteile durch eine höhere Bewertung anderer Nutzungsformen (z.B. Eigenverwertung) oder durch eine insgesamt großzügigere Wertung (z.B. bei der Bestimmung der Bezugsgröße, Anwendung der Abstaffelung, Bemessung des Anteilsfaktors) ausgeglichen werden. Es muss dann eine **Gesamtbetrachtung** der Vergütung für alle Verwertungsformen erfolgen und keine isolierte Bewertung einzelner Nutzungsvorgänge. Dies ergibt sich nicht zuletzt daraus, dass auch einem freien Erfinder bei Übernahme der gesamten Erfindungsrechte als Kaufpreis (Erfindungswert – s. § 9 Rdn. 76, 86 ff.) ein »Gesamtpreis« gezahlt wird, auch wenn dessen Bemessung wiederum von einer Vielzahl von Einzelkriterien abhängig ist. Das Gesamtergebnis muss angemessen sein, nicht unbedingt die Bewertung der einzelnen Vergütungsformen (»Rosinentheorie«). Zur Anwendung unternehmenseigener Vergütungsrichtlinien s. Komm RL Rn. 11 zu RL Nr. 1 und hier § 11 Rdn. 13 ff.

Bei der Feststellung der Angemessenheit sind nicht nur die dem Arbeitnehmer unmittelbar zufließenden Vermögensvorteile zu beachten, sondern auch **mittelbare vermögenswerte Leistungen** seitens des Arbeitgebers, sofern diese erkennbar von der Vergütungsregelung mit umfasst sind. Hierzu rechnet etwa der Umstand, dass eine als Erfindervergütung erbrachte Gehaltsanhebung auf Dauer angelegt ist (s. § 9 Rdn. 66) und ggf. zugleich die Bemessung der betrieblichen Altersversorgung beeinflusst.[347]    72

Neben den in § 9 Abs. 2 aufgeführten Anhaltspunkten gewähren die auf der Grundlage des § 11 erlassenen **Vergütungsrichtlinien** weitere Auslegungshilfen für die im Einzelfall vorzunehmende Ermittlung der Erfindervergütung. Die Richtlinien sind keine verbindlichen Vorschriften (vgl. RL Nr. 1 Satz 1); sie erfassen dabei neben den Vergütungsansprüchen aus § 9 auch solche nach §§ 10 a.F., 20 Abs. 1. Einzelheiten zu Inhalt und Bedeutung der Richtlinien

---

[347] Vgl. auch Schiedsst. v. 30.11.1977, EGR Nr. 13 zu § 9 ArbEG (VergHöhe); Keukenschrijver in Busse/Keukenschrijver, PatG, Rn. 4 vor § 9 ArbEG m.H.a. BAG BB 1986, 1228.

s. § 11 Rdn. 4 ff. zu; zur Ermittlung des Erfindungswertes s.u. § 9 Rdn. 86 ff.; zum Anteilsfaktor § 9 Rdn. 261 ff.; i.Ü. ausführlich Komm RL.

73 **Maßgebender Zeitpunkt** für die Bestimmung der Angemessenheit ist u. E. der Zeitpunkt der **Vergütungsregelung**.[348] Dies entspricht dem Verständnis der Unbilligkeitsschranke des § 23 ArbEG (s. § 23 Rdn. 20) und dem Anpassungsanspruch aus § 12 Abs. 6 Satz 1 ArbEG bei nachträglich geänderten Umständen (s. § 12 Rdn. 98 ff.).

Davon zu unterscheiden sind die **Bewertungszeitpunkte** für die **einzelnen Vergütungsparameter**. So sind für den **Anteilsfaktor** allein die Umstände vor bzw. bis zur Fertigstellung der Diensterfindung maßgebend (s. § 9 Rdn. 267, 279, 281). Demgegenüber kommt es u. E. für den **Erfindungswert** weder auf den Zeitpunkt der Inanspruchnahme als Bewertungsstichtag[349] noch auf den Zeitpunkt der Betriebsreife[350] oder der Benutzungsaufnahme[351] an, sondern auf den **Zeitpunkt einer** (ordnungsgemäßen) **Vergütungsregelung** (s. KommRL Rn. 80 ff. zu RL Nr. 6). Erfolgt allerdings eine Vergütungsvereinbarung bzw -festsetzung durch den Arbeitgeber nicht zeitgerecht (s. dazu § 9 Rdn. 20 ff.), sondern verspätet oder unterbleibt diese, darf sich das nicht zum Nachteil des Arbeitnehmers auswirken. Das betrifft insbesondere benutzte Diensterfindungen. Nach Auffassung des *OLG Düsseldorf*[352] ist generell bei unterbliebener Vergütungsfestsetzung auf die Kenntnisse zum Schluss des zu vergütenden Benutzungszeitraums abzustellen und damit zu fragen, welchen Lizenzsatz vernünftige Lizenzvertragsparteien in Kenntnis der zukünftigen Entwicklung vereinbart hätten. Auch wenn man diese letztlich am Schadensersatz bei Schutzrechtsverletzungen orientierte Betrachtung im Grundsatz als kritisch ansehen mag, zeigt das doch die stark verbreitete Tendenz der Praxis, bei nicht rechtzeitiger Vergütungsfestsetzung zwischenzeitliche Entwicklungen in die Bewertung einzubeziehen (ggf. mit einer Anpassung unter den Voraussetzungen des § 12 Abs. 6). Dem ist u. E. zuzustimmen. Es wäre auch mit Blick auf das Gebot der Angemessenheit bedenklich, wollte man zwischenzeitliche Entwicklungen, etwa erweiterte Produktmärkte, zusätzliche Verwertungsmöglichkeiten usw. negieren, auch wenn solche unterhalb der Wesentlichkeits-

---

348 Ebenso höchstrichterl. Rspr. zu § 32 Abs. 1 UrhG, vgl. BVerfG v. 23.10.2013 GRUR 2014, 169 (Rn. 113) – *Übersetzerhonorare* m.H.a. BGH v. 07.10.2009 – I ZR 38/07, GRUR 2009, 1148 – *Talking to Addison*.
349 So wohl auch Reimer/Schade/Schippel/Himmelmann Rn. 7 zu § 11/RL Nr. 2.
350 So aber wohl Reimer/Schade/Schippel/Himmelmann Rn. 6 f. zu § 11/RL Nr. 2.
351 So aber Schiedsst. v. 15.06.2015 – Arb.Erf. 07/13, (www.dpma.de, »spätestens«) m.H.a. die Lizenzvertragspraxis.
352 OLG Düsseldorf v. 04.03.2004 Inst.GE 4, 165, 172 – *Spulkopf II*.

schwelle des § 12 Abs. 6 lägen; Gleiches würde im umgekehrten Fall gelten, etwa bei einem Erfindungseinsatz mit Verlust.

Eine Ausnahme wird allerdings in den Fällen des **Widerspruchs** gegen eine Vergütungsfestsetzung (§ 12 Abs. 4) gelten, mit der der Arbeitgeber seiner Festsetzungpflicht nach § 12 Abs. 3 ordnungsgemäß nachgekommen ist. Hier erscheint es u. E. angemessen und sachgerecht, für den Erfindungswert grundsätzlich auf den Zeitpunkt dieser den Arbeitgeber bindenden Vergütungsfestsetzung abzustellen, ggf. unter entsprechender Beachtung eines Anpassungsanspruchs nach § 12 Abs. 6.

Bei **nicht benutzten Diensterfindungen** ergibt sich der maßgebliche Bewertungszeitpunkt jeweils aus den RLn. Nrn. 20 bis 24 (s. § 9 Rdn. 205, 212). Zur vorläufigen Vergütung s. § 12 Rdn. 67 ff.

## II. Bemessungskriterien – Prinzip der Vergütungsbemessung und Erfindungswert (Abs. 2)

§ 9 Abs. 2 soll mit den dort aufgeführten Kriterien den unbestimmten Rechtsbegriff der »Angemessenheit« konkretisieren[353] (s. § 9 Rdn. 70 ff.). Die Regelung fasst die maßgeblichen Kriterien zusammen, die für die Bemessung der Vergütung des Arbeitnehmererfinders von besonderer Bedeutung sind.[354] In diesem Sinn ist die Aufzählung der Bemessungskriterien in **§ 9 Abs. 2** zwar nicht erschöpfend;[355] allerdings handelt es sich dabei um die maßgeblichen und damit in der Praxis um die letztlich **entscheidenden Größen zur Vergütungsbemessung**.[356] Wenn auch der dortigen Reihenfolge keine bewertende Bedeutung zukommen soll,[357] so heißt dies nicht, dass die Kriterien gleichwertig nebeneinanderstehen.[358] Vielmehr steht die wirtschaftliche Verwertbarkeit an vorrangiger Stelle;[359] ihr kommt im Regelfall eine ausschlaggebende Rolle bei der Vergütungsbemessung[360] zu.

74

---

353 Vgl. auch BGH v. 29.04.2003 – X ZR 186/01, GRUR 2003, 789 – *Abwasserbehandlung*.
354 S. BGH v. 17.11.2009, GRUR 2010, 223, 225 (Rn. 21) – *Türinnenverstärkung*.
355 Amtl. Begründung BT-Drucks. II/1648 S. 26 = BlPMZ 1957, 232.
356 So im Ergebnis auch BGH v. 17.11.2009, GRUR 2010, 223, 225 (Rn. 21) – *Türinnenverstärkung* und 17.11.2009 – 60/07 (Rn. 20), [juris] – *Türbänder*; Keukenschrijver in Busse/Keukenschrijver, PatG, Rn. 28 zu § 9 ArbEG.
357 Amtl. Begründung BT-Drucks. II/1648 S. 26 = BlPMZ 1957, 232.
358 So zu Recht Volmer Rn. 12 zu § 9.
359 Ausschussber. zu BT-Drucks. II/3327 S. 5 = BlPMZ 1957, 252.
360 Vgl. Amtl. Begründung BT-Drucks. II/1648 S. 27 = BlPMZ 1957, 233; Keukenschrijver in Busse/Keukenschrijver, PatG, Rn. 28 zu § 9 ArbEG.

Im Grundsatz sind anderweitige Bemessungskriterien allenfalls dann anzuerkennen, wenn solche geeignet und erforderlich sind, die Ermittlung einer angemessenen Erfindervergütung, namentlich den wirtschaftlichen Wert der Diensterfindung, zuverlässiger zu bestimmen.[361]

Während das Kriterium der wirtschaftlichen Verwertbarkeit dem Grundsatz der Zuordnung des wirtschaftlichen Wertes der Erfindung an den Erfinder Rechnung trägt, berücksichtigen die weiteren Kriterien, also die Aufgaben und die Stellung des Arbeitnehmers im Betrieb (Unternehmen; s. hierzu § 1 Rdn. 101 ff.) sowie der Anteil des Betriebs am Zustandekommen der Diensterfindung, die Besonderheiten der Erfindung im Arbeitsverhältnis.[362] Im Fall einer Miterfinderschaft ist zudem der Miterfinderanteil in Ansatz zu bringen (s. dazu § 9 Rdn. 311 ff.). Zum allgemeinen Vergütungsgrundsatz s. § 9 Rdn. 2.

75 Da die Vergütung des Arbeitnehmer-Erfinders einen Ausgleich dafür darstellen soll, dass er die vermögenswerten Rechte an seiner Erfindung dem Arbeitgeber infolge der (unbeschränkten) Inanspruchnahme überlassen hat[363] (§ 7 Abs. 1), gilt es zunächst, den **Wert der Erfindung** zu bestimmen. Dieser drückt sich im Umfang der wirtschaftlichen Verwertbarkeit der Erfindung (s. dazu § 9 Rdn. 86 f.) aus. Zutreffend wird deshalb in RL Nr. 2 Satz 3 die wirtschaftliche Verwertbarkeit als »**Erfindungswert**« gekennzeichnet. Dementsprechend stellen Rechtsprechung und Lehre die »wirtschaftliche Verwertbarkeit« i.S.d. § 9 Abs. 2 dem Erfindungswert i.S.d. RLn 1959 gleich.[364] Der Erfindungswert ist – neben dem Anteilsfaktor (s. dazu § 9 Rdn. 261 ff.) – der **zentrale Begriff der RLn 1959** (s. KommRL Rn. 1 ff. vor RL Nr. 3). Der Erfindungswert, dessen Ermittlung – je nach Verwertung und Schutzrecht – detailliert in RL Nrn. 3 bis 29 behandelt wird, soll den Vermögenswert der vom Arbeitnehmer

---

361 Davon ausgehen dürfte letztlich auch BGH v. 17.11.2009, GRUR 2010, 223, 225 (Rn. 21 ff.) – *Türinnenverstärkung*.
362 BVerfG v. 24.04.1998, NJW 1998, 3704, 3705 – *Induktionsschutz von Fernmeldekabeln*; s.a. BGH v. 16.04.2002 – X ZR 127/99, GRUR 2002, 801, 802 r. sp. – *Abgestuftes Getriebe*.
363 BGH v. 13.11.1997 – X ZR 6/96, GRUR 1998, 684, 687 – *Spulkopf* u. GRUR 1998, 689, 692 – *Copolyester II*.
364 BGH v. 16.04.2002 – X ZR 127/99, GRUR 2002, 801, 802 – *Abgestuftes Getriebe* u. BGH v. 29.04.2003 – X ZR 186/01, GRUR 2003, 789 – *Abwasserbehandlung*; v. 06.03.2012, Mitt. 2012, 285 (Rn. 15) – *Antimykotischer Nagellack*; OLG Düsseldorf v. 04.03.2004, InstGE 4, 165, 171 – *Spulkopf II*; im Ergebn. auch BVerfG v. 24.04.1998, NJW 1998, 3704, 3705 – *Induktionsschutz von Fernmeldekabeln*; s. ferner Reimer/Schade/Schippel/Himmelmann Rn. 3 zu § 11/RL Nr. 2; vgl. auch BGH v. 17.11.2009, GRUR 2010, 223, 225 (Rn. 21 ff.) – *Türinnenverstärkung*; Volmer/Gaul Rn. 37 zu § 9 u. 164 ff. zu § 9/RL Nr. 2.

## G. Bemessung der Vergütung § 9

entwickelten Erfindung abschätzen und den Arbeitnehmererfinder – in Verbindung mit dem Anteilsfaktor – am wirtschaftlichen Wert seiner Diensterfindung beteiligen, um so den verfassungsrechtlich gebotenen angemessenen Ausgleich für die Überleitung der Vermögensrechte an der Erfindung auf den Arbeitgeber zu gewährleisten[365] (s. a. § 9 Rdn. 1.2).

Beim Erfindungswert geht es um die **Erfassung und Abschätzung des Vermögenswertes** der den Patent- bzw. Gebrauchsmusterschutz rechtfertigenden technischen Lehre[366] und damit um eine **Bewertung des der Diensterfindung innewohnenden Gewinnpotentials.**[367] Erforderlich und geboten ist eine objektive Erfassung und Bewertung der tatsächlichen wirtschaftlichen (geldwerten) **Vorteile des Arbeitgebers** aus der Diensterfindung.[368] Der Erfindungswert ist folglich mit der h. M. nicht abstrakt, sondern arbeitgeber- bzw. **unternehmensbezogen** auszufüllen (s. § 9 Rdn. 2.4, 77). Der Erfindungswert ist im Unterschied zum Anteilsfaktor von den persönlichen Verhältnissen des Arbeitnehmererfinders unabhängig und gilt einheitlich für alle Arbeitnehmer-Miterfinder, so dass zeitgleich für verschiedene Arbeitnehmer-Miterfinder kein unterschiedlicher Erfindungswert festgelegt werden kann.[369] Ohne Einfluss ist auch die allgemeine wirtschaftliche Situation des Arbeitgebers, so dass selbst (erfindungsunabhängige) wirtschaftliche Engpässe des Arbeitgebers oder gar eine Zahlungsunfähigkeit keinerlei Ermäßigung des Erfindungswertes nach sich ziehen. Maßgeblich ist die **objektiv zu bestimmende wirtschaftliche Bedeutung** der Erfindung,[370] und zwar für den Arbeitgeber. Es kommt nicht auf die subjektiv geprägten Wertvorstellungen der Arbeitsvertragsparteien an. Als Orientierungsmaßstab stellt die höchstrichterliche Rechtsprechung – jedenfalls bei der Vergütung innerbetrieblicher Nutzungen – auf die **Sicht und Verhaltensweise (gedachter) »vernünftiger Lizenzvertragsparteien«** (bei der Lizenzanalogie, s. § 9 Rdn. 121) bzw. »vernünftiger Marktteilnehmer« (bei der Methode nach dem erfassbaren betriebli-

---

365 BGH v. 06.03.2012 – X ZR 104/09, Mitt. 2012, 285 (Rn. 15) – *Antimykotischer Nagellack.*
366 BGH v. 06.03.2012 – X ZR 104/09, Mitt. 2012, 285 (Rn. 15) – *Antimykotischer Nagellack.*
367 BGH v. 06.03.2012 – X ZR 104/09, Mitt. 2012, 285 (Rn. 16) – *Antimykotischer Nagellack.*
368 Vgl. etwa BGH 13.11.1997 – X ZR 6/96, GRUR 1998, 684, 687 – *Spulkopf* u. BGH v. 13.11.1997 – X ZR 132/95, GRUR 1998, 689, 692 – *Copolyester II.*
369 S. Schiedsst. v. 16.07.2015 – Arb.Erf. 6/13, (ww.dpma.de).
370 Vgl. z. B. OLG Düsseldorf v. 09.10.2014 – I-2 U 15713, (www.justiz.nrw.de/nrwe, Rn. 93) – *Scharniereinrichtung.*

chen Nutzen, s. § 9 Rdn. 165) bzw. »vernünftiger Parteien« (bei Schätzung des Erfindungswertes, s. § 9 Rdn. 176) ab.

76 Als wirtschaftliche Größe verkörpert der Erfindungswert die Dispositionsbefugnis über die Erfindungsrechte.[371] Der Erfindungswert geht davon aus, dass ein freier Erfinder einem Dritten die Erfindung und deren wirtschaftliche Vorteile nicht unentgeltlich überlassen würde.[372] Losgelöst von der Art des Zustandekommens als Diensterfindung bestimmt sich der Erfindungswert nach dem Marktwert der Diensterfindung für den Arbeitgeber.[373] Dementsprechend ist der Erfindungswert der **Definition des BGH** zufolge derjenige **Preis, den der Arbeitgeber** (bezogen auf die konkreten Verhältnisse seines Unternehmens, s. § 9 Rdn. 86 f.) **bei einer entsprechenden freien Erfindung einem freien Erfinder auf dem Markt zahlen würde**[374] (vgl. auch RL Nr. 3 sowie RL Nr. 13 Satz 3; s. i.Ü. KommRL Rn. 5 ff. vor RL Nr. 3).

---

371 BGH v. 06.03.2012, Mitt. 2012, 285 (Rn. 16 f.) – *Antimykotischer Nagellack*.
372 Keukenschrijver in Busse/Keukenschrijver, PatG (7. Aufl. 2013), Rn. 5 zu § 9 ArbEG m. H. a. BGH v. 29.04.2003 – X ZR 186/01, GRUR 2003, 789 – *Abwasserbehandlung*.
373 So Schiedsst. v. 09.11.1994 – Arb.Erf. 13/94, (unveröffentl.).
374 BGH v. 13.11.1997 – X ZR 132/95, GRUR 1998, 689, 691 – *Copolyester II*; BGH v. 13.11.1997 – X ZR 6/96, GRUR 1998, 684, 687 – *Spulkopf*; BGH v. 16.04.2002 – X ZR 127/99, GRUR 2002, 801, 802 – *Abgestuftes Getriebe*; v. 17.11.2009, GRUR 2010, 223, 224 (Rn. 13) – *Türinnenverstärkung*; s. [aber] auch BVerfG v. 24.04.1998, NJW 1998, 3704, 3705 – *Induktionsschutz von Fernmeldekabeln*, das (allerdings) auf den Betrag abstellt, »den der Betrieb einem freien Erfinder für die Benutzung der Erfindung zu zahlen gehabt hätte«; ferner BGH v. 06.03.2012, Mitt. 2012, 285 (Rn. 17) – *Antimykotischer Nagellack*, wo von dem auf dem Markt erzielbaren Preis gesprochen wird. Dem BGH folgend u. a. OLG Düsseldorf v. 09.10.2014 – I – 2 U 15/13, (www.justiz.nrw.de/nrwe Rn. 91) – *Scharniereinrichtung* u. v. 24.04.2012 – 4a O 286/10, (Düsseldf. Entsch. Nr. 1898) – *Kälteanlage*; OLG München v. 16.08.2012 – 6 U 2572/11, (unveröffentl.) – *Elektronische Funktionseinheit*. Wie hier auch Schiedsst. v. 12.03.1964, BlPMZ 1964, 233 (m.H.a. RL Nr. 4 Abs. 2, RL Nr. 7, 9, 15); v. 21.02.1969, BlPMZ 1970, 139; v. 04.08.1987, BlPMZ 1988, 171; v. 06.05.2003 Arb.Erf. 34/01 (unveröffentl.); v. 19.03.2013 – Arb.Erf. 55/12; v. 23.05.2014 – Arb.Erf. 38/12; v. 06.06.2014 – Arb.Erf. 54/12, (alle www.dpma.de); v. 07.05.2015 – Arb.Erf. 71/11, (www.dpma.de, insoweit nicht in Mitt. 2016, 517); v. 11.04.2018 – Arb.Erf. 27/16, (vorg. f. www.dpma.de) OLG Frankfurt am Main v. 21.04.1977, EGR Nr. 21 zu § 9 ArbEG (Verg.Anspr.) u. v. 27.11.1986, EGR Nr. 70 zu § 9 ArbEG (Verg.Höhe); Keukenschrijver in Busse/Keukenschrijver, PatG, Rn. 6 zu § 11 ArbEG; Reimer/Schade/Schippel/Himmelmann Rn. 4 zu § 11/RL Nr. 2; Boemke/Kursawe/Engemann Rn. 165, 176, 178 zu § 9; Lindenmaier/Lüdecke Anm. 3 zu § 11/RL. Nr. 2; Heine/Rebitzki Anm. 3a zu § 9; vgl. (aber) auch Volmer/Gaul Rn. 172 ff. zu § 9/RL Nr. 2.

Die **neuere Definition der *Schiedsstelle*** sieht als Erfindungswert denjenigen geldwerten Vorteil, der dem Arbeitgeber auf Grund der Diensterfindung tatsächlich zufließt.[375] Diese Darstellung erscheint **verkürzt**. Der Erfindungswert kann nämlich – wie der *BGH* zu Recht betont – **nicht gleichgesetzt** werden mit den Erträgen aus Herstellung und Vertrieb eines erfindungsgemäßen Produkts oder mit dem daraus vom Arbeitgeber erwirtschafteten Gewinn.[376] Er entspricht auch nicht dem gemeinen Wert im steuerrechtlichen Sinn.[377] Die Kennzeichnung der *Schiedsstelle* darf u. E. folglich nicht dahingehend missverstanden werden, dass die Summe aller geldwerten Vorteile des Arbeitgebers den Erfindungswert darstellt. Vielmehr geht es beim Erfindungswert um eine **Beteiligung des Arbeitnehmers** an dem geldwerten bzw. wirtschaftlichen Nutzen des Arbeitgebers auf Grund der Diensterfindung. Denn kein Käufer bzw. (General-) Lizenznehmer wäre beim Erwerb der vermögenswerten Rechte an einer entsprechenden freien Erfindung bereit, dem freien Erfinder seinen gesamten Gewinn aus der freien Erfindung als »Preis« bzw. »Lizenzgebühr« zu überlassen, ohne dass ihm selbst nach Erwerb der Erfindungsrechte ein wesentlicher Teil des Gewinns für seine unternehmerischen Leistungen und Risiken und für seine (Gemein-)Kosten verbleibt. Das erkennt auch die *Schiedsstelle* uneingeschränkt an (s. § 9 Rdn. 165, 177). Ausweislich der Bezugnahme der *Schiedsstelle*[378] auf das BGH-Urteil »Abgestuftes Getriebe«[379] und ihrer weiteren Erläuterungen geht es ihr offenkundig nur darum, dass – wie es dort der *BGH* ausdrückt – »von dem Arbeitgeber tatsächlich erzielte wirtschaftliche Vorteile den Erfindungswert am besten widerspiegeln« und es dabei verbleibt, als Erfindungswert »den Marktpreis« zugrunde zu legen, »den der Arbeitgeber einem freien Erfinder im Rahmen .... zahlen würde.«[380] Dementsprechend kann der Erfindungswert stets (nur) ein **angemessener Anteil an den geldwerten Vorteilen des Arbeitgebers auf Grund der Diensterfindung** sein (s. im Übrigen KommRL Rn. 6 ff. vor RL Nr. 3).

---

375 Z. B. Schiedsst. v. 21.04.2015 – Arb.Erf. 56/12; v. 23.04.2015 – Arb.Erf. 8/12; v. 07.05.2015 – Arb.Er. 71/11; v. 23.06.2015 – Arb.Erf. 42/12; v. 09.03.2016 – Arb.Erf. 39/13, (alle www.dpma.de); v. 25.04.2016 Mitt. 2017, 230, 231; v. 04.07.2016 Mitt. 2017, 366, 367; v. 17.07.2016 – Arb.Erf. 26/14, (www.dpma.de).
376 BGH v. 06.03.2012 Mitt. 2012, 285 (Rn. 14, 16) – *Antimykotischer Nagellack*.
377 BGH v. 06.03.2012 Mitt. 2012, 285 (Rn. 16) – *Antimykotischer Nagellack*, dort zur erbschaftsteuerrechtlichen Vermögensbewertung.
378 Z. B. Schiedsst. v. 25.04.2016 Mitt. 2017, 230, 231.
379 BGH v. 16.04.2002, GRUR 2002, 801, 802.
380 Schiedsst. v. 25.04.2016 Mitt. 2017, 230, 231 m.H.a. BGH v. 06.03.2012 Mitt. 2012, 285 – *Antimykotischer Nagellack*; so schon BGH v. 16.04.2002, GRUR 2002, 801, 802.

Der Erfindungswert ist nicht in dem Sinne »berechenbar«, dass er nach bestimmten Regeln aus feststehenden und ohne Weiteres ermittelbaren Umständen abgeleitet werden könnte.[381] Vielmehr bedarf er zu seiner Ermittlung bestimmter **Hilfskriterien**.[382]

Zur Ermittlung des Erfindungswertes bei betrieblicher Eigennutzung geben die Vergütungsrichtlinien **verschiedene Berechnungsmethoden** an die Hand (s. dazu § 9 Rdn. 103 ff.). Deutlich wird dies insb. an der (vorrangigen) Berechnungsmethode der **Lizenzanalogie** (s. dazu § 9 Rdn. 120 ff.), die sich an einem vom Arbeitgeber fiktiv mit einem freien Erfinder (Lizenzgeber) abgeschlossenen Lizenzvertrag orientiert, also daran, welcher Lizenzsatz vereinbart worden wäre, wenn er unter ungebundenen Vertragsparteien auf dem freien Markt ausgehandelt worden wäre (s. § 9 Rdn. 121). Die Orientierung am freien Lizenzmarkt als Ausgangspunkt für die Bestimmung des Erfindungswertes zeigt auch die in RL Nr. 13 Satz 3 für die Schätzung angesprochene Anknüpfung an einen (fiktiven) Kaufpreis, den der Arbeitgeber einem freien Erfinder hätte zahlen müssen.

77 Auch weil es allein auf die wirtschaftlichen Vorteile des Arbeitgebers ankommt (s.o. § 9 Rdn. 2.4), ist der Erfindungswert nach herrschender Meinung nicht abstrakt allein vom Markt her zu bestimmen, sondern stets bezogen auf die konkrete Situation im Unternehmen des Arbeitgebers, d.h. arbeitgeber- bzw.

---

381 BGH v. 16.04.2002 – X ZR 127/99, GRUR 2002, 801, 802 – *Abgestuftes Getriebe*; bestätigt durch BGH v. 29.04.2003 – X ZR 186/01, GRUR 2003, 789 – *Abwasserbehandlung*; im Anschluss daran u. a. OLG Düsseldorf v. 04.03.2004, InstGE 4, 165, 171 – *Spulkopf II*.
382 BGH v. 16.04.2002 – X ZR 127/99, GRUR 2002, 801, 802 – *Abgestuftes Getriebe*; BGH v. 29.04.2003 – X ZR 186/01, GRUR 2003, 789 – *Abwasserbehandlung*.

## G. Bemessung der Vergütung § 9

**betriebs-/unternehmensbezogen** zu ermitteln[383] (s. auch § 9 Rdn. 2.4, 86 ff., 211; zur Lizenzanalogie s. § 9 Rdn. 122 ff.). Diese Orientierung am gesamten Unternehmensbereich des Arbeitgebers liegt auch den RLn 1959 insgesamt zu Grunde, wie exemplarisch RL Nrn. 6, 12, 14 – 19, 20 – 24 zeigen (s. im Einzelnen KommRL Rn. 6 vor RL Nr. 3).

Denn gerade bei der Ausfüllung des Begriffs der Angemessenheit i.S.d. § 9 darf die Unternehmensbezogenheit des Wertes einer Erfindung ebenso wenig außer Acht gelassen werden wie die gesamte Intention des ArbEG, eine befriedigende Lösung im Verhältnis zwischen den Arbeitsvertragsparteien in einer gerechten Abwägung der beiderseitigen Interessen unter Berücksichtigung der Erfordernisse des Betriebes zu finden[384] (s.a. oben § 9 Rdn. 79). Im Ergebnis soll der Arbeitnehmer also am **wirtschaftlichen Erfolg seines Arbeitgebers** aus der Überlassung der Rechte an der Diensterfindung **partizipieren**. Darauf, ob die Diensterfindung **von anderen Unternehmen** im In- und/oder Ausland **umfang- oder ertragreicher** eingesetzt werden könnte, kommt es nicht an (s. auch § 9 Rdn. 213 f.).

**Auszugehen** ist dabei im Grundsatz von der **fertiggestellten und gemeldeten Diensterfindung** (s.a. § 9 Rdn. 90.1). Ist diese bspw. noch nicht produktionsreif und sind dafür erhebliche Kosten notwendig, führt dies vielfach zu einem

---

383 Im Ergebnis ebensoso die Begriffsbestimmung der BGH-Rechtsprechung, etwa BGH v. 13.11.1997 – X ZR 132/95, GRUR 1998, 689, 691 – *Copolyester II*; BGH v. 13.11.1997 – X ZR 6/96, GRUR 1998, 684, 687 – *Spulkopf*, wonach der entsprechende Marktpreis »einer betriebsbezogenen Prüfung« bedarf. im Ergebnis auch BGH v. 16.04.2002 – X ZR 127/99, GRUR 2002, 801, 803 r. Sp. – *Abgestuftes Getriebe* u. v. 17.11.2009, GRUR 2010, 223, 225 – *Türinnenverstärkung*; ferner OLG Düsseldorf v. 09.10.2014 – I-2 U 15/13, (www.justiz.nrw.de/nrwe, Rn. 91 ff.) – Scharniereinrichtung; OLG München v. 16.08.2012 Az. 6 U 2572/11 (unveröffentl.) – Elektronische Funktionseinheit; LG Düsseldorf v. 23.11.2010 – 4b O 20/10, (Düsseldf. Entsch. Nr. 1509 – Stahlbetontunnel, unter II.1a bb; insoweit global bestätigt durch OLG Düsseldorf v. 20.12.2012 -2 U 139/10, Düsseldf. Entsch. Nr. 1969 – Stahlbetontunnel); LG Düsseldorf. v. 24.04.2012 – 4a O 286/10 – Düsseldf. Entsch. Nr. 1898 – Kälteanlage. So bereits Reimer/Schippel, Die Vergütung von Arbeitnehmererfindungen (1956), S. 74 ff.; ebenso u.a. Lindenmaier/Lüdecke Anm. 3 zu § 11/RL Nr. 2; ferner Keukenschrijver in Busse/Keukenschrijver, PatG, Rn. 6 zu § 11 ArbEG; Reimer/Schade/Schippel/Himmelmann Rn. 4 zu § 11/RL Nr. 2; Boemke/Kursawe/Engemann Rn. 178 zu § 9. A. A. (allein vom Markt her bzw. Marktwert) u. a. Volmer, VergütRLn. (1964) Rn. 3 ff. zu RL Nr. 2; Volmer/Gaul Rn. 172 ff. zu § 9/RL Nr. 2; vgl. auch BGH v. 06.03.2012, GRUR 2012, 605 (Rn. 16) – Antimykotischer Nagellack I (s. allerdings dort Rn. 23 f., 47).

384 Vgl. Amtl. Begründung BT-Drucks. II/1648 S. 12 (zu A I) = BlPMZ 1957, 224.

anderen Erfindungswert als für solche Erfindungen, die vom Arbeitgeber ohne Weiteres eingesetzt werden können (vgl. auch RL Nr. 6 Satz 3; zur Berücksichtigung der Gesamtkosten des Arbeitgebers s. KommRL Rn. 5 zu RL Nr. 2). Diese Orientierung an dem Preis für eine freie Erfindung ist letztlich aber nur als Ausgangspunkt der Vergütungsbemessung zu betrachten; dieser Preis kann also nicht schematisch übernommen werden. Dies verdeutlichen insb. die kartellrechtlichen Bindungen freier Lizenzverträge (vgl. §§ 1, 2 GWB, Art. 101, 102 AEUV), die auf die Vergütungsansprüche eines Arbeitnehmererfinders nicht übertragen werden können (s. dazu unten § 9 Rdn. 136 ff.; vgl. auch RL Nr. 42).

78  Eine Gleichbehandlung des Arbeitnehmererfinders mit einem freien Erfinder würde indes dem **Anteil des Betriebes** (Unternehmens) am Zustandekommen der Erfindung nicht gerecht; dieser betriebliche Anteil drückt sich nicht nur in den laufenden Gehaltszahlungen, also der wirtschaftlichen Sicherung des Erfinders aus, sondern auch in dem Hinführen zur technischen Problemstellung sowie in der Hilfe bei der Problemlösung durch Bereitstellung von persönlichen und technischen Hilfsmitteln einschl. der Auswertungsmöglichkeit betrieblicher Arbeiten und Kenntnisse.[385] Die Tatsache, dass es sich nicht um eine freie, sondern um eine betrieblich beeinflusste Erfindung i.S.d. § 4 Abs. 2 handelt, muss daher – im Verhältnis zu einem freien Erfinder – vergütungsmindernd in Ansatz gebracht werden (s.a. § 9 Rdn. 261). Dem Arbeitnehmer steht also letztlich immer nur ein Bruchteil dessen zu, was ein freier Erfinder erhalten würde.

Diese Minderung erfolgt in Form eines in Prozenten ausgedrückten **Anteilsfaktors** (vgl. RL Nrn. 30–38). Der Anteilsfaktor bestimmt sich nach den in § 9 Abs. 2 weiter genannten Kriterien, also den Aufgaben und der Stellung des Arbeitnehmers im Betrieb und dem Anteil des Betriebes am Zustandekommen der Diensterfindung (s. dazu § 9 Rdn. 261 ff.).

Über den Anteilsfaktor hinaus ist es nicht gerechtfertigt, dem Arbeitnehmererfinder wegen einer **gehobenen innerbetrieblichen Position** und damit evtl. verbundener gesteigerter Leistungserwartung im Hinblick auf erfinderische Betätigung sowie aufgrund übertariflicher Bezüge eine Erfindervergütung gänzlich zu versagen oder jedenfalls diese Bezüge auf die Erfindervergütung anzurechnen.[386] Dies würde nicht nur dem System der Vergütungsrichtlinien zuwiderlaufen einschl. eines Verstoßes gegen das Verbot der Doppelberücksichtigung (vgl. RL Nr. 2 Abs. 2); es würde auch dem in § 9 manifestierten Grund-

---

385 Eingehend hierzu Hellebrand, Mitt. 2001, 195, 197 f.
386 Unzutr. Werner, BB 1983, 839 ff.; zu Recht krit. Gaul/Wexel, BB 1985, 2069 ff.

gedanken des ArbEG widersprechen, wonach im Interesse einer Förderung der schöpferischen Betätigung von Arbeitnehmern jede Erfindung einer angemessenen Vergütung zugeführt werden soll. Dies gilt im Hinblick auf § 22 Satz 1 selbst dann, wenn eine Anrechnung im Arbeitsvertrag vereinbart worden ist. Zum sog. Nullfall s. § 9 Rdn. 321 ff.

Ebenso wenig ist es zulässig, außerhalb des Anteilsfaktors (erfindungsneutrale) **Gemeinkosten** des Arbeitgebers bei der Ermittlung des Erfindungswertes in Abzug zu bringen.[387]

**Keine Berücksichtigung** bei der Vergütungsbemessung finden solche Umstände, die sich nicht objektiv im Wert der Erfindung niederschlagen, wie die abstrakte Bedeutung der erfinderischen Leistung, die individuelle Leistung des Arbeitnehmers, dessen Verdienste um das Unternehmen und dessen bisheriges Innovationspotential[388] oder ein öffentliches Interesse an der Erfindung. Ohne Belang sind damit das **Ausmaß** bzw. die Intensität **der schöpferischen Leistung** des Erfinders als solche bzw. die ideellen Verdienste des Erfinders.[389] Das Entstehen einer Erfindung kann auf planmäßiger langjähriger Betätigung beruhen oder auf plötzlicher, glücklicher Intention.[390] Für den Vergütungsanspruch ist es nicht erforderlich, dass der Arbeitnehmer eine außergewöhnliche Leistung erbracht hat,[391] da das ArbEG nicht die subjektive persönliche, geistige Leistung eines Erfinders belohnt, sondern nur deren Ergebnis. Folgerichtig gewährt das ArbEG dem Erfinder nur einen Anspruch auf einen Anteil an dem konkreten wirtschaftlichen Vorteil, den der Arbeitgeber aus der Benutzung des Schutzrechts für die Diensterfindung ggü. den Wettbewerbern tatsächlich zu ziehen vermag. Andererseits ist es nicht Angelegenheit des Arbeitgebers, sondern nur eine solche der Allgemeinheit, hohe erfinderische Leistungen als solche zu belohnen.[392] Ebenso ist es nicht Sache des einzelnen Arbeitgebers, deshalb höhere Vergütungen an den Arbeitnehmererfinder zu entrichten, weil und soweit ein **allgemeines Interesse** an der Erfindung und an deren Auswer-

79

---

387 Zum grundsätzlichen Ausschluss des Abzugs von nicht verletzungsbezogenen Gemeinkosten bei der Schadensberechnung i. Rahmen von Schutzrechtsverletzungen s. BGH v. 02.11.2000, GRUR 2001, 329 – *Gemeinkostenanteil*; s. auch OLG Düsseldorf v. 08.09.2011, InstGE 13, 199 – *Schräg-Raffstore*.
388 Vgl. OLG Düsseldorf v. 09.10.2014 – I-2 U 15713, (www.justiz.nrw.de/nrwe, Rn. 109) – Scharniereinrichtung.
389 Vgl. BGH v. 18.02.1992 – X ZR 8/90, GRUR 1992, 599, 600 – *Teleskopzylinder* (bzgl. der Berechnung eines Bereicherungsanspruchs nach d. Lizenzanalogie).
390 List, DB 2004, 1172, 1173.
391 Schiedsst. v. 21.02.1969, BlPMZ 1970, 139 m.w.N. u. v. 15.01.1998 – Arb.Erf. 7/96, (unveröffentl.).
392 Amtl. Begründung BT-Drucks. II/1648 S. 26 = BlPMZ 1957, 232.

tung besteht; ein Allgemeininteresse berührt die Höhe der Erfindervergütung grds. nicht.³⁹³ Eine mittelbare Auswirkung ist allerdings dann denkbar, wenn ein außergewöhnliches Interesse der Öffentlichkeit an einer Erfindung die Absatzaussichten für den nach der Erfindung hergestellten Gegenstand erheblich verbessert und damit indirekt den Wert der Erfindung auch für den Arbeitgeber steigert, was sich in einer höheren Erfindervergütung niederschlägt. Zur Bedeutung von Preisverleihungen für die Erfindung s. Komm RL Rn. 76 zu RL Nr. 10.

Auch die vom Arbeitnehmer **aufgewendete Zeit** ist kein Vergütungskriterium³⁹⁴, und zwar gleich, ob es sich um Arbeits- oder Freizeit handelt. (siehe im Einzelnen Einl. Rdn. 17; s. auch oben Rdn. 5 f.).

Ferner kommt es – abgesehen von der Stellung des Erfinders im Betrieb (vgl. RL Nrn. 33–36) – nicht auf die **soziale Lage** des Arbeitnehmererfinders an, da es sich hier um der Erfindung wesensfremde Merkmale und Einflüsse handelt (zur Unternehmens- und Gewinnbezogenheit des Erfindungswertes s. aber § 9 Rdn. 86 ff.).

80 Das § 9 zugrunde liegende Prinzip der Vergütungsberechnung gilt sowohl für **patent- als auch für gebrauchsmusterfähige Erfindungen** (vgl. § 2). Bei der Ermittlung des Erfindungswertes für gebrauchsmusterfähige Erfindungen können sich Besonderheiten ergeben (s. § 9 Rdn. 250; RL Nr. 28).

81 **Betriebsgeheime Erfindungen** (§ 17) sind ebenso zu vergüten wie geschützte Erfindungen (s. RL Nr. 27 sowie § 17 Rdn. 59 ff.).

82 Besondere Bedeutung kommt dem in RL Nr. 2 Abs. 2 niedergelegten **Verbot der Doppelberücksichtigung** zu. Hiernach ist bei jeder Vergütungsberechnung darauf zu achten, dass derselbe Gesichtspunkt für eine Erhöhung oder Ermäßigung der Vergütung nicht mehrfach berücksichtigt werden darf.³⁹⁵ Allerdings wird dieser Grundsatz selbst in den RLn 1959 vor dem Hintergrund der Angemessenheit der Vergütung nicht strikt durchgehalten, insbesondere

---

393 BGH v. 31.01.1978, GRUR 1978, 430, 432 – *Absorberstab-Antrieb*; OLG Frankfurt am Main v. 21.04.1977, EGR Nr. 21 zu § 9 ArbEG (Verg.Anspr.); Schiedsst. v. 07.02.1983, BlPMZ 1984, 218, 219 (z. Umweltverträglichkeit e. Verf.); v. 03.12.1987, BlPMZ 1988, 264, 265 r.Sp. (z. allgemeinen Gesundheitsvorsorge); Keukenschrijver in Busse/Keukenschrijver, PatG, Rn. 1 zu § 9 ArbEG.
394 Vgl. BFH v. 26.01.2005 DStRE 2005, 573, 574; ähnl. FG Niedersachsen v. 10.07.2008 – 11 K 335/06, (juris, Rn. 26); s. auch FG Münster v. 27.04.2013 Mitt. 2014, 148, 149 – Aluminium Silicon Tape.
395 Vgl. Schiedsst. v. 17.02./28.06.1962, BlPMZ 1963, 16 = GRUR 1963, 195 (LS) m. Anm. Schippel; s.a. Willich/Preisher, GRUR 1975, 526, 529 f. (m. Beisp.).

im Rahmen des Anteilsfaktors. Weitere Einzelheiten s. Komm RL Rn. 9 ff. zu RL Nr. 2.

### III. Bemessungsgrundsätze

#### 1. Die Erfindungsmeldung als Grundlage des Vergütungsanspruchs?

Nach dem *BGH*[396] ist **Grundlage** für den Vergütungsanspruch des Arbeitnehmererfinders die dem Arbeitgeber gem. § 5 Abs. 1 und 2 **gemeldete Diensterfindung**; demzufolge soll sich der Anspruch auf Erfindervergütung danach bemessen, was der Arbeitnehmererfinder dem Arbeitgeber (tatsächlich) gemeldet hat; denn dem Arbeitgeber obliege es, die Schutzansprüche und die zu ihrer Auslegung heranzuziehende Beschreibung sachgerecht so abzufassen, dass sie die gemeldete erfinderische Lehre vollständig umschließen und wiedergeben. Schöpfen die Schutzansprüche den erfinderischen Gehalt der ihm gemeldeten Diensterfindung nicht aus, so hat dies nach Auffassung des *OLG Düsseldorf* keinen negativen Einfluss auf den Umfang der dem Arbeitnehmer zustehenden Erfindervergütung, wenn und soweit dessen Diensterfindung über den Schutzbereich der Patentansprüche hinausgeht; dies setzt voraus, dass der »überschießende Teil« der Diensterfindung, der nicht vom angemeldeten oder erteilten Anspruch erfasst ist, einen »erfinderischen Gehalt«, eine »erfinderische Lehre« enthalten und grds. schutzfähig sein muss.[397]

83

Der Offenbarungsgehalt der Erfindungsmeldung soll dabei nicht nach subjektiven Vorstellungen der Beteiligten zu beurteilen sein, sondern danach, welche

---

396 BGH v. 29.11.1988 – X ZR 63/87, GRUR 1989, 205, 207 – *Schwermetalloxidationskatalysator* m. krit. Anm. Krieger u. ders. in Festschrift Quack (1991) S. 41 ff.; bestätigt durch BGH v. 22.11.2011 – X ZR 35/09, GRUR 2012, 380 [Rn. 20] – *Ramipril II*; vgl. auch BGH v. 05.10.2005, GRUR 2006, 141, 142 [Rn. 16] – *Ladungsträgergenerator*; abl. (früher) Schiedsst., z.B. EV. v. 29.10.1992 – Arb.Erf. 16/92, u. Beschl. v. 18.12.1992 – Arb.Erf. 81/88, (beide unveröffentl.); s. aber später Schiedsst. v. 11.12.2012 – Arb.Erf. 46/11, (www.dpma.de).; dem BGH folgend MünchArbR/Sack (2. Aufl. 2000) § 101 Rn. 57 f.; so auch (dem BGH folgend) OLG Düsseldorf v. 26.07.1995 – 2 U 6/89, (unveröffentl.), wonach für den Vergütungsanspruch der Offenbarungsgehalt der Erfindungsmeldung maßgeblich sein soll; ebenso OLG Düsseldorf v. 12.01.2010 – 2 U 41/06 – *Ummantelung von Stahlröhren* (unveröffentl.); LG München, 25.03.1998 – 20044/89, (beide unveröffentl.); Boemke/Kursawe/Engemann Rn. 173 f. zu § 9 (s. auch dort Rn. 453 f); im Grundsatz zwar zustimmend, aber nach Fallsituationen korrigierend Keukenschrijver in Busse/Keukenschrijver, PatG, Rn. 30 zu § 9 ArbEG. Vgl. auch Windisch, GRUR 1993, 352, 358; ferner OLG München v. 14.09.2017, GRUR-RR 2018, 137 (Rn. 61 f.) – *Spantenmontagevorrichtung* (Rn. 56).
397 OLG Düsseldorf v. 12.01.2010 – 2 U 44/06 – *Ummantelung von Stahlröhren II* (unveröffentl.).

technische Vorstellung ein Durchschnittsfachmann des betreffenden Fachgebietes objektiv den Unterlagen entnimmt.[398] Zu prüfen ist – so das *OLG Düsseldorf* – stets, ob die beanspruchte Anspruchsfassung mit dem übereinstimmt, was der Arbeitnehmer gemeldet hat, wofür allein die Frage der **technischen Identität** maßgeblich sein soll.[399]

Auch das *BVerfG* leitet aus dem Wortlaut des § 9 ab, dass die gemeldete Diensterfindung der Vergütung zugrunde zu legen ist, wenn das erwirkte Schutzrecht den Gegenstand der Diensterfindung nicht ausschöpft; insoweit hat sich das *BVerfG* der Auffassung des *BGH* in verfassungskonformer Auslegung des § 9 angeschlossen, da dies dessen Funktion entspreche, der die grundsätzliche Zuordnung des wirtschaftlichen Wertes der Erfindung an den Arbeitnehmererfinder gewährleisten solle.[400]

84 Trotz der erheblichen rechtsdogmatischen Bedenken gegen diese Rechtsauffassung des *BGH*[401] ist im Hinblick auf die bestätigende Entscheidung des *BVerfG* davon auszugehen, dass die Rechtsprechung diesen Überlegungen folgt. Konsequenz dieser Entscheidung ist, dass bei solchen Schutzrechtsanmeldungen, die ggü. dem Inhalt der Erfindungsmeldung einen arbeitgeberseitig zugefügten »Überschuss« enthalten, zwar ein Vergütungsanspruch unabhängig von Art und Umfang der Verwertung besteht;[402] jedoch wäre ggf. eine Vergütungsminderung angemessen (s. auch § 12 Rdn. 32 ff.).

Die Höhe der Vergütung orientiert sich dann nicht – wie das *OLG München* klargestellt hat – am Inhalt der **vom Arbeitgeber »angereicherten« Schutzrechtsanmeldung**, sondern danach, was der Arbeitnehmererfinder dem

---

398 OLG Düsseldorf v. 26.07.1995 – 2 U 6/89, (unveröffentl.).
399 OLG Düsseldorf v. 09.08.2007 – 2 U 44/06 – *Ummantelung von Stahlröhren I* (unveröffentl.).
400 BVerfG v. 24.04.1998, NJW 1998, 3704, 3706 – *Induktionsschutz von Fernmeldekabeln*; ebenso LG München v. 25.03.1998 – 21 O 20044/89, (unveröffentl.); »überschießende« Diensterfindung sei maßgeblich, da §§ 5 u. 9 ArbEG als Vergütungsvoraussetzung auf Diensterf. als solche abstellten u. § 2 ArbEG lediglich Patent- oder Gebr.musterfähigkeit verlange.
401 Vgl. Krieger Anm. zu BGH v. 29.11.1988 – X ZR 63/87, GRUR 1989, 205, 207 – *Schwermetalloxidationskatalysator* u. ders. in Festschrift Quack (1991) S. 41 ff. u. 3. Vorauflage Rn. 83.1, 84 zu § 9; s.a. Schiedsst. v. 11.12.2008 – Arb.Erf. 16/06, (Datenbank).
402 BGH v. 22.11.2011 – X ZR 35/09, GRUR 2012, 380 [Rn. 20 ff.] – *Ramipril II*; vgl. auch OLG München v. 14.09.2017, GRUR-RR 2018, 137 (Rn. 56) – Spantenmontagevorrichtung; vgl. ferner Boemke/Kursawe/Engemann Rn. 174 zu § 9.

G. Bemessung der Vergütung §9

Arbeitgeber tatsächlich gemeldet hat.[403] Dazu betont das *OLG München*, soweit die gemeldete Erfindung hinter dem zurückbleibt, was vom Arbeitgeber als Patent angemeldet wird, habe dies nicht zur Folge, dass überhaupt keine Vergütung geschuldet werde.[404] Liegt in der umfassenderen Gestaltung der Schutzrechtsanmeldung durch den Arbeitgeber ein eigenständiger schöpferischer Beitrag (zum Begriff siehe § 5 Rn. 44 ff.), könnte sich eine zuvor gegebene Alleinerfinderschaft des Arbeitnehmers ggf. in eine (sukzessive) Miterfinderschaft umwandeln.

Auf der Grundlage dieser Entscheidung des *BGH* scheidet ein weitergehender, auf den Gegenstand der Erfindungsmeldung bezogener Vergütungsanspruch u. E. allerdings dann aus, wenn der Erfinder einer eingeschränkten Schutzrechtsanmeldung bzw. nachfolgenden **Einschränkungen** im Erteilungsverfahren **zugestimmt** hat[405] (s. dazu § 13 Rdn. 10, 33 ff., 44). Gerade im Erteilungsverfahren können sich Änderungen ergeben, die dem Einflussbereich des Arbeitgebers entzogen sind, etwa aufgrund von Hinweisen der Erteilungsbehörden in Zwischenbescheiden bzw. Einspruchsverfahren.[406] Mit der Zustimmung zur teilweisen Nichtanmeldung bzw. Einschränkung der Schutzrechtsanmeldung verzichtet der Arbeitnehmer u. E. zugleich (konkludent) auf weitergehende Vergütungsansprüche.[407] Ein derartiger Verzicht ist nach Erfindungsmeldung (§ 22 Satz 1) zulässig und erfasst im Zweifel auch Vergütungsansprüche (s. § 13 Rdn. 34). Allerdings kann im Einzelfall die Berufung des Arbeitgebers auf den Verzicht unbillig sein, wenn er zum ursprünglichen Erfindungsgedanken gem. der Erfindungsmeldung aufgrund unternehmenspo-

85

---

403 OLG München v. 14.09.2017, GRUR-RR 2018, 137 (Rn. 56) – Spantenmontagevorrichtung.
404 OLG München v. 14.09.2017, GRUR-RR 2018, 137 (Rn. 56) – Spantenmontagevorrichtung.
405 Schiedsst. v. 05.12.1991, Mitt. 1997, 120. 121 – *Hinterfüll-Bewehrungsmatte*; v. 29.10.1992 – Arb.Erf. 16/92; v. 18.12.1992 – Arb.Erf. 81/88, u. v. 19.10.2001 – Arb.Erf. 9/00, (sämtl. unveröffentl.). S. aber auch Keukenschrijver in Busse/Keukenschrijver, PatG, Rn. 30 zu § 9 ArbEG: einzelfallabhängig; einschränkend auch Boemke/Kursawe/Engemann Rn. 91 zu § 9 (wie hier aber wohl dort Rn. 173 zu § 9).
406 So zutr. Krieger in Festschr. Quack (1991) S. 47.
407 Einschränkend Boemke/Kursawe/Engemann Rn. 91 zu § 9 (wie hier aber wohl dort Rn. 173 zu § 9); wohl auch Keukenschrijver in Busse/Keukenschrijver, PatG, Rn. 30 zu § 9 ArbEG: einzelfallabhängig; ferner Schiedsst. ZB v. 12.05.2016 – Arb.Erf. 41/12, (www.dpma.de).

litischer Entscheidung zurückkehrt[408] oder wenn sich der Arbeitnehmer erkennbar nicht der Auswirkungen auf die Vergütung bewusst war[409].

## 2. Wirtschaftliche Verwertbarkeit

86 Nach dem Wortlaut des § 9 Abs. 2 ist Maßstab für die Vergütungsbemessung die wirtschaftliche Verwertbarkeit der Diensterfindung. Der Begriff der wirtschaftlichen Verwertbarkeit entspricht dem des **Erfindungswertes**, also desjenigen Preises, den der Arbeitgeber bei einer entsprechenden freien Erfindung im Markt zahlen würde (s. zum Begriff des Erfindungswertes § 9 Rdn. 75 f.). In der betrieblichen Praxis **konkretisiert** sich die wirtschaftliche Verwertbarkeit (= Erfindungswert, s. RL Nr. 3) **zunächst in der wirtschaftlichen Verwertung** durch den Arbeitgeber,[410] sei es durch Eigennutzung im Unternehmensbereich (RL Nrn. 3–13) oder durch Lizenzvergabe (RL Nrn. 14, 15, 17) oder durch Verkauf bzw. Tausch (RL Nr. 16) oder Einsatz als Sperrpatent (RL Nr. 18).

Regelmäßig spiegeln die vom Arbeitgeber **tatsächlich erzielten wirtschaftlichen Vorteile** den Erfindungswert am besten wider, da der Arbeitgeber schon **im eigenen Interesse** die Erfindung in dem sachlich möglichen und wirtschaftlich **vernünftigen Umfang ausnutzen** wird.[411] Insofern zeigen die mit der Erfindung tatsächlich erzielten Umsätze deren Marktwert am zutreffendsten.[412] Nach der Vorstellung des Gesetzgebers, wie sie im Wortlaut (»Verwertbarkeit«) und den Gesetzesmaterialien[413] zum Ausdruck kommt, kann der Wert der Erfindung sich allerdings auch in Verwertungsmöglichkeiten wider-

---

408 LG München v. 25.03.1998 – 21 O 20044/89, (unveröffentl.).
409 Vgl. (aber) auch Schiedsst. ZB v. 12.05.2016 – Arb.Erf. 41/12, (www.dpma.de), wonach es in solchen Fällen bereits am erforderlichen Verzichtswillen fehlt.
410 Vgl. BGH v. 28.04.1970, GRUR 1970, 459, 460 l.Sp. – *Scheinwerfereinstellgerät*; LG Düsseldorf v. 17.02.1998, Mitt. 1998, 235, 236 – *Formpresse*; s.a. BGH v. 17.11.2009, GRUR 2010, 223, 225 (Rn. 23 f.) – *Türinnenverstärkung*.
411 BGH v. 16.04.2002 – X ZR 127/99, GRUR 2002, 801, 802 r. Sp. – *Abgestuftes Getriebe*; BGH v. 04.12.2007, GRUR 2008, 606 (Rn. 16) – *Ramipril I*; OLG Düsseldorf 24.10.2013 – I-2 U 63/12, (www.justiz.nrw.de/nrwe, Rn. 117 = Düsseldf. Entsch. Nr. 2098) – Kunststoffbeutel; Schiedsst. v. 16.07.2015 – Arb.Erf. 20/13, (www.dpma.de).
412 OLG Düsseldorf v. 04.03.2004, InstGE 4, 165, 171 – *Spulkopf II*; vgl. auch BGH v. 29.04.2003 – X ZR 186/01, GRUR 2003, 789 – *Abwasserbehandlung* u. BGH v. 16.04.2002 – X ZR 127/99, GRUR 2002, 801 – *Abgestuftes Getriebe* u. BGH v. 04.12.2007 – X ZR 102/06, GRUR 2008, 606 [Rn. 16] – *Ramipril I*; BGH v. 17.11.2009, GRUR 2010, 223, 225 (Rn. 23 f.) – *Türinnenverstärkung*; OLG Karlsruhe v. 25.11.2009 – 6 U 13/09, (unveröffentl.).
413 Amtl. Begründung BT-Drucks. II/1648 S. 26 f. = BlPMZ 1957, 232 f.

## G. Bemessung der Vergütung §9

spiegeln, die der Arbeitgeber nicht (vollständig) ausnutzt. Daraus folgt aber nicht, dass abstrakt der objektive Marktwert der Erfindung unter Berücksichtigung aller – auch bei Drittunternehmen – gegebenen Verwertungsmöglichkeiten ermittelt werden muss.[414] Es kommt nicht darauf an, ob die Erfindung in irgendeinem Unternehmen (gewinnbringend) eingesetzt werden kann.[415] Vielmehr sind allein die **Verwertungsmöglichkeiten** für die Vergütungsbemessung maßgebend, **deren Ausnutzung dem Arbeitgeber** im konkreten Einzelfall wirtschaftlich und technisch **möglich und zumutbar** ist[416] (s. auch RL Nr. 24 u. unten § 9 Rdn. 211 f.). Deshalb kann der Begriff der wirtschaftlichen Verwertbarkeit nicht mit dem der (abstrakten) technischen Machbarkeit, also der technischen Realisierbarkeit, gleichgestellt werden.[417]

Da es auf die wirtschaftlichen Vorteile des Arbeitgebers ankommt (s.o. § 9 Rdn. 2), ist die wirtschaftliche Verwertbarkeit i.S.d. § 9 Abs. 2 und damit der Erfindungswert nach herrschender Meinung nicht abstrakt, sondern stets **betriebs- bzw. unternehmensbezogen** zu ermitteln (s. § 9 Rdn. 77). **87**

Aus der Unternehmensbezogenheit des Merkmals der Verwertbarkeit folgt, dass der Arbeitgeber andererseits gehalten ist, die für das Unternehmen wirtschaftlich sinnvollen und zumutbaren Verwertungsmöglichkeiten bei der Vergütungsberechnung in Ansatz zu bringen.[418] Nach § 9 Abs. 1 ist also eine **88**

---

414 So aber Volmer Rn. 20 ff. zu § 9 u. ders., VergRichtl. Rn. 13 ff. zu RL Nr. 2; ferner Volmer/Gaul Rn. 168 ff. zu § 9/RL Nr. 2, der jedoch andererseits betont, der Erfindungswert sei der wirtschaftl. Ausdruck der Vorzugsstellung des jeweiligen Arbeitgebers (so Rn. 288 ff., insb. 297 zu § 9/RL Nr. 5).
415 Schiedsst. v. 15.02.1991 – Arb.Erf. 48/90, u. v. 19.02.1991 – Arb.Erf. 44/90, (beide unveröffentl.).
416 Wie hier OLG Karlsruhe v. 25.11.2009 – 6 U 13/09, (unveröffentl.); OLG Düsseldorf v. 20.12.2012 – 2 U 139/10, (juris, Rn. 77) – Stahlbetontunnel; Schiedsst. v. 21.02.1969, BlPMZ 1970, 139; Heine/Rebitzki Anm. 3 zu § 9 u. dies. Vergtg. f. Erf. Anm. 3 zu RL Nr. 3; Keukenschrijver in Busse/Keukenschrijver, PatG, Rn. 31 zu § 9 ArbEG; Lindenmaier/Lüdecke Anm. 11 zu § 11/RL Nr. 6; Rosenberger, GRUR 1986, 782, 783; Reimer/Schade/Schippel/Himmelmann Rn. 40 zu § 9 u. Rn. 4 zu § 11/RL Nr. 24; Reimer/Schippel Vergütung v. ArbNErf. (Gutachten 1956) S. 74, 77 ff.; vgl. auch Schiedsst. v. 28.01.1970, BlPMZ 1970, 454, 456; v. 08.08.1975, BlPMZ 1977, 173; v. 25.04.1983, BlPMZ 1984, 378, 379 l.Sp. u. v. 07.02.1983, BlPMZ 1984, 218, 220; v. 03.12.1987, BlPMZ 1988, 264, 265; OLG Frankfurt am Main v. 21.04.1977, EGR Nr. 21 zu § 9 ArbEG (Verg.Anspr.) u. v. 27.11.1986, EGR Nr. 70 zu § 9 ArbEG (Verg.Höhe); s.a. BGH v. 31.01.1978, GRUR 1978, 430, 432 – *Absorberstab-Antrieb*.
417 Schiedsst. v. 19.11.1990 – Arb.Erf. 18/90, u. v. 19.02.1991 – Arb.Erf. 44/90, (beide unveröffentl.).
418 Vgl. Schiedsst. v. 21.02.1969, BlPMZ 1970, 139.

Vergütung nicht nur dann zu zahlen, wenn der Arbeitgeber die Diensterfindung wirtschaftlich verwertet, sondern ausnahmsweise auch insoweit, als er **in eindeutig vorwerfbarer Weise ihm mögliche und zumutbare Verwertungen unterlässt** (s. § 9 Rdn. 214).

89 Der Arbeitgeber ist aber **in keinem Fall rechtlich verpflichtet**, vorhandene **Verwertungsmöglichkeiten tatsächlich auszunutzen** bzw. nach der Diensterfindung zu arbeiten[419] oder bisherige Nutzungen beizubehalten[420] (vgl. aber § 7 Rdn. 6); als »Preis« für diese unternehmerische Entscheidungsfreiheit ist er allerdings unter den vorgenannten Grundsätzen dem Arbeitnehmererfinder gegenüber ggf. **ausgleichspflichtig**.[421]

Die praktische Bedeutung des Merkmals »wirtschaftliche Verwertbarkeit« ist zwar groß, wenn man von der Zahl der Streitfälle zwischen Arbeitgeber und Arbeitnehmer ausgeht; legt man jedoch die Kriterien zugrunde, wie diese durch die Richtlinien Nrn. 20–24 konkretisiert und durch die langjährige Praxis der *Schiedsstelle* beeinflusst sind, so ist die wirtschaftliche Relevanz der bloßen Verwertbarkeit als Vergütungskriterium gering. Ausgehend von der Überlegung, dass ein nach betriebswirtschaftlichen Grundsätzen handelnder Unternehmer schon im eigenen Interesse um eine optimale wirtschaftliche Verwertung der Diensterfindung in seinem Unternehmen bemüht sein wird (s. § 9 Rdn. 86), stimmen regelmäßig Verwertung und Verwertbarkeit überein[422] (s. i.Ü. § 9 Rdn. 210 ff. sowie KommRL zu RL Nr. 20–24).

### 3. Tatsächliche Verwertung

90 Die **tatsächliche wirtschaftliche Verwertung** des Erfindungsgegenstandes **spiegelt den Erfindungswert am besten wider** (s. § 9 Rdn. 86). Sie bestimmt regelmäßig den Zeitpunkt der Fälligkeit des Vergütungsanspruchs (s. § 9 Rdn. 20 ff.) und des Anspruchs auf Vergütungsfestsetzung (s. § 12 Rdn. 55) sowie die Dauer der Vergütung (s.o. § 9 Rdn. 31 ff.); sie ist zugleich maßgebli-

---

419 Vgl. Schiedsst. v. 21.02.1969, BlPMZ 1970, 139 u. v. 28.01.1970, BlPMZ 1970, 454, 456 u. v. 03.12.1987, BlPMZ 1988, 264, 265; ebenso Schiedsst. v. 19.02.1991 – Arb.Erf. 44/90, (unveröffentl.); Keukenschrijver in Busse/Keukenschrijver, PatG, Rn. 31 zu § 9 ArbEG; Schade, GRUR 1970, 579, 583; Volmer VergRichtl. Rn. 15 zu RL Nr. 2.
420 Schiedsst. v. 14.12.1995 – Arb.Erf. 41/94, (unveröffentl.).
421 Ebenso OLG Karlsruhe v. 25.11.2009 – 6 U 13/09, (unveröffentl.).
422 Vgl. Heine/Rebitzki Vergütung Anm. 2 zu RL Nr. 24; Reimer/Schippel Gutachten (1956) S. 78.

## G. Bemessung der Vergütung § 9

ches Kriterium für die Bemessung der Vergütung.[423] Damit kommt der Feststellung, ob eine tatsächliche Verwertung der Diensterfindung vorliegt, herausragende Bedeutung zu. Zur Darlegungs- und Beweislast s. § 9 Rdn. 300.

Der **Verwertungsbegriff** wird zunächst durch die vom Arbeitgeber aufgrund der Inanspruchnahme nach § 7 Abs. 1 a.F./n.F. erworbenen vermögenswerten Rechte an der Diensterfindung (vgl. §§ 6, 15 PatG, § 22 GebrMG) bestimmt. Das bedeutet u. E., dass damit der Rahmen dessen abgesteckt wird, was überhaupt tatsächliche Verwertung sein kann, wenn auch mit erfinderrechtlichen Spezifikationen (s. dazu § 9 Rdn. 92). Wie auch § 13 bestätigt, ist der Gebrauch dieser Rechte ggü. den Patenterteilungsbehörden noch keine Verwertung. Vielmehr setzt die tatsächliche Verwertung begrifflich ein Nutzbarmachen der Erfinderrechte im allgemeinen Wirtschaftsverkehr voraus, sei es durch Umsätze mit erfindungsgemäßen Produkten, durch den innerbetrieblichen Einsatz der erfinderischen Lehre, durch ein Sperrpatent oder durch Übertragung von Erfindungsrechten bzw. deren Lizenzierung (s. § 9 Rdn. 92). Dieses Verständnis vom Verwertungsbegriff des ArbEG entspricht auch dem der Vergütung zu Grunde liegenden Monopolprinzip (s. vor §§ 9 bis 12 Rdn. 9 ff.).

Die Benutzung der Diensterfindung ist vorrangig auf patentrechtlicher Basis auf der Grundlage der Patent-/Gebrauchsmusteransprüche festzustellen[424] (s. aber auch § 9 Rdn. 92). Tatsächliche Verwertung ist folglich im Grundsatz die Nutzung der erfindungsgemäßen Lehre i.R.d. **Schutzbereichs der Patentanmeldung (des Patents) bzw. des Gebrauchsmusters**[425] (vgl. §§ 14 PatG, 11 GebrMG, Art. 69 Abs. 1 EPÜ i.V.m. dem Protokoll über die Auslegung des Art. 69 Abs. 1 EPÜ; s. aber auch § 9 Rdn. 92). Dabei ist der Vergütungsanspruch unabhängig davon, ob von der Diensterfindung insgesamt oder nur **von einzelnen Merkmalen Gebrauch** gemacht wird[426] (zum Vergütungsan- 91

---

423 Vgl. BGH v. 28.04.1970, GRUR 1970, 459, 460 l.Sp. – *Scheinwerfereinstellgerät* u. Schiedsst. v. 12.10.2006 – Arb.Erf. 8/05, (unveröffentlicht); s.a. BGH v. 16.04.2002 – X ZR 127/99, GRUR 2002, 801, 802 r. Sp. – *Abgestuftes Getriebe*.
424 Z. B. LG Düsseldorf v. 24.11.2013 – 4a O 52/06, (Düsseldf. Entsch. Nr. 2010) – Betonschutzwände II; Schiedsst. v. 15.12.2009 – Arb.Erf. 16/09 (unveröffentl.) u. v. 06.05.2010 – Arb.Erf. 46/08, (insoweit nicht in www.dpma.de).
425 Ständ. Praxis Schiedsst. z.B. EV v. 18.04.2002 – Arb.Erf. 60/99, (unveröffentl.); v. 04.11.2003, BlPMZ 2005, 83, 87; v. 12.11.2008 – Arb.Erf. 26/07 (Datenbank); v. 15.01.2013 – Arb.Erf. 44/11, (www.dpma.de); Keukenschrijver in Busse/Keukenschrijver, PatG, Rn. 9 zu § 11 ArbEG; im Ergebnis auch BGH v. 04.12.2007 – X ZR 102/06, GRUR 2008, 606, 608 [Rn. 25] – *Ramipril I* u. BGH v. 22.11.2011 – X ZR 35/09, GRUR 2012, 380 [Rn. 22] – *Ramipril II*.
426 BGH v. 22.11.2011 – X ZR 35/09, GRUR 2012, 380 [Rn. 22] – *Ramipril II*.

spruch bei Miterfinderschaft s. § 9 Rd. 311). Weicht die Patentanmeldung von der Erfindungsmeldung (ohne Einvernehmen des Arbeitnehmers) ab, wird seitens der Rechtsprechung für die Frage der tatsächlichen Benutzung auf den Gegenstand der **Erfindungsmeldung** abgestellt[427] (zur Bedeutung der Erfindungsmeldung s.o. § 9 Rdn. 83 ff).

Bei der Bestimmung des (vergütungspflichtigen) **Schutzumfangs** (vgl. RL Nr. 6 Satz 4) können die Kriterien herangezogen werden, die Rechtsprechung und Lehre für das Schutzrechtsverletzungsverfahren entwickelt haben, da beide Regelungstatbestände auf die Benutzungslage abstellen.[428] Es kommt (vergütungsrechtlich) darauf an, ob der Arbeitgeber von den tragenden Gedanken der Erfindung wortsinngemäß[429] oder in äquivalenter Form[430] Gebrauch macht.[431] Maßgeblich ist die dem einschlägigen Fachmann am Anmeldetag erkennbare Tragweite der Erfindung, wie sie sich aus dem Patentanspruch unter Heranziehung insb. der Beschreibung ergibt (vgl. § 14 PatG).[432] Der einschlägige Fachmann versteht ein Schutzrecht vom technischen Problem her, das durch den im Patentanspruch konkretisierten Erfindungsgedanken gelöst wird. Das technische Problem ergibt sich aus dem, was die Erfindung tatsächlich leistet.[433] Hierin einzubeziehen sind als **Äquivalente** solche abgewandelten, am Sinngehalt der im Patentanspruch unter Schutz gestellten Lehre orientierten Lösungsmittel, die der Fachmann mithilfe seiner Fachkenntnisse als

---

427 So etwa im Ergebn. OLG München v. 14.09.2017, GRUR-RR 2018, 137 (Rn. 48, 56) – Spantenmontagevorrichtung, dort für den Fall, dass die Erfindungsmeldung hinter der Patentanmeldung zurückbleibt.
428 Schiedsst. v. 05.07.1982 – Arb.Erf. 72/81; v. 03.03.1986 – Arb.Erf. 74/85; v. 15.02.1991 – Arb.Erf. 48/90, u. v. 16.11.2004 – Arb.Erf. 1/00, (alle unveröffentl.); Schippel i. Anm. zu BGH, GRUR 1970, 459, 461 – *Scheinwerfereinstellgerät*; zur Bestimmung des Schutzumfanges vgl. u. a. Bruchhausen, GRUR Int. 1974, 1 ff.; ders., GRUR 1980, 304 ff.; von Falck, GRUR 1984, 392 ff.; von Falck/Krieger, GRUR 1984, 423 (Ausschussbericht); Preu, GRUR 1980, 691 ff. – jeweils m.w.N.; Keukenschrijver in Busse/Keukenschrijver, PatG, Rn. 9 zu § 11 ArbEG.
429 Vgl. BGH v. 28.10.2003, GRUR 2004, 413, 415 – *Geflügelkörperhalterung*.
430 S. hierzu i. Einz. Mes, PatG, Rn. 56 ff. zu § 14.
431 Schiedsst. v. 19.01.1989 – Arb.Erf. 1 (B)/88; v. 18.04.2002 – Arb.Erf. 60/99, u. v. 09.10.2008 – Arb.Erf. 44/06, (sämtl. unveröffentl.).
432 Vgl. hierzu allgemein BGH v. 29.04.1986 – X ZR 28/85, GRUR 1986, 803, 804 f. – *Formstein* – u. BGH v. 29.11.1988 – X ZR 63/87, GRUR 1989, 205, 206 f. – *Schwermetalloxidationskatalysator*; OLG Düsseldorf v. 26.07.1995 – 2 U 6/89, (unveröffentl.); Ullmann, GRUR 1988, 333 ff.; so z. Vergütungsrecht Schiedsst. v. 30.01.1989 – Arb.Erf. 42/88, (unveröffentl.); s.a. Schiedsst. v. 20.08.1987, BlPMZ 1988, 173.
433 BGH v. 04.02.2010 – Xa ZR 36/08, GRUR 2010, 603, 605 (Rn. 27) – *Gelenkanordnung*.

gleich wirkend auffinden konnte, ohne dass sie durch den Stand der Technik bekannt waren oder sich daraus in naheliegender Weise ergaben. Maßgebend ist also, ob der Arbeitgeber von den tragenden Gedanken der Erfindung Gebrauch macht.[434] Zur vom Arbeitgeber »angereicherten Schutzrechtsanmeldung« s. § 9 Rdn. 84.

Vergütungspflichtig sind auch **Kombinationserfindungen**, selbst wenn die Nutzung nicht sämtliche im Patentanspruch genannten Merkmale der geschützten Kombination erfasst. Es ist dann aber darauf abzustellen, dass der mit der Gesamtkombination angestrebte Erfolg mit der Teilkombination wenigstens im Wesentlichen erreicht und die ihr zugrunde liegende Aufgabe auch in ihren Teilbereichen zumindest weitgehend gelöst wird.[435] Dies ist insb. dann der Fall, wenn der Patentanspruch ein oder mehrere Merkmale aufweist, die für die Durchführung der geschützten technischen Lehre nicht bedeutsam sind, also Überbestimmungen oder unwesentliches Beiwerk darstellen.

**Bis zur endgültigen Schutzrechtserteilung** ist zunächst von dem Inhalt der Ansprüche im Zeitpunkt der Schutzrechtsanmeldung auszugehen.[436] Etwaigen (endgültigen) Veränderungen des Schutzumfangs im Erteilungsverfahren ist ab dem jeweiligen Zeitpunkt bei der Vergütungsbemessung Rechnung zu tragen.[437] Wird das bisherige erfindungsgemäße Produkt nicht mehr vom Schutzumfang umfasst, entfällt ein Vergütungsanspruch für zukünftige Nutzungen

91.1

---

434 Schiedsst. v. 04.11.2003 – Arb.Erf. 23/01, BlPMZ 2005, 83, 87; v. 12.11.2008 – Arb.Erf. 26/07, (beide Datenbank); v. 15.12.2010 – Arb.Erf. 12/09; v. 16.12.2011 – Arb.Erf. 63/08, (beide unveröffentl.); v. 15.01.2013 – Arb.Erf. 44/11, (www.dpma.de). Siehe allg. zur Äquivalenz BGH v. 29.04.1986 – X ZR 28/85, GRUR 1986, 803, 804 f. – *Formstein*; v. 12.03.2002, GRUR 2002, 515, 517 – *Schneidmesser I* u. BGH v. 12.03.2002, GRUR 2002, 519, 521 – *Schneidmesser II*; BGH v. 12.03.2002, GRUR 2002, 523, 524 – *Custodiol I*; BGH v. 12.03.2002, GRUR 2002, 527, 529 – *Custodiol II*; BGH v. 17.04.2007, GRUR 2007, 959 (Rn. 24) – *Pumpeneinrichtung*; BGH v. 14.06.2016, GRUR 2016, 921 – *Pemetrexed* u. BGH v. 23.08.2016, GRUR 2016, 1254 – *V-förmige Führungsanordnung*.
435 Schiedsst. v. 30.01.1989 – Arb.Erf. 42/88, (unveröffentl.) u. H. a. Ballhaus/Sikinger, GRUR 1986, 337, 339 f. u. Ullmann, GRUR 1988, 333 ff.; vgl. LG Düsseldorf v. 12.09.1989, GRUR Int. 1990, 382 – *Adapter*.
436 Schiedsst. v. 05.07.1982 – Arb.Erf. 72/81, (unveröffentl.); v. 17.04.2008 – Arb.Erf. 49/06 (Datenbank) u. v. 01.12.2009 – Arb.Erf. 48/08, (unveröffentl.); v. 18.09.2012 – Arb.Erf. 22/11; v. 22.07.2013 Arb.Erf. 40/11, (beide www.dpma.de); Windisch, GRUR 1985, 829, 835; ebenso Reimer/Schade/Schippel/Himmelmann Rn. 39 zu § 9; zust. auch Boemke/Kursawe/Engemann Rn. 187 zu § 9.
437 Ebenso Schiedsst. v. 01.12.2009 – Arb.Erf. 48/08, (unveröffentl.); v. 18.09.2012 – Arb.Erf. 22/11; v. 22.07.2013 – Arb.Erf. 40/11, (beide www.dpma.de).

mangels einer Monopolwirkung.[438] Diese Grundsätze gelten für die **vorläufige Vergütung** auch bei späterer Schutzrechtsversagung[439] (s. dazu Rn. 67 ff. zu § 12).

Zur Auswirkung von Veränderungen im Schutzrechtserteilungsverfahren auf die Bestimmung von Miterfinderanteilen vgl. § 12 Rdn. 30, 33.

91.2 **Außerhalb des Schutzumfangs** liegende Ausführungsformen sind bei der Vergütungsbemessung nicht zu berücksichtigen[440] (zur davon zu trennenden Bestimmung der Bezugsgröße s. § 9 Rdn. 125.1 ff.). Dabei ist die Abgrenzung nach objektiven Kriterien auf der Grundlage der Schutzrechtsansprüche vorzunehmen und nicht nach subjektiven Vorstellungen der Parteien,[441] wie sie sich etwa in Werbeaussagen äußern. In Abweichung hiervon ergäbe sich aus dem *BGH*-Urteil vom 29.11.1988[442] (s. dazu oben § 9 Rdn. 83 ff.) die Konsequenz, dass dann, wenn die Schutzrechtsanmeldung den Offenbarungsgehalt einer Erfindungsmeldung nicht voll ausschöpft, der weitere Schutzumfang der in der Erfindungsmeldung offenbarten Lehre zum technischen Handeln maßgeblich sein müsste.[443] Umgekehrt müssten dann arbeitgeberseitige »Anreicherungen« der Schutzrechtsanmeldung unberücksichtigt bleiben (s. § 9 Rdn. 84).

**Ausnahmsweise** hat der *BGH* zur Vergütungsbemessung – unter dem Aspekt der Angemessenheit und mit Blick auf die Vereinbarung zwischen vernünftigen Lizenzvertragsparteien – auch nichterfindungsgemäße Gegenstände (Produkte) herangezogen, etwa bei der Vergütung eines erfindungsgemäßen Verfahrens,

---

438 Schiedsst. v. 17.04.2008 – Arb.Erf. 49/06, u. v. 21.10.2008 – Arb.Erf. 34/07, (beide Datenbank); vgl. auch Schiedsst. v. 12.10.1978, BlPMZ 1979, 255.
439 Vgl. z.B. OLG Hamburg v. 11.05.1978, EGR Nr. 23 zu § 9 ArbEG (Verg.Anspr.).
440 BGH v. 28.04.1970, GRUR 1970, 459, 460 – *Scheinwerfereinstellgerät* unter Aufhebung von OLG Düsseldorf v. 03.03.1967, BB 1967, 475; s. auch BGH v. 17.05.2011 – X ZR 53/08, GRUR 2011, 903, 904 [Rn. 16] – *Atemgasdrucksteuerung*. S. aber auch BGH v. 29.04.2003 – X ZR 186/01, GRUR 2003, 789 ff. – *Abwasserbehandlung*; OLG Frankfurt am Main v. 27.11.1986, EGR Nr. 70 zu § 9 ArbEG (Verg.Anspr.); ständ. Praxis der Schiedsst. z.B. v. 05.02.1986 – Arb.Erf. 3/84; v. 05.07.1982 – Arb.Erf. 72/81; v. 18.04.2002 – Arb.Erf. 60/99, (sämtl. unveröffentl.); v. 04.11.2003 BlPMZ 2005, 83, 87; v. 09.10.2008 – Arb.Erf. 44/06, (unveröffentl.) u. v. 06.05.2010 – Arb.Erf. 46/08, (Datenbank); zust. Keukenschrijver in Busse/Keukenschrijver, PatG, Rn. 9 zu § 11 ArbEG.
441 Vgl. etwa Schiedsst. v. 20.08.1987, BlPMZ 1988, 173, 174; zust. Keukenschrijver in Busse/Keukenschrijver, PatG, Rn. 9 zu § 11 ArbEG.
442 GRUR 1989, 205 – *Schwermetalloxidationskatalysator*.
443 OLG Düsseldorf v. 26.07.1995 – 2 U 6/89, (unveröffentl.) i. Anschl. an BGH v. 29.11.1988 – X ZR 63/87, GRUR 1989, 205 – *Schwermetalloxidationskatalysator*.

## G. Bemessung der Vergütung  §9

ohne das der Fertigungsbetrieb vom Arbeitgeber hätte eingestellt werden müssen und ohne das die Produkte deshalb nicht existent wären.[444]

Bei **Abänderung ursprünglicher Gestaltungsformen** oder von **Verfahrensabläufen** kommt es darauf an, inwieweit nach der Veränderung noch von dem Erfindungsgedanken Gebrauch gemacht wird.[445] Für die Funktion einer Erfindung notwendige, aber lediglich angepasste neutrale Teile, die selbst nicht erfindungsfunktionell spezifiziert sind,[446] begründen keinen Vergütungsanspruch.[447] Gleiches gilt, wenn die Ausführungsform nicht von den tragenden Gedanken der Erfindung, sondern nur von solchen Merkmalen Gebrauch macht, die aus dem Stand der Technik bekannt sind;[448] ferner, wenn ein zum Stand der Technik gehörendes Mittel, dessen Benutzung nach den Patentansprüchen zur Erreichung des erfindungsgemäßen Zieles ausgeschlossen wird, in der Ausführungsform zum Einsatz kommt.[449]

Vergütungspflichtig sind auch in den Schutzbereich eines Patents oder Gebrauchsmusters fallende **abhängige Erfindungen** (zur Vergütung s. § 12 Rdn. 72.2), und zwar sowohl identische Benutzungen, etwa bei Verfahrensansprüchen, die keine genaueren Angaben über die Art und Weise der Ausführung des maßgeblichen Verfahrensschritts enthalten, diese vielmehr dem Fachmann überlassen,[450] als auch gleichwirkende (äquivalente) Benutzungen.[451]

Eine **spätere, nicht geschützte Weiterentwicklung**, die über das Schutzrecht hinausgeht, ist selbst dann nicht vergütungspflichtig, wenn die Erfindung des

---

444 Vgl. BGH v. 29.4.2003 – X ZR 186/01, GRUR 2003, 789 – *Abwasserbehandlung*; dort wurde zur Schätzung des Erfindungswerts für die Vergütung einer Verfahrenserfindung zur Abwasserreinigung, ohne die die Produktion umweltrechtlich unmöglich geworden wäre, im Rahmen der Lizenzanalogie auf den Umsatz mit den nicht erfindungsgemäßen Produkten abgestellt.
445 Schiedsst. v. 13.05.1966, EGR Nr. 5 zu § 9 ArbEG (VergAnspr.); vgl. auch Schiedsst. v. 03.05.1979, BlPMZ 1985, 344, 346 l.Sp.
446 Zum Begriff vgl. BGH v. 14.07.1970, GRUR 1971, 78, 80 – *Dia-Rähmchen V*.
447 Schiedsst. v. 28.11.1987 – Arb.Erf. 13/87, (unveröffentl.).
448 Schiedsst. v. 19.01.1989 – Arb.Erf. 1 (B)/88, (unveröffentl.).
449 BGH v. 23.04.1991 – X ZR 41/89, GRUR 1991, 744 – *Trockenlegungs-Verfahren* im Anschl. an BGH v. 07.10.1985, GRUR 1986, 238 – *Melkstand* u. BGH v. 06.11.1990 – X ZR 55/89, GRUR Int. 1991, 375 – *Autowaschvorrichtung*.
450 OLG Düsseldorf v. 26.07.1995 – 2 U 6/89, (unveröffentl.); s. allg. Ullmann, GRUR 1988, 333, 335 f.
451 Vgl. BGH v. 12.07.1990 – X ZR 121/88, GRUR 1991, 436, 439 – *Befestigungsvorrichtung II*; s. im Übr. Benkard/Scharen, PatG, Rn. 117 f. zu § 14 PatG m.w.Nachw.

Arbeitnehmers dazu als Anregung gedient hat[452] (s. aber auch hier § 9 Rdn. 130.1, 332 f.; § 12 Rdn. 132 u. § 20 Rdn. 13, dort zur Vergütung als Verbesserungsvorschlag).

91.3 I.R.d. Kennzeichnung des (vergütungspflichtigen) Schutzumfangs ist auch eine Differenzierung nach den **Patentkategorien** vorzunehmen, also danach, ob ein **Erzeugnispatent**, das eine Sache, einen Stoff, eine Vorrichtung oder eine Anordnung zum Gegenstand hat, genutzt wird oder ein **Verfahrenspatent** (vgl. auch § 9 PatG).[453]

Ist der Stoff selbst nicht Gegenstand der Erfindung und findet die Erfindung auch sonst keine unmittelbare Verkörperung in einem Verfahrenserzeugnis, beschränkt sich der Patentschutz vielmehr auf eine **Vorrichtung**, so erfasst dieser Schutz nicht auch die mit der Vorrichtung hergestellten Erzeugnisse,[454] selbst wenn die Vorrichtung den Produktionsprozess beeinflusst und über sie ein beträchtliches Produktionsvolumen geleitet wird. Demgemäß ist – entgegen der herrschenden Auffassung[455] – der mit diesen Vorrichtungserzeugnissen erzielte Umsatz nicht vergütungspflichtig,[456] ungeachtet von kartellrechtlichen Bedenken aus §§ 1, 2 GWB[457] (s.a. § 9 Rdn. 131 ff.); i.Ü. kann der Arbeitgeber nicht schlechtergestellt werden als Dritte, die bei Erwerb der Vorrichtung die damit gefertigten Produkte (lizenzfrei) vertreiben. Bei einem Abstellen auf die Produktionsumsätze nimmt die *Schiedsstelle* jedenfalls einen »wirtschaftli-

---

452 BGH v. 28.04.1970, GRUR 1970, 459, 460 – *Scheinwerfereinstellgerät* sowie Schiedsst. v. 30.01.1989 – Arb.Erf. 42/88, (unveröffentl.); im Ergebn. auch Schiedsst. v. 05.12.1995 – Arb.Erf. 37/94, (unveröffentl.); MünchArbR/Sack (2. Aufl. 2000) § 101 Rn. 58.
453 Zu den Begriffen BGH v. 05.07.2005 – X ZR 14/03, GRUR 2005, 845 – *Abgasreinigungsvorrichtung* m. Anm. Féaux de Lacroix, GRUR 2006, 887; Bruchhausen, GRUR 1980, 364; Nirk, Gewerbl. Rechtsschutz S. 236 f.
454 S. allg. BGH v. 14.08.1978, GRUR 1979, 461, 462 – *Farbbildröhre* u. BGH v. 20.02.1979 – X ZR 63/77, GRUR 1979, 540, 542 – *Biedermeiermanschetten*.
455 Regelmäßige Praxis d. Schiedsst.; z.B. EV. v. 03.08.1993 – Arb.Erf. 22/92, (unveröffentl.) i. Anschluss an OLG Düsseldorf v. 09.04.1976, EGR Nr. 33 zu § 9 ArbEG-Verg.Höhe; Schiedsst. v. 29.10.2004 – Arb.Erf. 79/02, u. v. 12.01.2005 – Arb.Erf. 21/02, (beide unveröffentl.); Reimer/Schade/Schippel/Himmelmann Rn. 39 zu § 9; Boemke/Kursawe/Engemann Rn. 190 zu § 9; krit. dagegen Gaul in GRUR 1988, 254, 262 (unter Berufung darauf auch vereinzelt abweichend Schiedsst., z.B. v. 25.02.1991 – Arb.Erf. 50/91, unveröffentl. m.H.a. BGH v. 10.10.1974, GRUR 1975, 206, 209 – *Kunststoffschaum-Bahnen*).
456 OLG Frankfurt am Main v. 30.07.2009 – 6 U 8/08, (unveröffentl.).
457 Vgl. dazu BKartA v. 30.09.1981, GRUR 1981, 919 – *Rigg für ein Segelbrett*.

chen Ausgleich« dadurch vor, dass sie den sonst üblichen Lizenzsatz erheblich mindert.[458]

Ist nur das **Verfahren**, nicht aber die darauf bezogene Vorrichtung geschützt, besteht bei Lieferung der Vorrichtung in das patentfreie Ausland kein Vergütungsanspruch.[459]

Von Arbeitsverfahren zu unterscheiden sind **Verwendungspatente**. Deren Gegenstand wird charakterisiert durch einen Stoff oder eine sonstige, grds. dem Sachschutz zugängliche Sache in einer bestimmten Verwendung, sodass bereits in der sinnfälligen Herrichtung der Sache – und nicht erst in der späteren Verwendung – der Verwertungsbeginn gesehen wird.[460] Folgerichtig ist ein sinnfälliges Herrichten im Inland für den Export ins Ausland bereits eine Nutzung des Verfahrens im Inland.[461] Demgegenüber kann in der Herstellung einer zur Anwendung eines bestimmten Verfahrens geeigneten Anlage oder sonstigen Vorrichtung noch keine Benutzung des Verfahrens liegen.

Bei einem **Herstellungsverfahren** erstreckt sich der Patentschutz nach § 9 Satz 2 Nr. 3 PatG auf das unmittelbar hergestellte Erzeugnis, so dass der erfindungsgemäße Erzeugnisumsatz der Ermittlung des Erfindungswerts zu Grunde gelegt werden kann (s. im Einz. KommRL Rn. 61 ff. zu RL Nr. 8). Bei einem Herstellungsverfahren ist Gegenstand des Patentanspruchs trotz der Umschreibung durch das Herstellungsverfahren das Erzeugnis als solches, das unabhängig von seinem Herstellungsweg die Voraussetzungen für die Patentierbarkeit erfüllen muss.[462]

War eine Schutzrechtsanmeldung ursprünglich außer auf die Erteilung eines **Vorrichtungspatents** zugleich auf die Anerkennung eines **Verfahrenspatents** gerichtet und erfolgte eine Nutzung der Erfindung bereits vor Versagung des Verfahrensanspruchs, muss dem Erfinder auch ein Vergütungsanspruch in Bezug auf die Verfahrenserzeugnisse, wenn auch unter Berücksichtigung des fallbezogen zu bestimmenden Risikoabschlags (s. hierzu § 12 Rdn. 60 ff.) zuerkannt werden. Ab der rechtskräftigen Versagung des Verfahrensanspruchs ist

---

458 Schiedsst. v. 12.01.2005 – Arb.Erf. 21/02, (unveröffentl.).
459 Schiedsst. v. 05.08.1999 – Arb.Erf. 59/97, (unveröffent.); s.a. BGH v. 05.07.2005 – X ZR 14/03, GRUR 2005, 845, 847 f. – *Abgasreinigungsvorrichtung*.
460 BGH v. 05.07.2005 – X ZR 14/03, GRUR 2005, 845, 847 f. – *Abgasreinigungsvorrichtung*; BGH v. 19.11.1991 – X ZR 9/89, GRUR 1992, 305 – *Heliumeinspeisung*.
461 Vgl. BGH, GRUR 1983, 729 – *Hydropyriden*; Keukenschrijver in Busse/Keukenschrijver, PatG, Rn. 141 zu § 9 PatG; s.a. BGH v. 05.07.2005 – X ZR 14/03, GRUR 2005, 845, 847 f. – *Abgasreinigungsvorrichtung*.
462 S. dazu BGH v. 29.09.2016 -X ZR 58/14, (juris).

dem auf die Vorrichtung beschränkten Schutzumfang bei der Vergütungsbemessung Rechnung zu tragen. Hat der Arbeitgeber es schuldhaft versäumt, neben einem Vorrichtungsanspruch zugleich einen möglichen Verfahrensanspruch im Patenterteilungsverfahren geltend zu machen oder durchzusetzen (s. § 13 Rdn. 69 f.), sind die Verfahrenserzeugnisse vergütungspflichtig (s.o. § 9 Rdn. 83 ff.).

Die vorerwähnte Differenzierung nach der Patentkategorie wirkt sich auch bei der Feststellung der tatsächlichen Verwertung aus: während bei Verfahrenserfindungen eine tatsächliche Verwertung erst mit Inbetriebnahme einer Anlage erfolgt, wird eine Erzeugniserfindung bereits benutzt, wenn mit der Herstellung der erfindungsgemäßen Vorrichtung begonnen wird,[463] was insb. bei Schutzrechtsablauf beachtlich sein kann. Dementsprechend hat die *Schiedsstelle* eine Vergütungspflicht angenommen, wenn der Liefervertrag über die erfindungsgemäßen Produkte vor Schutzrechtsablauf geschlossen wurde, Lieferung und Bezahlung dagegen erst danach erfolgen.[464]

92 Beim Begriff der **tatsächlichen Verwertung** ist zwar – auch nach der Praxis der *Schiedsstelle*[465] – grds. vom patentrechtlichen Begriff der »Benutzung« auszugehen (s. § 9 Rdn. 90 f.; s. i.Ü. KommRL Einl. Rn. 53). »Benutzung« kann allerdings im Arbeitnehmererfindungsrecht nicht uneingeschränkt mit der »tatsächlichen Verwertung« gleichgesetzt werden:[466] Der patentrechtliche Benutzungsbegriff beschränkt sich auf alle Nutzungshandlungen i.S.d. §§ 9 PatG, 5 GebrMG, also auf den tatsächlichen Einsatz der erfinderischen Lehre im Unternehmen bzw. der öffentlichen Verwaltung in Form des Herstellens, Anbietens, In-Verkehr-Bringens oder Gebrauchens.[467] Demgegenüber ist der vergütungsrechtliche Begriff der »tatsächlichen Verwertung« insoweit enger, als selbst Benutzungshandlungen i.S.d. Patentrechts dann keine vergütungspflich-

---

463 LG Frankfurt v. 04.07.1973 – 2/6 O 182/72, (unveröffentl.).
464 Schiedsst. v. 02.02.1995 – Arb.Erf. 5/94, (unveröffentl.).
465 Nach der Praxis der Schiedsst. folgt zwar der Begriff der Verwertung im Arbeitnehmererfinderrecht dem Benutzungsbegriff des PatG, z.B. Schiedsst. v. 01.12.1992, EGR Nr. 6 zu § 10 ArbEG; s. ferner Schiedsst. v. 30.03.2004 – Arb.Erf. 81/02; v. 06.04.2006 – ArbErf 98/04, (beide Datenbank); v. 15.01.2013 – Arb.Erf. 44/11, (www.dpma.de); allerdings sei noch nicht jede Benutzungshandlung vergütungspflichtig (z.B. EV. v. 02.02.1995 – Arb.Erf. 5/94, unveröffentl.).
466 Vgl. Reimer/Schade/Schippel/Himmelmann Rn. 38 zu § 9 u. Rn. 3 zu § 10; vgl. auch Volmer/Gaul Rn. 234 zu § 9 u. Rn. 49 ff. zu § 10.
467 Einzelheiten zu den Nutzungshandlungen s. Kommentare z. PatG und z. GebrMG, etwa Schulte/Rinken, PatG, § 9 Rn. 54 ff.; Keukenschrijver in Busse/Keukenschrijver, PatG, § 9 PatG Rn. 40 ff.Benkard/Scharen, PatG, § 9 PatG Rn. 27 ff. u. § 11 GebrMG Rn. 4 f. zu § 11 GebrMG; Bühring/Braitmayer, GebrMG, § 11 Rn. 8 ff.

G. Bemessung der Vergütung § 9

tige Benutzung gem. dem ArbEG darstellen, wenn sie – wie etwa die Lieferung eines Prototyps – der bloßen Markteinführung dienen[468] bzw. dem Arbeitgeber hieraus (zunächst) **noch kein wirtschaftlicher Vorteil** entsteht (etwa bei bloßer Herstellung und Lagerhaltung für zukünftigen Vertrieb oder ein bloßes Anbieten, etwa durch Werbemaßnahmen oder Ausstellen; s. § 9 Rdn. 93.1 und i.Ü. KommRL Rn. 9 ff. zu RL Nr. 23). Andererseits ist der vergütungsrechtliche Verwertungsbegriff weitergehend: Er umfasst neben der eigenen betrieblichen Benutzung durch den Arbeitgeber (vgl. RL Nr. 3–13; s.u. § 9 Rdn. 101 ff.) **jede Form der tatsächlichen wirtschaftlichen Ausnutzung** der Rechtsposition an einer Erfindung, also auch die Lizenzvergabe und zwar bereits mit dem Abschluss des Lizenzvertrages[469] (RL Nrn. 14, 15; s.u. § 9 Rdn. 211 ff.), den Abschluss von Austauschverträgen[470] (RL Nr. 17; s.u. § 9 Rdn. 236) sowie den Verkauf (Abtretung) der Rechte an der Erfindung[471] (RL Nr. 16; s.u. § 9 Rdn. 251 f.). Hinzukommt, dass die höchstrichterliche Rechtsprechung von der gemeldeten Diensterfindung als Vergütungsgrundlage ausgeht (s. § 9 Rdn. 83 f.).

Einen Unterfall der tatsächlichen Verwertung stellt die Nutzung als Sperrpatent dar.[472]

Auch die **mittelbare Patentbenutzung i.S.d. § 10 PatG** ist eine vergütungspflichtige Verwertung der Erfindung, etwa der Verkauf einer Vorrichtung, die geeignet und bestimmt ist, das erfindungsgemäße Verfahren zu benutzen.[473] Zu Auslandslieferungen s. § 9 Rdn. 246.7.    92.1

Schließlich kann auch in der Herstellung und dem **Verkauf von Konstruktionszeichnungen** sowie in ergänzenden sonstigen **Engineering-Leistungen**, also etwa der Lieferung von Zeichnungen zur Kennzeichnung der Form, der Ausrüstung, der maschinenbaulichen und elektrotechnischen Einrichtungen u. a., eine tatsächliche Erfindungsnutzung liegen, wenn bei wirtschaftlicher    92.2

---

468 Schiedsst. v. 14.07.1992 – Arb.Erf. 58/91, (unveröffentl.).
469 S. BGH v. 04.12.2007 – X ZR 102/06, GRUR 2008, 606 u. 607 [Rn. 14, 15, 16] – *Ramipril I*.
470 BGH v. 04.12.2007 – X ZR 102/06, GRUR 2008, 606, 607 [Rn. 16] – *Ramipril I*.
471 BGH v. 04.12.2007 – X ZR 102/06, GRUR 2008, 606, 607 [Rn. 16] – *Ramipril I*.
472 So zu Recht Amtl. Begründung BT-Drucks. II/1648 S. 27 = BlPMZ 1957, 233; zust. Keukenschrijver in Busse/Keukenschrijver, PatG, Rn. 9 zu § 11 ArbEG.
473 Schiedsst. v. 13.12.1993 – Arb.Erf. 127/92, (unveröffentl.); z. Kennzeichnung der mittelbaren Patentverletzung s. BGH v. 10.10.2000, GRUR 2001, 228 – *Luftheizgerät*.

Betrachtung dieser gesamten Engineering-Leistung die gleiche Bedeutung für die Herstellung einer erfindungsgemäßen Vorrichtung zukommt wie der Anfertigung der Vorrichtung selbst.[474] Dies ist stets anzunehmen, wenn Leistungen seitens des Arbeitgebers erbracht werden, die über eine normale, den Erfindungsgegenstand wiedergebende Werkstattzeichnung wesentlich hinausgehen, insb. eine beherrschende Einflussnahme (etwa durch Anweisung, Überwachung und Überprüfung) erfolgt, nicht dagegen, wenn der Einsatz des Erfindungsgegenstandes in der Verantwortung und Regie z.B. eines ausländischen Abnehmers liegt[475] (z. Erfindungswert vgl. § 9 Rdn. 241 f.).

93 Außer Ansatz bleiben bloße **Vorbereitungshandlungen**, die eine zukünftige Verwertung erst ermöglichen sollen[476] (vgl. auch RL Nr. 23 Abs. 1 u. § 9 Rdn. 210 ff.).

Vergütungsfreie Vorbereitungshandlungen sind zunächst solche im Stadium **der technischen Prüfung und Erprobung** eines neuen Gegenstandes bis zu seiner funktionell und fertigungstechnisch im Wesentlichen abgeschlossenen Konstruktion.[477] Der Zustand der Verwertung bzw. Nutzung wird erst dann erreicht, wenn die Vorrichtung in ihrem Gebrauch den an ihren Zweck allgemein zu stellenden Anforderungen entspricht,[478] wobei die gewerbliche Verwertung ein objektives Merkmal ist, welches sich den (subjektiven) Vorstellungen der Arbeitsvertragsparteien entzieht.[479] Entsprechendes gilt bei Verfahrenserfindungen. Das Stadium der reinen Prüfung und Erprobung ist letztlich erst dann verlassen, wenn die funktionelle und technische Entwicklung soweit gereift ist, dass der Arbeitgeber die Erfindung einsetzen kann. S. auch § 9 Rdn. 212, s. i.Ü. KommRL Rn. 11 f. zu RL Nr. 23; zur vergütungs-

---

474 Schiedsst. v. 08.09.1986, BlPMZ 1987, 306, 307 i. Anschl. an RG v. 12.05.1929, RGZ 124, 368 – *Konstruktionszeichnung*.
475 Schiedsst. ZB v. 25.07.1988, BlPMZ 1989, 289, 291.
476 Vgl. Schiedsst. v. 24.04.1974, EGR Nr. 12 zu § 12 ArbEG; v. 07.02.1984, BlPMZ 1984, 301 f. u. v. 04.02.1986, BlPMZ 1986, 346; Volmer i. Anm. AP Nr. 1 zu § 20 ArbEG; Volmer/Gaul Rn. 751 zu § 9 u. Rn. 51 f. zu § 10; vgl. auch BGH vom 29.03.1960, GRUR 1960, 423, 426 – *Kreuzbodenventilsäcke I*; BAG v. 30.04.1965, GRUR 1966, 88, 89, l.Sp. – *Abdampfverwertung* u. v. 16.12.2014 NZA-RR 2015, 229 (Rn. 51) – *Ersatzbrennstoff* (zum techn. VV); zust. auch Keukenschrijver in Busse/Keukenschrijver, PatG Rn. 9 zu § 11 ArbEG.
477 Schiedsst. v. 20.12.1972 – Arb.Erf. 82/69, bestätigt d. LG Düsseldorf v. 08.10.1974 – 4 O 1976/73, dieses bestätigt d. OLG Düsseldorf v. 06.06.1975 – 2 U 95/74, (alle unveröffentl., auszugsweise zitiert b. Volz, ArbNErf. im öffentl. Dienst, S. 101 – dort Fn. 163).
478 BAG v. 30.04.1965, GRUR 1966, 88, 89, l.Sp. – *Abdampfverwertung*.
479 Volmer i. Anm. AP Nr. 1 zu § 20 ArbEG (Bl. 5).

## G. Bemessung der Vergütung §9

freien Erprobung als Teil einer Gesamtanlage s. dort Rn. 21 f., zur Dauer der Prüfungs- und Erprobungsphase s. dort Rn. 30 ff.

Vergütungsfrei sind ferner solche Maßnahmen, die der Prüfung der **Wirtschaftlichkeit** des Erfindungseinsatzes dienen,[480] also einer Analyse der Kosten und des Nutzens, etwa das Testen und Erforschen des Marktes bis hin zur Lieferung von Prototypen. Einzelheiten hierzu s. KommRL Rn. 15 f. zu RL Nr. 23.

**Beispiele** vergütungsfreier Vorbereitungshandlungen sind etwa das Herstellen von Zeichnungen, Modellen (zum Sonderfall des Verkaufs von Konstruktionszeichnungen und sonstigen Engineering-Leistungen s. Rn. 92.2) sowie Handlungen zu Erprobungs- bzw. Versuchszwecken, die sich auf den Gegenstand der erfinderischen Lehre beziehen (vgl. § 11 Nr. 2 PatG[481]), ebenso bloße Machbarkeitsstudien;[482] vergütungsfrei sind ebenfalls Planung, Ausschreibung und Angebotsentgegennahme (für eine Vorrichtung),[483] Kontaktaufnahme mit (potenziellen) Herstellerfirmen zur Prüfung der Verwertbarkeit,[484] ferner (bei Verfahrenserfindungen) die Fertigung der Geräte, mit denen das Verfahren umgesetzt werden soll[485] oder die erprobungsweise Errichtung von Pilotanlagen, auch wenn diese mit Drittmitteln gefördert wird;[486] In diese Reihe gehört auch das Erstellen von Vorprüfunterlagen für behördliche Genehmigungsverfahren zum Betrieb einer erfindungsgemäßen Anlage.[487]

93.1

Auch das bloße Anbieten erfindungsgemäßer Produkte ist für sich allein im Grundsatz noch nicht vergütungspflichtig;[488] dies gilt etwa für die Vorführung von Pilotprojekten auf Ausstellungen oder für die Aufstellung von Prototypen

---

480 Vgl. z.B. Schiedsst. v. 03.12.1987, BlPMZ 1988, 264, 265; v. 03.05.1979, BlPMZ 1985, 344, 345; v. 25.04.1983, BlPMZ 1983, 378, 379; v. 04.02.1986, BlPMZ 1986, 346; v. 25.09.1998 – Arb.Erf. 100/96, (unveröffentl.).
481 Zur weiten patentfreien Auslegung des Versuchsprivilegs s. BGH v. 11.07.1995, Mitt. 1995, 274 – *Klinische Versuche*, bestätigt durch BVerfG v. 10.05.2000, GRUR 2001, 43.
482 Schiedsst. v. 13.01.2010 – Arb.Erf. 38/07, (unveröffentl.).
483 LG Frankfurt v. 04.07.1973 – 2/6 O 182/72, (unveröffentl.).
484 Schiedsst. v. 27.02.1984, BlPMZ 1984, 301, 302.
485 Schiedsst. ZB v. 08.05.1981 – Arb.Erf. 50/81, (unveröffentl.) m.H.a. RGZ 75, 128 u. 149, 102.
486 Schiedsst. v. 22.10.1990 – Arb.Erf. 8/90, (unveröffentl.).
487 Schiedsst. v. 15.01.2013 – Arb.Erf. 44/11, (www.dpma.de) m.H.a. BGH v. 24.03.1987 GRUR 1987, 626 f. – *Rundfunkübertragungssystem*.
488 Ständ. Praxis d. Schiedsst., z.B. EV. v. 02.02.1995 – Arb.Erf. 5/94, (unveröffentl.).

bei Kunden zur bloßen Erprobung[489] (vgl. aber auch § 9 Rdn. 91.3). Prüft und erprobt dagegen ein Dritter die Erfindung auf seine Kosten und sein Risiko und liefert ihm der Arbeitgeber erfindungsgemäße (Muster-) Produkte in nennenswertem Umfang gegen Entgelt, handelt es sich um eine vergütungspflichtige Nutzung[490] (s.a. KommRL Rn. 73 zu RL Nr. 23). Vergütungsfrei ist dagegen das Testen und Erforschen des Marktes, wozu u.a. selbst gelegentliche Verkäufe oder Lieferungen zu Testzwecken gehören, wenn der Testzweck eindeutig im Vordergrund steht und der aus den Testverkäufen erzielte Erlös vernachlässigbar gering ist[491] (s. i.Ü. KommRL Rn. 29 ff. zu RL Nr. 23).

93.2 Wird eine Erfindung im Rahmen von (privaten und staatlichen) **Forschungsarbeiten** eingesetzt, liegt eine vergütungsfreie Vorbereitungshandlung solange vor, als die Erfindung noch **Gegenstand der Forschung** ist.[492] Dabei gilt als Erprobungshandlung nicht nur die Erforschung am Objekt der Erfindung selbst; dazu zählt auch die Prüfung, ob mit dem Gegenstand der Erfindung weitere Komplexe erforscht werden können, die zu einem umfassenden Forschungsvorhaben gehören.[493] Bei einem umfassenden, aus vielen Einzelkomponenten bestehenden Projekt gilt dies so lange, bis deren Zusammenwirken eine ausgereifte Systemlösung bietet; solange auch nur eine Komponente davon nicht ausgereift ist, kann die teilweise Nutzung von anderen Komponenten nicht als Benutzung im kommerziellen (vergütungspflichtigen) Maßstab verstanden werden[494]. Wird eine Diensterfindung im Rahmen von Komplexen geprüft und erprobt, liegt nach der Praxis der *Schiedsstelle* ein vergütungsrelevanter Erfindungswert erst dann vor, wenn der gesamte Komplex wirtschaftlich verwertet wird.[495] Für die Vergütungsfreiheit ist es ohne Bedeutung, wenn von dritter Seite Forschungsmittel für die Erprobung der

---

489 Schiedsst. v. 04.02.1986, BlPMZ 1986, 346 u. v. 03.05.1979, BlPMZ 1985, 344, 345.
490 Schiedsst. v. 08.08.1989 – Arb.Erf. 90/98, u. v. 15.12.2009 – Arb.Erf. 16/09, (beide unveröffentl.).
491 Ständ. Praxis d. Schiedsst., z.B. v. 25.01.1995 – Arb.Erf. 79/93 m.H.a. EV. v. 08.08.1989 – Arb.Erf. 90/88, (beide unveröffentl.); v. 12.09.2013 – Arb.Erf. 21/12, (www.dpma.de).
492 Ebenso ständ. Praxis d. Schiedsst., z. B. v. 14.10.2015 – Arb.Erf. 25/13, (www.dpma.de).
493 Schiedsst. v. 04.02.1986, BlPMZ 1986, 346, 347; v. 14.10.2015 – Arb.Erf. 25/13, (www.dpma.de).
494 Schiedsst. v. 04.02.1986, BlPMZ 1986, 346, 347.
495 Schiedsst. v. 25.09.2008 – Arb.Erf. 36/07, (Datenbank); v. 14.10.2015 – Arb.Erf. 25/13, (www.dpma.de).

G. Bemessung der Vergütung § 9

Erfindung zur Verfügung gestellt werden[496] (s. KommRL Rn. 71 ff. zu RL Nr. 23).

Dagegen liegt eine vergütungspflichtige Verwertungshandlung vor, wenn die Erfindung nicht mehr selbst (mittelbar oder unmittelbar) Gegenstand der Forschung zur Erlangung von Erkenntnissen ist, sondern ihrerseits als **Mittel zur Forschung** verwendet wird[497] bzw. als Mittel zu anderweitigen Zwecken, etwa zur Erschließung weiterer Märkte oder als maßgebender Grund für den Abschluss eines Forschungsvertrages[498]. Gleiches gilt, wenn die Diensterfindung kausal für die Erteilung eines Forschungsauftrags ist, sodass der darauf zurückgehende Vorteil (Gewinn) aus der Auftragsakquisition zu vergüten ist, und zwar ggf. nach RL Nr. 12.[499] Ist Inhalt des auf Grund der Erfindung erlangten Forschungsauftrages die Lieferung eines konkreten Modells an den Auftraggeber, so kann diese Lieferung als Umsatzgeschäft angesehen und der Erfindungswert mit der Lizenzanalogie berechnet werden.[500]

Im Regelfall dient das Ausmaß einer tatsächlichen Verwertung durch den Arbeitgeber als Anhalt für die Vergütungsbemessung.[501] Dann kommt nicht der Verwertbarkeit, sondern der tatsächlichen Verwertung ausschlaggebende Bedeutung[502] zu (vgl. aber § 9 Rdn. 88 f.). 94

Unter den Begriff der (eine Vergütungspflicht auslösenden) tatsächlichen wirtschaftlichen Verwertung fallen auch (bloß) **mittelbare Auswirkungen** der 95

---

496 Ebenso Schiedsst. v. 13.01.2010 – Arb.Erf. 38/07, (unveröffentl.); v. 14.10.2015 – Arb.Erf. 25/13, (www.dpma.de).
497 Schiedsst. v. 04.08.1972, BlPMZ 1973, 205, 206 = EGR Nr. 14 zu § 9 ArbEG (VergAnspr.) m. zust. Anm. Gaul/Bartenbach; v. 03.05.1979, BlPMZ 1985, 344; v. 13.08.1976, BlPMZ 1977, 53; v. 08.02.1973, BlPMZ 1973, 209; v. 20.09.1990 – Arb.Erf. 100/89, (unveröffentl.) u. v. 29.04.1997 – Arb.Erf. 80/95 (Datenbank); v. 14.10.2015 – Arb.Erf. 25/13, (www.dpma.de); Walenda, GRUR 1975, 1 ff.; Volz, ArbNErf. im öffentl. Dienst, S. 102 m.w.N.; vgl. auch LG Hamburg v. 07.02.1990, EGR Nr. 34 zu § 5 ArbEG; allgem. zu § 11 Nr. 2 PatG BGH v. 11.07.1995, Mitt. 1995, 274, 277 – *Klinische Versuche*; a.A. (insb. f. Staatl. Forschungseinrichtung) Meusel, GRUR 1974, 437 ff. u. GRUR 1975, 399 ff.; vgl. auch Konz, Mitt. 1975, 205 ff.; v. Füner, Mitt. 1976, 5 ff.; Sachverständigenkreis d. BMFT i. GRUR 1978, 349 ff.
498 S. Schiedsst. v. 14.10.2015 – Arb.Erf. 25/13, (www.dpma.de).
499 Schiedsst. v. 15.12.2009 – Arb.Erf. 16/09, (unveröffentl.); v. 14.10.2015 – Arb.Erf. 25/13, (www.dpma.de); vgl. auch Schiedsst. v. 23.11.2010 – Arb.Erf. 33/09, (unveröffentl.) zur Kausalität einer Erfindung für einen Lieferauftrag. S. dazu auch Bartenbach/Volz, KommRL Rn. 80 zu RL Nr. 7.
500 Vgl. Schiedsst. v. 14.10.2015 – Arb.Erf. 25/13, (www.dpma.de).
501 S. BGH v. 28.04.1970, GRUR 1970, 459, 460 – *Scheinwerfereinstellgerät*.
502 Vgl. Amtl. Begründung BT-Drucks. II/1648 S. 24 = BlPMZ 1957, 233.

Erfindung als ein indirekter Nutzen.[503] Maßgeblich ist die Feststellung, dass und in welchem Umfang die Erfindung **kausal** für den geldwerten Vorteil ist.[504] Dafür reicht regelmäßig nicht aus, wenn die Erfindung nur von untergeordneter Bedeutung für den Vorteil war,[505] wohl aber, wenn sie eine von mehreren entscheidenden Ursachen gewesen ist[506] (s. KommRL Rn. 94 zu RL Nr. 7). Erfüllt ist das Kausalitätserfordernis **beispielsweise**, wenn eine Erfindung als entscheidendes (Kausalität!) Druckmittel dient, Vermögensvorteile von Dritten (z.B. Preissenkung von Zulieferern) zu erreichen[507] oder wenn die Erfindung als (Werbe-) Mittel zum Abschluss anderweitiger Aufträge eingesetzt wird[508] bzw. Grund für den Erhalt eines Forschungsauftrages[509] oder Ursache für den Verkauf von Spezialprodukten durch den Arbeitgeber zur (lizenzgebührenfrei geduldeten) Anwendung des erfindungsgemäßen Verfahrens durch die Käufer ist[510] (s.a. § 9 Rdn. 193; vgl. im Einzelnen KommRL Rn. 93 f. zu RL Nr. 7). Ist die Erfindung dagegen von bloß nachgeordneter Bedeutung für den

---

503 Allg. A., z.B. Schiedsst. v. 15.01.2013 – Arb.Erf. 44/11, (www.dpma.de); Reimer/Schade/Schippel/Himmelmann Rn. 39 zu § 9.
504 Vgl. etwa BGH v. 05.02.2013 – X ZR 59/12, GRUR 2013, 498 – *Genveränderungen* (Rn. 17 ff.), dort zu § 42 Nr. 4 ArbEG. Zum Problemkreis der Kausalität s. insbes. Henn GRUR 1968, 121 ff.; Pietzcker GRUR 1968, 172 ff.; vgl. auch Schiedsst. v. 17.04.1967 BlPMZ 1967, 321 u. v. 05.07.2001 Arb.Erf. 10/99 (Datenbank); vgl. auch Keukenschrijver in Busse/Keukenschrijver, PatG, Rn. 13 zu § 11 ArbEG.
505 Ebenso Schiedsst. z. B. v. 16.10.2008 – Arb.Erf. 38/07; v. 14.07.2009 – Arb.Erf. 4/08, (beide unveröffentl.); v. 10.11.2011 – Arb.Erf. 1/10, (Datenbank, dargestellt auch bei Trimborn Mitt. 2014, 74, 77) u. v. 15.01.2013 – Arb.Erf. 44/11, (www.dpma.de).
506 Enger noch Vorauflage sowie weiterhin Trimborn Mitt. 2014, 74, 77: »vorrangige, entscheidende kausale Bedeutung«; im Ausgangspunkt so auch Schiedsst. v. 15.01.2013 – Arb.Erf. 44/11, (www.dpma.de); vgl. auch Schiedsst. v. 21.04.2015 – Arb.Erf. 56/12, (www.dpma.de = in Mitt. 2016, 407 nur LS.) u. v. 14.10.2015 – Arb.Erf. 25/1,3 (www.dpma.de).
507 Vgl. Schiedsst. v. 17.04.1967, BlPMZ 1967, 321 u. v. 29.02.1996 – Arb.Erf. 20/93, (unveröffentl.); Tetzner, GRUR 1967, 513, 515; zust. Keukenschrijver in Busse/Keukenschrijver, PatG, Rn. 22 zu § 11 ArbEG; zum Problemkreis der Kausalität s. insb. Henn, GRUR 1968, 121 ff.; Pietzcker, GRUR 1968, 172 ff.
508 Vgl. Schiedsst. v. 23.07.1991, BlPMZ 1993, 114, 115 – *Mischer*; vgl. auch allg. BGH v. 29.05.1962, GRUR 1962, 509, 512 – *Dia-Rähmchen II*.
509 Ebenso Schiedsst. v. 25.11.2008 – Arb.Erf. 3/08, (unveröffentl.); vgl. ferner LG Hamburg v. 07.02.1990, EGR Nr. 34 zu § 5 ArbEG. Unsere Beispiele bestätigend Schiedsst. v. 15.01.2013 – Arb.Erf. 44/11, (www.dpma.de).
510 Schiedsst. v. 21.04.2015 – Arb.Erf. 56/12, (www.dpma.de = in Mitt. 2016, 407 nur LS.).

wirtschaftlichen Vorteil des Arbeitgebers, kommt eine Vergütungspflicht nach der Spruchpraxis der *Schiedsstelle* nicht in Betracht.[511]

*Rdn. 96 – 100 frei*

### IV. Erfindungswert bei (tatsächlicher) betrieblicher Eigennutzung

#### 1. Betriebliche Eigennutzung

Unter betrieblicher Eigennutzung ist der tatsächliche Einsatz der erfinderischen Lehre (s. dazu § 9 Rdn. 90 ff.) **im Unternehmen des Arbeitgebers** (z. Unternehmensbegriff s. § 1 Rdn. 101 ff.), insb. in den Verwertungsformen des § 9 PatG, zu verstehen (s. i.Ü. oben § 9 Rdn. 91 ff.; s.a. RL Nrn. 3 ff.). Dem steht eine Lohnfertigung durch Dritte als »**verlängerte Werkbank**« gleich, deren sich der Arbeitgeber als Hilfspersonen im Rahmen einer Auftragsfertigung zur Ausübung seines patentrechtlichen Benutzungsrechts bedient;[512] der Dritte hat keinen wirtschaftlichen Einfluss auf Art und Umfang der Herstellung und des Vertriebs, sondern ist in seiner Herstellung strikt an den Schutzrechtsinhaber (Arbeitgeber) gebunden,[513] so dass dies im Ergebnis einer Eigennutzung entspricht (s. auch § 16 Rdn. 83). 101

Hiervon abzugrenzen ist die Verwertung als Sperrpatent (s. RL Nr. 18 u. § 9 Rdn. 201 ff.); zum Erfindungswert bei Vorratspatenten s. RL Nr. 21 u. § 9 Rdn. 207 ff.; z. vergütungsfreien Vorbereitungshandlung s. § 9 Rdn. 93 f.

Zur Nutzung im **Konzernbereich** s. § 9 Rdn. 185; z. Vergütung bei zwischenbetrieblichen Kooperationen s. § 9 Rdn. 191 f. 102

#### 2. Berechnung des Erfindungswertes

#### a) Verhältnis der Berechnungsmethoden zueinander – Wahl der Berechnungsmethode

Im Fall betrieblicher Eigennutzung kann der Erfindungswert gemäß RL Nr. 3 i.d.R. nach **drei Berechnungsmethoden** ermittelt werden:
a) nach der Lizenzanalogie (RL Nrn. 6–11, s. § 9 Rdn. 120 ff.), 103

---

511 Schiedsst. v. 5.7.2001 – Arb.Erf. 10/99, (Datenbank); ZB v. 16.10.2008 – Arb.Erf. 38/07, (unveröffentl.).
512 Zum Begriff vgl. OLG Düsseldorf v. 08.03.2012 GRUR-RR 2012, 319 – Einstieghilfe für Kanalöffnungen; LG Düsseldorf v. 15.09.1998 Mitt. 1999, 370, 371 – Steckerkupplung; Bartenbach, Patentlizenz- und Know-how-Vertrag, Rn. 1315; vgl. auch Schiedsst. v. 16.07.2015 – Arb.Erf. 20/13, (www.dpma.de = Mitt. 2016, 479 LS. 1).
513 OLG Karlsruhe v. 22.10.2014 – 6 U 127/1,3 (unveröffentl.).

b) nach dem erfassbaren betrieblichen Nutzen (RL Nr. 12, s. § 9 Rdn. 161 ff.),

c) in Form der Schätzung (RL Nr. 13, s. § 9 Rdn. 176 ff.).

104 Diese drei Berechnungsmethoden, die den klassischen **betriebswirtschaftlichen Bewertungsmethoden für Patente** nahe kommen[514] (s. KommRL Rn. 2 zu RL Nr. 3), haben nicht das Ziel, unterschiedliche Erfindungswerte zu ermitteln, sondern werden in RL Nr. 3 **alternativ** neben einander gestellt;[515] zu sonstigen Analogiemethoden s. RL Nr. 4 sowie § 9 Rdn. 301 ff.

Allerdings sind die Methoden **nicht gleichrangig**. Für die Methode der Schätzung ergibt sich bereits aus RL Nr. 5 Abs. 2 Satz 5, RL Nr. 13 Satz 1 deren subsidiäre Geltung (s. § 9 Rdn. 176).

105 Entgegen der (verunglückten) Fassung der RL Nr. 5 Abs. 1 Satz 1 und Abs. 2 letzter Satz stehen die Berechnungsmethoden der Lizenzanalogie und nach dem erfassbaren betrieblichen Nutzen nicht gleichrangig nebeneinander; vielmehr genießt die Methode der **Lizenzanalogie eindeutig Vorrang** (s. § 9 Rdn. 109). Eine **Kombination** oder Vermischung beider Berechnungsmethoden ist wegen des völlig unterschiedlichen Ansatzes nicht möglich[516] (s. hierzu KommRL Rn. 63 f. zu RL Nr. 5). Ausgeschlossen ist es deshalb z. B., die Ermittlung des Erfindungswertes anhand des betrieblichen Nutzens zur Schätzung des Lizenzsatzes im Rahmen der Lizenzanalogie heranzuziehen.[517] Zu den Einzelheiten s. KommRL Rn. 8 ff., 26 ff. zu RL Nr. 5.

106 Der Erfindungswert ist – wie der *BGH* zutreffend hervorgehoben hat – nicht in dem Sinne »berechenbar«, dass er nach bestimmten Regeln aus feststehenden und ohne Weiteres ermittelbaren Umständen abgeleitet werden könnte (s. § 9 Rdn. 76). Dementsprechend hat die *Schiedsstelle* stets betont, dass auch die RL Nrn. 3 ff. nicht zu der Annahme verleiten dürfen, die Berechnungsmethode der Lizenzanalogie und die nach dem erfassbaren betrieblichen Nutzen

---

514 S. dazu u. a. Rings, GRUR 2000, 839, 842 ff.; Nestler, BB 2008, 2002 ff., BB 2013, 2028 ff. u. Mitt. 2014, 262 ff. (m. krit. Erwiderung Hellebrand, Mitt. 2014, 494 ff. u. Replik Nestler, Mitt. 2015, 62 f.); Natusch, Mitt. 2010, 118 ff.; Köllner, Mitt. 2010, 97 ff.; Petersen/Wurzer/Grüneald/Zwirner, Mitt. 2010, 111 ff. Unergiebig die von rechtlichen Vorgaben weitgehend losgelöste Kritik von Follert (DStR 2017, 2449 ff.) an der Vergütungsbemessung nach § 9 ArbEG aus bewertungstheoretischer Sicht.

515 S. BGH v. 06.03.2012, Mitt. 2012, 285 (Rn. 19) – *Antimykotischer Nagellack*.

516 Schiedsst. v. 03.06.2005 – Arb.Erf. 34/04, (Datenbank) u. v. 19.10.2007 – Arb.Erf. 14/06, (unveröffentl.); vgl. auch BGH v. 17.11.2009, GRUR 2010, 223, 226 (Rn. 33) – *Türinnenverstärkung*.

517 So aber Boemke/Kursae/Engemann Rn. 194 zu § 9.

## G. Bemessung der Vergütung § 9

seien mathematisch exakt; **bei sämtlichen Methoden** der Ermittlung des Erfindungswertes ist an einer oder gelegentlich auch an mehreren Stellen **vom Mittel der Schätzung Gebrauch zu machen**, sei es etwa bei dem Lizenzsatz für die Lizenzanalogie, bei dem erfassbaren betrieblichen Nutzen im Hinblick auf den kalkulatorischen Unternehmerlohn usw.[518] Wegen der jeder Berechnungsart aufgrund ihrer wertenden Elemente innewohnenden Unsicherheiten sind Abweichungen im Einzelfall denkbar. In Fällen bspw., in denen die Produktion des Erfindungsgegenstandes ein wirtschaftlicher Fehlschlag ist, liefe die Berechnung nach dem betrieblichen Nutzen darauf hinaus, dass der Arbeitnehmer an dem unternehmerischen Risiko gänzlich zu beteiligen wäre und er damit aufgrund eines so ermittelten Erfindungswertes im Verhältnis zu einem freien Erfinder schlechtergestellt werden würde[519] (s.a. oben § 9 Rdn. 2.3).

Entsprechend dem bloßen Empfehlungscharakter der Richtlinien (s. RL Nr. 1 Satz 1 Halbs. 2) ist stets die Methode zu wählen, die den Umständen des Einzelfalls gerecht wird, um eine angemessene Vergütung (§ 9 Abs. 1) zu erreichen[520] (vgl. auch RL Nr. 5 Abs. 1). **Nicht die Methode, sondern das Ergebnis ist entscheidend.**[521] Es kann – wie der *OGH (Wien)* zutreffend betont – nur um die bestmögliche Annäherung an eine den Umständen des Einzelfalls gerecht werdende Lösung gehen.[522] **107**

Ausgehend hiervon steht weder Arbeitgeber noch Arbeitnehmer ein die andere Seite bindendes **Wahlrecht** zwischen den einzelnen Methoden zu.[523] Allerdings verfügt der Arbeitgeber über ein Initiativrecht bei der Vergütungsberechnung (vgl. § 12 Abs. 1 u. 3) und damit auch bei der Bestimmung der Berech- **108**

---

518 Schiedsst. v. 25.02.1981, BlPMZ 1982 57, 58 u. v. 04.08.1987, BlPMZ 1988, 171; vgl. auch Schiedsst. v. 26.11.1992, EGR Nr. 70 zu § 9 ArbEG (VergHöhe).
519 OLG Frankfurt am Main v. 21.04.1977, EGR Nr. 21 zu § 9 ArbEG (VergAnspr.) – *Absorberstabantrieb.*
520 OLG Düsseldorf v. 16.08.2001 – 2 U 105/00, (unveröffentl.).
521 Zust. Keukenschrijver in Busse/Keukenschrijver, PatG, Rn. 8 zu § 11 ArbEG.
522 OGH (Wien) v. 04.05.2006 – 9 ObA 51/05y, (www.ris.bka.gv.at).
523 OLG Düsseldorf v. 09.04.1976, EGR Nr. 33 zu § 9 ArbEG (VergHöhe); LG Frankfurt v. 05.12.2007 – 2–06 O 188/07, (unveröffentl.), Herbst i. BArbBl 1959, 627, 628; Keukenschrijver in Busse/Keukenschrijver, PatG, Rn. 8 zu § 11 ArbEG; Reimer/Schade/Schippel/Himmelmann Rn. 1 zu § 11/RL Nr. 5; Gaul/Bartenbach, Handb. N 111 ff. Im Urteil v. 14.09.2017 (GRUR-RR 2018, 137 [Rn. 57 f.] – Spantenmontagevorrichtung) scheint allerdings nunmehr das OLG München– trotz der von ihm anerkannten besonderen Eignung der Lizenzanalogie (a.a.O. Rn. 59) – von einem Wahlrecht des Arbeitnehmererfinders auszugehen, weshalb sich sein Auskunfts- und Rechnungslegungsanspruch grundsätzlich auf alle Angaben beziehe, die er »benötigt, um sich für eine der ihm offenstehenden Berechnungsmethoden zu entscheiden«.

nungsmethode (s. i.Ü. Komm RL Rn. 23 ff. zu RL Nr. 5). Zulässig ist es, vorab eine bestimmte Berechnungsmethode zu vereinbaren, sofern dies der beabsichtigten Art der Verwertung entspricht (zulässig z.B. Lizenzanalogie für sämtliche Umsatzgeschäfte; vgl. dazu Komm RL Rn. 71 zu RL Nr. 5).

109 Da die **Lizenzanalogie** die **einfachste** und – wegen der geringsten Schätzungenauigkeiten[524] – regelmäßig auch die **zuverlässigste** Berechnung zulässt, wird sie in der Unternehmenspraxis seit jeher vorrangig gehandhabt. Nach der mittlerweile gefestigten Rechtsprechung des *BGH* ist die Lizenzanalogie **regelmäßig zur Ermittlung des Erfindungswertes bei innerbetrieblicher Nutzung** heranzuziehen.[525]

---

524 So u. a. auch Schiedsst. v. 30.01.2018 – Arb.Erf. 36/16, (www.dpma.de).
525 BGH v. 16.04.2002 – X ZR 127/99, GRUR 2002, 801, 803 – *Abgestuftes Getriebe*; BGH v. 29.04.2003 – X ZR 186/01, GRUR 2003, 789 – *Abwasserbehandlung*; BGH v. 17.11.2009, GRUR 2010, 223, 225 (Rn. 23 f.) – *Türinnenverstärkung*; BGH v. 06.03.2012, Mitt. 2012, 285 (Rn. 18) – *Antimykotischer Nagellack*; BGH v. 26.11.2013 GRUR 2014, 357 (Rn. 12) – *Profilstrangpressverfahren*; BGH v. 16.05.2017 GRUR 2017, 890 (Rn. 50) – *Sektionaltor II*; s.a. BGH v. 13.11.1997 – X ZR 132/95, GRUR 1998, 689, 691 f. – *Copolyester II*; BGH v. 21.12.2005 – X ZR 165/04, GRUR 2006, 401, 404 – *Zylinderrohr*.

## G. Bemessung der Vergütung § 9

Der **Vorrang der Lizenzanalogie** entspricht der Rechtsprechung der Instanzgerichte,[526] ebenso wie der ständigen Praxis der *Schiedsstelle*[527]. Dieser Vorrang ist heute auch im Schrifttum weitestgehend anerkannt.[528] Da freie Erfindungen üblicherweise im Wege der Lizenzerteilung verwertet werden, kann durch die Lizenzanalogie als Erfindungswert am besten der Marktpreis ermittelt werden, den der Arbeitgeber einem freien Erfinder zahlen würde.[529] Diese Methode ist i.d.R. besonders geeignet zur Prüfung der Frage, welche Gegenleistung für die Überlassung der Erfindung vernünftige Parteien vereinbart

---

526 Z. B. OLG Frankfurt v. 21.04.1977 EGR Nr. 21 zu § 9 ArbEG (VergAnspr.) – Absorberstabantrieb (bestätigt d. BGH v. 31.01.1978 GRUR 1978, 430 ff. – Absorberstabantrieb I) u. v. 07.12.2017 – 6 U 204/16, (www.lareda.hessenrecht.hessen.de, in Mitt. 2018, 91 nur LS.) – Mark up; OLG Düsseldorf v. 04.03.2004 InstGE 4, 165, 170 f. – Spulkopf II; v. 13.09.2007 – I-2 U 113/05, InstGE 8, 147 ff. – *Türinnenverstärkung* (bestätigt durch BGH v. 17.11.2009, GRUR 2010, 223, 225 [Rn. 23 f.] – *Türinnenverstärkung*) u.v. 24.10.2013 – I-2 U 63/12, (www.justiz.nrw.de/nrwe, Rn. 117 = Düsseldf. Entsch. Nr. 2098) – Kunststoffbeutel; OLG München v. 14.09.2017, GRUR-RR 2018, 137 (Rn. 59) – Spantenmontagevorrichtung; LG Düsseldorf v. 22.11.1988 – 4 O 335/85, (unveröffentl.) u. v. 16.03.1999 – 4 O 17i/98, (unveröffentl.) u. v. 18.01.2018 – 4c O 37/16, (Düsseldf. Entsch. Nr. 2741, Rn. 61) – Photovoltaikanlage 1; LG München I v. 07.01.2011 CR 2012, 356 – Elektronische Funktionseinheit (insoweit bestätigt durch OLG München v. 16.08.2012 – 6 U 2572/11, [unveröffentl.] – Elektronische Funktionseinheit); LG Braunschweig v. 26.04.2017 – 9 O 1722/16, (www.rechtsprechung.niedersachsen.de, Rn. 123 ff.) – Schwenkfüße.
527 Schiedsst. v. 17.04.2007 – Arb.Erf. 7/06, u. v. 21.10.2008 – Arb.Erf. 34/07, (beide unveröffentl.); v. 20.10.1971, EGR Nr. 1 zu § 11 ArbEG/RL Nr. 6; v. 01.06.1982 – Arb.Erf. 66/81; v. 29.07.1999 – Arb.Erf. 16/98; v. 03.03.2009 – Arb.Erf. 9/07, (sämtl. unveröffentl.); v. 09.10.2012 – Arb.Erf. 39/11; v. 19.03.2013 – Arb.Erf. 55/12; v. 23.05.2014 – Arb.Erf. 38/12; v. 06.06.2014 – Arb.Erf. 54/12; v. 17.06.2016 – Arb.Erf. 57/13, (alle www.dpma.de); v. 04.07.2016 Mitt. 2017, 366, 367; v 22.05.2017- Arb.Erf. 21/15; v. 21.11.2017 – Arb.Erf. 06/15, (beide www.dpma.de).
528 U. a. Meier-Beck in Festschr. Tilmann (2003) S. 539, 540 ff.; Reimer/Schade/Schippel/Himmelmann Rn. 2, 4 zu § 11/RL Nr. 5 (s. aber auch dort Rn. 41 zu § 9, wo [noch] von einem »gleichwertig nebeneinander«-Stehen der verschiedenen Arten der Ermittlung des Erfindungswertes gesprochen wird); Keukenschrijver in Busse/Keukenschrijver, PatG, Rn. 7, 12 zu § 11 ArbEG; Boemke/Kursawe/Engemann Rn. 196 zu § 9; vgl. auch Lindenmaier/Lüdecke Anm. 4 zu § 11/RL Nr. 5; Gaul, Arbeitnehmererfindung (1990), S. 108 f. in krit. Auseinandersetzung mit Sturm Mitt 1989, 61 ff.
529 Schiedsst. v. 23.02.2010 – Arb.Erf. 37/08 u. v. 04.11.2010 – Arb.Erf. 42/09, (beide unveröffentl.), ferner v. 09.10.2012 – Arb.Erf. 39/11; v. 19.03.2013 – Arb.Erf. 55/12, u.v. 23.05.2014 – Arb.Erf. 36/12, (alle www.dpma.de); v. 04.07.2016 Mitt. 2017, 366, 367.

hätten[530] und ist damit sachgerechtes Hilfskriterium zur Ermittlung des Erfindungswertes.[531] Zum Vorrang s. im Übrigen KommRL Rn. 26 ff. zu RL Nr. 5.

Die methodisch die Lizenzanalogie kennzeichnende Heranziehung eines angemessenen Lizenzsatzes sichert in besonderer Weise den **sachgerechten Ausgleich**[532] und entspricht damit in besonderem Maß der Billigkeit[533]. Sie erlaubt, mithilfe der Stückzahl der erfindungsgemäßen Produkte und des Umsatzes pro Stück den wirtschaftlichen Erfolg und damit die wirtschaftliche Verwertbarkeit einer Diensterfindung zuverlässig zu bestimmen.[534] Deshalb kommt eine Unangemessenheit oder gar Unbilligkeit der Vergütung nicht deshalb in Betracht, weil die Lizenzanalogie herangezogen wird und der dadurch ermittelte Erfindungswert erheblich geringer als der Gewinn des Arbeitgebers aus Herstellung und Vertrieb des erfindungsgemäßen Produkts ist[535] (s. a. § 9 Rdn. 76). Zur vorläufigen Vergütungsberechnung s. § 9 Rdn. 60 ff.

Nach der höchstrichterlichen Rechtsprechung ist einerseits ein auf Heranziehung der Lizenzanalogie gerichtetes Verlangen des Arbeitnehmers so lange durch Treu und Glauben gedeckt, wie ihm keine Tatsachen dafür bekannt

---

530 S. BGH v. 16.04.2002 – X ZR 127/99, GRUR 2002, 801, 802 f. – *Abgestuftes Getriebe* u. BGH v. 29.04.2003 – X ZR 186/01, GRUR 2003, 789 – *Abwasserbehandlung*; OLG Frankfurt am Main v. 14.05.2009 – 6 U 68/08, (unveröffentl.); Schiedsst. v. 04.07.2016 Mitt. 2017, 366, 367 u. v. 30.01.2018 – Arb.Erf. 36/16, (www.dpma.de).
531 BGH v. 16.04.2002 – X ZR 127/99, GRUR 2002, 801, 802 f. – *Abgestuftes Getriebe*; BGH v. 29.04.2003 – X ZR 186/01, GRUR 2003, 789 – *Abwasserbehandlung*; Schiedsst. v. 13.10.2009 – Arb.Erf. 38/06 (unveröffentl.), u. v. 17.06.2010 – Arb.Erf. 14/09, (insoweit nicht in www.dpma.de).
532 S. BGH v. 21.12.2005 – X ZR 165/04, GRUR 2006, 401, 404 – *Zylinderrohr*; Schiedsst. v. 21.10.2008 – Arb.Erf. 34/07, u. v. 13.10.2009 – Arb.Erf. 38/06, (beide unveröffentl.); Reimer/Schade/Schippel/Himmelmann Rn. 41 zu § 9; Lindenmaier/Lüdecke Anm. 1 zu § 11/RL Nr. 5; Gaul, GRUR 1980, 1029, 1032; vgl. auch BGH v. 17.05.1994 – X ZR 82/92, GRUR 1994, 898, 900 – *Copolyester*, der allerdings zu weitgehend (einschränkend BGH v. 17.11.2009, GRUR 2010, 223 – *Türinnenverstärkung*) i.H.a. »die verschiedenen Möglichkeiten einer Vergütungsberechnung von einem weiten Umfang« der Auskunfts- u. Rechnungslegungspflicht d. Arbeitgebers ausgeht.
533 OLG Düsseldorf v. 07.08.2014, Mitt. 2015, 129, 136 – *Garagenrolltor II* (= GRUR 2014, 1190 ff. – dort: Sektionaltorantrieb), bestätigt durch BGH v. 16.05.2017 – X ZR 85/14, GRUR 2017, 890 (Rn. 50) – *Sektionaltor II*.
534 BGH v. 17.11.2009, GRUR 2010, 223, 225 (Rn. 23 f.) – *Türinnenverstärkung*.
535 S. BGH v. 06.03.2012 – X ZR 104/09, Mitt. 2012, 285 (LS. 1 u. Rn. 12 ff.) – *Antimykotischer Nagellack*.

sind oder hätten bekannt sein müssen, aus denen sich im konkreten Fall die Ungeeignetheit dieser Methode zur Ermittlung des Erfindungswertes ergibt.[536] Wird die Lizenzanalogie vom Arbeitgeber herangezogen, ist dies andererseits so lange nicht zu beanstanden, wie keine Tatumstände vorliegen, die die Berechnung auf dieser Basis gerade im konkreten Fall ungeeignet erscheinen lassen.[537] Damit liegt es nahe, grds. einen **Anspruch des Arbeitnehmers** auf Vergütungsbemessung nach der Lizenzanalogie ebenso anzuerkennen[538] wie ein **Recht des Arbeitgebers**, diese Methode zugrunde zu legen, solange nicht ausnahmsweise Gründe für deren Ungeeignetheit im konkreten Fall sprechen.

**Schwierigkeiten bei der Auswahl** der für die Lizenzgebühr maßgeblichen **Parameter**, etwa im Rahmen von Konzernnutzungen, rechtfertigen für sich allein nicht, die Heranziehung der Lizenzanalogie infrage zu stellen.[539] Ebenso wenig reicht das bloße Vorhandensein einer gleichermaßen geeigneten anderen Berechnungsmethode aus, um die Lizenzanalogie als rechtsfehlerhaft anzusehen.[540]

Die Lizenzanalogie ist immer dann angebracht, wenn erfindungsgemäße Produkte vom Arbeitgeber hergestellt und verkauft werden (Produktbezogenheit[541]), wenn also mit der Erfindung ein (Außen-) **Umsatz** verbunden ist,[542] der den Marktwert der Erfindung am zutreffendsten wiederspiegelt.[543] Ein

---

536 BGH v. 29.04.2003 – X ZR 186/01, GRUR 2003, 789 – *Abwasserbehandlung* u. Schiedsst. v. 03.03.2009 – Arb.Erf. 9/07, (unveröffentl.).
537 S. BGH v. 21.12.2005 – X ZR 165/04, GRUR 2006, 401, 404 [Rn. 30] – *Zylinderrohr* u. Schiedsst. v. 13.10.2009 – Arb.Erf. 38/06, (unveröffentl.).
538 So Sack in Anm. zu BGH v. 29.04.2003 – *Abwasserbehandlung* LMK 2003, 194, 195.
539 BGH v. 17.11.2009, GRUR 2010, 223, 224 (Rn. 13) – *Türinnenverstärkung*.
540 BGH v. 21.12.2005 – X ZR 165/04, GRUR 2006, 401, 404 (Rn. 30) – *Zylinderrohr*.
541 OLG Düsseldorf v. 16.08.2001 – 2 U 105/00, (unveröffentl.).
542 Bestätigend BGH v. 17.11.2009, GRUR 2010, 223, 224 (Rn. 13) – *Türinnenverstärkung*; ebenso OLG Düsseldorf v. 30.11.1995 – 2 U 118/94, (alle unveröffentl.); LG Düsseldorf v. 28.08.1997, Entscheidungen 4. ZK. 1997, 75, 78 – *Craft-Spulkopf*; OLG Frankfurt am Main v. 21.04.1977, EGR Nr. 21 zu § 9 ArbEG (Verg-Anspr.) – *Absorberstabantrieb*. Ebenso ständ. Praxis d. Schiedsst., z.B. v. 04.08.1987, BlPMZ 1988, 171, 172; v. 25.07.1991 – Arb.Erf. 86/89; v. 21.03.1995 – Arb.Erf. 57/93; v. 18.12.2001 – Arb.Erf. 57/98 u. v. 22.12.2004 – Arb.Erf. 11/03 (beide unveröffentl.); v. 03.06.2005 – Arb.Erf. 34/04 (Datenbank); v. 17.04.2007 – Arb.Erf. 7/06; v. 09.12.2008 – Arb.Erf. 19/08, (beide unveröffentl.); v. 18.07.2012 – Arb.Erf. 30/10, u. v. 13.04.2016 – Arb.Erf. 68/13, (beide www.dpma.de).
543 Schiedsst. v. 05.06.1998 – Arb.Erf. 81/96, (unveröffentl.).

Abstellen auf den Gewinn des Arbeitgebers verbietet sich, da dieser von zahlreichen, nicht mit der Erfindung zusammenhängenden Faktoren abhängig sein kann (zur Erfindervergütung bei Verlust s.o. § 9 Rdn. 2.3).

Werden erfindungsgemäße Umsatzgeschäfte getätigt, ändert auch der Umstand, dass der Einsatz der Erfindung erhebliche **Einsparungen im Produktionsprozess** bewirkt, nichts an der Maßgeblichkeit der Lizenzanalogie (RL Nrn. 6 – 11). Die Anwendung der Lizenzanalogie schließt aus, bei der Berechnung des Erfindungswertes erfindungsgemäß ersparte Aufwendungen, verbesserte Herstellungsbedingungen (z.B. Einsparungen beim Handling, Arbeitsaufwand) unmittelbar in Ansatz zu bringen, weil innerbetriebliche Ersparnisse eigenständig nur bei der Ermittlung des Erfindungswertes nach dem erfassbaren betrieblichen Nutzen (RL Nr. 12) berücksichtigt werden können.[544] Eine Kombination oder Vermischung beider Berechnungsmethoden scheidet aus (s. § 9 Rdn. 105).Mittelbar kann ein bei Einsatz der Erfindung erwarteter Nutzen, also z.B. eine höhere Gewinnmarge, sich bei der Höhe des Lizenzsatzes auswirken.[545] Verspricht eine Erfindung einem Lizenznehmer z.B. (auch) nennenswerte Einsparungen bei seiner Produktion, so wird er bereit sein, einen entsprechend höheren Lizenzsatz zu akzeptieren.[546]

Der Begriff der arbeitgebereigenen **Umsatzgeschäfte** ist hier in einem **weiten Sinn** zu verstehen:[547]

Wird eine erfindungsgemäße Vorrichtung **sowohl innerbetrieblich benutzt als auch verkauft**, ist die Vergütung ebenfalls nach der Lizenzanalogie zu berechnen[548] (s. dazu KommRL Rn. 37 ff. zu RL Nr. 5).

---

544 Im Ergebn. BGH v. 17.11.2009, GRUR 2010, 223, 226 (Rn. 33) – *Türinnenverstärkung*; so ferner Schiedsst. v. 03.06.2005 – Arb.Erf. 34/04, (Datenbank); v. 17.04.2007 – Arb.Erf. 7/06, u. v. 19.10.2007 – Arb.Erf. 14/06, (beide unveröffentl.).
545 Schiedsst. v. 03.06.2005 – Arb.Erf. 34/04, (Datenbank); v. 17.04.2007 – Arb.Erf. 7/06, u. v. 19.10.2007 – Arb.Erf. 14/06, (beide unveröffentl.).
546 Schiedsst. v. 03.06.2005 – Arb.Erf. 34/04 (Datenbank); v. 17.04.2007 – Arb.Erf. 7/06, u. v. 19.10.2007 – Arb.Erf. 14/06, (beide unveröffentl.).
547 So auch ständ. Praxis d. Schiedsst., z. B.v. 05.08.2015 – Arb.Erf. 26/12, u. v. 14.10.2015, (beide www.dpma.de).
548 Ständ. Praxis d. Schiedsst., z.B. EV. v. 04.08.1987, BlPMZ 1988, 171, 172; v. 18.11.1993 – Arb.Erf. 19/93 u. v. 02.03.1994 – Arb.Erf. 77/92, (beide unveröffentl.); zust. auch Reimer/Schade/Schippel/Himmelmann Rn. 3 zu § 11/RL Nr. 3 u. Rn. 2 zu § 11/RL Nr. 5 sowie Keukenschrijver in Busse/Keukenschrijver, PatG, Rn. 12 zu § 11 ArbEG.

## G. Bemessung der Vergütung § 9

Der Vorrang der Lizenzanalogie gilt auch dann, wenn die **Erfindung nur innerbetrieblich eingesetzt** wird, damit aber **mittelbar Umsatzgeschäfte** verbunden sind. Das betrifft etwa ein umweltverträgliches Verfahren als Voraussetzung zur Produktion,[549] oder für eine Produktionsanlage, die mit der erfindungsgemäßen Technik ausgerüstet wird, ohne dass in den Produkten die Erfindung verkörpert ist[550], ferner bei Wegfall eines aufwendigen Verfahrensschrittes bei der Produktion[551].

Ebenso hat der *BGH* die Lizenzanalogie beim zwingenden Einsatz eines erfindungsgemäßen Verfahrens zur rechtlich vorgegebenen Aufbereitung von verunreinigten Produktionsabwässern herangezogen.[552] In Anlehnung hieran stellt die *Schiedsstelle* zu Recht auf das Endprodukt als »Stellvertretergröße« ab, wenn der innerbetriebliche Einsatz eines erfindungsgemäßen Verfahrens zwar nicht unmittelbar der **Produktion** dient, aber damit **in direktem und untrennbarem Zusammenhang** steht.[553] Das gilt etwa bei Bauteilen, die mit einer erfindungsgemäß ausgestatteten Produktionsanlage gefertigt wurden,[554] oder beim Einsatz der Erfindung in der Montage der ansonsten erfindungsneutralen Endprodukte[555] Ferner kann z.B. auf den Umsatz als Bewertungsgrundlage abgestellt werden, wenn eine erfindungsgemäße Verminderung der Aufwendungen zur Begutachtung reklamierter Ware und ggf. Beseitigung der Mängel mit einer Verbesserung der Verkaufsware selbst korrespondiert.[556]

Auch den Eigenverbrauch erfindungsgemäßer Gegenstände zählt die *Schiedsstelle* zum Umsatz, etwa die Weiterverarbeitung erfindungsgemäßer **Zwischenprodukte** durch den Arbeitgeber[557] (s. im Einzelnen KommRL Rn. 16, 69 ff.).

---

549 So im Ergebnis auch Schiedsst. EV v. 07.12.2000 – Arb.Erf. 62/97, (beide unveröffentl.).
550 So im Ergebn. Schiedsst. v. 13.04.2016 – Arb.Erf. 68/13, (www.dpma.de).
551 So im Ergebn. Schiedsst. v. 04.07.2016 – Arb.Erf. 3/14, (www.dpma.de), dort für den Wegfall eines bislang erforderlichen mauellen Verfahrensschrittes 5 % des Nettoumsatzes als kalkulatorischer Anteil der durch den Erfindungseinsatz entfallenen Personalkosten.
552 BGH v. 29.04.2003 – X ZR 186/01, Mitt. 2003, 466, 468 f. – *Abwasserbehandlung*.
553 Vgl. etwa Schiedsst. v. 13.04.2016 – Arb.Erf. 68/13, u. v. 13.04.2016 – Arb.Erf. 68/13, (beide www.dpma.de).
554 Schiedsst. v. 05.08.2015 – Arb.Erf. 26/12, (www.dpma.de), dort 15 % der gefertigten Bauteile.
555 Schiedsst. v. 22.05.2017 – Arb.Erf. 21/15, (www.dpma.de) unter Bezug auf BGH v. 29.04.2003 – X ZR 186/01, Mitt. 2003, 466, 468 f. – *Abwasserbehandlung*.
556 Schiedsst. v. 12.01.2005 – Arb.Erf. 21/02, (unveröffentl.).
557 So bereits Schiedsst. v. 09.05.1958 – Arb.Erf. 4/57, Mitt. 1958, 158; v. 16.03.2010 – Arb.Erf. 31/08, (in www.dpma.de nur LS 2) u. v. 19.05.2011 – Arb.Erf. 4/10, (insoweit nicht in www.dpma.de).

zu RL Nr. 7). Ist das erfindungsgemäße Zwischenprodukt Gegenstand nachfolgender Veredelungs- oder sonstiger Verarbeitungsprozesse, das erfindungsgemäße Produkt also nicht selbstständiges Handelsobjekt, ist i.R.d. Lizenzanalogie auf die Erzeugung, also die Herstellung, als Bezugsgröße abzustellen, wenn sich schutzrechtliche Auswirkungen der Erfindung auf das Endprodukt nicht feststellen lassen;[558] denkbar wäre aber auch, auf den mit dem Endprodukt erzielten Gesamtumsatz unter Abzug des auf die Weiterverarbeitung entfallenden Herstellungsanteils abzustellen oder einen niedrigeren Lizenzsatz anzusetzen oder schließlich den Gesamtumsatz nach der Gewichtung der erfindungsgemäßen bzw. erfindungsneutralen Anteile aufzuteilen[559] (Einzelheiten s. KommRL Rn. 16, 34, 43, 71 f. zu RL Nr. 7).

Selbst bei **ausschließlich innerbetrieblicher Nutzung** erfindungsgemäßer Vorrichtungen ohne Umsatzgeschäft wendet die *Schiedsstelle* in ständiger Praxis die Methode nach der Lizenzanalogie dann an, wenn die **Vorrichtung in erheblicher Stückzahl genutzt** wird.[560]

110 Die Methode der Berechnung nach dem **erfassbaren betrieblichen Nutzen** (RL Nr. 12; s. dazu § 9 Rdn. 161 ff.) ist mit erheblichen Nachteilen verbunden[561] und keineswegs so exakt, wie es den Anschein haben mag (s. im Einzelnen KommRL Rn. 2 ff. zu RL Nr. 12). Die *Schiedsstelle* spricht sogar davon, dass diese Methode »in der Umsetzung kaum zu überwindende Schwierigkeiten« bereitet.[562] Sie sollte grds. nur dann in Betracht gezogen werden, wenn die Methode der Lizenzanalogie nicht zum Zuge kommt,[563] insb. wenn sich die Erfindung **ausschließlich innerbetrieblich auswirkt** bzw. rein innerbetrieblich eingesetzt wird, ohne sich in Verkaufsprodukten und damit in einem

---

558 Schiedsst. v. 16.03.2010 – Arb.Erf. 31/08, (in www.dpma.de nur LS 2).
559 Schiedsst. v. 16.03.2010 – Arb.Erf. 31/08, (in www.dpma.de nur LS 2).
560 Schiedsst. v. 25.11.1981 – Arb.Erf. 17/81, (unveröffentl.), die bei 11–14 innerbetrieblich eingesetzten Vorrichtungen die Lizenzanalogie angewendet hat; ebenso Schiedsst. v. 02.03.1994 – Arb.Erf. 77/92, (unveröffentl.), bei einer Stückzahl von 37 und einem Einzelnettoverkaufspreis von rd. 5.000,00 €; ferner Schiedsst. v. 09.10.2012 – Arb.Erf. 39/11, (www.dpma.de).
561 Vgl. etwa Meier-Beck in Festschr. Tilmann (2003) S. 539, 541; Hellebrand, Mitt. 2010, 362 ff.; s. auch Schiedsst. v. 04.07.2016 Mitt. 2017, 366, 367.
562 Schiedsst. ZB. v. 03.05.2017 – Arb.Erf. 09/16, Mitt. 2018, 356, 357, (= www.dpma.de).
563 Ebenso Reimer/Schade/Schippel/Himmelmann Rn. 3 zu § 11/RL Nr. 12 m.H.a. die Schiedsstellenpraxis; vgl. etwa Schiedsst. v. 30.09.1992 – EGR Nr. 69 zu § 9 ArbEG (VergHöhe).

## G. Bemessung der Vergütung §9

Umsatz niederzuschlagen,[564] letztlich wenn hinreichende **Anknüpfungstatsachen für die Lizenzanalogie fehlen**[565] (vgl. RL Nr. 5 Abs. 2 – Einzelheiten s. KommRL Rn. 51 ff. zu RL Nr. 5). Das kann etwa der Fall sein, wenn sich die Erfindung nicht auf Umsatzgeschäfte des Arbeitgebers im weitesten Sinn erstreckt und der Erfindungsgegenstand keinen direkten Bezug auf zu veräußernde Erzeugnisse aufweist.[566] Verfehlt ist aber die Auffassung, diese Methode sei heranzuziehen, »wenn die Benutzung der Diensterfindung in erster Linie Einfluss auf die Gewinn- und nicht auf die Umsatzentwicklung hat, da sie zu Einsparung von Kosten bei der Herstellung von erfindungsgemäßen Waren führt.«[567]

RL Nr. 5 Abs. 2 führt die wesentlichen Fälle auf, in denen die Methode nach dem erfassbaren betrieblichen Nutzen in Betracht kommt. Dazu gehören vorrangig die Fälle, in denen mit dem innerbetrieblichen Einsatz der Erfindung (erfassbare) **Ersparnisse** erzielt werden (RL Nr. 5 Abs. 2 Satz 1), sowie **Verbesserungserfindungen**, wenn die Verbesserung nicht derart ist, dass der mit dem verbesserten Gegenstand erzielte Umsatz als Bewertungsgrundlage herangezogen werden kann.[568] RL Nr. 12 kann ferner bei Erfindungen angewandt werden, die nur innerbetrieblich verwendete Erzeugnisse, Maschinen, Vorrichtungen oder nur innerbetrieblich verwendete Verfahren betreffen, bei denen der Umsatz keine genügende Bewertungsgrundlage vermittelt.[569] Gleiches gilt,

---

564 Ständ. Praxis d. Schiedsst., z.B. Schiedsst. v. 17.10.1991, Mitt. 1997, 373 – *Anlagensteuerung*; v. 23.12.1993 – Arb.Erf. 178/92; v. 05.06.1998 – Arb.Erf. 81/96; v. 12.01.2005 – Arb.Erf. 21/02; v. 21.10.2008 – Arb.Erf. 34/07, u. v. 13.10.2009 – Arb.Erf. 38/06, (sämtl. unveröffentl.); OLG Frankfurt am Main v. 21.04.1977, EGR Nr. 21 zu § 9 ArbEG (VergAnspr.) – *Absorberstabantrieb*; vgl. auch OLG Düsseldorf v. 09.04.1976, EGR Nr. 33 zu § 9 ArbEG (VergHöhe) u. LG Düsseldorf v. 20.06.2000 – 4 O 326/99, v. 22.12.2009 – 4a O 301/08, (beide unveröffentl.) u. v. 18.01.2018 – 4c O 37/16, (Düsseldf. Entsch. Nr. 2741, Rn. 62) – *Photovoltaikanlage 1*.
565 BGH v. 06.03.2012 – X ZR 104/09, Mitt. 2012, 285 (Rn. 19) – *Antimykotischer Nagellack*.
566 Schiedsst. v. 05.08.2015 – Arb.Erf. 26/12, (www.dpma.de), dort für eine erfindungsgemäßes Verfahren zur Analyse der Interferenz- und Versorgungssituation in UMTSNetzen.
567 So Boemke/Kursawe/Engemann Rn. 446 zu § 9 (ähnl. dort Rn. 193: »wenn der Einsatz der Diensterfindung nicht zu einer Erhöhung der Umsätze, sondern zu Einsparungen und/oder zu Erhöhungen der Gewinnmarge führt«)
568 Schiedsst. v. 19.10.2007 – Arb.Erf. 14/06, u. v. 21.10.2008 – Arb.Erf. 34/07, (beide unveröffentl.).
569 Schiedsst. v. 19.10.2007 – Arb.Erf. 14/06, u. v. v. 03.03.2009 – Arb.Erf. 9/07, (beide unveröffentl.).

wenn ein Verfahrenspatent nicht unmittelbar zur Herstellung eines bestimmten Produktes führt, sondern lediglich bestimmte Bereiche bzw. Teile eines Produktionsprozesses beeinflusst (s. aber Rn.: 109).

**Trotz Umsatzes** kommt ausnahmsweise die Berechnung nach RL Nr. 12 in Betracht, wenn eine Erfindung nur ganz vereinzelt genutzt wird und die Lizenzanalogie dann zu Ungerechtigkeiten führen würde, wenn der Arbeitgeber aus dem zahlenmäßig geringen Einsatz gleichwohl eine ganz erhebliche Ersparnis erzielt, sodass auch ein freier Erfinder seine Erfindung nicht zu einem üblichen Lizenzsatz anbieten würde.[570]

Ist der **betriebliche Nutzen nicht erfassbar**, fehlt es an einer Grundvoraussetzung für die Anwendung der RL Nr. 12; hier kommt – sofern kein Umsatz erzielt wird – nur eine Schätzung nach RL Nr. 13 in Betracht[571] (s. i.Ü. KommRL Rn. 51 ff. zu RL Nr. 5).

111 Zutreffend betont RL Nr. 5 Abs. 2, dass bei der Bemessung nach dem betrieblichen Nutzen den Arbeitgeber **weitergehende Auskunfts- bzw. Rechnungslegungspflichten** treffen (vgl. dazu § 12 Rdn. 162 ff.). Auch wenn damit häufig eine größere Belastung des verpflichteten Arbeitgebers verbunden ist, braucht sich der Arbeitnehmer deshalb nicht auf eine Ermittlung des Erfindungswertes nach der Lizenzanalogie verweisen zu lassen,[572] sofern eine Berechnung nach RL Nr. 12 vorrangig ist.

112 Auch die Ermittlung des Erfindungswertes nach dem betrieblichen Nutzen orientiert sich letztlich an dem Leitgedanken, **was der Arbeitgeber einem freien Erfinder** für den Gegenstand der Erfindung **zahlen würde**.[573]

113 Als **Kontrolle** soll gemäß RL Nr. 5 Abs. 2 a. E. grds. ein Vergleich zwischen den sich bei der Lizenzanalogie und dem erfassbaren betrieblichen Nutzen ergebenden Erfindungswerten angestellt werden. Diese empfohlene Kontrollrechnung vermittelt regelmäßig keine praktische Hilfe. Sie kommt allenfalls in besonderen Ausnahmefällen dann in Betracht, wenn auch für die andere

---

570 Schiedsst. v. 25.11.1981 – Arb.Erf. 17/81, (unveröffentl.).
571 So i. Ergebn. ständ. Praxis d. Schiedsst., etwa EV. v. 18.04.1991 – Arb.Erf. 10/90; v. 17.10.1991 – Arb.Erf. 29/91, (beide unveröffentl.); v. 25.07.2013 – Arb.Erf. 39/12; v. 13.04.2016 – Arb.Erf. 68/13, (beide www.dpma.de).
572 LG Düsseldorf v. 10.04.1984 – 4 O 55/83 – *Polymerisationsanlage* (unveröffentl.).
573 LG Düsseldorf v. 19.07.1983 – 4 O 216/74 – *Verpackungsanlage* (unveröffentl.).

Berechnungsmethode ausreichende Berechnungsgrundlagen vorliegen[574] (Einzelheiten s. Komm RL Rn. 73 f. zu RL Nr. 5).

Die Methode der **Schätzung** mit ihren Unsicherheitsfaktoren kommt nur dann in Betracht, wenn die Methoden der Lizenzanalogie oder nach dem erfassbaren betrieblichen Nutzen ausscheiden[575] (vgl. RL Nr. 5 Abs. 2 Satz 5 und RL Nr. 13 Satz 1; s. dazu § 9 Rdn. 176). 114

*Rdn. 115 – 119 frei*

**b) Lizenzanalogie**

**aa) Grundsatz**

Die Lizenzanalogie ist die **am einfachsten zu handhabende Methode** zur Berechnung des Erfindungswertes; sie hat in der Praxis **Vorrang** vor allen anderen Berechnungsmethoden und ist regelmäßig heranzuziehen (s. § 9 Rdn. 103 ff.). 120

Hier wird als Erfindungswert die Gegenleistung (Lizenzgebühr) zugrunde gelegt, die **der Arbeitgeber einem freien Erfinder** im Rahmen eines Lizenzvertrages für die Einräumung eines **ausschließlichen Nutzungsrechts** an der Erfindung **zahlen würde**[576] (s. § 9 Rdn. 76; zum Begriff der ausschließlichen 121

---

574 Weitergehend wohl Boemke/Kursawe/Engemann Rn. 194 zu § 9, wonach »die Ermittlung des Erfindungswertes anhand des betrieblichen Nutzens ... – sofern die erforderlichen Informationen vorliegen oder ohne große Schwierigkeiten zu beschaffen sind« nicht nur im Wege einer Kontrollrechnung nutzbar gemacht werden kann, sondern auch »zur Schätzung des Lizenzsatzes im Rahmen der Lizenzanalogie herangezogen werden« kann. Die Schiedsst. sieht in ihrer Praxis dagegen für eine Kontrollrechnung nur in seltenen Ausnahmefällen Raum, namentlich dann, wenn sie von einer früheren Praxis in vergleichbaren Fällen, in der eine Vergütungsermittlung auf Basis einer anderen Methode erfolgt war, abweicht, z. B. Schiedsst. v. 09.10.2012 – Arb.Erf. 39/11, (www.dpma.de).
575 Allg. A., z. B. Schiedsst. v. 05.08.2015 – Arb.Erf. 26/12, (www.dpma.de).
576 S. BGH v. 13.11.1997 – X ZR 6/96, GRUR 1998, 684, 687 – *Spulkopf*; BGH v. 16.04.2002 – X ZR 127/99, GRUR 2002, 801, 802 – *Abgestuftes Getriebe*; BGH v. 17.11.2009, GRUR 2010, 223, 224 (Rn. 13) – *Türinnenverstärkung*; ferner BGH v. 06.03.2012 – X ZR 104/09, Mitt. 2012, 285 (Rn. 17) – *Antimykotischer Nagellack*. S. ferner Schiedsst. v. 07.02.1983, BlPMZ 1984, 218, 219 u. v. 17.04.2007 – Arb.Erf. 7/06, (unveröffentl.). Zur Methode d. Lizenzanalogie bei der Entschädigung nach § 33 PatG und zur Schadensberechnung bei Patentverletzungen vgl. z.B. BGH v. 11.04.1989, GRUR 1989, 411, 413 – *Offenend-Spinnmaschine*; BGH v. 18.02.1992 – X ZR 7/90, GRUR 1992, 432, 433 – *Steuereinrichtung* u. BGH v. 30.05.1995 – X ZR 54/93, GRUR 1995, 578, 579 – *Steuereinrichtung II*; s.a. Hellebrand in Festschr. 50 Jahre VPP (2005), 289.

Lizenz s. § 9 Rdn. 221). Es wird also gefragt, welche Gegenleistung (Lizenzgebühr) einem gedachten Lizenznehmer zustehen würde, wenn **vernünftige (nicht miteinander verbundene) Lizenzvertragsparteien** Art und Umfang der Nutzung der Diensterfindung durch den Arbeitgeber zum Gegenstand eines ausschließlichen Lizenzvertrages gemacht hätten[577] (zum Arbeitgeberbezug s. § 9 Rdn. 77).

Dieser **Bewertungsmaßstab des sach- und interessengerechten Verhaltens vernünftiger Lizenzvertragsparteien** gilt nach dem Verständnis des *BGH* umfassend, betrifft also nicht nur Lizenzsatz und Bezugsgröße, sondern alle sonstigen vergütungsrelevanten Kriterien und Anknüpfungstatsachen.[578]

Die **Ermittlung des Erfindungswertes anhand der Lizenzanalogie** vollzieht sich dann regelmäßig in **folgenden Schritten**[579] (s. KommRL Rn. 9 f. zu RL Nr. 6):

(1) Zunächst ist zu prüfen: **An welche tatsächlichen Umstände** hätten vernünftige (nicht miteinander verbundene) Lizenzvertragsparteien üblicherweise in vergleichbaren Fällen die **Gegenleistung für ein ausschließliches Benutzungsrecht** geknüpft? Für diese Tatfrage[580] bedarf es der Feststellung aller Umstände, die für die zu bewertende Diensterfindung und deren betriebliche Nutzung vergütungsrelevant sind (soweit sie den Erfindungswert betreffen), also – neben der Benutzungssituation – sämtlicher Faktoren, die wertbildend sein können (s. insbesondere KommRL Rdn. 31 ff. zu RL Nr. 10), wie namentlich die Feststellung der **zutreffenden Bezugsgrößen** für den Lizenzsatz, also der rechnerischen Bezugsgröße (in der Regel

---

577 Vgl. BGH v. 16.04.2002 – X ZR 127/99, GRUR 2002, 801, 803. – *Abgestuftes Getriebe*; BGH v. 29.04.2003 – X ZR 186/01, GRUR 2003, 789 – *Abwasserbehandlung*; ähnl. BGH v. 17.11.2009, GRUR 2010, 223, 224 (Rn. 13) – *Türinnenverstärkung*; ferner BGH v. 13.11.1997 – X ZR 6/96, GRUR 1998, 684, 687 – *Spulkopf*; OLG Düsseldorf v. 04.03.2004, InstGE 4, 165, 171 – *Spulkopf II*; OLG Düsseldorf v. 24.10.2013 – I-2 U 63/12 – (www.justiz.nrw.de/nrwe, Rn. 122 = Düsseldf. Entsch. Nr. 2098) – Kunststoffbeutel; *OLG Frankfurt* v. 07.12.2017 – 6 U 204/16, (www.lareda.hessenrecht.hessen.de) – Mark up.
578 Vgl. etwa BGH v. 29.04.2003 – X ZR 186/01, GRUR 2003, 789, 790 r. Sp. – *Abwasserbehandlung*; ferner BGH v. 16.04.2002 – X ZR 127/99, GRUR 2002, 801, 804 – *Abgestuftes Getriebe*.
579 Vgl. etwa OLG Düsseldorf v. 09.10.2014 – I – 2 U 15/13, (www.justiz.nrw.de/nrwe, Rn. 91 ff.) – Scharniereinrichtung; Schiedsst. ZB. v. 03.05.2017 – Arb.Erf. 09/16, Mitt. 2018, 356, 358, (= www.dpma.de).
580 So Keukenschrijver in Busse/Keukenschijver, PatG, Rn. 12 zu § 11 ArbEG m. H. a. BGH v. 29.04.2003 – X ZR 186/01, GRUR. 2003, 789 – *Abwasserbehandlung* u. BGH v. 16.04.2002 – X ZR 127/99, GRUR 2002, 801, 803 – *Abgestuftes Getriebe*.

## G. Bemessung der Vergütung  §9

Umsatz, ausnahmsweise Erzeugung, s. § 9 Rdn. 125, im Einzelfall ggf. bestimmter Geldbetrag je Stück oder Gewichtseinheit, s. dazu KommRL Rn. 35 f. zu RL Nr. 7) und der technisch-wirtschaftlichen Bezugsgröße (s. § 9 Rdn. 125.1 ff.).

(2) Gibt es lizenzvertragliche Vereinbarungen beim Arbeitgeber über die konkrete Diensterfindung, die vorrangig heranzuziehen sind (Vorrang der **konkreten Lizenzanalogie**, s. § 9 Rdn. 122)? Gibt es ansonsten **firmenübliche** Lizenzvereinbarungen, die herangezogen werden können, oder muss für die Arbeitgebernutzung auf die allgemeine **Lizenzvertragspraxis** zurückgegriffen und geprüft werden, was dort **üblicherweise als Gegenleistung vereinbart würde,** und zwar unter angemessener Berücksichtigung der beiderseitigen Interessen bei dem betreffenden Benutzungssachverhalt auf dem einschlägigen Produktmarkt (**abstrakte Lizenzanalogie**, s. § 9 Rdn. 122.1 f., 131)?

(3) Scheidet eine konkrete Lizenzanalogie aus, schließt sich an (2) die **Feststellung des zutreffenden Lizenzsatzes** (s. dazu § 9 Rdn. 124), ggf. unter Berücksichtigung der Höchstbelastbarkeit beim Einsatz mehrerer Erfindungen (s. § 9 Rdn. 128 ff.) und einer Abstaffelung bei hohen Umsätzen, an (s. § 9 Rdn. 141 ff.).

(4) **Rechnerisch** wird der Erfindungswert ermittelt, indem der Lizenzsatz (im Regelfall in Prozenten ausgedrückt, ggf. sog. Stücklizenz, s. § 9 Rdn. 126) mit der rechnerischen Bezugsgröße (erfindungsgemäßer Umsatz oder erzeugte Menge – vgl. RL Nr. 7, s. § 9 Rdn. 125 – der technisch-wirtschaftlichen Bezugsgröße, vgl. RL Nr. 8, s. § 9 Rdn. 125.1 ff.) multipliziert wird. Erfindungswert ist dann die **mit dem Lizenzsatz multiplizierte Bezugsgröße** (RL Nr. 3 Buchst. a, s. § 9 Rdn. 292). Die Formel lautet dann gemäß RL Nr. 39 (s. im Übrigen § 9 Rdn. 151, 292):

$$E \; (\textit{Erfindungswert}) = U \; (\textit{Umsatz in €}) \times L \; (\textit{Lizenzsatz in \%}).$$

Für den **Regelfall**, in dem der Arbeitgeber bei von ihm selbst hergestellten Produkten bezifferbare Außenumsätze mit nicht verbundenen Dritten erzielt, verkürzt sich die Analyse zu (1) bis (3) auf die Feststellung der technisch-wirtschaftlichen Bezugsgröße (s. § 9 Rdn. 125.1 ff.) und des darauf bezogenen Lizenzsatzes (§ 9 Rdn. 121 ff.), Dagegen wird eine genaue Analyse zu den Schritten (1) bis (3) bei **besonderen Sachverhalten** relevant, beispielsweise bei Verwertung von Diensterfindungen im Konzernbereich (s. § 9 Rdn. 185 ff.), durch Kooperationspartner (s. § 9 Rdn. 191 ff.), bei Bezug von erfindungsgemäßen Zwischenprodukten (s. § 9 Rdn. 125). S. i.Ü. zur Lizenzanalogie KommRL zu RL Nr. 6, dort insb. Rn. 7 ff.

Wesentliche **Kriterien** zur Feststellung des angemessenen Lizenzsatzes führt RL Nr. 6 auf (s. dazu KommRL Rn. 51 ff. zu RL Nr. 6). Zusätzliche Anhalts- **122** punkte für die Bestimmung des Lizenzsatzes soll RL Nr. 10 durch die dort für bestimmte Industriezweige angegebenen üblichen Lizenzsätze gewähren – eine Richtlinie, die allerdings der Praxis wegen des zu weit gesteckten und heute nicht mehr zeitgemäßen Rahmens keine Hilfe mehr bietet (s. dazu § 9 Rdn. 131 ff.).

Liegen bereits Lizenzverträge des Arbeitgebers[581] über die zu vergütende Diensterfindung[582] vor, können die dort vereinbarten Lizenzgebühren – wegen der Unternehmensbezogenheit (s. § 9 Rdn. 77) – **vorrangig**[583] als Anhalts-

---

581 Es muss sich um Lizenzverträge i.S.d. § 15 Abs. 2 PatG handeln, s. OLG Düsseldorf v. 09.10.2014 – I – 2 U 15/13, (www.justiz.nrw.de/nrwe, Rn. 142 ff.) – Scharniereinrichtung, dort ablehnend für Vergütungsregelungen in Beraterverträgen.
582 Die Heranziehung von Lizenzverträgen über Vorgängerlösungen scheidet als »konkrete Lizenzanalogie« aus, s. Schiedsst. v. 18.09.2012 – Arb.Erf. 22/11, (www.dpma.de).
583 Zum Vorrang der konkreten Lizenzanalogie vgl. u. a. OLG Düsseldorf v. 04.03.2004 InstGE 4, 165, 174 – Spulkopf II; OLG München v. 16.08.2012 – 6 U 2572/11, (unveröffentl.) – Elektronische Funktionseinheit insoweit in Bestätigung v. LG München I v. 07.03.2011, CR 2012, 356 – Elektronische Funktionseinheit; LG Düsseldorf v. 20.03.2013 – 4b O 295/10, (Düsseldf. Entsch. Nr. 2027) – Scharniereinrichtung, bestätigt durch OLG Düsseldorf v. 09.10.2014 – I – 2 U 15/13, (www.justiz.nrw.de/nrwe, Rn. 138) – Scharniereinrichtung; LG Düsseldorf v. 24.11.2013 – 4a O 52/06, (Düsseldf. Entsch. Nr. 2010) – Betonschutzwände II; ebenso ständ. Praxis Schiedsst., z. B. v. 18.09.2012 – Arb.Erf. 22/11; v. 17.04.2013 – Arb.Erf. 11/11; v. 23.05.2014 – Arb.Erf. 38/12; v. 06.06.2014 – Arb.Erf. 54/12, (alle www.dpma.de); v. 03.07.2015, Mitt. 2016, 277, 279; ferner Keukenschrijver in Busse/Keukenschrijver, PatG, Rn. 12 f. zu § 11 ArbEG; Reimer/Schade/Schippel/Himmelmann Rn. 3 zu § 11/RL Nr. 8; Boemke/Kursawe/Engemann Rn. 198 zu § 9. Ebenso für den Bereich der Entschädigungs-Lizenz bei Schutzrechtsverletzung BGH v. 18.05.2010 – X ZR 79/07, GRUR 2010, 817 (Rn. 40) – *Steuervorrichtung* m.H.a. Benkard/Rogge/Grabinski, PatG (10. Aufl. 2006), Rn. 66 zu § 139 PatG [jetzt Benkard/Grabinski/Zülch, PatG, Rn. 66 zu § 139 PatG] u. OLG Karlsruhe v. 05.08.2013 GRUR-RR 2014, 55, 56 – Schadensberechnung. S. ferner LG München I v. 19.12.2002, InstGE 3, 104, 107 ff. – Analytisches Testgerät. Vgl. auch BGH v. 06.03.2012 – X ZR 104/09, Mitt. 2012, 285 – *Antimykotischer Nagellack*, der einerseits von einer durch potentielle Nebenabreden überlagerten Idealvorstellung spricht (Rn. 18) und andererseits vom Tatrichter deren Einbeziehung in seine Gesamtwürdigung fordert (vgl. dort Rn. 41 ff.).

punkt dienen (**konkrete Lizenzanalogie**).[584] Der Vorrang der konkreten vor der abstrakten Lizenzanalogie rechtfertigt sich daraus, dass solche Lizenzverträge regelmäßig den tatsächlichen Marktwert der Diensterfindungen als Ergebnis des freien Kräftespiels von Angebot und Nachfrage wiedergeben.[585] Dies setzt allerdings eine **Vergleichbarkeit der Vertragsinhalte und Gegebenheiten** voraus. Deshalb dürfen besondere, die Lizenzhöhe beeinflussende Umstände nicht außer Acht gelassen werden, sodass eine **Analyse** der jeweiligen konkreten Lizenzvertragssituation, der Leistungen und Nebenabreden notwendig wird.[586] Bei diesem Vergleich sind einmal die Situation bei Abschluss

---

584 Der Begriff der »konkreten Lizenzanalogie« wird allerdings uneinheitlich verwendet. Wie hier OLG Düsseldorf v. 04.03.2004 InstGE 4, 165, 174 -Spulkopf II u. v. 09.10.2014 – I – 2 U 15/13, (www.justiz.nrw.de/nrwe, Rn. 138) – Scharniereinrichtung; OLG München v. 16.08.2012 Az. 6 U 2572/11 (unveröffentl.) – Elektronische Funktionseinheit, insoweit in Bestätigung v. LG München I v. 07.03.2011, CR 2012, 356 – Elektronische Funktionseinheit; LG Düsseldorf v. 24.11.2013 – 4a O 52/06, (Düsseldf. Entsch. Nr. 2010) – Betonschutzwände II; Schiedsst. z. B. v. 17.04.2013 – Arb.Erf. 11/11, (www.dpma.de); v. 03,07.2015 – Arb.Erf. 18/13, (www.dpma.de = Mitt. 2016, 277, 279) u. v. 19.02.2016 – Arb.Erf. 28/13, (unveröffentl.); vgl. auch Hellebrand GRUR 1993, 449, 454; dagegen verstehen Volmer/Gaul (Rn. 262 f. zu § 9/RL Nr. 5 u. Rn. 315 a ff. zu § 9/RL Nr. 6) darunter allgemein die Lizenzanalogie gem. RL Nr. 6; demgegenüber umfasst die konkrete Lizenzanalogie nach Reimer/Schade/Schippel/Himmelmann (Rn. 3 zu § 11/RL Nr. 8) neben erfindungsbezogenen Lizenzverträgen ggf. auch Lizenzverträge des Arbeitgebers über vergleichbare Erfindungen; so auch noch Schiedsst. v. 28.07.2006 Arb.Erf. 5/05 (Datenbank). Ähnl. zur Schadensberechnung OLG Karlsruhe v. 05.08.2013 GRUR-RR 2014, 55, 56 – Schadensberechnung.
585 OLG München v. 16.08.2012 – 6 U 2572/11, (unveröffentl.) – Elektronische Funktionseinheit insoweit im Anschl. an LG München I v. 07.03.2011, CR 2012, 356 f. – Elektronische Funktionseinheit m. Anm. Dombrowski GRUR Prax 2012, 139; LG Düsseldorf v. 20.03.2013 – 4b O 295/10 – Düsseldf. Entsch. Nr. 2027 – Scharniereinrichtung, bestätigt durch OLG Düsseldorf v. 09.10.2014 – I – 2 U 15/13, (www.justiz.nrw.de/nrwe, Rn. 138) – Scharniereinrichtung; ferner bereits Schiedsst. v. 30.09.1992. EGR Nr. 69 zu § 9 ArbEG (VergHöhe); v. 14.05.2009 – Arb.Erf. 47/07 (unveröffentl.) u. v. 17.06.2010 – Arb.Erf. 14/09 (insoweit nicht in www.dpma.de); i.d.Sinn auch BGH v. 06.03.2012 – X ZR 104/09, Mitt. 2012, 285 (Rn. 18) – *Antimykotischer Nagellack*. Zur Schadenslizenz s. BGH v. 18.05.2010 – X ZR 79/07, GRUR 2010, 817 (Rn. 40) – *Steuervorrichtung* u. OLG Karlsruhe v. 05.08.2013, GRUR-RR 2014, 55, 56 – Schadensberechnung.
586 S. a. BGH v. 06.03.2012 – X ZR 104/09, Mitt. 2012, 285 (Rn. 18) – *Antimykotischer Nagellack*; zust. OLG München v. 16.08.2012 – 6 U 2572/11, (unveröffentl.) – Elektronische Funktionseinheit insoweit im Anschl. an LG München I v. 07.03.2011, CR 2012, 356 f. – Elektronische Funktionseinheit m. Anm. Dombrowski GRUR Prax 2012, 139.

der Lizenzvereinbarung mit der im Zeitpunkt der Aufnahme der vergütungspflichtigen Nutzung gegenüberzustellen, insb. mit den jeweiligen wirtschaftlichen und technischen Gegebenheiten.[587] Dazu gehören neben dem konkreten Vertragsgegenstand (z.B. Bezugsgröße,[588] Produktmarkt) auch die wirtschaftliche Bedeutung der mitlizenzierten Schutzrechte und die weiteren Vertragsleistungen für die Vertragsparteien bei Abschluss des Lizenzvertrages (z.B. zusätzliche Überlassung von Know- how,[589] Markenlizenzen[590] etc.).[591] und sonstige wertbildende Faktoren (Überlassung zukünftiger Weiterentwicklungen, Vertriebsberechtigungen, Haftungsregelungen usw.). Ferner ist zu beachten, wer Lizenznehmer ist (wirtschaftlich oder organisatorisch verbundenes Unternehmen usw.) und damit, ob es sich um einen »Freundschaftspreis« oder echten Marktwert handelt.[592] Bei Auslandsbezug sind nicht zuletzt die Besonderheiten des Auslandsmarktes zu beachten.[593]

Nach dem **Ergebnis der Vertragsanalyse** ist dann zu entscheiden, ob und ggf. mit welchen Korrekturen bzw. Anpassungen der vereinbarte Lizenzsatz herangezogen werden kann. Ist der Vertrag durch marktfremde Faktoren geprägt oder sonstwie atypisch oder sind die wertprägenden Faktoren bzw. wesentliche Vertragsgegenstände nicht mit der Situation bei der zu vergütenden Erfindungsverwertung vergleichbar oder ist der Lizenzvertrag durch erfindungsfremde Faktoren überlagert, so dass selbst Korrekturen nicht weiterhelfen, so scheidet eine konkrete Lizenzanalogie aus.[594] Das kann beispielsweise

---

587 Schiedsst. v. 14.05.2009 – Arb.Erf. 47/07, (unveröffentl.).
588 Vgl. z.B. Schiedsst. v. 16.12.1997 – Arb.Erf. 35/96, (unveröffentl.); Keukenschrijver in Busse/Keukenschrijver, PatG, Rn. 13 zu § 11 ArbEG.
589 Vgl. zur Abschätzung des Know-how-Anteils LG Düsseldorf v. 24.11.2013 – 4a O 52/06, (Düsseldf. Entsch. Nr. 2010) – Betonschutzwände II; Schiedsst. v. 30.09.1992, EGR Nr. 69 zu § 9 ArbEG (VergHöhe) u. v. 14.05.2009 – Arb.Erf. 47/07, (unveröffentl.).
590 Vgl. dazu etwa Nestler BB 2015, 811 ff. S. auch LG Düsseldorf v. 24.11.2013 – 4a O 52/06, (Düsseldf. Entsch. Nr. 2010) – Betonschutzwände II.
591 BGH v. 04.12.2007 – X ZR 102/06, GRUR 2008, 606, 607 – *Ramipril I*; Schiedsst. v. 29.04.2010 – Arb.Erf. 11/09,(unveröffentl.).
592 Schiedsst. v. 25.02.1981, BlPMZ 1982, 57 ff. 58 l.Sp.; vgl. auch LG München I v. 07.03.2011, CR 2012, 356 f. – Elektronische Funktionseinheit m. Anm. Dombrowski GRUR Prax 2012, 139 (insoweit im Grundsatz bestätigt durch OLG München v. 16.08.2012 – 6 U 2572/11, [unveröffentl.] – Elektronische Funktionseinheit); Schiedsst. v. 06.03.1980, BlPMZ 1982, 277, 278.
593 Vgl. etwa bei Schutzrechtsverletzungen OLG Karlsruhe v. 05.08.2013, GRUR-RR 2014, 55, 57 – Schadensberechnung.
594 I.d.S. zu verstehen wohl BGH v. 06.03.2012 – X ZR 104/09, Mitt. 2012, 285 (Rn. 18) – *Antimykotischer Nagellack*.

für eine Unterlizenzvergabe gelten,[595] ferner bei Lizenzverträgen, bei denen Vertragsgegenstand der Vertrieb und nicht die Lizenzierung des erfindungsgemäßen Produkts ist,[596] oder bei Lizenzverträgen, die aus aus »erfindungsfremden Gründen« geschlossen werden,[597] ferner bei Lizenzverträgen ohne hinreichende Vereinbarungen zur Höhe des Lizenzsatzes[598] sowie bei solchen, bei denen die Lizenzgebühr undifferenziert zahlreiche Erfindungen und/oder sonstige Rechte erfasst. Bei einem sog. Second-Source-Lizenzvertrag, durch den der Arbeitgeber einem Lieferanten erfindungsgemäßer Produkte ermöglicht, diese seinerseits auch von Dritten als alternative Bezugsquelle zu beziehen, hat die *Schiedsstelle* unter dem Aspekt einer hier üblichen Gewinnabschöpfung durch den Lizenzgeber als Analogie-Lizenzsatz ein Viertel des vereinbarten Lizenzsatzes angesetzt.[599]

Erfolgt die Ermittlung des Erfindungswerts mithilfe der konkreten Lizenzanalogie, sind grds. über den Lizenzsatz hinaus auch die weiteren in dem herangezogenen Lizenzvertrag vereinbarten **Parameter** für den Lizenzsatz maßgebend, also die Bezugsgröße, die Abstaffelung und ggf. die Dauer.

Demzufolge ist – auch nach Auffassung der *Schiedsstelle*[600] – RL Nr. 8 unanwendbar, sodass bei Heranziehung des vereinbarten Lizenzsatzes auch die vereinbarten Parameter für die Wahl der **technisch-wirtschaftlichen Bezugsgröße** entscheidend sind. Dies gilt jedenfalls dann, wenn das vom Lizenznehmer hergestellte erfindungsgemäße Produkt identisch mit dem vom Arbeitgeber hergestellten Produkt ist.

---

595 Schiedsst. v. 12.01.2011 – Arb.Erf. (unveröffentl.), dargestellt bei Trimborn Mitt. 2012, 70, 77.
596 BGH v. 06.03.2012 – X ZR 104/09, Mitt. 2012, 285 (Rn. 18) – *Antimykotischer Nagellack*.
597 S. dazu etwa LG München I v. 07.03.2011 CR 2012, 356 f. – Elektronische Funktionseinheit m. Anm. Dombrowski GRUR Prax 2012, 139 (insoweit im Grundsatz bestätigt durch OLG München v. 16.08.2012 – 6 U 2572/11, [unveröffentl.] – Elektronische Funktionseinheit).
598 So im Ergebn. OLG München v. 16.08.2012 – 6 U 2572/11, (unveröffentl.) – Elektronische Funktionseinheit.
599 Schiedsst. 15.11.2017 – Arb.Erf. 30/16, (www.dpma.de).
600 Schiedsst. v. 30.09.2008 – Arb.Erf. 29/07 (unveröffentl.) u. v. 17.06.2010 – Arb.Erf. 14/09, (insoweit nicht in www.dpma.de); zust. OLG München v. 16.08.2012 – 6 U 2572/11, (unveröffentl.) – Elektronische Funktionseinheit insoweit im Anschl. an LG München I v. 07.03.2011, CR 2012, 356 f. Ebenso Keukenschrijver in Busse/Keukenschrijver, PatG, Rn. 13 zu § 11 ArbEG.

Sieht der Vergleichslizenzvertrag eine **Abstaffelung** nicht vor, ist diese im Regelfall auch dann nicht vorzunehmen, wenn eine Kausalitätsverschiebung gegeben ist[601] (s. KommRL RL Nr. 11 Rn. 35).

Ist die zu vergütende Erfindung **Gegenstand mehrerer Lizenzverträge**, steht das der Anwendbarkeit der konkreten Lizenzanalogie nicht entgegen, auch wenn die Verträge unterschiedliche Lizenzsätze und/oder Bezugsgrößen aufweisen[602] Im Rahmen der Vertragsanalyse ist der wirtschaftliche und rechtliche Hintergrund der Verträge zu ermitteln (s. dazu KommRL Rn. 12 zu RL Nr. 6). Unterschiedliche Lizenzsätze können u. a. von Unterschieden bei Nutzungsumfang, Auswertungsmöglichkeiten, Produkten, Produktmarkt, Umfang des Lizenzgegenstandes abhängen oder auf besonderen Anlässen zum Vertragsabschluss (z.B. Beilegung eines Verletzungsstreits) beruhen. Vorrangig heranzuziehen sind die Lizenzverträge, bei denen marktfremde Einflüsse ausscheiden, der Einsatz der Erfindung am ehesten mit der Eigennutzung beim Arbeitgeber vergleichbar ist bzw. die meisten Schnittmengen mit der zu vergütenden Nutzung bestehen (Produkt, Markt, Umsatz usw.) und bei denen der Lizenzssatz nebst Bezügsgröße unter Verzicht auf weitreichende Analysen und Schätzungen möglichst einfach, transparent und ohne hypothetische Werte festgestellt werden kann.[603]

Die Bildung eines Mittelwertes (ggf. unter Berücksichtigung unterschiedlicher Umsatzmengen) kommt u. E. nur dann in Betracht, wenn – auch unter Berücksichtigung von Zustandekommen, Bezugsgrößen und Umsatzmengen – keine hinreichenden Anhaltspunkte für Wertunterschiede ersichtlich sind.[604]

Vgl. im Übrigen zur konkreten Lizenzanalogie Komm RL Rn. 11 ff. zu RL Nr. 6

---

601 Schiedsst. v. 17.06.2010 – Arb.Erf. 14/09, (insoweit nicht in www.dpma.de, LS. 3). S. aber auch Trimborn Mitt. 2012, 70, 77.
602 LG München I v. 07.03.2011 CR 2012, 356 f. – Elektronische Funktionseinheit m. Anm. Dombrowski GRUR Prax 2012, 139; im Ergebn. auch das Berufungsurteil OLG München v. 16.08.2012 – 6 U 2572/11, (unveröffentl.) – Elektronische Funktionseinheit; Busse/Keukenschrijver, PatG, Rn. 12 zu § 11 ArbEG.
603 Vgl. etwa BGH v. 06.03.2012 – X ZR 104/09, Mitt. 2012, 285 (Rn. 39 ff.) – *Antimykotischer Nagellack*; im Ergebn. ähnl. OLG München v. 16.08.2012 – 6 U 2572/11, (unveröffentl.) – Elektronische Funktionseinheit.
604 Generell für einen Mittelwert aber LG München I v. 07.03.2011 – 7 O 9760/05, CR 2012, 356 f. – Elektronische Funktionseinheit m. Anm. Dombrowski GRUR Prax 2012, 139; insoweit zu Recht korrigiert von OLG München v. 16.08.2012 – 6 U 2572/11, (unveröffentl.) – Elektronische Funktionseinheit.

G. Bemessung der Vergütung **§ 9**

Scheidet eine konkrete Lizenzanalogie mangels Lizenzvereinbarungen über die konkret zu vergütende Diensterfindung aus oder sind solche nach Analyse ungeeignet, verbleibt es bei der der **abstrakten Lizenzanalogie**, also bei der Heranziehung firmenüblicher oder branchenüblicher Lizenzvereinbarungen für vergleichbare Erfindungen insbesondere in dem betreffenden Produktmarkt[605] (zur Maßgeblichkeit des Produktmarktes s. § 9 Rdn. 131). 122.1

Der vorrangige Rückgriff auf **firmenübliche**, d. h. eigene **Lizenzerfahrungen** des Arbeitgebers für vergleichbare Erfindungen vor branchenüblichen Erfahrungswerten entspricht wohl zwischenzeitlich der h. M[606] und folgt der grundsätzlichen Unternehmenbezogenheit des Erfindungswertes (s. § 9 Rdn. 77). Es geht also um die Frage, ob Lizenzsätze für vergleichbare Erfindungen aus Lizenzverträgen des Arbeitgebers (Lizenzvergabe/Lizenznahme) bekannt sind, die der Wertigkeit der konkreten Diensterfindung (Grad der Sperrwirkung, Beständigkeit gegen Angriffe Dritter, Gewinnerwartungen, Nutzungszeit etc.) entsprechen bzw. hiervon abweichen.[607] Auch hier ist eine Analyse zur Vergleichbarkeit erforderlich, insbesondere welche Lizenzgeberleistungen und sonstigen Umstände diese Lizenzgebühren bestimmt bzw. beeinflusst haben und ob bzw. in welchem Umfang (z. B. Zu-/Abschlag, geänderte Bezugsgröße usw.) diese Werte angesichts der festgestellten Bewertungsparameter aus Sicht vernünftiger Vertragsparteien zu Grunde gelegt werden können. S. i.Ü. KommRL Rn. 31 ff. zu RL Nr. 6.

Fehlen Ansätze für eine konkrete Lizenzanalogie und scheidet auch ein firmenüblicher Lizenzvergleich aus, weil keine eigenen Erfahrungen des Arbeitgebers vorliegen oder solche nur gering sind und damit keine hinreichende Aussagekraft haben, so ist ein **branchenüblicher Lizenzvergleich** auf der Basis 122.2

---

605 Die Begriffsbestimmung ist uneinheitlich: Volmer/Gaul (Rn. 263 zu § 9/RL Nr. 5) verstehen hierunter nur die sich branchenüblich darstellenden Werte. Nach Reimer/Schade/Schippel/Himmelmann (Rn. 3 zu § 11/RL Nr. 8) stellt die Heranziehung firmenüblicher Vergleichslizenzen einen Unterfall der konkreten Lizenzanalogie dar.
606 Im Ergebnis so auch LG Düsseldorf v. 28.08.1997, (Entscheidungen 4. ZK 1997, 75, 79) – Craft-Spulkopf u. v. LG Düsseldorf v. 20.03.2013 – 4b O 295/10, (Düsseldf. Entsch. Nr. 2027) – Scharniereinrichtung; bestätigt durch OLG Düsseldorf v. 09.10.2014 – I – 2 U 15/13, (www.justiz.nrw.de/nrwe, Rn. 141) – Scharniereinrichtung; Schiedsst. v. 17.04.2007 – Arb.Erf. 7/06, (unveröffentl.); v. 08.05.2008 Arb.Erf. 26/06 (Datenbank) sowie EV. u. ZB. v. 24.02.2016 – Arb.Erf. 2/14, (www.dpma.de); vgl. auch Volmer, VergütgRLn., Rn. 18 zu RLn. 1959/Nr. 3; Volmer/Gaul Rn. 264 f. zu § 9/RL Nr. 5; Reimer/Schade/Schippel/Himmelmann Rn. 3 zu § 11/RL Nr. 8; Boemke/Kursawe/Engemann Rn. 203 f. zu § 9; vgl. auch Hellebrand GRUR 1993, 449, 454.
607 Schiedsst. v. 22.12.2004 – Arb.Erf. 11/03, (unveröffentl.).

vergleichbarer Lizenzsätze vorzunehmen.[608] Dieser Vergleich liegt RL Nr. 3 lit. a) und RL Nr. 6 zu Grunde. Neben RL Nr. 6 Sätze 3 bis 6 geben die **RL Nrn. 7 bis 9 weitere Hinweise**, wie der zur Bestimmung des Erfindungswertes anzustellende Vergleich mit dem freien Erfinder praktisch durchzuführen ist. Gemäß RL Nr. 7 Sätze 3 und 4 ist bei der Bemessung des Erfindungswertes ein auf den tatsächlich erzielten erfindungsgemäßen Umsatz (s. § 9 Rdn. 125) bezogener Lizenzsatz zugrunde zu legen und nicht auf eine bloße Umsatzsteigerung abzustellen,[609] zumal die in RL Nr. 10 wiedergegebenen Lizenzsätze sich auch auf den tatsächlichen Gesamt-Nettoumsatz beziehen[610] (s. dazu KommRL Rn. 8 ff., 52 ff. zu RL Nr. 7).

Dem *BGH* folgend ist dabei der Erfindungswert unter **Rückgriff auf die Erfahrungswerte und die Auswertung der am Markt für gleichartige oder vergleichbare Erzeugnisse (Verfahren) erzielbaren Lizenzsätze** zu ermitteln.[611] Damit geht es vorrangig um die Frage nach (branchen-)üblichen Lizenzen in dem betreffenden **Produktmarkt**. (s. § 9 Rdn. 131).

Um aus branchenüblichen Lizenzsätzen eine angemessene, d. h. sach- und interessengerechte Lizenzgebühr (für Arbeitnehmererfindungen) für die erfindungsgemäße Bezugsgröße abzuleiten, und zwar unter Berücksichtigung der zu (1) festgestellten Gegebenheiten und Möglichkeiten beim betreffenden Arbeitgeber, ist eine unternehmensbezogene Überprüfung notwendig (Unternehmensbezogenheit, s. § 9 Rdn. 77). Folglich bedarf ein branchenüblicher Lizenzsatz stets einer **betriebsbezogenen Prüfung und ggf. Konkretisierung**, d.h. die objektiv zu bestimmenden Vorteile des Arbeitgebers aus der Erfindungsverwertung sind betriebsbezogen (unternehmensbezogen) zu ermitteln,[612] und zwar auf Grundlage des konkreten Benutzungssachverhalts (s. § 9

---

608 So auch die Rangfolge bei OLG Düsseldorf v. 09.10.2014 – I-2 U 15/13, (www.justiz.nrw.de/nrwe, Rn. 138 ff.) – Scharniereinrichtung; Schiedsst. v. 08.05.2008 – Arb.Erf. 26/06, (Datenbank); Volmer VergütgRLn. Rn. 6 zu RLn. 1959/Nr. 3 u. Volmer/Gaul Rn. 262 f. zu § 9/RL Nr. 5; Boemke/Kursawe/Engemann Rn. 205 zu § 9.
609 Ebenso Schiedsst. v. 18.01.1990, BlPMZ 1990, 336 u. v. 10.08.1993 – Arb.Erf. 14/92, (unveröffentl.).
610 Schiedsst. v. 12.03.1964, BlPMZ 1964, 233 u. v. 25.05.1981 – Arb.Erf. 32/78, (unveröffentl.).
611 BGH v. 17.11.2009, GRUR 2010, 223 (Rn. 32) – *Türinnenverstärkung*
612 S. BGH v. 13.11.1997 – X ZR 6/96, GRUR 1998, 684, 687 – *Spulkopf*; BGH v. 13.11.1997 – X ZR 132/95, GRUR 1998, 689, 692 – *Copolyester II*; im Ergebnis auch BGH v. 16.04.2002 – X ZR 127/99, GRUR 2002, 801, 803 r. Sp. – *Abgestuftes Getriebe*.

Rdn. 121). Siehe im Übrigen KommRL Rn. 35 ff. zu RL Nr. 6 u. Rn. 16 ff. zu RL Nr. 10.

Von der Lizenzanalogie ist die (kaum gebräuchliche) **Kaufpreisanalogie** (RL Nr. 4) zu unterscheiden[613], deren eigenständige Berechtigung mit Blick auf die Vorgabe in RL Nr. 13 Satz 3 ohnehin zweifelhaft erscheint. Bei dieser Methode wird – insb. im Fall einer angestrebten Pauschalabfindung – der Erfindungswert in Anlehnung an den Kaufpreis für eine vergleichbare Erfindung ermittelt.[614] Diese Methode sollte nur dann in Betracht gezogen werden, wenn sowohl die Lizenzanalogie als auch die Methode nach dem erfassbaren betrieblichen Nutzen ausscheiden und mittels der Kaufpreisanalogie eine Gesamtschätzung nach RL Nr. 13 vermieden werden kann, weil im Markt vergleichbare und äquivalente Erfahrungswerte erhältlich sind.[615] Dieser Hinweis dürfte jedenfalls heute kaum mehr hilfreich sein und geht bereits faktisch ins Leere, da übliche Kaufpreise so gut wie nie bekannt sind.[616] Allein ein unangemessen hoher Aufwand für die Ermittlung der jährlichen Vergütungen rechtfertigt zwar bei geringen wirtschaftlichen Werten eine Pauschalabfindung (s. RL Nr. 40 Abs. 2 Satz 2 Buchst. a), nicht aber deren Ermittlung anhand der Kaufpreisanalogie.[617] Siehe i.Ü. KommRL zu RL Nr. 4; vgl. auch unten § 9 Rdn. 301 ff.

**bb) Wahl der Lizenzsätze**

Zur **praktischen Handhabung** der Lizenzanalogie liegt zusammenfassend aus unserer Sicht für den Regelfall folgende **Reihenfolge** nahe (s. KommRL Rn. 10 zu RL Nr. 6):
a) An welche tatsächlichen Umstände hätten Lizenzvertragsparteien üblicherweise in vergleichbaren Fällen die Gegenleistung für ein ausschließliches Benutzungsrecht geknüpft? Dies bedarf der Feststellung aller vergütungsrelevanten Fakten (betriebliche Benutzungssituation, wertbildende Faktoren usw.). Ist aus Sicht vernünftiger Arbeitsvertragsparteien eine Anpassung erforderlich?

---

613 Vgl. dazu Schiedsst. v. 25.02.1981, BlPMZ 1982, 57 ff.
614 Schiedsst. v. 25.02.1981, BlPMZ 1982, 57 ff.
615 So im Ergebn. auch Schiedsst. v. 24.09.1991 – Arb.Erf. 10/91, u. v. 27.09.1994 – Arb.Erf. 76/93, (beide unveröffentl.).
616 Vgl. auch Schiedsst. v. 09.10.2012 – Arb.Erf. 39/11, (www.dpma.de).
617 Abw. Boemke/Kursawe/Engemann Rn. 212 zu § 9.

b) Welche Vereinbarungen werden **üblicherweise vom Arbeitgeber** in vergleichbaren Fällen über die Lizenzgebühr und deren Bemessungsgrundlage getroffen?

aa) Liegen **konkrete, auf** die zu vergütende **Diensterfindung bezogene** und ausgeübte **Lizenzverträge** vor? Wenn ja, hat zunächst eine **Vertragsanalyse** zu erfolgen (s. § 9 Rdn. 122).

bb) Scheidet die vorrangige konkrete Lizenzanalogie (aa) aus, ist vor einem Rückgriff auf branchenübliche Lizenzsätze[618] zu prüfen, ob **firmenübliche Lizenzsätze** vorliegen (s. § 9 Rdn. 122.1).

c) Scheidet auch dies (b) aus, ist letztlich auf **(branchen-)übliche** Lizenzsätze in dem betreffenden Produktmarkt zurückzugreifen, um daraus eine angemessene, d.h. sach- und interessengerechte Lizenzgebühr (für Arbeitnehmererfindungen) abzuleiten (RL Nr. 10, s.u. § 9 Rdn. 122.2, 131 ff.).

Entgegen der Auffassung der *Schiedsstelle*[619] können zur Bestimmung des Lizenzsatzes frühere mit demselben oder anderen Arbeitnehmererfindern **zu sonstigen Diensterfindungen getroffene Vergütungsregelungen** zumindest als Orientierungshilfe wertend herangezogen werden, sofern es sich um eine vergleichbare Diensterfindung mit vergleichbarem Benutzungssachverhalt handelt und der dortige Erfindungswert unstreitig (bestandskräftig) und (noch) zeitgemäß ist, – jedenfalls dann, wenn bessere Erkenntnisse fehlen (s. KommRL RL Nr.6 Rn. 68). Eine vergleichende Heranziehung derartiger Vergütungs-Lizenzsätze unter Berücksichtigung der jeweiligen Bezugsgrößen ist selbstverständlich unkritisch, soweit deren Angemessenheit von der Schiedsstelle bzw. einem Gericht geprüft bzw. festgestellt worden ist[620] (s. auch § 9 Rdn. 131.1).

Der Arbeitgeber hat insoweit **kein freies Wahlrecht**. Vielmehr ist stets der Lizenzsatz heranzuziehen, der dem Erfindungsgegenstand und der konkreten Benutzungssituation im Unternehmen des Arbeitgebers gerecht wird, also nach den Umständen des Einzelfalls angemessen ist. S. i.Ü. § 9 Rdn. 133 ff.

---

618 Der vorrangige Rückgriff auf eigene Lizenzerfahrungen des Arbeitgebers für vergleichbare Erfindungen vor branchenüblichen Lizenzsätzen entspricht wohl zwischenzeitlich der h. M., z. B. LG Düsseldorf v. 20.03.2013 – 4b O 295/10, Düsseldf. Entsch. Nr. 2027 – Scharniereinrichtung; bestätigt durch OLG Düsseldorf v. 09.10.2014 – I – 2 U 15/13, (www.justiz.nrw.de/nrwe, Rn. 141) – Scharniereinrichtung; Schiedsst. v. 08.05.2008 – Arb.Erf. 26/06, (Datenbank) sowie EV. u. ZB. v. 24.02.2016 – Arb.Erf. 2/14, (www.dpma.de); Reimer/Schade/Schippel/Himmelmann Rn. 3 zu § 11/RL Nr. 8; Boemke/Kursawe/Engemann Rn. 203 ff. zu § 9; vgl. auch Hellebrand GRUR 1993, 449, 454.
619 Schiedsst. v. 20.09.2007 – Arb.Erf. 53/05, (Datenbank).
620 Wie hier auch Boemke/Kursawe/Engemann Rn. 210 zu § 9.

G. Bemessung der Vergütung                                    § 9

Da die Findung des angemessenen Lizenzsatzes dem Tatrichter obliegt, prüft der *BGH* im **Revisionsverfahren** nur, ob das Berufungsgericht von verfahrensfehlerfrei festgestellten Anknüpfungstatsachen ausgegangen ist, sämtliche erheblichen Gesichtspunkte in die Gesamtwürdigung einbezogen und hierbei Erfahrungssätze und Denkgesetze beachtet hat.[621]

**cc) Bestimmung der rechnerischen und technisch-wirtschaftlichen Bezugsgröße (RL Nrn. 7, 8)**

**(1) Rechnerische Bezugsgröße**

**RL Nr.** 7 behandelt den notwendigen zweiten Berechnungsfaktor, die **rechnerische Bezugsgröße des Lizenzsatzes**, also Umsatz oder Erzeugung. Im Regelfall wird der **erzielte Umsatz zugrunde gelegt**, zumal auch die üblichen Lizenzsätze (s. § 9 Rdn. 131 ff.) umsatzbezogen sind[622] (s. § 9 Rdn. 122.1 f.). Umsatz ist grundsätzlich das Entgelt oder es sind sonstige wirtschaftliche Vorteile aus dem Verkauf oder einer sonstigen Lieferung von erfindungsgemäßen Produkten bzw. Waren sowie für andere Leistungen, die vom Unternehmen im unmittelbaren Zusammenhang mit den erfindungsgemäßen Produkten erbracht werden[623], wie etwa Befestigungs-, Montage- oder Planungsleistungen. Dabei kommt es nicht auf den in Rechnung gestellten Betrag (Bruttoumsatz) an, sondern nur auf die vom Arbeitgeber tatsächlich erzielten Einnahmen (s. auch § 9 Rdn. 25) nach Abzug aller Kosten und Aufwendungen, die mit der Verwertung der Erfindung nicht unmittelbar zusammenhängen.[624] Dieses Abstellen auf den **Nettoumsatz** bzw. Nettoverkaufspreis (ohne USt, Vertreterprovisionen, Verpackungs- und Frachtkosten, Skonti, Abnehmervergünstigun-

125

---

621 BGH v. 06.03.2012, Mitt. 2012, 285 (Rn. 40) – *Antimykotischer Nagellack*.
622 S. a. BGH v. 06.03.2012 – X ZR 104/09, Mitt. 2012, 285 (Rn. 31.) – *Antimykotischer Nagellack*; OLG Düsseldorf v. 28.02.2014 – 2 U 110/11, (juris, Rn. 112) – Technischer Geschäftsführer.
623 Im Ergebn. so auch OLG Düsseldorf v. 28.02.2014 – 2 U 110/11, (juris, Rn. 112 f.) – Technischer Geschäftsführer; ferner Schiedsst. v. 04.03.2010 – Arb.Erf. 59/08, (insoweit nicht in www.dpma.de); v. 18.09.2012 – Arb.Erf. 22/11, (www.dpma.de). v. 02.07.2013 – Arb.Erf. 25/12, (Datenbank); v. 22.07.2013 Arb.Erf. 40/11; 19.09.2013 – Arb.Erf. 29/13, u. v. 10.10.2013 – Arb.Erf. 22/12, (alle www.dpma.de).
624 Schiedsst. v. 10.08.1993 – Arb.Erf. 14/92, (Datenbank); v. 20.01.2009 – Arb.Erf. 40/06; v. 15.01.2009 – Arb.Erf. 51/07; v. 13.10.2009 – Arb.Erf. 38/06, (sämtl. unveröffentl.); v. 18.09.2012 – Arb.Erf. 22/11; v. 22.07.2013 Arb.Erf. 40/11, (beide www.dpma.de); s. auch Schiedsst. v. 22.06.1995, Mitt. 1996, 220, 221 – *Bedienungseinrichtung*.

gen usw.) entspricht den Usancen des freien Lizenzmarktes.[625] Weder Ertrag[626] noch (Rein-)Gewinn[627] sind geeignete Bezugsgrößen. Gleiches gilt im Grundsatz auch für bloße Umsatzsteigerungen (Mehrumsatz)[628], zumal sich die üblichen Lizenzsätze auf Gesamtumsätze beziehen[629]. so dass – abweichend von RL Nr. 7 Satz 4 – hier regelmäßig vom Gesamtumsatz mit einem ermäßigten Lizenzsatz auszugehen ist. Erhält der Arbeitgeber von seinem Kunden **Abschlags- oder Vorschusszahlungen**, sind sie jedenfalls solange (noch) nicht vergütungspflichtig, als die Benutzung der Diensterfindung durch Lieferung der erfindungemäßen Produkte noch offen ist.[630] Einzelheiten s. KommRL Rn. 7 ff. zu RL Nr. 7.

Abzustellen ist grundsätzlich nur auf die Umsätze des **Arbeitgebers** und nicht auf die von Dritten (s. § 9 Rdn. 2.4). Dieser Grundsatz gilt regelmäßig auch bei Verwertung innerhalb eines Konzerns (s. § 9 Rdn. 185 ff.) oder durch Kooperationspartner (s. § 9 Rdn. 191 ff.). Bei Übertragung der Diensterfindung auf eine Verwertungsgesellschaft ist dagegen auf deren Umsätze abzustellen (s. § 42 Rdn. 168).

Während das Abstellen auf den Umsatz in der Lizenzvertrags- und Vergütungspraxis der Regelfall ist, wird in besonderen Fällen auf die **Erzeugung** als rechnerische Bezugsgröße abgestellt. Darunter versteht man im Wesentlichen (im Kern) die Herstellung des erfindungsgemäßen Gegenstandes, und zwar im Rahmen eines Herstellungsverfahrenspatents (vgl. § 9 Satz 2 Nr. 3 PatG) oder der Einsatz von Erfindungen im Rahmen der Herstellung (Arbeitsverfahren), ohne dass sich die Erfindung unmittelbar im Endprodukt niederschlägt.[631] Die Erzeugung ist damit im Unterschied zum Umsatz ein regelmäßig innerbetrieblicher Vorgang. Die Erzeugung ist beispielsweise Bezugsgröße bei Weiter-

---

625 Schiedsst. v. 17.06.2016 – Arb.Erf. 57/13, (www.dpma.de); Keukenschrijver in Busse/Keukenschrijver, PatG, Rn. 13 zu § 11 ArbEG.
626 BGH v. 06.03.2012 X ZR 104/09, Mitt. 2012, 285 (Rn. 16) – *Antimykotischer Nagellack I*.
627 BGH v. 06.03.2012 X ZR 104/09, Mitt. 2012, 285 (Rn. 16) – *Antimykotischer Nagellack I*; vgl. auch Keukenschrijver in Busse/Keukenschrijver, PatG, Rn. 12 zu § 11 ArbEG.
628 So zu Recht Keukenschrijver in Busse/Keukenschrijver, PatG, Rn. 13, 16 zu § 11 ArbEG m.w.Nachw.; Schiedsst. v. 10.08.1993 – Arb.Erf. 14/92, (unveröffentl., auszugsweise bei Hellebrand/Rabe, Lizenzsätze f. techn. Erfindungen, 2017, S. 10).
629 Schiedsst. v. 12.03.1964 BlPMZ 1964, 233 u.v. 25.03.1981 – Arb.Erf. 52/78, (unveröffentl.).
630 Vgl. Schiedsst. v. 15.07.2016 – Arb.Erf. 26/16, (www.dpma.de).
631 Ebenso Schiedsst. v. 29.06.2010 – Arb.Erf. 47/09, (Datenbank); v. 02.07.2013 – Arb.Erf. 25/12, u. v. 10.10.2013 – Arb.Erf, 22/12, (beide www.dpma.de).

verarbeitung erfindungsgemäßer Einzelteile (Zwischenprodukte etc., § 9 Rdn. 110), ferner, wenn Umsätze nicht eindeutig feststell- bzw. bezifferbar sind, etwa, weil die erfindungsgemäßen Produkte kein eigenständiges Handelsobjekt sind oder die Feststellung des erfindungsmäßen Umsatzes große Probleme bereitet (s. KommRL Rn. 32 ff. zu RL Nr. 7). Dann können allerdings die üblichen Lizenzsätze nicht ohne Weiteres herangezogen werden, da sich diese ja auf Umsatzgeschäfte beziehen.[632] Werden deshalb als Bezugsgröße die **Herstellungskosten**, also die produktbezogen unmittelbar auf die Herstellung umlegbaren Kosten (ohne kalkulatorische [Gemein-] Kosten), zugrunde gelegt und liegen – wie regelmäßig – keine Erfahrungen mit erzeugungsbezogenen Lizenzsätzen vor, so bestehen zwei Alternativen (s. KommRL Rn. 36 zu RL Nr. 7): Einmal könnte der für Umsätze übliche Lizenzsatz fiktiv angehoben werden, um einen angemessenen Lizenzsatz für die Erzeugung zu erhalten. Anstatt dieser (kaum üblichen und weniger transparenten) Alternative wird nach ständiger – auch vom Schrifttum[633] und der Betriebspraxis anerkannter – Vorgehensweise der *Schiedsstelle* für den umsatzbezogenen (Analogie-)Lizenzsatz quasi ein fiktiver Umsatz bestimmt und dazu der Herstellungswert mit einem **Gewinnaufschlag** (Gewinnzuschlag) bzw. **Hochrechnungsfaktor** multipliziert.[634] Bei der Bestimmung der Höhe des Gewinnaufschlags bzw. Hochrechnungsfaktors gilt ein **gestuftes Vorgehen**:
(1) Vor einem Rückgriff auf pauschale Werte ist zu prüfen, ob sich im jeweiligen Nutzungsfall ein »rechnerischer Umsatz« **möglichst konkret** feststellen lässt, und zwar aus der Summe von Herstellkosten, bezifferbaren und zurechenbaren Gemeinkosten nebst eines firmenüblichen Gewinnzuschlags.[635]
(2) Liegen keine geeigneten firmenüblichen Ansätze zur Erfassung der kalkulatorischen Kosten vor, bemisst sich der Gewinnaufschlag bzw. Hochrechnungsfaktor nach den (für vergleichbare Produkte) **branchenüblichen Sätzen**.[636] So ist etwa in der hartem Wettbewerb und eingeschränkten Kalkulationsmöglichkeiten ausgesetzten Auto- und Autozulieferindustrie

---

632 Schiedsst. v. 17.04.2007 – Arb.Erf. 7/06, u. v. 13.10.2009 – Arb.Erf. 38/06, (beide unveröffentl.).
633 Zust. u.a. Keukenschrijver in Busse/Keukenschrijver, PatG, Rn. 13 zu § 11 ArbEG; Boemke/Kursawe/Engemann Rn. 220 zu § 9; Reimer/Schade/Schippel/Himmelmann Rn. 2 zu § 11/RL Nr. 7.
634 Schiedsst. v. 11.03.2008 – Arb.Erf. 24/07, (Datenbank), v. 20.01.2009 – Arb.Erf. 40/06, (unveröffentl.); v. 16.03.2010 – Arb.Erf. 31/08, (Datenbank, insoweit nicht in www.dpma.de); v. 09.04.2013 – Arb.Erf. 30/12, u. v. 06.03.2015 – Arb.Erf. 09/13, (beide www.dpma.de).
635 Schiedsst. v. 06.03.2015, – Arb.Erf. 09/13, (www.dpma.de).
636 Vgl. Schiedsst. v. 11.03.2008 – Arb.Erf. 24/07, (Datenbank); v. 09.04.2013 – Arb.Erf. 30/12, (www.dpma.de).

ein branchenüblicher Hochrechnungsfaktor von 1,3 bis 1,45 üblich, d.h. es erfolgt eine Anhebung des Herstellkostenpreises um 30 % bis 45 %.[637]

(3) Sind weder firmen- noch branchenübliche Sätze bekannt und liegen auch sonst keine Erkenntnisse für einen konkret bestimmbaren Zuschlag vor, kann auf einen **abstrakten Hochrechnungsfaktor** abgestellt werden. Dazu setzt die *Schiedsstelle* einen Hochrechnungsfaktor im Rahmen von 1,3 bis 1,6 fest. Sind keine Anhaltspunkte zur Konkretisierung gegeben, geht sie regelmäßig von dem ihr aus der Industrie bekannten Hochrechnungsfaktor von 1,6 aus, d.h. die Herstellkosten werden um 60 % angehoben, um so **fiktiv** auf den für den Lizenzsatz vergütungsrelevanten Umsatz (**Nettoverkaufspreis**) zu kommen.[638]

Hat der Arbeitgeber zusätzlich zu den unmittelbaren Herstellkosten **bereits kalkulatorische (Gemein-) Kosten der Herstellung berücksichtigt** (also dem Produkt nicht direkt, sondern über einen Schlüssel zugerechnete anteilige Kosten für Abschreibungen, Forschung und Entwicklung, Garantien, Mieten, Verwaltung usw.), so verringert sich der Aufschlag.[639]

Bezieht der Arbeitgeber erfindungsgemäße Produkte (Vor- bzw. Zwischenprodukte) von Dritten (Zulieferer), muss der Gewinnaufschlag ebenfalls geringer ausfallen, da bei den **Einkaufspreisen** bereits die Gemeinkosten des Lieferan-

---

637 Schiedsst. v. 21.04.2009 – Arb.Erf. 13/08, (Datenbank, in www.dpma.de nur LS, dort 45 %); bestätigt u.a. durch Schiedsst. 09.04.2013 – Arb.Erf. 30/12, (www.dpma.de); folgend auch Keukenschrijver in Busse/Keukenschrijver, PatG, Rn. 13 zu § 11 ArbEG.
638 Z.B. Schiedsst. v. 09.04.2013 – Arb.Erf. 30/12; v. 10.10.2013 – Arb.Erf, 22/12; v. 06.03.2015, – Arb.Erf. 09/13, (alle www.dpma.de); zuvor bereits u. a. Schiedsst. v. 20.01.1995 – Arb.Erf. 12/94; v. 06.10.1998 – Arb.Erf. 117/96, (beide unveröffentl.); v. 29.06.2010 – Arb.Erf. 47/09, (www.dpma.de, LS. 3); v. 19.05.2011 – Arb.Erf. 4/10, (Datenbank, insoweit nicht in www.dpma.de); v. 27.04.2016 – Arb.Erf. 53/13, (www.dpma.de = Mitt. 2017, 287, dort nur LS. 4); folgend auch Keukenschrijver in Busse/Keukenschrijver, PatG, Rn. 13 zu § 11 ArbEG; Reimer/Schade/Schippel/Himmelmann Rn. 2 zu § 11/RL Nr. 7. Zwischenzeitlich überholt sind frühere Einigungsvorschläge, wie etwa v. 25.02.1991 (Arb.Erf. 50/90 – unveröffentl.), wo die Schiedsst. zur Ermittlung eines fiktiven Verkaufspreises für den Faktor, welcher Gemeinkosten und Gewinnanteil einer Lieferfirma berücksichtigen soll, als Mittelwert den Faktor 2 eingesetzt hatte.
639 Schiedsst. v. 13.10.2009 – Arb.Erf. 38/06, (unveröffentl., dort Aufschlag von 15 % auf Einkaufspreis); v. 09.07.2009 – Arb.Erf. 5/08, (Datenbank, dort 50 %); v. 06.03.2015 – Arb.Erf. 09/13, (www.dpma.de, dort Aufschlag von 10 % bei Unternehmensgewinn von 7,5 %).

## G. Bemessung der Vergütung § 9

ten und dessen kalkulatorischer Unternehmergewinn eingepreist sind.[640] Vgl. i.Ü. KommRL Rn. 31 ff. zu RL Nr. 7.

In der betrieblichen Praxis müssen insb. wegen Gewährleistungs- und Haftungsrisiken bei »sensiblen« oder reklamationsanfälligen Produkten häufig **Rückstellungen** gebildet werden, die den Umsatz mindern;[641] unter Berücksichtigung von Rückstellungen ebenso wie von **sonstigen (wesentlichen) Abzugsfaktoren** (Fracht, Verpackung, Versicherung, sonstige Vertriebskosten usw.) hat die *Schiedsstelle* im Einzelfall pauschale Abzugspositionen als »**Erlösschmälerung**« anerkannt;[642] in der betrieblichen Praxis liegen diese häufig zwischen 5–10 %[643] (zu den Abzugsfaktoren im Einzelnen s. KommRL Rn. 12 ff., 22 ff. zu RL Nr. 7).

Bei der Ermittlung anhand einer hochgerechneten Erzeugung handelt es sich nur um eine »im Notfall« angewendete Maßnahme, sofern sich im Einzelfall Umsätze nicht gesichert beziffern lassen.[644]

Im Einzelfall kann als rechnerische Bezugsgröße auch ein bestimmter Geldbetrag je Stück oder Gewichtseinheit (**Stücklizenz**) zu Grunde gelegt werden. Von dieser Möglichkeit geht zwar RL Nr. 39 aus, wird jedoch nicht zuletzt wegen des Fehlens branchenüblicher Erfahrungswerte nur in Ausnahmefällen praktisch, insbesondere im Rahmen der konkreten Lizenzanalogie oder bei firmenüblichen Lizenzerfahrungen (s. im Übrigen KommRL Rn. 35 f. zu RL Nr. 7).

Zum Umsatz mit Verlust s. § 9 Rdn. 2.3; zu Einzelproblemen (Mindestumsatz, Währungskursschwankungen, Zwischenprodukte, Ersatzteile, Umsatzge-

---

640 Z. B. Schiedsst. v. 24.07.2008 – Arb.Erf. 5/07, (unveröffentl.), dort 30 % (bzw. genau 27 %); v. 09.04.2013 – Arb.Erf. 30/12, (www.dpma.de, dort Hochrechnungsfaktor 1,3); v. 02.07.2013 – Arb.Erf. 25/12, (Datenbank, dort ebenfalls 1,3).
641 Vgl. auch Schiedsst. v. 16.07.2015 – Arb.Erf. 20/13, (www.dpma.de).
642 Z. B. Schiedsst. v. 08.02.1989 – Arb.Erf. 88/87, (unveröffentl.) – dort insges. 7,5 % pauschal; v. 11.05.1995 – Arb.Erf. 57/93, (unveröffentl.) – dort insges. 5 %; ferner v. 06.05.2003 – Arb.Erf. 34/01, (Datenbank).
643 Vgl. etwa Schiedsst. ZB v. 03.05.2017 – Arb.Erf. 09/16, Mitt. 2018, 356, 358, (www.dpma.de), danach »im Mittel 7,5 %«. Im EV. v. 23.03.1995 – Arb.Erf. 177/92, (unveröffentl.) hat die Schiedsst. wg. der hohen Zusatzkosten (einschl. Vertreterprovisionen im Ausland) einen pauschalen Abzug von 15 % anerkannt.
644 So auch ständ. Praxis Schiedsst., z.B. v. 06.10.2005 – Arb.Erf. 51/03, v. 05.05.2008 – Arb.Erf. 26/06; v. 19.04.2012 – Arb.Erf. 23/10; v. 02.07.2013 – Arb.Erf. 25/12 (alle Datenbank) u. v. 10.10.2013 – Arb.Erf. 22/12, (www.dpma.de).

schäfte mit verbundenen Unternehmen, mittelbare Vorteile usw.) s. KommRL Rn. 49 ff. zu RL Nr. 7.

**(2) Technisch-wirtschaftliche Bezugsgröße**

125.1 Die rechnerische Bezugsgröße der RL Nr. 7 ist von der **technisch-wirtschaftlichen Bezugsgröße (s. RL Nr. 8)** zu unterscheiden. Hier geht es um die sehr häufigen Fälle, in denen der erfindungsgemäße Gegenstand nicht »zu 100 % deckungsgleich« mit dem im Markt vertriebenen Produkt und dem damit erzielten Umsatz des Arbeitgebers, sondern lediglich (Bestand-)Teil eines Gesamtproduktes/Gesamtvorrichtung ist.[645] RL Nr. 8 nimmt dazu Stellung, ob Berechnungsgrundlage für den Erfindungswert in solchen Fällen das **Gesamtprodukt** (Vorrichtung, Verfahren) ist oder nur ein **Teil** davon. Diese technisch-wirtschaftliche Bezugsgröße ist regelmäßig gemeint, wenn in der Praxis der Begriff »Bezugsgröße« verwendet wird. Zur Wahl der Bezugsgröße im Fall der sog. konkreten Lizenzanalogie s. § 9 Rdn. 122. Die Bestimmung der technisch-wirtschaftlichen Bezugsgröße ist in der betrieblichen Praxis – neben der Feststellung des zutreffenden Lizenzsatzes – eines der **wesentlichen** und (damit) zugleich **streitbefangensten Probleme der Lizenzanalogie**.[646]

125.2 Die besondere **Bedeutung** der Wahl der zutreffenden **Bezugsgröße für** den **Lizenzsatz** liegt auf der Hand; es wirkt sich schon aus, ob für einen Lizenzsatz der Wert der Gesamtanlage (z.B. Pkw) oder nur der Wert des Einzelteils, welches nach der Erfindung ausgeführt ist (z.B. erfindungsgemäße Schiebedachkonstruktion), als Bezugsgröße zugrunde gelegt werden muss.[647] Ist die Gesamtanlage Bezugsgröße oder umfasst eine Bezugsgröße in erheblichem Umfang erfindungsfremde Teile, liegen die Lizenzsätze im Allgemeinen im unteren Bereich des üblichen Rahmens und können diesen auch unterschreiten. Andernfalls würde der Erfinder unangemessen an Teilen beteiligt, die er nicht erfunden oder verbessert hat.[648] Je umfassender die Bezugsgröße ist,

---

645 Vgl. BGH v. 17.11.2009, GRUR 2010, 223, 226 (Rn. 25) – *Türinnenverstärkung*; Schiedsst. v. 04.07.2016 Mitt. 2017, 366, 368; v. 09.12.2016 – Arb.Erf. 73/13, (www.dpma.de).
646 S.a. BGH v. 17.11.2009, GRUR 2010, 223, 226 (Rn. 25) – *Türinnenverstärkung*.
647 Ausführl. dazu Schade i. Festschr. VVPP (1975) S. 148 f.; Bartenbach/Volz Festschr. Nirk (1992), 39 ff.; Keukenschrijver in Busse/Keukenschrijver, PatG, Rn. 13 f. zu § 11 ArbEG.
648 LG Düsseldorf v. 13.10.1998 – X ZR 72/82, Entscheidungen 4. ZK. 1998, 107, 113 – *Schaltungsanordnung*; Schiedsst. v. 10.10.2013 – Arb.Erf. 22/12, (www.dpma.de); im Ergebn. auch OLG München v. 16.08.2012 – 6 U 2572/11, (unveröffentl.) – *Elektronische Funktionseinheit*.

umso niedriger fällt regelmäßig der Lizenzsatz aus.[649] Andererseits spricht die Wahl einer besonders kleinen Bezugsgröße bei umfassenden Anlagen/Produkten/Verfahren für einen höheren Lizenzsatz.[650] Es besteht also ein **Wechselverhältnis** zwischen technisch-wirtschaftlicher Bezugsgröße und angemessenem Lizenzsatz.[651]

Damit müsste es theoretisch an sich gleichgültig sein, welche Bezugsgröße (Gesamtanlage/Einzelteil) gewählt wird, da der Prozentsatz der Lizenzgebühr – bezogen auf den Ausgangswert – bei beiden Berechnungen wegen der Wechselwirkung zwischen Bezugsgröße und Lizenzsatz sehr verschieden sein muss und insoweit mit beiden Berechnungsarten das gleiche Ergebnis zu erreichen wäre.[652] Diese Betrachtung dürfte zwischenzeitlich auch mit Blick auf die Auswirkungen beim Auskunftsanspruch des Arbeitnehmers (s. dazu § 12 Rdn. 192) – überholt sein.[653] Hinzutritt die (naheliegende) Gefahr von Verzerrungen, die sich sowohl im gewählten Lizenzsatz, dem Einfluss weiterer Erfindungen (Schutzrechte) und der Frage der Höchstbelastbarkeit als auch im Wirksamwerden bzw. Unterbleiben einer Abstaffelung gem. RL Nr. 11 niederschlagen kann. Daher ist es geboten, bei der Vergütungsermittlung den Weg zu wählen, der den **technischen und/oder wirtschaftlichen Gegebenheiten am besten entspricht**.[654]

---

649 Vgl. z.B. OLG Frankfurt am Main v. 30.04.1992, GRUR 1992, 852 – *Simulation von Radioaktivität*; Schiedsst. v. 07.02.1983, BlPMZ 1984, 218, 219 l.Sp.; v. 06.04.2016 – Arb.Erf. 13/14, (www.dpma.de); LG Düsseldorf v. 18.12.2007 – 4a O 26/98, (unveröffentl.) – *Pflückvorsatz*.
650 Vgl. z.B. Schiedsst. v. 22.02.1991, GRUR 1992, 390, 392 – *Medikalprodukt*; v. 04.06.1993, EGR Nr. 8 zu § 11 ArbEG (RL Nr. 11); v. 22.06.1995, Mitt. 1996, 220, 221 – *Bedienungseinrichtung*.
651 Unstreitig, z.B. BGH v. 30.05.1995 – X ZR 54/93, GRUR 1995, 578, 580 – *Steuereinrichtung II*; Schiedsst. v. 17.04.2007 – Arb.Erf. 7/06, (unveröffentl.).
652 BGH v. 26.06.1969, GRUR 1969, 677, 680 – *Rüben-Verladeeinrichtung* m. Anm. Fischer; BGH v. 31.01.1978 – X ZR 55/75, BlPMZ 1978, 345, 348 l.Sp. – *Absorberstab-Antrieb* u. BGH v. 25.11.1980 – X ZR 12/80, GRUR 1981, 263, 264 – *Drehschiebeschalter*; ähnlich OLG München v. 19.02.2009 – 6 U 3878/07, (unveröffentl.); Schiedsst. v. 16.10.1958, BlPMZ 1959, 16; Schade, GRUR 1965, 634, 639; Benkard/Grabinski/Zülch, PatG, Rn. 69 zu § 139 PatG.
653 Volz, GRUR 2010, 865, 868.
654 Schiedsst. v. 03.04.1964, BlPMZ 1964, 375; im Anschluss daran u.a. Schiedsst. v. 24.10.1991 – Arb.Erf. 31/91, (unveröffentl.); Schade i. Festschr. VVPP (1975) S. 163; s.a. Gaul, GRUR 1983, 209, 216 ff.

**126** Nach Auffassung des *BGH*,[655] ständiger Praxis der *Schiedsstelle*[656] und der herrschenden Lehre[657] ist immer dann, wenn die Erfindung nur einen Teil einer Gesamtvorrichtung beeinflusst, an die **kleinste-technisch-wirtschaftliche Einheit** anzuknüpfen, **welche noch von der Erfindung wesentlich geprägt bzw. in ihrer Funktion beeinflusst wird**. Daran hatte auch der (nicht Gesetz gewordene) RefE des ArbEG 2001 zur Definition der Bezugsgröße angeknüpft.[658]

Auszugehen ist von den technischen Einflüssen und Eigenschaften der geschützten Erfindung auf das Gesamtprodukt/die Gesamtvorrichtung.[659] Deshalb prüft die *Schiedsstelle* – ebenso wie die Unternehmenspraxis – auf der Basis des »Kreuzbodenventilsäcke III«-Urteils des *BGH*,[660] wie weit der technisch-patentrechtliche Einfluss der Erfindung reicht[661] und untersucht, **welche Teile durch die geschützte Erfindung ihr kennzeichnendes Gepräge** erhal-

---

[655] BGH v. 17.11.2009, GRUR 2010, 223, 227 (Rn. 36) – *Türinnenverstärkung* in Bestätigung (als »rechtlich zutreffend«) von OLG Düsseldorf v. 13.09.2007, InstGE 8, 147 ff. – *Türinnenverstärkung*; ebenso LG Düsseldorf v. 17.10.1991 – 4 O 13/91, (unveröffentl.).
[656] Ständ. Praxis d. Schiedsst. v. 10.10.1978, BlPMZ 1980, 60, 61; v. 08.08.1989 – Arb.Erf. 90, 93, 103/88; v. 15.09.1994 – Arb.Erf. 172/92; v. 20.09.1994 – Arb.Erf. 106/93; v. 23.11.2004 – Arb.Erf. 24/03; v. 09.10.2008 – Arb.Erf. 44/06, (sämtl. unveröffentl.); v. 17.04.2013 – Arb.Erf. 11/11; v. 12.09.2013 – Arb.Erf. 21/12; v. 10.10.2013 Arb.Erf, 22/12; v. 06.08.2014 – Arb.Erf. 41/12; v. 01.04.2015 – Arb.Erf. 49/11; v. 13.04.2016 – Arb.Erf. 68/13; v. 09.12.2016 – Arb.Erf. 73/12; v. 21.11.2017 – Arb.Erf. 06/15, (alle www.dpma.de); v. 11.04.2018 – Arb.Erf. 27/16, (vorg. f. www.dpma.de).
[657] Wie hier auch Reimer/Schade/Schippel/Himmelmann Rn. 2 zu § 11/RL Nr. 8.
[658] RefE S. 9, 26, abgedruckt in VPP-Rundbrief 2/2004, S. 54 ff.
[659] Ebenso Schiedsst. v. 03.07.2015, Mitt. 2016, 277, 278.
[660] V. 13.03.1962, GRUR 1962, 401.
[661] So die Praxis der Schiedsst., z.B. EV. v. 30.11.1993 – Arb.Erf. 140/92; v. 15.09.1994 – Arb.Erf. 172/92 u. v. 14.02.1995 – Arb.Erf. 46/93, (alle unveröffentl.); vgl. auch Schiedsst. v. 03.07.2015, Mitt. 2016, 277, 278.

## G. Bemessung der Vergütung § 9

ten.⁶⁶² Bei dieser Feststellung können – neben den technischen Eigenschaften und (Aus-)Wirkungen – auch wirtschaftliche Aspekte Einfluss haben.⁶⁶³

Im Ergebnis dürfte dieses Vorgehen in Einklang mit den Vorgaben der neueren höchstrichterlichen Rechtsprechung stehen. So befürwortet der **BGH** unter Würdigung aller Umstände – für den Tatrichter ggf. unter Inanspruchnahme eines Sachverständigen – folgende **zweistufige Vorgehensweise:**⁶⁶⁴ (1) Zunächst ist die übergeordnete Sacheinheit zu bestimmen, auf die im Fall eines Lizenzvertrages vernünftige Lizenzvertragsparteien (s. dazu § 9 Rdn. 121) sinnvollerweise für die Umsatzangaben abgestellt hätten. (2) Anschließend ist zu ermitteln, welcher Umsatzanteil konkret der Erfindung zugeordnet werden kann. Hierzu billigt der *BGH* im Grundsatz die Prüfung, welche technischen Auswirkungen die Erfindung auf die Teile einer Gesamtvorrichtung hat und inwieweit diesen Teilen durch deren erfindungsgemäße Bestandteile ein kennzeichnendes Gepräge verliehen wird.⁶⁶⁵

Dagegen dürfte ein Rückgriff auf die (frühere) *BGH*-Rechtsprechung zur Bezugsgröße für den Bereich der Schadensersatzlizenz ausscheiden, soweit dort zur Bestimmung die **(Verkehrs-) Üblichkeit** (vgl. RL Nr. 8 S. 2) zu beachten

---

662 Ständ. Praxis d. Schiedsst., z.B. v. 03.02.1964, BlMPZ 1964, 375; v. 06.03.1980, BlPMZ 1982, 277, 278; v. 16.06.1983, BlPMZ 1984, 250, 251; v. 26.11.1992, EGR Nr. 70 zu § 9 ArbEG (VergHöhe); v. 22.02.2001 – Arb.Erf. 69/98, (unveröffentl.) – alle im Anschluss an BGH v. 13.03.1962, GRUR 1962, 401 – *Kreuzbodenventilsäcke III*; ferner Schiedsst. v. 18.09.2012 – Arb.Erf. 22/11; v. 17.04.2013 – Arb.Erf. 11/11; v. 06.08.2014 – Arb.Erf. 41/12; v. 18.12.2014 – Arb.Erf. 61/10; v. 23.04.2015 – Arb.Erf. 08/12; v. 17.06.2016 – Arb.Erf. 57/13; v. 21.11.2017 – Arb.Erf. 06/15, (alle www.dpma.de); ähnl. v. 04.07.2016 Mitt. 2017, 366, 368; ferner LG Düsseldorf v. 23.11.2010 – 4b O 20/10, (Düsseldf. Entsch. Nr. 1509) – *Stahlbetontunnel* (insoweit global bestätigt von OLG Düsseldorf v. 20.12.2012 – 2 U 139/10, (juris Rn. 52) – *Stahlbetontunnel*); LG Braunschweig v. 12.01.1993 – 9 O 3/91, (unveröffentl.); Keukenschrijver in Busse/Keukenschrijver, PatG, Rn. 13 zu § 11 ArbEG; Reimer/Schade/Schippel/Himmelmann Rn. 4 zu § 11/RL Nr. 8.
663 OLG Düsseldorf v. 09.10.2014 – I – 2 U 15/13, (www.justiz.nrw.de/nrwe, Rn. 120) – *Scharniereinrichtung*; ebenso Praxis d. Schiedsst., z.B. v. 11.04.2018 – Arb.Erf. 27/16, (vorg. f. www.dpma.de).
664 BGH v. 17.11.2009, GRUR 2010, 223, 226 (Rn. 25) – *Türinnenverstärkung*. Im Anschluss daran auch Schiedsst., u. a. v. 18.12.2014 – Arb.Erf. 61/10, u. v. 23.04.2015 – Arb.Erf. 8/12, (beide www.dpma.de).
665 BGH v. 17.11.2009, GRUR 2010, 223, 227 (Rn. 36) – *Türinnenverstärkung* in Billigung von OLG Düsseldorf v. 13.09.2007, InstGE 8, 147 ff. – *Türinnenverstärkung*; folgend die Schiedsst., u. a. v. 18.12.2014 – Arb.Erf. 61/10; v. 23.04.2015 – Arb.Erf. 08/12, (beide www.dpma.de).

ist.[666] Unabhängig von dem Grundsatzproblem, das sich bei der Übertragung von Regeln zur Schadensberechnung bei Schutzrechtsverletzungen auf die Erfindervergütung stellt (s. dazu KommRL Rn. 84 ff. zu RL Nr. 6), dürfte hier das Kriterium der Verkehrsüblichkeit jedenfalls kaum hilfreich sein; denn tatsächlich gibt es in praktisch keinem Industriebereich eine »übliche« Bezugsgröße. Folgerichtig wird ein solcher Nachweis in der Praxis auch nicht geführt. Im Ergebnis wird der in RL Nr. 8 Satz 2 aus der Rechtsprechung zur Schadensersatzlizenz übernommene Begriff der »Üblichkeit« auch hier[667] durch den für die Erfindervergütung maßgebenden Aspekt der Angemessenheit (s. § 9 Rdn. 70) und die insoweit maßgebende Bewertung vernünftiger Lizenzvertragsparteien ersetzt[668] (s. KommRL Rn. 13 ff. zu RL Nr. 8).

Die im Regelfall **entscheidungsrelevante Frage** ist u. E.:[669]

*Welche technischen Eigenschaften und Einflüsse hat die Diensterfindung, welche (abgrenzbaren) Teile einer Gesamtanlage (eines Endproduktes) werden davon beeinflusst und erhalten (unter Berücksichtigung des Standes der Technik) auf Grund der Diensterfindung aus technischer und zugleich wirtschaftlicher Sicht ihr kennzeichnendes Gepräge, so dass vernünftige Lizenzvertragsparteien (s. § 9 Rdn. 121) darauf als Bezugsgröße für die Lizenzgebühr abstellen würden?*

Da bei einer Diensterfindung nur das vergütungsrelevant ist, was einen Monopolschutz vermittelt hat[670], zieht die *Schiedsstelle* bei der Prüfung der Bezugsgröße regelmäßig aufgrund der **Patentschrift** (Gebrauchsmusterschrift) den Gegenstand der Erfindung (Ansprüche) und das technische Problem (Aufgabe) heran, das mit der Erfindung gelöst werden soll.[671] Dazu wird **gefragt**:[672]

---

666 BGH v. 30.05.1995 – X ZR 54/93, GRUR 1995, 578, 579 – *Steuereinrichtung II*; vgl. auch BGH v. 18.02.1992 – X ZR 8/90, GRUR 1992, 599 – *Teleskopzylinder*. S. (aber) auch Keukenschrijver in Busse/Keukenschrijver, PatG, Rn. 14 zu § 11 ArbEG.
667 Vgl. auch Bartenbach/Volz GRUR 2016, 225, 226 f.
668 So im Fazit auch OLG Düsseldorf v. 09.10.2014 – I – 2 U 15/13, (www.justiz.nrw.de/nrwe, Rn. 108) – *Scharniereinrichtung*.
669 S. OLG Düsseldorf v. 09.10.2014 – I – 2 U 15/13, (www.justiz.nrw.de/nrwe, Rn. 108, 120 ff.) – *Scharniereinrichtung*.
670 Schiedsst. v. 28.02.2018 – Arb.Erf. 24/16, (www.dpma.de).
671 Ständ. Praxis, z.B. Schiedsst. v. 08.02.1989 – Arb.Erf. 13/88, (unveröffentl.); v. 22.07.2013 – Arb.Erf. 40/11, (www.dpma.de).
672 Zust. u. a. LG Düsseldorf v. 23.11.2010 – 4b O 20/10 – Düsseldf. Entsch. Nr. 1509 – *Stahlbetontunnel* (insoweit global bestätigt von OLG Düsseldorf v. 20.12.2012 – 2 U 139/10, (juris Rn. 52) – *Stahlbetontunnel*); ebenso Praxis d. Schiedsst., z.B. v. 22.07.2013 – Arb.Erf. 40/11; v. 12.09.2013 – Arb.Erf. 21/12, (beide www.dpma.de); v. 04.07.2016 Mitt. 2017, 366, 368.

### G. Bemessung der Vergütung § 9

*Was soll durch die Erfindung erreicht werden und was wird effektiv erreicht?*
Nach verbreiteter Entscheidungspraxis der *Schiedsstelle* ist es zur Festlegung der technisch-wirtschaftlichen Bezugsgröße möglich, das Produkt in **technische Problemkreise aufzuteilen** und sodann zu prüfen, welche Bereiche dieser Problemkreise durch den Gegenstand der Erfindung beeinflusst werden.[673]

Allerdings sind die in den Patentansprüchen enthaltenen Oberbegriffe im Regelfall kein geeigneter Maßstab zur Bestimmung der Bezugsgröße; maßgeblich bleibt, wieweit die konstruktive Ausgestaltung der technischen Lehre der Erfindung den geschützten Gegenstand erfasst.[674] Eine technisch-wirtschaftliche (funktionelle) Einheit können grds. nur solche Teile bilden, die in sich **selbstständig funktionieren**, also die erfindungsgemäße Wirkung zeigen.[675]

Im Bereich der Technik ist es selbstverständlich, dass die Veränderung eines Bauteils einer Gesamtanlage weitere Anlagenbauteile und damit die Gesamtanlage beeinflusst.[676] Gleichwohl ist von der **Gesamtvorrichtung/-produkt** nur dann auszugehen, wenn auch die gesamte Vorrichtung/-produkt durch die Erfindung kennzeichnend geprägt, also insgesamt in ihren wesentlichen Funktionen oder Eigenschaften erheblich verbessert wird[677] bzw. eine Vorrichtung neuen Typs entsteht.[678] Unter wirtschaftlichen Aspekten kann es nach Ansicht des *BGH* eine Rolle spielen, ob die Gesamtvorrichtung üblicherweise als Ganzes geliefert wird und ob sie durch den geschützten Teil insgesamt eine Wert-

---

673 Schiedsst. v. 18.12.1996 – Arb.Erf. 34/95; v. 25.06.1998 – Arb.Erf. 88/96; v. 23.08.2001 – Arb.Erf. 37/99; v. 30.07.2002 – Arb.Erf. 38/00 (sämtlich unveröffentl.); v. 17.04.2007 – Arb.Erf. 7/06 m.w.N. (Datenbank); v. 18.09.2012 – Arb.Erf. 22/11; v. 22.07.2013 Arb.Erf. 40/11, (beide www.dpma.de).
674 S.a. das Beispiel bei Hellebrand/Rabe, Lizenzsätze für techn. Erf., S. 116 f. (B01F 7/06) u. S. 595 ff. (F04C 29/04).
675 Ständ. Praxis Schiedsst., z.B. EV v. 04.03.2010 – Arb.Erf. 59/08, (insoweit nicht in www.dpma.de).
676 Schiedsst. v. 28.02.2018 – Arb.Erf. 24/16, (www.dpma.de).
677 Schiedsst. v. 15.09.1994 – Arb.Erf. 172/92; v. 16.11.2004 – Arb.Erf. 1/00, u. v. 08.10.2009 – Arb.Erf. 50/08, (alle unveröffentl.).
678 St. Entscheidungspraxis Schiedsst., z.B. EV v. 08.10.2009 – Arb.Erf. 50/08; v. 13.10.2009 – Arb.Erf. 38/06 u. v. 29.04.2010 – Arb.Erf. 11/09, (sämtl. unveröffentl.); ferner LG Düsseldorf v. 23.11.2010 – 4b O 20/10, (Düsseldf. Entsch. Nr. 1509) – *Stahlbetontunnel* (insoweit global bestätigt von OLG Düsseldorf v. 20.12.2012 – 2 U 139/10, (juris Rn. 52) – *Stahlbetontunnel*).

steigerung erfährt.[679] Dabei reicht allerdings allein das Kriterium der Lieferung als Gesamtvorrichtung nicht aus[680], da letztlich jedes Endprodukt üblicherweise als Ganzes geliefert wird.[681] Einfluss können auch die Bewertung durch die Abnehmer sowie die vom Arbeitgeber in Werbemaßnahmen herausgestellten Vorteile haben, ohne dass jedoch allein auf die Wahrnehmbarkeit für Abnehmer abgestellt werden darf.[682]

Ein Abstellen auf das erfindungsgemäße **Einzelteil** liegt dann nahe, wenn die Erfindung nur einen in sich **abgeschlossenen Teilaspekt einer Gesamtanlage** bzw. eines (Gesamt-) Produktes betrifft, nur für bestimmte Einsatzmöglichkeiten geeignet ist oder die erfindungsgemäßen Teile ohne Einfluss auf die Funktionsfähigkeit der Gesamtvorrichtung/des (Gesamt-) Produktes abtrennbar bzw. **austauschbar** sind.[683] Beipielsweise scheidet bei **Software-Erfindungen** im Regelfall eine Ausdehnung auf mitverkaufte Hardware aus. Zutreffend geht die Praxis der *Schiedsstelle* in solchen Fällen häufig dahin, in Orientierung an dem Anteil der Herstellkosten für die Umsetzung dieser Erfindung den erfindungsgemäßen Anteil am Umsatz mit dem Gesamtprodukt zu ermitteln.[684] Auch bei **Detailverbesserungen** ist eine Begrenzung auf die von der Erfindung wesentlich beeinflussten Teile geboten, zumal wenn damit keine wesentlichen Verbesserungen gegenüber dem Stand der Technik bereitgestellt werden.[685] So kann z. B. bei computerimplementierten Erfindungen die Bezugsgröße im Einzelfall bis auf das reine Softwaremodul zurückgehen.[686]

Für eine weiter gehende Bezugsgröße kann etwa sprechen, wenn die erfindungsgemäßen Teile erhebliche **Auswirkungen auf die technische Konstruk-**

---

679 So zur Schadensberechnung bei Schutzrechtsverletzungen BGH v. 30.05.1995 – X ZR 54/93, GRUR 1995, 578, 579 – *Steuereinrichtung II* im Anschl. an BGH v. 18.02.1992 – X ZR 8/90, GRUR 1992, 599, 600 – *Teleskopzylinder* m.H.a. RGZ 144, 187, 192; ferner OLG Karlsruhe v. 05.08.2013, GRUR-RR 2014, 55, 57 – Schadensberechnung.
680 So aber wohl Boemke/Kursawe/Engemann Rn. 225 zu § 9.
681 S. auch Schiedsst. v. 08.10.2009 – Arb.Erf. 50/08, (unveröffentl.).
682 Vgl. BGH v. 03.09.2013 – X ZR 130/12, GRUR 2013, 1213 (Rn. 5 f.) – *Kabelschloss* m. Anm. Koch/Lovells GRUR-Prax. 2013, 491 im Anschluss an BGH v. 24.07.2012 – X ZR 51/11, GRUR 2012, 1226 (Rn. 18 ff.) – *Flaschenträger*, dort zur Bestimmung des Verletzergewinns.
683 Vgl. die Beispiele bei Bartenbach/Volz in Festschr. Nirk (1992), S. 39 ff.; Schiedsst. v. 30.09.2008 – Arb.Erf. 29/07, (unveröffentl.).
684 Z. B. Schiedsst. v. 03.07.2017 – Arb.Erf. 22/16, (www.dpma.de).
685 S. zur Bestimmung des Verletzergewinns BGH v. 03.09.2013 – X ZR 130/12, GRUR 2013, 1213 (Rn. 4 f.) – *Kabelschloss*.
686 Vgl. Schiedsst. v. 18.12.2014 – Arb.Erf. 61/10, (www.dpma.de).

**tion** einer größeren Sacheinheit haben, etwa indem deren Stabilität maßgeblich beeinflusst wird.[687]

Soweit auf eine technisch-wirtschaftliche (funktionelle) Einheit abzustellen ist, muss diese grds. alle Teile umfassen, die **für die Erfindung und ihre Funktion notwendig** sind.[688] Dies bedeutet natürlich nicht, dass zwangsläufig alle Teile einer technischen Funktionskette einzubeziehen sind, also nicht etwa bei einem erfindungsgemäßen Motoreinzelteil der gesamte Motor einschließlich der Energiezuführung und Einschaltvorrichtung. Vielmehr kommt es auf die wesentlichen Einflüsse und Auswirkungen der Erfindung an, insbesondere welche Teile von dem erfindungswesentlichen funktionellen Zusammenwirken erfasst und dadurch gekennzeichnet und geprägt werden (vgl. auch § 14 PatG).[689] Ist die Erfindung auch nach der Lehre des Schutzrechts nicht einfach ein Baustein, durch den andere Teile in der Anlage (vorteilhaft) ersetzt werden, sondern ist der erfindungsgemäße Gegenstand so integriert, dass er wegen seiner Wechselbezüglichkeit nicht von anderen Teilen der Anlage getrennt werden kann, stellen nach Auffassung des *OLG Düsseldorf*[690] alle untrennbaren Teile die technisch-wirtschaftliche Einheit dar, an die als Bezugsgröße anzuknüpfen ist. Dies kann aber im Einzelfall zu relativieren sein, etwa, wenn der eingesetzten Erfindung spezielle Funktionen mit geringem Abstand zum Stand der Technik zugeordnet sind, die leicht substituierbar sind, und diese das Gesamtprodukt nur lokal begrenzt beeinflussen. Eine Untrennbarkeit allein kann also nicht der Maßstab sein, wenn die prägende Ausstrahlung auf die verbundenen Teile fehlt.

Im Einzelfall sind die Grenzen bei der Bestimmung der Bezugsgröße fließend, sodass der Wert des Einzelteiles auch durch einen **Zuschlag**[691] oder durch einen **Multiplikator** (z.B. das 1,5-fache des Nettoverkaufspreises des erfindungsgemäßen Einzelteils[692] oder das 3-fache des Wertes des Einzelteils)[693]

---

687 So im Ergebnis BGH v. 17.11.2009, GRUR 2010, 223, 227 (Rn. 36) – *Türinnenverstärkung*.
688 Schiedsst. v. 27.01.1989 – Arb.Erf. 34/88, (unveröffentl.).
689 Vgl. zu § 14 PatG: BGH v. 20.01.1994 GRUR 1994, 357, 358 – *Muffelofen*; OLG Düsseldorf GRUR 2000, 599, 603; Meier-Beck GRUR 2002, 967, 969; Schiedsst. v. 01.04.2015 – Arb.Erf. 49/11, (www.dpma.de).
690 OLG Düsseldorf v. 09.10.2014 – I-2 U 15/13, (www.justiz.nrw.de, Rn. 123) – Scharniereinrichtung; so bereits Schiedsst. v. 09.08.1982 – Arb.Erf. 37/80, (unveröffentl.); ferner v. 09.10.2007 Arb.Erf. 40/05 (Datenbank).
691 Schiedsst. v. 18.02./09.11.1970, BlPMZ 1970, 170 f.
692 Schiedsst. v. 09.06.1995 – Arb.Erf. 102/93, (unveröffentl.).
693 Schiedsst. v. 08.07.1974, BlPMZ 1974, 385 m. krit. Bespr. Johannesson, GRUR 1975, 588 ff.; ferner Schiedsst. v. 16.04.1996 – Arb.Erf. 94/94, (unveröffentl.).

ermittelt werden kann; andererseits kann – etwa bei außerordentlich hohen Materialwerten und den dadurch verursachten hohen Umsatzzahlen, ferner bei Schutzrechtskomplexen – einem geringeren Erfindungseinfluss durch Reduzierung des Wertes (**Abschläge** bzw. **prozentuale Anteile** vom Wert der Gesamtanlage[694]) Rechnung getragen werden.[695] So kann ein den Erfindungswert verfälschender überhoher Anteil des Wertes eines bei einer Verarbeitung benötigten Edelmetalls (z.B. Platin, Gold) auf ein normales, dem eigentlichen Wert der Erfindung gerecht werdendes Maß zurückgeführt werden.[696] Dies gilt aber nicht, wenn das spezifische Material Teil der erfindungsgemäßen Lehre ist (z.B. erfindungsgemäß platinbeschichteter Katalysator oder besonders drucktemperaturfester und gegen aggressive Medien widerstandsfähiger hochfester und hochlegierter Stahl).[697] Der Gesichtspunkt einer Problemreduzierung (»ohne die Erfindung keine Auftragserteilung«) rechtfertigt dagegen nicht die Wahl einer umfassenderen Bezugsgröße, sondern lediglich die Anhebung des Lizenzsatzes.[698]

127 Über den Wortlaut der RL Nr. 8 hinaus gelten diese Grundsätze auch für Erfindungen, die ein **Verfahren** (Herstellungs- oder Arbeitsverfahren) zum Gegenstand haben.[699]

Wird das erfindungsgemäße Teil sowohl zusammen mit einer **Gesamtvorrichtung als auch separat** verkauft, geht das *OLG Düsseldorf*[700] davon aus, im

---

694 Vgl. z. B. Schiedsst. v. 10.03.2016 – Arb.Erf. 23/12, (www.dpma.de = in Mitt. 2017, 86 nur LS.), dort 5 % des Geldspielautomaten für eine Softwareentwicklung; v. 04.07.2016 Mitt. 2017, 366, 368, dort der eingesparte Personalkostenanteil von 5 % für einen erfindungsgemäßen Verfahrensschritt bei der Produktion; ferner v. 09.12.2016 – Arb.Erf. 73/13, (www.dpma.de), dort ebenfalls 5 % für einen Softwarekomplex zur Datensicherheit. Vgl. auch Schiedsst. ZB. v. 03.05.2017 – Arb.Erf. 09/16, Mitt. 2018, 356, 358, (= www.dpma.de): »Relevanzfaktoren«.
695 Vgl. Schiedsst. v. 25.04./24.08.1961, BlPMZ 1961, 51; v. 10.10.1978, BlPMZ 1980, 60; vgl. auch Schiedsst. v. 26.11.1992, EGR Nr. 70 zu § 9 ArbEG (VergHöhe).
696 Schiedsst. v. 26.11.1992, EGR Nr. 70 zu § 9 ArbEG (VergHöhe).
697 Schiedsst. v. 18.09.2001 – Arb.Erf. 72/99, u. v. 12.02.1998 – Arb.Erf. 52/96, (beide unveröffentl.).
698 LG Düsseldorf v. 17.10.1991 – 4 O 13/91, (unveröffentl.).
699 Schiedsst. v. 25.04./24.08.1961, BlPMZ 1962, 51; v. 06.03.1980, BlPMZ 1982, 277, 278; Schade, GRUR 1970, 579, 584; Reimer/Schade/Schippel/Himmelmann Rn. 6 zu § 11/RL Nr. 8; s.a. Schiedsst. v. 07.03.1983, BlPMZ 1984, 218.
700 OLG Düsseldorf v. 04.03.2004 InstGE 4, 165 – Spulkopf II (dort Spulkopf für Textilmaschinen) u. v. 09.10.2014 – I – 2 U 15/13 – (www.justiz.nrw.de/nrwe, Rz. 112) – Scharniereinrichtung (dort 3 Türbänder als Set, wovon nur 1 die erfindungsgemäßen Merkmale aufweist = 1/3 des Setpreises). Zustimmend Reimer/Schade/Schippel/Himmelmann Rn. 7 zu § 11/RL Nr. 8.

Falle des Einzelverkaufs auf den Nettoabgabepreis für dieses Maschinenteil abzustellen ist und im Falle des Gesamtanlagenverkaufs auf denjenigen Festbetrag, der sich als Durchschnittspreis aus den Verkaufserlösen für die isoliert vertriebenen Maschinenteile ergibt. Gleiches gilt nach *OLG Düsseldorf*, wenn ein erfindungsgemäßes Teil einzeln sowie gemeinsam mit anderen Produkten in einem Set (Gesamtpaket) vertrieben wird und den Absatz des gesamten Sets beeinflusst.[701]

Nähere Einzelheiten zur Wahl der Bezugsgröße s. Komm RL zu RL Nr. 8; zu kartellrechtlichen Aspekten s. § 9 Rdn. 136 ff.

**dd) Schutzrechtskomplex, Gesamterfindungswert (RL Nr. 19)/ Höchstbelastbarkeit**

Werden bei einem Erzeugnis oder Verfahren **mehrere Erfindungen benutzt**, so können die Lizenzgebühren für die einzelnen Erfindungen nicht isoliert bestimmt und aufaddiert werden, da dann regelmäßig die Gefahr einer wirtschaftlichen Überbelastung des Produktes und damit der Verlust der Wettbewerbsfähigkeit droht. Dem will RL Nr. 19 Rechung tragen. Danach soll zunächst der Wert des einheitlich zu bewertenden Gesamtkomplexes, also dessen gesamter Erfindungswert, ermittelt werden; dieser Gesamterfindungswert ist sodann auf die einzelnen Erfindungen entsprechend ihrem Einfluss auf den Schutzrechtskomplex aufzuteilen.[702] In der Praxis ergibt sich als Prüfungsreihenfolge[703] zunächst die (1) Bestimmung der technisch-wirtschaftlichen Bezugsgröße (RL Nr. 8), (2) die Feststellung der auf diesem Gesamtkomplex ruhenden Erfindungen, (3) die Ermittlung des Gesamterfindungswertes für den Gesamtkomplex mittels eines einheitlichen Lizenzsatzes unter Wahrung der Höchstbelastbarkeit und schließlich (4) die Aufteilung des Gesamterfindungswertes auf die einzelnen Erfindungen (s. KommRL Rn. 8 ff. zu RL Nr. 19). 128

Ob ein **einheitlich zu bewertender Gesamtkomplex** vorliegt, ist nach wirtschaftlichen und technischen Gesichtspunkten zu entscheiden. Die Einheit ist immer gegeben, wenn verschiedene Schutzrechte ein technisch einheitliches Verfahren oder Erzeugnis betreffen.[704] Dies bestimmt sich ausschließlich auf

---

701 OLG Düsseldorf v. 09.10.2014 – I-2 U 15/13, (www.justiz.nrw.de, Rn. 113 f.) – Scharniereinrichtung.
702 Ebenso Keukenschrijver in Busse/Keukenschrijver; PatG, Rn. 30 zu § 11 ArbEG.
703 Vgl. etwa OLG Düsseldorf v. 09.10.2014 – I-2 U 15/13, (www.justiz.nrw.de, Rn. 274 ff.) – Scharniereinrichtung.
704 Schiedsst. v. 04.03.2010 – Arb.Erf. 59/08, (insoweit nicht in www.dpma.de) u. ZB v. 06.07.2010 – Arb.Erf. 20/09, (insoweit nicht in www.dpma.de).

der Grundlage der technisch-wirtschaftlichen Bezugsgröße nach RL Nr. 8 (s. § 9 Rdn. 125.1 ff.). Der »einheitlich zu wertende Gesamtkomplex« (RL Nr. 19 Satz 1) ist mit dem der technisch-wirtschaftlichen Bezugsgröße i.S.d. RL Nr. 8 gleichzustellen[705] (Einzelheiten s. KommRL Rn. 8, 29 f. zu RL Nr. 19).

Im Vorfeld ist also stets **zu prüfen**, welche **technisch-wirtschaftliche Bezugsgröße** für die zu vergütende Erfindung angemessen ist (RL Nr. 8 s.o. § 9 Rdn. 125.1 ff.). Erst wenn diese Bezugsgröße feststeht, stellt sich die Frage, ob diese Bezugsgröße andere Erfindungen umfasst. Ist das der Fall, wird RL Nr. 19 relevant und ist für diese Bezugsgröße ein Gesamterfindungswert zu bilden (s. i.Ü. KommRL Rn. 29 ff. zu RL Nr. 19).

Einzubeziehen sind **alle benutzten Erfindungen**. Dazu zählen neben den patent- und gebrauchsmusterfähigen Erfindungen auch betriebsgeheime Erfindungen (§ 17), ebenfalls qualifizierte technische Verbesserungsvorschläge[706] (§ 20 Abs. 1), ferner produkt-/verfahrensbezogene Sperrpatente (RL Nr. 19 Satz 1); nicht dazugehören jedoch die Vorratspatente, da RL Nr. 19 aus dem Kreis »nicht benutzter« Erfindungen nur die Sperrschutzrechte einbezieht[707] (s. KommRL Rn. 11 zu RL Nr. 19). Hinsichtlich **paralleler Auslandsschutzrechte** ist zu differenzieren: Ist eine Inlandsverwertung zu vergüten, bleiben sie unberücksichtigt; wird eine Auslandsverwertung vergütet, richtet sich die Bewertung der Auslandsschutzrechte nach RL Nr. 26; ggf. also auch unter Einbeziehung der RL Nr. 19 (s. Komm RL Rn. 42 zu RL Nr. 26). Soweit freie Erfindungen bzw. lizenz- oder schadensersatzpflichtige Drittrechte mit eingesetzt werden, sind diese ebenfalls in Ansatz zu bringen. Insoweit ist es **unerheblich**, ob es sich um **Eigen- oder Fremdrechte** handelt. Die gegenteilige Auffassung des *LG Düsseldorf*[708] übersieht, dass Kosten für gewerbliche Monopolrechte nicht nur durch Zahlungen für Fremdlizenzen anfallen, sondern auch bei eigenen Schutzrechtspositionen des Arbeitgebers, und zwar reichend von den Kosten für Betriebsreife und Schutzrechtserlangung und -ver-

---

705 Schiedsst. ZB v. 06.07.2010 – Arb.Erf. 20/09, (www.dpma.de, LS. 1); v. 01.12.2010 – Arb.Erf. 47/08, (insoweit nicht in www.dpma.de) u. v. 12.01.2011 – Arb.Erf. 12/08, (insoweit nicht in www.dpma.de).
706 Wohl allg. A., z. B. Boemke/Kursawe/Engemann Rn. 226 zu § 9.
707 Schiedsst. v. 22.04.1994 – Arb.Erf. 103/92, (unveröffentl.) unter Aufgabe der früheren Entscheidungspraxis (vgl. z.B. Schiedsst. v. 16.06.1983, BlPMZ 1984, 250, 252 – zu 5); vgl. auch Schiedsst. ZB v. 06.07.2010 – Arb.Erf. 20/09, (www.dpma.de, LS. 1); wie hier ferner Keukenschrijver in Busse/Keukenschrijver, PatG, Rn. 30 zu § 11 ArbEG; Reimer/Schade/Schippel/Himmelmann Rn. 6 zu § 11 RL Nr. 19.
708 Urt. LG Düsseldorf v. 18.12.2007 – 4a O 26/98 (unveröffentl.),– *Pflückvorsatz*, das nur einlizenzierte Schutzrechte beim Erfindungskomplex berücksichtigen will.

G. Bemessung der Vergütung  §9

waltung bis hin zu den Vergütungszahlungen ggü. den Erfindern (s. i.Ü. KommRL Rn. 58 zu RL Nr. 19; zu [potenziellen] Weiterentwicklungen s. § 9 Rdn. 130.1 f. u. § 20 Rdn. 13).

Soweit nach RL Nr. 11 eine **Abstaffelung** erfolgt, ist i.r.d. Lizenzanalogie der auf diese Bezugsgröße entfallende Umsatz abzustaffeln (s. § 9 Rdn. 147). 128.1

Als nächster Schritt ist für diese Bezugsgröße ein **einheitlicher Erfindungswert** zu bilden (= **Gesamterfindungswert**). Hierfür sind die Grundsätze der **Höchstbelastbarkeit** maßgeblich. Wenn auch einem Erfindungskomplex regelmäßig ein höherer Erfindungswert als einer einzelnen Erfindung zukommt, können die Erfindungswerte für die jeweiligen Einzelerfindungen nicht einfach addiert werden. Dies würde – jedenfalls im Regelfall – zu einer übermäßigen Verteuerung und damit wirtschaftlich nicht vertretbaren Gesamtbelastung des betreffenden Produkts/Verfahrens führen.[709] (s. im Einzelnen KommRL Rn. 38 f. zu RL Nr. 19). Ein Unternehmen hat mit Rücksicht auf die Wettbewerbssituation immer nur einen begrenzten Spielraum, den Wert bzw. die Kosten von gewerblichen Monopolrechten im Preis einzukalkulieren. 129

Die wirtschaftliche Höchstbelastbarkeit des Produkts/Verfahrens bzw. des erfindungsgemäßen Teiles/Verfahrensschritts wird im Wesentlichen durch die **Höchstlizenzgrenze** bestimmt.[710] Es wird also gefragt, welche maximale Lizenzbelastung diese Bezugsgröße (Produkt/Einzelteil usw.) insgesamt auf dem einschlägigen Produktmarkt (s. § 9 Rdn. 131) nach den dortigen Marktgegebenheiten verträgt, um unternehmensbezogen wirtschaftlich noch interessant zu sein bzw. am Markt bestehen zu können.[711] Betrachtet werden dabei nur technische Schutzrechtspositionen (Patente und Gebrauchsmuster einschl. Anmeldungen, ferner qualifizierte technische Verbesserungsvorschläge), nicht jedoch sonstige Rechte (Urheberrechte, Marken, Design, Know-how usw., vgl. KommRL Rn. 9 ff. zu RL Nr. 19). Die Höchstlizenzgrenze ist unter wirtschaftlicher Betrachtungsweise von der konkreten Markt- und Wettbewerbssi- 129.1

---

709 Ebenso ständ. Praxis Schiedsst., z.B. EV v. 26.04.1976, BlPMZ 1977, 202, 204; v. 25.07.1988, BlPMZ 1989, 289, 290; v. 04.11.2010 – Arb.Erf. 42/09, (unveröffentl.); v. 19.09.2013 – Arb.Erf. 29/12, u. v. 24.02.2016 – Arb.Erf. 02/14, (beide www.dpma.de); vgl. auch OLG Düsseldorf v. 09.05.1996, Mitt. 1998, 27, 32 – *Schadensersatz nach der Lizenzanalogie*; s. auch Keukenschrijver in Busse/Keukenschrijver, PatG, Rn. 30 zu § 11 ArbEG.
710 Vgl. Schiedsst. v. 26.04.1976, BlPMZ 1977, 202, 204 u. v. 25.07.1988, BlPMZ 1989, 289, 290 u. v. 16.06.1983, BlPMZ 1984, 250, 251; vgl. auch Gaul, GRUR 1983, 209, 219 f.
711 Zust. OLG Düsseldorf v. 09.10.2014 – I – 2 U 15/13, (www.justiz.nrw.de/nrwe, Rn. 281) – Scharniereinrichtung.

tuation des jeweiligen Arbeitgebers her zu bestimmen.[712] Hierbei spielt es keine Rolle, wie viel technische Schutzrechte ein Produkt insgesamt belasten.[713] Der Höchstlizenzsatz definiert also die wirtschaftliche Belastungsgrenze eines erfindungsgemäßen Produkts bzw. der herangezogenen technisch-wirtschaftlichen Bezugsgröße für Patent- und Gebrauchsmusterlizenzen im Hinblick auf die Wettbewerbsfähigkeit.[714]

Die Ermittlung der Höchstlizenzgrenze, also die Feststellung der wirtschaftlich vertretbaren Lizenzbelastung des erfindungsgemäßen Produkts (Bezugsgröße), orientiert sich im Regelfall an den **kalkulationsrelevanten Gegebenheiten** beim Arbeitgeber und auf dem betreffenden Produktmarkt.[715] Auch hier gilt der allgemeine Grundsatz, dass auf Erfahrungswerte und die Auswertung der am Markt für gleichartige oder vergleichbare Erzeugnisse erzielbaren Lizenzsätze zurückzugreifen ist[716] (s. § 9 Rdn. 131). Der Höchstlizenzsatz muss sich stets daran messen lassen, ob er für Produkte dieser Art auf dem Markt überhaupt vom Arbeitgeber erzielbar ist.[717] Im Allgemeinen liegen die Höchstlizenzsätze oberhalb des durchschnittlichen Bereichs üblicher Einzel-Lizenzsätze und in vielen Fällen auch im Höchstbereich des Lizenzsatzrahmens für Produkte der betreffenden Art.[718]

Daneben kann der vom Arbeitgeber vernünftigerweise erwartete **Gewinn** herangezogen werden, soweit dies der Sicht vernünftiger Lizenzvertragsparteien entspricht.[719] Insoweit gilt auch bei Höchstlizenzsätzen die Faustregel, dass ein harter Wettbewerb und eingeschränkte Kalkulationsmöglichkeiten zu niedrigen Belastungsgrenzen führen[720] – und umgekehrt. Allerdings kommt es auch

---

712 Ähnl. aktuell Schiedsst. v. 03.07.2015, Mitt. 2016, 277, 279; v. 04.07.2016 Mitt. 2017, 366, 368.
713 Schiedsst. v. 16.06.1983, BlPMZ 1984, 250, 252.
714 S. Schiedsst. ZB./EV. v. 27.02.2016 – Arb.Erf. 02/14, (www.dpma.de = Mitt. 2017, 86, dort nur LS.1), dort zu Recht bereinigt um etwaiges begleitendes Know-how.
715 OLG Düsseldorf v. 09.10.2014 – I – 2 U 15/13, (www.justiz.nrw.de/nrwe, Rn. 280) – Scharniereinrichtung.
716 Ebenso ständ. Neuere Praxis d. Schiedsst., z.B. v. 04.07.2016 Mitt. 2017, 366, 368 f. u. v. 09.12.2016 – Arb.Erf. 73/13, (www.dpma.de).
717 Vgl. auch Schiedsst. ZB. v. 08.10.2013 – Arb.Erf. 69/11, u. v. 10.10.2013 – Arb.Erf. 22/12, (beide www.dpma.de) m. w. Nachw.
718 Ebenso ständ. Praxis Schiedsst., z.B. Schiedsst. v. 18.09.2012 – Arb.Erf. 22/11; v. 02.07.2013 – Arb.Erf. 25/12; v. 10.10.2013 – Arb.Erf. 22/12, (alle www.dpma.de).
719 Vgl. OLG Düsseldorf v. 09.10.2014 – I – 2 U 15/13, (www.justiz.nrw.de/nrwe, Rn. 281) – Scharniereinrichtung.
720 Schiedsst. v. 06.03.2015 – Arb.Erf. 09/13, (www.dpma.de); v. 04.07.2016 Mitt. 2017, 366, 368 f.

hier auf die objektive Bewertung des Gewinnpotentials einer Erfindung an und nicht auf tatsächlich erzielte Gewinne (s. § 9 Rdn. 134). Nach der (früheren) Praxis der *Schiedsstelle* macht die Gesamtbelastung eines Produktes mit Lizenzgebühren regelmäßig 1/8 bis 1/3 des Unternehmergewinns mit dem Produkt (vor Steuern) aus, wobei sie **im Regelfall 20 bis 25 %** zugrunde gelegt hat (s. § 9 Rdn. 134).[721] Bei einem Gewinn von 10 % entspräche dies einer Höchstlizenzgrenze von 2 bzw. 2,5 % (s.a. § 9 Rdn. 134). Dieser Ansatz mag – – mit Vorbehalten – auch heute noch wertend ausnahmsweise in solchen Fällen herangezogen werden, in denen konkrete bzw. branchen-/marktübliche Lizenzsätze für gleichartige oder vergleichbare Produkte/Verfahren nicht festzustellen sind[722] (s. § 9 Rdn. 134). Ansonsten gilt auch bei Höchstlizenzsätzen für Schutzrechtskomplexe der vom *BGH* befürwortete Rückgriff auf am Markt erzielbare Lizenzsätze für gleichartige oder vergleichbare Erzeugnisse (s. § 9 Rdn. 131), so dass häufig auf die im konkreten Produktmarkt üblichen Höchstlizenzsätze zurückzugreifen ist.

Fehlen Anhaltspunkte und Beispiele zur Bildung von Höchstlizenzsätzen, kann nach der Praxis der *Schiedsstelle* ein Höchstlizenzsatz auch durch **Verdoppelung** eines durchschnittlichen Einzellizenzsatzes ermittelt werden,[723] sofern das Produkt diesen Lizenzsatz verträgt.

Zur Höchstlizenzgrenze s. im Übrigen KommRL Rn. 41 ff. zu RL Nr. 8.

Ist die Höchstlizenzgrenze ermittelt, **ergibt** sich nach den allgemeinen Grundsätzen der Lizenzanalogie durch Multiplikation des auf den Gesamtkomplex (Bezugsgröße) entfallenden Umsatzes mit dem Höchstlizenzsatz der **Gesamterfindungswert**. **130**

Dieser Gesamterfindungswert ist sodann auf die einzelnen Erfindungen (einschließlich Sperrschutzrechte), die auf dieser Bezugsgröße benutzt werden, **aufzuteilen**. Die Aufteilung erfolgt entsprechend der funktionellen, patentrechtlichen, technischen und wirtschaftlichen **Gewichtung** der Erfindungen

---

721 Z.B. Schiedsst. v. 13.02.1986 EGR Nr. 61 zu § 12 ArbEG u.v. 18.01.1990, BlPMZ 1990, 336; vgl. auch OLG Düsseldorf 09.05.1996 MittPat 1998, 27, 31 f. – Schadensersatz nach der Lizenzanalogie. Mit Vorbehalten folgend OLG Düsseldorf v. 09.10.2014 – I – 2 U 15/13, (www.justiz.nrw.de/nrwe, Rn. 281) – Scharniereinrichtung. Kritisch Hellebrand, GRUR 2001, 678 ff.
722 So Schiedsst. v. 10.03.2016 – Arb.Erf. 23/12, (www.dpma.de).
723 Schiedsst. v. 22.07.2013 Arb.Erf. 40/11, (www.dpma.de); v. 03.07.2015, Mitt. 2016, 277, 279; s. ferner EV v. 22.11.1991 – Arb.Erf. 78/90, (Datenbank); v. 11.07.2012 – Arb.Erf. 3/11, (Datenbank, in www.dpma.de nur LS. 2); v. 04.12.2012 – Arb.Erf. 58/11, (unveröffentl.); v. 26.06.2013 – Arb.Erf. 14/11, (Datenbank) u. v. 18.12.2014 – Arb.Erf. 61/10, (alle www.dpma.de).

zueinander und entsprechend deren **Einfluss auf den Gesamtkomplex** (Bezugsgröße);[724] hierbei ist die unterschiedliche Schutzdauer von Erfindungen ebenso wie deren rechtliche und tatsächliche Monopolwirkung im Markt zu berücksichtigen. Auch hier kann auf die Patentunterlagen zurückgegriffen werden, um festzustellen, was durch die Erfindung erreicht werden soll, und was – bezogen auf den Gesamtkomplex – effektiv erreicht worden ist.[725] Je höher die rechtliche und tatsächliche Monopolwirkung einer einzelnen Erfindung im Markt ist, umso höher fällt deren Anteil aus[726] – und umgekehrt. Eine herausgehobene Wertigkeit kommt einer Erfindung u. a. dann zu, wenn das Patent dank seiner rechtlichen Sperrwirkung die Grundlage für den wirtschaftlichen Erfolg bildet.[727] Dagegen ist ein Schutzrecht nur von untergeordneter Bedeutung und hat damit einen geringen Anteil, wenn der erfindungsgemäße Einsatz eine an sich nicht erforderliche oder eine nur geringfügige Verbesserung bewirkt.[728] Zu bewerten ist ferner, ob und in welchem Umfang durch die einzelnen Erfindungen eine Wertsteigerung im fertigen (Gesamt-)Produkt eingetreten ist[729] oder ob es sich nur um eine geringfügige Verbesserung ohne Einfluss auf Funktion und Wert des Produkts handelt. Anteilerhöhend kann es sich auch auswirken, wenn die erfinderische Lehre nicht nur funktionell innovativ ist, sondern zusätzlich erhebliche Kostenvorteile bringt.[730]

Ohne Einfluss bleibt auch ein noch **anhängiges Schutzrechtserteilungsverfahren**. Diesem Umstand wird i.R.d. vorläufigen Vergütung durch einen **Risikoabschlag** Rechnung getragen (s. hierzu § 12 Rdn. 64 ff.). Der Risikoabschlag wirkt sich erst auf die im Endergebnis ermittelte Einzelvergütung aus und ist dabei für jede Erfindung gesondert zu bestimmen.[731]

---

724 Ebenso langjährige Praxis d. Schiedsst., z. B. v. 01.10.2007, Arb.Erf. 53/04, u. v. 04.07.2007, (beide Datenbank); ferner ZB. v. 08.10.2013 Arb.Erf. 69/11, (www.dpma.de); v. 03.07.2015 – Arbn.Erf.; ZB./EV. v. 24.04.2016 – Arb.Erf. 02/14; v. 09.12.2016 – Arb.Erf. 73/13, (alle www.dpma.de). Vgl. auch die Hinweise bei Reimer/Schade/Schippel/Himmelmann, Rn. 6 zu § 11/RL Nr. 19 auf Schiedsst. v. 28.04.2006, Arb.Erf. 35/04.
725 Schiedsst. v. 09.12.2016 – Arb.Erf. 73/13, (www.dpma.de).
726 Schiedsst. v. 24.02.2016 – Arb.Erf. 02/14, u. ZB./EV. v. 24.04.2016 – Arb.Erf. 02/14, (beide www.dpma.de).
727 Vgl. Schiedsst. v. 24.02.2016 – Arb.Erf. 02/14, (www.dpma.de).
728 Vgl. Schiedsst. v. 24.02.2016 – Arb.Erf. 02/14, (www.dpma.de).
729 Vgl. BGH v. 30.05.1995 – X ZR 54/93, GRUR 1995, 578 – *Steuereinrichtung II*; LG Düsseldorf v. 28.08.1997, Entscheidungen 4. ZK. 1997, 75, 81 – *Craft-Spulkopf*; Schiedsst. v. 24.02.2016 – Arb.Erf. 02/14, (www.dpma.de).
730 Schiedsst. v. 24.02.2016 – Arb.Erf. 02/14, (www.dpma.de).
731 Schiedsst. v. 30.09.1992, EGR Nr. 69 zu § 9 ArbEG (VergHöhe).

## G. Bemessung der Vergütung § 9

Ohne Einfluss auf die Bestimmung der Höchstlizenzgrenze, des Gesamterfindungswertes und des Komplexanteils der jeweiligen Erfindung ist selbstverständlich auch der individuelle **Anteilsfaktor**.[732]

Auch wenn es grundsätzlich einer Einzelanalyse bedarf, hält die *Schiedsstelle* bei einer **Vielzahl von Erfindungen, an denen der Arbeitnehmer** beteiligt ist, das Risiko, der Erfinder könnte bei gleichmäßiger Aufteilung merklich benachteiligt werden, für vernachlässigbar und hat deshalb allen eingesetzten Erfindungen einen gleichen Anteil zugewiesen.[733]

Ist ein Erfindungskomplex gegeben, bedeutet dies allerdings nicht zwangsläufig, dass der Höchstlizenzsatz auf alle eingesetzten Erfindungen aufzuteilen ist. Insoweit kann auch die Praxis des freien Lizenzverkehrs herangezogen werden, beim Lizenzvertrag über mehrere Erfindungen nur Grundpatente bzw. wesentliche Schutzrechte zu bewerten, **kleinere bzw. ergänzende Erfindungen** jedoch gar nicht oder nur mit geringen Zuschlägen in Ansatz zu bringen.[734] Bilden nur wenige Erfindungen diesen Komplex oder kommt den Erfindungen nur ein geringerer Ausschlusswert zu, kann dies ggf. bei der Zuweisung von Einzellizenzsätzen für die jeweiligen Komplex-Erfindungen berücksichtigt werden.[735]

Bei der Aufteilung des Gesamterfindungswertes sind nur die **tatsächlich zum Einsatz kommenden Erfindungen** (einschließlich Sperrpatent) zu berücksichtigen (s. § 9 Rdn. 128). Dies gilt auch dann, wenn mit Weiterentwicklungen zu rechnen ist. Dementsprechend können sog. **Öffnungsklauseln** zwar vom Arbeitgeber nicht einseitig, jedoch im Einvernehmen mit dem Arbeitnehmer, insbesondere in einer Vergütungsvereinbarung, vorbehalten werden, d.h. der Arbeitgeber kann sich dadurch bei der Aufteilung **einen »Spielraum« für zukünftige Erfindungen** offen halten[736] (s. KommRL Rn. 76 zu RL Nr. 19). 130.1

Treten zu den schon benutzten Schutzrechten **später weitere Erfindungen hinzu**, etwa als Verbesserungserfindungen, steht dem Arbeitnehmererfinder hierfür selbstverständlich eine Erfindervergütung zu, und zwar grds. unabhängig davon, dass bereits Vergütungen für den bisherigen Erfindungskomplex gezahlt werden. 130.2

---

732 Missverständl. insoweit Volmer/Gaul Rn. 683 zu § 9/RL Nr. 19.
733 Schiedsst. v. 09.12.2016 – Arb.Erf. 73/13, (www.dpma.de), dort Beteiligung an 17 von 26 Erfindungen des Komplexes.
734 Vgl. OLG Düsseldorf v. 11.01.1974, EGR Nr. 35 zu § 9 ArbEG (VergHöhe).
735 Schiedsst. v. 03.07.2017 – Arb.Erf. 22/16, (www.dpma.de).
736 Ablehnend, zumindest aber kritisch dazu Boemke/Kursawe/Engemann Rn. 234 zu § 9.

Die Erfinder einer »Neuerfindung« haben **keinen Anspruch auf isolierte Bewertung** ihrer Erfindung. Vielmehr ist unter Einbeziehung ihrer Erfindung eine **Neubewertung des Erfindungskomplexes durchzuführen**.[737] Dabei ist zunächst zu prüfen, ob – insb. wegen der Qualität der neuen Erfindung – eine **Anhebung der Höchstlizenzgrenze** vom Markt her gerechtfertigt ist.[738] Ist dies der Fall, etwa weil die hinzutretende Erfindung einen höheren Marktpreis vermittelt, kann die Differenz zwischen den beiden Höchstlizenzsätzen zugrunde gelegt werden. Lässt der Markt eine Anhebung der Höchstlizenzgrenze nicht zu, ist der auf die hinzutretende Erfindung entfallende Anteil am Gesamterfindungswert zu ermitteln. Bereits bestehende verbindliche Vergütungsregelungen hinsichtlich der »Alterfindung« können vom Arbeitgeber nicht einseitig abgeändert werden; unter den Voraussetzungen des § 12 Abs. 6 Satz 1 hat der Arbeitgeber aber gegen die Erfinder von »Alterfindungen« einen Anspruch auf Einwilligung in eine andere Vergütungsregelung, also einen Anspruch auf Neubewertung des erweiterten Schutzrechtskomplexes nach den Grundsätzen der RL Nr. 19.[739]

130.3 **Fallen Schutzrechte** im Laufe des Vergütungszeitraums **weg**, so wächst der darauf bezogene Beteiligungsanspruch den verbleibenden Erfindungen nicht zu; der Gesamterfindungswert und dessen Aufteilung wird unverändert rechnerisch zugrunde gelegt; der Anteil der weggefallenen Schutzrechte wird vergütungsfrei.[740] Im Einzelfall kann bei Wegfall von Basispatenten mit erheblicher Sperrwirkung der Schutzumfang des Komplexes (Monopolwert) so verändert (verringert) sein, dass eine Anpassung nach § 12 Abs. 6 durch Minderung des Gesamtlizenzsatzes erforderlich wird.[741]

S. i.Ü. KommRL Rn. 68 ff. zu RL Nr. 19.

---

737 Vgl. etwa Schiedsst. ZB v. 08.10.2013 – Arb.Erf. 69/11, (www.dpma.de). Im Ergebn. auch Keukenschrijver in Busse/Keukenschrijver, PatG, Rn. 30 zu § 11 ArbEG, wonach bei Erreichen der Höchstbelastbarkeit »die Lizenzsätze der bereits benutzten Schutzrechte entspr. zu mindern« sind.
738 Folgend Schiedsst. ZB v. 08.10.2013 – Arb.Erf. 69/11, (www.dpma.de).
739 Schiedsst. ZB. v. 06.07.2010 – Arb.Erf. 20/09, (www.dpma.de, LS. 2).
740 Schiedsst. v. 07.11.1961, BlPMZ 1962, 78 = GRUR 1963, 140 (LS) m. Anm. Schippel v. 06.11.1996 – Arb.Erf. 27/95 u. v. 29.06.1999 – Arb.Erf. 46/97, (beide unveröffentl.); vgl. auch Schiedsst. v. 13.02.1986, EGR Nr. 61 zu § 12 ArbEG u. v. 19.09.2013 – Arb.Erf. 29/12, (www.dpma.de); zust. Keukenschrijver in Busse/Keukenschrijver, PatG, Rn. 30 zu § 11 ArbEG.
741 Schiedsst. v. 06.11.1996 – Arb.Erf. 27/95, (unveröffentl).

### ee) Übliche Lizenzsätze (RL Nr. 10)

Fehlen sowohl konkrete auf die Diensterfindung bezogene Lizenzsätze (konkrete Lizenzanalogie, s. § 9 Rdn. 122) als auch firmenübliche Erfahrungswerte (s. § 9 Rdn. 122.1), wird die angemessene, d.h. sach- und interessengerechte Lizenzgebühr für den Erfindungswert anhand branchenüblicher Lizenzsätze bestimmt. Die angemessene Vergütung ist – dem **BGH** zufolge – unter Rückgriff auf Erfahrungswerte und durch Auswertung der am Markt **für gleichartige oder vergleichbare Erzeugnisse erzielbaren Lizenzsätze** zu ermitteln.[742]

**131**

Zur **Bestimmung** des angemessenen **Analogie-Lizenzsatzes** anhand branchenüblicher Lizenzsätze bedient sich die Praxis – orientiert an RL Nrn. 6 und 10 – üblicherweise eines **zweistufigen Vorgehens** (s. KommRL Rn. 29 zu RL Nr. 10):[743]

(1) Zunächst wird der marktübliche **Lizenzsatzrahmen** auf dem betreffenden Produktmarkt festgestellt.

(2) Daran schließt sich unter **Würdigung aller im Einzelfall wertbildenden Faktoren** (s. insbes. § 9 Rdn. 134) und unter Beachtung des **Unternehmensbezugs** (s. § 9 Rdn. 77, 122.2) eine Einordnung der zu vergütenden Erfindung innerhalb des Lizenzsatzrahmens an. Die Berücksichtigung der für den konkreten Vergütungsfall geltenden werterhöhenden oder wertmindernden Umstände kann in Ausnahmefällen auch ein Überschreiten des Rahmens nach oben oder unten notwendig machen.

Da Lizenzen vom Markt her als das Ergebnis von Angebot und Nachfrage bestimmt werden, kommt es für die erzielbaren Lizenzsätze und die Vergleichbarkeit der lizenzierten Erzeugnisse – und damit auch für die Bestimmung des Lizenzsatzrahmens – stets auf den **konkreten technischen und wirtschaftlichen Einsatzbereich der Erfindung** an. Damit sind für die Branchenüblichkeit eines Lizenzsatzes – abweichend von der Systematik der RL Nr. 10 – nicht der technische Ursprungsbereich als solcher, die technische Beschaffenheit von erfindungsgemäßen Produkten oder deren technische Eigenschaften ausschlaggebend, sondern der konkrete Einsatz im einschlägigen **erfindungsrelevanten Produktmarkt**. Nach dem Produktmarkt bestimmen sich Erfolgsaussichten,

---

[742] BGH v. 17.11.2009, GRUR 2010, 223, 226 (Rn. 32) – *Türinnenverstärkung*; folgend auch ständ. Praxis d. Schiedsst., z. B. v. 10.03.2016 – Arb.Erf. 23/12, (www.dpma.de = Mitt. 2017, 86, dort nur LS.); v. 09.12.2016 – Arb.Erf. 73/13, (www.dpma.de); v. 30.03.2017 – Arb.Erf. 11/15, Mitt. 2018, 359, 362 (= www.dpma.de); v. 19.02.2018 – Arb.Erf. 33/16, u.v. 11.04.2018 – Arb.Erf. 27/16, (beide vorg. f. www.dpma.de).

[743] Vgl. exemplarisch auch die Vorgehensweise des BPatG zum Analogie-Lizenzsatz bei Zwangslizenzen v. 21.11.2017, GRUR 2018, 803 (Rn. 40 ff.) – Isentress II.

Kalkulationsspielräume und Wettbewerbslage für neue Produkte/Verfahren und damit die üblichen Lizenzsätze für vergleichbare Erzeignisse. Da Lizenzen die Preiskalkulation der erfindungsgemäßen Produkte/Verfahren belasten, spiegelt deren Höhe die typischen Kalkulationsspielräume auf dem betreffenden Produktmarkt wieder.[744] Der Lizenzsatz ist also im Wesentlichen produktmarkt- und branchenbezogen zu ermitteln. Für die Branchenüblichkeit sind also nur solche Lizenzsätze heranzuziehen, die in dem betreffenden Wirtschaftsbereich auf dem speziellen technischen Anwendungsgebiet und spezifischen Markt für gleiche oder vergleichbare technische Produkte gehandhabt werden.[745] Maßgeblich sind folglich grds. die Lizenzsätze in dem **erfindungsrelevanten Produktmarkt**[746] (s. dazu KommRL Rn. 28, 91 ff. zu RL Nr. 10). Von einem branchen- bzw. marktüblichen Lizenzsatz kann deshalb jedenfalls dann ausgegangen werden, wenn er sich innerhalb des Rahmens der Lizenzsätze bewegt, die auf dem konkreten Produktmarkt, auf dem der Arbeitgeber die erfindungsmäßen Produkte/Verfahren vertreibt bzw. einsetzt, üblich sind.[747] In der Praxis kann die einschlägige IPCKlasse der geschützten Erfindung einen ersten Hinweis auf den zutreffenden technischen Produktmarkt geben. Soweit in einem Produktbereich unterschiedliche Ausgestaltungen mit unterschiedlichen Anforderungen, Kundenkreisen, Marktumfeldern, Wettbewerbern usw. vertrieben werden, ist möglichst eine Differenzierung auf dem konkreten Produktmarkt anzustreben. S. im Übr. KommRL Rn. 62 ff. zu RL Nr. 6, Rn. 28 f. zu RL Nr. 10.

Der weitgehend aus der Vergütungsrichtlinie 1944 übernommene **weit gesteckte Lizenzsatzrahmen** in **RL Nr. 10** ist seit Jahrzehnten **nicht mehr zeitgemäß**. Letztlich ist RL Nr. 10 lediglich eine grobe Unterteilung des vom Reichsgericht vor über 100 Jahren aufgestellten allgemeinen Patentlizenzrah-

---

744 Schiedsst. v. 30.03.2017 – Arb.Erf. 11/15, Mitt. 2018, 359, 361 f., (= www.dpma.de); v. 22.05.2017 – Arb.Erf. 21/15, (www.dpma.de); v. 19.02.2018 – Arb.Erf. 33/16; v. 11.04.2018 – Arb.Erf. 27/16 (beide vorg. f. www.dpma.de).
745 So im Ergebn. u. a. auch ständ. neue Praxis d. Schiedsst., z. B. v. 19.03.2013 – Arb.Erf. 55/12; v. 10.10.2013 – Arb.Erf. 22/12 (beide www.dpma.de); 03.07.2015, Mitt. 20126, 277, 279; v. 10.03.2016 – Arb.Erf. 23/12, u. v. 22.05.2017 – Arb.Erf. 21/15, (beide www.dpma.de).
746 Vgl. etwa BGH v. 26.09.2006 – X ZR 181/03, GRUR 2007, 52, 55 [Rn. 26] – *Rollenantriebseinheit II*; Schiedsst. v. 19.03.2013 – Arb.Erf. 55/12; v. 10.10.2013 – Arb.Erf, 22/12; v. 18.12.2014 – Arb.Erf. 61/10, (alle www.dpma.de); v. 03.07.2015, Mitt. 2016, 277, 278; ferner v. 15.01.2016 – Arb.Erf. 65/13; v. 29.02.2016 – Arb.Erf. 28/13; v. 17.07.2016 – Arb.Erf. 26/14; v. 09.12.2016 – Arb.Erf. 73/13, (alle www.dpma.de); v. 11.04.2018 – Arb.Erf. 27/16, (vorg. f. www.dpma.de).
747 Im Ergebn. ebenso ständ. Praxis d. Schiedsst., z.B. v. 30.03.2017 – Arb.Erf. 11/15, Mitt. 2018, 359, 361 f. (= www.dpma.de).

G. Bemessung der Vergütung                                          § 9

mens von 1 % bis 10 %.⁷⁴⁸ Die üblichen Lizenzsätze sind seit Jahrzehnten in nahezu allen Bereichen wesentlich niedriger als die in RL Nr. 10 genannten Größenordnungen⁷⁴⁹ (s.a. oben § 9 Rdn. 122). Dies stimmt überein mit den Erfahrungen der *Schiedsstelle*, die bereits seit Anfang der 80er Jahre eine rückläufige Tendenz festgestellt und sich von den aus den RLn. 1944 abgeleiteten Rahmensätzen der RL Nr. 10 gelöst hat.⁷⁵⁰ Der *BGH* hat ebenfalls schon vor rd. 25 Jahren betont, dass die Rahmensätze der RL Nr. 10 nur mit großen Vorbehalten herangezogen werden können, sodass auch eine bloße Orientierung an ihnen problematisch sein kann, weil sich die durchschnittlichen Lizenzsätze für patentierte Erfindungen im Laufe der Jahre in vielen Branchen deutlich geändert haben können.⁷⁵¹

Auch wenn Rahmensätze seit jeher keiner schematischen Handhabung zugänglich waren und ihr Sinn wiederholt angezweifelt worden ist, kann die betriebliche Praxis doch auf Erfahrungswerte nicht verzichten. Deshalb sollte der Richtliniengeber die von ihm in Aussicht gestellte Überarbeitung der Vergütungsrichtlinien in diesem Punkt zeitnah durchführen. Eine unentbehrliche **Orientierungshilfe** für die betriebliche Praxis bietet die Übersicht von *Hellebrand/Rabe*, Lizenzsätze für technische Erfindungen, 5. Aufl. 2017. Hierin sind über 700 Beispiele aus der Schiedsstellenpraxis unter Nennung der jeweiligen Lizenzsätze und ihrer Bezugsgröße, aufgeteilt nach dem Ordnungssystem der Internationalen Patentklassifikation, wiedergegeben. Wichtige Quellen sind 131.1

---

748 Bartenbach/Volz GRUR 2016, 225, 227 m. H. a. RG v. 20.03.1918 RGZ 92, 329, 331; vgl. auch Fischer GRUR 1971, 133, 135 (»meist in der Größenordnung von 2 bis 10 % des Verkaufswerts«).
749 Grundlegend Fischer in Festschr. 25 Jahre BPatG (1986 S. 281 ff. = Mitt. 1987, 104 ff.) als Ergebn. einer Umfrage des BDA im Herbst 1985; bestätigend die gesamte neuere Entscheidungspraxis d. Schiedsst., die das Absinken der üblichen Lizenzsätze bereits seit Beginn der 80er Jahre beobachtet hat, so u.a. Schiedsst. v. 09.11.1994 – Arb.Erf. 13/94, unveröffentl.; zustimmend auch Reimer/Schade/Schippel/Himmelmann Rn. 2 zu § 11/RL Nr. 10.
750 Vgl. z.B. EV v. 18.01.1990, BlPMZ 1990, 336; v. 04.03.2010 – Arb.Erf. 59/08, (insoweit nicht in www.dpma.de); v. 19.03.2013 – Arb.Erf. 55/12; v. 18.12.2014 – Arb.Erf. 61/10, (beide www.dpma.de); v. 10.03.2016 – Arb.Erf. 23/12, (www.dpma.de = Mitt. 2017, 86, dort nur LS.); v. 17.06.2016 – Arb.Erf. 57/13, (www.dpma.de), v. 30.03.2017 – Arb.Erf. 11/15, Mitt. 2018, 359, 362, (= www.dpma.de); v. 22.05.2017 – Arb.Erf. 21/15, (www.dpma.de); vgl. auch Groß Lizenzvertrag Rn. 103 ff. sowie die Nachweise bei KommRL Rn. 25 ff. zu RL Nr. 10.
751 So im Urt. BGH v. 30.05.1995 – X ZR 54/93, GRUR 1995, 578, 580 – *Steuereinrichtung II*; ebenso Schiedsst. v. 02.04.2009 – Arb.Erf. 58/07, (unveröffentl.).

ferner – neben den Übersichten von *Groß/Strunk*[752] und den weiteren im Schrifttum verfügbaren Übersichten[753] – die Entscheidungen der Gerichte, wobei die Urteile zu Schutzrechtsverletzungen nur eingeschränkt nutzbar gemacht werden sollten (s. § 9 Rdn. 135). Verwiesen sei auch auf unsere auf zahlreiche Branchen bezogene Übersicht in KommRL (Rn. 91 ff. zu RL Nr. 10).

132 Die üblichen Lizenzsätze, mit denen RL Nr. 10 und die Praxis arbeiten, geben auf den **Inlandsmarkt** bezogene Erfahrungswerte aus Lizenzvereinbarungen wieder und betreffen **Einzelerfindungen**. Sie gelten ausschließlich für Umsätze[754] und beziehen sich auf den tatsächlichen, **erfindungsgemäßen Gesamt-Nettoumsatz** (s. § 9 Rdn. 122) bei Vergabe **ausschließlicher Lizenzen für (erteilte) Patente** (ggf. ohne Know-how-Anteil). Muss sich der Arbeitgeber das Monopolrecht an der Diensterfindung mit Dritten »teilen« (Kooperationspartner, Vorbenutzungsrecht, Zwangslizenz, Freilizenz usw.), so führt die zwischen den Nutzungsberechtigten **geteilte Monopolwirkung** im Allgemeinen zu einer Absenkung der Lizenzsätze im Verhältnis zu einer Exklusivlizenz[755] (s. KommRL Rn. 61 zu RL Nr. 10). Zu Gebrauchsmustern s. § 9 Rdn. 250.

133 Beim Rückgriff auf übliche Lizenzsätze ist stets eine gewisse Vorsicht angebracht, und zwar im Hinblick auf die Vielzahl von Einzelkriterien, von denen die Höhe des Lizenzsatzes im Einzelfall abhängt. Geboten ist stets – aus Sicht vernünftiger Lizenzvertragsparteien – eine wertende Betrachtung der Umstände des Einzelfalls.

So besteht einmal ein unmittelbares **Wechselverhältnis** zwischen Lizenzsatz und (technisch-wirtschaftlicher) Bezugsgröße (s. dazu § 9 Rdn. 125.1 ff.); je umfassender die Bezugsgröße ist, desto niedriger muss der Lizenzsatz ausfallen und umgekehrt (s. § 9 Rdn. 125.2). Deshalb erfordert die Festlegung des Lizenzsatzes zunächst stets die Prüfung, welche **technisch-wirtschaftliche Bezugsgröße** für die zu vergütende Erfindung angemessen ist (RL Nr. 8, s.o.

---

752 Groß/Strunk, Lizenzgebühren, 4. Aufl. 2015.
753 S. aktuell u. a. Groß, K&R 2011, 292 ff.; K&R 2013, 92 ff.; K&R 2015, 94 ff. u. K&R 2017, 236 ff., ferner Trimborn, Mitt. 2009, 257 ff.
754 Länd. Praxis der Schiedsst., z.B. v. 24.10.1991 – Arb.Erf. 31/91, (unveröffentl.), worin ausdrückl. auf die mangelnde Anwendbarkeit für Erzeugung (Herstellung) hingewiesen wird; v. 11.04.2018 – Arb.Erf. 27/16, (vorg. f. www.dpma.de).
755 Schiedsst. v. 02.03.1994 – Arb.Erf. 77/92; v. 02.04.1997 – Arb.Erf. 61/95; v. 02.05.2002 – Arb.Erf. 42/00, (sämtl. Datenbank); Schiedsst. v. 19.04.2012 – Arb.Erf. 23/10, (www.dpma.de, nur LS. 3, dort Halbierung bei zwei Mitinhabern und Fehlen einer Absprache); v. 25.07.2013 – Arb.Erf. 39/12, (www.dpma.de, dort bei Verkauf an die Konzernmutter unter Vorbehalt eines Nutzungsrechts).

## G. Bemessung der Vergütung  §9

§ 9 Rdn. 125.1 ff.; s.a. § 9 Rdn. 134). Daneben besteht eine **Wechselbeziehung zwischen Lizenzsatz** und der Frage einer **Abstaffelung** gem. RL Nr. 11[756] (s. dazu § 9 Rdn. 141 ff.). Wird der erfindungsgemäße Umsatz nicht abgestaffelt, liegt der Lizenzsatz allgemein (von vornherein) niedriger (s. § 9 Rdn. 144). Ferner kann der Lizenzsatz von einer Vielzahl teilweise **schwer quantifizierbarer Faktoren** abhängen, wie insb. der zusätzlichen Vermittlung von (gegenwärtigem oder zukünftigem) Know-how und sonstigen Nebenleistungen, ferner dem Ruf und der Marktstellung der Vertragspartner, Unternehmensverbindungen, mehr oder weniger begründeten Umsatzerwartungen, steuerlichen Gesichtspunkten, Verhandlungsgeschick, Zusammenhang mit vorhandenen Lizenzverträgen z.b. über Software, Marken usw. Schließlich können der Grundsatz der Höchstbelastbarkeit (s. dazu § 9 Rdn. 129 f.) sowie die Einbindung in einen Schutzrechtskomplex (vgl. RL Nr. 19) die Reduzierung eines an sich angemessenen Lizenzsatzes bewirken.

Nach der *BGH*-Rechtsprechung ist die durch die Diensterfindung vermittelte **134** **wirtschaftliche Vorrangstellung des Arbeitgebers** auf dem Markt ggü. Mitbewerbern die (wesentliche) Bezugsgröße und der (entscheidende) Maßstab für den Erfindungswert.[757] Das betrifft nicht zuletzt den vom *BGH* angesprochenen Rückgriff auf die **für gleichartige oder vergleichbare Erzeugnisse erzielbaren Lizenzsätze (s. § 9 Rdn. 131)**.

Ausgehend davon können sich folgende **allgemeine Faustregeln** bei der **Bestimmung des (Analogie-)Lizenzsatzes** anhand des üblichen Lizenzsatzrahmens im einschlägigen Produktmarkt (s. § 9 Rdn. 131) auswirken (Checkliste):
– Der Lizenzsatz bestimmt sich zunächst nach der **technisch-wirtschaftlichen Bezugsgröße** (RL Nr. 8, s.o. § 9 Rdn. 125 ff.). Je umfassender die Bezugsgröße ist, umso niedriger fällt der Lizenzsatz aus – und umgekehrt (s. § 9 Rdn. 125.1).
– Der Lizenzsatz muss sich im Rahmen der **Höchstbelastbarkeit** halten (s. § 9 Rdn. 129 ff.).
– Je geringer der **Abstand** der Erfindung **zum allgemeinen und innerbetrieblichen Stand der Technik** ist, umso niedriger fällt der Lizenzsatz

---

756 Schiedsst. v. 18.09.2001 – Arb.Erf. 72/99; v. 17.04.2007 – Arb.Erf. 7/06, (beide unveröffentl.); v. 28.05.2014 – Arb.Erf. 49/12, (www.dpma.de).
757 BGH v. 13.11.1997 – X ZR 6/96, GRUR 1998, 684, 689 – *Spulkopf*.

aus,[758] etwa, wenn vorhandene Produkte bloß verbessert werden[759] oder der Markt über nahezu gleichwertige Alternativlösungen verfügt[760] oder lediglich der innerbetriebliche Stand, nicht aber der äußere Stand der Technik angehoben wird[761]. Die Existenz von Alternativlösungen im Markt spricht generell für niedrige Lizenzsätze. Entsprechendes gilt im umgekehrten Fall des Fehlens von technischen Ausweichlösungen.[762] So ist bei **Pioniererfindungen** auf neuen bzw. wenig bearbeiteten technischen Gebieten regelmäßig ein hoher Lizenzsatz zu wählen,[763] ferner bei technisch herausragenden Erfindungen, die einen großen Wettbewerbsvorsprung gewährleisten[764] oder die sich in bedeutender Weise vom Stand der Technik abheben[765] oder zu einer erheblichen Wertsteigerung des Gesamtprodukts führen[766] oder auf keinerlei Alternativen im Markt treffen[767] bzw. es sich um einen bislang schutzrechtsfreien Markt handelt (s. KommRL Rn. 45 ff. zu RL Nr. 10).

– Der Lizenzsatz drückt auch das einer Erfindung »objektiv innewohnende **Gewinnpotential**« aus und versteht sich damit als (potentieller) Anteil an der prognostizierten **Gewinnerwartung des Unternehmens.**[768] Dem *BGH* zufolge stellt der Erfindungswert »im Ausgangspunkt eine objektive

---

758 Vgl. z.B. Schiedsst. v. 16.06.1983, BlPMZ 1984, 250, 251 r.Sp.; v. 04.08.1987, BlPMZ 1988, 171, 172; 17.04.2007 – Arb.Erf. 7/06 u. v. 21.04.2009 – Arb.Erf. 13/08, (beide unveröffentl.); v. 22.07.2013 – Arb.Erf. 40/11; v. 10.10.2013 – Arb.Erf. 22/12, (beide www.dpma.de).
759 Im Ergebn. z.B. Schiedsst. v. 26.02.1993, GRUR 1996, 49, 50 – *Gießereimaschinen*; vgl. auch Schiedsst. v. 18.01.1990, BlPMZ 1990, 336, 337 u. v. 22.06.1995, Mitt. 1996, 220, 221 – *Bedienungseinrichtung* u. v. 05.03.2009 – Arb.Erf. 26/08, (unveröffentl.).
760 Vgl. etwa Schiedsst. v. 06.04.2016 – Arb.Erf. 13/14, (www.dpma.de).
761 S. etwa Schiedsst. v. 22.05.2017 – Arb.Erf. 21/15, (www.dpma.de).
762 Vgl. auch BPatG v. 21.11.2017, GRUR 2018, 803 (Rn. 46) – Isentress II (zu Zwangslizenzsätzen).
763 I.d.S. z.B. Schiedsst. ZB v. 27.03.1981 – Arb.Erf. 33/80, (unveröffentl.).
764 Vgl. OLG Düsseldorf v. 09.05.1996, Mitt. 1998, 27, 31 – *Schadensersatz nach der Lizenzanalogie*; LG Düsseldorf v. 18.12.2007 – 4a O 26/98, (unveröffentl.) – *Pflückvorsatz*; i.d.S. auch Schiedsst. v. 11.01.1994 – Arb.Erf. 1/93, (unveröffentl.).
765 LG Düsseldorf v. 23.11.2010 – 4b O 20/10, (Düsseldf. Entsch. Nr. 1509) – *Stahlbetontunnel* (insoweit global bestätigt von OLG Düsseldorf v. 20.12.2012 – 2 U 139/10, (juris, Rn. 52) – *Stahlbetontunnel*.
766 In diesem Sinn bereits RG v. 20.03.1918 RGZ 92, 329, 331.
767 Vgl. Schiedsst. v. 17.06.2016 – Arb.Erf. 57/13, (www.dpma.de) m.H.a. Hellebrand/Himmelmann, Lizenzsätze f. techn. Erf., 4. Aufl., S. 344.
768 Ähnl. Reimer/Schade/Schippel/Himmelmann Rn. 9 zu § 11/RL Nr. 6; im Ergebn. auch Schiedsst. ZB v. 08.10.2013 – Arb.Erf. 69/11, (www.dpma.de).

Bewertung des Gewinnpotentials« dar, »das der Erfindung innewohnt«.[769] »Der wirtschaftliche Wert einer Erfindung kann« – so der *BGH*[770] in Korrektur früherer Rechtsprechung[771] – »weder gleichgesetzt werden mit den Erträgen, die sich mit Herstellung und Vertrieb eines Produktes erzielen lassen, mit dem die technische Lehre der Erfindung verwirklicht wird, noch mit den Gewinnen, die auf diese Weise erwirtschaftet werden können«. In anderem Zusammenhang verweist der *BGH* darauf, dass »einer durch die Nutzung der Erfindung ermöglichten hohen Gewinnmarge … regelmäßig schon bei der Bemessung des Lizenzsatzes in angemessener Weise Rechung getragen werden« könne, wobei er dort aber auch betont, »außergewöhnlich hohe Gewinne fänden regelmäßig in den Umsätzen ihren Niederschlag«.[772] Eine Bestimmung der Lizenzgebühr an Hand des erzielten Gewinns wird heute zu Recht ganz überwiegend abgelehnt[773] (s. aber auch § 9 Rdn. 129.1). Mangels eindeutiger Definition des Gewinnbegriffs und allgemeingültiger bzw. überprüf- und nachweisbarer Relation zwischen Lizenzsatz und erfindungsgemäßem Gewinn sowie der häufig schwer feststellbaren Kausalanteile der Erfindung für diesen wirtschaftlichen Erfolg, kann der erwartete Bruttogewinn ggf. zur »größenmäßigen

---

769 BGH v. 06.03.2012 – X ZR 104/09, Mitt. 2012, 285 (Rn. 16) – *Antimykotischer Nagellack*.
770 BGH v. 06.03.2012 – X ZR 104/09, Mitt. 2012, 285 (Rn. 16) – *Antimykotischer Nagellack*.
771 Vgl. etwa BGH v. 16.04.2002, GRUR 2002, 801, 803 – *Abgestuftes Getriebe*, wonach der erzielte Gewinn ein Anhaltspunkt für die Bestimmung des Lizenzanalogieprozentsatzes war.
772 So BGH v. 16.05.2017 – X ZR 85/14, GRUR 2017, 890 (Rn. 55, 57) – *Sektionaltor II* im Zusammenhang mit dem Ausgleichsanspruch nach § 745 Abs. 2 BGB zwischen Teilhabern eines Schutzrechts und der diesbezgl. Rechnungslegungspflicht.
773 Kritisch bereits Hellebrand GRUR 2001, 678 ff., ferner ders. Mitt. 2014, 494 ff.; Schiedsst. v. 15.01.2016 Arb.Erf. 65/13 (www.dpma.de); s. ferner Schiedsst. v. 21.06.2001 BlPMZ 2002, 230, Reimer/Schade/Schippel/Himmelmann Rn. 9 zu § 11/RL Nr. 6 u. Rn. 3 zu § 11/RL Nr. 10; vgl. auch OLG Düsseldorf v. 09.05.1996, Mitt. 1998, 27, 30 ff. – Schadensberechnung nach der Lizenzanalogie. Nach Keukenschrijver (in Busse/Keukenschrijver, PatG, Rn. 17 zu § 11 ArbEG) ist die frühere Rspr. des BGH zum Gewinn im Ergebn. zu Recht kritisiert worden (deshalb sind die dortigen Beispiele m. H. a. die frühere Rspr. in Rn. 42 zu § 12 teilw. zu weitgehend). A.A. HK-ArbR/Kronisch Rn. 10 zu § 9 ArbEG; s. auch Boemke/Kursawe/Engemann Rn. 206 zu § 9. S. aber allg. zur betriebswirtschaftl. Patentbewertung Nestler Mitt. 2014, 262 ff. (m. krit. Erwiderung Hellebrand, Mitt. 2014, 494 ff. u. Replik Nestler, Mitt. 2015, 62 f.).

Kontrolle« von vorgesehenen Lizenzsätzen herangezogen werden.[774] Auch nach Auffassung des *LG Düsseldorf*[775] widerspricht es dem Wesen der Lizenzanalogie, die als objektive Berechnungsmethode an das bei der gegebenen Situation Marktübliche anknüpft, allgemeine Lizenzsätze nach dem Gewinn oder Verlust eines individuellen Nutzers zu bemessen.[776] Dies stimmt im Ergebnis mit der neueren Rechtsprechung des *BGH* zur Auskunftspflicht überein, die gewinnbezogene Informationen i.R.d. Lizenzanalogie ablehnt (s. dazu § 12 Rdn. 199 ff.). Ausnahmsweise sieht die *Schiedsstelle* heute noch die Möglichkeit, bei gänzlichem Fehlen marktüblicher Lizenzsätze den angemessenen Lizenzsatz über das **Branchen-EBIT** zu bestimmen[777] und beruft sich dabei auf das *OLG Düsseldorf*[778], wonach – wenn auch mit Vorbehalten – erfahrungsgemäß die Höchstbelastung mit Lizenzsätzen bei 1/3 bis 1/8, im Schnitt bei 20 % bis 25 % der EBIT-Marge liege. Dagegen ist die frühere Schiedsstellenpraxis[779], wonach für die Bestimmung der Lizenzsätze ein Rahmen von 1/8 bis 1/3 des Unternehmensgewinns (vor Steuern) mit dem erfindungsgemäßen Produkt (bzw. der technisch-wirtschaftlichen Bezugsgröße) herangezogen und dabei als Regelwert 1/5 [= 20 %] bis 1/4 [= 25 %] angenommen wurde, seit der

---

774 Den erheblichen Bedenken von Hellebrand (GRUR 2001, 678 ff.) hat die Schiedsstellenpraxis schon früh Rechnung getragen, vgl. Schiedsst. v. 21.06.2001, BlPMZ 2002, 230, 232 ff.; Reimer/Schade/Schippel/Himmelmann, Rn. 3 zu § 11/RL Nr. 7; die vorangegangene ständ. Praxis d. Schiedsst. nahm einen Regelwert v. 20 % des Lizenzsatzes vom erfindungsgemäßen Produktgewinn an, z.B. EV v. 13.02.1986, EGR Nr. 61 zu § 12 ArbEG; v. 30.01.1989 – Arb.Erf. 42/88, (unveröffentl.). S. allerdings auch BGH v. 29.07.2009 – I ZR 169/07, GRUR 2010, 243 – *BTK*, wonach – bei einer Kennzeichenverletzung – zur Bestimmung der Höhe eines Lizenzsatzes (i. Rahmen der Lizenzanalogie) regelmäßig die in der Branche übliche Umsatzrendite (Gewinnaussichten) einzubeziehen ist.
775 Urt. v. 05.09.2002, InstGE 2, 181, 186 f. – Verpackungsbeutel.
776 Vgl. auch Benkard/Grabinski/Zülch, PatG, Rn. 67a f. zu § 139 PatG. Vgl. auch zum Auskunftsanspruch bei Schutzrechtsverletzung nach der Lizenzanalogie BGH v. 20.05.2008 – X ZR 180/05, Mitt. 2008, 407, 409 (Rn. 33) – *Tintenpatrone*
777 Vgl. Schiedsst. v. 10.03.2016 – Arb.Erf. 23/12, (www.dpma.de = Mitt. 2017, 86, dort nur LS. 3) u. v. 22.05.2017 – Arb.Erf. 21/15, (www.dpma.de); s. auch Schiedsst. v. 15.07.2016 – Arb.Erf. 26/14, (www.dpma.de).
778 OLG Düsseldorf v. 09.10.2014, – I-2 U 15/13, (www.justiz.nrw.de/nrwe, Rn. 12 f.) – Scharniereinrichtung.
779 U.a. noch Schiedsst. v. 13.02.1986 EGR Nr. 61 zu § 12 ArbEG, v. 18.01.1990 BlPMZ 1990, 336 u. v. 26.02.1993 GRUR 1996, 49, 50 – Gießereimaschinen.

G. Bemessung der Vergütung §9

Jahrtausendwende aufgegeben worden.[780] S. im Übrigen KommRL Rn. 32 f. zu RL Nr. 10.
– Unabhängig davon kann sich lizenzerhöhend der Umstand auswirken, dass der Einsatz der Diensterfindung nennenswerte **Einsparungen** bei der Produktion des Erfindungsgegenstandes (verbesserte Herstellungsbedingungen, Einsparungen beim Handling, Arbeitsaufwand etc.) und damit zusätzliche Gewinne verspricht.[781]
– Hochwertige **Einzelexemplare**[782], **Spezialvorrichtungen** und **Sonderausführungen**[783] mit hoher Gewinnerwartung rechtfertigen einen höheren Lizenzsatz.[784] Bei **Serienprodukten bzw. Massenartikeln** liegen allgemein die Lizenzsätze niedrig bis sehr niedrig.[785] Bei umfangreichen Bezugsgrößen (Anlagen mit zahlreichen erfindungsneutralen Bauteilen usw.) kann ein niedriger Lizenzsatz unterhalb der Mittelwerte anfallen[786] (s. im Übr. KommRL Rn. 64 ff. zu RL Nr. 10).
– Von Einfluss ist die **Wertigkeit des Schutzrechts**, also insb. dessen Rechtsbeständigkeit,[787] Schutzumfang und Sperrwirkung,[788] Abhängigkeit von

---

780 Hellebrand GRUR 2001, 678 ff., wonach die Schiedsst. zwischenzeitlich davon abgerückt ist: s. etwa Schiedsst. v. 21.06.2001 BlPMZ 2002, 230.
781 Schiedsst. v. 03.06.2005 – Arb.Erf. 34/05, (Datenbank); v. 17.04.2007 – Arb.Erf. 7/06, (unveröffentl.); v. 06.04.2016 – Arb.Erf. 13/14; v. 17.06.2016 – Arb.Erf. 57/13, (beide www.dpma.de).
782 Volmer/Gaul Rn. 406 zu § 9/RL Nr. 10.
783 I.d.S. z.B. Schiedsst. v. 28.01.1988 – Arb.Erf. 56/87, u. ZB v. 27.01.1986 – Arb.Erf. 63/85, (beide unveröffentl.).
784 Schiedsst. v. 17.04.2007 – Arb.Erf. 7/06, (unveröffentl.).
785 Schiedsst. v. 19.11.1981, BlPMZ 1984, 57; 16.11.2004 – Arb.Erf. 1/100; v. 21.04.2009 – Arb.Erf. 13/08, (beide unveröffentl.); vgl. auch Schiedsst. v. 30.03.2017 – Arb.Erf. 11/15, Mitt. 2018, 359, 362 (= www.dpma.de). In diesem Sinn bereits RG v. 20.03.1918 RGZ 92, 329, 331.
786 Vgl. z.B. Schiedsst. v. 07.02.1983, BlPMZ 1984, 218, 219 l.Sp. (betr. Bauindustrie).
787 Im EV v. 22.06.1995 (Mitt. 1996, 220, 221 f. – *Bedienungseinrichtung*) hat die Schiedsst. zu Recht eine Minderung des Lizenzsatzes abgelehnt, wenn die vom ArbG behauptete Gefahr einer Vernichtbarkeit des Patentschutzes nachweislich nicht bestanden hat; im Ergebnis auch Schiedsst. v. 30.07.2002 – Arb.Erf. 38/00, (Datenbank).
788 OLG Düsseldorf v. 09.05.1996, Mitt. 1998, 27, 31 – *Schadensersatz nach der Lizenzanalogie*; LG Düsseldorf v. 07.11.1989 – 4 O 146/86, (unveröffentl.) in Bestätigung der Schiedsstellenpraxis: z.B. EV v. 04.08.1987, BlPMZ 1988, 171, 172; v. 23.10.1969/30.07.1970, BlPMZ 1971, 137; ferner v. 10.03.2016 – Arb.Erf. 23/12, (www.dpma.de = Mitt. 2017, 86, dort nur LS.). Vgl. auch BPatG v. 21.11.2017, GRUR 2018, 803 (Rn. 74) – Isentress II (zum Zwangslizenzsatz).

Schutzrechten Dritter⁷⁸⁹ (s. auch § 12 Rdn. 72.2), Umgehungsmöglichkeit usw. Je kleiner und je schwächer das Schutzrecht ist, umso niedriger ist der Lizenzsatz zu bemessen und umgekehrt⁷⁹⁰ (s. KommRL Rn. 56 ff. zu RL Nr. 10).

– Muss sich der Arbeitgeber seine Nutzungsbefugnis an der Diensterfindung **mit Dritten** teilen (z.b. mit Kooperationspartnern, anderen Miterfindern), führt die »**geteilte Monopolstellung**« regelmäßig zu einer Minderung der für ausschließliche Lizenzen üblichen Lizenzsätze (s. § 9 Rdn. 132).

– Spricht die Erfindung nur ein **enges technisches Gebiet** an, kann der Lizenzsatz niedriger ausfallen⁷⁹¹ – und umgekehrt; wird die erfinderische Lehre **auf verschiedenen (technischen) Anwendungsbereichen eingesetzt**, kann auch dies eine Differenzierung bei der Höhe des Lizenzsatzes rechtfertigen (s. dazu KommRL Rn. 62 f. zu RL Nr. 6 u. Rn. 28 zu RL Nr. 10).

– Wird bei hohen Umsätzen von vornherein **nicht abgestaffelt** (RL Nr. 11, s. § 9 Rdn. 141 ff.), fällt der Lizenzsatz regelmäßig niedriger aus (s. § 9 Rdn. 144).

– Beachtung des allgemeinen Grundsatzes: Jeder Lizenzsatz hat einen **Bezug zum Markt** (Produktmarkt, Branche, Wettbewerb usw., s. § 9 Rdn. 131) und ist **einzelfall- und unternehmensbezogen** zu bestimmen (Aufwand für Produktionsreife, hohe Materialkosten, notwendiges behördliches Zulassungsverfahren, besondere Marktstellung des Unternehmens usw.; s. hier§ 9 Rdn. 122.2 sowie ausf. dazu KommRL Rn. 51 ff. u. 62 ff. zu RL Nr. 6, Rn. 28, 34 f., 73 ff., 87 zu RL Nr. 10). So lassen z. B. außergewöhnlich hohe **Kosten für die Herbeiführung der Produktionsreife** regelmäßig den Rückgriff auf untere Rahmensätze zu.⁷⁹² Ebenso rechtfertigt ein **hart umkämpfter Markt** wegen der geringen Gewinnerwartung und der eingeschränkten Kalkulationsmöglichkeiten auch nur geringe Lizenz-

---

789 I.d.S. LG Düsseldorf vom 07.11.1989 – 4 O 146/86, (unveröffentl.); vgl. auch BGH v. 18.02.1992 – X ZR 8/90, GRUR 1992, 599 – *Teleskopzylinder* u. BGH v. 30.05.1995 – X ZR 54/93, GRUR 1995, 578 – *Steuereinrichtung II*. Im Ergebn. auch Keukenschrijver in Busse/Keukenschrijver, PatG, Rn. 16 zu § 11 ArbEG. Vgl. auch BPatG v. 21.11.2017, GRUR 2018, 803 (Rn. 54) – *Isentress II* (zu Zwangslizenzsätzen).
790 Vgl. etwa Schiedsst. v. 22.05.2017 – Arb.Erf. 21/15, (www.dpma.de).
791 Vgl. etwa Schiedsst. v. 21.06.2001, BlPMZ 2002, 230, 234.
792 Z.B. bereits Schiedsst. v. 07.11.1961, BlPMZ 1962, 78. Vgl. auch BPatG v. 21.11.2017, GRUR 2018, 803 (Rn. 51 f.) – *Isentress II* (zu Zwangslizenzsätzen).

sätze;⁷⁹³ Gleiches gilt, wenn im Markt zahlreiche Alternativlösungen angeboten werden⁷⁹⁴ oder das Produkt unter hohem Kostendruck von der Nachfragerseite steht⁷⁹⁵. Andererseits sprechen Märkte mit wenigen Anbietern und günstigen Kalkulationsspielräumen dafür, dass höhere Lizenzsätze im Markt durchsetzbar sind.⁷⁹⁶

– Die **Obergrenze des Lizenzsatzsatzrahmens** erreichen regelmäßig nur besonders wertvolle und technisch fortschrittliche Erfindungen mit hohem Gewinnpotential und gesicherter Monopolwirkung im Markt, ferner auch Höchstlizenzsätze⁷⁹⁷ (s. § 9 Rdn. 129.1).

Einzelheiten insb. über **Erfahrungswerte in den einzelnen Industriezweigen** s. KommRL zu RL Nr. 10, dort insb. Rn. 91 ff.

Ein – im Schrifttum wiederholt angeregter⁷⁹⁸ – Rückgriff auf **Lizenzsätze bei Schutzrechtsverletzungen**⁷⁹⁹ sollte – wenn überhaupt – nur mit größeren Vorbehalten erfolgen, da diese wegen der dortigen Besonderheiten nur sehr eingeschränkt vergleichbar sind.⁸⁰⁰ Im Regelfall liegen die dortigen Werte über den Marktwerten, die für Arbeitnehmererfindungen herangezogen werden können, nicht zuletzt weil es dort auf Basis einer rückschauenden Betrachtung um eine erleichterte Bestimmung des Schadens der Verletzten durch unberechtigte Benutzung von regelmäßig technisch ausgereiften, im Markt erfolgreichen Produkten geht, verbunden mit einem werterhöhenden Ausgleich für die Ver- 135

---

793 I.d.S. z.B. f. d. Automobil- und Zuliefererindustrie Schiedsst. v. 17.10.1985 – Arb.Erf. 46/84 u. v. 07.11.1984 – Arb.Erf. 24/84; v. 19.03.2013 – Arb.Erf. 55/12, (www.dpma.de); v. 03.07.2015, Mitt. 2016, 277, 279; v. 30.03.2017 – Arb.Erf. 11/15, Mitt. 2018, 359, 362 (= www.dpma.de). S. ferner Schiesst. v. 16.06.1983, BlPMZ 1984, 250, 251 r.Sp. (dort f. Hobbykameramarkt); v. 29.02.1988 – Arb.Erf. 31/87, (unveröffentl. – dort f. Unterhaltungselektronik u. v. 26.02.1993, GRUR 1996, 49, 50 – *Gießereimaschinen*.
794 I.d.S. LG Düsseldorf v. 07.11.1989 – 4 O 146/86, (unveröffentl.).
795 Z.B. Schiedsst. v. 18.09.2012 – Arb.Erf. 22/11, (www.dpma.de), dort zur Automobilzulieferindustrie.
796 Z. B. Schiedsst. v. 03.07.2015, Mitt. 2016, 277, 279 u.v. 11.04.2018 – Arb.Erf. 27/16 (vorg. f. www.dpma.de) dort f. Medizintechnik.
797 In diesem Sinn auch Schiedsst. v. 21.11.2017 – Arb.Erf. 06/15, (www.dpma.de).
798 Vgl. z. B. Heine/Rebitzki, Vergütg. f. Erf. Anm. 3 zu RL Nr. 6; Lindenmaier/Lüdecke Anm. 6 zu § 11/RL Nr. 6; vgl. auch Boemke/Kursawe/Engemann Rn. 238 zu § 9, wonach unsere Vorbehalte gegen die Heranziehung von Schadensersatzlizenzgebühren als »sicherlich zu weitgehend« bezeichnet werden.
799 S. dazu Rogge in Festschr. Nirk (1992), S. 929 ff.
800 Ausf. Bartenbach/Volz/Kelter in Festschr. 50 Jahre PAO (2017), S. 251 ff.; im Ergebn. auch Schiedsst. v. 30.03.2017 – Arb.Erf. 11/15, Mitt. 2018, 359, 362, (= www.dpma.de).

letzervorteile gegenüber einem rechtstreuen Lizenznehmer. Die *Schiedsstelle* sieht darartige Lizenzsätze weder als repräsentativ noch als hilfreich bei der Ermittlung marktüblicher Lizenzsätze an, insbesondere deshalb, weil solche Lizenzsätze üblicherweise bestimmte Sanktionsszenarien und zudem gewisse Gewinnabschöpfungen zum Ziel haben.[801] Dies schlägt sich in einer Anhebung der Schadensersatz-Lizenz nieder. Soll deshalb im Einzelfall – trotz aller Vorbehalte – auf eine Schadensersatz-Lizenz zurückgegriffen werden, macht dies im Allgemeinen deren deutliche Minderung notwendig.[802] S. i.Ü. KommRL Rn. 84 ff. zu RL Nr. 6.

Nicht anderes gilt u. E. für Lizenzsätze bei **Zwangslizenzen**. Zwar orientieren auch diese sich im Ausgangspunkt an üblicherweise im Markt frei vereinbarten Lizenzsätzen.[803] Allerdings fließen deren Spezifika in die Bemessung des Lizenzsatzes ein. So wird dort »als gewichtiger, lizenzerhöhend wirkender Faktor« insbesondere das entgangene wirtschaftliche Interesse des Schutzrechtsinhabers berücksichtigt, dank seines Patents seine Marktstellung auszubauen und auf Grund dessen »Drohpotenzials« Mitbewerber vom Markt auszuschließen bzw. deren Konkurrenzprodukte zu verdrängen, anstatt nunmehr das Monopolrecht über eine Zwangslizenz mit »unerwünschten Lizenznehmern« teilen zu müssen.[804] Hinzutreten andere lizenzerhöhende Umstände, wie etwa das Fehlen von Nichtangriffspflichten des konkurrierenden Lizenznehmers oder von eigenen Buchprüfungsrechten[805], so dass dortige Lizenzsatzwerte allenfalls mit sehr deutlichen Abstrichen zur Lizenzanalogie bei Diensterfindungen herangezogen werden können.[806]

#### ff) Einfluss des Kartellrechts

**136** Der bei der Ermittlung des Erfindungswertes nach der Lizenzanalogie gemäß RL Nr. 3 Buchst. a) i.V.m. RL Nrn. 6 ff. vorgenommene Bezug auf den freien Erfinder, also die Überlegung, welchen Preis der Arbeitgeber im Markt einem freien Erfinder für die Überlassung dieser Erfindung zahlen würde (s. § 9 Rdn. 76), wirft die Frage auf, ob die für solche Vereinbarungen (Kauf- oder Lizenzvertrag) geltenden **kartellrechtlichen Schranken** (vgl. insb. §§ 1, 2

---

801 Schiedsst. v. 30.03.2017 – Arb.Erf. 11/15, Mitt. 2018, 359, 362, (= www.dpma.de); v. 28.02.2018 – Arb.Erf. 24/16, (www.dpma.de).
802 Bartenbach/Volz/Kelter in Festschr. 50 Jahre PAO (2017), S. 251, 284.
803 Vgl. BGH v. 11.07.2017, GRUR 2017, 1017 (Rn. 28) – Raltegravir; BPatG v. 21.11.2017, GRUR 2018, 803 (Rn. 36 ff.) – Isentress II.
804 Vgl. BPatG v. 21.11.2017, GRUR 2018, 803 (Rn. 44 ff., 58 f.) – Isentress II.
805 Vgl. BPatG v. 21.11.2017, GRUR 2018, 803 (Rn. 55, 64) – Isentress II.
806 Vgl. auch BPatG v. 21.11.2017, GRUR 2018, 803 (Rn. 69) – Isentress II.

GWB, Art. 101, 102 AEUV) heranzuziehen sind (s.a. RL Nrn. 7 u. 8, die auf den »einem freien Erfinder üblicherweise gezahlten Lizenzsatz« abstellen bzw. berücksichtigt wissen wollen, »auf welcher Grundlage die Lizenz in dem betreffenden Industriezweig üblicherweise vereinbart wird«).

Mit dem Abstellen auf den »Unternehmens«-Begriff in § 1 GWB (vgl. auch § 2 Abs. 2 GWB i.V.m. Art. 1 Abs. 2 TT-GVO 2014) hat der Gesetzgeber Rechtsbeziehungen der Arbeitsvertragsparteien, insb. die Arbeitsbedingungen der in persönlich abhängiger Stellung Tätigen deshalb vom Anwendungsbereich des Kartellrechts ausschließen wollen, weil er sie aus sozialstaatlichen Erwägungen nicht dem freien Wettbewerb überlassen wollte.[807] I.Ü. **verbietet sich in Bezug auf Vergütungsvereinbarungen** zwischen Arbeitgeber und Arbeitnehmer ein **Rückgriff auf die §§ 1, 2 GWB**, da im Unterschied zum Lizenzvertrag die Aneignungs- und Nutzungsrechte des Arbeitgebers auf gesetzlicher Grundlage (Inanspruchnahme gem. §§ 6, 7 ArbEG a.F. u. n.F.) und nicht auf Vertrag beruhen.[808] Insoweit stellt der Bezug auf die Lizenzanalogie zur Bemessung des Vergütungsanspruchs nur eine erleichterte Berechnungsmethode und keinen selbstständigen Rechtsgrund dar.[809]

**137**

Als Grundsatz ist davon auszugehen, dass bei den Vergütungsregelungen als solchen (Vereinbarung bzw. Festsetzung der Vergütung) **kartellrechtliche Bestimmungen außer Betracht** zu lassen sind, da es um das Innenverhältnis zwischen Arbeitgeber und Arbeitnehmer geht und diese sich in einem durch das Spezialgesetz über Arbeitnehmererfindungen zugestandenen Bestimmungsrahmen bewegen.[810] Dies zeigt z.B. auch RL Nr. 42, wonach Vergütungszahlungen über die Laufdauer eines Schutzrechts hinaus möglich sind (s. im Einzelnen dazu KommRL Nr. 14 zu RL Nr. 42).

---

807 Immenga in Immenga/Mestmäcker, GWB Rn. 29, 39 f. zu § 1 m.w.N.; Langen/Bunte, GWB Bd. 1 § 1 Rn. 27 m.w.N.
808 I. E. ebenso Volmer Vergütungsrichtlinien Rn. 3 zu RL Nr. 42 u. Volmer/Gaul Rn. 1139 zu § 9; wohl auch OLG München v. 10.09.1992, GRUR 1994, 625, 626 – *Prägemaschine* – jeweils zu §§ 20, 21 GWB a.F.
809 Vgl. auch BGH v. 05.07.2001, WPR 2002, 214, 218 – *Spiegel-CD-ROM* mit der Klarstellung, dass bei der Schutzrechtsverletzung die nach der Lizenzanalogie – als bloßer Form der Schadensberechnung – berechnete Schadensersatzzahlung nicht zum Abschluss eines Lizenzvertrages führt.
810 Schiedsst. v. 23.02.1988, BlPMZ 1988, 293, 294; im Ergebn. auch Reimer/Schade/Schippel/Himmelmann Rn. 2 zu § 11/RL Nr. 42 (vgl. aber auch dort Rn. 9 zu § 10); s. ferner zu §§ 20, 21 GWB a.F.: Volmer, Vergütungsrichtlinien, Rn. 3 zu RL Nr. 42; Volmer/Gaul Rn. 1139 zu § 9; wohl auch OLG München v. 10.09.1992 GRUR 1994, 523, 525 – Prägemaschine.

**138** Rechtliche Schranken aus den §§ 1, 2 GWB (Art. 101, 102 AEUV) können jedoch »im Vorfeld« bei der Ermittlung des Erfindungswertes beachtlich sein. Kartellrechtliche Schranken gewinnen vor allem wegen des Leitbildes des Erfindungswertes, d.h. der Orientierung am freien Lizenzmarkt, bei der Feststellung einer **Üblichkeit** (s. dazu Komm RL Rn. 13 ff. zu RL Nr. 8) Bedeutung. Denn eine Üblichkeit bzw. eine gedachte **Vereinbarung vernünftiger Lizenzvertragsparteien** (s. dazu KommRL RL Nr. 6 Rn. 10) erscheint insofern zweifelhaft, als ihr das Kartellrecht zwingend entgegensteht.[811] Folglich kann ein nichtiger Lizenzvertrag bzw. eine kartellrechtlich unwirksame Lizenzvertragsbestimmung grds. nicht als Vergleichsmaßstab für die Ermittlung des Erfindungswertes (vgl. RL Nrn. 6, 25) herangezogen werden. Soweit andererseits kartellrechtlich das vom Inhalt des Schutzrechts umfasste Untersagungsrecht reicht, steht dies dem Rückgriff auf die Lizenzvertragspraxis nicht entgegen.[812] Zum Einfluss des Kartellrechts auf die technisch-wirtschaftliche Bezugsgröße s. KommRL Rn. 5 zu RL Nr. 8.

**139** Übernimmt der Arbeitgeber durch Vereinbarung mit dem Arbeitnehmer eine **frei gewordene oder freie Erfindung**, unterliegen diese Abreden den allgemeinen kartellrechtlichen Grundsätzen der §§ 1, 2 GWB;[813] so kann u.U. die Vereinbarung von Vergütungsansprüchen über die Laufzeit der lizenzierten (freien) Schutzrechte hinaus kartellrechtswidrig sein[814] (s.a. § 19 Rdn. 30; vgl. aber auch RL Nr. 42).

**140** Die kartellrechtlichen Schranken sind darüber hinaus auch für solche Vereinbarungen zwischen den Arbeitsvertragsparteien beachtlich, die die Rechte und Pflichten aus dem ArbEG nicht konkretisieren, sondern **Sachverhalte bzw. Rechtspositionen** betreffen, die **außerhalb des ArbEG** liegen (z.B. nachvertragliche Nichtangriffsabreden, s. dazu § 25 Rdn. 42 ff.).

**gg) Abstaffelung (RL Nr. 11)**

**(1) Anwendungsbereich**

**141** Lizenzverträge enthalten häufig eine Regelung über die Abstaffelung der Lizenzgebühren bei hohen Umsätzen des Lizenznehmers mit der lizenzierten

---

811 Vgl. auch Gaul, GRUR 1983, 209, 211 ff., 216 f. – zu §§ 20, 21 GWB a.F.
812 Vgl. BGH v. 29.04.2003 – X ZR 186/01, Mitt. 2003, 466, 469 – *Abwasserbehandlung*.
813 BGH v. 01.02.1983 – X ZR 16/82 – *Fahrzeugsitz* (unveröffentl.); ebenso Volmer VergRichtl. Rn. 3 zu Nr. 42; a.A. Volmer/Gaul Rn. 1139 zu § 9 – jeweils zu §§ 20, 21 GWB a.F.
814 S. im Einzelnen Bartenbach/Söder, Mitt. 2007, 353 ff., 361 ff; s. aber auch EuGH v. 07.07.2016, GRUR 2016, 91 – Gentechnik/Hoechst u.a.

### G. Bemessung der Vergütung § 9

Erfindung. Um auch insoweit eine Gleichbehandlung des Arbeitnehmererfinders mit einem freien Erfinder zu erreichen, sieht **RL Nr. 11** als **Kannbestimmung** eine Abstaffelung des Lizenzsatzes bei der Ermittlung des Erfindungswertes nach der Lizenzanalogie vor,[815] um damit der Wechselbeziehung zwischen Lizenzsatz und Abstaffelung Rechnung zu tragen (s.a. § 9 Rdn. 133). Zur Abstaffelung bei der Ermittlung des Erfindungswertes nach dem betrieblichen Nutzen s. § 9 Rdn. 166 f. Zur Abstaffelung im Fall einer konkreten Lizenzanalogie s. § 9 Rdn. 122.

Der **Grund für eine Abstaffelung** wird darin gesehen, dass bei besonders hohen Umsätzen der Wert der Erfindung (Monopolwirkung) ggü. anderen Faktoren aus der **Sphäre des Arbeitgebers** zurücktritt. Damit soll solchen umsatzbeeinflussenden Faktoren Rechnung getragen werden, die ihre Ursache außerhalb der Erfindung haben und dem Arbeitgeber zuzurechnen sind[816] (sog. Kausalitätsverschiebung, s. dazu § 9 Rdn. 142.2 ff.). Vgl. auch den Hinweis auf eine Ermäßigung des Lizenzsatzes in RL Nr. 9 Satz 1.

Durch Änderungsrichtlinie vom 01.09.1983[817] hat der Bundesminister für Arbeit und Sozialordnung die RL Nr. 11 neu gefasst. RL Nr. 11/1983 ist zum **01.01.1984 wirksam** geworden, sodass alle Nutzungshandlungen nach diesem Zeitpunkt der Neuregelung unterliegen.[818]

In der Praxis wird nicht immer beachtet, dass sich ein Wirksamwerden der **Abstaffelungsgrundsätze** i.d.R. auf die Höhe der Erfindervergütung **wesentlich stärker auswirkt als andere Einzelfaktoren** der Vergütungsberechnung wie etwa der gesamte Anteilsfaktor.

---

815 Zu RL Nr. 11 vgl. insb. Witte, Mitt. 1966, 234 f.; Schweikhardt, GRUR 1968, 240 ff.; Karl, GRUR 1968, 565 ff.; Schade, Mitt. 1969, 291 ff.; Gaul, GRUR 1983, 209 ff.; Gaul/Bartenbach, GRUR 1984, 11 ff.; Kaube, Mitt. 1986, 572 ff. u. 623; Hellebrand, GRUR 1993, 449 ff.
816 Vgl. Schiedsst. v. 01.04.1964, BlPMZ 1964, 235 = GRUR 1964, 620 (LS); m. Anm. Schippel; v. 07.02.1983, BlPMZ 1984, 218, 219; v. 16.06.1983, BlPMZ 1984, 250, 252 (betr. Schutzrechtskomplexe); 22.06.1995, Mitt. 1996, 220, 221 – *Bedienungseinrichtung*; ZB./EV. v. 24.04.2016 – Arb.Erf. 02/14, (www.dpma.de = Mitt. 2017, 86, dort nur LS. 3); Hellebrand, GRUR 1993, 449 ff.; v. 03.06.2005 – Arb.Erf. 34/04, (Datenbank) u. v. 17.04.2007 – Arb.Erf. 7/06, (unveröffentl.).
817 Veröffentl. in BAnz. v. 09.06.1983, Nr. 169/83 = BlPMZ 1983, 350.
818 Schiedsst. v. 24.01.1984, BlPMZ 1984, 151, bestätigt u. a. durch EV. v. 11.03.1985 – Arb.Erf. 17/84; v. 29.07.1985 – Arb.Erf. 70/84; v. 26.04.1994 – Arb.Erf. 2/94, (alle unveröffentl.); ferner OLG Frankfurt am Main OLG Frankfurt/Main v. 05.05.1988 – 6 U 215/86 – *Vinylpolymerisate II* (unveröffentl.); Gaul/Bartenbach, GRUR 1984, 11, 13 ff.

**142** RL Nr. 11 n.F. stellt die Abstaffelung nicht in das Belieben des Arbeitgebers, sondern macht sie im Einzelfall davon abhängig, »ob und in welcher Höhe in den verschiedenen Industriezweigen solche Ermäßigungen des Lizenzsatzes bei freien Erfindungen **üblich** sind«.

**142.1** Der **BGH** geht in seinem Urt. »Vinylchlorid« v. 04.10.1988 davon aus, dass eine Abstaffelung nach RL Nr. 11 nur bei entsprechendem Üblichkeitsnachweis erfolgen kann.[819] Dort hat der *BGH* bei Nachweis einer Jahresstaffel (statt Gesamtumsatzstaffel – s. § 9 Rdn. 145) auch nur diese berücksichtigt.[820] Andererseits hat der *BGH* zuvor im Urteil »Absorberstabantrieb I« v. 31.01.1978 die Geltung der RL Nr. 11 »allgemein« für den Fall besonders hoher Umsätze anerkannt und das im amtlichen Leitsatz hervorgehoben, und zwar ohne die Frage der Üblichkeit zu untersuchen.[821] In der späteren Entscheidung »Copolyester I« vom 17.05.1994[822] hat der *BGH* – ebenfalls ohne Prüfung der Üblichkeit – dem Arbeitgeber eine Vergütungsanpassung nach § 12 Abs. 6 ArbEG anheim gestellt, »wenn die Umsätze die Millionengrenze übersteigen«.

Schon von daher kann der Auffassung, die unter Bezugnahme auf das BGH-Urteil »Vinylchlorid« einen Üblichkeitsnachweis fordert[823], nicht gefolgt wer-

---

819 BGH v. 04.10.1988 – X ZR 71/86, BlPMZ 1989, 135, 137 – *Vinylchlorid* in Bestätigung der ständ. Rspr. d. OLG Frankfurt am Main, insb. OLG Frankfurt/Main v. 05.05.1988  1988 –  6 U 215/86 – *Vinylpolymerisate II* (unveröffentl.), v. 19.12.1991, Mitt. 1992, 253 – *Verjährung*, v. 30.04.1992, GRUR 1992, 852, 854 – *Simulation von Radioaktivität*; i.d.S. auch LG Düsseldorf, v. 18.06.1991 – 4 O 294/90 (unveröffentl.). Wohl auch Keukenschrijver in Busse/Keukenschrijver, PatG, Rn. 18 zu § 11 ArbEG (aber uneinheitlich); vgl. auch BGH v. 17.05.1994 – X ZR 82/92, GRUR 1994, 898, 902 – *Copolyester*.
820 BGH v. 04.10.1988 – X ZR 71/86, BlPMZ 1989, 135, 137 – *Vinylchlorid*.
821 BGH v. 31.01.1978 – X ZR 55/75, GRUR 1978, 430, 433 – *Absorberstab-Antrieb*.
822 In GRUR 1994, 898, 902.
823 OLG Frankfurt v. 19.12.1991 Mitt. 1992, 253 – *Verjährung* u. v. 30.04.1992 GRUR 1992, 852, 854 – Simulation von Radioaktivität. Ebenso letztlich Keukenschrijver in Busse/Keukenschrijver, PatG, Rn. 18 zu § 11 ArbEG (danach setzt »die Anwendung der Staffel ... deren Üblichkeit voraus« und eine Minderung durch Abstaffelung kann vorgenommen werden, »wenn dies der Praxis bei freien Erfindungen im betr. Industriezweig entspricht«; s. [aber] auch dort Rn. 15 zu § 11 ArbEG; vgl. auch Boemke/Kursawe/Engemann Rn. 264, 271, 273, 282 zu § 9, die aber andererseits der Spruchpraxis von OLG und LG Düsseldorf folgen (a.a.O. Rn. 266, 272, 275). Nach Schwab, Arbeitnehmererfindungsrecht, § 11 Rn. 5 ist keine Branchen- sondern eine »Betriebsüblichkeit« erforderlich.

den.[824] Inwieweit der *BGH* die Frage der Üblichkeit zukünftig überhaupt noch ansprechen wird, bleibt ohnehin abzuwarten, nachdem der *BGH* i.R.d. Lizenzanalogie – statt auf Verkehrsüblichkeit – als generellen Maßstab darauf abzustellen scheint, was **vernünftige Lizenzvertragsparteien** im konkreten Einzelfall vereinbart hätten (s. dazu § 9 Rdn. 121). Von daher wäre dann zu fragen, ob und in welcher Weise vernünftige Lizenzvertragsparteien – etwa i.S.d. nachfolgend dargestellten Aspekts der Kausalitätsverschiebung – berücksichtigen, inwieweit zukünftige hohe Umsätze des Lizenznehmers allein auf die Benutzung der Erfindung oder zugleich bzw. maßgeblich auf Beiträge bzw. Einflüsse des Lizenznehmers zurückzuführen sind.

Zu Recht verzichtet die *Schiedsstelle* in ständiger Praxis[825] (auch für die RL Nr. 11/1983[826]) auf einen Üblichkeitsnachweis einer Abstaffelung. Während sie in ihrer früheren Entscheidungspraxis das Merkmal der Üblichkeit durch das der **Angemessenheit** (vgl. § 9 Abs. 1) ersetzt hat,[827] stellt sie seit längerem in ihrer Praxis – im Anschluss an Hellebrand[828] – maßgebend auf **eine Kausa-**

142.2

---

824 Ausf. Bartenbach/Volz GRUR 2016, 225 ff. Im Ausgangspunkt erkennt auch das OLG Düsseldorf (Urt v. 09.10.2014 – I – 2 U 15/13, [www.justiz.nrw.de/nrwe, Rn. 179] – Scharniereinrichtung m.H.a. BGH v. 31.01.1978 – X ZR 55/75, GRUR 1978, 430 – *Absorberstab-Antrieb*) an, dass die höchstrichterliche Rechtsprechung eine Abstaffelung allgemein bei hohen Umsätzen zulässt.
825 Seit Schiedsst. v. 01.04.1964, BlPMZ 1964, 235 = GRUR 1964, 620 (LS) m. Anm. Schippel, z.B. EV. v. 08.02.1989 – Arb.Erf. 88/87, (unveröffentl.); v. 17.04.2013 – Arb.Erf. 11/11; v. 15.07.2016 – Arb.Erf. 26/14; v. 09.12.2016 – Arb.Erf. 73/13, (alle www.dpma.de).
826 Z.B. Schiedsst. v. 11.02.1985 – Arb.Erf. 17/84, (unveröffentl.).
827 Schiedsst. v. 06.01.1982 – Arb.Erf. 66/81, u. ZB v. 07.11.1984 – Arb.Erf. 24/84, (beide unveröffentl.).
828 Hellebrand, GRUR 1993, 449, 453.

**litätsverschiebung** als Voraussetzung für die Abstaffelung ab.[829] Sie sieht sich als Teil der vollziehenden Gewalt (s. vor § 28 Rdn. 3) an das gesetzliche Gebot des § 9 Abs. 1 ArbEG, den Arbeitnehmererfinder angemessen zu vergüten, gebunden und nicht an den in RL Nr. 11 Abs. 1 genannten unverbindlichen Anhaltspunkt der Üblichkeit einer Abstaffelung des Lizenzsatzes in Lizenzverträgen, zumal es eine solche Verkehrsüblichkeit nicht gebe.[830] Im Übrigen geht sie davon aus, dass der *BGH* in seinem vorgenannten »Vinylchlorid«-Urteil deutlich gemacht habe, die Abstaffelung von hohen Umsätzen sei eine Frage der Angemessenheit der Vergütung i.S.v. § 9 Abs. 1.[831] Zur Begründung verweist die *Schiedsstelle*[832] auf das Verhalten vernünftiger Lizenzvertragsparteien: Ein vernünftiger Lizenznehmer werde seine Erfindung schon im eigenen Interesse vorrangig an ein Unternehmen lizenzieren, das auf Grund seiner Marktposition hohe bis sehr hohe Umsätze erwarten ließe; die Reduzierungen des Lizenzsatzes ab bestimmter Umsatzgrenzen würden durch die hohen Umsätze nicht bloß kompensiert, sondern regelmäßig übertroffen und lägen über den Lizenzeinnahmen, die ohne Abstaffelung bei einem nicht entscheidend im Markt verhafteten Lizenznehmer zu erzielen wären. S. im Übrigen KommRL Rn. 19 ff. zu RL Nr. 11.

Eine **Kausalitätsverschiebung liegt vor**, wenn für besonders hohe Umsätze mit erfindungsgemäßen Produkten außer dem Wert der Diensterfindung

---

829 Z.B. Schiedsst. v. 23.07.1991, BlPMZ 1993, 114, 115 – *Mischer*; v. 22.01.1991 – Arb.Erf. 78/90, (unveröffentl., zitiert nach Hellebrand, GRUR 1993, 449, 453); v. 10.08.1993 – Arb.Erf. 14/92; v. 19.08.1994 – Arb.Erf. 174/92; v. 26.10.1994 – Arb.Erf. 154/92; 18.09.2001 – Arb.Erf. 72/99; v. 02.04.2009 – Arb.Erf. 58/07; v. 21.04.2009 – Arb.Erf. 13/08; v. 08.10.2009 – Arb.Erf. 50/08; v. 13.10.2009 – Arb.Erf. 38/06; grds. EV v. 08.12.2010 – Arb.Erf. 6/09 (alle unveröffentl.); v. 18.09.2012 – Arb.Erf. 22/11, (www.dpma.de); v. 25.10.2012 – Arb.Erf. 36/11, (unveröffentl.); ferner v. 05.03.2013 – Arb.Erf. 57/11; v. 19.03.2013 – Arb.Erf. 55/12; v. 09.04.2013 – Arb.Erf. 30/12; v. 17.04.2013 – Arb.Erf. 11/11, (alle www.dpma.de); v. 26.06.2013 – Arb.Erf. 14/11; v. 02.07.2013 – Arb.Erf. 25/12, (beide Datenbank); EV. v. 22.07.2013 – Arb.Erf. 40/11; ZB. v. 08.10.2013 Arb.Erf. 69/11; v. 18.12.2014 – Arb.Erf. 61/10, (alle www.dpma.de); v. 03.07.2015, Mitt. 2016, 277, 278 f.; ferner EV/ZB v. 24.02.2016 – Arb.Erf. 02/14; v. 29.02.2016 – Arb.Erf. 28/13 (ebeide www.dpma.de); v. 10.03.2016 – Arb.Erf. 23/12, (www.dpma.de = Mitt. 2017, 86, dort nur LS. 4); v. 19.09.2016 – Arb.Erf. 05/14, Mitt. 2018, 289, 291 f. (= www.dpma.de); v. 09.12.2016 – Arb.Erf. 73/13; v. 22.05.2017 – Arb.Erf. 21/15, (beide www.dpma.de).
830 Schiedsst. v. 08.12.2010 – Arb.Erf. 6/09, (unveröffentl.); v. 11.04.2018 – Arb.Erf. 27/16, (vorg. f. www.dpma.de).
831 Schiedsst. v. 19.09.2016 – Arb.Erf. 05/14, Mitt. 2018, 289, 291 (= www.dpma.de).
832 Vgl. Schiedsst. v. 22.05.2017 – Arb.Erf. 21/15, (www.dpma.de).

erfindungsneutrale Umstände aus der Sphäre des Unternehmens (Arbeitgebers) in entscheidendem Maß ursächlich werden[833], so dass die Ursächlichkeit der Erfindung gegenüber diesen erfindungsneutralen Faktoren zurücktritt[834] (s. im Einzelnen KommRL Rn. 2, 19 zu RL Nr. 11). Das entspricht dem Zweck der Abstaffelung (s. § 9 Rdn. 141). Aufgrund solcher unternehmensbezogenen Faktoren, die in entscheidendem Maße für besonders hohe Umsätze (mit-) ursächlich sind, verschiebt sich (teilweise) die Kausalität von der Diensterfindung hin zu Beiträgen und Einflüssen des Unternehmens auf den Umsatzerfolg. Eine solche Kausalitätsverschiebung nimmt die *Schiedsstelle* bspw. an, wenn sich das erfindungsgemäße Produkt unter einem bekannten Markenzeichen im Markt durchsetzt,[835] das Produkt sich nur durch eine geringe Individualisierung von sehr ähnlichen Produkten des Arbeitgebers abhebt,[836] bei einem Massenprodukt ohne Vermittlung einer Vorzugstellung ggü. Mitbewerbern[837] (Hauptanwendungsfall der Abstaffelung) oder weil andere, ihrer Art nach erfindungsfremde Faktoren aus der Sphäre des Arbeitgebers Einfluss gewinnen.[838] wie etwa Ruf des Unternehmens (Qualität der Produkt-Palette, bekannte Produkt-Marken[839] usw.), Marktstellung; (Geschäfts-) Beziehungen bzw. besondere (In-/Auslands-) Verbindungen im Markt[840], Werbung, Vertriebsnetz und -organisation,[841] Kundendienst und Service, Finanzkraft, Fertigungskapazität[842], begleitende Marken, allgemeiner Forschungs- und Entwicklungsaufwand, besonderes Herstellungs-Know-how, umfassende (ggfs. weltweite) Vertriebsorganisation[843] und sonstige besondere unternehmerische Anstrengungen (z.B. klinische Entwicklung und Marktzulassung bei Arznei-

---

833 I.d.Sinn langjährige Praxis d. Schiedsst., z.B. Schiedsst., 20.01.2009 – Arb.Erf. 40/06, (unveröffentl.); grundlegend Hellebrand, GRUR 1993, 449 ff.
834 Ständ. Praxis d. Schiedsst., z. B. EV. v. 22.07.2013 – Arb.Erf. 40/11, (www.dpma.de). Vgl. auch BPatG v. 21.11.2017, GRUR 2018, 803 (Rn. 71) – Isentress II.
835 Schiedsst. ZB v. 08.12.1993 – Arb.Erf. 11/92, (unveröffentl.).
836 Schiedsst. v. 10.08.1993 – Arb.Erf. 14/92, (unveröffentl.).
837 Schiedsst. v. 26.10.1994 – Arb.Erf. 154/92, u. v. 13.10.2009 – Arb.Erf. 38/06, (beide unveröffentl.).
838 Schiedsst. v. 28.07.2006 – Arb.Erf. 5/05 (Datenbank); v. 11.03.2008 – Arb.Erf. 24/07, (Datenbank); v. 17.04.2013 – Arb.Erf. 11/11, (www.dpma.de); s. auch OLG Düsseldorf v. 09.10.2014 – I – 2 U 15/13, (www.justiz.nrw.de/nrwe, Rn. 179) – Scharniereinrichtung; Reimer/Schade/Schippel/Himmelmann Anh. zu § 11/Rn. 18 ff. zu RL Nr. 11.
839 Z.B. Schiedsst. v. 03.07.2015, Mitt. 2016, 277, 279.
840 Z. B. Schiedsst. v. 19.09.2013 – Arb.Erf. 29/13, (www.dpma.de).
841 Z.B. Schiedsst. v. 03.07.2015, Mitt. 2016, 277, 279.
842 Z.B. Schiedsst. EV. v. 22.07.2013 – Arb.Erf. 40/11. (www.dpma.de).
843 Z.B. Schiedsst. EV. v. 22.07.2013 – Arb.Erf. 40/11, (www.dpma.de).

mitteln[844]) usw. Eine Abstaffelung hat sie andererseits abgelehnt, wenn die Qualität der Erfindung einen erheblichen Anteil am erzielten Umsatz hatte,[845] die Erfindung dem Arbeitgeber den Einstieg in einen bis dahin nicht vorhandenen Markt ermöglichte,[846] die Erfindung für den Lieferauftrag hauptursächlich war.[847]

Bei **Konzernstrukturen**[848], **Marktführerschaft** des Arbeitgebers[849] bzw. dessen Zugehörigkeit zum Kreis der **Hauptakteure auf dem Produktmarkt**[850] und umsatzstarken **Traditionsunternehmen**[851] geht die *Schiedsstelle* in der Regel immer von einer Kausalitätsverschiebung aus.

Unabhängig von den vorstehenden Grundsätzen geht die *Schiedsstelle* aufgrund ihrer langjährigen Erfahrung allerdings in zahlreichen Industriebereichen von einer **Branchenüblichkeit der Abstaffelung** aus[852] (s. hierzu im Einzelnen KommRL Rn. 20, 32 f. zu RL Nr. 11).

142.3 Die Sicht der **Instanzgerichte** ist indifferent[853]. So sieht das *LG München I*[854] einen Üblichkeitsnachweis als geführt an, wenn eine Abstaffelung mit Wettbewerbern vereinbart wurde und in der betreffenden Branche freie Erfinder nicht tätig sind, insbesondere, weil diese wegen des hohen Entwicklungsstandes und der hohen Entwicklungskosten nicht in der Lage sind, Entwicklungsbeiträge

---

844 Schiedsst. v. 17.04.2013 – Arb.Erf. 11/11, (www.dpma.de);
845 Schiedsst. v. 23.07.1991, BlPMZ 1993, 114, 115 – *Mischer*.
846 Schiedsst. v. 23.11.1993 – Arb.Erf. 147/92, (unveröffentl.).
847 Schiedsst. v. 30.11.1993 – Arb.Erf. 140/92, (unveröffentl.).
848 Schiedsst. v. 18.12.2014 – Arb.Erf. 61/10, (www.dpma.de). Im Ergebn. bereits Schiedsst. v. 24.06.2008, Arb.Erf. 04/07 (Datenbank).
849 Schiedsst. v. 15.01.2016 – Arb.Erf. 65/13; EV./ZB. v. 24.02.2016 – Arb.Erf. 2/14; v. 15.07.2016 – Arb.Erf. 26/14; v. 09.12.2016 – Arb.Erf. 73/13, (alle www.dpma.de); ferner Schiedsst. v. 19.09.2016 – Arb.Erf. 05/14, Mitt. 2018, 289, 292 (= www.dpma.de), dort bei einem im Markt »führenden« Unternehmen.
850 Schiedsst. v. 10.03.2016 – Arb.Erf. 23/12, (www.dpma.de = Mitt. 2017, 86, dort nur LS. 4) u.v. 11.04.2018 – Arb.Erf. 27/16, (vorg. f. www.dpma.de).
851 Vgl. Schiedsst. v. 06.03.2015 – Arb.Erf. 09/13, (www.dpma.de)
852 Soweit die Schiedsst. eine Branchenüblichkeit der Abstaffelung feststellt, prüft sie eine Kausalitätsverschiebung nicht mehr; so im EV. v. 22.02.1996 – Arb.Erf. 66/94, (unveröffentl.); v. 03.06.2005 – Arb.Erf. 34/04, (Datenbank); v. 17.04.2007 – Arb.Erf. 7/06, (unveröffentl.), so etwa für die Bereiche Automobil-Zulieferer und Chemie.
853 S. Bartenbach/Volz GRUR 2016, S. 225, 230 f.
854 Urt. v. 21.12.1998 – 21 O 22876/94, (unveröffentl.).

zu leisten. Das *OLG München*[855] vermutet jedenfalls bei exorbitanter Höhe erfindungsgemäßer Umsätze eine Kausalitätsverschiebung (s. Rdn. 2) und wendet eine Abstaffelung nach der Tabelle der RL Nr. 11 ohne Üblichkeitsnachweis an.

Die **Düsseldorfer Gerichte**, also *LG Düsseldorf* und *OLG Düsseldorf*, greifen zwar den Gedanken der Kausalitätsverschiebung auf[856], gehen zwischenzeitlich aber mit Blick auf das Leitbild eines fiktiven Lizenzvertrages (Lizenzanalogie) und die Verhaltensweise vernünftiger Lizenzvertragsparteien davon aus, dass »ganz allgemein für den Fall besonders hoher Umsätze«[857] eine Abstaffelung üblicherweise in Betracht kommt.[858] Abweichend von der Tabelle gemäß RL Nr. 11 schlagen *LG* und *OLG Düsseldorf* allerdings eine **lineare Herabsetzung** des firmen- oder marktüblichen Lizenzsatzes vor,[859] der z.B. bei erfindungsgemäßen Gesamtumsätzen von 300 Mio. € mit einem Drittel,[860] bei rd.

---

855 Urt. v. 16.08.2012 Az. 6 U 2572/11, (unveröffentl.) – Elektronische Funktionseinheit, dort bei einem Umsatz von rd. 19 Mrd. Euro mit den vergütungspflichtigen Gesamtvorrichtungen unter Anwendung der Höchstgrenze der Abstaffelung von 80 % nach RL Nr. 11.
856 Ständ. Rspr. z.B. LG Düsseldorf v. 28.08.1997, Entscheidungen 4. ZK. 1997, 75, 81 f.
857 So OLG Düsseldorf v. 04.03.2004 InstGE 4, 165, 182 – Spulkopf II u. v. 09.10.2014 – I – 2 U 15/13, (www.justiz.nrw.de/nrwe, Rn. 179) – Scharniereinrichtung jeweils m.H.a. BGH v. 31.01.1978 – X ZR 55/75, GRUR 1978, 430, 433 – *Absorberstab-Antrieb*.
858 Siehe z.B. LG Düsseldorf v. 23.11.2010 – 4b O 20/10, (Düsseldf. Entsch. Nr. 1509) – Stahlbetontunnel (allerdings bzgl. Eingreifens einer Abstaffelung aufgehoben durch OLG Düsseldorf v. 20.12.2012 – 2 U 139/10 – Düsseldf. Entsch. Nr. 1969 – Stahlbetontunnel) u. v. 20.03.2013 – 4b O 295/10, (Düsseldf. Entsch. Nr. 2027) – Scharniereinrichtung, bestätigt durch OLG Düsseldorf v. 09.10.2014 – I – 2 U 15/13, (www.justiz.nrw.de/nrwe, Rn. 178 ff.) – Scharniereinrichtung; zust. Boemke/Kursawe/Engemann Rn. 266, 272, 275 zu § 9 u. Rn. 25 zu § 11.
859 OLG Düsseldorf v. 04.03.2004, InstGE 4, 165, 181 – *Spulkopf II*; im Anschl. daran LG Düsseldorf v. 23.11.2010 – 4b O 20/10, (Düsseldf. Entsch. Nr. 1509) – *Stahlbetontunnel* (insoweit nicht thematisiert von OLG Düsseldorf v. 20.12.2012 – 2 U 139/10, [juris, Rn. 65 ff.] – *Stahlbetontunnel*, da dort die Abstaffelung abgelehnt worden ist).
860 LG Düsseldorf v. 28.08.1997, Entscheidungen 4. ZK. 1997, 75, 81 f.; OLG Düsseldorf InstGE 4, 165, 181 f. – *Spulkopf II*; LG Düsseldorf v. 27.04.2010 – 4b O 138/06, (unveröffentl.).

100 Mio. € mit 20 %[861], bei rd. 80 Mio € mit 15 %[862], bei 10 Mio. € bis 40 Mio. € mit 10 %[863] und ab mehr als 2 Mio. € mit 5 %[864] angesetzt worden ist. Die Höhe des linearen Abschlags ist also von der Höhe der in der Vergangenheit erzielten erfindungsgemäßen Gesamtumsätze abhängig und wird dann – so unser Verständnis dieser Rechtsprechung – linear fortgeschrieben.

Aus unserer Sicht kann der von den Düsseldorfer Gerichten vorgeschlagenen (auf der Schadensersatzberechnung bei Patentverletzungen beruhenden) Vorgehensweise nicht gefolgt werden, zumal diese auf Grund der rückschauenden Betrachtung eine praxistaugliche und rechtssichere Antwort darauf schuldig bleiben, wie die Arbeitsvertragsparteien bei einer zeitgerechten (binnen drei Monaten nach Nutzungsaufnahme), zukunftsgerichteten Vergütungsregelung mit jährlichen Abrechnungen rechtssicher verfahren können, wenn sich die künftige Umsatzentwicklung und damit die Grundlage für einen linear abgestaffelten Lizenzsatz nicht zuverlässig prognostizieren lassen – es sei denn, man könnte zukünftig auf eine eigene »Düsseldorfer Tabelle« zurückgreifen.[865] Aus Sicht der *Schiedsstelle* stellt diese Rechtsprechung eine »reine Fiktion« dar.[866]

---

861 LG Düsseldorf v. 23.11.2010 – 4b O 20/10, (Düsseldf. Entsch. Nr. 1509) – *Stahlbetontunnel* m. H. a. Urt. v. 10.03.1998 – 4 O 329/95, (unveröffentl., insoweit nicht thematisiert von OLG Düsseldorf v. 20.12.2012 – 2 U 139/10, (juris, Rn. 65 ff.) – *Stahlbetontunnel*, da dort die Abstaffelung abgelehnt worden ist).
862 LG Düsseldorf v. 23.11.2010 – 4b O 20/10, (Düsseldf. Entsch. Nr. 1509) – Stahlbetontunnel, dort bei 78 Mio. € (allerdings bzgl. Eingreifens einer Abstaffelung aufgehoben durch OLG Düsseldorf v. 20.12.2012 – 2 U 139/10, juris – Stahlbetontunnel).
863 OLG Düsseldorf v. 09.10.2014 – I – 2 U 15/1, (www.justiz.nrw.de/nrwe, Rn. 180) – Scharniereinrichtung (für Umsätze von rd. 10 und 40 Mio. t) in Bestätigung von LG Düsseldorf v. 20.03.2013 – 4b O 295/10, (Düsseldf. Entsch. Nr. 2027) – Scharniereinrichtung (letzteres auch dargestellt bei Trimborn Mitt. 2014, 74, 76).
864 OLG Düsseldorf v. 09.10.2014 – I – 2 U 15/13, (www.justiz.nrw.de/nrwe, Rn. 312) – Scharniereinrichtung ebenfalls in Bestätigung von LG Düsseldorf v. 20.03.2013 – 4b O 295/10, (Düsseldf. Entsch. Nr. 2027) – Scharniereinrichtung.
865 Bartenbach/Volz GRUR 2016, S. 225, 230; der Düsseldorfer Gerichtspraxis dagegen zustimmend Boemke/Kursawe/Engemann Rn. 266, 272, 275 zu § 9 u. Rn. 25 zu § 11.
866 Schiedsst. v. 31.01.2018 – Arb.Erf. 53/15, (www.dpma.de).

G. Bemessung der Vergütung § 9

Nach unserer – insbesondere vom *LG Frankfurt*[867] und vom *20. Senat des OLG Düsseldorf*[868] im Grundsatz bestätigten[869], nicht aber von der *Schiedsstelle*[870] und Teilen des Schrifttums[871] geteilten – Auffassung ist zwischenzeitlich von der **erfinderrechtlichen Üblichkeit der Abstaffelung auszugehen**[872] und dabei auf die Staffel der RL Nr. 11 abzustellen (s. hierzu KommRL Rn. 21 ff. zu RL Nr. 11). Im Hinblick auf RL Nr. 1 Satz 1 (Unverbindlichkeit der Richtlinie) gilt das in RL Nr. 11 aufgestellte Erfordernis der Üblichkeit nicht von Gesetzes wegen. Dies erfordert eine »**anpassende Auslegung**« unter Beachtung der inzwischen eingetretenen tatsächlichen und rechtlichen Änderung der Verhältnisse. Angesichts der Vielzahl unterschiedlichster Lizenzgebührenregelungen in Lizenzverträgen kann nicht auf eine Üblichkeit im Lizenzverkehr abgestellt werden. Da der Erfinder nach dem allgemeinen Vergütungsgrundsatz (s.o. § 9 Rdn. 2) nur an den durch seine Erfindung kausal bewirkten wirtschaftlichen Vorteilen zu beteiligen ist und der Gedanke der Kausalitätsverschiebung unausgesprochener Leitgedanke der Abstaffelung nach RL Nr. 11 ist, ist bei hohen Umsätzen i.S.d. RL Nr. 11 im Regelfall von einer Kausalitätsverschiebung und damit von der Zulässigkeit der Abstaffelung nach der Tabelle der RL Nr. 11 auszugehen.

142.4

Im Ergebnis kann – insoweit in Übereinstimmung mit der *Schiedsstelle* (s. § 9 Rdn. 142.2) – u. E.bei hohen Umsätzen im Sinne der RL Nr. 11 im Regelfall von einer Kausalitätsverschiebung und damit von der Zulässigkeit der Abstaffelung nach der Tabelle der RL Nr. 11 ausgegangen werden. Nur wenn Anhaltspunkte gegen eine Kausalitätsverschiebung vorliegen (s. KommRL RL Nr. 11 Rdn. 34 ff.), muss der Arbeitgeber solchen Aspekten von sich aus nachgehen. Erhebt der Arbeitnehmer begründete Vorbehalte gegen die Abstaffelung, ist es Sache des **Arbeitgebers**, die **Kausalität seiner Unternehmenseinflüsse darzulegen und ggf. zu beweisen**.

---

867 LG Frankfurt v. 14.3.2012 – 2–06 O 466/10, (unveröffentl.).
868 Urt. v. 03.12.2013 Az. I – 20 U 26/10, (juris).
869 Vgl. auch das BPatG (Urt. v. 21.11.2017, GRUR 2018, 803 [Rn. 71] – Isentress II), wonach angesichts üblicher Kausalitätsverschiebungen »im Arbeitnehmererfindungsrecht (vgl. Abstaffelungstabelle zu RL Nr. 11) … bei hohen Umsätzen Abstaffelungen vorgenommen« werden.
870 Ablehnend Schiedsst. v. 08.12.2010 – Arb.Erf. 6/09, (unveröffentl.) u. v. 11.07.2012 – Arb.Erf. 3/11, (Datenbank, insoweit nicht in www.dpma.de).
871 Vgl. Trimborn Mitt. 2012, 70, 75 f. u. Mitt. 2014, 74, 76; ablehnend ferner Boemke/Kursawe/Engemann Rn. 264 zu § 9.
872 S. hierzu im Einzelnen Bartenbach/Volz, Beil. I zu GRUR 2008/4, S. 15 f. u. GRUR 2016, 225, 232.

**143** RL Nr. 11 gilt ganz allgemein für den Fall hoher Umsätze, auch wenn die **Massenartikelherstellung** ein Hauptanwendungsbereich ist.[873] Hierbei werden mit Massenprodukten sehr hohe Umsätze im i.d.R. mehrstelligen Millionenbereich nur mit entsprechend hohen Stückzahlen erreicht, was die Ursächlichkeit für den Verkaufserfolg im Verhältnis stärker von der Erfindung weg zu den sonstigen Leistungen des Unternehmens hin verschiebt, wie Ruf des Unternehmens, allgemeine Qualität seiner Produkte, Vertriebsnetz, Garantieleistungen usw.[874]

**144** Allerdings gibt es Ausnahmen, in denen eine **Abstaffelung** trotz hoher Umsätze **entfällt** (s. dazu im Einzelnen KommRL Rn. 34 ff. zu RL Nr. 11):

Von der Abstaffelung ausdrücklich ausgenommen hat der Richtliniengeber – abweichend von der früheren Rechtsprechung des *BGH*[875] – Umsätze bei **Einzelstücken mit sehr hohem Wert** (vgl. RL Nr. 11 [1983] 2. Abs.). Dies gilt dann, wenn schon ein einziges Erzeugnis oder wenige unter Verwendung der Erfindung hergestellte Erzeugnisse oder wertbeeinflusste Teile hiervon einen Wert von mehr als 3 Mio. DM (= 1.533.875,60 €) aufweisen (z.B. Aggregate in einer großtechnischen Anlage[876]). Als Anhaltspunkt kann hierbei ein Einzelwert von 150.000 € und mehr angesetzt werden. Allerdings kann die Bestimmung dieses Begriffs auch je nach Branche bzw. Produktbereich unterschiedlich ausfallen.[877] Jedenfalls bei einer »knapp dreistelligen Anzahl« hat die *Schiedsstelle* »Einzelstücke« begrifflich verneint.[878] S. im Übrigen KommRL Rn. 37 ff. zu RL Nr. 11.

Ist die **Höhe des Umsatzes** von vornherein annähernd **überschaubar** oder steht sie im Zeitpunkt der Vergütungsberechnung abschließend fest, kann anstelle einer Abstaffelung einheitlich ein **geringerer Lizenzsatz** zugrunde

---

[873] Schiedsst. v. 19.10.2007 – Arb.Erf. 14/06, (unveröffentl.).
[874] Vgl. Hellebrand, GRUR 1993, 449 ff.; Schiedsst. v. 14.02.1995 – Arb.Erf. 46/93, (unveröffentl.).
[875] BGH v. 31.01.1978 – X ZR 55/75, GRUR 1978, 430, 433 – *Absorberstab-Antrieb* m. Anm. Goltz = AP Nr. 1 zu § 11 ArbEG m. Anm. Volmer (zu RL Nr. 11/1959).
[876] S. dazu Schiedsst. v. 18.09.2001 – Arb.Erf. 72/99, (unveröffentl.) u. Hellebrand/Rabe, Lizenzsätze f. techn. Erf., S. 436 (C21B-Winderhitzerkuppel).
[877] Vgl. etwa OLG Düsseldorf vom 20.12.2012 – 2 U 139/10, (Düsseldf. Entsch. Nr. 1969) – Stahlbetontunnel.
[878] Schiedsst. v. 19.09.2016 – Arb.Erf. 05/14, Mitt. 2018, 289, 292, (= www.dpma.de).

## G. Bemessung der Vergütung § 9

gelegt werden.[879] Andererseits kann selbstverständlich ein Absehen von der Abstaffelung nicht mit der Begründung gefordert werden, dass der Lizenzsatz niedrig sei, wenn dieser tatsächlich angemessen ist.[880] S. im Übrigen KommRL Rn. 49 zu RL Nr. 11.

Von einer »nachgelagerten Abstaffelung« geht die *Schiedsstelle* aus, wenn als Vergleichslizenzsatz auf solche aus einem **Paid-up-Lizenzvertrag** zurückgegriffen wird, bei dem die Zahlungspflicht des Lizenznehmers endet, sobald ein bestimmter vertraglich festgelegter Lizenzgebührenbetrag erreicht ist oder mit Ablauf eines bestimmten Nutzungszeitraums, so dass dann die anschließenden Nutzungshandlungen lizenzgebührenfrei sind; folgerichtig lässt die *Schiedsstelle* dann auch diese anschließenden Nutzungszahlungen erfinderrechtlich vergütungsfrei.[881]

Auch wenn eine Abstaffelung oder eine sonstige Lizenzminderung üblich sein sollten, haben sie im Einzelfall dann zu unterbleiben, wenn sie nicht mehr dem Grundsatz der **Angemessenheit** i.S.d. § 9 Abs. 1 (s. § 9 Rdn. 69 f.) entsprechen.

Das gilt nach der Praxis der *Schiedsstelle* insbesondere dann, wenn die einer Abstaffelung zu Grunde liegende **Kausalitätsverschiebung für die hohen Umsätze ausscheidet.**[882] Das ist z. B. dann der Fall, wenn hohe erfindungsgemäße Umsätze nicht auf Faktoren aus der Sphäre des Arbeitgebers zurückzuführen sind, sondern ihren (ausschlaggebenden) Grund in der Qualität der Erfindung haben.[883] Bei einer **Pioniererfindung**, bei der die technischen Vorteile derart im Vordergrund stehen, dass i.S.d. Kausalitätsverschiebung sonstige

---

879 BGH v. 26.06.1969, GRUR 1969, 677, 680 – *Rüben-Verladeeinrichtung* u. BGH v. 31.01.1978 – X ZR 55/75, GRUR 1978, 430, 433 – *Absorberstab-Antrieb* m. Anm. Goltz = AP Nr. 1 zu § 11 ArbEG m. Anm. Volmer (zu RL Nr. 11/1959); vgl. auch Schiedsst. v. 09.01.1968, BlPMZ 1968, 165, 166; Keukenschrijver in Busse/Keukenschrijver, PatG, Rn. 15, 19 zu § 11 ArbEG.
880 Schiedsst. v. 18.03.1985 – Arb.Erf. 61/83, (unveröffentl.).
881 Schiedsst. v.19.02.2018 – Arb.Erf. 33/16, (www.dpma.de).
882 Schiedsst. v. 23.08.2001 – Arb.Erf. 37/99, (unveröffentl.); ähnl. bereits EV v. 17.10.1991 – Arb.Erf. 29/91, (dort aber bei einmaligem Einsatz einer Diensterfindung); v. 05.11.1991 – Arb.Erf. 35/89, u. v. 19.11.1991 Arb.Erf. 14–17/91, (alle unveröffentl.), mitgeteilt von Hellebrand GRUR 1993, 449, 453; ebenso Schiedsst. v. 16.10.2003 – Arb.Erf. 39/02, (unveröffentl.).
883 Schiedsst. v. 29.01.2008 – Arb.Erf. 7/07, (unveröffentl.), dort computerbezogene Erfindungen, deren Einsatz in integrierten Schaltkreisen deren Ausfallsicherheit extrem erhöhte; v. 12.09.2013 – Arb.Erf. 21/12 (www.dpma.de, dort wegen der allein ausschlaggebenden Bedeutung der erfindungsgem. Zutaten für die Abnehmer); vgl. auch EV v. 08.12.2010 – Arb.Erf. 6/09, (Datenbank).

absatzfördernde Bemühungen des Arbeitgebers keine Bedeutung erlangen, ist die Abstaffelung ausgeschlossen (s. Komm RL Rn. 47 zu RL Nr. 11). Aber auch bei einer Erfindung, deren **besondere technische Qualität** dem Arbeitgeber langfristig einen erheblichen Vorsprung vor seinen Wettbewerbern eröffnet oder seine Stellung im Markt sprunghaft verstärkt, kann eine Kausalitätsverschiebung nachrangig und damit eine Abstaffelung unangemessen sein.[884] Gleiches kann im Einzelfall gelten, wenn erst die Erfindung den Markteintritt des Arbeitgebers ermöglicht hat und der Markterfolg ausschließlich der Erfindung geschuldet wird.[885] Sind **keinerlei erfindungsfremde Gründe** für den hohen Umsatz erkennbar, kann auch dies ausnahmsweise gegen eine Kausalitätsverschiebung und damit gegen eine Abstaffelung sprechen.[886] Gegen eine Heranziehung der RL Nr. 11 kann nach Auffassung der *Schiedsstelle* auch der **Zuschnitt des Arbeitgeberunternehmens** mit Blick auf (eingeschränkte) Marktstellung, Vertriebs- und Serviceorganisation, Qualitätsruf, Werbung, Forschung usw. sprechen, wenn insoweit weder der unterbreitete Sachverhalt noch eine Internetrecherche Rückschlüsse auf eine mögliche Kausalitätsverschiebung erlauben.[887]

Zur konkreten Lizenzanalogie s. § 9 Rdn. 122. S. im Übrigen zum Entfallen der Abstaffelung KommRL Rn. 33, 34 ff. zu RL Nr. 11.

**145** Abstaffelung bedeutet nach dem Wortlaut der RL Nr. 11 eine Ermäßigung des Lizenzsatzes bei bestimmten Umsatzhöhen gemäß der dort vorgegebenen Abstaffelungstabelle; je höher der Gesamtumsatz ist (s. § 9 Rdn. 146), umso mehr ermäßigt sich der Lizenzsatz. Abweichend vom Wortlaut der RL Nr. 11 aber mit denselben rechnerischen Ergebnissen erfolgt die **praktische Handhabung der Abstaffelung** aus Vereinfachungsgründen sowie zur besseren Transparenz nicht durch eine Ermäßigung des jeweiligen (Analogie-)Lizenzsatzes,

---

[884] S. Reimer/Schade/Schippel/Himmelmann Rn. 2 zu § 11/RL Nr. 11 m. H. a. Schiedsst. v. 23.08.2001 – Arb.Erf. 37/99, (Datenbank); vgl. auch OLG Düsseldorf v. 20.12.2012 – 2 U 139/10, Düsseldf. Entsch. Nr. 1969 – Stahlbetontunnel.
[885] S. Schiedsst. v. 21.11.2017 – Arb.Erf. 06/15, (www.dpma.de).
[886] Ähnl. Schiedsst. v. 16.10.2003 – Arb.Erf. 39/02, (unveröffentlicht); vgl. auch den Hinweis d. Schiedsst. v. 18.12.2014 – Arb.Erf. 61/10, (www.dpma.de), wonach dort angesichts der Konzerneinflüsse »den Diensterfindungen keine ausschließliche Kausalität für die hohen Umsätze zugebilligt werden« konnte.
[887] S. Schiedst. v. 03.07.2015 – Arb.Erf. 18/13, (www.dpma.de = Mitt. 2016, 277, 279).

## G. Bemessung der Vergütung § 9

sondern durch **Ermäßigung** des tatsächlich (mit der betreffenden Bezugsgröße, s. § 9 Rdn. 147) erzielten **Gesamtumsatzes**.[888]

Die in RL Nr. 11 vorgegebene und bisher noch nicht auf EURO umgestellte **Abstaffelungstabelle** (s. hierzu Komm RL Rn. 58 ff. zu RL Nr. 11) beginnt bei einem Gesamtumsatz von 1.533.875,60 € (3 Mio. DM) und führt bei einem Umsatz über 51.129.188,11 € (100 Mio. DM) zu einer gleichbleibenden 80 %igen Ermäßigung des Lizenzsatzes für den 51.129.188,11 € (100 Mio. DM) übersteigenden Umsatz. Für eine **degressive Fortschreibung der Staffel** über die 80 %ige Ermäßigung hinaus besteht u. E. angesichts der Neufassung im Jahr 1983 kein Raum (streitig).[889]

Grund für die Änderung der Abstaffelungstabelle im Jahr 1983 war insb. der Preisanstieg seit 1959. Seither hat der Richtliniengeber keinen Anlass gesehen, die Vergütungsrichtlinien zu ändern. Aus diesem Grund und im Hinblick auf die generellen Schätzungenauigkeiten bei der Erfindungswertbestimmung ist bei Anwendung der Tabelle eine weitere **Geldentwertung** (Inflationsausgleich) nicht zu berücksichtigen.[890]

Angesichts des eindeutigen Wortlauts der RL Nr. 11 ist nicht auf den jedes Jahr erneut anfallenden Jahresumsatz[891], sondern auf den **Gesamtumsatz**  **146**

---

[888] Ebenso ständ. Praxis d. Schiedsst., z.B. v. 04.03.2010 Arb.Erf. 59/08, (Datenbank); v. 10.03.2016 Arb.Erf. 23/12, (www.dpma.de); v. 11.04.2018 – Arb.Erf. 27/16, (vorg. f. www.dpma.de).
[889] Gegen Fortschreibung: u.a. Reimer/Schade/Schippel/Himmelmann Rn. 5 zu § 11/ RL Nr. 11; ferner wohl OLG München v. 16.08.2012, – 6 U 2572/11, (unveröffentl.) – Elektronische Funktionseinheit unter diesbezügl. Aufhebung von LG München I v. 07.03.2011 CR 2012, 356 – Elektronische Funktionseinheit, das eine Anhebung auf 85 % bei Mrd.Euro-Umsätzen befürwortet hatte. Ausweislich Trimborn (Mitt. 2012, 70, 76 a.E.,) soll die Schiedsst. im Tunnelbau mit einem vorläufigen Gesamtumsatz von 78 Mio. € eine Abstaffelung im Bereich von 15 % des an sich angemessenen Lizenzsatzes für angebracht erachten. Das eine Fortschreibung der RL Nr. 11 a.F. bejahende Urt. BGH v. 31.01.1978 – X ZR 55/75, GRUR 1978, 430, 433 – *Absorberstab-Antrieb* ist u. E. durch RL Nr. 11 1983 überholt.
[890] So ausdrücklich Schiedsst. v. 12.11.2009 – Arb.Erf. 7/08, (unveröffentl.) – dort zur Erfindungswertbestimmung eines Vorratspatents.
[891] So aber Karl GRUR 1968, 665, 667 f.; Boemke/Kursawe/Engemann Rn. 278 ff. zu § 9.

während der **Nutzungsdauer** der zu vergütenden Erfindung (max. der Schutzdauer) abzustellen[892] (s. aber auch § 9 Rdn. 142).

**146.1** Zwischen Abstaffelung und Lizenzsatz besteht eine **Wechselbeziehung;**[893] unterbleibt die Abstaffelung, liegen die Lizenzsätze im Allgemeinen niedriger. Zur Wechselwirkung zwischen technisch-wirtschaftlicher Bezugsgröße, Lizenzsatz und Abstaffelung s. i.Ü. KommRL Rn. 55 ff. zu RL Nr. 11.

Die Abstaffelung gem. RL Nr. 11 gilt auch dann, wenn die Vergütungsberechnung von **Stücklizenzen** ausgeht.[894]

**147** Wird nur ein **Teil einer Gesamtvorrichtung** als Bezugsgröße zugrunde gelegt (s. § 9 Rdn. 125 ff.), kann die Abstaffelung selbstverständlich auch nur von der Summe des Wertes dieser Einzelteile ausgehen.[895] Ist die Bezugsgröße ein **Gesamtkomplex**, ist der Umsatz mit dem Gesamtkomplex abzustaffeln und erst anschließend die Aufteilung auf die einzelnen Erfindungen je nach deren Gewichtung vorzunehmen.[896] S. i.Ü. KommRL Rn. 50 zu RL Nr. 19.

**148** Will der Arbeitgeber eine Abstaffelung nach RL Nr. 11 oder nach anderen Abstaffelungsgrundsätzen (Jahresstaffel usw.) vornehmen, so muss er dies –

---

892 Ganz h. M., z. B. BGH v. 31.01.1978 – X ZR 55/75, GRUR 1978, 430, 433 – *Absorberstab-Antrieb* (dort zur insoweit textgleichen RL Nr. 11 a.F.); ständ. Praxis Schiedsst., z. B. v. 13.02.1986, EGR Nr. 61 zu § 12 ArbEG; v. 19.03.2013 – Arb.Erf. 55/12; v. 19.09.2013 – Arb.Erf. 29/13; v. 09.12.2016 – Arb.Erf. 73/13, (alle www.dpma.de); v. 22.12.2016 Mitt. 2017, 561, 564: Bartenbach/Volz GRUR 2016, 225; Keukenschrijver in Busse/Keukenschrijver, PatG, Rn. 19 zu § 11 ArbEG; Reimer/Schade/Schippel/Himmelmann Rn. 4 zu § 11/RL Nr. 11. Ebenso zu RL Nr. 11 a. F.: Volmer/Gaul Rn. 434 ff. zu § 9/RL Nr. 11; Heine/Rebitzki Vergütg. f. Erf. Anm. 1 zu RL Nr. 11.
893 Vgl. z.B. Schiedsst. v. 19.11.1981, BlPMZ 1984, 57, 58 u. v. 18.09.2001 – Arb.Erf. 72/99, (unveröffentl.).
894 Vgl. dazu Schade, Mitt. 1969, 291, 295 m.w.N. zur Praxis d. Schiedsst.; s.a. die Berechnungsbeispiele b. Heine/Rebitzki Vergütg. f. Erf. Anm. 3 zu RL Nr. 11; Schweikhardt, GRUR 1968, 340 ff.; Witte, Mitt. 1966, 234 f.
895 Schiedsst. v. 20.04.1965, BlPMZ 1965, 280; v. 04.06.1993, EGR Nr. 8 zu § 11 ArbEG (RL Nr. 11); v. 08.02.1996 – Arb.Erf. 61/94, (unveröffentl.); v. 04.03.2010 – Arb.Erf. 59/08, (insoweit nicht in www.dpma.de); v. 04.07.2016 Mitt. 2017, 366, 369; ebenso Keukenschrijver in Busse/Keukenschrijver, PatG, Rn. 20 zu § 11 ArbEG.
896 Ständ. Praxis d. Schiedsst., z.B. EV. v. 18.01.1990, BlPMZ 1990, 336, 337; bestätigt u.a. durch EV. v. 30.06.1994 – Arb.Erf. 182/92, (unveröffentl.) u. v. 06.03.2015 – Arb.Erf. 09/13, (www.dpma.de); vgl. auch Schiedsst. v. 16.06.1983, BlPMZ 1984, 250; s. (aber) auch Reimer/Schade/Schippel/Himmelmann Rn. 5, 7 zu § 11/RL Nr. 19; Gaul, GRUR 1983, 209, 222.

## G. Bemessung der Vergütung § 9

gerade wegen der vergütungsmindernden Bedeutung – hinreichend deutlich mit dem Arbeitnehmer **konkret vereinbaren oder** nach § 12 Abs. 3 **festsetzen**, d.h., er muss in der Vergütungsfestsetzung die beabsichtigte Abstaffelung ausdrücklich erwähnen.[897] Ein allgemeiner Hinweis auf die Berechnung nach der Methode der Lizenzanalogie reicht dafür nicht aus,[898] da die Abstaffelung kein begriffsnotwendiger Inhalt der Lizenzanalogie ist;[899] ebenso wenig wird eine allgemeine Bezugnahme auf die Vergütungsrichtlinien genügen, da auch damit offenbleibt, ob der Arbeitgeber die Voraussetzungen für eine Abstaffelung als erfüllt ansieht.[900] Ist das für eine Abstaffelung notwendige Umsatzvolumen (1.533.875,60 € = früher 3 Mio. DM) noch nicht erreicht, kann ein Hinweis auf den »zukünftig abgestaffelten Nettoumsatz« – ggf. unter Bezugnahme auf RL Nr. 11 – ausreichen.[901]

Liegt eine verbindliche Vergütungsregelung vor (§ 12), so kann der Arbeitgeber eine darin nicht vorgesehene Abstaffelung später nicht einseitig vornehmen. Sowohl nach Auffassung des *BGH*[902] als auch nach ständiger Spruchpraxis der *Schiedsstelle*[903] gehört die Frage der Abstaffelung oder Nichtabstaffelung zum regelungsbedürftigen Inhalt einer Vergütungsfestlegung, sodass der Arbeitgeber einen festgelegten (Konstant-) Lizenzsatz nicht später einseitig abstaffeln kann, sondern nur aufgrund einer dahingehenden einvernehmlichen Änderung der ursprünglichen Vergütungsregelung. Eine stillschweigende Änderungsvereinbarung setzt laut *Schiedsstelle* zumindest eine Nachhaltigkeit der geänderten Praxis voraus, also etwa für die Dauer dreier aufeinanderfolgender Benutzungsjahre.[904] Darüberhinaus ist auch beiderseitiges Änderungsbewusstsein erforderlich. Ansonsten ist ein Abweichen von der Vergütungsregelung auch hier nur im Verfahren nach § 12 Abs. 6 (s. dort § 12 Rdn. 132)

---

897 BGH v. 17.05.1994 – X ZR 82/92, GRUR 1994, 898, 902 – *Copolyester*; Schiedsst. ZB v. 08.12.1993 – Arb.Erf. 11/92, u. v. 05.08.1998 – Arb.Erf. 103/96, (beide unveröffentl.); v. 19.11.1981, BlPMZ 1984, 57, 58.
898 Schiedsst. v. 08.12.1993 – Arb.Erf. 11/92, (unveröffentl.); im Ergebn. auch BGH v. 17.05.1994 – X ZR 82/92, GRUR 1994, 898, 902 – *Copolyester*.
899 Schiedsst. v. 21.12.2000 – Arb.Erf. 55/98, (unveröffentl.).
900 So im Ergebn. wohl BGH v. 17.05.1994 – X ZR 82/92, GRUR 1994, 898, 902 – *Copolyester* u. Schiedsst. v. 08.12.1993 – Arb.Erf. 11/92, (unveröffentl.).
901 Ähnl. LG Düsseldorf v. 07.11.1989 – 4 O 146/86, (unveröffentl.).
902 S. BGH v. 17.05.1994 – X ZR 82/92, GRUR 1994, 898, 902 li.Sp. – *Copolyester*.
903 EV v. 20.01.1997 – Arb.Erf. 34/93; v. 12.11.2003 – Arb.Erf. 1/03, (beide Datenbank); v. 27.07.2010 – Arb.Erf. 40/09, (unveröffentl.).
904 Schiedsst. v. 27.07.2010 – Arb.Erf. 40/09, (unveröffentl.).

möglich, es sei denn, zugunsten des Arbeitgebers liegen die Voraussetzungen einer Unbilligkeit i.S.d. § 23 vor[905] (s. dort § 23 Rdn. 21 ff.).

**(2) Abstaffelungstabelle**

149  Aus der von **Kaube**[906] errechneten Tabelle zu RL Nr. 11, die bislang nicht in Euro umgestellt worden ist, lässt sich die für die Handhabung der Abstaffelung (s. § 9 Rdn. 145) maßgebende Umsatzstaffel umgerechnet in Euro ablesen (gerundet in volle Euro):

150  Umsatzstaffel ab 01.01.1984 (in Euro):

| Erfindungsgemäßer Umsatz | | | Übersteigender Umsatz entspricht | | | Kumulierter Umsatz |
|---|---|---|---|---|---|---|
| DM = | EURO* | EURO | ermäßigt um | Faktor | EURO | EURO |
| Sp. 1 | 2 | 3 | 4 | 5 | 6 | 7 |
| von 1 | 1 | bis 1.533.876 | 0% | 1,00 | 1.533.876 | 1.533.876 |
| von 3.000.000 | 1.533.876 | bis 2.556.459 | 10% | 0,90 | 920.325 | 2.454.201 |
| von 5.000.000 | 2.556.459 | bis 5.112.919 | 20% | 0,80 | 2.045.168 | 4.499.369 |
| von 10.000.000 | 5.112.919 | bis 10.225.838 | 30% | 0,70 | 3.579.043 | 8.078.412 |
| von 20.000.000 | 10.225.838 | bis 15.338.756 | 40% | 0,60 | 3.067.751 | 11.146.163 |
| von 30.000.000 | 15.338.756 | bis 20.451.675 | 50% | 0,50 | 2.556.459 | 13.702.622 |
| von 40.000.000 | 20.451.675 | bis 25.564.594 | 60% | 0,40 | 2.045.168 | 15.747.790 |
| von 50.000.000 | 25.564.594 | bis 30.677.513 | 65% | 0,35 | 1.789.522 | 17.537.312 |
| von 60.000.000 | 30.677.513 | bis 40.903.350 | 70% | 0,30 | 3.067.751 | 20.605.063 |
| von 80.000.000 | 40.903.350 | bis 51.129.188 | 75% | 0,25 | 2.556.459 | 23.161.522 |
| ab 100.000.000 | 51.129.188 | gleichbleibend | 80% | 0,20 | | |

151  Zur Verdeutlichung ein **Rechenbeispiel:**

Ausgehend von einem Gesamtumsatz (s. § 9 Rdn. 146) von 22.803.618 € (= 44,6 Mio. DM) und einem Lizenzsatz von 3 % ergibt sich der abgestaffelte Umsatz, indem man zunächst aus der Spalte 7 den für einen Gesamtumsatz von 20.451.675 € geltenden abgestaffelten Umsatz von 13.702.622 € entnimmt (Zeile 6 der Tabelle); hierzu addiert man den für den »Restumsatz« von 2.351.943 € geltenden Abstaffelungsbetrag; dieser ergibt sich durch Multiplikation dieses Restumsatzes mit dem in Spalte 5 für die jeweiligen Umsatzgrößen bezifferten Faktor (hier: 0,4). Demzufolge beträgt bei diesem Beispiel der abgestaffelte Umsatz:

13.702.622 € (Abstaffelung von 20.451.675 €) + 940.777 € (2.351.943 € × 0,4) = 14.643.399 € abgestaffelter Umsatz

---

905 Schiedsst. v. 21.12.2000 – Arb.Erf. 55/98, (unveröffentl.).
906 In GRUR 1986, 572, 573.

Gemäß RL Nr. 39 wird die Ermittlung des Erfindungswertes nach der Lizenzanalogie sodann in folgender Formel ausgedrückt (s. i.Ü. § 9 Rdn. 292):

$$E \text{ (Erfindungswert)} = B \text{ (Bezugsgröße, hier abgestaffelter Umsatz)} \times L \text{ (Lizenzsatz in \%)}$$
$$E = 14.643.399{,}47 \text{ €} \times 3\,\% = 439.301{,}98 \text{ €}$$

*Rdn. 152 – 160 frei*

#### c) Ermittlung des Erfindungswertes nach dem erfassbaren betrieblichen Nutzen (RL Nr. 12)

Neben der Ermittlung des Erfindungswertes nach der Lizenzanalogie (s. § 9 Rdn. 121 ff.) kommt die Methode nach dem erfassbaren betrieblichen Nutzen, der dem Betrieb (Unternehmen) aus der Benutzung der Erfindung erwachsen ist,[907] nur nachrangig in Betracht (zur Wahl der Berechnungsmethode s. § 9 Rdn. 104 ff., insb. § 9 Rdn. 110 f. sowie KommRL Rn. 10 ff. zu RL Nr. 12). In der Praxis der Unternehmen ebenso wie bei den Gerichten und der *Schiedsstelle* hat diese Methode heute nur noch eine geringe Bedeutung.[908]

**161**

Diese Berechnungsmethode ist **nicht so exakt, wie sie vorgibt** (s. auch § 9 Rdn. 110); auch sie kommt nicht ohne erhebliche Schätzungen und Wertungen aus, etwa im Hinblick auf den Abstand zum allgemeinen Stand der Technik (vgl. § 9 Rdn. 164) oder zu einzelnen Kostenpositionen (§ 9 Rdn. 163) oder zur Höhe des Umrechnungsfaktors[909] (s. § 9 Rdn. 165). Da die Ertragsberechnung in der Praxis erhebliche Schwierigkeiten verursacht,[910] wird diese Methode regelmäßig nur dann gewählt, wenn die Berechnung nach der Lizenzanalogie versagt, was insb. bei fehlenden Umsätzen der Fall ist (z. Anwendungsbereich s.a. oben § 9 Rdn. 110 ff.). Im Ergebnis wird der – regelmäßig nur mit erheblichem Aufwand zu erfassende – betriebliche Nutzen lediglich

**162**

---

907 Vgl. z. d. Problemkreis insb. Osann, GRUR 1964, 113 ff.; Schade, GRUR 1968, 114 ff.; Hoffmann/Bühner, GRUR 1974, 445 ff.; Hegel, GRUR 1975, 307 ff.; Gaul, GRUR 1988, 254 ff.; vgl. auch Dick, GRUR 1962, 226 ff. u. Fischer, GRUR 1971, 131.
908 Vgl. exemplarisch BGH v. 06.03.2012 – X ZR 104/09, Mitt. 2012, 285 (Rn. 19 ff.) – *Antimykotischer Nagellack*.
909 Vgl. Schiedsst. v. 25.02.1981, BlPMZ 1982, 57, 58; v. 04.08.1987, BlPMZ 1988, 171, 172; v. 22.05.2017 – Arb.Erf. 21/15; v. 25.07.2017 – Arb.Erf. 13/16, (beide www.dpma.de).
910 Darauf weist auch hin BGH v. 06.03.2012 – X ZR 104/09, Mitt. 2012, 285 (Rn. 20 ff.) – *Antimykotischer Nagellack*; s. auch Schiedsst. v. 27.02.2013 – Arb.Erf. 20/10, (www.dpma.de); Hellebrand Mitt. 2010, 362, 363.

einen gewissen Anhaltspunkt dafür bieten, in welchem Rahmen sich Marktteilnehmer beim Preis für die Überlassung der Erfindung vermutlich bewegt hätten.[911] Zur Prüfungsreihenfolge bei der Ermittlung des Erfindungswertes s. KommRL Rn. 13 zu RL Nr. 12.

163 Gemäß RL Nr. 12 ist unter »betrieblichem Nutzen« die durch den Einsatz der Erfindung verursachte **Differenz zwischen Kosten und Erträgen** zu verstehen (s. aber unten § 9 Rdn. 165; s. im Einzelnen KommRL Rn. 14 ff. zu RL Nr. 12).

Der Oberbegriff **Kosten** umfasst Menge und Wert aller mit dem Einsatz der (fertiggestellten) Erfindung tatsächlich eingesetzten Güter und erbrachten bzw. in Anspruch genommenen Dienstleistungen des Unternehmens, wie etwa Anschaffungspreis für eingesetzte Materialien, Energieverbrauch, Gehälter einschließlich Sozialkosten, Kosten für Dienstleistungen Dritter, Investitionskosten zur Erlangung der Produktionsreife/Einsatzreife der Erfindung (ohne AfA) nach deren Fertigstellung (s. RL Nr. 12 Abs. 2). Weitere Kostenansätze ergeben sich aus dem Bezug der RL Nr. 12 Abs. 1 auf die LSP, insb. die dort ab Nrn. 37 ff. aufgeführten kalkulatorischen Kosten (vgl. dazu KommRL Rn. 25 ff. zu RL Nr. 12) und schließlich die Schutzrechtskosten (Anmeldung, Verwaltung und Verteidigung). Gemeinkosten werden berücksichtigt, soweit sie konkret im Zusammenhang mit der Erfindung stehen (KommRL Rn. 28 zu RL Nr. 12). Nicht zu den Kosten zählt dagegen die Vergütung für die in Rede stehende Diensterfindung.[912]

163.1 Unter **Erträgen** ist der Wert aller durch die Erfindung (kausal) vermittelten wirtschaftlichen Vorteile zu verstehen, insb. Einsparungen an Aufwand für Personal, Material, Energien und sonstige Hilfs- und Betriebsstoffe, sonstige Rationalisierungseffekte[913] wie auch sonstige ersparte Aufwendungen[914] (etwa bezüglich Arbeitssicherheit, Umweltschutzauflagen, sonstige öffentliche Lasten). Erforderlich ist also nicht, dass die Erträge konkret zu Einnahmen führen; jedoch müssen sie tatsächlich eingetreten sein; eine bloß fiktive Ersparnis reicht nicht aus.[915] Maßgeblich ist der **Anteil der Erfindung** an den Erträgen, der

---

911 So BGH v. 06.03.2012 – X ZR 104/09, Mitt. 2012, 285 (Rn. 23) – *Antimykotischer Nagellack* m.-H. a. Meier-Beck in Festschr. Tilmann (2003), S. 539, 541.
912 Anders zur Vergütung nach österr. Recht OGH Wien v. 04.08.2009 –9 ObA 39/08p; (www.ris.bka.gv.at).
913 Schiedsst. v. 29.05.1970, BlPMZ 1970, 458 (zur Vermeidung von Ausschuss).
914 Schiedsst. v. 16.06.1972, BlPMZ 1973, 261, 262 (zur ersparten Lizenznahme).
915 Schiedsst. v. 03.11.1987 – Arb.Erf. 40/87; v. 30.09.1992 – Arb.Erf. 90/91, u. v. 13.10.2009 – Arb.Erf. 38/06; LG Düsseldorf v. 30.09.1975 – 4 O 215/72, (alle unveröffentl.).

ggf. durch Schätzung zu ermitteln ist.[916] Ebenso sind betriebsfremde Erträge, die nicht auf betrieblichen Leistungen beruhen, nicht in Ansatz zu bringen. Auch müssen steuerliche Auswirkungen beachtet werden (vgl. dazu KommRL Rn. 43 ff. zu RL Nr. 12).

**163.2** Der Kosten- und Ertragsvergleich ist nach **betriebswirtschaftlichen Grundsätzen** vorzunehmen[917] (vgl. RL Nr. 12 Abs. 1 Satz 3), d.h. nach den anerkannten Regeln und Techniken des betrieblichen Rechnungswesens (vgl. auch § 275 HGB). Der Hinweis in RL Nr. 12 Satz 3 auf das **öffentliche Preisermittlungs- und Vergaberecht** ist problematisch und hat seit jeher so gut wie keine praktische Relevanz, sieht man von einzelnen Auslegungsfragen zu RL Nr. 12 ab (vgl. KommRL Rn. 16 ff. zu RL Nr. 12).

**163.3** Soweit RL Nr. 12 Abs. 1 einen betriebsnotwendigen **Gewinn** und ggf. einen kalkulatorischen **Unternehmerlohn** als weitere Abzugsfaktoren anführt, wird dies in der betrieblichen Praxis ebenso wie in der Entscheidungspraxis der *Schiedsstelle* und der Gerichte unberücksichtigt gelassen; stattdessen wird der Bruttonutzen mit einem sog. Umrechnungsfaktor multipliziert (s. § 9 Rdn. 165).

**164** Die Berechnung des Nutzens kann – wie die *Schiedsstelle* zu Recht betont – **nicht auf Grund eines schlichten »Vorher-Nachher-Vergleichs«** erfolgen, da weder allgemeine noch innerbetriebliche Verbesserungen in die Vergütungspflicht einbezogen werden dürfen, sondern nur der kausal auf die Diensterfindung zurückzuführende Nutzen.[918] Der erfindungsbedingte Nutzen bestimmt sich nicht schematisch nach der konkreten Ersparnis des Unternehmens, die der Einsatz der Erfindung bewirkt hat; vielmehr muss geprüft werden, ob und inwieweit der frühere betriebliche Zustand (**interner Stand der Technik**) bei dem Arbeitgeber dem **allgemeinen (äußeren) Stand der Technik** ent-

---

916 S. a. BGH v. 06.03.2012 – X ZR 104/09, Mitt. 2012, 285 (Rn. 22) – *Antimykotischer Nagellack*.
917 BGH v. 06.03.2012 – X ZR 104/09, Mitt. 2012, 285 (Rn. 20 f.) – *Antimykotischer Nagellack*; vgl. auch Hellebrand Mitt. 2010, 362, 365 ff.
918 S. etwa Schiedsst. v. 22.05.2017 – Arb.Erf. 21/15, u. v. 25.07.2017 – Arb.Erf. 13/16, (beide www.dpma.de).

**spricht.**[919] Dies ist Ausfluss des Monopolprinzips (s. dazu vor §§ 9 bis 12 Rdn. 9 f.), wonach der Erfinder nur an dem Nutzen zu beteiligen ist, der auf dem rechtlichen Monopol beruht, welches durch seine Erfindung begründet wird.[920] Dieses Monopol wird aber begrenzt durch den äußeren Stand der Technik. Der Monopolschutz, d.h. der erfindungsgemäße Wettbewerbsvorsprung des Arbeitgebers, besteht nur in dem **Überschuss der Erfindung ggü. dem äußeren Stand der Technik**,[921] und zwar unter Einbeziehung naheliegender Weiterentwicklungen[922] (s. i.Ü. KommRL Rn. 48 ff. zu RL Nr. 12).

An den betrieblichen Nutzen als solchen kann nur angeknüpft werden, wenn **interner und allgemeiner Stand der Technik deckungsgleich** sind. Das dürfte in der Praxis aber kaum der Regelfall sein. Ist zum Zeitpunkt der Nutzungsaufnahme keinerlei vergleichbare technische Lehre zur (ganzen oder teilweisen) Erzielung der mit Hilfe der Diensterfindung realisierbaren Einsparungen im Stand der Technik verfügbar, sind diese Einsparungen der Berechnung des Erfindungswertes zugrunde zu legen.[923] Arbeitet der Betrieb dagegen nach veralteten Verfahrensmethoden oder mit veralteten Betriebsmitteln, ist als Einsparung nur der Betrag anzusetzen, den der Arbeitgeber durch den Einsatz der

---

919 Länd. Praxis d. Schiedsst., z.B. EV v. 25.02.1981, BlPMZ 1982, 57, 58, v. 04.08.1987, BlPMZ 1988, 171, 172; v. 17.10.1991, Mitt. 1997, 373 f. – *Anlagensteuerung*; v. 30.09.1992, EGR Nr. 69 zu § 9 ArbEG (Verg.Höhe); EV. v. 25.03.1994 – Arb.Erf. 64/93; v. 29.02.1996 – Arb.Erf. 20/93; 18.04.1996 – Arb.Erf. 5/95; v. 18.12.2001 – Arb.Erf. 57/98; 09.12.2008 – Arb.Erf. 19/08; v. 03.03.2009 – Arb.Erf. 9/07; 23.07.2009 – Arb.Erf. 10/05; v. 28.07.2009 – Arb.Erf. 29/06, (alle unveröffentl.); v. 18.07.2012 – Arb.Erf. 30/10, (insoweit nicht in www.dpma.de); v. 25.07.2013 Arb.Erf. 39/12, (www.dmpa.de); ZB. v. 03.05.2017 – Arb.Erf. 09/16, Mitt. 2018, 356, 357 f., (= www.dpma.de); zust. auch Keukenschrijver in Busse/Keukenschrijver, PatG, Rn. 7 zu § 11 ArbEG (s. auch dort Rn. 21).
920 Ebenso Schiedsst. v. 09.12.2008 – Arb.Erf. 19/08 (unveröffentl.); v. 16.03.2010 – Arb.Erf. 31/08, (insoweit nicht in www.dpma.de); v. 27.02.2013 – Arb.Erf. 20/10, (www.dpma.de).
921 Schiedsst. v. 18.01.1990, BlPMZ 1990, 336, 337; v. 30.09.1992, EGR Nr. 69 zu § 9 ArbEG (Verg.Höhe); v. 18.04.1996 – Arb.Erf. 5/95; v. 12.01.2005 – Arb.Erf. 21/02, (beide unveröffentl.); v. 25.07.2013 Arb.Erf. 39/12; v. 05.08.2015 – Arb.Erf. 26/12, (beide www.dpma.de).
922 BGH v. 06.03.2012 – X ZR 104/09, Mitt. 2012, 285 (Rn. 20) – *Antimykotischer Nagellack*.
923 Ähnl. Schiedsst. v. 17.10.1991, Mitt. 1997, 373 f. – *Anlagensteuerung*, die allerdings auf den Zeitpunkt der Schutzrechtsanmeldung abstellt.

Erfindung ggü. dem äußeren Stand der Technik erzielt.[924] Der allgemeine Stand der Technik ist dann quasi in den Arbeitgeberbetrieb »hinein zu interpretieren«, mithin zu bewerten, wie ein Kosten- und Ertragsvergleich nach betriebswirtschaftlichen Grundsätzen ausfallen würde, wäre im Betrieb des Arbeitgebers der allgemeine Stand der Technik umgesetzt worden.[925] In gleicher Weise kann der Arbeitnehmer nicht an solchen Vorteilen beteiligt werden, die bereits durch einen hohen, über den allgemeinen Stand hinausgehenden innerbetrieblichen Stand der Technik vermittelt werden, da es auch hier an der erforderlichen Kausalität fehlt.[926] Es muss also im Regelfall mit hypothetischen Werten gerechnet werden, die einen realitätsnahen Kosten- und Ertragsvergleich kaum zulassen.[927] Die *Schiedsstelle* spricht hier sogar davon, dass dies die Methode nach RL Nr. 12 »regelmäßig hochspekulativ macht«.[928]

Späteren Veränderungen des Nutzens, insbesondere infolge fortschreitenden Standes der Technik, kann ggf. durch den **Anpassungsanspruch** nach § 12 Abs. 6 Rechnung getragen werden (s. § 12 Rdn. 97 ff. u. 132).

Unzutreffend ist die Feststellung in RL Nr. 12 Abs. 1 a. E., dass der Differenzbetrag zwischen Kosten und Erträgen (= erfassbarer betrieblicher Nutzen) unmittelbar zugleich »den Erfindungswert darstellt«.[929] Denn kein Unternehmen wäre bereit, die wirtschaftlichen Risiken einer Erfindungsverwertung ohne einen Anteil am Gewinn auf sich zu nehmen[930] und einem freien Erfin-

---

924 Ständ. Praxis d. Schiedsst., z.B. v. 09.11.1972, BlPMZ 1973, 261, v. 25.02.1981, BlPMZ 1982, 57, 58, v. 25.11.1981 – Arb.Erf. 17/81, v. 09.05.1985 – Arb.Erf. 21/85, v. 10.05.1988 – Arb.Erf. 89/87; v. 25.03.1994; v. 09.12.2008 – Arb.Erf. 19/08 u. v. 03.03.2009 – Arb.Erf. 9/07, (alle unveröffentl.); ferner EV. v. 29.02.1996 – Arb.Erf. 20/93; v. 05.06.1998 – Arb.Erf. 81/96, (beide unveröffentl.); LG Düsseldorf v. 19.07.1983 – 4 O 216/74, (unveröffentl.); Heine/Rebitzki, Vergütg. f. Erf. Anm. 4 zu RL Nr. 12; Schade, GRUR 1968, 114, 115 f.; Reimer/Schade/Schippel/Himmelmann Rn. 6 zu § 11/RL Nr. 12.
925 Schiedsst. v. 04.07.2016 Mitt. 2017, 366, 367 f.
926 Ebenso ständ. Praxis Schiedsst., z. B. v. 22.05.2017 – Arb.Erf. 21/15, (www.dpma.de).
927 BGH v. 06.03.2012 – X ZR 104/09, Mitt. 2012, 285 (Rn. 20) – *Antimykotischer Nagellack*.
928 Schiedsst. ZB. v. 03.05.2017 – Arb.Erf. 09/16, Mitt. 2018, 356, 358, (= www.dpma.de).
929 Schade, GRUR 1968, 114, 117 f.; Osann, GRUR 1964, 113 ff.; Reimer/Schade/Schippel/Himmelmann Rn. 7 zu § 11/RL Nr. 12; s.a. Schiedsst. v. 29.06.1972, BlPMZ 1973, 58, 59; missverständl. (noch) Schiedsst. v. 08.06.1967, BlPMZ 1967, 130 r.Sp.
930 So zu Recht BGH v. 06.03.2012, Mitt. 2012, 285 (Rn. 23) – Antimykotischer Nagellack I.

der die gesamte Ersparnis, die es mithilfe der Erfindung erzielt, zu überlassen.[931] Ein Unternehmen wird immer nur einen Bruchteil des Nutzens zahlen, da ihm sonst kein wirtschaftlicher Vorteil durch den Einsatz der Erfindung verbliebe, sondern nur das Risiko dieses Einsatzes.[932] Es ist also der Anteil des Nutzens zu bestimmen, den ein vernünftiger Marktteilnehmer – unter Berücksichtigung der sich für ihn ergebenden wirtschaftlichen Chancen und Risiken – als Preis für die Erfindungsrechte gezahlt und zu dem ein vernünftiger Rechtsinhaber die Erfindung veräußert hätte.[933] In der Praxis wird der **Erfindungswert** bei der Berechnung nach dem betrieblichen Nutzen dadurch ermittelt, dass der wirtschaftliche Nutzen mit einem **Umrechnungsfaktor** (als Ausfluss des Unternehmerlohnes, s. § 9 Rdn. 163.3) multipliziert wird, der den kalkulatorischen Kostenanteil, den kalkulatorischen Unternehmensgewinn und – sofern vorhanden – das unternehmerische Wagnis berücksichtigt.[934]

Dieser Umrechnungsfaktor liegt nach den von der *Schiedsstelle* übernommenen Erfahrungen der Praxis bei **Patenten** zwischen **1/8 und 1/3**,[935] und zwar des Bruttonutzens vor Steuern.[936] Die **Höhe des Umrechnungsfaktors** richtet

---

931 Ebenso ständ. Praxis Schiedsst., z. B. v. 22.05.2017 – Arb.Erf. 21/15, (www.dpma.de).
932 Schiedsst. v. 29.06.1972, BlPMZ 1973, 58, 59; bestätigt durch EV. v. 19.09.1995, Mitt. 1996, 176, 177 – *Patentverkauf* u. v. 03.03.2009 – Arb.Erf. 9/07, (unveröffentl.); v. 27.02.2013 – Arb.Erf. 20/10, (www.dpma.de) u. v. 04.07.2016 Mitt. 2017, 366, 368. Ähnl. BGH v. 06.03.2012, Mitt. 2012, 285 (Rn. 23) – Antimykotischer Nagellack I.
933 S. BGH v. 06.03.2012, Mitt. 2012, 285 (Rn. 23) – Antimykotischer Nagellack I.
934 Schiedsst. z.B. v. 26.08.1997 – Arb.Erf. 30/96, (unveröffentl.); v. 18.07.2012 – Arb.Erf. 30/10, (insoweit nicht in www.dpma.de) u. v. 09.10.2012 – Arb.Erf. 39/11, (www.dpma.de).
935 Vorschlag der Dt. Vereinigung f. Gewerbl. Rechtsschutz i. GRUR 1958, 68; i. Anschl. daran ständ. Praxis d. Schiedsst. seit EV. v. 08.05.1961, BlPMZ 1961, 434 = GRUR 1962, 192 (LS) m. Anm. Friedrich, z.B. EV. v. 25.02.1981, BlPMZ 1982, 57, 58; v. 18.01.1990, BlPMZ 1990, 336, 337; v. 16.11.1989 – Arb.Erf. 112/68; v. 18.04.1991 – Arb.Erf. 10/90, (beide unveröffentl.); v. 17.10.1991, Mitt. 1997, 373 f. – *Anlagensteuerung*; v. 27.09.1994 – Arb.Erf. 76/93, (unveröffentl.); v. 22.05.2017 – Arb.Erf. 15/15, (www.dpma.de); LG Düsseldorf v. 19.07.1983 – 4 O 216/74, (unveröffentl.); Schade, GRUR 1968, 114, 118; Keukenschrijver in Busse/Keukenschrijver, PatG, Rn. 21 zu § 11 ArbEG; Reimer/Schade/Schippel/Himmelmann Rn. 9 ff. zu § 11/RL Nr. 12; Volmer/Gaul Rn. 466 zu § 9/RL Nr. 12 (dort aber zwischen 1/2 u. 1/8); abw. Osann, GRUR 1964, 113, 114 (dort fester Lizenzfaktor von 25 %) u. Gaul, GRUR 1988, 254 ff. (Umrechnungshilfe); s.a. Hellebrand, Mitt. 2010, 362 mit beachtlichen Korrekturvorschlägen.
936 Schiedsst. v. 16.11.1989 – Arb.Erf. 112/68, (unveröffentl.) u. v. 26.11.1992, EGR Nr. 70 zu § 9 ArbEG (VergHöhe).

sich nach den Umständen des Einzelfalls (Einzelheiten s. Komm RL Rn. 62 f. zu RL Nr. 12). Im Regelfall, d.h. bei normalem Schutzumfang und normaler Rechtsbeständigkeit und Identität zwischen allgemeinem und internem Stand der Technik geht die *Schiedsstelle* für Patente in ständiger Praxis von einem **Durchschnittssatz von 1/5 (= 20 %) des Bruttonutzens** aus.[937] Bei geringem Abstand der Erfindung vom äußeren Stand der Technik geht die *Schiedsstelle* von einem Umrechnungsfaktor von 15 % aus.[938] Bis an die Obergrenze von 1/3 geht die Schiedsstelle selten, und zwar nur dann, wenn die Erfindung von vornherein praktisch betriebsreif ist und ganz erhebliche Vorteile vermittelt[939] (Ersparnis, Sperrwirkung, Rechtsbeständigkeit usw.).

Wegen der Erweiterung des Schutzgegenstandes und der Schutzdauer eines **Gebrauchsmusters** ist u.E. bei der Vergütung solcher Schutzrechte nicht mehr regelmäßig von den hälftigen Werten der für patentfähige Erfindungen üblichen Ansätze auszugehen, also von 1/16 bis 1/6[940] (Regelsatz 1/10 = 10 %[941]) des Nutzens. Zutreffender dürfte ein **Regelwert bis zu 2/3** dieses Ansatzes sein. Unter Aufgabe ihrer früheren Praxis geht auch die *Schiedsstelle* zwischenzeitlich (überwiegend) für Gebrauchsmuster von einem Ansatz von 2/3 des für patentfähige Erfindungen üblicherweise angemessenen Wertes aus (s. § 9 Rdn. 250 u. i.Ü. KommRL Rn. 64 zu RL Nr. 12 u. Rn. 11 ff. zu RL Nr. 28). Zu **qualifizierten technischen Verbesserungsvorschlägen** s. § 20 Rdn. 44.

Da auch bei dem erfassbaren betrieblichen Nutzen der der RL Nr. 11 zugrunde **166** liegende Gedanke der »Kausalitätsverschiebung« (s. § 9 Rdn. 142.1) eingreifen kann, ist auch hier bei besonders hohem Nutzen über den Wortlaut der RL

---

937 Schiedsst. v. 08.05.1961, BlPMZ 1961, 434 = GRUR 1962, 192 (LS) m. Anm. Friedrich v. 06.02.1985, BlPMZ 1985, 222, 223 u. v. 08.09.1986, BlPMZ 1987, 306, 308; v. 18.01.1990, BlPMZ 1990, 336, 337; v. 17.10.1991, Mitt. 1997, 373 f. – *Anlagensteuerung* u. v. 26.11.1992, EGR Nr. 70 zu § 9 ArbEG (VergHöhe); ferner EV. v. 19.09.1995, Mitt. 1996, 176, 177 – *Patentverkauf*; v. 21.10.2008 – Arb.Erf. 34/07, (unveröffentl.); v. 14.10.2015 – Arb.Erf. 25/13 (www.dpma.de); v. 04.07.2016 – Arb.Erf. 3/14 (unveröffentl.); v. 22.05.2017 – Arb.Erf. 15/15, (www.dpma.de); im Ergebn. auch Schiedsst. v. 08.06.1967, BlPMZ 1967, 130, 131 l.Sp.; LG Düsseldorf v. 30.09.1975 – 4 O 215/72, (unveröffentl.); Keukenschrijver in Busse/Keukenschrijver, PatG, Rn. 21 zu § 11 ArbEG; ähnl. Fischer, GRUR 1971, 131, 132 (dort 15–20 %).
938 Schiedsst. v. 20.11.2008 – Arb.Erf. 27/07, (unveröffentl.).
939 So z. B. Schiedsst. v. 22.03.2017 – Arb.Erf. 15/15, (www.dpma.de).
940 Schiedsst. v. 21.03.1985 – Arb.Erf. 85/84; v. 18.04.1991 – Arb.Erf. 10/90; 27.09.1994 – Arb.Erf. 76/93 u. v. 03.03.2009 – Arb.Erf. 9/07, (alle unveröffentl.).
941 So Keukenschrijver in Busse/Keukenschrijver, PatG, Rn. 7 zu § 11 ArbEG (»bei normalem Schutzumfang und normaler Rechtsbeständigkeit«).

Nr. 11 hinaus eine **Abstaffelung** vorzunehmen.[942] Insoweit gelten auch hier die zuvor zur Lizenzanalogie dargestellten Grundsätze (s. § 9 Rdn. 141 ff.).

Mangels Vergleichbarkeit von Umsatz und Nutzen kann der Abstaffelungsrahmen der RL Nr. 11 (s. dazu § 9 Rdn. 149 f.) nicht unmittelbar angewendet werden; vielmehr ist die Abstaffelungstabelle im Wertverhältnis 1: 5 umzurechnen[943] (s. dazu KommRL Rn. 64 ff. zu RL Nr. 11).

**167** In Anlehnung an die Schiedsstellenpraxis[944] hat *Kaube*[945] folgende bei einer Ersparnis von 600.000 DM (= 306.775,13 €) beginnende **Tabelle** errechnet, aus der sich der abgestaffelte Nutzen umgerechnet in Euro ablesen lässt (gerundet in volle Euro):

**168** Nutzenstaffel ab 01.01.1984 (in Euro):

| | Erfindungsgemäßer Umsatz | | | | Übersteigender Umsatz entspricht | | | Kumulierter Umsatz |
|---|---|---|---|---|---|---|---|---|
| | DM = | EURO* | | EURO | ermäßigt um | Faktor | EURO | EURO |
| Sp. | 1 | 2 | | 3 | 4 | 5 | 6 | 7 |
| von | 1 | 1 | bis | 1.533.876 | 0% | 1,00 | 1.533.876 | 1.533.876 |
| von | 3.000.000 | 1.533.876 | bis | 2.556.459 | 10% | 0,90 | 920.325 | 2.454.201 |
| von | 5.000.000 | 2.556.459 | bis | 5.112.919 | 20% | 0,80 | 2.045.168 | 4.499.369 |
| von | 10.000.000 | 5.112.919 | bis | 10.225.838 | 30% | 0,70 | 3.579.043 | 8.078.412 |
| von | 20.000.000 | 10.225.838 | bis | 15.338.756 | 40% | 0,60 | 3.067.751 | 11.146.163 |
| von | 30.000.000 | 15.338.756 | bis | 20.451.675 | 50% | 0,50 | 2.556.459 | 13.702.622 |
| von | 40.000.000 | 20.451.675 | bis | 25.564.594 | 60% | 0,40 | 2.045.168 | 15.747.790 |
| von | 50.000.000 | 25.564.594 | bis | 30.677.513 | 65% | 0,35 | 1.789.522 | 17.537.312 |
| von | 60.000.000 | 30.677.513 | bis | 40.903.350 | 70% | 0,30 | 3.067.751 | 20.605.063 |
| von | 80.000.000 | 40.903.350 | bis | 51.129.188 | 75% | 0,25 | 2.556.459 | 23.161.522 |
| ab | 100.000.000 | 51.129.188 | | gleichbleibend | 80% | 0,20 | | |

---

942 Ständ. Praxis d. Schiedsst. seit EV. v. 08.05.1961, BlPMZ 1961, 434 = GRUR 1962, 192 (LS) m. Anm. Friedrich; Schiedsst. v. 09.06.1982 – Arb.Erf. 9/82, (unveröffentl.); v. 06.02.1985, BlPMZ 1985, 222, 223 u. v. 23.03.1990 – Arb.Erf. 101/89, (unveröffentl.); vgl. auch Schiedsst. v. 17.10.1991, Mitt. 1997, 373, 374 – *Anlagesteuerung* (dort bei nur einmaligem Erfindungseinsatz abgelehnt); ebenso Hanseat. OLG v. 11.05.1978, EGR Nr. 23 zu § 9 ArbEG (VergAnspr.); Heine/Rebitzki, Vergütg. f. Erf. Anm. 4 zu RL Nr. 12; Keukenschrijver in Busse/Keukenschrijver, PatG, Rn. 21 zu § 11 ArbEG.
943 Schiedsst. v. 06.02.1985, BlPMZ 1985, 222, 223. Hellebrand Mitt. 2010, 362, 369 ff. gelangt hier zu niedrigeren Werten.
944 Schiedsst. v. 08.05.1961, BlPMZ 1961, 434 = GRUR 1962, 192 (LS) m. Anm. Friedrich; zust. Schade, Mitt. 1969, 291, 295; Witte, Mitt. 1966, 234, 235; Volmer/Gaul, Rn. 468 zu § 9/RL Nr. 12 (der allerdings einen Korrekturfaktor von 1/8 – 1/2 vorschlägt, was nicht der betrieblichen Praxis entspricht).
945 In GRUR 1986, 572, 573 f.

**169** Dieser sog. Nutzenstaffel liegt das gleiche Schema zugrunde wie der Umsatzstaffel (oben § 9 Rdn. 151).

Zur Verdeutlichung ein **Rechenbeispiel:**

Beträgt der Nutzen z.B. 2.351.943 € (= 4,6 Mio. DM), ist zunächst für die Ersparnis von 2.045.168 € (5. Zeile der Spalte 2) der abgestaffelte Nutzen von 1.615.682 € (5. Zeile der Spalte 7) abzulesen und der restliche Nutzen von 306.775 € mit dem Faktor 0,6 (Zeile 5 der Spalte 5) zu multiplizieren, was einem abgestaffelten Nutzen von 184.065 € entspricht. Demzufolge beträgt bei diesem Beispiel der abgestaffelte Nutzen:

1.615.682 € (Abstaffelung v. 2.045.168 €) + 184.065 € (306.775 € x 0,6) = 1.799.747 € abgestaffelter Nutzen.

Gemäß RL Nr. 39 wird die Ermittlung des Erfindungswertes sodann in folgender Formel ausgedrückt (s. i. übr. § 9 Rdn. 292):

E (Erfindungswert) =
B (Bezugsgröße, hier abgestaffelter Nutzen) x **Umrechnungsfaktor** (1/8 – 1/3, regelmäßig 1/5, s. § 9 Rdn. 165)
E = 1.799.747 € x 20 % = 359.949 €

*Rdn. 170 – 175 frei*

**d) Schätzung des Erfindungswertes (RL Nr. 13)**

**176** Ist bei betrieblich benutzten Erfindungen die Ermittlung des Erfindungswertes weder nach der Lizenzanalogie (RL Nrn. 3 ff.; s.o. § 9 Rdn. 121 ff.) noch gemäß der Methode nach dem erfassbaren betrieblichen Nutzen (RL Nr. 12; s.o. § 9 Rdn. 161 ff.) noch nach anderen Methoden (vgl. RL Nr. 4) möglich, ist der Erfindungswert gemäß **RL Nr. 13** zu **schätzen** (**Aushilfsfunktion**, s. § 9 Rdn. 114). Es darf nicht verkannt werden, dass letztlich jede Methode zur Berechnung des Erfindungswertes mehr oder weniger auf Schätzungen zurückgreifen muss;[946] da sich dort die Schätzung aber nur auf Teilbereiche beschränkt und i.Ü. konkrete Anhaltspunkte zur Wertbestimmung gegeben sind, sollte stets versucht werden, anstelle der in RL Nr. 13 vorgesehenen **Globalschätzung des Erfindungswertes** zunächst von der Möglichkeit von Teilschätzungen i.R.d. anderen Berechnungsmethoden Gebrauch zu machen.

Für die Methode der **Schätzung** ergibt sich aus RL Nr. 5 Abs. 2 Satz 5 und RL Nr. 13 Satz 1, dass diese wegen der mit ihr verbundenen Unsicherheitsfak-

---

946 Schiedsst. v. 04.08.1987, BlPMZ 1988, 171; vgl. auch Schiedsst. v. 25.02.1981, BlPMZ 1982, 57, 58.

toren nur **dann in Betracht** kommen soll, wenn der Erfindungswert nach einer der beiden anderen Berechnungsmethoden (etwa wegen fehlenden Umsatzes oder fehlender Ersparnis) nicht oder nur mit unverhältnismäßig hohen Aufwendungen ermittelt werden kann, **beispielsweise** bei Arbeitsschutzmitteln und -vorrichtungen, sofern sie nicht allgemein verwertbar sind, bei Prüf- und Messvorrichtungen[947] etc. Eine Schätzung kommt auch dann in Betracht, wenn mit der Erfindung kein Umsatz erzielt wird und die Berechnung nach RL Nr. 12 mangels konkreter Anhaltspunkte, insb. im Vergleich zum externen Stand der Technik, ausscheidet.[948] Im Konzernverbund hat die *Schiedsstelle* auf RL Nr. 13 zurückgegriffen, wenn der Arbeitgeber die Diensterfindung an die Konzernmutter unter Rückerteilung eines Benutzungsrechts gegen Entgelt (Rücklizenz) verkauft hat und erfindungsgemäße Vorrichtungen weder selbst herstellt noch verkauft, sondern nur innerbetrieblich einsetzt.[949]

Einzelheiten s. KommRL Rn. 5 ff. zu RL Nr. 13.

Bei der Globalschätzung soll der **Preis geschätzt** werden, den das Unternehmen **einem freien Erfinder für den Erwerb** der (Dienst-) Erfindung hätte zahlen müssen. Dabei ist jedoch nicht von den subjektiven Wertvorstellungen der Beteiligten auszugehen, sondern ausschließlich davon, was ein Unternehmer in vergleichbarer Situation vernünftigerweise für eine derartige Erfindung ausgeben würde. Als Orientierungsmaßstab muss bei der vorzunehmenden »Globalschätzung des Erwerbspreises« – folgt man der Sicht der höchstrichterlichen Rechtsprechung – darauf abgestellt werden, welche Gegenleistung (gedachte) »**vernünftige Parteien** für die Überlassung der Erfindung vereinbart hätten, wenn es sich bei der Diensterfindung um eine dem Arbeitgeber zur ausschließlichen Nutzung überlassene freie Erfindung gehandelt hätte«.[950] **Obergrenze** ist damit stets der Preis vergleichbarer und annähernd gleichwertiger am Markt erhältlicher technischer Alternativlösungen.[951]

---

947 Z.B. Schiedsst. v. 05.08.2015 – Arb.Erf. 26/12 (www.dpma.de); v. 25.01.2018 – Arb.Erf. 66/16, (vorg. f. www.dpma.de).
948 Vgl. Schiedsst. v. 30.12.1986, EGR Nr. 68 zu § 9 ArbEG (VergAnspr.); v. 09.12.2008 – Arb.Erf. 19/08, (unveröffentl.); v. 05.08.2015 – Arb.Erf. 26/12 (www.dpma.de); v. 25.01.2018 – Arb.Erf. 66/16, (vorg. f. www.dpma.de).
949 Schiedsst. v. 25.07.2013 – Arb.Erf. 39/12, (www.dpma.de), dort für erfindungsgemäße Stationen für Fertigungsstraßen.
950 BGH v. 17.11.2009, GRUR 2010, 223 (Rn. 13) – *Türinnenverstärkung*, dort allg. zum Erfindungswert.
951 Ebenso nunmehr Schiedsst. v. 05.08.2015 – Arb.Erf. 26/12; v. 14.10.2015 – Arb.Erf. 25/13; v. 13.04.2016 – Arb.Erf. 68/13, (alle www.dpma.de); v. 25.01.2018 – Arb.Erf. 66/16, (vorg. f. www.dpma.de).

## G. Bemessung der Vergütung § 9

Stets sollte die Schätzung im Hinblick auf das Gebot der Angemessenheit (§ 9 Abs. 1) an möglichst **konkreten Anhaltspunkten orientiert** werden. 177

Die Praxis greift dazu namentlich auf die Höhe der **Investitionskosten**, die für den innerbetrieblichen Einsatz der Erfindung aufgewandt wurden, zurück;[952] denn diese Kosten spiegeln regelmäßig den Wert wider, den der Arbeitgeber der Erfindung beimisst.[953] Dabei sollen jedoch etwaige Kosten für Fehlinvestitionen außer Ansatz bleiben.[954] Zutreffend wird die Anlehnung an die Investitionskosten von der *Schiedsstelle* zurückhaltend gehandhabt, um nicht etwa der Gefahr zu erliegen, dass bei Erfindungen mit hohem Wert, aber geringem Investitionsaufwand der Erfinder nur deshalb wenig bekommt, weil seine Erfindung unter erheblicher Investitionsersparnis vorteilhaft eingesetzt werden kann.[955] Umgekehrt spiegeln Investitionen häufig nur einen Erwartungswert wieder, der sich nicht realisiert.[956] Dementsprechend kann ein derartiger Aufwand eine geeignete Bezugsgröße dann sein, wenn er eine bestimmte Größenordnung erreicht, muss es aber nicht,[957] sodass in Einzelfällen auch Zuschläge oder ein Multiplikator angemessen sein können[958] (s.a. § 9 Rdn. 126). Denkbar wäre im Einzelfall auch eine Orientierung an den

---

952 Ständ. Praxis d. Schiedsst., z.B. v. 03.04.1974, Mitt. 1974, 137, 138; v. 30.06.1980, EGR Nr. 3 zu § 27 ArbEG; so bereits ZB v. 03.06.1960 – Arb.Erf. 4/59, (unveröffentl.), teilw. zitiert b. Volz, ArbNErf. im öffentl. Dienst, S. 113 (dort Fn. 220) u. S. 121 (dort Fn. 266); Schiedsst. ZB v. 05.12.1983 – Arb.Erf. 18/83 u. EV. v. 03.12.1982 – Arb.Erf. 25/82; EV. v. 11.08.1989 – Arb.Erf. 72/88; v. 25.02.1991 – Arb.Erf. 50/90; v. 09.12.2008 – Arb.Erf. 19/08, (alle unveröffentl.); v. 12.10.2016 – Arb.Erf. 07/14; v. 25.07.2017 – Arb.Erf. 13/16, (beide www.dpma.de); v. 25.01.2018 – Arb.Erf. 66/16, (vorg. f. www.dpma.de); Keukenschrijver in Busse/Keukenschrijver, PatG, Rn. 23 zu § 11 ArbEG; vgl. auch Schade, BB 1962, S. 262.
953 Schiedsst. v. 09.12.2008 – Arb.Erf. 19/08; v. 23.07.2009 – Arb.Erf. 10/05; v. 20.11.2008 – Arb.Erf. 27/07 (alle unveröffentl.); v. 12.10.2010 – Arb. Erf. 23/09, (www.dpma.de, dort nur LS. 1); v. 25.07.2013 – Arb.Erf. 39/12; v. 13.04.2016 – Arb.Erf. 68/13, (beide www.dpma.de).
954 Schiedsst. v. 06.03.1978 – Arb.Erf. 58/77, (unveröffentl.).
955 Ständ. Praxis d. Schiedsst., z.B. v. 25.07.2013 – Arb.Erf. 39/12; v. 05.08.2015 – Arb.Erf. 26/12 (beide www.dpma.de); v. 25.01.2018 – Arb.Erf. 66/16, (vorg. f. www.dpma.de).
956 Schiedsst. v. 07.12.2000 – Arb.Erf. 62/97; v. 23.07.2009 – Arb.Erf. 10/05, (beide unveröffentl.).
957 Schiedsst. Arb.Erf. 35/88, (unveröffentl.).
958 Zust. Schiedsst. v. 25.02.1991 – Arb.Erf. 50/90, (unveröffentl.); ferner v. 05.08.2015 – Arb.Erf. 26/12, (www.dpma.de).

**Wartungskosten**, sei es in Kombination mit den Investitionskosten[959] oder als alleinige Orientierungsgröße (zur Obergrenze s. § 13 Rdn. 176).

Allenfalls mit Vorbehalten kann der **Streitwert** aus einem die Diensterfindung betreffenden Prozess herangezogen werden.[960] Eine Gleichsetzung des Erfindungswertes mit den bisherigen **Schutzrechtskosten** scheidet aus.[961]

Die Grundsätze der **RL Nr. 8** gelten entsprechend (s. dazu § 9 Rdn. 125 ff.), sodass bei Heranziehung der Gesamtinvestition zu ermitteln (schätzen) ist, welcher Anteil der insgesamt aufgewendeten (Investitions-) Ausgaben **kausal** auf die Erfindung entfällt[962] bzw. für die Nutzung der Diensterfindung aufgebracht worden ist[963] bzw. – wenn die Erfindung Teil einer Anlage ist – welche Teile für die Umsetzung der Diensterfindung technisch notwendig waren[964]. S. im Übrigen KommRL Rn. 11 ff. zu RL Nr. 13.

Zur Ermittlung des Erfindungswertes sind die (anteiligen) Investitionskosten nicht mit einem Lizenzsatz nach der Lizenzanalogie zu multiplizieren.[965] Vielmehr muss entsprechend der Berechnung bei RL Nr. 12 (s.o. § 9 Rdn. 165) der relevante Investitionskostenanteil mit einem Umrechnungsfaktor multipliziert werden. Hierbei ist aber nur ein **Bruchteil** (1/8 – 1/3[966]; i.d.R. 20 % bei Patenten[967], bei erheblichen erfindungskausalen Vorteilen ggf. 30 %[968] bzw.

---

959 Vgl. Schiedsst. v. 05.08.2015 – Arb.Erf. 26/12, (www.dpma.de).
960 Aber weitergehend zu RL Nr. 4 Reimer/Schade/Schippel/Himmelmann Rn. 1 zu § 11/RL Nr. 4 und zu RL Nr. 13 Boemke/Kursawe/Engemann Rn. 299 zu § 9.
961 Zutreffend Keukenschrijver in Busse/Keukenschrijver, PatG, Rn. 23 zu § 11 ArbEG.
962 So im Ergebn. Schiedsst. v. 11.08.1989 – Arb.Erf. 72/88; v. 27.09.1994 – Arb.Erf. 76/93, (beide unveröffentl.); vgl. auch Schiedsst. v. 12.10.2010 – Arb. Erf. 23/09, (in www.dpma.de nur LS. 1).
963 Schiedsst. v. 20.11.2008 – Arb.Erf. 27/07, (unveröffentl.) u. v. 12.10.2010 – Arb. Erf. 23/09, (www.dpma.de, nur LS. 2).
964 Schiedsst. v. 25.07.2013 – Arb.Erf. 39/12, (www.dpma.de).
965 Schiedsst. v. 12.10.2010 – Arb. Erf. 23/09, (in www.dpma.de nur LS. 2); v. 25.01.2018 – Arb.Erf. 66/16, (vorg. f. www.dpma.de).
966 Ständ. Praxis d. Schiedsst., z. B. Schiedsst. v. 12.10.2010 – Arb. Erf. 23/09, (in www.dpma.de nur LS. 1); v. 05.08.2015 – Arb.Erf. 26/12; v. 13.04.2016 – Arb.Erf. 68/13, v. 25.07.2017 – Arb.Erf. 13/16, (alle www.dpma.de).
967 Ebenso ständ. Praxis d. Schiedsst., z. B. v. 12.10.2010 – Arb. Erf. 23/09, (in www.dpma.de nur LS. 2, dort 25 % wegen Überdurchschnittlichkeit der Diensterf.); v. 25.07.2013 – Arb.Erf. 39/12, (www.dpma.de, dort 1/8 = 12,5 % wegen des äußerst geringen Abstandes zum allg. Stand d. Technik); v. 05.08.2015 – Arb.Erf. 26/12; v. 14.10.2015 – Arb.Erf. 25/13, (beide www.dpma.de); v. 25.01.2018 – Arb.Erf. 66/16, (vorg. f. www.dpma.de); zust. Keukenschrijver in Busse/Keukenschrijver, PatG, Rn. 23 zu § 11 ArbEG.
968 Z. B. Schiedsst. v. 25.07.2017 – Arb.Erf. 13/16, (www.dpma.de).

bis zu 2/3 davon [s. § 9 Rdn. 165] bei Gebrauchsmustern) des (bereinigten) Investitionsaufwandes als Erfindungswert anzusetzen.[969] Kein Unternehmer wäre bereit den Gesamtbetrag seiner Investitionskosten noch einmal zum Erwerb der (zugrunde liegenden) Erfindung auszugeben[970] bzw. auf seinen Lohn für den Einsatz der Erfindung und die damit verbundenen Ausgaben und Risiken zu verzichten[971]. Vielmehr muss dem Arbeitgeber ein **angemessener Anteil an den wirtschaftlichen Vorteilen** aus dem Einsatz der Erfindung und für das Risiko ihres Einsatzes verbleiben.[972]

Auch die **Abstaffelungsgrundsätze** (RL Nr. 11) sind nach Maßgabe des bei RL Nr. 12 geltenden Rahmens (s.o. § 9 Rdn. 168 ff.) zu beachten,[973] jedoch nur, wenn die Voraussetzungen einer Kausalitätsverschiebung vorliegen, etwa, weil die kostenintensiven Investitionen auf der wirtschaftlichen Kraft bzw. Marktstellung des Arbeitgebers beruhen[974] (s. § 9 Rdn. 141 ff.). Abzustellen ist auf die Nutzenstaffel[975] (s. § 9 Rdn. 168).

Anknüpfungspunkt für die Schätzung des Wertes können aber auch – alternativ zu RL Nr. 15 – die durch die Erfindung **eingesparten Lizenzgebühren** sein, die der Arbeitgeber Dritten für die Verwertung hätte zahlen müssen.[976] Diese spiegeln aber noch nicht den »Nettowert« der Erfindung für den Arbeitgeber wieder, sondern sind in Orientierung an RL Nr. 14 um die Entwick-

178

---

969 Ständ. Praxis d. Schiedsst., z.B. ZB v. 03.06.1960 – Arb.Erf. 4/59; v. 20.11.2008 – Arb.Erf. 27/07, (beide unveröffentl.), ferner EV. v. 03.04.1974, Mitt. 1974, 137, 138 u. v. 11.08.1989 – Arb.Erf. 72/88, (unveröffentl.); v. 27.09.1994 – Arb.Erf. 76/93, (unveröffentl. – dort für Gebrauchsmuster 1/16 – 1/6 mit Regelwert 10 %); v. 12.10.2016 – Arb.Erf. 07/14, (www.dpma.de), dort ebenfalls 1/8 – 1/3 allg. bei Patenten; vgl. auch Schiedsst. v. 08.05.1961, BlPMZ 1961, 434, 435; ebenso Schiedsst. v. 11.04.1988 – Arb.Erf. 78/87, (unveröffentl.). In diesem Sinn auch Schiedsst. v. 25.02.1981, BlPMZ 1982, 57, 58 r.Sp.
970 Schiedsst. v. 11.04.1988 – Arb.Erf. 78/87, (unveröffentl.); in diesem Sinn auch Schiedsst. v. 25.02.1981, BlPMZ 1982, 57, 58 r. Sp.: Reimer/Schade/Schippel/Himmelmann Rn. 5 zu § 11/RL Nr. 13.
971 Bereits Schiedsst. v. 03.06.1960 – Arb.Erf. 4/59, (unveröffentl.).
972 Schiedsst. v. 09.12.2008 – Arb.Erf. 19/08, (unveröffentl.); ähnl. Schiedsst. v. 25.01.2018 – Arb.Erf. 66/16 (vorg. f. www.dpma.de).
973 Schiedsst. v. 08.05.1961, BlPMZ 1961, 434, 435; v. 03.04.1974, Mitt. 1974, 137, 138; v. 25.07.2013 – Arb.Erf. 39/12, (www.dpma.de).
974 Schiedsst. v. 25.07.2013 – Arb.Erf. 39/12, (www.dpma.de).
975 Ebenso ständ. Praxis d. Schiedsst., z. B. v. 25.07.2013 – Arb.Erf. 39/12, (www.dpma.de).
976 Schiedsst. v. 28.07.2009 – Arb.Erf. 29/06, (unveröffentl.).

lungs- und Schutzrechtskosten zu mindern, um so die fiktive Nettolizenzeinnahme zu ermitteln.⁹⁷⁷ S. im Übr. KommRL Rn. 15 zu RL Nr. 13.

Im Einzelfall kann auch eine Orientierung an den **Prämien für einfache Verbesserungsvorschläge** erfolgen.⁹⁷⁸

Weitere Einzelheiten s. Komm RL zu RL Nr. 13.

*Rdn. 179 – 184 frei*

### V. Erfindungswert bei Konzernnutzung und bei Nutzung durch sonstige verbundene Unternehmen

#### 1. Konzern

185 Wird eine Erfindung im Rahmen eines Konzerns, dem der Arbeitgeber angehört, genutzt (s. § 1 Rdn. 129 ff.), ist **Schuldner des Vergütungsanspruchs** stets der **jeweilige Arbeitgeber**, ohne dass der Arbeitnehmererfinder Erfindervergütungsansprüche ggü. den (nutzenden) Konzernunternehmen oder dem Konzernverbund geltend machen kann⁹⁷⁹ (s. § 1 Rdn. 130 u. oben § 9 Rdn. 4 ff.; zum einheitlichen Arbeitsverhältnis s. aber § 1 Rdn. 129.1). Auch bei einer im Konzernverbund üblichen (Voraus-) Abtretung der Erfindungsrechte auf einzelne Konzerngesellschaften (z.B. Konzernmutter) oder bei Einbringung der Diensterfindung in einen konzernweiten Patentpool bleibt der Arbeitgeber erfinderrechtlich allein verpflichtet (s. § 1 Rdn. 130). Zum **Auskunfts- bzw. Rechnungslegungsanspruch** im Konzern s. § 12 Rdn. 296 ff.

---

977 Schiedsst. v. 28.07.2009 – Arb.Erf. 29/06, (unveröffentl.).
978 Ebenso Volmer/Gaul Rn. 514 zu § 9/RL Nr. 13; Reimer/Schade/Schippel/Himmelmann Rn. 6 zu § 11/RL Nr. 13.
979 Wohl allg. A., z.B. BGH v. 16.04.2002 – X ZR 127/99, GRUR 2002, 801, 803 – *Abgestuftes Getriebe* u. v. 17.11.2009 GRUR 2010, 223 (insbes. Rn. 39 f.) – *Türinnenverstärkung*, zuvor bereits OLG Düsseldorf v. 13.09.2007 InstGE 8, 147, 149 – Türinnenverstärkung; OLG München v. 08.02.2001 GRUR-RR 2001, 103, 104 – Verankerungsmittel; OLG Frankfurt v. 27.09.2007 – 6 U 176/06, (www.lareda.hessenrecht.hessen.de, Rn. 12, 16) – Insulinprodukt u. v. 07.12.2017 – 6 U 204/16, (www.lareda.hessenrecht.hessen.de) – Mark up.; ferner Schiedsst., u. a. v. 22.02.1991 BlPMZ 1992, 369 – Medikalprodukt; v. 09.12.2008 – Arb.Erf. 19/08, (unveröffentl.) u. v. 11.07.2012 – Arb.Erf. 03/11, (insoweit nicht in www.dpma.de) u. v. 19.09.2013 Arb.Erf 29/12, (www.dpma.de); vgl. auch Schiedsst. v. 06.06.2014 – Arb.Erf. 54/12, u. v. 10.03.2016 – Arb.Erf. 23/12, (beide www.dpma.de); ferner Keukenschrijver in Busse/Keukenschrijver, PatG, Rn. 7 zu § 9 ArbEG. Siehe im Einzelnen A. Bartenbach, Arbeitnehmererfindungen im Konzern (2018), Rn. 51 ff.

## G. Bemessung der Vergütung § 9

Die Vergütungsbemessung hängt von den Umständen des Einzelfalls ab.[980] **186**

**Bemessungsgröße** für die Berechnung der Erfindervergütung sind **zunächst die Eigennutzungen des betreffenden Arbeitgebers** einschließlich seiner Lizenzeinnahmen und evtl. Kaufpreiserlöse aus einer Übertragung der Erfindung.[981] Zur Eigennutzung des Arbeitgebers gehören Herstellung und Vertrieb der erfindungsgemäßen Produkte, und zwar gleichgültig, ob er sie an Dritte oder an verbundene Konzernunternehmen veräußert.

Erfolgt die **Abgabe erfindungsgemäßer Produkte an verbundene Unternehmen** zu **internen Abgabe- bzw. Verrechnungspreisen**,[982] bildet grundsätzlich der auf dieser Grundlage erzielte Umsatz des Arbeitgebers die Bemessungsgröße für die Ermittlung des Erfindungswertes.[983] Denn nur hierin liegt (zunächst) der wirtschaftliche Nutzen des Arbeitgebers. Insoweit hat auch die *Schiedsstelle* in ständiger Praxis vorgeschlagen, dass der (anschließend) von konzernverbundenen Unternehmen mit dem erfindungsgemäßen Produkt erzielte Umsatz nicht zu einer Erhöhung des Erfindungswertes führt; vielmehr ist grds. der Ab-Werk-Netto-Umsatz des Arbeitgebers der Erfindervergütung zugrunde **186.1**

---

980 Ausf. A. Bartenbach, Arbeitnehmererfindungen im Konzern (2018), Rn. 201 ff.; vgl. ferner Boemke/Kursawe/Engemann Rn. 304 ff. zu § 9.
981 Allg. A., so im Ergebn. auch BGH v. 17.11.2009, GRUR 2010, 223, 224 ff. – *Türinnenverstärkung*. Ebenso ständ. Praxis der Schiedsst. v. 22.04.2004 – Arb.Erf. 43/02, (Datenbank); s.a. Meier-Beck Festschr. W. Tilmann (2003) S. 539, 542 ff.; Keukenschrijver in Busse/Keukenschrijver, PatG, Rn. 10 zu § 11 ArbEG.
982 Zur steuerrechtl. Behandlung intern. Verrechnungspreise s. BFH v. 06.04.2005, DStR 2005, 1307 u. v. 17.10.2001, RIW 2002, 162 m. Anm. Andresen, RIW 2002, 134 u. Fischer/Looks/im Schlaa, BB 2010, 157; s.a. A. Bartenbach, Arbeitnehmererfindungen im Konzern (2018), Rn. 731 ff.
983 BGH v. 06.03.2012 – X ZR 104/09, Mitt. 2012, 285 (Rn. 32 ff.) – *Antimykotischer Nagellack*; ferner z.B. ständ. Rspr. OLG Frankfurt am Main v. 27.09.2007 – 6 U 176/06, (www.lareda.hessenrecht.hessen.de, Rn. 12) – *Insulinprodukt* u. v. 14.05.2009 – 6 U 68/08, (unveröffentl.). Zustimmend Jestaedt, Patentrecht (2008) III. 4. Rn. 413 m.H.a. BGH v. 16.04.2002 – X ZR 127/99, GRUR 2003, 801, 802 f. – *Abgestuftes Getriebe*; vorsichtiger Keukenschrijver in Busse/Keukenschrijver, PatG, Rn. 6 zu § 11 ArbEG, wonach die Bestimmung des Erfindungswertes auf Grund von Konzernabgabepreisen »jedenfalls nicht von vornherein unbillig« sei (s. auch dort Rn. 10). S.a. BGH v. 17.11.2009, GRUR 2010, 223, 224 ff. (insb. 227) – *Türinnenverstärkung*.

zu legen.⁹⁸⁴ Das entspricht nicht nur der bislang h. M.⁹⁸⁵, sondern auch der höchstrichterlichen Rechtsprechung, wonach es in aller Regel nicht geboten ist, bei der Vergütungsbemessung statt auf den Werkabgabepreis des Arbeitgebers auf den Verkaufspreis der in- oder ausländischen Konzernunternehmen abzustellen, und es grundsätzlich nicht zu beanstanden ist, wenn der Arbeitnehmer nicht von höheren Verkaufspreisen der belieferten Konzernunternehmen profitiert.⁹⁸⁶

Im Einzelfall ist allerdings zu prüfen, ob der vom Arbeitgeber dem verbundenen Unternehmen abgeforderte »Verrechnungspreis«⁹⁸⁷ den **marktgerechten Abgabepreis** (bezogen auf die nächste Handelsstufe) darstellt.⁹⁸⁸ Einer »Manipulierung« der konzerninternen Abgabepreise können aber schon steuerrechtliche Hindernisse bzw. Nachteile entgegen stehen (unzulässige Gewinnverlagerung); zahlt eine Kapitalgesellschaft an eine Schwestergesellschaft für die von dieser gelieferten Waren Preise, die sie einem fremden Unternehmen nicht eingeräumt hätte, so kann darin eine verdeckte Gewinnausschüttung liegen.⁹⁸⁹

Ein marktgerechter Abgabepreis kann im Regelfall dann unterstellt werden, wenn ein vergleichbarer Preis (nicht verbundenen) Dritten in vergleichbarer Handelsstufe berechnet wird; ferner, wenn die Preisstellung des Arbeitgebers auf einer **Eigenkostenkalkulation** zuzüglich eines angemessenen Gewinnzuschlags beruht, ohne dass besondere Rücksicht auf die jeweiligen Marktverhält-

---

984 Schiedsst. v. 08.02.1989 – Arb.Erf. 88/87, (unveröffentl.); v. 22.02.1991, BlPMZ 1992, 369 – *Medikalprodukt*; v. 20.04.2004 – Arb.Erf. 70/02, u. v. 28.07.2006 – Arb.Erf. 5/05, (beide Datenbank); im Grundsatz auch Schiedsst. v. 12.09.2013 Arb.Erf. 21/12; v. 19.09.2013 – Arb.Erf. 29/12, (beide www.dpma.de);
985 OLG München v. 08.02.2001, Mitt. 2001, 207, 210 – *Verwertung durch eine ausländische Muttergesellschaft*; Reimer/Schade/Schippel/Himmelmann Rn. 1 zu § 11/ RL Nr. 17; Jestaedt, Patentrecht, Rn. 413; vgl. auch BGH v. 16.04.2002 – X ZR 127/99, GRUR 2002, 801 – *Abgestuftes Getriebe*; zurückhaltender Keukenschrijver in Busse/Keukenschrijver, PatG, Rn. 6, 10 zu § 11 ArbEG.
986 BGH v. 06.03.2012, Mitt. 2012, 285 (Rn. 32, 38) – *Antimykotischer Nagellack*.
987 Zur Ermittlung des angemessenen Verrechnungspreises zwischen international verbundenen Unternehmen s. Kuebart, Verrechnungspreise i. intern. Lizenzgeschäft, 1995, insb. S. 208 ff.; Fischer/Looks/im Schlaa, BB 2010, 157. Zum maßgeblichen Fremdvergleich nach Körperschaftsteuerrecht s. BFH v. 06.04.2005, NZG 2005, 859, 860 ff.
988 Schiedsst. v. 28.07.2006 – Arb.Erf. 5/05, (Datenbank); ZB v. 08.12.1993 – Arb.Erf. 11/92, (unveröffentl.); v. 19.09.2013 – Arb.Erf. 29/12, (www.dpma.de). Vgl. auch OLG Frankfurt am Main v. 27.09.2007 – 6 U 176/06, (www.lareda.hessenrecht.hessen.de, Rn. 12, 16) – *Insulinprodukt*.
989 BFH v. 06.04.2005, DStR 2005, 1307. Vgl. ferner Popkes, RIW 1989, 369 ff. m.w.N.; s.a. Böcker in StBp 1991, 73 ff.

nisse in dem Verkaufsgebiet der verbundenen Unternehmen oder deren Rentabilitätssituation genommen wird.[990] Andererseits ist der Arbeitgeber aber auch berechtigt, bei der Bestimmung dieser Abgabepreise unterschiedlichen Marktverhältnissen in den verschiedenen Staaten Rechnung zu tragen und damit auch unterschiedliche Abgabepreise für die Produkte zu kalkulieren.[991] Allein der Umstand, dass das verbundene Unternehmen mit dem ihm vom Arbeitgeber gelieferten Produkt einen höheren Marktpreis verlangt, rechtfertigt nicht die Annahme eines zu niedrigen Abgabepreises; zunächst ist selbstverständlich, dass auch der Zwischenhandel mit eigenen Gewinnspannen kalkuliert; darüber hinaus sind für diese Umsätze regelmäßig zusätzliche Eigenleistungen des abnehmenden Unternehmens mitursächlich (Werbung, Vertriebskosten usw.). Jedenfalls marktgerecht ist es, wenn die Preiskalkulation beim Verkauf an die verbundenen Unternehmen wie ggü. nicht verbundenen Dritt-Unternehmen erfolgt. Die Darlegungs- und Beweislast dafür, dass die konzerninternen Abgabepreise (deutlich) hinter marktgerechten Abgabepreisen zurückbleiben, obliegt letztlich dem Arbeitnehmer.[992]

Im **Pharmabereich** hat die *Schiedsstelle* einen konzerninternen Verrechnungspreis von 1/4 des Endverkaufspreises des verbundenen Vertriebsunternehmens als noch marktgerecht anerkannt.[993] Eine solche Preisdifferenz lasse – so die *Schiedsstelle*[994] – Raum sowohl für die Deckung der Kosten des Arbeitgebers einschließlich dessen Gewinnaufschlags als auch für die Gewinnaufschläge auf der Handelsstufe der Weiterverkäufer.

Eine auf der Basis konzerninterner Abgabepreise getroffene **Vergütungsregelung** ist grundsätzlich wirksam und **nicht unbillig** i.S.v. § 23, es sei denn, der Abgabepreis entspricht offenkundig nicht dem Wert des erfindungsgemäßen (Zwischen-)Produkts, sodass sich daraus ein erhebliches Missverhältnis zur gesetzlich geschuldeten Vergütung ergibt.[995]

---

990 Ebenso OLG München v. 08.02.2001, Mitt. 2001, 207, 210 – *Verwertung durch eine ausländische Muttergesellschaft*. Wie hier Boemke/Kursawe/Engemann Rn. 308 zu § 9.
991 Vgl. Schiedsst. v. 22.02.1991, BlPMZ 1992, 369 – *Medikalprodukt*; Klein, BB 1995, 225 ff.
992 Vgl. auch OLG Frankfurt v. 27.09.2007 – 6 U 176/06, (www.lareda.hessenrecht.hessen.de, Rn. 16) – *Insulinprodukt*.
993 EV v. 28.07.2006 – Arb.Erf. 5/05 (Datenbank). Vgl. a. BGH v. 06.03.2012 – X ZR 104/09, Mitt. 2012, 285 (Rn. 35 ff.) – *Antimykotischer Nagellack*.
994 EV v. 28.07.2006 – Arb.Erf. 5/05 (Datenbank).
995 BGH v. 06.03.2012 – X ZR 104/09, Mitt. 2012, 285 (Rn. 34 f.) – *Antimykotischer Nagellack*; s. aber Schwab, Arbeitnehmererfindungsrecht, § 23 Rn. 11.

In diesem Zusammenhang ist zu beachten, ob bei dem Verkauf erfindungsgemäßer Produkte (Halbfertigprodukte) eine **Erschöpfung** des die Diensterfindung schützenden Patents eintreten kann.[996] Die mit dem Arbeitgeber nicht verbundenen Käufer der von ihm in Verkehr gebrachten patentierten Gegenstände haben das Entgelt für das Schutzrecht mit dem Kaufpreis entrichtet und können dann nach Belieben mit dem patentierten Gegenstand verfahren und ihn auch i.R.d. bestimmungsgemäßen Gebrauchs ungehindert nutzen und gebrauchen[997] (vgl. auch zur Erschöpfung bei Auslandsfreigabe § 14 Rdn. 37, 48). Dieser Grundsatz geht von der Überlegung aus, dass der Berechtigte durch den Verkauf des geschützten Gegenstandes den Lohn für seine Erfindung erhalten und damit die Grenzen der ihm eingeräumten Rechtsmacht erreicht hat. Darüber hinaus stehen ihm keine Rechte mehr zu.

Tritt eine solche Erschöpfung auch im **Konzernvertrieb** mit Abgabe an das jeweilige konzernverbundene Unternehmen ein, liegen die Erlöse aus dem Weiterverkauf außerhalb des »Zugriffsrechts« des Lieferers; Beteiligungsansprüche hieran stehen ihm nicht zu. Eine solche Erschöpfung ist im Konzernvertrieb aber nur dann gegeben, wenn es sich nicht nur um eine konzerninterne Warenverschiebung, sondern eine dem freien Handelsverkehr zuzurechnende Veräußerungsmaßnahme handelt.[998]

Sollte im Einzelfall der Abgabepreis an verbundene Unternehmen nicht marktgerecht sein, ist ein **Zuschlag** zu berechnen.[999] Die Höhe des Zuschlags kann an der Differenz zum Abgabepreis des Arbeitgebers an unabhängige vergleichbare Drittabnehmer orientiert werden; fehlen solche, kann eine Orientierung am Verkaufspreis des verbundenen Unternehmens (unter Abzug einer eigenen Gewinnspanne für dieses Unternehmen) erfolgen.

**187** Umstritten ist die Vergütungsbemessung in den Fällen, in denen die Erfindung verbundenen Unternehmen mittels (unentgeltlicher) **Lizenzvergabe oder** (kostenloser) **Rechtsübertragung** zur Nutzung überlassen wird. Einigkeit besteht nur insoweit, dass auch in diesen Fällen der Arbeitgeber alleiniger

---

[996] S. hierzu Benkard/Scharen, PatG, Rn. 16 ff. zu § 9 PatG m.w.N.; Schiedsst. v. 16.05.2007 – Arb.Erf. 12/06, (unveröffentl.).
[997] BGH v. 24.09.1979 – KZR 14/78, GRUR 1980, 38, 39 – *Fullplastverfahren*; BGH v. 16.09.1997, GRUR 1998, 130, 132 – *Handhabungsgerät*; OLG Düsseldorf v. 23.12.1996, GRUR Int. 1997, 646, 648 – *Golf* – *Heckleuchte II*; LG Düsseldorf v. 03.11.1998, Entscheidungen 4. ZK 1998, 115 – *Levitationsmaschine*; s. hierzu auch Schiedsst. v. 01.12.1992, Mitt. 1996, 351, 353 f. – *Straßenbau*.
[998] S. i. Einz. Leßmann, GRUR 2000, 741 ff.
[999] Ebenso LG Frankfurt v. 01.11.2006 – 2–06 O 647/05, (unveröffentl.); ebenso Keukenschrijver in Busse/Keukenschrijver, PatG, Rn. 10 zu § 11 ArbEG.

Schuldner des Vergütungsanspruchs bleibt (s. § 1 Rdn. 130). Damit übereinstimmend geht die ganz überwiegende Auffassung von dem Regelfall aus, dass der Arbeitnehmererfinder – entsprechend dem allgemeinen Vergütungsgrundsatz (s. § 9 Rdn. 2) – **grds. keinen Anspruch** darauf hat, dass der (gesamte) **Konzernumsatz** mit erfindungsgemäßen Produkten der Vergütungsberechnung – über die Eigenumsätze des Arbeitgebers hinaus – nach RL Nrn. 3 ff. zugrunde zu legen ist.[1000] Weitgehend Konsens besteht zudem darin, dass der Arbeitnehmer auch bei – ganz oder teilweise – kostenloser Weitergabe seiner Diensterfindung innerhalb eines Konzerns bzw. bei (weitgehend) unentgeltlicher Einräumung von Nutzungsrechten an Konzernunternehmen im Grundsatz eine angemessene Vergütung beanspruchen kann.[1001]

Ansonsten ergibt sich aber – auch nach Verwertungsart – ein **differenziertes Bild:**

187.1 Räumt der Arbeitgeber verbundenen Unternehmen ein einfaches oder ausschließliches **Nutzungsrecht gegen Zahlung von Lizenzgebühren** ein, so sind diese Lizenzeinnahmen nach den allgemeinen Grundsätzen der RL Nrn. 14,

---

1000 H.M., im Ergebnis so BGH v. 16.04.2002 – X ZR 127/99, GRUR 2002, 801, 803 f. – *Abgestuftes Getriebe* (zur Einbringung in einen konzernweiten Patentpool); Schiedsst. v. 01.12.2009 – Arb.Erf. 48/08; v. 09.12.2008 – Arb.Erf. 19/08 (beide unveröffentl.); v. 17.06.2010 – Arb.Erf. 14/09 – *Fruchtgummi* (insoweit nicht in www.dpma.de) u. v. 28.07.2006 – Arb.Erf. 5/05 (Datenbank); OLG München v. 08.02.2001, Mitt. 2001, 207, 210 – *Verwertung durch eine ausländische Muttergesellschaft*; LG Düsseldorf Teil-Urt. v. 18.06.1991 – 40 254/90, (unveröffentl.); allg. OLG München v. 05.09.1988, DB 1988, 2251; a.A. LG Braunschweig v. 01.03.1977 – 9 c O 4/75 – *Polyisocyanatgemisch II* (unveröffentl.); weitergehend wohl auch Trimborn, Mitt. 2010. 461, 463; vgl. auch Kroitzsch, GRUR 1974, 177, 185 (zur Kooperation); vgl. auch Boemke/Kursawe/Engemann Rn. 158 zu § 9, wonach für die Angemessenheit der Vergütung »abzustellen ist auf den gesamten Unternehmensbereich des Arbeitgebers, so dass auch Verwertungshandlungen von Konzerngesellschaften in die Bemessung der Vergütung einfließen.«.
1001 So im Ergebnis u. a. BGH v. 16.04.2002 – X ZR 127/99, GRUR 2002, 801, 803 f. – *Abgestuftes Getriebe* (zur Einbringung in einen konzernweiten Patentpool); OLG Düsseldorf v. 13.09.2007, InstGE 8, 147 ff. – *Türinnenverstärkung*, insoweit nicht aufgehoben durch BGH v. 17.11.2009, GRUR 2010, 223, 227 – *Türinnenverstärkung*; OLG München v. 08.02.2001, Mitt. 2001, 207, 210 – *Verwertung durch eine ausländische Muttergesellschaft*; Schiedsst. v. 25.07.1983 – Arb.Erf. 14/82, (unveröffentl.), v. 26.01.1983, EGR Nr. 68 zu § 9 ArbEG (Verg.Höhe); Bartenbach, Arbeitnehmererfindungen im Konzern (2018), Rn. 818 ff. – m.w.N.; Reimer/Schade/Schippel/Himmelmann Rn. 1 zu § 11/RL Nr. 17; s.a. LG Braunschweig v. 01.07.1975, GRUR 1976, 585, 586 – *Polyisocyanatgemisch I* u. v. 01.03.1977 – EGR Nr. 4 zu § 1 ArbEG – *Polyisocyanatgemisch II*.

15 (s. dazu § 9 Rdn. 221 ff.) zu vergüten.[1002] Dabei ist u. E. zu prüfen, inwieweit Art und Höhe der gezahlten Lizenzgebühren (einschließlich sonstiger geldwerter Gegenleistungen) marktgerecht sind.[1003] Demgegenüber hat der **BGH** im Parallelfall der wirtschaftlichen Verwertung der Diensterfindung durch die Konzernunternehmen bei Einbringung der Erfindung in einen Konzern-Patentpool unter dem Maßstab der Bewertung durch vernünftige Lizenzvertragsparteien nur geprüft, ob die von den verbundenen Vertragsparteien getroffene Bewertung »offenbar unrichtig« ist.[1004] S. i.Ü. KommRL Rn. 38 zu RL Nr. 14.

187.2 Erhält der Arbeitgeber von den verbundenen Unternehmen **keine** (marktüblichen) **Lizenzzahlungen** bzw. sonstigen vermögenswerten Gegenleistungen und wird die Erfindung von den lizenznehmenden Konzernunternehmen genutzt, ist auch im Konzernbereich davon auszugehen, dass die Einräumung des Benutzungsrechts einen wirtschaftlichen Wert hat,[1005] sodass nach der hier vertretenen Auffassung zur Ermittlung des Erfindungswerts grds. eine fiktive Lizenzeinnahme auf Basis der Umsätze der verbundenen Unternehmen zu ermitteln ist.[1006] Irrelevant sind dabei die konkreten wirtschaftlichen Vorteile des Lizenznehmers bzw. Erfindungserwerbers.[1007] Der Arbeitnehmer kann verlangen, so gestellt zu werden, wie er stehen würde, wenn die Nutzungsrechte dritten, nicht verbundenen Unternehmen überlassen worden wären.[1008] Bei

---

1002 Vgl. BGH v. 16.04.2002 – X ZR 127/99, GRUR 2002, 801, 803 r. Sp. – *Abgestuftes Getriebe*; ebenso Meier-Beck Festschr. Tilmann (2003), 539, 543; vgl. auch Schiedsst. v. 10.03.2016 – Arb.Erf. 23/12, (www.dpma.de = in Mitt. 2017, 86 nur LS.); v. 04.08.2017 – 21/13, (www.dpma.de).
1003 Zutreffend A. Bartenbach, Arbeitnehmererfindung im Konzern (2018), Rn. 835 ff.m.w.N.; vgl. auch Schiedsst. v. 04.08.2017 – 21/13, (www.dpma.de).
1004 BGH v. 16.04.2002 – X ZR 127/99, GRUR 2002, 801, 803 a.E. – *Abgestuftes Getriebe*.
1005 Vgl. allgemein BGH v. 04.04.2006 – X ZR 155/03, GRUR 2006, 754, 759 [Rn. 37] – *Haftetikett*.
1006 Ebenso Schiedsst. ZB v. 07.03.2016 – Arb.Erf. 09/14, (www.dpma.de). Vgl. auch Keukenschrijver in Busse/Keukenschrijver, PatG, Rn. 25 zu § 11 ArbEG, wonach bei Überlassung an die ausländische Muttergesch. mangels ausgewiesener Gegenleistung »grds. nach den fiktiven Lizenzeinnahmen« zu vergüten ist. Krit. A. Bartenbach, Arbeitnehmererfindung im Konzern (2018), Rn. 847 ff.
1007 Ebenso Schiedsst. v. 12.10.2010 – Arb. Erf. 23/09, (insoweit nicht in www.dpma.de).
1008 OLG München v. 08.02.2001, Mitt. 2001, 207, 210 – *Verwertung durch eine ausländische Muttergesellschaft* u. Schiedsst. v. 17.06.2010 – Arb.Erf. 14/09, (insoweit nicht in www.dpma.de); v. 12.10.2010 – Arb. Erf. 23/09, (insoweit nicht in www.dpma.de) u. v. 12.01.2011 – Arb.Erf. 12/08, (insoweit nicht in www.dpma.de).

fehlenden oder zu niedrigen Lizenzgebühren sind also die Lizenzeinnahmen nach marktüblichen Sätzen wie zwischen selbstständigen Vertragspartnern fiktiv zu berechnen, z.b. eigene Entwicklungskosten zuzüglich eines angemessenen Gewinnzuschlags.[1009] Nimmt eine solche Preisstellung des Arbeitgebers keine besondere Rücksicht auf die jeweiligen Marktverhältnisse in dem Verkaufsgebiet des verbundenen Unternehmens oder deren Rentabilitätssituation, kann ein marktgerechter Abgabepreis unterstellt werden.[1010] Einzelheiten zur »kostenlosen« Lizenzvergabe s. Komm RL Rn. 31 ff. zu RL Nr. 14.

Demgegenüber geht der **BGH**[1011] – für die parallele Situation der Einbringung in einen konzernweiten Patentpool – vom Bewertungsmaßstab der Vereinbarung zwischen vernünftigen Lizenzvertragsparteien aus und orientiert die Berechnung am Zweck der Nutzungsrechtseinräumung, der jeweiligen Benutzungssituation und den konkreten Möglichkeiten zur Berechnung der Lizenz, ohne jedoch allzu strenge Maßstäbe an eine von den Konzernunternehmen vorgenommene Bewertung zu stellen (s. § 9 Rdn. 187.1; s. i.Ü. KommRL Rn. 39 zu RL Nr. 14 u. Rdn. 80 ff. zu RL Nr. 17). Wird die Diensterfindung – über die von der Konzernmutter vorgegebene Pooleinbringung hinaus – weder vom Arbeitgeber noch von anderen Konzernunternehmen genutzt, so verbleibt es nach Auffassung der *Schiedsstelle* bei der ab dem 8. Patentjahr geschuldeten Vorratsvergütung nach RL Nr. 21.[1012]

Eine Ausnahme von dem Grundsatz, dass der Umsatz anderer Konzernunternehmen nicht wie eine Eigennutzung nach RL Nrn. 3 ff. zu vergüten ist (s. § 9 Rdn. 187), kann mit der herrschenden Meinung u. E. unverändert dann **187.3**

---

1009 Vgl. OLG München v. 08.02.2001, Mitt. 2001, 207, 210 – *Verwertung durch eine ausländische Muttergesellschaft*; OLG Düsseldorf v. 13.09.2007, InstGE 8, 147 – *Türinnenverstärkung*; Schiedsst. v. 15.12.1987 – Arb.Erf. 54/87, (unveröffentl.); v. 26.01.1993, EGR Nr. 68 zu § 9 ArbEG (VergHöhe); v. 09.05.1995 – Arb.Erf. 62/93; u. v. 18.04.1996 – Arb.Erf. 5/95. Z.B. v. 29.10.1997 – Arb.Erf. 13/96, (sämtl. unveröffentl.); LG Düsseldorf v. 23.07.1998 – Arb.Erf. 4082/97, (unveröffentl.).
1010 Vgl. OLG München v. 08.02.2001, Mitt. 2001, 207, 210 – *Verwertung durch eine ausländische Muttergesellschaft*.
1011 BGH v. 16.04.2002 – X ZR 127/99, GRUR 2002, 801, 804 – *Abgestuftes Getriebe*.
1012 Schiedsst. v. 09.03.2016 – Arb.Erf. 39/13, (www.dpma.de = Mitt. 2017, 134, dort nur LS. 2, 3).

gelten, wenn sich der **Konzern als wirtschaftliche Einheit** darstellt[1013] (vgl. dazu § 1 Rdn. 131). In solch besonders gelagerten Fällen kann es aus hiesiger Sicht angebracht sein, den Vergütungsanspruch des Arbeitnehmererfinders nicht nach einem (fiktiven) Erlös aus der Übertragung bzw. Überlassung von Erfindungsrechten, sondern nach dem Umfang der Verwertungshandlungen der konzernverbundenen Unternehmen zu bemessen,[1014] d.h. anstelle einer fiktiven Lizenzeinnahme bzw. eines Kaufpreises[1015] den **Konzernaußenumsatz** bzw. den Umsatz bzw. die Lizenzeinnahmen der einzelnen (nutzenden) Konzernunternehmen zur Bestimmung des Erfindungswertes heranzuzie-

---

1013 Vgl. OLG München v. 08.02.2001, Mitt. 2001, 207, 210 – *Verwertung durch eine ausländische Muttergesellschaft*; OLG Frankfurt am Main v. 27.09.2007 – 6 U 176/06, (www.lareda.hessenrecht.hessen.de, Rn. 12 ff.) – *Insulinprodukt* im Anschl. an LG Frankfurt v. 01.11.2006 – 2-06 O 647/05, (unveröffentl.); ferner OLG Frankfurt v. 07.12.2017 – 6 U 204/16, (www.lareda.hessenrecht.hessen.de) – *Mark up*; Schiedsst. v. 26.01.1993 – Arb.Erf. 62/91; v. 09.12.2008 – Arb.Erf. 19/08; v. 15.10.2009 – Arb.Erf. 44/08; v. 15.12.2009 – Arb.Erf. 16/09 m.w.N. (sämtl. unveröffentl.); v. 12.01.2011 – Arb.Erf. 12/08, (www.dpma.de, dort nur LS. 3); A. Bartenbach, Arbeitnehmererfindungen im Konzern (2018), Rn. 59 ff., 801 ff.; Reimer/Schade/Schippel/Himmelmann Rn. 1 zu § 11/RL Nr. 17. Ähnl. Keukenschrijver in Busse/Keukenschrijver, PatG, Rn. 10 zu § 11 ArbEG m.w. Nachw., allerdings mit dem Zusatz, sofern »die Lizenzvertragsparteien im Einzelfall solches vereinbart hätten«.
1014 Z. B. OLG Frankfurt v. 07.12.2017 – 6 U 204/16, (www.lareda.hessenrecht.hessen.de) – *Mark up*, dort zur Übertragung einer Erfindung auf andere Konzernunternehmen, in deren Auftrag der Arbeitgeber als konzerneigenes Forschungsunternehmen die Erfindung entwickelt hatte. So bereits OLG Düsseldorf v. 07.05.1992 – 2 U 117/91, (unveröffentl.); vgl. auch Schiedsst. v. 15.04.2005 – Arb.Erf. 63/03, (Datenbank) zur Lizenzvergabe durch eine Patentverwertungsgesellschaft des Arbeitgebers (außeruniversitäre Forschungseinrichtung).
1015 So i. Ergebn. Schiedsst. v. 15.12.1987 – Arb.Erf. 54/87, (unveröffentl.) i. Anschl. a. d. 1. Aufl. (dort Rn. 185 zu § 9), bestätigt durch Schiedsst. v. 26.01.1993, EGR Nr. 68 zu § 9 ArbEG (VergHöhe): Fiktive Lizenzeinnahme für verbundene Forschungs- u. Entwicklungs-GmbH.

## G. Bemessung der Vergütung §9

hen[1016] und den Erfindungswert nach der Lizenzanalogie zu ermitteln[1017] (s. hierzu § 9 Rdn. 120 ff.). Eine gewisse Bestätigung findet dies in der patentrechtlichen Rechtsprechung zu Verwertungshandlungen i.S.d. § 9 PatG, wonach in einem nur konzernbezogenen Warenaustausch lediglich ein interner Vorgang liegt, wenn der Konzern als wirtschaftliche Einheit anzusehen ist.[1018]

Allerdings hat der **BGH** diesen Aspekt der »wirtschaftlichen Einheit« im Zusammenhang mit konzernbezogenen Lizenzvergaben **relativiert**.[1019] Ein Abstellen auf die Umsätze anderer Konzernunternehmen macht er allgemein davon abhängig, was **vernünftige Lizenzvertragsparteien im konkreten Einzelfall** vereinbart hätten (s. § 1 Rdn. 131). Danach kann ein Rückgriff auf die Umsätze der nutzenden Konzernunternehmen insb. dann naheliegen, wenn in

---

1016 Bestätigt durch LG Düsseldorf v. 18.06.1991 – 4 O 254/90, (unveröffentl.); vgl. auch LG Braunschweig v. 01.07.1975, GRUR 1976, 585 – *Polyisocyanatgemisch* u. LG Braunschweig v. 01.03.1977 – 9 c O 4/75 – *Polyisocyanatgemisch II* EGR Nr. 4 zu § 1 ArbEG, allerdings m. dogmatisch unzutreffender Begründung; i. d. S. auch Schiedsst. v. 25.07.1983 – Arb.Erf. 14/82 u. v. 29.10.1997 – Arb.Erf. 13/96, (beide unveröffentl.); v. 09.09.1993 – Arb.Erf. 155/92; v. 28.11.1991 – Arb.Erf. 60/90 u. v. 15.03.2005 – Arb.Erf. 63/03, (sämtl. Datenbank); v. 12.10.2010 – Arb. Erf. 23/09(insoweit nicht in www.dpma.de); sowie Reimer/Schade/Schippel/Himmelmann Rn. 1 zu § 11/RL Nr. 17; s.a. Schade, GRUR 1978, 569, 571 f.; Kraushaar, ZRP 1972, 279 ff.; vgl. aber auch Volmer/Gaul Rn. 523 f. zu § 9, der diese Verwertungshandlungen innerhalb eines Konzerns ausschließlich wie Verwertungshandlungen durch außenstehende Fremdunternehmen handhaben will.
1017 OLG Düsseldorf v. 13.09.2007, InstGE 8, 147 – *Türinnenverstärkung*; Schiedsst. v. 26.01.1993 – Arb.Erf. 62/91, (unveröffentl.) u. v. 12.01.2011 – Arb.Erf. 12/08, (www.dpma.de, dort nur LS. 3). Weitergehend LG Düsseldorf v. 28.04.2016 – 4a O 154/14, (Düsseldf. Entsch. Nr. 2518) – Elektrische Glühlampen, das nicht auf den Schwerpunkt der Nutzung abstellt, sondern schon bei Erbringung der in Anspruch genommenen Erfindungen in einen konzernverbundenen Schutzrechtspool den Vergütungsanspruch an den Nutzungshandlungen aller konzernabhängigen Unternehmen orientiert.
1018 OLG Hamburg v. 25.04.1985, GRUR 1985, 923 – *Imidazol*; s.a. BGH v. 20.02.1986, RIW 1986, 547 – *Gebührendifferenz IV* = GRUR Int. 1986, 724, 725. Zur kartellrechtl. Bewertung des Konzerns als wirtsch. Einheit s. EuGH v. 24.10.1996, ZIP 1997, 87 – *Parker Pen*.
1019 BGH v. 16.04.2002 – X ZR 127/99, GRUR 2002, 801, 804. – *Abgestuftes Getriebe*. Folgend u. a. Schiedsst. ZB. v. 07.03.2016 – Arb.Erf. 09/14, u. v. 10.03.2016 – Arb.Erf. 23/12, (beide www.dpma.de); vgl. auch Keukenschrijver in Busse/Keukenschrijver, PatG, Rn. 10 zu § 11 ArbEG; A. Bartenbach, Arbeitnehmererfindungen im Konzern (2018), Rn. 801 ff.; vgl. aber auch BGH v. 17.11.2009 GRUR 2010, 223 (insbes. Rn. 39 f.) – *Türinnenverstärkung*. Offen gelassen für Österreich OGH (Wien) v. 24.01.2013 – 8 ObA 45/12v, (www.ris.bka.gv.at).

der **Benutzung durch andere Konzernunternehmen der Hauptzweck der Inanspruchnahme** der Diensterfindung liegt. Anders ausgedrückt ist es nach der *BGH*-Rechtsprechung wohl entscheidend, ob der Arbeitgeber – bei wirtschaftlicher Betrachtung – die Inanspruchnahme der Diensterfindung vorrangig deshalb erklärt hat, um die Erfindung selbst zu nutzen, oder ob es ihm hauptsächlich auf Verwertungsmöglichkeiten durch andere Konzernunternehmen (als »wirtschaftliche Lizenznehmer«) ankam und damit eine Bemessung der Lizenzgebühr nach der Konzernnutzung in Betracht kommen kann. Solches kann nach dem *BGH* insb. aus steuerlichen und unternehmensorganisatorischen Gründen wie bei der rechtlichen Verselbstständigung einer Forschungs- und Entwicklungsabteilung in einer eigenen Gesellschaft veranlasst sein[1020] (zur neueren *BGH*-Rechtsprechung bei Einbringung in konzernweite Patentpools s. § 9 Rdn. 188.1). Das hat u. E. auch die »Türinnenverstärkungs«-Entscheidung des *BGH* nicht infrage gestellt, zumal es dort um Auskunftsansprüche über die Lieferungen geht[1021] (s. dazu unten § 9 Rdn. 189.1 sowie § 12 Rdn. 296 ff.). Andererseits kann – dem *BGH*[1022] zufolge – ein Abstellen auf die Umsätze anderer Konzernunternehmen »umso ferner liegen, je größer die tatsächlichen und rechtlichen Schwierigkeiten sind, die sich der tatsächlichen Feststellung dieser Umsätze entgegenstellen«, wie etwa bei einer großen Anzahl nutzender Konzernunternehmen und komplexen technischen Produkten mit einer Vielzahl benutzter Schutzrechte und unterschiedlichem Nutzungsumfang. Siehe i.Ü. KommRL Einl. Rn. 143 f.

187.4 Die *Schiedsstelle* geht bei einer kostenlosen Rechtseinräumung unter Hinweis auf die BGH-Rechtsprechung und die Sicht vernünftiger Lizenzvertragsparteien von der Notwendigkeit einer Einzelfallbewertung aus.[1023] Dabei soll die Wahl des Lösungsansatzes im Wesentlichen abhängen von den verfügbaren Lösungsalternativen und vom Umfang der Schwierigkeiten bei der Abwicklung eines solchen (fiktiven) Lizenzvertrages[1024], hier also vom Umfang der Schwie-

---

1020 BGH v. 16.04.2002 – X ZR 127/99, GRUR 2002, 801, 804 – *Abgestuftes Getriebe*.
1021 BGH v. 17.11.2009, GRUR 2010, 223, 227 – *Türinnenverstärkung*; abw. wohl Trimborn, Mitt. 2010, 461, 463.
1022 BGH v. 16.04.2002 – X ZR 127/99, GRUR 2002, 801, 804. – *Abgestuftes Getriebe*.
1023 Schiedsst. v. 09.03.2016 – Arb.Erf. 39/13, (www.dpma.de = Mitt. 2017, 134, dort nur LS.); ZB. v. 07.03.2016 – Arb.Erf. 09/14, (www.dpma.de = Mitt. 2017, 134 nur LS.); v. 10.03.2016 – Arb.Erf. 23/12, (www.dpma.de = in Mitt. 2017, 86 nur LS.).
1024 So Schiedsst. ZB. v. 07.03.2016 – Arb.Erf. 09/14, (www.dpma.de = Mitt. 2017, 134 nur LS.); EV v. 09.03.2016 – Arb.Erf. 39/13, (www.dpma.de = Mitt. 2017, 134, dort nur LS.).

rigkeiten bei der Vergütungsermittlung. Verwertet der Arbeitgeber die technische Lehre der Diensterfindung nicht selbst in seinem eigenen Betrieb, neigt die *Schiedsstelle* überwiegend dazu, den Erfindungswert im Wege des Ansatzes fiktiver Lizenzeinnahmen zu bestimmen.[1025] Auf »Mietgebühren« hat die Schiedsstelle abgestellt, wenn erfindungsgemäßen Geräte anderen Konzernunternehmen lediglich zum mietweisen Gebrauch überlassen wurden.[1026] Auf den Konzernumsatz wurde beispielsweise abgestellt, wenn das von der Konzernmutter (Arbeitgeberin) mit verfahrensgemäßen Produkten belieferte 100 %-Tochterunternehmen gerade zum Zweck errichtet bzw. übernommen wurde, gezielt den Marktanteil des Konzerns auf demselben Markt mit denselben Produkten deutlich auszubauen.[1027] Wird die auf eine Konzerngesellschaft übertragene Erfindung für die Zwecke zukünftiger Verwertung **noch erprobt**, gilt die vergütungsfreie Erprobungsphase (RL Nr. 23, vgl. hierzu § 9 Rdn. 212) für den Konzern.[1028]

Bei **Übertragung der Diensterfindung** bzw. bei Übertragung einzelner darauf bezogener Schutzrechtspositionen im Konzernbereich, ist der Arbeitnehmer an dem Kaufpreis bzw. den geldwerten Gegenleistungen nach Maßgabe der RL Nr. 16 (s. dazu § 9 Rdn. 251 ff.) zu beteiligen (s. im Einzelnen KommRL Rn. 48 ff. zu RL Nr. 16). Vorrangige Bezugsgröße ist das tatsächlich gezahlte **Entgelt**[1029] Allerdings greift u. E. auch hier die notwendige Prüfung, ob die Gegenleistungen marktgerecht sind; ist dies nicht der Fall, ist der Kaufpreis nach marktüblichen Sätzen einzelfallbezogen fiktiv zu bestimmen[1030] (s.o. § 9 Rdn. 187.2). Bei **kostenloser Übertragung** kann der Arbeitnehmer verlangen, so gestellt zu werden, wie er bei Überlassung an nicht verbundene Dritte

**188**

---

1025 Schiedsst. v. 29.10.1997 – Arb.Erf. 13/96, (unveröffentl.).
1026 Z.B. Schiedsst. v. 10.03.2016 – Arb.Erf. 23/12, (www.dpma.de = in Mitt. 2017, 86 nur LS. 2.).
1027 Z.B. Schiedsst. v. 10.03.2016 – Arb.Erf. 23/12, (www.dpma.de = in Mitt. 2017, 86 nur LS. 1).
1028 Schiedsst. v. 28.11.1991 – Arb.Erf. 60/90, (unveröffentl.).
1029 Vgl. etwa Schiedsst. v. 25.07.2013 – Arb.Erf. 39/12, (www.dpma.de). S.a. Reimer/Schade/Schippel/Himmelmann Rn. 1 zu § 11/RL Nr. 17.
1030 Schiedsst. v. 15.12.1987 – Arb.Erf. 54/87, (unveröffentl.) u. v. 24.06.2008 – Arb.Erf. 04/07 (Datenbank); vgl. auch OLG Düsseldorf v. 13.09.2007, InstGE 8, 147 ff. – *Türinnenverstärkung*; diff. A. Bartenbach, Arbeitnehmererfindungen im Konzern (2018), Rn. 801 ff. S. aber auch BGH v. 16.04.2002 – X ZR 127/99, GRUR 2002, 801, 803 – *Abgestuftes Getriebe*, der für die Einbringung in einen Patentpool darauf abstellt, ob die Bewertung »nicht offenbar unrichtig« ist; ferner OLG Frankfurt v. 07.12.2017 – 6 U 204/16, (www.lareda.hessenrecht.hessen.de) – Mark up.

gestanden hätte[1031] (Einzelheiten zur »kostenlosen« Rechtsübertragung KommRL zu Rn. 48 RL Nr. 16). Auch hier ist nach unserer Auffassung auf marktübliche Sätze abzustellen (streitig), es sei denn, die übertragene technische Neuerung ist nicht schutzfähig; dann ist der fiktive Kaufpreis gleich Null.[1032] Ausnahmsweise können u. E. auch hier die Umsätze des Rechtserwerbers bzw. des Konzerns Bemessungsgrundlage i.S.d. RL Nrn. 3 ff. sein, wenn sich der Konzern bei wirtschaftlicher Betrachtung als **wirtschaftliche Einheit** darstellt[1033] (s. § 1 Rdn. 131). S. i.Ü. KommArbEG Rn. 49 f. zu RL Nr. 16.

188.1 Wird eine Erfindung in einen **Schutzrechtspool des Konzerns** eingebracht, besteht die Gegenleistung im Regelfall darin, dass jedes am Pool beteiligte Konzernunternehmen – und damit auch der Arbeitgeber – alle darin befindlichen Erfindungsrechte bzw. Schutzrechtspositionen (Fremdrechte) unentgeltlich nutzen können.[1034] Dies entspricht RL Nr. 17 (s. dazu § 9 Rdn. 236 ff.). An einer bloß theoretischen Nutzungsmöglichkeit der Fremdrechte aus dem Pool durch den Arbeitgeber partizipiert der Arbeitnehmererfinder zunächst noch nicht.[1035] Vergütungsrelevant wird ein solcher Austausch grds. erst, wenn der Arbeitgeber Fremdrechte aus dem Pool tatsächlich einsetzt. Eine **Eigennutzung der Fremdrechte** durch den Arbeitgeber ist dem Erfinder dann (zusätzlich) nach der Lizenzanalogie zu vergüten[1036] (s. KommRL Rn. 70 f. zu RL

---

1031 OLG Düsseldorf v. 13.09.2007, InstGE 8, 147 ff. – *Türinnenverstärkung*; ebenso Schiedsst. v. 24.06.2008 – Arb.Erf. 4/07, u. v. 15.12.2009 – Arb.Erf. 16/09, (beide unveröffentl.); vgl. auch Schiedsst. v. 07.05.2015 – Arb.Erf. 71/11, (www.dpma.de, insoweit nicht in Mitt. 2016, 517); a. A. Bartenbach, Arbeitnehmererfindungen im Konzern (2018), Rn. 793 ff.
1032 Schiedsst. v. 15.12.2009 – Arb.Erf. 16/09, (unveröffentl.).
1033 Wohl h.M., Einzelheiten streitig, s. u.a. OLG Frankfurt v. 07.12.2017 – 6 U 204/16, (www.lareda.hessenrecht.hessen.de) – Mark up; Schiedsst. v. 26.01.1993, EGR Nr. 68 zu § 9 ArbEG (Verg.Höhe) u. v. 06.04.2006 – Arb.Erf. 98/04, (Datenbank); Reimer/Schade/Schippel/Himmelmann Rn. 1 zu § 11/RL Nr. 17. Abweichend BGH v. v. 16.04.2002 – X ZR 127/99, GRUR 2002, 801, 804 – *Abgestuftes Getriebe*. Nach Keukenschrijver (in Busse/Keukenschrijver, PatG, Rn. 10 zu § 11 ArbEG m. H. a. Schiedsst. v. 21.10.2005 – Arb.Erf. 18/04) bilden bei konzernweiter Arbeitsteilung und Verwertung per Rücklizenzierung einer auf die Konzernmutter übertragenen Diensterfindung die »konzernweiten entgeltlichen Nutzungen des ArbG die Grundlage der Erfindervergütung«.
1034 BGH v. 16.04.2002 – X ZR 127/99, GRUR 2002, 801, 803 – *Abgestuftes Getriebe*.
1035 Vgl. Keukenschrijver in Busse/Keukenschrijver, PatG, Rn. 10 zu § 11 ArbEG; ähnlich wohl BGH v. 16.04.2002 – X ZR 127/99, GRUR 2002, 801, 803 – *Abgestuftes Getriebe*.
1036 Schiedsst. v. 22.04.2004, Arb.Erf. 32/02, (unveröffentl.).

## G. Bemessung der Vergütung § 9

Nr. 17) Erhält der Arbeitgeber für die Einbringung von Erfindungen in den Patentpool eine (**zusätzliche**) **Gegenleistung**, ist der Erfinder gem. RL Nr. 16 hieran zu beteiligen.

Kann – wie im Regelfall – keine (auch vom Kostenansatz her vertretbare) Bewertung der Erfindung bei Einbringen in einen (umfassenden) Patentpool erfolgen, ist nach dem ***BGH*-Urteil** »**Abgestuftes Getriebe**« zu prüfen, wie vernünftige Lizenzvertragsparteien einer solchen Konstellation Rechnung getragen hätten.[1037] Liegt eine Bewertung durch die Konzernunternehmen vor, kann diese herangezogen werden,[1038] es sei denn, diese ist – so der *BGH* – »offenbar unrichtig«.[1039] Ansonsten geht der *BGH* von einer wertenden Betrachtung nach dem Zweck der Inanspruchnahme, der Nutzungssituation und den Ermittlungsmöglichkeiten aus. S. im Einzelnen KommRL Rn. 83 zu RL Nr. 17. **189**

Ausnahmsweise kann nach der hier vertretenen Auffassung auf die Umsätze der am Pool beteiligten Konzernunternehmen abgestellt werden, wenn sich der **Konzern bei wirtschaftlicher Betrachtung als Einheit** darstellt – ein Ansatz, den der *BGH* im Urteil »Abgestuftes Getriebe« allerdings relativiert hat (s. zum Begriff der wirtschaftlichen Einheit § 1 Rdn. 130, zu den Vergütungsfolgen s. i.Ü. oben § 9 Rdn. 188 sowie KommRL Rn. 84 zu RL Nr. 17). Demgegenüber geht der ***BGH*** im Urteil »**Türinnenverstärkung**«[1040] in Bestätigung des *OLG Düsseldorf*[1041] für den dortigen Einzelfall davon aus, dass die Einbringung in einen konzernweiten Patentpool eine – so der *BGH* – »letztlich nur der **arbeitsteiligen**, optimalen Verwertung der Erfindung dienende **Maßnahme**« war und daher der Arbeitgeber auch Auskünfte über die Verwertungshandlungen der anderen Konzernunternehmen schuldete (s. § 12 Rdn. 296 ff. zu). **189.1**

Auf dieser Linie liegt der Einigungsvorschlag der *Schiedsstelle* vom 10.02.2016[1042], dann auf den Gesamtumsatz von Konzernmutter und Tochterunternehmen abzustellen, wenn die Konzernmutter das wirtschaftliche Gesamtpotential der Nutzung der Erfindung auch bei der Tochtergesellschaft beeinflusst hat.

---

1037 Ebenso OLG Düsseldorf v. 13.09.2007, InstGE 8, 147,150 f. – *Türinnenverstärkung*; ferner Meier-Beck in Festschr. Tilmann (2003) S. 539, 546 ff.
1038 Ebenso Schiedsst. v. 10.03.2016 – Arb.Erf. 23/12, (www.dpma.de).
1039 Urt. BGH v. 16.04.2002 – X ZR 127/99, GRUR 2002, 801, 803 – *Abgestuftes Getriebe*.
1040 BGH v. 17.11.2009, GRUR 2010, 223, 227 (Rn. 39) – *Türinnenverstärkung*.
1041 OLG Düsseldorf v. 13.09.2007, InstGE 8, 147, 149 ff. – *Türinnenverstärkung*.
1042 Arb.Erf. 23/12, (www.dpma.de).

Zur Schätzung bei **Rücklizenzierung** zum ausschließlich innerbetriebl. Einsatz s. § 9 Rdn. 176; zur **Auftragsforschung** im Konzern s. § 9 Rdn. 197.

### 2. Nutzung durch sonstige verbundene Unternehmen

190 Gründet der Arbeitgeber eine eigene Gesellschaft zur Verwertung seiner Schutzrechte oder bedient er sich für diese Zwecke eines anderen verbundenen Unternehmens **(Patent[verwertungs-]gesellschaft)**, sind die Einnahmen dieser Gesellschaft aus der Verwertung der Arbeitgeber-Schutzrechte dem Arbeitgeber zuzurechnen.[1043] Dies rechtfertigt sich aus der Tatsache, dass die Gesellschaft lediglich ein Geschäft des Arbeitgebers besorgt und damit eine arbeitsteilige Aufspaltung zwischen Entwicklung und Verwertung vorliegt.[1044]

### VI. Erfindungswert bei Nutzung durch Kooperationspartner

191 Auch bei der zwischenbetrieblichen Kooperation ist alleiniger **Schuldner der Vergütungsansprüche** der Arbeitgeber des jeweiligen Arbeitnehmererfinders[1045] (s.o. § 9 Rdn. 4 ff.; zur Arbeitgebereigenschaft s. Rn. 106 f. zu § 1; zur Berücksichtigung der Miterfinderanteile s. § 9 Rdn. 315 f.).

192 **Bemessungsgröße** für den Vergütungsanspruch ist zunächst die Eigennutzung durch den Arbeitgeber. Wegen des bei einer Kooperation regelmäßig gegebenen Gesellschaftsverhältnisses (§ 705 BGB) liegt eine Eigennutzung auch darin, dass die GbR als solche (Außengesellschaft) die Erfindung (zusätzlich) verwertet.[1046]

193 **Nicht vergütungspflichtig** sind dagegen die eigenständigen Nutzungshandlungen der übrigen Kooperationspartner mit dem Erfindungsgegenstand, die von der Erfindung aufgrund ihres von ihren Arbeitnehmererfindern übergeleiteten Teilhaberrechts Gebrauch machen (§ 743 Abs. 2 BGB).[1047] Insoweit bleibt es bei dem Allgemeinen Vergütungsgrundsatz (s.o. § 9 Rdn. 2), wonach der Erfinder ausschließlich an dem seinem Arbeitgeber zufließenden wirtschaftlichen Nutzen zu beteiligen ist, nicht dagegen an den vermögenswerten

---

1043 Schiedsst. v. 15.03.2005 – Arb.Erf. 63/03, (Datenbank).
1044 Im Ergebn. Schiedsst: v. 15.03.2005 – Arb.Erf. 63/03, (Datenbank).
1045 Wohl allg. A. z.B. Schiedsst. v. 12.05.1987 – Arb.Erf. 11/87, u. v. 20.01.1995 – Arb.Erf. 12/94, (beide unveröffentl.); vgl. auch OLG Frankfurt am Main v. 30.04.1992, GRUR 1992, 852, 854; Schiedsst. v. 23.07.1991, BlPMZ 1993, 114, 115 – Mischer. Ausf. Bartenbach Zwischenbetriebl. Kooperation, S. 119 ff.
1046 Zust. Keukenschrijver in Busse/Keukenschrijver, PatG, Rn. 11 zu § 11 ArbEG.
1047 Zust. Keukenschrijver in Busse/Keukenschrijver, PatG, Rn. 11 zu § 11 ArbEG.

## G. Bemessung der Vergütung § 9

Vorteilen, die die übrigen Kooperationspartner aus der Erfindung ziehen[1048] (s. im Übr. unten § 9 Rdn. 315). An etwaigen **Ausgleichszahlungen**, die der Arbeitgeber von Kooperationspartnern für deren Nutzungen erhält (s. dazu § 5 Rdn. 53.2), ist der Arbeitnehmer entsprechend RL Nrn. 14, 15 zu beteiligen; andererseits kann der ausgleichspflichtige Kooperationspartner derartige Zahlungen bei der Vergütung seiner Arbeitnehmererfinder mindernd in Ansatz bringen, insb. bei der Bemessung des Lizenzsatzes i.R.d. Lizenzanalogie.

Überträgt der Arbeitgeber eine von seinen Arbeitnehmern entwickelte Erfindung auf die Kooperation als Gesamthand, ist der Arbeitnehmer an einem evtl. gezahlten **Kaufpreis bzw. an Lizenzeinnahmen** nach allgemeinen Regeln (vgl. RL Nrn. 14–16) zu beteiligen; zur kostenfreien Rechtsübertragung bzw. Rechtseinräumung s. Komm RL Rn. 31 ff. zu RL Nr. 14. u. Rn. 45 zu RL Nr. 16, s.a. oben § 9 Rdn. 187. Da eine Lizenzierung der gemeinsamen Erfindung nur gemeinschaftlich möglich ist (s. § 5 Rdn. 53), sind alle Arbeitnehmererfinder an den Einnahmen zu beteiligen.[1049]

194

Diese Grundsätze gelten auch bei Nutzung einer Erfindung im Rahmen eines **Konsortiums** (Arbeitsgemeinschaft), in dem sich mehrere Unternehmen zur Erstellung eines Gesamtprojektes zusammenfinden. Werden die Arbeiten für das Gesamtprojekt in einzelne Tätigkeitsbereiche (Lose) aufgeteilt, spielt es keine Rolle, ob die eingebrachten Erfindungen vom betreffenden Arbeitgeber oder von anderen Mitgliedern des Konsortiums eingesetzt werden. Vergütungsrechtlich steht die Nutzung der Erfindung durch Partner der Nutzung durch

195

---

1048 I. Ergebn. ebenso Schiedsst. v. 01.03.1961, BlPMZ 1962, 17 = GRUR 1962, 191 (LS) m. Anm. Schippel; Schiedsst. v. 10.08.1981 – Arb.Erf. 54/80, u. v. 06.12.1983 – Arb.Erf. 2/83, (beide unveröffentl.); ausf. Bartenbach, Zwischenbetriebl. Kooperation, S. 121 ff.; wie hier auch Lüdecke, Erfindungsgemeinschaften 1962, S. 90 f.; Willich, GRUR 1973, 406, 408; Reimer/Schade/Schippel/Himmelmann Rn. 52 zu § 9. Abw. Kroitzsch, GRUR 1974, 177, 184 ff., der eine Verdoppelung der Vergütg. fordert. S. (aber) ferner Keukenschrijver in Busse/Keukenschrijver, PatG, Rn. 11 zu § 11 ArbEG m. H. a. Schiedsst. v. 16.02.2006 – Arb.Erf. 21/03, wonach sich der Erfindungswert per Lizenzanalogie anteilig nach der innerbetriebl. Eigennutzung des anderen Kooperationspartners bestimmen soll, wenn sich darin die Verwertung der gemeinsamen Diensterfindung erschöpft. Nach Niedzela-Schmutte (Diss. München 1998), S. 148 f. bedarf es bei einer »überbetrieblichen Dienstmiterfindung« der vertraglichen Übernahme von Vergütungsansprüchen durch den (stärker) nutzenden Kooperationspartner zugunsten der Arbeitnehmererfinder des anderen Kooperationspartners (§ 328 BGB), wobei offen bleibt, woraus sich ein diesbezüglicher Anspruch auf Abschluss eines solchen Vertrages ableitet.

1049 S. auch Keukenschrijver in Busse/Keukenschrijver, PatG, Rn. 11 zu § 11 ArbEG.

den betreffenden Arbeitgeber gleich.[1050] Die Höhe der Vergütung bemisst sich aber auch hier ausschließlich danach, was dem betreffenden Arbeitgeber – und nicht seinen Partnern – aus seiner Beteiligung am Gesamtprojekt zufließt, wobei die Grundsätze zum Schutzrechtskomplex (s. RL Nr. 19 u. oben § 9 Rdn. 128 ff.) entsprechend heranzuziehen sind. Eine Vergütungspflicht besteht für ihn also auch dann, wenn er die Erfindung seiner Arbeitnehmer überhaupt nicht einsetzt, sofern jedenfalls eine Nutzung der Erfindung durch die Partner erfolgt.

### VII. Erfindungswert bei Forschungs- und Entwicklungsaufträgen

196 Ob und inwieweit der Arbeitgeber als Auftragnehmer eines Forschungs- bzw. Entwicklungsauftrags zur **Übertragung** hierbei **entstehender Erfindungsrechte** auf den Auftraggeber verpflichtet ist, bestimmt sich nach den ausdrücklichen oder wenigstens klar erkennbaren stillschweigenden **Abreden**. Fehlen diese, folgt aus dem Auftrag als solchem noch keine dahingehende Verpflichtung.[1051] Ohne weitergehende Absprache kann der Auftraggeber regelmäßig nur die Einräumung eines (einfachen) Benutzungsrechts verlangen.[1052] Ist der Arbeitgeber zur Übertragung auch der Erfindungsrechte verpflichtet, kann er dies – nach (unbeschränkter) Inanspruchnahme – auch ohne vorherige Schutzrechtsanmeldung durchführen (s. § 13 Rdn. 3).

197 Im Grundsatz ist auch eine solche Übertragung der Erfindungsrechte ebenso eine vergütungspflichtige Nutzungshandlung (vgl. RL Nr. 16),[1053] wie die Einräumung von Nutzungsrechten. Die **Höhe der (abschließenden) Erfindervergütung** richtet sich danach, welche Gegenleistung dem Arbeitgeber seitens

---

1050 I. Ergebn. so Schiedsst. v. 12.05.1987 – Arb.Erf. 11/87, (unveröffentl.); vgl. auch OLG Frankfurt am Main v. 30.04.1992, GRUR 1992, 852, 854 – *Simulation von Radioaktivität*.

1051 BGH v. 20.02.1979 – X ZR 63/77, GRUR 1979, 540, 542 r.Sp. – *Biedermeiermanschetten* u. v. 25.01.1983, GRUR 1983, 237, 238 r.Sp. – *Brückenlegepanzer*; Schramm, BB 1961, 105 ff.; Volz, ArbNErf. im öffentl. Dienst S. 215 f.; vgl. auch BGH v. 24.06.1952, GRUR 1953, 29, 30 – *Plattenspieler I*; OLG Frankfurt Main v. 30.04.1992, GRUR 1992, 852, 854 – *Simulation von Radioaktivität*, dort treuhänd. Verwaltung durch Auftragnehmer; Witte, Mitt 1962, 195; Schippel, GRUR 1962, 191 f. S. allg. Benkard/Melullis, PatG, Rn. 24 zu § 6 PatG u. Benkard/Ullmann/Deichfuß, PatG, Rn. 24 ff. zu § 15.

1052 Kroitzsch, GRUR 1974, 177,179 f.; Ullrich Privatrechtsfragen d. Forschungsförderung S. 105 ff. u. 358 f.; Volz Öffentl. Dienst (1985) S. 213 ff. m.w.N.

1053 Schiedsst. v. 09.09.1993 – Arb.Erf. 155/92, u. v. 25.11.2008 – Arb.Erf. 3/08, (beide unveröffentl.).

des Auftraggebers für die Überlassung der Erfindungsrechte gewährt wird,[1054] wobei dann die Berechnung des Erfindungswertes auf der Grundlage der RL Nrn. 14, 15 (bei Einräumung von Nutzungsrechten) bzw. der RL Nr. 16 (bei Rechtsübertragung) erfolgt (s. dazu KommRL Rn. 54 ff. zu RL Nr. 14 u. Rn. 57 ff. zu RL Nr. 16).

Ist Auftraggeber ein **verbundenes Unternehmen** und ist der Auftragslohn aus konzernbedingten Gründen unüblich niedrig, ist der (orts-)übliche Satz zugrunde zu legen[1055] (s. i.Ü. § 9 Rdn. 187). Demgegenüber will das *OLG Frankfurt*[1056] bei der Auftragsforschung durch konzernangehörige Forschungs- und Entwicklungsunternehmen den Erfindungswert unter Anerkennung entsprechender Auskunftspflichten des Arbeitgebers nicht anhand des konzerninternen Abgabepreises für die Übertragung der Erfindungsrechte auf den Arbeitgeber bemessen (RL Nr. 16); vielmehr soll der Erfindungswert auf der Grundlage der einzelnen Verwertungshandlungen der konzernangehörigen Unternehmen mit der Diensterfindung bestimmt werden, und zwar auf Grund einer retrospektiven Betrachtung angesichts des Vorliegens einer fertigen Erfindung. Dem kann nicht gefolgt werden: Maßgeblich muss auf den Erkenntnisstand zu dem Zeitpunkt abgestellt werden, in dem das Entstehen der Erfindung noch völlig ungewiss ist; auch ein freier Erfinder würde den üblichen finanziellen Regelungen über die Zahlung eines mark up zustimmen, wenn es andernfalls gar nicht erst zu der Entwicklungskooperation kommen würde (s. auch § 1 Rdn. 131).

**197.1** Ist ein bezifferter Teil des Auftragslohnes oder eine (angemessene) Sonderzahlung für die Übertragung der Erfindungsrechte an den Auftraggeber nicht vereinbart worden, ist der **Kaufpreis zur Ermittlung des Erfindungswertes** zu schätzen. Auch dies erfolgt auf Basis der RL Nr. 16 (s. § 9 Rdn. 197) und nicht nach den Regeln und Methoden der RL Nr. 13, die systematisch zur Bewertung der innerbetrieblichen Erfindungsverwertung gehört (vgl. RL. Nr. 3 und RL Nr. 14 Abs. 1 Satz 1) und daher bei der außerbetrieblichen

---

1054 Vgl. OLG München v. 08.02.2001, GRUR-RR 2001, 103, 104 – *Verankerungsmittel*; im Ergebn. so LG Düsseldorf v. 23.07.1998 – 4 O 82/97 u. 4 O 195/96, (beide unveröffentl.); s. auch Keukenschrijver in Busse/Keukenschrijver, PatG, Rn. 11 zu § 11 ArbEG.
1055 OLG München v. 08.02.2001, GRUR-RR 2001, 103, 104 – *Verankerungsmittel*.
1056 Urteil vom 07.12.2017 – 6 U 205/16, Mitt. 2018, 91 (LS) = BeckRS 2017, 138234.

Verwertung mittels Übertragung der Erfindungsrechte – ebenso wie bei einer Lizenzvergabe – nicht passt.[1057]

Bei der Schätzung des Kaufpreises muss den tatsächlichen Umständen Rechnung getragen werden.[1058] Dabei kommt es nicht maßgeblich auf die Bestimmung eines angemessenen »fiktiven Kaufpreises« an;[1059] vielmehr kann der Wert der Erfindungsrechte nur einen angemessenen Anteil des Gesamtauftragslohnes ausmachen, dessen Höhe sich nach der Bedeutung der Erfindung im Verhältnis zum Auftragszweck bestimmt.[1060] Zur Bestimmung dieses Anteils geht die *Schiedsstelle* aufgrund ihrer Erfahrungen bei einer vollen Übertragung aller Erfindungsrechte an den Diensterfindungen auf den Auftraggeber von einem **Ansatz von 1 % der Gesamtauftragssumme für sämtliche i.R.d. Auftrags entwickelten Erfindungen** aus,[1061] wenn nicht die Entwicklung einer schutzfähigen technischen Lösung für den Auftraggeber im Vordergrund steht, sondern das technische Entwicklungsergebnis bzw. neue wissenschaftliche Erkenntnisse. Ist die **Entwicklungstätigkeit gezielt auf schutzfähige Erfindungen** ausgerichtet, legt die *Schiedsstelle* einen Anteil **bis zu 5 %** der **Gesamtauftragssumme** als angemessenen Kaufpreis zugrunde[1062] (s. KommRL Rn. 57 ff. zu RL Nr. 16).

197.2 Erhält der Arbeitgeber (Auftragnehmer) für die Nutzungsrechtseinräumung eine **einmalige oder laufende Lizenzgebühr**, so gelten die allgemeinen Regeln der RL Nrn. 14, 15. Eine darüberhinausgehende Beteiligung am Auftragslohn scheidet im Regelfall aus, da es insoweit an der erforderlichen Kausalität der Erfindung fehlt. Dies gilt jedenfalls dann, wenn der Auftraggeber den Gesamt-

---

1057 Schiedsst. v. 25.11.2008 – Arb.Erf. 3/08, (Datenbank) u. v. 23.11.2010 – Arb.Erf. 33/09, (unveröffentl.); a.A. Keukenschrijver in Busse/Keukenschrijver, PatG, Rn. 11 zu § 11 ArbEG; Boemke/Kursawe/Engemann Rn. 323 zu § 9.
1058 Insoweit auch Schiedsst. v. 04.04.1995 – Arb.Erf. 53/93, (unveröffentl.).
1059 So aber Volmer/Gaul Rn. 607 zu § 9/RL Nr. 16; vgl. auch Willich, GRUR 1973, 406, 408; Witte, Mitt 1962, 195 u. Schippel, GRUR 1962, 191 f.
1060 Ähnl. Volmer VergtgRL Rn. 14 zu RL 1959/Nr. 7; zust. Reimer/Schade/Schippel/Himmelmann Rn. 39 zu § 9.
1061 Schiedsst. v. 09.09.1993 – Arb.Erf. 155/92, (Datenbank); v. 04.04.1995 – Arb.Erf. 53/93; v. 12.08.1997 – Arb.Erf. 84/95, (unveröffentl.); v. 25.06.2002 – Arb.Erf. 9/01; v. 06.10.2006 – Arb.Erf. 10/06; v. 25.11.2008 – Arb.Erf. 3/08, (sämtlich Datenbank); v. 29.10.2009 – Arb.Erf. 51/05, (unveröffentl.); v. 12.06.2013 – Arb.Erf. 61/11, (www.dpma.de); v. 30.03.2017 – Arb.Erf. 11/15, Mitt. 2018, 359, 361, (= www.dpma.de); im Ergebn. zust. Keukenschrijver in Busse/Keukenschrijver, PatG, Rn. 23 zu § 11 ArbEG; i. Ergebn. vgl. auch LG Hamburg v. 07.02.1990, EGR Nr. 34 zu § 5 ArbEG.
1062 Schiedsst. v. 24.10.2002 – Arb.Erf. 29/01, u. v. 29.10.2009 – Arb.Erf. 51/05, (beide unveröffentl.).

### G. Bemessung der Vergütung                                   § 9

auftragslohn auch dann schuldet, falls die Entwicklungsarbeiten nicht zu einem schutzfähigen Ergebnis führen. Schwierig ist die Ermittlung des Erfindungswertes, wenn der Auftraggeber nach dem Vertrag Anspruch auf eine **kostenlose Einräumung von Nutzungsrechten** durch den Arbeitgeber (Auftragnehmer) hat (s. auch KommRL Rn. 30 ff. zu RL Nr. 14). Hier ist davon auszugehen, dass diese Rechtseinräumung vom Auftragslohn umfasst wird. Selbstverständlich kann auf die Rechtsübertragung nur ein Teilbetrag entfallen, da der Auftragslohn das Entgelt für die gesamten Forschungs- und Entwicklungsarbeiten und Aufwendungen des Arbeitgebers einschließlich kalkulatorischer Kosten und eines Gewinnzuschlags abdeckt. Bei der Einräumung bloß einfacher, wenn auch übertragbarer **Nutzungsrechte** an solchen Erfindungen hat die *Schiedsstelle* als Anteil die Hälfte des bei Rechtsübertragung üblichen Anteils zugrunde gelegt, also 0,5 %[1063] bis 2,5 % des Auftragslohns (nach Steuern). Dieser Anteil am Gesamtauftragslohn ist dann als einmalige Lizenzgebühr i.S.d. RL Nrn. 14 bzw. 15 zu bewerten.[1064] Im Einzelfall kann sich die Erfindervergütung auch auf eine Anerkennungsprämie reduzieren. Das kann etwa im Rahmen öffentlicher Entwicklungsaufträge oder bei Aufträgen an Zulieferer der Fall sein, die im Hinblick auf (potentielle) Folgeaufträge (Lieferaufträge) abgeschlossen werden (s. dazu Rdn. 198 ff. zu § 9).

Sind bei der Durchführung des Entwicklungsauftrages **mehrere Erfindungen** entstanden, an denen dem Auftraggeber Rechte eingeräumt werden, verteilt sich dieser Ansatz auf sämtliche Erfindungsrechte nach deren Wertigkeit. Lässt sich eine besondere Gewichtung nicht feststellen, ist der Ansatz paritätisch aufzuteilen.   197.3

Der **Anteil an der Gesamtauftragssumme** ist bei Vollrechtsübertragung als Kaufpreiserlös i.S.d. RL Nr. 16 bzw. bei Nutzungsrechtseinräumung als einmalige Lizenzgebühr i.S.d. RL Nrn. 14 bzw. 15 zu bewerten, sodass der Erfindungswert sich unter Berücksichtigung des hierfür jeweils geltenden Umrechnungsfaktors ergibt[1065] (s. hierzu § 9 Rdn. 251 ff.).   197.4

Im Einzelfall kann sich die Erfindervergütung auf eine **Anerkennungsprämie** reduzieren, wenn feststeht, dass der Arbeitgeber den Forschungsauftrag aufgrund des Drucks des Auftraggebers bzw. der Wettbewerbssituation übernommen hat, um im Markt zu bleiben, und der Forschungsauftrag nur eine reine   198

---

1063 Schiedsst. v. 04.04.1995 – Arb.Erf. 53/93, (unveröffentl.).
1064 Schiedsst. v. 04.04.1995 – Arb.Erf. 53/93, (unveröffentl.). Für Schätzung nach RL Nr. 13 aber Boemke/Kursawe/Engemann Rn. 323 zu § 9.
1065 Schiedsst. v. 04.04.1995 – Arb.Erf. 53/93, (unveröffentl.).

Kostenerstattung vorsieht. Diese Situation kann sich etwa im Rahmen **öffentlicher Auftragsvergabe** sowie bei **Zulieferfirmen** ergeben, die bereit sind, derartige Entwicklungsleistungen in der Erwartung zukünftiger Folgeaufträge als Gegenleistung für die Rechtsübertragung zu erbringen. Eine wirtschaftliche Beteiligung der Erfinder an dem Nutzen der **Folgeaufträge** ist denkbar, da auch mittelbare Auswirkungen einer Erfindung ausgleichspflichtig sein können[1066] (s.o. § 9 Rdn. 95).

198.1 Bezieht sich der Folgeauftrag an den Arbeitgeber auf die **Lieferung des konkreten Erfindungsgegenstandes**, bildet der hierbei getätigte Umsatz die Bezugsgrundlage für die Vergütungsberechnung i.R.d. Lizenzanalogie;[1067] allerdings kann dem durch die Rechtsübertragung eingetretenen Verlust des Monopolrechts mit einem verminderten Lizenzsatz Rechnung getragen werden[1068] (s.a. KommRL Rn. 76 f. zu RL Nr. 23).

Problematisch ist hingegen – auch im Hinblick auf den Kausalitätsnachweis – die Vergütungsberechnung, wenn sich ein **Folgeauftrag nicht auf erfindungsgemäße Gegenstände** bezieht. Hier ist im Einzelfall zu prüfen, welche Faktoren für diese Auftragserteilung maßgeblich waren. Steht die Ursächlichkeit einer Diensterfindung für einen solchen Folgeauftrag fest, ermittelt die *Schiedsstelle* den Erfindungswert nach der Methode des erfassbaren betrieblichen Nutzens auf der Grundlage des Gewinns aus dem Folgeauftrag[1069] (s.a. KommRL Rn. 94 ff. zu RL Nr. 7). Ist die Diensterfindung eine von mehreren Ursachen, wird vielfach nur die Schätzung gemäß RL Nr. 13 helfen können.

198.2 Erhält der Arbeitgeber vom Auftraggeber lediglich einen Ausgleich der Entwicklungskosten ohne Gewinnanteil und soll die wirtschaftliche **Gegenleistung** erst in einem vom Auftraggeber **zukünftig zu erteilenden Lieferauftrag** an den Arbeitgeber als Auftragnehmer liegen, entfällt u. E. ein Vergütungsan-

---

1066 Vgl. z.B. LG Hamburg v. 07.02.1990, EGR Nr. 34 zu § 5 ArbEG u. Schiedsst. v. 13.08.1976, BlPMZ 1977, 53; v. 25.11.2009 – Arb.Erf. 3/08, (unveröffentl.) u. v. 14.10.2015 – Arb.Erf. 25/13, (www.dpma.de).
1067 Vgl. OLG Frankfurt am Main v. 30.04.1992, GRUR 1992, 852, 854 – *Simulation von Radioaktivität*.
1068 So hat die Schiedsst. (EV v. 09.11.1995 – Arb.Erf. 1/94, unveröffentl.) eine Halbierung angeregt, wenn das erfindungsgemäße Produkt, an dem Arbeitnehmer des Auftraggebers und des Auftragnehmers als Miterfinder beteiligt sind, vom Auftragnehmer an den Auftraggeber geliefert wird; hier sei eine einheitliche Betrachtung des Erfindungswertes notwendig, um eine ansonsten eintretende Doppelbelastung des Produktes zu vermeiden.
1069 Schiedsst. v. 20.09.1990 – Arb.Erf. 100/89, (unveröffentl.) u. v. 29.04.1997 – Arb.Erf. 80/95, (unveröffentl.).

spruch, sollte es nicht zur Durchführung dieses Folgeauftrages kommen und der Arbeitgeber keinen sonstigen Ausgleich erhalten. Insoweit teilt der Arbeitnehmer das wirtschaftliche Risiko seines Arbeitgebers. Hinsichtlich der gezahlten Entwicklungskosten besteht mangels Kausalität keine Vergütungspflicht (s. § 9 Rdn. 198.3). Eine bloße Verwertungschance löst i.ü. keinen Vergütungsanspruch aus. Auf dieses Ergebnis ist es ohne Einfluss, ob Auftraggeber ein Privatunternehmen oder die öffentliche Hand ist. Ohne Einfluss ist es auch, ob dem Auftraggeber Nutzungsrechte an der Diensterfindung eingeräumt oder gar die vollen Erfindungsrechte übertragen werden.[1070]

**198.3** Soweit eine **Erstattung der Kosten vor Fertigstellung** einer Erfindung von vornherein vereinbart ist, handelt es sich nicht um vergütungspflichtige Einnahmen aus der Verwertung der Diensterfindung durch den Arbeitgeber; insoweit fehlt es an der erforderlichen Kausalität.[1071] Eine solche Kostenerstattung ist keine Gegenleistung für eine spätere Übertragung der Erfindungsrechte.[1072] Verpflichtet sich der Auftraggeber erst nach Fertigstellung der Erfindung zu einer Beteiligung an den Entwicklungskosten, ist die notwendige Kausalität zwischen Erfindung und Kostenerstattung dagegen regelmäßig gegeben, und diese Kostenerstattung ist vergütungspflichtig; s. i.Ü. zur Behandlung der Kostenerstattung bei der Durchführung von Forschungsvorhaben § 9 Rdn. 229.

**199** **Schuldner** des Vergütungsanspruchs ist allein der Arbeitgeber. Der Erfinder hat **keinerlei Vergütungsansprüche ggü.** dem **Erwerber** der Erfindungsrechte (s. § 7 n.F. Rdn. 24 ff. und § 9 Rdn. 4); er ist auch nicht an den Verwertungserlösen des Auftraggebers zu beteiligen[1073] (vgl. § 9 Rdn. 251 ff.). Zur Schuldübernahme s.o. § 9 Rdn. 6; zum Insolvenzverfahren s. § 9 Rdn. 47 ff., § 27 n.F. Rdn. 89 ff.

**200** Ist eine (schon fertiggestellte) **Arbeitnehmererfindung wesentlicher Anlass für den Abschluss** eines darauf bezogenen **(Folge-) Forschungsauftrages**, so

---

1070 A.A. Schiedsst. v. 04.04.1995 – Arb.Erf. 53/93, (unveröffentl.) in Abgrenzung zu Schiedsst. v. 13.08.1976, BlPMZ 1977, 53, 54.
1071 Vgl. Schiedsst. v. 13.08.1976, BlPMZ 1977, 53, 54 f. (f. öffentl. Zuwendungen); Volmer/Gaul Rn. 219 ff. zu § 9/RL Nr. 3; Reimer/Schade/Schippel/Himmelmann Rn. 39 zu § 9; Volz, ArbNErf. im öffentl. Dienst S. 228; vgl. auch Schiedsst. v. 04.02.1986, BlPMZ 1986, 346 u. LG Hamburg v. 07.02.1990, EGR Nr. 34 zu § 5 ArbEG.
1072 Schiedsst. v. 30.03.2017 – Arb.Erf. 11/15, Mitt. 2018, 359, 360, (= www.dpma.de).
1073 Wie hier Willich, GRUR 1973, 406 ff.; vgl. auch Schiedsst. v. 01.03.1963, BlPMZ 1963, 72 m. Anm. Schippel, GRUR 1962, 191 f.; a.A Kroitzsch, GRUR 1974, 177,179 f.; Ullrich, Privatrechtsfragen d. Forschungsförderung S. 324.

ist deren Erfinder (auch) am Gewinn aus diesem Entwicklungsauftrag zu beteiligen.[1074]

### VIII. Erfindungswert bei Sperr- und Vorratspatenten (RL Nrn. 18, 21)

201   Gemäß **RL Nr. 18** sind **Sperrpatente** im Allgemeinen solche Patente, die nur deshalb angemeldet und aufrechterhalten werden, um zu verhindern, dass ein Wettbewerber die Erfindung verwertet und dadurch die eigene laufende oder bevorstehende Erzeugung des Arbeitgebers beeinträchtigt. Diese Definition gilt auch heute unverändert.[1075]

202   Unter **Vorratspatenten** sind nach **RL Nr. 21** Patente für solche Erfindungen zu verstehen, die im Zeitpunkt der Erteilung des Patents noch nicht verwertet werden oder noch nicht verwertbar sind, mit deren späterer Verwertung oder Verwertbarkeit aber zu rechnen ist. Auch diese Definition gilt fort. Im Regelfall verzichtet die Praxis allerdings auf eine Prüfung der »begründeten Erwartung der Verwertbarkeit« einer Erfindung (vgl. RL Nr. 21 Abs. 1 Satz 4); aus Gründen der Praktikabilität knüpft der Vergütungsanspruch letztlich nur an zeitliche Kriterien an (Vergütungspflicht ab dem 8. Patentjahr, s. § 9 Rdn. 205).[1076] Das ist auch in Abgrenzung zu nicht verwertbaren Diensterfindungen gerechtfertigt (siehe auch RL Nr. 22 Satz 3). Nach h. M. setzt die Einstufung als Vorratspatent voraus, dass die Diensterfindung **weder benutzt wurde noch wird** (streitig, s. § 9 Rdn. 205, 213).

Vorratspatente, die lediglich bestehende Patente verbessern, werden als **Ausbaupatente** bezeichnet (RL Nr. 21 Abs. 1 Satz 5).

203   Da jedem erteilten Schutzrecht seinem Sinn entsprechend eine allgemeine Sperrfunktion zukommt (vgl. § 9 Satz 2 PatG),[1077] ist die **Abgrenzung zwischen Sperr- und Vorratspatent** im Einzelfall schwierig. Die Abgrenzung bestimmt sich zunächst nach dem vom Arbeitgeber mit dem Schutzrecht verfolgten **unternehmerischen Zweck**, ob er also hiermit Konkurrenten **gezielt von einem Wettbewerb** auf dem erfindungsgemäßen Gebiet **abhalten** kann und will (= Sperrpatent) oder ob es ihm vorrangig auf die Sicherung weiterer

---

1074 LG Hamburg v. 07.02.1990, EGR Nr. 34 zu § 5 ArbEG; Schiedsst. v. 14.10.2015 – Arb.Erf. 25/13, (www.dpma.de).
1075 Vgl. etwa OLG Frankfurt v. 21.04.2016 Az. 6 U 58/05, (www.lareda.hessenrecht.Hessen.de) – Ramipril III.
1076 Schiedsst. v. 03.12.2009 – Arb.Erf. 16/08, (unveröffentl.) u. v. 23.03.2010 – Arb.Erf. 13/09, (insoweit nicht in www.dpma.de).
1077 Schiedsst. v. 21.02.1974, BlPMZ 1974, 294; i. Ergebn. ebenso Schiedsst. v. 25.02.1985 – Arb.Erf. 44/84, (unveröffentl.).

zukünftiger Nutzungsmöglichkeiten ankommt (= Vorratspatent).[1078] Die bloße Eignung, ggf. vorhandene oder vermutete gleichgerichtete Bemühungen von Wettbewerbern zu stören oder zu unterbinden, reicht für ein Sperrpatent nicht aus.[1079] In der Praxis sind Sperrpatente die Ausnahme und Vorratspatente die Regel.[1080]

Für die Annahme eines **Sperrpatentes** ist zusätzlich der konkrete Bezug zu einer bereits laufenden oder vorbereiteten Erzeugung, die nicht allgemeiner Stand der Technik ist, erforderlich, also eine **konkrete Sperrwirkung**.[1081] Ferner ist die **objektive Eignung zur Sperrwirkung** notwendig;[1082] dies setzt voraus, dass die schützende **Lösung eine technische Alternative** zur abzusichenden Erzeugung mit vergleichbarer wirtschaftlicher Tragweite darstellt und als solche zugleich **produktionsreif** ist bzw. kurzfristig zur Produktionsreife geführt werden kann;[1083] ferner, dass die Erfindung ggü. Wettbewerbern eine Sperrwirkung entfalten kann, was u. a. davon abhängt, ob und wie viele Alternativlösungen diesen auf dem betreffenden technischen Gebiet zur Verfügung stehen. Für eine objektive Eignung als Sperrpatent fordert die *Schiedsstelle*, dass das Schutzrecht einen technologischen Sperrbereich um das zu sperrende benutzte Patent herum schaffen muss mit der Folge, dass ein bestimmtes begrenztes technisches Gebiet insgesamt blockiert ist,[1084] wobei dieser Sperrbe- 204

---

1078 Grds. Schiedsst. v. 18.11.2005, BlPMZ 2006, 185 u. v. 25.07.2007 – Arb.Erf. 27/04, (unveröffentl.); ferner v. 21.02.1974, BlPMZ 1974, 294 u. v. 03.12.1987, BlPMZ 1988, 264, 266; bestätigt u.a. durch ZB v. 23.11.2000 – Arb.Erf. 3/98, (unveröffentl.); ausf. auch Schiedsst. v. 01.12.2015 – Arb.Erf. 44/13, (www.dpma.de).
1079 Schiedsst. v. 01.12.2015 – Arb.Erf. 44/13, (www.dpma.de).
1080 Vgl. auch Schiedsst. v. 18.11.2005, BlPMZ 2006, 185, 186.
1081 Ähnl. Schiedsst. v. 01.12.2015 – Arb.Erf. 44/13, (www.dpma.de); v. 25.04.2016, Mitt. 2017, 230, 231, i.S.d. Erfordernisses einer »korrespondierenden monopolartigen Erzeugung« des Arbeitgebers, so dass danach ein Sperrpatent ausscheidet, wenn es »keinen weiteren technologischen Sperrbereich um ein von der Arbeitgeberin am Markt aus welchen Gründen auch immer monopolartig beherrschtes technisches Gebiet« zieht; ebenso Schiedsst. v. 15.09.2016 – Arb.Erf. 63/14, Mitt. 2018, 192, 193 f. (= www.dpma.de).
1082 Ebenso Schiedsst. v. 01.12.2015 – Arb.Erf. 44/13, (www.dpma.de); Keukenschrijver in Busse/Keukenschrijver, PatG, Rn. 29 zu § 11 ArbEG.
1083 Teilw. enger neuere Praxis d. Schiedsst. (»muss produktionsreif und geeignet sein, als wirtschaftlich sinnvolle Alternative eingesetzt werden zu können«), z.B. v. 15.09.2016 – Arb.Erf. 63/14, Mitt. 2018, 192, 194 (= www.dpma.de).
1084 Schiedsst. v. 15.09.2016 – Arb.Erf. 63/14, Mitt. 2018, 192, 193 f. (= www.dpma.de); v. 11.01.2018 – Arb.Erf. 41/16, (vorg. f. www.dpma.de); ähnl. v. 25.04.2016, Mitt. 2017, 230, 231.

reich ggf. über die kumulierten Schutzumfänge der beteiligten Patente hinausgehen kann.[1085] Siehe im Einz. KommRL Rn. 6 ff. zu RL Nr. 18.

Die Anerkennung als Sperrpatent macht die *Schiedsstelle*[1086] damit von der vollumfänglichen Erfüllung folgender **fünf Voraussetzungen** abhängig:
(1) Korrespondierende monopolartige Erzeugung beim Arbeitgeber (RL Nr. 18 Sätze 2 u. 3),
(2) vergleichbare wirtschaftliche Tragweite (Produktionsreife, RL Nr. 18 Satz 4),
(3) Sperrabsicht des Arbeitgebers (RL Nr. 18 Satz 2),
(4) objektive Eignung der geschützten Erfindung zur Sperrung und
(5) Monopolstärkung (RL Nr. 18 Satz 5).

Eine Eignung zur Sperrwirkung ist dann **zu verneinen**, wenn die Voraussetzungen für die Erteilung einer Zwangslizenz (§ 24 PatG) gegeben sind.[1087] Ist das »zu schützende Verfahren« allgemein bekannt[1088] und/oder verfügen Wettbewerber über geeignete Alternativlösungen, scheidet ein Sperrpatent ebenfalls aus.[1089] Gleiches gilt zwangsläufig dann, wenn die erfinderische Lehre nicht wirtschaftlich verwertbar ist.[1090] Zur Abgrenzung vgl. i.Ü. Komm RL Rn. 5 ff. zu RL Nr. 18.

**205** Von Sperr- bzw. Vorratspatenten kann erst **nach** (rechtsbeständiger[1091]) **Schutzrechtserteilung** gesprochen werden. Dies folgt für Sperrpatente daraus, dass erst ein Schutzrecht Sperrwirkung entfalten kann[1092] (vgl. auch §§ 9, 33 Abs. 1 PatG). Für Vorratspatente wird dies bereits durch den eindeutigen Wortlaut der RL Nr. 21 belegt.[1093]

---

1085 Schiedsst. v. 18.11.2005, BlPMZ 2006, 185 ff.; v. 15.10.2009 – Arb.Erf. 44/08, (unveröffentl.) u. v. 01.12.2015 – Arb.Erf. 44/13, (www.dpma.de).
1086 Schiedsst. v. 01.12.2015 – Arb.Erf. 44/13, (www.dmpa.de); v. 15.09.2016 – Arb.Erf. 63/14, Mitt. 2018, 192, 194 (= www.dpma.de); v. 06.07.2017 – Arb.Erf. 51/16, (z.Z. unveröffentl.); v. 11.01.2018 – Arb.Erf. 41/16, (vorg. f. www.dpma.de).
1087 Schiedsst. v. 03.12.1987, BlPMZ 1988, 264, 266.
1088 Schiedsst. v. 25.04.2016, Mitt. 2017, 230, 231.
1089 Schiedsst. v. 01.12.2015 – Arb.Erf. 44/13, (www.dpma.de).
1090 Vgl. auch OLG Frankfurt v. 21.04.2016 Az. 6 U 58/05, (www.lareda.hessenrecht.Hessen.de) – Ramipril III.
1091 Schiedsst. v. 03.03.2009 – Arb.Erf. 9/07, (unveröffentl.).
1092 Schiedsst. v. 23.11.1978 – Arb.Erf. 101/77, (unveröffentl.) u. v. 22.02.1979, BlPMZ 1980, 211; Reimer/Schade/Schippel/Himmelmann Rn. 4 zu § 11/RL Nr. 18; zust. ZB v. 23.11.2000 – Arb.Erf. 3/98, (unveröffentl.).
1093 Schiedsst. v. 20.04.1974, BlPMZ 1975, 257; 27.06.1989 – Arb.Erf. 100/88 u. v. 23.07.2009 – Arb.Erf. 10/05, (beide unveröffentl.).

## G. Bemessung der Vergütung § 9

**Vor Schutzrechtserteilung** bestehen ein Erfindungswert und damit eine Vergütungspflicht weder unter dem Gesichtspunkt eines Sperr-[1094], noch eines Vorratspatentes.[1095] Eine vorläufige Vergütung (s. dazu § 12 Rdn. 55 ff. zu) kommt nicht in Betracht.[1096]

Aber auch wenn ein Schutzrecht (rechtsbeständig) erteilt ist, bleibt dem Arbeitgeber noch eine gewisse **Überlegungsfrist** (Patenterteilungsverfahren, Erprobungszeit i.S.d. RL Nr. 23), innerhalb derer mangels anderweitiger Anhaltspunkte aus der bloßen Tatsache der Aufrechterhaltung des Schutzrechts noch kein Rückschluss auf ein Vorrats- bzw. Sperrpatent berechtigt ist.[1097] Die *Schiedsstelle* hat bei einer Einschätzung als Vorratspatent (bzw. als vergütungspflichtige nicht verwertete Erfindung, s. § 9 Rdn. 210) grds. einen Zeitraum von **7 Jahren ab Patentanmeldung** im Hinblick auf RL Nrn. 21 und 23 vergütungsfrei gelassen.[1098] Demgemäß beginnt die Vergütungspflicht erst mit dem **8. Patentjahr**.[1099] S. i.Ü. § 9 Rdn. 210 ff.; zu Gebrauchsmustern § 9 Rdn. 250 u. zur Pauschalvergütung § 9 Rdn. 59.1.

Einzelheiten zur Berechnung des **Erfindungswertes von Sperrpatenten** enthält RL Nr. 18; ausgehend von dem Gedanken, dass die Nutzung als Sperrpatent ein Unterfall der tatsächlichen Verwertung ist, orientiert sich der Erfindungswert des Sperrpatentes an dem Umsatz bzw. Nutzen, der durch dieses gesichert wird bzw. werden soll.[1100] Die Bemessung des Erfindungswertes erfolgt regelmäßig im Wege der Schätzung nach RL Nr. 13[1101], die im Einzel- 206

---

1094 Wohl allg. A., z. B. Schiedsst. v. 06.07.2017 – Arb.Erf. 51/16, (z.Z. unveröffentl.); Keukenschrijver in Busse/Keukenschrijver, PatG, Rn. 29 zu § 11 ArbEG.
1095 Schiedst. v. 19.01.1982 – Arb.Erf. 2(B)/81; v. 06.05.1996 – Arb.Erf. 1/95, (beide unveröffentl.); v. 10.10.2013 – Arb.Erf. 22/12, (www.dpma.de); v. 11.01.2018 – Arb.Erf. 41/16, (vorg. f. www.dpma.de).
1096 Schiedsst. v. 12.11.2009 – Arb.Erf. 7/08, (unveröffentl.).
1097 Vgl. Schiedsst. v. 22.02.1979, BlPMZ 1980, 211, 212 f.
1098 Schiedsst. v. 03.12.1987, BlPMZ 1988, 264, 266 r.Sp.; v. 12.05.1987, BlPMZ 1988, 349, 350 a.E.; ferner Schiedsst. v. 10.12.1990 – Arb.Erf. 39/90 u. v. 17.09.1991 – Arb.Erf. 62/86 m.H.a. Kaube, GRUR 1986, 15, 17; v. 06.05.1996 – Arb.Erf. 1/95, v. 05.12.2000 – Arb.Erf. 30/98, v. 12.10.2006 – Arb.Erf. 8/05 u. v. 25.07.2007 – Arb.Erf. 27/04, (alle unveröffentl.).
1099 Std. Praxis Schiedsst., z.B. EV v. 25.07.2007 – Arb.Erf. 27/04; v. 16.05.2007 – Arb.Erf. 12/06; v. 23.03.2010 – Arb.Erf. 13/09, (sämtl. unveröffentl.); v. 19.05.2005 – Arb.Erf. 8/04, (Datenbank); v. 23.06.2015 – Arb.Erf. 42/12; v. 01.12.2015 – Arb.Erf. 44/13; v. 06.07.2016 – Arb.Erf. 23/13; v. 07.04.2017 – Arb.Erf. 05/15, (alle www.dpma.de); v. 11.01.2018 – Arb.Erf. 41/16, (vorg. f. www.dpma.de).
1100 Keukenschrijver in Busse/Keukenschrijver, PatG, Rn. 29 zu § 11 ArbEG.
1101 Ebenso Keukenschrijver in Busse/Keukenschrijver, PatG, Rn. 29 zu § 11 ArbEG.

fall erhebliche Schwierigkeiten bereitet. Zu schätzen ist, welcher Anteil des Umsatzes, der Erzeugung oder des sonstigen Nutzens bei Anwendung der sperrenden Alternativlösung (Sperrschutzrecht) auf diese entfallen wäre (vgl. RL Nr. 18 Satz 6); anders ausgedrückt, welche Umsatzeinbuße die laufende Erzeugung erlitten hätte, wenn das Sperrpatent durch einen Mitbewerber genutzt würde. Die fiktive Umsatzeinbuße ist nur i.R.d. Schutzumfangs des Sperrpatents berücksichtigungsfähig und muss die konkrete Wettbewerbslage des Arbeitgebers mitbewerten. Letztlich kann der Erfindungswert eines Sperrpatents weder höher sein als der Erfindungswert, der sich bei tatsächlicher Nutzung dieses Patents ergeben würde, noch höher sein als der Erfindungswert der geschützten Erstlösung (s. RL Nr. 18 Satz 7). Bei bestehender Vergütungsregelung ist der Erfindungswert der durch das Sperrpatent geschützten, tatsächlich genutzten »Ersterfindung« ggf. im Verfahren nach § 12 Abs. 6 zu mindern, und zwar um den Betrag, den der Erfindungswert des Sperrpatents ausmacht[1102] (vgl. RL Nr. 18 Satz 9). Einzelheiten s. i.Ü. Komm RL Rn. 33 ff. zu RL Nr. 18.

Zur Vorbereitung des Vergütungsanspruchs für ein Sperrpatent hat der Arbeitnehmer einen **Auskunftsanspruch** (s. allg. § 12 Rdn. 162 ff.), gerichtet auf den Umsatz oder sonstigen Nutzen, den der Arbeitgeber mit der betrieblich genutzten Erstlösung erzielt hat.[1103]

207 Der **Erfindungswert von Vorrats- und Ausbaupatent** soll gemäß RL Nr. 21 Abs. 2 frei geschätzt werden. Grundlage der **Schätzung** sind die abstrakte Abwehrwirkung des aufrechterhaltenen Patents ggü. Dritten und – unter Inkaufnahme von Kosten und Verwaltungsaufwand – die Aussicht auf künftige Benutzung unter Patentschutz.[1104] Die Ermittlung des Erfindungswertes von Vorratspatenten ist seit jeher umstritten, s. KommRL Rn. 27 ff. zu RL Nr. 21.

In gefestigter Praxis geht die *Schiedsstelle* von einem **mittleren Jahreserfindungswert** eines inländischen Vorratspatents von **640 €** aus.[1105]

---

1102 Heine/Rebitzki Vergüt. f. Erf. Anm. 4 zu RL Nr. 18.
1103 LG Düsseldorf v. 23.09.1986 – 4 O 354/85, (unveröffentl.).
1104 Schiedsst. v. 12.10.2006 – Arb. Erf. 8/05, (Datenbank); v. 16.05.2007 – Arb.Erf. 12/06, (unveröffentl.) u. v. 01.12.2015 – Arb.Erf. 44/13, (www.dpma.de).
1105 Schiedsst. v. 12.10.2006 – Arb. Erf. 8/05; v. 25.07.2007, Arb. Erf. 27/04, (Datenbank); v. 15.10.2009 – Arb.Erf. 44/08; v. 12.11.2009 – Arb.Erf. 7/08; v. 03.12.2009 – Arb.Erf. 16/08 (alle unveröffentl.); v. 23.03.2010 – Arb.Erf. 13/09, (insoweit nicht in www.dpma.de); ferner v. 23.06.2015 – Arb.Erf. 42/12; v. 01.12.2015 – Arb.Erf. 44/13, (beide www.dpma.de); v. 15.09.2016 – Arb.Erf. 63/14, Mitt. 2018, 192, 193 (= www.dpma.de); v. 18.01.2017 – Arb.Erf. 67/14; v. 07.04.2017 – Arb.Erf. 05/15, (beide www.dpma.de); v. 06.07.2017 – Arb.Erf. 51/16, (z.Z. unveröffentl.); v. 11.01.2018 – Arb.Erf. 41/16, (vorg. f. www.dpma.de).

G. Bemessung der Vergütung  §9

Bestehen zusätzlich **unverwertete parallele Auslandsschutzrechte**, auch auf Grund eines europäischen Patents, so erhöht sich dieser Erfindungswert um 20 % auf 770 €,[1106] und zwar unabhängig davon, wie viele Auslandsschutzrechte bestehen (s. KommRL Rn. 91 ff. zu RL Nr. 26).

Zur **Zahlungsdauer** ist die Spruchpraxis der *Schiedsstelle* uneinheitlich. So hat die *Schiedsstelle* (früher) wiederholt auf einen Zeitraum bis zum 13. Laufjahr als der durchschnittlichen Laufzeit eines Patents abgestellt, sofern das Vorratsschutzrecht aufrechterhalten wird.[1107] In neuerer Zeit geht die *Schiedsstelle* davon aus, den jährlichen Erfindungswert für die **Gesamtdauer der Aufrechterhaltung des Schutzrechts** zuzuerkennen, also bei Patenten für die Maximaldauer von 20 Jahren;[1108] Das soll sogar für betriebsgeheime Erfindungen gelten (s. § 17 Rdn. 59). Demgegenüber begrenzt die *Schiedsstelle* bei Fallgestaltungen, in denen das 8. Patentjahr noch nicht erreicht ist, den Zahlungszeitraum bei Aufrechterhaltung des Schutzrechts auf die in einer *BDI/BDA*-Umfrage[1109] festgestellte Durchschnittslaufzeit nicht benutzter Patente von rd. 9 Jahren, sodass sich insgesamt nur für das 8. und 9. Patentjahr ein Erfindungswert ergibt.[1110] Der Gesamterfindungswert beträgt damit 1.280 €

207.1

---

1106 Schiedsst. v. 19.05.2005 – Arb. Erf. 8/04, (unveröffentl.); v. 25.07.2007 – Arb.Erf. 27/04, (Datenbank); v. 09.03.2016 – Arb.Erf. 39/13, (www.dpma.de = Mitt. 2017, 134, dort nur LS.) u. v. 07.04.2017 – Arb.Erf. 05/15, (www.dpma.de); vgl. auch Schiedst. v. 23.06.2015 – Arb.Erf. 42/12; v. 01.12.2015 – Arb.Erf. 44/13, (beide www.dpma.de); v. 25.04.2016 Mitt. 2017, 230, 231; v. 18.01.2017 – Arb.Erf. 67/14, (www.dpma.de); v. 06.07.2017 – Arb.Erf. 51/16, (z.Z. unveröffentl.); v. 11.01.2018 – Arb.Erf. 41/16, (vorg. f. www.dpma.de).
1107 Schiedst. v. 08.02.1991, BlPMZ 1991, 317, 319 – *Spindeltrieb*; bspw. betrug die Lebensdauer erteilter Patente des Anmeldejahrs 1997 vom Tag nach der Anmeldung an 12 Jahre u. 7 Monate, s. Jahresstatistik DPMA 2017, BlPMZ 2018, 91. Vgl. auch LG Düsseldorf v. 19.02.2009 – 4b O 207/08, (zitiert bei Trimborn, Mitt. 2010, 461, 467).
1108 Schiedst. v. 18.11.2005, BlPMZ 2006, 185 ff.; v. 25.03.2003 – Arb.Erf. 43/01, (Datenbank); v. 07.05.2004 – Arb. Erf. 30/03; v. 21.06.2006 – Arb. Erf. 38/05, (unveröffentl.); v. 01.12.2015 – Arb.Erf. 44/13, (www.dpma.de), dort für die Vorratswirkung einer betriebsgeh. Erf.; v. 18.01.2017 – Arb.Erf. 67/14 u. v. 07.04.2017 – Arb.Erf. 05/15, (beide www.dpma.de).
1109 GRUR 1999, 135.
1110 EV v. 16.05.2007 – Arb. Erf. 12/06, (Datenbank); v. 15.10.2009 – Arb.Erf. 44/08, (unveröffentl.); im Ergebn. auch Schiedsst. v. 23.06.2015 – Arb.Erf. 42/12, (www.dpma.de); vgl. auch Schiedst. v. 01.12.2015 – Arb.Erf. 44/13, (www.dpma.de). S. im Übrigen KommRL Rn. 49 ff. zu RL Nr. 21.

bzw. 1.540 €.[1111] Wird das Schutzrecht später verkauft, ist die Vorratsvergütung begrenzt auf den Zeitraum ab dem 8. Patentjahr bis zur Übertragung.[1112]

207.2 Nach der **hier vertretenen Auffassung** ist – entgegen der Schiedsstellenpraxis – auf der Grundlage betrieblicher Erfahrungswerte nicht von einem jährlich zu bildenden Erfindungswert und damit einer jährlichen Vorratsvergütung auszugehen (vgl. auch RL Nr. 40 Abs. 2 Buchst. b); vielmehr wird im Regelfall eine Einmalzahlung gewährt. Diese orientiert sich an einem **mittleren Gesamterfindungswert von 2.500 € bis 4.000 €**[1113], das entspricht dem rd. 3,9-Fachen bis 5,2-Fachen der von der *Schiedsstelle* zuerkannten Jahresvergütung von 640 € bzw. 770 €. Im Urteil vom 09.10.2014 hat das *OLG Düsseldorf* einen Gesamterfindungswert für ein Vorratspatent von 3.250 € gebilligt.[1114] Zur Verjährung s. § 9 Rdn. 39 ff.

Bei überdurchschnittlich **langer Aufrechterhaltung** des Patents (über das 14. Patentjahr hinaus) kann ggf. eine nochmalige Zahlung angemessen und unter dem Aspekt des § 12 Abs. 6 geboten sein.

Vgl. i.Ü. KommRL Rn. 27 ff. zu RL Nr. 21.

Zur Vergütung von **ausländischen Vorratspatenten** s.a. § 9 Rdn. 246.4 f., von **Vorratsgebrauchsmustern** s. § 9 Rdn. 250; z. betriebsgeheimen Vorratspatent s. KommRL Rn. 93 ff. zu RL Nr. 21.

208 Ist dem Arbeitgeber nach RL Nr. 43 Satz 2 und 3 die Zahlung einer **Erfindervergütung** wegen offenbar gewordener Nichtigkeit eines erteilten Patents **unzumutbar**, gilt dies auch für eine Erfindervergütung unter dem Gesichtspunkt des Vorratspatents, weil die Verwertbarkeit der Erfindung nicht zu erwarten ist (RL Nr. 21 Abs. 1 Satz 4).

---

1111 Schiedsst. v. 18.11.2005, BlPMZ 2006, 185; v. 24.01.2006 – Arb.Erf. 2/05, (Datenbank) u. v. 10.10.2006 – Arb.Erf. 84/04, (unveröffentl.).
1112 Vgl. Schiedsst. v. 25.04.2016, Mitt. 2017, 230, 231.
1113 Im EV. v. 26.11.2014 – Arb.Erf. 65/09, (unveröffentl.) hat die Schiedsstelle bei einem Bündel von zahlreichen Diensterfindungen, deren Benutzung streitig war, ab dem 8. und zusätzl. ab dem 15. Patentjahr einen Pauschalbetrag von jeweils 4.000 € pro Diensterf. als Erfindungswert angesetzt. Im EV v. 15.07.2016 – Arb.Erf. 26/14, (www.dpma.de) hat die Schiedsst. auf die in Teilen der Industrie geläufige Praxis eines pauschalen Erfindungswertes hingewiesen und den vom Arbeitgeber dort angebotenen Pauschalerfindungswert von 2.500 € letztlich anerkannt.
1114 Az. – I – 2 U 15/13, (www.justiz.nrw.de/nrwe, Rn. 96) – Scharniereinrichtung im Anschl. an LG Düsseldorf v. 20.03.2013 – 4b O 295/10 – (Düsseldf. Entsch. Nr. 2027 – Scharniereinrichtung (dort unter Hinweis auf unseren KommRL-Vorauflage Rn. 72 zu RL Nr. 21).

G. Bemessung der Vergütung § 9

*Rdn. 209 frei*

**IX. Erfindungswert für nicht verwertete Erfindungen (RL Nrn. 20 ff.)**

Da gem. § 9 Abs. 2 die Verwertbarkeit ausreicht, ist im Grundsatz auch bei 210 nicht verwerteten, aber verwertbaren (s. dazu § 9 Rdn. 86 ff.) Erfindungen eine Vergütung zu zahlen und deshalb der Erfindungswert zu ermitteln (zur tatsächlichen Verwertung s. § 9 Rdn. 90 ff.). Nach RL Nr. 20 sind nicht verwertete Erfindungen solche, die weder betrieblich genutzt noch als Sperrpatent noch außerbetrieblich durch Lizenzvergabe, Verkauf oder Tausch verwertet werden. Hieraus wird deutlich, dass die Richtlinien den Einsatz als Sperrpatent als Benutzungsart ansehen (RL Nr. 18, s. dazu oben § 9 Rdn. 201 ff.). Die **praktische Relevanz** der RL Nrn. 20 bis 24 für nicht verwertete Erfindungen ist im Ausgangspunkt groß. Auch nach den Feststellungen der Rechtsprechung erlangt nur ein verhältnismäßig geringer Prozentsatz der angemeldeten Erfindungen eine wirtschaftliche Bedeutung.[1115] Den Hauptanwendungsfall nicht verwerteter Erfindungen bilden allerdings die **Vorratspatente** (z. Erfindungswert s.o. § 9 Rdn. 207 f. u. RL Nr. 21). Nicht zuletzt angesichts der Möglichkeiten des Arbeitgebers zur Frei- und Aufgabe (§§ 6 Abs. 2, 8, 14, 16), der Vergütungsfreiheit von Erprobungen (RL Nr. 23) sowie dank dessen eigenen wirtschaftlichen Bestrebens um optimale Ausnutzung von Innovationen (s. § 9 Rdn. 86) sind demgegenüber in der betrieblichen Praxis sowohl nicht verwertbare Diensterfindungen (RL Nr. 22) als auch unausgenutzte Verwertbarkeiten (RL Nr. 24) die seltenen Ausnahmen.

Der Erfindungswert **nicht verwerteter Erfindungen** lässt sich noch weniger 211 mit mathematischer Genauigkeit ermitteln als der von verwerteten Erfindungen. Angesichts des Fehlens konkreter, fassbarer Bewertungskriterien bereitet die Ermittlung des Erfindungswertes von nicht verwerteten Erfindungen in der Praxis große Schwierigkeiten[1116] und ist zwangsläufig nicht selten Anlass von Meinungsunterschieden. Im Ergebnis hängt hier der Erfindungswert davon ab, aus welchen Gründen der jeweilige Arbeitgeber die Verwertung unterlässt (s. RL Nr. 20 Satz 2). Dabei sind grds. nur die unausgenutzten Verwertungsmöglichkeiten zu berücksichtigen, die der betreffende Arbeitgeber bei

---

1115 LG Düsseldorf v. 12.05.2015 – 4a O 90/13, (Düsseldf. Entsch. Nr. 2422) – *Doppelplattenschieber* m. H.a. BGH v. 27.11.1969 GRUR 1970, 296 – *Allzweck-Landmaschine*.
1116 Z. Problematik d. Vergütg. nicht verwerteter Erfindungen s. insb. Johannesson, GRUR 1970, 114, 124 ff.; Schade, GRUR 1970, 579, 582 ff.; Kaube, GRUR 1986, 15 ff.; Rosenberger, GRUR 1986, 782 ff.; vgl. auch Gaul, Mitt. 1984, 144 ff.

verständiger Würdigung der bestehenden wirtschaftlichen (technischen) Gegebenheiten nutzen könnte[1117] (**Unternehmensbezogenheit**; Einzelheiten s. KommRL zu RL Nrn. 20, 22–24 u. oben § 9 Rdn. 76 f. u. 86 ff.). Die Frage der Verwertbarkeit entscheidet sich stets arbeitgeberbezogen, also danach, ob die Diensterfindung im Arbeitgeberunternehmen betrieblich oder außerbetrieblich verwertet werden kann[1118] und nicht danach, ob und in welchem Umfang dies bei Dritten möglich wäre (s. auch § 9 Rdn. 2.3). Dabei ist auch im Rahmen der Vergütungsfrage zudem zu berücksichtigen, dass dem Arbeitgeber, der die Kosten und Risiken eines Erfindungseinsatzes trägt, ein **Beurteilungsspielraum** einschließlich einer Kosten-Nutzen-Analyse zusteht (s. § 9 Rdn. 88, 214).

Nur Erfindungen, die wegen ihrer **wirtschaftlichen Unverwertbarkeit** nicht eingesetzt werden und bei denen auch mit einer späteren Verwertbarkeit nicht zu rechnen ist, haben keinen Erfindungswert und sind nicht vergütungspflichtig, auch nicht, wenn die Aufrechterhaltung auf Nachlässigkeit beruht[1119] (vgl. RL Nr. 22 S. 1). S. im Übrigen KommRL Rn. 7 ff. zu RL Nr. 22; s.a. § 9 Rdn. 86 f.

212 Bei nicht verwerteten Diensterfindungen kommt regelmäßig eine Vergütung **erst nach Schutzrechtserteilung** in Betracht.[1120] Zudem sind Prüfungen und Erprobungen grundsätzlich vergütungsfreie Vorbereitungshandlungen (s. § 9 Rdn. 93 f.). Deshalb besteht eine Vergütungspflicht regelmäßig nicht vor

---

1117 Vgl. Schiedsst. v. 07.02.1983, BlPMZ 1984, 218, 220 r.Sp.; v. 25.04.1983, BlPMZ 1984, 378, 379 l.Sp.; v. 26.04.1985, BlPMZ 1985, 307, 308; v. 03.12.1987, BlPMZ 1988, 264, 265.
1118 Ganz h. M., z. B. OLG Düsseldorf v. 20.12.2012 – 2 U 139/10, (Düsseldf. Entsch. Nr. 1969) – Stahlbetontunnel; Schiedsst. v. 21.06.1969 BlPMZ 1970, 139; v. 25.04.1983 BlPMZ 1983, 338; v. 03.12.1987 BlPMZ 1988, 264, 265 z.B. Rosenberger GRUR 1986, 782, 783; Keukenschrijver in Busse/Keukenschrijver, PatG, Rn. 33 zu § 11 ArbEG; Reimer/Schade/Schippel/Himmelmann Rn. 4 zu § 11/RL Nr. 24; Volmer/Gaul, Rn. 778, 784 zu § 9/RL Nr. 24; a. A. (noch) Volmer, VergütgsRL Rn. 8 f. zu Nr. 24/RL 1959.
1119 Vgl. Schiedsst. v. 02.12.1981, BlPMZ 1982, 302, 304.
1120 Die Schiedsst. im EV v. 30.01.1989 – Arb.Erf. 42/88, (unveröffentl.) folgert dies aus einem Umkehrschluss aus BGH v. 28.06.1962 – I ZR 28/61, GRUR 1963, 135 – *Cromegal*. Dass für nicht benutzte Diensterfindungen vor Schutzrechtserteilung grundsätzlich keine Vergütung geschuldet wird, entspricht h. M., u. a. Keukenschrijver in Busse/Keukenschrijver, PatG, Rn. 34 zu § 11 ArbEG; im Ergebn. auch ständ. Praxis Schiedsst., z.B. v. 06.05.1995 Arb.Erf. 1/95 (unveröffentl.); vgl. auch LG Düsseldorf v. 24.02.2012 – 4a O 286/10, (juris, Rn. 156) – Kälteanlage u. LG München I v. 09.09.2010 Mitt. 2012, 413, 414 – Kopfstütze.

G. Bemessung der Vergütung §9

Ablauf einer angemessenen (zumindest einjährigen[1121]) Frist ab Erteilung bzw. 7-jährigen Frist ab Anmeldung[1122] – s. § 9 Rdn. 205), d. h. es gilt eine **vergütungsfreie Prüfungs- und Erprobungsphase**[1123] (vgl. KommRL Rn. 48 ff. zu RL Nr. 23). **RL Nr. 23** liegt rechtspolitisch der Leitgedanke zugrunde, den Arbeitgeber in der Zeit, in der er mit erfindungsbezogenen Versuchen nur Kosten hat, nicht mit Erfindervergütungen zu belasten, auch wenn er zur Prüfung der Tauglichkeit bzw. Verwertbarkeit die Erfindung benutzt und zu diesem Zweck bereits erfindungsgemäße Gegenstände herstellt.[1124] Zur vergütungsfreien Erprobungsphase gehört nicht nur die Klärung der technischen Aus- und Durchführbarkeit (Versuche, Bau von Prototypen usw.), sondern auch das wirtschaftliche Testen und Erforschen des Marktes einschließlich Testverkäufen[1125](s. im Übr. KommRL Rn. 12 ff. zu RL Nr. 23). Von einer Patenterteilung als Vergütungsvoraussetzung hat die *Schiedsstelle* im Einzelfall dann abgesehen, wenn der Arbeitgeber den Prüfungsantrag erst gegen Ablauf der 7-Jahres-Frist (§ 44 Abs. 2 PatG) stellt;[1126] aus der Stellung des Prüfungsantrags wird abgeleitet, dass der Arbeitgeber nunmehr der Erfindung einen gewissen Wert beimisst.[1127] Der Höhe nach soll dabei die Hälfte der üblichen Vergütung für Vorratspatente (s.o. § 9 Rdn. 207) gezahlt werden.[1128] Zur

---

1121 Schiedsst. in ständ. Praxis, z.B. v. 26.04.1985, BlPMZ 1985, 307, 308 r.Sp.
1122 Ständige Spruchpraxis Schiedsst., z.B. EV v. 15.10.2009 – Arb.Erf. 44/08, (unveröffentl.); v. 17.01.2013 – Arb.Erf. 23/11, (www.dpma.de).
1123 S. dazu z.B. Schiedsst. v. 25.04.1983, BlPMZ 1984, 378, 379; v. 03.05.1979, BlPMZ 1985, 344, 345 f. u. v. 04.02.1986, BlPMZ 1986, 346, 347; ebenso Schiedsst. v. 09.09.1993 – Arb.Erf. 155/92, (unveröffentl.); zust. Keukenschrijver in Busse/Keukenschrijver, PatG, Rn. 32 zu § 11 ArbEG.
1124 Schiedsst. v. 08.08.1989 – Arb.Erf. 90 – 93 – 103/88; v. 25.01.1996 – Arb.Erf. 79/93, (Datenbank); v. 15.12.2009 – Arb.Erf. 16/09; v. 13.01.2010 – Arb.Erf. 38/07, (alle unveröffentl.); v. 23.03.2010 – Arb.Erf. 13/09, (insoweit nicht in www.dpma.de); v. 17.01.2013 – Arb.Erf. 23/11, u. v. 12.09.2013, (beide www.dpma.de).
1125 So auch ständ. Praxis d. Schiedsst., z. B. v. 12.10.2006 – Arb.Erf. 8/05, (unveröffentl.); v. 12.09.2013 Arb.Erf. 21/12, (www.dpma.de). So auch für Österreich OGH (Wien) v. 02.02.2005 – GZ. 9 ObA 7/04a, (www.ris.bka.gv.at).
1126 Schiedsst. v. 21.06.1976, BlPMZ 1977, 173, 175 u. v. 18.12.1974, BlPMZ 1975, 260.
1127 Schiedsst. v. 21.06.1976 u. v. 18.12.1974, BlPMZ 1975, 260; Schiedsst. v. 27.06.1989 – Arb.Erf. 100/88, (unveröffentl.) – allerdings m d. Hinw., dass diese Praxis inzwischen auf Kritik gestoßen sei; im Ergebn. aber auch Schiedsst. v. 12.11.2009 – Arb.Erf. 7/08, (unveröffentl.).
1128 Vgl. Schiedsst. v. 21.06.1976, BlPMZ 1977, 173, 175 u. v. 18.12.1974, BlPMZ 1975, 260.

Erprobung s. i.Ü. § 9 Rdn. 93; zur betriebsgeheimen Erfindung s. § 17 Rdn. 68.

**213** I.Ü. lehnt die *Schiedsstelle* in ständiger Praxis eine Vergütung als nicht verwertete Diensterfindung dann ab, wenn die Erfindung in **irgendeiner Form tatsächlich verwertet** wird, und sei es auch nur durch einfache Lizenzvergabe an parallel geschützten Auslandsschutzrechten.[1129] Hier geht sie von dem **Grundsatz** aus, dass eine **Erfindung entweder verwertet wird oder nicht** (vgl. aber auch RL Nr. 24), bei einer verwerteten Erfindung also eine Vergütung als nicht verwertete Erfindung schon begrifflich – auch nach dem Wortlaut der RL Nr. 21 Abs. 1 Satz 3 – ausscheidet[1130] Das gilt u. E, grundsätzlich auch dann, wenn der Arbeitgeber in der Folgezeit die Verwertung einstellt und die bisherige Vergütung die angemessene Vorratsvergütung jedenfalls erreicht hat.[1131] Erfüllt die Erfindung in der Folgezeit die sonstigen Voraussetzungen eines Vorratspatents, soll nach Auffassung der Schiedsstelle ggf. eine Vergütung analog RL Nr. 21 in Betracht kommen;[1132] das dürfte aber nur dann gelten, wenn der Erfindungswert für die bisherige Verwertung hinter dem eines Vorratsschutzrechtes zurückbleibt.[1133] S. im Übr. KommRL Rn. 21 f. zu RL Nr. 21.

**214** Für eine Vergütung von **unausgenutzten Verwertungsmöglichkeiten** nach **RL Nr. 24** sieht die *Schiedsstelle* angesichts der grundrechtlich geschützten Handlungs- und Entscheidungsfreiheit des Arbeitgebers (s. § 7 n.F. Rdn. 21) und wegen des mit jeder Verwertung verbundenen und vom Erfinder nicht mitzutragenden unternehmerischen Risikos nur geringen Raum. Aus ihrer Sicht kommt eine dahingehende Vergütung nur in Betracht, wenn dem Arbeit-

---

1129 Z.B. EV v. 09.04.1986 – Arb.Erf. 66/84, u. EV v. 08.10.1996 – Arb.Erf. 26/95, (beide unveröffentl.).
1130 So auch ständ. Praxis Schiedsst., z. B. v. 13.05.1985, EGR Nr. 46 zu § 9 ArbEG (VergHöhe); im Ergebn. ebenso zur betriebsgeh. Erf. Schiedsst. v. 15.01.2016 – Arb.Erf. 65/13, (www.dpma.de). Im Ergebn. auch Keukenschrijver in Busse/Keukenschrijver, PatG, Rn. 35 zu § 11 ArbEG. Zum Grundsatz einheitl. Betrachtung der Verwertung s. Reimer/Schade/Schippel/Himmelmann Rn. 6 zu § 11/RL Nr. 21.
1131 Vgl. auch Schiedsst. v. 21.09.2011 – Arb.Erf. 2/10, (www.dpma.de, dort LS. 3).
1132 Schiedsst. v. 05.03.1991 – Arb.Erf. 56/90 – im Anschl. an Schiedsst. v. 26.09.1980 – Arb.Erf. 24/79; im Ergebn. ebenso Schiedsst. v. 04.07.2007 – Arb.Erf. 86/04, (Datenbank.); zust. Reimer/Schade/Schippel/Himmelmann Anh. zu § 11/RL Nr. 21 Rn. 6 (s. dort aber auch Rn. 6 a. E.).
1133 So zu Recht Schiedsst. v. 21.09.2011 – Arb.Erf. 02/10, (Datenbank, in www.dpma.de nur LS. 3).

## G. Bemessung der Vergütung § 9

geber die unterbliebene Verwertung vorzuwerfen ist[1134] bzw. ob die Überlegungen des Arbeitgebers zur Nichtverwertung »absolut unbegründet waren und der wirtschaftlichen Vernunft widersprachen«[1135]. Es kommt aus Sicht der *Schiedsstelle* darauf an, ob der Arbeitgeber deshalb einen mit an Sicherheit grenzender Wahrscheinlichkeit zu erwartenden Gewinn schuldhaft nicht realisiert hat.[1136] Dementsprechend wurde eine unausgenutzte Verwertbarkeit i. S. d. RL Nr. 24 in Fällen anerkannt, in denen die Nichtverwertung der Erfindung auf anderen Gründen als rein wirtschaftlicher und technischer Natur beruhte, also auf nicht sachgerechten Aspekten, etwa wegen eines Ausscheidens des Erfinders.[1137] Das *OLG Düsseldorf*[1138] erkennt ebenfalls den Ausnahmecharakter der RL Nr. 24 an, sieht die obigen Überlegungen der *Schiedsstelle* aber als zu weitgehend an und verlangt im Ergebnis – unbeschadet der Beweislast des Arbeitnehmers – für eine vorwerfbare, schuldhafte und damit vergütungspflichtige Nichtverwertung, dass dem Arbeitgeber im konkreten Einzelfall unter Berücksichtigung eines unternehmerischen Beurteilungsspielraums eine (weitergehende) Verwertung rechtlich, technisch und wirtschaftlich möglich ist und auch zugemutet werden kann. Im praktischen Ergebnis dürften diese Rechtsprechung und die Praxis der *Schiedsstelle* weitgehend deckungsgleich

---

1134 Schiedsst. v. 19.03.2002 – Arb.Erf. 6/99; v. 06.03.2008 – Arb.Erf. 28/06, (beide unveröffentl.); Schiedsst. v. 12.06.2008 – Arb.Erf. 23/06 (Datenbank). v. 23.03.2010 – Arb.Erf. 13/09 (insoweit nicht in www.dpma.de); v. 04.07.2013 Arb.Erf. 46/12; v. 07.04.2017 – Arb.Erf. 05/15, (beide www.dpma.de); v. 06.07.2017 – Arb.Erf. 51/16, (z.Z. unveröffentl.).
1135 Z. B. Schiedsst. v. 26.04.1985 BlPMZ 1985, 307, 308; v. 12.06.2008 – Arb.Erf. 23/06, (Datenbank) m. H. a. Schiedsst. v. 19.03.2002 – Arb.Erf. 6/99, (unveröffentl.); v. 23.03.2010 – Arb.Erf. 13/09, (insoweit nicht in www.dpma.de); v. 19.06.2012 – Arb.Erf. 35/11, (www.dpma.de); v. 18.07.2012 – Arb.Erf. 30/10; v. 15.11.2012 – Arb.Erf. 1/12, (beide Datenbank); ferner v. 04.07.2013 – Arb.Erf. 46/12; v. 13.04.2016 – Arb.Erf. 68/13; v. 07.04.2017 – Arb.Erf. 05/15, (alle www.dpma.de); v. 11.01.2018 – Arb.Erf. 41/16, (vorg. f. www.dpma.de); einschränkend OLG Düsseldorf v. 20.12.2012 – 2 U 139/10 – Düsseldf. Entsch. Nr. 1969 – Stahlbetontunnel; widersprüchlich Boemke/Kursawe/Engemann Rn. 179 zu § 9.
1136 Schiedsst. v. 22.03.1994 – Arb.Erf. 77/93; v. 23.04.1998 – Arb.Erf. 92/96; v. 03.04.2001 – Arb.Erf. 45/99; 19.03.2002 – Arb.Erf. 6/99; v. 03.03.2009 – Arb.Erf. 9/07; v. 23.07.2009 – Arb.Erf. 10/05, (alle unveröffentl.) u. v. 23.03.2010 – Arb.Erf. 13/09, (insoweit nicht in www.dpma.de).
1137 Schiedsst. v. 28.01.1970, BlPMZ 1970, 454, 456.
1138 Urt. v. 20.12.2012 – 2 U 139/10, (Düsseldf. Entsch. Nr. 1969) – Stahlbetontunnel; vgl. auch Keukenschrijver in Busse/Keukenschrijver, PatG, Rn. 35 zu § 11 ArbEG (»im Rahmen einer noch nachvollziehbaren Abwägung von Aufwand und Ertrag halten«).

sein, zumal die *Schiedsstelle* in ihrer heutigen Praxis darauf abstellt, ob der Verzicht auf den Erfindungseinsatz – bezogen auf den konkreten Arbeitgeber und unter Anerkennung seiner unternehmerischen Entscheidungsfreiheit und seines Beurteilungsspielraums – wirtschaftlich vertretbar ist oder nicht[1139] (s. KommRL Rn. 33 ff. zu RL Nr. 24).

Unstreitig ist dem Arbeitgeber ein **unternehmerischer Beurteilungsspielraum** zuzubilligen[1140], und zwar einschließlich einer Kosten-Nutzen-Analyse[1141]. Das folgt auch aus seiner unternehmerischen Handlungs- und Entscheidungsfreiheit[1142] (s. § 7 n.F. Rdn. 21). Maßgebend ist, ob dem Arbeitgeber bei verständiger Würdigung seiner technischen und wirtschaftlichen Möglichkeiten und der konkreten Verhältnisse in seinem Betrieb (Unternehmen) die **Nutzung möglich und zumutbar** war und damit die Nichtverwertung vorzuwerfen ist[1143] (s. dazu KommRL Rn. 17 ff. zu RL Nr. 24). Das gilt etwa bei Bedenken, dass dem Einsatz staatliche Bestimmungen entgegenstehen.[1144] Auch die Rücksichtnahme auf andere Geschäftsfelder des Arbeitgeberunternehmens ist beachtlich.[1145] Ein nur im Klageweg erzielbarer wirtschaftlicher Vorteil ist unbeachtlich, wenn es für den Verzicht auf den Prozess sachliche

---

1139 Schiedsst. v. 06.07.2016 – Arb.Erf. 23/13, (www.dpma.de).
1140 Schiedsst. v. 26.04.1985 BlPMZ 1985, 307, 308 i. Anschl. an KommArbEG Rn. 88 zu § 9 m. w. Nachw.; v. 06.03.2008 – Arb.Erf. 28/06, (unveröffentl.); vgl. auch Schiedsst. v. 25.11.1959/27.01.1960, BlPMZ 1960, 279, 280 a. E. u. v. 08.06.1967, BlPMZ 1968, 130, 131 l.Sp.; v. 03.12.1987, BlPMZ 1988, 264, 265; ferner OLG Düsseldorf v. 20.12.2012 – 2 U 139/10, (Düsseldf. Entsch. Nr. 1969) – Stahlbetontunnel; LG Mannheim v. 19.12.2008 – 7 O 303/07, bestätigt durch OLG Karlsruhe v. 25.11.2009 – 6 U 13/09, (beide unveröffentl.); Reimer/Schade/Schippel/Himmelmann Rn. 4 zu § 11/RL Nr. 24.
1141 Ebenso Schiedsst. v. 09.03.2016 Arb.Erf. 39/13; v. 13.04.2016 – Arb.Erf. 68/13, (beide www.dpma.de); v. 15.09.2016 – Arb.Erf. 63/14, Mitt. 2018, 192, 194 (= www.dpma.de); v. 07.04.2017 – Arb.Erf. 05/15, (www.dpma.de); v. 11.01.2018 – Arb.Erf. 41/16, (vorg. f. www.dpma.de) – jeweils m. H.a. Schiedsst. v. 01.12.1987 BlPMZ 1988, 265.
1142 Vgl. etwa Schiedsst. v. 13.04.2016 – Arb.Erf. 68/13, (www.dpma.de).
1143 In diesem Sinn auch Schiedsst. v. 19.03.2002 – Arb.Erf. 6/99, (unveröffentl.); v. 12.06.2008 – Arb.Erf. 23/06, (Datenbank) u.v. 23.03.2010 – Arb.Erf. 13/09, (insoweit nicht in www.dpma.de); im Ergebn. auch Schiedsst. v. 06.07.2016 – Arb.Erf. 23/13, (www.dpma.de).
1144 Z. B. Schiedsst. v. 09.03.2016 – Arb.Erf. 39/13, (www.dpma.de = Mitt. 2017, 134, dort nur LS. 1).
1145 OLG Düsseldorf v. 20.12.2012 – 2 U 139/10, (Düsseldf. Entsch. Nr. 1969) – Stahlbetontunnel.

## G. Bemessung der Vergütung § 9

Gründe gibt, insbesondere ein hohes **Prozessrisiko**,[1146] sei es zur Benutzungsfrage, sei es zur Rechtsbeständigkeit oder wegen der Berufung des potenziellen Patentverletzers auf ein Vorbenutzungsrecht (§ 12 PatG)[1147]; s. dazu KommRL Rn. 29 zu RL Nr. 24. Gleiches kann bei zweifelhafter Durchsetzbarkeit eines Titels gelten (z.b. mangelnde Liquidität des Schuldners).

Im Ergebnis wird u. E. eine Vergütung nur dann zuzusprechen sein, wenn der Arbeitgeber **in eindeutig vorwerfbarer Weise ihm mögliche und zumutbare Verwertungen unterlässt**, d. h. solche an sich naheliegende und wirtschaftlich sinnvolle Verwertungen (bewusst oder unbewusst) unterbleiben, die dem Arbeitgeber bei verständiger Würdigung seiner (tatsächlichen) wirtschaftlichen und technischen Möglichkeiten unter Zubilligung eines unternehmerischen Beurteilungsspielraums (einschließlich Kosten-Nutzen-Analyse) möglich und zumutbar gewesen wären.[1148]

RL Nr. 24 behandelt extreme **Ausnahmefälle** (vgl. i.Ü. KommRL Rn. 14 ff. zu RL Nr. 24). In ihrer rd. 60-jährigen Praxis hat die *Schiedsstelle* seit ihrem Bestehen eine Vergütung unter dem Aspekt der RL Nr. 24 nur in wenigen Fällen anerkannt.[1149] Die **Darlegungs- und Beweislast** für eine vorwerfbare Nichtverwertung obliegt dem Arbeitnehmer[1150] (s. KommRL Rn. 82 zu RL Nr. 24).

---

1146 Vgl. OLG Düsseldorf v. 20.12.2012 – 2 U 139/10, Düsseldf. Entsch. Nr. 1969 – Stahlbetontunnel; Schiedsst. v. 12.06.2008 – Arb.Erf. 23/06 (Datenbank) u. v. 21.04.2009 – Arb.Erf. 13/08, (unveröffentl.); s. auch Schiedsst. v. 14.10.2010 Arb.Erf. 34/08, (www.dpma.de, dort nur LS. 5.); v. 19.06.2012 Arb.Erf. 35/11; v. 04.07.2013 – Arb.Erf. 46/12; v. 13.04.2016 – Arb.Erf. 68/13, (alle www.dpma.de); Keukenschrijver in Busse/Keukenschrijver, PatG, Rn. 35 zu § 11 ArbEG.
1147 Schiedsst. v. 14.10.2010 – Arb.Erf. 34/08, (www.dpma.de, LS. 5).
1148 Vgl auch Schiedsst. v. 26.04.1985, BlPMZ 1985, 307, 308 u. v. 15.07.2016 – Arb.Erf. 26/14, (www.dpma.de); Reimer/Schade/Schippel/Himmelmann Rn. 4 zu § 11/RL Nr. 24.
1149 Schiedsst. v. 15.07.2016 – Arb.Erf. 26/14, (www.dpma.de).
1150 OLG Frankfurt am Main v. 08.06.2006 – 6 U 58/05, (unveröffentl.); OLG Karlsruhe v. 25.11.2009 – 6 U 13/09, (unveröffentl.); OLG Düsseldorf v. 20.12.2012 – 2 U 139/10, (Düsseldf. Entsch. Nr. 1969) – Stahlbetontunnel; Schiedsst. v. 03.04.2001 – Arb.Erf. 45/99, (unveröffentl.) m.H.a. Reimer/Schade/Schippel/Himmelmann Rn. 1 zu § 11/RL Nr. 24; LG Mannheim v. 19.12.2008 – 7 O 303/07, (unveröffentl.); Schiedsst. v. 16.11.2004 – Arb.Erf. 1/00 u. v. 22.12.2004 – Arb.Erf. 11/03, (beide unveröffentl.); vgl. auch Schiedsst. v. 04.08.2017 – 21/13, (www.dpma.de).

**215** Nutzt der Arbeitgeber das auf eine Diensterfindung erteilte Schutzrecht nicht, obliegt es seiner unternehmerischen **Entscheidungsfreiheit** (s. § 7 n.F. Rdn. 21), dieses z. B. **als Vorratsschutzrecht** in seinem Portfolio zu behalten, ohne dass ein Freigabeanspruch des Erfinders besteht.[1151] Insoweit enthält RL Nr. 22 Satz 3 nur eine unverbindliche Empfehlung (vgl. RL Nr. 1 Satz 1, s. § 16 Rdn. 17).

**Einzelheiten** s. KommRL zu RL Nrn. 20, 22–24. Zu Gebrauchsmustern s. § 9 Rdn. 250; zu Auslandsschutzrechten s. § 9 Rdn. 245 f.

*Rdn. 216 – 220 frei*

### X. Erfindungswert bei Lizenzvergaben

#### 1. Lizenz- und Know-how-Verträge (RL Nrn. 14, 15)

**221** Die Lizenzvergabe (vgl. § 15 Abs. 2 PatG, § 22 Abs. 2 GebrMG) stellt eine **besondere Form der tatsächlichen Verwertung** einer Diensterfindung dar (s. § 9 Rdn. 90, 92; zur unternehmerischen Gestaltungsfreiheit s. § 7 n.F. Rdn. 21). Das ArbEG setzt ebenso wie die RL Nrn. 14 ff. die Rechtsfigur des **Lizenzvertrages** als Vertrag eigener Art (§ 311 BGB) voraus,[1152] durch den ausschließliche oder einfache Nutzungsrechte an einer (schutzfähigen bzw. durch Schutzrechte abgesicherten) Erfindung seitens des Rechtsinhabers (Lizenzgebers) einem Dritten (Lizenznehmer) entgeltlich oder unentgeltlich eingeräumt werden[1153] (vgl. § 15 Abs. 2, 3 PatG; Art. 73 EPÜ; Art. 43 GPÜ; Art. 3 Abs. 2, 7 EPVO). Die **ausschließliche Lizenz** unterscheidet sich von der einfachen dadurch, dass dem Lizenznehmer das alleinige Recht zur Ausübung aller oder einzelner Benutzungsbefugnisse, die die Schutzrechtsposition

---

1151 Ebenso ständ. Praxis d. Schiedsst., z. B. v. 09.03.2016 – Arb.Erf. 39/13, (www.dpma.de).
1152 BGH v. 12.12.2003, WM 2004, 596, 597 – *Pfändungsschutz für Lizenzgebühren*; s. aber auch BGH v. 17.11.2005 – IX ZR 162/04, GRUR 2006, 435, 437 [Rn. 21] – *Softwarenutzungsrecht* (= Rechtspacht); ausführl. rechtsdogmatische Auseinandersetzung bei McGuire, Die Lizenz (2012), S. 136 ff., 267 ff.
1153 Zum Begriff s. Lüdecke/Fischer Lizenzverträge D 1 ff.; zu den Erscheinungsformen ausführl. Pagenberg/Beier, Lizenzverträge, Vertragsmuster 1 u. Groß, Lizenzvertrag, Rn. 13 ff.; Bartenbach/Volz in Bartenbach, Buddeberg u.a., Formularsammlung z. gewerbl. Rechtsschutz, 2. Aufl. 1998, 167 ff.; Bartenbach, Patentlizenz- u. Know-how-Vertrag, Rn. 30 ff.; Schulte/Moufang, PatG, § 15 Rn. 30 ff.; Benkard/Ullmann/Deichfuß, PatG, § 15 PatG Rn. 56 ff.; vgl. auch BGH v. 05.07.1960, GRUR 1961, 27 – *Holzbauträger*; s.a. die EG-VO Nr. 316/2014 (EU) über die Anwendung v. Art. 101 Abs.3 AEUV auf Gruppen v. Technologietransfer-Vereinbarungen), ABl. Nr. L 93/17 v. 28.03.2014, S. 17 (TT-GVO 2014).

gewährt, erteilt wird, sodass mangels abweichender Vereinbarung selbst der Schutzrechtsinhaber nicht mehr zur Benutzung befugt ist (vgl. Art. 1 Abs. 1 lit. p TT-GVO 2014).[1154] Demgegenüber erwirbt der Lizenzgeber bei der **einfachen Lizenz** nur eine einfache, lediglich schuldrechtlich wirkende Benutzungsbefugnis[1155] (s.a. § 7 a.F. Rdn. 29 ff.).

Mit der Berechnung des Erfindungswertes für diese Form der außerbetrieblichen Nutzung befassen sich die **RL Nrn. 14 und 15**. Den Sonderfall des Austauschvertrages behandelt RL Nr. 17 (s. dazu unten § 9 Rdn. 236 ff.). Zu weiteren Sonderfällen wie Optionsabreden, Leasing, Engineeringlieferungen, Verkauf von Vorrichtungen für Verfahrenserfindungen, Franchising, Freilizenzen, Konzernvergabe, Negativlizenzen, Zwangslizenzen und Lizenzbereitschaft, Nutzungsrechten für Fertigungsaufträge, Ausgleichsleistungen bei Teilhabern, Nutzungsrechtseinräumung bei Betriebsübergang s. KommRL Rn. 15 ff. zu RL Nr. 14; zu Schadensersatzleitungen bei Schutzrechtsverletzungen Dritter s. § 9 Rdn. 239 f.; zum Verkauf von Konstruktionszeichnungen s. § 9 Rdn. 241; zur Lizenzvergabe im Konzern s. § 9 Rdn. 187 f. und bei Forschungsaufträgen s. § 9 Rdn. 197.2.

222

Grundlage der Berechnung des Erfindungswertes ist die gesamte, dem Arbeitgeber für die lizenzierte Diensterfindung **tatsächlich zufließende Bruttolizenzeinnahme**.[1156] Hierzu gehören auch sonstige geldwerte Gegenleistungen des Lizenznehmers, wie etwa Kompensationsgeschäfte, ferner die Erstattung bzw. Übernahme von Kosten der Schutzrechtsanmeldung und/oder -aufrechterhaltung[1157] (s.a. § 42 Rdn. 170). Vergütungspflichtig sind auch die an eine Patentverwertungsgesellschaft des Arbeitgebers entrichteten Lizenzeinnah-

223

---

1154 S. BGH v. 20.05.2008 – X ZR 180/05, Mitt. 2008, 407, 409 f. [Rn. 35] – *Tintenpatrone*; vgl. auch BGH v. 16.04.2002 – X ZR 127/99, GRUR 2002, 801, 803 – *Abgestuftes Getriebe*.
1155 S. BGH v. 23.04.1974, GRUR 1974, 463 – *Anlagengeschäft* = LM Nr. 1 zu § 16 ArbEG m. Anm. Bruchhausen; BGH v. 23.03.1982 – KZR 5/81, GRUR 1982, 411, 412 – *Verankerungsteil*; Bartenbach, Patentlizenz- und Know-how-Vertrag, Rn. 120 ff.; abweichend (dingliche Wirkung) LG Mannheim v. 18.02.2011 – 7 O 100/10 m. Anm.Westpfahl/Schönen, EWiR 2011, 645 zur einf. Patentlizenz i. Anschluss an BGH v. 26.03.2009, GRUR 2009, 946 – *Reifen-Progressiv* (dort z. Urheberrecht); zust. Stöckel/Brandi-Dohrn, CR 2011, 553 ff.; ablehnend Adolphsen/Tabrizi, GRUR 2011, 384 ff.
1156 OLG Frankfurt am Main v. 17.01.1985, GRUR 1985, 436, 437 – *Chlorolyseverfahren*.
1157 Z. B. BGH v. 05.02.2013 – X ZR 59/12, GRUR 2013, 498 (Rn. 14 ff.) – *Genveränderungen* im Anschl. an LG Düsseldorf v. 18.01.2011, InstGE 12, 264, – *Krankheitsvorhersage* (zu § 42 Nr. 4).

men.¹¹⁵⁸ Wird bei einem Lizenzvertrag über mehrere Erfindungen eine ursprünglich einbezogene Diensterfindung später von den Lizenzvertragsparteien vorbehaltslos herausgenommen, entfällt eine Vergütungspflicht.¹¹⁵⁹ Liefert der Arbeitgeber spezielle erfindungsneutrale Ausgangsprodukte an Dritte, mit denen diese ohne Lizenzvertrag und Lizenzgebühr unter Nutzung des erfindungsgemäßen Verfahrens die Endprodukte selbst herstellen, ist dieser Produktumsatz nicht nach RL Nrn. 14, 15, sondern auf Basis der RL Nrn. 3 ff. vergütungspflichtig;¹¹⁶⁰ Mindestvoraussetzung für eine solche stillschweigende Benutzungsrechtgestattung ist allerdings, dass der Arbeitgeber die Benutzung der Erfindung durch seine Kunden erwartet.¹¹⁶¹ S. im Einzelnen zu Lizenzeinnahmen und sonstigen Gegenleistungen KommRL Rn. 54 ff. zu RL Nr. 14; zur kostenlosen Lizenzvergabe s. dort Rn. 31 ff.

224 Nach **RL Nr. 14** soll der Erfindungswert dadurch ermittelt werden, dass von der Bruttolizenzeinnahme bestimmte Unternehmerkosten (»Aufgaben«) abgezogen werden, um so die **Nettolizenzeinnahme** zu bestimmen. Grundsätzlich abzuziehen sind auch Anteile, die auf mitlizenziertes Know-how entfallen (vgl. RL Nr. 14 Abs. 2). Der Katalog der abzugsfähigen Kosten in RL Nr. 14 ist nicht abschließend (zu den abzugsfähigen Kosten und Einnahmen im Einzelnen s. KommRL Rn. 105 ff. zu RL Nr. 14). Wird die Diensterfindung auch innerbetrieblich genutzt bzw. ist sie Gegenstand mehrfacher Lizenzierung, hat eine Kostenaufteilung zu erfolgen (s. dazu Rn. 96 ff. zu RL Nr. 14).

224.1 **Nettolizenzeinnahme** ist der Betrag, der dem Arbeitgeber nach Abzug seiner Kosten (»Aufgaben«) von der Bruttolizenzeinnahme verbleibt (s. im Einzelnen KommRL Rn. 89 ff. zu RL Nr. 14).

Wenn RL Nr. 14 Abs. 1 Satz 1 diese Nettolizenzeinnahme mit dem Erfindungswert gleichstellt, liegt dem ein Denkfehler zugrunde; denn kein Unternehmen wäre bereit, den gesamten Gewinn, den es aus einem Lizenzvertrag erzielt, dem freien Erfinder zu überlassen, sondern nur einen Bruchteil davon, damit ihm eine angemessene Rendite verbleibt.¹¹⁶² Richtigerweise ist daher bei der Ermittlung des Erfindungswertes nach RL Nr. 14 die Nettolizenzeinnahme – ähnlich wie bei der Berechnung des Erfindungswertes nach dem

---

1158 Schiedsst. v. 15.03.2005 – Arb.Erf. 63/03, (Datenbank), dort Verwertungsgesellschaft einer außeruniversitären Forschungseinrichtung.
1159 So im Ergebnis BGH v. 04.12.2007 – X ZR 102/06, GRUR 2008, 606, 607 [Rn. 17] – *Ramipril I*.
1160 Schiedsst. v. 21.04.2015 – Arb.Erf. 56/12, (www.dpma.de = Mitt. 2016, 407, nur LS.).
1161 Schiedsst. v. 19.06.2012 – Arb.Erf. 35/11, (www.dpma.de).
1162 Schiedsst. v. 17.03.2005 – Arb.Erf. 99/03, (unveröffentl.).

erfassbaren betrieblichen Nutzen (RL Nr. 12, s. dazu oben § 9 Rdn. 161 ff.) – mit einem **Umrechnungsfaktor** zu multiplizieren[1163] (»**kalkulatorischer Unternehmerlohn**«), der im Wesentlichen die sonstigen kalkulatorischen Kostenanteile, den kalkulatorischen Unternehmergewinn und ein kalkulatorisches mit der Lizenzvergabe verbundenes Unternehmerrisiko berücksichtigt. Der **Regelumrechnungsfaktor** beträgt nach der hier vertretenen Auffassung **30 % der Nettolizenzeinnahme**.[1164] Zu den Einzelheiten s. KommRL Rn. 156 ff. zu RL Nr. 14.

Auf dieser Linie liegt auch die *Schiedsstelle*, die die um Know-how-Anteil, Entwicklungs- und Schutzrechtskosten bereinigte Lizenzeinnahme mit einem Regelumrechnungsfaktor von 30 % zur Errechnung des Erfindungswertes multipliziert.[1165] Dieser Umrechnungsfaktor berücksichtigt die kalkulatorischen (Gemein-)Kosten, den kalkulatorischen Unternehmergewinn und ein potenzi-

---

1163 Reimer/Schade/Schippel/Himmelmann Rn. 6 zu § 11/RL Nr. 14; Schiedsst. v. 16.12.1980 – Arb.Erf. 59/79, (unveröffentl.), teilw. zitiert bei Volz, ArbNErf. im öffentl. Dienst, S. 123 (dort Fn. 279); ferner u. a. OLG München v. 16.08.2012 Az. 6 U 2572/11, (unveröffentl.) – Elektronische Funktionseinheit im Anschl. an LG München I v. 07.03.2011 – 7 O 9760/05, (juris, Rn. 89) – Elektronische Funktionseinheit (insoweit nicht in CR 2012, 356).
1164 Zust. u. a. OLG München v. 16.08.2012 – 6 U 2572/11 (unveröffentl.) – Elektronische Funktionseinheit, zuvor LG München I v. 07.03.2011 – 7 O 9760/05, (juris, Rn. 89) – Elektronische Funktionseinheit (insoweit nicht in CR 2012, 356). Grundsätzl. zust. auch Schiedsst. seit EV u. v. 12.12.1995, Mitt. 1997, 91, 92 – *Apparatebau*; vgl. auch Schiedsst. v. 09.09.1995, Mitt. 1996, 176, 177 – Patentverkauf.
1165 Grundlegend Schiedsst. v. 12.12.1995, Mitt. 1997, 91, 92 – *Apparatebau*; folgend u. a. EV v. 18.04.1996 – Arb.Erf. 5/95; v. 03.06.1998 – Arb.Erf. 89/96; 16.11.2004 – Arb.Erf. 1/00; v. 23.04.2009 – Arb.Erf. 51/06, (sämtl. unveröffentl.); ferner EV v. 09.10.2012 – Arb.Erf. 39/11; v. 09.04.2013 – Arb.Erf. 30/12; v. 04.07.2013 – Arb.Erf. 46/12; v. 04.08.2017 – 21/13, (alle www.dpma.de); vgl. auch Schiedsst. v. 14.02.2012 – Arb.Erf. 02/11, (www.dpma.de, nur LS. 2); ZB. v. 15.06.2016, Mitt. 2017, 502, 505. S. ferner LG München I v. 07.03.2011 – 7 O 9760/05, (juris, Rn. 89) – Elektronische Funktionseinheit (insoweit nicht in CR 2012, 356), dort: »kalkulatorische Kosten (anteilige Gemeinkosten, Zinsbelastungen, Risikovorsorge, Unternehmerlohn)«, bestätigt durch OLG München v. 16.08.2012 – 6 U 2572/11, (unveröffentl.) – Elektronische Funktionseinheit, dort m. d. Hinw., »mittels eines Umrechnungsfaktors die rein kalkulatorischen Kosten, den kalkulatorischen Unternehmergewinn und ein etwaiges Unternehmerrisiko zu berücksichtigen«.

elles unternehmerisches Risiko der Lizenzvergabe.[1166] Die Schiedsstellenpraxis, die quasi eine Kombination von RL Nrn. 14, 15 darstellt, wird im Schrifttum[1167] und vom *OLG München*[1168], im Grundsatz auch von *LG* und *OLG Düsseldorf*[1169] bestätigt. Siehe im Übrigen dazu KommRL Rn. 145 ff. zu RL Nr. 14.

225 Auch wenn der Richtliniengeber ausweislich RL Nr. 15 Satz 1 von einem Vorrang der RL Nr. 14 ausgeht[1170], greift die betriebliche Praxis nicht selten auf die pauschalierende Ermittlung des Erfindungswertes nach RL Nr. 15 zurück. Dies ist jedenfalls dann gerechtfertigt, wenn die Berechnung der abzugsfähigen Unkosten und »Aufgaben« große Schwierigkeiten bereitet[1171] oder zur Kostenseite nichts Näheres bekannt ist[1172] bzw. sich konkrete Kosten i.S.d. RL Nr. 14 mit vertretbarem Aufwand nicht ermitteln lassen[1173] Dann kann nach **RL Nr. 15** der Erfindungswert von Patentlizenzeinnahmen auf der Basis der **Brut-**

---

1166 Schiedsst. ZB v. 29.10.1997 – Arb.Erf. 13/96, (unveröffentl.); EV. v. 22.01.2004 – Arb.Erf. 69/02; v. 11.03.2008 – Arb.Erf. 24/07, (beide Datenbank); v. 09.10.2012 – Arb.Erf. 39/11; v. 04.07.2013 – Arb.Erf. 46/12, (beide www.dpma.de).
1167 Vgl. Reimer/Schade/Schippel/Himmelmann Rn. 5 f. zu Anh § 11/RL Nr. 14; im Ergebn. wohl auch Boemke/Kursawe/Engemann Rn. 352 ff, 365 zu § 9, wo allerdings RL Nr. 15 weitgehend unberücksichtigt bleibt; vgl. (aber) auch Keukenschrijver in Busse/Keukenschrijver, PatG, Rn. 26 zu § 11 ArbEG.
1168 OLG München v. 16.08.2012 – 6 U 2572/11, (unveröffentl.) – Elektronische Funktionseinheit im Anschl. an LG München I v. 07.03.2011 – 7 O 9760/05, (juris, Rn. 89) – Elektronische Funktionseinheit (insoweit nicht in CR 2012, 356).
1169 OLG Düsseldorf v. 20.12.2012 – 2 U 139/10, (Düsseld. Entsch. Nr. 1969 – Stahlbetontunnel), wonach die Praxis der Schiedsstelle im Grundsatz im Interesse realitätsnäherer Ergebnisse für den Erfindungswert befürwortet wird, allerdings im Einzelfall das erfindungsfremde Knowhow sowie die konkret ermittelbaren Kosten, also Entwicklungskosten, Schutzrechtskosten und etwaige Lizenzvertragsabschlusskosten, vorweg von den Bruttolizenzeinnahmen abgezogen und anschließend die kalkulatorischen Kosten und der kalkulatorische Unternehmensgewinn mit einem pauschalen Abzugsfaktor berücksichtigt werden sollen. Im Ergebn. auch LG Düsseldorf v. 03.11.2016 – 4c O 79/15, (www.justiz.nrw.de, Rn.110) – Retardtablette.
1170 Schiedsst. v. 07.05.2004 – Arb.Erf. 30/03, (unveröffentl.) u. v. 09.10.2012 – Arb.Erf. 39/11, (www.dpma.de); im Ergebn. ebenso OLG München v. 16.08.2012 – 6 U 2572/11, (unveröffentl.) – Elektronische Funktionseinheit.
1171 So auch LG Düsseldorf v. 24.11.2013 – 4a O 52/06, (Düsseld. Entsch. Nr. 2010) – Betonschutzwände II.
1172 Schiedsst. v. 17.03.2005 – Arb.Erf. 99/03, (unveröffentl.).
1173 Schiedsst. v. 16.11.2004 – Arb.Erf. 1/00, (unveröffentl.).

tolizenzeinnahmen pauschaliert** werden.[1174] Nach der Praxis der *Schiedsstelle* beträgt der Erfindungswert **im Regelfall 20 %** (= Umrechnungsfaktor) der **tatsächlichen Bruttolizenzeinnahme**,[1175] sofern keine besonderen Umstände für ein Abweichen nach oben oder unten vorliegen.[1176] In diesem für jeden Einzelfall zu ermittelnden Umrechnungsfaktor sind alle Abzugsfaktoren i.S.d. RL Nr. 14 Abs. 1 und 2, einschließlich eines etwaigen Know-how-Anteils und eines kalkulatorischen Unternehmerlohns, enthalten.[1177] Auch die vom *BGH* bestätigte »Vinylchlorid«-Entscheidung des *OLG Frankfurt* am Main geht von einem Umrechnungsfaktor von 20 % (ohne Know-how-Abzug) aus.[1178] Dem Gewicht des Know-how-Anteils kann bei der Bestimmung des Umrechnungsfaktors Rechnung getragen werden.[1179] Soweit die Brutto-Lizenzeinnahme bereits um den Anteil für mitlizenziertes Know-how bereinigt ist, erhöht sich

---

[1174] Vgl. z.B. die Berechnung der Schiedsst. in EV v. 17.03.1967, BlPMZ 1967, 222 u. v. 11.07.1991, Mitt. 1997, 190 f. – *Verpackungsvorrichtung*; vgl. auch Schiedsst. v. 07.02.1983, BlPMZ 1984, 218, 220 r.Sp. S. ferner Keukenschrijver in Busse/Keukenschrijver, PatG, Rn. 26 zu § 11 ArbEG, wonach auf RL Nr. 15 allerdings wohl nur zurückgegriffen werden soll, »wenn der ArbG die Diensterfindung nicht selbst nutzt«.

[1175] Vgl. Schiedsst. v. 08.09.1986, BlPMZ 1987, 306, 308; v. 25.07.1988, BlPMZ 1989, 289, 291; v. 08.10.1991, BlPMZ 1993, 406, 408 sowie v. 09.11.1994 – Arb.Erf. 13/94; 29.02.1996 – Arb.Erf. 20/93; 17.03.2005 – Arb.Erf. 99/03; v. 19.03.2009 – Arb.Erf. 24/06; v. 23.04.2009 – Arb.Erf. 51/06; v. 29.04.2010 – Arb.Erf. 11/09, (sämtl. unveröffentl.); v. 04.07.2013 – Arb.Erf. 46/12, (www.dpma.de); ZB. v. 15.06.2016, Mitt. 2017, 502, 505.

[1176] Schiedsst. v. 08.10.1991, BlPMZ 1993, 406, 408.

[1177] Uneinheitl. allerdings die frühere Schiedsstellenpraxis, z.B. EV v. 16.04.1991, BlPMZ 1993, 114 – *Austauschvertrag* u. v. 05.08.1993 – Arb.Erf. 129/92, (unveröffentl.) – dort 20 % nach vorherigem Abzug des Know-how-Anteils; anders dagegen EV v. 17.03.1967, BlPMZ 1967, 222; v. 08.09.1986, BlPMZ 1987, 306, 308; v. 03.06.1991 – Arb.Erf. 22/90; v. 29.02.1996 – Arb.Erf. 20/93, (alle unveröffentl); vgl. auch EV v. 08.10.1991, BlPMZ 1993, 406, 408; die neuere Entscheidungspraxis der Schiedsst. bezieht den Regelumrechnungsfaktor auf die gesamte Bruttolizenzeinnahme einschließlich des Know-how-Anteils, z.B. EV v. 23.04.2009 – Arb.Erf. 51/06 u. v. 29.04.2010 – Arb.Erf. 11/09, (beide unveröffentl.); ferner Schiedsst. ZB. v. 15.06.2016, Mitt. 2017, 502, 505, wonach »mit dem Umrechnungsfaktor von 20 % alle denkbaren Abzugsmöglichkeiten bereits pauschal erfasst« sind.

[1178] OLG Frankfurt am Main v. 26.06.1986, EGR Nr. 10 zu § 23 ArbEG (bestätigt durch BGH v. 14.10.1988, GRUR 1990, 271, 273 – Vinylchlorid). Ebenso LG Düsseldorf v. 24.11.2013 – 4a O 52/06, (Düsseldf. Entsch. Nr. 2010) – Betonschutzwände II.

[1179] Ebenso Schiedsst. v. 23.04.2009 – Arb.Erf. 51/06, (unveröffentl.); ferner EV v. 04.07.2013 – Arb.Erf. 46/12, (www.dpma.de), dort 25 % wegen fehlender Know-how-Einräumung.

regelmäßig der Umrechnungsfaktor.[1180] Siehe i.Ü. KommRL Rn. 20 ff., 35 ff. zu RL Nr. 15; zum Verhältnis zw. RL Nr. 14 u. 15 siehe Rn. 169 ff. zu RL Nr. 14.

An Einnahmen für **Know-how** (z. Begriff s. KommRL Nr. 136 ff. zu RL Nr. 14) ist der Arbeitnehmererfinder zu beteiligen, wenn und soweit diese Leistungen auf ihn zurückgehen und zugleich die Voraussetzungen eines qualifizierten technischen Verbesserungsvorschlags (§ 20 Abs. 1) erfüllen.[1181]

226 Sind **mehrere Erfindungen** Gegenstand des Lizenzvertrages, müssen die auf die zu vergütende Diensterfindung entfallenden Anteile entsprechend der wirtschaftlichen Bedeutung für den Vertragsabschluss **gewichtet** werden.[1182] Dementsprechend bemisst sich die Aufteilung der Gesamtbruttolizenzeinnahme auf die einzelnen Erfindungen danach, wie die Lizenzvertragsparteien bei Vertragsabschluss das Wertverhältnis beurteilt haben.[1183] Dazu kommt es zunächst auf diesbezügliche Vereinbarungen der Parteien an; ansonsten bedarf es einer Aufteilung der Gesamtlizenzeinnahmen nach der Wertigkeit der lizenzierten Erfindungen für die Lizenzvertragsparteien,[1184] und zwar nach der erkennbaren Bewertung der Parteien, ersatzweise aus der mutmaßlichen Sicht vernünftiger Lizenzvertragsparteien. In diesem Rahmen können dem Erfindungsgegenstand, Schutzumfang, Abstand einer Erfindung zum Stand der Technik einschl. Umgehungsmöglichkeiten, Entwicklungsaufwand und Nutzungsumfang eine wesentliche Indizwirkung für die wirtschaftlichen Bedeutung der einzelnen Erfindungen zukommen.[1185] Im Ausnahmefall kann die Gewichtung auch dazu führen, dass einem Vertragsrecht keinerlei wirtschaftliche Bedeutung beizumessen ist und dessen Wertanteil damit – auch angesichts fehlender Einsatzmöglichkeit als Sperr- oder Vorratspatent – »bei Null« liegt,

---

1180 Z. B. LG Düsseldorf v. 24.11.2013 – 4a O 52/06, (Düsseldf. Entsch. Nr. 2010) – Betonschutzwände II, dort auf 30 %.
1181 Schiedsst. v. 03.12.1963 – Arb.Erf. 51/62, (unveröffentl.).
1182 Ebenso BGH v. 04.12.2007 – X ZR 102/06, GRUR 2008, 606, 607 [Rn. 16] – *Ramipril I*; folgend u. a. OLG Frankfurt v. 21.04.2016 Az. 6 U 58/05, (www.lareda.hessenrecht.hessen.de) – Ramipril III; ferner Schiedsst. v. 14.07.2010 – Arb.Erf. 53/08, (unveröffentl.); vgl. auch LG Düsseldorf v. 03.11.2016 – 4c O 79/15, (www.justiz.nrw.de, Rn. 100 ff.) – Retardtablette.
1183 BGH v. 04.12.2007 – X ZR 102/06, GRUR 2008, 606, 607 [Rn. 16 u. 23, s. aber auch Rn. 25] – *Ramipril I*; im Anschl. daran OLG Frankfurt v. 21.04.2016 Az. 6 U 58/05, (www.lareda.hessenrecht.hessen.de) – Ramipril III.
1184 Schiedsst. v. 17.03.2011 – Arb.Erf. 32/09, (www.dpma.de, LS. 1, 2).
1185 Vgl. z.B. LG Düsseldorf v. 03.11.2016 – 4c O 79/15, (www.justiz.nrw.de, Rn. 100 ff.) – Retardtablette; Schiedsst. v. 16.04.1991, BlPMZ 1993, 114 – *Austauschvertrag* u. v. 17.03.2011 – Arb.Erf. 32/09(www.dpma.de, nur LS. 2).

## G. Bemessung der Vergütung § 9

wie etwa bei einer mitlizenzierten Arzneimittelsubstanz, die in Kombination mit dem lizenzierten Hauptbestandteil keine Zulassung als Arzneimittel bekäme.[1186] Für den Umfang des wirtschaftlichen Wertes der lizenzierten Einzelerfindungen am Gesamtwert der Lizenzeinnahme ist der Arbeitnehmer darlegungs- und beweispflichtig.[1187] Einzelheiten s. KommRL Rn. 191 ff. zu RL Nr. 14; dort auch Rn. 207 ff. zu Lizenzverträgen über Auslandspatente.

RL Nrn. 14, 15 sind über das Leitbild des reinen Patent-Lizenzvertrages (evtl. einschl. begleitenden Know-hows) hinaus auf **sämtliche Erscheinungsformen von Lizenzverträgen**, ausgenommen sog. Austauschverträge (RL Nr. 17, s. dazu § 9 Rdn. 236 ff.), anzuwenden. In der Praxis häufig sind **gemischte Verträge, die sowohl aus der Überlassung von Nutzungsrechten an Erfindungen einschließlich Know-how bestehen als auch aus sonstigen Pflichten des Arbeitgebers**, wie etwa der Einräumung von Nutzungsrechten an Marken und nicht-technischen Rechten, wie Design und Urheberrechten. Für die Bestimmung des Erfindungswertes ist eine Trennung zwischen den Lizenzeinnahmen für die Überlassung der technischen Erfindungsrechte (einschließlich Know-how) einerseits und dem Gebührenanteil für die sonstigen (erfindungsfremden) Leistungen vorzunehmen. Ist eine gesonderte Ermittlung des Wertes der erfindungsfremden Leistungen (Marken usw.) nicht möglich, kann eine pauschale Kürzung der Bruttolizenzeinnahmen oder eine Minderung des Umrechnungsfaktors vorgenommen werden. Derartigen nicht-technischen Zusatzleistungen wird regelmäßig nur eine untergeordnete Bedeutung zukommen (»begleitende Markenlizenz«). 226.1

Bei **reinen Know-how-Verträgen** kommt eine Vergütungspflicht nach dem ArbEG nur unter den Voraussetzungen des § 20 Abs. 1 in Betracht.[1188] 226.2

Eine **Abstaffelung** der Lizenzeinnahmen scheidet i.d.R. aus (vgl. RL Nr. 14 Abs. 3). Dies gilt uneingeschränkt dann, wenn die zu vergütenden Lizenzeinnahmen ihrerseits bereits aufgrund einer im Lizenzvertrag vorgesehenen Staffel gemindert sind.[1189] Ausnahmsweise kann eine Abstaffelung dann in Betracht kommen, wenn die zusätzlichen Leistungen des lizenzgebenden Arbeitgebers außerhalb der lizenzierten Erfindung den Umsatz des Lizenznehmers nachweis- 227

---

1186 Vgl. OLG Frankfurt v. 21.04.2016 Az. 6 U 58/05, (www.lareda.hessenrecht.hessen.de) – Ramipril III.
1187 LG Düsseldorf v. 03.11.2016 – 4c = 79/15, (www.justiz.nrw.de) – Retardtablette.
1188 Schiedsst. v. 03.12.1963 – Arb.Erf. 51/62, (unveröffentl.).
1189 BGH v. 04.10.1988 – X ZR 71/86, GRUR 1990, 271, 273 – *Vinylchlorid* im Anschl. an OLG Frankfurt am Main v. 26.06.1986, EGR Nr. 10 zu § 23 ArbEG.

lich beeinflusst haben,[1190] wie etwa schlagkräftige Marken, und diese Leistungen noch nicht bei der Bestimmung der Nettolizenzeinnahme berücksichtigt worden sind, u. E. aber nicht allein auf Grund einer Ausstrahlung des besonderen Rufs des Lizenzgebers[1191]. S. i.Ü. KommRL Rn. 175 ff. zu RL Nr. 14.

228 Zum **Risikoabschlag bei Lizenzeinnahmen** s. § 12 Rdn. 69.1.

229 Soweit **im** Zusammenhang mit einem Lizenzvertrag vom Lizenznehmer eine **Pauschale bei Vertragsabschluss** (down payment, lump sum, Zahlung à fonds perdu[1192], Meilensteinzahlungen für Zielerreichung[1193]) oder sonstige Pauschalen gezahlt bzw. sonstige geldwerte Leistungen erbracht werden, kommt es darauf an, wofür diese Zahlung/Leistungen erfolgen. An derartigen Leistungen ist der Arbeitnehmer nur dann zu beteiligen, soweit sie (kausal) auf die Vergabe einer Lizenz für eine Diensterfindung zurückgehen,[1194] also nicht, soweit (z.B.) – ganz oder teilweise – Know-how abgegolten wird. Dagegen sind Einmalzahlungen zur Beteiligung an Schutzrechtskosten u. E. stets als Lizenzeinnahmen vergütungspflichtig.[1195] Sollen mit der Zahlung Entwicklungskosten des Lizenzgebers (Arbeitgebers) nachträglich erstattet werden, sind solche Beträge grds. vergütungspflichtig, soweit sie kausal (auch) auf die Lizenzierung der Diensterfindung zurückgehen[1196]; wird nach RL Nr. 15 berechnet, reduziert sich regelmäßig der %-Satz für die Beteiligung an den laufenden Lizenzeinnahmen, da die Pauschsätze der RL Nr. 15 ja die Entwicklungskosten enthalten.[1197] Findet eine Leistung des Lizenznehmers ihren alleinigen Rechtsgrund in einem Lizenzvertrag, der ausschließlich die zu vergütende Diensterfindung betrifft, ist im Zweifel von deren Kausalität und damit von

---

1190 Vgl. auch BGH v. 04.10.1988 – X ZR 71/86, GRUR 1990, 271, 273 – *Vinylchlorid*; OLG Frankfurt am Main v. 17.01.1985, GRUR 1985, 436, 437 – *Chlorolyse-Verfahren*; Krekeler, GRUR 1978, 576; abw. Werres, GRUR 1977, 139 u. GRUR 1979, 213.
1191 Abw. aber wohl Schiedsst. v. 05.02.1976, BlPMZ. 1977, 200, 202 r.Sp.
1192 Vgl. dazu Vollrath, GRUR 1983, 52 f.
1193 Vgl. etwa LG Düsseldorf v. 03.11.2016 – 4c O 79/15, (www.justiz.nrw.de, Rn.141) – Retardtablette, dort bei Meilensteinzahlungen für Arzneimittelzulassung.
1194 Schiedsst. v. 01.10.2007 – Arb.Erf. 53/04, (unveröffentl.); LG München v. 25.03.1998 – 21 O 20044/89, (unveröffentl.).
1195 Ebenso zu § 42 Nr. 4 ArbEG BGH v. 05.02.2013 – X ZR 59/12, Mitt. 2013, 244, 245 f. (Rn. 17 ff.) – *Genveränderungen*. A. A. Schiedsst. v. 09.10.2012 – Arb.Erf. 39/11, (www.dpma.de).
1196 Vgl. z. B. LG Düsseldorf v. 03.11.2016 – 4c O 79/15, (www.justiz.nrw.de, Rn.137 ff.) – Retardtablette.
1197 Schiedsst. v. 15.03.1989 – Arb.Erf. 71/88, (unveröffentl.).

### G. Bemessung der Vergütung § 9

einer vergütungspflichtigen Einnahme auszugehen.[1198] Werden im Rahmen eines Entwicklungsauftrages, also vor Fertigstellung der Diensterfindung, Beiträge für (zukünftige) Entwicklungskosten – insb. im Zusammenhang mit öffentlichen Aufträgen – bezahlt, so ist dieser Ersatz der Selbstkosten nicht vergütungspflichtig.[1199] Zu begleitenden Zahlungen des Lizenznehmers siehe im Übr. Komm RL Rn. 71 ff. zu RL Nr. 14.

230 Wird ein Lizenzvertrag nur abgeschlossen, um eine **drohende** (»erfolgsversprechende«[1200]) **Nichtigkeitsklage** u. ä. gegen die auf die Diensterfindung bezogene Schutzrechtsposition zu vermeiden (Freilizenz) und erzielt der Arbeitgeber daraus keinen (über die Eigennutzung hinausgehenden) Nutzen, besteht grds. keine Vergütungspflicht.[1201] Zur **kostenlosen Lizenz** s.o. § 9 Rdn. 187 f. sowie Komm RL Rn. 31 ff. zu RL Nr. 14.

*Rdn. 231 – 235 frei*

**2. Austauschverträge (RL Nr. 17)**

236 RL Nr. 17 behandelt die Verwertung von Diensterfindungen im Rahmen eines Austauschvertrages. Im Regelfall räumen sich hierbei **mehrere Schutzrechtsinhaber gegenseitig (Gratis-) Lizenzen** an (gleichwertigen) Schutzrechten bzw. Schutzrechtspositionen ein (**cross-licencing**), ohne dass ein Wertausgleich durch wechselseitige Lizenzzahlungen erfolgt.[1202] Möglich ist aber auch die Einbringung von Schutzrechtspositionen (Erfindungsrechten) in einen gemeinsamen Technologie- bzw. Patentpool, bei dem mehrere Unternehmen ein Technologiepaket zusammenstellen, das sowohl an Poolmitglieder als auch an Dritte in Lizenz vergeben wird.[1203] Zu den einzelnen Erscheinungsformen s. KommRL Rn. 7 ff. zu RL Nr. 17. Zum Konzern-Pool s. § 9 Rdn. 189 ff.

236.1 Bei derartigen Verträgen liegt der wirtschaftliche Nutzen des Arbeitgebers anstelle von Lizenzeinnahmen darin, dass er die fremden Schutzrechte nach seinen Vorstellungen und wirtschaftlichen Möglichkeiten nutzen kann; ihm

---

1198 So tendenziell wohl auch BGH v. 05.02.2013 – X ZR 59/12, GRUR 2013, 498 (Rn. 35) – *Genveränderungen*.
1199 Vgl. Schiedsst. v. 13.08.1976, BlPMZ 1977, 53, 54; v. 04.02.1986, BlPMZ 1986, 346 u. v. 14.10.2015 – Arb.Erf. 24/13, (www.dpma.de).
1200 Vgl. auch Keukenschrijver in Busse/Keukenschrijver, PatG, Rn. 12 zu § 11 ArbEG (»bei objektiv gegebener Veranlassung« unter zutreffender Würdigung des Standes der Technik).
1201 Schiedsst. v. 27.11.1989 – Arb.Erf. 50/89, (unveröffentl.).
1202 Schiedsst. v. 19.06.1997 – Arb.Erf. 93/95, (unveröffentl.).
1203 Vgl. die Definition in Rn. 244 der Leitlinien zu TT-GVO 2014 sowie Erwägungsgrund 7 Satz 4 der TT-GVO 2014. S. dazu u.a. Königs GRUR 2014, 1155 ff.

fließt also nicht – in Form einer Lizenzgebühr – ein Prozentsatz des fremden Umsatzes zu; sein Nutzen liegt vielmehr in den wirtschaftlichen Vorteilen, die sich für ihn aus der Verwertung der eingetauschten Nutzungsrechte an den Fremdrechten ergeben, insb. im eigenen Umsatz, den er durch den Einsatz der Drittrechte unmittelbar erzielt.[1204]

236.2 Die Bemessung des **Erfindungswertes** bestimmt sich mithin nach den geldwerten Vorteilen des Arbeitgebers aus den Fremdrechten. Erzielt der Arbeitgeber damit Umsätze, ist der Erfindungswert nach der **Lizenzanalogie** (s.o. § 9 Rdn. 120 ff.) zu bestimmen,[1205] wobei sich der Vergleichslizenzsatz nach der Wertigkeit der eingetauschten Drittrechte für den betreffenden Arbeitgeber (einfache Lizenz!, s. KommRL Rn. 54 ff. zu RL Nr. 17) richtet. Bei bloß innerbetrieblichem Einsatz kommt die Methode nach dem erfassbaren betrieblichen Nutzen in Betracht (s. § 9 Rdn. 161 ff.). Die Bemessung auf der Grundlage von ersparten Lizenzgebühren[1206] scheidet nach der hier vertretenen Auffassung grds. aus (s. im Einzelnen KommRL Rn. 37 ff. zu RL Nr. 17).

236.3 Erfasst der Lizenzaustauschvertrag – wie im Regelfall – eine **Vielzahl von (Dienst-) Erfindungen** (Patentpool), so sind die Erfinder der vom Arbeitgeber »hergegebenen« Erfindungen nach der Zahl ihrer Erfindungen bzw. nach ihren Erfindungsanteilen an dem nach Abzug des Know-hows verbleibenden Erfindungswert zu beteiligen, und zwar entsprechend der Wertigkeit der Erfindun-

---

1204 Im Grundsatz bestätigt u. a. durch LG München I v. 07.03.2011, CR 2012, 356, 358 f. – Elektronische Funktionseinheit (dieses bestätigt durch OLG München v. 16.08.2012 – 6 U 2572/11, [unveröffentl.] – Elektronische Funktionseinheit); LG Braunschweig v. 12.01.1993 – 9 O 3/91, (unveröffentl.); ebenso Schiedsst. v. 14.10.2010 – Arb. Erf. 34/08, (in www.dpma.de nur LS. 6) u. v. 09.04.2013 Arb.Erf. 30/12 (www.dpma.de); Reimer/Schade/Schippel/Himmelmann Rn. 2 zu § 11/RL Nr. 17; s. auch OLG München v. 08.02.2001 GRUR-RR 2001, 103, 104 – Verankerungsmittel. BGH v. 16.04.2002 – X ZR 127/99, GRUR 2002, 801, 803 f. – *Abgestuftes Getriebe*; vgl. auch Keukenschrijver in Busse/Keukenschrijver, PatG, Rn. 28 zu § 11 ArbEG.
1205 Schiedsst. v. 12.03.1974, BlPMZ 1974, 295 u. v. 14.10.2010 – Arb. Erf. 34/08, (www.dpma.de, docrt nur LS. 6); Kraushaar, ZRB 1972, 271 ff.; Willich, GRUR 1973, 406 ff.
1206 So Johannesson, GRUR 1970, 114, 126 ff.; Reimer/Schade/Schippel/Himmelmann Rn. 3 zu § 11/RL Nr. 17; vgl. auch Schiedsst. v. 02.08.1971/16.06.1972, BlPMZ 1973, 261. Im Ergebn. auch LG München I v. 07.03.2011 CR 2012, 356, 359 – Elektronische Funktionseinheit; im Grundsatz bestätigend OLG München v. 16.08.2012 Az. 6 U 2572/11 (unveröffentl.) – Elektronische Funktionseinheit. Für Österreich vgl. OGH (Wien) v. 02.02.2005 – GZ. 9 ObA 7/04a, (www.ris.bka.gv.at), der – je nach den Umständen des Einzelfalls – aber auch ein Abstellen auf die mit den Fremdrechten erzielten Umsätze zulässt.

gen. Ist eine Einzelbewertung wegen der hohen Zahl der ausgetauschten Erfindungen nicht möglich, erwägt die *Schiedsstelle* eine globale Bestimmung des Erfindungswertes durch zusammenfassende Bewertung aller Schutzrechte, wobei dann auf jede Erfindung anteilig der gleiche Wert entfällt.[1207] Bei **allseits (noch) nicht genutzten Erfindungen** nimmt sie eine Schätzung anhand einer Vorratsvergütung vor.[1208]

Bei **mehreren Austauschverträgen** über die Diensterfindung sind auf Grund unterschiedlicher Nutzungssachverhalte auch unterschiedliche Berechnungsmethoden für den Erfindungswert der einzelnen Austauschverträge möglich.[1209]

Einzelheiten dazu s. KommRL Rn. 73 ff. zu RL Nr. 17; z. Erfindungswert bei Austauschverträgen im Rahmen eines Konzerns vgl. allg. oben § 9 Rdn. 185 ff., zum Konzern-Pool s. § 9 Rdn. 189 ff.

Der Umsatz, der dem Arbeitgeber aus den fremden Schutzrechten zufließt, ist – entgegen der Auffassung der *Schiedsstelle*[1210] – für die **Abstaffelung** gemäß RL Nr. 11 nicht mit den sonstigen Einnahmen des Arbeitgebers aus der Eigennutzung der betreffenden eigenen Diensterfindung zu addieren. Nach der Systematik der RL wird diese Verwertung als außerbetriebliche Nutzung behandelt. Folglich sind die Eigennutzung und die Ausnutzung der »eingetauschten« Drittrechte jeweils gesondert und eigenständig abzustaffeln, sofern die sonstigen Voraussetzungen der RL Nr. 11 gegeben sind. Dies gilt jedenfalls dann, wenn sich die Diensterfindung und die eingetauschte Fremderfindung in unterschiedlichen Produkten niederschlagen.

237

Wird die Diensterfindung in einen Schutzrechtspool **zur Erzielung von Lizenzeinnahmen** eingebracht und werden die daraus fließenden Lizenzeinnahmen aufgeteilt[1211], bestimmt sich der Erfindungswert nach RL Nr. 17 i.V.m. RL Nrn. 14, 15.[1212]

---

1207 Schiedsst. v. 26.01.1988, BlPMZ 1988, 351, 353 l.Sp.
1208 Schiedsst. v. 23.06.2015 – Arb.Erf. 42/12, (www.dpma.de = Mitt. 2016, 570 nur LS.).
1209 So im Ergebn. OLG München v. 16.08.2012 – 6 U 2572/11, (unveröffentl.) – Elektronische Funktionseinheit insoweit im grundsätzl. Anschl. an LG München I v. 07.03.2011, CR 2012, 356 – Elektronische Funktionseinheit.
1210 So (aber) Schiedsst. v. 12.03.1974, BlPMZ 1974, 295; ferner Keukenschrijver in Busse/Keukenschrijver, PatG, Rn. 28 zu § 11 ArbEG.
1211 Vgl. dazu allg. u.a. Königs GRUR 2014, 1155, 1160 f.
1212 Vgl. dazu Schiedsst. v. 16.04.1991, BlPMZ 1993, 114 – Austauschvertrag.

Weitere Einzelheiten zur Bemessung des Erfindungswertes s. Komm RL zu RL Nr. 17.

238 Die Grundsätze der RL Nr. 17 können entsprechend dann gelten, wenn **Schutzrechtsstreitigkeiten** zwischen Wettbewerbern durch wechselseitige Lizenzverträge **im Vergleichswege beendet** werden[1213] (negative Lizenz[1214]).

### 3. »Lizenzeinnahmen« aufgrund von Schutzrechtsverletzungen Dritter

239 Da der Arbeitnehmer nach § 9 an jedwedem durch seine Erfindung bewirkten Nutzen seines Arbeitgebers zu beteiligen ist (s. § 9 Rdn. 2), stehen ihm auch Vergütungsansprüche an **Leistungen** zu, die seinem Arbeitgeber **aufgrund von Schutzrechtsverletzungen Dritter** (vgl. §§ 139 ff. PatG, 24 GebrMG bzw. §§ 823, 826 BGB usw.) zufließen;[1215] diese Vermögensvorteile können je nach Berechnungsmethode zur Ermittlung des Schadensersatzes Lizenzeinnahmen gleichgestellt werden,[1216] sodass die RL Nrn. 14, 15 entsprechend anzuwenden sind[1217] (s. KommRL Rn. 41 ff. zu RL Nr. 14). Zum Lizenzaustausch bei Schutzrechtsstreitigkeiten s. § 9 Rdn. 238.

240 **Verzichtet** der Arbeitgeber auf die Durchsetzung von **Patentverletzungsansprüchen**, um damit einem sonst drohenden Einspruchs-, Nichtigkeits- oder Löschungsverfahren auszuweichen, ist dies regelmäßig nicht vergütungspflichtig (s. i. Übr. § 9 Rdn. 214).

240.1 Nutzungsvergütungen für **Zwangslizenzen** (vgl. § 24 PatG) sind ebenso wie die Lizenzeinnahmen aufgrund von **Lizenzbereitschaftserklärungen** (§ 23 PatG, vgl. auch Art. 8 EPVO) nach den Grundsätzen der RL Nrn. 14, 15

---

1213 Zust. Keukenschrijver in Busse/Keukenschrijver PatG, Rn. 28 zu § 11 ArbEG. Vgl. auch Schiedsst. v. 12.02.1976, BlPMZ 1977, 20 f.
1214 S. dazu Britta Bartenbach, Die Patentlizenz als negative Lizenz (2002), S. 136 ff.
1215 Schiedsst. v. 15.05.2001 – Arb.Erf. 59/98, (unveröffentl.); v. 12.06.2008 – Arb.Erf. 23/06, (Datenbank); zust. Keukenschrijver in Busse/Keukenschrijver, PatG, Rn. 24 zu § 11 ArbEG.
1216 Schiedsst. v. 08.09.1986, BlPMZ 1987, 306, 307; v. 27.04.1995 – Arb.Erf. 35/94; v. 15.05.2001 – Arb.Erf. 59/98, (beide unveröffentl.); v. 14.02.2012 – Arb.Erf. 02/11, (in www.dpma.de nur LS). Z. d. Berechnungsarten bei einer Schutzrechtsverletzung s. auch Rogge in Festschr. Nirk (1992), S. 929 ff.
1217 Schiedsst. v. 12.06.2008 – Arb.Erf. 23/06, (Datenbank); v. 14.02.2012 – Arb.Erf. 02/11, (in www.dpma.de nur LS.); so auch Volmer, VergütgRL, Rn. 25 zu RL Nr. 14; Reimer/Schade/Schippel/Himmelmann Rn. 4 zu § 11/RL Nr. 15 m.H.a. Schiedsst. v. 08.09.1986, BlPMZ 1987, 306, 307; im Ergebn. auch Keukenschrijver in Busse/Keukenschrijver, PatG, Rn. 24 zu § 11 ArbEG; diff. Volmer/Gaul Rn. 563 ff. zu § 9/RL Nr. 14.

vergütungspflichtig. Einzelheiten dazu s. KommRL Rn. 46 ff. zu RL Nr. 14. Zum Lizenzvertrag aus Anlass einer drohenden Nichtigkeitsklage s. § 9 Rdn. 230.

### 4. Erfindungswert beim Verkauf von Konstruktionszeichnungen

Als Lizenzvergabe behandelt die *Schiedsstelle* auch die Nutzung der Erfindung durch Verkauf von Konstruktionszeichnungen und Basic-Design bzw. Basic-Engineering für erfindungsgemäße Vorrichtungen bzw. Anlagen[1218] (zu dieser Sonderform der tatsächlichen Verwertung s.a. oben § 9 Rdn. 92). Da erfahrungsgemäß mit der Engineering-Leistung ein prozentual höherer Gewinn erzielt wird als bei der Lieferung der Vorrichtungen, legt die *Schiedsstelle* nicht den Verkaufspreis der **Engineering-Leistung** als »Umsatz« i.R.d. Lizenzanalogie (RL Nr. 7) zugrunde; vielmehr geht die *Schiedsstelle* von zwei Berechnungsmethoden aus:[1219] 241

– Zum einen können die Einnahmen für die (erfindungsbezogene) Engineering-Leistung mit einem bestimmten Faktor multipliziert werden; zur Ermittlung des Erfindungswertes wird dieser (höhere) **Fiktivumsatz** der **Lizenzanalogie** unterworfen.[1220]

– Zum anderen können – und dies hat die *Schiedsstelle* vorgeschlagen – die **Erlöse wie Lizenzeinnahmen** behandelt werden, wobei der Erfindungswert unter Abzug der tatsächlichen Aufwendungen an der unteren Grenze der RL Nr. 15 angesetzt wurde.[1221]

Sachgerecht erscheint es, bei Engineering-Leistungen **vorrangig** an der Methode der **Lizenzanalogie** festzuhalten, sofern konkrete Anhaltspunkte für den Gesamtwert der erfindungsgemäßen Vorrichtung bzw. Anlage bestehen, etwa, wenn der Arbeitgeber die Anlage auch selbst herstellt und an Dritte liefert oder wenn die Verkaufspreise des Empfängers der Engineering-Leistungen bei Verkauf der von ihm gefertigten erfindungsgemäßen Anlage bekannt sind. Dann kann auf die Preise der Vorrichtung/Anlage als »Umsatz« i.S.d. RL 242

---

1218 Schiedsst. v. 08.09.1986, BlPMZ 1987, 306, 307 bestätigt durch EV v. 24.06.1999 – Arb.Erf. 88/97, (unveröffentl.); vgl. aber auch Schiedsst. v. 25.07.1988, BlPMZ 1989, 289.
1219 Schiedsst. v. 08.09.1986, BlPMZ 1987, 306, 307; bestätigt durch EV. v. 18.10.1989 – Arb.Erf. 20/89, (unveröffentl.).
1220 Schiedsst. v. 25.05.2007 – Arb.Erf. 23/05, (unveröffentl.) – dort Faktor 5.
1221 Schiedsst. v. 08.09.1986, BlPMZ 1987, 306, 307. RL Nr. 15 wurde im Ergebnis auch im EV. v. 18.10.1989 – Arb.Erf. 20/89, (unveröffentl.) angewandt, wobei die Schiedsst. dort wegen der umfangreichen, über das erfindungsgemäße Engineering hinausgehenden Leistungen (Know-how usw.) von 55 % der Einnahmen als Erfindungswert ausgegangen ist.

Nr. 7 abgestellt werden, wodurch die von der *Schiedsstelle* zu Recht angesprochene Unbilligkeit des (niedrigeren) Umsatzes bloßer Engineering-Lieferungen ausgeglichen wird. Lassen sich derartige Feststellungen nicht treffen, kann die Berechnung auf der Basis von Lizenzeinnahmen gem. RL Nrn. 14 oder 15 erfolgen.

Zum Verkauf ins Ausland s. § 9 Rdn. 246 u. KommRL Rn. 109 f. zu RL Nr. 26.

*Rdn. 243, 244 frei*

**XI. Erfindungswert bei Auslandsnutzungen**

245 Das ArbEG selbst trifft hinsichtlich der Vergütung – vom Fall des § 14 Abs. 3 (vgl. dazu dort § 9 Rdn. 60 ff.) abgesehen – keine Differenzierung zwischen Inlands- und Auslandsnutzung, sodass die Vergütungsgrundsätze der §§ 9, 10 a.F., 20 Abs. 1 in gleicher Weise Anwendung finden (vgl. i. Einz. RL Nr. 26 und die Erläuterungen in Komm. RL zu Nr. 26).

246 Maßgeblich für die Anwendung der RL Nr. 26 ist nach der hier vertretenen Auffassung, dass die Diensterfindung (auch) nach **deutschem (europäischem) Recht schutzfähig** ist (vgl. § 2 Rdn. 25 f.). Demgegenüber geht die wohl herrschende Meinung davon aus, dass eine Vergütungspflicht nach §§ 9, 10 a.F. bei Erteilung eines Auslandsschutzrechts auch dann besteht, wenn die Diensterfindung nach deutschem (europäischem) Recht nicht schutzfähig ist, also ein Schutzrecht im Inland nicht erteilt, versagt oder vernichtet wurde (vgl. oben § 9 Rdn. 15 f.).

**Auslandsnutzungen** liegen begrifflich mit jeder Verwertung der in Anspruch genommenen[1222] Diensterfindung (auch) in ausländischen Staaten vor, gleich, ob bei der Verwertungshandlung mit Auslandsbezug von einer nationalen oder europäischen Schutzrechtsposition oder einem künftigen EU-Einheitspatent Gebrauch gemacht wird. Dabei sind **mehrere Fallkonstellationen** denkbar[1223]:

246.1 (1) Werden im **Inland hergestellte** (hier durch Patent oder Gebrauchsmuster **geschützte**) **Produkte in ausländische Staaten geliefert**, sind diese Nutzun-

---

[1222] Nach Schiedsst. v. 07.05.2015 – Arb.Erf. 71/11, (www.dpma.de) liegt eine nach § 9 i.V.m. RL Nr. 26 vergütungspflichtige Auslandsnutzung auch bei nachträglicher Schutzrechtsanmeldung des Arbeitgebers zu einer fürs Ausland nach § 14 freigegebenen, aber vom Arbeitnehmer nicht genutzten Diensterfindung vor.

[1223] Vgl. auch Schiedsst. v. 17.04.2013 – Arb.Erf. 11/11; v. 25.07.2013 Arb.Erf. 39/12, (beide www.dpma.de).

gen als Inlandsverwertungen zu vergüten.[1224] Allerdings ist der Erfindungswert nicht isoliert einem »reinen« Inlandsgeschäft (Lieferungen an inländische Abnehmer) gleichzusetzen, sodass bei der Ermittlung des Erfindungswerts für diesen Auslandsumsatz nach der Lizenzanalogie zur Bestimmung des Lizenzsatzes die Besonderheiten des Auslandsmarktes ebenso zu berücksichtigen[1225] sind wie die Frage, ob und inwieweit parallele Auslandsschutzrechte bestehen. Bei Lieferung ins patentgeschützte Ausland ist Grundlage des Erfindungswertes der vom Arbeitgeber tatsächlich erzielte Auslandsumsatz.[1226] Vgl. i.Ü. KommRL Rn. 29 ff., 35 ff. zu RL Nr. 26; s.a. Rn. 63 zu § 12. Zur Lieferung in die dem Arbeitnehmer freigegebenen Auslandsstaaten s. § 14 Rdn. 60 f.

**Wird ein deutsches/europäisches Verfahrenspatent in einem Auslandsstaat**, in dem kein eigener Patentschutz besteht, **genutzt**, liegt in der Übermittlung der Beschreibung des Verfahrens vom Inland aus kein Inverkehrbringen und Feilhalten im Inland; eine Vergütungspflicht für diese Auslandsnutzung entfällt[1227] (zum Verkauf von Konstruktionszeichnungen s. § 9 Rdn. 241 f.).

Schützt das Inlandspatent sowohl das Verfahren als auch die Anordnung zur **Ausführung des geschützten Verfahrens** und werden solche Anordnungen im Inland hergestellt, begründet dies eine vergütungspflichtige Benutzung.[1228]

---

1224 Ganz h.M., BGH v. 13.11.1997 – X ZR 132/95, GRUR 1998, 689, 695 – *Copolyester II*; Schiedsst. v. 19.01.1970, BlPMZ 1970, 426, 427; v. 26.04.1976, BlPMZ 1977, 202, 203; v. 08.09.1986, BlPMZ 1987, 306, 307; v. 13.01.1986, BlPMZ 1991, 201, 202 a.E.; v. 17.03.1994 – Arb.Erf. 177/92, (unveröffentl.); v. 17.04.2013 – Arb.Erf. 11/11, (www.dpma.de); Volmer/Gaul Rn. 817 zu § 9/RL Nr. 26; Sack, RIW 1989, 612, 618 u. ders., MünchArbR (2. Aufl. 2000) § 101, Rn. 93; Keukenschrijver in Busse/Keukenschrijver, PatG, Rn. 37 zu § 11 ArbEG.
1225 Zust. Busse/Keukenschrijver, PatG, Rn. 37 zu § 11 ArbEG; ebenso OLG Düsseldorf v. 09.10.2014 – I – 2 U 15/13, (www.justiz.nrw.de, Rzn. 149 f.) – Scharniereinrichtung.
1226 So im Erg. auch Schiedsst. z. B. v. 26.04.1976, BlPMZ 1977, 202, 203; v. 08.09.1986, BlPMZ 1987, 306, 307; v. 25.10.2012 – Arb.Erf. 36/11, (unveröffentl.); v. 17.04.2013 – Arb.Erf. 11/11, u. v. 25.07.2013 – Arb.Erf. 39/12, (beide www.dpma.de); Reimer/Schade/Schippel/Himmelmann, Rn. 5 zu § 11/RL Nr. 26.
1227 Schiedsst. v. 16.01.1978, BlPMZ 1979, 410 (m.H.a. RG v. 19.10.1935, GRUR 1936, 108 – *Burenda Oberlederkantenmaschine*) unter Aufgabe des EV v. 09.07.1974, BlPMZ 1975, 258; bestätigt u.a. durch Schiedsst. v. 27.03.1984 – Arb.Erf. 62/83: ebenso EV v. 05.08.1999 – Arb.Erf. 59/97, (Datenbank); v. 25.05.2007 – Arb.Erf. 23/05, u. v. 04.07.2007 – Arb.Erf. 86/04, (sämtl. unveröffentl.); zust. auch Reimer/Schade/Schippel/Himmelmann Rn. 4 zu § 11/RL Nr. 26; vgl. auch Busse/Keukenschrijver, PatG, Rn. 37 zu § 11 ArbEG.
1228 Schiedsst. v. 28.03.1996, Arb.Erf. 99/94 (Datenbank) u. v. 04.07.2007 – Arb.Erf. 86/04, (unveröffentl.).

**246.2** (2) Besteht im **Inland keine Schutzfähigkeit**, weil die Erfindung nach deutschem Patent- bzw. Gebrauchsmusterrecht oder nach europäischem Patentrecht nicht schutzfähig ist, so sind von hier aus erfolgende **Lieferungen in »geschützte« Auslandsstaaten** ebenso wie eine **zusätzliche Verwertung im Ausland** (Herstellung, Lizenzvergabe usw.) – entgegen der herrschenden Meinung – lediglich unter den Voraussetzungen des § 20 Abs. 1 zu vergüten (s. dazu oben § 9 Rdn. 15 f. sowie § 2 Rdn. 25 f., § 12 Rdn. 63, 69 und § 20 Rdn. 14 sowie KommRL Rn. 47 ff. zu RL Nr. 26). Besteht **auch im Ausland kein Schutz**, so kann eine Vergütung allenfalls dann angemessen sein, wenn auf dem ausländischen Markt ausnahmsweise eine monopolähnliche Stellung i.S.d. § 20 Abs. 1 vermittelt wird oder die Grundsätze über die vergütungspflichtige Sonderleistung (s. dazu unten § 9 Rdn. 332 ff.) eingreifen (s.a. KommRL Rn. 59 ff. zu RL Nr. 26).

Stellt sich in einem inländischen/europäischen Patenterteilungs-, Nichtigkeits- oder Löschungsverfahren die **mangelnde Schutzfähigkeit** einer Erfindung heraus, kann eine tatsächliche Vermutung dafür sprechen, dass auch evtl. parallele Auslandsschutzrechte (zukünftig) keinen Bestand haben werden,[1229] was mindernde Auswirkungen auf den Vergütungsanspruch haben kann (vgl. dazu oben § 9 Rdn. 35; § 2 Rdn. 25 u. § 12 Rdn. 68.7). Entsprechendes gilt bei Versagung bzw. Vernichtung von (geprüften) Auslandspatenten.[1230]

Beruht der Wegfall des inländischen/europäischen Schutzrechts dagegen auf **Zeitablauf, Verzicht oder Aufgabe** durch den Arbeitgeber, bleiben Verwertungen des Auslandspatents, etwa Lieferungen des Erfindungsgegenstandes in weiterhin (etwa wegen längerer Schutzdauer) abgesicherte Auslandsstaaten, vergütungspflichtig[1231] (vgl. auch RL Nr. 42 Satz 4 sowie oben § 9 Rdn. 16).

Wird das **Inlandsschutzrecht versagt** oder entfällt dieses später aufgrund eines Erteilungs-, Einspruchs-, Nichtigkeits- oder Löschungsverfahrens, so sind auch die zukünftigen **Verwertungshandlungen im schutzrechtsfreien Ausland**

---

1229 Vgl. allg. BGH v. 10.07.1979 – X ZR 23/78, GRUR 1979, 869, 872 – *Oberarmschwimmringe*; zust. Schiedsst. v. 13.05.1985, EGR Nr. 46 zu § 9 ArbEG (Verg.Höhe); krit. dagegen Schiedsst. v. 24.07.1989 – Arb.Erf. 88/88, (unveröffentl.); s.a. (z. umgekehrten Fall) BGH v. 08.12.1981 – X ZR 50/80, GRUR 1982, 227 – *Absorberstab-Antrieb II*.
1230 Sack in RIW 1989, 612, 618, 721 m.H.a. Schiedsst. v. 26.04.1976, BlPMZ 1977, 202, 203.
1231 Wohl allg. A., z. B. Keukenschrijver in Busse/Keukenschrijver, PatG, Rn. 37 zu § 11 ArbEG; ferner Schiedsst. v. 14.02.2006 – Arb.Erf. 44/04, (Datenbank).

## G. Bemessung der Vergütung § 9

nach allgemeiner Ansicht nicht mehr gemäß § 9 ArbEG vergütungspflichtig.[1232]

(3) Ist für die im Inland schutzfähige (geschützte) Erfindung ein **paralleles Auslandsschutzrecht** erteilt und wird der Erfindungsgegenstand nicht nur im Inland, sondern **zusätzlich im Ausland verwertet**, so »erhöht sich der Erfindungswert entsprechend« (RL Nr. 26 Abs. 1 Satz 3). Erfasst sind hier die Fälle der (zusätzlichen) Herstellung im patentgeschützten Ausland, der Vertrieb und Export dieser Produkte im Ausland bzw. vom Ausland aus, die Vergabe von Lizenzen an diesen Auslandsrechten und die Nutzung als Sperrpatent im Auslandsstaat. Der Erfindungswert für diese Auslandsverwertung ist eigenständig nach allgemeinen Grundsätzen zu ermitteln, wobei allerdings der Qualität des Auslandsschutzrechts (Registrier- oder Prüfpatent, Beständigkeit, Schutzumfang usw.) und der dortigen Marktsituation Rechnung zu tragen ist; vgl. im Einzelnen KommRL Rn. 64 ff. zu RL Nr. 26; für freigegebene Auslandsstaaten s. hier § 14 Rdn. 60 f. Bei gleichen bzw. gleichartigen Verwertungshandlungen sind i.R.d. **Abstaffelung** (s. § 9 Rdn. 141 ff.) Inlands- und Auslandsverwertungen zusammenzufassen (**Gesamterfindungswert**, s. dazu KommRL Rn. 43 zu RL Nr. 26).

246.3

(4) Wird die Erfindung im Inland verwertet, rechtfertigt die **bloße Existenz (nicht verwerteter) Auslandsschutzrechte** entgegen RL Nr. 26 Abs. 1 Satz 3 und Abs. 2 keine Erhöhung des Erfindungswertes,[1233] auch nicht unter dem Aspekt der Vorratsschutzrechte gemäß RL Nr. 21. Gleiches gilt, wenn von mehreren (parallelen) Auslandsschutzrechten nur eines verwertet wird (s. KommRL Rn. 85 ff. zu RL Nr. 26).

246.4

(5) Erfolgt **weder im Inland noch im geschützten Ausland eine Verwertungshandlung**, schlägt die *Schiedsstelle* eine Erhöhung der Vergütung für das nicht benutzte Inlandspatent (Vorratspatent, s. dazu oben § 9 Rdn. 207) um 20 %[1234] vor, und zwar unabhängig davon, wie viele Auslandsschutzrechte bestehen (s.a. oben § 9 Rdn. 207, ferner KommRL Rn. 91 ff. zu RL Nr. 26). Damit ergibt sich nach der Entscheidungspraxis der *Schiedsstelle* für nicht

246.5

---

[1232] Z. B. Volmer/Gaul Rn. 818 zu § 9/RL Nr. 26; im Ergebn. auch Schiedsst. v. 14.02.2006 – Arb.Erf. 44/06, (Datenbank); Boemke/Kursawe/Engemann Rn. 380 zu § 9.
[1233] Schiedsst. v. 24.02.1986 – Arb.Erf. 31/85, u. v. 16.12.1997 – Arb.Erf. 35/96, (beide unveröffentl.); Reimer/Schade/Schippel/Himmelmann Rn. 6 zu § 11/RL Nr. 21.
[1234] Kaube, GRUR 1986, 15, 18; Schiedsst. v. 13.05.1985, EGR Nr. 46 zu § 9 ArbEG (Verg.Höhe).

benutzte Auslandsschutzrechte (unabhängig von deren Zahl) ein **regelmäßiger Jahreserfindungswert von 130 €**.[1235]

246.6 (6) Zur Vergütung bei **Vorbehalt einer schutzrechtsfreien Zone** bei Auslandsfreigabe durch den Arbeitgeber (RL Nr. 26 Abs. 2 Satz 2) s. § 14 Rdn. 69.1 f. u. KommRL Rn. 83 f. zu RL Nr. 26.

Zum **Risikoabschlag** vor Schutzrechtserteilung s. § 12 Rdn. 63.

246.7 Bei der Frage der **mittelbaren Patentbenutzung** ist zu beachten, dass patentrechtlich der Export von Mitteln, die sich auf ein wesentliches Element der im Inland geschützten Erfindung beziehen, vom Inland ins patentfreie Ausland eine (vergütungspflichtige) Lieferung im Geltungsbereich des PatG darstellt, denn sie findet teilweise im Inland statt. Soll die Benutzung der Erfindung im Ausland erfolgen, fällt sie gleichwohl nicht unter das Verbietungsrecht nach § 10 PatG, da sie dann nicht geeignet ist, Verbietungsansprüche des Patentinhabers aus § 9 PatG auszulösen.[1236] Folglich besteht auch keine Vergütungspflicht. Etwas anderes gilt allerdings dann, wenn diese Mittel im patentfreien Ausland zur Herstellung eines für die Lieferung nach Deutschland bestimmten Erfindungserzeugnisses beitragen.

*Rdn. 247 – 249 frei*

### XII. Erfindungswert für gebrauchsmusterfähige Erfindungen (RL Nr. 28)

250 Bei der Ermittlung des Erfindungswertes einer gebrauchsmusterfähigen Erfindung können **grds. dieselben Methoden** angewandt werden **wie bei patentfähigen Erfindungen** (vgl. RL Nr. 28 u. die Erläuterungen in KommRL Rn. 8 ff. zu RL Nr. 28; vgl. zur Zweckdienlichkeit einer Gebrauchsmusteranmeldung § 13 Rdn. 14).

Allerdings fallen in der Lizenz-Praxis regelmäßig die üblichen Lizenzen für Gebrauchsmuster als dem »**kleinen Bruder des Patents**« (s. § 13 Rdn. 59.1) wegen der bloßen Registrierung, des engeren Schutzumfangs und der kürzeren gesetzlichen Laufdauer z. T. deutlich niedriger aus als die für patentfähige Erfindungen. Die *Schiedsstelle* – jedenfalls in ihren früheren Entscheidungen – und die betriebliche Praxis gingen deshalb für den **Regelfall** von der **Hälfte**

---

1235 Schiedsst. v. 25.07.2007 – Arb.Erf. 27/04, (Datenbank, dort 20 % = 130,00 €); ebenso Schiedsst. v. 23.06.2015 – Arb.Erf. 42/12; v. 09.03.2016 – Arb.Erf. 39/13, (beide www.dpma.de).
1236 BGH v. 04.05.2004, GRUR 2004, 758 – *Flügelradzähler* u. BGH v. 30.01.2007 – X ZR 53/04, GRUR 2007, 313, 315 – *Funkuhr II*.

## G. Bemessung der Vergütung § 9

**des für patentfähige Erfindungen üblichen Erfindungswertes** aus[1237] (vgl. i.Ü. KommRL Rn. 25 ff. zu RL Nr. 28). Dies galt jedenfalls für Gebrauchsmusteranmeldungen vor dem 01.07.1990. Mit der Ausweitung der Schutzdauer auf max. 10 Jahre für die ab 01.07.1990 angemeldeten Gebrauchsmuster (s. dazu § 2 Rdn. 9 ff.) ergibt sich eine Annäherung an die durchschnittliche Lauf- und Nutzungsdauer von Patenten (s. § 9 Rdn. 59.1). Deshalb und wegen der Ausdehnung des Anwendungsbereichs (vgl. § 2 Rdn. 9 ff.) kann Gebrauchsmusterhinterlegungen eine größere wirtschaftliche Bedeutung zukommen, sodass die *Schiedsstelle* im Einzelfall dazu neigte, Gebrauchsmuster- und Patentanmeldung i.R.d. § 13 ArbEG gleich zu stellen (s. § 13 Rdn. 12 ff.).

Diese schutzrechtliche »Annäherung« kann sich auch bei der Bestimmung des Erfindungswertes auswirken, auch wenn eine vollständige Gleichstellung mit Patenten unverändert der Praxis nicht gerecht wird (s. auch § 13 Rdn. 59.1): Maßgeblich für den Erfindungswert ist, welchen **Schutzumfang** bzw. **Ausschlusswert** das Gebrauchsmuster besitzt[1238] bzw. inwieweit die **Rechtsbeständigkeit** gesichert ist.[1239]

Ausgehend von einer schutzrechtlichen Annäherung bzw. Gleichstellung von Patent- und Gebrauchsmustern setzte die *Schiedsstelle* seit 1997 je nach den Umständen des Einzelfalls den Erfindungswert von Gebrauchsmustern auch höher an. Zum Teil hatte sie eine Ermittlung des Erfindungswertes in Anlehnung an die Grundsätze zur **vorläufigen Vergütung** bei Benutzung während eines Patenterteilungsverfahrens (s. dazu § 12 Rdn. 57 ff.) vorgeschlagen (s. 4. Vorauflage § 9 Rn. 250), dies aber spätestens 2011 endgültig aufgegeben und wie folgt neu bestimmt:[1240] Ist – wie regelmäßig – eine Einzelfallbewertung nicht oder nur mit unzumutbarem Aufwand möglich, beträgt der Gebrauchsmusterlizenzsatz – wie von uns in die Diskussion gebracht (s. nachfolgend) –

---

1237 Ständ. Praxis, vgl. z.B. Schiedsst. v. 17.12.1963, BlPMZ 1964, 166 f.; v. 21.03.1985 – Arb.Erf. 55/84; v. 23.02.1989 – Arb.Erf. 80/88; v. 02.03.1989 – Arb.Erf. 79/88; v. 15.02.1991 – Arb.Erf. 48/90, (alle unveröffentl.); v. 11.05.1993, EGR Nr. 66 zu § 9 ArbEG (Verg.Höhe); ebenso Volmer/Gaul Rn. 848 zu § 9/RL Nr. 28; Reimer/Schade/Schippel/Himmelmann Rn. 1 zu § 11/RL Nr. 28.
1238 Schiedsst. v. 12.12.1966, BlPMZ 1967, 159; vgl. auch Schiedsst. v. 20.11.1967/ 26.06.1968, BlPMZ 1968, 23.
1239 Vgl. auch Schiedsst. v. 17.12.1963, BlPMZ 1964, 166 f.; im Ergebn. auch Schiedsst. v. 11.05.1993, EGR Nr. 66 zu § 9 ArbEG (Verg.Höhe); v. 24.01.2008 – Arb.Erf. 12/07, (Datenbank).
1240 Schiedsst. v. 23.02.2011 – Arb.Erf. 45/08, (Datenbank, in www.dpma.de nur LS. 4.).

regelmäßig **2/3 des für patentfähige Erfindungen** üblicherweise angemessenen Lizenzsatzes.

Letztlich kann nach unserer Auffassung auch heute noch von einer **geringeren Wertigkeit** von Gebrauchsmustern im Verhältnis zum Patent ausgegangen werden.[1241] Bei der Wertigkeit kann nicht verkannt werden, dass ein Gebrauchsmuster die maximale Schutzdauer auf 10 Jahre begrenzt (vgl. § 23 Abs. 2 GebrMG), also die Hälfte der Dauer für Patente, und nicht alle Bereiche der Technik abdeckt.[1242] Zudem liegt die Schwäche eines Gebrauchsmusters im Verhältnis zum Patent nach wie vor in der größeren Unsicherheit über die Rechtsbeständigkeit, die durch die fehlende patentamtliche Sachprüfung bedingt ist.[1243] (s. KommRL Rn. 20 ff. zu RL Nr. 28).

Nach unserer Erfahrung ist allerdings die Bedeutung von Gebrauchsmustern seit mehreren Jahren auf breiter Front gestiegen. Dies ist im freien Lizenzverkehr häufig mit einer Anhebung der Lizenzsätze verbunden. Es liegt deshalb nahe, den früheren hälftigen Regelwert anzuheben, d.h. von einem **Regelwert** von **bis zu 2/3 des für patentfähige Erfindungen üblichen Erfindungswertes** auszugehen, soweit es sich um **benutzte** Gebrauchsmuster handelt[1244] (s. KommRL Rn. 27 zu RLNr. 28).

Unter Beachtung vorstehender Grundsätze können bei Fehlen entsprechender Gebrauchsmusterlizenzsätze die **branchenüblichen Lizenzsätze für Patente** (RL Nr. 10, vgl. § 9 Rdn. 131 ff.) herangezogen werden (s. i.Ü. KommRL Rn. 19 ff. zu RL Nr. 28). Zur Berechnung nach dem betrieblichen Nutzen s. § 9 Rdn. 165.

Eine Vergütung als **Sperr- bzw. Vorratsgebrauchsmuster** hat die *Schiedsstelle* früher im Regelfall erst ab der ersten Verlängerung der Schutzdauer (vgl. § 23

---

[1241] Weitergehend aber Boemke/Kursawe/Engemann Rn. 385 f. zu § 9; s. auch Schiedsst. v. 15.09.2016 – Arb.Erf. 63/14, Mitt. 2018, 192, 193 (= www.dpma.de), wo für Vorratsgebrauchsmuster (ambivalent) einerseits vom hälftigen Erfindungswert von Vorratspatenten ausgegangen wird, jedoch der Vergütungszeitraum an den der Vorratspatente angeglichen wird.
[1242] S. den Hinweis bei BGH v. 18.09.2007 – X ZR 167/05, GRUR 2008, 150, 153 [Rn. 23]. – *selbststabilisierendes Kniegelenk*.
[1243] Schiedsst. v. 25.07.2007 – Arb.Erf. 27/04, (Datenbank); vgl. auch BGH v. 19.05.2005 – X ZR 152/01, GRUR 2005, 761, 762 r. Sp. – *Rasenbefestigungsplatte*.
[1244] Zust. Schiedsst. v. 23.02.2011 – Arb.Erf. 45/08, (Datenbank, in www.dpma.de nur LS. 4); vgl. zu unbenutzten Gebrauchsmustern Schiedsst. v. 15.09.2016 – Arb.Erf. 63/14, Mitt. 2018, 192, 193 (= www.dpma.de).

Abs. 2 GebrMG) zugelassen, also ab dem 4. Laufjahr.[1245] Im Hinblick auf die inzwischen 10-jährige Schutzdauer eines eingetragenen Gebrauchsmusters hält es die *Schiedsstelle* nach neuerer Praxis für sachgerecht, in Angleichung an Vorratspatente (s. § 9 Rdn. 205) eine Vorratsvergütung erst **ab dem 8. Laufjahr** ab Anmeldung anzuerkennen.[1246] Für das nicht verwertete Vorratsgebrauchsmuster geht die *Schiedsstelle* allerdings nach wie vor – zutreffend – von einem Regelwert von 50 % des Erfindungswertes eines nicht verwerteten Patents aus[1247] (s. dazu § 9 Rdn. 207), also von einem pauschalen Jahreserfindungswert von 320 €.[1248]

Entsprechendes gilt für die Vergütung unter dem Aspekt der **unausgenutzten Verwertbarkeit**;[1249] auch hier ist z.Zt. im Regelfall vom hälftigen Erfindungswert für entsprechende Patente (s. dazu § 9 Rdn. 206 ff., 211 ff.) auszugehen. Dementsprechend ergibt sich nach der hier vertretenen Auffassung (s. § 9 Rdn. 207.2) ein durchschnittlicher Gesamterfindungswert von einmalig 1.250 € bis maximal 2.000 €, sofern keine Anhaltspunkte für Zweifel an der Rechtsbeständigkeit dieses Gebrauchsmusters vorliegen (s. KommRL Rn. 82 f. zu RL Nr. 21).

Bei **außerbetrieblicher Nutzung** in Form der Lizenzvergabe bzw. des Erfindungsverkaufs (RL Nrn. 14–16) kann der Erfindungswert dagegen nicht entsprechend gemindert werden, da sich die geringere Monopolwirkung und Schutzdauer schon bei den konkret erzielten Lizenzeinnahmen bzw. Kaufpreisen auswirken (vgl. KommRL Rn. 162 zu RL Nr. 14 u. Rn. 26 f. zu RL Nr. 16).

Hat ein Arbeitgeber **parallel zu einer Patentanmeldung ein Gebrauchsmuster hinterlegt** (vgl. § 13 Rdn. 11.1), ist bis zur Patenterteilung die volle Vergü-

---

1245 Schiedsst. v. 03.03.2009 – Arb.Erf. 9/07, (unveröffentl.); v. 10.10.2013 – Arb.Erf. 22/12, (www.dpma.de); zust. Keukenschrijver in Busse/Keukenschrijver, PatG, Rn. 41 zu § 11 ArbEG.
1246 Schiedsst. v. 15.09.2016 – Arb.Erf. 63/14, (www.dpma.de).
1247 Schiedsst. v. 25.07.2007 – Arb.Erf. 27/05; v. 03.03.2009 – Arb.Erf. 9/07, (beide unveröffentl.); v. 15.09.2016 – Arb.Erf. 63/14, Mitt. 2018, 192, 193 (= www.dpma.de).
1248 Schiedsst. v. 15.02.1991 – Arb.Erf. 48/90, (unveröffentl.); v. 11.05.1993, EGR Nr. 66 zu § 9 ArbEG (Verg.Höhe); v. 18.11.1994 – Arb.Erf. 97/93; v. 23.10.1996 – Arb.Erf. 36/95; v. 03.03.2009 – Arb.Erf. 9/07, (alle unveröffentl.) m.H.a. Kaube, GRUR 1986, 15 ff.; ferner v. 15.09.2016 – Arb.Erf. 63/14, Mitt. 2018, 192, 193 (= www.dpma.de). Im EV v. 11.05.1993, EGR Nr. 66 zu § 9 ArbEG (Verg.Höhe) hat die Schiedsst. den Jahreserfindungswert wegen der wahrscheinlichen Vernichtbarkeit um 20 % auf 500 DM ermäßigt.
1249 Schiedsst. v. 17.07.1979, BlPMZ 1980, 234 r.Sp.

tung für ein (u. U. patentfähiges) Gebrauchsmuster zu zahlen.[1250] (s. KommRL Rdn. 40 f. zu RL Nr. 28). Zur Anmeldung einer patentfähigen Erfindung als Gebrauchsmuster s. § 13 Rdn. 70 u. KommRL Rn. 38 ff. zu RL Nr. 28.

### XIII. Erfindungswert bei Verkauf der Erfindungsrechte (RL Nr. 16)

251 Mit Verkauf der Erfindung (einschließlich evtl. Schutzrechtspositionen) werden alle vermögenswerten Rechte an der Erfindung auf den Erwerber übertragen (§ 15 Abs. 1 Satz 2 PatG, § 22 Abs. GebrMG, §§ 413, 398 ff. BGB), ohne dass die Rechte und Pflichten aus dem ArbEG auf den Erwerber übergehen (s. § 7 n.F. Rdn. 24 sowie oben § 9 Rdn. 4 ff.). Denkbar ist auch der Verkauf einzelner auf die Erfindung bezogener Schutzrechtspositionen (Inlandsschutzrecht, einzelne Auslandsschutzrechte usw.). Bei vollständiger Rückabwicklung einer Schutzrechtsübertragung, bei der dem Arbeitgeber keine wirtschaftlichen Vorteile verbleiben, liegt keine vergütungspflichtige Verwertung vor.[1251] S. i.Ü. KommRL Rn. 3 ff. zu RL Nr. 16, dort auch zum Verkauf von Erfindungsrechten unter Vorbehalt eines (einfachen, kostenlosen) Nutzungsrechts für den Arbeitgeber; zu den Sonderformen (Einbringung in Gesellschaften, Kauf erfindungsgemäßer Produkte vom Rechtserwerber, Sicherungsübereignung, Verkauf von Teilrechten, Verpfändung, kostenlose Übertragung usw.) s. dort Rn. 47 ff. Zur Abgrenzung des Verkaufs von der Lizenzierung s. KommRL Rn. 14 zu RL. Nr. 16.

252 Einzelheiten zur Bemessung der Vergütung enthält **RL Nr. 16**. Erfasst ist die Veräußerung jeder Form der Diensterfindung, also (ungeschützte) Diensterfindung oder diesbezügliche Schutzrechtsposition, gleich ob in-/ausländisches Schutzrecht, Schutzrechtsanmeldung, Patent oder Gebrauchsmuster. Der Erfinder kann auch hier nur an den wirtschaftlichen Vorteilen seines Arbeitgebers aus dem Verkauf partizipieren und nicht am Nutzen des Erfindungserwerbers[1252] (s. auch § 9 Rdn. 2.4). Grundlage zur Bestimmung des Erfindungswertes sind der dem Arbeitgeber **tatsächlich zufließende (Brutto-) Kaufpreiserlös** bzw. sonstige geldwerte Vorteile (s. im Einzelnen KommRL Rn. 19 zu RL Nr. 16). Bei marktüblichem Kaufpreis hat der Arbeitnehmerer-

---

1250 Ebenso ständ. Praxis Schiedsst., z. B. v. 01.12.2010 – Arb.Erf. 47/08, (Datenbank, in www.dpma.de nur LS.); v. 09.10.2012 – Arb.Erf. 39/11, u. v. 10.10.2013 – Arb.Erf. 22/12, (beide www.dpma.de).
1251 LG Frankfurt v. 16.03.2005 – 2 – 06 O 99/04, (unveröffentl.).
1252 Ähnl. Keukenschrijver in Busse/Keukenschrijver, PatG, Rn. 31 zu § 9 ArbEG.

finder keinen Anspruch darauf, als Erfindervergütung mehr zu erhalten, als aus dem Kaufpreis ableitbar ist[1253] (zum Konzern s. § 9 Rdn. 188).

**Umfasst** der Kaufvertrag nicht nur die Diensterfindung, sondern zugleich andere Schutzrechte und/oder **andere Vermögenswerte** (Geschäftseinrichtung, Fertigungsanlagen; Auftragsvolumen, Vertriebsnetz, Kunden- und Lieferantenlisten, Marken, Firmenname usw.) und wird hierfür ein **Gesamtkaufpreis** vereinbart, so ist – ggf. durch Wertanalyse – festzustellen, welcher Kaufpreisanteil auf die Diensterfindung(en) entfällt.[1254] Im Einzelfall ist jedenfalls früher die *Schiedsstelle* für mitverkaufte Schutzrechtspakete zu pauschalen Anteilen von 15 %,[1255] 10 %,[1256] 70 %[1257] und 25 %[1258] an dem Gesamtkaufpreis gelangt. Umfasst der Verkaufspreis für »Intellectual Property« neben Schutzrechten zugleich (prozess- und herstellungstechnisches) Know-how sowie eine Fülle von anderweitigen Rechten (Design, Formulierungen, Geschäftsgeheimnisse, Internetdomains nebst Datenbeständen, Marken, Urheberrechte) hat die *Schiedsstelle* unabhängig davon, ob diese darin verkörpert sind, einen Abzug von 50 % für das Know-how vorgenommen und den dann verbleibenden Verkaufspreis für die sonstigen mitverkauften Rechte um die Hälfte verringert, d.h. es verbleibt ein pauschaler Anteil für die technischen Schutzrechte von 25 %.[1259] Maßgeblich ist aber stets eine Bewertung und Gewichtung im Einzelfall auf der Grundlage des jeweiligen Kaufvertrages.[1260] S. i.Ü. KommRL Rn. 74 zu RL Nr. 16.

---

1253 Schiedsst. v. 15.12.2004 – Arb.Erf. 52/02, (unveröffentl.).
1254 Vgl. Schiedsst. v. 24.07.1985, EGR Nr. 15 zu § 26 ArbEG; v. 19.12.1991, GRUR 1992, 847, 848 f. – *Geschäftsaktivitätenveräußerung*; v. 26.02.1993, GRUR 1996, 49, 51 f. – *Gießereimaschinen* m. Anm. Bartenbach/Volz; v. 17.02.1997 – Arb.Erf. 53/95; v. 10.02.2009 – Arb.Erf. 30/07 u. v. 29.10.2009 – Arb.Erf. 51/05, (alle unveröffentl.); vgl. auch Schiedsst. v. 25.04.2016 Mitt. 2016, 230, 232.
1255 EV v. 24.07.1985 – Arb.Erf. 21/84 u. v. 19.12.1991 – Arb.Erf. 5/91, (beide Datenbank); s. allgemein Schiedsst. v. 29.10.2009 – Arb.Erf. 51/05, (unveröffentl.).
1256 EV v. 26.02.1993, BlPMZ 1995, 223 – *Gießereimaschinen*.
1257 EV v. 19.09.1995, Mitt. 1996, 176.
1258 EV v. 18.01.2001 – Arb.Erf. 67/98, (Datenbank).
1259 Schiedsst. v. 24.04.2016 – Arb.Erf. 24/13, (www.dpma.de), wobei dort eine anschließende Aufteilung nach Einzelschutzrechten und nicht nach Schutzrechtsfamilien sowie unter Berücksichtigung eines Abschlags bei der Kaufpreisschätzung für nicht benutzte Schutzrechte erfolgte.
1260 S. i.Ü. Schiedsst. v. 29.10.2009 – Arb.Erf. 51/05 – dort bei Übertragung eines Gesamtpakets für eine Fertigungstechnologie zahlreicher Kfz-Modelle ein Kaufpreisanteil für rund 500 mitverkaufte Schutzrechte einschließlich rund 50 Geschmacksmustern = 0,5 %.

Ist bei solchen »**Verkaufspaketen**« – wie häufig bei Unternehmensverkauf oder Verkauf von Betrieben bzw. Betriebsteilen – der Kaufpreis der einzelnen Erfindungsrechte weder konkret bestimmt noch ermittelbar und bedarf es deshalb einer Schätzung, leitet die *Schiedsstelle* den Bruttokaufpreis in ihrer aktuellen Praxis vorrangig aus dem prognostizierten (fiktiven, hypothetischen) zukünftigen (ggf. abgestaffelten[1261]) Umsatz des Rechtserwerbers mit der Diensterfindung ab, den sie aus dem bisher bekannten Benutzungsumfang des Veräußerers (Arbeitgebers) ableitet.[1262] Handelt es sich um eine zuvor nicht benutzte Diensterfindung kann eine Schätzung anhand verkaufter Patentfamilien und entsprechender Gewichtung erfolgen.[1263] S. im Einzelnen KommRL Rn. 45 ff., 74 zu RL Nr. 16).

252.1 Aus dem (fiktiven) Bruttokaufpreis ist sodann der **Nettoertrag** (Nettokaufspreis) zu ermitteln.[1264] Dieser ergibt sich durch Abzug der Kosten und des Wertes der vom Arbeitgeber übernommenen Verpflichtungen; insoweit ist RL Nr. 16 der RL Nr. 14 nachgebildet (zur Abgrenzung Verkauf und Lizenzvergabe s. KommRL Rn. 13 ff. zu RL Nr. 16). Abzugsfähige Kostenpositionen enthält die nicht abschließende Aufzählung in RL Nr. 16 Abs. 1 Satz 3; abzuziehen sind also insbes. Umsatzsteuer, Kosten der Betriebsreife, Schutzrechts- und Vertragskosten sowie anteilige Gemeinkosten[1265] (s. im Einzelnen KommRL Rn. 19 ff. zu RL Nr. 16). Abzugsfähig ist gem. RL Nr. 16 Abs. 2 auch mitverkauftes **Know-how**, und zwar entsprechend den tatsächlichen Wertverhältnissen[1266] (s. KommRL Rn. 21 f. zu RL Nr. 16).

---

1261 Schiedsst. v. 02.04.2009 – Arb.Erf. 58/07, (unveröffentl.).
1262 Vgl. Schiedsst. v. 28.05.2014 – Arb.Erf. 49/12; v. 02.07.2015 – Arb.Erf. 60/12; v. 30.07.2015 – Arb.Erf. 3/13, (alle www.dpma.de); v. 25.04.2016, Mitt. 2016, 230, 232; v. 08.12.2016 – Arb.Erf. 14/13, (www.dpma.de). Ähnl. schon EV v. 10.11.1999 – Arb.Erf. 46/98; ebenso Schiedsst. v. 15.12.2004 – Arb.Erf. 52/02; v. 29.10.2009 – Arb.Erf. 51/05; v. 15.10.2009 – Arb.Erf. 44/08; v. 23.02.2010 – Arb.Erf. 37/08; v. 29.10.2009 – Arb.Erf. 51/05, v. 23.02.2010 – Arb.Erf. 37/08, (sämtl. unveröffentl.). Im Ergebn. ebenso OLG Düsseldorf v. 03.12.2013 – I-20 U 26/10, (juris).
1263 Vgl. etwa Schiedsst. v. 30.07.2015 – Arb.Erf. 03/13, (www.dpma.de); v. 25.04.2016, Mitt. 2016, 230, 232.
1264 Zust. Keukenschrijver in Busse/Keukenschrijver, PatG, Rn. 27 zu § 11 ArbEG.
1265 Vgl. etwa Schiedsst. v. 13.04.2016 – Arb.Erf. 68/13, (www.dpma.de); v. 25.04.2016 Mitt. 2016, 230, 231 f.
1266 Schiedsst. v. 24.07.1985, EGR Nr. 15 zu § 26 ArbEG v. 19.12.1991, GRUR 1992, 847, 848 f. – *Geschäftsaktivitätenveräußerung*, v. 26.02.1993, GRUR 1996, 49, 51 f. – *Gießereimaschinen* m. Anm. Bartenbach/Volz; v. 15.10.2009 – Arb.Erf. 44/08, (unveröffentl.), dort Wertanteil von 60 % für mitverkauftes Know-how. Vgl. aber auch Schiedsst. v. 14.03.2013 – Arb.Erf. 20/11, (www.dpma.de).

## G. Bemessung der Vergütung § 9

Ebenso wie bei RL Nr. 14 (s. § 9 Rdn. 224) ist – entgegen dem Wortlaut – 252.2 der Nettoertrag noch nicht der Erfindungswert. Zu ermitteln ist der Erfindungswert vielmehr mittels eines **Umrechnungsfaktors** (Nettoverkaufsfaktors), durch den einem **kalkulatorischen Unternehmerlohn sowie Unternehmerwagnis und kalkulatorischen Kosten** Rechnung getragen wird. Kein Unternehmer würde seine Erfindungsrechte weiterverkaufen, wenn er den gesamten mit dem Weiterverkauf erzielten Gewinn einem freien Erfinder als Entgelt überlassen müsste[1267] (s. zur vergleichbaren Situation bei Lizenzvergaben § 9 Rdn. 224.1). Nach nunmehr nahezu allgemeiner Auffassung im Schrifttum[1268] und ständiger Spruchpraxis der *Schiedsstelle*[1269] liegt der **Regelumrechnungsfaktor für den Fall des Verkaufs der Erfindungsrechte** (im Vergleich zum Erfindungswert bei Lizenzeinnahmen – RL Nr. 14, s. dazu § 9 Rdn. 224.1) **bei 40 % des Nettoertrages**, also nach Abzug der einzelnen Kostenpositionen einschließlich eines etwaigen Know-how-Anteils (s. im Einzelnen KommRL Rn. 23 ff. zu RL Nr. 16).

Dieser Faktor kann sich **erhöhen**, wenn der Arbeitgeber beim Schutzrechtserwerb oder im Zuge der Übertragung der Erfindungsrechte deutlich geringere Kosten und Risiken als üblich gehabt hat,[1270] und sich umgekehrt auf unterhalb des Regelwerts **verringern**, wenn z.B. besondere, kostenträchtige Gewährleistungspflichten übernommen werden[1271] oder das Schutzrecht besonders schwer durchsetzbar ist[1272].

Können konkret **abzugsfähige Kosten und Aufwendungen nicht oder nur mit unverhältnismäßigem Aufwand ermittelt** werden, kann **in Anlehnung**

---

1267 Zutreffend Schiedsst. v. 25.11.2008 – Arb.Erf. 3/08, (unveröffentl.). Ebenso Reimer/Schade/Schippel/Himmelmann Rn. 2 zu § 11/RL Nr. 16; Schiedsst. v. 10.02.2009 – Arb.Erf. 30/07, (unveröffentl.).
1268 Wie hier Keukenschrijver in Busse/Keukenschrijver, PatG, Rn. 27 zu § 11 ArbEG; Reimer/Schade/Schippel/Himmelmann Rn. 2 zu § 11/RL Nr. 16.
1269 Schiedsst. v. 19.09.1995, Mitt. 1996, 176, 177 – *Patentverkauf* im Anschl. an Bartenbach/Volz, KommRL, Rn. 23 ff. zu RL Nr. 16; v. 02.04.1996 – Arb.Erf. 95/94 u. v. 03.04.2001 – Arb.Erf. 45/99, (beide Datenbank); v. 25.11.2008 – Arb.Erf. 3/08; v. 23.02.2010 – Arb.Erf. 37/08, (beide unveröffentl.); v. 09.01.2013 – Arb.Erf. 16/10; v. 14.03.2013 – Arb.Erf. 20/11; v. 28.05.2014 – Arb.Erf. 49/12; v. 02.07.2015 – Arb.Erf. 60/12; v. 30.07.2015 – Arb.Erf. 03/13; v. 13.04.2016 – Arb.Erf. 68/13, (alle www.dpma.de); v. 25.04.2016 Mitt. 2016, 230, 232; v. 08.12.2016 – Arb.Erf. 14/13 (www.dpma.de).
1270 Z. B. Schiedsst. v. 09.01.2013 – Arb.Erf. 16/10, (www.dpma.de).
1271 Z.B. Schiedsst. v. 03.04.2001 – Arb.Erf. 45/99; v. 06.11.2001 – Arb.Erf. 33/99, (beide Datenbank).
1272 Schiedsst. v. 09.01.2013 – Arb.Erf. 16/10; v. 14.03.2013 – Arb.Erf. 20/11, (beide www.dpma.de).

an **RL Nr. 15** der Erfindungswert ausnahmsweise[1273] **pauschaliert** ermittelt werden, und zwar durch Multiplikation des Bruttokaufpreises (ohne Umsatzsteuer) mit einem geminderten Umrechnungsfaktor, der konkrete Kosten, Know-how, Gemeinkosten sowie einen angemessenen Arbeitgebergewinn berücksichtigt. Dieser Umrechnungsfaktor muss geringer als der Regelumrechnungsfaktor von 40 % sein und wird in Anlehnung an RL Nr. 15 pauschaliert, d.h. **ohne Abzug eines Know-how-Anteils.** Der **Regelumrechnungsfaktor** wird üblicherweise auf **25 %** bestimmt;[1274] **bei Know-how-Abzug** erhöht sich der **Umrechnungsfaktor auf 35 %**[1275] (Einzelheiten bei KommRL Rn. 32 ff. zu RL Nr. 16). Wird der Kaufpreis für die übertragene Erfindung auf Basis des patentbenutzenden Umsatzes beim Verkäufer geschätzt, geht die *Schiedsstelle* von einem Umrechnungsfaktor von 40 % aus, da es sich bei dem Schätzpreis um einen kostenbereinigten Nettoverkaufspreis handelt.[1276]

252.3 **Alternativ** kann nach der (früheren) Handhabung der *Schiedsstelle* der zukünftige erfindungsgemäße (fiktive Netto-) Gesamtumsatz des Erwerbers auch unmittelbar mit einem Faktor von 4 ‰ bis 8 ‰ multipliziert und so der Erfindungswert direkt bestimmt werden.[1277] Nach zwischenzeitlicher Klarstellung der *Schiedsstelle* ist der Promillerahmen allerdings nicht statisch, sondern hängt vom jeweiligen Lizenzsatz ab.[1278] S. im Einzelnen KommRL Rn. 45 ff. zu RL Nr. 16.

Zum **Risikoabschlag** s. § 12 Rdn. 69.2.

252.4 Bei unentgeltlicher Übertragung ist ggf. ein Kaufpreis fiktiv zu bestimmen (zum Konzern s. § 9 Rdn. 188). Bei kostenloser Übertragung eines Bruchteils an der Schutzrechtsposition auf einen anderen Teilhaber (§ 741 BGB) gegen Vorbehalt eines kosten- und lastenfreien Benutzungsrechts hat die *Schiedsstelle* dieses Benutzungsrecht wegen der damit verbundenen Entlastung von Teilhaberpflichten als Gegenleistung angesehen, die mit tatsächlicher Verwertung

---

1273 Schiedsst. v. 30.07.2015 – Arb.Erf. 03/13; v. 13.04.2016 – Arb.Erf. 68/13, (beide www.dpma.de) spricht von »seltenen Ausnahmefällen«.
1274 Schiedsst. v. 06.12.2012 – Arb.Erf. 34/10, (unveröffentl.); v. 09.01.2013 – Arb.Erf. 16/10; v. 14.03.2013 – Arb.Erf. 20/11; v. 30.07.2015 – Arb.Erf. 03/13; v. 13.04.2016 – Arb.Erf. 68/13, (alle www.dpma.de).
1275 Schiedsst. v. 21.07.2009 – Arb.Erf. 10/05, (unveröffentl.).
1276 Schiedsst. v. 30.07.2015 – Arb.Erf. 03/13, (www.dpma.de).
1277 Schiedsst. v. 18.10.2001 – Arb.Erf. 37/00 (Datenbank) sowie v. 29.01.2008 – Arb.Erf. 7/07; v. 16.12.2008 – Arb.Erf. 19/07; v. 10.02.2009 – Arb.Erf. 30/07; v. 29.10.2009 – Arb.Erf. 51/05, (sämtl. unveröffentl.); v. 08.12.2016 – Arb.Erf. 14/13 (www.dpma.de).
1278 Schiedsst. v. 02.07.2015 – Arb.Erf. 60/12, (www.dpma.de).

nach RL Nrn. 3 ff. zu vergüten ist.[1279] Wird ein **nicht genutztes Schutzrecht** unentgeltlich übertragen, so bestimmt die *Schiedsstelle* den Erfindungswert danach, wie hoch dieser bei Verbleib des unbenutzten Schutzrechts beim Arbeitgeber gewesen wäre und stellt deshalb auf den Erfindungswert eines **Vorratspatents** (RL Nr. 21) ab[1280] (s. hierzu KommRL Rn. 45.5 ff. zu RL Nr. 16).

Wird im Rahmen eines **Betriebsübergangs** (§ 613a BGB, Einzelheiten dazu s. § 1 Rdn. 114 ff.) der Betriebserwerber zugleich Rechtsnachfolger bezgl. der Rechte an der Arbeitnehmererfindung, wird aber das **Arbeitsverhältnis** mit dem Betriebserwerber **nicht fortgesetzt**, bestimmt sich im Verhältnis zum bisherigen Arbeitgeber die Erfindervergütung ebenfalls nach RL Nr. 16. Ist ein besonderer Kaufpreis für die Erfindungsrechte weder bestimmt noch bestimmbar (s.o. § 9 Rdn. 252), ist der Erfindungswert fiktiv zu bestimmen[1281] (s.a. oben § 9 Rdn. 197.1). Ein Eintritt des Erwerbers in die Vergütungspflicht scheidet aus (s. § 1 Rdn. 116). 253

*Rdn. 254 – 260 frei*

**XIV. Anteilsfaktor (RL Nrn. 30 ff.)**

**1. Grundsatz**

Der als Erfindungswert ermittelte Preis, den der Arbeitgeber an einen freien Erfinder für die Übertragung der Erfindung zahlen müsste, steht dem Arbeitnehmererfinder nicht in vollem Umfang zu; er wird vielmehr über den sog. Anteilsfaktor gemindert. Der Anteilsfaktor trägt der Besonderheit Rechnung, dass es sich um eine aus dem Arbeitsverhältnis hervorgegangene Diensterfindung handelt,[1282] zu der beide Arbeitsvertragsparteien ihren Beitrag geleistet haben (s. § 6 n.F. Rdn. 6). Das Entstehen einer Diensterfindung ist in der Praxis typischerweise dadurch gekennzeichnet, dass ein Arbeitnehmer im Wesentlichen seine schöpferische Leistung beiträgt, während der Arbeitgeber regelmäßig Anstöße zur Entwicklung gibt und dazu materielle, personelle und/ 261

---

1279 Schiedsst. v. 07.05.2015 – Arb.Erf. 71/11, (www.dpma.de, in Mitt. 2016, 517 nur LS. 1).
1280 EV v. 09.09.1993 – Arb.Erf. 155/92; v. 17.09.1991 – Arb.Erf. 62/86, (beide Datenbank); v. 12.11.2009 – Arb.Erf. 7/08, (unveröffentl.) u. v. 24.04.2016 – Arb.Erf. 24/13, (www.dpma.de).
1281 Vgl. auch OLG Hamburg v. 23.10.1987, EGR Nr. 62 zu § 12 ArbEG.
1282 BGH v. 06.03.2012 – X ZR 104/09, Mitt. 2012, 285 (Rn. 15) – *Antimykotischer Nagellack*; i. d. S. auch BGH v. 16.04.2002 – X ZR 127/99, GRUR 2002, 801, 802 r. Sp. – *Abgestuftes Getriebe*.

oder technische Unterstützung beisteuert.[1283] Der Anteilsfaktor dient letztlich dazu, diejenigen **Vorteile eines Arbeitnehmererfinders bei der Entwicklung einer Erfindung** zu erfassen, die dieser aufgrund seiner Betriebszugehörigkeit ggü. einem freien Erfinder hat[1284] (vgl. RL Nr. 30 Abs. 1 Satz 1; s. dazu KommRL Rn. 2 zu RL Nr. 30). Der Anteilsfaktor ist **notwendiger Bestandteil der Angemessenheit** i.S.v. § 9 Abs. 1. Er schafft einen billigen Ausgleich zwischen den Interessen von Arbeitgeber und Arbeitnehmer für die im Rahmen des Betriebes mit Hilfe von betrieblichen Mitteln und Unterstützungsleistungen entstandene Erfindung.[1285] Es ist deshalb gerechtfertigt, den Preis für die Diensterfindung (Erfindungswert) zu mindern (s. § 9 Rdn. 78). Siehe im Übrigen KommRL Rn. 2 ff. zu RL Nr. 30.

Damit wird – abhängig von der konkreten Erfindungsgeschichte – neben der betrieblichen Stellung des Erfinders die **Beteiligung des Betriebes (Arbeitgebers) am Zustandekommen der Diensterfindung** berücksichtigt[1286] (s.a. § 9 Rdn. 77). Relevant sind folglich nur die Umstände, die zur Fertigstellung der Diensterfindung geführt haben. Maßstab sind dementsprechend allein die **Verhältnisse bis zur Fertigstellung** der Erfindung.[1287] Damit besteht auch keinerlei Möglichkeit, beim Anteilsfaktor später anfallende Kosten zu berücksichtigen, wie etwa Kosten des Schutzrechtsanmeldeverfahrens[1288] oder Kosten zur Erlangung der Betriebs- bzw. Produktionsreife (s. § 9 Rdn. 274). Zugleich

---

1283 Vgl. u. a. OLG Düsseldorf v. 09.10.2014 – I – 2 U 15/13, (www.justiz.nrw.de, Rn. 324) – Scharniereinrichtung; ferner Schiedsst. v. 30.03.2017 – Arb.Erf. 11/15, (www.dpma.de, insoweit nicht in Mitt. 2018, 359).
1284 Vgl. dazu OLG Düsseldorf v. 09.10.2014 – I – 2 U 15/13, (www.justiz.nrw.de, Rn. 324) – Scharniereinrichtung; Schiedsst. v. 15.01.2016 – Arb.Erf. 65/13, (www.dpma.de); v. 10.03.2016 – Arb.Erf. 23/12, (www.dpma.de = Mitt. 2017, 86, dort nur LS.); v. 13.04.2016 – Arb.Erf. 68/13, (www.dpma.de); v. 04.07.2016 Mitt. 2017, 366, 369; v. 18.01.2017 – Arb.Erf. 67/14, (www.dpma.de); v. 19.02.2018 – Arb.Erf. 33/16, (vorg.f. www.dpma.de). Vgl. auch BGH v. 16.04.2002 – X ZR 127/99, GRUR 2002, 801, 802 r. Sp. – *Abgestuftes Getriebe* u. BGH v. 26.09.2006 – X ZR 181/03, GRUR 2007, 52, 54 (Rn. 22, 25) – *Rollenantriebseinheit II* (zur Geschäftsführererfindung).
1285 BGH v. 26.09.2006 – X ZR 181/03, GRUR 2007, 52, 54 (Rn. 22, 25) – *Rollenantriebseinheit II*. Dagegen gehört – entgegen Boemke/Kursawe/Engemann (Rn. 166 zu § 9) – die wirtschaftliche Absicherung des Arbeitnehmers durch Gehaltszahlungen »unabhängig vom Ergebnis seiner Entwicklung« nicht zu den vergütungsmindernden Risikofaktoren.
1286 Z. Anteilsfaktor s. insb. Willich/Preisher, GRUR 1975, 526 ff. (namentl. f. i. Forschung u. Entwicklung tätige Erfinder).
1287 S. auch Keukenschrijver in Busse/Keukenschrijver, PatG, Rn. 43, 45 zu § 11 ArbEG.
1288 A. A. aber Boemke/Kursawe/Engemann Rn. 359 zu § 9.

## G. Bemessung der Vergütung § 9

erfolgt **keine darüberhinausgehende Minderung der Vergütung** wegen betrieblicher Einflüsse auf das Zustandekommen (s. § 9 Rdn. 78). Den betrieblichen Anteilen an der anschließenden Verwertung und Verwertbarkeit der Diensterfindung wird über den Erfindungswert Rechnung getragen (s. § 9 Rdn. 2.4, 77, 86 ff., 211).

Wegen der Einzelheiten wird auf die Darstellung in **KommRL zu RLn Nrn. 30 bis 37** verwiesen.

Der Anteilsfaktor ist **im Rahmen aller** auf Diensterfindungen bezogenen **262 gesetzlichen Vergütungspflichten** des Arbeitgebers (vgl. z.B. §§ 9, 10 a.F., 14 Abs. 3, 16 Abs. 3, 17) in Ansatz zu bringen, ferner bei der Vergütung für qualifizierte technische Verbesserungsvorschläge (§ 20 Abs. 1), nicht aber bei Diensterfindungen von Hochschulbeschäftigten (vgl. § 42 Nr. 4, s. dazu § 42 Rdn. 165). Naturgemäß findet der Anteilsfaktor keine Berücksichtigung bei der Vergütung **freier Erfindungen**, die der Arbeitgeber aufgrund einer Vereinbarung mit dem Arbeitnehmererfinder nutzt (§ 19 Rdn. 28). Zur Vergütung einer vom Arbeitgeber genutzten **frei gewordenen Diensterfindung** s. § 8 n.F. Rdn. 93 ff., vor §§ 9 bis 12 Rdn. 12 ff. u. oben § 9 Rdn. 10.

In Ausfüllung von § 9 Abs. 2, wonach für die Vergütungsbemessung insb. **263** neben der wirtschaftlichen Verwertbarkeit der Diensterfindung »die Aufgaben und die Stellung des Arbeitnehmers im Betrieb sowie der Anteil des Betriebes an dem Zustandekommen der Diensterfindung maßgebend« sind, enthält RL Nr. 30 nicht nur die sachliche Rechtfertigung des Anteilsfaktors, sondern als einführende Richtlinie des 2. Teils der RL 1959 zugleich die Grundsätze für dessen Bestimmung. Danach erfolgt diese mittels **dreier Teilwerte:**
a) die **Stellung der Aufgabe** (RL Nr. 31; s. dazu § 9 Rdn. 267 ff.),
b) die **Lösung der Aufgabe** (RL Nr. 32; s. dazu § 9 Rdn. 274 ff.),
c) die Aufgaben und die **Stellung** des Arbeitnehmers **im Betrieb** (RL Nrn. 33–36; s. dazu § 9 Rdn. 280 ff.).

Diese Teilfaktoren berücksichtigen die (betriebsbezogenen) Gesichtspunkte, die gem. § 9 Abs. 2 den billigen Ausgleich zwischen den Interessen des Arbeitgebers und des Arbeitnehmers herbeiführen sollen.[1289]

Nach der Systematik der RL Nrn. 30–36 wird der Anteilsfaktor rechnerisch **264** durch die **Addition der 3 Wertzahlen** ermittelt, die entsprechend den individuellen Verhältnissen **aus den Tabellen der RL Nrn. 31, 32, 34** für die zuvor angesprochenen drei Teilwerte a) bis c) abzulesen sind; soweit im Einzelfall

---

[1289] Vgl. BGH v. 26.09.2006 – X ZR 181/03, GRUR 2007, 52, 54 (Rn. 22, 25) – *Rollenantriebseinheit II.*

eine zwischen den einzelnen Wertzahlen liegende Bewertung angemessen erscheint, sind **Zwischenwerte** (z.B. 3,5) zu bilden. Dies stellen RL Nr. 30 Abs. 2 Satz 3 und RL Nr. 37 Abs. 2 Satz 2 klar. Als Zwischenwert sind in der Praxis allerdings nur Zwischenwerte von 0,5 üblich und auch verbreitet[1290] (s. KommRL Rn. 5 zu RL Nr. 37).

265 Auf der Grundlage der Summe der Teilwerte kann mittels der **Umrechnungstabelle** in RL Nr. 37 der in Prozenten ausgedrückte Anteilsfaktor abgelesen werden (s. § 9 Rdn. 291 ff.); die dem Erfinder **zu zahlende Vergütung ergibt sich** dann aus der **Multiplikation** dieses Anteilsfaktors mit dem nach RL Nrn. 3–29 ermittelten Erfindungswert (s. dazu oben § 9 Rdn. 86 ff.). Dementsprechend erhält ein Arbeitnehmererfinder für seine Diensterfindung aufgrund des Anteilsfaktors immer nur einen bestimmten **Bruchteil dessen, was einem freien Erfinder** für diese technische Neuerung **im Markt gezahlt würde**.

Der **durchschnittliche Anteilsfaktor** liegt nach den Erfahrungen der *Schiedsstelle* zwischen 10 % und 25 %, da die meisten Erfindungen von technisch vorgebildeten Arbeitnehmern entwickelt werden;[1291] dabei ergibt sich ein Mittelwert von 15 %-18 %.[1292] Ingenieure ohne Führungsfunktion in der Forschung, Entwicklung und Konstruktion haben regelmäßig einen Anteilsfaktor zwischen 11,5 % und 16 % und Arbeitnehmer mit Facharbeiterqualifikation und -tätigkeit von 19,5 % und mehr.[1293] Mit anderen Worten erhält ein

---

1290 Vgl. etwa OLG Düsseldorf v. 09.10.2014 – I – 2 U 15/13, (www.justiz.nrw.de/nrwe, Rn. 354) – Scharniereinrichtung; Schiedsst. v. 07.11.1961 BlPMZ 1962, 78; v. 21.10.2010 Arb.Erf. 21/09 (Datenbank); v. 06.07.2016 – Arb.Erf. 23/13; v. 22.07.2016- Arb.Erf. 37/14, (beide www.dpma.de).
1291 Schiedsst. v. 02.12.1982 – Arb.Erf. 24/82 u. v. 29.08.1985 – Arb.Erf. 26/84, (beide unveröffentl.); v. 01.10.1987, BlPMZ 1988, 221, 222 l.Sp. (für den F.+E.-Bereich); v. 25.05.2007 – Arb.Erf. (unveröffentl.); v. 25.04.2016, Mitt. 2016, 230, 233; v. 06.07.2016 – Arb.Erf. 23/13; v. 18.01.2017 – Arb.Erf. 67/14, (beide www.dpma.de); v. 30.03.2017 – Arb.Erf. 11/15, (www.dpma.de, insoweit nicht in Mitt. 2018, 359); v. 19.02.2018 – Arb.Erf. 33/16, (vorg.f. www.dpma.de); Hellebrand, Mitt. 2006, 486, 489.
1292 Schiedsst. v. 25.02.1985, EGR Nr. 45 zu § 9 ArbEG (Verg.Höhe); v. 12.11.2009 – Arb.Erf. 7/08, (unveröffentl.) u. v. 09.10.2012 – Arb.Erf. 39/11, (www.dpma.de). Schiedsst. v. 16.10.1997 – Arb.Erf. 52/94, unveröffentl.) geht von einem durchschnittlichen Anteilsfaktor technisch vorgebildeter Arbeitnehmer in der Industrie von nicht mehr als 15 % aus; 15 % als Durchschnitt nimmt auch Schiedsst. v. 22.07.2013 – Arb.Erf. 40/11, (www.dpma.de), an.
1293 Ähnl. die Erfahrungen d. Schiedsst., s. EV v. 09.03.2017 – Arb.Erf. 07/15, (www.dpma.de), wobei dort aber für Ingenieure von 13 % bis 16,5 % und für Facharbeiter von über 20 % ausgegangen wird; vgl. auch Schiedsst. v. 15.12.2014 – Arb.Erf. 27/13, u. v. 06.07.2016 – Arb.Erf. 23/13, (beide www.dpma.de), dort für Ingenieure mit Entwicklungsaufgaben 13 % bis 16 %.

Arbeitnehmererfinder i.d.R. etwa 1/10 bis 1/4 des Betrages, den ein freier Erfinder für die Erfindung erhalten würde, wobei der Mittelwert bei rund 1/6 liegt. Anteilsfaktoren von über 30 % sind selten und von über 50 % die absolute Ausnahme selbst für technisch nicht vorgebildete Erfinder.[1294]

Soweit in Unternehmen **betriebsübliche Anteilsfaktoren**, also einheitliche Anteilsfaktoren für alle Erfinder oder für Gruppen von Erfindern, gehandhabt werden, entspricht das nicht den Vorgaben des § 9 Abs. 2. Anteilsfaktoren erfordern eine erfindungsbezogene Bewertung im Einzelfall und sind Durchschnittsbetrachtungen nicht zugänglich.[1295] Zudem würden höhere Hierarchieebenen (z.B. Mitarbeiter im Forschungs- und Entwicklungsbereich) ggü. niedriger einzuordnenden Diensterfindern begünstigt – eine Tatsache, die die Systematik der RL Nr. 34 – wie die *Schiedsstelle* zutreffend betont – geradezu »auf den Kopf stellt« und auch für betriebliche Motivationsgedanken abträglich ist.[1296] Eine generelle Festlegung von (betriebsüblichen) Anteilsfaktoren wäre nach § 22 Satz 1 unwirksam. 265.1

Im Unterschied zum Erfindungswert ist der Anteilsfaktor wegen der gebotenen individuellen Betrachtungsweise für jeden **Miterfinder** gesondert festzustellen.[1297] Bei der Miterfinderschaft ist der Erfindungswert – vor Multiplikation mit dem Anteilsfaktor – mit dem in Prozenten ausgedrückten jeweiligen Miterfinderanteil zu multiplizieren (z. Bestimmung s. § 12 Rdn. 30 ff.; s.a. unten § 9 Rdn. 273, 311 ff.). Da der Anteilsfaktor individuell auf die jeweilige Person des Erfinders bezogen ist, liegt es in der Natur der Sache, dass bei Miterfindern die Anteilsfaktoren unterschiedlich sein können und damit im Ergebnis selbst bei gleichem Miterfinderanteil unterschiedliche Vergütungsbeträge errechnet und gezahlt werden. Dementsprechend besteht auch kein Anspruch der Miterfinder auf Zahlung identischer Vergütungsbeträge.[1298] Die Überlegung, im Interesse einer einheitlichen Vergütungsbemessung für alle oder meh- 266

---

1294 Vgl. etwa Schiedsst. ZB v. 07.03.2016 – Arb.Erf. 09/14, (www.dpma.de), dort 53 % bei einem Testfahrer eines Autowerks ohne technische Vorbildung (ausgebildeter Konditor) für eine Erfindung betreffend die effizientere Gestaltung eines Testlaufs. S. auch Schiedsst. v. 25.07.2017 – Arb.Erf. 13/16, (www.dpma.de), dort 43 % für eine Investcontrollerin für eine Erfindung zur Beschleunigung der Fertigung mittels Reduzierung des Arbeitsaufwands bei Störungen.
1295 Schiedsst. v. 28.07.2006 – Arb.Erf. 5/05 (Datenbank).
1296 Schiedsst. v. 19.04.2005 – Arb.Erf. 66/03, v. 06.10.2005 – Arb.Erf. 51/03; v. 28.07.2006 – Arb.Erf. 5/05, (alle Datenbank).
1297 Allg. A., z. B. Keukenschrijver in Busse/Keukenschrijver, PatG, Rn. 43 zu § 11 ArbEG; Reimer/Schade/Schippel/Himmelmann Rn. 5 zu § 11/RL Nr. 30.
1298 Zutr. Schiedsst. v. 10.07.1985 – Arb.Erf. 72/84, (unveröffentl.); ferner v. 16.07.2015 – Arb.Erf. 06/13, (www.dpma.de).

rere Miterfinder einheitliche (durchschnittliche) Anteilsfaktoren anzusetzen, führt bei unterschiedlicher Erfindungsgeschichte und Stellung im Betrieb zumindest für einzelne Erfinder zu einer nicht angemessenen Vergütung[1299] und bedarf insoweit einer – die Vorgaben des § 23 beachtenden – Vergütungsvereinbarung. Eine Nachberechnung des Anteilsfaktors unter Anhebung einzelner Wertzahlen für bestimmte Erfindungen und bestimmte Arbeitnehmererfinder begründet keinen Anspruch auf entsprechende Nachberechnungen für andere Erfinder.[1300] Siehe zum Anteilsfaktor bei Miterfinderbeiträgen § 9 Rdb. 279.1.

Zum **maßgebenden Zeitpunkt** s. § 9 Rdn. 267, 274, 281; zur Beweislast s. § 9 Rdn. 300.

### 2. Stellung der Aufgabe (RL Nr. 31/Teilwert a)

267 Erster Teilwert des Anteilsfaktors (s.o. § 9 Rdn. 263) ist die Stellung der Aufgabe (RL Nr. 31). Damit wird das **Maß der Einflussnahme des Betriebes (d. h. des Unternehmens**[1301]**)** in Ansatz gebracht, also festgestellt, ob und in welchem Umfang der Betrieb (das Unternehmen, s. § 1 Rdn. 101 ff.) den Arbeitnehmer bereits bei der (technischen) Aufgabenstellung an die Erfindung herangeführt hat. Die dem Erfinder über RL Nr. 31 zukommende **Wertzahl** ist **umso höher, je größer seine Eigeninitiative** bei der Aufgabenstellung und je größer seine Beteiligung bei der Erkenntnis der betrieblichen Mängel und Bedürfnisse gewesen ist.[1302] Umgekehrt ist die Wertzahl umso geringer, als betriebliche Vorgaben bzw. Impulse die erfinderischen Überlegungen angestoßen haben.[1303]

Maßgeblich ist der **Zeitpunkt** des erstmaligen Aufgreifens des technischen Problems,[1304] und zwar zurückschauend auf der Gundlage der fertiggestellten Erfindung (s. KommRL Rn. 12, 40 ff. zu RL Nr. 31).

---

1299 Vgl. auch Schiedsst. v. 27.01.1986 – Arb.Erf. 63/89, (unveröffentl.).
1300 Schiedsst. v. 16.07.2015 – Arb.Erf. 06/13, (www.dpma.de).
1301 Wohl allg. A., z. B. Schiedsst. v. 10.03.2016 – Arb.Erf. 23/12, (www.dpma.de = Mitt. 2017, 86, nur LS.); v. 25.04.2016, Mitt. 2016, 230, 232.
1302 In d. Sinne a. Keukenschrijver in Busse/Keukenschrijver, PatG, Rn. 46 f. zu § 11 ArbEG.
1303 S. etwa Schiedsst. v. 19.02.2018 – Arb.Erf. 33/16, (www.dpma.de).
1304 Ebenso ständ. Praxis d. Schiedsst., z.B. v. 15.09.1994 – Arb.Erf 172/92, (unveröffentl.); v. 11.07.2012 – Arb.Erf. 3/11, (Datenbank, in www.dpma.de nur LS. 3); v. 22.07.2013 – Arb.Erf. 40/11, (Datenbank, in www.dpma.de nur LS. 3); v. 19.09.2013 – Arb.Erf. 29/12; v. 10.10.2013 – Arb.Erf. 22/12, u. v. 06.07.2016 – Arb.Erf. 23/13; v. 22.07.2016 – Arb.Erf. 37/14, (alle www.dpma.de).

## G. Bemessung der Vergütung § 9

Der Begriff »**Aufgabe**« wird im Schrifttum unterschiedlich definiert, wobei er nach verbreiteter Meinung nicht im arbeitsrechtlichen (s. dazu § 4 Rdn. 22 ff.), sondern im patentrechtlichen Sinne (als technisches Problem) zu verstehen[1305] ist. Die betriebliche Praxis ebenso wie die Entscheidungspraxis der *Schiedsstelle* und der Gerichte haben die Unterscheidung zwischen »arbeitsrechtlicher und patentrechtlicher« Aufgabe nicht streng vollzogen. Nachdem die höchstrichterliche Rechtsprechung nicht mehr von der früheren Begriffsbestimmung (Erfindung besteht aus Aufgabe und Lösung) ausgeht, sondern die Erfindung allein in der Lösung des technischen Problems sieht,[1306] ist die Aufgabenstellung anhand des von der Erfindung erreichten Erfolges nach objektiven Kriterien zu bestimmen[1307] (s. KommRL Rn. 10 ff. zu RL Nr. 31).

268

Die Aufgabenstellung ist somit der Hinweis auf ein bestimmtes technisches Problem, das einer Lösung zugeführt werden soll.[1308] Es geht um die Frage, welche Initiativen bzw. Impulse den Arbeitnehmer in die erfinderische Richtung gebracht haben.[1309] Dementsprechend kommt es auf die Feststellung an: **Inwieweit beruht der mit der Erfindung objektiv erreichte technische**

269

---

1305 Vgl. Heine/Rebitzki, Vergütg. f. Erf. Anm. 1 zu RL Nr. 31; ebenso Volz, ArbNErf. im öffentl. Dienst, S. 132; vgl. auch Schiedsst. v. 17.02./28.06.1962, BlPMZ 1963, 16; zust. auch LG Frankfurt v. 14.3.2012 – 2-06 O 466/10 – (unveröffentl.). Die patentrechtl. Sicht ablehnend Keukenschrijver in Busse/Keukenschrijver, PatG, Rn. 46 zu § 11 ArbEG m.H.a. LG Düsseldorf v. 30.04.1996, Entsch. 4. ZK 1996, 44, 46 – *Farbbandkassetten*; Reimer/Schade/Schippel/Himmelmann Rn. 1 zu § 11 RL Nr. 31 (»dient der Abgrenzung zum arbeitsvertragsrechtlichen Aufgabenkreis«); Schiedsst. v. 05.12.2000 – Arb.Erf. 30/98, (unveröffentl.); Volmer/Gaul Rn. 903 z. § 9/RL Nr. 31, die eine »niedriger angesiedelte Ausrichtung des Anteilsfaktors« befürworten.
1306 S. dazu BGH v. 11.11.1980 – X ZR 58/79, GRUR 1981, 186, 188 – *Spinnturbine II* u. BGH v. 26.09.1989, BlPMZ 1990, 75 – *Schüsselmühle*; BPatG v. 20.01.1997, GRUR 1997, 523 f. – *Faksimile-Vorrichtung*; v. 21.07.1998, GRUR 2000, 862 – *Spannvorrichtung*; v. 13.04.1999, Mitt. 2000, 105 – *Extrusionskopf*; vgl. auch BGH v. 04.06.1996 – X ZR 49/94, GRUR 1996, 857 ff. – *Rauchgasklappe* u. BGH v. 21.06.2016 Mitt. 2016, 441 (Rn. 10 ff.) –*Fahrzeugscheibe II*; z. Definition u. Wertigkeit des patentrechtl. Erfindungsbegriffs in der BGH-Rspr. s. Bruchhausen in Festschr. 25 J. BPatG (1986) S. 125 ff. u. Jestaedt, GRUR 2001, 939, 942.
1307 BGH v. 11.11.1980 – X ZR 58/79, GRUR 1981, 186, 188 – *Spinnturbine II* u. BGH v. 24.03.1987, GRUR 1987, 510, 511 – *Mittelohr-Prothese*; S. auch Bartenbach/Kunzmann, Akt. Probleme d. gewerbl. Rechtsschutzes 2015, 599 ff.
1308 OLG München, Beschl. v. 29.01.1987 – 6 U 5247/83, (unveröffentl.) i. Ergebn. wohl auch Prax. d. Schiedsst., z.B. EV. v. 03.04.1985 – Arb.Erf. 28/84, (unveröffentl.); wie wohl nunmehr auch Reimer/Schade/Schippel/Himmelmann Rn. 1 zu § 11/RL Nr. 31.
1309 Ähnl. Schiedsst. v. 16.07.2015 – Arb.Erf. 06/13, (www.dpma.de).

**Erfolg auf einer betrieblichen Einflussnahme?**.[1310] Je mehr sich der Arbeitnehmer bei seiner erfinderischen Tätigkeit von einer ursprünglichen betrieblichen Vorgabe (Anstoß) gelöst bzw. je eigenständiger er sich eine solche Aufgabe gestellt hat (**Eigeninitiative**), umso höher fällt die Wertzahl aus (vgl. i. Einz. KommRL zu Nr. 31). Je höher der Arbeitnehmer in der Unternehmenshierarchie steht, umso mehr reichen andererseits für die Annahme einer betrieblichen Aufgabenstellung allgemeine arbeitsvertragliche Vorgaben bzw. globale Hinweise aus, in der einen oder anderen Richtung entwickelnd tätig zu werden.[1311]

270 Zur Bewertung des unterschiedlichen Maßes betrieblicher Einflussnahme geht RL Nr. 31 von insgesamt **6 (Wert-) Gruppen** aus, von denen jeweils 2 eine gewisse Einheit bilden; dabei ist (ungeschriebenes) Merkmal jeder nachfolgenden Gruppe das Fehlen der Merkmale der vorangestellten Gruppe.

Während die erste und zweite Gruppe ausschließlich **Aufgabenerfindungen** (§ 4 Abs. 1 Nr. 1) und die 6. Gruppe allein **Erfahrungserfindungen** (§ 4 Abs. 1 Nr. 2) erfassen, sind bei den übrigen Gruppen (3–5) beide Arten von Diensterfindungen denkbar.

271 Eine **betriebliche Aufgabenstellung** i.S.d. RL Nr. 31 ist dann gegeben, wenn der Arbeitnehmer durch betriebliche Impulse – bezogen auf die konkrete Erfindung – in die erfinderische Richtung (betrachtet aus Sicht der Lösung des technischen Problems) gebracht worden ist.[1312] Dabei ist zu beachten, dass das Merkmal der betrieblichen Aufgabenstellung nicht gleichbedeutend ist mit dem arbeitsvertraglichen Pflichtenkreis des Erfinders (s. dazu § 4 Rdn. 22 ff.). Vielmehr ist hier allein maßgebend, ob und inwieweit sich **konkrete** (objektbezogene) **oder allgemeine betriebliche Einflüsse** in der Erfindung **niedergeschlagen** haben. Das Merkmal ist auch dann erfüllt, wenn sich der Erfinder bei der Lösung von betrieblichen Vorgaben entfernt.[1313]

272 Die nach RL Nr. 31 zu bewertende Aufgabenstellung kann (als Regelfall der Gruppen 1 und 2) **ausdrücklich oder stillschweigend**,[1314] **unmittelbar** (aus dem Betrieb) **oder mittelbar** (im Regelfall der Gruppen 3 und 4, z.B. durch Anregungen bzw. Beanstandungen aus Kundenkreis, Fachkonferenzen, innerbetrieblichem oder zwischenbetrieblichem Informationsaustausch usw.) erfol-

---

1310 Vgl. auch Schiedsst. v. 01.10.1987, BlPMZ 1989, 221, 222 u. v. 22.12.2004 – Arb.Erf. 11/03, (unveröffentl.).
1311 Schiedsst. v. 16.06.1993, EGR Nr. 2 zu § 11 ArbEG (RL Nr. 31).
1312 Ebenso Praxis d. Schiedsst., z. B. Schiedsst. v. 25.04.2016, Mitt. 2016, 230, 232.
1313 Schiedsst. v. 22.06.1995, Mitt. 1996, 220, 222 – Bedienungsvorrichtung.
1314 Ebenso z.B. Schiedsst. v. 16.06.1993, EGR Nr. 2 zu § 11 ArbEG (RL Nr. 31).

### G. Bemessung der Vergütung § 9

gen; möglich ist auch, dass sich die betriebliche Aufgabenstellung **vertikal** (i.R.d. Weisungsbefugnis durch Vorgesetzte, z. B. auch durch Zielvereinbarung[1315]) oder **horizontal** (z.b. durch Anregung von Kollegen) vollzieht. Ganz allgemein gehaltene Anweisungen sind regelmäßig noch nicht als Aufgabenstellung i.S.d. RL Nr. 31 letzter Satz anzusehen.

Eine Fallgestaltung der **Gruppe 1** ist in der betrieblichen Praxis äußerst selten, da bei einer unmittelbaren Angabe des beschrittenen Lösungsweges durch den Betrieb (Vorgesetzten) stets zu prüfen ist, ob überhaupt eine erfinderische Leistung des Arbeitnehmers vorliegt[1316] (s. KommRL Rn. 50 ff. zu RL Nr. 31). Ein solch sehr seltener Ausnahmefall muss entsprechend gut dokumentiert sein.[1317] 272.1

Die **Gruppe 2** (»ohne unmittelbare Angabe des Lösungswegs«) setzt eine größere Eigeninitiative des Arbeitnehmers voraus. Die *Schiedsstelle* nimmt diese Wertzahl dann an, wenn z.b. der Arbeitgeber den Erfinder unter Bezug auf Wettbewerbsprodukte angewiesen hatte, nach Umgehungsmöglichkeiten zu suchen[1318] oder wenn sich für den Arbeitnehmer im Rahmen seines Aufgabenbereichs durch Kundenhinweise[1319] oder durch Anfragen bzw. Mängelhinweise von Kollegen, aus anderen Unternehmensteilen oder von Geschäfts- bzw. Kooperationspartnern eindeutige Anstöße zur Erfindungsentwicklung ergaben;[1320] ferner bei einer allgemein gehaltenen Vorgabe zur Entwicklung eines Produkts auf der Basis von Ergebnissen aus der Grundlagenforschung,[1321] 272.2

---

1315 Vgl. z. B. Schiedsst. v. 10.03.2016 – Arb.Erf. 23/12, (www.dpma.de = Mitt. 2017, 86, dort nur LS.).
1316 Schiedsst. v. 03.06.1991 – Arb.Erf. 22/90, (unveröffentl.); v. 06.06.2014 – Arb.Erf. 54/12, (www.dpma.de); Reimer/Schade/Schippel/Himmelmann Rn. 7 zu § 11/RL Nr. 31.
1317 Schiedsst. v. 04.08.2017 – 21/13, (www.dpma.de).
1318 EV v. 11.10.1982 – Arb.Erf. 4/82, (unveröffentl.).
1319 EV v. 30.01.1989 – Arb.Erf. 42/88, u. v. 22.12.2004 – Arb.Erf. 11/03, (beide unveröffentl.); vgl. auch EV v. 11.01.1994 – Arb.Erf. 1/93, (unveröffentl.), dort mit d. Hinw., dass bei Lösung des »Kundenproblems« die Gruppe 3 dann angemessen ist, wenn die konstruktive Lösung von derartigen Kundenhinweisen nicht zu seinem Aufgabengebiet gehört; so auch Schiedsst. v. 20.01.1995 – Arb.Erf. 12/94, (unveröffentl.); vgl. auch Schiedsst. v. 09.05.1961, BlPMZ 1962, 53 m. Anm. Schippel, GRUR 1962, 358 f.; v. 14.08.1972, BlPMZ 1973, 144, 145 u. v. 22.07.2016 – Arb.Erf. 37/14, (www.dpma.de).
1320 Schiedsst. v. 30.03.2017 – Arb.Erf. 11/15, (www.dpma.de, insoweit nicht in Mitt. 2018, 359).
1321 Schiedsst. v. 21.10.1993 – Arb.Erf. 6/93, (unveröffentl.).

nicht aber allein aus der obligatorischen Teilnahme an einer innerbetrieblichen Produkt- bzw. Entwicklungsbesprechung[1322].

Über diese Fälle der konkreten Anweisung hinaus kommt die Wertzahl 2 auch bei allgemeinen (arbeitsvertraglichen) Aufgabenstellungen in Betracht, insbesondere aus dem Arbeits- und Pflichtenkreis des Arbeitnehmers und seiner konkreten betrieblichen Tätigkeit.[1323] So liegt die Gruppe 2 regelmäßig bei **Mitarbeitern in der Forschung** und/oder **Entwicklung**[1324] oder **Konstruktion**[1325] nahe; dabei kann die Aufgabe umso abstrakter (allgemeiner) gestellt sein, je weiter der Aufgabenkreis umrissen ist[1326] (s. hierzu i. Einzelnen KommRL Rn. 17 zu RL Nr. 31). Maßgebend ist, ob die Erfindung thematisch in den Aufgabenbereich fällt.[1327] Hier geht die *Schiedsstelle* zu Recht davon aus, dass in Fällen, in denen das Suchen und Auffinden von Lösungen für technische Probleme zum Kernbereich der arbeitsvertraglichen Leistungspflichten gehört, letztlich jeder betriebliche Anstoß für die erfinderischen Überlegungen ausreicht.[1328] Diese Grundsätze gelten entsprechend bei Mitarbeitern einer Patentabteilung.[1329] Bei einer Schnittstellenfunktion zwischen Produktentwicklung und – management hat die *Schiedsstelle* die Wertzahl 2,5 zuerkannt,[1330] ebenso bei Schnittstellenfunktion zwischen Kundenberatung

---

1322 Keukenschrijver in Busse/Keukenschrijver, PatG, Rn. 46 zu § 11 ArbEG m. H. a. Schiedsst. v. 05.12.2007 – Arb.Erf. 35/06.
1323 Ebenso ständ. Praxis d. Schiedsst., z. B. Schiedsst. v. 16.07.2015 – Arb.Erf. 06/13, (www.dpma.de); v. 25.04.2016, Mitt. 2016, 230, 232; v. 19.02.2018 – Arb.Erf. 33/16, (vorg. f. www.dpma.de).
1324 Ständ. Praxis der Schiedsst., z.B. v. 18.12.1996 – Arb.Erf. 34/95; v. 02.04.2003 – Arb.Erf. 84/00, (beide Datenbank); v. 02.07.2003 – Arb.Erf. 44/01; v. 29.10.2009 – Arb.Erf. 51/05; v. 04.11.2010 – Arb.Erf. 42/09, (sämtl. unveröffentl.); v. 06.03.2015 – Arb.Erf. 09/13; v. 09.12.2016 – Arb.Erf. 73/13, (beide www.dpma.de).
1325 Ständ. Praxis Schiedsst., z. B. v. 26.02.1993, GRUR 1996, 49, 51 – *Gießereimaschinen*; v. 22.06.1995, Mitt. 1996, 220, 222 – *Bedienungseinrichtung*; v. 16.11.2004 – Arb.Erf. 1/00, (unveröffentl.); v. 06.06.2014 – Arb.Erf. 54/12; v. 16.07.2015 – Arb.Erf. 06/13, (beide www.dpma.de).
1326 Schiedsst. v. 16.11.2004 – Arb.Erf. 1/00, (unveröffentl.) m.H.a. Schiedsst. v. 30.09.1996 – Arb.Erf. 14/95 (Datenbank).
1327 Schiedsst. v. 04.11.2010 – Arb.Erf. 42/09, (unveröffentl.); v. 06.03.2015 – Arb.Erf. 09/13, (www.dpma.de); vgl. auch Schiedsst. v. 25.04.2016, Mitt. 2016, 230, 232 f.
1328 S. z.B. Schiedsst. v. 22.07.2016 – Arb.Erf. 37/14; v. 19.02.2018 – Arb.Erf. 33/16, (beide www.dpma.de).
1329 Vgl. etwa Schiedsst. v. 25.04.2016, Mitt. 2016, 230, 232 f.
1330 Schiedsst. v. 10.03.2016 – Arb.Erf. 23/12, (www.dpma.de = Mitt. 2017, 86, dort nur LS. 5).

und Produktentwicklung.[1331] Eine Anhebung auf die Wertzahl 3 kann ausnahmsweise bei Überwindung erheblicher betrieblicher Widerstände angebracht sein.[1332] Andererseits bestehen bei Leitungsfunktionen im Bereich Forschung und Entwicklung nur geringe Anforderungen an eine betriebliche Aufgabenstellung, da es ja gerade dort zu den Aufgaben gehört, bei den vorhandenen Produkten und dem bekannten Stand der Technik eigeninitiativ um Innovationen und neue Lösungen bestrebt zu sein[1333] (s. KommRL Rn. 18 zu RL Nr. 31).

Bei der **Gruppe 3** fehlt es ebenso wie bei den nachfolgenden Gruppen an einer betrieblichen Aufgabenstellung. Gemeinsames Merkmal der Gruppen 3 und 4 ist die »infolge der Betriebszugehörigkeit erlangte Kenntnis von Mängeln und Bedürfnissen«; die Erfindung liegt also im Bereich des Betriebsgeschehens, das dem Erfinder Berührungspunkte zum Thema der Erfindung vermittelt.[1334] Die Abgrenzung zwischen Gruppe 3 und Gruppe 4 ist in der Praxis oft schwierig. Maßgebend ist, ob der Erfinder die Mängel und Bedürfnisse selbst festgestellt, also das mit der Erfindung gelöste Problem eigenständig aufgegriffen hat (dann Gruppe 4), oder nicht (Gruppe 3).[1335] Die Kenntnis, also das Wissen um Mängel oder Bedürfnisse, darf bei der Gruppe 3 nicht vom Erfinder eigenständig erlangt, sondern muss an ihn aus der Sphäre des Unternehmens herangetragen worden sein. Die Gruppe 3 ist auch dann einschlägig, wenn Mängel oder Bedürfnisse allgemein (im Unternehmen) bekannt sind[1336] und deshalb bei der Tätigkeit zwangsläufig auffallen,[1337] ferner, wenn der Arbeitnehmer auf sonstige Weise von dem technischen Bedürfnis im Unternehmen erfahren hatte[1338] oder wenn es um die erbetene Weiterentwicklung eines eigenen Verbesserungsvorschlags ging.[1339] Beruht der Einblick in das Betriebsgeschehen allerdings auf Hinweisen bzw. einem Informationsaus-

272.3

---

1331 Schiedsst. v. 22.07.2016 – Arb.Erf. 37/14, (alle www.dpma.de).
1332 Schiedsst. ZB./EV. v. 24.04.2016 – Arb.Erf. 02/14, (www.dpma.de = Mitt. 2017, 86, dort nur LS. 6).
1333 Vgl. dazu etwa Schiedsst. v. 26.02.1993, GRUR 1996, 49 – Gießereimaschinen u.v. 21.09.2011 – Arb.Erf. 2/10, (Datenbank).
1334 Schiedsst. v. 16.11.2004 – Arb.Erf. 1/00, (unveröffentl.).
1335 Schiedsst. v. 23.04.2009 – Arb.Erf. 51/06, (unveröffentl.).
1336 Schiedsst. v. 07.02.1983, BlPMZ 1984, 218, 219.
1337 Schiedsst. v. 28.12.1989 – Arb.Erf. 29/89, (unveröffentl.).
1338 Vgl. OLG Frankfurt am Main v. 30.04.1992, GRUR 1992, 852, 853 – *Simulation von Radioaktivität* (bei Einbeziehung in eine Arbeitsgruppe; näher hätte aber u.E. dort die Gruppe 2 gelegen); vgl. auch Schiedsst. v. 19.02.2018 – Arb.Erf. 33/16, (vorg. f. www.dpma.de)
1339 So im Ergebn. etwa Schiedsst. ZB. v. 07.03.2016 – Arb.Erf. 09/14, (www.dpma.de = Mitt. 2017, 134 nur LS.).

tausch mit Arbeitskollegen bzw. Vorgesetzen, kann dies ein Hinweis auf eine betriebliche Aufgabenstellung i. S. d. Gruppe 2 sein.[1340] Siehe i. Übr. KommRL Rn. 60 ff., 70 zu RL Nr. 31.

272.4 Die **Gruppe 4** kommt in allen Fällen in Betracht, in denen es an Hinweisen aus der Unternehmenssphäre auf Mängel und Bedürfnisse fehlt, etwa, wenn dem Arbeitnehmererfinder derartige Mängel und Bedürfnisse durch mehrjährige Betriebszugehörigkeit oder aufgrund der aus seiner betrieblichen Stellung resultierenden Beschäftigung mit derartigen Problemen bekannt sind oder bekannt sein müssen,[1341] es sei denn, sie sind allgemein bekannt. Zur Abgrenzung zu Gruppe 3 s. § 9 Rdn. 272.3. Zu Einzelheiten s. KommRL Rn. 70, 82 ff. zu RL Nr. 31.

272.5 Die **Gruppen 5 und 6** sind missverständlich formuliert; sie sind nur dann anwendbar, wenn die Aufgabenstellung gänzlich unabhängig von der durch die Betriebszugehörigkeit erlangten Kenntnis um Mängel und Bedürfnisse erfolgt ist, der Betrieb also nichts zur Aufgabenstellung beigetragen hat.[1342] Dies ist z.B. der Fall, wenn ein neu eingetretener Arbeitnehmer für einen Entwicklungsbereich betriebsfremde eigene Vorstellungen einbringt.[1343] Die Gruppen 5 und 6 unterscheiden sich durch das Merkmal des Aufgabenbereichs. Liegt die Erfindung gänzlich außerhalb des Aufgabenbereichs, also außerhalb dessen, was der Arbeitgeber vom Arbeitnehmer bei dessen Tätigkeit erwarten kann, kommt die Wertzahl 6 in Betracht.[1344] Allerdings hat die *Schiedsstelle* in ihrer bisherigen Praxis die Wertzahlen 5 und 6 nur sehr zurückhaltend vergeben, die Wertzahl 6 sogar bislang nur in ganz wenigen Fällen.[1345] S. im Einzelnen KommRL Rn. 89 ff. zu RL Nr. 31.

---

1340 Schiedsst. v. 06.03.2015 – Arb.Erf. 09/13, (www.dpma.de).
1341 Schiedsst. v. 28.06.1962, BlPMZ 1963, 16; v. 05.08.1993 – Arb.Erf. 129/92, (unveröffentl.); LG Düsseldorf v. 17.09.1991 – 4 O 13/91, (unveröffentl.).
1342 Schiedsst. v. 25.01.1994 – Arb.Erf. 178/92; v. 05.12.2000 – Arb.Erf. 30/98, (beide Datenbank); v. 12.12.1995 – Arb.Erf. 25/94 u. v. 03.03.2009 – Arb.Erf. 9/07, (beide unveröffentl.); s.a. Schiedsst. v. 16.05.2003, BlPMZ 2003, 400, 402.
1343 Schiedsst. v. 19.02.1971, BlPMZ 1975, 327, 328; v. 05.08.1993 – Arb.Erf. 129/92, (unveröffentl.).
1344 Schiedsst. v. 01.10.1987, BlPMZ 1988, 221, 222; v. 08.11.1993 – Arb.Erf. 151/92, (unveröffentl.); im EV. v. 15.09.1994 (Arb.Erf. 172/94, unveröffentl.) hat die Schiedsst. die Wertzahl 5 vorgeschlagen, da der Erfinder gerade zu dem Zweck eingestellt wurde, das erfindungsgemäße Problem zu lösen.
1345 Bis zum Jahre 2000 nur in 3 Fällen: Schiedsst. v. 01.10.1987, BlPMZ 1988, 221, 222; v. 08.11.1993 – Arb.Erf. 151/92 (unveröffentl.); im EV v. 15.9.1994 (Arb.Erf. 172/94, unveröffentl.) hat die Schiedsst. die Wertzahl 5 vorgeschlagen, da der Erfinder gerade zu dem Zweck eingestellt wurde, das erfindungsgemäße Problem zu lösen.

G. Bemessung der Vergütung **§ 9**

Im Fall der **Miterfinderschaft** kann sich eine unterschiedliche Situation hinsichtlich der Aufgabenstellung für jeden einzelnen Miterfinder insb. dann ergeben, wenn die Miterfinder sukzessiv (s. dazu § 5 Rdn. 50) mit dem Gegenstand der Erfindung befasst wurden, sei es, dass lediglich von einzelnen Miterfindern (etwa aufgrund eigener Aufgabenstellung, vgl. Gruppen 3–6) eine Initiative ggü. den übrigen Miterfindern ausging, für die dann vor allem die Gruppen 2 und 3 in Betracht kommen, sei es, dass durch Vorgabe des Vorgesetzten den nachgeordneten Miterfindern Anleitungen gegeben wurden. Der Anteilsfaktor ist für jeden Miterfinder gesondert (eigenständig) festzustellen (s. § 9 Rdn. 266). 273

### 3. Lösung der Aufgabe (RL Nr. 32/Teilwert b)

Dieser 2. **Teilwert** des Anteilsfaktors berücksichtigt den **Umfang der »geistigen und materiellen« Hilfe des Betriebes**[1346] **bei der Lösung** des technischen Problems, also die betriebliche Unterstützung auf dem Weg des Auffindens der technischen Lehre.[1347] Der Ansatz rechtfertigt sich auch daraus, dass ein Anspruch des Arbeitnehmererfinders auf konkrete betriebliche Unterstützung nicht besteht.[1348] **Maßgeblicher Zeitpunkt** ist die Fertigstellung der Diensterfindung.[1349] Maßnahmen des Arbeitgebers **nach Fertigstellung** der Erfindung (s. dazu § 5 Rdn. 26 f.), etwa bei Versuchen i. Hinblick auf die Produktionsreife, werden **nicht über** den **Anteilsfaktor**,[1350] sondern bei der Bemessung des Erfindungswertes berücksichtigt[1351] (vgl. RL Nr. 6 Satz 3, 12 Abs. 1, 14 Abs. 1 Satz 2; s. auch § 9 Rdn. 261). 274

RL Nr. 32 führt abschließend **drei Merkmale** der betrieblichen Hilfe auf und gibt hierfür einen Wertrahmen von insgesamt sechs Punkten. **Je geringer die Leistung/Hilfestellung des Betriebes** (Unternehmens) bei der Lösung des technischen Problems ausgefallen ist, **umso höher** ist die sich nach dem Katalog der RL Nr. 32 ergebende Wertzahl. Liegt keines dieser Merkmale vor, so erhält der Arbeitnehmer die **Wertzahl 6;** sind dagegen sämtliche Merkmale (voll) gegeben, erhält er die **Wertzahl 1**. 275

---

1346 So Reimer/Schade/Schippel/Himmelmann Rn. 1 zu § 11/RL Nr. 32.
1347 So Keukenschrijver in Busse/Keukenschrijver, PatG, Rn. 48 zu § 11 ArbEG. Zur Bemessung ausf. Hagen, Mitt. 1979, 207 ff. m. »Beispiel-Tabellen« nach der Praxis der Schiedsst.
1348 Schiedsst. v. 12.01.2005 – Arb.Erf. 21/02, (unveröffentl.).
1349 Wie hier ständ. Praxis d. Schiedsst., z. B. v. 19.09.2013 – Arb.Erf. 29/12, (www.dpma.de).
1350 Vgl. Schiedsst. v. 10.10.1978, BlPMZ 1980, 60, 61 r.Sp. = BlPMZ 1984, 24.
1351 S. Keukenschrijver in Busse/Keukenschrijver, PatG, Rn. 48 zu § 11 ArbEG.

Für den Regelfall ergibt sich folgende **Werttabelle**:[1352]

| Wertzahl: | (rechnerische Wertzahl:[1353]) | Erfüllte Merkmale: |
|---|---|---|
| 6 | (6) | keines |
| 5 | (5,167) | 1 teilweise |
| 4,5 | (4,334) | 1 voll bzw. 2 teilweise |
| 3,5 | (3,501) | 1 voll + 1 teilweise bzw. 3 teilweise |
| 2,5 | (2,668) | 2 voll bzw. 1 voll + 2 teilweise |
| 2 | (1,835) | 2 voll + 1 teilweise |
| 1 | (1) | 3 voll. |

**276** Aus der Werttabelle der RL Nr. 32 folgt, dass der Richtliniengeber im Grundsatz von der Gleichwertigkeit bzw. Gleichgewichtigkeit der abschließend aufgeführten drei Merkmale ausgeht.[1354] Soweit im konkreten Fall **Einzelmerkma-**

---

1352 Entspricht auch ständ. Praxis d. Schiedsst. seit 1991, z.B. v. 17.10.1991 – Arb.Erf. 29/91, (unveröffentl.); v. 16.06.1993 EGR Nr. 2 zu § 11 ArbEG (RL Nr. 31); v. 22.06.1995 Mitt. 1996, 220, 222 – Bedienungseinrichtung u.v. 14.03.2013 Arb.Erf. 20/11 (www.dpma.de); ZB. v. 07.03.2016 – Arb.Erf. 09/14, (www.dpma.de, wort Wertzahl 4,5); v. 25.04.2016, Mitt. 2016, 230, 233 (dort Wertzahl 2,5); wie hier Reimer/Schade/Schippel/Himmelmann Rn. 5 zu § 11/RL Nr. 32. Die Tabelle ist in ihren Ergebnissen allerdings nicht unumstritten: So geht das OLG Düsseldorf (Urt. v. 09.10.2014 – I – 2 U 15/13, [www.justiz.nrw.de/nrwe, Rn. 333 f.] – Scharniereinrichtung) bei 1,5 erfüllten Merkmalen von der Hälfte der Wertzahl 6, also der Wertzahl 3 aus (und nicht von 3,5, wie dies auch die Schiedsst. in ständ. Praxis annimmt, vgl. etwa EV v. 21.10.2003 Arb.Erf. 89/00 [Datenbank]); dieses würde aber folgerichtig bei 1 erfüllten Merkmal zur Wertzahl 4, bei 2 erfüllten Merkmalen zur Wertzahl 2 und bei 2,5 erfüllten Merkmalen bereits zur Wertzahl 1 führen. Unklar die Tabelle von Boemke/Kursawe/Engemann (Rn. 412 zu § 9): Danach ergibt sich bei »1. voll und 2. teilweise/3. teilweise« erfüllten Merkmalen = Wertzahl 3,5, ferner bei »1. voll/2. voll und 3. teilweise« = Wertzahl 2,5 und – wie hier – bei »2. voll und 1. teilweise« = Wertzahl 2!
1353 Der rechnerische Wert (Spalte 2) ergibt sich daraus, dass sich die nach der (gesetzten) Wertzahl 6 verbleibenden 5 Punktwerte auf die 6 restlichen Fallkonstellationen verteilen, wobei es gilt, die ebenfalls gesetzte Wertzahl 1 zu beachten (= je 0,833 Punktwert). Zu identischen Endergebnissen – wenn auch mit leicht abweichenden ungerundeten Werten – käme man zwar, wenn die maximale Wertzahl 6 durch die insgesamt 7 Fallkonstellationen geteilt wird (= je 0,857 Punktwert); dann würde aber die (gesetzte) Wertzahl 1 rechnerisch leicht unterschritten (1 = 0,857)!
1354 Zust. OLG Düsseldorf v. 09.10.2014 – I – 2 U 15/13, (www.justiz.nrw.de/nrwe, Rn. 333) – Scharniereinrichtung. So im Ergebn. auch ständ. Praxis Schiedsst., z. B. v. 22.06.1995, Mitt. 1996, 220, 222 – Bedienungseinrichtung; v. 28.02.2008 Arb.Erf. 48/06, (Datenbank).

G. Bemessung der Vergütung  §9

len ein besonderes Gewicht zukommt (z.B. Einstellung des Arbeitnehmers zur Lösung des konkreten technischen Problems;[1355] umfassendes betriebliches Know-how auf dem erfindungsgemäßen Spezialgebiet, ständige dienstliche Befassung des Arbeitnehmers mit den einschlägigen technischen Problemen und den bei der Erfindung eingesetzten Werkstoffen,[1356] hoher Kostenaufwand der technischen Hilfsmittel), kann eine stärkere Minderung als der proportionale Abzug angemessen sein,[1357] ggf. auch die Bildung von Zwischenwerten (s. KommRL Rn. 45 ff. zu RL Nr. 32). Die Darlegungs- und Beweislast für einen solchen Ausnahmefall trägt dann der Arbeitgeber.

**Beruflich geläufige Überlegungen** i.S.d. Nr. 1 der RL Nr. 32 sind Kenntnisse und Erfahrungen des Arbeitnehmers, die er zur Erfüllung der ihm übertragenen Tätigkeiten haben muss (vgl. RL Nr. 32 Abs. 4). Sie sind nicht zu verwechseln mit einem Naheliegen der Lösung i.S.d. Patentrechts; denn hätte die Lösung für den Erfinder im Rahmen durchschnittlichen fachmännischen Könnens naheliegen müssen, wäre ja die Neuerung nicht schutzfähig. Die Frage nach den beruflich geläufigen Überlegungen stellt sich überhaupt erst, wenn das Naheliegen einer Lösung durch deren Patentierung verneint worden ist.[1358] Es kommt nicht darauf an, ob das Ergebnis der Überlegungen eine Erfindung und damit eine dem Durchschnittsfachmann nicht geläufige Lösung ist.[1359] Maßgeblich ist vielmehr, ob sich ein Erfinder i.R.d. Denkgesetze und Kenntnisse bewegt, die ihm durch Ausbildung, Weiterbildung und berufliche Arbeit vermittelt worden sind,[1360] die also in das **Berufsbild des** 277

---

1355 Vgl. Schiedsst. v. 24.05.1972, BlPMZ 1973, 29, 31.
1356 Schiedsst. v. 01.10.1987, BlPMZ 1988, 221, 222.
1357 I.d.S. wohl auch Keukenschrijver in Busse/Keukenschrijver, PatG, Rn. 48 zu § 11 ArbEG, wonach es »berücksichtigt werden« kann, wenn »einem der Merkmale im Einzelfall besonderes Gewicht« zukommt.
1358 St. Praxis Schiedsst. z.B. EV v. 10.10.1978, BlPMZ 1980, 60, 61 r.Sp. = BlPMZ 1984, 24; v. 07.02.1983, BlPMZ 1984, 218, 219; v. 17.04.2013 – Arb.Erf. 11/11, (www.dpma.de).
1359 Zutr. OLG Düsseldorf v. 09.10.2014 – I – 2 U 15/13, (www.justiz.nrw.de/nrwe, Rn. 335) – Scharniereinrichtung.
1360 St. Praxis Schiedsst. z.B. EV v. 10.10.1978, BlPMZ 1980, 60, 61 r.Sp. = BlPMZ 1984, 24, v. 07.02.1983, BlPMZ 1984, 218, 219; v. 04.08.1987, BlPMZ 1988, 171, 172; v. 18.12.2001 – Arb.Erf. 57/98; v. 04.11.2010 – Arb.Erf. 42/09, (beide unveröffentl.); v. 17.04.2013 – Arb.Erf. 11/11; v. 19.09.2013 – Arb.Erf. 29/12; v. 06.03.2015 – Arb.Erf. 09/13, (alle www.dpma.de); v. 25.04.2016, Mitt. 2016, 230, 233; v. 19.02.2018 – Arb.Erf. 33/16, (vorg. f. www.dpma.de); vgl. auch Schiedsst. v. 08.05.1961, BlPMZ 1961, 434 u. v. 17.02.1962/28.06.1962, BlPMZ 1963, 16 = GRUR 1963, 195 (LS) m. Anm. Schippel; OLG Frankf. v. 21.04.1977, EGR Nr. 21 zu § 9 Arb.EG (VergAnspr.); LG Frankfurt v. 14.3.2012 – 2–06 O 466/10 – (unveröffentl.); LG Düsseldorf v. 24.11.2013 – 4a O 52/06, (Düsseldf. Entsch. Nr. 2010) – Betonschutzwände II.

**Erfinders** passen[1361] bzw. die er zur Erfüllung der ihm obliegenden Tätigkeit haben muss (dann Merkmal erfüllt) oder ob – im Gegensatz dazu – **berufs- bzw. ausbildungsfremde** Überlegungen eine Rolle gespielt haben[1362] (Merkmal grds. nicht erfüllt). Dieses Merkmal ist auch dann erfüllt, wenn die Erfindung zwar außerhalb der Fachrichtung liegt, aber vom Grundwissen eines jeden technisch Vorgebildeten Gebrauch macht,[1363] sowie dann, wenn sich der Erfinder losgelöst von seinem Berufsbild einschlägiges Wissen auf Grund langjähriger Berufserfahrung beim Arbeitgeber zugeeignet hat,[1364] ferner, wenn das Wissen Bestandteil der Ausbildung und/oder einer Vortätigkeit gewesen ist, auch wenn anschließend ein anderer Aufgabenbereich übernommen wurde, wie etwa bei einem nunmehr als Patentsachbearbeiter tätigen Physiker,[1365] weiterhin, wenn es sich um verwandte und nicht fernliegende Gebiete handelt, wie etwa für Mathematiker der IT-Bereich[1366]. Soweit es auf Grund der fortschreitenden Komplexität der Technik zwischenzeitlich weitaus mehr Schnittstellen bzw. Überschneidungen zu anderen technischen Gebieten sowie interdisziplinäre Fragestellungen gibt und damit veränderte Berufsbilder einhergehen, muss sich das der Erfinder regelmäßig zurechnen lassen.[1367]

Wird das Gebiet, auf dem die Erfindung liegt, nicht von der Ausbildung des Erfinders umfasst, so kommt es darauf an, ob er – trotz anderer Ausbildung – über längere Zeit auf dem bestimmten (technischen) Fachgebiet eingesetzt

---

1361 Im Ergebn. auch OLG Düsseldorf v. 09.10.2014 – I – 2 U 15/13, (www.justiz.nrw.de/nrwe, Rn. 335, 341) – Scharniereinrichtung; LG Düsseldorf v. 13.10.1998 – X ZR 72/82, Entscheidungen 4. ZK 1998, 107, 114 – *Schaltungsanordnung*. So auch ständ. Praxis d. Schiedsst. v. 19.04.1994, EGR Nr. 2 zu § 11 ArbEG (RL Nr. 32); v. 22.06.1995, Mitt. 1996, 220, 222 – *Bedienungseinrichtung*; v. 09.08.1994 – Arb.Erf. 30/93, v. 05.12.1995 – Arb.Erf. 37/94; v. 17.01.1996 – Arb.Erf. 43/94, (alle unveröffentl.); v. 22.07.2013 – Arb.Erf. 40/11, (www.dpma.de).
1362 Schiedsst. v. 10.10.1978, BlPMZ 1980, 60, 61 r.Sp. = BlPMZ 1984, 24; v. 07.02.1983, BlPMZ 1984, 218, 219; v. 29.10.2009 – Arb.Erf. 51/05 u. v. 03.03.2009 – Arb.Erf. 9/07, (beide unveröffentl.); v. 17.06.2016 – Arb.Erf. 57/13, v. 19.02.2018 – Arb.Erf. 33/16, (beide www.dpma.de).
1363 I.d.S. Schiedsst. v. 17.08.1994 – Arb.Erf. 89/93, (unveröffentl.).
1364 Schiedsst. v. 17.06.2016 – Arb.Erf. 57/13, (www.dpma.de).
1365 I.d.S. Schiedsst. v. 25.04.2016, Mitt. 2016, 230, 233.
1366 Vgl. etwa Schiedsst. v. 09.12.2016 – Arb.Erf. 73/13, (www.dpma.de).
1367 Schiedsst. v. 06.03.2015 – Arb.Erf. 09/13, (beide www.dpma.de);

## G. Bemessung der Vergütung  §9

gewesen ist bzw. damit beruflich in enger Berührung stand;[1368] eine vorübergehende Einweisung reicht dagegen grds. nicht aus.[1369] Einzelheiten in KommRL Rn. 5 ff. zu RL Nr. 32.

**Betriebliche Arbeiten oder Kenntnisse** i.S.d. zweiten Merkmalsgruppe sind alle innerbetrieblichen Erkenntnisse, Arbeiten, Anregungen, Erfahrungen, Hinweise usw., die den Erfinder zur Problemlösung hingeführt oder sie ihm wesentlich erleichtert haben. Diese Definition der RL Nr. 32 Abs. 5 ist allgemein anerkannt.[1370] Dabei kommt es nicht darauf an, dass dadurch die erfinderische Lösung (bei der Arbeit im Betrieb) gefunden worden ist; entscheidend ist vielmehr, inwieweit der Arbeitnehmererfinder – im Vergleich zu einem freien Erfinder – von den im Betrieb vorhandenen Arbeiten und Kenntnissen partizipiert hat,[1371] ob also der Erfinder auf **Vorarbeiten des Betriebes (Unternehmens)** aufbauen konnte, ob der Betrieb (Unternehmen) über Kenntnisse verfügte, die den Erfinder zur Lösung hingeführt oder ihm zumindest den Weg nicht unwesentlich erleichtert haben,[1372] also quasi »Pate gestanden haben« (insb. negative Erfahrungen[1373] mit nicht oder nicht optimal funk- 278

---

1368 Schiedsst. v. 14.08.1972, BlPMZ 1973, 144, 145; s.a. Schiedsst. v. 06.03.1980, BlPMZ 1982, 277, 278; Schiedsst. v. 12.01.2005, Arb.Erf. 21/02, (unveröffentl.); vgl. auch OLG Frankfurt am Main v. 30.04.1992, GRUR 1992, 852, 853 – *Simulation von Radioaktivität*.
1369 Schiedsst. v. 14.08.1972, BlPMZ 1973, 144, 145.
1370 Z. B. OLG Düsseldorf v. 09.10.2014 – I – 2 U 15/13, (www.justiz.nrw.de/nrwe, Rn. 337) – Scharniereinrichtung; LG Braunschweig v. 12.01.1993 – 9 O 3/91, (unveröffentl.).
1371 Vgl. OLG Düsseldorf v. 09.10.2014 – I – 2 U 15/13, (www.justiz.nrw.de/nrwe, Rn. 344) – Scharniereinrichtung; Schiedsst. v. 22.06.1995, Mitt. 1996, 220, 222 – *Bedienungseinrichtung*.
1372 S. OLG Düsseldorf v. 09.10.2014 – I – 2 U 15/13, (www.justiz.nrw.de/nrwe, Rn. 336, 344) – Scharniereinrichtung; Schiedsst. v. 10.10.1978, BlPMZ 1980, 60, 61 r.Sp. = BlPMZ 1984, 24; v. 19.09.2013 – Arb.Erf. 29/12; v. 06.03.2015 – Arb.Erf. 09/13; v. 24.02.2016 – Arb.Erf. 02/14, (alle www.dpma.de); v. 25.04.2016, Mitt. 2016, 230, 233; v. 30.03.2017 – Arb.Erf. 11/15, (www.dpma.de, insoweit nicht in Mitt. 2018, 359); v. 19.02.2018 – Arb.Erf. 33/16, (vorg. f. www.dpma.de); vgl. auch OLG Frankfurt am Main v. 30.04.1992, GRUR 1992, 852, 853 – *Simulation von Radioaktivität* u. LG Düsseldorf v. 03.11.2016 – 4c O 79/15, (www.justiz.nrw.de) – *Retardtablette*.
1373 Ebenso OLG Düsseldorf v. 09.10.2014 – I – 2 U 15/13, (www.justiz.nrw.de/nrwe, Rn. 344) – Scharniereinrichtung; Schiedsst. v. 03.03.2009 – Arb.Erf. 9/07, (unveröffentl.); ferner v. 24.02.2016 – Arb.Erf. 02/14, (www.dpma.de); v. 30.03.2017 – Arb.Erf. 11/15, (www.dpma.de, insoweit nicht in Mitt. 2018, 359).

tionierenden Vorläuferlösungen[1374], betriebliches Know-how und sonstiger umfangreicher innerbetrieblicher Stand der Technik[1375], sonstige Anregungen aus der Unternehmenssphäre einschließlich Anregungen (Reklamationen) von Kunden,[1376] Diskussion mit Kollegen[1377] [auch Miterfindern], und Erfahrungs- bzw. Informationsaustausch mit anderen Unternehmensbereichen[1378], ferner frühere Untersuchungen und Entwicklungsergebnisse[1379], Wissen aus dem Besuch von Kongressen, Fachmessen[1380], Fortbildungsveranstaltungen, ferner Informationen aus dem Konzernbereich, Vorarbeiten von Kooperationspartnern[1381] oder auf Grund eines Forschungsauftrags[1382], aus anderweitigen Arbeitnehmererfindungen[1383], Kenntnisse über Konkurrenzprodukte usw.).

Betriebliche Arbeiten und Kenntnisse können im Regelfall »prima facie« insb. dann angenommen werden, wenn der Arbeitnehmer in einem **Spezialunternehmen** mit einem engen technischen Arbeitsbereich tätig ist und die Erfindung auf diesem Spezialgebiet liegt,[1384] ferner, wenn die Erfindung ein Gerät bzw. einen Werkstoff betrifft, mit dem der Erfinder kraft seiner dienstlichen Beschäftigung tagtäglich befasst ist, sodass es nicht darauf ankommt, ob die einschlägigen Kenntnisse bzw. Fertigkeiten bereits in der Fachliteratur

---

1374 Zust. auch LG Frankfurt v. 14.3.2012 – 2–06 O 466/10 – (unveröffentl.); wie hier ferner OLG Düsseldorf v. 09.10.2014 – I – 2 U 15/13, (www.justiz.nrw.de/nrwe, Rn. 336) – Scharniereinrichtung; Schiedsst. v. 25.04.2016, Mitt. 2016, 230, 233.
1375 Ebenso Schiedsst. v. 19.09.2013 – Arb.Erf. 29/12, (www.dpma.de).
1376 Schiedsst. v. 29.10.2009 – Arb.Erf. 51/05, (unveröffentl.); v. 25.04.2016, Mitt. 2016, 230, 233; s. auch OLG Düsseldorf v. 09.10.2014 – I – 2 U 15/13, (www.justiz.nrw.de/nrwe, Rn. 374) – Scharniereinrichtung.
1377 Schiedsst. v. 23.11.2004 – Arb.Erf. 24/03, (unveröffentl.); Schiedsst. ZB. v. 07.03.2016 – Arb.Erf. 09/14, (www.dpma.de = Mitt. 2017, 134 nur LS.9); EV v. 19.02.2018 – Arb.Erf. 33/16, (vorg. f. www.dpma.de).
1378 OLG Düsseldorf v. 09.10.2014 – I – 2 U 15/13, (www.justiz.nrw.de/nrwe, Rn. 345) – Scharniereinrichtung.
1379 Z. B. LG Düsseldorf v. 03.11.2016 – 4c O 79/15, (www.justiz.nrw.de, Rn. 120 f.) – Retardtablette.
1380 Z. B. OLG Düsseldorf v. 09.10.2014 – I – 2 U 15/13, (www.justiz.nrw.de/nrwe, Rn. 346) – Scharniereinrichtung, dort für Kenntnisse von Wettbewerbsprodukten.
1381 Schiedsst. v. 14.03.2013 – Arb.Erf. 20/11, (www.dpma.de).
1382 Zust. Schiedsst. v. 14.03.2013 – Arb.Erf. 20/11, (www.dpma.de).
1383 Ebenso Schiedsst. v. 25.04.2016, Mitt. 2016, 230, 233.
1384 St. Praxis d. Schiedsst. z.B. EV. v. 14.03.1984 – Arb.Erf. 14/83, (unveröffentl.); v. 22.07.2013 Arb.Erf. 40/11 u. v. 19.09.2013 Arb.Erf. 29/12 (beide www.dpma.de); s.a. Schiedsst. v. 16.06.1983, BlPMZ 1984, 250, 252; LG Braunschweig v. 12.01.1993 – 9 O 3/91, (unveröffentl.); LG Frankfurt v. 14.3.2012 – 2–06 O 466/10 – (unveröffentl.).

beschrieben sind[1385] oder wenn die bisherigen Unternehmenserfahrungen auf dem betreffenden technischen Gebiet nützlich gewesen sind[1386]. Langjährige Entwicklungsarbeiten des Arbeitgeberunternehmens auf dem betreffenden technischen Gebiet sprechen ebenfalls »prima facie« für eine volle Erfüllung des Teilmerkmals.[1387] Gegen die Nutzung betrieblicher Arbeiten und Kenntnisse spricht dagegen, wenn der Erfinder mit seiner Erfindung betriebsfremdes, für seinen Arbeitgeber neues Gebiet (Neuland) betritt.[1388]

Weitere Einzelheiten s. KommRL Rn. 14 ff. zu RL Nr. 32.

**Technische Hilfsmittel** i.S.d. 3. Merkmalsgruppe sind sachliche oder personelle Unterstützung, also Energien, Rohstoffe, Geräte, Versuchsmaterialien, Modelle (auch Prototypen[1389]), Einsatzstoffe für die Laboruntersuchungen[1390], Fachliteratur, Studien, spezielle Computerprogramme usw. des Betriebes (Unternehmens), deren Bereitstellung wesentlich zum Zustandekommen der Diensterfindung beigetragen hat. Das gilt auch, soweit die Hilfsmittel von Dritten im Rahmen einer Zusammenarbeit (Forschungskooperation, Auftraggeber usw.) eingebracht worden sind.[1391] Eine technische Unterstützung **nach Fertigstellung** der Erfindung, etwa Versuche im Hinblick auf die Herbeiführung der Produktionsreife, sind nicht über den Anteilsfaktor, sondern bei der Bemessung des Erfindungswertes, etwa durch Minderung des Lizenzsatzes, zu berücksichtigen[1392] (s.a. oben § 9 Rdn. 274). 279

Allgemeine, ohnehin entstandene Aufwendungen für Forschung, Laboreinrichtung und Apparaturen sind nicht als technische Hilfsmittel in diesem Sinne zu verstehen (vgl. RL Nr. 32 Abs. 6 Satz 3). Zutreffend weist die *Schiedsstelle* aber in ständiger Praxis darauf hin, dass dieser Satz nicht dahin interpretiert werden darf, dass vorhandene Hilfsmittel schlechthin unberücksichtigt bleiben, da ansonsten ein Arbeitgeber für die Schaffung optimaler Arbeitsmöglichkeiten bestraft würde. Vielmehr kommt es nach zutreffender Ansicht der *Schiedsstelle* allein darauf an, ob der Erfinder diese **Hilfsmittel bei der Entwicklung der Erfindung benutzt** (= betriebliche Unterstützung) oder nicht

---

1385 Schiedsst. v. 01.10.1987, BlPMZ 1988, 221, 222.
1386 Schiedsst. v. 22.06.1995, Mitt. 1996, 220, 222 – *Bedienungseinrichtung*.
1387 Keukenschrijver in Busse/Keukenschrijver, PatG, Rn. 48 zu § 11 ArbEG.
1388 Schiedsst. ZB v. 27.01.1986 – Arb.Erf. 63/85, (unveröffentl.); v. 16.06.1993, EGR Nr. 2 zu § 11 ArbEG (RL Nr. 32); v. 11.07.2003 – Arb.Erf. 23/02, (unveröffentl.).
1389 Vgl. z. B. Schiedsst. v. 24.02.2016 – Arb.Erf. 02/14, (www.dpma.de).
1390 OLG Düsseldorf v. 17.11.1983 – 2 U 82/82, (unveröffentl.).
1391 Z. B. Schiedsst. v. 14.03.2013 – Arb.Erf. 20/11, (www.dpma.de).
1392 Allg. A., z.B. Schiedsst. v. 04.11.2010 – Arb.Erf. 42/09, (unveröffentl.).

genutzt hat, und nicht darauf, ob diese Hilfsmittel ohnehin vorhanden waren oder nicht.[1393]

279.1 Ausgehend von dem Aspekt des § 9 Abs. 2, wonach für die Bemessung der Vergütung u.a. der Anteil des Betriebes an dem Zustandekommen der Erfindung maßgebend ist, sind einerseits der Aufwand, der für die betrieblichen Mittel entstanden ist, zu berücksichtigen und zum anderen die Ursächlichkeit dieser Hilfsmittel zum Zustandekommen der Diensterfindung. Insoweit kommt es nicht auf die Üblichkeit zur Verfügung gestellter betrieblicher Hilfsmittel an, sondern darauf, ob der **Arbeitnehmer** durch die Bereitstellung solcher **Hilfsmittel besser steht als ein freier Erfinder**, der sich diese erst kostenaufwendig beschaffen muss.[1394]

Folglich bleiben nur solche betrieblichen Hilfen **unberücksichtigt, die nebensächlich bzw. unbedeutend** für das Auffinden der Neuerung waren.[1395] Das entspricht RL Nr. 32 Abs. 6 Satz 3 und reicht von allgemeinen Arbeitsmitteln[1396] (z.B. Schreib- und Zeichengerätschaften,[1397] Messbretter usw.) bis hin zu handelsüblichen Rechnern und gängigen Computern, die zur Grundausstattung jedes Unternehmens gehören[1398]. Entscheidend ist nicht die übliche Ausstattung des Unternehmens, sondern der für die Erfindungsentwicklung erbrachte Aufwand.[1399] Derartige technische Hilfsmittel und Arbeitskräfte sind aber dann zu berücksichtigen, wenn »deren Bereitstellung wesentlich zum Zustandekommen der Diensterfindung beigetragen hat« (RL Nr. 32 Abs. 5 Satz 1).

---

1393 Schiedsst. v. 07.03.1979, BlPMZ 1980, 29 u. v. 09.05.1988 – Arb.Erf. 24/87, (unveröffentl.).
1394 Schiedsst. v. 07.03.1979, BlPMZ 1980, 29; v. 30.01.1996 – Arb.Erf. 46/94, v. 15.01.1997 – Arb.Erf. 39/95, (beide unveröffentl.); v. 16.07.2008 Arb.Erf. 49/03 (Datenbank) u. v. 03.03.2009 – Arb.Erf. 9/07, (unveröffentl.); vgl. auch Schiedsst. v. 06.03.2015 – Arb.Erf. 09/13, (www.dpma.de); aber wohl enger Boemke/Kursawe/Engemann Rn. 416 zu § 9.
1395 Zust. OLG Düsseldorf v. 09.10.2014 – I – 2 U 15/13, (www.justiz.nrw.de/nrwe, Rn. 351) – Scharniereinrichtung.
1396 Zust. OLG Düsseldorf v. 09.10.2014 – I – 2 U 15/13, (www.justiz.nrw.de/nrwe, Rn. 351) – Scharniereinrichtung; Schiedsst. v. 17.04.2013 – Arb.Erf. 11/11, (www.dpma.de).
1397 Schiedsst. v. 08.05.1961, BlPMZ 1961, 434.
1398 Schiedsst. v. 06.03.2015 – Arb.Erf. 09/13; ZB./EV. v. 24.04.2016 – Arb.Erf. 02/14, (beide www.dpma.de).
1399 Schiedsst. v. 26.10.1994 – Arb.Erf. 154/92, (unveröffentl.) in Abgrenzung zu EV. v. 11.01.1994 – Arb.Erf. 1/93, (unveröffentl.).

## G. Bemessung der Vergütung § 9

Erfasst ist auch die **Bereitstellung von Arbeitskräften** (RL 32 Abs. 6 Satz 2), und zwar gleich, ob diese auf Weisung oder kollegialiter tätig wurden[1400]. Ausreichend ist bereits, wenn der Arbeitnehmer darauf zugreifen kann und dies auch tut.[1401] Soweit sich die Mithilfe eines **Miterfinders** auf seinen schöpferischen Beitrag beschränkt, bleibt dieser Miterfinderbeitrag nach h. M. im Rahmen von RL Nr. 32 unberücksichtigt;[1402] zum Beitrag von Miterfindern s. im Übr. KommRL Rn. 27, 32 zu RL Nr. 32.

Den betrieblichen Hilfsmitteln zuzurechnen sind auch die **Hilfsmittel eines Dritten**, sofern diese dem Arbeitgeber und damit dem Arbeitnehmererfinder zur Verfügung stehen[1403] (z.b. im Rahmen einer zwischenbetrieblichen Kooperation), ferner die Unterstützung durch Forschungseinrichtungen (z.B. Hochschulen,[1404] freie Ingenieurbüros usw.) im Rahmen eines Forschungsauftrages. Zur Erstattung von Arbeitnehmeraufwendungen für das Zustandekommen der Erfindung (Material-, Gerätekosten etc.) s. KommRL Rn. 27 zu RL Nr. 32.

Vielfach erlaubt die **Art der Erfindung Rückschlüsse** auf die Frage des Einsatzes betrieblicher Hilfsmittel. Die Nutzung betrieblicher Hilfsmittel kann regelmäßig unterstellt werden, wenn die Entwicklung ohne Versuchsketten bzw. Reihenversuche kaum vorstellbar ist (wie etwa auf chemischem oder pharmazeutischem Gebiet).

Andererseits spricht eine **rein gedankliche Arbeit** (Gedanken-, Konzeptions-, Reißbrett- oder Schreibtisch-Erfindung) gegen den Einsatz technischer Hilfs-

279.2

---

1400 Wie hier, z. B. OLG Düsseldorf v. 09.10.2014 – I – 2 U 15/13, (www.justiz.nrw.de/nrwe, Rn. 351) – Scharniereinrichtung. Ebenso bereits Schiedsst. v. 16.05.1980 – Arb.Erf. 59/79, (unveröffentl.).
1401 LG Düsseldorf v. 20.03.2013 – 4b O 295/10, Düsseldf. Entsch. Nr. 2027 – Scharniereinrichtung, im Ergebn. bestätigt durch OLG Düsseldorf v. 09.10.2014 – I – 2 U 15/13, (www.justiz.nrw.de/nrwe, Rz. 350) – Scharniereinrichtung,
1402 Z. B. OLG Düsseldorf v. 09.10.2014 – I – 2 U 15/13, (www.justiz.nrw.de/nrwe, Rn. 337) – Scharniereinrichtung. Ähnl. bereits Schiedsst. v. 05.03.2009 – Arb.Erf. 26/08; v. 23.04.2009 – Arb.Erf. 51/06, (beide unveröffentl.) hinsichtlich Miterfinderbeiträgen.
1403 Schiedsst. v. 07.03.1979, BlPMZ 1980, 29; ferner Schiedsst. v. 31.03.2016 – Arb.Erf. 35/13, (www.dpma.de), dort für von potentiellen Lieferanten zur Verfügung gestellte Leihgeräte.
1404 Schiedsst. v. 07.02.1983, BlPMZ 1984, 218, 220 u. v. 14.03.2013 – Arb.Erf. 20/11, (www.dpma.de).

mittel,[1405] wenn es sich also um eine erfinderische Lehre handelt, zu deren Auffinden es nur der gedanklichen Konstruktion bedurfte.[1406] Sie ist damit im patentrechtlichen Sinne fertig und Versuche und Tests zur Überprüfung ihrer Durchführbarkeit bzw. zur Herbeiführung ihrer Anwendungsreife stellen sich dann lediglich als Bestätigung der schon fertigen Erfindung dar.[1407] Indiz hierfür kann eine sehr abstrakte Fassung der Patentansprüche sein. Versuche zur Umsetzung einer solchen abstrakten Lehre sind i.R.d. RL Nr. 32 nicht zu berücksichtigen, da sie erst nach Fertigstellung der Erfindung vorgenommen werden[1408] (s.a. oben § 9 Rdn. 279). Deren Kosten können sich bei der Bemessung des Erfindungswertes, also etwa i.R.d. Lizenzanalogie in der Höhe des Lizenzsatzes niederschlagen.

Siehe im Übr. KommRL Rn. 25 ff. zu RL Nr. 32).

### 4. Aufgaben und Stellung des Arbeitnehmers im Betrieb (RL Nrn. 33 bis 36/Teilwert c)

280 Der **3. Teilwert** des Anteilsfaktors füllt zugleich das in § 9 Abs. 2 genannte gleichlautende Vergütungskriterium aus. Angeknüpft wird mit Hilfe von (nicht mehr uneingeschränkt zutreffenden) Typisierungen an die **berechtigten Leistungserwartungen** des Arbeitgebers.[1409] Je weniger die Erfindung nach Art

---

1405 Vgl Schiedsst. v. 25.01.1994 – Arb.Erf. 178/92; v. 17.08.1994 – Arb.Erf. 89/93, v. 05.12.1995 – Arb.Erf. 37/94; v. 05.02.1996 – Arb.Erf. 49/94; v. 13.02.1996 – Arb.Erf. 63/94, (alle unveröffentl.); v. 22.06.1995, Mitt. 1996, 220, 222 – *Bedienungseinrichtung*; v. 22.12.2004 – Arb.Erf. 11/03, (unveröffentl.); ZB. v. 07.03.2016 – Arb.Erf. 09/14, (www.dpma.de = Mitt. 2017, 134 nur LS.); EV. v. 10.03.2016 – Arb.Erf. 23/12, u. v. 19.02.2018 – Arb.Erf. 33/16, (beide www.dpma.de); vgl. auch Schiedsst. v. 10.10.1978, BlPMZ 1980, 60, 61 = BlPMZ 1984, 21; v. 24.05.1972, BlPMZ 1973, 29, 31.
1406 OLG Düsseldorf v. 09.10.2014 – I – 2 U 15/13, (www.justiz.nrw.de/nrwe, Rn. 337) – Scharniereinrichtung; Schiedsst. v. 13.02.1996 – Arb.Erf. 63/94, (unveröffentl.); v. 17.06.2016 – Arb.Erf. 57/13; v. 09.12.2016 – Arb.Erf. 73/13; v. 30.03.2017 – Arb.Erf. 11/15, (alle www.dpma.de); Keukenschrijver in Busse/Keukenschrijver, PatG, Rn. 48 zu § 11 ArbEG.
1407 Schiedsst. v. 28.12.1989 – Arb.Erf. 29/89, u. v. 22.12.2004 – Arb.Erf. 11/03 (beide unveröffentl.); vgl. (aber) auch Schiedsst. v. 19.02.2018 – Arb.Erf. 33/16, (vorgl. f. www.dpma.de).
1408 Schiedsst. v. 22.06.1995, Mitt. 1996, 220, 222 – *Bedienungseinrichtung*; v. 30.11.1993 – Arb.Erf. 140/92, (unveröffentl.).
1409 Zust. u.a. LG Frankfurt v. 14.3.2012 – 2–06 O 466/10, (unveröffentl.); wie hier auch ständ. Praxis d. Schiedsst., z. B. v. 15.12.2014 – Arb.Erf. 27/13, (www.dpma.de); v. 25.04.2016, Mitt. 2016, 230, 233; v. 06.07.2016 – Arb.Erf. 23/13, (www.dpma.de).

## G. Bemessung der Vergütung § 9

und erfinderischer Tätigkeit den berechtigten Leistungserwartungen entspricht, die der Arbeitgeber mit der betrieblichen Stellung des Arbeitnehmererfinders verbindet, umso näher kommt Letzterer einem freien Erfinder (vgl. RL Nr. 33 Satz 1). Nach RL Nr. 33 Sätze 1 und 2 werden zudem die dem Arbeitnehmer möglichen **Einblicke in das Betriebsgeschehen** als Wesensbestandteile der Stellung im Unternehmen angesehen und damit als erfindungsfördernd, folglich als vergütungsmindernd bewertet.[1410] So können beispielsweise umfangreiches Weiterbildungs- und Erfahrungswissen auf Grund langjähriger Tätigkeit im Arbeitgeberunternehmen eine korrigierende Verringerung erfordern.[1411]

281 RL Nrn. 33–36 wollen die **allgemeine arbeitsvertragliche Stellung**, die der Erfinder tatsächlich innegehabt hat,[1412] in Ansatz bringen, und zwar zum maßgebenden **Zeitpunkt der Fertigstellung**[1413] der Erfindung (z. Begriff s. § 5 Rdn. 26 f.).

282 Während RL Nr. 33 allgemeine Grundsätze zur Beurteilung der betrieblichen Stellung des Arbeitnehmers und damit für diesen 3. Teilwert aufstellt, führt **RL Nr. 34** die für die Ermittlung dieser Wertzahl maßgebenden **Gruppen von Arbeitnehmern nach Ausbildung und Funktion** auf. Dabei ist die Wertzahl umso höher, je geringer die Leistungserwartung an den Arbeitnehmererfinder ist. In den **Gruppen 8 bis 5** erfolgt die Bewertung vorrangig nach der **Vorbildung**, in den **Gruppen 4 bis 1** nach der **Stellung in der Unternehmenshierarchie**.

Der Grundgedanke der RL Nr. 34 geht – wie das *OLG Düsseldorf*[1414] zutreffend zusammengefasst hat – dahin, dass ein Arbeitnehmer hinsichtlich seines Anteilsfaktors und damit seiner Vergütung umso höher eingestuft wird,

---

1410 Zur Bedeutung vgl. etwa Schiedsst. v. 25.04.2016, Mitt. 2016, 230, 233.
1411 Vgl. z.B. Schiedsst. v. 15.12.2014 – Arb.Erf. 27/13, (www.dpma.de), dort anstatt Gruppe 7 die Wertzahl 5; ZB./EV. v. 24.04.2016 – Arb.Erf. 02/14, (www.dpma.de = Mitt. 2017, 86, dort nur LS. 4), dort anstatt Gruppe 7 Wertzahl 6; v. 17.06.2016 – Arb.Erf. 57/13, (www.dpma.de = Mitt. 2017, 364 f., dort nur LS. 2), dort anstatt Gruppe 6 die Wertzahl 5,5.
1412 Ebenso Schiedsst. v. 29.01.1969 – Arb.Erf. 64/67, (unveröffentl.); ferner v. 25.04.2016, Mitt. 2016, 230, 233 u. v. 19.02.2018 – Arb.Erf. 33/16, (www.dpma.de); Volmer/Gaul Rn. 950 zu § 9/RL Nr. 33.
1413 Ebenso Schiedsst. v. 29.01.1969 – Arb.Erf. 64/69, (unveröffentl.); v. 01.10.2007 – Arb.Erf. 53/04, (unveröffentl.); v. 15.12.2014 – Arb.Erf. 27/13; EV./ZB. v. 24.02.2016 – Arb.Erf. 02/14; v. 22.05.2017 – Arb.Erf. 21/15, (alle www.dpma.de).
1414 OLG Düsseldorf v. 09.10.2014 – I – 2 U 15/13, (www.justiz.nrw.de/nrwe, Rn. 358) – Scharniereinrichtung.

je weniger Einfluss- und Entscheidungsmöglichkeiten ihm aufgrund seiner hierarchischen Stellung zur Verfügung stehen (Hilfsarbeiter im Vergleich zu Vorarbeiter, Meister, Ingenieur, Gruppenleiter, Abteilungsleiter oder Hauptabteilungsleiter), je weniger Zuarbeit und Informationen ihm von ihm berichtenden Mitarbeitern zuteilwerden (nicht leitender Entwickler im Vergleich zu leitendem Entwickler) und je stärker er durch sein Tätigkeitsfeld auf wenig erfindungsträchtige Gebiete beschränkt ist (Fertigung im Vergleich zu Entwicklung oder Forschung). Maßgebend sind also – so das *OLG Düsseldorf*[415] – der Informationsfluss zum Erfinder auf Grund seiner hierarchischen Position im Betrieb und die Wahrscheinlichkeit, eine Erfindung auf Grund der Nähe seiner Tätigkeit zu innovativen Arbeitsergebnissen zu machen; daher werden Tätigkeiten im Vertrieb höher eingestuft als Tätigkeiten in der Fertigung, diese wiederum höher als Tätigkeiten in der Entwicklung oder Forschung, und Tätigkeiten in nicht leitender Position höher als Tätigkeiten in leitender Position, wobei es darauf ankommt, ob tatsächlich eine Vorgesetztenfunktion gegenüber zumindest mehreren Mitarbeitern mit höherer Qualifikation vorliegt; zudem ist für die Einstufung die Größe des Unternehmens relevant.

Entscheidend muss bei allen Gruppen die **tatsächlich ausgeübte Funktion** bleiben, auch soweit sie von Vorbildung oder nomineller Stellung des Arbeitnehmers abweicht[1416] (vgl. RL Nr. 33 Satz 2, 35 Sätze 8–10). Ist der Einsatzbereich des Arbeitnehmers sehr weit, reicht er z.B. von der Forschung bis hin zur Fertigung und zum Vertrieb, so kommt es auf den **Schwerpunkt seiner Tätigkeit** im Unternehmen an.[1417] Siehe Einzelheiten in KommRL Rn. 11 ff. zu RL Nr. 34.

283 Die Gruppen der RL Nr. 34 beruhen auf Typisierungen zur Leistungserwartung und können damit nicht schematisch angewandt werden. Dem trägt auch **RL Nr. 35** Rechnung, die ausdrücklich die Eingruppierung in höhere oder niedrigere Stufen vorsieht, um dem Gebot der Angemessenheit der Vergütung

---

1415 OLG Düsseldorf v. 09.10.2014 – I – 2 U 15/13, (www.justiz.nrw.de/nrwe, Rn. 356) – Scharniereinrichtung; vgl. auch Schiedsst. v. 22.05.2017 – Arb.Erf. 21/15, (www.dpma.de); v. 19.02.2018 – Arb.Erf. 33/16, (vorg. f. www.dpma.de).
1416 Vgl. etwa Schiedsst. v. 07.02.1983, BlPMZ 1984, 218, 220; v. 01.10.1987, BlPMZ 1988, 221, 222; v. 22.06.1995, Mitt 1996, 220, 222 – *Bedienungseinrichtung*; im Ergebn. auch Schiedsst. v. 17.06.2016 – Arb.Erf. 57/13, (www.dpma.de); ferner Keukenschrijver in Busse/Keukenschrijver, PatG, Rn. 49 zu § 11 ArbEG m. w. Nachw.
1417 Schiedsst. v. 11.03.1985 – Arb.Erf. 17/74, (unveröffentl.).

### G. Bemessung der Vergütung
### § 9

und dem Ziel der RL Nr. 33 bestmöglich zu entsprechen.[1418] Die **Korrekturhilfen** der **RL Nr. 35** für die Gruppenwahl orientieren sich an Gehaltshöhe, Alter und Vorbildung, und behandeln zudem Besonderheiten für leitende Angestellte (z. Begriff s. § 1 Rdn. 64 ff.). Die Sondergruppe der **kaufmännischen Angestellten** behandelt RL Nr. 36.[1419] RL Nr. 36 definiert lediglich den Arbeitnehmer im kaufmännischen Bereich, ohne eine Zuordnung zu einer bestimmten Gruppe vorzuschlagen. RL Nr. 36 hindert den Arbeitgeber nicht, dem Vertrieb zugeordnete Mitarbeiter mit Aufgaben zu betrauen, die Einblicke in technische Fragestellungen bieten und auch Eigeninitiative bei den Mitarbeitern an der Lösung von dabei erkannten Problemen abzuverlangen.[1420] Siehe im Einzelnen KommRL zu RL Nrn. 35, 36.

Die Einstufung in die für Fertigungsbetriebe konzipierte RL Nr. 34 bereitet im **öffentlichen Dienst** gewisse Schwierigkeiten. Hier ist anhand der RL Nr. 34 eine angemessene Einordnung zu versuchen, wobei von Ausbildung und tatsächlicher Funktion des Erfinders auszugehen ist und ergänzend die Besoldungs- bzw. Entgeltgruppeneinteilung herangezogen werden kann.[1421]  **284**

*Rdn. 285 – 290 frei*

#### 5. Berechnung des Anteilsfaktors (RL Nr. 37)

Die in Anwendung der RL Nrn. 31 bis 36 ermittelten Wertzahlen a), b) und c) werden sodann addiert. Die Summe entspricht einem in der (Umrechnungs-)Tabelle der RL Nr. 37 unter »A« (= Anteilsfaktor) aufgeführten Prozentsatz, der den Anteilsfaktor darstellt, also den Anteil des Arbeitnehmers am Erfindungswert in Prozenten.[1422] Zwischenwerte sind möglich (s. § 9 Rdn. 264).  **291**

---

1418 S. Schiedsst. v. 15.12.2014 – Arb.Erf. 27/13, u. v.19.02.2018 – Arb.Erf. 33/16, (beide www.dpma.de).
1419 Vgl. Schiedsst. v. 14.08.1972, BlPMZ 1973, 144, 146 u. v. 06.03.1980, BlPMZ 1982, 277, 279. S. aber auch Schiedsst. v. 10.03.2016 – Arb.Erf. 23/12, (www.dpma.de), wonach RL Nr. 36 nicht bei Querschnittsaufgaben mit Überschneidungen im kaufmänn. u. techn. Bereichen greift.
1420 Schiedsst. v.19.02.2018 – Arb.Erf. 33/16, (vorg. f. www.dpma.de).
1421 Ausf. Volz, ArbNErf. im öffentl. Dienst, S. 137 ff.; vgl. auch Schiedsst. v. 01.10.1987, BlPMZ 1988, 221, 222.
1422 Krit. zu den Tabellenwerten Danner, GRUR 1961, 281, 285; zu dem der Tabelle zugrund liegenden mathematischen System vgl. Kämmerer BArbBl. 1959, 623 ff.

## XV. Rechnerische Ermittlung der Vergütung (RL Nr. 39)

**292** RL Nr. 39 gibt als mathematische Formel das in RL Nr. 2 beschriebene Vergütungsprinzip der Richtlinien wieder, wonach sich die Vergütung mittels des Erfindungswertes (s. § 9 Rdn. 86 ff.) und des Anteilsfaktors (s. § 9 Rdn. 261 ff.) berechnen lässt. Die von § 9 Abs. 2 vorgegebene und in den RL Nr. 39 umgesetzte Vergütungsformel ist unstreitig und wird seit jeher in der betrieblichen Praxis ebenso wie von der Schiedsstelle und den Gerichten zu Grunde gelegt (s. KommRL Rn. 1 zu RL Nr. 39).

Die Berechnung der **Vergütung** aus Erfindungswert und Anteilsfaktor wird gemäß RL Nr. 39 in folgender **Formel** ausgedrückt:

$$V = E \times A$$

Dabei bedeuten: V = die zu zahlende Vergütung, E = den Erfindungswert, A = den Anteilsfaktor in Prozenten.

Zur Ermittlung des Erfindungswertes nach der **Lizenzanalogie** dient folgende Formel:

$$E = B \times L$$

Dabei bedeuten: E = den Erfindungswert, B = die (rechnerische) Bezugsgröße, L = Lizenzsatz in Prozenten.

In dieser Formel kann die rechnerische Bezugsgröße (RL Nr. 7) ein Geldbetrag oder eine Stückzahl sein. Ist die Bezugsgröße – wie im Regelfall – ein bestimmter Geldbetrag, so ist der Lizenzsatz ein Prozentsatz (z.B. 3 % von 100.000 €). Ist die Bezugsgröße dagegen eine Stückzahl oder eine Gewichtseinheit, so ist der Lizenzsatz ein bestimmter Geldbetrag je Stück oder Gewichtseinheit (z.B. 10 € je Stück oder Gewichtseinheit des verkauften erfindungsgemäßen Erzeugnisses).

Insgesamt ergibt sich hiernach für die Ermittlung der Vergütung bei Anwendung der **Lizenzanalogie** folgende **Formel:**

$$V = B \times L \times A$$

Hierbei ist nach RL Nr. 39 für B jeweils die entsprechende rechnerische Bezugsgröße (Umsatz, Erzeugung; vgl. RL Nr. 7) für die betreffende wirtschaftlich-technische Bezugsgröße (RL Nr. 8) einzusetzen. Sie kann sich auf die gesamte Laufdauer des Schutzrechts (oder die gesamte sonst nach RL Nr. 42 in Betracht kommende Zeit) oder auf einen bestimmten periodisch wiederkehrenden Zeitabschnitt (z.B. ein Jahr) beziehen; entsprechend ergibt sich aus der Formel die Vergütung für die gesamte Laufdauer (V) oder den bestimmten Zeitabschnitt (bei jährlicher Ermittlung im Folgenden mit Vj bezeichnet).

Wird z.B. die Vergütung unter Anwendung der Lizenzanalogie i.V.m. dem Umsatz ermittelt, so lautet die Formel für die Berechnung der Vergütung:

$$V = U \times L \times A$$

oder bei jährlicher Ermittlung

$$V_j = U_j \times L \times A$$

▶ **Beispiel:**

Bei einem Jahresumsatz von 500.000 €, einem Lizenzsatz von 3 % und einem Anteilsfaktor von (a + b + c) = 8 = 15 % ergibt sich folgende Rechnung:

$$V_j = 500.000\ € \times 3\ \% \times 15\ \%$$

Die Vergütung für ein Jahr beträgt in diesem Fall 2.250 €.

Zur Vergütungsberechnung bei Miterfinderschaft s. § 12 Rdn. 30 ff., oben § 9 Rdn. 266 u. nachfolgend § 9 Rdn. 312 sowie Komm. RL zu RL Nr. 30.

*Rdn. 293 – 298 frei*

## XVI. Beweisfragen

Da der in § 9 verankerte Grundsatz der Angemessenheit der Vergütung eine abstrakte Betrachtungsweise ausschließt und die Ermittlung der Vergütung an die Umstände des jeweiligen Einzelfalls anknüpft, ist die rechnerische Ermittlung der Vergütung mit erheblichen Schwierigkeiten verbunden. Der Aufklärung der tatsächlichen Verhältnisse, insb. der Frage des Nutzungsumfangs wie auch der Wertigkeit der Erfindung, kommt ganz besondere Bedeutung zu. Dementsprechend treten im Streitfall Beweisfragen in den Vordergrund. **299**

Auch für die Frage, ob und in welcher Höhe der Arbeitnehmer einen Vergütungsanspruch hat, gilt der allgemeine Grundsatz, dass die **Darlegungs- und Beweislast für die anspruchsbegründenden Umstände** beim Anspruchsteller, also **beim Arbeitnehmer**, liegen.[1423] Dies betrifft etwa die Erfindereigen- **300**

---

1423 Wohl allg. A., z.B. OLG Düsseldorf v. 26.04.2011 – I – 2 U 24/11, (www.justiz.nrw.de/nrwe, Rn. 53) – Klebstoffzusammensetzung; LG Düsseldorf – 4b O 20/10, (Düsseldf. Entsch. Nr. 1509 – Stahlbetontunnel, dort unter II.2); Schiedsst. v. 08.05.2008 Arb.Erf. 26/06 (Datenbank); 09.01.2013 – Arb.Erf. 16/10; v. 15.01.2013 – Arb.Erf. 44/11; 09.01.2013 – Arb.Erf. 16/10; v. 19.09.2013 – Arb.Erf. 29/12; v. 23.04.2015 – Arb.Erf. 8/12, (alle www.dpma.de).

schaft[1424] bzw. Eigenschaften als Miterfinder (s. dazu § 5 Rdn. 51.2) und den Umfang des Miterfinderanteils, die nach § 9 erforderliche Inanspruchnahme[1425], die tatsächliche Verwertung bzw. Verwertbarkeit der Diensterfindung,[1426] ferner die Kriterien des Anteilsfaktors[1427] (s. dazu KommRL Rn. 30 f. zu RL Nr. 30). Zur Indizwirkung der Erfinderbenennung in der Schutzrechtsanmeldung s. § 5 Rdn. 51.2. Soweit die wesentlichen Kriterien zur Bestimmung des Vergütungsanspruchs hinsichtlich der Verwertung einer Diensterfindung aber in der Sphäre des Arbeitgebers liegen, wird diese Darstellungs- und Beweislast des Arbeitnehmers bezüglich der Verwertung der Diensterfindung durch einen umfassenden **Auskunfts- bzw. Rechnungslegungsanspruch** ggü. dem Arbeitgeber erleichtert[1428] (s. im Einzelnen dazu § 12 Rdn. 162 ff.).

Im Zivilprozess ist grundsätzlich keine Partei verpflichtet, dem Gegner die für den Prozesssieg benötigten Informationen zu verschaffen. Im Einzelfall kann eine umfassende Pflicht zur **Gegendarstellung (sog. »sekundäre Behauptungslast« oder »substantiiertes Bestreiten«**[1429]) für den **Arbeitgeber** aber dann bestehen, wenn nach seiner Behauptung seine Nutzung erheblich vom Inhalt der Erfindungsmeldung abweicht (s.o. Rn. 83 ff.). Diese Gegendarstellungslast des Arbeitgebers kann sich insbesondere dann ergeben, wenn der Arbeitnehmer aus dem Unternehmen ausgeschieden ist, also außerhalb des Geschehensablaufs steht.[1430] Bei Nichterfüllung dieser sekundären Behauptungslast gilt die Behauptung des primär darlegungspflichtigen Arbeitnehmers trotz ihrer eventuell mangelnden Substantiierung als zugestanden i.S.v. § 138 Abs. 3 ZPO; genügt der Arbeitgeber dagegen seiner Darlegungslast, ist die

---

1424 Vgl. etwa OLG München v. 17.09.1992, GRUR 1993, 661, 663 – *Verstellbarer Lufteinlauf*.
1425 Schiedsst. v. 09.01.2013 – Arb.Erf. 16/10, (www.dpma.de).
1426 Ständ. Praxis Schiedsst., z. B. v. 12.06.2008 – Arb.Erf. 23/06 (Datenbank); v. 13.01.2010 – Arb.Erf. 38/07 (unveröffentl.); v. 06.05.2010 – Arb.Erf. 46/08, (insoweit nicht in www.dpma.de); ZB v. 06.07.2010 – Arb.Erf. 20/09, (insoweit nicht in www.dpma.de); v. 16.12.2011 – Arb.Erf. 63/08, (unveröffentl.); v. 09.01.2013 – Arb.Erf. 16/10; v. 20.06.2013 – Arb.Erf. 32/12, (beide www.dpma.de).
1427 LG Düsseldorf v. 18.12.2007 – 4a O 26/98 – Pflückvorsatz (unveröffentl.); vgl. auch Keukenschrijver in Busse/Keukenschrijver, PatG, Rn. 45 zu § 11 ArbEG.
1428 Schiedsst. v. 16.05.2007 – Arb.Erf. 12/06, u. v. 14.05.2009 – Arb.Erf. 47/07, (beide unveröffentl.).
1429 S. dazu Zöller/Greger, ZPO, Rn. 34 vor § 284.
1430 Schiedsst. v. 16.12.2011 – Arb.Erf. 63/08, (unveröffentl.).

weitere Beweisführung wiederum Sache des beweispflichtigen Arbeitnehmers.[1431]

Eine weitere Hilfe liegt in der Pflicht des Arbeitgebers, bei Scheitern einer einvernehmlichen Vergütungsregelung eine **einseitige, ordnungsgemäß begründete Vergütungsfestsetzung** gem. § 12 Abs. 3 vornehmen zu müssen (vgl. im Einzelnen dazu § 12 Rdn. 49 ff.). Zum Einfluss der Verjährung des Anspruchs auf Auskunftserteilung und zur Vergütungsfestsetzung s.o. § 9 Rdn. 40.3.

Ist die vollständige Aufklärung aller für die Höhe der Erfindervergütung maßgebenden Umstände mit Schwierigkeiten verbunden, die zu der Bedeutung der sich etwa aufgrund der Einholung eines Sachverständigengutachtens möglicherweise ergebenden Korrektur in keinem Verhältnis stehen, so kann das Gericht über die Vergütung durch **Schätzung** gem. **§ 287 Abs. 2 ZPO** nach freier Überzeugung entscheiden.[1432]

I.Ü. wird auf Fragen der Beweislast bei den jeweiligen Einzelproblemen eingegangen.

## H. Sonderformen der Vergütungsberechnung

Neben den Vergütungsrichtlinien sind im Schrifttum[1433] – teilweise in Anlehnung an die RLn bzw. in deren Ergänzung – besondere Formen der Vergütungsberechnung entwickelt worden. Wegen der Einzelheiten kann auf die 4. Vorauflage verwiesen werden (dort § 9 Rdn. 303 bis 305). **301**

Allerdings muss man sich stets bewusst sein, dass es eine Berechnungsmethode, die mit mathematischer Genauigkeit allen Besonderheiten des Einzelfalls Rechnung trägt und dementsprechend auf Wertungen bzw. Teilschätzungen verzichten kann, nicht geben kann (vgl. Komm. RL zu RL Nr. 4);

Ein Anspruch des Arbeitnehmers auf Berechnung nach einer dieser Sonderformen besteht grds. nicht; etwas anderes kann jedoch bei der Bindung des Arbeitgebers aufgrund unternehmenseigener Vergütungsrichtlinien (vgl. dazu § 11 Rdn. 13) oder aufgrund betrieblicher Übung (s. § 25 Rdn. 22.2) gelten. **302**

*Rdn. 303 – 305 frei*

---

1431 Zöller/Greger, ZPO, Rn. 34c vor § 284 u. Rn. 8b zu § 138.
1432 LG Düsseldorf v. 11.11.1975 – 4 O 304/74, (unveröffentl.).
1433 Insbes. Johannesson, GRUR 1970, 114, 123 ff. u. GRUR 1981, 324 ff.; ders., ArbNErf. Anm. 4 zu § 9 ArbEG; Danner, GRUR 1964, 241 ff., GRUR 1976, 232 ff. u. GRUR 1980, 821 ff.; ausführl. dargestellt b. Volmer/Gaul Rn. 323 ff. zu § 9/RL Nr. 6; Schickedanz, DB-Beil. Nr. 4/1975.

**306** In der betrieblichen Praxis hatte namentlich die von *Weisse*[1434] entwickelte und von *Fischer*[1435] fortgeführte Methode der **Kaufpreisanalogie** eine gewisse Bedeutung gewonnen. Nach dieser Methode beruht die Vergütungsbemessung auf dem Prinzip, den Kaufpreis einer Diensterfindung in einem möglichst frühen Stadium nach Inanspruchnahme der Erfindung fiktiv aufgrund zahlreicher Bewertungsfaktoren zu ermitteln. Die wesentlichen Bewertungsfaktoren zur Ermittlung des Erfindungswertes sind die der technischen Bedeutung (z.B. Kostensenkung, Vereinfachung oder Verbesserung des Erzeugnisses), der Bedeutung für die Verbesserung der Marktposition (Umsatzsteigerung), die das Unternehmen durch die Erfindung erhält bzw. ihm erhalten wird, und schließlich der Umfang der gegenwärtigen bzw. voraussichtlichen Benutzung. Zur Kaufpreisanalogie nach RL Nr. 4 s. § 9 Rdn. 123.

Die Methode der Kaufpreisanalogie folgt der Empfehlung der **RL Nr. 40 Abs. 2** und wird insb. bei der Vergütung kleinerer und mittlerer Erfindungen angewandt. Die Methode der Kaufpreisanalogie setzt zur Ausfüllung der einzelnen Wertfaktoren erhebliche Erfahrungen mit vergleichbaren Erfindungen bzw. Produkten voraus. Wegen der zwangsläufigen Schätzung vieler Teilwerte ist sie mit Unsicherheiten belastet und ihre Akzeptanz jedenfalls bei den Erfindern häufig gering.[1436]

*Rdn. 307 – 310 frei*

### J. Vergütung bei Miterfinderschaft

**311** Jeder Arbeitnehmer-Miterfinder (zum Begriff der Miterfinderschaft s. § 5 Rdn. 44 ff.) hat einen eigenen, **selbstständigen Vergütungsanspruch** gegen den Arbeitgeber, der unabhängig von den übrigen Miterfindern geltend gemacht werden kann.[1437] Davon geht auch § 12 aus. Danach ist die Vergü-

---

[1434] In GRUR 1966, 165 ff.
[1435] In GRUR 1971, 131, 133 ff. u. GRUR 1972, 118 ff.
[1436] Auch die Schiedsst. (EV. v. 09.07.1991 – Arb.Erf. 75/90, unveröffentl.) verweist auf die mit der Schätzung verbundenen Unsicherheiten und die sich aus der Anbindung an einen »Erfindungs-Einheitswert« ergebende Loslösung von den Methoden der RL 1959, sodass jedenfalls bei Umsatzgeschäften mit erfindungsgemäßen Produkten diese Methode ggü. der Lizenzanalogie Bedenken aufwirft. Dieser Kritik folgend auch Reimer/Schade/Schippel/Himmelmann Rn. 1 zu § 11/ RL Nr. 3.
[1437] So BGH v. 18.03.2003, GRUR 2003, 702, 703 – *Gehäusekonstruktion* m. H. a. BGH v. 02.12.1960 – I ZR 23/59, GRUR 1961, 338, 341 – *Chlormethylierung*; ebenso OLG Frankfurt v. 16.05.2013 – 6 U 39/12, (juris); so bereits Keukenschrijver in Busse/Keukenschrijver, PatG, Rn. 12 zu § 12 ArbEG;

## J. Vergütung bei Miterfinderschaft § 9

tung bei einer Mehrheit von Arbeitnehmererfindern für jeden Einzelnen gesondert festzustellen bzw. festzusetzen (§ 12 Abs. 2, 3 Rdn. 28 ff., 54). Demzufolge sind die Miterfinder weder Gesamtgläubiger von Vergütungsansprüchen noch – im Fall zu Unrecht gezahlter Erfindervergütung – Gesamtschuldner von etwaigen Rückforderungsansprüchen.[1438] Das gilt auch bei Arbeitnehmer-Miterfindern bei demselben Arbeitgeber. Während der Erfindungswert (RL Nrn. 3 ff.) als objektive Größe für alle Arbeitnehmer-Miterfinder des Arbeitgebers zwangsläufig identisch ist, können sich beim individuellen Anteilsfaktor auf Grund der Erfindungsgeschichte und der betrieblichen Tätigkeit ebenso erhebliche Unterschiede ergeben wie beim Miterfinderanteil.

Der Vergütungsanspruch eines Miterfinders besteht grundsätzlich **lösgelöst** 312 von der wirtschaftlichen **Verwertbarkeit und** der tatsächlichen **Verwertung seines schöpferischen Beitrags** zur Diensterfindung (Gesamtleistung).[1439] Vergütung kann folglich auch dann von einem Miterfinder beansprucht werden, wenn sein Beitrag die wirtschaftliche Verwertbarkeit der Diensterfindung nicht (mit-)begründet bzw. wenn der Arbeitgeber von dessen schöpferischem Beitrag im Rahmen der Verwertung **keinen Gebrauch** macht.[1440] Da sich die Erfindung als gemeinsame Leistung aller Erfinder darstellt, wird bei der Benutzung des Patents ihre Gesamtleistung benutzt. Eine andere Betrachtungsweise würde zu einer unzulässigen Realteilung des Patents führen. Jeder Einzelne ist stets als Miterfinder am gesamten (Schutz-) Recht zu berücksichtigen[1441] (s. a. § 5 Rdn. 47.2–53.1).

Es reicht für die Vergütung jedes Miterfinders aus, wenn beispielsweise ausschließlich von einzelnen Patentansprüchen Gebrauch gemacht wird (s. a. § 9 Rdn. 91), auch wenn diese auf andere Miterfinder zurückgehen. Insoweit kommt es also auf die Art und Möglichkeit der Verwertung des Miterfinderbeitrags durch den Arbeitgeber nicht an. Das gilt insb., wenn ein Beitrag seinen Niederschlag allein in (nicht mitbenutzten) **Unteransprüchen** findet; dieser Miterfinder ist, ungeachtet der Mitverwirklichung seines Unteran-

---

1438 So im Ergebn. BGH v. 18.03.2003, GRUR 2003, 702, 704 l. Sp. – *Gehäusekonstruktion*; wie hier auch Schwab GRUR 2019, 670, 671.
1439 BGH v. 22.11.2011 – X ZR 35/09, GRUR 2012, 380 [Rn. 25 f.] – *Ramipril II*.
1440 Im Ergebn. BGH v. 22.11.2011 – X ZR 35/09, GRUR 2012, 380 [Rn. 21 f.] – *Ramipril II*; wie hier auch Schiedsst. v. 28.10.1996 – Arb.Erf. 58/94; Keukenschrijver in Busse/Keukenschrijver, PatG, Rn. 13 zu § 12 ArbEG.
1441 Ständ. Praxis Schiedsst. z.B. v. 07.01.1991 – Arb.Erf. 33/89; v. 09.06.1995 – Arb.Erf. 102/93; v. 10.10.1996 – Arb.Erf. 34/94; v. 07.11.1997 – Arb.Erf. 29/96, (sämtl. unveröffentl.).

spruchs, entsprechend seinem Miterfinderanteil zu vergüten.[1442] Gleiches gilt für den Miterfinder, auf den die Hauptansprüche zurückgehen, wenn nur von Unteransprüchen Gebrauch gemacht wird. Der Vergütungsanspruch des Miterfinders besteht auch dann, wenn sein ideeler Anteil an der Erfindung sehr gering ist.[1443]

Folglich hat auch ein **Wechsel in der Benutzungsform** keinen Einfluss auf die Vergütung (s. § 12 Rdn. 110). Zur **Änderung des Schutzumfangs** im Erteilungsverfahren s. § 12, Rdn. 30.

313 Diese Grundsätze gelten auch dann, wenn der Arbeitgeber zwei jeweils für sich schutzfähige Diensterfindungen **zu** einer **einheitlichen Patentanmeldung** zusammenfasst (s. hierzu § 13 Rdn. 43), etwa um einen breiteren Schutzumfang abzusichern. Dieser Realakt der Verbindung zweier Erfindungen schafft ebenfalls eine Bruchteilsgemeinschaft[1444] (vgl. auch § 9 UrhG). Der *BGH* hat allerdings letztlich offengelassen, ob eine andere Bewertung ausnahmsweise dann erfolgen kann, wenn eine (spätere) Hinzufügung eines erfinderischen Beitrages Gegenstand eines von der bisherigen Diensterfindung unabhängigen Patentanspruchs geworden ist.[1445]

Hatte der Arbeitgeber vor April 2013 für einen ergänzenden Erfindungsgedanken ein **Zusatzpatent** angemeldet (vgl. § 147 Abs. 3 PatG), ist nach der Nutzung des jeweiligen Erfindungsgedankens zu differenzieren.

314 Davon zu trennen ist die für die Höhe der Vergütung maßgebliche Ermittlung des **Miterfinderanteils** (zu dessen Bestimmung s. i. Einzelnen § 12 Rdn. 30 ff.). Bei der Ermittlung der Vergütung für die einzelnen Miterfinder muss grds. zunächst der Wert der gesamten Erfindung (**Gesamterfindungswert [GE];** s. hierzu § 9 Rdn. 128 ff.) berechnet werden; sodann ist für jeden Miterfinder festzustellen, wie er im Verhältnis zu den übrigen quotenmäßig an der Erfindung beteiligt ist (in Prozenten auszudrückender **Miterfinderanteil [M]**). Die Multiplikation des Gesamterfindungswertes mit dem jeweiligen Miterfinderanteil ergibt den **Teilerfindungswert** für den einzelnen Miterfin-

---

1442 Schiedsst. v. 02.12.1982 – Arb.Erf. 24/82, u. v. 07.01.1991 – Arb.Erf. 33/89, (beide unveröffentl.); Reimer/Schade/Schippel/Trimborn Rn. 25 zu § 12; s. aber auch BGH v. 17.10.2000, GRUR 2001, 226, 227 – *Rollenantriebseinheit*.
1443 Vgl. etwa zum Ausgleichsanspruch des Teilhabers eines Schutzrechts nach § 745 Abs. 2 BGB BGH v. 16.05.2017 GRUR 2017, 890 (Rn. 27, 28, 32) – Sektionaltor II, wo es um einen Miteigentumsanteil von 5 % ging.
1444 S. hierzu Seibt/Wiechmann, GRUR 1995, 562 u. OLG Hamburg v. 03.03.1994, NJW-RR 1995, 238.
1445 BGH v. 22.11.2011 – X ZR 35/09, GRUR 2012, 380 [Rn. 22] – *Ramipril II*.

## J. Vergütung bei Miterfinderschaft § 9

der. Durch die weitere Multiplikation mit dem individuellen Anteilsfaktor (s. dazu § 9 Rdn. 266, 273) wird die effektive Vergütung (V) des einzelnen Miterfinders mit folgender Formel errechnet:[1446]

$$V = GE \times M \times A.$$

S. hierzu auch § 12 Rdn. 33 f. Der Vergütungsanspruch des einzelnen Miterfinders besteht unabhängig davon, inwieweit von denjenigen Merkmalen der Erfindung Gebrauch gemacht wird, die er beigetragen hat (vgl. hierzu § 12 Rdn. 32.1; zum Einfluss des Wechsels der erfindungsgemäßen Ausführungsform s. § 12 Rdn. 110).

An diesem Berechnungsmodus ändert sich für den Arbeitnehmererfinder nichts, wenn anstelle anderer Arbeitnehmererfinder **freie (Mit-) Erfinder** (auch Arbeitgeber) am Zustandekommen der Erfindung beteiligt sind. **315**

Sind z.B. bei einer **zwischenbetrieblichen Kooperation** Arbeitnehmer-Erfinder mehrerer Arbeitgeber als Miterfinder an einer Erfindung beteiligt, so vermittelt jeder Miterfinder seinem Arbeitgeber – unabhängig von der Höhe seines Miterfinderanteils – eine Nutzungsbefugnis an der gesamten Erfindung (vgl. § 743 Abs. 2 BGB), sobald dieser den Erfindungsanteil seines Arbeitnehmers (unbeschränkt) in Anspruch genommen hat. Mit Rücksicht auf diese Vermittlung des vollen Nutzungsrechts an der Erfindung werden die Arbeitnehmer-Miterfinder eines Arbeitgebers im Verhältnis zu ihrem Arbeitgeber bei der Vergütungsberechnung so behandelt, als seien sie insgesamt die **alleinigen Erfinder**; der Miterfinderanteil der Arbeitnehmer der anderen Arbeitgeber

---

[1446] Zur üblichen Berechnungsmethode vgl. BGH v. 02.12.1960 – I ZR 23/59, GRUR 1961, 338, 340 – *Chlormethylierung*; Schiedsst. v. 25.05.2007 – Arb.Erf. 23/05, (unveröffentl.); Lüdecke Erfindungsgemeinschaften (1962) S. 85 ff.; Reimer/Schade/Schippel/Himmelmann Rn. 50 zu § 9.

bleibt also unberücksichtigt.[1447] Eine Ausnahme macht die *Schiedsstelle* dann, wenn der Gesamtumsatz beider Arbeitgeber Bemessungsgrundlage für die Erfindervergütung ist, etwa, wenn der Arbeitgeber bei der Berechnung auch die Umsatzanteile zu Grunde legt, die er an den Mitinhaber und Arbeitgeber des anderen Arbeitnehmererfinders weiterleiten muss.[1448]

**Bemessungsgrundlage** für die Erfindervergütung ist dabei allein der Nutzen, der dem jeweiligen Arbeitgeber (und nicht der, der dem anderen Teilhaber/ Kooperationspartner) zufließt[1449] (s.a. § 9 Rdn. 191 f.). Wird der Erfindungswert im Einzelfall auf der Grundlage des Gesamtnutzens bzw. des Nutzens des Vertragspartners ermittelt, sind die Miterfinderanteile insgesamt zu berücksichtigen.[1450] Das kann auch gelten, soweit der Arbeitgeber eines Miterfinders den Arbeitgeber der anderen Miterfinder mit den erfindungsgemäßen

---

1447 Grundlegend Bartenbach, Zwischenbetriebl. F.+E.-Kooperation (1985) S. 123 ff.; im Ergebnis ebenso Schiedsst. v. 06.12.1983 – Arb.Erf. 2/83 u. v. 07.02.1985 – Arb.Erf. 71/84; ZB v. 29.09.1994 – Arb.Erf. 12/93; v. 20.01.1995 – Arb.Erf. 12/94; v. 05.06.1998 – Arb.Erf. 81/96; v. 19.10.2007 – Arb.Erf. 14/06; v. 31.01.2008 – Arb.Erf. 1/07; v. 23.11.2010 – Arb.Erf. 33/09, (alle unveröffentl.); v. 27.04.2016 – Arb.Erf. 53/13 (www.dpma.de); v. 11.04.2018 – Arb.Erf. 27/16, (vorg. f. www.dpma.de); zust. auch Schiedsst. v. 16.04.1991, BlPMZ 1993, 114 – *Austauschvertrag*; Reimer/Schade/Schippel/Himmelmann Rn. 52 zu § 9; Hühnerbein (Diss. 2003), S. 88; Henke, Erfindungsgem. (2005), S. 268 (Rn. 1095); s. auch Keukenschrijver in Busse/Keukenschrijver, PatG, Rn.11 zu § 12 ArbEG. A. A. Niedzela-Schmutte (Diss. München 1998), S. 147 ff., wonach es vielmehr bei einer »überbetrieblichen Dienstmiterfindung« der vertraglichen Übernahme von Vergütungsansprüchen durch den (stärker) nutzenden Kooperationspartner zugunsten der Arbeitnehmererfinder des anderen Kooperationspartners (§ 328 BGB) bedarf, wobei offen bleibt, woraus sich ein diesbezüglicher Anspruch auf Abschluss eines solchen Vertrages ableitet. S. ferner Homma (Diss. 1998), S. 171.
1448 Schiedsst. v. 27.04.2016 – Arb.Erf. 53/13, (www.dpma.de).
1449 Bartenbach, Zwischenbetriebl. F.+E.-Kooperation (1985) S. 126 ff.; Schiedsst. v. 07.02.1985 – Arb.Erf. 71/84, (unveröffentl.) m. d. H., sie habe in mehreren EV'en vorgeschlagen, dass im Fall des Fehlens von Vereinbarungen »bei Inhaberschaft verschiedener Firmen jede Firma nur die Erfindervergütung für ihre eigene Diensterfindung zu zahlen hat, und zwar im Umfang ihrer eigenen Nutzung«; vgl. auch Schiedsst. v. 13.01.1961, BlPMZ 1962, 17 = GRUR 1962, 191 (LS) m. Anm. Schippel; Schiedsst. v. 23.07.1991, BlPMZ 1993, 114, 115 – *Mischer*; v. 11.01.2018 – Arb.Erf. 41/16, (vorg. f. www.dpma.de); Reimer/Schade/Schippel/ Himmelmann Rn. 52 zu § 9; abw. Kroitzsch, GRUR 1974, 177 ff., der u. a. eine Verdoppelung der Vergütung vorschlägt; vgl. auch Kraushaar, ZRP 1972, 271 ff.
1450 OLG Frankfurt am Main v. 30.04.1992, GRUR 1992, 852, 854 – *Simulation von Radioaktivität*.

Produkten beliefert.¹⁴⁵¹ Gleiches gilt bei der Ermittlung des Erfindungswertes im Rahmen eines Austauschvertrages (RL Nr. 17), wenn sich bei einem entsprechend großen, dem Austauschvertrag zugrunde liegenden Schutzrechtspool, dem auch die beiden Arbeitgebern gemeinsam zustehende Diensterfindung angehört, Vor- und Nachteile bezüglich der Lizenzeinnahmen aus den verschiedenen Schutzrechten ausgleichen.¹⁴⁵²

Mit Rücksicht auf das den übrigen Kooperationspartnern an dem gemeinsamen Schutzrecht zustehende eigene Nutzungsrecht verfügt der jeweilige Arbeitgeber (Kooperationspartner) nur über ein eingeschränktes Monopolrecht. Diese **eingeschränkte Monopolwirkung** kann Anlass zu einer Minderung des Lizenzfaktors sein¹⁴⁵³ (s.a. § 9 Rdn. 198.1). Dies gilt insb. bei intensiver Nutzung des Erfindungsgegenstandes durch die übrigen Schutzrechtsinhaber, aber auch im Einzelfall dann, wenn ein Arbeitgeber die Erfindung allein nutzt und nicht auszuschließen ist, dass bei dieser Fallgestaltung die übrigen Teilhaber einen wirtschaftlichen Ausgleich beanspruchen können.¹⁴⁵⁴ 316

*Rdn. 317 – 320 frei*

## K. Nullfall

Der Amtl. Begründung¹⁴⁵⁵ zufolge schließt die Fassung des § 9 nicht aus, dass eine **Vergütung** (der Höhe nach) **entfällt**, soweit ihre Gewährung im Einzelfall nicht angemessen ist; dies soll insb. in den Fällen gelten, in denen die Entwicklungsarbeit auf dem Gebiet der Diensterfindung zu den vertraglichen Arbeiten des Arbeitnehmers gehört, dieser ein entsprechendes Gehalt dafür bezieht und die erfinderische Leistung des Arbeitnehmers im Verhältnis zum betriebsinternen Stand der Technik einen so **geringen technischen Fortschritt** bedeutet, dass die Zahlung einer besonderen Vergütung nicht angemessen erscheint.¹⁴⁵⁶ 321

Die rechtliche Möglichkeit eines solchen »Nullfalls« wird vielfach als Durchbrechung des Monopolprinzips zugunsten des Sonderleistungsprinzips gewer- 322

---

1451 Vgl. Schiedsst. v. 27.04.2016 – Arb.Erf. 53/13, (www.dpma.de = Mitt. 2017, 287, dort nur LS. 3).
1452 Schiedsst. v. 16.04.1991, BlPMZ 1993, 114 – *Austauschvertrag*.
1453 Schiedsst. v. 02.04.1997 – Arb.Erf. 61/95, (unveröffentl.).
1454 Schiedsst. v. 19.10.2007 – Arb.Erf. 14/06, (unveröffentl.); a.A. Lüdecke S. 211; offengel. von Busse/Keukenschrijver, PatG (6. Aufl. 2003) Rn. 40 zu § 6 (a.F.).
1455 Amtl. Begründung BT-Drucks. II/1648 S. 27 = BlPMZ 1957, 233.
1456 Amtl. Begründung BT-Drucks. II/1648 S. 27 = BlPMZ 1957, 233.

tet und damit angezweifelt.[1457] Der Gesetzgeber hat jedoch an der Zulässigkeit eines derartigen Wegfalls der Vergütung festgehalten, allerdings von einer ausdrücklichen Regelung im Gesetz abgesehen, um einer (vermeintlichen) Verquickung von Sonderleistungs- und Monopolprinzip vorzubeugen.[1458]

323 Einen Tatbestand des **Wegfalls der Vergütung** enthält **RL Nr. 38**.[1459] Danach kann – wenn Erfindungswert und Anteilsfaktor sehr niedrig sind – die Vergütung bis auf einen Anerkennungsbetrag sinken oder ganz wegfallen. Eine mehrjährige, auch abgewandelte Benutzung spricht gegen einen Nullfall.[1460] Wird lediglich ein geringer Erfindungswert ermittelt, etwa wegen eines niedrigen Umsatzes, ist eine Vergütung zu zahlen, es sei denn, dass gleichzeitig eine besonders niedrige erfinderische Leistung bzw. ein sehr hoher Anteil des Betriebes festzustellen sind oder die Zahlung einer Vergütung aus anderen Gründen unzumutbar ist (§ 242 BGB)[1461] (vgl. i.Ü. d. Erläuterungen KommRL zu RL Nr. 38).

324 Neben RL Nr. 38 und der fehlenden Verwertbarkeit i.S.d. RL Nr. 22 (s. § 9 Rdn. 211) sind weitere Nullfälle (theoretisch) denkbar, in der Praxis allerdings selten. So kann sich aus einem besonders **gesteigerten Erteilungsrisiko** ein Nullfall ergeben,[1462] insb. wenn – auch unter Zugrundelegung einer ex-ante-

---

1457 Kritisch z.B. Schade, GRUR 1958, 519, 523. Demgegenüber bejaht die h. M. die Möglichkeit eines Nullfalls, so u. a. Schiedsst. v. 16.10.1958, BlPMZ 1959, 16 u. v. 26.04.1985 BlPMZ 1985, 307, 309, Lindenmaier/Lüdecke Anm. 2 zu § 11/RL Nr. 38; Volmer/Gaul Rn. 1029 f. zu § 9; Gaul/Wexel, BB 1984, 2069, 2072 f.; MünchArbR/Bayreuther, § 98 Rn. 30; HK-ArbR/Kronisch Rn. 28 zu § 9; Schwab, Arbeitnehmererfindungsrecht, § 9 Rn. 30 ff.; Keukenschrijver in Busse/Keukenschrijver, PatG, Rn. 16 zu § 12 ArbEG; im Ergebn. auch OLG München v. 14.09.2017, GRUR-RR 2018, 137 (Rn. 49 f.) – Spantenmontagevorrichtung; vgl. auch Reimer/Schade/Schippel/Himmelmann Rn. 53 zu § 9; weitergehend Werner, BB 1983, 839 ff.
1458 Vgl. Ausschussbericht zu BT-Drucks. II/3327 S. 5 = BlPMZ 1957, 252.
1459 Vgl. dazu insb. Halbach, GRUR 1960, 457 f. u. ders., GRUR 1961, 388 f.; Derichs, GRUR 1961, 66 f.; Werner, BB 1983, 839 ff.; Gaul/Wexel, BB 1984, 2069, 2072 f.; s.a. Gaul/Bartenbach Hdb. N 254 ff.; Schiedsst. v. 16.10.1958, BlPMZ 1959, 16 m. Anm. Heine, GRUR 1959, 182 u. v. 26.04.1985, BlPMZ 1985, 307, 309.
1460 OLG München v. 14.09.2017, GRUR-RR 2018, 137 (Rn. 50 f.) – Spantenmontagevorrichtung.
1461 Schiedsst. v. 16.10.1958 u. v. 26.04.1985, BlPMZ 1985, 307, 309.
1462 Vgl. BGH v. 30.03.1971 – X ZR 8/68, GRUR 1971, 475, 477 – *Gleichrichter*; vgl. auch LG Düsseldorf v. 28.07.1964, GRUR 1965, 307, 308 – *Fußplatte*.

## K. Nullfall § 9

Sicht[1463] – sehr gewichtige Gründe gegen eine Schutzrechtserteilung sprechen, etwa wenn der Anmeldungsgegenstand neuheitsschädlich getroffen ist oder die Erfindungshöhe sich als zu gering erweist.[1464] Einen solchen Nullfall nimmt die *Schiedsstelle* jedenfalls ab dem Zeitpunkt an, in dem ein Arbeitgeber als Konsequenz aus einem negativen Prüfungsergebnis dem Arbeitnehmer die Übertragung der Anmeldeposition nach § 16 anbietet; die Nutzungshandlungen nach diesem Zeitpunkt – etwa im Rahmen eines nicht ausschließlichen Nutzungsrechts nach § 16 Abs. 3 – sind dann von einer vorläufigen Vergütung freigestellt.[1465] Erfolgt dennoch eine Schutzrechtserteilung, ist die Vergütung nachzuholen[1466]. Allgemein z. vorl. Vergütung s. § 12 Rdn. 64 ff. Werden dem Arbeitnehmer im Hinblick auf seine erfinderische Tätigkeit außerordentliche Dienstbezüge gewährt, so rechtfertigt dies allein noch nicht das Absehen von einer Erfindervergütung im Sinne eines Nullfalls.[1467] Ein Nullfall kann ausnahmsweise auch dann gegeben sein, wenn der Erfindungsgedanke nachweislich dem betriebsinternen Stand der Technik entspricht und dementsprechend keine zusätzliche »Bereicherung« eingetreten ist.[1468]

Eine schematische Handhabung der RL Nr. 38 verbietet sich ebenso wie eine typisierte Betrachtungsweise der auf **Ausnahmesituationen** zu begrenzenden Nullfälle. Vielmehr kommt es im Hinblick auf das in § 9 Abs. 1 verankerte Gebot der Angemessenheit darauf an, ob dem Arbeitgeber im Einzelfall eine Vergütung nach Treu und Glauben (§ 242 BGB) noch zugemutet werden kann. Zur Vergütung bei Erfindungseinsatz mit Verlust s. § 9 Rdn. 2.3; zum Wegfall der Vergütungspflicht bei Vernichtbarkeit des Schutzrechts s. § 9 Rdn. 35 f.; zum geringen Miterfinderanteil s. § 9 Rdn. 312. **325**

Ist die Vergütung gleich Null, entbindet dies den Arbeitgeber nicht von der Vergütungsfeststellung bzw. -festsetzung nach § 12; vielmehr muss der Arbeitgeber die durch § 12 bedingte **förmliche Erklärung** dahin abgeben, dass er eine Diensterfindung als einen »Null-Fall« zu behandeln gedenke (s. § 12 **326**

---

1463 So OLG München v. 14.09.2017, GRUR-RR 2018, 137 (Rn. 52) – Spantenmontagevorrichtung m.H.a. BGH v. v. 30.03.1971 – X ZR 8/68, GRUR 1971, 475, 477 – *Gleichrichter*.
1464 Schiedsst. ZB v. 09.02.1995 – Arb.Erf. 65/93; v. 24.06.1999 – Arb.Erf. 88/97, u. v. 21.10.2008 – Arb.Erf. 34/07, (sämtl. unveröffentl.).
1465 Schiedsst. v. 10.12.1978, BlPMZ 1979, 255, 257.
1466 Schiedsst. v. 10.12.1978, BlPMZ 1979, 255, 257.
1467 A.A. Werner, BB 1983, 839 ff.
1468 OLG München v. 14.09.2017, GRUR-RR 2018, 137 (Rn. 53 f.) – Spantenmontagevorrichtung.

Rdn. 43). Ihn trifft zudem die **Beweislast** des Vorliegens eines derartigen Ausnahmefalls.[1469]

*Rdn. 327 – 329 frei*

### L. Schadensberechnung nach Vergütungsgrundsätzen

330 Ist der Arbeitgeber wegen schuldhafter Verletzung seiner Anmeldepflicht (s. dazu § 13 Rdn. 58 ff.) oder seiner Pflichten aus §§ 14, 16, 17 (s. dazu § 14 Rdn. 81, § 16 Rdn. 70 ff., § 17 Rdn. 22) oder wegen Verletzung der Geheimhaltungspflicht (s. § 24 Rdn. 23 f.) dem Arbeitnehmer schadensersatzpflichtig (§ 280 Abs. 1 BGB), so kann sich der **Schadensumfang** an den dem Arbeitnehmer entgangenen Vergütungsleistungen orientieren (Vergütungsersatzanspruch). Der Schadensumfang ist nach den obigen Grundsätzen zu bestimmen,[1470] ggf. unter Berücksichtigung eines etwaigen Mitverschuldens des Arbeitnehmers.[1471]

331 Die **Beweislast** für die anspruchsausfüllenden Umstände trifft den Arbeitnehmer;[1472] im Einzelfall muss er ggf. beweisen, dass auf seine Diensterfindung bei pflichtgemäßem Verhalten des Arbeitgebers ein Schutzrecht (mit gewisser Wahrscheinlichkeit) erteilt worden wäre.[1473]

### M. Vergütungspflichtige Sonderleistungen

332 Soweit eine besondere Leistung des Arbeitnehmers, insb. eine Leistung schöpferischer Art, die über die übliche Arbeitsleistung hinausgeht, mangels Schutzfähigkeit nicht nach § 9 und ggf. mangels Gewährung einer faktischen Monopolstellung nicht nach § 20 Abs. 1 zu vergüten ist, kann sich – trotz Fehlens einer individuellen Vergütungsabrede bzw. einer kollektivrechtlichen Vergütungsregelung – eine Vergütungspflicht ergeben, wenn sie dem Arbeitgeber

---

1469 Lindenmaier/Lüdecke Anm. 2 zu § 11/RL Nr. 38. Boemke/Kursawe/Engemann Rn. 423 zu § 9.
1470 Wie hier Reimer/Schade/Schippel/Kaube Rn. 60 zu § 9; vgl. z.B. Schiedsst. v. 09.07.1974, BlPMZ 1975, 258 (Berücksichtigg. d. Anteilsfaktors).
1471 Vgl. BGH v. 31.01.1978 – X ZR 55/75, GRUR 1978, 430, 434 a. E. – *Absorberstab-Antrieb* u. BGH v. 08.12.1981, GRUR 1982, 227, 228 – *Absorberstab-Antrieb II*.
1472 Vgl. auch Schiedsst. v. 15.10.1964, BlPMZ 1965, 66; BGH v. 08.12.1981, GRUR 1982, 227, 228 – *Absorberstab-Antrieb II* m.H.a. BGH v. 27.11.1969, GRUR 1970, 296, 298 f. – *Allzweck-Landmaschine*.
1473 Vgl. BGH v. 09.01.1964 – I a ZR 190/63, GRUR 1964, 449, 453 a. E. – *Drehstromwicklung*; vgl. auch BGH v. 08.12.1981, GRUR 1982, 227, 228 f. – *Absorberstab-Antrieb II*.

## M. Vergütungspflichtige Sonderleistungen § 9

nicht unerhebliche Vorteile bringt.[1474] Rechtsgrundlage können die Grundsätze von **Treu und Glauben** (§ 242 BGB)[1475] oder § 612 BGB (analog)[1476] bzw. §§ 612, 611, 242 BGB[1477] sein.[1478] Die Vergütung als Sonderleistung ist **kein ergänzender Anspruch** zur Erfindervergütung; dafür ist kein Raum, da das ArbEG den Bereich der Arbeitnehmererfindung abschließend regelt (s. Einl. Rdn. 4). Das gleiche gilt im Verhältnis zu technischen Verbesserungsvorschlägen, soweit dazu eine Regelung besteht, sei es über § 20 Abs. 1 für qualifizierte oder über eine kollektivrechtliche Vereinbarung für einfache Verbesserungsvorschläge (s. § 20 Rdn. 65 f.; zu urheberrechtsfähigen Leistungen s. § 1 Rdn. 4).

**Anspruchsvoraussetzung** ist also zunächst, dass der Arbeitnehmer über den Rahmen des Arbeitsvertrages bzw. die danach geschuldete übliche Arbeitsleistung hinausgehend auf Veranlassung des Arbeitgebers oder mit seiner Billigung eine **faktisch höherwertige Leistung** erbringt, die eine echte Sonderleistung darstellt und für die eine Vergütungsregelung fehlt.[1479] Insoweit ist also in jedem Einzelfall zu prüfen, ob und inwieweit derartige über die übliche Arbeitsleistung hinausgehende Sonderleistungen vorliegen und ob diese durch das übliche/vereinbarte Arbeitsentgelt mitabgegolten werden sollen. Entsprechend der das Arbeitsverhältnis bestimmenden Austauschsituation ist zunächst von der Äquivalenz von Leistung und Gegenleistung (Arbeitsleistung/Entgelt)

---

1474 BAG v. 30.04.1965, GRUR 1966, 88, 90 – m.w.N.; bestätigt u. a. durch BAG v. 20.01.2004, NZA 2004, 994, 998; s.a. BGH v. 25.10.1955, GRUR 1956, 88 (insoweit nicht in BGHZ 18, 319) u. v. 13.07.1956, GRUR 1956, 500; Schiedsst. v. 18.02.1963, BlPMZ 1963, 178; vgl. auch BGH v. 21.03.1961 – I ZR 133/59, GRUR 1961, 432 – *Klebemittel* m. Anm. Schippel; BAG v. 01.11.1956, GRUR 1957, 338, 339 = AP Nr. 4 zu § 2 ArbNErfVO m. Anm. Volmer; v. 21.06.1979, DB 1979, 2187; BGH v. 11.11.1977, AP Nr. 30 zu § 612 BGB – *Ratgeber für Tierheilkunde*; Buchner, GRUR 1985, 1 ff.; Röpke, DB 1962, 406, 407 und RdA 1963, 405, 409 f.; Janert Betriebl. Verfahrensweisen (1969) S. 170 ff.; Reimer/Schade/Schippel/Himmelmann Rn. 12 ff. zu § 9; Keukenschrijver in Busse/Keukenschrijver, PatG, Rn. 2 zu § 9 ArbEG; Ulrici, RdA 2009, 92, 98 m.w.N.
1475 So z.B. BAG v. 30.04.1965, GRUR 1966, 88, 90 – *Abdampfverwertung*.
1476 So BGH v. 11.11.1977, AP Nr. 30 zu § 612 BGB – *Ratgeber für Tierheilkunde* zur urheberschutzfähigen Sonderleistung; ferner allg. BAG v. 23.09.2015 – 5 AZR 626/13, (juris, Rn. 20).
1477 BAG v. 19.05.2015 NZA 2015, 1468 (Rn. 28 f.) – Legierungskonzept für Stähle.
1478 Vgl. (aber) auch Veigel, Immaterialgüterrechte im Arbeitsverh. (2016), S. 126 ff.
1479 Vgl. BAG v. 11.11.1977, AP Nr. 30 zu § 612 BGB – *Ratgeber für Tierheilkunde* u. v. 19.05.2015 NZA 2015, 1468 (Rn. 29) – *Legierungskonzept* für Stähle im Anschl. an Urt. v. 30.04.1965, GRUR 1966, 88, 90 – *Abdampfverwertung*; s. auch allg. BAG v. 23.09.2015 – 5 AZR 626/13, (juris, Rn. 20) m. w. Nachw.

auszugehen, so dass an die Feststellung einer zusätzlich zu vergütenden höherwertigen Leistung ein **strenger Maßstab** anzulegen ist.[1480] Ob die Voraussetzungen für eine Sonderleistung (unbestimmter Rechtsbegriff[1481]) gegeben sind, ist anhand eines objektiven Maßstabes und losgelöst von den persönlichen Auffassungen der Beteiligten angesichts der konkreten Umstände des Einzelfalls zu bestimmen.[1482] Zum Verbesserungsvorschlag als Sonderleistung s. § 20 Rdn. 66.

Weitere Voraussetzung ist die **tatsächliche Verwertung** durch den Arbeitgeber, die in dessen Belieben steht, sodass die bloße Verwertbarkeit nicht ausreicht[1483] (vgl. i.Ü. § 20 Rdn. 65 f.).

333 Bspw. kann eine solche Vergütung angebracht sein, wenn eine genutzte Diensterfindung zwar wegen einer prioritätsälteren Schutzrechtsanmeldung eines Dritten nicht schutzfähig ist, dem Arbeitgeber aber ein wertvolles **Vorbenutzungsrecht** nach § 12 PatG vermittelt;[1484] in diesen Fällen entfaltet wegen der Rechtsposition des Dritten die Erfindung keine faktische Monopolstellung i.S.d. § 20 Abs. 1.

334 Eine vergütungspflichtige Sonderleistung scheidet aus, wenn die (schöpferische) Leistung des Arbeitnehmers keine (quantitativ oder qualitativ) höherwertige Leistung darstellt[1485], sondern noch im **Bereich seiner arbeitsvertraglichen Pflichten** liegt[1486] (s. auch § 20 Rdn. 66). Wer z. B. im Bereich Controlling, Beschaffung und Planung tätig ist, der hat naheliegende Ideen zur Kosteneinsparung mitzuteilen.[1487] Auch kann es noch zur arbeitsvertraglichen **Treuepflicht** gehören, den Arbeitgeber auf den schlechten Zustand von

---

1480 Vgl. Buchner, GRUR 1985, 1, 10 ff., der für eine Sondervergütung auch nach Intensität und Dauer der höherwertigen Leistung differenzieren will; vgl. auch Lehmann/Buchner, Computerprogramme (1988) XI RdNr. 28; BAG v. 13.09.1983, GRUR 1984, 429, 432 – *Statikprogramme* m. krit. Anm. Ulmer; Ullmann, GRUR 1987, 6, 13 f. u. Sundermann, GRUR 1988, 350 ff.
1481 BAG v. 19.05.2015, NZA 2015, 1468 (Rn. 29) – Legierungskonzept für Stähle.
1482 Vgl. allg. BAG v. 23.09.2015 – 5 AZR 626/13, (juris, Rn. 21); s. auch BAG v. 19.05.2015, NZA 2015, 1468 (Rn. 29) – Legierungskonzept für Stähle.
1483 H.M., z.B. BAG v. 30.04.1965, GRUR 1966, 88, 90 – *Abdampfverwertung*; Röpke, DB 1962, 406, 407 und RdA 1963, 405, 409 f.; abw. Volmer Rn. 13 zu § 20.
1484 So zutr. Reimer/Schade/Schippel/Himmelmann Rn. 15 zu § 9.
1485 Vgl. allg. BAG v. 23.09.2015 – 5 AZR 626/13, (juris, Rn. 20).
1486 S. BAG v. 19.05.2015, NZA 2015, 1468 (Rn. 29) – Legierungskonzept für Stähle; im Ergebn. auch BAG v. 20.01.2004, NZA 2004, 994, 998.
1487 Vgl. BAG v. 20.01.2004, NZA 2004, 994, 998 f.

Arbeitsmitteln hinzuweisen und Austausch bzw. Abänderungen anzuregen.[1488] Auch eine vorübergehend erbrachte höherwertige Leistung dürfte grundsätzlich noch im Rahmen des arbeitsvertraglichen Leistungsaustauschverhältnisses liegen.[1489]

Sind dagegen die **schutzfähigen Leistungen vor Beginn des Arbeitsverhältnisses** geschaffen, so besteht keine Verpflichtung, diese nunmehr dem Arbeitgeber zu überlassen, so dass bei Fehlen einer ausdrücklichen Abrede entsprechend § 612 Abs. 1, § 632 Abs. 1 BGB die übliche Vergütung für die (freiwillige) Einräumung von Nutzungsrechten geschuldet wird[1490] (s. vor §§ 9 bis 12 Rdn. 12).

Zur **Höhe der Vergütung** bei Verbesserungsvorschlägen als Sonderleistungen s. § 20 Rdn. 66.

*Rdn. 335 – 340 frei*

## N. Besonderheiten für den öffentlichen Dienst

Gem. §§ 40, 41 gelten die Vergütungsbestimmungen des ArbEG (§§ 9 bis 12, 20 Abs. 1) »entsprechend« (s. dazu auch § 41 Rdn. 4) für die Angehörigen des öffentlichen Dienstes. Gleiches gilt infolge der Vergütungsrichtlinien 1960 (abgedr. als **Anhang 2**) hinsichtlich der Vergütungsrichtlinien 1959 (abgedr. als **Anhang 1**; s. dazu § 11 Rdn. 12). **341**

Die Bemessung der Vergütung hat grds. nach den **gleichen Kriterien** zu erfolgen wie bei Arbeitnehmern im privaten Dienst[1491] (Grundsatz der Gleichstellung; s. dazu vor §§ 40 bis 42 Rdn. 4 ff.). Auch hier gilt der **allgemeine Vergütungsgrundsatz**, wonach der Erfinder an jedem durch seine Diensterfindung kausal bewirkten wirtschaftlichen Nutzen seines Dienstherrn (Arbeitgebers) zu beteiligen ist (s.a. oben § 9 Rdn. 2). Die Vorgaben zum Anteilsfaktor gelten auch im öffentlichen Dienst, wobei die Regelwerte leicht erhöht zwischen 15 % und 25 % liegen.[1492] Die Gruppeneinteilung der RL Nr. 34 gilt insbe- **342**

---

1488 S. LAG Bayern v. 06.05.1970, AMBl. (Bay.ArbMin.) 1971, C 35.
1489 S. BAG v. 16.02.1978, AP Nr. 31 zu § 612 BGB; Buchner GRUR 1985, 1, 12 f.; vgl. auch allg. BAG v. 23.09.2015 – 5 AZR 626/13, (juris, Rn. 21).
1490 BGH v. 10.05.1984 – I ZR 85/82, GRUR 1985, 129 – *Elektrodenfabrik*.
1491 Ausf. Volz, ArbNErf. im öffentl. Dienst, S. 103 ff. m. zahlr. Nachw. zur (unveröffentl.) Praxis d. Schiedsst.; vgl. auch OLG Frankfurt am Main v. 27.11.1986, EGR Nr. 70 zu § 9 ArbEG (VergAnspr.); Schiedsst. v. 28.06.1972, BlPMZ 1973, 58 u. v. 01.10.1987, BlPMZ 1988, 221.
1492 Ausf. Volz, ArbNErf. im öffentl. Dienst, S. 131; bestätigt durch Schiedsst. v. 09.10.2012 – Arb.Erf. 39/11, (www.dpma.de)

sondere bei öffentlichen Verwaltungen entsprechend, wobei hier den Korrekturhinweisen in RL Nrn. 35 f. besondere Bedeutung zukommt.

343 Der Vergütungsbemessung zugrunde zu legen sind dabei nicht nur die Nutzungen innerhalb der betreffenden Behörde bzw. Verwaltung; Bezugspunkt ist vielmehr **der gesamte Nutzungsumfang im Bereich des Dienstherrn** (Bund, Land, Gemeinde, sonstige juristische Personen des öffentlichen Rechts). Außer an diesen »Eigennutzungen« ist der Angehörige des öffentlichen Dienstes ebenso wie der Arbeitnehmer im privaten Dienst ohne Einschränkung an Lizenzeinnahmen, die mit seiner Erfindung erzielt werden, zu beteiligen; gleiches gilt bei einem Verkauf des Erfindungsrechts bezüglich des Erlöses.

344 Bei Aufrechterhaltung von Schutzrechten seitens **öffentlicher Forschungseinrichtungen** wird bei fehlender wirtschaftlicher Verwertung die Zahlung von Erfindervergütungen vorgeschlagen, deren Bemessung sich an der Höhe der Aufrechterhaltungskosten orientieren soll;[1493] zu Erfindungen von Hochschulbeschäftigten s. § 42. Zur Nutzung in öffentlichen Forschungseinrichtungen s.o. § 9 Rdn. 102.

345 Zur Ermittlung des Erfindungswertes bei Nutzungen im Rahmen von Kooperationen und zur Miterfinderschaft s.o. § 9 Rdn. 191 f., 314 sowie § 1 Rdn. 106 f.; zur Verjährung § 9 Rdn. 42; zur Vergabe »kostenloser Lizenzen« s.o. § 9 Rdn. 187 f.

*Rdn. 346 – 349 frei*

**O. Steuerliche Behandlung der Erfindervergütung**

350 Mit Auslaufen der Arbeitnehmererfinderverordnung (ArbNErfVO) und der Erfinderverordnung (ErfVO) zum 31.12.1988 sind die steuerlichen Begünstigungen für Erfindervergütungen – ungeachtet der Kritik[1494] – mit Wirkung zum 01.01.1989 entfallen (zu den Auswirkungen des Wegfalls des Steuerprivilegs s. 4. Vorauflage Rn. 350 zu § 9). Zwischenzeitliche Initiativen, steuerliche Begünstigungen neu einzuführen, waren ergebnislos und dürften angesichts der Zurückhaltung der Bundesregierung, eine allgemeine steuerliche Förderung von Forschung und Entwicklung einzuführen,[1495] in den kommenden

---

1493 Empfehlungen des Sachverständigenkreises b. BMFT, GRUR 1978, 449, 450 a.E.
1494 Auch im politischen Raum wurde des Öfteren die Wiedereinführung des halben Steuersatzes für Einkünfte aus Erfindungen gefordert (vgl. u.a. den Antrag d. SPD-Fraktion v. 06.03.1996 in BT-Drucks. 13/3979 S. 8 zu Nr. 4.6.).
1495 Vgl. allgemein die Antwort d. BReg. auf die Gr. Anfrage zur steuerlichen Förderung von FuE v. 14.09.2010 (BT-Drucks. 17/2942).

## O. Steuerliche Behandlung der Erfindervergütung § 9

Jahren trotz der auch volkswirtschaftlich wichtigen Innovationsförderung kaum erfolgreich sein. Seit 1989 unterliegen damit Erfindervergütungen nach § 9 und § 10 a.F. uneingeschränkt der Besteuerung nach allgemeinen Vorschriften und stellen nach herrschender Meinung Einkünfte aus nichtselbstständiger Arbeit i.S.d. § 19 EStG, also **steuerpflichtigen Arbeitslohn** dar[1496], und zwar auch Vergütungszahlungen nach Beendigung des Arbeitsverhältnisses[1497] (s. KommRL Einl. Rn. 193 ff.). Sie unterfallen damit dem Lohnsteuerabzug durch den Arbeitgeber. Vergütungszahlungen (auch nach Beendigung des Arbeitsverhältnisses) können der beschränkten Steuerpflicht gemäß § 49 Abs. 1 Nr. 4 EStG 2002 unterliegen.[1498]

**Pauschalabfindungen**, die zu einem zusammengeballten Zufluss in einem Veranlagungszeitraum führen, können den Charakter einer steuerbegünstigten Entschädigung gemäß § 34 Abs. 2 Nr. 2 EStG i.V.m. § 24 Nr. 1 lit. a EStG haben[1499] (Einzelheiten streitig, s. KommRL Einl. Rn. 195). Allerdings ist die

351

---

[1496] H.M, BFH v. 11.11.1982, BStBl. III, 1983, 300 u. v. 21.10.2009, DB 2010, 87, 89; s.a. BFH v. 26.01.2005, DStR 2005, 273 f.; ferner FG Münster v. 27.04.2013 Mitt. 2014, 148, 149 – Aluminium Silicon Tape m. Anm. Gehm = EFG 2013, 1222 ff. m. Anm. Trossen EFG 2013, 1225; FG München v. 21.05.2015 – 10 K 2195/12, (juris, Rn. 17 ff.; auch Mitt. 2016, S. 46), wonach Anwaltskosten zur Beratung über den Vergütungsanspruch aus dem ArbEG und dessen Durchsetzung als Werbungskosten in Abzug zu bringen sind; Gehm, Mitt. 2011, 410, 412; Gröne, DStZ 2018, 463, 466; Knerr, Geistiges Eigentum u. Steuerrecht (2015), S. 304 m.w.Nachw.; Keukenschrijver in Busse/Keukenschrijver, PatG, Rn. 7 vor § 9 ArbEG; krit. dagegen FG Niedersachsen v. 10.07.2008 – 11 K 335/06, (juris) – ablehnend jedenfalls für ausgeschiedene Arbeitnehmer; a.A. allg. Mingau, Erfindereinkünfte im dt. Ertragssteuerrecht (Diss. 2004), S. 32 ff.
[1497] BFH v. 21.10.2009 DB 2010, 87, 89, dort auch zur doppelbesteuerungsrechtlichen Behandlung von Erfindervergütung nach DBA-USA (vgl. zu Letzterem auch BMFSchreiben v. 25.06.2012 – IV B 5 – S 1301 – USA/0–04/Dok. 2012/0464365 in DStR 2012, 1275); FG München v. 21.05.2015 – 10 K 2195/12 – (juris, Rn. 17 ff.; auch Mitt. 2016, 46); Keukenschrijver in Busse/Keukenschrijver, PatG, Rn. 7 vor § 9 ArbEG s. ferner Gehm Mitt. 2013, 150, 151; abw. (noch) FG Niedersachsen v. 10.07.2008 – 11 K 335/06, (juris).
[1498] BFH v. 21.10.2009 DB 2010, 87, 89; Keukenschrijver in Busse/Keukenschrijver, PatG, Rn. 9 vor § 9 ArbEG.
[1499] BFH Beschl. v. 29.08.2012 – IX B 63/12, (juris) in Abgrenzung und Klarstellung zu BFH v. 29.02.2012 Mitt. 2013, 149, 150 (Rn. 15) m. Anm. Gehm unter Aufhebung von FG Münster v. 05.05.2011 EFG 2011, 2078, 2079 f. m. Anm. Zimmermann; Heine/Vierkötter/Richter StBW 2012, 553; FG Münster v. 27.04.2013 Mitt. 2014, 148, 149 ff. – Aluminium Silicon Tape m. Anm. Gehm. S. auch BFH v. 11.11.2009 DB 2010, 148 f.; s. ferner Schiedsst. v. 31.01.2018 – Arb.Erf. 53/15, (www.dpma.de); Keukenschrijver in Busse/Keukenschrijver, PatG, Rn. 9 vor § 9 ArbEG; Gröne DStZ 2018, 463, 466.

Praxis unterschiedlich und hängt von Einzelheiten ab, sodass sich die Einholung einer vorherigen **Auskunft** des zuständigen Finanzamtes empfehlen kann. Eine Entlohnung für mehrjährige Tätigkeit i. S. d. § 34 Abs. 2 Nr. 4 EStG scheidet bei der Erfindervergütung ebenfalls aus, da diese gemäß § 9 ArbEG nicht nach dem Zeitaufwand des Arbeitnehmers, sondern ausschließlich nach dem Wert der Erfindung und dem Anteil des Arbeitgebers an deren Zustandekommen bemessen wird.[1500] Steuerliche Bedeutung kommt i.Ü. nach wie vor der umstrittenen, bislang wohl überwiegend bejahten Frage der **Aktivierungspflicht** für Erfindervergütungen zu.[1501]

352 Inwieweit Einnahmen aus der **Verwertung einer freien Arbeitnehmererfindung** (§ 4 Abs. 3) und einer frei gewordenen Diensterfindung (§§ 6, 8) – etwa als Einkünfte aus selbständiger Arbeit – steuerpflichtig sind, ist Frage des Einzelfalls.[1502] Mangels Inanspruchnahmerechts des Arbeitgebers stellen u. E. Einnahmen aus einer kauf- bzw. lizenzvertraglichen Vereinbarung i.S.v. § 19 ArbEG jedenfalls keinen steuerpflichtigen Arbeitslohn dar (streitig). [1503]

---

1500 Vgl. zur Vorschlagsprämie BFH v. 31.08.2016, NZA-RR 2017, 143 (Rn. 15) in Bestätigg. v. BFH v. 16.12.1996, BFHE 181, 161; letzteres zuvor bestätigt durch BFH v. 02.09.2008, DB 2008, 2682.
1501 S. dazu Bartenbach/Fischer, GRUR 1980, 1025, 1026 ff.; Lange, GRUR 1986, 151 ff.; Wexel, GRUR 1986, 785 ff.; Eckert, DB 2016, 1163 ff.; Ball/Denecke, DB 2016, 2926 ff.; Geier, DStR 2017, 1192 ff.; Lüdenbach, StuB 2017, 866 ff.; vgl. auch Oser/Kaufmann, DB 2017, 497 ff. (m.H.a. § 342 Abs. 2 HGB i.V.m. DRS 24.29). Das Finanzmin. Schleswig-Holstein weist durch KurzInfo ESt 14/2017 v. 27.07.2017 darauf hin, dass Aufwendungen f. Diensterf. d. Aktivierungsverbot d. § 5 Abs. 2 EStG unterliegen und es sich um sofort abzugsfähige Betriebsausgaben handele (Fundstelle VAAAG-53339).
1502 Siehe zur gelegentlichen Erfindung eines Einzelerfinders u.a. List DB 2006, 1291 ff. in Bespr. zu FG Hamburg 12.12.2005 EFG 2006, 661 und BFH 10.09.2003 DB 2004, 962; enger zur Verwertung von sog. Zufallserfindungen Knerr, Geistiges Eigentum u. Steuerrecht (2015), S. 288 ff. m.H.a. BFH v. 18.06.1998 BStBl. II 1998, u.v.11.04.2003 – XI B 224/02, (juris); vgl. ferner die Kritik v. Marx/Kilincsory, DB 2017, 2313 ff. S. auch zur Abgrenzung von Zufallserfindung und Diensterfindung FG München v. 21.05.2015 – 10 K 2195/12, (juris, Rn. 20 ff.). Siehe im Übr. die Übersicht zur Besteuerung von Erfindervergütungen bei Gröne DStZ 2018, 463, 466 ff., dort auch zur Umsatzsteuerpflicht.
1503 Ebenso Knerr, Geistiges Eigentum u. Steuerrecht (2015), S. 304 f.; Volmer/Gaul Rn. 120 f. zu § 19; s. auch Praxisleitfaden Rn. 28; a. A. Gröne DStZ 2018, 463, 466 aufgrund Vorliegens des »erforderlichen Veranlassungszusammenhangs« zwischen Erfindervergütg. und Dienstverh. Zum fehlenden zwangsvollstreckungsrechtlichen Charakter als Arbeitsentgelt s. hier Rdn. 8 f. Anh. zu § 27.

## § 10 n.F. Vergütung bei beschränkter Inanspruchnahme (Fassung 2009)[1]

*(aufgehoben)*

## § 10 a.F. Vergütung bei beschränkter Inanspruchnahme (Fassung 1957)

*(1) Der Arbeitnehmer hat gegen den Arbeitgeber einen Anspruch auf angemessene Vergütung, sobald der Arbeitgeber die Diensterfindung beschränkt in Anspruch genommen hat und sie benutzt. § 9 Abs. 2 ist entsprechend anzuwenden.*

*(2) Nach Inanspruchnahme der Diensterfindung kann sich der Arbeitgeber dem Arbeitnehmer gegenüber nicht darauf berufen, dass die Erfindung zur Zeit der Inanspruchnahme nicht schutzfähig gewesen sei, es sei denn, dass sich dies aus einer Entscheidung des Patentamts oder eines Gerichts ergibt. Der Vergütungsanspruch des Arbeitnehmers bleibt unberührt, soweit er bis zur rechtskräftigen Entscheidung fällig geworden ist.*

**Lit.:**
siehe Lit. vor §§ 9–12.

**Hinweis:**

§ 10 ist mit dem Wegfall des Rechtsinstituts der beschränkten Inanspruchnahme im Zuge der ArbEG-Novelle 2009 durch Art. 7 Nr. 6 des Gesetzes zur Vereinfachung und Modernisierung des Patentrechts vom 31.07.2009 (BGBl. I, S. 2521) mit Wirkung ab dem 01.10.2009 aufgehoben (s. Einl. Rdn. 9). Die nachfolgende Kommentierung des § 10 a.F. in der vor der ArbEG-Novelle 2009 geltenden Fassung wurde wegen des Übergangsrechts noch beibehalten. § 10 a.F. betrifft noch die vor dem 01.10.2009 gemeldeten und sodann beschränkt nach §§ 6, 7 Abs. 2 a.F. in Anspruch genommenen Diensterfindungen (§ 43 Abs. 3 ArbEG, s. dort Rn. 14 ff.). Dementsprechend wurde die Kommentierung insbesondere in den für das Übergangsrecht relevanten Bereichen aktualisiert.

**Übersicht** | **Rdn.**
---|---
A. Allgemeines | 1
B. Rechtsnatur des Vergütungsanspruchs | 6
C. Entstehen und Fälligkeit des Vergütungsanspruchs | 7
I. Entstehung | 7

---

[1] Aufgehoben durch Art. 7 des Gesetzes zur Vereinfachung und Modernisierung des Patentrechts vom 31.07.2009 (BGBl. I, S. 2521).

§ 10 a.F. Vergütung bei beschränkter Inanspruchnahme (Fassung 1957)

|  | Rdn. |
|---|---|
| II. Fälligkeit | 13 |
| **D. Dauer** | **14** |
| I. Grundsatz | 14 |
| II. Wegfall bei Unzumutbarkeit | 16 |
| III. Einwand der mangelnden Schutzfähigkeit | 19 |
|    1. Ausschluss des Einwands der ursprünglichen Schutzunfähigkeit | 19 |
|    2. Einwand des nachträglichen Wegfalls der Schutzfähigkeit | 22 |
|    3. Verhältnis zu Dritten | 23 |
|    4. Feststellung der Schutzunfähigkeit | 24 |
| IV. Verjährung, Verwirkung | 30 |
| **E. Bemessung der Vergütung** | **31** |

## A. Allgemeines

1   Durch das am 01.10.2009 in Kraft getretene Gesetz zur Modernisierung und Vereinfachung des Patentrechts vom 31.07.2009 (BGBl. I S. 2521) ist das Rechtsinstitut der beschränkten Inanspruchnahme i.R.d. **ArbEG-Novelle** ersatzlos entfallen (s. Einl. Rdn. 9 u. § 6 n.F. Rdn. 1). Infolge der Streichung des Instituts der beschränkten Inanspruchnahme ist **§ 10 a. F.** durch Art. 7 Nr. 6 des vorgenannten Gesetzes **aufgehoben** worden.[2] § 10 a.F. ist damit – ebenso wie **RL Nr. 25** – heute **gegenstandslos**. Bis zum 30.09.2009 dem Arbeitgeber gemeldete Diensterfindungen unterliegen allerdings weiterhin dem bisherigen Recht (§ 43 Abs. 3 ArbEG n. F., s. § 43 Rdn. 14 ff.), so dass für diese **Alt-Erfindungen** § 10 ArbEG a. F. und RL Nr. 25 weiterhin Anwendung finden, soweit diese früher beschränkt in Anspruch genommen worden sind (§§ 6, 7 Abs. 2 ArbEG a. F.).

§ 10 a.F. regelt ausschließlich den Vergütungsanspruch des Arbeitnehmers im Fall der früheren beschränkten Inanspruchnahme (§§ 6, 7 Abs. 2 a.F.). In Ergänzung dazu enthält RL Nr. 25 Hinweise zur Bestimmung des Erfindungswertes. Keine Anwendung finden § 10 ArbEG a.F. und RL Nr. 25 bei einem anderweitigen Vorbehalt eines einfachen Nutzungsrechts. Hier sind die Sonderregelungen des § 14 Abs. 3 bei Auslandsfreigabe (s. dazu § 14 Rdn. 60 ff.) bzw. des § 16 Abs. 3 bei Schutzrechtsaufgabe (s. dazu § 16 Rdn. 90 ff.) einschlägig.

2   Während der Arbeitgeber bei der (unbeschränkten) Inanspruchnahme die Vergütung für die Überlassung aller vermögenswerten Rechte an der Diensterfin-

---

2 Amtl. Begründung zum Patentrechtsmodernisierungsgesetz in BR-Drucks. 757/08 S. 51 (zu Art. 7 Nr. 6 des Entwurfs).

## A. Allgemeines

## § 10 a.F.

dung (vgl. jetzt § 7 Abs. 1 n.F.) zu erbringen hat (vgl. § 9 Abs. 1), stellt der Vergütungsanspruch i. S des § 10 a.F. einen **Ausgleich für** die **Ausübung** des dem Arbeitgeber eingeräumten, **unternehmensbezogenen Nutzungsrechts** dar, das mit einer einfachen Lizenz vergleichbar ist (s. hierzu § 7 a.F. Rdn. 28 ff.); da es sich um ein spezialgesetzliches Nutzungsrecht handelt, kommt der Streitfrage, ob eine einfache Lizenz – ebenso wie die ausschließliche – dinglichen Charakter hat[3], vergütungsrechtlich nur nachrangige Bedeutung zu. Im Unterschied zur Vergütung nach § 9 ist für die Vergütungspflicht bei der beschränkten Inanspruchnahme nicht bereits eine Verwertbarkeit (vgl. RL Nr. 25 Abs. 1 Satz 2 Halbs. 2; s. ferner § 9 Rdn. 86 ff.) ausreichend; vielmehr setzt der Vergütungsanspruch eine tatsächliche Benutzung des Erfindungsgegenstandes seitens des Arbeitgebers voraus (§ 10 Abs. 1 Satz 1 a.F.).

Hieraus folgt auch die bloß »entsprechende« Anwendbarkeit der Kriterien des § 9 Abs. 2 bei der Bemessung der Vergütung (§ 10 Abs. 1 Satz 2 a.F.). Das **Verfahren der Vergütungsfestlegung** richtet sich nach § 12 (zum Zeitpunkt s. dort § 12 Rdn. 73; zum Überblick über die Vergütungsregelung des ArbEG s. Einl. vor §§ 9 bis 12). 3

§ 10 Abs. 2 a.F. **sichert den Vergütungsanspruch** des Arbeitnehmers, indem der Einwand der mangelnden Schutzfähigkeit seitens des Arbeitgebers im Grundsatz ausgeschlossen wird. 4

Das Institut der beschränkten Inanspruchnahme und damit die Bestimmung des § 10 a.F. hatte in der Praxis – abgesehen vom öffentlichen Dienst – nur **geringe Bedeutung**. Aus diesem Grund hat der Gesetzgeber auf die beschränkte Inanspruchnahme zu Recht verzichtet. 5

In den **neuen Bundesländern** gilt § 10 a.F. uneingeschränkt für die seit dem 03.10.1990 fertig gestellten und bis zum Inkrafttreten der ArbEG-Novelle beschränkt in Anspruch genommenen Diensterfindungen (s. Einl. Rdn. 31). Zum Vergütungsanspruch nach Art. 1 § 9 Abs. 4 PatÄndG-DDR-1990 i.V.m. 5.1

---

3 Für lediglich schuldrechtliche Natur (noch) BGH v. 23.03.1982 – KZR 5/81, GRUR 1982, 411, 412 – *Verankerungsteil*; ebenso Kraßer/Ann, PatR, § 40 Rn. 36 ff.; Fitzner/Lutz/Bodewig, PatG, Rn. 41 f. zu § 15; Mes, PatG, Rn. 43 zu § 15; Schulte/Moufang, PatG, § 15 Rn. 41 f.; für dingliche Natur BGH v. 26.03.2009, GRUR 2009, 946 (Rn. 10, 15) – *Reifen-Progressiv* u. BGH v. 29.04.2010 GRUR 2010, 628 (Rn. 29) – *Vorschaubilder einer Suchmaschine* – jeweils zur urheberrechtl. (Unter-)Lizenz; einschränkend BGH v. 19.07.2012, GRUR 2012, 916 (Rn. 21 ff.) – *M2Trade* u. BGH v. 19.07.2012 – I ZR 24/11, GRUR 2012, 914 (Rn. 13 ff.) – *Take Five*. Ausf. zum Meinungsstand McGuire Mitt. 2013, 207 ff.; Pahlow Mitt.2012, 249 ff.; Haedicke ZGE 2012, 377 ff.; Bartenbach, Patentlizenz- und Know-how-Vertrag (2013), Rn. 121 ff.

§ 10 a.F.      Vergütung bei beschränkter Inanspruchnahme (Fassung 1957)

§ 9 EDB-PatG-DDR-1990 für DDR-Alterfindungen s. die 4. Auflage, dort Einl. Rn. 42 ff.

## B. Rechtsnatur des Vergütungsanspruchs

6   Bei dem Vergütungsanspruch aus § 10 a.F. handelt es sich um einen **schuldrechtlichen Anspruch eigener Art** gegenüber dem Arbeitgeber (Einzelheiten s. § 9 Rdn. 4; zum Betriebsübergang s. § 1 Rdn. 114 ff.). Der Anspruch ist nicht höchstpersönlicher Art[4], vielmehr vererblich und nach seiner Konkretisierung durch Vergütungsvereinbarung bzw. –festsetzung übertragbar sowie pfändbar[5] (s. § 9 Rdn. 8; zur Zwangsvollstreckung s. § 27 Anh. Rdn. 8 ff.). Das frühere Konkursvorrecht (§ 27 Abs. 2 a.F.) ist bereits im Zusammenhang mit der am 01.01.1999 in Kraft getretenen Insolvenzrechtsreform entfallen (s. § 27 Fassung 1999; s. dort Rdn. 1).

Überträgt der Arbeitnehmer die Erfindungsrechte bzw. darauf bezogene Schutzrechtspositionen auf einen Dritten, lässt dies seinen Vergütungsanspruch unberührt. Der Arbeitnehmer ist weiterhin alleiniger Gläubiger des Arbeitgebers. Etwas Anderes gilt dann, wenn der Arbeitnehmer auch diesen Vergütungsanspruch an den Erwerber abgetreten hat. Wegen der Besonderheiten des gesetzlichen Vergütungsanspruchs, der an das Arbeitsverhältnis anknüpft, kann eine stillschweigende Abtretung – abweichend vom Lizenzvertragsrecht[6] – nicht angenommen werden.

## C. Entstehen und Fälligkeit des Vergütungsanspruchs

### I. Entstehung

7   Gemäß § 10 Abs. 1 a.F. **entsteht** der Vergütungsanspruch, sobald der Arbeitgeber die Diensterfindung gem. §§ 6, 7 Abs. 2 a.F. beschränkt in Anspruch genommen hat und sie benutzt. Für die wirksame beschränkte Inanspruchnahme kommt es als erste Voraussetzung auf den Zugang der schriftlichen Inanspruchnahmeerklärung beim Arbeitnehmer an (s. dazu § 7 a.F. Rdn. 2, 4). Der Vergütungsanspruch ist aber nicht bereits mit der bloßen Inanspruchnahme entstanden[7]; er bedarf vielmehr nach dem eindeutigen Wortlaut des

---

4   Anders aber Volmer Rn. 5 zu § 10.
5   Abw. (d.h. nach Entstehen des Vergütungsanspruchs) die h. M., z. B. Klauer/Möhring/Nirk PatG Rn. 22 Anh. zu § 3; Reimer/Schade/Schippel/Himmelmann Rn. 3 zu § 10.
6   Vgl. dazu Benkard/Ullmann, PatG (10. Aufl. 2006), Rn. 64 zu § 15 PatG.
7   So aber Volmer Rn. 4 zu § 10; wohl auch BGH v. 15.05.1990 – X ZR 119/88, GRUR 1990, 667, 668 l.Sp. – *Einbettungsmasse*; z. Recht krit. Dantz, Inanspruchnahmerecht (1968) S. 89 f.

## C. Entstehen und Fälligkeit des Vergütungsanspruchs § 10 a.F.

§ 10 Abs. 1 a.F. (»sobald … beschränkt in Anspruch genommen hat und sie benutzt«) zu seiner Entstehung der **tatsächlichen Benutzung** durch den Arbeitgeber nach erfolgter Inanspruchnahme[8] (zweigliedriger Entstehenstatbestand[9]).

Der **Begriff der Benutzung** in § 10 a.F. entspricht (weitgehend) dem patentrechtlichen Begriff der Benutzung in § 9 PatG[10] (s. hierzu § 9 Rdn. 90), allerdings beschränkt auf den Einsatz im Unternehmen des Arbeitgebers (s. § 10 Rdn. 31). **8**

Außer Ansatz bleiben **bloße Vorbereitungshandlungen** für zukünftige Benutzungen[11] (s. hierzu § 9 Rdn. 93). Dies gilt auch für etwaige Werbemaßnahmen des Arbeitgebers, selbst wenn sie möglicherweise zulasten des Arbeitnehmers als Patentinhaber zu Marktverwirrungsschäden oder sonstigen Marktnachteilen führen.[12] Nach der Rechtsprechung des *BGH* sind **vergütungspflichtig** auch Nutzungshandlungen, die zeitlich **vor Zugang der Inanspruchnahmeerklärung** liegen[13] (vgl. § 9 Rdn. 31). Erwirbt der Arbeitgeber erfindungsgemäße Produkte von Dritten, denen der Arbeitnehmer ein Nutzungsrecht an der Erfindung eingeräumt hat, sind die Nutzungshandlungen des Arbeitgebers in dem Umfang vergütungsfrei wie der Grundsatz der Erschöpfung (s. hierzu § 9 Rdn. 186, 188) reicht.[14] **9**

Der Arbeitgeber ist **frei darin, ob** er von seinem Nutzungsrecht **Gebrauch** machen will; der Arbeitnehmer kann also keinen Einfluss darauf nehmen, ob **10**

---

8 BGH v. 28.06.1962 – I ZR 28/61, GRUR 1963, 135, 136 r.Sp., 137 f. – *Cromegal*; BGH v. 09.01.1964 – I a ZR 190/63, GRUR 1964, 449, 451 – *Drehstromwicklung*; BGH v. 18.05.2010 – X ZR 79/07, GRUR 2010, 817, 819 (Rn. 18) – *Steuervorrichtung*; Reimer/Schade/Schippel/Himmelmann Rn. 3 zu § 10; Heine/Rebitzki Anm. 1 zu § 10; MünchArbR/Bayreuther (3. Aufl. 2009), § 90 Rn. 32.
9 Busse/Keukenschrijver, PatG (6. Aufl. 2003), Rn. 4 zu § 10 ArbEG.
10 Schiedsst. v. 01.12.1992, Mitt. 1996, 351 – *Straßenbau*.
11 So auch Volmer Rn. 5 zu § 10; Schiedsst. v. 24.04.1974, EGR Nr. 12 zu § 12 ArbEG; vgl. auch BGH v. 29.03.1960, GRUR 1960, 423, 426 – *Kreuzbodenventilsäcke I*; BAG v. 30.04.1965, GRUR 1966, 88, 89 l.Sp. – *Abdampfverwertung*.
12 Offengelassen v. Schiedsst. ZB v. 27.01.1982 – Arb.Erf. 47/81, (unveröffentl.); wie hier Reimer/Schade/Schippel/Himmelmann Rn. 3 zu § 10.
13 So BGH v. 29.04.2003 – X ZR 186/01, GRUR 2003, 789, 791 – *Abwasserbehandlung*; a. A. noch Schiedsst. ZB v. 23.01.1980 – Arb.Erf. 41/79, (unveröffentl.); Volz, ArbNErf. im öffentl. Dienst, S. 96; ferner Reimer/Schade/Schippel/Himmelmann Rn. 3 zu § 10; unklar Boemke/Kursawe/Engemann Rn. 7 f. zu § 10.
14 A.A. Schiedsst. v. 01.12.1992, Mitt. 1996, 351 – *Straßenbau*.

**§ 10 a.F.** Vergütung bei beschränkter Inanspruchnahme (Fassung 1957)

der Arbeitgeber diese Erfindung überhaupt und in welchem Umfang nutzt[15] (s. § 7 a.F. Rdn. 34 § 20, Rdn. 31); er hat auch grundsätzlich keinen Anspruch ggü. dem Arbeitgeber auf die Angabe von Gründen, warum die Nutzung unterbleibt.[16] Wird die Befugnis des Arbeitnehmers zur anderweitigen Verwertung durch das dem Arbeitgeber eingeräumte Benutzungsrecht unbillig erschwert, steht dem Arbeitnehmer lediglich das Recht aus § 7 Abs. 2 Satz 2 a.F. (s. § 7 a.F. Rdn. 39 ff.) zu. Von einem wirtschaftlichen (Vergütungs-) Ausgleich, wie noch im Regierungsentwurf 1955[17] vorgeschlagen, hatte der Gesetzgeber im Hinblick auf die Möglichkeit des § 7 Abs. 2 Satz 2 a.F. abgesehen.[18]

11 Der Vergütungsanspruch nach § 10 Abs. 1 a.F. entsteht **ohne Rücksicht** darauf, **ob** die Erfindung zum **Schutzrecht** angemeldet oder darauf gar ein Schutzrecht erteilt worden ist;[19] dadurch soll vermieden werden, dass der Arbeitnehmer zur Durchführung eines Schutzrechtserteilungsverfahrens allein im Hinblick auf seinen Vergütungsanspruch gezwungen wird.[20] Grundlage für die Vergütungsbemessung ist damit die Diensterfindung, wie sie sich in der Erfindungsmeldung niederschlägt[21] (s. auch § 9 Rdn. 83 ff.).

12 Wie der Arbeitnehmer mit der durch die beschränkte Inanspruchnahme freigewordenen (s. § 8 Abs. 1 Nr. 2 a.F.) Erfindung verfährt, sei es in Bezug auf Schutzrechtsanmeldungen (vgl. § 13 Abs. 4) oder Verwertungshandlungen (vgl. § 8 Abs. 2), steht grundsätzlich in seinem Belieben.

---

15 Schiedsst. v. 01.12.1992, Mitt. 1996, 351 – *Straßenbau*; Busse/Keukenschrijver, PatG (6. Aufl. 2003), Rn. 4 zu § 10 ArbEG; im Ergebn. auch Reimer/Schade/Schippel/Himmelmann Rn. 1 zu § 11/RL Nr. 25.
16 Schiedsst. v. 19.11.1985 – Arb.Erf. 50/85, (unveröffentl.).
17 S. § 9 Abs. 1 Satz 2 Reg-Entw. 1955 in BT-Drucks. II/1648 S. 3 u. dazu Amtl. Begründung in BT-Drucks. II/1648 S. 28 = BlPMZ 1957, 233.
18 Ausschussber. z. BT-Drucks. II/3327 S. 5 = BlPMZ 1957, 252.
19 Allg. A., Amtl. Begründung in BT-Drucks. II/1648 S. 28 = BlPMZ 1957, 233; BGH v. 09.01.1964 – I a ZR 190/63, GRUR 1964, 449, 451 r.Sp. – *Drehstromwicklung*; Busse/Keukenschrijver, PatG (6. Aufl. 2003), Rn. 2 zu § 10 ArbEG; Reimer/Schade/Schippel/Himmelmann Rn. 3 zu § 10; Boemke/Kursawe/Engemann Rn. 12 zu § 10; vgl. auch Schiedsst. v. 01.12.1992, Mitt. 1996, 351 – *Straßenbau* u. v. 17.10.1991, Mitt. 1997, 373, 374 – *Anlagensteuerung*.
20 Amtl. Begründung in BT-Drucks. II/1648 S. 28 = BlPMZ 1957, 233.
21 Vgl. auch Schiedsst. v. 17.10.1991, Mitt. 1997, 373, 374 – *Anlagensteuerung*, wonach der Umfang einer späteren Schutzrechtsanmeldung des Arbeitnehmers nicht maßgeblich ist.

## II. Fälligkeit

Die Fälligkeit des Vergütungsanspruchs, also der Zeitpunkt, von dem ab der Arbeitgeber Vergütung zu zahlen hat, ergibt sich aus § 12 Abs. 1 oder Abs. 3 a.F.[22] Mangels einer Vereinbarung (Feststellung) der Arbeitsvertragsparteien ist die Vergütung vom Arbeitgeber spätestens bis zum Ablauf von 3 Monaten nach Aufnahme der Benutzung festzusetzen (§ 12 Abs. 3 Satz 2 Halbs. 2 a.F.; s. dort Rdn. 55 ff.; s. im Übrigen § 9 Rdn. 20 ff.). 13

## D. Dauer

### I. Grundsatz

Die Dauer der Vergütungszahlung orientiert sich im Grundsatz an dem **Zeitraum der Benutzungshandlungen** des Arbeitgebers. Von einer Pauschalvergütung (s. dazu § 9 Rdn. 57 ff.) und den allgemeinen Erlöschensgründen des bürgerlichen Rechts (s. dazu § 9 Rdn. 37) abgesehen, erlischt der Vergütungsanspruch grundsätzlich erst dann, wenn der Arbeitgeber die Benutzung der Erfindung einstellt.[23] Ein einseitiger Verzicht des Arbeitgebers auf das Benutzungsrecht ist nach der hier vertretenen Auffassung nicht möglich (streitig, s. KommArbEG Rn. 9 zu § 8 a.F.). Hat der Arbeitnehmer ein Schutzrecht erwirkt, so endet die Vergütungspflicht spätestens mit Wegfall dieses Schutzrechts[24] (RL Nr. 42 Satz 2 – s. dazu § 9 Rdn. 33 ff. u. unten § 10 Rdn. 22 ff.). Hat der Arbeitnehmer dagegen auf einen Schutzrechtserwerb verzichtet, kommt als Vergütungszeitraum maximal die fiktive Laufdauer eines Schutzrechts – gerechnet ab dem Zeitpunkt des Zugangs der Inanspruchnahmeerklärung – in Betracht, da der Erfinder im Fall einer beschränkten Inanspruchnahme nicht bessergestellt werden kann als bei einer unbeschränkten.[25] Dies gilt auch bei Zweifeln an der Schutzunfähigkeit (s. § 10 Rdn. 19). 14

Der Vergütungsanspruch bleibt vom **Ausscheiden des Arbeitnehmers** unberührt (§ 26). 15

---

22 Wie hier Busse/Keukenschrijver, PatG (6. Aufl. 2003), Rn. 5 zu § 10 ArbEG.
23 Allg. A., s. BGH v. 09.01.1964 – I a ZR 190/63, GRUR 1964, 449, 451 r.Sp. – *Drehstromwicklung*; Boemke/Kursawe/Engemann Rn. 17 zu § 10; Reimer/Schade/Schippel/Himmelmann Rn. 7 zu § 10.
24 Bestätigend Busse/Keukenschrijver, PatG (6. Aufl. 2003), Rn. 6 zu § 10 ArbEG.
25 Volz, ArbNErf. im öffentl. Dienst, S. 97; Reimer/Schade/Schippel/Himmelmann Rn. 11 zu § 10; im Ergebn. auch Boemke/Kursawe/Engemann Rn. 17 zu § 10.

## II. Wegfall bei Unzumutbarkeit

**16** Trotz Nutzung durch den Arbeitgeber kann ausnahmsweise die Vergütungspflicht bereits zu einem früheren Zeitpunkt entfallen, wenn bei Fehlen eines Schutzrechts die **Erfindung** soweit **bekannt geworden** ist, dass sie von Wettbewerbern berechtigterweise benutzt wird[26] (vgl. auch RL Nr. 25 Abs. 3 Satz 4) oder benutzt werden kann,[27] ferner, wenn ein vom Arbeitnehmer (bzw. dessen Rechtsnachfolger) erworbenes Schutzrecht wegen offenbarer oder wahrscheinlicher Vernichtbarkeit von Mitbewerbern nicht beachtet wird.[28] Denn es ist dem Arbeitgeber nicht zuzumuten (§ 242 BGB), für die Benutzung einer Erfindung eine Vergütung zu zahlen, die von Dritten ohne jede Einschränkung genutzt werden kann und ihm eine tatsächliche Monopolstellung (vgl. § 20 Abs. 1) nicht mehr gewährt[29] (s.a. § 9 Rdn. 35 sowie RL Nr. 43).

**17** Hierbei entfällt die Vergütungspflicht erst **mit Wirkung für die Zukunft** (ex nunc), d.h. mit tatsächlichem Verlust der Vorzugsstellung.[30] Eine Rückzahlung bereits erbrachter Vergütung ist ausgeschlossen; bis zu diesem Zeitpunkt fällig gewordene Vergütungsansprüche sind noch zu erfüllen (s. § 10 Rdn. 29).

**18** Erfolgt das **Offenkundigwerden** der erfinderischen Lehre **aufgrund von Benutzungshandlungen des Arbeitgebers** im Rahmen seines ihm durch § 7 Abs. 2 a.F. eröffneten Benutzungsrechts, so ist ihm die Berufung auf die Grundsätze von Treu und Glauben (§ 242 BGB) dann nicht verwehrt, wenn er seiner Geheimhaltungspflicht nach § 24 Abs. 1 genügt (s. § 24 Rdn. 21) und er sich im Übrigen nicht treuwidrig (insbesondere in bewusster Schädigungsabsicht) verhalten hat.[31] Ein Bekanntwerden der Erfindung, das auf betrieblichen Erfordernissen beruht, muss der Arbeitnehmer gegen sich gelten

---

26 BGH v. 09.01.1964 – I a ZR 190/63, GRUR 1964, 449, 451 r.Sp. – *Drehstromwicklung*.
27 Zutr. Reimer/Schade/Schippel/Himmelmann Rn. 4 zu § 11/RL Nr. 25 m. H. a. BGH v. 26.11.1968, GRUR 1969, 341 – *Räumzange*; s.a. Lindenmaier/Lüdecke Anm. 5 zu § 11 (RL Nr. 25).
28 BGH v. 15.05.1990 – X ZR 119/88, GRUR 1990, 667, 668 – *Einbettungsmasse*.
29 Amtl. Begründung in BT-Drucks. II/1648 S. 29 = BlPMZ 1957, 234; vgl. auch BGH v. 23.06.1977, GRUR 1977, 784, 787 – *Blitzlichtgeräte*.
30 BGH v. 15.05.1990 – X ZR 119/88, GRUR 1990, 667, 668 – *Einbettungsmasse*.
31 Ebenso Busse/Keukenschrijver, PatG (6. Aufl. 2003), Rn. 7 zu § 10 ArbEG; ähnl. Reimer/Schade/Schippel/Himmelmann Rn. 10 zu § 10; Volmer Rn. 20 zu § 10; s. aber auch Boemke/Kursawe/Engemann Rn. 20 zu § 10.

lassen³² (s. auch § 10 Rdn. 22). Er kann dem Offenkundigwerden durch eigene Schutzrechtsanmeldung begegnen.³³

### III. Einwand der mangelnden Schutzfähigkeit

#### 1. Ausschluss des Einwands der ursprünglichen Schutzunfähigkeit

Da die Vergütungspflicht für die Benutzung der Diensterfindung auch dann besteht, wenn sich dieses Nutzungsrecht nicht aus einem Ausschlussrecht herleitet (s. § 10 Rdn. 11), ist es folgerichtig, dass der Arbeitgeber sich nach § 10 Abs. 2 Satz 1 a.F. ohne amtlichen bzw. gerichtlichen Nachweis (s. dazu § 10 Rdn. 24 ff.) nicht auf eine ursprüngliche Schutzunfähigkeit berufen kann; dies gilt auch für den Fall, dass der Arbeitnehmer die Diensterfindung auf einen Dritten übertragen hat.³⁴ Denn andernfalls würde doch wieder ein Anmeldezwang zu Lasten des (sozial schwächeren) Arbeitnehmers begründet, da er nur durch das Betreiben des Schutzrechtserteilungsverfahrens den ihm obliegenden Nachweis der Schutzfähigkeit führen könnte;³⁵ dem Arbeitgeber soll damit verwehrt werden, sich einerseits ein Benutzungsrecht zu sichern und sich andererseits seiner Vergütungspflicht durch bloßes Bestreiten der Schutzfähigkeit zu entziehen.³⁶ Demzufolge schuldet der Arbeitgeber die Vergütung auch bei Zweifeln an der Schutzfähigkeit³⁷ (s.a. § 10 Rdn. 37), und zwar bis zur rechtsbeständigen Feststellung der Schutzunfähigkeit (s. § 10 Rdn. 29) bzw. bis zum fiktiven Schutzrechtsablauf (s. § 10 Rdn. 14) bzw. Wegfall des Schutzrechts (s. § 10 Rdn. 22 ff.), es sei denn, die Vergütungszahlung ist unzumutbar (s. § 10 Rdn. 16 ff.).

19

§ 10 Abs. 2 a.F. steht in Einklang mit der in § 2 zum Ausdruck gekommenen gesetzgeberischen Wertung, dass es (zunächst) nicht auf eine festgestellte Schutzfähigkeit (Schutzrechtserteilung), sondern allein auf die objektive **Mög-**

20

---

32 So BGH v. 26.11.1968, GRUR 1969, 341, 344 r.Sp. – *Räumzange* z. vergleichb. Fall d. § 20 Abs. 1.
33 Busse/Keukenschrijver, PatG (6. Aufl. 2003), Rn. 7 zu § 10 ArbEG.
34 Reimer/Schade/Schippel/Himmelmann Rn. 16 zu § 10; vgl. auch Schiedsst. v. 01.12.1992, EGR Nr. 6 zu § 10 ArbEG.
35 Amtl. Begründung in BT-Drucks. II/1648 S. 28 = BlPMZ 1957, 233; ausf. Reimer/Schade/Schippel/Himmelmann Rn. 15 zu § 10.
36 Vgl. BPatG v. 08.11.1990, GRUR 1991, 755, 756 f. – *Tiegelofen*; s. ferner BGH v. 02.06.1987, GRUR 1987, 900, 902 – *Entwässerungsanlage* u. BGH v. 15.05.1990 – X ZR 119/88, GRUR 1990, 667, 668 – *Einbettungsmasse*.
37 BGH v. 02.06.1987, GRUR 1987, 900, 902 – *Entwässerungsanlage* u. BGH v. 15.05.1990 – X ZR 119/88, GRUR 1990, 667, 668 – *Einbettungsmasse*; Schiedsst. v. 01.12.1992, EGR Nr. 6 zu § 10 ArbEG.

lichkeit einer **Schutzrechtserteilung** ankommt (s. dazu § 2 Rdn. 16 f.); folglich liegt darin auch keine Abkehr vom Monopolprinzip (s. dazu Einl. vor §§ 9 bis 12, Rdn. 9 f.). Maßgeblich ist aber, dass eine Schutzrechtserteilung bei Anmeldung möglich gewesen wäre, was ausgeschlossen ist, wenn eine Schutzfähigkeit als Patent oder Gebrauchsmuster kraft Gesetzes ausscheidet (vgl. etwa § 1 Abs. 3, § 1a und §§ 2, 2a PatG).

21 Die Inanspruchnahme bedeutet keine Anerkennung der Schutzfähigkeit der Erfindung durch den Arbeitgeber[38] (s. § 2 Rdn. 15); vielmehr wird durch § 10 Abs. 2 a.F. die **Fiktion** aufgestellt, dass die Diensterfindung – sofern die Inanspruchnahme ausgesprochen wurde – schutzfähig[39] ist.

§ 10 Abs. 2 a.F. steht nicht der Möglichkeit des Arbeitgebers entgegen, die **Erfindereigenschaft** des Empfängers der Inanspruchnahmeerklärung zu bestreiten.[40]

**2. Einwand des nachträglichen Wegfalls der Schutzfähigkeit**

22 Entsprechend dem Wortlaut des § 10 Abs. 2 Satz 1 a.F. (»zur Zeit der Inanspruchnahme«) ist mangels amtlicher bzw. gerichtlicher Feststellung jedoch nur der Einwand der **ursprünglichen** Schutzunfähigkeit ausgeschlossen; der Arbeitgeber ist nicht gehindert, den **(späteren)** Wegfall der Schutzfähigkeit geltend zu machen,[41] und zwar dann, wenn der Erfindungsgegenstand offenkundig geworden ist (s. § 10 Rdn. 16 ff.) oder die Schutzunfähigkeit feststeht (s. § 10 Rdn. 24 ff.). Die Vergütungspflicht entfällt ferner bei Widerruf des Schutzrechts[42] oder bei Rücknahme der Anmeldung.

---

38 So aber wohl Reimer/Schade/Schippel/Himmelmann Rn. 15 zu § 10 im Anschluss an Heine/Rebitzki Anm. 3 zu § 9; Volmer Rn. 14 zu § 10.
39 Zutr. Heine/Rebitzki Anm. 1 zu § 10; ebenso Busse/Keukenschrijver, PatG (6. Aufl. 2003), Rn. 3 zu § 10 ArbEG; vgl. auch Schiedsst. v. 29.06.1972, BlPMZ 1973, 58, 59 r.Sp.
40 Schiedsst. ZB v. 23.01.1980 – Arb.Erf. 41/79, (unveröffentl.); zust. auch Reimer/Schade/Schippel/Himmelmann Rn. 15 zu § 10 u. Busse/Keukenschrijver, PatG (6. Aufl. 2003), Rn. 10 zu § 10 ArbEG.
41 So Amtl. Begründung in BT-Drucks. II/1648 S. 29 = BlPMZ 1957, 234; Schiedsst. ZB v. 23.01.1980 – Arb.Erf. 41/79, (unveröffentl.); Beil in Chem.-Ing.-Technik 1957, 489, 490; Busse/Keukenschrijver, PatG (6. Aufl. 2003), Rn. 10 zu § 10 ArbEG; Reimer/Schade/Schippel/Himmelmann Rn. 21 zu § 10; Boemke/Kursawe/Engemann Rn. 26 zu § 10; abw. Johannesson, GRUR 1970, 114, 118 r.Sp.
42 BGH v. 15.05.1990 – X ZR 119/88, GRUR 1990, 667, 668 – *Einbettungsmasse*.

## 3. Verhältnis zu Dritten

Die Fiktionswirkung des § 10 Abs. 2 Satz 1 a.F. gilt entsprechend ihrem Sinn nur im Verhältnis der Arbeitsvertragsparteien zueinander; gegenüber einem Dritten (auch Erfindungserwerber) kann sich der Arbeitgeber daher uneingeschränkt auf die mangelnde Schutzfähigkeit berufen.[43]   23

## 4. Feststellung der Schutzunfähigkeit

An die Fiktion der ursprünglichen Schutzfähigkeit bleibt der Arbeitgeber so lange gebunden, bis sich aus einer (rechtskräftigen) Entscheidung der Erteilungsbehörde oder eines Gerichts die Feststellung der (ursprünglichen oder nachträglichen) Schutzunfähigkeit ergibt (§ 10 Abs. 2 Satz 1 Halbs. 2 a.F.). Mit einer solchen Entscheidung entfällt die sachliche Rechtfertigung für weitere Vergütungszahlungen, da nunmehr feststeht, dass die Erfindung ein bloßes, dem Arbeitgeber von vornherein zugeordnetes Arbeitsergebnis darstellt (s. dazu § 3 Rdn. 26 f. u. unten § 10 Rdn. 29).   24

Die Nichtschutzfähigkeit der Diensterfindung kann sich sowohl anlässlich eines vom Arbeitnehmer betriebenen **Erteilungsverfahrens** (einschließlich eines Einspruchs- und Beschwerdeverfahrens) als auch im Rahmen eines **Nichtigkeits- oder Löschungsverfahrens** ergeben,[44] wobei es unerheblich ist, wer dieses Verfahren eingeleitet hat[45] (zur Zulässigkeit der Nichtigkeitsklage seitens des Arbeitgebers s. § 25 Rdn. 47 ff.). Nach Erlöschen des Patents verliert der Arbeitgeber das Rechtsschutzinteresse an der Nichtigerklärung des Patentes auch dann, wenn zwischen ihm und dem Patentinhaber Streit über die Vergütung des Patentes besteht.[46]   25

---

[43] Reimer/Schade/Schippel/Himmelmann Rn. 16 zu § 10.
[44] Amtl. Begründung in BT-Drucks. II/1648 S. 28 = BlPMZ 1957, 234; BGH v. 15.05.1990 – X ZR 119/88, GRUR 1990, 667, 668 – *Einbettungsmasse*.
[45] Ebenso Reimer/Schade/Schippel/Himmelmann Rn. 15 zu § 10; zur Nichtigkeitsklage des Arbeitgebers s. BGH v. 15.05.1990 – X ZR 119/88, GRUR 1990, 667, 668 – *Einbettungsmasse*; abw. BPatG v. 08.11.1990, GRUR 1991, 755, 757 – *Tiegelofen* (bei vorbehaltenem Benutzungsrecht nach § 16 Abs. 3).
[46] BGH v. 17.02.1981 – X ZR 51/76, GRUR 1981, 516, 517 – *Klappleitwerk*; ebenso Busse/Keukenschrijver, PatG (6. Aufl. 2003), Rn. 8 zu § 10 ArbEG.

**§ 10 a.F.** Vergütung bei beschränkter Inanspruchnahme (Fassung 1957)

26 Nach Sinn und Wortlaut des § 10 Abs. 2 Satz 1 a.F. ist – mit der herrschenden Lehre – keine gegenüber jedermann wirkende Entscheidung erforderlich.[47] Folglich kann der Arbeitgeber auch außerhalb eines auf die Schutzrechtserteilung oder -versagung (-vernichtung) bezogenen Verfahrens, etwa durch eine von ihm gegenüber dem Arbeitnehmer erhobene **negative Feststellungsklage** – insbesondere auch in einem Vergütungsstreit – diese Klärung herbeiführen.[48] Andernfalls wäre dem Arbeitgeber bei Nichtanmeldung der Diensterfindung durch den Arbeitnehmer die Möglichkeit genommen, jemals von seinem Recht aus § 10 Abs. 2 Satz 1 Halbs. 2 a.F. Gebrauch zu machen. Die Begriffe »Entscheidung des Patentamtes oder eines Gerichts« enthalten keine Beschränkung auf bestimmte Verfahrens- oder Klagearten. In diesem Rahmen gewährt das Gesetz dem Arbeitgeber ein Recht auf Überprüfung der Schutzfähigkeit der Erfindung[49] und schließt zugleich aus, dass der Arbeitgeber seine eigene Bewertung maßgebend sein lässt. Zur Feststellung der Schutzfähigkeit kann das angerufene Gericht das Patentamt ggf. zur Erstellung eines Obergutachtens ersuchen (§ 29 Abs. 1 PatG, Art. 25 EPÜ).

27 Bei den »**Entscheidungen**« muss es sich um beschwerde- (vgl. § 73 PatG) bzw. rechtsmittelfähige sachliche Entschließungen der dazu berufenen Erteilungsbehörde bzw. Gerichte handeln, die zudem über die Schutzfähigkeit (selbst) befinden. Keine Entscheidung im Sinne dieser Bestimmung stellen also Prüfbescheide gem. §§ 42, 45 PatG dar, auch wenn sie zur Schutzfähigkeit Stellung nehmen; ferner solche Bescheide, die lediglich die Feststellung bestimmter Rechtsfolgen zum Gegenstand haben, wie z.B. die Nachricht gem. § 35 Abs. 2 PatG (vgl. auch Art. 106 Abs. 2 EPÜ).

---

47 Friedrich, GRUR 1964, 453; Heine/Rebitzki Anm. 3 zu § 10; Reimer/Schade/Schippel/Himmelmann Rn. 18 zu § 10; Volmer in Anm. AP Nr. 1 zu § 10 ArbEG; a.A. BGH v. 09.01.1964 – I a ZR 190/63, GRUR 1964, 449, 452 r.Sp. – *Drehstromwicklung*; Busse/Keukenschrijver, PatG (6. Aufl. 2003), Rn. 8 zu § 10 ArbEG, der dies als Konsequenz aus der Entscheidung des Arbeitgebers für eine bloß beschränkte Inanspruchnahme herleitet; ferner Boemke/Kursawe/Engemann Rn. 30 f. zu § 10; wie hier wohl BGH v. 15.05.1990 – X ZR 119/88, GRUR 1990, 667, 668 – *Einbettungsmasse*.

48 Siehe Friedrich, GRUR 1964, 453, Heine/Rebitzki Anm. 3 zu § 10, Reimer/Schade/Schippel/Himmelmann Rn. 18 zu § 10; Löscher BB-Beil. 7/1967 S. 10 (dort Fn. 48) verneint allg. i.H.a. § 37 ArbEG die Zulässigkeit e. isolierten Klage auf Feststellung d. Schutzfähigkeit und will diese nur im Rahmen e. Leistungsklage auf Vergütung zulassen.

49 A.A. Busse/Keukenschrijver, PatG (6. Aufl. 2003), Rn. 8 zu § 10 ArbEG; m. H. darauf auch Boemke/Kursawe/Engemann Rn. 30 zu § 10.

Der **Einigungsvorschlag der Schiedsstelle** ist zwar keine Entscheidung im aufgezeigten Sinne; er entfaltet aber mangels Widerspruchs der Beteiligten eine Bindungswirkung im Sinne einer Vereinbarung zwischen den Parteien (vgl. § 34 Abs. 3 ArbEG); die gleiche Wirkung tritt ein, wenn die Arbeitsvertragsparteien sich untereinander zuvor verpflichtet haben, keinen Widerspruch nach § 34 Abs. 3 einzulegen[50] (s. dazu § 34 Rdn. 31). Hat die Schiedsstelle die mangelnde Schutzfähigkeit verbindlich festgestellt, liegt darin eine (auch ansonsten gem. § 22 Satz 2 zulässige) **Vereinbarung** der Arbeitsvertragsparteien über die Schutzfähigkeit (s.a. § 2 Rdn. 14), die ebenfalls den Einwand der Schutzunfähigkeit rechtfertigt. 28

Der Arbeitgeber kann sich erst mit **formeller Rechts- bzw. Bestandskraft** einer Entscheidung (Einigungsvorschlag) auf die festgestellte Schutzunfähigkeit mit Wirkung für die Zukunft berufen. Nutzungshandlungen **bis zu diesem Zeitpunkt** sind trotz der festgestellten ursprünglichen Schutzunfähigkeit noch zu **vergüten**[51] (§ 10 Abs. 2 Satz 2 a.F.); damit scheidet auch eine **Rückforderung** bereits geleisteter Vergütungszahlungen aus.[52] Ab dem Zeitpunkt der Feststellung ist die »Diensterfindung« als allein dem Arbeitgeber zustehendes **Arbeitsergebnis** zu behandeln.[53] Vom Arbeitnehmer Dritten eingeräumte Rechtspositionen werden mit Feststellung der Schutzunfähigkeit im Erteilungs-, Nichtigkeits- oder Löschungsverfahren mit Wirkung ex nunc gegenstandslos.[54] Wirkt die Entscheidung über die Schutzfähigkeit dagegen nur zwischen den Parteien (inter partes), steht es dem Dritten frei, die Frage der Schutzfähigkeit und damit der Wirksamkeit seines Vertrages mit dem Erfinder selbst gerichtlich klären zu lassen (s. im Übrigen § 8 a.F. Rdn. 42 ff.). 29

### IV. Verjährung, Verwirkung

Für die Verjährung und Verwirkung des Vergütungsanspruchs gem. § 10 a.F. gelten die gleichen Grundsätze wie für den Vergütungsanspruch bei (unbeschränkter) Inanspruchnahme gem. § 9 (s. dort Rdn. 39 ff.). 30

---

50 S.a. BGH v. 09.01.1964 – I a ZR 190/63, GRUR 1964, 449, 452 r.Sp. – *Drehstromwicklung*; zust. Busse/Keukenschrijver, PatG (6. Aufl. 2003), Rn. 8 zu § 10 ArbEG.
51 All. A., z.B. BGH v. 17.02.1981 – X ZR 51/76, GRUR 1981, 516, 517 – *Klappleitwerk*; BGH v. 15.05.1990 – X ZR 119/88, GRUR 1990, 667, 668 – *Einbettungsmasse*; Schiedsst. v. 29.06.1972, BlPMZ 1973, 58, 59 u. v. 01.12.1992, EGR Nr. 6 zu § 10 ArbEG; Busse/Keukenschrijver, PatG (6. Aufl. 2003), Rn. 9 zu § 10 ArbEG; Reimer/Schade/Schippel/Himmelmann Rn. 20 zu § 10; vgl. auch Ausschussber. z. BT-Drucks. II/3327 S. 5 = BlPMZ 1957, 252.
52 BGH v. 17.02.1981 – X ZR 51/76, GRUR 1981, 516, 517 – *Klappleitwerk*; vgl. auch Windisch, GRUR 1985, 829, 832.
53 Wie hier Busse/Keukenschrijver, PatG (6. Aufl. 2003), Rn. 9 zu § 10 ArbEG.
54 Ebenso Reimer/Schade/Schippel/Himmelmann Rn. 19 zu § 10.

### E. Bemessung der Vergütung

31 Gemäß § 10 Abs. 1 Satz 2 a.F. ist für die Bemessung der Vergütung § 9 Abs. 2 »**entsprechend anzuwenden**« (vgl. § 9 Rdn. 69 ff.). Die Notwendigkeit der bloß entsprechenden Anwendung ergibt sich daraus, dass für die Bemessung der Vergütung im Fall der beschränkten Inanspruchnahme anstelle der wirtschaftlichen Verwertbarkeit (s. dazu § 9 Rdn. 86 ff.) nur die **tatsächliche Verwertung** der Diensterfindung durch den Arbeitgeber maßgeblich sein kann[55] (RL Nr. 25 Abs. 1 Satz 1); RL Nr. 24 findet – wie auch RL Nr. 25 Abs. 1 Satz 2 Halbs. 2 hervorhebt – keine Anwendung (zum Begriff der tatsächlichen Verwertung s. § 9 Rdn. 90 ff.). Dabei kommen selbstverständlich nur die tatsächlichen Verwertungshandlungen in Betracht, die im Rahmen des betriebsbezogenen einfachen Nutzungsrechts liegen (s. dazu § 7 a.F. Rdn. 29 ff.), also nur der Einsatz im eigenen Unternehmen des Arbeitgebers und ggf. eine Lohnfertigung durch Dritte (verlängerte Werkbank).

32 **Wirtschaftliche Bezugsgröße** für die Ermittlung des Erfindungswertes ist der gesamte tatsächliche Nutzungsumfang, unabhängig davon, ob die Nutzung im Inland oder Ausland erfolgt (vgl. auch § 7 a.F. Rdn. 36 f.). Grundlage für die Vergütung (technische Bezugsgröße) ist der **Umfang der gemeldeten Diensterfindung** (s. § 10 Rdn. 11). Zum Anteilsfaktor § 10 Rdn. 41.

33 Auch für die Vergütung bei der bloß beschränkten Inanspruchnahme gilt uneingeschränkt das vergütungsrechtliche **Gebot der Angemessenheit** (§ 10 Abs. 1 Satz 1 a.F.; s. dazu § 9 Rdn. 69 ff.).

Einzelheiten zur Bemessung des Erfindungswertes enthält RL Nr. 25, die nicht nur für patentfähige, sondern über RL Nr. 28 auch für gebrauchsmusterfähige Diensterfindungen gilt.

Nach RL Nr. 25 Abs. 1 Satz 1 sind im Grundsatz alle **Vergütungsrichtlinien entsprechend anwendbar**, die für – nach früherer Rechtssprache – unbeschränkt in Anspruch genommene Diensterfindungen gelten (RL Nrn. 3 ff.). Da jedoch **allein die tatsächliche Verwertung** durch den Arbeitgeber vergütungspflichtig ist (s.o. § 10 Rdn. 31), scheidet eine Anwendung derjenigen Richtlinien aus, die sich nur mit (bloßer) Verwertbarkeit befassen (insb. RL Nrn. 20 bis 24). Auch wegen der Betriebsgebundenheit und Unübertragbarkeit des einfachen Nutzungsrechts finden selbstverständlich die Vergütungsre-

---

[55] Volmer, VergRL Rn. 8 zu RL Nr. 25; Reimer/Schade/Schippel/Himmelmann Rn. 13 zu § 10 u. Rn. 1 zu § 11/RL Nr. 25; Busse/Keukenschrijver, PatG (6. Aufl. 2003), Rn. 11 zu § 10 ArbEG; s. auch Amtl. Begr. in BT-Drucks. II/1648 S. 29 = BlPMZ 1957, 234, die von Beil in Chem.-Ing.-Techn. 1957, 489, 490 zutr. klargestellt wird.

## E. Bemessung der Vergütung

### § 10 a.F.

gelungen über Lizenz-, Kauf- und Austauschverträge (RL Nrn. 14 bis 17) ebenso wenig Anwendung wie RL Nr. 18 über die Bestimmung des Erfindungswertes bei Sperrpatenten.[56] Mangels seinerzeit unbeschränkter Inanspruchnahme entfällt auch die unmittelbare Anwendung der RL Nr. 27 i.V.m. § 17; haben sich allerdings die Arbeitsvertragsparteien darüber verständigt, die vom Arbeitgeber beschränkt in Anspruch genommene Erfindung generell geheim zu halten, können Grundsätze der Vergütung betriebsgeheimer Erfindungen entsprechend herangezogen werden.

RL Nr. 25 Abs. 2 erklärt die Grundsätze der Berechnung nach dem **erfassbaren betrieblichen Nutzen** für uneingeschränkt anwendbar zur Ermittlung des Erfindungswertes (Einzelheiten zur Methode s. RL Nr. 12 sowie § 9 Rdn. 161 ff.). Im Hinblick auf die in RL Nr. 25 Abs. 3 enthaltenen Einschränkungen bei der Berechnung nach der Methode der Lizenzanalogie ist diese in RL Nr. 25 Abs. 2 vorgenommene uneingeschränkte Anwendbarkeit bedenklich. Insoweit gelten die Ausführungen zu RL Nr. 28 Abs. 1 (s. dazu § 9 Rdn. 250) auch hier. Der für die Methode nach dem erfassbaren betrieblichen Nutzen übliche **Umrechnungsfaktor** von 1/8 bis 1/3 (s. dazu § 9 Rdn. 165) muss auch hier im Hinblick auf die geringere Wertigkeit einer einfachen Nutzungserlaubnis in dem Umfang angepasst werden, in dem eine Anpassung der Lizenzsätze bei der Methode nach der Lizenzanalogie erfolgen müsste.[57] Soweit im Rahmen der Lizenzanalogie das einfache Benutzungsrecht mit 50 % – 80 % eines üblichen Lizenzsatzes für unbeschränkt in Anspruch genommene Diensterfindungen anzusetzen ist (vgl. unten § 10 Rdn. 40), beträgt der Umrechnungsfaktor für die Berechnung nach dem erfassbaren betrieblichen Nutzen 1/16 – 1/4 (= 6,25 % – 25 %). Der **Regelwert** liegt bei **patentgeschützten Erfindungen**, wenn also das einfache Benutzungsrecht durch ein Patent abgesichert ist, bei **13 %**. Die *Schiedsstelle* hat im Einzelfall 16 % der Ersparnisse als Erfindungswert angesetzt, wenn es sich um ein wertvolles Schutzrecht handelt und kein Anhaltspunkt bestand, dass der Erfinder selbst oder Wettbewerber des Arbeitgebers die Diensterfindung nutzen durften oder tatsächlich benutzten; 12 % wurden dagegen angesetzt, wenn das Schutzrecht

34

---

56 Vgl. (aber) auch Reimer/Schade/Schippel/Himmelmann Rn. 1 zu § 11/RL Nr. 25, wonach der Grundgedanke der RL Nr. 18 anwendbar sein soll, wenn die wirtschaftliche Stellung des Arbeitgebers anderweitige Verwertungen des Arbeitnehmers unmöglich macht.
57 Vgl. auch Reimer/Schade/Schippel/Himmelmann Rn. 13 zu § 10; abw. Boemke/Kursawe/Engemann Rn. 38 zu § 10.

§ 10 a.F.      Vergütung bei beschränkter Inanspruchnahme (Fassung 1957)

auf Wettbewerber übertragen wurde und deshalb der Arbeitgeber keine alleinige Nutzungsmöglichkeit (mehr) hatte[58] (s. aber auch § 10 Rdn. 38).

35    Zur Ermittlung des Erfindungswertes nach der **Lizenzanalogie** (s. dazu § 9 Rdn. 121 ff. sowie RL Nrn. 6 ff.) soll nach RL Nr. 25 Abs. 3 Satz 2 der Lizenzsatz für das dem Arbeitgeber überlassene nicht ausschließliche Nutzungsrecht grundsätzlich niedriger als die für ausschließliche Nutzungsbefugnisse vereinbarten Lizenzsätze sein.[59] Dabei soll – nach Möglichkeit – von den für **nicht ausschließliche Lizenzen mit freien Erfindern** üblicherweise vereinbarten Sätzen ausgegangen werden (RL Nr. 25 Abs. 3 Satz 1). Nur wenn solche Erfahrungssätze nicht bekannt sind, könne auch auf Lizenzsätze für ausschließliche Lizenzen zurückgegriffen werden (RL Nr. 25 Abs. 3 Satz 2 Halbs. 1), wobei dann aufgrund allgemeiner praktischer Erfahrung diese ausschließlichen Lizenzsätze zu relativieren seien.[60]

36    Dieser Ausrichtung auf Lizenzsätze bei einfachen oder gar ausschließlichen Lizenzverträgen stehen **grundsätzliche Bedenken** entgegen. Auch bei der beschränkten Inanspruchnahme soll Erfindungswert der Preis sein, der an einen außenstehenden freien Erfinder für die Einräumung des einfachen Nutzungsrechts bezahlt wird. Aus der Sicht des freien Erfinders als Lizenzgeber widerspricht es der Realität in der Praxis, dass dieser auch die Ausnutzung eines a nur einfachen Lizenzrechtes dem Ermessen seines Lizenznehmers ohne entsprechenden wirtschaftlichen Ausgleich überlassen würde; entweder verpflichtet er den (einfachen) Lizenznehmer zu einer konkret definierten Ausübung des Lizenzgegenstandes oder vereinbart jedenfalls die Zahlung von Mindestlizenzgebühren unabhängig von der konkreten Ausnutzung. Andererseits wäre kein Unternehmen auch bei einer bloß einfachen Lizenzabrede bereit, für ein »Nutzungsrecht« Lizenzzahlungen zu erbringen, wenn nicht die Sicherheit bestünde, dass der Lizenzgeber jedenfalls bemüht ist, für diese Erfindung ein rechtliches Monopol durch den Erwerb eines Schutzrechts zu erzielen. Insoweit widerspricht es den wirtschaftlichen Gepflogenheiten der Praxis, wenn § 10 Abs. 1 a.F. die Vergütungspflicht auch dem Grunde nach an die im Ermessen

---

58   EV. v. 17.10.1991, Mitt. 1997, 373, 374 – *Anlagensteuerung*; zustimmender Hinweis auch bei Reimer/Schade/Schippel/Himmelmann Rn. 3 zu § 11/RL Nr. 25.

59   Vgl. auch Schiedsst. v. 29.06.1972, BlPMZ 1973, 58, 59, wonach die nicht ausschließliche Lizenz »in der Regel zu einer niedrigeren Vergütung führt«, wobei dort der Erfindungswert wegen der durch den Einsatz der Erfindung vermittelten verminderten Baurisiken auf ein Viertel der Gesamtersparnis eines vorzeitig zu erwartenden Nutzens angesetzt wurde.

60   Vgl. Lindenmaier/Lüdecke Anm. 4 zu § 11/RL Nr. 25; Heine/Rebitzki, Vergtg. f. Erf., Anm. 4 zu RL Nr. 25.

## E. Bemessung der Vergütung § 10 a.F.

des Arbeitgebers liegende tatsächliche Benutzung anknüpft; ebenso widerspricht es der Lizenzpraxis, wenn RL Nr. 25 Abs. 3 Satz 4 vorgibt, dass ein fehlendes Schutzrecht keinen mindernden Einfluss auf die Höhe des Erfindungswertes haben soll. Insoweit ist die der RL Nr. 25 zu Grunde liegende Vergleichbarkeit praktisch ausgeschlossen. Dies mag mit ein Grund dafür sein, dass sich das Institut der beschränkten Inanspruchnahme einer Diensterfindung in der freien Wirtschaft absolut nicht bewährt hatte, allenfalls vereinzelt im öffentlichen Dienst anzutreffen war[61] und deshalb verzichtbar ist.

Hat der Arbeitnehmer mangels (Inlands-) Anmeldung **kein Schutzrecht erworben**, muss sich dies entgegen RL Nr. 25 Abs. 3 Satz 4 auf die Bestimmung der Höhe des Erfindungswertes mindernd auswirken[62] (s.a. § 10 Rdn. 40). Anders als bei der (unbeschränkten) Inanspruchnahme kann jedoch ein etwaiges **Schutzrechtserteilungsrisiko** (s. dazu § 12 Rdn. 66 ff.) nicht in Ansatz gebracht werden; etwaige **Zweifel an der Patentfähigkeit** rechtfertigen keine (zusätzlichen) Vergütungsminderungen[63] (s.a. § 10 Rdn. 19). 37

**Nutzt der Arbeitnehmer** die Diensterfindung **selbst** oder hat er Dritten Nutzungsrechte hieran eingeräumt, muss sich dies nicht zusätzlich vergütungsmindernd auswirken, da diesem Umstand regelmäßig schon durch die Bemessung eines niedrigeren Lizenzsatzes für das einfache Lizenzrecht des Arbeitgebers Rechnung getragen wird[64] (s. aber auch § 10 Rdn. 34, 40). Ggf. kann unter dem Aspekt des § 12 Abs. 6 bei außergewöhnlichem Umfang dieser anderweitigen Nutzung eine Vergütungsänderung herbeigeführt werden. 38

Hat der **Arbeitnehmer** bezogen auf die konkrete Diensterfindung selbst **Lizenzen vergeben**, so können die in diesen Lizenzverträgen vereinbarten Lizenzsätze als Maßstab für den Erfindungswert herangezogen werden (RL Nr. 25 Abs. 3 Satz 3); dies gilt aber nur »in geeigneten Fällen«, d.h. es muss 39

---

61 Vgl. Volz, ArbNErf. im öffentl. Dienst, S. 80 ff.; zust. Reimer/Schade/Schippel/Himmelmann Rn. 13 zu § 10.
62 Ähnl. Heine/Rebitzki, Vergtg. f. Erf., Anm. 5 zu RL Nr. 25; Lindenmaier/Lüdecke Anm. 5 zu § 11/RL Nr. 25; a.A. Reimer/Schade/Schippel/Himmelmann Rn. 13 zu § 10; Boemke/Kursawe/Engemann Rn. 40 zu § 10.
63 Schiedsst. v. 29.06.1972, BlPMZ 1973, 58, 59 u. v. 01.12.1992, Mitt. 1996, 351, 352 – *Straßenbau*.
64 Wie hier Volmer VergRL Rn. 14 zu RL 1959/Nr. 25 u. Volmer/Gaul Rn. 803 f. zu § 9/RL Nr. 25; a.A. Heine/Rebitzki Anm. 2 zu § 10; Lindenmaier/Lüdecke Anm. 6 zu § 11/RL Nr. 25; vgl. auch Reimer/Schade/Schippel/Himmelmann Rn. 3 zu § 11/ RL Nr. 25 m.H.a. Schiedsst. v. 17.10.1991, Mitt. 1997, 373, 374 – *Anlagensteuerung* – dort bei Verkauf der Erfindung durch den Arbeitnehmer (s.o. Rn. 34); s.a. Busse/Keukenschrijver, PatG (6. Aufl. 2003), Rn. 36 zu § 11 ArbEG.

eine mit dem Nutzungsrecht des Arbeitgebers vergleichbare Verwertungssituation des Lizenznehmers gegeben sein. Bezieht sich z.B. das Nutzungsrecht des Lizenznehmers auf ein Auslandspatent, nutzt dagegen der Arbeitgeber die Erfindung lediglich im Inland, ohne dass dort eine Schutzrechtsanmeldung erfolgt ist, kann der mit dem (anderen) Lizenznehmer vereinbarte Lizenzsatz allenfalls reduziert zum Ansatz kommen. Entsprechendes gilt bei Vergabe einer ausschließlichen Lizenz.

Selbstverständlich ist der Arbeitnehmer, wenn er sich auf anderweitige Lizenzvergaben beruft, in vollem Umfang hierfür **darlegungs- und nachweispflichtig**.

40 **Fehlen** derartige **Lizenzverträge** und wird stattdessen auf vergleichbare oder firmen- bzw. **branchenübliche Lizenzsätze** zurückgegriffen, muss der Praxis entsprechend ein ausschließlicher Lizenzsatz regelmäßig im Hinblick auf das bloß einfache Nutzungsrecht des Arbeitgebers gemindert werden[65] (s. auch § 10 Rdn. 38). Ist vom Arbeitnehmer **kein Schutzrecht angemeldet**, wäre es an sich – im Vergleich zum freien Erfinder – naheliegend, allenfalls von einer Anerkennungsgebühr auszugehen. Im Hinblick auf die § 10 a.F. zu Grunde liegende gesetzgeberische Entscheidung, dem Arbeitnehmer keinen Anmeldungszwang aufzuerlegen, muss aber eine andere Wertentscheidung getroffen werden. Hier erscheint u. E. (allenfalls) ein Ansatz von **50 % des** für »vergleichbare« ausschließliche Lizenzen **üblichen Lizenzsatzes** angemessen.

Hat dagegen der Arbeitnehmer bzw. ein Dritter (Rechtserwerber) auf die Diensterfindung ein **Schutzrecht erlangt**, so ist zunächst zu berücksichtigen, dass die Lizenzsätze für einfache Benutzungsrechte niedriger ausfallen als bei ausschließlichen Lizenzen. Dies beruht im Wesentlichen auf der geteilten Monopolwirkung, d.h. der Lizenznehmer einer einfachen Lizenz muss sein Benutzungsrecht mit dem Rechtsinhaber und ggf. weiteren Lizenznehmern teilen.[66] Daran hat wirtschaftlich auch der in § 15 Abs. 3 PatG normierte Sukzessionsschutz nichts geändert[67], so dass es auf die Streitfrage, ob die einfa-

---

65 So auch Schiedsst., z.B. v. 17.10.1991, Mitt. 1997, 373, 374 – *Anlagensteuerung* m.H.a. Schiedsst. v. 29.06.1972, BlPMZ 1973, 58, 59; s.a. OLG Düsseldorf v. 04.03.2004, InstGE 4, 165 – *Spulkopf II* (allg. zur einfachen Lizenz).
66 Vgl. z. B. Schiedsst. v. 25.07.2013 Arb.Erf. 39/12 (www.dpma.de) m. w. Nachw. zur unveröffentl. Spruchpraxis, dort für den Fall der Erfindungsübertragung gegen Rückeinräumung eines einfachen Benutzungsrechts. Vgl. auch BPatG v. 21.11.2017, GRUR 2018, 803 (Rn. 60, 62) – Isentress II (zu Zwangslizenzsätzen). Siehe im Übrigen die nachf. Nachweise.
67 So im Ergebn. etwa OLG Düsseldorf v. 04.03.2004 InstGE 4, 165, 177, 181 – Spulkopf II.

che Lizenz dinglichen Charakter hat (s. Rdn. 2), nicht entscheidend ankommt. Deshalb wird je nach Wertigkeit des Schutzrechts (insbesondere Patent oder Gebrauchsmuster) ein Ansatz von **50 % bis 80 % des** für »vergleichbare« ausschließliche Lizenzen **üblichen Lizenzsatzes** sachgerecht und angemessen sein.[68] Dieser Rahmen kann sich sowohl nach unten als auch nach oben (bis auf 100 %) erweitern, und zwar je nachdem wie stark die Einbußen durch die Nichtausschließlichkeit des Benutzungsrechts sind oder wie vergleichbar die tatsächliche Situation mit einem ausschließlichen Benutzungsrecht ist.[69] Dabei sind alle Gesichtspunkte zu berücksichtigen, welche einen Wettbewerbsvorsprung des Arbeitgebers vor anderen Mitbewerbern stärken oder verringern; werterhöhend wirken sich das Bestehen eines Schutzrechts (s.a. § 10 Rdn. 37) und seine Wertigkeit aus, wertmindernd dagegen das tatsächliche Vorhandensein oder die hohe Wahrscheinlichkeit des Auftretens von Wettbewerbern, die ebenfalls von der Diensterfindung Gebrauch machen können, sei es durch Einräumung von Nutzungsrechten oder aufgrund einer Schutzrechtsübertragung durch den Arbeitnehmer.[70] Bei einem starken, wertvollen Schutzrecht, das der Arbeitnehmererfinder später auf einen Wettbewerber überträgt, hat die *Schiedsstelle* im Einzelfall 80 % für Nutzungen bis zum Zeitpunkt der Übertragung, und 60 % ab Übertragung angenommen[71] (s. § 10 Rdn. 34).

Auch bei der beschränkten Inanspruchnahme ist der **Anteilsfaktor** zu berücksichtigen. Demzufolge ergibt sich die Vergütung – ebenso wie im Falle einer (unbeschränkten) Inanspruchnahme – aus der Multiplikation des Erfindungswertes mit dem Anteilsfaktor als den maßgeblichen Kriterien für die Angemessenheit der Vergütung gemäß § 9 Abs. 2 (s. § 9 Rdn. 69 ff.). Die Auffassung, der Anteilsfaktor sei lediglich Berechnungshilfe und müsse bei der beschränkten Inanspruchnahme und den sonstigen Benutzungsrechten der §§ 14, 16 unberücksichtigt bleiben,[72] verkennt die Herleitung des Anteilsfak-

**41**

---

68 Vgl. Schiedsst. v. 06.10.1992, GRUR 1994, 608, 611 (dort 80 %).
69 So Schiedsst. v. 17.10.1991, Mitt. 1997, 373, 374 – *Anlagensteuerung*; s.a. OLG Düsseldorf v. 04.03.2004, InstGE 4, 165 – *Spulkopf II*, das einen Abschlag von 2 %-Punkten von einem ausschließlichen Lizenzsatz befürwortet und damit einen Lizenzsatz von 4 % für eine einfache Lizenz angenommen hat (= 2/3), und zwar im Anschluss an den Sachverständigen, wonach eine einfache Lizenz gegenüber einer exklusiven Lizenz in der Regel damit um etwa 2 Prozentpunkte niedriger sei.
70 So Schiedsst. v. 17.10.1991, Mitt. 1997, 373, 374 – *Anlagensteuerung*.
71 Schiedsst. v. 17.10.1991, Mitt. 1997, 373, 374 – *Anlagensteuerung*.
72 So – entgegen der ganz h. M. (vgl. z. B. Reimer/Schade/Schippel/Himmelmann Rn. 13 zu § 10; vgl. auch Boemke/Kursawe/Engemann Rn. 394 zu § 9) – Rother in Festschr. Bartenbach (2005), S. 159, 160 f., wonach eine »starre Anwendung« bei den einfachen Nutzungsrechten des ArbEG nicht gerechtfertigt sei, da der Arbeitnehmer wegen des Freiwerdens die Stellung eines Lizenzgebers habe.

**§ 10 a.F.** Vergütung bei beschränkter Inanspruchnahme (Fassung 1957)

tors aus den nach § 9 Abs. 2 zu berücksichtigenden betrieblichen Anteilen am Zustandekommen einer Diensterfindung. Den Charakter als Diensterfindung verliert die Erfindung – im Verhältnis zum Arbeitgeber – nicht durch ein Freiwerden nach § 8 Abs. 1 Nr. 2 a. F. Die einer Vergütung bei »unbeschränkter« Inanspruchnahme entsprechende Berücksichtigung des Anteilsfaktors folgt im Übrigen aus § 10 Abs. 1 Satz 2 a. F. und RL Nr. 25 Abs. 1 Satz 1. Schließlich entbehrt es einer sachlichen Rechtfertigung, für ein einfaches Benutzungsrecht (§ 7 Abs. 2 a. F.) – mangels Anteilsfaktors – das 5 bis 10-Fache der für den Vollrechtserwerb (§ 7 Abs. 1) geschuldeten Erfindervergütung zahlen zu müssen.

Im Übrigen gelten für die Vergütungsbemessung, insb. zur Bestimmung des **Anteilsfaktors** (vgl. hierzu § 9 Rdn. 261 ff.), die gleichen Kriterien wie bei der Vergütung für eine (unbeschränkte) Inanspruchnahme (s. dazu § 9 Rdn. 69 ff.).

Weitere Einzelheiten zur Vergütung s. auch bei § 14 Rdn. 60 ff. u. § 16 Rdn. 90 ff.

## § 11 Vergütungsrichtlinien[1]

Der Bundesminister für Arbeit erlässt nach Anhörung der Spitzenorganisationen der Arbeitgeber und der Arbeitnehmer (§ 12 des Tarifvertragsgesetzes) Richtlinien über die Bemessung der Vergütung.

**Lit.:**
*Bartenbach/Volz*, Arbeitnehmererfindervergütung – Kommentar z. d. Amtl. RLn. f. d. Vergütg. v. ArbNErf., 4. Aufl. 2017; *Beil*, RLn. f. d. Vergütg. v. ArbNErf. i. priv. Dienst, GRUR 1960, 179; *Busse/Keukenschrijver*, PatG, 6. Aufl. 2003, Kommentierung zu § 11 ArbEG (Vergütungsrichtlinien); *Danner*, Führen die amtl. RLn. f. Arbeitnehmererf. im priv. Dienst v. 20. 7. 1959 zu angemessenen Vergütungen?, GRUR 1961, 381; *ders.*, Nochmals: Alte Probleme, neue Vorschläge f. d. amtl. RLn 1959, GRUR 1980, 821; *Gaul/Bartenbach*, Arbeitnehmererf. u. Verbesserungsvorschlag, 2. Aufl. 1972, S. 72; *Halbach*, RLn. f. d. Vergütg. v. ArbNErf., BlfStSozArbR 1959, 347; *Heine/Rebitzki*, Die Vergütung f. Erf. von ArbN im priv. Dienst, 1960; *Herbst*, Arbeitnehmererf. im priv. Dienst, BArbBl. 1959, 627; *Himmelmannin Hohagen/Burghart*, Incentive-Sysdteme i. d. betriebl. Praxis, GRURPrax. 2014, 317 (ArbR 2014, 429); *Reimer/Schade/Schippe*, ArbEG – Gesetz über Arbeitnehmererfindungen u. deren Vergütungsrichtlinien, Komm., 8. Aufl. 2007, Anh. zu § 11; *Kämmerer*, Über die den RLn f. d. Vergütung v. Arbeitnehmererf. (RLn 1959) zugrunde liegenden mathemat. Beziehungen, BArbBl. 1959, 623; *Karl*, Stellungnahme zu d. bisherigen Komm. ü. d. neuen VergütungsRLn. f. Arbeitnehmererf., GRUR 1960, 459; *Leydhecker*, RLn. z. Vergütung von Arbeitnehmererf., BlfStSozArbR 1959, 328; *Schade*, Die neuen Rln. f. d. Vergütung von Arbeitnehmererf., BB 1960, 449; *ders.*, Erfindervergütung, GRUR 1962, 125; *Volmer*, Die RLn. f. d. Vergütung von Arbeitnehmererf. im priv. Dienst v. 20.7.1959, RdA 1960, 60; *Volmer*, RLn. über Vergütungen für Arbeitnehmererf., 1964. Ferner kommentiert bei: *Lindenmaier/Lüdecke*, Arbeitnehmererfindungen, 1961, zu § 11; *Volmer/Gaul*, Arbeitnehmererfindungsgesetz, 2. Aufl. 1983, zu § 9; *Wendel*, Die RLn. f. d. Vergütg. v. ArbNErf. i. priv. Dienst, AuR 1960, 8; (N.N.), RLn. f. d. Vergütung v. Arbeitnehmererf., BB 1959,885 ff.; Mitteilung des Bundesministers f. Arbeit u. Sozialordnung in: Bulletin d. Presse- u. Informationsamtes der Bundesregierung 1959, 1525 (= GRUR 1959, 477 = Mitt. 1959, 373 = RdA 1959, 344). Siehe auch Lit. vor §§ 9–12.

| Übersicht | Rdn. |
|---|---|
| **A. Allgemeines** | 1 |
| **B. Die RLn 1959 u. 1960** | 3 |
| **C. Unternehmenseigene Richtlinien** | 13 |
| I. Unternehmenseigene Vergütungsrichtlinien | 13 |
| II. Unternehmensrichtlinien | 19 |
| **D. Incentive-Programme** | 22 |

---

[1] Geändert durch Art. 7 Nr. 7 des Patentrechtsmodernisierungsgesetz vom 31.07.2009 (BGBl. I, S. 2521).

## A. Allgemeines

**1** § 11 enthält den **»Auftrag«** an den **Bundesminister für Arbeit** (und Sozialordnung) zum Erlass von Richtlinien über die Bemessung der Vergütung von Arbeitnehmererfindungen; dazu wird die Anhörung der Spitzenorganisationen der Arbeitgeber und Arbeitnehmer i.S.d. § 12 TVG zwingend vorgeschrieben.

Mit Art. 7 Nr. 7 des Patentrechtsmodernisierungsgesetzes ist i.R.d. **ArbEG-Novelle** 2009 (s. dazu Einl. Rdn. 42) die – längst überfällige – redaktionelle Aktualisierung des Verweises auf das Tarifvertragsgesetz vollzogen worden.[2] § 12 TVG ist bereits durch die Neufassung des TVG vom 25.08.1969 (BGBl. I, S. 1323) an die Stelle der früheren und im bisherigen Gesetzestext noch zitierten Regelung des § 10a TVG a.F. getreten.

**2** § 11 stellt keine Ermächtigung zum Erlass von Rechtsverordnungen i.S.d. Art. 80 Abs. 1 GG dar; vielmehr handelt es sich um eine **Weisung des Gesetzgebers** an die Exekutive zum Erlass von (unverbindlichen) Richtlinien.[3] Bestehende Richtlinien können vom Bundesminister für Arbeit und Sozialordnung nach pflichtgemäßem Ermessen **geändert, ergänzt, erweitert oder durch neue Richtlinien ersetzt** werden; dazu ist ebenfalls die vorherige Anhörung der o. a. Spitzenorganisationen erforderlich.

## B. Die RLn 1959 u. 1960

**3** Dem Auftrag des § 11 ist der Bundesminister für Arbeit und Sozialordnung nach Anhörung der Bundesvereinigung der Deutschen Arbeitgeberverbände, des DGB, der DAG, der Union der leitenden Angestellten[4] durch Erlass der **»Richtlinien für die Vergütung von Arbeitnehmererfindungen im privaten Dienst«** vom 20.07.1959[5] (**RLn 1959, abgedruckt als Anhang 1**) nachgekommen. Diese sind bis auf eine Neufassung der RL Nr. 11 im Jahr 1983[6] unverändert. In Ergänzung hierzu folgten am 01.12.1960 die **»Richtlinien für die Vergütung von Arbeitnehmererfindungen im öffentlichen Dienst«**[7] (RL

---

2 Vgl. Amtl. Begründung zum Patentrechtsmodernisierungsgesetz in BR-Drucks. 757/08 S. 51 (zu Art. 7 Nr. 7 des Entwurfs).
3 Zutr. Reimer/Schade/Schippel/Himmelmann Rn. 6 zu § 11.
4 Mitteilung des Bundesministers für Arbeit- und Sozialordnung in Bulletin d. Presse- und Informationsamtes der Bundesregierung v. 20.08.1959, S. 1525 = GRUR 1959, 477 = RdA 1959, 344.
5 Veröffentl. in Beilage z. BAnz. Nr. 156 v. 18.08.1959 = BlPMZ 1959, 300 = BArbBl. 1959, 599.
6 BAnz. Nr. 169 v. 09.09.1983 = BlPMZ 1983, 350; vgl. dazu auch Gaul/Bartenbach, GRUR 1984, 11 ff.; Kaube, GRUR 1986, 572 ff.
7 Veröffentl. in BAnz. Nr. 237 v. 08.12.1960 = BlPMZ 1961, 69 = BArbBl. 1960, 767.

**1960, abgedruckt als Anhang 2;** s. dazu § 11 Rdn. 12). Diese Richtlinien haben die »Richtlinien für die Vergütung von Gefolgschaftserfindungen« i. d. F. vom 10.10.1944[8] abgelöst. Zur hist. Entwicklung s. KommRL Einl. Rn. 90 ff.

Die Vergütungsrichtlinien haben sich in der Praxis im Grundsatz bewährt. In der Vergangenheit wurde davon ausgegangen, dass, solange die Vergütungsbestimmungen des ArbEG unverändert bleiben, kein Bedürfnis für ihre grundlegende Änderung besteht.[9] Dies hat sich durch die zwischenzeitlichen Entwicklungen geändert. Einerseits hat die Kritik zugenommen[10]. Andererseits besteht ein unübersehbarer Aktualisierungsbedarf. Dies betrifft etwa RL Nr. 10 (s. dazu § 9 Rdn. 131), ferner die Abstaffelungsgrundsätze der RL Nr. 11, deren Tabelle zudem noch nicht auf Euro umgestellt ist (s. dazu § 9 Rdn. 141 ff.), weiterhin die RL Nrn. 12, 14 bis 16 mit ihren missverständlichen Aussagen zum Erfindungswert (s. dazu § 9 Rdn. 165, 224.1, 252.1) sowie die praxisfernen Richtlinien zur Vergütung nicht verwerteter Erfindungen (RL Nrn. 20–24; s. dazu § 9 Rdn. 210), einschließlich der Regelung der RL Nr. 18 über Sperrpatente, um nur einige Schwachstellen aufzuzählen. Darüber hinaus versagen die Richtlinien in vielen praxisrelevanten Bereichen, etwa bei Verwertungen innerhalb von verbundenen Unternehmen, ferner bei Forschungskooperationen oder bei der Veräußerung von Erfindungen im Rahmen von Unternehmensverkäufen. Zudem ist das mehrfach verwendete Merkmal der »Üblichkeit« wenig praxistauglich.[11] Auch im Bereich der Richtlinien zur Bestimmung des Anteilsfaktors (RL Nrn. 30 ff.) scheinen Anpassungen sinnvoll, da diese auf das heute nicht mehr für alle Bereiche typische Bild eines Fertigungsunternehmens abstellen, wie sich insb. aus RL Nr. 34 ergibt. Es ist deshalb verständlich, wenn der Bundesminister für Arbeit und Sozialordnung bereits vor über 35 Jahren im Zusammenhang mit der Anpassung der RL Nr. 11 ausdrücklich darauf hingewiesen hatte, dass die isolierte Änderung dieser Richtlinie vordringlich erforderlich war, ohne dass damit der Umkehrschluss gerechtfertigt sei, die Richtlinien würden auch i.Ü. noch in jeder Hinsicht der heutigen Auffassung des BMA über eine angemessene Vergütung

---

8 Veröffentl. in RAnz. v. 05.12.1944, Nr. 271; abgedr. u. a. bei Heine/Rebitzki Vergütung für Erfindungen S. 311 ff.; Reimer/Schade/Schippel ArbEG, 5. Aufl. 1975, S. 670 ff.
9 S.a. Antwort d. BReg. auf d. kl. Anfrage betr. Förderung d. Tätigkt. d. ArbN-Erfinder v. 07.11.1974, BT-Drucks. 7/2758 S. 6.
10 Vgl. etwa Meier, GRUR 1998, 779 ff. u. Oehlrich GRUR 2006, 17, 19 f.; vgl. auch Hellebrand in Festschr. 50 J. VPP (2005) S. 289 ff.
11 S. dazu – insbes. Im Zusammenhang mit RL Nr. 11 – Bartenbach/Volz GRUR 2016, 225, 226 ff.

entsprechen.[12] Dieser Änderungsbedarf ist durch die ArbEG-Novelle 2009 (s. Einl. Rdn. 42) weiter gestiegen. Angesichts des gänzlichen **Wegfalls des Rechtsinstituts der beschränkten Inanspruchnahme** ist die RL Nr. 25 nur noch für die Übergangszeit nach § 43 Abs. 3 von Bedeutung (s. § 10 a.F. Rdn. 1). Dies zieht zwangsläufig weitere redaktionelle Folgeänderungen in den Richtlinien nach sich (vgl. etwa RL Nr. 1, RL Nr. 42). Nachdem bereits 2009 die ArbEG-Novelle vom Gesetzgeber vollzogen worden ist, liegt es nahe, nunmehr zeitnah die Reform der Amtlichen Richtlinien in Angriff zu nehmen, zumal die Bedeutung der Erfindervergütung für Deutschlands Innovationsstärke und internationale Position als Forschungs- und Wissenschaftsstandort unbestritten ist. S. i.Ü. KommRL Einl. Rn. 117 ff.

Das **BMAS** erkennt nunmehr den Reformbedarf grundsätzlich an. Es bleibt abzuwarten, ob das Bundesministerium in der laufenden Legislaturperiode die schon seit längerem auch aus Kreisen der Wirtschaft und seitens der GRUR[13] angestrebte Aktualisierung der Vergütungsrichtlinien – trotz anderweitiger Reformarbeiten – in Angriff nehmen kann und wird. Auch mit Blick auf die Entstehungsgeschichte der RLn. 1959 ist schon im Vorfeld absehbar, dass die Reformarbeiten ab deren Beginn geraume Zeit in Anspruch nehmen werden, so dass sich die Arbeitsvertragsparteien noch über längere Zeit mit den RLn. 1959 zu befassen und ggf. auseinander zu setzen haben.

4 **Ziel der Richtlinien** ist es, den wirtschaftlichen Vorteil, der aus Arbeitnehmererfindungen (und qualifizierten technischen Verbesserungsvorschlägen) erzielt wird, entsprechend der gesetzlichen Regelung angemessen zwischen Arbeitgeber und Arbeitnehmer aufzuteilen.[14] Sie füllen damit den im ArbEG verwendeten unbestimmten Rechtsbegriff der »angemessenen Vergütung« (s. dazu § 9 Rdn. 69 ff.) aus (vgl. RL Nr. 2), um so der Praxis Anhaltspunkte für die schwierige Bemessung der Vergütung zu gewähren (vgl. RL Nr. 1).

---

12 BMA in BlPMZ 1983, 350; wiedergegeben auch bei Gaul/Bartenbach, GRUR 1984, 11.
13 Vgl. den Hinweis von Loschelder im GRUR-Geschäftsbericht 2013/14 (GRUR 2015, 48, 49) zur Arbeit des Fachausschusses Erfinderrecht. Nach dem GRUR-Geschäftsbericht 2016/17 von Freischem (GRUR 2018, 495, 497) zum Fachausschusses Erfinderrecht hat das BMAS Sondierungsgespräche mit dem BMJV aufgenommen.
14 S. Mitteilung des Bundesministers für Arbeit- und Sozialordnung in Bulletin d. Presse- und Informationsamtes der Bundesregierung v. 20.08.1959, S. 1525 = GRUR 1959, 477 = RdA 1959, 344.

Ihrer **Rechtsnatur** nach sind die Vergütungsrichtlinien keine Rechtsnormen im formellen oder materiellen Sinn[15] (Gesetze, Rechtsverordnungen) oder verbindliche Verwaltungsvorschriften.[16] Durch sie werden keine Rechte oder Pflichten begründet. Die RLn. 1959 können folglich auch nicht als Anspruchsgrundlage für Vergütungsansprüche dienen.[17] Der in § 9 ArbEG verankerte Anspruch auf angemessene Vergütung kann schon wegen des Gesetzesvorbehaltes des Art. 14 Abs. 1 Satz 2 GG nicht unter Berufung auf die Vergütungsrichtlinien eingeschränkt werden.[18] Sie sind damit **keine verbindlichen Vorschriften**, sondern ein **Hilfsmittel**, mangels anderer Anhaltspunkte die gesetzlich geschuldete angemessene Vergütung im Einzelfall festzustellen[19] (vgl. RL Nr. 1). Ihre Anwendung ist nicht zwingend. Die Einführung starrer Rechtsnormen ist ebenso wie die verbindliche Festlegung eines Mindestentgeltes abgelehnt worden, da Letzteres wegen der großen Unterschiede der zu erfassenden Sachverhalte nicht möglich ist und vielfach zu unbilligen Lösungen zulasten des Arbeitnehmererfinders führen würde.[20] Damit unterfallen die Richtlinien als solche nicht den unter § 22 angesprochenen Gesetzesvorschriften. Allerdings sind deren **Abdingbarkeit** zu Ungunsten des Arbeitnehmererfinders durch den (§ 22 Satz 1 unterliegenden) Anspruch auf »angemessene Vergütung« im Sinne der §§ 9, 14 Abs. 3, § 16 Abs. 3, § 20 Abs. 1 sowie durch die Unbilligkeitsschranke des § 23 Grenzen gesetzt (s. auch § 22 Rdn. 12). S. im Übrigen KommRL Einl. Rn. 100 ff.

5

---

15 BVerfG, Beschl. v. 24.04.1998, NJW 1998, 3704, 3706 – *Induktionsschutz von Fernmeldekabeln*; OLG Düsseldorf v. 12.01.2010 – 2 U 44/06 – *Ummantelung von Stahlröhren II* (unveröffentl.); ferner Schiedsst. v. 19.09.2016 – Arb.Erf. 05/14, Mitt. 2018, 289, 291, (= www.dpma.de); so schon BAG v. 01.11.1956, AP Nr. 4 zu § 2 ArbNErfVO zu den RLn 1944.
16 Vgl. BAG v. 01.11.1956, AP Nr. 4 zu § 2 ArbNErfVO zu den RLn 1944.
17 Schiedss. v. 15.07.2016 – Arb.Erf. 26/14, (www.dpma.de).
18 BVerfG v. 24.04.1998, NJW 1998, 3704, 3706 – *Induktionsschutz von Fernmeldekabeln*.
19 BGH v. 04.10.1988 – X ZR 71/86, BlPMZ 1989, 135, 137 l.Sp. – *Vinylchlorid*; vgl. auch BAG, GRUR 1957, 338 – *Tonfilmgerät*; Schiedsst. v. 28.06.1962, BlPMZ 1963, 16; v. 13.03.2012 – Arb.Erf. 19/11 – u. v. 15.07.2016 – Arb.Erf. 26/14, (beide www.dpma.de); Herbst BArbBl. 1959, 627; Volmer Richtlinien Vorbem. RLn 1959/60 Rn. 11 ff.; Keukenschrijver in Busse/Keukenschrijver, PatG, Rn. 1 zu § 11 ArbEG m.H.a. OLG München v. 24.02.2000 – 6 U 2163/99, (unveröffentl.). S. a. BVerfG v. 24.04.1998, NJW 1998, 3704, 3706 – *Induktionsschutz von Fernmeldekabeln*.
20 Vgl. auch die Antwort der BReg. auf d. Kleine. Anfrage betr. Förderung d. Tätigkt. d. ArbN-Erfinder v. 07.11.1974, BT-Drucks. 7/2758 S. 6.

Dementsprechend sind **weder die Arbeitsvertragsparteien, noch die Gerichte, noch die Schiedsstelle an die Richtlinien gebunden**.[21] Sie hindern auch den Tatrichter grds. nicht, eine andere Regelung als den Umständen des Einzelfalls besser entsprechend zu treffen, namentlich, wenn besondere Umstände vorliegen oder wenn ihm durch ein Sachverständigengutachten bessere Erkenntnisquellen erschlossen werden.[22] Allerdings ändert dies nichts an dem Grundsatz, dass die **Heranziehung der Vergütungsrichtlinien** zur Vergütungsbemessung auch **verfassungsrechtlich unbedenklich** ist.[23]

Auf dieser Linie liegt es, wenn die **Schiedsstelle** im Regelfall zwar die Amtlichen Richtlinien zugrunde legt, davon aber dann abweicht, wenn hierzu nach den besonderen Umständen des Einzelfalls aus sachlichen Gründen Anlass besteht,[24] insb., wenn dies wegen der Angemessenheit der Vergütung geboten sein sollte.[25] Sie sieht sich als Teil der vollziehenden Gewalt (s. vor § 28 Rdn. 3) an das gesetzliche Gebot des § 9 Abs. 1, den Arbeitnehmererfinder angemessen zu vergüten, gebunden und nicht an die unverbindlichen Anhaltspunkte in den Richtlinien.[26]

6 Bei der Anwendung der Richtlinien ist stets zu beachten, dass das danach ermittelte Ergebnis dem in § 9 Abs. 1 verankerten Gebot der »**Angemessenheit**« der Vergütung (s. dazu § 9 Rdn. 69 ff.) genügen muss; dementsprechend können – zumal der Begriff der »Angemessenheit« nicht unwandelbar ist – im Einzelfall Abweichungen geboten sein.[27] Allerdings besteht bei der ordnungsgemäßen Berechnung der Vergütung nach den Richtlinien eine widerlegbare

---

21 OLG Düsseldorf v. 12.01.2010 – 2 U 44/06 – *Ummantelung von Stahlröhren II*; Schiedsst. v. 08.12.2010 – Arb.Erf. 6/09 – *Batterieseparatoren*.
22 BGH v. 04.10.1988 – X ZR 71/86, BlPMZ 1989, 135, 137 l.Sp. – *Vinylchlorid* m.w.N.; LG München v. 21.12.1998 – 21 O 2287694, (unveröffentl.); Keukenschrijver in Busse/Keukenschrijver, PatG, Rn. 1 zu § 11 ArbEG.
23 BGH v. 06.03.2012 – X ZR 104/09, Mitt. 2012, 285 (Rn. 47) – *Antimykotischer Nagellack* m. H. a. BVerfG v. 24.04.1998, NJW 1998, 3704, 3706 – *Induktionsschutz von Fernmeldekabeln*.
24 Schiedsst. v. 24.01.1984, BlPMZ 1984, 151, 152; v. 08.05.1961, BlPMZ 1961, 434; s.a. Schiedsst. v. 07.11.1961, BlPMZ 1962, 78.
25 Vgl. Schiedsst. v. 07.11.1961, BlPMZ 1962, 78.
26 Schiedsst. v. 08.12.2010 – Arb.Erf. 6/09, (unveröffentl.), dort zu RL Nr. 11.
27 Vgl. Schiedsst. v. 07.11.1961, BlPMZ 1962, 78. Vgl. auch Antwort d. BReg. auf d. kl. Anfrage betr. Förderung d. Tätigk. d. ArbN-Erfinder v. 07.11.1974, BT-Drucks. 7/2758 S. 6, wonach die Schiedsst. »gegebenenfalls Vorschläge für eine anderweitige Bemessung der Vergütung unterbreiten« kann, »wenn im Einzelfall ein Abweichen von den Richtlinien gerechtfertigt und geboten erscheint«.

## B. Die RLn 1959 u. 1960 § 11

Vermutung dafür, dass die Vergütung angemessen ist.[28] Zu den in der Praxis entwickelten Sonderberechnungen s. § 9 Rdn. 301 ff.

Die **praktische Bedeutung** der Richtlinien ist groß. Das *BVerfG* und der *BGH* 7 erkennen gleichermaßen deren (praktische) Bedeutung für die Vergütungsbemessung an.[29] Trotz der rechtlichen Unverbindlichkeit stützen sich regelmäßig sowohl die Arbeitsvertragsparteien als auch die Schiedsstelle[30] und die Instanzgerichte[31] auf die Richtlinien, so dass die RLn 1959 gerade in der betrieblichen Praxis als durchweg herangezogene Empfehlungen (in gewissem Sinn) faktische Verbindlichkeit haben (s. KommRL Rn 2 zu RL Nr. 1). Die Funktion der amtlichen Richtlinien erschöpft sich nicht in der Bestimmung der vom Arbeitgeber für Diensterfindungen und qualifizierte Verbesserungsvorschläge zu zahlenden Vergütung. Sie können auch zur Ermittlung der Schadensersatzhöhe herangezogen werden (s. § 9 Rdn. 331 f.). Über den Anwendungsbereich des ArbEG hinaus können die Richtlinien Anhaltspunkte für die Bestimmung der »üblichen Vergütung« (vgl. § 612 Abs. 2 BGB) bei Sonderleistungen von freien Erfindern geben[32] (s.a. § 1 Rdn. 49). Auch ist es möglich – etwa im Rahmen von Forschungsaufträgen –, für die Vergütung von freien Erfindern die Geltung der Richtlinien zu vereinbaren[33] (s.a. § 1 Rdn. 92 f.). Gleiches gilt für

---

28 Volmer Richtlinien Vorbem. RLn 1959/60 Rn. 15; Reimer/Schade/Schippel/Himmelmann Rn. 5 zu § 11.
29 Vgl. BVerfG v. 24.04.1998, NJW 1998, 3704, 3706 – *Induktionsschutz von Fernmeldekabeln*; BGH v. 06.03.2012 – X ZR 104/09, Mitt. 2012, 285 (Rn. 47 f.) – *Antimykotischer Nagellack*; s. ferner BGH v. 04.10.1988 – X ZR 71/86, BlPMZ 1989, 135, 137 l.Sp. – *Vinylchlorid*.
30 Z. B. Schiedsst. v. 20.10.1971 EGR Nr. 1 zu § 11 ArbEG/RL Nr. 6; v. 04.08.1987 BlPMZ 1988, 171;. v. 21.06.2001 BlPMZ 2002, 230, 231; v. 02.05.2002 Arb.Erf. 42/00; v. 17.04.2007 Arb.Erf. 7/06, v. 19.10.2007 Arb.Erf. 14/06 (alle unveröffentl.); v. 08.05.2008 Arb.Erf. 26/06; v. 15.01.2009 Arb.Erf. 51/07; v.19.04.2012 Arb.Erf. 23/10 (alle Datenbank); v. 09.10.2012 Arb.Erf. 39/11 u. v. 19.03.2013 Arb.Erf. 55/12 (beide www.dpma.de).
31 Z. B. OLG Düsseldorf v. 04.03.2004 InstGE 4, 165, 170 f. – *Spulkopf II* u.v. 24.10.2013 – 2 U 63/12 – (www.justiz.nrw.de/nrwe, Rn. 117 = Düsseldorfer Entscheidung Nr. 2098) – *Kunststoffbeutel*; OLG Frankfurt v. 21.04.1977 EGR Nr. 21 zu § 9 ArbEG (VergAnspr.) – *Absorberstabantrieb*, bestätigt durch BGH v. 31.01.1978 GRUR 1978, 430 ff. – *Absorberstab-Antrieb*; ferner OLG Frankfurt v. 21.04.2016 – 6 U 58/05 – (juris, Rn 14, 29) – *Ramipril III*; OLG Düsseldorf v. 03.11.2016 – 4c O 79/15, (www.justiz.nrw.de, Rn.110 ff.) – *Retardtablette*; FG Münster v. 27.04.2013 Mitt. 2014, 148 – *Aluminium Silicon Tape*.
32 Vgl. Volmer Richtlinien Vorbem. RLn 1959/60 Rn. 17 ff. m. w. Anwendungsbereichen; ablehnend BGH v. 24.10.1989 – X ZR 58/88, GRUR 1990, 193, 194 – *Auto-Kindersitz*.
33 Vgl. zu freien Erfindern BGH v. 02.04.1998, NJW-RR 1998, 1057, 1060 – *Trias*.

die Vergütung freier Erfindungen (§ 4 Abs. 3); dahingehende Vereinbarungen sind jedoch erst nach Erfindungsmeldung zulässig (vgl. § 22 Satz 2). Siehe im Übrigen KommRL Einl. Rn. 94 ff. sowie Rn. 1 ff. zu RL Nr. 1

Nach § 6 Abs. 3 EDB-PatG-DDR-1990 galten die RLn 1959 auch i.R.d. Übergangsrechts für die Vergütung von **DDR-Alterfindungen** entsprechend[34] (s. dazu Einl. Rdn. 32).

8 Ihrem **Inhalt** nach orientieren sich die RLn 1959 an den in § 9 Abs. 2 angeführten, maßgeblichen Kriterien für die Vergütungsbemessung (z. Systematik s. RL Nr. 2; z. Berechnung der Vergütung nach den Richtlinien s.a. § 9 Rdn. 74 ff. sowie ausf. KommRL). Soweit in den Richtlinien rechtliche Begriffe verwendet werden, wie etwa Erfindung, Diensterfindung, Betriebsgeheimnis, Verbesserungsvorschlag, entsprechen diese Begriffe denen des ArbEG (z. Erfindungsbegriff s. dort §§ 2, 4). Wenn dort der »Betrieb« angesprochen wird, ist er mit dem des »Unternehmens« gleichzusetzen (vgl. dazu § 1 Rdn. 101 ff.). Die RLn 1959 fußen auf dem sog. **Doppelberücksichtigungsverbot** in RL Nr. 2 Abs. 2 (s. § 9 Rdn. 82),

9 Im ersten Teil der RLn 1959 (RL Nr. 3–29) wird die wirtschaftliche Verwertbarkeit der Erfindung (= **Erfindungswert**) behandelt, wobei RL Nrn. 3–27 die patentfähigen und RL Nr. 28 die gebrauchsmusterfähigen Erfindungen zum Gegenstand haben (Einzelheiten zum Erfindungswert s. § 9 Rdn. 75 f. u. 86 ff.). In Ergänzung dazu steht RL Nr. 29, die den »Erfindungswert« von qualifizierten technischen Verbesserungsvorschlägen erfasst (s. dazu § 20 Rdn. 39 ff.).

10 Im zweiten Teil der RLn 1959 (RL Nrn. 30–37) wird der besonderen Stellung des Erfinders als Arbeitnehmer und der Beteiligung des Betriebes am Zustandekommen der Erfindung durch den sog. **Anteilsfaktor** Rechnung getragen (Einzelheiten s. § 9 Rdn. 261 ff.); in diesem Zusammenhang behandelt RL Nr. 38 die Ausnahmesituation des Wegfalls der Vergütung (Null-Fall; s. § 9 Rdn. 321 ff.).

11 Die **rechnerische Ermittlung** der Vergütung mittels Erfindungswert und Anteilsfaktor ist Gegenstand des dritten Teils (RL Nr. 39; s. dazu § 9 f. Rdn. 292), wozu auch Fragen der **Zahlungsart** (RL Nrn. 40, 41) und **-dauer** (RL Nrn. 42, 43) gehören.

12 Für den **öffentlichen Dienst** erklären die **RLn 1960** (abgedruckt als Anhang 2) die RLn 1959 für entsprechend anwendbar. Damit ist auch im

---

34 Ausf. dazu Möller, Die Übergangsbestimmungen f. ArbNErf. i. d. neuen Bundesländern (1996), S. 147 ff.

Hinblick auf die Vergütungsberechnung der in §§ 40, 41 verankerte Grundsatz der Gleichstellung verwirklicht (s. dazu §§ 40 bis 42 Rdn. 4 ff.). Die Angehörigen des öffentlichen Dienstes sind in gleicher Weise an dem Nutzen, der ihrem Dienstherrn (Arbeitgeber; z. den Begriffen s. § 40 Rdn. 5 u. § 41 Rdn. 12) aus der Diensterfindung zufließt, zu beteiligen wie in entsprechenden Fällen die Arbeitnehmer des privaten Dienstes. In Anlehnung an die Verweisungsvorschriften der §§ 40, 41 hat also der RLn-Geber dem Grundsatz der Gleichstellung (s. dazu vor §§ 40 bis 42 Rdn. 4 ff.) entsprochen, dem die Praxis im Bereich des öffentlichen Dienstes – soweit ersichtlich – durchweg gefolgt ist.[35]

Der »entsprechenden« Anwendung bedarf es insoweit, als in den für den privaten Dienst erlassenen Richtlinien Begriffe oder Tatbestände erfasst werden, die im öffentlichen Dienst nur in ähnlicher Form vorkommen.[36] Dies gilt namentlich für die auf Fertigungsbetriebe zugeschnittene Gruppeneinteilung der RL Nr. 34.[37] Auch wegen des Grundsatzes der Gleichstellung sollte von der (grds. möglichen) Einführung verwaltungseigener Richtlinien zumindest dann abgesehen werden, wenn dies nicht aus sachgerechten Gründen zwingend erforderlich ist.

## C. Unternehmenseigene Richtlinien

### I. Unternehmenseigene Vergütungsrichtlinien

Dabei handelt es sich um vom Arbeitgeber einseitig festgelegte Richtlinien, die generelle, einheitliche Regelungen zur Vergütung von Arbeitnehmererfindungen enthalten, die an die Stelle der gesetzlichen Vorgaben in §§ 9 – 12 ArbEG sowie der Amtlichen Vergütungsrichtlinien treten sollen (zur Abgrenzung zu Unternehmensrichtlinien s. Rdn. 19 und zu Incentive-Programmen s. Rdn. 22). Deren Einführung und Handhabung ist grds. zulässig[38] und insb.

13

---

35 Volz, ArbNErf. im öffentl. Dienst, S. 105 ff. m. zahlr. Erl. z. Vergütungsberechnung.
36 Vgl. (o. Verf.) BB 1960, 1390.
37 Vgl. dazu die v. Volmer, Richtlinien Vorbem. RLn 1959/60 Rn. 17 ff. zu RLn 1960 für den öffentl. Dienst aufgestellte Gruppeneinteilung.
38 Schiedsst. v. 26.01.2012 – Arb.Erf. 23/11, (Datenbank); v. 13.03.2012 – Arb.Erf. 19/11, (in www.dpma.de nur LS); v. 17.01.2006 – Arb.Erf. 45/04 – u. v. 14.10.1985 – Arb.Erf. 16/85, (beide unveröffentl.); ZB v. 25.07.1988, BlPMZ 1989, 289, 290; vgl. auch Schiedsst. v. 24.04.1974, BlPMZ 1975, 257; Keukenschrijver in Busse/Keukenschrijver, PatG, Rn. 5 zu § 9 u. Rn. 1 zu § 11 ArbEG. Vgl. auch Schiedsst. v. 24.04.1974 BlPMZ 1975, 257; Boemke/Kursawe/Engemann Rn. 147 f. zu § 9 = Rn. 473 ff. zu Anhang zu § 9; s. ferner ausf. zu den Inhalten Trimborn, Mitt. 2015, 308 ff.

bei größeren Unternehmen anzutreffen (s. hierzu im Einzelnen KommRL Einl. Rn. 135 ff.). Es liegt **im Belieben des Arbeitgebers**, ob er interne Vergütungsrichtlinien erlässt oder nicht.[39] Dies entspricht der Wertung des Richtliniengebers in RL Nr. 1 Satz 1 Halbs. 2, wonach die zu § 11 ergangenen Amtlichen Vergütungsrichtlinien keine verbindlichen Vorschriften darstellen (s. § 11 Rdn. 5). Dementsprechend schließen sie die Einführung unternehmenseigener Richtlinien nicht aus.[40] Der Arbeitgeber kann diese Richtlinien auch wieder aufheben bzw. ändern (verschlechtern), sofern die bisherigen internen Richtlinien nicht Bestandteil einer individuellen Vergütungsregelung, einer **Gesamtzusage** (s. § 25 Rdn. 22.4) oder einer **betrieblichen Übung** (s. § 25 Rdn. 22) geworden sind.[41] Im Einzelfall ist unter dem Aspekt der **Gleichbehandlung** (s. hierzu § 25 Rdn. 21) zu beachten, dass der Arbeitgeber an eine von ihm selbst gesetzte Regel in der Weise gebunden ist, dass er bei vergleichbaren Sachverhalten nur aus sachlichen Gründen von ihr abweichen darf.[42] Stellen firmeninterne Vergütungsrichtlinien die Arbeitnehmererfinder im Verhältnis zu den RLn 1959 besser, ist der Arbeitgeber aus dem Gebot der Gleichbehandlung daran grundsätzlich gebunden.[43]

14 Aufgrund des Gesetzesvorrangs des § 9 ArbEG besteht u. E. **kein Mitbestimmungsrecht des Betriebsrats**[44] (vgl. § 87 Abs. 1 Einleitungssatz BetrVG).

15 Wegen des Verschlechterungsverbots des § 22 Satz 1 ArbEG muss jede interne Vergütungsrichtlinie sich an dem durch § 9 vorgegebenen **Gebot der Angemessenheit** der Erfindervergütung (s. § 9 Rdn. 69 ff.) orientieren.[45] Sie kann den gesetzlichen Vergütungsanspruch nicht einschränken. Deshalb sind auch

---

39 Vgl. allg. BAG v. 15.11.1994, NZA 1995, 939. S. auch Schiedsst. v. 18.09.2012 – Arb.Erf. 22/11, (www.dpma.de).
40 Wohl allg. A., z. B. Jestaedt, Patentrecht, Rn. 412; Reimer/Schade/Schippel/Himmelmann Rn. 8 zu § 11; Schwab, Arbeitnehmererfindungsrecht, § 11 Rn. 5.
41 Die Möglichkeit einer betriebl. Übung bei Abkaufregelungen generell ausschließend Trimborn, Mitt. 2015, 116, 120.
42 Ebenso Schiedsst. v. 13.03.2012 – Arb.Erf. 19/11, (www.dpma.de). Vgl. allg. BAG v. 15.11.1994, NZA 1995, 939 u. v. 27.05.2015 – 5 AZR 724/13, (juris, Rn. 14).
43 Schiedsst. v. 14.10.1985 – Arb.Erf. 16/85, (unveröffentl.); Keukenschrijver in Busse/Keukenschrijver, PatG, Rn. 5 zu § 9 ArbEG m. H.a. Schiedsst. v. 25.09.2008 – Arb.Erf. 36/07.
44 Im Ergebn. auch Schwab, Arbeitnehmererfindungsrecht, § 11 Rn. 5; Trimborn, Mitt. 2015, 116, 120.
45 Schiedsst. GEV v. 11.05.1999 – Arb.Erf. 68/97 u. 69/97 u. v. 19.10.2010 – Arb.Erf. 3/09, (beide unveröffentl.); Keukenschrijver in Busse/Keukenschrijver, PatG, Rn. 5 zu § 9 ArbEG m. H. a. Schiedsst. v. 25.09.2008 – Arb.Erf. 36/07. Vgl. auch Schiedsst. v. 13.03.2012 – Arb.Erf. 19/11, (www.dpma.de, nur LS. 3).

## C. Unternehmenseigene Richtlinien § 11

die im Voraus nach § 22 Satz 1 nicht zuungunsten des Arbeitnehmers abdingbaren Vergütungsmaßstäbe des § 9 Abs. 2 zu beachten. Deshalb ist die Schiedsstelle mit Blick auf das Angemessenheitsgebot zu Recht bei der Wirksamkeit solcher unternehmenseigener Vergütungsrichtlinien skeptisch, die sich von dem Regelungssystem der RLn. 1959 lösen und »ein gänzlich anderes Vergütungssystem etablieren« sollen.[46] Zur Aufklärungspflicht des Arbeitgebers bei einem Abweichen der Unternehmensrichtlinie von den Amtlichen Vergütungsrichtlinien s. § 25 Rdn. 20.

Die Schiedsstelle und die Gerichte sind an solche internen Vergütungsrichtlinien ebenso wenig gebunden (s.a. oben § 11 Rdn. 5) wie an die Amtlichen Vergütungsrichtlinien 1959; im Hinblick auf das Gebot der Angemessenheit der Vergütung ist im Einzelfall zu prüfen, inwieweit die internen Richtlinien dieser gesetzlichen Vorgabe entsprechen. Die internen Richtlinien können dann der Entscheidung zugrunde gelegt werden, wenn sie den **Erfinder** jedenfalls **nicht schlechterstellen** als die Amtlichen Vergütungsrichtlinien[47] (§ 22 ArbEG; s.a. § 11 Rdn. 18). Zutreffend betont die Schiedsstelle, dass unternehmenseigene Vergütungsrichtlinien nur insoweit als unkritisch und rechtssicher anzusehen sind, wenn sie für die Erfinder zweifelsfrei günstiger als die gesetzliche Vergütungsberechnung sind.[48]

16

Sind firmeninterne Vergütungsrichtlinien grds. anwendbar, kann sich bei unklaren Formulierungen im Einzelfall das Problem ihrer **Auslegung** ergeben. Die Auslegung hat entsprechend den Regeln über die Auslegung von Gesetzen zu erfolgen, wobei jedoch zwischen den Grundsätzen der Gesetzesauslegung und der Vertragsauslegung kein unüberbrückbarer Gegensatz besteht. Es ist entsprechend § 133 BGB nicht nur auf den buchstäblichen Sinn des Wortlautes abzustellen, sondern auf den nach Treu und Glauben zu ermittelnden Sinn; dabei kommt es nicht auf den subjektiven Willen des Richtliniengebers an, maßgebend ist vielmehr der in solchen firmeninternen Vergütungsrichtlinien objektivierte Wille (**objektiver Erklärungswert**).

17

Weist die interne Vergütungsrichtlinie eine **Lücke** auf, so ist sie deshalb nicht unwirksam; vielmehr ist im Wege der **ergänzenden Auslegung** diese Lücke im Gesamtzusammenhang der internen Vergütungsrichtlinie nach dem Gebot der Billigkeit auszufüllen. In diesem Zusammenhang ist insb. zu prüfen, ob

---

46 Schiedsst. v. 13.03.2012 – Arb.Erf. 19/11, (www.dpma.de, nur LS. 3).
47 I.d. Sinne EV. v. 14.10.1985 – Arb.Erf. 16/85, (unveröffentl.) u. ZB v. 25.07.1988, BlPMZ 1989, 289, 290.
48 Schiedsst. ZB. v. 15.06.2016, Mitt. 2017, 502, 505.

und wie vergleichbare Sachverhalte eine Regelung erfahren haben.[49] Ist z.B. die Vergütung bei Lizenzverträgen geregelt, nicht aber bei Schutzrechtsverkauf, kann wegen der sachlichen Nähe beider Tatbestände (vgl. insoweit auch die Parallele zwischen RL Nrn. 14 und 15 einerseits und RL Nr. 16 andererseits) auf den Regelungstatbestand der Lizenzvergabe zurückgegriffen werden (s.a. § 12 Rdn. 17).

Lässt sich eine solche Lücke nicht ausfüllen, ist ergänzend auf die Amtl. Vergütungsrichtlinien zurückzugreifen.

18  Eine nach § 22 Satz 1 **unwirksame** innerbetriebliche **Vergütungsrichtlinie** kann allerdings dann Wirkung entfalten, wenn die dortigen Bemessungskriterien Inhalt einer (ausdrücklichen oder stillschweigenden) Vergütungsvereinbarung für eine konkrete, gemeldete Diensterfindung geworden sind[50] (vgl. § 22 Satz 2).

Unabhängig von ihrer Wirksamkeit können betriebliche Vergütungsrichtlinien ergänzend zur **Auslegung getroffener Vergütungsvereinbarungen** bzw. -festsetzungen herangezogen werden.[51]

Siehe im Übrigen KommRL Einl. Rn. 135 ff.

## II. Unternehmensrichtlinien

19  Von den unternehmenseigenen Vergütungsrichtlinien zu unterscheiden sind die sog. Unternehmensrichtlinien.[52] Letztere sollen – im Gegensatz zu unternehmenseigenen Vergütungsrichtlinien – das ArbEG und die Amtlichen Richtlinien nicht ersetzen, vielmehr **bauen sie auf den gesetzlichen Vorgaben und den Amtlichen Vergütungsrichtlinien auf**, um auf dieser Basis – ggf. i.V.m. Hinweisen und Erläuterungen zum ArbEG und den Amtlichen Richtlinien – bestimmte **Standards für Einzelvereinbarungen** mit den Arbeitnehmererfindern nach Meldung der einzelnen Diensterfindung aufzustellen. Zielrichtung ist nicht, gesetzliche Vorgaben zu ersetzen, sondern – ggf. in Verbindung mit einer Handreichung zur praktischen Anwendung des ArbEG und zu betrieblichen Zuständigkeiten – einen Anreiz für Motivationen und Innovationsfreude zu geben und den Verwaltungsaufwand zu verringern. Insoweit ergeben sich

---

49 I.d.S. auch Schiedsst. v. 20.01.1986 – Arb.Erf. 32/88, (unveröffentl.).
50 Schiedsst. ZB v. 01.06.1995 – Arb.Erf. 34/93, (unveröffentl.); vgl. auch Schiedsst. v. 26.05.1992, EGR Nr. 32 zu § 13.
51 Schiedsst. v. 12.06.1996 – Arb.Erf. 86/94 u. 19/95, (unveröffentl.) – dort zur Klärung der Bezugsgröße u. der Geltung der Abstaffelung.
52 Zu Inhalten s. Trimborn, Mitt. 2015, 308 ff. (»unternehmenseigene Erfindungsrichtlinien«).

häufig Überschneidungen oder Kombinationen[53] mit den sog. Incentive-Programmen (s. dazu § 11 Rdn. 22 ff.). Wegen des regelmäßig fehlenden Bindungswillens des Arbeitgebers und der notwendigen einzelvertraglichen Umsetzung erfüllen derartige Unternehmensrichtlinien regelmäßig nicht die Voraussetzungen einer Gesamtzusage (s. dazu § 25 Rdn. 22.4) und begründen damit im Regelfall auch keine Bindung als betriebliche Übung (s. dazu § 25 Rdn. 22). Aufgrund des Gesetzesvorrangs des § 9 ArbEG und des fehlenden bindenden Regelungscharakters besteht u. E. auch hier **kein Mitbestimmungsrecht des Betriebsrates**[54] (vgl. § 87 Abs. 1 Einleitungssatz BetrVG).

Denkbar sind auch **Konzernrichtlinien.**[55] Soweit sie allerdings länderübergreifend ausgestaltet werden sollen, setzen ihnen neben §§ 22, 23 ArbEG auch die Rom I-VO und die (ggf. zwingende) Beachtung des jeweiligen nationalen (Erfinder-/Patent-)Rechts besondere Grenzen (s. § 1 Rdn. 32 ff.),

Bei den auf der Grundlage der Unternehmensrichtlinien **nach Erfindungsmeldung** zustande gekommenen Einzelvereinbarungen handelt es sich um im Grundsatz **zulässige Vereinbarungen** i.S.d. § 22 Satz 2 ArbEG. Allerdings sind auch die gesetzlichen Grenzen der Vertragsfreiheit nach § 23 ArbEG und allgemeinem Zivilrecht zu beachten (s. dazu oben § 11 Rdn. 15 ff.). 20

*Rdn. 21 frei.*

## D. Incentive-Programme

Weil diverse Vorgaben des ArbEG als wenig innovationsfördernd und zu bürokratisch angesehen werden, haben sich größere Unternehmen zunehmend für die Einführung und Handhabung von unternehmenseigenen Incentive-Programmen entschieden.[56] Sie dienen der Anerkennung der erbrachten Erfindungsleistung und als Anreiz zur Entwicklung weiterer schöpferischer Leistungen, indem Diensterfindungen frühzeitig nach Inanspruchnahme mittels 22

---

53 S. auch Trimborn, Mitt. 2015, 116, 121 f.; Boemke/Kursawe/Engemann Rn. 146 zu § 9 = Rn. 473 zu § 9 Anh.
54 Vgl. auch allg. Reinhard NZA 2016, 1233 f.
55 Vgl. Trimborn, Mitt. 2015, 308, 310 f.
56 S. dazu u. a. Franke/Steiling in Festschr. 50 Jahre VPP (2005) S. 281, 282 ff. u. dies. VPP-Rundbrief Nr. 3/2005, 89 ff.; Trimborn, Mitt. 2006, 160 ff. u. Mitt. 2015, 116 ff.; Hohagen/Burghart GRURPrax. 2014, 317 ff.; Boemke/Kursawe/Engemann Rn. 141 ff. zu § 9 = Rn. 465 ff. Anhang zu § 9; Bartenbach/Volz, GRUR Beil. I 4/2008, 1, 19 f. u. dies., Praxisleitfaden, Rn. 220, 247; s.a. Falckenstein in Festschr. Bartenbach (2005), S. 73, 82 f.; Franke in Festschr. Bartenbach (2005) S. 127 ff.

Prämien- und Pauschalzahlungen honoriert und damit anerkannt werden.[57] Zugleich soll damit der Verwaltungsaufwand eingegrenzt werden. Incentive-Programme erfreuen sich bei den Arbeitnehmererfindern – auch ausweislich einer BDI/BDA-Umfrage aus dem Jahr 2004 – seit Längerem hoher Akzeptanz.[58] Im Unterschied zu den unternehmenseigenen Vergütungsrichtlinien (s. § 11 Rdn. 13 ff.) gehen diese Incentivesysteme von einer Vergütungsbemessung anhand der Amtlichen Vergütungsrichtlinien aus. Überschneidungen können sich aber zu den sog. Unternehmensrichtlinien ergeben (s. dazu § 11 Rdn. 20). Auch insoweit besteht u. E. aus den genannten Gründen **kein Mitbestimmungsrecht des Betriebsrates** (s. § 11 Rdn. 19).

23  Rechtlich handelt es sich einmal um ein – im Einzelfall in eine Unternehmensrichtlinie (s. § 11 Rdn. 20) eingebundenes – **Angebot des Arbeitgebers** zum Abschluss einer **Pauschalvergütungsabrede besonderer Art**, und zwar **bezogen auf die jeweils gemeldete Diensterfindung,**[59] ggf. kombiniert mit dem »Abkauf« von gesetzlichen Ansprüchen (s. § 11 Rdn. 25 ff.). Die angebotene Vereinbarung setzt sich meist aus verschiedenen, zeitlich gestaffelten Vergütungsbeträgen zusammen. Allerdings ist es Frage des Einzelfalls, ob der Arbeitgeber bereits durch das von ihm verlautbarte Incentive-Programms erkennbar eine selbständige Anspruchsgrundlage begründen und sich mit Rechtsbindungswillen unmittelbar durch seine Erklärung gegenüber den Arbeitnehmern verpflichten will, so dass eine **Gesamtzusage** mit den daran anküpfenden Bindungen vorliegt (s. dazu § 25 Rdn. 22.4). Im Zweifel ist wegen der für einzelne Diensterfindungen notwendigen Umsetzung kein derartiger Bindungswille gewollt, so dass dann der Arbeitgeber ein Incentive-Programm mit Wirkung für die Zukunft auch ohne Änderungs- und Widerrufsvorbehalt abändern oder sich davon lösen kann.

24  Da die Incentive-Prämie regelmäßig als Belohnung und Ansporn unabhängig von einer (laufenden) nutzungsabhängigen Vergütung bezahlt wird, sind hierdurch **gesetzliche Ansprüche des Arbeitnehmers** im Zweifel nicht abgegolten.[60] Das betrifft Vergütungsansprüche aus § 9 ebenso wie sonstige Rechte des Arbeitnehmers aus dem ArbEG. Hierzu bedarf es besonderer (ausdrücklicher) Vereinbarung im Fall einer (teilweisen) Anrechenbarkeit solcher Prämien auf

---

57 Schiedsst. v. 23.01.2008 – Arb.Erf. 13/07; v. 15.01.2008 – Arb.Erf. 23/07; v. 04.03.2010 – Arb.Erf. 59/08, (alle unveröffentl.); ausf. Franke in Festschr. Bartenbach (2005) S. 127, 138 ff.
58 S. Franke/Steiling, VPP-Rundbrief 2005, 89 f.; Franke in Festschr. Bartenbach [2005], S. 127, 138 f.
59 Zu den Möglichkeiten s. Trimborn. Mitt. 2015, 116, 121 ff.
60 Schiedsst. v. 23.06.2005 – ArbErf. 26/04, unveröffentl.

## D. Incentive-Programme § 11

Vergütungsansprüche. Zur **Höhe** der auf die (Mit-) Erfinder entfallenden (freiwilligen) Prämien gibt es in der Praxis keine Üblichkeit. Vielmehr schwanken die Beträge erheblich, und zwar auch zwischen Unternehmen der gleichen Branche.

Zur Reduzierung des mit dem ArbEG verbundenen Verwaltungsaufwands wird dieses Angebot zur Beteiligung an einem unternehmenseigenen Incentive-Programm nicht selten mit dem **Abkauf gesetzlicher (Formal-) Pflichten des Arbeitgebers** verbunden.[61] Dieser Abkauf betrifft insb. die Pflichten des Arbeitgebers zur Freigabe für Auslandsanmeldungen (§ 14, s. dort Rdn. 71) und zum Anbieten einer Schutzrechtsposition vor deren Fallenlassen (§ 16, s. dort Rdn. 1.2) sowie – wenn auch zurückhaltender – ggf. die Pflicht zur Schutzrechtsanmeldung im Inland[62] (§ 13, s. dort Rdn. 33 f.). Vereinzelt wird zusätzlich ein (entgeltlicher) Verzicht auf den Unterrichtungsanspruch aus § 15 Abs. 1 ArbEG vereinbart,[63] ggf. verbunden mit einem Abtretungsverbot (§ 399 2. Alt. BGB). Die Abkaufregelungen beruhen auch nach den Erfahrungen der *Schiedsstelle* auf der Grundannahme beider Arbeitsvertragsparteien, dass bei einer Schutzrechtsaufgabe bzw. einer Auslandsfreigabe durch den Arbeitgeber für den Arbeitnehmer nahezu keine realistische Chance einer eigenen gewinnbringenden Verwertung der Diensterfindung gesehen wird und sie deshalb als **Anreiz** dienen, den **Arbeitgeber** von (regelmäßig überflüssigem) **Verwaltungsaufwand und Zusatzkosten zu befreien**.[64] 25

Da die Abkaufzahlungen nicht für die Überlassung der Diensterfindung und deren potentielle Verwertung, sondern als Gegenleistung für den Verzicht auf anderweitige Arbeitnehmerrechte aus dem ArbEG erbracht werden, sind diese **keine Vergütung** i. S. d. § 9.[65] Sie können vom Arbeitgeber folglich weder einseitig nach § 12 Abs. 3 festgesetzt noch grundsätzlich auf zukünftige Vergütungsansprüche angerechnet werden, es sei denn, die Arbeitsvertragsparteien

---

61 S. hierzu Schiedsst. v. 24.01.2006 – Arb.Erf. 2/05, (unveröffentl.); Franke/Steiling Festschr. 50 J. VPP (2005) S. 281, 282; Bartenbach/Volz, GRUR Beil. I, 4/2008, 1, 19 ff.; Trimborn, Mitt. 2015, 116 ff.; Hohagen/Burghart GRURPrax. 2014, 317 f.; s.a. Volz in Festschr. Bartenbach (2005), S. 199, 220; Bartenbach, VPP-Rundbrief, 2005, 92, 95; Keukenschrijver in Busse/Keukenschrijver, PatG, Rn. 14 zu § 14 ArbEG u. Rn. 3 f. zu § 22 ArbEG.
62 Vgl. u. a. Franke/Steiling Festschr. 50 J. VPP (2005) S. 281, 282; Trimborn, Mitt. 2015, 116 ff.; Hohagen/Burghart GRURPrax. 2014, 317 f.
63 Vgl. Trimborn, Mitt. 2015, 116, 119.
64 Schiedsst. ZB v. 03.05.2017 – Arb.Erf. 09/16, Mitt. 2018, 356, 359, (= www.dpma.de).
65 Im Ergebn. ebenso Schiedsst. ZB v. 03.05.2017 – Arb.Erf. 09/16, Mitt. 2018, 356, 359, (= www.dpma.de).

haben etwas anderes unter Beachtung der §§ 22, 23 (ausdrücklich) vereinbart (z.B. einseitiges Leistungsbestimmungsrecht nach § 315 BGB). Folgerichtig sind Abkaufprämien auch nicht als Vergütung i. S. d. § 23 Abs. 2 zu werten.[66] Zur Höhe der Abkaufzahlung s. § 11 Rdn. 29.

26 Im Interesse einer endgültigen Regelung der Vergütung für diese Erfindung wird in Einzelfällen ggf. ein **Abkauf eines evtl. Anpassungsanspruch**s aus § 12 Abs. 6 einbezogen, der ebenfalls finanziell abzugelten ist (s. § 12 Rdn. 96.1).

27 Während ein vollständiger Verzicht auf den **Anspruch auf Auskunft und Rechnungslegung** selten ist, sind in der betrieblichen Praxis im Hinblick auf die nach der Rechtsprechung sehr umfassenden Auskunfts- und Rechnungslegungspflichten Konkretisierungen oder Modifizierungen dieser Arbeitgeberpflichten weit verbreitet (s. § 12 Rdn. 168 f.).

28 Ferner werden in der betrieblichen Praxis nicht selten einzelne **Vergütungsparameter pauschaliert**, indem an die Stelle einer Detailbetrachtung (ggf. differenzierte) Erfahrungs- bzw. Regelwerte herangezogen werden. Hierzu zählen bspw. firmenübliche Innovationszyklen, durchschnittliche Nutzungszeiträume, prognostizierte Umsätze, durchschnittliche firmenübliche Lizenzsätze für bestimmte Erfindungskategorien ebenso wie Systeme zur Bestimmung der Wertigkeit von Erfindungen. Anzutreffen ist aber ebenso die Variante, die übrigen Bemessungskriterien – im Nutzungsfall – individuell per Vereinbarung, ersatzweise mittels Festsetzung zu regeln (insb. Lizenzsatz, Bezugsgröße, Miterfinderanteil, Anteilsfaktor).

Vereinbarungen zu **Fälligkeitsterminen** von Vergütungsabrechnungen und -zahlungen sind in der Praxis üblich, namentlich unter Bezug auf den Geschäftsjahres-Ablauf (s. § 9 Rdn. 24). Gerade bei Erfindungen mit geringerer Verwertungserwartung sind auch über einen längeren Zeitraum gestreckte Abrechnungs- und Zahlungstermine verbreitet (z.B. im 2- bzw. 4-Jahres-Rhythmus).

29 Solche Pauschal- und Abkaufregelungen können im Einzelfall **Allgemeine Geschäftsbedingungen** i.S.d. §§ 305 ff. BGB darstellen, wenn es sich um ein rechtverbindliches, an eine Vielzahl von Arbeitnehmern gerichtetes Vertragsangebot i.S.d. § 305 Abs. 1 Satz 1 BGB handelt.[67] Jedoch gilt nach unserer – allerdings höchstrichterlich noch nicht bestätigten – Auffassung bei Arbeitneh-

---

[66] Schiedsst. ZB v. 03.05.2017 – Arb.Erf. 09/16, Mitt. 2018, 356, 359, (= www.dpma.de).
[67] S. allg. BAG v. 20.08.2014, NZA 2014, 1333 (Rn. 20), dort zur Gesamtzusage.

## D. Incentive-Programme    § 11

mererfindungen die **Bereichsausnahme nach § 310 Abs. 4 Satz 2 BGB**, so dass Vereinbarungen über Diensterfindungen nicht an den Regeln der allgemeinen zivilrechtlichen **Inhaltskontrolle** der §§ 307 bis 309 BGB zu messen sind[68] (s. § 22 Rdn. 41 ff.). Die auf der Grundlage des Incentive-Angebotes zustande gekommene Vereinbarung unterliegt vielmehr u. E. – neben den allgemeinen bürgerlich-rechtlichen Wirksamkeitsvoraussetzungen (insb. §§ 119 ff., § 138 BGB) – vorrangig und uneingeschränkt den gesetzlichen **Schranken der Vertragsfreiheit in §§ 22, 23 ArbEG** sowie der **zivilrechtlichen Kontrolle nach §§ 305b, 305c, 306a i.V.m. § 306 BGB**.[69] Wesentlich für die Bewertung von Gegenstand und Umfang eines Verzichts auf einzelne Ansprüche sowie von Pauschalabreden sind die tatsächlichen Verhältnisse und Kenntnisse der Vertragsparteien im Zeitpunkt des Vertragsabschlusses.[70]

Ausweislich des **Unabdingbarkeitsgebots in § 22 Satz 1** sind solche Vereinbarungen, durch die Vorgaben des ArbEG abbedungen werden, von vornherein nur zulässig, wenn die Maßgaben individueller Inhalt einer zwischen den Arbeitsvertragsparteien **nach Erfindungsmeldung abgeschlossenen Vereinbarung** – bezogen auf eine oder mehrere gemeldete Diensterfindungen – geworden sind.[71] Dementsprechend ist die Bindung der Teilnahme an die Erstreckung auf zukünftige Diensterfindungen nach § 22 Satz 1 unwirksam.[72]

---

68 S. Bartenbach/Volz, Festschr. Tilmann (2003) S. 431, 442 ff.; zust. Trimborn, Mitt. 2015, 116, 120 m. H. a. Schraders/Schubert NZA-RR 2005, 225, 230; offen gelassen von Keukenschrijver in Busse/Keukenschrijver, PatG, Rn. 4 zu § 22 ArbEG; a. A. Schwab, NZA 2014, 281, 282 u. ders., Arbeitnehmererfindungsrecht, § 9 Rn. 45 u. § 22 Rn. 8. Zumindest kritisch gegenüber einem Abkauf, wenn auch uneinheitlich Boemke/Kursawe: für volle AGB-Kontrolle beim Abkauf von Rechten Boemke/Kursawe/Nebel Rn.16 zu § 22 u. wohl allgemein für AGB-Kontrolle dies. Rn. 2 f. zu § 23 – aber jeweils ohne Eingehen auf § 310 Abs. 4 BGB; nach Boemke/Kursawe/Engemann Rn. 144 zu § 9 = Rn. 471 zu Anhang zu § 9 sind »bei der Anwendung der §§ 307 bis 309 BGB ... entsprechend § 310 IV 2 BGB die im Arbeitsrecht geltenden Besonderheiten angemessen zu berücksichtigen.« Krit. auch MünchArbR/Bayreuther, § 98 Rn. 36 m.H.a. Witt GRUR-Prax 2016, 519, 520 u. Hohagen/Burghart, ArbRAktuell 2014, 429, wonach Incentive-Systeme für ArbNErf Nachzahlungsansprüche nicht ausschließen.
69 Vgl. Bartenbach in VPP-Rundbrief 2005, S. 92 ff.; insoweit zust. Keukenschrijver in Busse/Keukenschrijver, PatG, Rn. 4 zu § 22 ArbEG; s. dazu ferner Trimborn, Mitt. 2006, 160 ff.
70 Vgl. Volz in Festschr. Bartenbach (2005), 199, 215 ff.
71 Vgl. Schiedsst. ZB v. 01.06.1995 – Arb.Erf. 34/93, (unveröffentl.); vgl. auch Schiedsst. v. 26.05.1992, EGR Nr. 32 zu § 13 ArbEG – dort zum Abkauf der Pflichten aus §§ 14 bzw. 16. Vgl. auch Busse/Keukenschrijver, PatG, Rn. 14 zu § 14 ArbEG u. Rn. 4, 6 zu § 22 ArbEG u. Kraßer/Ann, PatR, § 21 Rn. 25.
72 Schiedsst. v. 22.02.2017 – Arb.Erf. 45/12, (z. Z. unveröffentl.).

## § 11

Da damit der Arbeitnehmer für jede Diensterfindung gesondert entscheidet, ob er für die gemeldete Erfindung an dem Incentive-Programm nach deren Meldung durch Abschluss einer entsprechenden Vereinbarung (§ 22 Satz 2 ArbEG) teilnimmt, liegen die Rechtsrisiken insb. im Bereich der **Unbilligkeitsschranke des § 23 ArbEG**[73] und des allgemeinen Zivilrechts. Ein Rechtsverzicht ist nicht schlechthin unbillig (s. § 23 Rdn. 21), zumal das ArbEG selbst in § 13 Abs. 2 Nr. 2 die Möglichkeit des Verzichts auf die inländische Schutzrechtsanmeldung normiert[74] (s. dort Rn. 33 ff.). Zum arbeitsrechtlichen Gleichbehandlungsgrundsatz s. § 25 Rdn. 21.

30 Unter dem – für die Bewertung nach § 23 maßgebenden – Aspekt der Angemessenheit ist der Arbeitgeber als verpflichtet anzusehen, dem Arbeitnehmer für den Verzicht auf (formale) Rechte aus dem ArbEG einen (marktüblichen) **Geldausgleich** zu zahlen[75] (zur aktuellen Schiedsstellenpraxis s. aber § 11 Rdn. 32). Allgemeingültige Wertansätze dazu gibt es aber nicht.

Für den Verzicht auf die Arbeitgeberpflichten nach §§ 13, 14 und 16 wird in der betrieblichen Praxis regelmäßig ein einmaliger, auf Erfindervergütungsansprüche **nicht anrechenbarer Pauschalbetrag pro Diensterfindung**, bei Miterfindern anteilig (s. Rdn. 30), vereinbart.

Nach verbreiteter Praxis liegen die von Unternehmen angebotenen – zwischenzeitlich leicht angestiegenen – Beträge zwischen 150 und 300 € pro Erfindung bei Verzicht auf die **Freigaberechte** aus § 14 und zwischen 150 bis 350 € für den Verzicht auf die **Anbietungspflicht** nach § 16. Der Pauschalbetrag für einen Rechtsverzicht auf § 13 bewegt sich üblicherweise zwischen 200 und 300 €.[76] Erfasst der Verzicht eine **Mehrzahl von Rechten**, so schlägt sich dies in einer **Gesamtpauschale** nieder. Bei Verzicht auf die beiden Rechte nach §§ 14 und 16 wird pro Diensterfindung häufig insgesamt zwischen 250 und 500 € gezahlt. Bei Einschluss des Verzichts auf die Anmeldepflicht nach § 13 ArbEG erhöht sich die Pauschale auf insgesamt etwa 400 € bis 700 €. Zuschläge von 5 % bis 10 % sind bei Modifizierung des Auskunftsanspruchs verbreitet. Nicht selten wird – auch unter Belohnungsaspekten – eine »Gesamtabkaufprämie« für die vorgenannten Rechte von 1.000 € pro Dienst-

---

73 Vgl. dazu Volz in Festschr. Bartenbach (2005) S. 199 ff.; ferner Trimborn, Mitt. 2015, 116, 117 ff.; Hohagen/Burghart GRURPrax. 2014, 317 f.
74 Ebenso Reimer/Schade/Schippel/Himmelmann Einl. Rn. 21.
75 Wie hier Keukenschrijver in Busse/Keukenschrijver, PatG, Rn. 4 zu § 22 ArbEG. Ebenso früher Schiedsst. v. 24.01.2006 – Arb.Erf. 2/05, u. v. 21.03.2006 – Arb.Erf. 34/05, (beide unveröffentl.).
76 Keukenschrijver in Busse/Keukenschrijver, PatG, Rn. 4 zu § 13 ArbEG geht von einer »Entschädigung in Höhe von 100 EUR bis 400 EUR« aus.

## D. Incentive-Programme § 11

erfindung angeboten. Darin ist im Regelfall ein Teilbetrag von 300 bis 500 € zur vorsorglichen Abgeltung einer eventuellen zukünftigen Vorratswirkung i.S.v. RL Nr. 21 enthalten; in der Vereinbarung wird dann im Regelfall vorgesehen, (nur) diesen betragsmäßig ausgewiesenen Teilbetrag auf eine potentielle Vergütung im Falle einer Nutzung der Erfindung anzurechnen.

Die vorstehenden Angaben über die Abkaufbeträge wurden durch **das Ergebnis einer BDI/BDA-Umfrage** in 2004 tendenziell bestätigt:[77] hiernach ergab sich seinerzeit für den Abkauf der Pflichten aus §§ 14 und 16 eine Streubreite zwischen 100 und 600 € mit einem Durchschnittswert pro Erfindung von 320 €, die auf die Erfindervergütung nicht angerechnet werden; wird zugleich die Anmeldepflicht nach § 13 »mit abgekauft«, lag die Streubreite zwischen 150 und 600 € mit einem Durchschnittswert von 430 €, und zwar zahlbar innerhalb von 6 Monaten nach Inanspruchnahme. Diese Beträge sind jedenfalls im Durchschnitt zwischenzeitlich angestiegen.[78]

Diese Beträge versteht die Unternehmenspraxis als Gesamtbeträge, die **bei Miterfinderschaft aufgeteilt** werden. Die Unternehmen handhaben dies **unterschiedlich**. Vielfach werden die Gesamtbeträge nach Miterfinderanteilen gequotelt. Dafür spricht die übereinstimmende Gewichtung der einzelnen Miterfinderanteile mit der Erfindervergütung. Alternativ erfolgt eine gleichmäßige Aufteilung der Gesamtbeträge auf die Miterfinder. Argument dafür ist eine einheitliche Behandlung aller Miterfinder im Fall eines Rechtsverzichts. 31

Auch von der *Schiedsstelle* werden Incentive- und Abkaufregelungen grundsätzlich anerkannt. Dabei kommt es jedoch seit dem Einigungsvorschlag vom 18.07.2012[79] nach Auffassung der Schiedsstelle– in Abkehr von ihrer früheren Praxis[80] und unter Aufgreifen der Kritik von *Hellebrand*[81] – nicht mehr auf marktübliche Wertansätze für den Abkauf der Rechte an. Vielmehr misst die Schiedsstelle solche Verzichtsvereinbarungen im jeweiligen Einzelfall allein an der Unbilligkeitsregelung des § 23 Abs. 1. Maßstab hierfür sind **nicht die in der Industrie üblich gewordenen Abkaufbeträge**. Vielmehr sei die Wirksam- 32

---

77 Vgl. Franke/Steiling, FS 50 Jahre VPP (2005), S. 281 ff.
78 Vgl. aber auch Trimborn, Mitt. 2015, 116, 120 f.
79 Arb.Erf. 30/10 (Datenbank, in www.dpma.de nur LS.); v. 15.11.2012 – Arb.Erf. 1/12 (Datenbank); v. 12.09.2013 – Arb.Erf. 21/12 (www.dpma.de); s. dazu auch Bartenbach/Volz, Praxisleitfaden (2013), Rn. 158, Trimborn, Mitt. 2014, 74, 79 u. Mitt. 2015, 116, 117.
80 Schiedsst. v. 23.06.2005 – Arb.Erf. 26/04; 24.01.2006 – Arb.Erf. 2/05 (einschränkend dort aber zum Abkauf des Anpassungsanspruchs aus § 12 Abs. 6 ArbEG u. v. 21.03.2006 – Arb.Erf. 34/05, (alle Datenbank).
81 »Stolpersteine in der Praxis des Arbeitnehmererfinderrechts« (2007) – Datenbank.

keit von Abkaufvereinbarungen, in denen der Arbeitgeber von ihn treffenden Verpflichtungen des ArbEG befreit wird, unabhängig von der Existenz und Höhe einer entgeltlichen Gegenleistung zu beurteilen.[82] Entscheidend für die Schiedsstelle sind die zum Zeitpunkt des Zustandekommens der Vereinbarung quantifizierbaren und nachweisbaren konkreten wirtschaftlichen Vorteile, welche dem Erfinder durch den Verzicht entgehen, und ob – gemessen daran – eine Gegenleistung des Arbeitgebers den üblichen **Billigkeitsanforderungen des § 23** genügt.[83] In erheblichem Maße unbillig i. S. v. § 23 Abs. 1 ArbEG wäre eine Abkaufvereinbarung damit dann, wenn die nach dem ArbEG angemessene Gegenleistung für den Verzicht mindestens doppelt so hoch ist, wie der vereinbarte Abkaufbetrag. Dementsprechend wäre z. B. bei Abkauf der Rechte aus §§ 14, 16 ArbEG zu prüfen, ob bereits im Zeitpunkt des Vertragsschlusses eine zukünftige Verwertung im schutzrechtsfreien Ausland bzw. eine zukünftige Weiterverwertung der Diensterfindung im Falle einer Aufgabe des Schutzrechts absehbar ist, deren rechnerische Vergütungshöhe das Doppelte des Abkaufbetrags übersteigen würde.[84]

Eine Unbilligkeit scheint die *Schiedsstelle* ferner dann in Betracht zu ziehen, wenn der Arbeitgeber eine generelle Befreiung von § 16 zum Anlass nimmt, Schutzrechte ohne Rücksicht auf deren über den Schutzrechtswegfall **andauernde Verwertung** und ohne vorheriges Angebot an den Arbeitnehmer fallen zu lassen.[85] Alternativ hat die *Schiedsstelle* in einem solchen Fall auch die Möglichkeit eines **Anpassungsanspruchs** nach § 12 Abs. 6 i. V. m. § 16 Abs. 3 wegen des vorangegangenen Verzichts gegen die gezahlte Prämie geprüft.[86] Letzteres erscheint fraglich, da weder die Prämie eine Vergütung ist noch der

---

[82] Seit Schiedsst. v. 18.07.2012 – Arb.Erf. 30/10, (Datenbank, in www.dpma.de nur LS. 2).
[83] Schiedsst: 18.07.2012 – Arb.Erf. 30/10, (Datenbank, in www.dpma.de nur LS.) u. v. 15.11.2012 Arb.Erf. 1/12, (Datenbank); vgl. auch Schiedsst. v. 12.09.2013 – Arb.Erf. 21/12, (www.dpma.de). Vgl. ferner Schiedsst. ZB. v. 03.05.2017 – Arb.Erf. 09/16, Mitt. 2018, 356, 359, (= www.dpma.de).
[84] S. Schiedsst. v. 18.07.2012 – Arb.Erf. 30/10; v. 15.11.2012 – Arb.Erf. 1/12, (beide Datenbank); v. 12.09.2013 – Arb.Erf. 21/12 – u. v. 22.03.2017 – Arb.Erf. 15/15, (beide www.dpma.de). S. auch Trimborn, Mitt. 2014, 74, 79 u. Mitt. 2015, 116, 117, der zudem entgeltfreie Verzichtserklärungen für zulässig ansieht, wenn damit die Zusage des Arbeitgebers verbunden ist, Verwertungen im schutzrechtsfreien Ausland bzw. nach Fallenlassen eines Schutzrechts gleichwohl so zu vergüten, als bestünde ein Schutzrecht (fort).
[85] S. Schiedsst. ZB v. 03.05.2017 – Arb.Erf. 09/16, Mitt. 2018, 356, 359, (= www.dpma.de).
[86] S. Schiedsst. ZB. v. 03.05.2017 – Arb.Erf. 09/16, Mitt. 2018, 356, 359, (= www.dpma.de).

einvernehmliche Abkauf von §§ 14, 16 eine Vergütungsregelung darstellt, wobei jedoch ggf. § 313 BGB zur Anwendung kommen kann, sofern tatbestandlich kein Fall des § 23 Abs. 1 ArbEG vorliegt (s. auch § 12 Rdn. 99, 104, 106).

**Auslegungsprobleme** bei Incentive-Programmen gehen zulasten des Arbeitgebers, sofern eine solche zu mehreren vertretbar erscheinenden Ergebnissen kommt[87] (vgl. § 305c Abs. 2 BGB). Für eine Auslegung (§§ 133, 157 BGB) einer AGB-Regelung (s. dazu § 22 Rdn. 44) ist maßgebend, wie diese – ausgehend vom Wortlaut – nach ihrem objektiven Inhalt und typischen Sinn von verständigen und redlichen Vertragspartnern unter Abwägung der normalerweise beteiligten Verkehrskreise unter Zugrundelegung der Verständnismöglichkeiten des durchschnittlichen Vertragspartners des Verwenders, also des durchschnittlichen Arbeitnehmers des betreffenden Arbeitgebers, verstanden wird.[88] Ist der Arbeitgebertext nicht eindeutig, kommt es für die Auslegung entscheidend darauf an, wie der Text aus Sicht der typischerweise an derartigen Geschäften beteiligten Verkehrskreise zu verstehen ist, wobei der Vertragswille verständiger und redlicher Vertragspartner ggf. einschließlich eines von diesen typischerweise verfolgten Zwecks zu beachten ist.[89] Eine ergänzende Vertragsauslegung scheidet regelmäßig aus, da eine Regelungslücke durch Rückgriff auf das ArbEG (einschließlich Vergütungsrichtlinien) geschlossen werden kann und muss. Ein bloßer Abkauf von Rechten aus §§ 14, 16 ArbEG bedeutet im Zweifel keinen allgemeinen Vergütungsverzicht.[90] 33

Jedenfalls der Transparenz und Akzeptanz solcher Incentive-Programme dient es, wenn die als Erfinder in Betracht kommenden Arbeitnehmer hierüber und über die **erfinderrechtlichen Auswirkungen näher unterrichtet** werden. Dies kann in einer Präsentation bis hin zu Mitarbeiterschulungen[91] erfolgen, abhängig vom Informationsinteresse und dem Umfang der beabsichtigten Regelungen. 34

---

87 S. allg. BAG v. 20.08.2014, NZA 2014, 1333 (Rn. 25) m. H. a. BAG v. 19.03.2014 – 10 AZR 622/13, (juris, Rn. 29 f.).
88 S. allg. BAG v. 22.03.2017, NZA 2017, 1073 (Rn. 15, 18) u. v. 19.08.2015 – 5 AZR 450/18, (juris, Rn.14).
89 S. allg. BAG v. 20.08.2014, NZA 2014, 1333 (Rn. 25).
90 Vgl. auch Schiedsst. v. 09.01.2013 – Arb.Erf. 16/10, (www.dpma.de) u. ZB. v. 03.05.2017 – Arb.Erf. 09/16, Mitt. 2018, 356, 359, (= www.dpma.de).
91 Für eine Mitarbeiterschulung sprechen sich auch Hohagen/Burghart GRURPrax. 2014, 317, 319 aus.

## § 12[1] Feststellung oder Festsetzung der Vergütung

(1) Die Art und Höhe der Vergütung soll in angemessener Frist nach Inanspruchnahme der Diensterfindung durch Vereinbarung zwischen dem Arbeitgeber und dem Arbeitnehmer festgestellt werden.

(2) Wenn mehrere Arbeitnehmer an der Diensterfindung beteiligt sind, ist die Vergütung für jeden gesondert festzustellen. Die Gesamthöhe der Vergütung und die Anteile der einzelnen Erfinder an der Diensterfindung hat der Arbeitgeber den Beteiligten bekanntzugeben.

(3) Kommt eine Vereinbarung über die Vergütung in angemessener Frist nach Inanspruchnahme der Diensterfindung nicht zustande, so hat der Arbeitgeber die Vergütung durch eine begründete Erklärung in Textform an den Arbeitnehmer festzusetzen und entsprechend der Festsetzung zu zahlen. Die Vergütung ist spätestens bis zum Ablauf von drei Monaten nach Erteilung des Schutzrechts festzusetzen.

(4) Der Arbeitnehmer kann der Festsetzung innerhalb von zwei Monaten durch Erklärung in Textform widersprechen, wenn er mit der Festsetzung nicht einverstanden ist. Widerspricht er nicht, so wird die Festsetzung für beide Teile verbindlich.

(5) Sind mehrere Arbeitnehmer an der Diensterfindung beteiligt, so wird die Festsetzung für alle Beteiligten nicht verbindlich, wenn einer von ihnen der Festsetzung mit der Begründung widerspricht, dass sein Anteil an der Diensterfindung unrichtig festgesetzt sei. Der Arbeitgeber ist in diesem Fall berechtigt, die Vergütung für alle Beteiligten neu festzusetzen.

(6) Arbeitgeber und Arbeitnehmer können voneinander die Einwilligung in eine andere Regelung der Vergütung verlangen, wenn sich Umstände wesentlich ändern, die für die Feststellung oder Festsetzung der Vergütung maßgebend waren. Rückzahlung einer bereits geleisteten Vergütung kann nicht verlangt werden. Die Absätze 1 bis 5 sind nicht anzuwenden.

**Lit.:**
*Bartenbach/Volz*, Der Anspruch d. ArbN auf Auskunft u. Rechnungslegung i. R. d. Erfindervergütung, Festschr. Schippel (1996), S. 547; *Beck-Mannagetta*, Die Bedeutung d. veränderten Umstände nach § 12 Abs. 6 ArbEG, BB 1976, 421; *Bender*, Beschränktes Auskunftsrecht d. Arbeitnehmererfinders, Mitt. 1998, 216; *Gaul/Bartenbach*, Der Einfluss des neuen Patenterteilungsverfahrens auf die Vergütungsregelung nach § 12 Abs. 3 ArbEG, GRUR 1983, 14; *Jestaedt*, Die Ansprüche auf Auskunft und Rechnungslegung,

---

1 Abs. 3 und 4 i.d.F. des Art. 7 Nr. 8 des Gesetzes zur Vereinfachung und Modernisierung des Patentrechts vom 31.07.2009 (BGBl. I, S. 2521).

## § 12

VPP-Rundbrief 3/1998 S. 67; *Jesgarzewski*, Auskunftsansprüche b. ArbNErf., BB 2011, 2933; *Kunzmann*, Von Copyester bis Abwasserbehandlung – zu Inhalt u. Grenzen d. arbeitnehmererfinderrechtl. Auskunfts- und Rechnungslegungsanspruchs, Festschr. K. Bartenbach (2005), S. 175; **Meier-Beck**, Vergütungs- u. Auskunftsanspruch bei d. Nutzung e. Diensterf. im Konzern, Festschr. W. Tilmann (2003), S. 539; **Rosenberger**, Z. Auskunftspflicht d. Arbeitgebers gegenüber d. Arbeitnehmererfinder i.H.a.d. Kriterien für d. Erfindungswert, GRUR 2000, 25; *Tetzner*, Neufestsetzung d. Vergütg. f. Diensterf., GRUR 1968, 292; *Seiz*, Zur Neuregelung der Arbeitnehmererf.vergütung bei Vereinbarung oder Festsetzung einer Pauschalabfindung, BB 1985, 808; **Volz**, Die Grenzen d. Auskunfts- u. Rechnungslegungspflicht d. ArbG. im Lichte d. BGH-Urteils »Türinnenverstärkung«, GRUR 2010, 223. S. im Übrigen Lit. bei Einl. vor §§ 9–12.

### Übersicht

| | Rdn. |
|---|---|
| **A. Allgemeines** | 1 |
| **B. Art, Höhe und Dauer der Vergütung** | 11 |
| **C. Feststellung der Vergütung (Abs. 1, 2)** | 14 |
| I. Rechtsgeschäftliche Vereinbarung | 14 |
| II. Unwirksamkeit, Anfechtung | 19 |
| III. Zeitpunkt (»in angemessener Frist«) | 22 |
| IV. Bei mehreren Arbeitnehmererfindern (Abs. 2) | 28 |
|    1. Gesonderte Feststellung | 28 |
|    2. Bestimmung des Miterfinderanteils | 30 |
|    3. Bekanntgabe der Gesamtvergütung und der Einzelanteile (Abs. 2 Satz 2) | 35 |
| **D. Festsetzung der Vergütung (Abs. 3 bis 5)** | 40 |
| I. Einseitige Festsetzung | 40 |
| II. Pflicht des Arbeitgebers zur Festsetzung | 41 |
| III. Rechtsnatur der Festsetzung | 47 |
| IV. Form und Inhalt | 49 |
| V. Bei mehreren Arbeitnehmererfindern | 54 |
| VI. Zeitpunkt der Vergütungsfestsetzung nach § 12 Abs. 3 – Fälligkeit des Vergütungsfestsetzungsanspruchs | 55 |
|    1. Grundsatz | 55 |
|    2. Bei (unbeschränkter) Inanspruchnahme | 57 |
|      a) Fälligkeit bei Verwertung bis zur (rechtsbeständigen) Patenterteilung | 58 |
|         aa) Nach Nutzungsaufnahme | 60 |
|         bb) Vorläufige Vergütung während des Schutzrechtserteilungsverfahrens | 64 |
|         cc) Nachzahlungspflicht bei (rechtsbeständiger) Patenterteilung | 69 |
|         dd) Vergütung bei Lizenzvergabe bzw. Verkauf der Schutzrechtsposition während des Schutzrechtserteilungsverfahrens | 69.1 |
|      b) Fälligkeit bei Verwertung nach Patenterteilung | 70 |
|      c) Fälligkeit bei Verwertung einer gebrauchsmusterfähigen Erfindung | 71 |
|      d) Fälligkeit bei ausbleibender tatsächlicher Verwertung vor Schutzrechtserteilung (Patent oder Gebrauchsmuster) | 72 |
|      e) Fälligkeit bei ausbleibender tatsächlicher Verwertung nach Schutzrechtserteilung (Patent- oder Gebrauchsmuster) | 72.1 |

|  |  |  | **Rdn.** |
|---|---|---|---|
| | f) | Fälligkeit bei Nutzung unter Abhängigkeit von älteren Fremdschutzrechten. | 72.2 |
| | 3. | Bei beschränkter Inanspruchnahme (Übergangsrecht) | 73 |
| VII. | Verbindlichkeit der Festsetzung | | 74 |
| | 1. | Grundsatz. | 74 |
| | 2. | Zahlungspflicht des Arbeitgebers | 75 |
| VIII. | Widerspruch des Arbeitnehmers (Abs. 4) | | 77 |
| | 1. | Rechtsnatur, Inhalt, Form. | 78 |
| | 2. | Frist. | 81 |
| | 3. | Rechtsfolgen | 83 |
| IX. | Widerspruch bei Arbeitnehmer-Miterfindern (Abs. 5 Satz 1) | | 88 |

**E. Neuregelung der Vergütung bei wesentlich geänderten Umständen (Abs. 6 Satz 1)**. . . . . . . . . . . . . . . . . . . . . . . . . . . . . . . . . . 95

| I. | Grundsatz. | | 95 |
|---|---|---|---|
| II. | Wesentliche Änderung der Umstände | | 97 |
| | 1. | Beurteilungsmaßstäbe | 98 |
| | 2. | Verhältnis zu § 23. | 103 |
| | 3. | Wegfall der Geschäftsgrundlage (§ 313 BGB), beiderseitiger Irrtum. | 105 |
| | 4. | Einzelprobleme | 108 |
| | | a) Ausscheiden des Arbeitnehmers, arbeitsvertragliche Änderungen | 109 |
| | | b) Miterfinderschaft | 110 |
| | | c) Pauschalabfindung | 111 |
| | | d) Das Schutzrecht betreffende Änderungen. | 113 |
| | | e) Wirtschaftliche Veränderungen | 131 |
| | | f) Gesetzes- und sonstige Rechtsänderungen | 141 |
| | | g) Vergütungsdauer. | 143 |
| III. | Um- und Durchsetzung des Anpassungsanspruchs (»Einwilligung verlangen«) | | 144 |
| IV. | Kriterien der Anpassung. | | 149 |
| V. | Rückforderungsverbot (Abs. 6 Satz 2) | | 154 |

**F. Anspruch auf Auskunftserteilung bzw. Rechnungslegung**. . . . . . . . 162

| I. | Rechtsnatur und Zweck | | 162 |
|---|---|---|---|
| | 1. | Grundlagen und Rechtscharakter als Hilfsansprüche | 162.1 |
| | 2. | Abgrenzung zwischen Auskunft und Rechnungslegung | 162.4 |
| | 3. | Zweck und Voraussetzungen des Rechnungslegungsanspruchs, Vorlage von Unterlagen. | 162.6 |
| II. | Gegenstand des Auskunfts- und Rechnungslegungsanspruchs | | 163 |
| III. | Voraussetzungen. | | 164 |
| | 1. | Bei Auskunft zu Höhe und Umfang der Vergütungsansprüche | 164.1 |
| | 2. | Bei Auskunft über tatbestandliche Voraussetzungen eines Vergütungsanspruchs. | 165 |
| IV. | Abdingbarkeit | | 168 |
| V. | Inhalt und Umfang der Auskunft bei Vergütungsansprüchen | | 170 |
| | 1. | Grundsätze. | 170 |
| | | a) Allgemeines. | 170 |
| | | b) Treu und Glauben (§ 242 BGB) und Verkehrsübung als Maßstab. | 171 |
| | | c) Abgrenzung zu Auskunftspflichten bei Patentverletzung | 173 |

# A. Allgemeines § 12

|   | Rdn. |
|---|---|
| 2. Orientierung des Inhalts und Umfangs der Auskunft an dem Vergütungsanspruch und dessen Konkretisierung. | 174 |
|    a) Orientierung am Vergütungsanspruch und der Benutzungsart | 174 |
|    b) Bedeutung getroffener Vergütungsregelungen | 175 |
|    c) Ausrichtung der Auskunft an der Berechnungsmethode bei betrieblicher Eigennutzung | 179 |
|    d) Zeitpunkt der Auskunftserteilung. | 181 |
| 3. Auskunftsumfang bei der Lizenzanalogie | 183 |
|    a) Grundsätze | 183 |
|    b) Art und Umfang der innerbetrieblichen Verwertung. | 188 |
|    c) Auskünfte zum Gewinn | 199 |
|    d) Besonderheiten bei der konkreten Lizenzanalogie. | 207 |
| 4. Auskunftspflichten bei der Methode nach dem erfassbaren betrieblichen Nutzen. | 209 |
| 5. Auskunftspflichten bei Schätzung und sonstiger Bestimmung des Erfindungswertes. | 213 |
| 6. Auskunftspflichten bei außerbetrieblicher Verwertung | 216 |
| VI. Grenzen der Auskunft | 222 |
| 1. Erforderlichkeit und Zumutbarkeit als Maßstab und Grenze | 223 |
| 2. Das Kriterium der Erforderlichkeit | 225 |
| 3. Das Kriterium der Zumutbarkeit der Auskunftserteilung. | 230 |
|    a) Unverhältnismäßiger Aufwand. | 236 |
|    b) Geheimhaltungsbelange | 245 |
|       aa) Voraussetzungen. | 245 |
|       bb) Wirtschaftsprüfervorbehalt | 250 |
|       cc) Unterlassungsverpflichtungserklärung | 259 |
|    c) Unzumutbarkeit wegen Zeitablaufs und sonstiger Umstände | 265 |
| 4. Unmöglichkeit. | 272 |
| VII. Besonderheiten bei der Rechnungslegung. | 277 |
| VIII. Erfüllung | 280 |
| IX. Eidesstattliche Versicherung. | 289 |
| X. Auskunft und Rechnungslegung bei Verwertungen im Konzern. | 296 |
| XI. Verjährung, Verwirkung | 306 |
| XII. Außergerichtliche und gerichtliche Geltendmachung, Zwangsvollstreckung | 316 |
| XIII. Beweislast | 323 |
| XIV. Besondere Auskunfts- und Rechnungslegungsansprüche. | 329 |
| 1. Bei Vergütungsanpassung nach § 12 Abs. 6 | 329 |
| 2. Bei Unbilligkeit einer getroffenen Vergütungsregelung nach § 23. | 335 |
| 3. Bei Schadensersatz- und sonstigen Ansprüchen des Arbeitnehmers. | 340 |

## A. Allgemeines

Während § 9 Abs. 1 und – die zwischenzeitlich durch die ArbEG-Novelle 2009 (s. Einl. Rdn. 42) aufgehobene Vorschrift des – § 10 Abs. 1 a.F. regeln, unter welchen Voraussetzungen ein Vergütungsanspruch für eine in Anspruch

**1**

genommene Diensterfindung dem Grunde nach entsteht, normiert § 12, wann und in welcher Weise **Art und Höhe der Vergütung verfahrensmäßig festzulegen** sind.[2] § 12 begründet demzufolge keine Vergütungsansprüche für Diensterfindungen, sondern setzt diese voraus.[3] Die Vorschrift bestimmt also das Verfahren, das die Arbeitsvertragsparteien zur **Konkretisierung** des nach § 9 Abs. 1, § 10 Abs. 1 a.F. entstandenen Vergütungsanspruchs anzuwenden haben (s.a. § 12 Rdn. 9); zugleich werden Regelungen zur **Fälligkeit** der Vergütungsregelung getroffen.

§ 12 ist i.R.d. **ArbEG-Novelle 2009** durch Art. 7 Nr. 8 des Patentrechtsmodernisierungsgesetzes vom 31.07.2009 (BGBl. I, S. 2521) geringfügig angepasst worden: In Abs. 3 Satz 1 und Abs. 4 wurde jeweils das bisherige Erfordernis der Schriftform durch das der Textform ersetzt (s. § 12 Rdn. 49); Satz 2 ist im Hinblick auf die Abschaffung des Rechtsinstituts der beschränkten Inanspruchnahme (s. § 6 n.F. Rdn. 2) neu gefasst und entspricht damit inhaltlich der bisherigen Regelung für die unbeschränkte Inanspruchnahme.[4]

2 § 12 dient dem **Schutz** aller Beteiligten, insb. dem des Arbeitnehmers[5]; Klarheit und Rechtssicherheit sowie die Nachprüfbarkeit der Vergütungsvereinbarung bzw. -festsetzung sollen gewährleistet sein.[6] Auch wenn der *BGH* damit vom Charakter als »Schutzvorschrift« für alle Beteiligten, insb. für den Arbeitnehmererfinder, ausgeht,[7] bedeutet dies u. E. jedoch nicht, dass es sich dabei insgesamt um ein Schutzgesetz i.S.d. § 823 Abs. 2 BGB handelt (s. § 12 Rdn. 45, 95) Mit § 12 ArbEG wird der § 9 und § 10 a.F. zu Grunde liegende Gedanke verwirklicht, dem einzelnen Erfinder seine individuelle Vergütung als angemessenen Ausgleich für die Überlassung von Erfindungsrechten an den Arbeitgeber zeitnah und betragsmäßig nachvollziehbar zukommen zu lassen. Wesentlicher Sinn der Vorschrift ist es, dem Arbeitnehmererfinder möglichst rasch nach Inanspruchnahme der Erfindung eine angemessene Vergütung zu sichern und nach Möglichkeit ohne Gerichtsverfahren den Berechnungsmodus festzulegen.[8]

---

2 BGH v. 10.09.2002 – X ZR 199/01, GRUR 2003, 237, 238 – *Ozon* im Anschluss an BGH v. 02.12.1960 – I ZR 23/59, GRUR 1961, 338, 339 r.Sp. – *Chlormethylierung*.
3 Schiedsst. v. 17.07.2016 – Arb.Erf. 26/14; v. 12.10.2016 – Arb.Erf. 17/14, (beide www.dpma.de), dort jeweils zu § 12 Abs. 3 m.H.a. BGH v. 28.06.1962 – I ZR 28/61, GRUR 1963, 135 – *Cromegal*.
4 S. Amtl. Begründung zum Patentrechtsmodernisierungsgesetz in BR-Drucks. 757/08 S. 14 (zu Art. 7 Nr. 8 a bb des Entwurfs).
5 Ebenso Keukenschrijver in Busse/Keukenschrijver, PatG, Rn. 2 zu § 12 ArbEG.
6 BGH v. 17.04.1973 – X ZR 59/69, GRUR 1973, 649, 651 l.Sp. – *Absperrventil*.
7 BGH v. 10.09.2002 – X ZR 199/01, GRUR 2003, 237, 238 – *Ozon*.
8 BGH v. 17.05.1994 – X ZR 82/92, GRUR 1994, 898, 901 – *Copolyester*.

## A. Allgemeines §12

In Übereinstimmung mit § 5 Abs. 2, 3 DVO 1943 unterscheidet § 12 hinsichtlich der **Festlegung** (Oberbegriff für die Konkretisierung) des Vergütungsanspruchs zwischen **zwei Verfahren:**
- der einvernehmlichen Feststellung der Vergütung einerseits (Abs. 1, 2) und
- der einseitigen Festsetzung der Vergütung durch den Arbeitgeber andererseits (Abs. 3 bis 5).

3

Die **Konkretisierung der Vergütungspflicht** tritt nur ein, wenn die Vergütung festgelegt ist, wenn also entweder eine Vergütungsvereinbarung nach Abs. 1 geschlossen wird oder eine Festsetzung durch den Arbeitgeber nach Abs. 3 erfolgt.[9]

Mit der **Feststellung** wird die von Arbeitgeber und Arbeitnehmer gemeinsam vorgenommene, **einverständliche Festlegung** der Vergütung bezeichnet (Abs. 1); dieser Verfahrensweise gebührt – entsprechend der Gesetzessystematik – der Vorrang, da sie am besten geeignet ist, eine für beide Parteien zufrieden stellende, gerechte Vergütungsregelung herbeizuführen und dem Arbeitnehmer alsbald zu seinem Entgelt für die Überlassung von Erfindungsrechten an seinen Arbeitgeber zu verhelfen.[10]

4

Kommt eine derartige gütliche Einigung – gleich aus welchen Gründen – nicht zustande, wird der Arbeitgeber nach Abs. 3 zur **Festsetzung**, also zur **einseitigen Bestimmung** der angemessenen Vergütung, verpflichtet (s. § 12 Rdn. 41 f.). Das Unterbleiben oder Scheitern einer Vergütungsvereinbarung ist im Übrigen aber sanktionslos, führt also weder zu Erfüllungs- noch zu Schadensersatzansprüchen einer Arbeitsvertragspartei (s. § 12 Rdn. 15).

5

Um den Arbeitnehmer vor einer unangemessenen Festsetzung zu bewahren, gesteht ihm Abs. 4 ein (fristgebundenes) **Widerspruchsrecht** zu. In § 23 Abs. 1 Satz 2 ist zudem klargestellt, dass eine unbillige Vergütungsfestsetzung keine Wirksamkeit entfalten kann (s.a. § 12 Rdn. 74.1).

6

Im Hinblick auf die unsicheren und schwer voraussehbaren Entwicklungs- und Verwertungsmöglichkeiten von Erfindungen[11] gewährt Abs. 6 – in Anlehnung an § 5 Abs. 5 DVO 1943 – den Arbeitsvertragsparteien die Möglichkeit,

7

---

9 OLG Nürnberg v. 19.11.1974 – 3 U 137/73 – *Blitzlichtgeräte* – unter Aufhebung der Ansicht des LG Nürnberg/Fürth – 3 O 62/72, (beide unveröffentl.), wonach gleichsam automatisch mit Ablauf der 3-Monats-Frist des Abs. 3 bei fehlender Vergütungsfestlegung die Konkretisierung eintreten sollte.
10 Ebenso LG Düsseldorf v. 03.12.2009 – 4b O 213/08, (unveröffentl.); ähnl. Volmer Rn. 3 zu § 12.
11 Amtl. Begründung BT-Drucks. II/1648, S. 31 = BlPMZ 1957, 235.

eine spätere **Anpassung** der bisherigen Vergütungsfestlegung voneinander verlangen zu können.

8   Entsprechend dem früheren Recht (vgl. § 5 Abs. 2 Satz 3 DVO 1943) regelt § 12 auch ausdrücklich das Verfahren bei **mehreren Erfindern** (Abs. 2, 5).

9   Sachlich gilt die Regelung des § 12 vorrangig für Vergütungsansprüche aus (unbeschränkter und – übergangsrechtlich – beschränkter) Inanspruchnahme einer **Diensterfindung** (§§ 9, 10 a.F.). Daneben erstreckt sich der **Geltungsbereich** auf die Sonderfälle der § 14 Abs. 3, § 16 Abs. 3.[12] Gem. § 20 Abs. 1 Satz 2 gilt sie »sinngemäß« für Vergütungsansprüche bei **qualifizierten technischen Verbesserungsvorschlägen** (s. dazu § 20 Rdn. 6). Dagegen ist § 12 für Zahlungsansprüche bei Überlassung von Rechten an **freien Erfindungen** i.S.d. § 4 Abs. 3 unanwendbar; hierfür enthält § 19 Sonderbestimmungen.[13]

10  Gem. §§ 40, 41 gilt § 12 auch für Vergütungsansprüche von Angehörigen des **öffentlichen Dienstes.** Der Regelungsbereich des § 12 bleibt von dem **Ausscheiden** eines Arbeitnehmers (Beamten) unberührt (§ 26). Die Regelung greift auch für und gegen **Erben** als Gesamtrechtsnachfolger (s. § 1 Rdn. 149). Zur Abtretung s. § 9 Rdn. 8.

Zur nunmehr uneingeschränkten Geltung in den **neuen Bundesländern** s. § 9 Rdn. 1 u. Einl. Rdn. 31.

## B. Art, Höhe und Dauer der Vergütung

11  Sowohl die Feststellung (Abs. 1, 2) als auch die Festsetzung (Abs. 3 bis 5) haben die Art und Höhe der dem Arbeitnehmer zustehenden Vergütung zum Gegenstand.

**Grundlage** für die Berechnung der Vergütung sind die **Kriterien und Maßstäbe,** auf die sich die Arbeitsvertragsparteien in einer Vergütungsvereinbarung **ausdrücklich oder stillschweigend geeinigt** haben[14] bzw. die für den Arbeitnehmer erkennbarer Inhalt einer Vergütungsfestsetzung des Arbeitgebers (s. § 12 Rdn. 47 f.) geworden sind.

---

12  Wie hier Keukenschrijver in Busse/Keukenschrijver, PatG, Rn. 5 zu § 12 ArbEG
13  Ebenso Keukenschrijver in Busse/Keukenschrijver, PatG, Rn. 5 zu § 12 ArbEG
14  BGH v. 17.05.1994 – X ZR 82/92, GRUR 1994, 898, 902 – *Copolyester.*

## B. Art, Höhe und Dauer der Vergütung §12

Was die Parteien gewollt haben, ist ggf. im Wege der **Auslegung** nach §§ 133, 157 BGB zu ermitteln.[15] Bei der Auslegung zu berücksichtigen sind insbesondere Wortlaut, Zweck, Interessenlage, Begleitumstände, Entstehungsgeschichte und Zusammenhang, aber auch das spätere Verhalten der Arbeitsvertragsparteien nach Abschluss der Vergütungsvereinbarung, da dieses als Indiz zeigen kann, wie die Parteien die getroffene Regelung bei deren Zustandekommen verstanden haben.[16] Hilft eine Auslegung nicht weiter, bedarf es einer **ergänzenden Vertragsauslegung**, um zu bestimmen, was die Arbeitsvertragsparteien bei angemessener Abwägung der beiderseitigen Interessen als redliche Vertragsparteien vereinbart hätten, wenn sie den nicht geregelten Fall bedacht hätten[17] (§ 157 BGB). Zu stillschweigenden Vergütungsvereinbarungen s. § 12 Rdn. 18 ff.

Unter **Art** versteht das Gesetz die Form, in der der Arbeitgeber die Vergütung erbringt, einschl. der Zahlungsmodalitäten. Dabei ist von dem Grundsatz auszugehen, dass Vergütung grundsätzlich in Geld geschuldet wird (Einzelheiten hierzu s. § 9 Rdn. 52 ff.). 12

Die **Höhe** der Vergütung kann sich sowohl in bestimmen Zahlbeträgen als auch in Parametern für die Vergütungsbemessung ausdrücken. In der Praxis verbreitet sind sowohl Pauschalzahlungen als auch laufende Vergütungszahlungen, wobei laufende Vergütungszahlungen die Regel sind (s. § 9 Rdn. 54 ff.). 13

Bei einer **Pauschalzahlung** wird die Vergütung in Form eines bezifferten Geldbetrags festgelegt. Dabei bedarf es in der Vergütungsregelung neben der Bezifferung des Geldbetrages der Angabe, ob die Zahlung die gesamte Nutzung der Erfindung erfassen (einmalige Gesamtabfindung) oder ob der fest bezifferte Betrag wiederkehrend für bestimmte Nutzungszeiträume bzw. feste Zeitabschnitte erbracht werden soll (vgl. RL Nr. 40 Abs. 2 sowie § 9

---

15 Unstreitig, z.B. OLG Düsseldorf v. 28.02.2014 – I-2 U 109/11 u. 2 U 109/11, (juris, Rn. 96 ff.) – Feuerfester Formstein I (dort zum Begriff »Umsatz«); ferner LAG München Beschl. v. 10.12.2015 – 10 Ta 337/15, (www.gesetze-bayern.de, Rn. 24, 28; insoweit nicht thematisiert von BAG Beschl. v 31.05.2016 – 9 AZB 3/16, juris). Ausführl. hierzu Schiedsst. v. 19.03.2009 – Arb.Erf. 24/06, (unveröffentl.); s. auch Schiedsst. v. 06.04.2016 – Arb.Erf. 13/14, (www.dpma.de); v. 19.09.2016 – Arb.Erf. 05/14, Mitt. 2018, 289, 290, (= www.dpma.de); v. 30.01.2018 – Arb.Erf. 53/15, (www.dpma.de).
16 Z. B. OLG Düsseldorf v. 28.02.2014 – I-2 U 109/11 u. 2 U 109/11, (juris, Rn. 96) – Feuerfester Formstein I.
17 OLG Düsseldorf v. 28.02.2014 – I-2 U 109/11 u. 2 U 109/11, (juris, Rn. 109) – Feuerfester Formstein I u. v. 28.02.2014 – I – 2 U 110/11, (juris, Rn. 110) – technischer Geschäftsführer.

Rdn. 57 ff.). Ob bei Einigung auf einen (angebotenen) **Festbetrag** (nur) die Abgeltung der bisherigen Nutzungshandlungen erfasst werden soll oder zugleich als Pauschalabgeltung zukünftige Vergütungsansprüche (Ausnahme), ist Auslegungsfrage im Einzelfall (s. § 12 Rdn. 11). Will der Arbeitgeber nicht nur die bislang entstandenen Vergütungsansprüche, sondern auch zukünftig zu zahlende Vergütungen pauschal abgelten, muss dies aus seinem Angebot bzw. seiner Festsetzung für den Arbeitnehmer erkennbar sein.[18] Ist in der Vergütungsvereinbarung nicht nach verschiedenen **Benutzungsarten** differenziert worden, sind im Zweifel alle bis zum Zeitpunkt der Vereinbarung erfolgten Benutzungshandlungen umfasst. Ist in der Vergütungsvereinbarung lediglich die Ermittlung des Erfindungswerts von Lizenzeinnahmen bestimmt, nicht aber für Optionsentgelte, so erstreckt sich die Vergütungsvereinbarung auch auf Letztere.[19]

Soll die Vergütung in Form einer **laufenden Beteiligung** gezahlt werden, bedarf es zur Bestimmbarkeit der zukünftigen Höhe einer Festlegung aller maßgebenden Grundlagen (Faktoren) für die Bemessung und Berechnung der Vergütung. Nach den RLn 1959 wird die Höhe der Vergütung je nach Art und Umfang der Nutzung durch unterschiedliche Berechnungsfaktoren bestimmt, also durch die Kriterien zur Ermittlung des jeweiligen Erfindungswertes (vgl. RL Nrn. 3 ff.; evtl. einschließlich der Abstaffelungsgrundsätze gemäß RL Nr. 11) und durch die Berücksichtigung des Anteilsfaktors (vgl. RL Nrn. 30 ff.) sowie ggf. der Miterfinderanteile. Soll – wie im Regelfall – eine Vergütungsfestsetzung (auch) **zukünftige Nutzungen** erfassen, kann bei umsatzbezogener Vergütung ein bezifferter Geldbetrag selbstverständlich noch nicht angegeben werden, so dass für eine wirksame Festsetzung die **Berechnungsformel**, bei der (üblichen) Lizenzanalogie also unter Angabe des Lizenzsatzes, der technisch-wirtschaftlichen Bezugsgröße, der Abstaffelung, sowie des Anteilsfaktors und des (Allein-/Mit-)Erfinderanteils, ausreicht.[20] Die »Höhe der Vergütung« ist bei einer derartigen laufenden Vergütungszahlung nicht deckungsgleich mit den einzelnen Berechnungsfaktoren selbst; sie wird vielmehr durch das mit diesen Faktoren gewonnene rechnerische Gesamtergebnis, also etwa »X % einer bestimmten Bezugsgröße (Nettoumsatz oder Erzeugung)« oder »bestimmter Geldbetrag je erzeugtes bzw. verkauftes Produkt« bzw. »X % der Nettoersparnis, bezogen etwa auf die Herstellungskosten einer erfindungsgemäßen Anlage« gekennzeichnet (vgl. auch RL Nr. 39).

---

18 Vgl. Schiedsst. v. 08.04.1974, BlPMZ 1974, 385, 386 f.
19 So zutr. Schiedsst. v. 20.01.1986 – Arb. Erf. 32/88 u. EV v. 19.03.2009 – Arb.Erf. 24/06, (beide unveröffentl.).
20 Schiedsst. v. 02.02.1981, BlPMZ 1981, 420.

Zur ordnungsgemäßen Bestimmung der Höhe der Vergütung gehört jeweils die konkrete Angabe der rechnerischen Bezugsgröße (vgl. RL Nr. 7), so etwa bei der Anknüpfung an den **Umsatz** die Klärung, ob er sich aus den Verkäufen mit Preisstellung ab Werk, dem Einzelhandelspreis, dem Listenpreis oder dem Nettoverkaufspreis zusammensetzen soll und ob Nettokosten inbegriffen sind.[21] In diesem Zusammenhang ist auch klarzustellen, inwieweit Skonti und Nebenkosten, wie Verpackungskosten, Kosten der Inbetriebsetzung, Frachtkosten, Versicherungskosten pp. in Abzug zu bringen sind (s.a. § 9 Rdn. 125).

Von vornherein klargestellt werden muss auch, ob und inwieweit eine **Abstaffelung** bei besonders hohen Gesamtumsätzen (RL Nr. 11) eingreift[22] (s. § 9 Rdn. 148).

Wird die Erfindung in **unterschiedlichen Benutzungsformen** (Eigennutzung/Lizenzvergabe/Austauschverträge) und/oder (technischen/räumlichen) Nutzungsbereichen eingesetzt, so ist beim Erfindungswert dem unterschiedlichen Nutzungseinsatz und einer evtl. unterschiedlichen Wertigkeit durch konkrete Bestimmung der Höhe Rechnung zu tragen (z.b. »X % der Nettolizenzeinnahme«, »X % des Inlandsumsatzes/Auslandsumsatzes«, »X % der Bezugsgröße A/B« usw.). Fehlt eine Differenzierung, ist die Reichweite der Vergütungsregelung ebenfalls durch Auslegung (s. § 12 Rdn. 11) zu ermitteln. Bei einem vereinbarten Festbetrag sind im Zweifel alle bis zum Zeitpunkt der Vereinbarung erfolgten Benutzungshandlungen umfasst – gleich ob betrieblich oder außerbetrieblich und unabhängig vom tatsächlichen Einsatz der Erfindung. Im Regelfall ist davon auszugehen, dass der Anteilsfaktor und ggf. Miterfinderanteil, die ausschließlich auf die Erfindungsgeschichte bezogen und damit unveränderlich sind, bei einer verbindlichen Vergütungsregelung auch für die Zukunft bindend bleiben sollen.

Zur Höhe der Vergütung zählt auch die Zusage einer (gesetzlich nicht vorgeschriebenen) **Mindestvergütung** (Mindestabfindung, Mindestlizenz).

Bei der Nutzung vor Schutzrechtserteilung ist eine **vorläufige Vergütung** unter Abzug eines Risikoabschlags vorzusehen (s. dazu § 12 Rdn. 64 ff.).

Der Höhe nach muss die festgelegte Vergütung stets **angemessen** sein (Einzelheiten s. § 9 Rdn. 69 ff., § 10 a.F. Rdn. 33). In der Vergütungsregelung wird zugleich üblicherweise die **Fälligkeit der Zahlung(en)** festgelegt (s. § 12 Rdn. 50.5). Bei **nachträglichen Veränderungen** kann ein Anpassungsanspruch nach § 12 Abs. 6 bestehen (s § 12 Rdn. 95 ff.).

---

21 So z. Lizenzgebühr Groß Lizenzvertrag Rn. 103 ff.
22 Ebenso LG Düsseldorf v. 26.03.2009 – 4a O 89/08, (unveröffentl.).

**13.1** § 12 bestimmt nicht ausdrücklich, dass auch die **Dauer der Vergütung** festzulegen ist. Der Gesetzgeber hat im ArbEG von einer ausdrücklichen Regelung der Vergütungsdauer abgesehen, zugleich aber deutlich gemacht, dass dies grds. an die Laufzeit des Schutzrechts gebunden ist (s. § 9 Rdn. 33 u. KommRL Rn. 1 ff. zu RL Nr. 42). Eine **zeitliche Beschränkung** (z.B. auf die Dauer von 5 Jahren) kann vereinbart werden, sei es unter dem Aspekt, nach Zeitablauf eine Neuregelung zu treffen, oder um mit den Zahlungen für diesen Zeitraum sämtliche zukünftigen Nutzungsfälle pauschal abzugelten (zur Pauschalabfindung s. § 9 Rdn. 58 f. und § 12 Rdn. 111 f.). Fehlt in einer Vergütungsvereinbarung oder in einer Vergütungsfestsetzung eine ausdrückliche Laufzeitbestimmung, bedarf es der Auslegung (s. § 12 Rdn. 11). Im Zweifel ist ohne zeitliche Begrenzung die Gesamtdauer der Verwertung von der Nutzungsaufnahme nach (unbeschränkter) Inanspruchnahme (vgl. § 9 Abs. 1 Rdn. 31 ff.) **bis zum Wegfall der Schutzrechtsposition** erfasst[23], und zwar jedenfalls dann, wenn die Vergütungsregelung konkrete Bemessungskriterien beinhaltet. Will der Arbeitgeber in einer (einseitigen) Vergütungsfestsetzung einen kürzeren Vergütungszeitraum regeln, muss dies eindeutig aus der Festsetzungserklärung erkennbar sein (s. § 12 Rdn. 74.2); Gleiches gilt, wenn er eine abschließende Pauschalzahlung anstrebt (s. § 9 Rdn. 58). Eine **vorläufige** Vergütung wird so lange geschuldet, wie das Schutzrecht nicht rechtsbeständig erteilt bzw. versagt ist (vgl. unten § 12 Rdn. 65 f., 68.5; zur Nachzahlungspflicht bei Schutzrechtserteilung s. § 12 Rdn. 69 f.).

**13.2** § 12 sieht für die Arbeitsvertragsparteien keine Möglichkeit zur **vorzeitigen Lösung von einer verbindlichen Vergütungsregelung** vor. Ein Rücktrittsrecht (vgl. § 346 BGB) wäre mit dem Charakter als Dauerschuldverhältnis unvereinbar. Ebenso scheidet die Möglichkeit einer **Kündigung** aus. Im Unterschied etwa zur Rechtspacht oder zu einem Lizenzvertrag begründet eine Vergütungsregelung kein Benutzungsrecht des Arbeitgebers, sondern setzt dieses voraus, sei es infolge der Inanspruchnahme (§§ 6, 7) oder durch Vorbehalt eines Benutzungsrechts (§ 14 Abs. 2, § 16 Abs. 3). Ebensowenig begründet die Vergütungsregelung eigenständig dessen Vergütungspflicht als solche. Vielmehr liegt einer Vergütungsregelung i. S. v. § 12 ein gesetzlicher Vergütungsanspruch

---

23 Ebenso OLG Düsseldorf v. 12.01.2010 – 2 U 41/06 u. 2 U 44/06 – *Ummantelung von Stahlrohren I u. II* u. Schiedsst. v. 28.03.2007 – Arb.Erf. 22/05, (sämtl. unveröffentl.). Abw. möglicherweise Keukenschrijver in Busse/Keukenschrijver, PatG, Rn. 7 zu § 12 ArbEG, wonach aus Vergütungsfeststellungen »eindeutig erkennbar sein« muss, »ob sie sich auch auf die zukünftig zu zahlenden Vergütungen bezieht«, wobei damit angesichts des Bezugs auf Schiedsst. v. 08.04.1974, BlPMZ 1974, 385 wohl (zu Recht) nur abschließende Pauschalabfindungen gemeint sein dürften.

des Arbeitnehmers gegenüber dem Arbeitgeber nach dem ArbEG zu Grunde (insbes. aus §§ 9, 10 a.F., 14 Abs. 2, § 16 Abs. 3, § 20 Abs. 1); dies ergibt sich aus der Systematik des ArbEG und ausweislich von Absatz 1. Damit besteht nach dem ArbEG kein Raum für ein Kündigungsrecht bei Vergütungsvereinbarungen;[24] davon zu trennen ist die Möglichkeit, in einer Vergütungsvereinbarung ausdrücklich Kündigungsrechte für den Eintritt bestimmter Ereignisse zu verankern.

**Keine Bindungswirkung** entfaltet eine getroffene Vergütungsregelung bei deren Unwirksamkeit (vgl. dazu insbes. § 12 Rdn. 19 ff., 74.4), insbesondere auf Grund einer Anfechtung (s. § 12 Rdn. 20 ff., 74.4) oder wegen deren erheblicher Unbilligkeit nach § 23 (s. § 23 Rdn. 21 ff.); bei einem Vergleichsvertrag über die Vergütung kann sich die Unwirksamkeit zudem aus § 779 Abs. 1 BGB ergeben (s. § 12 Rdn. 20.1). Hat der Arbeitnehmer bei einer Vergütungsfestsetzung von seinem gesetzlichen Widerspruchsrecht nach § 12 Abs. 4 Gebrauch gemacht, ist die Festsetzung unverbindlich (s. § 12 Rdn. 83 ff.); gleichwohl begründet sie eine entsprechende Zahlungspflicht des Arbeitgebers (s. § 12 Rdn. 75, 87). Bei wesentlicher Änderung der Umstände haben beide Arbeitsvertragsparteien einen Anspruch auf Anpassung einer rechtswirksamen Vergütungsregelung nach § 12 Abs. 6 Satz 1 (s. dazu § 12 Rdn. 18.4, 95 ff.). Eine Vergütungsregelung kann jedoch – außer im Fall einer Unwirksamkeit – nicht durch eine nachfolgende (erneute) Festsetzung des Arbeitgebers korrigiert, verändert oder aufgehoben werden[25] (s. § 12 Rdn. 40, 85). Allerdings steht es den Arbeitsvertragsparteien frei, eine Vergütungsregelung im beiderseitigen Einvernehmen aufzuheben oder (unter Beachtung von § 23) zu ändern (s. § 12 Rdn. 18.4).

Entfällt der Vergütungsanspruch aus dem ArbEG **mangels Schutzfähigkeit**, so entfaltet auch eine Vergütungsregelung zwangsläufig keine Wirkung mehr für die Zukunft (s. dazu § 2 Rdn. 22). In **Ausnahmefällen** kann – trotz anderslautender Vergütungsregelung – der Vergütungsanspruch schon vorher entfallen, insb. bei Wegfall der faktischen Monopolstellung (vgl. RL Nr. 43, s. dazu § 9 Rdn. 35 zu sowie KommRL zu RL Nr. 43). Ansonsten kann sich

---

24 A. A. Boemke/Kursawe/Engemann Rn. 33 zu § 12 bei erwiesener Schutzunfähigkeit (zugunsten des Arbeitgebers).
25 Im Ergebn. wohl auch Keukenschrijver in Busse/Keukenschrijver, PatG, Rn. 22 zu § 12 ArbEG m. H. a. Schiedsst. v. 15.12.2005 – Arb.Erf. 39/04 – für eine erneute Festsetzung, die in der Vergangenheit wirksam festgesetzte Vergütungsbeträge »als überzahlt deklariert« hatte und deshalb als Eingriff in die frühere Vergütungsfestsetzung »gegen die Bindungswirkung für den Arbeitgeber« verstößt; im Ergebn. auch dort Rn. 15 zu § 12 ArbEG.

über § 12 Abs. 6 ein Anpassungsanspruch auch bezüglich der Dauer des Vergütungsanspruchs ergeben (s. dazu § 12 Rdn. 143). Dies betrifft auch die Situation, dass die durch die geschützte Diensterfindung vermittelte wirtschaftliche Vorzugsstellung über die Laufzeit des Schutzrechts hinaus andauert (vgl. RL Nr. 42 Sätze 4 bis 6; vgl. auch dazu § 12 Rdn. 143; zur Dauer des Vergütungsanspruchs bei betriebsgeheimer Erfindung vgl. § 17 Rdn. 68 ff.). Im Übrigen kann der Vergütungsanspruch nach allgemeinen zivilrechtlichen Grundsätzen **erlöschen** (vgl. § 9 Rdn. 37).

Im **praktischen Ergebnis** kann sich daher eine Arbeitsvertragspartei von einer rechtswirksamen Vergütungsvereinbarung bzw. einer verbindlichen Vergütungsfestsetzung für eine schutzfähige Diensterfindung **nur lösen** unter den Voraussetzungen des § 23 (ex tunc) oder § 12 Abs. 6 (ex nunc).[26] Entsprechendes gilt für die Mindestzahlungspflicht des Arbeitgebers bei widersprochener Vergütungsfestsetzung (s. § 12 Rdn. 75).

## C. Feststellung der Vergütung (Abs. 1, 2)

### I. Rechtsgeschäftliche Vereinbarung

14 Die in § 12 Abs. 1, 2 geregelte Feststellung der Vergütung stellt sich als eine **rechtsgeschäftliche Vereinbarung** zwischen Arbeitgeber und Arbeitnehmer über Art und Höhe der Erfindervergütung dar. Kommt zwischen den Parteien eine Einigung zustande, ist die damit konkretisierte Vergütung für beide Vertragsteile bindend; sie kann grds. auch **nur einvernehmlich geändert bzw. aufgehoben** werden[27] (zu den Ausnahmen s. § 12 Rdn. 19 ff.; zur konkludenten Änderung s. § 12 Rdn. 18.4; zur Anpassung bei veränderten Umständen s.u. § 12 Rdn. 95 ff.; zum Wegfall bei Unzumutbarkeit s. § 9 Rdn. 35). Es gelten die **allgemeinen zivilrechtlichen Grundsätze** zu Verträgen (§§ 145 ff. BGB), so dass z.B. ein Vergütungsangebot bei Ablehnung oder nicht rechtzeitiger Annahme nach § 146 BGB erloschen ist.[28]

15 Es besteht aber für die Parteien **keinerlei Abschlusszwang**.[29] Bei § 12 Abs. 1, 2 Satz 1 handelt es sich vielmehr um **Sollvorschriften**, die den Beteiligten eine freiwillige, gütliche Vereinbarung empfehlen, aber keinen klagbaren Anspruch

---

26 Ähnl. nunmehr Schiedsst. v. 15.06.2015 – Arb.Erf. 07/13, (www.dpma.de).
27 Schiedsst. v. 04.08.1989, BlPMZ 1989, 338, 339; v. 15.06.2015 – Arb.Erf. 07/13, (www.dpma.de); v. 19.09.2016 – Arb.Erf. 05/14, Mitt. 2018, 289, 290 f., (= www.dpma.de); Reimer/Schade/Schippel/Trimborn Rn. 23 zu § 12.
28 Allg. A., im Ergebn. z. B. Schiedsst. v. 22.12.2016 Mitt. 2017, 561, 562.
29 Keukenschrijver in Busse/Keukenschrijver, PatG, Rn. 5 zu § 12 ArbEG.

## C. Feststellung der Vergütung (Abs. 1, 2) § 12

gewähren.[30] Die Aufnahme von Vertragsverhandlungen stellt für beide Beteiligten gleichsam eine Obliegenheit dar, an deren Nichtbefolgen keine Sanktionen oder Ersatzansprüche anknüpfen; allerdings können vom Arbeitgeber dahin gehende Initiativen erwartet werden, da er ansonsten verpflichtet ist, die Vergütung von sich aus (einseitig) festzusetzen (s. § 12 Rdn. 24, 41 f.). Insoweit sollte u. E. nicht von einem »zwingenden zweistufigen Vergütungsfestsetzungsverfahren«[31] gesprochen werden; näher liegt die Begrifflichkeit eines »fakultativen zweistufigen Vergütungsfestlegungsverfahrens«.

Die Feststellung ist ihrer **Rechtsnatur** nach ein privatrechtlicher Vertrag eigener Art.[32] Obschon der Gesetzgeber – wie der Begriff »feststellen« zeigt – nicht von einem »Aushandeln« bzw. einem »freien Vereinbaren« der Vergütungshöhe ausgeht,[33] stellt sich diese Vereinbarung vielfach – insb. i. F. d. Pauschalvergütung – als Vergleichsvertrag i.S.d. § 779 BGB dar, wobei das dafür erforderliche, gegenseitige Nachgeben i.d.R. in der Höhe des vereinbarten Betrages zum Ausdruck kommt[34] bzw. in der Bestimmung der Bezugsgröße (s. § 9 Rdn. 125 ff.), des Lizenzsatzes (bei der Lizenzanalogie, s. § 9 Rdn. 121 ff.) oder des Anteilsfaktors (s. § 9 Rdn. 261 ff.). Soweit ausdrückliche Regelungen fehlen, greifen ergänzend die allgemeinen **Auslegungsgrundsätze** der §§ 133, 157 BGB Platz (s. § 12 Rdn. 11). 16

Eine Vergütungsvereinbarung ist grds. erst dann **zustande gekommen**, wenn sich die Arbeitsvertragsparteien inhaltlich über Art und Höhe der Vergütung bzw. die insoweit relevanten Berechnungsfaktoren geeinigt haben,[35] also über 17
– Erfindungswert (RL Nr. 3 ff.: insb. Berechnungsmethode, Bezugsgröße und Abstaffelung),
– Anteilsfaktor (RL Nr. 30 ff.) und
– bei Miterfinderschaft über den Miterfinderanteil.

Ausreichend ist aber die Einigung über einen **bezifferten Vergütungszahlbetrag** für eine bestimmte Diensterfindung, wenn sich das vom Arbeitnehmer

---

30 BGH v. 02.12.1960 – I ZR 23/59, GRUR 1961, 338, 340 – *Chlormethylierung*.
31 So aber Schwab NZA-RR 2014, 281, 284.
32 Zust. Keukenschrijver in Busse/Keukenschrijver, PatG, Rn. 6 zu § 12 ArbEG.
33 Zutr. Volmer, Rn. 15 zu § 12.
34 Vgl. BGH v. 17.04.1973 – X ZR 59/69, GRUR 1973, 649, 650 – *Absperrventil*; krit. Beck-Mannagetta, BB 1976, 421, 423, die – ähnl. wie BGH v. 20.11.1962 – I ZR 40/61, GRUR 1963, 315, 317 – *Pauschalabfindung* – i. Fall einer pauschalierten Verg.Regelung den Abfindungscharakter i. d. Vordergrund stellt.
35 Vgl. Schiedsst. v. 06.02.1985, BlPMZ 1985, 222, 223; Keukenschrijver in Busse/Keukenschrijver, PatG, Rn. 7 zu § 12 ArbEG; vgl. auch Schiedsst. v. 22.12.2016 Mitt. 2017, 561, 562 ff. u. v. 22.02.2017 – Arb.Erf. 45/12, (z. Z. unveröffentl.).

angenommene Arbeitgeberangebot darauf beschränkt.[36] Eine Einigung über alle wesentlichen Vergütungskriterien liegt grds. bereits dann vor, wenn die Parteien einzelne Berechnungsgrundlagen außer Ansatz lassen und sich **ausschließlich auf die Art und die konkrete Höhe des Vergütungsbetrages** verständigen.[37] In diesem Fall bringen die Parteien zum Ausdruck, dass sie die Verständigung über den konkreten Vergütungsbetrag unabhängig von den wirtschaftlichen, technischen und rechtlichen Kriterien einer Vergütungsbemessung vereinbaren bzw. auf deren genaue Ermittlung verzichten wollen.

Zur Fälligkeit der Vergütungszahlung s. § 12 Rdn. 50.5

In der schriftlichen Bestätigung der in der Erfindungsmeldung enthaltenen Sachverhaltsangaben durch den Fachvorgesetzten liegt grds. keine verbindliche Vereinbarung des Anteilsfaktors, da die Erfindungsmeldung insoweit Beweisfunktion hat und regelmäßig ein rechtsgeschäftlicher Bindungswille des Fachvorgesetzten fehlt.[38] Erklärt sich eine Vertragspartei nur mit **Einzelfaktoren** der angebotenen Vergütung einverstanden und verlangt zu anderen Faktoren eine abweichende Bewertung, so ist keine Vergütungsvereinbarung zustande gekommen; es gilt uneingeschränkt § 150 Abs. 2 BGB.[39] Das gilt auch, wenn der Arbeitnehmer ein auf mehrere Diensterfindungen bezogenes Angebot des Arbeitgebers lediglich für einzelne Erfindungen annehmen will.[40]

Selbstverständlich bleibt es den Beteiligten unbenommen, sich auch über einzelne Faktoren verbindlich zu einigen. Im Hinblick auf die Auslegungsregeln des § 154 Abs. 1 BGB kann eine solche Einigung allerdings nur dann angenommen werden, wenn sich die Parteien ungeachtet der noch offenen Faktoren insoweit erkennbar binden wollten.[41] I.R.d. Auslegung (§§ 133, 157 BGB) ist zu beachten, dass **Teileinigungen** über einzelne Berechnungsgrößen aus Gründen des inneren Zusammenhangs üblicherweise nur für den Erfin-

---

36 Im Ergebn. Keukenschrijver in Busse/Keukenschrijver, PatG, Rn. 7 zu § 12 ArbEG m. H. a. BGH v. 17.04.1973, GRUR 1973, 649 f. – *Absperrventil*.
37 Vgl. BGH v. 17.04.1973, GRUR 1973, 649, 650 – *Absperrventil*; folgend Schiedsst. v. 08.10.2009 – Arb.Erf. 50/08, (unveröffentl.).
38 Schiedsst. v. 17.01.1996 – Arb.Erf. 43/94, (unveröffentl.).
39 Ebenso Schiedsst. v. 30.01.1996 – Arb.Erf. 46/94; v. 22.02.1996 – Arb.Erf. 66/94; v. 02.11.2000 – Arb.Erf. 56/97 u. v. 15.01.2009 – Arb.Erf. 51/07, (sämtl. unveröffentl.).
40 Keukenschrijver in Busse/Keukenschrijver, PatG, Rn. 7 zu § 12 ArbEG m. H. a. Schiedsst. v. 02.11.2000 – Arb.Erf. 56/97.
41 Vgl. VGH Bayern v. 31.03.1989 in Schütz Entscheidungsslg. Beamtenrecht Nr. 14 zu ES/B I 1.4.; s. auch – zum Lizenzvertrag – OLG Karlsruhe v. 23.03.2011, WRP 2011, 624 – *FRAND-Grundsätze*.

dungswert insgesamt, den Anteilsfaktor insgesamt und ggf. für den Miterfinderanteil erfolgen, da hinsichtlich dieser Hauptgrößen regelmäßig eine wechselseitige Beeinflussung ausscheidet.[42] Ist eine solche Teileinigung über Einzelfaktoren erfolgt, muss der Arbeitgeber bei einer anschließenden Festsetzung der streitig gebliebenen Faktoren diese Werte übernehmen (s. § 12 Rdn. 42, zum Teilwiderspruch s. § 12 Rdn. 79, 84; zur Festsetzung noch offener Vergütungskriterien s. § 12 Rdn. 42).

Ist über die **Dauer** der Vereinbarung keine ausdrückliche Regelung getroffen worden, ist dies durch Auslegung zu ermitteln; das gilt auch für die Frage, ob eine Pauschalabfindung vorliegt (s. § 12 Rdn. 11, 13.1). Handelt es sich um unveränderbare Größen, so ist im Zweifel, d. h. ohne gegenteilige Anhaltspunkte, von einer dauerhaften Bindung für die betreffende Erfindung bis zum Wegfall der Schutzrechtsposition(en) auszugehen[43], wie etwa beim Anteilsfaktor[44], Miterfinderanteil; das betrifft aber ebenso eine Abstaffelung nach RL Nr. 11[45], da auch dort die Geltung lediglich für ein Geschäftsjahr keinen Sinn machen würde.

Ob die Parteien darüber hinaus sonstige Punkte in die Vereinbarung aufnehmen, steht in ihrem Belieben.

Da § 12 Abs. 1 für die Feststellung – anders als für die Festsetzung nach Abs. 3 – **keine bestimmte Form** vorschreibt,[46] kann eine Einigung betreffend Art und Höhe der zu zahlenden Vergütung wie jede andere rechtsgeschäftliche Einigung auch formlos zustande kommen,[47] also mündlich ebenso wie durch

---

42 Schiedsst. v. 22.02.1996 – Arb.Erf. 66/94, (unveröffentl.); vgl. auch Schiedsst. v. 06.04.2016 – Arb.Erf. 13/14, (www.dpma.de).
43 Vgl. BGH v. 17.05.1994 – X ZR 82/92, GRUR 1994, 898, 902 – *Copolyester*.
44 Im Ergebn. auch Schiedsst. v. 22.12.2016, Mitt. 2017, 561, 563.
45 Im Ergebn. auch Schiedsst. v. 22.12.2016, Mitt. 2017, 561, 564.
46 Ebenso LG Düsseldorf v. 17.09.1991 – 4 O 335/89; Schiedsst. v. 02.03.1993 – Arb.Erf. 27/92; v. 28.03.2007 – Arb.Erf. 22/05, (alle unveröffentl.); v. 16.07.2008 – Arb.Erf. 49/03; v. 17.04.2008 – Arb.Erf. 49/06 u. v. 29.07.2008 – Arb.Erf. 18/07, (sämtl. Datenbank); ferner v. 06.05.2010 – Arb.Erf. 46/08 (insoweit nicht in www.dpma.de); v. 14.07.2010 – Arb.Erf. 53/08, (www.dpma.de, dort LS. 1); v. 09.04.2013 – Arb.Erf. 30/12, u. v. 06.06.2016 – Arb.Erf. 13/14, (beide www.dpma.de).
47 Allg. A., z.B. Schiedsst. v. 02.12.1981, BlPMZ 1982, 302, 303; v. 29.03.1989 – Arb. Erf. 27/88, (unveröffentl.); v. 22.01.1991, Mitt. 1993, 145, 146 – *Sicherungsanordnung*; v. 08.10.1991, GRUR 1992, 849 – *Bewehrungsrollmatte*; v. 02.03.1993, EGR Nr. 86 zu § 9 ArbEG (Verg.Anspr.); v. 14.07.2010 – Arb.Erf. 53/08, (www.dpma.de, LS. 1); v. 27.07.2010 – Arb.Erf. 40/09, (www.dpma.de, dort nur LS. 1.); v. 25.07.2013 Arb.Erf. 39/12, (www.dpma.de); Keukenschrijver in Busse/Keukenschrijver, PatG, Rn. 8 zu § 12 ArbEG.

ein **konkludentes Handeln** der Beteiligten, wenn aus ihrem Verhalten ein entsprechender Erklärungswille mehr oder minder deutlich hervorgeht.[48] Es muss im Einzelfall geprüft werden, ob der **Wille der Beteiligten**, sich über eine bestimmte Vergütung vertraglich bindend zu einigen, sich auch tatsächlich ihrem Verhalten entnehmen lässt.[49] Dies wird in der Praxis insb. bei **Auszahlung und widerspruchsloser Entgegennahme von Vergütungsbeträgen** relevant.[50] Eine schlüssige Vereinbarung setzt zunächst voraus, dass die Zahlung an den Arbeitnehmer einen erkennbaren Bezug zu einer Diensterfindung hat.[51] Dies ist u.a. dann gegeben, wenn die Zahlung an die Verwertung der Erfindung anknüpft, ferner (früher) durch steuerliche Behandlung als Erfindervergütung.[52]

18.1 Eine solche **Einigung durch schlüssiges Verhalten**, das auf einen entsprechenden rechtsgeschäftlichen Willen (Erklärungsbewusstsein) schließen lässt, ist vor allem dann anzunehmen, wenn mit der arbeitgeberseitigen Vergütungsberechnung als Angebot für eine Vergütungsvereinbarung zugleich die Zahlung des Vergütungsbetrages verbunden wird und der Arbeitnehmererfinder diese

---

48 Vgl. BGH v. 04.04.2006 – X ZR 155/03, GRUR 2006, 754, 758 – *Haftetikett*; LG Düsseldorf v. 12.08.1986 – 4 O 329/85, (unveröffentl.); Schiedsst. v. 02.12.1981, BlPMZ 1982, 302, 303 u. v. 06.02.1985, BlPMZ 1985, 222, 223; v. 22.03.1991, Mitt. 1993, 145, 146 – *Sicherungsanordnung*; v. 26.05.1992, EGR Nr. 32 zu § 13 ArbEG; v. 25.05.2007 – Arb.Erf. 23/05; v. 24.07.2008 – Arb.Erf. 05/07; v. 15.01.2009 – Arb.Erf. 51/07, (sämtl. unveröffentl.); v. 02.04.2009 – Arb.Erf. 58/07 (Datenbank); v. 09.04.2013 – Arb.Erf. 30/12; v. 15.06.2015 – Arb.Erf. 07/13 – u. v. 06.06.2016 – Arb.Erf. 13/14, (alle www.dpma.de). Vgl. allg. Palandt/Ellenberger, BGB, Einf. v. § 116 Rn. 6 ff.
49 OLG München v. 18.01.1973 – 6 U 1392/72, (unveröffentl.); Schiedsst. v. 02.03.1993, EGR Nr. 86 zu § 9 ArbEG (Verg.Anspr.) u. v. 27.07.2010 – Arb.Erf. 40/09, (www.dpma.de, dort nur LS. 1.).
50 Ebenso Schiedsst. v. 11.03.2008 – Arb.Erf. 24/07; v. 16.07.2008 – Arb.Erf. 49/03; v. 01.04.2008 – Arb.Erf. 52/05 (sämtl. Datenbank) u. v. 14.07.2010 – Arb.Erf. 53/08, (www.dpma.de, LS. 1.). S. dazu auch Keukenschrijver in Busse/Keukenschrijver, PatG, Rn. 8 zu § 12 ArbEG.
51 I.d.S. a. Schiedsst. v. 02.03.1993, EGR Nr. 86 zu § 9 ArbEG (Verg.Anspr.).
52 OLG München v. 18.01.1973 – 6 U 1392/72, (unveröffentl.) u. Schiedsst. v. 02.03.1993, EGR Nr. 86 zu § 9 ArbEG (Verg.Anspr.).

C. Feststellung der Vergütung (Abs. 1, 2)  § 12

widerspruchslos entgegennimmt.⁵³ Von einer **widerspruchslosen Entgegennahme** der Vergütung ist die *Schiedsstelle* bei jährlichen Zahlungen früher i.d.R. dann ausgegangen, wenn der Arbeitnehmererfinder ausreichend Zeit hat, sich hinsichtlich der Berechnungsgrößen (Umsatz etc), die für die Vergütungshöhe maßgebend sind, zu informieren, was i.d.R. in dem Zeitraum bis zur nächsten Vergütungszahlung möglich sein wird.⁵⁴ Hatte der Arbeitnehmer allerdings bereits zuvor erklärt, mit den später gezahlten Beträgen bzw. der zu Grunde liegenden Berechnung nicht einverstanden zu sein, kann aus der bloßen Entgegennahme von Zahlbeträgen nicht auf einen Bindungswillen des Arbeitnehmers geschlossen werden.⁵⁵ Gleiches gilt bei einem vorangegangenen Widerspruch gegen eine inhaltsgleiche Vergütungsfestsetzung.⁵⁶ Erklärt sich der Arbeitnehmer nicht einverstanden, ist im Einzelnen zu prüfen, auf welchen Abrechnungszeitraum bzw. welches Vergütungsangebot sich sein Widersprechen richtet. Zur Auslegung s. § 12 Rdn. 11.

Der Bindungswirkung steht es nicht entgegen, dass die **Berechnungsgrundlagen im Einzelnen nicht mitgeteilt** worden sind, da insoweit von einem Verzicht auf eine nähere Ermittlung der Bewertungskriterien ausgegangen werden  18.2

---

53 Früher ständ. Praxis d. Schiedsst. v. 12.10.1978, BlPMZ 1979, 225, 256; v. 19.11.1989, BlPMZ 1984, 57; v. 02.12.1981, BlPMZ 1982, 302, 303 u. v. 04.02.1986, BlPMZ 1986, 346, 347; bestätigt u.a. durch EV. v. 26.05.1992, EGR Nr. 32 zu § 13 ArbEG; v. 22.01.1991, Mitt. 1993, 145, 146 – *Sicherungsanordnung* u. 08.10.1991, GRUR 1992, 849 – *Bewehrungsrollmatte*; v. 25.05.2007 – Arb.Erf. 23/05, (unveröffentl.); v. 17.04.2008 – Arb.Erf. 49/06; v. 29.07.2008 – Arb.Erf. 18/07, (beide Datenbank) u. v. 14.07.2010 – Arb.Erf. 53/08, (www.dpma. de, LS. 1.); v. 09.04.2013 – Arb.Erf. 30/12; v. 25.07.2013 Arb.Erf. 39/12; v. 15.06.2015 – Arb.Erf. 07/13; v. 06.04.2016 – Arb.Erf. 13/14, (alle www.dpma.de); s. aber auch Schiedsst. v. 27.07.2010 – Arb.Erf. 40/09, (in www.dpma.de nur LS. 1–3); LG Düsseldorf v. 12.08.1986 – 4 O 329/85, u. v. 26.03.2009 – 4a O 89/08, (beide unveröffentl.); Volmer/Gaul Rn. 28 zu § 12.
54 Schiedsst. v. 18.11.1994 – Arb.Erf. 97/93; v. 20.01.1997 – Arb.Erf. 34/93; v. 09.10.2008 – Arb.Erf. 44/06 u. v. 02.04.2009 – Arb.Erf. 58/07, (sämtl. unveröffentl.); zurückhaltend dagegen Schiedsst. v. 27.07.2010 – Arb.Erf. 40/09, (in www.dpma.de nur LS. 1).
55 Ähnl. Keukenschrijver in Busse/Keukenschrijver, PatG, Rn. 8 zu § 12 ArbEG m. H. a. Schiedsst. v. 16.07.2008 – Arb.Erf. 49/03, dort für den Fall abweichender Vorstellungen des Arbeitnehmers zur Vergütungsbemessung in einem vorangegangenen Schiedsstellenverfahren.
56 Schiedsst. v. 14.10.2010 – Arb.Erf. 34/08, (www.dpma.de, dort LS. 1).

kann⁵⁷ (s.a. oben § 12 Rdn. 17 u. § 23 Rdn. 21). Dies muss erst recht dann gelten, wenn der Arbeitnehmererfinder als zuständiger Patentsachbearbeiter den wesentlichen Inhalt der Vergütung der Art und Höhe nach selbst festgelegt bzw. vorgeschlagen und diese Abrechnung hingenommen hat.⁵⁸

18.3 Bei der **Auslegung** derartiger **konkludenter Vergütungsvereinbarungen** (s. allg. zur Auslegung § 12 Rdn. 11) ist jedoch stets aufgrund der Umstände des Einzelfalls zu prüfen, welcher **Inhalt** ihnen **gegenständlich** (Erfindung, Nutzungsart [Eigennutzung, Lizenzvergabe, Verkauf usw.], Schutzumfang, Berechnungsmethode und deren Faktoren [z.B. bei Lizenzanalogie insb. Lizenzsatz und Bezugsgröße], Abstaffelung etc.), **erfindungsbezogen** (Miterfinderanteil, Anteilsfaktor) und **zeitlich** (vor/nach Schutzrechtserteilung, Vergütungsdauer) zukommt. Bei der Ermittlung des Inhalts einer konkludenten Vergütungsvereinbarung sind auch die vom Arbeitgeber für den Arbeitnehmer erkennbar in das Angebot einbezogenen äußeren Umstände zu berücksichtigen,⁵⁹ einschließlich etwaiger unternehmenseigener Vergütungsrichtlinien.⁶⁰ So sind wiederholte Vergütungszahlungen weder zwingendes Kennzeichen noch Voraussetzung für eine stillschweigende Vereinbarung von Vergütungsparametern. Die gebotene Auslegung hat stets anhand der konkreten **Umstände des jeweiligen Einzelfalles** zu erfolgen⁶¹ und kann trotz mehrjähriger Vergütungszahlungen ergeben, dass für die Zukunft keine Vergütungsparameter vereinbart worden sind, wie umgekehrt die jeweiligen Umstände des Einzelfalls auch den Schluss zulassen, dass bereits bei erstmaliger Vergütungsberechnung und -zahlung Vergütungsparameter zugleich für zukünftige Benutzungen ver-

---

57 Ebenso früher Schiedsst. v. 06.08.1984 – Arb.Erf. 2/84, u. v. 02.10.1989 – Arb.Erf. 95/88, (beide unveröffentl.); bestätigt durch Schiedsst. v. 22.03.1991, Mitt. 1993, 145, 146 – *Sicherungsanordnung*; v. 08.10.1991, GRUR 1992, 849, 850 – *Bewehrungsrollmatte*; v. 02.03.1993, EGR Nr. 86 zu § 9 ArbEG (Verg.Anspr.) u. v. 08.10.2009 – Arb.Erf. 50/08, (unveröffentl.); zust. auch Reimer/Schade/Schippel/Trimborn Rn. 22 zu § 12. Ebenso LG Düsseldorf v. 26.03.2009 – 4a O 89/08, (unveröffentl.). Einschränkend Schiedsst. v. 27.07.2010 – Arb.Erf. 40/09, (in www.dpma.de nur LS. 2), wonach die frühere Schiedsstellenpraxis zum konkludenten Verzicht auf nähere Ermittlung der Bewertungskriterien aufgegeben ist.
58 LG Düsseldorf v. 12.08.1986 – 4 O 329/85, (unveröffentl.).
59 Schiedsst. v. 08.10.1991, GRUR 1992, 849 – *Bewehrungsrollmatte* u. v. 06.05.2010 – Arb.Erf. 46/08, (Datenbank, in www.dpma.de nur LS. 1, 2); vgl. auch Schiedsst. v. 27.07.2010 – Arb.Erf. 40/09, (in www.dpma.de, dort nur LS. 1–3).
60 Vgl. Schiedsst. v. 26.05.1992, EGR Nr. 32 zu § 13 ArbEG.
61 Ebenso ständ. Praxis Schiedsst., z. B. v. 04.03.2010 – Arb.Erf. 59/08, (www.dpma.de, LS. 1); v. 15.06.2015 – Arb.Erf. 07/13, (www.dpma.de).

## C. Feststellung der Vergütung (Abs. 1, 2) § 12

einbart worden sind.[62] Dagegen sprechen weitere Verhandlungen über die Vergütung – trotz Entgegennahme der angebotenen Zahlungen – gegen eine Vereinbarung.[63] Soweit eine Bindungswirkung vorliegt, können Arbeitgeber und Arbeitnehmer sich auch von stillschweigenden Vereinbarungen nur unter den Voraussetzungen von § 12 Abs. 6 bzw. § 23 lösen (s. § 12 Rdn. 13.2).

Als Grundsatz gilt nach der **Entscheidungspraxis der *Schiedsstelle***:[64]
– Für eine konkludente Vergütungsvereinbarung ist in jedem Einzelfall zu prüfen, ob aus dem Verhalten der Arbeitsvertragsparteien ein vertraglicher **Bindungswille** zu entnehmen ist[65] (s. § 12 Rdn. 18).
– Sind i.R.d. Vergütungsangebotes bzw. der Vergütungsannahme **Berechnungsgrößen** der Vergütung vom Arbeitgeber **im Einzelnen genannt** worden, so sind diese einschließlich der Berechnungsmethode auch für die zukünftigen Vergütungsberechnungen für die Beteiligten verbindlich vereinbart.[66] Erfolgen über einen **mehrjährigen Zeitraum** jährliche Vergütungsberechnungen und -auszahlungen, ist dies regelmäßig ein starkes Indiz dafür, dass die Vergütungsparameter auch für die zukünftige Benutzung stillschweigend vereinbart worden sind.[67]
– **Fehlen** dagegen derartige Berechnungsangaben, bezieht sich die Vergütungsvereinbarung im Regelfall nur auf den vorbehaltlos angenommenen, konkreten Auszahlungsbetrag und den zu Grunde liegenden Vergütungszeitraum.[68] Werden also lediglich **Pauschalbeträge** genannt und ausge-

---

62 Vgl. etwa Schiedsst. v. 14.07.2010 – Arb.Erf. 53/08, (www.dpma.de, dort nur LS); v. 15.06.2015 – Arb.Erf. 07/13, (www.dpma.de).
63 Ebenso Schiedsst. v. 04.03.2010 – Arb.Erf. 59/08, (www.dpma.de, LS. 2).
64 ZB v. 01.06.1995 – Arb.Erf. 34/93; v. 25.05.2007 – Arb.Erf. 23/05 u. v. 02.04.2009 – Arb.Erf. 58/07 (alle unveröffentl.); im Ergebn. so z.B. auch Schiedsst. v. 02.03.1993, EGR Nr. 86 zu § 9 ArbEG (Verg.Anspr.).
65 Schiedsst. v. 27.07.2010 – Arb.Erf. 40/09, (www.dpma.de, LS. 1),
66 Schiedsst. v. 18.11.1994 – Arb.Erf. 97/93, (Datenbank); ZB v. 01.06.1995 – Arb.Erf. 34/93; v. 20.01.1997 – Arb.Erf. 34/93; v. 09.10.2008 – Arb.Erf. 44/06; v. 29.04.2010 – Arb.Erf. 11/09, (alle unveröffentl.); v. 14.07.2010 – Arb.Erf. 53/08, (www.dpma.de, nur LS.) u. v. 27.07.2010 – Arb.Erf. 40/09, (www.dpma.de, LS. 1); vgl. auch Schiedsst. v. 06.05.2010 – Arb.Erf. 46/08, (Datenbank, in www.dpma.de nur LS. 2).
67 Schiedsst. v. 04.03.2010 – Arb.Erf. 59/08, (www.dpma.de, LS. 1); v. 14.07.2010 – Arb.Erf. 53/08, (www.dpma.de, nur LS. 1) u. v. 09.04.2013 – Arb.Erf. 30/12 (www.dpma.de); im Ergebn. wohl auch Schiedsst. v. 27.07.2010 – Arb.Erf. 40/09, (www.dpma.de, LS. 1 – 3). Ferner zuvor bereits Schiedsst. v. 18.11.1994 – Arb.Erf. 97/93; v. 20.01.1997 – Arb.Erf. 34/93; v. 02.04.2009 – Arb.Erf. 58/07 (sämtl. Datenbank); v. 29.04.2010 – Arb.Erf. 11/09 (unveröffentl).
68 Schiedsst. v. 27.07.2010 – Arb.Erf. 40/09, (www.dpma.de, LS. 1),

zahlt, so sind nur diese Vergütungsbeträge für die Zeiträume, für die sie erklärtermaßen bestimmt bzw. bis dahin entstanden sind, vereinbart;[69] die Vergütungsleistungen, insb. die Vergütungshöhe, für zukünftige vergütungspflichtige Zeiträume bleiben folglich offen und die Beteiligten sind insoweit nicht gebunden.[70]

Ist z.b. ein schriftliches Angebot vom Arbeitgeber übermittelt, zu dem der Arbeitnehmer dann (**telefonisch**) **Rückfragen** hat, so kann sich der Inhalt der Vergütungsvereinbarungen auf die dabei besprochenen Vergütungskriterien erstrecken.[71] Gleiches gilt für die Berechnungsgrundlagen, die in dem Angebot genannt sind oder sich aus für den anderen Vertragsteil erkennbar einbezogenen äußeren Umständen (z.B. Vergütungsberechnungen) ergeben.[72]

Fehlen dagegen Berechnungshinweise, so sind die Berechnungsgrößen auch nicht vereinbart, sodass sich die Berechnung nur auf den jeweils bezahlten Betrag für den betreffenden Abrechnungszeitraum bezieht[73] und im Zweifel (nur) die bis dahin vorgenommenen Verwertungen der betreffenden Diensterfindung(en) umfasst sind.[74]

18.4 Eine getroffene Vergütungsregelung – gleich ob Vergütungsvereinbarung oder -festsetzung – kann **formfrei**, also auch konkludent **geändert** werden.[75] Allerdings reicht hierfür eine einmalige Änderung der bisherigen Vergütungspraxis durch den Arbeitgeber und die widerspruchslose Entgegennahme der Zahlung durch den Arbeitnehmer regelmäßig noch nicht aus; im Grundsatz ist eine mehrjährige nachhaltige Abweichung für die Annahme einer konkludenten Vertragsänderung erforderlich.[76] Nicht schon aus jeder geänderten Vergü-

---

69 Schiedsst. v. 08.10.1991, GRUR 1992, 849, 851 – *Bewehrungsrollmatte*; v. 02.03.1993, EGR Nr. 86 zu § 9 ArbEG (Verg.Anspr.); v. 04.04.1995 – Arb.Erf. 53/93 u. ZB v. 01.06.1995 – Arb.Erf. 34/93, (beide unveröffentl.).
70 Schiedsst. v. 04.04.1995 – Arb.Erf. 53/93 u. ZB v. 01.06.1995 – Arb.Erf. 34/93, (beide unveröffentl.).; Schiedsst. v. 23.03.2006 – Arb.Erf. 60/04 (Datenbank).
71 So i. Ergebn. Schiedsst. v. 08.10.1991, GRUR 1992, 849 – *Bewehrungsrollmatte*.
72 Schiedsst. v. 18.11.1994 – Arb.Erf. 97/93, (unveröffentl.).
73 So Schiedsst. v. 08.10.1991, GRUR 1992, 849 – *Bewehrungsrollmatte*; v. 02.03.1993, EGR Nr. 86 zu § 9 ArbEG (Verg.Anspr.); v. 18.11.1994 – Arb.Erf. 97/93, (unveröffentl.).
74 Ähnl. Schiedsst. v. 08.10.1991, GRUR 1992, 849 – *Bewehrungsrollmatte*; v. 02.03.1993, EGR Nr. 86 zu § 9 ArbEG (Verg.Anspr.) u. v. 04.04.1995 – Arb.Erf. 53/93, (unveröffentl.).
75 Schiedsst. v. 08.10.1991, GRUR 1992, 849, 851 – *Bewehrungsrollmatte*; v. 26.04.1994 – Arb.Erf. 2/94, (unveröffentl.).
76 Schiedsst. v. 26.04.1994 – Arb.Erf. 2/94, (unveröffentl.) – dort 3 Jahre; v. 20.01.1997 – Arb.Erf. 34/93.

tungshandhabung kann auf den Willen zur Änderung der bereits getroffenen und hiervon abweichenden Vergütungsregelung geschlossen werden; vielmehr muss ein entsprechender Vertragsänderungswille ersichtlich werden.[77] Widerspricht der Arbeitnehmer nachträglich einer dergestalt verbindlich gewordenen Vergütungsvereinbarung, entfaltet dies keine Wirkung (s. § 12 Rdn. 19). Nimmt der Arbeitgeber dies zum Anlass einer **Vergütungsfestsetzung**, ist diese unwirksam (s. § 12 Rdn. 40 ff.). Hierin kann aber ein **Angebot zur Vertragsänderung** liegen (s. § 12 Rdn. 53.1). Widerspricht der Arbeitnehmer dieser »Vergütungsfestsetzung«, liegt darin die Ablehnung des Aufhebungsangebotes, sodass es bei der bisherigen Vergütungsvereinbarung bewendet;[78] nimmt er die »festgesetzte« Vergütungszahlung widerspruchslos entgegen, spricht dies für eine einvernehmliche Vertragsänderung (s. § 12 Rdn. 53.1).

Haben sich die **Umstände wesentlich geändert**, ist an die Annahme einer **stillschweigenden Neuregelung der Vergütung** i.S.d. § 12 Abs. 6 Satz 1 ein strenger Maßstab anzulegen. Hierfür reicht die Fortzahlung und widerspruchslose Entgegennahme der bisher vereinbarten Vergütung in unveränderter Höhe regelmäßig für sich allein noch nicht aus.[79] Andernfalls würde die Anpassungsvorschrift des § 12 Abs. 6 ArbEG weitgehend ihrer rechtlichen Bedeutung entkleidet.[80] Dementsprechend bedarf es einer genauen Untersuchung, ob aus dem Verhalten der Beteiligten tatsächlich entnommen werden kann, dass sie an einer getroffenen Vergütungsregelung trotz veränderter Umstände festhalten wollen.[81] Dies setzt voraus, dass sich beide Parteien der veränderten Umstände bewusst sind und entsprechende Anhaltspunkte für ein Festhalten an der bisherigen Abrede vorliegen.

## II. Unwirksamkeit, Anfechtung

Neben den allgemeinen Bestimmungen (insb. §§ 134, 138 BGB; §§ 104 ff. BGB) enthalten die §§ 22, 23 ArbEG **Einschränkungen der Vertragsfreiheit**. Demzufolge ist eine vom ArbEG zuungunsten des Erfinders abweichende Vergütungsvereinbarung frühestens nach Erfindungsmeldung (§ 5) zulässig (§ 22 Satz 1), und sie darf nicht in erheblichem Maße unbillig sein (§ 23

---

77 Schiedsst. ZB v. 07.01.1993 – Arb.Erf. 11/92, (unveröffentl.); EV. v. 18.11.1993 – Arb.Erf. 19/93, (unveröffentl.).
78 Schiedsst. v. 18.11.1993 – Arb.Erf. 19/93, (unveröffentl.).
79 Vgl. (aber) Schiedsst. v. 22.03.1991, Mitt. 1993, 145, 147 – *Sicherungsanordnung* m. Anm. Bartenbach/Volz.
80 Vgl. Bartenbach/Volz Anm. zu Schiedsst. v. 22.03.1991, Mitt. 1993, 145, 147 – *Sicherungsanordnung*.
81 Schiedsst. ZB v. 07.01.1993 – Arb.Erf. 11/92, (unveröffentl.).

Rdn. 21 ff.). Bei einem Vergleichsvertrag über die Vergütung, wie dies nicht selten auch bei einem angenommenen Einigungsvorschlag der Schiedsstelle gegeben sein kann, kann sich die Unwirksamkeit zudem aus § 779 Abs. 1 BGB ergeben (s. § 12 Rdn. 20.1). Zum Einfluss des Kartellrechts s. § 9 Rdn. 136 ff. Davon zu unterscheiden ist der Anpassungsanspruch nach § 12 Abs. 6 Satz 1, der die Rechtswirksamkeit der Vergütungsvereinbarung voraussetzt (s. dazu § 12 Rdn. 95 ff.). Eine **AGB-Kontrolle** findet bei wirksamen Vergütungsregelungen nicht statt, zumal es dabei um die Hauptleistungspflicht geht (s. § 22 Rdn. 44).

20 Als rechtsgeschäftliche Vereinbarung unterliegt die Vergütungsregelung den zivilrechtlichen Bestimmungen über Willensmängel, insb. der **Anfechtung** gem. §§ 119, 123 BGB.

Bei **Irrtum** des Arbeitgebers über die **Schutzfähigkeit** kann dies zwar einen Irrtum über eine verkehrswesentliche Eigenschaft i.S.d. § 119 Abs. 2 BGB darstellen (s. § 8 n.F. Rdn. 47 f.); eine Anfechtung (oder Unwirksamkeit nach § 779 Abs. 1 BGB) scheidet jedoch regelmäßig aus, da für den Vergütungsanspruch nicht die festgestellte, sondern nach § 2 die theoretische Möglichkeit der Schutzfähigkeit ausreichend ist (s.u. § 12 Rdn. 57 ff. sowie § 2 Rdn. 16 ff.), jedenfalls soweit sie ex tunc wirken soll; zudem steht einer Rückforderung bereits erbrachter Vergütungsleistungen § 12 Abs. 6 Satz 2 entgegen (s. § 12 Rdn. 154 ff.). Irrt sich der Arbeitgeber **über** den **Schutzumfang** bzw. darüber, ob eine bestimmte Nutzung von dem Schutzrecht (noch) erfasst wird, kommt allenfalls eine Anfechtung mit Wirkung ex nunc in Betracht, unbeschadet von § 12 Abs. 6. Zum Irrtum bei Miterfinderschaft s. § 12 Rdn. 94; zum beiderseitigen Irrtum s. § 12 Rdn. 106 f.; zur Feststellung der Schutzunfähigkeit s. § 12 Rdn. 13.2.

Hat eine Partei lediglich die künftige technische und wirtschaftliche Entwicklung falsch eingeschätzt, ist dies ein i.R.d. § 119 BGB **unbeachtlicher Motivirrtum**.[82] Da Wert oder Marktpreis der Erfindung keine Eigenschaften i.S.d. § 119 Abs. 2 BGB sind, führt auch ein diesbezüglicher Irrtum nicht zur Anfechtung. Fehler bei Auswahl und Berücksichtigung von Berechnungsgrößen z.B. für die Ermittlung des Erfindungswertes (etwa Abstaffelung des Jahresumsatzes und nicht des Gesamtumsatzes nach RL Nr. 11) berechtigen als

---

82 OLG Düsseldorf v. 12.03.2009 – 2 U 72/06, (unveröffentl.).

Motivirrtum ebenfalls nicht zur Anfechtung.[83] Ein Irrtum des Arbeitgebers über die Miterfindereigenschaft eines Arbeitnehmers dürfte dagegen Eigenschaftsirrtum i.S.v. § 119 Abs. 2 BGB sein (zum beiderseitigen Irrtum s. § 12 Rdn. 107). Ob ein bloßer **Rechenfehler** bzw. ein sonstiger **Kalkulationsirrtum** eine Anfechtung rechtfertigt bzw. sonstige Rechtsfolgen auslöst (etwa Anpassung wegen fehlender Geschäftsgrundlage, Dissens), hängt vom Einzelfall ab,[84] ist allerdings im Regelfall ebenfalls lediglich Motivirrtum (z. Verrechnung s. Rdn. 161). Vorstehendes dürfte u. E. auch bei einseitigen Fehleinschätzungen zum Anteilsfaktor gelten (zum gemeinsamen Irrtum s. § 12 Rdn. 107). Liegen in tatsächlicher Hinsicht die Voraussetzungen des § 12 Abs. 6 Satz 1 ArbEG vor, schließt diese einschlägige gesetzliche **Anpassungsregelung** für den Fall nachträglicher Veränderung der Berechnungsgrundlagen grds. einen Rückgriff auf die allgemeine Anfechtungsregelung des § 119 BGB auch dann aus, wenn die nachträglichen Veränderungen nicht so wesentlich gewesen sind, dass sie eine Anpassung der Vergütung rechtfertigen.

Zur Anfechtung des Anerkenntnisses der Schutzfähigkeit (§ 17 Abs. 1) s. § 17 Rdn. 36. Zum Rückforderungsverbot allgemein s. § 12 Rdn. 154 ff.

Zu beachten bleibt ferner, dass bei einer **vergleichsweisen Vergütungsfeststellung** infolge § 779 BGB eine Anfechtung bezüglich solcher (zuvor ungewisser oder streitiger) Punkte grds. ausgeschlossen ist, die durch den Vergleich im Wege gegenseitigen Nachgebens gerade erledigt werden sollten[85] (s.a. § 23 Rdn. 18). Namentlich bei einer Pauschalabfindung vor Abschluss des Erteilungsverfahrens geht der Wille der Parteien vielfach dahin, damit auch die Ungewissheit über den Verfahrensausgang beseitigen zu wollen.[86] Haben die Parteien in ihre Vergütungsabrede auch die Ungewissheit über Art bzw. Umfang der Benutzung der Diensterfindung einbezogen, so scheidet ein bei-

20.1

---

83 Schiedsst. v. 06.07.1989 – ArbErf. 108/88, (unveröffentl.) – dort für die unterbliebene Berücksichtigung von anderweitigen Patenten im Rahmen eines Schutzrechtskomplexes; v. 26.04.1994 – Arb.Erf. 2/94 (Datenbank) – dort für eine Jahresstaffel anstelle der nach RL Nr. 11 vorgegebenen Gesamtumsatzstaffel; v. 18.11.1994 – Arb.Erf. 97/93; v. 01.03.1995 – Arb.Erf. 66/93 u. 67/93, (alle Datenbank); v. 27.07.2010 – Arb.Erf. 40/09 – *Verbundmaterial* für Gleitlager (insoweit nicht in www.dpma.de); zust. auch Reimer/Schade/Schippel/Trimborn Rn. 48 zu § 12; Schiedsst. v. 01.03.1995 – Arb.Erf. 66/93 u. 67/93, (unveröffentl.) – dort irrtüml. Abstellen auf Gesamtumsatz anstatt auf erfindungsrelevanten geringeren Umsatz.
84 Im Einzelnen streitig; vgl. allg. BGH v. 20.03.1981, NJW 1981, 1551 m.w.N.; v. 28.05.1983, NJW 1983, 1671; Palandt/Ellenberger, BGB, § 119 Rn. 18 ff.
85 Schiedsst. v. 16.12.2011 – Arb.Erf. 63/08, (unveröffentl.); vgl. allg. RG v. 02.12.1939, RGZ 162, 198, 201.
86 BGH v. 17.04.1973 – X ZR 59/69, GRUR 1973, 649, 652 1. Sp. – *Absperrventil*.

derseitiger Irrtum (§ 779 Abs. 1 BGB) selbst dann aus, wenn die Diensterfindung nicht bzw. in stärkerem Umfang benutzt wird.[87] Ein Vergleich über »alle gegenseitigen Ansprüche« erstreckt sich bei interessengerechter Auslegung auf alle bekannten Ansprüche und im Zweifel auch auf z.Zt. des Vergleichsabschlusses bereits bestehende, aber unbekannte Ansprüche.[88] Ein zur Unwirksamkeit nach § 779 Abs. 1 BGB führender Irrtum liegt jedoch vor, wenn der von den Arbeitsvertragsparteien als vergütungsrelevant zu Grunde gelegte Sachverhalt objektiv unrichtig ist und sich deren Irrtum auf einen streitausschließenden Umstand bezieht.[89]

21 Unberührt davon bleibt indes die Anfechtbarkeit wegen **arglistiger Täuschung** (§ 123 BGB). So kann der Arbeitgeber eine Vergütungsregelung wegen arglistiger Täuschung nach § 123 BGB anfechten, wenn der Arbeitnehmer durch falsche Angaben – namentlich in der Erfindungsmeldung – eine Fehlbewertung der Diensterfindung veranlasst oder erkennbar erhebliche Umstände zur Erfindung und deren Zustandekommen bewusst verschweigt.[90] Das gilt etwa, wenn der Arbeitnehmer sich wahrheitswidrig als Erfinder ausgegeben oder Miterfinder verschwiegen[91] hat. Der Arbeitnehmer kann seinerseits z.B. gem. § 123 BGB die Festlegung anfechten, wenn der Arbeitgeber ihn über die wirtschaftliche Verwertbarkeit der Erfindung getäuscht hat.

Eine Vergütungsvereinbarung ist jedoch nicht bereits dann nach § 138 BGB unwirksam bzw. nach § 123 BGB anfechtbar, wenn der Arbeitgeber dem Arbeitnehmer weder eine **Bedenkzeit** noch ein Rücktritts- bzw. Widerrufsrecht eingeräumt bzw. – bei Abschluss der Vergütungsvereinbarung im Rahmen eines Personalgesprächs – das Thema des beabsichtigten Gesprächs vorher nicht mitgeteilt hat.[92]

21.1 Nach **§ 143 BGB** erfolgt die Anfechtung durch **Erklärung** ggü. dem Anfechtungsgegner. Eine Anfechtung in einem Schriftsatz an die Schiedsstelle geht erst mit Eingang des Schriftsatzes beim Anfechtungsgegner zu[93] (s. auch § 31 Rdn. 18 f.). Sie muss zudem unter Wahrung der Anfechtungsfristen der

---

87 So i. Ergebn. Schiedsst. v. 08.03.1991 – Arb.Erf. 46/90, (unveröffentl.).
88 Schiedsst. v. 22.09.2010 – Arb.Erf. 94/04, (unveröffentl.).
89 Schiedsst. v. 22.09.2010 – Arb. Erf. 94/09, (www.dpma.de, LS. 2).
90 BGH v. 18.03.2003, GRUR 2003, 702, 703 – *Gehäusekonstruktion*.
91 So im Fall BGH v. 18.03.2003, GRUR 2003, 702, 703 f. – *Gehäusekonstruktion*; ebenso Schwab, Arbeitnehmererfindungsrecht, § 5 Rn. 19.
92 Dies entspricht der höchstrichterl. Rspr. zum Aufhebungsvertrag bei Arbeitsverhältnissen, vgl. BAG v. 30.09.1993, NZA 1994, 209 ff.
93 Keukenschrijver in Busse/Keukenschrijver, PatG, Rn. 10 zu § 12 ArbEG m.H.a. Schiedsst. v. 15.01.2005 – Arb.Erf. 21/02.

## C. Feststellung der Vergütung (Abs. 1, 2) § 12

§§ 121, 124 BGB abgegeben werden. Die Anfechtungserklärung muss eindeutig zu erkennen geben, dass die angefochtene Vergütungsvereinbarung als Ganzes keinen Bestand mehr haben und als solche mit ihren gesamten Rechtswirkungen beseitigt werden soll.[94] Wird lediglich ein Berechnungsfaktor zur Diskussion gestellt, soll i.Ü. die Vereinbarung weiterhin Bestand haben, sodass es an einer Anfechtung fehlt.[95]

Ein **geheimer Vorbehalt** eines Vertragspartners, das Erklärte nicht zu wollen, ist unbeachtlich; seine Willenserklärung ist deshalb nicht nichtig (§ 116 Satz 1 BGB). Dies gilt etwa für den nicht geäußerten Vorbehalt des Arbeitnehmers, ein Vergütungsangebot nur deshalb anzunehmen, weil er befürchtet, andernfalls keine Erfindervergütung zu erhalten.[96]   **21.2**

### III. Zeitpunkt (»in angemessener Frist«)

Im Hinblick auf § 22 Satz 1 ist eine einverständliche Festlegung **frühestens   22 nach Erfindungsmeldung (§ 5) zulässig.**

I.Ü. soll die **Feststellung in angemessener Frist** nach Inanspruchnahme   **23** (§§ 6, 7) erfolgen. In Übereinstimmung mit dem früheren Recht (§ 5 Abs. 2 Satz 1 DVO 1943) hat der Gesetzgeber wegen der von Fall zu Fall unterschiedlichen Verhältnisse von der Normierung einer genau umgrenzten Frist abgesehen[97] und es bei dem unbestimmten Rechtsbegriff »angemessene Frist« belassen.

Der Arbeitgeber ist rechtlich nicht verpflichtet, von sich aus seine Vergütungs-   **24** vorstellungen zu unterbreiten,[98] was allerdings von ihm erwartet werden darf. Äußert er seine Vorstellungen nicht, kann der Arbeitnehmer die Initiative ergreifen, wozu er auch schon vorher berechtigt ist.[99] Allerdings besteht kein Anspruch auf Mitwirkung bei einer Feststellung[100] (s. § 12 Rdn. 15–42).

---

94 BGH v. 15.12.1987, NJW-RR 1988, 566, 567.
95 OLG Düsseldorf v. 12.01.2010 – 2 U 44/06 – *Ummantelung von Stahlröhren II* (unveröffentl.).
96 Schiedsst. v. 11.03.2008 – Arb.Erf. 24/07, (Datenbank).
97 Amtl. Begründung BT-Drucks. II/1648, S. 29 = BlPMZ 1957, 234.
98 Vgl. BGH v. 28.06.1962 – I ZR 28/61, GRUR 1963, 135 (zu II 1) – *Cromegal*; BGH v. 02.12.1960 – I ZR 23/59, GRUR 1961, 338, 340 (zu 3a) – *Chlormethylierung*; abw. aber BGH v. 17.05.1994 – X ZR 82/92, GRUR 1994, 898, 901 – *Copolyester*.
99 Keukenschrijver in Busse/Keukenschrijver, PatG, Rn. 9 zu § 12 ArbEG.
100 Vgl. BGH v. 28.06.1962 – I ZR 28/61, GRUR 1963, 135 (zu II 1) – *Cromegal*.

25 Welche Frist **angemessen** ist, kann nur im Einzelfall unter Abwägung aller Umstände, insb. im Hinblick auf die wirtschaftliche Verwertbarkeit der Diensterfindung, festgestellt werden;[101] dabei müssen die Interessen des Unternehmens und die des Erfinders als gleichwertig berücksichtigt und gegeneinander abgewogen werden;[102] zugleich ist aber auch der Sinn der Regelung (s. § 12 Rdn. 2) wertend zu berücksichtigen.

26 **Beginn der Frist** ist nicht – weder bei der unbeschränkten noch bei der früheren beschränkten Inanspruchnahme – die Erteilung des Schutzrechts, sondern der Übergang der Erfindungsrechte auf den Arbeitgeber (**Zugang der Inanspruchnahmeerklärung bzw. Wirksamwerden der Inanspruchnahmefiktion nach § 6 Abs. 2 n.F.**, s. dort Rdn. 122 ff.).[103] Um einer unangemessenen Ausdehnung der Frist vorzubeugen, sieht Abs. 3 feste Endfristen vor, innerhalb derer der Vergütungsanspruch spätestens (durch einseitige Festsetzung) konkretisiert werden muss (s. dazu § 12 Rdn. 41 f., 55 ff.).

27 Der **Ablauf** der angemessenen Frist i.S.d. § 12 Abs. 1 und 3 Satz 1 ist von diesen Endterminen an sich unabhängig, da diese bestimmen, wann die Vergütung schlechthin – ungeachtet der Angemessenheit – fällig wird[104]. Daraus folgt, dass die in § 12 Abs. 1 gesetzte »angemessene« Frist grds. nicht vom Gang des Erteilungsverfahrens abhängt und eine Vergütungsfeststellung im Fall der (unbeschränkten) Inanspruchnahme bereits vor Schutzrechtserlangung angestrebt werden soll, sofern der Arbeitgeber die Erfindung in diesem Zeitraum benutzt (Einzelheiten s. § 12 Rdn. 57 ff.).

Wird eine Vergütungsvereinbarung **außerhalb** der in § 12 Abs. 1 vorgesehenen **Frist** getroffen, ist dies unschädlich, da diese Frist nach Erfindungsmeldung gem. § 22 Satz 2 durch Vereinbarung, die keiner Form bedarf und auch stillschweigend erfolgen kann, abbedungen werden kann und im Regelfall durch die getroffene Vergütungsvereinbarung als abbedungen anzusehen ist.[105]

### IV. Bei mehreren Arbeitnehmererfindern (Abs. 2)

#### 1. Gesonderte Feststellung

28 Gem. § 12 Abs. 2 ist die Vergütung bei Miterfindern (z. Begriff s. § 5 Rdn. 44 ff.) für jeden gesondert festzustellen. Da jedem Miterfinder ein **eigen-**

---

101 BGH v. 02.12.1960 – I ZR 23/59, GRUR 1961, 338, 342 – *Chlormethylierung*.
102 BGH v. 28.06.1962 – I ZR 28/61, GRUR 1963, 135, 137 l.Sp – *Cromegal*.
103 Amtl. Begründung BT-Drucks. II/1648, S. 29 = BlPMZ 1957, 234; Lindenmaier/Lüdecke Anm. 2 zu § 12; Volmer/Gaul Rn. 32 zu § 12.
104 BGH v. 28.06.1962 – I ZR 28/61, GRUR 1963, 135, 137 l. Sp – *Cromegal*.
105 LG Düsseldorf v. 12.08.1986 – 4 O 329/85, (unveröffentl.).

C. Feststellung der Vergütung (Abs. 1, 2) § 12

**ständiger Vergütungsanspruch** zukommt (s. § 9 Rdn. 311), ist mit jedem Einzelnen eine (gesonderte) Vergütungsvereinbarung (Feststellung) anzustreben. Da diese Vereinbarungen unabhängig voneinander sind, wirkt sich eine etwaige Fehlerhaftigkeit einzelner Vergütungsvereinbarungen nicht auf die übrigen aus; ebenso bleibt eine einmal zustande gekommene Vergütungsvereinbarung auch dann verbindlich, wenn eine gütliche Einigung mit anderen Miterfindern scheitert (vgl. § 12 Abs. 5).

Für jeden Miterfinder hat die Festlegung seines Vergütungsanspruchs gesondert entsprechend seinem Anteil am Zustandekommen der Diensterfindung (Miterfinderanteil, s. § 12 Rdn. 30 ff.) zu erfolgen;[106] denkbar ist selbstverständlich auch eine Zusammenfassung für mehrere Miterfinder in einer gemeinsamen Vergütungsvereinbarung. 29

Bei vergleichbaren Sachverhalten ist der Arbeitgeber dabei an den arbeitsrechtlichen **Gleichbehandlungsgrundsatz** gebunden (s. dazu § 25 Rdn. 21). Der Gleichbehandlungsgrundsatz kann nicht in allen Fällen als »Gleichzahlungsgrundsatz« verstanden werden.[107] Nimmt etwa ein Miterfinder ein die zukünftigen Verwertungsaussichten großzügig bewertendes Vergütungsangebot des Arbeitgebers kompromissbereit an, hat der zunächst nicht kompromissbereite weitere Miterfinder selbst bei unveränderter Sachlage, aber nach dem Anfallen von Aufwendungen für ein Verfahren zur Klärung der Vergütungsansprüche (etwa Schiedsstellenverfahren oder Gerichtsverfahren) keinen Anspruch (mehr) auf das frühere Angebot (§§ 146, 150 BGB); der Arbeitgeber schuldet diesem Miterfinder nur das, was sich in diesen Verfahren nach Gesetz oder Vergütungsrichtlinien als angemessen erweist.[108] Andernfalls würde jede Kompromissbereitschaft sowohl auf Arbeitnehmererfinder- als im Ergebnis auch auf Arbeitgeberseite entgegen der Zielsetzung des § 12 Abs. 1 infrage gestellt.[109]

Zum Anpassungsanspruch s. § 12 Rdn. 96.3; zur Vergütungsregelung bei Miterfindern unterschiedlicher Arbeitgeber s. § 9 Rdn. 314.

### 2. Bestimmung des Miterfinderanteils

Die Vergütung eines Miterfinders (zum Begriff s. § 5 Rdn. 44 ff.) erfolgt entsprechend seinem (in Prozenten ausgedrückten, s. § 12 Rdn. 34) **Anteil am Zustandekommen der Diensterfindung**[110] (Miterfinderanteil). 30

---

106 Amtl. Begründung BT-Drucks. II/1648, S. 29 = BlPMZ 1957, 234.
107 Schiedsst. v. 08.05.1995 – Arb.Erf. 6/92, (unveröffentl.).
108 Schiedsst. v. 08.05.1995 – Arb.Erf. 6/92, (unveröffentl.).
109 Schiedsst. v. 08.05.1995 – Arb.Erf. 6/92, (unveröffentl.).
110 Amtl. Begründung BT-Drucks. II/1648, S. 29 = BlPMZ 1957, 234.

Für die Größenbestimmung des Miterfinderanteils sind die **technische Lehre in ihrer Gesamtheit** und die (schöpferischen) **Beiträge** der einzelnen Miterfinder **zum Zustandekommen** dieser Lehre zu betrachten.[111] Anhand der gesamten Diensterfindung und deren Zustandekommen ist zu prüfen, mit welcher Leistung der Einzelne zu der in ihrer Gesamtheit zu betrachtenden Erfindung beigetragen hat.[112] Die Bemessung des Umfangs des Beitrages eines Miterfinders, hat – ebenso wie die Feststellung der Miterfinderschaft (s. dazu § 5 Rdn. 51) – zunächst auf der Grundlage der (erschöpfenden) Beschreibung der gesamten Erfindung in der **Schutzrechtsanmeldung** zu erfolgen.[113] Sie kann allerdings abschließend erst auf der Grundlage eines erteilten Schutzrechts festgestellt werden, da nicht auszuschließen ist, dass sich nach beendetem Erteilungsverfahren eine Änderung des Schutzrechtsumfanges ergibt[114] und damit derjenige aus dem Kreis der Miterfinder ausscheidet, dessen Beitrag nicht mehr erfasst ist[115] (s. aber auch § 5 Rdn. 51 und § 9 Rdn. 83 ff.).

31 Bei der Größenbestimmung sind nicht allein das Patent bzw. die Patentansprüche Maßstab für die Bemessung (s. § 5 Rdn. 51). Vielmehr muss bei der Prüfung, welche Leistung der Einzelne zu der Erfindung beigesteuert hat, die **gesamte** dem Schutzrecht zugrunde liegende **Erfindung und deren Zustandekommen** beachtet werden (s. § 5 Rdn. 51 f.). Damit wird gewährleistet, dass die – hier für die Vergütung notwendige – Bestimmung des schöpferischen Beitrags des Erfinders nicht davon abhängt, ob bereits ein Patent erteilt ist,

---

111 BGH v. 14.02.2017 – X ZR 64/15, GRUR 2017, 504 (Rn. 55) – *Lichtschutzfolie* im Anschl. an BGH v. 17.05.2011, GRUR 2011, 903, 904 f. [Rn. 21] – *Atemgasdrucksteuerung*.

112 S. BGH v.18.06.2013 – X ZR 103/11, Mitt. 2013, 551 (Rn. 9, dort zur Miterfinderschaft) – *Flexibles Verpackungsbehältnis* m.H.a. BGH v. 20.02.1979 – X ZR 63/77,BGHZ 73, 337, 343 f. – *Biedermeiermanschetten* m. Anm. Schwanhäusser; vgl. ferner BGH v. 17.10.2000, GRUR 2001, 226, 228 – *Rollenantriebseinheit*; BGH v. 17.05.2011 – X ZR 53/08, GRUR 2011, 903 (Rn. 16) –*Atemgasdrucksteuerung* u. BGH v. 14.02.2017 – X ZR 64/15, GRUR 2017, 504 (Rn. 55) – *Lichtschutzfolie*.

113 S. auch BGH v. 17.05.2011 – X ZR 53/08, GRUR 2011, 903, 904 f. [Rn. 16 f.] – *Atemgasdrucksteuerung*. Nach Keukenschrijver in Busse/Keukenschrijver, PatG, Rn. 13 zu § 12 ArbEG ist maßgeblich »nicht allein das Patent, sondern die gesamte Erfindung, anders nur, wenn ausschließlich ein Teil der Erfindung genutzt wird, zu dem der Miterfinder nichts beigetragen hat«.

114 BGH v. 12.03.2009 – Xa ZR 86/06, GRUR 2009, 657, 659 [Rn. 18] – *Blendschutzbehang*; Schiedsst. v. 12.01.2005 – Arb.Erf. 21/02 (Datenbank); vgl. auch BGH v. 02.12.1960 – I ZR 23/59, GRUR 1961, 338, S. 341 (zu 4b) – *Chlormethylierung*.

115 BGH v. 17.5.2011 – X ZR 53/08, GRUR 2011, 903, 905 [Rn. 18] – *Atemgasdrucksteuerung*.

wie breit die Patentansprüche formuliert sind und in welchem Umfang ein breiter Anspruch später in einem Einspruchs-, Nichtigkeits- oder Beschränkungsverfahren beschränkt wird.[116] Ausschlaggebend für die Größenbestimmung des Miterfinderanteils ist das **Gewicht**, das den **Einzelbeiträgen** der an der Erfindung Beteiligten zueinander und im Verhältnis zu der Gesamtleistung zukommt.[117] Eine schematische Berechnung scheidet dabei aus.[118] Vielmehr kann das erschöpfend nur beurteilt werden, wenn auf Grund aller relevanten Umstände[119] zunächst der Gegenstand der geschützten Erfindung ermittelt, sodann die Einzelbeiträge (Einzelleistungen) der Beteiligten am Zustandekommen der Erfindung festgestellt (technische Grundidee, konstruktive Einzelbeiträge etc.) und schließlich deren Gewicht im Verhältnis zueinander und zur erfinderischen Gesamtleistung abgewogen werden[120] **(Merkmalanalyse)**. Einzelbeiträge sind nur solche, die die Miterfinderschaft begründen; ausgenommen sind also solche Beiträge, die unwesentlich für die Lösung sind oder die nach Weisungen geschaffen wurden[121] (vgl. § 5 Rdn. 46). Davon zu trennen ist die Frage, ob neben seinen schöpferischen Beiträgen zur Bestimmung der Höhe des Miterfinderanteils auch sonstige (nicht schöpferische) Beiträge des Miterfinders einbezogen werden können, soweit sie von der Erfindung umfasst sind.[122]

---

116 Vgl. allg. BGH v. 17.05.2011 – X ZR 53/08, GRUR 2011, 903, 904 f. [Rn. 18] – *Atemgasdrucksteuerung* u. BGH v. 14.02.2017 – X ZR 64/15, GRUR 2017, 504 (Rn. 11) – *Lichtschutzfolie*.
117 BGH v. 22.11.2011 – X ZR 35/09, GRUR 2012, 380, 381 [Rn. 25] – *Ramipril II* m. H. a. BGH v. 20.02.1979 – X ZR 63/77, GRUR 1979, 540, 541 – *Biedermeiermanschetten* u. BGH v. 17.10.2000, GRUR 2001, 226, 228 – *Rollenantriebseinheit*; OLG Düsseldorf v. 26.04.2012 – 2 U 24/11, (Düsseldf. Entsch. Nr. 1879) – *Klebstoffzusammensetzung*; Keukenschrijver in Busse/Keukenschrijver, PatG, Rn. 13 zu § 12 ArbEG.
118 S. BGH v. 14.02.2017 GRUR 2017, 504 (Rn. 63) – *Lichtschutzfolie*. S. aber auch die Kritik v. Hellebrand Mitt. 2013, 432, 435 f.
119 S. BGH v. 14.02.2017 GRUR 2017, 504 (Rn. 65) – *Lichtschutzfolie*.
120 BGH v. 20.02.1979 – X ZR 63/77, GRUR 1979, 540, 541 – *Biedermeiermanschette* m. Anm. Schwanhäusser; BGH v. 17.10.2000, GRUR 2001, 226, 228 – *Rollenantriebseinheit*; BGH v. 17.05.2011 – X ZR 53/08, GRUR 2011, 903, 904 [Rn. 16] – *Atemgasdrucksteuerung*.
121 Ähnl. OLG Düsseldorf v. 22.12.2011 – I-2 U 15/04, (www.justiz,nrw.de, Rn. 128).
122 Dafür RG v. 10.10.1939, GRUR 1940, 339, 341 u. v. 07.01.1944, GRUR 1944, 80 f.; vgl. auch BGH v. 14.02.2017 – X ZR 64/15, GRUR 2017, 504 (Rn. 55 ff.) – *Lichtschutzfolie*. A. A. u. a. Hühnerbein (Diss. 2003), S. 18 f. m.H.a. das Erfinderprinzip; im Ergebn. wohl auch OLG Düsseldorf v. 22.12.2011 – I-2 U 15/04, (www.justiz,nrw.de, Rn. 128).

**32** Dabei hat die Bewertung der Einzelbeiträge dem *BGH* zufolge nicht nach wirtschaftlichen Gesichtspunkten zu erfolgen; vielmehr ist danach maßgeblich, welches Gewicht dem Beitrag für das Zustandekommen der erfindungsgemäßen Lehre **aus technischer Sicht** im Lichte des Standes der Technik beizumessen ist.[123] Inwieweit neben technischen **auch wirtschaftliche Aspekte** in die Bewertung einfließen können, ist allerdings **streitig**.[124] Jedenfalls kann der Umfang der tatsächlichen Benutzung eines miterfinderischen Beitrags oder ein gerade damit in Verbindung gebrachter wirtschaftlicher Erfolg eine indizielle Bedeutung für dessen herausragendes technisches Gewicht haben,[125] da es um die Beurteilung der schutzfähigen Erfindung (§ 2 ArbEG) geht und auch patentrechtlich der wirtschaftliche Erfolg ein wichtiges Indiz für erfinderische Tätigkeit ist.[126]

Diese **Beurteilung** der Wertigkeit hat **vom allgemeinen Stand der Technik** und dem Können des Durchschnittsfachmanns **her** zu erfolgen.[127] Das entspricht der patentrechtlichen Wertung des § 4 PatG. Sind die **Beiträge** der Miterfinder deutlich voneinander **zu trennen** – etwa wenn verschiedene Aus-

---

123 BGH v. 22.11.2011 – X ZR 35/09, GRUR 2012, 380, 381 [Rn. 27] – *Ramipril II*; im Ergebn. auch Benkard/Melullis, PatG, Rn. 54 zu § 6 PatG; vgl. auch OLG Düsseldorf v. 26.04.2011 – I – 2 U 24/11, (www.justiz.nrw.de/nrwe, Rz. 50) – Klebstoffzusammensetzung u.v. 07.08.2014, Mitt. 2015, 129, 133 – Garagenrolltor II (= GRUR 2014, 1190 ff. – dort: Sektionaltorantrieb).
124 Dafür noch Vorauflage. Für die Möglichkeit, »technische und/oder wirtschaftliche Gesichtspunkte« zu berücksichtigen, auch BGH v. 17.10.2000, GRUR 2001, 226, 228 – *Rollenantriebseinheit* (bei voneinander trennbaren Miterfinderbeiträgen); Reimer/Schade/Schippel/Trimborn Rn. 25 zu § 12; im Ergebn. auch Kraßer/Ann, PatR, § 21 Rn. 105. Nach Boemke/Kursawe/Engemann R. 48 f. zu § 12 hat andererseits die Bewertung der Einzelbeiträge nicht nach wirtschaftlichen Gesichtspunkten zu erfolgen, jedoch soll andererseits – wie hier – bei zuordnenbaren Ausführungsformen/Schutzrechtsansprüchen deren Wertigkeit nach »technischen und/oder wirtschaftlichen Gesichtspunkten« bestimmt werden. Die Berücksichtigungsfähigkeit d. wirtschaftl. Werts der Beiträge generell ablehnend Henke (Diss.2005), S. 58 f. Auch Homma (Diss. 1998), S. 160 u. Hühnerbein (Diss. 2003), S. 17 f. sehen allein den (ursprünglichen) Anteil am (technischen) Erfindungsgedanken und nicht zusätzlich die (erst nachfolgende) wirtschaftliche Bedeutung des Beitrags als berücksichtigungsfähig an.
125 Zurückhaltend BGH v. 22.11.2011 – X ZR 35/09, GRUR 2012, 380, 381 [Rn. 27] – *Ramipril II*, der auf »allenfalls eine gewisse indizielle Bedeutung« und auf den nicht nachweisbaren Kausalzusammenhang zwischen wirtschaftlicher Verwertung und bestimmten Merkmalen hinweist.
126 Vgl. Schulte/Moufang, PatG, § 4 Rn. 162 m.w.N.
127 Vgl. BGH v. 20.02.1979 – X ZR 63/77, GRUR 1979, 540, 542 l.Sp. (zu III 3 d) – *Biedermeiermanschetten* m. Anm. Schwanhäusser.

führungsformen von verschiedenen Erfindern stammen bzw. die einzelnen Schutzrechtsansprüche auf verschiedene Miterfinder zurückgehen –, so können **technische Gesichtspunkte**, wie besondere Vorteilhaftigkeit der Konstruktion, Bevorzugung der einen oder anderen Konstruktion bei der Umsetzung in die Praxis, unterschiedliche Wertschätzung der Fachwelt, bei der Bestimmung des Miterfinderanteils berücksichtigt werden,[128] soweit diese Gesichtspunkte bekannt und objektiv bestimmbar sind.[129] So kann es im Einzelfall angemessen sein, einem Miterfinder, von dem zwar die technische Hauptidee stammt, keinen höheren Miterfinderanteil einzuräumen, wenn erst von dem anderen Miterfinder die technisch befriedigende Durchführung entwickelt worden ist.[130] Zu berücksichtigen ist auch, in welchem Umfang die technischen Lehren in Unteransprüchen zu den notwendigen oder nur zu den zweckmäßigen Bestandteilen des Patents gehören.[131] Spricht der Erfindungsgegenstand für eine zeitaufwendige Entwicklung, kann es ein Indiz für einen größeren Anteil eines Miterfinders sein, wenn dieser einen größeren zeitlichen Anteil an den Entwicklungsarbeiten hatte.[132]

Erst wenn nach Ausschöpfung aller sich anbietenden Erkenntnisquellen keine eindeutige Anteilsbestimmung möglich ist, kann nach **§ 742 BGB** von **gleichen Anteilen** ausgegangen werden.[133] Dies kann u.a. dann gerechtfertigt sein, wenn die gesamte Erfindung das Ergebnis eines ständigen Ideenaustausches ist und die Einzelbeiträge sich nicht mehr gesichert abgrenzen und zuordnen lassen.[134]

---

128 Bestätigend BGH v. 17.10.2000, GRUR 2001, 226, 228 – *Rollenantriebseinheit*; vgl. auch Lüdecke, Erfindungsgemeinschaften S. 62 ff., 6 ff.
129 So im Ergebn. Auch Schiedsst. v. 03.05.1985 – Arb.Erf. 61/84, (unveröffentl.).
130 So im Ergebn. z.B. Schiedsst. v. 03.08.1993 – Arb.Erf. 22/92, (unveröffentl.).
131 Schiedsst. v. 07.01.1991 – Arb.Erf. 33/89, u. v. 09.06.1995 – Arb.Erf. 102/93, (beide unveröffentl.).
132 Schiedsst. v. 25.01.1995 – Arb.Erf. 79/93, (unveröffentl.).
133 Streitig, in diesem Sinn wohl auch BGH v. 05.10.2005, GRUR 2006, 141, 142 [Rn. 12 f.] – *Ladungsträgergenerator*; vgl. auch BGH v. 14.02.2017 – X ZR 64/15, GRUR 2017, 504 (Rn. 63) – *Lichtschutzfolie*, wonach schematische Berechnungen eines Erfinderanteils nicht ausreichen. Wie hier auch Henke (2005), S. 60 f. Abw. Niedzela-Schmutte (Diss. München 1998), S. 167 f. m. H. a. Lüdecke, Erfindungsgem., S. 65, wonach im Grundsatz von der gesetzlichen Vermutung gleicher Anteile auszugehen ist; ferner Hühnerbein (Diss. 2003), S. 19 f.
134 So im Ergebn. z.B. Schiedsst. v. 21.09.1993 – Arb.Erf. 52/92; v. 15.11.1994 – Arb.Erf. 3/93, u. v. 07.11.1997 – Arb.Erf. 29/96, (sämtlich unveröffentl.).

Die **Darlegungs- und Beweislast** für den Umfang des Miterfinderanteils trifft – wie auch sonst für die Miterfindereigenschaft (s. § 5 Rdn. 51.2) – den Arbeitnehmer.[135]

Eine **unrichtige** Bemessung der **Miterfinderanteile** berechtigt den Arbeitnehmer bei der Vergütungsfestsetzung zum Quotenwiderspruch (s. § 12 Rdn. 88 ff.). I.Ü. kann sie eine Unwirksamkeit einer Vergütungsregelung nach § 23 begründen (s. dort § 23 Rdn. 21 ff.; s.a. unten § 12 Rdn. 32.3–94). Zum Einfluss des laufenden Schutzrechtserteilungsverfahrens s. § 12 Rdn. 33.

32.1 Der Miterfinder ist gemäß seinem einmal wirksam festgestellten bzw. festgesetzten **Miterfinderanteil zu vergüten**, und zwar völlig **unabhängig davon, inwieweit** von den Merkmalen, die er zur Erfindung beigesteuert hat, **Gebrauch** gemacht wird oder nicht (s. im Einz. § 9 Rdn. 312).

32.2 Bei der Bestimmung der Miterfinderanteile ist der Arbeitgeber regelmäßig mangels eigener Kenntnis über das Zustandekommen der Erfindung auf die **Informationen der Miterfinder** – insbes. in der Erfindungsmeldung – angewiesen (vgl. § 5 Abs. 2 Satz 2). Sind diese Angaben unvollständig, kann der Arbeitgeber von seinem Recht zur Beanstandung der Erfindungsmeldung gem. § 5 Abs. 3 Gebrauch machen (s. § 5 Rdn. 84). Bei widersprüchlichen Angaben der einzelnen Miterfinder über die Höhe ihrer Beteiligung kann der Arbeitgeber versuchen, mithilfe eigener Ermittlungen Klarheit zu erreichen. In der betrieblichen Praxis hat es sich bewährt, die Miterfinder zu bitten, eine interne Verständigung über die Höhe der Miterfinderanteile herbeizuführen, an die der Arbeitgeber jedoch nicht gebunden ist (s. dazu § 5 Rdn. 51.1 f.).

Haben sich die **Miterfinder auf** eine bestimmte **Anteilsverteilung verständigt**, so ist der Arbeitgeber berechtigt, aber nicht verpflichtet, diese zu übernehmen, sofern für ihn keine Anhaltspunkte zur Annahme einer Unrichtigkeit oder Unverbindlichkeit der Aufteilung bestehen; einer entsprechenden Miterfindervereinbarung steht die übereinstimmende Angabe der Anteile in einer gemeinsamen Erfindungsmeldung (§ 5 Abs. 1 Satz 2) gleich (s. im Übrigen § 5 Rdn. 51.1 f.).

Auch bei **gesonderten Meldungen der Miterfinder** kann der Arbeitgeber deren jeweilige Miterfinderangaben übernehmen, wenn diese inhaltlich weitge-

---

135 Vgl. BGH v. 05.10.2005, GRUR 2006, 141, 142 [Rn. 12] – *Ladungsträgergenerator*; OLG Düsseldorf v. 03.05.2018 – 2 U 79/18, (www.justiz.nrw/nrwe, Rn. 65) – *Retardtablette II*.

## C. Feststellung der Vergütung (Abs. 1, 2) § 12

hend übereinstimmen und in der Gesamtschau sachlich und rechnerisch schlüssig sind.[136]

**Übernimmt der Arbeitgeber die Angaben über die Miterfinderanteile** so, wie sie ihm von den Arbeitnehmern gemeinsam angegeben wurden bzw. sich aus einer zwischen den Miterfindern (**sinnvollerweise**) getroffenen **Miterfindervereinbarung** (s. dazu § 5 Rdn. 51.1 f.) ergeben, bedarf es zur Begründung der Vergütungsfestsetzung keiner Angabe der Quotenanteile der übrigen Miterfinder.[137] Auch kann sich ein Erfinder, der die Aufteilung (mit) vorgeschlagen hat, nicht nachträglich auf die Unbilligkeit einer darauf basierenden Vergütungsregelung nach § 23 berufen. Denn es ist nicht ersichtlich, wie der Arbeitgeber in angemessener und billigerer Weise die Miterfinderanteile bestimmen könnte, als dass er einem übereinstimmenden Vorschlag der Mitarbeiter folgt.[138] Ein nachträgliches Korrekturbegehren von Miterfindern ist nach Auffassung des *BGH* treuwidrig, weil der Arbeitgeber durch § 12 Abs. 6 Satz 2 gehindert sei, von den anderen Miterfindern Rückzahlung der bereits geleisteten Vergütung zu verlangen[139] (s.a. § 23 Rdn. 7.1; zum Rückforderungsverbot s.u. § 12 Rdn. 154 ff.; zum Quotenwiderspruch s. § 12 Rdn. 90; zum Irrtum eines Miterfinders s. § 5 Rdn. 51.1; zur Beweislast s. § 5 Rdn. 51.2).

32.3

Dass sich der Arbeitnehmer nach Treu und Glauben an dem von ihm angegebenen Miterfinderanteil festhalten lassen muss, gilt im Ergebnis auch bei der Angabe in einer **gesonderten** und in sich nachvollziehbaren bzw. nicht unschlüssigen **Meldung**.[140]

»**Verzichtet**« ein Miterfinder (vergütungsrechtlich) zugunsten eines anderen (ganz oder teilweise) auf seinen Miterfinderanteil, ist der Arbeitgeber zu einer entsprechenden »Korrektur« der Miterfinderanteile nicht verpflichtet; es bleibt den Miterfindern überlassen, dies im Innenverhältnis auszugleichen.[141]

Zur fehlenden Einigung der Miterfinder s. § 12 Rdn. 39.

---

136 Im Ergebn. zust. z. B. LG Düsseldorf v. 03.11.2016 – 4c O 79/15, (www.justiz.nrw.de, Rn.131) – *Retardtablette*.
137 Schiedsst. v. 29.07.1999 – Arb.Erf. 16/98, (unveröffentl.).
138 LG Düsseldorf v. 31.05.1988 – 4 O 146/86, (unveröffentl.) u. v. 07.11.1989 – 4 O 146/86, (unveröffentl.).
139 BGH v. 17.05.1994 – X ZR 82/92, GRUR 1994, 898, 902 – *Copolyester*.
140 Im Ergebn. auch LG Düsseldorf v. 03.11.2016 – 4c O 79/15, (www.justiz.nrw.de, Rn.131) – *Retardtablette*.
141 OLG Frankfurt am Main v. 14.05.2009 – 6 U 68/08, (unveröffentl.).

33 Da die Rechte und Pflichten des ArbEG nicht an die endgültige **Schutzrechtserteilung**, sondern zunächst an die potenzielle Schutzfähigkeit anknüpfen (s. § 2 Rdn. 16 ff.), hat sich die Bestimmung des Miterfinderanteils vorerst an der Erfindung und ihrer Entstehungsgeschichte sowie ihrer Umsetzung in der Schutzrechtsanmeldung zu orientieren, wie sie sich insb. nach den Erfindungsmeldungen und den sonstigen bekannt gewordenen Umständen darstellt (s.a. § 9 Rdn. 91.2). Ergeben sich mit Abschluss des Erteilungsverfahrens wesentliche Änderungen, so ist der Arbeitgeber aus seiner Fürsorgepflicht gehalten, auf eine Neufestlegung der Miterfinderanteile und damit auf eine Neubemessung der Vergütung hinzuwirken (vgl. § 12 Abs. 6, s. dazu insb. § 12 Rdn. 94, 106, 110–132). I.Ü. bleibt mangels (Quoten-) Widerspruchs (s. § 12 Rdn. 90) ein festgelegter Miterfinderanteil verbindlich, es sei denn, die Voraussetzungen einer Anfechtung bzw. des § 23 sind gegeben.

34 Der so gefundene Miterfinderanteil (M) ist (üblicherweise[142]) in **prozentualen Quoten** – orientiert an dem Beitrag des Einzelnen im Verhältnis zu den verbleibenden Miterfindern – anzugeben (z.B. bei gleichen Anteilen am Zustandekommen der Erfindung: 50 %). Eine reale Beteiligung der Sache nach, etwa hinsichtlich eines Patentanspruchs oder eines Ausführungsbeispiels kennt das deutsche Recht nicht[143] (s. § 12 Rdn. 32.1). Die Multiplikation dieses Miterfinderanteils mit dem Gesamterfindungswert (GE) und dem individuellen Anteilsfaktor (A) ergibt die jeweilige Erfindervergütung (V) [V = GE x M x A] (weitere Einzelheiten s. § 9 Rdn. 292, 311 ff.).

Nach den Erfahrungen der Schiedsstelle sollen **Miterfinderanteile von unter 10 %** in der Praxis so gut wie nicht vorkommen und bei einer Hinterfragung auch unrealistisch erscheinen.[144] Dieser abstrakte Erfahrungswert ist aus unserer Sicht allerdings zu relativieren. Zwar werden Miterfinderanteile unterhalb von 10 % sicherlich eine Ausnahme sein. Gleichwohl sind jedenfalls bei einer Vielzahl von Mitwirkenden, etwa im Rahmen von Forschungsprojekten oder bei Kooperationen, Miterfinderanteile von unter 10 % möglich und tatsächlich anzutreffen. Gleiches gilt u.a. dann, wenn sich ein schöpferischer Beitrag nur in untergeordneten Details, etwa einem einzelnen (Unter-)Anspruch nieder-

---

[142] Vgl. etwa BGH v. 14.02.2017 – X ZR 64/15, GRUR 2017, 504 (Rn. 61) – *Lichtschutzfolie*.
[143] Schiedsst. v. 02.12.1982 – Arb.Erf. 24/82, (unveröffentl.); Reimer/Schade/Schippel/Trimborn Rn. 25 zu § 12.
[144] Schiedsst. v. 06.07.2016 – Arb.Erf. 23/13, (www.dpma.de).

schlägt.¹⁴⁵ Soweit kein Einvernehmen zwischen den Miterfindern über die jeweiligen Anteile besteht, sollten solch geringe Miterfinderanteile Anlass für den betreffenden Miterfinder sein, seinen schöpferischen Beitrag in technischer Hinsicht detailliert darzustellen.

### 3. Bekanntgabe der Gesamtvergütung und der Einzelanteile (Abs. 2 Satz 2)

Strebt der Arbeitgeber – entsprechend der Erwartung des Gesetzgebers – eine Feststellung an, so muss er nach § 12 Abs. 2 Satz 2 allen Miterfindern die Gesamthöhe der Vergütung und die (Miterfinder-) Anteile der einzelnen Erfinder bekannt geben, also diese Angaben **schriftlich, in Textform** (§ 126b BGB) **oder mündlich** allen Arbeitnehmererfindern mitteilen. 35

Dem **Zweck** nach soll den Beteiligten damit Gelegenheit gegeben werden, sich davon zu überzeugen, dass die Festlegung der Anteile an der Diensterfindung in gerechter Weise vorgenommen worden ist.¹⁴⁶ Diese Regelung beseitigt zudem ein evtl. Misstrauen, das der einzelne Arbeitnehmer möglicherweise dem Arbeitgeber und den anderen Miterfindern künftig entgegenbringen könnte, wenn er nicht weiß, welchen Anteil der Arbeitgeber seiner Erfinderleistung und den übrigen Erfinderleistungen beimisst.¹⁴⁷ Aus dem Zweck folgt, dass die Bekanntgabe **zeitlich** dem Abschluss der Vergütungsvereinbarung vorangehen soll (zur nachträglichen Bekanntgabe s. § 12 Rdn. 39). Zugleich ergibt sich daraus, dass die Bekanntgabe mit einem Vergütungsangebot des Arbeitgebers verbunden werden, aber auch gesondert erfolgen kann. Ein eigenständiger Rechtsanspruch eines Miterfinders auf Bekanntgabe seines Anteils vor einer Festsetzung besteht allerdings nicht (s. § 12 Rdn. 40). 36

Mitzuteilen ist die **Gesamthöhe der Vergütung**, also die Gesamtsumme der vom Arbeitgeber für alle Miterfinder vorgesehenen Vergütungszahlungen. Sind nicht nur Arbeitnehmer, sondern auch freie Erfinder beteiligt, so ist unter entsprechendem Hinweis nur die Summe der auf die Arbeitnehmererfinder entfallenden Beträge anzugeben. Sind die vorgesehenen Vergütungsleistungen ihrer Art nach (s. dazu § 12 Rdn. 11 f.) unterschiedlich, bleibt für die 37

---

145 Vgl. auch den Sachverhalt bei BGH v. 16.05.2017 – X ZR 85/14, GRUR 2017, 890 – *Sektionaltor II*, wo eine vom Berufungsgericht (OLG Düsseldorf v. 22.12.2011 – 2 U 15/04, BeckRS 2012, 8125) auf Grund Miterfinderschaft festgestellte Mitberechtigung an zwei Patentanmeldungen von jeweils einem 5 %-Anteil zu Grunde gelegt wurde.
146 Amtl. Begründung BT-Drucks. II/1648 S. 30 = BlPMZ 1957, 234.
147 BGH v. 02.12.1960 – I ZR 23/59, GRUR 1961, 338, 340 l.Sp. – *Chlormethylierung*; Volmer Rn. 43 zu § 12.

Bekanntgabe der Gesamtsumme kein Raum mehr,[148] es sei denn, auch diese Leistungen können in einem bestimmten Geldwert ausgedrückt werden; andernfalls ist nur mitzuteilen, dass der Art nach eine unterschiedliche Behandlung beabsichtigt wird.

38 Ferner sind die **Anteile** dieser Miterfinder bekannt zu geben; darunter sind nur die in Prozenten ausgedrückten Quotenanteile (s. § 12 Rdn. 34) der jeweiligen Erfinder am Zustandekommen der Diensterfindung, nicht aber die für sie errechneten Geldbeträge zu verstehen[149] (zur Entbehrlichkeit der Bekanntgabe bei einer Miterfindervereinbarung s. § 12 Rdn. 32.3). Die Quotenanteile müssen – entsprechend dem Sinn der Regelung – auch dann sämtlich mitgeteilt werden, wenn freie Erfinder mitgewirkt haben. Die Miterfinder haben dagegen keinen Anspruch auf Bekanntgabe des persönlichen **Anteilsfaktors** der übrigen Erfinder[150] (s.a. § 12 Rdn. 54).

39 Kommt der Arbeitgeber seiner **Bekanntgabepflicht nicht oder nur unzulänglich** nach, kann ein Arbeitnehmer den Abschluss der Vereinbarung von der Erfüllung dieser Pflicht aus § 12 Abs. 2 Satz 2 abhängig machen[151]. Ist eine Vereinbarung zustande gekommen, obwohl der Arbeitgeber die gesetzlich vorgesehenen Angaben nicht gemacht hat, kann der Arbeitnehmer ggf. Klage auf Bekanntmachung erheben;[152] der Anspruch auf Bekanntgabe seines Miterfinderanteils steht dem jeweiligen Arbeitnehmer aber erst dann zu, wenn eine abschließende Vergütungsregelung mit allen Miterfindern vorliegt[153]. Ansonsten hat er keinen Anspruch auf Bekanntgabe seines Miterfinderanteils[154]. Eine fehlende Bekanntgabe des Arbeitgebers macht eine abgeschlossene Vergütungs-

---

148 Ähnl. Heine/Rebitzki Anm. 4 zu § 12.
149 Allg. A., BGH v. 02.12.1960 – I ZR 23/59, GRUR 1961, 338, 340 l.Sp. – *Chlormethylierung*; Heine/Rebitzki Anm. 4 zu § 12; Reimer/Schade/Schippel/Trimborn Rn. 29 zu § 12.
150 Schiedsst. v. 05.02.1997 – Arb.Erf. 46/95; ZB v. 27.01.1986 – Arb.Erf. 63/85, (beide unveröffentl.); s.a. Schiedsst. v. 14.05.1985, BlPMZ 1985, 385, 386; im Ergebn. wohl auch Keukenschrijver in Busse/Keukenschrijver, PatG, Rn. 14 zu § 12 ArbEG.
151 Schiedsst. v. 05.02.1997 – Arb.Erf. 46/95; ZB v. 27.01.1986 – Arb.Erf. 63/85, (beide unveröffentl.).
152 BGH v. 02.12.1960 – I ZR 23/59, GRUR 1961, 338, 340 l.Sp. – *Chlormethylierung*.
153 BGH v. 02.12.1960 – I ZR 23/59, GRUR 1961, 338, 340 l.Sp. – *Chlormethylierung*.
154 BGH v. 02.12.1960 – I ZR 23/59, GRUR 1961, 338, 340 l.Sp. – *Chlormethylierung*; zust. auch Busse/Keukenschrijver, PatG, Rn. 14, 28 zu § 12 ArbEG.

vereinbarung nicht unwirksam; sie kann jedoch mit nachträglicher Bekanntgabe zur Anfechtung nach §§ 119, 123 BGB berechtigen.

Ist der Arbeitgeber mangels eigener Kenntnis zur Bestimmung der Anteile nicht in der Lage und **kommt keine Einigung zustande**, beharren die Miterfinder also auf ihren widersprüchlichen Angaben, ist der Arbeitgeber nach dem Gesetz (Abs. 2 Satz 2) gehalten, von sich aus eine Bekanntgabe der Miterfinderanteile vorzunehmen. Diese gesetzliche Regelung ist verunglückt, weil sie dem Arbeitgeber z.T. Unmögliches aufgibt, da häufig die Erkenntnisse über den Umfang der Beteiligung der einzelnen Miterfinder ihm aus eigener Wahrnehmung nicht zugänglich sind und es sich hierbei zudem um eine wertende Entscheidung handelt (s.o. § 12 Rdn. 31 f.). Letztlich geht es um einen Streit, den die Miterfinder angesichts ihrer Sachnähe untereinander austragen müsste. Der Arbeitgeber wird sonst letztlich gezwungen, aufgrund der gesetzlichen Pflicht aus § 12 Abs. 2 und 3 Quotenanteile bekannt zu geben, von deren Richtigkeit er u.U. nicht überzeugt ist, und hat dementsprechend zu zahlen. Den Erfindern bleibt es dann überlassen, z.B. ggü. einer solchen Festsetzung Widerspruch gemäß Abs. 4 einzulegen (s. § 12 Rdn. 88 ff.); in einem evtl. anschließenden Vergütungsrechtsstreit, den ein Erfinder gegen ihn anhängig macht, kann der Arbeitgeber auf die Aussagen der übrigen Miterfinder als Zeugen zurückgreifen. Zur Miterfindervereinbarung s.o. § 12 Rdn. 32.2 f.

Kommt eine einvernehmliche **Vergütungsfeststellung nur mit einzelnen Miterfindern** zustande, so ist ggü. den verbleibenden die Vergütung vom Arbeitgeber festzusetzen[155] (vgl. dazu § 12 Rdn. 54).

## D. Festsetzung der Vergütung (Abs. 3 bis 5)

### I. Einseitige Festsetzung

Kommt eine Vereinbarung über die Vergütung (Feststellung) in angemessener Frist nach (unbeschränkter bzw. früherer beschränkter) Inanspruchnahme (§§ 6, 7 n.F. bzw. §§ 6, 7 a.F.) zwischen den Arbeitsvertragsparteien nicht zustande, ist der Arbeitgeber nach § 12 Abs. 3 berechtigt und zugleich verpflichtet (»hat«), die Vergütung von sich aus **einseitig** (also ohne Mitwirkung des Arbeitnehmers) **festzusetzen** und diese entsprechend der Festsetzung zu zahlen. Die Vergütungsfestsetzung ist nicht Ausfluss des Direktionsrechts des Arbeitgebers.[156] **40**

---

155 Ebenso BGH v. 18.03.2003, GRUR 2003, 702, 703 – *Gehäusekonstruktion*; Keukenschrijver in Busse/Keukenschrijver, PatG, Rn. 12 zu § 12 ArbEG.
156 So aber Boemke/Kursawe/Engemann Rn. 55 zu § 9.

## § 12

Das Festsetzungsverfahren hat vornehmlich den **Zweck**, die Ermittlung der angemessenen Vergütung zu erleichtern und zu beschleunigen[157] sowie im Interesse der Rechtssicherheit eine alsbaldige Klärung der Erfindervergütung zwischen beiden Arbeitsvertragsparteien herbeizuführen[158]. Die Festsetzung dient damit auch dazu, vorhandene Meinungsverschiedenheiten zwischen den Arbeitsvertragsparteien über die Vergütung zu beenden, indem möglichst eine endgültige – verbindliche – Regelung getroffen wird.[159] Die Regelung liegt damit im beiderseitigen Interesse. Sie soll also einerseits dem Erfinder möglichst rasch nach Inanspruchnahme der Erfindung eine angemessene Vergütung sichern und den Berechnungsmodus festlegen,[160] also dem Arbeitnehmer möglichst bald die ihm als Ausgleich für die Überlassung von Erfindungsrechten zustehende Vergütung zukommen lassen.[161] Zugleich gibt das Gesetz dem Arbeitgeber die Möglichkeit zur vorläufigen Leistungsbestimmung (s. § 12 Rdn. 48), um so die Vergütungsfrage in Interesse des Arbeitsfriedens sowie der Rechts- und Planungssicherheit einer zeitgerechten Regelung zuzuführen. Nach § 12 Abs. 3 Satz 1 hat der Arbeitgeber, sofern eine Vergütungsvereinbarung in angemessener Frist nicht zustande gekommen ist (s. dazu oben § 12 Rdn. 23 ff.), das Recht und die Pflicht (s. Rn. 41 ff.), die Vergütung festzusetzen. Gemäß dieser Vergütungsfestsetzung hat der Arbeitgeber die Vergütung zu zahlen (s.u. § 12 Rdn. 75 f.).

Darüber hinaus wird der Arbeitgeber dadurch verpflichtet, dem Arbeitnehmer, der durch seinen Widerspruch (Abs. 4) die Diskussion über die Vergütungsfrage offenhalten kann, jedenfalls die von ihm festgesetzte Vergütung vorab zu zahlen (s. dazu § 12 Rdn. 75).

Ausgeschlossen ist nach § 12 Abs. 3 Satz 1 eine Festsetzung zwangsläufig bei **Bestehen einer verbindlichen Vergütungsvereinbarung**.[162] Eine gleichwohl vorgenommene »Festsetzung« entfaltet auch ohne Widerspruch keine Bindungswirkung i. S. v. § 12 Abs. 4 Satz 2 (s. aber auch § 12 Rdn. 18. 4 u.

---

157 Amtl. Begründung BT-Drucks. II/1648 S. 30 = BlPMZ 1957, 234; ebenso Stellungnahme der Bundesreg. in BT-Drucks. 7/2758 S. 4 l.Sp., die auch zutr. die Einrichtung eines behördlichen Festsetzungsverfahrens ablehnt (dort S. 5 f.).
158 Keukenschrijver in Busse/Keukenschrijver, PatG, Rn. 15 zu § 12 ArbEG. S.a. Schiedsst. v. 09.05.1985, BlPMZ 1985, 383, 384 r.Sp.; vgl. auch BGH v. 17.05.1994 – X ZR 82/92, GRUR 1994, 898, 901 – *Copolyester*.
159 OLG Frankfurt am Main v. 26.05.1977, EGR Nr. 29 zu § 12 ArbEG.
160 BGH v. 17.05.1994 – X ZR 82/92, GRUR 1994, 898, 901 –*Copolyester*.
161 S. Amtl. Begründung BT-Drucks. II/1648 S. 29 = BlPMZ 1957, 234.
162 Ebenso Schiedsst. v. 17.04.2008 – Arb.Erf. 49/06 (Datenbank); ferner Keukenschrijver in Busse/Keukenschrijver, PatG, Rn. 15 zu § 12 ArbEG m. H. a. Schiedsst. v. 16.07.2008 – Arb.Erf. 49/03.

## D. Festsetzung der Vergütung (Abs. 3 bis 5) § 12

53.1). Ein Widerspruch des Arbeitnehmers gegen eine solche »Festsetzung« ist wirkungslos.[163] Haben sich die Arbeitsvertragsparteien dagegen (bloß) über einzelne Vergütungskriterien verständigt (s. § 12 Rdn. 17), hat der Arbeitgeber die noch offenen Berechnungskriterien vollständig festzusetzen, um so im Ergebnis eine umfassende Vergütungsregelung herbeizuführen. Wurden Vergütungsvereinbarungen nur für bestimmte Abrechnungszeiträume getroffen, kann der Arbeitgeber für sonstige Zeiträume andere Werte zugrundelegen.[164]

Eine »erneute« Festsetzung ist nur im Fall der Unwirksamkeit der ursprünglichen Vergütungsvereinbarung bzw. -festsetzung möglich, nicht jedoch nach Widerspruch des Arbeitnehmers (s. § 12 Rdn. 85). Dem Arbeitgeber ist es verwehrt, mehrfach von dem ihm durch § 12 Abs. 3 Satz 1 zugestandenen »Ausnahmerecht« einer einseitigen Leistungsbestimmung per Festsetzung Gebrauch zu machen – es sei denn, der Arbeitnehmer fordert ihn dazu auf oder erklärt sich damit einverstanden (welches mit Blick auf § 22 Satz 2 und § 23 angesichts der Wertung in § 315 BGB und des erneuten Widerspruchsrechts rechtlich unbedenklich ist). Für den Fall des Widerspruchs gegen eine Vergütungsfestsetzung leitet der *BGH* die **Unzulässigkeit** einer »**wiederholen Neufestsetzung**« aus Sinn und Zweck der Regelung (s.o. § 12 Rdn. 2) und dem aus § 315 BGB folgenden allgemeinen Schutzgedanken her;[165] demgegenüber folgern die *Schiedsstelle* und Teile des Schrifttums daraus, dass in § 12 Abs. 4 eine dem Abs. 5 Satz 2 entsprechende Regelung fehlt.[166] Beide Begründungen treffen zu. Über den Regelungszweck und den Rückschluss aus § 12 Abs. 5 Satz 2 hinaus folgt aus unserer Sicht ein **generelles Verbot einer Mehrfachfestsetzung** aus der Systematik des ArbEG (vgl. – über § 12 Abs. 1, 3 Satz 2, Abs. 6 hinaus – § 23 Abs. 1 Satz 2, § 27 Nr. 4 n.F., § 39 Abs. 2). Das ergibt sich auch aus § 12 Abs. 6 Satz 3 (s. § 12 Rdn. 146). Mit (erster) Vornahme einer Festsetzung ist dieses Recht verbraucht[167] und der Arbeitgeber kann nur im Einvernehmen mit dem Arbeitnehmer eine neue Festsetzung vornehmen; eine Ausnahme lässt das Gesetz lediglich im Falle eines sog. Quotenwiderspruchs zu (s. dazu § 12 Rdn. 93). Das Verbot einer Mehrfachfestsetzung liegt zudem im Interesse der vom Gesetzgeber angestrebten Rechts- und Planungssicherheit für beide Arbeitsvertragsparteien, womit eine allgemeine

---

163 Schiedsst. v. 17.04.2008 – Arb.Erf. 49/06 (Datenbank).
164 Keukenschrijver in Busse/Keukenschrijver, PatG, Rn. 8 zu § 12 ArbEG m. H. a. Schiedsst. v. 01.04.2008 – Arb.Erf. 52/05.
165 BGH v. 17.05.1994 – X ZR 82/92, GRUR 1994, 898, 901 – *Copolyester*; a.A. Haager i. Anm. WiB 1994, 739, 740.
166 Schiedsst. v. 06.02.1984, BlPMZ 1985, 118, 119; Reimer/Schade/Schippel/Trimborn Rn. 39 zu § 12; Volmer/Gaul Rn. 82 zu § 12.
167 Vgl. BGH v. 17.05.1994 – X ZR 82/92, GRUR 1994, 898, 901 a. E. – *Copolyester*.

Möglichkeit mehrfacher zeitlich gestaffelter Festsetzungen kaum vereinbar wäre. Auch wenn die Möglichkeit einer Mehrfachfestsetzung im Einzelfall zweckmäßig und verfahrensökonomisch erscheinen mag, gilt deren Verbot u. E. nicht nur im Fall des Widerspruchs gegen eine Vergütungsfestsetzung (s. dazu § 12 Rdn. 85), sondern allgemein, also etwa bei beabsichtigter Korrektur einer vorangegangenen Vergütungsregelung (s. § 12 Rdn. 13.2), bei geänderten Umständen i. S. v. § 12 Abs. 6 (s. § 12 Rdn. 144), bei veränderter Benutzung der Diensterfindung, ferner bei bisher nur befristeter Festsetzung[168] (s. § 12 Rdn. 74.2) sowie für sukzessive »Einzelfestsetzungen« von Vergütungsparametern (s. dazu § 12 Rdn. 53). Dem Arbeitgeber bleibt damit im Einzelfall nur der Weg über einen Anspruch auf Anpassung der Vergütung unter den Voraussetzungen des § 12 Abs. 6, sollte er sich nicht anderweitig mit dem Arbeitnehmer über eine geänderte Regelung der Vergütung verständigen können (s. auch § 12 Rdn. 18.4–85). Allerdings soll das Verbot der Mehrfachfestsetzung ausnahmsweise beim Übergang von einem sog. Nullfall (s. § 12 Rdn. 43) zur vergütungspflichtigen Benutzung nicht eingreifen[169], da ursprünglich noch keine Vergütungszahlung geschuldet wurde.

**II. Pflicht des Arbeitgebers zur Festsetzung**

41 Nach fruchtlosem Ablauf der angemessenen Frist des § 12 Abs. 1 (s. dazu § 12 Rdn. 22 ff.) trifft den Arbeitgeber die Pflicht, **von sich aus** die Festsetzung der angemessenen Vergütung vorzunehmen (zum Zeitpunkt s. § 12 Rdn. 55 ff.), ohne dass es einer Aufforderung durch den Arbeitnehmer bedarf.[170] Fehlt eine Vergütungsvereinbarung nach § 12 Abs. 1 und ist die für den Abschluss geltende angemessene Frist abgelaufen, dann begründet § 12 Abs. 3 für den Arbeitgeber das Recht und die Pflicht, den Vergütungsanspruch des Arbeitnehmererfinders zu berechnen, festzusetzen und die festgesetzte Vergütung auszu-

---

168 Insoweit a. A. Keukenschrijver in Busse/Keukenschrijver, PatG, Rn. 15 zu § 12 ArbEG (m. H. a. Schiedsst. v. 25.03.2003 – Arb.Erf. 43/01), wonach der ArbG bei Fehlen einer »übergreifenden Feststellung oder Festsetzung« nicht gehindert sein soll, »noch laufende Vergütungsfälle durch jeweils einzelne Vergütungsfestsetzungen zu regeln« (ähnl. im Ergebn. dort Rn. 22 zu § 12 ArbEG m.H.a. Schiedsst. v. 24.07.2003 – Arb.Erf. 74/01).
169 Insoweit die Möglichkeit einer erneuten Festsetzung bejahend Boemke/Kursawe/Engemann Rn. 103 zu § 12.
170 Vgl. BGH v. 17.05.1994 – X ZR 82/92, GRUR 1994, 898, 901 – *Copolyester*; bestätigend BGH v. 10.09.2002 – X ZR 199/01, GRUR 2003, 237, 238 – *Ozon*; Schiedsst. v. 20.11.1967, BlPMZ 1967, 23, 24 l.Sp.; u. v. 19.12.1991, GRUR 1992, 847, 850 l.Sp. l.Sp. u. v. 05.12.2007 – Arb.Erf. 35/06 (Datenbank).

D. Festsetzung der Vergütung (Abs. 3 bis 5)  § 12

zahlen.[171] Der Arbeitnehmererfinder hat neben seinem Vergütungsanspruch einen (echten) **Anspruch auf Festsetzung**.[172] Dadurch soll erreicht werden, dass der Arbeitnehmer in absehbarer Zeit erfährt, welche Vergütung der Arbeitgeber für angemessen hält.[173]

Maßgeblich ist allein, dass eine **Vereinbarung über die Vergütung** innerhalb der geltenden Fristen (s. dazu § 12 Rdn. 55 ff.) **nicht zustande gekommen** ist; aus welchen Gründen diese unterblieben ist, ob eine gütliche Vereinbarung – etwa auf der Grundlage eines Vergütungsangebots des Arbeitgebers[174] – versucht wurde oder gescheitert ist oder ob überhaupt keine Verhandlungen geführt worden sind, ist u.E. letztlich bedeutungslos.[175] Jedenfalls haben weder Scheitern noch Unterbleiben von Verhandlungen einen Einfluss auf die Wirksamkeit einer Vergütungsfestsetzung (vgl. § 12 Rdn. 15, 24). Entsprechend ist eine Vergütungsfestsetzung auch dann wirksam, wenn kein Versuch einer einvernehmlichen Vereinbarung der Vergütung vorausgegangen ist[176] oder wenn sie verspätet erfolgt (s. § 12 Rdn. 56). Zur Teileinigung s. § 12 Rdn. 40. 42

Die Pflicht zur Festsetzung besteht unabhängig davon, ob (schon) eine Vergütung geschuldet wird, also auch dann, wenn die angemessene Vergütung gleich Null ist (**Null-Fall**, s. dazu § 9 Rdn. 321 ff.); in solchen (seltenen) Fällen muss der Arbeitgeber die in § 12 Abs. 3 geforderte, förmliche Erklärung dahin abge- 43

---

171 BGH v. 10.09.2002 – X ZR 199/01, GRUR 2003, 237, 238 – *Ozon*.
172 BGH v. 28.06.1962 – I ZR 28/61, GRUR 1963, 135 – *Cromegal*.
173 Amtl. Begründung BT-Drucks. II/1648 S. 30 = BlPMZ 1957, 234.
174 Schiedsst. v. 26.08.1997 – Arb.Erf. 30/96, (unveröffentl.).
175 BGH v. 02.12.1960 – I ZR 23/59, GRUR 1961, 338, 340 – *Chlormethylierung*; bestätigt durch BGH v. 10.09.2002 – X ZR 199/01, GRUR 2003, 237, 238 – *Ozon*; so ferner Schiedsst. v. 02.03.1993, EGR Nr. 86 zu § 9 ArbEG (Verg.Anspr.); Reimer/Schade/Schippel/Trimborn Rn. 30 zu § 12; a.A. Volmer Rn. 28 zu § 12; Volmer/Gaul Rn. 33 zu § 12; Schwab, Arbeitnehmererfindungsrecht, § 12 Rn. 3, wonach das zweistufige Verfahren von Versuch einer vertraglichen Festlegung und anschließender Festsetzung »in § 12 zwingend festgelegt« ist und der »früheste Zeitpunkt« für die Festsetzung mit ergebnislosem Abbruch der Vergütungsverhandlungen sein soll, wobei offenbleibt, inwieweit rechtliche Konsequenzen an einen »Verstoß« anknüpfen (Unwirksamkeit der Festsetzung?). Enger wohl auch (noch) BGH v. 17.05.1994 – X ZR 82/92, GRUR 1994, 898, 901 – *Copolyester* mit dem obiter dictum: »Erst dann, wenn eine solche Vereinbarung binnen angemessener Frist nicht zustande kommt und die Verhandlungen endgültig gescheitert sind, ist der Arbeitgeber nach § 12 Abs. 3 ArbEG berechtigt und verpflichtet, die Vergütung durch eine begründete *schriftliche* Erklärung festzusetzen.«.
176 Schiedsst. v. 02.03.1993, EGR Nr. 86 zu § 9 ArbEG (Verg.Anspr.).

ben, dass er die Diensterfindung als einen »Null-Fall« zu behandeln gedenkt[177] (s.a. § 12 Rdn. 72.1). Dies gilt auch und gerade für den Bereich der noch nicht verwerteten Erfindungen für die Zeit nach (rechtskräftiger) Patenterteilung (s. dazu § 9 Rdn. 210 ff.). Ist der Arbeitnehmer damit nicht einverstanden, muss er auch in diesem Fall förmlich nach § 12 Abs. 4 widersprechen.[178]

43.1 Eine Pflicht zur Festsetzung besteht auch bei **Zweifeln an der Schutzfähigkeit**; dies entspricht der Systematik des ArbEG (s. § 2 Rdn. 16 ff.). Ist ein Erteilungsverfahren (noch) anhängig, können Zweifel an der Schutzfähigkeit in der Höhe des **Risikoabschlags** ausgedrückt werden (s. § 12 Rdn. 68.2). Ist ein Schutzrecht erteilt, ist eine Festsetzung auf Null in den Fällen der Unzumutbarkeit berechtigt (§ 9 Rdn. 35 f. u. 321 ff.; zur Begründungspflicht s. § 12 Rdn. 52 f.). Hat der Arbeitgeber unter Verletzung seiner Anmeldepflicht nach § 13 die Diensterfindung nicht zum Schutzrecht angemeldet, ist er zu einer Vergütungsfestsetzung auf Null im Hinblick auf seine Zweifel an der Schutzfähigkeit nicht berechtigt; er kann nicht aus eigener Autorität über die Schutzfähigkeit entscheiden, da hierzu nur die Erteilungsbehörden und die Gerichte bzw. im Fall des § 17 Abs. 2 die Schiedsstelle berufen sind[179] (vgl. § 2 Rdn. 16 u. § 10 a.F. Rdn. 19 ff.). Eine solche Festsetzung ist unwirksam[180] (zur Vergütungsfestsetzung auf Null wegen fehlender Miterfinderschaft s. § 12 Rdn. 54).

44 Kommt der Arbeitgeber innerhalb des in § 12 Abs. 3 genannten Zeitraumes (s. dazu § 12 Rdn. 55 ff.) seiner Festsetzungspflicht nicht nach, stehen dem **Arbeitnehmer mehrere Möglichkeiten** offen:
(1) Unstreitig kann der Arbeitnehmer, da der Anspruch auf angemessene Vergütung fällig geworden ist (s. dazu § 12 Rdn. 56 ff.), sofort seinen Anspruch auf **Zahlung einer angemessenen Vergütung** zunächst im Schiedsstellenverfahren (§§ 28 ff.) und dann im Klagewege (§§ 37, 39 Abs. 1) geltend machen,[181] wobei nach § 38 auch ein unbezifferter Klageantrag zulässig ist.

---

177 BGH v. 28.06.1962 – I ZR 28/61, GRUR 1963, 135, 137 l.Sp. – *Cromegal*; Schiedsst. v. 25.04.1983, BlPMZ 1983, 378; zust. auch Keukenschrijver in Busse/Keukenschrijver, PatG, Rn. 16 zu § 12 ArbEG.
178 Keukenschrijver in Busse/Keukenschrijver, PatG, Rn. 23 zu § 12 ArbEG m. H. a. Schiedsst. v. 15.12.2005 – Arb.Erf. 39/04.
179 Schiedsst. v. 26.08.1996 – Arb.Erf. 52/94, (unveröffentl.).
180 Schiedsst. v. 26.08.1996 – Arb.Erf. 52/94, (unveröffentl.).
181 BGH v. 04.12.2007 – X ZR 102/06, GRUR 2008, 606, 607 [Rn. 15] – *Ramipril I*; BGH v. 02.12.1960 – I ZR 23/59, GRUR 1961, 338, 340 – *Chlormethylierung* u. v. 28.06.1962, GRUR 1963, 135; Amtl. Begründung BT-Drucks. II/1648 S. 30 = BlPMZ 1957, 234.

(2) Alternativ kann der Arbeitnehmer ausweislich des »Ramipril I«-Urteils des *BGH*[182] wegen der Qualifizierung der Festsetzung als Leistungsbestimmungsrecht (s. § 12 Rdn. 48) – vorbehaltlich des Schiedsstellenverfahrens (§§ 28 ff., 37) – **gerichtliche Bestimmung** der angemessenen Vergütung i.S.v. § 315 Abs. 3 Satz 2 Halbs. 2 BGB beantragen; die darauf gerichtete Klage auf angemessene Vergütung (§ 38 Rdn. 3 ff.) ist vor der Patentstreitkammer des zuständigen LG (§§ 37, 39) zu erheben.

Anstelle der 2. Alt. geht jedenfalls die herrschende Meinung im Schrifttum im Anschluss an die frühere BGH-Rechtsprechung[183] davon aus, dass der Arbeitnehmer – nach erfolglosem Schiedsstellenverfahren (§§ 28 ff.) – **Klage** gegen den Arbeitgeber **auf Festsetzung der Vergütung** vor der Patentstreitkammer des zuständigen LG (§§ 37, 39) erheben kann.[184] Für das Rechtsschutzinteresse an einer selbstständigen Verfolgung des Anspruchs auf Festsetzung genügt es, wenn der Arbeitnehmer noch einer detaillierten Darlegung der Bemessungsgrundlagen für den Anspruch (vgl. § 9 Abs. 2) bedarf und nach Festsetzung noch gewisse Aussicht auf außergerichtliches Verbindlichwerden der einseitigen Festsetzung (vgl. § 12 Abs. 4) besteht.[185] Unklar ist, ob der *BGH* diese 3. Klagemöglichkeit nunmehr – etwa mangels Rechtsschutzbedürfnisses – verneint, nachdem sie in dem »Ramipril I«-Urteil[186] nicht mehr angesprochen ist.

Erfüllt der Arbeitgeber seine Verpflichtung zur Vergütungsfestsetzung nicht, so **verletzt** er nach Auffassung des *OLG Frankfurt am Main*[187] seine gesetzlichen und auch seine **arbeitsvertraglichen Pflichten** und hat den dadurch verursachten Schaden (dort Steuerschaden) zu ersetzen. Diese Auffassung begegnet

45

---

182 BGH v. 04.12.2007 – X ZR 102/06, GRUR 2008, 606, 607 [Rn. 15] – *Ramipril I*.
183 BGH v. 02.12.1960 – I ZR 23/59, GRUR 1961, 338, 340 – *Chlormethylierung* u. BGH v. 28.06.1962 – I ZR 28/61, GRUR 1963, 135 – *Cromegal*; vgl. auch Amtl. Begründung BT-Drucks. II/1648 S. 30 = BlPMZ 1957, 234.
184 Keukenschrijver in Busse/Keukenschrijver, PatG, Rn. 15 zu § 12 ArbEG; Volmer/Gaul Rn. 97 ff. zu § 12; s. auch Boemke/Kursawe/Engemann Rn. 78 ff. zu § 9 u. Rn. 71 zu § 12; ebenso 4. Vorauflage KommArbEG.
185 BGH v. 28.06.1962 – I ZR 28/61, GRUR 1963, 135 f. (zu II.1 a.E.) – *Cromegal*.
186 BGH v. 04.12.2007 – X ZR 102/06, GRUR 2008, 606, 607 [Rn. 15] – *Ramipril I*.
187 Urt. v. 30.04.1992, EGR Nr. 62 zu § 9 ArbEG (VergHöhe) – *Simulation von Radioaktivität* (insoweit nicht in GRUR 1992, 852) unter Bezugnahme auf OLG Frankfurt am Main OLG Frankfurt/Main v. 19.12.1991 – 6 U 111/90 – *Bügelverschließmaschine* (insoweit nicht in GRUR 1993, 910 = Mitt. 1992, 253); im Grundsatz zust. Boemke/Kursawe/Engemann Rn. 72 zu § 12 (bei Fälligkeit, wenn der ArbN erfolglos »angemahnt« hat); abl. auch Reimer/Schade/Schippel/Trimborn Rn. 36 zu § 12.

Bedenken. Dabei kann dahingestellt bleiben, ob eine Verletzung der Bestimmungen des ArbEG im Hinblick auf § 25 (»Sonstige Verpflichtungen, die sich ... aus dem Arbeitsverhältnis ergeben, werden durch die Vorschriften dieses Gesetzes nicht berührt ...«) generell einer Verletzung von arbeitsvertraglichen Pflichten gleichgestellt werden kann.[188] Eine Verzögerung der Leistung als solche stellt – auch nach der Schuldrechtsreform von 2002 (vgl. § 286 BGB) – grds. noch keine zum Schadensersatz verpflichtende Pflichtverletzung dar.[189] Denn bei § 12 handelt es sich im Wesentlichen um eine im beiderseitigen Interesse liegende Regelung zur Konkretisierung und Fälligkeit des Vergütungsanspruchs.

Auch eine Einstufung des § 12 Abs. 3 ArbEG als Schutzgesetz i.S.d. § 823 Abs. 2 BGB – der auch vom *OLG Frankfurt am Main* nicht herangezogen wird – scheidet aus,[190] da es bei der gesetzlichen Ausgestaltung der Vergütungsfestsetzung und deren Termin nicht darum gehen kann, eine näher konkretisierte Schädigung zu verhindern; vielmehr handelt es sich um eine Regelung der Leistungsbeziehungen zwischen Arbeitgeber und Arbeitnehmererfinder (s. aber § 12 Rdn. 2).

Im eigentlichen Sinne enthält § 12 Abs. 3 ArbEG noch nicht einmal eine den Verzug begründende Fälligkeitsregelung für die Vergütungszahlung, sondern lediglich die Verpflichtung des Arbeitgebers, dem Arbeitnehmererfinder zur Höhe der Vergütung einen Vorschlag zu unterbreiten und bei fehlendem Einverständnis sich durch einseitige Willenserklärung auf eine bestimmte Vergü-

---

188 So die Kritik bei Reimer/Schade/Schippel/Trimborn Rn. 36 zu § 12; die Möglichkeit einer schadensersatzbegründenden Arbeitsvertragsverletzung bei Verletzung von Verpflichtungen aus dem ArbEG allgemein offengelassen von BGH v. 31.01.1978 – X ZR 55/75, GRUR 1978, S. 430, 431 – *Absorberstab-Antrieb*.
189 Ebenso Schiedsst. grundlegend EV v. 23.03.1995 – Arb.Erf. 177/92; v. 05.12.2007 – Arb.Erf. 35/06; v. 21.04.2009 – Arb.Erf. 13/08; v. 23.03.2010 – Arb.Erf. 13/09 (alle Datenbank); v. 14.10.2010 – Arb.Erf. 34/08, (Datenbank, insoweit nicht in www.dpma.de) u. v. 10.10.2013 – Arb.Erf. 22/12, (www.dpma.de); Reimer/Schade/Schippel/Trimborn Rz. 36 zu § 12; vgl. allg. BGH, NJW 1985, 326.
190 Ebenso Schiedsst. v. 23.03.1995 – Arb.Erf. 177/92; bestätigt durch EV v. 21.11.1995 – Arb.Erf. 16/94, (beide unveröffentl.); v. 05.12.2007 – Arb.Erf. 35/06; v. 21.04.2009 – Arb.Erf. 13/08; v. 23.03.2010 – Arb.Erf. 13/09 (alle Datenbank); v. 14.10.2010 – Arb.Erf. 34/08, (Datenbank, insoweit nicht in www.dpma.de); v. 10.10.2013 – Arb.Erf. 22/12, (www.dpma.de); Keukenschrijver in Busse/Keukenschrijver, PatG, Rn. 15 zu § 12 ArbEG.

D. Festsetzung der Vergütung (Abs. 3 bis 5)  §  12

tungshöhe festzulegen.[191] Eine Fälligkeit des Vergütungsanspruchs braucht zu diesem Zeitpunkt noch gar nicht eingetreten zu sein, da eine Vergütungsfeststellung bzw. -festsetzung auch dann vom Arbeitgeber vorzunehmen ist, wenn innerhalb von 3 Monaten nach unanfechtbarer Patenterteilung eine Benutzung des Erfindungsgegenstandes noch gar nicht erfolgt. Fällig werden Vergütungszahlungen nach der Praxis der *Schiedsstelle* i.Ü. erst, wenn der wirtschaftliche Vorteil aus der Benutzung der Diensterfindung beim Arbeitgeber tatsächlich eingetreten ist, d.h. der Arbeitgeber z. B. den Kaufpreis für den erfindungsgemäß ausgebildeten Gegenstand erhalten hat und der Abrechnungszeitpunkt nach üblichen Betriebsabrechnungszeiträumen eingetreten ist[192] (s.a. § 9 Rdn. 20 ff. und § 12 Rdn. 55 ff.). Auch die *Schiedsstelle* ist aus diesen Gründen dem *OLG Frankfurt am Main* nicht gefolgt.[193]

Für die unterbliebene bzw. verzögerte Erfüllung von Leistungs- und Zahlungspflichten muss es deshalb bei den dafür einschlägigen **Regelungen des Verzuges** bleiben.

Die nicht fristgerechte Erfüllung der Festsetzungspflicht allein begründet noch keinen **Verzug** des Arbeitgebers i.S.d. § 286 BGB. Für einen Verzug und die daran anknüpfenden Rechtsfolgen ist vielmehr neben der Fälligkeit grds. eine **Mahnung** seitens des Arbeitnehmers erforderlich (s. dazu § 9 Rdn. 26 f.). 46

### III. Rechtsnatur der Festsetzung

Ihrer Rechtsnatur nach ist die Festsetzung eine einseitige, **empfangsbedürftige Willenserklärung**,[194] die mit Zugang beim Arbeitnehmer wirksam wird[195] (§ 130 BGB; Einzelheiten z. Zugang s. § 5 Rdn. 10 ff.). Als solche unterliegt sie den allgemeinen Bestimmungen des BGB; für ihre Auslegung ist im Zweifel auf den Empfängerhorizont abzustellen (s.a. § 12 Rdn. 11, 17). Sie kann gem. §§ 119, 123 BGB angefochten werden (s. dazu § 12 Rdn. 20 f.); der Rückzahlung bereits erbrachter Vergütungszahlungen im Fall einer Irrtumsanfechtung 47

---

191 Ebenso Schiedsst. v. 05.12.2007 – Arb.Erf. 35/06; v. 23.03.2010 – Arb.Erf. 13/09 (beide Datenbank); v. 14.10.2010 – Arb.Erf. 34/08 (Datenbank, insoweit nicht in www.dpma.de); v. 10.10.2013 – Arb.Erf. 22/12, (www.dpma.de).
192 Schiedsst. v. 27.11.1990 – Arb.Erf. 24/90, u. v. 23.03.1995 – Arb.Erf. 177/92, (beide unveröffentl.).
193 Schiedsst. v. 23.03.1995 – Arb.Erf. 177/92; v. 21.11.1995 – Arb.Erf. 16/94, (beide unveröffentl.); v. 10.10.2013 – Arb.Erf. 22/12, (www.dpma.de).
194 BGH v. 28.06.1962 – I ZR 28/61, GRUR 1963, 135, 136 zu II 2 – *Cromegal*; Keukenschrijver in Busse/Keukenschrijver, PatG, Rn. 17 zu § 12 ArbEG.
195 Zum Zugang s. Schiedsst. v. 25.10.1989, BlPMZ 1991, 253, 254.

steht grds. das Rückforderungsverbot nach § 12 Abs. 6 Satz 2 entgegen[196] (s.u. § 12 Rdn. 154 ff.). Eine Bevollmächtigung Dritter (z.b. der zentralen Patentabteilung eines Konzerns;[197] §§ 166, 167 BGB) ist zulässig (§ 174 BGB, s. auch § 12 Rdn. 47 u. § 6 a.F. Rdn. 29). Handelt ein Dritter als Vertreter ohne Vertretungsmacht, ist die Festsetzung mangels Genehmigung des Arbeitgebers unwirksam (vgl. § 180 BGB). Die Grundsätze der Anscheinsvollmacht bleiben allerdings beachtlich. Eine Vergütungsfestsetzung in einem Schriftsatz an die Schiedsstelle wird mit Zugang beim Arbeitnehmer wirksam (s. § 31 Rdn. 18 f.).

**Erklärungsempfänger** ist der Arbeitnehmer, auch nach Beendigung des Arbeitsverhältnisses (§ 26; zu Erben s. § 1 Rdn. 149; zu Miterfindern s. § 12 Rdn. 54).

Aufgrund ihrer rechtsgestaltenden Wirkung ist die Festsetzung **bedingungsfeindlich**[198] (s.a. § 12 Rdn. 50). Deshalb ist bspw. eine Festsetzung unwirksam, wenn sich der Arbeitgeber – sei es auch nur bezüglich einzelner Berechnungsfaktoren – das Recht zur einseitigen Änderung vorbehält.[199] Stellt der Arbeitgeber einzelne Vergütungskriterien einer Vergütungsfestsetzung »unter den Vorbehalt des Widerrufs« für den Fall, dass bei einem bloßen Teilwiderspruch des Arbeitnehmers gegen andere Vergütungskriterien auch dieser Berechnungsfaktor neu verhandelt werden müsse, liegt darin jedoch keine Bedingung, sondern die zulässige Verknüpfung von Berechnungsgrößen zur Vermeidung eines (Teil-)Widerspruchs[200] (s. dazu § 12 Rdn. 79). Zur »Prämierung« eines unterlassenen Widerspruchs s. § 12 Rdn. 50.

Gleiches gilt, wenn der Arbeitgeber in der Vergütungsfestsetzung betont, dass dies »**ohne Anerkennung einer Rechtspflicht**« geschehe, er aber zugleich klarstellt, dass diese Festsetzung der endgültigen Erledigung der Vergütungsan-

---

196 A.A. Volmer/Gaul Rn. 68 zu § 12 m.d.H. auf §§ 812, 818 Abs. 3 BGB u. ggf. § 122 BGB.
197 OLG Düsseldorf v. 12.01.2010 – 2 U 44/06 – *Ummantelung von Stahlröhren II*, (unveröffentl.).
198 Schiedsst. v. 09.05.1985, BlPMZ 1985, 383, 384 u. v. 25.03.1994 – Arb.Erf. 64/93, (unveröffentl.); Keukenschrijver in Busse/Keukenschrijver, PatG, Rn. 17 zu § 12 ArbEG.
199 Schiedsst. ZB v. 17.03.1994 – Arb.Erf. 177/92, (unveröffentl.), bestätigt durch Schiedsst. v. 25.03.1994 – Arb.Erf. 64/93, (unveröffentl.).
200 Schiedsst. v. 25.03.1994 – Arb.Erf. 64/93, (unveröffentl.) u. v. 17.03.2005 – Arb.Erf. 99/03, (Datenbank); noch weitergehend wohl Schiedsst. v. 27.01.2004 – Arb.Erf. 48/02, (Datenbank); gespalten Boemke/Kursawe: der Schiedsst. zustimmend Boemke/Kursawe/Gennen Rn. 121 zu § 12, demgegenüber ablehnend Boemke/Kursawe/Engemann Rn. 80 zu § 12.

## D. Festsetzung der Vergütung (Abs. 3 bis 5) § 12

sprüche diene. Maßgebend sind nicht subjektive Wertungen oder Motive des Arbeitgebers, etwa der Hinweis, »an sich« zu einer solchen Vergütungszahlung nicht verpflichtet zu sein. Entscheidend kommt es darauf an, ob mit dieser Erklärung ein Verpflichtungswille verbunden ist.[201]

Ist die Festsetzung mit einem **vorgeschalteten Vertragsangebot** zu einer Vergütungsvereinbarung verbunden und soll sie dementsprechend ihre Rechtswirkungen nur dann entfalten, wenn der Arbeitnehmer das Angebot nicht annimmt, liegt u. E. eine bei Gestaltungserklärungen unschädliche sog. Potestativbedingung vor, wenn damit das Wirksamwerden der Festsetzung allein in der Hand des Arbeitnehmers liegt.[202]

Wie auch § 12 Abs. 3 verdeutlicht, soll die Vergütungsfestsetzung eine endgültige Konkretisierung des Vergütungsanspruchs bereits vor Schutzrechtserteilung herbeiführen, sodass es dem Arbeitgeber auch verwehrt ist, die Vergütungsfestsetzung einseitig zu **befristen**, etwa durch Beschränkung ihrer Wirkung auf die Zeit bis zur Entscheidung über die endgültige Schutzfähigkeit bzw. bis zu einem sonstigen bestimmten Endtermin. Anderenfalls würde eine solche Befristung die Möglichkeit einer Umgehung des Anspruchs des Arbeitnehmers auf abschließende Vergütungsregelung sowie der Anpassungsvoraussetzungen des § 12 Abs. 6 bedeuten; dies gilt auch dann, wenn in der Vergütungsfestsetzung ausdrücklich klargestellt wird, dass weitergehende Vergütungsansprüche einer einvernehmlichen Regelung vorbehalten bleiben. Zum Risikoabschlag s. § 12 Rdn. 64.

Widerspricht der Arbeitnehmer der Festsetzung innerhalb der 2-Monats-Frist nicht, wird diese gem. § 12 Abs. 4 Satz 2 verbindlich (s. § 12 Rdn. 74 ff.). Damit stellt sich die einseitige Festsetzung in Abweichung von § 147 BGB quasi als vom Arbeitgeber nicht widerrufbares **Vertragsangebot** zu Art und Höhe der zu zahlenden Erfindervergütung (s. § 12 Rdn. 11 f.) dar.[203] Die

48

---

201 A.A. Schiedsst. v. 17.03.1994 – Arb.Erf. 177/92, (unveröffentl.).
202 Offen gelassen bei LG Düsseldorf v. 24.11.2013 – 4a O 52/06, (Düsseldf. Entsch. Nr. 2010) – Betonschutzwände II.
203 So zutr. Volmer Rn. 23 zu § 12 unter Hinweis auf die vergleichbare Rechtsfigur der Auslobung (§§ 657 ff. BGB); ebenso Tetzner, GRUR 1968, 292, 293; zust. auch Boemke/Kursawe/Engemann Rn. 82 zu § 12; im Ergebnis wohl auch Volmer/Gaul Rn. 31 zu § 12, wonach die aufgrund Festsetzung herbeigeführte Vergütungsregelung als rechtsgeschäftliche Vereinbarung verstanden werden soll, wohingegen in Rn. 68 zu § 12 von der Festsetzung als »einseitiges Rechtsgeschäft« gesprochen wird. I.H.a. die Mindestzahlungsverpflichtung kommt lt. Keukenschrijver (in Busse/Keukenschrijver, PatG, Rn. 17 zu § 12 ArbEG) bereits der einseitigen Festsetzungserkl. eine Gestaltungswirkung zu.

höchstrichterliche Rechtsprechung sieht in dem Festsetzungsrecht des Arbeitgebers ein **gesetzliches Leistungsbestimmungsrecht i.S.d. § 315 Abs. 1 BGB**,[204] indem dem Arbeitgeber das Recht zugewiesen wird, (zunächst) die angemessene Vergütung nach billigem Ermessen zu bestimmen, dessen Ergebnis der Arbeitnehmer aufgrund seines Widerspruchsrechts aber nicht hinzunehmen braucht[205] (zur Klagemöglichkeit s. § 12 Rdn. 44). Insoweit ist diese Leistungsbestimmung – abweichend von den Fällen des § 313 Abs. 3 BGB – nur einseitig für den Arbeitgeber bindend (zu dessen Mindestzahlungspflicht s. § 12 Rdn. 75). Eine einseitige Korrektur ist dem Arbeitgeber nicht möglich[206] (s. auch § 12 Rdn. 40).

**Grundlage für die Berechnung der Vergütung** sind nur die Kriterien und Maßstäbe, welche der Arbeitgeber in Ausübung seines Festsetzungsrechts **konkret bezeichnet** hat[207] (zur Auslegung s.o. § 12 Rdn. 11, 47). Zur Bindungswirkung der Festsetzung s. § 12 Rdn. 74 ff., zur Wirkung des Widerspruchs des Arbeitnehmers s. § 12 Rdn. 83 ff.

### IV. Form und Inhalt

49  Für die Festsetzung der Vergütung schreibt Abs. 3 im Hinblick auf deren Bedeutung zwingend **Textform** (§ 126b BGB, Einzelheiten dazu s. § 5 Rdn. 35 ff.) vor. Das **frühere Schriftformerfordernis** ist zugunsten dieser im Zivilrecht neu eingeführten Formvorschrift für die **seit dem 01.10.2009 gemeldeten Diensterfindungen** (s. § 43 Abs. 3 Rdn. 14 ff.) entfallen; mit der Nutzungsmöglichkeit moderner Informations- und Kommunikationstechniken wurde einem offensichtlichen Bedürfnis der betrieblichen Praxis Rechnung getragen.[208] Die Festsetzung muss also vom Arbeitgeber bzw. einem Bevollmächtigten ggü. dem Arbeitnehmererfinder zumindest in Textform abgegeben werden (Einzelheiten bei § 5 Rdn. 35). Selbstverständlich ist auch hier die Schriftform (§ 126 BGB) möglich, wenn auch nicht mehr erforderlich. Die Textform ist Wirksamkeitsvoraussetzung. Wegen des Textformerfordernisses

---

204 BGH v. 17.05.1994 – X ZR 82/92, GRUR 1994, 898, 901 – *Copolyester*; bestätigt durch BGH v. 04.12.2007 – X ZR 102/06, GRUR 2008, 606, 607 [Rn. 15] – *Ramipril I*.
205 BGH v. 17.05.1994 – X ZR 82/92, GRUR 1994, 898, 901 – *Copolyester*.
206 Schiedsst. v. 19.07.2001 – Arb.Erf. 34/98, (unveröffentl.).
207 BGH v. 17.05.1994 – X ZR 82/92, GRUR 1994, 898, 902 – *Copolyester*.
208 Die Amtl. Begründung zum PatRModG (in BR-Drucks. 757/08 S. 52 – zu Art. 7 Nr. 8) verweist insoweit auf die Ausführungen zur Neufassung des § 5.

D. Festsetzung der Vergütung (Abs. 3 bis 5) § 12

reicht nunmehr – anders als im früheren Recht[209] – neben einer Übermittlung per Telefax auch eine **E-Mail** regelmäßig aus (s. § 5 Rdn. 35).

Das bisherige zwingende **Schriftformerfordernis** (s. dazu § 5 Rdn. 36) betrifft alle Erfindungen, die vor dem Inkrafttreten des Patentrechtsmodernisierungsgesetzes, also **vor dem 01.10.2009** nach § 5 **gemeldet** worden sind, auch wenn die Festsetzung erst später erfolgt[210] (zum Übergangsrecht s. § 43 Rdn. 14 ff.). Dies bedeutet, dass eine Vergütungsfestsetzung nur dann rechtliche Wirkung entfaltet, wenn sie vom Arbeitgeber in einer Urkunde aufgenommen worden ist, die von ihm (bzw. seinem Bevollmächtigten, s. § 5 Rdn. 5, 54) eigenhändig durch **Namensunterschrift** unterzeichnet worden ist (vgl. § 126 Abs. 1 BGB). Die Übermittlung einer Vergütungsfestsetzung im Wege der **Telekommunikation** (Telefax, Telekopie, telegrafische oder fernschriftliche Übermittlungen einschl. E-Mail) erfüllt dieses frühere gesetzliche Schriftformerfordernis für diese »Alterfindungen« nicht[211] (s. i.Ü. § 5 Rdn. 36 f.). 49.1

Eine **formlose** (mündliche) Festsetzungserklärung ist nach wie vor unwirksam (§ 125 BGB) und entfaltet keine Bindungswirkung, selbst wenn der Arbeitnehmer nicht widersprochen hat. Allerdings ist dann zu prüfen, ob ein zulässiger (vgl. § 22 Satz 2) einvernehmlicher Formverzicht vorliegt; angesichts der Beweisfunktion sollten u. E. an den Nachweis eines (stillschweigenden) Verzichts auf die Form allerdings keine geringen Anforderungen gestellt werden. Ferner wäre dann ggf. die Möglichkeit einer (formlosen) Vergütungsvereinbarung zu prüfen (s. § 12 Rdn. 18 f.). 49.2

**Inhaltlich** muss das Schreiben für den Arbeitnehmer **eindeutig erkennen lassen**, dass der Arbeitgeber eine (verbindliche) Festsetzung der Vergütung vornimmt.[212] Insoweit ist eine Festsetzung – ggf. im Wege der Auslegung (§§ 133, 157 BGB) – abzugrenzen von einem unverbindlichen Vorschlag, einem Vergütungsangebot oder einer bloßen Berechnung.[213] Der Rechtscharakter als Festsetzung muss für den Arbeitnehmer als Adressaten zweifelsfrei 50

---

209 Schiedsst. v. 14.02.1995 – Arb.Erf. 46/93 u. v. 13.10.2009 – Arb.Erf. 38/06, (beide unveröffentl.).
210 Wohl unstreitig, z. B. Schiedsst. v. 22.12.2016 Mitt. 2017, 561, 562.
211 Schiedsst. v. 13.10.2009 – Arb.Erf. 38/06, (unveröffentl.).
212 Zust. LG Düsseldorf v. 24.04.2012 – 4a O 286/10, (juris, Rn. 128, 138) – Kälteanlage m. H. a. OLG Düsseldorf v. 15.05.2008 – I-2 U 36/07; ferner Schiedsst. v. 06.07.2016 – Arb.Erf. 23/13, (www.dpma.de); ähnl. Keukenschrijver in Busse/Keukenschrijver, PatG, Rn.18 zu § 12 ArbEG.
213 Vgl. auch Schiedsst. v. 15.06.2015 – Arb.Erf. 07/13, (www.dpma.de).

erkennbar sein[214] (»Empfängerhorizont«). Eine wirksame Vergütungsfestsetzung liegt regelmäßig nicht vor, wenn diese Erklärung »nur nebenbei« in einem umfangreichen Schriftstück enthalten und damit so versteckt ist, dass sie der durchschnittliche Leser nicht ohne Weiteres als solche erkennen kann[215]. Es muss also aus der Urkunde deutlich werden, dass der Arbeitgeber einseitig die darin bezeichnete Vergütung für sich abschließend und verbindlich festlegt[216] (s.a. § 12 Rdn. 12). Deshalb reicht z.b. eine bloße Vergütungsberechnung[217] ebenso wenig aus, wie eine bloße Vergütungsabrechnung.[218] Auch eine Gehaltsabrechnung mit einem als Erfindervergütung deklarierten Betrag, aus der nicht die Berechnung, Dauer und Absicht des Arbeitgebers hervorgehen, diese Vergütung einseitig verbindlich festzulegen, reicht für eine Festsetzung nicht aus.[219] Auch ein als Vergütungsangebot formuliertes Schreiben stellt keine Festsetzung dar, da hieraus nicht die erforderliche einseitige Bindung des Arbeitgebers erkennbar wird.[220] Erklärt der Arbeitgeber seine Bereitschaft zu einer höheren Vergütungszahlung, sofern der Arbeitnehmer eine ihm übermittelte Festsetzung anerkennt, liegt hierin keine dem Gestaltungscharakter einer Festsetzung widersprechende Bedingung, sondern ein zusätzliches Vertragsangebot.[221] Eine Vergütungsfestsetzung liegt z. B. vor, wenn aus einem als »Berechnung der Erfindervergütung« überschriebenen Dokument für einen verständigen Betrachter die wesentlichen, mit Zahlen unterlegten Berechnungsparameter hervorgehen.[222] Dabei kann es für eine Festsetzung genügen,

---

214 Allg. A., z.B. Schiedsst. v. 15.03.1994 – Arb.Erf. 121/92, (unveröffentl.); v. 15.01.2013 – Arb.Erf. 44/11, (www.dpma.de).
215 Schiedsstr. v. 14.02.1995 – Arb.Erf. 46/95, (unveröffentl.).
216 Ähnl. Schiedsst. v. 15.09.1994 – Arb.Erf. 172/92, (unveröffentl.): Denn ein Schreiben, mit dem eine Vergütung festgesetzt wird, muss klar erkennen lassen, dass die Vergütungsfestsetzung verbindlich sein soll, dass sie also auch gegen den Willen des Arbeitnehmererfinders, notfalls also nur einseitig für den Arbeitgeber gelten soll; s.a. Schiedsst. v. 05.12.2007 – Arb.Erf. 35/06, (Datenbank). Wie hier ferner Schiedsst. v. 15.01.2013 – Arb.Erf. 44/11, (www.dpma.de) m.w.N.; v. 06.07.2016 – Arb.Erf. 23/13, (www.dpma.de).
217 Schiedsst. v. 14.02.1995 – Arb.Erf. 46/93, u. v. 02.12.1996 – Arb.Erf. 10/95, (beide unveröffentl.).
218 Schiedsst. v. 20.01.1997 – Arb.Erf. 34/93, (unveröffentl.) u. v. 24.07.2008 – Arb.Erf. 05/07, (Datenbank).
219 S. Schiedsst. v. 06.07.2016 – Arb.Erf. 23/13, (www.dpma.de).
220 Schiedsst. v. 15.09.1994 – Arb.Erf. 172/92; v. 21.11.1995 – Arb.Erf. 16/94; v. 20.01.1997 – Arb.Erf. 34/93, (alle unveröffentl.); v. 15.01.2013 – Arb.Erf. 44/11, (www.dpma.de).
221 Schiedsst. v. 09.05.1985, BlPMZ 1985, 383, 384.
222 Vgl. LG Düsseldorf v. 24.02.2012 – 4a O 286/10, (juris, Rn. 128, 138) – Kälteanlage.

D. Festsetzung der Vergütung (Abs. 3 bis 5) § 12

wenn im Schreiben zu den aufgeführten Vergütungsparametern auf eine separate, dem Arbeitnehmererfinder bereits zugegangene und ihrerseits die Festsetzungsvoraussetzungen erfüllende Begründung verwiesen wird.[223] Keine verbindliche einseitige Festsetzung, sondern lediglich ein Vertragsangebot stellt indes eine Erklärung dar, in der zwar Vergütungsparameter genannt, in der der Arbeitnehmer aber um seine »Zustimmung zu der nachfolgenden Regelung« gebeten wird.[224] Zur Bedingungsfeindlichkeit s. § 12 Rdn. 47.

Materiell muss der Inhalt der Festsetzung die **Art der Vergütungsleistung** bezeichnen. Zwischen Geldleistungen und den Sonderformen der Vergütungszahlung (s. § 9 Rdn. 62 ff.) hat der Arbeitgeber kein Wahlrecht, sodass die Vergütung ohne Zustimmung des Arbeitnehmers stets in Geld zu erbringen ist (s. auch § 12 Rdn. 12). 50.1

Die Vergütungsfestsetzung muss ferner klarstellen, ob eine **laufende Vergütung** (s. § 9 Rdn. 55 ff.) oder eine Pauschalvergütung gezahlt werden soll. Mangels eines eindeutigen Hinweises in der Festsetzung wird im Zweifel eine laufende Vergütung geschuldet, da dies die übliche Zahlungsweise ist. Will der Arbeitgeber eine **Pauschalvergütung** unter Einschluss der Vergütung für zukünftige Nutzungsfälle festsetzen, ist dies zulässig.[225] Die Festsetzung muss dies eindeutig erkennen lassen (Einzelheiten s.o. § 12 Rdn. 11 ff.). 50.2

Weiteres Inhaltserfordernis ist die Bestimmung der **Höhe der Vergütung**, also bei der Pauschalabfindung regelmäßig der Zahlbetrag und der zugrunde gelegte Nutzungszeitraum (s. § 12 Rdn. 52), bei der laufenden Vergütung die Angabe der Berechnungsfaktoren für Erfindungswert, Miterfinderanteil und Anteilsfaktor, ggf. unter Berücksichtigung eines Risikoabschlags (s. i. Einz. oben § 12 Rdn. 13). 50.3

Sinnvollerweise wird in der Festsetzung bzw. Vergütungsvereinbarung auch der Zeitpunkt bestimmt, ab dem der Arbeitnehmer die festgelegte Vergütung (für den Abrechnungszeitraum) verlangen kann. Damit wird dort auch die **Fälligkeit der Vergütung** geregelt, und zwar sowohl der Zahlungszeitpunkt als auch der dann fällige Umfang. § 12 Abs. 3 schreibt zwar nicht ausdrücklich dahingehende Festlegungen vor, setzt eine dahingehende Bestimmung aber voraus (»hat … entsprechend der Festsetzung zu zahlen«). Auch die Festsetzung als quasi einseitiges Bestimmungsrecht (s. § 12 Rdn. 48) erfüllt die Voraussetzun- 50.4

---

223 Vgl. Schiedsst. v. 16.02.2006 – Arb.Erf. 21/03, (Datenbank), u. v. 14.10.2010 – Arb.Erf. 34/08, (Datenbank).
224 LG Düsseldorf v. 24.02.2012 – 4a O 286/10, (juris, Rn. 138) – Kälteanlage.
225 Im Ergebn. ebenso Keukenschrijver in Busse/Keukenschrijver, PatG, Rn. 18 zu § 12 ArbEG m. H. a. Schiedsst. v. 22.05.2003 – Arb.Erf. 70/00.

gen einer Leistungsbestimmung i. S. d. § 271 Abs. 1 BGB[226] ebenso wie eine einvernehmliche Vergütungsvereinbarung. In der betrieblichen Praxis werden **im Regelfall konkrete Abrechnungs- und Zahlungstermine** festgelegt (z.B. »Die Vergütung ist jeweils fällig und zahlbar am ... des Folgejahres«). Fehlt es an einer expliziten oder – ggf. im Weg der Auslegung (§ 133, 157 BGB) zu ermittelnden – konkludenten Regelung, macht das auch eine Festsetzung nicht unwirksam. **Fehlen Termine** in der Vergütungsregelung, richtet sich die für die Fälligkeit maßgebende Leistungszeit der Vergütungszahlungen gemäß § 271 Abs. 1 BGB nach den **jeweiligen Umständen**.[227] Das betrifft Zahlungstermin und Umfang (s. auch § 9 Rdn. 20). Ggf. kann sich unter dem Aspekt der **betrieblichen Übung** eine Konkretisierung der Leistungszeit ergeben, sofern diese mit den Grundsätzen des § 22 vereinbar ist (s. aber § 25 Rdn. 22.2). Ansonsten gilt:

Bei einer **laufenden Vergütung**, deren Höhe sich nach Maßgabe des § 9 Abs. 2 i.V.m. RLn. 1959 anhand bestimmter Parameter zum Erfindungswert bemisst, setzt die Fälligkeit zwangsläufig voraus, dass alle zur Bezifferung des Vergütungsanspruchs erforderlichen Informationen tatsächlich vorliegen. Hängt die laufende Vergütung – wie gerade nach der üblichen Methode der Lizenzanalogie – von erzielten Gesamtumsätzen ab, kann die Fälligkeit erst nach dem Jahresabschluss eintreten, wenn die zur Bezifferung des Anspruchs notwendigen Informationen (Umsatzzahlen usw.) verlässlich vorliegen.[228] Somit wird der Vergütungsanspruch der Höhe nach regelmäßig nachschüssig zum abgelaufenen Geschäftsjahr und nach Jahresabschluss fällig, und zwar bezogen auf die im abgelaufenen Geschäftsjahr erzielten (rechnerischen) Bezugsgrößen. RL Nr. 40 Abs. 1 Satz 2 empfiehlt deshalb zu Recht die jährliche Abrechnung. In der betrieblichen Praxis ist mit Blick auf die für die Vergütungsbemessung notwendige Auswertung und Konkretisierung ein Zeitraum **von 3 bis max. 6 Monaten nach Jahresabschluss bzw. Ablauf** des Geschäftsjahres verbreitet. Siehe im Übr. § 9 Rdn. 55.1 ff. Bei den noch nicht im Verfahren nach § 12 konkretisierten Vergütungsansprüchen handelt es sich nicht um Ansprüche auf regelmäßig **wiederkehrende Leistungen**.[229] Erst wenn in einer auch auf die Zukunft ausgerichteten Vergütungsregelung fortlaufende Zah-

---

226 S. allg. Palandt/Grüneberg, BGB, § 271 BGB Rn. 6.
227 Vgl. BGH v. 26.11.2013, GRUR 2014, 357 (Rn. 12) – *Profilstrangpressverfahren*.
228 So zu Recht OGH v. 02.02.2005 – 9 ObA 7/04a (www.ris.bka.gv.at), dort zur Verjährung.
229 S. BGH v. 25.11.1980 – X ZR 12/80, GRUR 1981, 263, 265 – *Drehschiebeschalter* (zu § 197 BGB a.F.) m.H.a. BGH v. 23.09.1958, GRUR 1959, 125, 128 f. – *Pansana*; Schiedsst. v. 04.08.1986, BlPMZ 1987, 207; vgl. auch BGH v. 21.06.1979 – X ZR 2/78, GRUR 1979, 800, 803 – *Mehrzweckfrachter*.

lungstermine festgelegt werden, erhalten die Vergütungsansprüche zugleich den Charakter als regelmäßig wiederkehrende Leistungen.[230] Derartige Fälligkeitstermine können später nicht einseitig geändert werden (zum Anpassungsanspruch nach § 12 Abs. 6 s. § 12 Rdn. 95 ff.). Im Fall des Widerspruchs gegen eine Vergütungsfestsetzung werden jedenfalls die dort eingegangenen Zahlungspflichten des Arbeitgebers entsprechend fällig (s. § 12 Rdn. 75 f.).

Lässt sich eine Bestimmung der Leistungszeit auch nicht aus den Umständen entnehmen, ist die Leistung nach § 271 Abs. 1 BGB **sofort fällig**. 50.5

Davon ist im Zweifel bei vereinbarten bzw. festgesetzten Einmalzahlungen und sonstigen **pauschalen Vergütungszahlungen** auszugehen, soweit die konkreten Zahlungspflichten des Arbeitgebers feststehen (s. KommRL Rn. 8 zu RL Nr. 40). Allerdings hat der Arbeitnehmer keinen Anspruch auf **Pauschalvergütung**; eine solche kann nur in Ausnahmefällen nach der Unternehmensübung oder nach der Verkehrssitte angezeigt sein (§ 9 Rdn. 57 ff.).

**Zur Dauer** der Vergütungsfestsetzung s. § 12 Rdn. 74.

Möglicher Inhalt der Vergütungsfestsetzung kann auch sein, dass (derzeit) **keine Vergütung geschuldet** wird. Dazu zählen einmal die sog. **Nullfälle** (s. § 12 Rdn. 52) einschließlich der Sondersituation einer Unzumutbarkeit der Vergütungszahlung (s. § 9 Rdn. 35 f.). Inhalt einer Festsetzung kann schließlich die Erklärung sein, die technische Lehre einer Diensterfindung werde **nicht benutzt**[231] (s.a. § 12 Rn. 43 u. 72.1; z. Begründungsinhalt s. § 12 Rdn. 52). 50.6

Zum Bestreiten der **Miterfindereigenschaft** s. § 12 Rdn. 54.

In einer Urkunde können Festsetzungen für **mehrere Erfindungen** zusammengefasst werden.[232] Allerdings ist die Vergütung für jede Erfindung gesondert festzusetzen und zu begründen. Unabhängig davon muss für den Empfänger (Arbeitnehmer) stets erkennbar sein, auf welche Erfindung sich die Festsetzung bezieht. 51

Darüber hinaus verlangt das Gesetz eine **Begründung**. Damit soll dem Arbeitnehmer die Möglichkeit gegeben werden, sich selbst ein Urteil über Bestehen, Umfang und Angemessenheit der Vergütung bilden zu können; der Erfinder 52

---

230 In diesem Sinne wohl BGH v. 25.11.1980 – X ZR 12/80, GRUR 1981, 263, 265 – *Drehschiebeschalter*; Schiedsst. v. 04.08.1986, BlPMZ 1987, 207.
231 Schiedsst. ZB. v. 09.12.1996 – Arb.Erf. 15/94, u. v. 26.08.1996 – Arb.Erf. 52/94, (beide unveröffentl.).
232 Ebenso Schiedsst. v. 08.05.2008 – Arb.Erf. 26/06, (Datenbank).

soll in die Lage versetzt werden, nachvollziehen und nachermitteln zu können,[233] wie der Arbeitgeber zu einem bestimmten Vergütungsbetrag kommt.[234] Dem Arbeitnehmer wird so ermöglicht, die Richtigkeit der Festsetzung und die Angemessenheit der Vergütung zu überprüfen. Damit dient die Begründung zugleich der Vermeidung überflüssiger Auseinandersetzungen zwischen den Arbeitsvertragsparteien und mithin dem Arbeits- und Rechtsfrieden.

Demzufolge muss die Begründung **alle für die Bemessung der Vergütung wesentlichen Gesichtspunkte** und Bewertungsfaktoren enthalten.[235] Dazu zählen namentlich begründete Angaben über die Höhe und die zugrunde liegende Ermittlungsart des **Erfindungswertes** einschl. konkreter Berechnungsfaktoren[236] (im Fall der Lizenzanalogie also insb. Bezugsgröße,[237] darauf bezogene Umsatzzahlen, Lizenzsatz). Weicht der gewählte Lizenzsatz (erheblich) von marktüblichen Sätzen ab, ist dies nach Ansicht der *Schiedsstelle* zu begründen.[238] Soll eine Abstaffelung (RL Nr. 11) erfolgen, ist dies konkret anzugeben (s. § 9 Rdn. 148). Erforderlich sind ferner Angabe und Begründung des individuellen **Anteilsfaktors**,[239] ferner – falls eine **Pauschalvergütung** festgesetzt wurde – deren sachliche Rechtfertigung nebst Angaben über die zugrunde gelegten Nutzungs-und Umsatzerwartungen. Soll von der üblichen Art der laufenden Geldzahlungen abgewichen werden, so ist auch dies im Einzelnen darzulegen. Schließlich ist der jeweilige **Miterfinderanteil** anzugeben (s. § 12 Rdn. 54, dort auch z. Bestreiten d. Erfindereigenschaft).

---

233 BGH v. 13.11.1997 – X ZR 132/95, GRUR 1998, 689, 692 – *Copolyester II* u. BGH v. 13.11.1997 – X ZR 6/96, GRUR 1998, 684, 687 – *Spulkopf*.
234 Schiedsst. v. 08.08.1989 – Arb.Erf. 90, 93, 103/88, (unveröffentl.); Reimer/Schade/Schippel/Trimborn Rn. 33 zu § 12.
235 BGH v. 02.12.1960 – I ZR 23/59, GRUR 1961, 338, 340 r.Sp. – *Chlormethylierung*; BGH v. 13.11.1997 – X ZR 132/95, GRUR 1998, 689, 692 – *Copolyester II*; Schiedsst. v. 14.05.1985, BlPMZ 1985, 385 u. v. 02.03.1993, EGR Nr. 86 zu § 9 ArbEG (VergAnspr.), v. 11.03.2008 – Arb.Erf. 24/07, u. v. 01.04.2008 – Arb.Erf. 52/05, (beide Datenbank); LG Nürnberg-Fürth v. 27.11.1985 – 3 O 5382/84 ArbEG, (unveröffentl.); Keukenschrijver in Busse/Keukenschrijver, PatG, Rn. 18 zu § 12 ArbEG.
236 Vgl. etwa Schiedsst. v. 21.10.2010 – Arb.Erf. 21/09, (Datenbank, in www.dpma.de, LS 4)
237 Schiedsst. v. 15.01.2009 – Arb.Erf. 51/07, (Datenbank).
238 Schiedsst. v. 28.01.2003 – Arb.Erf. 13/01, (Datenbank).
239 Ebenso Schiedsst. v. 11.03.2008 – Arb.Erf. 24/07, (Datenbank): ein Verweis auf den Ansatz eines pauschalen, ebenfalls nicht näher begründeten Anteilsfaktors in einer unternehmensinternen Vergütungsrichtlinie genügt nicht; ferner EV v. 01.04.2008 – Arb.Erf. 52/05, (Datenbank).

## D. Festsetzung der Vergütung (Abs. 3 bis 5) § 12

Will der Arbeitgeber vor Schutzrechtserteilung die Vergütung um einen **Risikoabschlag** mindern (s. dazu § 12 Rdn. 64 ff.), ist auch dieser im Hinblick auf die Erteilungschancen zu begründen, es sei denn, es erfolgt wegen des üblichen Versagungsrisikos ein Hinweis auf den Regelansatz (s. § 12 Rdn. 68). Einer eingehenden Begründung bedürfen **Festsetzungen »auf Null«** (s. dazu § 9 Rdn. 43 u. Rdn. 321 f.). Insoweit genügen pauschale Hinweise nicht. Vielmehr muss der Arbeitgeber auch hier nachvollziehbar darlegen, aus welchen Gründen (derzeit) keine Vergütung geschuldet wird. Gleiches gilt, wenn der Arbeitgeber wegen **Nichtbenutzung** des Erfindungsgegenstandes die Vergütung auf Null festsetzt. Insb. bei Ähnlichkeiten zwischen einem vom Arbeitgeber tatsächlich ausgeübten Verfahren einerseits und der technischen Lehre der Diensterfindung andererseits ist der Arbeitgeber gehalten, die Unterschiede konkret und nachvollziehbar anzugeben (s. auch § 9 Rdn. 299 f.).[240]

**Vollständigkeit und Nachprüfbarkeit** sind nach deren Zweck die entscheidenden Wesensmerkmale einer ordnungsgemäßen Festsetzung. Der materielle Inhalt und seine Begründung müssen für den Arbeitnehmer **aus sich heraus verständlich** werden, sodass die Vergütungsbemessung für ihn sachlich und rechnerisch nachvollziehbar ist und er entscheiden kann, ob er die Festsetzung für angemessen hält oder ihr widerspricht.[241] Dem Arbeitnehmer bekannte Umstände können allerdings herangezogen werden. Im Einzelfall kann es genügen, wenn anstelle einer eigenen Begründung die Festsetzung auf eine Begründung in den Unterlagen Bezug nimmt, die im Besitz des Erfinders sind[242] (s.a. § 12 Rdn. 50). Bspw. reicht es nach Auffassung der *Schiedsstelle* i.R.d. Berechnung der Vergütung nach der Lizenzanalogie aus, wenn der Arbeitgeber in der Festsetzung auf eine »Kürzung des Umsatzes um abzugsfähige Posten« hinweist und dem Arbeitnehmer die Größenordnung entweder bekannt war oder von ihm innerbetrieblich ohne Weiteres in Erfahrung gebracht werden konnte.[243] Auch ansonsten kann im Einzelfall eine zweifelsfreie Bezugnahme auf dem Arbeitnehmer bereits vorliegende Unterlagen genügen.[244] **Allgemein gehaltene Formulierungen** reichen dagegen nicht aus.[245]

52.1

---

240 Schiedsst. ZB. v. 09.12.1996 – Arb.Erf. 15/94, u. v. 26.08.1996 – Arb.Erf. 52/94, (beide unveröffentl.).
241 Schiedsst. v. 01.04.2008 – Arb.Erf. 52/05, (Datenbank).
242 Schiedsst. v. 02.03.1993, EGR Nr. 86 zu § 9 ArbEG (VergAnspr.) u. v. 14.10.2010 – Arb.Erf. 34/08, (Datenbank, in www.dpma.de LS. 2).
243 Schiedsst. v. 03.02.1994 – Arb.Erf. 49/93, (unveröffentl.).
244 Im Ergebn. auch Keukenschrijver in Busse/Keukenschrijver, PatG, Rn. 18 zu § 12 ArbEG.
245 Ähnl. Volmer Rn. 27 zu § 12.

Etwaige **Unklarheiten** gehen wegen des hier maßgeblichen Empfängerhorizonts zulasten des Arbeitgebers und können zur Unwirksamkeit führen.[246]

53 Eine **unwirksame Festsetzung**, die die **Widerspruchsfrist des § 12 Abs. 4 nicht in Gang setzt**, liegt vor, wenn Angaben über Art, Vergütungshöhe oder die Begründung **gänzlich bzw. in wesentlichen Teilen** (Erfindungswert mit den maßgebenden Bemessungsfaktoren, Anteilsfaktor mit den drei Teilwerten, Miterfinderanteil, ggf. Angaben zu einem berücksichtigten Risikofaktor) **fehlen**.[247] Das betrifft beispielsweise eine Verdienstabrechnung, in der lediglich die Zahlungshöhe und als Zahlungsgrund »Erfindervergütung« angegeben ist.[248] Gleiches gilt, wenn in der Festsetzung zur Begründung auf Unterlagen mit sich widersprechenden Inhalten verwiesen wird.[249] Unwirksam ist nach h. M. eine Vergütungsfestsetzung ferner, wenn die Angabe der zur Berechnung des Erfindungswertes notwendigen technisch-wirtschaftlichen Bezugsgröße (RL Nr. 8) fehlt.[250] Gleiches gilt, wenn für den Arbeitnehmer offenbleibt, aus welchen Gründen Abzüge vom Erfindungswert gemacht werden (Risikofaktor, Miterfinderanteil usw.).[251] Auch eine mehrfache sukzessive Einzelfestsetzung von maßgebenden Vergütungsparametern ist u. E. unwirksam.[252] Maßstab ist u. E. letztlich, ob die Zielsetzung der Begründungspflicht, nämlich eine weitgehende Vollständigkeit und Nachvollziehbarkeit der festgesetzten Vergütung und deren Bemessung für den Arbeitnehmer zu erreichen (s. § 12 Rdn. 52 f.),

---

246 Im Ergebn. auch Schiedsst. v. 19.05.2011 – Arb.Erf. 04/10, (www.dpma.de, LS. 1), dort zur Bezugnahme einer Festsetzung auf inhaltlich nicht deckungsgleiche Berechnungsschreiben; s. aber auch Schiedsst. v. 23.02.2011 – Arb.Erf. 45/08 (www.dpma.de, LS. 1).
247 Schiedsst. v. 14.05.1985, BlPMZ 1985, 385; v. 08.10.1991, GRUR 1992, 849 f. – *Bewehrungsrollmatte* (zum Miterfinderanteil und zum Risikoabschlag bei vorläufiger Vergütung); v. 01.04.2008 – Arb.Erf. 52/05 (Datenbank); LG Nürnberg-Fürth v. 27.11.1985 – 3 O 5382/84 ArbEG, (unveröffentl.); Keukenschrijver in Busse/Keukenschrijver, PatG, Rn. 18 u. 22 zu § 12 ArbEG.
248 Schiedsst. v. 06.07.2016 – Arb.Erf. 23/13, (www.dpma.de).
249 Vgl. Schiedsst. v. 19.05.2011 – Arb.Erf. 04/10, (www.dpma.de, LS. 1),
250 S. auch Keukenschrijver in Busse/Keukenschrijver, PatG, Rn. 18 zu § 12 ArbEG.
251 Schiedsst. v. 08.10.1991, GRUR 1992, 849 f. – *Bewehrungsrollmatte* (zum Miterfinderanteil und zum Risikoabschlag bei vorläufiger Vergütung).
252 Im Ergebn. aber wohl abw. Keukenschrijver in Busse/Keukenschrijver, PatG, Rn. 22 zu § 12 ArbEG (m.H.a. Schiedsst. v. 24.07.2003 – Arb.Erf. 74/01), wonach eine zweite Festsetzung, in der ergänzend der in einer ersten Festsetzung noch fehlende Vergütungsbetrag nebst konkretem Nutzungszeitraum bestimmt worden waren, mangels Widerspruchs wirksam geworden sein soll, obschon einer vorangegangenen ersten Festsetzung mit den anderen Bemessungsfaktoren (Lizenzanalogie, Abstaffelung, Anteilsfaktor usw.) widersprochen worden war.

### D. Festsetzung der Vergütung (Abs. 3 bis 5) § 12

grob und schwerwiegend missachtet wird. Werden fehlende Angaben nachgeholt, so beginnt die Frist des § 12 Abs. 4 erst ab Zugang der entsprechend ergänzten, formgerechten Erklärung beim Arbeitnehmer. Weigert sich der Arbeitgeber, so kann der Arbeitnehmer seine Ansprüche ggf. im Klagewege durchsetzen (s. § 12 Rdn. 44).

Ist dagegen die Begründung nur in einzelnen Punkten **mangelhaft**, liegt grds. eine wirksame, die Frist des § 12 Abs. 4 auslösende Festsetzung vor, die bindend wird, falls der Arbeitnehmer nicht fristgerecht widerspricht.[253] Auch inhaltliche Fehler (Rechenfehler, Kalkulationsirrtümer u. ä.) machen die Festsetzung nicht schlechtin unwirksam (zur Anfechtung s. § 12 Rdn. 20, 47). Bei bloß mangelhafter Begründung behält der Erfinder sein Recht auf Bekanntgabe der fehlenden Information.[254]

Ohne Einfluss auf die Wirksamkeit einer Festsetzung ist es, wenn sie **verspätet** vorgenommen wird (s. § 12 Rdn. 56) bzw. keine Vertragsverhandlungen für eine einvernehmliche Regelung vorausgegangen sind (s. § 12 Rdn. 42). Zur Festsetzung trotz Vergütungsvereinbarung s. § 12 Rdn. 42.

Nach den Umständen des Einzelfalls kann eine **unwirksame Festsetzung** in 53.1 ein **Vertragsangebot** des Arbeitgebers für eine Feststellung der Vergütung[255] (vgl. § 140 BGB; z. Vergütungsfeststellung s. § 12 Rdn. 14 ff., vgl. auch § 12 Rdn. 48) oder für eine einvernehmliche Änderung einer vorangegangenen Festsetzung[256] (s.a. § 12 Rdn. 85) umgedeutet werden.[257] Eine Annahme dieses Angebotes kann bspw. in der widerspruchslosen Entgegennahme der entsprechenden Vergütungsleistung liegen[258] (s.a. § 12 Rdn. 14, 16 und 87).

---

253 Wie hier Reimer/Schade/Schippel Rn. 33 zu § 12 u. Schiedsst. v. 14.05.1985, BlPMZ 1985, 385, die ergänzend auf die Rechtsprechung des BGH zu § 100 Abs. 3 Nr. 5 PatG mit der dort entwickelten Differenzierung zum Begründungszwang hinweist.
254 Vgl. BGH v. 02.12.1960 – I ZR 23/59, GRUR 1961, 338, 340 r.Sp. – *Chlormethylierung*.
255 So auch Schiedsst. v. 08.10.1991, GRUR 1992, 849 f. – *Bewehrungsrollmatte* (zum Miterfinderanteil und zum Risikoabschlag bei vorläufiger Vergütung); im Ergebn. auch Schiedsst. v. 02.12.1982 – Arb.Erf. 24/82, (unveröffentl.); Schiedsst. v. 11.03.2008 – Arb.Erf. 24/07, (Datenbank).
256 BGH v. 17.05.1994 – X ZR 82/92, GRUR 1994, 898, 902 – *Copolyester*; Schiedsst. v. 01.02.1994 – Arb.Erf. 51/93, (unveröffentl.).
257 Schiedsst. v. 09.12.1996 – Arb.Erf. 15/94, (unveröffentl.); vgl. auch LG Düsseldorf v. 24.02.2012 – 4a O 286/10, (juris, Rn. 137 f.) – *Kälteanlage*.
258 Schiedsst. v. 08.10.1991, GRUR 1992, 849 f. – *Bewehrungsrollmatte* (zum Miterfinderanteil und zum Risikoabschlag bei vorläufiger Vergütung).

Dagegen kann ein bloßes Schweigen auf eine unwirksame Festsetzung der Nichtbenutzung einer Diensterfindung entgegen der (früheren) Auffassung der *Schiedsstelle*[259] keine Annahme eines entsprechenden Angebotes bedeuten.[260] Denn der Arbeitnehmer ist weder kraft Gesetzes noch aus Treu und Glauben verpflichtet, seinen abweichenden Willen zu äußern, sodass es bei der allgemeinen Regelung der §§ 147, 148 BGB verbleibt. Wer schweigt, setzt – so zutreffend die *Schiedsstelle* heute – grds. keinen Erklärungstatbestand und bringt weder Zustimmung noch Ablehnung zum Ausdruck.[261]

Die Festsetzung ist **bedingungsfeindlich** (s. § 12 Rdn. 47, 50).

53.2 Soweit die Arbeitsvertragsparteien im Zusammenhang mit einer Vergütungsfeststellung bzw. -festsetzung tatsächliche **Erklärungen oder Wertungen** vornehmen, **die über den (notwendigen) Inhalt einer Vergütungsregelung hinausgehen** (z.B. wirksame Überleitung der Erfindung, Behandlung als Diensterfindung, Anerkennung einer Alleinerfinderschaft, Verpflichtung zur Nutzung der Erfindung), werden diese nicht notwendigerweise von der in § 12 ArbEG geregelten Verbindlichkeit der Vergütungsfestlegung erfasst. Rechtliche Verbindlichkeit kann ihnen aber unter dem Gesichtspunkt eines Schuldanerkenntnisses (§§ 780, 781 BGB) zukommen, wobei im Einzelfall festzustellen ist, ob diesem deklaratorische oder konstitutive Wirkung zukommt;[262] ein solches Anerkenntnis kann auch vergleichsähnlicher Natur sein. Im Einzelfall ist genau zu prüfen, ob durch diese Erklärung eine Selbstbindung der erklärenden Partei entstehen sollte, oder aber ob es sich hierbei um (nur als Geschäftsgrundlage) verbindliche Tatsachenfeststellungen handeln soll. Legt der Arbeitnehmer Widerspruch gegen eine Vergütungsfestsetzung ein und wird dieser nicht begrenzt auf einzelne Teilbereiche (vgl. § 12 Rdn. 84), so richtet sich die Frage des rechtlichen Fortbestandes dieser Zusatzerklärungen nach deren Rechtscharakter im konkreten Fall, ggf. unter Berücksichtigung der Rechtsgrundsätze des § 139 BGB.

### V. Bei mehreren Arbeitnehmererfindern

54 Auch wenn eine besondere Regelung – wie in § 12 Abs. 2 für die Vergütungsfeststellung – fehlt, hat die Festsetzung der Vergütung ebenfalls für jeden Mit-

---

259 Schiedsst. v. 09.12.1996 – Arb.Erf. 15/94, (unveröffentl.).
260 So auch Schiedsst. v. 05.12.2007 – Arb.Erf. 35/06, (Datenbank); vgl. allgemein BAG v. 14.08.1996, NZA 1996, 1323.
261 Schiedsst. v. 05.12.2007 – Arb.Erf. 35/06, (Datenbank).
262 Vgl. allg. BGH v. 05.12.1979, NJW 1980, 1158 u. v. 24.03.1976, BGHZ 66, 250, 254.

## D. Festsetzung der Vergütung (Abs. 3 bis 5) § 12

erfinder gesondert zu erfolgen[263] (s.a. § 12 Rdn. 28 ff.). Dabei sind unter Angabe der erforderlichen Begründung (s. § 12 Rdn. 52) Art[264] und Höhe der auf den betreffenden Miterfinder entfallenden Vergütung (s. § 12 Rdn. 50) zu nennen; ferner sind bei Miterfinderschaft die Gesamthöhe der Vergütung für alle Miterfinder sowie die Quotenanteile der einzelnen Miterfinder (s. § 12 Rdn. 35 ff.) mitzuteilen[265] und zu begründen (vgl. § 12 Abs. 2 Satz 2; zur Entbehrlichkeit der Mitteilung im Fall einer Miterfindervereinbarung s. § 12 Rdn. 32.2). Jedem Miterfinder ist sein persönlicher Anteilsfaktor (s. § 9 Rdn. 261 ff.) mitzuteilen, nicht jedoch der jeweilige Anteilsfaktor der übrigen Miterfinder (s. § 12 Rdn. 38). Eine unterlassene Angabe der Gesamthöhe der Vergütung wie auch der Miterfinderquoten[266] macht die Festsetzung jedoch ebenso wie eine bloß mangelhafte Begründung nur sachlich unvollständig, also mangelhaft, lässt aber die Wirksamkeit der Festsetzung unberührt[267] (s. dazu § 12 Rdn. 53).

**Bestreitet** der Arbeitgeber **eine Miterfinderschaft** eines Arbeitnehmers, entbindet ihn dies nicht von der Vergütungsfestsetzung; diese hat dann »auf Null« zu erfolgen (vgl. auch § 5 Rdn. 51 f. u. oben § 12 Rdn. 43). In der Festsetzung sind die Gründe für die nach Auffassung des Arbeitgebers fehlende Miterfindereigenschaft darzustellen. Ist der Arbeitnehmer damit nicht einverstanden, muss er auch in diesem Fall widersprechen[268] (§ 12 Abs. 5). Zum nachträglichen Bestreiten der Miterfinderschaft s. § 12 Rdn. 110.

Die **Widerspruchsfrist** beginnt mit Zugang beim jeweiligen Miterfinder gesondert, sodass bei unterschiedlichem Zeitpunkt des Zugangs auch die Widerspruchsfristen unterschiedlich laufen (s. § 12 Rdn. 88 ff.). Erfinderrechtlich bestehen keine Bedenken, die einzelnen Festsetzungen für alle oder mehrere Miterfinder in einer Erklärung zusammenzufassen, wobei diese inhaltlich in Bezug auf jeden angesprochenen Erfinder die vorstehenden Voraussetzungen erfüllen und jedem Miterfinder zugehen muss.

---

263 Schiedsst. v. 14.05.1985, BlPMZ 1985, 385.
264 Unterschiede etwa in der Art der Vergütung (laufende Zahlung, Pauschalabfindung usw.) müssen i. H. a. das arbeitsrechtliche Gleichbehandlungsgebot sachlich gerechtfertigt sein, vgl. Volmer/Gaul Rn. 85 f. zu § 12.
265 BGH v. 02.12.1960 – I ZR 23/59, GRUR 1961, 338, 340 v. Sp. – *Chlormethylierung*; Schiedsst. v. 14.05.1985, BlPMZ 1985, 385; v. 08.10.1991, BlPMZ 1993, 406, 407 – *Bewehrungsrollmatte*; v. 02.03.1993, EGR Nr. 86 zu § 9 ArbEG (Verg.Höhe) u. v. 05.02.1997 – Arb.Erf. 46/95, (unveröffentl.).
266 Schiedsst. v. 05.02.1997 – Arb.Erf. 46/95, (unveröffentl.).
267 Schiedsst. v. 14.05.1985, BlPMZ 1985, 385.
268 I.d.S. auch Schiedsst. v. 26.08.1996 – Arb.Erf. 52/94, (unveröffentl.).

I.Ü. gelten die gleichen Grundsätze und Anforderungen wie bei der Festsetzung für Alleinerfinder. Zum Anpassungsanspruch s. § 12 Rdn. 96.3.

### VI. Zeitpunkt der Vergütungsfestsetzung nach § 12 Abs. 3 – Fälligkeit des Vergütungsfestsetzungsanspruchs

#### 1. Grundsatz

55 Bei (unbeschränkter) Inanspruchnahme entsteht der Vergütungsanspruch bereits mit Zugang der Inanspruchnahmeerklärung bzw. Wirksamwerden der Inanspruchnahmefiktion nach § 6 Abs. 2 n.F. (s. § 9 Rdn. 11 f.). Im Unterschied zu der durch die ArbEG-Novelle 2009 aufgehobenen Möglichkeit der beschränkten Inanspruchnahme (s. § 7 a.F. Rdn. 28 ff.), deren Vergütungspflicht erst mit Aufnahme der tatsächlichen Benutzung durch den Arbeitgeber entstand (s. § 10 a.F. Rdn. 7 ff., zum Übergangsrecht s. § 43 Abs. 3, dort Rdn. 14 ff.), ist das Entstehen des Anspruchs bei der (unbeschränkten) Inanspruchnahme von Nutzungshandlungen unabhängig. Von der in § 12 Abs. 3 festgelegten Fälligkeit der Vergütungsfestsetzung zu unterscheiden ist der Zeitpunkt der Fälligkeit des Vergütungsanspruchs. Bei (unbeschränkter) Inanspruchnahme ist der Vergütungsanspruch im Grundsatz bereits fällig, wenn die **wirtschaftliche Verwertbarkeit der Erfindung feststeht** (s. im Einzelnen § 9 Rdn. 20 ff.). Mit der Fälligkeit des Vergütungsanspruchs korrespondiert die **Pflicht des Arbeitgebers zur Vergütungsfestsetzung** gemäß § 12 Abs. 3 und damit der entsprechende Anspruch des Arbeitnehmererfinders auf eine solche Festsetzung (s. § 12 Rdn. 41 ff.).

**Sinn der Regelung** des § 12 Abs. 3 ist es nicht zuletzt, dem Erfinder möglichst rasch nach Inanspruchnahme seiner Erfindung eine angemessene Vergütung zu sichern und den Berechnungsmodus festzulegen (s. § 12 Rdn. 40).

56 Um einer unangemessenen Ausdehnung dieser Frist vorzubeugen, ist in § 12 Abs. 3 Satz 2 ein **fester Endtermin** vorgesehen.[269] Für den Fall der (unbeschränkten) **Inanspruchnahme** (§§ 6, 7 Abs. 1 n.F./a.F.) liegt dieser Endtermin **drei Monate nach endgültiger**[270] **Schutzrechtserteilung**. Da wegen des nachgeschalteten Einspruchsverfahrens von einer »Endgültigkeit« im Zeitpunkt der Patenterteilung (vgl. § 58 Abs. 1 PatG) noch nicht gesprochen werden kann,[271] muss u. E. auf die Rechtsbeständigkeit des Patents nach Ablauf

---

269 BGH v. 02.12.1960 – I ZR 23/59, GRUR 1961, 338, 342 – *Chlormethylierung*; Schiedsst. v. 07.11.1961, BlPMZ 1962, 78; Lindenmaier/Lüdecke Anm. 2 zu § 12; Reimer/Schade/Schippel/Trimborn Rn. 6 zu § 12 – alle zu § 12 Abs. 3 a.F.
270 BGH v. 02.12.1960 – I ZR 23/59, GRUR 1961, 338, 342 – *Chlormethylierung*.
271 BGH v. 22.02.1994, GRUR 1994, 439 – *Sulfonsäurechlorid*.

## D. Festsetzung der Vergütung (Abs. 3 bis 5) § 12

der Einspruchsfrist (vgl. § 59 Abs. 1 PatG) bzw. des Einspruchsverfahrens (§§ 59 ff. PatG) abgestellt werden[272] (vgl. auch § 12 Rdn. 65). Für Gebrauchsmuster verbleibt es dagegen bei dem Zeitpunkt der Eintragung (vgl. §§ 8, 11 GebrMG).

Bei **betriebsgeheimen Erfindungen** ist die Festsetzung spätestens 3 Monate nach Anerkenntnis bzw. verbindlicher Einigung über die Schutzfähigkeit vorzunehmen; insoweit ersetzt die Anerkennung der Schutzfähigkeit das Schutzrechtserteilungsverfahren (s.a. § 17 Rdn. 34).

Bei der früheren – durch die ArbEG-Novelle weggefallenen – **beschränkten Inanspruchnahme** (§§ 6, 7 Abs. 2 a.F.) sah die zuvor geltende Fassung des § 12 noch in Abs. 3 Satz 2 a.F. vor, dass hier der Endtermin für die Vergütungsfestsetzung bei **drei Monaten nach Aufnahme der Benutzung** lag. Dies ist nur noch für das Übergangsrecht bei den vor dem 01.10.2009 gemeldeten und nach §§ 6, 7 Abs. 2 a.F. beschränkt in Anspruch genommenen Alt-Diensterfindungen relevant (s. § 12 Rdn. 73).

Die Fristen des § 12 Abs. 3 n.F./a.F. stellen nur eine **äußerste zeitliche Grenze** dar[273]; es sind Endtermine im Sinne von Hilfsfristen, die bestimmen, dass der Vergütungsanspruch damit schlechthin, also auch unabhängig von dem Ablauf der angemessenen Frist i.S.d. § 12 Abs. 1 und Abs. 3 Satz 1 (Hauptfrist), fällig sein soll.[274] Daraus folgt, dass die Vergütung regelmäßig bereits zu einem früheren Zeitpunkt fällig wird und damit festzusetzen ist (zur Benutzungsaufnahme s. § 12 Rdn. 60 ff.). Allerdings sind auch die Termine des § 12 Abs. 3 nach Erfindungsmeldung dispositiv (§ 22 Satz 2), so dass eine **einvernehmli-**

---

272 Gaul/Bartenbach, GRUR 1983, 14, 16 ff.; Reimer/Schade/Schippel/Trimborn Rn. 5 zu § 12; so auch die ständ. Praxis d. Schiedsst., vgl. z.B. EV v. 30.09.1992, EGR Nr. 69 zu § 9 ArbEG (VergHöhe); a.A. Volmer/Gaul, Rn. 35 ff. zu § 12, die aufgrund der unveränderten Gesetzesfassung letztlich am Zeitpunkt der (noch nicht bestandskräftigen) Patenterteilung festhalten wollen; ebenso Boemke/Kursawe/Engemann Rn. 25 f, 94 zu § 12 (s. aber auch dort Rn. 97, wo – zu Recht – eine vorläufige Vergütung bis zu einer »endgültigen« Schutzrechtsversagung zuerkannt wird, sowie Rn. 98, wonach der bei Schutzrechtserteilung nachzuzahlende Risikoabschlag drei Monate nach rechtskräftiger Entscheidung über ein Einspruchsverf. zurückbehalten werden kann); offengelassen noch v. Schiedsst. v. 10.04.1986 – Arb.Erf. 18/85, (unveröffentl.).
273 BGH v. 02.12.1960 – I ZR 23/59, GRUR 1961, 338, 342 – *Chlormethylierung*; Keukenschrijver in Busse/Keukenschrijver, PatG, Rn. 19 zu § 12 ArbEG (»äußerste Endfrist«).
274 BGH v. 28.06.1962 – I ZR 28/61, GRUR 1963, 135, 137 l.Sp. – *Cromegal* insoweit m. zust. Anm. Friedrich.

che **Verlängerung** unter Beachtung der Unbilligkeitsschranke des § 23 zulässig ist.

Erfolgt die **Festsetzung verspätet**, ist sie gleichwohl wirksam.[275] Die Festsetzung kann wirksam auch noch während eines Schiedsstellenverfahrens erfolgen[276] bzw. nach Beendigung des Arbeitsverhältnisses (§ 26). Zu Schadensersatzpflicht und Verzug s. § 12 Rdn. 45.

## 2. Bei (unbeschränkter) Inanspruchnahme

57 Die Fälligkeit des Anspruchs auf Festsetzung der Vergütung bei Inanspruchnahme nach §§ 6, 7 Abs. 1 n.F. bzw. – bei Alterfindungen (s. § 43 Rdn. 14 ff.) – unbeschränkter Inanspruchnahme (§§ 6, 7 Abs. 1 a.F.) wird durch § 12 Abs. 1 und Abs. 3 Satz 1 erfasst. Sie tritt nach Ablauf der angemessenen Frist i.S.d. § 12 Abs. 1, Abs. 3 Satz 1 ein (s. § 9 Rdn. 20 ff.). Durch die ArbEG-Novelle 2009 (s. dazu Einl. Rdn. 42) ist § 12 Abs. 3 Satz 2 neu gefasst worden, und zwar aufgrund der Abschaffung des Rechtsinstituts der beschränkten Inanspruchnahme (s. § 12 Rdn. 1). Soweit das Gesetz heute von »Inanspruchnahme« spricht, ist damit – von der Sondervorschrift des § 40 Nr. 1 abgesehen – allein die frühere unbeschränkte Inanspruchnahme gemeint (s. § 7 n.F. Rdn. 10 ff.). Aus dem Wegfall der beschränkten Inanspruchnahme als solcher haben sich für die bisherige unbeschränkte Inanspruchnahme auch in Bezug auf die Regelung der Vergütung zwischen den Arbeitsvertragsparteien keine materiellen Änderungen ergeben. Damit verbleibt es uneingeschränkt auch bei den bisherigen Grundsätzen zur Fälligkeit.

### a) Fälligkeit bei Verwertung bis zur (rechtsbeständigen) Patenterteilung

58 Die Bestimmung des Fälligkeitszeitpunktes der Vergütungsfestsetzung und damit zugleich des Vergütungsanspruchs in den Fällen, in denen der Arbeitgeber die Erfindung vor Patenterteilung benutzt, zählt zu einem der ursprünglich **umstrittensten Probleme** des Arbeitnehmererfindungsrechts.

*Rdn. 59 frei*

---

275 Allg. A., z.B. Schiedsst. v. 25.10.1989, BlPMZ 1991, 253, 254 l.Sp u. v. 05.02.1997 – Arb.Erf. 46/95, (unveröffentl.).
276 Schiedsst. v. 25.10.1989, BlPMZ 1991, 253, 254 l.Sp.

### aa) Nach Nutzungsaufnahme

Nach der im Schrifttum stark umstrittenen,[277] nunmehr aber gefestigten Rechtsprechung des *BGH* ist die **Fälligkeit** des Vergütungsanspruchs **unabhängig von dem Lauf des Erteilungsverfahrens**; wenn der Arbeitgeber die (unbeschränkt) in Anspruch genommene Diensterfindung verwertet, kann er grds. nicht den in § 12 Abs. 3 Satz 2 genannten Endtermin (s. dazu § 12 Rdn. 56) abwarten; vielmehr steht dem Arbeitnehmer vom Beginn der Verwertungshandlung an ein Vergütungsanspruch zu, gleichgültig, in welchem Stadium sich das Erteilungsverfahren befindet. Der Arbeitgeber hat den Vergütungsanspruch grds. **spätestens mit Ablauf von 3 Monaten nach Aufnahme der Benutzung** vorläufig (s. dazu § 12 Rdn. 64 ff.; zum Begriff d. Benutzung s. § 9 Rdn. 90 ff. u. § 10 a.F. Rdn. 7 ff.) **festzusetzen**.[278] Wegen des noch nicht abgeschlossenen Schutzrechtserteilungsverfahrens wird zunächst nur eine **vorläufige Vergütung** geschuldet (s. § 12 Rdn. 64 ff.). **60**

Der *BGH* hat diese Rechtsprechung weitergeführt; danach bleibt der Anspruch auf vorläufige Vergütung (s. § 12 Rdn. 64 ff.) für die Zeit des Schwebens des Erteilungsverfahrens auch dann **bestehen, wenn ein Schutzrecht versagt** wor- **61**

---

277 Zust.: Johannesson, GRUR 1970, 114, 119; ders., GRUR 1972, 63 ff.; ders., ArbNErf. Anm. 2 zu § 9; Löscher i. Anm. LM Nr. 2 zu § 12 ArbEG; Schickedanz, BB Beil. 4/75 S. 10; Volmer, BB 1964, 1223 ff.; Götting § 14 II 3 b; Keukenschrijver in Busse/Keukenschrijver, PatG, Rn. 20 zu § 12 ArbEG; Boemke/Kursawe/Engemann Rn. 97 zu § 12; vgl. auch Meier-Beck, Festschr. Reimann (2009), S. 309, 316; letztlich wohl auch Volmer/Gaul Rn. 142 ff. zu § 12; abl.: Bock, Mitt. 1971, 220 ff.; Fischer, GRUR 1963, 107 ff.; ders., GRUR 1971, 430 ff.; Friedrich i. Anm. GRUR 1963, 138 ff. u. 318 f.; (noch) Gaul, GRUR 1977, 686, 698; Gaul/Bartenbach i. Anm. EGR Nr. 1, 3 zu § 9 ArbEG (Verg.-Anspruch.); Haas Verg.-Anspr. (1975) S. 58 ff.; Heine/Rebitzki, GRUR 1963, 555 ff.; Reimer/Schade/Schippel/Trimborn Rn. 11 ff. zu § 12; Schade, GRUR 1965, 634, 635 ff.; Schultz-Süchting, GRUR 1973, 293, 296 ff.; s.a. Sitzungsber. GRUR 1965, 660 ff.
278 Grundl. BGH v. 28.06.1962 – I ZR 28/61, GRUR 1963, 135 ff. – *Cromegal*, bestätigt d. BGH v. 30.03.1971 – X ZR 8/68, GRUR 1971, 475, 477 – *Gleichrichter* u. BGH v. 04.12.2007 – X ZR 102/06, GRUR 2008, 606, 607 [Rn. 15, s.a. Rn. 13] – *Ramipril*; vgl. auch BGH v. 20.11.1962 – I ZR 40/61, GRUR 1963, 315, 317 – *Pauschalabfindung*; BGH v. 09.01.1964 – I a ZR 190/63, GRUR 1964, 449, 451 r.Sp. a. E. – *Drehstromwicklung*; BGH v. 17.04.1973 – X ZR 59/69, GRUR 1973, 649, 652 l.Sp. – *Absperrventil*; BGH v. 23.06.1977, GRUR 1977, 784, 788 – *Blitzlichtgeräte*; BGH v. 02.06.1987, GRUR 1987, 900, 902 – *Entwässerungsanlage*; vgl. ferner BGH v. 15.05.1990 – X ZR 119/88, GRUR 1990, 667, 668 – *Einbettungsmasse* u. BGH v. 10.09.2002 – X ZR 199/01, GRUR 2002, 237, 239 – *Ozon*.

den ist;²⁷⁹ der Arbeitgeber hat also eine vorläufige Vergütung für solche Verwertungshandlungen zu zahlen, die in die Zeit ab Nutzungsaufnahme bis zur endgültigen Versagung des Schutzrechts fallen (vgl. § 12 Rdn. 65.1). Diese Grundsätze gelten auch dann, wenn die Schutzrechtsanmeldung – unter Beachtung des § 16 – aufgegeben wird, etwa durch ausdrücklichen Verzicht oder Nichtzahlung der Gebühren²⁸⁰ (vgl. aber zum rückwirkenden Wegfall des Entschädigungsanspruchs bei Nutzung offengelegter Patentanmeldungen § 58 Abs. 2 PatG). Selbstverständlich entfällt bei (endgültiger) Schutzrechtsversagung auch ein Nachzahlungsanspruch²⁸¹ (s. dazu § 12 Rdn. 69 ff.).

62 Die **praktische Bedeutung** dieser höchstrichterlichen Rechtsprechung ist **groß**, da die Erteilungsquote aller Patentanmeldungen im Schnitt nur bei rd. 50 % liegt – ein Wert, der auch im internationalen Vergleich üblich ist.²⁸² Diese Rechtsprechung hat sich seit Langem **in der** betrieblichen²⁸³ und

---

279 BGH v. 30.03.1971 – X ZR 8/68, GRUR 1971, 475, 477 – *Gleichrichter*; BGH v. 23.06.1977, GRUR 1977, 784, 788 – *Blitzlichtgeräte*; BGH v. 02.06.1987, GRUR 1987, 900, 902 – *Entwässerungsanlage*; BGH v. 06.02.2002 – X ZR 215/00, GRUR 2002, 609, 610 – *Drahtinjektionseinrichtung*. Ebenso OLG Düsseldorf v. 15.03.2007 – I-2U 108/05, (unveröffentl.). Seit 1972 ebenso ständ. Praxis der Schiedsst. z.B. v. 07.12.1981, BlPMZ 1982, 199; zust. Johannesson, GRUR 1972, 63; abl. insb. Bock, Mitt. 1971, 220 ff.; Fischer, GRUR 1971, 430 ff.; Reimer/Schade/Schippel/Trimborn Rn. 16 ff. zu § 12; Schultz-Süchting, GRUR 1973, 293, 296 ff.
280 Schiedsst. v. 13.07.1983 – Arb.Erf. 54/82 u. v. 07.11.1985 – Arb.Erf. 13/85, (beide unveröffentl.); Schiedsst. v. 04.06.1994, GRUR 1994, 615, 617 – *Anspruchsentstehung*; s.a. BGH v. 06.02.2002 – X ZR 215/00, GRUR 2002, 609, 610 – *Drahtinjektionseinrichtung*. Vom Grundsatz unzutreffend OLG Braunschweig, Beschl. v. 21.06.1978 – 9 O 35/78, (unveröffentl.), wonach ein Anspruch auf vorl. Verg. gänzlich entfallen soll, wenn die Schutzrechtsanmeldung mit Zust. d. Arbeitnehmers aufgegeben worden ist (vgl. dazu Rn. 66 zu § 16).
281 S. z.B. Schiedsst. v. 21.07.2016 – Arb.Erf. 36/13, (www.dpma.de) = Mitt. 2017, 564 (nur LS. 2).
282 Vgl. Jahresberichte des EPA und u. a. Jahresbericht des DPMA für 2018, BlPMZ 2018, 81 ff.
283 Vgl. Janert Betriebl. Verfahrensweisen (1969) S. 106; s.a. Sautter, Mitt. 1971, 203, 204; Schade, GRUR 1970, 579, 585.

D. Festsetzung der Vergütung (Abs. 3 bis 5)  §12

gerichtlichen[284] **Praxis durchgesetzt** und ist bereits früh von der *Schiedsstelle*[285] – wenn auch zunächst nicht unkritisch[286] – übernommen worden. Die BGH-Rechtsprechung stimmt mit dem in § 2 zum Ausdruck gekommenen Grundsatz überein, dass die Rechte und Pflichten aus dem ArbEG grds. bereits an die Schutzfähigkeit, d.h. die objektive Möglichkeit einer Schutzrechtserteilung anknüpfen (s. dazu § 2 Rdn. 16 ff.) und ist mit dem Monopolprinzip vereinbar. Wegen der Erwägungen wird auf die 4. Vorauflage verwiesen (§ 2 Rdn. 62).

Bei der praktischen Umsetzung dieser Grundsätze des *BGH* ist indes nicht zu verkennen, dass in dem vom *BGH* für die Vergütungsfälligkeit vorgegebenen frühesten Nutzungsstadium eine verlässliche Beurteilung des Erfindungswertes nur schwer möglich ist. Es wird sicherlich auch im Interesse des Arbeitnehmers liegen, wenn sich die Arbeitsvertragsparteien darauf verständigen, eine **Konkretisierung** des (vorläufigen) **Erfindungswertes erst nach 1 bis 2 Jahren der praktischen Verwertung** der Erfindung vorzunehmen (vgl. auch RL Nr. 23 mit der dort erwähnten zeitlichen Höchstgrenze von 3 bis 5 Jahren nach Patenterteilung in besonderen Ausnahmefällen), ggf. unter Zahlung von (anrechenbaren, aber nicht rückforderbaren) Vorschüssen.

Ist auf eine inländische Anmeldung noch kein Patent erteilt worden, wohl aber nach materiellrechtlicher Prüfung ein **paralleles Auslandspatent**, so kann nach Auffassung der *Schiedsstelle* für den mit der Erfindung im Ausland getätig- 63

---

284 S. z.B. LG Düsseldorf v. 28.07.1964, GRUR 1965, 307 f. – *Fußplatte*; LG Nürnberg-Fürth, BB 1968, 535; OLG Düsseldorf v. 11.01.1974, EGR Nr. 35 zu § 9 ArbEG (Verg.-Höhe) – *Gleichrichter*; Hanseat. OLG Hamburg v. 11.05.1978, EGR Nr. 23 zu § 9 ArbEG (Verg.-Anspr.) – *Halbleitergehäuse*; OLG Frankfurt am Main v. 30.04.1992, EGR Nr. 62 zu § 9 ArbEG (Verg.Höhe) – *Simulation von Radioaktivität* (insoweit nicht in GRUR 1992, 852); vgl. auch BAG v. 21.06.1979, DB 1979, 2187 – *Rauchgasreinigungsanlage*; s. f. Österreich OGH Wien v. 28.11.1978, GRUR Int. 1979, 479 = BlPMZ 1980, 62 (LS).
285 Schiedsst. v. 11.06.1963, BlPMZ 1963, 341; v. 13.11.1963/24.08.1964, BlPMZ 1964, 354; v. 13.05.1966, BlPMZ 1967, 80; v. 8.6./06.09.1967, BlPMZ 1968, 130; v. 21.03.1973, EGR Nr. 27 zu § 9 ArbEG (Verg.-Höhe); v. 30.11.1977, EGR Nr. 19 zu § 9 ArbEG (Verg.Anspr.); v. 07.12.1981, BlPMZ 1982, 199; v. 07.02.1983, BlPMZ 1984, 218, 220; ZB v. 25.07.1988, BlPMZ 1989, 289, 290; v. 13.01.1986, BlPMZ 1991, 201, 202; v. 08.10.1991, GRUR 1992, 849, 850 – *Bewehrungsrollmatte*; v. 04.02.1993, GRUR 1994, 611, 613 – *Regelkreisanordnung*; v. 24.06.1999 – Arb.Erf. 88/97; v. 11.12.2008 – Arb.Erf. 16/06 (Datenbank); v. 04.03.2010 – Arb.Erf. 59/08, (insoweit nicht in www.dpma.de) u. v. 12.10.2016 – Arb.Erf. 17/14 (www.dpma.de); s.a. Schiedsst. v. 24.04.1974, EGR Nr. 1 zu § 12 ArbEG; Schade, BB 1964, 1381 u. ders., GRUR 1970, 579, 585.
286 I.d.S. EV v. 16.10.1997 – Arb.Erf. 52/94, (unveröffentl.).

ten Umsatz kein Risikoabschlag geltend gemacht werden[287] (s.a. § 12 Rdn. 69), und zwar gleichgültig, ob für diesen Auslandsumsatz das Auslandsschutzrecht ursächlich war oder nicht (z.B. auch bei Lieferung im Inland hergestellter erfindungsgemäßer Produkte ins patentgeschützte Ausland),[288] wobei allerdings im Einzelfall hinsichtlich der Höhe des Lizenzsatzes differenziert wird. Nach unserer Auffassung (vgl. § 2 Rdn. 25 u. § 9 Rdn. 15, 245) ist die inländische Schutzfähigkeit entscheidend, sodass auch für Auslandsverwertungen in Bezug auf dort bestehende Schutzrechtspositionen die Grundsätze der vorläufigen Vergütung so lange gelten, bis die inländische Schutzfähigkeit rechtskräftig geklärt ist.[289] Soweit es sich um Lieferungen von im Inland hergestellten erfindungsgemäßen Produkten ins Ausland handelt, stellt dies zudem eine Inlandsverwertung dar, die auch als solche zu vergüten ist, d.h. bei noch ungeklärter Schutzrechtslage im Inland nur vorläufig.

**bb) Vorläufige Vergütung während des Schutzrechtserteilungsverfahrens**

64 Die vorläufige Vergütung ist für den Zeitraum, in dem die Erfindung vom Arbeitgeber während des Schutzrechtserteilungsverfahrens benutzt (z. Begriff s. § 10 a.F. Rdn. 8 ff.) wird, zu entrichten und nach Maßgabe der laufenden Benutzungshandlungen zu berechnen.[290] Die Festlegung bestimmt sich nach § 12, erfolgt also i.R.d. einverständlichen Feststellung (s. § 12 Rdn. 14 ff.) bzw. einseitigen Festsetzung (s. § 12 Rdn. 40 ff.); s.a. § 12 Rdn. 68.6.

65 Die **Dauer des Anspruchs auf vorläufige Vergütung** bestimmt sich nach dem Ausgang des Schutzrechtserteilungsverfahrens. Auf der Grundlage des früheren Patentrechts war die vorläufige Vergütung bis zur rechtsbeständigen Erteilung oder Versagung eines Patentes zu zahlen.[291] Hierfür war nicht der vorläufige Monopolschutz in Form einer Bekanntmachung des Patents (§ 30 PatG a.F.) maßgeblich, sondern die endgültige Klärung der Monopolstellung mit dem rechtsbeständigen Abschluss des Erteilungsverfahrens. Daraus und aus dem geringeren Marktwert eines Schutzrechts vor bestandskräftiger Schutzrechtser-

---

287 Schiedsst. v. 23.02.2010 – Arb.Erf. 37/08, (unveröffentl.).
288 Schiedsst. v. 27.05.1983 – Arb.Erf. 4/82 u. v. 23.02.2010 – Arb.Erf. 37/08, (beide unveröffentl.); vgl. auch Schiedsst. v. 26.04.1976, BlPMZ 1977, 202.
289 Ebenso Windisch, GRUR 1985, 829, 839.
290 S. BGH v. 20.11.1962 – I ZR 40/61, GRUR 1963, 315, 317 r.Sp. – *Pauschalabfindung* – zum früheren Patentrecht; OLG Düsseldorf v. 26.07.1995 – 2 U 6/89, (unveröffentl.).
291 Vgl. BGH v. 30.03.1971 – X ZR 8/68, GRUR 1971, 475, 477 r.Sp. – *Gleichrichter*; BGH v. 02.12.1960 – I ZR 23/59, GRUR 1961, 338, 342 – *Chlormethylierung* u. BGH v. 20.11.1962 – I ZR 40/61, GRUR 1963, 315, 317 r.Sp. – *Pauschalabfindung*.

D. Festsetzung der Vergütung (Abs. 3 bis 5)  §12

teilung folgt, dass die vorläufige Vergütung auch nach der Neufassung des Patentgesetzes 1981 (nachgeschaltetes **Einspruchsverfahren** – § 59 PatG; s. § 12 Rdn. 56) bis zum Ablauf der Einspruchsfrist gegen das erteilte Patent – sofern kein Einspruch eingelegt wird – oder **bis zur bestandskräftigen Entscheidung** über Widerruf oder Aufrechterhaltung des Patents – im Fall eines Einspruchs – oder bis zur rechtskräftigen Zurückweisung der Patentanmeldung zu zahlen ist.[292] Die vorläufige Vergütung ist so lange zu zahlen, wie nicht (bestandskräftig) feststeht, ob nun tatsächlich das Patent aufrechterhalten wird oder nicht. Eine andere Praxis ist mit der **Risikoverteilung**, auf die der *BGH*[293] abgehoben hat, nicht vereinbar.[294] Zur Schutzrechtsversagung s. § 12 Rdn. 61.

Diese Grundsätze gelten, wenn die BRD als Vertragsstaat benannt ist, entsprechend auch für das **europäische Patenterteilungsverfahren**, dessen Einspruchsfrist ebenfalls 9 Monate beträgt (Art. 99 Abs. 1 EPÜ).[295]

Bei **bestandskräftiger Schutzrechtserteilung** wird die vorläufige Vergütung 65.1 durch die – zumeist höhere – endgültige Erfindervergütung abgelöst, verbunden mit einem **Nachzahlungsanspruch** für die vorangegangenen Nutzungshandlungen (s. dazu § 12 Rdn. 69). Die endgültige Erfindervergütung trägt der für den Arbeitgeber mit der Patenterteilung verbundenen Ausschließlichkeitsstellung Rechnung.[296]

**Wird das Schutzrecht rechtsbeständig versagt bzw.** rechtskräftig **widerrufen** (§ 61 PatG), endet – entsprechend dem Rechtsgedanken des § 10 Abs. 2 a.F. – die vorläufige Vergütung für die Zukunft mit dem Zeitpunkt der Bestands- bzw. Rechtskraft[297] (s.a. § 12 Rdn. 61). Folglich bleiben noch nicht erfüllte

---

292 Schiedsst. v. 07.12.1981, BlPMZ 1982, 199; v. 31.10.1985 – Arb.Erf. 26/85; v. 25.11.1985 – Arb.Erf. 28/85; v. 25.03.1994 – Arb.Erf. 64/93 u. v. 09.12.2008 – Arb.Erf. 19/08 (sämtl., unveröffentl.); v. 30.09.1992, EGR Nr. 69 zu § 9 ArbEG (VergHöhe); v. 12.10.2016 – Arb.Erf. 17/14, (www.dpma.de); im Ergebn. auch Keukenschrijver in Busse/Keukenschrijver, PatG, Rn. 20 zu § 12 ArbEG. S. Im Übr. Gaul/Bartenbach, GRUR 1983, 14 ff.
293 BGH v. 28.06.1962 – I ZR 28/61, GRUR 1963, 135 – *Cromegal.*
294 Schiedsst. ZB v. 27.01.1986 – Arb.Erf. 63/85, (unveröffentl.).
295 Gaul/Bartenbach, GRUR 1983, 14 ff.; im Ergebn. auch Keukenschrijver in Busse/Keukenschrijver, PatG, Rn. 20 zu § 12 ArbEG.
296 LG Düsseldorf v. 13.10.1998, Entscheidungen 4. ZK 1998, 107, 112 – *Schaltungsanordnung.*
297 BGH v. 02.06.1987, GRUR 1987, 900, 902 – *Entwässerungsanlage* u. BGH v. 15.05.1990 – X ZR 119/88, GRUR 1990, 667, 668 – *Einbettungsmasse*; BGH v. 06.02.2002 – X ZR 215/00, GRUR 2002, 609, 610 – *Drahtinjektionseinrichtung*, s. ferner die Nachw. in Fn 105a.

Vergütungsansprüche für den Zeitraum zwischen Inanspruchnahme und rechtsbeständiger Schutzrechtsversagung (Schutzrechtswiderruf) unverändert bestehen[298] (zur Höhe des Risikoabschlags s. § 12 Rdn. 68.5).

Ausnahmsweise kann die Vergütungspflicht zu einem früheren Zeitpunkt dann entfallen, wenn sie dem Arbeitgeber nicht mehr zumutbar (§ 242 BGB) ist (s. dazu § 9 Rdn. 35).

Aus dem Wesen der vorläufigen Vergütung verbietet sich selbstverständlich eine **Rückforderung** bereits geleisteter Vergütungszahlungen. Letzteres gilt auch dann, wenn der Arbeitgeber trotz offener Erteilungschancen für das Schutzrecht anstelle einer vorläufigen eine volle endgültige Vergütung gezahlt hat. Wird das angestrebte Schutzrecht versagt, kann die ohne Risikoabschlag ausbezahlte Vergütung wegen § 12 Abs. 6 Satz 2 nicht zurückgefordert werden.[299]

66 Der **Höhe** nach unterscheidet sich das vorläufige Nutzungsentgelt von der endgültigen Vergütung, bei der auch die Ausschließlichkeitsstellung des Patentinhabers als werterhöhender Bemessungsfaktor hinzutritt, u.U. erheblich, insb. wenn das Risiko der Patentversagung groß ist.[300] Mit der vorläufigen Vergütung wird auch dem Umstand Rechung getragen, dass der Marktwert einer bloßen Schutzrechtsanmeldung deutlich niedriger ist als der eines bestandskräftig erteilten Schutzrechts.[301] Der *BGH* hat zur Bemessung der Höhe der vorläufigen Vergütung vorgeschlagen, diese an die **Gebühren für eine nicht ausschließliche Lizenz** anzulehnen[302]. Dieser Anregung sind Praxis, *Schiedsstelle* und Schrifttum wegen der auftretenden Berechnungsschwierigkeiten nicht gefolgt;[303] zudem führt diese vom *BGH* vorgeschlagene Berechnungsweise zu einer in § 12 nicht vorgesehenen zweifachen Vergütungsfestsetzung (vgl. dazu § 12 Rdn. 85). Vielmehr wird – was im Einklang mit der höchst-

---

298 Wohl heute allg. Ansicht, so im Ergebnis etwa BGH v. 06.02.2002 – X ZR 215/00, GRUR 2002, 609, 610 – *Drahtinjektionseinrichtung*.
299 Schiedsst. v. 18.11.1994 – Arb.Erf. 97/93, (unveröffentl.).
300 BGH v. 28.06.1962 – I ZR 28/61, GRUR 1963, 135, 138 l.Sp. – *Cromegal*, bestätigt durch BGH v. 30.03.1971 – X ZR 8/68, GRUR 1971, 475, 477 l.Sp. – *Gleichrichter*.
301 Schiedsst. v. 12.10.2016 – Arb.Erf. 17/14, (www.dpma.de) m. H. a. LG München I v. 14.03.2008 – 14HK O 8038/06.
302 BGH v. 28.06.1962 – I ZR 28/61, GRUR 1963, 135, 138 l.Sp. – *Cromegal*, bestätigt durch BGH v. 30.03.1971 – X ZR 8/68, GRUR 1971, 475, 477 l.Sp. – *Gleichrichter*.
303 Vgl. Reimer/Schade/Schippel/Himmelmann Rn. 48 f. zu § 9; Schiedsst. ZB v. 25.07.1988, BlPMZ 1989, 289, 290; ferner Keukenschrijver in Busse/Keukenschrijver, PatG, Rn. 21 zu § 12 ArbEG.

D. Festsetzung der Vergütung (Abs. 3 bis 5)  § 12

richterlichen Rechtsprechung steht – von der **betrieblichen Praxis** ebenso wie von der *Schiedsstelle* die Vergütung berechnet, die der Erfinder bei erteiltem Schutzrecht erhalten würde; hiervon wird – je nach Erteilungschance (s. § 12 Rdn. 67 f.) – ein Abschlag gemacht und als vorläufiges Benutzungsentgelt wird über diesen **Risikoabschlag** ein bestimmter **Prozentsatz der endgültigen Vergütung** berechnet.[304]

Da der Erfinder einerseits möglichst zeitnah in den Genuss einer angemessenen Erfindervergütung kommen soll, andererseits bei nicht schutzfähigen Neuerungen seine Leistungen bereits durch das gezahlte Arbeitsentgelt abgegolten sind, muss die vorläufige Vergütung an der **Patentierungswahrscheinlichkeit** gemessen werden.[305] 67

Haben sich die Arbeitsvertragsparteien auf einen konkreten Risikoabschlag bzw. auf ein sonstiges vorläufiges Nutzungsentgelt **geeinigt**, ist für einen Rückgriff auf hiervon abweichende übliche Abschläge kein Raum mehr.[306]

Die **Höhe des Risikoabschlags** bestimmt sich – entsprechend dem Verlauf des Erteilungsverfahrens – je nach den Chancen der Schutzrechtserteilung im Einzelfall. Das Risiko des Arbeitgebers, für eine letztendlich nicht schutzfähige technische Lehre eine Erfindervergütung zu zahlen, die er vom Arbeitnehmer nicht zurückfordern kann (§ 12 Abs. 6 Satz 2 ArbEG), rechtfertigt es aus Sicht der *Schiedsstelle*, die **Patentierungswahrscheinlichkeit** möglichst genau und unter Zugrundelegung eines tendenziell eher **strengen Maßstabes** zu bemessen.[307] Dabei sind **zunächst die Verhältnisse zum Zeitpunkt der Fälligkeit** bzw. der jeweiligen vergütungspflichtigen Benutzungshandlungen zugrunde zu

---

304 Ständ. Praxis d. Schiedsst., z.B. v. 07.02.1983, BlPMZ 1984, 218, 220 u. v. 25.07.1988, BlPMZ 1989, 289, 290; ferner EV. v. 22.07.2013 Arb.Erf. 40/11 u. v. 19.09.2013 Arb.Erf. 29/12 (beide www.dpma.de); vgl. auch Schiedsst. v. 13.01.1986 BlPMZ 1991, 201, 202; Reimer/Schade/Schippel/Himmelmann Rn. 49 zu § 9; Busse/Keukenschrijver, PatG, Rn. 21 zu § 12 ArbEG m.w.Nachw. S. im Übr. die Nachw. b. §12 Rdn. 68.
305 Schiedsst. v. 02.12.1997 – Arb.Erf. 81/95, (unveröffentl.).
306 LG München v. 14.05.2008 – 21 O 19982/07, (unveröffentl.).
307 Ständ. Praxis, z.B. v. 02.12.1997 – Arb.Erf. 81/95, (Datenbank); v. 04.03.2008 – Arb.Erf. 60/05; v. 25.04.2008 – Arb.Erf. 95/04, (beide unveröffentl.); v. 20.01.2009 – Arb.Erf. 40/06, (Datenbank); v. 04.03.2010 – Arb.Erf. 59/08, (insoweit nicht in www.dpma.de); v. 18.09.2012 – Arb.Erf. 22/11; EV. v. 22.07.2013 – Arb.Erf. 40/11, u. v. 19.09.2013 – Arb.Erf. 29/12, (alle www.dpma.de).

legen;³⁰⁸ eine rückschauende Betrachtungsweise – etwa nach Schutzrechtsversagung – verbietet sich,³⁰⁹ da sich in diesem Fall konsequenterweise stets ein Risikoabschlag von 100 % ergeben würde.³¹⁰ Ebensowenig ist auf den von einer Fälligkeit abweichenden Zeitpunkt eines Vergütungsangebots abzustellen.³¹¹ Andererseits kann das abgeschlossene Schutzrechtserteilungsverfahren früher geäußerte Bedenken hinsichtlich der Schutzfähigkeit bestätigen. Dies gilt etwa, wenn das im Rahmen einer Patentrecherche oder im Zwischenbescheid des Prüfers genannte Material die angemeldete technische Lehre ganz oder in wesentlichen Teilen neuheitsschädlich vorwegnimmt; dieser Maßstab ist auch an das z.B. in einer Einspruchsbegründung genannte Material anzulegen. Betreffen die Entgegenhaltungen das Merkmal der erfinderischen Tätigkeit, das einen breiteren Beurteilungsspielraum eröffnet, kann es auf eine Differenzierung im Einzelfall ankommen. Fehlt es bis zur Schutzrechtsversagung bzw. dem Widerruf eines erteilten Schutzrechts an einer Vergütungsregelung, können diese bestätigten, ursprünglich bereits vorhandenen Tatsachen zum objektiven Stand der Technik³¹² vergütungsmindernd bzw. -ausschließend herangezogen werden.

68 **Vor Patenterteilung** legt die betriebliche Praxis als vorläufige Vergütung im Allgemeinen einen **(Regel-) Risikoabschlag von 50 %** bei üblichem Patenterteilungsrisiko – sofern also keine besonderen Umstände für bzw. gegen eine

---

308 Vgl. BGH v. 30.03.1971 – X ZR 8/68, GRUR 1971, 475, 477 r.Sp. – *Gleichrichter* u. BGH v. 20.11.1962, GRUR 1963, 315, 317 r.Sp. – *Pauschalabfindung*; Schiedsst. v. 04.06.1993, GRUR 1994, 615, 617 – *Anspruchsentstehung* u. v. 20.11.2011 – Arb.Erf. 09/10, (www.dpma.de, LS. 1).
309 BGH v. 30.03.1971, GRUR 1971, 475, 477 r.Sp. – Gleichrichter; Schiedsst. v. 04.06.1993, GRUR 1994, 615, 617 – *Anspruchsentstehung*; v. 02.12.1997 – Arb.Erf. 81/95, (unveröffentl.) u. v. 11.12.2008 – Arb.Erf. 16/06 (Datenbank); vgl. auch Hans. OLG v. 11.05.1978, EGR Nr. 23 zu § 9 ArbEG (Verg.-Anspr.) u. OLG München v. 14.09.2017, GRUR-RR 2018, 137 (Rn. 52) – Spantenmontagevorrichtung.
310 Ebenso Schiedsst. v. 09.12.2008 – Arb.Erf. 19/08; 11.12.2008 – Arb.Erf. 16/06 u. v. 20.01.2009 – Arb.Erf. 40/06 (sämtl. Datenbank).
311 Schiedsst. v. 20.10.2011 – Arb.Erf. 09/10, (www.dpma.de, LS. 1).
312 Schiedsst. v. 02.12.1997 – Arb.Erf. 81/95 u. v. 06.10.1998 – Arb.Erf. 117/96, (beide unveröffentl.).

D. Festsetzung der Vergütung (Abs. 3 bis 5)  § 12

Patenterteilung hinzukommen – zugrunde.[313] Dieser Ansatz ist – zugunsten des Arbeitnehmererfinders – großzügig, berücksichtigt man den statistischen Erfahrungssatz, wonach über die Jahre hinweg im deutschen Patenterteilungsverfahren ein nicht geringer Anteil der Patentanmeldungen ohne Prüfung zurückgenommen oder jedenfalls kein Prüfungsantrag gestellt wird und die Erteilungsquote im Schnitt nur bei rd. 30 bis 35 % aller Patentanmeldungen liegen dürfte.[314] Während bislang ein ähnlicher Erfahrungssatz für das europäische Patenterteilungsverfahren bestanden haben dürfte, weist der Geschäftsbereich des EPA allerdings für 2017 eine Erteilungsquote von 50 % aus.[315] Letztlich wird mit dem Abschlag von 50 % – im Interesse eines einheitlichen und übergreifenden Regelsatzes – den unterschiedlichsten Verhältnissen und Möglichkeiten der Anmelder (etwa in Bezug auf vorherige Patentrecherchen, Erfahrungen im Erteilungsverfahren pp.) ebenso Rechnung getragen wie den divergierenden Erfolgsaussichten je nach technischem Gebiet und Einsatzbereich. Diesen Regelrisikoabschlag legt die *Schiedsstelle* im Ergebnis auch zugrunde,

---

313 Vgl. Gaul in Anm. zu EGR Nr. 2 zu § 9 ArbEG (VergAnspr.); Volmer/Gaul Rn. 151 zu § 12; Reimer/Schade/Schippel/Himmelmann Rn. 11, 21, 46 ff. zu § 9; Schade, GRUR 1970, 579, 586; ebenso die Praxis d. Schiedsst. z.B. EV. v. 11.06.1963, BlPMZ 1963, 341; v. 24.08.1964, BlPMZ 1964, 354; v. 13.05.1966, BlPMZ 1967, 80; v. 8.6./06.09.1967, BlPMZ 1968, 130; v. 20.11.1971, EGR Nr. 1 zu § 11 ArbEG (RL Nr. 6); v. 12.05.1992, EGR Nr. 84 zu § 12 ArbEG; v. 30.09.1992, EGR Nr. 69 zu § 9 ArbEG (VergHöhe); v. 04.02.1993, GRUR 1994, 611, 613 – *Regelkreisanordnung*; ZB v. 09.02.1995 – ArbErf. 65/93, (unveröffentl.); v. 19.06.1996 – Arb.Erf. 62/94; v. 02.12.1997 – Arb.Erf. 81/95, (unveröffentl.); ferner EV v. 16.07.1998 – Arb.Erf. 32/96; v. 24.06.1999 – Arb.Erf. 88/97; v. 09.12.2008 – Arb.Erf. 19/08; v. 10.02.2009 – Arb.Erf. 30/07; v. 12.11.2009 – Arb.Erf. 7/08, (alle unveröffentl.); ferner v. 04.03.2010 – Arb.Erf. 59/08, (insoweit nicht in www.dpma.de); v. 18.09.2012 – Arb.Erf. 22/11, v. 22.07.2013 Arb.Erf. 40/11; v. 19.09.2013 – Arb.Erf. 29/12, (www.dpma.de); v. 12.10.2016 – Arb.Erf. 17/14, (alle www.dpma.de); zust. auch Keukenschrijver in Busse/Keukenschrijver, PatG, Rn. 21 zu § 12 ArbEG; vgl. auch Schiedsst. v. 27.04.1967, BlPMZ 1967, 238 m. Anm. Schade. Ebenso Instanzgerichte, z. B. LG Frankfurt v. 14.3.2012 – 2–06 O 466/10 – (unveröffentl.). Bereits Janert Betriebl. Verfahrensweisen (1969) S. 119 nannte als Ergebn. seiner Untersuchungen einen Durchschnittswert von 50 % bis 75 %.
314 Vgl. die jährlichen Patentstatistiken des DPMA in BlPMZ; u. a. in BlPMZ 2018, 80 ff.; zur Begründung vgl. auch Schiedsst. v. 07.12.1981, BlPMZ 1982, 199 a.E. (zur früheren Patentstatistik). Auch Schiedsst. v. 01.04.2015 – Arb.Erf. 49/11, (www.dpma.de) sieht angesichts der statistischen Erteilungsquote von nur 30 – 35 % in dem Regelrisikoabschlag von 50 % weiterhin einen »großzügigen Ansatz«.
315 Vgl. Jahresbericht EPA 2017.

wenn neben einer europäischen Patentanmeldung ein paralleles Gebrauchsmuster besteht[316] (s. § 12 Rdn. 71).

68.1 Bei **geringem Versagungsrisiko**, also sehr positiver Beurteilung der Erteilungschancen, kann der Risikoabschlag vermindert und damit die vorläufige Vergütung angehoben werden (z.B. auf 75 % der endgültigen Vergütung[317]). Bei gestiegenen Erteilungschancen bzw. in Aussichtsstehen der Patenterteilung hat die *Schiedsstelle* einen Risikoabschlag von 30 % vorgeschlagen.[318] Auf 35 % angehoben wurde der Risikoabschlag, wenn nach den Prüfbescheiden zwar mit der Patenterteilung zu rechnen war, die Erfindung aber auf einem einspruchsträchtigen Sektor eines Spezialgebietes lag.[319] Im Einzelfall kann eine Verminderung des Risikoabschlags auf 10 % oder gar dessen völliger Wegfall angemessen sein, wenn die Erteilung sehr wahrscheinlich ist oder gar die Erteilung bereits erfolgt und mit einem Einspruch nicht zu rechnen ist oder ein eingelegter Einspruch offensichtlich keine Aussicht auf Erfolg hat.

68.2 Werden in einem Prüfbescheid **erhebliche Bedenken gegen die Patentfähigkeit** erhoben oder ist das Patent im ersten Rechtszug zurückgewiesen bzw. versagt worden, so kann sich die vorläufige Vergütung stark reduzieren,[320] z.B. auf 30 bis 10 %,[321] oder – anders ausgedrückt – in einem Risikoabschlag von 70 bis 90 % niederschlagen, und zwar ab dem Zeitpunkt der patentamtlichen

---

316 Schiedsst. v. 09.03.2006 – Arb.Erf. 55/04, (Datenbank).
317 Vgl. Schiedsst. v. 21.03.1973, EGR Nr. 27 zu § 9 ArbEG (VergHöhe) – dort nach Auslegung der Patentanmeldung; Schiedsst. v. 07.12.1981, BlPMZ 1982, 299.
318 Schiedsst. v. 13.07.1983 – ArbErf. 54/83, (unveröffentl.); v. 04.06.1993, GRUR 1994, 615, 616 – *Anspruchsentstehung* m. Anm. Bartenbach/Volz, GRUR 1994, 619, 624; v. 22.02.1996 – Arb.Erf. 66/94, (unveröffentl.); zust. auch Keukenschrijver in Busse/Keukenschrijver, PatG, Rn. 21 zu § 12 ArbEG.
319 Schiedsst. v. 18.0 3.1985 – Arb.Erf. 61/83, (unveröffentl.).
320 Schade, GRUR 1970, 579, 586.
321 Hans.OLG v. 11.05.1978, EGR Nr. 23 zu § 9 ArbEG (Verg.-Anspr.) – dort auf 25 % n. Versagungsbescheid; vgl. auch Schiedsst. v. 27.04.1967, Mitt. 67, 238; i. E. auch Schiedsst. v. 02.03.1983 (Arb.Erf. 57/82, unveröffentl.) – dort auf 25 %, weil die Erteilungschancen nicht mangels Neuheit, jedoch mangels Erfindungshöhe sehr gering waren; ähnl. LG Düsseldorf v. 11.11.1975 (. 4 O 304/74) – dort 15 % nach Versagungsbescheid wegen fehlender Erfindungshöhe bei vorhandener Neuheit (beide unveröffentl.); Schiedsst v. 07.07.2005 – Arb.Erf. 1/03 (Datenbank), dort Vergütungsanteil von 10 % bei innerbetrieblich eingesetzter Erfindung nach Widerruf im Einspruchsverfahren. Zu gering erscheint die von der Schiedsst. im EV. v. 30.09.1992 [EGR Nr. 69 zu § 9 ArbEG (VergHöhe)] bei Widerruf des Patents in der ersten Instanz des Einspruchsverfahrens zuerkannte Reduzierung auf 70 %.

Entscheidung[322]. 90 %-Risikoabschlag hat die *Schiedsstelle* angesetzt, wenn sie es im Hinblick auf den entgegengehaltenen Stand der Technik für nahezu ausgeschlossen hielt, dass die streitige Erfindung patentiert werden könne.[323] Einen Risikoabschlag von 80 % hat die *Schiedsstelle* vorgeschlagen, wenn eine Patenterteilung – wie sie ursprünglich vorgesehen war – aussichtslos erschien und jedenfalls der Schutzumfang erheblich geringer ausfallen würde, nachdem andere, zum Stand der Technik gehörende Verfahren Teile der Erfindung ausgemacht hatten,[324] ferner, wenn sie die Einschätzung der Prüfungsstelle in ihrem ersten Prüfungsbescheid, dass die erforderliche Erfindungshöhe nicht vorliege, für zutreffend hielt, weil die erfinderische Lösung durch den Stand der Technik sehr nahegelegt war.[325] Ein Risikoabschlag von 70 % erscheint der *Schiedsstelle* dann angemessen, wenn der internationale Recherchenbericht mehrere neuheitsschädliche Entgegenhaltungen aufweist.[326] Im Einzelfall kann die vorläufige Vergütung sogar bis auf Null zurückgehen, wenn eine Schutzrechtserteilung aufgrund des bekannten Standes der Technik[327] praktisch aussichtslos erscheint[328] (s. dazu § 9 Rdn. 324). Die Reduzierung auf Null nimmt die *Schiedsstelle* in ständiger Praxis auch dann an, wenn der Arbeitgeber aufgrund negativer Prüfbescheide das Schutzrechtserteilungsverfahren nicht aufrechterhalten will und die Schutzrechtsposition seinem Arbeitnehmer nach § 16 anbietet; sollte der Arbeitnehmer indes eine Patenterteilung erreichen, wäre der Arbeitgeber verpflichtet, die Vergütung für zurückliegende Nutzun-

---

322 Schiedsst. v. 20.10.2011 – Arb.Erf. 9/10, – u. v. 02.07.2013 – Arb.Erf. 25/12, (beide Datenbank).
323 EV v. 09.12.2008 – Arb.Erf. 19/08, u. v. 23.04.2009 – Arb.Erf. 51/06, (beide unveröffentl.) – dort 80 % und mehr.
324 Schiedsst. v. 15.12.1982 – Arb.Erf. 63/80, (unveröffentl.); v. 25.03.1994 – Arb.Erf. 64/93(unveröffentl.) – dort Risikoabschlag von 80 – 90 % bei eindeutigem entgegenstehenden Stand der Technik; vgl. auch Volmer/Gaul Rn. 152 zu § 12.
325 Schiedsst. EV v. 15.01.1998 – Arb.Erf. 7/96, (unveröffentl.).
326 Schiedsst. v. 01.02.2005 – Arb.Erf. 72/03, (Datenbank).
327 Schiedsst. v. 02.12.1997 – Arb.Erf. 81/95, (unveröffentl.) u. v. 30.01.2018 – Arb.Erf. 36/16, (www.dpma.de) m.H.a. LG München I v. 14.03.2008 – 14 HK O 8038/06.
328 Vgl. Schiedsst. v. 12.10.1978, BlPMZ 1979, 255, 257; v. 24.06.1999 – Arb.Erf. 88/97; v. 21.10.2008 – Arb.Erf. 34/07, (beide unveröffentl.) u. v. 11.12.2008 – Arb.Erf. 16/06, (Datenbank); im Ergebn. ebenso EV v. 19.06.1996 – Arb.Erf. 62/94, (unveröffentl. – dort bei faktisch ausgeschlossener Patenterteilung nach Zurückweisung wegen eindeutig offenkundiger Vorbenutzung); LG Düsseldorf v. 28.07.1964, GRUR 1965, 307 f. Im EV. v. 25.07.1991 (Arb.Erf. 86/89, unveröffentl.) hat die Schiedsst. eine Reduzierung auf 5 % wegen äußerst geringer Erteilungschance aufgrund einer Vorveröffentlichung mit wesentl. Vorwegnahme der Merkmale d. Diensterf. vorgeschlagen.

gen nachzuzahlen.[329] Im Einzelfall »kompensiert« die *Schiedsstelle* allerdings sehr negative Prüfbescheide des DPMA (EPA) mit einer Schutzrechtserteilung im Ausland.[330] S.a. unten § 12 Rdn. 68.7.

68.3 **Trotz Patenterteilung** (auch im Hinblick auf § 12 Abs. 6 Satz 1) kann ein Festhalten an dem bisherigen vorläufigen Vergütungssatz dann gerechtfertigt sein, wenn – etwa im Hinblick auf eingereichtes Einspruchsmaterial[331] – erhebliche Bedenken bestehen, aus dem erteilten Schutzrecht gegen Wettbewerber vorzugehen[332] bzw. das Patent von Wettbewerbern nicht beachtet wird[333] (s.a. § 9 Rdn. 35 u. unten § 12 Rdn. 69, 117).

Kommen keine derartigen besonderen Umstände **nach Patenterteilung im** nachgeschobenen **Einspruchsverfahren** hinzu, so erscheint es angemessen, für den Regelfall (wenn also keine besonderen Erkenntnisse für oder gegen einen Widerruf sprechen) den Risikoabschlag von 50 % auf 25 %[334] bzw. – so die Praxis der *Schiedsstelle*[335] – auf 30 % zu vermindern und damit die vorläufige Vergütung auf 75 % bzw. 70 % der endgültigen anzuheben. Denn mit dem Patenterteilungsbeschluss liegt zunächst eine abgeschlossene Prüfung der Patentfähigkeit der technischen Lehre im Hinblick auf den ermittelten Stand der Technik vor; der Abschlag orientiert sich i.Ü. an der Wahrscheinlichkeit, ob im Einspruchsverfahren ein Patent aufrechterhalten wird. Wird dagegen im Einspruchsverfahren das Patent widerrufen, wird hierdurch die »Qualität« des

---

329 Z.B. Schiedsst. v. 12.10.1982 – Arb.Erf. 2 (B)/80, (unveröffentl.) u. v. 19.06.1997 – Arb.Erf. 93/95, (unveröffentl.).
330 Schiedsst. v. 02.02.2006 – Arb.Erf. 85/04, u. v. 26.01.2006 – Arb.Erf. 15/05, (beide Datenbank), dort Risikoabschlag von 60 % nach sehr neg. Prüfbescheid DPMA und Zurückweisung durch EPA, bei erteilten Patenten in USA und Kanada.
331 Immerhin wurde z.B. 2008 nur in 60–70 % der Einspruchsverfahren vor dem DPMA das Patent in vollem Umfang o. beschränkt aufrechterhalten (vgl. die jährliche Patentstatistik des DPMA in BlPMZ zuletzt BlPMZ 2011, 85 ff.).
332 So i. Ergebn. Schiedsst. v. 14.04.1982 – Arb.Erf. 44/80, (unveröffentl.): Risikoabschlag von 50 % i. e. Fall, in dem das Patent erst im Beschwerdeverfahren versagt worden ist, wenn trotz Bekanntmachung und vorheriger Patenterteilung mehrere Verletzer auf dem Markt waren.
333 Schiedsst. v. 30.09.1992, EGR Nr. 69 zu § 9 ArbEG (VergHöhe); v. 12.06.1996 – Arb.Erf. 87/94, (unveröffentl.); u. v. 09.07.1998 – Arb.Erf. 51/96, (unveröffentl.), u. v. 07.07.2005 – Arb.Erf. 41/03 (Datenbank).
334 Gaul/Bartenbach, GRUR 1983, 14, 18 f.; Volmer/Gaul Rn. 60 f., 64 zu § 12; Schiedsst. v. 07.12.1981, BlPMZ 1982, 199; v. 30.09.1992, EGR Nr. 69 zu § 9 ArbEG (VergHöhe).
335 Z.B. Schiedsst. v. 31.10.1985 – Arb.Erf. 26/85; v. 25.11.1985 – Arb.Erf. 28/85; v. 03.08.1993 – Arb.Erf. 22/92; v. 25.03.1994 – Arb.Erf. 64/93; v. 12.06.1996 – Arb.Erf. 87/94 (alle unveröffentl.); v. 18.09.2012 – Arb.Erf. 22/11, (www.dpma.de).

D. Festsetzung der Vergütung (Abs. 3 bis 5) § 12

Einspruchsmaterials bestätigt, was es rechtfertigt, für die Dauer des Einspruchsbeschwerdeverfahrens eine wesentliche Anhebung des Risikoabschlags vorzunehmen.[336]

Hat der Arbeitgeber vor (noch nicht rechtsbeständiger) Patenterteilung seiner **vorläufigen Vergütungspflicht noch nicht entsprochen**, kann er bei einer nunmehr vorzunehmenden Vergütung für die Vergangenheit Patentversagungsrisiken nur insoweit geltend machen, als sich dies aus Zwischenbescheiden oder sonstigen Erkenntnissen im Erteilungsverfahren (Patentrecherche) ergibt; ist bereits ein Einspruchsverfahren anhängig, kann er für die Zukunft das Risiko des Widerrufs des erteilten Patents gemäß den geltend gemachten Einspruchsgründen berücksichtigen (s. aber auch § 12 Rdn. 67). 68.4

Ist ein **Schutzrecht rechtsbeständig versagt** und geht es um die Zahlung der Vergütung für Nutzungshandlungen vor Schutzrechtsversagung (s. § 12 Rdn. 61), verbleibt es mangels besonderer Umstände bis zum ersten, die Versagung in Aussicht stellenden Bescheid oder sonstigen Erkenntnissen über den objektiven Stand der Technik grds. bei einer Vergütungspflicht i.H.v. 50 % der »endgültigen« Vergütung. Im Einzelfall hat die *Schiedsstelle* ab Ergehen des Patentversagungsbeschlusses für die Dauer des Beschwerdeverfahrens die Patenterteilungswahrscheinlichkeit nur noch mit 10 % bewertet (= Risikoabschlag 90 %).[337] Zum Verbot rückschauender Wertungen s. § 12 Rdn. 67 und zur Situation inländischer Patentversagung bei paralleler Erteilung von Auslandsschutzrechten s. § 12 Rdn. 63, 69. 68.5

Da die vorläufige Vergütung nach der Patentierungswahrscheinlichkeit zu bemessen ist (s. § 12 Rdn. 67), sind die Prozentzahlen für den Regelrisikoabschlag lediglich das Ergebnis einer kursorischen Betrachtungsweise und müssen genauer bemessenen Prozentzahlen weichen, wenn nähere Erkenntnisse über Erfolgs- oder Misserfolgsaussichten der Patentanmeldung (einschl. Einspruchsverfahren) bekannt geworden sind.[338] 68.6

Im Interesse einer angemessenen Anpassung der vorläufigen Vergütung an wesentliche Veränderungen im Schutzrechtserteilungsverfahren (einschl. des nachgeschobenen Einspruchsverfahrens) kann bei der Vergütungsbestimmung ein entsprechender **Vorbehalt** getroffen werden, der allerdings auch der Billigkeitsregelung des § 23 unterliegt. Fehlt dieser, so kann eine **Anpassung der**

---

336 Schiedsst. v. 12.06.1996 – Arb.Erf. 87/94 unveröffentl.) – dort Risikoabschlag von 70 %, d.h. vorläufige Vergütung i.H.v. 30 %; s.a. d. Nachw. b. §12 Rdn. 68.2; v. 07.07.2005 – Arb.Erf. 41/03 (Datenbank), dort Risikoabschlag von 90 %.
337 Schiedsst. v. 06.10.1998 – Arb.Erf. 117/96, (unveröffentl.).
338 Schiedsst. v. 25.03.1994 – Arb.Erf. 64/93, (unveröffentl.).

**vorläufigen Vergütung** unter Beachtung des Grundsatzes der Angemessenheit i.S.d. § 9 erfolgen,[339] also – sofern die Unveränderbarkeit des Risikoabschlages nicht ausdrücklich festgelegt ist – auch ungeachtet der Prüfung nach § 12 Abs. 6 Satz 1, ob sich die der Berechnung zu Grunde liegenden Umstände wesentlich geändert haben[340] (s. § 12 Rdn. 95 ff. sowie 115 ff.). Eine Anpassung ist z.B. dann gerechtfertigt, wenn das Patent zwar erteilt wird (§ 49 PatG), ein anschließender Einspruch aber auf Erhebliches, der Aufrechterhaltung des Patentes entgegenstehendes und im Prüfverfahren nicht berücksichtigtes Material gestützt wird. Zur Pauschalabfindung s.u. § 12 Rdn. 114; zum Risikoabschlag bei Schutzrechtskomplexen s. § 9 Rdn. 130.

68.7 Der Risikoabschlag umfasst auch **Auslandsnutzungen**, selbst wenn ein paralleles Auslandsschutzrecht bereits rechtsbeständig erteilt ist (s. § 2 Rdn. 25; § 9 Rdn. 35 u. zur Nachzahlung unter § 12 Rdn. 69). Ist das Inlandsschutzrecht neuheitsschädlich getroffen, setzt die *Schiedsstelle* für die Nutzung (formal) fortbestehender Auslandsschutzrechte eine geringe vorläufige Vergütung an (z.B. Risikoabschlag 90 %[341]).

### cc) Nachzahlungspflicht bei (rechtsbeständiger) Patenterteilung

69 Mit (rechtsbeständiger) Schutzrechtserteilung wandelt sich u. E. der Anspruch auf vorläufige Vergütung (rückwirkend) um in den **Anspruch auf die volle nach § 9 geschuldete (endgültige) Vergütung**. Beschänkungen im Erteilungs- oder Einspruchsverfahren ist nach dem Gebot der Angemessenheit der Vergütung mindernd beim Erfindungswert entsprechend der endgültigen Fassung des Schutzrechtsgegenstandes (ebenfalls rückwirkend) Rechung zu tragen.

---

339 Schiedsst. v. 25.03.1994 – Arb.Erf. 64/93 u. v. 19.06.1996 – Arb.Erf. 62/94, (beide unveröffentl.).
340 Schiedsst. v. 19.06.1996 – Arb.Erf. 62/94 u. v. 12.06.1996 – Arb.Erf. 87/94, (beide unveröffentl.).
341 Schiedsst. v. 24.06.1999 – Arb.Erf. 88/97, (unveröffentl.).

D. Festsetzung der Vergütung (Abs. 3 bis 5) § 12

Mit endgültiger, rechtsbeständiger Patenterlangung ist ein einbehaltener Risikoabschlag (s. dazu § 12 Rdn. 66 ff.) grds. **nachzuzahlen**,[342] und zwar entsprechend dem Rechtsgedanken des § 12 Abs. 3 innerhalb von 3 Monaten nach Rechtsbestand[343]. Da auf die **Rechtsbeständigkeit der Schutzrechtserteilung** abzustellen ist, knüpft die Nachzahlungspflicht noch nicht an die Patenterteilung gem. § 49 PatG selbst an, sondern erst an den Ablauf der Einspruchsfrist bzw. – bei Einspruchseinlegung – an die rechtskräftige Entscheidung über die Aufrechterhaltung des Patentes.[344] Denn auch ein zunächst erteiltes Patent bietet materiell gesehen wegen des nachgeschobenen Einspruchsverfahrens noch keinen abschließenden Schutz. Immerhin führen statistisch im langjährigen Durchschnitt rund 1/3 aller Einsprüche zum Widerruf des Patentes und ein weiteres 1/3 zur Aufrechterhaltung in beschränktem Umfang,[345] d.h. nur rund ein Drittel der erteilten Patente übersteht unbeschadet ein Einspruchsverfahren. Vergleichbare Erfahrungen gelten für das Einspruchsverfahren gegen europäische Patente vor dem EPA (Art. 99 ff. EPÜ),[346] s. i.Ü. § 12 Rdn. 65; zur Nachzahlung bei **Schutzrechtsaufgabe** s. § 16 Rdn. 66 zu und bei **Erfindungsverkauf** § 12 Rdn. 69.2.

Der **Umfang der Nachzahlung** entspricht im Regelfall dem einbehaltenen Risikoabschlag.[347] Der Umfang kann aber dadurch beeinflusst sein, dass im Erteilungsverfahren der ursprüngliche Anmeldungsgegenstand erhebliche Ein-

---

342 Allg.A., z.B. Schiedsst. v. 13.05.1966, BlPMZ 1967, 80 (zu V a. E.); v. 07.11.1980, BlPMZ 1981, 31; v. 07.12.1981, BlPMZ 1982, 199; v. 04.02.1993, GRUR 1994, 611, 614 l.Sp. – *Regelkreisanordnung*; v. 11.01.1994 – Arb.Erf. 1/93; v. 13.02.1996 – Arb.Erf. 63/94; v. 05.06.1998 – Arb.Erf. 81/96; v. 10.02.2009 – Arb.Erf. 30/07; v. 12.11.2009 – Arb.Erf. 7/08, (sämtl. unveröffentl.); v. 18.09.2012 – Arb.Erf. 22/11, (www.dpma.de); v. 19.09.2013 – Arb.Erf. 29/12 u. v. 12.10.2016 – Arb.Erf. 17/14, (beide www.dpma.de); Kraßer, PatR, § 21 V 1 (dort Fn. 80); Volmer/Gaul Rn. 44, 66, 153 zu § 12; Keukenschrijver in Busse/Keukenschrijver, PatG, Rn. 21 zu § 12 ArbEG; s.a. Reimer/Schade/Schippel/Himmelmann Rn. 49 zu § 9 u. Rn. 15 zu § 12; Boemke/Kursawe/Engemann Rn. 29 zu § 12; von Holzapfel in Tschöpe, ArbR (2017), Teil 2 H Rn. 51; vgl. auch BGH v. 17.04.1973 – X ZR 59/69, GRUR 1973, 649, 652 r.Sp. – *Absperrventil*; missverständlich dagegen BGH v. 20.11.1962 – I ZR 40/61, GRUR 1963, 315, 317 r.Sp. – *Pauschalabfindung*, der dort von »abgelöst« spricht.
343 Ebenso Keukenschrijver in Busse/Keukenschrijver, PatG, Rn. 21 zu § 12 ArbEG.
344 Vgl. Schiedsst. v. 07.12.1981, BlPMZ 1982, 199; s. auch Keukenschrijver in Busse/Keukenschrijver, PatG, Rn. 20 f. zu § 12 ArbEG.
345 S. Geschäftsbericht BPatG 2010 BlPMZ 2011, 78, 85 ff.
346 S. Geschäftsbericht EPA 2011, abrufbar unter: http://www.epo.org.
347 Schiedsst. v. 04.02.1993, GRUR 1994, 611, 614 l.Sp. – *Regelkreisanordnung* u. v. 01.12.2009 – Arb.Erf. 48/08, (unveröffentl.).

schränkungen erfährt.[348] Der Arbeitnehmer hat einen Nachzahlungsanspruch nur insoweit, als dies durch den Umfang der endgültigen Fassung des Schutzrechtsgegenstandes noch gerechtfertigt ist.[349] Wird das Patent im Erteilungsverfahren in beschränkter Form erteilt oder im Einspruchsverfahren nur beschränkt aufrechterhalten, hat der Arbeitnehmer einen Nachzahlungsanspruch nur insoweit, als dies durch den Umfang der endgültigen Fassung des Schutzrechtsgegenstandes noch gerechtfertigt ist;[350] dementsprechend ist der Lizenzsatz für die endgültige Vergütung niedriger anzusetzen (vgl. RL Nr. 9 Satz 1).[351] Ist eine vorläufige Vergütung in der Annahme erfolgt, durch die Patentanmeldung ein sehr starkes, schwer umgehbares Schutzrecht zu erhalten, kann es im Einzelfall angemessen sein, von einer Nachzahlung abzusehen, wenn letztlich nur ein sehr schwaches, leicht umgehbares Patent erteilt worden ist,[352] sodass auch die Voraussetzungen des § 12 Abs. 6 gegeben sind (s.a. § 12 Rdn. 68.3–117). Auswirkungen können sich auch in Bezug auf eine Miterfinderschaft ergeben (s. § 12 Rdn. 110).

Da die *Schiedsstelle* eine **Auslandspatenterteilung** einer Inlandserteilung gleichstellt (s.o. § 12 Rdn. 63), ist nach ihrer Auffassung trotz Zurückweisung der inländischen Patentanmeldung für Auslandsverwertungen kein bzw. allenfalls ein geringer Risikoabschlag bei der Nachzahlung einer vorläufigen Vergütung anzusetzen, wenn die Diensterfindung weltweit genutzt wird und Auslandspatente – auch in Staaten mit Prüfungsverfahren – (rechtsbeständig)

---

348 Ebenso Schiedsst. v. 13.01.1986, BlPMZ 1991, 201, 202; v. 04.02.1993, GRUR 1994, 611, 614 l.Sp. – *Regelkreisanordnung*; v. 11.01.1994 – Arb.Erf. 1/93, (unveröffentl.); i.d.S. auch Schiedsst. v. 18.03.1985 – Arb.Erf. 61/83; v. 28.05.1985 – Arb.Erf. 52/84; v. 26.10.1993 – Arb.Erf. 152/92; v. 13.02.1996 – Arb.Erf. 63/94; v. 21.05.1997 – Arb.Erf. 93/96; v. 24.06.1999 – Arb.Erf. 88/97; v. 01.12.2009 – Arb.Erf. 48/08 (alle unveröffentl.) u. v. 19.09.2013 – Arb.Erf. 29/13, (www.dpma.de).; im Ergebn. auch Keukenschrijver in Busse/Keukenschrijver, PatG, Rn. 15 zu § 11 ArbEG.
349 Ebenso Schiedsst. v. 11.01.1994 – Arb.Erf. 1/93, (unveröffentl.); v. 28.07.2009 – Arb.Erf. 29/06; v. 20.10.2011 – Arb.Erf. 9/10 (beide Datenbank); v. 18.09.2012 – Arb.Erf. 22/11 – u. v. 19.09.2013 – Arb.Erf. 29/12, (beide www.dpma.de).
350 Schiedsst. v. 11.01.1994 – Arb.Erf. 1/93; v. 01.12.2009 – Arb.Erf. 48/08, (beide unveröffentl.); v. 22.07.2013 – Arb.Erf. 40/11, (www.dpma.de).
351 Z. B. Keukenschrijver in Busse/Keukenschrikver, PatG, Rn. 15 zu § 9 ArbEG.
352 Schiedsst. v. 07.11.1980, BlPMZ 1981, 310; Schiedsst. v. 26.10.1993 – Arb.Erf. 152/92, (unveröffentl.).

erteilt worden sind.³⁵³ Ansonsten sieht sie hier die Möglichkeit einer Vergütungsanpassung nach § 12 Abs. 6.

Haben die Arbeitsvertragsparteien sich im laufenden Patenterteilungsverfahren auf eine **Pauschalvergütung** verständigt, kommt regelmäßig eine Nachzahlung nach endgültiger Patenterteilung nicht in Betracht, wenn sie diesem Gesichtspunkt bei ihrer Pauschalvergütungsabrede Rechnung getragen haben (vgl. § 12 Rdn. 114, s. aber auch § 12 Rdn. 19 f.).

Da der Nachzahlungsanspruch erst mit rechtsbeständiger Schutzrechtserteilung fällig wird, scheidet mangels Verzugs ein Anspruch auf **Verzinsung** dieses Differenzbetrages aus.³⁵⁴

**dd) Vergütung bei Lizenzvergabe bzw. Verkauf der Schutzrechtsposition während des Schutzrechtserteilungsverfahrens**

Soweit eine Beteiligung des Arbeitnehmers an Einnahmen seines Arbeitgebers aus (einfachen oder ausschließlichen) **Lizenzverträgen** über die Diensterfindung in Betracht kommt, ist aus den gleichen Überlegungen wie bei der Eigenverwertung des Arbeitgebers ein Risikoabschlag zu berücksichtigen,³⁵⁵ es sei denn, dass sich das Risiko der noch ausstehenden Schutzrechtserteilung bereits (mindernd) in der vereinbarten Lizenzgebühr niederschlägt³⁵⁶. Aus dem hier zugrunde liegenden Vergleich mit dem freien Erfinder erscheint es gerechtfertigt, den Arbeitnehmererfinder auch insoweit an den Risiken der ungewissen Schutzrechtserlangung zu beteiligen.³⁵⁷ Einen Risikoabschlag berücksichtigt die *Schiedsstelle* auch bei einer fiktiv zu bestimmenden Lizenzeinnahme (s. hierzu KommRL Rn. 30 ff. zu RL Nr. 14) im Zusammenhang mit der Nutzung eines noch nicht erteilten Patentes.³⁵⁸

69.1

---

353 Schiedsst. v. 15.02.1982 – Arb.Erf. 63/80, (unveröffentl.). Im EV v. 12.06.1996 (Arb.Erf. 87/94, unveröffentl.) hat die Schiedsst. i.H.a. § 12 Abs. 6 eine Anpassung d. Erfindungswertes f. d. Auslandspatent vorgeschlagen – dort wegen des erhebl. Vernichtungsrisikos auf 20 %.
354 Gaul/Bartenbach, GRUR 1983, 14, 19.
355 Schiedsst. v. 04.02.1986, BlPMZ 1986, 346, 347 l.Sp.; Volmer/Gaul, Rn. 52 zu § 12 – jeweils für den Fall der Lizenzvergabe; wie hier auch Keukenschrijver 0.
356 Ebenso Schiedsst. v. 04.07.2013 – Arb.Erf. 46/12, (www.dpma.de).
357 Vgl. auch BGH v. 28.06.1962 – I ZR 28/61, GRUR 1963, 135, 138 r.Sp. – *Cromegal* (dort zu V a.E.).
358 Schiedsst. v. 24.06.1999 – Arb.Erf. 88/97, (unveröffentl.).

**69.2** Bei **Verkauf** (s. hierzu RL Nr. 16) einer Erfindung **vor Schutzrechtserteilung** kommt ein Risikoabschlag im Regelfall nicht in Betracht.[359] Der Verkäufer übernimmt i.d.R. keine Haftung für die Erteilung eines Schutzrechts; eine Rückzahlung des Kaufpreises bzw. Rückabwicklung des Kaufvertrages bei Nichterteilung des Schutzrechts scheidet grds. aus[360] (s. i.Ü. KommRL Rn. 17 zu RL Nr. 16).

Hat der Arbeitgeber für Nutzungshandlungen vor Verkauf der Schutzrechtspositionen einen Risikoabschlag einbehalten, ist dieser jedenfalls dann nachzuzahlen, wenn das Schutzrecht später rechtsbeständig erteilt wird.[361]

### b) Fälligkeit bei Verwertung nach Patenterteilung

**70** Nimmt der Arbeitgeber die Verwertung (zum Begriff s. § 9 Rdn. 90 ff.) des Erfindungsgegenstandes erst nach endgültiger Patenterteilung auf, verbleibt es bei der Regelung des § 12 Abs. 3 Satz 2, so dass er die Vergütung spätestens bis zum Ablauf der genannten Endfrist (s. dazu § 12 Rdn. 56) festsetzen muss, und zwar auch bei (zunächst) fehlender Verwertbarkeit bzw. fehlender tatsächlicher Verwertung (s. § 12 Rdn. 43, 72 a). Soweit eine Vergütung nach § 9 geschuldet wird, ist diese spätestens mit Fristablauf fällig.

### c) Fälligkeit bei Verwertung einer gebrauchsmusterfähigen Erfindung

**71** Bei Verwertung einer gebrauchsmusterfähigen Erfindung stellt sich die oben behandelte Problematik regelmäßig nicht, da die Eintragung eines Gebrauchsmusters mangels Sachprüfung (s. hierzu § 2 Rdn. 9 ff.) üblicherweise kurzfristig nach Hinterlegung erfolgt. Es greift dann **regelmäßig die dreimonatige Endfrist des § 12 Abs. 3 Satz 2**. Verzögert sich allerdings das Eintragungsverfahren, gelten im Fall der tatsächlichen Nutzung die gleichen Grundsätze, d. h. die Vergütung ist spätestens drei Monate nach Nutzungsaufnahme festzusetzen (s. § 12 Rdn. 58 ff.).

Ist für den selben Erfindungsgegenstand ein **Gebrauchsmuster** erteilt und betreibt der Arbeitgeber **parallel** hierzu ein (zulässiges – vgl. § 2 Abs. 6 GebrMG) **Patenterteilungsverfahren**, so ist zweifelhaft, ob bei Nutzung des Erfindungsgegenstandes die Grundsätze über die vorläufige Vergütung eingreifen. Da das eingetragene Gebrauchsmuster eine eigenständige Monopolstellung ggü. Dritten vermittelt und ein Vorrang der Patentposition vor dem

---

359 I. Ergebn. wohl auch Schiedsst. v. 26.02.1993 – Arb.Erf. 13/92, (unveröffentl.); Keukenschrijver in Busse/Keukenschrijver, PatG, Rn. 7 zu § 11 ArbEG.
360 Vgl. allg. BGH v. 23.03.1982, GRUR 1982, 481 – *Hartmetallkopfbohrer* m.w.N.
361 Ebenso Schiedsstelle v. 10.02.2009 – Arb.Erf. 30/07, (unveröffentl.).

D. Festsetzung der Vergütung (Abs. 3 bis 5)　　　　　　　　　　§ 12

Gebrauchsmuster nicht besteht[362] und zudem Gebrauchsmuster und Patent erfinderrechtlich durch § 2 ArbEG gleichgestellt sind, rechtfertigt sich bei dieser Fallsituation kein Risikoabschlag;[363] vielmehr ist die für ein (u.U. patentfähiges) Gebrauchsmuster übliche volle Vergütung zu zahlen (vgl. RL Nr. 28 Abs. 2, s. dazu § 9 Rdn. 250 u. KommRL RL Nr. 28 Rn. 40 f.).

Wird noch **während** des **Bestehens des Gebrauchsmusters** das **Patent erteilt**, kann gem. § 12 Abs. 6 eine zuvor erfolgte Vergütungsregelung für das Gebrauchsmuster mit geringerer Bewertung des Erfindungswertes rückwirkend korrigiert werden[364] (vgl. auch RL Nr. 28 Abs. 1 letzter Satz). Im Ergebnis kann dem Erfinder bei paralleler Gebrauchsmuster- und Patentanmeldung auch mit Blick auf § 13 Abs. 1 Satz 2 nicht weniger Vergütung zugestanden werden, als ihm bei alleiniger Patentanmeldung zustehen würde. Besteht noch keine Vergütungsregelung, ist die Vergütung für das Gebrauchsmuster als vorläufig zu bewerten und mit Patenterteilung eine einbehaltene Differenz nachzuzahlen.

Ist **nach Ablauf des Gebrauchsmusterschutzes** das **parallele Patent noch nicht erteilt**, kann es gerechtfertigt sein, bis zur endgültigen Patenterteilung für die Zeit nach Ende der Schutzdauer des Gebrauchsmusters einen Risikoabschlag entsprechend den vorstehenden Grundsätzen zu berücksichtigen; dabei muss ggf. die Frage des Erfindungswertes i. S. einer evtl. Erhöhung erneut überprüft werden. Wird später das Patent erteilt, steht dem Arbeitnehmer der Nachzahlungsanspruch zu.

Zweifelhaft ist, ob eine Verminderung des Erfindungswertes des Gebrauchsmusters noch vorgenommen werden kann, wenn der Arbeitgeber unter Verletzung von § 16 eine parallele Patentanmeldung fallen gelassen hat[365] (s.a. § 16 Rdn. 8–74).

### d) Fälligkeit bei ausbleibender tatsächlicher Verwertung vor Schutzrechtserteilung (Patent oder Gebrauchsmuster)

Aus § 12 Abs. 3 folgt, dass bei Unterbleiben einer Nutzung vor (rechtsbeständiger) Schutzrechtserteilung der Anspruch auf Festsetzung und damit auch ein　　72

---

362 Vgl. Benkard/Scharen, PatG, Rn. 3 ff. zu § 14 GebrMG; s.a. BPatG vom 05.11.1969, BPatGE 11, 76, 79.
363 Im Ergebn. auch Schiedsst. v. 01.12.2010 – Arb.Erf. 47/08, (www.dpma.de, nur LS); v. 09.10.2012 – Arb.Erf. 39/11; v. 10.10.2013 – Arb.Erf. 22/12, (beide www.dpma.de). Vgl. auch Schiedsst. v. 25.05.1981, BlPMZ 1982, 166.
364 So im Ergebn. Schiedsst. v. 09.03.2006 – Arb.Erf. 55/04, (Datenbank). Unsere gegenteilige Auffassung in der Vorauflage wird nicht aufrechterhalten.
365 Vgl. auch Schiedsst. v. 25.05.1981, BlPMZ 1982, 166.

Vergütungsanspruch noch nicht fällig sein kann. Nutzt der Arbeitgeber in der Zeit vor Schutzrechtserteilung die Erfindung nicht, etwa weil die Erprobung des erfindungsgemäßen Gegenstandes noch nicht zur Produktionsreife geführt hat, besteht noch kein Anspruch auf (vorläufige) Vergütung[366] oder Festsetzung.[367] Auch eine bloße Verwertbarkeit ist vor Schutzrechtserteilung nicht zu vergüten, wie auch die auf die Patenterteilung abstellende Regelung für Vorrats- und Ausbaupatente in RL Nr. 21 und die in RL Nr. 23 zugestandene Prüfungsfrist verdeutlichen (s. dazu § 9 Rdn. 212). Vor Schutzrechtserteilung besteht eine Vergütungspflicht weder unter dem Gesichtspunkt eines Sperr-, noch eines Vorratspatents (s. § 9 Rdn. 205). Hier bewendet es für die Vergütungsfestsetzung grds. bei der Frist des § 12 Abs. 3 Satz 2[368] (zur Ausnahme s. § 9 Rdn. 212).

### e) Fälligkeit bei ausbleibender tatsächlicher Verwertung nach Schutzrechtserteilung (Patent- oder Gebrauchsmuster)

72.1 Die Verpflichtung zur Vergütungsfestsetzung besteht bei (unbeschränkter) Inanspruchnahme im Fall erfolgter (rechtsbeständiger) Schutzrechtserteilung (s. § 12 Rdn. 56) nach Abs. 3 unabhängig davon, ob der Arbeitgeber bereits eine Vergütung schuldet oder nicht. Verwertet der Arbeitgeber eine Diensterfindung nicht und besteht auch kein Vergütungsanspruch aus dem Gesichtspunkt der nicht ausgenutzten Verwertbarkeit (s. § 9 Rdn. 210 ff.), so genügt der Arbeitgeber seiner Verpflichtung aus Abs. 3 dadurch, dass er die Vergütung bis zum Ablauf der dort genannten Endfrist (s. dazu § 12 Rdn. 56) auf Null € festsetzt[369] (s.a. § 12 Rdn. 43). Eine erneute einseitige Festsetzung durch den Arbeitgeber nach Nutzungsaufnahme scheidet jedoch nach allgemeinen Grundsätzen aus (s. § 12 Rdn. 40). Zur vergütungsfreien Erprobungsphase s. § 9 Rdn. 212

---

366 Allg. A., Schiedsst. i. st. Praxis. z.B., v. 24.04.1974, EGR Nr. 12 zu § 12 ArbEG u. v. 30.07.1984 – Arb.Erf. 10/84, (unveröffentl.); s.a. Reimer/Schade/Schippel/Himmelmann Rn. 1 ff. zu § 11 (RL Nr. 23); wie hier wohl auch BGH v. 23.06.1977, GRUR 1977, 784, 788 – *Blitzlichtgeräte*.
367 S. Schiedsst. v. 06.02.1970, BlPMZ 1970, 456.
368 Vgl. Schiedsst. v. 25.04.1983, BlPMZ 1983, 378 u. v. 03.05.1979, BlPMZ 1985, 344, 345.
369 Vgl. Schiedsst. v. 25.04.1983, BlPMZ 1983, 378.

### f) Fälligkeit bei Nutzung unter Abhängigkeit von älteren Fremdschutzrechten

Die obigen Grundsätze zur Fälligkeit der Vergütungsfestsetzung gelten auch bei Benutzung des Erfindungsgegenstandes in Abhängigkeit von älteren Fremdschutzrechten (vgl. § 24 Abs. 2 PatG). 72.2

Die *Schiedsstelle* wendet hier die Grundsätze der vorläufigen Vergütung (s. oben § 12 Rdn. 64 ff.) solange an, wie der Umfang der eventuell vom Arbeitgeber zu leistenden Schadensersatzpflicht noch offen ist.[370] Ob und in welchem Umfang dem Arbeitgeber ein wirtschaftlicher Vorteil aus der Verwertung der Diensterfindung verbleibt, ist in solchen Fällen von dem Ergebnis der Auseinandersetzung mit dem Inhaber des älteren Patents abhängig. Es erscheint nicht angemessen i.S.v. § 9 Abs. 2, dem Erfinder bis zur endgültigen Klärung überhaupt keine Vergütung zu zahlen, wenn der Arbeitgeber an der Verwertung festhält. Unterliegt er später Schadensersatzpflichten (Lizenzzahlungen), ist deren Umfang für die Bestimmung der endgültigen Vergütung und damit auch für die Nachzahlungspflicht (s.o. § 12 Rdn. 69 ff.) maßgebend zur Bestimmung des Lizenzfaktors. Ist der Arbeitgeber gezwungen, dem Inhaber des älteren Patents eine Gegenlizenz (Freilizenz) an der zu vergütenden Erfindung zu erteilen, kann sich dies ebenfalls mindernd beim Erfindungswert (Analogielizenzsatz) auswirken, s. KommRL Rn. 57 zu RL Nr. 10.

### 3. Bei beschränkter Inanspruchnahme (Übergangsrecht)

Wegen des Wegfalls des Rechtsinstituts der beschränkten Inanspruchnahme (§§ 6, 7 Abs. 2 a.F., s. § 6 n.F. Rdn. 1) ist auch die frühere Fälligkeitsregelung des § 12 Abs. 3 Satz 2 Halbs. 2 a.F. aufgehoben. Dieses frühere Recht hat gem. § 43 Abs. 3 nur noch für die vor dem 01.10.2009 gemeldeten und nach §§ 6, 7 Abs. 2 a.F. beschränkt in Anspruch genommenen Diensterfindungen Geltung (zum Übergangsrecht s. § 43 Rdn. 14 ff.). In diesen Fällen ist die Vergütung vom Arbeitgeber spätestens bis zum Ablauf von 3 Monaten nach Aufnahme der Benutzung (zum Begriff s. § 10 a.F. Rdn. 8 ff.) festzusetzen (§ 12 Abs. 3 Satz 2 Halbs. 2 a.F.). 73

Mangels gesetzlicher Pflicht des Arbeitnehmers zur Schutzrechtsanmeldung (s. § 8 a.F. Rdn. 50) und der Unabhängigkeit des Vergütungsanspruchs von einer Schutzrechtsanmeldung (s. § 10 a.F. Rdn. 2) kommt ein »Risikoabschlag« hier nicht in Betracht.[371]

---

370 Schiedsst. v. 27.04.1995 – Arb.Erf. 35/94, (unveröffentl.).
371 Ebenso Schiedsst. v. 01.12.1992, EGR Nr. 6 zu § 10 ArbEG.

## VII. Verbindlichkeit der Festsetzung

### 1. Grundsatz

74 Stimmt der Arbeitnehmer der Festsetzung ausdrücklich zu oder geht ein **Widerspruch des Arbeitnehmers nicht innerhalb der zweimonatigen Ausschlussfrist** des § 12 Abs. 4 dem Arbeitgeber zu, wird die Vergütungsfestsetzung der Art und der Höhe nach einschließlich der zugrunde liegenden Berechnungsfaktoren (Erfindungswert evtl. einschließlich Abstaffelung, Anteilsfaktor und ggf. Miterfinderanteil, s. § 12 Rdn. 11 f.) verbindlich (z. Miterfinderschaft s. § 12 Rdn. 92), und zwar unabhängig davon, ob das **Fristversäumnis** vom Arbeitnehmer verschuldet wurde oder nicht. Auch eine Anfechtung des Fristversäumnisses und der daran anknüpfenden Bindungswirkung scheidet aus, da letztere aufgrund der gesetzlichen Ausschlussfrist auch dann eintritt, wenn der Arbeitnehmer Lauf und Dauer der Frist nicht kannte oder sich darüber irrte.[372] In dem Stillschweigen des Arbeitnehmers ist keine konkludente Genehmigung zu sehen, sondern der Ausfluss des Grundsatzes des Rechtsverlustes durch Schweigen (z. Belehrungspflicht des Arbeitgebers s. § 12 Rdn. 82). § 12 Abs. 4 Satz 2 vermutet insoweit **unwiderlegbar**,[373] dass der Arbeitnehmer das Angebot des Arbeitgebers angenommen hat und somit zwischen den Arbeitsvertragsparteien eine rechtsgeschäftliche Vergütungsvereinbarung zustande gekommen ist (s.a. § 12 Rdn. 48).

Diese Vermutung greift allerdings dann nicht, wenn die **Festsetzung unwirksam** ist (s. dazu insb. § 12 Rdn. 53; zur Möglichkeit einer erneuten Festsetzung s. § 12 Rdn. 85).

74.1 Wird eine **Vergütungsfestsetzung für zurückliegende Zeiträume** vorgenommen, ist nach Auffassung der *Schiedsstelle* nicht ohne Weiteres davon auszugehen, dass die in der Begründung berücksichtigten Berechnungsfaktoren die Beteiligten auch für die Zukunft binden, sodass, auch wenn die Voraussetzungen des § 12 Abs. 6 nicht gegeben sind, für die Zukunft eine Änderung der Wertfaktoren sowohl zugunsten als auch zulasten der Beteiligten zulässig sei.[374] Dies vermag nicht zu überzeugen, da eine einmal eingetretene Bindungswir-

---

372 Schiedsstelle v. 02.02.1981, BlPMZ 1981, 420, 421; so auch Reimer/Schade/Schippel/Trimborn Rn. 40 zu § 12; im Ergebn. auch Keukenschrijver in Busse/Keukenschrijver, PatG, Rn. 26 zu § 12 ArbEG.
373 Zutr. Volmer Rn. 37 zu § 12.
374 Schiedsst. v. 17.03.1978 – Arb.Erf. 71/77, (unveröffentl.) u. v. 23.03.2006 – Arb.Erf. 60/04, (Datenbank); zust. wohl Keukenschrijver in Busse/Keukenschrijver, PatG, Rn. 33 zu § 9 ArbEG.

D. Festsetzung der Vergütung (Abs. 3 bis 5) § 12

kung (§ 12 Abs. 4 Satz 2) den gesamten Vertragsinhalt erfasst.[375] Um solche Zweifel an der Bindungswirkung auszuschließen, erscheint es zweckmäßig, die beabsichtigte Zukunftswirkung in der Festsetzung auch unmissverständlich zum Ausdruck zu bringen.[376]

Ist in der Vergütungsfestsetzung die **Dauer** nicht erwähnt, umfasst die Festsetzung einer laufenden Vergütung im Zweifel sämtliche Verwertungshandlungen bis zum Wegfall der Schutzrechtsposition (s. § 12 Rdn. 17). Das Gesetz sieht nur eine einzige Festsetzung der Erfindervergütung durch den Arbeitgeber vor und nicht eine Folge von Festsetzungen aufgrund weiterer Umsätze oder anderer Umstände (s.a. § 12 Rdn. 40, 85). Eine zeitliche Beschränkung ist zulässig, muss aber eindeutig erkennbar sein; selbstverständlich kann der Arbeitnehmer einer solchen zeitlich begrenzten Festsetzung widersprechen. Hat der Arbeitgeber die Vergütung (unwidersprochen) nur befristet festgesetzt, ist ihm nach Zeitablauf eine erneute Festsetzung nicht möglich, d.h. es bedarf auf Grund des Verbots der Mehrfachfestsetzung (s. § 12 Rdn. 40) dann für die Folgezeit einer einvernehmlichen Vergütungsregelung (zur Anpassung einer vorläufigen Vergütung s. § 12 Rdn. 68.6 und zu deren Nachzahlung § 12 Rdn. 69). 74.2

Soweit sich aus der Festsetzung einer Pauschalabfindung nichts anderes ergibt, umfasst sie im Zweifel nur die bisherigen Nutzungen (s.a. § 12 Rdn. 18.3, 52).

Von einer verbindlichen Festsetzung kann sich eine Partei nur lösen, wenn die Regelung (insb. nach § 23) unwirksam ist (s. § 12 Rdn. 74.4) bzw. § 12 Abs. 6 einschlägig wird (s. § 12 Rdn. 95 ff.). **Änderungen und Ergänzungen** einer verbindlichen Vergütungsfestsetzung kann folglich weder der Arbeitgeber einseitig vornehmen[377] (zur schlüssigen Änderung s. § 12 Rdn. 18.4), noch kann der Arbeitnehmer solche verlangen. So kann bspw. der Arbeitnehmer keine andere Berechnungsmethode fordern; der Arbeitgeber ist bspw. auch nicht befugt, die Vergütung neu festzusetzen (s. § 12 Rdn. 85) oder durch Nachschieben anderer Maßstäbe einseitig zu verändern.[378] Auch die spätere Feststellung von – über bloße Rechenfehler hinausgehenden – Berechnungsfehlern berechtigt nicht ohne Weiteres zu einer Änderung.[379] Hier kommt – unbe- 74.3

---

375 Wie hier Reimer/Schade/Schippel/Trimborn Rn. 41 zu § 12 m.H.a. OLG Hamburg v. 01.06.1978, EGR Nr. 22 zu § 9 ArbEG (VergHöhe).
376 Ebenso Schiedsst. v. 17.03.1978 – Arb.Erf. 71/77, (unveröffentl.).
377 BGH v. 17.05.1994 – X ZR 82/92, GRUR 1994, 898, 902 – *Copolyester*; Schiedsst. v. 19.11.1981, BlPMZ 1984, 57 – zur nachträglichen Festsetzung der Abstaffelung (RL Nr. 11) bei hohen Umsätzen.
378 BGH v. 17.05.1994 – X ZR 82/92, GRUR 1994, 898, 902 – *Copolyester*.
379 Schiedsst. v. 18.04.2002 – Arb.Erf. 60/99, (Datenbank).

schadet von § 12 Abs. 6 – im Regelfall nur eine einvernehmliche Änderung in Betracht (s. § 12 Rdn. 53.1).

74.4 Die Festsetzung unterliegt der Unbilligkeitsregelung des § 23 (s. § 23 Abs. 1 Satz 2, s. § 23 Rdn. 7, 21 ff., 33 f.), wobei allerdings die Unkenntnis der Frist des § 23 Abs. 2 wegen deren Rechtscharakters als **Ausschlussfrist** nicht zur Anfechtung berechtigt (s.o. § 12 Rdn. 74). Für die Festsetzung gelten ferner die Bestimmungen der §§ 134, 138 BGB. Daneben können auch die Grundsätze über Willensmängel (§§ 116 ff. BGB, s. Rn. 20 f.) Anwendung finden.[380] Da die Verbindlichkeit der Festsetzung für den Arbeitgeber mit deren Zugang beim Arbeitnehmer eintritt, diese also unabhängig von einem eventuellen Widerspruch des Arbeitnehmers ist, muss eine beabsichtigte Anfechtung der Erklärung der Festsetzung durch den Arbeitgeber auch dann erfolgen, wenn der Arbeitnehmer ihr widerspricht.[381] Ändern sich nachträglich die Umstände, gilt § 12 Abs. 6 (s. dazu § 12 Rdn. 95 ff.; zu den kartellrechtl. Schranken s. § 9 Rdn. 131). Zum Widerspruch s. § 12 Rdn. 77 ff., 90.

### 2. Zahlungspflicht des Arbeitgebers

75 Die von ihm (wirksam) festgesetzte Vergütung muss der Arbeitgeber nach Art und Höhe zahlen. Diese **Zahlungspflicht besteht auch dann, wenn** der Arbeitnehmer mit der Festsetzung nicht einverstanden ist und ihr förmlich **widersprochen** hat.[382] Der Arbeitnehmer soll eine Gewähr dafür haben, spätestens im Zeitpunkt der Festsetzung der Vergütung in den Genuss einer tatsächlich gezahlten Erfindervergütung zu gelangen[383] (Mindestvergütungsanspruch[384]). Diese Zahlungspflicht ergibt sich als eigenständige zusätzliche Folge einer Festsetzung aus § 12 Abs. 3 Satz 1 a.E. (»... hat festzusetzen und

---

380 Vgl. dazu auch OLG Hamburg v. 01.06.1978, EGR Nr. 22 zu § 9 (VergAnspr.) ArbEG (Irrtum in der Person des Vertreters – dort: Mitarbeiter der Patentabteilung d. ArbG – ist maßgebend).
381 A.A. LG Düsseldorf v. 18.12.2007 – 4a O 26/98 – *Pflückvorsatz* (unveröffentl.).
382 Wohl allg. A. im Anschl. an Amtl. Begründung BT-Drucks. II/1648 S. 30 = BlPMZ 1957, 234, s. z.B. BGH v. 13.11.1997 – X ZR 132/95, GRUR 1998, 689, 695 – *Copolyester II*; LG Nürnberg-Fürth v. 11.12.1968, BB 1969, 535; Schiedsst. v. 09.05.1985, BlPMZ 1985, 383, 384 u. v. 02.02.1981, BlPMZ 1981, 420, 421; Heine/Rebitzki Anm. 6 zu § 12; Lindenmaier/Lüdecke Anm. 8 zu § 12; Reimer/Schade/Schippel/Trimborn Rn. 35 zu § 12; Volmer Rn. 39 zu § 12 u. Volmer/Gaul Rn. 76 zu § 12; Boemke/Kursawe/Gennen Rn. 112, 124 f. zu § 12; im Ergebn. auch BGH v. 17.05.1994 – X ZR 82/92, GRUR 1994, 898, 902 – *Copolyester*.
383 Amtl. Begründung BT-Drucks. II/1648 S. 30 = BlPMZ 1957, 234; vgl. auch BGH v. 17.05.1994 – X ZR 82/92, GRUR 1994, 898, 902 – *Copolyester*.
384 BGH v. 13.11.1997 – X ZR 132/95, GRUR 1998, 689, 695 – *Copolyester II*.

## D. Festsetzung der Vergütung (Abs. 3 bis 5) § 12

entsprechend der Festsetzung zu zahlen«).[385] Die Zahlungspflicht dauert bei fortlaufender Verwertung so lange an, bis sich die Arbeitsvertragsparteien anderweitig einigen.[386]

Eine Zahlungspflicht des Arbeitgebers **entfällt** nur bei Unbilligkeit i.S.d. § 23 Abs. 1 Satz 2 (s. dort § 12 Rdn. 7.2) oder bei wirksamer Anfechtung (s. § 12 Rdn. 74.4), ferner, wenn die Festsetzung als solche unwirksam war (s. § 12 Rdn. 49 ff., insb. § 12 Rdn. 53). Eine erneute Festsetzung ist – abgesehen vom Quotenwiderspruch (s. dazu § 12 Rdn. 93) – nicht zulässig (s. § 12 Rdn. 40). Bei veränderten Umständen kommt jedoch eine Anwendung des § 12 Abs. 6 in Betracht (s. § 12 Rdn. 96).

Diese Zahlungen sind auf eine im Anschluss an den Widerspruch eventuell erfolgende neue (einvernehmliche) Vergütungsregelung anzurechnen.[387] Wegen der mit der Vergütungsfestsetzung kraft Gesetzes (§ 12 Abs. 3 Satz 1 a. E. u. Abs. 4 Satz 2: »… für beide Teile«) eintretenden **Selbstbindung des Arbeitgebers** kommt eine Rückforderung evtl. zu viel gezahlter Vergütung nicht in Betracht[388] (vgl. auch § 12 Abs. 6 Satz 2). Insoweit begründet die Festsetzung eine den Arbeitgeber bindende **Mindestzahlungsverpflichtung**[389] (ohne Bindung an Vergütungsparameter, s. § 12 Rdn. 84).

Der Zahlungsanspruch kann vom Arbeitnehmer aber solange nicht geltend gemacht werden, als er sich zugleich auf ein **Freiwerden der Diensterfindung** beruft. Diese beiden Ansprüche schließen sich gegenseitig aus.[390]

Nicht an seine Festsetzung gebunden ist der Arbeitgeber im Fall des **Quotenwiderspruchs** bei Miterfinderschaft (Abs. 5), da in diesem **Ausnahmefall** der Arbeitgeber zur Neufestsetzung berechtigt ist[391] (s. dazu § 12 Rdn. 88 ff.).

---

385 Ebenso ständ. Praxis d. Schiedsst., z. B. EV v. 19.03.2013 – Arb.Erf. 55/12, (www.dpma.de).
386 Schiedsst. v. 25.03.1994 – Arb.Erf. 64/93, (unveröffentl.).
387 Schiedsst. v. 25.03.1994 – Arb.Erf. 64/93, (unveröffentl.).
388 Schiedsst. v. 25.03.1994 – Arb.Erf. 64/93, (unveröffentl.).
389 In diesem Sinne auch bereits Schiedsst. v. 19.01.1989 – Arb.Erf. 1 (B)/88, (unveröffentl.); ferner Schiedsst. v. 09.10.2012 – Arb.Erf. 39/11, (www.dpma.de) m.w.N.; vgl. auch BGH v. 13.11.1997 GRUR 1998, 689, 695 – Copolyester II; Schiedsst. v. 09.05.1985, BlPMZ 1985, 383, 384; v. 02.02.1981, BlPMZ 1981, 420, 421; v. 21.06.2001 BlPMZ 2002, 230, 232; zust. Reimer/Schade/Schippel/Trimborn Rn. 35 zu § 12; Keukenschrijver in Busse/Keukenschrijver, PatG, Rn. 17, 23 zu § 12 ArbEG.
390 Schiedsst. v. 22.02.1989 – Arb.Erf. 55/88, (unveröffentl.).
391 Schiedsst. v. 19.01.1989 – Arb.Erf. 1 (B)/88, (unveröffentl.); Keukenschrijver in Busse/Keukenschrijver, PatG, Rn. 23, 28 zu § 12 ArbEG.

**Inhaltlich** erstreckt sich die Zahlungspflicht des Arbeitgebers auf den festgesetzten Betrag. Handelt es sich um eine festgesetzte **Einmalzahlung**, hat sich mit Erfüllung die Zahlungspflicht erledigt. Irgendeine Bindungswirkung des Arbeitgebers hinsichtlich der der Berechnung zugrunde gelegten Vergütungsparameter tritt nicht ein (s. dazu § 12 Rdn. 84). Hat der Arbeitgeber eine **laufende Vergütung** festgesetzt, sind die zugrunde gelegten Vergütungskriterien auch für die Zahlungspflicht in den Folgejahren maßgeblich. Auch wenn es auf Grund des Widerspruchs an einer rechtswirksamen Leistungsbestimmung i. S. d. § 271 Abs. 1 1. Alt. BGB fehlt, ist der Arbeitgeber nach § 12 Abs. 3 Satz 1 ArbEG ebenfalls bezüglich der **Fälligkeit** an seine Festsetzung (s. dazu § 12 Rdn. 50.6) grundsätzlich gebunden.

**Zeitlich** gilt die Bindung des Arbeitgebers an seine Festsetzung so lange, bis die Arbeitsvertragsparteien durch Vereinbarung, einen verbindlichen Einigungsvorschlag oder ein rechtskräftiges Urteil eine Neuregelung der Vergütung herbeigeführt haben, es sei denn, zukünftig ist auf Grund wesentlicher Änderungen eine Anpassung nach § 12 Abs. 6 geboten (s. § 12 Rdn. 96).

76 Kommt der Arbeitgeber seiner Zahlungspflicht aus der Vergütungsfestsetzung nicht nach, kann der Arbeitnehmer unmittelbar – ohne dass es einer Anrufung der Schiedsstelle bedarf (vgl. § 37 Abs. 4) – **Klage** vor dem ArbG bzw. VG (§ 39 Abs. 2, s. dort Rdn. 15 ff.) bezüglich des »festgesetzten Betrages« erheben, allerdings nur im allgemeinen Urteilsverfahren, nicht im Urkundenprozess (vgl. § 46 Abs. 2 Satz 2 ArbGG). Hat der Arbeitnehmer der Vergütungsfestsetzung widersprochen, ist auch eine Klage auf angemessene Vergütung, also auf den vom Arbeitnehmer über die Festsetzung hinaus angestrebten Betrag (s. § 38 Rdn. 3 ff.) möglich, die – allerdings grds. erst nach erfolgloser Anrufung der Schiedsstelle (§§ 28 ff., 37) – vor der Patentstreitkammer des zuständigen LG anhängig zu machen ist. Zur Bindung des Gerichts an die Kriterien der Festsetzung s. § 12 Rdn. 84.

### VIII. Widerspruch des Arbeitnehmers (Abs. 4)

77 Um dem Arbeitnehmer eine angemessene Vergütung zu gewährleisten, gesteht ihm § 12 Abs. 4 Satz 1 ein Widerspruchsrecht gegen die einseitige Vergütungsfestsetzung seines Arbeitgebers zu, wenn er mit der vom Arbeitgeber vorgesehenen Art und/oder Höhe der Vergütung nicht einverstanden ist. Auch wenn sich der Arbeitnehmer bereits bei **früheren Verhandlungen** mit einer vom Arbeitgeber vorgeschlagenen Vergütung nicht einverstanden erklärt (oder deswegen die Schiedsstelle angerufen) hatte und der Arbeitgeber daraufhin eben diese Vergütung oder sogar eine niedrigere nach § 12 Abs. 3 (erstmals) festsetzt, muss der Arbeitnehmer nunmehr förmlich gem. § 12 Abs. 4 widerspre-

### D. Festsetzung der Vergütung (Abs. 3 bis 5)   § 12

chen.[392] Denn die Festsetzung soll dazu dienen, bei vorhandenen Meinungsverschiedenheiten eine endgültige – verbindliche – Regelung zu treffen.[393]

Das Gesetz gibt damit dem Arbeitnehmer eine sehr **starke Stellung:** Durch seinen Widerspruch kann er letztlich die Diskussion über die Vergütung offenhalten, kommt aber dennoch jedenfalls in den Genuss der vom Arbeitgeber festgesetzten Erfindervergütung (s. § 12 Rdn. 75).[394]

Den Arbeitnehmer trifft die **Beweislast** für den fristgerechten Zugang seines Widerspruchs beim Arbeitgeber.[395]

Das Widerspruchsrecht gegen eine Vergütungsfestsetzung ist von Gesetzes wegen **nicht an Voraussetzungen gebunden.** Das Widerspruchsrecht steht dem Arbeitnehmer auch dann zu, wenn seine frühere Erfindungsmeldung unvollständig war, es sei denn, es liegt ein Rechtsmissbrauch vor.[396] An eine **unzulässige Rechtsausübung** (§ 242 BGB) sind aber auch hier strenge Anforderungen zu stellen. Ein nach Erfindungsmeldung (§ 22 Satz 2) erklärter **Verzicht** des Arbeitnehmers auf das Widerspruchsrecht verstößt nicht zwingend gegen die Unbilligkeitsschranke des § 23[397] (s. allg. zum Verzicht § 23 Rdn. 21); dem Rechtsgedanken des § 315 Abs. 3 BGB entsprechend kommt es u. E. darauf an, ob das Ergebnis, also die Vergütungsfestsetzung des Arbeitgebers, der in § 23 Abs. 1 Satz 2 geforderten Billigkeit entspricht.

Ein Widerspruchsrecht gegen eine (wirksame) Vereinbarung i.S.d. Abs. 1 besteht nicht, da der Widerspruch auf die einseitige Vergütungsfestsetzung beschränkt ist[398] (s.a. § 12 Rdn. 18.4).

---

392 OLG Frankfurt am Main v. 26.05.1977, EGR Nr. 29 zu § 12 ArbEG; Schiedsst. v. 10.07.1963, BlPMZ 1963, 342 u. v. 02.02.1981, BlPMZ 1981, 420, 421; bestätigt durch Schiedsst. v. 19.10.1993 – Arb.Erf. 8/93, (unveröffentl.); im Ergebn. auch Schiedsst. v. 15.02.2011 – Arb.Erf. 67/09, (www.dpma.de, LS. 3); Keukenschrijver in Busse/Keukenschrijver, PatG, Rn. 23 zu § 12 ArbEG.
393 OLG Frankfurt am Main v. 26.05.1977, EGR Nr. 29 zu § 12 ArbEG.
394 Schiedsst. v. 02.02.1981, BlPMZ 1981, 420, 421.
395 Volmer/Gaul Rn. 74 zu § 12.
396 Abw. wohl Boemke/Kursawe/Nebel Rn. 35 zu § 5, wonach bei (trotz konkreter Einforderung des Arbeitgebers) unterlassener Beibringung von Soll-Angaben nach § 5 Abs.2 Satz 2, 3 und daraus folgender falscher Vergütungsberechung »dem Arbeitnehmer ein Widerspruch gegen die Vergütungsfestsetzung in diesem Punkt verwehrt« sein soll. Solches allein reicht u. E. auch mit Blick auf § 5 Abs. 3 und die fehlende Begründungspflicht nicht für die Annahme eines Rechtsmissbrauchs (§ 242 BGB) aus.
397 So aber Boemke/Kursawe/Gennen Rn. 129 zu § 12.
398 Schiedsst. v. 06.02.1985, BlPMZ 1985, 222, 223 u. v. 17.04.2008 – Arb.Erf. 49/06 (Datenbank).

## 1. Rechtsnatur, Inhalt, Form

**78** Seiner **Rechtsnatur** nach ist der Widerspruch eine rechtsgestaltende empfangsbedürftige Willenserklärung.[399] Sie unterliegt als solche den allgemeinen zivilrechtlichen Bestimmungen einschließlich §§ 119 ff. BGB. Die Erklärung muss dem Arbeitgeber innerhalb der 2-Monats-Frist (s. dazu § 12 Rdn. 81) zugehen (§ 130 BGB, Einzelheiten z. Zugang s. § 5 Rdn. 20 ff.). Die Erklärung des Widerspruchs geht dem Arbeitgeber auch dann zu, wenn sie in einem Schiedsstellenverfahren in einem an die Schiedsstelle gerichteten Schriftsatz abgegeben wird und der anderen Arbeitsvertragspartei innerhalb der gesetzlich vorgeschriebenen Frist zugeht.[400] Der Widerspruch enthält die Ablehnung des vom Arbeitgeber mit der Festsetzung unterbreiteten Angebots (s. dazu § 12 Rdn. 48), ohne dass der Arbeitgeber dadurch von seiner Zahlungspflicht gemäß der Festsetzung befreit wird (s. § 12 Rdn. 75).

**79** **Inhaltliche Anforderungen** enthält § 12 Abs. 4 nicht. Er bedarf keiner ausdrücklichen Bezeichnung als Widerspruch; wegen des Rechtscharakters als Gestaltungsgeschäft ist es aber erforderlich, dass aus der förmlichen Erklärung für den Arbeitgeber klar und unzweideutig erkennbar wird, dass der Arbeitnehmer mit dessen Festsetzung nicht einverstanden ist.[401] So kann u.U. ein Auskunftsverlangen nach Erhalt einer Festsetzung als gleichzeitiger Widerspruch gedeutet werden,[402] ebenso ein Anrufungsantrag oder ein sonstiger, auch dem Arbeitgeber zugeleiteter Schriftsatz an die Schiedsstelle (s. § 31 Rdn. 18 f.). Im Übrigen gelten die allgemeinen zivilrechtlichen **Auslegungsgrundsätze** des § 133 BGB (s. auch § 12 Rdn. 11), wobei sowohl der Zweck des Festsetzungsverfahrens (s. § 12 Rdn. 40) als auch die Verständnismöglichkeit eines Arbeitgebers (Empfängerhorizont) zu berücksichtigen sind. Der Widerspruch ist **bedingungsfeindlich**.

Er kann sich auf Art und/oder Höhe der Vergütung beziehen, wobei hinsichtlich der festgesetzten Höhe auch ein **eingeschränkter Widerspruch (Teilwi-**

---

399 So u. a. auch Keukenschrijver in Busse/Keukenschrijver, PatG, Rn. 23 zu § 12 ArbEG.
400 Schiedsst. v. 11.03.2008 – Arb.Erf. 24/07 (Datenbank) unter ausdrücklicher Aufgabe der vorhergehenden gegenteiligen Auffassung der Schiedsstelle (s. hierzu EV v. 16.10.2001 – Arb.Erf. 80/99, v. 27.01.2004 – Arb.Erf. 48/02, u. v. 12.01.2005 – Arb.Erf. 21/02, sämtlich Datenbank); bestätigt durch EV v. 29.07.2008 – Arb.Erf. 18/07, (unveröffentl.).
401 Ähnl. OLG Frankfurt am Main v. 26.05.1977, EGR Nr. 19 zu § 12 ArbEG; Volmer Rn. 41 zu § 12; Keukenschrijver in Busse/Keukenschrijver, PatG, Rn. 25 zu § 12 ArbEG.
402 OLG Hamburg v. 19.02.1981, EGR Nr. 31 zu § 12 ArbEG.

D. Festsetzung der Vergütung (Abs. 3 bis 5) § 12

**derspruch**) wegen einzelner Berechnungsfaktoren möglich ist.[403] Einem eingeschränkten Widerspruchsrecht steht auch nicht die Sonderregelung des § 12 Abs. 2 entgegen; § 12 Abs. 5 lässt nach seinem Wortlaut und seinem Zweck den Quotenwiderspruch als partiellen Widerspruch nicht erst zu, sondern setzt diesen vielmehr voraus und regelt lediglich die sich daran anknüpfenden Rechtsfolgen, bestätigt also damit die Möglichkeit, den Widerspruch auf einzelne Bemessungsfaktoren zu beschränken. Für die Möglichkeit eines Teilwiderspruchs spricht zudem die atypische Regelung der »gestuften Bindungswirkung« in § 12 Abs. 3 und Abs. 4. Sowohl hieraus als auch aus der Ausnahmeregelung des § 12 Abs. 5 ist zu schließen, dass der Gesetzgeber mit dem Widerspruchsrecht zugunsten des Arbeitnehmererfinders zugleich das Verbot der »reformatio in peius« verbinden wollte. Denn es würde der Schutzfunktion des Widerspruchsrechts zuwiderlaufen, den hierdurch begünstigten Arbeitnehmer mit dem Risiko einer ggü. der bisherigen Festsetzung nachteiligen Vergütungsregelung zu belasten. Dementsprechend ist es nicht nur möglich, dass der Arbeitnehmer isoliert dem festgesetzten Miterfinderanteil widerspricht (s.u. § 12 Rdn. 88 ff.), sondern auch die Festsetzung des Erfindungswertes oder die des Anteilsfaktors mit einem Teilwiderspruch angreift.[404]

Beabsichtigt der Arbeitnehmer einen Teilwiderspruch, muss sich dies aus seinem Widerspruch selbst **eindeutig** und klar ergeben.[405] Das ist im Rahmen einer **Auslegung** der Widerspruchserklärung zu berücksichtigen, da im Zweifel ein Widerspruch gegen die Festsetzung insgesamt gemeint ist (s. auch § 12

---

403 Ebenso LG München v. 13.03.1984 – 21 O 1921/80, (unveröffentl.) im Anschluss an Volmer/Gaul Rn. 80 zu § 12; ferner ständ. Praxis d. Schiedsst., z.B. v. 30.11.1989 – Arb.Erf. 34/89, (unveröffentl.), dort Widerspruch i.H.a. den Anteilsfaktor; v. 23.06.1993 – ArbErf. 9/92, (unveröffentl.); v. 12.01.2005 – Arb.Erf. 21/02, (Datenbank); v. 29.06.2010 – Arb.Erf. 47/09, (www.dpma.de, LS. 1); v. 23.02.2011 – Arb.Erf. 45/08, (www.dpma.de, LS. 2); 28.06.2011 – Arb.Erf. 3/10, (unveröffentl.); v. 12.09.2013 – Arb.Erf. 21/12 (www.dpma.de); zust. auch Reimer/Schade/Schippel/Trimborn Rn. 37 zu § 12; Keukenschrijver in Busse/Keukenschrijver, PatG, Rn. 24 zu § 12 ArbEG; Boemke/Kursawe/Gennen Rn. 120 zu § 12; vgl. auch Amtl. Begründung zu § 11 Abs. 5 d. Entw. BT-Drucks. II/1648 S. 30 = BlPMZ 1957, 235.
404 Schiedsst. v. 30.11.1989 – Arb.Erf. 34/89, (unveröffentl.); Reimer/Schade/Schippel/Trimborn Rn. 38 zu § 12.
405 Zutreffend Volmer/Gaul Rn. 80 zu § 12; im Ergebn. auch Schiedsst. ZB v. 11.05.1990 (Arb.Erf. 102/89, unveröffentl.), wonach ein Widerspruch die gesamte Festsetzung erfasst, auch wenn die Begründung nur einen bestimmten Aspekt herausgreift; ebenso EV v. 29.06.2010 – Arb.Erf. 47/09, (Datenbank, in www.dpma.de nur LS. 2).

Abs. 5 S. 1). Ein gewollter Teilwiderspruch kann etwa daraus folgen, dass der Arbeitnehmer nur der »Berechnung des Erfindungswertes« und »der Ermittlung des Anteilsfaktors« widerspricht, dagegegen den zugrunde gelegten »Miterfinderanteil« ausdrücklich bestätigt.[406] Zu den **Rechtsfolgen** eines Teilwiderspruchs s. § 12 Rdn. 84.

Eine **Begründung** des Voll- oder Teilwiderspruchs ist nicht notwendig,[407] aber zweckmäßig.

80 Wegen der Rechtsfolgen schreibt § 12 Abs. 4 Satz 1 zur Beweissicherung **Textform** i.S.d. § 126b BGB vor (s. dazu § 5 Rdn. 35, s. aber zu Alterfindungen nachfolgend § 12 Rdn. 80.1).

Die allein Beweiszwecken dienende **Textform** (s. dazu § 5 Rdn. 35) ist Wirksamkeitsvoraussetzung. Ein formloser (mündlicher) Widerspruch ist unwirksam (§ 125 BGB). Selbstverständlich kann der formgerechte Widerspruch innerhalb der Frist »nachgeholt« werden. Das Formerfordernis ist nach Erfindungsmeldung abdingbar (§ 22 Satz 2). Dies kann auch formlos (konkludent) erfolgen. Angesichts der Beweisfunktion sollten u. E. an den Nachweis eines (stillschweigenden) **Verzichts** keine geringen Anforderungen gestellt werden. Allein in der Eingangsbestätigung eines nicht formgerechten Widerspruchs durch den Arbeitgeber liegt noch kein Verzicht.[408]

80.1 Das frühere, aus Gründen der Rechtssicherheit vorgeschriebene **Schriftformerfordernis**[409] i.S.d. § 126 BGB (s. dazu § 5 Rdn. 36), das z.B. einen Widerspruch per Telefax oder E-Mail generell nicht zuließ,[410] besteht nur noch für die **vor dem 01.10.2009 gemeldeten Alt-Erfindungen** fort (s. § 43 Abs. 3 Rdn. 14 ff.). Folglich bedarf bei solchen vor dem 01.10.2009 gemeldeten Alt-Erfindungen der Widerspruch auch zukünftig der bisherigen Schriftform (§ 12 Abs. 4 Satz 1 a.F., § 126 Abs. 1 BGB; s. hierzu § 5 Rdn. 36 f.), auch wenn die Vergütungsfestsetzung nach September 2009 erfolgt ist.[411] Notwendig ist also

---

406 Schiedsst. v. 23.02.2011 – Arb.Erf. 45/08 (www.dpma.de, LS. 2); vgl. auch Schiedsst. v. 12.09.2013 – Arb.Erf. 21/12 (www.dpma.de) u. ZB v. 08.10.2013 – Arb.Erf. 69/11, (www.dpma.de).
407 OLG Frankfurt am Main v. 26.05.1977, EGR Nr. 19 zu § 12 ArbEG; Reimer/Schade/Schippel/Trimborn Rn. 38 zu § 12.
408 Schiedsst. v. 14.10.2010 – Arb.Erf. 34/08, (Datenbank, in www.dpma.de LS. 3).
409 Amtl. Begründung BT-Drucks. II/1648 S. 30 = BlPMZ 1957, 234 aE; Schiedsst. v. 04.03.1993, EGR Nr. 79 zu § 12 ArbEG (zu § 126 BGB a.F.).
410 Vgl. Schiedsst. ZB v. 22.07.1992/EV. v. 04.03.1993, EGR Nr. 79 zu § 12 ArbEG u. TEV v. 14.10.2010 – Arb.Erf. 34/08, (Datenbank, in www.dpma.de nur LS. 3).
411 Wohl unstreitig, vgl. etwa Schiedsst. v. 22.12.2016 Mitt. 2017, 561, 562.

die eigenhändige Unterzeichnung des Widerspruchs seitens des Arbeitnehmererfinders durch Namensunterschrift.

### 2. Frist

Der Widerspruch ist an eine Frist von **2 Monaten** gebunden. Es handelt sich dabei um eine nicht verlängerbare **Ausschlussfrist**[412] (z. Ausschlussfrist bei der Freigabe s. § 6 n.F. Rdn. 87 ff.). Sie beginnt mit Zugang (s. dazu § 5 Rdn. 10 ff.) der wirksamen Festsetzung beim Arbeitnehmer (s.a. § 12 Rdn. 54). Geht der Widerspruch dem Arbeitgeber nicht innerhalb der Frist zu, wird die Festsetzung verbindlich. Zur Fristwahrung durch Anrufung der Schiedsstelle s. § 31 Rdn. 18. Diese Wirkung tritt auch dann ein, wenn der Arbeitnehmer Lauf und Dauer der Frist nicht kannte oder sich darüber irrte; das Fristversäumnis kann nicht angefochten werden (s. § 12 Rdn. 74). Nach Meldung können die Arbeitsvertragsparteien die Ausschlussfrist als solche abbedingen (§ 22 Satz 2). 81

Eine Pflicht des Arbeitgebers zur **Belehrung** über die Frist und die Rechtsfolgen des Fristablaufs besteht mangels gesetzlicher Regelung (vgl. dagegen § 8 TVG) grds. nicht, sodass der Arbeitnehmer aus einem fehlenden Hinweis des Arbeitgebers keine rechtlichen Konsequenzen herleiten kann[413] (s.a. § 16 Rdn. 39). Etwas anderes kann aus dem Gesichtspunkt der Fürsorgepflicht allerdings dann gelten, wenn sich der Arbeitnehmer in einem für den Arbeitgeber erkennbaren Irrtum über die Rechtslage befindet oder wenn er ausdrücklich eine Auskunft über die Rechtslage erbittet[414] (s. § 25 Rdn. 20). 82

### 3. Rechtsfolgen

Die Wirkung der Festsetzung kann **nur** durch den **Widerspruch** des Arbeitnehmers beseitigt werden, es sei denn, die Arbeitsvertragsparteien haben sich zwischenzeitlich über eine erneute Festsetzung geeinigt bzw. die Vergütung 83

---

412 Bislang wohl allg. A., z.B. Volmer Rn. 37 zu § 12; Keukenschrijver in Busse/Keukenschrijver, PatG, Rn. 26 zu § 12 ArbEG; vgl. auch BGH v. 17.05.1994 GRUR 1994, 898, 901; Schwab, Arbeitnehmererfindungsrecht, § 12 Rn. 5; schwankend i. H. a. § 6 Abs. 2 n. F. Boemke/Kursawe/Gennen Rn. 115 zu § 12 sowie dort Fn. 113.
413 Schiedsst. v. 08.06.1973, BlPMZ 1973, 366, 377; v. 02.02.1981, BlPMZ 1981, 420, 421; v. 04.03.1993, EGR Nr. 79 zu § 12 ArbEG; im Ergebn. auch Keukenschrijver in Busse/Keukenschrijver, PatG, Rn. 26 zu § 12 ArbEG; vgl. auch allg. BAG v. 15.06.1972, DB 1972, 1780; weitergehend f.d. öffentl. Dienst Volz, ArbNErf. im öffentl. Dienst, S. 186.
414 Zust. HK-ArbR/Kronisch, § 12 Rn. 11.

einverständlich festgestellt und damit die ursprüngliche Festsetzung außer Kraft gesetzt (zur **schlüssigen Änderung** von getroffenen Vergütungsregelungen s. § 12 Rdn. 18.4). Trotz unterbliebenen Widerspruchs ist die **Festsetzung gegenstandslos**, wenn die Festsetzung wegen Verstoßes gegen § 12 Abs. 3 (s. dazu § 12 Rdn. 49 ff., insb. § 12 Rdn. 53) oder wegen Unbilligkeit nach § 23 Rdn. 21 ff. unwirksam ist (zur Anfechtung s. § 12 Rdn. 74; zum Quotenwiderspruch bei Miterfindern s. § 12 Rdn. 90). Bei nachträglich veränderten Umständen kommt ein Anpassungsanspruch nach § 12 Abs. 6 in Betracht (s. § 12 Rdn. 95 ff.).

84 Seiner **Rechtsfolge** nach führt der Widerspruch grds. zur Unverbindlichkeit der gesamten Vergütungsfestsetzung. Begründet wird allerdings eine Selbstbindung des Arbeitgebers i.S. einer Mindestzahlungsverpflichtung (s. § 12 Rdn. 75). Eine einseitige Bindung des Arbeitgebers an die von ihm in der Vergütungsfestsetzung aufgeführten Vergütungsparameter tritt u.E. nicht ein.[415] Er ist weder an die (zunächst) von ihm gewählte Vergütungsmethode noch an die einzelnen Bemessungskriterien (z.B. Abstaffelung) noch an die Bestimmung des Anteilsfaktors und der zugrunde liegenden Teilwerte gebunden. Dies bedeutet praktisch, dass im Fall eines Vergütungsstreits weder die Schiedsstelle noch die Gerichte die ursprünglich festgesetzten Vergütungskriterien als »unstreitig« bzw. als »Mindestbasis« werten können. Auch ist es der Schiedsstelle bzw. den Gerichten unbenommen, eine andere als die ursprünglich vom Arbeitgeber festgesetzte Berechnungsmethode bzw. andere Vergütungskriterien zugrunde zu legen. Insoweit gilt bezüglich der Vergütungsberechnung das Schlagwort »zurück auf Null«. Davon zu unterscheiden ist die durch die Vergütungsfestsetzung begründete Zahlungspflicht des Arbeitgebers, die trotz Widerspruchs fortbesteht (s. § 12 Rdn. 75.).

Greift der Arbeitnehmer dagegen die Festsetzung nur partiell an (**Teilwiderspruch**, s. dazu § 12 Rdn. 79), also etwa hinsichtlich der Art, der Höhe oder einzelner Berechnungsfaktoren der Vergütung, wird die Vergütungsfestsetzung i.Ü. nach § 12 Abs. 4 Satz 2 verbindlich.[416] Folglich lässt z.B. ein auf den Anteilsfaktor beschränkter Widerspruch des Arbeitnehmers den festgesetzten Erfindungswert unberührt.[417] Dieser Grundsatz gilt jedoch nicht uneingeschränkt: Von einem Teilwiderspruch erfasst und damit unverbindlich wer-

---

415 Zust. wohl Boemke/Kursawe/Gennen Rn. 124 zu § 12; unklar Reimer/Schade/Schippel/Trimborn, Rn. 41 zu § 12.
416 LG München v. 13.03.1984 – 21 O 19217/80, (unveröffentl.) i. Anschl an Volmer/Gaul Rn. 80 zu § 12; Schiedsst. v. 30.11.1989 – ArbErf. 34/89, (unveröffentl.); Reimer/Schade/Schippel/Trimborn Rn. 37 zu § 12.
417 Z.B. Schiedsst. v. 30.11.1989 – ArbErf. 34/89, (unveröffentl.).

D. Festsetzung der Vergütung (Abs. 3 bis 5)  §  12

den – über die vom Arbeitnehmer unmittelbar angegriffenen Berechnungsbestandteile hinaus – auch solche, die in einem untrennbaren sachlichen, insb. wirtschaftlichen oder technischen Zusammenhang stehen[418] wie etwa (technisch-wirtschaftliche) Bezugsgröße und Lizenzsatz[419], ferner Abstaffelung und Lizenzsatz/Bezugsgröße[420] sowie Eingreifen der Höchstbelastbarkeit und Lizenzsatz[421]. Aufgrund eines Teilwiderspruches unverbindlich bleiben auch solche Faktoren bzw. Modalitäten, die nach der aus der Festsetzung erkennbar gewordenen Vorstellung des Arbeitgebers miteinander verbunden worden sind[422] (Rechtsgedanke des § 139 BGB). Dies kann etwa beim Anteilsfaktor relevant sein, wenn der Arbeitnehmer nur einem einzelnen Teilwert widerspricht. Dies gilt ferner dann, wenn der Arbeitgeber zum Ausdruck bringt, im Fall eines Widerspruchs gegen den Erfindungswert auch über den aus seiner Sicht entsprechend den Vorstellungen des Erfinders großzügig bemessenen Anteilsfaktor neu verhandeln zu müssen. Stets muss jedoch ein derartiges Junktim zwischen Erfindungswert und Anteilsfaktor eindeutig aus der Festsetzung erkennbar sein, da diese Berechnungsfaktoren nach ihrem Charakter nicht in einem systematischen Zusammenhang stehen[423] und sich wechselseitig nicht beeinflussen[424] (z. Teileinigung s. § 12 Rdn. 17).

Soweit der Vergütungsfestsetzung widersprochen worden ist, bleiben die **Rechtsbeziehungen** der Beteiligten aufgrund des Widerspruchs **in der Schwebe**.[425] Der Arbeitnehmer kann die Diskussion über die Vergütung offen halten[426] und hat solange jedenfalls Anspruch auf die »festgesetzte« Vergütung (s. § 12 Rdn. 75). 85

---

418 Ebenso Schiedsst. v. 23.06.1993 – Arb.Erf. 9/92; v. 28.10.1993 – Arb.Erf. 136/92, (beide unveröffentl.); ZB v. 08.10.2013 – Arb.Erf. 69/11, (www.dpma.de); ähnl. Schiedsst. v. 29.06.2010 – Arb.Erf. 47/09, (www.dpma.de, nur LS. 1); im Ergebn. auch Keukenschrijver in Busse/Keukenschrijver, PatG, Rn. 24 zu § 12 ArbEG.
419 Schiedsst. v. 23.06.1993 – Arb.Erf. 9/92; v. 28.10.1993 – Arb.Erf. 136/92, (beide unveröffentl.) u. v. 29.06.2010 – Arb.Erf. 47/09, (Datenbank, in www.dpma.de nur LS. 1).
420 Schiedsst. ZB v. 08.10.2013 – Arb.Erf. 69/11, (www.dpma.de).
421 Insoweit abw. Boemke/Kursawe/Gennen Rn. 120 zu § 12.
422 Ebenso Volmer/Gaul Rn. 80 zu § 12; Schiedsst. v. 28.10.1993 – Arb.Erf. 136/92, (unveröffentl.) u. v. 25.03.1994 – Arb.Erf. 64/93, (unveröffentl.).
423 Schiedsst. v. 28.10.1993 – Arb.Erf. 136/92, (unveröffentl.); v. 25.03.1994 – Arb.Erf. 64/93, (unveröffentl.).
424 Schiedsst. v. 22.02.1996 – Arb.Erf. 66/94, (unveröffentl.).
425 Amtl. Begr. BT-Drucks. II/1648 S. 30 = BlPMZ 1957, 234 aE; Schiedsst. v. 4.3.1993 EGR Nr. 79 zu § 12 ArbEG (zu § 126 BGB a.F.).
426 Schiedsst. v. 02.02.1981, BlPMZ 1981, 420, 421; ebenso im Ergebn. Schiedsst. v. 30.11.1989 – ArbErf (unveröffentl.).

Bei Widerspruch ist es dem **Arbeitgeber verwehrt, einseitig erneut** die Vergütung **festzusetzen**.[427] Dies gilt auch bei einem Teilwiderspruch[428] (bei Widerspruch gegen den Miterfinderanteil s. aber § 12 Rdn. 93). Es gilt u. E. das **generelle Verbot einer Mehrfachfestsetzung** (s. § 12 Rdn. 40). Der Arbeitgeber kann folglich nur im Einvernehmen mit dem Arbeitnehmer eine neue Festsetzung vornehmen. Ferner können auf Anstoß einer Vertragspartei hin neue Verhandlungen mit dem Ziel einer Einigung über Art und Höhe der Vergütung aufgenommen werden.[429] Allerdings sind auf Grund des Widerspruchs weder Arbeitgeber noch Arbeitnehmer verpflichtet, initiativ zu werden oder zur Herbeiführung einer Einigung die Schiedsstelle anzurufen.[430] In einer (unwirksamen, erneuten) Festsetzung kann jedoch ein **Vertragsangebot** des Arbeitgebers liegen, das (auch durch konkludentes Handeln) vom Arbeitnehmer angenommen werden« kann.[431] Dies kann bspw. in der widerspruchslosen Hinnahme der neuen Festsetzung und Entgegennahme entsprechender Vergütungszahlungen liegen (s. § 12 Rdn. 18 ff.).

Ist die erste **Festsetzung unwirksam** (s. dazu insb. § 12 Rdn. 53), ist der Arbeitgeber nach der hier vertretenen Auffassung – auch im Fall des Widerspruchs – zur erneuten (wirksamen) Festsetzung berechtigt. Dies wird insb. bei Unbilligkeit der Festsetzung relevant (s. dazu § 23 Rdn. 7.2, 21 ff. u. 34). Bei wesentlicher **Änderung der Umstände** kann gem. § 12 Abs. 6 eine neue einvernehmliche Vergütungsregelung verlangt werden, und zwar auch dann, wenn der Arbeitnehmer der früheren Festsetzung widersprochen hatte (s. im Übrigen § 12 Rdn. 96 ff.). Eine einseitige Festsetzung durch den Arbeitgeber ist jedoch nicht möglich (s. auch § 12 Rdn. 40). Im Übrigen steht keiner Arbeitsvertragspartei ein klagbarer Anspruch auf Mitwirkung des anderen Part-

---

427 BGH v. 17.05.1994 – X ZR 82/92, GRUR 1994, 898, 901 – *Copolyester*; LG Düsseldorf v. 08.03.1994 – 4 O 6/92, (unveröffentl.); Schiedsst. v. 06.02.1984, BlPMZ 1985, 118, 119 u. v. 17.03.2005 – Arb.Erf. 99/03 (Datenbank); Reimer/Schade/Schippel/Trimborn Rn. 39 zu § 12; Volmer/Gaul Rn. 82 zu § 12; vgl. auch OLG Frankfurt am Main v. 21.03.1985, EGR Nr. 54 zu § 12; a.A. Haager i. Anm. WiB 1994, 739, 740; wohl ebenfalls – allerdings ohne sich mit dem Meinungsstand zu befassen – abweichend, jedenfalls unklar Boemke/Kursawe/Engemann Rn. 108 ff. zu § 12, wonach »Änderungen und Ergänzungen einer verbindlichen Vergütungsfestsetzung« nicht zulässig sind (Rn. 108) und der »Arbeitgeber nach dem Widerspruch jedoch nicht gehalten oder gar verpflichtet« ist, »die Vergütung nochmalig festzusetzen« (Rn. 110), im Ergebn. wie hier aber Boemke/Kursawe/Gennen Rn. 126 zu § 12 (bei Teilwiderspruch).
428 Ebenso Schiedsst. v. 17.03.2005 – Arb.Erf. 99/03, (Datenbank).
429 BGH v. 17.05.1994 – X ZR 82/92, GRUR 1994, 898, 901 – *Copolyester*.
430 Reimer/Schade/Schippel/Trimborn Rn. 37, 39 zu § 12.
431 BGH v. 17.05.1994 – X ZR 82/92, GRUR 1994, 898, 901 – *Copolyester*.

D. Festsetzung der Vergütung (Abs. 3 bis 5) § 12

ners an einer Vergütungsregelung zu. Unterbleiben bzw. scheitern neue Verhandlungen oder erklärt sich der Arbeitnehmer mit einer erneuten »Festsetzung« nicht einverstanden, so muss er seine über die ursprüngliche Festsetzung hinausgehende (s. dazu § 12 Rdn. 73 ff.) Vergütungsforderung im Schiedsstellenverfahren bzw. im Klagewege durchsetzen (§§ 28 ff., 37 ff.), wobei auch ein unbezifferter Antrag zulässig ist (§ 38).[432]

Entgegen früherem Recht (§ 5 Abs. 3 Satz 2 i.V.m. § 10 Abs. 1 DVO 1943) sieht das ArbEG **keine Pflicht** des Arbeitnehmers vor, im Fall des Widerspruchs die **Schiedsstelle oder das Gericht anzurufen**; dadurch soll vermieden werden, dass der Arbeitnehmer, der vielfach vor der Einleitung eines derartigen »Streitverfahrens« zurückschreckt, auf seine vermeintlichen Rechte verzichtet[140]. 86

Eine zeitliche Grenze des Schwebezustandes kann sich allerdings aus den Grundsätzen der Verjährung (s. hierzu § 9 Rdn. 39 ff.) bzw. der **Verwirkung** (s. § 9 Rdn. 46 ff.) ergeben,[433] wenn der Arbeitnehmer längere Zeit zuwartet, seinen Anspruch in Verhandlungen mit dem Arbeitgeber oder im Schiedsstellen- bzw. Klageverfahren geltend zu machen. Die Verwirkung betrifft allerdings nur sein durch den Widerspruch begründetes Recht auf erneute Vergütungsbemessung, sodass in diesem Fall die angefochtene Festsetzung Verbindlichkeit erlangt.[434]

**Unberührt** von dem Widerspruch bleibt die **Fälligkeit des Zahlungsanspruchs**.[435] Der Arbeitgeber **ist trotz des Widerspruchs verpflichtet**, jedenfalls **die in seiner Festsetzung bezifferte Vergütung** an den Arbeitnehmer (weiter) **zu zahlen** (s. § 12 Rdn. 75, 84). Die bloße Entgegennahme des festgesetzten Vergütungsbetrages durch den Arbeitnehmer bedeutet im Regelfall noch keinen Verzicht auf den Widerspruch bzw. auf Rechte aus einem erhobenen Widerspruch; auch wenn man trotz des Formerfordernisses für den Widerspruch einen formlosen (stillschweigenden) Verzicht für möglich erachtet, sind daran doch strenge Anforderungen zu stellen (s.a. § 12 Rdn. 18.4–54). Nach Ansicht der *Schiedsstelle* liegt in dem Widerspruch mit gleichzeitigem Zah- 87

---

432 Vgl. OLG Frankfurt am Main v. 26.05.1977, EGR Nr. 19 zu § 12 ArbEG u. Volmer/Gaul Rn. 82 zu § 12; vgl. auch BGH v. 17.05.1994 – X ZR 82/92, 1994, 898, 901 – *Copolyester*.
433 Zustimmend Schiedsst. v. 30.11.1989 – Arb.Erf. 34/89, (unveröffentl.) – dort bei einem Intervall von 7 Jahren, zumal sich der Erfinder in der Zwischenzeit (nur) auf andere vergütungsrechtliche Streitpunkte berufen hatte, die mit dem ursprünglichen Widerspruch nichts zu tun hatten.
434 Reimer/Schade/Schippel/Trimborn Rn. 37 zu § 12.
435 Lindenmaier/Lüdecke Anm. 8 zu § 12.

**§ 12**   Feststellung oder Festsetzung der Vergütung

lungsverlangen eine den Verzug begründende Mahnung[436] (s. hierzu § 9 Rdn. 28).

### IX. Widerspruch bei Arbeitnehmer-Miterfindern (Abs. 5 Satz 1)

88  Sind an dem Zustandekommen der Diensterfindung mehrere Arbeitnehmer beteiligt (Miterfinder, s. dazu § 5 Rdn. 44 ff.), so hat die Festsetzung jedem Einzelnen ggü. gesondert zu erfolgen (s. § 12 Rdn. 54). Jeder Miterfinder kann der ihn betreffenden Festsetzung widersprechen. Für den Widerspruch des Miterfinders sind ebenfalls die in § 12 Abs. 4 genannten Erfordernisse, insb. **Form** und **Frist**, einzuhalten. Die Frist bemisst sich nach dem individuellen Zugang der Festsetzung bei dem jeweiligen Arbeitnehmer (s. § 12 Rdn. 54).

89  **Grds.** lässt der Widerspruch eines Miterfinders die Festsetzung bzw. die Vergütung der übrigen Miterfinder **unberührt**.[437]

90  Etwas anderes gilt nach der **Ausnahmevorschrift** des § 12 Abs. 5 Satz 1 allerdings dann, wenn ein Miterfinder der Festsetzung (auch) mit der Begründung widerspricht, dass sein **Quotenanteil** (Miterfinderanteil; s. § 12 Rdn. 30 ff.) **unrichtig** bemessen worden sei (**Quotenwiderspruch**). Es reicht der gesonderte Quotenwiderspruch eines einzelnen Miterfinders. In diesem Fall wird auch die den übrigen Miterfindern ggü. vorgenommene Festsetzung nicht verbindlich und eine Zahlungspflicht entsprechend der (ursprünglichen) Festsetzung besteht nicht (s. § 12 Rdn. 75). Dadurch soll verhindert werden, dass der Arbeitgeber aufgrund einer neuen Festsetzung eines erhöhten Erfinderanteils zur Zahlung einer höheren Gesamtvergütung verpflichtet werden könnte, obwohl nicht wegen dieser, sondern nur wegen der Festsetzung des Quotenanteils Widerspruch erhoben worden ist.[438] Ein Quotenwiderspruch ist treuwidrig und stellt eine unzulässige Rechtsausübung dar, wenn er sich gegen solche Miterfinderanteile richtet, die der Arbeitgeber aufgrund einer vorangegangenen Verständigung zwischen den Miterfindern übernommen hat[439] (s. § 12 Rdn. 32.2 f.). Zur Korrektur der Miterfinderanteile im Rahmen eines Einigungsvorschlags s. § 34 Rdn. 26.

91  **Fehlt** eine solche **Begründung** bzw. fehlt zumindest ein erkennbarer Hinweis des Arbeitnehmers auf die von ihm ernsthaft in Zweifel gezogene Richtigkeit des vom Arbeitgeber zu Grunde gelegten Miterfinderanteils, so liegt ein »einfa-

---

436  Schiedsst. v. 13.11.2001 – Arb.Erf. 76/99, (unveröffentl.).
437  Lüdecke Erfindungsgemeinschaften (1962) S. 95 f.; Tetzner, GRUR 1968, 292, 293; Volmer Rn. 47 zu § 12 u. Volmer/Gaul Rn. 131 zu § 12.
438  Amtl. Begründung BT-Drucks. II/1648 S. 30 = BlPMZ 1957, 235.
439  I.d.S. BGH v. 17.05.1994 – X ZR 82/92, GRUR 1994, 898, 902 –*Copolyester*.

D. Festsetzung der Vergütung (Abs. 3 bis 5)  §12

cher Widerspruch« (s. § 12 Rdn. 79) und kein solcher i.S.d. § 12 Abs. 5 Satz 1 vor, es sei denn, der Arbeitnehmer reicht eine dahingehende, förmliche Begründung – ggf. auf Hinweis des Arbeitgebers – innerhalb der 2-Monats-Frist des § 12 Abs. 4 Satz 1 nach. Denkbar ist selbstverständlich, dass der Arbeitnehmer der Vergütungsfestsetzung insgesamt widerspricht, also über den Quotenwiderspruch hinaus auch weiteren Vergütungsparametern i. S. v. § 12 Abs. 4.[440] Zur Auslegung des Widerspruchs als Willenerklärung s. § 12 Rdn. 79.

**Rechtsfolge eines Quotenwiderspruchs** ist, dass die ursprüngliche Festsetzung keine Wirkung entfaltet, den Arbeitgeber keine Mindestzahlungspflicht trifft (s. dazu § 12 Rdn. 75) und die Vergütung bis zu einer erneuten Festsetzung bzw. bis zu einer (jedem Beteiligten offenstehenden) Klärung vor der Schiedsstelle bzw. vor Gericht in der Schwebe bleibt, allerdings nur, soweit der Widerspruch wirkt. Der **Widerspruch** nach § 12 Abs. 5 Satz 1 **betrifft** – entsprechend dem Gesetzeswortlaut – die **übrigen Miterfinder** nur dann, wenn auch ihnen ggü. die Vergütung einseitig festgesetzt worden ist, nicht dagegen, soweit mit diesen bereits eine **Vergütungsvereinbarung** (Feststellung) besteht[441] (s.a. § 12 Rdn. 28, 33). Daher ist der Arbeitgeber – entgegen der herrschenden Meinung[442] – nach § 12 Abs. 5 Satz 2 nur hinsichtlich des erstgenannten Personenkreises berechtigt, die Vergütung neu festzusetzen[443]. Das folgt u. E. nicht nur aus dem Wortlaut der Regelung (»Festsetzung« und »neu festzusetzen«), sondern zugleich aus allgemeinen vertragsrechtlichen Grundsätzen, die hier u. E. bei Fehlen eines vertraglichen Vorbehalts (vgl. § 145 BGB) eine Durchbrechung nur unter den Voraussetzungen der §§ 119, 123 BGB (s. auch § 12 Rdn. 94) bzw. einer groben Unbilligkeit nach § 23 ArbEG ermöglichen. Dabei wird nicht verkannt, dass dies den Arbeitgeber bei ungeklärten 92

---

440 Unstreitig, z. B. Schwab GRUR 2019, 670, 673.
441 Zutr. Tetzner, GRUR 1968, 292, 294 f.; folgend a.A. die h.M., Lüdecke Erfindungsgemeinschaften (1962) S. 96, Volmer Rn. 48 zu § 12 u. Volmer/Gaul Rn. 132 ff. zu § 12; Keukenschrijver in Busse/Keukenschrijver, PatG, Rn. 27 zu § 12 ArbEG; wohl auch BGH v. 02.12.1960 – I ZR 23/59, GRUR 1961, 338, 341 (zu 4 a) – *Chlormethylierung* u. BGH v. 17.05.1994 – X ZR 82/92, GRUR 1994, 898, 901 – *Copolyester*; Reimer/Schade/Schippel (5. Aufl. 1975) Rn. 42 zu § 12.
442 Lüdecke Erfindungsgemeinschaften (1962) S. 96, Volmer Rn. 48 zu § 12 u. Volmer/Gaul Rn. 132 ff. zu § 12; Busse/Keukenschrijver, PatG, Rn. 27 zu § 12 ArbEG; wohl auch BGH v. 02.12.1960 – I ZR 23/59, GRUR 1961, 338, 341 (zu 4 a) – *Chlormethylierung* u. BGH v. 17.05.1994 – X ZR 82/92, GRUR 1994, 898, 901 – *Copolyester*; Reimer/Schade/Schippel (5. Aufl. 1975) Rn. 42 zu § 12 (unklar Reimer/Schade/Schippel/Trimborn Rn. 42 zu § 12).
443 Tetzner, GRUR 1968, 292, 294 f.; folgend Boemke/Kursawe/Gennen Rn. 135 zu § 12.

Miterfinderanteilen insgesamt zum Festsetzungsverfahren »zwingt«, will er das Risiko einer überhöhten Zahlung vermeiden, falls der betreffende Arbeitnehmer nicht mit einem vertraglichen (Widerrufs-)Vorbehalt für den Fall von Meinungsunterschieden zu den Miterfinderanteilen an der Diensterfindung einverstanden ist.

93 Der Arbeitgeber ist nach § 12 Abs. 5 Satz 2 **berechtigt**, die Vergütung neu festzusetzen. Aufgrund des eindeutigen Gesetzeswortlautes kann u.E. auch vor dem Hintergrund der Zielsetzung des § 12 (s.o. § 12 Rdn. 2) und der Fürsorgepflicht keine Rechtspflicht des Arbeitgebers zur **Neufestsetzung** angenommen werden, auch wenn dies sinnvoll erscheint, um dadurch eine Grundlage für zukünftige getrennte Abrechnungen zu ermöglichen.[444] Für die Festsetzung gelten die Grundsätze des § 12 Abs. 3, d.h. es bedarf einer erneuten begründeten Erklärung in der Form des § 12 Abs. 3 Satz 1(s.o. § 12 Rdn. 49 ff., 54).

Die **inhaltlichen Änderungen der Neufestsetzung** können sich jedoch **nur auf die Quotenanteile** und die sich hieraus ergebende Neuregelung der Vergütung beziehen; zu einer Änderung der anderen Berechnungsfaktoren (Erfindungswert und Anteilsfaktor) oder gar zum Wechsel auf eine andere Berechnungsmethode ist der Arbeitgeber nicht berechtigt.[445] Diesem Ergebnis scheint zwar der sehr weitgehende Wortlaut des § 12 Abs. 5 Satz 2 (»... die Vergütung für alle Beteiligten neu festzusetzen«) zu widersprechen; die hier vertretene einschränkende Auslegung rechtfertigt sich aber aus dem Ausnahmecharakter des § 12 Abs. 5, da der Gesetzgeber die Durchbrechung der Bestandskraft der übrigen Vergütungsfestsetzungen nur deshalb zugelassen hat, um den Arbeitgeber vor einer höheren Gesamtvergütung zu schützen (s. § 12 Rdn. 90), sodass er dies nicht zum Anlass für eine Minderung der Gesamtvergütung nehmen kann.

93.1 **Widerspricht** ein Miterfinder dieser **neuen Festsetzung**, wird sie nur für ihn nicht verbindlich, es sei denn, er stützt dies auf eine wiederum falsche Bemessung der Quotenanteile; insoweit gilt dann § 12 Abs. 5 Satz 1 entsprechend. Der Arbeitgeber ist aber nunmehr zu einer Neufestsetzung weder verpflichtet

---

444 Weitergehend möglicherweise BGH v. 17.05.1994 – X ZR 82/92, GRUR 1994, 898, 901 – *Copolyester*, wenn dort »ein weiterer Versuch der Festsetzung« als »zumindest zweckmäßig, wenn nicht gar notwendig« bezeichnet wird.
445 Zutreffend Reimer/Schade/Schippel/Trimborn Rn. 54 zu § 12; vgl. auch BGH v. 02.12.1960 – I ZR 23/59, GRUR 1961, 338, 341 (zu 4 a) – *Chlormethylierung* u. BGH v. 17.05.1994 – X ZR 82/92, GRUR 1994, 898, 901 – *Copolyester*; folgend auch Keukenschrijver in Busse/Keukenschrijver, PatG, Rn. 28 zu § 12 ArbEG; Boemke/Kursawe/Gennen Rn. 133 zu § 12; a.A. Tetzner, GRUR 1968, 292, 293 u. wohl auch Lindenmaier/Lüdecke Anm. 9 zu § 12.

noch berechtigt, es sei denn, alle Beteiligten würden dem zustimmen.[446] Durch einen erneuten Quotenwiderspruch bleiben damit die Vergütungsbeziehungen in Bezug auf die Miterfinderanteile zwischen allen Miterfindern, denen gegenüber eine neue Festsetzung erfolgt ist, weiterhin in der Schwebe, und zwar bis zu einer jedem möglichen (aber nicht zwingenden) Klärung bei der Schiedsstelle bzw. durch das zuständige Zivilgericht. Insoweit gilt das oben Gesagte (s. § 12 Rdn. 85 f.) entsprechend.

Bei **Uneinigkeit der Miterfinder** wird dem Arbeitgeber im Schrifttum empfohlen, angesichts des Rückforderungsverbotes und des damit verbundenen Risikos einer Überzahlung seine Zahlungspflicht durch Hinterlegung (vgl. §§ 372 ff. BGB) der Gesamtvergütung zu erfüllen[447] bzw. »einen etwa vereinbarten Miterfinderanteil unter den ausdrücklichen Vorbehalt zu stellen, dass mit den anderen Miterfindern ebenfalls Feststellungen oder wirksame Festsetzungen getroffen bzw. durchgeführt werden können«[448] (s. oben § 12 Rdn. 92).

Tritt erst **nachträglich** ein **Miterfinder** in Erscheinung, so kann der Arbeitgeber eine zwischenzeitlich verbindlich gewordene Vergütungsfestlegung gem. § 119 BGB bzw. (bei vorsätzlichem Verstoß gegen § 5 Abs. 2 Satz 2) gem. § 123 BGB anfechten,[449] sodass die Vergütung im Verfahren nach § 12 neu festzustellen und ggf. neu festzusetzen ist. Darüber hinaus kann auch eine Unwirksamkeit nach § 23 in Betracht kommen;[450] § 12 Abs. 6 Satz 1 findet dagegen keine Anwendung (s. § 12 Rdn. 110). Für Nutzungshandlungen in der Vergangenheit gilt Folgendes: Den bisher bekannten Erfindern steht lediglich ein ihrem tatsächlichen (objektiven) Miterfinderanteil entsprechender Vergütungsanspruch zu; soweit diese bereits (höhere) Vergütungszahlungen erlangt haben, steht einer Rückforderung grds. das Rückforderungsverbot des § 12 Abs. 6 Satz 2 entgegen.[451] Der nachträglich bekannt gewordene Miterfinder hat einen Vergütungsanspruch erst für die Nutzungshandlungen, die nach

94

---

446 Im Ergebn. wohl auch Boemke/Kursawe/Gennen Rn. 134 zu § 12.
447 Reimer/Schade/Schippel/Trimborn Rn. 42 zu § 12 in Anlehnung an den BMJ-Referentenentwurf v. 25.10.2001 (s. dazu Einl. Rdn. 8).
448 So Boemke/Kursawe/Gennen Rn. 136 zu § 12.
449 BGH v. 18.03.2003, GRUR 2003, 702, 703 – *Gehäusekonstruktion*. Vgl. auch BGH v. 17.04.1973 – X ZR 59/69, GRUR 1973, 649, 650 r.Sp. – *Absperrventil*; ebenso Keukenschrijver in Busse/Keukenschrijver, PatG, Rn. 29 zu § 12 ArbEG; wie hier nunmehr Reimer/Schade/Schippel/Trimborn Rn. 42 zu § 12.
450 Schiedsst. EV. v. 02.12.1982 – ArbErf. 24/82, (unveröffentl.).
451 Ebenso Volmer/Gaul Rn. 266 zu § 12.

(unbeschränkter) Inanspruchnahme seines Miterfinderanteils (zukünftig) erfolgen; dies folgt aus dem Wortlaut des § 9 Abs. 1 ArbEG (s. § 9 Rdn. 31 f.).

Haben die bisher bekannten Erfinder unter Verstoß gegen § 5 Abs. 2 Satz 2 die **Mitarbeit weiterer Miterfinder bewusst verschwiegen**, so greift das Rückforderungsverbot des § 12 Abs. 6 Satz 2 nicht ein (s.u. § 12 Rdn. 157). Dementsprechend sind für Nutzungen in der Vergangenheit erbrachte erhöhte Vergütungsbeträge nach den Grundsätzen der §§ 812 ff. BGB von den bisher bekannt gewordenen Erfindern an den Arbeitgeber zurückzuzahlen. Ungeachtet dessen können möglicherweise Schadensersatzansprüche des Arbeitgebers als auch des nicht benannten Miterfinders ggü. den bisher bekannt gewordenen Erfindern bestehen (§§ 823, 826 BGB), wobei aber stets im Einzelfall zu prüfen ist, aus welchem Grund der nachträglich sich meldende Miterfinder eine frühere Meldung seines Miterfinderbeitrages gem. § 5 ArbEG unterlassen hat (s. i.Ü. unten § 12 Rdn. 110).

## E. Neuregelung der Vergütung bei wesentlich geänderten Umständen (Abs. 6 Satz 1)

### I. Grundsatz

95 In Anlehnung an das frühere Recht (§ 5 Abs. 5 Satz 1 DVO 1943) sieht § 12 Abs. 6 Satz 1 die Möglichkeit der Neuregelung der Vergütung bei nachträglicher wesentlicher Änderung der ursprünglichen Umstände vor (zur Durchsetzung des Anpassungsanspruchs s.u. § 12 Rdn. 144 ff., zu den Kriterien der Anpassung s. § 12 Rdn. 149 ff.). Damit soll den besonders unsicheren und schwer vorhersehbaren Entwicklungs- und Verwertungsmöglichkeiten bei Erfindungen,[452] also deren ungewissem rechtlichen, technischen und wirtschaftlichen Schicksal ebenso wie den schwer voraussehbaren zukünftigen Verhältnissen des Unternehmens und dessen wirtschaftlicher Entwicklung Rechnung getragen werden;[453] nur so ist gewährleistet, dass das Gebot der Angemessenheit der Vergütung (s. dazu § 9 Rdn. 69 ff.) auch für die Zukunft gewahrt bleibt.[454]

Ebenso wie § 313 Abs. 1 BGB gewährt § 12 Abs. 6 Satz 1 einen **schuldrechtlichen Anspruch auf Anpassung** der bestehenden Vergütungsregelung (»kön-

---

[452] Vgl. Amtl. Begründung in BT-Drucks. II/1648 S. 31 = BlPMZ 57, 235.
[453] Vgl. BGH v. 17.04.1973 – X ZR 59/69, GRUR 1973, 649, 651 r.Sp. – *Absperrventil* = LM Nr. 68 zu § 242 BGB (B b) BGB m. Anm. Bruchhausen; s. auch Keukenschrijver in Busse/Keukenschrijver, PatG, Rn. 30, 33 zu § 12 ArbEG.
[454] LG Nürnberg/Fürth v. 11.12.1968, BB 1969, 535, 536.

nen voneinander ... verlangen«).⁴⁵⁵ § 12 Abs. 6 Satz 1 ist eine **Schutzvorschrift** für beide Vertragsteile, insb. aber für den i.d.R. wirtschaftlich schwächeren Arbeitnehmer⁴⁵⁶ (s.a. § 12 Rdn. 2). Als **spezialgesetzliche Regelung** verdrängt § 12 Abs. 6 ArbEG bei Vergütungsvereinbarungen § 313 Abs. 1 BGB (s. § 12 Rdn. 106 f.).

§ 12 Abs. 6 setzt eine bestehende **Vergütungsregelung** voraus, sei es in der Form einer Vergütungsvereinbarung (§ 12 Abs. 1 u. 2; s.o. § 12 Rdn. 14 ff.), sei es in der Form einer Vergütungsfestsetzung (§ 12 Abs. 3 bis 5; s. dazu oben § 12 Rdn. 40 ff.). Erfasst werden neben Vergleichen⁴⁵⁷ (§ 779 BGB) auch verbindlich gewordene Einigungsvorschläge i.S.d. § 34 (s. § 34 Rdn. 37) wie auch rechtskräftige Urteile (s. § 12 Rdn. 147). Ist der Arbeitgeber aufgrund Widerspruchs gem. § 12 Abs. 4 einseitig an eine von ihm vorgenommene Vergütungsfestsetzung gebunden (s. § 12 Rdn. 75), steht ihm auch insoweit der Anpassungsanspruch unter den Voraussetzungen des § 12 Abs. 6 zu.⁴⁵⁸ Zu Pauschalvergütungsvereinbarungen s. § 12 Rdn. 111 f. 96

**Sachlich** erfasst sind alle Regelungen über die Vergütung von (in Anspruch genommenen) Diensterfindungen (§§ 9, 10 a.F., 14 Abs. 3, § 16 Abs. 3) sowie von qualifizierten technischen Verbesserungsvorschlägen (§ 20 Abs. 1 Satz 2, s. § 20 Rdn. 32). Bei Vergütungsvereinbarungen, die die Überlassung von Rechten an freien Erfindungen betreffen, gilt § 19 Abs. 4 (s. § 19 Rdn. 69 ff.). Für Alterfindungen aus der Zeit der **ehemaligen DDR** enthielt das fortwirkende DDR-Recht (s. dazu Einl. Rdn. 31) mit § 7 EDB-PatG-DDR-1990 eine vergleichbare Regelung.⁴⁵⁹

---

455 Vgl. BGH v. 20.11.1962 – I ZR 40/61, GRUR 1963, 315, 317 a.E. – *Pauschalabfindung.*
456 BGH v. 17.04.1973 – X ZR 59/69, GRUR 1973, 649, 651 l.Sp. – *Absperrventil* = LM Nr. 68 zu § 242 BGB (B b) BGB m. Anm. Bruchhausen; LG Düsseldorf v. 25.03.2014 – 4a O 122/12 – (juris, Rn. 47, in Mitt. 2015, 47 nur LS) – Insektenschutzrollo; Beck-Mannagetta, BB 1976, 421, 422.
457 Unstreitig, z. B. LG Düsseldorf v. 25.03.2014 – 4a O 122/12, (juris, Rn. 46, in Mitt. 2015, 47 nur LS) – Insektenschutzrollo.
458 So wohl auch Reimer/Schade/Schippel/Trimborn Rn. 41 zu § 12.
459 Vgl. dazu Möller, Die Übergangsbestimmungen f. ArbNErf. i. d. neuen Bundesländern (1996) S. 237 ff. (dort auch zum begrenzten Anwendungsbereich und zur Geltung des Einwandes des Wegfalls d. Geschäftsgrundlage).

**96.1** Ein **Verzicht auf diesen Anpassungsanspruch** ist nach Erfindungsmeldung grds. zulässig[460] (§ 22 Satz 2; vgl. auch die Regelung in § 32a Abs. 3, § 32b UrhG); allerdings sind die Schranken des § 23 zu beachten.[461] Zwar setzt ein Verzicht zur Wirksamkeit grundsätzlich keine Gegenleistung voraus.[462] Eine Unbilligkeit liegt allerdings u. E. regelmäßig dann nicht vor, wenn für das Abbedingen des Anpassungsanspruchs ein zusätzliches **angemessenes Entgelt** erbracht wird[463] (»**Abkauf**«). Dieses liegt in der Praxis regelmäßig zwischen 5 % und 10 % der vereinbarten (Pauschal-) Vergütungssumme und zwar degressiv zur Vergütungshöhe. Nach den früheren Erfahrungen der *Schiedsstelle* kann dieser Betrag im Einzelfall bis auf 15 % ansteigen.[464] Da es um den »Abkauf« der in diesem Zeitpunkt völlig ungewissen bloßen Chance eines Abänderungsanspruchs geht, stellt sich dieser Verzicht als ein risikobehaftetes, gewagtes Geschäft dar, bei dem für die Anwendung der Grundsätze über das Fehlen oder den Wegfall der Geschäftsgrundlage (§ 313 BGB) grds. ebenso wenig Raum ist wie für die Annahme einer Unbilligkeit nach § 23 (zur AGB-Kontrolle s. § 22 Rdn. 44; zur geänderten Schiedsstellenpraxis wegen § 23 s. aber § 11 Rdn. 32). Inwieweit das Entgelt für den Verzicht angemessen ist, beurteilt sich ausschließlich nach der Situation im Augenblick des Vertragsabschlusses über den Verzicht und nach den damaligen Erkenntnismöglichkeiten, nicht jedoch nach evtl. späteren ungewöhnlichen Entwicklungen, die die Parteien gerade in Kauf nehmen wollten (Risikogeschäft).[465]

---

460 Vgl. BGH v. 20.11.1962 – I ZR 40/61, GRUR 63, 315, 316 f. – *Pauschalabfindung*. Auch die Schiedsst. geht von der Abdingbarkeit des Anpassungsanspruchs aus (so z.B. EV v. 19.08.1999 – Arb.Erf. 77/97; v. 19.12.1995 – Arb.Erf. 3 (B) 94 v. 21.03.2006 – Arb.Erf 34/05, (Datenbank) u. v. 15.09.2011 – Arb.Erf. 10/10, (www.dpma.de, LS. 1–3.); im Ergebnis bereits EV. v. 29.03.1989 – Arb.Erf. 27/88; v. 08.03.1991 – Arb.Erf. 46/90 u. v. 13.06.1991 – Arb.Erf. 105/89, (alle unveröffentl.); Volz Festschr. Bartenbach (2005) 119, 225; Reimer/Schade/Schippel/Trimborn Rn. 58 zu § 12. A. A.
461 Schiedsst. v. 17.03.1994 – Arb.Erf. 177/92, (unveröffentl.); im Ergebn. auch Schiedsst. v. 08.03.1991 – Arb.Erf. 46/90, (unveröffentl.); wie hier Keukenschrijver in Busse/Keukenschrijver, PatG, Rn. 30 zu § 12 ArbEG; s. ferner Schwab, Arbeitnehmererfindungsrecht, § 12 Rn. 17. S. auch zum Verzicht Schiedsst. v. 15.09.2011 – Arb.Erf. 10/10, (www.dpma.de, nur LS.).
462 Ebenso Schiedsst. v. 21.09.2011 – Arb.Erf. 02/10, (www.dpma.de, LS. 3).
463 Ebenso Schiedsst. v. 15.09.2011 – Arb.Erf. 10/10, (insoweit nicht in www.dpma.de); Reimer/Schade/Schippel/Trimborn Rn. 58 zu § 12; Schwab, Arbeitnehmererfindungsrecht, § 12 Rn. 17.
464 Schiedsst. v. 21.03.2006 – Arb.Erf. 34/05, (Datenbank); zust. Boemke/Kursawe/Gennen Rn. 155 zu § 12.
465 Vgl. auch Boemke/Kursawe/Gennen Rn. 156 zu § 12.

### E. Neuregelung der Vergütung bei geänderten Umständen (Abs. 6 Satz 1) § 12

Stets muss dieser Verzicht konkret geäußert bzw. formuliert werden,[466] also klar und eindeutig für den Arbeitnehmer erkennbar sich (auch) auf § 12 Abs. 6 beziehen.[467] Der Arbeitnehmer muss sich der **Bedeutung bewusst** sein, dass er damit auf möglicherweise weitergehende Vergütungsansprüche verzichtet (s. allg. zum Verzicht § 23 Rdn. 21). Eine allgemeine Ausgleichsklausel bzw. eine Klausel, wonach mit der Pauschalvergütungszahlung alle weitergehenden Vergütungsansprüche abgegolten sind, reicht hierfür grds. nicht aus (vgl. auch § 26 Rdn. 60), da der Anpassungsanspruch kein Anspruch auf Erfindervergütung, sondern auf Einwilligung in eine andere Vergütungsregelung ist.[468] Ein ausdrücklicher »Verzicht auf die Geltendmachung aller weiteren Rechte aus diesen Erfindungen« umfasst im Zweifel auch den Anpassungsanspruch.[469] Gleiches kann für eine Vereinbarung »zur endgültigen Erledigung aller sich aus den Erfindungskomplexen eventuell ergebenden Ansprüche« hinsichtlich der aufgeführten Diensterfindungen gelten.[470]

Ob mit einem Verzicht des Arbeitnehmers auf die Vergütung zugleich ein (auch konkludent möglicher) **Verzicht des Arbeitgebers** auf den Anpassungsanspruch verbunden ist, bleibt letztlich Tatfrage im Einzelfall.[471]

Ebenso wie der allgemeine Anpassungsanspruch nach § 313 BGB **verjährt** der Anspruch auf Neuregelung nach § 12 Abs. 6 Satz 1 ArbEG gem. §§ 195, 199 BGB regelmäßig in 3 Jahren ab Ende des Jahres, in dem der Berechtigte Kenntnis der relevanten Umstände erlangt hat oder diese – ohne grobe Verletzung der erforderlichen Sorgfalt – hätte erlangen müssen[472] (s. dazu § 9 Rdn. 40.1 ff.). Fraglich ist der Beginn der Verjährungsfrist. Anders als bei der Unbilligkeit i.S.v. § 23, die einer Vereinbarung von Anbeginn an anhaftet (s.

96.2

---

466 Schiedsst. v. 13.06.1991 – Arb.Erf. 105/89, (unveröffentl.).
467 Schiedsst. v. 17.03.1994 – Arb.Erf. 177/92, (unveröffentl.); Keukenschrijver in Busse/Keukenschrijver, PatG, Rn. 30 zu § 12 ArbEG.
468 Schiedsst. v. 15.09.2011 – Arb.Erf. 10/10, (www.dpma.de, LS. 1) u. v. 09.07.2013 – Arb.Erf. 45/12, (www.dpma.de); Seiz, BB 1985, 808, 810; Trimborn Mitt. 2014, 77, 79; Volz Feschr. Bartenbach (2005), S. 75, 199, 225; Volmer/Gaul Rn. 302 zu § 12; im Ergebn. auch Keukenschrijver in Busse/Keukenschrijver, PatG, Rn. 30 zu § 12 ArbEG.
469 Schiedsst. v. 21.09.2011 – Arb.Erf. 02/10, (www.dpma.de, LS. 2).
470 Schiedsst. v. 09.07.2013 – Arb.Erf. 45/12, (www.dpma.de) m.H.a. Schiedsst. v. 15.09.2011 – Arb.Erf. 10/10, (Datenbank).
471 Boemke/Kursawe/Gennen Rn. 158 zu § 12 gehen regelmäßig von einem stillschweigenden Verzicht bei Initiative des Arbeitgebers aus.
472 Im Ergebn. auch zu § 32a Abs. 1 Satz 1 UrhG BGH v. 16.06.2016, WRP 2016, 1517 (Rn. 22, 28 ff.) – Geburtstagskarawane; s. ferner allg. zu § 313 BGB BGH Beschl. v. 16.12.2015, NJW 2016, 629 (Rn. 17).

§ 23 Rdn. 29), ist der Anpassungsanspruch nach § 12 Abs. 6 davon abhängig, dass im jeweiligen Nutzungszeitraum wesentlich veränderte Verhältnisse bestehen.[473] Auch wenn aus unserer Sicht bei einer laufenden Erfindervergütung – im Unterschied etwa zum Anspruch auf Vertragsänderung nach § 32a UrhG[474] – nicht fortwährend mit jeder einzelnen Nutzungshandlung ein neuer Anpassungsanspruch begründet wird (s. § 9 Rdn. 25), entsteht doch u. E. mit jedem Nutzungsjahr, in dem die wesentlich veränderten Umstände (noch) vorliegen, erneut ein Anpassungsanspruch. Demzufolge beginnt u. E. die Verjährung nach § 199 Abs. 1 BGB mit dem Schluss des jeweiligen Nutzungsjahrs, und zwar erstmals ab dem Jahr des **Eintritts der wesentlichen Veränderung** (s. § 12 Rdn. 153). Kennt ein leitender Mitarbeiter anspruchsbegründende Umsatzsteigerungen, kann von ihm ein so rechtzeitiges Geltendmachen des Anpassungsanspruchs erwartet werden, dass der Arbeitgeber sich hierauf in seiner Kalkulation oder für eventuelle Rückstellungen einstellen kann.

Ein solcher Sachverhalt kann im Einzelfall auch schon zur **Verwirkung** führen.[475] Der Anspruch auf Neuregelung kann sowohl dem Grunde als auch seinem Umfang nach durch treuwidriges Zuwarten **verwirkt** werden, woran allerdings strenge Anforderungen zu stellen sind (s. allg. § 9 Rdn. 46 ff.). Mit Blick auf die kurzen Verjährungsfristen (s. § 9 Rdn. 39) wird eine Verwirkung regelmäßig aber selbst dann nicht greifen, wenn der Arbeitnehmer seine weiter gehenden Vergütungsansprüche zunächst – auch anwaltlich vertreten – geltend gemacht, dann aber lange Zeit bis zu seinem Ausscheiden nicht weiter verfolgt hat, um erkennbar das Betriebsklima nicht zu gefährden, da der Arbeitgeber aufgrund des früheren Verhaltens des Arbeitnehmers mit Nachforderungen unverändert rechnen musste.[476] Mitentscheidend kann auch sein, ob der Arbeitgeber seinerseits ihm obliegende gesetzliche Informationspflichten erfüllt hat. Die Sachverhalte, in denen bisher eine Verwirkung angenommen worden ist (s. 3. Aufl. Rdn. 96.2) sind angesichts der nunmehr kurzen Verjährungsfristen (s. § 9 Rdn. 39 ff.) weitgehend gegenstandslos. Da die Verwirkung kein Verschulden voraussetzt, kann sie auch bei Unkenntnis des Arbeitnehmers von seinen gesetzlichen Rechten eintreten.[477]

---

473 Vgl. auch die Differenzierung bei §§ 32, 32a UrhG bei BGH v. 16.06.2016, WRP 2016, 1517 (Rn. 22 ff.). – *Geburtstagskarawane*.
474 Siehe zum Anpassungsanspruch nach § 32a Abs. 1 Satz 1 UrhG BGH v. 16.06.2016, WRP 2016, 1517 (Rn. 26 f., 51) – *Geburtstagskarawane*.
475 So allg. AnwKom-BGB-Krebs Rn. 58 zu § 313 BGB.
476 Schiedsst. v. 14.04.1986 – ArbErf. 1 (B)/84, (unveröffentl.).
477 Schiedsst. v. 28.04.1986 – Arb.Erf. 76/84, (unveröffentl.).

### E. Neuregelung der Vergütung bei geänderten Umständen (Abs. 6 Satz 1) § 12

§ 12 Abs. 6 setzt – ebenso wie § 313 Abs. 1 BGB – ein **Anpassungsverlangen** 96.3 voraus. Dieses ist empfangsbedürftige Willenserklärung.

**Erklärungsberechtigt** sind Arbeitnehmer und Arbeitgeber, auch nach Beendigung des Arbeitsverhältnisses (§ 26), sowie Erben (s. § 1 Rdn. 149). Bei Miterfindern muss die Erklärung wegen deren eigenständigen Vergütungsanspruchs (s. § 12 Rdn. 28 f., 54) von und gegenüber jedem einzelnen abgegeben werden. Bevollmächtigung Dritter ist zulässig (§ 174 BGB). Erforderlich ist eine (formlos mögliche) Erklärung gegenüber der anderen (ehemaligen) Arbeitsvertragspartei.

**Inhaltlich** bedarf es der Aufforderung zur Einwilligung, d. h. der vorherigen Zustimmung (§ 183 Satz 1 BGB), in die Anpassung einer vorhandenen Vergütungsregelung auf Grund zwischenzeitlicher Änderung von Umständen, sei es in Form eines Angebots zu einer nach Art, Höhe und Zeit bestimmten Anpassung (Vertragsangebot, § 145 BGB) oder zum Eintritt in Vertragsverhandlungen. Ein bloßer Hinweis auf Änderungen reicht nicht. Eine nähere Begründung ist vom Gesetz zwar nicht vorgeschrieben, aber üblich und sinnvoll; wegen der engen Voraussetzungen nach § 12 Abs. 6 Satz 1 wird man die verlangende Partei als gehalten ansehen müssen, die Gründe darzulegen; das kann aber bis zum Vertragsabschluss nachgeholt oder ergänzt werden. Zur **Durchsetzung** des Abänderungsanspruchs aus § 12 Abs. 6 s. § 12 Rdn. 144 ff.; zum **Auskunftsanspruch** s. § 12 Rdn. 329 ff.

### II. Wesentliche Änderung der Umstände

Die Vorschrift stellt – ähnlich wie die urheberrechtliche Anpassungsregelung 97 des § 32a UrhG[478] – einen spezialgesetzlich normierten Anwendungsfall der **Lehre vom Wegfall der Geschäftsgrundlage** (§ 313 Abs. 1 BGB) dar[479], die als besondere Ausprägung des Grundsatzes von Treu und Glauben aus § 242

---

478 Zum Rechtscharakter des § 36 UrhG a.F. s. BGH v. 22.01.1998, NJW 1998, 3716, 3719 – *Comic-Übersetzungen*.
479 Zust. u. a. LG Düsseldorf v. 20.03.2013 – 4b O 43/12, (Düsseldf. Entsch. Nr. 2024) – Rückhalteprofil; im Ergebn. wie hier Palandt/Grüneberg, BGB, § 313 Rn. 16 (»Sonderregelung«).

BGB abgeleitet wird.[480] Vorausgesetzt wird, dass tatsächliche Veränderungen der von den (früheren) Arbeitsvertragsparteien bei der Vergütungsregelung zugrunde gelegten Umstände nachträglich objektiv zu einem auffälligen groben Missverhältnis von Leistung und Gegenleistung geführt haben.[481] Notwendig ist ein **konkreter Bezug der Veränderungen zur Vergütung** der in Rede stehenden Diensterfindung.[482]

Die **Beweislast** für die Voraussetzungen des § 12 Abs. 6 trägt nach allgemeinen Grundsätzen derjenige, der sich darauf beruft[483] (zur Beweislast bei Geltendmachung des Auskunftsanspruchs s. § 12 Rdn. 331).

### 1. Beurteilungsmaßstäbe

98  Für die Beurteilung einer Änderung sind **zunächst die tatsächlichen Umstände und möglichen Entwicklungen festzustellen**, die die Parteien **bei der Feststellung bzw. Festsetzung der Vergütung** berücksichtigt haben.[484] Sind keine Umstände ausdrücklich genannt (bzw. ausgeschlossen) oder sonst wie offensichtlich, sind alle diejenigen zugrunde zu legen, die üblicherweise bei der Ermittlung der Vergütung von Bedeutung sind, also die in § 9 Abs. 2, § 10 Abs. 1 a.F. genannten Bemessungsfaktoren einschl. der in den Vergü-

---

480 Allg. A. BGH v. 17.04.1973 – X ZR 59/69, GRUR 1973, 649, 651 – *Absperrventil* = LM Nr. 68 zu § 242 BGB (B b) BGB m. Anm. Bruchhausen; ders. BGH v. 05.12.1974 – X ZR 5/72, BlPMZ 1975, 204, 205 l.Sp. – *Softeis*; LG Düsseldorf v. 03.12.2009 – 4b O 213/08, (unveröffentl.); Schiedsst. v. 25.05.2007 – Arb.Erf. 23/05; v. 12.04.2007 – Arb.Erf. 39/06; v. 08.10.2009 – Arb.Erf. 50/06, (beide unveröffentl.); v. 06.05.2010 – Arb.Erf. 46/08, (insoweit nicht in www.dpma.de); v. 17.04.2013 – Arb.Erf. 11/11; v. 20.06.2013 – Arb.Erf. 32/12 u. v. 09.07.2013 – Arb.Erf. 45/12, (alle www.dpma.de); Reimer/Schade/Schippel/Trimborn Rn. 45 zu § 12; Boemke/Kursawe/Gennen Rn. 144 zu § 12; vgl. auch zum Bereich des Arbeitsrechts BAG, AP Nr. 17 zu § 242 BGB – Geschäftsgrundlage; LAG Hamm v. 09.02.1996, NZA-RR 1997, 17 f.
481 Schiedsst. v. 22.09.2010 – Arb. Erf. 94/04, (unveröffentl.).
482 Vgl. auch Keukenschrijver in Busse/Keukenschrijver, PatG, Rn. 33 zu § 12 ArbEG.
483 Allg. A., z.B. Trimborn Mitt: 2010, 461, 467 m. H. a. OLG Düsseldorf v. 12.03.2009 – 2 U 72/06, (unveröffentl.); Keukenschrijver in Busse/Keukenschrijver, PatG, Rn. 32 zu § 12 ArbEG m. d. H. unter Berufung auf BGH v. 30.09.2003 – X ZR 114/00, GRUR 2004, 268 ff. – *Blasenfreie Gummibahn II*, dass den Gegner eine sekundäre Darlegungslast treffen kann.
484 BGH v. 17.04.1973 – X ZR 59/69, GRUR 1973, 649, 652 l.Sp. – *Absperrventil* = LM Nr. 68 zu § 242 BGB (B b) BGB m. Anm. Bruchhausen; i. Anschl. daran OLG Karlsruhe – 6 U 223/78, (unveröffentl.); Keukenschrijver in Busse/Keukenschrijver, PatG, Rn. 32 zu § 12 ArbEG.

## E. Neuregelung der Vergütung bei geänderten Umständen (Abs. 6 Satz 1) § 12

tungsrichtlinien genannten Grundsätze sowie darüber hinaus solche Umstände, die im konkreten Fall die Vergütung beeinflusst haben.[485] Realisieren sich später Umstände, deren möglicher Eintritt den Beteiligten bereits beim Zustandekommen der Vergütungsregelung bekannt war und die zwangsläufig ins Auge gefasst werden mussten, können derartige Ereignisse keine anpassungsbedürftigen Veränderungen darstellen.[486] § 12 Abs. 6 soll die Erfindervergütung an **unerwartete Nutzungsentwicklungen** anpassen, aber nicht den ausdrücklichen Vertragswillen der Arbeitsvertragsparteien ersetzen.[487] Es geht weder um eine Inhaltskontrolle (s. hierzu § 23, unten § 12 Rdn. 103 f.) noch um die nachträgliche Korrektur bislang unerfüllter Hoffnungen einer Arbeitsvertragspartei (s. auch § 12 Rdn. 105), sondern allein um eine Anpassung an eine unerwartete Veränderung der einverständlich vorausgesetzten Geschäftsgrundlage.

Erfasst werden – im Gegensatz zu § 23 (s. § 12 Rdn. 103 f.) – nur vergütungsrelevante Umstände, die **nachträglich** eingetreten sind, also nach Abschluss der Vergütungsvereinbarung (§ 12 Abs. 1) bzw. nach Zugang der Vergütungsfestsetzung (§ 12 Abs. 3) beim Arbeitnehmer[488] (s.a. § 12 Rdn. 104, 106 f. u. 152).

Ob eine (wesentliche) Veränderung eingetreten ist, bestimmt sich ausschließlich nach den Umständen und allgemeinen Verhältnissen, die **objektiv** erforderlich sind, um die ursprüngliche Vergütungsfestlegung nach den Vorstellungen beider Arbeitsvertragsparteien noch als sinnvolle Regelung bestehen zu lassen.[489] Entsprechend der für § 12 Abs. 6 maßgeblichen objektiven Theorie

99

---

485 BGH v. 17.04.1973 – X ZR 59/69, GRUR 1973, 649, 652 l.Sp. – *Absperrventil* = LM Nr. 68 zu § 242 BGB (B b) BGB m. Anm. Bruchhausen.
486 Schiedsst. v. 28.09.1992 – Arb.Erf. 67/91, (unveröffentl.); ähnl. Schiedsst. v. 22.03.1991, Mitt. 1993, 145, 147 – *Sicherungsanordnung*; v. 12.04.2007 – Arb.Erf. 39/06; v. 25.05.2007 – Arb.Erf. 39/06, u. v. 08.10.2009 – Arb.Erf. 50/06, (alle unveröffentl.).
487 In diesem Sinne betont der BGH im Urt. v. 22.01.1998 (GRUR 1998, 680, 683 – *Comic-Übersetzungen*) das ungeschriebene Merkmal, nach dem das grobe Missverhältnis zwischen Nutzungserträgnissen und Gegenleistung unerwartet sein muss. Ist dagegen ein besonderer wirtschaftlicher Erfolg für die Vertragsparteien bei Vertragsabschluss bereits absehbar, fehlt es am Merkmal der Unerwartetheit, sodass eine Anpassung ausscheidet.
488 Allg. Ansicht, z.B. OLG Karlsruhe v. 12.12.2001 – 6 U 100/00, (unveröffentl.); Reimer/Schade/Schippel/Trimborn Rn. 47 zu § 12.
489 BGH v. 17.04.1973 – X ZR 59/69, GRUR 1973, 649, 651 r.Sp. – *Absperrventil* = LM Nr. 68 zu § 242 BGB (B b) BGB m. Anm. Bruchhausen.

von der Geschäftsgrundlage[490] kommt es also nicht auf enttäuschte Erwartungen an; vielmehr nur darauf, **ob nachträgliche tatsächliche Veränderungen** dieser zugrunde gelegten Umstände **objektiv** zu einem auffallenden »groben« – vgl. § 32a UrhG – **Missverhältnis** von Leistung (Überlassung von Erfindungsrechten) und Gegenleistung (festgelegte Erfindervergütung) geführt haben.[491] Nur tatsächlich eingetretene spätere Änderungen können zu einer Anpassung führen, nicht dagegen geänderte Auffassungen der Beteiligten,[492] z.B. über eine zukünftige Umsatzentwicklung, wenn diese tatsächlich noch nicht eingetreten ist.[493] Lag beispielsweise der zur Lizenzanalogie einvernehmlich zu Grunde gelegte Lizenzsatz bereits bei Abschluss der Vergütungsvereinbarung deutlich unter marktüblichen Lizenzsätzen, scheidet eine nachträgliche Anpassung über § 12 Abs. 6 aus, soweit die nunmehr als unangemessen angesehene Vergütung auf die damalige Lizenzsatzabrede zurückzuführen ist und im Wesentlichen nicht auf zwischenzeitliche Veränderungen.[494]

§ 12 Abs. 6 verdeutlicht insgesamt, dass das Gesetz bei Vergütungsregelungen **nicht von einer einseitigen Risikoverteilung** zu Lasten einer einzelnen Arbeitsvertragspartei ausgeht (zum Rückforderungsverbot als bloße Billigkeitsregelung s. § 12 Rdn. 154). Dies würde auch dem Gebot der Angemessenheit der Vergütung als **gerechtem Ausgleich** zwischen den betrieblichen Interessen des Arbeitgebers und dem Vergütungsinteresse des Arbeitnehmers (s. § 9 Rdn. 71) widersprechen. Soweit vertraglich nicht (atypisch) etwas anderes vereinbart ist, trägt grundsätzlich keine Partei einzelne für eine Anpassung relevante Risiken, so dass daher regelmäßig jeder den Anpassungsanspruch geltend machen kann (s. auch § 12 Rdn. 102). Das betrifft insbesondere wirtschaftliche Veränderungen. Deshalb kommt es – abweichend zu § 313 BGB[495] – nicht darauf an, ob und inwieweit Gründe bzw. Ursachen für geänderte

---

490 Zum Theorienstreit bei § 313 BGB s. Palandt/Grüneberg, BGB, § 313 Rn. 2 ff.
491 BGH v. 17.04.1973 – X ZR 59/69, GRUR 1973, 649, 651 r.Sp. – *Absperrventil* = LM Nr. 68 zu § 242 BGB (B b) BGB m. Anm. Bruchhausen; zust. Schiedsst. v. 14.12.1995 – Arb.Erf. 41/94 u. OLG Düsseldorf v. 12.03.2009 – 2 U 72/06, (beide unveröffentl.); im Ergebn. auch LG Düsseldorf v. 25.03.2014 – 4a O 122/12, (juris, Rn. 47, in Mitt. 2015, 47 nur LS) – Insektenschutzrollo; s. ferner Beck-Mannagetta, BB 1976, 421, 422; Keukenschrijver in Busse/Keukenschrijver, PatG, Rn. 33 zu § 12 ArbEG.
492 Ebenso LG Düsseldorf v. 03.12.2009 – 4b O 213/08, (unveröffentl.).
493 Schiedsst. v. 14.06.1994 – Arb.Erf. 3/94, (unveröffentl.).
494 S. Busse/Keukenschrijver, PatG (6. Aufl. 2003), Rn. 31 zu § 12 ArbEG m.H.a. Schiedsst. v. 25.11.2003 – Arb.Erf. 27/02.
495 S. dazu u, a. BGH v. 11.11.2010, NJW-RR 2011, 916 (Rn. 17), v. 21.12.2010, NJW 2011, 989 (Rn. 27) u. v. 26.04.2017, NZA 21017, 1272 (Rn. 24).

Umstände in der Sphäre oder Verantwortlichkeit des Arbeitgebers liegen. Davon zu trennen ist die Frage, ob sich eine Partei – hier der Arbeitgeber – nach Treu und Glauben auf solche Veränderungen berufen kann, die sie gezielt mit Blick auf die Erfindervergütung selbst herbeigeführt hat (rechtsmissbräuchliches bzw. widersprüchliches Verhalten i. S. v. §§ 162, 242, BGB).

Die **Äquivalenzstörung** muss zudem **wesentlich** sein, d.h. Art und/oder Höhe der vereinbarten oder festgesetzten Vergütung müssen durch die eingetretenen tatsächlichen Änderungen in einem Maße beeinflusst sein, dass es Arbeitnehmer oder Arbeitgeber nicht mehr zuzumuten ist, an der bisherigen Regelung, d.h. an dem Grundsatz der Vertragstreue, festzuhalten.[496] Eine wesentliche Änderung ist immer dann anzunehmen, wenn nicht ernstlich zweifelhaft ist, dass eine der Parteien oder beide bei Kenntnis der Änderung die Vergütungsregelung nicht oder mit anderem Inhalt abgeschlossen hätten.[497] 100

Im Unterschied zum alten Recht ist jedoch keine **offenbare Unbilligkeit** notwendig.[498] Auch muss es sich für den Anpassungsanspruch weder um ein »schlechthin unerträgliches Missverhältnis«[499] handeln noch um ein »auffälliges Missverhältnis« (vgl. aber § 32a Abs. 1 UrhG:) oder »grobes« bzw. »schwerwiegendes Missverhältnis«[500]. Es genügt, dass sich die Umstände, die der Vergütungsvereinbarung zugrunde gelegt wurden, wesentlich, d.h. **in erheblichem Maß** verändert haben. 101

Aus der Begrenzung auf wesentliche Veränderungen folgt, dass die Parteien gewisse Veränderungen nicht nur dann in Kauf nehmen müssen, wenn sie solche bereits bei der Vergütungsfestlegung kannten und zwangsläufig ins Auge gefasst haben müssen[501], sondern auch dann, wenn sich die Veränderungen in 102

---

496 BGH v. 17.04.1973 – X ZR 59/69, GRUR 1973, 649, 651 r.Sp. – *Absperrventil* = LM Nr. 68 zu § 242 BGB (B b) BGB m. Anm. Bruchhausen; LG Düsseldorf v. 03.12.2009 – 4b O 213/08 (unveröffentl.); v. 20.03.2013 – 4b O 43/12, (Düsseldf. Entsch. Nr. 2024) – Rückhalteprofil u. v. 25.03.2014 – 4a O 122/12, (juris, Rn. 47, in Mitt. 2015, 47 nur LS) – Insektenschutzrollo; Schiedsst. v. 25.05.2007 – Arb.Erf. 23/05, (unveröffentl.); v. 17.04.2013 – Arb.Erf. 11/11; v. 09.07.2013 – Arb.Erf. 45/12, u. v. 18.01.2017 – Arb.Erf. 67/14, (alle www.dpma.de).
497 Ebenso LG Düsseldorf v. 03.12.2009 – 4b O 213/08; LG München v. 14.05.2008 – 21 O 19982/07, (unveröffentl.); Schiedsst. v. 08.10.2009 – Arb.Erf. 50/06, (unveröffentl.) u. v. 20.06.2012 – Arb.Erf. 32/17, (www.dpma.de); s. allg. Palandt/Grüneberg, BGB, § 313 Rn. 18.
498 Ebenso Keukenschrijver in Busse/Keukenschrijver, PatG, Rn. 33 zu § 12 ArbEG.
499 So BGH v. 22.01.1998, NJW 1998, 3716, 3719 – *Comic-Übersetzungen* zum Begriff des »groben Missverhältnisses« in § 36 Abs. 1 UrhG a.F.
500 So zu § 313 Abs. 1 BGB u. a. BGH v. 15.04.2016, NJW 2016, 3100 (Rn. 10 f.).
501 Schiedsst. v. 09.07.2013 – Arb.Erf. 45/12, (www.dpma.de).

den Grenzen eines **üblichen (vorhersehbaren) Risikos** bewegen und jedem Partner – mangels erheblichen Interessenungleichgewichts – ein weiteres Festhalten an der getroffenen Vergütungsregelung zuzumuten ist.[502] Dies gilt insb., wenn sich durch die Veränderung ein Risiko verwirklicht, das eine Partei z.B. aufgrund vertraglicher Risikoübernahme zu tragen hat.[503] Nur die Veränderungen, die über diesen Bereich hinausgehen, sind i.R.d. § 12 Abs. 6 beachtlich.

Insgesamt wird man u. E. als **Faustregel zur Vergütung** davon ausgehen können, dass die Wesentlichkeitsgrenze tendenziell jedenfalls dann als erreicht anzusehen ist, wenn auf Grund der nachträglichen Veränderungen als angemessene Vergütung (§ 9) zukünftig der Arbeitnehmer das Doppelte der bisherigen Vergütung verlangen dürfte bzw. der Arbeitgeber nur noch die Hälfte der bisherigen Vergütung zahlen müsste[504] (zur Pauschalabfindung s. aber § 12 Rdn. 111 f.).

### 2. Verhältnis zu § 23

103 Das erhebliche Missverhältnis von Leistung und Gegenleistung muss **nachträglich** eingetreten sein (s.a. oben § 12 Rdn. 98).

104 War die Vergütungsregelung **von vornherein unbillig**, liegt kein Fall des § 12 Abs. 6 (nachträgliche Anpassung des Vertrages), sondern ein solcher des § 23 (Inhaltskontrolle des Vertrages) vor.

Hat der Betroffene es versäumt, die Unbilligkeit in der Frist des § 23 Abs. 2 geltend zu machen, oder liegt keine Unbilligkeit i.S.d. § 23 vor,[505] kann er sich diese Überprüfung nicht (wieder) über § 12 Abs. 6 verschaffen; denn bei der Prüfung der Voraussetzungen des § 12 Abs. 6 ist davon auszugehen, dass

---

502 Schiedsst. v. 12.04.2007 – Arb.Erf. 39/06; v. 08.10.2009 – Arb.Erf. 50/06, (beide unveröffentl.); v. 17.04.2013 – Arb.Erf. 11/11; v. 20.06.2013 – Arb.Erf. 32/12, (beide www.dpma.de); Keukenschrijver in Busse/Keukenschrijver, PatG, Rn. 33 zu § 12 ArbEG; folgend auch Boemke/Kursawe/Gennen Rn. 147 zu § 12.
503 LG München v. 14.05.2008 – 21 O 19982/07, (unveröffentl.) m.H.a. Palandt/Grüneberg, BGB (2008), § 313 Rn. 17 ff. zu u. LG Düsseldorf v. 03.12.2009 – 4b O 213/08, (unveröffentl.).
504 Bartenbach/Volz, Praxisleitfaden, Rn. 228; zust. Loschelder in: Festschr. Bepler (2012), 389, 398. Vgl. auch zum Anpassungsanspruch nach § 32a UrhG BGH v. 10.05.2012, GRUR 2012, 1248 (Rn. 55) – Fluch der Karibik.
505 Schiedsst. v. 28.07.2006 – Arb.Erf. 5/05 (Datenbank) u. v. 25.05.2007 – Arb.Erf. 23/05, (unveröffentl.).

die Vereinbarung ursprünglich angemessen und billig war.[506] Die Regelungen der §§ 23, 12 Abs. 6 bestehen also nicht nebeneinander, sondern schließen sich wechselseitig aus. S. i.Ü. § 23 Rdn. 20. Erfolgt eine Neuregelung gem. § 12 Abs. 6, kann diese selbstverständlich wieder an den Kriterien des § 23 gemessen werden.

Im Hinblick auf § 23 sind i.R.d. § 12 Abs. 6 solche Umstände bedeutungslos, die ein **Leistungsmissverhältnis bereits zum Zeitpunkt des Zustandekommens** der Vergütungsregelung begründet haben, wozu auch die mangelnde Berücksichtigung eines Miterfinders (s. dazu § 12 Rdn. 94), die irrtümliche Bewertung des Schutzumfangs[507] oder die unzutreffende (irrtümliche oder z.b. bewusst großzügige) Bemessung der Bewertungsfaktoren, etwa des Lizenzsatzes[508] oder des Anteilsfaktors,[509] wie auch der Verzicht auf eine Abstaffelung zählen[510], ferner eine unrichtige Einschätzung des Umfangs der bis zur Vereinbarung erfolgten Verwertungshandlungen[511] (s.a. § 12 Rdn. 110, 152). Dies gilt auch, wenn sich erst später herausstellt, dass großzügig bemessene Lizenzsätze am Markt nicht durchsetzbar sind.[512] Fehlbewertungen in der Vergütungsregelung können nicht nach § 12 Abs. 6, sondern nur nach § 23 geltend gemacht werden, sofern eine Anfechtung gem. §§ 119, 123 BGB ausscheidet. Folglich greift § 12 Abs. 6 frühestens ex nunc für die Zeit ab Eintritt der wesentlichen Änderung und nicht rückwirkend für Zeiträume, die davor liegen (s. aber auch § 12 Rdn. 71).

### 3. Wegfall der Geschäftsgrundlage (§ 313 BGB), beiderseitiger Irrtum

Bei **Irrtum einer Partei** bzw. bei arglistiger Täuschung bei Zustandekommen der Vergütungsregelung steht u.U. die Möglichkeit einer Anfechtung gem.

105

---

506 BGH v. 17.04.1973 – X ZR 59/69, GRUR 1973, 649, 652 r.Sp. a.E. – *Absperrventil* = LM Nr. 68 zu § 242 BGB (B b) BGB m. Anm. Bruchhausen; Keukenschrijver in Busse/Keukenschrijver, PatG, Rn. 31 zu § 12 ArbEG; diff. Seiz, BB 1985, 808, 809.
507 A. A. Boemke/Kursawe/Engemann Rn. 33 zu § 12, wonach § 12 Abs. 6 bei Irrtum des ArbG über den Schutzumfang des erteilten Schutzrechts in Betracht kommt,
508 Schiedsst. v. 25.05.2007 – Arb.Erf. 23/05, u. v. 08.10.2009 – Arb.Erf. 50/06, (beide unveröffentl.).
509 Vgl. LG Frankfurt v. 07.04.1976, EGR Nr. 18 zu § 12 ArbEG (zu II); im Ergebn. auch Schiedsst. ZB v. 01.06.1995 – Arb.Erf. 34/93 u. v. 12.06.1996 – ArbErf. 86/94 u. 19/95 (beide unveröffentl.).
510 Schiedsst. v. 27.07.2010 – Arb.Erf. 40/09, (unveröffentl., insoweit nicht in www.dpma.de).
511 So im Ergebn. Schiedsst. v. 09.07.2013 – Arb.Erf. 45/12, (www.dpma.de).
512 Schiedsst. v. 25.05.2007 – Arb.Erf. 23/05, (unveröffentl.).

§§ 119, 123 BGB mit Wirkung ex tunc (§ 142 Abs. 1 BGB) offen (zum einseitigen Irrtum s. § 12 Rdn. 20 f., zum Irrtum bei Miterfinderschaft s. § 12 Rdn. 94). In solchen Fällen besteht kein Raum für § 12 Abs. 6.[513]

106 Die Sondervorschrift des § 12 Abs. 6 Satz 1 betrifft den objektiven Wegfall der Geschäftsgrundlage (s. § 12 Rdn. 97) und schließt damit in ihrem Geltungsbereich den Rückgriff auf **§ 313 Abs. 1 BGB** aus, soweit es sich um Vereinbarungen oder Festsetzungen von Vergütungen für Diensterfindungen oder qualifizierte technische Verbesserungsvorschläge (§ 20 Abs. 1 Satz 2) handelt.[514] Bei sonstigen Vereinbarungen über Diensterfindungen kann § 313 BGB dagegen zur Anwendung kommen (zu freien Erfindungen s. § 19 Abs. 4).

107 Da es i.R.d. § 12 Abs. 6 jedoch nicht auf etwaige Fehl-Vorstellungen der Parteien, insb. bei Abschluss der Vergütungsregelung, ankommt, begründet ein **beiderseitiger Irrtum**, z.B. über die Nutzung der Erfindung (s. dazu § 12 Rdn. 132), die (technische oder wirtschaftliche) Bedeutung der Erfindung[515] (insb. deren Erfindungswert) oder über den Anteilsfaktor[516] des Arbeitnehmer-Erfinders keine Neufestsetzung nach § 12 Abs. 6 Satz 1 ArbEG.[517] Bei beiderseitigem bzw. gemeinschaftlichem Irrtum der Parteien einer Vergütungsvereinbarung über einen für die Willensbildung wesentlichen Umstand bleibt dagegen § 313 Abs. 2 BGB anwendbar.[518] Subjektive Geschäftsgrundlage sind die bei Vertragsabschluss dem anderen Teil erkennbaren und unwidersprochen hingenommenen Vorstellungen der einen Partei oder die gemeinsamen Vorstel-

---

513 A. A. Boemke/Kursawe/Engemann Rn. 34 zu § 12, wonach bei Irrtum des ArbG über den Schutzumfang des erteilten Schutzrechts oder darüber, ob für bestimmte Benutzungshandlungen von dem Schutzrecht Gebrauch gemacht und eine Vergütung geschuldet wird, vorrangig eine Vergütungsanspassung nach § 12 Abs. 6 zu prüfen sei (s. aber auch dort Rn. 37); vgl. auch Boemke/Kursawe/Gennen Rn. 144 zu § 12.
514 Für Charakter als Sonderregelung zu § 313 BGB auch Palandt/Grüneberg, BGB, § 313 BGB Rn. 16.
515 Abw. wohl Schiedsst. v. 21.12.1960 – ArbErf. 5/59, (unveröffentl.), wiedergegeben b. Schade, BB 1960, 260, 262 f. (zu IV 4).
516 S.a. LG Frankfurt v. 07.04.1976, EGR Nr. 18 zu § 12 ArbEG (zu II); ebenso LG Düsseldorf v. 03.12.2009 – 4b O 213/08, (unveröffentl.); abw. wohl Heine/Rebitzki Anm. 7 zu § 12.
517 Im Ergebn. auch Schiedsst. v. 15.03.2012 – Arb.Erf. 48/10, (Datenbank, in www.dpma.de nur LS. 3 – 5).
518 Wie hier LG Düsseldorf v. 03.12.2009 – 4b O 213/08, (unveröffentl.); Schiedsst. v. 06.05.2010 – Arb.Erf. 56/08, (unveröffentl.) u. v. 15.03.2012 – Arb.Erf. 48/10, (Datenbank, in www.dpma.de nur LS. 3 – 5); Reimer/Schade/Schippel/Trimborn Rn. 48 zu § 12; Volmer/Gaul Rn. 242 zu § 12.

lungen beider Parteien von dem Vorhandensein oder dem künftigen Eintritt bestimmter Umstände, sofern der Geschäftswille der Parteien auf diesen Vorstellungen aufbaut.[519] Relevante beiderseitige Fehlvorstellungen können auch anfängliche Bewertungsfehler sein. Voraussetzung ist, dass der Geschäftswille der Beteiligten auf einem gemeinsamen bzw. übereinstimmenden Irrtum aufbaut und diese Fehlvorstellung wesentlich ist, d.h. eine oder beide Parteien den Vertrag bei Kenntnis der wirklichen Umstände nicht oder nur mit anderem Inhalt abgeschlossen hätten.[520] Nach Auffassung der *Schiedsstelle* gehören allerdings vereinbarte Bezugsgröße und Lizenzsatz nicht zu einer nach § 313 Abs. 2 BGB anzupassenden Geschäftsgrundlage[521] (zur Unwirksamkeit nach § 23 ArbEG s. § 23 Rdn. 5).

Zur sachlichen Zuständigkeit der Schiedsstelle s. § 28 Rdn. 22.1.

Liegt eine vergleichsweise Vergütungsregelung vor, kann dieser beiderseitige Irrtum zur Unwirksamkeit gem. **§ 779 BGB** führen[522] (s. dazu § 12 Rdn. 20). Zum Irrtum über die Schutzfähigkeit s. § 12 Rdn. 20–113 ff.

### 4. Einzelprobleme

Die Feststellung, ob und in welchem Umfang eine nachträgliche, wesentliche Veränderung der Umstände gegeben ist, kann nur aufgrund der **Gesamtwürdigung aller Umstände** getroffen werden und erfordert, dass einerseits die für eine Erhöhung und andererseits die für eine Verminderung sprechenden Tatsachen gegeneinander abgewogen werden.[523] **108**

### a) **Ausscheiden des Arbeitnehmers, arbeitsvertragliche Änderungen**

Das Ausscheiden des Arbeitnehmers als solches stellt i.d.R. keine wesentliche Änderung dar, so dass grds. die festgelegte Vergütung unverändert fortbesteht[524] (vgl. § 26). Durch das Ausscheiden geht dem Arbeitnehmer zudem nicht sein aus § 12 Abs. 6 folgender Anspruch auf Neufestsetzung verloren.[525] **109**

---

519 Palandt/Grüneberg, BGB, § 313 Rn. 3.
520 Palandt/Grüneberg, BGB, § 313 Rn. 18; s.a. BGH v. 17.04.1973 – X ZR 59/69, GRUR 1973, 649, 651 f. – *Absperrventil*.
521 Schiedsst. v. 15.03.2012 – Arb.Erf. 48/10, (Datenbank, in www.dpma.de nur LS. 5).
522 S. BGH v. 17.04.1973 – X ZR 59/69, GRUR 1973, 649, 650 r.Sp. – *Absperrventil*; Keukenschrijver in Busse/Keukenschrijver, PatG, Rn. 34 zu § 12 ArbEG.
523 BGH v. 20.11.1962 – I ZR 40/61, GRUR 1963, 315, 317 l.Sp. – *Pauschalabfindung*.
524 Vgl. Keukenschrijver in Busse/Keukenschrijver, PatG, Rn. 33 zu § 12 ArbEG.
525 Schiedsst. Arb.Erf. 26/58, (unveröffentl.), zitiert b. Schade, Mitt. 1959, 253, 257.

Eine wesentliche Veränderung der Umstände kann die Beendigung des Arbeitsverhältnisses aber in den Fällen bewirken, in denen die getroffene Vergütungsregelung an den Bestand des Arbeitsverhältnisses anknüpft[526] (s. dazu § 26 Rdn. 27 f.). Dies gilt auch bei einer Pauschalabfindung, wenn die Parteien eine **Koppelung mit dem Gehalt** vorgesehen haben und dabei von einer längeren bzw. unbestimmten Dauer des Arbeitsverhältnisses ausgegangen sind[527] (zur Vergütungszahlung durch Gehaltsanhebung s. § 9 Rdn. 62 ff.). In diesen Fällen hat der Arbeitnehmer mit rechtlicher Beendigung des Arbeitsverhältnisses – soweit sich dieser Umstand wesentlich (s. dazu § 12 Rdn. 100 f.; vgl. auch § 12 Rdn. 112, 134) auswirkt – einen Anspruch auf Neufestsetzung, der von dem Anlass des Ausscheidens grds. unabhängig ist[528] (s.a. § 9 Rdn. 67; z. Bemessung s.u. § 12 Rdn. 149 ff.).

Auch (bloß) **arbeitsvertragliche Änderungen** sind regelmäßig kein Grund für eine Anpassung nach § 12 Abs. 6. Das betrifft Änderungen im Arbeitsverdienst ebenso wie solche bei Arbeitsort, -zeit oder beruflicher Tätigkeit. Letzteres mag im Einzelfall bei ernsthafter Gefahr von Interessenkollision allerdings Anlass für eine Pauschalvergütung sein. Auch eine Änderung beim Arbeitgeber, etwa infolge eines Betriebsübergangs oder einer Verschmelzung, stellt als solche grundsätzlich noch keine Änderung i.S.v. § 12 Abs. 6 dar[529], es sei denn, daraus ergeben sich dann wirtschaftliche Veränderungen (s. dazu § 12 Rdn. 131 ff.).

---

526 Zust. LG Düsseldorf v. 25.03.2014 – 4a O 122/12, (juris, Rn. 50 f., in Mitt. 2015, 47 nur LS) – Insektenschutzrollo. Ebenso Busse/Keukenschrijver, PatG, Rn. 32 zu § 12 ArbEG.
527 Vgl. BGH v. 17.04.1973 – X ZR 59/69, GRUR 1973, 649, 652 r.Sp. (zu II 7) – *Absperrventil*, LG Düsseldorf v. 25.03.2014 – 4a O 122/12, (juris, Rn. 50 f., in Mitt. 2015, 47 nur LS) – Insektenschutzrollo. So im Ergebnis auch Schiedsst. v. 15.02.1966, BlPMZ 1967, 30, die es allerdings dem Arbeitgeber überlassen will, die Verg. gem. § 315 BGB nach Belieben zu bestimmen; ferner Schiedsst. v. 13.10.1977, BlPMZ 1979, 221 u. v. 18.01.2017 – Arb.Erf. 67/14, (www.dpma.de). Vgl. auch Reimer/Schade/Schippel/Trimborn Rn. 53 zu § 12, die allerdings unter Berufung auf RAG v. 14.02.1940, GRUR 1940, 270, 273 – *Kettenweiche* – den Anspruch auf Neufestsetzung bei grober Pflichtverletzung ggf. einschränken wollen.
528 Riemschneider/Barth Anm. 15 zu § 5 DVO 1943 u. Reimer/Schade/Schippel/Trimborn Rn. 53 zu § 12 wollen – unter Berufung auf RAG v. 14.02.1940, GRUR 1940, 270, 273 – *Kettenweiche* – den Anspruch auf Neufestsetzung bei grober Pflichtverletzung ggf. einschränken; vgl. auch Schiedsst. v. 09.05.1958, Mitt. 1958, 158.
529 Vgl. z.B. Schiedsst. v. 13.03.2012 – Arb.Erf. 19/11, (www.dpma.de, nur LS. 5), dort für Zusammenschluss einer außeruniv. Forschungseinrichtung und einer Univ.

E. Neuregelung der Vergütung bei geänderten Umständen (Abs. 6 Satz 1) § 12

**b) Miterfinderschaft**

Wird später ein **weiterer Miterfinder** der ursprünglichen Diensterfindung **bekannt**, so stellt dies keine nachträgliche Änderung i.S.d. § 12 Abs. 6 dar, da dieser Fehler der Vergütungsregelung von Anfang an innewohnt;[530] dies berechtigt aber zur Anfechtung, ggf. gilt § 23 (s. im Übr. § 12 Rdn. 21, 94). 110

Gleiches gilt, wenn sich nachträglich herausstellt, dass ein Arbeitnehmer **kein Miterfinder** gewesen ist. Hat der Arbeitnehmer arglistig gehandelt, berechtigt dies den Arbeitgeber nicht nur zur Anfechtung der Vergütungsregelung nach § 123 BGB, sondern auch zum Schadensersatz (§§ 823 Abs. 2, 826 BGB) sowie zur Rückgängigmachung einer Vergütungsvereinbarung nach § 249 BGB[531] (s. auch § 12 Rdn. 21, 94).

§ 12 Abs. 6 kann jedoch einschlägig sein, wenn erst **nachträglich** eine **Miterfinderschaft begründet** wird, insb. dadurch, dass eine Weiterentwicklung einer bereits gemeldeten und in Anspruch genommenen Diensterfindung von einem anderen Arbeitnehmer ausgeführt und diese dann in eine schon anhängige Schutzrechtsanmeldung (vgl. § 40 PatG) einbezogen wird (s. zu Weiterentwicklungen § 5 Rdn. 21 f. u. zur Vergütung § 20 Rdn. 13).

§ 12 Abs. 6 greift nicht bei einer **fehlerhaften Bemessung der Quotenanteile** ein, es sei denn, die Quotenanteile hätten sich infolge einer im Erteilungsverfahren begründeten Schutzrechtsbeschränkung oder sonst wie nachträglich geändert[532] (s. § 12 Rdn. 30 ff., 99, 106); zum Einfluss der **geänderten Benutzungsform** s. § 12 Rdn. 132 u. zur Änderung der Erfinderbenennung s. § 7 Rdn. 26. Ebensowenig begründen nachträgliche **Änderungen beim Anteilsfaktor** einzelner Miterfinder einen Anspruch auf Anpassung der Anteilsfaktoren der anderen Miterfinder.[533]

**Gibt** der **Arbeitgeber selbstständig schutzfähige Teile** einer ursprünglich weiter gefassten Schutzrechtsanmeldung (bestimmte Ausführungsarten, konstruktive Varianten) ggf. **im Verfahren nach § 16 auf** (s. hierzu § 16 Rdn. 12 f.) und beschränkt sich der Miterfinderanteil eines Miterfinders auf die in diesem Teil enthaltene technische Lehre oder handelt es sich hierbei um

---

530 A.A.Volmer/Gaul Rn. 126, 265, 267 zu § 12.
531 Allg. zu den Anspruchskonkurrenzen s. Palandt/Ellenberger, BGB, § 123 BGB Rn. 26 ff.
532 Zust. Schiedsst. v. 02.12.1982 – Arb.Erf. 24/82, (unveröffentl.); Volmer/Gaul Rn. 121 f. zu § 12; vgl. auch BGH v. 17.05.1994 – X ZR 82/92, GRUR 1994, 898, 902 – *Copolyester.*
533 Vgl. Schiedsst. v. 16.07.2015 – Arb.Erf. 06/13, (www.dpma.de, in Mitt. 2016, 570 nur LS.).

seinen wesentlichen Miterfinderbeitrag, so ist § 12 Abs. 6 einschlägig mit der Folge, dass wegen des Wegfalls einer Miterfinderschaft bzw. der erheblichen Einschränkung sich die Quotenanteile der übrigen Miterfinder erhöhen. Lag dagegen der Hauptbeitrag eines solchen Miterfinders nicht (nur) in diesen aufgegebenen Teilen, sondern in entscheidenden Merkmalen der vom Arbeitgeber aufrechterhaltenen Schutzrechtsposition, so bedeutet das Fallenlassen der übrigen Teile keine wesentliche Änderung, die eine Minderung des Miterfinderanteils oder gar dessen Wegfall rechtfertigen könnte.[534]

### c) Pauschalabfindung

111 Bei bereits vollständig erfüllten Verträgen hat nach den vertragstypischen Vorstellungen grundsätzlich jede Partei das Risiko einer unerwarteten Entwicklung ihrer Leistung zu tragen.[535] Da die Beteiligten regelmäßig mit einer Pauschalabfindung die Ungewissheit über das zukünftige rechtliche, technische und wirtschaftliche Schicksal der Erfindung berücksichtigen (**Vergleich** i.S.v. § 779 BGB, s. hierzu § 12 Rdn. 107), wird der **Anwendungsbereich des § 12 Abs. 6** in solchen Fällen **erheblich eingeschränkt**, sodass nur die Veränderungen beachtlich sind, die über das für die Beteiligten zum Zeitpunkt der Vergütungsregelung erkennbare und von ihnen berücksichtigte Risiko der rechtlichen, technischen bzw. wirtschaftlichen Entwicklung erheblich bzw. wesentlich hinausgehen.[536] Dabei legt die Rechtsprechung einen strengen Maßstab an.[537] Alles, was sich im Rahmen einer **üblichen Geschäftsentwicklung bewegt**, ist

---

534 Vgl. Schiedsst. v. 06.08.1982 – ArbErf. 62/81, (unveröffentl.).
535 So allg. zu § 313 Abs. 1 BGB: BGH v. 11.03.2016, NJW-RR 2017, 140 (Rn. 11).
536 BGH v. 17.04.1973 – X ZR 59/69, GRUR 1973, 649, 651 (zu II 2 d) – *Absperrventil*; im Anschluss daran ständ. Praxis d. Schiedsst., u.a. EV v. 12.05.1992, EGR Nr. 84 zu § 12 ArbEG; vgl. 21.01.2003 – Arb.Erf. 76/00; v. 20.09.2005 – Arb.Erf. 97/03, (beide Datenbank) u. v. 15.09.2011 – Arb.Erf. 10/10, (insoweit nicht in www.dpma.de); ebenso LG Düsseldorf v. 26.03.2009 – 4a O 89/08, (unveröffentl.) u. v. 25.03.2014 – 4a O 122/12, (juris, Rn. 48, in Mitt. 2015, 47 nur LS) – Insektenschutzrollo; im Ergebn. auch OLG Düsseldorf v. 12.03.2009 – 2 U 72/06, (unveröffentl., zitiert bei Trimborn Mitt: 2010, 461, 467); vgl. auch Keukenschrijver in Busse/Keukenschrijver, PatG, Rn. 34 zu § 12 ArbEG (»außerhalb des durch die Pauschalierungsabrede gesteckten weiten Rahmens«); Volmer/Gaul Rn. 275 f. zu § 12; Schiedsst. v. 13.01.1986, BlPMZ 1991, 201, 202; abw. Seiz, BB 1985, 808, 809, der auf eine objektive Störung des Äquivalenzverhältnisses abstellt.
537 LG Düsseldorf v. 25.03.2014 – 4a O 122/12, (juris, Rn. 48 f., in Mitt. 2015, 47 nur LS) – Insektenschutzrollo.

### E. Neuregelung der Vergütung bei geänderten Umständen (Abs. 6 Satz 1) § 12

**regelmäßig in Kauf zu nehmen.**[538] Entscheidend kommt es darauf an, welche Überlegungen und Tatsachen der Pauschalvergütungsvereinbarung zugrunde lagen.[539]

In ständiger Spruchpraxis geht die *Schiedsstelle* davon aus, dass bei einer Pauschalvergütungsvereinbarung im Hinblick auf deren Risikocharakter eine Überschreitung des Prognosebereichs durch unerwartet gestiegene Umsätze erst angenommen werden kann, wenn das **Nutzungsvolumen etwa das Dreifache des von der Prognose noch Erfassten überschritten** hat.[540]

In der Vereinbarung der Pauschalabfindung selbst liegt noch **kein Verzicht auf den Anpassungsanspruch**, da ansonsten ein solcher Verzicht automatisch in jeder Pauschalvergütungsregelung enthalten wäre[541] (s. hierzu oben § 12 Rdn. 96.1).

Ein Anspruch auf Neuregelung kann sich z.B. daraus ergeben, dass das **Schutz-** 112 **recht** erheblich **länger genutzt** wird als die Parteien ursprünglich (ausdrücklich oder stillschweigend) erwartet hatten[542] bzw. ab dem Zeitpunkt der Vergütungsregelung absehbar war.[543] So hat die *Schiedsstelle* eine Verdopplung des ursprünglichen Pauschalbetrages vorgeschlagen, wenn die früher (konkludent) zugrunde gelegte durchschnittliche Laufdauer der RL Nr. 41 um mehr als das Doppelte überschritten wurde, auch wenn die Umsätze innerhalb normaler Geschäftsausweitung lagen.[544]

So sind **Umsatzentwicklungen** (bzw. weitergehende Vorteile), die sich im Rahmen einer **normalen Geschäftsausweitung** halten, als abgegolten in Kauf

---

538 Vgl. BGH v. 20.11.1962 – I ZR 40/61, GRUR 1963, 315, 317 r.Sp. – *Pauschalabfindung*; im Ergebn. auch Schiedsst. v. 20.09.2005 – Arb.Erf. 97/03, (Datenbank) – dort jährl. Umsatzsteigerung von 15–20 % als nicht anpassungsfähige Geschäftsentwicklung.
539 LG Düsseldorf v. 26.03.2009 – 4a O 89/08, (unveröffentl.).
540 Schiedsst. v. 19.08.1999 – Arb.Erf. 77/97; v. 12.09.2005 – Arb.Erf. 97/03, (beide Datenbank); v. 16.12.2011 – Arb.Erf. 63/08, (unveröffentl.); v. 17.12.2014 – Arb.Erf. 52/13, (www.dpma.de).
541 Schiedsst. v. 17.03.1994 – Arb.Erf. 177/92, (unveröffentl.); zust. auch Schwab, Arbeitnehmererfindungsrecht, § 9 Rn. 43 m. w. Nachw.
542 Schiedsst. v. 10.01.1983, BlPMZ 1983, 188, 190 (dort: das Doppelte der durchschnittl. Laufdauer) u. v. 09.11.1970, BlPMZ 1971, 170, 171.
543 OLG Karlsruhe v. 12.12.2001 – 6 U 100/00, (unveröffentl.).
544 Schiedsst. v. 14.04.1986 – Arb.Erf. 1(B)84, (unveröffentl.).

zu nehmen,[545] gleichgültig, ob die Parteien von dieser Entwicklung ausgegangen sind oder nicht[546] (vgl. auch § 12 Rdn. 20, 114). Ausgenommen sind lediglich Umsatzausweitungen, die selbst auf Grundlage der in der Pauschalabrede getroffenen Risikoverteilung als außergewöhnlich und wesentlich anzusehen sind.[547] Ein Anpassungsanspruch kann sich daraus ergeben, dass die **Umsätze** in nicht vorhersehbarer Weise **außerordentlich gestiegen** sind.[548] Hierbei sind die Umsatzerwartungen genau zu überprüfen, da etwaige nicht unerhebliche Umsatzschwankungen oder -steigerungen von vornherein in der Erwartung der Beteiligten liegen können (Schwankungsbreite der Schätzung[549]). War ein zunächst eingeschränkter Einsatz in der Absicht geplant, bei günstigem Ausgang eine Nutzung im breiteren Umfang durchzuführen, sind auch damit verbundene (erhebliche) Umsatzsteigerungen bereits zum Zeitpunkt der Vergütungsvereinbarung vorhersehbar.[550] Gleiches gilt, wenn sich der Nutzungsumfang nicht in unvorhersehbarer Weise schlagartig, sondern über eine Vielzahl von Jahren hinweg erhöht.[551] Die *Schiedsstelle* hat einerseits eine wesentliche Änderung bei einer Erhöhung des zugrunde gelegten jährlichen Mengenumsatzes um mehr als die Hälfte angenommen,[552] sie andererseits bei einer Steigerung des Gesamtumsatzes um die Hälfte abgelehnt, wobei in diesem Fall eine laufende Vergütung die Pauschalabfindung um mehr als 50 % überschritten hätte.[553] In ihrem EV. v. 10.01.1983[554] hat die *Schiedsstelle* eine jährliche Produktionssteigerung von ursprünglich 200 um jährlich 100 auf insgesamt 500 Stück pro Jahr noch als i.R.d. normalen Geschäftsentwick-

---

545 S. BGH v. 20.11.1962 – I ZR 40/61, GRUR 1963, 315, 317 r.Sp. – *Pauschalabfindung*; Schiedsst. v. 27.10.1972, BlPMZ 1973, 146, 147 u. v. 10.01.1983, BlPMZ 1983, 188, 189 r.Sp.; v. 20.09.2005 – Arb.Erf. 97/03, (Datenbank) – dort jährl. Umsatzsteigerung von 15–20 % als nicht anpassungsfähige Geschäftsentwicklung; v. 17.12.2014 – Arb.Erf. 52/13, (www.dpma.de).
546 Vgl. Bessel-Lorck Anm. zu BGH v. 20.11.1962 EGR Nr. 5 zu § 12 ArbEG.
547 Schiedsst. v. 17.12.2014 – Arb.Erf. 52/13, (www.dpma.de); Trimborn Mitt: 2010, 461, 467 m. H. a. OLG Düsseldorf v. 12.03.2009 – 2 U 72/06, (unveröffentl.).
548 Ebenso LG Düsseldorf v. 26.03.2009 – 4a O 89/08, (unveröffentl.); vgl. auch Schiedsst. v. 09.11.1970, BlPMZ 1971, 170, 171 u. v. 20.09.2005 – Arb.Erf. 97/03, (Datenbank); wie hier Keukenschrijver in Busse/Keukenschrijver, PatG, Rn. 34 zu § 12 ArbEG.
549 Schiedsst. v. 25.08.1998 – Arb.Erf. 9/97, (unveröffentl.).
550 Schiedsst. v. 19.08.1999 – Arb.Erf. 77/97, (unveröffentl.).
551 OLG Düsseldorf v. 12.03.2009 – 2 U 72/06, (unveröffentl.; zitiert bei Trimborn, Mitt. 2010, 461, 467).
552 Hinweis b. Reimer/Schade/Schippel/Trimborn Rn. 50 zu § 12. auf EV Arb.Erf. 29/62, (unveröffentl.).
553 Schiedsst. v. 27.10.1972, BlPMZ 1973, 146, 147.
554 BlPMZ 1983, 188, 189.

E. Neuregelung der Vergütung bei geänderten Umständen (Abs. 6 Satz 1)  § 12

lung liegend und damit von der vereinbarten Pauschalabfindung als abgegolten angesehen, nicht dagegen die weiter gehende Steigerung auf jährlich über 1000 Stück (zu wirtschaftlichen Veränderungen s. i.Ü. § 12 Rdn. 131 ff.).
Zum Verzicht auf den Anpassungsanspruch s. § 12 Rdn. 96.1; zur Pauschalvergütung vor Abschluss des Schutzrechtserteilungsverfahrens s.a. § 12 Rdn. 114.

**d) Das Schutzrecht betreffende Änderungen**

Von § 12 Abs. 6 Satz 1 sind nicht die Situationen erfasst, in denen ein erteiltes **Schutzrecht wegfällt** bzw. ein Schutzrecht **versagt wird**. Vielmehr führt der Wegfall der Schutzrechtsposition unmittelbar mit Bestandskraft der Entscheidung grds. (vgl. RL Nr. 42 Sätze 4 ff., s. dazu § 9 Rdn. 33) zum Erlöschen des Vergütungsanspruchs (s. § 9 Rdn. 33, 36 und oben § 12 Rdn. 65; s. aber zur Anpassung einer vorläufigen Vergütung § 12 Rdn. 68, zu den Auswirkungen auf Auslandspatente s. § 12 Rdn. 69).  113

Bei einer **Pauschalabfindung**, die vor Abschluss des Erteilungsverfahrens zustande gekommen ist, haben die Parteien – mangels abweichender Anhaltspunkte – i.d.R. der Ungewissheit des rechtlichen Schicksals der Diensterfindung Rechnung getragen, sodass eine spätere Versagung ebenso bedeutungslos ist[555] wie die (aus Sicht einer Partei) unvermutete spätere Schutzrechtserteilung[556] (s.a. oben § 12 Rdn. 69; ferner § 12 Rdn. 20, 111 f.).  114

Wird ein **Schutzrecht** rechtsbeständig **erteilt** und liegt bisher nur eine Regelung über das vorläufige Benutzungsentgelt (s. dazu § 12 Rdn. 64 ff.) vor, so hat der Arbeitnehmer nunmehr einen rückwirkenden Anspruch auf die volle, endgültige Vergütung (s. § 12 Rdn. 69), bei deren Feststellung bzw. Festsetzung die eingetretenen Veränderungen über § 9 zu berücksichtigen sind, sodass eine Anwendbarkeit des § 12 Abs. 6 ausgeschlossen ist,[557] jedenfalls soweit der Schutzumfang nicht eingeschränkt wurde (s. § 12 Rdn. 68.3–69). Eine Anpassung einer Vergütungsregelung, die – wie üblich – über eine Regelung des vorläufigen Benutzungsentgelts hinaus auch Verwertungshandlungen nach Schutzrechtserteilung erfasst, ist dagegen nur unter den Voraussetzungen des § 12 Abs. 6 möglich (vgl. auch § 12 Rdn. 68).  115

Ein **Irrtum** über die **Schutzfähigkeit** bzw. den **Schutzumfang** ist ebenfalls i.R.d. § 12 Abs. 6 Satz 1 grds. bedeutungslos (s. oben § 12 Rdn. 20); erbrachte  116

---

555 S. BGH v. 17.04.1973 – X ZR 59/69, GRUR 1973, 649, 652 – *Absperrventil*; ebenso Schiedsst. v. 12.05.1992, EGR Nr. 84 zu § 12 ArbEG.
556 Schiedsst. v. 12.05.1992, EGR Nr. 84 zu § 12 ArbEG.
557 Vgl. (aber) auch BGH v. 17.04.1973 – X ZR 59/69, GRUR 1973, 649, 652 – *Absperrventil*.

Vergütungsleistungen können nicht zurückgefordert werden[558] (§ 12 Abs. 6 Satz 2; s. § 12 Rdn. 154 f., 157).

117 Nachträgliche erhebliche **Änderungen der schutzrechtlichen Lage** können als wesentliche Veränderungen eine Neufestsetzung begründen. Dafür ist wesentlich, ob und inwieweit der zur Einschränkung führende **Stand der Technik** bereits im Zeitpunkt der Vergütungsregelung **bekannt** war.[559] Eine wesentliche Veränderung stellt es bspw. dar, wenn sich später unvorhergesehen ein Dritter mit Erfolg auf ein **Vorbenutzungsrecht** bzw. eine **Zwangslizenz** (§§ 12, 24 PatG) berufen kann oder bei **Freilizenzen**, die Wettbewerbern zur Vermeidung sonst drohender Nichtigkeitsklagen gewährt werden und durch die die Monopolwirkung der Diensterfindung eingeschränkt wird; ferner in den Fällen, in denen eine **Beschränkung** des Schutzrechts im Nichtigkeits- bzw. Löschungsverfahren erfolgt.[560] Entsprechendes gilt für wesentliche Einschränkungen des Schutzumfanges, die sich im laufenden Erteilungsverfahren ergeben,[561] soweit die bisherige Vergütungsregelung über die Schutzrechtserteilung hinaus Geltung haben soll (s.a. oben § 12 Rdn. 68.3, 69–115 sowie § 16 Rdn. 14; vgl. auch RL Nr. 43).

118 In den vorgenannten Fällen ist für eine Neufestsetzung jedoch stets eine wesentliche **Entwertung des Schutzrechts** dergestalt notwendig, dass dem Arbeitgeber ein weiteres Festhalten an der Vergütungsregelung nicht mehr zuzumuten ist;[562] dabei muss eine etwaige Kenntnis des Standes der Technik, der schließlich zu der wesentlichen Einschränkung geführt hat, berücksichtigt werden.[563] Gegen eine wesentliche Änderung kann allerdings eine **unverän-**

---

558 LG Berlin v. 07.02.1991, EGR Nr. zu § 9 ArbEG (Verg.Anspr.).
559 Ausf. Keukenschrijver in Busse/Keukenschrijver, PatG, Rn. 35 zu § 12 ArbEG.
560 Reimer/Schade/Schippel/Trimborn Rn. 52 zu § 12; Riemschneider/Barth Anm. 15 zu § 5 DVO 1943.
561 S. BGH v. 05.12.1974 – X ZR 5/72, BlPMZ 1975, 204, 206 l.Sp. – *Softeis*; Schiedsst. v. 22.03.1991, Mitt. 1993, 145, 146 f. – *Sicherungsanordnung* m. Anm. Bartenbach/Volz; Volmer/Gaul Rn. 271 f. zu § 12.
562 S. BGH v. 05.12.1974 – X ZR 5/72, BlPMZ 1975, 204, 206 l.Sp. – *Softeis*; Schiedsst. v. 22.03.1991, Mitt. 1993, 145, 146 f. – *Sicherungsanordnung* m. Anm. Bartenbach/Volz.
563 BGH v. 05.12.1974 – X ZR 5/72, BlPMZ 1975, 204, 206 l.Sp. – *Softeis*; Schiedsst. v. 22.03.1991, Mitt. 1993, 145, 146 f. – *Sicherungsanordnung* m. Anm. Bartenbach/Volz; s. ferner Keukenschrijver in Busse/Keukenschrijver, PatG, Rn. 35 zu § 12 ArbEG.

derte **Verwertung** der geschützten Diensterfindung durch den Arbeitgeber sprechen.[564] Zum Schutzrechtskomplex s. § 9 Rdn. 128 ff., 130.2.

*Rdn. 119 – 130 frei*

### e) Wirtschaftliche Veränderungen

Wesentliche Änderungen können sich auch aufgrund **nachträglich eingetretener wirtschaftlicher Entwicklungen** ergeben. Dies ist insb. dann der Fall, wenn die Parteien eine Bestimmung des Erfindungswertes zu einem so frühen Zeitpunkt getroffen haben, dass die wirtschaftliche Entwicklung noch nicht vorhersehbar war. Dies gilt – insbesondere bei Pauschalvergütungen – für **ungewöhnliche, nicht einkalkulierte Umsatzsteigerungen** (i.d.R. mind. 300 %), etwa aufgrund der Wiedervereinigung der beiden deutschen Staaten oder infolge einer Betriebsübernahme durch einen marktstarken Rechtsnachfolger,[565] wenn diese Entwicklung also auf außerhalb des Unternehmens des Arbeitgebers liegenden Umständen beruht.[566] 131

Selbstverständlich kann bei der Feststellung einer wesentlichen Veränderung und ihrer Auswirkungen nur der wirtschaftliche **Anteil der Diensterfindung** an der Wertsteigerung berücksichtigt werden,[567] also der geldwerte Nutzen, der **kausal** auf den Einsatz der Diensterfindung zurückzuführen ist. In diesem Rahmen ist es **gleichgültig**, ob die wirtschaftlichen Veränderungen in der Erfindung selbst ihren Grund haben (z.B. Qualität des Produktes) oder aber auf Umständen beruhen, die auf außenstehende Ereignisse zurückgehen (z.B. gesetzliche Vorgaben) oder **dem Arbeitgeber zuzurechnen** sind (z.B. Werbung, Marktstellung[568]), sofern sie sich bezüglich der Erfindung bzw. ihrer Verwertung auswirken.

Wirtschaftliche Veränderungen wirken sich primär bei **Pauschalabfindungen** aus (s. § 12 Rdn. 111 f.), da bei laufenden Vergütungszahlungen Umsatzsteigerungen bzw. -rückgänge automatisch Berücksichtigung (einschließlich einer eventuellen Anhebung des Abstaffelungssatzes gem. RL Nr. 11[569]) finden.[570]

---

564 S. Keukenschrijver in Busse/Keukenschrijver, PatG, Rn. 36 zu § 12 ArbEG m. H. a. Schiedsst. v. 12.04.2007 – Arb.Erf. 39/06.
565 Schiedsst. v. 19.08.1999 – Arb.Erf. 77/97, (unveröffentl.).
566 I.d.S. LG Düsseldorf v. 03.12.2009 – 4b O 213/08, (unveröffentl.).
567 Zutr. Riemschneider/Barth Anm. 15 zu § 5 DVO 1943; Reimer/Schade/Schippel/Trimborn Rn. 51 zu § 12.
568 Einschränkend Schiedsst. v. 19.08.1999 – Arb.Erf. 77/97, (unveröffentl.).
569 Insoweit irrig OLG Hamburg v. 11.05.1978, EGR Nr. 23 zu § 9 ArbEG (Verg.Anspr.) (zu I C 2 d).
570 Ebenso LG Düsseldorf v. 03.12.2009 – 4b O 213/08, (unveröffentl.).

Bei **laufender Vergütungsleistung** können sich wirtschaftliche Veränderungen jedoch insoweit niederschlagen, als die Parteien insb. bei der Bemessung des Lizenzfaktors (s. RL Nrn. 6 ff.; § 9 Rdn. 122 ff.) von bestimmten wirtschaftlichen Umständen (z.B. Gewinnmarge) ausgegangen sind.[571]

132 Als Veränderungen kommen alle Fallsituationen in Betracht, die sich auf die Erfindung und deren wirtschaftliche Verwertung außergewöhnlich auswirken, insb. auf die **Marktverhältnisse** und die **Gewinnsituation**, sei es steigernd oder mindernd. Sie müssen zu unverhältnismäßigen Verschiebungen geführt haben, sodass einer Partei ein weiteres Festhalten an der ursprünglichen Vergütungsregelung unzumutbar ist (s.a. § 12 Rdn. 134). Allein die Tatsache eines ungewöhnlichen **Preisverfalls** genügt nicht, es sei denn, die Arbeitsvertragsparteien sind bei Abschluss der Vergütungsregelung von bestimmten Preisentwicklungen für erfindungsgemäß hergestellte Produkte ausgegangen, die sich nachträglich wesentlich geändert haben.[572] Stets müssen diese Veränderungen aber einen **konkreten Bezug zu der Diensterfindung** aufweisen,[573] d.h. die Erfindung muss tatsächlich **kausal** für die betrieblichen Verluste sein.[574]

Auch eine Erhöhung der **Herstellungskosten** kann eine wesentliche Veränderung herbeiführen, etwa durch außergewöhnlichen Anstieg der Energiekosten und/oder eine erhebliche Erhöhung von Lohn- und Gehaltskosten. Eine bloß konstante Erhöhung genügt nicht, da es sich hierbei regelmäßig um Veränderungen handelt, die i.R.d. allgemein üblichen Wirtschaftssituation liegen.[575]

Wirtschaftliche Veränderungen ergeben sich auch in den Fällen, in denen eine Erfindung durch neuere Entwicklungen oder durch den zwischenzeitlich erreichten allgemeinen Stand der Technik **technisch überholt** und damit wertlos bzw. wesentlich entwertet wird, oder umgekehrt, dass die Erfindung durch weitere technische Ausgestaltung oder sonstige Umstände eine außerordentliche Wertsteigerung erfährt[576] bzw. sich durch **Vereinfachung** oder **Verbesserung** eines Verfahrens die Anwendbarkeit auf gleichen oder verwandten Gebie-

---

571 Schiedsst. v. 12.04.2007 – Arb.Erf. 39/06, (unveröffentl.).
572 Schiedsst. v. 28.03.2007 – Arb.Erf. 22/05, (unveröffentl.).
573 Ebenso LG Düsseldorf v. 03.12.2009 – 4b O 213/08; Schiedsst. v. 25.05.2007 – Arb.Erf. 23/05, (beide unveröffentl.).
574 Schiedsst. v. 12.11.2003 – Arb.Erf. 1/03 (Datenbank).
575 Schiedsst. v. 28.03.2007 – Arb.Erf. 22/05, (unveröffentl.).
576 Amtl. Begründung BT-Drucks. II/1648 S. 30 f. = BlPMZ 1957, 235; LG Düsseldorf v. 03.12.2009 – 4b O 213/08; Schiedsst. v. 12.04.2007 – Arb.Erf. 39/06 u. v. 28.03.2007 – Arb.Erf. 22/05, (sämtl. unveröffentl.).

### E. Neuregelung der Vergütung bei geänderten Umständen (Abs. 6 Satz 1) § 12

ten erhöht.[577] Dabei ist allerdings zu beachten, dass die Arbeitsvertragsparteien mit einer solchen technischen Weiterentwicklung ständig rechnen müssen.[578] Allerdings können auch hier sprunghafte technische Veränderungen maßgeblich sein. Auch wenn eine Erfindung technisch überholt ist, verneint die *Schiedsstelle*[579] dann eine wesentliche Veränderung, wenn der Arbeitgeber diese Erfindung nach wie vor einsetzt; es wäre zu erwarten, dass der Arbeitgeber die Nutzung des Erfindungsgegenstandes einstellt und andere technische Lösungen anwendet. Dies kann aber nur dann gelten, wenn der weiter entwickelte Stand der Technik dem Arbeitgeber auch zur Verfügung steht. Vom Arbeitgeber werden konkrete Hinweise erwartet, innerhalb welchen Zeitraums und mit welchem Aufwand es ihm möglich wäre, seine Produkte dem aktuelleren Stand der Technik anzupassen.[580]

Eine verschärfte **Wettbewerbssituation** kann sich – vor allem auf einem wachsenden Markt – als normale Entwicklung darstellen, die in den Bereich des üblichen Risikos fällt, dass im Verlauf der Zeit mehr Wettbewerber auftreten. Insb. korrespondiert eine Vergrößerung des Marktes mit einer wachsenden Zahl von Anbietern.[581] Zweifelhaft kann sein, ob auch eine (intensive) Patentverletzung durch Wettbewerber und Beweisschwierigkeiten beim Nachweis einer Schutzrechtsverletzung zum allgemeinen Risiko gehören.

Zu den veränderten Umständen kann auch der **Wechsel der Benutzungsform** gehören. So kann es im Einzelfall gerechtfertigt sein, aufgrund einer Gewinnmaximierung, die durch den Wechsel zu einer besonders vorteilhaften Ausführungsform der patentierten erfinderischen Lehre erreicht wird, eine Neubestimmung des Erfindungswertes durch Anhebung des Lizenzsatzes vorzunehmen; das gilt gleichermaßen bei Mit- und Einzelerfindern. Ist ein Arbeitnehmer als Urheber eines Unteranspruchs mit einem wirksam festgesetzten bzw. festgestellten Miterfinderanteil als Miterfinder beteiligt, so stellt es allerdings keinen Anwendungsfall des § 12 Abs. 6 dar, wenn der Arbeitgeber ursprünglich von diesem Unteranspruch keinen Gebrauch macht, später aber durch **Wechsel der Benutzungsform** bzw. Ausführungsform diesen Unteranspruch verwirklicht.[582] Dies gilt gleichermaßen im umgekehrten Fall der

---

577 Riemschneider/Barth Anm. 15 zu § 5 DVO 1943; Reimer/Schade/Schippel/Trimborn Rn. 51 zu § 12.
578 Schiedsst. v. 12.04.2007 – Arb.Erf. 39/06, u. v. 28.03.2007 – Arb.Erf. 22/05, (beide Datenbank).
579 EV. v. 25.05.2007 – Arb.Erf. 23/05, (unveröffentl.).
580 LG Düsseldorf v. 03.12.2009 – 4 b O 213/08, (unveröffentl.).
581 EV. v. 25.05.2007 – Arb.Erf. 23/05, (unveröffentl.).
582 Schiedsst. v. 02.12.1982 – Arb.Erf. 24/82, (unveröffentl.).

ursprünglichen Nutzung des Unteranspruchs eines Miterfinders und des späteren Verzichts auf diese Nutzungsform (s.a. § 12 Rdn. 32.1).

Auch der Übergang vom Verkauf von **Fertigprodukten auf** den Verkauf von **Halbfertigprodukten** kann eine wesentliche Änderung darstellen;[583] auf den neu zu bemessenden Erfindungswert ist von Einfluss, ob bei dem Verkauf des Halbfertigprodukts bereits eine Erschöpfung des die Erfindung schützenden Patents eintritt. Auch bei Veränderung der Vertriebsstrukturen kann § 12 Abs. 6 relevant werden.[584] Dies kann auch dann gelten, wenn bei einer Nutzungsänderung der Arbeitgeber auf einen Eigenvertrieb des erfindungsgemäßen Produktes über den Großhandel verzichtet und die gesamte Produktion an einen einzigen Abnehmer veräußert und bei nunmehr reduziertem Umsatz noch einen höheren Gewinn erzielt.[585] Allerdings müssen hierbei die Gesamtumstände gewürdigt werden.

Bleibt die Benutzungsform unverändert, will eine Partei also nur ihre **ursprüngliche Fehlbewertung zur Benutzung** bei der Vergütungsregelung später korrigieren, so ist zu differenzieren: Bei einer Vergütungsvereinbarung kann die sich nachträglich als falsch erweisende Vertragsgrundlage, die Erfindung werde in einer bestimmten Weise genutzt, nach § 313 Abs. 2 BGB Anlass zur beiderseitigen Anpassung sein.[586] Das gilt u. E. aber dann nicht, wenn die Vereinbarung von Anfang an nach Maßgabe des § 23 ArbEG unbillig und damit unwirksam war (s. a. § 12 Rdn. 107). Bei einer einseitigen Vergütungsfestsetzung liegt dagegen u. E. weder ein Fall des § 313 Abs. 2 BGB noch einer des § 12 Abs. 6 ArbEG vor, sondern ggf. allein ein solcher des § 23.[587]

Wesentliche Veränderungen können sich (auch im Hinblick auf RL Nr. 26) beim Übergang von der Inlands- zur **Auslandsherstellung** ergeben.[588] Gleiches gilt bei **geändertem Einsatz des Schutzrechts**, etwa bei Übergang von der aktiven Verwertung zum Sperrpatent und umgekehrt.[589]

---

583 Schiedsst. v. 22.02.1991, BlPMZ 1992, 369, 371 – *Medikalprodukt*; ebenso Keukenschrijver in Busse/Keukenschrijver, PatG, Rn. 36 zu § 12 ArbEG.
584 Schiedsst. v. 14.12.1995 – Arb.Erf. 41/94, (unveröffentl.) – dort bei Wechsel vom Vertrieb an den Großhandel zum Vertrieb über ein zwischengeschaltetes Drittunternehmen.
585 Schiedsst. v. 14.12.1995 – Arb.Erf. 41/94, (unveröffentl.).
586 Schiedsst. v. 06.05.2010 – Arb.Erf. 46/08 (Datenbank, in www.dpma.de nur LS. 3).
587 Im Ergebn. auch Schiedsst. v. 12.06.1996 – Arb.Erf. 86/94 u. 19/95, (unveröffentl.).
588 Vgl. Schiedsst. v. 13.01.1986, BlPMZ 1991, 201, 203.
589 Vgl. Riemschneider/Barth Anm. 15 zu § 5 DVO 1943; Reimer/Schade/Schippel/Trimborn Rn. 51 zu § 12.

E. Neuregelung der Vergütung bei geänderten Umständen (Abs. 6 Satz 1) § 12

Wesentliche Veränderungen können auch dann eintreten, wenn die (unveränderte) Erfindung zusätzlich in einem vorher nicht geplanten **anderen Arbeits- oder Produktionsbereich** des Arbeitgebers oder im Rahmen einer **Fremdverwertung** eingesetzt werden kann, sodass daraus auf Grund geänderter Umsatz- und Gewinnerwartungen eine höhere Vergütung folgt[590] (zur Pauschalvergütung s. aber § 12 Rdn. 17, 131).

Ansonsten sind allein eine **Veränderung** oder ein Wechsel der **Ausführungsform** kein Anlass, eine Neubestimmung des Erfindungswertes oder der Miterfinderanteile durchzuführen.

Ergibt sich eine **Fehlerhaftigkeit des erfindungsgemäßen Produkts/Verfahrens** mit der Folge einer Haftung des Arbeitgebers aus dem ProdHaftG – den Arbeitnehmererfinder trifft hier mangels Herstellereigenschaft i.S.d. § 4 ProdHaftG keine Haftung –, kann dies eine wesentliche Änderung sein; dies gilt jedenfalls dann, wenn Schadensersatzansprüche den Gewinn nachhaltig schmälern und/oder das erfindungsgemäße Produkt ganz bzw. teilweise aus dem Verkehr gezogen werden muss. Auch **Rückrufaktionen** beim erfindungsgemäßen Produkt, die sachlich gerechtfertigt erscheinen, begründen regelmäßig einen Anspruch aus § 12 Abs. 6.

Verändert sich die **Gewinnsituation**, so ist dies nur dann beachtlich, wenn davon die erfindungsgemäßen Produkte betroffen sind.[591] Auch sonstige Umstände, z.B. Rohstoffverknappung, Erhöhung der Herstellungskosten, Erwerb von Lizenzen zur Erzielung der Wirtschaftlichkeit der Diensterfindung einerseits ebenso wie andererseits etwa gesteigerte Nachfrage, späterer Einsatz der Diensterfindung im Ausland usw. können Wertverluste bzw. Wertsteigerungen und damit zugleich wesentliche Veränderungen herbeiführen. Einfluss auf den Erfindungswert kann es ferner haben, wenn später noch **weitere Schutzrechte hinzutreten**, die das Produkt/Verfahren (erheblich) kostenmäßig belasten[592] (z. Öffnungsklausel s. § 9 Rdn. 130.1).

Sieht sich der Arbeitgeber später gezwungen, im Rahmen eines die vergütungspflichtige Erfindung betreffenden **Lizenzvertrages** weitere Neuentwicklungen dem Lizenznehmer kostenlos zur Verfügung zu stellen, kann dies eine erhebli-

---

590 I.d.S. wohl Schiedsst. v. 30.01.1981 – ArbErf. 8/80, (unveröffentl.).
591 So im Ergebn. etwa Schiedsst. v. 17.02.1994 – ArbErf. 20/92, (unveröffentl.) – dort i.H.a. Gewinnschmälerungen durch erhöhten Forschungs- und Entwicklungsaufwand in erfindungsfremden Bereichen.
592 Schiedsst. v. 12.04.2007 – Arb.Erf. 39/06, (unveröffentl.); so wohl auch Schiedsst. v. 06.11.1981 – ArbErf. 30/80, (unveröffentl.).

che wirtschaftliche Veränderung sein.[593] Gleiches gilt, wenn die tatsächlichen Lizenzeinnahmen für die Erfindung erheblich hinter den zunächst erwarteten Einnahmen unvorhergesehen zurückbleiben.[594] Zu Frei- und Zwangslizenzen s. § 12 Rdn. 117.

Erreichen nachträglich die Umsätze die 3-Millionen-DM-Grenze (= 1,534 Mio. €) der RL Nr. 11, kommt ein Anpassungsanspruch nach § 12 Abs. 6 zur Einführung der **Abstaffelung** in Betracht.[595] Dabei muss es sich allerdings um eine unerwartete Umsatzhöhe handeln. Hat der Arbeitgeber aber trotz ursprünglich bereits erreichter hoher Umsätze in der Vergütungsregelung keine Abstaffelung vorgesehen, so ist auch bei einer weiteren (in der normalen Geschäftsentwicklung liegenden) Umsatzsteigerung kein Einsatz der Abstaffelungsgrundsätze gerechtfertigt,[596] da die Frage der Abstaffelung zum Inhalt eines vereinbarten Konstantlizenzsatzes gehört.[597] Das gilt auch dann, wenn absehbar hohe Umsätze der Vergütungsregelung zu Grunde gelegt wurden. Es müssen vielmehr besondere Verhältnisse vorliegen, die eine spätere Einführung der Staffel rechtfertigen können, wie etwa eine Vervielfachung des ursprünglich zugrundegelegten Umsatzes[598] (s.a. § 12 Rdn. 151) oder eine sonstige unerwartete Umsatzsteigerung, die außerhalb einer normalen Geschäftsentwicklung liegt. Davon unberührt besteht ggf. die Möglichkeit, sich auf § 23 (s. § 23 Rdn. 22.2) zu berufen.

**Gesamtwirtschaftliche Veränderungen** (Inflation, Rezession, Konjunkturhoch usw.) können sich im Regelfall nur auswirken, wenn die Vergütung oder wesentliche Bemessungsteile in Fixbeträgen ausgedrückt sind (z.B. bezifferte Stücklizenz, Festbeträge für Erfindungswert, Vergütungspauschalen usw.) und die Entwicklungen in der Gesamtwirtschaft weit über das bei Zustandekommen der Vergütungsregelung Vorhandene bzw. Absehbare hinausgehen.[599] Das gilt insb. dann, wenn sich in deren Folge außergewöhnliche Einbrüche bei Umsatz- und/oder Ertrag ergeben sollten, so dass die ursprünglichen Gewinnerwartungen durch die tatsächliche Entwicklung nachhaltig enttäuscht werden;

---

593 Schiedsst. v. 06.04.1981 – ArbErf. 51/77, (unveröffentl.).
594 OLG Frankfurt am Main v. 17.01.1985, GRUR 1985, 436, 437 – *Chlorolyse-Verfahren* (dort Ablehnung vereinbarter Lizenzzahlungen durch Lizenznehmer mangels Übertragbarkeit des lizenzierten Verfahrens in großtechnischem Maßstab).
595 BGH v. 17.05.1994 – X ZR 82/92, GRUR 1994, 898, 902 – *Copolyester*.
596 Schiedsst. v. 02.12.1982 – ArbErf. 36/82, (unveröffentl.).
597 Schiedsst. v. 20.01.1997 – ArbErf. 34/93, (unveröffentl.).
598 Schiedsst. v. 19.11.1981, BlPMZ 1984, 57, 58 u. v. 21.12.2000 – Arb.Erf. 55/98, (unveröffentl.).
599 Ähnl. Volmer/Gaul Rn. 277 zu § 12. Zur Relevanz von Veränderungen allgemeiner Verhältnisse bei § 313 BGB s. BGH v. 15.04.2016, NJW 2016, 3100 (Rn. 10)

### E. Neuregelung der Vergütung bei geänderten Umständen (Abs. 6 Satz 1) § 12

andererseits kann eine nachhaltige Überwindung wirtschaftlicher Krisen zur Anhebung von zuvor krisenbedingt abgesenkten Erfindungswerten führen (vgl. KommRL, RL Nr. 10 Rn. 42 ff.). Die internationale **Finanz- und Wirtschaftskrise** 2008/2009 hatte sich für die meisten inländischen Unternehmen nicht so massiv ausgewirkt, wie zunächst befürchtet, sodass eine Anpassung allenfalls in besonderen Fällen gerechtfertigt gewesen sein dürfte (s.a. § 9 Rdn. 131). Einem **gesamtwirtschaftlichen Hoch** wird bei laufender Vergütung im Allgemeinen durch die Teilnahme an den Umsatzsteigerungen Rechnung getragen, so dass dann kaum Raum für eine Vergütunganpassung verbleibt; anders kann dies bei Pauschalvergütungen infolge ungewöhnlicher Umsatzsteigerungen sein (s. § 12 Rdn. 131).

Zur Auswirkung eines Sperrpatentes s. RL Nr. 18 a. E.; bei späterer Verwertung von Vorratspatenten s. RL Nr. 21 Abs. 2; zur erfolgreichen Verteidigung eines Gebrauchsmusters s. RL Nr. 28 Abs. 1 a. E.; zu Änderungen der Rechtssituation s. § 12 Rdn. 141. **133**

Wirtschaftliche Schwankungen der vorgezeigten Art sind jedoch **nur dann wesentlich**, wenn sie sich als außergewöhnlich darstellen und zu unverhältnismäßigen Verschiebungen geführt haben, sodass einer Partei ein weiteres Festhalten an der ursprünglichen Vergütungsregelung unzumutbar ist. Veränderungen, die i.R.d. gewöhnlichen Geschäftsentwicklung bzw. innerhalb überschaubarer Grenzen der allgemein üblichen Wirtschaftssituation liegen, bewirken grds. keinen Anspruch auf Neufestsetzung[600] (s.a. oben § 12 Rdn. 111 f.). Gleiches gilt, wenn sie innerhalb der Vorstellungen der Parteien liegen (vgl. auch § 12 Rdn. 98, 107). **134**

Allein die Tatsache, dass nach einem zeitweisen Rückgang der Umsatz steil ansteigt, kann nicht als Änderung der maßgeblichen Umstände angesehen werden, wenn die Parteien ursprünglich von einem durchschnittlichen Umsatz ausgegangen sind.[601] **135**

Im Einzelfall wurde eine wesentliche wirtschaftliche Veränderung bei **Verdopplung der Herstellungskosten** angenommen und dort eine Ermäßigung des Lizenzsatzes für die laufende Vergütung von 1 % auf 0,7 % vorgesehen;[602] ferner bei ungewöhnlicher Produktionssteigerung der ursprünglichen Stück- **136**

---

600 Vgl. auch BGH v. 20.11.1962 – I ZR 40/61, GRUR 1963, 315, 317 r.Sp. – *Pauschalabfindung*; BGH v. 17.04.1973 – X ZR 59/69, GRUR 1973, 649, 652 r.Sp. – *Absperrventil*; OLG Karlsruhe – 6 U 223/78, (unveröffentl.).
601 Vgl. Schiedsst. v. 09.02.1976, EGR Nr. 16 zu § 12 ArbEG.
602 LG Mannheim v. 27.10.1978 – 7 O 56/78, (unveröffentl.), bestätigt durch OLG Karlsruhe v. 22.08.1979 – 6 U 223/78, (EGR Nr. 22 zu § 12 ArbEG).

zahl auf das Mehrfache, wobei Erhöhungen, die auf nicht vom Erfinder geschaffenen Verbesserungen beruhten, in Abzug gebracht wurden.[603]

Gleiches muss gelten, wenn der Umsatz Änderungen erfährt, die rückblickend die **Wahl des ursprünglichen Lizenzsatzes** als äußerst unwahrscheinlich erscheinen lassen, etwa wenn der spätere Umsatz den ursprünglich angenommenen um mehr als das Zehnfache übersteigt,[604] oder wenn zur Festigung der Marktstellung der Abgabepreis unter erheblichen Gewinnabstrichen (von mehr als 50 %) reduziert wird.

*Rdn. 137 – 140 frei*

**f) Gesetzes- und sonstige Rechtsänderungen**

141 Auch die Änderung gesetzlicher Bestimmungen kann ebenso wie die Schaffung neuer Rechtsvorschriften einen Anpassungsanspruch nach § 12 Abs. 6 begründen, sofern nicht diese neuen Bestimmungen selbst schon eine konkrete Übergangs- bzw. Anpassungsregelung enthalten, die als lex specialis Vorrang hätte.

Bei rechtlichen Veränderungen wird grds. zu differenzieren sein zwischen solchen, die das ArbEG bzw. auf Schutzrechtspositionen bezogene Gesetze verändern, und solchen, die andere Lebenssachverhalte regeln, aber unmittelbar oder mittelbar Einfluss auf die Verwertung bzw. Verwertbarkeit der Diensterfindungen haben.

Änderungen auf dem Gebiet des **gewerblichen Rechtsschutzes** oder des Erfinderrechts (einschließlich Vergütungsrichtlinien) können unmittelbar wesentliche Änderungen i.S.d. § 12 Abs. 6 sein. Allerdings werden regelmäßig Pauschalvergütungsabreden hiervon unbeeinflusst bleiben,[605] wohingegen zukunftsorientierte Absprachen über eine laufende Vergütung bzw. entsprechende Vergütungsfestsetzungen dann über § 12 Abs. 6 angepasst werden können, wenn die Rechtsänderung deren Grundlage berührt.[606] So hat die *Schiedsstelle* die Anwendbarkeit des § 12 Abs. 6 bejaht, wenn aufgrund einer

---

603 Schiedsst. Arb.Erf. 31/63, angeführt b. Reimer/Schade/Schippel/Trimborn Rn. 50 zu § 12, dort m. weiteren Beispielen.
604 Schiedsst. v. 06.11.1981 – Arb.Erf. 30/81, (unveröffentl.).
605 So im Ergebn. auch Schiedsst. v. 13.06.1991 – Arb.Erf. 105/89, (unveröffentl.) bezüglich der Änderung der RL Nr. 11 im Jahr 1983 bei vorangegangener Pauschalabfindung.
606 Vgl. Gaul/Bartenbach, GRUR 1984, 11, 14.

### E. Neuregelung der Vergütung bei geänderten Umständen (Abs. 6 Satz 1) § 12

Gesetzesänderung im Ausland die betreffende Schutzdauer verlängert wird und damit eine Fortdauer der Monopolstellung verbunden ist.[607] Dazu rechnet auch die Regelung über **ergänzende Schutzzertifikate für Arzneimittel und Pflanzenschutzmittel** (§§ 16a, 49a PatG), die sich aufgrund des Art. 63 EPÜ auch auf europäische Patente erstreckt[608] (vgl. auch Art. II § 6a IntPatÜG). Der ergänzende Schutz für das Grundpatent verlängert die Monopolstellung des Arbeitgebers. Im Fall einer Pauschalvergütungsabrede stellt dies einen Fall veränderter Umstände dar, jedenfalls dann, wenn der Arbeitgeber hieraus weitere, nicht unerhebliche wirtschaftliche Vorteile zieht.[609] Im Fall einer laufenden Vergütung verlängert sich der Vergütungszeitraum entsprechend der ergänzenden Schutzdauer. Dies entspricht auch der gesetzgeberischen Wertung in § 16 a Abs. 3 PatG.[610] Fließen dem Arbeitgeber weitergehende Lizenzeinnahmen aufgrund des ergänzenden Schutzzertifikats zu, bleiben auch diese nach RL Nrn. 14, 15 vergütungspflichtig.

Diese Überlegungen dürften indes nicht gelten, wenn auf der Grundlage der VO(EG) Nr. 1901/2006 über Kinderarzneimittel[611] eine sechsmonatige **Verlängerung der Wirkung eines Schutzzertifikats** erfolgt. Diese Regelung des Schutzzertifikats wird »für die Durchführung von pädiatrischen Studien gewährt« (vgl. EG 28). Diese Schutzrechtsverlängerung erfolgt also als wirtschaftlicher Ausgleich für die Durchführung solcher Studien seitens des Schutzrechtsinhabers, sodass es an der Kausalität der Erfindung fehlen dürfte.

**Rechtsänderungen**, die die **wirtschaftliche Verwertbarkeit** der Diensterfindung berühren, wie etwa neue Umweltschutzgesetze, geänderte Arbeitssicherheitsnormen, steuerliche Änderungen usw. sind i.R.d. § 12 Abs. 6 nur dann beachtlich, wenn sie zugleich wesentliche wirtschaftliche Auswirkungen mit sich bringen[612] (s. dazu § 12 Rdn. 131 ff.). Zu diesen Gesetzesänderungen rechnet bspw. die Regelung des § 24 b Arzneimittelgesetz (AMG). Hiernach

---

607 Vgl. Schiedsst. v. 04.03.1985 – Arb.Erf. 41/84, (unveröffentl.), wobei jedoch eine dadurch bedingte Erhöhung der Vergütungsansprüche um ca. 11 % noch nicht als wesentliche Änderung angesehen wurde.
608 Vgl. dazu allg. Mühlens, Mitt. 1993, 213 ff.; Kraßer, PatR, § 26 A II b. S. auch EuGH v. 25.07.2018, GRUR 2018, 908 ff. – Tera UK u.a./Gilead.
609 S. auch Keukenschrijver in Busse/Keukenschrijver, PatG, Rn. 34 zu § 12 ArbEG.
610 Allerdings hat der Gesetzgeber es den Lizenzvertragsparteien überlassen, ob sie diese verlängerte Nutzungszeit auch vergütungspflichtig gestalten s. dazu Amtl. Begründung BlPMZ 1993, 205, 210. Im Ergebn. wie hier Boemke/Kursawe/Engemann Rn. 81 zu § 9.
611 ABl. EU v. 27.12.2006, L 378/1.
612 Vgl. auch Volmer/Gaul Rn. 274, 275 zu § 12.

besteht ein Schutz der Zulassungsunterlagen des Erstanmelders beim Bundesinstitut für Arzneimittel und Medizinprodukte (BfArM) für einen Zeitraum von 10 Jahren nach Arzneimittelzulassung.[613] Soweit dies eine faktische Marktzugangssperre für Wettbewerber bewirkt und damit die faktische Monopolstellung aus einem entsprechenden Schutzrecht andauert, ist zu prüfen, ob dies zugleich eine Verlängerung des Vergütungsanspruchs über die Schutzrechtsdauer hinaus bewirkt[614] (RL Nr. 42 Sätze 4 ff.). Im Regelfall dürfte es allerdings an einer Kausalität der Erfindung für diese Marktzugangssperre fehlen, da Letztere auf gesetzlicher Grundlage unabhängig vom Bestand der Erfindung beruht.[615]

142 Auch **Änderungen der Rechtsprechung** einschließlich der Schiedsstellenpraxis können nach § 12 Abs. 6 beachtlich sein.[616] Dies gilt dann, wenn sie grundlegend sind und wesentliche vergütungsrechtliche Folgen auslösen.[617]

### g) Vergütungsdauer

143 § 12 Abs. 6 bezieht sich nicht nur auf die Vergütungshöhe, sondern auch auf die Vergütungsdauer.[618] Relevant werden kann dies insb. bei einer **Pauschalabfindung**, etwa aufgrund außergewöhnlicher Umsatzerhöhungen (vgl. § 12 Rdn. 111) oder weil das Schutzrecht länger als vorgesehen verwertet wird (s. § 12 Rdn. 112, 141). Haben die Beteiligten in einer Vergütungsvereinbarung den Vergütungsanspruch für eine **laufende Vergütung** zeitlich konkret begrenzt, kommt eine darüber hinausgehende Fortzahlung der Vergütung wegen veränderter Umstände nicht in Betracht, wenn diese Umstände bei Vertragsabschluss den Beteiligten bereits als möglich bekannt waren und deshalb ins Auge gefasst werden mussten.[619]

---

613 Einzelheiten s. Rehmann/Greve, Arzneimittelgesetz (AZM), 3. Aufl., § 24 b, Rn. 1 ff.
614 Ablehnend LG Berlin v. 21.03.1991 – 16 O 927/90, (unveröffentl.).
615 Vgl. BGH v. 24.10.2000, GRUR 2001, 155, 157 u. v. 23.10.2001, GRUR 2002, 149, 151 – *Wetterführungspläne I und II*; z. Verhältnis § 69 b UrhG zu § 20 Abs. 1 ArbEG (s. dazu Rn. 13 zu § 20 ArbEG).
616 Ebenso Schiedsst. v. 09.07.2013 – Arb.Erf. 45/12, (www.dpma.de).
617 Vgl. allg. BGH v. 01.02.1978, BGHZ 70, 298 u. v. 26.01.1983, NJW 1983, 1552. Vgl. auch Schiedsst. v. 09.07.2013 – Arb.Erf. 45/12, (www.dpma.de).
618 Im Ergebn. so auch Schiedsst. v. 09.11.1970, BlPMZ 1971, 170, 171 u. v. 20.01.1983, BlPMZ 1983, 188, 190 – jeweils zur Pauschalabfindung; ferner Schiedsst. v. 04.03.1985 – Arb.Erf. 41/84, (unveröffentl.); v. 28.09.1992 – Arb.Erf. 67/91, (unveröffentl.); LG Berlin v. 21.03.1991 – 16 O 927/90, (unveröffentl.).
619 Schiedsst. v. 28.09.1992 – Arb.Erf. 67/91, (unveröffentl.).

### E. Neuregelung der Vergütung bei geänderten Umständen (Abs. 6 Satz 1) § 12

Einen Sonderfall veränderter Umstände regelt RL Nr. 42, wonach bei Fortdauer der faktischen Monopolstellung trotz **Schutzrechtswegfalls** eine darüberhinausgehende Vergütung geschuldet werden kann (s. dazu § 9 Rdn. 33). Andererseits kann trotz Bestehens eines Schutzrechts bei faktischem Wegfall der Monopolstellung eine Fortzahlung der Vergütung unzumutbar sein (vgl. RL Nr. 43 Sätze 2 und 3; s. dazu § 12 Rdn. 35 zu § 9 u. KommRL Rn. 39 ff. zu RL Nr. 43). Zur Anpassung bei Rechtsänderungen s. § 12 Rdn. 141.

### III. Um- und Durchsetzung des Anpassungsanspruchs (»Einwilligung verlangen«)

Ebenso wie beim Wegfall der Geschäftsgrundlage führen die veränderten Umstände nicht zur Unwirksamkeit der getroffenen Vergütungsregelung (s. § 12 Rdn. 146), sondern zu deren Anpassung. Das Gesetz stellt insoweit auf eine **Einwilligung** beider Arbeitsvertragsparteien in eine andere, d.h. neue Regelung der Vergütung ab und geht damit von einer beiderseitigen Verpflichtung zur Mitwirkung an Neuverhandlungen auf Initiative einer Partei aus (s. § 12 Rdn. 95). Erforderlich ist eine rechtsgeschäftliche Vereinbarung zur Neuregelung der Erfindervergütung. Dafür gelten die Grundsätze zur (erstmaligen) Vergütungsvereinbarung weitgehend entsprechend (vgl. oben § 12 Rdn. 14 ff.). Diese ist an keine Form gebunden (zur konkludenten Änderung getroffener Vergütungsregelungen s.o. § 12 Rdn. 18.4). 144

Nach Auffassung der *Schiedsstelle* ist der Arbeitgeber im Einzelfall aus dem Aspekt der Fürsorgepflicht gehalten, seinen **Arbeitnehmer auf wesentliche Veränderungen aufmerksam zu machen**.[620] Dies stellt keine dem Arbeitgeber (auch sonst nicht) obliegende Belehrung des Arbeitnehmers über dessen Rechte dar (s. hierzu oben § 12 Rdn. 82), sondern eine Information über tatsächliche Umstände aus der dem Arbeitnehmer nicht immer zugänglichen Sphäre des Arbeitgebers. Zum Auskunftsanspruch des Arbeitnehmers s. § 12 Rdn. 329 ff. 145

Eine (objektiv gegebene) wesentliche Veränderung der (früheren) Berechnungsgrundlagen führt **nicht automatisch zur Aufhebung der bisherigen Vergütungsregelung**, sondern begründet einen **Anspruch auf Anpassung** an 146

---

620 Schiedsst. v. 14.02.1982 – Arb.Erf. 8/81, (unveröffentl.); zust. Reimer/Schade/Schippel/Trimborn Rn. 55 zu § 12.

die veränderten Umstände.⁶²¹ Die bisherige Vergütungsregelung bleibt solange in Kraft, als eine einverständliche Neuregelung fehlt.⁶²²

Aus § 12 Abs. 6 Satz 3 folgt, dass die Anwendung der Abs. 1 bis 5 ausgeschlossen ist und der Arbeitgeber damit die bisherige Vergütungsregelung **nicht im Wege einseitiger Festsetzung** anpassen kann⁶²³ (s. auch § 12 Rdn. 40).

147 Verweigert eine Partei ihre Mitwirkung an dieser Neuregelung, so kann auf **Abgabe der Einwilligungserklärung zur Anpassung** – ggf. nach erfolglosem Schiedsstellenverfahren (vgl. §§ 28 ff., 37, 39; s. auch § 37 Rdn. 11) – **geklagt** werden.⁶²⁴ **Alternativ** kann der Arbeitnehmer unmittelbar auf die nach dem geänderten Vertragsinhalt geschuldete **Leistung klagen**,⁶²⁵ also einen (unbezifferten) Antrag auf Zahlung der sich aus der Anpassung ergebenden Zahlungsforderung stellen⁶²⁶. Denkbar wäre u. E. auch, die Klage auf Anpassung mit etwaigen sich aus der Anpassung ergebenden Nachforderungen (s. § 12 Rdn. 153) zu verbinden.⁶²⁷ Unabhängig davon, inwieweit eine Klage vorangegangene Verhandlungen voraussetzt⁶²⁸, ist die Klage jedenfalls dann zulässig, wenn die Gegenseite auf ein Verlangen hin eine Anpassung ohne Angebot weiterer Verhandlungen abgelehnt hat.⁶²⁹ Der Klageantrag muss im Einzelnen angeben, mit welchem Inhalt die Vertragsänderungen erfolgen sollen. Dieses Prozessrisiko kann dadurch gemindert werden, dass auch der Anpassungsan-

---

621 Vgl. BGH v. 20.11.1962 – I ZR 40/61, GRUR 1963, 315, 317 a.E. – *Pauschalabfindung*.
622 LG Berlin v. 17.03.1977 – 16 O 415/76, (unveröffentl.); s.a. BGH v. 05.12.1974 – X ZR 5/72, GRUR 1976, 91, 92 – *Softeis* m. Anm. Schade.
623 BGH v. 05.12.1974 – X ZR 5/72, GRUR 1976, 91, 92 – *Softeis* m. Anm. Schade; Schiedsst. v. 12.04.2007 – Arb.Erf. 39/06, (unveröffentl.); Reimer/Schade/Schippel/Trimborn Rn. 55 zu § 12; vgl. auch BGH v. 17.05.1994 – X ZR 82/92, GRUR 1994, 898 (1. Leits.) u. 902 – *Copolyester*; Keukenschrijver in Busse/Keukenschrijver, PatG, RN. 37 zu § 12 ArbEG.
624 Allg. A., z.B. BGH v. 05.12.1974 – X ZR 5/72, GRUR 1976, 91, 92 – *Softeis* m. Anm. Schade.
625 LG Düsseldorf v. 25.03.2014 – 4a O 122/12, (juris, Rn. 42, in Mitt. 2015, 47 nur LS) – *Insektenschutzrollo*; s. auch zu § 313 BGB: BGH v. 26.04.2017, NZA 2017, 1272 (Rn. 36).
626 Vgl. BGH v. 16.06.2016, WRP 2016, 1517 (Rn. 20) – *Geburtstagskarawane*, dort zu § 32a UrhG.
627 Vgl. zu § 32a UrhG BGH v. 04.12.2008, GRUR 2009, 939 (Rn. 35) – *Mambo No. 5*; bestätigt durch BGH v. 16.06.2016, WRP 2016, 1517 (Rn. 20) – *Geburtstagskarawane*.
628 Zum Streitstand bei § 313 Abs. 1 BGB s. Palandt/Gründeberg, BGB, § 313 BGB Rn. 41).
629 S. zu § 313 BGB BGH v. 26.04.2017, NZA 2017, 1272 (Rn. 36).

### E. Neuregelung der Vergütung bei geänderten Umständen (Abs. 6 Satz 1) § 12

spruch auf Zahlung eines vom Gericht (Schiedsstelle) zu bestimmenden angemessenen Betrages gerichtet wird (vgl. § 38 Rdn. 5).

Die Erklärung der Einwilligung gilt mit Rechtskraft des den Schuldner zur Abgabe dieser Erklärung verpflichtenden Urteils als abgegeben (§ 894 ZPO). Zur zeitlichen Bestimmung des Geltungsbereichs der Anpassungsregelung s. § 12 Rdn. 153.

Zwischen dem Anpassungsanspruch aus § 12 Abs. 6 und der **Abänderungsklage nach § 323 ZPO** besteht keine Gesetzeskonkurrenz; aufgrund der eigenständigen Regelung des § 12 Abs. 6 kann jede Arbeitsvertragspartei trotz Rechtskraft eines die Vergütungsfrage entscheidenden Urteils (für die Folgezeit) eine Neuregelung verlangen, wenn sich nachträglich die Umstände wesentlich ändern,[630] dies gilt jedoch dann nicht, wenn der Anpassungsanspruch bereits Streitgegenstand gewesen ist.

Dem durch eine wesentliche Veränderung der Umstände betroffenen Arbeitgeber steht es statt dessen auch frei, zur **Verteidigung** ggü. einer Klage des Arbeitnehmers auf Zahlung der festgesetzten bzw. festgestellten Vergütung die Unzumutbarkeit des Festhaltens an der Vergütungsregelung wegen Anpassungsbedarfs geltend zu machen.[631] Dem zur Abgabe der Einwilligung verpflichteten Arbeitnehmer entstehen daraus keine Nachteile, da auch hier die Berechtigung des Anspruchs auf Abänderung in gleicher Weise geprüft werden muss. 148

Zur Verwirkung s. § 12 Rdn. 96.2; zur Beweislast s. § 12 Rdn. 97.

### IV. Kriterien der Anpassung

Aus dem Grundsatz der bloßen Anpassung bestehender Vergütungsregelungen (s.o. § 12 Rdn. 146) folgt, dass eine bereits vorhandene Regelung aus Anlass einer Neufestsetzung nicht völlig beiseitegeschoben werden darf.[632] Für den Umfang der Neubemessung ist daher zunächst **von der früheren Regelungsgrundlage auszugehen**; hier ist bei der gebotenen objektiven Betrachtung (s.o. § 12 Rdn. 99) festzustellen, welche Umstände und Veränderungen nach den Vorstellungen der Parteien der ursprünglichen Regelung zugrunde 149

---

630 Abw. wohl Volmer/Gaul Rn. 253 zu § 12.
631 BGH v. 05.12.1974 – X ZR 5/72, GRUR 1976, 91, 92 – *Softeis* m. Anm. Schade; Thür. OLG, Beschl. v. 08.06.2011 – 2 W 210/11, (juris); vgl. auch OLG Frankfurt am Main v. 17.01.1985, GRUR 1985, 436 – *Chlorolyse-Verfahren*; Keukenschrijver in Busse/Keukenschrijver, PatG, Rn. 37 zu § 12 ArbEG.
632 So BGH v. 20.11.1962 – I ZR 40/61, GRUR 1963, 315, 317 a.E. – *Pauschalabfindung* für die Pauschalvergütung.

gelegt wurden und welche (rechtlichen, tatsächlichen oder wirtschaftlichen) Entwicklungen die Arbeitsvertragsparteien dabei bereits in Kauf genommen haben.[633] Die Anknüpfung an die ursprüngliche Regelung gilt unabhängig davon, inwieweit Anpassungsansprüche für die Vergangenheit bereits verjährt sind.[634] Nur über diesen Bereich hinausgehende wesentliche Veränderungen sind für die Neubemessung heranzuziehen.[635] Dabei ist darauf abzustellen, welche Umstände und allgemeinen Verhältnisse objektiv erforderlich sind, um den Vertrag nach den Vorstellungen beider Vertragsteile noch als sinnvolle Regelung bestehen zu lassen, und ob deren Veränderung zu einem auffallenden Missverhältnis von Leistung und Gegenleistung geführt hat, das derart wesentlich ist, dass es nicht mehr zumutbar ist, an der bisherigen Regelung festzuhalten.[636]

150 Haben bspw. die Parteien ihrer Vergütungsfestlegung eine Stückzahl von 1000 Vorrichtungen zugrunde gelegt, zugleich aber auch eine Schwankungsbreite zwischen 800 und 1200 Stück als möglich mit einbezogen, so kann eine **Neubemessung erst außerhalb dieses Schwankungsbereichs** einsetzen. Sieht man in diesem Beispiel eine Produktionssteigerung auf 2000 Stück als wesentlich an (vgl. hierzu § 12 Rdn. 100), so ist nur die Differenzstückzahl zwischen 1200 und 2000 = 800 Stück der Neuregelung zugrunde zu legen. Fehlen konkrete Anhaltspunkte, hat die *Schiedsstelle* im Einzelfall ein Drittel des ursprünglich zugrunde gelegten Umsatzes als oberen Schwankungsbereich angenommen.[637]

151 Ggf. muss eine **Fortschreibung der Abstaffelungssätze** gemäß RL Nr. 11 erfolgen[638] – in dem obigen Beispiel (§ 12 Rdn. 150) also bezogen auf die gesamte Stückzahl von 2000. Hat der Arbeitgeber ursprünglich trotz zulässiger Abstaffelung hiervon abgesehen, liegen aber besondere Umstände vor, die es ausnahmsweise rechtfertigen, wegen des außergewöhnlich gestiegenen Umsatzes und des Wirksamwerdens anderer Kausalitäten für diesen Umsatz die Abstaffelungsgrundsätze über § 12 Abs. 6 wirksam werden zu lassen (s. § 12

---

633 Vgl. BGH v. 20.11.1962 – I ZR 40/61, GRUR 1963, 315, 317 a.E. – *Pauschalabfindung* u. BGH v. 17.04.1973 – X ZR 59/69, GRUR 1973, 649, 651 (zu II 2 d) – *Absperrventil*.
634 So zu § 32a Abs. 1 Satz 1 UrhG BGH v. 16.06.2016, WRP 2016, 1517 (Rn. 54) – *Geburtstagskarawane* entgegen Ludwig WRP 2014, 1338, 1339 f. u. Ludwig/Suhr WRP 2016, 692, 695 f.
635 Zust. Keukenschrijver in Busse/Keukenschrijver, PatG, Rn. 38 zu § 12 ArbEG.
636 OLG Düsseldorf v. 12.03.2009 – 2 U 72/06, (unveröffentl.).
637 Schiedsst. v. 06.11.1981 – Arb.Erf. 30/81, (unveröffentl.).
638 Zust. Keukenschrijver in Busse/Keukenschrijver, PatG, Rn. 38 zu § 12 ArbEG.

### E. Neuregelung der Vergütung bei geänderten Umständen (Abs. 6 Satz 1) § 12

Rdn. 132), so erscheint es im Interesse einer Angemessenheit der Vergütung sachgerecht, die Staffel nicht auf den bisherigen Gesamtumsatz zu erstrecken, sondern sie erst außerhalb des ursprünglich vorgestellten Umsatzes wirksam werden zu lassen.[639]

Eine Anpassung kommt jedoch nur für solche ursprünglich vereinbarten bzw. festgesetzten **Bemessungsfaktoren** in Betracht, die sich tatsächlich **nachträglich geändert** haben.[640] Keine Anpassung kann bezüglich der Bemessungsfaktoren verlangt werden, die sich faktisch oder wirtschaftlich **nicht nachträglich geändert** haben (es sei denn, sonstige Bemessungsfaktoren stehen zu den zu Ändernden in einem Wechsel- bzw. Abhängigkeitsverhältnis, z. B. unerwartetes Überschreiten der Umsatzgrenze für eine Abstaffelung nach RL Nr.11, s. § 12 Rdn. 132) bzw. die sich **nicht ändern können**.[641] Letzteres gilt insb. für den Anteilsfaktor (s. § 12 Rdn. 106) und – sofern keine Änderungen im Schutzumfang und der Ausführungsform eingetreten sind – auch in Bezug auf den Miterfinderanteil und ggf. die Bezugsgröße. Ist aufgrund unerwartet hoher Umsatzsteigerungen eine Neuregelung geboten, so wird im Regelfall zu beachten sein, dass bei erwartet hohen Umsätzen die Lizenzsätze i.d.R. niedriger sind, als bei ursprünglich angenommenen geringen Umsätzen, sodass bei einer Neuregelung die Senkung des ursprünglich zugrunde gelegten Lizenzsatzes naheliegen kann.[642]

152

Die Neubemessung erstreckt sich auf den **Zeitpunkt ab Eintritt der wesentlichen Veränderung**, ohne dass es auf den zufälligen Termin der Geltendmachung des Anpassungsanspruchs ankommt.[643] Nur ausnahmsweise kann eine solche Rückwirkung nach Treu und Glauben unberechtigt sein, insb. wenn

153

---

639 I.d.S. wohl Schiedsst. v. 06.11.1981 – Arb.Erf. 30/81, (unveröffentl.).
640 Zust. Schiedsst. v. 22.03.1991, Mitt. 1993, 145, 146 – *Sicherungsanordnung* m. Anm. Bartenbach/Volz.
641 Im Ergebn. ebenso Keukenschrijver in Busse/Keukenschrijver, PatG, Rn. 38 zu § 12 ArbEG.
642 Schiedsst. v. 06.11.1981 – Arb.Erf. 30/81, (unveröffentl.); vgl. auch BGH v. 31.01.1978 – X ZR 55/75, GRUR 1978, 430, 433 – *Absorberstab-Antrieb*.
643 BGH v. 05.12.1974 – X ZR 5/72, GRUR 1976, 91, 92 – *Softeis* m. Anm. Schade.; Thür. OLG, Beschl. v. 08.06.2011, GRUR-RR 2012, 89, 90 – *Aussetzungsgrund*; Schiedsst. v. 14.12.1970, BlPMZ 1971, 199, 200; ebenso Keukenschrijver in Busse/ Keukenschrijver, PatG, Rn. 39 zu § 12 ArbEG; a.A. Volmer/Gaul Rn. 253 zu § 12 (Änderung nur mit Wirkung für die Zukunft); Boemke/Kursawe/Gennen Rn. 163 zu § 12 u. Boemke/Kursawe/Hoppe-Jänisch Rn. 77 zu § 16; ausdrückl. offengelassen von LG Berlin v. 17.03.1977 – 16 O 415/76, (unveröffentl.).

der Arbeitnehmer durch sein Verhalten für die Zeit vor Geltendmachung des Anspruchs einen Vertrauenstatbestand geschaffen hat.[644]

Bei einer Kürzung der Vergütungsansprüche ist allerdings für bereits erbrachte Vergütungsleistungen das **Rückforderungsverbot** des § 12 Abs. 6 Satz 2 zu beachten (s. dazu § 12 Rdn. 154 ff.).

### V. Rückforderungsverbot (Abs. 6 Satz 2)

154 Nach § 12 Abs. 6 Satz 2 kann der Arbeitgeber vom Arbeitnehmer die Rückzahlung einer bereits geleisteten Vergütung nicht verlangen. Grund dieser Billigkeitsregelung ist die Überlegung, dass es für einen Arbeitnehmer, der auf seine laufenden Einnahmen angewiesen ist, zu erheblichen Härten führen kann, wenn er Beträge, die er »rechtmäßig erhalten und verbraucht hat«, wieder zurückerstatten müsste.[645] Diese Bestimmung dient damit ausschließlich dem **Schutz des Arbeitnehmers**.[646] Rückforderungsansprüche ggü. den **Miterfindern** bei überzahlter Vergütung an einzelne Miterfinder scheiden bereits angesichts der Eigenständigkeit der Vergütungsansprüche aus, und zwar unabhängig davon, ob zwischen den Erfindern eine Bruchteilsgemeinschaft oder (ausnahmsweise) eine GbR bestanden hat (s. § 9 Rdn. 311).

155 Das Rückforderungsverbot des § 12 Abs. 6 Satz 2 bezieht sich nur auf bereits **tatsächlich erbrachte Vergütungsleistungen**, begründet dagegen keinen Anspruch des Arbeitnehmers auf Auszahlung von nicht oder nicht mehr begründeten Vergütungen. Rechtsgrund für derartige Zahlungsansprüche (im verminderten Umfang) kann nur die verbindlich gewordene Vergütungsregelung als solche sein.

156 Die systematische Eingliederung des Rückforderungsverbots in den § 12 Abs. 6 legt die Schlussfolgerung nahe, dass es sich auf den dort geregelten Fall der Herabsetzung einer Vergütung i.R.d. Neuregelung wegen wesentlich geänderter Umstände beschränkt.[647] Unstreitig ist die analoge Anwendbarkeit des § 12 Abs. 6 Satz 2 für den Fall des beiderseitigen Irrtums der Arbeitsver-

---

644 Reimer/Schade/Schippel/Trimborn Rn. 56 zu § 12; wohl auch OLG Karlsruhe – 6 U 223/78, (unveröffentl.); vgl. auch BGH v. 21.04.1983, GRUR 1983, 602, 603 – *Vertragsstrafenrückzahlung*.
645 Amtl. Begründung BT-Drucks. II/1648 S. 31 = BlPMZ 1957, 235.
646 OLG Karlsruhe – 6 U 223/78, (unveröffentl.).
647 So u.a. Schiedsst. v. 07.03.2017 – Arb.Erf. 22/15, (www.dpma.de); Reimer/Schade/Schippel/Trimborn, Rn. 57 zu § 12; Heine/Rebitzki Anm. 7 zu § 12; wohl auch OLG Frankfurt am Main v. 17.01.1985, GRUR 1985, 436, 437 – *Chlorolyse-Verfahren*.

tragsparteien (s. dazu oben § 12 Rdn. 107).⁶⁴⁸ Schon in seiner »Cromegal-Entscheidung«⁶⁴⁹ hat der *BGH* in einem obiter dictum ausgeführt, der Arbeitgeber könne im Fall der späteren Versagung eines Schutzrechts die Rückzahlung geleisteter Vergütungen gem. § 12 Abs. 6 nicht verlangen. Weitergehend leitet der *BGH* in seiner »Entwässerungsanlage«-Entscheidung⁶⁵⁰ wiederum in einem bloßen obiter dictum aus § 12 Abs. 6 Satz 2 ein **generelles Rückforderungsverbot** her dahin, dass geleistete Vergütungszahlungen »grundsätzlich nicht zurückzuzahlen« sind bzw. »der Vergütungsanspruch für die zurückliegende Zeit grundsätzlich nicht beeinträchtigt wird«. Er bewertet ein solches generelle Rückforderungsverbot als eines der tragenden Grundprinzipien des Arbeitnehmererfindungsrechts. In diesem Zusammenhang ist nicht zu verkennen, dass – unter Beachtung der nachstehenden Ausnahmen (§ 12 Rdn. 157) – auch die betriebliche Praxis ebenso wie die (frühere) Entscheidungsfindung der *Schiedsstelle*⁶⁵¹ wohl zu einer extensiveren Betrachtungsweise bis hin zu einem generellen Rückforderungsverbot neigen⁶⁵² (vgl. auch § 10 Abs. 2 Satz 2 a.F.).

Dagegen greift nach herrschender Meinung das Rückforderungsverbot in den Fällen nicht ein, in denen die **Vergütungsregelung unwirksam** (nichtig) ist, sei es kraft Gesetzes nach §§ 22, 23 ArbEG, 134, 138 BGB oder infolge einer

157

---

648 Vgl. Heine/Rebitzki Anm. 7 zu § 12.
649 V. 28.06.1962, GRUR 1963, 135, 138 l.Sp.
650 V. 02.06.1987, GRUR 1987, 900, 902 m. Bespr. Bartenbach/Volz, GRUR 1987, 859 ff.; vgl. auch BGH v. 17.05.1994 – X ZR 82/92, GRUR 1994, 898, 902 r.Sp. – *Copolyester* (dort im Zusammenhang mit der Unbilligkeit einer Vergütungsregelung). Anders das Verständnis der BGH-Rspr. bei Boemke/Kursawe/Gennen Rn. 170 zu § 12.
651 Vgl. EV v. 12.10.1978, BlPMZ 1979, 255 (zu II 2); v. 06.03.1980, BlPMZ 1982, 277; v. 13.01.1986, BlPMZ 1991, 201, 202; s.a. Schiedsst. v. 27.04.1967, Mitt. 1967, 238, 239 a.E.; Beschl. v. 11.08.2014 – Arb.Erf. 45/11, (www.dpma.de); s. aber auch die Nachw. b. § 12 Rdn. 157.
652 I. Ergebn. ebenso Volmer/Gaul Rn. 222, 257, 288 ff. zu § 12; vgl. auch LG Braunschweig v. 01.06.1976, EGR Nr. 20 zu § 12 ArbEG; Windisch, GRUR 1985, 829, 832.

wirksamen Anfechtung gem. § 123 BGB mit der Folge des § 142 BGB[653] oder dass eine Erfindervergütung aus sonstigen Gründen dem Arbeitnehmer rechtsgrundlos gezahlt wurde[654]. (s.a. § 9 Rdn. 17 u. oben § 12 Rdn. 19 ff. u. 105 f.), sodass dann Bereicherungsansprüche nach §§ 812 ff. BGB bestehen (s. § 12 Rdn. 159). Andererseits wird man einer Anfechtung nach § 119 BGB (jedenfalls im Hinblick auf bereits erbrachte Vergütungsleistungen) nur eine ex nunc-Wirkung entsprechend allgemeinen arbeitsrechtlichen Grundsätzen beimessen können[655] (s. aber auch § 12 Rdn. 20, 116). Zur fehlerhaften Auszahlung s. § 12 Rdn. 161.

**158** Hat der Arbeitgeber im Vorgriff auf eine noch zu treffende Vergütungsregelung dem Arbeitnehmer Teilbeträge auf dessen Vergütungsansprüche gezahlt, greift das Rückforderungsverbot grds. ein. Hat der Arbeitgeber derartige Zahlungen jedoch ausdrücklich als (noch zu verrechnende) **Vorschusszahlung** deklariert oder ist diese Absicht dem Arbeitnehmer zweifelsfrei erkennbar, verbleibt dem Arbeitgeber das Recht der späteren Verrechnung mit weiteren Vergütungsansprüchen des Arbeitnehmers (s.a. § 12 Rdn. 161) ebenso wie der Anspruch auf Rückforderung nach §§ 812 ff. BGB. Erfolgen Vergütungszahlungen indes aufgrund einer trotz Widerspruchs des Arbeitnehmers für den Arbeitgeber verbindlich gewordenen **Vergütungsfestsetzung** (s.o. § 12 Rdn. 75), so bildet

---

653 H.M. z.B. Schiedsstelle 15.03.2012 – Arb.Erf. 47/10, (Datenbank); v. 15.01.2013 – Arb.Erf. 44/11, u. v. 05.03.2013 – Arb.Erf. 57/11, (beide www.dpma.de); Reimer/Schade/Schippel/Trimborn Rn. 57 zu § 12; Heine/Rebitzki Anm. 7 zu § 12; Lindenmaier/Lüdecke Anm. 13 zu § 12; Volmer/Gaul Rn. 68 zu § 12; wohl auch Schiedsst. v. 06.07.1989 – Arb.Erf. 108/88, (unveröffentl.); vgl. auch Amtl. Begründung BT-Drucks. II/1648 S. 31 = BlPMZ 1957, 235; s. auch Keukenschrijver in Busse/Keukenschrijver, PatG, Rn. 40 zu § 12 ArbEG; Boemke/Kursawe/Gennen Rn. 171 f. zu § 12. Unter Bezugn. auf die Amtl. Begründung betont auch die Schiedsstellenpraxis, dass ein Rückforderungsverbot nur bei einer rechtmäßigen Zahlung aufgrund einer wirksamen Vergütungsvereinbarung bzw. -festsetzung bestehe (z.B. EV v. 03.06.1991 – Arb.Erf. 17/90 u. v. 08.10.1991 – Arb.Erf. 59/90, beide unveröffentl.); im Ergebn. auch Teil-EV v. 09.11.2000 (Arb.Erf. 86/97, unveröffentl.), allerdings mit dem Hinweis, dass im Einzelfall einer Rückforderung Treu und Glauben entgegenstehen kann. Vgl. aber auch BGH v. 17.05.1994 – X ZR 82/92, GRUR 1994, 898, 902 r.Sp. – *Copolyester*.
654 Im Ergebn. auch Schiedsst. v. 21.07.2011 – Arb.Erf. 27/10, (Datenbank, in www.dpma.de nur LS. 2) u. v. 15.01.2013 Arb.Erf. 44/11, (www.dpma.de).
655 Vgl. allg. Bartenbach/Volz, GRUR 1982, 133, 138 f.; a.A. Volmer/Gaul Rn. 68 zu § 12; vgl. allg. zur Anfechtung im Arbeitsverhältnis z.B. BAG v. 16.09.1982, NJW 1984, 446, 447 m.w.N.

### E. Neuregelung der Vergütung bei geänderten Umständen (Abs. 6 Satz 1) § 12

diese den Rechtsgrund der Zahlung[656] mit der Folge, dass eine Überzahlung nicht zurückgefordert werden kann.[657]

Rechtsgrundlose Zahlungen, insbesondere bei einer unwirksamen Vergütungsregelung (s. § 12 Rdn. 157), kann der Arbeitgeber nach den Grundsätzen über die **ungerechtfertigte Bereicherung** (§§ 812 ff. BGB) zurückfordern, ggf. belastet mit der Entreicherungseinrede (§ 818 Abs. 3 BGB)[658]. Beachtlich sind dabei insb. §§ 814, 819 BGB. Mit einem solchen Bereicherungsanspruch kann der Arbeitgeber nach §§ 387 ff. BGB gegen den Anspruch des Arbeitnehmers auf Erfindervergütung aus § 9 Abs. 1 ArbEG aufrechnen, unabhängig davon, ob es sich um die Vergütung für dieselbe Erfindung handelt oder nicht.[659] 159

Macht der Arbeitnehmer ggü. einem solchen Rückzahlungsanspruch des Arbeitgebers den **Wegfall der Bereicherung (§ 818 Abs. 3 BGB) geltend, hat er darzulegen und ggf. zu beweisen, dass er nicht mehr bereichert ist**,[660] da es sich um eine rechtsvernichtende Einwendung handelt.[661] Hierzu müssen im Einzelnen die Tatsachen dargelegt werden, aus denen sich ergibt, dass die Bereicherung weggefallen ist, dass er also weder Aufwendungen erspart hat, die er ohnehin gemacht hätte, noch Schulden getilgt und dadurch seinen Vermögensstand verbessert hat. Bei geringfügigen Überzahlungen im Rahmen kleinerer und mittlerer Einkommen ist ein konkreter Nachweis entbehrlich (Verbrauch zur Verbesserung des Lebensstandards).[662] Eine Bereicherung bleibt dann nicht.

Die Einrede der (dreijährigen, §§ 195, 199 Abs. 1 BGB, s. § 9 Rdn. 40) **Verjährung** oder eine **tarifliche Ausschlussfrist** können Rückforderungsansprüche aus ungerechtfertigter Bereicherung beschränken bzw. ausschließen.

---

656 Abw. LG Braunschweig v. 01.06.1976, EGR Nr. 20 zu § 12 ArbEG, das in derart. Fällen § 814 BGB anwenden will.
657 Schiedsst. v. 01.03.1995 – Arb.Erf. 66/93 u. 67/93; so i. Erg. auch Schiedsst. v. 04.02.1986 – Arb.Erf. 43/84, (beide unveröffentl.).
658 Insoweit ebenso ständ. Praxis d. Schiedsst., z. B. v. 19.05.2011 – Arb.Erf. 04/10, (www.dpma.de, LS. 4); ferner v. 15.01.2013 – Arb.Erf. 44/11, (www.dpma.de) m. w. Nachw.
659 So Schiedsst. 21.07.2011 – Arb.Erf. 27/10, (Datenbank, in www.dpma.de nur LS. 2); im Ergebn. auch VG München v. 18.10.2013 – M 17 K 12.3338, (juris, Rn. 31, insoweit nicht thematisiert im bestätigenden Zurückweisungsbeschluss v. VGH München v. 11.02.2014 – 5 C 13.2390, www.gesetze.bayern.de).
660 BAG v. 18.01.1995, ZIP 1995, 941 = WiB 1995, 752 m. Anm. Lehmann.
661 BAG v. 25.04.2001, DB 2001, 1833, 1834.
662 BAG v. 18.01.1995, ZIP 1995, 941 = WiB 1995, 752 m. Anm. Lehmann u. v. 25.04.2001, DB 2001, 1833, 1834.

**160** Da der Arbeitgeber grds. zur ordnungsgemäßen Vergütungsberechnung verpflichtet ist, kann der **Arbeitnehmer** nach durchgeführter Korrektur der Vergütungsberechnung ggü. einem vom Arbeitgeber geltend gemachten Rückforderungsanspruch – soweit diesem nicht schon § 12 Abs. 6 Satz 2 entgegenstehen würde (s. § 12 Rdn. 156) – mit seinen **Schadensersatzansprüchen aufrechnen**, wenn ihm infolge der fehlerhaften Berechnung des Arbeitgebers ein Schaden erwächst.[663] Der Schaden des Arbeitnehmers liegt nicht bereits darin, dass er nunmehr eine geringere Erfindervergütung erhält; dieser kann vielmehr darin bestehen, dass der Arbeitnehmer aufgrund der früheren höheren Vergütungszahlung zu Ausgaben veranlasst worden ist, die er nicht mehr auszugleichen vermag.

Hat der Arbeitnehmer seinerseits – etwa durch unterlassene Hinweise auf ihm bekanntes neuheitsschädliches Material – eine unzureichende Vergütungsberechnung veranlasst oder hat er treuwidrig die veränderten Umstände selbst herbeigeführt (z.B. durch Beeinflussung der Unternehmenspolitik), so kann seiner Berufung auf ein Rückforderungsverbot – auch wenn die Vergütungsregelung nicht unwirksam sein sollte (s. dazu § 12 Rdn. 157) – einmal der Gedanke des **Rechtsmissbrauchs** (§ 242 BGB) entgegengehalten werden;[664] zum anderen kann der Arbeitgeber ggf. Schadensersatzansprüche (Pflichtverletzung gem. § 280 Abs. 1, § 619a; §§ 823, 826 BGB) geltend machen. Allgemein kann der **Arbeitgeber** ungeachtet von § 12 Abs. 6 seinerseits **Schadensersatzansprüche** bei Fehlverhalten des Arbeitnehmers im Zusammenhang mit dessen Vergütungsforderungen auf Grundlage von §§ 280, 823, 826 BGB geltend machen, da das Rückforderungsverbot selbstverständlich nicht den Unredlichen schützt.

**161** § 12 Abs. 6 Satz 2 steht nicht nur als rechtshindernde Einwendung einem Anspruch auf Rückzahlung entgegen; diese Vorschrift **schließt** vielmehr alle **Rechtsgeschäfte aus**, die einer **Rückzahlung im Ergebnis wirtschaftlich gleichstehen**, wie namentlich eine Aufrechnung[665] (§ 387 BGB) durch den Arbeitgeber ggü. sonstigen Ansprüchen des Arbeitnehmers (Erfindervergütungsansprüche, Lohnansprüche usw.). Eine unzulässige Aufrechnung ist bspw. gegeben, wenn der Arbeitgeber rückwirkend bei Verwertung mehrerer Diensterfindungen eines Arbeitnehmers die für eine dieser Erfindungen von ihm zu

---

663 Vgl. allgem. BAG v. 08.02.1964, AP Nr. 2 zu § 611 BGB – Lohnrückzahlung.
664 Volmer/Gaul Rn. 295 ff. zu § 12.
665 Ständ. Übung d. Schiedsst., z.B. v. 14.12.1970, BlPMZ 1971, 199, 200 u. v. 21.07.2011 – Arb.Erf. 27/10, (Datenbank, in www.dpma.de nur LS. 2); LG Berlin v. 07.02.1991, EGR Nr. 79 zu § 9 ArbEG (VergAnspr.); ebenso Keukenschrijver in Busse/Keukenschrijver, PatG, Rn. 40 zu § 12 ArbEG.

### E. Neuregelung der Vergütung bei geänderten Umständen (Abs. 6 Satz 1) § 12

viel gezahlte Vergütung im Rahmen einer »Gesamtabrechnung« einer anderen Erfindung »zuschlägt«.[666] Hat der Arbeitgeber eine Vergütungszahlung ohne nähere Kennzeichnung als Abschlags- oder Vorauszahlung erbracht, wird der Arbeitnehmer dies regelmäßig mangels anderer Anhaltspunkte als Ausgleich der Nutzungen der Erfindung in der Vergangenheit verstehen können, sodass hierüber durch die Entgegennahme der Zahlung eine abschließende Vergütungsvereinbarung zustande kommt; diese steht dann einem einseitigen Versuch des Arbeitgebers entgegen, nachträglich diese Zahlung auf nachfolgende Nutzungshandlungen erstrecken zu wollen.[667]

Die *Schiedsstelle* hat (jedenfalls in früherer Praxis) – zutreffend – eine Ausnahme von dem Aufrechnungsverbot gemacht, soweit es sich um die **Gesamtvergütung für ein und dieselbe Erfindung** handelt. Danach ist eine **Verrechnung** von gezahlter Vergütung mit zukünftigen Vergütungsansprüchen möglich, sofern sich diese Zahlungen auf dieselbe Diensterfindung beziehen.[668] Unabhängig davon lässt die *Schiedsstelle* (zu Recht) eine Verrechnung in Fällen einer fehlerhaften Auszahlung (Überweisung) oder arithmetisch falschen Berechnung zu,[669] ferner, wenn sich der ausgezahlte Gesamtvergütungsbetrag auf mehrere (lizenzierte) Diensterfindungen bezog, die zugrunde liegenden (Lizenz-)Einnahmen dem Arbeitgeber aber wegen fehlenden Rechtsgrundes nicht zustanden[670], oder wenn der zu Grunde gelegte betriebliche Nutzen (Ersparnis) nach Überprüfung wegen Ermittlungsfehlern geringer ausgefallen war[671]. Eine Verrechnung lehnt die *Schiedsstelle* bei solchen Sonder-

---

666 Schiedsst. v. 13.06.1983 – Arb.Erf. 54/82, (unveröffentl.); Volmer/Gaul Rn. 293 zu § 12.
667 So i. Ergebn. auch Schiedsst. v. 07.05.1984 – Arb.Erf. 35/83, (unveröffentl.), allerdings unter dem Aspekt einer unzulässigen Aufrechnung.
668 Grundl. zur früheren Praxis Schiedsst. v. 06.07.1989 – Arb.Erf. 108/88, (unveröffentl.) mit d. Hinw., dass der Gesetzgeber ausweislich d. Amtl. Begründung BT-Drucks. II/1648 S. 31 = BlPMZ 1957, 235 nur eine »Zurückerstattung« u.U. bereits verbrauchter Vergütungsbeträge vermeiden wollte; seitdem ständ. Praxis, z.B. v. 31.08.1989 – Arb.Erf. 59/88, v. 15.09.1994 – Arb.Erf. 172/94, ZB v. 01.06.1995 – Arb.Erf. 34/93 (alle unveröffentl.); ferner v. 18.04.2002 – Arb.Erf. 60/99 u. v. 04.06.2002 – Arb.Erf. 32/00 (beide Datenbank). Diese Praxis hat die Schiedsst. mit EV. v. 21.07.2011 – Arb.Erf. 27/10, (www.dpma.de, LS. 2) mit Hinweis auf die für § 12 Abs. 6 Satz 2 alleinige Maßgeblichkeit einer Zahlung ohne Rechtsgrund aufgegeben. S. aber auch nunmehr Schiedsst. v. 01.03.2017 – Arb.Erf. 69/13, (www.dpma.de), dort aber ohne Auseinandersetzung mit der bisherigen Schiedsstellenpraxis.
669 Z.B. Schiedsst. v. 08.10.1991 – Arb.Erf. 59/60, (unveröffentl.).
670 Schiedsst. v. 07.03.2017 – Arb.Erf. 22/15, (www.dpma.de).
671 Schiedsst. v. 01.03.2017 – Arb.Erf. 69/13, (www.dpma.de).

zahlungen (Zulagen, Prämien usw.) ab, die bei Zahlung nicht für den Arbeitnehmererfinder erkennbar als Erfindervergütung deklariert worden sind[672] (vgl. auch § 9 Rdn. 62 ff.). Eine Verrechnung soll auch dann nicht zugelassen werden, wenn der Arbeitgeber den für die außerbetriebliche Nutzung (Lizenzvergabe) zu viel gezahlten Betrag auf eine für die innerbetriebliche Nutzung dieser Erfindung noch geschuldete Vergütung anrechnen will[673] (zweifelhaft).

## F. Anspruch auf Auskunftserteilung bzw. Rechnungslegung

### I. Rechtsnatur und Zweck

162 Der **Arbeitnehmererfinder kann von dem Arbeitgeber nach Treu und Glauben** (§ 242 BGB) **Auskunft und (**ggf.**) Rechnungslegung** (§ 259 BGB) **über solche Tatsachen verlangen, die zur Feststellung und Bemessung seiner Vergütungsansprüche erforderlich und deren Beschaffung und Offenbarung dem Arbeitgeber zumutbar sind.**[674]

**Gesetzliche Konkretisierung**en dieser Pflichten enthalten § 12 Abs.2 Satz 2, § 15 Abs. 1 und § 16 Abs. 1 letzter Halbs.[675] Im **Unterschied zum Urheberrecht** mit dem seit 01.03.2017 geltenden § 32d UrhG kennt das ArbEG allerdings keine eigenständige gesetzliche Grundlage für die Auskunft und Rechenschaft. Eine analoge Anwendung von § 32d Abs. 1 UrhG scheidet aus und kann angesichts der Besonderheiten des Urheberrechts bei Funktion, Nutzung und Schutz auch nicht als Vorbild herangezogen werden. Zudem geht der Gesetzgeber dort mit Blick auf § 43 UrhG davon aus, dass die gesetzliche Auskunftspflicht nach § 32d UrhG bei Arbeitnehmern grundsätzlich nicht zum Tragen kommt, da sich »bei fest angestellten Urhebern in Arbeits- und Dienstverhältnissen ... regelmäßig aus dem Wesen des Beschäftigungsverhält-

---

672 Schiedsst. v. 15.09.1994 – Arb.Erf. 172/94, (unveröffentl.).
673 OLG Frankfurt am Main v. 17.01.1985, GRUR 1985, 436, 437 – *Chlorolyse-Verfahren* u. (noch) Schiedsst. v. 24.07.1985, EGR Nr. 15 zu § 26 ArbEG.
674 So Volz, GRUR 2010, 865, 867 in Zusammenfassung der BGH-Rspr. Ebenso u. a. LG Düsseldorf v. 18.01.2018 – 4c O 37/16, (Düsseldf. Entsch. Nr. 2741, Rn. 43) – *Photovoltaikanlage 1*. Grundsätzlich kritisch i. H. a. ArbN-Interessen: Jesgarzweski, BB 2011, 2933, 2935.
675 Schwab, Arbeitnehmererfindungsrecht, § 9 Rn. 52.

F. Anspruch auf Auskunftserteilung bzw. Rechnungslegung        § 12

nisses« ergibt, »dass keine besonderen Auskunftsansprüche bestehen«[676] (!), s. auch § 1 Rdn. 4.4.

## 1. Grundlagen und Rechtscharakter als Hilfsansprüche

Der vom Bestand des Arbeitsverhältnisses unabhängige Anspruch auf Auskunftserteilung, der eine Pflicht zur Rechnungslegung nach § 259 BGB zum Inhalt haben kann (s. dazu § 12 Rdn. 162.6 f.), ist für den Bereich der Vergütung von Arbeitnehmererfindungen in ständiger Rechtsprechung anerkannt.[677] Sowohl die Auskunft als auch die Rechnungslegungspflicht sind **Hilfsansprüche** zum Vergütungsanspruch (Hauptanspruch) des Arbeitnehmers.[678] Sie sollen den Arbeitnehmer in die Lage versetzen, sich ein hinreichendes Bild über den wirtschaftlichen Wert seiner Erfindung zu machen[679] und insb. die wirtschaftlichen Vorteile, die der Arbeitgeber aus der Erfindungsverwertung tat-

162.1

---

[676] So Amtl. Begr. zum (Regierungs-)»Entwurf eines Gesetzes zur verbesserten Durchsetzung des Anspruchs der Urheber und ausübenden Künstler auf angemessene Vergütung« in BT-Drucks. 18/8625, S. 22 (zum Erfüllungsaufwand). Siehe auch zum im Regelfall nicht bestehenden Vergütungs- und Rückfallanspruch des Arbeitnehmer-Urhebers die Amtl. Begr. zu §§ 32, 40a UrhG-E (a.a.O. S. 26, 30) sowie den Bericht des Rechtsausschusses in BT-Drucks. 18/10637, S. 21 (zu Art. 1 Nr. 2 Buchst. a d. Entwurfs).
[677] U.a: BGH v. 17.05.1994 – X ZR 82/92, GRUR 1994, 898, 900 – *Copolyester*; BGH v. 13.11.1997 – X ZR 6/96, GRUR 1998, 684, 687 – *Spulkopf*; BGH v. 13.11.1997 – X ZR 132/95, GRUR 1998, 689, 691 f. – *Copolyester II*; BGH v. 06.02.2002 – X ZR 215/00, GRUR 2002, 609, 601 – *Drahtinjektionseinrichtung*; BGH v. 16.04.2002 – X ZR 127/99, GRUR 2002, 801, 803 – *Abgestuftes Getriebe*; BGH v. 29.04.2003 – X ZR 186/01, GRUR 2003, 789 – *Abwasserbehandlung*; BGH v. 17.11.2009, GRUR 2010, 223, 224 f. (Rn. 14 ff.) – *Türinnenverstärkung*; BGH v. 17.11.2009 – X ZR 60/07, (juris, Rn. 6 ff.) – *Türbänder*, vgl. auch BGH v. 21.12.2005 – X ZR 165/04, GRUR 2006, 401, 405 [Tz. 33] – *Zylinderrohr*.
[678] BGH v. 17.05.1994 – X ZR 82/92, GRUR 1994, 898, 900 – *Copolyester*; BGH v. 20.11.1962 – I ZR 40/61, GRUR 1963, 315, 316 l. Sp. – *Pauschalabfindung*; OLG Düsseldorf v. 28.02.2014 – I-2 U 110/11, (Düsseldorfer Entscheidung Nr. 2183) – Technischer Geschäftsführer; OLG Frankfurt v. 07.12.2017 – 6 U 204/16, (www.lareda.hessenrecht.hessen.de) – Mark up; LG Braunschweig v. 26.04.2017 – 9 O 1722/16, (www.rechtsprechung.niedersachsen.de, Rn. 122) – Schwenkfüße; LG Düsseldorf vom 20.04.2017 – 4c O 67/16, (www.justiz.nrw.de, Rn. 30) – Hydraulikhämmer; Schiedsst. v. 02.04.2009 – Arb.Erf. 58/07; v. 15.12.2009 – Arb.Erf. 16/09, (beide unveröffentl.); v. 09.01.2013 – Arb.Erf. 16/10, v. 15.01.2013 – Arb.Erf. 44/11, (beide www.dpma.de); Keukenschrijver in Busse/Keukenschrijver, PatG, Rn. 41 zu § 12 ArbEG.
[679] S. BGH v. 16.04.2002 – X ZR 127/99, GRUR 2002, 801, 802 r. Sp. – *Abgestuftes Getriebe*.

sächlich zieht, beziffern zu können;⁶⁸⁰ ferner soll dem Arbeitnehmer die erforderliche Aufklärung über Bestehen und Umfang seiner Vergütungsansprüche gegeben⁶⁸¹ und ermöglicht werden, die Höhe gezahlter Vergütungsansprüche zu überprüfen und den Umfang seiner Vergütungsansprüche zu berechnen.⁶⁸²

Der Ansatz der früheren Rechtsprechung, wonach die erfinderrechtliche Auskunfts- und Rechnungslegungspflicht auch den Arbeitnehmer in die Lage versetzen soll, die Richtigkeit der erteilten Auskünfte nachprüfen zu können,⁶⁸³ dürfte zwischenzeitlich angesichts der aktuellen Rechtsprechung des *BGH* zu relativieren sein.⁶⁸⁴

162.2 Die **rechtliche Grundlage** für die Ansprüche des Arbeitnehmererfinders auf Auskunftserteilung und ggf. Rechnungslegung sind § 242 BGB (§ 259 BGB) i.V.m. dem jeweiligen Vergütungsanspruch⁶⁸⁵ (s. dazu § 12 Rdn. 163). Zugleich soll sich dieser Anspruch als Ausfluss der dem Arbeitgeber obliegen-

---

680 BGH v. 17.11.2009 – X ZR 60/07, (juris, Rn. 16) – *Türbänder*; OLG Düsseldorf v. 28.02.2014 – I-2 U 109/11 u. 2 U 109/11, (juris, Rn. 74 f.) – Feuerfester Formstein I m. w. Nachw.
681 S. BGH v. 17.05.1994 – X ZR 82/92, GRUR 1994, 898, 900 – *Copolyester* m.H.a. BGH v. 26.02.1986, BGHZ 97, 188, 192 u.v. 19.03.1987, GRUR 1987, 647 – *Briefentwürfe*.
682 BGH v. 06.02.2002 – X ZR 215/00, GRUR 2002, 609, 610 – *Drahtinjektionseinrichtung*; vgl. ferner BGH v. 17.05.1994 – X ZR 82/92, GRUR 1994, 898, 900 – *Copolyester* u. BGH v. 29.04.2003 – X ZR 186/01, GRUR 2003, 789 f., 791 – *Abwasserbehandlung*.
683 Vgl. BGH v. 21.12.1989 – X ZR 30/89, GRUR 1990, 515 – *Marder* m.w.N.; vgl. auch BGH v. 17.05.1994 – X ZR 82/92, GRUR 1994, 898, 900 – *Copolyester*.; ausf. Jestaedt in VPP-Rundbrief 3/1998, S. 67 ff.; vgl. auch Bender, Mitt. 1998, 216 ff.; zur eidesstattl. Versicherung s. Brandi-Dohrn, GRUR 1999, 131.
684 Vgl. Volz, GRUR 2010, 865, 866 ff. m. H. a. BGH v. 17.11.2009, GRUR 2010, 223 ff. – *Türinnenverstärkung*.
685 Vgl. BGH v. 20.11.1962 – I ZR 40/61, GRUR 1963, 315 f. – *Pauschalabfindung* u. BGH v. 21.12.1989 – X ZR 30/89, GRUR 1990, 515, 516 – *Marder*; BGH v. 13.11.1997 – X ZR 6/96, GRUR 1998, 684, 687 – *Spulkopf* u. BGH v. 13.11.1997 – X ZR 132/95, GRUR 1998, 689, 692 – *Copolyester II*; BGH v. 23.10.2001, GRUR 2002, 149, 153 – *Wetterführungspläne II* u. BGH v. 16.04.2002 – X ZR 127/99, GRUR 2002, 801, 802 – *Abgestuftes Getriebe*; BGH v. 29.04.2003 – X ZR 186/01, GRUR 2003, 789 – *Abwasserbehandlung*; BGH v. 17.11.2009, GRUR 2010, 223, 224 f. (Rn. 14) – *Türinnenverstärkung*; BGH v. 17.11.2009 – X ZR 60/07, (juris, Rn. 16) – *Türbänder*; LG Düsseldorf v. 24.09.1974, EGR Nr. 13 zu § 12 ArbEG u.v. 10.04.1984 – 4 O 55/83, (unveröffentl.) u. v. 18.01.2018 – 4c O 37/16, (Düsseldf. Entsch. Nr. 2741, Rn. 42 f., 56) – *Photovoltaikanlage 1*; Schiedsst. v. 25.02.1999 – Arb.Erf. 3/97, (unveröffentl.) u. v. 10.03.2016 – Arb.Erf. 23/12, (www.dpma.de).

## F. Anspruch auf Auskunftserteilung bzw. Rechnungslegung § 12

den arbeitsrechtlichen Fürsorgepflicht (vgl. dazu § 25 Rdn. 11 ff.) darstellen[686] und sich aus dem Aneignungsrecht des Arbeitgebers an der Diensterfindung herleiten.[687] Die *Schiedsstelle* geht zwischenzeitlich von einer gewohnheitsrechtlichen Anerkennung aus.[688] Gesetzliche Ausgestaltungen der Auskunfts- bzw. Mitteilungspflicht des Arbeitgebers enthalten die speziellen Regelungen in § 12 Abs. 2 Satz 2, § 15 Abs. 1 und § 16 Abs. 1.

Der erfinderrechtliche Auskunftsanspruch ist ein Anwendungsfall des allgemeinen Grundsatzes, dass nach **Treu und Glauben (§ 242 BGB) eine Auskunftspflicht besteht**, wenn die Rechtsbeziehungen zwischen den Parteien es mit sich bringen, dass der Berechtigte (Arbeitnehmer) die zur Vorbereitung und Durchsetzung seines Anspruchs notwendigen Auskünfte weder besitzt noch sich auf zumutbare Weise selbst beschaffen kann und der Verpflichtete (Arbeitgeber) sie unschwer, d.h. ohne unbillige Belastung, zu geben vermag.[689] Damit bestätigt die höchstrichterliche Rechtsprechung den Grundsatz, dass eine allgemeine Auskunftspflicht dem bürgerlichen Recht unbekannt ist, diese aber bei Verträgen und gesetzlichen Schuldverhältnissen, die gesteigerte Verhaltens- oder andere Schutzpflichten zum Gegenstand haben, zu bejahen ist.[690] Davon gehen bereits die Vergütungsrichtlinien aus (s. RL Nr. 5 Abs. 2 Satz 4; vgl. dazu KommRL Rn. 75 f. zu RL Nr. 5). Zur Fälligkeit der Auskunft s. § 12 Rdn. 181.

Unabhängig davon, inwieweit sich aus Treu und Glauben eine bestimmte Form für die Auskunftserteilung ergibt,[691] sollte **Textform** (s. dazu § 5 Rdn. 35) gewahrt werden.

---

686 BGH v. 13.11.1997 – X ZR 6/96, GRUR 1998, 684, 687 – *Spulkopf* u. BGH v. 13.11.1997 – X ZR 132/95, GRUR 1998, 689, 692 – *Copolyester II*; Gaul in Anm. EGR Nr. 33 zu § 9 ArbEG (VergHöhe); Volmer/Gaul Rn. 178 zu § 12; vgl. auch Keukenschrijver in Busse/Keukenschrijver, PatG, Rn. 41 zu § 12 ArbEG.
687 BGH v. 13.11.1997 – X ZR 132/95, GRUR 1998, 689, 692 – *Copolyester II*.
688 Schiedsst. v. 15.09.2016 – Arb.Erf. 63/14, Mitt. 2018, 192 (= www.dpma.de).
689 BGH v. 16.04.2002 – X ZR 127/99, GRUR 2002, 801, 803 l.Sp. – *Abgestuftes Getriebe* m. H. a. BGH v. 17.05.1994 – X ZR 82/92, GRUR 1994, 898, 899 f. – *Copolyester*; s. ferner BGH v. 26.02.1986, BGHZ 97, 188, 192 u. v. 19.03.1987, GRUR 1987, 647 – *Briefentwürfe*; BGH v. 13.11.1997 – X ZR 132/95, GRUR 1998, 689, 692 – *Copolyester II*; vgl. auch allg. BAG v. 30.01.1960, v. 07.07.1960 u.v. 15.06.1972, AP Nr. 1, 2, 14 zu § 242 – *Auskunftspflicht*, v. 21.11.2000, NZA 2001, 1093, 1094.
690 Vgl. auch BAG v. 27.06.1990, EzA Nr. 2 zu § 242 BGB – *Auskunftspflicht*.
691 S. dazu Palandt/Grüneberg, BGB, § 260 Rn. 14.

**162.3 Gläubiger** des Auskunftsanspruchs ist der Arbeitnehmererfinder, und zwar auch der ausgeschiedene[692] (§ 26), sowie jeder Arbeitnehmer-Miterfinder bezogen auf seinen Miterfinderanteil[693]. Zum Leiharbeitnehmer s. § 1 Rdn. 61.

Die auf den Vergütungsanspruch bezogenen Auskunfts- und Rechnungslegungsansprüche sind u. E. – auch im Zusammenhang mit der Abtretung von Vergütungsansprüchen – **nicht abtretbar** (streitig, zur Abtretbarkeit des Vergütungsanspruchs s. § 9 Rdn. 8) und damit auch nicht pfändbar. Das gilt u. E. selbst im Fall einer Konkretisierung mittels Vergütungsvereinbarung- bzw. festsetzung. Auskunftsberechtigt wegen eines Anspruchs aus Schuldverhältnissen sind grds. nur der Vertragspartner selbst und dessen Erben als Gesamtrechtsnachfolger,[694] sodass nichts anderes für gesetzliche Schuldverhältnisse gelten kann. Zudem beruht der Auskunftsanspruch auf Treu und Glauben und der Sonderbeziehung zwischen Arbeitgeber und Arbeitnehmer und hängt von den Erkenntnismöglichkeiten des Erfinders ab; auch von daher ist er höchst persönlicher Natur. Zur Vereinbarung eines Abtretungsverbots s. § 9 Rdn. 8.

Gleichwohl wird man mit Blick auf die Vererblichkeit des Vergütungsanspruchs (s. § 1 Rdn. 149) – ebenso wie bei sonstigen Schuldverhältnissen – eine **Vererblichkeit** von Auskunftsansprüchen. und damit eine Auskunftspflicht ggü. den Erben anerkennen müssen, jedenfalls soweit eine Vergütungsregelung besteht.[695] Allerdings kann es zugunsten des Arbeitgebers gerechtfertigt sein, bei diesem betriebsfremden Personenkreis an Zumutbarkeit und Erforderlichkeit gesteigerte Anforderungen zu stellen.

Der **Arbeitgeber** ist der alleinige **Schuldner** der Vergütung und damit auch des Auskunfts- und Rechnungslegungsanspruchs (s.a. § 9 Rdn. 4). Das gilt

---

692 So z.B. im Fall BGH v. 16.04.2002 – X ZR 127/99, GRUR 2002, 801 – *Abgestuftes Getriebe* und BGH v. 17.11.2009, GRUR 2010, 223 – *Türinnenverstärkung*; ferner u. a. bei LG Düsseldorf v. 18.01.2018 – 4c O 37/16, (Düsseldf. Entsch. Nr. 2741) – Photovoltaikanlage 1.
693 So z.B. im Fall BGH v. 06.03.2012 GRUR 2012, 605 – Antimykotischer Nagellack I u. v. 29.04.2003 GRUR 2003, 789 – Abwasserbehandlung; OLG Karlsruhe v. 22.10.2014 – 6 U 127/13, (unveröffentl. dort zu § 16 Abs. 3 ArbEG); vgl. auch OLG München v. 14.09.2017, GRUR-RR 2018, 137 (Rn. 48) – Spantenmontagevorrichtung.
694 Palandt/Grüneberg, BGB, § 260 Rn. 10 m.w.N.
695 Für eine Vererblichkeit des »für die Vergütung notwendigen Auskunfts- und Rechnungslegungsanspruchs« auch Cordt (2017), S. 173.

ausnahmslos, auch bei Lizenzvergabe[696], Verkauf bzw. Übertragung[697] sowie Austausch[698] der Diensterfindung, ebenfalls bei Verwertungen im Konzern (s. § 12 Rdn. 296). Auch sonstige Dritte, die die Diensterfindung verwerten, treffen keine eigenen Auskunftspflichten gegenüber dem Arbeitnehmer (s. auch § 12 Rdn. 170.3).

## 2. Abgrenzung zwischen Auskunft und Rechnungslegung

Der **Auskunftsanspruch** soll es dem Arbeitnehmer gestatten, seinen Vergütungsanspruch zu berechnen. Auf die Möglichkeit einer unbezifferten Klage nach § 38 braucht er sich nicht verweisen zu lassen.[699] Bei der **Auskunft** handelt es sich letztlich um eine Wissenserklärung[700] (Mitteilung) des Arbeitgebers ggü. dem Arbeitnehmererfinder bezüglich solcher Tatsachen, deren Kenntnis für den Arbeitnehmererfinder zur Beurteilung seiner vergütungsbezogenen Ansprüche erforderlich ist (s. i.Ü. § 12 Rdn. 170.2). Eine Pflicht des Arbeitgebers zur Vorlage von Unterlagen (Belegen) ist nicht Inhalt des Auskunftsanspruchs[701] (s. dazu § 12 Rdn. 162.8)   **162.4**

Eine **Rechnungslegung** (Rechenschaftslegung, vgl. § 259 BGB) geht regelmäßig über die Auskunft hinaus.[702] Zwischen beiden Pflichten besteht ein gradueller Unterschied. Die Rechnungslegungs- bzw. Rechenschaftspflicht umfasst sowohl die Auskunft, also die Mitteilung der vergütungsrelevanten Tatsachen,   **162.5**

---

696 Vgl. z. B. BGH v. 05.02.2013 GRUR 2013, 498 (insbes. Rn. 28) – Genveränderungen; im Ergebn. auch BGH v. 06.03.2012, Mitt. 2012, 285 – Antimykotischer Nagellack I (insbes. Rn. 14).
697 Wohl ganz h. M., z. B. OLG Frankfurt v. 07.12.2017 – 6 U 204/16, (www.lareda.hessenrecht.hessen.de) – Mark up; Busse/Keukenschrijver, PatG, Rn. 40 zu § 12 ArbEG m. H. a. Schiedsst. v. 02.04.2009 – Arb.Erf. 58/07.
698 Vgl. z. B. BGH v. 17.11.2009 GRUR 2010, 223 (insbes. Rn. 39) – Türinnenverstärkung, dort zur Übertragung an eine Muttergesellschaft und Nutzung im Konzernpool.
699 BGH v. 21.12.1989 – X ZR 30/89, GRUR 1990, 515, 516 – *Marder* u. BGH v. 23.10.2001, GRUR 2002, 149, 153 – *Wetterführungspläne II*; vgl. auch BGH v. 02.12.1960 – I ZR 23/59, GRUR 1961, 338, 341 (zu 4 c) – *Chlormethylierung*; OLG Hamburg v. 19.02.1981, EGR Nr. 31 zu § 12 ArbEG u.v. 29.10.1987, EGR Nr. 62 zu § 12 ArbEG; Keukenschrijver in Busse/Keukenschrijver, PatG, Rn. 41 zu § 12 ArbEG.
700 S. allg. Palandt/Grüneberg, BGB, § 260 Rn. 14.
701 Zutreffend ständ. neuere Praxis Schiedsst. seit EV v. 15.04.2010 – Arb.Erf. 36/08 (Datenbank, in www.dpma.de nur LS. 1–3); v. 09.01.2013 – Arb.Erf. 16/10; v. 15.01.2013 – Arb.Erf. 44/11, (beide www.dpma.de), jeweils m. H.a. Palandt/Grüneberg, BGB, § 260 Rn. 14 f.
702 BGH v. 17.11.2009 – X ZR 60/07, (juris, Rn. 14) – *Türbänder*.

als auch die **Rechnungslegung**[703] im engeren Sinn. Insoweit gebietet die Pflicht, Rechnung zu legen (§ 259 BGB), im Arbeitnehmererfindungsrecht eine geordnete Aufstellung der Einnahmen und – soweit erforderlich – der Ausgaben.[704] Eine Beifügung von Belegen kommt nur in Betracht, soweit solche erteilt zu werden pflegen (§ 259 BGB, s. § 12 Rdn. 162.7 f.).

### 3. Zweck und Voraussetzungen des Rechnungslegungsanspruchs, Vorlage von Unterlagen

162.6 Die Rechtsprechung hat eine Rechnungslegungspflicht i.S.d. § 259 BGB zunächst daraus **hergeleitet**, dass der Arbeitnehmererfinder ohne die Kenntnis der mit der Erfindung erzielten Umsätze und der Unterlagen, aufgrund derer die Vergütung vom Arbeitgeber berechnet wird (bzw. zu berechnen ist), weder das Bestehen eines Vergütungsanspruchs feststellen noch die Höhe eventuell gezahlter Vergütungsbeträge überprüfen und den Umfang seiner Vergütungsansprüche berechnen kann.[705] Die Ansprüche sollen zugleich die Geltendmachung von Vergütungsansprüchen vorbereiten und der Schiedsstelle bzw. dem angerufenen Gericht die Möglichkeit bieten, auf einer ausreichenden Grundlage den angemessenen Vergütungsbetrag zu bestimmen[706] (vgl. §§ 28, 38 ArbEG). Dagegen ist es nicht Ziel des Rechnungslegungsanspruchs, bestimmte Berechnungsfaktoren für einen Vergütungsanspruch unstreitig zu stellen.[707]

162.7 Soweit die höchstrichterliche Rechtsprechung den Arbeitgeber – über die Auskunftspflicht hinaus – im Ergebnis **generell** zur **Rechnungslegung** ggü. dem Arbeitnehmererfinder verpflichtet,[708] erscheint dies **nicht unbedenklich**:[709]

---

703 S. dazu Palandt/Grüneberg, BGB, § 259 Rn. 8.
704 BGH v. 17.11.2009 – X ZR 60/07, (juris, Rn. 14) – *Türbänder*. Vgl. auch allg. BGH v. 16.09.1982, GRUR 1982, 723, 725 – *Dampffrisierstab*; v. 20.05.2008, Mitt. 2008, 407, 409 (Tz. 31).
705 BGH v. 17.05.1994 – X ZR 82/92, GRUR 1994, 898, 900 – *Copolyester* m.H.a. BGH v. 02.12.1960 – I ZR 23/59, GRUR 1961, 338, 341 (zu 4 c) – *Chlormethylierung*; bestätigt u. a. durch BGH v. 06.02.2002 – X ZR 215/00, GRUR 2002, 609, 610 – *Drahtinjektionseinrichtung*; vgl. auch BGH v. 13.11.1997 – X ZR 6/96, GRUR 1998, 684, 688 – *Spulkopf*.
706 OLG Düsseldorf v. 05.12.1985 – 2 U 106/84, (unveröffentl.).
707 OLG Düsseldorf v. 05.12.1985 – 2 U 106/84, (unveröffentl.).
708 In diesem Sinne wohl BGH v. 17.05.1994 – X ZR 82/92, GRUR 1994, 898, 900 – *Copolyester*; in der Folgezeit spricht der BGH synonym vom Auskunfts- und Rechnungslegungsanspruch, vgl. etwa BGH v. 13.11.1997 – X ZR 6/96, GRUR 1998, 684, 687 – *Spulkopf*; dem folgend die Instanzgerichte, vgl. etwa OLG Düsseldorf v. 13.09.2007, InstGE 8, 147, 151 – *Türinnenverstärkung*.
709 Volz, GRUR 2010, 865, 870 f.

## F. Anspruch auf Auskunftserteilung bzw. Rechnungslegung § 12

Die Rechnungslegung stellt eine besondere Art der Auskunft dar und ist damit nicht automatische Folge eines aus Treu und Glauben hergeleiteten Auskunftsanspruchs. Vielmehr bedarf sie – da im ArbEG kein dahingehender Gesetzesbefehl besteht – einer besonderen, zusätzlichen **Rechtfertigung**.[710] Angesichts des im Regelfall mit einer Rechnungslegung verbundenen massiven Verwaltungsaufwandes für den Arbeitgeber reicht der Hinweis auf ein generelles Überprüfungsinteresse des Auskunftsberechtigten[711] im Hinblick auf die Zumutbarkeitsschranke für den Auskunftsverpflichteten nicht aus, um diesen Anspruch zu rechtfertigen. In diesem Sinn ist u. E. auch die Grundsatzentscheidung des *BGH* »Copolyester I« zu verstehen, die ausdrücklich darauf hinweist,[712] dass der Anspruch auf Auskunftserteilung »eine Pflicht zur Rechnungslegung nach § 259 BGB zum Inhalt *haben kann*« – und damit: nicht auch zwangsläufig haben muss. Abweichend von der wohl herrschenden Meinung werden daher u. E. besondere Umstände zu fordern sein, die im Einzelfall – über die Auskunftserteilung hinaus – das Verlangen nach geordneter Zusammenstellung der Einnahmen und Ausgaben erforderlich machen.[713] Dann müssten u. E. konkrete Umstände dargelegt werden, die in dem Einzelfall auf einen Überprüfungsbedarf des Arbeitnehmererfinders schließen lassen, wie etwa vorangegangene unvollständige oder fehlerhafte Auskünfte des Arbeitgebers.

Dies entspricht auch der Praxis der *Schiedsstelle*:[714] Danach stehen die Ansprüche auf Auskunft und Rechnungslegung in einem **Stufenverhältnis**.[715] Ein Rechnungslegungsanspruch (als zweite Stufe) greift nach der Spruchpraxis der Schiedsstelle regelmäßig erst dann, wenn angesichts des Gesamtverhaltens des Arbeitgebers Grund zur Annahme besteht, dass der Arbeitgeber seine Aus-

---

710 Vgl. auch allg. BGH v. 29.01.1985 – X ZR 54/83, GRUR 1985, 472 – *Thermotransformator*.
711 In diesem Sinne wohl BGH v. 17.05.1994 – X ZR 82/92, GRUR 1994, 898, 900 – *Copolyester*.
712 BGH v. 17.05.1994 1994, 898, 900 – *Copolyester*; ebenso BGH v. 06.02.2002 – X ZR 215/00, GRUR 202, 609, 610 – *Drahtinjektionseinrichtung*; LG Düsseldorf v. 26.03.2009 – 4a O 89/08 (unveröffentl.).
713 Volz, GRUR 2010, 865, 871. Zust. Boemke/Kursawe/Engemann Rn. 447 zu § 9.
714 Grundlegend Schiedsst. v. 15.04.2010 – Arb.Erf. 36/08 (Datenbank, in www.dpma.de nur LS. 1–3).
715 Schiedsst. v. 15.04.2010 – Arb.Erf. 36/08, (Datenbank, in www.dpma.de nur LS. 1); v. 06.05.2010 – Arb.Erf. 46/08, (www.dpma.de, LS. 4) u. ZB v. 06.07.2010 – Arb.Erf. 20/09, (www.dpma.de, LS. 3).

kunft nicht mit der erforderlichen Sorgfalt erteilt hat,[716] setzt also namentlich eine vom Arbeitgeber verursachte Situation wachsenden Misstrauens voraus[717]. Letzteres beurteilt sich nach den gleichen Kriterien wie nach § 259 Abs. 2, § 260 Abs. 2 BGB. Demzufolge bejaht die *Schiedsstelle* eine Rechnungslegungspflicht des Arbeitgebers erst dann, wenn seine Auskünfte unrichtig oder unvollständig waren oder mehrfach von ihm berichtigt wurden, es sei denn, dies beruhte auf entschuldbarer Unkenntnis, unverschuldetem Irrtum oder wäre auch bei Anwendung der erforderlichen Sorgfalt unvermeidbar gewesen.[718] Für die mangelnde Sorgfalt reicht es nicht, wenn der Arbeitnehmer die Richtigkeit der Auskunft bestreitet; vielmehr muss er hinreichende Anhaltspunkte für die mangelnde Sorgfalt des Arbeitgebers darlegen.[719] Im Gegenzug trägt der Arbeitgeber die Darlegungslast für die ihn entlastenden Umstände (unverschuldete Unkenntnis usw.). So hat die *Schiedsstelle* eine Rechnungslegungspflicht des Arbeitgebers bspw. anerkannt, wenn der Arbeitgeber zunächst jedwede Benutzung der Diensterfindung bestritten hat, wenig später aber eine umfangreiche Benutzung zugestehen musste.[720] Gleiches gilt, wenn der Arbeitgeber eine Auskunft verweigert und statt dessen mit Gegenvorwürfen reagiert.[721] Andererseits reicht allein der Umstand schwankender Umsätze nicht aus, soweit es sich dabei um normale bzw. übliche Entwicklungen im Wirtschaftsleben handelt.[722]

162.8 I.R.d. Rechnungslegung (§ 259 BGB) kann der Arbeitgeber verpflichtet sein, dem Arbeitnehmer die im Einzelfall erforderlichen **Unterlagen** zur Einsicht

---

716 Schiedsst. v. 15.04.2010 – Arb.Erf. 36/08, (Datenbank); v. 06.05.2010 – Arb.Erf. 46/08, (Datenbank, in www.dpma.de nur LS. 5, 6) u. ZB v. 06.07.2010 – Arb.Erf. 20/09, (insoweit nicht in www.dpma.de).
717 S. z. B. Schiedsst. v. 10.03.2016 – Arb.Erf. 23/12, (www.dpma.de = in Mitt. 2017, 86 nur LS.); v. 15.09.2016 – Arb.Erf. 63/14, Mitt. 2018, 192 (= www.dpma.de); v. 06.07.2017 – Arb.Erf. 51/16, (z.Z. unveröffentl.).
718 Schiedsst. v. 15.04.2010 – Arb.Erf. 36/08, (Datenbank); v. 06.05.2010 – Arb.Erf. 46/08, (Datenbank, insoweit in www.dpma.de nur LS. 4 – 6) u. ZB v. 06.07.2010 – Arb.Erf. 20/09, (insoweit in www.dpma.de nur LS. 3 – 5).
719 So im Ergebn. Schiedsst. v. 06.05.2010 – Arb.Erf. 46/08, (Datenbank, in www.dpma.de nur LS. 5, 6).
720 So im Ergebn. Schiedsst. ZB v. 06.07.2010 – Arb.Erf. 20/09, (insoweit nicht in www.dpma.de).
721 V. 06.07.2017 – Arb.Erf. 51/16, (z.Z. unveröffentl.), dort ArbG-Hinweise auf Straftatbestände.
722 So im Ergebn. Schiedsst. v. 15.04.2010 – Arb.Erf. 36/08 (Datenbank, insoweit nicht in www.dpma.de).

F. Anspruch auf Auskunftserteilung bzw. Rechnungslegung    § 12

**vorzulegen**.[723] Dabei verlangt die (frühere) Rechtsprechung, die noch von einem weiten Umfang von Auskunft und Rechnungslegung ausging (s. dazu § 12 Rdn. 173 ff.), dass die Unterlagen für die Vergütungsberechnung so vorgelegt werden müssen, dass der Erfinder die Richtigkeit und Vollständigkeit der Erfüllung seines Vergütungsanspruchs überprüfen kann.[724] Nach der Rechtsprechung des *BGH* im Zusammenhang mit der Auskunftspflicht bei Ausgleichsleistungen zwischen Schutzrechtsteilhabern nach § 745 Abs. 2 BGB besteht ein Anspruch auf Vorlage von Belegen nach Treu und Glauben im Allgemeinen nur dann, »wenn in vergleichbaren vertraglichen Beziehungen üblicherweise Belege vorgelegt werden«, welches dort das Berufungsgericht zutreffend für die Lizenzvertragspraxis verneint hatte[725] (s. auch § 12 Rdn. 173.1). Die *Schiedsstelle* verknüpft mit der – aus ihrer Sicht nur bei besonderen Umständen bestehenden (s. § 12 Rdn. 162.7) – Rechnungslegungpflicht regelmäßig die Pflicht zur Vorlage entsprechender Belege.[726] Dabei bestimmen sich Art und Umfang der vorzulegenden Belege nach den Umständen des Einzelfalls (§ 242 BGB),[727] namentlich nach dem Gesamtverhalten des Arbeitgebers, insb. dem Maß der Sorgfaltspflichtverletzung des Arbeitgebers.[728] Nach Auffassung der *Schiedsstelle*[729] erstreckt sich die Vorlagepflicht einmal (nur) auf solche Vorgänge, die eine »ausreichend konkrete Ermittlung« (Berechnung bzw. Schätzung) des Erfindungswertes gestatten, und zwar nach der im Einzelfall zutreffenden Berechnungsmethode. Andererseits gehen die Vorlagepflichten um so weiter, je stärker die Sorgfaltspflichtverletzung bei der Auskunftserteilung war. So genügen der *Schiedsstelle* bei entsprechender Vorlagepflicht für den Bereich der Lizenzanalogie regelmäßig Umsatznachweise aus

---

723 S. BGH v. 21.12.1989 – X ZR 30/89, GRUR 1990, 515 – *Marder* u. BGH v. 17.05.1994 – X ZR 82/92, GRUR 1994, 898, 900 – *Copolyester*.
724 BGH v. 17.05.1994 – X ZR 82/92, GRUR 1994, 898, 900 – *Copolyester*.
725 BGH v. 16.05.2017 GRUR 2017, 890 (Rn. 67) – Sektionaltor II im Anschl. an OLG Düsseldorf v. 07.08.2014 GRUR 2014, 1190, 1195 – Sektionaltorantrieb; Meier-Beck, GRUR 2018, 977, 983 f.
726 Schiedsst. v. 15.04.2010 – Arb.Erf. 36/08, (Datenbank, in www.dpma.de nur LS. 1–3); v. 06.05.2010 – Arb.Erf. 46/08, (Datenbank, in www.dpma.de nur LS. 6); ZB v. 06.07.2010 – Arb.Erf. 20/09, (www.dpma.de, LS. 4, 5) u. v. 18.07.2012 – Arb.Erf. 30/10, (insoweit nicht in www.dpma.de).
727 Schiedsst. v. 15.04.2010 – Arb.Erf. 36/08 (Datenbank, insoweit nicht in www.dpma.de); v. 06.05.2010 – Arb.Erf. 46/08, (Datenbank, insoweit nicht in www.dpma.de) u. ZB v. 06.07.2010 – Arb.Erf. 20/09, (insoweit nicht in www.dpma.de).
728 So im Ergebnis Schiedsst. v. 15.04.2010 – Arb.Erf. 36/08, (Datenbank, in www.dpma.de nur LS. 2).
729 Schiedsst. v. 12.01.1995 – Arb.Erf. 37/93, (unveröffentl.).

dem Betriebsabrechnungssystem.[730] Die Verpflichtung zur Vorlage weiterer Belege, etwa Abrechnungen mit Kunden über Lieferungen von erfindungsgemäßen Produkten besteht nur, wenn Anhaltspunkte für die Unrichtigkeit bzw. Unvollständigkeit der vorgelegten Belege aus dem Betriebsabrechnungssystem vorhanden sind.[731] Zudem schränkt die *Schiedsstelle* die Vorlagepflicht weiter ein (s. § 12 Rdn. 191). Insgesamt wird man mit Blick auf §§ 259 Abs. 1, 242 BGB die Praxis einiger Instanzgerichte, im Zusammenhang mit der Rechnungslegung eine Pflicht zur Vorlage von Belegen bejahen zu wollen, kritisch hinterfragen müssen; jedenfalls ist in der allgemeinen Unternehmenspraxis bei turnusmäßigen Vergütungsabrechnungen zu Arbeitnehmererfindungen die Vorlage von Belegen (Verträge, Lieferscheine, Rechnungen usw.), bei denen häufig berechtigte Geheimhaltungsinteressen bestehen, keineswegs üblich.[732] Die im neuen § 32d Abs. 1 UrhG für urheberrechtliche Vergütungsansprüche vorgesehene Kombination von Auskunft und Rechenschaft kann nicht als Vorbild dienen (s. § 12 Rdn. 162). U. E. ist es auch mit Blick auf berechtigte Geheimhaltungsinteressen der Geschäftspartner des Arbeitgebers verfehlt, einen allgemeinen Anspruch des Arbeitnehmers auf Vorlage von Geschäftsunterlagen und auf deren Einsichtnahme anzunehmen (s. auch § 12 Rdn. 195). Zur Vorlage von Lizenz- und Kaufverträgen s. § 12 Rdn. 218 f.; zur konkreten Lizenzanalogie s. § 12 Rdn. 207.

Nicht zuletzt gelten für die Rechnungslegung – und damit auch für die Frage der Vorlage von Unterlagen – die **Schranken** von Erforderlichkeit und Zumutbarkeit (s. dazu § 12 Rdn. 222 ff.). Das gilt auch für die Einsicht des Arbeitnehmers in Vergütungsunterlagen.[733] So ist seit jeher anerkannt, dass gerade berechtigte Geheimhaltungsinteressen des Arbeitgebers bei der Pflicht zur Vorlage von Unterlagen zu beachten sind. Deshalb reicht dann die Vorlage der Unterlagen an zur Verschwiegenheit verpflichtete Personen aus[734] (s. dazu § 12

---

[730] Schiedsst. v. 25.05.2005 – Arb.Erf 4/04, (unveröffentl.); bestätigt durch Schiedsst. v. 15.04.2010 – Arb.Erf. 36/08 (Datenbank).

[731] Schiedsst. v. 15.04.2010 – Arb.Erf. 36/08 (Datenbank, insoweit nicht in www.dpma.de).

[732] Eine generelle Vorlagepflicht mangels Üblichkeit ablehnend LG Düsseldorf v. 22.12.2016 – 4a O 105/14, (www.justiz.nrw.de/nrwe, Rn. 227 f.) – Flammpunktprüfung, dort zur Vorlage im Zusammenhang mit Schadensersatzansprüchen des Arbeitnehmererfinders gegenüber dem Arbeitgeber wegen Vorenthaltens einer frei gewordenen Diensterfindung (im Ergebn. – ohne darauf einzugehen – bestätigt durch OLG Düsseldorf v. 26.07.2018 – I – 15 U 2/17, BeckRS 2018, 17622).

[733] Schiedsst. v. 15.04.2010 – Arb.Erf. 36/08 (Datenbank, insoweit nicht in www.dpma.de).

[734] So bereits BGH v. 17.05.1994 – X ZR 82/92, GRUR 1994, 898, 900 – *Copolyester*.

Rdn. 250 ff.). Bei Geschäfts- und Betriebsinterna können berechtigte Arbeitgeberinteressen einer Preisgabe und damit der Vorlage von Geschäftsunterlagen entgegenstehen.[735] Denkbar sind auch Vereinbarungen zwischen den Arbeitsvertragsparteien, welche Unterlagen maßgeblich sein sollen (s. § 12 Rdn. 168 f.).

Unabhängig von kaufmännischen bzw. steuerrechtlichen **Aufbewahrungsfristen** trifft den Arbeitgeber nach Auffassung des *BGH* i.R.d. Erforderlichkeit und Zumutbarkeit regelmäßig eine Aufbewahrungspflicht für vergütungsrelevante Unterlagen, solange Vergütungsansprüche noch zu erwarten sind.[736] Eine solche allgemeine Verpflichtung sollte mit Blick auf den Aufwand für den Arbeitgeber und die ohnehin ausgedehnten handels- und steuerrechtlichen Fristen überdacht werden.

## II. Gegenstand des Auskunfts- und Rechnungslegungsanspruchs

Diese Ansprüche auf Auskunftserteilung und (ggf., s. § 12 Rdn. 162.5 ff.) Rechnungslegung bestehen **hinsichtlich aller Vergütungsansprüche** des Arbeitnehmers, die sich aus dem ArbEG ergeben können (§§ 9, 10 a.F., § 12 Abs. 6 [s. dazu § 12 Rdn. 329 ff.] u. ggf. § 23 [s. dazu § 12 Rdn. 335 ff.], ferner § 14 Abs. 3, § 16 Abs. 3, § 19 Abs. 1, § 20 Abs. 1 u. § 42 Nr. 4 [s. § 42 Rdn. 146]; vgl. auch RL Nr. 5 Abs. 2 Satz 4). Dabei macht es keinen Unterschied, ob der Arbeitnehmererfinder mit seinem Hauptanspruch die erstmalige Festsetzung und Zahlung einer Vergütung, die Zahlung einer weiteren Vergütung aufgrund Neufestsetzung nach § 12 Abs. 6 (s. dazu § 12 Rdn. 329 ff.) oder eine höhere Vergütung mit der Begründung verlangt, eine Vergütungsregelung liege nicht vor bzw. sei wegen Mängeln unwirksam oder in erheblichem Maße gem. § 23 (s. dazu § 12 Rdn. 335 ff.) unbillig.[737] Darüber hinaus besteht ein entsprechender Auskunfts- sowie ggf. Rechnungslegungsanspruch auch bei **Schadensersatzansprüchen** wegen Verletzung erfinderrechtlicher Arbeitgeberpflichten sowie bei **sonstigen Ansprüchen** im Zusammenhang mit Arbeitnehmererfindungen (s. § 12 Rdn. 340 f.).

163

---

735 BGH v. 17.05.1994 – X ZR 82/92, GRUR 1994, 898, 900 – *Copolyester*.
736 BGH v. 13.11.1997 – X ZR 132/95, GRUR 1998, 689, 694 – *Copolyester II*; einschränkend aber BGH v. 23.10.2001, GRUR 2002, 149, 153 – *Wetterführungspläne II* (zu § 36 UrhG); s.a. BGH v. 29.04.2003 – X ZR 186/01, GRUR 2003, 789, 792 – *Abwasserbehandlung*.
737 BGH v. 17.05.1994 – X ZR 82/92, 1994, 898, 900 – *Copolyester* zur Rechnungslegung; BGH v. 20.11.1962 – I ZR 40/61, GRUR 1963, 315, 316 l.Sp. – *Pauschalabfindung* – zu § 12 Abs. 6; BGH v. 21.12.1989 – X ZR 30/89, GRUR 1990, 515, 516 – *Marder* – zur erstmaligen Geltendmachung von Vergütung; OLG Düsseldorf v. 07.05.1992 – 2 U 117/91, (unveröffentl.) – zu § 23.

Aus der Anbindung an den Vergütungsanspruch folgt, dass dieser zwangsläufig den Umfang des (Hilfs-) Anspruchs auf Auskunft und Rechnungslegung kennzeichnet. Die Auskunftsansprüche haben sich naturgemäß auf die **Kriterien zu beschränken**, die nach der **gesetzlichen** Regelung für den durchzusetzenden **Vergütungsanspruch** maßgeblich sind.[738] Insoweit können die Auskunfts- und Rechnungslegungsansprüche weder weitergehen, noch müssen sie im Grundsatz dahinter zurückbleiben.[739] Zu den Schranken s. § 12 Rdn. 222 ff.

163.1 Grds. kann der Auskunfts- und Rechnungslegungsanspruch nicht nur bei Vergütung in Form einer laufenden Zahlung (s. § 9 Rdn. 55 f.), sondern auch bei allen anderen Arten der Erfindervergütung, insb. bei **Pauschalvergütungen** geltend gemacht werden.[740] Geht es bei Pauschalvergütungen um eine Vergütungsanpassung, ergeben sich jedoch Einschränkungen (s. § 12 Rdn. 329 ff.).

Zum sachlichen Gegenstand der Auskunft s. § 12 Rdn. 170 ff.

163.2 Ausnahmsweise erkennt der *BGH* bei Vorliegen besonderer Umstände auch einen **Auskunftsanspruch über die tatbestandlichen Voraussetzungen eines Vergütungsanspruchs** des Arbeitnehmers an,[741] welches hier auch für § 12 Abs. 6 und § 23 relevant wird (zu den engeren Voraussetzungen s. § 12 Rdn. 165, 329, 335).

### III. Voraussetzungen

164 Der Anspruch auf Auskunft bzw. Rechnungslegung ist **unabhängig vom Bestand des Arbeitsverhältnisses**.[742] Anspruchberechtigt ist auch der **ausge-**

---

738 So BGH v. 17.11.2009, GRUR 2010, 223, 225 (Rn. 22) – *Türinnenverstärkung*; ferner OLG Düsseldorf v. 24.10.2013 – I-2 U 63/12, (Düsseldorfer Entscheidung Nr. 2098) – Kunststoffbeutel; s. ferner Volz, GRUR 2010, 865 f.
739 Nach OLG München v. 19.02.2009 – 6 U 3878/07, (unveröffentlicht) wird »alles an Auskunft geschuldet, was für den Arbeitnehmer zur Ermittlung der Anspruchshöhe erforderlich ist.«.
740 Volmer/Gaul Rn. 180 zu § 2.
741 S. BGH v. 23.10.2001, GRUR 2002, 149, 153 – *Wetterführungspläne II* (zu § 36 UrhG).
742 BGH v. 17.05.1994 – X ZR 82/92, GRUR 1994, 898, 900 – *Copolyester* u. BGH v. 21.12.1989 – X ZR 30/89, GRUR 1990, 515, 516 – *Marder*; OLG Hamburg v. 29.10.1987, EGR Nr. 62 zu § 12 ArbEG; im Ergebnis auch BGH v. 16.04.2002 – X ZR 127/99, GRUR 2002, 801 – *Abgestuftes Getriebe*.

schiedene **Arbeitnehmer**⁷⁴³ (vgl. § 26 ArbEG). Zur Abdingbarkeit s. § 12 Rdn. 168 f.

Ansonsten ist hinsichtlich der Voraussetzungen nach dem Gegenstand der Auskunft zu differenzieren:

**1. Bei Auskunft zu Höhe und Umfang der Vergütungsansprüche**

Als Hilfsansprüche setzen der Auskunftsanspruch ebenso wie der Rechnungslegungsanspruch voraus, dass ein Vergütungsanspruch überhaupt in Betracht kommt.⁷⁴⁴ Sowohl für die Auskunft als auch für die Rechnungslegung ist erforderlich, aber auch ausreichend, dass ein **Vergütungsanspruch dem Grunde nach besteht**.⁷⁴⁵ Der Arbeitnehmer muss den zugrunde liegenden Vergütungsanspruch bezeichnen, also erklären, zu welchem gesetzlichen Vergütungsanspruch (vgl. § 9, § 10 a.F., § 14 Abs. 3, § 16 Abs. 3, §§ 19, 42 Nr. 4 ArbEG) bzw. zu welchen im Verfahren nach § 12 ArbEG vereinbarten bzw. festgesetzten Vergütungskriterien er Auskunft und ggf. Rechnungslegung begehrt. Insoweit muss der Arbeitnehmer darlegen und ggf. beweisen, dass eine gewisse Wahrscheinlichkeit für den Vergütungsanspruch besteht (s. § 12 Rdn. 323 f.)

164.1

Ein Vergütungsanspruch aus **§ 9** erfordert dem Grunde nach eine (unbeschränkte) Inanspruchnahme (s. § 9 Rdn. 11 f.).

164.2

Der Anspruch nach **§ 10 a.F.** setzt dagegen – neben der Erklärung der beschränkten Inanspruchnahme – auch die tatsächliche Nutzung durch den Arbeitgeber voraus (s. § 10 a.F. Rdn. 7 ff.).

Soweit es um Vergütungsansprüche aus **vorbehaltenen Nutzungsrechten** geht (vgl. § 14 Abs. 3, § 16 Abs. 3, § 19 Abs. 3), müssen die entsprechenden Voraussetzungen einschließlich der Vorbehaltserklärung des Arbeitgebers gegeben sein.⁷⁴⁶

---

743 BGH v. 17.05.1994 – X ZR 82/92, GRUR 1994, 898, 900 – *Copolyester* u. BGH v. 21.12.1989 – X ZR 30/89, GRUR 1990, 515, 516 – *Marder*; vgl. im Ergebnis auch BGH v. 17.11.2009, GRUR 2010, 223 – *Türinnenverstärkung*; OLG Hamburg v. 29.10.1987, EGR Nr. 62 zu § 12 ArbEG; LG Düsseldorf v. 18.01.2018 – 4c O 37/16, (Düsseldf. Entsch. Nr. 2741, Rn. 43) – *Photovoltaikanlage 1*.
744 OLG Nürnberg-Fürth v. 19.11.1974 – 3 U 137/73 – *Blitzlichtgeräte* (unveröffentl.).
745 S. BGH v. 17.05.1994 – X ZR 82/92, GRUR 1994, 898, 900 – *Copolyester* zur Rechnungslegung m.H.a. BGH v. 11.04.1989, GRUR 1989, 411, 413 – *Offenend-Spinnmaschine*; v. 24.10.2000, GRUR 2001, 155, 157 – *Wetterführungspläne*; vgl. auch Thür. OLG v. 07.12.2011, Mitt. 2012, 364, 366 f. – *Allwettertrittschicht*.
746 Wohl unstreitig, im Ergebn. z. B. zu § 16 Abs. 3 ArbEG: OLG Karlsruhe v. 22.10.2014 – 6 U 127/13, (unveröffentl.);

Entsprechend erfordert ein auf **§ 20 Abs. 1** gestütztes Auskunfts- bzw. Rechnungslegungsbegehren neben der tatsächlichen Verwertung auch das Vorliegen der sonstigen Voraussetzungen eines qualifizierten technischen Verbesserungsvorschlags.[747]

I.Ü. sind die Kriterien **der Erforderlichkeit und der Zumutbarkeit** (s. hierzu § 12 Rdn. 222 ff.) nicht nur für den Umfang, sondern bereits für die Frage bedeutsam, **ob** überhaupt ein Vergütungsanspruch besteht[748] (s.a. § 12 Rdn. 165). Da sich die nach dem ArbEG teilweise anspruchbegründende **Frage der Benutzung** (§ 10 a.F., § 14 Abs. 3, § 16 Abs. 3, § 19 Abs. 3, § 20 Abs. 1, § 42 Nr. 4) im Regelfall der Kenntnis des Arbeitnehmers entzieht, ist zur Prüfung und Bezifferung des Vergütungsanspruchs ein dahingehendes Auskunftsbegehren des Arbeitnehmers über eine Benutzung und deren Umfang regelmäßig von Treu und Glauben gedeckt[749], jedenfalls dann, wenn der Arbeitgeber diese Kenntnis hat bzw. sich unschwer beschaffen kann.

Kommt gesetzlich **kein Vergütungsanspruch in Betracht**, scheidet ein Auskunftsanspruch zwangsläufig aus, beispielsweise für eine Auskunft über Verwertungen im patentfreien Ausland, soweit diese nach § 9 vergütungsfrei sind[750], ferner bei rechtskräftiger Schutzrechtsversagung ohne vorherige Erfindungsbenutzung des Arbeitgebers[751].

Zur Beweislast beim Auskunftsanspruch s. § 12 Rdn. 323 ff.; zum ausnahmsweisen Auskunftsanspruch über die tatbestandlichen Voraussetzungen eines Vergütungsanspruchs s. § 12 Rdn. 165.

**164.3** Ist der **Vergütungsanspruch erloschen**, entfällt für den Zeitraum ab Wegfall der Vergütungspflicht auch ein diesbezüglicher Auskunftsanspruch. Als Neben-

---

747 Vgl. das durch den BGH (Urt. v. 24.10.2000, GRUR 2001, 155 ff. – *Wetterführungspläne*) aufgehobene Teilurteil des OLG Düsseldorf v. 05.03.1998, WRP 1998, 1202, 1205; s. ferner BGH v. 23.10.2001, GRUR 2002, 149, 151 – *Wetterführungspläne II.*
748 BGH v. 16.04.2002 – X ZR 127/99, GRUR 2002, 801, 803 – *Abgestuftes Getriebe*; BGH v. 17.11.2009 – X ZR 60/07, (juris, Rn. 16) – *Türbänder*; OLG Düsseldorf v. 09.08.2007 – 2 U 41/06 – *Ummantelung von Stahlröhren*.
749 Im Ergebn. z. B. zu § 16 Abs. 3 ArbEG: OLG Karlsruhe v. 22.10.2014 – 6 U 127/13, (unveröffentl.). Zur streitigen Benutzung s. a. OLG München v. 14.09.2017, GRUR – RR 2018, 137 (Rn. 48) – *Spantenmontagevorrichtung*.
750 OLG Düsseldorf 08.06.2006 – I-2 U 28/05 – (juris, Rn. 66).
751 LG München I 09.09.2010 MittPat 2012, 413, 414 – *Kopfstütze*.

anspruch zum Hauptanspruch ist er insoweit gegenstandslos.[752] Hat der Arbeitnehmer rechtswirksam auf einen Vergütungsanspruch **verzichtet** (s. hierzu § 23 Rdn. 21), erfasst dieser Verzicht auch den auf Auskunft gerichteten Hilfsanspruch.[753] Dies kann etwa bei abschließenden Regelungen anlässlich der Beendigung eines Anstellungsverhältnisses der Fall sein. Zum Verzicht s. § 12 Rdn. 168 f.

Gleiches gilt für solche Vergütungsansprüche, denen die Einrede der **Verjährung** (§ 214 Abs. 1 BGB) entgegensteht[754] bzw. bei denen der **Verwirkungseinwand** greift[755] (s.a. § 12 Rdn. 306 ff.).

**Zweifel an der Schutzfähigkeit** schließen nach allgemeinen Grundsätzen den Auskunftsanspruch nicht aus[756] (s. § 9 Rdn. 14). Da sich der Auskunftsanspruch grds. auf Nutzungshandlungen im Schutzumfang der Erfindung und der darauf erteilten Schutzrechtsposition beschränkt (s. § 9 Rdn. 91 f.), wirken sich **Schutzrechtsveränderungen im Erteilungs-** sowie **späteren Nichtigkeits- bzw. Löschungsverfahren** auf den Auskunftsanspruch aus. Bestandkräftige **Veränderungen des Schutzumfangs** im Erteilungsverfahren können unmittelbar den Umfang, ggf. auch den Inhalt des Auskunftsanspruchs beeinflussen, und zwar u. E. im Regelfall (nur) mit Wirkung für die Zukunft[757] (s.a. oben § 12 Rdn. 65.1). Wird z.B. eine **mangelnde Schutzrechtsfähigkeit** bestands- oder rechtskräftig festgestellt, so entfällt ex nunc der Vergütungsanspruch (s. hierzu § 2 Rdn. 22 ff.) und insoweit auch der Auskunftsanspruch als hierauf bezogener Hilfsanspruch.[758] Damit bleiben **Verwertungen vor Schutzrechtsversagung** bzw. vor Widerruf/Nichtigerklärung (s. § 12 Rdn. 65.1) grds. vergütungspflichtig, sodass für diesen Zeitraum auch die Auskunftspflicht fortbesteht.[759]

164.4

---

752 Vgl. auch BGH v. 20.11.1962 – I ZR 40/61, GRUR 1963, 315, 316 – *Pauschalabfindung*; vgl. allg. BAG v. 26.02.1969, AP Nr. 3 zu § 87 c HGB u. BGH v. 22.05.1981, NJW 1982, 236.
753 BGH v. 20.11.1962 – I ZR 40/61, GRUR 1963, 315, 316 – *Pauschalabfindung*.
754 OLG Düsseldorf v. 30.11.1995 – 2 U 171/88, (unveröffentl.); s. auch LG Düsseldorf v. 03.12.2013 – 4a O 13/12, (www.justiz.nrw.de, Rn. 34 ff.) – *Rohranfasgerät*.
755 LG Düsseldorf v. 12.12.1995 – 4 O 139/95, (unveröffentl.).
756 Allg. A., z. B. LG Düsseldorf v. 18.01.2018 – 4c O 37/16, (Düsseld. Entsch. Nr. 2741, Rn. 47) – *Photovoltaikanlage 1*.
757 Vgl. auch Boemke/Kursawe/Engemann Rn. 452 zu § 9.
758 OLG Düsseldorf v. 15.03.2007, InstGE 7, 210, 216 f. – *Türbeschläge* (dazu nimmt das Revisionsurteil BGH v. 17.11.2009 – X ZR 60/07, [juris] – *Türbänder* nicht Stellung) m.H.a. BGH v. 23.06.1977, GRUR 1977, 784, 786 f. – *Blitzlichtgeräte*.
759 BGH v. 06.02.2002 – X ZR 215/00, GRUR 2002, 609, 610 – *Drahtinjektionseinrichtung*; im Ergebnis auch OLG Düsseldorf v. 15.03.2007, InstGE 7, 210, 216 f. – *Türbeschläge*.

164.5 Da der Vergütungsanspruch grds. nur für Verwertungshandlungen bis zum Ablauf des Schutzrechts besteht, sind Auskunftsansprüche über **Nutzungshandlungen nach Schutzrechtsende** nicht gegeben; etwas anderes gilt nur dann, wenn Anhaltspunkte dafür vorliegen, dass eine durch das abgelaufene Schutzrecht begründete Monopolstellung des Arbeitgebers auch über die Dauer des abgelaufenen Schutzrechts hinaus fortbesteht und dementsprechend eine Vergütungszahlung nach RL Nr. 42 Satz 4 angemessen erscheint.[760] Da die Fälligkeit des Vergütungsanspruchs regelmäßig an die tatsächliche Verwertung anknüpft (s. § 9 Rdn. 20 ff.), hat der Arbeitnehmer grds. keinen Anspruch auf Auskünfte über den **zukünftig zu erwartenden Nutzungsumfang** (z.B. Angebote, Auftragseingänge, Unternehmungsplanungen usw.); etwas anderes kann nur dann gelten, wenn sich ausnahmsweise daraus ein (unmittelbarer) Vergütungsanspruch ableitet.[761]

## 2. Bei Auskunft über tatbestandliche Voraussetzungen eines Vergütungsanspruchs

165 Der grds. nur im Ausnahmefall (s. § 12 Rdn. 163.2) anzuerkennende **Auskunftsanspruch über die tatbestandlichen Voraussetzungen** eines Vergütungsanspruchs des Arbeitnehmers erfordert eine sorgfältige Abwägung der beiderseitigen Interessen, wobei der auskunftsverpflichtete Arbeitgeber regelmäßig in höherem Maße schutzwürdig erscheint.[762] Dies betrifft – über § 12 Abs. 6 (s. dazu § 12 Rdn. 329 ff.) und § 23 (s. dazu § 12 Rdn. 335 ff.) hinaus – alle sonstigen Auskunftsbegehren, die nicht (nur) auf die Höhe eines Vergütungsanspruchs aus dem ArbEG abzielen, sondern auf dessen (Fort-)Bestehen bzw. auf gesetzliche Anspruchsvoraussetzungen (»Ob«; zur Auskunft über die Frage der Benutzung durch den Arbeitgeber s. § 12 Rdn. 164.2). Relevant kann dies bspw. auch bei den in § 27 angesprochenen Fallsituationen sein. Im Grundsatz erfordert ein dahingehendes Auskunftsverlangen – neben mangelnder Kenntnis –, dass der Arbeitnehmer sowohl seinen Anspruch als auch die Gründe für sein Unvermögen zur weiteren Spezifizierung der Anspruchsvoraussetzungen plausibel darlegt.[763] Darüber hinaus muss auch hier grds. maßgeblich sein, ob der Arbeitgeber dem Auskunftsverlangen ohne unzu-

---

760 OLG Düsseldorf v. 30.11.1995 – 2 U 171/88, (unveröffentl.).
761 Im Ergebn. ebenso Schiedsst. v. 27.11.1990 – Arb.Erf. 24/90, (unveröffentl.).
762 BGH v. 23.10.2001, GRUR 2002, 149, 153 – *Wetterführungspläne II* (zu § 36 UrhG); LG Düsseldorf v. 11.08.2005 – 4b O 456/04, (unveröffentl.).
763 BGH v. 23.10.2001, GRUR 2002, 149, 153 – *Wetterführungspläne II* (zu § 36 UrhG).

mutbaren Aufwand und ohne Beeinträchtigung berechtigter Interessen nachkommen kann (s. § 12 Rdn. 223 ff.).

*Rdn. 166, 167 frei*

## IV. Abdingbarkeit

Der Auskunfts- bzw. Rechnungslegungsanspruch kann u. E. **ganz oder teilweise abbedungen** werden.[764] Eine dahingehende Verständigung der (früheren) Arbeitsvertragsparteien kann auch im Rahmen eines Schiedsstellenverfahrens erfolgen.[765] Da er Hilfsanspruch zum Vergütungsanspruch ist (s. § 12 Rdn. 162.1), unterliegt eine solche Vereinbarung u.E. den Schranken der §§ 22, 23. Die Vereinbarung kann den Vergütungsanspruch insgesamt (z.B. bei einer abschließenden Pauschalvergütung, s. dazu § 9 Rdn. 57 ff.) bzw. einzelne Verwertungsarten betreffen oder sich nur auf einen (isolierten) **Verzicht auf Auskunfts- und/oder Rechnungslegung** beschränken. Ein vollständiger Verzicht ist in der Praxis während eines Arbeitsverhältnisses selten. Relativ häufig wird dagegen der Auskunftanspruch – was zulässig ist – im Zusammenhang mit der Beendigung des Arbeitsverhältnisses konkret abbedungen (s. zur Ausgleichsquittung § 26 Rdn. 56 ff.). Nicht zuletzt wegen der Bedeutung der Auskunft für den Arbeitnehmer und dessen Vergütungsanspruch sind an einen stillschweigenden Verzicht auch hier strenge Anforderungen zu stellen. Dafür reichen allein weder widerspruchslose Entgegennahme von Vergütungszahlungen noch jährliche Arbeitgeberabrechnungen ohne Angabe von Art und Umfang der Verwertung aus.[766] Angesichts der Schranken des § 23 wird für einen insolierten Verzicht (zur Zulässigkeit s. allg. § 23 Rdn. 21) auf Auskunftsansprüche häufig ein zusätzliches **angemessenes Entgelt** erbracht. Ansonsten gilt auch hier das zum Anpassungsanspruch Gesagte entsprechend (s. § 12 Rdn. 96.1).

Unter Beachtung der gesetzlichen Schranken (insb. §§ 22, 23) ist es ferner zulässig, den Auskunfts- und/oder Rechnungslegungsanspruch **inhaltlich zu modifizieren** bzw. zu konkretisieren (z.B. Festlegung auf Vorlage bestimmter

---

764 Abw. Trimborn, Mitt. 2015, 116, 119, der nur eine Beschränkung des Umfangs der Auskunft und Rechnungslegung für rechtlich möglich hält, nicht dagegen einen Verzicht auf diese Ansprüche, obschon es sich dabei lediglich um Hilfsansprüche zu dem unstreitig abdingbaren Vergütungsanspruch handelt.
765 Reimer/Schade/Schippel/Trimborn Rn. 63 zu § 12 m.H.a. Schiedsst. v. 05.08.1998 – Arb.Erf. 103/96, (unveröffentl.).
766 Trimborn, Mitt. 2010, 461, 467 m.H.a. LG Düsseldorf v. 26.04.2009 – 4a O 89/08, (unveröffentl.).

Unterlagen, etwa Umsatzlisten) oder zu begrenzen. Insb. im Rahmen sog. Incentive-Programme sind Modifikationen nicht selten (s. § 11 Rdn. 27).

## V. Inhalt und Umfang der Auskunft bei Vergütungsansprüchen

### 1. Grundsätze

#### a) Allgemeines

170 Inhalt und Umfang des Auskunfts- und Rechnungslegungsanspruch bestimmen sich stets nach den **Umständen des Einzelfalls**,[767] und zwar unter Abwägung der beiderseitigen Interessen und Beachtung von Treu und Glauben (§ 242 BGB) sowie ggf. nach der Verkehrsübung (s. aber § 12 Rdn. 171.1).

170.1 Grds. muss die **Auskunft alle Angaben** enthalten, die der Arbeitnehmer benötigt, um seine **Erfindervergütung berechnen**[768] sowie beurteilen zu können, **ob und in welchem Umfang** ihm ein **Vergütungsanspruch** bzw. ein **Anspruch auf Neuregelung** gem. § 12 Abs. 6 bzw. **Geltendmachung der Unbilligkeit** gem. § 23 ArbEG zusteht.[769] Der Arbeitnehmer ist in die Lage zu versetzen, den Umfang seiner Vergütungsansprüche zu berechnen und (ggf.) die Höhe gezahlter Vergütungsbeträge auf Richtigkeit und Vollständigkeit zu überprüfen[770] (zur Überpüfungsfunktion s. aber § 12 Rdn. 162.7). Der Arbeitgeber ist damit insbesondere verpflichtet, dem Arbeitnehmer grundsätzlich diejenigen Auskünfte zu erteilen, die dieser benötigt, um Umfang und Höhe der ihm zustehenden Arbeitnehmererfindervergütung berechnen zu können.[771]

---

767 Allg. A., z.B. BGH v. 13.11.1997 – X ZR 6/96, GRUR 1998, 684, 687 – *Spulkopf* u. BGH v. 13.11.1997 – X ZR 132/95, GRUR 1998, 689, 692 – *Copolyester II*; OLG Düsseldorf v. 24.10.2013 – 2 U 63/12 – (www.justiz.nrw.de/nrwe, Rn. 118 = Düsseldf. Entsch. Nr. 2098) – Kunststoffbeutel.
768 Vgl. BGH v. 21.12.1989 – X ZR 30/89, GRUR 1990, 515, 516 – *Marder*.
769 I.d.S. BGH v. 17.05.1994 – X ZR 82/92, GRUR 1994, 898, 900 – *Copolyester*; vgl. auch Röpke, Arbeitsverh. u. ArbNErf. S. 118; vgl. auch Schiedsst. v. 13.12.1986, EGR Nr. 61 zu § 12 ArbEG.
770 S. BGH v. 17.05.1994 – X ZR 82/92, GRUR 1994, 898, 900 – *Copolyester* m.H.a. BGH v. 02.12.1960 – I ZR 23/59, GRUR 1961, 338, 341 (zu 4 c) – *Chlormethylierung*; im Ergebn. so auch BGH v. 21.12.1989 – X ZR 30/89, GRUR 1990, 515, 516 – *Marder*; Keukenschrijver in Busse/Keukenschrijver, PatG, Rn. 43 zu § 12 ArbEG.
771 S. BGH v. 21.12.1989, GRUR 1990, 515, 516 – Marder; OLG Düsseldorf v. 12.04.2012, Mitt. 2012, 463, 464 – Verwendung von Genveränderungen (im Ergebn. bestätigt durch BGH v. 05.02.2013 – X ZR 59/12, GRUR 2013, 498 [Rn. 22 ff., 28] – *Genveränderungen*).

F. Anspruch auf Auskunftserteilung bzw. Rechnungslegung § 12

Die Auskunft kann sich **nur auf Tatsachen** (Handlungen, Umstände, ggf. einschließlich vergütungsrelevanter Bewertungskriterien⁷⁷²) beziehen (s. § 12 Rdn. 164.1, 174), ggf. einschließlich der Tatsache des Nichtbestehens bestimmter Tatbestände. Nicht von der Auskunftspflicht umfasst sind dagegen z.B. hypothetische Abläufe, Erwartungen, Motive, (Zukunfts-) Prognosen oder Wertungen. 170.2

Die Auskunftspflicht erstreckt sich grds. nur auf solche Umstände, die **im Bereich des Arbeitgebers** liegen.⁷⁷³ Dies folgt bereits daraus, dass der **Arbeitgeber der alleinige Schuldner** des Auskunftsanspruchs ist (s. § 12 Rdn. 162.3). Nicht umfasst sind damit regelmäßig Auskünfte über die Verwertung der Diensterfindung bei Dritten, insb. bei Lizenznehmern, Kooperationspartnern, Auftraggebern von Forschungs- bzw. Entwicklungsaufträgen; insoweit beschränkt sich der Auskunftsanspruch grds. auf die aus Drittverwertungen dem Arbeitgeber zufließenden Vermögensvorteile (s. § 12 Rdn. 170.4, 216 ff.). Zu Besonderheiten im Konzernbereich s. § 12 Rdn. 296 ff. 170.3

Demzufolge kann sich der Auskunfts- bzw. Rechnungslegungsanspruch **namentlich auf folgende Angaben** (Tatsachen) erstrecken: 170.4
– **Art der** (vergütungspflichtigen) wirtschaftlichen **Verwertung** des Erfindungs-/Patentgegenstandes durch den Arbeitgeber je nach Anspruchsgrundlage (s. § 12 Rdn. 174 f.), und zwar differenziert nach
  • innerbetrieblicher Verwertung (s. dazu § 12 Rdn. 179 ff.), wobei sich der Umfang der Auskunft nach der zutreffenden Methode der Berechnung des Erfindungswertes bestimmt, sowie
  • außerbetrieblicher Verwertung, insb. durch Lizenzvergabe,⁷⁷⁴ Lizenzaustausch⁷⁷⁵ oder Verkauf von Erfindungsrechten (s. § 12 Rdn. 216 ff.),

---

772 In diesem Sinn OLG Düsseldorf v. 13.09.2007, InstGE 8, 147, Rn. 22 (zitiert nach juris, da insoweit nicht in InstGE abgedruckt) – *Türinnenverstärkung*.
773 LG Düsseldorf v. 18.06.1991 – 4 O 254/90, (unveröffentl.).
774 Z.B. BGH v. 17.11.2009 – X ZR 60/07, (juris, Rn. 14) – *Türbänder*, dort zur Rechnungslegung; vgl. auch BGH v. 05.02.2013 GRUR 2013, 498 – Genveränderungen; ferner OLG Düsseldorf v. 24.10.2013 – I-2 U 63/12, (Düsseldorfer Entscheidung Nr. 2098) – Kunststoffbeutel.
775 Vgl. z.B. zum konzernweiten Patentpool BGH, 16.04.2002 – X ZR 127/99, GRUR 2002, 801 ff. – *Abgestuftes Getriebe* sowie BGH v. 17.11.2009, GRUR 2010, 223, 227 (Rn. 37 ff.) – *Türinnenverstärkung*.

- nach Verwertungshandlungen im In- und Ausland[776] und ggf. nach nationalen und ausländischen Schutzrechten (s.a. § 12 Rdn. 196);
- **Umfang der** (vergütungspflichtigen) **Verwertung**, und zwar ebenfalls differenziert nach
  - innerbetrieblicher Verwertung (s. dazu § 12 Rdn. 179 ff.), wobei sich der Umfang der Auskunft nach der zutreffenden Methode der Berechnung des Erfindungswertes bestimmt (ggf. aufgeschlüsselt nach erfindungsgemäßen Produkten (s. § 12 Rdn. 191), sowie
  - außerbetrieblicher Verwertung, insb. Lizenzeinnahmen (s. § 12 Rdn. 216 ff.), Einnahmen aus Austausch- oder Kaufverträgen (s. § 12 Rdn. 219)
- ggf. **sonstige Vermögensvorteile**[777] (z.B. Lieferaufträge, Einkaufsvergünstigungen, Schadensersatzleistungen aus Schutzrechtsverletzungen usw., s. zu mittelbaren Vorteilen § 9 Rdn. 95).

**b) Treu und Glauben (§ 242 BGB) und Verkehrsübung als Maßstab**

171 Da sich der Auskunftsanspruch aus § 242 BGB herleitet (s. § 12 Rdn. 162.2), prägt der Grundsatz von Treu und Glauben die Ansprüche auf Auskunft und Rechnungslegung,[778] und zwar bei Bestand, Inhalt und Umfang.

171.1 Daraus hat die Rechtsprechung in der Vergangenheit abgeleitet, dass sich Inhalt und Umfang des Auskunfts- bzw. Rechnungslegungsanspruchs unter Beachtung der Grundsätze von **Treu und Glauben** nach den Umständen des Einzelfalls (ggf.) unter Einbeziehung der **Verkehrsübung**[779] sowie unter **Abwägung der beiderseitigen Interessen** aus dem Zweck der Auskunft und

---

776 Z.B. BGH v. 17.11.2009 – X ZR 60/07, (juris, Rn. 14) – *Türbänder*, dort zur Rechnungslegung.
777 Z.B. BGH v. 17.11.2009 – X ZR 60/07, (juris, Rn. 14) – *Türbänder*, dort zur Rechnungslegung.
778 Unstreitig, z.B. BGH v. 16.04.2002 – X ZR 127/99, GRUR 2002, 801, 802 – *Abgestuftes Getriebe*.
779 BGH v. 13.11.1997 – X ZR 6/96, GRUR 1998, 684, 687 – *Spulkopf* u. BGH v. 13.11.1997 – X ZR 132/95, GRUR 1998, 689, 692 – *Copolyester II*.

Rechnungslegung bestimmen.⁷⁸⁰ Im Rahmen dieser Interessenabwägung hat die höchstrichterliche Rechtsprechung zwischen Grund und Höhe des (Vergütungs-) Anspruchs differenziert: Soll der **Grund eines Anspruchs** festgestellt werden, ist der **Arbeitgeber schutzwürdiger** (s. § 12 Rdn. 165), während bei den Angaben zur Erfüllung eines Vergütungsanspruchs, insbesondere zur **Höhe des Anspruchs** dagegen der **Arbeitnehmer schutzwürdiger** ist.⁷⁸¹ In neueren Entscheidungen hat der *BGH* dagegen aus Treu und Glauben die Kriterien der Erforderlichkeit und der Zumutbarkeit der Auskunft und Rechnungslegung hervorgehoben (s. dazu § 12 Rdn. 223 ff. u. 230 ff.). Von daher erscheint fraglich, ob das – sowohl bei der Feststellung als auch beim Nachweis bereits faktisch problematische – Kriterium der Verkehrübung weiterhin relevant ist.

*Rdn. 172 frei*

**c) Abgrenzung zu Auskunftspflichten bei Patentverletzung**

Vereinzelt bzw. in früheren Entscheidungen hat die Rechtsprechung – mangels einer speziellen gesetzlichen Regelung – aus den zum Patentverletzungsrecht entwickelten Grundsätzen einen – zwischenzeitlich u. E. überholten (s. **§ 12 Rdn. 173.2**) – **weiten Umfang** der Auskunfts- bzw. Rechnungslegungspflicht des Arbeitgebers hergeleitet.⁷⁸² Diese Parallele erscheint problematisch: Während die Auskunftspflicht des Arbeitnehmererfinders einen angemessenen Ausgleich für die Zuordnung der Erfindungsrechte an den Arbeitgeber gewährleisten soll (s.a. § 9 Rdn. 1.2), geht es bei der Auskunftspflicht des

173

---

780 Vgl. BGH v. 17.05.1994, GRUR 1994, 898, 900; BGH v. 23.10.2001, GRUR 2002, 149, 153 – *Wetterführungspläne II*; BGH v. 06.02.2002 – X ZR 215/00, GRUR 2002, 609, 611 – *Drahtinjektionseinrichtung*; s. ferner BGH v. 16.04.2002 – X ZR 127/99, GRUR 2002, 801, 803 – *Abgestuftes Getriebe*; OLG Düsseldorf v. 24.10.2013 – 2 U 63/12 – (www.justiz.nrw.de/nrwe, Rn. 118 = Düsseldf. Entsch. Nr. 2098) – Kunststoffbeutel; vgl. zur Patentverletzung BGH v. 03.07.1984 – X ZR 34/83, GRUR 1984, 728, 730 – *Dampffrisierstab II*; s.a. allg. BAG v. 30.01.1960 u.v. 07.07.1960, AP Nr. 1, 2, zu § 242 BGB – Auskunftspflicht; v. 29.07.1993, NZA 1994, 116, 118 u. v. 18.01.1996, NZA 1997, 41, 42; s.a. BGH v. 28.10.1953, BGHZ 10, 385, 387; Schiedsst. v. 21.06.2001, BlPMZ 2002, 230.
781 S. BGH v. 23.10.2001, GRUR 2002, 149, 153 – *Wetterführungspläne II* (zu § 36 UrhG). Zu weitgehend Keukenschrijver in Busse/Keukenschrijver, PatG, Rn. 41 zu § 12 ArbEG, wonach grundsätzlich der Auskunftsberechtigte schutzwürdig ist.
782 BGH v. 17.05.1994 – X ZR 82/92, GRUR 1994, 898, 900 – *Copolyester*; im Anschl. daran u. a. OLG Düsseldorf v. 30.11.1995 – 2 U 171/88, (unveröffentl.) u. v. 13.09.2007, InstGE 8, 147, Rn. 22 (zitiert nach juris, da insoweit nicht in InstGE abgedruckt) – *Türinnenverstärkung*.

Schutzrechtsverletzers um die Verwirklichung von Schadensersatz- oder Bereicherungsansprüchen des in seinen Rechten verletzten Schutzrechtsinhabers, ggf. auch gegen die mit der Auskunft offenbarten gewerblichen Abnehmer, die ebenfalls Schutzrechtsverletzer sein können (Verletzerkette). Im Unterschied zur Schutzrechtsverletzung, bei der der Auskunftsanspruch grds. alle Angaben umfassen muss, um dem Verletzten die allein ihm obliegendende Entscheidung für eine der drei Schadensberechnungen zu ermöglichen,[783] gewähren – worauf auch die *Schiedsstelle* zu Recht hinweist[784] – weder das ArbEG noch die Vergütungsrichtlinien den Arbeitsvertragsparteien ein freies Wahlrecht hinsichtlich der Berechnungsmethoden (s. § 9 Rdn. 108). Die sich auf alle Arten der Schadensberechnung erstreckende Auskunftspflicht des Schutzrechtsverletzers basiert auf dessen fehlender Schutzwürdigkeit, die es angesichts des Unrechtsgehalts seiner rechtswidrigen Verwertungshandlungen rechtfertigt, die Schranken und Grenzen der Auskunftsverlangens zugunsten des verletzten Schutzrechtsinhabers auszudehnen und dem Verletzer weitgehende Offenbarungspflichten aufzuerlegen.[785] Demgegenüber benutzt der Arbeitgeber die Diensterfindung des Arbeitnehmers in gesetzlich legitimierter Weise (§§ 6, 7), sodass ein Geheimhaltungsinteresse ungleich schützenswerter ist,[786] nicht zuletzt angesichts des erheblichen Kosten- und Arbeitsaufwandes, der mit einer Auskunft verbunden sein kann. Auch für das vergleichbare Lizenzvertragsrecht gilt, dass die zur Patentverletzung entwickelten Grundsätze zur Auskunft und Rechnungslegung des Lizenznehmers nicht ohne Weiteres übernommen werden können, da die Umstände maßgebend sind, nach denen sich die vom Lizenznehmer geschuldete Vergütung vertraglich bemisst.[787]

**173.1** Soweit der *BGH* »insbesondere« auf die im **Lizenzvertragsrecht geltenden Grundsätze** über den Rechnungslegungsanspruch des Lizenzgebers ver-

---

783 Vgl. dazu BGH v. 20.05.2008 – X ZR 180/05, Mitt. 2008, 407, 409 [Rn. 31] – *Tintenpatrone* m.w.N.; BGH v. 02.04.1957, GRUR 1957, 336 – *Rechnungslegung*; BGH v. 13.07.1973, GRUR 1974, 53, 54 – *Nebelscheinwerfer*; BGH v. 16.09.1982, GRUR 1982, 723, 725 – *Dampffrisierstab*; BGH v. 03.07.1984 – X ZR 34/83, GRUR 1984, 728, 730 – *Dampffrisierstab II*; BGH v. 17.06.1992 – I ZR 107/90, GRUR 1993, 55 – *Tchibo/Rolex II* u. BGH v. 25.05.1993 – X ZR 19/92, GRUR 1993, 897 – *Mogul-Anlage*. Vgl. aber auch BGH v. 02.02.1995, WRP 1995, 393, 397, wonach die Auskunftspflicht eingeschränkt ist, wenn nur eine Methode zur Schadensberechnung in Betracht kommt.
784 Schiedsst. v. 12.01.1995 – Arb.Erf. 37/93, (unveröffentl.).
785 Ebenso die Kritik der Schiedsst., u. a. EV v. 12.01.1995 – Arb.Erf. 37/93, (unveröffentl.).
786 Schiedsst., u. a. EV v. 12.01.1995 – Arb.Erf. 37/93, (unveröffentl.).
787 Vgl. Hacker in Busse/Keukenschrijver, PatG, Rn. 148 zu § 15 PatG.

weist,⁷⁸⁸ ist dem im Grundsatz zuzustimmen. Der Lizenznehmer schuldet Auskunft bzw. Rechnungslegung über die fällig gewordenen Lizenzgebühren; sie erstreckt sich auf alle Angaben, die dem Lizenzgeber die Möglichkeit der Nachprüfung ihrer Richtigkeit eröffnen.⁷⁸⁹ Ist eine umsatzbezogene Lizenzgebühr bzw. eine Stücklizenz vereinbart, billigt der *BGH* dem Lizenzgeber aber grds. nicht das Recht zu, eine vom Lizenznehmer erteilte Abrechnung durch eine Bucheinsicht oder durch einen beeideten Buchsachverständigen nachzuprüfen.⁷⁹⁰ Aus § 242 BGB könne der Lizenzgeber nicht bei jeder Meinungsverschiedenheit, sondern erst dann einen solchen Anspruch herleiten, wenn sich eine Bucheinsicht nach erfolgter Rechnungslegung als erforderlich und geeignet erweisen sollte, Unstimmigkeiten der erteilten Abrechnung zu beseitigen.

Von daher ist es sach- und interessengerecht, wenn der *BGH* in seinen jüngeren Entscheidungen – soweit ersichtlich – **nicht mehr einen weiten Umfang der Auskunftspflicht des Arbeitgebers fordert** (s.a. § 12 Rdn. 173), sondern die Auskunftspflichten unter dem Aspekt der Erforderlichkeit und Zumutbarkeit zunehmend begrenzt⁷⁹¹ (s. § 12 Rdn. 223 ff. u. 230 ff.; zur Belegvorlage s. oben § 12 Rdn. 162.8). Diese Tendenz spiegelte sich auch in den – allerdings nicht weiterverfolgten – Ursprungsüberlegungen zu einer weiter gehenden Reform des ArbEG wider; dort war erwogen worden, die Auskunft im Wesentlichen auf Angaben zur Verwertung der Diensterfindung und auf Mitteilungen des erfindungsgemäßen Gesamtumsatzes bzw. der Lizenzeinnahmen zu beschränken.⁷⁹² Auch die *Schiedsstelle*⁷⁹³ erstreckt die Reichweite des Auskunfts- und Einsichtsgewährungsanspruchs des Arbeitnehmererfinders nur auf solche Umstände und Vorgänge, die eine ausreichend konkrete Ermittlung des Erfindungswertes gestatten (§ 12 Rdn. 162.7; zum Umfang der Auskunft bei der Lizenzanalogie s.u. § 12 Rdn. 183 ff.).

173.2

---

788 BGH v. 17.05.1994 – X ZR 82/92, GRUR 1994, 898, 900 – *Copolyester*.
789 Vgl. Benkard/Ullmann/Deichfuß, PatG, Rn. 143 ff. zu § 15 PatG.
790 Urt. BGH v. 17.03.1961 – I ZR 63/59, GRUR 1961, 466, 469 – *Gewinderollkopf*.
791 Vgl. etwa BGH v. 16.04.2002 – X ZR 127/99, GRUR 2002, 801, 803 – *Abgestuftes Getriebe*; ferner BGH v. 17.11.2009, GRUR 2010, 223, 224 f. (Rn. 14, 24) – *Türinnenverstärkung* mit Bespr. Volz, GRUR 2010, 865, 866 f. Krit. Jesgarzewski, BB 2011, 2923, 2935, allerdings ohne nähere Begründung.
792 RefE eines Gesetzes zur Änderung des Gesetzes über Arbeitnehmererfindungen vom 25.10.2001, hrsg. vom BMJ (abgedruckt u.a. bei Bartenbach in VPP-Rundbrief 2004, 52, 54 ff.).
793 Schiedsst. v. 12.01.1995 – Arb.Erf. 37/93, (unveröffentl.); s.a. Schiedsst. v. 01.10.2007 – Arf.Erf. 53/04, (unveröffentl.); diff. Schiedsst. v. 21.06.2001, BlPMZ 2002, 230, 231 f.

## 2. Orientierung des Inhalts und Umfangs der Auskunft an dem Vergütungsanspruch und dessen Konkretisierung

### a) Orientierung am Vergütungsanspruch und der Benutzungsart

174 Als Hilfsansprüche können die Auskunfts- und Rechnungslegungsansprüche **grds. weder weitergehen als der Hauptanspruch** (Vergütungsanspruch), **noch müssen sie dahinter zurückbleiben**[794] (s. § 12 Rdn. 162.1). Neben dem Bestand (s. § 12 Rdn. 164.1) sind auch Inhalt und Umfang der Auskunftspflicht des Arbeitgebers von dem zugrunde liegenden Hauptanspruch abhängig.

Der **Umfang** bestimmt sich letztlich **nach Treu und Glauben aus dem Zweck der Auskunft und Rechnungslegung**.[795]

So sind einerseits auskunftspflichtig nur **vergütungspflichtige Verwertungshandlungen**. Vergütungsfreie Nutzungen sind selbst dann nicht auskunftspflichtig, wenn die Diensterfindung dafür kausal war, wie etwa bei »Auslandsnutzungen« im schutzrechtsfreien Ausland[796] oder bei solchen Verwertungshandlungen, die nach einer Vergütungsvereinbarung vergütungsfrei sind. Andererseits haben sich die Auskunftsansprüche naturgemäß auf die Kriterien zu beschränken, die nach der gesetzlichen Regelung für den durchzusetzenden Anspruch maßgeblich sind.[797]

Aus der Anbindung an den gesetzlichen Vergütungsanspruch folgt, dass der Arbeitnehmer **anzugeben** hat, zu welchem gesetzlichen **Vergütungsanspruch** (§§ 9, 10 a.F., 12 Abs. 6 u. ggf. § 23, ferner Benutzungsrechte aus § 14 Abs. 3, § 16 Abs. 3 und § 19 s. § 12 Rdn. 163) bzw. zu welchen im Verfahren nach § 12 vereinbarten bzw. festgesetzten Vergütungskriterien Auskünfte begehrt werden.

Hier können nur diejenigen Auskünfte verlangt werden, die **für** den jeweils geltend gemachten **Hauptanspruch von Relevanz** sind.

174.1 Darüber hinaus ist insb. bei den Vergütungsansprüchen aus § 9 nach der **Art der Verwertung** der Diensterfindung zu differenzieren, d.h. handelt es sich insb. um eine betriebliche Benutzung (RL Nr. 3 ff.) oder um eine außerbe-

---

794 Volz, GRUR 2010, 865 f.
795 So Keukenschrijver in Busse/Keukenschrijver, PatG, Rn. 43 zu § 12 ArbEG.
796 Vgl. OLG Düsseldorf v. 08.06.2006, Mitt. 2006, 471, Rn. 66 (zitiert nach juris, da insoweit nicht in Mitt. abgedruckt) – *Strangpressprofil*.
797 BGH v. 17.11.2009, GRUR 2010, 223, 225 (Rn. 22) – *Türinnenverstärkung*; ebenso BGH v. 17.11.2009 – X ZR 60/07, (juris, Rn. 21) – *Türbänder*.

triebliche Verwertung i.S.d. RL Nrn. 14 bis 17, namentlich mittels Lizenzvergabe, Verkaufs oder Austauschvertrags (s. auch § 12 Rdn. 179 ff., 216 ff.). Auch insoweit bestimmt sich der Umfang nach dem jeweiligen Auskunftsbegehren und der Bedeutung der verlangten Auskünfte für den Vergütungsanspruch aus § 9. Zum Einfluss der Berechnungsmethode s. § 12 Rdn. 179 ff.

**b) Bedeutung getroffener Vergütungsregelungen**

Besteht zwischen den Arbeitsvertragsparteien eine Vergütungsregelung i.S.d. § 12 (Vergütungsvereinbarung, unwidersprochene Vergütungsfestsetzung) und wird weder deren Anpassung nach § 12 Abs. 6 (s. dazu § 12 Rdn. 329 ff.) noch deren Unbilligkeit nach § 23 (s. § 12 Rdn. 335 ff.) geltend gemacht, entfaltet diese auch für den Auskunfts- bzw. Rechnungslegungsanspruch **bindende Wirkung**.[798] Hier erstreckt sich die Auskunftspflicht unter dem Aspekt der Erforderlichkeit nur auf die danach für die Vergütung relevanten Angaben.[799] Das betrifft nicht nur die Festlegung einer bestimmten Berechnungsmethode für den Erfindungswert (s. dazu § 12 Rdn. 179.1), sondern alle darin getroffenen Regelungen. So kann der Arbeitnehmer z.B. keine Auskunft über bestimmte Verwertungshandlungen oder -formen verlangen, wenn diese ausweislich der Vergütungsregelung vergütungsfrei sein sollen (zum Verzicht s.o. § 12 Rdn. 168). Ebenso scheiden Auskünfte, die auf den Umfang des Miterfinderanteils zielen, aus, wenn eine Einigung der Miterfinder über deren Anteile vorliegt und der Arbeitgeber diese übernommen hat (s. dazu § 12 Rdn. 32.2 f.). 175

**Fehlt** eine **Vergütungsregelung**, hat maßgebende Bedeutung für die Auskunft und Rechnungslegung die im jeweiligen Einzelfall zutreffende Berechnungsmethode für den Erfindungswert (s. § 12 Rdn. 179.2). 176

*Rdn. 176 – 178 frei*

**c) Ausrichtung der Auskunft an der Berechnungsmethode bei betrieblicher Eigennutzung**

Im Fall der **betrieblichen Benutzung** ist zwischenzeitlich – vergleichbar mit der Auskunft im Lizenzvertragsrecht[800] – weitgehend anerkannt, dass sich 179

---

798 Zust. u.a. OLG Düsseldorf v. 28.02.2014 – I-2 U 109/11 u. 2 U 109/11, (juris, Rn. 74 f.) – Feuerfester Formstein I u. v. 28.02.2014 – I – 2 U 110/11, (juris, Rn. 75) – technischer Geschäftsführer.
799 S. OLG Düsseldorf v. 28.02.2014 – I-2 U 109/11, 2 U 109/11 – (juris, Rn. 74) – Feuerfester Formstein I.
800 Vgl. dazu Hacker in Busse/Keukenschrijver, PatG, Rn. 148 zu § 15 PatG.

Inhalt und Umfang der vom Arbeitgeber geschuldeten Auskunft nach der im konkreten Vergütungsfall maßgebenden Methode zur Ermittlung des Erfindungswertes bestimmen.[801] Je nach der im Einzelfall zutreffenden Berechnungsmethode zur Ermittlung des Erfindungswertes (vgl. dazu § 19 Rdn. 86 ff.) fallen die Auskunftspflichten des Arbeitgebers unterschiedlich aus. Insoweit ist der Umfang der Auskunftspflicht gem. § 242 BGB unter dem Aspekt der Erforderlichkeit (s. § 12 Rdn. 223 ff.) von den Erfordernissen der im Einzelfall zutreffenden Berechnungsmethode abhängig[802] (vgl. auch RL Nr. 5 Abs. 2 Satz 4). Gleiches gilt für den Anspruch auf Rechnungslegung.[803]

179.1 Haben sich die Arbeitsvertragsparteien **auf einen bestimmten Abrechnungsmodus geeinigt** (s. § 12 Rdn. 17 ff.) oder hat der Arbeitnehmererfinder ohne Widerspruch jahrelang die auf einer bestimmten Berechnungsmethode, etwa der Lizenzanalogie, errechneten Vergütungsbeträge entgegengenommen, kann der Arbeitnehmer billigerweise ebenfalls nur die Angaben verlangen, die üblicherweise i.R.d. gewählten Berechnungsmethode erforderlich sind.[804] Gleiches gilt u. E. auch im Fall einer (verbindlichen) Vergütungsfestsetzung.

179.2 Fehlt es an einer (wirksamen) Vergütungsregelung, gilt dies auch dann, wenn sachlich ausschließlich eine **bestimmte Berechnungsmethode** für den Erfindungswert **in Betracht** kommt; auch in diesem Fall kann der Arbeitnehmer billigerweise nur diejenigen Angaben verlangen, die üblicherweise i.R.d.

---

801 BGH v. 13.11.1997 – X ZR 6/96, GRUR 1998, 684, 687 – *Spulkopf*; im Ergebn. auch BGH v. 13.11.1997 – X ZR 132/95, GRUR 1998, 689, 691 – *Copolyester II*; folgend die Instanzgerichte, z. B. LG Braunschweig v. 26.04.2017 – 9 O 1722/16, (www.rechtsprechung.niedersachsen.de), Rn. 123) – *Schwenkfüße*; LG Düsseldorf v. 18.01.2018 – 4c O 37/16, (Düsseldf. Entsch. Nr. 2741, Rn. 59 ff.) – *Photovoltaikanlage 1*.
802 In diesem Sinn – wenn auch unter Berufung auf BGH-Copolyester I, [GRUR 1994, 898 (900)] – bereits BGH v. 13.11.1997 – X ZR 6/96, GRUR 1998, 684, 687 – *Spulkopf*; ferner BGH v. 16.04.2002 – X ZR 127/99, GRUR 2002, 801, 803 – *Abgestuftes Getriebe*; ferner im Ergebn. BGH v. 17.11.2009, GRUR 2010, 223 (224 f. Rn. 13 f., 23 f.) – *Türinnenverstärkung*; Volz, GRUR 2010, 865, 867. In diesem Sinn auch schon Schiedsst. v. 12.01.1995 – Arb.Erf. 37/93, (unveröffentl.) u. v. 25.02.1999 – Arb.Erf. 3/97, (unveröffent.).
803 BGH v. 13.11.1997 – X ZR 132/95, GRUR 1998, 689, 691 – *Copolyester II*.
804 BGH v. 17.05.1994 – X ZR 82/92, GRUR 1994, 898, 900 – *Copolyester*; OLG Düsseldorf v. 28.02.2014 – I-2 U 109/11 u. 2 U 109/11, (juris, Rn. 74 f.) – *Feuerfester Formstein I*.

Berechnung nach der zutreffenden Methode erforderlich sind.[805] Hier wirkt sich aus, dass **kein Wahlrecht** bezüglich der Methode besteht, sondern stets die Methode heranzuziehen ist, die dem jeweiligen Benutzungssachverhalt gerecht wird[806] (s. § 9 Rdn. 103 ff.); dies ist im Regelfall bei betrieblicher Benutzung die Lizenzanalogie (s. dazu unten § 12 Rdn. 183 ff.).

Da eine **Kombination mit anderen Berechnungsmethoden** nicht möglich ist (s. hierzu § 9 Rdn. 113), scheiden weitergehende Auskunftsbegehren des Arbeitnehmers auf Basis einer anderen Berechnungsmethode aus, etwa neben der Lizenzanalogie auch Auskünfte für die Methode nach dem erfassbaren betrieblichen Nutzen i.S.d. RL Nr. 12; allein der Hinweis auf eine **Kontrollrechnung** (s. dazu § 9 Rdn. 113) reicht bereits mit Blick auf die Zumutbarkeitsschranke (s. § 12 Rdn. 230 ff.) zur Begründung zusätzlicher Auskunftsansprüche nicht aus[807] (s.a. § 12 Rdn. 226). So können bspw. Angaben zu innerbetrieblichen Einsparungen im Hinblick auf die Methode nach dem erfassbaren betrieblichen Nutzen nicht verlangt werden, wenn aufgrund der mit der Erfindung ausschließlich verbundenen Umsatzgeschäfte nur die Berechnungsmethode nach der Lizenzanalogie in Betracht zu ziehen ist[808] (s. dazu § 9 Rdn. 105 ff.). 179.3

Angesichts dieser Fortentwicklung der höchstrichterlichen Rechtsprechung ist es **nicht mehr zeitgemäß,** »im Hinblick auf die verschiedenen Möglichkeiten einer Vergütungsberechnung« von einem **weiten Umfang** des Auskunfts- und 180

---

805 Vgl. BGH v. 13.11.1997 – X ZR 6/96, GRUR 1998, 684, 687 – *Spulkopf*; BGH v. 13.11.1997 – X ZR 132/95, GRUR 1998, 689, 691 – *Copolyester II*; BGH v. 16.04.2002 – X ZR 127/99, GRUR 2002, 801, 803 – *Abgestuftes Getriebe*; im Ergebn. auch BGH v. 29.04.2003 – X ZR 186/01, GRUR 2003, 789 – *Abwasserbehandlung* sowie BGH v. 17.11.2009, GRUR 2010, 223, 224 (Rn. 13 f.) – *Türinnenverstärkung*; ferner Keukenschrijver in Busse/Keukenschrijver, PatG, Rn. 43 zu § 12 ArbEG. In diesem Sinn bereits Schiedsst., 12.01.1995 – Arb.Erf. 37/93, (unveröffentl.) u. v. 25.02.1999 – Arb.Erf. 3/97, (unveröffentl.); im Ergbn. auch OLG München v. 14.09.2017, GRUR-RR 2018, 137 (Rn. 59) – Spantenmontagevorrichtung.
806 So h. M.; abweichend aber OLG München v. 14.09.2017 (GRUR-RR 2018, 137 [Rn. 57 f.] – Spantenmontagevorrichtung), das – trotz anerkannter besonderer Eignung der Lizenzanalogie (a.a.O. Rn. 59) – von einem Wahlrecht des Arbeitnehmererfinders auszugehen scheint, weshalb sich sein Auskunfts- und Rechnungslegungsanspruch grundsätzlich auf alle Angaben beziehe, die er »benötigt, um sich für eine der ihm offenstehenden Berechnungsmethoden zu entscheiden«!
807 Volz, GRUR 2010, 865, 870. Im Ergebn. bereits LG Düsseldorf Teilurt. v. 25.07.1995 – 4 O 71/95, (unveröffentl.).
808 So bereits LG Düsseldorf v. 23.06.1992 – 4 O 298/91, u. v. 25.07.1995 – 4 O 71/95, (beide unveröffentl.). Schiedsst. v. 25.02.1999 – Arb.Erf. 3/97, (unveröffentl.).

Rechnungslegungsanspruchs auszugehen, wie dies noch vor über 20 Jahren der *BGH* in seiner Copolyester I-Entscheidung betont hatte[809] und dabei zu Recht auf massive Kritik gestoßen war.[810] Soweit ersichtlich, haben die neueren Entscheidungen des *BGH* zu Recht nicht mehr an diesem – **weder sachlich begründeten noch interessengerechten** – Ansatz festgehalten[811] (s. § 12 Rdn. 173.2).

### d) Zeitpunkt der Auskunftserteilung

181 Bezüglich des Zeitpunkts der Auskunftserteilung **folgt** der Auskunftsanspruch als Hilfsanspruch (s. § 12 Rdn. 161.2) dem **zu Grunde liegenden Vergütungsanspruchs** (s. § 12 Rdn. 174 f.) und dessen Fälligkeit (s. § 9 Rdn. 20 ff.). Vor Fälligkeit des Vergütungsanspruchs kann grundsätzlich auch ein Anspruch auf Auskunft und Rechnungslegung nicht fällig geworden sein. Der Zeitpunkt wird im Übrigen beeinflusst vom **Zweck der Auskunft** und den Grundsätzen von **Treu und Glauben**, insbesondere von Erforderlichkeit und Zumutbarkeit (s. § 12 Rdn. 223 ff.). Bei einer Vergütungsregelung i.S.d. § 12 bestimmt sich danach auch der Zeitpunkt der Auskunftserteilung, sei es ausdrücklich oder auf Grund der dort geregelten Fälligkeit der Vergütungszahlung (§ 271 Abs. 1 BGB, s. § 12 Rdn. 50.5). Ansonsten setzt auch hier die Fälligkeit der Auskunft und Rechnungslegung zwangsläufig voraus, dass die zur Bezifferung des Vergütungsanspruchs **erforderlichen Informationen tatsächlich und verlässlich vorliegen**. Bei einer laufenden Vergütung, die von den Gesamtumsätzen (Lizenzanalogie) bzw. den Lizenzeinnahmen (RL Nrn. 14, 15) innerhalb eines Geschäftsjahres abhängt, liegen die notwendigen Informationen (Umsatzzahlen, Nettolizenzeinnahme usw.) erst nach dem Jahresabschluss vor (s. § 9 Rdn. 55 ff.). Damit besteht eine Auskunftpflicht ebenfalls grundsätzlich nur jährlich[812] (vgl. auch § 32d Abs. 1 UrhG), und zwar nach Ablauf des Geschäftsjahres[813] und nach Vorliegen des Jahresabschlusses.

---

809 BGH v. 17.05.1994 – X ZR 82/92, GRUR 1994, 898, 900 – *Copolyester*.
810 Zur Kritik s. u. a. Schiedsst. v. 12.01.1995 – Arb.Erf. 37/93, (unveröffentl.); Hellebrand, GRUR 2001, 678 ff.; 4. Vorauflage Rn. 170.2 zu § 12; vgl. auch Jestaedt VPP-Rundbrief 3/1998 s. 67 ff.
811 Im Anschluss an BGH-Copolyester I (v. 17.05.1994, GRUR 1994, 898, 900) noch OLG Düsseldorf v. 13.09.2007, InstGE 8, 147, Rn. 22 (zitiert nach juris, da insoweit nicht in InstGE abgedruckt) – *Türinnenverstärkung*. S. i.Ü. Volz, GRUR 2010, 865, 867.
812 Im Ergebn. auch Keukenschrijver in Busse/Keukenschrijver, PatG, Rn. 43 zu § 12 ArbEG m. H. a. LG Düsseldorf v. 12.07.2011 – 4a O 52/10, (unveröffentl.), dort zu Lizenzeinnahmen.
813 LG Düsseldorf v. 12.07.2011 – 4a O 52/10, (unveröffentl.).

Im Rahmen der Zumutbarkeit ist auch der zeitliche und verwaltungsmäßige Aufwand für den Arbeitgeber zu berücksichtigen, so dass der Zeitpunkt des Auskunftsverlangens weder willkürlich noch zur Unzeit oder in kurzen Zeitabständen gewählt sein darf, sondern mit Blick auf den Hauptanspruch und den Zweck der Auskunft sachgerecht, sinnvoll und angemessen sein muss. Auch insoweit greifen Grenzen der Auskunft (s. § 12 Rdn. 222 ff.).

*Rdn. 182 frei*

### 3. Auskunftsumfang bei der Lizenzanalogie

#### a) Grundsätze

Im Fall der betrieblichen Benutzung ist zur Feststellung des Erfindungswerts regelmäßig die Methode der Lizenzanalogie heranzuziehen (s. § 9 Rdn. 109), sodass sich der Umfang der Auskunft auf die Angaben beschränkt, die üblicherweise für die Ermittlung des Erfindungswertes nach der Lizenzanalogie (s. § 9 Rdn. 120 ff.) **im konkreten Einzelfall erforderlich** sind[814] (zur Erforderlichkeit s. § 12 Rdn. 225 ff.). Fehlt es an vergleichbaren Fällen für die Üblichkeit der Bemessung der Lizenzgebühr und deren Anknüpfungstatsachen (zur Reihenfolge s. § 9 Rdn. 121), hat der Arbeitgeber nach der Rechtsprechung des *BGH*[815] im Grundsatz diejenigen Angaben zu machen, derer es für die Ermittlung bedarf, »welche Gegenleistung einem gedachten Lizenzgeber zustehen würde, wenn vernünftige [Lizenzvertrags-]Parteien Art und Umfang der Nutzung der Erfindung durch den Arbeitgeber zum Gegenstand einer [Lizenz-]Vereinbarung« über eine ausschließliche Lizenz gemacht hätten. Insoweit kommt es ausschließlich auf die bei der Lizenzanalogie vergütungsrelevanten Kriterien an, und dies auch nur insoweit, als sie im konkreten Einzelfall für

183

---

[814] S. BGH v. 13.11.1997 – X ZR 6/96, GRUR 1998, 684, 687 – *Spulkopf*; im Ergebnis auch BGH v. 13.11.1997 – X ZR 132/95, GRUR 1998, 689, 691 – *Copolyester II*; ferner BGH v. 16.04.2002 – X ZR 127/99, GRUR 2002, 801, 803 – *Abgestuftes Getriebe*; BGH v. 29.04.2003 – X ZR 186/01, GRUR 2003, 789 – *Abwasserbehandlung*; BGH v. 17.11.2009, GRUR 2010, 223, 224 f. (Rn. 13 ff.) – *Türinnenverstärkung*.

[815] BGH v. 16.04.2002 – X ZR 127/99, GRUR 2002, 801, 803 – *Abgestuftes Getriebe*; BGH v. 29.04.2003 – X ZR 186/01, GRUR 2003, 789, 790 r. Sp. – *Abwasserbehandlung*; folgend u. a. OLG München v. 14.09.2017, GRUR-RR 2018, 137 (Rn. 59) – *Spantenmontagevorrichtung*.

die Ermittlung erforderlich sind.[816] (s. dazu § 9 Rdn. 124 ff.; zur Erforderlichkeit s. § 12 Rdn. 225 ff.)

184 Davon ausgehend, umfasst der Auskunftsanspruch bei der nach der Lizenzanalogie zu vergütenden Eigennutzung grds. – sofern insb. keine abweichende Vergütungsregelung (s. § 12 Rdn. 175), keine Schranken (s. § 12 Rdn. 222 ff.) und keine Besonderheiten bestehen (s. dazu § 12 Rdn. 296, 329 ff.) – die für den Erfindungswert maßgebenden Angaben über Stückzahl, Umsatzanteil pro Stück und Umsatz.[817] Damit sind für die Praxis insb. die nachstehend dargestellten Angaben relevant.

*Rdn. 185–187 frei.*

**b) Art und Umfang der innerbetrieblichen Verwertung**

188 Hierbei geht es um die **Art** der innerbetrieblichen wirtschaftlichen Verwertung des Erfindungs-/Patentgegenstandes, soweit diese nach § 9 oder nach anderen Bestimmungen (§ 10 a.F., § 14 Abs. 3, § 16 Abs. 3, § 19 Abs. 1, § 42 Nr. 4 n.F., ebenso § 20 Abs. 1) vergütungspflichtig ist, ggf. modifiziert durch eine Vergütungsregelung i.S.d. § 12. Erfasst sind alle vergütungspflichtigen Nutzungshandlungen (s. dazu § 9 Rdn. 101 ff.), und zwar – je nach Schutzrechtssituation – im In- und Ausland. Das betrifft auch den Einsatz als Sperrpatent (s. § 9 Rdn. 201, 206).

189 Die Auskunftspflicht zum Umfang der Verwertung[818] stellt den Arbeitgeber in der Praxis nicht selten vor Probleme in tatsächlicher Hinsicht, wenn es darum geht, diesen u. U. für Jahre rückwirkend festzustellen. Ausgehend von den für den Erfindungswert nach der Lizenzanalogie maßgebenden Kriterien von Stückzahl, Umsatzanteil pro Stück und Umsatz (s. § 12 Rdn. 184) geht es darum, ob und inwieweit **insb. folgende Tatsachen** von der Auskunftspflicht umfasst sind:
– Herstellungsmengen und -zeiten (streitig, s. § 12 Rdn. 190),

---

816 S.a. BGH v. 17.11.2009, GRUR 2010, 223, 224 f. (Rn. 13 ff.) – *Türinnenverstärkung* insoweit in Bestätigung von OLG Düsseldorf v. 13.09.2007, InstGE 8, 147, Rn. 25 ff. (zitiert nach juris, da insoweit nicht in InstGE abgedruckt) – *Türinnenverstärkung*.
817 S. BGH v. 17.11.2009, GRUR 2010, 223, 225 (Rn. 23 f.) – *Türinnenverstärkung*.
818 Vgl. BGH v. 17.05.1994 – X ZR 82/92, GRUR 1994, 898, 900 – *Copolyester* – zur Rechnungslegung; ferner BAG v. 25.06.1964, AP Nr. 3 zu § 242 BGB – Auskunftspflicht.

## F. Anspruch auf Auskunftserteilung bzw. Rechnungslegung § 12

– Liefermengen, -preise und -zeiten (s. § 12 Rdn. 191 ff.) einschließlich Abnehmer bzw. Kunden (streitig, s. § 12 Rdn. 195) und ggf. Vertriebskosten (s. § 12 Rdn. 193) sowie die
– Herstellungs-/Gestehungs-/Produktionskosten und sonstige Kostenfaktoren (streitig, s. § 12 Rdn. 197)
– Gewinne (streitig, s. § 12 Rdn. 199 f.)
– Angaben über sonstige Vermögensvorteile;
– die bisherige Nutzungsdauer (soweit nicht bereits in Art und Umfang der Verwertung enthalten); und zwar ggf. auch für Nutzungshandlungen vor Inanspruchnahme (s. § 9 Rdn. 11).

Soweit Teile der Rechtsprechung eine allgemeine Auskunftspflicht über **Herstellungsmengen**[819] – ggf. aufgeschlüsselt nach Produktionsstätten[820] und Herstellungszeiten[821] – unter Kontrollgesichtspunkten anerkennen, kann dem u. E. nicht gefolgt werden:[822] Auch wenn die wirtschaftliche Verwertbarkeit einer Erfindung zuerst in der Stückzahl, d.h. »in erster Linie in der Anzahl der erfindungsgemäß hergestellten bzw. ausgelieferten Stücke ihren Niederschlag« findet,[823] ist die Herstellung erfindungsgemäßer Produkte als solche für den Arbeitgeber zunächst nur mit Kosten und nicht mit monitären Vorteilen verbunden. Dementsprechend ist die Lizenzanalogie üblicherweise gerade auf den (Außen-) Umsatz und nicht auf die Herstellung ausgerichtet (s. § 9 Rdn. 125). **190**

---

819 So u.a. OLG Düsseldorf v. 13.09.2007 – I – 2 U 113/05 (juris, Rn. 35, insoweit nicht in InstGE 8, 147 abgedruckt) – *Türinnenverstärkung* (einschränkend dagegen das Revisionsurteil BGH v. 17.11.2009, GRUR 2010, 223, 227 (Rn. 44) *Türinnenverstärkung*); im Grundsatz wohl daran festhaltend OLG Düsseldorf v. 24.10.2013 – 2 U 63/12 – (www.justiz.nrw.de/nrwe, Rn. 123 ff. = Düsseldf. Entsch. Nr. 2098, in Mitt. 2014, 95 u. GRUR-RR 2014, 240 f. jew. nur LS) – *Kunststoffbeutel*; ferner OLG Frankfurt v. 07.12.2017 – 6 U 204/16, (www.lareda.hessenrecht.hessen.de) – *Mark up*; LG Braunschweig v. 26.04.2017 – 9 O 1722/16, (www.rechtsprechung.niedersachsen.de, Rn. 128) – *Schwenkfüße*. Zurückhaltend dagegen Schiedsst. v. 23.04.2015 – Arb.Erf. 08/12, (www.dpma.de), dort zur Plausibilitätskontrolle bei berechtigtem Misstrauen wegen beharrlicher Vergütungsverweigerung.
820 U.a. OLG Düsseldorf v. 13.09.2007, InstGE 8, 147, Rn. 40 (zitiert nach juris, da insoweit nicht in InstGE abgedruckt) – *Türinnenverstärkung*; im Ergebnis nicht beanstandet von BGH v. 17.11.2009, GRUR 2010, 223, 227 (Rn. 44) – *Türinnenverstärkung*, sofern eine Auskunft über Herstellungsmengen geschuldet wird.
821 OLG Düsseldorf v. 13.09.2007, InstGE 8, 147, Rn. 35 (zitiert nach juris, da insoweit nicht in InstGE abgedruckt) – *Türinnenverstärkung*; bestätigend BGH v. 17.11.2009, GRUR 2010, 223, 227 (Rn. 44) – *Türinnenverstärkung*, sofern eine Auskunft über Herstellungsmengen geschuldet wird.
822 S. Volz, GRUR 2010, 865, 870.
823 BGH v. 17.11.2009, GRUR 2010, 223, 225 (Rn. 23) – *Türinnenverstärkung*.

Damit ist bei dieser Methode im Regelfall die Angabe der Liefermengen erforderlich, aber auch ausreichend. Der **BGH** hat daher zu Recht in seiner Entscheidung »Türinnenverstärkung« entsprechende Auskunftspflichten stark eingeschränkt:[824] Dort hat der *BGH* Auskunftspflichten zu Herstellungsmengen und -zeiten zum Zweck der Überprüfung von Einzelauskünften nur anerkannt, weil eine »gewisse Plausibilitätskontrolle« durch gleichzeitige Angabe von Herstellungs- und Lieferdaten für den Arbeitnehmer objektiv begründet war, nachdem der Arbeitgeber seiner Pflicht zur Vergütungsfestsetzung »über sehr lange Zeiträume« nicht nachgekommen war.[825] Als Konsequenz aus der aktuellen BGH-Rechtsprechung wird man vom Arbeitgeber keine Angaben zu Herstellmengen und -zeiten verlangen können, soweit nicht ausnahmsweise ein sachlich begründeter und anzuerkennender Kontrollbedarf besteht.[826] und diese Kontrolle auch tatsächlich erreicht wird. Die bloße Möglichkeit einer Richtigkeitskontrolle reicht dafür nicht.[827] Ein Kontrollbedarf wird z.B. dann anzunehmen sein, wenn der Arbeitgeber über sehr lange Zeiträume seiner Pflicht zur Vergütungsfestsetzung nicht nachgekommen ist[828] oder wenn sich die bisherigen Angaben wiederholt in vergütungsrelevanter Weise als lücken- oder fehlerhaft erwiesen haben.

Dagegen kann bei Verfahrenserfindungen neben Umsatz- bzw. Herstellungsmengen nicht noch zusätzlich eine Auskunft über die Anzahl der Anwendungen des Verfahrens verlangt werden.[829]

Davon zu unterscheiden sind die Fälle, in denen ausnahmsweise (!) die Herstellung (Erzeugung) wirtschaftliche Bezugsgröße (RL Nr. 7) für den Erfin-

---

[824] BGH v. 17.11.2009, GRUR 2010, 223, 227 (Rn. 44) – *Türinnenverstärkung*; offen gelassen bei OLG Düsseldorf v. 24.10.2013 – I-2 U 63/12, (www.justiz.nrw.de/nrwe = Düsseldorfer Entscheidung Nr. 2098) – Kunststoffbeutel.
[825] BGH v. 17.11.2009, GRUR 2010, 223, 227 (Rn. 44) – *Türinnenverstärkung*, dort wohl jedenfalls bei einem Zeitraum von rund 8 Jahren nach Nutzungsbeginn im August 1998 und Auskunft bis Oktober 2006.
[826] Volz, GRUR 2010, 865, 870. Wie hier Boemke/Kursawe/Engemann Rn. 442 zu § 9. Offen gelassen von OLG Düsseldorf v. 24.10.2013 – 2 U 63/12 – (www.justiz.nrw.de/nrwe, Rn. 125 = Düsseldf. Entsch. Nr. 2098) – Kunststoffbeutel.
[827] S. aber LG Düsseldorf v. 28.04.2016 – 4a O 154/14, (www.justiz.nrw.de, Rn. 163 f.) – Elektrische Glühlampen.
[828] OLG Düsseldorf v. 24.10.2013 – 2 U 63/12 – (www.justiz.nrw.de/nrwe, Rn. 125 = Düsseldf. Entsch. Nr. 2098, in Mitt. 2014, 95 u. GRUR-RR 2014, 240 f. jew. nur LS) – Kunststoffbeutel.
[829] Vgl. OLG Düsseldorf v. 24.10.2013 – 2 U 63/12 – (www.justiz.nrw.de/nrwe, Rn. 129 = Düsseldf. Entsch. Nr. 2098) – Kunststoffbeutel.

F. Anspruch auf Auskunftserteilung bzw. Rechnungslegung **§ 12**

dungswert ist (s. § 9 Rdn. 125). Zur Auskunft nach der Methode des erfassbaren betrieblichen Nutzens s. § 12 Rdn. 209 f.

Die **Umsatzangaben**, also Liefermengen und Lieferpreise, sind bei der Lizenzanalogie naturgemäß unverzichtbar, bildet doch der Arbeitgeberumsatz die Grundlage zur Berechnung des Erfindungswertes (s. § 9 Rdn. 125). Die Auskunftspflicht zu den umsatzbezogenen Daten hängt von Art und Umfang der Verwertung im Einzelfall ab. Sie erstreckt sich im Regelfall insb. auf die Angaben zu den einzelnen Lieferungen; und zwar zu den **Liefermengen**,[830] also der Stückzahl der ausgelieferten erfindungsgemäßen Produkte[831] (s. § 9 Rdn. 92, 125), und zu den **Lieferpreisen**,[832] d.h. der pro Stück in Rechnung gestellte bzw. vereinnahmte Nettoverkaufspreis[833] bzw. pro Stück veranschlagte bzw. vereinnahmte Anteil am (Netto-) Umsatz[834] (s. § 9 Rdn. 92, 125). Hin- **191**

---

[830] Vgl. BGH v. 20.11.1962 – I ZR 40/61, GRUR 1963, 315, 316 l.Sp. – *Pauschalabfindung*; bestätigt durch BGH v. 17.05.1994 – X ZR 82/92, GRUR 1994, 898, 900 – *Copolyester*. Ferner BGH v. 13.11.1997 – X ZR 6/96, GRUR 1998, 684, 688 – *Spulkopf* u. – zur Rechnungslegung – BGH v. 13.11.1997 – X ZR 132/95, GRUR 1998, 689, 691 – *Copolyester II*; BGH v. 17.11.2009, GRUR 2010, 223, 227 (Rn. 37 f.) – *Türinnenverstärkung*. Im Ergebnis auch BGH v. 17.11.2009 – X ZR 60/07, (juris, Rn. 3, 14) – *Türbänder*, dort ebenfalls zur Rechnungslegung. Vgl. auch Schiedsst. v. 20.09.1994 – Arb.Erf. 106/93, (unveröffentl.): »Dazu gehört der Benutzungsumfang und damit die Umsatzzahlen mit erfindungsgemäßen Produkten«, worüber »eine durch entsprechende Betriebsunterlagen nachprüfbar belegte Auskunft« zu erteilen ist.
[831] S. BGH v. 17.11.2009, GRUR 2010, 223, 225 (Rn. 23) – *Türinnenverstärkung*; OLG Düsseldorf v. 24.10.2013 – I-2 U 63/12, (www.justiz.nrw.de/nrwe = Düsseldorfer Entscheidung Nr. 2098) – *Kunststoffbeutel*.
[832] So u.a. BGH v. 17.11.2009, GRUR 2010, 223, 227 (Rn. 37, 41) – *Türinnenverstärkung* in Bestätigung von OLG Düsseldorf v. 13.09.2007, InstGE 8, 147, Rn. 36 (zitiert nach juris, da insoweit nicht in InstGE abgedruckt) – *Türinnenverstärkung*; OLG Düsseldorf v. 24.10.2013 – I-2 U 63/12, (www.justiz.nrw.de/nrwe = Düsseldorfer Entscheidung Nr. 2098) – *Kunststoffbeutel*; s.a. – zur Rechnungslegung – BGH v. 13.11.1997 – X ZR 132/95, GRUR 1998, 689, 691 – *Copolyester II*.
[833] So BGH v. 13.11.1997 – X ZR 6/96, GRUR 1998, 684, 688 – *Spulkopf*. Im Ergebnis auch BGH v. 17.11.2009 – X ZR 60/07, (juris, Rn. 3, 14) – *Türbänder*, dort ebenfalls zur Rechnungslegung.
[834] Vgl. BGH v. 17.11.2009, GRUR 2010, 223, 225 (Rn. 24) – *Türinnenverstärkung*.

zukommen nach herrschender Meinung zugleich auch die **Lieferzeiten**.[835] Soweit vergütungsrelevant, bedarf es weiterer **Aufschlüsselungen**, und zwar nach Produkten[836] (einschließlich Differenzierung der Lieferung nach bei der Erstausrüstung eingebauten Originalteilen und dem Ersatzteilgeschäft[837]), ggf. nach In- und Auslandsmärkten (streitig, s. § 12 Rdn. 196) und nach Abnehmern (streitig, s. § 12 Rdn. 195).

Nach der Spruchpraxis der *Schiedsstelle*[838] genügt zur Erfüllung des Anspruchs des Arbeitnehmererfinders auf Auskunft und Rechnungslegung bei Umsatzgeschäften i.R.d. Lizenzanalogie dagegen – teilweise abweichend von der Rechtsprechung – regelmäßig **die Angabe der erzielten Nettoumsätze, der Stückzahlen und der Nettoverkaufspreise**.[839] Nach den Erfahrungen der *Schiedsstelle* macht ein Unternehmen – nur um in der Größenordnung doch relativ überschaubare Vergütungsbeträge einzusparen – im Schiedsstellenverfahren keine unwahren Angaben,[840] da solche Unwahrheiten später ans Tageslicht kommen und strafrechtlich relevant sein können.[841] Insoweit sieht die *Schiedsstelle* im Regelfall keinen Anlass, dem Arbeitgeber über die vorgenannten Angaben hinaus aufzugeben, zusätzliche konkrete Auskünfte zu erteilen,

---

835 So u.a. BGH v. 13.11.1997 – X ZR 6/96, GRUR 1998, 684, 688 – *Spulkopf*; OLG Düsseldorf v. 13.09.2007, InstGE 8, 147, Rn. 36 (zitiert nach juris, da insoweit nicht in InstGE abgedruckt) – *Türinnenverstärkung* u. v. 24.10.2013 – 2 U 63/12 – (www.justiz.nrw.de/nrwe, Rn. 122 = Düsseldf. Entsch. Nr. 2098) – Kunststoffbeutel; LG Düsseldorf v. 18.01.2018 – 4c O 37/16, (Düsseldf. Entsch. Nr. 2741, Rn. 66) – Photovoltaikanlage 1; s.a. – zur Rechnungslegung – BGH v. 13.11.1997 – X ZR 132/95, GRUR 1998, 689, 691 – *Copolyester II*.
836 Im Ergebnis auch BGH v. 17.11.2009 – X ZR 60/07, (juris, Rn. 3, 14) – *Türbänder*, dort zur Rechnungslegung.
837 BGH v. 17.11.2009, GRUR 2010, 223, 227 (Rn. 41) – *Türinnenverstärkung* in Bestätigung von OLG Düsseldorf v. 13.09.2007, InstGE 8, 147, Rn. 32, 43 (zitiert nach juris, da insoweit nicht in InstGE abgedruckt) – *Türinnenverstärkung*.
838 EV v. 21.06.2001 – Arb.Erf. 73/98, BlPMZ 2002, 230; v. 01.10.2007 – Arb.Erf. 53/04, (unveröffentl.), v. 12.11.2008 – Arb.Erf. 26/07 (Datenbank), ferner EV v. 15.04.2010 – Arb.Erf. 36/08, (Datenbank, insoweit nicht in www.dpma.de) unter Bezugn. auf BGH v. 17.11.2009, GRUR 2010, 223, 225 (Rn. 23 f.) – *Türinnenverstärkung*; vgl. aber auch Schiedsst. v. 23.04.2015 – Arb.Erf. 08/12, (www.dpma.de), wonach der Arbeitgeber bei berechtigtem Misstrauen des Arbeitnehmers eine Plausibilitätskontrolle durch ergänzende Angabe von Herstellungs- und Lieferdaten ggf. unter Wirtschaftsprüfervorbehalt verlangen kann.
839 Ebeno OLG Frankfurt a.M. v. 07.12.2017 – 6 U 205/16, Mitt. 2018, 91 (nur LS) = BeckRS 2017, 138234.
840 Schiedsstelle v. 01.10.2007 – Arb.Erf. 53/04.
841 Schiedsst. v. 22.06.1995 – Arb.Erf. 94/93; Mitt. 1996, 220.

F. Anspruch auf Auskunftserteilung bzw. Rechnungslegung  § 12

**Einsicht in die Geschäftsunterlagen** zu gestatten oder eine eidesstattliche Versicherung abzugeben.[842]

Die Umsatzangaben erstrecken sich über diese rechnerische Bezugsgröße (vgl. RL Nr. 7) hinaus zwangsläufig auch auf die **technisch-wirtschaftliche Bezugsgröße** für den Lizenzsatz[843] (s. § 9 Rdn. 125.1 f.). Steht die Bezugsgröße zum Zeitpunkt der Auskunft noch nicht fest, fehlt insb. eine diesbezügliche (rechtswirksame) Vergütungsvereinbarung bzw. -festsetzung, kommt es darauf an, welche Bezugsgröße in dem konkreten Einzelfall nach § 9 sachgerecht ist (s. § 9 Rdn. 126). Wirkt sich die Erfindung nur in einem **Teil einer Gesamtvorrichtung** (Gesamtanlage) aus, dürfte sich das u. E. im Regelfall bereits wegen des Aspekts der Zumutbarkeit (s. dazu § 12 Rdn. 230 ff.) auf den Umsatz mit der kleinsten technisch-wirtschaftlichen Einheit, welche durch die Diensterfindung geprägt ist (s. § 9 Rdn. 126), beziehen.[844] Da keine (Kontroll-) Angaben über Gewinn (s. § 12 Rdn. 199 ff.) und über Herstell-/Gestehungskosten (s. § 12 Rdn. 197) geschuldet werden, scheidet u. E. auch ein Auskunftsverlangen nach Angabe der internen Kostenkalkulation für alle Baugruppen einer Gesamtvorrichtung aus, auch wenn die erfindungsgemäßen Produkte für sich geliefert und separat in Rechnung gestellt werden.[845] Überholt ist u. E. auch die Linie des *OLG München*, das in den Fällen, in denen die erfindungsgemäße Vorrichtung nur Teil einer Gesamtvorrichtung ist, i.R.d. 1. Stufe einer Stufenklage grds. Angaben über den Umsatz mit der Gesamtvorrichtung verlangt, und zwar jedenfalls dann, wenn die erfindungsgemäßen Teile ausschließlich mit der Gesamtvorrichtung verkauft werden, auch wenn die erfindungsgemäße Vorrichtung nur als Teil einer Gesamtvorrichtung anzusehen ist;[846] die Bestimmung der zutreffenden Bezugsgröße soll der sich anschließenden 2. Stufe (Höheverfahren) vorbehalten bleiben.[847] Werden erfindungsgemäße Teile sowohl gemeinsam mit einer Gesamtvorrichtung als auch einzeln vertrieben, hat das *OLG München* die Angabe der Umsätze

192

---

842 Schiedsst. v. 01.10.2007 – Arb.Erf. 53/04.
843 Vgl. BGH v. 17.11.2009, GRUR 2010, 223, 226 f. (Rn. 25, 36) – *Türinnenverstärkung*.
844 Unklar BGH v. 17.11.2009, GRUR 2010, 223, 226 f. (Rn. 25, 36) – *Türinnenverstärkung*.
845 Abweichend noch BGH v. 13.11.1997 – X ZR 6/96, GRUR 1998, 684, 689 – *Spulkopf*.
846 OLG München v. 19.02.2009 – 6 U 3878/07 [unveröffentl.] m. H.a. Reimer/Schade/Schippel/Trimborn Rn. 62 zu § 12 u. LG Düsseldorf v. 17.02.1998, Mitt. 1998, 235, 237 – *Formpresse*).
847 OLG München v. 19.02.2009 – 6 U 3878/07, (unveröffentl.); LG Düsseldorf v. 17.02.1998, Mitt. 1998, 235, 237 – *Formpresse*.

sowohl für den Einzelverkauf als auch für den Verkauf der Gesamtvorrichtung befürwortet.[848] Unter den Aspekten von Erforderlichkeit und Zumutbarkeit kann es u. E. – jedenfalls in den letztgenannten Fällen – ausreichen, neben den Liefermengen des erfindungsgemäßen Teils – aufgeschlüsselt nach Lieferung mit und ohne Gesamtvorrichtung (wegen unterschiedlicher Wertansätze, s. KommRL Rn. 69 ff. zu RL Nr. 7) – lediglich die (Netto-) Verkaufspreise für den Einzelverkauf anzugeben und daraus die Bewertung der Lieferungen i.R.d. Gesamtvorrichtung abzuleiten.[849]

193 Da es bei der Lizenzanalogie nach RL Nr. 7 nur auf die **Nettoumsätze** ankommt (s. § 9 Rdn. 125), wurde früher davon ausgegangen, dass ggf. Angaben zur Bestimmung der Nettoverkaufspreise erforderlich sind, namentlich eine Darlegung von **Vertriebskosten**.[850] Hierzu verneint der *BGH* nunmehr eine Auskunfts- und Rechnungslegungspflicht zu Kontrollzwecken im Zusammenhang mit einer Gewinnauskunft[851] (s. § 12 Rdn. 199 ff.). Streitig ist, ob gleichwohl im Einzelfall zur Bestimmung der Nettoverkaufspreise auch bei der Lizenzanalogie dahin gehende Angaben geschuldet werden.[852] Allerdings würde dann der Umfang der Auskünfte zu den Vertriebskosten in besonderem Maße den Begrenzungen durch Zumutbarkeit und Erforderlichkeit unterliegen[853] (s. dazu § 12 Rdn. 223 ff.).

194 Eine **jahresbezogene Aufstellung** ist zwar weder zur Abstaffelung (s. § 9 Rdn. 146), noch aus sonstigen Vergütungsvorschriften ableitbar; jedoch ist dies angesichts der üblichen Verfahrensweise in der Lizenzvertragspraxis und im Hinblick auf möglicherweise wechselnde Ausgestaltungen und/oder Einsatzbereiche der erfindungsgemäßen Lehre sinnvoll. Von daher ist es nachvollziehbar, wenn bei den Umsatzdaten regelmäßig eine Aufschlüsselung nach Kalender- bzw. Geschäftsjahren verlangt wird.[854]

---

848 OLG München v. 19.02.2009 – 6 U 3878/07, (unveröffentl.). unklar v. 17.02.1998, Mitt. 1998, 235, 236 f. – *Formpresse*.
849 Vgl. auch BGH v. 17.11.2009, GRUR 2010, 223, 227. (Rn. 25, 36) – *Türinnenverstärkung*.
850 S. BGH v. 13.11.1997 – X ZR 132/95, GRUR 1998, 689, 692 f. – *Copolyester II*; vgl. auch BGH v. 13.11.1997 – X ZR 6/96, GRUR 1998, 684, 688 – *Spulkopf*.
851 BGH v. 17.11.2009, GRUR 2010, 223, 226 f. (Rn. 34) – *Türinnenverstärkung*; im Ergebnis auch BGH v. 17.11.2009 – X ZR 60/07, (juris, Rn. 23) – *Türbänder*.
852 Dafür im Ausnahmefall Volz, GRUR 2010, 865, 869.
853 BGH v. 13.11.1997 – X ZR 132/95, GRUR 1998, 689, 692 f. – *Copolyester II*.
854 Vgl. u. a. BGH v. 17.11.2009 – X ZR 60/07, (juris, Rn. 3, 14) – *Türbänder*; ferner OLG Düsseldorf v. 13.09.2007, InstGE 8, 147, Rn. 40 (zitiert nach juris, da insoweit nicht in InstGE abgedruckt) – *Türinnenverstärkung* (insoweit nicht beanstandet von BGH v. 17.11.2009, GRUR 2010, 223 – *Türinnenverstärkung*).

## F. Anspruch auf Auskunftserteilung bzw. Rechnungslegung § 12

Nach der Rechtsprechung erstreckt sich die Auskunft auch auf die **namentliche** **195** **Nennung von Abnehmern (Kunden) unter Zuordnung der einzelnen Lieferungen**.[855] Begründet wird dies damit, eine Richtigkeits- und Vollständigkeitskontrolle für den Arbeitnehmer sicherstellen zu wollen.[856]

Solches erscheint nicht zweifelsfrei:[857] Hier geht es letztlich um die in der Sache bereits nicht unproblematische Frage einer abstrakten Nachprüfbarkeit (s. § 12 Rdn. 162.7) und um Daten Dritter, die – im Unterschied zu den Offenbarungspflichten bei Schutzrechtsverletzung (vgl. etwa § 140b Abs. 4 PatG, § 24b Abs. 4 GebrMG, § 19 Abs. 2 MarkenG) – legitimerweise beliefert wurden und deren Interesse an Geheimhaltung, Schutz ihrer geschäftlichen Daten und ungestörtem Wettbewerb nicht zwangsläufig Kontrollinteressen des Arbeitnehmers unterzuordnen ist. Entgegen der Auffassung des *BGH*[858] ändert daran auch der Umstand nichts, dass die Kunden durch strafbewehrte Geheimhaltungsverpflichtung, Wirtschaftsprüfervorbehalt (s. dazu § 12 Rdn. 250 ff.) oder strafbewehrte Unterlassungsverpflichtungserklärung geschützt werden können.

Eine besondere Rechtsqualität haben diese Kundendaten auf Grund der **europäischen Regelungen zum Schutz von Geschäftsgeheimnissen und von per-**

---

855 So u.a. BGH v. 13.11.1997 – X ZR 6/96, GRUR 1998, 684, 688 – *Spulkopf*; ferner im Ergebnis BGH v. 17.11.2009, GRUR 2010, 223, 227 (Rn. 37) – *Türinnenverstärkung* in Bestätigung von OLG Düsseldorf v. 13.09.2007, InstGE 8, 147, Rn. 39 (zitiert nach juris, da insoweit nicht in InstGE abgedruckt) – *Türinnenverstärkung* u. v. 24.10.2013 – 2 U 63/12 – (www.justiz.nrw.de/nrwe, Rn. 126 = Düsseldf. Entsch. Nr. 2098) – Kunststoffbeutel; LG Düsseldorf v. 28.04.2016 – 4a O 154/14, (www.justiz.nrw.de, Rn. 167) – Elektrische Glühlampen u. v. 18.01.2018 – 4c O 37/16, (Düsseldf. Entsch. Nr. 2741, Rn. 67) – Photovoltaikanlage 1; LG Braunschweig v. 26.04.2017 – 9 O 1722/16, (www.rechtsprechung.niedersachsen.de, Rn. 138) – Schwenkfüße. Vgl. auch BGH v. 17.05.1994 – X ZR 82/92, GRUR 1994, 898, 901 – *Copolyester* u. – zur Rechnungslegung – BGH v. 13.11.1997 – X ZR 132/95, GRUR 1998, 689, 691 – *Copolyester II* sowie BAG v. 25.06.1964, AP Nr. 3 zu § 242 BGB – Auskunftspflicht; ferner OLG Karlsruhe v. 13.04.2018 – 6 U 161/17, (www.lrbw.juris.de, Rn. 173) – Rohrprüfsystem, dort zum Schadensersatzanspruch wegen Verwertung freigewordener Diensterfindungen.
856 So BGH v. 13.11.1997 – X ZR 6/96, GRUR 1998, 684, 688 – *Spulkopf*. Folgend u. a. LG Düsseldorf v. 18.01.2018 – 4c O 37/16, (Düsseldf. Entsch. Nr. 2741, Rn. 67) – Photovoltaikanlage 1 (der ArbN müsse »die Auskünfte und Rechnungslegung … jedenfalls mittels Stichproben kontrollieren können«).
857 S. Volz, GRUR 2010, 865, 869. Zurückhaltend jetzt auch Boemke/Kursawe/Engemann Rn. 440 zu § 9, wonach Abnehmer nur noch zu benennen sind, »wenn sie zur Überprüfung der Richtigkeit und Vollständigkeit erforderlich sind.«.
858 BGH v. 13.11.1997 – X ZR 6/96, GRUR 1998, 684, 688 – *Spulkopf*.

**sonenbezogenen Daten**: Das betrifft einerseits die EU-Richtlinie 2016/943[859] und das zu deren Umsetzung vorgesehene, z. Z. im Regierungsentwurf vorliegende Gesetz zum Schutz von Geschäftsgeheimnissen[860] (GeschGehG-E, s. § 24 Rdn. 38). Insoweit gehören Kundenlisten nicht nur zu den Geschäftsgeheimnissen des Arbeitgebers selbst; vielmehr berühren die konkreten Informationen über die geschäftlichen Aktivitäten der einzelnen Kunden auch deren Geschäftsinteressen und dürften deshalb zugleich Geschäftsgeheimnisse der einzelnen Kunden sein.[861] Deren Offenlegung, d. h. Eröffnung gegenüber Dritten, ist grundsätzlich nur auf Grund gesetzlicher oder rechtsgeschäftlicher Gestattung zulässig (vgl. § 3 Abs. 2 GeschGehG-E). Ob dafür bereits ein aus § 242 BGB abgeleitetes bloßes Kontrollinteresse ausreichen kann, erscheint fraglich. Verstärkt wird das durch die nunmehr mit Gesetzeskraft geltende DSGVO, soweit es sich bei den Kunden um natürliche Personen handelt; insoweit gebietet Art. 5 Abs. 1 Buchst. f) DSGVO zum Schutz der personenbezogenen Kundendaten eine nachvollziehbare Interessenabwägung.

Eine generelle Pflicht zur Benennung von Abnehmern kann daher u. E. – entgegen der Rechtsprechung – weder als mit Treu und Glauben vereinbar[862] noch als interessengerecht angesehen werden noch würde dies u. E. der aktuellen Rechtsentwicklung ausreichend Rechnung tragen. U. E. ist es vielmehr zumindest notwendig, dass der Arbeitnehmer – über die Berufung auf eine allgemeine Überprüfbarkeit hinaus – im Einzelnen darlegt, aus welchen Gründen die Benennung im konkreten Einzelfall für die Bestimmung der Erfindervergütung erforderlich ist.

**196** Inwieweit **Zusatzangaben und Aufschlüsselungen zum Umsatz** verlangt werden können, hängt im Einzelfall – unter dem Aspekt der Erforderlichkeit (s. § 12 Rdn. 225 ff.) – von der Relevanz für die Vergütungsbemessung ab und steht zugleich unter dem allgemeinen Vorbehalt der Zumutbarkeit (s. dazu § 12 Rdn. 230 ff.).

So reicht ein abstraktes Kontrollbedürfnis nach der hier vertretenen Auffassung nicht aus, um etwa eine – wie vielfach ohne weitere Begründung verlangt

---

[859] Richtlinie (EU) 2016/943 vom 08.06.2016 über den Schutz vertraulichen Knowhows und vertraulicher Geschäftsinformationen (Geschäftsgeheimnisse) vor rechtswidrigem Erwerb sowie rechtswidriger Nutzung und Offenlegung (ABl. L 157 vom 15.06.2016, S. 1).
[860] Im BKab. am 18.07.2018 beschlossener Gesetzentwurf, s. BR-Drucks. 382/18.
[861] Vgl. Amtl. Begründung zu § 2 Nr. 1 Buchst. a) GeschGehG-E (a.a.O., S. 25)
[862] Volz, GRUR 2010, 865, 869 m. H. a. Schiedsstelle v. 12.01.1995 – Arb.Erf. 37/93, (unveröffentl.).

wird⁸⁶³ – zusätzliche Aufschlüsselung nach **Vertriebsstätten** zu rechtfertigen. Etwas anderes gilt dann, wenn es um erforderliche Differenzierungen zwischen **Inlands- und Auslandsmärkten** geht, d.h. sofern diese erfindungswertrelevant sind (s. dazu § 9 Rdn. 245 ff.). Soweit die Rechtsprechung eine Ausschlüsselung nach einzelnen Staaten verlangt,[864] bedarf dies u. E. einer zusätzlichen sachlichen Rechtfertigung in den Fällen, in denen die Umsätze einheitlichen Vergütungskriterien unterliegen.

**197** Die frühere Rechtsprechung, die die Auskunftspflicht auf Angaben über **Herstellungs-/Gestehungskosten**[865] (bzw. Produktionskosten) – ggf. unter Aufschlüsselung nach den einzelnen Kostenfaktoren[866] – erstreckt hat, ist durch das *BGH*-Urteil »Türinnenverstärkung« weitgehend gegenstandslos geworden: Da grds. keine Gewinnauskunft geschuldet wird (s. § 12 Rdn. 199), besteht auch kein Auskunftsanspruch über Gestehungskosten.[867] Dem ist zu folgen:[868] Auskünfte über Gestehungskosten vermitteln keine hinreichende Aussagekraft für die Bestimmung des Lizenzsatzes. Zwischen Gestehungskosten und Lizenzsatz besteht im Lizenzverkehr kein Zusammenhang, da sich ein (vernünftiger) Lizenzgeber regelmäßig scheuen wird, seine Lizenzgebühr am unternehmerischen Kostenrisiko des Lizenznehmers auszurichten (s. § 12 Rdn. 200). I.Ü. diente die Angabe der Gestehungs- und Vertriebskosten lediglich der Kontrolle der Angaben zum Gewinn,[869] die sachlich nicht gerechtfertigt waren und sind (s. § 12 Rdn. 200) und auch bei der Schadensberechnung nach der Lizenzanalogie vom Schutzrechtsverletzer nicht geschuldet werden.[870] Mithin bleibt fest-

---

863 U.a. OLG Düsseldorf v. 13.09.2007, InstGE 8, 147, Rn. 40 (zitiert nach juris, da insoweit nicht in InstGE abgedruckt) – Türinnenverstärkung.
864 Vgl. etwa BGH v. 17.11.2009 – X ZR 60/07, (juris, Rn. 14) – Türbänder.
865 So u.a. BGH v. 13.11.1997 – X ZR 6/96, GRUR 1998, 684, 688 – *Spulkopf*; BGH v. 13.11.1997 – X ZR 132/95, GRUR 1998, 689, 692 f. – *Copolyester II*; OLG Düsseldorf v. 13.09.2007, InstGE 8, 147, Rn. 38 (zitiert nach juris, da insoweit nicht in InstGE abgedruckt) – *Türinnenverstärkung*, insoweit aufgehoben durch BGH v. 17.11.2009, GRUR 2010, 223, 226 f. (Rn. 34) – *Türinnenverstärkung*.
866 So u.a. BGH v. 13.11.1997 – X ZR 6/96, GRUR 1998, 684, 688 – *Spulkopf* u. BGH v. 13.11.1997 – X ZR 132/95, GRUR 1998, 689, 692 – *Copolyester II*.
867 BGH v. 17.11.2009, GRUR 2010, 223, 226 f. (Rn. 34) – *Türinnenverstärkung*. Im Ergebnis auch BGH v. 17.11.2009 – X ZR 60/07, (juris, Rn. 23) – *Türbänder*.
868 S. Volz, GRUR 2010, 865, 869; folgend u. a. LG Braunschweig v. 26.04.2017 – 9 O 1722/16, (www.rechtsprechung.niedersachsen.de, Rn. 127) – Schwenkfüße. S. (aber) auch Keukenschrijver in Busse/Keukenschrijver, PatG, Rn. 43, 44 zu § 12 ArbEG.
869 BGH v. 13.11.1997 – X ZR 132/95, GRUR 1998, 689, 692 l. Sp. – *Copolyester II*.
870 BGH v. 20.05.2008 – X ZR 180/05, Mitt. 2008, 407, 409 – *Tintenpatrone* (Tz. 33).

zuhalten, dass kein Anspruch auf Auskunft hinsichtlich der Herstellungs- bzw. Gestehungskosten besteht.

**198** Der *BGH* hält ggf. – wie bei der Gewinnauskunft (s. § 12 Rdn. 202) – **Ausnahmen** für vorstellbar, in denen der Arbeitnehmererfinder zusätzlich auf Angaben zu den Gestehungskosten und deren Kostenfaktoren angewiesen sein könnte.[871] Auch hier kann es nur um »außergewöhnliche« Ausnahmesachverhalte gehen, bei denen derartige Kostenangaben erforderlich sind, um den Erfindungswert der Diensterfindung angemessen zu erfassen.[872] Dabei ist zu berücksichtigen, dass schon nach der früheren Rechtsprechung eine Auskunftspflicht zu den Gestehungs-/Produktionskosten in besonderem Maße den Begrenzungen durch **Zumutbarkeit** und Erforderlichkeit unterliegt[873] (s. dazu § 12 Rdn. 223 ff.). Unter dem Aspekt der Zumutbarkeit wurden schon früher Angaben über Gestehungskosten abgelehnt,[874] wenn es sich um eine umfassende Gesamtvorrichtung mit einer Vielzahl von erfindungsfremden Einzelteilen handelte und anderweitige Anhaltspunkte für die Bewertung der erfindungsgemäßen Teile vorlagen.

### c) Auskünfte zum Gewinn

**199** Unternehmens- und wettbewerbspolitisch besonders sensibel und deshalb umstritten (s. § 12 Rdn. 200) sind alle Auskünfte, die im Ergebnis den erzielten **Gewinn** des Arbeitgebers betreffen. Der *BGH* hat dazu mit seinem Urteil »Türinnenverstärkung« Klarheit geschaffen: Danach stehen dem Arbeitnehmer **regelmäßig keine Ansprüche auf Auskunft** und Rechnungslegung über den mit der Diensterfindung **gemachten Gewinn** zu.[875]

---

871 In diesem Sinn wohl BGH v. 17.11.2009 – X ZR 60/07, (juris, Rn. 23) – *Türbänder*. Vgl. zur Gewinnauskunft BGH v. 17.11.2009, GRUR 2010, 223 (226 Rn. 32) – *Türinnenverstärkung*.
872 In diesem Sinn tendenziell auch BGH v. 17.11.2009 – X ZR 60/07, (juris, Rn. 23) – *Türbänder*.
873 BGH v. 13.11.1997 – X ZR 132/95, GRUR 1998, 689, 692 f. – *Copolyester II*.
874 So u.a. BGH v. 13.11.1997 – X ZR 6/96, GRUR 1998, 684, 688 – *Spulkopf*.
875 BGH v. 17.11.2009, GRUR 2010, 223, 224 ff. (Amtl. Leitsatz sowie Rn. 14 ff.) – *Türinnenverstärkung*; ebenso BGH v. 17.11.2009 – X ZR 60/07, (juris, Rn. 16 ff.) – *Türbänder*; bestätigt durch BGH v. 16.05.2017 GRUR 2017, 890 (Rn. 57) – *Sektionaltor II* mit Blick auf den Ausgleichsanspruch zwischen Teilhabern eines Schutzrechts nach § 745 Abs. 2 BGB. Zum Auskunftsanspruch bei Schutzrechtsverletzung nach der Lizenzanalogie so bereits BGH v. 20.05.2008 – X ZR 180/05, Mitt. 2008, 407, 409 [Rn. 33] – *Tintenpatrone*.

Damit hat sich die **frühere Rechtsprechung**, die von der generellen Auskunftspflicht über erzielte Gewinne[876] bis hin zu Differenzierungen nach Billigkeitsüberlegungen reichte, **weitgehend erledigt**: Noch in der »Copolyester II«-Entscheidung[877] wurde vom *BGH* eine Auskunft über den mit den erfindungsgemäßen Produkten erzielten Gewinn (nebst Gestehungs- und Vertriebskosten einschließlich der einzelnen Kostenfaktoren, s. dazu § 12 Rdn. 193, 197) grds. bejaht, vorausgesetzt, der Erfinder zieht die Angemessenheit des festgesetzten Lizenzsatzes (berechtigterweise[878]) in Zweifel.[879] Sofern der Arbeitgeber nicht bereits über Kosten- und Gewinnkalkulationen verfügte, sondern diese eigens zur Auskunft bzw. Rechnungslegung anfertigen musste, verlangte der *BGH* für eine Verpflichtung zur Gewinnauskunft wegen des damit verbundenen Aufwandes eine besondere Begründung.[880] In der Entscheidung »Abgestuftes Getriebe« hatte der *BGH* die Gewinn-Auskunft sodann mit dem Hinweis relativiert, dass sich aus dem Gewinn, den der Arbeitgeber »zu erzielen vermag, Anhaltspunkte für die zutreffende Bestimmung des Lizenzsatzes« ergeben können; der *BGH* hat aber dahin gehende Angaben letztlich davon abhängig gemacht, »an welche tatsächlichen Umstände vernünftige Lizenzvertragsparteien die Gegenleistung des Lizenznehmers geknüpft hätten«, und zwar nach Verkehrsübung in vergleichbaren Fällen, hilfsweise bei interessengerechter Übereinkunft angesichts des konkreten Benutzungssachverhalts.[881]

200

---

876 Vgl. etwa LG Düsseldorf v. 17.02.1998, Mitt. 1998, 235, 236 – *Formpresse*.
877 BGH v. 13.11.1997 – X ZR 132/95, GRUR 1998, 689, 692 f. – *Copolyester II*; im Anschluss daran u. a. noch OLG Düsseldorf v. 13.09.2007, InstGE 8, 147, Rn. 37 f. (zitiert nach juris, da insoweit nicht in InstGE abgedruckt) – *Türinnenverstärkung*; im Ergebnis auch BGH v. 13.11.1997 – X ZR 6/96, GRUR 1998, 684, 688 f. – *Spulkopf*.
878 Jestaedt, VPP – Rundbrief 1998, 67, 70.
879 BGH v. 13.11.1997 – X ZR 132/95, GRUR 1998, 689, 692 – *Copolyester II*; ebenso LG Düsseldorf v. 26.03.2009 – 4a O 89/08, (unveröffentl.); ablehnend Hellebrand, GRUR 2001, 687 ff. u. Rosenberger, GRUR 2000, 25 ff.
880 BGH v. 13.11.1997 – X ZR 132/95, GRUR 1998, 689, 693. l. Sp. – *Copolyester II*.
881 S. BGH v. 16.04.2002 – X ZR 127/99, GRUR 2002, 801, 803 – *Abgestuftes Getriebe*.

201 Der neueren, überzeugend begründeten BGH-Rechtsprechung ist uneingeschränkt zu folgen.[882] Eine Verpflichtung zur **Offenbarung von erzielten Gewinnen** ist nach unserer Auffassung – mit der *Schiedsstelle*[883] und der herrschenden Lehre[884] – auch i.R.d. Lizenzanalogie **abzulehnen**.[885] Dem sind auch die Instanzgerichte gefolgt.[886] Auch angesichts des Wesens der Lizenzanalogie, die die vom Lizenznehmer geschuldete Zahlung nicht von dessen erzieltem Gewinn abhängig macht, ist die Kritik, der *BGH* würde Arbeitgeberinteressen überbetonen,[887] nicht gerechtfertigt. Methodisch bestimmt sich die Lizenzanalogie – im Unterschied zur Methode nach dem erfassbaren betrieblichen Nutzen (RL Nr. 12) oder zu den Grundsätzen zur Herausgabe des Verletzergewinns – ausschließlich am Wert der tatsächlichen Benutzung, d.h. am Umsatz,[888] der Grund, warum nach der Lizenzanalogie eine Vergütung auch bei Verlust geschuldet wird (s. § 9 Rdn. 2.3). Die vom *BGH* früher angesprochene[889] Orientierung und Beteiligung am Gewinn des Lizenznehmers drückt letztlich nur eine Gewinnerwartung aus, ohne dass ein (vernünftiger) Lizenzgeber üblicherweise an dem unternehmerischen Risiko des Lizenznehmers von dessen Rentabilität und Gewinn teilhaben will. Soweit die Rechtsprechung

---

882 Volz, GRUR 2010, 865, 868 f.; zust. auch Trimborn, Mitt. 2010, 461, 462 f.; im Ergebn. auch Keukenschrijver in Busse/Keukenschrijver, PatG, Rn. 17 zu § 11 ArbEG (deshalb sind dortige Beispiele in Rn. 43 zu § 12 m. H. a. die frühere Rspr. teilw. zu weitgehend); abl. dagegen Kreuzkamp, Mitt. 2010, 227, 228 ff.; Jesgarzewski, BB 2011, 2933, 2935; Schwab, Arbeitnehmererfindungsrecht, § 9 Rn. 59; vgl. auch Arnold, GRUR-Prax 2010, 87.
883 EV. v. 21.06.2001, BlPMZ 2002, 230; v. 28.07.2006 – Arb.Erf. 5/05, (unveröffentl.) u.v. 24.07.2003 – Arb.Erf. 74/01 (Datenbank).
884 Ablehnend bereits u. a. Hellebrand, GRUR 2001, 678 ff.; Rosenberger, GRUR 2000, 25 ff.; Kunzmann in Festschr. Bartenbach (2005), 175, 189 ff.; Teufel in Festschr. Bartenbach (2005) S. 97, 102; s. ferner Reimer/Schade/Schippel/Trimborn Rn. 62 zu § 12.; vgl. auch Jestaedt VPP-Rundbrief 3/1998, S. 67 ff.; 687 ff. Abw. Kreuzkamp, Mitt. 2010, 227, 229 ff.
885 S. Volz, GRUR 2010, 865, 868 f.
886 Vgl. etwa OLG Düsseldorf v. 24.10.2013 – 2 U 63/12 – (www.justiz.nrw.de/nrwe, Rn. 124 = Düsseldf. Entsch. Nr. 2098) – Kunststoffbeutel; LG Düsseldorf v. 24.02.2012 – 4a O 286/10, (juris, Rn. 145 f.) – Kälteanlage; LG Braunschweig v. 26.04.2017 – 9 O 1722/16, (www.rechtsprechung.niedersachsen.de, Rn. 127) – Schwenkfüße.
887 Jesgarzewski, BB 2011, 2933, 2935.
888 BGH v. 17.11.2009, GRUR 2010, 223, 225 f. (Rn. 23 f., 31 f.) – *Türinnenverstärkung*; vgl. auch BGH v. 22.03.1990 – I ZR 59/88, GRUR 1990, 1008, 1009 – *Lizenzanalogie*; LG Düsseldorf v. 05.09.2002, InstGE 2, 181, 185 ff. – *Verpackungsbeutel*; v. 25.08.2005 – 4b O 278/04 u.v. 22.08.2006 – 4b O 578/05, (beide unveröffentl.).
889 BGH v. 13.11.1997 – X ZR 132/95, GRUR 1998, 689, 692 r. Sp. – *Copolyester II*.

früher auf den geringeren Überblick des Arbeitnehmererfinders über den Lizenzmarkt hingewiesen hat,[890] hat der *BGH* dies zu Recht relativiert,[891] zumal dahingehende Überlegungen u. E. ohnehin nicht eine methodische Durchbrechung der unterschiedlichen Berechnungsarten gerechtfertigt hätten. Bestätigt wird das auch durch die Möglichkeit der konkreten Lizenzanalogie (s. dazu § 9 Rdn. 122), bei der sich die Höhe der Lizenz für die Diensterfindung nicht am Gewinn des Arbeitgebers orientiert, sondern im Regelfall danach, was im Lizenzmarkt durchsetzbar ist. Eine Gewinnauskunft würde den Arbeitgeber zudem zwingen, über die gesamte Nutzungsdauer der Diensterfindung hinweg eine spezifische Kosten-/Gewinnrechnung fortschreiben zu müssen, auch wenn eine Erfindung nur Teil eines Gesamtproduktes ohne separate betriebswirtschaftliche Kostenverfolgung ist.[892] Andererseits ginge es regelmäßig zulasten des Arbeitnehmers, sowohl wenn es für den Lizensatz auf eine Momentaufnahme des Gewinns 3 Monate nach Nutzungsaufnahme ankommen würde, als auch, wenn (nicht unübliche) Schwankungen im Netto-Gewinn permanente Anpassungen über § 12 Abs. 6 veranlassen könnten. Zudem bedingt gerade der von der Rechtsprechung vorgegebene frühe Zeitpunkt der Vergütungsregelung (s.o. § 12 Rdn. 60), den Analogielizenzsatz losgelöst von konkreten Gewinnsituationen des Arbeitgebers in der kostenintensiven Anlaufphase der Nutzung festzulegen.[893]

Der *BGH* lässt offen, ob **Ausnahmen** vorstellbar sind, in denen der Arbeitnehmererfinder zusätzlich auf gewinnbezogene Informationen angewiesen sein könnte.[894] Da er diese Frage jedoch zu Recht auf »außergewöhnliche Umstände« begrenzt,[895] sind an derartige Ausnahmesachverhalte – auch mit Blick auf die einer Gewinnauskunft entgegenstehenden Gründe (s. § 12 Rdn. 201) – strenge Anforderungen zu stellen. Diese können nur gegeben sein, wenn die Auskunft objektiv erforderlich ist, um den Erfindungswert angemes- **202**

---

890 S. LG Düsseldorf v. 05.09.2002, InstGE 2, 181, 187 f. – *Verpackungsbeutel*; s.a. BGH v. 13.11.1997 – X ZR 132/95, GRUR 1998, 689, 692 r. Sp. – *Copolyester II*.
891 BGH v. 17.11.2009, GRUR 2010, 223, 225 (Rn. 18 f.) – *Türinnenverstärkung*; krit. Jesgarzewski, BB 2011, 2933, 2935.
892 So zu Recht Teufel in Festschr. Bartenbach (2005) S. 97, 102.
893 Volz, GRUR 2010, 865, 868.
894 BGH v. 17.11.2009, GRUR 2010, 223 (226 Rn. 32) – *Türinnenverstärkung*. Ebenso BGH v. 17.11.2009 – X ZR 60/07, (juris, Rn. 23) – *Türbänder*.
895 BGH v. 17.11.2009, GRUR 2010, 223 (226 Rn. 32) – *Türinnenverstärkung*.

sen zu erfassen.[896] Jedenfalls muss der Arbeitnehmer dahingehende Gründe darlegen und beweisen.[897]

I.Ü. könnte eine solche Situation ggf. dann gegeben sein, wenn ein Arbeitgeber – trotz Umsatzsteigerungen oder gleichbleibend hoher Umsätze – eine massive Unterschreitung üblicher Lizenzsätze mit dem ausschließlichen Argument begründet, die Gewinne seien außergewöhnlich gering. Gleiches gilt, wenn mit Hinweis darauf die Anpassung des Lizenzsatzes i.R.d. § 12 Abs. 6 gefordert wird (s. dazu § 12 Rdn. 132). Als weiteres Beispiel werden im Schrifttum »sehr erfolgreiche Einsparungs-Erfindungen« genannt,[898] welches allerdings in dieser Allgemeinheit – auch in Abgrenzung zur Berechnungsmethode nach dem erfassbaren betrieblichen Nutzen – zweifelhaft sein dürfte. Dagegen reicht allein die Tatsache einer besonders hohen Gewinnmarge für einen Ausnahmefall nicht aus, da sich diese regelmäßig in den Umsätzen niederschlägt.[899] Zur Beweislast bei Geltendmachung einer Ausnahme s. § 12 Rdn. 325. Zur Gewinnauskunft bei der Methode des erfassbaren betrieblichen Nutzens s. § 12 Rdn. 209 ff.

**203** Da Art und Umfang der Verwertung grds. im Ermessen des Arbeitgebers stehen (s. § 7 n.F. Rdn. 20 ff.), hat der Arbeitnehmer regelmäßig auch **keinen Anspruch auf Begründung, warum** der Arbeitgeber eine oder einzelne **Verwertungshandlungen unterlässt**. Etwas anderes mag dann gelten, wenn der Arbeitnehmer substantiiert darlegt, dass und wie die Erfindung hätte wirtschaftlich verwertet werden können und zugleich Anhaltspunkte für eine unsachgemäße Behandlung durch den Arbeitgeber vorliegen (vgl. RL Nr. 24).

*Rdn. 204–206 frei.*

**d) Besonderheiten bei der konkreten Lizenzanalogie**

**207** Angesichts des Vorrangs der konkreten Lizenzanalogie (s. § 9 Rdn. 122) und der auch vom *BGH* allgemein i.R.d. Auskunft in den Vordergrund gestellten

---

896 Vgl. BGH v. 17.11.2009 – X ZR 60/07, (Rn. 23) – *Türbänder*.
897 Volz, GRUR 2010, 865, 868 mit Hinw. auf die tendenzielle Haltung des BGH im Urt. v. 17.11.2009 – X ZR 60/07, (juris, Rn. 23) – *Türbänder*, der darauf abstellt, dass der klagende Arbeitnehmer entsprechende Gesichtspunkte auch in der Revisionsinstanz (!) nicht geltend machte.
898 So Trimborn, Mitt. 2010, 461, 463.
899 Vgl. BGH v. 16.05.2017 GRUR 2017, 890 (Rn. 52, 54, 57) – Sektionaltor II im Zusammenhang mit dem Ausgleichsanspruch zwischen Teilhabern eines Schutzrechts nach § 745 Abs. 2 BGB, für den der BGH die arbeitnehmererfinderrechtl. Erwägungen als übertragbar ansieht. S. auch LG Düsseldorf v. 24.02.2012 – 4a O 286/10, (juris, Rn. 146, 148) – Kälteanlage.

Üblichkeit in vergleichbaren Fällen[900] beschränkt sich u.e. die Auskunft und Rechnungslegung bei der konkreten Lizenzanalogie auf die Angaben, die der Arbeitnehmer zur Beurteilung der Vorrangigkeit und zur Vertragsanalyse benötigt. Dazu ist im Regelfall der Lizenzvertrag zur Einsicht vorzulegen, soweit dieser die Diensterfindung betrifft, ggf. also nur auszugsweise. I.Ü. schuldet der Arbeitgeber dann auch nur diejenigen Auskünfte, die zur Bemessung des Erfindungswertes nach dem betreffenden Lizenzvertrag erforderlich und zumutbar sind.

*Rdn. 208 frei.*

### 4. Auskunftspflichten bei der Methode nach dem erfassbaren betrieblichen Nutzen

Nach der Rechtsprechung hat der Arbeitgeber im Grundsatz hierfür Angaben  209
über Art und **Umfang der innerbetrieblichen Einsparungen**[901] (unter Angabe der abzuziehenden Kostenfaktoren) zu machen. Bei dieser Berechnungsmethode werden also – im Unterschied zur Lizenzanalogie (streitig, s. § 12 Rdn. 199 ff.) – gewinnbezogene Angaben geschuldet. Insoweit begründet diese Methode – wie auch RL Nr. 5 Satz 4 klarstellend hervorhebt (s. dazu KommRL Rn. 75 f. zu RL Nr. 5) – weitergehende Auskunfts- und Rechnungslegungspflichten.

Zu den offenzulegenden **Abzugsfaktoren** gehören i.ü. alle Kostenpositionen  210
i.S.d. RL Nr. 12. Ggf. sind auch Angaben für die Zeit vor Inanspruchnahme notwendig, sofern für die Methode nach dem betrieblichen Nutzen auch Kostenfaktoren aus vorherigen Investitionen maßgeblich[902] sind.

*Rdn. 211, 212 frei.*

### 5. Auskunftspflichten bei Schätzung und sonstiger Bestimmung des Erfindungswertes

Erfolgt im Ausnahmefall eine Schätzung des Erfindungswertes für die innerbe-  213
triebliche Nutzung (s. dazu § 9 Rdn. 176 ff.), bestimmen sich Inhalt und

---

900 S. BGH v. 29.04.2003 – X ZR 186/01, GRUR 2003, 789, 790 r. Sp. – *Abwasserbehandlung*; vgl. auch BGH v. 18.05.2010 – X ZR 79/07, GRUR 2010, 817, 821 (Rn. 40) – *Steuervorrichtung*.
901 Vgl. BGH v. 20.11.1962 – I ZR 40/61, GRUR 1963, 315, 316 l.Sp. – *Pauschalabfindung*; allgemein zust. BGH v. 17.05.1994 – X ZR 82/92, GRUR 1994, 898, 900 – *Copolyester*.
902 OLG Düsseldorf v. 16.08.2001 – 2 U 105/00, (unveröffentl.) – dort auch für Lizenzanalogie.

Umfang des Auskunfts- und Rechnungslegungsanspruchs danach, welche **Kriterien** sich als **Grundlage für die Schätzung** anbieten. Da der Arbeitnehmer nicht alle Angaben verlangen kann, die irgendwie hilfreich oder nützlich sein können (s. § 12 Rdn. 225) gelten hier in besonderem Maße die Grenzen von Zumutbarkeit (s. § 12 Rdn. 230 ff.) und Erforderlichkeit (s. § 12 Rdn. 225 ff.).

214 Diese Grundregeln gelten entsprechend in den Fällen, in denen der Erfindungswert für innerbetriebliche Nutzungshandlungen ausnahmsweise nach besonderen Regeln, etwa der Kaufpreisanalogie (s. RL Nr. 4), bestimmt werden soll. Allerdings hat die Kaufpreisanalogie – auch mit Blick auf die Überschneidung mit RL Nr. 13 Satz 3 – in der betrieblichen Praxis nur sehr geringe Bedeutung[903] (zu Einzelheiten s. KommRL zu RL Nr. 4)

*Rdn. 215 frei.*

### 6. Auskunftspflichten bei außerbetrieblicher Verwertung

216 Hierbei geht es um die außerbetriebliche wirtschaftliche Verwertung des Erfindungs-/Patentgegenstandes, soweit diese nach § 9 oder nach anderen Bestimmungen (insb. § 14 Abs. 3, § 42 Nr. 4 n.F., s. dazu § 42 Rdn. 146) vergütungspflichtig ist. Erfasst sind **alle vergütungspflichtigen außerbetrieblichen Nutzungshandlungen** von der Lizenzvergabe bis hin zur Einbringung in einen Patentpool (s. dazu § 9 Rdn. 221 ff.). Soweit der Vergütungsanspruch durch eine (rechtswirksame) Vergütungsregelung i.S.d. § 12 konkretisiert ist, sind die danach relevanten Kriterien inhaltsbestimmend (s. § 12 Rdn. 175).

217 Im Allgemeinen kann sich das Auskunftsverlangen namentlich auf **folgende Angaben** erstrecken:
– Art der außerbetrieblichen Verwertungshandlungen, insb. durch Lizenzvergaben,[904] Austausch[905] oder Verkauf bzw. sonstige Verfügungen über Rechte an der Diensterfindung bzw. darauf bezogenen Schutzrechtspositionen;

---

903 Vgl. z.B. Schiedsst. v. 23.07.2009 – Arb.Erf. 10/05, (www.dpma.de, nur LS).
904 So im Ergebnis BGH v. 16.04.2002 – X ZR 127/99, GRUR 2002, 801, 803 – *Abgestuftes Getriebe.*
905 So im Ergebnis BGH v. 16.04.2002 – X ZR 127/99, GRUR 2002, 801, 803 – *Abgestuftes Getriebe.*

– Umfang der vergütungspflichtigen Einnahmen, also insb. Lizenzeinnahmen,[906] (einschließlich sonstiger geldwerter Vorteile aufgrund der Lizenzvergabe[907]) und/oder Einnahmen aus Kauf- oder Austauschverträgen (s. § 12 Rdn. 219) sowie Angaben über sonstige Vermögensvorteile[908] (geldwerte Vorteile).

Richtet sich der Vergütungsanspruch des Arbeitnehmers auf **Beteiligung an Lizenzeinnahmen** seines Arbeitgebers, hat er grds. einen Anspruch auf Auskunft über die konkreten Lizenzeinnahmen,[909] ggf. einschließlich der Lizenzgebührenabrechnungen bzw. auf Vorlage der entsprechenden Abrechnungsbelege[910] (zu Belegen zweifelhaft, s. § 12 Rdn. 162.8; zu Auskünften aus dem Bereich des Lizenznehmers s. § 12 Rdn. 170.3). Bei Sachleistungen und mittelbaren Vorteilen schließt die allein den Arbeitgeber treffende Auskunftspflicht (s. § 12 Rdn. 170.3) nicht aus, dass sich der Arbeitgeber/Dienstherr auskunftsrelevante Tatsachen von seinem Geschäftspartner besorgen muss, sofern dieser nach Teu und Glauben zur Mitwirkung verpflichtet ist.[911]

218

Streitig ist, inwieweit auch ein Anspruch auf **Vorlage des Lizenzvertrages** besteht.[912] Im Grundsatz ist die Vorlage von Lizenzverträgen als Beleg für die

---

906 So u.a. BGH v. 17.11.2009 – X ZR 60/07, (juris, Rn. 14) – *Türbänder*, dort zur Rechnungslegung; vgl. auch Ergebnis BGH v. 16.04.2002 – X ZR 127/99, GRUR 2002, 801, 803 – *Abgestuftes Getriebe*.
907 Vgl. z.B. LG Düsseldorf v. 18.01.2011, InstGE 12, 264 ff. – *Krankheitsvorhersage*, dort die Erstattung von Patentgebühren und Patentanwaltskosten; vgl. auch BGH v. 05.02.2013 GRUR 2013, 498 – *Genveränderungen*, dort zur Kostenübernahme bzgl. des Schutzrechts.
908 So u.a. BGH v. 17.11.2009 – X ZR 60/07, (juris, Rn. 14) – *Türbänder*.
909 So u.a. BGH v. 17.11.2009 – X ZR 60/07, (juris, Rn. 14) – *Türbänder*, dort zur Rechnungslegung; vgl. auch Ergebnis BGH v. 16.04.2002 – X ZR 127/99, GRUR 2002, 801, 803 – *Abgestuftes Getriebe* u. OLG Frankfurt v. 07.12.2017 – 6 U 205/16, Mitt. 2018, 91 (LS.) = BeckRS 2017, 138334.
910 LG Düsseldorf v. 22.09.1981 – 4 O 127/84, (unveröffentl.), wonach der Arbeitnehmer die Vorlage der Berechnung der Lizenzgebühr und die Rechnungskopien der vom Lizenzgeber (Arbeitgeber) in Rechnung gestellten Lizenzgebühren verlangen kann.
911 So im Ergebn. BGH v. 05.02.2013 GRUR 2013, 498 (Rn. 37) – Genveränderungen.
912 Zu Recht ablehnend Schiedsst. v. 04.02.1986, BlPMZ 1986, 346; LG Düsseldorf v. 03.10.1978 – 4 O 203/76 u.v. 24.02.2011 – 4a O 52/10, (beide unveröffentl.); Keukenschrijver in Busse/Keukenschrijver, PatG, Rn. 46 zu § 12 ArbEG; vgl. auch Volmer/Gaul Rn. 190 zu § 12. S. auch Trimborn Mitt. 2012, 70, 71 f. Zuerkennend u. a. LG München I v. 14.06.2007 – 7 O 9760/05 -, im Ergebn. bestätigt durch OLG München v. 19.02.2009 – 6 U 3878/07, (beide unveröffentl.).

Angabe von Lizenzeinnahmen weder üblich noch erforderlich, da damit lediglich die vereinbarte Lizenzhöhe, nicht aber die konkreten, vergütungspflichtigen Lizenzeinnahmen nachvollzogen werden können.[913] Ein Einsichtsrecht wird i.R.d. Rechnungslegungspflicht (s. § 12 Rdn. 162.4 ff.) dann zu bejahen sein, wenn sich der Arbeitgeber zur Bestimmung des Erfindungswertes auf besondere Abzugsfaktoren (Aufteilung auf mehrere Erfindungen, begleitende Markenrechte usw.) beruft.[914] Bei schutzwürdigen Geheimhaltungsinteressen beschränkt sich die Einsichtnahmemöglichkeit unter einer strafbewehrten Geheimhaltungsverpflichtung auf eine reine Einsicht ohne Fertigung von Abschriften.[915] Ein Einsichtsrecht in Vertragsentwürfe oder Korrespondenz besteht nicht. Ansonsten sind auch hier die berechtigten (Geschäfts- und Geheimhaltungs-)Interessen von Dritten (Lizenznehmer) zu beachten. (S. § 12 Rdn. 195; S. im Übrigen § 12 Rdn. 162.8; zum Konzern s. § 12 Rdn. 197, 298).

219 Bei **Verkauf** der Diensterfindung erstreckt sich die Auskunfts- und Rechnungslegungspflicht auf die Höhe des Kaufpreises und ggf. etwaige Minderungsfaktoren (z.B. bei Aufteilung eines Gesamtkaufpreises auf mehrere Erfindungen, Leistungen oder Gegenstände). Soweit der Kaufpreis für die Diensterfindung dem schriftlichen Kaufvertrag zu entnehmen ist, kann der Arbeitnehmer verlangen, in diesen einzusehen;[916] nach *OLG Hamburg* ist er auch berechtigt, die Vorlage einer Abschrift des Kaufvertrages zu verlangen.[917] Ein Anspruch auf Vorlage des Kaufvertrages kann nach der hier vertretenen Auffassung – wenn überhaupt – nur i.R.d. Rechnungslegung mit den dortigen Einschränkungen in Betracht kommen (s. § 12 Rdn. 162.6 ff.).

Die Auskunft erstreckt sich auch auf die Einnahmen (geldwerten Vorteile) aus **Austauschverträgen**[918] (zum Konzern s. § 12 Rdn. 297 f.).

*Rdn. 220, 221 frei.*

---

913 LG Düsseldorf v. 24.02.2011 – 4a O 52/10, (unveröffentl.).
914 Ähnl. Trimborn Mitt. 2012, 70, 72.
915 S. Schiedsst. v. 15.06.2016 – Arb.Erf. 60/13, (www.dpma.de).
916 Schiedsst. v. 12.01.1995 – ArbErf 37/93, (unveröffentl.).
917 OLG Hamburg v. 29.10.1987, EGR Nr. 62 zu § 12 ArbEG (dort bei gleichzeitiger Betriebsveräußerung).
918 Unstreitig, z. B. OLG Düsseldorf v. 24.10.2013 – 2 U 63/12 – (www.justiz.nrw.de/nrwe, Rn. 127 = Düsseldf. Entsch. Nr. 2098) – Kunststoffbeutel; vgl. z.B. zum konzernweiten Patentpool BGH, 16.04.2002 – X ZR 127/99, GRUR 2002, 801 ff. – *Abgestuftes Getriebe* sowie BGH v. 17.11.2009, GRUR 2010, 223, 227 (Rn. 37 ff.) – *Türinnenverstärkung*.

## VI. Grenzen der Auskunft

Seit jeher hat die höchstrichterliche Rechtsprechung anerkannt, dass die auf den Grundsätzen von Treu und Glauben (§ 242 BGB, s. dazu § 12 Rdn. 171) basierenden Ansprüche des Arbeitnehmererfinders auf Auskunft und Rechnungslegung nicht unbeschränkt gelten;[919] sie unterliegen in der praktischen Anwendung im Einzelfall erheblichen Einschränkungen,[920] die bis hin zum vollständigen Ausschluss reichen können.[921] In der Praxis können sich einzelfallbezogene Schranken **insb. aus folgenden Gesichtspunkten** ergeben:[922]

– Aus den gesetzlichen Vorgaben des geltend gemachten Vergütungsanspruchs (s. § 12 Rdn. 164.1 ff.)
– aus dem Tatsachen-Bezug (s. § 12 Rdn. 170.1 ff.),
– aus einer Vergütungsvereinbarung oder -festsetzung (s. § 12 Rdn. 175),
– aus vertraglichen Abreden nach Erfindungsmeldung (§ 22 Satz 2, s. § 11 Rdn. 27),
– aus der im Einzelfall in Betracht kommenden Berechnungsmethode (s.o. § 12 Rdn. 179 f.),
– aus der Erforderlichkeit (s. § 12 Rdn. 225 ff.),
– aus der Zumutbarkeit für den Arbeitgeber (s. § 12 Rdn. 230 ff.), insb. angesichts des Aufwandes (s. § 12 Rdn. 236), eines Geheimhaltungsinteresses (s. § 12 Rdn. 245), des Zeitablaufs (s. § 12 Rdn. 265) oder sonstiger Unzumutbarkeit (s. § 12 Rdn. 268 ff.) einschließlich Rechtsmissbrauchs (s. § 12 Rdn. 245, 268),
– aufgrund von Unmöglichkeit (s. § 12 Rdn. 272 ff.),
– aufgrund von Erfüllung des Auskunftsanspruchs (s. § 12 Rdn. 280 ff.).

**222**

---

919 Ständ. Rspr. BGH v. 17.05.1994 – X ZR 82/92, GRUR 1994, 898, 900 – *Copolyester* – zur Rechnungslegung u. BAG v. 25.06.1964, AP Nr. 3 zu § 242 BGB – zur Auskunftspflicht.
920 BGH v. 13.11.1997 – X ZR 132/95, GRUR 1998, 689, 692 l. Sp. – *Copolyester II*.
921 So betont der BGH in ständ. Rspr., dass die Kriterien von Erforderlichkeit und Zumutbarkeit bereits für die Frage gelten, ob überhaupt ein Auskunftsanspruch anzuerkennen ist, so z.B. BGH v. 17.11.2009 – X ZR 60/07, (juris, Rn. 14) – *Türbänder*; ähnl. BGH v. 16.04.2002 – X ZR 127/99, GRUR 2002, 801, 803 l. Sp. – *Abgestuftes Getriebe*.
922 Zu den Schranken s. Kunzmann in Festschr. K. Bartenbach (2005) S. 175 ff.; Volz, GRUR 2010, 865 ff.

## 1. Erforderlichkeit und Zumutbarkeit als Maßstab und Grenze

223 Wesentliche Schranken der Ansprüche auf Auskunft und ggf. Rechnungslegung sind **Erforderlichkeit und Zumutbarkeit**[923] (zur Zumutbarkeit s. § 12 Rdn. 230 ff.). Beide Kriterien bestimmen sowohl den Bestand als auch den Umfang des Auskunfts- und Rechnungslegungsanspruchs.[924]

224 Dabei besteht zwischen beiden eine **Wechselwirkung**: Je bedeutsamer die verlangten Angaben für den Vergütungsanspruch des Arbeitnehmers sind, desto intensivere Bemühungen um Aufklärung sind dem Arbeitgeber zumutbar; je stärker der Arbeitgeber durch ein Auskunftsverlangen belastet wird, desto sorgfältiger muss geprüft werden, inwieweit die Angaben zur Ermittlung einer angemessenen Vergütung unumgänglich sind.[925] So ist bspw. eine Gewinnauskunft grds. ausgeschlossen, weil sie weder für die Vergütungsbemessung nach der Lizenzanalogie erforderlich, noch regelmäßig das Vorhalten entsprechenden Zahlenmaterials für den Arbeitgeber zumutbar ist.[926] Ebenso kann sich aus Treu und Glauben im Einzelfall eine Beschränkung auf das »**unbedingt Erforderliche**« ergeben, insb. wenn die Erstellung der Auskunft mit erheblichem Aufwand verbunden ist.[927]

## 2. Das Kriterium der Erforderlichkeit

225 Der Anspruch auf Auskunft und auf Rechnungslegung kann stets nur so weit gehen, wie dies nach der gesetzlichen Regelung für den zugrunde liegenden

---

923 BGH v. 13.11.1997 – X ZR 132/95, GRUR 1998, 689, 692 r. Sp. – *Copolyester II* u. BGH v. 13.11.1997 – X ZR 6/96, GRUR 1998, 684, 688 – *Spulkopf*; BGH v. 16.04.2002 – X ZR 127/99, GRUR 2002, 801, 803 – *Abgestuftes Getriebe*; BGH v. 17.11.2009, GRUR 2009, 223, 224 (Rn. 14) – *Türinnenverstärkung*; BGH v. 17.11.2009 – X ZR 60/07, (Rn. 16) [juris] – *Türbänder*; OLG Frankfurt v. 07.12.2017 – 6 U 204/16, (www.lareda.hessenrecht.hessen.de) – Mark up; Keukenschrijver in Busse/Keukenschrijver, PatG, Rn. 43 zu § 12 ArbEG; vgl. allg. BGH v. 23.03.1966, NJW 1966, 1117, 1119 r.Sp. u.v. 23.11.1981, NJW 1982, 574.

924 BGH v. 16.04.2002 – X ZR 127/99, GRUR 2002. 801, 803 – *Abgestuftes Getriebe*; BGH v. 17.11.2009 – X ZR 60/07, (juris, Rn. 16) – *Türbänder*.

925 BGH v. 16.04.2002 – X ZR 127/99, GRUR 2002. 801, 803 – *Abgestuftes Getriebe*; BGH v. 17.11.2009 – X ZR 60/07, (juris, Rn. 16) – *Türbänder*; OLG Düsseldorf v. 24.10.2013 – 2 U 63/12, (www.justiz.nrw.de/nrwe, Rn. 130 = Düsseldorfer Entscheidung Nr. 2098) – Kunststoffbeutel.

926 S. BGH v. 17.11.2009, GRUR 2009, 223, 224 ff. (insb. Rn. 14, 22, 24, 26) – *Türinnenverstärkung*; OLG Düsseldorf v. 24.10.2013 – I-2 U 63/12, (www.justiz.nrw.de/nrwe = Düsseldorfer Entscheidung Nr. 2098) – Kunststoffbeutel.

927 So im Ergebn. LG Düsseldorf v. 11.12.2007 – 4b O 69/07, (unveröffentl.); vgl. auch zum Auskunftsanspruch nach § 32a UrhG BGH v. 10.05.2012, GRUR 2012, 1248 (Rn. 59) – *Fluch der Karibik*.

F. Anspruch auf Auskunftserteilung bzw. Rechnungslegung        § 12

Hauptanspruch (Vergütungsanspruch) erforderlich ist (s. § 12 Rdn. 163). Der Arbeitnehmer kann von seinem Arbeitgeber nur solche Angaben verlangen, die **zur Ermittlung der angemessenen Erfindervergütung** unter Berücksichtigung seiner berechtigten Interessen **erforderlich** sind.[928] Insoweit gilt zunächst ein **objektiver Maßstab**, der sodann einer einzelfallbezogenen Überprüfung unter dem Gesichtspunkt von Treu und Glauben bedarf. Es kommt also nicht auf die subjektiven Wünsche und Vorstellungen der Arbeitsvertragsparteien an. Auch kann der Arbeitnehmer nicht unbeschränkt alle Angaben verlangen, die zur Bestimmung und Überprüfung der Erfindervergütung irgendwie hilfreich und nützlich sind oder sein können.[929] Vielmehr kommt es allein darauf an, welche Auskünfte aus objektiver Sicht nach Lage des Einzelfalls zur Bestimmung der gesetzlich geschuldeten Vergütung unter Berücksichtigung der berechtigten Interessen beider Seiten benötigt werden[930] (s.a. § 12 Rdn. 171 f.). Demzufolge ergibt sich regelmäßig ein unterschiedlicher Auskunftsumfang je nach Vergütungsanspruch (s. § 12 Rdn. 163 f.), Benutzungsart (s. § 12 Rdn. 174 f.) und Berechnungsmethode (s. § 12 Rdn. 179 ff.).

Der Arbeitgeber schuldet Auskünfte über Tatsachen (Handlungen) nur insoweit, als sie **für die Bemessung der Vergütung relevant** sind.[931] Welcher Angaben es im Einzelnen bedarf, bestimmt sich nach den gesetzlichen Voraussetzungen und Erfordernissen des jeweiligen Vergütungsanspruchs.[932] Regelmäßiger Maßstab dafür sind diejenigen Rechtsgrundsätze, die Rechtsprechung, Schiedsstelle und Schrifttum unter Heranziehung der Amtlichen Vergütungsrichtlinien für die Ermittlung der Vergütung in den zu beurteilenden Fallgestaltungen anerkannt haben. Bspw. können keine Auskünfte über Auslandsnutzungen verlangt werden, soweit diese Nutzungshandlungen ausschließlich das patentfreie Ausland betreffen und damit unstreitig vergütungsfrei sind (s. KommRL Rn. 78 zu RL Nr. 26). Ebenfalls können keine Angaben zum erfassbaren betrieblichen Nutzen verlangt werden, wenn die Vergütungsbemessung –          226

---

928 BGH v. 13.11.1997 – X ZR 132/95, GRUR 1998, 689, 692 – *Copolyester II* m. H. a. BGH v. 14.01.1958, GRUR 1958, 288, 290 – *Dia-Rähmchen*; BGH v. 16.04.2002 – X ZR 127/99, GRUR 2002. 801, 803 – *Abgestuftes Getriebe*; ähnl. BGH v. 17.11.2009 – X ZR 60/07, (juris, Rn. 16) – *Türbänder*.
929 BGH v. 13.11.1997 – X ZR 132/95, GRUR 1998, 689, 692 – *Copolyester II*; BGH v. 13.11.1997 – X ZR 6/96, GRUR 1998, 684, 688 – *Spulkopf* und BGH v. 16.04.2002 – X ZR 127/99, GRUR 2002, 801, 803 – *Abgestuftes Getriebe*.
930 Ähnl. bereits LG Düsseldorf v. 08.03.1994 – 4 O 6/92, (unveröffentl.).
931 S. BGH v. 16.04.2002 – X ZR 127/99, GRUR 2002. 801, 803 r. Sp. – *Abgestuftes Getriebe*, dort zum Konzern.
932 So im Ergebnis u.a. BGH v. 16.04.2002 – X ZR 127/99, GRUR 2002, 801, 803 – *Abgestuftes Getriebe*.

wie regelmäßig – nach der Lizenzanalogie erfolgt (s. dazu § 12 Rdn. 183 ff.; zur Erforderlichkeit bei der Lizenzanalogie s. § 12 Rdn. 189 ff., zur Erforderlichkeit bei der Methode nach dem erfassbaren betrieblichen Nutzen s. § 12 Rdn. 209 ff.). Als vergütungsirrelevant scheiden z. B. auch Auskünfte über Kundenanfragen/-nachfragen, Angebote an Kunden oder Apparatezeichnungen aus.[933]

Im Fall einer (wirksamen) Vergütungsregelung (§ 12) bestimmen sich Auskunft und Rechnungslegung nach den vereinbarten bzw. festgesetzten Vergütungsparametern (s. § 12 Rdn. 175).

227 Eine Ausnahme erkennt die Rechtsprechung letztlich bei objektiv berechtigtem **Kontrollbedarf** an.[934] Ein abstrakter Kontrollbedarf reicht hingegen u. E. nicht aus, um weitergehende Ausküfte, die über die für die Vergütungsbemessung maßgeblichen Kriterien hinausgehen, verlangen zu können. Erforderlich sind vielmehr objektive Tatsachen, die ein berechtigtes Kontrollinteresse des Arbeitnehmers bei objektiver Betrachtung rechtfertigen. Das betrifft bspw. die Angabe von Herstellmengen (s. § 12 Rdn. 190). Methodisch scheint die Rechtsprechung dann den berechtigten Kontrollbedarf in die Erforderlichkeit einzubeziehen. An derartige Ausnahmen sind u. E. strenge Anforderungen zu stellen.[935] (zur Beweislast s. § 12 Rdn. 323 ff.). Dies kann beispielsweise dann gegeben sein, wenn sich ein Arbeitgeber von vornherein beharrlich über einen längeren Zeitraum verweigert hat, irgendwelche Vergütungs- und Auskunftsansprüche für die Diensterfindung anzuerkennen und damit ein tiefgreifendes Misstrauen nachvollziehbar ist.[936]

228 Eine Erforderlichkeit der Auskunftserteilung durch den Arbeitgeber fehlt ferner, wenn der **Arbeitnehmer** bereits selbst über die **verlangten Angaben verfügt**[937] oder er sich diese unschwer, zumindest zumutbar selbst, etwa durch öffentliche oder ihm sonstwie zugängliche Quellen (z.B. im Internet), beschaffen kann[938]. Dem steht es – losgelöst von einer Verwirkung (s. § 12

---

933 So zur Erfindervergütung nach § 612 BGB: OLG Frankfurt v. 03.03.2016 Mitt. 2016, 241, 243 – Freier Mitarbeiter.
934 S. Volz, GRUR 2010, 865, 870.
935 Volz, GRUR 2010, 865, 870.
936 Schiedsst. v. 23.04.2015 – Arb.Erf. 08/12, (www.dpma.de), dort für Herstellungs- und Lieferdaten.
937 Vgl. etwa OLG Düsseldorf v. 24.10.2013 – 2 U 63/12 – (www.justiz.nrw.de/nrwe, Rn. 149 = Düsseld. Entsch. Nr. 2098) – Kunststoffbeutel m. H. a. LG Düsseldorf v. 03.02.2005, InstGE 5, 100, 106 – Geschäftsführer-Erfindung II.
938 Vgl. auch BGH v. 17.11.2009 GRUR 2010, 223 (Rn. 18) – *Türinnenverstärkung*; s. auch allg. Palandt/Grüneberg, BGB, § 260 Rn. 7.

# F. Anspruch auf Auskunftserteilung bzw. Rechnungslegung § 12

Rdn. 308) – im Einzelfall gleich, wenn der Arbeitnehmer vorsätzlich oder fahrlässig die mit der Auskunft jetzt begehrte Kenntnis durch frühere Informationsmöglichkeiten nicht genutzt hat und es deshalb an einer **entschuldbaren Ungewissheit fehlt**.[939] Dafür ist allerdings der Arbeitgeber grundsätzlich darlegungs- und beweispflichtig.[940]

*Rdn. 229 frei.*

### 3. Das Kriterium der Zumutbarkeit der Auskunftserteilung

Das Kriterium bestimmt – neben der **Erforderlichkeit** (s. dazu § 12 Rdn. 225 ff.) – maßgeblich den Bestand und Umfang der vom Arbeitgeber geschuldeten Auskünfte. Dabei besteht ein Wechselverhältnis zwischen Erforderlichkeit und Zumutbarkeit (s. § 12 Rdn. 224). Das Zumutbarkeitskriterium bezieht sich sowohl auf die Bemessung als auch auf die Überprüfung der geschuldeten Erfindervergütung.[941] Erfasst ist auch die Frage der Benutzung.[942] Dieses Kriterium betrifft die Fragestellung, **ob und inwieweit** dem Arbeitgeber die **Erteilung der erforderlichen Auskünfte** nach Lage des Einzelfalls **zumutbar** ist.[943] Dabei geht es nicht nur um die Situation, dass der Arbeitnehmer rechtsmissbräuchlich Ansprüche geltend macht.[944] Vielmehr kann eine Auskunft und ggf. Rechnungslegung für den Arbeitgeber aus unterschiedlichsten Gründen nicht zuzumuten sein. 230

Unter dem Aspekt der Zumutbarkeit können der Auskunftserteilung insb. folgende Umstände **entgegenstehen** bzw. diese im Umfang **begrenzen:** 231
– unverhältnismäßiger Aufwand (s. § 12 Rdn. 236)
– Geheimhaltungsbelange (s. § 12 Rdn. 245)
– Unzumutbarkeit wegen Zeitablaufs (s. § 12 Rdn. 265)
– sonstige Fälle der Unzumutbarkeit einschließlich Rechtsmissbrauchs (s. § 12 Rdn. 268).

Die Zumutbarkeit ist **einzelfallbezogen zu bestimmen.** I.R.d. Zumutbarkeitsabwägung können Betriebsgröße, Branche und betriebliche Besonderheiten 232

---

939 S. allg. BGH v. 22.10.1958 WM 1959, 206, 208; v. 28.11.1989 NJW 1990, 1358, 1359; Palandt/Grüneberg, BGB, § 260 Rn. 7.
940 OLG Düsseldorf v. 24.10.2013 – 2 U 63/12 – (www.justiz.nrw.de/nrwe, Rn. 149 = Düsseldf. Entsch. Nr. 2098) – Kunststoffbeutel.
941 S. BGH v. 13.11.1997 – X ZR 132/95, GRUR 1997, 689, 692. – *Copolyester II.*
942 Schiedsst. v. 09.01.2013 – Arb.Erf. 16/10, (www.dpma.de).
943 In diesem Sinn z.B. BGH v. 17.11.2009 – X ZR 60/07, (juris, Rn. 16) – *Türbänder.*
944 So aber Jesgarzewski, BB 2011, 2923, 2935.

beim Arbeitgeber eine Rolle spielen.[945] Es obliegt dem Arbeitgeber, die die Unzumutbarkeit begründenden Tatsachen vorzutragen[946] (zur Beweislast s. § 12 Rdn. 323). Die Instanzgerichte neigen dazu, an die Unzumutbarkeit einer Auskunft strenge Anforderungen zu stellen und den Einwand nur bei besonderen Umständen zuzulassen.[947]

Rdn. 233–235 frei.

### a) Unverhältnismäßiger Aufwand

236 Der Auskunftsanspruch des Arbeitnehmers findet eine Schranke, wenn die Angaben dem Arbeitgeber wegen eines **unverhältnismäßigen Aufwands** unzumutbar sind[948] (vgl. auch § 32d Abs. 2 Nr. 2 UrhG). Das gilt auch für die Rechnungslegung.[949] Der Arbeitgeber kann nach der höchstrichterlichen Rechtsprechung insb. solche Angaben verweigern, deren Ermittlung für ihn mit einem unverhältnismäßigen Aufwand verbunden wäre, der in keinem vernünftigen Verhältnis zu der dadurch erreichten bzw. möglichen genaueren Bemessung der dem Arbeitnehmer zustehenden Vergütung mehr steht.[950]

237 Der Aufwand zur Ermittlung der Informationen darf folglich nicht in einem Missverhältnis zur wirtschaftlichen Bedeutung des Vergütungsanspruchs stehen.[951] Zwar kann vom Arbeitgeber regelmäßig ein gewisser Aufwand – auch wenn dieser mit Zeit, Kosten und Schwierigkeiten verbunden ist – erwartet werden.[952] Jedoch spielt es u. E. angesichts der Wechselwirkung zur Erforderlichkeit (s. § 12 Rdn. 224) generell eine Rolle, inwieweit der zusätzliche

---

945 Vgl. BGH v. 13.11.1997 – X ZR 132/95, GRUR 1998, 689, 692 l. Sp. – *Copolyester II*.
946 BGH v. 13.11.1997 – X ZR 132/95, GRUR 1998, 689, 692 – *Copolyester II*.
947 So etwa LG Düsseldorf v. 28.04.2016 – 4a O 154/14, (www.justiz.nrw.de, Rn. 250) – Elektrische Glühlampen m. H.a. OLG Düsseldorf v. 13.09.2007 – I – 2 U 113/05 (juris, Rn. 50) – Türinnenverstärkung, dieses aber teilw. relativiert von BGH v. 17.11.2009, GRUR 2009, 223 (Rn. 24 ff.) – *Türinnenverstärkung*.
948 BGH v. 17.05.1994 – X ZR 82/92, GRUR 1994, 898, 900 – *Copolyester*.
949 BGH v. 17.05.1994 – X ZR 82/92, GRUR 1994, 898, 900 – *Copolyester* u. BGH v. 13.11.1997 – X ZR 132/95, GRUR 1998, 689, 692 – *Copolyester II*.
950 BGH. v. 13.11.1997 – X ZR 132/95, GRUR 1998, 689, 692 – *Copolyester II*; BGH v. 13.11.1997 – X ZR 6/96, GRUR 1998, 684, 688 – *Spulkopf*; BGH v. 16.04.2002 – X ZR 127/99, GRUR 2002, 801, 803 – *Abgestuftes Getriebe*; ferner BGH v. 17.11.2009 – X ZR 60/07, (juris, Rn. 16) – *Türbänder*.
951 Vgl. allg. BGH v. 07.12.1977, BGHZ 70, 86, 91 u.v. 13.06.1985, BGHZ 95, 285, 293.
952 Vgl. auch BGH v. 13.11.1997 – X ZR 132/95, GRUR 1998, 689, 693 l. Sp. – *Copolyester II*.

Erkenntnisgewinn aus einem erheblich gesteigerten Aufwand zur Informationsbeschaffung noch in einem vertretbaren Verhältnis zu dem konkreten Vergütungsanspruch steht.[953] So liegt eine unzumutbare Auskunft regelmäßig vor, wenn der Arbeitgeber nicht unerhebliches Zahlenmaterial vorhalten und vorlegen muss, obschon andere geeignete Erkenntnisse zur Vergütungsermittlung vorliegen, sodass der Arbeitnehmer auf die verlangten Angaben nicht bzw. nur hilfsweise angewiesen ist.[954] So können offene vergütungsrelevante Daten ggf. durch **Schätzgrößen** ersetzt werden, um verwaltungsaufwendige Recherchen zu vermeiden.[955] Denkbar ist z.B., dass ein Streit über die Bestimmung von Umsätzen durch (vom Arbeitgeber angebotene) Aufschläge auf den unstreitigen Umsatz angemessen beseitigt wird.[956]

Liegen sowohl Angaben zum Aufwand für die Erfüllung der Auskunft bzw. Rechnungslegung einerseits und andererseits nachvollziehbare Angaben zur Schätzung des Umfangs des Erfindervergütungsanspruchs vor, kann es im Einzelfall **Aufgabe des Gerichts** sein, im Wege der Schätzung eine Gegenüberstellung beider Positionen vorzunehmen, um so die Frage der Zumutbarkeit zu klären; der bloße Hinweis, dass vor Rechnungslegung nicht feststellbar sei, in welcher Größenordnung sich der gesamte Vergütungsanspruch letztlich bewegen werde, würde das Kriterium der Zumutbarkeit unbeachtet zu lassen. Zur Situation der Vernichtung von Geschäftsunterlagen s. § 12 Rdn. 273. **238**

Die Gefahr, dass umfangreiche Recherchen in keiner Relation zum Vergütungsanspruch stehen, kann nicht zuletzt in solchen Fällen relevant werden, in denen es um die Frage einer bloßen **Verwertbarkeit** der Diensterfindung geht. An der Erforderlichkeit und Zumutbarkeit der Auskunft kann es ferner fehlen, wenn aufgrund der gegebenen (unstreitigen) Umstände bereits feststeht, dass allenfalls eine **geringe Vergütung** in Betracht kommen kann.[957] Gleiches gilt regelmäßig beim Auskunftsersuchen eines einzelnen Miterfinders mit einem **239**

---

953 Schiedsst. v. 25.05.2005 – Arb.Erf. 4/04, (Datenbank).
954 In diesem Sinne letztlich wohl BGH v. 17.11.2009, GRUR 2010, 223, 226 (Rn. 26) – *Türinnenverstärkung*. Im Ergebnis auch BGH v. 13.11.1997 – X ZR 6/96, GRUR 1998, 684, 689 – *Spulkopf* (krit. Bender, Mitt. 1998, 216, 218 ff.) zur Unzumutbarkeit der (unter früheren Gewinnauskünften streitigen) Frage einer aufwendigen Kostenkalkulations-Angabe für alle Baugruppen einer Gesamtvorrichtung, wenn der Erfindungsgegenstand gleichzeitig separat vertrieben wird.
955 S. aber noch BGH v. 13.11.1997 – X ZR 132/95, GRUR 1998, 689, 693 l. Sp. – *Copolyester II*. (zur Gewinnermittlung).
956 Schiedsst. v. 25.05.2005 – Arb.Erf. 4/04 (Datenbank). S.a. LG Düsseldorf v. 17.02.1998, Mitt. 1998, 235, 236 – *Formpresse* zum kalkulatorischen Gewinnaufschlag bei schwer feststellbaren (früher noch geschuldeten) Gewinnangaben.
957 Vgl. allg. BGH v. 06.06.1991, GRUR 1991, 921, 924.

gegenüber anderen Miterfindern lediglich nachrangigen, **geringen Miterfinderanteil** (s. auch § 32d Abs. 2 Nr: 1 UrhG).

*Rdn. 240–244 frei.*

**b) Geheimhaltungsbelange**

**aa) Voraussetzungen**

245 Die Auskunft kann dadurch begrenzt bzw. ausgeschlossen sein, dass berechtigte Interessen des Arbeitgebers der Preisgabe von **Geschäfts- und Betriebsinterna** entgegenstehen.[958] Darunter fallen im Grundsatz alle Tatsachen und Umstände, bei denen der Arbeitgeber ein – von ihm darzulegendes[959] und ggf. zu beweisendes – berechtigtes betriebliches Interesse an der Geheimhaltung hat[960] (vgl. auch § 24 Rdn. 38 ff.), und zwar (auch) ggü. dem Arbeitnehmererfinder. Dies kann bspw. dann der Fall sein, wenn es um Geschäftsgeheimnisse oder strikt vertrauliche Informationen geht, die Dritte betreffen,[961] ferner wenn der Arbeitgeber gesetzlich oder vertraglich Dritten (Geschäftspartnern usw.) ggü. nachweislich verpflichtet ist, bestimmte Tatsachen nicht zu offenbaren[962] (vgl. etwa die übliche Geheimhaltungsverpflichtung in Lizenzverträgen). Insoweit sind es nicht nur die berechtigten Geheimhaltungsbelange des Arbeitgebers, sondern auch die **Geheimhaltungsinteressen Dritter** (Auftraggeber, Kooperationspartner, Kunden, Lieferanten, Lizenzvertragspartner usw.,

---

[958] BGH v. 17.05.1994 – X ZR 82/92, GRUR 1994, 898, 900 – *Copolyester* – zur Rechnungslegung; BGH v. 13.11.1997 – X ZR 132/95, GRUR 1998, 689, 692 r. sp. – *Copolyester II*; BGH v. 16.04.2002 – X ZR 127/99, GRUR 2002, 801, 803 l. Sp. – *Abgestuftes Getriebe*; BGH v. 17.11.2009 – X ZR 60/07, (juris, Rn. 16) – *Türbänder*; ferner OLG Düsseldorf v. 24.10.2013 – 2 U 63/12 – (www.justiz.nrw.de/nrwe, Rn. 132 = Düsseldf. Entsch. Nr. 2098) – *Kunststoffbeutel*; Schiedsst. v. 21.06.2001, BlPMZ 2002, 230, 232.

[959] So zu Recht Keukenschrijver in Busse/Keukenschrijver, PatG, Rn. 43 zu § 12 ArbEG gegen Schiedsst. v. 12.01.1995 – Arb.Erf. 37/92; vgl. auch OLG Düsseldorf v. 24.10.2013 – 2 U 63/12 – (www.justiz.nrw.de/nrwe, Rn. 137 = Düsseldf. Entsch. Nr. 2098) – *Kunststoffbeutel*.

[960] Grundsätzl. zust. OLG Düsseldorf v. 24.10.2013 – 2 U 63/12 – (www.justiz.nrw.de/nrwe, Rn. 132 = Düsseldf. Entsch. Nr. 2098) – *Kunststoffbeutel*.

[961] Zust. OLG Düsseldorf v. 24.10.2013 – 2 U 63/12 – (www.justiz.nrw.de/nrwe, Rn. 132 = Düsseldf. Entsch. Nr. 2098) – *Kunststoffbeutel*. Vgl. u.a. BGH v. 16.04.2002 – X ZR 127/99, GRUR 2002, 801, 803 f. – *Abgestuftes Getriebe*; s. ferner Schiedsst. v. 21.06.2001, BlPMZ 2002, 230, 232.

[962] Zust. OLG Düsseldorf v. 24.10.2013 – 2 U 63/12 – (www.justiz.nrw.de/nrwe, Rn. 132 = Düsseldf. Entsch. Nr. 2098) – *Kunststoffbeutel*. Vgl. allg. BGH v. 04.04.1979, NJW 1979, 2351; Palandt/Grüneberg, BGB, § 260 Rn. 18 unter Hinweis auf § 259 Rn. 9 m.w.N.

s. auch § 12 Rdn. 195), denen auch mit Blick auf den gesetzlichen Schutz von Geschäftsgeheimnissen eine besondere Bedeutung zukommt (s. § 24 Rdn. 38). Entsprechendes gilt, wenn der begründete Verdacht eines Rechtsmissbrauchs besteht, etwa die Gefahr, dass der Auskunftsanspruch in Wirklichkeit nicht für Zwecke des Vergütungsanspruchs geltend gemacht wird, sondern für Zwecke außerhalb des Erfinderrechts, insb. zu Wettbewerbszwecken, missbraucht wird[963] oder wenn aus sonstigen Umständen die ernst zu nehmende Gefahr einer Weitergabe folgt.[964] Das gilt etwa bei dem Risiko einer Weiterleitung von Kundendaten (Namen, Liefermengen, Preise usw.) an einen Konkurrenten, weil der auskunftsberechtigte Arbeitnehmer jetzt dort beschäftigt ist.[965]

Allerdings entfällt die Verpflichtung des Arbeitgebers zur Auskunftserteilung nicht allein deshalb, weil der ausgeschiedene Arbeitnehmer in einem Wettbewerbsverhältnis zum bisherigen Arbeitgeber steht oder für einen **Wettbewerber tätig** ist[966] oder sonst vertragliche Beziehungen (Lizenzvertrag, Kaufvertrag usw.) zwischen dem Arbeitnehmer und Mitbewerbern bestehen.[967] Dem Arbeitgeber steht aber im Regelfall das Recht zu, einen Wirtschaftsprüfervorbehalt geltend zu machen[968] (s. dazu § 12 Rn. 250); dies gilt evt. auch dann, wenn nicht der Erfinder selbst, wohl aber ein Miterfinder für ein Konkurrenzunternehmen arbeitet.[969] Aufgrund nachvertraglicher (Geheimhaltungs-) Pflichten ist der Arbeitnehmer aber gehalten, ihm bekannt gewordene Umsatzzahlen bzw. sonstige wirtschaftliche Daten nicht einem neuen Arbeitgeber oder einem sonstigen Wettbewerber seines früheren Arbeitgebers mitzuteilen.[970]

246

---

963 Zust. OLG Düsseldorf v. 24.10.2013 – 2 U 63/12 – (www.justiz.nrw.de/nrwe, Rn. 132 = Düsseldf. Entsch. Nr. 2098) – Kunststoffbeutel. Vgl. auch OLG Hamburg v. 19.02.1981, EGR Nr. 31 zu § 12 ArbEG.
964 In diesem Sinn LG Düsseldorf v. 11.08.2005 – 4 b O 456/04, (unveröffentl.).
965 OLG Düsseldorf v. 24.10.2013 – 2 U 63/12 – (www.justiz.nrw.de/nrwe, Rn. 137 ff. = Düsseldf. Entsch. Nr. 2098) – Kunststoffbeutel.
966 Zust. OLG Düsseldorf v. 24.10.2013 – 2 U 63/12 – (www.justiz.nrw.de/nrwe, Rn. 132, 143 = Düsseldf. Entsch. Nr. 2098) – Kunststoffbeutel, dort sogar bei leitender Funktion; wie hier Keukenschrijver in Busse/Keukenschrijver, PatG, Rn. 41 zu § 12 ArbEG. Vgl. auch allg. BAG v. 25.06.1964, AP Nr. 3 zu § 242 BGB – Auskunftspflicht.
967 Vgl. auch OLG Hamburg v. 29.10.1987, EGR Nr. 62 zu § 12 ArbEG – dort bei gleichzeitiger Betriebsveräußerung.
968 Zust. OLG Düsseldorf v. 24.10.2013 – 2 U 63/12 – (www.justiz.nrw.de/nrwe, Rn. 132 = Düsseldf. Entsch. Nr. 2098, in Mitt. 2014, 95 u. GRUR-RR 2014, 240 f. jew. nur LS) – Kunststoffbeutel.
969 LG Düsseldorf v. 22.11.2011 – 4a O 228/10, Düsseldf. Entsch. Nr. 1754.
970 OLG Hamburg v. 19.02.1981, EGR Nr. 31 zu § 12 ArbEG; BAG v. 25.06.1964, AP Nr. 3 zu § 242 BGB – Auskunftspflicht.

§ 12                          Feststellung oder Festsetzung der Vergütung

I.Ü. verbleibt es bei der Auskunftspflicht, soweit dem Arbeitgeber die Auskünfte mittels »besonderer Schutzvorkehrungen« zumutbar sind[971] (zum Wirtschaftsprüfervorbehalt s. § 12 Rdn. 250 und zur Unterlassungsverpflichtungserklärung s. § 12 Rdn. 259).

*Rdn. 247–249 frei.*

**bb) Wirtschaftsprüfervorbehalt**

250 Kann der Arbeitgeber ein **berechtigtes Geheimhaltungsinteresse darlegen**, so kann dem – sofern i.R.d. Rechnungslegung eine Vorlagepflicht besteht (s.o. § 12 Rdn. 162.6) – durch die Vorlage der Unterlagen an eine unabhängige, von Berufs wegen zur Verschwiegenheit verpflichtete Person Rechung getragen werden[972] (**Wirtschaftsprüfervorbehalt**), also Buchprüfer, Rechtsanwalt, Patentanwalt, Steuerberater, Wirtschaftsprüfer usw. Dabei kann auch der Umfang der mitzuteilenden Angaben durch das Geheimhaltungsinteresse des Arbeitgebers begrenzt sein.[973] Dass der zu beauftragende Dritte ggf. nicht die hinreichende Rechtskunde im Arbeitnehmererfindungsrecht hat, steht dem nicht entgegen[974], da es nur um die Feststellung von Tatsachen geht, deren erfinderrechtliche Bewertung dagegen anderen obliegt. Ggf. alternativ kann eine strafbewehrte Unterlassungsverpflichtungserklärung des Arbeitnehmers in Betracht kommen (s. dazu § 12 Rdn. 259).

Wegen ihrer gesetzlichen Verschwiegenheitspflicht ist es nach Auffassung der *Schiedsstelle* ausreichend, wenn ihr im Rahmen eines Auskunftsbegehrens vor der Schiedsstelle die Unterlagen vorgelegt werden.[975] Soweit dies nicht allein

---

971 S. allgemein BGH v. 16.04.2002 – X ZR 127/99, GRUR 2002, 801, 803 l. Sp. – *Abgestuftes Getriebe*.
972 BGH v. 17.05.1994 – X ZR 82/92, GRUR 1994, 898, 900 – *Copolyester*; OLG Düsseldorf v. 24.10.2013 – 2 U 63/12 – (www.justiz.nrw.de/nrwe, Rn. 132 ff. = Düsseldf. Entsch. Nr. 2098) – *Kunststoffbeutel* vgl. i.Ü. Heine/Rebitzki, Vergütg. f. Erf. Anm. 6 zu RL Nr. 5; Reimer/Schade/Schippel/Trimborn Rn. 63 zu § 12; im Ergebn. auch Schwab, Arbeitnehmererfindungsrecht, § 9 Rn. 63, bezogen auf eine »gemeinsam bestimmte neutrale Vertrauensperson«; s. allg. LAG Bremen v. 29.10.1971, DB 1971, 2265; vgl. auch zur Patentverletzung BGH v. 23.02.1962 – I ZR 114/60, GRUR 1962, 354, 357 – *Furniergitter*, BGH v. 03.06.1976, GRUR 1976, 579, 583 – *Tylosin* u.BGH v. 13.02.1981, GRUR 1981, 535 – *Wirtschaftsprüfervorbehalt*.
973 BGH v. 13.11.1997 – X ZR 132/95, GRUR 1998, 689 – *Copolyester II*.
974 Abw. aber OLG Frankfurt v. 07.12.2017 – 6 U 204/16, (www.lareda.hessenrecht.hessen.de) – Mark up.
975 EV. v. 12.01.1995 – Arb.Erf. 37/93, (unveröffentl.). S. auch ZB v. 16.10.2008 – Arb.Erf. 38/07, (unveröffentl.).

## F. Anspruch auf Auskunftserteilung bzw. Rechnungslegung § 12

zu Kontrollzwecken erfolgt, kann dem nicht gefolgt werden; bereits aus dem Anspruch auf rechtliches Gehör folgt, dass die Schiedsstelle ihrer Entscheidung nur die Tatsachen und Feststellungen zugrunde legen kann, zu denen alle Beteiligten auch Stellung nehmen können (s. § 33 Rdn. 11). I.Ü. muss sich jeder Verfahrensbeteiligte selbst ein Urteil darüber machen können, ob und aus welchen Gründen er gegen einen Einigungsvorschlag Widerspruch einlegen will oder nicht.

Im Fall eines Wirtschaftsprüfervorbehalts ist die neutrale Vertrauensperson zu ermächtigen, dem **Arbeitnehmer darüber Auskunft** zu erteilen, ob bestimmte Angaben in der Rechnungslegung enthalten sind. 251

Einen allgemeinen **Anspruch auf die Zwischenschaltung eines** solchen **Dritten** über die Fälle der Unzumutbarkeit bzw. eines berechtigten Geheimhaltungsinteresses hinaus gibt es jedoch nicht, da andernfalls dem Arbeitnehmer die grds. eröffnete Möglichkeit genommen würde, die ihm vom Arbeitgeber mitgeteilten Angaben selbst nachzuprüfen.[976] 252

Der Vorbehalt ist spätestens in einer gerichtlichen Auseinandersetzung der (früheren) Arbeitsvertragsparteien vom Arbeitgeber in Form eines darauf gerichteten Hilfsantrags oder jedenfalls durch entsprechenden Tatsachenvortrag **geltend zu machen**, da er sonst nicht mehr zugebilligt werden kann.[977] Wendet der Arbeitgeber im Rechtsstreit ein, bei Rechnungslegung müsse er Betriebsgeheimnisse offenbaren, kann das Gericht von Amts wegen einen Wirtschaftsprüfervorbehalt aufnehmen.[978] 253

Ein entsprechender **Hilfsantrag** des beklagten Arbeitgebers wird häufig wie folgt gefasst:[979] 254

»Dem Beklagten wird nachgelassen, Rechnung in der Weise zu legen, dass auf seine Kosten die Angaben betreffend die Abnehmer ... nicht dem Kläger, sondern einem vom Beklagten zu bezeichnenden, auch gegenüber dem Kläger zur Verschwiegenheit verpflichteten vereidigten Wirtschaftsprüfer mitgeteilt werden, der vom Beklagten ermächtigt wird, dem Kläger auf konkrete Anfrage

---

976 LG Düsseldorf v. 22.09.1987 – 4 O 127/84, (unveröffentl.); im Ergebn. auch OLG Hamburg v. 19.02.1981, EGR Nr. 31 zu § 12 ArbEG.
977 Vgl. BGH v. 03.06.1976, GRUR 1976, 579, 583 – *Tylosin*.
978 OLG München v. 06.02.1992 – 6 U 2295/91, (unveröffentl.).
979 Vgl. etwa LG Düsseldorf v. 22.11.2011 – 4a O 228/10, Düsseldf. Entsch. Nr. 1754; grundsätzl. bestätigend OLG Düsseldorf v. 24.10.2013 – 2 U 63/12 – (www.justiz.nrw.de/nrwe, Rn. 148 = Düsseldf. Entsch. Nr. 2098) – Kunststoffbeutel; ferner OLG Düsseldorf v. 28.02,2014 – I-2 U 110/11 – Düsseldf. Entsch. Nr. 2183 – Technischer Geschäftsführer.

darüber Auskunft zu erteilen, ob bestimmte vom Kläger zu bezeichnende Lieferungen (Abnehmer)... in der Aufstellung enthalten sind.«

Kommt es zur Einschaltung eines zur Berufsverschwiegenheit Verpflichteten, so hat der Arbeitgeber die **Kosten** zu tragen.[980]

255 Ein weiterer Aspekt zur Wahrung der **Vertraulichkeit im gerichtlichen Verfahren** ergibt sich – über § 172 Nr. 2 GVG hinaus – aus dem Beschluss des *OLG Düsseldorf* vom 17.01.2016:[981] Dort hat das Gericht angeordnet, dass bestimmte, als vertraulich gekennzeichnete Unterlagen ausschließlich den anwaltlichen Vertretern der anderen Partei mit der Verpflichtung zum Stillschweigen auch gegenüber ihrem Mandanten zur Kenntnis gebracht werden; zugleich hat das Gericht einen Unterlassungsvertrag für angebracht gehalten, wonach diese Unterlagen »ausschließlich zu Prozesszwecken im vorliegenden Rechtsstreit zu verwenden« seien »und ansonsten gegenüber jedermann Stillschweigen zu bewahren« sei.

*Rdn. 256–258 frei.*

### cc) Unterlassungsverpflichtungserklärung

259 Dem Geheimhaltungsinteresse des Arbeitgebers kann – im Rahmen einer Interessenabwägung[982] – u.U. auch dadurch genügt werden, dass der Arbeitnehmer anbietet, eine vertragsstrafenbewehrte Unterlassungsverpflichtungserklärung dahin abzugeben, die im Zuge der Auskunft bzw. Rechnungslegung mitgeteilten oder sonst wie erhaltenen Informationen und Unterlagen dritten Personen – mit Ausnahme seiner zur Berufsverschwiegenheit verpflichteten Rechts- und Patentanwälte als Verfahrens- oder Prozessbevollmächtigte – nicht zur Kenntnis zu bringen.[983] Bei der Interessenabwägung zwischen Geheimhaltungsinteressen des Arbeitgebers und Auskunftsanspruch des Arbeitnehmers sind insb. die Höhe der Vertragsstrafe sowie die Frage von Belang, ob der

---

980 Im Ergebn. auch OLG Düsseldorf v. 24.10.2013 – 2 U 63/12 – (www.justiz.nrw.de/nrwe, Rn. 148 = Düsseldf. Entsch. Nr. 2098) – Kunststoffbeutel; zust. ferner Schwab, Arbeitnehmererfindungsrecht, § 9 Rn. 63.
981 OLG Düsseldorf Beschl. v. 17.01.2016 – I-2 U 31/16, (www.justiz.nrw.de/mrwe) m. Anm. Hauck, GRUR-Prax. 2017, 118.
982 Vgl. Schiedsst. v. 21.06.2001, BlPMZ 2002, 230, 232.
983 BGH v. 21.12.1989 – X ZR 30/89, GRUR 1990, 515, 516 – *Marder*; bestätigt durch BGH v. 13.11.1997 – X ZR 132/95, GRUR 1998, 689, 693 – *Copolyester II* (zur Rechnungslegung); LG Düsseldorf v. 11.12.2007 – 4b O 69/07, (unveröffentl.); vgl. auch OLG Frankfurt v. 07.12.2017 – 6 U 204/16, (www.lareda.hessenrecht.hessen.de) – Mark up.

Arbeitnehmer in einem Wettbewerbsverhältnis steht.[984] Das betrifft sowohl die Prüfung, ob ein Wirtschaftsprüfervorbehalt (s. dazu § 12 Rdn. 250) geeigneter bzw. entbehrlich ist,[985] als auch die Feststellung, ob im Einzelfall berechtigte Interessen des Arbeitgebers einer Preisgabe von Geschäfts- und Betriebsinterna überhaupt entgegenstehen (s.o. § 12 Rdn. 245 f.). Bei der Bemessung der Höhe des Vertragsstrafenversprechens kann insb. maßgeblich sein, ob zwischen Arbeitgeber und ausgeschiedenem Arbeitnehmer eine Wettbewerbssituation besteht.[986] Zur Tätigkeit des ausscheidenden Arbeitnehmers bei einem Wettbewerber s. § 12 Rdn. 246.

*Rdn. 260–264 frei.*

### c) Unzumutbarkeit wegen Zeitablaufs und sonstiger Umstände

In der Praxis ist die Situation nicht selten, dass der Auskunfts- bzw. Rechnungslegungsanspruch insoweit begrenzt ist, als dem Arbeitgeber detaillierte Angaben wegen Zeitablaufs unzumutbar sind.[987] Dies betrifft etwa die Fälle, in denen aufgrund des **Ablaufs handels- bzw. steuerrechtlicher Aufbewahrungsfristen** die entsprechenden Unterlagen nicht mehr bzw. für eine Auskunftserteilung zu lückenhaft verfügbar sind.[988] Unabhängig von den Aufbewahrungsfristen bejaht der *BGH* eine Aufbewahrungspflicht des Arbeitgebers, solange Vergütungsansprüche noch zu erwarten sind (s. § 12 Rdn. 162.6). Zur Unmöglichkeit der Auskunft s. § 12 Rdn. 230. 265

*Rdn. 266, 267 frei.*

Eine **Unzumutbarkeit** kann sich i.Ü. darüber hinaus etwa **aus folgenden Aspekten** ergeben: 268

---

984 S. BGH v. 13.11.1997 – X ZR 132/95, GRUR 1998, 689, 693 – *Copolyester II*; zust. OLG Düsseldorf v. 24.10.2013 – 2 U 63/12 – (www.justiz.nrw.de/nrwe, Rn. 142 = Düsseldf. Entsch. Nr. 2098) – Kunststoffbeutel.
985 S. BGH v. 13.11.1997 – X ZR 132/95, GRUR 1998, 689, 693 – *Copolyester II*; OLG Düsseldorf v. 24.10.2013 – 2 U 63/12 – (www.justiz.nrw.de/nrwe, Rn. 140 ff. = Düsseldf. Entsch. Nr. 2098, in Mitt. 2014, 95 u. GRUR-RR 2014, 240 f. jew. nur LS) – Kunststoffbeutel.
986 S. den Sachverhalt bei BGH v. 13.11.1997 – X ZR 132/95, GRUR 1998, 689, 692 – *Copolyester II* u. BGH v. 13.11.1997, GRUR 1998, 684, 688 – *Spulkopf* [Vertragsstrafe 5.000 DM/2.5556,46 € (Spulkopf) bzw. 50.000 DM/25.564,59 € (Copolyester II)]. S. auch OLG Düsseldorf v. 24.10.2013 – 2 U 63/12 – (www.justiz.nrw.de/nrwe, Rn. 143 = Düsseldf. Entsch. Nr. 2098) – Kunststoffbeutel.
987 BGH v. 17.05.1994 – X ZR 82/92, GRUR 1994, 898, 900 – *Copolyester* – zur Rechnungslegung; vgl. auch BGH v. 29.04.2003 – X ZR 186/01, GRUR 2003, 789, 792 – *Abwasserbehandlung*.
988 Vgl. allgemein BGH v. 30.01.2001, NJW 2001, 1486, 1487.

- Der Auskunftsanspruch wird **rechtsmissbräuchlich** ausgeübt[989], etwa wenn der Arbeitnehmer den zu Grunde liegenden Vergütungsanspruch durch unredliches Verhalten (s. § 9 Rdn. 17) erworben hat[990] oder das Auskunftsbegehren als Vorwand zur Verfolgung unlauterer Zwecke dient (z. B. Erlangung von Wettbewerbsvorteilen, Schikane usw.).
- Der **Arbeitnehmer** kann oder konnte sich die von ihm gewünschten Angaben aus ihm zugänglichen **Unterlagen selbst verschaffen**[991] (zur Erforderlichkeit s.o. § 12 Rdn. 225, 228).
- Der **Arbeitgeber** konnte sich **billigerweise nicht auf seine Auskunftspflicht einrichten**, insb., wenn er lange Zeit später Auskünfte über bestimmte vergütungsrelevante Umstände schuldet. Dies hat der BGH in den Fällen der Vergütung von Verwertungshandlungen vor Inanspruchnahme und vor Erfindungsmeldung im Grundsatz anerkannt.[992]
- Die **Angaben** liegen **außerhalb** der **erfindungsrelevanten Sphäre**. Solche Umstände braucht er – auch unter dem Aspekt der Erforderlichkeit (s. § 12 Rdn. 225) – grds. nicht mitzuteilen Dies gilt etwa für das Auskunftsverlangen des Arbeitnehmers über die allgemeine Gewinnsituation beim Arbeitgeber. Auch kann der Arbeitnehmer keine allgemeine Mitteilung über marktübliche Lizenzsätze für Erfindungen verlangen, da es nicht Aufgabe des Arbeitgebers sein kann, für den Arbeitnehmer Markterhebungen vorzunehmen und darüber hinaus der Arbeitnehmer sich diese Informationen selbst verschaffen kann (Sachverständige usw.).[993]
- Ebensowenig kann der Arbeitnehmer vom Arbeitgeber verlangen, dass sich dieser um die Ermittlung solcher Tatsachen bemüht, die ausschließlich **im Bereich Dritter** liegen und für die ihn selbst keine Vergütungspflicht trifft (zum Konzern s. § 12 Rdn. 296 ff.). Das betrifft mithin bei Veräußerung eines Betriebs(-teiles) nicht Verwertungshandlungen aus der Zeit vor Übergang.[994]

---

[989] Insoweit zutreffend Jesgarzewski, BB 2011, 2923, 2935.
[990] LG Düsseldorf v. 18.01.2018 – 4c O 37/16, (Düsseldf. Entsch. Nr. 2741, Rn. 48) – Photovoltaikanlage 1.
[991] Vgl. allg. Palandt/Grüneberg, BGB, § 260 BGB Rn. 7.
[992] S. BGH v. 29.04.2003 – X ZR 186/01, GRUR 2003, 789, 792 – *Abwasserbehandlung*.
[993] LG Düsseldorf v. 23.06.1992 – 4 O 298/91, (unveröffentl.); weitergehend aber Schoden, Betriebl. ArbNerf. u. betriebl. Vorschlagswesen (1995). S. 51 Rn. 65, wonach ein Auskunftsanspruch auf Bekanntgabe solcher Lizenzsätze bestehen soll, die der Arbeitgeber an freie Erfinder zahlt, um marktgerechte Preise festzustellen.
[994] Vgl. Schiedsst. v. 09.01.2013 – Arb.Erf. 16/10, (www.dpma.de).

## F. Anspruch auf Auskunftserteilung bzw. Rechnungslegung § 12

– Informationen, die über das hinausgehen, was beim Arbeitgeber im Rahmen eines **ordnungsgemäßen Geschäftsbetriebes üblicherweise vorhanden** ist, können u. E. mit Blick auf eine vorausgesetzte »unschwere« Auskunftserteilung (s. § 12 Rdn. 162.2) regelmäßig nicht verlangt werden (vgl. auch § 32d Abs. 1 UrhG), im Ausnahmefall stark eingeschränkt unter den Aspekten von Erforderlichkeit und Zumutbarkeit.

Darlegungs- und beweispflichtig für die Umstände, die eine Unzumutbarkeit der Auskunft bzw. Rechnungslegung begründen, ist der Arbeitgeber (s. § 12 Rdn. 325).

*Rdn. 269–271 frei.*

### 4. Unmöglichkeit

Über die Unzumutbarkeit hinaus (s. dazu § 12 Rdn. 230) kann der Auskunfts- und Rechnungslegungsanspruch wegen tatsächlicher oder rechtlicher Unmöglichkeit (vgl. § 275 Abs. 1 BGB) ausgeschlossen sein.[995] Es liegt in der Natur des aus § 242 BGB folgenden Auskunftsanspruchs, dass der auskunftsverpflichtete Arbeitgeber (Schuldner) objektiv imstande sein muss, die Angaben machen zu können. 272

Eine solche Unmöglichkeit ist bspw. gegeben, wenn **Geschäftsunterlagen nicht mehr verfügbar** sind.[996] Im Unterschied zum früheren Recht[997] (vgl. § 283 BGB a.F.) ist es nach § 275 BGB n.F. für die Frage der Unmöglichkeit ohne Belang, ob der Arbeitgeber die Unmöglichkeit zu vertreten hat oder nicht. Ist die vom Arbeitgeber (etwa wegen **Aktenvernichtung**) zu vertretende Unmöglichkeit streitig, so kann die Klärung der Frage, ob dem Arbeitgeber die Erteilung der Auskünfte unmöglich ist, nicht dem Zwangsvollstreckungs- 273

---

995 Davon geht im Ergebnis auch die Rechtsprechung aus, vgl. etwa BGH v. 29.04.2003 – X ZR 186/01, GRUR 2003, 789, 792 – *Abwasserbehandlung*; s. ferner BGH v. 17.11.2009, GRUR 2010, 223, 227 (Rn. 39) – *Türinnenverstärkung*; OLG Frankfurt v. 07.12.2017 – 6 U 204/16, (www.lareda.hessenrecht.hessen.de) – *Mark up*.
996 Vgl. dazu u.a. BGH v. 13.11.1997 – X ZR 132/95, GRUR 1998, 689, 693 f. – *Copolyester II*; BGH v. 29.04.2003 – X ZR 186/01, GRUR 2003, 789, 792 – *Abwasserbehandlung*; OLG Düsseldorf v. 15.03.2007, InstGE 7, 210, 221 f. – *Türbeschläge* (dazu nimmt das Revisionsurteil BGH v. 17.11.2009 – X ZR 60/07, [juris] – *Türbänder* nicht Stellung).
997 S. dazu BGH v. 13.11.1997 – X ZR 132/95, GRUR 1998, 689, 693 f. – *Copolyester II*.

verfahren (§ 888 ZPO) vorbehalten bleiben;[998] vielmehr ist dies u. E. prozessual Gegenstand des Erkenntnisverfahrens, da es keinen Sinn macht, den Arbeitgeber zu einer Auskunft zu verurteilen, die er nicht erbringen und der Titel damit nicht vollstreckt werden kann. Eine (aufwendige) Rekonstruktion von vernichteten Unterlagen bzw. eine (umfangreiche) Nachkalkulation durch den Arbeitgeber scheidet im Regelfall wegen Unzumutbarkeit aus.[999] Dann beschränkt sich die Auskunfts- und Rechnungslegungspflicht auf die Auswertung noch vorhandener Unterlagen, wobei ergänzende allgemeine Angaben zur bisherigen Geschäftsentwicklung mit erfindungsgemäßen Produkten erforderlich sein können (z.B. Umsatz- bzw. Gewinnentwicklung mit erfindungsgemäßen Produkten, ggf. abgeleitet aus der allgemeinen Unternehmenssituation).[1000]

Allerdings hat der Arbeitgeber i.R.d. Erforderlichkeit und Zumutbarkeit regelmäßig auch eine Aufbewahrungspflicht für vergütungsrelevante Unterlagen, solange Vergütungsansprüche noch zu erwarten sind (s. § 12 Rdn. 162.8).

274 Eine Unmöglichkeit ist auch dann gegeben, wenn es sich um Tatsachen handelt, die nur Dritten bekannt sind, ohne dass der Arbeitgeber ihnen ggü. einen (durchsetzbaren) Auskunftsanspruch hat[1001] oder ihm die Dritten nach Teu und Glauben zur Mitwirkung verpflichtet sind[1002]. Allerdings muss der Arbeitgeber jedenfalls bei verbundenen Unternehmen alles in seinen Kräften Stehende veranlassen, um von den verbundenen Unternehmen die erforderlichen Informationen zu erhalten (zum Konzern s. § 12 Rdn. 296 ff.).

275 Eine Unmöglichkeit ist zu **verneinen**, wenn der Arbeitgeber in zumutbarer Weise auf andere geeignete Informationsquellen zurückgreifen kann.[1003]

---

998 So auf Basis des früheren Rechts BGH v. 13.11.1997 – X ZR 132/95, GRUR 1998, 689, 693 – *Copolyester II*.
999 So im Ergebn. BGH v. 13.11.1997 – X ZR 132/95, GRUR 1998, 689, 694 – *Copolyester II*.
1000 Vgl. BGH v. 13.11.1997 – X ZR 132/95, GRUR 1998, 689, 694 – *Copolyester II*.
1001 OLG Düsseldorf v. 13.09.2007, [juris], insoweit nicht in InstGE 8, 147 ff. – *Türinnenverstärkung* (zum Umsatz im Konzernbereich; darauf geht der BGH im Revisionsurt. v. 17.11.2009, GRUR 2010, 223, 227 – *Türinnenverstärkung* nicht näher ein).
1002 Vgl. BGH v. 05.02.2013 – X ZR 59/12, GRUR 2013, 498 (Rn. 37) – *Genveränderungen* zu § 42 Nr. 4 bei Sachleistungen des Lizenznehmers (dort Übernahme der Kosten der Schutzrechtsanmeldung).
1003 In diesem Sinne OLG Düsseldorf v. 15.03.2007, InstGE 7, 210, 222 – *Türbänder* (darauf geht das Revisionsurteil BGH v. 17.11.2009 – X ZR 60/07, [juris] – *Türbänder* nicht näher ein); vgl. auch BGH v. 17.11.2009, GRUR 2010, 223, 227 (Rn. 39 f.) – *Türinnenverstärkung*.

*Rdn. 276 frei.*

### VII. Besonderheiten bei der Rechnungslegung

Nach der Rechtsprechung (zur Kritik s. § 12 Rdn. 162.6 ff.) gelten für die Rechnungslegung seitens des Arbeitgebers (zum Begriff s. § 12 Rdn. 162.5) weitgehend die **identischen Vorgaben wie zur Auskunft** bezüglich des Bestehens der Pflicht und des sachlichen Umfangs der Rechnungslegung. Gegenständlich unterscheidet sich die Rechnungslegung lediglich durch die Darstellung in Form einer Datenübersicht (s. § 12 Rdn. 162.5). **277**

So fordert der *BGH* bspw. für die Lizenzanalogie einzelfallbezogen eine sachlich und zeitlich geordnete Aufstellung, in der die erzielten Umsätze ausgeschlüsselt nach Produkten, In- und Ausland mitgeteilt werden und aus der sich zudem ergibt, wie es zu den vom Arbeitgeber mitgeteilten (Jahres-) Umsätzen gekommen ist,[1004] also etwa die Klarstellung, ob die angegebenen Umsätze auf Eigenverwertung oder Verwertung verbundener Unternehmen beruhen.[1005] Auch für die Mitteilung der Lizenzeinnahmen oder sonstiger Vermögensvorteile des Arbeitgebers gilt eine sachlich und zeitlich geordnete Aufstellung.[1006]

In gleicher Weise wird die Rechnungslegungspflicht durch die Grundsätze zur Erforderlichkeit und Zumutbarkeit in Bestand und Umfang begrenzt[1007] (s. dazu § 12 Rdn. 222 ff.).

*Rdn. 278, 279 frei.*

### VIII. Erfüllung

Der **Auskunftsanspruch** ist erfüllt, wenn der Arbeitgeber die von ihm geschuldete Auskunft dem Arbeitnehmererfinder ggü. vollständig bewirkt, d.h. die Auskunft erteilt hat (§ 362 BGB). Auf Teilleistungen – also gleichsam auf eine **Auskunft** oder Rechnungslegung »**in Raten**« – braucht sich der Arbeitnehmer nicht einzulassen[1008], sondern kann verlangen, dass die geschuldeten Angaben zu einem in sich (zeitlich und/oder sachlich) abgeschlossenen Komplex in **280**

---

1004 BGH v. 17.11.2009 – X ZR 60/07, (juris, Rn. 14) – *Türbänder*.
1005 So BGH v. 17.11.2009 – X ZR 60/07, (juris, Rn. 14) – *Türbänder*.
1006 So im Ergebnis BGH v. 17.11.2009 – X ZR 60/07, (juris, Rn. 14) – *Türbänder*.
1007 So im Ergebn. etwa BGH v. 13.11.1997 – X ZR 6/96, GRUR 1998, 684, 688 – *Spulkopf* u. BGH v. 17.11.2009 – X ZR 60/07, (juris, Rn. 16) – *Türbänder*.
1008 OLG Düsseldorf v. 13.09.2007, InstGE 8, 147 ff. – Türinnenverstärkung.

einem einheitlichen Datenwerk nachvollziehbar dargetan werden.[1009] Im Übrigen würden Auskünfte zu Teilaspekten bzw. Teilelementen der Auskunftsverpflichtung nicht zu einer teilweisen Erfüllung des Auskunftsanspruchs führen, da die Frage einer vollständige Erfüllung von Teilauskünften regelmäßig erst auf Grundlage der vollständigen Auskunft beurteilt werden kann.[1010] Zur Form s. § 12 Rdn. 162.2. Eine inhaltlich **mangelhafte Auskunft** begründet grds. keinen Anspruch auf Ergänzung, sondern auf Abgabe der **eidesstattlichen Versicherung**[1011] (s. dazu § 12 Rdn. 289). Allerdings kann ausnahmsweise eine **Ergänzung** der erteilten Auskunft in besonderen Fällen in Betracht kommen, etwa bei unverschuldetem Irrtum bzw. entschuldbarer Unkenntnis oder erkennbarer Unvollständigkeit.[1012] Bei Widerruf unrichtiger Auskünfte ist eine Wiederholung denkbar.[1013]

281 Eine **Erfüllung der Rechnungslegungspflicht** liegt vor, wenn der Arbeitgeber dem Arbeitnehmererfinder in geordneter Gegenüberstellung (s. § 12 Rdn. 162.5) vollständig die Angaben mitteilt, aus denen sich die für die Vergütung erforderlichen Tatsachen in dem im Einzelfall geschuldeten Umfang vollständig ergeben.[1014] Bei lückenhafter bzw. **unvollständiger Rechnungslegung** hat der Arbeitnehmererfinder einen Anspruch auf Ergänzung.[1015] Hat der auskunftspflichtige Arbeitgeber formell ordnungsgemäß Auskunft erteilt, so hat er grds. seine Verpflichtung erfüllt und kann daher – wenn die Auskunft nach Meinung des Arbeitnehmers unvollständig oder unrichtig ist – nur dann auf Ergänzung in Anspruch genommen werden, wenn er sich über den Umfang seiner Auskunftspflicht geirrt hat und seine bisherigen Auskünfte auf einer falschen Grundlage beruhen[1016], ferner bei offenkundiger Lückenhaftigkeit

---

1009 OLG Düsseldorf v. 24.10.2013 – 2 U 63/12 – (www.justiz.nrw.de/nrwe, Rn. 154 = Düsseldf. Entsch. Nr. 2098) – Kunststoffbeutel.
1010 OLG Frankfurt v. 07.12.2017 – 6 U 204/16, (www.lareda.hessenrecht.hessen.de) – Mark up m. H. a. BGH v. 22.10.2014 NJW 2014, 3647 (Rn. 18).
1011 S. allg. Palandt/Grüneberg, BGB, § 260 Rn. 16.
1012 S. allg. Palandt/Grüneberg, BGB, § 259 Rn. 8 u. § 260 Rn. 16.
1013 Vgl. allg. BGH v. 14.11.1984, NJW 1986, 423, 424.
1014 So im Ergebn. BGH v. 17.11.2009 – X ZR 60/07, (juris, Rn. 14) – *Türbänder*. Vgl. zur Rechnungslegungspflicht im Rahmen von Schutzrechtsverletzungen Benkard/Grabinski/Zülch, PatG, Rn. 90 zu § 139 PatG m.w.N.
1015 Im Ergebnis auch BGH v. 17.11.2009 – X ZR 60/07, (juris, Rn. 14) – *Türbänder*. S. allg. Palandt/Grüneberg, BGB, § 260 Rn. 16 u. § 259 Rn. 8.
1016 So LG Düsseldorf vom 08.03.1994 – 4 O 6/92, (unveröffentl.) m.H.a. RGZ 84, 41, 44; s. auch Benkard/Grabinski/Zülch, PatG, Rn. 90 zu § 139; vgl. auch LG Düsseldorf vom 20.04.2017 – 4c O 67/16, (www.justiz.nrw.de, Rn. 27) – Hydraulikhämmer.

oder erkennbarer Unvollständigkeit[1017] (s. auch § 9 Rdn. 280). Da das Gesetz neben der eidesstattlichen Versicherung (s. dazu § 12 Rdn. 289) keine weiteren Sanktionen zur Sicherstellung der Richtigkeit und Vollständigkeit der in der Rechnung mitgeteilten Angaben kennt, besteht kein gesetzlicher Anspruch des Arbeitnehmers auf **Überprüfung** einer gelegten Rechnung **durch einen Wirtschaftsprüfer.**[1018]

Keine Erfüllung der Auskunft bzw. Rechnungslegung liegt vor, wenn der Arbeitgeber eine dahingehende Verpflichtung **bestreitet.**[1019] 282

Davon zu unterscheiden ist die sog. **Null- oder Negativauskunft.** Diese erfolgt dadurch, dass der Arbeitgeber zu Auskunftszwecken erklärt, dass er den Gegenstand einer Diensterfindung nicht benutzt. Eine derartige Negativerklärung ist grds. geeignet, ein Auskunftsbegehren zu erfüllen.[1020] Eine Erfüllungswirkung tritt nur dann nicht ein, wenn die zum Zwecke der Auskunft gegebene Erklärung nicht ernst gemeint, unverständlich oder von vornherein unglaubhaft ist[1021] oder auf einer falschen Grundlage beruht[1022]; dann gilt die Erklärung als nicht abgegeben.[1023] Ob dies der Fall ist, beurteilt sich nach objektiven Umständen unter Berücksichtigung der Lebenserfahrung; ein bloßer Verdacht, der Auskunftspflichtige unterdrücke bewusst oder unbewusst Fakten, oder die Behauptung, die Auskunft sei falsch, genügen nicht, um eine Erklärung von

---

1017 Vgl. allg. Palandt/Grüneberg, BGB, § 260 Rn. 16.
1018 BGH v. 03.07.1984 – X ZR 34/83, GRUR 1984, 728, 730 – *Dampffrisierstab II*; Schiedsst. v. 29.11.1985 – ArbErf 71/83, (unveröffentl.); a.A. dagegen Schiedsst. v. 26.10.1987 – ArbErf. 41/87, (unveröffentl.); dazu stellen Reimer/Schade/Schippel/Trimborn, Rn. 63 zu § 12, klar, dass es sich dabei um einen vergleichsweisen Vorschlag gehandelt hat; OLG Nürnberg v. 19.11.1974 – 3 U 137/73 – *Blitzlichtgeräte*, (unveröffentl.), betreffend den Anspruch nach § 9 ArbEG; hierbei wird jedoch der Umfang des Auskunftsanspruches verwechselt mit dem dem Auskunftspflichtigen zugestandenen Wirtschaftsprüfervorbehalt.
1019 Vgl. allg. Palandt/Grüneberg, BGB, § 260 Rn. 14 m.w.N.
1020 OLG Düsseldorf v. 09.08.2007 – 2 U 41/06 u. 2 U 44/06 – *Ummantelung von Stahlröhren I. u. II* (unveröffentl.); LG Düsseldorf v. 26.03.2009 – 4a O 89/08, (unveröffentl.).
1021 OLG Düsseldorf v. 09.08.2007 – 2 U 41/06 u. 2 U 44/06 – *Ummantelung von Stahlröhren I. u. II* (unveröffentl.).
1022 LG Düsseldorf v. 28.04.2016 – 4a O 154/14, (Düsseldf. Entsch. Nr. 2518) – Elektrische Glühlampen m. H. a. OLG Düsseldorf v. 16.11.2006 – I-2 U 76/05, (juris, Rn. 64).
1023 OLG Düsseldorf v. 09.08.2007 – 2 U 41/06 u. 2 U 44/06 – *Ummantelung von Stahlröhren I. u. II* (unveröffentl.).

vornherein als unglaubhaft einzustufen.[1024] Deshalb ist ein Anspruch auf eine weiter gehende Auskunft bzw. Rechnungslegung nur dann begründet ist, wenn im Fall gegebener Auskünfte des Arbeitgebers, welche z.b. wegen vorgelegter Nachweise prima facie plausibel erscheinen, der Arbeitnehmer konkrete Anhaltspunkte für deren gleichwohl vorliegende Unrichtigkeit vorträgt.[1025]

*Rdn. 283–288 frei.*

### IX. Eidesstattliche Versicherung

289 Bei Verdacht der Unvollständigkeit oder Unrichtigkeit der in der gelegten Rechnung enthaltenen Angaben hat der Berechtigte nach § 259 Abs. 2 BGB **Anspruch auf Abgabe** einer **Versicherung an Eides statt**, wenn Grund zu der Annahme besteht, dass die in der Rechnung enthaltenen Angaben über die Einnahmen nicht mit der erforderlichen Sorgfalt gemacht worden sind.[1026] Das gilt insbesondere bei begründetem Verdacht der Unrichtigkeit oder Unvollständigkeit, es sei denn, diese ist entschuldbar.[1027] Maßgebend ist das Gesamtverhalten des Rechenschaftspflichtigen.[1028] Dies gilt jedoch nicht in **Angelegenheiten von geringer Bedeutung** (§ 259 Abs. 3 BGB).[1029] Auch dieser Anspruch steht unter dem Vorbehalt des § 242 BGB (s.o. § 12 Rdn. 162.2) hinsichtlich **Sachdienlichkeit und Zumutbarkeit**. Eine Verpflichtung zur Abgabe der eidesstattlichen Verpflichtung entfällt, wenn der durch frühere Unvollständigkeiten oder Unrichtigkeiten hervorgerufene Verdacht mangelnder Sorgfalt durch Umstände entkräftet wird, die die Annahme begründen, die zunächst mangelhafte Auskunft beruhe auf unverschuldeter

---

1024 BGH v. 23.01.2003 – I ZR 18/01, GRUR 2003, 433, 434 – *Cartier-Ring*; BGH v. 17.05.2001, GRUR 2001, 841, 844 – *Entfernung der Herstellungsnummer II*; OLG Hamburg v. 03.08.2000, GRUR-RR 2001, 197 – *Erfüllung der Auskunft*.
1025 Schiedsst. v. 28.07.2006, Arb.Erf. 5/05, (unveröffentl.).
1026 OLG Karlsruhe v. 22.10.2014 – 6 U 127/13, (unveröffentl.); LG Nürnberg-Fürth v. 27.11.1985 – 3 O 5382/84 – ArbEG (unveröffentl.); s.a. Keukenschrijver in Busse/Keukenschrijver, PatG, Rn. 49 zu § 12 ArbEG; s. i.Ü. allg. BAG v. 29.07.1993, NZA 1994, 116, 119; Benkard/Grabinski/Zülch, PatG, Rn. 91 zu § 139 PatG m.w.N. Zur streitigen Frage der Person des Verpflichteten s. u. a. Brandi-Dohrn, GRUR 1999, 131 ff. einerseits u. OLG Düsseldorf v. 08.08.2013 – I-2 U 8/13, (juris, Rn. 81 ff.) andererseits.
1027 S. allg. Palandt/Grüneberg, BGB, § 259 Rn. 13.
1028 Schiedsst. v. 16.05.2007 – Arb.Erf. 12/06, (unveröffentl.) m.w.N.
1029 Schiedsst. v. 02.04.1998 – Arb.Erf. 93/96, (unveröffentl.).

F. Anspruch auf Auskunftserteilung bzw. Rechnungslegung  § 12

Unkenntnis oder auf einem entschuldbaren Irrtum des Auskunfts- oder Rechnungslegungspflichtigen.[1030] Zur Unvollständigkeit s. § 12 Rdn. 291.

Gegenstand der Versicherung ist die Vollständigkeit und **Richtigkeit der zuletzt erteilten Angaben**, nicht dagegen von früheren, zwischenzeitlich überholten Angaben.[1031]

Der auf Abgabe der eidesstattlichen Versicherung klagende **Arbeitnehmererfinder** muss nicht die Unrichtigkeit und Unvollständigkeit der Auskunft und die mangelnde Sorgfalt des Arbeitgebers, sondern lediglich die den dahin gehenden **Verdacht begründenden Tatsachen darlegen und beweisen**.[1032] Die konkrete Feststellung der Unrichtigkeit ist zu einer Verurteilung nicht erforderlich.[1033] Die Unvollständigkeit oder Unrichtigkeit früherer, inzwischen vervollständigter oder berichtigter Angaben des Verpflichteten kann ausreichen, die Befürchtung mangelnder Sorgfalt zu begründen.[1034] Gleiches gilt, wenn Angaben mehrfach ergänzt bzw. berichtigt oder wiederholt Auskünfte erteilt wurden, die allesamt mehr oder weniger unrichtig, unvollständig oder ungenau gewesen sind.[1035] Ein solcher Verdacht kann sich auch aus unplausiblen Erklärungen ergeben, warum weiter gehende Auskünfte nicht erteilt werden könnten,[1036] aus fortlaufenden unberechtigten Auskunftsverweigerungen und dem Bemühen des Auskunftspflichtigen, die Ansprüche als nicht vorhanden hinzustellen oder den wahren Sachverhalt nicht offenzulegen[1037] oder

290

---

1030 LG Düsseldorf v. 28.08.1997, Entscheidungen 4. ZK 1997, 75, 83 – *Craft-Spulkopf*; BGH v. 01.12.1983, BGHZ 89, 137, 140; OLG Düsseldorf v. 05.09.1996 – 2 U 58/95, (unveröffentl.).
1031 OLG Karlsruhe v. 22.10.2014 – 6 U 127/13, (unveröffentl.).
1032 OLG Karlsruhe v. 22.10.2014 – 6 U 127/13, (unveröffentl.). S. im Übrigen allg. OLG Düsseldorf. 28.04.2005 – 2 U 44/04 – *Erntegerät* (unveröffentl.) m.H.a. v. 14.03.1966, NJW 1966, 1117, 1119 – *Alleinverkauf*; OLG Zweibrücken v. 08.11.1996, GRUR 1997, 131 – *Schmuckanhänger*.
1033 OLG Düsseldorf v. 28.04.2005 – 2 U 44/04 – *Erntegerät* (unveröffentl.) m.H.a. BGH, WM 1956, 31, 32; OLG Zweibrücken v. 08.11.1996, GRUR 1997, 131 – *Schmuckanhänger*.
1034 LG Düsseldorf v. 28.08.1997, Entscheidungen 4. ZK 1997, 75, 83 – *Craft-Spulkopf*; OLG Köln v. 24.01.1997, NJW-RR 1998, 126.
1035 OLG Karlsruhe v. 22.10.2014 – 6 U 127/13, (unveröffentl.) m.H. a. LG Düsseldorf GRUR-RR 2009, 195 – *Sorgfältige Auskunft*.
1036 OLG Düsseldorf v. 28.04.2005 – 2 U 44/04 – *Erntegerät* (unveröffentl.) m.H.a. OLG Köln v. 24.01.1997, NJW-RR 1998, 126.
1037 OLG Düsseldorf v. 28.04.2005 – 2 U 44/04 – *Erntegerät* (unveröffentl.) m.H.a. BGH, WM 1956, 31, 32; OLG Frankfurt am Main v. 16.09.1992, NJW-RR 1993, 1483.

auch aus widersprüchlichen Angaben.[1038] Anhaltspunkte können sich auch aus sonstigem früheren Verhalten des Schuldners ergeben, etwa durch mehrfach erzwungene Berichtigungen oder indem er zur Rechnungslegung durch mehrere Zwangsvollstreckungsverfahren angehalten werden musste.[1039] Ist ein entsprechender Verdacht begründet, kann der Auskunftspflichtige der Verpflichtung zur Abgabe der eidesstattlichen Versicherung nicht dadurch entgehen, dass er im Rechtsstreit versichern lässt, die zuletzt erteilte Auskunft sei nunmehr richtig und vollständig.[1040]

291 Gibt der Arbeitgeber nicht freiwillig eine eidesstattliche Versicherung ab, so kann der Anspruch auf Abgabe einer eidesstattlichen Versicherung **gerichtlich** klageweise gelten gemacht werden. Die Abgabe einer eidesstattlichen Versicherung kann aber nicht zeitgleich neben dem Auskunftsanspruch zur gerichtlichen Entscheidung gestellt werden (zur klageweisen Geltendmachung des Auskunftsanspruchs s. § 12 Rdn. 316). Eine Verurteilung gem. §§ 259, 260 BGB kann erst erfolgen, wenn die Auskunft, wegen der die eidesstattliche Versicherung abgegeben werden soll, bereits erteilt ist, da sich erst dann ein Grund zu der Annahme ergeben kann, dass bei der Auskunftserteilung nicht die erforderliche Sorgfalt angewandt wurde.[1041] Eine Verdächtigung des Auskunftspflichtigen im Voraus ist unzulässig.[1042] Eine offensichtlich unvollständige Auskunft führt zunächst nur zu einem Anspruch auf Ergänzung der Auskunft, der gem. § 888 ZPO zu vollstrecken wäre.[1043] Ein Wahlrecht des Arbeitnehmers zwischen Nacherfüllung der (bislang unvollständigen) Auskunft und eidesstattli-

---

1038 OLG Düsseldorf v. 28.04.2005 – 2 U 44/04 – *Erntegerät* (unveröffentl.) m.H.a. BGH v. 24.03.1994 – I ZR 42/93, BGHZ 125, 322, 323 – *Cartier-Armreif*.
1039 Vgl. allg. BGH v. 04.12.1959, GRUR 1960, 247, 249 – *Krankenwagen I*; Benkard/Grabinski/Zülch, PatG, Rn. 91 zu § 139 PatG m.w.Nachw.
1040 BGH v. 04.12.1959, MDR 1960, 200, 201; OLG Zweibrücken v. 08.11.1996, GRUR 1997, 131 – *Schmuckanhänger*; OLG Karlsruhe v. 22.10.2014 – 6 U 127/13, (unveröffentl.) m. H.a. OLG Düsseldorf v. 08.08.2013 – I-2 U 8/13, (juris, Rn. 48).
1041 OLG Düsseldorf v. 09.08.2007 – 2 U 41/06 u. 2 U 44/06 – *Ummantelung von Stahlröhren I u. II* (unveröffentl.).
1042 BGH v. 28.10.1953, NJW 1954, 70 u.v. 04.12.1959, GRUR 1960, 247, 248 f. – *Krankenwagen*; vgl. auch Benkard/Grabinski/Zülch, PatG, Rn. 91 zu § 139 PatG.
1043 BGH v. 03.07.1984 – X ZR 34/83, NJW 1984, 2822, 2824 – *Dampffrisierstab II*; OLG Hamburg v. 31.01.2007, NJW-RR 2002, 1292 – *Unvollständige Auskunftserteilung*.

F. Anspruch auf Auskunftserteilung bzw. Rechnungslegung § 12

cher Versicherung besteht nicht.[1044] Erst im Anschluss daran eröffnet sich die Sanktionsmöglichkeit der eidesstattlichen Versicherung.[1045]

Rdn. 292–295 frei.

## X. Auskunft und Rechnungslegung bei Verwertungen im Konzern

Auch bei Verwertungshandlungen innerhalb eines Konzerns ist der Arbeitgeber alleiniger Schuldner des Vergütungsanspruchs (s. § 9 Rdn. 185) und damit auch alleiniger **Schuldner der Ansprüche auf Auskunft** und ggf. Rechnungslegung.[1046] (s. auch § 12 Rdn. 162.3). Auskunftspflichten der Konzernmutter und/oder sonstiger Konzernunternehmen ggü. dem Arbeitnehmer bestehen nicht, es sei denn, es ist mit dem Arbeitnehmer (Gläubiger) eine Schuldübernahme (§§ 414, 415 BGB) vereinbart (s. § 1 Rdn. 130). Der Arbeitgeber schuldet auch hier Auskunft und Rechnungslegung nur insoweit, als die Tatsachen und Umstände für den geltend gemachten Vergütungsanspruch relevant sind[1047] (s. unten § 12 Rdn. 298).

296

Die Auskunftspflicht des Arbeitgebers betrifft zunächst seine **eigenen Verwertungshandlungen**, seien es inner- oder außerbetriebliche Verwertungen, also auch solche mit verbundenen Unternehmen. Dazu gehört die Auskunftspflicht über Lieferungen des Arbeitgebers an Konzernunternehmen,[1048] ebenso wie die Vergabe von Lizenzen an solche Unternehmen und diesbezügliche Einnahmen und Vermögensvorteile[1049] und die Übertragung von Erfindungsrechten an Konzernunternehmen[1050] oder der Abschluss von Austauschverträgen mit

297

---

1044 Boemke/Kursawe/Engemann Rn. 455 zu § 9 m. H. a. LG Bonn v. 10.03.2010 Az. 5 S 137/09 (unveröffentl.).
1045 OLG Düsseldorf v. 09.08.2007 – 2 U 41/06 – *Ummantelung von Stahlröhren* (unveröffentl.).
1046 Allg. A., so im Ergebnis z.B. BGH v. 16.04.2002 – X ZR 127/99, GRUR 2002, 801, 802 – *Abgestuftes Getriebe*; v. 17.11.2009, GRUR 2010, 223, 227 (Rn. 37 ff.) – *Türinnenverstärkung*; OLG Frankfurt v. 07.12.2017 – 6 U 204/16, (www.lareda.hessenrecht.hessen.de) – Mark up; LG Braunschweig v. 26.04.2017 – 9 O 1722/16, (www.rechtsprechung.niedersachsen.de, Rn. 114, 145) – Schwenkfüße.
1047 S. Keukenschrijver in Busse/Keukenschrijver, PatG, Rn. 43 zu § 12 ArbEG.
1048 S. z.B. BGH v. 17.11.2009, GRUR 2010, 223, 227 (Rn. 37 f.) – *Türinnenverstärkung*.
1049 S. etwa BGH v. 16.04.2002 – X ZR 127/99, GRUR 2002, 801, 803 f. – *Abgestuftes Getriebe*.
1050 Vgl. z.B. OLG Düsseldorf v. 13.09.2007, InstGE 8, 147, 149 – *Türinnenverstärkung* [darauf geht das Revisionsurteil BGH v. 17.11.2009, GRUR 2010, 223, 227 (Rn. 37 ff.) – *Türinnenverstärkung* nicht näher ein].

diesen[1051] (s. allgemein zur Auskunftspflicht § 12 Rdn. 162 ff.). Erhält der Arbeitgeber für die von ihm eingeräumte Nutzungsbefugnis durch andere Konzernunternehmen Lizenzeinnahmen, sind diese anzugeben, ggf. mit Aufschlüsselung, wie sich solche zusammensetzen.[1052] Bei entgeltlichen Verwertungen im Konzern, die sich wie solche mit ungebundenen Dritten darstellen, gelten im Grundsatz keine anderen Regeln wie bei sonstigen Verwertungshandlungen.[1053] Allerdings wird auch hier zu beachten sein, dass der *BGH* im Zusammenhang mit der tatsächlichen Bewertung einer Diensterfindung bei Einbringung in einen konzernweiten Patentpool angedeutet hat, daran hätten »vernünftige Lizenzvertragsparteien« ggf. angeknüpft, sofern die Bewertung »nicht offenbar unrichtig sein sollte«.[1054]

298 Problematisch und in den Auswirkungen nicht unumstritten ist dagegen die Frage, ob und inwieweit der Arbeitgeber – über seine Eigenverwertungen hinaus – auch Auskünfte über **Verwertungshandlungen der anderen** (in- und ausländischen) **Konzernunternehmen** erteilen muss.[1055] Bei Lizenzvergabe an verbundene Unternehmen mit vergütungspflichtigen, umsatzabhängigen Lizenzgebühren reicht grundsätzlich die Angabe der Lizenzeinnahmen, ggf. aufgeschlüsselt nach deren Zusammensetzung, aus.[1056] Ansonsten geht der *BGH* davon aus, dass der Arbeitgeber Auskünfte über die Benutzung der Diensterfindung bei anderen Konzernunternehmen – vorbehaltlich weiterer Beschränkungen insb. unter dem Gesichtspunkt der Zumutbarkeit – insoweit schuldet, als diese für die Bemessung der von ihm zu zahlenden Vergütung

---

1051 S. etwa BGH v. 16.04.2002 – X ZR 127/99, GRUR 2002, 801, 803 f. – *Abgestuftes Getriebe*.
1052 BGH, 16.04.2002 – X ZR 127/99, GRUR 2002, 801, 803 – *Abgestuftes Getriebe*.
1053 S.a. Meier-Beck Festschr. Tilmann (2003) S. 539, 543.
1054 BGH v. 16.04.2002 – X ZR 127/99, GRUR 2002, 801, 803 a. E. – *Abgestuftes Getriebe*.
1055 S. dazu ausf. Meier-Beck in Festschr. Tilmann (2003) S. 539 ff.; s. ferner Kunzmann in Festschr. Bartenbach (2005), S. 175, 191 ff.; Trimborn Mitt. 2012, 70 f.; zu weitgehend Boemke/Kursawe/Engemann Rn. 313 zu § 9 u., 441 zu. § 9 Anh.
1056 Keukenschrijver in Busse/Keukenschrijver, PatG, Rn. 43 zu § 12 ArbEG m. H. a. BGH v. 16.04.2002 – X ZR 127/99, GRUR 2002, 801 f. – *Abgestuftes Getriebe* sowie LG Düsseldorf v. 12.07.2011 – 4a O 52/10 (unveröffentl.); vgl. auch OLG Frankfurt v. 07.12.2017 – 6 U 204/16, (www.lareda.hessenrecht.hessen.de) – Mark up.

relevant sind.¹⁰⁵⁷ Das wird insb. in den Fällen bedeutsam, in denen der Arbeitgeber für die Rechtseinräumung keine (angemessene) bezifferte Gegenleistung von den anderen Konzernunternehmen erhält oder die Erfindung in einen konzernweiten Patentpool eingebracht wird.¹⁰⁵⁸ Dann kommt es auch für die Frage einer Auskunftspflicht über Nutzungshandlungen im Konzernbereich darauf an, ob und inwieweit diese Verwertungen durch andere Konzernunternehmen für die Bemessung der vom Arbeitgeber gesetzlich geschuldeten Vergütung relevant sind, welches sich wiederum danach entscheidet, wie vernünftige Lizenzvertragsparteien der Konzernkonstellation Rechnung getragen hätten¹⁰⁵⁹ Sowohl für die Fälle der Einbeziehung der Konzernumsätze in die Vergütungsbemessung für betriebliche Nutzungen nach der Lizenzanalogie (RL Nr. 6 ff.) im Fall einer wirtschaftlichen Einheit als auch für die Bestimmung einer (fiktiven) Lizenzeinnahme (RL Nr. 14, 15) kann es auf die Umsätze der verwertungsberechtigten bzw. lizenznehmenden Konzerntöchter ankommen. Dies dürfte mit der »Türinnenverstärkung«-Entscheidung in Einklang stehen, wenn der *BGH* dort Auskunftspflichten des Arbeitgebers über die Lieferungen zwischen anderen konzernzugehörigen Unternehmen und von diesen an Dritte bejaht, da – so der *BGH*¹⁰⁶⁰ – »diese letztlich nur der arbeitsteiligen, optimalen Verwertung dienende Maßnahme nach Treu und Glauben (§ 242 BGB) nicht dazu führen darf, dass die berechtigten Interessen des Arbeitnehmers an Auskunft über den Umfang der Nutzung konzerninternen Zuständigkeitsregelungen zum Opfer fallen.« Andererseits lehnt der *BGH* einen Auskunftsanspruch wegen der vom Arbeitnehmer behaupteten Unbilligkeit einer Vergütungsrege-

---

1057 BGH v. 16.04.2002 – X ZR 127/99, GRUR 2002, 801, 803 r. Sp. – *Abgestuftes Getriebe*; ferner OLG München, 08.02.2001, GRUR-RR 2001, 103, 104 – *Verankerungsmittel*. Dieser Grundsatz liegt u. E. auch BGH v. 17.11.2009, GRUR 2010, 223, 227 (Rn. 37 ff.) – *Türinnenverstärkung* im Anschluss an OLG Düsseldorf, 13.09.2007, InstGE 8, 147, 151 f. – *Türinnenverstärkung* zugrunde, wenn dort von einer Vergütungspflicht für »arbeitsteilige« Konzernnutzungen ausgegangen wird; im Ergebn. auch OLG Frankfurt v. 07.12.2017 – 6 U 204/16, (www.lareda.hessenrecht.hessen.de) – Mark up.
1058 S. dazu BGH, 16.04.2002 – X ZR 127/99, GRUR 2002, 801, 803 f. – *Abgestuftes Getriebe* u.v. 17.11.2009, GRUR 2010, 223, 227 (Rn. 39 f.) – *Türinnenverstärkung*; s. auch LG Düsseldorf v. 28.04.2016 – 4a O 154/14, (www.justiz.nrw.de, Rn. 169) – Elektrische Glühlampen.
1059 Vgl. BGH, 16.04.2002 – X ZR 127/99, GRUR 2002, 801, 803 f. – *Abgestuftes Getriebe*; eingehend Meier-Beck Fertschr. Tilmann (2003) S. 539, 543 ff.; s. ferner Kunzmann Festschr. Bartenbach (2005), S. 175, 191 ff. sowie von Falckenstein Festschr. Bartenbach (2005), S. 73, 78 f.; vgl. auch LG Düsseldorf v. 28.04.2016 – 4a O 154/14, (www.justiz.nrw.de, Rn. 163 f.) – Elektrische Glühlampen.
1060 BGH v. 17.11.2009, GRUR 2010, 223, 227 (Rn. 39) – *Türinnenverstärkung*.

lung auf Grund konzerninterner Abgabepreise ab, weil es der Arbeitnehmer grundsätzlich hinzunehmen hat, nicht an höheren Verkaufspreisen der anderen Konzernunternehmen zu profitieren, ausgenommen, der Abgabepreis seines Arbeitgebers entspricht offenkundig nicht mehr dem Wert des erfindngsgemäßen Produkts.[1061] Insoweit hängt der Auskunftsanspruch für die Verwertung der Erfindung in anderen Konzernunternehmen auch hier entscheidend von der Vergütungspflicht des Arbeitgebers bei Konzernnutzungen ab (s. dazu im Einzelnen § 9 Rdn. 185 ff.). Zur **Auftragsforschung im Konzern** s. [aber] § 9 Rdn. 197.

Soweit der Arbeitgeber – unter Beachtung der sonstigen Schranken – auch entsprechende Auskünfte schuldet, kommt den Schranken des Auskunftsanspruchs (s. § 12 Rdn. 222 ff.) erhebliche Bedeutung zu, insb. der Frage der objektiven Möglichkeit der Auskunftserteilung sowie den Begrenzungen durch Erforderlichkeit und Zumutbarkeit. Wird – etwa unter dem Aspekt der wirtschaftlichen Einheit (s. dazu § 1 Rdn. 131) – für die Vergütungsberechnung auf die Konzernaußenumsätze abgestellt, bedarf es unter dem Aspekt der Erforderlichkeit keiner Vorlage konzerninterner Lizenzabsprachen, da die Anknüpfung an Konzernaußenumsätze an die Stelle der Vergütung eventueller Lizenzeinnahmen, die die nutzenden Konzernunternehmen an den Arbeitgeber zahlen, treten und durch die Vergütung der Außenumsätze kompensiert sind, zumal konzerninterne Lizenzverträge in solchen Fällen auch unter dem Aspekt der konkreten Lizenzanalogie keine hinreichende Aussagekraft haben.[1062]

299 Allein der Umstand, dass es sich um Vorgänge aus dem Bereich anderer Unternehmen handelt, macht die Auskunftspflicht des Arbeitgebers bei Konzernbindung noch **nicht unmöglich**.[1063] Der Arbeitgeber muss sich vielmehr im Konzernverbund um Aufklärung bemühen (s. § 12 Rdn. 301)

300 Die Angaben zur Verwertung durch andere Konzernunternehmen müssen zur Bemessung der Vergütung **erforderlich** sein und nicht in geeigneter Weise durch anderweitige Angaben ersetzt werden können (s. allgemein zur Erforder-

---

1061 BGH v. 06.03.2012, Mitt. 2012, 285 (Rn. 27 ff.) – *Antimykotischer Nagellack*.
1062 Im Ergebn. aber weitergehend LG Düsseldorf v. 28.04.2016 – 4a O 154/15, (Düsseldorfer Entscheidung Nr. 2518) – Elektrische Glühlampen.
1063 So im Ergebn. BGH v. 17.11.2009, GRUR 2010, 223, 227 (Rn. 39) – *Türinnenverstärkung* in diesbezüglicher Bestätigung von OLG Düsseldorf v. 13.09.2007, InstGE 8, 147, 151 f. – *Türinnenverstärkung*; OLG Frankfurt OLG Frankfurt/Main v. 07.12.2017 – 6 U 204/16, (www.lareda.hessenrecht.hessen.de) – *Mark up*; ähnl. LG Düsseldorf v. 28.04.2016 – 4a O 154/14, (www.justiz.nrw.de, Rn. 248) – Elektrische Glühlampen.

lichkeit § 12 Rdn. 223 ff.). Möglicherweise sind öffentliche oder dem Arbeitgeber sonst zugängliche Informationsquellen (Geschäftsberichte usw.) ebenso nutzbar wie ihm zur Vergügung stehende Datenbanken.[1064] An der Erforderlichkeit fehlt es u. E. regelmäßig dann, wenn es dem Arbeitnehmer lediglich auf allgemeine Kontrollmöglichkeiten anderweitiger Einzelangaben des Arbeitgebers ankommt. Grds. wird deshalb auch für Verwertungshandlungen im Konzern keine Auskunft über Gewinne sowie über Gestehungs- und Vertriebskosten geschuldet[1065] (s. dazu § 12 Rdn. 199 ff.).

Die bedeutsamste Schranke ist die **Zumutbarkeit (s. allg. § 12 Rdn. 230 ff.).** 301
Hierzu geht der *BGH* davon aus, dass sich der Arbeitgeber konzernintern in zumutbarerer Weise (ernsthaft) **um Aufklärung bemühen** muss.[1066] Dazu gehört auch, die dem Arbeitgeber frei zugänglichen Informationen innerhalb des Konzernverbundes und die auf seine Anfrage freiwillig erteilten Auskünfte der anderen Konzernunternehmen zu nutzen.[1067] Nach Auffassung des *OLG Frankfurt am Main* kann sich der Arbeitgeber nicht darauf berufen, die Auskunftserteilung und Rechnungslegung sei ihm unmöglich, weil die Konzernunternehmen bereits erklärt hätten, die erforderlichen Informationen nicht zur Verfügung zu stellen; vielmehr kann bei bisher ergebnislosen Ersuchen zum erforderlichen Bemühen auch eine persönliche Vorsprache bei den anderen Konzerngesellschaften gehören, um dort »mit aller Deutlichkeit auf der Erteilung der Informationen zu bestehen«.[1068] Der *BGH* verlangt im Übrigen jedenfalls, dass sich der Arbeitgeber bei fehlender Kooperationsbereitschaft von Konzernunternehmen »mit Nachdruck, auch über die Geschäftsleitungen und notfalls über die Einschaltung von Entscheidungsträgern auf im Konzern über-

---

1064 S. OLG Düsseldorf v. 13.09.2007, InstGE 8, 147, 152 – *Türinnenverstärkung* (wozu der BGH im Revisionsurt. v. 17.11.2009, GRUR 2010, 223, 224 ff. allerdings keine Stellung bezieht); s. ferner LG Düsseldorf v. 28.04.2016 – 4a O 154/14, (Düsseldf. Entsch. Nr. 2518) – Elektrische Glühlampen.
1065 BGH v. 17.11.2009, GRUR 2010, 223, 224 ff. – *Türinnenverstärkung* unter Aufgabe von BGH v. 16.04.2002 – X ZR 127/99, GRUR 2002, 801, 803 – *Abgestuftes Getriebe*; zurückhaltend bereits Meier-Beck in Festschr. Tilmann (2003) S. 539, 545 (dort Fn. 14) m.H.a.Hellebrand, GRUR 2001, 678, 682.
1066 BGH v. 17.11.2009, GRUR 2010, 223, 227 (Rn. 39) – *Türinnenverstärkung*; folgend u. a. OLG Frankfurt v. 07.12.2017 – 6 U 204/16, (www.lareda.hessenrecht.hessen.de) – Mark up.
1067 LG Düsseldorf v. 28.04.2016 – 4a O 154/14, (www.justiz.nrw.de, Rn. 248) – Elektrische Glühlampen.
1068 OLG Frankfurt v. 07.12.2017 – 6 U 204/16, (www.lareda.hessenrecht.hessen.de) – Mark up.

geordneten Hierarchieebenen, um Aufklärung zu bemühen« hat[1069]. Ob dem Arbeitgeber zugemutet werden kann, den zur Auskunftserteilung erforderlichen konzerninternen Informationsbedarf bei endgültiger Verweigerung gerichtlich gegenüber den verbundenen Unternehmen durchzusetzen, lässt der *BGH* mit dem (mehrdeutigen) Hinweis offen, dies sei »möglicherweise eine Frage des Einzelfalls«.[1070] Soweit der *BGH* bei der Auskunft infolge Schutzrechtsverletzung eine dahin gehende Verpflichtung auf Basis des § 888 ZPO bejaht hat,[1071] ist das wegen der bei Schutzrechtsverletzungen strengen Maßstäbe an eine Unzumutbarkeit nicht auf den Bereich der Erfindervergütung übertragbar.[1072] I.Ü. fehlt dafür eine Rechtsgrundlage.[1073] Ein gesteigertes Bemühen kann die Konzernmutter im Verhältnis zu ihren weisungsgebundenen Töchtern treffen, insbesondere, wenn sie sich der Tochterunternehmen quasi als Subunternehmer zur Herstellung von erfindungsgemäßen Produkten bedient.[1074]

*Rdn. 302–305 frei.*

---

1069 BGH v. 17.11.2009, GRUR 2010, 223, 227 [Rn. 39] – *Türinnenverstärkung*. Offen gelassen auch von OLG Frankfurt v. 07.12.2017 – 6 U 204/16, (www.lareda.hessenrecht.hessen.de) – Mark up. Nach OLG Düsseldorf v. 03.07.2012 Az. I – 2 W 6/11 – (unveröffentl.) kann vor Einschaltung der Geschäftsführerebene nicht von ausreichenden Bemühungen gesprochen werden.
1070 BGH v. 17.11.2009, GRUR 2010, 223, 227 (Rn. 39) – *Türinnenverstärkung*; ablehnend das Berufungsgericht OLG Düsseldorf v. 13.09.2007, InstGE 8, 147, 152 – *Türinnenverstärkung*; im Anschl. daran auch Keukenschrijver in Busse/Keukenschrijver, PatG, Rn. 43 zu § 12 ArbEG.
1071 Vgl. BGH v. 18.12.2008, WRP 2009, 996, 998 (Rn. 19 ff.) – *Auskunft über Tintenpatrone*; ferner OLG Düsseldorf Beschl. v. 23.01.2013, GRUR-RR 2013, 273, 275 – *Scheibenbremse*.
1072 Volz, GRUR 2010, 865, 871; unklar Trimborn, Mitt. 2010, 461, 463.
1073 So zu Recht OLG Düsseldorf v. 13.09.2007, InstGE 8, 147, 152 – *Türinnenverstärkung* (wohl aber im Ergebnis abweichend BGH v. 17.11.2009, GRUR 2010, 223, 224 ff.).
1074 I. d. S. zur Schutzrechtsverletzung OLG Düsseldorf. Beschl. v. 23.01.2013 GRUR-RR 2013, 273, 274 f. – *Scheibenbremse*.

## XI. Verjährung, Verwirkung

Die Ansprüche auf Auskunft und Rechungslegung unterliegen als Hilfsansprüche eigenständig der Verjährung[1075] und **verjähren damit** selbstständig in der Frist der §§ 195, 199 BGB, also in 3 (bzw. 10) Jahren[1076], allerdings nicht vor Verjährung des Hauptanspruchs[1077], hier also des Vergütungsanspruchs (s. dazu § 9 Rdn. 39 ff.). Ausreichend für den **Verjährungsbeginn** nach § 199 Abs. 1 BGB ist nach der Rechtsprechung bereits die Kenntnis von der Inanspruchnahme und damit vom Bestehen des Vergütungsanspruchs dem Grunde

**306**

---

1075 Ganz h. M., z. B. OLG Düsseldorf v. 28.02.2014 – I-2 U 109/11 u. 2 U 109/11, (juris, Rn. 117) – Feuerfester Formstein I u. v. 28.02.2014 – I – 2 U 110/11, (juris, Rn. 118) – technischer Geschäftsführer m. w. Nachw.; LG Düsseldorf v. 28.04.2016 – 4a O 154/14, (www.justiz.nrw.de, Rn. 254) – Elektrische Glühlampen u. v. 03.12.2013 – 4a O 13/12 – (www.justiz.nrw.de/nrwe, Rn. 34 ff. = Düsseldf. Entsch. Nr. 2144) – Rohranfasgeräte u.v. LG Düsseldorf vom 20.04.2017 – 4c O 67/16, (www.justiz.nrw.de/nrwe, Rn. 30) – Hydraulikhämmer; LG München I v. 10.01.2013 – 7 O 29691/11, (unveröffentl.); LG Braunschweig v. 26.04.2017 – 9 O 1722/16, (www.rechtsprechung.niedersachsen.de, Rn. 164) – Schwenkfüße.
1076 Ganz h. M., z. B. OLG Düsseldorf v. 28.02.2014 – I-2 U 109/11 u. 2 U 109/11, (juris, Rn. 117) – Feuerfester Formstein I; OLG Frankfurt v. 07.12.2017 – 6 U 204/16, (www.lareda.hessenrecht.hessen.de) – Mark up; LG Braunschweig v. 26.04.2017 – 9 O 1722/16, (www.rechtsprechung.niedersachsen.de, Rn. 151 f.) – Schwenkfüße. S. ferner wegen Verjährung des Vergütungsanspruchs OLG Düsseldorf v. 15.03.2007, InstGE 7, 210, 214 ff. – *Türbeschläge* (dazu nimmt das Revisionsurteil BGH v. 17.11.2009 – X ZR 60/07, [juris] – *Türbänder* nicht Stellung).
1077 OLG Düsseldorf v. 26.07.2018 – I – 15 U 2/17, (BeckRS 2018, 17622, Rn. 109) – *Flammpunktprüfung.* Vgl. allg. Palandt/Grüneberg, BGB, § 259 Rn. 11 m. H. a. BGH NJW 2017, 2755.

nach, ohne dass es auf die Kenntnis von der Benutzung ankommt[1078] (s. auch § 12 Rdn. 323). Auch eine Kenntnis der Rechtslage nach dem ArbEG ist nicht erforderlich.[1079] Da der Auskunftsanspruch erst auf die Vermittlung von Informationen über die Nutzung des Erfindungsgegenstandes gerichtet ist, kann das zusätzliche Kriterium des § 199 Abs. 1 BGB über die Kenntnis bzw. grob fahrlässige Unkenntnis der anspruchsbegründenden Umstände insoweit ggf. keine Rolle spielen, sodass es dann regelmäßig bei der dreijährigen Verjährungsfrist ab Inanspruchnahme bewenden würde.

Die Darlegungs- und **Beweislast** für die Verjährung trifft nach allgemeinen Grundsätzen den Arbeitgeber als Schuldner, wohingegen der Arbeitnehmer für eine von ihm behauptete Verjährungshemmung beweispflichtig ist[1080] (s. § 9 Rdn. 43.3).

307 Die Verjährung kann – etwa durch Verhandlungen – **gehemmt** sein (s. § 9 Rdn. 43).

Ist der **Vergütungsanspruch** (Hauptanspruch) **verjährt**, kann auch die diesbezügliche Auskunft wegen des dem Arbeitgeber insoweit zustehenden Leistungsverweigerungsrechts ihren Zweck nicht mehr erfüllen. Bei Verjährung des Vergütungsanspruchs (s. dazu § 9 Rdn. 39 ff.) bzw. des sonstigen Hauptanspruchs entfällt das Informationsinteresse und der Auskunftsanspruch als Hilfsanspruch wird »gegenstandslos«, sodass er damit nicht mehr (gerichtlich) verfolgt

---

1078 So LG Düsseldorf v. 28.04.2016 – 4a O 154/14, (www.justiz.nrw.de, Rn. 255) – Elektrische Glühlampen u. v. 03.12.2013 – 4a O 13/12 – (www.justiz.nrw.de/nrwe, Rn. 35 = Düsseldf. Entsch. Nr. 2144) – Rohranfasgeräte; relativierend bereits – aber letztlich noch offengelassen – OLG Düsseldorf v. 28.02.2014 – I-2 U 109/11 u. 2 U 109/11, (juris, Rn. 117) – Feuerfester Formstein u. v. 28.02.2014 – 2 U 110/11, (juris, Rn. 118) – Technischer Geschäftsführer. Unklar OLG Frankfurt v. 07.12.2017 – 6 U 204/16, (www.lareda.hessenrecht.hessen.de) – Mark up, das in diesem Einzelfall für den Verjährungsbeginn auf den Zeitpunkt abgestellt hat, in dem den Arbeitnehmer »klar sein musste, dass mit der baldigen Nutzungsaufnahme zu rechnen ist«. LG Düsseldorf vom 20.04.2017 (– 4c O 67/16, www.justiz.nrw.de, Rn. 30 – Hydraulikhämmer) fordert dagegen Kenntnis von Inanspruchnahme und Benutzung durch den ArbG. Nach LG Braunschweig v. 26.04.2017 (– 9 O 1722/16, www.rechtsprechung.niedersachsen.de, Rn. 157 ff. – Schwenkfüße) soll es für den Verjährungsbeginn bei fehlender Kenntnis der Nutzung auf die »Kenntnis von der Schutzfähigkeit« (d. h. wohl Schutzrechtserteilung, s. a.a.O.) ankommen.
1079 In diesem Sinne auch OLG Frankfurt v. 07.12.2017 – 6 U 204/16, (www.lareda.hessenrecht.hessen.de) – Mark up.
1080 LG Düsseldorf vom 20.04.2017 – 4c O 67/16, (www.justiz.nrw.de, Rn. 32) – Hydraulikhämmer.

## F. Anspruch auf Auskunftserteilung bzw. Rechnungslegung  § 12

werden kann.[1081] Eine verspätete Geltendmachung der Verjährungseinrede bzw. des Einwands der Verwirkung (vgl. § 531 ZPO) ggü. dem Vergütungsanspruch ist im Auskunftsprozess (zur Stufenklage s. § 12 Rdn. 316) auch hinsichtlich des Auskunftsanspruchs beachtlich.[1082] Da aber der Verspätungseinwand nur zwischen den Instanzen innerhalb der jeweiligen Stufe, nicht aber zwischen den einzelnen Stufen einer Stufenklage gilt, greift er ggü. dem in der 2. Instanz geltend gemachten Vergütungsanspruch im Verfahren 1. Instanz nicht.

I.Ü. können dem Auskunfts- bzw. Rechnungslegungsanspruch – wie jedem anderen Anspruch – eigenständig der Einwand der **Schikane, Verwirkung** und (endgültiger/zeitweiliger) **Unzulässigkeit der Rechtsausübung** entgegenstehen[1083] (s. auch § 12 Rdn. 228, 245, 268). Zu den Voraussetzungen kann auf das zum Vergütungs- und zum Anpassungsanspruch Gesagte verwiesen werden (s. § 9 Rdn. 45 ff. und § 12 Rdn. 96.2; s. auch § 12 Rdn. 228). 308

Aufgrund seines nur vorbereitenden Charakters kann ggü. dem Auskunftsanspruch **kein Zurückbehaltungsrecht** (§ 273 BGB) geltend gemacht werden;[1084] den berechtigten Interessen des Arbeitgebers ist i.d.R. dadurch Genüge getan, dass er sich gegen den nach Auskunftserteilung errechneten Zahlungsanspruch zur Wehr setzen kann, je nach Inhalt des Gegenanspruchs entweder durch Aufrechnung oder durch Einrede des Zurückbehaltungsrechts. S. auch § 9 Rdn. 30. 309

*Rdn. 310–315 frei.*

---

1081 Vgl. OLG Düsseldorf, 15.03.2007, InstGE 7, 210 (Leitsatz), 214 (Rn. 14) – *Türbeschläge*, wonach der Rechnungslegungsanspruch bei Verjährung des Vergütungsanspruchs sich als »unbegründet erweist« und »entfällt« (auf Verjährungsfragen geht das Revisionsurteil BGH v. 17.11.2009 – X ZR 60/07, [juris] – *Türbänder* nicht ein). Vgl. i.Ü. allg. BAG v. 05.09.1995, NJW 1996, 1693; BGH v. 04.10.1989, BGHZ 108, 393, 399. Vgl. (aber) auch OLG Frankfurt am Main v. 19.12.1991, GRUR 1993, 510, 511 – *Bügelverschließmaschinen*, dort zur Verjährung eines Auskunftsanspruchs über erfindungsgemäß hergestellte Produkte, wofür als Hauptanspruch ein Bereicherungsanspruch nach § 852 Abs. 3 BGB a.F. zuerkannt wurde.
1082 BGH v. 21.12.2005 – X ZR 165/04, GRUR 2006, 401, 403 f. – *Zylinderrohr*.
1083 Vgl. allg. BGH v. 02.11.1960, NJW 1961, 602, 604 r Sp.; BAG v. 21.12.2017 – 8 AZR 99/17, (juris Rn. 15 f.).
1084 OLG Hamburg v. 19.02.1961, EGR Nr. 31 zu § 12 ArbEG.

## XII. Außergerichtliche und gerichtliche Geltendmachung, Zwangsvollstreckung

316 Der Auskunfts- bzw. Rechnungslegungsanspruch kann außergerichtlich **formlos geltend** gemacht werden (zum Schiedsstellenverfahren vgl. § 28 Rdn. 22). **Prozessual** werden die Hilfsansprüche regelmäßig im Wege der **Stufenklage** anhängig gemacht[1085] (§ 254 ZPO). Erforderlich ist stets, dass der Kläger konkret vorträgt und darlegt, der Vorbereitung welcher erfinderrechtlichen Ansprüche sein Auskunfts- bzw. Rechnungslegungsbegehren dienen soll und aus welchen Umständen sich dabei Ansprüche aus dem ArbEG ergeben können.[1086] Ein abstraktes Auskunftsbegehren über gegenständlich und inhaltlich nicht näher bezeichnete Diensterfindungen macht die Klage mangels hinreichender Bestimmtheit unzulässig.[1087] Der auf Auskunftserteilung gerichtete Klageantrag muss unter Bezugnahme auf die konkrete Nutzungshandlung so bestimmt gefasst sein, dass für das Vollstreckungsgericht hinreichend klar erkennbar ist, worüber der Beklagte Auskunft zu erteilen und ggf. Rechnung zu legen hat.[1088] Dazu gehört auch – zumindest in der Klagebegründung – die Darlegung des Zeitpunkts, ab welchem die Auskunfts- und Rechnungslegungsansprüche geltend gemacht werden.[1089] Zur Bemessung der Beschwer im Berufungs- und Revisionsverfahren s. § 39 Rdn. 7; zur eidensstattlichen Versicherung s. § 12 Rdn. 291.

317 Die **Zwangsvollstreckung** erfolgt gem. § 888 ZPO[1090] (unvertretbare Handlung). Der Arbeitgeber kann sich im Verfahren nach § 888 ZPO auf die vollständige Erfüllung der Auskunft bzw. Rechnungslegung (Erfüllungseinwand) auch noch in der Beschwerdeinstanz berufen und ist nicht darauf verwiesen,

---

1085 Vgl. bspw. den Tatbestand bei BGH v. 13.11.1997 – X ZR 6/96, GRUR 1998, 684 – *Spulkopf*; bei BGH v. 16.04.2002 – X ZR 127/99, GRUR 2002, 801 – *Abgestuftes Getriebe*; BGH v. 04.04.2006 – X ZR 155/03, GRUR 2006, 754 – *Haftetikett*; BGH v. 17.11.2009, GRUR 2010, 223 – *Türinnenverstärkung* u. v. 05.02.2013 GRUR 2013, 498 – Genveränderungen.
1086 Vgl. BGH v. 17.05.1994, GRUR 1994, 898, 900 – *Copolyester*; vgl. auch OLG Karlsruhe v. 13.07.1983, GRUR 1994, 42, 44 r.Sp. – *Digitales Gaswarngerät*.
1087 OLG Karlsruhe v. 12.12.2001 – 6 U 100/00, (unveröffentl.).
1088 LG Düsseldorf v. 24.04.2012 – 4a O 286/10 (juris) m. H. a. BGH v. 22.11.2007 – I ZR 12/05, GRUR 2008, 357 – *Planfreigabesystem*.
1089 LG Düsseldorf v. 24.04.2012 – 4a O 286/10 (juris).
1090 Allg. A., z.B. BGH v. 13.11.1997 – X ZR 132/95, GRUR 1998, 689, 693 – *Copolyester II*; OLG Düsseldorf, Beschl. v. 24.01.1997 – 2 W 68/96, (unveröffentl.).

F. Anspruch auf Auskunftserteilung bzw. Rechnungslegung § 12

Vollstreckungsgegenklage nach § 767 ZPO gegen das zur Auskunft bzw. Rechnungslegung verpflichtende Urteil zu erheben.[1091]

*Rdn. 318–322 frei.*

## XIII. Beweislast

Da der Auskunfts- und auch der Rechnungslegungsanspruch das Bestehen eines Vergütungsanspruchs voraussetzen (s. § 12 Rdn. 163 f.), muss der Arbeitnehmererfinder darlegen und ggf. beweisen, dass eine **gewisse Wahrscheinlichkeit** für den Vergütungsanspruch besteht.[1092] Dies bedeutet bei (unbeschränkter) Inanspruchnahme lediglich deren Nachweis[1093] (s. auch § 12 Rdn. 306), da bereits die Inanspruchnahme den Vergütungsanspruch dem Grunde nach entstehen lässt[1094] (s. § 9 Rdn. 11 f.). Im Fall der Inanspruchnahmefiktion in § 6 Abs. 2 ArbEG n.F. dürfte – bei Fehlen anderweitiger Beweismöglichkeiten – wohl der Nachweis des Zugangs der Erfindungsmeldung beim Arbeitgeber ausreichen, etwa durch Vorlage der Eingangsbestätigung (§ 5 Abs. 1 Satz 3 ArbEG). Soweit es um Vergütungsansprüche aus (früherer) beschränkter Inanspruchnahme (§ 10 a.F.) oder aus sonstigen

323

---

1091 So OLG Düsseldorf v. 24.01.1997 – 2 W 68/96, (unveröffentl.).
1092 BGH v. 17.05.1994 – X ZR 82/92, GRUR 1994, 898, 900 – *Copolyester*; im Anschluss daran ständ. Praxis Schiedsst., u.a. v. 15.04.2010 – Arb.Erf. 36/08, (Datenbank, insoweit nicht in www.dpma.de) u.v. 20.01.2009 – Arb.Erf. 40/06, (unveröffentl.); ebenso OLG Frankfurt am Main v. 14.05.2009 – 6 U 68/08, (unveröffentl.); LG Düsseldorf v. 24.02.2012 – 4a O 286/10, (juris, Rn. 125) – Kälteanlage; LG München I v. 09.09.2010 Mitt. 2012, 413, 414 – Kopfstütze; s. auch Keukenschrijver in Busse/Keukenschrijver, PatG, Rn. 41 zu § 12; ferner OLG Düsseldorf v. 28.02.2014 – I-2 U 109/11 u. 2 U 109/11, (juris, Rn. 117) – Feuerfester Formstein I.
1093 So BGH v. 17.05.1994 – X ZR 82/92, GRUR 1994, 898, 900 – *Copolyester*; im Anschluss an BGH ständ. Praxis Schiedsst., u.a. v. 15.04.2010 – Arb.Erf. 36/08, (Datenbank, insoweit nicht in www.dpma.de) u. v. 20.01.2009 – Arb.Erf. 40/06, (unveröffentl.); ferner. OLG München v. 14.10.1999 – 6 U 3558/98, (unveröffentl.); LG Düsseldorf v. 24.02.2012 – 4a O 286/10, (juris, Rn. 125) – Kälteanlage.
1094 LG Düsseldorf v. 24.04.2011 – 4a O 286/10, (juris) u. v. 03.12.2013 – 4a O 12/12, (juris); Schiedsst. ZB v. 16.10.2008 – Arb.Erf. 38/07, (unveröffentl.); weitergehend LG München v. 25.03.1998 – 21 O 20044/89, (unveröffentl.), das unter Hinweis auf BGH v. 23.06.1977, GRUR 1977, 784, 787 – *Blitzlichtgeräte* auf das Vorliegen einer gewissen Wahrscheinlichkeit der tatsächlichen Benutzung durch den Arbeitgeber abstellt; offen gelassen von OLG Düsseldorf v. 28.02.2014 – 2 U 110/11, (juris, Rn. 118) – Technischer Geschäftsführer, ob Kenntnis von Inanspruchnahme und Benutzung erforderlich ist.

vorbehaltenen Nutzungsrechten (§ 14 Abs. 3 a.F., § 16 Abs. 3, § 19 Abs. 1) oder bei qualifizierten technischen Verbesserungsvorschlägen (§ 20 Abs. 1) geht, bedarf es zusätzlich des Nachweises, dass der Arbeitgeber die Erfindung bzw. den Verbesserungsvorschlag tatsächlich benutzt hat.[1095] Gleiches gilt für den Anspruch aus § 42 Nr. 4, der § 9 Abs. 2 modifiziert. Zur Beweislast bei selbstverschuldeter Unkenntnis s. § 12 Rdn. 228, bei Geltendmachung des Anpassungsanspruchs nach § 12 Abs. 6 s. § 12 Rdn. 331, zur Unbilligkeit nach § 23 s. § 12 Rdn. 336.

324 Gibt der Arbeitgeber zu Auskunftszwecken eine »**Negativauskunft**« dahin ab, die Diensterfindung werde nicht benutzt, liegt darin eine Erfüllung des Auskunftsanspruchs (s. § 12 Rdn. 282). Es ist Sache des Arbeitnehmers, objektive Umstände für eine Nutzung der Erfindungsmerkmale durch den Arbeitgeber darzulegen.[1096] Entsprechendes gilt, wenn der Arbeitnehmer eine über die Angaben des Arbeitgebers hinausgehende Nutzung behauptet (z.B. Einsatz bei weiteren Produkten, zusätzliche Lizenzvergabe usw.).

325 Es obliegt grds. dem Arbeitgeber, die Tatsachen darzulegen und ggf. zu beweisen, die seine Auskunfts- und Rechnungslegungspflicht begrenzen oder dieser entgegenstehen.[1097] Dies betrifft bspw. die Unzumutbarkeit von Auskünften bzw. Rechnungslegungen (s. dazu § 12 Rdn. 230 ff.), sodass er die dies begründenden Tatsachen vorzutragen[1098] und ggf. zu beweisen hat.[1099]

Allerdings ist u. E. der Arbeitnehmer nach allgemeinen Beweisgrundsätzen für die anspruchsbegründenden Umstände darlegungs- und beweispflichtig, wenn er vom Arbeitgeber Auskünfte über solche Tatsachen verlangt, die nicht der (unmittelbaren) Bemessung der ihm nach dem ArbEG zustehenden Vergütung dienen, sondern die er zum Zwecke der Überprüfung von Einzelangaben des Arbeitgebers verlangt (s. § 12 Rdn. 190, 227).

---

1095 Vgl. auch OLG Düsseldorf v. 05.03.1998, WRP 1998, 1202, 1105 – *Wetterführungspläne* (zum qual. techn. Verbesserungsvorschlag).
1096 I.d.Sinne OLG Düsseldorf v. 09.08.2007 – 2 U 41/06 – *Ummantelung von Stahlröhren* (unveröffentl.).
1097 So u. a. LG Frankfurt v. 21.12.2005 – Ar. 2–06 O 328/05, (unveröffentl.). Siehe auch zum urheberrechtlichen Auskunftsanspruch nach § 32d UrhG die Amtl. Begr. zum (Regierungs-) »Entwurf eines Gesetzes zur verbesserten Durchsetzung des Anspruchs der Urheber und ausübenden Künstler auf angemessene Vergütung« in BT-Drucks. 18/8625, S. 27, wonach der Vertragspartner des Urhebers die »Darlegungs- und Beweislast für Ausschlusstatbestände trägt«.
1098 BGH v. 13.11.1997 – X ZR 132/95, GRUR 1998, 689, 692 r. Sp. – *Copolyester II*.
1099 LG Frankfurt v. 21.12.2005 – Ar. 2–06 O 328/05, (unveröffentl.); s.a.uch Jesgarzewski, BB 2011, 2923, 2935.

Beruft sich der Arbeitnehmer wegen einer behaupteten **Ausnahmesituation** auf die Erforderlichkeit von Auskünften, die über das anerkannte Maß hinausgehen, etwa wegen eines behaupteten **Kontrollbedarfs**, muss er die Gründe dafür substantiiert darlegen und ggf. beweisen.[1100] Das gilt etwa für die Forderung, er sei im Rahmen der Lizenzanalogie auf eine Gewinnauskunft oder auf die Angabe über Art und Umfang von Einsparungen des Arbeitgebers ausnahmsweise angewiesen.[1101]

*Rdn. 326–328 frei.*

### XIV. Besondere Auskunfts- und Rechnungslegungsansprüche

#### 1. Bei Vergütungsanpassung nach § 12 Abs. 6

Da die Ansprüche auf Auskunftserteilung bzw. Rechnungslegung **hinsichtlich aller Vergütungsansprüche** des Arbeitnehmers, die sich aus dem ArbEG ergeben können, bestehen, sind auch diejenigen Fälle erfasst, in denen der Arbeitnehmer die Zahlung einer weiteren Vergütung aufgrund veränderter Umstände über § 12 Abs. 6 verlangt[1102] (zum Abkauf s. § 12 Rdn. 96.1). **329**

Der auf eine Neuregelung der Erfindervergütung bezogene Auskunfts- und Rechnungslegungsanspruch beschränkt sich gegenständlich nicht nur auf die Fälle, in denen der Arbeitnehmer im Ungewissen über den Umfang seines Vergütungsanspruchs ist; er erstreckt sich vielmehr auch auf die Fälle, in denen bereits das Bestehen eines ihm gesetzlich zustehenden Anspruchs unklar ist.[1103] **330**

Die höchstrichterliche Rechtsprechung scheint darauf hinzudeuten, dass auch bei einem Auskunfts- bzw. Rechnungslegungsanspruch zur **vorbereitenden Geltendmachung einer Vergütungsneuregelung** gem. § 12 Abs. 6 der Nachweis der (unbeschränkten) Inanspruchnahme bzw. der Benutzungsaufnahme (bei einfachen Benutzungsrechten) ausreichen könnte.[1104] Damit käme es auf den bislang erforderlichen Nachweis einer Wahrscheinlichkeit für eine erhebli- **331**

---

1100 Vgl. LG Düsseldorf v. 24.04.2012 – 4a O 286/10, (juris) – *Kälteanlage* zur Gewinnauskunft bei Lizenzanalogie.
1101 LG Düsseldorf v. 24.04.2012 – 4a O 286/10, (juris) – *Kälteanlage*.
1102 Vgl. BGH v. 17.05.1994 – X ZR 82/92, GRUR 1994, 898, 900 – *Copolyester* zur Rechnungslegung; BGH v. 20.11.1962 – I ZR 40/61, GRUR 1963, 315, 316 l.Sp. – *Pauschalabfindung*; ausf. Keukenschrijver in Busse/Keukenschrijver, PatG, Rn. 42 zu § 12.
1103 BGH v. 20.11.1962 – I ZR 40/61, GRUR 1963, 315 f. – *Pauschalabfindung* – zu § 12 Abs. 6.
1104 BGH v. 17.05.1994 – X ZR 82/92, GRUR 1994, 898, 900 r. Sp. – *Copolyester*; wie hier OLG Frankfurt am Main v. 14.05.2009 – 6 U 68/08, (unveröffentl.).

che Veränderung (schlüssiger Vortrag greifbarer Anhaltspunkte für den Anpassungsanspruch) und damit für die Möglichkeit des Bestehens eines Anpassungsanspruchs nach § 12 Abs. 6[1105] nicht mehr an. Entsprechendes würde bei Geltendmachung einer groben Unbilligkeit i.S.d. § 23 relevant (s. § 12 Rdn. 336). Eine solche vom Hauptanspruch losgelöste Betrachtung erscheint indes nicht unbedenklich. Da es letztlich um die von der Auskunft abhängige Feststellung der tatbestandlichen Voraussetzungen des Anpassungsanspruchs geht, ist der auskunftspflichtige Arbeitgeber in höherem Maße schutzwürdig[1106] (s. § 12 Rdn. 165, 171.1, 224; s. auch § 12 Rdn. 97); insoweit liegt es nahe, dass der Arbeitnehmer seinen Anspruch sowie die Gründe für das Unvermögen der Spezifizierung der Anspruchvoraussetzungen plausibel darlegt. Um aber einerseits den Arbeitgeber nicht einer ständigen und unzumutbaren Produktions-, Kalkulations- und sonstigen Verwertungskontrolle zu unterwerfen, andererseits jedoch dem Erfinder die Durchsetzung seiner gesetzlichen Ansprüche in ausreichendem Maße zu gewähren, muss u.E. eine **gewisse Wahrscheinlichkeit** für eine erhebliche Veränderung vom Arbeitnehmer plausibel dargetan und ggf. bewiesen werden.[1107] Insoweit ist die Ausgangslage ähnlich der bei § 23 (s. § 9 Rdn. 336). In diesem Sinne fordert auch der *BGH* zu dem mit § 12 Abs. 6 vergleichbaren Anpassungsanspruch nach § 36 UrhG a.F., dass der Arbeitnehmer nicht nur seinen Anspruch, sondern auch die Gründe plausibel darlegen muss, warum ihm eine weitere Spezifizie-

---

1105 Vgl. BGH v. 20.11.1962 – I ZR 40/61, GRUR 1963, 315 f. – *Pauschalabfindung*; LG Düsseldorf v. 24.09.1974, EGR Nr. 13 zu § 12 ArbEG, bestätigt durch LG Düsseldorf Teil-Urt. v. 18.06.1991 – 4 O 254/90, (unveröffentl.); vgl. auch OLG Hamm, NJW-RR 1990, 1148 (zu § 36 UrhG).
1106 Vgl. BGH v. 23.10.2001, GRUR 2002, 149, 153 – *Wetterführungspläne II* (zu § 36 UrhG); insoweit zust. auch Keukenschrijver in Busse/Keukenschrijver, PatG, Rn. 42 zu § 12.
1107 So im Ergebn. bereits LG Düsseldorf v. 24.09.1974, EGR Nr. 13 zu § 12 ArbEG u.v. 18.06.1991 – 4 O 254/90, (unveröffentl.) im Anschluss an BGH v. 20.11.1962 – I ZR 40/61, GRUR 1963, 315, 316 – *Pauschalabfindung*; ähnl. Busse/Keukenschrijver, PatG (7. Aufl. 2013), Rn. 41 zu § 12 ArbEG m. H. a. OLG Düsseldorf v. 24.09.1974, EGR Nr. 13 zu § 12 ArbEG u. BGH GRUR 2002, 602 – Musikfragmente zu § 36 UrhG (»wenn auf Grund nachprüfbarer Tatsachen klare Anhaltspunkte für einen Anpassungsanspruch bestehen« und »warum ihm [als Anspruchsberechtigtem] eine weitere Spezifizierung der Anspruchsvoraussetzungen nicht möglich ist«). S. a. BGH v. 06.03.2012 – X ZR 104/09, Mitt. 2012, 285 (Rn. 27) – *Antimykotischer Nagellack*, der im Zusammenhang mit § 23 auf BGH v. 20.11.1962, GRUR 1963, 315, 316 – Pauschalabfindung verweist.

rung der tatbestandsmäßigen Anspruchsvoraussetzungen nicht möglich ist[1108] (s.a. § 12 Rdn. 165–171.1). Diese Forderung betrifft insb. die Fälle einer Pauschalvergütungsregelung, bei der zu beachten ist, inwieweit sich die Arbeitsvertragsparteien über wirtschaftliche Gegebenheiten, insb. über den Nutzungsumfang (vergleichsweise) verständigt haben (s. § 9 Rdn. 58 ff.), sodass dieser Anspruch auf darüberhinausgehende Veränderungen der Umstände beschränkt ist. I.Ü. ist Voraussetzung, dass der Arbeitgeber dem Auskunftsverlangen ohne unzumutbaren Aufwand und ohne Beeinträchtigung berechtigter Interessen nachkommen kann.[1109]

*Rdn. 332–334 frei.*

### 2. Bei Unbilligkeit einer getroffenen Vergütungsregelung nach § 23

Der Auskunfts- bzw. Rechnungslegungsanspruch erstreckt sich auf alle Ansprüche des Arbeitnehmererfinders auf Vergütung und greift damit auch dann, wenn der Arbeitnehmererfinder mit seinem Hauptanspruch die Zahlung einer höheren Vergütung mit der Begründung verlangt, eine Vergütungsregelung liege nicht vor bzw. sei wegen Mängeln unwirksam oder in erheblichem Maße gem. § 23 ArbEG unbillig und deshalb nichtig.[1110] **335**

Ein dahingehender Auskunfts- bzw. Rechnungslegungsanspruch setzt zunächst eine nach § 23 Abs. 2 rechtswirksame Geltendmachung der Unbilligkeit einer bestehenden Vergütungsregelung voraus. Soweit es um die auskunftsabhängige Feststellung der Unbilligkeitsvoraussetzungen und damit um die gesetzlichen Voraussetzungen der Unwirksamkeit einer Vergütungsregelung nach § 23 Abs. 1 – etwa einer Pauschalvergütungsvereinbarung – geht,[1111] kommt den berechtigten Interessen des Arbeitgebers – ebenso wie i.R.d. § 12 Abs. 6 ArbEG (s. dazu § 12 Rdn. 165) – besondere Bedeutung zu (s. § 12 Rdn. 331). Deshalb bedarf es auch hier – vergleichbar wie beim Anpassungsanspruch aus **336**

---

1108 BGH v. 23.10.2001, GRUR 2002, 149, 153 – *Wetterführungspläne II*; vgl. auch BGH v. 21.06.2001, GRUR 2002, 153 – *Kinderhörspiele* (zu § 36 UrhG) u. BAG v. 21.11.2000, DB 2001, 1727, 1728 (»Der Berechtigte muss die Wahrscheinlichkeit seines Anspruchs darlegen.«); s.a. BGH v. 16.04.2002 – X ZR 127/99, GRUR 2002, 801, 803 – *Abgestuftes Getriebe*.
1109 So zu Recht Keukenschrijver in Busse/Keukenschrijver, PatG, Rn. 42 zu § 12 ArbEG; so auch zur Auskunft nach § 32a UrhG BGH v. 10.05.2012, GRUR 2012, 1248 (Rn. 59) – *Fluch der Karibik*.
1110 BGH v. 17.05.1994 – X ZR 82/92, GRUR 1994, 898, 900 – *Copolyester* zur Rechnungslegung; OLG Düsseldorf v. 07.05.1992 – 2 U 117/91, (unveröffentl.).
1111 In diesem Sinn auch LG Frankfurt v. 17.10.1979 – 2/6 O 287/79, (unveröffentl.); ferner OLG Düsseldorf v. 07.05.1992 – 2 U 117/91, (unveröffentl.).

§ 12 Abs. 6 (s. § 12 Rdn. 331) – der **Darlegung** und ggf. des Beweises einer **gewissen Wahrscheinlichkeit** dafür, dass die Vergütungsregelung in erheblichem Maße unbillig ist.[1112] Wer sich auf die Unbilligkeit beruft, hat dafür hinreichende Anhaltspunkte darzulegen,[1113] etwa indem eine konkrete Wahrscheinlichkeit für eine Unbilligkeit an Hand von Tatsachen plausibel dargetan wird. Darüber hinaus muss der Arbeitgeber dem Auskunftsverlangen grds. ohne unzumutbaren Aufwand und ohne Beeinträchtigung berechtigter Interessen nachkommen können. Da sich die Unbilligkeit grundsätzlich losgelöst von subjektiven Elementen und der Frage einer Vorwerfbarkeit beurteilt, kann aus einem nicht unberechtigten Vertrauen des anderen Vertragspartners in den Rechtsbestand der Regelung eine besondere Schutzbedürftigkeit folgen, so dass an eine Darlegung strenge Maßstäbe zu stellen sind (s. auch § 12 Rdn. 331).

*Rdn. 337–339 frei.*

### 3. Bei Schadensersatz- und sonstigen Ansprüchen des Arbeitnehmers

340 Der Auskunfts- bzw. Rechnungslegungsanspruch betrifft auch die Fälle, in denen der Arbeitnehmer seinen Hauptanspruch in Bezug auf seine (Dienst-) Erfindung auf außerhalb des ArbEG stehende Anspruchsgrundlagen stützt. Das betrifft namentlich die Fälle, in denen der Arbeitnehmer im Wege des **Schadensersatzes** wegen Verletzung erfinderrechtlicher Arbeitgeberpflichten den Ausgleich ausgefallener Vergütungsansprüche beanspruchen kann, etwa wegen Verletzung der Pflicht zur Anbietung von Schutzrechtspositionen nach § 16[1114] oder wegen Nutzung einer vorenthaltenen, frei gewordenen Diensterfindung durch den Arbeitgeber[1115]. Erfasst sind auch **bereicherungsrechtliche Ansprüche** aus §§ 812 ff. BGB[1116] sowie **patentrechtliche Ansprüche**, insb. aus § 33 oder § 139 PatG.

---

1112 BGH v. 06.03.2012, Mitt. 2012, 285 (Rn. 27) – *Antimykotischer Nagellack* m. H. a. BGH v. 17.05.1994 – X ZR 82/92, GRUR 1994, 898, 900 – *Copolyester*. Ähnl. LG Frankfurt v. 14.05.2009 – 2/6 O 446/07 (zitiert bei Trimborn, Mitt. 2010, 461, 468), wonach der Arbeitnehmer »eine gewisse Wahrscheinlichkeit dafür dartun« müsse, »dass die Voraussetzungen der Unbilligkeit erfüllt sind«.
1113 S. BGH v. 06.03.2012, Mitt. 2012, 285 (Rn. 29, 35) – *Antimykotischer Nagellack*.
1114 Vgl. BGH v. 06.02.2002 – X ZR 215/00, GRUR 2002, 609, 610 – *Drahtinjektionseinrichtung*. Vgl. auch allg. für gesetzl. Schuldverh. BGH v. 27.09.2016 – X ZR 163/12, Mitt. 2016, 549 (Rn. 31) – *Beschichtungsverfahren*.
1115 Vgl. etwa OLG Karlsruhe v. 13.04.2018 – 6 U 161/16, (www.lrbw.juris.de, Rn. 173) – *Rohrprüfsystem*; OLG Düsseldorf v. 26.07.2018 – I – 15 U 2/17, (BeckRS 2018, 17622, Rn. 49) – *Flammpunktprüfung*.
1116 Vgl. BGH v. 18.05.2010 – X ZR 79/07, GRUR 2010, 817, 821 (Rn. 37) – *Steuervorrichtung*.

## F. Anspruch auf Auskunftserteilung bzw. Rechnungslegung  § 12

Hier obliegt dem Arbeitnehmer nach allgemeinen Grundsätzen die Darlegungs- und **Beweislast** für den zugrunde liegenden Schadensersatz- bzw. Bereicherungsanspruch sowie für das Bestehen eines Vergütungsanspruchs dem Grunde nach.

Allerdings haben die diesbezüglichen Auskunfts- und ggf. Rechnungslegungsansprüche unter dem **Gesichtspunkt von Treu und Glauben (§ 242 BGB)** den besonderen Rechtsbeziehungen der (früheren) Arbeitsvertragsparteien aufgrund der Dienst- bzw. Arbeitnehmererfindung Rechnung zu tragen. Demzufolge kommen u. E. die zu den jeweiligen Anspruchgrundlagen entwickelten allgemeinen Grundsätze über Auskunfts- und Rechnungslegungspflichten nicht uneingeschränkt zur Anwendung. So gelten für die Auskunft dieselben Grundsätze wie für Vergütungsansprüche jedenfalls insoweit, als der Hauptanspruch – etwa aus §§ 286 oder 823 BGB – auf den Ersatz ausgefallener Vergütungsansprüche nach dem ArbEG gerichtet ist.[1117] Auch bei Ersatzansprüchen nach § 139 PatG für die Benutzung einer frei gewordenen Diensterfindung durch den Arbeitgeber wäre es u. E. nach § 242 BGB verfehlt, für den Auskunftsanspruch uneingeschränkt von der im Ermessen des Verletzten stehenden Entscheidung für eine der drei Schadensberechnungen auszugehen,[1118] sodass hier bei betrieblicher Verwertung im Regelfall allein die Berechnungsmethode der Lizenzanalogie und damit nur die diesbezüglichen Auskunftspflichten zum Tragen kommen dürften.[1119] Letzteres gilt auch bei Ansprüchen auf Herausgabe eines Bereicherungsgewinns nach § 818 Abs. 2 BGB.[1120]

341

---

1117 Vgl. BGH v. 06.02.2002 – X ZR 215/00, GRUR 2002, 609, 610 – *Drahtinjektionseinrichtung*, dort für Schadensersatz wegen Verletzung des § 16 ArbEG.
1118 Abweichend möglicherweise BGH v. 18.05.2010 – X ZR 79/07, GRUR 2010, 817, 821 (Rn. 40) – *Steuervorrichtung*. Vgl. allgemein zur Auskunftspflicht BGH v. 20.05.2008 – X ZR 180/05, Mitt. 2008, 407, 409 [Rn. 31] – *Tintenpatrone*.
1119 Vgl. auch allgemein BGH v. 02.02.1995, WRP 1995, 393, 397, wonach die Auskunftspflicht bei Schutzrechtsverletzung dann eingeschränkt ist, wenn nur eine Methode zur Schadensberechnung in Betracht kommt.
1120 In diesem Sinn wohl letztlich auch BGH v. 18.05.2010 – X ZR 79/07, GRUR 2010, 817, 821 (Rn. 40 f.) – *Steuervorrichtung*.

## § 13 Schutzrechtsanmeldung im Inland[1]

(1) Der Arbeitgeber ist verpflichtet und allein berechtigt, eine gemeldete Diensterfindung im Inland zur Erteilung eines Schutzrechts anzumelden. Eine patentfähige Diensterfindung hat er zur Erteilung eines Patents anzumelden, sofern nicht bei verständiger Würdigung der Verwertbarkeit der Erfindung der Gebrauchsmusterschutz zweckdienlicher erscheint. Die Anmeldung hat unverzüglich zu geschehen.

(2) Die Verpflichtung des Arbeitgebers zur Anmeldung entfällt,
1. wenn die Diensterfindung frei geworden ist (§ 8);
2. wenn der Arbeitnehmer der Nichtanmeldung zustimmt;
3. wenn die Voraussetzungen des § 17 vorliegen.

(3) Genügt der Arbeitgeber nach Inanspruchnahme der Diensterfindung seiner Anmeldepflicht nicht und bewirkt er die Anmeldung auch nicht innerhalb einer ihm vom Arbeitnehmer gesetzten angemessenen Nachfrist, so kann der Arbeitnehmer die Anmeldung der Diensterfindung für den Arbeitgeber auf dessen Namen und Kosten bewirken.

(4) Ist die Diensterfindung frei geworden, so ist nur der Arbeitnehmer berechtigt, sie zur Erteilung eines Schutzrechts anzumelden. Hatte der Arbeitgeber die Diensterfindung bereits zur Erteilung eines Schutzrechts angemeldet, so gehen die Rechte aus der Anmeldung auf den Arbeitnehmer über.

Lit.:
*Fink*, Zahlg. v. Jahresgebühren b. Freigabe e. Diensterf., Mitt. 1960, 51; *Witte*, Die Angabe der Anmeldeberechtigung bei Diensterfindungen (§ 26 Abs. 6 Satz 2 PatG), GRUR 1963, 76; *ders.*, Jahresgebühren b. Diensterf., Mitt. 1963, 45. S. auch Lit. bei § 16.

| Übersicht | Rdn. |
|---|---|
| A. Allgemeines | 1 |
| B. Pflicht des Arbeitgebers zur Schutzrechtsanmeldung (Abs. 1) | 2 |
| I. Zeitpunkt | 4 |
|     1. Fristbeginn | 4 |
|     2. »Unverzüglich« | 7 |
| II. Umfang und Art der Schutzrechtsanmeldung | 10 |
|     1. Schutzrechtsumfang | 10 |

---

[1] Abs. 2 und 3 i.d.F. des Art. 7 des Gesetzes zur Vereinfachung und Modernisierung des Patentrechts vom 31.07.2009 (BGBl. I, S. 2521).

## A. Allgemeines

|  |  | Rdn. |
|---|---|---|
| | 2. Patent oder Gebrauchsmuster – eingeschränktes Wahlrecht des Arbeitgebers | 11 |
| | 3. Umfang der Anmeldepflicht | 16 |
| | 4. Kosten | 20 |
| III. | Inland | 24 |
| | 1. Räumlicher Geltungsbereich von PatG und GebrMG | 24 |
| | 2. Inlandsanmeldungen mittels prioritätsbegründender »Auslandsanmeldungen« | 25 |
| **C.** | **Ausnahmen von der Anmeldepflicht (Abs. 2)** | 31 |
| I. | Freiwerden der Diensterfindung (Nr. 1) | 32 |
| II. | Zustimmung des Arbeitnehmers (Nr. 2) | 33 |
| III. | Betriebsgeheimnis (Nr. 3) | 36 |
| **D.** | **Alleiniges Recht des Arbeitgebers zur Schutzrechtsanmeldung** | 38 |
| I. | Befugnisse des Arbeitgebers | 38 |
| | 1. Anmeldung auf seinen Namen | 39 |
| | 2. Herr des Erteilungsverfahrens | 41 |
| | 3. Änderungen der Schutzrechtsanmeldung | 44 |
| II. | Akteneinsichtsrecht des Arbeitnehmers | 45 |
| III. | Verletzung durch den Arbeitnehmer | 46 |
| | 1. Anmeldung auf eigenen Namen | 46 |
| | 2. Anmeldung auf den Namen des Arbeitgebers | 48 |
| | 3. Sonstige Rechtsfolgen | 49 |
| | 4. Meinungsverschiedenheiten über die Abgrenzung Diensterfindung/freie Erfindung | 51 |
| **E.** | **Meinungsverschiedenheiten über die Schutzfähigkeit der Diensterfindung** | 53 |
| **F.** | **Verletzung der Anmeldepflicht durch den Arbeitgeber** | 58 |
| I. | Durchsetzung der Anmeldepflicht durch den Arbeitnehmer | 58 |
| | 1. Vor Inanspruchnahme | 58 |
| | 2. Nach (unbeschränkter) Inanspruchnahme – Ersatzvornahme durch den Arbeitnehmer (Abs. 3) | 61 |
| II. | Kein Recht des Arbeitnehmers auf Rückfall der Diensterfindung | 67 |
| III. | Schadensersatzansprüche des Arbeitnehmers | 68 |
| **G.** | **Anmelderecht des Arbeitnehmers nach Freiwerden (Abs. 4)** | 72 |
| I. | Grundsätze | 72 |
| II. | Eigene Schutzrechtsanmeldung des Arbeitnehmers (Satz 1) | 77 |
| III. | Fortführung der Schutzrechtsanmeldung des Arbeitgebers (Satz 2) | 81 |
| IV. | Besondere Fallsituationen | 85 |
| V. | Unberechtigte Schutzrechtsanmeldung durch den Arbeitgeber nach Freigabe | 92 |

## A. Allgemeines

In Anlehnung an § 6 Abs. 1 Satz 1 DVO 1943 normiert § 13 Abs. 1 die Verpflichtung und zugleich alleinige Berechtigung des Arbeitgebers zur unverzüglichen Schutzrechtsanmeldung einer vom Arbeitnehmer gem. § 5 gemeldeten Diensterfindung, dehnt sie jedoch – entsprechend der Gleichstellung von 1

Patent- und Gebrauchsmuster (vgl. § 2) – auf gebrauchsmusterfähige Erfindungen aus. Der **Zweck** der unverzüglichen Schutzrechtsanmeldung durch den Arbeitgeber beruht auf mehreren Erwägungen: Damit soll – unbeschadet der Entstehung des Rechts auf das Schutzrecht in der Person des Erfinders (s. dazu § 2 Rdn. 16) – verhindert werden, dass die materiellen Rechte und rechtlichen Möglichkeiten, die die Diensterfindung bietet, durch Zuwarten verloren gehen.[2] Die Pflicht zur unverzüglichen Anmeldung greift bereits im Vorfeld einer Inanspruchnahme; sie soll unabhängig davon in jedem Fall die rechtlich geschützte Verwertbarkeit der als Diensterfindung eingestuften Erfindung, die angesichts der Beiträge aus der Sphäre des Arbeitgebers mit dessen Aneignungsrecht belastet ist, sicherstellen.[3]

Die unverzügliche Schutzrechtsanmeldung durch den Arbeitgeber liegt **im beiderseitigen Interesse**. Sie dient dem Erhalt der Prioritätsrechte des Arbeitnehmers als Erfinder[4] und vermeidet, dass durch neuheitsschädliche Vorveröffentlichung oder offenkundige Vorbenutzung die Schutzrechtserteilung und damit sein Vergütungsanspruch gefährdet werden.[5] Zugleich sichert sie dem Arbeitgeber so die Erlangung eines Monopolrechts an der in seinem Unternehmen mit seiner Unterstützung entstandenen Erfindung. Für die Anmeldung durch den Arbeitgeber sprechen zudem praktische Gründe, beginnend mit dessen tendenziell größerer Erfahrung und Sachkunde mit Schutzrechtsanmeldungen über dessen Vollzugsmöglichkeiten bis hin zur Kostentragung. Diese Gründe sind sachgerecht und rechtfertigen den Eingriff in das ursprüngliche Recht des Erfinders auf das Schutzrecht. Dagegen ist es – in Abgrenzung zum Inanspruchnahmerecht (§§ 6, 7) – nicht Sinn der Vorschrift, dem Arbeitgeber ggü. dem Arbeitnehmer zusätzliche Rechte zu verschaffen oder die Rechte an der Erfindung aus §§ 5 bis 8 mitzubestimmen.[6]

Während Abs. 1 die Arbeitgeberpflicht zur unverzüglichen Schutzrechtsanmeldung regelt, fasst Abs. 2 die Fälle zusammen, in denen die Verpflichtung des Arbeitgebers zur Anmeldung entfällt. Ergänzend dazu stellt Abs. 4 klar, dass in den Fällen der in § 8 geregelten Wirkung der Freigabe der Diensterfindung

---

2 BGH v. 04.04.2006 – X ZR 155/03, GRUR 2006, 754, 757 [Rn. 23] – *Haftetikett*.
3 Auch wenn damit der gesicherte Erwerb eines Monopolrechts Anlass ist, beruht diese Pflicht nicht auf dem Vorrang des (für die Vergütung kennzeichnenden) Monopolprinzips gegenüber dem Sonderleistungsprinzip, so aber Boemke/Kursawe/Hoppe-Jänisch Rn. 2 zu § 13.
4 Schiedsst. v. 11.12.2014 – Arb.Erf. 31/10, (www.dpma.de).
5 Vgl. Volmer/Gaul Rn. 2 ff. zu § 13.
6 BGH v. 18.05.2010 – X ZR 79/07, GRUR 2010, 817, 821 [Rn. 36] – *Steuervorrichtung*.

allein der Arbeitnehmer zur Schutzrechtsanmeldung berechtigt ist; hat der Arbeitgeber bereits angemeldet, so gehen die Rechte aus der Anmeldung gemäß Abs. 4 Satz 2 auf den Arbeitnehmer über. Zur Sicherung seiner Interessen und zur Gewährleistung seines ursprünglichen Rechts auf das Schutzrecht gibt Abs. 3 dem Arbeitnehmer das Recht, nach erfolglosem Ablauf einer angemessenen Frist die Anmeldung für den Arbeitgeber durchzuführen (Ersatzvornahme). Auf die Anmeldung bezogene Nebenpflichten der Arbeitsvertragsparteien normiert § 15. Die Situation, dass der Arbeitgeber nach (unbeschränkter) Inanspruchnahme die Anmelde- bzw. Schutzrechtsposition später aufgeben will, regelt § 16; (zusätzliche) Schutzrechtsanmeldungen in ausländischen Staaten nach erfolgter Inanspruchnahme behandelt § 14.

Die Abs. 2 und 3 des § 13 sind i.R.d. **ArbEG-Novelle 2009** (s. dazu Einl. Rdn. 42) durch Art. 7 Nr. 9 des Patentrechtsmodernisierungsgesetzes vom 31.07.2009 (BGBl. I, S. 2521) ohne materiellen Gehalt lediglich redaktionell angepasst worden, und zwar als Folgeänderungen zu der Neufassung des § 8 (Streichung der Absatzbezeichnung zu § 8 im Klammerzusatz in § 13 Abs. 2 Nr. 1) und der Abschaffung der beschränkten Inanspruchnahme (Streichung des Zusatzes »unbeschränkter« bei der Inanspruchnahme in § 13 Abs. 3).[7] Die früheren Überlegungen, generell auf die Pflicht des Arbeitgebers zur Schutzrechtsanmeldung im In- und Ausland zu verzichten,[8] sind indes nicht weiterverfolgt worden (s. Einl. Rdn. 40 sowie § 14 Rdn. 4.1).

In den **neuen Bundesländern** gilt bereits nach dem Einigungsvertrag bundesdeutsches Recht für alle Neuanmeldungen, d.h. Schutzrechtsanmeldungen ab dem 03.10.1990. § 13 ist für alle Diensterfindungen, die ab diesem Zeitpunkt fertiggestellt worden sind, anzuwenden (s. Einl. Rdn. 31).

## B. Pflicht des Arbeitgebers zur Schutzrechtsanmeldung (Abs. 1)

Der in § 13 Abs. 1 im Vordergrund stehende **Anmeldezwang** des Arbeitgebers dient der frühestmöglichen **Sicherung von Prioritätsrechten**,[9] die mit der ersten Einreichung einer Schutzrechtsanmeldung entstehen (vgl. § 3 Abs. 2, §§ 40, 41 PatG; § 6 GebrMG, ferner Art. 4 PVÜ, Art. 8 Abs. 2 PCT, Art. 87 ff. EPÜ), und damit zugleich den berechtigten Interessen beider

2

---

[7] Vgl. Amtl. Begründung z. PatRModG in BR-Drucks. 757/08 S. 52 (Art. 7 Nr. 9 d. Entw.).
[8] Vgl. den RefE des BMJ vom 25.10.2001 (abgedruckt u.a. bei Bartenbach in VPP-Rundbrief 2004, S. 52 ff.).
[9] Vgl. Amtl. Begründung BT-Drucks. II/1648 S. 31 = BlPMZ 1957, 235; Schiedsst. v. 27.02.1984, BlPMZ 1984, 301, 302.

Arbeitsvertragsparteien[10]. Die Anmeldepflicht besteht auch, wenn der Arbeitgeber **Zweifel an der Schutzfähigkeit** der gemeldeten Diensterfindung hat (s. § 13 Rdn. 53 ff.).

3 Der Anmeldezwang entfällt grds. nur unter den Voraussetzungen des Abs. 2 (s. dazu § 13 Rdn. 31 ff.; zu Zweifeln über die Schutzfähigkeit s. § 13 Rdn. 54 ff.). **Überträgt der Arbeitgeber die Rechte an der Erfindung** nach erfolgter Inanspruchnahme auf einen Dritten, so gehen die Pflicht zur Schutzrechtsanmeldung ebenso wenig wie sonstige Pflichten auf den Rechtserwerber über (s. § 7 n.F. Rdn. 20 ff.). Nach einer (unberührt von § 22 zulässigen, s. § 22 Rdn. 10) Rechtsübertragung ist der Arbeitgeber rechtlich nicht mehr in der Lage, eine Schutzrechtsanmeldung zu betreiben (vgl. § 6 Satz 1 PatG).[11] Der Arbeitgeber ist weder gehalten, vor Rechtsübertragung eine Inlandsanmeldung zu betreiben,[12] noch ist er verpflichtet, etwa bei einer Rechtsübertragung im Konzern (Vorausabtretung), den Rechtserwerber zur Anmeldung zu veranlassen bzw. dem Arbeitnehmer die Anmeldepflicht abzukaufen[13] oder dessen Einverständnis zu einer möglichen Nichtanmeldung einzuholen. Ist ein einzelnes Konzernunternehmen mit der zentralen Patentverwertung beauftragt und werden an dieses die Rechte an den in Anspruch genommenen Diensterfindungen generell abgetreten, gehört es ohnehin zu dessen Aufgaben, die unverzügliche Schutzrechtsanmeldung im In- und Ausland durchzuführen. Nicht zu folgen ist einer verbreiteten Auffassung[14], wonach die (nicht mehr erfüllbare) Anmeldepflicht mit der Folge eines Schadensersatzanspruchs des Arbeitnehmers fortbestehen soll[15] (s. auch § 14 Rdn. 21). U. E. ist das Festhalten am Anmeldezwang indes eine überflüssige Formalie, da die damit verbundene Sicherung der Prioritätsrechte für den Arbeitnehmer nach Übertragung der Erfindungsrechte auf einen Dritten bedeutungslos ist. Der Arbeitnehmererfinder erleidet durch das Unterbleiben der Inlandsanmeldung deshalb keinen

---

10 Vgl. auch Keukenschrijver in Busse/Keukenschrijver, PatG, Rn. 1 zu § 13 ArbEG, der allerdings die Interessen des Arbeitnehmers in den Vordergrund stellt.
11 Missverständl. VG München v. 17.02.1961, Mitt. 1961, 149, 151 r.Sp.
12 Volz Öffentl. Dienst, 221 ff.; Witte, Mitt. 1962, 195, 196; wie hier im Ergebn. auch Schiedsst. v. 02.04.1996 – Arb.Erf. 95/94, (unveröffentl.); Boemke/Kursawe/Hoppe-Jänisch Rn. 13 zu § 13; im Grundsatz nunmehr auch Reimer/Schade/Schippel/Trimborn Rn. 9a zu § 13; a. A. noch Schwab, Arbeitnehmererfindungsrecht, § 13 Rn. 9.
13 A.A. Schiedsst. v. 31.01.2002 – Arb.Erf. 90/99, (Datenbank), dort zum Konzern; vgl. auch Reimer/Schade/Schippel/Trimborn Rn. 9a zu § 13.
14 Keukenschrijver in Busse/Keukenschrijver, PatG, Rn. 8 zu § 13 ArbEG. Unklar Boemke/Kursawe/Hoppe-Jänisch Rn. 50, 78 zu § 13.
15 Eine Schadensersatzpflicht ebenfalls ablehnend Wiedemann, Vergütg. i. d. Insolvenz (2016), S. 83 ff.

**B. Pflicht des Arbeitgebers zur Schutzrechtsanmeldung (Abs. 1)** § 13

Rechtsnachteil, weil er einerseits nach erfolgter Inanspruchnahme Verwertungshandlungen einschließlich Rechtsübertragungen seines Arbeitgebers als nunmehrigem Rechtsinhaber hinnehmen muss (s. § 7 n.F. Rdn. 20 f.), andererseits ggü. dem Rechtserwerber keine Rechte aus den §§ 14, 16 oder sonstigen Vorschriften des ArbEG geltend machen kann. Mangels eines Rückübertragungsanspruchs ginge eine Prioritätssicherung ins Leere[16]. Hinzu kommt, dass der Erfinder, der vergütungsrechtlich ja nur am Ertrag seines Arbeitgebers zu beteiligen ist, aus der unterbliebenen Schutzrechtsanmeldung keinen Vermögensnachteil und folglich keinen Schaden erleidet, was auch die Gegenansicht letztlich anerkennt.[17] Sein Vergütungsanspruch bestimmt sich nach dem Übertragungsentgelt[18] (s. RL Nr. 16 u. § 9 Rdn. 251 f.).

Ist der Arbeitgeber zur Rechtsübertragung vor Schutzrechtsanmeldung verpflichtet (z.B. im Rahmen von Kooperations- bzw. Auftragsverhältnissen), kann er vom Arbeitnehmer auch aus dem Aspekt der **arbeitsrechtlichen Treuepflicht** heraus dessen Zustimmung zur Nichtanmeldung (Abs. 2 Nr. 2) beanspruchen.[19]

Stehen bei einer **zwischenbetrieblichen Kooperation** die einzelnen Arbeitnehmererfinder in einem Arbeitsverhältnis zu den jeweiligen Kooperationspartnern, sind letztere als Arbeitgeber ggü. ihrem jeweiligen Arbeitnehmererfinder zu Schutzrechtsanmeldungen verpflichtet.[20] Die einzelnen Kooperationspartner als Arbeitgeber können die Anmeldung der Erfindung zum Inlandsschutzrecht u. E. gem. § 744 Abs. 1 BGB nur gemeinschaftlich vornehmen.[21] Das lediglich formelle Anmelderecht nach § 13 Abs. 1 kann den einzelnen Arbeitgebern keine andere Befugnis vermitteln, als sie den Arbeitnehmererfindern als

3.1

---

16 Vgl. auch Amtl. Begr. BT-Drucks. II/1648 S. 33 = BlPMZ 1957, 236 (zu § 13 des Entw.); Volmer Rz. 14 zu § 7.
17 Vgl. Keukenschrijver in Busse/Keukenschrijver, PatG, Rn. 8 zu § 13 ArbEG.
18 Vgl. auch Amtl. Begründung BT-Drucks. II/1648 S. 33 = BlPMZ 1957, 236 (zu § 13 des Entw.); Volmer Rn. 14 zu § 7.
19 Zust. Schiedsst. v. 12.06.2013 – Arb.Erf. 61/11, (www.dpma.de).
20 Zust. Keukenschrijver in Busse/Keukenschrijver, PatG, Rn. 9 zu § 13 ArbEG.
21 Vgl. RG v. 30.04.1927 RGz 117, 47, 50 f; ausführlich Bartenbach, Zwischenbetriebl. Kooperation S. 103 ff. Allerdings hat der BGH im Urt. v. 27.09.2016 – X ZR 163/12 (Mitt. 2016, 549 [Rn. 19 ff.] – *Beschichtungsverfahren*) die Geltung des § 744 Abs. 2 BGB offengelassen, aber bei Anmeldung durch einzelne Teilhaber jedenfalls deren schadensersatzbewehrte Rechtspflicht zur Anmeldung auf den Namen aller Teilhaber unter vollständiger Benennung aller Miterfinder klargestellt. Henke, Erfindungsgem. (2005), S. 103 ff. leitet die Notwendigkeit einer »einstimmigen Erstanmeldung« aus § 745 Abs. 1, 3 Satz 1 BGB ab (dort auch ausf. zum Meinungsstand).

Teilhaber an der zunächst zwischen ihnen begründeten Bruchteilsgemeinschaft (s. hierzu § 5 Rdn. 52 f.) selbst zustünde. Ordnen die einzelnen Arbeitgeber nach (unbeschränkter) Inanspruchnahme die Rechte an der Erfindung der Gesamthand der Kooperation zu, so entfällt damit – gleich in welcher Art die Einbringung der Rechte an der Erfindung erfolgt – die Anmeldepflicht dieser Arbeitgeber nicht. Die gesetzliche Stellung des Arbeitnehmererfinders kann durch seine Anbindung an eine Forschungs- und Entwicklungskooperation nicht verschlechtert werden, sodass die Kooperationspartner auch dann die Anmeldepflicht zu erfüllen haben, wenn zwischen ihnen hierüber keine Einigkeit besteht (vgl. auch § 13 Abs. 3 sowie § 1 Rdn. 107). Verletzt ein Teilhaber die Verpflichtung, die gemeinsame Erfindung auf den Namen aller Teilhaber unter vollständiger Benennung aller Miterfinder anzumelden, so verstößt er gegen seine Pflicht zur gemeinsamen Verwaltung (§ 744 Abs. 1 BGB) und macht sich den anderen Teilhabern gegenüber auch wegen Verletzung deren Rechts an der Erfindung schadensersatzpflichtig (§ 280 Abs. 1 S. 1 u. § 823 Abs. 1 BGB);[22] an entsprechenden Zahlungen ist der Arbeitnehmererfinder grundsätzlich zu beteiligen (analog RL Nr. 14).

**Überträgt der Arbeitgeber** den von ihm in Anspruch genommenen **Miterfinderanteil** seines Arbeitnehmers auf einen Kooperationspartner (bzw. freien Miterfinder) unter Vorbehalt eines (übertragbaren) Benutzungsrechts und gegen Befreiung von den Kosten einer Schutzrechtsanmeldung und -aufrechterhaltung, kann dies nach Auffassung der Schiedsstelle dann wie ein Betriebsgeheimnis zu vergüten sein, wenn der Partner die Schutzrechtsanmeldung vor Offenlegung zurücknimmt.[23]

Die Schutzrechtsanmeldung durch einen Miterfinder bzw. Teilhaber auf den alleinigen Namen der anderen Teilhaber als deren Stellvertreter kann eine **Rechtsdienstleistung** i. S. d. § 2 Abs. 1, § 3 RDG darstellen, die nur unter den (engen) Voraussetzungen der §§ 5 Abs. 1, 6 RDG erlaubt ist.[24]

---

22 BGH v. v. 16.05.2017 GRUR 2017, 890 (Rn. 34) – Sektionaltor II im Anschl. an BGH v. 27.09.2016 – X ZR 163/12, Mitt. 2016, 549 (Rn. 23 ff.) – *Beschichtungsverfahren*. Zur Streitfrage des Vorliegens einer widerrechtl. Entnahme s. Henke, Erfindungsgem. (2005), S. 103.
23 Schiedsst. v. 20.02.2017 – Arb.Erf. 34/15, (unveröffentl.).
24 S. dazu BGH v. 31.03.2016, NJW 2016 3441 (Rn. 18 ff.) – *Rechtsberatung durch Entwicklungsingenieur*.

B. Pflicht des Arbeitgebers zur Schutzrechtsanmeldung (Abs. 1) **§ 13**

## I. Zeitpunkt

### 1. Fristbeginn

Dem Wortlaut des § 13 Abs. 1 Satz 1 (»gemeldete Diensterfindung«) zufolge 4 knüpft die Anmeldepflicht an die (ordnungsgemäße) Meldung der Diensterfindung (§ 5) an. Sie ist damit **unabhängig von der Inanspruchnahme**, sodass der Arbeitgeber die Anmeldung auch dann einreichen muss, wenn er sich über die Inanspruchnahme noch nicht schlüssig geworden ist (s.a. § 13 Rdn. 8).

Die Anmeldepflicht des Arbeitgebers **entsteht** mit Zugang der (ordnungsge- 5 mäßen) **Erfindungsmeldung** des Arbeitnehmers gem. § 5 (s. dazu § 5 Rdn. 10 ff.). Der Arbeitnehmer hat seiner Meldepflicht ordnungsgemäß nachzukommen, um so die Grundlage für eine wirksame Schutzrechtsanmeldung (vgl. § 34 PatG; § 4 GebrMG; Art. 75 ff. EPÜ i.V.m. Regeln 35 ff. EPÜAO; Art. 3 ff. PCT i.V.m. Regeln 3 ff. PCTAO) zu schaffen. Die bloß tatsächliche Kenntnis des Arbeitgebers vom Erfindungsgegenstand löst die Anmeldepflicht grds. ebenso wenig aus wie eine § 5 Abs. 1 u. 2 ArbEG nicht beachtende, fehlerhafte Meldung.[25] Erweist sich die Erfindungsmeldung als nicht ordnungsgemäß i. S. v. § 5 Abs. 2, sollte der Arbeitgeber im Rahmen seines Beanstandungsrechts gem. § 5 Abs. 3 den Arbeitnehmer alsbald anhalten, notwendige Ergänzungen der Meldung vorzunehmen. Bestehen Anhaltspunkte für einen drohenden Prioritätsverlust (z.B. Kenntnis des Arbeitgebers vom baldigen Abschluss von Parallelentwicklungen im Wettbewerb und dessen Anmeldeabsicht, von kurzfristiger Messepräsentation des Erfindungsgegenstandes etc.), muss der Arbeitgeber in Beachtung seiner arbeitsrechtlichen Fürsorgepflicht ggf. ohne Ausschöpfung der Beanstandungsfrist des § 5 Abs. 3 dem Arbeitnehmer die Vervollständigung der Erfindungsmeldung aufgeben (vgl. auch § 15 Abs. 2) oder auch – sofern die vorliegenden Unterlagen dafür ausreichen – eine Schutzrechtsanmeldung betreiben.[26] Ist trotz Fehlerhaftigkeit eine fristgerechte Beanstandung unterblieben und gilt die Meldung nach § 5 Abs. 3 als ordnungsgemäß, ist damit die Anmeldepflicht des Arbeitgebers aus § 13 entstanden[27] (zum Mitverschulden s. § 13 Rdn. 71).

---

25 H.M., vgl. Reimer/Schade/Schippel/Trimborn Rn. 4 zu § 13; Keukenschrijver in Busse/Keukenschrijver PatG, Rn. 10 zu § 13 ArbEG; Boemke/Kursawe/Hoppe-Jänisch Rn. 21 zu § 13; a.A. Volmer/Gaul Rn. 101 ff. zu § 13.
26 Schiedsst. v. 07.05.1998 – Arb.Erf. 20/96, (unveröffentl.); zust. auch Keukenschrijver in Busse/Keukenschrijver, PatG, Rn. 10 zu § 13 ArbEG; vgl. auch Röpke Arbeitsverh. u. ArbNErf. S. 91.
27 Wie hier Keukenschrijver in Busse/Keukenschrijver, PatG, Rn. 10 zu § 13; abw. Boemke/Kursawe/Hoppe-Jänisch Rn. 21 zu § 13.

6 War – von diesem Ausnahmefall abgesehen – die Erfindungsmeldung nicht ordnungsgemäß i.S.d. § 5 Abs. 2, entsteht die Anmeldepflicht erst mit Ablauf der Beanstandungsfrist des § 5 Abs. 3.

## 2. »Unverzüglich«

7 Die Anmeldung hat – gerechnet ab dem Zugang der ordnungsgemäßen Erfindungsmeldung (s. § 13 Rdn. 5 f.) – unverzüglich zu geschehen (§ 13 Abs. 1 Satz 3), d.h., die Anmeldeunterlagen müssen ohne schuldhaftes Zögern (§ 121 BGB) ausgearbeitet und bei der Erteilungsbehörde eingereicht werden.

8 Von einem **schuldhaften Zögern** kann so lange noch nicht gesprochen werden, als der Arbeitgeber trotz der von ihm zu verlangenden beschleunigten Erledigung die Prüfung, ob es sich bei der gemeldeten Erfindung um eine schutzfähige Erfindung handelt, noch nicht abschließen oder Maßnahmen, die die Erfindung anmeldungsreif machen sollen, noch nicht abschließend treffen konnte.[28] Insgesamt wird jedenfalls vor Inanspruchnahme von einer **angemessenen Prüf- und Vorbereitungszeit** auszugehen sein.[29] In diesen Rahmen gehören eine Neuheitsrecherche ebenso wie die Einschaltung außenstehender Berater, insb. von Patent- und Rechtsanwälten, soweit dies für eine sachgerechte Entschließung bzw. ordnungsgemäße Anmeldung im Einzelfall erforderlich erscheint (zu deren Geheimhaltungspflicht s.a. § 24 Rdn. 47 ff.). Gleiches kann gelten bei der Konsultation von Partnern einer Forschungs- und Entwicklungsgemeinschaft, von verbundenen Unternehmen im Rahmen einer Konzernbindung oder von Partnern eines Forschungsauftrages, soweit hier für den Arbeitgeber auf vertraglicher Grundlage oder aus Treu und Glauben die Pflicht besteht, zuvor abzuklären, ob überhaupt, durch wen und in welchem Umfang Schutzrechtsanmeldungen erfolgen sollen. Der Vorwurf einer schuldhaften Verzögerung ist auch dann nicht gerechtfertigt, wenn der Arbeitnehmer von ihm geforderte Mitwirkungspflichten gem. § 15 Abs. 2 nicht erfüllt[30] bzw. mit einem Hinausschieben der Anmeldung einverstanden ist (vgl. § 13 Rdn. 33.2 a. E.).

Besondere Umstände (etwa Anhaltspunkte für einen drohenden Prioritätsverlust) können eine **beschleunigte Handhabung** gebieten (s. § 13 Rdn. 5).

---

28 Amtl. Begründung BT-Drucks. II/1648 S. 31 = BlPMZ 1957, 235.
29 Zust. Holzapfel in Tschöpe, ArbR (2017), Teil 2 H Rn. 23; ähnl. MünchArbR/Bayreuther § 98 Rn. 21.
30 Reimer/Schade/Schippel/Trimborn Rn. 4 zu § 13; a. A. Boemke/Kursawe/Hoppe-Jänisch Rn. 43 zu § 13.

## B. Pflicht des Arbeitgebers zur Schutzrechtsanmeldung (Abs. 1) § 13

Entgegen verbreiteter betrieblicher Verfahrensweise darf der Arbeitgeber mit der Schutzrechtsanmeldung keineswegs zuwarten, bis er über die **Frage der Inanspruchnahme/Freigabe** bzw. der **Verwertbarkeit** entschieden hat, da die Anmeldepflicht unabhängig von der Inanspruchnahme besteht[31] (s. § 13 Rdn. 4). Allerdings ist eine (zeitlich überschaubare) Untersuchung der wirtschaftlichen Verwertbarkeit in die dem Arbeitgeber zuzubilligende Prüfungsphase einbezogen, wie bereits § 13 Abs. 1 Satz 2 zeigt.

Allerdings fehlt es für die Dauer der ernsthaften **Prüfung**, ob im konkreten Einzelfall eine **Ausnahme nach § 13 Abs. 2 Nr. 2 oder 3** in Betracht kommt, regelmäßig an einem schuldhaften Zögern, wenn die Prüfung auf nachvollziehbaren Gründen beruht. Das gilt etwa für die zeitnahe Prüfung, ob die Behandlung als betriebsgeheime Erfindung nach § 17 in Betracht kommt, oder solange mit dem Arbeitnehmer Verhandlungen über eine Zustimmung zur Nichtanmeldung laufen[32] (s. auch § 17 Rdn. 49).

Für den Bereich der **Hochschulerfindungen** hat der Gesetzgeber in § 42 Nr. 1 n.F. eine »Regelfrist« von 2 Monaten eingeführt (s. dazu § 42 Rdn. 86 ff.). Diese Ausnahmebestimmung ist nicht analogiefähig (s. § 13 Rdn. 10). Zudem entzieht sich der einzelfallbezogene Begriff der Unverzüglichkeit einer schematischen Vorgabe. Mit Blick auf das Gebot, den Erfindungsgehalt auszuschöpfen, auf die sachgerechte Auswahlentscheidung zwischen Patent und Gebrauchsmuster und angesichts der regelmäßigen Neuheitsrecherchen dürften i.R.d. § 13 im Regelfall 2 Monate schwerlich zur Vorbereitung der Schutzrechtsanmeldung ausreichen.[33] Andererseits zeigt § 42 Nr. 1, dass jedenfalls in den ersten **2 Monaten nach Meldung** im Regelfall noch kein Verstoß gegen das Unverzüglichkeitsgebot angenommen werden kann.[34]

**Mängel in der betrieblichen Organisation**, insb. der Patentabteilung, 9 begründen grds. den Vorwurf schuldhafter Verzögerung, wie etwa eine dauerhafte Arbeitsüberlastung der Patentabteilung. Auch sonstige schuldhafte Verzögerungen in seiner Sphäre muss sich der Arbeitgeber zurechnen lassen (§ 278 BGB). Zur Auslegung des Begriffs »unverzüglich« vgl. i.Ü. § 5 Rdn. 28 f. Erkennt umgekehrt der Arbeitnehmer, dass besondere Umstände eine schnelle

---

31 Schiedsstelle v. 27.02.1984, BlPMZ 1984, 301, 302 r.Sp.; Volmer/Gaul Rn. 5 f. zu § 13; Keukenschrijver in Busse/Keukenschrijver, PatG, Rn. 10 zu § 13 ArbEG.
32 Im Ergebn. auch Schiedsst. v. 07.02.2017 – Arb.Erf. 44/15, (www.dpma.de).
33 Davon geht wohl letztlich auch der BGH im Urt. v. 18.09.2007 (GRUR 2008, 150, 153 [Rn. 25]. – selbststabilisierendes Kniegelenk) aus, wenn er innerhalb der 2-Monats-Frist des § 42 Nr. 1 jedenfalls eine Zeitrangsicherung für möglich erachtet.
34 Kritisch aber Boemke/Kursawe/Hoppe-Jänisch Rn. 44 zu § 13.

Schutzrechtsanmeldung erfordern, ist er gehalten, den Arbeitgeber hierauf aufmerksam zu machen.[35]

Zum weiteren Erteilungsverfahren s. § 13 Rdn. 17.

## II. Umfang und Art der Schutzrechtsanmeldung

### 1. Schutzrechtsumfang

10   Der Arbeitgeber hat die Schutzrechtsanmeldung sachgerecht so abzufassen, dass sie die **gemeldete erfinderische Lehre**, unabhängig von Einflüssen Dritter, letzlich also auch des Arbeitnehmererfinders, **vollständig umschließt und wiedergibt**.[36] Deshalb können **Fehler** bei der Abfassung der angemeldeten Schutzrechtsansprüche grds. als Pflichtverletzung von § 13 gewertet werden.[37] Zur Zustimmung des Arbeitnehmers s. § 13 Rdn. 33.2.

Soweit der *BGH*[38] i.R.d. § 42 Nr. 1 n.F. altersrangsichernde Maßnahmen ausreichen lässt, etwa indem »die Erfindung, so wie sie bisher formuliert worden ist und veröffentlicht werden soll, beim DPMA ... mit Angaben« eingereicht wird, »die dem Anschein nach als Beschreibung anzusehen sind (§ 35 Abs. 2 PatG)« (s. dazu § 42 Rdn. 91), kann dieser Hinweis u. E. nicht unmittelbar auf § 13 übertragen werden. Es handelt sich bei § 42 Nr. 1 um eine Ausnahmevorschrift zugunsten der Publikationsfreiheit von Hochschulwissenschaftlern, die im Lichte der Wissenschaftsfreiheit auszulegen ist und deren Auswirkungen im Grundsatz nicht auf das allgemeine Arbeitnehmererfindungsrecht übertragbar sind.

Als Herr des Anmeldeverfahrens (s. § 13 Rdn. 41 ff.) ist der Arbeitgeber – auch wenn bereits eine (unbeschränkte) Inanspruchnahme ausgesprochen wurde – gehalten, mit der Schutzrechtsanmeldung den weitestgehenden Schutz anzustreben und zur Erreichung dieses Zwecks auch verschiedene aus

---

35  Schiedsst. v. 17.10.1988 – Arb.Erf. 40/88, (unveröffentl.).
36  BGH v. 29.11.1988 – X ZR 63/87, GRUR 1989, 205, 207 – *Schwermetalloxidationskatalysator*; vgl. auch BVerfG v. 24.04.1998, NJW 1998, 3704, 3706 – *Induktionsschutz von Fernmeldekabeln*; OLG Düsseldorf v. 09.08.2007 – 2 U 41/06 – *Ummantelung von Stahlröhren I* (unveröffentl.); zust. Schiedsst., u. a. v. 05.12.1991, Mitt. 1997, 120, 121 f. – *Hinterfüll-Bewehrungsmatte*; v. 22.10.2002 – Arb.Erf. 47/00; v. 16.07.2008 – Arb.Erf. 49/03 u. v. 21.10.2008 – Arb.Erf. 34/07 (sämtl. Datenbank); Keukenschrijver in Busse/Keukenschrijver, PatG, Rn. 4 zu § 7 ArbEG.
37  OLG Düsseldorf v. 09.08.2007 – 2 U 41/06 – *Ummantelung von Stahlröhren I* (unveröffentl.).
38  BGH v. 18.09.2007 – X ZR 167/05, GRUR 2008, 150, 153 [Rn. 25]. – *selbststabilisierendes Kniegelenk*.

## B. Pflicht des Arbeitgebers zur Schutzrechtsanmeldung (Abs. 1) § 13

der gemeldeten Erfindung sich ergebende Lehren zum technischen Handeln zum Gegenstand mehrerer (Neben-) Ansprüche in derselben Anmeldung zu machen, wie auch Ansprüche verschiedener Patentkategorien in einer Anmeldung zusammenzufassen. Im Interesse einer vollständigen Prioritätssicherung hat der Arbeitgeber den angestrebten **Patent-/Gebrauchsmusterschutz so umfassend zu gestalten**, wie es bei wirtschaftlicher Betrachtungsweise sinnvoll und unter Beachtung der (patent-/gebrauchsmuster-)rechtlichen und technischen Gegebenheiten angemessen ist und wie es auch seiner »Treuhänderfunktion« für den Arbeitnehmer entspricht;[39] dies gilt namentlich für die »Wahl« der Patentkategorie(n), die Fassung der Schutzansprüche und die zu ihrer Auslegung heranzuziehende Beschreibung.[40]

Da die Anmeldepflicht mit dem Inhalt der Erfindungsmeldung korrespondiert (»gemeldete Diensterfindung«), ist der Arbeitgeber aber nicht gehalten, eine über die gemeldete technische Lehre hinausgehende Schutzrechtsanmeldung zu formulieren.[41] Zur Einholung einer Recherche zum Stand der Technik ist der Arbeitgeber nicht verpflichtet.[42]

**Einschränkungen** des möglichen Schutzumfangs, etwa durch den Verzicht auf eine bestimmte zusätzliche Patentkategorie, sind dann zulässig, wenn sich der Arbeitnehmer ausdrücklich oder konkludent einverstanden erklärt (s. § 13 Abs. 2 Nr. 2), etwa durch seine Mitwirkung bei der Ausarbeitung der Anmeldeunterlagen oder durch deren (auch stillschweigende) Billigung nach Vorlage[43] (s. § 13 Rdn. 33.2). Zur Änderung der Schutzrechtsanmeldung im Erteilungsverfahren s. § 13 Rdn. 44. Zur vergütungsrechtlichen Auswirkung einer ggü. der Erfindungsmeldung »verkürzten« Schutzrechtsanmeldung vgl. § 9 Rdn. 83 f.

Die Pflicht zur sachgerechten Schutzrechtsanmeldung sowie zur Rücksichtnahme auf die Arbeitnehmerinteressen hindert den Arbeitgeber, **vor** (unbeschränkter) **Inanspruchnahme** ohne Zustimmung des Arbeitnehmers den 10.1

---

39 Vgl. (aber) auch Volmer/Gaul Rn. 16 ff., 22 ff., 35 ff. u. Rn. 150 ff. zu § 13, die allerdings von der »Möglichkeit« oder »Berechtigung« des Arbeitgebers bzw. nur von einer »Obliegenheit« sprechen.
40 BGH v. 29.11.1988 – X ZR 63/87, GRUR 1989, 205, 207 – *Schwermetalloxidationskatalysator*.
41 Schiedsst. v. 21.10.2008 – Arb.Erf. 34/07 (Datenbank); vgl. auch OLG München v. 14.09.2017 – 6 U 3838/16, (www.gesetze-bayern.de, – Spantenmontagevorrichtung) zur umfassenden Gestaltung d. Schutzrechtsanmeldung.
42 Schiedsst. v. 22.10.2002 – Arb.Erf. 47/00, (Datenbank).
43 Schiedsst. v. 07.05.1998 – Arb.Erf. 20/96 u. v. 22.07.1999 – Arb.Erf. 12/97, (beide unveröffentl.).

**Gegenstand der Erfindung** in der Schutzrechtsanmeldung in Abweichung von der Erfindungsmeldung **zu verändern**, etwa durch Hinzufügen eigenen Know hows.[44] Dies gilt nicht bei unwesentlichen Änderungen oder Ergänzungen oder solchen, die zur sachgerechten Durchführung des Anmeldeverfahrens erforderlich sind.

Nach (unbeschränkter) **Inanspruchnahme** ist der Arbeitgeber grds. frei, den **Gegenstand der Erfindung zu erweitern**;[45] dazu kann es auch zählen, mehrere Diensterfindungen zu einer **Anmeldung »zusammenzulegen«**, sofern dies sachgerecht ist,[46] der zusammengefasste Erfindungsgegenstand insb. einheitlich ist (vgl. § 34 Abs. 5 PatG).[47] Maßgebend für die nach § 13 für jede (einzelne) Diensterfindung bestehende Anmeldepflicht ist, dass die gemeldete technische Lehre mit der gemeinsamen Anmeldung (jeweils) voll ausgeschöpft wird.[48] Eine derartige Gemeinschaftsanmeldung kann ohne Zustimmung der Arbeitnehmer erfolgen[49], und zwar auch durch Zusammenlegen bisher selbstständiger Anmeldungen im laufenden Erteilungsverfahren.[50] In solchen Fällen hat der Erfinder eines Teils der zusammengefassten Anmeldung dann einen Vergütungsanspruch, wenn feststeht, dass der auf ihn zurückgehende Teil einen (schöpferischen) Beitrag zu dem zusammengelegten Anmeldungsgegenstand darstellt;[51] vergütungsrechtlich sind die Regeln für Miterfinder entsprechend anwendbar (s. dazu § 9 Rdn. 311 f.).

### 2. Patent oder Gebrauchsmuster – eingeschränktes Wahlrecht des Arbeitgebers

11 Entsprechend der im gesamten ArbEG durchgeführten **Gleichstellung von Patenten und Gebrauchsmustern** (vgl. § 2) erstreckt sich die Anmeldepflicht auch auf (nur) gebrauchsmusterfähige Diensterfindungen.

---

44 Weitergehend Volmer/Gaul Rn. 173, 178 zu § 13; abw. auch Boemke/Kursawe/Hoppe-Jänisch Rn. 47 zu § 13.
45 Zu den vergütungsrechtl. Folgen s. OLG München v. 14.09.2017 – 6 U 3838/16, (www.gesetze-bayern.de) – Spantenmontagevorrichtung.
46 Ähnl. Volmer/Gaul Rn. 176 zu § 13; s.a. BGH v. 23.06.1977, GRUR 1977, 784, 787 – *Blitzlichtgeräte*; z. Zulässigkeit d. Zusammenlegung von Patentanmeldungen im Erteilungsverfahren s. BGH v. 25.02.1986, GRUR 1986, 531 – *Schweißgemisch*.
47 Schiedsst. v. 22.10.2002 – Arb.Erf. 47/00 (Datenbank).
48 Schiedsst. v. 21.04.2009 – Arb.Erf. 13/08, (unveröffentl.); v. 25.07.2013 Arb.Erf. 39/12, (www.dpma.de); zust. auch Keukenschrijver in Busse/Keukenschrijver, PatG, Rn. 12 zu § 13 ArbEG.
49 Ebenso z. B. Schiedsst. v. 25.07.2013 Arb.Erf. 39/12, (www.dpma.de).
50 BGH v. 23.06.1977, GRUR 1977, 784, 787 – *Blitzlichtgeräte*.
51 BGH v. 23.06.1977, GRUR 1977, 784, 787 – *Blitzlichtgeräte*.

## B. Pflicht des Arbeitgebers zur Schutzrechtsanmeldung (Abs. 1) § 13

Da die Abgrenzung zwischen Patent und Gebrauchsmuster durch objektive Kriterien unter Beachtung wirtschaftlicher Gegebenheiten bestimmt wird, stellt § 13 Abs. 1 Satz 2 die Wahl **nicht in das Belieben des Arbeitgebers**[52] (s.a. § 13 Rdn. 10 zur »Treuhänderfunktion«). Er hat kein freies Wahlrecht;[53] vielmehr hat er eine patentfähige Erfindung auch zum Patent anzumelden und für eine bloß gebrauchsmusterfähige Erfindung eine Gebrauchsmustereintragung zu veranlassen[54] (zur Zustimmung des Arbeitnehmers s. hier § 13 Rdn. 33; zur Sondersituation bei Hochschulerfindungen s. § 42 Rdn. 28).

Dennoch will das ArbEG die durch das Patent- und Gebrauchsmustergesetz zur Verfügung gestellten **Gestaltungsmöglichkeiten** zum Erwerb von Schutzrechten nicht einschränken[55] (s.a. § 2 Rdn. 11). Dem Arbeitgeber steht es frei, eine Patentanmeldung i.V.m. einer **parallelen Gebrauchsmusteranmeldung** einzureichen. Er kann im Wege der **Abzweigung** gem. § 5 GebrMG für denselben Gegenstand einer früheren mit Wirkung für die BRD eingereichten Patentanmeldung eine Gebrauchsmusteranmeldung unter Inanspruchnahme des Anmeldetags dieser Patentanmeldung einreichen.[56] Anders als bei einer Prioritätsbeanspruchung (§ 6 GebrMG) wird der Beginn der Schutzdauer für das Gebrauchsmuster auf den Anmeldetag der früheren Patentanmeldung zurückbezogen; Schutzwirkung kann ein solches Gebrauchsmuster also nur noch für den Rest der gesetzlichen Höchstdauer des Gebrauchsmusterschutzes (10 Jahre, vgl. § 23 GebrMG) entfalten. Die im Belieben des Arbeitgebers stehende Entscheidung über diesen flankierenden Gebrauchsmusterschutz braucht er damit erst dann zu treffen, wenn sich ein solcher Schutz später als zweckmäßig erweist, etwa um den Schutz aus einer offengelegten Patentanmeldung zu verstärken oder um die Nachteile einer Versagung oder eines Widerrufs des nachgesuchten Patents aufzufangen (zur Schutzrechtsaufgabe s. § 16 Rdn. 11.1). Ist nicht auszuschließen, dass eine jedenfalls gebrauchsmusterfähige Erfindung auch patentfähig ist, sollte der Arbeitgeber zunächst die Möglichkeit einer Patentanmeldung mit dem Ziel einer späteren Abzweigung einer Gebrauchsmusteranmeldung in Betracht ziehen. Meldet der Arbeitgeber die Diensterfindung zunächst unverzüglich zum Gebrauchmuster an und folgt

11.1

---

52 I.d.S. a. Schiedsst. v. 25.05.1981, BlPMZ 1982, 166; zu weitgehend Volmer/Gaul Rn. 49 zu § 7, zumal nach unbeschränkter Inanspruchnahme auch die potenziellen Rechte des ArbN aus § 16 beachtlich sind; wie hier dagegen bei Rn. 57, 80 zu § 7.
53 Schiedsst. v. 17.03.1994 – Arb.Erf. 177/92, (unveröffentl.).
54 Volmer Rn. 25 zu § 13; vgl. auch Schiedsst. v. 25.05.1981, BlPMZ 1982, 166; abw. Keukenschrijver in Busse/Keukenschrijver, PatG, Rn. 11 zu § 13 ArbEG, mit Hinweis auf die »weitgehende Angleichung« von Patent und Gebrauchsmuster.
55 So im Ergebn. Schiedsst. v. 25.05.1981, BlPMZ 1982, 166.
56 Vgl. Winkler, Mitt. 1987, 3, 5 f.; Kraßer, GRUR 1993, 223 ff.

sodann unter Inanspruchnahme der Priorität des angemeldeten Gebrauchsmusters eine **PCT-Anmeldung**, die als Bestimmung auch ein regionales europäisches Patent mit Wirkung für Deutschland enthält, ist er seiner Anmeldepflicht nach § 13 Abs. 1 uneingeschränkt nachgekommen.[57] Zur Vergütung s. § 9 Rdn. 250.

11.2 Alternativ zu einer Abzweigung einer Gebrauchsmusteranmeldung aus einer Patentanmeldung kann der Arbeitgeber gem. § 6 GebrMG innerhalb einer Frist von 12 Monaten nach dem Anmeldetag einer früheren Patent- oder Gebrauchsmusteranmeldung für die Anmeldung desselben Gegenstandes zum Gebrauchsmuster ein Prioritätsrecht beanspruchen (**»innere Priorität«**), es sei denn, dass für die frühere Anmeldung schon eine inländische oder ausländische Priorität in Anspruch genommen worden ist. Der Anmeldung selbstständiger Patente entsprach die von Zusatzpatenten[58] (s. § 16 Abs. 1 Satz 2 PatG a.F.).

Zur Frage der (vorläufigen) Vergütung bei Parallelanmeldungen s. § 12 Rdn. 71; zur Aufgabe von parallelen Anmeldungen s. § 16 Rdn. 8.1.

12 Nach dem ArbEG hat die **Patentanmeldung Vorrang**.[59] Nur dann soll der Arbeitgeber gem. § 13 Abs. 1 Satz 2 nicht zur Anmeldung eines Patents gezwungen sein, wenn im Einzelfall »bei verständiger Würdigung der Verwertbarkeit der Erfindung der Gebrauchsmusterschutz zweckdienlicher erscheint« (eingeschränktes Wahlrecht). **Zweckdienlicher** ist die Gebrauchsmusteranmeldung ausnahmsweise dann, wenn sie wirtschaftlich vernünftig erscheint.[60] Für das Merkmal der Zweckdienlichkeit kommt es deshalb allein auf eine **wirtschaftliche Betrachtungsweise** an.[61] Diese Beurteilung steht nicht im freien Belieben des Arbeitgebers.[62] Sie ist aus der Sicht eines unparteiischen und sachkundigen Dritten unter verständiger Würdigung der rechtlichen Gegebenheiten einschließlich der unterschiedlichen Schutzrechtsdauer einerseits und der Verwertbarkeit der Erfindung im Markt nach den vorgegebenen wirtschaftlichen Verhältnissen und Belangen des jeweiligen Unternehmens (Arbeitgebers) andererseits vorzunehmen. Dabei ist der Begriff »**Verwertbarkeit**« weit zu fassen, bedeutet also sowohl die innerbetriebliche als auch die außerbetrieb-

---

57 Schiedsst. v. 11.12.2014 – Arb.Erf. 31/10, (www.dpma.de).
58 Reimer/Schade/Schippel/Trimborn Rn. 3 zu § 13 m. H. a. Schiedsst. Arb.Erf. 43/70, (unveröffentl.).
59 Vgl. Volmer/Gaul Rn. 131 zu § 13; s. (aber) auch Keukenschrijver in Busse/Keukenschrijver, PatG, Rn. 11 zu § 13 ArbEG.
60 Vgl. Ausschussber. zu BT-Drucks. II/3327 S. 6 = BlPMZ 1957, 252.
61 Vgl. Amtl. Begründung BT-Drucks. II/1648 S. 31 = BlPMZ 1957, 235.
62 S. Schiedsst. v. 25.05.1981, BlPMZ 1982, 166 r.Sp.

liche Nutzung, insbesondere per Lizenzvergabe (s. auch § 9 Rdn. 86). Maßstab ist also, ob ein vernünftiger Unternehmer – bezogen auf die **konkreten Verhältnisse des Arbeitgebers** – ebenso handeln würde.[63]

Die »Zweckdienlichkeit« stellt einen nachprüfbaren unbestimmten Rechtsbegriff dar. Allerdings muss dem Arbeitgeber im Hinblick auf unternehmensbezogene Wert- und Eignungsurteile sowie die zwangsläufige Prognoseentscheidung ein gewisser **Beurteilungsspielraum** zugestanden werden (vgl. auch § 17 Rdn. 15).

**Beurteilungszeitpunkt** ist der Zeitpunkt der Anmeldung.[64] Spätere wirtschaftliche Entwicklungen können dem Arbeitgeber nur dann entgegengehalten werden, wenn sie voraussehbar waren.

Die **Zweckdienlichkeit einer Gebrauchsmusteranmeldung** ist immer dann gegeben, wenn es sich um »absehbar kurzlebige Erfindungen« handelt,[65] insb. weil wegen eines kurzen Innovationszyklusses kein Bedarf für einen längeren Schutz als den besteht, den das Gebrauchsmuster für die Diensterfindung max. bieten kann.[66] Beispielhaft ist auf Erfindungen aus der Gebrauchsgüterindustrie (Spielzeug, Hobby und Freizeitsektor) zu verweisen, deren wirtschaftliche Verwertbarkeit weitgehend von Mode und Geschmack abhängt und die deshalb erfahrungsgemäß nur eine ziemlich begrenzte Bedeutung und damit auch nur eine kurze »Verweilzeit« auf dem Markt haben.[67]

**Nicht zweckdienlich** ist die Gebrauchsmusteranmeldung dagegen dann, wenn von vornherein absehbar ist, dass die Nutzung des erfindungsgemäßen Gegenstandes (weit) über die maximale Laufzeit eines Gebrauchsmusters reicht.[68] Zu verneinen ist die Zweckdienlichkeit auch dann, wenn das Patent ggü. dem Gebrauchsmuster einen breiteren Schutzumfang zulässt und damit den Gegenstand der gemeldeten Diensterfindung voll ausschöpft, wie etwa das Nebeneinander von Stoff- und Verfahrensschutz, welches durch ein Gebrauchsmuster nicht vermittelt werden kann (vgl. § 2 Nr. 3 GebrMG). Bedenken hinsichtlich der Zweckdienlichkeit eines Gebrauchsmusters können sich auch aus einem vom Arbeitgeber angestrebten Patentschutz für Auslands-

---

63 Wie hier Volmer/Gaul Rn. 140 zu § 13; im Ergebn. ferner Keukenschrijver in Busse/Keukenschrijver, PatG, Rn. 11 zu § 13 ArbEG.
64 So zu Recht Keukenschrijver in Busse/Keukenschrijver, PatG, Rn. 11 zu § 13 ArbEG.
65 So Keukenschrijver in Busse/Keukenschrijver, PatG, Rn. 11 zu § 13 ArbEG.
66 Schiedsst. v. 28.09.1993 – Arb.Erf. 133/92, (unveröffentl.); Kraßer/Ann, PatR, § 21 Rn. 91 m. H. a. Amtl. Begründung BT-Drucks. II/1648 S. 31 = BlPMZ 1957, 235.
67 Schiedsst. v. 17.03.1994 – Arb.Erf. 177/92, (unveröffentl.).
68 Schiedsst. v. 23.03.1995 – Arb.Erf. 177/92, (unveröffentl.).

märkte ergeben. Allein die Tatsache einer kostengünstigeren und rascheren Eintragung eines Gebrauchsmusters begründet nicht seine Zweckdienlichkeit, wenn keine weiteren wirtschaftlichen Gründe dafür sprechen.[69] Auch rechtfertigen etwaige Zweifel des Arbeitgebers an der Schutzfähigkeit der Diensterfindung eine Gebrauchsmusteranmeldung nicht, sodass der Arbeitgeber nicht befugt ist, statt eines Patents nur ein Gebrauchsmuster mit der Begründung anzumelden, dass er für ein Patent keine ausreichende Schutzfähigkeit sehe.[70] Selbstverständlich kann die Zweckmäßigkeit eines Gebrauchsmusters auch nicht damit begründet werden, dass die Vergütungsansprüche des Arbeitnehmererfinders der Höhe und der Dauer nach regelmäßig geringer ausfallen.

14 Nachdem § 23 Abs. 2 GebrMG eine **Verlängerung der Schutzdauer des Gebrauchsmusters** um jeweils 2 auf insgesamt 10 Jahre zulässt, kann sich diese erweiterte Schutzdauer auf die Entscheidung über die Zweckdienlichkeit einer Gebrauchsmusteranmeldung positiv auswirken. In diesem Zusammenhang ist zu berücksichtigen, dass nach den Erfahrungen der Praxis die mittlere Laufdauer eines Patentes mit 12 bis 13 Jahren[71] und die durchschnittliche Nutzungsdauer mit 10 bis 12 Jahren anzusetzen ist (vgl. § 9 Rdn. 59.1). Zudem werden erfahrungsgemäß nur wenige Patente bis zum Ablauf der gesetzlichen Höchstdauer (20 Jahre ab Anmeldung, § 16 Abs. 1 Satz 1 PatG) aufrechterhalten (zur mittleren Patentlaufdauer zwischen 12 und 13 Jahren s. KommRL Rn. 9 ff. zu RL Nr. 41) und einer wirtschaftlichen Nutzung zugeführt (z.B. Arzneimittel, Pflanzenschutz). Damit nähert sich die für Gebrauchsmuster vermittelte Schutzdauer der durchschnittlichen faktischen Nutzungszeit bei Patenten an, wobei aber nicht übersehen werden darf, dass der Nutzungsbeginn häufig nicht mit dem Zeitpunkt der Schutzrechtsanmeldung übereinstimmt. Diese Verlängerung der Schutzdauer und die Ausdehnung des Anwendungsbereichs (s. § 2 Rdn. 9 ff.) vermitteln einer Gebrauchsmusteranmeldung eine größere Bedeutung, insb. für kleinere und mittlere Unternehmen, die hierdurch besser in der Lage sind, aufgewandte Entwicklungskosten durch eine verlängerte Alleinstellung auf dem Markt wieder einzu-

---

69 Schiedsst. v. 16.09.1996 – Arb.Erf. 25/95, (unveröffentl.).
70 Schiedsst. v. 08.02.1991, GRUR 1991, 753, 755 – *Spindeltrieb* m.w.N.; v. 25.05.1981, BlPMZ 1982, 166; v. 08.08.1975, BlPMZ 1977, 173; v. 12.12.1990 – Arb.Erf. 13/90, u. v. 17.03.1994 – Arb.Erf. 177/92, (beide unveröffentl.); vgl. aber auch allg. Westendorp/Victor, Mitt. 1998, 452 f. zur Frage der äquivalenten Verletzung; unklar Boemke/Kursawe/Hoppe-Jänisch Rn. 32 f. zu § 13.
71 S. dazu die jährliche Statistik d. DPMA zur Lebensdauer der Patente (u.a. BlPMZ 2017, 82 – dort durchschnittl. Lebensdauer erteilter Patent d. Anmeldejahrs 1996 – vom Tag der Anmeldung an – 12 Jahre u. 6 Monate).

B. Pflicht des Arbeitgebers zur Schutzrechtsanmeldung (Abs. 1) § 13

bringen und damit ihre Marktposition insb. im Wettbewerb mit Großunternehmen zu stärken.[72] Zur inneren Priorität s. § 13 Rdn. 11.2.

Diese Rechtsentwicklung und die Erfahrungen der Praxis hat die **Schiedsstelle** 14.1 in ihrer früheren Spruchpraxis zum Anlass einer grundsätzlichen Gleichstellung von Patent- und Gebrauchsmusteranmeldungen genommen, wenn keine konkreten und sicheren Erkenntnisse dafür vorhanden sind, dass die Diensterfindung über eine maximale Laufzeit eines Gebrauchsmusters von 10 Jahren hinaus benutzt werden wird.[73] Hierfür wird auch die »Demonstrationsschrank-Entscheidung« des *BGH*[74] ins Feld geführt, wonach die Schutzvoraussetzungen des Patents und des Gebrauchsmusters im Wesentlichen die Gleichen seien. Vor diesem Hintergrund würde die Gebrauchsmusterhinterlegung keine Verletzung der Pflicht des Arbeitgebers zur vorrangigen Patentanmeldung darstellen. Auch wenn der Arbeitgeber die Erfindung über die maximale Laufzeit eines von ihm erwirkten Gebrauchsmusters hinaus benutzen würde, wäre er mangels Pflichtverletzung nicht zur weiteren Vergütungszahlung verpflichtet.[75]

Ob dem trotz der unübersehbaren Fortentwicklung – angesichts der Fassung des § 13 Abs. 1 Satz 2 – de lege lata gefolgt werden kann, erscheint zweifelhaft. Immerhin weist der ***BGH*** im Zusammenhang mit der Anmeldung von Hochschulerfindungen zurecht zum Verhältnis Patent/Gebrauchsmuster darauf hin, dass allein das Patent – ggü. dem höchstens 10 Jahre laufenden und zudem nicht alle Bereiche der Technik abdeckenden Gebrauchsmuster – eine wirtschaftliche Ausnutzung der Erfindung über einen langen Zeitraum ermöglicht[76] (s. dazu § 42 Rdn. 28).

---

72 Zur Zielrichtung der Verlängerung der Schutzdauer s. Amtl. Begründung z.G.z. Änd.d.GebrMG in BT-Drucks. 10/3903, S. 28 u. Ausschussber. in BT-Drucks. 11/5744 S. 33; z.den Vorteilen s. u.a. Krieger GRUR Int. 1996, 354 ff.; Pietzcker, GRUR Int. 1996, 380 ff.; Westendorp/Victor, Mitt. 1998, 452 f.; s.a. BPatG v. 08.04.1998, Mitt. 1999, 271 zur Annäherung von Patent u. Gebrauchsmuster.
73 Schiedsst. v. 13.11.1997 – Arb.Erf. 31/96; (unveröffentl.); v. 20.11.1998 – Arb.Erf. 12/97 u. v. 11.11.1998 – Arb.Erf. 19/97 (beide Datenbank). Nunmehr einschränkend bei der Bestimmung des Erfindungswertes für Gebrauchsmuster Schiedst. v. 23.02.2011 – Arb.Erf. 45/08 (Datenbank): Regelwert = 2/3 eines vergleichbaren Patentlizenzsatzes.
74 BGH v. 20.6.2006, GRUR 2006, 842, 845; s. hierzu Hüttermann/Storz, NJW 2006, 3178 ff.
75 Schiedsst. v. 13.11.1997 – Arb.Erf. 31/96, (unveröffentl.).
76 BGH v. 18.09.2007 – X ZR 167/05, GRUR 2008, 150, 153 [Rn. 23]. – *selbststabilisierendes Kniegelenk*.

Nach wie vor sieht die Praxis im Gebrauchsmuster wegen der partiellen Unterschiede (ungeprüftes Schutzrecht, Ausnahme von Verfahren, geringere Schutzdauer) den »**kleinen Bruder des Patents**«.[77] Insoweit bleibt die weitere Rechtsentwicklung abzuwarten, insb. die schon lange in Aussicht genommene Harmonisierung des (nationalen) Gebrauchsmusterrechts innerhalb der EU.[78] Immerhin hat der Gesetzgeber im Rahmen der ArbEG-Reform 2009 (s. Einl. Rdn. 9) nichts verändert. Vergütungsrechtlich wäre zudem zu überdenken, ob eine solche »schutzrechtliche« Gleichstellung auch eine Gleichstellung der Erfindungsvergütung mit Patenten auslösen würde (vgl. auch RL Nr. 28 Abs. 2; zur Vergütung bei Gebrauchsmustern s. § 9 Rdn. 250), ferner einen Wechsel von der vorläufigen (s. dazu § 12 Rdn. 64 ff.) zur endgültigen Vergütung, d.h. einen Wegfall des Risikoabschlags im Hinblick auf die sofortige rechtsbeständige Erteilung eines Gebrauchsmusters (s. hierzu § 9 Rdn. 250).

15 Erweist sich die **Entscheidung des Arbeitgebers**, lediglich ein Gebrauchsmuster eintragen zu lassen, als **fehlerhaft**, kann der Arbeitnehmer dadurch bedingte Vergütungs- bzw. sonstige Vermögenseinbußen ggf. im Wege des Schadensersatzes ersetzt verlangen (§ 823 Abs. 2 BGB i.V.m. § 13 Abs. 1 Satz 2 als Schutzgesetz; s. dazu § 13 Rdn. 68 f.). Zur Freigabepflicht bei bloßer Gebrauchsmusterhinterlegung für die Vorrichtung u. zur Aufgabe des patentfähigen Verfahrens s. § 16 Rdn. 13.

### 3. Umfang der Anmeldepflicht

16 Auch wenn die Anmeldepflicht für den Arbeitgeber unter dem Gesichtspunkt der Prioritätssicherung (vgl. § 3 Abs. 2 PatG) vorrangig die Einreichung der Schutzrechtsanmeldung zum Inhalt hat, bezieht sie sich – sofern die Erfindung nicht zwischenzeitlich frei wird (vgl. § 13 Abs. 2) – im Grundsatz zugleich auf die gesamte **Durchführung des Erteilungsverfahrens**.[79] Der Arbeitgeber hat also die hier zu treffenden Entscheidungen auch unter Wahrung des Interesses des Arbeitnehmers sachgerecht zu fällen. Zum ordnungsgemäßen Betreiben gehört neben der Stellung der auf eine Schutzrechtserteilung gerichteten

---

77 So die unverändert geläufige Bezeichnung, etwa bei Brock/Blind, Patentierung u. Standardisierung – Leitfaden f. modernes Innovationsmanagement, hrsg. v. DIN – Dt. Inst. f. Normierung e.V., 2018, S. 11.
78 S. den Entwurf eines Vorschlages für eine RL des Europäischen Parlaments u. d. Rates über die Angleichung der Rechtsvorschriften betr. den Schutz v. Erfindungen durch Gebrauchsmuster (i. GRUR Int. 1998, 245 ff.; GRUR 1998, 354) u. hierzu Kraßer, GRUR 1999, 527 ff.
79 Reimer/Schade/Schippel/Trimborn Rn. 6 zu § 13; Keukenschrijver in Busse/Keukenschrijver, PatG, Rn. 13 zu § 13 ArbEG.

## B. Pflicht des Arbeitgebers zur Schutzrechtsanmeldung (Abs. 1) § 13

Anträge, der Zahlung der Jahres- und sonstigen Amtsgebühren auch die Einlegung von Rechtsbehelfen, es sei denn, der Arbeitgeber macht von der Möglichkeit der Aufgabe einer Schutzrechtsposition nach § 16 Gebrauch (s. auch § 13 Rdn. 18).

Allerdings betrifft das Merkmal der Unverzüglichkeit insb. unter Berücksichtigung des Zwecks des sog. Vorabgesetzes vom 04.09.1967 (BGBl. I, S. 953) nur die Einreichung der Schutzrechtsanmeldung selbst, nicht dagegen den Fortgang des Verfahrens, sodass der Arbeitgeber die sich im Zusammenhang mit dem Erteilungsverfahren ergebenden gesetzlichen oder amtlichen Fristen grds. – sofern dies nicht im Einzelfall dem Gebot der Fürsorgepflicht widerspricht – voll ausschöpfen kann, wie etwa die 7-Jahres-Frist des § 44 Abs. 2 PatG für die Stellung des **Prüfungsantrags**.[80] Der Arbeitgeber als Herr des Erteilungsverfahrens (s. § 13 Rdn. 41) kann selbst den Zeitpunkt bestimmen, wann er den Prüfungsantrag stellt und er kann ebenso bestimmen, ob er den Prüfungsantrag stellt,[81] wobei er jedoch § 16 Abs. 1 zu beachten hat. Der Arbeitnehmer kann hierauf nur insoweit Einfluss nehmen, als der Gesetzgeber dies ausdrücklich vorgesehen hat (vgl. § 13 Abs. 3 ArbEG, § 44 Abs. 2 PatG); eine spätere Stellung des Prüfungsantrags muss zudem dem Arbeitnehmer nicht zwingend zum Nachteil gereichen, berücksichtigt man, dass bei rd. 65 % aller Anmeldungen im Inland kein Patent erteilt wird (s.a. § 12 Rdn. 68) und der Arbeitnehmer bei langer Aufrechterhaltung der Patentanmeldung jedenfalls die Chance der vorläufigen Vergütung hat (vgl. § 12 Rdn. 58 ff.).[82]

17

Der Arbeitnehmer kann – im Verhältnis zum Patentamt – grds. als »Dritter« i.S.d. § 44 Abs. 2 PatG jederzeit Prüfungsantrag stellen, wobei die amtlichen Gebühren dann zu seinen Lasten gehen (vgl. § 44 Abs. 3 PatG; s. i.Ü. unten § 13 Rdn. 41).

Ohnehin relativiert sich die Problematik derartiger Prüfungsanträge bezogen auf **europäische Patentanmeldungen**. Gem. Art. 94 Abs. 1 EPÜ i.V.m. Regel 70 Abs. 1 EPÜAO ist nur der Anmelder, d.h. der Arbeitgeber antragsberechtigt, also nicht auch ein Dritter; zum anderen ist die Prüfungsantragsfrist gem. Art. 94 Abs. 1 EPÜ i.V.m. Regel 70 EPÜAO verkürzt.

---

80 Schiedsst. v. 13.09.1982, BlPMZ 1983, 365; zust. auch Reimer/Schade/Schippel/Trimborn Rn. 6 zu § 13; Keukenschrijver in Busse/Keukenschrijver, PatG, Rn. 13 zu § 13 ArbEG; vgl. auch Schiedsst. v. 04.02.1986, BlPMZ 1986, 346, 348.
81 Schiedsst. v. 13.09.1982, BlPMZ 1983, 365 u. v. 27.10.1986 – Arb.Erf. 22/86, (unveröffentl.).
82 Schiedsst. v. 13.09.1982 – Arb.Erf. 48/81 (insoweit in BlPMZ 1983, 365 nicht abgedruckt).

**18** I.Ü. hat der Arbeitgeber dann, wenn das **Unterlassen von Maßnahmen** der Aufgabe einer Schutzrechtsanmeldung i.S.d. § 16 gleichkommt (z.B. Nichtstellen eines Prüfungsantrags vor Ablauf der Prüfungsantragsfrist, Unterlassen oder Rücknahme einer Beschwerde gegen einen Zurückweisungsbeschluss), den Arbeitnehmer hiervon so rechtzeitig in Kenntnis zu setzen, dass dieser von seinem Übertragungsrecht aus § 16 Gebrauch machen und selbst die Anmeldung weiterverfolgen kann;[83] ggf. hat der Arbeitgeber die zur Erhaltung der Rechtsposition notwendigen Maßnahmen (z.B. Beschwerdeeinlegung) selbst zu treffen (Näheres s. § 16 Rdn. 41). Wenn der Arbeitgeber einer Beanstandung der Erteilungsbehörde nachkommt, wird es im Regelfall an einer Pflichtverletzung fehlen.[84]

**19** Während des Erteilungsverfahrens besteht die **Informationspflicht** des Arbeitgebers gem. § 15 Abs. 1 (s. § 15 Rdn. 12 ff.); korrespondierend kann der Arbeitgeber die Mitwirkungspflicht des Arbeitnehmers gem. § 15 Abs. 2 beanspruchen.

### 4. Kosten

**20** In Erfüllung seiner Anmeldepflicht hat der Arbeitgeber zunächst alle Kosten, die mit dem Erteilungsverfahren in Zusammenhang stehen, zu tragen. Hatte er die Erfindung bereits vorher (unbeschränkt) in Anspruch genommen oder erklärt er später die Inanspruchnahme, so bewendet es bei der Kostentragung durch ihn. Zur Kostentragung bei späterer Aufgabe gem. § 16 s. dort Rdn. 55; zur Kostenerstattung bei Unterstützungshandlungen des Arbeitnehmers s. § 15 Rdn. 33.

**21** Wird die Erfindung nach einer vorangegangenen Schutzrechtsanmeldung durch den Arbeitgeber frei, so enthält § 13 Abs. 4 Satz 2 für diesen Fall keine Kostenregelung. Einer § 16 Abs. 1 entsprechenden Regelung der Kosten der »vertraglichen« Rechtsübertragung zulasten des Arbeitnehmers bedurfte es u. E. nicht, da gem. § 13 Abs. 4 Satz 2 die Rechte aus der Anmeldung kraft Gesetzes auf den Arbeitnehmer übergehen und nur noch eine **gebühren-**

---

83 Ganz h.M., Schiedsst. v. 25.11.1959, BlPMZ 1960, 279, 280 u. v. 13.09.1982, BlPMZ 1983, 365; Reimer/Schade/Schippel/Trimborn Rn. 12 zu § 16; im Ergebn. auch Keukenschrijver in Busse/Keukenschrijver, Rn. 14 zu § 13, wonach der Arbeitgeber solche Maßnahmen »nur unter den Voraussetzungen des § 16 vornehmen« darf; vgl. (aber) auch BGH v. 10.05.1988 – X ZR 89/87, GRUR 1988, 762 – *Windform*; unzutr. LAG Bayern v. 30.11.1960, RdA 1961, 500.
84 So Keukenschrijver in Busse/Keukenschrijver, PatG, Rn. 14 zu § 13 ArbEG m. H. a. Schiedsst. v. 15.05.2001 – Arb.Erf. 59/98.

pflichtige **Umschreibung** in der Patentrolle zu erfolgen hat (streitig, s. § 7 n.F. Rdn. 42).

Für die vom Arbeitgeber vor Freigabe aufgewendeten Kosten des bisherigen Erteilungsverfahrens kommt eine **Kostenerstattung** durch den Arbeitnehmer – insb. nach den Grundsätzen der GoA (§§ 683, 670 BGB) – i.d.R. nicht in Betracht;[85] der Arbeitgeber ist vielmehr mit der Schutzrechtsanmeldung – mangels anderer Anhaltspunkte – ausschließlich seiner eigenen gesetzlichen Pflicht aus § 13 Abs. 1 nachgekommen. Dies gilt auch für die Kosten, die dem Arbeitgeber über die unmittelbare Schutzrechtsanmeldung hinaus entstehen (z.B. für Versuchsreihen, Modelle, Neuheitsrecherche, Marktanalyse usw.), da diese von ihm entweder freiwillig oder als Folge der Anmeldepflicht übernommen wurden.[86] Im Hinblick auf § 22 Satz 2 ist jedoch nach Meldung (§ 5) eine Vereinbarung zwischen Arbeitgeber und Arbeitnehmer über die Verfahrenskosten zulässig (vgl. i.Ü. § 16 Rdn. 55 ff.). Die nach Freiwerden der Erfindung fällig werdenden Kosten sind vom Arbeitnehmer zu tragen. Hat der Arbeitgeber das Erteilungsverfahren mangels eines Bewusstseins des Freiwerdens weitergeführt, kann er hierfür Ersatz vom Arbeitnehmer verlangen, wenn dieser die Übertragung der Schutzrechtsposition verlangt. 22

Ist ausnahmsweise ein **Erstattungsanspruch** gegeben, ist er auf Ersatz der Aufwendungen gerichtet, die der Arbeitgeber nach vernünftiger Einschätzung auch unter Berücksichtigung der Interessen des Arbeitnehmers für erforderlich erachten durfte,[87] keinesfalls aber auf Ersatz der Kosten der eigenen Patentabteilung. 23

Selbstverständlich muss der Arbeitnehmer die zukünftigen **Kosten der Aufrechterhaltung** einer von ihm übernommenen Schutzrechtsanmeldung allein tragen.

### III. Inland

#### 1. Räumlicher Geltungsbereich von PatG und GebrMG

Die Anmeldepflicht des Arbeitgebers beschränkt sich auf das »**Inland**«. Damit knüpft das ArbEG an den räumlichen Geltungsbereich des PatG und des 24

---

85 Wie hier im Ergebnis Volmer/Gaul Rn. 90 f. zu § 8 u. Rn. 76, 191 zu § 13; eine Kostenerstattung generell abl. Keukenschrijver in Busse/Keukenschrijver, PatG, Rn. 15 zu § 13 ArbEG; folgend auch Boemke/Kursawe/Hoppe-Jänisch Rn. 99 zu § 13; widersprüchlich Reimer/Schade/Schippel/Rother Rn. 24 zu § 8 u. Reimer/Schade/Schippel/Trimborn Rn. 23 zu § 13; Volmer Rn. 31 zu § 13.
86 Abw. Volmer/Gaul Rn. 193 zu § 13.
87 Einschränkend Volmer Rn. 31 zu § 13.

GebrMG an. Hiernach deckt sich der Begriff Inland mit den Grenzen der BRD.[88]

## 2. Inlandsanmeldungen mittels prioritätsbegründender »Auslandsanmeldungen«

25  Mit einer Auslandsanmeldung erfüllt der Arbeitgeber grds. seine Pflicht aus § 13 Abs. 1 nicht. Das Recht zur Auslandsanmeldung steht ihm ohnehin erst nach (unbeschränkter) Inanspruchnahme zu (§ 14 Abs. 1), wobei für eine Anmeldung nach EPÜ und PCT Besonderheiten gelten.

26  Ob eine nach (unbeschränkter) Inanspruchnahme erfolgte »Auslandsanmeldung« wegen der hierdurch begründeten Prioritätsrechte zugleich eine Erfüllung der Pflicht zur Inlandsanmeldung nach § 13 Abs. 1 darstellt, ist bisher in der Rechtsprechung – soweit ersichtlich – noch nicht behandelt worden (zur Wahlfreiheit des Arbeitgebers s. § 13 Rdn. 41). Nach der hier vertretenen Ansicht beantwortet sich diese Frage nach der jeweiligen Art dieser »Auslandsanmeldung«:

27  Da eine **europäische Patentanmeldung**, deren Anmeldetag feststeht, gem. Art. 66 EPÜ in den Vertragsstaaten die Wirkung einer vorschriftsmäßigen nationalen Anmeldung, ggf. mit der für die europäische Patentanmeldung in Anspruch genommenen Priorität, begründet, ist damit die Wirkung der Inlandsanmeldung i.S.d. § 13 Abs. 1 ArbEG herbeigeführt[89] (s. auch § 14 Rdn. 7). Mit dem Erteilungsantrag gelten zunächst alle Vertragsstaaten (fiktiv) als benannt (Art. 79 Abs. 1 EPÜ), also auch die Bundesrepublik Deutschland zugleich aber auch die anderen Vertragsstaaten, soweit nicht bereits im Erteilungsantrag[90] eine Rücknahme erfolgt. Damit würde eine europäische Patentanmeldung an sich über § 13 ArbEG hinausgehen[91] (s. auch § 14 Rdn. 27). Allerdings wird dieser Mangel jedenfalls mit Inanspruchnahme nach §§ 7 Abs. 1, 14 ArbEG i. V. m. Art. 60 EPÜ »geheilt«. Mit Blick auf das Inanspruchnahmerecht des Arbeitgebers dürfte beim Arbeitnehmer für vorangehende Rechtsbehelfe (Art. 61, Art. II § 5 IntPatÜG) das erforderliche Rechts-

---

88  Benkard/Scharen, PatG, Rn. 9 zu § 9 PatG m.w.N.
89  Zust. bereits Krieger, GRUR 1981, 149; Volmer/Gaul Rn. 3, 207 f. zu § 13; ferner Keukenschrijver in Busse/Keukenschrijver, PatG, Rn. 6 zu § 14 ArbEG; im Ergebn. auch z. B. Schiedsst. v. 18.06.2015 – Arb.Erf. 17/13, (www.dpma.de).
90  Zur bereits darin möglichen Rücknahme der Benennung von Vertragsstaaten s. Keukenschrijver in Busse/Keukenschrijver, PatG, Rn. 185 zu § 34 PatG.
91  Vgl. Keukenschrijver in Busse/Keukenschrijver, PatG, Rn. 10 zu § 14 ArbEG m.H.a. LG Düsseldorf v. 29.12.1999 – 4 O 414/98, (Düsseldf. Entsch. 2000, 8, 11) u. Rn. 6 zu § 14 ArbEG.

## B. Pflicht des Arbeitgebers zur Schutzrechtsanmeldung (Abs. 1) § 13

schutzbedürfnis fehlen. Zudem erleidet der Arbeitnehmer, der nach dem ArbEG selbst nicht zur europäischen Schutzrechtsanmeldung berechtigt wäre (s. auch § 7 n.F. Rdn. 40 ff.), durch die gesetzliche Reichweite der Benennung der Vertragsstaaten auch keinen Rechtsnachteil; ihm wäre bei Freigabe (§ 6 Abs. 2, § 8 ArbEG) bis zur Patenterteilung eine Rücknahme der Benennung eines Vertragsstaates jederzeit möglich (Art. 79 Abs. 3 EPÜ; s. aber auch Regel 15 EPÜAO; zu den weiteren Rechtsbehelfen bei Freigabe s. § 14 Rdn. 7). Mit Erteilung des europäischen Patents entfaltet das europäische Patent territoriale Wirkung in den benannten und in der Patentschrift anzugebenden (vgl. Regel 73 Abs. 3 EPÜAO) Vertragsstaaten (s. Art. 3, 66 EPÜ).

Die Entscheidung, ob der Arbeitgeber eine deutsche oder europäische Patentanmeldung vornimmt, unterliegt damit grundsätzlich seiner **unternehmerischen Freiheit**.[92] Der Arbeitgeber muss allerdings beachten, dass durch die Ausarbeitung einer europäischen Patentanmeldung bzw. einer ihr vorausgehenden prioritätsbegründenden Auslandsanmeldung keine Verzögerung entstehen darf. Kann eine Inlandsanmeldung schneller ausgearbeitet und eingereicht werden, muss diese wegen des Gebots der Unverzüglichkeit vorrangig erfolgen.

Da das **EU-Einheitspatent** auf einem erteilten europäischen Patent basiert (s. § 2 Rdn. 1), ändert sich erfinderrechtlich bei dessen Einführung die derzeit nach § 13 ArbEG für europäische Patentanmeldungen geltende Rechtslage nicht.

Gleiches gilt für die Einreichung einer **internationalen Anmeldung** nach dem PCT mit der Bestimmung der BRD als Vertragsstaat[93]. Letzteres ist durch Regel 4.9 Buchst. a) PCT sichergestellt, wonach mit Einreichung der internationalen Anmeldung alle PCT-Vertragsstaaten als Staaten bestimmt sind, in denen um Schutz für ein Patent bzw. Gebrauchsmuster nachgesucht wird.[94] Gem. Art. 11 Abs. 4 PCT steht jede internationale Anmeldung, die die Erfordernisse der Ziffern i-iii des Art. 11 Abs. 1 PCT erfüllt, einer vorschriftsmäßigen nationalen Anmeldung i.S.d. PVÜ gleich. 28

Gem. Art. 4 PVÜ i.V.m. § 41 PatG wird diese Wirkung schließlich auch erreicht, wenn eine vom Arbeitgeber im Geltungsbereich der PVÜ vorgenommene **nationale Auslandsanmeldung** einer unter Beachtung der hierdurch begründeten Prioritätsfrist nachfolgenden Inlandsanmeldung ihren Altersrang vermittelt. 29

---

92 Schiedsst. v. 18.06.2015 – Arb.Erf. 17/13, (www.dpma.de).
93 Zust. Krieger, GRUR 1981, 149; Volmer/Gaul Rn. 3, 207 f. zu § 13.
94 Vgl. BlPMZ 2004, 371.

30 Soweit diese Sachverhalte nicht bereits unmittelbar vom Wortlaut des § 13 Abs. 1 gedeckt werden, sind sie dennoch dem Anwendungsbereich des § 13 Abs. 1 zuzuordnen, weil dessen Gesetzeszweck (vgl. § 13 Rdn. 2) auch hierdurch erreicht wird und für den **Arbeitnehmer** insoweit **keine Rechtsnachteile** entstehen.[95] Da zudem das spätere Schicksal der prioritätsbegründenden ersten Anmeldung ohne Einfluss auf das Prioritätsrecht ist,[96] wird der Arbeitnehmer durch die vorangehenden »Auslandsanmeldungen« nicht zusätzlich für den Fall verpflichtet, dass der Arbeitgeber diese später nicht weiterverfolgen will (vgl. § 16). Der Arbeitnehmer ist zu deren Fortführung nicht verpflichtet (Einzelheiten s. § 16 Rdn. 60 ff.).

### C. Ausnahmen von der Anmeldepflicht (Abs. 2)

31 § 13 Abs. 2 soll **abschließend** die Fälle zusammenfassen, in denen die Verpflichtung des Arbeitgebers zur Anmeldung der Diensterfindung entfällt.[97] Zur Situation bei Übertragung der Rechte an der Erfindung s. § 13 Rdn. 3.

Ist abzusehen, dass eine Diensterfindung **kurzfristig technisch überholt** sein wird, ist der Arbeitgeber nicht berechtigt, deshalb von einer Schutzrechtsanmeldung abzusehen; will er dies vermeiden, muss er die Erfindung dem Arbeitnehmer freigeben (§ 6 Abs. 2, § 8 Satz 1 n.F.) bzw. zur Übertragung anbieten.

31.1 Während § 13 Abs. 4 Satz 1 für den Fall des Freiwerdens der Diensterfindung ausdrücklich bestimmt, dass mit Freiwerden auch jegliches **Recht des Arbeitgebers zur Anmeldung entfällt** (s. dazu § 8 n.F. Rdn. 70 ff. und § 13 Rdn. 72 ff. zu), enthält das Gesetz für den Tatbestand der Zustimmung des Arbeitnehmers und der Erklärung zum Betriebsgeheimnis (Abs. 2 Nr. 2 u. 3) keine vergleichbare Regelung. Nach dem Eingangssatz von § 13 Abs. 2 wird nur die »Verpflichtung« erfasst, so dass dadurch im Grundsatz das Recht des Arbeitgebers zur Schutzrechtsanmeldung unberührt bleibt, und zwar auch im Verhältnis zu den Erteilungsbehörden. Bei der Fallsituation der Zustimmung des Arbeitnehmers zu einer Nichtanmeldung (Nr. 2) ist für die Frage des Fortbestandes der Berechtigung des Arbeitgebers zur Schutzrechtsanmeldung im Innenverhältnis der Inhalt der mit dem Arbeitnehmer getroffenen Abrede maßgeblich. Fehlt es an einer ausdrücklichen oder konkludenten Regelung,

---

95 Wie hier auch Reimer/Schade/Schippel/Trimborn Rn. 2 zu § 13; abw. Keukenschrijver in Busse/Keukenschrijver, PatG, Rn. 11 zu § 13 ArbEG, allerdings m. d. H., dass die rangsichernde Wirkung für die Unverzüglichkeit der Inlandsanmeldung von Bedeutung ist; folgend Boemke/Kursawe/Hoppe-Jänisch Rn. 29 zu § 13.
96 BGH v. 07.02.1995, NJW-RR 1995, 700, 702 – *Flammenüberwachung* – dort für die innere Priorität gem. § 40 PatG.
97 Amtl. Begründung BT-Drucks. II/1648 S. 31 = BlPMZ 1957, 235.

wird im Zweifel von einem Fortbestand des Anmelderechts des Arbeitgebers ausgegangen werden können,[98] da hiervon berechtigte Belange des Arbeitnehmers nicht betroffen sind. Etwas Anderes kann im Fall der (einseitigen) Erklärung zum Betriebsgeheimnis (Nr. 3 i.V.m. § 17) gelten.[99] Hier konnte der Arbeitnehmer schon im Vorfeld auf die Wahl zwischen Anmeldung oder Erklärung zum Betriebsgeheimnis keinen (vertraglichen) Einfluss nehmen. Zwar bleibt der Arbeitgeber im Außenverhältnis zu den Erteilungsbehörden bei einer betriebsgeheimen Diensterfindung zur alleinigen Schutzrechtsanmeldung berechtigt (zum **Wechsel zum Betriebsgeheimnis nach Patentanmeldung** s. § 17 Rdn. 44 f.). Würde man jedoch auch im Innenverhältnis eine spätere Schutzrechtsanmeldung zulassen, wäre der Arbeitgeber bei Fortbestehen des Anmelderechts trotz Erklärung einer Erfindung zum Betriebsgeheimnis jederzeit in der Lage, die ihn (vergütungsrechtlich) belastenden Wirkungen einer Erklärung zum Betriebsgeheimnis durch Einleitung eines Schutzrechtserteilungsverfahrens und das damit begründete Offenkundigwerden der Erfindung zu beseitigen (vgl. hierzu auch § 17 Rdn. 34 ff.).;

## I. Freiwerden der Diensterfindung (Nr. 1)

Nach Nr. 1 entfällt die Anmeldepflicht in **allen Fällen des Freiwerdens** der Diensterfindung i.S.d. § 8.

32

Die **ArbEG-Novelle 2009** (s. dazu Einl. Rdn. 42) hat das Freiwerden der seit dem 01.10.2009 gemeldeten Diensterfindungen auf den Fall der ausdrücklichen Erklärung der Freigabe beschränkt, sei es während der viermonatigen Fiktionsfrist für die Inanspruchnahme nach § 6 Abs. 2 n.F. (s. dazu § 6 n.F. Rdn. 108 ff.) oder durch die sonstige Freigabe nach § 8 Satz 1[100] (s. § 8 n.F. Rdn. 7, 12). Damit war keine materielle Änderung bezweckt (s. § 13 Rdn. 1). Auch wenn in § 13 Abs. 2 Nr. 1 die Regelung des § 6 Abs. 2 n.F. nicht ausdrücklich aufgeführt wird, ist diese Freigabesituation einbezogen (s. § 6 n.F., Rdn. 39 ff.); das folgt aus dem Konkurrenzverhältnis zu § 8 Satz 1; verdeutlicht wird dies auch durch den Gesetzesbezug auf § 8 insgesamt, also einschließlich Satz 2, der auch im Freigabefall des § 6 Abs. 2 zum Tragen kommt. Fazit ist: Sowohl in den Fällen des § 6 Abs. 2 n.F. als auch in den Fällen des § 8 Satz 1 n.F. entfällt mit Zugang der Freigabeerklärung die Anmeldepflicht

---

98 Ebenso Keukenschrijver in Busse/Keukenschrijver, PatG, Rn. 3 zu § 13 ArbEG; vgl. auch Boemke/Kursawe/Hoppe-Jänisch Rn. 13 zu § 13.
99 Ebenso Keukenschrijver in Busse/Keukenschrijver, PatG, Rn. 3 zu § 13 ArbEG.
100 Abw. Boemke/Kursawe/Hoppe-Jänisch Rn. 60 f. zu § 13, wonach § 13 Abs. 2 Nr. 1 ausschließlich die Freigabeerklärung nach § 6 Abs. 2 erfasst.

des Arbeitgebers und allein der Arbeitnehmer ist zur Schutzrechtsanmeldung berechtigt (§ 13 Abs. 4 Satz 1).

Beim früheren Recht verbleibt es für die vor dem 01.10.2009 gemeldeten Diensterfindungen (§ 43 Abs. 3 Rdn. 14 ff.). Demzufolge ist mit Zugang der Freigabeerklärung i.S.d. § 8 Abs. 1 Nr. 1 a.F. (s. § 8 a.F. Rdn. 22) bzw. der Erklärung der beschränkten Inanspruchnahme (Nr. 2 a.F., s. dazu § 8 a.F. Rdn. 29 f.) oder mit Ablauf der Inanspruchnahmefrist (Nr. 3 a.F., s. § 8 a.F. Rdn. 31 ff.) – anstelle des Arbeitgebers – gem. § 13 Abs. 4 Satz 1 nur noch der Arbeitnehmer zur Schutzrechtsanmeldung berechtigt. Näheres s. § 13 Rdn. 72 ff.

## II. Zustimmung des Arbeitnehmers (Nr. 2)

33 Der Arbeitgeber ist ferner seiner Anmeldepflicht enthoben, wenn der Arbeitnehmer der Nichtanmeldung zustimmt (§ 13 Abs. 2 Nr. 2), also bei einer einverständlichen Abrede zwischen Arbeitgeber und Arbeitnehmer.

Das Gesetz knüpft ansonsten an die Zustimmung **keine besonderen Voraussetzungen** (zum Zeitpunkt s. § 13 Rdn. 33.1).

Die **Motive** dafür die Zustimmung können vielfältig sein. Auch wenn Zweifel an der Schutzfähigkeit einer Erfindung regelmäßig Anlass für eine Vereinbarung über die (vollständige) Nichtanmeldung sein dürften, umfasst § 13 Abs. 2 Nr. 2 auch andere Beweggründe für eine solche Abrede. Diese reichen u. a. von der Einigung über eine fehlende Schutzfähigkeit, dem Einvernehmen über eine im Verhältnis zur Erfindungsmeldung eingeschränkten Inhalt einer Schutzrechtsanmeldung bis hin zu einer gänzlichen Entbindung des Arbeitgebers von der Anmeldepflicht (z.B. zugunsten anderweitiger Erfindungen, wegen nicht erkennbarer bzw. geringfügiger Verwertbarkeit der Erfindung, fehlende Einsatzmöglichkeiten i. H. a. kurzfristige technische Innovationszyklen usw.) oder einem Abkauf diese Pflicht[101] (s. § 13 Rdn. 31.1 ff.).

Dem **Rechtscharakter** nach stellt sich die Zustimmung zur Nichtanmeldung u. E. als Annahme bzw. – bei entsprechendem Vorstoß des Arbeitnehmers – als Angebot zur Vereinbarung eines Rechtsverzichts dar und damit als eine **empfangsbedürftige Willenserklärung**[102] (§ 130 BGB; vgl. dazu § 5 Rdn. 10 f.). Diese muss aus sich heraus klar und eindeutig sein. Das Angebot

---

101 Zu eng Schiedsst. v. 22.03.2017 – Arb.Erf. 15/15, (www.dpma.de).
102 Ähnl. Volmer/Gaul Rn. 219 zu § 13; abw. Boemke/Kursawe/Hoppe-Jänisch Rn. 63 zu § 13, die von einer einseitigen Erklärung als empfangsbedürftiger Willenserklärung ausgehen; vgl. auch Busse/Keukenschrijver, PatG, Rn. 6 zu § 13.

des Arbeitgebers wird vielfach so gestaltet sein, auf eine Anmeldung deshalb zu verzichten, weil die Verwertung eines darauf erteilten Schutzrechts wirtschaftlich keinen Erfolg verspricht. Denkbar ist auch eine Abrede, zugunsten von zukünftigen Weiterentwicklungen (zunächst) von einer Anmeldung abzusehen.

Die Zustimmung unterliegt als Willenserklärung den **allgemeinen zivilrechtlichen Regelungen** über Willenserklärungen. U. E. besteht – über eine Anfechtung der Zustimmung nach §§ 119, 123 BGB hinaus – keine Möglichkeit des **Widerrufs** der Zustimmung gemäß § 183 BGB, wonach der Widerruf einer Einwilligung bis zur rechtswirksamen Vornahme eines Rechtsgeschäfts zugelassen wird. Selbst wenn man (trotz eines vereinbarten Rechtsverzichts) eine entsprechende Anwendung bejahen will[103], endet die Widerruflichkeit spätestens mit Vollzug der Zustimmung, also bei vollständigem Verzicht auf eine Schutzrechtsanmeldung mit Offenbarung der erfinderischen Lehre[104] bzw. bei Teilverzicht mit Eingang der Schutzrechtsanmeldung beim Patentamt. Angesichts der ausdrücklich per Gesetz eingeräumten Möglichkeit findet – trotz der weitreichenden Folgen – die **Unbilligkeitsschranke** des § 23 für diesen Rechtsverzicht keine Anwendung.[105]

Die »Zustimmung« bedarf **keiner Form**, ist also auch formlos bzw. stillschweigend möglich (vgl. auch § 182 Abs. 2 BGB), auch wenn angesichts der Bedeutung und zur Beweissicherung regelmäßig Text- bzw. Schriftform sinnvoll ist. An den Nachweis einer **schlüssigen Zustimmung** sind im Hinblick auf die weitreichenden Rechtsfolgen (Prioritätsverlust, Wegfall eines Vergütungsanspruchs aus § 9 sowie eventueller Verlust des eigenen Verfügungsrechts gem. § 8, § 14 Abs. 2, § 16) grundsätzlich strenge Anforderungen zu stellen.[106] Vor allem dann, wenn keine ausdrücklichen Erklärungen der Beteiligten vorliegen, ist aus den gesamten Umständen des Verhaltens des Arbeitnehmers zu ermitteln, welchen Inhalt die sich aus seinem Verhalten ergebenden Erklärungen tatsächlich hatten. Der Arbeitnehmer muss sich der Zustimmungsbedürftigkeit zwar nicht zwingend bewusst sein; ausreichend dürfte sein, dass er zumindest

---

103 So Boemke/Kursawe/Hoppe-Jänisch Rn. 64 f. zu § 13.
104 Boemke/Kursawe/Hoppe-Jänisch Rn. 66 zu § 13 m. H. a. Schiedsst. v. 05.12.2002 – Arb.Erf. 1/02 (Datenbank).
105 Ausführlich hierzu Volz in Festschr. Bartenbach 2005, S. 199, 219 f.; i.d.S. auch Volmer/Gaul, Rn. 219 zu § 23; zust. – wenn auch mit abw. Begründung (»einseitige Zustimmung«) – Boemke/Kursawe/Hoppe-Jänisch Rn. 63 zu § 13.
106 Schiedsst. v. 05.12.1991, Mitt. 1997, 120, 122 – *Hinterfüll-Bewehrungsmatte*; v. 26.05.1992, EGR Nr. 32 zu § 13 ArbEG; Keukenschrijver in Busse/Keukenschrijver, PatG, Rn. 6 zu § 13 ArbEG.

damit hätte rechnen müssen, dass sein Verhalten vom Arbeitgeber als Zustimmung aufgefasst wurde.[107] Je umfangreicher der Verzicht sein soll, umso größer sind allerdings die Anforderungen an eine stillschweigende Erklärung. Eine Zustimmung kann etwa dann naheliegen, wenn zugleich die Bereitschaft des Arbeitgebers feststeht, den Arbeitnehmer unabhängig von einem Schutzrechtsbestand zu vergüten[108] oder wenn beide Arbeitsvertragsparteien einvernehmlich davon ausgehen, die »Erfindungsmeldung habe sich damit erledigt«.

33.1 Aus dem Zusammenhang mit § 13 Abs. 1 (»gemeldete Diensterfindung«) und dem Rechtscharakter (s. § 13 Rdn. 33) folgt, dass eine Zustimmung im Hinblick auf § 22 Satz 1 ArbEG erst **nach Erfindungsmeldung** rechtlich zulässig und damit verbindlich ist.[109] Zur Zustimmung aufgrund arbeitsvertraglicher Treuepflicht s. § 13 Rdn. 3.

33.2 Vom **Umfang** her erfasst die nach § 13 Abs. 2 Nr. 2 mögliche Zustimmung einmal die Situation eines **gänzlichen Verzichts** auf eine Schutzrechtsanmeldung im Inland.[110] Denkbar ist das vor allem bei erheblichen Zweifeln an der Schutzfähigkeit (s. hierzu § 13 Rdn. 53 ff.). Ob darin zugleich ein Verzicht auf evtl. vorher entstandene Schadensersatzansprüche wegen schuldhafter Verzögerung der Anmeldung liegt, hängt von den Umständen des Einzelfalls ab.

Möglich ist aber auch die Zustimmung des Arbeitnehmers zur Beschränkung der Schutzrechtsanmeldung auf eine **Gebrauchsmusteranmeldung**, sodass der Arbeitgeber seiner Pflicht zur Einreichung einer Patentanmeldung (vgl. oben § 13 Rdn. 11 ff.) enthoben wird.[111] Der Nichtanmeldung der Diensterfindung steht die Nichtanmeldung eines Patents zugunsten einer Gebrauchsmusteranmeldung gleich und zwar wegen der weitreichenden Rechtsverluste, die eine Nichtanmeldung der Diensterfindung als Patent nach sich ziehen kann. Ohne ausdrückliche Zustimmungserklärung des Arbeitnehmererfinders kann daher nicht von einer Zustimmung zur Nichtanmeldung ausgegangen werden[112] (s. § 13 Rdn. 33.4).

---

107 Vgl. auch den Sachverhalt bei Schiedsst. v. 06.04.2016 – Arb.Erf. 13/14, (www.dpma.de).
108 Schiedsst. v. 26.05.1992, EGR Nr. 32 zu § 13 ArbEG.
109 So Reimer/Schade/Schippel/Trimborn Rn. 8 zu § 13; ferner Keukenschrijver in Busse/Keukenschrijver, PatG, Rn. 6 zu § 13 ArbEG.
110 S. auch Schiedsst. v. 20.03.2003, GRUR 2003, 559 f.
111 Schiedsst. v. 28.09.1993 – Arb.Erf. 133/92, (unveröffentl.); Keukenschrijver in Busse/Keukenschrijver, PatG, Rn. 6 zu § 13 ArbEG.
112 Schiedsst. v. 23.03.1995 – Arb.Erf. 177/92, (unveröffentl.).

§ 13 Abs. 2 Nr. 2 umfasst ferner den Fall einer Zustimmung des Arbeitnehmers zur **teilweisen Nichtanmeldung**.[113] So stimmt der Arbeitnehmer der Nichtanmeldung von Ausführungsformen, Gegenständen und Merkmalen seiner Erfindungsmeldung zu, wenn er sich **mit der Fassung der** für die Einreichung beim Patentamt bestimmten **Anmeldungsunterlagen einverstanden erklärt** oder diese Fassung nach Kenntnisnahme jedenfalls akzeptiert.[114] Erhebt der Arbeitnehmer auf ihm zur Durchsicht und Prüfung übersandte Anmeldungsunterlagen keine Gegenvorstellungen, darf der Arbeitgeber von der Zustimmung des Arbeitnehmers ausgehen, zumal er sich gegen eine unvollständige Anmeldung kaum anders schützen kann als dadurch, den (zur Unterstützung nach § 15 Abs. 2 verpflichteten) Erfinder an der Ausarbeitung der Anmeldungsunterlagen zu beteiligen;[115] einer ausdrücklichen Zustimmung zur Nichtaufnahme einzelner Ausführungsbeispiele, Merkmale, Vorteile etc. der ursprünglich gemeldeten Diensterfindung bedarf es nicht.[116] Eine Zustimmung liegt auch bei Einvernehmen mit einer »Änderung der Patentanmeldung« auf Grund eines patentamtlichen Rechereberichts vor.[117] Zur Unterstützungspflicht des Arbeitnehmers s. § 15 Rdn. 29 f.; zur Erfindungsmeldung als Grundlage des Vergütungsanspruchs s. § 9 Rdn. 83 ff.; zu Auswirkungen auf den Vergütungsanspruch s. § 9 Rdn. 85.

Der Arbeitnehmer kann sich nach Zustimmung grundsätzlich **nicht auf eine Unerfahrenheit berufen**.[118] Von einer solchen Zustimmung kann der Arbeitgeber aber dann nicht ausgehen, wenn beim Erfinder Erkenntnis und Erkenntnismöglichkeiten für eine zutreffende Beurteilung des Inhalts der Schutzrechts-

---

113 Im Ergebn. wohl allg. A., z. B. Schiedsst. v. 06.04.2016 – Arb.Erf. 13/14, (www.dpma.de); Reimer/Schade/Schippel/Trimborn Rn. 8 zu § 13.
114 Länd. Praxis d. Schiedsst. z.B. EV. v. 05.12.1991, Mitt. 1997, 120, 121 f.; v. 29.10.1992 – Arb.Erf. 16/92, (unveröffentl.). u. v. 28.09.1993 – Arb.Erf. 133/92, (unveröffentl.); v. 02.02.2006 – Arb.Erf. 85/04 (Datenbank); zust. auch Keukenschrijver in Busse/Keukenschrijver, PatG, Rn. 6, 12 zu § 13 ArbEG; Reimer/Schade/Schippel/Trimborn Rn. 8 zu § 13; vgl. auch Krieger i. Anm. BGH v. 29.11.1988 – X ZR 63/87, GRUR 1989, 205, 210 – *Schwermetalloxidationskatalysator*; ders., in Festschr. Quack (1991), 41, 52 ff.; Boemke/Kursawe/Hoppe-Jänisch Rn. 51 zu § 13; Schiedsst. v. 20.08.1987, BlPMZ 1988, 173.
115 Schiedsst. v. 05.12.1991, Mitt. 1997, 120, 121 f. – *Hinterfüll-Bewehrungsmatte*; ebenso Reimer/Schade/Schippel/Trimborn Rn. 8 zu § 13; vgl. auch Keukenschrijver in Busse/Keukenschrijver, PatG, Rn. 12 zu § 13 ArbEG.
116 Schiedsst. v. 05.12.1991, Mitt. 1997, 120, 121 f. – *Hinterfüll-Bewehrungsmatte* u. v. 22.07.1999 – Arb.Erf. 12/97, (unveröffentl.).
117 Schiedsst. v. 06.04.2016 – Arb.Erf. 13/14, (www.dpma.de).
118 So Keukenschrijver in Busse/Keukenschrijver, PatG, Rn. 6 zu § 13 ArbEG m. H. a. Schiedsst. v. 02.02.2006 – Arb.Erf. 85/04.

anmeldung fehlen; hier bleibt der Arbeitgeber auch bei Zustimmung des Erfinders in der Verantwortung für die ordnungsgemäße Schutzrechtsanmeldung.[119]

Die vorstehenden Grundsätze sollen nach Auffassung der Schiedsstelle auch dann gelten, wenn der Arbeitnehmer die Anmeldungsunterlagen nach deren Einreichung mit der ausdrücklichen Aufforderung erhält, sie auf ihre Vollständigkeit hin zu überprüfen und Gegenvorstellungen zu erheben, da Ergänzungs- bzw. Änderungsvorschläge des Arbeitnehmers im Rahmen einer die Priorität nutzenden Nachanmeldung noch berücksichtigt werden können.[120]

Wenn § 13 Abs. 2 Nr. 2 eine Vereinbarung über die Nichtanmeldung einer Diensterfindung ausdrücklich zulässt, gestattet dies erst recht die Absprache über eine **Schutzrechtsanmeldung** zu einem **späteren Zeitpunkt**[121] (zum Hinausschieben bei Verlängerung der Freigabefrist s. § 6 n.F. Rdn. 89).

Da sich § 13 Abs. 2 Nr. 2 auf die Inlandsanmeldung bezieht, bedeutet ein solcher Verzicht nicht zwangsläufig zugleich einen Verzicht auf eine **Schutzrechtsanmeldung im Ausland** nach § 14 Abs. 1 (zum Betriebsgeheimnis s. aber § 14 Rdn. 38). Ob und inwieweit im Einzelfall bei einem Verzicht zugleich auf eine Auslandsanmeldung nach § 14 verzichtet wird, ist Auslegungsfrage im Einzelfall. Insbesondere bei einem entgeltlichen Verzicht nach Inanspruchnahme wird naheliegen, dass der Arbeitnehmer mit einem Verzicht nach § 13 Abs. 2 Nr. 2 (stillschweigend) auch auf Auslandsanmeldungen bzw. seine Rechte aus § 14 verzichten will, es sei denn, es liegen Gründe vor, warum speziell von einer Schutzrechtsanmeldung im Inland abgesehen werden soll. Für die Erfassung von In- und Auslandsanmeldungen spricht auch, wenn der Arbeitnehmer »global« auf Schutzrechtsanmeldungen für seine Diensterfindung verzichtet.

**33.3** Erklärt der Arbeitgeber dagegen **einseitig** und unabhängig von der Auffassung des Arbeitnehmers, dass er die Neuerung **nicht** als **schutzfähige Erfindung** ansieht und deshalb von einer Anmeldung absieht und den Gegenstand der Neuerung als Arbeitsergebnis behandeln wird, kann regelmäßig von einem Angebot nicht gesprochen werden[122]. Erweist sich nachträglich entgegen der Vorstellung des Arbeitgebers – etwa bei einer vom Arbeitnehmer eigenständig

---

119 Schiedsst. v. 05.12.1991, Mitt. 1997, 120, 121 f. – *Hinterfüll-Bewehrungsmatte*; vgl. auch Krieger i. Anm. BGH v. 29.11.1988 – X ZR 63/87, GRUR 1989, 205, 210 – *Schwermetalloxidationskatalysator*.
120 Schiedsst. v. 28.09.1993 – Arb.Erf. 133/92, (unveröffentl.).
121 Schiedsst. v. 08.04.1993, EGR Nr. 34 zu § 6 ArbEG.
122 Schiedsst. v. 23.03.1995 – Arb.Erf. 177/95, (unveröffentl.).

durchgeführten Schutzrechtsanmeldung – deren Schutzfähigkeit, liegt in einer solchen Erklärung des Arbeitgebers letztlich eine Freigabe der Erfindung[123] (wobei die Frage der Textform der Freigabe bzw. deren Abbedingen im Einzelfall zu klären bleibt). Etwas anderes gilt allerdings dann, wenn ein arbeitgeberseitiger Irrtum durch eine unvollständige Erfindungsmeldung des Arbeitnehmers ausgelöst worden ist (s. hierzu § 5 Rdn. 69).[124]

Im Einzelfall kann eine **stillschweigende Zustimmung** zu einer **bloßen Gebrauchsmusteranmeldung** vorliegen, wenn der Arbeitnehmer über § 15 Abs. 2 hinausgehend an der Schutzrechtsanmeldung mitwirkt und für ihn erkennbar ist, dass der Arbeitgeber keine (zusätzliche) Patentanmeldung einreichen wird. Ist aus den dem Arbeitnehmer überlassenen Anmeldeunterlagen nicht eindeutig erkennbar, für welche Schutzrechtsart sie gedacht sind, scheidet eine (stillschweigende) Zustimmung aus.[125] Ebenso entfällt eine Zustimmung, wenn der Arbeitnehmer aufgrund der ihm gegebenen Informationen zwar erkennen kann, dass eine Gebrauchsmusteranmeldung im Inland eingereicht worden ist, nicht dagegen, dass auf eine Patentanmeldung verzichtet wurde. 33.4

Sind mehrere Arbeitnehmer an der Erfindung beteiligt (**Miterfinder**), bedarf es der Zustimmung aller beim Arbeitgeber angestellten Miterfinder zur Nichtanmeldung.[126] Haben die Miterfinder, z.B. in der Erfindungsmeldung, einen Ansprechpartner (s. § 5 Rdn. 54.1) benannt, ist einzelfallbezogen zu prüfen, ob darin eine Bevollmächtigung liegt, die auch die Zustimmung i. S. v. § 13 Abs. 2 Nr. 2 umfasst. Im Fall einer **zwischenbetrieblichen Kooperation** muss die Zustimmung zur Nichtanmeldung von allen Arbeitnehmer-Miterfindern sämtlicher Kooperationspartner erklärt werden. Versagen einzelne Miterfinder ihre Zustimmung, muss eine Schutzrechtsanmeldung im Inland erfolgen; im Hinblick auf die Bruchteilsgemeinschaft könnte diese Anmeldung nur auf den Namen aller Teilhaber der Bruchteilsgemeinschaft, also unter Einbeziehung der übrigen Kooperationspartner vorgenommen werden.[127] 33.5

Da das Gesetz in § 13 Abs. 2 Nr. 2 eine Zustimmung zur Nichtanmeldung ausdrücklich zulässt, kann u. E. ein solcher Verzicht nicht nach § 23 wegen grober **Unbilligkeit**, die sich vorrangig nach objektiven Maßstäben beurteilt, unwirksam sein (zu § 22 s. § 13 Rdn. 33.1). 34

---

123 Schiedsst. v. 23.03.1995 – Arb.Erf. 177/92, (unveröffentl.).
124 Schiedsst. v. 17.10.1988 – Arb.Erf. 40/88, (unveröffentl.).
125 Schiedsst. v. 28.09.1993 – Arb.Erf. 133/92, (unveröffentl.).
126 Allg. A., z.B. Keukenschrijver in Busse/Keukenschrijver, PatG, Rn. 6 zu § 13 ArbEG; Schiedsst. v. 22.10.2002 – Arb.Erf. 47/00 (Datenbank).
127 Ausführlich hierzu Bartenbach Zwischenbetriebliche Kooperation S. 110 f. Abw. Boemke/Kursawe/Hoppe-Jänisch Rn. 71 zu § 13.

Die Diensterfindung hat mit dem gänzlichen Verzicht auf die Schutzrechtsanmeldung letztlich ihre Erledigung gefunden, so dass der Arbeitnehmererfinder zugleich grundsätzlich einen **Verlust von evtl. Vergütungsansprüchen** in Kauf nimmt (zu den Auswirkungen eines [Teil-]Verzichts auf die Schutzrechtsanmeldung auf den Vergütungsanspruch s. § 9 Rdn. 85). Eine unterbliebene Schutzrechtsanmeldung bedeutet für den Arbeitnehmer nicht nur, dass er sich der Erfinderbenennung (vgl. § 37 PatG) sowie der amtlichen Erfindernennung und damit der Dokumentation seiner Erfinderschaft (vgl. § 63 PatG) begibt,[128] Erklärt sich der Arbeitnehmer – namentlich mangels Erfolgsaussichten – gegenüber dem Arbeitgeber uneingeschränkt damit einverstanden, auf eine Schutzrechtsanmeldung zu verzichten, so ist u. E. angesichts des Monopolprinzips mit der Zustimmung zur Nichtanmeldung zugleich grundsätzlich ein (stillschweigender) **Verzicht auf etwaige Vergütungsansprüche** verbunden (streitig).[129]

Davon zu trennen ist die ebenfalls streitige Frage einer erforderlichen Gegenleistung. Das Gesetz normiert **keine Verpflichtung** des Arbeitgebers **zu einer (geldwerten) Gegenleistung** für die Zustimmung des Arbeitnehmers zum Verzicht auf die Schutzrechtsanmeldung im Inland. Lässt das Gesetz– trotz weitreichender Folgen – einen derartigen Verzicht ohne weitere Voraussetzungen zu, scheidet u. E. grds. auch die Annahme einer Unwirksamkeit eines unentgeltlichen Verzichts nach § 23 aus. sondern auch auf weitergehende Ansprüche aus dem ArbEG, wie etwa aus § 9.

34.1 Von dem Grundsatz, dass ein unentgeltlicher Verzicht nach § 23 zulässig ist und dafür sowie für eine zukünftige Nutzung der ungeschützten Neuerung durch den Arbeitgeber keine Vergütung (mehr) geschuldet wird, gibt es u. E. unter dem Gesichtspunkt von Treu und Glauben – höchstrichterlich allerdings noch nicht bestätigte – **Ausnahmen**, namentlich dann, wenn die Gründe für

---

128 Zur systematischen Einordnung d. Schutzrechtsanmeldung s. Kraßer/Ann, PatR, § 19 Rn.
129 S. Schiedsst. v. 20.03.2003 GRUR 2003, 559 f.; Volz in Festschr. Bartenbach (2005), S. 199, 219, 223; ähnl. Keukenschrijver in Busse/Keukenschrijver, PatG, Rn. 18 zu § 9 ArbEG u. Rn. 6 zu § 13 ArbEG, allerdings mit der Einschränkung einer Zustimmung zur Schlussfolgerung des Arbeitgebers, »dass die Angelegenheit abgeschlossen sei«; diff. auch Reimer/Schade/Schippel/Trimborn Rn. 8 zu § 13. Generell einschränkend aber nunmehr Schiedsst. ZB v. 12.05.2016 – Arb.Erf. 41/12, (www.dpma.de). Vgl. auch Trimborn Mitt. 2015, 116, 118.

die **Nichtanmeldung maßgeblich in der Sphäre des Arbeitgebers** und nicht in der Diensterfindung selbst liegen[130]:

Ein angemessener Finanzausgleich erscheint einmal gerechtfertigt, wenn auf die Anmeldepflicht gezielt aus Wettbewerbsgründen verzichtet wird. Das betrifft insb. die Fälle des sog. **Defensive Publishing**,[131] in denen auf eine Schutzrechtsanmeldung im Wettbewerbsinteresse verzichtet wird, um die Erfindung durch Veröffentlichung zum Stand der Technik zu machen und damit potenzielle Schutzrechte Dritter zu verhindern bzw. zu erschweren und so insb. Verletzungsansprüchen vorzubeugen. In diesen Fällen erfolgt gleichsam ein wirtschaftlicher Einsatz der Erfindung, der eine Vergütung rechtfertigt. Denkbar ist eine Pauschalzahlung etwa in Orientierung an der Vergütung bei Vorratsschutzrechten (s. dazu § 9 Rdn. 203 ff.). Dabei erscheint mit Blick auf die ungeklärte Schutzfähigkeit und den frühen Zahlungszeitpunkt im Regelfall eine Pauschalzahlung bis zur Höhe des hälftigen Ansatzes für (erteilte) inländische Vorratspatente angemessen; das entspräche bei einem verbreiteten Anteilsfaktor von 15 % einem Einmalbetrag von rd. 200 bis 300 € pro Erfindung, bei Miterfindern anteilig.

Eine Zahlung ist ferner bei einem **vom Arbeitgeber generell für eine Gruppe von Erfindungen erwünschten Verzicht** auf eine Schutzrechtsanmeldung angezeigt. Das betrifft namentlich sog. **Incentive-Programme**, in deren Rahmen nicht selten ein »Abkauf« der Anmeldepflicht vorgesehen ist (s. dazu § 11 Rdn. 22 ff.).

Ist im Fall einer Nichtanmeldung zum Schutzrecht eine spätere **Nutzung vom Arbeitgeber geplant oder wahrscheinlich**, dürfte ebenfalls eine Vergütung in Betracht kommen. Hier kennt die betriebliche Praxis unterschiedliche Ansätze. Denkbar ist einmal eine bei Verzicht auf die Anmeldung fällige Pauschalvergütung, deren Höhe der (ungewissen) Nutzungsmöglichkeit Rechnung trägt, zumindest aber die Vergütungshöhe bei einem **Defensive Publishing** erreicht. Nicht unüblich ist es ferner, für solche Nutzungen einen zusätzlichen abschließenden Pauschalbetrag zu zahlen, fällig bei Nutzungsaufnahme. Hinsichtlich der Höhe des zusätzlichen abschließenden Pauschalbetrages für evtl. Nutzungen wird z.T. vereinbart, den für den Abkauf der Pflichten aus §§ 13, 14 und

---

130 Weitergehend aber Trimborn Mitt. 2015, 116, 118 m. H. a. Schiedsst. v. 18.07.2012 – Arb.Erf. 30/10, (insoweit nicht in www.dpma.de), wonach die Entgeltlichkeit auch bei fehlenden oder geringen Nutzungswahrscheinlichkeiten erforderlich sein soll; vgl. auch Schiedsst. v. 22.03.2017 – Arb.Erf. 15/15, (www.dpma.de).

131 S. dazu u. a. Slopik, GRUR 2009, 816 ff.; Klicznik, VPP-Rundbrief 2011, 61; zu den Wirkungen: Henn, Defensive Publishing (2010), 16 ff.

16 gezahlten Betrag (s. dazu § 11 Rdn. 29) nochmals zu zahlen. Häufig wird auch geregelt, dass ein solcher zusätzlicher Betrag nur dann anfällt, wenn es innerhalb eines bestimmten Zeitraums nach Inanspruchnahme der Diensterfindung zur Nutzung kommt, um eine ständige Überprüfung der Nutzungssituation zu vermeiden. Soll in solchen Fällen dagegen eine spätere Nutzung vergütungsfrei sein, bedarf dies u.E. einer ausdrücklichen Absprache.[132]

*Rdn. 35 frei.*

### III. Betriebsgeheimnis (Nr. 3)

36 Einen Sonderfall der Vereinbarung der Nichtanmeldung stellt es dar, wenn Arbeitgeber und Arbeitnehmer sich darüber verständigen, anstelle einer Schutzrechtsanmeldung die Diensterfindung nach § 17 zu handhaben.

37 Der Arbeitgeber kann gem. § 13 Abs. 2 Nr. 3 auch einseitig von der Anmeldung absehen, »wenn die Voraussetzungen des § 17 vorliegen«, d.h. insbesondere bedarf es berechtigter Unternehmensbelange für eine Geheimhaltung sowie die Anerkennung der Schutzfähigkeit durch den Arbeitgeber. Insoweit ist die Entscheidung zwischen Schutzrechtsanmeldung und Geheimhaltung gebunden und steht nicht im freien Ermessen des Arbeitgebers.[133] Die Anmeldepflicht entfällt mit Zugang dieser Erklärung des Arbeitgebers beim Arbeitnehmer, allerdings unter der Voraussetzung, dass die Tatbestandsmerkmale des § 17 auch wirklich gegeben sind (Einzelheiten s. dort). Ist die Schutzfähigkeit streitig, so besteht auch während des Verfahrens nach § 17 Abs. 2 keine Anmeldepflicht. Das Risiko einer Fehleinschätzung der Diensterfindung als Betriebsgeheimnis trägt der Arbeitgeber (vgl. unten § 13 Rdn. 69).

Zum Recht der nachträglichen Anmeldung s. § 13 Rdn. 31.

## D. Alleiniges Recht des Arbeitgebers zur Schutzrechtsanmeldung

### I. Befugnisse des Arbeitgebers

38 § 13 Abs. 1 begründet nicht nur die Pflicht, sondern zugleich auch das **Recht des Arbeitgebers zur Inlandsanmeldung**. Die Pflicht zur Anmeldung ist zwangsläufig ohne korrespondierendes Recht zur Anmeldung nicht erfüllbar. Das stellt § 13 Abs. 1 Satz 1 klar. Dieses Recht besteht bis zum Freiwerden der Diensterfindung (§ 13 Abs. 4 Satz 1).

---

[132] Vgl. auch Schiedsst. v. 20.03.2003, Mitt. 2003, 559 – *Folgen schutzunfähiger Diensterfindungen*.
[133] Schiedsst. v. 17.01.2013 – Arb.Erf. 23/11, (www.dpma.de).

### D. Alleiniges Recht des Arbeitgebers zur Schutzrechtsanmeldung §13

#### 1. Anmeldung auf seinen Namen

Auch wenn der Arbeitnehmer bis zu einer (unbeschränkten) Inanspruchnahme alleiniger Inhaber der materiellen Rechte an der Diensterfindung bleibt, räumt § 13 Abs. 1 Satz 1 dem Arbeitgeber unter Ausschluss des Arbeitnehmers die alleinige (formale) Befugnis zur Inlandsschutzrechtsanmeldung ein. 39

Diese Wirkung entfaltet § 13 Abs. 1 nicht nur im Innenverhältnis des Arbeitgebers zum Arbeitnehmer, sondern auch **im Außenverhältnis**, insb. (als Anmeldeberechtigung) ggü. dem Patentamt.[134] Er wird also nicht als Vertreter des Arbeitnehmers tätig, sondern kraft Gesetzes im eigenen Namen.[135] Aus dieser formalen Befugnis folgt das Recht des Arbeitgebers, die Anmeldung auch vor (unbeschränkter) Inanspruchnahme auf seinen Namen vorzunehmen;[136] eine Pflicht, auf den Namen des Arbeitnehmers anzumelden, besteht nicht, wie § 13 Abs. 4 Satz 2 verdeutlicht: Des dort normierten Rechtsübergangs auf den Arbeitnehmer bedürfte es nicht, wenn die Anmeldung zunächst auf den Namen des Arbeitnehmers erfolgen müsste.[137] 40

Der Arbeitgeber hat als Anmelder die **Erfinderbenennung** ggü. dem DPMA bzw. EPA abzugeben. In der Erfinderbenennung, die Ausfluss des Erfinderpersönlichkeitsrechts ist (s. § 7 n.F. Rdn. 81 ff.), ist neben dem Namen des Erfinders (einschl. Privatanschrift) nach § 37 Abs. 1 Satz 2 PatG i.V.m. § 7 PatV (Art. 81 Satz 2 EPÜ) auch anzugeben, wie das Recht auf das Patent an den Arbeitgeber gelangt ist. Zutreffend hatte das *OLG Düsseldorf* darauf hingewiesen, dass das frühere Erfinderbenennungsformular des DPMA (Fassung 2003) mit dem bloßen Hinweis auf die Arbeitnehmereigenschaft nicht 40.1

---

134 DPA v. 21.01.1959, BlPMZ 1959, 115; zust. auch Keukenschrijver in Busse/Keukenschrijver, PatG, Rn. 3 zu § 13 ArbEG; a.A. Riemschneider/Barth Anm. 1 zu § 6 DVO 1943.
135 Zutr. Volmer/Gaul Rn. 73 ff. zu § 13 gegen Volmer Rn. 13 zu § 13; bestätigend LG Düsseldorf v. 17.09.1991, Entscheidungen 4. ZK 2000, 25, 29 – *Reißverschluss* u. v. 29.02.2000, Entscheidungen 4. ZK 2000, 32, 37 – *Müllbehältergreifvorrichtung*; Keukenschrijver in Busse/Keukenschrijver, PatG, Rn. 3 zu § 13 ArbEG; Fricke/Meier-Beck, Mitt. 2000, 199, 200.
136 So wohl h.M., Heine/Rebitzki Anm. 3 zu § 13; Lindenmaier/Lüdecke Anm. 2 zu §§ 13 bis 16; Reimer/Schade/Schippel/Trimborn Rn. 14 zu § 13; a.A. Dantz Inanspruchnahmerecht (1968) S. 51 f.; Volmer, BB 1976, 1513; Witte, GRUR 1963, 76.
137 Rosenberger, BB 1977, 251.

den gesetzlichen Anforderungen[138] genügte, so dass das DPMA in sein Formular den Hinweis auf die Inanspruchnahme aufgenommen hat.[139]

Zum Sonderfall der Ersatzvornahme durch den Arbeitnehmer s. § 13 Rdn. 61 f.

**2. Herr des Erteilungsverfahrens**

41   Aus der formalen Berechtigung zur Anmeldung folgt zugleich, dass der **Arbeitgeber alleiniger Herr des Erteilungsverfahrens** unabhängig von Einflüssen Dritter, und damit auch des Arbeitnehmers, ist.[140] Das betrifft auch die Wahl der ihm sachgerecht erscheinenden Art der Inlandsanmeldung[141] (s. dazu § 13 Rdn. 26 ff.). Besondere Mitsprache- oder Mitwirkungsrechte des Arbeitnehmers bestehen nicht;[142] solche sehen weder das Patentgesetz (vgl. aber zu dem Recht auf Erfindernennung §§ 37, 63 PatG – s. dazu § 7 n.F. Rdn. 83) noch das ArbEG vor (s.a. § 15 Rdn. 12 f.); allerdings besteht für ihn die Mitwirkungspflicht nach § 15 Abs. 2 (s. dazu § 15 Rdn. 27 ff.). Er tritt nur mit Freiwerden der Diensterfindung gem. § 13 Abs. 4 Satz 2 an die Stelle des Arbeitgebers (zur Situation bei Aufgabe der Schutzrechtsposition s. § 16 Rdn. 44 ff.).

41.1   Patentrechtlich kann der Arbeitnehmer als »Dritter« gem. § 44 PatG **Prüfungsantrag** stellen.[143] Diese patentrechtliche Befugnis kann aber – im Verhältnis zum Arbeitgeber – im Einzelfall aufgrund der Treuepflicht des Arbeitnehmers eingeschränkt sein. Der Wunsch des Arbeitnehmers, durch einen Prüfungsantrag kurzfristig Klarheit über die Schutzwürdigkeit einer Patentanmeldung herbeizuführen, muss zurücktreten, wenn für ihn erkennbar berechtigte schutzwerte Belange des Arbeitgebers Vorrang haben,[144] etwa dann, wenn

---

138  OLG Düsseldorf v. 07.02.2003, Mitt. 2004, 418 – Hub-Kipp-Vorrichtung (Rn. 157).
139  S. Mitteilung Nr. 7/08 des PräsDPMA vom 16.07.2008, BlPMZ 2008, 261, 262.
140  OLG Düsseldorf v. 09.08.2007 – 2 U 41/06 – *Ummantelung von Stahlröhren* (unveröffentl.); Schiedsst. v. 16.07.2008 – Arb.Erf. 49/03 (Datenbank).
141  Schiedsst. v. 18.06.2015 – Arb.Erf. 17/13, (www.dpma.de).
142  Schiedsst. v. 23.01.1996 – Arb.Erf. 42/94, (unveröffentl.) m.H.a. BGH v. 29.11.1988 – X ZR 63/87, GRUR 1989, 205 – *Schwermetalloxidationskatalysator*; v. 16.07.2008 – Arb.Erf. 49/03; v. 11.12.2008 – Arb.Erf. 16/06 (beide Datenbank); v. 21.04.2009 – Arb.Erf. 13/09, (unveröffentl.); v. 25.07.2013 Arb.Erf. 39/12, u. v. 18.06.2015 – Arb.Erf. 17/13, (beide www.dpma.de).
143  Schiedsst. v. 27.10.1986 – Arb.Erf. 22/86, (unveröffentl.); Volmer/Gaul Rn. 115 zu § 2.
144  Im Ergebn. ebenso Keukenschrijver in Busse/Keukenschrijver, PatG, Rn. 16 zu § 13 ArbEG.

### D. Alleiniges Recht des Arbeitgebers zur Schutzrechtsanmeldung § 13

der Arbeitgeber über den Gegenstand der Schutzrechtsanmeldung bereits Lizenzverträge geschlossen hat und das Risiko der Vertragsbeendigung bei (vorzeitiger) Schutzrechtsversagung erheblich ist. In jedem Fall wird der Arbeitnehmer aufgrund seiner Treuepflicht den Arbeitgeber zuvor auf seine Absicht, Prüfungsantrag zu stellen, aufmerksam machen müssen.

Andererseits ist der Arbeitgeber sowohl im Stadium der Schutzrechtsanmeldung vor Inanspruchnahme als auch nach (unbeschränkter) Inanspruchnahme – sei es aus seiner gesetzlichen Treuhänderschaft[145] bzw. aufgrund des gesetzlichen Schuldverhältnisses nach dem ArbEG[146] (s. dazu § 1 Rdn. 160), jedenfalls aus seiner arbeitsrechtlichen Fürsorgepflicht – gehalten, auch im Erteilungsverfahren auf die **Interessen des Arbeitnehmers** in angemessener Weise Rücksicht zu nehmen. Dies bedeutet indessen nicht, dass der Arbeitgeber den Fortgang des Schutzrechtserteilungsverfahrens, insb. das Patenterteilungsverfahren selbst, auch unverzüglich betreiben muss, da die Frage, inwieweit die Erteilungsphase forciert werden soll, i.d.R. von einer Fülle von Erwägungen abhängt.[147] Während es teilweise zweckmäßig ist, sofort Prüfungsantrag zu stellen, kann es in vielen Fällen, insb. bei geringer Erteilungschance, sinnvoll sein, die 7-Jahres-Frist des § 44 Abs. 2 PatG möglichst auszuschöpfen (s. i.Ü. § 13 Rdn. 17). 42

Der Arbeitgeber ist vor Erfüllung des Vergütungsanspruchs im Hinblick auf § 16 zur **Aufrechterhaltung** der Anmeldeposition bzw. des Schutzrechts **verpflichtet** (s.o. § 13 Rdn. 16 ff., ferner § 16 Rdn. 41 ff.). 43

### 3. Änderungen der Schutzrechtsanmeldung

Änderungen der Schutzrechtsanmeldung entsprechen bei Patentanmeldungen (vgl. hierzu § 38 PatG) dem Regelfall. Typischerweise gehen sie auf entsprechende Hinweise der Erteilungsbehörde zurück, insb. in Anpassung an den nachgewiesenen Stand der Technik.[148] Sachgerechte Einschränkungen können z.B. auf Entgegenhaltungen in parallelen ausländischen Schutzrechtserteilungsverfahren oder auf Nichtigkeitsverfahren beruhen, ferner auf begründeten Forderungen von Mitbewerbern an den Arbeitgeber zur Vermeidung eines Nichtigkeits- oder Löschungsverfahrens. Auch wenn der Arbeitgeber Herr des Erteilungsverfahrens ist, folgt doch aus seiner Pflicht zur sachgerechten Durchführung des Schutzrechtserteilungsverfahrens, dass er Änderungen des Anmel- 44

---

145 So Volmer Rn. 26 zu § 13.
146 I. d. S. Schiedsstr. v. 16.09.1996 – Arb.Erf. 25/95, (unveröffentl.).
147 Vgl. Schiedsst. v. 04.02.1986, BlPMZ 1986, 346, 348.
148 Schiedsst. v. 15.05.2001 – Arb.Erf. 59/98, (unveröffentl.).

dungsgegenstandes nicht nach Belieben vornehmen darf. Allerdings muss ihm ein gewisser **Beurteilungsspielraum** zugestanden werden, da er bei ablehnender Reaktion eine Zurückweisung der Schutzrechtsanmeldung riskiert (vgl. § 58 PatG) bzw. die Gefahr einer Nichtigkeits-/Löschungsklage läuft. Insoweit hat jedenfalls nach (unbeschränkter) Inanspruchnahme das Interesse des Arbeitgebers an dem Erwerb bzw. Bestand einer gesicherten (wenn auch eingeschränkten) Schutzrechtsposition oder an der Vermeidung eines ggü. einer Selbstbeschränkung (§ 64 PatG) wesentlich kostenaufwendigeren Nichtigkeits- oder Löschungsverfahrens, dessen Aussichten ungewiss sind, Vorrang. Dieser Beurteilungsspielraum liegt zwischen dem Fallenlassen der Anmeldung bzw. einer zu starken Beschränkung einerseits und zu kleinen Einschränkungen und damit verfahrensökonomisch häufigen Annäherungen an den weitestmöglichen Anwendungsgegenstand mit dem Risiko der Patentanmeldungszurückweisung andererseits.[149]

Nimmt der Arbeitgeber Änderungen unter schuldhafter Überschreitung dieses Beurteilungsspielraums vor und hat der Arbeitnehmererfinder dem nicht zuvor zugestimmt, ist er diesem ggü. schadensersatzpflichtig, sei es unter dem Aspekt der Verletzung des gesetzlichen Schuldverhältnisses nach dem ArbEG[150] oder einer Verletzung des § 13 als Schutzgesetz (s.u. § 13 Rdn. 68 f.). Ansonsten muss der Arbeitnehmer sachgerechte Änderungen im Schutzrechtserteilungsverfahren und die daraus folgenden vergütungsrechtlichen Konsequenzen hinnehmen[151] (s.a. § 9 Rdn. 83 ff.).

Im Streitfall ist es Sache des Arbeitgebers, das Vorliegen von Sachgründen für die Änderung darzulegen und zu **beweisen**.

## II. Akteneinsichtsrecht des Arbeitnehmers

45   Der Erfinder hat wie jeder Dritte das Recht auf Akteneinsicht i.R.d. § 31 PatG (vgl. auch § 8 Abs. 5 GebrMG), mit Einführung der elektronischen Akte auch im Internet (vgl. § 31 Abs. 3a, b PatG). Vor Offenlegung der Patentanmeldung (vgl. § 32 PatG) wird ihm regelmäßig ein berechtigtes Interesse an der Einsicht zuzuerkennen sein, gleichgültig, ob er aus dem Arbeitsverhältnis ausgeschieden

---

149 Schiedsst. v. 16.09.1996 – Arb.Erf. 25/95, (unveröffentl.).
150 So Schiedsst. v. 16.09.1996 – Arb.Erf. 25/95, (unveröffentl.) im Anschl. an Reimer/Schade/Schippel/Trimborn Rn. 12 zu § 16.
151 Schiedsst. v. 26.02.2008 – Arb.Erf. 88/03 (Datenbank).

ist oder nicht.¹⁵² Dieses berechtigte Interesse folgt aus dem Informationsanspruch des Arbeitnehmers gem. § 15 Abs. 1 (s. auch § 15 Rdn. 12). In Ausnahmefällen, etwa bei einer Erweiterung der in Anspruch genommenen Diensterfindung durch den Arbeitgeber, kann Letzterer ein berechtigtes Interesse an der Geheimhaltung gewisser Aktenteile ggü. dem Arbeitnehmer haben¹⁵³. Ist der Vergütungsanspruch des Arbeitnehmers vollständig erfüllt, entfällt das Interesse des Erfinders an der Akteneinsicht, da in diesem Fall der Arbeitgeber gem. § 16 Abs. 1 über seine Schutzrechtspositionen nach Belieben ohne Zustimmung des Erfinders verfügen kann.

### III. Verletzung durch den Arbeitnehmer

#### 1. Anmeldung auf eigenen Namen

Meldet der Arbeitnehmer **vor Zugang seiner Erfindungsmeldung** (§ 5) die Diensterfindung auf seinen Namen an, so verstößt er zwar nicht gegen die formale Befugnis seines Arbeitgebers i.S.d. § 13 Abs. 1, verletzt jedoch Sinn und Zweck des § 13 und seine Meldepflicht nach § 5 Abs. 1¹⁵⁴ (s. dort § 13 Rdn. 96). Eine Verletzung des alleinigen Anmelderechts des Arbeitgebers stellt die Anmeldung des Arbeitnehmers auf seinen Namen erst **nach Zugang** der Erfindungsmeldung beim Arbeitgeber – unabhängig von der Inanspruchnahme – dar.¹⁵⁵ Eine Verletzung ist auch die gegenständliche Verbindung der Diensterfindung mit einer freien Erfindung in einer Schutzrechtsanmeldung (s. § 13 Rdn. 50.1). Der Arbeitgeber hat jedenfalls aus Bereicherungsrecht einen Übertragungsanspruch¹⁵⁶ (s. dazu auch § 8 n.F. Rdn. 114 ff.).

46

In allen Fällen begeht der Arbeitnehmer nach h. M. eine **widerrechtliche Entnahme** und löst damit das Einspruchsrecht nach § 21 Abs. 1 Nr. 3 PatG aus. Dieses Fehlverhalten des Arbeitnehmers wird nicht dadurch »geheilt«, dass er nachträglich die Schutzrechtsposition seinem Arbeitgeber »anbietet«. Näheres dazu s. § 7 n.F. Rdn. 51 ff.; bei der drohenden Anmeldung einer gemelde-

---

152 DPA BS v. 23.05.1958, BlPMZ 1958, 190; im Ergebn. auch Keukenschrijver in Busse/Keukenschrijver, PatG, Rn. 8 zu § 15 ArbEG; s.a. PA BS v. 10.01.1953, BlPMZ 1953, 85; vgl. allg. zum berechtigten Interesse BGH v. 26.09.1972, GRUR 1973, 154, 155 – *Akteneinsicht XII*; Benkard/Schäfers, PatG Rn. 54 ff. zu § 31 PatG.
153 Vgl. DPA BS v. 23.05.1958, BlPMZ 1958, 190.
154 So Keukenschrijver in Busse/Keukenschrijver, PatG, Rn. 21 zu § 13.
155 Diese Differenzierung wird v. d. Schiedsst. im EV. v. 28.02.1991 (BlPMZ 1992, 21, 22) nicht getroffen, die stets von einer Verletzung des Anmelderechts nach § 13 Abs. 1 Satz 1 ausgeht.
156 Keukenschrijver in Busse/Keukenschrijver, PatG, Rn. 21 zu § 13.

ten Diensterfindung durch den Arbeitnehmer kann der Arbeitgeber auf Unterlassung klagen (s. § 4 Rdn. 52). Mit Inanspruchnahme hat der Arbeitgeber ein Recht auf Übertragung (so *BGH*) bzw. Umschreibung (so h. L.; s. § 7 n.F. Rdn. 42). Zur verfahrensrechtlichen Stellung des Arbeitgebers s. a. § 7 n.F. Rdn. 42 ff., 66 f.

47 Allerdings wird der Mangel, der einer unberechtigten Anmeldung des Arbeitnehmers anhaftet, ab dem Zeitpunkt geheilt, in dem der Arbeitgeber die Diensterfindung freigibt;[157] Fälle des nachträglichen **Freiwerdens der Erfindung** bewirken, dass die Erfindung als von Anfang an frei anzusehen ist, also vom Erfinder im Ergebnis zu Recht angemeldet wurde.[158]

### 2. Anmeldung auf den Namen des Arbeitgebers

48 Eine Anmeldung durch den Arbeitnehmer auf den Namen des Arbeitgebers vermittelt Letzterem die Anmelderposition nach § 7 Abs. 1 PatG; genehmigt der Arbeitgeber diese – vom Fall des § 13 Abs. 3 abgesehen – unbefugte Anmeldung (entsprechend § 185 BGB) nicht, muss sie mangels Vollmachtsvorlage zurückgewiesen werden (vgl. § 15 Abs. 1 DPMAV)[159] bzw. gelten in Bezug auf eine europäische Patentanmeldung bei nicht rechtzeitiger Einreichung der Vollmacht die Handlungen des vollmachtlosen Vertreters mit Ausnahme der Einreichung der Patentanmeldung als nicht erfolgt (Regel 101 Abs. 4 EPÜAO a.F.; Regel 152 Abs. 6 EPÜAO 2000).

### 3. Sonstige Rechtsfolgen

49 Verletzungen des Anmelderechts des Arbeitgebers durch den Arbeitnehmer können **Unterlassungs- und Schadensersatzansprüche** (§§ 823, 826, 1004 BGB; Pflichtverletzung § 280 Abs. 1, § 619a BGB) begründen; insoweit stellt § 13 Abs. 1 ein Schutzgesetz i.S.d. § 823 Abs. 2 BGB dar[160] (s.a. § 4 Rdn. 52). Evtl. Kosten im Zusammenhang mit der Umschreibung bzw. Übertragung (s.

---

157 Keukenschrijver in Busse/Keukenschrijver, PatG, Rn. 21 zu § 13 ArbEG. S. zum früheren Recht DPA v. 21.01.1959, BlPMZ 1959, 115.
158 Schiedsst. v. 28.03.1966, BlPMZ 1967, 131, 132.
159 Vgl. dazu Benkard/Schäfers, PatG, Rn. 7 f. zu § 34 PatG.
160 Schiedsst. v. 28.02.1991, BlPMZ 1992, 21, 22; Reimer/Schade/Schippel/Trimborn Rn. 18 zu § 13; im Ergebn. auch Keukenschrijver in Busse/Keukenschrijver, PatG, Rn. 22 zu § 13 ArbEG.

§ 7 n.F. Rdn. 42) gehen ebenso zulasten des Arbeitnehmers[161] wie die Kosten der Rechtsverfolgung. I.R.d. Schadensersatzes sind auch schuldhafte Eingriffe in den Schutzumfang während des Erteilungsverfahrens auszugleichen (vgl. § 13 Rdn. 69 f.).

Führt der Arbeitgeber eine vom Arbeitnehmer eingereichte Schutzrechtsanmeldung fort, hat er diesem gem. §§ 684, 670 BGB die notwendigen Auslagen zu erstatten, namentlich die von ihm gem. § 13 Abs. 1 zu tragenden Anmelde- und Prüfungsgebühren, nicht dagegen die Kosten für vom Arbeitnehmer in Anspruch genommene Dritte[162] (etwa Patent- oder Rechtsanwälte, vgl. § 13 Rdn. 23). Ein Aufwendungsersatz nach § 683 BGB kommt nicht in Betracht, da es sich bei einer Verletzung des Anmelderechts des Arbeitgebers im Hinblick auf § 13 Abs. 1 und 3 ArbEG nicht um eine berechtigte Geschäftsführung ohne Auftrag handelt. **50**

Hat der Arbeitnehmer den Gegenstand der **Diensterfindung zusammen mit einer freien Erfindung** in ein und derselben Schutzrechtsanmeldung angemeldet, ist der Arbeitnehmer im Wege des Schadensersatzes verpflichtet, bei Teilbarkeit auf seine Kosten die Teilung der Patentanmeldung (§ 39 PatG) und Übertragung der den Gegenstand der Diensterfindung enthaltenden Teilanmeldung auf den Arbeitgeber vorzunehmen.[163] Jedenfalls steht dem Arbeitgeber mit Inanspruchnahme der Diensterfindung ein Anspruch auf Einräumung einer Mitberechtigung an der Anmeldung zu.[164] Sind Diensterfindung und freie Erfindung Gegenstand eines Gebrauchsmusters, das aufgrund Eintragung nicht mehr geteilt werden kann (§ 4 Abs. 6 GebrMG), hat der Arbeitnehmer dem Arbeitgeber die Mitinhaberschaft einzuräumen und die Umschreibung des Gebrauchsmusters auf den Arbeitgeber als Mitinhaber auf eigene Kosten **50.1**

---

161 Schiedsst. v. 17.10.1988, BlPMZ 1989, 366, 368 r.Sp.; v. 28.02.1991, BlPMZ 1992, 21, 22; abw. wohl Boemke/Kursawe/Kursawe Rn. 20 zu § 7: Kosten der Erklärung zur Umschreibung trägt der ArbG nach § 403 S. 2 BGB, es sei denn, der ArbN hat schuldhaft seine Meldepflicht verletzt.
162 Im Ergebn. ebenso Schiedsst. v. 17.10.1988, BlPMZ 1989, 366, 368 r.Sp., dort als Anspruchsgrundlage §§ 687 Abs. 2, 684 BGB; im Ergebn. auch Schiedsst. v. 28.02.1991, BlPMZ 1992, 21, 22, dort aber m.H.a. § 13 Abs. 3; allg. für Ansprüche auf Aufwendungsersatz auch Keukenschrijver in Busse/Keukenschrijver, PatG, Rn. 22 zu § 13 ArbEG; s. auch Boemke/Kursawe/Hoppe-Jänisch Rn. 94 zu § 13 (»Kostentragungspflicht des Arbeitgebers jedenfalls« für durch Schutzrechtsanmeldung »ersparte Anmeldekosten«).
163 Schiedsst. v. 28.02.1991, BlPMZ 1992, 21, 22; zust. auch Keukenschrijver in Busse/Keukenschrijver, PatG, Rn. 22 zu § 13 ArbEG; s.a. BGH v. 17.01.1995 – X ZR 130/93, Mitt. 1996, 16 – *Gummielastische Masse*.
164 BGH v. 12.03.2009 – Xa ZR 86/06, GRUR 2009, 657 – *Blendschutzbehang*.

## 4. Meinungsverschiedenheiten über die Abgrenzung Diensterfindung/ freie Erfindung

51 Streiten sich die Arbeitsvertragsparteien darüber, ob eine freie Erfindung (§ 18) oder eine Diensterfindung vorliegt, ist eine Schutzrechtsanmeldung im Interesse einer Sicherung der Prioritätsrechte sachgerecht; dabei haben die Arbeitsvertragsparteien allerdings beiderseits die rechtlichen Konsequenzen einer Fehlentscheidung zu beachten (s. dazu insb. § 13 Rdn. 46 f., 49, 52; ferner § 4 Rdn. 51 f., § 7 n.F. Rdn. 42 ff.). Eine Anmeldepflicht des Arbeitnehmers bei freien Erfindungen kennt das ArbEG selbst im Fall des Bestreitens nach § 18 Abs. 2 nicht (s. § 18 Rdn. 5). Im Interesse beider Arbeitsvertragsparteien an einer Prioritätssicherung ist es zumindest angezeigt, sich über die Möglichkeit einer vorsorglichen Schutzrechtsanmeldung durch den Arbeitgeber zu verständigen. Ansonsten kann die Streitfrage selbst – sofern nicht eine Einigung durch die Schiedsstelle zustande kommt – ausschließlich vor den Patentstreitkammern der ordentlichen Gerichte (vgl. §§ 37, 39) ausgetragen werden (s.a. § 4 Rdn. 52); ein anhängiges Erteilungsverfahren ist entsprechend § 148 ZPO auszusetzen.[166]

52 Stellt sich nachträglich heraus, dass es sich um eine **freie Erfindung** handelte, lag in der Anmeldung durch den Arbeitgeber eine widerrechtliche Entnahme i.S.d. § 21 Abs. 1 Nr. 3 PatG; Einzelheiten s. § 8 n.F. Rdn. 93 f. u. § 13 Rdn. 92. Gleiches gilt, wenn der Arbeitgeber die Erfindung nach Freiwerden anmeldet (vgl. § 13 Abs. 4 Satz 1; s. § 13 Rdn. 92). Wird die Erfindung im laufenden Erteilungsverfahren frei, handelt der Arbeitgeber bei eigener Fortführung des Verfahrens als vollmachtloser Vertreter (vgl. oben § 13 Rdn. 48).

## E. Meinungsverschiedenheiten über die Schutzfähigkeit der Diensterfindung

53 Sind sich beide Arbeitsvertragsparteien nach Erfindungsmeldung (s. § 22) über eine Nichtanmeldung einig, entfällt die Anmeldepflicht des Arbeitgebers gem. § 13 Abs. 2 Nr. 2 (s. § 13 Rdn. 33 f.).

54 Da der dem Arbeitgeber gem. § 13 Abs. 1 obliegende Anmeldezwang erst ein Schutzrechtserteilungsverfahren in Gang setzen und damit die endgültige Klä-

---

165 Schiedsst. v. 28.02.1991, BlPMZ 1992, 21, 22; s.a. BGH v. 17.01.1995 – X ZR 130/93, Mitt. 1996, 16 – *Gummielastische Masse*.
166 Vgl. BPatG v. 25.02.1969, BPatGE 10, 207, 217 f.

rung der Schutzfähigkeit herbeiführen soll, kann die Erfüllung der Anmeldepflicht nicht vom Nachweis der Schutzfähigkeit abhängen (s.a. § 2 Rdn. 16, 18). Der Arbeitgeber ist vielmehr gehalten, im Rahmen einer Schlüssigkeitsprüfung nach objektiv nachprüfbaren Kriterien die Möglichkeit einer Schutzrechtserteilung, d.h. vorrangig eines Patents (s. § 13 Rdn. 11 ff.), zu beurteilen.

**Bejaht** er die Möglichkeit einer Schutzfähigkeit, ist seine Entscheidung über die Einreichung der Schutzrechtsanmeldung auch bei Zweifeln des Arbeitnehmers maßgeblich. Der Arbeitgeber erfüllt mit seiner Anmeldung ja gerade das Anliegen des Gesetzgebers, im Erteilungsverfahren Klarheit über die Schutzfähigkeit zu erreichen. Konsequenterweise kann aber in der bloßen Schutzrechtsanmeldung nicht ein Anerkenntnis der Schutzfähigkeit durch den Arbeitgeber liegen,[167] da diese ja erst im Verfahren abschließend geprüft wird (s. § 2 Rdn. 15).

**55**

**Verneint** der Arbeitgeber die Möglichkeit einer Schutzrechtserteilung, so entfällt seine Anmeldepflicht gem. § 13 nur dann, wenn die von ihm ermittelten Fakten einer Schutzrechtsanmeldung eindeutig, d.h. offensichtlich entgegenstehen[168] (etwa bei zweifelsfrei neuheitsschädlichem Material gem. § 3 PatG). Das Risiko einer Fehleinschätzung liegt beim Arbeitgeber; allerdings geht die *Schiedsstelle* auch in diesen Fällen von einer Anmeldepflicht des Arbeitgebers aus (s. § 2 Rdn. 19).

**56**

Bei **bloßen Zweifeln** bleibt er gem. § 13 Abs. 1 zur Schutzrechtsanmeldung verpflichtet, damit in diesem Verfahren gerade diese Zweifel geklärt werden[169] (s. § 2 Rdn. 18 f.). Dies zeigt auch ein Vergleich mit § 17 Abs. 2, der dem Arbeitgeber als Alternative zur Schutzrechtsanmeldung gem. § 13 Abs. 1 bei Zweifeln an der Schutzfähigkeit die Möglichkeit einräumt, mit Rücksicht auf berechtigte Belange des Unternehmens an einer Geheimhaltung anstelle des Erteilungsverfahrens ein Verfahren vor der Schiedsstelle einzuleiten.

**57**

Zum Anmelderecht des Arbeitnehmers bei Freigabe (§ 8) wegen mangelnder Schutzfähigkeit s. § 8 n.F. dort Rdn. 56 f.; s.a. unten § 13 Rdn. 72.

---

167 Insoweit bedenkl. BGH v. 02.12.1960 – I ZR 23/59, GRUR 1961, 338, 339 – *Chlormethylierung*.
168 Zust. Keukenschrijver in Busse/Keukenschrijver, PatG, Rn. 4 zu § 13 ArbEG (»eindeutiger Schutzunfähigkeit«).
169 Im Ergebn. so auch BGH v. 02.06.1987, GRUR 1987, 900, 901 a. E. – *Entwässerungsanlage*; vgl. auch BGH v. 15.05.1990 – X ZR 119/88, GRUR 1990, 667, 668 – *Einbettungsmasse*; Schiedsst. v. 08.02.1991, GRUR 1991, 753, 755 – *Spindeltrieb*; ZB v. 07.03.2016 – Arb.Erf. 09/14; EV. v. 22.03.2017 – Arb.Erf. 15/15; v. 29.06.2017 – Arb.Erf. 62/16, (alle www.dpma.de); v. 24.01.2018 – Arb.Erf. 39/16 (vorg. f. www.dpma.de); Reimer/Schade/Schippel/Trimborn Rn. 5 zu § 13.

## F. Verletzung der Anmeldepflicht durch den Arbeitgeber

### I. Durchsetzung der Anmeldepflicht durch den Arbeitnehmer

#### 1. Vor Inanspruchnahme

**58** Verletzt der Arbeitgeber seine Pflicht zur unverzüglichen Anmeldung, so kann der Arbeitnehmer nach *Keukenschrijver*[170] die Diensterfindung selbst anmelden und bei Inanspruchnahme den Übertragungsanspruch des Arbeitgebers anerkennen. Dafür wäre u. E. auch mit Blick auf die potentielle Vermutung der Inanspruchnahme nach § 6 Abs. 2 jedenfalls eine Anmeldung auf den Namen des Arbeitgebers sinnvoll, wenn nicht gar geboten, wie dies § 13 Abs. 3 bei Inanspruchnahme vorsieht[171] (s. auch § 13 Rdn. 60). Ein anderer Weg ist, den Arbeitgeber insb. bei drohender Gefahr eines Prioritätsverlustes im Wege der **einstweiligen Verfügung** (§§ 935, 940 ZPO) zur Anmeldung zu veranlassen;[172] einer vorherigen Anrufung der Schiedsstelle bedarf es nicht (§ 37 Abs. 4). Dieser einstweilige Rechtsschutz kann in dem Zeitraum vor Inanspruchnahme relevant werden, da dem Arbeitnehmer dann die Möglichkeit der Ersatzvornahme gem. § 13 Abs. 3 noch nicht zur Verfügung steht.

**59** Da eine solche einstweilige Verfügung allerdings bereits auf die Erfüllung der Anmeldepflicht durch den Arbeitgeber gerichtet wäre, ist – ähnlich wie bei einstweiligen Verfügungen in Patentverletzungsstreitigkeiten[173] – besondere Zurückhaltung angebracht.[174]

**60** Meldet der Arbeitnehmer von sich aus die Erfindung auf den Namen des Arbeitgebers zum Schutzrecht an, um einen drohenden Prioritätsverlust zu verhindern, handelt er als Vertreter ohne Vertretungsmacht (s.o. § 13 Rdn. 48); der Arbeitgeber handelt ggf. treuwidrig (§ 242 BGB), wenn er die Genehmigung versagt und deshalb die Anmeldung zurückgewiesen wird.[175]

---

170 In Busse/Keukenschrijver, PatG, Rn. 20 zu § 13 ArbEG; a. A. Boemke/Kursawe/Hoppe-Jänisch Rn. 81 zu § 13.
171 A. A. wohl Keukenschrijver in Busse/Keukenschrijver, PatG, Rn. 20 zu § 13 ArbEG.
172 Riemschneider/Barth Anm. 3 zu § 6 DVO 1943; Reimer/Schade/Schippel/Trimborn Rn. 11 zu § 13; Volmer/Gaul Rn. 236 zu § 13; krit. Keukenschrijver in Busse/Keukenschrijver, PatG, Rn. 20 zu § 13 ArbEG.
173 Vgl. dazu die Nachweise b. Benkard/Grabinski/Zülch, PatG, Rn. 150 ff. zu § 139 PatG; Rogge in Festschr. v. Gamm, 1990, 461 ff.; Meier-Beck, GRUR 1988, 861 ff.; Krieger in Festschr. Preu (1988), 165 ff.; Böhler, GRUR 2011, 965; Wuttke, Mitt. 2011, 393.
174 Das wird von Boemke/Kursawe/Hoppe-Jänisch Rn. 82 zu § 13 nicht geteilt.
175 Vgl. auch Volmer Rn. 56 zu § 13; Volmer/Gaul Rn. 241 f. zu § 13.

## 2. Nach (unbeschränkter) Inanspruchnahme – Ersatzvornahme durch den Arbeitnehmer (Abs. 3)

Kommt der Arbeitgeber selbst nach (unbeschränkter) Inanspruchnahme seiner **61** Pflicht zur unverzüglichen Anmeldung nicht nach, kann der Arbeitnehmer ihm eine angemessene Nachfrist setzen und nach deren erfolglosem Ablauf die Anmeldung **für den Arbeitgeber auf dessen Namen und Kosten** bewirken (§ 13 Abs. 3). Die Regelung erfasst sämtliche Fälle, in denen der Arbeitgeber kraft Inanspruchnahme Inhaber aller vermögenswerten Rechte an der Diensterfindung geworden ist (§ 7 Abs. 1); insoweit hat sich durch die Streichung des Zusatzes »unbeschränkte« materiell nichts geändert (s. § 13 Rdn. 1), und zwar auch nicht für die vor dem 01.10.2009 gemeldeten Diensterfindungen, die seinerzeit noch »unbeschränkt« in Anspruch genommen wurden.

In den Fällen des Abs. 3 ist der Arbeitnehmer nur zur **Einreichung der Anmeldung**, nicht aber zur Durchführung des Erteilungsverfahrens berechtigt.[176] Er kann lediglich noch als Dritter i.S.d. § 44 Abs. 2 PatG Prüfungsantrag stellen (s. § 13 Rdn. 41). I.Ü. bleibt der Arbeitgeber als durch die Inanspruchnahme allein berechtigter Rechtsnachfolger des Arbeitnehmers (vgl. § 6 Satz 1 PatG) Herr des Erteilungsverfahrens[177] (s.o. § 13 Rdn. 41). Aus dem Wesen der Ersatzvornahme sowie aus der Treuepflicht ist der Arbeitnehmer zur unverzüglichen **Unterrichtung des Arbeitgebers** über die durchgeführte Schutzrechtsanmeldung – ggfs. unter Übermittlung einer Kopie der Anmeldungsunterlagen – gehalten. Eine **Pflicht** des Arbeitnehmers zur Ersatzvornahme besteht nicht (z. Mitverschulden s. aber § 13 Rdn. 71); die Möglichkeit der Ersatzvornahme durch den Arbeitnehmer befreit somit den Arbeitgeber nicht von seiner Anmeldepflicht.[178]

Ob die gesetzte **Nachfrist** »angemessen« ist, beurteilt sich nach den Umstän- **62** den des Einzelfalls unter Beachtung des Gebotes der gegenseitigen Rücksichtnahme (§ 242 BGB); dabei ist deren Charakter als Nachfrist zu werten, die nicht den Zweck hat, dem Arbeitgeber zu ermöglichen, die versäumte Anmeldung nun erst in die Wege zu leiten; sie soll vielmehr dem Arbeitgeber lediglich noch eine letzte Gelegenheit zur Anmeldung gewähren.[179] Einer Nachfrist bedarf es selbst dann, wenn der Arbeitgeber zuvor eine Schutzrechtsanmeldung

---

176 Amtl. Begründung BT-Drucks. II/1648 S. 32 = BlPMZ 1957, 236.
177 Keukenschrijver in Busse/Keukenschrijver, PatG, Rn. 20 zu § 13 ArbEG.
178 Schiedsst. v. 08.02.1991, GRUR 1991, 753, 755 – *Spindeltrieb*.
179 Vgl. RG v. 24.11.1916, RGZ 89, 123, 125 (zu § 326 BGB a.F.). Weitergehend Boemke/Kursawe/Hoppe-Jänisch Rn. 86 zu § 13: »großzügiger Maßstab«, wobei »im Normalfall ... eine Frist von vier Wochen den Interessen beider Seiten gerecht werden« soll; vgl. auch Reimer/Schade/Schippel/Trimborn Rn. 11 zu § 13.

ernsthaft und endgültig verweigert hat oder wenn im Einzelfall unter Abwägung der beiderseitigen Interessen eine sofortige Ersatzvornahme gerechtfertigt wäre; auf Grund der gesetzlichen Vorgabe in § 13 Abs. 4 gilt hier § 281 Abs. 2 BGB nicht entsprechend;[180] davon zu trennen ist aber die Frage der Angemessenheit der Nachfrist, die sich bei solchen Sachverhalten einzelfallbezogen deutlich verkürzen kann, im Einzelfall zur notwendigen Prioritätssicherung sogar bis hin zu wenigen Tagen oder gar Stunden.[181]

63 Bei der Bestimmung der »Angemessenheit« ist nicht nur den Verhältnissen des jeweiligen Arbeitgebers, sondern auch dem billigenswerten **Interesse des Arbeitnehmers** an der alsbaldigen Prioritätssicherung Rechnung zu tragen. Drohen bspw. Parallelanmeldungen von Wettbewerbern auf entwicklungsintensiven Bereichen, so können vom Arbeitgeber außerordentliche Anstrengungen erwartet werden, die eine sehr kurze Frist von wenigen Tagen rechtfertigen; im Ausnahmefall kann der Arbeitgeber sich nicht auf eine unterbliebene Fristsetzung berufen, wenn der Arbeitnehmer bei drohendem Prioritätsverlust die Anmeldung unmittelbar selbst vorgenommen hat (s.a. § 13 Rdn. 60).

Eine **zu kurz bemessene Frist** ist nicht unwirksam; vielmehr wird dadurch i.d.R. eine angemessene Nachfrist in Lauf gesetzt,[182] sodass der Arbeitnehmer erst nach deren Ablauf zur Selbstanmeldung berechtigt ist.

Eine zur Ersatzvornahme berechtigende Verletzung der dem **Arbeitgeber** obliegenden Anmeldepflicht stellt es auch dar, wenn er anstelle des Patentes ohne ausreichenden Grund ein **Gebrauchsmuster anmeldet**.[183] Auch eine vom Arbeitgeber – nach (unbeschränkter) Inanspruchnahme und Gebrauchsmusteranmeldung – erklärte »Freigabe« der Diensterfindung für eine Patentanmeldung durch den Arbeitnehmer auf dessen Kosten und unter Vorbehalt der Rechte des Arbeitgebers aus dem Gebrauchsmuster ist wegen Verstoßes gegen die Anmeldepflicht des § 13 Abs. 1 unzulässig, und zwar auch dann, wenn der Arbeitgeber Zweifel an der Schutzfähigkeit hat.[184]

---

180 A. A. Boemke/Kursawe/Hoppe-Jänisch Rn. 89 zu § 13.
181 Vgl. auch zu § 42 Nr. 1: BGH v. 18.09.2007 – X ZR 167/05, GRUR 2008, 150 (Rn. 26) – *selbststabilisierendes Kniegelenk*, der im Ausnahmefall sogar einen Wegfall der dortigen Wartefrist anspricht (a.a.O. Rn. 27).
182 Vgl. RG v. 16.12.1903, RGZ 56, 231, 235 (zu § 326 BGB a.F.); zust. Boemke/Kursawe/Hoppe-Jänisch Rn. 88 zu § 13.
183 Schiedsst. v. 08.02.1991, GRUR 1991, 753, 755 – *Spindeltrieb*.
184 So Schiedsst. v. 08.02.1991, GRUR 1991, 753, 755 – *Spindeltrieb*.

### F. Verletzung der Anmeldepflicht durch den Arbeitgeber § 13

Die Ersatzvornahme ist u. E. auch dann möglich, wenn der Arbeitgeber selbständig **schutzfähige Teile** der gemeldeten Diensterfindung nicht angemeldet hat[185] (zum Vergütungsanspruch s. § 9 Rdn. 83 ff.).

Aus dem Charakter der Ersatzvornahme folgt, dass der Arbeitnehmer bei der Wahl zwischen einer **Patent- und einer Gebrauchsmusteranmeldung** grds. die für den Arbeitgeber geltenden Maßstäbe (s.o. § 13 Rdn. 10 ff.) im Rahmen seiner Möglichkeiten zu beachten hat.[186] 64

Soweit er mit Fragen der Schutzrechtserteilung und/oder Überlegungen der Unternehmenspolitik nicht oder nicht umfassend vertraut ist, können ihm eine evtl. Fehlentscheidung und daraus resultierende Kosten und sonstige Schäden grds. nicht angelastet werden; es wäre Sache des Arbeitgebers gewesen, seiner gesetzlichen Anmeldepflicht zu entsprechen oder vorab den Arbeitnehmererfinder über sachlich gegebene Anmeldehindernisse aufzuklären. In diesem Rahmen muss der Arbeitnehmer grds. auch als berechtigt und im Einzelfall sogar als verpflichtet angesehen werden, sachverständige Dritte (z.B. Patentanwalt) zur Durchführung des Anmeldeverfahrens hinzuzuziehen.[187]

Da der Arbeitnehmer kraft Gesetzes für seinen Arbeitgeber als Anmeldeberechtigten (§ 13 Abs. 1 ArbEG, § 6 PatG) tätig wird, bedarf es des Vollmachtsnachweises (§ 15 DPAVO), der durch Vorlage der Inanspruchnahmeerklärung und des Belegs der Fristsetzung gem. § 13 Abs. 3 erbracht werden kann.[188] 65

Der Arbeitgeber ist verpflichtet, die dem Arbeitnehmer durch die Ersatzvornahme entstandenen **Kosten auszugleichen** (§ 13 Abs. 3 letzter Halbs.). Hierzu zählen insb. vorgelegte Gebühren des Erteilungsverfahrens sowie Kosten außenstehender Berater wie auch sonstige Kosten für sachdienliche Maß- 66

---

185 Nach Boemke/Kursawe/Hoppe-Jänisch Rn. 84 zu § 13 ist der Tatbestand des § 13 Abs, 3 schon dann erfüllt, wenn der ArbG »die Erfindung nicht in der gebotenen Breite anmeldet, also den Schutzumfang des Schutzrechts ohne sachlichen Grund gegenüber der gemeldeten Erfindung beschneidet«.
186 Weitergehend Boemke/Kursawe/Hoppe-Jänisch Rn. 91 zu § 13, wonach der ArbN von »der generell vorrangigen Möglichkeit Gebrauch machen« darf, »vorrangig Patentschutz zu beantragen«.
187 Der textidentische Hinweis dieses gesamten Absatzes war bereits in unserer 5. Auflage 2013 enthalten. Der Hinweis findet sich (ohne Zitat) weitgehend identisch auch in Boemke/Kursawe (Hrsg.), Gesetz über Arbeitnehmererfindungen (2015), Rn. 92 zu § 13 ArbEG; dort ist allerdings die Einschränkung »grds.« nicht enthalten und es wird anstelle der Worte »sachverständige Dritte (z.B. Patentanwalt) zur Durchführung des Anmeldeverfahrens hinzuzuziehen« ausgeführt: »Vertreter zur Anmeldung hinzuzuziehen«.
188 Reimer/Schade/Schippel/Trimborn Rn. 11 zu § 13.

nahmen, die durch den Zweck der Ersatzvornahme gedeckt sind (z.B. Recherchekosten).

Eine vom Arbeitnehmer durchgeführte Ersatzvornahme schließt **weitergehende Schadensersatzansprüche** des Arbeitnehmers nicht aus[189] (s. hierzu auch § 13 Rdn. 68 ff.). Da § 13 Abs. 3 (nur) eine Berechtigung des Arbeitnehmers, dagegen keine Verpflichtung zur Einleitung des Anmeldeverfahrens begründet, kann eine unterbliebene Ersatzvornahme grds. nicht unter dem Aspekt des **Mitverschuldens** (§ 254 BGB) schadensmindernd geltend gemacht werden (s. § 13 Rdn. 71).

Zu den Rechtsfolgen einer unberechtigten Schutzrechtsanmeldung durch den Arbeitnehmer s. § 13 Rdn. 46 ff.

### II. Kein Recht des Arbeitnehmers auf Rückfall der Diensterfindung

67 Der Gesetzgeber hat bewusst davon abgesehen, dem Arbeitnehmer bei Verletzung der Anmeldepflicht durch den Arbeitgeber neben einem Schadensersatzanspruch und dem Recht der Selbstanmeldung noch ein Recht auf unentgeltlichen Rückfall der Diensterfindung einzuräumen.[190]

### III. Schadensersatzansprüche des Arbeitnehmers

68 Verletzt der Arbeitgeber schuldhaft seine Anmeldepflicht, so kann er sich dadurch ggü. dem Arbeitnehmer schadensersatzpflichtig machen.[191] § 13 stellt insoweit auch ein **Schutzgesetz** zugunsten des Arbeitnehmers i.S.d. § 823 Abs. 2 BGB dar.[192] Als Anspruchsgrundlage kommt daneben ein Anspruch aus § 826 BGB und ggfls. aus Pflichtverletzung § 280 Abs. 1 BGB[193] (s. dazu § 1 Rdn. 160 zu) in Betracht. Für das Verschulden von eingeschalteten Mitar-

---

189 Ausschussber. zu BT-Drucks. II/3327 S. 6 = BlPMZ 1957, 252.
190 Ausschussber. zu BT-Drucks. II/3327 S. 6 = BlPMZ 1957, 252.
191 Vgl. Amtl. Begründung BT-Drucks. II/1648 S. 32 = BlPMZ 1957, 236; Schiedsst. v. 27.02.1984, BlPMZ 1984, 301, 302; v. 13.7.2011 – Arb.Erf. 8/10, (unveröffentl.), u. v. 17.06.2016 – Arb.Erf. 57/13, (www.dpma.de).
192 So h.M., vgl. BGH v. 09.01.1964 – I a ZR 190/63, GRUR 1964, 449, 453 – *Drehstromwicklung* u. BGH v. 08.12.1981, BlPMZ 1982, 220, 221 – *Absorberstab-Antrieb II* (zu § 14); Schiedsst. v. 23.03.1995 – Arb.Erf. 177/92, (unveröffentl.); v. 17.06.2016 – Arb.Erf. 57/13, (www.dpma.de); Keukenschrijver in Busse/Keukenschrijver, PatG, Rn. 18, 19 zu § 13 ArbEG; a. A. Boemke/Kursawe/Hoppe-Jänisch Rn. 101 zu § 13 m. H. a. OLG Düsseldorf v. 09.08.2007 – 2 U 41/06, BeckRS 2008, 07987.
193 Röpke, Arbeitsverh. u. ArbNErf., S. 92 geht von pVV des Arbeitsvertrages aus. Vgl. auch Keukenschrijver in Busse/Keukenschrijver, PatG, Rn. 18 zu § 13 ArbEG.

beitern oder Dritten (Patentsachbearbeiter, Patentanwalt) haftet der Arbeitgeber nach allgemeinen Grundsätzen (§§ 278, 831 BGB).[194] Zur Verletzung des Erfinderpersönlichkeitsrechts, insb. der Erfindernennung, s. § 7 n.F. Rdn. 82.

**Verletzungshandlungen** können insb. in einem Unterlassen der Anmeldung 69 wie auch in einer nicht unverzüglichen, d.h. mit schuldhaftem Zögern vorgenommenen Anmeldung liegen;[195] ferner in sachlich nicht gerechtfertigten Einschränkungen des ursprünglichen (gemeldeten) Erfindungsgegenstandes i.R.d. Schutzrechtsanmeldung[196] (zur nicht vollständigen Ausschöpfung der Erfindungsmeldung s. § 9 Rdn. 83 ff.). Auch eine Fehleinschätzung als Betriebsgeheimnis verletzt § 13.[197] Keine Verletzung ist die Unterrichtung der Erteilungsbehörde über eine Vorbenutzung oder sonstiges neuheitsschädliches Material zur Berücksichtigung bei der Prüfung der Schutzfähigkeit[198] (vgl. § 124 PatG).

Eine nicht zweckdienliche (§ 13 Abs. 1 Satz 2) Hinterlegung als Gebrauchsmuster anstelle einer gebotenen Patentanmeldung stellt eine Pflichtverletzung dar.[199] Bei der Vergütungsbemessung bestimmt sich deshalb der Erfindungswert nicht nach RL Nr. 28; vielmehr schuldet der Arbeitgeber als Schadensersatz den für ein Patent angemessenen Erfindungswert.[200] Meldet der Arbeitgeber zunächst ein Gebrauchsmuster an, welches dann einer nachfolgenden Patentanmeldung als neuheitsschädlicher Stand der Technik entgegensteht, geht die Schadensersatzpflicht des Arbeitgebers dahin, den Arbeitnehmer hinsichtlich der Zahlung einer Arbeitnehmererfindervergütung so zu stellen, wie er stehen würde, wenn der Arbeitgeber ein Patent angemeldet hätte.[201] Nutzt der Arbeitgeber die gebrauchsmustergeschützte Diensterfindung, bestimmt

---

194 Volmer/Gaul Rn. 62 zu § 12.
195 Vgl. Schiedsst. v. 05.12.1991, Mitt. 1997, 120, 122 – *Hinterfüll-Bewehrungsrollmatte*.
196 Krieger in Anm. GRUR 1989, 210 gg. BGH v. 29.11.1988 – X ZR 63/87, GRUR 1989, 205 – *Schwermetalloxidationskatalysator*; Schiedsst. v. 15.05.2001 – Arb.Erf. 59/98, (unveröffentl.).
197 Schiedsst. ZB. v. 29.09.1994 – Arb.Erf. 12/93, (unveröffentl.); v. 20.06.2013 – Arb.Erf. 32/12, (www.dpma.de).
198 Schiedsst. v. 19.06.1996 – Arb.Erf. 62/94, (unveröffentl.).
199 LG Düsseldorf v. 25.03.2014 – 4a O 122/12, (juris, Rn. 62, in Mitt. 2015, 47 nur LS) – Insektenschutzrollo; Schiedsst. v. 08.02.1991, GRUR 1991, 753, 755 – *Spindeltrieb*; bestätigt durch EV v. 28.09.1993 – Arb.Erf. 133/92, (unveröffentl.); Keukenschrijver in Busse/Keukenschrijver, PatG, Rn. 19 zu § 13 ArbEG.
200 Schiedsst. v. 08.02.1991, GRUR 1991, 753, 755 – *Spindeltrieb* u. v. 28.09.1993 – Arb.Erf. 133/92, (unveröffentl.).
201 Schiedsst. v. 23.03.1995 – Arb.Erf. 177/92, (unveröffentl.).

sich die Vergütungsdauer nicht nach der durchschnittlichen Patentlaufdauer,[202] sondern nach dem tatsächlichen Benutzungszeitraum, also ggf. bis hin zum fiktiven Patentablauf.

Zu Beschränkungen (teilweiser Aufgabe) im Erteilungsverfahren s. § 13 Rdn. 44; zur Anmeldung einer freien Erfindung als Diensterfindung s. § 4 Rdn. 53; zur Erfindungsübertragung vor Schutzrechtsanmeldung s. hier § 13 Rdn. 3. Erweckt der Arbeitnehmer den Eindruck, dass es sich um eine freie Erfindung handelt, kann ein Verschulden des Arbeitgebers ausgeschlossen sein.[203]

**70** Der **Schaden** des Arbeitnehmers besteht in allem, was der Arbeitnehmer bei ordnungsgemäßer Erfüllung des § 13 erlangt hätte.[204] Er kann insbesondere in Prioritätsverlusten und dadurch entgangenen Vergütungsansprüchen[205] (§§ 9, 10 a.F.) bzw. Verwertungsrechten (§ 16) liegen (zur nicht vollständigen Ausschöpfung einer Erfindungsmeldung s. § 9 Rdn. 83 ff.). Sind auf Grund verspäteter Anmeldung Teile einer Diensterfindung neuheitsschädlicher Stand der Technik geworden, hat die *Schiedsstelle* den Erfinder unter dem Aspekt des Schadensersatzes vergütungsmäßig so gestellt, als wäre die gesamte Diensterfindung schutzfähig.[206]

Der Arbeitnehmer trägt grds. die **Beweislast** für Pflichtverletzungen des Arbeitgebers und den eingetretenen Schaden.[207] Daher muss er in diesen Fällen zunächst beweisen, dass bei rechtzeitiger Anmeldung auf seine Erfindung ein rechtsbeständiges Schutzrecht mit Wahrscheinlichkeit (vgl. § 252 Abs. 2 BGB) erteilt worden wäre.[208] Allein auf die Möglichkeit des Anfalls von neu-

---

202 So aber Schiedsst. v. 28.09.1993 – Arb.Erf. 133/92, (unveröffentl.).
203 Schiedsst. v. 27.02.1984, BlPMZ 1984, 301, 302.
204 Schaub/Koch, ArbRHdb., § 114 Rn. 25.
205 Schiedsst. ZB. v. 29.09.1994 – Arb.Erf. 12/93, (unveröffentl.) – dort zur fehlerhaften Einschätzung als Betriebsgeheimnis; vgl. auch Schiedsst., 05.12.1991, Mitt. 1997, 120, 122 – *Hinterfüll-Bewehrungsrollmatte*.
206 Schiedsst. v. 17.06.2016 – Arb.Erf. 57/13, (www.dpma.de = Mitt. 2017, 369, dort nur LS 1).
207 Z. B. Schiedsst. v. 20.06.2013 – Arb.Erf. 32/12, (www.dpma.de), dort zu fehlenden betrieblichen Belangen i.S.v. § 17 Abs. 1 und damit einer Ausnahme nach § 13 Abs. 2 Nr. 3.
208 BGH v. 09.01.1964 – I a ZR 190/63, GRUR 1964, 449, 453 – *Drehstromwicklung* u. v. 08.12.1981, BlPMZ 1982, 220, 221 – *Absorberstab-Antrieb II* (zu § 14); LG Düsseldorf v. 25.03.2014 – 4a O 122/12 – (juris, Rn. 62, in Mitt. 2015, 47 nur LS) – Insektenschutzrollo (bei Gebrauchsmuster- statt Patentanmeldung); Schiedsst. ZB. v. 22.07.1992 – Arb.Erf. 2/92, u. v. 13.7.2011 – Arb.Erf. 8/19, (beide unveröffentl.).

heitsschädlichem Stand der Technik kann ein Schadensersatzanspruch nicht gegründet werden.[209] Die Gegenansicht geht davon aus, dass der Arbeitgeber, der pflichtverletzend die Prüfung der Schutzfähigkeit verhindert hat, in Umkehr der Beweislast die Umstände darzulegen hat, aus denen sich die Schutzunfähigkeit ergibt.[210]

Der Arbeitnehmer hat ferner die Darlegungs- und Beweislast dafür, dass wegen der durch die Pflichtverletzung bedingten Schutzunfähigkeit an sich mögliche Nutzungshandlungen des Arbeitgebers oder eigene Verwertungshandlungen bei konkreter Möglichkeit des Freiwerdens der Erfindung unterblieben sind.[211] Insoweit ist es Sache des Arbeitnehmererfinders, die **Kausalität** zwischen der behaupteten Pflichtverletzung und dem Eintritt eines Schadens darzulegen.[212] Behauptet der Arbeitnehmer eine unzureichende, der Diensterfindung nicht gerecht werdende Fassung der Schutzrechtsansprüche, muss er auch nachzuweisen, dass bei anderer Anspruchsfassung von einer umfassenderen Verwertung der Diensterfindung hätte ausgegangen werden können bzw. nach dem erteilten Schutzrecht außerhalb des Schutzumfangs liegende Nutzungshandlungen des Arbeitgebers unter die Diensterfindung fallen würden.[213]

Mangels abweichender Anhaltspunkte kann bei einer **Schadenspauschalierung** ansonsten berücksichtigt werden, dass die mittlere Laufdauer eines nicht benutzten Patents 8 bis 10 Jahre beträgt[214] (vgl. i.Ü. § 16 Rdn. 76 f.; zur mittleren Laufdauer s. § 9 Rdn. 59.1).

**Ein Mitverschulden** (§ 254 BGB) des Arbeitnehmers kann sich insb. ergeben aus einer mangelhaften Meldung (§ 5 Abs. 2) oder aus unzureichender bzw. verweigerter Mitwirkung (§ 15 Abs. 2). Es kann z.B. darin liegen, dass in der Erfindungsmeldung der Gegenstand der Erfindung nicht ausreichend beschrieben wurde und der Arbeitgeber deshalb die Tragweite der Erfindung bei der Formulierung der Patentansprüche nicht voll erfassen konnte.[215]

71

---

209 Schiedsst. v. 27.02.1984, BlPMZ 1984, 301, 302.
210 Keukenschrijver in Busse/Keukenschrijver, PatG, Rn. 18 zu § 13 ArbEG m.H.a. BGH v. 14.07.1980 – X ZR 1/79, (unveröffentl.) – zu § 16 ArbEG (s. hier Rn. 73 zu § 16).
211 Schiedsst. v. 27.02.1984, BlPMZ 1984, 301, 302.
212 OLG Düsseldorf v. 09.08.2007 – 2 U 41/06 – *Ummantelung von Stahlröhren I*, (unveröffentl.).
213 OLG Düsseldorf v. 09.08.2007 – 2 U 41/06 – *Ummantelung von Stahlröhren I*, (unveröffentl.).
214 Schiedsst. v. 25.05.1981, BlPMZ 1982, 166 a.E. (seinerzeit noch 10 Jahre).
215 Krieger in Festschr. Quack (1991) S. 41, 54.

Unterlässt der Arbeitnehmer eine »Ersatzvornahme« i.S.d. § 13 Abs. 3, liegt hierin kein Mitverschulden, da § 13 Abs. 3 nur ein Recht, aber keine Pflicht des Arbeitnehmers begründet.[216]

Wurde eine technische Neuerung sowohl vom Erfinder als auch vom Arbeitgeber nicht als schutzfähige Erfindung erkannt und sind deshalb Erfindungsmeldung, Schutzrechtsanmeldung und Inanspruchnahme unterblieben, begründet eine neuheitsschädliche Verwertung durch den Arbeitgeber, die dieser mit zustimmender Kenntnis des Arbeitnehmers vornimmt, keine Schadensersatzpflicht des Arbeitgebers.[217]

Schadensersatzansprüche nach § 823 Abs. 2 BGB i.V.m. § 13 Abs. 1 ArbEG verjähren in 10 Jahren von ihrer Entstehung an (§ 199 Abs. 3 Nr. 1 BGB), so dass nach dem Grundsatz der Schadenseinheit auch für erst in Zukunft fällige Vergütungsbeträge eine **Verjährung** eingetreten ist, wenn ab dem Tag, an dem ein erster Teilbetrag mit der Leistungsklage geltend gemacht werden konnte, 10 Jahre (ohne Vorliegen einer Hemmung bzw. Unterbrechung) verstrichen sind.[218]

## G. Anmelderecht des Arbeitnehmers nach Freiwerden (Abs. 4)

### I. Grundsätze

72 Mit **Freiwerden** der Diensterfindung gem. § 6 Abs. 2 bzw. § 8 Satz 1 n.F. ist der Arbeitnehmer alleiniger Anmeldeberechtigter. Gleiches galt in allen Fällen des Freiwerdens nach § 8 a.F.

Dabei unterscheidet Abs. 4 danach, ob im Zeitpunkt des Freiwerdens bereits eine inländische (europäische) Schutzrechtsanmeldung durch den Arbeitgeber erfolgt ist oder nicht: Ist dies nicht der Fall, kann der Arbeitnehmer eine Schutzrechtsanmeldung selbst betreiben (Abs. 4 Satz 1). Hat der Arbeitgeber die Diensterfindung gem. § 13 Abs. 1 zum Schutzrecht angemeldet, kann der Arbeitnehmer die Schutzrechtsanmeldung fortführen (Abs. 4 Satz 2). Zu europäischen und Auslandsanmeldungen siehe § 14 Rdn. 7.

---

216 Vgl. auch Schiedsst. v. 27.02.1984, BlPMZ 1984, 301, 302; wie hier Volmer/Gaul Rn. 273 zu § 13; Hueck/Nipperdey Lehrb. ArbR Bd. 1 § 53 II 9 (dort: Fn. 36); a. A. Keukenschrijver in Busse/Keukenschrijver, PatG, Rn. 20 zu § 13 ArbEG (»Verstoß gegen die Obliegenheit zur Schadensminderung«); Boemke/Kursawe/Hoppe-Jänisch Rn. 102 zu § 13.
217 Schiedsst. v. 25.01.1994 – Arb.Erf. 136/92, (unveröffentl.), wobei die Schiedsst. aufgrund der einvernehmlichen Überleitung der Erfindung auf den Arbeitgeber von dessen Verpflichtung zur Schutzrechtsanmeldung nach § 13 ausgeht.
218 Schiedsst. v. 11.12.2014 – Arb.Erf. 31/10, (www.dpma.de).

## G. Anmelderecht des Arbeitnehmers nach Freiwerden (Abs. 4) § 13

§ 13 Abs. 4 stellt klar, dass die dem Arbeitgeber schon vor einer Inanspruchnahme ausnahmsweise eingeräumte prozessuale Befugnis zur Anmeldung mangels (unbeschränkter) Inanspruchnahme entfällt, und belässt es bis zur endgültigen Klärung der Schutzfähigkeit der Erfindung bei dem Anmelderecht des Arbeitnehmers[219] (vgl. § 6 PatG). 73

Das Anmelderecht besteht auch bei **Zweifeln an der Schutzfähigkeit**. Die Anmeldebefugnis des Arbeitnehmers knüpft entsprechend dem Zweck des § 13 (vgl. § 13 Rdn. 55) an die bloß theoretische Möglichkeit der Schutzrechtserteilung (vgl. § 2 Rdn. 16 ff.) an.[220] Wollte man dem Arbeitnehmer in solchen Fällen das Recht absprechen, eine Klärung der Schutzfähigkeit im Erteilungsverfahren herbeizuführen, würden die Rechte des Arbeitnehmers aus § 8 Satz 2, § 13 Abs. 4 ins Leere laufen (s.a. § 13 Rdn. 58 f.). Will der Arbeitgeber sich wegen evtl. Zweifel an der Schutzfähigkeit seiner **Anmeldepflicht entledigen oder sieht er in der gemeldeten Diensterfindung eine nicht schutzfähige Neuerung** und gibt er sie deshalb nach § 6 Abs. 2 i.V.m. § 8 n.F. frei oder hatte er das Freiwerden der Erfindung nach § 8 Abs. 1 a.F. herbeigeführt (§ 13 Abs. 2 Nr. 1), wird das Anmelderecht des Arbeitnehmers nach § 13 Abs. 4 ungeachtet der Zweifel des Arbeitgebers ausgelöst. Auch hier hat der Gesetzgeber im Interesse der Klärung der Schutzfähigkeit einer Erfindung bei divergierenden Ansichten über die Schutzfähigkeit der Auffassung der einen oder anderen Arbeitsvertragspartei keinen Vorrang im Sinne einer abschließenden Entscheidung eingeräumt (vgl. § 17 Abs. 2). 74

Eine **Pflicht** des Arbeitnehmers **zur Schutzrechtsanmeldung**, zur Fortführung des Erteilungsverfahrens bzw. zur Aufrechterhaltung eines Schutzrechts besteht nicht, und zwar weder nach dem ArbEG noch aus der Treuepflicht;[221] davon gehen für den Fall der früheren unbeschränkten Inanspruchnahme § 10 Abs. 2 a.F. ebenso wie RL Nr. 25 Abs. 3 Satz 4 aus 75

*Rdn. 76 frei.*

### II. Eigene Schutzrechtsanmeldung des Arbeitnehmers (Satz 1)

Abs. 4 Satz 1 stellt klar, dass der Arbeitnehmer sein Anmelderecht als Erfinder **mit Wirkung ab Freiwerden** (zurück) erhält. Zeitgleich verliert der Arbeitge- 77

---

219 Vgl. Amtl. Begründung BT-Drucks. II/1648 S. 32 = BlPMZ 1957, 236.
220 Vgl. auch Löscher in Anm. LM Nr. 2 zu § 12 ArbEG.
221 So auch Reimer/Schade/Schippel/Rother Rn. 10, 14 zu § 7; Volmer/Gaul Rn. 79 ff. zu § 7 u. Rn. 125 ff. zu § 8; im Ergebn. auch Keukenschrijver in Busse/Keukenschrijver, PatG, Rn. 8 zu § 8.

ber seine Anmeldebefugnisse aus § 13 Abs. 1 mit Wirkung ex nunc (»nur der Arbeitnehmer«).

78 Die Rechtsstellung des Arbeitnehmers ggü. dem **DPMA** bestimmt sich nach allgemeinem Patent- und Gebrauchsmusterrecht. Gleiches gilt ggü. dem EPA.

79 Das Anmelderecht des Arbeitnehmers erstreckt sich auf die nach §§ 6, 8 n.F. bzw. § 8 a.F. frei gewordene Diensterfindung. Der **Umfang des Anmelderechts** des Arbeitnehmers nach dem ArbEG richtet sich nach dem Umfang des Freiwerdens, wofür wiederum der Inhalt der Erfindungsmeldung (§ 5) maßgeblich ist (s. § 8 n.F. Rdn. 67, 70).

*Rdn. 80 frei.*

### III. Fortführung der Schutzrechtsanmeldung des Arbeitgebers (Satz 2)

81 Sofern der Arbeitgeber zum Zeitpunkt des Freiwerdens die Diensterfindung bereits zum Schutzrecht angemeldet hatte, gehen nach Abs. 4 Satz 2 die Rechte aus der Anmeldung u. E. kraft Gesetzes auf den Arbeitnehmer über; eines **Übertragungsaktes** (§§ 398 ff. BGB) – wie etwa bei § 16 Abs. 1 u. 2 – bedarf es daher nach der hier vertretenen Auffassung nicht[222] (streitig, s. auch zum umgekehrten Fall § 7 n.F. Rdn. 42 f.). Die Regelung des § 13 Abs. 4 zeigt die Zielrichtung des Gesetzgebers, eigenständig die (dingliche) Zuordnung von Rechten an inländischen Schutzrechtspositionen entweder zum Arbeitnehmer (Übergang bei Freigabe i.S.d. § 8) oder zum Arbeitgeber (Klarstellung des

---

222 Vgl. BGH v. 10.11.1970 – X ZR 54/67, GRUR 1971, 210, 212 – *Wildverbissverhinderung*; ebenso früher OLG Düsseldorf v. 27.02.2003, Mitt. 2004, 418 (Rn. 156) – *Hub-Kipp-Vorrichtung*; früher OLG Karlsruhe v. 13.07.1983, GRUR 1984, 42 – *Digitales Gaswarngerät*; früher LG Düsseldorf v. 22.03.2001 – 4 O 211/00, (unveröffentl.); wie hier Kraßer/Ann, PatR, § 21 Rn. 83; Reimer/Schade/Schippel/Trimborn Rn. 20 zu § 13; Volmer/Gaul Rn. 52 zu § 8; Boemke/Kursawe/Hoppe-Jänisch Rn. 11, 96 zu § 13; s. (aber) auch Rother in Festschr. Bartenbach (2005), 159, 161, 166. A.A. OLG München v. 10.7.2008, GRUR-RR 2009, 219, 221 – *Vliesproduktion*; ferner nunmehr auch OLG Karlsruhe v. 13.04.2018 – 6 U 161/16, (www.lrbw.juris.de, Rn. 145) – *Rohrprüfsystem* m.H.a. BGH v. 12.04.2011, GRUR 2011, 733 (Rn. 31) – *Initialidee*; ebenso im Ergebn. OLG Düsseldorf v. 24.10.2013, Mitt. 2014, 475, 477 – Haltesystem für Werbeprints II; LG Düsseldorf v. 12.05.2015 – 4a O 90/13, (Düsseldf. Entsch. Nr. 2422) – *Doppelplattenschieber* m. abl. Bespr. Hoppe-Jänisch GRUR-RR 2015, 497, 504. Vgl. auch BGH v. 12.04.2011 – X ZR 72/10, GRUR 2011, 733 (Rn. 31) – *Initialidee* m.H.a. BGH v. 17.1.1995 – X ZR 130/93, Mitt. 1996, 16, 18 – *Gummielastische Masse*.

## G. Anmelderecht des Arbeitnehmers nach Freiwerden (Abs. 4) § 13

Verbleibs i.S.d. § 7) zu klären.[223] Für einen gesetzlichen Rechtsübergang auf den Arbeitnehmer sprechen sowohl Wortlaut als auch Normzweck des § 13 Abs. 4 Satz 2, den Arbeitnehmer zur Verfolgung seiner inländischen Rechte aus der frei gewordenen Diensterfindung nicht zusätzlich mit einer nach § 8 Sätze 3, 4 PatG (Art. II § 5 Abs. 2 PatIntÜG) fristgebundenen **Vindikationsklage** zu belasten[224] (zu Auslandsanmeldungen s. § 14 Rdn. 7). Die von der Notwendigkeit einer Vindikationsklage ausgehende Rechtsprechung gesteht dem Arbeitnehmererfinder deshalb zwangsläufig – neben einem Schadensersatzanspruch wegen der unberechtigten Schutzrechtsanmeldung aus § 823 Abs. 1 BGB – zugleich einen **Herausgabeanspruch aus ungerechtfertigter Bereicherung** nach § 812 Abs. 1 BGB gegen den nutzenden Arbeitgeber zu[225], der unabhängig von einem Fristablauf nach § 8 Sätze 3, 4 PatG ist[226] (s. dazu auch § 8 n.F. Rdn. 114 ff.).

Die damit u. E. allein noch notwendige **Umschreibung des Patentregisters** (vgl. § 30 Abs. 3 PatG; bei Gebrauchsmustern vgl. § 8 Abs. 4 GebrMG) erfolgt aufgrund des vom Arbeitnehmer ggü. dem Patentamt zu führenden Nachweises des Freiwerdens; auf die hierzu erforderliche Zustimmungserklärung des Arbeitgebers hat der Arbeitnehmer einen im Klagewege durchsetzbaren Anspruch.[227] Er hat ferner als notwendige Folge des Rechtsübergangs Anspruch auf Herausgabe bzw. Übermittlung (Abschriften) der Unterlagen des bisherigen Anmeldeverfahrens, und zwar in dem Umfang, wie sie zur sachgerechten Weiterführung des Verfahrens erforderlich sind. Die Umschreibung

---

223 Vgl. Bartenbach/Kunzmann, Akt. Probleme d. Gewerbl. Rechtsschutzes 2015, S. 203, 208.
224 Trotz Bedenken aber a. A. OLG Düsseldorf v. 24.10.2013, Mitt. 2014, 475, 477 f. – *Haltesystem für Werbeprints II*; LG Düsseldorf v. 12.05.2015 – 4a O 90/13, (Düsseldf. Entsch. Nr. 2422) – *Doppelplattenschieber* – jeweils m. H. a. BGH v. 12.04.2011 – X ZR 72/10, GRUR 2011, 733 (Rn. 31) – *Initialidee*, das jedoch nicht § 13 Abs. 4 Satz 2 ArbEG, sondern den umgekehrten Fall i. S. d. 7 Abs. 1 ArbEG betrifft. A. A. ferner nunmehr Keukenschrijver in Busse/Keukenschrijver, PatG, Rn. 23 zu § 13 ArbEG (»kein gesetzlicher Rechtsübergang«, sondern nur Regelung der »materiellen Rechtslage«).
225 LG Düsseldorf v. 12.05.2015 – 4a O 90/13, (Düsseldf. Entsch. Nr. 2422) –*Doppelplattenschieber*.
226 LG Düsseldorf v. 12.05.2015 – 4a O 90/13, (Düsseldf. Entsch. Nr. 2422) – *Doppelplattenschieber* m. H. a. BGH v. 18.05.2010 – X ZR 79/07, GRUR 2010, 817, 820 f. -*Steuervorrichtung*.
227 OLG Karlsruhe v. 13.07.1983, GRUR 1984, 42 – *Digitales Gaswarngerät*; Kraßer/Ann, PatR, § 21 Rn. 83 f.; Reimer/Schade/Schippel/Trimborn Rn. 20 zu § 13; Volmer/Gaul Rn. 52 zu § 8; im Ergebn. auch Rother in Festschr. Bartenbach (2005), 159, 161, 166.

erfolgt gebührenpflichtig (§ 30 Abs. 3 Satz 2 PatG); zum **Ersatz der Kosten** des bisherigen Erteilungsverfahrens s. § 13 Rdn. 21 f.; zur Übertragung der Rechte an einer **europäischen** Patentanmeldung s. aber § 14 Rdn. 7.

82 Will der Arbeitnehmer als der materiell-berechtigte Schutzrechtsinhaber **Ansprüche wegen Verletzung seines Schutzrechts** oder aus der Benutzung der zum Schutzrecht angemeldeten Erfindung im Offenlegungszeitraum geltend machen, muss er nach § 30 PatG bzw. § 13 GebrMG im Register als Schutzrechtsinhaber eingetragen und hierdurch formell zur Einleitung eines entsprechenden Gerichtsverfahrens legitimiert sein[228] (zur Ausnahme bei entsprechenden Ansprüchen gegen den Arbeitgeber s. § 8 n.F. Rdn. 113 ff.). Macht der Arbeitgeber als im Register eingetragene Schutzrechtsinhaber Ansprüche gegen Dritte geltend (z.B. wegen Schutzrechtsverletzung), kann der in Anspruch genommene Schutzrechtsverletzer sich nicht auf eine fehlende Inanspruchnahme der Erfindung berufen (s. § 8 Rdn. 113).[229]

*Rdn. 83, 84 frei.*

**IV. Besondere Fallsituationen**

85 Im Fall der **Miterfinderschaft** bestehen die Anmelderechte der Arbeitnehmermiterfinder nach § 13 Abs. 4 personenbezogen, also individuell nur dann und nur ab dem Zeitpunkt, in dem ggü. dem einzelnen Miterfinder die Freigabe erfolgt (§ 6 Abs. 2, § 8 n.F.) bzw. das Freiwerden (§ 8 Abs. 1 a.F.) wirksam geworden ist (s. § 8 n.F. Rdn. 131 ff.). Die Befugnisse der Miterfinder richten sich mangels anderslautender Absprache nach dem Recht der Bruchteilsgemeinschaft (§§ 743 ff. BGB, s. § 8 n.F. Rdn. 132), sodass die Anmeldung zum Inlandsschutzrecht gem. § 744 Abs. 1 BGB nur gemeinschaftlich erfolgen kann (s.o. § 13 Rdn. 3.1).

86 Erfolgt das **Freiwerden nur ggü. einzelnen Miterfindern**, tritt der Arbeitgeber in die Bruchteilsgemeinschaft mit den sonstigen Miterfindern, deren Anteile er freigegeben hat, ein (s. i.Ü. § 8 n.F. Rdn. 133 und § 6 n.F. Rdn. 138 ff.).

87 Hat i.R.d. **zwischenbetrieblichen Kooperation** ein Arbeitgeber in Bezug auf seinen Arbeitnehmererfinder eine (unbeschränkte) Inanspruchnahme des auf diesen entfallenden Erfindungsanteils unterlassen, verbleibt es bei einer Bruchteilsgemeinschaft zwischen dem durch das Freiwerden der Erfindung begünstigten Arbeitnehmererfinder und den übrigen Kooperationspartnern, soweit

---

[228] OLG Düsseldorf v. 01.10.2009 – 2 U 41/07 – *Glasverbundplatten* (unveröffentl.).
[229] LG Mannheim v. 27.02.2009, Mitt. 2010, 25, 27 – *IPCom./. HTC*.

G. Anmelderecht des Arbeitnehmers nach Freiwerden (Abs. 4) § 13

diese die auf ihre Arbeitnehmer entfallenden Erfindungsanteile (unbeschränkt) in Anspruch genommen haben. Schutzrechtsanmeldungen können nur im Namen der übrigen Kooperationspartner und des »freien« Arbeitnehmererfinders erfolgen. I.Ü. bestimmen sich die Rechte an dieser Schutzrechtsposition nach Gemeinschaftsrecht (§§ 741 ff. BGB; s. § 6 n.F. Rdn. 138 ff.).

Hatte der Arbeitgeber (unberechtigt) die **Erfindungsrechte** einem **Dritten** (etwa innerhalb eines Konzerns) zur Schutzrechtsanmeldung **übertragen**, tritt die Wirkung des § 13 Abs. 4 Satz 2 nicht ein. Da ein Rechtserwerb des Dritten kraft guten Glaubens nicht stattfindet, stellt dessen Patentanmeldung eine widerrechtliche Entnahme i.S.d. § 8 PatG dar (vgl. auch § 7 n.F. Rdn. 70 und zur Anmeldung einer freien Erfindung durch den Arbeitgeber § 13 Rdn. 52). Die Übertragungsklage des Arbeitnehmererfinders ist gegen den im Patentregister eingetragenen Anmelder oder Patentinhaber zu richten.[230] Die Einwilligung des nicht im Patentregister eingetragenen Arbeitgebers in die Umschreibung des Patentregisters wäre zwecklos, da das DPMA eine Berichtigung des Patentregisters nur vornimmt, wenn die Person des zur Einwilligung in die Umschreibung verurteilten mit dem im Patentregister eingetragenen Patentinhaber übereinstimmt.[231] Gegen den Arbeitgeber stehen dem Arbeitnehmer eventuell Schadensersatzansprüche wegen einer Verletzung der Anmeldepflicht nach § 13 Abs. 1 und ggf. wegen – mangels (unbeschränkter) Inanspruchnahme – unberechtigter »Rechtsübertragung« zu.

Zum Eintritt in die Anmeldeposition infolge Schutzrechtsaufgabe s. § 16 Rdn. 48. Zur Rechtsfolge bei früherer unbeschränkter Inanspruchnahme aufgrund unbilliger Erschwerung nach § 7 Abs. 2 a.F. Rdn. 54 ff.

*Rdn. 88–91 frei.*

### V. Unberechtigte Schutzrechtsanmeldung durch den Arbeitgeber nach Freigabe

Meldet der Arbeitgeber die Diensterfindung **nach Freigabe** zum Schutzrecht an, fehlt ihm dazu ausweislich des § 13 Abs. 4 Satz 1 die Berechtigung (s. § 13 Rdn. 72). Er begeht trotz seines evtl. Erfindungsbesitzes eine **widerrechtliche**

92

---

230 LG Düsseldorf v. 17.09.1991, Entscheidungen 4. ZK. 2000, 25, 27 – *Reißverschluss* unter Hinweis auf BGH v. 24.10.1978, GRUR 1979, 145 f. – *Aufwärmvorrichtung*; LG Düsseldorf v. 29.02.2000, Entscheidungen 4. ZK. 2000, 32, 34 – *Müllbehältergreifvorrichtung*.
231 LG Düsseldorf v. 17.09.1991, Entscheidungen 4. ZK. 2000, 25, 27 – *Reißverschluss*.

**Entnahme** i.S.d. § 21 Abs. 1 Nr. 3 PatG.[232] Der Arbeitnehmer ist Berechtigter nach § 8 PatG (bei europäischer Patentanmeldung nach Art. 60 Abs. 1 EPÜ i.V.m. Art. II § 5 IntPatÜG[233], zur Auslandsberührung s. § 1 Rdn. 34) bzw. nach § 13 Abs. 3 GebrMG[234] und kann verlangen, dass ihm der Anspruch auf Erteilung abgetreten wird und – entgegen der neueren Rspr. – auf Einwilligung des Arbeitgebers in die Umschreibung der Schutzrechtsanmeldung bzw. des Schutzrechts in der Rolle (s. § 7 n.F. Rdn. 43 ff.).[235] Der Arbeitgeber kann dem Vindikationsanspruch des Arbeitnehmers analog §§ 994, 1000 BGB ein **Zurückbehaltungsrecht** Zug um Zug gegen Erstattung seiner Kosten für die Anmeldung und Aufrechterhaltung des Schutzrechts entgegenhalten[236]; auf Grund der vorangegangenen Freigabe kommt auch mit Blick auf § 13 Abs. 4 Satz 1 eine Kostentragung des Arbeitgebers analog § 13 Abs. 1, § 16 Abs. 1 nicht zum Tragen, so dass sich der Erstattungsanspruch sich nach den Vorschriften über die GoA (§§ 994 i.V.m. 683, 684 BGB) bestimmt[237]. Die Darlegungs- und **Beweislast** für die (Mit-) Erfindereigenschaft und das Recht auf das Schutzrecht obliegen dem Arbeitnehmer, wobei das Gericht die Erfinderbenennung durch den Arbeitgeber nach § 286 ZPO berücksichtigen kann (s. § 8 n.F. Rdn. 113).[238] Ggü. dem erfinderrechtlichen Vindikationsanspruch des Arbeitnehmers ist ein Einwand des Arbeitgebers über die angeblich **mangelnde Schutzfähigkeit** der Erfindung grds. unzulässig.[239] Die (nachgewiesene) Schutzfähigkeit gehört nicht zu den tatbestandlichen Voraussetzungen

---

232 Keukenschrijver in Busse/Keukenschrijver, PatG, Rn. 76 zu § 21 ArbEG m. w. Nachw.
233 Vgl. etwa OLG München v. 10.07.2008, GRUR-RR 2009, 219, 221 – *Vliesproduktion* u. OLG Karlsruhe v. 13.04.2018 – 6 U 161/16, (www.lrbw.juris.de, Rn. 146) – Rohrprüfsystem.v
234 Vgl. etwa OLG München v. 10.07.2008, GRUR-RR 2009, 219, 221 – *Vliesproduktion*; LG Düsseldorf v. 22.10.2015 – 4c O 41/13, (Düsseldf. Entsch. Nr. 2470) – Kettenkratzförderer.
235 Ausführlich zu den Ansprüchen nach § 8 PatG allg. Kather in Festschr. Reimann (2009), 237 ff. und Kraßer/Ann, PatR, § 20 Rn. 1 ff. Zur früheren Rspr. vgl. etwa OLG Karlsruhe v. 13.07.1983, GRUR 1984, 42, 43 – *Digitales Gaswarngerät*.
236 OLG Frankfurt v. 25.09.2015 – 6 U 149/13, (www.lareda.hessenrecht.hessen.de).
237 S. dazu allg. OLG Frankfurt v. 15.02.2018 – 6 U 247/16, (www.lareda.hessenrecht.hessen.de).
238 Vgl. BGH v. 04.04.2006 – X ZR 155/03, GRUR 2006, 754, 755 f. [Rn. 17 f.] – *Haftetikett*.
239 BGH v. 27.10.1961, GRUR 1962, 140, 141; BGH v. 30.10.1990, GRUR 1991, 127 – *Objektträger*; BGH v. 15.05.2001, GRUR 2001, 823 – *Schleppfahrzeug*; OLG Karlsruhe v. 13.07.1983, GRUR 1984, 42, 43 – *Digitales Gaswarngerät*; Benkard/Melullis, PatG Rn. 7 zu § 8 PatG; s.a. BGH v. 17.01.1995 – X ZR 130/93, Mitt. 1996, 16, 17 – *Gummielastische Masse*.

des Abtretungsanspruchs aus § 8 PatG.[240] Insoweit wird zu Gunsten des Verletzten die vom widerrechtlichen Anmelder selbst beanspruchte Schutzfähigkeit vermutet.[241] Letztlich wird im Anmeldeverfahren die Schutzfähigkeit geklärt, wobei eine rechtskräftige Versagung des Schutzrechts bzw. dessen Widerruf bzw. Nichtigerklärung eine Vindikationsklage erledigt, weil deren Ziel nicht mehr erreicht werden kann.[242] Bei Geltendmachung des Vindikationsanspruchs durch einen Arbeitnehmer-»Miterfinder« muss zumindest geklärt sein, dass dieser einen hinreichend qualifizierten Beitrag (s. dazu § 5 Rdn. 46 f.) zu der Erfindung beigesteuert hat.[243]

Der Arbeitnehmer hat über die patentrechtlichen Rechtsbehelfe hinaus als Alleinberechtigter nach § 6 PatG einen **Unterlassungsanspruch** gegen den Arbeitgeber entsprechend § 1004 BGB.[244] Bei drohender Gefahr, dass der Arbeitgeber seine (widerrechtliche) Schutzrechtsanmeldung fallen lässt, besteht die Möglichkeit einer **einstweiligen** (Untersagungs-)**Verfügung** ggf. mit Sequesterbestellung[245] (s. dazu auch § 37 Rdn. 27).

Daneben kann der Arbeitnehmer **Einspruch** nach § 59 i.V.m. § 21 Abs. 1 Nr. 3 PatG erheben. Der Widerruf des Patentes wegen widerrechtlicher Entnahme beseitigt rückwirkend die Wirkungen des Patents und eröffnet dem Arbeitnehmer das Nachanmelderecht nach § 7 Abs. 2 PatG.

Verfolgt der Arbeitnehmer die Schutzrechtsanmeldung dagegen nicht weiter, dürften insb. Schadensersatzansprüche gegen den Arbeitgeber nicht mehr gegeben sein (zu **Schadensersatz- und Bereicherungsansprüchen** auch bei Vorenthalten der Schutzrechtsposition siehe i.Ü. § 8 n.F. Rdn. 93 ff., 114 ff. u. 121 ff.).

Zur Schutzrechtsanmeldung eines Arbeitnehmers vor (erfolgter) Inanspruchnahme s. § 7 n.F. Rdn. 51 ff. Zu den sonstigen (Verletzungs-) Ansprüchen gegen den verwertenden Arbeitgeber s. § 8 n.F. Rdn. 93 ff.

---

240 BGH v. 17.05.2011 – X ZR 53/08, GRUR 2011, 903, 904 [Rn. 13] – *Atemgasdrucksteuerung*.
241 So LG Frankfurt v. 22.10.2014 – 2.06 O 214/14, (juris, Rn. 62) m.H.a. LG München I v. 06.12.1955 GRUR 1956, 415 (LS 1).
242 Vgl. BGH v. 16.12.1993 – X ZB 12/92 und X ZB 12/93, GRUR 1996, 42 – *Lichtfleck*; Schulte/Moufang, PatG, § 8 Rn. 24, 40 ggü. dem erfinderrechtlichen Vindikationsanspruch; ferner Kraßer/Ann, PatR, § 20 Rn. 37 zum Erlöschen des Übertragungsanspruchs.
243 LG Frankfurt v. 22.10.2014 – 2.06 O 214/14, (juris, Rn. 80) m.H.a. BGH v. 17.01.1995 – X ZR 130/93, *Mitt. 1996, 16 – Gummielastische Masse*.
244 Vgl. z.B. Schulte/Moufing, PatG, § 6 Rn. 13.
245 Vgl. z. B. LG Frankfurt v. 22.10.2014 – 2.06 O 214/14, (juris).

## § 14[1] Schutzrechtsanmeldung im Ausland

(1) Nach Inanspruchnahme der Diensterfindung ist der Arbeitgeber berechtigt, diese auch im Ausland zur Erteilung von Schutzrechten anzumelden.

(2) Für ausländische Staaten, in denen der Arbeitgeber Schutzrechte nicht erwerben will, hat er dem Arbeitnehmer die Diensterfindung freizugeben und ihm auf Verlangen den Erwerb von Auslandsschutzrechten zu ermöglichen. Die Freigabe soll so rechtzeitig vorgenommen werden, dass der Arbeitnehmer die Prioritätsfristen der zwischenstaatlichen Verträge auf dem Gebiet des gewerblichen Rechtsschutzes ausnutzen kann.

(3) Der Arbeitgeber kann sich gleichzeitig mit der Freigabe nach Absatz 2 ein nicht ausschließliches Recht zur Benutzung der Diensterfindung in den betreffenden ausländischen Staaten gegen angemessene Vergütung vorbehalten und verlangen, dass der Arbeitnehmer bei der Verwertung der freigegebenen Erfindung in den betreffenden ausländischen Staaten die Verpflichtungen des Arbeitgebers aus den im Zeitpunkt der Freigabe bestehenden Verträgen über die Diensterfindung gegen angemessene Vergütung berücksichtigt.

Lit.:
*Bartenbach/Volz*, Die nicht ausschl. Benutzungsrechte d. ArbG n. d. ArbEG und d. Veräußerung d. Dienstert. durch d. ArbN, GRUR 1984, 257; *Fischer*, Der Benutzungsvorbehalt nach d. ArbEG i. Verfahrens- u. Anlagengeschäft, GRUR 1974, 500; *Gaul*, Das nichtausschl. Recht d. ArbG e. i. Ausland freigegebenen Dienstert., GRUR 1967, 518; *ders.*, Zur Freigabe e. Dienstert. f. d. Ausland, Mitt. 1971, 241; *ders.*, Die Schutzrechtsveräußerung durch ArbN und deren Auswirkungen auf das Mitbenutzungsrecht d. ArbG, GRUR 1984, 494; *Gaul/Bartenbach*, Die Vergütungspf. b. Vorbehalt e. Benutzungsrechts gem. § 14 Abs. 3 ArbErfG Mitt. 1968, 141; *Grote*, Der Vergütungsanspr. i. Falle d. Vorbehalts e. Benutzungsrechts gem. § 14 Abs. 3 ArbEG, Mitt. 1969,107; *Koch*, Die Auslandsfreigabe nach dem ArbEG, RIW 1986, 824; *Kraft*, Die Freigabe d. Dienstert. f. d. Ausland u. d. Rechte d. ArbG n. § 14 Abs. 3 ArbEG, GRUR 1970, 381; *Kunze*, Die nichtausschl. Benutzungsrechte nach d. ArbEG i. arbeitsrechtl. Sicht, AuR 1977, 294; *Nieder*, Vindikation europ. Patente unter Geltg. d. EPatVO; GRUR 2015, 936; *Sack*, Probleme der Auslandsverwertung inländ. ArbNErfindungen, RIW 1989, 612; *Weis*, ArbNErf. u. Schutzrechtsanmeldung i. Ausld., GRUR 1958, 64.

---

1 Abs. 1 i.d.F. des Art. 7 des Gesetzes zur Vereinfachung und Modernisierung des Patentrechts vom 31.07.2009 (BGBl. I, S. 2521).

A. Allgemeines §14

## Übersicht
| | | Rdn. |
|---|---|---|
| A. | **Allgemeines** | 1 |
| B. | **Recht des Arbeitgebers zur Schutzrechtsanmeldung im Ausland (Abs. 1)** | 5 |
| C. | **Recht des Arbeitnehmers auf Freigabe zur Schutzrechtsanmeldung im Ausland (Abs. 2)** | 14 |
| I. | Rechtsnatur der Freigabe | 15 |
| II. | Anspruch des Arbeitnehmers | 20 |
| III. | Form, Zugang, Inhalt und Zeitpunkt der Freigabeerklärung | 24 |
| | 1. Form, Zugang | 24 |
| | 2. Inhalt | 26 |
| | 3. Zeitpunkt | 27 |
| IV. | Umfang und Wirkung der Freigabe | 33 |
| V. | Betriebsgeheimnis | 38 |
| VI. | Ermöglichen des Erwerbs von Auslandsschutzrechten | 39 |
| D. | **Vorbehaltsrechte des Arbeitgebers bei Freigabe (Abs. 3)** | 45 |
| I. | Geltendmachung | 46 |
| II. | Vorbehalt eines Benutzungsrechts | 51 |
| III. | Verlangen der Rücksichtnahme auf Auslandsverträge | 53 |
| IV. | Vergütungspflicht des Arbeitgebers (Abs. 3) | 60 |
| | 1. Bei Vorbehalt eines Benutzungsrechtes | 62 |
| | 2. Bei Rücksichtnahme auf Auslandsverträge | 67 |
| | 3. Schutzrechtsfreie Zone | 69.1 |
| V. | Verzicht auf das Benutzungsrecht bzw. dessen Wegfall | 70 |
| E. | **Vereinbarungen zwischen Arbeitgeber und Arbeitnehmer (Abkauf/Verzicht)** | 71 |
| F. | **Verletzung der Freigabepflicht** | 81 |
| G. | **Besonderheiten bei mehreren Arbeitnehmererfindern** | 82 |

## A. Allgemeines

Während § 13 die Inlandsanmeldung zum Gegenstand hat, regelt § 14 die Schutzrechtsanmeldung im **Ausland** sowie die Rechtsbeziehung der Arbeitsvertragsparteien bei Erwerb und wirtschaftlichem Einsatz von Schutzrechten im Ausland. 1

Im Gegensatz zur Inlandsanmeldung knüpft § 14 an die Inanspruchnahme – bei Alt-Erfindungen (s. § 43 Rdn. 14 ff.) an die unbeschränkte Inanspruchnahme nach §§ 6, 7 Abs. 1 a.F. – an und begründet keine Pflicht, sondern gesteht dem Arbeitgeber zunächst das **alleinige Recht** zur Auslandsanmeldung zu. Letzteres ist allerdings nur eine Klarstellung, da diese Berechtigung schon aus dem Wesen der (unbeschränkten) Inanspruchnahme als Überleitung aller 2 vermögenswerten Erfindungsrechte (§ 7 Abs. 1 n.F./a.F.) folgt.[2] Zum Recht des Arbeitgebers auf Übertragung des Anmelderechts s. § 7 n.F. Rdn. 20 u. zum Recht des Arbeitnehmers zu Auslandsanmeldungen s. unten § 14 Rdn. 20 f.

3 Von einer § 13 entsprechenden **Anmeldepflicht** hat der Gesetzgeber für Auslandsanmeldungen in Übereinstimmung mit § 6 Abs. 1 Satz 2 DVO 1943 **abgesehen**, da nur von Fall zu Fall entschieden werden kann, ob und in welchen Staaten der Erwerb von Auslandsschutzrechten wirtschaftlich zweckmäßig erscheint.[3]

4 Allerdings enthält § 14 im Interesse einer supranationalen bis hin zu ggf. weltweiten Verwertungsmöglichkeit der Diensterfindung ein – in der theoretischen Zielsetzung ausgewogenes – **System ineinandergreifender Rechte und Pflichten**: Soweit der Arbeitgeber Auslandsschutzrechte nicht erwerben will, räumt Abs. 2 diese Befugnis dem Arbeitnehmer ein und verpflichtet den Arbeitgeber insoweit (unaufgefordert, s. § 14 Rdn. 32) zur zeitgerechten Freigabe der Diensterfindung.

Der Arbeitgeber hat damit nach Inanspruchnahme der Diensterfindung für das Ausland, d. h. für jeden Auslandsstaat die **Wahl zwischen eigener Schutzrechtsanmeldung** (Abs. 1) **oder Freigabe** an den Arbeitnehmer (Abs. 2; zur schutzrechtsfreien Zone s. § 14 Rdn. 34, 69.1 f.). Trotz der freien Entscheidung über den Erwerb von Auslandsschutzrechten (s. § 14 Rdn. 5) übt das Gesetz auf den **Arbeitgeber** einen interessengerechten Entscheidungsdruck und **Handlungszwang** aus. Dies wird einerseits durch die zwangsläufige Sicherung von Prioritätsfristen (s. § 14 Rdn. 28 ff.) erhöht. Insoweit ist der Arbeitgeber gehalten, sich binnen angemessener Zeit zu entscheiden. Seine Überlegungszeit endet mit Blick auf die Wahrung von Prioritätsfristen zugunsten des Arbeitnehmers regelmäßig **2 bis 3 Monaten vor Ablauf der Prioritätsfristen** (s. § 13 Rdn. 29 f.). Dagegen reicht die Schutzrechtsanmeldung bei der Erteilungsbehörde innerhalb der Prioritätsfrist aus. Die Entscheidungsfindung wird dem Arbeitgeber andererseits durch die Vorbehaltsmöglichkeiten nach Abs. 3 erleichtert. Abs. 3 normiert zu seinen Gunsten die Berechtigung zum Vorbehalt eines vergütungspflichtigen, nicht ausschließlichen Benutzungsrechts im

---

2 Vgl. auch Schiedsst. v. 09.05.1985, BlPMZ 1985, 383, 384; Flaig, Mitt. 1982, 47. Regelungsgehalt des § 14 Abs. 1 ist damit keine Festlegung des Zeitpunkts der Entstehung des Anmelderechts (so aber Boemke/Kursawe/Hoppe-Jänisch Rn. 8 zu § 14, dagegen im Ausgangspunkt wie hier dort Rn. 12: »lediglich klarstellenden Charakter«, da dieses Anmelderecht vom Übergang aller vermögenswerten Rechte an der Diensterfindung auf Grund der Inanspruchnahme gem. § 7 Abs. 1 mitumfasst ist).
3 Amtl. Begründung in BT-Drucks. II/1648 S. 32 = BlPMZ 1957, 236.

## A. Allgemeines § 14

Fall der Freigabe der Diensterfindung für ausländische Staaten; zugleich kann dem Arbeitnehmer die Pflicht auferlegt werden, auf bestehende, vertragliche Auslandsbindungen des Arbeitgebers Rücksicht zu nehmen. Ergänzt wird § 14 durch § 16, der – nach erfolgter Schutzrechtsanmeldung (im In- oder Ausland) – die Aufgabe (Rückübertragung) solcher Schutzrechtspositionen regelt.

Der **Anwendungsbereich** des § 14 erfasst nur (unbeschränkt) in Anspruch genommene Diensterfindungen (s. § 14 Rdn. 5 ff., 14). § 14 findet – entgegen der wohl herrschenden Meinung – keine Anwendung auf **technische Neuerungen**, die zwar nach ausländischem, **nicht** aber **nach deutschem Recht schutzfähig** sind (s. § 2 Rdn. 25). In solchen Fällen steht es u. E. im Belieben des Arbeitgebers, ob und in welchem Umfang er Auslandsschutzrechtsanmeldungen betreibt; ein Verzicht hierauf löst keinen Freigabeanspruch des Arbeitnehmers aus (streitig). Dagegen gilt § 14 bei bloßen **Zweifeln an der Schutzfähigkeit** (s. § 2 Rdn. 16 ff.; s. auch unten § 14 Rdn. 14, 64). **Freie** (§ 4 Abs. 3 i.V.m. § 19) und **frei gewordene** (§ 8) **Erfindungen**, die der Arbeitnehmer auf den Arbeitgeber übertragen hat, unterliegen § 14 nicht (zu § 16 streitig, s. § 16 Rdn. 6; zur konkludenten Überleitung s. § 6 a.F. Rdn. 67). Zur entsprechenden Anwendung bei einer vorenthaltenen frei gewordenen Diensterfindung s. § 8 n.F. Rdn. 119. Zum Verzicht auf eine Inlandsanmeldung nach § 13 Abs. 2 Nr. 2 s. § 13 Rdn. 33.2. Zum Verhältnis zu §§ 6, 8, 16 s. § 8 n.F. Rdn. 13 f.

In den **neuen Bundesländern** gilt § 14 für alle unbeschränkt in Anspruch genommenen Diensterfindungen, die ab dem 03.10.1990 fertiggestellt worden sind (s. Einl. Rdn. 31).

I.R.d. **ArbEG-Novelle 2009** (s. dazu Einl. Rdn. 42) ist § 14 lediglich redaktionell durch Art. 7 Nr. 10 des Patentrechtsmodernisierungsgesetzes vom 31.07.2009 (BGBl. I, S. 2521) geändert worden, und zwar durch Streichung des Zusatzes »unbeschränkter« bei Inanspruchnahme infolge der Abschaffung des Rechtsinstituts der beschränkten Inanspruchnahme (Abs. 1), ohne dass damit inhaltliche Auswirkungen verbunden sind.[4] Die ursprünglichen Überlegungen i.R.d. Reformarbeiten gingen entschieden weiter, nicht zuletzt angesichts der aus Kreisen der Wissenschaft und der Unternehmenspraxis wiederholt geäußerten Kritik; diese läuft im Ergebnis darauf hinaus, dass es sich bei den Anbietungspflichten des Arbeitgebers aus §§ 14, 16 lediglich um formale Rechtspositionen handelt, die zwar häufig Ursache von Meinungsverschiedenheiten sind, deren praktische Vorteile für den Arbeitnehmer aber denkbar

4.1

---

4 Vgl. Amtl. Begründung zum Patentrechtsmodernisierungsgesetz in BR-Drucks. 757/08 S. 52 (Art. 7 Nr. 10 d. Entw.).

gering bleiben.[5] Jedenfalls hatte sich der Eindruck verstärkt, die §§ 14 und § 16 gingen an den tatsächlichen Gegebenheiten und Bedürfnissen der Praxis vorbei und hätten Fehlentwicklungen nach sich gezogen. Gerade die §§ 14, 16 haben die Akzeptanz des Gesetzes in weiten Teilen der Unternehmerschaft verringert und den – u. E. allerdings in der Gesamtschau unberechtigten[6] – Vorwurf genährt, das ArbEG sei für beide Arbeitsvertragsparteien eine Sammlung bürokratischer Innovationshemmnisse und für die Privatwirtschaft ein überflüssiger, Kosten verursachender Standortnachteil. Diese kritische Sicht mündete in die Forderung ein, generell auf Arbeitgeberpflichten zur Schutzrechtsanmeldung zu verzichten und folgerichtig, zugleich die Anbietungspflicht nach § 14 Abs. 2 zu streichen, um so die Frage der Auslandsanmeldungen gänzlich ins Belieben des Arbeitgebers zu stellen.[7] Diese Pläne sind indes nicht weiterverfolgt worden (s. Einl. Rdn. 40).

Die Industrie bedient sich daher weiterhin häufig sog. **Incentive-Programme**, mit denen meist ein »Abkauf« der Freigaberechte aus §§ 14, 16 verbunden ist (s. dazu § 14 Rdn. 71 sowie § 11 Rdn. 22 ff.).

Soweit § 14 nunmehr – ohne weitere Zusätze – nur von »**Inanspruchnahme**« spricht, ist damit ausschließlich die frühere unbeschränkte Inanspruchnahme gemeint.

## B. Recht des Arbeitgebers zur Schutzrechtsanmeldung im Ausland (Abs. 1)

5   Der Arbeitgeber hat aufgrund der (unbeschränkten) Inanspruchnahme und des damit verbundenen **Erwerbs aller vermögenswerten Rechte** an der Diensterfindung (§ 7 Abs. 1 n.F. Rdn. 10 ff.) das alleinige Recht zur Anmeldung von Schutzrechten im Ausland (s.a. § 14 Rdn. 2).

Im Gegensatz zum Anmeldezwang gem. § 13 überlässt es § 14 der **freien Entscheidung** des Arbeitgebers, ob und in welchem Umfang er für eine in

---

5  S. u. a. Franke in FS Bartenbach (2005) S. 127, 128, 138 f. unter Bezugnahme auf die BDI/BDA-Umfrage von 1998. Hiernach werden weniger als 1 % der freigegebenen Erfindungen von Arbeitnehmern auf eigene Kosten angemeldet, s. Teufel Festschr. Bartenbach (2005), 97, 101. Demgegenüber halten Boemke/Kursawe/Hoppe-Jänisch Rn. 5 zu § 14 die Kritik kaum für nachvollziehbar und sehen in dem beklagten (und u. E. unbestreitbaren) Verwaltungsaufwand »übliche Erschwernisse, die im Geschäftsleben hinzunehmen sind«.
6  S. ausf. Bartenbach/Volz, Beilage I GRUR 4/2008, 1, 20 ff.
7  Vgl. den RefE des BMJ vom 25.10.2001 (abgedruckt u.a. bei Bartenbach in VPP-Rundbrief 2004, S. 52 ff.).

## B. Recht des Arbeitgebers zur Schutzrechtsanmeldung im Ausland (Abs. 1) § 14

Anspruch genommene Diensterfindung im Ausland Schutzrechte erwirbt, da dies nur einzelfallbezogen entschieden werden kann (s. § 14 Rdn. 3). Der Entschluss zu Auslandsanmeldungen steht im freien und alleinigen **unternehmerischen Ermessen des Arbeitgebers** ohne Mitspracherechte des Arbeitnehmers. Gerade mit Blick auf die nicht unerheblichen Verwaltungskosten und die Besonderheiten der jeweiligen Auslandsmärkte muss dieser Schritt allein der unternehmerischen Entscheidung des Arbeitgebers vorbehalten bleiben, ohne dass der Arbeitnehmer darauf in irgendeiner Weise Einfluss nehmen kann.

Das **Recht** zur ausländischen Anmeldung **entsteht** – unabhängig von einer Inlandsanmeldung (§ 13 Abs. 1) und der endgültigen Klärung der Schutzfähigkeit durch die inländischen Erteilungsbehörden – mit der (unbeschränkten) Inanspruchnahme der Diensterfindung, sei es aufgrund Zugangs der Inanspruchnahmeerklärung (§ 6 Abs. 1 n.F.) oder durch Wirksamwerden der Inanspruchnahmefiktion (§ 6 Abs. 2 n.F.).

Der Arbeitgeber ist aufgrund des Übergangs aller vermögenswerten Rechte an der Diensterfindung (§ 7 Abs. 1) alleiniger Herr **des Erteilungsverfahrens**. Er bestimmt nicht nur die Auslandsstaaten, sondern zugleich den Schutzumfang und – bei mehreren Möglichkeiten – die Art des Schutzrechts (Patent, Gebrauchsmuster usw.). Auch wenn im Interesse des Arbeitnehmers ein **möglichst umfassendes und weitgehendes Monopolrecht** in dem jeweils ausgewählten Auslandsstaat angestrebt werden sollte, ist der Arbeitgeber – im Unterschied zur Anmeldepflicht im Inland nach § 13 – in seiner unternehmerischen Entscheidungsfreiheit infolge der Kann-Vorschrift des § 14 Abs. 1 nach der hier vertretenen Auffassung nur begrenzt durch das Verbot von Willkür und Rechtsmissbrauch[8] (s.a. § 13 Rdn. 41 ff.). Zur Unterstützung durch den Arbeitnehmer nach § 15 Abs. 2 siehe § 15 Rdn. 27 ff.

Soweit der **Arbeitgeber** eine Diensterfindung **vor (unbeschränkter) Inanspruchnahme** im Ausland anmeldet, verstößt er gegen § 14 Abs. 1 und ist zugleich Nichtberechtigter. Die Rechtsfolgen richten sich nach der Rechtsordnung des jeweiligen Anmeldestaates. Erfolgt die Auslandsanmeldung während des Laufs der viermonatigen Frist des § 6 Abs. 2, ändert dies nichts an der fehlenden materiellen Berechtigung des Arbeitgebers.[9] Allerdings wird dieser

6

---

[8] Abw. Volmer/Gaul Rn. 33 zu § 14 (»ebenso wie bei der nationalen Anmeldung«); Keukenschrijver in Busse/Keukenschrijver, PatG, Rn. 4 zu § 14 ArbEG (Nichtausschöpfen der gemeldeten Diensterf. geht wie bei Inlandsanmeldg. im Verh. z. ArbN zu Lasten des ArbG; vgl. auch Boemke/Kursawe/Hoppe-Jänisch Rn. 17 zu § 14.
[9] Davon geht auch die Amtl. Begründung zum PatRModG (in BR-Drucks. 757/08 S. 50 – zu Art. 7 Nr. 2 a d. Entw.) aus.

Mangel nach deutschem Recht durch ausdrückliche Inanspruchnahme bzw. das Eingreifen der Inanspruchnahmefiktion geheilt.[10] Es beurteilt sich nach dem jeweiligen Auslandsrecht, ob bzw. wie im ausländischen Erteilungsverfahren diese ursprüngliche Nichtberechtigung des anmeldenden Arbeitgebers infolge der späteren Rechtsüberleitung aufgrund (unbeschränkter) Inanspruchnahme geheilt werden kann. Ggf. kann der Arbeitgeber vom Arbeitnehmer eine Genehmigung oder sonstige Mitwirkungshandlung verlangen (§ 15 Abs. 2). In jedem Fall erscheint es ratsam, vor Auslandsanmeldungen von der unverändert bestehenden Möglichkeit der ausdrücklichen Inanspruchnahme Gebrauch zu machen (s. dazu § 6 n.F. Rdn. 55 ff.).

7 Reicht der Arbeitgeber eine **europäische Patentanmeldung** unter (gesetzlicher) Benennung der BRD (vgl. § 13 Abs. 1) und der weiteren Vertragsstaaten *vor* Inanspruchnahme ein (vgl. Art. 79 Abs. 1 EPÜ), ist dies grundsätzlich zulässig (s. § 13 Rdn. 27). Allerdings handelt es sich bzgl. der ausländischen Vertragsstaaten um Auslandsanmeldungen und der Arbeitgeber ist hinsichtlich dieser weiteren Staaten **partiell Nichtberechtigter**[11] (Art. 61, 60 Abs. 1 EPÜ; Regel 18 EPÜAO i.V.m. § 14 Abs. 1 ArbEG, vgl. auch Art. 99 Abs. 4 u. 138 Abs. 1 Buchst. e EPÜ). Wird dieser Mangel nicht durch (unbeschränkte) Inanspruchnahme nach §§ 6, 7 Abs. 1 ArbEG oder Vereinbarung mit dem Arbeitnehmer »geheilt« (s. § 13 Rdn. 27), kann der Arbeitnehmer seine Rechte nach nationalem Recht (zur Bestimmung des anwendbaren Rechts vgl. Art. 60 Abs. 1 Satz 2 EPÜ) durchsetzen; der Arbeitgeber ist wegen der **Rückwirkung des Freiwerdens** (s. § 8 n.F. Rdn. 14 f.) von Anfang an Nichtberechtigter.[12] Nach Maßgabe von Art. II § 5 IntPatÜG kann der Arbeitnehmer als Berechtigter i.S.d. Art. 60 Abs. 1 EPÜ vom Arbeitgeber als Patentsucher Abtretung des Anspruchs auf Erteilung des europäischen Patents bzw. – nach Patenterteilung – Übertragung des Patentes verlangen.[13] Dieser **Vindikationsanspruch** muss bei Gutgläubigkeit des nichtberechtigten Arbeitgebers[14] innerhalb einer Ausschlussfrist von 2 Jahren nach dem Tag gerichtlich geltend gemacht wer-

---

10 So Amtl. Begründung zum PatRModG in BR-Drucks. 757/08 S. 50 (zu Art. 7 Nr. 2 a d. Entw.).
11 Zust. Volmer/Gaul Rn. 27 ff. zu § 14; zum Problemkreis s.a. Keukenschrijver in Busse/Keukenschrijver, PatG, Rn. 6 zu § 14 ArbEG.
12 Zust. LG Düsseldorf v. 22.03.2001 – 4 O 211/00, (unveröffentl.) u. v. 29.12.1999, Entsch. 4. ZK. 2000, 8, 11 – *Abfallsammelbehälter*.
13 Vgl. etwa OLG Karlsruhe v. 13.04.2018 – 6 U 161/16, (www.lrbw.juris.de, Rn. 146 ff.) – Rohrprüfsystem = GRUR 2018, 1030 (Rn. 24 ff.) – Rohrleitungsprüfung.
14 Vgl. dazu u.a. OLG Karlsruhe v. 13.04.2018 – 6 U 161/16, (www.lrbw.juris.de, Rn. 170) – Rohrprüfsystem = GRUR 2018, 1030 (Rn. 48) – Rohrleitungsprüfung.

### B. Recht des Arbeitgebers zur Schutzrechtsanmeldung im Ausland (Abs. 1) § 14

den, an dem im europäischen Patentblatt auf die Erteilung des europäischen Patents hingewiesen worden ist (vgl. Art. 97 Abs. 3 EPÜ); später kann er nur bei positiver Kenntnis des Patentsuchers von dessen Nichtberechtigung abhängig gemacht werden (Art. II § 5 Abs. 2 IntPatÜG).[15]

Insoweit geht Art. II § 5 IntPatÜG auch § 13 Abs. 4 Satz 2 ArbEG vor, sodass auch dem Arbeitnehmer einer frei gewordenen Diensterfindung die **patentrechtlichen Ansprüche** aus Art. II § 5 IntPatÜG i.V.m. Art. 60 Abs. 1 EPÜ auf Abtretung des Anspruchs auf Erteilung des europäischen Patents bzw. auf Übertragung des Patents zustehen.[16] Dieser Abtretungsanspruch gilt nach Auffassung des *OLG Düsseldorf*[17] nicht nur für die ausländischen Teile eines europäischen »Bündelpatents«, sondern auch für den deutschen Teil.[18] Ein gesetzlicher Übergang der Rechte aus der – als Einheit anzusehenden (vgl. Art. 118 EPÜ) – europäischen Anmeldung auf den Arbeitnehmer nach § 13 Abs. 4 Satz 2 ArbEG (s. § 13 Rdn. 81) erfolgt danach generell nicht.[19] Im Übrigen erfasst § 13 Abs. 4 Satz 2 ArbEG u. U. sowohl nach seinem Standort als auch nach der Gesetzessystematik der §§ 7, 8, 13, 14 ArbEG in Übereinstimmung mit dem patentrechtlichen Territorialitätsprinzip keine Auslandsanmeldungen Der Arbeitnehmer kann die mangelnde Berechtigung des Arbeitgebers auch als Nichtigkeitsgrund gem. Art. 138 Abs. 1 Buchst. e) EPÜ (Art. II § 6 Abs. 1 Nr. 5 IntPatÜG) geltend machen; dagegen stellt sie keinen Einspruchsgrund dar (vgl. Art. 100 EPÜ).

Da das **EU-Einheitspatent** auf einem erteilten europäischen Patent basiert (s. § 2 Rdn. 1), ändert sich bei dessen Einführung die derzeit nach § 14 ArbEG für europäische Patentanmeldungen geltende Rechtslage nicht (siehe aber auch § 14 Rdn. 44; s. ferner § 13 Rdn. 27). Die vom deutschen Gesetzgeber z.

---

15 Weitere Einzelheiten bei Rapp, Mitt. 1998, 347; Nieder, GRUR 2015, 936, 938.
16 So auch LG Düsseldorf v. 22.03.2001 – 4 O 211/00, (unveröffentl.) u. v. 29.12.1999, Entsch. 4. ZK. 2000, 8, 11 – *Abfallsammelbehälter*; zust. ferner LG Düsseldorf v. 12.05.2015 – 4a O 90/13, (Düsseldf. Entsch. Nr. 2422) – *Doppelplattenschieber*. Im Ergebn. auch OLG München v. 10.07.2008, GRUR-RR 2009, 219, 221 – *Vliesproduktion*.
17 OLG Düsseldorf v. 27.02.2003, Mitt. 2004, 418 (Rn. 222) – *Hub-Kippvorrichtung*; folgend LG Düsseldorf v. 12.05.2015 – 4a O 90/13, (Düsseldf. Entsch. Nr. 2422) – *Doppelplattenschieber*; ferner OLG Karlsruhe v. 13.04.2018 – 6 U 161/16, (www.lrbw.juris.de, Rn. 146) – *Rohrprüfsystem*; a. A. Boemke/Kursawe/Hoppe-Jänisch Rn. 20 zu § 14; allg. abw. Nieder, GRUR 2015, 936, 938 f.
18 Vgl. auch BGH v. 15.05.2001, GRUR 2001, 823 ff. – *Schleppfahrzeug*.
19 LG Düsseldorf v. 12.05.2015 – 4a O 90/13, (Düsseldf. Entsch. Nr. 2422) –*Doppelplattenschieber*. Abw. Hoppe-Jänisch in GRUR-RR 2015, 497, 504 m. H. a. Art. 71 EPÜ in Kritik zu LG Düsseldorf v. 12.05.2015 – 4a O 90/13.

Zt. vorgesehenen Änderungen des IntPatÜG[20] haben in der Erteilungsphase ebenfalls keinen Einfluss auf die unmittelbaren Rechtswirkungen des § 14 ArbEG. Die Einführung des EU-Einheitspatent beeinflusst aber insoweit die Auslandsfreigabe nach § 14, als diese neue Patentart voraussetzt, dass die Benennungsstaaten des europäischen Patents alle teilnehmenden Staaten umfassen und das europäische Patent einheitliche Ansprüche für diese Staaten haben muss (s. § 2 Rdn. 1). Soweit mit dem Arbeitnehmer keine einvernehmliche Regelung getroffen wird (§ 22 Satz 2), sollte sich der Arbeitgeber demzufolge u. E. bereits im Rahmen der §§ 13, 14 ArbEG entscheiden, ob er von der Möglichkeit des EU-Einheitspatentes bei Erteilung des europäischen Patents Gebrauch machen oder ob er auf die Benennung aller teilnehmenden EU-Staaten zugunsten eines europäischen Patents für einzelne EU-Staaten verzichten (per Rücknahme, s. § 13 Rdn. 27) und die Diensterfindung partiell für die übrigen europäischen Staaten freigeben will.

8 Für **internationale Anmeldungen** gilt Art. 27 Abs. 3 PCT.

9 § 14 Abs. 1 hindert den **Arbeitnehmer** nicht an einer **Schutzrechtsanmeldung im Ausland vor Inanspruchnahme** der Diensterfindung.[21] Wird die Diensterfindung nunmehr (unbeschränkt) in Anspruch genommen, so gehen alle vermögenswerten Rechte an der Erfindung auf den Arbeitgeber als Rechtsnachfolger über (§ 7 Abs. 1). Inwieweit dieser Rechtsübergang zugleich das Anmeldeverfahren mit umfasst, sodass nur eine Umschreibung erforderlich wäre, richtet sich nach der Rechtsordnung des jeweiligen Anmeldestaates (vgl. zum Inland § 7 n.F. Rdn. 43). Nach dem jeweiligen nationalen Recht beurteilt sich auch eine evtl. Neuanmeldung, etwa bei Beschränkungen oder sonstigen Einwirkungen auf den Erfindungsgegenstand durch den Arbeitnehmer. Ggf. kann der Arbeitgeber vom Arbeitnehmer gem. § 812 Abs. 1 Satz 1, 2. Alt. BGB (Eingriffskondiktion)[22] die Abtretung der Anmeldeposition und die erforderlichen Mitwirkungsakte vor der ausländischen Erteilungsbehörde verlangen (vgl. auch § 15 Abs. 2).

10 Meldet der Arbeitnehmer nach (unbeschränkter) **Inanspruchnahme im Ausland** an, so handelt er wegen des alleinigen Anmelderechts des Arbeitgebers als Nichtberechtigter.[23] Die Rechtsfolgen und Rechtsbehelfe bezüglich dieser

---

20 Vgl. dazu Art. II des Entwurfs e. Ges. z. Anpassung patentrechtl. Vorschriften auf Grund d. europ. Patentreform in BT-Drucks. 18/8827 v. 20.06.2016, S. 13 f.
21 Volmer (Rn. 8 zu § 14) weist aber zutr. darauf hin, dass der Sinn d. § 14 einer vorherigen Anmeldg. durch den ArbN entgegensteht. Die Anmeldung ist gem. § 7 Abs. 3 relativ unwirksam (s. dort § 7 Rdn. 63); ähnl. Volmer/Gaul Rn. 37 ff. zu § 14.
22 LG Düsseldorf v. 05.04.2001, InstGE 1, 50, 55 – *Schraubenspindelpumpe*.
23 Ebenso Keukenschrijver in Busse/Keukenschrijver, PatG, Rn. 7 zu § 14 ArbEG.

»widerrechtlichen Entnahme« richten sich nach dem Recht des jeweiligen Anmeldestaates (zum Inland vgl. § 7 n.F. Rdn. 51 ff.).

Soweit der Arbeitgeber trotz seiner materiellen Berechtigung formell ggü. der ausländischen Erteilungsbehörde seine Rechte nicht durchsetzen kann, verbleiben ihm im Innenverhältnis ggü. seinem Arbeitnehmer **Schadensersatzansprüche** (z.B. gem. § 823 Abs. 2 BGB i.V.m. § 14 Abs. 1), die auch auf Übertragung der Schutzrechtsposition gerichtet sein können[24] (§ 249 BGB). 11

Will der Arbeitgeber später ausländische **Schutzrechtspositionen** nach (unbeschränkter) Inanspruchnahme wieder **aufgeben**, richtet sich dies im Verhältnis zum Arbeitnehmer mangels Abrede allein nach § 16 (s. § 16 Rdn. 7, 9). 12

Hat der **Arbeitgeber** die Erfindung freigegeben und führt er gleichwohl unberechtigter Weise **Auslandsanmeldungen** für die frei gewordene Diensterfindung durch, stehen dem Arbeitnehmer insb. Rechte wegen widerrechtlicher Entnahme (Art. II § 5 IntPatÜG bzw. nach der jew. nationalen Schutzrechtsordnung) zu (s. i. Einzelnen § 8 n.F. Rdn. 113 ff., s. auch oben § 14 Rdn. 7). Nutzt der Arbeitgeber die Erfindung trotz Freigabe im Ausland, hat der Arbeitnehmer ggf. Schadensersatz- und Bereicherungsansprüche (s. § 8 n.F. Rdn. 93 ff.). 13

## C. Recht des Arbeitnehmers auf Freigabe zur Schutzrechtsanmeldung im Ausland (Abs. 2)

Wenn und soweit der Arbeitgeber von seinem – durch die Inanspruchnahme der Diensterfindung gem. §§ 6, 7 n.F. erlangten – Recht zum Erwerb von Auslandsschutzrechten keinen Gebrauch machen will, hat er dem Arbeitnehmer die Diensterfindung freizugeben und diesem auf Verlangen den Erwerb von Auslandsschutzrechten zu ermöglichen (s. aber auch § 2 Rdn. 25). Dieser Anspruch auf Auslandsfreigabe bei Verzicht des Arbeitgebers auf eigene Auslandsschutzrechtsanmeldungen stellt eine Inhaltsbestimmung des Eigentums i.S.v. Art. 14 Abs. 1 Satz 2 GG zugunsten des Arbeitnehmererfinders dar (s. auch Einl. Rdn. 6), so dass eine Nichtbeachtung dessen Eigentumsrechte verletzt.[25] Der Geltendmachung des Anspruchs durch den Arbeitnehmer bedarf es nicht; vielmehr muss der **Arbeitgeber von sich aus** rechtzeitig tätig werden (s.u. § 14 Rdn. 28 ff.). Dieser Anspruch des Arbeitnehmers besteht nach dem System des ArbEG auch bei etwaigen **Zweifeln über die** (inländische) **Schutz-** 14

---

24 Keukenschrijver in Busse/Keukenschrijver, PatG, Rn. 8 zu § 14 ArbEG.
25 Schiedsst. v. 06.07.2017 – Arb.Erf. 51/16, (z.Z. unveröffentl.), m.H.a. BVerfG v. 24.04.1998 – 1 BvR 587/88, (NJW 1998, 3704, 3705 – *Induktionsschutz von Fernmeldekabeln*).

**fähigkeit** der Erfindung (§ 2 Rdn. 16 ff.). Gleiches gilt bei Zweifeln an der Schutzmöglichkeit in einem freizugebenden Auslandsstaat. Schöpft der Arbeitgeber den Gehalt der Diensterfindung bei seiner Schutzrechtsanmeldung in einem Auslandsstaat nicht voll aus, so besteht u. E. ausweislich § 14 Abs. 1 Satz 1 auch bezüglich der ungeschützten Teile keine Freigabepflicht[26] (s. auch § 14 Rdn. 5). Zur Rechtsübertragung auf Dritte s. § 14 Rdn. 21.

Nach den Erfahrungen der *Schiedsstelle* sind die Rechte der Arbeitnehmererfinder auf Auslandsfreigabe mehr **theoretischer Natur**, die den Erfindern – falls sie Auslandsschutzrechte erwerben – i.d.R. erhebliche wirtschaftliche Belastungen verursachen, aber in der Praxis meistens keinen (ausreichenden) Gegenwert einbringen; deshalb melden die Erfinder in aller Regel nicht in den Auslandsstaaten an, in denen der Arbeitgeber nicht anzumelden beabsichtigt.[27] Die praktische Bedeutung der Auslandsfreigabe ist damit gering.[28]

## I. Rechtsnatur der Freigabe

15 Im Unterschied zu § 6 Abs. 2 n.F. und § 8 n.F./a.F. bezieht sich die Freigabe gem. § 14 Abs. 2 nicht auf die (gesamte) Diensterfindung als solche, sondern nur auf die daran anknüpfenden, vom Arbeitgeber nicht genutzten Rechte zur Auslandsanmeldung. Für die spätere Aufgabe von zunächst durch den Arbeitgeber erworbenen (Auslands-) Schutzrechtspositionen gilt allein § 16 (s. § 16 Rdn. 7, 9).

16 Dem Arbeitnehmer verbleibt also nicht wie bei der Freigabe i.S.d. § 6 Abs. 2 und § 8 die gesamte Rechtsposition an der Erfindung; da das Recht auf das Patent aus dem (auf den Arbeitgeber übergegangenen) Recht an der Erfindung folgt (§ 6 Satz 1 PatG), kann Ersteres für eine Vielzahl von Staaten zur Entstehung gelangen; diese Rechte auf das Patent in ausländischen Staaten bestehen unabhängig voneinander, sodass sie auch verschiedenen Personen überlassen werden können.[29] Rechtlich stellt sich ein solcher Vorgang dann als **Abspaltung von Teilrechten** des Rechts an der Erfindung dar.[30] Demgemäß muss die Freigabe i.S.d. § 14 letztlich als Abspaltung eines Teilrechts zugunsten des Arbeitnehmers angesehen werden, durch welche dieser ein regional beschränktes Anmelderecht mit den sich aus der Schutzrechtserteilung ergebenden

---

26 Partiell abweichend bei abgrenzbaren, selbständig anmeldbaren Teilen Boemke/Kursawe/Hoppe-Jänisch Rn. 31 zu § 14.
27 So schon EV v. 27.11.1989 – Arb.Erf. 50/89, (unveröffentl.).
28 Keukenschrijver in Busse/Keukenschrijver, PatG, Rn. 15 zu § 14 ArbEG.
29 Benkard/Melullis, PatG, Rn. 10 ff. zu § 6 PatG.
30 Wie hier Volmer/Gaul Rn. 45 zu § 14; s. dazu allgemein Feller, Die Rechte aus d. Erf. (1938) S. 101.

Benutzungs- und Verbotsrechten erlangt.[31] Der Arbeitnehmer wird insoweit infolge der einseitigen Freigabeerklärung des Arbeitgebers – ohne dass es nach § 14 einer Übertragung von Rechten auf Auslandsschutzrechte bedarf – mit gesetzlicher Wirkung **ex nunc Rechtsnachfolger** des Arbeitgebers, und zwar mit den entsprechenden Verfügungs- und (ggf. durch Konkurrenzverbot eingeschränkten) Verwertungsrechten (s. im Übrigen § 8 n.F., dort Rdn. 13 ff.). Das Recht zur Patentanmeldung in den von der Freigabe nicht umfassten Staaten verbleibt dagegen dem Arbeitgeber (s.a. § 14 Rdn. 36).

Die Erklärung der Freigabe ist eine einseitige, empfangsbedürftige **Willenserklärung**[32] (s. dazu § 14 Rdn. 25). Als solche unterliegt sie den Vorschriften über Willensmängel nach §§ 116 ff. BGB. Irrt sich bspw. der Arbeitgeber nur über die wirtschaftliche Verwertbarkeit in einem bestimmten Staat, so stellt dies lediglich einen unbeachtlichen Motivirrtum dar, der nicht zur Anfechtung i.S.d. § 119 BGB berechtigt (Einzelheiten s. § 8 n.F. Rdn. 46 ff.).   17

Die Freigabeerklärung ist als Gestaltungserklärung **bedingungsfeindlich**[33] (s. dazu § 8 n.F. Rdn. 26 f.), insb. kann sie nicht an die Vornahme einer – im freien Belieben des Arbeitnehmers stehenden – Schutzrechtsanmeldung in (bestimmten) Auslandsstaaten geknüpft werden. Die Freigabe ist auch nicht bis zum Ablauf der in internationalen Verträgen vorgesehenen Prioritätsfristen befristet.[34]   18

Mit Zugang der Erklärung beim Arbeitnehmer erlangt dieser das regional beschränkte Anmelderecht. Der Arbeitgeber kann die **dingliche Wirkung** dieser einseitigen Erklärung – mit Ausnahme der Anfechtung i.S.d. §§ 119 ff. BGB – nicht mehr einseitig rückgängig machen;[35] will er nunmehr selbst in einem »freigegebenen« Staat anmelden, so ist eine einverständliche (auch konkludent mögliche) Rückübertragung notwendig (s.a. § 14 Rdn. 23).   19

---

31 Vgl. auch Gaul, Mitt. 1971, 241, 242.
32 Allg. A., z.B. Keukenschrijver in Busse/Keukenschrijver, PatG, Rn. 15 zu § 14 ArbEG; Reimer/Schade/Schippel/Trimborn Rn. 3 zu § 14; Volmer/Gaul Rn. 46 zu § 14; Boemke/Kursawe/Hoppe-Jänisch Rn. 34 zu § 14.
33 So auch Volmer/Gaul Rn. 47 zu § 14; Keukenschrijver in Busse/Keukenschrijver, PatG, Rn. 15 zu § 14 ArbEG.
34 Lindenmaier/Lüdecke Anm. 9 zu §§ 13 bis 16; Reimer/Schade/Schippel/Trimborn Rn. 2 zu § 14; a.A. Heine/Rebitzki Anm. 2 zu § 14.
35 Vgl. auch Keukenschrijver in Busse/Keukenschrijver, PatG, Rn. 17 zu § 14 ArbEG (»Freigabe hat Verfügungscharakter«). A.A. Reimer/Schade/Schippel/Trimborn Rn. 2 zu § 14, die einen Rechtsverlust d. ArbN nach Fristsetzung durch d. ArbG annehmen.

## II. Anspruch des Arbeitnehmers

20 § 14 gewährt dem Arbeitnehmer einen (ggf. auch im Wege der einstweiligen Verfügung[36] gerichtlich durchsetzbaren) **gesetzlichen Anspruch** auf Freigabe[37] für solche Auslandsstaaten, in denen der Arbeitgeber keine Schutzrechte erwerben will. Der Arbeitgeber muss aber **von sich aus** dem Arbeitnehmer seine Absichten mitteilen (s. § 14 Rdn. 32). Der Arbeitnehmer hat ein Recht darauf, seine Entscheidung über Auslandsanmeldungen erst dann zu treffen, wenn sich der Arbeitgeber über seine Auslandsaktivitäten erklärt hat[38] (s. § 14 Rdn. 32). Zur Rechtsstellung eines Miterfinders s. § 14 Rdn. 82 ff.

Der Anspruch auf Auslandsfreigabe soll dem Arbeitnehmer eine zusätzliche Verwertungschance bieten,[39] schränkt jedoch nicht das durch die (unbeschränkte) Inanspruchnahme vermittelte freie Verfügungsrecht des Arbeitgebers (s. § 7 n.F. Rdn. 20 f.) ein. Der Arbeitgeber ist deshalb auch berechtigt, vor einer Auslandsanmeldung die **Anmelderechte** für das Ausland insgesamt oder für einzelne Auslandsstaaten **auf Dritte** zu **übertragen**.[40] Im Fall der Übertragung stellen auch die Ansprüche des Arbeitnehmers aus § 14 keine dingliche Belastung der Diensterfindung dar; sie richten sich nur gegen den Arbeitgeber bzw. dessen Gesamtrechtsnachfolger (vgl. § 1 Rdn. 14 ff.) und nicht gegen einen Dritten, auf den der Arbeitgeber die Diensterfindung (teilweise) übertragen hat[41] (s. § 7 n.F. Rdn. 24).

21 Im Fall einer **Übertragung aller Erfindungsrechte** oder der Anmelderechte für das Ausland auf einen Dritten findet Abs. 2 keine Anwendung, gleichgültig ob der Erwerber die Diensterfindung in den betreffenden Auslandsstaaten zur Erteilung von Schutzrechten anmeldet oder nicht;[42] der Arbeitgeber ist nicht –

---

36 S. dazu LG Düsseldorf v. 08.08.2002, Mitt. 2002, 534 f.; Keukenschrijver in Busse/Keukenschrijver, PatG, Rn. 10 zu § 14 ArbEG; Boemke/Kursawe/Hoppe-Jänisch Rn. 59 zu § 14.
37 Allg. A., z.B. Lindenmaier/Lüdecke Anm. 8 zu §§ 13 bis 16.
38 Schiedsst. v. 18.11.1994 – Arb.Erf. 97/93, (unveröffentl.).
39 Schiedsst. v. 08.06.1973, BlPMZ 1973, 366, 367 u. v. 09.07.1974, BlPMZ 1975, 258.
40 H.M. im Anschluss an Amtl. Begründung in BT-Drucks. II/1648 S. 33 = BlPMZ 1957, 236; z.B. Schiedsst. v. 08.06.1973, BlPMZ 1973, 366, 367; Busse/Keukenschrijver, PatG, Rn. 5 zu § 14 ArbEG; Volmer/Gaul Rn. 21 ff. zu § 14; wohl auch Boemke/Kursawe/Hoppe-Jänisch Rn. 54 zu § 14.
41 Amtl. Begründung in BT-Drucks. II/1648 S. 33 = BlPMZ 1957, 236; Volmer Rn. 18 zu § 14; ebenso Keukenschrijver in Busse/Keukenschrijver, PatG, Rn. 11 zu § 14 ArbEG; a. A. Weiss, GRUR 1958, 64 f.
42 Amtl. Begründung in BT-Drucks. II/1648 S. 33 = BlPMZ 1957, 236; Volmer Rn. 18 zu § 14.

## C. Recht des Arbeitnehmers auf Freigabe im Ausland (Abs. 2) § 14

auch nicht aus seinem Fürsorgegebot heraus – verpflichtet, vertraglich die Rechte des Arbeitnehmers aus § 14 Abs. 2 sicherzustellen.[43] Wollte man eine derartige Rechtspflicht bejahen, wäre die mit der Inanspruchnahme gewonnene freie Verfügungsbefugnis des Arbeitgebers entwertet und praktisch undurchführbar; Zweck des § 14 Abs. 2 ist es nicht, den Arbeitgeber an der Verwertung der Erfindung zu hindern oder ihn, etwa nach Veräußerung der Erfindungsrechte, schadensersatzpflichtig zu machen.[44]

Die mit der (unbeschränkten) Inanspruchnahme erlangte volle Verfügungsbefugnis über die Erfindungsrechte (s. § 7 n.F. Rdn. 10 ff.) erlaubt es dem Arbeitgeber, ohne Verstoß gegen § 14 Abs. 2 über die Erfindungsrechte derart zu verfügen, dass er die Rechte zum Erwerb von Auslandsschutzrechten nicht nur teilweise, sondern vollständig an einen Dritten überträgt;[45] es bedarf dazu – trotz des damit für den Arbeitnehmer verbundenen Verlustes des Anspruchs auf Auslandsfreigabe (s.o. § 14 Rdn. 20) – nicht der Zustimmung des Erfinders.[46] Hiergegen spricht auch nicht die vom Gesetzgeber vorgenommene Differenzierung der Inlands- und Auslandsanmeldungen in den §§ 13 und 14, da es sich, bezogen auf § 14, insoweit um eine Berechtigung des Arbeitgebers zur Durchführung von Auslandsschutzrechtsanmeldungen handelt (§ 14 Abs. 1). Die Freigabepflicht nach Abs. 2 setzt voraus, dass er rechtlich überhaupt noch in der Lage ist, Schutzrechtsanmeldungen zu betreiben, was nach vorangegangener Veräußerung der gesamten Rechtsposition an der Erfindung nicht mehr möglich ist. Ebenso kann der Arbeitgeber beliebig über ausländische Schutzrechtspositionen durch Übertragung verfügen, ohne dass dies Ansprüche des Arbeitnehmers auf ein vorheriges Übertragungsangebot oder auf eine sonstige Beteiligung auslöst. Der Rechtserwerber unterliegt in keinem der vorgenannten Fälle dem Freigabeanspruch des Arbeitnehmers, da

---

43 Vgl. Schiedsst. v. 08.06.1973, BlPMZ 1973, 366, 367, bestätigt durch Schiedsst. v. 28.11.1991 – Arb.Erf. 60/90 u. v. 10.02.1998 – Arb.rf. 53/96, (unveröffentl.); wie hier Volmer/Gaul Rn. 50 zu § 14; Sack, RIW 1989, 612, 613 f.; Keukenschrijver in Busse/Keukenschrijver, PatG, Rn. 11 zu § 14 ArbEG; nunmehr auch Reimer/Schade/Schippel/Trimborn Rn. 2 zu § 14, allerdings einschränkend bei regelmäßiger Rechtsübertragung im Konzern m.H.a. Schiedsst. v. 10.02.1998 – Arb.Erf. 53/96, (Datenbank); a.A. Koch, RIW 1986, 824 ff.; Boemke/Kursawe/Hoppe-Jänisch Rn. 55 ff. zu § 14 (ggf. schadensersatzpflichtige Verletzung der Freigabepflicht).
44 Schiedsst. v. 08.06.1973, BlPMZ 1973, 366, 367; ebenso Sack, RIW 1989, 612, 613 f. Schadensersatzansprüche ebenfalls ablehnend Wiedemann, Vergütg. i. d. Insolvenz (2016), S. 83 ff.
45 H.M. vgl. Schiedsst. v. 08.06.1973, BlPMZ 1973, 366, 367; Volmer/Gaul Rn. 21, 23 zu § 14; a.A. Koch, RIW 1986, 824, 825.
46 Schiedsst. v. 08.06.1973, BlPMZ 1973, 366, 367, bestätigt durch EV v. 14.10.1985 – Arb.Erf. 16/85, (unveröffentl.); Volmer/Gaul Rn. 22 u. 49 zu § 14.

die Rechte und Pflichten aus dem ArbEG keine dingliche Belastung der Erfindung darstellen (s.o. § 14 Rdn. 20). Zur Vergütungspflicht bei Übertragungen s. § 9 Rdn. 251 f.

22 Der (schuldrechtliche[47]) **Anspruch** des Arbeitnehmers auf Auslandsfreigabe, der auch einem **ausgeschiedenen Arbeitnehmer** zusteht[48] (§ 26), ist gem. § 399, 1. Alt. BGB **unübertragbar** und zugleich **unvererblich** (streitig, z. Rechtsstellung der Erben s. § 1 Rdn. 151); dieses folgt aus der Höchstpersönlichkeit des Anspruchs,[49] den der Gesetzgeber aus Billigkeitserwägungen[50] dem Arbeitnehmer in Anerkennung seiner schöpferischen Leistung zugesprochen hat. Eine vom Arbeitnehmer dennoch vorgenommene Abtretung ist unwirksam; eine Zustimmung des Arbeitgebers kann die Abtretbarkeit nicht begründen, da dieser den Rechtscharakter des Anspruchs nicht zu ändern vermag.[51] Dagegen kann der Arbeitnehmer die aufgrund seines Anmelderechts erworbenen Schutzrechtspositionen auf Dritte bei Beachtung evtl. Rechte des Arbeitgebers aus § 14 Abs. 3 frei übertragen (Einzelheiten s. § 14 Rdn. 36).

23 Eine **Pflicht** des Arbeitnehmers **zur Anmeldung** von Schutzrechten im Ausland besteht nicht (s. dazu § 14 Rdn. 36).

**III. Form, Zugang, Inhalt und Zeitpunkt der Freigabeerklärung**

**1. Form, Zugang**

24 Im Unterschied zu § 6 Abs. 2 n.F. und § 8 a.F./1 n.F. schreibt § 14 Abs. 2 für die Freigabeerklärung keine bestimmte Form vor; sie ist daher **formlos** mög-

---

47 Keukenschrijver in Busse/Keukenschrijver, PatG, Rn. 11 zu § 14 ArbEG m. H. a. LG Düsseldorf v. 08.08.2002 Mitt. 2002, 534 f.
48 Allg. A., z. B. Keukenschrijver in Busse/Keukenschrijver, PatG, Rn. 10 zu § 14 ArbEG m. H. a. LG Düsseldorf v. 08.08.2002 Mitt. 2002, 534 f.
49 Volmer Rn. 13 zu § 14; Reimer/Schade/Schippel/Kaube (7. Aufl.) Rn. 2 zu § 14; zust. auch Cordt, Vererbung arbeitsrechtl. Ansprüche (2017), S. 174; vgl. auch Keukenschrijver in Busse/Keukenschrijver, PatG, Rn. 11 zu § 14 ArbEG. Abw. Volmer/Gaul Rn. 48 zu § 14; ferner Boemke/Kursawe/Hoppe-Jänisch Rn. 35 zu § 14 (ebenso gehen Boemke/Kursawe/Boemke Rn. 115 zu § 1 generell von einer fehlenden Höchstpersönlichkeit von arbeitnehmererfindungsrechtl. Ansprüchen und damit von deren Vererblichkeit aus).
50 Vgl. Amtl. Begründung in BT-Drucks. II/1648 S. 32 = BlPMZ 1957, 236.
51 Vgl. allg. Dornwald, Grenzen und Umfang des Abtretungsverbots gem. § 399, 1. Alt. BGB, Diss. Köln 1978, S. 151 (aber streitig); a. A. Boemke/Kursawe/Hoppe-Jänisch Rn. 36 zu § 14.

lich,⁵² auch konkludent, woran aber strenge Anforderungen zu stellen sind. Wegen der Wesensunterschiede (vgl. oben § 14 Rdn. 15 f.) verbietet sich hinsichtlich der Form ein Rückschluss auf § 6 Abs. 2 und § 8 Satz 1 n.F.

Die an die Freigabeerklärung anknüpfenden Rechtsfolgen treten mit deren **25** **Zugang** beim Arbeitnehmer ein (§ 130 Abs. 1 BGB – zum Zugang allgemein s. § 5 Rdn. 10 ff.); einer Annahmeerklärung des Arbeitnehmers bedarf es – im Unterschied zur Schutzrechtsaufgabe gem. § 16 Abs. 2 – nicht. Der Arbeitgeber muss in geeigneter Weise sicherstellen, dass er die Kontrolle darüber behält, ob die (schriftliche) Freigabeerklärung den Arbeitnehmer auch erreicht und damit ihren Zweck erfüllt⁵³ (zu den weiteren Erfordernissen s. § 16 Rdn. 29). Unterlässt der Arbeitgeber diese gebotene **Überwachung des Zugangs** der Freigabeerklärung, so macht er sich u.U. schadensersatzpflichtig,⁵⁴ etwa, wenn er die Freigabeerklärung nur durch einen einfachen Brief ohne Kontrolle des Zugangs an den (ausgeschiedenen) Arbeitnehmer absendet⁵⁵. Der Vorwurf eines **Mitverschuldens** trifft den Arbeitnehmer dann nicht, wenn er das von seiner Seite Erforderliche tut, um den Zugang der Freigabeerklärung sicherzustellen, wozu ausreicht, dass Postsendungen entweder von ihm selbst oder von Personen seines Vertrauens in Empfang genommen und zuverlässig an ihn weitergeleitet werden.⁵⁶ Der (ausgeschiedene) Arbeitnehmer ist nicht verpflichtet, Veränderungen seines Wohnsitzes dem Arbeitgeber mitzuteilen, wenn er dafür Sorge trägt, dass Sendungen an seine letzte, dem Arbeitgeber bekannte Anschrift ihn weiterhin erreichen⁵⁷. Zulässig ist die Vereinbarung im Anstellungsvertrag, dass die dem Arbeitgeber zuletzt genannte Anschrift für die Zugangswirkung maßgebend sein soll. Die **Beweislast** für den Zugang trägt der Arbeitgeber.

---

52 Wie hier Krieger, GRUR 1981, 149, 150; Volmer/Gaul Rn. 69 zu § 14; Keukenschrijver in Busse/Keukenschrijver, PatG, Rn. 15 zu § 14 ArbEG; nunmehr auch Reimer/Schade/Schippel/Trimborn Rn. 3 zu § 14; a.A. Goltz, GRUR 1978, 434, 436; Volmer Rn. 17 zu § 14.
53 BGH v. 31.01.1978, GRUR 1978, 430, 434 – *Absorberstab-Antrieb* unter Aufhebg. v. OLG Frankfurt am Main v. 10.07.1975, EGR Nr. 5 zu § 14 ArbEG; BGH v. 08.12.1981, GRUR 1982, 227 – *Absorberstab-Antrieb II* u. BGH v. 05.06.1984 – X ZR 72/82, GRUR 1984, 652 – *Schaltungsanordnung*.
54 BGH v. 31.01.1978, GRUR 1978, 430, 434 – *Absorberstab-Antrieb* u. BGH v. 08.12.1981, GRUR 1982, 227 – *Absorberstab-Antrieb II*.
55 BGH v. 31.01.1978, GRUR 1978, 430, 434 – *Absorberstab-Antrieb* u. BGH v. 08.12.1981, GRUR 1982, 227 – *Absorberstab-Antrieb II*; abw. Boemke/Kursawe/ Hoppe-Jänisch Rn. 34 zu § 14.
56 BGH v. 08.12.1981, GRUR 1982, 227 – *Absorberstab-Antrieb II*.
57 BGH v. 08.12.1981, GRUR 1982, 227, 229 – *Absorberstab-Antrieb II*.

## 2. Inhalt

**26** Inhaltlich stellt sich die (bedingungsfeindliche, s. § 14 Rdn. 18) Freigabe als **Abspaltung von Teilrechten** dar (s. § 14 Rdn. 16), die der Arbeitgeber (zugunsten des Arbeitnehmers) aufgibt. Die Freigabeerklärung soll den Arbeitnehmer auf die Möglichkeit eigener Schutzrechtsanmeldungen in Auslandsstaaten aufmerksam machen und muss damit unzweideutig erfolgen.[58] Aus ihr muss für den Arbeitnehmer klar erkennbar sein, welche Erfindungen für welche Staaten ihm (zur eigenen Schutzrechtserlangung bzw. Verwertung) freigegeben werden.[59] Auf den Gebrauch des Begriffs der Freigabe kommt es nicht an; bereits die wörtliche oder sinngemäße Erklärung des Arbeitgebers, dass er nicht beabsichtige, über die Inlandsanmeldung hinaus (insgesamt oder auf einzelne Staaten beschränkt) entsprechende Auslandsanmeldungen einzureichen, kann eine Freigabeerklärung i.S.d. § 14 Abs. 2 enthalten; dies gilt auch dann, wenn der Erfinder dabei um Mitteilung evtl. Anmeldungs- oder Verwertungsabsichten gebeten wird[60] (s.a. § 16 Rdn. 27). Nach LG Düsseldorf liegt in der Mitteilung des Arbeitgebers, er werde eine deutsche Patentanmeldung »im Ausland nicht hinterlegen« noch keine Freigabeerklärung, da hierin nicht zum Ausdruck komme, dass insoweit die Rechte an der Diensterfindung an den Erfinder zurückfallen sollten.[61] Ebenso wenig kann der Arbeitnehmer aus dem Umstand, dass er nur Patentanmeldungen für einzelne Staaten unterzeichnen muss, auf die Freigabe für sonstige Staaten schließen.[62]

Eine **Angabe von Gründen** für die Freigabe ist grundsätzlich nicht erforderlich, aber möglich (s. auch § 14 Rdn. 43).

## 3. Zeitpunkt

**27** Gibt der Arbeitgeber bereits **vor Erfindungsmeldung** (§ 5) eine Diensterfindung für die Schutzrechtsanmeldung in (bestimmten) Auslandsstaaten frei, steht § 22 nicht entgegen,[63] auch wenn der Arbeitgeber gleichzeitig von seinen Befugnissen nach § 14 Abs. 3 Gebrauch macht. Eine solche auf die Rechte aus § 14 Abs. 2 beschränkte Freigabeerklärung wird gegenstandslos, wenn nach-

---

58 BGH v. 04.04.2006 – X ZR 155/03, GRUR 2006, 754, 760 [Rn. 42] – *Haftetikett*.
59 Volmer/Gaul Rn. 72 zu § 14.
60 Vgl. BGH vom 31.01.1978, GRUR 1978, 430, 434 – *Absorberstab-Antrieb*.
61 Urt. v. 31.05.1988 – 4 O 146/86, (unveröffentl.).
62 S. BGH v. 04.04.2006 – X ZR 155/03, GRUR 2006, 754, 760 [Rn. 42] – *Haftetikett*.
63 Vgl. Volmer Rn. 29 zu § 14; zust. auch Keukenschrijver in Busse/Keukenschrijver, PatG, Rn. 16 zu § 14 ArbEG.

träglich die vollständige Freigabe der Erfindung durch den Arbeitgeber (§ 6 Abs. 2 bzw. § 8) erfolgt; die Diensterfindung wird insgesamt frei (§ 8 Satz 2).

Hat der Arbeitgeber die Diensterfindung (unbeschränkt) in Anspruch genommen, folgt nunmehr aus § 14 Abs. 2 eine Obliegenheit, sich alsbald über eine potentielle Verwertung in den ausländischen Staaten und damit über eigene Schutzrechtsanmeldungen im Ausland klar zu werden.

Um die dem Arbeitnehmer durch § 14 Abs. 2 eröffnete Chance des eigenen Erwerbs ausländischer Schutzrechte sicherzustellen, soll der Arbeitgeber die Freigabe nach § 14 Abs. 2 Satz 2 so rechtzeitig vornehmen, dass der **Arbeitnehmer die Prioritätsfristen** zwischenstaatlicher Verträge auf dem Gebiet des gewerblichen Rechtsschutzes **ausnutzen** kann.

Als **zwischenstaatliche Verträge**, worunter auch zweiseitige Verträge fallen,[64] kommen insb. in Betracht: Pariser Verbandsübereinkunft z. Schutz des gewerbl. Eigentums (PVÜ) vom 20.03.1883,[65] die nach Art. 4 C eine Frist von 12 Monaten ab dem auf die Hinterlegung der ersten Anmeldung in einem Verbandsstaat folgenden Tag festlegt; ferner Art. 87 ff. EPÜ i.V.m. Regeln 52, 53, 54 und 59 EPÜAO, die ein weitgehend mit der PVÜ übereinstimmendes eigenes Prioritätsrecht schaffen,[66] sowie Art. 8 Abs. 2 PCT mit dem Verweis auf die PVÜ.

»Rechtzeitig« ist die Erklärung dann, wenn dem Arbeitnehmer nach Zugang ausreichende Zeit verbleibt, sich über das ob und wo von Auslandsanmeldungen schlüssig zu werden und die Anmeldung ordnungsgemäß – auch unter Zuhilfenahme Dritter, etwa ausländischer Vertreter – durchführen zu können; **in der Regel** wird ein Zeitraum von **2 bis 3 Monaten vor Fristablauf** ausreichen.[67] Dieser auf früheren Erfahrungen beruhende Regelzeitraum kann sich durch die Möglichkeit der Einreichung internationaler Anmeldungen auf der Grundlage des PCT-Vertrages und/oder europäischer Anmeldungen nach dem EPÜ, der elektronischen Einreichung von Patentanmeldungen und der verbesserten technischen Kommunikationsmöglichkeiten verkürzen. Nach Auffassung der *Schiedsstelle* wird mit dem Gebot der Rechtzeitigkeit lediglich das

---

64 Amtl. Begründung in BT-Drucks. II/1648 S. 33 = BlPMZ 1957, 236; Sack, RIW 1989, 612, 613 f.
65 Zuletzt revidiert in Stockholm am 14.07.1967 (BGBl. II 1970, S. 391 = BlPMZ 1970, 293).
66 Einzelheiten bei Schulte/Moufang, PatG, § 41 Rn. 13 ff.
67 Wie hier Schiedsst. v. 16.04.2015 – Arb.Erf. 02/13, (www.dpma.de, dort knapp 2 Monate); Volmer/Gaul Rn. 79 f. zu § 14; Reimer/Schade/Schippel/Trimborn Rn. 3 zu § 14; Keukenschrijver in Busse/Keukenschrijver, PatG, Rn. 16 zu § 14 ArbEG.

Ziel angestrebt, eine prioritätswahrende Anmeldung vornehmen zu können, nicht aber dem Arbeitnehmererfinder eine Prüfung zu ermöglichen, ob die Aufwendungen für eine Auslandsanmeldung wirtschaftlich sinnvoll sind; insofern muss der Arbeitnehmererfinder ggf. eine mit entsprechenden Risiken behaftete Anmeldeentscheidung treffen, da das Gesetz ihm keine weiter gehenden Überlegungs- oder Prüfungsfristen einräumt.[68]

31 Da § 14 Abs. 2 Satz 2 als sog. **Soll-Vorschrift** ausgestaltet ist, schreibt er die Rechtzeitigkeit der Freigabeerklärung nicht zwingend, sondern nur für den Regelfall vor. Besondere sachlich gerechtfertigte Gründe, die nicht allein in der organisatorischen-betrieblichen Sphäre des Arbeitgebers liegen, können demnach ein Abweichen von dieser Verpflichtung im Einzelfall rechtfertigen;[69] zulässig und im Einzelfall erforderlich kann es sein, wenn der Arbeitgeber – je nach Entscheidungsstand – **schrittweise** die einzelnen freizugebenden Staaten benennt.[70]

32 Hat der Arbeitgeber sich ein ausreichendes Bild über die von ihm beabsichtigten Auslandsanmeldungen verschaffen können, so muss er den Arbeitnehmer (alsbald) davon in Kenntnis setzen, in bzw. für welche(n) Staaten er eine Anmeldung beabsichtigt oder bereits vorgenommen hat. Aus dem Gesetzeswortlaut (»hat er«) geht hervor, dass es für eine Freigabe nicht auf ein Verlangen des Arbeitnehmers ankommt, der **Arbeitgeber** vielmehr **von sich aus** tätig werden muss.[71] Irgendeine vorangehende Hinweispflicht des Arbeitnehmers besteht grds. nicht.[72]

Daraus folgt, dass der Arbeitgeber sich von seiner Verpflichtung zur Freigabeerklärung für die ihn nicht interessierenden Auslandsstaaten nicht dadurch befreien kann, dass er – noch bevor er selbst eine Freigabeerklärung abgegeben hat – vom Arbeitnehmer eine Erklärung verlangt, an welchen Auslandsanmeldungen dieser interessiert sei, um dann bei Schweigen davon auszugehen, dass der Arbeitnehmer kein Interesse habe; denn die Verpflichtung des Arbeitgebers

---

68 Schiedsst. v. 18.11.1994 – Arb.Erf. 97/93, (unveröffentl.).
69 Angebl. abw., im Ergebn. aber letztlich wohl wie hier Boemke/Kursawe/Hoppe-Jänisch Rn. 41 zu § 14.
70 Volmer/Gaul Rn. 84 zu § 14.
71 BGH v. 31.01.1978, GRUR 1978, 430, 434 – *Absorberstab-Antrieb* m. Anm. Goltz; bestätigt durch BGH v. 08.12.1981, GRUR 1982, 227, 229 – *Absorberstab-Antrieb II*; Schiedsst. v. 09.07.1974, BlPMZ 1975, 258; OLG Frankfurt am Main v. 10.07.1975, EGR Nr. 5 zu § 14 ArbEG; Keukenschrijver in Busse/Keukenschrijver, PatG, Rn. 15 zu § 14 ArbEG; abw. Beil in Chemie – Ingenieur – Technik 1957, 633; unklar Reimer/Schade/Schippel/Trimborn Rn. 2 zu § 14.
72 Vgl. BGH v. 08.12.1981, GRUR 1982, 227, 229 – *Absorberstab-Antrieb II*.

zur Freigabe macht das Gesetz weder von einem entsprechenden Interesse des Arbeitnehmererfinders abhängig, noch verpflichtet es den Arbeitnehmer, eine Entscheidung zu einem Zeitpunkt kundzutun, in dem der Arbeitgeber noch nicht über Auslandsschutzrechte abschließend entschieden hat.[73]

Vgl. zum gleichzeitigen Vorbehalt eines Benutzungsrechts § 14 Rdn. 45 f.; zu Unterstützungshandlungen des Arbeitgebers § 14 Rdn. 39 ff.; zur Verletzung der Freigabepflicht s. § 14 Rdn. 81.

### IV. Umfang und Wirkung der Freigabe

Die Verpflichtung des Arbeitgebers zur Freigabe bezieht sich nur auf den Inhalt der ihm gemeldeten Diensterfindung[74] (s.a. § 8 n.F. Rdn. 13, 67) und besteht nur insoweit, als er die Befugnis zur Schutzrechtsanmeldung im Ausland weder selbst ausnutzt bzw. ausnutzen will, noch durch einen Dritten – etwa im Rahmen eines Patentaustausch- oder Optionsvertrages – ausnutzen lässt.[75] Regelmäßig ist davon auszugehen, dass der Arbeitgeber schon im eigenen wirtschaftlichen Interesse eine umfassende Schutzrechtsabsicherung durch parallele Auslandsanmeldungen bewirken wird. Da zudem § 14 Abs. 1 die aus § 7 Abs. 1 folgende umfassende Verwertungsbefugnis des Arbeitgebers nach (unbeschränkter) Inanspruchnahme durch das Recht bestätigt, nach eigenem Ermessen in beliebigem Umfang parallele Auslandsanmeldungen zu betreiben, wird sich das **Freigaberecht** des Arbeitnehmers regelmäßig darauf beschränken, eine Freigabe **für die Länder** zu verlangen, **in denen er die Belange des eigenen Arbeitgebers nicht stört**.[76]

33

Der Arbeitgeber kann auch als berechtigt angesehen werden, bewusst eine **schutzrechtsfreie Zone** im Ausland zu schaffen[77] (streitig). Der aus Billigkeitserwägungen geschaffene Freigabeanspruch des Arbeitnehmers muss dort seine

34

---

73 Schiedsst. v. 18.11.1994 – Arb.Erf. 97/93, (unveröffentl.).
74 Ähnl. Keukenschrijver in Busse/Keukenschrijver, PatG, Rn. 18 zu § 14 ArbEG (»erfasst nur die gemeldete Diensterfindung«).
75 Amtl. Begründung in BT-Drucks. II/1648 S. 33 = BlPMZ 1957, 236.
76 So Schiedsst. v. 17.11.1986 – Arb.Erf. 69/86, (unveröffentl.); ebenso Volmer/Gaul Rn. 64 zu § 14; Sack, RIW 1989, 612, 614; kritisch allgemein Koch, RIW 1986, 824.
77 Volmer Rn. 14 zu § 14 u. Volmer/Gaul Rn. 59 ff., 64 zu § 14; im Ergebn. auch Keukenschrijver in Busse/Keukenschrijver, PatG, Rn. 12 zu § 14 ArbEG; kritisch Reimer/Schade/Schippel/Trimborn Rn. 2 zu § 14; vgl. auch Amtl. Begründung BT-Drucks. II/1648 S. 33 = BlPMZ 1957, 236; a.A. Halbach Anm. 2 zu § 14; abl. A. Bartenbach, Arbeitnehmererfindungen im Konzern (2018), Rn. 586 ff.; Boemke/Kursawe/Hoppe-Jänisch Rn. 51 f. zu § 14.

Grenze finden, wo den wirtschaftlichen Interessen des Unternehmens ein Vorrang einzuräumen ist. Letzteres ist dann anzunehmen, wenn unter Zugrundelegung eines objektiven Maßstabes bei wirtschaftlicher Betrachtungsweise für das jeweilige Unternehmen eine schutzrechtsfreie Zone dienlich und geboten erscheint, bspw. wenn die auszuführenden Erzeugnisse in dem betreffenden Staat durch andere Schutzrechte bzw. Auslandsverträge hinreichend gesichert sind, wenn dort eine Eigenproduktion wirtschaftlich nicht vertretbar wäre oder wenn der Arbeitgeber in langjähriger Unternehmenspolitik wegen nachweisbarer betriebswirtschaftlicher Erwägungen von der Erlangung eines im Hinblick auf den Verwertungsumfang nicht lohnenden Auslandsschutzrechtes absieht (vgl. auch RL Nr. 26 Abs. 2 Satz 2). Diese Einschränkung des Freigabeanspruchs des Arbeitnehmers sieht die *Schiedsstelle* in § 242 BGB und in Auswirkung der arbeitsrechtlichen Treuepflicht begründet[78]. Zur Vergütungspflicht s. § 14 Rdn. 69.1 f.

In der Praxis nicht selten ist die – nach Meldung zulässige (§ 22) **Vereinbarung einer schutzrechtsfreien Zone.** Dadurch ist der Arbeitgeber vom Nachweis der Zweckdienlichkeit eines solchen schutzrechtsfreien Raumes befreit und kann frei entscheiden, inwieweit er in bestimmten Auslandsstaaten Schutzrechtsanmeldungen betreibt oder nicht. Im Gegenzug verpflichtet sich der Arbeitgeber regelmäßig, den Arbeitnehmer bei (zusätzlichen) Verwertungshandlungen in solchen schutzrechtsfreien Ländern ganz oder teilweise vergütungsrechtlich so zu stellen, als bestehe dort eine Schutzrechtsposition (s. § 14 Rdn. 69.2).

35 Eine Verpflichtung, einen Schutzrechtserwerb des Arbeitnehmers zu ermöglichen, besteht für den Arbeitgeber auch dann nicht, wenn ein Dritter, auf den Auslandsrechte übertragen wurden, eine Anmeldung zur Schaffung eines schutzrechtsfreien Raumes bewusst unterlässt.[79] Beansprucht der Arbeitgeber für sich oder einen Vertragspartner die Schaffung einer schutzrechtsfreien Zone, muss der Arbeitgeber, – damit das Freigaberecht nicht eine völlige Aushöhlung erfährt, – dem Arbeitnehmer auch in solchen Fällen einen **Vergütungsausgleich** (für Nutzungen in diesen Auslandsstaaten) gewähren[80]

---

78 Schiedsst. v. 17.11.1986 – Arb.Erf. 69/86, (unveröffentl.).
79 Amtl. Begründung in BT-Drucks. II/1648 S. 33 = BlPMZ 1957, 236; a.A. Weiss, GRUR 1958, 64.
80 Ebenso Reimer/Schade/Schippel/Trimborn Rn. 2 zu § 14; Keukenschrijver in Busse/Keukenschrijver, PatG, Rn. 12 zu § 14 ArbEG; in diesem Sinne wohl auch Schiedsst. v. 17.11.1986 – Arb.Erf. 69/86, (unveröffentl.), letztlich aber offen gelassen; a.A. Volmer Rn. 14 zu § 14 u. Volmer/Gaul Rn. 64 zu § 14.

## C. Recht des Arbeitnehmers auf Freigabe im Ausland (Abs. 2) § 14

(Rechtsgedanke aus § 17); zur Vergütung s. § 14 Rdn. 60 ff., insb. § 14 Rdn. 69.1 f.

Hiervon zu unterscheiden ist der in RL Nr. 26 Abs. 2 Satz 2 behandelte Tatbestand, dass weder Arbeitgeber noch Arbeitnehmer Auslandsschutzrechte erwerben und hierdurch ein **schutzrechtsfreies Gebiet** entsteht, auf dem Wettbewerber tätig werden können. In einem solchen Fall kann eine Vergütung regelmäßig nicht verlangt werden (s. auch § 9 Rdn. 246.1 f.; zur bewusst schutzrechtsfreien Zone s. § 14 Rdn. 69.1).

Die Freigabe kann sich auf **einzelne, mehrere oder alle Auslandsstaaten** beziehen. Aus der Freigabeerklärung sollte für den Arbeitnehmer klar erkennbar werden, welche Erfindungsrechte für welche Staaten ihm freigegeben, d.h. zur Schutzrechtsanmeldung bzw. Erfindungsverwertung überlassen werden (s. § 14 Rdn. 26). Ggf. muss der Umfang der Freigabe im Wege der **Auslegung** (§ 133 BGB) ermittelt werden, wobei im Zweifel auf den Empfängerhorizont (des Arbeitnehmers) abzustellen sein wird. 36

Im Umfang der Freigabe ist der Arbeitnehmer berechtigt, Auslandsanmeldungen zu betreiben, und zwar in der Form **nationaler ausländischer Anmeldungen oder durch europäische bzw. PCT-Anmeldung**. Ebenso kann der Arbeitnehmer die erworbenen (partiellen) Erfindungsrechte bzw. die aufgrund seines Anmelderechts erworbene Schutzrechtsposition frei übertragen; er hat dabei aber evtl. **Rechte des Arbeitgebers** nach § 14 Abs. 3 zu beachten bzw. deren Erhalt durch entsprechende Vereinbarungen mit dem Rechtserwerber oder auf sonst geeignete Weise **sicherzustellen**. Insoweit muss er evtl. Schranken der jeweiligen nationalen ausländischen Rechtsordnung für die Aufrechterhaltung oder den Bestand der Rechte des Arbeitgebers, insb. der einfachen Nutzungsrechte, berücksichtigen und Rechtsmöglichkeiten, die die jeweilige nationale ausländische Rechtsordnung anbietet (etwa Registrierungen, Genehmigungsverfahren etc.) ausnutzen. Zu Einschränkungen seiner Verfügungs- und Verwertungsrechte durch die Treuepflicht und zum Wettbewerbsverbot s. § 8 n.F. Rdn. 77 ff. 36.1

Der Entschluss zu Schutzrechtsanmeldungen in den bzw. einzelnen freigegebenen Auslandsstaaten, zu Art und Umfang des Schutzrechts sowie zu einer potentiellen wirtschaftlichen Verwertung fällt in die **alleinige Entscheidungs- und Verantwortungssphäre des Arbeitnehmers**. Eine über die Unterstützungspflicht (s. dazu § 14 Rdn. 39 ff.) hinausgehende Beratungspflicht des Arbeitgebers kennt das Gesetz nicht (s. auch § 14 Rdn. 26, 43). Der Arbeitnehmer ist nicht gehindert, sachverständigen Rat bei Dritten einzuholen. Seine **Geheimhaltungspflicht** nach § 24 Abs. 2 entfällt grundsätzlich im Umfang der Freigabe (s. § 24 Rdn. 37). Eine **Pflicht** des Arbeitnehmers **zur Anmel-** 36.2

dung von Schutzrechten im Ausland besteht **nicht**; es steht dem Arbeitnehmer frei, ob und in welchen Ländern er Auslandsrechte anmelden und/oder geltend machen will[81] (zu den vergütungsrechtlichen Auswirkungen s. § 14 Rdn. 61). Das gilt selbstverständlich auch dann, wenn sich der Arbeitgeber Rechte nach § 14 Abs. 3 vorbehalten hat. Er kann selbstverständlich auch auf jedwede Auslandsanmeldungen verzichten. Auch besteht **kein** automatischer **Rückfall der Anmelderechte auf den Arbeitgeber** im Fall des Unterbleibens von Schutzrechtsanmeldungen, da der Arbeitgeber mit der Freigabe diese Rechte endgültig verloren hat[82] (s.a. § 14 Rdn. 19). Die Vereinbarung eines derartigen Rechts ist nach Erfindungsmeldung zulässig (s. § 22),[83] jedoch kann der Arbeitgeber seine Freigabeerklärung wegen deren Bedingungsfeindlichkeit (s. § 14 Rdn. 18) nicht von einem solchen Zugeständnis des Arbeitnehmers abhängig machen.

36.3 Entschließt sich der Arbeitnehmer zur Schutzrechtsanmeldung im Ausland, beschränkt sich sein Anmelderecht auf den Umfang der ihm freigegebenen Rechtsposition. Die Freigabe als **Abspaltung von Teilrechten** (s. § 14 Rdn. 16) kann sich notwendigerweise immer nur auf die Erfindung bzw. den **Miterfinderanteil dieses Arbeitnehmers** erstrecken, die auch Gegenstand der vorangegangenen Inanspruchnahmeerklärung des Arbeitgebers war (zur Offenbarung von Know-how s. § 8 n.F. Rdn. 81, s.a. § 14 Rdn. 74 ff.).

36.4 Das Recht zur Patentanmeldung in den **von der Freigabe nicht umfassten Staaten** verbleibt dem Arbeitgeber. Dies bedeutet u. a. auch, dass der Arbeitnehmer erfinderrechtlich gehindert ist, in den dem Arbeitgeber vorbehaltenen Staaten nationale Schutzrechtsanmeldungen zu betreiben oder im Rahmen internationaler Patentanmeldungen diese Vertragsstaaten zu benennen, auch wenn er hieran durch die einzelnen nationalen oder internationalen Schutzrechtsordnungen formal nicht gehindert wäre. Verstößt er hiergegen, kann der Arbeitgeber, gestützt auf die jeweilige Patentordnung, diese Rechtsposition angreifen bzw. ggf. auf sich überleiten; weitergehende Schadensersatzansprüche bleiben daneben bestehen.

---

81 Schiedsst. v. 09.07.1974, BlPMZ 1975, 258; ebenso Volmer/Gaul Rn. 53 zu § 14; Keukenschrijver in Busse/Keukenschrijver, PatG, Rn. 18 f. zu § 14 ArbEG.
82 Wie hier Dantz Inanspruchnahmerecht S. 54; Lindenmaier/Lüdecke Anm. 9 zu §§ 13 bis 16; Reimer/Schade/Schippel/Trimborn Rn. 2 zu § 14; Volmer Rn. 32 zu § 14; Volmer/Gaul Rn. 54 zu § 14; a.A. Heine/Rebitzki Anm. 2 zu § 14; wohl auch Schiedsst. v. 07.05.2015 – Arb.Erf. 71/11, (www.dpma.de, in Mitt. 2016, 517 nur LS. 3), jedenfalls bei ausbleibender Reaktion auf Freigabeerklärung d. ArbG.
83 S. dazu Volmer/Gaul Rn. 57 f. zu § 14.

## C. Recht des Arbeitnehmers auf Freigabe im Ausland (Abs. 2) § 14

Erwirbt der **Arbeitnehmer Auslandsschutzrechte** in den ihm freigegebenen Ländern, so entfalten diese nicht nur patentrechtliche **Wirkung** gegen Dritte, sondern auch gegen den Arbeitgeber. Der Arbeitgeber hat die gleiche Rechtsstellung wie jeder Dritte; seine Nutzungsmöglichkeiten richten sich nach der jeweiligen nationalen Rechtsordnung (**Territorialitätsprinzip**). Der Arbeitgeber unterliegt demzufolge ggf. Patentverletzungsansprüchen seines Arbeitnehmers. 36.5

Auf den Grundsatz der **Erschöpfung des Patentrechts** kann sich der Arbeitgeber ggü. dem Arbeitnehmer bzw. einem Dritten, der vom Arbeitnehmer die Rechte für »freigegebene« Staaten erworben hat, nicht berufen. Wegen des Territorialitätsgrundsatzes äußert der Verbrauch eines Patentrechts durch Inverkehrbringen der patentgeschützten Ware grds. nur Wirkungen in dem dem Arbeitgeber geschützten Patentstaat, in dem das Inverkehrbringen erfolgt, endet also an den Grenzen dieses Staates.[84] Der EU-Bereich gilt dabei als gemeinsamer Markt, sodass hier die Erschöpfung des Patentrechts eintritt, wenn der Arbeitgeber in einem ihm geschützten Mitgliedsstaat die patentgeschützte Ware in den Verkehr gebracht hat (s.u. § 14 Rdn. 37).

Will der Arbeitgeber Verbietungsrechte des Arbeitnehmers vermeiden, muss er von seinen Vorbehaltsrechten gem. Abs. 3 Gebrauch machen (s. dazu unten § 14 Rdn. 45 ff.).

Hat der Arbeitgeber gesondert **nur in einzelnen Staaten des EU-Bereichs** eigene Schutzrechtsanmeldungen betrieben und gibt er i.Ü. die Erfindungsrechte für die sonstigen EU-Staaten dem Arbeitnehmer frei, könnte sich hieraus für ihn das Risiko der **Erschöpfung der eigenen Patentrechte** ergeben. Hierin könnte eine Zustimmung zum Inverkehrbringen i.S.d. Erschöpfungsrechts liegen: 37

Nach dem *EuGH*, Urt. v. 31.10.1974,[85] ist es mit den Bestimmungen des EG-Vertrages über den freien Warenverkehr innerhalb des gemeinsamen Marktes

---

84 S. BGH v. 04.03.1975, GRUR 1975, 598, 600 – *Stapelvorrichtung*; BGH v. 03.06.1976, GRUR 1976, 579, 582 – *Tylosin*; BGH v. 14.12.1999 – X ZR 61/98, GRUR 2000, 299, 300 – *Karate* u. BGH v. 13.03.2003, GRUR 2003, 507, 511 – *Enalapril*; weitergehend, eine intern. Erschöpfung bejahend Obergericht Tokyo v. 23.05.1995, GRUR Int. 1995, 417 – *Kfz-Felgen II* m. krit. Anm. Beier, GRUR Int. 1996, 1 ff. u. Loewenheim, GRUR Int. 1996, 307; einschränkend Jap. OGH, GRUR Int. 1998, 168, 169 f. – *Kfz-Felgen III*; ablehnend Schweizerisches Bundesgericht v. 07.12.1999, GRUR Int. 2000, 639 – *Kodak II*.
85 EuGH, GRUR Int. 1974, 554 = AWD 1974, 686 – *Negram II/Sterling Drug*; s. i.Ü. Benkard/Scharen, PatG, Rn. 19 ff. zu § 9 PatG; Schulte/Rinken, PatG, Rn. 17 ff. zu § 9 PatG.

(vgl. Art. 34, 36 AEUV = Ex-Art. 28, 30 EGV) unvereinbar, wenn der Patentinhaber von der ihm durch die Rechtsvorschriften eines Mitgliedsstaates eingeräumten Befugnis Gebrauch macht, in diesem Staat den Vertrieb eines durch das Patent geschützten Erzeugnisses zu unterbinden, das in einem anderen Mitgliedsstaat von ihm selbst oder mit seiner (ausdrücklichen) Zustimmung in den Verkehr gebracht worden ist[86] (vgl. auch § 14 Rdn. 48). Bislang ist noch nicht höchstrichterlich entschieden, ob in der Freigabe des Arbeitgebers eine derartige Zustimmung liegt. Letzteres ist u. E. zu verneinen.[87] Der Arbeitgeber kann zwar frei entscheiden, in welchen EU-Staaten er selbst Schutzrechtsanmeldungen betreibt bzw. betreiben lässt; dennoch ist die gesetzliche Pflicht zur Freigabe nach § 14 Abs. 2 nicht mit der Situation einer (freiwilligen) Lizenzvergabe – wie sie Grundlage der Entscheidung des *EuGH* war – vergleichbar. Eine gewisse Bestätigung gibt die »Pharmon BV/Hoechst AG«-Entscheidung des *EuGH* vom 09.07.1985.[88] Für die dort verneinte Frage, ob die Erteilung einer nationalen Zwangslizenz an einem Patent zur Erschöpfung des Patentrechts führt, hat der *EuGH* entscheidend darauf abgestellt, dass die Einräumung der Zwangslizenz auf Gesetz und nicht auf einer freien Entscheidung des Patentinhabers beruht. In gleichem Sinne betont der *EuGH* in seinem »Merck II«-Urt. v. 05.12.1996,[89] dass eine Erschöpfung zulasten des Patentinhabers dann nicht eingreift, wenn für diesen entweder aufgrund des nationalen Rechts oder aufgrund des Gemeinschaftsrechts rechtliche Verpflichtungen bestehen; eine Zustimmung seinerseits könne in solchen Fällen nicht unterstellt werden. In diesem Sinne erfüllt der Arbeitgeber mit der Freigabe nur eine an ein passives Verhalten (Nichtanmeldung) anknüpfende gesetzliche Verpflichtung (»voluntarische« Auslegung des Erschöpfungsgrundsatzes[90]). Den Aspekt des Nebeneinanderbestehens »ursprungsgleicher« Rechte[91] hat der *EuGH* insoweit nicht gelten lassen.

Zur Zulässigkeit des Freikaufens von der Freigabeverpflichtung s.u. § 14 Rdn. 71.

---

86 Vgl. auch EuGH v. 05.12.1996, GRUR Int. 1997, 250 – *Merck II*; z. konkludenten Zustimmung s. EuGH, GRUR 2002, 156, 159 f. – *Davidoff*.
87 Zust. im Ergebn. Benkard/Scharen, PatG, Rn. 23 zu § 9 PatG; vgl. auch Boemke/Kursawe/Hoppe-Jänisch Rn. 38 zu § 14; kritisch allerdings Krieger, GRUR 1981, 149 f.; offen gelassen bei Keukenschrijver in Busse/Keukenschrijver, PatG, Rn. 166 zu § 9 PatG.
88 GRUR Int. 1985, 822.
89 EuGH, GRUR Int. 1997, 250, 253 f. – *Merck II*.
90 Vgl. Schlussantrag des Generalanwaltes GRUR, Int. 1985, 824, 827.
91 Vgl. EuGH v. 03.07.1974, GRUR Int. 1974, 338 – *van Zuylen/Cafe Hag*; s.a. EG Komm. v. 12.07.1985, GRUR Int. 1986, 116 – *Velcro/Aplix*.

## V. Betriebsgeheimnis

Zwar enthält § 14 Abs. 2 keine § 13 Abs. 2 Nr. 3 entsprechende Regelung. Erfordern es berechtigte Belange des Unternehmens, eine gemeldete Diensterfindung nicht bekannt werden zu lassen (s. dazu § 17 Rdn. 4 ff.), so muss der Arbeitgeber als berechtigt angesehen werden, auch von der Freigabe für Auslandsanmeldungen abzusehen; verbliebe dem Arbeitnehmer unter solchen Umständen ein Anspruch auf Auslandsfreigabe, so würde der Zweck des § 17 ausgehöhlt.[92] Zudem bezweckte der Gesetzgeber mit Schaffung des § 17 keine wesentliche Änderung des früheren Rechts,[93] wonach im Fall einer berechtigten Geheimhaltung auch ein Anspruch auf Auslandsfreigabe entfiel.[94]

**38**

## VI. Ermöglichen des Erwerbs von Auslandsschutzrechten

Ist es Sinn der Freigabe, dem Arbeitnehmer den Erwerb von Auslandsschutzrechten zu ermöglichen, so gewährt § 14 Abs. 2 Satz 1 dem Arbeitnehmer neben dem Freigabeanspruch einen durchsetzbaren **Anspruch** ggü. dem Arbeitgeber **auf Mitwirkung und Unterstützung**.[95] Insoweit besteht allerdings – im Gegensatz zur Freigabe (s. § 14 Rdn. 32) – keine Pflicht des Arbeitgebers, von sich aus mitzuwirken, sondern nur »**auf Verlangen des Arbeitnehmers**« (empfangsbedürftige Willenserklärung i.S.d. § 130 BGB).

**39**

Die **Mitwirkung umfasst** alle Maßnahmen, die zur Ermöglichung des Erwerbs von Auslandsschutzrechten erforderlich sind. »Ermöglichen« kann – wie ein Vergleich mit § 15 Abs. 2 zeigt – unter Umständen mehr bedeuten als ein bloßes »Unterstützen«; in jedem Fall beschränkt es sich aber auf fördernde Maßnahmen im Zusammenhang mit einer eigenen Initiative des Arbeitnehmers.

**40**

»Ermöglichen« bezieht sich nur auf die Voraussetzungen, die für den Schutzrechtserwerb **rechtlich erforderlich** sind und vom Arbeitnehmer aus Rechtsgründen nicht selbst erbracht werden können. Je nach Erteilungsstaat können die zu treffenden Maßnahmen unterschiedlich sein. Bspw. hat der Arbeitgeber

**41**

---

92 So auch Reimer/Schade/Schippel/Trimborn Rn. 4 zu § 14; Volmer/Gaul Rn. 91 zu § 14; MünchArbR/Bayreuther, § 98 Rn. 44; im Ergebn. auch Keukenschrijver in Busse/Keukenschrijver, PatG, Rn. 13 zu § 14 ArbEG; Boemke/Kursawe/Gennen Rn. 43 zu § 17.
93 Vgl. Amtl. Begründung in BT-Drucks. II/1648 S. 35 (zu § 16 d. Entw.) = BlPMZ 1957, 237.
94 Riemschneider/Barth Anm. 9 zu § 6 DVO 1943.
95 Vgl. Lindenmaier/Lüdecke Anm. 10 zu §§ 13 bis 16; Keukenschrijver in Busse/Keukenschrijver, PatG, Rn. 20 zu § 14 ArbEG.

dem Arbeitnehmer Einsicht in den mit den Erteilungsbehörden geführten Schriftwechsel zu gewähren, ggf. Duplikate anzufertigen, notarielle Übertragungserklärungen auszustellen und alle für den Schutzrechtserwerb notwendigen Erklärungen ggü. der betreffenden Erteilungsbehörde abzugeben.[96]

42 Dagegen geht die Unterstützungspflicht nicht über ein **begleitendes praktisches Fördern des vom Arbeitnehmer angestrebten Schutzrechtserwerbs** hinaus und bezieht sich insbesondere nicht auf die Beseitigung persönlicher oder wirtschaftlicher Hemmnisse beim Arbeitnehmer[97] (Kreditgewährung, Kostenübernahme, Bereitstellung der Patentabteilung oder sonstiger Dritter, Einschaltung der für den Arbeitgeber im Ausland tätigen Vertreter).

43 Angesichts der Eigenverantwortlichkeit des Arbeitnehmers, kennt das Gesetz – neben der Mitwirkungs- und Unterstützungspflicht und über die Unterrichtung zu nach § 14 Abs. 1 und 3 zu beachtenden Rechtspositionen des Arbeitgebers hinaus – **keine Belehrungs- oder Beratungspflicht des Arbeitgebers** (s. auch § 14 Rdn. 36.2). Davon zu trennen ist die Situation, dass der Arbeitgeber im wohlverstandenen Interesse des Arbeitnehmers unverbindliche Hinweise auf ihm bekannte Schutzrechtshindernisse oder Verwertungsprobleme gibt, auch wenn er dazu von Rechts wegen im Grundsatz nicht verpflichtet ist. Lediglich wenn absehbar Schäden beim Arbeitnehmer drohen, kann zu deren Abwendung die Fürsorgepflicht im Einzelfall gebieten, den Arbeitnehmer auf eindeutige Hindernisse oder sonstige Umstände, die offenkundig einem Schutzrechtserwerb entgegenstehen oder diesen zweifelsfrei untunlich erscheinen lassen, hinzuweisen (z. B. bekannte Abhängigkeit von Auslandsrechten Dritter).

Soweit (erbetene bzw. willkommene) Mitwirkungshandlungen des Arbeitgebers **Kosten** verursachen, sind diese vom Arbeitnehmer, in dessen (zumindest überwiegendem) Interesse die Arbeitgeberhandlung vorgenommen worden ist, zu tragen (entsprechend § 670 BGB).[98] Das gilt selbst im Fall eines Rechtsvorbehalts nach § 14 Abs. 3, da hierdurch lediglich Behinderungen des Arbeitgebers im Auslandsmarkt bei einem Schutzrechtserwerb vorgebeugt werden soll.

44 Da die **europäische Patentanmeldung** gem. Art. **59 EPÜ** auch von **mehreren Anmeldern**, die verschiedene Vertragsstaaten benennen, eingereicht werden kann (vgl. auch Regel 72 EPÜAO), steht es dem Arbeitgeber frei, den hierzu

---

96 Vgl. Reimer/Schade/Schippel/Trimborn Rn. 3 zu § 14.
97 Im Ergebn. auch Keukenschrijver in Busse/Keukenschrijver, PatG, Rn. 20 zu § 14 ArbEG.
98 A. A. Boemke/Kursawe/Hoppe-Jänisch Rn. 41 zu § 14; folgend Schwab, Arbeitnehmererfindungsrecht, § 14 Rn. 6.

bereiten Arbeitnehmer für die von ihm nicht benannten Vertragsstaaten als Anmelder mit aufzunehmen. Eine Pflicht des Arbeitgebers zur Beteiligung des Arbeitnehmers an einer europäischen Patentanmeldung besteht dagegen nicht, da der Arbeitnehmer rechtlich nicht gehindert ist, eine selbstständige europäische Anmeldung für die verbleibenden Vertragsstaaten einzureichen. Da es an einer notwendigen »Ermöglichung« durch den Arbeitgeber fehlt, kann auch der wirtschaftliche Aspekt einer Kostenersparnis bei gemeinschaftlicher Anmeldung ein solches Recht nicht begründen.

Die aufgezeigten Grundsätze gelten entsprechend für **internationale Anmeldungen** auf der Grundlage des PCT (vgl. Art. 9 Abs. 3 PCT i.V.m. Regel 18.4 PCT AO).

### D. Vorbehaltsrechte des Arbeitgebers bei Freigabe (Abs. 3)

In Übereinstimmung mit § 6 Abs. 2 DVO 1943 räumt § 14 Abs. 3, 1. Alt. dem Arbeitgeber das Recht ein, sich bei der Freigabe ein vergütungspflichtiges, **nichtausschließliches Benutzungsrecht** an der Diensterfindung vorzubehalten. Damit soll es dem Arbeitgeber insb. ermöglicht werden, einer evtl. Sperre des Auslandsmarktes durch Wettbewerber, die Benutzungsrechte vom Arbeitnehmer erwerben, vorzubeugen.[99] Die 2. Alt. des Abs. 3 trägt den Interessen der Industrie Rechnung, **bestehende Auslandsverträge** nicht durch ein eigenes Vorgehen des Arbeitnehmers im Ausland stören zu lassen.[100] Für den Bereich des EU-Marktes kommt diesen Rechten bei Wirksamwerden des Erschöpfungsprinzips (EU-Binnenmarkt – s. § 14 Rdn. 37) nur geringe Bedeutung zu, sofern der Arbeitgeber Nutzungsrechte aufgrund eigener Schutzrechtsanmeldungen im EU-Bereich ausübt. Nach dem **Regelungszweck** soll dem Arbeitgeber, aus dessen unternehmerischer Sicht sich ein eigener Schutzrechtserwerb in den betreffenden Auslandsstaaten nicht rechnet, die mit einer Freigabe verbundene Sorge vor potentiellen Behinderungen in dem jeweiligen Auslandsmarkt für den Fall eines Schutzrechtserwerbs genommen werden, und zwar unter Inkaufnahme eines angemessenen finanziellen Ausgleichs für den Arbeitnehmer. Behält sich der Arbeitgeber über § 14 Abs. 3 **hinausgehende Rechte** vor (z.B. Recht der Unterlizenzvergabe) oder fordert er über das Rücksichtnahmeverlangen hinausgehende Pflichten des Arbeitnehmers (z.B. generelles Verbot von Lizenzverträgen), ist der mit § 14 Abs. 3 unvereinbare Vorbehalt nicht schlechthin unwirksam, sondern auf den gesetzlich vorgegebenen Umfang zu reduzieren (s. § 16 Rdn. 79).

45

---

99 Vgl. Amtl. Begründung in BT-Drucks. II/1648 S. 33 = BlPMZ 1957, 236.
100 Vgl. Ausschussber. zu BT-Drucks. II/3327 S. 6 = BlPMZ 1957, 252.

## I. Geltendmachung

**46** Sowohl der Vorbehalt eines Benutzungsrechts als auch das Rücksichtnahmeverlangen sind (voneinander unabhängige) empfangsbedürftige **Willenserklärungen** (§ 130 BGB) und sind (jeweils) gleichzeitig mit der Freigabeerklärung (auch **formlos**, s. § 14 Rdn. 24) geltend zu machen.

**47** »**Gleichzeitig**« bedeutet nicht, dass die Vorbehalte zwingend in einer Urkunde zusammen mit der Freigabeerklärung aufzunehmen sind, sondern nur, dass die Freigabeerklärung und der Benutzungsvorbehalt bzw. das Rücksichtnahmeverlangen zum selben Zeitpunkt dem Arbeitnehmer zugehen müssen[101] (zum Begriff des Zugehens s. § 5 Rdn. 10 f.). Damit soll der Arbeitnehmer von Anfang an für seine Entscheidungsfindung Klarheit darüber haben, mit welchen Belastungen er bei dem Erwerb von Schutzrechten zu rechnen hat.[102] Eine unter Abwesenden nach der Freigabe zugegangene Vorbehaltserklärung ist auch dann verspätet, wenn der Arbeitnehmer gleichzeitig von beiden Willenserklärungen tatsächliche Kenntnis erlangt.[103] Die Heilung einer verspäteten bzw. nachträglich zugegangenen Geltendmachung kann nur im Einvernehmen mit dem Arbeitnehmer erfolgen[104] (Näheres dazu unten § 14 Rdn. 71 f.).

**48** Macht der Arbeitgeber von der Möglichkeit des Benutzungsvorbehaltes keinen oder verspäteten Gebrauch, steht er dem Arbeitnehmer wie jeder Dritte ggü. (s. dazu § 14 Rdn. 36.5).

**49** Da das Gebot der Gleichzeitigkeit sicherstellen soll, dass der Arbeitnehmer rechtzeitig die mit einem Schutzrechtserwerb zusätzlich verbundenen Lasten kennt, wird man ein Geltendmachen der Vorbehalte **vor Zugang der Freigabeerklärung** i.d.R. als wirksam ansehen müssen.

**50** § 14 Abs. 3 räumt dem Arbeitgeber zwei **voneinander unabhängige Vorbehalte** ein; insoweit darf das »und« zwischen den beiden Alternativen nicht im Sinne einer notwendigen Kopplung missverstanden werden. Der Arbeitgeber kann also alternativ den einen oder den anderen bzw. beide Vorbehalte ggü. dem Arbeitnehmer beanspruchen.

---

101 Keukenschrijver in Busse/Keukenschrijver PatG, Rn. 23 zu § 14 ArbEG lässt »engen zeitlichen Zusammenhang« ausreichen.
102 Vgl. Amtl. Begründung in BT-Drucks. II/1648 S. 33 = BlPMZ 1957, 236.
103 Vgl. RG v. 25.10.1917, RGZ 91, 60, 63 (zu § 130 Abs. 1 Satz 2 BGB).
104 Reimer/Schade/Schippel/Trimborn Rn. 8 zu § 14; vgl. aber auch Gaul, Mitt. 1971, 241, 247; Boemke/Kursawe/Hoppe-Jänisch Rn. 65 zu § 14.

D. Vorbehaltsrechte des Arbeitgebers bei Freigabe (Abs. 3)   § 14

## II. Vorbehalt eines Benutzungsrechts

Wegen des gleichen Gesetzeswortlauts ist das nicht ausschließliche Benutzungsrecht gem. § 14 Abs. 3, das mit Zugang der gleichzeitigen Vorbehaltserklärung beim Arbeitnehmer (s. § 14 Rdn. 46 ff.) wirksam wird, inhaltlich dem entsprechenden Recht in § 7 Abs. 2 Satz 2 a.F., § 16 Abs. 3, § 19 Abs. 1 gleichzustellen; es entspricht dem einer **einfachen Lizenz**[105] (Einzelheiten vgl. § 7 a.F. Rdn. 29 ff.; s. zur vergleichbaren Situation nach § 16 Abs. 3 dort Rdn. 79 ff.), ist betriebsgebunden und vermittelt damit u. a. auch das Recht, die im inländischen Unternehmen gefertigten erfindungsgemäßen Produkte in dem betreffenden Auslandsstaat zu vertreiben oder dort herzustellen bzw. herstellen zu lassen und/oder die dort hergestellten Produkte zu vertreiben oder vertreiben zu lassen (s.a. § 14 Rdn. 55); nicht umfasst ist jedoch die Befugnis des Arbeitgebers, den unmittelbaren oder mittelbaren Abnehmern seiner Produkte produktbezogene Lizenzen zu erteilen[106] (s. § 7 a.F. Rdn. 33; s. a. § 16 Rdn. 80 f.). Zum Nutzungsrecht der **Abnehmer** des Arbeitgebers s. § 16 Rdn. 84.

51

Ebenso wie bei § 16 Abs. 3 hat das vorbehaltene Benutzungsrecht nur **schuldrechtliche Wirkung**. Es kann u. E. auch mit Blick auf die unterschiedlichen ausländischen Rechtsordnungen und die in diesem Stadium zwangsläufig noch bestehende Ungewissheit, in welchen Schutzstaaten das Benutzungsrecht überhaupt zum Tragen kommen könnte, nicht durch eine Rechtskonstruktion quasi (insolvenzfest) verdinglicht werden, wonach infolge des Vorbehalts »das Erfinderrecht ... für den betroffenen Staat nur teilweise auf den Arbeitnehmer« übergeht, »nämlich belastet mit dem Benutzungsrecht des Arbeitgebers«[107] (s. dazu § 16 Rdn. 79); zur Dauer des Benutzungsrechts und zur Information des

---

105 BGH v. 23.04.1974, GRUR 1974, 463, 464 – *Anlagengeschäft*; OLG Frankfurt am Main v. 29.10.1970, OLGZ 71, 372, 373 (Anlagengeschäft); Schiedsst. v. 28.05.1968, BlPMZ 1968, 349, 350; Gaul/Bartenbach, Mitt. 1968, 141, 142; Gaul, GRUR 1967, 518; ders., Mitt. 1971, 241, 242 f.; Kunze, AuR 1977, 294; Reimer/Schade/Schippel/Trimborn Rn. 6 zu § 14; ausf. Keukenschrijver in Busse/Keukenschrijver, PatG, Rn. 24 zu § 14 ArbEG; Boemke/Kursawe/Hoppe-Jänisch Rn. 70 ff. zu § 14; abw. Kraft, GRUR 1970, 381, 385; Heine/Rebitzki Anm. 3 zu § 7 u. 3 zu § 14.
106 H.M.; vgl. BGH v. 23.04.1974, GRUR 1974, 463, 464 – *Anlagengeschäft*; Schiedsst. v. 28.05.1968, BlPMZ 1968, 349, 350; Rother in Festschr. Bartenbach (2005), S. 159, 164; Reimer/Schade/Schippel/Trimborn Rn. 7 zu § 14; Keukenschrijver in Busse/Keukenschrijver, PatG, Rn. 24 zu § 14 ArbEG; a.A. Sack, RIW 1989, 612, 617; Kraft, GRUR 1970, 381, 385; Boemke/Kursawe/Hoppe-Jänisch Rn. 74 f. zu § 14.
107 So aber Boemke/Kursawe/Hoppe-Jänisch Rn. 67 f. zu § 14.

Arbeitgebers bei Aufgabe eines Auslandsschutzrechts s. § 16 Rdn. 89. Auch wenn das vorbehaltene Nutzungsrecht einer einfachen Lizenz entspricht, treffen den Arbeitnehmer keine Lizenzgeberpflichten zum Erwerb sowie zur Aufrechterhaltung und Verteidigung des Auslandsschutzrechts (s. auch § 16 Rdn. 89).

Dieses Nutzungsrecht gilt im **Innenverhältnis** zwischen Arbeitgeber und Arbeitnehmer uneingeschränkt. Die Wirkung im **Außenverhältnis** und die Durchsetzbarkeit des Nutzungsrechts in dem jeweiligen Auslandsstaat bestimmt sich auf Grund des patentrechtlichen Territorialitätsprinzips nach der dort geltenden **nationalen Rechtsordnung**. Zum **europäischen Patent** und künftigen EU-Einheitspatent s. § 16 Rdn. 79.

51.1 IWird der **Arbeitnehmer selbst Schutzrechtsinhaber** im Ausland und macht er auf der Grundlage seines ausländischen Schutzrechts Verbietungs- und/oder Schadensersatzansprüche ggü. auslandsbezogenen Verwertungshandlungen des Arbeitgebers geltend, hängt es von dieser Rechtsordnung ab, ob sie Einwände des Arbeitgebers auf der Grundlage arbeitsrechtlicher bzw. arbeitnehmererfinderrechtlicher Beziehungen anerkennt, und sei es auch nur unter dem Aspekt der unzulässigen Rechtsausübung. Ist dies nicht der Fall, kann der Arbeitgeber derartige Einschränkungen seines Nutzungsrechts nur vor den deutschen Gerichten, insb. im Wege des Schadensersatzes, verfolgen.

51.2 Überträgt der Arbeitnehmer Erfindungsrechte oder eine von ihm in einem Auslandsstaat erworbene **Schutzrechtsposition** (Schutzrechtsanmeldung, Schutzrecht) **auf Dritte**, bestimmt sich der Fortbestand des vom Arbeitgeber vorbehaltenen Nutzungsrechts (Sukzessionsschutz) im Verhältnis zum Rechtserwerber nach der jeweiligen nationalen Schutzrechtsordnung[108] (Territorialitätsprinzip, vgl. etwa Art. 34 Abs. 3 Schweizer. PatG). Kennt diese z.B. keine einfachen Lizenzen oder gehen diese bei Rechtserwerb unter, ist der Arbeitnehmer jedenfalls aus dem Gesichtspunkt arbeitsrechtlicher Treuepflicht (s. dazu § 25 Rdn. 28 ff.) gehalten, durch vertragliche Absprache mit dem Rechtserwerber den ungehinderten Fortbestand der Nutzungsrechte seines Arbeitgebers sicherzustellen. Macht die jeweilige Rechtsordnung den Bestand bzw. Fortbestand einfacher Nutzungs-(Lizenz-) Rechte von einer amtlichen Registrierung und/oder Genehmigung abhängig, kann der Arbeitgeber vom Arbeitnehmer verlangen, dass dieser die dazu erforderlichen Erklärungen (rechtzeitig) abgibt. Zu diesen Maßnahmen ist der Arbeitnehmer vor Rechtsübertragung von sich

---

[108] Soweit nach Kraßer/Ann, PatR, § 21 Rn. 98 der Arbeitgeber dann rechtlich »wie im Fall des § 16 Abs. 3« steht, kann sich das nur auf das Innenverh. ArbG/ArbN beziehen.

## D. Vorbehaltsrechte des Arbeitgebers bei Freigabe (Abs. 3) § 14

aus verpflichtet, ohne dass der Arbeitgeber vorher tätig werden muss. Zweckmäßigerweise sollte der Arbeitgeber den regelmäßig mit patentrechtlichen Fragen nicht vertrauten Arbeitnehmer auf diese Problematik anlässlich der Freigabe aufmerksam machen, auch wenn eine dahingehende Belehrungs- bzw. Hinweispflicht nicht besteht (s.a. § 7 a.F. Rdn. 35 und § 16 Rdn. 79).

Erwerben der Arbeitnehmer oder ein Dritter **keine Schutzrechtsposition** im Ausland, hat der Arbeitgeber dort die gleichen (vergütungsfreien) Nutzungsbefugnisse wie jeder Dritte. 51.3

Die in § 7 Abs. 2 Satz 2 a.F. zugunsten des Arbeitnehmers getroffene **Unbilligkeitsregelung** hat i.R.d. § 14 Abs. 3 keine (analoge) Anwendung gefunden,[109] obschon sich ein Benutzungsvorbehalt sehr zulasten der eigenen Verwertungsmöglichkeiten des Arbeitnehmers auswirken kann; dies folgte daraus, dass im Fall des § 14 die wirtschaftlichen Interessen des Arbeitgebers im Vordergrund stehen und dem Arbeitnehmer nur aus Billigkeitserwägungen eine zusätzliche Chance eingeräumt werden soll (vgl. auch § 16 Rdn. 85). Eine Analogie hat sich auch deshalb verboten, weil sowohl der Benutzungsvorbehalt gem. § 14 Abs. 3 als auch der vergleichbare Vorbehalt gem. § 16 Abs. 3 in gleichem Sinne wie zuvor bereits in den §§ 6, 7 DVO 1943 geregelt waren, während die frühere beschränkte Inanspruchnahme gem. § 6 Abs. 1 a.F. erst durch das ArbEG 1957 eingeführt wurde; eine dahingehende Gleichstellung dieser Nutzungsrechte hätte also eines ausdrücklichen Hinweises des Gesetzgebers bedurft.[110] Mit Wegfall des Rechtsinstituts der beschränkten Inanspruchnahme und damit auch der Regelung des § 7 Abs. 2 Satz 2 a.F. stellt sich diese Frage für die seit dem 01.10.2009 gemeldeten Erfindungen ohnehin nicht mehr. 52

### III. Verlangen der Rücksichtnahme auf Auslandsverträge

Ab Zugang des Rücksichtnahmeverlangens (s. § 14 Rdn. 47) fordert § 14 Abs. 3, 2. Alt. als gesetzliche Konkretisierung der arbeitsrechtlichen Treue- 53

---

109 So auch Schiedsst. v. 14.04.1986 – Arb.Erf. 1 (B)/84 u. v. 06.03.1987 – Arb.Erf. 87/68, (beide unveröffentl.); Reimer/Schade/Schippel/Trimborn Rn. 5 zu § 14; Keukenschrijver in Busse/Keukenschrijver, PatG, Rn. 24 zu § 14 ArbEG; Gaul/Bartenbach, Mitt. 1968, 141, 144; a.A. noch Gaul, GRUR 1967, 518, 521; offen gelassen Schiedsst. v. 28.05.1968, BlPMZ 1968, 349, 350.
110 Schiedsst. v. 06.03.1987 – Arb.Erf. 87/68, (unveröffentl.); vgl. aber BGH vom 09.01.1964 – I a ZR 190/63, GRUR 1964, 449, 451 – *Drehstromwicklung*, der die Freigabe gem. § 16 ArbEG der (früheren) beschränkten Inanspruchnahme gleichstellt; kritisch hierzu Fischer, GRUR 1964, 453.

pflicht[111] eine Rücksichtnahme des Arbeitnehmers auf bestehende Auslandsverpflichtungen seines Arbeitgebers bei der Verwertung der Erfindung (s.a. § 16 Rdn. 8.3 und oben § 14 Rdn. 45).

54 **Auslandsverpflichtungen** sind alle Haupt- sowie selbstständige oder unselbstständige Nebenpflichten aus im Zeitpunkt des Zugangs der Freigabeerklärung bestehenden Verträgen (auch Vorverträgen, Optionsverträgen) mit unmittelbarer Wirkung in dem jeweiligen Staat. Unerheblich ist dabei, ob es sich um einen ausländischen oder inländischen Vertragspartner handelt,[112] ferner, ob die Verpflichtungen bedingt oder auf einen zukünftigen Zeitpunkt befristet sind[113] oder ob der Arbeitgeber im betroffenen Auslandsstaat ein eigenes Benutzungsrecht hat.[114] Häufigste Anwendungsfälle sind Lizenzverträge[115] (insb. Kreuzlizenzverträge), die auch Nutzungsrechte an zukünftig entstehenden Erfindungen vorsehen, sofern es der Arbeitgeber bei einer solchen Situation nicht vorzieht, selbst anzumelden oder von der Möglichkeit des § 17 Gebrauch zu machen.[116] Bei derartigen Verträgen kann der Arbeitnehmer über § 14 Abs. 3 verpflichtet sein, dem ausländischen Lizenznehmer Nutzungsrechte einzuräumen,[117] wobei ihm aber keine Lizenzgebührenansprüche ggü. diesem Dritten zustehen;[118] er ist vielmehr auf den gesonderten Vergütungsanspruch ggü. seinem Arbeitgeber beschränkt. Vergleichbare Pflichten des Arbeitgebers können sich auch aus einer Konzernbindung ergeben.[119]

55 Im Rahmen **bestehender Lieferverträge** kann der Arbeitnehmer gehalten sein, trotz eines von ihm erworbenen Auslandsschutzrechtes Exporte seines Arbeitgebers in diese Länder auch ohne Benutzungsvorbehalt ebenso zu dulden wie die Nutzung von Verfahrenserfindungen durch die Abnehmer seines Arbeitgebers in den betreffenden Auslandsstaaten.[120]

---

111 Zust. Keukenschrijver in Busse/Keukenschrijver, PatG, Rn. 25 zu § 14 ArbEG.
112 Unklar Ausschussber. zu BT-Drucks. II/3327 S. 6 = BlPMZ 1957, 252.
113 Busse/Keukenschrijver, PatG, Rn. 25 zu § 14 ArbEG.
114 Reimer/Schade/Schippel/Trimborn Rn. 9 zu § 14.
115 Vgl. auch Johannesson, GRUR 1970, 114, 121.
116 Vgl. auch Friedrich, GRUR 1958, 170, 280.
117 Vgl. Gaul, GRUR 1967, 518, 521; i. Ergebn. ebenso Kraßer/Ann, PatR. § 21 Rn. 99.
118 Wie hier Keukenschrijver in Busse/Keukenschrijver, PatG, Rn. 25 zu § 14 ArbEG; Boemke/Kursawe/Hoppe-Jänisch Rn. 86 zu § 14; unklar Reimer/Schade/Schippel/Trimborn Rn. 11 zu § 14 (Lizenzerteilung zu gleichen Bedingungen, wie sie der ArbG kraft Vertrages zu erteilen hätte.).
119 S. dazu A. Bartenbach, Arbeitnehmererfindungen im Konzern (2018), Rn. 603 ff.
120 Vgl. auch Schiedsst. v. 28.05.1968, BlPMZ 1968, 349, 350; z.T. abw. Dantz Inanspruchnahmerecht S. 55; a. A. Boemke/Kursawe/Hoppe-Jänisch Rn. 87 zu § 14.

## D. Vorbehaltsrechte des Arbeitgebers bei Freigabe (Abs. 3) § 14

Da der Umfang der Pflichten für den Arbeitnehmer **überschaubar** sein muss, ist es notwendig, dass einerseits der Arbeitgeber die Vertragsverpflichtungen dem Arbeitnehmer bekannt zu geben hat, und dass andererseits nur die Berücksichtigung der im Zeitpunkt des Zugangs der Freigabeerklärung bereits abgeschlossenen und noch **bestehenden Verträge** verlangt werden kann[121], auch soweit diese etwaige zukünftige Erfindungen einbeziehen.[122] Nach Freigabe abgeschlossene Verträge fallen nicht darunter.[123] Insoweit kommt es auch nicht darauf an, ob nach dem Geschäftsbetrieb des Arbeitgebers bestimmte Arten von Auslandsgeschäften (etwa im Industrieanlagengeschäft) üblich sind.[124]

56

Entsprechend dem Zweck dieser Regelung bedeutet »**berücksichtigen**« i.Ü., dass der Arbeitnehmer einerseits solche Maßnahmen vornehmen muss, die notwendig sind, die bestehenden Verpflichtungen zu erfüllen (z.B. Lizenzvergabe), andererseits solche Handlungen unterlässt, die geeignet sind, die Abwicklung der bestehenden Vertragsverhältnisse zu stören (z.B. Geltendmachung von Unterlassungs- bzw. sonstigen Verletzungsansprüchen[125]).

57

Dieser Anspruch auf Rücksichtnahme entfaltet wegen der territorialen Begrenzung des deutschen Rechts im Ausland keine unmittelbare Wirkung; inwieweit sich der Arbeitgeber hierauf im Ausland rechtswirksam berufen kann, hängt von der jeweiligen nationalen Rechtsordnung ab (s. hierzu i. Einzelnen oben § 14 Rdn. 51).

Diese Pflicht zur Rücksichtnahme besteht nur »bei der **Verwertung** der freigegebenen Erfindung« durch den Arbeitnehmer in den betreffenden Auslandsstaaten. Der Begriff der Verwertung umfasst alle Eigennutzungshandlungen des Arbeitnehmers (vgl. § 9 PatG), ferner die Einräumung von Nutzungsrechten an Dritte sowie die Übertragung erworbener Schutzrechtspositionen.[126] Bei Verfügungen über sein Schutzrecht muss der Arbeitnehmer ihm nach § 14 Abs. 3 obliegende Pflichten weitergeben, also vertraglich absichern[127] (s.a. § 14 Rdn. 51).

58

---

121 Vgl. Ausschussber. zu BT-Drucks. II/3327 S. 6 = BlPMZ 1957, 252.
122 Keukenschrijver in Busse/Keukenschrijver, PatG, Rn. 25 zu § 14 ArbEG.
123 Wie hier Keukenschrijver in Busse/Keukenschrijver, PatG, Rn. 25 zu § 14 ArbEG; Reimer/Schade/Schippel/Trimborn Rn. 11 zu § 14 ArbEG; a.A. Volmer Rn. 29 zu § 14; Gaul, GRUR 1967, 518, 521.
124 So aber Kraft, GRUR 1970, 381, 386; krit. dazu Gaul, Mitt. 1971, 241, 243 ff.
125 Keukenschrijver in Busse/Keukenschrijver, PatG, Rn. 25 zu § 14 ArbEG.
126 Ebenso Keukenschrijver in Busse/Keukenschrijver, PatG, Rn. 25 zu § 14 ArbEG; zust. auch Boemke/Kursawe/Hoppe-Jänisch Rn. 84 zu § 14.
127 So auch Volmer Rn. 28 zu § 14.

**59** Ein schuldhaftes Unterlassen der Rücksichtnahme bzw. der Weitergabe dieser Pflicht begründet eine **Schadensersatzpflicht** ggü. dem Arbeitgeber wegen Pflichtverletzung (Verletzung des Arbeitsvertrags; § 280 Abs. 1, § 619a BGB) sowie nach § 823 Abs. 2 BGB i.V.m. § 14 Abs. 3 ArbEG,[128] ggf. § 826 BGB.

### IV. Vergütungspflicht des Arbeitgebers (Abs. 3)

**60** Bei Vorbehalt eines Benutzungsrechts sowie bei Verlangen der Rücksichtnahme auf bestehende Auslandsverträge begründet § 14 Abs. 3 eine **eigenständige Vergütungspflicht**. Dieser Vergütungspflicht kommt aber nur eingeschränkte Bedeutung zu. Eine Verpflichtung, von dem Nutzungsrecht tatsächlich Gebrauch zu machen, hat der Arbeitgeber nicht.[129] Bei eigenen Auslandsanmeldungen und hierauf bezogenen Nutzungen richtet sich die Vergütungspflicht des Arbeitgebers nach § 9 (s.a. RL Nr. 26). Soweit im Inland hergestellte Produkte in geschützte Auslandsstaaten geliefert werden, handelt es sich um Inlandsverwertungen, die unabhängig vom Bestand eines Auslandsschutzrechtes einen Vergütungsanspruch des Arbeitnehmers ausschließlich aus § 9 begründen, und zwar auch bei freigegebenen schutzrechtsfreien Auslandsstaaten[130] (s. § 9 Rdn. 245). Insoweit beschränkt sich der Vergütungsanspruch aus § 14 Abs. 3 – neben dem Rücksichtnahmeverlangen – auf die Tatbestände, dass der Arbeitgeber in dem freigegebenen Auslandsstaat das erfindungsgemäße Produkt herstellt bzw. herstellen lässt oder sonst Nutzungshandlungen durchführt, die nicht von der Vergütung für Inlandsnutzungshandlungen (bei dort bestehendem Schutzrecht) erfasst sind; ferner auf die Fälle, in denen der Arbeitgeber – trotz Schutzfähigkeit (s. § 9 Rdn. 245) – auf Inlandsschutzrechte verzichtet hat und auf den freigegebenen Auslandsstaat bezogene Nutzungen der Erfindung vornimmt bzw. vornehmen lässt.

**61** In jedem Fall ist der Vergütungsanspruch nach § 14 Abs. 3 davon abhängig, dass der Arbeitnehmer in den betreffenden freigegebenen Auslandsstaaten tatsächlich ein **Schutzrecht erwirbt**[131] (vgl. RL Nr. 26 Abs. 2 Satz 2); insoweit gelten hier die für das Benutzungsrecht nach § 16 Abs. 3 entwickelten Grund-

---

128 Keukenschrijver in Busse/Keukenschrijver, PatG, Rn. 26 zu § 14 ArbEG; Jestaedt Patentrecht Rn. 408, dort Fn. 149.
129 Wohl allg. A., z. B. Keukenschrijver in Busse/Keukenschrijver, PatG, Rn. 24 zu § 14 ArbEG.
130 Wohl allg. A., z. B. Keukenschrijver in Busse/Keukenschrijver, PatG, Rn. 38 zu § 11 ArbEG m. w. Nachw.
131 Wohl allg. A., z. B. Reimer/Schade/Schippel/Trimborn Rn. 13 zu § 14; Boemke/Kursawe/Hoppe-Jänisch Rn. 80 zu § 14; Schwab, Arbeitnehmererfindungsrecht, § 14 Rn. 8.

## D. Vorbehaltsrechte des Arbeitgebers bei Freigabe (Abs. 3) § 14

sätze entsprechend (s. dort § 16 Rdn. 91). Unterlässt der Arbeitnehmer Auslandsanmeldungen, beschränkt sich sein eventueller Vergütungsanspruch auf Nutzungshandlungen bzw. Verwertungsmöglichkeiten in diesen freigegebenen Staaten auf den Zeitraum bis zum Ablauf der jeweiligen Prioritätsfristen.[132]

Dem Erwerb eines eigenen Schutzrechts durch den Arbeitnehmer steht der Schutzrechtserwerb **durch einen Dritten** gleich, dem der Arbeitnehmer die freigegebene Rechtsposition übertragen hat. Gläubiger des Vergütungsanspruchs ist weiterhin der Arbeitnehmer, soweit nicht etwas anderes zwischen den Beteiligten vereinbart wird (s. § 10 a.F. Rdn. 6).

Die Vergütungspflicht besteht nach der hier vertretenen Auffassung trotz Auslandsschutzrechts nicht (mehr), wenn die Erfindung **nach deutschem Recht nicht schutzfähig** ist[133] (s. § 2 Rdn. 25, § 14 Rdn. 4), so dass ggf. (nur) eine Vergütungspflicht nach § 20 Abs. 1 in Betracht kommt (s. § 2 Rdn. 23).

Die **Dauer** des Vergütungsanspruchs ist vom Rechtsbestand des Schutzrechts in dem jeweiligen Auslandsstaat abhängig; insoweit gilt hier nichts Anderes als i.R.d. § 16 Abs. 3 (s. dort § 16 Rdn. 91). Die Vergütungspflicht besteht ferner nur so lange, wie der Arbeitgeber tatsächlich von seinen vorbehaltenen Rechten Gebrauch macht, d.h. solange er das Benutzungsrecht tatsächlich auswertet (s.o. § 14 Rdn. 60) bzw. so lange, wie die Auslandsverträge und das darauf bezogene Rücksichtnahmeverlangen fortbestehen. Jedenfalls der Vergütungsanspruch für ein vorbehaltenes Benutzungsrecht kann u. E. auch hier ausnahmsweise bereits mit dem tatsächlichen Verlust der durch die Schutzrechtsposition begründeten Vorzugsstellung entfallen, wenn das Auslandsschutzrecht wegen offenbarer oder wahrscheinlicher **Vernichtbarkeit** von den Konkurrenten des Schutzrechtsinhabers nicht mehr beachtet wird (vgl. dazu § 9 Rdn. 35). Ferner entfällt der Vergütungsanspruch mit Verzicht auf das vorbehaltene Benutzungsrecht[134] (s. dazu § 8 n.F. Rdn. 16).

Der Vergütungsanspruch nach § 14 Abs. 3 ist im Verfahren nach § 12 **festzustellen bzw. festzusetzen.**

---

132 Johannesson, GRUR 1970, 114, 121; a.A. Volmer/Gaul Rn. 138 zu § 14, die mangels Schutzrechtsanmeldg. e. Vergütungsanspr. grundsätzl. ablehnen (Ausnahme: § 20 Abs. 1).
133 Anders h. M., z. B. Boemke/Kursawe/Hoppe-Jänisch Rn. 80 zu § 14 m. H. a. OLG Düsseldorf v. 15.05.2008 – 2 U 36/07, BeckRS 2010, 21539.
134 Vgl. zu § 16 Abs. 3 BGH v. 15.05.1990 – X ZR 119/88, GRUR 1990, 667, 668 – *Einbettungsmasse.*

### 1. Bei Vorbehalt eines Benutzungsrechtes

**62** Ausgehend vom Wortlaut des § 14 Abs. 3 Halbs. 1 (»gegen angemessene Vergütung vorbehalten«) **entsteht** die Vergütungspflicht u. E. **dem Grunde nach** bereits mit Ausspruch des Benutzungsvorbehalts, ohne dass es zunächst – wie bei § 10 Abs. 1 a.F. (»und sie benutzt«) – auf tatsächliche Nutzungshandlungen ankommt.[135] Zur Dauer s. § 14 Rdn. 61.

**63** Die **Fälligkeit** hängt von der tatsächlichen Verwertung ab (s. § 14 Rdn. 60 f.). Der Vergütungsanspruch konkretisiert sich in dem Zeitpunkt, in dem Anhaltspunkte für die Bewertung der wirtschaftlichen Vorteile des Arbeitgebers vorliegen. Dies werden regelmäßig die Benutzungshandlungen des Arbeitgebers in Wahrnehmung des Benutzungsvorbehalts sein, es sei denn, es liegt der Ausnahmefall der nicht ausgenutzten wirtschaftlichen Verwertbarkeit vor (vgl. RL Nr. 24), sodass ggf. bis zur Aufnahme von Verwertungshandlungen eine relativ kleine Vergütung geschuldet wird[136] (s. aber auch § 9 Rdn. 210 ff.).

Richtschnur für die **Höhe** ist die Angemessenheit i. S. v. § 9 (s. dazu § 9 Rdn. 69 ff.), bezogen auf den Einzelfall. Es wird eine Erfindervergütung und keine Marktlizenz geschuldet.[137] Maßgebend sind die allgemeinen Faktoren Erfindungswert, Anteilsfaktor und ggf. Miterfinderanteil.

**64** Erfolgt die Vergütungsberechnung nach der **Lizenzanalogie**, kann – anders als bei § 16 (s. dort § 16 Rdn. 92) – nicht schematisch ein für vergleichbare Nutzungen in anderen Staaten, insb. im Inland, gehandhabter Lizenzsatz übernommen werden. Vielmehr ist der Lizenzsatz jeweils nach der Wertigkeit des vom Arbeitnehmer oder seinem Sonderrechtsnachfolger in dem jeweiligen Auslandsstaat erlangten Schutzrechts zu bestimmen; so wird bei reinen Registrierpatenten oder zwischenzeitlich in anderen Staaten deutlich gewordenen Zweifeln an der Schutzfähigkeit ein wesentlich niedrigerer Lizenzsatz anzusetzen sein. Wertmindernd kann es sich darüber hinaus auswirken, dass der

---

135 Gaul/Bartenbach, Mitt. 1968, 141, 143; Gaul, Mitt. 1971, 241, 247; Volmer/Gaul Rn. 133 zu § 14; HK-Kronisch, § 14 Rn. 5; a.A. die h.M., z.B. Grote, Mitt. 1969, 107, 109; Johannesson, GRUR 1970, 114, 121; Reimer/Schade/Schippel/Trimborn Rn. 13 zu § 14; Boemke/Kursawe/Hoppe-Jänisch Rn. 79 zu § 14; Schwab, Arbeitnehmererfindungsrecht, § 14 Rn. 8; vgl. auch Schiedsst. v. 08.06.1973, BlPMZ 1973, 366, 367 u. v. 28.05.1985, BlPMZ 1986, 75.
136 Dies entspricht i. Ergebn. auch der h.M., z.B. Schiedsst. v. 28.05.1985, BlPMZ 1986, 75; Reimer/Schade/Schippel/Trimborn Rn. 13 zu § 14; Volmer/Gaul Rn. 135 zu § 14.
137 Keukenschrijver in Busse/Keukenschrijver, PatG, Rn. 27 zu § 14 ArbEG m. H. a. Schiedsst. v. 05.08.1998 – Arb.Erf. 103/96.

D. Vorbehaltsrechte des Arbeitgebers bei Freigabe (Abs. 3)  § 14

Arbeitgeber nur Inhaber eines nicht ausschließlichen Nutzungsrechts ist[138] (s.o. § 14 Rdn. 51; vgl. auch RL Nr. 25 Abs. 3 Satz 2). Dieser Aspekt gilt insb. bei umfangreichen eigenen Verwertungshandlungen des Arbeitnehmers in dem betreffenden Auslandsstaat oder solchen seines Sonderrechtsnachfolgers.

In Fällen eines **Registrierpatentes** ist regelmäßig ein Abschlag von mindestens 50 % des für geprüfte Schutzrechte üblichen Lizenzsatzes angemessen; dieser Prozentsatz kann bei umfangreichen sonstigen Verwertungen durch den Arbeitnehmer oder Dritte (etwa Lizenznehmer des Arbeitnehmers) weiter vermindert werden. Umgekehrt ist von einer derartigen Minderung dann abzusehen, wenn eine durch den Vorbehalt ausgelöste, tatsächlich gegebene und nachgewiesene Sperrwirkung sich zulasten der sonstigen Verwertungsmöglichkeiten des Arbeitnehmers auswirkt. Hierbei kann der Vermögenswert mit berücksichtigt werden, der dem Arbeitnehmer, etwa bei einem wegen des Benutzungsvorbehalts nicht zustande gekommenen (ausschließlichen) Lizenzvertrag, entgeht;[139] aufgrund der arbeitsrechtlichen Treuepflicht wird der Arbeitnehmer aber gehalten sein, den Arbeitgeber zu informieren, dass und in welchem Umfang sich dessen Vorbehaltsrecht auf eine sonstige konkrete Verwertungsmöglichkeit auswirkt. Hierdurch wird dem Arbeitgeber die Möglichkeit eines einverständlichen Verzichts auf seinen Benutzungsvorbehalt eröffnet und für den Arbeitnehmer eine »unbillige Erschwerung« (vgl. § 7 Abs. 2 Satz 2 a.F.) beseitigt. Soweit die Abstaffelungsgrundsätze der RL Nr. 11 eingreifen, sind zur Bildung des abzustaffelnden Gesamtumsatzes neben den Umsätzen i.R.d. vorbehaltenen Nutzungsrechts auch alle sonstigen vergütungspflichtigen (früheren und zukünftigen) erfindungsgemäßen Umsätze des Arbeitgebers einzubeziehen.

Bis zur endgültigen Schutzrechtserteilung zugunsten des Arbeitnehmers oder seines Sonderrechtsnachfolgers sind die Grundsätze der **vorläufigen Vergütung** (§ 12 Rdn. 64 ff.) mit der Berücksichtigung eines Risikoabschlags je nach den Chancen des Erteilungsverfahrens zu handhaben. 65

Bei der Bestimmung der angemessenen Vergütung sollte im Einzelfall auch bedacht werden, welche **Rechtsposition sonstige Dritte** in Bezug auf die jeweiligen Auslandsschutzrechtspositionen des Arbeitnehmers nach der hierfür geltenden nationalen Schutzrechtsordnung haben, will man den Arbeitgeber nicht schlechterstellen als sonstige Mitbewerber. Zu denken wäre etwa an ein 65.1

---

138 Vgl. auch Schiedsst. v. 15.02.1966, PatRModG, BlPMZ 1967, 30, wobei dort allerdings wegen der andauernden Vorzugsstellung des Arbeitgebers eine Minderung verneint wurde.
139 Gaul, Mitt. 1971, 241, 248; a.A. Rother Festschr. Bartenbach (2005), 159, 169.

von einer nationalen Patentordnung bis zur endgültigen Schutzrechtserteilung gewährtes (kostenfreies) Nutzungsrecht oder ein Nutzungsrecht gegen angemessene Entschädigung (vgl. zum deutschen Recht § 33 Abs. 1 PatG).

Im Einzelfall können auch die **vom Arbeitnehmer** mit einem dritten Rechtserwerber **vereinbarten Lizenz- oder Kaufbedingungen** Richtschnur für die Bestimmung der Angemessenheit der vom Arbeitgeber zu zahlenden Vergütung sein, ggf. auch entsprechende Angebote Dritter, sofern diese der jeweiligen Marktüblichkeit entsprechen.

66 Da es sich um eine Diensterfindung handelt, bleiben die allgemeinen Berechnungsregeln bestehen, also die Berechnung der Vergütung aus Erfindungswert und **Anteilsfaktor**[140] (s. hierzu § 16 Rdn. 92.1), ggf. unter Berücksichtigung eines Miterfinderanteils (s. hierzu § 16 Rdn. 93 f.).

### 2. Bei Rücksichtnahme auf Auslandsverträge

67 Der unterschiedliche Wortlaut macht deutlich, dass der Anspruch auf »angemessene Vergütung« nicht schon – wie bei 14 Abs. 3, 1. Alt. – mit dem Verlangen des Arbeitgebers entsteht, sondern an eine tatsächlich vom Arbeitnehmer erbrachte Rücksichtnahmehandlung anknüpft.[141] Zur Dauer s.o. § 14 Rdn. 61.

68 Welche Vergütung im Einzelfall »**angemessen**« ist, richtet sich nicht nach den wirtschaftlichen Vorteilen des Arbeitgebers,[142] sondern i.d.R. danach, was das dem Erfinder auferlegte Verhalten wirtschaftlich wert ist, wobei auch die durch die Rücksichtnahme bedingten Vermögenseinbußen des Arbeitnehmers beachtlich sind. Allerdings müssen auch hier – da es sich um eine Diensterfindung handelt – die allgemeinen Berechnungsregeln gehandhabt, also insb. der Anteilsfaktor (ggf. auch der Miterfinderanteil) vergütungsmindernd angesetzt werden (vgl. auch § 14 Rdn. 65.1, 66).

69 Erstreckt sich ein bereits bestehender **Lizenzvertrag** zwischen Arbeitgeber und (ausländischem) Lizenznehmer auch auf die dem Arbeitnehmer gem. § 14 Abs. 1 freigegebene Erfindung, so hat der Arbeitnehmer neben einem ihm ohnehin zustehenden Beteiligungsanspruch an den Lizenzeinnahmen (vgl. RL

---

140 Gaul, Mitt. 1971, 241, 248.
141 Vgl. Keukenschrijver in Busse/Keukenschrijver, PatG, Rn. 29 zu § 14 ArbEG; zust. auch Boemke/Kursawe/Hoppe-Jänisch Rn. 79 zu § 14; vgl. auch Johannesson, GRUR 1970, 114, 121.
142 So aber wohl im Ergebnis Volmer/Gaul Rn. 115 zu § 14, der jedoch – entgegen der Gesetzesfassung – im Grundsatz einen Vergütungsanspruch ggü. d. Arbeitgeber ablehnt (s.a. dort Rn. 132).

D. Vorbehaltsrechte des Arbeitgebers bei Freigabe (Abs. 3) § 14

Nr. 14, 15 u. § 9 Rdn. 221 ff.) einen zusätzlichen Vergütungsanspruch, der sich vorrangig an einer (vom Arbeitnehmer darzulegenden) konkreten Einschränkung sonstiger Verwertungsmöglichkeiten orientieren kann. Dieser Erfindungswert wird aber stets begrenzt durch den wirtschaftlichen Nutzen des Arbeitgebers für die betreffende Diensterfindung aus dem Lizenzvertrag. In der betrieblichen Praxis wählt man zur kompromissweisen Vereinfachung ggf. einen pauschalen Zuschlag auf die nach RL Nrn. 14, 15 geschuldete Vergütung für die Lizenzeinnahmen.

Um die (gerade für den Arbeitnehmer) schwierige Bestimmung der Vergütung zu vermeiden, kann im Einvernehmen mit dem Erfinder die Vergütung in pauschalierter Form (alternativ) durch **Beteiligung an den Kosten der Schutzrechtsverwaltung** im relevanten Auslandsstaat erbracht werden[143] (z.B. 50 % der Jahresgebühren); zum »Abkauf« s. § 14 Rdn. 71 f.

Exportiert der Arbeitgeber im Rahmen eines bestehenden Liefervertrages eine vom Arbeitnehmer entwickelte **Vorrichtung** in ein Land, in dem dieser ein Schutzrecht erworben hat, so kann der Arbeitnehmer neben der Vergütung für die Vorrichtung eine zusätzliche Vergütung dann verlangen, wenn der Abnehmer ein vom Arbeitnehmer ebenfalls entwickeltes Verfahren nutzt;[144] dies gilt auch dann, wenn der Arbeitgeber dafür von seinem Kunden kein besonderes Entgelt erhält.

### 3. Schutzrechtsfreie Zone

**Stellt** der **Arbeitgeber** bestimmte **Auslandsstaaten schutzrechtsfrei** (s.o. § 14 Rdn. 34), so ist diese gezielte Schaffung einer schutzrechtsfreien Zone eine besondere Art der Nutzung der Diensterfindung, die Vergütungsansprüche auslöst (zum vergütungsfreien »schutzrechtsfreien Gebiet« s. § 14 Rdn. 35).

Nach Auffassung der *Schiedsstelle*[145] gelten für eine vergütungspflichtige schutzrechtsfreie Zone folgende Voraussetzungen:
– bewusstes Absehen von einer eigenen Schutzrechtsanmeldung und
– bewusstes Absehen von der Freigabe nach § 14 Abs. 2 ArbEG, um den Erwerb von Schutzrechten durch Dritte (einschließlich des Erfinders) zu verhindern, und
– objektive Dienlichkeit der schutzrechtsfreien Zone für Unternehmenszwecke des Arbeitgebers.

---

143 Zust. Keukenschrijver in Busse/Keukenschrijver, PatG, Rn. 29 zu § 14 ArbEG.
144 S. allg. BGH v. 24.09.1979 – KZR 14/78, GRUR 1980, 38 – *Fullplastverfahren*.
145 Schiedsst. v. 15.11.2012 – Arb.Erf. 01/12, (Datenbank).

Die schutzrechtsfreie Zone dient letztlich – ähnlich wie eine Behandlung als Betriebsgeheimnis nach § 17– dem Zweck, den Arbeitnehmererfinder ebenso wie Dritte von dem Erwerb von Schutzrechten in dem freigehaltenen Raum auszuschließen. Eine Dienlichkeit als schutzrechtsfreie Zone ist insbesondere dann gegeben, wenn erfindungsgemäße Produkte in diesem Gebiet bereits durch andere Schutzrechte oder Auslandsverträge ausreichend abgesichert sind.[146] Zweckmäßigerweise regeln die Vertragsparteien in solchen Fällen Höhe und Dauer der Vergütungspflicht, insb. im Hinblick auf (nachträgliche) Erkenntnisse über eine Schutzunfähigkeit und Beeinträchtigungen der faktischen Monopolstellung durch Wettbewerber oder Veränderungen im Stand der Technik (s.a. § 17).

69.2 Wird die Erfindung im schutzrechtsfreien Gebiet **nicht** (zusätzlich) **verwertet**, also erfindungsgemäße Produkte weder hergestellt noch dorthin von einem anderen schutzrechtsfreien Land aus vertrieben, so kann der Wert einer solchen Zone nicht höher angesetzt werden als bei einem tatsächlich bestehenden Auslandsschutzrecht, das nicht verwertet wird.[147] Insoweit gelten dann die allgemeinen Grundsätze für Auslandsvorratspatente (s. dazu § 9 Rdn. 249.1 u. KommRL Rn. 83 zu RL Nr. 26).

Erfolgt dort dagegen eine (zusätzliche) **Erfindungsverwertung**, die nicht durch die Verwertung in Schutzrechtsländern abgegolten ist, etwa durch Herstellung und Vertrieb erfindungsgemäßer Produkte in dieser Zone, sind diese Nutzungshandlungen nach den allgemeinen Kriterien vergütungspflichtig, und zwar so, als ob dort eine ausländische Schutzrechtposition bestünde (s.a. oben § 14 Rdn. 61 ff.).

### V. Verzicht auf das Benutzungsrecht bzw. dessen Wegfall

70 Will sich der Arbeitgeber kein Benutzungsrecht vorbehalten, so gibt er die Erfindung gem. § 14 Abs. 2 ohne entsprechenden Vorbehalt frei. Ebenso kann er von vornherein auf die Ausübung seiner Rechte aus Abs. 3 für den Fall einer Auslandsfreigabe ggü. seinem Arbeitnehmer verzichten, und zwar auch vor Erfindungsmeldung (vgl. § 22 Satz 1). Wegen des bloß schuldrechtlichen Charakters des Benutzungsrechts kann der Arbeitgeber nach der hier vertretenen Auffassung allerdings hierauf nicht mehr einseitig verzichten, nachdem er sich dieses vorbehalten hat; es bedarf vielmehr eines formlosen **Erlassvertrages** mit dem Arbeitnehmer (Einzelheiten s. § 8 n.F. Rdn. 16).

---

146 Schiedsst. v. 15.11.2012 – Arb.Erf. 01/12, (Datenbank).
147 Schiedsst. v. 28.11.1991 – Arb.Erf. 60/90, (unveröffentl.).

### E. Vereinbarungen zwischen Arbeitgeber und Arbeitnehmer (Abkauf/Verzicht) § 14

Hat der Arbeitgeber die partiell freigegebene Erfindung bzw. hierauf vom Arbeitnehmer oder einem dritten Rechtserwerber im Ausland begründete **Schutzrechtspositionen »zurückerworben«**, etwa um wieder die volle Monopolstellung zu erlangen, stellt sich die Frage nach dem vergütungspflichtigen Fortbestand eines vorbehaltenen Benutzungsrechtes. Erwirbt der Arbeitgeber die gesamte Schutzrechtsposition von seinem Arbeitnehmer, vereinigen sich also in seiner Person Rechtseigentum und Benutzungsrecht, ist mangels abweichender Vereinbarung regelmäßig davon auszugehen, dass mit der Rückübertragung das vom Arbeitgeber vorbehaltene Benutzungsrecht – auch in vergütungsrechtlicher Sicht – untergeht (konkludenter Verzichtsvertrag). Folglich steht dem Arbeitnehmererfinder für zukünftige Nutzungshandlungen seines Arbeitgebers wegen des Untergangs des Benutzungsrechts kein Vergütungsanspruch nach § 14 Abs. 3 zu und wegen des Schutzrechtserwerbs des Arbeitgebers außerhalb des ArbEG auch kein Vergütungsanspruch aus § 9. Der wirtschaftliche Ausgleich für den Arbeitnehmer liegt in dem vereinbarten Kaufpreiserlös. 70.1

Ähnliche Überlegungen gelten bei einer **Lizenzabrede** zwischen Arbeitgeber und Arbeitnehmer. Hier tritt der Lizenzgebührenanspruch des Arbeitnehmers in Bezug auf zukünftige Nutzungen seines Arbeitgebers an die Stelle des gesetzlichen Vergütungsanspruchs. 70.2

Erwirbt der Arbeitgeber die ausländische Schutzrechtsposition von einem mit dem Arbeitnehmer weder wirtschaftlich noch rechtlich verbundenen Dritten, der diese zuvor vom Arbeitnehmer erworben hat, bleibt das Benutzungsrecht mangels anderweitiger Absprache mit dem Arbeitnehmer bestehen. Unabhängig von den dem Dritten erbrachten Zahlungen (Kaufpreis oder Lizenzgebühren) ist der Arbeitgeber seinem Arbeitnehmer weiterhin nach § 14 Abs. 3 vergütungspflichtig (s.a. § 14 Rdn. 61).

Eine **»Aufgabe« des Benutzungsvorbehalts** nach § 16 scheidet aus, da der Arbeitgeber nicht Rechtsinhaber der Schutzrechtsposition ist; es handelt sich hier nur um eine schuldrechtliche Abrede und nicht um die Aufgabe einer Schutzrechtsposition (s.a. § 8 n.F. Rdn. 16). 70.3

I.Ü. entfällt das Benutzungsrecht mit **Wegfall** des betroffenen **Schutzrechtes**. 70.4

### E. Vereinbarungen zwischen Arbeitgeber und Arbeitnehmer (Abkauf/Verzicht)

Nach Erfindungsmeldung lässt das ArbEG einen vollständigen oder teilweisen **Verzicht des Arbeitnehmers** auf seinen Anspruch auf Auslandsfreigabe der 71 gemeldeten Diensterfindung grundsätzlich zu (§ 22 Satz 2). Das ist im Grundsatz unstreitig[148] (zum Verzicht allg. s. § 22 Rdn. 37).

Da die Handhabung des § 14 Abs. 2, 3 wegen der damit wechselseitig verbundenen Belastungen rechtliche und tatsächliche Schwierigkeiten aufwirft,[149] ist die Praxis teilweise zu vertraglicher Regelung dieser Materie übergegangen. Wesentlicher Inhalt ist der **Abkauf** der gesetzlichen »Formalpflichten«, die nicht zuletzt den Verzicht des Arbeitnehmers auf die Arbeitgeberpflichten zur Freigabe für Auslandsanmeldungen (§ 14 Abs. 2) und zum Anbieten einer Schutzrechtsposition vor deren Fallenlassen gem. § 16 Abs. 1 umfassen (s. allg. zu sog. Incentive-Programmen § 11 Rdn. 22 ff., s.a. § 16 Rdn. 2). Solche Abkaufsysteme unterliegen uneingeschränkt den der Vertragsfreiheit in **§§ 22, 23 gesetzten Grenzen** (s. dazu § 11 Rdn. 28 ff.).

72 Ebenso ist es denkbar, dass der Arbeitnehmer sich damit einverstanden erklärt, dass der Arbeitgeber i.R.d. Benutzungsvorbehaltes das **Recht zur Unterlizenzvergabe** erhält.[150] Im Einzelfall kann der Arbeitnehmer dazu nach Treu und Glauben (§ 242 BGB) gehalten sein, bspw., wenn es sich um die Benutzungserlaubnis für eine Tochtergesellschaft seines Arbeitgebers handelt.[151]

73 Zur Vereinbarung einer schutzrechtsfreien Zone s. § 14 Rdn. 34, 69.1 f., zu deren Vergütungspflicht bei Abkauf s. § 14 Rdn. 69.2.

*Rdn. 74 – 80 frei*

**F. Verletzung der Freigabepflicht**

81 Erfüllt der Arbeitgeber seine Verpflichtung zur rechtzeitigen Freigabe schuldhaft nicht, so kann dies einen **Schadensersatzanspruch** des Arbeitnehmers auslösen; insoweit stellt § 14 Abs. 2 ein **Schutzgesetz** i.S.d. § 823 Abs. 2 BGB dar;[152] daneben kann auch ein Ersatzanspruch wegen Pflichtverletzung (§ 280

---

148 Z. B. Schiedsst. v. 18.07.2012 – Arb.Erf. 30/10 (www.dpma.de, nur LS); Keukenschrijver in Busse/Keukenschrijver, PatG, Rn. 14 zu § 14 ArbEG.
149 Vgl. etwa BGH v. 31.01.1978, GRUR 1978, 430 – *Absorberstab-Antrieb*.
150 Vgl. BGH v. 23.04.1974, GRUR 1974, 463, 465 – *Anlagengeschäft*; Gaul, GRUR 1967, 518, 520; Schiedsst. v. 28.05.1968, BlPMZ 1968, 349, 350.
151 Schiedsst. v. 28.05.1968, BlPMZ 1968, 349, 350.
152 Schiedsst. v. 09.07.1974, BlPMZ 1975, 258; OLG Frankfurt am Main v. 10.07.1975, EGR Nr. 5 zu § 14 ArbEG; LG Düsseldorf v. 17.09.1991 – 4 O 13/91, (unveröffentl.); offen gelassen v. BGH v. 31.01.1978, GRUR 1978, 430, 434 – *Absorberstab-Antrieb*; wie hier Sack, RIW 1989, 612, 613; Keukenschrijver in Busse/Keukenschrijver, PatG, Rn. 21 zu § 14 ArbEG.

## F. Verletzung der Freigabepflicht § 14

Abs. 1 BGB) gegeben sein[153] (s.a. § 1 Rdn. 160). Die Darlegungs- und **Beweislast** für die Pflichtverletzung und den Schaden trägt der Arbeitnehmer.[154] Dabei ist es Sache des Arbeitnehmers, im Einzelnen **darzulegen und zu beweisen**, in welchen Ländern er Schutzrechte (mit Wahrscheinlichkeit der Erteilung[155]) hätte anmelden wollen und können und in welchen Ländern es ihm möglich gewesen wäre, die Erfindung zu verwerten, insb. durch Verkauf oder Lizenzvergabe.[156]

Nutzt der Arbeitgeber die Diensterfindung im Ausland und sind diese Verwertungshandlungen mangels Auslandsschutzrechts an sich vergütungsfrei, so schuldet er bei Verletzung seiner gesetzlichen Verpflichtung aus § 14 Abs. 2 als **Schadensersatz mindestens** die Vergütung, die er bei Erwerb eines Auslandsschutzrechts zu zahlen hätte.[157]

Ein **Mitverschulden** des Arbeitnehmers kommt z.B. in Betracht, wenn dieser nicht alles Erforderliche veranlasst, um den Zugang der Freigabeerklärung bei ihm sicherzustellen; eine weitergehende Mitwirkungs- oder Hinweispflicht bezüglich der vom Arbeitgeber allein zu veranlassenden Freigabeerklärung besteht dagegen grds. nicht.[158]

Die Geltendmachung von Schadensersatzansprüchen durch den Arbeitnehmer kann im Einzelfall dann **ausscheiden**, wenn er selbst die Schutzrechtsanmeldung für den Arbeitgeber aktiv betrieben (vgl. hierzu § 6 Rdn. 63) und dabei

---

153 Offen gelassen v. BGH v. 28.05.1968, BlPMZ 1968, 349, 350; wie hier Sack, RIW 1989, 612, 613; auch nach Schiedsst. v. 15.11.1994 – Arb.Erf. 3/93, (unveröffentl.) ergibt sich ein Schadensersatzanspruch wegen Verletzung der Verpflichtung aus dem gesetzlichen Schuldverhältnis des ArbEG.
154 Im Ergebn. so auch Schiedsst. v. 10.10.2013 – Arb.Erf. 22/12, (www.dpma.de).
155 Weitergehend wohl Busse/Keukenschrijver, PatG (6. Aufl 2003), Rn. 21 zu § 14 m. H. a. BGH v. 08.12.1981, GRUR 1982, 227, 228 – *Absorberstab-Antrieb II*: Schaden ist davon abhängig, ob auf eine Anmeldung ein Patent erteilt worden wäre, ohne dass dies durch inländische Erteilung zwingend präjudiziert wird.
156 Schiedsst. v. 06.02.1984 – Arb.Erf. 43/83; v. 14.10.1985 – Arb.Erf. 16/85; v. 05.12.1995 – Arb.Erf. 37/94 u. v. 12.08.1999 – Arb.Erf. 19/98 (alle unveröffentl.) m. Hinw. a. BGH v. 27.11.1969, GRUR 1970, 296, 298 – *Allzweck-Landmaschine*; ebenso Schiedsst. v. 18.11.2008 – Arb.Erf. 31/07 (Datenbank) u. v. 15.04.2010 – Arb.Erf. 36/08, (unveröffentl.); vgl. auch BGH v. 08.12.1981, GRUR 1982, 227, 228 – *Absorberstab-Antrieb II* u. LG Düsseldorf v. 17.09.1991 – 4 O 13/91, (unveröffentl.); v. 25.07.1995 – 4 O 71/95, (unveröffentl.) u. v. 12.05.2015 – 4a O 90/13, (Düsseldf. Entsch. Nr. 2422) –*Doppelplattenschieber*.
157 Schiedsst. v. 15.11.1994 – Arb.Erf. 3/93, (unveröffentl.).
158 Vgl. BGH v. 08.12.1981, GRUR 1982, 227, 229 – *Absorberstab-Antrieb II*.

keine Freigabeansprüche für die schutzrechtsfreien Auslandsstaaten geltend gemacht hat.[159]

Vgl. i.Ü. § 16 Rdn. 70 ff.

## G. Besonderheiten bei mehreren Arbeitnehmererfindern

82 Sind an dem Zustandekommen der Diensterfindung mehrere Arbeitnehmer beteiligt (Miterfinder, z. Begriff s. § 5 Rdn. 44 ff.), hat jeder Miterfinder einen eigenen Anspruch auf Freigabe (s.o. § 14 Rdn. 20 ff.), allerdings nur im Umfang seines Miterfinderanteils. Die Freigabe ist jedem Arbeitnehmer ggü. zu erklären. Mit der Freigabe bilden die Miterfinder bezüglich der übergegangenen Rechtsposition ex nunc (s. § 14 Rdn. 16) erneut eine Bruchteilsgemeinschaft i.S.d. § 741 BGB, und zwar jeweils im Umfang ihrer Miterfinderanteile (s. § 14 Rdn. 36.3).

83 Die Verwaltung des gemeinschaftlichen Gegenstands richtet sich nach §§ 744 ff. BGB und steht den Teilhabern (Arbeitnehmererfindern) grds. gemeinschaftlich zu. Abweichend hiervon ist nach § 745 Abs. 2 BGB jeder Teilhaber berechtigt, die zur Erhaltung des Gegenstands notwendigen Maßregeln ohne Zustimmung der anderen Teilhaber zu treffen. Das kann u. E. auch für Auslandsanmeldungen zur Vermeidung des Ablaufs der Prioritätsfrist gelten, soweit solche unter Kosten/Nutzen-Aspekten sinnvoll sind.[160] Einschränkungen können sich neben dem Aspekt einer wirtschaftlichen Verwertbarkeit und der Qualität der Erfindung auch aus den formalen Eintragungsvoraussetzungen der jeweiligen ausländischen Rechtsordnungen ergeben. Melden einzelne Miterfinder ein Schutzrecht allein auf ihren Namen an, läge nach der h. M. in Deutschland keine widerrechtliche Entnahme vor; vielmehr hätten die verbleibenden Mitinhaber gem. § 8 PatG einen Anspruch auf Einräumung einer Mitberechtigung an dem Patent.[161] Verneint man diese Möglichkeit, muss ein Miterfinder den Weg über § 745 Abs. 1 oder Abs. 2 BGB beschreiten. Wie allerdings bei einem Auslandspatent vorzugehen ist, wird von der jeweiligen Schutzrechtsordnung geprägt.

84 Schwierige Fragen wirf die Situation auf, dass einzelne **Miterfinder kein Interesse an freigegebenen Auslandsanmeldungen** haben. Hier unterscheidet

---

159 Schiedsst. v. 15.04.1989 – Arb.Erf. 3/88, (unveröffentl.); Schiedsst. v. 03.04.1974, Mitt. 1974, 137; vgl. auch Keukenschrijver in Busse/Keukenschrijver, PatG, Rn. 21 zu § 14 ArbEG.
160 Ausf. zum Recht zur Schutzrechtsanmeldung durch einzelne Miterfinder s. allg. Kraßer/Ann, PatR, § 19 Rn. 68 ff. m. w. Nachw.
161 S. dazu Benkard/Mellulis, PatG, Rn. 57 zu § 6 PatG m. w. Nachw.

sich die Rechtslage deutlich von der nach § 16 (s. § 16 Rdn. 95 f.), da es im Rahmen der Auslandsfreigabe keiner Rechtsübertragung bedarf (s. § 14 Rdn. 16). Wegen der unmittelbaren Rechtswirkungen der einseitigen Freigabeerklärung (s. § 14 Rdn. 17 ff.) erwerben selbst solche Miterfinder, die keinerlei Interesse haben, anteilig das Recht auf freigegebene Auslandsschutzrechte und nehmen an der Bruchteilsgemeinschaft teil (s. § 14 Rdn. 82). Der Arbeitgeber verbleibt hier nicht Rechtsinhaber; bezogen auf den Arbeitgeber kann hier nichts anderes gelten, als wenn ein Alleinerfinder auf sein Recht auf Auslandsanmeldung verzichtet. Vielmehr bestimmen sich die Rechtsverhältnisse nunmehr allein nach dem Recht der Bruchteilsgemeinschaft (§§ 741 ff. BGB). Dabei ist u. E. zu differenzieren:

**Verzichten alle Miterfinder** auf Auslandsanmeldungen und geht das Recht auf Auslandsschutzrechte (insbesondere wegen Ablaufs der Prioitätsfristen) unter, endet auf Grundlage des deutschen Rechts die Gemeinschaft zwangsläufig (vgl. §§ 749 ff. BGB).

**Verzichten nur einzelne Miterfinder** auf ihr Recht auf Auslandsanmeldungen, so kann darin zunächst ein Angebot auf Übertragung ihres Bruchteils liegen (§ 747 Satz 1 BGB), und zwar auf Übernahme durch die anderen Teilhaber bei Verzicht diesen gegenüber[162] bzw. ggf. auf Übernahme durch den Arbeitgeber, wenn ausschließlich diesem gegenüber der Verzicht erklärt wird. Scheidet dies – gleich aus welchen Gründen – aus, so geht bei Verzicht einzelner Teilhaber eine verbreitete Auffassung[163] auch mit Blick auf § 8 Abs. 4 UrhG[164] oder in Analogie zu § 738 Abs. 1 BGB nach deutschem Recht davon aus, deren Anteil wachse den verbleibenden Teilhabern an. Will man dem insbesondere wegen der grundsätzlichen Ablehnung der Möglichkeit eines einseitigen Verzichts im deutschem Recht[165] und wegen der gegen eine Analogie zu § 8 Abs. 2 UrhG ins Feld geführten Besonderheiten des Urheberrechts (Gesamthandsgemeinschaft, Unübertragbarkeit des Urheberrechts), nicht fol-

---

162 Vgl. allg. Lüdecke, Erfindungsgem. (1962), S. 143 f.; Wunderlich, Die gemeinschaftl. Erfindung (1962) S. 127 f. S. auch RG JW 1931, 404.
163 So u. a. Benkard/Mellulis, PatG, Rn. 62 zu § 6 PatG m. w. Nachw.
164 So Kraßer/Ann § 19 Rn. 98 (analog § 8 Abs. 4 UrhG) m. H. a. Busse/Keukenschrijver, PatG (7. Aufl. 2003), Rn. 42 zu § 6. von der Grün, Die rechtl. Stellg. v. Miterf. (Diss. 2003), S. 84 ff. schlägt de lege lata eine Übernahme des § 8 UrhG für Erfindungsgemeinschaften ins PatG vor.
165 Siehe zur Unwirksamkeit eines Verzichts auf Miteigentumsanteile an einem Grundstück BGH v. 29.06.1991 BGHZ 115, 1.

gen¹⁶⁶, bleibt der Versuch einer einvernehmlichen Absprache zwischen allen Teilhabern mit der hilfsweisen Option einer Aufhebung der Gemeinschaft (§§ 749 ff. BGB). Möchte bei (nur) zwei Miterfindern einer von der Möglichkeit zur Auslandsanmeldung Gebrauch machen, während der zweite Miterfinder weder eine Auslandsmeldung noch eine sonstige Nutzung im Ausland anstrebt, wäre vorrangig zu prüfen, ob man die Erklärung des zweiten Miterfinders als Übertragung, ersatzweise als Aufhebung der Bruchteilsgemeinschaft werten kann und so der verbleibende Miterfinder nunmehr alleine die Rechte übernimmt und damit auch die Möglichkeit zu alleinigen Auslandsanmeldungen hat.

S.a. § 16 Rdn. 93 ff.

---

166 Abl. u. a. Hühnerbein, Rechtsvergl. Untersuchung d. Miterfinderschaft, Diss. 2003 S. 36 f.; Henke, Die Erfindungsgem., 2005, S. 183 f.; vgl. auch PA v. 31.05.1954 GRUR 1954, 396, 397.

## § 15 Gegenseitige Rechte und Pflichten beim Erwerb von Schutzrechten

(1) Der Arbeitgeber hat dem Arbeitnehmer zugleich mit der Anmeldung der Diensterfindung zur Erteilung eines Schutzrechts Abschriften der Anmeldeunterlagen zu geben. Er hat ihn von dem Fortgang des Verfahrens zu unterrichten und ihm auf Verlangen Einsicht in den Schriftwechsel zu gewähren.

(2) Der Arbeitnehmer hat den Arbeitgeber auf Verlangen beim Erwerb von Schutzrechten zu unterstützen und die erforderlichen Erklärungen abzugeben.

### Übersicht

|  | Rdn. |
|---|---|
| A. Allgemeines | 1 |
| B. Geltungsbereich | 6 |
| I. Sachlich | 6 |
| II. Zeitlich | 10 |
| C. Pflichten des Arbeitgebers (Abs. 1) | 12 |
| I. Grundsatz | 12 |
| II. Übergabe von Abschriften der Anmeldeunterlagen | 15 |
| III. Unterrichtung vom Fortgang des Erteilungsverfahrens | 21 |
| IV. Recht des Arbeitnehmers auf Schriftwechseleinsicht | 23 |
| D. Pflichten des Arbeitnehmers (Abs. 2) | 27 |
| I. Grundsatz | 27 |
| II. Unterstützung beim Schutzrechtserwerb | 29 |
| III. Abgabe der erforderlichen Erklärungen | 32 |
| IV. Kosten- und Auslagenerstattung | 33 |
| E. Pflichtverletzungen | 34 |
| F. Rechte des Arbeitnehmers auf Einsicht in die Akten der Erteilungsbehörde | 37 |

## A. Allgemeines

§ 15 regelt – unverändert durch die **ArbEG-Novelle 2009** (s. dazu Einl. Rdn. 42) – ergänzend zu §§ 13, 14 die gegenseitigen Rechte und Pflichten der Arbeitsvertragsparteien **in Bezug auf das Erteilungs- bzw. Eintragungsverfahren**; sie entsprechen unverändert dem alten Recht (§ 6 Abs. 2 Satz 3, Abs. 4 DVO 1943), sind aber aus Gründen der Übersichtlichkeit in einer gesonderten Vorschrift zusammengefasst.[1]

1

---

[1] Amtl. Begründung BT-Drucks. II/1648 S. 33 = BlPMZ 1957, 236.

**2** § 15 ist eine **Konkretisierung** der arbeitsrechtlichen **Fürsorge- und Treuepflicht**[2] bzw. der wechselseitigen Rücksichtnahmepflichten (Interessenwahrnehmungspflicht, § 241 Abs. 2 BGB, vgl. dazu § 25 Rdn. 11).

**3** Für Unterstützungshandlungen des Arbeitgebers beim Erwerb von Auslandsrechten durch den Arbeitnehmer nach Freigabe enthält § 14 Abs. 2 Satz 1 eine eigenständige Regelung. Dieses gilt auch hinsichtlich § 16 Abs. 1 Halbs. 2 bei der Aufgabe von Schutzrechtsanmeldungen durch den Arbeitgeber.

**4** Beiderseitige Unterstützungspflichten **vor der Anmeldung** enthält § 5 Abs. 2 Satz 2, Abs. 3 Satz 2; diesbezüglich ergänzt § 15 Abs. 2 die Meldepflicht des Arbeitnehmers.

Hat der Arbeitgeber eine Beanstandung einer **nicht ordnungsgemäßen Meldung** versäumt, kann sich der Arbeitnehmer im Rahmen seiner Unterstützungspflicht bei der Anmeldung nach § 15 Abs. 2 nicht auf die Fiktionswirkung des § 5 Abs. 3 berufen; deren Wirkung beschränkt sich auf den Lauf der Frist für die Inanspruchnahme bzw. Freigabe (§ 6 Abs. 2 n.F.) bzw. – nach früherem Recht – auf den Lauf der Inanspruchnahmefrist (vgl. § 6 Abs. 2 Satz 2 Halbs. 2 a.F.).

**5** I.Ü. kann die § 25 zugrunde liegende **Treue- und Fürsorgepflicht** Platz greifen, die zugleich – als Ausfluss des Gebots von Treu und Glauben (§ 242 BGB) sowie der Rücksichtnahmepflicht (§ 241 Abs. 2 BGB)[3] – zur Konkretisierung der beiderseitigen Unterrichtungs- und Unterstützungspflichten heranzuziehen ist. Über § 15 hinausgehende Pflichten können sich aus dem Arbeitsvertrag ergeben,[4] wobei (wertend) die Schranke des § 22 Satz 1 ArbEG zu beachten ist.[5]

§ 15 betrifft nur das **Verhältnis Arbeitgeber und Arbeitnehmer**, nicht jedoch Dritte, die Rechte an einer Diensterfindung erworben haben. Insoweit haben

---

2 A.A. Volmer/Gaul Rn. 7 f. zu § 15, wonach es sich um eine dem gewerbl. Rechtsschutz zugeordnete Verfahrensvorschrift handeln soll, obschon die Vorschrift bereits nach ihrem Wortlaut nur das (Innen-) Verhältnis der Arbeitsvertragsparteien regelt (s.a. hier Rn. 12, 14); wie hier Reimer/Schade/Schippel/Trimborn Rn. 1 zu § 15; Boemke/Kursawe/Hoppe-Jänisch Rn. 1 ff. zu § 15; vgl. auch Keukenschrijver in Busse/Keukenschrijver, PatG, Rn. 1 (dort Fn. 1) zu § 15 ArbEG, wonach sich beide Auffassungen nicht wechselseitig ausschließen.

3 Vgl. etwa ErfK/Preis § 611a BGB Rn. 708 f.; dagegen wird die Treuepflicht nach verbreiteter Ansicht nicht mehr aus § 242 BGB, sondern als Rücksichtnahmepflicht allein aus § 241 Abs. 2 BGB abgeleitet (so etwa Palandt/Weidenkaff, BGB, § 611 Rn. 39).

4 Keukenschrijver in Busse/Keukenschrijver, PatG, Rn. 1 zu § 15 ArbEG.

5 Weitergehend zu § 15 Abs. 2 wohl Boemke/Kursawe/Hoppe-Jänisch Rn. 9 zu § 15.

weder Arbeitgeber noch Arbeitnehmer aus § 15 folgende Unterrichtungs- oder Unterstützungspflichten (s. § 15 Rdn. 28). Ein (auch stillschweigender) Verzicht jeder Arbeitsvertragspartei ist möglich, beim Arbeitnehmer erst nach Meldung (§ 22), aber in der Praxis selten (zu Incentive-Programmen s. § 11 Rdn. 25).

## B. Geltungsbereich

### I. Sachlich

§ 15 gilt nur für **Diensterfindungen** i.S.d. § 4 Abs. 2. Ist die Diensterfindung frei geworden (§ 8 Satz 2 n.F./§ 8 Abs. 1 a.F.) oder eine Schutzrechtsanmeldung aufgegeben worden (§ 16 Abs. 1), scheidet § 15 aus.[6] § 15 kann nicht dahingehend analog angewendet werden, dass in diesen Fällen z.B. der Arbeitnehmer seinerseits den Arbeitgeber über den weiteren Verlauf des Anmeldeverfahrens unterrichten müsste[7].

§ 15 **umfasst das gesamte Schutzrechtserteilungsverfahren** in allen Instanzen bis zur endgültigen Erteilung bzw. Aufrechterhaltung (vgl. § 61 PatG, Art. 101 EPÜ, § 8 GebrMG) des Schutzrechts (Patent- oder Gebrauchsmuster) unter Einschluss von Einspruchs- und Beschwerdeverfahren.[8] Aufgrund des weit gefassten Wortlautes, der systematischen Stellung und entsprechend dem Sinn der Regelung werden sowohl Erteilungsverfahren **im Inland (§ 13)** als auch solche **im Ausland (§ 14)** erfasst;[9] § 15 gilt also für jedes einzelne Verfahren gesondert. Im Unterschied zur Auslandsanmeldung kommen die wechselseitigen Pflichten bei der Inlandsanmeldung unabhängig von einer (unbeschränkten) Inanspruchnahme zum Tragen.

Keine Anwendung findet § 15 – entsprechend dem klaren Wortlaut und der systematischen Stellung – nach endgültiger Schutzrechtserteilung, ferner in etwaigen **Nichtigkeits- bzw. Löschungsverfahren**, Zwangslizenzverfahren

---

6 OLG Karlsruhe v. 27.06.2007 – 6 U 55/06 u. 6 U 56/06, (beide unveröffentl.); Keukenschrijver in Busse/Keukenschrijver, PatG, Rn. 3 zu § 15 ArbEG; abw. zur nach § 16 aufgegebenen Schutzrechtsanmeldung Boemke/Kursawe/Hoppe-Jänisch Rn. 14, 27 zu § 15.
7 Volmer Rz. 2 zu § 15.
8 Schiedsst. v. 16.07.2008 – Arb.Erf. 49/03 u. v. 09.07.2008 – Arb.Erf. 45/03 (beide Datenbank); Keukenschrijver in Busse/Keukenschrijver, PatG, Rn. 3 f. zu § 15 ArbEG.
9 H.M., z.B. Reimer/Schade/Schippel/Trimborn Rn. 2 zu § 15; Röpke Arbeitsverh. und ArbNErf., S. 92; Volmer/Gaul Rn. 25 u. Rn. 62 zu § 15; Keukenschrijver in Busse/Keukenschrijver, PatG, Rn. 3 zu § 15 ArbEG; a. A. (nur Inland) Beil in Chemie-Ingenieur-Technik 1957, 633, 634.

oder sonstigen ein Schutzrecht betreffenden Streitigkeiten wie auch bei Aufgabe eines Schutzrechts durch den Arbeitgeber nach vollständiger Erfüllung des Vergütungsanspruchs des Arbeitnehmers gem. § 16 Abs. 1; mangels Regelungslücke scheidet – entgegen der wohl herrschenden Meinung[10] – auch eine analoge Anwendung dieser Vorschrift aus. Gleiches gilt für etwaige **Verletzungsprozesse**. Wechselseitige Unterrichtungs- und Unterstützungspflichten ergeben sich in solchen Fällen vielmehr aus der § 25 zugrunde liegenden arbeitsrechtlichen Fürsorge- und Treuepflicht bzw. aus dem allgemeinen Gebot von Treu und Glauben (§ 242 BGB). Zur Nichtigkeitsklage einer Arbeitsvertragspartei s. § 25 Rdn. 42 ff.

9 Bezieht sich die Unterrichtungspflicht des Arbeitgebers nach § 15 Abs. 1 auf das Innenverhältnis zum Arbeitnehmer, so geht die Unterstützungspflicht des Arbeitnehmers (Abs. 2) über diesen internen Bereich hinaus und gebietet ggf. eine Mitwirkung im Erteilungsverfahren vor der Erteilungsbehörde bzw. im Anschluss hieran vor den zuständigen Gerichten.

## II. Zeitlich

10 Während die Pflichten des Arbeitgebers erst mit Einreichung bzw. Hinterlegung der Anmeldung bei der Erteilungsbehörde beginnen, reicht die Unterrichtungspflicht des Arbeitnehmers weiter zurück in den Zeitraum der Vorbereitung der Anmeldung.

11 Gem. § 26 werden die Rechte und Pflichten aus § 15 nicht durch die Auflösung des Arbeitsverhältnisses berührt, sodass sie grds. auch unverändert für den **ausgeschiedenen Arbeitnehmer** (Pensionär) gelten.[11] Da es sich um gegenseitige Rechte und Pflichten im Verhältnis Arbeitgeber/Arbeitnehmer handelt, gehen diese nicht auf den Einzelrechtsnachfolger (**Erfindungserwerber**), sondern nur auf den Gesamtrechtsnachfolger des Arbeitgebers über (s.a. § 1 Rdn. 114 f.).

---

10 So aber wohl h.M., BGH v. 02.06.1987, GRUR 1987, 900, 902 – *Entwässerungsanlage* mit insoweit ablehnender Bespr. v. Bartenbach/Volz, GRUR 1987, 859, 861; Volmer Rn. 3 zu § 15; wohl auch Reimer/Schade/Schippel/Trimborn Rn. 7 zu § 15; Röpke Arbeitsverh. und ArbNErf., S. 38; unklar Volmer/Gaul Rn. 10 f. u. Rn. 20 zu § 15; wie hier Keukenschrijver in Busse/Keukenschrijver, PatG, Rn. 3 zu § 15 ArbEG; Boemke/Kursawe/Hoppe-Jänisch Rn. 36 f. zu § 15.
11 Heute wohl allg. A., vgl. Reimer/Schade/Schippel/Trimborn Rn. 1, 10 zu § 15; Keukenschrijver in Busse/Keukenschrijver, PatG, Rn. 4 zu § 15 ArbEG; Volmer/Gaul Rn. 53, 66 zu § 15 Volmer Rn. 11 zu § 15; vgl. auch Röpke Arbeitsverh. und ArbNErf., S. 64.

Die wechselseitigen Pflichten aus § 15 **enden**, sobald das betreffende **Schutzrechtserteilungsverfahren** bestands-(rechts-)kräftig abgeschlossen ist, also ggf. einschließlich eines Einspruchsverfahrens (s. § 15 Rdn. 7). Danach können sich Unterrichtungs- bzw. Unterstützungspflichten aus der Fürsorge- bzw. Treuepflicht (s. dazu allg. § 25 Rdn. 11 ff. u. 28 ff.) oder aus § 242 BGB ergeben (s.a. § 15 Rdn. 5, 8).

## C. Pflichten des Arbeitgebers (Abs. 1)

### I. Grundsatz

§ 15 Abs. 1 regelt die Pflichten des Arbeitgebers ggü. seinem Arbeitnehmer während des **inländischen/ausländischen Erteilungs- bzw. Eintragungsverfahrens**. Diese Vorschrift ändert nichts an der Stellung des Arbeitgebers als alleinigem »Herrn des Erteilungsverfahrens« (s. dazu § 13 Rdn. 41); insb. begründet sie keinen Anspruch des Arbeitnehmers auf Mitwirkung (zum Anspruch auf Erfindernennung s. § 7 n.F. Rdn. 83 ff.). Der Gesetzgeber hat insoweit ausdrücklich davon abgesehen, dem Arbeitnehmer ein Recht einzuräumen, ggü. den Erteilungsbehörden vom Arbeitgeber abweichende Erklärungen abgeben zu dürfen.[12]   12

Der Arbeitgeber kann die Erfüllung seiner Pflichten aus § 15 Abs. 1 **nicht von Bedingungen** abhängig machen.

Die 2013 eröffnete Möglichkeit einer **Online-Einsicht bei elektronischer Aktenführung des DPMA** (§ 31 Abs. 3a, 3b PatG) ändert an den sich aus § 15 Abs. 1 ArbEG ergebenden Unterrichtspflichten des Arbeitgebers nichts. Der Gesetzgeber hat die Vorschrift im Rahmen des Gesetzes zur Novellierung patentrechtlicher Vorschriften und anderer Gesetze des gewerblichen Rechtsschutzes vom 19.10.2013[13] unverändert gelassen. Der Arbeitgeber kann zu seiner Entlastung den Arbeitnehmer auch weiterhin nicht auf dessen Recht auf Akteneinsicht nach § 31 PatG verweisen (zur Akteneinsicht s, unten § 15 Rdn. 37 sowie § 13 Rdn. 45).

Kommt der Arbeitgeber seinen Pflichten nicht nach, muss der Arbeitnehmer   13
seine Ansprüche aus § 15 Abs. 1 im Schiedsstellen- bzw. anschließenden Klageverfahren (§§ 28 ff., 37 ff.) geltend machen; er hat die Befugnis, sich wie jeder Dritte selbst zu unterrichten. So bleibt sein Recht zur Akteneinsicht ggü. den

---

12 Vgl. Ausschussber. zu BT-Drucks. II/3327 S. 6 = BlPMZ 1957, 252; Schiedsst. v. 15.05.2001 – Arb.Erf. 59/98, (unveröffentl.).
13 BGBl. I S. 3830.

Erteilungsbehörden unbenommen (s. unten § 15 Rdn. 37 sowie § 13 Rdn. 45).

14 **Zweck** dieser Regelung ist es insb., dem Arbeitnehmer die Kontrolle über die ordnungsgemäße Erfüllung der Anmeldepflicht seitens des Arbeitgebers (§ 13 Abs. 1) zu ermöglichen[14], ebenso den persönlichkeitsrechtlichen Interessen des Arbeitnehmers (s. dazu § 7 n.F. Rdn. 81 ff.) Rechnung zu tragen;[15] zugleich sollen sie dem Arbeitnehmer im Fall einer etwaigen (unbeschränkten) Inanspruchnahme einen ersten Überblick über den Umfang seiner Rechte (etwa i. H. a. seine Vergütungsansprüche, seinen Freigabeanspruch nach § 14 Abs. 2) gewährleisten (zu Kontroll- und Mitwirkungsrechten des Betriebsrates s. § 20 Anh. Rdn. 7 ff.). Wegen des Persönlichkeitsrechtes des Arbeitnehmers besteht dieser Anspruch unabhängig vom Vergütungsanspruch, also auch nach dessen Erfüllung fort.[16]

**II. Übergabe von Abschriften der Anmeldeunterlagen**

15 Nach § 15 Abs. 1 Satz 1 hat der Arbeitgeber **von sich aus** – ohne dass es auf ein Verlangen des Arbeitnehmers ankommt[17] – diesem zugleich mit der Anmeldung der Diensterfindung (§ 13 Abs. 1, § 14 Abs. 1) Abschriften der Anmeldeunterlagen zu überlassen. Da diese Informationsquellen bei Inkrafttreten des ArbEG noch nicht bestanden haben, gilt dies im Grundsatz unabhängig davon, ob dem Arbeitnehmer anderweitige Informationsmöglichkeiten (z.B. über Internet, insb. die einzelnen Informationsstellen der nationalen und regionalen Patentämter und sonstigen Patentinformationsstellen) zur Verfügung stehen.[18] Soweit für den Arbeitnehmer im (unternehmenseigenen) Internet verfüg- und ausdruckbar, reicht u. E. aber ein konkreter Hinweis des Arbeitgebers auf diese Informationsmöglichkeiten aus.[19]

---

14 Allg. A., z. B. Keukenschrijver in Busse/Keukenschrijvwer, PatG, Rn. 1 zu § 15 ArbEG.
15 Ebenso Schiedsst. v. 09.07.2008 – Arb.Erf. 45/03 (Datenbank); vgl. Reimer/Schade/Schippel/Trimborn Rn. 2 zu § 15; Boemke/Kursawe/Hoppe-Jänisch Rn. 4 zu § 15; Riemschneider/Barth Anm. 1 zu § 7 DVO 1943.
16 A.A. Schiedsst. v. 21.10.1996 – Arb.Erf. 20/95, (unveröffentl.).
17 Wohl allg. A., z. B. Keukenschrijver in Busse/Keukenschrijver, PatG, Rn. 6 zu § 15 ArbEG.
18 Vgl. etwa die Nachweise über Veröffentlichungen des DPMA gem. § 32 PatG, über elektronische Patentdokumente, das elektronische Patentblatt sowie d. Übersicht über weitere Internetdienste des DPMA bei Schulte/Rudloff-Schäffer, PatG, § 32, Rn. 6 ff.
19 Zust. Keukenschrijver in Busse/Keukenschrijver, PatG, Rn. 5 zu § 15 ArbEG.

## C. Pflichten des Arbeitgebers (Abs. 1) § 15

Als **Anmeldeunterlagen** kommen bei der **Inlands-Patentanmeldung** insb. die 16
Formblätter des Erteilungsantrages, die Beschreibung, die Abfassung der
Patentansprüche, die Zeichnungen und alle sonstigen beigefügten Unterlagen
(z.b. Erfinderbenennung, Prioritätsbelege) in Betracht, gleichgültig ob sie
erforderlich waren oder nicht (vgl. dazu §§ 34 ff. PatG i.V.m. der Patentverordnung – PatV). Nicht dazu gehören namentlich vorbereitende Papiere (interner Schriftwechsel, Entwürfe usw., s. auch § 15 Rdn. 24).

Der Arbeitgeber muss dem Arbeitnehmer eine **Abschrift** (auch Fotokopie, 17
Durchschrift) all derjenigen Unterlagen übergeben, die er selbst bei den Erteilungsbehörden zum Anmeldezeitpunkt eingereicht hat.[20] Waren diese Unterlagen nicht ordnungsgemäß bzw. unvollständig oder wurden sie sonst wie abgeändert, erhält der Arbeitnehmer auch Abschriften nachgereichter Unterlagen.[21]
Wegen der Beschränkung auf Abschriften zählen zu den Anmeldeunterlagen
nicht etwaige bildliche Darstellungen, Modelle und Probestücke, die gem. § 16
PatV ohnehin nur auf Aufforderung des DPMA einzureichen sind. Ausreichend ist u. E. ein Zugang per E-Mail (s. dazu § 5 Rdn. 35 ff.) sowie per Fax.

Die aufgezeigten Grundsätze gelten entsprechend für die Anmeldung von 18
**Gebrauchsmustern** (vgl. auch § 4 Gebrauchsmustergesetz i.V.m. der
Gebrauchsmusterverordnung – GebrMV).

Bei **Anmeldung im Ausland** bestimmen sich die Anmeldeunterlagen nach 19
den jeweiligen nationalen Regelungen (zur europäischen Patentanmeldung s.
Art. 75 ff. EPÜ i.V.m. den Regeln 35 ff., 41 ff. EPÜ AO; zu internationalen
Anmeldungen s. Art. 3 ff. PCT i.V.m. Regeln 3 ff. PCT AO). Der Umstand,
dass eine Erteilungsbehörde ihrerseits dem Erfinder Abschriften der vom
Anmelder eingereichten Unterlagen zustellt (vgl. z.B. Regel 19 Abs. 3 EPÜ
AO betreffend die Erfindernennung), ändert nichts an der eigenständigen Verpflichtung des Arbeitgebers zur Aushändigung der Unterlagen (s. aber oben
§ 15 Rdn. 15).

Die Abschriften der Unterlagen müssen **zugleich**, d.h. in unmittelbarem zeitli- 20
chen Zusammenhang mit der Anmeldung,[22] dem Arbeitnehmer persönlich
bzw. einem von ihm beauftragten Dritten übergeben (zugesandt) werden. Für
den ordnungsgemäßen Zugang der Unterlagen muss der Arbeitgeber Sorge
tragen (vgl. auch § 16 Rdn. 29).

---

20 Ebenso Schiedsst. v. 22.10.2002 – Arb.Erf. 47/00, (Datenbank).
21 Keukenschrijver in Busse/Keukenschrijver, PatG, Rn. 5 zu § 15 ArbEG; Volmer/Gaul Rn. 59 zu § 15.
22 Zust. Schiedsst. v. 21.09.2011 – Arb.Erf. 2/10 (Datenbank); ferner Volmer/Gaul Rn. 65 zu § 15.

### III. Unterrichtung vom Fortgang des Erteilungsverfahrens

21 Der Arbeitgeber hat den Arbeitnehmer **von sich aus** (unaufgefordert) nach § 15 Abs. 1 Satz 2, 1. Alt. über den Fortgang des Erteilungsverfahrens – ggf. in allen seinen Instanzen (s. § 15 Rdn. 7) – bis hin zur rechtsbeständigen Schutzrechtserteilung[23] zu unterrichten. Diese Pflicht besteht unabhängig von einer evtl. (unbeschränkten) Inanspruchnahme,[24] endet aber selbstverständlich mit Freiwerden der Erfindung (s. aber auch § 8 n.F. Rdn. 32). Diese Unterrichtungspflicht erstreckt sich darauf, ob und wie der Arbeitgeber seiner Verpflichtung zur Schutzrechtsanmeldung nach § 13 nachgekommen ist[25], ferner ob und welche Auslandsanmeldungen nach Inanspruchnahme gemäß § 14 vorgenommen worden sind.

22 Von der **Unterrichtungspflicht** sind alle **wesentlichen Vorgänge** und Daten (z.b. europäische oder nationale bzw. PCT-Nachanmeldung, Offenlegung, Einspruch, Beschwerde)[26] erfasst.[27] Die Unterrichtung muss so weit gehen, dass der Arbeitnehmer in die Lage versetzt wird, sich ein eigenes Urteil über den Erteilungsstand zu bilden[28]. Die Unterrichtung hat **wahrheitsgemäß, vollständig** und **in sich verständlich** zu erfolgen; **Abschriften** kann der Arbeitnehmer dagegen nicht verlangen, wie sowohl der Vergleich mit § 15 Abs. 1 Satz 1 als auch das Einsichtsrecht nach § 15 Abs. 1 Satz 2, 2. Alt. zeigen (s. § 15 Rdn. 25). Nach Auffassung der *Schiedsstelle* gehört der Recherchenbericht nicht zu den vorlegepflichtigen Unterlagen, ebenso wenig wie Prüfungs- und andere Bescheide der Erteilungsbehörde.[29] Der Arbeitgeber muss den Arbeitnehmer **alsbald** nach eigener Kenntniserlangung mündlich oder schriftlich bzw. per E-Mail informieren; eine nachträgliche Unterrichtung, etwa nach Abschluss des Erteilungsverfahrens, reicht nicht aus.

Andererseits ist der Arbeitgeber grds. **nicht** zur Auskunft über seine **zukünftigen Absichten und Pläne** verpflichtet, sofern sie nicht zu einer Aufgabe i.S.d. § 16 Abs. 1 führen (vgl. dazu § 16 Rdn. 27 ff.). Aus § 15 Abs. 1 ergeben sich auch **keine Mitspracherechte des Arbeitnehmers** im Rahmen des Erteilungsverfahrens (s. § 13 Rdn. 41 f.).

---

23 Wohl allg. A., z. B. Reimer/Schade/Schippel/Trimborn Rn. 5 zu § 15.
24 Wie hier wohl Busse/Keukenschrijver, PatG, Rn. 6 zu § 15 ArbEG; abw. wohl Reimer/Schade/Schippel/Trimborn Rn. 5 zu § 15.
25 Vgl. Schiedsst. v. 13.07.2011 – Arb.Erf. 8/10 (insoweit nicht in www.dpma.de).
26 Schiedsst. v. 08.03.2001 – Arb.Erf. 1/99, (unveröffentl.).
27 Schiedsst. v. 22.10.2002 – Arb.Erf. 47/00 (Datenbank); Reimer/Schade/Schippel/Trimborn Rn. 5 zu § 15.
28 Schiedsstr. v. 08.03.2011 Arb.Erf. 1/99 (unveröffentl.).
29 Schiedsst. v. 22.10.2002 – Arb.Erf. 47/00 (Datenbank).

## IV. Recht des Arbeitnehmers auf Schriftwechseleinsicht

Neben seinem Unterrichtungsanspruch hat der Arbeitnehmer nach § 15 Abs. 1 Satz 2, 2. Alt. einen **höchstpersönlichen** schuldrechtlichen Anspruch auf Gewährung von Einsicht in den Schriftwechsel. 23

Dazu ist der Arbeitgeber nur »**auf Verlangen**« des Arbeitnehmers (empfangsbedürftige, formlose Willenserklärung i.S.d. § 130 BGB[30]) gehalten; einer besonderen Begründung bedarf es ebenso wenig wie eines konkreten Anlasses. Wegen der besonderen Geheimhaltungsbedürftigkeit kommt eine Heranziehung eines Dritten grds. nicht in Betracht[31] (s. aber auch § 24 Rdn. 32 f.). Zur Funktion des früheren Erfinderberaters s. 4. Auflage zu § 21 (a.F.).

Unter »**Schriftwechsel**« im Sinne dieser Vorschrift fallen grds. nur die mit den Erteilungsbehörden gewechselten Schreiben, nicht dagegen der unternehmensinterne Schriftwechsel, ebenso wenig die Korrespondenz mit bestellten Vertretern (Patent-, Rechtsanwälten, Erlaubnisscheininhabern) oder Dritten (Mitbewerber usw.). 24

Die Beschränkung auf das bloße Einsichtsrecht bedeutet, dass § 15 **keinen Anspruch auf Überlassung** der Unterlagen und damit auch kein Recht zur Anfertigung von Abschriften (Fotokopien) begründen will;[32] insoweit ist der Wortlaut des § 15 Abs. 1 Satz 2 – auch in Gegenüberstellung zu Satz 1 – eindeutig, so dass weitergehende Ansprüche auch aus der Fürsorgepflicht nicht abgeleitet werden können. Notizen muss man dagegen als zulässig erachten. Unabhängig davon kann eine Überlassung von Kopien zur Verfahrenserleichterung zweckmäßig und regelmäßig ausreichend sein.[33] 25

Diesen Anspruch kann der Arbeitnehmer **jederzeit** – unter Beachtung des Gebots der gegenseitigen Rücksichtnahme (§ 241 Abs. 2 BGB; also i.d.R. während der Arbeitszeiten und ggf. nach angemessener Vorankündigung) – und bei Verfahrensfortgang auch wiederholt geltend machen. Zur Geheimhaltungspflicht des Arbeitnehmers s. § 24 Rdn. 28 ff. 26

---

30 A. A. Boemke/Kursawe/Hoppe-Jänisch Rn. 18 zu § 15: geschäftsähnl. Handlung.
31 Abw. Volmer/Gaul Rn. 87 f. zu § 15.
32 Wie hier Volmer/Gaul Rn. 89 zu § 15; m. d. zutreffenden Hinweis, dass solches zur Verfahrenserleichterung u. zur Unterrichtg. i.d R. ausreichend sein kann; abw. zur Ansicht, wonach d. ArbN i.d.R. die Fertigg. V. Ablichtungen auf eigene Kosten gestattet ist, Keukenschrijver in Busse/Keukenschrijver, PatG, Rn. 6 zu § 15 ArbEG, ferner Boemke/Kursawe/Hoppe-Jänisch Rn. 26 zu § 15: Anspruch auf Ablichtungen gegen Kostenerstattung bei Fehlen besonderer (Geheimhaltungs-)Gründe.
33 Zu Recht Busse/Keukenschrijver, PatG (7. Aufl. 2003), Rn. 5 zu § 15 ArbEG.

## D. Pflichten des Arbeitnehmers (Abs. 2)

### I. Grundsatz

27 Korrespondierend zu § 15 Abs. 1 regelt Abs. 2 die **Unterstützungspflicht** des **Arbeitnehmers**. Damit soll zugleich die ordnungsgemäße und sachgerechte Erfüllung der Anmelderechte und -pflichten des Arbeitgebers, die sich aus § 13 fürs Inland und aus § 14 für die von ihm ausgewählten Auslandsstaaten ergeben, sichergestellt werden. Dabei stellt sich die Pflicht des Arbeitnehmers, die für einen Schutzrechtserwerb erforderlichen Erklärungen abzugeben (§ 15 Abs. 2, 2. Alt.), als Konkretisierung der allgemeinen Unterstützungspflicht (§ 15 Abs. 2, 1. Alt.) dar. Zur Wirkung der Unterstützung als Indiz für eine schlüssige Überleitung der Diensterfindung s. § 6 a.F. Rdn. 37.

28 Im Unterschied zur Informationspflicht des Arbeitgebers muss der Arbeitnehmer seinerseits erst »**auf Verlangen**« des Arbeitgebers (empfangsbedürftige, formlose Willenserklärung i.S.d. § 130 BGB) tätig werden. Der Arbeitgeber hat einen schuldrechtlichen Anspruch auf Unterstützung. Die Unterstützung des Arbeitnehmers ist in der Praxis sehr wesentlich, da gerade der Erfinder mit dem Erfindungsgegenstand, der technischen Bedeutung und den Auswirkungen umfassend vertraut sein wird. Zum Zurückbehaltungsrecht § 25 Rdn. 39.

Die Erfüllung dieser Pflicht ist **bedingungsfeindlich**; sie darf vom Arbeitnehmer nicht an die Erfüllung von Ansprüchen ggü. dem Arbeitgeber geknüpft werden.[34] Ein Zurückbehaltungsrecht nach § 273 BGB ist u.E. gem. § 242 BGB aufgrund der Natur des Arbeitgeberanspruchs ausgeschlossen, da dessen Geltendmachung im Zweifel die Durchsetzung des Mitwirkungsanspruchs auf (unabsehbare) Zeit verhindern könnte.[35] Zu denken ist insb. an solche Sachverhalte, bei denen aufgrund einer unterbliebenen Mitwirkung des Arbeitnehmers (z.B. Unterzeichnung Assignment, Erfindernennung etc.) Risiken einer Patentversagung drohen.

Diese Unterstützungspflicht besteht nach Wortlaut und Zweck der Regelung nur ggü. dem (früheren, vgl. § 26) Arbeitgeber, **nicht** jedoch **ggü. Dritten**, etwa Erwerbern von Schutzrechtspositionen oder Lizenznehmern[36]; insoweit kommt weder eine analoge Anwendung in Betracht noch kann dafür im Grundsatz die Treuepflicht des Arbeitnehmers geltend gemacht werden. Der gesetzliche Anspruch des Arbeitgebers, der in dem Arbeitsverhältnis seinen Ursprung hat, ist nicht auf Dritte übertragbar. Schuldet der Arbeitgeber dem

---

34 Schiedsst. v. 02.02.2010 – Arb.Erf. 15/09, (www.dpma.de, LS. 2).
35 Vgl. allg. Palandt/Grüneberg BGB § 273 Rn. 17 m.w.N.
36 Ebenso Keukenschrijver in Busse/Keikenschrijver, PatG, Rn. 9 zu § 15 ArbEG.

### D. Pflichten des Arbeitnehmers (Abs. 2) § 15

Erwerber einer Schutzrechtsposition Mitwirkungspflichten zum vollständigen Rechtserwerb, hat er – zur Vermeidung evtl. Schadensersatzpflichten – insoweit einen Anspruch gegen seinen Arbeitnehmer auf Mitwirkung; diese Unterstützungspflicht folgt nicht aus § 15, sondern aus der allgemeinen arbeitsvertraglichen Treuepflicht (s. § 25 Rdn. 28 ff.).

### II. Unterstützung beim Schutzrechtserwerb

Der Arbeitnehmer muss auf Verlangen den Arbeitgeber nach besten Kräften im Erteilungsverfahren unterstützen. Er hat dem Arbeitgeber mit Rat und Tat zur Seite zu stehen.[37] Darunter fallen insb. die Mitarbeit bei der **Ausfüllung und Erstellung** der Anmeldeunterlagen,[38] Beschreibung, Ermittlung der Miterfinder und der auf die einzelnen Miterfinder entfallenden Anteile, Fertigung von Zeichnungen und bildlichen Darstellungen, Modellen, Probestücken, soweit im Erteilungsverfahren erforderlich bzw. sachdienlich. Hierzu gehört auch – falls erforderlich – die Unterzeichnung von auf das Erteilungsverfahren oder vergleichbare Sachverhalte bezogenen Unterlagen.[39]

29

Die aus § 15 Abs. 2 folgende Unterstützungspflicht findet – unbeschadet des Direktionsrechts des Arbeitgebers – ihre **Grenze** in dem sachlich Gerechtfertigten und persönlich Zumutbaren. Dabei gibt der Gesetzgeber dem Interesse des Arbeitgebers am Erwerb des Schutzrechts gemäß §§ 13, 14 den Vorrang, so dass an die Erforderlichkeit keine allzu strengen Anforderungen zu stellen sind. Soweit es um in § 5 Abs. 2 geregelte Sachverhalte und Dokumente geht, kann der Arbeitgeber diese im Rahmen des § 15 Abs. 2 auch dann verlangen, wenn die Erfindungsmeldung mangels Beanstandung nach § 5 Abs. 3 als ordnungsgemäß gilt. Im Rahmen seines arbeitsvertraglichen **Direktionsrechtes** kann der Arbeitgeber dem Arbeitnehmer weitergehende Pflichten auferlegen, ihn bspw. von seiner sonstigen Tätigkeit zeitweise entbinden, damit er sich ausschließlich der Erstellung der Anmeldeunterlagen widmet oder ihn im Rahmen einer Dienstreise zur persönlichen Unterstützung »vor Ort« verpflichten.

30

Endet das Direktionsrecht mit Auflösung des Arbeitsverhältnisses, so besteht die Unterstützungspflicht aus § 15 Abs. 2 für den **ausgeschiedenen Arbeitnehmer** unverändert fort (§ 26). Sie entfällt erst mit endgültiger Schutzrechtserteilung (s.a. § 15 Rdn. 7 f., 11) bzw. -versagung.

31

---

37 Röpke Arbeitsverh. und ArbNErf., S. 38; LG Düsseldorf v. 22.03.2001 – 4 O 211/00, (unveröffent.).
38 OLG Karlsruhe v. 13.07.1983, GRUR 1984, 42, 44, l.Sp. – *Digitales Gaswarngerät*; Reimer/Schade/Schippel/Trimborn Rn. 10 zu § 15 m.H.a. Schiedsst. v. 05.12.1991 – Arb.Erf. 3/90, Mitt. 1997, 120 – *Hinterfüll-Bewehrungsmatte*.
39 LG Mannheim v. 10.03.2006 – 7 O 8/05, (unveröffentl.) – betr. *US-assignments*.

### III. Abgabe der erforderlichen Erklärungen

32 Welche Erklärungen des Arbeitnehmers in seiner Eigenschaft als Erfinder ggü. der Erteilungsbehörde für den Erwerb von Schutzrechten erforderlich sind, bestimmt sich nach der jeweiligen nationalen Schutzrechtsordnung.[40] Bspw. ist in manchen Staaten eine vom Erfinder eigenhändig unterschriebene Rechtsnachfolge- bzw. Übertragungserklärung zur Schutzrechtsanmeldung erforderlich bzw. eine (mit-)unterzeichnete Erfindernennung oder bei Voranmeldung durch den Arbeitnehmer eine von ihm abzugebende Prioritätsrechtsübertragungserklärung; ferner z.b. für die USA und Kanada die Unterzeichnung eines »assignments«, also die für eine Patentanmeldung notwendige (bestätigende) Übertragung der Rechte von dem Erfinder auf den Arbeitgeber;[41] ferner die Ableistung eines Erfindereides (z.B. USA).

Sollte nach ausländischem Patentrecht nicht der Arbeitgeber (trotz Rechtnachfolge, § 7 Abs. 2), sondern zwingend nur der Erfinder die Diensterfindung zum Patent anmelden können, wird der Arbeitnehmer als verpflichtet angesehen, die Anmeldung selbst vorzunehmen und die Rechte daran an den Arbeitgeber zu übertragen.[42] Diese auf Bitten und Kosten des Arbeitgebers vorzunehmende Pflicht lässt sich u. E. aus dem Rechtsgedanken des § 15 Abs. 2 ableiten.

Die Unterzeichnung von **Blanko-Formularen** kann – wie auch sonst – grds. weder zugemutet noch verlangt werden, selbst wenn dies der Zeit- und Kostenersparnis dient;[43] stets muss sich die Unterstützungspflicht auf den konkreten Anmeldevorgang beziehen.

Von der Mitwirkungspflicht sind auch die Fälle erfasst, in denen **Rechtsmittel** im Erteilungsverfahren einzulegen sind (zur Mitwirkung bei Verfahren nach Schutzrechtsanmeldung s.o. § 15 Rdn. 29).

---

40 Allg. A., z.B. Schiedsst. v. 04.04.1995 – Arb.Erf. 53/93, (unveröffentl.); Keukenschrijver in Busse/Keukenschrijver, PatG, Rn. 9 zu § 15 ArbEG.
41 S. hierzu BGH v. 17.10.2000, GRUR 2001, 226, 228 – *Rollenantriebseinheit* u. BGH v. 26.09.2006, GRUR 2007, 52, 53 – *Rollenantriebseinheit II*; OLG Karlsruhe v. 27.06.2007 – 6 U 56/06 (unveröffentl.) u. Schiedsst. v. 02.02.2010 – Arb.Erf. 15/09, (in www.dpma.de nur LS. 2).
42 S. Götting, Gewerbl. Rechtsschutz, § 7 Rn. 58.
43 A.A. Schiedsst. v. 21.12.1993 – Arb.Erf. 73/93, (unveröffentl.) m. Hinweis auf eine »übliche Praxis amerikanischer Verfahrensbevollmächtigter« für die Einreichung von US-Patentanmeldungen. Wie hier Reimer/Schade/Schippel/Trimborn Rn. 12 zu § 15; Boemke/Kursawe/Hoppe-Jänisch Rn. 40 zu § 15.

## IV. Kosten- und Auslagenerstattung

Der Arbeitnehmer hat jedenfalls während des bestehenden Arbeitsverhältnisses **keinen Anspruch auf eine Gegenleistung** für die von ihm kraft Gesetzes geschuldeten Unterstützungshandlungen. Um einen gewissen wirtschaftlichen Anreiz zur Mitwirkung zu geben, ist in der betrieblichen Praxis allerdings die Vereinbarung eines besonderen – häufig nicht auf Erfindervergütungen anrechenbaren – pauschalen Einmalbetrages verbreitet, der bei (rechtsbeständiger erster) Schutzrechtserteilung fällig wird. 33

Erbringt der Arbeitnehmer seine den Schutzrechtserwerb unterstützenden Leistungen allerdings **außerhalb der Arbeitszeit**, bestimmt es sich nach dem Arbeitsvertrag oder ergänzenden kollektiv-rechtlichen Regeln, ob dieser zusätzliche Zeitaufwand durch seinen Anspruch auf Arbeitsentgelt mit abgegolten ist oder ihm ein Zeitausgleich bzw. ein Anspruch auf Überstundenvergütung zusteht.

Ist der Arbeitnehmer **aus dem Arbeitsverhältnis ausgeschieden**, besteht seine Verpflichtung zur Unterstützungsleistung zwar gem. § 26 fort; er muss diese jedoch nach herrschender Meinung nicht unentgeltlich erbringen, sondern hat einen Anspruch auf **angemessenen Ausgleich des erforderlichen Zeitaufwandes**.[44] Ist für den ausgeschiedenen Arbeitnehmer ein erheblicher Zeitaufwand für seine Mitwirkung erkennbar, ist er gehalten, zuvor den früheren Arbeitgeber hierauf aufmerksam zu machen, damit dieser entscheiden kann, ob er auf dessen Mithilfe zurückgreift. 33.1

Darüber hinaus haben sowohl der im Arbeitsverhältnis stehende als auch der ausgeschiedene Arbeitnehmer Anspruch auf **Ersatz ihrer erforderlichen Auslagen und sonstigen Kosten im Zusammenhang mit der vom Arbeitgeber verlangten Mitwirkung**. Lässt der Arbeitnehmer von ihm im Rahmen seiner Mitwirkungspflicht zu unterzeichnende, von den Erteilungsbehörden oder sonstigen amtlichen Stellen geforderte Unterlagen anwaltlich überprüfen, hat er keinen Anspruch auf Kostenerstattung.[45] 33.2

Berechtigte Erstattungsansprüche bestehen unabhängig von dem konkreten Erfindervergütungsanspruch; sie können auch nicht mit dem Hinweis darauf abgewehrt werden, dass die Unterstützungsleistungen im eigenen Interesse des Arbeitnehmers an dem Erwerb und der Aufrechterhaltung einer Schutzrechtsposition erfolgen, da nach der gesetzgeberischen Wertung in § 13 die Einlei-

---

44 Reimer/Schade/Schippel/Trimborn Rn. 12 zu § 15; Keukenschrijver in Busse/Keukenschrijver, PatG, Rn. 9 zu § 15 ArbEG – jeweils bezogen auf ausgeschiedene ArbN.
45 Schiedsst. v. 04.04.1995 – Arb.Erf. 53/93, (unveröffentl.).

tung und Aufrechterhaltung von Schutzrechtspositionen Pflicht des Arbeitgebers ist (s. § 13 Rdn. 20). Erst mit Freigabe der Erfindung (§ 6 Abs. 2, § 8 n.F./a.F.) entfallen diese Pflichten des Arbeitgebers zum Schutzrechtserwerb und dessen Erhaltung. Zur Kostentragung bei Freiwerden s. § 13 Rdn. 21 ff. und bei späterer Aufgabe § 16 Rdn. 55.

### E. Pflichtverletzungen

34 Verletzt eine Arbeitsvertragspartei ihre aus § 15 folgenden Pflichten bzw. kommt sie einem »Verlangen« des anderen nicht nach, so kann der Betroffene nach (erfolgloser) Anrufung der Schiedsstelle seine **Rechte** im Klagewege **durchsetzen** (vgl. §§ 37, 39).

In Fällen besonderer Eilbedürftigkeit kann ggf. eine einstweilige Verfügung (§§ 940, 936 ZPO) – ohne Anrufung der Schiedsstelle (§ 37 Abs. 4) – erwirkt werden.

35 Neben dem Erfüllungsanspruch kommt in Ausnahmefällen auch ein Anspruch auf **Schadensersatz** in Betracht. § 15 Abs. 1 stellt ein **Schutzgesetz** zugunsten des Arbeitnehmers und § 15 Abs. 2 ein solches zugunsten des Arbeitgebers dar, deren schuldhafte Verletzung jeweils zum Schadensersatz nach § 823 Abs. 2 BGB verpflichtet.[46] Als Anspruchsgrundlage kommt daneben eine Pflichtverletzung (§ 280 Abs. 1 BGB) bzw. in besonderen Fällen auch eine Verletzung des § 826 BGB in Betracht.[47] Einem **Mitverschulden** ist gem. § 254 BGB Rechnung zu tragen.[48] Wer Schadensersatz verlangt, muss einen kausal auf die Pflichtverletzung zurückgehenden (Vermögens-)Schaden **darlegen und beweisen**.[49]

36 Nach der Spruchpraxis der *Schiedsstelle*[50] löst eine Verletzung der Unterrichtungspflicht des Arbeitgebers über den Fortgang des Patenterteilungsverfahrens indes keine Schadensersatzpflicht aus, wenn die Anregungen des Erfinders, die bei rechtzeitiger Unterrichtung zu erwarten gewesen wären, die Verfahrenslage

---

46 Schiedsst. v. 08.03.2001 – Arb.Erf. 1/99; v. 15.05.2001 – Arb.Erf. 59/98, (beide unveröffentl.) u. v. 02.02.2010 – Arb.Erf. 15/09, (in www.dpma.de nur LS. 3). Zust. Keukenschrijver in Busse/Keukenschrijver, PatG, Rn. 10 zu § 15 ArbEG.
47 Ebenso Schiedsst. v. 02.02.2010 – Arb.Erf. 15/09, (in www.dpma.de nur LS. 3).
48 S. dazu Volmer/Gaul Rn. 99 ff. zu § 15.
49 Schiedsst. v. 21.09.2011 – Arb.Erf. 2/10, (Datenbank), dort bei Verletzung von § 15 Abs. 1. S. auch Keukenschrijver in Busse/Keukenschrijver, PatG, Rn. 10 zu § 15 ArbEG.
50 EV v. 15.05.2001 – Arb.Erf. 59/98; v. 16.07.2008 – Arb.Erf. 49/03, (beide Datenbank).

nicht entscheidend und anders als tatsächlich erfolgt hätten bessern können. Die Entscheidung über die Führung des Verfahrens liegt allein beim Arbeitgeber, da ihm die in Anspruch genommene Erfindung gehört und er dem Anmeldeverfahren die Richtung zu geben hat[51] (§ 13 Rdn. 10, 41 ff.). Ein Schadensersatzanspruch kann erst gegeben sein, wenn der Arbeitgeber bei der Führung des Anmeldeverfahrens zulasten des Arbeitnehmers von den ihm gegebenen Informationen schuldhaft falschen Gebrauch gemacht hat, auch wenn der Arbeitnehmer keinen Anspruch auf Umsetzung seiner Auffassung hat.[52]

Wird ein Arbeitnehmer aufgrund nicht oder **nicht vollständig erfolgter Unterrichtung** durch den Arbeitgeber (z.B. unrichtige Mitteilung über die Schutzrechtserteilungschancen) zu einer Abrede i.r.d. ArbEG, insb. einer Vergütungsregelung, veranlasst, so kann eine derartige (auch fahrlässige) Pflichtverletzung den Arbeitgeber auch unter dem Gesichtspunkt der Haftung wegen Verschuldens bei Vertragsabschluss (§ 280 Abs. 1, § 311 Abs. 2, § 241 Abs. 2 BGB) verpflichten, den Arbeitnehmer so zu stellen, als ob diese Vereinbarung nicht abgeschlossen worden wäre.[53] Dagegen fehlt es an einem Schaden, wenn bei rechtzeitiger Unterrichtung erfolgte Anregungen des Erfinders die Verfahrenslage nicht entscheidend hätten verbessern können.[54]

Bei dem **Nachweis unterbliebener Informationen** handelt es sich um einen Negativbeweis, an dessen Führung keine übertriebenen Anforderungen gestellt werden dürfen.[55] Die Schwierigkeit, etwas Negatives zu beweisen, ist deshalb i.R.d. Tragbaren dadurch zu beheben, dass die andere Partei nach Lage des Falles die Behauptung substantiiert bestreiten und diejenige, die die Beweislast trägt, die Unrichtigkeit der Gegendarstellung beweisen muss.[56]

Verzögert sich in der Sphäre des Arbeitgebers trotz offenkundiger Eilbedürftigkeit die erforderliche Einholung einer unverzüglichen Stellungnahme des Arbeitnehmers, so kann den Arbeitgeber ein den Schadensersatzanspruch ggf.

---

51 Schiedsst. v. 22.10.2002 – Arb.Erf. 47/00; v. 16.07.2008 – Arb.Erf. 49/0,3 (beide Datenbank).
52 Reimer/Schade/Schippel/Trimborn Rn. 6 zu § 15.
53 LG Düsseldorf v. 03.09.1985 – 4 O 70/85, (unveröffentl.).
54 Schiedsst. v. 15.05.2001 – Arb.Erf. 59/98, (unveröffentl.); zust. auch Keukenschrijver in Busse/Keukenschrijver, PatG, Rn. 10 zu § 15 ArbEG.
55 S. allg. BGH v. 21.12.2006 – I ZB 17/06, GRUR 2007, 629, 630 – *Zugang des Abmahnschreibens*.
56 LG Düsseldorf v. 03.09.1985 – 4 O 70/85, (unveröffentl.) m.H.a. BGH, VersR 1966, 1021, 1022.

ausschließendes Mitverschulden treffen.[57] Soweit es der **Unterzeichnung** von Erklärungen z.B. ggü. nationalen Patentbehörden bedarf (s.o. § 15 Rdn. 32), kann der Arbeitnehmer im Weigerungsfall ggf. mit gerichtlicher Hilfe hierzu gezwungen werden, wobei die Leistung einer Unterschrift nach § 888 ZPO vollstreckt werden kann[58] Soweit Rechtsverluste drohen, kann dieser Anspruch ggf. im Wege der einstweiligen Verfügung durchgesetzt werden. Rechtsverluste aus einer endgültigen Weigerung des Arbeitnehmers, können eine Schadensersatzpflicht nach § 280 Abs. 1 BGB und § 823 Abs. 2 BGB i.V.m. § 15 Abs. 2 ArbEG begründen.

### F. Rechte des Arbeitnehmers auf Einsicht in die Akten der Erteilungsbehörde

37 Ob und in welchem Umfang dem Arbeitnehmer als Erfinder das Recht zusteht, Akteneinsicht ggü. der Erteilungsbehörde zu verlangen, entscheidet sich nach der jeweiligen nationalen Schutzrechtsordnung (vgl. z.B. § 31 PatG, Art. 128 EPÜ). **Dies ändert nichts an der Unterrichtungspflicht des Arbeitgebers (§ 15 Rdn. 12).** Zum Akteneinsichtsrecht bei inländischen Schutzrechtsanmeldungen vgl. § 13 Rdn. 45.

---

57 Vgl. Boemke/Kursawe/Hoppe-Jänisch Rn. 47 zu § 15 m. H. a. Schiedsst. v. 07.05.1998 – Arb.Erf. 20/96, (Datenbank).
58 OLG Karlsruhe v. 27.07.2007 – 6 U 55/06, (unveröffentl.) m.H.a. BVerfG v. 17.02.1970, NJW 1970, 651, 652 sowie BayObLG v. 26.02.1997, NJW-RR 1997, 1015 u. LAG Hamm v. 28.03.2000 – 4 Sa 1588/99, (juris).

## § 16 Aufgabe der Schutzrechtsanmeldung oder des Schutzrechts

(1) Wenn der Arbeitgeber vor Erfüllung des Anspruchs des Arbeitnehmers auf angemessene Vergütung die Anmeldung der Diensterfindung zur Erteilung eines Schutzrechts nicht weiterverfolgen oder das auf die Diensterfindung erteilte Schutzrecht nicht aufrechterhalten will, hat er dies dem Arbeitnehmer mitzuteilen und ihm auf dessen Verlangen und Kosten das Recht zu übertragen sowie die zur Wahrung des Rechts erforderlichen Unterlagen auszuhändigen.

(2) Der Arbeitgeber ist berechtigt, das Recht aufzugeben, sofern der Arbeitnehmer nicht innerhalb von 3 Monaten nach Zugang der Mitteilung die Übertragung des Rechts verlangt.

(3) Gleichzeitig mit der Mitteilung nach Absatz 1 kann sich der Arbeitgeber ein nichtausschließliches Recht zur Benutzung der Diensterfindung gegen angemessene Vergütung vorbehalten.

Lit.: *Bartenbach/Volz*, Die Aufgabe e. Schutzrechts b. mehreren ArbNErfindern n. § 16 ArbEG, GRUR 1978, 668; *Bartenbach/Volz*, Die nichtausschl. Benutzungsrechte d. ArbG n. d. ArbEG u. Veräußerung d. Dienstmerf. durch d. ArbN, GRUR 1984, 257; *Fischer*, Der Benutzungsvorbehalt n. d. ArbEG i. Verfahrens- u. Anlagengeschäft, GRUR 1974, 500; *Flaig*, Das nichtausschl. Recht d. ArbG z. Benutzung e. gebundenen o. freien Erf. gem. d. ArbEG Mitt. 1982, 47; *Gaul*, Die Schutzrechtsveräußerung durch d. ArbN u. deren Auswirkungen auf d. Mitbenutzungsrecht. d. ArbG, GRUR 1984, 494; *Gaul/Bartenbach*, Das einf. Mitbenutzungsrecht d. ArbG nach Inhalt u. Umfang, Mitt. 1983, 81; *Horn*, Rückzahlg. d. Beschwerdegebühr aus Gründen d. ArbNErfR, Mitt. 1965, 24; *Kunze*, Die nichtausschließl. Benutzungsrechte. d. ArbG in arbeitsrechtl. Sicht, AuR 1977, 294; *Rother*, Die Stellung des Arbeitnehmers einer frei gew. Dienstmerf., Festschr. Bartenbach (2005), S. 159; *Werner*, Rückzahlg. d. Beschwerdegebühr nach Zurücknahme e. mit Rücksicht auf § 16 Abs. 2 ArbEG »vorsorglich« erhobenen Beschwerde, GRUR 1966, 236; s. auch Lit. bei §§ 8, 13, 14.

| Übersicht | Rdn. |
|---|---|
| A. Allgemeines | 1 |
| B. Gegenstand der Aufgabe | 5 |
| I. In- und ausländische Schutzrechtsanmeldungen und Schutzrechte | 5 |
| II. Aufgabe als vollständiges Fallenlassen der Rechtsposition | 10 |
| III. Teilweise Aufgabe | 12 |
| C. Das uneingeschränkte Recht zur Aufgabe | 15 |
| I. Grundsatz | 15 |
| II. (Vollständige) Erfüllung des Vergütungsanspruchs | 18 |
| III. Informationspflicht des Arbeitgebers | 22 |
| IV. Rechtsfolgen | 23 |
| 1. Wirkung der Aufgabe | 23 |
| 2. Vergütungsansprüche | 24 |

| | | Rdn. |
|---|---|---|
| D. | Das eingeschränkte Recht zur Aufgabe vor Erfüllung des Vergütungsanspruchs/Übertragungsanspruch des Arbeitnehmers | 25 |
| I. | Grundsatz | 25 |
| II. | Mitteilung der Aufgabeabsicht | 27 |
| III. | Übertragungsanspruch des Arbeitnehmers | 36 |
| | 1. Wahlrecht | 36 |
| | 2. Ausübung | 37 |
| |    a) Rechtsnatur, Form und Inhalt | 37 |
| |    b) Frist | 38 |
| | 3. Rechtsfolgen | 44 |
| |    a) Rechtsübertragung | 44 |
| |    b) Aushändigung der Unterlagen | 49 |
| |    c) Kostenübernahme | 53 |
| |    d) Sonstige Rechtsfolgen | 60 |
| |       aa) Wettbewerbsverbot | 60 |
| |       bb) Rechte Dritter am übertragenen Recht | 62 |
| |       cc) Verwertungsrecht des Arbeitgebers | 64 |
| |       dd) Vergütungsansprüche des Arbeitnehmers | 66 |
| IV. | Aufgaberecht des Arbeitgebers | 67 |
| E. | Pflichtverletzungen durch den Arbeitgeber | 70 |
| I. | Schadensersatzansprüche des Arbeitnehmers | 70 |
| | 1. Anspruchsvoraussetzungen | 70 |
| | 2. Schadensumfang | 74 |
| II. | Wiedereinsetzung | 76 |
| F. | Vorbehalt eines nicht ausschließlichen Benutzungsrechts durch den Arbeitgeber (Abs. 3) | 77 |
| I. | Grundsatz | 77 |
| II. | Inhalt und Umfang des Benutzungsrechts | 79 |
| | 1. Betriebsgebundenheit | 80 |
| |    a) Ausschluss der Unterlizenzvergabe | 81 |
| |    b) Lohnfertigung durch Dritte/verlängerte Werkbank | 83 |
| |    c) Beschränkung auf die unmittelbare Benutzung der Diensterfindung | 84 |
| | 2. Unbillige Erschwerung der Eigenverwertungsrechte des Arbeitnehmers (vgl. § 7 Abs. 2 Satz 2 a.F.) | 85 |
| III. | Zeitpunkt der Geltendmachung – Entstehen und Dauer des Benutzungsrechts | 86 |
| IV. | Vergütungspflicht des Arbeitgebers | 90 |
| G. | Besonderheiten bei mehreren Arbeitnehmererfindern | 93 |

## A. Allgemeines

1 Mit dieser Vorschrift hat der Gesetzgeber dem allgemeinen Erfahrungssatz Rechnung getragen, dass Schutzrechte ebenso wie Schutzrechtsanmeldungen, die wegen der Weiterentwicklung der Technik oder aus sonstigen Gründen überholt bzw. unrentabel geworden sind, nicht bis zum Ende der längstmögli-

# A. Allgemeines § 16

chen Laufzeit aufrechterhalten werden;[1] gerade im Hinblick auf die mit fortschreitender Schutzdauer sich erhöhenden Kosten soll dem **Arbeitgeber** das Recht zustehen, sich trotz vorangegangener (unbeschränkter) Inanspruchnahme von derartigen **unwirtschaftlichen Belastungen** vor regulärem Ablauf des Schutzrechts zu befreien.[2] § 16 stellt damit eine Einschränkung der in § 13 für das Inland normierten Anmeldepflicht, die auch die Pflicht zur Durchführung des Erteilungsverfahrens umfasst, dar.[3] Andererseits wirkt die Vorschrift auch zugunsten des Arbeitnehmererfinders. Gerade weil der Gesetzgeber ein allgemeines Rückfallrecht abgelehnt hat (s.a. § 13 Rdn. 67), wird dem **Arbeitnehmer** über § 16 Abs. 1 in Anerkennung des engen Bandes zwischen Erfinder und Erfindung die (konkrete) **Möglichkeit zur eigenen gewinnbringenden Verwertung von Schutzrechtspositionen** für seine in Anspruch genommene Diensterfindung eröffnet, sobald und soweit der Arbeitgeber daran kein Interesse mehr hat. Damit sichert das Gesetz die weitere wirtschaftliche Partizipationsmöglichkeit des Arbeitnehmererfinders an seiner Erfindung[4] und wahrt die Vermögensinteressen des Arbeitnehmererfinders, indem ihm die Diensterfindung insoweit wieder zur Verfügung gestellt wird, als sein Vergütungsanspruch noch nicht voll erfüllt ist und der Arbeitgeber die Schutzrechtspositionen nicht (mehr) benötigt.[5] Zugleich werden mit § 16 die **Arbeitgeberpflichten zur Durchführung der Schutzrechtserteilungsverfahren** nach §§ 13, 14 Abs. 1 sowie zur Aufrechterhaltung diesbezüglicher Schutzrechtspositionen zugunsten des Erfinders **untermauert**, sofern dessen Vergütungsanspruch noch nicht vollständig erfüllt ist.

Auch hier zeigt sich die **mangelnde Vergleichbarkeit mit dem Recht des Urhebers zur anderweitigen Verwertung** bei Pauschalvergütung nach § 40a UrhG. Dieses Recht hat der Gesetzgeber im Jahr 2017 speziell bei pauschal vergüteten Werken auf Grund der Besonderheiten des Urheberrechts und dessen langer Dauer eingeführt.[6] § 40a UrhG kommt aus Sicht des Gesetzgebers

---

1 Vgl. Amtl. Begründung BT-Drucks. II/1648 S. 33 f. = BlPMZ 1957, 236 f.
2 Vgl. Amtl. Begründung BT-Drucks. II/1648 S. 33 f. = BlPMZ 1957, 236 f.; i. Anschl. daran BGH v. 10.05.1988 – X ZR 89/87, GRUR 1988, 762, 763 – *Windform*.
3 BPatG v. 29.10.1965, BPatGE 7, 113, 118.
4 Schiedsst. v. 01.04.2015 – Arb.Erf. 49/11, u. v. 08.12.2016 – Arb.Erf. 14/13, (beide www.dpma.de).
5 Vgl. auch Schiedsst. v. 11.12.2014 – Arb.Erf. 31/10, u. v, 29.09.2015 – Arb.Erf. 59/13, (www.dpma.de).
6 Vgl. Amtl. Begr. zum (Regierung-)»Entwurf eines Gesetzes zur verbesserten Durchsetzung des Anspruchs der Urheber und ausübenden Künstler auf angemessene Vergütung« in BT-Drucks. 18/8625, S. 18: »oft über mehr als 100 Jahre (= Lebenszeit des Kreativen seit der Rechtseinräumung zuzüglich 70 Jahre post mortem auctoris)«.

mit Blick auf § 43 letzter Halbs. UrhG allerdings bei Arbeitnehmern in der Regel nicht zum Tragen, nicht zuletzt, weil bei einem Werk, das der Arbeitgeber »für seine spezifischen Betriebszwecke« hat herstellen lassen, bei Arbeitnehmern eine »Eigenauswertung oder Weiterveräußerung an Dritte die berechtigten Interessen des Arbeitgebers verletzen« würde.[7]

Allerdings wird aus § 16, der keine Pflicht zur Aufgabe normiert, auch deutlich, dass es der Gesetzgeber der **freien Entscheidung des Arbeitgebers** überlässt, ob er eine Schutzrechtsposition aufgeben will. Diese Entscheidungsfreiheit, die im Grundsatz auch vom *BGH* anerkannt ist (s. § 16 Rdn. 26), gehört zur grundgesetzlich geschützten Handlungsfreiheit des Arbeitgebers[8] (s. § 7 n.F. Rdn. 21).

§ 16 erfasst nur die Situation, die den patentrechtlichen Fortbestand von Schutzrechtspositionen zur Diensterfindung betreffen, und nicht z. B. deren Veräußerung.[9] Dabei unterscheidet § 16 zwischen **zwei Fallsituationen**, einmal die von Beteiligungsrechten des Arbeitnehmers freie Aufgabeberechtigung des Arbeitgebers **nach** restloser **Erfüllung** des Vergütungsanspruchs seines Arbeitnehmers (seltener Ausnahmefall) und zum anderen die durch Übertragungsansprüche des Arbeitnehmers eingeschränkte Aufgabebefugnis **vor Erfüllung** des Vergütungsanspruchs (Regelfall). Nur im letztgenannten Fall erkennt das Gesetz mit § 16 einen Anspruch auf Übernahme seiner Diensterfindung und damit quasi auf »Rückabwicklung des durch die Inanspruchnahme bewirkten Rechtsübergangs«[10] zu.

I.R.d. § 16 kommt es nicht darauf an, aus **welchen Gründen** der Arbeitgeber an der Schutzrechtsposition nicht mehr festhalten will. Dies ist eine vom Arbeitnehmererfinder nicht zu beeinflussende freie unternehmerische Entscheidung[11] (vgl. [aber auch § 16 Rdn. 26). Dementsprechend ist es auch gleichgültig, ob die Aufgabe der Schutzrechtsposition wirtschaftlich sinnvoll oder sonst wie zweckmäßig ist. Das Verfahren zur Schutzrechtsaufgabe nach § 16 ist auch dann einzuhalten, wenn der Arbeitgeber die Schutzrechtsposition

---

7 Amtl. Begr. zum (Regierung-)»Entwurf eines Gesetzes zur verbesserten Durchsetzung des Anspruchs der Urheber und ausübenden Künstler auf angemessene Vergütung« in BT-Drucks. 18/8625, S. 30 (zu Art. 1 Nr. 8 d. Entw.).
8 Ähnl. Schiedsst. v. 09.03.2016 – Arb.Erf. 39/13, (www.dpma.de = Mitt. 2017, 134, dort nur LS. 3)
9 Schiedsst. v. 07.05.2015 – Arb.Erf. 71/11, (www.dpma.de, insoweit nicht in Mitt. 2016, 517).
10 S. Schiedsst. v. 22.05.2017 – Arb.Erf. 21/15, (www.dpma.de).
11 Zust. Schiedsst. v. 19.09.2013 – Arb.Erf. 29/12, (www.dpma.de).

## A. Allgemeines §16

wegen **Zweifeln an der Schutzfähigkeit** der Diensterfindung aufgeben will (s. § 16 Rdn. 9).

§ 16 ist i.R.d. **ArbEG-Novelle 2009** (s. Einl. Rdn. 42) unverändert geblieben. Die Vorschrift war allerdings zuvor intensives und zugleich heftig umstrittenes Thema der außerparlamentarischen Reformdiskussionen. So wurde und wird die Vorschrift von Teilen der Wissenschaft und der Unternehmenspraxis als »bloßes Formalrecht« angesehen, das für den Arbeitgeber viel Bürokratie verursacht, für den Arbeitnehmererfinder aber kaum nennenswerte Vorteile bringt.

1.1

Gleichwohl ist die Vorschrift in der **Unternehmenspraxis** unverändert[12] von **hoher Relevanz**, obschon die Arbeitnehmererfinder im Regelfall von einer Übernahme angebotener Schutzrechtspositionen absehen und damit die vom Gesetzgeber zugunsten des Arbeitnehmererfinders bezweckte Möglichkeit der Eigenverwertung seiner Erfindung ins Leere geht: Bei Aufgabeabsicht hat der Arbeitgeber regelmäßig das Anbietungsverfahren nach § 16 einzuhalten; die Fälle einer vollständigen Erfüllung des Vergütungsanspruch sind auch mit Blick auf den Anpassungsanspruch nach § 12 Abs. 6 die Ausnahme. Der Umstand, dass sich der Arbeitgeber von der Schutzrechtsposition trennen will, ist im Allgemeinen zumindest ein starkes Indiz dafür, dass sich eine Übernahme und Aufrechterhaltung der Schutzrechtsposition auch für den Erfinder wirtschaftlich nicht rechnen dürfte. Gleichwohl löst die Vorschrift erheblichen Arbeitsaufwand auf Arbeitgeberseite aus: Berücksichtigt man, dass im Industriedurchschnitt max. 15 % aller zum Schutzrecht angemeldeten Erfindungen eine wirtschaftliche Bedeutung erlangen und selbst erteilte Schutzrechte in der großen Mehrzahl nicht voll ausgenutzt, sondern vor Ablauf der gesetzlichen Schutzdauer gelöscht werden, ist § 16 in zahlreichen Fällen einschlägig. Andererseits ist nicht zu verkennen, dass Arbeitnehmer seit Jahrzehnten nur in Ausnahmefällen von der ihnen durch § 16 eingeräumten Möglichkeit zur Übernahme von Schutzrechtspositionen Gebrauch machen. Dies hat seinen Grund nicht nur in den mit einer Weiterverfolgung der übertragenen Rechtsposition verbundenen hohen Kosten. Hinzu kommt, dass regelmäßig der Arbeitgeber vor Erklärung der Aufgabeabsicht die wirtschaftlichen Verwertungsmöglichkeiten dank seiner regelmäßig umfassenderen Erkenntnisquellen ermittelt hat und nur dort bzw. nur für solche Staaten Schutzrechtspositionen anbieten wird, in denen seine Prognose über die wirtschaftliche Verwertbarkeit nicht Erfolg versprechend ausfällt und auch sonstige Verwertungsperspektiven – etwa mit-

1.2

---

12 Allerdings hat nach unseren Erfahrungen die Bedeutung des § 16 nicht durch den Wegfall der beschränkten Inanspruchnahme zugenommen (so Boemke/Kursawe/Hoppe-Jänisch Rn. 6 zu § 16), da die beschränkte Inanspruchnahme in der Unternehmenspraxis so gut wie keine Rolle gespielt hat.

tels Verkaufs bzw. Lizenzvergabe – nicht erkennbar sind. Hinzutritt, dass ein erfolgreicher Einsatz übernommener Schutzrechtspositionen nicht selten an der geringeren Übersicht des Arbeitnehmers über Markt und Wettbewerb scheitert. Das Anliegen des Gesetzgebers, dem Arbeitnehmer über § 16 zusätzliche Verwertungsmöglichkeiten zu vermitteln, ist letztlich kaum realisierbar; durch die Übernahme einer formalen Schutzrechtsposition wird der Arbeitnehmer noch nicht zum Unternehmer. Das mangelnde Interesse des Arbeitgebers an den aufgegebenen Schutzrechtspositionen hat regelmäßig auch indizielle Wirkung bei den Wettbewerbern, sodass auch ein Verkauf oder eine Lizenzvergabe durch den Arbeitnehmer selten praktisch werden.

Die (formale) Handhabung der Pflicht aus § 16 gestaltet sich faktisch für den Arbeitgeber häufig dann schwierig, wenn der **Arbeitnehmer** zwischenzeitlich aus dem Arbeitsverhältnis **ausgeschieden** ist, da die Anbietungspflicht aus § 16 gem. § 26 unverändert fortbesteht.

Letztlich war und ist § 16 – von Ausnahmen abgesehen – in der betrieblichen Praxis in seiner Bedeutung auf eine **formale Erfüllung einer gesetzlichen Pflicht zurückgeführt** worden. Hieraus wird verständlich, dass diese Bestimmung seitens des Arbeitgebers häufig unbeachtet bleibt und damit für den Arbeitnehmer Anlass zur Geltendmachung von Schadensersatzansprüchen ist, deren Durchsetzung aber regelmäßig an den strengen Beweisanforderungen (s. hierzu § 16 Rdn. 74) scheitert.

2 Die betriebliche Praxis löst die vorerwähnten Probleme vielfach dadurch, dass der Arbeitgeber dem Arbeitnehmer die formale Rechtsstellung aus § 16 (ggf. auch die aus § 14) – etwa im Rahmen von sog. **Abkauf- bzw. Incentive-Programmen** (s. dazu § 11 Rdn. 22 ff.) – gegen Zahlung einer **einmaligen Pauschalgebühr abkauft**[13] (s. § 11 Rdn. 28 ff.). Bei rechtswirksamen Abkauf ist der Arbeitgeber von seinen Pflichten aus § 16 entbunden und in seiner Entscheidung, das Schutzrecht fallen zu lassen, grundsätzlich frei[14] (s. aber zum Fallenlassen bei andauernder Verwertung § 11 Rdn. 32).

Einer Vereinbarung bedarf es dagegen nicht mehr, wenn der **Vergütungsanspruch** des Arbeitnehmers **vollständig erfüllt** ist (s. dazu § 16 Rdn. 18 ff.),

---

13 S. dazu u.a. Franke/Steiling in Festschrift 50 J. VPP (2005) S. 281 ff.; zur AGB-Kontrolle von Formularregelungen s. Ohlendorf/Salamon, RdA 2006, 281; zu den Rechtswirkungen vgl. etwa Schiedsst. v. 09.01.2013 – Arb.Erf. 16/10, (www.dpma.de) u. ZB. v. 03.05.2017 – Arb.Erf. 09/16, Mitt. 2018, 356, 359, (= www.dpma.de).
14 Schiedsst. v. 04.07.2017 – Arb.Erf. 05/15, (www.dpma.de, in Mitt. 2018, 362 nur LS.).

## A. Allgemeines § 16

insb. aufgrund einer Pauschalabfindung. Auch wenn der Arbeitgeber eine Pauschalvergütung einseitig im Verfahren nach § 12 Abs. 3 festsetzen kann (s. hierzu § 12 Rdn. 50), ist er nicht berechtigt, ein solches Abkaufen der Rechtsposition nach § 16 im Wege einer einseitigen Festsetzung der Vergütungspauschale herbeizuführen, da es sich hierbei nicht um einen Vergütungsanspruch i.S.d. § 12 Abs. 3 handelt. Zum Verzicht auf Übertragungsrechte s. § 16 Rdn. 36.

Im **Unterschied zur Freigabe** i.S.d. § 6 Abs. 2 n.F. u. des § 8 n.F. muss sich **3** die Aufgabe bzw. die Rechtsübertragung gem. § 16 Abs. 1 und 2 nicht auf alle Rechte an der Diensterfindung beziehen, sondern kann jeweils auf einzelne nationale Schutzrechtsanmeldungen bzw. Schutzrechte beschränkt werden. Wesentliches Differenzierungskriterium zur Freigabe i.S.d. § 6 Abs. 2 n.F. und § 8 n.F. ist, dass der **Arbeitnehmer im Fall des § 16** nicht (ex tunc) Rechtsinhaber bleibt, sondern **ex nunc** bei Rechtsübertragung **Rechtsnachfolger des Arbeitgebers** wird (s. § 16 Rdn. 48). Wegen der Abgrenzung zur Freigabe einer Diensterfindung i.Ü. vgl. Rn. 12 ff. zu § 8 n.F. Zur Problematik der »Freigabe« nach (unbeschränkter) Inanspruchnahme vor Schutzrechtsanmeldung s. § 8 n.F. Rdn. 39 ff. und unten § 16 Rdn. 5.

Während die eigentliche »Aufgabe« einer Schutzrechtsposition im Außenverhältnis durch ausdrückliche Erklärung bzw. passives Verhalten (z.B. Nichtzahlung der Jahresgebühren[15]) ggü. der einzelnen nationalen Erteilungsbehörde oder dem EPA erfolgt (s. § 16 Rdn. 11), regelt § 16 die zuvor vom Arbeitgeber im Verhältnis zum Arbeitnehmer zu erfüllenden Pflichten. § 16 betrifft damit **nur das Innenverhältnis** zwischen den (früheren) Arbeitsvertragsparteien.[16] Folglich entfaltet ein Verstoß gegen die Vorgaben des § 16 **keine Wirkungen im Außenverhältnis zur Erteilungsbehörde**. **4**

Da die Rechte und Pflichten aus dem ArbEG keine dingliche Belastung der Diensterfindung darstellen (s. § 7 n.F. Rdn. 24 f.), beschränkt sich der Anwendungsbereich des § 16 auch insoweit ausschließlich auf die Arbeitsvertragsparteien und deren Gesamtrechtsnachfolger, **wirkt aber nicht ggü. Dritten**. § 16 begründet lediglich schuldrechtliche Beziehungen zwischen den (ehemaligen) Arbeitsvertragsparteien.[17] Wegen der durch die (unbeschränkte) Inanspruchnahme vermittelten umfassenden Verfügungsbefugnis (s. § 7 n.F. Rdn. 20 ff.)

---

15 Vgl. etwa den Fall bei BPatG Beschl. v. 03.04.2014 – 7 W (pat) 6/14, (juris).
16 Allg. A., z.B. Keukenschrijver in Busse/Keukenschrijver, PatG, Rn. 4 zu § 16 ArbEG; Volmer/Gaul Rn. 4 f. zu § 16; vgl. auch BGH v. 06.02.2002 – X ZR 215/00, GRUR 2002, 609, 611 – *Drahtinjektionseinrichtung*.
17 So zu Recht Keukenschrijver in Busse/Keukenschrijver, PatG, Rn. 4 zu § 16 ArbEG.

hindert § 16 den Arbeitgeber nicht, Rechte an der **Erfindung** vollständig **an Dritte zu übertragen** bzw. **ausschließliche Lizenzen zu erteilen**. Verfehlt ist deshalb die Ansicht, der Arbeitgeber sei gehalten, vor Abschluss eines solchen Übertragungsvertrages dem Arbeitnehmer diese Absicht mitzuteilen und auf die Konsequenz des Wegfalls seines sonst evtl. gegebenen Übertragungsanspruchs hinzuweisen.[18] Mit der vollständigen Rechtsübertragung auf einen Dritten geht der potenzielle Übertragungsanspruch des Arbeitnehmers aus § 16 Abs. 1 unter (vgl. auch § 275 Abs. 1 BGB). Der Wettbewerber ist nicht verpflichtet, dem Arbeitnehmererfinder die Schutzrechtsposition bei deren Fallenlassen anzubieten, da er das Schutzrecht erworben hat und damit nach Belieben verfahren kann[19] (s.a. § 7 n.F. Rdn. 25; zum Sonderfall der Insolvenz s. [aber] § 27 n.F. Rdn. 70, 172). Schadensersatzpflichten gegenüber dem Arbeitnehmer bestehen nicht[20] (s. auch § 14 Rdn. 21). Wegen der vergütungsrechtlichen Beteiligung des Arbeitnehmers am Kaufpreiserlös läge zudem eine einen Übertragungsanspruch ausschließende vollständige Erfüllung des Vergütungsanspruchs vor.

Zur Übertragung auf einzelne **Miterfinder** s. § 16 Rdn. 101. Zur Rücknahme der Schutzrechtsanmeldung und Weiterbehandlung als Betriebsgeheimnis nach § 17 s. dort Rdn. 45; zum »Fallenlassen« des Betriebsgeheimnisses s. § 17 Rdn. 35.7. Zum eingeschränkten Anwendungsbereich des § 16 im **Insolvenzverfahren** gem. § 27 s. § 27 Fassung 2009 Rdn. 123 ff. sowie – für Alterfindungen – § 27 Fassung 1999 Rdn. 118 ff., zur sog. Eigenverwertung s. dort Rdn. 32

4.1 In den **neuen Bundesländern** findet § 16 uneingeschränkt auf alle ab dem 03.10.1990 fertiggestellten und (unbeschränkt) in Anspruch genommenen Diensterfindungen Anwendung[21] (s. Einl. Rdn. 31).

---

18 So aber LG Frankf. v. 04.07.1973 – 2/6 O 182/72, (unveröffentl.), wonach eine Verletzung dieser Pflicht sogar Schadensersatzansprüche des ArbN begründen soll.
19 Schiedsst. v. 19.12.1991, GRUR 1992, 847, 848 – *Geschäftsaktivitäten – Veräußerung* u. v. 02.04.2009 – Arb.Erf. 58/07, (unveröffentl.); im Ergebn. auch Boemke/Kursawe/Hoppe-Jänisch Rn. 18 zu § 16.
20 Ebenso Wiedemann, Vergütg. i. d. Insolvenz (2016), S. 83 ff.
21 Zum Recht für die vor dem 03.10.1990 entwickelten DDR-Erfindungen s. Möller, Die Übergangsbestimmungen f. ArbNErf. i. d. neuen Bundesländern (1996), S. 275 ff. Die zu § 16 ArbEG entwickelten Grundsätze gelten weitgehend auch hier (so i. Ergebn. Schiedsst. v. 16.01.1996 – Arb.Erf. 40/96, u. LG Berlin v. 12.08.1997 – 16 O 67/97, beide unveröffentl.).

## B. Gegenstand der Aufgabe

### I. In- und ausländische Schutzrechtsanmeldungen und Schutzrechte

Der sachliche Anwendungsbereich des § 16 erstreckt sich unverändert auf die nach §§ 6, 7 Abs. 1 n.F./a.F. ausdrücklich oder kraft Fiktion (unbeschränkt) **in Anspruch genommenen Diensterfindungen**. Weitere Voraussetzung ist stets zumindest eine **Schutzrechtsposition**, sei es ein erteiltes Inlands- und/oder Auslandsschutzrecht oder eine entsprechende Schutzrechtsanmeldung. 5

Daraus folgt für das **Verhältnis von § 16 zu den anderen Regelungen** des ArbEG, nach denen der Arbeitgeber auf Rechte bzw. einen Rechtserwerb an der Diensterfindung »verzichtet«: Sobald eine (unbeschränkt) in Anspruch genommene Diensterfindung zum Schutzrecht angemeldet ist und die Schutzrechtsposition vom Arbeitgeber »frei« gegeben werden soll, ist nicht § 8, sondern § 16 einschlägig (s. § 8 n.F. Rdn. 7, 12 ff.). Will sich der Arbeitgeber ausnahmsweise von einer seit dem 01.10.2009 gemeldeten Diensterfindung nach Inanspruchnahme und vor Schutzrechtsanmeldung trennen, kann er diese nach unserer Auffassung nunmehr im Verfahren nach § 8 n.F. freigeben (s. § 8 n.F. Rdn. 39 ff.). Für vor dem 01.10.2009 gemeldete »Alterfindungen« verbleibt es dagegen gem. § 43 Abs. 3 beim früheren Rechtszustand, d.h. § 8 a.F. ist nicht einschlägig und der Arbeitgeber kann sich einer früher unbeschränkt in Anspruch genommenen Diensterfindung nicht vor ihrer Schutzrechtsanmeldung entledigen; dies ist erst nach Vornahme einer Inlandsanmeldung[22] (§ 13) unter den Voraussetzungen des § 16 möglich (s. dazu § 8 a.F. Rdn. 24–28). Soweit der Arbeitgeber keine Schutzrechte in ausländischen Staaten für eine (unbeschränkt) in Anspruch genommene Diensterfindung anmelden will, hat er die Diensterfindung gemäß § 14 Abs. 2 insoweit – ggf. verbunden mit einem Vorbehalt nach § 14 Abs. 3 – an den Arbeitnehmer freizugeben; in Unterschied zu § 16 geht es dort nicht um den späteren »Verzicht« des Arbeitgebers auf eine von ihm veranlasste Schutzrechtsposition, sondern darum, dem Arbeitnehmererfinder zeitnah nach Inanspruchnahme die Möglichkeit zu eigenen Schutzrechtsanmeldungen im Ausland zu eröffnen (s. § 14 Rdn. 14 ff.). S. im Übrigen § 8 n.F. Rdn. 12 ff.

**Freie** (§ 4 Abs. 3 i.V.m. § 19) und **frei gewordene** (§ 8) **Erfindungen**, die der Arbeitnehmer auf den Arbeitgeber übertragen hat, unterliegen § 16 nach herrschender Meinung nicht[23] (zur konkludenten Überleitung s. § 6 a.F. 6

---

22 So auch Schiedsst. v. 08.02.1991, GRUR 1991, 753, 755 – *Spindeltrieb* u. v. 13.07.2011 – Arb.Erf. 8/10, (Datenbank).
23 Wie hier u. a. Volmer/Gaul Rn. 30 zu § 16; Keukenschrijver in Busse/Keukenschrijver, PatG, Rn. 5 zu § 16 ArbEG.

Rdn. 67). Mangels vertraglicher Abrede kann sich der Arbeitgeber hiervon nach freiem Belieben trennen. Eine »Aufgabe« von **vorbehaltenen Benutzungsrechten** (§ 7 Abs. 2 a.F., § 14 Abs. 3, § 16 Abs. 3) wird von § 16 ebenfalls nicht erfasst (s. hierzu § 8 n.F. Rdn. 16). Zur Schutzrechtsaufgabe bei einer vorenthaltenen frei gewordenen Diensterfindung s. § 8 n.F. Rdn. 119.

**7** § 16 Abs. 1 und 2 sprechen ganz allgemein – nicht auf das Inland begrenzt – von »Anmeldung der Diensterfindung«, von »Erteilung des Schutzrechts« und dem »Recht«; hieraus und aus der systematischen Stellung dieser Bestimmung hinter der Regelung der Inlandsanmeldung (§ 13) und der Auslandsanmeldungen (§ 14) ist zu schließen, dass § 16 neben den **inländischen** auch die **ausländischen** Schutzrechtspositionen für eine Diensterfindungen erfasst[24] (s. aber § 16 Rdn. 9), und zwar gleichermaßen **Patente und Gebrauchsmuster** einschließlich deren Anmeldungen (zu parallelen Anmeldungen. s. § 16 Rdn. 11.1 f.).

**8** Der Arbeitgeber ist frei darin, seine Aufgabeabsicht **auf einzelne (selbstständige) Schutzrechtspositionen zu beschränken.**[25]

**8.1** Der Arbeitgeber kann seine Aufgabeabsicht auf **Rechte in einzelnen Staaten** beschränken. Das betrifft auch ein europäisches Patent bzw. eine **europäische Patentanmeldung** (vgl. Art. 71 EPÜ). Folglich ist vor Rücknahme der Benennung einzelner Vertragsstaaten im Rahmen des europäischen Patenterteilungsverfahrens (Art. 79 Abs. 3 EPÜ) diese Rechtsposition dem Arbeitnehmer zur Übernahme (vgl. Art. 71 EPÜ) anzubieten[26]; Gleiches gilt, wenn er lediglich eine prioritätsbegründende nationale deutsche Anmeldung fortführen und die europäische Patentanmeldung (auch mit Benennung des Vertragsstaats BRD) insgesamt fallen lassen will.[27]

Grds. entfalten eine deutsche Prioritätsanmeldung und eine nachfolgende **europäische Patentanmeldung** unter Benennung der BRD als Vertragsstaat (Art. 87, 79 EPÜ) nebeneinander eigenständige Wirkung.[28] Das **Verbot des**

---

24 Wohl allg. A., z. B. BGH v. 23.04.1974, GRUR 1974, 463, 464 – *Anlagengeschäft*; Reimer/Schade/Schippel/Trimborn Rn. 5 zu § 16; Keukenschrijver in Busse/Keukenschrijver, PatG, Rn. 6 zu § 16 ArbEG; Lindenmaier/Lüdecke Anm. 18 zu §§ 13 bis 16; MünchArbR/Bayruether § 90 Rn. 50.
25 Bestätigend Schiedsst. v. 08.02.1991, GRUR 1991, 753, 755 – *Spindeltrieb*; v. 18.11.1994 - Arb.Erf. 97/93, (unveröffentl.) m.H.a. BGH v. 23.04.1974, GRUR 1974, 463, 464 – *Anlagengeschäft*.
26 So auch Keukenschrijver in Busse/Keukenschrijver, PatG, Rn. 6 zu § 16 ArbEG.
27 Ebenso Keukenschrijver in Busse/Keukenschrijver, PatG, Rn. 6 zu § 16 ArbEG.
28 Vgl. BPatG v. 24.06.1986, BlPMZ 1986, 343; s.a. BPatG v. 23.08.1985, BlPMZ 1986, 150.

## B. Gegenstand der Aufgabe § 16

**Doppelschutzes** mit dem Vorrang des europäischen Patentes greift gem. Art. II § 8 Int.PatÜG erst dann ein, wenn das europäische Patent gem. Art. 97 EPÜ mit Wirkung für die Bundesrepublik rechtsbeständig erteilt worden ist; das deutsche Patent verliert (erst) dann seine Wirkung insoweit, als es mit dem Schutzbereich des europäischen Patentes identisch ist,[29] also gleichwertigen Schutz vermittelt.[30]

Will der Arbeitgeber die **nationale deutsche Anmeldung fallen lassen**, müsste formal wegen deren zunächst gegebener Eigenständigkeit das Verfahren nach § 16 beachtet werden. Nach den Grundsätzen der arbeitsvertraglichen Treuepflicht bzw. nach § 241 Abs. 2 BGB wäre andererseits aber der Arbeitnehmer für die Dauer der Aufrechterhaltung der parallelen europäischen Patentanmeldung gehindert, über diese ihm übertragene Rechtsposition zu verfügen, es sei denn, er verpflichtet den Rechtserwerber, die Position bis zum (rechtskräftigen) Abschluss des europäischen Patenterteilungsverfahrens nicht auszunutzen.

Liegt eine **Identität des Schutzumfangs** i.S.d. § 14 PatG und Art. 69 EPÜ vor (was freilich im Hinblick auf den ungewissen Ausgang der Erteilungsverfahren vor deren Abschluss schwer vorausgesagt werden kann), würde der Arbeitnehmer mit rechtskräftiger Erteilung des europäischen Patents letztlich eine wertlose Rechtsposition erhalten haben. Ausgehend von dem Normzweck des § 13 ist darauf abzustellen, dass die europäische Patentanmeldung mit Benennung der BRD an die Stelle der nationalen Anmeldung tritt (s.a. § 13 Rdn. 25 ff.) und damit dem Prioritätssicherungsinteresse des Arbeitnehmers ausreichend Rechnung getragen ist. Dieser Anmeldepflicht hätte der Arbeitgeber auch genügt, wenn er sich von vornherein auf eine europäische Patentanmeldung beschränkt hätte. Folglich muss der Arbeitgeber bei (eindeutiger) Identität des Schutzumfangs berechtigt sein, die nationale Prioritätsanmeldung fallen zu lassen.[31]

Liegt **keine Identität des Schutzumfangs** vor oder lässt sich dies – wie häufig – im Zeitpunkt der laufenden parallelen Patenterteilungsverfahren noch nicht abschließend bestimmen, ist das Verfahren nach § 16 zu beachten. Im Fall einer Übernahme der nationalen Patentrechtsposition nach § 16 Abs. 2

---

29 Ebenso BPatG v. 24.04.2001, GRUR 2002, 53, 55 – *Stretchfolie* u. LG Düsseldorf v. 16.03.1993, GRUR 1993, 812, 815 ff. – *Signalübertragungsvorrichtung*. Vgl. auch OLG Düsseldorf v. 24.10.2013 – 2 U 63/12, (www.justiz.nrw.de/nrwe, Rn. 160 = Düsseldf. Entsch. Nr. 2098) – *Kunststoffbeutel*.
30 Kühnen, FS R. König, 2003, 309, 321; vgl. auch Mes, GRUR 2001, 976, 979.
31 Ebenso Schiedsst. v. 20.11.1998 – Arb.Erf. 12/97, (unveröffentl.); Reimer/Schade/Schippel/Trimborn Rn. 5 zu § 16; a.A. Volmer/Gaul Rn. 23 zu § 16.

muss sich der Arbeitnehmer allerdings bewusst sein, dass er bis zum Abschluss des europäischen Patenterteilungsverfahrens und damit bis zur Klärung des Schutzumfangs arbeitsrechtlichen Verwertungsbeschränkungen unterliegt (s.o.) und er möglicherweise eine wertlose Schutzrechtsposition aufrechterhält. Wert entfaltet eine ihm übertragene nationale Schutzrechtsposition letztlich nur dann, wenn das europäische Patent versagt, das parallele nationale Patent aber erteilt würde oder der Schutzumfang des deutschen Patents weitergehend wäre. Bietet der Arbeitgeber die parallele nationale Schutzrechtsposition nicht an, macht er sich wegen eines Verstoßes gegen § 16 Abs. 2 zwar (»dem Grunde nach«) schadensersatzpflichtig (s. § 16 Rdn. 70 ff.). Allerdings dürfte der erforderliche Nachweis einer Erfolg versprechenden Verwertung durch den Arbeitnehmer bei dieser Fallgestaltung häufig auf erhebliche Schwierigkeiten stoßen (s. i.Ü. § 16 Rdn. 74).

Führt der Arbeitgeber nationales und europäisches Patenterteilungsverfahren nebeneinander fort, ist er **mit rechtsbeständiger Erteilung des europäischen Patents**, d.h. mit Wirksamwerden des Verbots des Doppelschutzes gem. Art. II § 8 Int.PatÜG berechtigt, ohne Berücksichtigung des Verfahrens nach § 16 eine identische anhängige nationale Patentanmeldung (Patent) fallen zu lassen,[32] es sei denn, dass er unter Nutzung der Teilungsmöglichkeit nach § 39 PatG eine Umgestaltung des Schutzumfangs vornimmt. Ist das deutsche »Restpatent« mit »Überschuss« ggü. dem europäischen Patent nicht eigenständig patentfähig, kann es gem. § 22 PatG für nichtig erklärt werden.[33] Zur Zulässigkeit der Nichtigkeitsklage s. § 25 Rdn. 42 ff.

8.2 Betreibt der Arbeitgeber eine **internationale Anmeldung gemäß dem PCT**, sind mit Einreichung der internationalen Anmeldung alle PCT-Vertragsstaaten potenzielle Staaten für einen Patent- bzw. Gebrauchsmusterschutz (Regel 4.9a PCT),[34] wobei die weitere Behandlung der Anmeldung – vorbehaltlich der Möglichkeit einer internationalen vorläufigen Prüfung – auf Antrag des Anmelders bei den Bestimmungsämtern liegt. Damit bestimmt der Arbeitgeber, in welchen Ländern diese Anmeldung fortgeführt werden soll, sodass u. E. hinsichtlich der Länder, in denen die Anmeldung nicht aufrechterhalten werden soll, ein Fallenlassen und somit die Anbietungspflicht nach § 16 Abs. 1 begründet ist.[35] Angesichts der vorgegebenen Fristen zur Überleitung in das

---

32 Wie hier u. a. auch Volmer/Gaul Rn. 23 zu § 16; Keukenschrijver in Busse/Keukenschrijver, PatG, Rn. 7 zu § 16 ArbEG.
33 LG Düsseldorf v. 16.03.1993 v. 16.03.1993, GRUR 1993, 812, 815 ff.; Schulte/Kühnen, PatG § 9 Rn. 88.
34 S. BlPMZ 2004, 371.
35 Folgend Boemke/Kursawe/Hoppe-Jänisch Rn. 60 zu § 16.

## B. Gegenstand der Aufgabe § 16

nationale Verfahren (nach Art. 22 Abs. 1 PCT 30 Monate,[36] gerechnet nach dem Prioritätsdatum, vgl. auch Regel Nr. 159 Abs. 1 EPÜAO) muss der Arbeitgeber den Arbeitnehmer rechtzeitig (vgl. § 14 Abs. 2 Satz 2) unter Beachtung der 3-Monats-Frist des § 16 Abs. 2 darauf hinweisen, in welchen Ländern er die internationale Anmeldung nicht fortführen will.

Da das künftige **EU-Einheitspatent** (s. dazu § 2 Rdn. 1) nur als »Block« aufgegeben oder übertragen werden kann (vgl. Art. 3 Abs. 2 EPVO), bedeutet die Wahl dieser Schutzrechtsalternative für den Arbeitgeber den Zwang, ohne Differenzierungsmöglichkeit dem Arbeitnehmer das Recht als Ganzes für alle teilnehmenden EU-Staaten anbieten zu müssen, so dass eine Beschränkung auf **einzelne Staaten** – im Unterschied zum europäischen Patent (s. § 16 Rdn. 8.1) – nicht möglich ist. Die Übertragung auf den Arbeitnehmer bestimmt sich nach dem gem. Art. 7 EPVO geltenden nationalem Recht, also häufig nach deutschem Recht (vgl. § 2 Rdn. 1), Insoweit gilt dann das zum deutschen Recht Gesagte (s. § 16 Rdn. 44). Die Übertragung ist nicht an einen Registereintrag gebunden (vgl. Art. 7 Abs. 4 EPVO). Zum Vorbehalt eines Benutzungsrechts s. § 16 Rdn. 79. 8.3

Bei der Aufgabe ausländischer Schutzrechte kann ein **Rücksichtnahmeverlangen** des Arbeitgebers angesichts der eindeutigen Differenzierung in § 14 Abs. 3 a.F. einerseits und § 16 Abs. 3 andererseits auch nicht analog zum Zuge kommen.[37] 8.4

Keine Anwendung findet – wie aus § 2 folgt – § 16 dann, wenn eine **technische Neuerung** zwar **im Ausland, nicht aber im Inland schutzfähig** ist[38] (streitig; s. § 2 Rdn. 25). Ein solches Schutzrecht kann der Arbeitgeber u.E. beliebig aufgeben, es sei denn, im Einzelfall gebietet die Fürsorgepflicht über eine Mitteilung an den Arbeitnehmer hinaus auch eine Pflicht zur Anbietung (s.a. § 14 Rdn. 43). 9

Bestehen **Zweifel an der Schutzfähigkeit**, ist die Schutzunfähigkeit also nicht rechtsbeständig festgestellt, so hat der Arbeitgeber bei einer Aufgabeabsicht das

---

36 BlPMZ 2002, 216, gerechnet seit dem Prioritätsdatum.
37 A.A. Johannesson Anm. 6.1 zu § 14 u. Anm. 3 zu § 16.
38 Im Ergebn. wie hier Volmer/Gaul Rn. 26 ff., 32 zu § 16; a.A. im Ergebn. Schiedsst. v. 25.07.1983 – Arb.Erf. 14/82 u. v. 12.10.1989 – Arb.Erf. 91/87, (beide unveröffentl.) – dort zu § 16 Abs. 3; ferner Boemke/Kursawe/Hoppe-Jänisch Rn. 32 f. zu § 16 (analoge Anwendung; dagegen – wie wir – generell eine Anwendung der materiellen Regeln des ArbEG über § 20 Abs. 1 hinaus ablehnend Boemke/Kursawe/Raif Rn. 43 zu § 2).

Verfahren nach § 16 einzuhalten[39] (vgl. auch § 2 Rdn. 16 ff.). Zu technischen **Verbesserungsvorschlägen** s. vor § 3 Rdn. 1.

Zur Freigabe einer unbeschränkt in Anspruch genommenen Diensterfindung **vor Schutzrechtsanmeldung** bei Alterfindungen i.S.d. § 43 Abs. 3 s. § 8 a.F. Rdn. 24 ff. und ansonsten § 8 n.F. Rdn. 39 ff.; zur Aufgabe einer **betriebsgeheimen** Erfindung s. § 17 Rdn. 35 f.

### II. Aufgabe als vollständiges Fallenlassen der Rechtsposition

10 Wegen der Bezugnahme auf jeweils die gesamte Rechtsposition (»die Anmeldung nicht weiter verfolgen« bzw. »das Schutzrecht nicht aufrecht erhalten«) ist – stets bezogen auf das jeweilige Land – unter einer »Aufgabe« i.S.d. § 16 das **vollständige Fallenlassen** dieser jeweiligen Schutzrechtsposition zu verstehen[40] (s.a. § 16 Rdn. 8.1, 12 f. u. 72).

11 Im **Außenverhältnis zur Erteilungsbehörde** kann sich die Aufgabe der Schutzrechtsposition einmal durch **ausdrückliche Erklärung** – wie insb. durch Verzichtserklärung gem. § 20 Abs. 1 Nr. 1 PatG, § 23 Abs. 3 GebrMG – ergeben. Eine Anfechtung der Verzichtserklärung ggü. dem Patentamt ist zwar grds. denkbar;[41] sie scheidet nach Auffassung des BPatG jedenfalls dann aus, wenn der Arbeitgeber irrtümlich davon ausgegangen ist, der Arbeitnehmer sei an der Schutzrechtsposition nicht interessiert.[42]

Bei einem **europäischen Patent** erfolgt ein (vom EPÜ nicht vorgesehener) Verzicht durch Erklärung ggü. den nationalen Ämtern der benannten Vertragsstaaten.[43] Einen vor dem EPA erklärten Verzicht auf das europäische Patent sieht die Rechtsprechung als Antrag auf Widerruf des Patents (Art. 105 a EPÜ) an.[44]

Eine Aufgabe kann sich ggü. der Erteilungsbehörde ferner durch **passives Verhalten**, wie etwa durch nicht rechtzeitige Erfinderbenennung, Untätigkeit auf

---

39 BGH v. 15.05.1990 – X ZR 119/88, GRUR 1990, 667, 668 – *Einbettungsmasse*.
40 Zust. Keukenschrijver in Busse/Keukenschrijver, PatG, Rn. 8 zu § 16 ArbEG; folgend auch Boemke/Kursawe/Hoppe-Jänisch Rn. 38, 40 zu § 16.
41 Vgl. Benkard/Schäfers, PatG, Rn. 8 zu § 20 PatG.
42 BPatG v. 28.06.1997, BlPMZ 1998, 368, 369 – *Verzichtserklärung*; zust. Benkard/Schäfers, PatG, Rn. 8 zu § 20 PatG;Keukenschrijver in Busse/Keukenschrijver, PatG, Rn. 28 zu § 20 PatG u. Rn. 24 zu § 16 ArbEG.
43 EPA GrBK, ABl. 1991, 275 (G 01/90) – *Widerruf des Patents*; BGH v. 12.03.2002, GRUR 2002, 511, 514 – *Kunststoffrohrteil*.
44 EPA ABl. 1988, 261 (T 0237/86).

## B. Gegenstand der Aufgabe § 16

Amtsbescheide über behebbare Mängel[45] oder Nichtzahlung der amtlichen Gebühren (z.B. Jahresgebühr[46] gem. § 20 Abs. 1 Nr. 3 PatG, Art. 86 Abs. 1 Satz 3 EPÜ) vollziehen. Hierzu rechnet das Unterlassen bzw. die Rücknahme einer Beschwerde gegen einen Zurückweisungs- oder Versagungsbeschluss der Prüfungsstelle[47] ebenso wie die Entscheidung des Arbeitgebers, innerhalb der Frist von 7 Jahren nach Einreichung der Patentanmeldung keinen Prüfungsantrag gem. § 44 PatG zu stellen.[48] Das Nichtstellen des Prüfungsantrages bzw. die Nichtzahlung der Prüfungsantragsgebühr (vgl. § 44 Abs. 2 Satz 2 PatG) lösen die Rücknahmefiktion gem. § 58 Abs. 3 PatG aus, womit zugleich der einstweilige Schutz aus der Offenlegung der Patentanmeldung (§ 33 PatG) rückwirkend[49] entfällt (§ 58 Abs. 2 PatG). Zur Pflicht des Arbeitgebers, das Erteilungsverfahren durchzuführen s. § 13 Rdn. 18 u. unten § 16 Rdn. 41.

Ein Fallenlassen einer Schutzrechtsposition ist auch darin zu sehen, dass der Arbeitgeber eine durch eine nationale Rechtsordnung gewährte **Verlängerungsmöglichkeit** für ein Schutzrecht (vgl. etwa für das **Gebrauchsmuster** § 23 Abs. 2 GebrMG; eine Verlängerungsmöglichkeit sehen auch verschiedene ausländische Patentordnungen vor) nicht nutzen will.[50] Ein solcher Verzicht würde zu einer Beschränkung der an sich möglichen längeren Laufzeit und damit zum Untergang einer u.U. wirtschaftlich relevanten Rechtsposition führen.

Auch die **unterlassene bzw. nicht sorgfältige Verteidigung** im Einspruchs- (§ 59 PatG, Art. 99 EPÜ) und Beschwerdeverfahren sowie im Nichtigkeitsver-

---

45 Schiedsst. v. 08.03.2001 – Arb.Erf. 1/99, (unveröffentl.).
46 BGH v. 10.05.1988 – X ZR 89/87, GRUR 1988, 762, 763 r. Sp. – *Windform* u. BGH v. 14.07.1980 – X ZR 1/79, (unveröffentl.) – *Rohrverlegeverfahren*; OLG Frankfurt am Main v. 19.12.1991, GRUR 1993, 910, 911 – *Bügelverschließmaschinen*; BPatG Beschl. v. 03.04.2014 – 7 W (pat) 6/14, (juris, Rn. 27); Schiedsst. v. 23.09.2015 – Arb.Erf. 59/13, (www.dpma.de); ausf. Boemke/Kursawe/Hoppe-Jänisch Rn. 45 ff. zu § 16.
47 Vgl. Schiedsst. v. 25.11.1959/27.01.1960, BlPMZ 1960, 279, 280 u. v. 02.06.1992, EGR Nr. 34 zu § 16 ArbEG; ebenso Schiedsst. v. 25.01.1996 – Arb.Erf. 54/94, (unveröffentl.); BPatG v. 29.10.1965, BPatGE 7, 113, 118; unzutr. LAG Bayern v. 30.11.1960, RdA 1961, 500.
48 Vgl. Amtl. Begründung z. Vorabgesetz BT-Drucks. V/714, S. 53; wie hier LG Düsseldorf v. 21.12.1995 – 4 O 161/95, (unveröffentl.); ferner Boemke/Kursawe/Hoppe-Jänisch Rn. 61 ff. zu § 16; a.A. Volmer/Gaul Rn. 46 ff. zu § 16.
49 Vgl. BGH v. 26.06.1969, GRUR 1969, 677, 678 – *Rüben-Verladeeinrichtung*; Schiedsst. v. 24.05.1971 – Arb.Erf. 58/70, (unveröffentl.).
50 Im Ergebnis auch Volmer/Gaul Rn. 69 ff. zu § 16 u. Keukenschrijver in Busse/Keukenschrijver, PatG, Rn. 8 zu § 16 ArbEG – jeweils für GebrM-Verlängerung.

fahren kann im Einzelfall einer Aufgabeabsicht gleichkommen[51] (vgl. auch § 16 Rdn. 35 u. Rdn. 72). Zur Unzulässigkeit eines Einspruchs des Arbeitgebers nach § 21 Abs. 1 PatG s. § 7 n.F. Rdn. 44.

11.1 Macht der Arbeitgeber von der Möglichkeit der **Abzweigung eines Gebrauchsmusters** gem. § 5 GebrMG (vgl. § 13 Rdn. 11.1) keinen Gebrauch, liegt darin keine Schutzrechtsaufgabe.[52] Hier wird weder ein bestehendes Schutzrecht aufgegeben noch eine Schutzrechtsanmeldung fallen gelassen; es wird vielmehr auf den Erwerb einer (zusätzlichen) Rechtsposition verzichtet. I.Ü. kann § 16 dem Arbeitgeber keine weiter gehenden Pflichten auferlegen, als § 13 i.R.d. Anmeldepflicht begründet; insoweit sieht § 13 nur eine Wahl zwischen Patent oder Gebrauchsmuster vor, verpflichtet aber nicht zu parallelem Schutz (s. dazu § 13 Rdn. 11 f.).

Dies gilt auch dann, wenn sich die Patentanmeldung i.S.d. § 5 Abs. 1 Satz 3 GebrMG erledigt oder ein etwaiges Einspruchsverfahren abgeschlossen ist. Mit der Patentanmeldung und der Durchführung des Patenterteilungsverfahrens bis zu dessen bestandskräftigem Abschluss hat der Arbeitgeber seiner Anmeldepflicht genügt, ohne dass § 16 einschlägig wird.

11.2 Einer Schutzrechtsaufgabe kommt der unterlassene Erwerb eines **ergänzenden Schutzzertifikats für Arzneimittel** bzw. **Pflanzenschutzmittel** nach § 16a PatG (zur Vergütungspflicht s. § 12 Rdn. 141) gleich,[53] da das Schutzzertifikat faktisch eine Verlängerung der Laufzeit des Grundpatents im Rahmen seiner Zulassung bewirkt.

11.3 Hat ein Arbeitgeber i.R.d. Abzweigung ein Gebrauchsmuster erworben oder ein ergänzendes Schutzzertifikat erlangt und will er eine solche Rechtsposition vorzeitig aufgeben, hat er das Verfahren nach § 16 zu beachten.[54]

11.4 Keine Aufgabe stellt die **Übertragung der Schutzrechtsposition** auf Dritte dar (s. § 16 Rdn. 4).

### III. Teilweise Aufgabe

12 Nicht ausdrücklich erwähnt sind in § 16 bloße **Einschränkungen** einer Schutzrechtsanmeldung im Erteilungsverfahren (s. dazu § 13 Rdn. 44) oder

---

51 S. BGH v. 06.02.2002 – X ZR 215/00, GRUR 2002, 609, 613 – *Drahtinjektionseinrichtung*; Volmer/Gaul Rn. 60 f., 66 ff. zu § 16; ausf. Boemke/Kursawe/Hoppe-Jänisch Rn. 51 ff. zu § 16.
52 Zust. Busse/Keukenschrijver, PatG, Rn. 7 zu § 16 ArbEG.
53 Zutr. Keukenschrijver in Busse/Keukenschrijver, PatG, Rn. 8 zu § 16 ArbEG.
54 Ebenso Keukenschrijver in Busse/Keukenschrijver, PatG, Rn. 8 zu § 16 ArbEG.

## B. Gegenstand der Aufgabe § 16

**Beschränkungen** (§ 64 PatG) bzw. Teilverzichte (§ 20 PatG) nach Schutzrechtserteilung;[55] schließlich sog. Selbstbeschränkungen, deren Wirkung zwar nicht kraft Gesetzes (§ 20 Abs. 1 Nr. 1 PatG), sondern – etwa im Rahmen einer Nichtigkeitsklage – durch ein dem Verzicht entsprechendes rechtsgestaltendes Urteil eintritt.[56]

Ausgehend von dem Zweck des § 16, dem Arbeitnehmer einen eigenen Schutzrechtserwerb zu ermöglichen (s. § 16 Rdn. 1), kann diese Norm bei einer derartigen teilweisen Aufgabe u. E. nur dann Platz greifen, wenn die vom Arbeitgeber aufzugebenden Teile **selbstständig schutzfähig** sind, etwa als Teilanmeldung (vgl. § 21 Abs. 1 Nr. 4 PatG und Art. 76 EPÜ i.V.m. Regel 36 AO) oder Ausscheidungsanmeldung.[57] Die Möglichkeit der Teilung einer Anmeldung erweitert den Gestaltungsraum des Anmelders; im Fall der Teilung kann der Gegenstand der Stammanmeldung »unberührt« bleiben oder um einen materiell-rechtlichen Teil verringert werden, der dann aber zum Inhalt der Teilanmeldung gemacht wird. Für diese neue Schutzrechtsposition gelten auch die Pflichten aus § 16. **13**

§ 16 kann auch in dem Fall anwendbar sein, dass der Arbeitgeber mit Zustimmung des Arbeitnehmers für eine Diensterfindung, die sowohl eine Vorrichtung als auch ein Verfahren betrifft, nur ein **Gebrauchsmuster** anmeldet, zugleich aber den nicht gebrauchsmusterfähigen Verfahrensbereich nach (unbeschränkter) Inanspruchnahme aufgeben will.[58] Kann dagegen der einzuschränkende Teil der Schutzrechtsposition **nicht selbstständig Gegenstand eines Schutzrechts** sein, kommt mangels Übertragbarkeit dieser Teilposition auch keine analoge Anwendung des § 16 in Betracht.[59] Bei derartigen Beschränkungshandlungen hat der Arbeitgeber einen gewissen Beurteilungsspielraum (s. § 13 Rdn. 44). Er unterliegt auch insoweit der allgemeinen Informationspflicht gem. § 15 Abs. 1.

---

55 S. die Einzelfälle b. Schulte PatG Rn. 405 ff. zu § 34.
56 S. hierzu BPatG v. 13.12.1962, BPatGE 4, 30.
57 Ebenso Schiedsst. v. 16.09.1996 – Arb.Erf. 25/95 (unveröffent.); Reimer/Schade/ Schippel/Trimborn Rn. 12 zu § 16; Volmer/Gaul Rn. 75 ff. zu § 16; Boemke/Kursawe/Hoppe-Jänisch Rn. 43 f. zu § 16; a. A. Keukenschrijver in wohl Busse/Keukenschrijver, PatG, Rn. 9 zu § 16 ArbEG, wonach der ArbN bei »teilweisen Aufgaben« dadurch geschützt sei, dass davon unberührt »Grundlage für seinen Vergütungsanspruch die gemeldete Diensterfindung und nicht das darauf beantragte oder erwirkte Schutzrecht ist« (s. dazu hier § 9 Rdn. 83 ff.).
58 Schiedsst. v. 20.01.1981 – Arb.Erf. 23/80, (unveröffentl.).
59 Im Ergebnis ebenso Reimer/Schade/Schippel/Trimborn Rn. 12 zu § 16; Busse/Keukenschrijver, PatG, Rn. 9 zu § 16 ArbEG (s. aber dazu nachf. d. Nachw. b. Rdn. 14).

Diese Grundsätze gelten entsprechend bei einer »Gemeinschaftserfindung«, bei der **mehrere Diensterfindungen** zu einer Schutzrechtsanmeldung **zusammengefasst** werden (s. dazu § 13 Rdn. 10.2).

14 Nimmt der Arbeitgeber ohne Zustimmung des Arbeitnehmers (vgl. auch § 13 Abs. 2 Nr. 2) Einschränkungen der Schutzrechtsposition vor, die nicht aus (nachweisbar) technischen, rechtlichen oder sonstigen sachlichen Gründen (z.B. Vermeidung einer Versagung von Schutzrechtsansprüchen bzw. weiter gehender Schutzrechtseinschränkungen oder von Nichtigkeits- bzw. Löschungsverfahren) geboten sind und überschreitet er seinen Beurteilungsspielraum, muss er nach der hier vertretenen Auffassung nachteilige Auswirkungen auf den Umfang der Erfindervergütung unter dem Gesichtspunkt des **Schadensersatzes** wegen Verletzung des gesetzlichen Schuldverhältnisses[60] bzw. seiner Pflichten aus § 16 (s.u. § 16 Rdn. 70 ff.) ausgleichen.

## C. Das uneingeschränkte Recht zur Aufgabe

### I. Grundsatz

15 Die Entscheidung, ob er sich von einer Schutzrechtsanmeldung oder einem Schutzrecht trennen will, steht gänzlich im **Belieben des Arbeitgebers (s. auch § 16 Rdn. 1)**. Insb. ist der Arbeitgeber nicht verpflichtet, eine Schutzrechtsposition nur deswegen aufrechtzuerhalten, weil er die Diensterfindung (unbeschränkt) in Anspruch genommen hat, obwohl nach seiner Beurteilung die Chancen einer wirtschaftlichen Verwertung gering bzw. aussichtslos sind. Die Durchführung des Entschlusses zur Aufgabe einer Schutzrechtsposition ist dagegen gesetzlichen Schranken unterworfen.

16 Ist der **Vergütungsanspruch** des Arbeitnehmers aus § 9 bereits **voll erfüllt**, kann der Arbeitgeber die Schutzrechtsposition **jederzeit aufgeben**, ohne zuvor die Einwilligung des Arbeitnehmers einholen oder ihn auch nur befragen zu müssen[61] und auch ohne dem Arbeitnehmer die Übertragung des Rechts anbieten zu müssen.[62] Zur Informationspflicht s. § 16 Rdn. 22.

---

60 I. Ergebn. ähnl. Reimer/Schade/Schippel/Trimborn Rn. 12 zu § 16; vgl. auch Schiedsst. ZB. v. 25.05.1981, BlPMZ 1982, 166 u. v. 08.02.1991, BlPMZ 1991, 317, 318; abw. Keukenschrijver in Busse/Keukenschrijver, PatG, Rn. 9 zu § 16 ArbEG, wonach letztlich derartige Einschränkungen des Schutzrechts den auf der Grundlage der gemeldeten Erfindung zu bemessenden Vergütungsanspruch (generell) unberührt lassen.
61 BGH v. 20.11.1962 – I ZR 40/61, GRUR 1963, 315, 317 – *Pauschalabfindung*.
62 Amtl. Begründung BT-Drucks. II/1648 S. 34 = BlPMZ 1957, 237.

## C. Das uneingeschränkte Recht zur Aufgabe § 16

Anstelle der Aufgabe des Rechts kann der Arbeitgeber dieses auch auf einen Dritten (z.B. Lizenzpartner) **frei übertragen** (s.a. oben § 16 Rdn. 4 sowie § 7 n.F. Rdn. 10 ff.); an evtl. Gegenleistungen ist der Arbeitnehmer – ggf. unter den Voraussetzungen des § 12 Abs. 6 – zu beteiligen (s.a. § 9 Rdn. 251 f.).

Ein **Anspruch des Arbeitnehmers auf Aufgabe** und ein damit ausgelöster Anspruch, die Übertragung auf sich verlangen zu können, besteht nicht;[63] dies gilt auch dann, wenn der Arbeitgeber die Diensterfindung nicht verwertet, sondern auf Vorrat hält.[64] Insoweit stellt RL Nr. 22 Satz 3 eine bloße Empfehlung dar, die nach RL Nr. 1 Satz 1 unverbindlich ist[65] (s. dazu KommRL Rn. 28 ff. zu RL Nr. 22). Selbstverständlich ist der Arbeitgeber frei darin, einer dahingehenden Anregung des Arbeitnehmers zu entsprechen. Seine Bereitschaft zur Übertragung kann er von einer Gegenleistung des Arbeitnehmers abhängig machen. 17

Nach § 27 Nr. 3 Fassung 2009 bzw. – für vor dem 01.10.2009 gemeldete Alterfindungen – nach § 27 Nr. 4 Fassung 1999 ergibt sich eine Ausnahme im **Insolvenzverfahren**; hier ist der Insolvenzverwalter auch bei vollständiger Vergütungserfüllung zur Anbietung verpflichtet (s. § 27 Fassung 2009 Rdn. 124 ff. und § 27 Fassung 1999 Rdn. 118 ff.). 17.1

### II. (Vollständige) Erfüllung des Vergütungsanspruchs

Eine Anbietungspflicht scheidet nach § 16 Abs. 1 von vornherein aus, wenn der Vergütungsanspruch vollständig erfüllt ist. Eine Erfüllung des Anspruchs auf angemessene Erfindervergütung i.S.d. § 9 liegt nur **nach vollständigem Bewirken aller dem Arbeitnehmer zustehenden Vergütungsleistungen** (§ 362 BGB) vor, und zwar sowohl unter dem Aspekt der tatsächlichen Verwertung als auch der wirtschaftlichen Verwertbarkeit; ausnahmsweise ist der Anspruch erfüllt, wenn eine **Vergütungszahlung** dem Arbeitgeber **nicht mehr zumutbar** ist (vgl. § 9 Rdn. 35). Darlegungs- und beweispflichtig ist der Arbeitgeber.[66] 18

In der Praxis ist eine derartige Situation, dass jedenfalls im Zeitpunkt der Schutzrechtsaufgabe alle Vergütungsansprüche vollständig erfüllt sind, allerdings die **Ausnahme**. Das gilt selbst im Fall einer Pauschalvergütung. Letztlich

---

63 Schiedsst. v. 14.09.1981 – Arb.Erf. 59/81; v. 20.10.1986 – Arb.Erf. 82/85, (beide unveröffentl.); v. 28.09.2016 – Arb.Erf. 04/14, (www.dpma.de).
64 Schiedsst. v. 24.10.1995 – Arb.Erf. 21/94, (unveröffentl.).
65 Ebenso Schiedsst. v. 20.06.2013 – Arb.Erf. 32/13, (www.dpma.de).
66 S. dazu auch Boemke/Kursawe/Hoppe-Jänisch Rn. 83, 87 zu § 16.

setzt dies voraus, dass eine Vergütungsvereinbarung bzw. -festsetzung (auch unter dem Aspekt des § 23) rechtswirksam ist, diese Vergütungsregelung voll erfüllt wurde und – nach den Erkenntnissen im Aufgabezeitpunkt – auch ein Anpassungsanspruch nach § 12 Abs. 6 nicht besteht bzw. dieser (wirksam) abbedungen ist (vgl. § 12 Rdn. 96.1). Es ist deshalb verständlich, wenn die betriebliche Praxis im Regelfall (vorsorglich) **den (sicheren) Weg** über die Mitteilung der Aufgabeabsicht nach § 16 Abs. 1 geht, sofern die sonstigen Voraussetzungen vorliegen.

Die bloße Bereitschaft des Arbeitgebers, einen durch Feststellung oder Festsetzung konkretisierten Vergütungsanspruch auch nach Aufgabe der Schutzrechtsposition zahlen zu wollen, kann einer Erfüllung des Vergütungsanspruchs nicht gleichgestellt werden.[67] Auch die Zahlung einer nach § 12 Abs. 3 festgesetzten Vergütung stellt im Fall des **Widerspruchs** (§ 12 Abs. 4) nur dann eine vollständige Erfüllung dar, wenn weitergehende Vergütungsansprüche nicht bestehen.

Fehlt es an einer **Vergütungsregelung** gem. § 12 (Vereinbarung bzw. Festsetzung) oder ist diese (z.B. nach § 23) **unwirksam**, scheidet eine Erfüllung des Vergütungsanspruchs aus.

**19** Nach allgemeiner Ansicht ist im Fall einer (wirksamen) **Pauschalvergütung** eine vollständige Erfüllung des Vergütungsanspruchs anzunehmen,[68] sofern dadurch auch eine in der Zukunft liegende wirtschaftliche Verwertbarkeit der Schutzrechtsposition als erfasst gewertet werden kann.[69] Daran kann es allerdings fehlen, wenn die Vereinbarung über die Pauschalzahlung im Zeitpunkt der Aufgabeabsicht bei objektiver Betrachtung noch einem Anspruch des Arbeitnehmers auf **Vergütungsanpassung** nach § 12 Abs. 6 unterliegt[70] (s. dazu insb. § 12 Rdn. 111 f.). Da eine Vergütung **wegen wesentlich veränderter Umstände** bereits ab dem Zeitpunkt fällig ist, in dem die Änderung eingetreten ist,[71] kommt es nicht darauf an, wann der Arbeitnehmer seinen Anspruch geltend macht. Wesentliche Änderungen, die erst nach einer Schutzrechtsaufgabe eintreten, vermögen indes die Tatsache der Erfüllung des Vergü-

---

67 Abw. wohl Heine/Rebitzki Anm. 2 (zu b) zu § 16.
68 So i. Anschl. an Ausschussber. zu BT-Drucks. II/3327 S. 6 = BlPMZ 1957, 253 z.B. Reimer/Schade/Schippel/Trimborn Rn. 6 zu § 16; Lindenmaier/Lüdecke Anm. 19 zu §§ 13 bis 26; s.a. Friedrich, GRUR 1958, 270, 280.
69 Schiedsst. v. 26.01.1988, BlPMZ 1988, 351, 353 r.Sp.
70 Schiedsst. v. 26.01.1988, BlPMZ 1988, 351, 353 r.Sp; Keukenschrijver in Busse/Keukenschrijver, PatG, Rn. 11 zu § 16 ArbEG.
71 Schiedsst. v. 14.12.1970, BlPMZ 1971, 199.

tungsanspruchs nicht zu beeinflussen.[72] Zum Verzicht auf den Anpassungsanspruch s. § 12 Rdn. 96.1.

In aller Regel ist bei einer **laufenden Umsatz- oder Stücklizenzvergütung** 20 der Vergütungsanspruch nicht voll erfüllt, wenn noch eine Restlaufzeit des Schutzrechts infrage steht.[73] Entgegen der Auffassung in den Gesetzesmaterialien[74] ist **vor Ablauf der Schutzrechtsdauer** – über den Ausnahmefall der Unzumutbarkeit von Vergütungszahlungen hinaus – eine volle Erfüllung nicht gänzlich ausgeschlossen.[75] Eine vollständige Erfüllung ist etwa dann denkbar, wenn die Auswertung des Gegenstands einer Erfindung vom Arbeitgeber endgültig aufgegeben worden ist und kurzfristig nach Erfüllung der für diese Nutzungsfälle entstandenen Vergütungsansprüche die Schutzrechtsposition fallen gelassen werden soll. Etwas anderes kann unter dem Aspekt der Verwertbarkeit etwa dann gelten, wenn zwischen der Beendigung der Verwertungshandlungen und der Absicht des Fallenlassens ein erheblicher Zeitraum liegt und sich hierbei zusätzlich vergütungspflichtige Vorrats- oder Sperrwirkungen (RL Nr. 21 u. 18) für die Erfindung neu entwickelt haben.[76]

Bei **nicht verwerteten Erfindungen** und bei **Sperrerfindungen** bereitet die Feststellung einer vollständigen Erfüllung des Vergütungsanspruchs erhebliche Schwierigkeiten. Selbst bei einem Sperrpatent kann sich neben der konkreten Sperrwirkung (vgl. hierzu § 9 Rdn. 204) zukünftig noch eine zusätzliche Nutzungsmöglichkeit ergeben, wie dies eben bei **Vorratspatenten** Begriffsinhalt ist (vgl. RL Nr. 21). Da nach der Vorstellung des Gesetzgebers der Anspruch des Arbeitnehmers auf Übertragung der Schutzrechtsposition an die Stelle seines Vergütungsanspruchs für die zukünftige Laufzeit dieses Schutzrechts treten soll,[77] kann eine Vergütungszahlung für lediglich in der Vergangenheit liegende Vorratswirkungen noch keine vollständige Erfüllung des Vergütungsanspruchs i.S.d. § 16 bewirken.[78] Könnte der Arbeitgeber in solchen Fällen die

---

72 A.A. Volmer Rn. 10 zu § 16; wie hier Volmer/Gaul Rn. 89, 111 zu § 16, wonach sich auch eine rückblickende Betrachtung verbietet.
73 BGH v. 13.11.1997 – X ZR 132/95, GRUR 1998, 689, 695 – *Copolyester II*; ständ. Praxis d. Schiedsst., u.a. ZB. v. 02.01.1984 – Arb.Erf. 21/83, (unveröffentl.); Reimer/Schade/Schippel/Trimborn Rn. 6 zu § 16.
74 Ausschussber. zu BT-Drucks. II/3327 S. 6 = BlPMZ 1957, 253.
75 Wie hier Volmer/Gaul Rn. 87 ff. zu § 16; vgl. auch Boemke/Kursawe/Hoppe-Jänisch Rn. 85 f. zu § 16.
76 Zust. Schiedsst. v. 05.03.1991 – Arb.Erf. 56/90, (unveröffentl.).
77 Amtl. Begründung BT-Drucks. II/1648 S. 34 = BlPMZ 1957, 237.
78 Volmer/Gaul Rn. 95 ff. zu § 16; im Ergebn. auch Schiedsst. v. 26.01.1988, BlPMZ 1988, 351, 353 r.Sp; Keukenschrijver in Busse/Keukenschrijver, PatG, Rn. 11 zu § 16 ArbEG.

Schutzrechtsposition ohne Angebot an den Arbeitnehmererfinder fallen lassen, würde diesem die zukünftige eigene Verwertungsmöglichkeit genommen, was in Widerspruch zum gesetzgeberischen Zweck stände. Hinzu tritt, dass in der Praxis für nicht verwertete Erfindungen eine Vergütung erst zu einem sehr späten Zeitpunkt anfällt (s. hierzu § 9 Rdn. 210 ff.), sodass bei einer Aufgabe der Schutzrechtsposition vor diesem Zeitpunkt der Arbeitnehmer sowohl ohne jeden Vergütungsanspruch als auch ohne die Möglichkeit bliebe, eigene Verwertungen zu versuchen.

21 Soweit der Arbeitgeber **Lizenzverträge** über den Erfindungsgegenstand abgeschlossen hat, ist eine Erfüllung der Vergütungsansprüche nur anzunehmen, wenn trotz Fortbestehens einer Lizenzabrede weitere Lizenzeinnahmen nicht zu erwarten sind[79] und der Arbeitnehmer seinen Anteil an den vereinbarten Gesamtlizenzeinnahmen erhalten hat.

### III. Informationspflicht des Arbeitgebers

22 Bei restloser Erfüllung der Vergütung entfällt die Pflicht des Arbeitgebers, nach § 16 Abs. 1 seine Absicht des Fallenlassens dem Arbeitnehmer mitzuteilen (s. § 16 Rdn. 15). Dennoch ist eine Pflicht anzuerkennen, den Arbeitnehmer – jedenfalls nachträglich – von der Aufgabe des Rechts in Kenntnis zu setzen. Bei einer aufgegebenen Schutzrechtsanmeldung folgt dies aus dem in seinem Geltungsbereich auf das Erteilungsverfahren begrenzten § 15 Abs. 1 Satz 2, i.Ü. aus der Fürsorgepflicht des Arbeitgebers (vgl. § 25) und aus dem durch die (unbeschränkte) Inanspruchnahme unbeeinflussten Persönlichkeitsrecht des Erfinders.[80]

### IV. Rechtsfolgen

#### 1. Wirkung der Aufgabe

23 Die Aufgabehandlung führt **im Außenverhältnis** (s. § 16 Rdn. 11) zum Wegfall der Schutzrechtsanmeldung bzw. zum Erlöschen des Schutzrechts mit ex nunc- (vgl. § 20 Abs. 1 PatG) bzw. ex tunc-Wirkung (vgl. etwa § 58 Abs. 2 u.

---

79 So etwa d. Sachverhalt i. unveröffentl. ZB. d. Schiedsst. v. 16.03.1978 – Arb.Erf. 51/77. Zust. Keukenschrijver in Busse/Keukenschrijver, PatG, Rn. 10 zu § 16 ArbEG; wie hier auch LG Düsseldorf v. 18.01.2011, InstGE 12, 264, 269 – *Krankheitsvorhersage* m.H.a. Reimer/Schade/Schippel/Trimborn Rn. 6 zu § 16.
80 Vgl. Bartenbach/Volz, GRUR 1978, 668, 669; im Anschl. daran ebenso Volmer/Gaul Rn. 112 ff. zu § 16; a.A. Lindenmaier/Lüdecke Anm. 24 zu §§ 13 bis 16; Röpke Arbeitsverh. u. ArbNErf., S. 124; wohl auch Heine/Rebitzki Anm. 2 (zu b) zu § 16.

## C. Das uneingeschränkte Recht zur Aufgabe § 16

3 PatG). Obligatorische Rechte Dritter an diesen Schutzrechtspositionen (etwa Lizenzrechte) hindern den Arbeitgeber nicht an der Aufgabe (vgl. § 137 Satz 1 BGB), machen ihn jedoch unter Umständen ggü. dem Dritten schadensersatzpflichtig (vgl. § 137 Satz 2 BGB). Eine Verletzung des § 16 hat keine Auswirkungen auf das Außenverhältnis zur Erteilungsbehörde (s. § 16 Rdn. 4).

### 2. Vergütungsansprüche

Nutzt der Arbeitgeber den Gegenstand des aufgegebenen Rechts nach der Aufgabe weiter, so begründet dies **u. E. keine Vergütungspflicht** mehr; die Diensterfindung ist für jedermann freier Stand der Technik geworden.[81] Dies folgt letztlich aus dem Monopolprinzip und gilt selbst dann, wenn der Arbeitgeber damit noch eine »faktische Monopolstellung« innehält.[82] Selbst eine umfangreiche weitere Verwendung genügt ebenso wenig wie eine gesteigerte Bekanntheit des Arbeitgebers im einschlägigen Markt, um eine weiter gehende Vergütungspflicht zu begründen. Wird ein Schutzrecht unter Beachtung des Anbietungsverfahrens nach § 16 aufgegeben, spricht auch diese freiwillige Entscheidung beider Arbeitsvertragsparteien gegen eine Fortgeltung der Vergütungspflicht i. S. v. RL Nr. 42 Satz 4 (s. dazu § 9 Rdn. 33 ff.). Gleiches gilt dann, wenn das einverständliche Fallenlassen einer Schutzrechtsposition vor deren Offenlegung (§ 32 PatG) erfolgt und die Erfindung somit geheim gehalten werden kann[83] (zur Abgrenzung s. § 17 Rdn. 44 f.). Der gegenteiligen Auffassung, die insoweit die Erfindung als (qualifizierten) technischen Verbesserungsvorschlag behandeln will,[84] kann nicht gefolgt werden. Sie übersieht, dass dann, wenn einmal eine schutzfähige Erfindung i.S.d. § 2 vorliegt, gesetzessystematisch ein Rückgriff auf das Rechtsinstitut des technischen Verbesserungsvorschlages (vgl. § 3) ausgeschlossen ist (vgl. § 2 Rdn. 20).[85] U.U. kön-

24

---

81 BGH v. 13.11.1997 – X ZR 132/95, GRUR 1998, 689, 695 – *Copolyester II*; OLG Düsseldorf v. 12.01.2010 – 2 U 44/06 – *Ummantelung von Stahlröhren II* (unveröffentl.); Schiedsst. v. 25.08.1998 – Arb.Erf. 9/97, (unveröffentl.) u. v. 12.11.2008 – Arb.Erf. 26/07 (Datenbank).
82 So auch Reimer/Schade/Schippel/Trimborn Rn. 11 zu § 16 u. Volmer/Gaul Rn. 123 zu § 16; Keukenschrijver in Busse/Keukenschrijver, PatG, Rn. 12 zu § 16 ArbEG, der zu Recht darauf hingewiesen, dass dann auch keine Vergütungspflicht als techn. VV geschuldet wird; im Ergebn. auch Boemke/Kursawe/Hoppe-Jänisch Rn. 142 f. zu § 16.
83 Vgl. auch BGH v. 20.11.1962 – I ZR 40/61, GRUR 1963, 315, 317 – *Pauschalabfindung*.
84 Röpke Arbeitsverh. u. ArbNErf S. 125; Volmer Rn. 25 zu § 16; wie hier im Ergebn. Volmer/Gaul Rn. 123 f. zu § 16; offen gelassen von BGH v. 13.11.1997 – X ZR 132/95, GRUR 1998, 689, 695 – *Copolyester II*.
85 Ebenso Schiedsst. v. 12.11.2008 – Arb.Erf 26/07 (Datenbank).

nen aber die Grundsätze über vergütungspflichtige Sonderleistungen Platz greifen[86] (s. dazu § 9 Rdn. 332 ff.) bzw. der Rechtsgedanke aus RL Nr. 42 Satz 4 i.V.m. § 12 Abs. 6.[87]

In der betrieblichen Praxis verpflichtet sich ein Arbeitgeber allerdings auch ohne dahingehende Rechtspflicht – insb. für die letzten Jahre vor Schutzrechtsablauf – nicht selten zur Weitervergütung, wenn er den Gegenstand der fallen gelassenen Schutzrechtsposition weiter nutzt.[88] Dies wird insbesondere dann praktisch, wenn der Arbeitgeber generell die Pflichten nach § 16 wirksam abbedungen hat, in Einzelfall eine (weitere) Nutzung der Diensterfindung aber nicht ausgeschlossen ist.[89] Da der Arbeitnehmer bei Übernahme der Schutzrechtsposition die Schutzrechtskosten tragen müsste und die Vergütung für ein vorbehaltenes Nutzungsrecht des Arbeitgebers um rd. 20 % bis 25 % niedriger läge (s. § 16 Rdn. 92), wäre der fortgeführte Vergütungsanspruch entsprechend zu mindern.

## D. Das eingeschränkte Recht zur Aufgabe vor Erfüllung des Vergütungsanspruchs/Übertragungsanspruch des Arbeitnehmers

### I. Grundsatz

25 Soweit der Vergütungsanspruch des Arbeitnehmers noch nicht restlos erfüllt ist (s. § 16 Rdn. 18), muss der Arbeitgeber nach § 16 Abs. 1 seine Absicht zur Aufgabe (zum Begriff s. § 16 Rdn. 10 f.) dem Arbeitnehmer mitteilen (§ 16 Rdn. 27) und ihm auf dessen Verlangen (§ 16 Rdn. 36 ff.) und Kosten (§ 16 Rdn. 53 ff.) das Recht übertragen (§ 16 Rdn. 44 ff.) sowie die zur Wahrung des Rechts erforderlichen Unterlagen aushändigen (§ 16 Rdn. 49 ff.). Dem Arbeitnehmererfinder räumt das Gesetz für den Wegfall seines noch nicht voll erfüllten Vergütungsanspruchs dadurch einen **Ausgleich** ein, dass er die Übertragung des Schutzrechts verlangen kann.[90] Dieser Anspruch steht gem. § 26 uneingeschränkt auch dem **ausgeschiedenen Arbeitnehmer** zu und über §§ 40, 41 auch den Bediensteten im **öffentlichen Dienst**. § 16 Abs. 1 und 2

---

86 Abw. Volmer/Gaul Rn. 125 f. zu § 16.
87 Abw. Boemke/Kursawe/Hoppe-Jänisch Rn. 144 zu § 16.
88 Vgl. den Sachverhalt bei Schiedsst. v. 12.11.2008 – Arb.Erf. 26/07 (Datenbank).
89 Vgl. Schiedsst. ZB v. 03.05.2017 – Arb.Erf. 09/16, Mitt. 2018, 356, 359, (= www.dpma.de).
90 BGH v. 10.05.1988 – X ZR 89/87, GRUR 1988, 762, 763 – *Windform*. Vgl. auch Schiedsst. v. 19.09.2013 – Arb.Erf. 29/12, (www.dpma.de).

## D. Übertragungsanspruch des Arbeitnehmers § 16

begründet ein **gesetzliches Schuldverhältnis** zwischen Arbeitnehmererfinder und Arbeitgeber.[91]

Ein potentieller **Anspruch** des Arbeitnehmers auf Übertragung von Schutzrechtspositionen aus § 16 Abs. 1 ist u. E. **vor Arbeitgeber-Mitteilung** der Aufgabeabsicht (s. § 16 Rdn. 27 ff.) im Voraus – auch mit Blick auf den erforderlichen »Durchgangserwerb« beim Arbeitnehmererfinder (s. § 16 Rdn. 36) – **weder übertragbar noch vererblich** (streitig[92], z. Rechtsstellung der Erben s. § 1 Rdn. 146 ff.). Zunächst erscheint zweifelhaft, ob man angesichts der gesetzlichen Voraussetzungen (ausstehende Vergütung, freie Willens- und Auswahlentscheidung des Arbeitgebers usw.) vor Kundgabe der Aufgabeabsicht eine für die Abtretbarkeit zukünftiger Ansprüche (Vorausabtretung) notwendige Bestimmbarkeit annehmen kann. Ähnlich wie bei der Auslandsfreigabe (s. § 14 Rdn. 22) folgt die eingeschränkte Übertragbarkeit und Vererblichkeit nach der hier vertretenen Auffassung jedenfalls aus § 399 1. Alt. BGB und der Zweckbindung des Anspruchs, den der Gesetzgeber anstelle eines allgemeinen Rückfallrechts in Anerkennung des engen Bandes zwischen Erfinder und Erfindung zuerkannt hat (s. § 16 Rdn. 1). Von frei übertragbaren Vermögensinteressen des Arbeitnehmererfinders kann u. E. vor Zugang der Arbeitgebermitteilung über seine Aufgabeabsicht (s. § 16 Rdn. 27 ff.) noch nicht ausgegangen werden. Dagegen ist ein durch die Arbeitgebermitteilung ausgelöster Übertragungsanspruch aus § 16 Abs. 2 auch gegenüber den Erben zu erfüllen.[93]

Das Verfahren nach § 16 Abs. 2 muss der Arbeitgeber selbstverständlich dann nicht mehr einhalten, wenn dieses nach Erfindungsmeldung (§ 22) **abbedungen** wurde, also der Arbeitnehmer wirksam auf eine spätere Übernahme verzichtet hat (s. i.Ü. § 16 Rdn. 36; zum Abkauf s. § 16 Rdn. 1.2 f.). Gleiches

---

91 BGH v. 06.02.2002 – X ZR 215/00, GRUR 2002, 609, 611 – *Drahtinjektionseinrichtung*.
92 Abw. wohl Cordt, Vererbung arbeitsrechtl. Ansprüche (2017), S. 174, wonach es sich bei dem Anspruch aus § 16 Abs. 2 nicht um einen höchstpersönl. Anspruch handelt, so dass die Aufgabeabsicht auch den Erben mitzuteilen ist. Ohne auf die Differenzierung ausdrücklich einzugehen, begründet § 16 nach Keukenschrijver in Busse/Keukenschrijver, PatG, Rn. 4 zu § 16 ArbEG »ausschließlich schuldrechtliche Verpflichtungen zwischen ArbG und ArbN«. Vgl. aber auch Boemke/Kursawe/Boemke Rn. 114 f. zu § 1, die – abweichend von der h. M. zu § 14 und ohne nähere Begründung und Differenzierung – generell von einer fehlenden Höchstpersönlichkeit von arbeitnehmererfindungsrechtl. Ansprüchen und damit von deren Vererblichkeit auszugehen.
93 S. auch Bartenbach, Mitt. 1982, 205, 207 f.

gilt, wenn die Aufgabe einer Schutzrechtsposition auf Anregung bzw. Betreiben des Erfinders[94] Oder in Abstimmung mit diesem erfolgt.

26 Nach der höchstrichterlichen Rechtsprechung ist Voraussetzung für den Übertragungsanspruch des Arbeitnehmers der **freiwillige Entschluss** des Arbeitgebers, die Schutzrechtsposition aufgeben zu wollen[95] (s.a. § 16 Rdn. 1).

Dementsprechend soll § 16 Abs. 2 dann nicht anwendbar sein, wenn der Arbeitgeber eine Schutzrechtsanmeldung deshalb nicht fortführt oder das Schutzrecht deshalb fallen lässt, weil ihm die zur Aufrechterhaltung erforderlichen Mittel infolge **Vermögensverfalls** fehlen;[96] auch ein Übertragungsanspruch aufgrund der arbeitsvertraglichen Treuepflicht (§ 242 BGB) bestehe danach nicht, sofern nicht ganz besondere Umstände vorliegen.[97] Dieser höchstrichterlichen Rechtsprechung kann – mit der herrschenden Meinung – nicht zugestimmt werden.[98] Dagegen spricht bereits der Gesetzeswortlaut, der auf den bloßen Umstand des »Nicht-Aufrechterhalten-Wollens« abstellt, und nicht auf die zugrunde liegenden Motive des Arbeitgebers. Hier wird der Anwendungsbereich – entgegen der gesetzgeberischen Absicht, dem Arbeitnehmer einen Ausgleich für seine nicht vollständig erfüllten Vergütungsansprüche zu vermitteln – durch die Einführung eines ungeschriebenen Tatbestandsmerkmals verkürzt, welches für den Arbeitnehmer als Außenstehenden weder erkennbar noch überprüfbar ist. Der *BGH* verkennt, dass der Entschluss im Sinne seiner Interpretation nie freiwillig sein kann; auch die Entscheidung, aus wirtschaftlichen Gründen – sei es wegen fehlender Marktbedürfnisse, Fortschreitens des Standes der Technik usw. – an der Schutzrechtsposition nicht festzuhalten, ist letztlich genauso freiwillig oder unfreiwillig wie die Entscheidung, wegen fehlender finanzieller Mittel anderen Betriebsausgaben den Vorrang vor fälligen Jahresgebühren einzuräumen. Im Übrigen hat der Arbeitgeber – worauf *Keukenschrijver* zu Recht hinweist – sein finanzielles Unvermögen selbst zu vertreten (»Geld hat man zu haben«).[99] Bestätigt wird dies auch durch

---

94 Schiedsst. v. 23.09.2015 – Arb.Erf. 59/13, (www.dpma.de).
95 BGH v. 10.05.1988 – X ZR 89/87, GRUR 1988, 762, 763 – *Windform*.
96 BGH v. 10.05.1988 – X ZR 89/87, GRUR 1988, 762, 763 – *Windform*; zust. Schricker, EWiR 1988, 849 f. (m.H.a. § 13 Abs. 3 ArbEG), der i.Ü. die Beweispflicht des Arbeitgebers betont, warum kein freier Entschluss vorlag.
97 BGH v. 10.05.1988 – X ZR 89/87, GRUR 1988, 762, 764 – *Windform*.
98 Im Ergebn. so auch Keukenschrijver in Busse/Keukenschrijver, PatG, Rn. 87 zu § 16 ArbEG; Boemke/Kursawe/Hoppe-Jänisch Rn. 11 ff. zu § 16; unklar Reimer/Schade/Schippel/Trimborn Rn. 7 zu § 16; folgend dagegen von Holzapfel in Tschöpe, ArbR (2017), Teil 2 H Rn. 39.
99 Keukenschrijver in Busse/Keukenschrijver, PatG, Rn. 8 zu § 16 ArbEG hin (»weil für seine wirtschaftliche Leistungsfähigkeit jeder einzustehen hat«).

## D. Übertragungsanspruch des Arbeitnehmers                                §16

§ 27 Nr. 4 ArbEG 1999 u. § 27 Nr. 3 ArbEG 2009. Entscheidend kann also für die Rechtsstellung des Arbeitnehmers letztlich nur sein, ob der Arbeitgeber die Schutzrechtsposition aufgeben will, und nicht, auf welchen Gründen dies beruht. Mithin sind die **Motive bzw. Beweggründe des Arbeitgebers** für seine Aufgabeentscheidung und damit für die Geltung des § 16 Abs. 2 **bedeutungslos**.

Demzufolge besteht der Übertragungsanspruch auch dann, wenn die Entscheidung des Arbeitgebers durch **sonstige äußere Umstände**, etwa einen eindeutigen Zurückweisungs- oder Versagungsbeschluss der Patentbehörde,[100] durch die Marktverhältnisse oder eine Aufforderung eines Mitbewerbers, zur Vermeidung einer Löschungs- oder Nichtigkeitsklage das Schutzrecht fallen zu lassen, beeinflusst ist (vgl. auch oben § 16 Rdn. 11).

Zur Problematik der nachträglichen Behandlung als **betriebsgeheime Erfindung** s. § 17 Rdn. 44 f.

### II. Mitteilung der Aufgabeabsicht

Die Mitteilung der Aufgabeabsicht ist eine **empfangsbedürftige Willenserklärung** i.S.d. § 130 BGB, die erst mit Zugang (s. dazu § 5 Rdn. 10 ff.) beim Arbeitnehmer wirksam wird.[101] Als solche unterliegt sie den Regeln über Willensmängel (§§ 116 ff. BGB). Eine Anfechtung nach § 119 BGB mit der Begründung, sich über die weitere Verwertbarkeit der Erfindung geirrt zu haben, scheidet regelmäßig aus, da es sich hierbei um einen unbeachtlichen sog. Motivirrtum handelt[102] (vgl. § 8 n.F. Rdn. 46 ff.). Zum Wegfall bei treuwidrigen Verhalten des Arbeitnehmers s. § 16 Rdn. 70.

27

Dem **Inhalt** nach muss die Erklärung nicht dem Wortlaut des § 16 entsprechen; sie muss aber (wörtlich oder sinngemäß) zweifelsfrei erkennen lassen, dass der Arbeitgeber den **Entschluss** gefasst hat, in Zukunft das Schutzrecht nicht weiter aufrechterhalten bzw. die Schutzrechtsanmeldung nicht weiter ver-

---

100 Vgl. Schiedsst. v. 27.01.1960, BlPMZ 1960, 279, 280.
101 Ebenso Schiedsst. v. 22.05.2017 – Arb.Erf. 21/15, (www.dpma.de); Reimer/Schade/Schippel/Trimborn Rn. 8 zu § 16; schwankend, aber letztlich wohl für eine »auf einseitige Einräumung einer Option« ausgerichtete Willenserkl. Boemke/Kursawe/Hoppe-Jänisch Rn. 89 ff. zu § 16; abw. Janert, Betriebl. Verfahrensweisen (1969), S. 151 (Willensmitteilung).
102 Schiedsst. v. 18.11.1994 – Arb.Erf. 97/93, (unveröffentl.); krit. dazu Boemke/Kursawe/Hoppe-Jänisch Rn. 103 ff. zu § 16.

folgen zu wollen.[103] Bestehen **mehrere Schutzrechtspositionen** für dieselbe bzw. mehrere Diensterfindungen muss für den Arbeitnehmer erkennbar sein, auf welche Schutzrechtsposition(en) sich die Aufgabeabsicht bezieht. Es gelten die allgemeinen Auslegungsgrundsätze (§ 133 BGB). Ein ausdrückliches Angebot an den Arbeitnehmer zur Übertragung ist gem. § 16 Abs. 1 nicht erforderlich. Ausreichend ist dementsprechend auch eine Ankündigung, aus der die **endgültige Willensentscheidung des Arbeitgebers zur Schutzrechtsaufgabe** zum Ausdruck kommt, etwa »von jetzt an die Verlängerungs- bzw. Jahresgebühren nicht mehr zu zahlen« bzw. »die Schutzrechtsanmeldung nicht weiterzuführen«.[104] Eine **Erläuterung der Motive** der Aufgabeabsicht ist nicht erforderlich; dies kann vielmehr bei objektiv unzutreffender Darstellung zur Fristverlängerung führen (s. § 16 Rdn. 35).

Die bloße Information an den Erfinder, der Patentanwalt habe eine Rücknahme der Schutzrechtsanmeldung empfohlen, stellt mangels Aussage über den eigenen Entschluss noch **keine ausreichende Mitteilung** der Aufgabeabsicht dar.[105] Auch die Erklärung, »kein Interesse an der Patentanmeldung zu haben«, reicht regelmäßig nicht aus; im Zusammenhang mit der Frage an den Arbeitnehmer, ob er seinerseits an einer Weiterverfolgung auf eigene Kosten interessiert sei, deutet dies jedoch darauf hin, dass in dem bekundeten Desinteresse an der Schutzrechtsposition auch die Erklärung der Absicht der Nichtweiterverfolgung durch den Arbeitgeber liegen kann.[106] Auch die bloße Anfrage beim Arbeitnehmer, ob er an einer Aufrechterhaltung bzw. Übernahme interessiert sei, reicht mangels anderer Anhaltspunkte regelmäßig noch nicht für die Annahme einer Aufgabemitteilung aus, sondern wird sich noch im Vorfeld der Meinungsbildung bewegen[107] (s.a. § 14 Rdn. 26); das gilt z.B. auch, wenn die Entscheidung über die Schutzrechtsaufgabe erkennbar noch von der Stellungnahme einer Fachabteilung abhängig gemacht wird.[108] Keine Aufgabemitteilung, sondern ein Vertragsangebot ist der Vorschlag des Arbeitgebers, die

---

103 Ähnl. Schiedsst. v. 25.01.1996 – Arb.Erf. 54/94, (unveröffentl.), wonach aus der Mitteilung die definitive Aussage hervorgehen muss, dass der Arbeitgeber sich tatsächlich entschlossen hat, die Schutzrechtsanmeldung nicht weiter zu verfolgen; wohl auch Keukenschrijver in Busse/Keukenschrijver, PatG, Rn. 8, 14 zu § 16 PatG; a. A. Boemke/Kursawe/Hoppe-Jänisch Rn. 91 ff. zu § 16, wonach eine »verbindlich die Übertragung der Schutzrechtsposition in Aussicht stellende Erklärung des Arbeitgebers« erforderlich sein soll.
104 Vgl. auch BGH v. 10.05.1988 – X ZR 89/87, GRUR 1988, 762, 763 – *Windform*.
105 Schiedsst. v. 25.01.1996 – Arb.Erf. 54/94, (unveröffentl.).
106 Schiedsst. v. 13.12.1993 – Arb.Erf. 127/92, (unveröffentl.).
107 Schiedsst. v. 13.12.1993 – Arb.Erf. 127/92, (unveröffentl.).
108 Schiedsst. v. 02.10.1989 – Arb.Erf. 95/88, (unveröffentl.).

## D. Übertragungsanspruch des Arbeitnehmers § 16

Erfindervergütung für die verbleibende gesetzliche Schutzdauer uneingeschränkt weiterzuzahlen bzw. pauschal abzufinden, wenn der Arbeitnehmer sich im Gegenzug bereit erklärt, einer Aufgabe der Schutzrechtsposition ohne Übertragung auf ihn zuzustimmen (s.a. § 16 Rdn. 35). Gleiches gilt für den Fall, dass der Arbeitgeber im Rahmen eines Vergütungsangebots ankündigt, bei Ablehnung die Schutzrechtsanmeldung nicht mehr selbst weiterführen, sondern auf den Arbeitnehmer auf dessen Kosten übertragen zu wollen.[109]

Da § 16 Abs. 1 im Unterschied zu anderen Vorschriften des ArbEG (z.B. §§ 5, 6, 8 Abs. 1 Nr. 1 a.F. bzw. § 8 n.F., § 12 Abs. 3 u. 4, § 18) keine Form gesetzlich vorschreibt, ist die Mitteilung **formlos**,[110] auch konkludent möglich; an Letzteres sind allerdings strenge Anforderungen zu stellen. Dies ist z.B. dann gegeben, wenn der Arbeitgeber ausdrücklich und eindeutig dem Erfinder erklärt, fällige Jahresgebühren zukünftig nicht mehr zahlen bzw. ggü. negativen Entscheidungen der Schutzrechtserteilungsbehörden keine Rechtsbehelfe einlegen zu wollen. Eine Schriftform bzw. Textform ist aber ebenso wie eine schriftliche Empfangsbestätigung wegen der **Beweislast** des Arbeitgebers für den Zugang der Mitteilung zweckmäßig. 28

Wegen der erheblichen rechtlichen (Ingangsetzen der Ausschlussfrist des § 16 Abs. 2) und wirtschaftlichen Konsequenzen muss der Arbeitgeber seine Absichtserklärung dem Arbeitnehmer so übermitteln, dass er – i.R.d. Zumutbaren – die **Kontrolle über den Zugang der Erklärung** behält.[111] Hierzu reicht – insb. bei einem ausgeschiedenen Arbeitnehmer – die bloße Absendung durch einfachen Brief regelmäßig nicht aus[112]. Ggf. sind die Aufforderung an den Adressaten zur schriftlichen Empfangsbestätigung (u.U. mit späterer Rückfrage) oder die Übersendung mittels Einschreiben/Rückschein bzw. die 29

---

109 Keukenschrijver in Busse/Keukenschrijver, PatG, Rn. 14 zu § 16 ArbEG m. H. a. Schiedsst. v. 18.11.2008 – Arb.Erf. 31/07.
110 Vgl. Schiedsst. v. 15.10.1964, BlPMZ 1965, 66; Keukenschrijver in Busse/Keukenschrijver, PatG, Rn. 13, 31 zu § 16 ArbEG; a.A. Volmer Rn. 11 zu § 16; wie hier aber wohl Volmer/Gaul Rn. 144 ff. zu § 16.
111 So BGH v. 31.01.1978 – X ZR 55/75, GRUR 1978, 430, 434 – *Absorberstab-Antrieb* (zu § 14); s.a. BGH v. 08.12.1981 – X ZR 50/80, GRUR 1982, 227, 229 – *Absorberstab-Antrieb II* u. BGH v. 05.06.1984 – X ZR 72/82, GRUR 1984, 652 – *Schaltungsanordnung*; Keukenschrijver in Busse/Keukenschrijver, PatG, Rn. 13 zu § 16 ArbEG m. H. a. OLG München Mitt. 2003, 229, 231, wonach der ArbG für einen »Zugangsnachweis zu sorgen« hat und »das Übermittlungsrisiko trägt«.
112 BGH v. 31.01.1978, GRUR 1978, 430, 434 – *Absorberstab-Antrieb* u. v. 08.12.1981, GRUR 1982, 227, 229 – *Absorberstab-Antrieb II* (beide zu § 14 ArbEG).

persönliche Überbringung durch Boten zweckmäßig und notwendig[113] wie auch eine Einwohnermeldeamtsanfrage; s.a. § 14 Rdn. 25.

30   Einer **Vereinbarung** über die »Aufgabe« bedarf es nicht, da § 16 nur eine bloße Unterrichtung des Arbeitnehmers vorschreibt.[114] I.Ü. spricht auch das gesetzlich begründete Wahlrecht des Arbeitnehmers (s. dazu § 16 Rdn. 36) dagegen, dass die Mitteilung der Aufgabeabsicht als vertragliches Angebot des Arbeitgebers i.S.d. § 145 BGB und die dazu korrespondierende, auf Übertragung der Rechtsposition gerichtete Erklärung des Arbeitnehmers als Annahme i.S.d. §§ 147 ff. BGB anzusehen ist.[115]

31   Geht ein **Widerruf** nicht spätestens gleichzeitig mit Zugang der Mitteilung der Aufgabeabsicht dem Arbeitnehmer zu (§ 130 Abs. 1 BGB), so kann der Arbeitgeber seine Absichtserklärung vor Ablauf der 3-Monats-Frist des § 16 Abs. 2 (s. dazu § 16 Rdn. 38 ff.) nicht mehr einseitig rückgängig machen;[116] er bleibt daran hinsichtlich des Übertragungsanspruchs des Arbeitnehmers gebunden,[117] auch wenn sich zwischenzeitlich die für die Aufgabeabsicht maßgeblichen Umstände geändert haben sollten (s.a. § 16 Rdn. 36).

**Verstreicht** dagegen die **3-Monats-Frist ergebnislos** oder verzichtet der Arbeitnehmer nach Meldung der Diensterfindung (§ 22 Satz 2!) auf Rechtsübertragung (s. dazu § 16 Rdn. 36), so entfällt die Bindung des Arbeitgebers an seine Erklärung, und er ist nunmehr nach § 16 Abs. 2 berechtigt, aber nicht verpflichtet, die Schutzrechtsanmeldung bzw. das Schutzrecht fallen zu lassen.[118] **Nach ergebnislosem Fristablauf** entfällt der Anspruch des Arbeitnehmers auf Rechtsübertragung.[119] Etwas anderes soll nach Auffassung der *Schiedsstelle* dann gelten, wenn die Mitteilung der Aufgabeabsicht trotz der

---

113 Vgl. BGH v. 31.01.1978, GRUR 1978, 430, 434 – *Absorberstab-Antrieb*; s. auch BGH v. 08.12.1981, GRUR 1982, 227, 229 – *Absorberstab-Antrieb II* u. BGH v. 05.06.1984 – X ZR 72/82, GRUR 1984, 652 – *Schaltungsanordnung*; z. Wirkung eines Einwurfeinschreibens u. des Zugangsnachweises s. Reickert, NJW 2001, 2523; Friedrichs, VersR 2001, 1090; Bauer/Diller, NJW 1998, 2795.
114 Schiedsst. v. 15.10.1964, BlPMZ 1965, 66.
115 Schiedsst. v. 15.10.1964, BlPMZ 1965, 66; abw. aber Boemke/Kursawe/Hoppe-Jänisch Rn. 95 zu § 16.
116 Bartenbach/Volz, GRUR 1978, 668, 670; zust. Keukenschrijver in Busse/Keukenschrijver, PatG, Rn. 13 zu § 16 ArbEG.
117 Ebenso Reimer/Schade/Schippel/Trimborn Rn. 7 zu § 16 m.H.a. Schiedsst. v. 17.07.1979, BlPMZ 1980, 234; Schiedsst. v. 13.12.1993 – Arb.Erf. 127/92, u. v. 18.11.1994 – Arb.Erf. 97/93, (beide unveröffentl.).
118 Ebenso Schiedsst. v. 19.08.1986 – Arb.Erf. 108/85, u. v. 03.02.1994 – Arb.Erf. 49/93, (beide unveröffentl.); Volmer/Gaul Rn. 167 zu § 16.
119 Schiedsst. v. 03.02.1994 – Arb.Erf. 49/93, (unveröffentl.).

fehlenden Begründungspflicht (s. § 16 Rdn. 35) mit einer objektiv unzutreffenden, die Entscheidungsfindung des Arbeitnehmers beeinflussbaren Begründung, z.B. über die mangelnde Schutzfähigkeit, verbunden war.[120]

**Ändert** der Arbeitgeber **nach ungenutztem Fristablauf** erkennbar **seinen Willen** – sei es, dass er dies durch längeres Aufrechterhalten und Weiternutzen des Schutzrechts bzw. Weiterverfolgen des Anmeldeverfahrens, durch Zahlung der Gebühren oder sonst wie zum Ausdruck bringt –, ist dies zulässig. Eine Aufgabepflicht besteht nicht (zur Bindung nach Zugang s. § 16 Rdn. 31). Die früher erklärte Aufgabeabsicht ist überholt und wirkt nicht mehr fort.[121] Will der Arbeitgeber nunmehr zu einem späteren Zeitpunkt seine Rechtsposition fallen lassen, so muss das Verfahren des § 16 erneut eingehalten werden[122] (s. aber auch § 16 Rdn. 25, 36). **32**

Da sich der Arbeitnehmer im Hinblick auf sein Wahlrecht nach § 16 Abs. 2 und die dort vorgegebene Ausschlussfrist (s. dazu § 16 Rdn. 39) über die (endgültige) Aufgabeabsicht des Arbeitgebers im Klaren sein muss, ist dessen einseitige Absichtserklärung **bedingungsfeindlich**.[123] Bspw. darf der Arbeitgeber seine Erklärung nicht davon abhängig machen, dass er vom Arbeitnehmer vorher Erstattung bisheriger Kosten für den Schutzrechtserwerb bzw. Verzicht auf fällige Vergütungsansprüche verlangt.[124] Erst Recht können **weder** ein **Entgelt** (»Kaufpreis«) **noch** eine **sonstige Gegenleistung** verlangt werden (s. auch § 27 n.F. Rdn. 142). Der Arbeitgeber kann z. B. nicht seine Aufgabe daran koppeln, dass ihm anstatt des einfachen Benutzungsrechts nach Abs. 3 eine übertragbare Lizenz vom Arbeitnehmer eingeräumt wird[125] bzw. ein kostenloses Benutzungsrecht.[126] Mitteilungen unter Bedingungen stellen im Ergebnis keine wirksame, die Frist nach Absatz 2 auslösende Aufgabeerklärung **33**

---

120 ZB. v. 30.10.1996 – Arb.Erf. 29/95, (unveröffentl.). A. A. wohl Boemke/Kursawe/Hoppe-Jänisch Rn. 139 zu § 16.
121 Zust. u. a. Schiedsst. v. 19.06.2012 – Arb.Erf. 35/11, (www.dpma.de).
122 Schiedsst. v. 19.08.1986 – Arb.Erf. 108/85, u. v. 03.02.1994 – Arb.Erf. 49/93, (beide unveröffentl.).
123 Ebenso Schiedsst. v. 18.11.2008 – Arb.Erf. 31/07, (Datenbank); v. 10.11.2008 – Arb.Erf. 27/07 (unveröffentl.), u. v. 23.03.2010 – Arb.Erf. 13/09, (in www.dpma.de nur LS. 2); Volmer/Gaul Rn. 141 zu § 16; Keukenschrijver in Busse/Keukenschrijver, PatG, Rn. 13 zu § 16 ArbEG.
124 Ebenso Schiedsst. v. 18.11.2008 – Arb.Erf. 31/07, (Datenbank).
125 Schiedsst. v. 22.02.1979, BlPMZ 1980, 211, 212 f.
126 Schiedsst. v. 22.02.1979, BlPMZ 1980, 211, 212 f.; v. 20.11.2008 – Arb.Erf. 27/07, (unveröffentl.) u. v. 23.03.2010 – Arb.Erf. 13/09, (insoweit nicht in www.dpma.de).

i. S. v. § 16 Abs. 1 dar.[127] Hierin können allerdings Vertragsangebote zum Abschluss einer besonderen Vereinbarung liegen[128] (s.a. § 16 Rdn. 82).

34 Eine **Frist für die Mitteilung** der Aufgabeabsicht schreibt § 16 Abs. 1 nicht vor. **Sobald die Aufgabeabsicht feststeht**, besteht auch die Mitteilungspflicht des Arbeitgebers (»Wenn ... nicht aufrechterhalten will, hat er dies mitzuteilen ...«) und daran anknüpfend eine Übertragungspflicht bei entsprechendem Verlangen des Arbeitnehmers (s.a. § 16 Rdn. 36; zur Pflichtverletzung s. § 16 Rdn. 72 f.).

Unter dem Aspekt der arbeitsrechtlichen Fürsorgepflicht sollte der Arbeitgeber die Aufgabeabsicht alsbald dann erklären, wenn er sich über das endgültige Fallenlassen seiner Rechtsposition klargeworden ist (s. aber auch § 16 Rdn. 27). Will der Arbeitgeber mit der Aufgabe einer Schutzrechtsposition künftige amtliche Gebühren oder sonstige wirtschaftliche Belastungen vermeiden, ist er gehalten, die Mitteilung der Aufgabeabsicht so rechtzeitig dem Arbeitnehmererfinder zukommen zu lassen, dass der Ablauf der 3-Monats-Frist des § 16 Abs. 2 sowie eine eventuelle Schutzrechtsübertragung noch vor dem maßgeblichen Fälligkeitstermin für Gebühren etc. liegen[129] (zur Verpflichtung der Aufrechterhaltung der Schutzrechtsposition und damit zur Kostentragung bis zur Rechtsübertragung s. § 16 Rdn. 41).

Steht die Aufgabeabsicht zwar fest, wird die Mitteilung – gleich aus welchen Gründen – aber verschoben, so ist dies im Grundsatz ebenso sanktionslos wie umgekehrt eine vorzeitige Mitteilung. Konsequenz bleibt aber stets, dass der **Arbeitgeber mit Zugang seiner Mitteilung** daran **gebunden** ist (s. § 16 Rdn. 31) und während der damit beginnenden Drei-Monats-Frist die betreffende(n) Schutzrechtsposition(en) aufrechterhalten muss (s. § 16 Rdn. 41).

§ 16 Abs. 1 gesteht es dem Arbeitgeber auch zu, die Aufgabeabsicht zu einem **konkreten zukünftigen Termin** zu erklären; dies kann in Fällen des Fälligwerdens von Amtsgebühren, Jahresgebühren ebenso relevant werden wie hinsichtlich der Fristen für die Verlängerung bestehender Schutzrechte (vgl. etwa § 23 Abs. 2, 3 GebrMG) oder in Fällen, in denen der Termin aus sonstigen Gründen konkret vorhersehbar ist (etwa Ablauf von Basispatenten, Lizenzverträgen oder eigenen Nutzungshandlungen). Auch in diesen Fällen verbleibt es bei der

---

127 Im Ergebn. ebenso Schiedsst. v. 18.11.2008 – Arb.Erf. 31/07, (Datenbank) u. v. 23.03.2010 – Arb.Erf. 13/09, (in www.dpma.de nur LS 2).
128 Ebenso Schiedsst. v. 18.11.2008 – Arb.Erf. 31/07, (Datenbank).
129 Abw. Boemke/Kursawe/Hoppe-Jänisch Rn. 78 zu § 16, wonach den Arbeitgeber nach dem ArbEG keine Mitteilungsverpflichtung trifft.

## D. Übertragungsanspruch des Arbeitnehmers § 16

durch die Mitteilung der Aufgabeabsicht ausgelösten 3-Monats-Frist (vgl. auch § 16 Rdn. 39). Selbst wenn sich die für die Aufgabeabsicht maßgeblichen Umstände ändern sollten, bleibt der Arbeitgeber an eine vom Arbeitnehmer erklärte Übernahmeabsicht gebunden (s. § 16 Rdn. 31).

In Ergänzung der Mitteilung gem. § 16 Abs. 1 kann der Arbeitgeber im Rahmen seiner **Fürsorgepflicht** gehalten sein, den Arbeitnehmer über ihm bekannte bestehende Rechte an der aufzugebenden Schutzrechtsposition (etwa Lizenzrechte Dritter), über eine Abhängigkeit dieses Rechts oder sonstige rechtliche oder wirtschaftliche Belastungen des Rechts, etwa anhängige Nichtigkeits- oder Löschungsklagen, ferner die Erklärung der Lizenzbereitschaft nach § 23 PatG, zu **informieren**, da dies unter Umständen von maßgeblichem Einfluss auf die Entscheidung des Arbeitnehmers über die Ausübung seines Wahlrechts sein kann. Der Arbeitgeber ist aber nicht gehalten, über die wirtschaftliche Verwertbarkeit aufzuklären.[130] Aus der Fürsorgepflicht heraus ist der Arbeitgeber auch nicht gehalten, den Arbeitnehmer über die durch § 5 Abs. 1 GebrMG eröffnete Möglichkeit der Abzweigung eines Gebrauchsmusters unter Beanspruchung der Priorität der Patentanmeldung hinzuweisen (s.a. § 16 Rdn. 11.1). Gibt der Arbeitgeber weitergehende Informationen, auch wenn er dazu rechtlich nicht verpflichtet ist, müssen diese zutreffen.[131] 35

I.Ü. ist der Arbeitgeber nicht verpflichtet, von sich aus auf sonstige, außerhalb des Schutzrechts liegende Umstände hinzuweisen, wie etwa auf Genehmigungs- und Zulassungserfordernisse bei der wirtschaftlichen Verwertung des Erfindungsgegenstandes. Er ist auch **nicht gehalten**, dem Arbeitnehmer die **Motive für seine Aufgabeabsicht** darzulegen[132] (s.a. § 16 Rdn. 1). Gibt er Motive an, müssen diese richtig sein. **Unklarheiten** gehen dabei zu seinen Lasten. Bei unzutreffenden Angaben wird von einem fehlenden Ingangsetzen der 3-Monats-Frist ausgegangen (s. § 16 Rdn. 31). Der Arbeitgeber hat i.Ü. **keine allgemeine Belehrungspflicht** über die an die Mitteilung nach § 16 Abs. 2 anknüpfenden Rechte des Arbeitnehmers[133] (s.a. § 16 Rdn. 39, 41).

---

130 In diesem Sinn Schiedsst. v. 05.12.2002 – Arb.Erf. 80/01, (Datenbank).
131 Schiedsst. v. 05.12.2002 – Arb.Erf. 80/01, (Datenbank).
132 Ebenso Schiedsst. v. 05.12.2002 – Arb.Erf. 80/01, (Datenbank); zust. Keukenschrijver in Busse/Keukenschrijver, PatG, Rn. 14 zu § 16 ArbEG; allerdings soll nach Boemke/Kursawe/Hoppe-Jänisch, Rn. 106 zu § 16 mit Blick auf eine Anfechtungsmöglichkeit nach § 119 BGB »anzuraten sein, mit der Mitteilung die tragenden Gründe für diese Entscheidung zu übersenden«.
133 Abw. Volmer/Gaul Rn. 154 zu § 16.

## III. Übertragungsanspruch des Arbeitnehmers

### 1. Wahlrecht

36 Nicht schon die Aufgabeabsicht als solche, sondern erst deren Mitteilung löst die Rechtsfolge des § 16 Abs. 2 aus, selbst wenn der Arbeitnehmer auf andere Weise von der Aufgabeabsicht erfahren hat.[134] Dementsprechend führt erst der **Zugang der Mitteilung** beim Arbeitnehmer zu einer einseitigen Bindung des Arbeitgebers[135]. Die Mitteilung löst ein Erwerbsrecht des Arbeitnehmers in Form eines gesetzlichen (lediglich schuldrechtlich wirkenden) befristeten Übertragungsanspruchs aus.[136] Der Arbeitgeber hat, wenn der Arbeitnehmer innerhalb der mit dem Zugang beginnenden 3-Monats-Frist seine Übernahmeabsicht erklärt, diesem die Schutzrechtsposition – ungeachtet eines etwaigen Sinneswandels – unverzüglich durch Abtretung zu übertragen[137] (s.a. § 16 Rdn. 31). Der Arbeitnehmer kann nach dem eindeutigen Gesetzeswortlaut (§ 16 Abs. 1 u. 2) nur **Übertragung auf sich** selbst und keine Übertragung auf Dritte verlangen[138] (zur eingeschränkten Abtretbarkeit s. § 16 Rdn. 25). Zu den Folgen einer Verletzung der Mitteilungspflicht s. § 16 Rdn. 70 ff.

Um den Arbeitnehmer nicht gegen seinen Willen mit den Rechten und Pflichten (insb. Kosten) aus einer Schutzrechtsanmeldung bzw. aus einem Schutzrecht zu belasten, räumt ihm § 16 Abs. 2 die **freie Entscheidung** über die Übertragung bzw. deren Ablehnung ein[139] (**Wahlrecht**).

Nach Meldung der Diensterfindung (vgl. § 22 Satz 2) kann der Arbeitnehmer wirksam auf seinen **Überleitungsanspruch verzichten**, sei es unabhängig von einer konkreten Aufgabeabsicht seines Arbeitgebers,[140] sei es nach einer ent-

---

134 Im Ergebnis auch BGH v. 06.02.2002 – X ZR 215/00, GRUR 2002, 609, 611 – *Drahtinjektionseinrichtung*; ferner OLG Düsseldorf v. 17.09.1987 – 2 U 180/86, u. LG Berlin v. 12.08.1997 – 16 O 67/97, (beide unveröffentl.).
135 OLG Düsseldorf v. 17.09.1987 – 2 U 180/86, u. LG Berlin v. 12.08.1997 – 16 O 67/97, (beide unveröffentl.); s. auch BGH v. 06.02.2002 – X ZR 215/00, GRUR 2002, 609, 611 – *Drahtinjektionseinrichtung*.
136 So Keukenschrijver in Busse/Keukenschrijver, PatG, Rn. 16 zu § 16 ArbEG; bestätigt durch BGH v. 06.02.2002 – X ZR 215/00, GRUR 2002, 609, 611 – *Drahtinjektionseinrichtung*.
137 BGH v. 06.02.2002 – X ZR 215/00, GRUR 2002, 609, 611 – *Drahtinjektionseinrichtung*; Volmer/Gaul Rn. 170 zu § 16 m.H.a. Schiedsst. v. 17.07.1979, BlPMZ 1980, 234; krit., im Ergebn. aber wohl wie hier Boemke/Kursawe/Hoppe-Jänisch Rn. 96 ff. zu § 16.
138 So zu Recht Keukenschrijver in Busse/Keukenschrijver, PatG, Rn. 16 zu § 16 ArbEG.
139 Volmer Rn. 9 zu § 16.
140 Schiedsst. v. 02.10.1989 – Arb.Erf. 95/88, (unveröffentl.).

## D. Übertragungsanspruch des Arbeitnehmers § 16

sprechenden Mitteilung.[141] An den Nachweis eines solchen **Rechtsverzichts**, der formlos möglich ist, sind grds. strenge Anforderungen zu stellen. Stimmt ein Arbeitnehmer der Aufgabe der Schutzrechtsposition nach Ankündigung durch seinen Arbeitgeber, etwa der Zurücknahme einer Schutzrechtsanmeldung, vorbehaltlos und eindeutig zu, so liegt darin i.d.R. ein Verzicht auf den Überleitungsanspruch.[142] Gleiches gilt, wenn er auf eine Voranfrage des Arbeitgebers vorbehaltlos erklärt, an einer Rechtsübertragung nicht interessiert zu sein.[143] Nach einem Verzicht des Arbeitnehmers ist der Arbeitgeber grds. in seiner Entscheidung über das Fallenlassen oder Aufrechterhalten der Schutzrechtsposition frei, es sei denn, die auf eine spezielle Aufgabeabsicht bezogene Verzichtserklärung des Arbeitnehmers ist aufgrund des späteren Verhaltens des Arbeitgebers überholt (s. hierzu § 16 Rdn. 32; zu den Folgen einer Ablehnung bzw. des ergebnislosen Fristablaufs s. § 16 Rdn. 31). Zum **Abkauf** der Rechte aus § 16 Abs. 2 Rdn. 2.

### 2. Ausübung

#### a) Rechtsnatur, Form und Inhalt

Das Verlangen des Arbeitnehmers stellt eine **empfangsbedürftige Willenserklärung** i.S.d. § 130 BGB dar.[144] Es begründet mit Zugang beim Arbeitgeber dessen Pflicht zur Rechtsübertragung (s.u. § 16 Rdn. 44). 37

Die Erklärung ist **formlos** (auch konkludent) möglich[145]; im Hinblick auf die **Beweislast** des Arbeitnehmers für den fristgerechten Zugang ist aber Schrift- bzw. Textform empfehlenswert.[146]

**Inhaltlich** muss der Arbeitgeber (Empfängerhorizont) der Erklärung entnehmen können, dass der Arbeitnehmer die Übertragung der Schutzrechtsposition

---

141 Ebenso Schiedsst. v. 10.12.1990 – Arb.Erf. 33/90, (unveröffentl.) u. v. 05.12.1991, Mitt. 1997, 121, 123 – *Hinterfüll-Bewehrungsmatte*.
142 Schiedsst. v. 19.01.1981 – Arb.Erf. 45/80, (unveröffentl.); bestätigt durch Schiedsst. v. 05.12.1991, Mitt. 1997, 121, 123 – *Hinterfüll-Bewehrungsmatte*; zust. auch Keukenschrijver in Busse/Keukenschrijver, PatG, Rn. 10 zu § 16 ArbEG.
143 Schiedsst. v. 02.10.1989 – Arb.Erf. 95/88, (unveröffentl.).
144 Ebenso Schiedsst. v. 22.05.2017 – Arb.Erf. 21/15, (www.dpma.de); Reimer/Schade/Schippel/Trimborn Rn. 14 zu § 16; Keukenschrijver in Busse/Keukenschrijver, PatG, Rn. 17 zu § 16 ArbEG; wie hier Boemke/Kursawe/Hoppe-Jänisch Rn. 110 zu § 16 (anders als § 27 Nr. 3 Boemke/Kursawe/Ulrici Rn. Rn. 92 zu § 27: empfangsbedürftige geschäftsähnliche Handlung).
145 Wohl allg. A., z. B. Keukenschrijver in Busse/Keukenschrijver, PatG, Rn. 17 zu § 16 ArbEG.
146 Zur Schriftform ebenso Volmer/Gaul Rn. 173 zu § 16.

will. Als Gestaltungserklärung ist sie **bedingungsfeindlich;**[147] knüpft der Arbeitnehmer an eine Übertragung Bedingungen, kann folglich der Arbeitgeber die Schutzrechtsposition nach Ablauf von 3 Monaten fallen lassen.[148] Der Arbeitnehmer kann keine Übertragung **auf Dritte** verlangen (s. § 16 Rdn. 36). Sollen neben der inländischen zugleich ausländische Schutzrechtspositionen aufgegeben werden, kann das Übertragungsverlangen **auf einzelne Rechte begrenzt** werden.

**Gegenstand des Übertragungsanspruchs** des Arbeitnehmers sind ausschließlich die **angebotenen Schutzrechtspositionen**. Der Arbeitnehmer hat angesichts der freien Entscheidung des Arbeitgebers (s. § 16 Rdn. 15) keinen Anspruch auf Übertragungen weiterer Schutzrechtspositionen (s. auch § 16 Rdn. 17), auf Mitübertragung von bereits fälligen Lizenzgebührenansprüchen oder z. B. auf Abtretung zuvor entstandener Schadensersatzansprüche gegen Schutzrechtsverletzter (s. im Übr. § 16 Rdn. 48).

Hat der **Arbeitnehmer kein Interesse an einer Übernahme** der Diensterfindung, bedarf es keiner ausdrücklichen Ablehnungserklärung gegenüber dem Arbeitgeber (s. auch § 16 Rdn. 39).

**b) Frist**

38   Die Frist für die Abgabe einer auf Rechtsübertragung gerichteten Erklärung des Arbeitnehmers beträgt gem. § 16 Abs. 2 **3 Monate ab Zugang** der Mitteilung des Arbeitgebers; die Erklärung muss also innerhalb dieses Zeitraums dem Arbeitgeber zugegangen sein (zum Zugang s. § 5 Rdn. 10 ff.).

39   Da der Anspruch des Arbeitnehmers, die Übertragung des Rechts zu verlangen, mit Ablauf der 3-Monats-Frist untergeht (§ 16 Abs. 2) und damit dem Arbeitgeber die für seine weiteren Entscheidungen notwendige Rechtssicherheit verschafft wird, stellt die 3-Monats-Frist u. E. eine nicht verlängerbare **Ausschlussfrist** dar[149] (z. Bedeutung der Ausschlussfrist s. § 6 n.F.

---

147 Zust. Keukenschrijver in Busse/Keukenschrijver, PatG, Rn. 18 zu § 16 ArbEG. Boemke/Kursawe/Hoppe-Jänisch Rn. 112 zu § 16 weisen darauf hin, dass dies nicht für eine sog. Potestativbedingung gilt, »deren Eintritt vom Willen des Arbeitgebers abhängt«.
148 Schiedsst. v. 24.07.1989 – Arb.Erf. 82/88, (unveröffentl.).
149 Bartenbach/Volz, GRUR 1978, 668, 670; Volmer/Gaul Rn. 15 zu § 16; Keukenschrijver in Busse/Keukenschrijver, PatG, Rn. 19 zu § 16 ArbEG; a.A. (für einvernehmliche Fristverlängerung) Schiedsst. v. 21.12.1981 – Arb.Erf. 25/80, (unveröffentl.); Boemke/Kursawe/Hoppe-Jänisch Rn. 114 zu § 16 m. H. a. § 202 BGB n.F.

Rdn. 87 ff.). Setzt der Arbeitgeber dem Arbeitnehmer unter Missachtung der gesetzlichen Regelung eine **kürzere Frist**, so verstößt dies zwar gegen § 16 Abs. 2, setzt aber gleichwohl die 3-Monats-Frist in Gang.[150] Eine **unrichtige Angabe der Beweggründe** für die Aufgabeabsicht kann dazu führen, dass die Frist nicht läuft (s. § 16 Rdn. 31). Das gilt nach Auffassung der *Schiedsstelle* auch bei zu weitgehendem Benutzungsvorbehalt (s. § 16 Rdn. 79).

In dem reaktionslosen Ablauf der Dreimonatsfrist liegt eine **stillschweigende Ablehnung des Übernahmeangebots**, die nach § 16 Abs. 2 kraft Gesetzes unwiderlegbar ist.

Eine **allgemeine Unterrichtungspflicht** des Arbeitgebers über einen drohenden Fristablauf oder zur Belehrung über die Rechtsfolgen eines Fristablaufs besteht nicht[151] (vgl. auch oben § 16 Rdn. 35 sowie § 12 Rdn. 82 u. § 25 Rdn. 20). Zur Fristwahrung durch Anrufung der Schiedsstelle s. § 31 Rdn. 18 f.

Für die **Berechnung der Frist** gelten die §§ 187 bis 193 BGB (s. dazu § 6 n.F. Rdn. 94 f., 104 f.). Zu den Folgen des ergebnislosen Fristablaufs s.o. § 16 Rdn. 31 f. **40**

Der Arbeitnehmer ist grds. berechtigt, den 3-Monats-Zeitraum **voll auszuschöpfen;**[152] eine einseitige Verkürzung durch den Arbeitgeber ist unzulässig und entfaltet keinerlei Wirkung (s. § 16 Rdn. 39). Der Arbeitgeber muss in diesem Zeitraum die **Schutzrechtsposition aufrechterhalten** und alles veranlassen, dem Arbeitnehmer die evtl. zu übertragende Rechtsposition in dem (Rechts-) Zustand, in dem sie sich zum Zeitpunkt der Mitteilung der Aufgabeabsicht befunden hat, gänzlich zu erhalten.[153] Mit Zugang des Übertragungsverlangens hat sich der Arbeitgeber bis zur wirksamen Übertragung der Schutzrechtsposition auf den Arbeitnehmer mit allen ihm zur Verfügung stehenden **41**

---

150 So Schiedsst. v. 13.12.1993 – Arb.Erf. 127/92; v. 01.10.1990 – Arb.Erf. 97/89, u. v. 20.11.2008 – Arb.Erf. 27/07, (alle unveröffentl.); so wohl auch Schiedsst. v. 25.04.1983, BlPMZ 1983, 378 a. E., 379; Werner, GRUR 1966, 236, 237.
151 Vgl. Schiedsst. v. 23.04.1979 – Arb.Erf. 68/78, (unveröffentl.); Schiedsst. v. 23.04.1990, BlPMZ 1992, 197 – *Jahresgebührenquotelung* = Mitt. 1993, 286, 287 m. Anm. Bartenbach/Volz.
152 Schiedsst. v. 23.04.1990, BlPMZ 1992, 197 – *Jahresgebührenquotelung* = Mitt. 1993, 286, 287 m. Anm. Bartenbach/Volz.
153 Bestätigt durch BGH v. 06.02.2002 – X ZR 215/00, GRUR 2002, 609, 613 – *Drahtinjektionseinrichtung*; i.Ü. ebenso Schiedsst. v. 23.04.1990, BlPMZ 1992, 197 – *Jahresgebührenquotelung* = Mitt. 1993, 286, 287 m. Anm. Bartenbach/Volz.; Keukenschrijver in Busse/Keukenschrijver, PatG, Rn. 15 zu § 16 ArbEG.

## § 16 Aufgabe der Schutzrechtsanmeldung oder des Schutzrechts

Mitteln um die Aufrechterhaltung des Schutzrechts zu bemühen.[154] Ab Mitteilung der Aufgabeabsicht muss der Arbeitgeber z.B. – soweit möglich – Fristverlängerung bei der Erteilungsbehörde beantragen,[155] Frist wahrend Rechtsbehelfe einlegen, z.B. Beschwerde gegen einen Zurückweisungsbeschluss[156] (§ 73 PatG), und/oder eine solche begründen,[157] Gebühren, insb. Jahresgebühren, zahlen,[158] Prüfungsantrag vor Ablauf der Antragsfrist (vgl. § 44 Abs. 2 PatG, Art. 94 EPÜ) stellen[159], die Frist für eine fehlende Erfinderbenennung wahren (§ 37 PatG) und auch sonst alle Verteidigungsmöglichkeiten – grundsätzlich losgelöst von Erfolgsaussichten (s. aber § 16 Rdn. 73) – zugunsten des Arbeitnehmererfinders ausschöpfen.[160] Da derartige Maßnahmen nach der Übertragung mögliche Folgekosten für den Arbeitnehmer auslösen können, wird der Arbeitgeber aus Gründen der Fürsorgepflicht gehalten sein, den Arbeitnehmer vorab über die zu treffenden Entscheidungen zu informieren[161] und ggf. mit ihm die Maßnahmen abzustimmen (s.a. hier § 16 Rdn. 42 sowie § 13 Rdn. 18). Zum einstweiligen Rechtsschutz bei drohendem Fallenlassen einer Schutzrechtsposition s. § 37 Rdn. 27.

Der Arbeitgeber hat sich innerhalb der 3-Monats-Frist jeder **Verfügung zu enthalten**, die das Übernahmerecht des Arbeitnehmers gegenstandslos macht – wie etwa die Übertragung der Schutzrechtsposition auf Dritte oder einzelne Miterfinder (s.a. § 16 Rdn. 101) – oder beeinträchtigt.[162] Er kann daher weder

---

154 BGH v. 06.02.2002 – X ZR 215/00, GRUR 2002, 609, 613 – *Drahtinjektionseinrichtung*.
155 Reimer/Schade/Schippel/Trimborn Rn. 14 zu § 16.
156 Keukenschrijver in Busse/Keukenschrijver, PatG, Rn. 19 zu § 6 ArbEG.
157 BGH v. 06.02.2002 – X ZR 215/00, GRUR 2002, 609, 613 – *Drahtinjektionseinrichtung*; dort z. Aufklärungspflicht des Arbeitgebers bei Abwehr des Einspruchsgrundes der offenkundigen Vorbenutzung; Schiedsst. v. 25.11.1959/27.01.1960, BlPMZ 1960, 279; v. 12.08.1999 – Arb.Erf. 19/98, (unveröffentl.); BPatG v. 29.10.1965, BPatGE 7, 113, 118; Horn, Mitt. 1965, 24; Witte, Mitt. 1963, 45; a.A. Riemschneider/Barth Anm. 6 zu § 6 DVO 1943; Friedrich, GRUR 1958, 270, 281; LAG Bayern v. 30.11.1960, RdA 1961, 500 (nur bei offenbar fehlerhafter Entscheidung).
158 Volmer Rn. 13 zu § 16; vgl. auch Schiedsst. v. 25.05.1981, BlPMZ 1982, 166.
159 Schiedsst. v. 24.07.1989 – Arb.Erf. 82/88, (unveröffentl.); abw. Volmer/Gaul Rn. 159 zu § 16.
160 BGH v. 06.02.2002 – X ZR 215/00, GRUR 2002, 609, 613 – *Drahtinjektionseinrichtung*.
161 Vgl. Schiedsst. v. 25.11.1959/27.01.1960, BlPMZ 1960, 279.
162 Nach Boemke/Kursawe/Hoppe-Jänisch Rn. 117 zu § 16 kann der Arbeitnehmer bei Übertragung des Schutzrechts auf einen Dritten Schadensersatz statt Leistung nach Maßgabe von § 280 Abs. 1, 2, §§ 281, 285 BGB Herausgabe des Veräußerungserlöses verlangen.

ausschließliche noch einfache Lizenzen vergeben[163] (vgl. auch § 15 Abs. 3 PatG) noch die Lizenzbereitschaft erklären, ungeachtet der Möglichkeit ihrer Rücknahme (vgl. § 23 Abs. 7 PatG). Vergibt er gleichwohl eine Lizenz, ist diese im Außenverhältnis grundsätzlich wirksam; der Arbeitnehmer kann jedoch – über die Übertragung des Schutzrechts hinaus – Herausgabe der Lizenzeinnahmen des Arbeitgebers verlangen.[164]

Der Arbeitgeber kann grds. die Einlegung eines Rechtsbehelfs oder die Zahlung fällig gewordener Jahresgebühren nicht davon abhängig machen, dass der Arbeitnehmer sich bereit erklärt, ihm diese **Gebühren zu erstatten**[165] (vgl. auch unten § 16 Rdn. 53 ff.). Die Arbeitsvertragsparteien sind allerdings rechtlich (vgl. § 22 Satz. 2, § 23) nicht gehindert, diesbezügliche Vereinbarungen zu treffen.[166] 42

Die **Treuepflicht** kann in besonders gelagerten Ausnahmefällen andererseits für den Arbeitnehmer Anlass sein, zur Abwendung von erheblichen Nachteilen, die seinem Arbeitgeber bei Aufrechterhaltung des Schutzrechts – etwa Nichtigkeitsklage vonseiten des Wettbewerbers – drohen, die Entscheidung über sein Wahlrecht vorzeitig zu treffen. 43

Die vorstehende Sicherungspflicht gilt für den Arbeitgeber erst recht, wenn der Arbeitnehmer bereits die Übertragung verlangt und damit die Pflicht des Arbeitgebers zur Übertragung der Schutzrechtsposition begründet hat[167] (s. dazu § 16 Rdn. 44 ff.).

### 3. Rechtsfolgen

#### a) Rechtsübertragung

Das Verlangen des Arbeitnehmers begründet mit Zugang beim Arbeitgeber als einseitiges Rechtsgeschäft dessen (schuldrechtliche) Pflicht zur unverzüglichen 44

---

163 Schiedsst. v. 23.04.1990, BlPMZ 1992, 197 – *Jahresgebührenquotelung* = Mitt. 1993, 286, 287 m. Anm. Bartenbach/Volz; a. A. Boemke/Kursawe/Hoppe-Jänisch Rn. 116 zu § 16.
164 Vgl. auch zum vertraglichen Übertragungsanspruch Keukenschrijver in Busse/Keukenschrijver, PatG, Rn. 10 zu § 22 ArbEG m. H. a. Schiedsst. v. 18.11.2008 – Arb.Erf. 31/07.
165 Vgl. auch Werner, GRUR 1966, 236, 238; wie hier Volmer/Gaul Rn. 160 zu § 16; a.A. BPatG v. 15.06.1971, BPatGE 13, 72, 74.
166 Vgl. BPatG v. 02.10.1978, BPatGE 21, 82, 84 u. v. 20.10.1965, BPatGE 7, 108, 111 f.
167 BGH v. 06.02.2002 – X ZR 215/00, GRUR 2002, 609, 613 – *Drahtinjektionseinrichtung*.

Rechtsübertragung[168], und zwar auf den Arbeitnehmererfinder selbst (s. § 16 Rdn. 36). Da der Arbeitnehmer gem. § 16 Abs. 2 die Übertragung der Rechte (nur) »verlangen« kann, vollzieht sich dessen Erwerb der Schutzrechtsposition nicht gleichsam »automatisch«, wie etwa bei der (unbeschränkten) Inanspruchnahme, sondern begründet erst einen **schuldrechtlichen Übertragungsanspruch** des Arbeitnehmers.[169] Die Mitteilung der Aufgabeabsicht nach § 16 Abs. 1 lässt als solche die Schutzrechtposition noch nicht übergehen; es bedarf vielmehr einer **Abtretung** der Rechte gem. §§ 413, 398 ff. BGB (§ 15 Abs. 1 Satz 2 PatG), bis zu deren Vollzug der Arbeitgeber alleiniger Inhaber des Schutzrechts bzw. der Rechte aus der Schutzrechtsanmeldung bleibt,[170] allerdings mit den aus der Mitteilung folgenden Beschränkungen (s. § 16 Rdn. 41) und belastet mit dem schuldrechtlichen Übertragungsanspruch des Arbeitnehmererfinders.

Ein bloßes Nichtreagieren des Arbeitgebers stellt noch keine (konkludente) Schutzrechtsübertragung dar.[171] Dagegen stellt sich zumindest die Aushändigung und Inempfangnahme von Unterlagen i. S. v. § 16 Abs. 1 regelmäßig als stillschweigende Abtretung dar.[172] Kommt der Arbeitgeber der durch das Verlangen des Arbeitnehmers (als einseitig verpflichtendes Rechtsgeschäft) begründeten Übertragungspflicht nicht nach, kann der Arbeitnehmer seinen Übertragungsanspruch nach Anrufung der Schiedsstelle (§§ 28 ff.) ggf. im Klagewege (§§ 37, 39 Abs. 1) durchsetzen.

Der Übertragungsanspruch bezieht sich auf die Übertragung der ansonsten aufzugebenden Rechtsposition, **nicht** dagegen **auf sonstige Forschungsergebnisse** und **Know-how** des Arbeitgebers; diesbezüglich bestehen weder eine Mitteilungs- bzw. Offenbarungspflicht des Arbeitgebers noch eine Verpflichtung, solche Unterlagen dem Arbeitnehmer zur Verfügung zu stellen.[173] Den Arbeitgeber trifft nach dem ArbEG auch keine Rechtspflicht, dem Arbeitneh-

---

168 BGH v. 06.02.2002 – X ZR 215/00, GRUR 2002, 609, 611 – *Drahtinjektionseinrichtung* m. H. a. Busse/Keukenschrijver, PatG (6. Aufl.), Rn. 19 zu § 16 ArbEG; ebenso Schiedsst. v. 12.10.2016 – Arb.Erf. 07/14, (www.dpma.de).
169 Volmer Rn. 15 zu § 16 (»obligatorischer Anspruch«); folgend auch Boemke/Kursawe/Hoppe-Jänisch Rn. 119 zu § 16.
170 S. BGH v. 06.02.2002 – X ZR 215/00, GRUR 2002, 609, 611 – *Drahtinjektionseinrichtung*; ferner Schiedsst. v. 07.02.1985, BlPMZ 1986, 74, 75; v. 12.10.2016 – Arb.Erf. 07/14, (www.dpma.de); v. 06.07.2017 – Arb.Erf. 51/16, (z.Z. unveröffentl.). Zur Schriftform bei rechtsgeschäftl. Übertragung einer europäischen Patentanmeldung s. Art. 72 EPÜ.
171 LG Berlin v. 12.08.1997 – 16 O 67/97, (unveröffentl.).
172 Schiedsst. v. 12.10.2016 – Arb.Erf. 07/14, (www.dpma.de).
173 Schiedsst. v. 23.05.1990 – Arb.Erf. 85/90, (unveröffentl.).

mer eine (umfassende) Verwertung der übertragenen Schutzrechtsposition(en) zu ermöglichen.[174]

**Im Inland** ist zur wirksamen Übertragung weder eine Mitteilung an das Patentamt[175] noch eine Eintragung in das Patentregister[176] erforderlich; dies hat keine konstitutive, sondern nur deklaratorische Wirkung.[177] Eine Unterrichtung der Patenterteilungsbehörde ist aber im Hinblick auf die Verfahrensvorschrift des § 30 Abs. 3 PatG zu beachten. Um selbst in den Genuss der Rechtswirkungen des übertragenen Schutzrechts zu kommen, hat der Arbeitnehmer den Vermerk des Inhaberwechsels beim Patentamt unter Nachweis der Rechtsübertragung zu beantragen. 45

Bei Aufgabe von **Auslandsschutzrechten** ist für die Übertragung die jeweilige nationale Rechtsordnung maßgebend. **Im Ausland** sind deshalb evtl. notwendige Übertragungsformalien zu berücksichtigen. Letzteres betrifft auch das **europäische Patent** bezogen auf den Staat, für den es erteilt ist (vgl. Art. 2 Abs. 2 EPÜ). Während die Übertragung bei Geltung deutschen Patentrechts grundsätzlich formlos möglich ist, bedarf die Übertragung einer europäischen Patentanmeldung der Schriftform (Art. 72 EPÜ). Beim **EU-Einheitspatent** gilt nach Art. 7 EPVO auch insoweit das jeweilige nationale Recht, bei Arbeitnehmererfindungen i. S. d. ArbEG, also regelmäßig deutsches Recht (s. § 2 Rdn. 1). 46

Die **Übertragung** ist an **keine Frist** gebunden, insb. muss sie nicht innerhalb der 3-Monats-Frist des § 16 Abs. 2 erfolgen; sie ist jedoch im Grundsatz **sofort** zu vollziehen (§ 271 BGB), wenn nichts Anderes vereinbart ist, da der Anspruch mit seiner Entstehung fällig wird.[178] Die Frist für die Annahme der Abtretungserklärung des Arbeitgebers durch den Arbeitnehmer bestimmt sich nach §§ 147 ff. BGB. 47

Der Arbeitnehmer wird **ex nunc**, d.h. mit Wirkung für die Zukunft Rechtsinhaber und damit **Rechtsnachfolger** seines Arbeitgebers vom Zeitpunkt der Übertragung (§§ 413, 398 ff. BGB) ab[179] (s.a. § 16 Rdn. 3). Der Arbeitneh- 48

---

174 Schiedsst. v. 15.02.2011 – Arb.Erf. 67/09, (www.dpma.de, nur LS 1).
175 Volmer Rn. 14 zu § 16.
176 Vgl. auch Volmer/Gaul Rn. 177 zu § 16.
177 LG Berlin v. 12.08.1997 – 16 O 67/97, (unveröffentl.).
178 BGH v. 06.02.2002 – X ZR 215/00, GRUR 2002, 609, 611 – *Drahtinjektionseinrichtung.*
179 Vgl. Schiedsst. v. 23.10.1969, BlPMZ 1971, 137, 142; Keukenschrijver in Busse/Keukenschrijver, PatG, Rn. 4, 20 zu § 16 ArbEG; s.a. Schiedsst. v. 15.10.1964, BlPMZ 1965, 66.

mer erwirbt die Rechtsposition (nur) in dem Umfang, in dem sie zu diesem Zeitpunkt besteht. D.h. er erlangt das Recht einschl. aller damit verbundenen Belastungen, mit Nutzungsrechten Dritter jedoch nur insoweit belastet, als diese kraft Gesetzes Bestand haben (s. § 16 Rdn. 62). Mit Erwerb des Schutzrechts gehen auch die sonstigen daraus folgenden (amtlichen) Verpflichtungen auf den Arbeitnehmer über, wie etwa die Zahlung von zukünftigen Jahresgebühren (s. zur Kostentragung bisheriger Gebühren s. § 16 Rdn. 53 ff.). Der Arbeitnehmer hat nunmehr die allgemeinen **Rechte eines Schutzrechtsinhabers** und der Arbeitgeber hat – wie jeder Dritte – das übertragene Schutzrecht zu beachten (s. im Einzelnen § 16 Rdn. 60 ff.), soweit sich der Arbeitgeber kein Benutzungsrecht nach § 16 Abs. 3 vorbehalten hat (s. dazu § 16 Rdn. 77 ff.). Zur Zulässigkeit einer Nichtigkeits-/Löschungsklage des Arbeitgebers s. § 25 Rdn. 47 f.

In der Vergangenheit entstandene, das Schutzrecht betreffende (schuldrechtliche) Rechtspositionen (z.B. Ansprüche aus früher begangenen Schutzrechtsverletzungen, aus Lizenzvergaben etc.) gehen nicht automatisch mit der Patentübertragung auf den Rechtserwerber über; sie bedürfen einer besonderen Abtretung.[180] Auch im Hinblick auf den Zweckübertragungsgrundsatz (s. § 6 a.F. Rdn. 12) kann nicht per se unterstellt werden, der Arbeitgeber wolle auch sämtliche ihm aus der Vergangenheit zustehenden Ansprüche an den Arbeitnehmererfinder abtreten.

**b) Aushändigung der Unterlagen**

49 Der Arbeitgeber hat dem Arbeitnehmer (als Nebenpflicht[181]) zugleich die **zur Wahrung des Rechts erforderlichen** Unterlagen von sich aus **(unaufgefordert) auszuhändigen**. Dieser Herausgabeanspruch des Arbeitnehmers erfasst die wesentliche **Korrespondenz mit in- und ausländischen Patentbehörden** einschl. der Amtsbescheide und Zahlungsnachweise, soweit notwendig, auch den bisher mit eingeschalteten ausländischen Vertretern gewechselten Schriftverkehr und zwar einschließlich der letzten Nachweise bzw. Bescheide über Jahresgebühren und Zahlungen des Arbeitgebers.[182] Ferner sind erteilte **Originalurkunden** zu überlassen.

---

180 S. allg. BGH v. 14.01.1958, GRUR 1958, 288, 289 – *Dia-Rähmchen*; OLG Düsseldorf v. 25.03.2010 – I-2 U 61/08 (juris); Schulte/Kühnen, PatG, Rn. 17 zu § 139.
181 Keukenschrijver in Busse/Keukenschrijver, PatG, Rn. 22 zu § 16 ArbEG.
182 Letzteres betont die Schiedsst. im EV. v. 23.05.1990 – Arb.Erf. 85/90, (unveröffentl.).

D. Übertragungsanspruch des Arbeitnehmers                              § 16

Der **Umfang** der auszuhändigenden Unterlagen bestimmt sich danach, den   50
Arbeitnehmer in die Lage zu versetzen, das Erteilungsverfahren ordnungsgemäß weiterführen bzw. ein Schutzrecht aufrechterhalten und verteidigen zu können[183] (vgl. zur Fürsorgepflicht auch § 8 n.F. Rdn. 32). Folglich sind auch die zur **Durchsetzung** des Rechts ggü. Dritten erforderlichen Unterlagen auszuhändigen.[184] Die das zu übertragende Recht betreffenden **Absprachen mit Dritten** sind mitzuteilen und entsprechende Unterlagen (z.b. Lizenzverträge) zu übergeben[185] (s.a. § 16 Rdn. 62).

**Erforderlich** sind die Unterlagen dann, wenn sie für den Arbeitnehmer zum   51
Erlangen und Erhalt des Schutzrechts unerlässlich sind. Dafür kommt es begrifflich auf eine objektive Betrachtung an.[186] Im Streitfall trägt der Arbeitnehmer die Darlegungs- und Beweislast. Etwaige Geheimhaltungsinteressen von Dritten müssen u. E. jedenfalls dann zurückstehen, wenn die Notwendigkeit der Weitergabe nach Darlegung des Arbeitnehmers auch unter Anlegung eines strengen Maßstabs objektiv begründet ist.[187] Eine Erforderlichkeit fehlt, soweit der Arbeitnehmer eigene geeignete Möglichkeiten zur Rechtswahrung hat, wie etwa einen Anspruch auf Urkundsvorlage bei wahrscheinlicher Patentverletzung nach § 140c PatG.[188]

Ein Anspruch des Arbeitnehmers auf Herausgabe sonstiger Unterlagen besteht nicht. So scheidet eine Aushändigungspflicht aus, wenn die Unterlagen für den Arbeitnehmer zur Rechtswahrung lediglich »in irgendeiner Weise oder unter irgendeiner denkbaren Sachverhaltskonstellation dienlich sein könnten«.[189] Beispielsweise kann er nicht die Herausgabe erfindungsbezogener **For-**

---

183  Zust. OLG Karlsruhe v. 22.10.2014 – 6 U 127/13, (unveröffentl.).
184  OLG Karlsruhe v. 22.10.2014 – 6 U 127/13, (unveröffentl.); Keukenschrijver in Busse/Keukenschrijver, PatG, Rn. 22 zu § 16 ArbEG.
185  Abw. Boemke/Kursawe/Hoppe-Jänisch Rn. 128 zu § 16, die einen Anspruch auf Abschriften oder jedenfalls auf Information dann aus § 810 BGB zubilligen, »soweit die Rechtsposition des Arbeitnehmers von solchen Vereinbarungen betroffen ist«. Letzteres dürfte schon mit Blick auf Art, Umfang und Wirkung einer über § 15 Abs. 3 PatG § 22 Abs. 3 GebrMG gesicherten Lizenz grundsätzlich der Fall sein!
186  Abw. OLG Karlsruhe v. 22.10.2014 – 6 U 127/13, (unveröffentl.), das zur Konkretisierung der **Erforderlichkeit von der Notwendigkeit einer Abwägung der beiderseitigen Interessen** ausgeht, obschon hier eine beispielsweise § 140c Abs. 2 PatG entsprechende **Verhältnismäßigkeitsvorgabe fehlt.**
187  Das OLG Karlsruhe v. 22.10.2014 – 6 U 127/13, (unveröffentl.) stellt darauf ab, ob die Interessen Dritter an der Geheimhaltung und des Arbeitgebers an ungestörten Geschäftsbeziehungen schutzwürdig sind.
188  Im Ergebn. zu Recht OLG Karlsruhe v. 22.10.2014 – 6 U 127/13, (unveröffentl.) im Anschl. an LG Mannheim v. 13.09.2013 – 7 O 307/12, (unveröffentl.).
189  So OLG Karlsruhe v. 22.10.2014 – 6 U 127/13, (unveröffentl.).

schungs- und **Versuchsberichte** des Arbeitgebers verlangen, es sei denn, diese sind zur Wahrung der Schutzrechtsposition erforderlich, etwa weil die Erteilungsbehörden derartige Berichte anfordern.[190] Damit kann der Arbeitnehmer auch nicht beanspruchen, dass ihm Unterlagen bzw. Informationen über Forschungs- und Entwicklungsergebnisse oder zur (bisherigen oder potenziellen) **wirtschaftlichen Verwertbarkeit** der Schutzrechtsposition ausgehändigt werden.[191] Das betrifft z. B. auch die Herausgabe der Arbeitgeberkorrespondenz mit Kunden, Lieferanten oder Mitbewerbern sowie von Papieren zur unternehmensinternen Meinungsbildung.

52 § 16 Abs. 1 hindert den Arbeitgeber nicht, für sich Duplikate der herauszugebenden Unterlagen anzufertigen.

### c) Kostenübernahme

53 Die Rechtsübertragung erfolgt »**auf Kosten**« **des Arbeitnehmers**. Dieser hat also jedenfalls **alle mit dem Übertragungsvorgang verbundenen Kosten** zu tragen, wie evtl. Kosten des Übertragungsvertrages, Beglaubigungs-, Beurkundungs- oder sonstige Legalisationskosten, ferner Umschreibungskosten bei den nationalen Erteilungsbehörden. Anwaltskosten sind nur erfasst, wenn die Beiziehung eines Anwalts nach Verfahrensrecht zwingend ist, wie z.B. die Bestellung von Inlandsvertretern bei Auslandsschutzrechten oder bei Inlandsschutzrechten nach Wegfall einer inländischen Niederlassung des Arbeitgebers (vgl. § 25 PatG).[192]

54 Der Gesetzeswortlaut bezieht sich allein auf die durch die Rechtsübertragung ausgelösten Kosten. Hieraus folgt, dass nach § 16 **weitere Kosten** aus dem **Zeitraum vor der Abtretung** dem Arbeitnehmer nicht angelastet werden können. Der Arbeitgeber hat solche Kosten grds. selbst zu tragen, sofern die Arbeitsvertragsparteien nicht diesbezüglich eine anderslautende Abrede getroffen haben[193] (s.a. § 13 Rdn. 20 bis 23). **Ab Abtretung** hat der Arbeitnehmer die Kosten der Schutzrechtsposition alleine zu tragen. Dies gilt auch dann, wenn sich der Arbeitgeber ein Benutzungsrecht vorbehalten hat[194] (s.a. § 16 Rdn. 92). Zur Aufteilung der Verfahrenskosten s. nachfolgend § 16 Rdn. 55 ff.

---

190 Schiedsst. v. 23.05.1990 – Arb.Erf. 85/90, (unveröffentl.).
191 Zust. OLG Karlsruhe v. 22.10.2014 – 6 U 127/13, (unveröffentl.).
192 A.A. (möglicherweise) Schiedsst. v. 07.02.1985, BlPMZ 1986, 74, 75.
193 Zur Zulässigkeit solcher Abreden auch i. H. a. §§ 22, 23 ArbEG s. BPatG v. 15.06.1971, BPatGE 13, 72, 79.
194 Ebenso Schiedsst. v. 25.02.1991 – Arb.Erf. 50/90, (unveröffentl.).

## D. Übertragungsanspruch des Arbeitnehmers § 16

**Maßgeblicher Zeitpunkt** ist u. E. der Zugang der Annahmeerklärung des 55
Arbeitnehmers zur Abtretung beim Arbeitgeber (§§ 413, 398 BGB). Demgegenüber stellt die *Schiedsstelle*[195] auf den Zeitpunkt der Abgabe der (formgerechten) Abtretungserklärung durch den Arbeitgeber ab; anderenfalls habe es der Arbeitnehmererfinder in der Hand, den Termin des Wirksamwerdens der Abtretung möglichst weit hinauszuschieben (vgl. aber § 148 BGB).

Der Arbeitgeber kann eine Erstattung der von ihm bis zur Abtretung aufge- 56
wendeten Verfahrenskosten, wie Gebühren der Erteilungsbehörden (vgl. Patentkostengesetz), Verfahrensgebühren und Auslagen nicht verlangen.[196] Solche Verfahrenskosten sind mit der betreffenden Verfahrenshandlung zu entrichten und fallen daher demjenigen zur Last, der als Berechtigter an der Anmeldung oder dem Schutzrecht die Verfahrenshandlung aus eigenem Interesse vornimmt oder hierzu aufgrund seiner Pflicht zur Schutzrechtsanmeldung (vgl. § 13) bzw. zur Aufrechterhaltung einer Schutzrechtsposition gehalten ist.[197] Als wirtschaftlicher Ausgleich standen dem Arbeitgeber zudem die alleinigen Verwertungsrechte an der Schutzrechtsposition zu[198], ohne dass es in diesem Zusammenhang auf einen tatsächlich erzielten Gewinn ankommen kann.

Diese auf den Grundsatz von Treu und Glauben (§ 242 BGB) gestützten 57
Überlegungen gelten ebenfalls für sämtliche Verfahrenskosten, die innerhalb des **3-Monats-Zeitraums** des § 16 Abs. 2 fällig werden; der Arbeitgeber hat diese Kosten ohne Erstattungsanspruch ggü. dem Arbeitnehmer zu tragen.[199] Derartige Verfahrenskosten – wie insb. Beschwerdegebühren – hat stets der zu tragen, der im Zeitpunkt ihrer Fälligkeit Inhaber des Schutzrechts bzw. »Herr

---

195 Schiedsst. v. 23.04.1990, BlPMZ 1992, 197 f. – *Jahresgebührenquotelung* = Mitt. 1993, 286, 287 m. Anm. Bartenbach/Volz; insoweit abweichend von Schiedsst. v. 07.02.1985, BlPMZ 1986, 74; zust. Keukenschrijver in Busse/Keukenschrijver, PatG, Rn. 23 zu § 16 ArbEG.
196 So auch Schiedsst. v. 07.02.1985, BlPMZ 1986, 74 m.w.N.; Heine/Rebitzki Anm. 4 zu § 16; Reimer/Schade/Schippel/Trimborn Rn. 16 zu § 16 m.w.N.; a.A. Fink, Mitt. 1960, 51, 52.
197 Schiedsst. v. 07.02.1985, BlPMZ 1986, 74.
198 Schiedsst. v. 07.02.1985, BlPMZ 1986, 74.
199 Schiedsst. v. 07.02.1985, BlPMZ 1986, 74; Volmer/Gaul Rn. 187 zu § 16; Boemke/Kursawe/Hoppe-Jänisch Rn. 125 ff. zu § 16; HK-Kronisch, § 16 Rn. 4; a.A. BPatG v. 02.10.1978, BPatGE 21, 82, 84 u. v. 20.10.1965, BPatGE 7, 108, 111 f.; Reimer/Schade/Schippel/Trimborn Rn. 16 zu § 16.

des Erteilungsverfahrens« (vgl. §§ 13, 14) ist.²⁰⁰ Zahlt der Arbeitgeber in diesem Zeitraum fällige Gebühren, führt er im Regelfall ausschließlich ein eigenes Geschäft – und kein solches des Arbeitnehmers (§ 677 BGB) – aus: Er ermöglicht damit die Erfüllung seiner Übertragungspflicht gem. § 16 Abs. 1 (vgl. oben § 16 Rdn. 41); ein Handeln (auch) im Interesse des Arbeitnehmers i.S.d. § 683 BGB scheidet grds. aus, da zu diesem Zeitpunkt eine evtl. Übernahme der Schutzrechtsposition durch diesen noch ungewiss ist.

Demgegenüber will die *Schiedsstelle*²⁰¹ unter Berufung auf das *BayOLG*²⁰² bei **Jahresgebühren** eine **Kostenteilung** mittels **Quotelung** vornehmen. Bezogen auf den Zeitpunkt der Abgabe der Übertragungserklärung hätten die Beteiligten die Jahresgebühren hierfür im Verhältnis der Bruchteile des Patentjahres, während derer sie Inhaber des Schutzrechts waren oder sind, zu tragen. Das Gleiche gelte für etwaige zur Entrichtung der Jahresgebühr anfallenden weiteren Kosten wie Anwaltshonorare. Zur Begründung verweist die *Schiedsstelle* darauf, dass Jahresgebühren – anders als Verfahrenskosten – in die Zukunft wirken (vgl. § 3 Abs. 2 Patentkostengesetz).

**58** Diese Auffassung verkennt, dass auch Verfahrensgebühren eine solche zumindest mittelbare »Zukunftswirkung« nicht abzusprechen ist: (z.B. Beschwerdegebühr zur Durchführung des zukünftigen Beschwerdeverfahrens).

Die hier vertretene Auffassung, dass der Arbeitgeber auch die bis zur Abtretung anfallenden **Jahresgebühren** ohne Erstattungsanspruch zu tragen hat, ist nicht unbillig; sie stellt sich als die vom Arbeitgeber in Kauf genommene Folge der (unbeschränkten) Inanspruchnahme dar, zu der er sich aus freien Stücken entschlossen hat. Es ist eines der Risiken, mit denen die Inanspruchnahme behaftet ist; der Ausgleich hierfür ist in den mit der (unbeschränkten) Inanspruchnahme verbundenen wirtschaftlichen Verwertungsmöglichkeiten zu sehen.²⁰³ Zudem treffen derartige Kostensituationen den Arbeitgeber nicht überraschend: Die Fälligkeit der Jahresgebühren steht von vornherein fest, sodass der Arbeitgeber regelmäßig seine Aufgabeabsicht so rechtzeitig dem

---

200 So auch Schiedsst. v. 30.07.1970, BlPMZ 1971, 137, 140 u. v. 07.02.1985, BlPMZ 1986, 74; einschränkend Reimer/Schade/Schippel/Trimborn Rn. 16 zu § 16 m. Hinweis auf Schiedsst. v. 25.02.1991 – Arb.Erf. 50/90, (unveröffentl.).
201 Schiedsst. v. 07.02.1985, BlPMZ 1986, 74; bestätigt durch Schiedsst. v. 23.04.1990, BlPMZ 1992, 197 f. – *Jahresgebührenquotelung* = Mitt. 1993, 286, 287 m. Anm. Bartenbach/Volz; zust. wohl Keukenschrijver in Busse/Keukenschrijver, PatG, Rn. 23 zu § 16 ArbEG; wie hier ablehnend Boemke/Kursawe/Hoppe-Jänisch Rn. 126 zu § 16.
202 Urt. v. 18.01.1973 – 6 U 1392/72, (unveröffentl.).
203 So auch BPatG v. 29.10.1965, BPatGE 7, 113, 117.

## D. Übertragungsanspruch des Arbeitnehmers § 16

Arbeitnehmer mitteilen kann, dass die hierdurch in Gang gesetzte 3-Monats-Frist gem. § 16 Abs. 2 vor dem neuen Fälligwerden einer Jahresgebühr abläuft.

**Nutzt der Arbeitgeber** insb. bezüglich der Jahresgebühren **gesetzliche Zahlungsfristen** (vgl. § 7 Abs. 1 Satz 2 PatentkostenG), so kann der Arbeitnehmer, der nach Übertragung diese schon früher fällig gewordenen, aber nachträglich zu zahlenden Gebühren ausgeglichen hat, vom Arbeitgeber Erstattung verlangen. Rechtsgrundlage dafür ist § 683 BGB, da der Arbeitnehmer insoweit auch für den Arbeitgeber tätig geworden ist.[204] Ohne die Gebührenzahlung wäre die Rechtsfolge der Rücknahmefiktion bzw. das Erlöschen des Schutzrechts (§ 6 Abs. 2 PatentkostenG) eingetreten; der Arbeitgeber hätte damit seine Übertragungspflicht nicht ordnungsgemäß erfüllen können.[205]

59

Auch die *Schiedsstelle* erkennt an, dass eine nicht rechtzeitige Entrichtung der Jahresgebühren innerhalb der zuschlagsfreien Zahlungsfrist den Interessen des Arbeitgebers gedient hat; sie sieht diesen deshalb bei nachträglicher Zahlung durch den Arbeitnehmer als verpflichtet an, die entrichteten Zuschlagsgebühren zu tragen. Diese Kosten für die verspätete Entrichtung dürfen daher auch in die von ihr praktizierte Quotelung nicht einbezogen werden.[206]

Ein Anspruch auf **Rückzahlung der Beschwerdegebühr** gem. § 80 Abs. 3, 4 PatG steht dem Arbeitgeber bei Rücknahme der Beschwerde auch aus Billigkeitsgründen nicht zu, selbst wenn die Beschwerde nur vorsorglich zur Fristwahrung eingelegt worden ist.[207]

### d) Sonstige Rechtsfolgen

#### aa) Wettbewerbsverbot

Der Arbeitnehmer hat als Inhaber des Schutzrechts die daraus nach der jeweiligen Rechtsordnung folgenden Rechte (s. dazu auch § 7 n.F. Rdn. 20 ff). Allerdings gelten auch hier die Grundsätze für frei gewordene Diensterfindungen

60

---

204 So auch Volmer/Gaul Rn. 188 zu § 16; wohl auch BPatG v. 29.10.1965, BPatGE 7, 113, 117; a. A. Boemke/Kursawe/Hoppe-Jänisch Rn. 48 zu § 16.
205 So auch Volmer/Gaul Rn. 188 zu § 16; wohl auch BPatG v. 29.10.1965, BPatGE 7, 113, 117.
206 Schiedsst. v. 07.02.1985, BlPMZ 1986, 74, 75.
207 BPatG v. 02.10.1978, BPatGE 21, 82 ff.; v. 20.10.1965, BPatGE 7, 108 f.; v. 29.10.1965, BPatGE 7, 113, 118; v. 15.06.1971, BPatGE 13, 72 f.; Horn, Mitt. 1965, 24; Volmer/Gaul Rn. 190 zu § 16; a.A. Witte, Mitt. 1963, 45; Werner, GRUR 1966, 236, 238; BPatG v. 06.09.1965 – 12 W (pat) 136/65, (unveröffentl.), aufgegeben in BPatGE 21, 82, 84; vgl. auch BPatG v. 07.05.1962, BPatGE 2, 69, 77.

entsprechend (s. dazu § 8 n.F. Rdn. 74 ff.) Nach Übertragung der Schutzrechtsposition kann der Arbeitnehmer hierüber **frei verfügen**. Er unterliegt insb. nicht den Beschränkungen der §§ 18, 19 (vgl. auch § 8 Satz 2 n.F.). Auch die Treuepflicht hindert den Arbeitnehmer nicht daran, eine ihm übertragene Schutzrechtsposition auf Dritte zu übertragen oder Lizenzen hieran zu vergeben[208] (vgl. im Übrigen § 8 n.F. Rdn. 80 f.).

61 Allerdings bleibt der Arbeitnehmer in seiner **Verwertungsbefugnis** den allgemeinen Beschränkungen unterworfen, die sich für ihn aus dem Arbeitsverhältnis bzw. aus nachvertraglichen Pflichten ergeben.[209] Wird – wie § 25 verdeutlicht – ein Arbeitnehmer selbst bei der Freigabe der gesamten Diensterfindung nicht von der Verpflichtung entbunden, Wettbewerb durch deren eigene Verwertung ggü. dem Arbeitgeber zu unterlassen, muss dies erst recht bei der Übertragung gem. § 16 gelten, die sich häufig nur auf einzelne auf die Diensterfindung bezogene Schutzrechtsanmeldungen bzw. nationale Schutzrechte erstreckt.[210] (vgl. im Übrigen Rdn. 77 ff.).

**bb) Rechte Dritter am übertragenen Recht**

62 Vom Arbeitgeber vor Übertragung Dritten eingeräumte einfache oder ausschließliche Nutzungsrechte (Lizenzen) an der Erfindung bleiben von der Übertragung der Schutzrechtsposition auf den Arbeitnehmer nach den allgemeinen patentrechtlichen Grundsätzen (vgl. § 15 Abs. 3 PatG § 22 Abs. 3 GebrMG) **unberührt**[211] (s. § 7 a.F. Rdn. 35 u. oben § 16 Rdn. 23, 48). Im Fall der Lizenzbereitschaftserklärung besteht die Rücknahmemöglichkeit (§ 23 Abs. 7 PatG) fort.

63 Da dem Arbeitgeber mit der Übertragung der Schutzrechtsposition allenfalls noch ein vorbehaltenes einfaches Benutzungsrecht verbleibt, folgt u. E. aus der Zielsetzung des § 16 und der Unternehmensbezogenheit des Nutzungsrechts nach § 16 Abs. 3, dass mit Übertragung des Patentes die Forderungen aus dem Lizenzvertrag im Zweifel stillschweigend mit abgetreten (§§ 398, 404 BGB)[212] sind, sodass zukünftige **Lizenzgebühren** – auch ohne besonderen Übertra-

---

208 Schiedsst. v. 25.05.1981, BlPMZ 1982, 166.
209 Vgl. auch Amtl. Begründung BT-Drucks. II/1648 S. 26 (zu § 8) = BlPMZ 1957, 232; Keukenschrijver in Busse/Keukenschrijver, PatG, Rn. 20 zu § 16 ArbEG.
210 Im Ergebn. wie hier Boemke/Kursawe/Hoppe-Jänisch Rn. 134 zu § 16.
211 S. dazu Kraßer/Ann, PatR. § 21 Rn. 94; Benkard/Ullmann/Deichfuß, PatG, Rn. 111 f. zu § 15 PatG, Jestaedt, Patenrecht, Rn. 407.
212 So zutr. Keukenschrijver in Busse/Keukenschrijver, PatG, Rn. 20 zu § 16 ArbEG; vgl. allg. Benkard/Ullmann/Deichfuß, PatG, Rn. 114 f. zu § 15 PatG.

gungsakt ab Rechtsübertragung i.d.R. allein dem Arbeitnehmer zustehen.²¹³ Rückständige Lizenzen gebühren dem Arbeitgeber (s. auch § 16 Rdn. 48).

**cc) Verwertungsrecht des Arbeitgebers**

Mit der Rechtsübertragung hat der Arbeitgeber – wie jeder Dritte – das übertragene Schutzrecht zu beachten. Nunmehr entfällt grds. jegliches **Verwertungsrecht des Arbeitgebers**, sofern der Arbeitnehmer bzw. dessen Sonderrechtsnachfolger die Schutzrechtsposition aufrechterhält und soweit der Arbeitgeber sich nicht ein Nutzungsrecht gem. § 16 Abs. 3 vorbehalten hat (vgl. § 16 Rdn. 77 ff.). Die zukünftige Herstellung geschützter Erzeugnisse und deren Vertrieb ohne vorbehaltenes Benutzungsrecht bedeuten eine Schutzrechtsverletzung i. S. von § 139 PatG²¹⁴ bzw. der jeweiligen Rechtsordnungen mit den daran anknüpfenden Unterlassungs- und Schadensersatzansprüchen. Daneben kann ein Anspruch aus ungerechtfertigter Bereicherung nach §§ 812 ff. BGB bestehen.²¹⁵

64

Nutzungshandlungen mit vom Arbeitgeber in der Vergangenheit hergestellten und/oder gelieferten Vorrichtungen können vom Arbeitnehmer nicht untersagt werden, da insoweit eine Erschöpfung des Patentrechts eingetreten ist²¹⁶ (zur Vergütung s. § 16 Rdn. 66). I.Ü. ist der Arbeitnehmer – auch durch seine Treuepflicht – nicht gehindert, die übertragenen Rechte gegen den Arbeitgeber selbst geltend zu machen.²¹⁷ Ergänzend gelten die Grundsätze über die Ver-

---

213 Ebenso nunmehr Schiedsst. v. 15.11.2017 – Arb.Erf. 14/15, (www.dpma.de); so wohl auch Heine/Rebitzki Anm. 6 zu § 16; s.a. Volmer/Gaul Rn. 201 zu § 16; abw. Reimer/Schade/Schippel/Trimborn Rn. 19 zu § 16, die eine gesonderte Übertragung des Lizenzgebührenanspruchs annehmen; i.d.S. wohl auch Schiedsst. v. 18.11.2008 – Arb.Erf. 31/07, (Datenbank). Widersprüchlich Boemke/Kursawe/Hoppe-Jänisch einerseits Rn. 135 zu § 16 (wie hier) und andererseits Rn. 128 zu § 16 (kein Übergang) sowie Rn. 133 zu § 16, wobei dort aber unklar bleibt, ob sich die verneinende Auffassung nur auf Lizenzverträge aus der Zeit vor Übertragung auf den Arbeitnehmer bezieht.
214 Vgl. dazu etwa Schiedsst. v. 12.10.2016 – 07/14, (www.dpma.de).
215 Vgl. dazu Benkard/Grabinski/Zülch, PatG, Rn. 82 ff. zu § 139 PatG. S. auch Schiedsst. v. 12.10.2016 – Arb.Erf. 07/14, (www.dpma.de).
216 Zust. Schiedsst. v. 25.02.1991 – Arb.Erf. 50/90, (unveröffentl.). Zum patentrechtl. Erschöpfungsgrundsatz vgl. BGH v. 08.03.1973, GRUR 1973, 518 – *Spielautomat II*; f. Vertriebshandlungen i. Ausland vgl. BGH v. 03.06.1976, GRUR 1976, 579 – *Tylosin*; wie hier auch Volmer/Gaul Rn. 197 f. zu § 16. Im Ergebn. auch Boemke/Kursawe/Hoppe-Jänisch Rn. 133 zu § 16, die dies aber aus einem »dem Arbeitgeber wie einem Lizenznehmer« zustehenden Auslaufrecht ableiten.
217 Schiedsst. ZB v. 30.10.1996 – Arb.Erf. 29/95, (unveröffentl.); Halbach Anm. 5 zu § 16; Röpke Arbeitsverh. u. ArbNErf. S. 124 (dort Fn. 456).

wertung einer frei gewordenen Diensterfindung durch den Arbeitgeber (s. dazu § 8 n.F. Rdn. 100 ff.) entsprechend.

65 Mit der Schutzrechtsübertragung gehen auch die Verbietungsrechte aus § 9 PatG, § 11 GebrMG auf den Arbeitnehmer über, und zwar mit Wirkung ex nunc (s. § 16 Rdn. 3, 48). Ohne ausdrückliche Absprache gehen allerdings in der Vergangenheit entstandene Ansprüche aus Schutzrechtsverletzungen nicht über; insoweit gilt nichts anderes als bei einer Schutzrechtsübertragung im allgemeinen Rechtsverkehr[218] (s. auch § 16 Rdn. 48).

**Besteht kein Schutzrecht** (mehr), so kann der Arbeitgeber die Erfindung nunmehr wie jeder Dritte frei nutzen (s. § 16 Rdn. 91).

Zur Zulässigkeit von Einsprüchen, Nichtigkeits- und Löschungsklagen des Arbeitgebers gegen die übertragenen Rechte s. § 25 Rdn. 42 ff.

**dd) Vergütungsansprüche des Arbeitnehmers**

66 Nutzungshandlungen des Arbeitgebers **bis zum Zeitpunkt der Übertragung** sind dem Arbeitnehmer wie bisher zu vergüten. Evtl. Abzüge wegen des Risikos der Patenterteilung (vgl. § 12 Rdn. 64 ff.) sind vom Arbeitgeber nachzuzahlen, wenn eine vom Arbeitnehmer übernommene Schutzrechtsanmeldung zur **Schutzrechtserteilung** führt. Wird die übertragene Schutzrechtsanmeldung patentamtlich bzw. gerichtlich (rechtsbeständig) **versagt oder das Schutzrecht vernichtet**, so sind nachfolgende Benutzungshandlungen des Arbeitgebers vergütungsfrei, und zwar auch bei Vorbehalt eines Nutzungsrechts gem. § 16 Abs. 3 (s. § 16 Rdn. 90 ff.). Im Einverständnis des Arbeitnehmers mit einer **Schutzrechtsaufgabe** kann mangels anderweitiger Anhaltspunkte kein Verzicht auf bereits fällig gewordene Vergütungsansprüche gesehen werden. Verfehlt ist deshalb die Ansicht des *OLG Braunschweig*,[219] wonach mit einvernehmlichem Fallenlassen einer Schutzrechtsanmeldung auch ein evtl. Anspruch auf vorläufige Vergütung rückwirkend entfallen soll. Allerdings verliert der Arbeitnehmer einen evtl. Anspruch auf Nachzahlung des Risikoabschlags (s. § 12 Rdn. 69), da eine endgültige Klärung der Schutzfähigkeit nicht mehr herbeigeführt wird. S.a. § 16 Rdn. 92. Für die Benutzung von erfindungsgemäßen Vorrichtungen, deren frühere Herstellung bereits vergütet worden ist, kann bei eingetretener Erschöpfung (s. § 16 Rdn. 64) keine weitere Vergütung verlangt werden.[220]

---

218 Vgl. BGH v. 14.01.1958, GRUR 1958, 288, 289 – *Dia-Rähmchen*.
219 Beschl. v. 21.06.1978 – 9 O 35/78, (unveröffentl.).
220 Schiedsst. v. 25.02.1991 – Arb.Erf. 50/90, (unveröffentl.).

Zur Vergütung bei Vorbehalt eines Nutzungsrechts gem. § 16 Abs. 3 s.u. § 16 Rdn. 90 ff.

### IV. Aufgaberecht des Arbeitgebers

Hat der Arbeitnehmer nicht binnen der 3-Monats-Frist die Übertragung des Rechts verlangt, so ist der Arbeitgeber gem. § 16 Abs. 2 **berechtigt, nicht verpflichtet** (s. § 16 Rdn. 32), seine Rechte aus der Schutzrechtsanmeldung bzw. aus dem Schutzrecht ganz, teilweise oder (auf einzelne Staaten) beschränkt ggü. der jeweiligen Patentbehörde aufzugeben (zur Aufgabe s. § 16 Rdn. 10–13). 67

Gleiches gilt, wenn der Arbeitnehmer einen Verzicht auf Rechtsübertragung wirksam erklärt hat (s. dazu § 16 Rdn. 1.2, 36). 68

Mit der Aufgabe verliert der Arbeitnehmer einen evtl. Anspruch auf Nachzahlung eines Risikoabschlages (s. dazu oben § 16 Rdn. 66 u. § 12 Rdn. 69). Mit Wegfall der Schutzrechtspostion sind zukünftige Verwertungshandlungen des Arbeitgebers – ebenso wie für jeden Dritten – vergütungsfrei; s. im Übr. zu den sonstigen Rechtsfolgen der Aufgabe § 16 Rdn. 23 ff. Zur anschließenden Änderung der Aufgabeabsicht s. § 16 Rdn. 32. 69

## E. Pflichtverletzungen durch den Arbeitgeber

### I. Schadensersatzansprüche des Arbeitnehmers

#### 1. Anspruchsvoraussetzungen

§ 16 (Abs. 1, 2) stellt ein **Schutzgesetz** i.S.d. § 823 Abs. 2 BGB dar.[221] Die Mitteilungspflicht und die daran anknüpfenden Rechte des Arbeitnehmers sind Ausfluss der Fürsorgepflicht des Arbeitgebers;[222] sie schützen die zukünftige wirtschaftliche Partizipationsmöglichkeit des Arbeitnehmers an seiner Erfindung (§ 16 Rdn. 1) und begründen ein gesetzliches Schuldverhältnis (s. § 16 Rdn. 25). Eine schuldhafte Pflichtverletzung löst damit Schadensersatzan- 70

---

221 H.M., z.B. OLG Frankfurt am Main v. 19.12.1991, GRUR 1993, 910, 911 – *Bügelverschließmaschinen*; OLG Düsseldorf v. 09.08.2007 – 2 U 41/06 – *Ummantelung von Stahlröhren* (unveröffentl.); Schiedsst. v. 14.04.1982 – Arb.Erf. 50/81, (unveröffentl.); v. 01.04.2015 – Arb.Erf. 49/11, (www.dpma.de); Volmer/Gaul Rn. 239 zu § 16; Keukenschrijver in Busse/Keukenschrijver, PatG, Rn. 24 zu § 16 ArbEG; MünchArbR/Bayreuther § 90 Rn. 29; diff. Boemke/Kursawe/Hoppe-Jänisch Rn. 167 f. zu § 16: nur Fallenlassen entgegen § 16 Abs. 2.
222 Röpke Arbeitsverh. u. ArbNErf. S. 125; vgl. auch Keukenschrijver in Busse/Keukenschrijver, PatG, Rn. 29 zu § 16 ArbEG.

sprüche des Arbeitnehmers (§ 280 Abs. 1, § 611 BGB) aus.[223] Unterlässt der Arbeitgeber ein Angebot, so ist nach der Wortfassung des § 16 Abs. 1 (»hat ... mitzuteilen«) als schadenstiftendes Ereignis nicht erst das Fallenlassen einer Schutzrechtsposition, sondern bereits das Unterlassen der Mitteilung und des damit verbundenen Übertragungsangebots an den Arbeitnehmer anzusehen.[224] Eine Verletzung des § 16 hat allerdings keine Auswirkungen auf das Außenverhältnis zur Erteilungsbehörde (s. § 16 Rdn. 4). Zum einstweiligen Rechtsschutz bei drohendem Fallenlassen einer Schutzrechtsposition s. § 37 Rdn. 27. Zum Abkauf s. § 16 Rdn. 2.

Eine Geltendmachung von Schadensersatzansprüchen wegen Verletzung von § 16 ist regelmäßig dann **treuwidrig** (§ 242 BGB), wenn der Arbeitnehmer die Aufgabe der Schutzrechtsposition auf Grund seiner betrieblichen Stellung mitzuverantworten hat oder sonstwie persönlich bei der Entscheidungsfindung eingebunden war, ohne dabei rechtzeitig seine Übernahmeabsicht zu bekunden. Die *Schiedsstelle* geht in solchen Fällen vom Wegfall der Mitteilungspflicht nach § 16 Abs. 1 mangels Schutzbedürftigkeit des Arbeitnehmers aus.[225]

71 Die **Beweislast** für die Anspruchsvoraussetzungen – und dazu gehört auch die Patent- bzw. Gebrauchsmusterfähigkeit – trägt der Arbeitnehmer (s. § 16 Rdn. 75.1) und für die anspruchsausschließenden Einwendungen der Arbeitgeber (s. § 16 Rdn. 73, 75.2). Zum Auskunftsanspruch s. § 16 Rdn. 74.

72 **Pflichtverletzungen** stellen **beispielsweise** dar:
– Verletzung der Mitteilungspflicht, etwa wegen irrtümlicher Annahme vollständiger Erfüllung des Vergütungsanspruchs; u.U. auch die unterlassene Information des Arbeitnehmererfinders über gravierende rechtliche oder wirtschaftliche Belastungen des Rechts (vgl. § 16 Rdn. 35); ferner mangelnde Kontrolle über den Zugang der Erklärung beim Arbeitnehmer (s. § 16 Rdn. 29);

---

223 BGH v. 06.02.2002 – X ZR 215/00, GRUR 2002, 609, 611 – *Drahtinjektionseinrichtung* (zu § 280 Abs. 1 BGB a.F.); ähnl. Schiedsst. v. 08.03.2001 – Arb.Erf. 1/99, (unveröffentl.).
224 BGH v. 14.07.1980 – X ZR 1/79 – *Rohrverlegeverfahren* (unveröffentl.); dem BGH folgend auch Keukenschrijver in Busse/Keukenschrijver, PatG, Rn. 24 zu § 16 ArbEG; abw. OLG Düsseldorf v. 17.09.1987 – 2 U 180/86, (unveröffentl.), wonach erst das Fallenlassen der Schutzrechte ohne vorausgegangene Mitteilung pflichtwidrig sein soll. Nach Boemke/Kursawe/Hoppe-Jänisch Rn. 168 zu § 16 soll der »Schwerpunkt der Vorwerfbarkeit« nicht in der unterlassenen Mitteilung, sondern in der Umsetzung der Aufgabeabsicht ohne Übernahmemöglichkeit durch den ArbN liegen.
225 Schiedsst. v. 23.09.2015 – Arb.Erf. 59/13, (www.dpma.de).

### E. Pflichtverletzungen durch den Arbeitgeber § 16

– unrichtige Mitteilung über die zukünftig zu erwartende Verwertung bis zur Übernahme und Weiterverfolgung des angebotenen Schutzrechts, sofern der Arbeitgeber im Zeitpunkt der Mitteilung von einem umfangreicheren Nutzungsausmaß Kenntnis hatte oder Kenntnis hätte haben müssen;[226]
– das Fallenlassen einer parallelen Patentanmeldung trotz Aufrechterhaltens des Gebrauchsmusters[227] (vgl. § 16 Rdn. 8–74);
– Missachtung des Verfahrens nach § 16 durch Nichtaufrechterhalten der zu übertragenden Schutzrechtspositionen während der 3-Monats-Frist des § 16 Abs. 2[228] (vgl. dazu § 16 Rdn. 1) oder sonstige Vereitelung bzw. Erschwerung der Übernahme (vgl. § 16 Rdn. 41);
– die Nichtzahlung von Jahresgebühren[229] (vgl. §§ 17, 20 Abs. 1 Nr. 3, § 58 Abs. 3 PatG) ohne vorherige Mitteilung an den Arbeitnehmer[230] (s. aber § 16 Rdn. 26);
– die Zurücknahme der Schutzrechtsanmeldung sowie das Unterlassen der Beschwerde gegen einen Zurückweisungsbeschluss, ohne dem Arbeitnehmer die Möglichkeit der Weiterführung des Verfahrens zu geben;[231]
– das Unterlassen der Ausschöpfung aller Verteidigungsmöglichkeiten in einem Einspruchs- oder Beschwerdeverfahren, in dem der Widerruf eines Patentes droht (s. § 16 Rdn. 11).

Keine Pflichtverletzung liegt in der Übertragung der Schutzrechtsposition auf Dritte (s. § 16 Rdn. 4), ferner regelmäßig nicht in einer Lizenzbereitschaftserklärung (s. § 16 Rdn. 41, dort auch zur Lizenzvergabe). Zur nachträglichen Behandlung einer zurückgenommenen Schutzrechtsanmeldung als Betriebsgeheimnis s. § 17 Rdn. 32.

Kommt der Arbeitgeber seiner Mitteilungspflicht über die Aufgabeabsicht durch Nichtzahlung der Jahresgebühren nicht nach und verhindert der **Arbeitnehmer** das drohende Erlöschen der Schutzrechtsposition durch **eigene Zahlung der Jahresgebühren** an das Patentamt, so kann er nach hier vertretener

---

226 OLG Düsseldorf v. 09.08.2007 – 2 U 44/06, (unveröffentl.).
227 Schiedsst. v. 25.05.1981, BlPMZ 1982, 166.
228 Vgl. auch BPatG v. 29.10.1965, BPatGE 7, 113, 117; Schiedsst. v. 23.04.1990, BlPMZ 1993, 286, 287 l.Sp. – *Jahresgebührenquotelung*.
229 BGH v. 14.07.1980 – X ZR 1/79 – *Rohrverlegeverfahren* (unveröffentl.); OLG Frankfurt am Main v. 19.12.1991, GRUR 1993, 910, 911 – *Bügelverschließmaschinen*; Schiedsst. v. 25.05.1981, BlPMZ 1982, 166 u. v. 12.08.1999 – Arb.Erf. 19/98, (unveröffentl.).
230 Vgl. auch BGH v. 18.05.2010 – X ZR 79/07, GRUR 2010, 817, 818, 819 [Rn. 12, 23] – *Steuervorrichtung*; Schiedsst. v. 23.09.2015 – Arb.Erf. 59/13, (www.dpma.de).
231 Schiedsst. v. 03.10.1985 – Arb.Erf. 3/85, (unveröffentl.); v. 02.06.1992, EGR Nr. 35 zu § 16 ArbEG u. v. 23.07.2009 – Arb.Erf. 10/05, (unveröffentl.).

Auffassung vom Arbeitgeber jedenfalls in analoger Anwendung des § 16 die Übertragung dieser Schutzrechtsposition verlangen.[232] Da die Pflichtwidrigkeit schon in dem Unterlassen der Mitteilung einer etwaigen Aufgabeabsicht (»... so hat er dies dem Arbeitnehmer mitzuteilen ...«) liegt,[233] und nicht erst in dem Fallenlassen der Schutzrechte durch den Arbeitgeber, kann der Arbeitnehmer im Wege des Schadensersatzes verlangen, so gestellt zu werden, wie er bei pflichtgerechter Mitteilung gestanden hätte (§ 249 BGB). Zur Situation bei Vermögensverfall des Arbeitgebers s. § 16 Rdn. 26.

73 Hat der Arbeitgeber eine Schutzrechtsanmeldung unter Verletzung des § 16 fallen gelassen, kann er sich u. E. unter dem Aspekt von Treu und Glauben entsprechend dem Rechtsgedanken des § 162 BGB dem Arbeitnehmer ggü. auf die **mangelnde Schutzfähigkeit** grds. nicht berufen.[234] Etwas anders soll gelten, wenn er nachweist, dass die Schutzrechtserteilung mangels Schutzfähigkeit nicht erfolgt wäre.[235] Nach Auffassung des *BGH*[236] und der *Schiedsstelle*[237] ist auch i.Ü. die Berufung des Arbeitgebers auf die mangelnde Schutzfähigkeit grds. zulässig. Dabei muss sich der Arbeitnehmer eine etwa fehlende

---

232 Im Ergebnis so auch Keukenschrijver in Busse/Keukenschrijver, PatG, Rn. 26 zu § 16 ArbEG m. d. H., dass der Schadensersatzanspruch auf positives Interesse gerichtet sei. A.A. OLG Düsseldorf v. 17.09.1987 – 2 U 180/86, (unveröffentl.), das dem ArbN nur einen Anspruch auf Aufwendungsersatz zugestehen will; folgend Boemke/Kursawe/Hoppe-Jänisch Rn. 172 zu § 16; vgl. auch BGH v. 10.05.1988 – X ZR 89/87, GRUR 1988, 762 – *Windform*.
233 Vgl. auch BGH v. 18.05.2010 – X ZR 79/07, GRUR 2010, 817, 818, 819 [Rn. 12, 23] – *Steuervorrichtung*.
234 OLG Frankfurt am Main v. 28.10.1965, GRUR 1966, 425, 426 – *Strophocor* m. zust. Anm. Friedrich; unklar Reimer/Schade/Schippel/Trimborn Rn. 10 zu § 16; vgl. auch LAG Bremen v. 16.02.1965, DB 1965, 635; a. A. Boemke/Kursawe/Hoppe-Jänisch Rn. 173 zu § 16.
235 Schiedsst. v. 02.06.1992, EGR Nr. 34 zu § 16 ArbEG m.H.a. Schiedsst. v. 25.05.1981, BlPMZ 1982, 166 u. Schiedsst. v. 17.06.1999 – Arb.Erf. 91/96, (unveröffentl.); ferner BGH v. 14.07.1980 – X ZR 1/79 – *Rohrverlegeverfahren* (unveröffentl.); wohl auch Boemke/Kursawe/Hoppe-Jänisch Rn. 173 zu § 16.
236 BGH v. 06.02.2002 – X ZR 215/00, GRUR 2002, 609, 611 – *Drahtinjektionseinrichtung*; BGH v. 14.07.1980 – X ZR 1/79 – *Rohrverlegeverfahren* (unveröffentl.) im Anschl. an OLG Braunschweig v. 05.10.1978 – 2 U 33/78, (unveröffentl.); vgl. auch BGH v. 08.12.1981, GRUR 1982, 227, 229 – *Absorberstab-Antrieb II* u. BGH v. 18.05.2010 – X ZR 79/07, GRUR 2010, 817, 819 [Rn. 23] – *Steuervorrichtung*; im Ergebn. zust. Keukenschrijver in Busse/Keukenschrijver, PatG, Rn. 28 zu § 16 ArbEG.
237 Schiedsst. v. 08.10.1985 – Arb.Erf. 3/85; v. 07.11.1985 – Arb.Erf. 13/85; v. 05.11.1990 – Arb.Erf. 21/90; v. 25.01.1996 – Arb.Erf. 54/96, (alle unveröffentl.), u. v. 02.06.1992, EGR Nr. 34 zu § 16 ArbEG.

Patentfähigkeit von dem Zeitpunkt an entgegenhalten lassen, »zu dem diese bei normalem Ablauf des Prüfungsverfahrens festgestellt worden wäre«.[238] Ein solcher Nachweis kann vom Arbeitgeber etwa durch den Bezug auf die Versagung eines parallelen Auslandsschutzrechts geführt werden, ferner durch einen Zurückweisungsbeschluss des Patentamtes, der den Stand der Technik und die Argumente der Prüfungsstelle zur Frage der Patentfähigkeit ergibt.[239] Maßgebend ist, ob aller Voraussicht nach ein Schutzrecht auf die Anmeldung erteilt worden wäre oder nicht. Hierzu kann auch die Benennung des einschlägigen Standes der Technik und die Angabe der sachlichen Gründe gehören, warum angesichts des benannten Standes der Technik dem Anmeldungsgegenstand die Schutzfähigkeit fehlen soll.[240] Der Arbeitgeber hat **in Umkehr der Beweislast** jedenfalls die Umstände darzulegen und unter Beweis zu stellen, aus denen er das Fehlen der Voraussetzungen für eine Schutzrechtserteilung herleitet.[241] Diese Grundsätze dürften auch in den Fällen gelten, in denen der Arbeitgeber aus seiner Sicht erfolglose Verteidigungsmöglichkeiten zur Sicherung der Schutzrechtsposition nicht wahrnimmt bzw. nicht ausschöpft. Zu weiteren Fragen der Schutzfähigkeit s.a. § 5 Rdn. 96.

Wird der **Nachweis der ursprünglichen Schutzunfähigkeit** erbracht, ist ab dem Zeitpunkt der voraussichtlichen Patentversagung ein Schadensersatzanspruch ausgeschlossen.[242] Bis zu diesem Zeitpunkt schuldet der Arbeitgeber bei Benutzung des Erfindungsgegenstandes eine vorläufige Erfindervergütung, also unter Berücksichtigung des Risikoabschlags. Ergibt die Prüfung, dass ein Patent voraussichtlich erteilt worden wäre oder kann der Arbeitgeber den Nachweis der mangelnden Schutzfähigkeit nicht führen, schuldet er als Schadensersatz die Erfindervergütung für den gesamten Nutzungszeitraum bis zum (fiktiven) Ablauf der Schutzrechtsfrist, und nicht nur bis zum Ablauf einer durchschnittlichen Laufzeit eines Patents.[243] Ab dem Zeitpunkt der voraussichtlichen Schutzrechtserteilung entfällt ein Risikoabschlag.

---

238 BGH v. 14.07.1980 – X ZR 1/79 – *Rohrverlegeverfahren* (unveröffentl.).
239 Schiedsst. v. 02.06.1992, EGR Nr. 34 zu § 16 ArbEG u. v. 25.01.1996 – Arb.Erf. 54/96, (unveröffentl.).
240 Schiedsst. v. 02.06.1992, EGR Nr. 34 zu § 16 ArbEG u. v. 25.01.1996 – Arb.Erf. 54/96, (unveröffentl.).
241 BGH v. 14.07.1980 – X ZR 1/79 – *Rohrverlegeverfahren* (unveröffentl.); vgl. auch BGH v. 06.02.2002 – X ZR 215/00, GRUR 2002, 609, 611 f. – *Drahtinjektionseinrichtung*.
242 Schiedsst. v. 08.10.1985 – Arb.Erf. 3/85, v. 07.11.1985 – Arb.Erf. 13/85, u. v. 05.11.1990 – Arb.Erf. 21/90, (alle unveröffentl.).
243 So aber Schiedsst. v. 02.06.1992, EGR Nr. 34 zu § 16 ArbEG, insoweit nicht in EGR abgedruckt u. v. 25.05.1981, BlPMZ 1982, 166.

## 2. Schadensumfang

**74** Die Frage, welchen Schaden die Pflichtverletzung des Arbeitgebers zur Folge hat, hängt von der Prüfung ab, welchen Verlauf die Dinge bei pflichtgemäßem Verhalten des Arbeitgebers genommen hätten und wie dann die Vermögenslage des Arbeitnehmers sein würde. Der Schadensumfang kann sowohl **ausgefallene Vergütungsansprüche**[244] (insb. bei Fortsetzung der Nutzung durch den Arbeitgeber im Rahmen eines nach Abs. 3 vorbehaltenen Nutzungsrechts nach Aufgabe des Rechts) als auch solche **Vermögensnachteile** umfassen, die der Arbeitnehmer dadurch erleidet, dass er das aufgegebene **Recht nicht mehr verwerten** kann, etwa durch Scheitern eines Verkaufs der Erfindungsrechte bzw. des Abschlusses von Lizenzverträgen.[245] Auch eine Patentanmeldung kann ein verwertungsfähiges Objekt sein. Einschränkend stellt der *BGH* bei der Bemessung des Nutzungs- bzw. Entgeltzeitraums darauf ab, dass dieser auch von dem »**mutmaßlichen Schicksal**« der Patentanmeldung abhängt.[246] Bei Übernahme der angebotenen Schutzrechtpositionen kann ein Schaden des Arbeitnehmers auch in **Verspätungszuschlägen** für die Patentgebühren, die wegen verzögerter Übertragung fällig werden und deshalb vom Arbeitgeber zu ersetzen sind.[247]

Einen pauschalierten Entschädigungsanspruch sieht das Gesetz nicht vor.[248] Für die Bemessung der **Schadenshöhe** kann der Benutzungsumfang durch Konkurrenten herangezogen werden,[249] und zwar sowohl im Hinblick auf eine gewisse Marktsättigung mit gleichwertigen Produkten als auch als Indiz für ein gewisses Marktbedürfnis. Beachtlich können ferner der Umfang einer bisherigen Nutzung durch den Arbeitgeber wie auch der Zeitraum einer Nutzung vergleichbarer Gegenstände durch Wettbewerber sein. Maßstab für die wirtschaftliche Verwertbarkeit der erfindungsgemäßen Lehre kann auch sein, inwieweit hierauf bezogene Versuche des Arbeitgebers oder Dritter zu befriedigenden Ergebnissen geführt haben.[250]

---

244 BGH v. 06.02.2002 – X ZR 215/00, GRUR 2002, 609, 610, 613 – *Drahtinjektionseinrichtung*; OLG Frankfurt am Main v. 28.10.1965, GRUR 1966, 425, 426 – *Strophocor* m. zust. Anm. Friedrich; Schiedsst. v. 26.01.1988, BlPMZ 1988, 351, 353 f. u. v. 17.06.1999 – Arb.Erf. 91/96, (unveröffentl.); Keukenschrijver in Busse/Keukenschrijver, PatG, Rn. 27 zu § 16 ArbEG.
245 OLG Braunschweig v. 05.10.1978 – 2 U 33/78, (unveröffentl.); Volmer/Gaul Rn. 240 zu § 16.
246 BGH v. 14.07.1980 – X ZR 1/79 – *Rohrverlegeverfahren* (unveröffentl.).
247 Schiedsst. v. 15.04.2010 – Arb.Erf. 36/08 – *Kälteanlagen* (unveröffentl.).
248 Schiedsst. v. 12.08.1999 – Arb.Erf. 19/98, (unveröffentl.).
249 Schiedsst. ZB. v. 02.01.1984 – Arb.Erf. 21/83, (unveröffentl.).
250 So BGH v. 14.07.1980 – X ZR 1/79 – *Rohrverlegeverfahren* (unveröffentl.).

### E. Pflichtverletzungen durch den Arbeitgeber § 16

Hat der Arbeitgeber unter Verstoß gegen § 16 eine Patentanmeldung bei gleichzeitiger Aufrechterhaltung des hinterlegten parallelen Gebrauchsmusters fallen gelassen, muss er bei Fortsetzung seiner Nutzung nach Ablauf des Gebrauchsmusterschutzes Schadensersatz i.H.d. Vergütung zahlen, die er bei Aufrechterhalten der Patentanmeldung hätte leisten müssen,[251] wobei die *Schiedsstelle* von einer mittleren Patentlaufdauer von 12 bis 13 Jahren ausgeht (s. dazu oben § 16 Rdn. 73 a. E. u. § 9 Rdn. 59.1). Zum Vergütungsanspruch bei Parallelanmeldung s. § 12 Rdn. 71.

Macht der Arbeitnehmer ausgefallene Vergütungsansprüche geltend, hat er ggü. dem Arbeitgeber einen Anspruch auf **Auskunftserteilung**, der sich grds. auf die gleichen Angaben erstreckt wie beim Vergütungsanspruch nach § 9[252] (s. hierzu § 12 Rdn. 162 ff.).

Ggf. muss sich der Arbeitnehmer im Wege des **Vorteilsausgleichs** diejenigen Beträge anrechnen lassen, die er im Fall der Übertragung einer Schutzrechtsposition für deren Aufrechterhalten hätte aufwenden müssen (Jahresgebühren, Prüfungsgebühr, Patentanwaltskosten) sowie potenzielle Aufwendungen für Eigenversuche (zur Herbeiführung der Betriebsreife einer Erfindung) oder für Lizenzvertragsabschlüsse.[253] Nutzt der Arbeitgeber die Erfindung weiter, ist zu berücksichtigen, dass üblicherweise ein Mitbenutzungsrecht nach § 16 Abs. 3 vorbehalten wird, sodass bei der Schadensberechnung der Anteilsfaktor zum Tragen kommen kann.[254]

Ein **Mitverschulden** (§ 254 BGB) des Arbeitnehmers kann in Betracht kommen, wenn dieser – etwa nach seinem Ausscheiden aus dem Dienstverhältnis – den Arbeitgeber über seine Anschriftenänderung im Unklaren gelassen hat und deshalb seine neue Anschrift nicht ermittelbar ist,[255] ferner, wenn er bei seinem Arbeitgeber den Eindruck erweckt, an einer Weiterverfolgung der Schutzrechtsanmeldung bzw. einer Aufrechterhaltung der Schutzrechtsposition nicht interessiert zu sein.[256] Dagegen muss der Arbeitnehmer nicht von sich aus

75

---

251 Schiedsst. v. 25.05.1981, BlPMZ 1982, 166.
252 BGH v. 06.02.2002 – X ZR 215/00, GRUR 2002, 609, 610 – *Drahtinjektionseinrichtung.*
253 BGH v. 14.07.1980 – X ZR 1/79 – *Rohrverlegeverfahren* (unveröffentl.); Schiedsst. ZB. v. 02.01.1984 – Arb.Erf. 21/83, (unveröffentl.).
254 Schiedsst. ZB. v. 02.01.1984 – Arb.Erf. 21/83, (unveröffentl.); im Ergebn. auch Busse/Keukenschrijver, PatG, Rn. 27 zu § 16 ArbEG: »kann (hypothetisch) zu berücksichtigen sein«.
255 Vgl. BGH v. 31.01.1978, GRUR 1978, 430, 434 – *Absorberstab-Antrieb* (zu § 14 Abs. 2).
256 I.d.S. wohl BGH v. 14.07.1980 – X ZR 1/79 – *Rohrverlegeverfahren* (unveröffentl.).

beim Arbeitgeber anfragen, ob dieser ihm die fragliche Schutzrechtsposition übertragen wolle.[257]

**75.1** Der Arbeitnehmer ist für die Verletzung des § 16 sowie für den Schadenseintritt und -umfang **darlegungs- und beweispflichtig**.[258] Dazu gehört auch der hinreichende Sachvortrag zur Patent- bzw. Gebrauchsmusterfähigkeit.[259] Beruft sich der Arbeitnehmer auf eine mangelnde Verteidigung der Schutzrechtsposition, hat er die gebotenen Verteidigungsmöglichkeiten darzulegen.[260] Macht der Arbeitnehmer Vermögensnachteile mangels Verwertungsmöglichkeit geltend, muss er darlegen und beweisen, dass er die vom Arbeitgeber aufgegebene Schutzrechtsposition tatsächlich übernommen hätte und ihm konkrete Verwertungsmöglichkeiten offen gestanden hätten.[261] Ein allgemeiner Hinweis, die Schutzrechtsposition sei auch anderweitig verwertbar gewesen, reicht für den Schadensnachweis nicht aus.[262] Schon im »**allgemeinen Patentmarkt**« besteht angesichts der Tatsache, dass nur ein verhältnismäßig geringer Prozentsatz angemeldeter Erfindungen eine wirtschaftliche Bedeutung erlangt, **kein Erfahrungssatz** in dem Sinne, dass nach dem gewöhnlichen Lauf der Dinge »Schutzrechtspositionen durch Eigenproduktion, Lizenzvergabe oder Verfolgung von Verletzungshandlungen« gewinnbringend verwertet werden können.[263] Dies gilt umso mehr, als nach den Erfahrungen der *Schieds-*

---

257 BGH v. 08.12.1981, GRUR 1982, 227, 229 – *Absorberstab-Antrieb II* (zu § 14 Abs. 2).
258 Ständ. Praxis d. Schiedsst., z.B. v. 15.10.1964, BlPMZ 1965, 66; v. 25.05.1981, BlPMZ 1982, 166; v. 10.12.1990 – Arb.Erf. 39/90; v. 12.08.1999 – Arb.Erf. 19/98; v. 08.03.2001 – Arb.Erf. 1/99 u. v. 23.07.2009 – Arb.Erf. 10/05, (sämtl. unveröffentl.); ferner v. 12.10.2016 – Arb.Erf. 07/14, u. v. 08.12.2016 – Arb.Erf. 14/13, (beide www.dpma.de); Volmer/Gaul Rn. 241 zu § 16; Keukenschrijver in Busse/Keukenschrijver, PatG, Rn. 28 zu § 16 ArbEG; vgl. auch BGH v. 18.05.2010 – X ZR 79/07, GRUR 2010, 817, 819 [Rn. 23] – *Steuervorrichtung*; LG Düsseldorf v. 24.02.2012 – 4a O 286/10, (juris, Rn. 159 f.) – *Kälteanlage*, dort zum Feststellungsinteresse i.S.v. § 256 Abs. 1 ZPO.
259 BGH v. 18.05.2010 – X ZR 79/07, GRUR 2010, 817, 819 [Rn. 23] – *Steuervorrichtung*.
260 BGH v. 18.05.2010 – X ZR 79/07, GRUR 2010, 817, 819 [Rn. 23] – *Steuervorrichtung*.
261 Ständ. Praxis Schiedsst., z.B. EV. v. 18.11.1994 – Arb.Erf. 97/93; v. 15.04.2010 – Arb.Erf. 36/08, (beide unveröffentl.); v. 12.10.2016 – Arb.Erf. 07/14, u. v. 08.12.2016 – Arb.Erf. 14/13, (beide www.dpma.de).
262 Schiedsst. v. 19.08.1985 – Arb.Erf. 23/85, u. v. 11.11.1985 – Arb.Erf. 13/85, (beide unveröffentl.); ferner Schiedsst. v. 18.11.1994 – Arb.Erf. 97/93, (unveröffentl.).
263 BGH v. 27.11.1969, GRUR 1970, 296, 298 – *Allzweck-Landmaschine*; ebenso Schiedsst. v. 15.04.2010 – Arb.Erf. 36/08, (unveröffentl.); Keukenschrijver in Busse/Keukenschrijver, PatG, Rn. 28 zu § 16 ArbEG

*stelle* die Quote der verwerteten freien, frei gewordenen oder aufgegebenen Erfindungen, für die Schutzrechte erteilt worden sind oder angestrebt werden, weit unter 5 %, liegt,[264] nicht zuletzt deshalb, weil Arbeitnehmererfinder üblicherweise über keine eigenen Produktionsanlagen und/oder die erforderlichen Geschäftsbeziehungen bzw. die wirtschaftlichen Mittel zur Erfindungsauswertung verfügen. Deshalb begründet die bloße Vorenthaltung der Schutzrechtsposition selbst noch nicht die Wahrscheinlichkeit einer Schadensentstehung. Es bedarf vielmehr der Darlegung und des **Nachweises konkreter Anhaltspunkte** dafür, dass bei ordnungsgemäßer Mitteilung der Aufgabeabsicht der Arbeitnehmer die **Schutzrechtsposition übernommen und diese** namentlich durch Eigenproduktion, Verkauf oder Lizenzvergabe mit hinreichender Wahrscheinlichkeit (vgl. § 252 BGB) **gewinnbringend hätte verwerten können**.[265] Hierzu bedarf es auch der Darlegung, ob der Arbeitnehmer nach seinen finanziellen Möglichkeiten, wirtschaftlichen Beziehungen und/oder organisatorischen Fähigkeiten überhaupt in der Lage gewesen wäre, eine wirtschaftliche Eigenproduktion oder sonstige Verwertung aufzubauen bzw. durchzusetzen.[266] Der Arbeitnehmer hat dementsprechend zu belegen, dass er mit dem aufgegebenen Schutzrecht mit Wahrscheinlichkeit einen Gewinn erzielt hätte und dabei auch Angaben zu machen und zu beweisen, die eine Schadensschätzung ermöglichen. Zu seinen Gunsten kann sich der Arbeitnehmer auf den Umstand berufen, dass sein Arbeitgeber den Erfindungsgegenstand bis zur Schutzrechtsaufgabe alleine benutzt hat, und dass nunmehr die Konkurrenz von dem Erfindungsgegenstand Gebrauch macht.[267] Steht dagegen fest, dass der Arbeitgeber die Erfindung vor Aufgabe der Schutzrechtsposition verschie-

---

264 Schiedsst. v. 03.12.1982 – Arb.Erf. 25/82 u. v. 12.08.1999 – Arb.Erf. 19/98, (beide unveröffentl.).
265 Vgl. BGH v. 08.12.1981, GRUR 1982, 227, 229 – *Absorberstab-Antrieb II* (zu § 14 Abs. 2); Schiedsst. v. 24.07.1989 – Arb.Erf. 82/88, (unveröffentl.): »Zur Geltendmachung eines Schadens reicht nicht, dass der Arbeitnehmer auf einen Gesetzesverstoß hinweist. Er muss nämlich im Einzelnen darlegen und auch eine gewisse Wahrscheinlichkeit aufzeigen, dass er tatsächlich in der Lage gewesen wäre, die Erfindung in dieser oder jener Weise zu vermarkten«; zust. auch Schiedsst. v. 18.11.1994 – Arb.Erf. 97/93, (unveröffentl.). S. i.Ü. BGH v. 27.11.1969, GRUR 1970, 296, 299 – *Allzweck-Landmaschine* (betr. die Vorenthaltung von Patenten durch Wettbewerber); vgl. auch Volmer/Gaul Rn. 241 zu § 16. Abw. Boemke/Kursawe/Hoppe-Jänisch Rn. 170 f. zu § 16, die »einer sachverständigen Bewertung den Vorrang« einräumen wollen.
266 Vgl. BGH v. 27.11.1969, GRUR 1970, 296, 298 – *Allzweck-Landmaschine*; Schiedsst. v. 12.08.1999 – Arb.Erf. 19/98 u. v. 08.03.2001 – Arb.Erf. 1/99, (beide unveröffentl.).
267 Schiedsst. ZB. v. 02.01.1984 – Arb.Erf. 21/83, (unveröffentl.).

denen Unternehmen erfolglos zur Nutzung (Lizenznahme/Verkauf) angeboten hat, und sind vergleichbare Lösungen auf dem Markt, so spricht dies nach allgemeiner Lebenserfahrung gegen eine Verwertungsmöglichkeit des Arbeitnehmers und damit gegen einen Schaden.[268]

Soweit der Arbeitnehmer seinen Schadensersatz auf **ausgefallene Vergütungsansprüche** bezieht, kann er sich seines Auskunftsanspruchs bedienen (s. § 16 Rdn. 74).

75.2 **Verteidigt** sich der **Arbeitgeber** mit dem **Einwand der vollständigen Vergütungserfüllung**, ist er dafür beweispflichtig.[269] Zum Einwand der mangelnden Schutzfähigkeit s. § 16 Rdn. 73. Ist für die **Schadensberechnung** eine zukünftige fiktive Entwicklung maßgebend (etwa die Einbuße von zukünftigen Lizenzeinnahmen), so ist im Grundsatz nur eine freie Schadensschätzung nach § 287 ZPO möglich, die aber auch voraussetzt, dass zumindest so viel an tatsächlichen Grundlagen beigebracht wird, dass wenigstens im groben eine zutreffende Schätzung dem Grunde und der Höhe nach ermöglicht wird.[270]

Zur parallelen Situation des Schadensnachweises bei schuldhaft unterlassener Erfindungsmeldung durch den Arbeitnehmer s. § 5 Rdn. 96. Zum Schadensersatz bei Weiternutzung der aufgegebenen Schutzrechtsposition ohne Benutzungsrecht s. § 16 Rdn. 64.

## II. Wiedereinsetzung

76 Hat der Arbeitgeber bewusst eine Schutzrechtsposition aufgegeben, etwa durch willentliche Nichtzahlung einer fälligen Jahresgebühr, muss der Arbeitnehmer, der einen Antrag auf Wiedereinsetzung auch als sog. gewillkürter Prozessstandschafter für den noch als Schutzrechtsinhaber eingetragenen Arbeitgeber stellen kann[271], dessen Verhalten **im Verhältnis zur Erteilungsbehörde** gegen sich gelten lassen,[272] da es bereits an der Grundvoraussetzung für eine Wiedereinsetzung gem. § 123 PatG, einer Verhinderung eines maßgeblichen Beteiligten, fehlt.[273] Insoweit ist allein auf den zum Zeitpunkt der Zahlungspflicht einge-

---

268 So i. Ergebnis Schiedsst. v. 03.12.1982 – Arb.Erf. 25/82, (unveröffentl.).
269 Volmer/Gaul Rn. 89, 102, 124 zu § 16 ArbEG.
270 Vgl. BGH v. 27.11.1969, GRUR 1970, 296, 299 – *Allzweck-Landmaschine*.
271 Vgl. BPatG Beschl. v. 03.04.2014 – 7 W (pat) 6/14, (juris, Rn. 21 f.).
272 BGH v. 14.07.1980 – X ZR 1/79 – *Rohrverlegeverfahren* (unveröffentl.), im Anschl. an OLG Braunschweig v. 05.10.1978 – 2 U 33/78, (unveröffentl.); im Ergebn. auch BPatG Beschl. v. 03.04.2014 – 7 W (pat) 6/14, (juris, Rn. 23 ff.); a.A. RPA v. 12.08.1937, GRUR 1937, 932, 933.
273 BPatG Beschl. v. 03.04.2014 – 7 W (pat) 6/14, (juris, Rn. 26 ff.); s. auch Benkard/Schäfers, PatG, Rn. 12 zu § 123 PatG; BPatG v. 23.12.1964, BPatGE 6, 196, 197 f.

tragenen Patentinhaber, also den Arbeitgeber, abzustellen.²⁷⁴ Bestanden zwischen Arbeitgeber und Arbeitnehmer wegen der Aufgabe bzw. Übernahme des Schutzrechts Missverständnisse, so ist es Aufgabe des Arbeitgebers (eingetragener Schutzrechtsinhaber), auf den Fortbestand der Schutzrechtsposition (hier also durch Gebührenzahlung) hinzuwirken und diesen sicherzustellen, da ihn sonst der Vorwurf einer schuldhaften Versäumnis gegenüber dem Patentamt trifft.²⁷⁵ Im Interesse einer Schadensminderung kann der Arbeitgeber gehalten sein, im Fall eines Irrtums seine Verzichtserklärung ggü. der Patenterteilungsbehörde unverzüglich anzufechten.²⁷⁶ Zur Wiedereinsetzung bei europäischen Patentanmeldungen s. Art. 122 Abs. 1 EPÜ und Regel 136 EPÜ AO.²⁷⁷ Der Rechtsnachfolger kann Wiedereinsetzung beantragen, wenn der Rechtsübergang gem. Regel 22 Abs. 3 EPÜ AO durch Vorlage von Urkunden für das EPA wirksam geworden ist.²⁷⁸ Zur Anfechtung eines Verzichts nach § 20 PatG s. § 16 Rdn. 11.

## F. Vorbehalt eines nicht ausschließlichen Benutzungsrechts durch den Arbeitgeber (Abs. 3)

### I. Grundsatz

Will der Arbeitgeber der Rechtsfolge des Wegfalls seines bisherigen Nutzungsrechts jedenfalls teilweise entgehen, kann er sich gem. § 16 Abs. 3 **gleichzeitig** (s. dazu § 16 Rdn. 86) mit der Mitteilung seiner Aufgabeabsicht ein nicht ausschließliches Recht zur Benutzung der Diensterfindung gegen angemessene Vergütung **(formlos)** vorbehalten (s.a. § 14 Rdn. 45 ff.). Diese Regelung schließt aus, dass der Arbeitgeber vom Arbeitnehmer unter Berufung auf dessen Treuepflicht weitere Nutzungsrechte beanspruchen kann (s. § 16 Rdn. 64). Zur Zulässigkeit einer Nichtigkeits-/Löschungsklage des Arbeitgebers s. § 25 Rdn. 47 f. 77

Das Recht zum Benutzungsvorbehalt soll insb. die wirtschaftlichen Leistungen und sonstigen Beiträge des Arbeitgebers beim Zustandekommen der Erfindung anerkennen und dessen berechtigtem Interesse daran, dass das übertragene Recht nicht gegen ihn geltend gemacht werden kann, Rechnung tragen.²⁷⁹ Will der Arbeitgeber sich ein Benutzungsrecht sichern, so bedarf es eines Vor- 78

---

274 BPatG Beschl. v. 03.04.2014 – 7 W (pat) 6/14, (juris, Rn. 27).
275 S. BPatG Beschl. v. 03.04.2014 – 7 W (pat) 6/14, (juris, Rn. 30 ff.).
276 Vgl. dazu allg. BPatG v. 16.03.1981, BlPMZ 1983, 221.
277 S. Schulte/Schulte, PatG, Rn. 23 zu § 123 PatG.
278 Schulte/Schulte, PatG, Rn. 24 zu § 123 PatG.
279 Amtl. Begründung BT-Drucks. II/1648 S. 34 f. = BlPMZ 1957, 237.

behalts auch dann, wenn er **Zweifel an der Schutzfähigkeit** hat[280] (vgl. unten § 16 Rdn. 91 sowie § 2 Rdn. 16 ff.). Gesetzgeberischer Zweck des § 16 Abs. 3 ist es allerdings nicht, dem Arbeitgeber nachträglich ein Wahlrecht zwischen Rechtsinhaberschaft und Lizenznahme und damit zwischen ehemals unbeschränkter und zwischenzeitlich weggefallener beschränkter Inanspruchnahme (§§ 6, 7 Abs. 2 a.F.) zu eröffnen.

In der Unternehmenspraxis ist der Vorbehalt im Fall der Schutzrechtsübertragung nach § 16 Abs. 1 der Regelfall.[281] Schließen die Arbeitsvertragsparteien einen Lizenzvertrag über die nach § 16 übertragene Diensterfindung, ist das vorbehaltene Nutzungsrecht im Zweifel gegenstandslos.[282] Gegenstandslos ist der Vorbehalt auch dann, wenn der Arbeitnehmer von seinem Übertragungsanspruch nach Abs. 2 keinen Gebrauch macht[283] oder er die übernommene Schutzrechtsposition später fallen lässt.

Bei Schutzrechtsaufgabe im **Insolvenzverfahren** besteht nach § 27 Nr. 4 Fassung 1999 kein Recht des Insolvenzverwalters, ein Nutzungsrecht nach § 16 Abs. 3 zugunsten der Insolvenzmasse vorzubehalten (s. § 27 Fassung 1999 Rdn. 119). Unter Geltung des § 27 Fassung 2009 wird § 16 im Regelfall von § 27 Nr. 3 verdrängt (s. § 27 n.F. Rdn. 121 ff.).

**II. Inhalt und Umfang des Benutzungsrechts**

79 Wegen des gleichen Gesetzeswortlauts ist das nicht ausschließliche Benutzungsrecht des § 16 Abs. 3 inhaltlich dem entsprechenden Recht in § 7 Abs. 2 a.F., § 14 Abs. 3, § 19 Abs. 1 gleichzustellen[284] (ganz h.M.). Es entspricht einer **einfachen Lizenz**[285] (zu den Folgen s. § 16 Rdn. 81 ff.; vgl. hierzu auch § 7 a.F. Rdn. 29). Es erzeugt lediglich gesetzlich niedergelegte,

---

280 BGH v. 15.05.1990 – X ZR 119/88, GRUR 1990, 667, 668 – *Einbettungsmasse*.
281 Vgl. Schiedsst. v. 26.04.1985, BlPMZ 1985, 307.
282 Vgl. auch Schiedsst. v. 23.05.2014 – Arb.Erf. 38/12, (www.dpma.de).
283 S. Keukenschrijver in Busse/Keukenschrijver, PatG, Rn. 30 zu § 16 ArbEG.
284 Vgl. BGH v. 28.06.1962 – I ZR 28/61, GRUR 1963, 135, 138 – *Cromegal*; BPatG v. 08.11.1990, GRUR 1991, 755, 756 – *Tiegelofen*; vgl. auch BGH v. 15.05.1990 – X ZR 119/88, GRUR 1990, 667, 668 – *Einbettungsmasse*.
285 BGH v. 23.04.1974, GRUR 1974, 463, 464 – *Anlagengeschäft*; BPatG 31.05.2012 – 2 Ni 1/1, (juris, Rn. 25); OLG Frankfurt am Main v. 29.10.1970, OLGZ 71, 373, 374 (Anlagengeschäft); Schiedsst. v. 28.05.1968, BlPMZ 1968, 349; v. 04.07.2016 Mitt. 2017, 366, 369; Gaul, GRUR 1967, 518; Volmer/Gaul Rn. 216 f. zu § 16; Reimer/Schade/Schippel/Trimborn Rn. 23 zu § 16; vgl. auch BGH v. 15.05.1990 – X ZR 119/88, GRUR 1990, 667, 668 – *Einbettungsmasse*; a.A. (zu § 14): Kraft, GRUR 1970, 381 ff.; s.a. Heine/Rebitzki Anm. 3 zu § 7 u. Sack, RIW 1989, 612, 617; Bartenbach/Volz, GRUR 1984, 257.

**schuldrechtliche Wirkungen** (s.a. § 16 Rdn. 62) und ist in seinem Bestand vom **Bestehen der Schutzrechtsposition** abhängig (s. § 16 Rdn. 89; vgl. auch § 16 Rdn. 91).

Im Schrifttum wird demgegenüber unter Hinweis auf § 15 Abs. 1 Satz 2 PatG vertreten, infolge des Vorbehalts ergebe sich lediglich eine um ein **Benutzungsrecht geschmälerte Übertragung der Schutzrechtsposition**.[286] Damit wird die – seit dem *BGH*-Urteil »Cromegal« bislang nahezu einhellig anerkannte – inhaltliche Identität der Benutzungsrechte aus § 7 Abs. 2 a.F., § 14 Abs. 2, § 16 Abs. 3 und § 19 Abs. 1 in Frage gestellt. Unabhängig davon, inwieweit eine solche – insbesondere einer Insolvenzfestigkeit dienende – Konstruktion zur Verdinglichung des einfachen Benutzungsrechts patentrechtlich beitragen wird[287], geht § 16 Abs. 1, 3 – im Unterschied zu § 15 Abs. 1 Satz 2 PatG – im Wortlaut nicht von einer beschränkten Übertragung des Rechts aus dem Patent aus, sondern von einer Übertragung der Schutzrechtsposition unter Vorbehalt eines »Rechts zur Benutzung der Diensterfindung« und somit erkennbar von jeweils gesonderten Sachverhalten. Bestätigt wird dies durch die nahezu wortgleiche Regelung des § 14 Abs. 3, die angesichts unterschiedlicher ausländischer Schutzrechtsordnungen und zwangsläufig noch ungewisser Reichweite ohnehin nur eine Trennung von Auslandsfreigabe und vorbehaltenem Nutzungsrecht zulässt[288] (s. auch § 14 Rdn. 51). Zudem führt die notwendige Aufspaltung zwischen Grund- und Vollzugsgeschäft zu Problemen, die auch anerkennt werden und die man »bei unbeschränkter Schutzrechtsübertragung« durch Einräumung eines einfachen Nutzungsrechts per Bereicherungsrecht (§ 812 Abs. 1 BGB) lösen will.[289] Im Ergebnis erkennt diese Auffassung aber ebenfalls an, dass das Benutzungsrecht den Arbeitgeber zur »Mitbenutzung der Schutzrechtsposition wie ein einfacher Lizenznehmer

---

[286] So wohl Boemke/Kursawe/Hoppe-Jänisch Rn. 150 zu § 16 m. H. a. LG München I v. 09.02.2012, GRUR-RR 2012, 142 – Insolvenzfestigkeit m. zust. Anm. Haedicke. Die LG-Entscheidung ist bestätigt durch OLG München v. 25.07.2013, GRUR 2013, 1125 – Technische Schutzrechte.

[287] Die Entscheidung d. OLG München v. 25.07.2013, GRUR 2013, 1125 – Technische Schutzrechte ist im Schrifttum auf unterschiedl. Echo gestoßen, so zust. Haedicke, WRP 2013, 1534 ff.; dagegen krit. McGuire, GRUR 2013, 1133 ff.; Keukenschrijver in Busse/Keukenschrijver, PatG, § 15 Rn. 42; zurückhaltend auch Benkard/Ullmann/Deichfuß, PatG, § 15 Rn. 27.

[288] Boemke/Kursawe/Hoppe-Jänisch Rn. 67 f. zu § 14 gehen allerdings auch dort von einer um das Nutzungsrecht geschmälerten Rechtsposition des Arbeitnehmers aus, ohne allerdings auf deren Möglichkeit nach ausländischen Schutzrechtsordnungen einzugehen.

[289] Boemke/Kursawe/Hoppe-Jänisch Rn. 151 zu § 16.

berechtigt« und damit die Regeln für betriebsgebundene einfache Lizenzen einschließlich des Sukzessionsschutzes (§ 15 Abs. 3 PatG, § 22 Abs. 2 GebrMG) zur Anwendung kommen.[290]

Das Benutzungsrecht ist **schutzrechtsbezogen**, d. h. es bezieht sich ausschließlich auf die nach § 16 übertragene Schutzrechtsposition. Das folgt aus dem § 16 Abs. 3 zu Grunde liegenden Zusammenhang mit der Mitteilung nach Absatz 1. Bei mehreren übertragenen Schutzrechtspositionen kann der Arbeitgeber – ohne dazu verpflichtet zu sein (s. § 16 Rdn. 85) – sein Benutzungsrecht auf einzelne Positionen beschränken.

Letzteres betrifft im Ergebnis auch das **europäische Patent**, bei dem das Benutzungsrecht für alle oder einzelne Staaten, für die es erteilt ist, vorbehalten werden kann. Auch für ein **EU-Einheitspatent** wäre ein vorbehaltenes Benutzungsrecht bezogen auf einzelne Staaten möglich; dieses kann zwar nur als Ganzes übertragen werden (s, § 16 Rdn. 8.3), jedoch ist eine Lizenzvergabe auch für einzelne teilnehmende EU-Staaten zulässig (vgl. Art. 3 Abs. 2 EPVO).

Behält sich der Arbeitgeber ein über § 16 Abs. 3 **hinausgehendes Benutzungsrecht** vor (z.B. das Recht der Unterlizenzvergabe) oder fordert er zusätzliche Pflichten des Arbeitnehmers (z.B. Genehmigungspflicht bei Lizenzverträgen), ist dies mit § 16 Abs. 3 unvereinbar, sodass der Vorbehalt insoweit ins Leere geht. Dies macht den Nutzungsvorbehalt jedoch nicht schlechthin unwirksam; vielmehr kann im Regelfall davon ausgegangen werden, dass sich dieser Vorbehalt auf den gesetzlich vorgegebenen Umfang beschränkt.[291] Ggf. kann dies aber Schadensersatzansprüche des Arbeitnehmers auslösen[292] (s. aber auch § 16 Rdn. 81 f.). Die *Schiedsstelle* geht davon aus, dass durch einen § 16 Abs. 3 nicht entsprechenden Vorbehalt die 3-Monats-Frist des Abs. 2 nicht in Gang gesetzt wird.[293]

Bei **Veräußerung** der übertragenen Schutzrechtsposition durch den Arbeitnehmer bleibt das Benutzungsrecht des Arbeitgebers aufgrund der rechtlichen

---

290 Boemke/Kursawe/Hoppe-Jänisch Rn. 153 ff. zu § 16.
291 Schiedsst. v. 16.01.1996 – Arb.Erf. 40/94, (unveröffentl.) – zu § 2 Abs. 2 EDB-PatG-DDR – 1990; zust. Reimer/Schade/Schippel/Trimborn Rn. 28 zu § 16.
292 Schiedsst. v. 28.04.1993 – Arb.Erf. 143/92, (unveröffentl.) – zu § 2 Abs. 2 EDB-PatG-DDR – 1990.
293 Schiedsst. v. 16.01.1996 – Arb.Erf. 40/94, (unveröffentl.) – zu § 2 Abs. 2 EDB-PatG-DDR – 1990, die bei einem auf diese Frage bezogenen Schiedsstellenverfahren die Frist ab Zustellung des Einigungsvorschlags beim Arbeitnehmer beginnen lässt; allg. zust. Keukenschrijver in Busse/Keukenschrijver, PatG, Rn. 19 zu § 16 ArbEG.

## F. Vorbehalt eines nicht ausschließlichen Benutzungsrechts (Abs. 3) § 16

Gleichstellung mit einer einfachen Lizenz bestehen[294] (s. auch § 16 Rdn. 62 sowie § 7 a.F. Rdn. 35). Hat der Arbeitgeber – bspw. nach Versäumung der gesetzlich vorgegebenen Fristen oder in Anwendung der Empfehlung des *BGH* in der »Anlagengeschäft«-Entscheidung[295] zur Ausdehnung des gesetzlichen Nutzungsrechts – im Rahmen eines mit dem Arbeitnehmererfinder geschlossenen **Vertrages** (§ 22) ein einfaches Nutzungsrecht erworben, so stellt sich diese Vereinbarung ebenfalls als Lizenzvertrag dar, der hinsichtlich seiner Rechtswirkungen den allgemeinen Grundsätzen für Lizenzverträge unterliegt (vgl. den **Sukzessionsschutz** nach § 15 Abs. 3 PatG, § 22 Abs. 3 GebrMG). Die Besonderheiten des ArbEG über die Fortdauer der einfachen gesetzlichen Nutzungsrechte erlangen also keine Geltung (s.a. § 16 Rdn. 82).

Bei der **Freigabe von Auslandsschutzrechten** bestimmt sich die Durchsetzbarkeit des Nutzungsrechts gegenüber einem Rechtserwerber auf Grund des patentrechtlichen Territorialitätsprinzips nach der **nationalen Rechtsordnung** in dem Auslandsstaat. Das betrifft auch ein **europäisches Patent** in den Auslandsstaaten, für die es erteilt ist (vgl. Art. 2 Abs. 2 EPÜ) und für die ein Benutzungsrecht vorbehalten wird. Bei Freigabe eines (zukünftigen) **EU-Einheitspatents** ist für die Durchsetzbarkeit eines vorbehaltenen Benutzungsrechts die gem. Art. 7 EPVO geltende Rechtsordnung maßgebend, in vielen Fällen also § 15 Abs. 3 PatG (s. § 2 Rdn. 1). Wegen der Besonderheiten bei ausländischen Schutzrechtspositionen s. im Übr. § 14 Rdn. 51.

### 1. Betriebsgebundenheit

Die Anerkennung eines nicht ausschließlichen Benutzungsrechts soll zwar den berechtigten Interessen des Arbeitgebers Rechnung tragen (s. § 16 Rdn. 78); bei seiner inhaltlichen Kennzeichnung ist aber auch zu berücksichtigen, dass der Arbeitnehmer mit der Rechtsübertragung die volle Last eines Erteilungsverfahrens bzw. die Aufrechterhaltung und Verteidigung des Schutzrechts rechtlich und kostenmäßig allein zu tragen hat. Als Ausgleich hierfür muss ihm ein umfassendes Verwertungsrecht zugestanden werden. Dieser Interessenausgleich führt dazu, dass das nicht ausschließliche Benutzungsrecht des Arbeitgebers allein dem Betrieb zugutekommen soll, in welchem die Dienster- 80

---

294 Heute h.M. i. H. a. § 15 Abs. 3 PatG u. § 22 Abs. 3 GebrMG, z.B. Kraßer/Ann, PatR, § 21 Rn. 95; Reimer/Schade/Schippel/Trimborn Rn. 23 zu § 16; Keukenschrijver in Busse/Keukenschrijver, PatG, Rn. 34 zu § 16 ArbEG; Boemke/Kursawe/Hoppe-Jänisch Rn. 160 zu § 16; a.A. (noch) Volmer/Gaul Rn. 245 ff. zu § 16.
295 BGH v. 23.04.1974, GRUR 1974, 463, 464 – *Anlagengeschäft*.

findung entstanden ist. Das Benutzungsrecht ist also betriebsgebunden.[296] Dabei ist als Betrieb nicht die räumliche, technische Einheit anzusehen, sondern die wirtschaftliche Einheit, also das **Unternehmen** (Näheres hierzu bei § 7 a.F. Rdn. 31 u. § 1 Rdn. 101 f.).

Soweit es die *Schiedsstelle* gebilligt hat, dass von der »Betriebsgebundenheit« auch rechtlich selbstständige **Konzernunternehmen** erfasst werden,[297] kann dem in dieser Allgemeinheit nicht gefolgt werden;[298] solches kann allenfalls für besonders gelagerte Einzelfälle gelten, bei denen die handelnden Unternehmen sich letztlich als tatsächliche und wirtschaftliche Handlungseinheit darstellen (vgl. § 1 Rdn. 131 u. § 9 Rdn. 188 sowie KommRL Einl. Rn. 143 f.).

a) **Ausschluss der Unterlizenzvergabe**

81 Aus der »Unternehmensbezogenheit« des Nutzungsrechts folgt, dass der Arbeitgeber **auf eine Eigennutzung beschränkt** und nicht befugt ist, Unterlizenzen zu vergeben oder das Nutzungsrecht zu übertragen;[299] auch kann er den Vorbehalt des Mitbenutzungsrechts nicht zugunsten eines Dritten aussprechen[300] oder sonst wie – etwa auf seine Lizenznehmer oder Kunden – ausdehnen[301] (s.a. § 16 Rdn. 79).

82 Allerdings kann sich der Arbeitgeber durch eine §§ 22, 23 beachtende **Vereinbarung mit dem Arbeitnehmer** weitergehende Nutzungsrechte, insb. das Recht der Lizenzvergabe, ausbedingen; ob der Arbeitnehmer aus dem Gesichtspunkt der arbeitsrechtlichen Treuepflicht oder nach Treu und Glauben (§ 242

---

296 BGH v. 23.04.1974, GRUR 1974, 463, 464 – *Anlagengeschäft*; krit. z. Begr. u. z. BGH-Entsch.: Fischer, GRUR 1974, 500 ff., 503; dagegen: Kunze, AuR 1977, 294 ff.; im Ergebn. allg. A., z. B. Keukenschrijver in Busse/Keukenschrijver, PatG, Rn. 35 zu § 16 ArbEG.
297 Schiedsst. v. 25.07.1983 – Arb.Erf. 14/82, (unveröffentl.); vgl. auch OLG Hamburg v. 25.04.1985, GRUR 1985, 923 – *Imidazol* u. BGH v. 20.02.1986, RIW 1986, 547 – *Gebührendifferenz IV*, wonach der konzerninterne Warenaustausch kein »In-Verkehr-Bringen« i.S.d. § 9 PatG darstellt.
298 Ebenso A. Bartenbach, Arbeitnehmererfindungen i. Konzern (2018), Rn. 601; Keukenschrijver in Busse/Keukenschrijver, PatG, Rn. 24zu § 14 ArbEG (zu § 14 Abs. 3); Boemke/Kursawe/Hoppe-Jänisch Rn. 71 zu § 14 u. 154 zu § 16.
299 BGH v. 23.04.1974, GRUR 1974, 463, 464 – *Anlagengeschäft*; OLG Frankfurt am Main v. 29.10.1970, OLGZ 71, 373, 374 (Anlagengeschäft) u. Schiedsst. v. 28.05.1968, BlPMZ 1968, 349; vgl. auch Schiedsst. v. 22.02.1979, BlPMZ 1980, 211, 213 u. v. 15.02.2011 – Arb.Erf. 67/09, (www.dpma.de, nur LS 2).
300 Schiedsst. ZB. v. 27.01.1982 – Arb.Erf. 47/81, (unveröffentl.).
301 Schiedsst. v. 16.01.1996 – Arb.Erf. 40/94, (unveröffentl.).

F. Vorbehalt eines nicht ausschließlichen Benutzungsrechts (Abs. 3) **§ 16**

BGB) zum Abschluss einer solchen Vereinbarung verpflichtet sein kann,[302] ist angesichts der Möglichkeit des Arbeitgebers, Vollrechtsinhaber bleiben zu können, zweifelhaft.

### b) Lohnfertigung durch Dritte/verlängerte Werkbank

Nicht als Unterlizenzerteilung zu verstehen, und damit noch durch das Nutzungsrecht des § 16 Abs. 3 gedeckt, ist ein Herstellenlassen durch Dritte (**Lohnfertigung, verlängerte Werkbank, s. a. § 9 Rdn. 101**).[303] Während bei der Unterlizenzvergabe der Kreis der Nutzungsberechtigten vermehrt wird, wird bei der Auftragsfertigung der Dritte nur **für den Nutzungsberechtigten tätig**, also in einem Umfang, der dem Arbeitgeber kraft seines gesetzlichen Nutzungsrechts ohnehin zusteht. Ähnlich wie bei § 12 Abs. 1 Satz 2 PatG ist für ein Arbeitenlassen in fremden Werkstätten allein entscheidend, dass der Arbeitgeber noch einen bestimmenden, sich für ihn wirtschaftlich auswirkenden Einfluss auf Art und Umfang der Herstellung und des Vertriebs hat[304] sowie die absolute Kontrolle hinsichtlich jeder Nutzungsart behält. Daran kann es allerdings bei einem Verfahrenspatent fehlen, wenn zur Herstellung der Auftragsprodukte mehrere Herstellungsverfahren zur Verfügung stehen und der Dritte ohne Mitspracherecht des Arbeitgebers frei entscheiden kann, ob er bei der Fertigung von dem geschützten Verfahren Gebrauch macht oder nicht.[305]

83

Vergütungspflichtig ist allein der Umsatz des Arbeitgebers mit den aus der Auftragsfertigung stammenden Produkten; für eine zusätzliche Vergütung aus

---

302 So aber die h.M., BGH v. 23.04.1974, GRUR 1974, 463, 464 – *Anlagengeschäft*; OLG Frankfurt am Main v. 29.10.1970, OLGZ 71, 373, 376 (Anlagengeschäft); vgl. auch Schiedsst. v. 28.05.1968, BlPMZ 1968, 349; dagegen aber wohl Schiedsst. v. 22.02.1979, BlPMZ 1980, 211, 213.
303 H.M., OLG Frankfurt am Main v. 29.10.1970, OLGZ 71, 373, 376 (Anlagengeschäft); OLG Karlsruhe v. 22.10.2014 – 6 U 127/13, (unveröffentl.) m. H. a. OLG Düsseldorf v. 04.04.2013 – I-2 U 72/11, (juris, Rn. 91); Schiedsst. v. 15.02.2011 – Arb.Erf. 67/09, (www.dpma.de, nur LS 2); vgl. hierzu auch LG Düsseldorf v. 15.09.1998, Mitt. 1999, 370, 371 – *Steckerkupplung*; Reimer/Schade/Schippel/Rother Rn. 12 zu § 7 m.w.N.; Volmer/Gaul Rn. 229 zu § 16; Keukenschrijver in Busse/Keukenschrijver, PatG, Rn. 24 zu § 14 ArbEG; zur Abgrenzg. s. Lüdecke/Fischer Lizenzverträge D 69; Henn Int. Patent-Lizenz-Vertrag Rn. 129, 133; Groß Lizenzvertrag Rn. 33.
304 Zum PatG s. RG v. 04.01.1937, RGZ 153, 321, 327 f.; LG Düsseldorf v. 15.09.1998, Mitt. 1999, 370 – *Steckerkupplung*; Meier-Beck GRUR 2013, 1177, 1182; Benkard/Scharen, PatG, Rn. 24 zu § 12 PatG; vgl. auch BGH v. 21.09.1978, GRUR 1979, 48, 50 – Straßendecke.
305 OLG Karlsruhe v. 22.10.2014 – 6 U 127/13, (unveröffentl.).

fiktiven Lizenzeinnahmen für diese notwendige »Gestattung« der Erfindungsnutzung ist kein Raum.[306]

### c) Beschränkung auf die unmittelbare Benutzung der Diensterfindung

**84** Aus der Unternehmensgebundenheit des nicht ausschließlichen Benutzungsrechts folgt, dass das Gesetz auf den Fall der unmittelbaren Benutzung abstellt.[307] Der Umfang der unmittelbaren Benutzung bestimmt sich nach der jeweiligen Schutzrechtsordnung (vgl. § 9 PatG). Der in Ausübung dieses Nutzungsrechts vom Arbeitgeber in Verkehr gebrachte (patent-) geschützte Gegenstand wird schutzrechtsfrei. Diesen können die **Abnehmer** uneingeschränkt verwerten und hierüber frei verfügen (zum EU-Bereich s.a. § 14 Rdn. 36.5 f.). Soweit der Erschöpfungsgrundsatz nicht greift, etwa bei Export in Drittländer außerhalb der EU, in denen der Arbeitnehmer oder – von ihm abgeleitet – ein Dritter ein auf die Diensterfindung bezogenes Schutzrecht besitzt, können der Import ebenso wie sonstige Nutzungshandlungen auf der Grundlage der jeweiligen Schutzrechtsordnung untersagt werden (Territorialitätsprinzip; zum Aspekt der unzulässigen Rechtsausübung nach deutschem Recht s. § 14 Rdn. 51.1; zur Treuepflicht s.o. § 16 Rdn. 82).

Diese Grundsätze zur Patentverletzung (s. § 16 Rn. 64) dürften u. E. auch dann gelten, wenn der Arbeitgeber sein nach § 16 Abs. 3 vorbehaltenes **Benutzungsrecht überschreitet**, so dass sich dann – neben Unterlassungsansprüchen – zumindest Bereicherungsansprüche ergeben können.

Da der Arbeitgeber seinen Abnehmern eigenständige Rechte an der Diensterfindung nicht vermitteln kann (s.o. § 16 Rdn. 81), unterliegen seine gewerblichen Abnehmer den Unterlassungs- bzw. Schadensersatzansprüchen des Arbeitnehmers (Dritten) als Schutzrechtsinhaber, sofern sie vom Schutzumfang umfasste (zusätzliche) Verwertungshandlungen vornehmen. Damit ist das nicht ausschließliche Benutzungsrecht insb. im Anlagenbau wirtschaftlich wertlos, soweit Abnehmer von (anlagebezogenen) Verfahrenspatenten des Arbeitnehmers Gebrauch machen.[308] Die Gestattung einer mittelbaren Benutzung, hier also der Verkauf von Anlagen, um das geschützte Verfahren zu nutzen, würde dazu führen, dass der Arbeitgeber sein Nutzungsrecht beliebig

---

306 Schiedsst. v. 16.07.2015 – Arb.Erf. 20/13, (www.dpma.de).
307 BGH v. 23.04.1974, GRUR 1974, 463, 464 – *Anlagengeschäft*; krit. Sack in RIW 1989, 612, 617 ff.
308 BGH v. 23.04.1974, GRUR 1974, 463, 464 – *Anlagengeschäft*; ebenso Jestaedt, Patentrecht, Rn. 404; vgl. auch Boemke/Kursawe/Hoppe-Jänisch Rn. 156 f. zu § 16.

## F. Vorbehalt eines nicht ausschließlichen Benutzungsrechts (Abs. 3) § 16

zulasten des Arbeitnehmers vervielfältigen könnte.[309] Nicht möglich ist bspw. auch die Lieferung von Halbfertigprodukten durch den Arbeitgeber, wenn ihre Weiterbe- oder -verarbeitung noch im Schutzumfang der geschützten Diensterfindung liegt (s.a. § 7 a.F. Rdn. 31 ff.).

### 2. Unbillige Erschwerung der Eigenverwertungsrechte des Arbeitnehmers (vgl. § 7 Abs. 2 Satz 2 a.F.)

Die für Alterfindungen in § 7 Abs. 2 Satz 2 a.F. zugunsten des Arbeitnehmers getroffene Unbilligkeitsregelung hat bei § 16 **keine Anwendung gefunden**.[310] Sie war Ausfluss der Überlegung, dass der bei der (früheren) beschränkten Inanspruchnahme mit der Anmeldung und ihren Kosten belastete Arbeitnehmer nicht noch durch übermäßige Nutzungsmöglichkeiten des Arbeitgebers eine Aushöhlung seiner eigenen Verwertungsbefugnisse erfahren soll; sie stellte also eine Auflockerung des Anmeldezwangs dar.[311] Da der sachliche Anwendungsbereich des § 16 Abs. 1 sich nur auf bereits erfolgte Schutzrechtsanmeldungen bzw. bereits erteilte Schutzrechte bezieht, ist die Ausgangssituation des § 7 a.F. damit nicht vergleichbar. Der Gesetzgeber hat deshalb seinerzeit bewusst auf ein Einbeziehen des § 7 Abs. 2 a.F. verzichtet;[312] dies steht auch einer analogen Anwendung dieser Norm entgegen (vgl. auch § 14 Rdn. 52). In besonders gelagerten Ausnahmefällen können allenfalls die Grundsätze der unzulässigen Rechtsausübung (§ 242 BGB) eingreifen[313] (s. aber auch § 16 Rdn. 92).

85

### III. Zeitpunkt der Geltendmachung – Entstehen und Dauer des Benutzungsrechts

Der Benutzungsvorbehalt muss vom Arbeitgeber **gleichzeitig** mit der Mitteilung der Aufgabeabsicht dem Arbeitnehmer erklärt werden. Damit soll – ebenso wie bei § 14 Abs. 3 (s. dort § 14 Rdn. 47) – sichergestellt werden, dass

86

---

309 BGH v. 23.04.1974, GRUR 1974, 463, 464 – *Anlagengeschäft*; a.A. Kraßer, PatR (6. Aufl. 2009), § 21 III b 5 (zu § 7 Abs. 2 ArbEG a.F.).
310 Reimer/Schade/Schippel/Trimborn Rn. 26 zu § 16; Keukenschrijver in Busse/Keukenschrijver, PatG, Rn. 36 zu § 16 ArbEG; offen gelassen von BGH v. 23.04.1974, GRUR 1974, 463, 464 – *Anlagengeschäft*.
311 Vgl. Ausschussber. zu BT-Drucks. II/3327, S. 2 f. = BlPMZ 1957, 250.
312 Vgl. Ausschussber. zu BT-Drucks. II/3327 S. 6 = BlPMZ 1957, 253.
313 Vgl. dazu Reimer/Schade/Schippel/Trimborn Rn. 27 zu § 16; Volmer Rn. 5 zu § 16; Volmer/Gaul Rn. 225 ff. zu § 16.

der Arbeitnehmer rechtzeitig erfährt, mit welchen Belastungen seiner Rechtsposition er für den Fall der Rechtsübernahme zu rechnen hat.[314]

**Gleichzeitig** bedeutet nicht, dass die Erklärung in derselben Urkunde enthalten sein muss; ebenso wenig kommt es auf den Zeitpunkt der tatsächlichen Kenntnisnahme durch den Arbeitnehmer an. Entscheidend ist allein der gleichzeitige Zugang von Mitteilung der Aufgabeabsicht und Benutzungsvorbehalt.[315] Ein **verspätet** zugegangener Vorbehalt kann nur im Wege vertraglicher Vereinbarung mit dem Arbeitnehmer geheilt werden.[316]

87   Die Erklärung stellt eine **formlos** gültige, empfangsbedürftige Willenserklärung dar (vgl. oben § 16 Rdn. 27).

88   Das gesetzliche **Benutzungsrecht entsteht** durch einseitige Erklärung des Arbeitgebers[317] und wird wirksam mit der Übertragung der Schutzrechtsposition auf den Arbeitnehmer.

89   Die **Dauer** des vorbehaltenen Benutzungsrechts ist abhängig vom Bestand der übertragenen Schutzrechtsposition.[318] Fällt diese weg, wird die Erfindung gemeinfrei und der Arbeitgeber kann sie wie jeder Dritte nutzen. Damit entfällt auch ein Vergütungsanspruch (s.u. § 16 Rdn. 91). Der Arbeitnehmer ist frei darin, die Schutzrechtsposition fallen zu lassen. Wegen der Konsequenzen für den Arbeitgeber wird man ihn aber zumindest nach Treu und Glauben als verpflichtet ansehen müssen, den (ehemaligen) Arbeitgeber unverzüglich zu unterrichten.[319]

Wegen des bloß schuldrechtlichen Charakters des Benutzungsrechts kann der Arbeitgeber nach der hier vertretenen Auffassung – abweichend von der

---

314   Vgl. Amtl. Begründung BT-Drucks. II/1648 S. 35 i.V.m. S. 33 = BlPMZ 1957, 237 i.V.m. S. 236.
315   Ebenso Schiedsst. v. 20.11.2008 – Arb.Erf. 27/07, (unveröffentl.).
316   Nach Boemke/Kursawe/Hoppe-Jänisch Rn. 147 zu § 16 ist auch eine Irrtumsanfechtung bei irrtümlich unterlassenem Vorbehalt möglich, ferner soll eine Anpassung nach § 313 BGB denkbar sein.
317   BGH v. 23.04.1974, GRUR 1974, 463, 464 – *Anlagengeschäft*; abw. Keukenschrijver in Busse/Keukenschrijver, PatG, Rn. 32 zu § 16 ArbEG (zweigliedriger Entstehungstatbestand aus Vorbehaltserklärung u. Schutzrechtsübertragung); ferner Boemke/Kursawe/Hoppe-Jänisch Rn. 146 zu § 16 (Entstehung mit Übertragung der Schutzrechtsposition).
318   Zust. Keukenschrijver in Busse/Keukenschrijver, PatG, Rn. 34 zu § 16 ArbEG.
319   Partiell abw. Boemke/Kursawe/Hoppe-Jänisch Rn. 159 zu § 16, wonach den ArbN nur »im Einzelfall arbeitsvertraglich zu begründende Informationspflichten treffen können«.

höchstrichterlichen Rechtsprechung[320] – hierauf nicht einseitig **verzichten** (s. dazu § 8 n.F. Rdn. 16 und § 14 Rdn. 70).

Auch wenn das vorbehaltene Nutzungsrecht einer einfachen Lizenz entspricht, treffen den **Arbeitnehmer keine Lizenzgeberpflichten.** Das entspricht § 16 Abs. 3 und folgt auch aus dem Zweck des Nutzungsrechtsvorbehalts (s. § 16 Rdn. 78). So hat er keine Pflicht zur Aufrechterhaltung oder Verteidigung der übernommenen Schutzrechtsposition; er kann diese auch ohne Zustimmung des Arbeitgebers fallen lassen, wird allerdings nach Treu und Glauben zur (vorherigen) Information des Arbeitgebers gehalten sein, damit sich dieser rechtzeitig in seinen Dispositionen darauf einstellen kann.

### IV. Vergütungspflicht des Arbeitgebers

Der Anspruch des Arbeitnehmers auf angemessene Vergütung soll einen Ausgleich für das vorbehaltene gesetzliche Nutzungsrecht des Arbeitgebers darstellen. Ein Vergütungsanspruch nach Abs. 3 scheidet jedoch – entgegen der Auffassung der *Schiedsstelle*[321] – aus, wenn die »Erfindung« nicht nach deutschem, sondern **nur nach ausländischem Recht** schutzfähig ist (s. § 16 Rdn. 9). Grundlage des Vergütungsanspruchs ist der **Schutzumfang** der angebotenen Schutzrechtsposition. Ob diese den Gegenstand der Erfindungsmeldung in vollem Umfang ausschöpft (s. hierzu § 9 Rdn. 83 ff.), ist in diesem Zusammenhang unerheblich, da die Vergütungsobliegenheit i.R.d. § 16 nicht an die gemeldete Diensterfindung, sondern an die hierauf erworbene und zurückübertragene Schutzrechtsposition anknüpft.[322] Zum Auskunftsanspruch s. § 12 Rdn. 174, 323.

90

Der **Vergütungsanspruch entsteht** – im Unterschied zu der für die frühere beschränkte Inanspruchnahme geltenden Vergütungsregelung des § 10 Abs. 1 a.F., die zusätzlich auf die tatsächliche Nutzungsaufnahme abstellt – ebenso wie im Fall des § 14 Abs. 3 **dem Grunde nach** mit dem Ausspruch

91

---

320 BGH v. 15.05.1990 – X ZR 119/88, GRUR 1990, 667, 668 – *Einbettungsmasse*; dem BGH zust. Keukenschrijver in Busse/Keukenschrijver, PatG, Rn. 33 zu § 16 ArbEG; s. auch BPatG v. 31.05.2012 – 2 Ni 1/11, (juris, Rn. 29).
321 Ständ. Praxis, z.B. EV. v. 12.10.1989 – Arb.Erf. 91/87, (unveröffentl.); folgend u. a. Boemke/Kursawe/Hoppe-Jänisch Rn. 162 zu § 16 (dagegen – wie wir – generell eine Anwendung der materiellen Regeln des ArbEG über § 20 Abs. 1 hinaus ablehnend Boemke/Kursawe/Raif Rn. 43 zu § 2).
322 OLG Düsseldorf v. 09.08.2007 – 2 U 41/06, (unveröffentl.).

des Benutzungsvorbehalts,[323] ohne dass es auf den Zeitpunkt der Übernahme oder die tatsächliche Nutzungsaufnahme ankommt. Eine »Sofortvergütung« für den bloßen Vorbehalt des Benutzungsrechts, ungeachtet von tatsächlichen Verwertungshandlungen, kann aber nicht verlangt werden.[324]

Entsprechend § 14 Abs. 3 (s. dort § 14 Rdn. 60 f.) ist Voraussetzung des Vergütungsanspruchs, dass der Arbeitnehmer die **Schutzrechtsposition übernimmt und aufrecht erhält**[325] bzw. bei Weiterveräußerung über einen Dritten aufrechterhalten lässt.[326] Lässt der Arbeitnehmer bzw. ein Rechtserwerber die Schutzrechtsposition fallen, ist ein vorbehaltenes Nutzungsrecht gegenstandslos und eine weitere Vergütungspflicht des Arbeitgebers entfällt (s. auch § 16 Rdn. 24, 78).

Diese Auffassung wird wohl letztlich auch von der höchstrichterlichen Rechtsprechung geteilt. So betont der *BGH* zwar einerseits, dass hinsichtlich der Vergütung die Freigabe einer Diensterfindung unter dem Vorbehalt eines nicht ausschließlichen Benutzungsrechts einer (seinerzeitigen) beschränkten Inanspruchnahme i.S. v. § 7 Abs. 2 a.F. gleichkomme, sodass eine Vergütungspflicht auch bei Zweifeln an der Schutzfähigkeit besteht[327] (vgl. § 10 Abs. 2 a.F. Rdn. 19 ff.). Andererseits stellt der *BGH* bezüglich der **Dauer des Vergütungsanspruchs** klar, dass dieser mit Wirkung für die Zukunft entfällt, wenn sich aufgrund einer Entscheidung des DPMA oder eines Gerichts die

---

323 Gaul/Bartenbach, Mitt. 1969, 141, 143; Gaul, Mitt. 1971, 241, 247 f.; ebenso OLG Düsseldorf v. 09.08.2007 – 2 U 41/06 u. LG Düsseldorf v. 22.12.2009 – 4a O 301/08, (beide unveröffentl.); zust. auch Schiedsst. v. 11.12.2012 – Arb.Erf. 46/11, (www.dpma.de); vgl. auch Schiedsst. v. 28.05.1985, BlPMZ 1986, 75; im Ergebn. auch Schwab, Arbeitnehmererfindungsrecht, § 16 Rn. 1; a.A. Grote, Mitt. 1969, 107 ff.; Johannesson, GRUR 1970, 114, 121 – jeweils zu § 14 Abs. 3; wohl auch OLG Braunschweig v. 10.07.1969 – 2 U 70/67, (unveröffentl.) – *Anrufbeantworter*; ferner wohl auch Keukenschrijver in Busse/Keukenschrijver, PatG, Rn. 37 (dort Fn. 98) zu § 16 ArbEG.
324 I. Ergebnis h.M., z.B. Reimer/Schade/Schippel/Trimborn Rn. 25 zu § 16; Schiedsst. v. 28.05.1985, BlPMZ 1986, 75 u. v. 16.01.1996 – Arb.Erf. 40/94, (unveröffentl.); abw. Gaul, GRUR 1967, 518 ff.; ders. i. Volmer/Gaul Rn. 226 zu § 16 (wohl i. Sinne einer Vergütung bereits aufgrund des Vorbehalts).
325 Zust. Schiedsst. v. 11.12.2012 – Arb.Erf. 46/11, (www.dpma.de) u. wohl auch LG Düsseldorf v. 22.12.2009 – 4a O 301/08, (beide unveröffentl.).
326 Im Ergebnis wohl ebenso Schiedsst. v. 14.10.1985 – Arb.Erf. 16/85, (unveröffentl.).
327 BGH v. 15.05.1990 – X ZR 119/88, GRUR 1990, 667, 668 – *Einbettungsmasse* m.H.a. BGH v. 28.06.1962, GRUR 1963, 135, 138 – *Cromegal*.

### F. Vorbehalt eines nicht ausschließlichen Benutzungsrechts (Abs. 3) § 16

Schutzunfähigkeit herausstellt,[328] der Vergütungsanspruch des Arbeitnehmers also grds. bis zur Nichtigerklärung, bis zum Widerruf des Schutzrechts oder bis zur rechtskräftigen Zurückweisung der Anmeldung erhalten bleibt.[329] Der Vergütungsanspruch ist also an den **Bestand der Schutzrechtsposition**, von der der Arbeitgeber dank des Benutzungsrechts Gebrauch macht, abhängig (s. auch § 16 Rdn. 66). Mit (rechtsbeständiger) Schutzrechtsversagung kann der Arbeitgeber den Erfindungsgegenstand – wie jeder Dritte – vergütungsfrei nutzen[330]. Der Vergütungsanspruch kann aber auch hier ausnahmsweise früher, und zwar bereits mit dem tatsächlichen Verlust der durch die Schutzrechtsposition begründeten Vorzugsstellung entfallen, wenn das Schutzrecht wegen offenbarer oder wahrscheinlicher **Vernichtbarkeit** von den Konkurrenten des Schutzrechtsinhabers nicht mehr beachtet wird (vgl. dazu § 9 Rdn. 35). Ferner entfällt der Vergütungsanspruch, wenn auf das vorbehaltene Benutzungsrecht einvernehmlich verzichtet wird (streitig, s. § 16 Rn. 89).

Dagegen lässt die **Übertragung** der Erfindungsrechte vom Arbeitnehmer auf einen Dritten den Vergütungsanspruch des Arbeitnehmers unberührt; dem Dritten schuldet der Arbeitgeber allerdings keine Vergütung.

Für die Fälligkeit der Vergütung ist die **tatsächliche Nutzungsaufnahme** erforderlich[331] (s.a. § 14 Rdn. 62 f.). Es ist Aufgabe des Arbeitgebers, darzulegen und zu beweisen, ob eine gewisse Wahrscheinlichkeit für eine tatsächliche Verwertung der übertragenen Schutzrechtspositionen besteht.[332] Hat der Arbeitgeber eine Negativauskunft über eine Nichtnutzung erteilt, ist es Sache des Arbeitnehmers, eine von ihm behauptete Nutzung zu belegen.

---

328 BGH v. 15.05.1990 – X ZR 119/88, GRUR 1990, 667, 668 – *Einbettungsmasse* unter Bezug auf BGH v. 02.06.1987, GRUR 1987, 900, 902 – Entwässerungsanlage.
329 BGH v. 15.05.1990 – X ZR 119/88, GRUR 1990, 667, 668 – *Einbettungsmasse* m.H.a. BGH v. 29.09.1987 – X ZR 44/86, GRUR 1988, 123, 124 – *Vinylpolymerisate* u. LG Düsseldorf v. 22.12.2009 – 4a O 301/08, (unveröffentl.).
330 BGH v. 13.11.1997 GRUR 1998, 689, 695 – Copolyester II.
331 H.M., z.B. Schiedsst. v. 16.01.1996 – Arb.Erf. 40/94, (unveröffentl.), u. v. 11.12.2012 – Arb.Erf. 46/11, (www.dpma.de); im Ergebn. auch Keukenschrijver in Busse/Keukenschrijver, PatG, Rn. 36 zu § 16 ArbEG; Reimer/Schade/Schippel/Trimborn Rn. 25 zu § 16; Boemke/Kursawe/Hoppe-Jänisch Rn. 162 zu § 16; abw. Volmer/Gaul Rn. 226 zu § 16.
332 OLG Düsseldorf v. 09.08.2007 – 2 U 41/06, (unveröffentl.).

Die Vergütungsansprüche sind **im Verfahren nach § 12** festzustellen bzw. festzusetzen.[333] Der Arbeitnehmer kann also auch hier nicht verlangen, wie ein Lizenznehmer die Vergütung frei auszuhandeln,[334] sodass der Arbeitgeber bei Scheitern einer einvernehmlichen Regelung die Vergütung (einseitig) nach § 12 Abs. 3 festsetzen kann und muss. Die Fristen dafür bestimmen sich auch hier nach den Grundsätzen zu § 12 (s. dort § 16 Rdn. 55 ff.).

92 Für den **Umfang** der Vergütungspflicht gilt der in § 16 Abs. 3 festgelegte Maßstab der Angemessenheit[335] (s. dazu § 9 Rdn. 69 ff.). Dabei können wegen der Vergleichbarkeit des Benutzungsrechts mit dem bei (früherer) beschränkter Inanspruchnahme (s. § 16 Rdn. 91) die dortigen Bewertungsmaßstäbe herangezogen werden (s. dazu § 10 a.F. Rdn. 31 ff.). Maßgeblich ist der Umfang der Eigennutzungen des Arbeitgebers.

Da dem Arbeitgeber nur noch ein nicht ausschließliches Benutzungsrecht mit geringerem Marktwert[336] und **eingeschränkter Monopolstellung** zusteht (s. § 16 Rdn. 79), schlägt die *Schiedsstelle* bei Berechnung nach der Lizenzanalogie regelmäßig einen **Abschlag von 20 % bis 25 % vom** bisherigen (ausschließlichen) **Lizenzsatz** vor, sofern die Erfindung auch zuvor betrieblich verwertet worden ist.[337] Dies entspricht auch der Wertung in RL Nr. 25 Abs. 3 Satz 2. In diesem Rahmen kann im Einzelfall – etwa bei besonders umfangreicher Verwertung des Erfindungsgegenstandes durch den Arbeitnehmer oder dessen Sonderrechtsnachfolger – auch eine weiter gehende Minderung des üblichen Lizenzsatzes gerechtfertigt sein, wobei allerdings zugunsten des Arbeitnehmers von ihm zu tragende Kosten für die Aufrechterhaltung der Schutzrechtsposi-

---

333 Wohl allg. A., OLG Düsseldorf v. 09.08.2007 – 2 U 41/06, (unveröffentl.); Schiedsst. v. 12.10.1989 – Arb.Erf. 91/87, (unveröffentl.), u. v. 15.02.2011 – Arb.Erf. 67/09, (www.dpma.de, nur LS 3); Keukenschrijver in Busse/Keukenschrijver, PatG, Rn. 37 zu § 16 ArbEG.
334 Schiedsst. v. 12.10.1989 – Arb.Erf. 91/87, (unveröffentl.).
335 Einzelfälle zur Vergütungsberechnung s. Schiedsst. v. 15.02.1966, BlPMZ 1967, 30 m. Anm. Schippel, GRUR 1967, 355; v. 30.07.1970, BlPMZ 1971, 137, 140; s.a. Rother Festschr. Bartenbach (2005), 159, 169 f.
336 Schiedsst. v. 05.08.1998 – Arb.Erf. 103/96, (unveröffentl.).
337 Schiedsst. v. 25.11.1985 – Arb.Erf. 28/85, (unveröffentl.); v. 06.10.1992, GRUR 1994, 608, 611 – *Trennvorrichtung* m. Anm. Bartenbach/Volz, GRUR 1994, 619 (betr. DDR-Patent) – dort m.d.H. »regelmäßig mit etwa 20 %«; Schiedsst. v. 28.01.1991 – Arb.Erf. 7/89, (unveröffentl.) – dort 25 %; ferner v. 04.07.2016 Mitt. 2017, 366, 369 (dort – wie hier – regelmäßiger Abschlag von 20 % – 25 %) u. v. 22.05.2017 – Arb.Erf. 21/15, (www.dpma.de).

### F. Vorbehalt eines nicht ausschließlichen Benutzungsrechts (Abs. 3) § 16

tion berücksichtigt werden.[338] Andererseits kann eine solche Minderung ganz oder teilweise entfallen, wenn durch das Benutzungsrecht des Arbeitgebers bedingte konkrete Sperrwirkungen festzustellen sind, die sich zulasten sonst gegebener nachweisbarer Verwertungsmöglichkeiten des Arbeitnehmers auswirken. Allerdings hat es auf die Höhe der Vergütung keinen Einfluss, ob der Arbeitnehmer für seine wirtschaftliche Verwertung Schutzrechte des Arbeitgebers beachten muss, ob der Arbeitgeber ihm daran Lizenzen einräumt und ob der Arbeitgeber ihm Mittel zur Herstellung von erfindungsgemäßen Produkten verkauft.[339] Mangels Rückgriffmöglichkeit auf § 7 Abs. 2 Satz 2 a.F. (s. § 16 Rdn. 85) sind **unbillige Erschwerungen** über die Vergütung auszugleichen.[340]

Hat der Arbeitgeber die gesamte Schutzrechtsposition angeboten, weil begründete **Zweifel an deren Schutzfähigkeit** – etwa aufgrund negativer Prüfbescheide oder Nichtigkeitsklage eines Wettbewerbers – bestanden, ist bis zur rechtskräftigen Erlangung eines Schutzrechts (durch den Arbeitnehmer oder seinen Sonderrechtsnachfolger) die Berücksichtigung eines **Risikoabschlags** (s. hierzu § 12 Rdn. 67 f.) berechtigt. Im Einzelfall, etwa wenn die Schutzrechtserteilung praktisch aussichtslos erscheint, kann sich die Pflicht zur Zahlung einer vorläufigen Vergütung auf Null reduzieren[341] (s.a. § 16 Rdn. 66). Erreicht der Arbeitnehmer dennoch später die Anerkennung der Schutzfähigkeit, hat der Arbeitgeber den einbehaltenen Risikoabschlag ggf. nachzuzahlen (§ 12 Rdn. 69).

Selbstverständlich ist bei der Bemessung der Vergütung der **Anteilsfaktor** (RL Nr. 30 ff.) zu berücksichtigen.[342] Da der Arbeitgeber mit dem Benutzungsvorbehalt nur noch ein Teilrecht des durch die Inanspruchnahme ursprünglich erworbenen Vollrechts behält, wäre es sinnwidrig, wenn er hierfür mehr zahlen müsste als bei Nutzung des Vollrechts.[343] Eine weitere Bestätigung vermittelt die unterschiedliche Wortfassung des § 16 Abs. 3 (»angemessene Vergütung«)

92.1

---

338 Nach Schiedsst. v. 15.02.2011 – Arb.Erf. 67/09, (www.dpma.de, nur LS 1) soll sich jedoch die Höhe der Vergütung nach § 16 Abs. 3 nicht nach der Höhe der Aufwendungen des ArbN für die Schutzrechtserteilung richten, da den ArbG keine Rechtspflicht trifft, dem ArbN die umfassende Verwertung der übertragenen Diensterf. zu ermöglichen.
339 So Schiedsst. v. 15.02.2011 – Arb.Erf. 67/09, (www.dpma.de, nur LS 1), da den ArbG keine Rechtspflicht trifft, dem ArbN die umfassende Verwertung der übertragenen Diensterf. zu ermöglichen.;
340 Schippel Anm. zu Schiedsst. v. 15.02.1966, GRUR 1967, 355.
341 So i. Ergebn. Schiedsst. v. 29.03.1982 – Arb.Erf. 2 (B)/80, (unveröffentl.).
342 Wie hier auch Schiedsst. v. 04.07.2016 Mitt. 2017, 366, 369; a.A. Rother Festschr. Bartenbach (2005), 159, 169.
343 Schiedsst. Arb.Erf. 4/88, (unveröffentl.).

einerseits und des § 19 (»zu angemessenen Bedingungen«) andererseits. Lediglich die Vergütung i.R.d. § 19 stellt keine Vergütung i.S.d. § 9 dar. Schließlich kann dieses Ergebnis auch auf die Vergleichbarkeit mit § 10 a.F. gestützt werden (s.o. § 16 Rdn. 91).

Weitere Einzelheiten zur Vergütung s. § 14 Rdn. 60 ff. u. § 10 a.F. Rdn. 31 ff. Zur Nutzung der Schutzrechtsposition durch den Arbeitgeber bei fehlendem Benutzungsrecht s. § 16 Rdn. 64.

### G. Besonderheiten bei mehreren Arbeitnehmererfindern

93 Korrespondierend zu der Inanspruchnahme muss auch die Mitteilung der Aufgabeabsicht nach § 16 Abs. 3 **jedem einzelnen Miterfinder** ggü. **erklärt** werden.[344] Die Wirksamkeit der Mitteilung ggü. dem einzelnen Miterfinder ist nicht von den Erklärungen ggü. den anderen abhängig.

94 Da die (unbeschränkte) Inanspruchnahme der Diensterfindung die regelmäßig zwischen Arbeitnehmererfindern bestehende Bruchteilsgemeinschaft (vgl. § 5 Rdn. 52 f.) aufgehoben hat, lässt die einen Rechtsübergang noch nicht auslösende Mitteilung gem. § 16 Abs. 2 diese Bruchteilsgemeinschaft nicht wiederaufleben. Wegen der mit einer Rechtsübertragung i.S.d. § 16 Abs. 1, 2 verbundenen bloßen ex-nunc-Wirkung (vgl. oben § 16 Rdn. 48) entsteht erst mit der Schutzrechtsabtretung eine **neue Bruchteilsgemeinschaft** zwischen den einzelnen Inhabern der Anteile an der Schutzrechtsposition.[345]

95 Haben **einzelne Miterfinder** auf eine Übertragung ihres Anteils ausdrücklich oder durch Verstreichenlassen der Frist **verzichtet**, bleibt der Arbeitgeber bezüglich dieser Anteile Rechtsinhaber.[346] Er bildet mit den übrigen Miterfindern ab Übertragung der auf diese entfallenden Anteile eine neue Bruchteilsgemeinschaft i.S.d. § 741 BGB.[347] Diese Miterfinder können nicht die

---

344 Reimer/Schade/Schippel/Trimborn Rn. 9 zu § 16; ausführl. dazu Bartenbach/Volz, GRUR 1978, 668 ff.; Schiedsst. v. 13.12.1993 – Arb.Erf. 127/92, (unveröffentl.).
345 Bestätigt durch LG Berlin v. 12.08.1997 – 16 O 67/97, (unveröffentl.); so auch Riemschneider/Barth Anm. 8 vor §§ 3 ff. DVO 1943, S. 84.
346 Schiedsst. v. 13.12.1993 – Arb.Erf. 127/92, (unveröffentl.), u. v. 14.10.2010 – Arb.Erf. 34/08, (insoweit nicht in www.dpma.de); Keukenschrijver in Busse/Keukenschrijver, PatG, Rn. 21 zu § 16 ArbEG.
347 Zust. Schiedsst. v. 14.10.2010 – Arb.Erf. 34/08 (insoweit nicht in www.dpma.de); im Ergebn. auch OLG Karlsruhe v. 22.10.2014 – 6 U 127/13, (unveröffentl.); Schiedsst. v. 22.05.2017 – Arb.Erf. 21/15, (www.dpma.de); zust. auch Schwab GRUR 2019, 670, 672; abw. Boemke/Kursawe/Hoppe-Jänisch Rn. 179 zu § 16.

Übertragung der beim Arbeitgeber verbleibenden Restanteile verlangen;[348] dies folgt daraus, dass der Übertragungsanspruch aus § 16 Abs. 2 – ähnlich wie die Freigabe nach § 6 Abs. 2, § 8 n.F. bzw. § 8 Abs. 1 Nr. 1 a.F. – gleichsam die Kehrseite des Rechts des Arbeitgebers aus der Inanspruchnahme gem. §§ 6, 7 darstellt.[349] Insoweit kann kein Arbeitnehmer mehr verlangen, als er früher erbracht hat und ihm infolge der (unbeschränkten) Inanspruchnahme genommen worden ist (vgl. auch § 14 Rdn. 82 ff.). Auf Grund der Rechtsübergangs infolge der früheren Inanspruchnahme und gemäß den Vorgaben in § 16 Abs. 1 scheidet auch ein Anwachsen des Anteils der verzichtenden Miterfinder an die anderen Miterfinder aus.[350] Der Arbeitgeber kann die ihm verbleibenden Anteile auch nicht einseitig aufgeben;[351] zum Verzicht von Teilhabern auf ihren Miteigentumsanteil s. § 14 Rdn. 84.

Soweit einzelne Miterfinder ausdrücklich oder durch Verstreichenlassen der 3-Monats-Frist verzichtet haben, können diese ihre Entscheidung nicht mehr rückgängig machen.[352] Es obliegt aber der freien Entscheidung des Arbeitgebers, ob er selbst Rechtsinhaber bleibt oder einzelnen Miterfindern bzw. Dritten die übrigen Anteile anbietet (vgl. auch § 747 BGB). Da die Schutzrechtsposition als solche unteilbar ist, kann der Arbeitgeber die ihm verbleibenden Teilrechte[353] nach herrschender Meinung nicht einseitig aufgeben bzw. verzichten, sondern sich ihrer nur durch Übertragung entledigen, gfls. durch

96

---

[348] Ebenso Volmer/Gaul Rn. 235 zu § 16; ebenso Schiedsst. v. 14.10.2010 – Arb.Erf. 34/08, (www.dpma.de, dort nur LS. 7), u. v. 22.05.2017 – Arb.Erf. 21/15, (www.dpma.de); Trimborn Mitt. 2012, 70, 77 m.H.a. Schiedsst. v. 01.12.2010 – Arb.Erf. 47/08, (unveröffentl.); a. A. Boemke/Kursawe/Hoppe-Jänisch Rn. 176 ff. zu § 16 mit Hinweis auf § 8 Abs. 6 UrhG und auf die Grundsätze zu der – hier infolge der Inanspruchnahme gerade nicht mehr gegebenen – Erfindergemeinschaft, wobei zudem die Besonderheiten bei einem (regelmäßig erklärten) Benutzungsvorbehalt nach § 16 Abs. 3 und die daraus folgenden Vergütungsinteressen unberücksichtigt bleiben.
[349] Bestätigt durch KG v. 27.07.1999 – 5 U 7477/97, (unveröffentl.), u. Schiedsst. v. 14.10.2010 – Arb.Erf. 34/08, (insoweit nicht in www.dpma.de); krit. Wiedemann, Vergütg. i. d. Insolvenz (2016), S. 133.
[350] Ebenso jetzt Schiedsst. v. 22.05.2017 – Arb.Erf. 21/15, (www.dpma.de).
[351] Zust. Schwab, Arbeitnehmererfindungsrecht, § 16 Rn. 10; HK-Kronisch, § 16 Rn. 6.
[352] Reimer/Schade/Schippel/Trimborn Rn. 9 zu § 16.
[353] LG Berlin v. 12.08.1997 1997 – 16 O 67/97, (unveröffentl.).

Übertragung auf einen übernahmebereiten Miterfinder.[354] Eine solche (Mit-)Übertragung stellt eine freiwillige schenkweise Leistung des Arbeitgebers dar.[355] Lehnen die hinsichtlich ihrer Miterfinderanteile übernahmebereiten Miterfinder die Übernahme der übrigen Anteile ab, bleibt der Arbeitgeber insoweit Rechtsinhaber. Die vollständige Übernahme aller Anteile durch einzelne Miterfinder kann er nicht verlangen. Streitig ist, ob der Arbeitgeber seine ursprüngliche Aufgabeabsicht über eine Aufhebung der Gemeinschaft nach § 749 Abs. 1 BGB durchsetzen kann[356] (s. auch § 5 Rdn. 53.2).

97 Bildet der Arbeitgeber mit den übrigen Arbeitnehmern eine Bruchteilsgemeinschaft, so bestimmt sich sein **Nutzungsrecht** sowohl nach einem evtl. ausgesprochenen Nutzungsvorbehalt i.S.d. § 16 Abs. 3 als auch nach Gemeinschaftsregeln gem. §§ 741 ff. BGB.[357]

98 Die übernehmenden Arbeitnehmererfinder haben gegen den Arbeitgeber **Vergütungsansprüche** aus § 16 Abs. 3 (s. § 16 Rdn. 90 ff.) im Umfang ihres Miterfinderanteils.[358] Fraglich ist allerdings, ob die Nutzung des Arbeitgebers nicht bereits durch ein Nutzungsrecht nach § 743 Abs. 2 BGB abgedeckt ist (s. § 16 Rdn. 99). In diesem Fall stünden dem Arbeitnehmer, auf den das Nutzungsrecht zurückgeht, Vergütungsansprüche und den übernehmenden Miterfindern allenfalls Ausgleichsansprüche nach § 745 Abs. 2 BGB zu, sofern sie selbst von der Erfindung keinen (hinreichenden) Gebrauch machen (insb. durch Lizenzierung, Übertragung Miterfinderanteil etc.; (vgl. zum Ausgleichsanspruch § 5 Rdn. 53.2).

---

354 Zust. Schiedsst. v. 13.12.1993 – Arb.Erf. 127/92, (unveröffentl.); Schwab GRUR 2019, 670, 672; wie hier auch Volmer/Gaul Rn. 245 zu § 16; s. allg. Henke, Erfindungsgem. (2005), S. 183 f. m. w. Nachw.; a. A. Keukenschrijver in Busse/Keukenschrijver, PatG, Rn. 21 zu § 16 ArbEG, wonach ein einseitiger Rechtsverzicht des ArbG mit Anwachsung bei den übrigen Teilhabern möglich sein soll.
355 Schiedsst. v. 22.05.2017 – Arb.Erf. 21/15, (www.dpma.de).
356 Bejahend: Storch FS Preu (1988), S. 39, 41; Lüdecke, Erfindungsgem. (1962) S. 148 f.; wohl auch Schwab GRUR 2019, 670, 672; ablehnend: Klauer/Möhring PatG Rn. 18 zu § 3; Reimer/Neumar PatG Anm. 11 zu § 3; Fischer, GRUR 1977, 313, 318; Wunderlich Die gemeinschaftl. Erfindung (1962) S. 137 m.w.N.; für eine Interessenabwägung Sefzig, GRUR 1995, 302, 306.
357 Bartenbach/Volz, GRUR 1978, 668, 674 f. m.w.N., im Ergebn. auch OLG Karlsruhe v. 22.10.2014 – 6 U 127/13, (unveröffentl.); ferner Keukenschrijver in Busse/Keukenschrijver, PatG, Rn. 45 zu § 6 PatG. Auswirkungen im Einzelnen streitig.
358 Im TEV v. 14.10.2010 – Arb.Erf. 34/08, (insoweit nicht in www.dpma.de) hatte die Schiedsst. den Vergütungsanspruch aus § 16 Abs. 3 bejaht, weil die Miterfinder auf Bitte des nutzenden ArbG die Schutzrechtskosten alleine getragen haben.

Soweit einzelne Arbeitnehmererfinder auf eine Übertragung ihres Anteils an der Schutzrechtsposition verzichtet haben und der Arbeitgeber deren Anteil an der Diensterfindung behält, ist eine weitere Nutzung durch den Arbeitgeber diesen unverändert nach § 9 zu vergüten. Ggf. ist aber der eingeschränkten Monopolposition des Arbeitgebers Rechnung zu tragen.

Hat der Arbeitgeber nach einem Verzicht einzelner Miterfinder die gesamte Erfindung auf die übernahmebereiten Miterfinder übertragen, bestehen insoweit, also bezogen auf die Anteile der verzichtenden Miterfinder, keine Vergütungsansprüche mehr:[359] Mangels Rechtsinhaberschaft des Arbeitgebers entfällt ein Vergütungsanspruch aus § 9, für einen Anspruch aus § 16 Abs. 3 fehlt es an der Rechtsgrundlage, nämlich der Übernahme der jeweiligen Anteile an der Schutzrechtsposition durch die verzichtenden Miterfinder (vgl. auch § 16 Rdn. 91). Die Vergütung der übernehmenden Miterfinder erhöht sich nicht um die Miterfinderanteile der verzichtenden Miterfinder, da diese im Verfahren nach § 16 nicht mehr Rechte haben, als sie dem Arbeitgeber zuvor aufgrund (unbeschränkter) Inanspruchnahme vermitteln konnten[360] (s.a. § 16 Rdn. 95). Ggf. liegt in der Übertragung der weiteren Erfindungsanteile zugleich die konkludente Vereinbarung, dass insoweit kein Vergütungsanspruch gegen den Arbeitgeber besteht.

Anders ist die Situation dann, wenn alle Miterfinder die Schutzrechtsposition anteilig erwerben und im Anschluss daran die Schutzrechtsposition auf einzelne Miterfinder übertragen. In diesen Fällen besteht ihr Vergütungsanspruch aus § 16 Abs. 3 fort, es sei denn, dass sie auch diesen i.R.d. Anteilsübertragung auf den übernehmenden Miterfinder abgetreten haben.

**99** Alle Teilhaber an der Bruchteilsgemeinschaft tragen – entsprechend ihren Anteilen – die **Kosten** der Aufrechterhaltung **des Schutzrechts** (§ 748 BGB).[361] Jedem Teilhaber steht grds. ein **eigenes Nutzungsrecht** an der gemeinsamen Erfindung zu (§ 743 Abs. 2 BGB, s. dazu § 5 Rdn. 53.2). Andererseits kann eine **Lizenzvergabe** nur mit Zustimmung aller erfolgen (§ 747 Satz 2 BGB, s. § 5 Rdn. 53).

**100** Entwickeln Arbeitnehmer verschiedener Arbeitgeber, etwa im Rahmen einer **zwischenbetrieblichen Kooperation**, eine gemeinsame Erfindung und haben sämtliche Arbeitgeber die Erfindungsanteile ihrer Arbeitnehmer (unbe-

---

359 Schiedsst. v. 13.12.1993 – Arb.Erf. 127/92, (unveröffentl.), u. v. 22.05.2017 – Arb.Erf. 21/15, (www.dpma.de).
360 Im Ergebn. wie hier auch Schiedsst. v. 22.05.2017 – Arb.Erf. 21/15, (www.dpma.de).
361 Vgl. etwa Henke, Erfindungsgem. (2005), S. 180 f.

schränkt) in Anspruch genommen und eine gemeinsame Schutzrechtsanmeldung betrieben, so ist § 16 für jeden dieser Arbeitgeber, der sich von seiner Schutzrechtsposition trennen will, in Bezug auf seine Arbeitnehmererfinder zu beachten – ungeachtet eventueller Bindungen des Arbeitgebers ggü. seinen Kooperationspartnern.[362] Überträgt ein Arbeitgeber seine Anteile auf seine Arbeitnehmererfinder, so setzt sich die Bruchteilsgemeinschaft dann zwischen diesen und den übrigen Kooperationspartnern bzw. – bei paralleler Aufgabe – deren Arbeitnehmern fort. Zur zwischenbetrieblichen Kooperation vgl. i.Ü. § 1 Rdn. 106 f.

**101** **Überträgt** der Arbeitgeber – unter Nichtbeachtung der Ansprüche der anderen Miterfinder aus § 16 – die Schutzrechtsposition **nur auf einen bzw. einzelne Miterfinder**, so ist die Rechtsübertragung im Außenverhältnis wirksam,[363] zumal die Rechte aus § 16 keine dingliche Belastung der Diensterfindung darstellen (s. § 16 Rdn. 4). Der Arbeitgeber kann sich aber den anderen Miterfindern ggü. schadensersatzpflichtig machen, wenn er diesen zwar seine Aufgabeabsicht mitgeteilt und das Verfahren nach § 16 eingeleitet hat, es sei denn, die Miterfinder haben ausdrücklich oder mangels Geltendmachung (§ 16 Abs. 2) »verzichtet«. Teilt der Arbeitgeber einem Miterfinder seine Aufgabeabsicht mit, und bietet er innerhalb der Frist des Abs. 2 diesem eine »Übertragung der Rechte am Schutzrecht« an, ist diese Erklärung regelmäßig dahin zu verstehen, dass er nicht die Rechte an der gesamten Erfindung übertragen will, sondern nur den entsprechenden Miterfinderanteil.[364] Dies gilt auch dann, wenn er versehentlich nur einem Miterfinder die Aufgabeabsicht mitteilt und die Übertragung anbietet.

Erfolgt dagegen die Übertragungserklärung erkennbar nach Ablauf der Frist des Abs. 2 lediglich ggü. den Miterfindern, die ihre Übernahmeabsicht erklärt haben, ist im Zweifel eine solche Erklärung auf die Vollrechtsübertragung gerichtet.

Ist dagegen das Verfahren nach § 16 noch nicht eingeleitet, so besteht grds. aufgrund der freien Verfügungsbefugnis des Arbeitgebers kein Anspruch der Miterfinder auf Schutzrechtsübertragung; dementsprechend ist der Arbeitgeber auch frei darin, die Schutzrechtsposition – anstatt auf Dritte – auf einzelne Miterfinder zu übertragen (s.a. § 16 Rdn. 4).

Bedarf es zum Schutzrechtserwerb oder zur Aufrechterhaltung des Schutzrechts einer Mitwirkung der übrigen Miterfinder, muss der Arbeitnehmer als Rechts-

---

362 Schiedsst. v. 07.02.1985 – Arb.Erf. 71/84, (unveröffentl.).
363 KG v. 27.07.1999 – 5 U 7477/97, (unveröffentl.).
364 LG Berlin v. 12.08.1997 – 16 O 67/97, (unveröffentl.).

## G. Besonderheiten bei mehreren Arbeitnehmererfindern § 16

erwerber diese ggü. seinen Miterfindern unmittelbar geltend machen. Eine Mitwirkungspflicht des Arbeitgebers besteht nicht, auch nicht unter dem Aspekt des § 15 Abs. 2 (s. dazu auch § 15 Rdn. 28).

Über § 16 ArbEG und über das gesetzliche Schuldverhältnis nach §§ 742 ff. BGB hinausgehende wechselseitige Pflichten zum Schutz und zur Förderung der wirtschaftlichen Interessen der anderen Teilhaber bestehen grundsätzlich nicht.[365] Im Einzelfall können sich jedoch wechselseitige Rücksichtnahmepflichten der Arbeitsvertragsparteien (vgl. §§ 241 Abs. 2, 242 BGB) auf Grund des (bestehenden) Arbeitsverhältnisses ergeben[366] (s. § 16 Rdn. 35, 60, 64, 77).

Zur Vergütung bei »kostenloser« Rechtsübertragung s. KommRL Rn. 44 f. zu RL Nr. 16.

---

365 OLG Karlsruhe v. 22.10.2014 – 6 U 127/13, (unveröffentl.); vgl. (aber) auch Trimborn Mitt. 2013, 537, 540 zu LG Mannheim v. 13.09.2013 – 7 O 307/12.
366 Offen gelassen von OLG Karlsruhe v. 22.10.2014 – 6 U 127/13, (unveröffentl.) für die Zeit nach Beendigung des Arbeitsverh., da dort zu Recht eine Fürsorgepflicht d. (ehemaligen) ArbG abgelehnt wurde, den (früheren) ArbN beim Vorgehen gegen eigene Zulieferer wegen Patentverletzung zu unterstützen.

## § 17 Betriebsgeheimnisse[1]

(1) Wenn berechtigte Belange des Betriebes es erfordern, eine gemeldete Diensterfindung nicht bekannt werden zu lassen, kann der Arbeitgeber von der Erwirkung eines Schutzrechts absehen, sofern er die Schutzfähigkeit der Diensterfindung gegenüber dem Arbeitnehmer anerkennt.

(2) Erkennt der Arbeitgeber die Schutzfähigkeit der Diensterfindung nicht an, so kann er von der Erwirkung eines Schutzrechts absehen, wenn er zur Herbeiführung einer Einigung über die Schutzfähigkeit der Diensterfindung die Schiedsstelle (§ 29) anruft.

(3) Bei der Bemessung der Vergütung für eine Erfindung nach Absatz 1 sind auch die wirtschaftlichen Nachteile zu berücksichtigen, die sich für den Arbeitnehmer daraus ergeben, dass auf die Diensterfindung kein Schutzrecht erteilt worden ist.

Lit.:
*Bartenbach/Volz*, Die betriebsgeheime Diensterfindung und ihre Vergütung, GRUR 1982, 133; *dies.* Anm. zu BGH v. 29. 9. 1987 GRUR 1988, 125; *Gaul*, Die betriebsgeheime Erfindung i. ArbNErfR, Mitt. 1987, 185; *ders.*, Der erfolgreiche Schutz v. Betriebs- u. Geschäftsgeheimnissen, 1994; *Poth*, Wahrung v. Betr. Geheimnissen d. ArbN., Mitt. 1981, 114; *Schade*, Die Auswirkungen d. Änderungen d. PatG v. 4.9.1967 auf die ArbNErf., GRUR 1968, 393; *Schütz*, Zur Bindungswirkung d. Anerkenntniserklärung n. § 17 ArbEG b. nachträglich festgestellter Schutzunfähigkeit, GRUR 1980, 1038; *Zeller*, Patentrechtl. Bestimmungen d. Vorabgesetzes unter Berücksichtigung d. erfinderrechtl. Bestimmungen, GRUR 1968, 227.

| Übersicht | Rdn. |
|---|---|
| A. Allgemeines | 1 |
| B. Betriebsgeheimnis – »berechtigte Belange des Betriebes« | 4 |
| I. Voraussetzungen | 4 |
| II. Erklärung zum Betriebsgeheimnis | 17 |
| III. Folgen fehlerhafter Einstufung als Betriebsgeheimnis | 21 |
| IV. Späterer Wegfall berechtigter Geheimhaltungsbelange | 23 |
| C. Absehen von der Erwirkung eines Schutzrechts | 26 |
| I. Bei Anerkennung der Schutzfähigkeit durch den Arbeitgeber (Abs. 1) | 26 |
| 1. Rechtsnatur, Inhalt und Form des Anerkenntnisses | 27 |
| 2. Zeitpunkt der Erklärung | 31 |
| 3. Rechtsfolgen | 34 |
| a) Bindungswirkung und Zeitdauer des Anerkenntnisses | 34 |
| b) Geheimhaltungspflichten für Arbeitgeber und Arbeitnehmer | 39 |

---

[1] I.d.F.d. Ges. z. Änderung d. PatG, WZG u. weiterer Gesetze v. 04.09.1967 (PatÄndG; BGBl. I, S. 935).

|  | | Rdn. |
|---|---|---|
| II. | Bei Bestreiten der Schutzfähigkeit (Abs. 2) | 43 |
| | 1. Durchführung eines Patenterteilungsverfahrens bis zur Offenlegung | 44 |
| | 2. Anrufung der Schiedsstelle | 46 |
| | 3. Verfahren vor der Schiedsstelle | 52 |
| | 4. Entscheidung der Schiedsstelle | 54 |
| D. | **Vergütung (Abs. 3)** | 59 |
| I. | Grundsatz | 59 |
| II. | Ausgleich wirtschaftlicher Nachteile | 60 |
| III. | Dauer | 68 |

## A. Allgemeines

§ 17 normiert – unverändert durch die ArbEG-Novelle 2009 (s. dazu Einl. Rdn. 42) – zugunsten des Arbeitgebers eine **Ausnahme vom Anmeldezwang** (§ 13 Abs. 1 Satz 1) für Diensterfindungen, die aus berechtigten Interessen des »Betriebes« nicht bekannt werden sollen.[2] Der Gesetzgeber räumt den Unternehmensinteressen den Vorrang vor einer patentrechtlichen Sicherung der Diensterfindung ein, sofern diese Interessen (auch objektiv) berechtigt sind. Insoweit müssen nach der gesetzgeberischen Wertentscheidung insb. die persönlichkeitsrechtlichen Interessen des Arbeitnehmers an der Erteilung eines Schutzrechtes und an seiner öffentlichen Anerkennung als Erfinder zurücktreten.[3] Allerdings setzt dies die Anerkennung der Schutzfähigkeit der Diensterfindung durch den Arbeitgeber voraus (Abs. 1). Bestreitet dieser die Schutzfähigkeit, muss er die Schiedsstelle anrufen (Abs. 2). Dass dem Arbeitnehmer aus der Behandlung seiner Diensterfindung als Betriebsgeheimnis keine wirtschaftlichen Nachteile erwachsen, soll Abs. 3 sichern. § 17 ist auch bei **Ausscheiden des Arbeitnehmers** für die zuvor fertiggestellten Diensterfindungen uneingeschränkt zu beachten (§ 26; s. auch § 17 Rdn. 48). Die Vorschrift gilt auch für die in den **neuen Bundesländern** seit dem 03.10.1990 fertiggestellten Diensterfindungen (s. Einl. Rdn. 31).[4]

1

---

2 Vgl. BGH v. 20.11.1962 – I ZR 40/61, GRUR 1963, 315, 317 – *Pauschalabfindung*.
3 Im Ergebn. auch Schiedsst. v. 01.12.2015 – Arb.Erf. 44/13, (www.dpma.de), dort zum zurücktretenden Interesse des Arbeitnehmererfinders an einer Publikationsmöglichkeit zu Gunsten der Forschung und seiner Reputation als Wissenschaftler. Vgl. auch Amtl. Begründung BT-Drucks. II/1648 S. 35 = BlPMZ 1957, 237.
4 Vgl. ansonsten Möller Die Übergangsbestimmungen f. ArbNErf. in den neuen Bundesländern (1996) S. 292 ff.

**2** Mit dem am 04.09.1967 verkündeten sog. Vorabgesetz[5] hat die seit 1958 geltende Fassung des § 17, die im Wesentlichen auf § 6 Abs. 3 DVO 1943 zurückging, Änderungen erfahren. Die eigentliche Änderung betrifft nur den jetzigen Abs. 2, mit dem dem Wegfall der zuvor möglichen, bis zum Bekanntmachungsbeschluss geheim bleibenden patentamtlichen Prüfung Rechnung getragen wurde.[6]

**3** § 17 befreit den Arbeitgeber nicht nur vom Zwang zur Inlandsanmeldung (§ 13 Abs. 1); er entbindet ihn auch von der Pflicht zur Auslandsfreigabe gem. § 14 Abs. 2 (s. dazu § 14 Rdn. 38). Die Vorschrift betrifft zudem einen besonderen Anwendungsfall der Geheimhaltungspflicht gem. § 24; sie normiert zwar nicht ausdrücklich eine Geheimhaltungspflicht der Beteiligten, setzt diese aber – aus der Natur der Sache – voraus. § 17 knüpft nicht an eine (unbeschränkte) Inanspruchnahme an, erlangt indes nur in diesem Fall Bedeutung (s. § 17 Rdn. 19).

Den **typischen Anwendungsfall** des § 17 bilden namentlich Verfahrenserfindungen, insb. Herstellungsverfahren, die innerbetrieblich genutzt werden und damit für Konkurrenten nicht zugänglich sind;[7] hierzu rechnen aber auch Erzeugniserfindungen, deren innere Beschaffenheit bzw. stoffliche Zusammensetzung mangels Offenbarung von Außenstehenden nicht oder erst nach geraumer Zeit nachvollzogen werden kann;[8] ferner solche (Pionier-) Erfindungen, mit denen technisches Neuland betreten wird, das das Unternehmen zunächst möglichst selbst umfassend erforschen möchte, um es später in weitem Umfang durch Schutzrechte sperren zu können.[9]

Seit Jahren ist die Bedeutung der betriebsgeheimen Erfindungen der Unternehmenspraxis zurückgegangen.[10] Einmal ist die Verfolgung von Schutzrechtsverletzungen erleichtert worden, denkt man an die Beweislastumkehr bei neuen Produkten in § 139 Abs. 3 PatG oder an den Besichtigungsanspruch nach § 140c PatG (§ 24c GebrMG). Ein weiterer Grund liegt in der faktischen

---

5 BGBl. I, S. 953 = BlPMZ 1967, 234.
6 Zu den Änderungen d. Vorabgesetzes vgl. Schade, GRUR 1968, 393 ff.; Zeller, GRUR 1968, 227, 229 f.; Bartenbach/Volz Beilage I zu GRUR 4/2008, S. 1, 3 f.
7 Vgl. Schade, GRUR 1968, 393, 398; Beil i. Chemie-Ing.-Techn. 1957, 633, 634; Heine/Rebitzki Verg. f. Erf. Anm. 3 zu RL Nr. 27 (S. 183); Keukenschrijver in Busse/Keukenschrijver, PatG, Rn. 1 zu § 17 ArbEG.
8 So schon Riemschneider/Barth Anm. 9 zu § 6 DVO 1943 S. 204 (dort Fn. 10); s.a. zum Offenkundigwerden e. betriebsgeheimen Erf. gem. § 21 GWB a.F.: BGH v. 12.02.1980, GRUR 1980, 750, 751 r.Sp. – *Pankreaplex II*.
9 Janert, Betr. Verfahrensweisen (1969), S. 26.
10 S. hierzu Seuß, Mitt. 2006, 398.

Schwierigkeit, eine dauerhafte Geheimhaltung einer erfinderischen Lehre zu sichern, sei es angesichts verstärkter Personalfluktuation, sei es mit Blick auf Personalabwerbungen durch Mitbewerber und die Schwierigkeit, die Einhaltung nachvertraglicher Geheimhaltungspflichten (s. dazu § 26 Rdn. 34 ff.) durchzusetzen oder sei es aufgrund von Informations- und Zugriffsmöglichkeiten im Rahmen moderner Medien. Ein weiterer Grund liegt darin, dass der Arbeitgeber sich von einem einmal erklärten Anerkenntnis der Schutzfähigkeit der betriebsgeheim zu haltenden Erfindung nicht mehr lösen kann (s. hierzu § 17 Rdn. 34 ff.). Zudem kann mit der Schutzrechtsanmeldung ein besserer Schutz des Erfindungsgegenstandes verbunden sein; i.ü. eröffnet das ArbEG Möglichkeiten, sich von einer solchen Schutzrechtsposition wieder zu trennen (vgl. etwa § 16).

## B. Betriebsgeheimnis – »berechtigte Belange des Betriebes«

### I. Voraussetzungen

Der lediglich in der Überschrift des § 17 zur Unterscheidung von Geheimerfindungen (Geheimpatente gem. §§ 50 ff. PatG bzw. Geheimgebrauchsmuster gem. § 9 GebrMG) verwendete Begriff der »Betriebsgeheimnisse« wird in Abs. 1 **legal definiert:** Die berechtigten Belange des Betriebes müssen es erfordern, eine gemeldete (§ 5) Diensterfindung (§ 4 Abs. 2) nicht bekannt werden zu lassen. Zur Eigenschaft als Diensterfindung bei Verbindung mit innerbetrieblichem Know-how s. § 4 Rdn. 44.   4

**Bezugspunkt** für die Anerkennung eines Betriebsgeheimnisses ist nicht der Betrieb als räumlich-technische, sondern das **Unternehmen** als wirtschaftliche Einheit[11] (vgl. § 1 Rdn. 101), da nur dessen Wettbewerbsstellung durch die Entscheidung über eine Geheimhaltung berührt werden kann. Dementsprechend ist Bezugspunkt im **öffentlichen Dienst**, für den § 17 ebenfalls gilt (§§ 40, 41, s. aber § 42 Rdn. 71), der Gesamtbereich des Dienstherrn und nicht nur ein einzelner Betrieb bzw. eine Dienststelle oder der jeweilige Geschäftsbereich (s. auch § 4 Rdn. 21).   5

Ob berechtigte Interessen des Arbeitgebers (Unternehmens) ein Nichtbekanntwerden erfordern, bestimmt sich nach den Umständen des Einzelfalles bei wirtschaftlicher Betrachtungsweise **im Zeitpunkt der Erklärung der Geheim-**   6

---

11 Wie hier Volmer/Gaul Rn. 27 zu § 17; zust. auch Boemke/Kursawe/Gennen Rn. 7 zu § 17.

**haltungsbedürftigkeit.**[12] Insoweit ist es unerheblich, wenn sich die Entscheidung nachträglich aufgrund nicht absehbarer, geänderter Umstände als Fehlentscheidung erweist. Es kommt nicht allein auf den inneren Willen des Arbeitgebers an; die Belange des Unternehmens müssen vielmehr **objektiv** feststellbar sein (s. auch § 17 Rdn. 15).

7 **Berechtigte Belange** sind dann anzuerkennen, wenn die Geheimhaltung der Diensterfindung (oder von Teilen davon) dem Unternehmen in überschaubarer Zeit einen ins Gewicht fallenden Vorteil bringt, also namentlich im Hinblick auf die Wettbewerbssituation des Unternehmens wirtschaftlich sinnvoll und zweckmäßig ist (s.a. § 17 Rdn. 3).

8 Dies kann **insbesondere** der Fall sein, wenn durch die Geheimhaltung die sonst durch die Offenlegung einer Patentanmeldung gegebene Nutzungsmöglichkeit durch Wettbewerber (§ 33 PatG) vermieden und/oder die tatsächliche Monopolwirkung über die Schutzdauer (§ 16 PatG, § 23 GebrMG, Art. 63 EPÜ) hinaus ausgedehnt wird.

9 Ferner kann eine Erfindung dem Unternehmen neue Betätigungsbereiche eröffnen, die vorerst den Wettbewerbern nicht offenbart werden sollen; Entsprechendes gilt, wenn die Erfindung technisches Neuland betrifft, welches das Unternehmen zunächst eigenständig durchforschen möchte.[13] Ist der Erfindungsgegenstand innerbetrieblich vorbenutzt worden und will der Arbeitgeber zur Vermeidung einer damit ungünstigen Beweissituation bei Verletzungsklagen gegen Wettbewerber von der Schutzrechtsanmeldung absehen, so rechtfertigt auch dies die Einstufung als Betriebsgeheimnis.[14] Denkbar ist ferner, damit die Bemühungen des Marktes um Alternativlösungen zu vermeiden oder nachhaltig zu erschweren. Gleiches gilt, wenn der Arbeitgeber vermeiden möchte, dass mit Offenlegung eines erfindungsgemäßen Verfahrens zugleich mitbenutztes geheimes Know-how (»Produktionsgeheimnisse«) Wettbewerbern bekannt würde.[15] Hält der Arbeitgeber die ihm als Diensterfindung gemeldete Neuerung für nicht schutzfähig, will er diese aber als betriebsgeheimes Know-how nutzen, ist ihm nur die Möglichkeit der Anrufung der Schiedsstelle nach § 17 Abs. 2 eröffnet.[16]

---

12 Im Ergebn. auch Keukenschrijver in Busse/Keukenschrijver, PatG, Rn. 2 zu § 17 ArbEG (»im Zeitpunkt der Entscheidung über die Geheimhaltungsbedürftigkeit«); wie hier Boemke/Kursawe/Gennen Rn. 12 zu § 17; vgl. auch Schiedsst. v. 20.06.2013 – Arb.Erf. 32/12, (www.dpma.de).
13 Janert Betr. Verfahrensweisen (1969) S. 26.
14 So im Ergebn. Schiedsst. v. 10.02.1994 – Arb.Erf. 18/93, (unveröffentl.).
15 Schiedsst. v. 01.12.2015 – Arb.Erf. 44/13, (www.dpma.de).
16 Schiedsst. v. 18.11.1994 – Arb.Erf. 97/93, (unveröffentl.).

Berechtigte Belange können sich auch insoweit ergeben, als ein potenzieller Lizenznehmer den Abschluss eines Lizenzvertrages vom Unterbleiben der Schutzrechtsanmeldung abhängig macht und dieser Vertrag für das Unternehmen von erheblicher wirtschaftlicher Bedeutung ist; Gleiches gilt bei entsprechenden Verpflichtungen i.R.d. Auftragsforschung.[17]

Bei der **zwischenbetrieblichen Forschungskooperation** wird ein Interesse aller Kooperationspartner an einer Geheimhaltung vielfach mit den berechtigten Belangen des betreffenden »Gesellschafterbetriebs« des einzelnen Arbeitgebers übereinstimmen. Dies folgt aus der gemeinschaftlichen Zweckverfolgung innerhalb der Kooperation und der rechtlichen Einbindung des jeweiligen Arbeitgebers einschl. seiner erfinderrechtlichen Rechtsposition in die Kooperation. Erfordern berechtigte Belange der Kooperationsgemeinschaft eine Geheimhaltung, ist dies mit den wirtschaftlichen Belangen des betreffenden Kooperationspartners regelmäßig identisch. Die gesellschaftsrechtliche Treuepflicht kann es dem Kooperationspartner im Einzelfall gebieten, das Verfahren nach § 17 zu betreiben, will er sich nicht im Innenverhältnis schadensersatzpflichtig machen; die Belange des Arbeitnehmererfinders müssen bei dieser Sachlage zurückstehen, zumal seinen vermögensrechtlichen Interessen durch den Vergütungsanspruch gem. § 17 Abs. 1 i.V.m. § 9 angemessen Rechnung getragen wird.[18] 10

Aufgrund einer gesellschaftsrechtlichen Verbundenheit können berechtigte **Konzerninteressen**, die sich nachhaltig auf den Arbeitgeber auswirken, zu berücksichtigen sein.[19]

Ein Geheimhaltungsinteresse ist u.a. **nicht anzuerkennen**, wenn sich Dritte unschwer in legitimer Weise Kenntnis vom Erfindungsgegenstand verschaffen können, weil ein gemäß der Erfindung vertriebenes Erzeugnis die technische Lehre offenbart.[20] Insoweit wird die Geheimhaltung z.B. einer sich auf Arbeitsgerätschaften oder Gebrauchsgegenstände beziehenden gebrauchsmusterfähigen Erfindung oder einer entsprechenden patentfähigen Vorrichtung regelmäßig nicht in Betracht kommen.[21] Würde durch einen Verkauf erfindungsgemäßer Gegenstände die Erfindung offenbart, so könnte eine notwendige Geheimhaltung allenfalls in Betracht kommen, wenn der Arbeitgeber 11

---

17 Bartenbach/Volz, GRUR 1982, 133, 134.
18 Bartenbach Zwischenbetriebl. Kooperation (1985) S. 111 f.
19 S. zu diesen Konzernbelangen A. Bartenbach, Arbeitnehmererfindungen i. Konzern (2018) Rn. 558 ff. Wie hier auch Boemke/Kursawe/Gennen Rn. 10 zu § 17.
20 Vgl. Keukenschrijver in Busse/Keukenschrijver, PatG, Rn. 2 zu § 17 ArbEG.
21 Schiedsst. ZB. v. 30.03.1981 – Arb.Erf. 61/80, u. ZB. v. 29.09.1994 – Arb.Erf. 12/92, (beide unveröffentl.).

die erfindungsgemäßen Gegenstände ausschließlich innerbetrieblich einsetzt oder bei Verkauf deren Geheimhaltung durch vertragliche Regelungen absichert.[22]

Wegen der Anmeldepflicht des Arbeitgebers gem. § 13 Abs. 1 rechtfertigt die **Kostenbelastung eines Schutzrechtserteilungsverfahren**s nicht den Verzicht auf dessen Durchführung und vermag berechtigte Belange i.S.d. § 17 nicht zu begründen.

12 Persönliche, sachfremde und/oder unlautere Erwägungen haben außer Betracht zu bleiben. Sind keine objektiven Geheimhaltungsbedürfnisse erkennbar, so kann eine Diensterfindung **nicht willkürlich** vom Arbeitgeber zum Betriebsgeheimnis erklärt werden.

13 Da es nach dem Gesetzeswortlaut nur auf die Belange des Unternehmens ankommt, findet **keine Abwägung mit** dem **Interesse des Arbeitnehmers** an der Erwirkung eines Schutzrechts für seine Erfindung statt,[23] da Erfinderinteressen nach § 17 Abs. 1 hinter betrieblichen Belangen zurückstehen (s. § 17 Rdn. 1).

14 **Betriebliche Belange erfordern** die Geheimhaltung dann, wenn diese im Verhältnis zu einer Schutzrechtsanmeldung für die wirtschaftliche Situation des Unternehmens besser, zweckmäßiger bzw. geeigneter erscheint, ohne dass es darauf ankommt, dass sie zwingend notwendig bzw. dringend geboten ist.[24]

15 Bei dem »Erfordernis berechtigter Belange« handelt es sich nicht um eine der gerichtlichen Überprüfung weitgehend entzogene Ermessensentscheidung des Arbeitgebers,[25] vielmehr um einen vom Gericht **nachprüfbaren unbestimmten Rechtsbegriff**, wobei dem Arbeitgeber allerdings ein Beurteilungsspielraum zuzugestehen ist.[26] Dies folgt daraus, dass die Gestaltung der wirtschaftlichen Betätigung zum Kern der unternehmerischen Entscheidungsfreiheit

---

22 Schiedsst. ZB. v. 30.03.1981 – Arb.Erf. 61/80, u. ZB. v. 29.09.1994 – Arb.Erf. 12/92, (beide unveröffentl.).
23 Zust. Keukenschrijver in Busse/Keukenschrijver, PatG, Rn. 2 zu § 17 ArbEG; im Ergebn. auch Schiedsst. v. 01.12.2015 – Arb.Erf. 44/13, (www.dpma.de); vgl. (aber) auch Boemke/Kursawe/Gennen Rn. 11 zu § 17 (allenfalls Abwägung mit Persönlichkeitsrecht des Erfinders).
24 Ebenso jetzt Schiedsst. v. 07.02,2017 – Arb.Erf. 44/15, (www.dpma.de).
25 So aber wohl Volmer Rn. 13 zu § 17.
26 Wie hier Reimer/Schade/Schippel/Trimborn Rn. 5 zu § 17 (s. aber auch dort zuvor: Entscheidung bleibt »dem unternehmerischen Ermessen des Arbeitgebers überlassen«); vgl. auch Boemke/Kursawe/Gennen Rn. 8 zu § 17. Für einen Beurteilungsspielraum jetzt auch Schiedsst. v. 07.02.2017 – Arb.Erf. 44/15, (www.dpma.de).

gehört und damit nicht nur im Wesentlichen seiner Risikosphäre obliegt, sondern auch eine umfassende, prognostizierende Entscheidung mit unternehmensbezogenem Eignungsurteil erfordert.[27]

Um dem Arbeitnehmer eine Überprüfbarkeit zu ermöglichen, erscheint es billig, ihm einen Anspruch dahin einzuräumen, vom Arbeitgeber eine (**summarische) Begründung** für die Geltendmachung betrieblicher Erfordernisse verlangen zu können.

Ohnehin obliegt dem Arbeitgeber im Streitfall die **Darlegungs- und Beweislast**.

## II. Erklärung zum Betriebsgeheimnis

Eine zunächst nach § 24 von den Arbeitsvertragsparteien geheim zu haltende Diensterfindung wird zum Betriebsgeheimnis i.S.d. § 17 erst durch eine dahingehende eindeutige (**formlose, auch konkludente**[28]) **Erklärung** des Arbeitgebers; diese muss als einseitige, empfangsbedürftige Willenserklärung[29] dem Arbeitnehmer zugehen (§ 130 BGB; s. dazu § 5 Rdn. 10 ff.). Einer Zustimmung des Arbeitnehmers bedarf die Erklärung zum Betriebsgeheimnis nicht.[30]

Wirkung i.S.d. § 17 (insb. Befreiung vom Anmeldezwang gem. § 13 Abs. 1) löst sie nur in Gemeinschaft mit einer Erklärung des Arbeitgebers zur Schutzfähigkeit der Diensterfindung gem. § 17 Abs. 1 oder 2 aus (s. dazu § 17 Rdn. 26 ff.).

Die gesicherte Verwertung als betriebsgeheime Erfindung setzt die Überleitung aller vermögenswerten Rechte daran, also eine (unbeschränkte) **Inanspruchnahme** (§§ 6, 7 Abs. 1) voraus.[31] In der bloßen Einleitung bzw. Durchführung des Verfahrens gem. § 17 liegt grds. keine (schlüssige) Inanspruchnahme (s. § 6 a.F. Rdn. 38 f., 61 f.; s. aber auch hier § 17 Rdn. 30).

---

27 Im Ergebn. auch Schiedsst. v. 07.02.2017 – Arb.Erf. 44/15, (www.dpma.de).
28 Allg. A., z. B. Keukenschrijver in Busse/Keukenschrijver, PatG, Rn. 3 zu § 17 ArbEG.
29 Wie hier Boemke/Kursawe/Gennen Rn. 18 zu § 17. Abw. Keukenschrijver in Busse/Keukenschrijver, PatG, Rn. 3, 6 zu § 17 ArbEG (»Verlautbarung mit konstitutiver Gestaltungswirkung«).
30 Schiedsst. v. 27.06.2006 – Arb.Erf. 46/04 (Datenbank); zust. auch Schwab, Arbeitnehmererfindungsrecht, § 17 Rn. 6.
31 Allg.A.; so im Ergebn. z.B. BGH v. 29.09.1987 – X ZR 44/86, GRUR 1988, 123 – *Vinylpolymerisate*.

**20** Die Erklärung zum Betriebsgeheimnis wird **gegenstandslos**, wenn die Diensterfindung gem. § 6 Abs. 2 n.F., § 8 frei wird,[32] sei es aufgrund ausdrücklicher Freigabe oder – bei Alterfindungen i.S.d. § 43 Abs. 3 (s. dort § 17 Rdn. 14 ff.) – wenn der Arbeitgeber eine fristgerechte, unbeschränkte Inanspruchnahme nach § 6 Abs. 2 a.F. versäumt hat. Mit dem Freiwerden sind im Hinblick auf die hierdurch begründete freie Verfügungsbefugnis des Arbeitnehmers (s. dazu § 8 n.F. Rdn. 74 ff.) evtl. berechtigte Belange des Unternehmens unbeachtlich (s.a. § 17 Rdn. 22 f.). Das ArbEG gibt dem Arbeitgeber auch nicht die Möglichkeit, einseitig dem Arbeitnehmer die Verpflichtung aufzuerlegen, die – etwa infolge ausdrücklicher Freigabeerklärung oder – bei Alterfindungen – infolge beschränkter Inanspruchnahme – frei gewordene Diensterfindung nicht zum Schutzrecht anzumelden bzw. nicht zu verwerten. Zur Zuständigkeit der Schiedsstelle nach Freiwerden s. § 17 Rdn. 51.

### III. Folgen fehlerhafter Einstufung als Betriebsgeheimnis

**21** Wird im Verfahren vor der Schiedsstelle mit bindender Wirkung für die Arbeitsvertragsparteien (vgl. § 34 Abs. 3) oder durch die ordentlichen Gerichte rechtskräftig festgestellt, dass betriebliche Belange eine Geheimhaltung der Diensterfindung nicht erfordern, bewendet es bei der **Anmeldepflicht** des Arbeitgebers gem. § 13 Abs. 1, da eine Ausnahme i.S.d. § 13 Abs. 2 Nr. 3 nicht vorliegt; der Arbeitgeber unterliegt ferner seiner Freigabepflicht gem. § 14 Abs. 2 für die ausländischen Staaten, in denen er Schutzrechte nicht erwerben will. Dies setzt aber voraus, dass die Diensterfindung zwischenzeitlich nicht frei geworden ist (vgl. § 6 Abs. 2, § 8 n.F./§ 8 Abs. 1 a.F.), der Arbeitgeber sie also (unbeschränkt) in Anspruch genommen hat (§ 7 Abs. 1). Andernfalls gilt das in § 17 Rdn. 19 Gesagte.

**22** In einer fehlerhaften Geltendmachung eines Betriebsgeheimnisses i.S.d. § 17 durch den Arbeitgeber liegt zugleich eine Verletzung der Pflicht zur unverzüglichen Inlandsanmeldung, die ihn ggf. zum **Schadensersatz** verpflichtet[33] (s. dazu § 13 Rdn. 68 ff.). Stand die Schutzfähigkeit der Diensterfindung außer Streit und ist die Erfindung zwischenzeitlich gem. § 8 Abs. 1 Nr. 3 a.F. bzw. durch Freigabeerklärung nach § 6 Abs. 2 oder § 8 n.F. frei geworden, kann dem Arbeitgeber nur der Schaden angelastet werden, der aus der Zeit bis zum

---

[32] Zust. OLG Karlsruhe v. 28.04.2010, GRUR 2011, 318, 321 – *Initialidee* (insoweit nicht Gegenstand von BGH v. 12.04.2011 – X ZR 72/10, GRUR 2011, 733 – *Initialidee*).

[33] Zust. Keukenschrijver in Busse/Keukenschrijver, PatG, Rn. 4 zu § 17 ArbEG. S. dazu auch Boemke/Kursawe/Gennen Rn. 20 zu § 17.

Freiwerden der Erfindung resultiert. Mit Freiwerden hat der Arbeitnehmer es in der Hand, selbst die Anmeldung zu betreiben (vgl. § 13 Abs. 4 Satz 1).

Die daneben mögliche **Geltendmachung eines Betriebsgeheimnisses** i.S.d. (weitergehenden) § 17 UWG (bzw. eines Geschäftsgeheimnisses i. S. d. des künftigen GeschGehG, s. § 24 Rdn. 38) durch den Arbeitgeber wird mit Freiwerden der Erfindung gegenstandslos (vgl. unten § 17 Rdn. 33).

### IV. Späterer Wegfall berechtigter Geheimhaltungsbelange

**Entfällt** später die Voraussetzung eines Betriebsgeheimnisses, sind zwei Situationen zu unterscheiden: 23

Hatte der Arbeitgeber die **Schutzfähigkeit** der Diensterfindung **bereits anerkannt**, so kann der Wegfall der Eigenschaft als Betriebsgeheimnis nicht zum Nachteil des Arbeitnehmers gereichen. Der Arbeitgeber bleibt an sein konstitutives Anerkenntnis und die daran mit der (unbeschränkten) Inanspruchnahme anknüpfenden Vergütungsfolgen unverändert gebunden.[34] Ihm steht es allerdings frei,[35] bei Zustimmung des Arbeitnehmers die Diensterfindung zum Schutzrecht anzumelden. Dann bildet diese (neue) Schutzrechtsposition zukünftig die Grundlage der wechselseitigen Rechte und Pflichten und löst damit die Rechtsfolgen des § 17 ex nunc ab. Ohne Schutzrechtserteilungsverfahren verbleibt es grds. bei dem bisherigen Rechtszustand nach § 17 (s. aber auch § 17 Rdn. 34 f.). 24

Hatte der Arbeitgeber die Schutzfähigkeit **nicht anerkannt**, so ist ein nach § 17 Abs. 2 anhängiges Schiedsstellen- oder gerichtliches Verfahren bestands- 25

---

34 Zust. Keukenschrijver in Busse/Keukenschrijver, PatG, Rn. 8 zu § 17 ArbEG; wie hier auch Boemke/Kursawe/Gennen Rn. 14 zu § 17; a. A. Volmer/Gaul Rn. 52 zu § 17.
35 Abw. Riemschneider/Barth Anm. 10 zu § 6 DVO 1943, die dem ArbN ggü. dem ArbG einen Anspr. a. Anmeldung zugestehen.

kräftig abzuschließen.³⁶ Auch wenn ein solches Verfahren keine Prioritätsrechte begründet,³⁷ wird der Arbeitgeber nicht als i.S.d. § 13 Abs. 1 verpflichtet angesehen werden können, parallel (vorsorglich) eine Inlandsanmeldung zu betreiben. Wird in dem anhängigen Verfahren nach § 17 Abs. 2 die Schutzfähigkeit verbindlich bejaht, gilt das zuvor (§ 17 Rdn. 24) Gesagte. Bei Verneinung der Schutzfähigkeit kann der Arbeitgeber die technische Neuerung als Arbeitsergebnis (ggf. als technischen Verbesserungsvorschlag) behandeln (s. § 17 Rdn. 58).

## C. Absehen von der Erwirkung eines Schutzrechts

### I. Bei Anerkennung der Schutzfähigkeit durch den Arbeitgeber (Abs. 1)

**26** Da die Behandlung einer schutzfähigen Diensterfindung als Betriebsgeheimnis keine bindende Feststellung der Schutzfähigkeit (s. § 2 Rdn. 12 f.) ermöglicht, andererseits aber die Schutzfähigkeit der Diensterfindung Voraussetzung für Inanspruchnahme und Vergütung ist, muss der Arbeitgeber, wenn er von der Schutzrechtsanmeldung absehen will, die Schutzfähigkeit ggü. dem Arbeitnehmer anerkennen bzw. im Innenverhältnis der Arbeitsvertragsparteien klären lassen. Wie auch § 17 Abs. 2 zeigt, ist § 17 stets einschlägig, wenn die **theoretische Möglichkeit** besteht, dass die technische Neuerung **patent- oder gebrauchsmusterfähig** ist, auch wenn insoweit erhebliche Zweifel vorliegen sollten³⁸ (s. i.Ü. § 2 Rdn. 16 f. und hier § 17 Rdn. 43 ff.). **Gegenstand** des Anerkenntnisses ist die gemeldete technische Lehre der Diensterfindung, gfls. einschließlich nachfolgender Ergänzungen³⁹ (s.a. § 17 Rdn. 53).

---

36 Mit EV. v. 07.02.1984 – Arb.Erf. 39/81, (unveröffentl.) hat die Schiedsst. einen EV. dahin vorgelegt, dass die Patentfähigkeit nicht bestehe; aufgrund ihrer Funktion erscheine es sachgerecht, die von den Beteiligten angeschnittenen Fragen zu würdigen und nicht das Verfahren einzustellen und damit insb. den ArbN auf eine mit vermeidbaren Kosten belastete Schutzrechtsanmeldg. zu verweisen. Abw. Boemke/Kursawe/Gennen Rn. 11 f. zu § 17, die danach zwar für das Vorliegen berechtigter Belange auf den Zeitpunkt der Erklärung des Anerkenntnisses als Betriebsgeheimnis abstellen (a.a.O. Rn. 12), aber bei fehlendem Anerkenntnis der Schutzfähigkeit danach differenzieren, wer im Fortfall berechtigter Belange geltend macht: Bei Geltendmachung durch ArbG entfällt Grundlage für Schiedsstellenverfahren und ArbG hat §§ 13, 14 zu beachten, bei Geltendmachung durch ArbN hat dieser den Fortfall berechtigter Belange im Schiedsstellenverf. vorzubringen, wobei dies den ArbG nicht von der notwendigen Schutzrechtsanmeldung nach § 13 entbindet und bei verspäteter Schutzrechtsanmeldung schadensersatzpflichtig macht.

37 Schade, GRUR 1968, 393, 399.

38 I. Ergebn. ebenso ständ. Praxis d. Schiedsst., z.B. EV. v. 18.11.1994 – Arb.Erf. 97/93, (unveröffentl.). Zust. auch Boemke/Kursawe/Gennen Rn. 22 zu § 17.

39 Schiedsst. v. 17.02.1998 – Arb.Erf. 61/96, (unveröffentl.).

## C. Absehen von der Erwirkung eines Schutzrechts   § 17

### 1. Rechtsnatur, Inhalt und Form des Anerkenntnisses

Das im Hinblick auf § 2 rechtsbegründende Anerkenntnis der Schutzfähigkeit ist seiner **Rechtsnatur** nach keine rein tatsächliche Handlung wie etwa das die Verjährung unterbrechende Anerkenntnis gem. § 212 Abs. 1 Nr. 1 BGB. Entsprechend dem Wortlaut des § 17 Abs. 1 stellt das Anerkenntnis auch keinen Vertrag zwischen den Arbeitsvertragsparteien dar.[40]

27

Vielmehr ist das Anerkenntnis ein den Arbeitgeber verpflichtendes, **einseitiges Rechtsgeschäft** mit Gestaltungswirkung;[41] als empfangsbedürftige Willenserklärung entfaltet es mit Zugang beim Arbeitnehmererfinder seine Wirkung (s. dazu § 5 Rdn. 10 ff.).

Das Anerkenntnis unterliegt den Vorschriften über **Willensmängel** gem. §§ 116 ff. BGB (vgl. auch § 6 a.F. Rdn. 68 f.; zur Anfechtung s.u. § 17 Rdn. 34). Für die **Auslegung** gelten die allgemeinen Grundsätze (vgl. § 133 BGB) unter Beachtung der Verständnismöglichkeiten des Arbeitnehmers (»Empfängerhorizont«). So bezieht sich beispielsweise ein Anerkenntnis im Nachgang zu einem Recherchebericht zur fehlenden Patentfähigkeit einzelner Patentansprüche, dem die Erfinder ausdrücklich zugestimmt haben, (einvernehmlich) nur auf den schutzfähigen Teil.[42]

Der Anerkennung der Schutzfähigkeit kommt **konstitutive Wirkung**[43] zu, da dem Arbeitnehmer hierdurch die Rechte aus §§ 2, 9 verschafft werden. Diese Rechtsfolgen treten unabhängig von dem Willen des Arbeitnehmers und seinen Vorstellungen über die Schutzfähigkeit ein; das Anerkenntnis soll für die Zukunft eine klare Rechtslage ohne Rücksicht auf die tatsächliche Schutzfähig-

28

---

40 Ausführl. Bartenbach/Volz, GRUR 1982, 133, 135 f.; zust. OLG Frankfurt am Main v. 27.02.1986, EGR Nr. 10 zu § 17 ArbEG; a.A. Schütz, GRUR 1980, 1038, 1039 f.
41 Bartenbach/Volz, GRUR 1982, 133, 135 f.; ebenso LG Düsseldorf v. 16.03.1999 – 4 O 171/98, u. LG München v. 11.11.2010 – 7 O 20114/08, (beide unveröffentl.); vgl. auch Keukenschrijver in Busse/Keukenschrijver, PatG Rn. 3, 6 zu § 17 ArbEG (»Verlautbarung mit konstitutiver Gestaltungswirkung« u. Schiedsst. v. 09.12.2016 – Arb.Erf. 73/13, (www.dpma,.de).
42 Schiedsst. v. 06.04.2016 – Arb.Erf. 13/14, (www.dpma.de).
43 Insoweit zust. Keukenschrijver in Busse/Keukenschrijver, PatG, Rn. 6 zu § 17 ArbEG; abw. Volmer/Gaul Rn. 45 zu § 4 u. Rn. 60 zu § 17; Gaul, Mitt. 1987, 185, 190 ff.; wie hier Schiedsst. v. 30.07.1980 – Arb.Erf. 85/78 u. v. 10.02.1994 – Arb.Erf. 18/93, (beide unveröffentl.) u. LG Düsseldorf v. 16.03.1999 – 4 O 171/98, (unveröffentl.). Im Ergebn. auch Schiedsst. v. 09.12.2016 – Arb.Erf. 73/13, (www.dpma,.de).

keit einer Diensterfindung schaffen[44] (z. Bindung des Arbeitgebers s. § 17 Rdn. 34).

29 Bei seiner Erklärung muss der Arbeitgeber deutlich machen, ob er die Diensterfindung als **patent- oder gebrauchsmusterfähig** anerkennt. Die Wertung in § 13 Abs. 1 gilt entsprechend[45] (s. dort § 17 Rdn. 11 ff.); im Zweifel ist eine (stillschweigende) Anerkennung als patentfähig beabsichtigt. Erkennt der Arbeitgeber nur eine Gebrauchsmusterfähigkeit an, kann der Arbeitnehmer evtl. weitergehende Vorstellungen über eine Patentfähigkeit seiner Erfindung nur im Verfahren vor der Schiedsstelle bzw. den ordentlichen Gerichten verfolgen[46] (§§ 28 ff., 37 ff.). Wird hierbei die Patentfähigkeit bindend »festgestellt«, wirkt sich dies auf die Höhe bzw. die Dauer des Vergütungsanspruchs des Arbeitnehmers aus.

Soweit für das Anmeldeverfahren nach § 13 von einer grundsätzlichen **Gleichstellung von Patent- und Gebrauchsmusteranmeldung** ausgegangen wird, (s. § 13 Rdn. 14), muss dies auch i.R.d. § 17 gelten.

Das Anerkenntnis kann sich nur auf Schutzfähigkeitsmerkmale beziehen (vgl. § 1 Abs. 1 PatG, § 1 GebrMG), nicht aber auf Erfindungen, für die ein Patent- oder Gebrauchsmusterschutz von vornherein ausgeschlossen ist (vgl. § 1 Abs. 3, § 1a, § 2, § 2a PatG, § 1 Abs. 2, § 2 GebrMG).

30 Das Anerkenntnis ist **formfrei**; es kann auch konkludent erfolgen, was ein eindeutiges zweifelfreies Verhalten des Arbeitgebers voraussetzt.[47] Erklärt der Arbeitgeber, die technische Neuerung als betriebsgeheime Erfindung zu behandeln und zu verwerten, liegt darin regelmäßig (auch) das Anerkenntnis der Schutzfähigkeit und zugleich die Erklärung der (unbeschränkten) Inanspruchnahme. Gleiches kann im Einzelfall bei Erklärung der (unbeschränkten) »Inanspruchnahme als betriebsgeheimer qualifizierter Verbesserungsvorschlag« gelten (s. § 6 a.F. Rdn. 7). Ein bloßer Hinweis auf die Geheimhaltungspflicht genügt nicht, da auch geheim gehaltenes, nicht patentfähiges know-how von wirtschaftlichem Wert ist.[48] Ein stillschweigendes Anerkenntnis liegt auch in der Rücknahme einer Patentanmeldung vor Offenlegung unter Verhandlungen mit

---

44 Schiedsst. v. 30.07.1980 – Arb.Erf. 85/78, (unveröffentl.).
45 Schiedsst. v. 12.06.1997 – Arb.Erf. 88/95, (unveröffentl.).
46 Wie hier Boemke/Kursawe/Gennen Rn. 32 zu § 17.
47 LG Düsseldorf v. 16.03.1999 – 4 O 171/98, (unveröffentl.); Schiedsst. v. 10.02.1994 – Arb.Erf. 18/93 (unveröffentl.) u. v. 15.01.2016 – Arb.Erf. 65/13, (www.dpma.de).
48 LG Düsseldorf v. 16.03.1999 – 4 O 171/98, (unveröffentl.).

C. Absehen von der Erwirkung eines Schutzrechts            § 17

dem Arbeitnehmer über die Vergütung für die fortdauernde Verwertung der Diensterfindung, ohne die Schiedsstelle nach § 17 Abs. 2 anzurufen.[49]

**2. Zeitpunkt der Erklärung**

Da § 17 eine Alternative zu dem Anmeldezwang gem. § 13 Abs. 1 darstellt, ist mangels eigenständiger Regelung hinsichtlich des Zeitpunkts der Erklärung des Arbeitgebers gem. § 17 ein Rückgriff auf die in § 13 Abs. 1 normierten Regeln geboten. Der Arbeitgeber muss sich also **unverzüglich nach der Meldung** der Diensterfindung dem Arbeitnehmer ggü. erklären[50] (s. dazu § 13 Rdn. 7–9). Diese Pflicht besteht unabhängig von einer Inanspruchnahme, die der Arbeitgeber gleichzeitig oder jedenfalls innerhalb der 4-Monats-Frist des § 6 Abs. 2 erklären (vgl. § 6 Abs. 1 n.F.) oder über die Inanspruchnahmefiktion des § 6 Abs. 2 n.F. eintreten lassen kann. 31

Zur betrieblichen Praxis eines **Wechsels zum Betriebsgeheimnis nach Patentanmeldung** s. § 17 Rdn. 44 f. 32

Hatte der Arbeitgeber es bei Alterfindungen **versäumt**, eine geheim zu haltende Diensterfindung (**unbeschränkt**) **in Anspruch zu nehmen**, so ist diese gem. § 8 Abs. 1 Nr. 3 a.F. freigeworden. Mit Freiwerden ist allein der Arbeitnehmer zur Schutzrechtsanmeldung berechtigt (vgl. § 13 Abs. 4; s.a. § 17 Rdn. 19 f. u. 51) und ein Betriebsgeheimnis i. S. v. § 17 kommt nicht mehr in Betracht. Nichts anderes gilt heute bei Freigabe nach § 6 Abs. 2 n.F., § 8 n.F. 33

Der Arbeitnehmer begeht mit Schutzrechtsanmeldung einer **frei gewordenen Diensterfindung** keinen Geheimnisverrat i.S.d. § 17 UWG.[51] Zwar ist eine Diensterfindung dem Arbeitnehmererfinder i.S.d. § 17 Abs. 1 UWG »anvertraut«, da diese ohne das Dienstverhältnis nicht erzielt worden wäre und der Wille des Unternehmers, sie als Geheimnis zu behandeln, feststeht;[52] ein Geheimnisverrat i.S.d. § 17 Abs. 1 UWG entfällt indes bereits wegen der sich aus § 13 Abs. 4 Satz 1 ergebenden Anmeldebefugnis des Arbeitnehmers (s. i.Ü. § 24 Rdn. 41). Nichts Anderes gilt bei Inkrafttreten des geplanten GeschGehG (vgl. § 3 Abs. 2 GeschGehG-E, s. dazu § 24 Rdn. 38),

---

49 Vgl. Schiedsst. v. 15.01.2016 – Arb.Erf. 65/13, (www.dpma.de).
50 Zust. u. a. Keukenschrijver in Busse/Keukenschrijver, PatG, Rn. 7 zu § 17 ArbEG.
51 Ebenso Keukenschrijver in Busse/Keukenschrijver, PatG, Rn. 6 zu § 8 ArbEG.
52 BGH v. 18.02.1977 – I ZR 112/75, GRUR 1977, 539, 540 – *Prozessrechner* m. Anm. Krieger; a.A. Röpke Arbeitsverh. u. ArbNErf. S. 24.

## 3. Rechtsfolgen

### a) Bindungswirkung und Zeitdauer des Anerkenntnisses

34 Das Anerkenntnis der Schutzfähigkeit einer Diensterfindung hat **im Innenverhältnis** zwischen Arbeitgeber und Arbeitnehmer die gleiche verbindliche **Wirkung wie eine Schutzrechtserteilung**; ohne Rücksicht auf eine tatsächlich gegebene Schutzfähigkeit wird die Diensterfindung so behandelt, als ob ein Schutzrecht bestehe.[53] Maßgebend gegenüber dem Stand der Technik ist der Zeitpunkt des Anerkenntnisses.[54] Der Arbeitgeber bleibt an sein Anerkenntnis in gleicher Weise gebunden, wie er gebunden wäre, wenn auf die Diensterfindung ein Schutzrecht erteilt worden wäre[55] (s. auch § 17 Rdn. 28). Dies gilt grds. selbst dann, wenn sich nachträglich herausstellt, dass eine Schutzrechtserteilung von Anfang an – etwa wegen entgegenstehenden Standes der Technik (vgl. §§ 3 PatG, 3 GebrMG) – ausgeschlossen gewesen wäre. Letzteres soll nach Auffassung der *Schiedsstelle* selbst in den Fällen eines **Patentierungsausschlusses** nach § 1 Abs.3 PatG gelten[56] (s. aber auch § 3 Rd. 9, anders u. E. i.H.a. § 2 ArbEG zumindest bei Patentierungsverboten nach §§ 1a, 2, 2a PatG).

35 **Streitig** ist, ob der Arbeitgeber im Einzelfall die **Wirkung dieses Anerkenntnisses beseitigen** kann:

35.1 Eine **einseitige Freigabeerklärung** der betriebsgeheimen Diensterfindung durch den Arbeitgeber gem. § 8 Abs. 1 Nr. 1 a.F. war nach erfolgter unbeschränkter Inanspruchnahme (§§ 6, 7 Abs. 1 a.F.) ausgeschlossen[57] (s. § 8 a.F. Rdn. 24 ff.). Das gilt u.E. auch nach der Neufassung von §§ 6, 8 durch die ArbEG-Novelle 2009. Zwar ist § 8 Satz 1 n.F. dahin zu verstehen, dass die dort geregelte Freigabeerklärung in Textform nach Inanspruchnahme vor Schutzrechtsanmeldung möglich ist (s. § 8 n.F. Rdn. 39 ff.). Da in den Fällen des § 17 das Anerkenntnis an die Stelle der Schutzrechtserteilung tritt (s. § 17 Rdn. 27), scheidet jedoch ein Rückgriff auf § 8 n.F. aus rechtssystematischen Gründen aus; wegen des Bezugs zur Schutzrechtserteilung bliebe nur der Weg über § 16 (analog; s. dazu aber § 17 Rdn. 35.7 ff).

---

53 LG Düsseldorf v. 16.03.1999 – 4 O 171/98, (unveröffentl.). Vgl. auch Schiedsst. v. 09.12.2016 – Arb.Erf. 73/13, (www.dpma,.de).
54 So zutr. Keukenschrijver in Busse/Keukenschrijver, PatG, Rn. 6 zu § 17 ArbEG m. H. a. Schiedsst. v. 14.06.2005 – Arb.Erf. 77/04.
55 BGH v. 29.09.1987 – X ZR 44/86, GRUR 1988, 123 – *Vinylpolymerisate* m. Anm. Bartenbach/Volz; ebenso Schiedsst. v. 30.07.1980 – Arb.Erf. 85/78, (unveröffentl.).
56 So Schiedsst. v. 09.12.2016 – Arb.Erf. 73/13, (www.dpma.de).
57 Ebenso Schiedsst. v. 05.03.1991 – Arb.Erf. 56/90, (unveröffentl.).

Nach erfolgtem Anerkenntnis ist es dem Arbeitgeber auch verwehrt, eine (erneute) Klärung der Schutzfähigkeit durch **Anrufung der Schiedsstelle** im Verfahren nach § 17 Abs. 2 herbeizuführen;[58] denn dies ist nur gegeben, wenn der Arbeitgeber die Schutzfähigkeit der Diensterfindung von vornherein nicht anerkennt.[59] Die Entscheidungsmöglichkeiten des Arbeitgebers nach § 17 Abs. 1 bzw. 2 stehen alternativ nebeneinander und begründen keine kumulativen Möglichkeiten.[60] Eine analoge Anwendung des § 17 Abs. 2 könnte allenfalls in Betracht gezogen werden, wenn das Anerkenntnis – etwa durch Anfechtung – aus der Welt geschafft wäre.[61]

35.2

Ein Rückgriff auf die **Unbilligkeitsregelung des § 23**[62] verbietet sich.[63] Wie § 23 Abs. 1 Satz 2 verdeutlicht, fällt das einseitige (s. hierzu oben § 17 Rdn. 27) Anerkenntnis des Arbeitgebers nicht unter die dort aufgeführten Vereinbarungen der Arbeitsvertragsparteien. Etwas anderes gilt dann, wenn das »Anerkenntnis« auf einem angenommenen Einigungsvorschlag (vgl. § 34 Abs. 3) der Schiedsstelle gem. § 17 Abs. 2 beruht.

35.3

Da sich die **Anpassungsregelung des § 12 Abs. 6** nur auf nachträglich eingetretene Änderungen der ursprünglichen Umstände bezieht (vgl. § 12 Rdn. 104 zu), kann auch aus dieser Rechtsnorm keine Korrekturmöglichkeit hergeleitet werden, weil die (gegebene oder fehlende) Schutzfähigkeit eine der Erfindung von vornherein anhaftende Eigenschaft ist.[64]

35.4

---

58 BGH v. 29.09.1987 – X ZR 44/86, GRUR 1988, 123 – *Vinylpolymerisate* (m. Anm. Bartenbach/Volz) i. Anschl. an OLG Frankfurt am Main v. 27.02.1986, EGR Nr. 10 zu § 17 ArbEG gg. Volmer/Gaul Rn. 96 ff., 104 zu § 17; Gaul, NJW 1988, 1217; vgl. auch die frühere Praxis der Schiedsst., z.B. EV. v. 22.04.1977 – Arb.Erf. 62 u. 64/76 u. v. 05.03.1980 – Arb.Erf. 51/79, (alle unveröffentl.), teilw. abgedr. b. Bartenbach/Volz, GRUR 1982, 133, 139, wonach der ArbG berechtigt sein sollte, bei Streit über die Schutzfähigkeit nachträglich jederzeit die Schiedsst. anzurufen; dem BGH zust. Keukenschrijver in Busse/Keukenschrijver, PatG, Rn. 8 zu § 17 ArbEG.
59 Ebenso Schiedsst. v. 09.12.2016 – Arb.Erf. 73/13, (www.dpma,.de).
60 Wie hier auch Schiedsst. v. 09.12.2016 – Arb.Erf. 73/13, (www.dpma,.de).
61 BGH v. 29.09.1987 – X ZR 44/86, GRUR 1988, 123 – *Vinylpolymerisate* m. Anm. Bartenbach/Volz; im Ergebn. auch Boemke/Kursawe/Gennen Rn. 36 zu § 17.
62 Schütz, GRUR 1980, 1039, 1040 f.
63 Bartenbach/Volz, GRUR 1982, 133, 137; zust. OLG Frankfurt am Main v. 27.02.1986, EGR Nr. 10 zu § 17 ArbEG; Keukenschrijver in Busse/Keukenschrijver, PatG, Rn. 8 zu § 17 ArbEG.
64 Im Ergebn. so wohl auch BGH v. 29.09.1987 – X ZR 44/86, GRUR 1988, 123, 125 – *Vinylpolymerisate*; Schiedsst. v. 22.07.1989 – Arb.Erf. 105/88, (unveröffentl.); vgl. auch BGH v. 17.04.1973 – X ZR 59/69, GRUR 1973, 649, 651 – *Absperrventil*.

**35.5** Ebenso versagt der *BGH* die Berufung auf das **Fehlen oder den Wegfall der Geschäftsgrundlage (§ 313 BGB)**[65] mit Rücksicht auf den Charakter der Anerkennung der Schutzfähigkeit als gewagtes Geschäft.

**35.6** Mit Zustimmung des Erfinders kann der Arbeitgeber eine **nachträgliche Schutzrechtsanmeldung** durchführen. Er muss dabei allerdings klarstellen, dass eine negative Entscheidung im Erteilungsverfahren oder ein späterer Wegfall des erteilten Schutzrechts Einfluss auf das frühere Anerkenntnis der Schutzfähigkeit und die bisherige Vergütungspflicht für die fiktive Schutzdauer der bisher betriebsgeheimen Diensterfindung haben sollen. Vergütungsansprüche ab Schutzrechtsanmeldung richten sich dann allein nach § 9. Will der Arbeitgeber später das erlangte Schutzrecht fallen lassen, muss er nunmehr das übliche Verfahren nach **§ 16** beachten.

Die Entscheidung des Arbeitgebers, von dem Betriebsgeheimnis abzurücken und eine Schutzrechtsanmeldung zu betreiben, kann dadurch beeinflusst sein, dass eine ausreichende Absicherung des Betriebsgeheimnisses nicht (mehr) gewährleistet erscheint und der Arbeitgeber nunmehr über eine Schutzrechtsanmeldung versucht, rechtlichen Monopolschutz zu erreichen (vgl. auch § 17 Rdn. 3).

An eine – nach Treu und Glauben (§ 242 BGB) – ggf. auch ohne Zustimmung des Arbeitnehmererfinders zulässige, nachträgliche Schutzrechtsanmeldung wäre etwa dann zu denken, wenn der Arbeitnehmererfinder als der wesentliche Geheimnisträger aus dem Arbeitsverhältnis ausscheidet und zu einem Wettbewerber wechselt bzw. sich selbstständig macht. Dem Arbeitnehmererfinder stehen dann als Ausgleich die üblichen Vergütungsansprüche ab Schutzrechtsanmeldung zu, und zwar mindestens in derjenigen Höhe und Dauer (fiktive Laufdauer), die er für das frühere Betriebsgeheimnis hat. Das gilt auch im Fall einer Schutzrechtsversagung. Kommt es zur Schutzrechtserteilung, ist die Schutzrechtsdauer des erteilten Schutzrechts maßgebend, sofern diese über die fiktive Laufzeit der betriebsgeheimen Diensterfindung hinaus fortbesteht.

**35.7** Erfolgt keine Schutzrechtsanmeldung, kommt auch eine **Aufgabe nach § 16** nicht in Betracht. Eine von der *Schiedsstelle* früher im Einzelfall bejahte **ana-**

---

65 BGH v. 29.09.1987 – X ZR 44/86, GRUR 1988, 123, 125 – *Vinylpolymerisate* i. Anschl. a. OLG Frankfurt am Main v. 27.02.1986, EGR Nr. 10 zu § 17 ArbEG. Ebenso jetzt Schiedsst. v. 09.12.2016 – Arb.Erf. 73/13, (www.dpma,.de).

loge Anwendung[66] des § 16 scheidet ebenfalls aus.[67] Zweifelhaft ist schon, ob § 16, der auf eine mittels Schutzrechtsanmeldung erlangte formelle Schutzrechtsposition abstellt, überhaupt einer Analogie zugänglich ist.[68] Zu beachten wäre bei einer vorangehenden Schutzrechtsanmeldung durch den Arbeitgeber – die theoretisch das Verfahren nach § 16 eröffnen würde –, ob diese nicht evtl. Geheimhaltungsinteressen des Arbeitnehmers (z.B. für den Fall der Weiterveräußerung) beeinträchtigt; eine solche nachträgliche Schutzrechtsanmeldung wäre für den Arbeitnehmer zudem mit dem Risiko der erheblichen Prioritätsverschiebung belastet. Schließlich würde einseitig die Klärung der Schutzfähigkeit und der Fortdauer der Vergütungsansprüche des Arbeitnehmers vom Arbeitgeber auf den Arbeitnehmer verlagert, der bei Übernahme einer solchen Rechtsposition nach § 16 das Kostenrisiko der Fortführung des Schutzrechtserteilungsverfahrens übernehmen müsste. Zur Ausnahme im **Insolvenzverfahren** s. § 27 n.F. Rdn. 140 u. § 27 a.F. Rdn. 125 ff.

Nach der **Entscheidungspraxis der *Schiedsstelle*** soll deshalb der Arbeitgeber – unter Heranziehung des Rechtsgedankens des § 10 Abs. 2 a.F. und der RL Nr. 43 – grds. an ein einmal erklärtes Anerkenntnis der Schutzfähigkeit gebunden sein, sofern nicht ausnahmsweise die Schutzunfähigkeit durch eine Entscheidung des Patentamtes oder eines Gerichtes festgestellt wird.[69]

35.8

Auch der ***BGH*** verweigert dem Arbeitgeber grds. das Recht, sich auf die Schutzunfähigkeit einer geheim gehaltenen Diensterfindung zu berufen, wenn er deren Schutzfähigkeit einmal verbindlich anerkannt hat.[70] Er hält es für unvereinbar mit dem Sinn des § 17 Abs. 1, dass der Arbeitgeber im Wege der Feststellungs(wider)klage die Schutzunfähigkeit einer Diensterfindung mit dem Ziel geltend macht, den Vergütungsanspruch für die Zukunft zu Fall zu bringen. Erst wenn die dem Arbeitgeber durch eine betriebsgeheime Erfindung vermittelte **Vorzugsstellung entfällt**, also die mit der Verwertungsmöglichkeit der geheim gehaltenen Diensterfindung verbundenen Vorteile ggü. den Wettbewerbern verloren gehen, sei es gerechtfertigt, dass der Arbeitgeber dies dem Diensterfinder im Streit um die zukünftige Erfindervergütung entgegenhält[71].

35.9

---

66 Schiedsst. v. 30.07.1980 – Arb.Erf. 85/78, (unveröffentl.), zitiert b. Schütz, GRUR 1980, 1039, 1044. Dagegen scheidet nach Schiedsst.
67 Seit längerem der hier vertretenen Auffassung folgend und eine Aufgabe nach oder analog § 16 ArbEG ablehnend Schiedsst. v. 05.03.1991 – Arb.Erf. 56/90, (unveröffentl) u. v. 21.09.2011 Arb.Erf. 2/10 (www.dpma.de, nur LS. 5).
68 Schütz, GRUR 1980, 1039, 1044; Bartenbach/Volz, GRUR 1982, 133, 140.
69 Grundlegend Schiedsst. ZB. v. 05.12.1983 – Arb.Erf. 18/83, (unveröffentl.).
70 BGH v. 29.09.1987 – X ZR 44/86, GRUR 1988, 123, 125 – *Vinylpolymerisate*.
71 BGH v. 29.09.1987 – X ZR 44/86, GRUR 1988, 123, 125 – *Vinylpolymerisate*.

**36** Offen gelassen hat der *BGH*, ob dem Arbeitgeber der Rückgriff auf **allgemeine Anfechtungsgrundsätze** (§§ 119 ff. BGB) im Einzelfall möglich ist, insb. eine Anfechtung des Anerkenntnisses wegen **Irrtums über eine verkehrswesentliche Eigenschaft** der Diensterfindung (§ 119 Abs. 2 BGB).[72] Grds. schließt auch der *BGH* im ArbEG einen Rückgriff auf die allgemeinen Anfechtungsregeln des BGB nicht aus.[73] Würde dem Arbeitgeber i.R.d. § 17 auch diese Anfechtungsmöglichkeit versagt, hätte er eine schlechtere Rechtsposition als bei einer (seinerzeitigen) beschränkten Inanspruchnahme mit den durch § 10 Abs. 2 a.f. vermittelten Möglichkeiten der Klärung der Schutzfähigkeit. Der Arbeitgeber wäre auch im Verhältnis zu einem Arbeitgeber als Anmelder eines Schutzrechts bzw. Inhaber eines erteilten Schutzrechts schlechtergestellt. Denn Letzterer wäre nicht gehindert, nach einer Schutzrechtsanmeldung bekannt gewordenes patenthinderndes Material durch sachlich berechtigte Einschränkungen einer Schutzrechtsanmeldung im Erteilungsverfahren (vgl. § 38 PatG) oder Beschränkung (§ 64 PatG) bzw. Teilverzichte (§ 20 PatG) nach Schutzrechtserteilung zu berücksichtigen; ferner könnte er nach Übertragung einer Schutzrechtsposition auf den Arbeitnehmer (§ 16) Nichtigkeits- bzw. Löschungsklage erheben (s. § 25 dazu Rdn. 47).

Bei einer Anfechtung hat der Arbeitgeber den Nachweis des Kausalzusammenhangs zwischen Irrtum und Anerkenntnis dahin zu erbringen, dass er bei Kenntnis der Schutzunfähigkeit ein Anerkenntnis nicht abgegeben hätte. Daran fehlt es, wenn der Arbeitgeber Ungewissheit oder Zweifel an der Schutzfähigkeit bewusst in Kauf genommen und ohne nähere Aufklärung oder Anrufung der Schiedsstelle (§ 17 Abs. 2) die Schutzfähigkeit anerkannt hat.

Besondere Bedeutung kommt der **Anfechtungsfrist** gem. § 121 BGB zu: Die Anfechtung muss ohne schuldhaftes Zögern, also unverzüglich erfolgen, nachdem der Arbeitgeber vom Anfechtungsgrund (mangelnde Schutzfähigkeit) Kenntnis erlangt hat, wobei dem Arbeitgeber eine angemessene Überprüfungs- und Überlegungsfrist zugestanden werden kann, wozu auch die Beratung durch Fachkundige gehört.[74] Eine erst daran anschließende langdauernde Ver-

---

[72] Vgl. dazu Bartenbach/Volz, GRUR 1982, 133, 138 f.; zust. Reimer/Schade/Schippel/Trimborn Rn. 15 zu § 17; Volmer/Gaul Rn. 46 zu § 4 (abw. dagegen dies. Rn. 98 zu § 17 sowie Gaul, Mitt. 1987, 185, 191); wohl auch Boemke/Kursawe/Gennen Rn. 35 f. zu § 17; a. A. Kraßer/Ann, PatR, § 21 Rn. 86.

[73] BGH v. 18.03.2003, GRUR 2003, 702, 704 – *Gehäusekonstruktion* u. BGH v. 17.04.1973 – X ZR 59/69, GRUR 1973, 649, 651 – *Absperrventil*; a.A. das Berufungsurteil des OLG Frankfurt am Main v. 27.02.1986, EGR Nr. 10 zu § 17 ArbEG.

[74] Vgl. auch BGH v. 29.09.1987 – X ZR 44/86, GRUR 1988, 123, 125 – *Vinylpolymerisate* i. Anschl. a. OLG Frankfurt am Main EGR Nr. 10 zu § 17 ArbEG.

handlung mit dem Arbeitnehmererfinder ohne (vorsorglichen) Ausspruch der Anfechtung kann dagegen zum Fristversäumnis führen.

Entgegen § 142 Abs. 1 BGB ist nach allgemeinen arbeitsrechtlichen Grundsätzen für das Wirksamwerden der Anfechtung nur eine **ex nunc-Wirkung** anzunehmen,[75] es sei denn, die Anfechtung erfolgt wegen arglistiger Täuschung gem. § 123 Abs. 1 BGB.[76] Schließlich erscheint es im Interesse eines Schutzes des Arbeitnehmers sachgerecht, wenn der Arbeitgeber analog § 17 Abs. 2 gehalten ist, die Schiedsstelle zur Klärung der Wirksamkeit einer von ihm ausgesprochenen Anfechtung anzurufen, sofern sich der Arbeitnehmer nicht der vom Arbeitgeber nachträglich vertretenen Auffassung über die mangelnde Schutzfähigkeit anschließt. Ist die (anfängliche) Schutzunfähigkeit der geheim gehaltenen Diensterfindung offenkundig, bedarf es im Regelfall keiner Anrufung der Schiedsstelle, da ab Erkenntnis dieses Tatbestandes dem Arbeitgeber jedenfalls die Vergütungszahlung nach Treu und Glauben nicht mehr zugemutet werden kann (vgl. oben § 17 Rdn. 35).

**Ansonsten** kann sich der Arbeitgeber nur im **Einvernehmen mit dem Arbeitnehmer** der geheim zu haltenden Diensterfindung und der daran gem. § 17 Abs. 3, § 9 anknüpfenden Vergütungspflichten entledigen.[77] Denkbar ist auch eine **Vereinbarung** zwischen den Arbeitsvertragsparteien vor bzw. anlässlich der **Anerkennung der Schutzfähigkeit**, worin der zu diesem Zeitpunkt bekannt gewordene Stand der Technik festgehalten und eine spätere Korrekturmöglichkeit für den Fall zugelassen wird, dass sich nachträglich neue Erkenntnisse über einen (älteren) Stand der Technik ergeben. 37

Zur **Zeitdauer der Vergütungspflicht** vgl. § 17 Rdn. 68 f.; zur fehlenden Berechtigung des Arbeitgebers zur **nachträglichen Schutzrechtsanmeldung** s. § 13 Rdn. 31, s. auch oben § 13 Rdn. 35.7. 38

**b) Geheimhaltungspflichten für Arbeitgeber und Arbeitnehmer**

Gerade weil bei der Behandlung einer Diensterfindung nach § 17 eine Absicherung durch einen Schutzrechtserwerb unterbleibt, unterliegen Arbeitgeber und Arbeitnehmer einer besonderen Geheimhaltungspflicht. Sie erlischt, wenn die Erfindung **offenkundig** geworden ist bzw. auf eine weitere Geheimhaltung **verzichtet** wurde, nicht aber, wenn die erfinderische Lehre technisch überholt ist (vgl. auch § 24 Abs. 1 u. 2; s. dort § 17 Rdn. 14 ff., 35 f.). Der **Arbeitgeber** 39

---

75 Ausführl. Bartenbach/Volz, GRUR 1982, 133, 138 f.
76 Vgl. BAG v. 29.08.1984, DB 1984, 2707.
77 Schiedsst. v. 05.03.1991 – Arb.Erf. 56/90, (unveröffentl.).

muss auch – soweit möglich – die Verwertung der Diensterfindung so gestalten, dass ein Bekanntwerden durch Dritte verhindert wird. Andernfalls kann er bei schuldhaftem Verhalten wegen einer Verletzung der § 17 Abs. 1, § 24 Abs. 1 ArbEG i.V.m. § 823 Abs. 2 BGB dem Arbeitnehmer schadensersatzpflichtig[78] (vgl. auch § 17 Rdn. 23 f. zu § 24) sein.

40 Sofern der Arbeitgeber sicherstellt, dass auch sein Vertragspartner den Gegenstand der Diensterfindung geheim hält und dieser die Verpflichtung auch an seine Mitarbeiter weitergibt, ist er berechtigt, die Diensterfindung – etwa im Rahmen eines Know-how-Vertrages – zu **lizenzieren**[79] (s.a. § 17 Rdn. 11). **Verletzt der Dritte** seine vertragliche **Geheimhaltungspflicht** schuldhaft, ist er dem Arbeitgeber schadensersatzpflichtig. Der Schadensumfang kann sich bestimmen nach den entgangenen Lizenzeinnahmen und der Störung bzw. dem Verlust der eigenen Wettbewerbsposition des Arbeitgebers. An dem Schadensersatz ist der Arbeitnehmer im Innenverhältnis über seinen Vergütungsanspruch zu beteiligen. Unmittelbare Ansprüche gegen den Dritten stehen ihm nicht zu (zu sonstigen Dritten vgl. § 24 Abs. 3 und dort § 17 Rdn. 47 ff.).

41 Als Folge der Erklärung zum Betriebsgeheimnis (§ 17 Abs. 1, 2) und gem. § 24 Abs. 2 ist der **Arbeitnehmer** umfassend zur Geheimhaltung der betriebsgeheimen Diensterfindung verpflichtet, und zwar auch über die rechtliche Beendigung des Arbeitsverhältnisses hinaus (s. § 26 Rdn. 36). Die **Dauer** seiner Geheimhaltungspflicht richtet sich danach, ob und in welchem Umfang die Wirkung der Geheimhaltung andauert. Solange der Arbeitnehmer einen durchsetzbaren Vergütungsanspruch hat oder wenn dieser bereits erfüllt ist, bleibt er nach Treu und Glauben (§ 242 BGB) zur Geheimhaltung verpflichtet.[80] Besteht das Betriebsgeheimnis nach Ablauf der fiktiven Laufdauer des Schutzrechts fort (s. § 17 Rdn. 68), ist der Arbeitnehmer nicht zur Offenbarung des Betriebsgeheimnisses berechtigt; ihm steht kein Recht zu, die fortdauernde Rechtsposition des Arbeitgebers zu gefährden. Insoweit hat er insb. nicht das Recht, die Diensterfindung zum Gegenstand einer Schutzrechtsanmeldung zu machen, da durch die Offenlegung der Patentanmeldung (§ 33 PatG) das Betriebsgeheimnis offenkundig würde.

---

78 Vgl. auch Riemschneider/Barth Anm. 10 zu § 6 DVO 1943; Boemke/Kursawe/Gennen Rn. 41 zu § 17.
79 Ähnl. Volmer Rn. 7 zu § 17; zweifelnd Heine/Rebitzki Vergütg. f. Erf. Anm. 3 zu RL Nr. 27 (S. 183).
80 Vgl. BGH v. 02.06.1987, GRUR 1987, 900, 902 – *Entwässerungsanlage* (dort zur Nichtigkeitsklage eines ausgeschiedenen Arbeitnehmers gegen die auf seine Diensterfindung bezogene Schutzrechtsposition; s.a. § 25 Rn. 45 m.w.N.).

Bei schuldhafter **Verletzung** der Geheimhaltungspflicht kann sich der Arbeitnehmer schadensersatzpflichtig machen (§ 280 Abs. 1, § 619a BGB; § 823 Abs. 2 BGB i.V.m. § 24 Abs. 2 ArbEG; 826 BGB usw.; vgl. § 24 Rdn. 44 ff.).

Die durch diese Offenbarung bedingten Verwertungseinbußen seines Arbeitgebers **beeinflussen** zugleich die Höhe seiner **Erfindervergütung**, die sich ggf. auf eine Beteiligung an dem dann vom Arbeitgeber erlangten verminderten Vorteil reduzieren kann.[81]

42

## II. Bei Bestreiten der Schutzfähigkeit (Abs. 2)

Erkennt der Arbeitgeber die Schutzfähigkeit einer ihm gemeldeten (§ 5) Diensterfindung nicht an, kann er **anstelle einer Anmeldung** (§ 13 Abs. 1) gem. § 17 Abs. 2 die **Schiedsstelle** (§§ 28 ff.) zur Herbeiführung einer Einigung über die Schutzfähigkeit **anrufen** (zur Pflicht des Arbeitgebers zur unverzüglichen Anrufung der Schiedsstelle s. § 17 Rdn. 48). Abs. 2 zeigt, dass die technische Neuerung bis zur Entscheidung der Schiedsstelle bzw. eines Gerichts in einem nachfolgenden Rechtsstreit einer zum Schutzrecht angemeldeten Diensterfindung gleich zu behandeln ist, obschon (aus Sicht des Arbeitgebers) Zweifel an der Schutzfähigkeit bestehen (s. i.Ü. § 2 Rdn. 16 ff.).

43

Von dieser Möglichkeit kann der Arbeitgeber nur Gebrauch machen, wenn er die **Schutzfähigkeit** der Diensterfindung **von vornherein nicht anerkennt**. Hat er die Schutzfähigkeit gem. § 17 Abs. 1 anerkannt, ist er daran gebunden und auch nicht bei nachträglichen Zweifeln an der Schutzfähigkeit berechtigt, nunmehr die Schutzfähigkeit durch die Schiedsstelle klären zu lassen (s.o. § 17 Rdn. 35). Etwas anderes gilt nur dann, wenn er sich von der Bindungswirkung des Anerkenntnisses im Wege der Anfechtung (§§ 119 ff. BGB) befreit hat (vgl. dazu § 17 Rdn. 36).

### 1. Durchführung eines Patenterteilungsverfahrens bis zur Offenlegung

Ungeachtet § 17 Abs. 2 nimmt eine verbreitete betriebliche Praxis die Möglichkeit wahr, zunächst eine **Patentanmeldung** nach § 13 Abs. 1 **mit sofortiger Stellung des Prüfungsantrages** gem. § 44 PatG und der Bitte um beschleunigte Behandlung zu betreiben. Der Arbeitgeber ist bestrebt, vor Ablauf der 18-Monats-Frist für die Offenlegung der Patentanmeldung (§ 31 Abs. 2 Nr. 2 PatG) einen Prüfungsbescheid (§ 45 PatG) oder gar die endgültige Entscheidung des Patentamtes (§§ 48, 49 PatG) zu erhalten. Vor Offenlegung nimmt er sodann die Anmeldung zurück und wird – je nach Ausgang

44

---

81 Vgl. auch Heine/Rebitzki Anm. 4 zu § 17.

der bisherigen Amtsprüfung – die Schutzfähigkeit anerkennen, eine Einigung mit dem Erfinder über die zukünftige Behandlung als Verbesserungsvorschlag anstreben oder die Schiedsstelle nach § 17 Abs. 2 anrufen.

45 Dieses Verfahren, das sich im Ergebnis als nachträglicher Wechsel zum Betriebsgeheimnis darstellen kann, muss grds. als zulässig angesehen werden[82] Da § 17 Abs. 2 nicht auf das Absehen von der Anmeldung als solcher, sondern auf das **Nichterwirken eines Schutzrechts** abstellt,[83] steht der nachträglichen Anrufung der Schiedsstelle (vor Offenlegung der Patentanmeldung) nichts entgegen.[84] § 16 Abs. 1 kommt nicht zur Anwendung, da § 17 Abs. 2 einen Sonderfall des Nichtweiterverfolgens einer Patentanmeldung behandelt und insoweit als speziellere Regelung § 16 Abs. 1 vorgeht.[85] Der RegE des sog. Vorabgesetzes[86] sah eine solche »vorläufige« Schutzrechtsanmeldepflicht des Arbeitgebers sogar ausdrücklich vor. Die jetzige Fassung des § 17 Abs. 2 normiert keine solche Anmeldepflicht, stellt dieses Vorgehen vielmehr in das Belieben des Arbeitgebers. I.Ü. sind damit auch keine Vermögensnachteile für den Arbeitnehmer verbunden, da sein Vergütungsanspruch bereits an die Inanspruchnahme anknüpft. In der Schutzrechtsanmeldung liegt noch keine Anerkennung der Schutzfähigkeit der Erfindung i.S.v. § 17 Abs. 2.[87] Eine mögliche Behandlung als Betriebsgeheimnis bezüglich des schutzfähigen Teils liegt auch in der **Rücknahme einer Patentanmeldung** infolge eines patentamtlichen Rechercheberichts, der Teile einer Patentanmeldung (unter Zustimmung der Erfinder) nicht als patentfähig ansieht und der Arbeitgeber deren öffentliches Bekanntwerden unter Anerkennung der Schutzfähigkeit im Übrigen vermeiden will.[88] Zur Dauer der Pflicht zur Vergütungszahlung s. KommRL Rn. 65.

---

82 Ebenso im Ergebn. Schiedsst. v. 29.01.1982 – Arb.Erf. 25/81, (unveröffentl.); v. 01.04.2015 – Arb.Erf. 49/11, (www.dpma.de = Mitt. 2016, 279, dort nur LS. 1); v. 15.01.2016 – Arb.Erf. 65/13, (www.dpma.de). Im Ergebn. auch Boemke/Kursawe/Gennen Rn. 30 zu § 17.
83 Vgl. dazu Zeller, GRUR 1968, 227, 230.
84 Vgl. Schade, GRUR 1968, 393, 399; s.a. Schiedsst. v. 27.09.1969, BlPMZ 1970, 425; Keukenschrijver in Busse/Keukenschrijver, PatG, Rn. 9 zu § 17 ArbEG.
85 Zust. Schiedsst. v. 01.04.2015 – Arb.Erf. 49/11, (www.dpma.de). Im Ergebn. auch Boemke/Kursawe/Hoppe-Jänisch Rn. 31 zu § 16; s. ferner Schiedsst. v. 06.04.2016 – Arb.Erf. 13/14, (www.dpma.de).
86 BT-Drucks. V/714.
87 Schiedsst. v. 18.05.2004 – Arb.Erf. 34/02, (Datenbank).
88 Schiedsst. v. 06.04.2016 – Arb.Erf. 13/14, (www.dpma.de).

## 2. Anrufung der Schiedsstelle

**46** Mit dem Vorabgesetz vom 04.09.1967[89] wurde die früher auf Streitigkeiten über die Schutzfähigkeit als Gebrauchsmuster beschränkte **Zuständigkeit** der Schiedsstelle auf Patente ausgedehnt.

**47** Obschon der Wortlaut des § 17 Abs. 2 nur dem Arbeitgeber die **Anrufungsbefugnis** zuweist, steht dieses Recht selbstverständlich auch dem **Arbeitnehmer** zu[90] (vgl. § 28 Satz 1). Dieser wird die Schiedsstelle insb. dann anrufen, wenn er Zweifel an der Geheimhaltungsbedürftigkeit der Diensterfindung hat; in einem solchen Fall folgt die Zuständigkeit der Schiedsstelle nicht aus § 17 Abs. 2, sondern allgemein aus §§ 28 ff.

**47.1** Entgegen der Handhabung der Schiedsstelle kann u.E. der Arbeitgeber dem vom Arbeitnehmer zur Klärung der Schutzfähigkeit eingeleiteten Schiedsstellenverfahren nicht dadurch ausweichen, dass er sich auf das Verfahren nicht einlässt. § 35 Abs. 1 Nr. 1 und 2 gelten im Verfahren nach § 17 Abs. 2 nicht.[91] Da die Anerkennung der Schutzfähigkeit das Gegenstück zur Durchführung des Schutzrechtserteilungsverfahrens ist, darf der Arbeitnehmer nicht schlechtergestellt werden, hat er doch sonst nach § 13 Abs. 3 die Möglichkeit der Ersatzvornahme, um so die Klärung der Schutzfähigkeit zu erzwingen.

Macht der Arbeitnehmer in einem von ihm eingeleiteten Verfahren vor der Schiedsstelle nur Vergütungsansprüche für eine betriebsgeheime Erfindung geltend, hat diese deren Schutzfähigkeit inzident zu prüfen.[92]

**48** Im Unterschied zum Arbeitnehmer **muss** der **Arbeitgeber** die Schiedsstelle anrufen, wenn er (endgültig) von der Erwirkung eines Schutzrechts absehen will.[93] Entsprechend § 13 Abs. 1 Satz 2 hat die Anrufung **unverzüglich** zu erfolgen,[94] und zwar bezogen auf die Erklärung zum Betriebsgeheimnis (s. auch § 17 Rdn. 31).

Hat der Arbeitgeber die ihm gemeldete Diensterfindung zum Betriebsgeheimnis erklärt (s. § 17 Rdn. 17 f.), in der Erklärung aber die Anerkennung der

---

89 BGBl. I, S. 593 = BlPMZ 1967, 234.
90 A. A. Volmer/Gaul Rn. 69, 70 zu § 17.
91 Zust. u. a. Keukenschrijver in Busse/Keukenschrijver, PatG, Rn. 2 zu § 35 ArbEG (dort zu § 35 Abs. 1 Nr. 1).
92 Schiedsst. v. 18.05.2004 – Arb.Erf. 34/02 (Datenbank).
93 Ebenso ständ. Praxis Schiedsst., z.B. ZB. v. 22.07.1992 – Arb.Erf. 2/92, u. LG Düsseldorf v. 16.03.1999 – 4 O 171/98, (beide unveröffentl.).
94 Schiedsst. v. 22.04.1977 – Arb.Erf. 62 u. 64/76, (unveröffentl.), u. v. 22.07.1992 – Arb.Erf. 2/92, (unveröffentl.); ZB. v. 29.09.1994 – Arb.Erf. 12/93, (unveröffentl.); Keukenschrijver in Busse/Keukenschrijver, PatG, Rn. 10 zu § 17 ArbEG.

Schutzfähigkeit vorbehalten bzw. abgelehnt, bleibt er zur unverzüglichen Anrufung der Schiedsstelle verpflichtet und macht sich ansonsten schadensersatzpflichtig.[95] Ein Schaden kann sich aber evtl. durch die mit der verspäteten Anrufung verlängerte Vergütungszeit (s. § 17 Rdn. 68) ausgleichen. Ein Verstoß bedeutet nicht, dass der Arbeitgeber die Schutzfähigkeit der technischen Lehre nicht mehr in Abrede stellen kann.[96]

Die Anrufungsverpflichtung gilt auch dann, wenn der **Arbeitnehmer** zwischenzeitlich aus dem Betrieb des Arbeitgebers **ausgeschieden** ist; insofern ist § 17 Abs. 2 lex specialis ggü. der allgemeinen Regelung des § 37 Abs. 2 Nr. 3.[97] Ebenso gelten hier – jedenfalls für den Arbeitgeber als Antragsgegner – die Beendigungsregelungen des § 35 Abs. 1 Nr. 1 u. 2 nicht[98] (s.a. § 17 Rdn. 47).

49 Die *Schiedsstelle* gesteht dem Arbeitgeber, der die Schutzfähigkeit bestreitet, eine angemessene Zeit für vorangehende **Verhandlungen mit dem Arbeitnehmer** über eine Nichtanmeldung i. S. d. § 13 Abs.2 Nr. 2 zu, um eine Erklärung zum Betriebsgeheimnis und Anrufung der Schiedsstelle obsolet zu machen[99] (s. auch § 13 Rdn. 8). Haben sich Arbeitgeber und Arbeitnehmer zuvor bereits über eine Schutzunfähigkeit einer »Diensterfindung« geeinigt, besteht insoweit für die Anrufung kein berechtigtes Interesse mehr, es sei denn, die Wirksamkeit der Vereinbarung ist streitig (vgl. auch § 28 Rdn. 24 f.).

50 Die Anrufung der Schiedsstelle gem. § 17 Abs. 2 ist an und für sich von der **Inanspruchnahme** genauso unabhängig wie die Patentanmeldung nach § 13 Abs. 1.[100] Ist die Schutzfähigkeit der Diensterfindung aber gegeben, wirkt sich eine versäumte Inanspruchnahme des Arbeitgebers (bei Alterfindungen) im Verlust der Rechte an der Erfindung aus. Auch sein Geheimhaltungsinteresse wird dann gegenstandslos (s.o. § 17 Rdn. 22).

---

95 Schiedsst. ZB. v. 22.07.1992 – Arb.Erf. 2/92, u. LG Düsseldorf v. 16.03.1999 – 4 O 171/98, (beide unveröffentl.).
96 LG Düsseldorf v. 16.03.1999 – 4 O 171/98, (unveröffentl.); zust. auch Schiedsst. v. 01.04.2015 – Arb.Erf. 49/11, (www.dpma.de).
97 Vgl. Busse/Keukenschrijver, PatG (7. Aufl. 2013), Rn. 10 zu § 17 ArbEG, wonach § 37 Abs. 2 nicht anwendbar ist.
98 Nach Volmer/Gaul Rn. 72 f. zu § 17 soll keine Pflicht des Arbeitnehmers, sich auf dieses Verfahren einzulassen, bestehen. Im Ergebn. wohl auch Schiedsst. v. 22.06.1989 – Arb.Erf. 105/88, (unveröffentl.), wenn dort i.R.d. Zulässigkeit betont wird, dass sich der ArbN als Antragsgegner auf das Verf. eingelassen hat.
99 Schiedsst. v. 07.02.2017 – Arb.Erf. 44/15, (www.dpma.de).
100 EV. v. 26.04.1976 – Arb.Erf. 64/75, (unveröffentl.).

## C. Absehen von der Erwirkung eines Schutzrechts　　　§ 17

Die sich aus § 13 Abs. 4 ergebende Frage, ob **nach** einem **Freiwerden** der  **51**
Erfindung der Arbeitgeber die Schiedsstelle gem. § 17 Abs. 2 noch anrufen
darf, um die Frage der Schutzfähigkeit klären zu lassen, wurde von der *Schiedsstelle* unter dem besonderen Aspekt der geheim zu haltenden Entwicklungsergebnisse ursprünglich bejaht[101], später aber verneint.[102] Eine Klärung der
Schutzfähigkeit kann der Arbeitnehmer bei fehlender Zuständigkeit der
Schiedsstelle nur noch über eine eigene Schutzrechtsanmeldung erreichen, was
aber notwendig zum Wegfall der Geheimstellung führt.

### 3. Verfahren vor der Schiedsstelle

Die Schiedsstelle hat nicht die Aufgabe der Erteilungsbehörden und kann  **52**
nicht über die Schutzfähigkeit der Diensterfindung an deren Stelle mit **bindender Kraft** für die Allgemeinheit befinden;[103] vielmehr soll sie nur im Verhältnis zwischen Arbeitgeber und Arbeitnehmer eine Einigung über die
Schutzfähigkeit herbeiführen[104]. Sie wird gleichsam **als Gutachter** tätig[105] und
prüft eigenständig alle Merkmale der Schutzfähigkeit (Patent-/Gebrauchsmusterfähigkeit).[106]

Die Schiedsstelle hat die Aufgabe zu lösen, die sonst dem Arbeitgeber obliegt,  **53**
weshalb sich eine formale Beschränkung ihrer Prüfung auf den Wortlaut einer
Erfindungsmeldung (§ 5) des Arbeitnehmers verbietet[107]. Sie kann vielmehr
alle sonstigen Umstände, die zum Zustandekommen der Erfindung beigetragen haben, mitberücksichtigen. In ihre Beurteilung kann sie alle Anlagen der
Erfindungsmeldung, Laborprotokolle, Versuchsberichte, Stellungnahmen von
Miterfindern ebenso wie evtl. Zwischenprüfbescheide des Patentamtes (s.o.
§ 17 Rdn. 44) einbeziehen. Die Vorlage einer dem Patentgesetz nebst Anmeldebestimmungen entsprechenden Patentanmeldung ist nicht erforderlich,[108]
aber zweckmäßig. Die Schiedsstelle zieht **von Amts wegen** den Stand der

---

101 Schiedsst. v. 26.04.1976 – Arb.Erf. 64/75, (unveröffentl.).
102 Beschl. v. 27.06.2006 – Arb.Erf. 46/04, (Datenbank).
103 Schiedsst. v. 27.09.1969, BlPMZ 1970, 425 u. v. 18.11.1994 – Arb.Erf. 97/93, (unveröffentl.); unklar Reimer/Schade/Schippel/Trimborn Rn. 9 zu § 17.
104 Schiedsst. v. 27.09.1969, BlPMZ 1970, 425.
105 Schade, GRUR 1970, 579, 580; Keukenschrijver in Busse/Keukenschrijver, PatG, Rn. 11 zu § 17 ArbEG.
106 ZB. Schiedsst. v. 29.01.1982 – Arb.Erf. 25/81, u. v. 15.03.1982 – Arb.Erf. 23/81, (beide unveröffentl.).
107 Schiedsst. v. 27.09.1969, BlPMZ 1970, 425.
108 Schade, GRUR 1968, 393, 399.

Technik (§ 3 PatG) heran.[109] Vom Arbeitgeber nachgetragene Ergänzungen, Berichtigungen oder sonstige Erweiterungen des Erfindungsgegenstandes können hier – anders als im Erteilungsverfahren (§ 38 PatG) – berücksichtigt werden.[110] Insgesamt sieht sich die *Schiedsstelle* nach Sinn und Zweck ihrer Anrufung als berechtigt an, über den formellen Inhalt der Erfindungsmeldung hinaus Ergänzungen, Berichtigungen oder sonstige Erweiterungen des Erfindungsgegenstandes, wie etwa einen nachgeschobenen technischen Sachverhalt, zu berücksichtigen.[111]

**Maßgebender Zeitpunkt** für die Beurteilung der Schutzfähigkeit ist der der Anrufung der Schiedsstelle[112] (§ 31). Der danach hinzugekommene Stand der Technik kann nicht berücksichtigt werden. Ruft der Arbeitgeber die Schiedsstelle erst nach Rücknahme einer früheren Patentanmeldung an (vgl. hierzu oben § 17 Rdn. 44 f.), erscheint es sachgerecht, dass die Schiedsstelle als **Stichtag** für die Prüfung der Schutzfähigkeit auf den Tag des Eingangs der (früheren) Prioritätsanmeldung bei der Erteilungsbehörde abstellt; denn anderenfalls ginge es zulasten des Arbeitnehmers, wenn sich in der Zwischenzeit ein neuheitsschädlicher Stand der Technik entwickelt hat[113] (z. Beginn der Vergütungspflicht s. aber § 17 Rdn. 68). Letzterem trägt die *Schiedsstelle* auch bei einer zeitlich verzögerten Anrufung der Schiedsstelle (s. § 17 Rdn. 48) Rechnung, indem sie nicht auf den Stand der Technik zum Zeitpunkt ihrer (verspäteten) Anrufung, sondern auf den sachgerechten früheren Zeitpunkt abstellt.[114]

### 4. Entscheidung der Schiedsstelle

54  Die gutachtliche Äußerung der Schiedsstelle über die Schutzfähigkeit ergeht in Form eines **Einigungsvorschlages**[115] (§ 34 Abs. 2). Dieser wirkt nur zwischen den Verfahrensbeteiligten (s.a. § 17 Rdn. 52). Im positiven Fall schlägt die Schiedsstelle eine Einigung zwischen den Parteien dahin vor, dass die Erfindung patent- bzw. gebrauchsmusterfähig ist, und zwar unter im Allgemeinen konkreter Formulierung der Schutzansprüche zur Klärung des Schutzum-

---

109 Schade, GRUR 1970, 579, 580; Schiedsst. v. 21.11.1985 – Arb.Erf. 34/85, (unveröffentl.).
110 Schade, GRUR 1970, 579, 580.
111 Schiedsst. v. 26.01.2012 – Arb.Erf. 23/11, (www.dpma.de, LS).
112 Ebenso nunmehr Schiedsst. v. 01.04.2015 – Arb.Erf. 49/11, (www.dpma.de).
113 Ebenso nunmehr Schiedsst. v. 01.04.2015 – Arb.Erf. 49/11, (www.dpma.de).
114 Schiedsst. v. 07.02.2017 – Arb.Erf. 44/15, (www.dpma.de).
115 Allg. A., z.B. Schiedsst. v. 18.11.1994 – Arb.Erf. 97/93, (unveröffentl.), u. v. 27.09.1969, BlPMZ 1970, 425.

fangs.¹¹⁶ Im negativen Fall lautet der Einigungsvorschlag dahin, dass sich die Parteien über die mangelnde Schutzfähigkeit einig sind. Diesen Einigungsvorschlägen kommt – wie jedem anderen Einigungsvorschlag auch – **keine streitentscheidende Bindungswirkung** zu;¹¹⁷ diese tritt erst ein, wenn die Beteiligten einen Widerspruch gegen den Einigungsvorschlag unterlassen (§ 34 Abs. 3).

Bei Widerspruch einer der Parteien oder sonstiger erfolgloser Beendigung des Schiedsstellenverfahrens (vgl. § 35 Abs. 1 Nr. 1 u. 2) steht der **Rechtsweg vor den ordentlichen Gerichten offen**¹¹⁸ (§§ 35 Abs. 2, 37 Abs. 1, 39; s.o. § 17 Rdn. 47 f.). Eine Pflicht des Arbeitgebers, im Anschluss an ein erfolglos beendetes Schiedsverfahren die ordentlichen Gerichte zur Klärung der Schutzfähigkeit anzurufen, besteht nicht.¹¹⁹ Nach dem klaren Wortlaut des § 17 Abs. 2 (i.V.m. § 13 Abs. 1) ist der Arbeitgeber nur zur unverzüglichen Anrufung der Schiedsstelle verpflichtet (s.o. § 17 Rdn. 48) und dem Arbeitnehmer steht es frei, seinerseits eine gerichtliche Klärung herbeizuführen. Davon zu trennen sind die Rechtsfolgen eines Widerspruchs des Arbeitgebers gegen einem Einigungsvorschlag, der die Schutzfähigkeit bejaht hat; dann ist der Arbeitgeber von seiner Verpflichtung zum Anerkenntnis der Schutzfähigkeit bzw. der vergütungsrechtlichen Behandlung der technischen Neuerung als schutzfähige Diensterfindung aber nur dann befreit, wenn er die von ihm damit (incident) behauptete **Schutzunfähigkeit gerichtlich klären** lässt; ansonsten würde der Normzweck des § 17 Abs. 2 umgangen und entgegen § 13 die Klärung der Schutzfähigkeit vom Arbeitgeber auf den Arbeitnehmer verlagert.¹²⁰ Dessen ungeachtet ist auch der Arbeitnehmer berechtigt, die Frage der Schutzfähigkeit incident im Rahmen einer Vergütungsklage klären zu lassen.

Die Pflicht des Arbeitgebers zur gerichtlichen Klärung der Schutzfähigkeit kann auch nicht deshalb verneint werden, weil bei einem vom Arbeitgeber eingeleiteten Klageverfahren der Arbeitnehmer dem Kostenrisiko des § 91 ZPO unterliegt, falls die Schutzfähigkeit der Erfindung durch das Gericht

---

116 Ständ. Praxis der Schiedsst.
117 So auch die Praxis der Schiedsst., z.B. v. 21.11.1985 – Arb.Erf. 34/85, (unveröffentl.); Schade, GRUR 1968, 393, 400; Reimer/Schade/Schippel/Trimborn Rn. 9 zu § 17 m.w.N.; Busse/Keukenschrijver, PatG, Rn. 11 zu § 17 ArbEG; wohl auch Johannesson Anm. 3.2 zu § 17; vgl. auch Volmer/Gaul Rn. 87 ff. zu § 17; a.A. zu § 17 Abs. 3 a.F.: Lindenmaier/Lüdecke Anm. 6 zu § 17; Volmer Rn. 18 zu § 17; Heine/Rebitzki Anm. 3 zu § 17.
118 So auch Amtl. Begründung z. Vorabgesetz in BT-Drucks. V/714 S. 53.
119 A.A. Volmer/Gaul Rn. 72 ff. zu § 17; Boemke/Kursawe/Gennen Rn. 48 zu § 17.
120 A.A. LG Frankfurt am Main v. 15.11.2006 – 2–06 O 316/03, (unveröffentl.).

verneint wird. Dieses prozessuale Kostenrisiko besteht; allerdings erscheint es u. E. angemessen, auf den Rechtsgedanken des § 13 ArbEG zurückzugreifen, wonach die Kosten einer Schutzrechtsanmeldung in jedem Fall vom Arbeitgeber zu tragen sind (vgl. § 13 Rdn. 20 ff.), und eine Kostenerstattungspflicht des Arbeitgebers im Innenverhältnis zum Arbeitnehmer zu bejahen.

Zum Schutz der Prozessparteien bietet § 172 Nr. 2 GVG die Möglichkeit des Ausschlusses der Öffentlichkeit bei den gerichtlichen Verhandlungen.[121]

56 Ziel des Verfahrens nach § 17 Abs. 2 ist es, eine Einigung über die Schutzfähigkeit herbeizuführen. Daneben kann die Schiedsstelle aber auch feststellen, ob etwa ein **qualifizierter technischer** Verbesserungsvorschlag vorliegt[122]; sie ist dazu aber bei fehlendem Antrag nicht verpflichtet. Soweit der Arbeitnehmer die behauptete Geheimhaltungsbedürftigkeit bestreitet, kann die Schiedsstelle auch hierüber befinden.

57 **Verneint** die Schiedsstelle die **Schutzfähigkeit**, ist es nach erfolgtem Widerspruch Sache des Arbeitnehmers, die Schutzfähigkeit durch Klage vor dem ordentlichen Gericht, das an die Beurteilung der Schiedsstelle nicht gebunden ist, feststellen zu lassen (ggf. im Rahmen einer Klage auf Vergütungszahlung oder – im Wege der Stufenklage – bei der Klage auf Rechnungslegung, in deren Rahmen jeweils die Schutzfähigkeit inzident zu prüfen ist).[123] Gleiches gilt bei Widerspruch des Arbeitgebers gegen einen die Schutzfähigkeit bejahenden Einigungsvorschlag der Schiedsstelle.

58 Steht die Schutzunfähigkeit bindend zwischen Arbeitgeber und Arbeitnehmer fest, handelt es sich um ein dem Arbeitgeber gehörendes **Arbeitsergebnis**[124] (vgl. hierzu § 3 Rdn. 27), das ggf. nach § 20 oder als Sonderleistung (s. dazu § 9 Rdn. 332 ff.) vergütet werden kann.

## D. Vergütung (Abs. 3)

### I. Grundsatz

59 Allein aus der Erklärung zum Betriebsgeheimnis erwächst noch kein Vergütungsanspruch des Arbeitnehmers.[125] Bei **Anerkennung der Schutzfähigkeit** der Diensterfindung durch den Arbeitgeber (Abs. 1) oder bei bindender Feststellung dieser Eigenschaft (Abs. 2) richten sich die Vergütungsansprüche des

---

121 Zu diesem Problemkreis allg. Gottwald, BB 1979, 1780 ff.
122 Schade, GRUR 1970, 579, 580.
123 Ebenso LG Düsseldorf v. 16.03.1999 – 4 O 171/98, (unveröffentl.).
124 Schiedsst. v. 18.11.1994 – Arb.Erf. 97/93, (unveröffentl.).
125 Schiedsst. v. 27.06.2006 – Arb.Erf. 46/04, (Datenbank).

## D. Vergütung (Abs. 3) § 17

Arbeitnehmers nach § 9. Als schutzfähig anerkannte bzw. festgestellte betriebsgeheime Erfindung ist sie in ihrer vergütungsbezogenen Wertigkeit einem erteilten Patent gleichgestellt (s. § 17 Rdn. 34); sie ist ebenso wie geschützte Diensterfindungen nach den allgemeinen Grundsätzen zu vergüten (s. KommRL Rn. 6 ff. zu RL Nr. 27). Der Arbeitgeber schuldet damit die volle Vergütung; ein **Risikoabschlag** (s. § 12 Rdn. 66 ff.) kommt nicht in Betracht.[126] **Zweifel an der Schutzfähigkeit** bis hin zu einer möglicherweise fehlenden Schutzfähigkeit rechtfertigen bei einem vorangegangenen Anerkenntnis der Schutzfähigkeit wegen dessen Bindungswirkung (s. § 17 Rdn. 28, 34 ff.) keine Minderung der Vergütung.[127]

**Bestreitet der Arbeitgeber die Schutzfähigkeit** der Diensterfindung und ruft er zur Klärung die Schiedsstelle an (Abs. 2) bzw. ist insoweit ein nachfolgendes Gerichtsverfahren anhängig, war nach früherer Auffassung der *Schiedsstelle* die rechtliche und tatsächliche Situation im Fall eines Betriebsgeheimnisses nicht vergleichbar mit der Rechtsposition des Arbeitgebers bei einer Schutzrechtsanmeldung, da dem Arbeitgeber bei einer betriebsgeheimen Erfindung kein Vorteil ggü. den Wettbewerbern aus seiner Schutzrechtsposition verbleibe und § 17 Abs. 3 seinem Wortlaut zufolge eine Gleichbehandlung bei der Bemessung der Vergütung nur für die Fälle des Abs. 1 fordere, also bei Anerkenntnis der Schutzfähigkeit der Diensterfindung durch den Arbeitgeber.[128] Dem kann nicht gefolgt werden, da der Erfinder aus der Behandlung als Betriebsgeheimnis vergütungsrechtlich keinen Nachteil im Verhältnis zu einer zum Schutzrecht angemeldeten Erfindung (§ 13) erfahren soll.[129] Zudem hat es der Arbeitgeber in der Hand, durch unverzügliche Anrufung der Schiedsstelle eine rasche Klärung der Schutzfähigkeit herbeizuführen.[130] Auch nach heutiger Auffassung der *Schiedsstelle* besteht bei Nutzung ein Anspruch auf **vorläufige**

---

126 Schiedsst. v. 11.05.2006 – Arb.Erf. 93/04, v. 14.06.2005 – Arb.Erf. 77/04 u. v. 10.10.1997 – Arb.Erf. 52/94, (alle unveröffentl.); v. 15.01.2016 -Arb.Erf. 65/13, (www.dpma.de); Bartenbach/Volz, GRUR 1982, 133, 139; Kraßer/Ann, PatR. § 21 Rn. 103; Volmer/Gaul Rn. 118 zu § 17; vgl. auch Busse/Keukenschrijver, PatG, Rn. 12 zu § 17 ArbEG; unklar Schiedsst. EV. v. 22.04.1977 – Arb.Erf. 62 u. 64/76, (teilw. veröffentl. b. Bartenbach/Volz, GRUR 1982, 133, 139 dort Fn. 59) u. v. 01.04.2015 – Arb.Erf. 49/11, (www.dpma.de).
127 Im Ergebn. auch Schiedsst. v. 09.12.2016 – Arb.Erf. 73/13, (www.dpma,.de).
128 Eine (vorläufige) Vergütung noch ablehnend Schiedsst. v. 16.10.1997 – Arb.Erf. 52/94, (unveröffentl.).
129 LG Düsseldorf v. 16.03.1999 – 4 O 171/98, (unveröffentl.); im Anschl. daran auch Schiedsst. v. 01.04.2015 – Arb.Erf. 49/11, (www.dpma.de).
130 So nunmehr auch Schiedsst. v. 01.04.2015 – Arb.Erf. 49/11, (www.dpma.de).

**Vergütung**.[131] Dieser Anspruch auf vorläufige Vergütung endet erst mit einem die Schutzfähigkeit verneinenden Einigungsvorschlag der Schiedsstelle.[132]

Die Ermittlung des **Erfindungswerts** bei betrieblich benutzten Diensterfindungen orientiert sich regelmäßig an dem vom Arbeitgeber erzielten Umsatz bzw. seinem erfassbaren betrieblichen Nutzen (Einzelheiten s. bei § 9 sowie KommRL Rn. 13 ff. zu RL Nr. 27).

Bei **nicht benutzten betriebsgeheimen Diensterfindungen** geht die *Schiedsstelle*[133] von ihren allgemeinen Grundsätzen zur Vorratsvergütung (s. § 9 Rdn. 207) aus und legt für die Vorratsvergütung die maximale Patentlaufdauer von 20 Jahren zu Grunde. Die Laufzeit rechnet sie ab Anerkennung der Schutzfähigkeit (§ 17 Abs. 1) bzw. Anrufung der Schiedsstelle (§ 17 Abs. 2).[134] Damit kommt sie bei einem durchschnittlichen Jahreserfindungswert von 640 €, der sich bei »unverwerteten Auslandsschutzrechten« (gemeint sein dürfte: bei potentieller Auslandsrelevanz) auf 770 € erhöht, und bei einer Vergütungsdauer von 13 Jahren (ab dem 8. »Laufjahr« unter Zugrundelegung einer fiktiven Patentlaufzeit bis zum 20. Jahr) zu einem Gesamterfindungswert von 8.580 €, der sich bei Auslandsbezug auf insgesamt 10.010 € erhöhen soll.[135] Solche Wertansätze sind aus unserer Sicht deutlich überhöht und stehen kaum mehr in einer angemessenen Relation zu benutzten Schutzrechten. Angesichts des in § 17 Abs. 3 ArbEG vorgegebenen Aspekts einer generellen Gleichbehandlung der betriebsgeheimen Erfindung mit einem erteilten Schutzrecht, läge es u. E. auf Basis der Schiedsstellenpraxis näher, bei betriebsgeheimen Vorratserfindungen allenfalls auf die mittlere Laufdauer von Patenten von 12 bis 13 Jahren abzustellen.[136] Dann ergäbe sich unter Berücksichtigung der vergütungsfreien Prüf- und Erprobungsphase ein Vergütungszeitraum von 5 bis 6 Jahren mit einem Gesamterfindungswert bzw. einer Obergrenze

---

131 LG Düsseldorf v. 16.03.1999 – 4 O 171/98, (unveröffentl.); wie hier nunmehr Schiedsst. v. 01.04.2015 – Arb.Erf. 49/11, (www.dpma.de) = in Mitt. 2016, 279 nur LS. 2, dort für den Fall einer vorherigen, vor Offenlegung zurückgenommenen Patentanmeldung; ferner Busse/Keukenschrijver, PatG, Rn. 12 zu § 17 ArbEG, wonach ein Risikoabschlag nicht entfällt bei »Nutzungshandlungen während eines Verfahrens zur Klärung der Schutzfähigkeit«; im Ergebn. für nur vorläufige Vergütung auch Kraßer/Ann, PatR. § 21 Rn. 103. Für volle Vergütung dagegen wohl Volmer/Gaul Rn. 118 zu § 17.
132 LG Düsseldorf v. 16.03.1999 – 4 O 171/98, (unveröffentl.).
133 Schiedsst. v. 01.12.2015 – Arb.Erf. 44/13, (www.dpma.de).
134 Schiedsst. v. 04.07.2007 – Arb.Erf. 86/04 (Datenbank); so bereits zuvor Schiedsst. v. 04.07.2007 – Arb.Erf. 86/04 (Datenbank).
135 Schiedsst. v. 01.12.2015 – Arb.Erf. 44/13, (www.dpma.de).
136 In diesem Sinn Reimer/Schade/Schippel/Himmelmann Rn. 6 zu § 11/RL Nr. 21.

D. Vergütung (Abs. 3) § 17

von (5 x 640 € =) 3.200 € bis max. (6 x 770 € =) 4.620 € und damit ein Ergebnis, das dem aus unserer Sicht auch hier angemessenen Gesamterfindungswert von insgesamt 3.000 € bis 4.800 € nahekommt (s. § 9 Rdn. 207.2). Siehe im Übrigen zur Vergütung nicht verwerteter Betriebsgeheimnisse s. KommRL Rn. 47 zu RL Nr. 27 u. Rn. 93 ff. zu RL Nr. 21.

## II. Ausgleich wirtschaftlicher Nachteile

Ergänzend sind **wirtschaftliche Nachteile** zu berücksichtigen, die sich aus der unterbliebenen Schutzrechtserteilung ergeben können (Abs. 3). Wegen der Nichtexistenz eines Schutzrechtes soll der Arbeitnehmer nicht schlechtergestellt werden, als wenn ein Schutzrecht bestünde; er soll aber auch nicht besser gestellt werden.[137] So ist von vollständiger Ausschöpfung des gemeldeten Erfindungsgegenstandes im gleichen Umfang auszugehen, wie dies bei einer Schutzrechtsanmeldung zu geschehen hätte.[138]   60

Immaterielle Nachteile, etwa der Wegfall der Erfindernennung (vgl. § 63 PatG), sind nicht auszugleichen.[139]

**Beispiele** wirtschaftlicher Nachteile nennt die – in ihren Aussagen allerdings sehr weitgehende (s. KommRL Rn. 22 ff. zu RL Nr. 27) – **RL Nr. 27** im Anschluss an die Gesetzesmotive.[140] Derartige Nachteile können darin liegen, dass die Diensterfindung im Interesse der Geheimhaltung **nur in beschränktem Umfang ausgewertet** wird. Nachteil kann auch sein, dass die **Pflicht zur Auslandsfreigabe gem. § 14 Abs. 2 entfällt** und dem Arbeitnehmer damit eigene Verwertungsmöglichkeiten im Ausland genommen werden.[141] Nachteilig kann sich insb. ein **vorzeitiges Bekanntwerden** des Erfindungsgegenstandes und seine Nutzung durch Mitbewerber auswirken;[142] Gleiches gilt, wenn die Benutzung des Betriebsgeheimnisses aufgrund eines später Dritten erteilten Schutzrechts eingeschränkt bzw. davon abhängig wird,[143] es sei denn, dass ein Vorbenutzungsrecht (§ 12 PatG) greift; in diesen Fällen entscheidend ist, ob   61

---

137 Schiedsst. v. 24.10.1995 – Arb.Erf. 21/94, (unveröffentl.); v. 17.01.2013 – Arb.Erf. 23/11, (www.dpma.de).
138 Schiedsst. v. 21.09.2011 Arb.Erf. 2/10, (www.dpma.de, LS. 4).
139 Ausschussber. zu BT-Drucks. II/3327, 7 = BlPMZ 1957, 253; Reimer/Schade/Schippel/Trimborn Rn. 13 zu § 17; Volmer/Gaul Rn. 120 zu § 17; vgl. aber auch Lindenmaier/Lüdecke Anm. 7 zu § 17; Volmer Rn. 27 zu § 17.
140 Amtl. Begründung BT-Drucks. II/1648 S. 35 = BlPMZ 1957, 237.
141 Schiedsst. v. 04.07.2007 – Arb.Erf. 86/04, (unveröffentl.); v. 17.01.2013 – Arb.Erf. 23/11, (www.dpma.de); relativierend Boemke/Kursawe/Gennen Rn. 57 zu § 17.
142 Zust. Schiedsst. v. 10.02.1994 – Arb.Erf. 18/93, (unveröffentl.).
143 Schiedsst. v. 28.09.1992, EGR Nr. 2 zu § 11 ArbEG (RL Nr. 42).

und inwieweit sich tatsächlich konkrete wirtschaftliche Einbußen ergeben (vgl. auch § 20 Abs. 1). Einzelheiten s. KommRL Rn. 27 ff. zu RL Nr. 27.

62 Völlig ungewöhnliche **Veränderungen** ggü. der Ausgangssituation können ggf. über § 12 Abs. 6 berücksichtigt werden.

*Rdn. 63 – 67 frei*

### III. Dauer

68 Die Dauer der Vergütungszahlung richtet sich im Grundsatz nach der **Nutzungsdauer**[144], im Höchstfall nach der (fiktiven) **Laufdauer des Schutzrechts** (vgl. RL Nr. 42), das ohne die Geheimhaltung erteilt worden wäre, also höchstens 20 (§ 16 Abs. 1 PatG) bzw. 10 Jahre (§ 23 GebrMG),[145] und zwar nicht gerechnet ab dem Datum des Zugangs der (unbeschränkten) Inanspruchnahmeerklärung beim Arbeitnehmererfinder[146] bzw. dem Wirksamwerden der Inanspruchnahmefiktion nach § 6 Abs. 2 n.F.,[147] sondern ab Zugang der Anerkenntniserklärung beim Arbeitnehmer[148] (§ 17 Abs. 1) bzw. ab Anrufung der Schiedsstelle (§ 17 Abs. 2). Auch bei einer zuvor durchgeführten Patentanmeldung (s. § 17 Rdn. 44 f.) ist nicht auf deren Anmeldetag abzustellen, sondern ebenfalls auf den Zugang der Anerkenntniserklärung.[149] Einzelheiten s. KommRL Rn. 65 ff. zu RL Nr. 27. Zulässig ist selbstverständlich eine Vorver-

---

144 Wohl unstreitig, z. B. Schiedsst. v. 15.01.2016 – Arb.Erf. 65/13, (www.dpma.de).
145 Ganz h.M., z.B. Schiedsst. v. 05.03.1980 – Arb.Erf. 51/79, (unveröffentl., insoweit auszugsweise bei Bartenbach/Volz, GRUR 1982, 133, 142 dort Fn. 75); bestätigt durch EV. v. 28.09.1992, EGR Nr. 2 zu § 11 ArbEG (RL Nr. 42); v. 21.03.1995 – Arb.Erf. 57/93, (unveröffentl.) v. 15.01.2016 -Arb.Erf. 65/13, (www.dpma.de); Heine/Rebitzki Vergütg. f. Erf. Anm. 4 zu RL Nr. 27; Keukenschrijver in Busse/Keukenschrijver, PatG, Rn. 13 zu § 17 ArbEG; a.A. Volmer/Gaul Rn. 124 zu § 17 (dort nur durchschnittliche Laufdauer).
146 So (noch) Schiedsst. v. 09.05.1958, Mitt. 1958, 158 f.; dagegen hat die Schiedsst. in ihrem EV. v. 12.06.1974 (Arb.Erf. 29/73, n.v.) auf den 1. Kalendertag des auf den nach Zugang der Erfindungsmeldung folgenden 2. Monats als »fiktiv möglichen Anmeldetag« abgestellt; die Schiedsst. hat dann im EV. v. 05.03.1991, (Arb.Erf. 56/90, unveröffentl.) die bisherigen Lösungsansätze in Lit. und Schiedsstellenpraxis offengelassen. Abweichend stellen Heine/Rebitzki (Vergütg. f. Erf. Anm. 4 zu RL Nr. 27) u. Volmer (Rn. 24 zu § 17) auf das Datum der Erfindungsmeldung ab.
147 So aber Keukenschrijver in Busse/Keukenschrijver, PatG, Rn. 13 zu § 17 ArbEG m.H.a. Schiedsst. v. 02.10.1994 – Arb.Erf. 18/93: Laufzeit,»die vom Datum der Inanspruchnahme an rechnet«.
148 So auch Schiedsst. v. 21.03.1995 – Arb.Erf. 57/93, u. v. 19.05.2011 – Arb.Erf. 04/10, (www.dpma.de, LS. 2); im Ergebn. auch Schiedsst. v. 10.02.1994 – Arb.Erf. 18/93, (unveröffentl.); wie hier auch Boemke/Kursawe/Gennen Rn. 54 zu § 17.
149 Ebenso Schiedsst. v. 19.05.2011 – Arb.Erf. 4/10, (www.dpma.de, LS. 2).

## D. Vergütung (Abs. 3) § 17

legung des Vergütungsbeginns, was sich nicht als Nachteil für den Arbeitnehmer darstellen muss, da die zukünftige Nutzungsentwicklung regelmäßig ungewiss ist.[150] Die Grundsätze zur vergütungsfreien Erprobung nach RL Nr. 23 (s. § 9 Rdn. 212) gelten in gleicher Weise[151] (s. dazu KommRL Rn. 65 f. zu RL Nr. 23).

Sofern die besondere Wirkung der Geheimhaltung über die fiktive Laufdauer des Schutzrechts hinaus andauert, kann nur unter den Voraussetzungen des Ausnahmetatbestandes der RL Nr. 42 Sätze 4 ff. eine Weiterzahlung der Vergütung gerechtfertigt sein[152] (vgl. dazu § 9 Rdn. 33).

Nach Auffassung des *BGH* kann der Arbeitgeber den **Verlust** einer durch die Geheimhaltung der Diensterfindung **erlangten faktischen Monopolstellung** im Markt dem Arbeitnehmer mit dem Ziel entgegenhalten, dass eine Vergütungspflicht für die Zukunft entfällt.[153] Dies muss u. E. im Hinblick auf Wortlaut und Zweck des § 17 Abs. 3 und dessen Konkretisierung durch RL Nr. 27 Satz 4 dahin eingeschränkt werden, dass ein Wegfall der Vergütungspflicht erst dann eintreten kann, wenn über das Offenkundigwerden hinaus nach den Umständen des Einzelfalls eine weitere Zahlung mit den Grundsätzen von Treu und Glauben unvereinbar ist.[154] Dagegen führt ein negativer Prüfbescheid des DPMA, auf Grund dessen der Arbeitgeber die Patentanmeldung zurückgezogen hat und die Diensterfindung als Betriebsgeheimnis weiter nutzt, (noch) nicht zum Wegfall der Vergütungspflicht.[155] I.Ü. kann eine Vergütungspflicht entfallen, wenn der Arbeitgeber sich wirksam von dem Anerkenntnis der Schutzfähigkeit gelöst hat (s. dazu oben § 17 Rdn. 34 ff.). 69

Bei einer **Pauschalvergütung** können die Erfahrungssätze gem. RL Nr. 41 über die übliche tatsächliche Laufzeit einer geschützten Erfindung genutzt werden[156] (s. dazu auch § 9 Rdn. 59.1). 70

---

150 Schiedsst. v. 17.02.1998 – Arb.Erf. 61/96, (unveröffentl.).
151 Ausf. dazu Schiedsst. v. 17.01.2013 – Arb.Erf. 23/11, (www.dpma.de).
152 Vgl. Schiedsst. v. 28.09.1992, EGR Nr. 2 zu § 11 ArbEG (RL Nr. 42).
153 BGH v. 29.09.1987 – X ZR 44/86, GRUR 1988, 123, 124 – *Vinylpolymerisate*; zust. Keukenschrijver in Busse/Keukenschrijver, PatG, Rn. 13 zu § 17 ArbEG.
154 Bartenbach/Volz i. Anm. zu BGH v. 29.09.1987 – X ZR 44/86, GRUR 1988, 123, 127 – *Vinylpolymerisate*; dies. GRUR 1982, 133, 140; Volmer/Gaul Rn. 96 zu § 17; zustimmend wohl auch Schiedsst. v. 10.02.1994 – Arb.Erf. 18/93 (n.v.); unklar Boemke/Kursawe/Gennen Rn. 55 zu § 17. Vgl. auch BGH v. 23.06.1977, GRUR 1977, 784, 786 f. – *Blitzlichtgeräte* sowie die Rechtsprechung des BGH z. Lizenzvertrag.
155 Vgl. etwa Schiedsst. v. 01.04.2015 – Arb.Erf. 49/11, (www.dpma.de).
156 Schiedsst. v. 05.03.1991 – Arb.Erf. 56/90, (unveröffentl.).

## 2. Freie Erfindungen

### § 18 Mitteilungspflicht[1]

(1) Der Arbeitnehmer, der während der Dauer des Arbeitsverhältnisses eine freie Erfindung gemacht hat, hat dies dem Arbeitgeber unverzüglich durch Erklärung in Textform mitzuteilen. Dabei muss über die Erfindung und, wenn dies erforderlich ist, auch über ihre Entstehung so viel mitgeteilt werden, dass der Arbeitgeber beurteilen kann, ob die Erfindung frei ist.

(2) Bestreitet der Arbeitgeber nicht innerhalb von drei Monaten nach Zugang der Mitteilung durch Erklärung in Textform an den Arbeitnehmer, dass die ihm mitgeteilte Erfindung frei sei, so kann die Erfindung nicht mehr als Diensterfindung in Anspruch genommen werden (§ 6).

(3) Eine Verpflichtung zur Mitteilung freier Erfindungen besteht nicht, wenn die Erfindung offensichtlich im Arbeitsbereich des Betriebes des Arbeitgebers nicht verwendbar ist.

Lit.:
Siehe Lit. bei § 4

| Übersicht | Rdn. |
|---|---|
| A. Allgemeines | 1 |
| B. Verwertungsrecht des Arbeitnehmers | 5 |
| C. Mitteilungspflicht (Abs. 1) | 6 |
| I. Grundsatz | 6 |
| II. Geltungsbereich | 8 |
|     1. Sachlich | 8 |
|     2. Persönlich | 12 |
| III. Zeitpunkt – »unverzüglich« | 19 |
| IV. Textform (Schriftform) | 21 |
| V. Inhalt der Mitteilung | 24 |
| VI. Ausnahmen von der Mitteilungspflicht (Abs. 3) | 27 |
|     1. »Betrieb des Arbeitgebers« | 28 |
|     2. »Arbeitsbereich« | 29 |
|     3. »Verwendbar« | 30 |
|     4. »Offensichtlich« | 31 |

---

1 Abs. 1 und 2 i.d.F. des Art. 7 des Gesetzes zur Vereinfachung und Modernisierung des Patentrechts vom 31.07.2009 (BGBl. I, S. 2521).

## A. Allgemeines § 18

|   |   | Rdn. |
|---|---|---|
| D. | **Bestreiten durch den Arbeitgeber (Abs. 2)** | 32 |
| I. | Inhalt der Erklärung | 33 |
| II. | Textform (Schriftform) | 37 |
| III. | 3-Monats-Frist | 38 |
| IV. | Rechtsfolgen | 42 |
| E. | **Folgen einer Verletzung der Mitteilungspflicht** | 45 |
| F. | **Zweifel an der Schutzfähigkeit** | 49 |

### A. Allgemeines

§§ 18, 19 behandeln die Erfindungen, die schon im Zeitpunkt ihrer Entstehung **freie Erfindungen** (§ 4 Abs. 3) sind (s. § 4 Rdn. 47 f.). Auf frei gewordene (§ 8) bzw. später aufgegebene (§ 16) Diensterfindungen (§ 4 Abs. 2) finden sie keine Anwendung (vgl. § 8 Abs. 2 a.F. u. § 8 Satz 2 n.F.), auch nicht auf vor Beginn des Arbeitsverhältnisses gemachte Erfindungen (s. § 18 Rdn. 10). Einen Sonderfall der freien Erfindung stellten nach § 42 Abs. 1 ArbEG a.F. Erfindungen von Hochschullehrern und wissenschaftlichen Assistenten dar. Die **Geheimhaltungspflicht** des Arbeitgebers folgt aus § 24 Abs. 1 (s. § 18 Rdn. 3 ff.), die des Arbeitnehmers bis zur Klärung der Einstufung als freie Erfindung aus § 24 Abs. 2 (s. im Übrigen § 18 Rdn. 29).  1

War der Arbeitnehmer nach **früherem Recht** verpflichtet, jede von ihm entwickelte Erfindung ordnungsgemäß zu melden (§ 3 Abs. 1 DVO 1943), so hat der Gesetzgeber von einer umfassenden Offenbarungspflicht i.S.d. § 5 bei freien Erfindungen aus Zweckmäßigkeitsgründen abgesehen und in § 18 Abs. 1 lediglich eine Mitteilungspflicht als »**vereinfachte Meldepflicht**«[2] vorgeschrieben.  2

I.R.d. **ArbEG-Novelle** 2009 (s. dazu Einl. Rdn. 42) ist durch Art. 7 Nr. 11 des Patentrechtsmodernisierungsgesetzes vom 31.07.2009 (BStBl. I, S. 2521) in § 18 Abs. 1 und Abs. 2 die zuvor vorgeschriebene Schriftform durch das Textform-Erfordernis (§ 126b BGB) ersetzt worden (s. § 18 Rdn. 21). Darüber hinaus ist durch rein redaktionelle Änderung[3] der Text an die nunmehr in § 6 Abs. 2 n.F. enthaltene fingierte Inanspruchnahmeerklärung angepasst worden.

---

2 Amtl. Begründung BT-Drucks. II/1648 S. 36 = BlPMZ 1957, 238; vgl. auch BGH v. 25.02.1958, GRUR 1958, 334, 336 – *Mitteilungs- und Meldepflicht*; m. Anm. Friedrich = AP Nr. 1 zu § 43 ArbEG m. Anm. Volmer.
3 So Amtl. Begründung zum Patentrechtsmodernisierungsgesetz in BR-Drucks. 757/08 S. 52 (zu Art. 7 Nr. 11 b d. Entw.).

**3** Dass der Arbeitnehmer dem Arbeitgeber auch freie Erfindungen zur Kenntnis geben muss, findet seinen Grund vorrangig in der Erhaltung des **Arbeitsfriedens** und soll vermeidbare Zwistigkeiten zwischen den Arbeitsvertragsparteien über die Einstufung der Erfindung von vornherein ausschalten[4]. Daneben dient die Mitteilungspflicht dem **Schutz des Arbeitnehmers**, der in manchen Fällen nicht mit Sicherheit beurteilen kann, ob es sich um eine freie oder eine Diensterfindung handelt[5]. Nachteilige Folgen für den Arbeitnehmer aufgrund irriger Annahme einer freien Erfindung hilft § 18 Abs. 2 vermeiden, da der Arbeitnehmer nach Ablauf der 3-Monats-Frist mangels Bestreitens durch den Arbeitgeber nunmehr von einer freien Erfindung ausgehen kann. Zugleich erkennt diese Vorschrift auch die berechtigten **Interessen des Arbeitgebers** an, indem sie ihm durch die unverzügliche Erfindungsmitteilung die (rechtzeitige) Prüfung ermöglicht, ob die von seinem Arbeitnehmer entwickelte Erfindung die Voraussetzungen einer Diensterfindung erfüllt.[6] Zugleich wird beiden Seiten die Gelegenheit eröffnet, ggf. über Zweifel an der Schutzfähigkeit und die Einstufung als technischer Verbesserungsvorschlag zu diskutieren (s. § 18 Rdn. 49 f.).

**4** Von dem Grundsatz, dass alle freien Erfindungen dem Arbeitgeber mitzuteilen sind, macht Abs. 3 eine **Ausnahme** für solche Erfindungen, die offensichtlich im Arbeitsbereich des »Betriebes« (Unternehmens) des Arbeitgebers nicht verwendbar sind – im Schrifttum[7] auch **betriebsfremde** freie Erfindungen genannt, im Gegensatz zu sog. **betriebsbezogenen** freien Erfindungen i.S.d. Abs. 1. Im Hinblick auf den Normzweck der §§ 5, 18 (§ 18 Rdn. 8) erscheint es bedenklich, den Arbeitnehmer mit der Prüfung eines im Einzelfall schwierig feststellbaren Merkmals aus der Sphäre des Arbeitgebers zu belasten.[8] Im Interesse der Vermeidung von Meinungsverschiedenheiten und damit einer Störung des Arbeitsfriedens wäre es sachgerecht gewesen, die Mitteilungspflicht uneingeschränkt zu belassen, zumal den wirtschaftlichen Interessen des Arbeitnehmers durch die parallele Einschränkung bei der Anbietungspflicht in § 19 Abs. 1 Satz 1 ausreichend Rechnung getragen wird. Zur Auskunftspflicht s. § 25 Rdn. 35.

---

4 Vgl. Amtl. Begründung zum Patentrechtsmodernisierungsgesetz in BR-Drucks. II/1648 S. 36 = BlPMZ 1957, 238.
5 Vgl. Amtl. Begründung zum Patentrechtsmodernisierungsgesetz in BR-Drucks. II/1648 S. 36 = BlPMZ 1957, 238.
6 Vgl. Amtl. Begründung BT-Drucks. II/1648 S. 36 = BlPMZ 1957, 238; vgl. auch BGH v. 25.02.1958, GRUR 1958, 334, 336 – *Mitteilungs- und Meldepflicht*; m. Anm. Friedrich = AP Nr. 1 zu § 43 ArbEG m. Anm. Volmer.
7 Schwab, Erf. u. VV S. 31 u. ders., Arbeitnehmererfindungsrecht, § 18 Rn. 5.
8 Vgl. auch die Kritik bei Boemke/Kursawe/Ulrici Rn. 16 zu § 18.

§§ 18, 19 finden uneingeschränkt auf alle freien Erfindungen, die Arbeitnehmer in den **neuen Bundesländern** ab dem 03.10.1990 entwickelt haben, Anwendung (s. Einl. Rdn. 31). Das fortwirkende DDR-Recht enthielt nur für Diensterfindungen erfinderrechtliche Vorschriften (vgl. Art. 1 § 9 PatÄndG-DDR-1990), während es zuvor von einer weitgehenden Zuordnung von Arbeitnehmererfindungen zum sog. Ursprungsbetrieb (Arbeitgeber) mittels eines Wirtschaftspatents ausgegangen war (vgl. §§ 8, 10 PatG-DDR-1983). §§ 18, 19 ArbEG sind damit auf DDR-Alterfindungen auch nicht analog anwendbar (vgl. Einl. Rdn. 39). 4.1

## B. Verwertungsrecht des Arbeitnehmers

Das ArbEG geht bei freien Erfindungen grds. von der unbeschränkten Verfügungs- und Verwertungsbefugnis des Arbeitnehmers aus, die nur durch die allgemeine Treuepflicht (s. dazu § 25 Rdn. 28 ff.) und die Pflichten aus §§ 18, 19 begrenzt ist.[9] Das Gesetz legt dem Arbeitnehmer als freiem Erfinder damit nur solche Verpflichtungen auf, die aus dem Bestehen des Arbeitsverhältnisses als solchem und der sich daraus ergebenden Treuepflicht sowie dem Schutzcharakter der §§ 18, 19, 22, 23 ArbEG abzuleiten sind.[10] 5

Ähnlich wie bei der frei gewordenen Erfindung (§ 8) kann der Arbeitnehmer über die Erfindung ohne Verstoß gegen die Verschwiegenheitspflicht oder das arbeitsrechtliche Wettbewerbsverbot frei **verfügen**; er darf sie jedoch nicht selbst **verwerten**, wenn er dadurch in Konkurrenz zu seinem Arbeitgeber tritt[11] (Einzelheiten s. § 8 n.F. Rdn. 74 ff. zu u. § 25 Rdn. 40 f.; zur Anspruchskonkurrenz i.R.d. Anbietungspflicht des Arbeitnehmers s. § 19 Rdn. 37). Anders als bei Diensterfindungen (vgl. § 7 Abs. 2) sind Verfügungen über die freie Erfindung dem Arbeitgeber ggü. auch ohne vorherige Mitteilung bzw. Anbietung uneingeschränkt wirksam;[12] der Arbeitnehmer (nicht aber der Dritte) macht sich allerdings wegen Verletzung der §§ 18, 19 schadensersatzpflichtig (s.u. § 19 Rdn. 45 ff. u. 73 f.).

Eine zu § 13 korrespondierende Pflicht zur **Schutzrechtsanmeldung** kennt das ArbEG nicht. Dementsprechend besteht keine Pflicht des Arbeitnehmers

---

9 Amtl. Begründung BT-Drucks. II/1648 S. 16 (zu V 7) = BlPMZ 1957, 227.
10 S. BGH v. 29.11.1984, NJW 1985, 1031, 1032 – *Fahrzeugsitz II*.
11 Vgl. Röpke Arbeitsverh. u. ArbNErf. S. 81 u. ders. ArbN als Erf. S. 62 f.; Schwab, Arbeitnehmererfindungsrecht, § 19 Rn. 8 f. Im Ergebn. auch Boemke/Kursawe/Boemke Rn. 29 zu § 25, wonach allerdings § 25 2. Halbs. für freie Erf. analog gelten soll, welches aber dogmatisch angesichts der Anbietungspflicht aus § 19 zweifelhaft erscheint.
12 Zust. Keukenschrijver in Busse/Keukenschrijver, PatG, Rn. 6 vor § 18 ArbEG.

zur Durchführung eines Schutzrechtserteilungsverfahrens.[13] Das gilt selbst im Falle des Bestreitens nach § 18 Abs. 2 (s. dazu § 13 Rdn. 51). Eine Verpflichtung des Arbeitgebers, für die freie Erfindung eine Schutzrechtsanmeldung auf den Namen des Arbeitnehmers zu betreiben, besteht nicht; solches kann weder aus einer Analogie zu § 15 noch aus der Fürsorgepflicht abgeleitet werden.[14] Eine Schutzrechtsanmeldung durch den Arbeitgeber ist widerrechtliche Entnahme i. S. d. § 21 PatG.[15] Hat der Arbeitgeber allerdings zu Recht das Vorliegen einer freien Erfindung nach § 5 Abs. 3 bestritten, so ergibt sich sein Recht und seine Pflicht zur inländischen Schutzrechtsanmeldung aus § 13 (s. § 18 Rdn. 42).

## C. Mitteilungspflicht (Abs. 1)

### I. Grundsatz

6 Die Mitteilungspflicht stellt ebenso wie die Meldepflicht gem. § 5 eine Konkretisierung der dem Arbeitnehmer i.R.d. arbeitsrechtlichen **Treuepflicht obliegenden Informationspflicht** dar.[16] Der Zugang der Mitteilung löst als gesetzliche **Rechtsfolge** das Ingangsetzen der 3-Monats- Frist gem. § 18 Abs. 2 aus, wonach der Arbeitgeber bei unterlassenem Bestreiten der Eigenschaft als freie Erfindung diese nicht mehr in Anspruch nehmen kann; er eröffnet ferner die Möglichkeit zum vertraglichen Abbedingen der Bestimmungen des ArbEG gem. § 22 Satz 2. Der Inhalt der Mitteilung ist maßgeblich für die Verwertungsbefugnisse des Arbeitnehmers (vgl. § 19, s. dort Rdn. 52). Der Anbietungspflicht zugunsten des Arbeitgebers kann gleichzeitig mit der Mitteilung entsprochen werden (§ 19 Abs. 1 Satz 2). Zwar bezieht sich die **Geheimhaltungspflicht** des § 24 Abs. 2 nicht auf freie Erfindungen; solange Meinungsverschiedenheiten über die Qualifikation der Erfindung bestehen, wird man aber eine solche Pflicht des Arbeitnehmers annehmen müssen; zum Arbeitgeber s. § 24 Rdn. 4 ff.

---

13 A. A. wohl Marquardt, Freie Erf. im ArbVerh. (2002), S. 102 f., wobei die Rechtsgrundlage offen bleibt.
14 S. Marquardt, Freie Erf. im ArbVerh. (2002), S. 103 f.
15 Keukenschrijver in Busse/Keukenschrijver, PatG, Rn. 76 zu § 21 PatG.
16 A.A. Halbach, AuR 1960, 371, 373 f. u. Röpke Arbeitsverh. u. ArbNErf. S. 79 f., die eine originäre, gesetzl. Verpflichtg. d. ArbN annehmen.

## C. Mitteilungspflicht (Abs. 1) § 18

Die Mitteilung ist – nach der hier vertretenen Auffassung – ebenso wie die 7
Meldung eine **Rechtshandlung**[17] (vgl. § 5 Rdn. 5, dort auch zur abweichenden neueren *BGH*-Rechtsprechung). Sie muss dem Arbeitgeber zugehen (§ 130 BGB – s. hierzu § 5 Rdn. 10 ff.).

Durch die Mitteilung wird kein patentrechtliches **Vorbenutzungsrecht** begründet; solches würde auch dem Sinn der Mitteilungs- und Anbietungspflicht (§§ 18, 19) widersprechen (s. i.Ü. § 8 n.F. Rdn. 93). Bei freien Erfindungen hat der Arbeitgeber damit kein Vorbenutzungsrecht.[18]

### II. Geltungsbereich

#### 1. Sachlich

Gegenstand der Mitteilungspflicht sind **(geborene) freie Erfindungen** (§ 4 8
Abs. 3; s. dort § 18 Rdn. 47 f.). Nicht erfasst werden frei gewordene (§ 6 Abs. 2, § 8) bzw. später aufgegebene (§ 16) Diensterfindungen, ferner nicht technische Verbesserungsvorschläge (vgl. § 3, s.a. § 18 Rdn. 50). § 18 gilt nur für die vom Arbeitnehmer selbst als Allein- oder Miterfinder (s. dazu § 18 Rdn. 15) geschaffenen Erfindungen, nicht aber für solche, die er von Dritten erworben hat.

Auch **nachträgliche Änderungen** bzw. Erweiterungen bereits mitgeteilter 9
freier Erfindungen sind mitzuteilen (vgl. auch § 5 Rdn. 21). Zur Mitteilung von Verbesserungsvorschlägen s. § 3 Rdn. 28 ff.

Die Mitteilungspflicht besteht **für alle während der (rechtlichen) Dauer des** 10
**Arbeitsverhältnisses** (s. dazu § 4 Rdn. 10 ff.) **fertiggestellten** (s. § 4 Rdn. 16 f.) freien Erfindungen. Folglich unterliegt auch ein **ausgeschiedener Arbeitnehmer** hinsichtlich der zuvor fertiggestellten Erfindungen noch der Mitteilungspflicht (§ 26, s. unten § 18 Rdn. 14). Zugleich bestätigt § 18 Abs. 1 Satz 1, dass die Mitteilungspflicht nicht – auch nicht analog – solche Erfindungen erfasst, die ein neu eingestellter Arbeitnehmer **vor Beginn des Arbeitsverhältnisses** fertig gestellt hat[19] (s. § 4 Rdn. 47).

---

17 Streitig, wie hier Marquardt, Freie Erf. im ArbVerh. (2002), S. 70; Reimer/Schade/Schippel/Rother Rn. 4 zu § 18; a. A. (»zugangsbedürftige Wissenserklärung«) aber Keukenschrijver in Busse/Keukenschrijver, PatG, Rn. 4 zu § 18 ArbEG; Boemke/Kursawe/Ulrici Rn. 23 zu § 18; abw. ferner Volmer/Gaul Rn. 65 zu § 18 (einseitige empfangsbedürftige Willenserklärung).
18 So im Ergebn. auch LG Düsseldorf v. 09.10.1997 – 4 O 346/96 u. 4 O 13/97, (beide unveröffentl.).
19 Unstreitig, z. B. Reimer/Schade/Schippel/Rother Rn. 3 zu § 18.

11 Zu Zweifeln und Meinungsverschiedenheiten hinsichtlich des Charakters der Erfindung s. § 4 Rdn. 51 ff.

## 2. Persönlich

12 Mitteilungspflichtig sind **Arbeitnehmer** im privaten (vgl. § 1 Rdn. 8 ff.; zu Leiharbeitnehmern s. dort Rdn. 62) und öffentlichen (vgl. § 40 Rdn. 3 f.) Dienst sowie **Beamte** und Soldaten (vgl. § 41 Rdn. 5 ff. u. 16 ff.; zum Hochschulbereich s, § 42 n.F. Rdn. 47 f., s. auch unten § 18 Rdn. 28).

13 **Pensionäre** unterliegen hinsichtlich der nach Eintritt in den Ruhestand gemachten Erfindungen keiner Mitteilungs- oder Anbietungspflicht gem. §§ 18, 19 analog (Näheres hierzu s. § 1 Rdn. 79 und § 19 Rdn. 31 ff.).

14 Gleiches gilt für **ausgeschiedene Arbeitnehmer** für die nach dem Ausscheiden gefertigten Erfindungen (zur Beweislast s. § 4 Rdn. 18).[20] Der Arbeitnehmer muss dem Arbeitgeber aber Mitteilung über eine unmittelbar nach seinem Ausscheiden aus dem Arbeitsverhältnis bewirkte Schutzrechtsanmeldung (einschließlich Angaben zum Zustandekommen dieser Erfindung) machen und ggf. Unterlagen hierüber vorlegen, damit der Arbeitgeber prüfen kann, ob es sich um eine – während der Dauer des Arbeitsverhältnisses fertiggestellte – Diensterfindung oder um eine freie Erfindung handelt[21] (s.a. § 4 Rdn. 18 u. § 26 Rdn. 2, 22). Dies folgt aus den §§ 5, 18 i.V.m. der arbeitsvertraglichen Treuepflicht, die insoweit über das Ende des Arbeitsverhältnisses hinauswirkt.[22] Ansonsten könnte der Arbeitnehmer, obschon in derartigen Fällen häufig eine Wahrscheinlichkeit für das Vorliegen einer Diensterfindung sprechen wird, seiner Darlegungslast nicht genügen[23] (s. dazu § 4 Rdn. 18). Von einem **unmittelbaren zeitlichen Zusammenhang** kann allerdings im Regelfall bei Anmeldungen, die mehr als 6 Monate nach dem Ausscheiden erfolgen, nicht mehr gesprochen werden[24] (s.a. § 26 Rdn. 2).

---

[20] Abw. Röpke Arbeitsverh. u. ArbNErf. S. 78 bei Vorliegen eines vertragl. Wettbewerbsverbots.

[21] OLG München v. 09.03.1967, Mitt. 1967, 237; ebenso LG Mannheim v. 25.08.1989 – 7 O 83/89, (unveröffentl.); Volmer/Gaul Rn. 57 zu § 18; a. A. Boemke/Kursawe/Ulrici Rn. 13 zu § 18: nur Benennung des Fertigstellungszeitpunktes; generell eine Benachrichtigungspflicht ablehnend Marquardt, Freie Erf. im ArbVerh. (2002), S. 78.

[22] So LG Mannheim v. 25.08.1989 – 7 O 83/89, (unveröffentl.).

[23] LG Mannheim v. 25.08.1989 – 7 O 83/89, (unveröffentl.).

[24] LG Mannheim v. 25.08.1989 – 7 O 83/89, (unveröffentl.); vgl. auch BGH v. 21.10.1980 – X ZR 56/78, GRUR 1981, 128 – *Flaschengreifer* (dort Schutzrechtsanmeldung rd. 4 Monate nach Ausscheiden noch in unmittelb. zeitl. Zusammenhang mit dem Arbeitsverhältnis).

## C. Mitteilungspflicht (Abs. 1)   § 18

Sind am Zustandekommen der freien Erfindung **mehrere Erfinder** (Miterfinder; s. dazu § 5 Rdn. 44 ff.) beteiligt, so können sich unterschiedliche Pflichten je nachdem ergeben, ob die Erfindung für den einzelnen Miterfinder eine freie oder eine gebundene ist. Jeder Miterfinder ist für die Erfüllung seiner eigenen Melde- bzw. Mitteilungspflicht verantwortlich. Entsprechend § 5 Abs. 1 Satz 2 muss es zulässig sein, wenn die Miterfinder anstelle einer Einzelmitteilung eine gemeinsame Mitteilung vornehmen (Einzelheiten s. § 5 Rdn. 54 ff.), da auch dadurch dem Informationsanspruch des Arbeitgebers Genüge getan wird.[25] Das gilt angesichts der unterschiedlichen Rechtwirkungen allerdings nur dann, wenn allseits eine freie Erfindung vorliegt, also nicht in Fällen, in denen für einen Miterfinder eine Dienst- und für den anderen eine freie Erfindung vorliegt.[26]    15

Soweit am Zustandekommen einer freien Erfindung außenstehende **freie Erfinder** (vgl. § 1 Rdn. 44 ff.) beteiligt sind, richtet sich deren Informationspflicht nach den ausdrücklichen oder stillschweigend getroffenen Absprachen, ggf. folgt diese aus einer besonderen Treuepflicht (z.B. bei Organmitgliedern; s.a. § 1 Rdn. 72 ff.) bzw. den Grundsätzen von Treu und Glauben (§ 242 BGB).    16

Die an der Gemeinschaftserfindung beteiligten Arbeitnehmererfinder verstoßen wegen ihrer gesetzlichen Pflicht bei der Mitteilung an den Arbeitgeber (auch im Hinblick auf § 24 Abs. 1) nicht gegen eine zwischen ihnen und den außenstehenden freien Miterfindern bestehende Geheimhaltungsabrede. Entsprechendes gilt, wenn der Arbeitnehmer für einen dritten Auftraggeber tätig geworden ist (z. Doppelarbeitsverhältnis s. § 1 Rdn. 19 ff.).    17

**Empfänger** der Mitteilung ist der Arbeitgeber (Dienstherr). Einzelheiten zum Zugang s. § 5 Rdn. 10 ff.; zu mehreren Arbeitgebern s. § 1 Rdn. 19 ff.; zum Leiharbeitsverhältnis s. § 1 Rdn. 62.    18

### III. Zeitpunkt – »unverzüglich«

Der Arbeitnehmer hat seiner Mitteilungspflicht **unverzüglich**, d.h. ohne schuldhaftes Zögern (§ 121 BGB – s. dazu § 5 Rdn. 28 f.) nachzukommen. Diese Pflicht entsteht ebenso wie die Meldepflicht gem. § 5 mit Fertigstellung (Einzelheiten § 5 Rdn. 26 f.) der Erfindung (»Erfindung gemacht hat«).    19

---

25 Folgend u. a. Marquardt, Freie Erf. im ArbVerh. (2002), S. 80.
26 Keine dahingehende Differenzierung möglicherweise nach Boemke/Kursawe/Ulrici Rn. 24 zu § 18.

20 Wegen etwaiger Ansprüche aus dem Arbeitsverhältnis ggü. dem Arbeitgeber kann der Arbeitnehmer **kein Zurückbehaltungsrecht** hinsichtlich der Erfüllung der Mitteilungspflicht geltend machen[27] (s.a. § 25 Rdn. 39).

### IV. Textform (Schriftform)

21 Aus Beweiszwecken hat die Mitteilung in Textform i.S.d. § 126b BGB zu erfolgen (s. dazu § 5 Rdn. 35 ff.). Insoweit hat die ArbEG-Novelle 2009 die frühere Schriftform – wie auch ansonsten im ArbEG – mit Wirkung ab dem 01.10.2009 (s. § 43 Rdn. 14 ff.) durch das **Textformerfordernis** ersetzt (zur Textform der Meldung bei Beanstandung zuvor mitgeteilter Diensterfindungen s. § 43 Rdn. 18).

**Vor dem 01.10.2009** (s. § 43 Rdn. 14 ff.) hatten die Mitteilungen **schriftlich** zu erfolgen (§§ 126, 126a BGB, s. hierzu § 5 Rdn. 35 ff.; ebenso zum Verzicht des Arbeitgebers auf die Schriftform dort § 5 Rdn. 38 f.).

22 Im Gegensatz zu § 5 Abs. 1 Satz 1 ist eine **gesonderte** Mitteilung nicht erforderlich.[28] Jedenfalls muss aber aus der Erklärung des Arbeitnehmers eindeutig entnommen werden können, dass es sich um die Mitteilung einer freien Erfindung handelt;[29] sie muss also als Erfindungsmitteilung **kenntlich** sein[30]. Insoweit können die Grundsätze zur Kenntlichmachung einer Diensterfindung gem. § 5 Abs. 1 Satz 1 herangezogen werden (vgl. dort § 18 Rdn. 41 ff.). Eine vorbehaltslose »Meldung als Diensterfindung« ist keine Mitteilung (s. § 18 Rdn. 48).

23 Da es an einer § 5 Abs. 3 entsprechenden Regelung fehlt (s. § 18 Rdn. 23), läuft bei **mangelhaften Erfindungsmitteilungen**, die nicht allen Anforderungen des § 18 Abs. 1 Sätze 1 und 2 entsprechen, keine Frist nach § 18 Abs. 2.[31] Eine Information, der der Arbeitgeber nicht entnehmen kann, dass es sich um eine Erfindungsmitteilung handelt bzw. die nicht als solche kenntlich gemacht worden ist oder der die Textform fehlt, ist **wirkungslos** und löst nicht die

---

27 BGH v. 25.02.1958, GRUR 1958, 334, 337 – *Mitteilungs- und Meldepflicht*.
28 OLG Braunschweig v. 29.03.1962, GRUR 1963, 196; Keukenschrijver in Busse/Keukenschrijver, PatG, Rn. 4 zu § 18 ArbEG; Klauer/Möhring/Nirk PatG Rn. 17 Anh. zu § 3; a.A. Volmer Rn. 17 zu § 18.
29 Vgl. OLG Braunschweig v. 29.03.1962, GRUR 1963, 196; Reimer/Schade/Schippel/Rother Rn. 8 zu § 18; widersprüchlich Boemke/Kursawe/Ulrici Rn. 29, 42 zu § 18.
30 BGH v. 25.02.1958, GRUR 1958, 334, 337 – *Mitteilungs- und Meldepflicht*.
31 So Schiedsst. v. 18.01.1994 – Arb.Erf. 21/93, (unveröffentl.) unter Aufgabe von Schiedsst. Beschl. v. 19.02.1962 – Arb.Erf. 23/60, (unveröffentl.).

Frist des § 18 Abs. 2 aus.[32] Auch eine Heilung in analoger Anwendung des § 5 Abs. 3 kommt nicht in Betracht, zumal sich diese nur auf die behebbaren Mängel i.S.d. § 5 Abs. 2 bezieht[33] (s.a. § 18 Rdn. 40 f.).

## V. Inhalt der Mitteilung

Inhaltlich muss aus der Mitteilung hervorgehen, dass der Arbeitnehmer keine Diensterfindung, sondern eine **freie Erfindung** i. S. v. § 4 Abs. 3 **mitteilen will** (s. § 18 Rdn. 22). Geht dies aus der Mitteilung nicht hervor, darf der Arbeitgeber u. E. von der Meldung einer Diensterfindung i.S.d. § 5 ausgehen (analog §§ 133, 157 BGB), es sei denn, der Arbeitnehmer hat in seiner Meldung die Eigenschaft als Diensterfindung in Frage gestellt (s. § 18 Rdn. 41). Ein mit »Erfindungsmeldung« deklariertes Schriftstück ist wegen des damit erzeugten Anscheins für eine Meldung i.S.d. § 5 keine Mitteilung nach § 18.[34]

24

Stellt der Arbeitnehmer in einem solchen Fall vor der Inanspruchnahme durch den Arbeitgeber bzw. vor dem Eintritt der Fiktionswirkung des § 6 Abs. 2 klar, dass seine Erfindungsmitteilung eine freie Erfindung zum Gegenstand haben soll, gilt die 3-Monats-Frist des Abs. 2 allenfalls ab Zugang der Klarstellung. Zur arglistigen Tarnung als freie Erfindung s. § 18 Rdn. 40 und zu Zweifelfällen s. § 18 Rdn. 49.

Die Mitteilung nach § 18 ist im Verhältnis zur Meldung gem. § 5 als eine **inhaltlich geringere** gedacht; ihr Umfang richtet sich nach dem Maß an Aufklärung, das eine zuverlässige Beurteilung des Arbeitgebers ermöglicht, ob es sich tatsächlich um eine freie oder gebundene Erfindung handelt.[35] Dies kann

---

32 Vgl. OLG Braunschweig v. 29.03.1962, GRUR 1963, 196 (z. früheren Schriftform); Heine/Rebitzki Anm. 2 zu § 18; wie hier u. a. Reimer/Schade/Schippel/Rother Rn. 8 zu § 18.
33 Vgl. OLG Braunschweig v. 29.03.1962, GRUR 1963, 196; Reimer/Schade/Schippel/Rother Rn. 8 zu § 18 m. H. a. Schiedsst. v. 18.01.1994 – Arb.Erf. 21/93, (unveröffentl.); Keukenschrijver in Busse/Keukenschrijver, PatG, Rn. 4 zu § 18 ArbEG; zust. auch Boemke/Kursawe/Ulrici Rn. 37 zu § 18.
34 So i. Ergebn. Schiedsst. v. 13.09.2001 – Arb.Erf. 70/99, (unveröffentl.).
35 BGH v. 25.02.1958, GRUR 1958, 334, 337 – *Mitteilungs- und Meldepflicht*; LG Düsseldorf v. 16.10.1990 – 4 O 126/90, (unveröffentl.); Keukenschrijver in Busse/Keukenschrijver, PatG, Rn. 3 zu § 18 ArbEG; Reimer/Schade/Schippel/Rother Rn. 8 zu § 18. Sach- und realitätsfern ist die Auffassung von Marquardt, Freie Erf. im ArbVerh. (2002), S. 73: »Insbesondere bei einer Erstmitteilung der Erfindung dürfen die inhaltlichen Anforderungen nicht überspannt werden, um zu verhindern, daß dem Arbeitgeber durch eine umfassende Information seitens des Arbeitnehmers ermöglicht wird, die Erfindung durch Parallelentwicklungen unter Benutzung des mitgeteilten Erfindungsweges zu umgehen.«.

je nach den Umständen des Einzelfalles unterschiedlich sein. Die Information durch den Arbeitnehmer braucht im Regelfall nicht so ausführlich zu sein, wie die Information nach § 5 Abs. 2 (s. aber § 18 Rdn. 26).

25 Üblicherweise wird eine **summarische Darstellung** der technischen Aufgabe und ihrer Lösung genügen. Der Arbeitnehmer muss die Erfindung **technisch charakterisieren**. Für die Beurteilung durch den Arbeitgeber von besonderer Bedeutung sind die Einzelheiten über das **Zustandekommen der Erfindung** (§ 18 Abs. 1 Satz 2 Halbs. 2), also die Vorgänge, die kausal für die Entwicklung der Problemlösung waren, etwa betriebliche Aufgabenstellungen, ein Abweichen hiervon, die Nutzung betrieblicher Arbeiten und Erfahrungen, die Beteiligung von Miterfindern und Mitarbeitern. Maßstab ist dabei wiederum, dass der jeweilige Arbeitgeber sich mit diesen Angaben, ggf. unter Ausnutzung anderer betrieblicher Informationsquellen, ein abschließendes Bild über die Einstufung der Erfindung machen kann. Je näher die Erfindung zum betrieblichen Arbeits- und Pflichtenkreis des Arbeitnehmererfinders und/oder zum Arbeitsbereich des Arbeitgeberunternehmens steht, umso mehr Informationen insb. zum Zustandekommen sind notwendig. Entsprechend dem Normzweck müssen die Angaben zur Qualifizierung als freie Erfindung für den Arbeitgeber nachvollziehbar und ggf. überprüfbar sein[36] (s. auch Rdn. 35 zu § 25).

Die Angaben über die Erfindung und ihre Entstehung i.S.d. § 18 Abs. 1 Satz 2 müssen zwingend mitgeteilt werden. Es handelt sich bei diesen Angaben um eine **Wirksamkeitsvoraussetzung** der Mitteilung nach § 18 Abs. 1; fehlen sie, wird die Frist für das Bestreiten durch den Arbeitgeber nach Abs. 2 nicht ausgelöst.[37]

26 In **besonderen Fällen** kann die für eine Mitteilung nach § 18 Abs. 1 geschuldete Information dem Umfang einer Erfindungsmeldung i.S.d. § 5 gleichkommen.[38] Dies gilt insb. dann, wenn auch für den Arbeitnehmer die Annahme einer Diensterfindung zumindest möglich erscheint bzw. naheliegt,[39] etwa wenn der Erfindungsgegenstand bereits im Unternehmen des Arbeitgebers eingesetzt wird oder wenn vergleichbare Erfindungsgegenstände als Diensterfindung in Anspruch genommen wurden.

---

36 Abw. Boemke/Kursawe/Ulrici Rn. 27 zu § 18.
37 So Schiedsst. v. 18.01.1994 – Arb.Erf. 21/93, (unveröffentl.).
38 BGH v. 25.02.1958, GRUR 1958, 334, 337 – *Mitteilungs- und Meldepflicht*; OLG Braunschweig v. 29.03.1962, GRUR 1963, 196; OLG München v. 09.03.1967, Mitt. 1967, 237; LG Düsseldorf v. 16.10.1990 – 4 O 126/90, (unveröffentl.).
39 BGH v. 25.02.1958, GRUR 1958, 334, 337 – *Mitteilungs- und Meldepflicht*.

## C. Mitteilungspflicht (Abs. 1)

§ 18

Die Mitteilungspflicht des Arbeitnehmers geht seinem evtl. Geheimhaltungsinteresse vor.[40]

### VI. Ausnahmen von der Mitteilungspflicht (Abs. 3)

Abs. 3 befreit den Arbeitnehmer dann von seiner Mitteilungspflicht, wenn die Erfindung »offensichtlich im Arbeitsbereich des Betriebs des Arbeitgebers nicht verwendbar ist« (betriebsfremde freie Erfindung).[41] Darauf, ob eine Anbietungspflicht nach § 19 bestehen kann, kommt es auch wegen des unterschiedlichen Regelungszwecks und -inhalts nicht an[42] (s. auch § 4 Rdn. 51 u. § 19 Rdn. 6). Als Ausnahmevorschrift sind die Voraussetzungen für einen Wegfall der Mitteilungspflicht nach Abs. 3 eng zu verstehen.[43] Bei der Auslegung der gesetzlichen Begriffe ist eine **wirtschaftliche Betrachtungsweise** geboten, die im Hinblick auf den Ausnahmecharakter zugleich den berechtigten Belangen des Arbeitgebers an der Kenntnis betriebsbezogener Erfindungen Rechnung trägt (s.a. § 18 Rdn. 3 f.). Maßgeblicher **Beurteilungszeitpunkt** ist der Zeitpunkt der Mitteilung[44] (s. dazu § 18 Rdn. 19; s.a. § 19 Rdn. 6, 39). Die Darlegungs- und **Beweislast** für eine Ausnahme trifft den Arbeitnehmer.[45] Zur Kritik s. § 18 Rdn. 4. Zur Meldepflicht bei einer im Arbeitsbereich des Arbeitgebers nicht verwendbaren Diensterfindung s. § 4 Rdn. 9, 51.

27

### 1. »Betrieb des Arbeitgebers«

Unter »Betrieb« ist nicht die organisatorisch technische Einheit zu verstehen, sondern das **Unternehmen**[46] (zum Unternehmensbegriff s. § 1 Rdn. 101 ff.). Dies folgt daraus, dass auch § 18 der Klärung der Zuordnung der Erfindung zum Arbeitgeber und damit dem Unternehmen als Rechtsträger dient. Soweit

28

---

40 Vgl. BGH v. 25.02.1958, GRUR 1958, 334, 337 – *Mitteilungs- und Meldepflicht*, der dies allerdings aus § 24 ArbEG herleitet.
41 Krit. (i.H.a. den Unterschied zu § 5 u. die Möglichkeit d. Irrtums d. ArbN) Kraßer/Ann, PatR. § 21 Rn. 58.
42 Im Ergebn. wohl auch Marquardt, Freie Erf. im ArbVerh. (2002), S 82; vgl. aber auch Boemke/Kursawe/Ulrici Rn. 15 f., 20 zu § 18.
43 Im Ergebn. zwar auch Boemke/Kursawe/Ulrici Rn. 15 zu § 18, allerdings mit einer geforderten Ausrichtung auf § 19.
44 A. A. Boemke/Kursawe/Ulrici Rn. 17 zu § 18: Zeitpunkt der Fertigstellung.
45 Marquardt, Freie Erf. im ArbVerh. (2002), S. 85; Boemke/Kursawe/Ulrici Rn. 9 zu § 18.
46 Gaul/Bartenbach i. Anm. zu BGH v. 25.02.1958, EGR Nr. 2 zu § 18 ArbEG; allg. zustimmend Schiedsst. v. 10.10.1989 – Arb.Erf. 37/89, (unveröffentl.); Reimer/Schade/Schippel/Rother Rn. 10 zu § 18; a.A. Volmer Rn. 36 zu § 18; wie hier Volmer/Gaul Rn. 88 zu § 18.

mehrere juristisch selbstständige Unternehmen aufgrund rechtlicher Vereinbarungen zusammengeschlossen sind (Konzern, Unternehmensgruppe, Kooperation), geht dieses Rechtsgebilde über den Begriff des Unternehmens hinaus und fällt nicht mehr unter § 18 Abs. 3.[47] Auf eine Verwendbarkeit der Erfindung im Konzernbereich, beim Kooperationspartner usw. kommt es daher nicht an[48] (s.a. § 19 Rdn. 38). Auch die – theoretisch stets gegebene – Möglichkeit einer (Unter-)Lizenzvergabe[49] oder eines Lizenzaustauschs durch den Arbeitgeber reicht nicht aus, da das Gesetz auf den eigenen Tätigkeitsbereich des Arbeitgeberunternehmens abstellt. Insoweit wirken unternehmenspolitische Entscheidungen sowohl zugunsten des Arbeitgebers (s. § 18 Rdn. 29) als auch zu dessen Lasten, etwa bei Auslagerung von Unternehmensbereichen oder bei konzerninterner Arbeitsteilung.

Für den **öffentlichen Dienst**, für den § 18 ebenfalls gilt (§§ 40, 41), ist Bezugspunkt der Gesamtbereich des Dienstherrn[50] und nicht nur ein einzelner Betrieb bzw. die jeweilige (Beschäftigungs-)Dienststelle[51] oder der Geschäftsbereich (s. auch § 4 Rdn. 21).

## 2. »Arbeitsbereich«

29 Der »Arbeitsbereich« eines Unternehmens ist **weit zu fassen**[52] und wird bestimmt durch den vom Arbeitgeber mit dem Unternehmen verfolgten **wirtschaftlichen Zweck**. Soweit es sich um eine juristische Person (AG, GmbH), ein vergleichbares Institut (OHG, KG) oder eine GbR (§§ 705 ff. BGB) handelt, kommt diese Zweckrichtung üblicherweise in der **Satzung** bzw. dem **Gesellschaftsvertrag** des Unternehmens zum Ausdruck, die dann als ein wesentliches Indiz zur Kennzeichnung des Arbeitsbereiches herangezogen werden können. Entscheidend sind aber letztlich die tatsächlichen Verhältnisse. Der »Arbeitsbereich« geht über die gegenwärtige Betätigung (Produktion, Ver-

---

47 Ebenso zu § 19 Abs. 1 Keukenschrijver in Busse/Keukenschrijver, PatG, Rn. 5 zu § 19 ArbEG; A. Bartenbach, Arbeitnehmererfindungen i. Konzern (2018), Rn. 952 ff.
48 Abw. Boemke/Kursawe/Ulrici Rn. 19 zu § 18 m. H, a. Marquardt, Freie Erf. im ArbVerh. (2002), S. 84 f., wenn dem Arbeitgeberunternehmen eine »dienende Funktion« innerhalb des Konzerns zukommt, z. B. als konzernweite F&E-Gesellschaft.
49 Unklar Boemke/Kursawe/Ulrici Rn. 21 zu § 18 zur konzerninternen Einräumung von Unterlizenzen.
50 Volz, ArbNErf. im öffentl. Dienst, S. 61 f.
51 So aber Volmer/Gaul Rn. 158 zu § 40.
52 Ebenso Heine/Rebitzki Anm. 5 zu § 18; Volmer/Gaul Rn. 90 zu § 18; Keukenschrijver in Busse/Keukenschrijver, PatG, Rn. 2 zu § 18 ArbEG; Marquardt, Freie Erf. im ArbVerh. (2002), S. 83; enger dagegen Boemke/Kursawe/Ulrici Rn. 19 f. zu § 18.

## C. Mitteilungspflicht (Abs. 1) § 18

trieb) hinaus und umfasst neben vorbereiteten und geplanten Aktivitäten auch solche, die ohne grundlegende Umstellung der Produktionsanlagen bzw. der Vertriebsorganisation des Unternehmens **wirtschaftlich naheliegen**, sowie ähnliche, ergänzende oder verwandte Tätigkeiten, die im Rahmen einer wirtschaftlich sinnvollen, potenziellen Unternehmensentwicklung liegen. Im Interesse einer umfassenden Information des Arbeitgebers ist hier – anders als in § 19 Abs. 1 – der Arbeitsbereich des Unternehmens nicht auf vorhandene oder vorbereitete Aktivitäten beschränkt.[53]

### 3. »Verwendbar«

»Verwendbar« ist die Erfindung, wenn deren Gegenstand im Unternehmen des Arbeitgebers hergestellt oder benutzt wird[54] bzw. werden kann[55] (z.B. auch als Arbeitsmittel- u. Arbeitsverfahrenserfindung[56]). Der Begriff »verwendbar« ist **weit auszulegen**[57] und umfasst mehr als die bloße Verwertbarkeit (s.a. § 18 Rdn. 28). 30

### 4. »Offensichtlich«

Die Nichtverwendbarkeit der Erfindung im Arbeitsbereich des Unternehmens ist dann »offensichtlich«, wenn sie für die Beteiligten – vom Standpunkt eines objektiv denkenden Dritten – außerhalb jedes vernünftigen Zweifels liegt, also **offen zutage** tritt[58] (branchenfremde [Zufalls-] Erfindung).[59] Offensichtlich bedeutet aber nicht »oberflächlich«, sodass der Arbeitnehmer i.R.d. Zumutbaren (§ 242 BGB) gehalten ist, sich – notfalls durch Rückfragen beim Arbeitgeber – ein Bild über den Arbeitsbereich des Unternehmens und die Verwendbarkeit der Erfindung zu verschaffen. Bestehen auch nur geringste Zweifel, muss der Arbeitnehmer seiner Mitteilungspflicht genügen. Er trägt sonst das Risiko, sich schadensersatzpflichtig zu machen (s.u. § 18 Rdn. 46 f.). 31

---

53 Insoweit abw. Reimer/Schade/Schippel/Rother Rn. 11 zu § 18.
54 Vgl. Amtl. Begründung BT-Drucks. II/1648 S. 36 = BlPMZ 1957, 238.
55 Heine/Rebitzki Anm. 6 zu § 18; Klauer/Möhring/Nirk PatG Rn. 17 Anh. zu § 3.
56 Volmer Rn. 40 f. zu § 18.
57 Ebenso Keukenschrijver in Busse/Keukenschrijver, PatG, Rn. 2 zu § 18 ArbEG; zust. auch HK-Kronisch, § 18 Rn. 1.
58 Ebenso Keukenschrijver in Busse/Keukenschrijver, PatG, Rn. 2 zu § 18 ArbEG; zust. auch Boemke/Kursawe/Ulrici Rn. 22 zu § 18; Marquardt, Freie Erf. im ArbVerh. (2002), S. 85; ähnl. Heine/Rebitzki Anm. 5 zu § 18; Lindenmaier/Lüdecke Anm. 5 zu § 18; Reimer/Schade/Schippel/Rother Rn. 12 zu § 18.
59 Zur steuerl. Behandlung s. BFH v. 10.09.2003, DStRE 2004, 185.

## D. Bestreiten durch den Arbeitgeber (Abs. 2)

**32** Bezweifelt der Arbeitgeber die Einstufung der Erfindung als freie Erfindung, räumt § 18 Abs. 2 ihm die Möglichkeit ein, binnen 3 Monaten nach Zugang der (ordnungsgemäßen, s. § 18 Rdn. 23) Mitteilung zu bestreiten, dass die Erfindung frei sei (s.a. § 18 Rdn. 3). Abs. 2 trägt dem Grundgedanken des § 18 Rechnung, **schnell klare Verhältnisse** zwischen den Arbeitsvertragsparteien zu schaffen.[60]

**Unterlässt oder versäumt** der Arbeitgeber das fristgerechte Bestreiten trotz ordnungsgemäßer Mitteilung, kann er sich später nicht mehr darauf berufen, es handele sich um eine Diensterfindung; er verliert unwiderruflich seine Rechte, und zwar sein Inanspruchnahmerecht[61] sowie seine sonstigen Rechte aus §§ 5 bis 17, 24 Abs. 2. Im Ergebnis handelt es sich dann quasi um eine von Gesetz zwingend fingierte »stillscheigende Freigabe«.

Zu Zweifeln über die Schutzfähigkeit s. § 18 Rdn. 49 f.

### I. Inhalt der Erklärung

**33** Das Bestreiten muss als **empfangsbedürftige Willenserklärung**[62] dem Arbeitnehmer zugehen (§ 130 BGB; Einzelheiten s. § 5 Rdn. 10 ff.), wobei es zu den Obliegenheiten des Arbeitgebers gehört, für den ordnungsgemäßen Zugang Sorge zu tragen (s. § 16 Rdn. 29).

**34** Aus der Erklärung muss für den Arbeitnehmer klar und zweifelsfrei ersichtlich sein, dass der Arbeitgeber der Einstufung als freie Erfindung widerspricht, sie also **als Diensterfindung ansieht**.[63] Eine Aufforderung an den Arbeitnehmer, seine Mitteilung in die eine oder andere Richtung zu ergänzen, reicht dafür nicht aus. Eine solche »Beanstandung« ist möglich und bei Unklarheiten des Arbeitgebers schon im eigenen Interesse sinnvoll[64], ersetzt aber nicht das fristgerechte Bestreiten.

---

60 Amtl. Begründung BT-Drucks. II/1648 S. 36 = BlPMZ 1957, 238.
61 Unstreitig, z. B. Kraßer/Ann, PatG, § 21 Rn. 59 m.H.a. Schiedsst. v. 08.05.1972 BlPMZ 1972, 382.
62 Wie hier Reimer/Schade/Schippel/Rother Rn. 14 zu § 18; vgl. auch Keukenschrijver in Busse/Keukenschrijver, PatG, Rn. 9 (»empfangsbedürftige rechtsgeschäftliche Erklärung«); a.A. Boemke/Kursawe/Ulrici Rn. 43 zu § 18 (geschäftsähnl. Handlung).
63 Ebenso Keukenschrijver in Busse/Keukenschrijver, PatG, Rn. 9 zu § 18 ArbEG
64 Mangels Übernahme einer § 5 Abs. 3 entsprechenden Regelung besteht von Gesetzes wegen aber keine Rechtspflicht des Arbeitgebers, unverzüglich Zusatzinformationen beim ArbN anzufordern (abw. Marquardt, Freie Erf. im ArbVerh. [2002], S. 74 m.H.a. Volmer/Gaul Rn. 84 zu § 18).

## D. Bestreiten durch den Arbeitgeber (Abs. 2) § 18

§ 18 Abs. 2 normiert keine Begründungspflicht des Arbeitgebers; im Einzelfall kann ein substantiiertes Bestreiten angebracht sein[65], ohne dass selbstverständlich ein Fehlen oder Fehler der Begründung einen Einfluss auf das Ingangsetzen der Frist haben.

Das bloße Bestreiten stellt noch **keine Inanspruchnahmeerklärung** (§§ 6 Abs. 1 n.F/a.F.) dar; diese kann aber gleichzeitig mit dem Bestreiten abgegeben werden.[66] Das Bestreiten löst auch nicht die Inanspruchnahmefrist des § 6 Abs. 2 n.F. aus, da diese eine ordnungsgemäße Erfindungsmeldung voraussetzt. Nimmt der Arbeitgeber allerdings innerhalb der 3-Monats-Frist die Erfindung ausdrücklich gem. § 6 Abs. 1 n.F. in Anspruch, so liegt darin regelmäßig zugleich ein (konkludentes) Bestreiten.[67] Gleiches galt für vor dem 01.10.2009 mitgeteilte Alterfindungen (s. § 43 Rdn. 14 ff.) im Fall der (schriftlichen) beschränkten oder unbeschränkten Inanspruchnahme nach § 6 a.F. In der Praxis wird ein Bestreiten allerdings nicht selten mit einer (vorsorglichen) Erklärungen der **ausdrücklichen Inanspruchnahme verbunden**, sofern die Erfindung in den Geschäftsbereich des Arbeitgebers fällt. 35

Ist der Arbeitgeber der Ansicht, es handele sich nicht um eine Erfindung, sondern lediglich um ein ihm zustehendes Arbeitsergebnis, so hat er ebenfalls zu bestreiten (s. § 18 Rdn. 50). 36

### II. Textform (Schriftform)

Zu Beweiszwecken schreibt das Gesetz – ebenso wie für die Mitteilung (s. § 18 Rdn. 21) – Textform vor (§ 126b BGB, s. dazu § 5 Rdn. 35 ff.). Für vor dem 01.10.2009 mitgeteilte Erfindungen hatte das Bestreiten aus Gründen der Rechtssicherheit schriftlich zu erfolgen (Einzelheiten zur Schriftform und zum Verzicht vgl. § 5 Rdn. 35 ff.; zum Übergangsrecht s. § 43 Rdn. 14 ff.). 37

### III. 3-Monats-Frist

Der Arbeitgeber muss innerhalb von 3 Monaten nach Zugang der Mitteilung von der Möglichkeit des Bestreitens Gebrauch machen, da er andernfalls sein 38

---

[65] Vgl. dazu Volmer Rn. 29 zu § 18 u. Volmer/Gaul Rn. 118 f. zu § 18, die allerdings von einer dahingehenden Verpflichtung ausgehen; ähnl. wie hier Keukenschrijver in Busse/Keukenschrijver, PatG, Rn. 9 zu § 18 ArbEG (»Begründung ist nicht erforderlich, kann aber angebracht sein«); krit. Boemke/Kursawe/Ulrici Rn. 44 zu § 18; eine Begründungsnotwendigkeit generell abl. Marquardt, Freie Erf. im ArbVerh. (2002), S. 91 f.
[66] Reimer/Schade/Schippel/Trimborn Rn. 17 zu § 18.
[67] Ebenso Schiedsst. v. 18.04.2005, – Arb.Erf. 41/04, (Datenbank); Keukenschrijver in Busse/Keukenschrijver, PatG, Rn. 11 zu § 18 ArbEG.

Inanspruchnahmerecht (§ 6) verliert; damit greift auch nicht die Inanspruchnahmefiktion des § 6 Abs. 2 n.F. Dem Arbeitgeber verbleibt bei Fristversäumnis nur noch das Recht aus § 19.

39 Wegen dieses Rechtsverlustes stellt die 3-Monats-Frist eine (nicht verlängerbare) **Ausschlussfrist**[68] dar (vgl. auch § 6 a.F. Rdn. 45 ff. u. § 6 n.F. Rdn. 87 ff.; zur Fristberechnung § 6 a.F. Rdn. 50 ff.).

40 Die **Frist** des § 18 **läuft** dann **nicht**, wenn es an der Textform (früher: Schriftform) der Mitteilung fehlt oder der Arbeitgeber einer ihm zugegangenen »Mitteilung« nicht entnehmen kann, dass es sich um eine Erfindungsmitteilung handelt (s. § 18 Rdn. 23). Gleiches gilt, wenn der Arbeitnehmer arglistig eine Diensterfindung als freie Erfindung getarnt hat[69] (zum rechtsmissbräuchlichen Berufen auf den Fristablauf s.a. § 6 a.F. Rdn. 49 und unten § 18 Rdn. 48).

41 Sind in einem als »Meldung von Diensterfindungen« gekennzeichneten Schreiben vom Arbeitnehmer **Zweifel** an der Eigenschaft als Diensterfindung geäußert worden, berührt dies nicht die Obliegenheit des Arbeitgebers, die Frist des § 18 Abs. 2 zum Bestreiten bzw. zur Inanspruchnahme der Erfindungen einzuhalten.[70]

## IV. Rechtsfolgen

42 Hat der Arbeitgeber mit seinem Bestreiten zu erkennen gegeben, dass es sich nach seiner Vorstellung um eine Diensterfindung handelt, so wird er entsprechend dem Gebot von Treu und Glauben (§ 242 BGB) gehalten sein, den Arbeitnehmer zu einer **ordnungsgemäßen Meldung** i.S.d. § 5 Abs. 1 **aufzufordern** bzw. – sofern bereits die Voraussetzungen einer Meldung i.S.d. § 5 Abs. 1 gegeben sind – eine substantiierte Beanstandung i.S.d. § 5 Abs. 3 auszusprechen. Der Zugang der ordnungsgemäßen Meldung setzt dann den Lauf der Inanspruchnahmefrist bzw. der Frist der Inanspruchnahmefiktion (§ 6 Abs. 2 n.F.) in Gang.

---

68 Heine/Rebitzki Anm. 4 zu § 18; Volmer Rn. 31 zu § 18; Volmer/Gaul Rn. 114 zu § 18; Marquardt, Freie Erf. im ArbVerh. (2002), S. 87 f.
69 Schiedsst. v. 08.05.1972, BlPMZ 1972, 382, 383; Keukenschrijver in Busse/Keukenschrijver, PatG, Rn. 10 zu § 18 ArbEG; Reimer/Schade/Schippel/Rother Rn. 15 zu § 18. Nach Marquardt, Freie Erf. im ArbVerh. (2002), S. 96 f. soll die Frist zwar laufen, es dem ArbN aber nach § 242 BGB verwehrt sein, sich auf einen Fristablauf zu berufen.
70 Schiedsst. v. 12.08.1966, BlPMZ 1967, 131 m. Anm. Schippel, GRUR 1967, 291; zust. auch Keukenschrijver in Busse/Keukenschrijver, PatG, Rn. 8 zu § 18 ArbEG; abw. Boemke/Kursawe/Ulrici Rn. 42 zu § 18 (einzelfallabhängig nach Deutlichkeit); ablehnend Reimer/Schade/Schippel/Rother Rn. 8 zu § 18.

## E. Folgen einer Verletzung der Mitteilungspflicht                    § 18

Handelt es sich um eine **Diensterfindung**, löst (jedenfalls) ein fristgerechtes  43
Bestreiten für den Arbeitnehmer die Verpflichtung aus, sich **Verfügungen** über
die Erfindung zu **enthalten** (vgl. § 7 Abs. 2).

Liegt dagegen eine **freie Erfindung** vor, kann der Arbeitnehmer trotz des
Bestreitens unter Beachtung seiner Anbietungspflicht nach § 19 über die
Erfindung frei verfügen, sofern die arbeitsrechtliche Treuepflicht im Verhältnis
zum Arbeitgeber keine Schranken setzt (vgl. dazu § 8 n.F. Rdn. 77 ff.); eine
evtl. vom Arbeitgeber erklärte Inanspruchnahme ist gegenstandslos. In einem
(nicht willkürlichen) Bestreiten durch den Arbeitgeber, das sich später als nicht
begründet erweist, liegt weder eine Verletzung arbeitsvertraglicher Pflichten
noch kann dies zum Schadenersatz verpflichten[71]; insoweit hat der Arbeitgeber
von seinem fristgebundenen legitimen Recht Gebrauch gemacht, das ihm der
Gesetzgeber zur Rechts- und Interessenwahrung ausdrücklich eingeräumt hat
(s. auch § 18 Rdn. 3).

Scheitert zwischen den Arbeitsvertragsparteien eine Einigung über die Einord-  44
nung der Erfindung, ist der Streit vor der **Schiedsstelle** (§§ 28 ff.) und ggf.
anschließend vor den ordentlichen Gerichten (§§ 37, 39) zu klären. Zu Meinungsverschiedenheiten über den Charakter der Erfindung s. i.Ü. § 4
Rdn. 51 f.

### E. Folgen einer Verletzung der Mitteilungspflicht

Kommt der Arbeitnehmer seiner Mitteilungspflicht nicht nach, hat der Arbeit-  45
geber einen Erfüllungsanspruch (**Auskunftsanspruch**), den er auch nach
Beendigung des Arbeitsverhältnisses (§ 26) noch durchsetzen kann[72] (s.a. § 4
Rdn. 18.3). Zur Vollstreckbarkeit des Anspruchs vgl. § 5 Rdn. 94.

§ 18 stellt ein **Schutzgesetz** zugunsten des Arbeitgebers i.S.d. § 823 Abs. 2  46
BGB dar.[73] Ob dem Arbeitgeber bei schuldhafter Verletzung der Mitteilungspflicht neben dem Erfüllungsanspruch auch ein Anspruch auf Schadensersatz
zusteht, ist bei Vorliegen einer freien Erfindung regelmäßig wegen fehlenden

---

71 So aber Boemke/Kursawe/Ulrici Rn. 19 zu § 18 m. H, a. Marquardt, Freie Erf. im
   ArbVerh. (2002), S. 92 u. BGH v. 23.01.2008 NJW 2008, 1147 f.
72 BGH v. 25.05.1958, GRUR 1958, 334 m. Anm. Friedrich = AP Nr. 1 zu § 43
   ArbEG m. Anm. Volmer; LG Düsseldorf v. 16.10.1990 – 4 O 126/90, (unveröffentl.).
73 Vgl. BGH v. 29.11.1984, NJW 1985, 1031, 1032 – *Fahrzeugsitz II*, der den Schutzcharakter dieser Norm betont; Keukenschrijver in Busse/Keukenschrijver, PatG,
   Rn. 14 zu § 18 ArbEG; abw. Volmer/Gaul Rn. 47 zu § 18 (wie hier dort Rn. 143).

Schadens zu verneinen, es sei denn, der Arbeitnehmer verletzt zugleich seine Anbietungspflicht nach § 19 (s. dort § 18 Rdn. 73 ff.).

47 Hat der Arbeitnehmer dagegen eine Diensterfindung (z.B. wegen fehlerhafter Einschätzung) nicht gemeldet, so liegt keine Verletzung des § 18 vor, wohl aber – erst recht im Fall arglistiger Täuschung – eine solche der Meldepflicht gem. § 5 (zu den Folgen s. dort § 5 Rdn. 94 ff.).

48 Meldet der Arbeitnehmer eine objektiv freie Erfindung als Diensterfindung nach § 5 ohne Hinweis darauf, dass er die Erfindung als frei ansieht, kann dies im Zweifel nicht zugleich als Mitteilung i.S.d. § 18 gewertet werden[74] (s. auch § 18 Rdn. 22). Jedenfalls aber wäre es dem Arbeitnehmer ggü. einem gutgläubigen Arbeitgeber verwehrt, sich auf einen Ablauf der 3-Monats-Frist des § 18 Abs. 2 zu berufen.[75] Eine Pflichtverletzung liegt allerdings im Grundsatz nicht vor (s. § 5 Rdn. 24).

### F. Zweifel an der Schutzfähigkeit

49 Wegen der Schwierigkeit einer zuverlässigen Erfassung des einschlägigen Standes der Technik und der zutreffenden Würdigung der technischen Bedeutung der Neuerung ist es vielfach für beide Arbeitsvertragsparteien schwierig zu bewerten, ob es sich um eine schutzfähige Erfindung handelt.[76] Ist die technische Neuerung nicht offensichtlich schutzunfähig, so handelt der **Arbeitnehmer** nicht pflichtwidrig, wenn er diese – anstatt als Verbesserungsvorschlag – als »freie Erfindung« mitteilt; insoweit gilt auch hier der Grundsatz, dass das ArbEG zunächst an die Möglichkeit der Schutzfähigkeit anknüpft (s. § 2 Rdn. 16 ff.).

50 Stellt die mitgeteilte »Erfindung« nach Auffassung des **Arbeitgebers** mangels Schutzfähigkeit lediglich einen technischen Verbesserungsvorschlag (§ 3) dar, der ihm als Arbeitsergebnis zuzuordnen wäre (s. § 3 Rdn. 26 f.), so ist auch hier der Schutzgedanke des Abs. 2 zu würdigen (s. dazu § 3 Rdn. 3, 32). Danach sowie aufgrund der arbeitsrechtlichen Treuepflicht (s. dazu § 25 Rdn. 28 ff.) wird man den Arbeitgeber als verpflichtet ansehen müssen, innerhalb der 3-Monats-Frist des Abs. 2 dem Arbeitnehmer ggü. zu erklären, dass

---

74 Im Ergebn. auch Keukenschrijver in Busse/Keukenschrijver, PatG, Rn. 3 zu § 18 m.H.a. Schiedsst. v. 23.09.2003 Arb.Erf. 8/01 (für die Meldung auf einem betriebl. Formblatt zur Meldung von Diensterf.);. Reimer/Schade/Schippel/Rother Rn. 8 zu § 18; a. A. Boemke/Kursawe/Ulrici Rn. 30 zu § 18.
75 Zust. Keukenschrijver in Busse/Keukenschrijver, PatG, Rn. 15 zu § 18 ArbEG; vgl. auch Boemke/Kursawe/Ulrici Rn. 50 zu § 18.
76 S. allg. BGH v. 02.06.1987, GRUR 1987, 900, 902 – *Entwässerungsanlage*.

## F. Zweifel an der Schutzfähigkeit § 18

er die Neuerung nicht für schutzfähig hält und als technischen Verbesserungsvorschlag ansieht.[77] Versäumt er dies, verbleiben dem Arbeitnehmer die Verwertungsrechte (s. § 18 Rdn. 5) und die Möglichkeit zur Schutzrechtsanmeldung. Sollte es sich bei der technischen Neuerung um eine Diensterfindung gehandelt haben, tritt in diesen Fällen – ungeachtet des Hinweises auf die Behandlung als Arbeitsergebnis – mangels ordnungsgemäßen Bestreitens die Rechtsfolge des § 18 Abs. 2 ein.

Unterbleibt die Schutzrechtsanmeldung oder stellt sich im Erteilungsverfahren heraus, dass die technische Neuerung nicht schutzfähig ist, dürfte u.E. der Arbeitgeber hierauf als Verbesserungsvorschlag zurückgreifen. Das mit dem Wegfall des Inanspruchnahmerechts nach Abs. 2 verbundene Freiwerden hindert dies nicht, da dies die Schutzfähigkeit der technischen Neuerung voraussetzt. Eine Geheimhaltungspflicht nach § 24 Abs. 1 dürfte bei mangelnder Schutzfähigkeit der technischen Neuerung nicht bestehen, da § 24 Abs. 1 auf bloß technische (nicht schutzfähige) Verbesserungsvorschläge keine (analoge) Anwendung findet (s. § 24 Rdn. 2).

Zu den Zweifeln über die Schutzfähigkeit s. i.Ü. § 2 Rdn. 16 ff. und § 6 a.F. Rdn. 17 f.

---

77 Möglicherweise a. A. Boemke/Kursawe/Ulrici Rn. 6 zu § 18.

## § 19 Anbietungspflicht

(1) Bevor der Arbeitnehmer eine freie Erfindung während der Dauer des Arbeitsverhältnisses anderweitig verwertet, hat er zunächst dem Arbeitgeber mindestens ein nichtausschließliches Recht zur Benutzung der Erfindung zu angemessenen Bedingungen anzubieten, wenn die Erfindung im Zeitpunkt des Angebots in den vorhandenen oder vorbereiteten Arbeitsbereich des Betriebes des Arbeitgebers fällt. Das Angebot kann gleichzeitig mit der Mitteilung nach § 18 abgegeben werden.

(2) Nimmt der Arbeitgeber das Angebot innerhalb von drei Monaten nicht an, so erlischt das Vorrecht.

(3) Erklärt sich der Arbeitgeber innerhalb der Frist des Absatzes 2 zum Erwerb des ihm angebotenen Rechts bereit, macht er jedoch geltend, dass die Bedingungen des Angebots nicht angemessen seien, so setzt das Gericht auf Antrag des Arbeitgebers oder des Arbeitnehmers die Bedingungen fest.

(4) Der Arbeitgeber oder der Arbeitnehmer kann eine andere Festsetzung der Bedingungen beantragen, wenn sich Umstände wesentlich ändern, die für die vereinbarten oder festgesetzten Bedingungen maßgebend waren.

Lit.:
Siehe Lit. bei § 4

| Übersicht | Rdn. |
|---|---|
| A. Allgemeines | 1 |
| B. Anbietungspflicht des Arbeitnehmers (Abs. 1) | 7 |
| I. Gegenstand der Anbietungspflicht | 7 |
| II. Inhalt der Anbietungspflicht | 9 |
|    1. Rechtsnatur des Anbietens | 9 |
|    2. »Mindestens ein nicht ausschließliches Recht zur Benutzung der Erfindung« | 12 |
|    3. Angemessene Bedingungen inkl. Vergütung | 20 |
| III. Voraussetzungen der Anbietungspflicht | 31 |
|    1. »Anderweitige Verwertung während der Dauer des Arbeitsverhältnisses« | 31 |
|    2. Verwendungsmöglichkeit des Arbeitgebers im »vorhandenen oder vorbereiteten Arbeitsbereich« | 38 |
| IV. Form, Zeitpunkt und Inhalt des Angebots | 43 |
|    1. Form | 43 |
|    2. Zeitpunkt: Vor anderweitiger Verwertung durch den Arbeitnehmer | 44 |
|    3. Gleichzeitige Angebotsabgabe mit der Mitteilung nach § 18 | 46 |
|    4. Inhalt des Angebots | 48 |
| V. Annahme oder Ablehnung des Angebots durch den Arbeitgeber (Abs. 2, 3) | 49 |
|    1. Grundsatz | 49 |

A. Allgemeines                                        § 19

|  |  | Rdn. |
|---|---|---|
| 2. | Frist zur Annahme (Abs. 2) | 52 |
| 3. | Zustandekommen eines Vertrages | 55 |
| 4. | Gerichtliche Feststellung der Bedingungen bei Meinungsverschiedenheiten (Abs. 3) | 58 |
|  | a) Angemessenheit der Bedingungen | 59 |
|  | b) Anrufung der Schiedsstelle | 60 |
|  | c) Gerichtliche Klage | 62 |
| C. | **Neufestsetzung der Bedingungen (Abs. 4)** | 69 |
| D. | **Verletzung der Anbietungspflicht** | 73 |
| E. | **Abweichende vertragliche Regelungen** | 76 |
| F. | **Besonderheiten bei mehreren Erfindern** | 78 |
| G. | **Unbilligkeit der Vereinbarung (§ 23)** | 86 |

## A. Allgemeines

§ 19 regelt die Anbietungspflicht des Arbeitnehmers bei einer freien Erfindung (§ 4 Abs. 3). Die Vorschrift ist auch i.R.d. ArbEG-Novelle 2009 (s. Einl. Rdn. 42) unverändert geblieben. **1**

Die Pflicht des Arbeitnehmers, **vorrangig seinem Arbeitgeber eine nichtgebundene Erfindung zur Benutzung anzubieten**, normierte die DVO 1943 zwar nicht ausdrücklich; sie war jedoch seinerzeit in der Lehre anerkannt;[1] die damaligen Arbeits- und Tarifverträge räumten vielfach dem Arbeitgeber ein Vorkaufsrecht an solchen Erfindungen ein. Allerdings wurde die Zulässigkeit derartiger Abreden im Hinblick auf das Unabdingbarkeitsgebot (früher § 9 DVO 1943; heute § 22 ArbEG) angezweifelt.[2] Um derartige Zweifel zu beseitigen und damit für die Arbeitsvertragsparteien sichere Rechtsverhältnisse zu schaffen, hat der Gesetzgeber diesen Problemkreis gesetzlich geregelt[3] und zugleich die Anbietungspflicht des Arbeitnehmererfinders eingegrenzt, und zwar bei eigener Verwertungsabsicht sowie nach dem Arbeitsbereich des Arbeitgeberunternehmens. **2**

Die Anbietungspflicht ist Ausfluss der arbeitsrechtlichen **Treuepflicht** des Arbeitnehmers[4] (s. dazu § 25 Rdn. 28 ff.), insbesondere des Konkurrenzverbotes (s. dazu § 8 n.F. Rdn. 78 f.), und ist damit ausweislich Absatz 1 Satz 1 auf **3**

---

1 Vgl. Riemschneider/Barth Anm. 8 zu § 4 DVO 1943.
2 Vgl. zum früheren Rechtszustand auch Halbach, AuR 1960, 371, 373 f.
3 Amtl. Begründung BT-Drucks. II/1648 S. 37 = BlPMZ 1957, 238.
4 Kraßer/Ann, PatR, § 21 Rn. 120; vgl. Röpke, Arbeitsverh. u. ArbnErf. S. 82; Heine/Rebitzki Anm. 1 zu § 19; abw. Boemke/Kursawe/Ulrici Rn. 4 f. zu § 19.

**bestehende Arbeitsverhältnisse** beschränkt[5] (zum persönlichen Anwendungsbereich s. § 18 Rdn. 12 ff.).

4 § 19 stellt einerseits im Grundsatz klar, dass eine freie Erfindung nicht dem **Zugriffsrecht des Arbeitgebers** unterliegt und er – von den Voraussetzungen des § 19 Abs. 1 abgesehen – keine Nutzungsrechte daran hat,[6] der Arbeitnehmer über freie Erfindungen vielmehr frei verfügen kann. Auch steht dem Arbeitgeber kein Vorbenutzungsrecht zu (s. § 18 Rdn. 7). § 19 schränkt aber andererseits **zu Lasten des Arbeitnehmererfinders** dessen freies Benutzungsrecht (vgl. § 9 PatG) ein, indem der Arbeitnehmer vor (Eigen-)Verwertung zunächst zur Anbietung eines Benutzungsrechts zugunsten des Arbeitgebers verpflichtet wird, aber nur, soweit letzterer die Erfindung in seinem Betrieb (Unternehmen) verwerten kann (§ 19 Abs. 1). Dadurch soll insb. vermieden werden, dass der Arbeitgeber aufgrund monopolartiger Verwertungsverträge seines Arbeitnehmers mit Drittunternehmen von einer Beteiligung am Wettbewerb oder von der Benutzung von Arbeitsmitteln ausgeschlossen werden kann.[7]

5 Dem Arbeitgeber ist eine Annahmefrist von 3 Monaten gesetzt (Abs. 2); Abs. 3 regelt das Verfahren, das bei Meinungsverschiedenheiten über die Bedingungen des Arbeitnehmerangebots zu beachten ist. Parallel zu § 12 Abs. 6 enthält § 19 Abs. 4 eine spezialgesetzliche Ausgestaltung der Anpassungspflicht bei Änderung der Geschäftsgrundlage (vgl. § 313 Abs. 1 BGB). Geheimhaltungspflichten des Arbeitgebers folgen bis zum Vertragsabschluss aus § 24 Abs. 1 (s. § 24 Rdn. 19 f.).

6 Die Anbietungspflicht besteht im Ausgangspunkt **unabhängig von der Mitteilungspflicht** nach § 18 (s. a. § 19 Rdn. 46, 52). Während die Mitteilungspflicht – entsprechend der Meldepflicht – an die Fertigstellung der Erfindung anknüpft, entsteht eine Verpflichtung zur Anbietung erst dann, wenn sich der Arbeitnehmer für eine Verwertung der freien Erfindung entschieden hat (s. § 19 Rdn. 33 ff.). Auch im Hinblick auf das Merkmal des vorbereiteten Arbeitsbereichs des Betriebes können sich in besonderen Einzelfällen Abweichungen ergeben (vgl. § 18 Rdn. 29 u. § 19 Rdn. 39, 42). Allerdings ist die Mitteilung zwangsläufige Voraussetzung (s. § 18 Rdn. 52).

---

5 Ebenso Schiedsst. ZB. v. 28.01.1985 – Arb.Erf. 19/84, (unveröffentl.); vgl. auch BGH v. 10.05.1984 – I ZR 85/82, GRUR 1985, 129 – *Elektrodenfabrik*; Kraßer/Ann, PatR. § 21 Rn. 120.
6 Schiedsst. v. 20.05.1994 – Arb.Erf. 149/92, (unveröffentl.).
7 Vgl. Amtl. Begründung BT-Drucks. II/1648 S. 37 = BlPMZ 1957, 238.

Gem. § 19 Abs. 1 Satz 2 kann das Angebot auch **gleichzeitig mit der Mitteilung** abgegeben werden (s. § 19 Rdn. 46 f.).

Zur Geltung in den **neuen Bundesländern** s. § 18 Rdn. 4.1.

## B. Anbietungspflicht des Arbeitnehmers (Abs. 1)

### I. Gegenstand der Anbietungspflicht

Der **persönliche** Anwendungsbereich ist weitgehend deckungsgleich mit dem des § 18 (s. § 18 Rdn. 12 ff.; zu ausgeschiedenen Arbeitnehmern s. § 19 Rdn. 31 ff.). **Sachlich** betrifft die Anbietungspflicht nur die während der Dauer des Arbeitsverhältnisses fertiggestellten[8] **freien Erfindungen** i.S.d. § 4 Abs. 3 (zum Begriff s. dort § 4 Rdn. 47 f.), und zwar unabhängig vom Zeitpunkt einer Schutzrechtsanmeldung. Sie korrespondiert demzufolge mit dem Inanspruchnahmerecht des Arbeitgebers nach §§ 6, 7 bei gebundenen (Dienst-) Erfindungen (§ 4 Abs. 2). Die Vorschrift findet damit keine Anwendung auf Erfindungen, die vor Beginn des Arbeitsverhältnisses fertig gestellt worden sind[9] (s. § 4 Rdn. 47). Das entspricht der Systematik des ArbEG (s. § 4 Rdn. 47), dem Gleichklang mit § 18 (s. § 18 Rdn. 1) und dem Wortlaut der Vorschrift, die ohne weitere Kennzeichnung allgemein auf »freie Erfindungen« und den Arbeitnehmerstatus des Erfinders abstellt, zumal Wertungs-

7

---

8 Hierzu gelten nach allg. A. die Grundsätze des § 4 ArbEG, u. a. Reimer/Schade/Schippel/Rother Rn. 2 zu § 19.

9 Ganz h. M., wie hier u. a. Buchner, GRUR 1985, 1, 13; ebenso bereits Lindenmaier/Lüdecke Anm. 1 zu § 19; Volmer Rn. 8 vor § 18 u. Rn. 5 zu § 19; vgl. auch BGH v. 29.11.1984, NJW 1985, 1031, 1032 – *Fahrzeugsitz II*; wie hier auch Boemke/Kursawe/Raif Rn. 99 zu § 4 mit dem zutreffenden Hinweis, dass es sich bei Erfindungen, die vor Beginn oder nach Ende des Arbeitsverhältnisses fertiggestellt worden sind, nicht um eine freie Erfindung i. S. v. § 4 Abs. 3, sondern »um die Erfindung eines freien Erfinders« handelt und sich »aus §§ 1, 4 II und 18,19 ergibt …, dass Erfindungen, die außerhalb dieser Rechtsbeziehungen« zwischen Arbeitgeber und Arbeitnehmer »entwickelt worden sind, arbeitnehmererfindungsrechtlich nicht von Relevanz sind«. A. A. aber Boemke/Kursawe/Ulrici Rn. 7 ff., 16 zu § 19, wonach für den Ansatz, dass »der Anbietungspflicht des § 19 auch die vor Begründung des Arbeitsverhältnisses gemachten Erfindungen«, u. a. »der Wortlaut der Bestimmungen des § 19 und § 4 III …« sprechen (Rn. 9 f.) und »die Anbietungspflicht entgegen der h A nicht nur in Ansehung der während der Dauer des Arbeitsverhältnisses gemachten freien Erfindungen« bestehen soll, sondern ein Nutzungsrecht ggf. auch an den vor Begründung des Arbeitsverhältnisses gemachten Erfindungen anzubieten ist (Rdn. 16); im Ergebn. wohl auch Boemke/Kursawe/Boemke Rn. 21 zu § 26, wonach »anders als die Mehrzahl der Rechte und Pflichten nach dem ArbnErfG … die Anbietungspflicht mithin nicht daran« anknüpfen soll, »dass eine Erfindung während der Dauer des Arbeitsverhältnisses geschaffen wurde«.

konflikte bei zu Beginn des Arbeitsverhältnisses bereits benutzten Erfindungen[10] absehbar sind; der Verzicht auf den Relativsatz des § 18 Abs. 1 Satz 1 folgt aus der dort notwendigen Klarstellung, dass die Mitteilungspflicht an die Fertigstellung der Erfindung anknüpft (s. § 18 Rdn. 19). Auf frei gewordene oder aufgegebene Diensterfindungen (§§ 8, 16) findet § 19 ebenfalls keine Anwendung; insoweit enthält § 8 Satz 2 n.F. bzw. § 8 Abs. 2 a.F. eine Klarstellung (s.a. § 18 Rdn. 8 ff.).

8   Bestehen **Meinungsverschiedenheiten über den Charakter als freie Erfindung** (s. hierzu auch § 4 Rdn. 51 f. und § 18 Rdn. 44), hindert dies den Arbeitnehmer nicht, dem Arbeitgeber ein Angebot i.S.d. § 19 Abs. 1 zu unterbreiten, sofern er seiner Mitteilungspflicht nach § 18 nachgekommen ist. Liegt eine Diensterfindung vor, geht das Angebot ins Leere; ein evtl. Ablauf der Annahmefrist des § 19 Abs. 2 ist unbeachtlich. Liegt dagegen eine freie Erfindung vor, kann auch ein Bestreiten der Eigenschaft als freie Erfindung durch den Arbeitgeber den Ablauf der 3-monatigen Annahmefrist des § 19 Abs. 2 nicht unterbrechen bzw. hemmen.

Zu Zweifeln über die Schutzfähigkeit s. § 18 Rdn. 49 f., s. auch § 19 Rdn. 29.

**II. Inhalt der Anbietungspflicht**

**1. Rechtsnatur des Anbietens**

9   Rechtlich stellt sich das Anbieten des Arbeitnehmers als **Angebot** i.S.d. § 145 BGB (empfangsbedürftige Willenserklärung) dar, das **auf Abschluss eines** rechtsgeschäftlichen Vertrages (i.d.R. **Lizenzvertrag**) mit dem Arbeitgeber über Rechte an der Erfindung gerichtet ist[11], das der Arbeitgeber annehmen kann oder nicht.[12] Das Angebot wird mit Zugang an den Arbeitgeber (zum Begriff des Zugehens s. § 5 Rdn. 10 ff.) wirksam, es sei denn, gleichzeitig ginge dem Arbeitgeber ein Widerruf zu (§ 130 Abs. 1 Satz 2 BGB). Eine Ausnahme zu § 147 BGB stellt die gesetzliche Annahmefrist von 3 Monaten zugunsten des Arbeitgebers dar (§ 19 Abs. 2, s. § 19 Rdn. 52 f.); während dieser Frist bleibt also der Arbeitnehmer an sein Angebot gebunden, es sei denn, die Regeln über Willensmängel (§§ 116 ff. BGB) greifen ein. Nimmt der Arbeitgeber das

---

10  Insoweit verzichten auch Boemke/Kursawe/Ulrici Rn. 19 f. zu § 19 generell auf eine Anbietungspflicht (möglicherweise weitergehend Boemke/Kursawe/Boemke Rn. 21 zu § 26).
11  Ebenso Schiedsst. ZB. v. 28.01.1985 – Arb.Erf. 19/84, (unveröffentl.).
12  Vgl. BGH v. 29.11.1984, NJW 1985, 1031, 1032 – *Fahrzeugsitz II*; Volmer/Gaul Rn. 28 ff., 88 ff. zu § 19; im Ergebn. auch Keukenschrijver in Busse/Keukenschrijver, PatG, Rn. 9 zu § 19 ArbEG.

## B. Anbietungspflicht des Arbeitnehmers (Abs. 1) § 19

Angebot an, kommt ein **Vertragsverhältnis** zustande, das (weitgehend – Ausnahmen insb. § 19 Abs. 4, § 23) **außerhalb des ArbEG** steht und das sich auch inhaltlich nicht von einem mit Dritten geschlossenen Lizenzvertrag zu unterscheiden braucht[13] (s. § 19 Rdn. 20 f., 55 f.).

Die durch die Angebotspflicht des Arbeitnehmers begründete Rechtsstellung kommt der Einräumung einer sog. **Vorhand** nahe, bei der sich der Schuldner verpflichtet, einen Gegenstand, bevor er ihn anderweitig veräußert oder zur Nutzung überlässt, dem Vorhandberechtigten anzubieten.[14]

10

Diese Position stellt jedoch **kein Optionsrecht** dar, da es dem Arbeitgeber an der Möglichkeit fehlt, durch einseitige Willenserklärung unmittelbar ein inhaltlich bereits festgeschriebenes Vertragsverhältnis herbeizuführen; vielmehr bedarf es des vorangegangenen Vertragsangebotes des Arbeitnehmers. Deshalb kann sie auch nicht einer **Zwangslizenz** i.S.d. § 24 PatG gleichgestellt werden, auch wenn sich die Pflicht, mindestens ein nicht ausschließliches Nutzungsrecht einzuräumen, aus dem Gesetz ergibt (s.a. § 19 Rdn. 23).

Die das Angebot des Arbeitnehmers begründenden Rechte des Arbeitgebers nach § 19 können auch **nicht** einem **Vorkaufsrecht** i.S.d. §§ 463 ff. BGB (s. dazu § 27 Fassung 1999 Rdn. 66 ff.) gleichgestellt werden.[15] Zwar ist grds. ein Erwerbsinteresse des Arbeitgebers anzuerkennen, jedoch fehlt es für die Annahme eines gesetzlichen Vorkaufsrechts an einer entsprechenden, ausdrücklichen Regelung, wie diese bspw. § 27 ArbEG Fassung 1999 enthielt. Die Anbietungspflicht nach § 19 ist rein **schuldrechtlicher Natur**.[16] Da § 19 die Rechte des Arbeitgebers abschließend regelt, besteht insb. keine Befugnis des Arbeitgebers, in einen zwischen dem Arbeitnehmer und einem Dritten über die freie Erfindung abgeschlossenen Kaufvertrag »einzutreten« (vgl. § 464 BGB); die Anbietungspflicht geht auch nicht auf den Rechtserwerber über (s. § 19 Rdn. 74); in solchen Fällen eines Verstoßes gegen die Anbietungspflicht hat der Arbeitgeber nur Schadensersatzansprüche gegen seinen Arbeitnehmer (s. dazu § 19 Rdn. 73 ff.). Zur Vereinbarung eines generellen Vorkaufsrechts s. § 19 Rdn. 77.

---

13 BGH v. 29.11.1984, NJW 1985, 1031, 1032 – *Fahrzeugsitz II*.
14 Vgl. LG Düsseldorf v. 26.06.1990, GRUR 1994, 53, 56 – *Photoplethysmograph* (zu § 42 ArbEG a.F.); folgend Marquardt, Freie Erf. im ArbVerh. (2002), S. 108; z. Begriff s. Bartenbach, Patentlizenz- und Know-how-Vertrag, Rn. 401 ff.
15 Reimer/Schade/Schippel/Rother Rn. 6 zu § 19; Keukenschrijver in Busse/Keukenschrijver, PatG, Rn. 4 zu § 19 ArbEG; Volmer Rn. 3 zu § 19; Volmer/Gaul Rn. 14 zu § 19; vgl. auch Nikisch ArbR Bd. 1 § 28 II 3 c; Halbach, AuR 1960, 371, 374.
16 Keukenschrijver in Busse/Keukenschrijver, PatG, Rn. 4 zu § 19 ArbEG.

11  Da § 19 das Nutzungsrecht des Arbeitgebers von einem Vertragsabschluss abhängig macht, kann der Arbeitgeber nicht durch einseitiges Handeln dessen Wirkungen herbeiführen. Unterbreitet er **mangels Tätigwerdens des Arbeitnehmers** diesem ein Angebot, ist der Arbeitnehmer zur Annahme nicht verpflichtet. Auch dessen Schweigen auf ein solches Angebot ist grds. wertneutral; erst, wenn weitere Umstände hinzutreten (etwa Entgegennahme angebotener Lizenzgebühren), kann ein konkludenter Vertragsabschluss angenommen werden (zum konkludenten Verhalten s.a. § 6 a.F. Rdn. 61 ff.). Zu den Rechtsfolgen eines unterlassenen Angebots s. § 19 Rdn. 73 f.

### 2. »Mindestens ein nicht ausschließliches Recht zur Benutzung der Erfindung«

12  Gem. § 19 Abs. 1 Satz 1 muss sich das rechtsgeschäftliche Angebot des Arbeitnehmers »mindestens« auf ein nicht ausschließliches Recht zur Benutzung der Erfindung beziehen.

13  Wegen des gleichen Gesetzeswortlauts entspricht das Recht zur nicht ausschließlichen Benutzung **inhaltlich** dem Recht in § 7 Abs. 2 a.F., § 14 Abs. 3, § 16 Abs. 3; es ist dem einer **einfachen Lizenz** gleichgestellt[17] (zum Inhalt: vgl. § 7 a.F. Rdn. 28 ff. u. § 16 Rdn. 79 ff.). Ein solches Benutzungsrecht entsteht aber nicht – wie in den auf die Diensterfindung bezogenen Fällen der §§ 14 Abs. 3 u. 16 Abs. 3 – kraft Gesetzes mit einseitiger Erklärung; es bedarf vielmehr einer vertraglichen Vereinbarung zwischen Arbeitnehmer und Arbeitgeber (vgl. § 19 Rdn. 9). Zum Fortbestand eines solchen Nutzungsrechts bei Verkauf des Schutzrechts an Dritte s. § 7 a.F. Rdn. 35.

14  In welchem Sinne der Zusatz »**mindestens**« verstanden werden muss, ist streitig. Die herrschende Meinung räumt dem Arbeitnehmer ein Wahlrecht ein, ob er die Übertragung der gesamten Erfindungsrechte, ein ausschließliches oder nicht ausschließliches Benutzungsrecht anbieten will, hält ihn aber nur

---

17 BGH v. 23.04.1974, GRUR 1974, 463, 464 – *Anlagengeschäft*; im Anschl. daran ganz h.M., z.B. Reimer/Schade/Schippel/Rother Rn. 9 zu § 19; Keukenschrijver in Busse/Keukenschrijver, PatG, Rn. 9 zu § 19 ArbEG.

## B. Anbietungspflicht des Arbeitnehmers (Abs. 1) § 19

zur Anbietung eines nicht ausschließlichen Benutzungsrechts für verpflichtet.[18] Diese einschränkende Auslegung des § 19 Abs. 1 begegnet Bedenken. Der Gesetzeswortlaut (»hat er … mindestens«) spricht dafür, dass der Arbeitnehmer im Einzelfall auch zu einem über ein nicht ausschließliches Benutzungsrecht hinausgehenden Angebot verpflichtet sein kann. Diese Auslegung entspricht auch dem Grundgedanken der Vorschrift als Ausfluss der Treuepflicht des Arbeitnehmers, die je nach den Umständen ein »Mehr« gebieten kann.[19]

Dem steht auch die Entstehungsgeschichte der Vorschrift nicht entgegen: Zwar sah § 16 Abs. 1 des RegE von 1952[20] noch ein Benutzungsrecht in angemessenem Umfang und zu angemessener Bedingung vor; die in § 19 Abs. 1 vorgenommenen Änderungen sollten indes nur redaktioneller Natur sein.[21] Dem Hinweis im Ausschussbericht, § 19 Abs. 1 regele »die Anbietungspflicht des Arbeitnehmers für ein nicht ausschließliches Benutzungsrecht des Arbeitgebers«,[22] kommt dagegen keine ausschlaggebende Bedeutung zu, da es sich hierbei um eine summarische Inhaltszusammenfassung ohne eigenen Aussagecharakter handelt; auch der Umstand, dass § 19 Abs. 3 nur die Streitigkeiten über die Vertragsbedingungen erfasst und nicht dagegen – wie noch in § 16

15

---

[18] Vgl. Lindenmaier/Lüdecke Anm. 2 zu § 19; Reimer/Schade/Schippel/Rother Rn. 4, 5 zu § 19; Volmer Rn. 26, 27 zu § 19; HK-Kronisch, § 19 Rn. 1; wohl auch Hueck/Nipperdey Lehrb. ArbR Bd. I § 53 II 5; Keukenschrijver in Busse/Keukenschrijver, PatG, Rn. 9 (u. dort Fn. 11) zu § 19 ArbEG. Im Ergebn. auch die vermittelnde Lösung von Marquardt, Freie Erf. im ArbVerh. (2002), S. 118 ff., die differenzieren will zwischen dem »Umfang der einzuräumenden Benutzung« (Übertragung, einfache/ausschließl. Lizenz, ferner Nutzungsdauer, Übertragbarkeit/Unterlizenzvergabe, sachl. u. territorialer Nutzungsbereich), wo ein freies Wahl- und Bestimmungsrecht des ArbN nur einer Billigkeitskontrolle (§ 315 BGB, § 23 ArbEG) unterliegen soll, und den »Überlassungsbedingungen« (Vergütung, Sicherung des Schutzrechts, Know-how-Transfer, Ausübungspflicht, Kennzeichnung. Kündigungsrechte usw.), wo die Angemessenheitskontrolle des § 19 Abs. 1 greifen soll, die dabei aber die begrifflichen Grenzen zwischen Art. Umfang, Inhalt der Nutzungsbefugnis sowie beiderseitigen (Haupt-/Neben-) Rechten und Pflichten verwischt. Im Ergebn. ferner Boemke/Kursawe/Ulrici Rn. 32 ff. zu § 19, dort allerdings generell gegen eine Kontrolle des Umfangs des Nutzungsrechts und der dessen Auswertung absichernden Nebenpflichten des ArbN (Pflicht zum Erwerb u. Sicherung eines Schutzrechts, Vermittlg. d. techn. Lehre, Gewährleistung) (a.a.O. Rn. 36), aber im Einzelfall (z.B. im Anlagengeschäft, bei konzernweiter F&E-Gesellschaft) das Angebot eines übertragbaren Nutzungsrechts für notwendig erachtend (a.a.O. Rn 32).
[19] Ebenso Heine/Rebitzki Anm. 4 zu § 19.
[20] BT-Drucks. I/3343.
[21] Vgl. die Änderungsübersicht in BT-Drucks. II/1648 S. 57 (zu § 18 d. Entw.).
[22] Ausschussber. zu BT-Drucks. II/3327 S. 7 = BlPMZ 1957, 253.

Abs. 3 des RegE von 1952[23] – auch den Umfang des Angebots, kann nicht für die gegenteilige Meinung herangezogen werden, da dieses nur aus redaktionellen Gründen geschah[24].

16   Daraus folgt u. E., dass § 19 Abs. 1 dahin zu verstehen ist, dass der Arbeitnehmer mindestens zur Anbietung eines nicht ausschließlichen Benutzungsrechts verpflichtet ist, soweit nicht besondere Umstände vorliegen, die es nach Treu und Glauben (§ 242 BGB) gebieten, dem Arbeitgeber ein **ausschließliches Benutzungsrecht** anzubieten, damit dieser die Erfindung wirtschaftlich sinnvoll nutzen kann.[25] Letzteres mag etwa der Fall sein, wenn sich notwendige, außergewöhnlich hohe Investitionskosten für den Einsatz der Erfindung wieder amortisieren müssen und dafür marktbedingt eine einfache Lizenz u.U. nicht ausreichen würde.

17   Eine Verpflichtung zur **Übertragung** aller vermögenswerten Erfindungsrechte kann allenfalls in besonders gelagerten Ausnahmefällen in Betracht kommen, etwa dann, wenn die Erfindung für einige Miterfinder eine Diensterfindung darstellt, die der Arbeitgeber insoweit (unbeschränkt) in Anspruch genommen hat, dagegen für die anderen Arbeitnehmermiterfinder eine freie Erfindung ist (s. auch § 19 Rdn. 82). Die Ausnahmesituationen müssen sich auf das Unternehmen des Arbeitgebers beziehen. Ist der Arbeitgeber in einen Konzernverbund eingebunden, kann eine Rücksichtnahme des Arbeitnehmers auf Konzerninteressen bzw. Interessen anderer Konzernunternehmen folglich nicht verlangt werden[26] (s. auch § 19 Rdn. 38).

18   Soweit besondere Umstände nicht gegeben sind, verbleibt es bei dem **Wahlrecht des Arbeitnehmers**. Er kann also dem Arbeitgeber ein einfaches bzw. ausschließliches Benutzungsrecht oder die Übernahme der gesamten Erfindung für das In- bzw. Ausland anbieten (vgl. zur »Angemessenheit« § 19 Rdn. 20 ff.).

19   Was der Arbeitnehmer im Einzelfall gewollt hat, muss bei pauschal formulierter (Nutzungs-) Rechtseinräumung im Wege der **Auslegung** (§§ 133, 157 BGB) geklärt werden. Entsprechend dem Grundsatz, dass die in § 19 normierten Vorrechte des Arbeitgebers die freie Verfügungsbefugnis des Arbeitnehmers nicht mehr als unbedingt notwendig einschränken sollen,[27] wird man im

---

23  In BT-Drucks. I/3343.
24  Vgl. die Änderungsübersicht in BT-Drucks. II/1648 S. 57 (zu § 18 d. Entw.).
25  Ebenso Heine/Rebitzki Anm. 4 zu § 19; im Ergebnis auch Volmer/Gaul Rn. 40 ff. zu § 19.
26  A. Bartenbach, Arbeitnehmererfindung i. Konzern (2018), Rn. 958 ff.
27  Vgl. auch Amtl. Begründung BT-Drucks. II/1648 S. 37 = BlPMZ 1957, 238.

Regelfall davon ausgehen müssen, dass der Arbeitnehmer im Zweifel nicht mehr Rechte übertragen will, als erforderlich sind,[28] mithin regelmäßig nur ein nicht ausschließliches Benutzungsrecht. Es ist dann Sache des Arbeitgebers, eine vom Zweckübertragungsgrundsatz abweichende, besonders schutzwürdige Unternehmensbelange (s. § 19 Rdn. 16 f.) darzustellen und zu beweisen.

### 3. Angemessene Bedingungen inkl. Vergütung

20 Die § 19 zugrunde liegende Treuepflicht bindet den Arbeitnehmer hinsichtlich seiner freien Erfindung nur insoweit, als er dem Arbeitgeber ein Nutzungsrecht hieran anbieten muss; dagegen verlangt sie von ihm kein Entgegenkommen bei den einzelnen Nutzungsbedingungen. Das Gesetz schreibt keinen »Arbeitgeberbonus« vor. Insoweit steht der Arbeitnehmer vielmehr (grds.) einem außenstehenden **freien Erfinder gleich**, der unter Beachtung der Marktverhältnisse seine Erfindung einem Interessenten zur Nutzung anbietet, sodass sich der Inhalt des angebotenen Vertrages nicht von vornherein von einem solchen zwischen Dritten zu unterscheiden braucht.[29]

21 Die Pflicht des Arbeitnehmers, »angemessene Bedingungen« zu beachten, bedeutet zunächst, dass er nicht durch überzogene, der Marktsituation nicht entsprechende, unrealistische Forderungen eine Ablehnung des Angebots seitens des Arbeitgebers provozieren kann, sodass dessen Rechte aus § 19 ins Leere liefen.

22 Maßgebend ist **nicht eine Abwägung der beiderseitigen Interessen** (zur gerichtlichen Entscheidung s. § 19 Rdn. 68). **Bezugspunkte** zur Bestimmung der **Angemessenheit** (s. dazu auch § 9 Rdn. 69 ff.) der Bedingungen sind vielmehr vorrangig die z.Zt. des Vertragsangebots **objektiv gegebenen wirtschaftlichen und rechtlichen Umstände**[30] (insb. wirtschaftliche Bedeutung und Wert der Erfindung, Marktstellung des Arbeitgebers und – ggf. dadurch beeinflusste – Verwertungsmöglichkeiten des Arbeitnehmers, patentrechtliche Absicherung), die im Rechtsverkehr mit freien Erfindern auf diesem Marktbereich üblicher- und vernünftigerweise den Vertragsinhalt prägen,[31] wobei auch zu

---

28 Vgl. auch die in § 31 Abs. 5 UrhG normierte Zweckübertragungstheorie; s. dazu BGH v. 27.09.1995 – X ZR 185/97, NJW 1995, 3252; BGH v. 11.04.2000, GRUR 2000, 788 – *Gleichstromsteuerschaltung* (betr. Vollrechtsübertragung durch Geschäftsführererfinder) u. BGH v. 12.05.2010, GRUR 2011, 59, 60 – *Lärmschutzwand*.
29 Vgl. BGH v. 29.11.1984, NJW 1984, 1031, 1032 – *Fahrzeugsitz II*.
30 Im Ergebn. zust. Keukenschrijver in Busse/Keukenschrijver, PatG, Rn. 10 zu § 19 ArbEG. Nach Boemke/Kursawe/Ulrici Rn. 35 zu § 19 soll sich das Angemessenheitsgebot nur auf die »den Arbeitgeber belastenden Vertragsbedingungen« beziehen.
31 Vgl. auch Keukenschrijver in Busse/Keukenschrijver, PatG, Rn. 10 zu § 19 ArbEG.

erwartende künftige Entwicklungen einzubeziehen sind. Maßgebend sind die Sicht »vernünftiger Lizenzvertragsparteien«[32] und die Usancen des Lizenzverkehrs. Entscheidend ist dann, ob die Bedingungen im Vergleich zu Lizenz- (Übertragungs-) Verträgen zwischen nicht verbundenen Partnern unter Berücksichtigung aller Umstände des Einzelfalls üblich, zumindest aber vertretbar sind.[33] Kann sich der Arbeitnehmer auf konkrete, darüber hinausgehende ernst zu nehmende Angebote von Mitbewerbern des Arbeitgebers berufen, sind auch diese bei der Bewertung mit heranzuziehen, da § 19 keinen Verzicht des Arbeitnehmers auf realisierbare Vermögensvorteile zugunsten des Arbeitgebers fordert. Das Gesetz verlangt keine Bevorzugung des Arbeitgebers gegenüber dem freien Markt. Andererseits sind auch die allgemeinen rechtlichen Schranken (ggf. auch des Kartellrechts) zu beachten.[34]

23 **»Bedingungen«** sind alle Bestimmungen, die den Inhalt des Nutzungs-/ Lizenz- (Kauf-) Vertrages gestalten sollen. Dazu gehören zunächst die Regelung der Vergütung (Lizenzgebühr) nach Art und Höhe[35] nebst Zahlungsmodalitäten (einschließlich Rechnungslegung). Allerdings sieht das Gesetz keine Beschränkung auf Pflichten des Arbeitgebers bzw. auf diesen belastende Vertragsbedingungen[36] vor; dementsprechend unterliegen auch alle Regelungen, die die Rechte und Pflichten des Arbeitnehmers (Lizenzgebers) gegenüber dem Arbeitgeber (Lizenznehmer) regeln, der **Angemessenheitskontrolle**. Das betrifft u. E. neben dem Umfang des Nutzungsrechts in inhaltlicher, räumlicher und zeitlicher Hinsicht[37] (streitig, s. § 19 Rdn. 14 ff.; s. auch § 19 Rdn. 59) und einer Ausübungspflicht[38] auch die Einleitung und Durchführung von Schutzrechtserteilungsverfahren nebst den Maßnahmen zur Aufrechterhaltung und Verteidigung erlangter Schutzrechte durch den Arbeitneh-

---

32 Vgl. etwa BGH v. 16.04.2002 – X ZR 127/99, GRUR 2002, 801, 803 f. [Rn. 26] – *Abgestuftes Getriebe*.
33 Wie hier Reimer/Schade/Schippel/Rother Rn. 18 zu § 19; Volmer/Gaul Rn. 83 f. zu § 19; vgl. auch Boemke/Kursawe/Ulrici Rn. 35 zu § 19, wonach die angebotenen Bedingungen »marktgerecht« sein müssen.
34 Zust. Keukenschrijver in Busse/Keukenschrijver, PatG, Rn. 10 zu § 19 ArbEG.
35 Unstreitig, z. B. Reimer/Schade/Schippel/Rother Rn. 19 zu § 19.
36 So aber Boemke/Kursawe/Ulrici Rn. 35 zu § 19.
37 Nach Boemke/Kursawe/Ulrici Rn. 36 zu § 19 soll sich das Angemessenheitsgebot nicht auf den Umfang des Nutzungsrechts und die dies absichernden Nebenpflichten des Arbeitnehmers erstrecken, so dass der Arbeitnehmer freiwillig insbes. über das Mindestmaß des nach § 19 Abs. 1 Satz 1 anzubietenden Nutzungsrechts hinausgehen und umfangreiche Rechte anbieten könne. Ähnl. bereits Marquardt, Freie Erf. im ArbVerh. (2002), S. 118 ff., 133 f.
38 Weitgehend unstreitig, im Anschl. an Volmer Rn. 29 zu § 19 auch Boemke/Kursawe/ Ulrici Rn. 41 zu § 19.

mer[39] einschl. des Einflusses mangelnder Schutzrechtserteilung bzw. des Wegfalls des Schutzrechts auf die Vergütung, Kündigungsmöglichkeiten[40], mithin alles, was – unter Berücksichtigung kartellrechtlicher Schranken – (üblicherweise) Inhalt und Bestandteil eines Lizenz- (bzw. Kauf-) Vertrages sein kann, ggf. ergänzt durch Klauseln, mit denen etwaigen Besonderheiten Rechnung getragen wird (s.a. § 19 Rdn. 20).

Auch wenn Regelungen über die Rechtsfolgen von **Leistungsstörungen** und **Gewährleistungsansprüche** zum üblichen Inhalt eines (frei ausgehandelten) Lizenzvertrages gehören, können diese nicht unmittelbar, insb. zulasten des Arbeitnehmers gelten. Dies gilt vor allem bei der Frage der Gewährleistung für Rechts- und Sachmängel. Soweit der Arbeitnehmer nicht ausdrücklich bestimmte Eigenschaften zusichert bzw. Gewährleistungspflichten übernimmt, haftet er weder für die technische Ausführbarkeit und Brauchbarkeit noch für die wirtschaftliche Verwertbarkeit der Erfindung oder den Bestand eines hierauf erteilten Schutzrechts mit Schadensersatzpflichten. Insoweit bleiben dem Arbeitgeber nur übliche Minderungs- oder Kündigungsrechte. Eine weiter gehende Haftung des Arbeitnehmers wäre mit dem Begriff der Angemessenheit schwerlich vereinbar. Da letztlich auch das Nutzungsrecht unter den Voraussetzungen des § 19 kraft Gesetzes einzuräumen ist, kann der Arbeitnehmer insoweit nicht schlechter stehen als ein Lizenzgeber bei einer Zwangslizenz i.S.d. § 24 PatG (s.a. § 19 Rdn. 10) bzw. bei einer sog. Negativlizenz[41] (zum Begriff s. KommRL Rn. 44 f. zu RL Nr. 14). Zur Feststellung fehlender Schutzfähigkeit s. § 19 Rdn. 29.

Da sich das Nutzungsrecht des Arbeitgebers auf die freie Erfindung als solche 24 (»Benutzung der Erfindung«) erstreckt, unterliegt der Arbeitgeber mangels anderslautender Absprache grds. **keiner räumlichen Beschränkung** (Näheres s. § 7 a.F. Rdn. 36 f.). Eine vom Arbeitnehmer geforderte territoriale Beschränkung kann daher im Einzelfall eine unangemessene Bedingung darstellen. Umgekehrt wird die räumliche wie auch die inhaltliche Ausdehnung der Nutzungsrechte sich bei der Bestimmung der angemessenen Vergütung niederschlagen.

Wenn auch die Anbietungspflicht an das **Bestehen des Arbeitsverhältnisses** 25 anknüpft, ist die **Dauer** des abzuschließenden **Nutzungsvertrages** nicht auto-

---

39 Wie hier Reimer/Schade/Schippel/Rother Rn. 18 zu § 19; Marquardt, Freie Erf. im ArbVerh. (2002), S. 133 f.; a. A. Boemke/Kursawe/Ulrici Rn. 36 zu § 19.
40 Marquardt, Freie Erf. im ArbVerh. (2002), S. 134.
41 Ausführlich hierzu Britta Bartenbach, Die Patentlizenz als negative Lizenz (2002), S. 20 ff.

matisch hieran gebunden. Mangels vertraglicher Absprache über die Vertragsdauer gelten die allgemeinen Grundsätze für Lizenzverträge als Dauerschuldverhältnisse. Die Beendigung des Arbeitsverhältnisses als solche stellt keinen wichtigen Grund zur Kündigung dar, es sei denn, besondere Umstände würden hinzutreten, die ein weiteres Festhalten am Vertrag unzumutbar machen (z.B. Überschreiten der Nutzungsrechte durch den Arbeitgeber, Bruch einer vereinbarten Geheimhaltungspflicht hinsichtlich der lizenzierten Erfindungen, Entwertung des Nutzungsrechts des Arbeitgebers durch Wettbewerbshandlungen seitens des Arbeitnehmers).

26 Verlangt der Arbeitnehmer eine **Befristung auf wenige Jahre oder auf die Dauer des Arbeitsverhältnisses**, so kann diese bspw. dann unangemessen sein, wenn ein hoher Investitionsaufwand eine langfristige Amortisation erfordert, die durch die Frist bzw. Unbestimmtheit der Dauer des Arbeitsverhältnisses unsicher wäre. Dagegen braucht eine Bindung an das Arbeitsverhältnis dann nicht unangemessen zu sein, wenn lediglich auf eine nicht vom Arbeitnehmer zu vertretende arbeitgeberseitige Beendigung abgestellt wird (u.U. aber sachfremde »Knebelung«).

27 Ist der Arbeitnehmer **nur bereit**, mit dem Arbeitgeber eine **ausschließliche Lizenz oder** gar den **Verkauf** der Erfindung zu vereinbaren, obschon dem Arbeitgeber ein nicht ausschließliches Nutzungsrecht genügen würde, ist dieses Verlangen des Arbeitnehmers dann nicht unangemessen, wenn derartige Monopolabreden der Marktsituation entsprechen bzw. auf Grund der Arbeitgeberrechte eine sonstige Verwertung der freien Erfindung durch den Arbeitnehmer unbillig erschwert wäre (vgl. § 7 Abs. 2 Satz 2 a.F.; s. dort § 7 a.F. Rdn. 39 ff.).

Ebenso kann es angemessen sein, eine **Schutzrechtsanmeldung** von der ganzen oder teilweisen **Kostenübernahme** durch den Arbeitgeber abhängig zu machen, auch wenn man den Arbeitnehmer mangels abweichender Vereinbarung ebenso wie einen Lizenzgeber vom Grundsatz her als verpflichtet ansehen muss, eine (inländische) Schutzrechtsanmeldung auf eigene Kosten durchzuführen. Selbstverständlich steht es den Arbeitsvertragsparteien aber auch frei, einvernehmlich eine **Geheimhaltung** der freien Erfindung und damit einen Verzicht auf eine Schutzrechtsanmeldung zu betreiben.

Da der Arbeitnehmer während des Arbeitsverhältnisses arbeitsrechtlichen Schranken hinsichtlich einer **Eigenverwertung** unterliegt (s. § 18 Rdn. 5), ist es im Einzelfall zu billigen, wenn vom Arbeitgeber bei Rechtseinräumung verlangt wird, zugleich auf seine Verbietungsrechte ggü. einer Eigenverwertung seines Arbeitnehmers (Unterlassungs- und Schadensersatzansprüche) zu verzichten oder ansonsten die Erfindung insgesamt zu übernehmen (vgl. auch insoweit § 7 Abs. 2 Satz 2 a.F.). Schließlich wäre es aus Rechtsgründen nicht zu beanstanden, wenn der Arbeitnehmer anstelle einer notwendigen ausschließlichen Lizenz (s. § 19 Rdn. 16) die Übertragung der Erfindung anbietet, um eine bloß formale Rechtsinhaberschaft zu vermeiden.

Die vom Arbeitnehmer zu fordernde **Vergütung** richtet sich nach den Sätzen, die für derartige Rechtseinräumungen mit freien Erfindern üblicherweise vereinbart werden, um dem wirtschaftlichen Wert des eingeräumten Benutzungsrechts bzw. der übertragenen Erfindungsrechte im konkreten Einzelfall gerecht zu werden[42] (s. a. § 19 Rdn. 22). Maßstab ist, was **vernünftige Lizenzvertragsparteien** unter Berücksichtigung von Verkehrsüblichkeit und Vertragszweck vereinbaren würden[43] (vgl. auch § 24 Abs. 6 Satz 4 PatG). Die für Diensterfindungen geltenden Vergütungsregeln des ArbEG einschließlich der Vergütungsrichtlinien kommen nicht zum Tragen. Selbstverständlich ist es dem Arbeitnehmer unbenommen, diese von sich aus anzubieten.[44] Auch bei Fehlen einer Vereinbarung können jedoch die vergütungsrechtlichen Grundsätze zur Bestimmung des **Erfindungswertes** (vgl. RL Nrn. 3 ff.; s. dazu § 9 Rdn. 86 ff.) wertend herangezogen werden. Das betrifft insbesondere die **abstrakte Lizenzanalogie**, die zur Bemessung der angemessenen, marktgerechten Lizenz (Bezugsgrößen, Lizenzsatz usw.) auch hier grundsätzlich geeignet ist[45] (zu deren praktischer Handhabung s. insb. § 9 Rdn. 121, 122.1, 131). 28

Als Grundsatz kann festgehalten werden, dass eine Vergütung jedenfalls dann angemessen ist, wenn sie dem Erfindungswert, der sich nach den RLn 1959 für eine vergleichbare Diensterfindung ergeben würde, entspricht oder nahekommt, aber (selbstverständlich) **ohne Anteilsfaktor** nach RL Nrn. 30 ff. Eine vom Arbeitgeber begehrte Vergütungsminderung über den Anteilsfaktor (RL Nrn. 30 ff.) würde der Eigenschaft der Erfindung als freie widersprechen.

Auch soll im Einzelfall die Berücksichtigung einer (dort u.U. üblichen) **Abstaffelung** angemessen sein, selbst wenn sie zunächst von den Vertragsparteien nicht vereinbart worden ist.[46]

---

42 Amtl. Begründung BT-Drucks. II/1648 S. 37 = BlPMZ 1957, 238; z. Bestimmung der Lizenzgebühr s. Bartenbach Patentlizenz- und Know-how-Vertrag, Rn. 1675 ff.
43 Vgl. etwa BGH v. 29.04.2003 – X ZR 186/01, GRUR 2003, 789 – *Abwasserbehandlung*.
44 Vgl. etwa den Fall bei Schiedsst. v. 10.03.1993, EGR Nr. 80 zu § 12 ArbEG.
45 Vgl. zur Zwangslizenz BPatG v. 21.11.2017, GRUR 2018, 803 (Rn. 40 ff.) – *Isentress II*.
46 I.d.S. LG Nürnberg-Fürth v. 25.02.1981 – 3 O 1970/80 PatR; insoweit bestätigt durch BGH v. 01.02.1983 – X ZR 16/82 – *Fahrzeugsitz* (beide unveröffentl.).

**29** Der **Beginn** der Vergütungspflicht ebenso wie der Einfluss von Schutzrechtsanmeldungen richten sich nach der getroffenen Absprache. Mangels Abrede gelten die allgemeinen Grundsätze des Lizenzvertragsrechts, d.h. orientiert daran, was vernünftige Vertragsparteien vereinbaren würden, sodass regelmäßig mit Beginn der Nutzungsaufnahme – unabhängig vom etwaigen Verlauf eines Schutzrechtserteilungsverfahrens – Vergütungen fällig werden.[47] Nach verbreiteter Auffassung soll dagegen im Zweifel vor Schutzrechtserteilung[48] bzw. vor Offenlegung[49] noch keine Vergütung geschuldet werden.

Auch die **Vergütungsdauer** bestimmt sich im Zweifel nach den allgemeinen Grundsätzen des Lizenzvertragsrechts.[50] Namentlich ist auf die Laufzeit des Schutzrechts abzustellen, soweit vertraglich keine Befristung vorgesehen ist. Ergibt sich nachträglich die **Schutzunfähigkeit**, sei es im Rahmen eines noch nicht abgeschlossenen Erteilungsverfahrens oder aufgrund einer Nichtigkeits- bzw. Löschungsklage, gelten bei Fehlen spezieller Vertragsabsprachen die allgemeinen zivilrechtlichen Folgen wie bei (sonstigen) Lizenzverträgen als »gewagtes Geschäft«.[51], so dass der Vertrag im Grundsatz erst mit Wirkung für die Zukunft ab Nichtigkeitserklärung des Patents bzw. Löschung des Gebrauchsmusters bzw. Versagung eines Schutzrechts endet.

Die Vergütungsansprüche unterliegen der regelmäßigen **Verjährungsfrist von 3 Jahren** wie beim einfachen Lizenzvertrag,[52] gerechnet ab Ende des Jahres, in dem sie fällig werden (§§ 195, 199 Abs. 1 BGB), ggf. der Verjährungshöchstfrist des § 199 Abs. 4 BGB (s.a. § 9 Rdn. 39 ff.).

---

47 Vgl. auch Boemke/Kursawe/Ulrici Rn. 50 zu § 19.
48 Vgl. Reimer/Schade/Schippel/Rother Rn. 19 zu § 19.
49 Keukenschrijver in Busse/Keukenschrijver, PatG, Rn. 18 zu § 19 ArbEG m. H. a. Schiedsst. v. 11.12.1967, BlPMZ 1968, 326 – dort zur früheren Bekanntmachung.
50 Vgl. dazu allg. u.a. Benkard/Ullmann/Deichfuß, PatG, Rn. 192 ff. zu § 15 PatG; Bartenbach, Patentlizenz- und Know-how-Vertrag Rn. 1857.
51 Vgl. dazu u. a. Benkard/Ullmann/Deichfuß, PatG, Rn. 192 ff., 197 ff. zu § 15 PatG. Abw. Marquardt, Freie Erf. im ArbVerh. (2002), S. 29 ff. 154 f., die für Lizenz- und sonstige Verwertungsverträge über freie Erfindungen annimmt, dass diese bei späterer Feststellung der Schutzunfähigkeit des Vertragsrechts fortbestehen und nur einem Anpassungsanspruch nach § 19 Abs. 4 an den Wert des damit ungeschützten Know-hows unterliegen sollen; dabei wird u. E. übersehen, dass einerseits die von Anfang an bestandene Schutzunfähigkeit keine nachträgliche Änderung darstellen kann und andererseits das technische Wissen wegen der zwischenzeitlich eingetretenen Offenkundigkeit kaum mehr als vergütungspflichtige Überlassung von Know-how angesehen werden kann.
52 S. dazu BGH v. 08.12.1992, GRUR 1993, 469 – *Mauer-Rohrdurchführungen* = GRUR Int. 1993, 556 – *Mauer-Rohrdurchführungen* (zum früheren Verjährungsrecht).

## B. Anbietungspflicht des Arbeitnehmers (Abs. 1) § 19

Die Vergütung ist für den Arbeitnehmer **kein Arbeitseinkommen** (s. § 9 Rdn. 3).

Das Angebot des Arbeitnehmers muss evtl. **rechtlichen Schranken**, die einen 30 Nutzungsvertrag selbst (insb. kartellrechtliche Grenzen – s. hierzu auch § 9 Rdn. 136 ff.) oder seine Ausübung (etwa wettbewerbsrechtliche Bindungen durch das UWG) betreffen, beachten. So wäre es unangemessen und insoweit rechtlich unwirksam (vgl. §§ 1, 2 GWB, § 134 BGB), wenn der Arbeitnehmer den Abschluss eines Nutzungsvertrages davon abhängig machen würde, dass der Arbeitgeber ein (kartellrechtlich unwirksames) Wettbewerbsverbot[53] für konkurrierende Erzeugnisse unter Verzicht auf die Nutzung der eigenen Technologierechte (vgl. Art. 5 Abs. 2 TT-GVO 2014) eingeht. Ebenso könnte die Vereinbarung von Vergütungsansprüchen über die Laufzeit der lizenzierten (freien) Schutzrechte hinaus ggf. nicht mit §§ 1, 2 GWB vereinbar sein.[54]

### III. Voraussetzungen der Anbietungspflicht

#### 1. »Anderweitige Verwertung während der Dauer des Arbeitsverhältnisses«

In Abweichung vom Grundsatz des § 26 beschränkt § 19 Abs. 1 Satz 1 auch 31 die Anbietungspflicht auf die **Dauer des Arbeitsverhältnisses**; sie entfällt also, wenn der Arbeitnehmer bis zur rechtlichen Beendigung des Arbeitsverhältnisses (s. dazu § 4 Rdn. 10, 12 ff.) noch nicht mit der Verwertung begonnen hat.

Angesichts dieses eindeutigen Wortlauts besteht weder für Ruheständler (s. 32 hierzu § 1 Rdn. 79) noch für **ausgeschiedene Arbeitnehmer** (selbst bei nachvertraglichem Wettbewerbsverbot; s. § 18 Rdn. 13 f.) eine Anbietungspflicht[55] (zum Doppelarbeitsverhältnis s. § 1 Rdn. 23; vgl. auch § 1 Rdn. 30).

Eine weitere Einschränkung besteht darin, dass der Arbeitnehmer die Erfin- 33 dung **erst anbieten muss**, bevor er sie in dem vorgenannten Zeitraum »anderweitig verwertet«. Ob eine freie Erfindung überhaupt verwertet wird, obliegt also der **freien Entscheidung** des Arbeitnehmers. Insoweit ist es auch nicht als treuwidrig zu beanstanden, wenn der Arbeitnehmer sein Arbeitsvertragsver-

---

53 Vgl. hierzu Bartenbach, Patentlizenz- u. Know-how-Vertrag, Rn. 2120 ff.
54 BGH v. 01.02.1983 – X ZR 16/82 – *Fahrzeugsitz* (unveröffentl.) – zu § 20 Abs. 1 GWB a.F.; s. dazu Bartenbach/Söder, Mitt. 2007, 353 ff.
55 Allg. A., z. B. Keukenschrijver in Busse/Keukenschrijver, PatG, Rn. 8 zu § 19 ArbEG. Das betrifft natürlich nicht – worauf Boemke/Kursawe/Boemke Rn. 21 zu § 26 zu Recht hinweisen – nicht die Erfüllung einer bereits entstandenen Anbietungspflicht, wenn der Arbeitnehmer die Verwertung bereits während der Dauer des Arbeitsverhältnisses begonnen hat.

hältnis fristgerecht (ordnungsgemäß) kündigt, um der Anbietungspflicht zu entgehen.[56] Wegen § 22 Satz 1 kann der Arbeitgeber ihn auch nicht durch vorherige Absprache einer (hiervon unabhängigen) generellen Anbietungspflicht unterwerfen (s.a. § 19 Rdn. 77).

34 Angesichts dieser eindeutigen gesetzgeberischen Entscheidung kann der Arbeitnehmer, der keine Verwertungsabsichten hat, auch nicht unter dem Aspekt der allgemeinen Treuepflicht (s. dazu § 25 Rdn. 28 ff.) zur Anbietung eines Nutzungsrechts gehalten sein.[57]

35 »**Verwertung**« einer Erfindung ist jede Nutzung zu gewerblichen Zwecken[58], gleich, ob durch eigenes oder fremdes Handeln (s.a. § 9 Rdn. 90 ff.). Ein Vorhalten als Vorratspatent oder eine ausschließlich wissenschaftlichen Zwecken dienende Auswertung wird hiervon ebenso wenig erfasst wie die Anmeldung zur Schutzrechtserteilung (s. § 26 Rdn. 49) oder bloße Vorbereitungshandlungen, auch wenn diese auf eine spätere gewerbliche Verwertung abzielen (s.a. § 9 Rdn. 93 sowie RL Nrn. 20–24). Verwertung ist auch die Einräumung von einfachen oder ausschließlichen Nutzungsrechten an Dritte oder die Übertragung von Erfindungsrechten; den Begriff der Verwertung erfüllt noch nicht der Abschluss einer schuldrechtlichen Verpflichtung gegenüber Dritten, sondern erst die tatsächliche Rechtseinräumung bzw. Abtretung.[59]

36 Es ist dem Arbeitnehmer auch unbenommen, zunächst zur Klärung der Marktlage **Angebote Dritter** einzuholen, da in einer solchen Aufforderung zur Abgabe von Angeboten noch kein eigenes rechtsgeschäftliches Übertragungsangebot des Arbeitnehmers liegt. Untersagt ist ihm nur das vorherige Eingehen einer rechtsverbindlichen Verpflichtung ggü. Dritten.

37 Da der Begriff der Verwertung jede Form der Nutzung einschließlich der Eigennutzung des Arbeitnehmers umfasst (s. § 19 Rdn. 35 u. KommRL Einl. Rn. 57), könnte der Zusatz »**anderweitig**« einschränkend dahin gemeint sein, dass hierunter nur **Fremdverwertungen** (Lizenzierung bzw. ganze oder teilweise Abtretung von Erfindungsrechten i.S.d. §§ 15 PatG, 22 GebrMG an Dritte) zu verstehen sind. Eine dahingehende Auslegung bedeutet materiell

---

56 Zust. Marquardt, Freie Erf. im ArbVerh. (2002), S. 111.
57 Zust. Keukenschrijver in Busse/Keukenschrijver, PatG, Rn. 7 zu § 19 ArbEG; vgl. auch Volmer/Gaul Rn. 70 ff. zu § 19.
58 Wohl allg. A., Reimer/Schade/Schippel/Rother Rn. 10 zu § 19; Keukenschrijver in Busse/Keukenschrijver, PatG, Rn. 7 zu § 19 ArbEG; Volmer/Gaul Rn. 77 zu § 19; Boemke/Kursawe/Ulrici Rn. 19 zu § 19.
59 Insoweit zu Recht Keukenschrijver in Busse/Keukenschrijver, PatG, Rn. 12 zu § 19 ArbEG.

## B. Anbietungspflicht des Arbeitnehmers (Abs. 1) § 19

keine Änderung. Vielmehr würde damit den während der Dauer des Arbeitsverhältnisses (s. § 19 Rdn. 31 ff.) bestehenden arbeitsrechtlichen Schranken des Eigenverwertungsrechts des Arbeitnehmers (s. § 8 n.F. Rdn. 77 ff., § 18 Rdn. 5 u. § 25 Rdn. 50 ff.) Rechnung getragen (s. auch § 19 Rdn. 54). Im Ergebnis wird darunter jede Form der Verwertung durch den Arbeitnehmer ohne Beteiligung des Arbeitgebers zu verstehen sein.[60]

### 2. Verwendungsmöglichkeit des Arbeitgebers im »vorhandenen oder vorbereiteten Arbeitsbereich«

Die Anbietungspflicht ist darüber hinaus davon abhängig, dass die freie Erfindung »in den vorhandenen oder vorbereiteten Arbeitsbereich des Betriebs« (Unternehmens, s. hierzu § 1 Rdn. 101 ff. und § 18 Rdn. 28 f.) des Arbeitgebers fällt. Abzustellen ist auf den **Gegenstand der erfinderischen Lehre**[61]; für eine teleologische Reduktion auf die Maßgeblichkeit des Gegenstandes der beabsichtigten Verwertung[62] ist angesichts des klaren Gesetzesbefehls und des Normzwecks kein Raum. Eine **Verwertungsmöglichkeit bei Drittunternehmen**, etwa innerhalb eines Konzerns,[63] bei Kooperationspartnern oder Unternehmen, denen Arbeitnehmer leihweise überlassen wurden, hat außer Betracht zu bleiben (s. § 18 Rdn. 28). 38

Für den **öffentlichen Dienst**, für den § 19 ebenfalls gilt (§§ 40, 41), ist maßgebend, ob die Erfindung bei einem Betrieb bzw. einer Dienststelle im Gesamtbereich des Dienstherrn[64] eingesetzt werden kann (s. auch § 4 Rdn. 21).

Maßgeblicher **Beurteilungszeitpunkt** ist der Zeitpunkt der Abgabe des Angebots.[65] Daraus folgt, dass die von der Mitteilung nach § 18 unabhängige (s. § 19 Rdn. 6) Anbietungspflicht selbst dann besteht, wenn früher beim Arbeit- 39

---

60 So zutr. Marquardt, Freie Erf. im ArbVerh. (2002), S. 113.
61 Ganz h. M., z. B. Keukenschrijver in Busse/Keukenschrijver, PatG, Rn. 5 zu § 19 ArbEG; Reimer/Schade/Schippel Rn. 12 zu § 19.
62 So aber Boemke/Kursawe/Ulrici Rn. 21 ff. zu § 19; wohl folgend Schwab, Arbeitnehmererfindungsrecht, § 19 Rn. 7.
63 A. Bartenbach, Arbeitnehmererfindungen i. Konzern (2018), Rn. 958 ff.; Keukenschrijver in Busse/Keukenschrijver, PatG, Rn. 5 zu § 19 ArbEG; abw. Boemke/Kursawe/Ulrici Rn. 24 zu § 19 m. H, a. Marquardt, Freie Erf. (2002), S. 115 i.V.m. S. 84, wenn dem Arbeitgeberunternehmen eine »dienende Funktion« innerhalb des Konzerns zukommt, z. B. als konzernweite F&E-Gesellschaft.
64 Volz, ArbNErf. im öffentl. Dienst, S. 62; abw. Volmer/Gaul Rn. 158 zu § 40.
65 So auch Reimer/Schade/Schippel/Rother Rn. 13 zu § 19.

geber noch kein entsprechender Arbeitsbereich bestanden hatte und deshalb eine Mitteilung nach § 18 Abs. 3 entbehrlich war.

**40** Zwar ist der Begriff des **Arbeitsbereichs** gleichbedeutend mit dem des § 18 (s. § 18 Rdn. 29), wird hier allerdings auf vorhandene bzw. vorbereitete Aktivitäten des Arbeitgebers beschränkt. Der Begriff ist technisch und wirtschaftlich zu verstehen. Eine strikte räumliche Beschränkung scheidet u. E. begrifflich aus und würde auch einer sich permanent wandelnden bzw. fortschreitenden Marktwirklichkeit nicht gerecht (s. auch § 19 Rdn. 24). Verfehlt ist deshalb die Auffassung, bei der Reichweite der Anbietungspflicht des Arbeitnehmers sei der gegenwärtige räumliche Aktionsradius des Arbeitgebers zu berücksichtigen, so dass bei Verwertungsabsichten des Arbeitnehmers außerhalb dieses räumlichen Bereichs keine Anbietungspflicht bestehen soll.[66]

**41** »**Vorhandener**« Arbeitsbereich ist die gegenwärtige, tatsächliche wirtschaftliche Betätigung des Arbeitgebers, bspw. ausgewiesen durch sein Lieferprogramm.

**42** Der »**vorbereitete**« Arbeitsbereich verlangt – ähnlich dem Grundgedanken zur Begründung eines Vorbenutzungsrechts gem. § 12 PatG, auf den zur Auslegung zurückgegriffen werden kann[67] – eine Konkretisierung einer unternehmerischen Entscheidung zur Betätigung auf einem bestimmten Gebiet dahin, dass dieser **Entschluss** jedenfalls schon **teilweise** in die Tat **umgesetzt** ist, sei es durch betriebsinterne Anweisungen, sei es durch Auftragsvergaben (Maschinen- und Materialbestellung, Bauaufträge etc.) nach außen.

Ein bloß möglicher **zukünftiger Arbeitsbereich** reicht nicht aus. Hat der Arbeitnehmer legitimer Weise seine freie Erfindung verwertet, ist eine spätere Realisierung durch den Arbeitgeber ohne Einfluss.

Da dem Arbeitnehmer als gesetzlich Verpflichtetem entgegen der herrschenden Meinung die **Beweislast** für ein Entfallen der Anbietungspflicht obliegt,[68] kann ihm zugemutet werden, bei Zweifeln seinerseits vorab Erkundigungen beim Arbeitgeber einzuziehen.

---

66 Abw. aber Marquardt, Freie Erf. im ArbVerh. (2002), S. 114.
67 Keukenschrijver in Busse/Keukenschrijver, PatG, Rn. 5 zu § 19 ArbEG.
68 A.A. Volmer/Gaul Rn. 69 zu § 19; Keukenschrijver in Busse/Keukenschrijver, PatG, Rn. 5 zu § 19 ArbEG; Boemke/Kursawe/Ulrici Rn. 14 zu § 19.

## IV. Form, Zeitpunkt und Inhalt des Angebots

### 1. Form

Das Angebot des Arbeitnehmers ist an **keine Form** gebunden,[69] insb. muss es nicht schriftlich oder in Textform erfolgen, kann also auch mündlich oder konkludent abgegeben werden[70] (s. dazu § 5 Rdn. 36.1). Jedoch muss es klar als ein solches erkennbar werden, d.h., die Angebotsabsicht des Arbeitnehmers muss unzweideutig zum Ausdruck gekommen sein. Es kann aber genügen, dass sich ein entsprechender Wille aus den gesamten Umständen des Einzelfalles ergibt. So hat die *Schiedsstelle* es als Angebot ausreichen lassen, wenn der Arbeitnehmer dem Arbeitgeber eine eigenhändig unterzeichnete Beschreibung der Erfindung mit dem Hinweis übergibt, dass für ihn durch den Arbeitgeber Gebrauchsmusterschutz (auf dessen Kosten) anzumelden sei.[71]

43

### 2. Zeitpunkt: Vor anderweitiger Verwertung durch den Arbeitnehmer

Der Arbeitnehmer ist – anders als bei der Mitteilungspflicht (§ 18) – nicht schon mit Fertigstellung der (freien) Erfindung zur Angebotsabgabe verpflichtet, sondern erst »**bevor**« er »während der Dauer des Arbeitsverhältnisses« eine anderweitige **Verwertung aufnimmt**. Die Anbietungspflicht ist also in dem Augenblick begründet, in dem er seinen Verwertungsentschluss (»ob« und »wie«) abschließend getroffen hat und Eigenverwertungshandlungen oder Verwertungen Dritter bevorstehen, also noch vor einer (bindenden) Abgabe eines Angebotes über Lizenzeinräumung bzw. über Abtretung von Erfindungsrechten.[72] Das entspricht dem Sinn der Anbietungspflicht, die einem Ausschluss des Arbeitgebers vom Wettbewerb entgegenwirken soll (s. § 19 Rdn. 3). Nach erstmaliger Verwertung (z. B. Vergabe einer einfachen Lizenz) besteht die Anbietungspflicht nicht bei weiteren zukünftigen Verwertungshandlungen (z. B. weitere Lizenzvergaben) fort.[73] Einzelheiten zum Begriff der anderweitigen Verwertung s. § 19 Rdn. 35 ff.

44

---

69 H.M., Keukenschrijver in Busse/Keukenschrijver, PatG, Rn. 11 zu § 19 ArbEG; Boemke/Kursawe/Ulrici Rn. 29 zu § 19; a. A. Volmer/Gaul Rn. 79 zu § 19.
70 So im Ergebn. z.B. Schiedsst. v. 10.03.1993, EGR Nr. 80 zu § 12 ArbEG.
71 Schiedsst. v. 10.03.1993, EGR Nr. 80 zu § 12 ArbEG.
72 Abw. Keukenschrijver in Busse/Keukenschrijver, PatG, Rn. 12 zu § 19 ArbEG. Weitergehend Marquardt, Freie Erf. im ArbVerh. (2002), S. 136 f., wonach es allein auf den (abstrakten) Verwertungsentschluss (»das Ob«) ankommen soll, ohne dass bereits Einzelheiten der Umsetzung (»des Wie«) feststehen müssen, wie etwa die Person eines Vertragspartners.
73 Zutr. Marquardt, Freie Erf. im ArbVerh. (2002), S. 117.

45 Der Arbeitnehmer ist dann verpflichtet (»hat er«), **von sich aus** dem Arbeitgeber ein Benutzungsangebot zu unterbreiten; es bedarf also keiner Aufforderung durch den Arbeitgeber. Kommt der Arbeitnehmer seiner gesetzlichen Verpflichtung nicht nach, kann der Arbeitgeber nach (erfolgloser) Anrufung der Schiedsstelle (§§ 28 ff.) Klage auf Angebotsabgabe (vgl. § 894 ZPO) erheben (vgl. § 39); s.a. § 19 Rdn. 11, 73 f.

### 3. Gleichzeitige Angebotsabgabe mit der Mitteilung nach § 18

46 Gem. § 19 Abs. 1 Satz 2 ist es dem Arbeitnehmer freigestellt, dem Arbeitgeber sein Angebot bereits **vor anderweitiger Verwertung** zu unterbreiten, etwa gleichzeitig mit der (wirksamen – s. § 19 Rdn. 52) Mitteilung der freien Erfindung nach § 18. Auch das zugleich mit der Mitteilung zugehende Angebot setzt (selbstverständlich) die Frist des § 19 Abs. 2 in Gang (s. § 19 Rdn. 52 ff.; s. aber auch § 19 Rdn. 39).

47 In der **Mitteilung selbst ist kein Angebot** zu sehen. Dieses muss vielmehr gesondert (wenn auch in einer Urkunde möglich) von der Mitteilung erfolgen und zweifelsfrei für den Arbeitgeber ein auf die Rechtseinräumung gerichtetes Angebot erkennen lassen.

### 4. Inhalt des Angebots

48 Da das Angebot als Grundlage der Entscheidung des Arbeitgebers dient, muss es die **wesentlichen Bedingungen eines abzuschließenden Nutzungsvertrages** enthalten, vor allem Bestimmungen zum Umfang der Rechtseinräumung und zur Höhe der Vergütung (s. § 19 Rdn. 20 ff.). Soweit ausnahmsweise die Übertragung der Erfindungsrechte angeboten wird (vgl. § 19 Rdn. 17), muss auch die Höhe des Kaufpreises benannt werden. Denkbar ist es, die Bestimmung der Gegenleistung dem Arbeitgeber nach billigem Ermessen zu überlassen (vgl. § 315 BGB). Zum Inhalt des Angebots können auch Regelungen über Schutzrechtsanmeldungen und die Aufrechterhaltung von Schutzrechtspositionen gehören, einschließlich der Kostentragung.

Es gelten im Übrigen die allgemeinen **zivilrechtlichen Regelungen für Vertragsangebote**, etwa zur Bestimmtheit bzw. Bestimmbarkeit und Auslegung (§§ 133, 157 BGB) einschließlich der Maßgeblichkeit des Verständnisses des Arbeitgebers (Empfängerhorizont) sowie zu dem nach § 145 BGB erforderlichen Willen des Arbeitnehmers zur rechtlichen Bindung. Die bloße Aufforderung, über Verwertungsumfang und/oder die Höhe des Nutzungsentgeltes Verhandlungen aufzunehmen, reicht damit noch nicht als Angebot aus;[74] Gleiches

---

74 Zust. Boemke/Kursawe/Ulrici Rn. 31 zu § 19.

# B. Anbietungspflicht des Arbeitnehmers (Abs. 1) § 19

gilt, wenn der Arbeitgeber aufgefordert wird, von sich aus ein Angebot zu unterbreiten, d.h. seine Vorstellungen über den Inhalt eines Nutzungsrechts und das Nutzungsentgelt darzulegen.

## V. Annahme oder Ablehnung des Angebots durch den Arbeitgeber (Abs. 2, 3)

### 1. Grundsatz

Die Reaktion auf das Angebot des Arbeitnehmers steht im **freien Belieben des Arbeitgebers**[75] (s. auch § 19 Rdn. 9). 49

Ein **Benutzungsrecht** an der freien Erfindung erwirbt der Arbeitgeber erst aufgrund einer vertraglichen Vereinbarung mit dem Arbeitnehmer, also **durch Annahme des Angebots** und entsprechende Rechtseinräumung. Auch insoweit gelten grundsätzlich die allgemeinen zivilrechtlichen Regeln zur Vertragsannahme. 50

Findet der Arbeitgeber die Bedingungen unangemessen, so hat er sich nach § 19 Abs. 3 gleichwohl zur Annahme zu erklären (s. dazu § 19 Rdn. 57 ff.). Bei Ablehnung oder nicht fristgerechter Annahme **erlischt** sein Vorrecht (s. § 19 Rdn. 53 f.). 51

### 2. Frist zur Annahme (Abs. 2)

In Abweichung von § 147 BGB räumt § 19 Abs. 2 dem Arbeitgeber eine **Überlegungsfrist von 3 Monaten** ein. Der Arbeitnehmer ist an sein Angebot (ohne Widerrufsmöglichkeit) während dieser 3-Monats-Frist gebunden, es sei denn, der Arbeitgeber lehnt die Annahme des Angebots bereits vor Fristablauf gänzlich ab (§§ 145, 146 BGB; zur Geltendmachung unangemessener Bedingungen s. § 19 Rdn. 57). 52

Die 3-Monats-Frist beginnt mit **Zugang des ordnungsgemäßen Angebots** des Arbeitnehmers beim Arbeitgeber. Hierfür muss das Angebot den inhaltlichen Erfordernissen des § 19 Abs. 1 Satz 2 entsprechen (s. § 19 Rdn. 48). Zur Fristberechnung vgl. § 6 a.F. Rdn. 50 ff.

Weitere Voraussetzung für den Fristbeginn ist die **ordnungsgemäße Mitteilung nach § 18 Abs. 1**[76] (s. § 18 Rdn. 6 ff.), die auch gleichzeitig mit der Angebotsabgabe erfolgen kann (s. § 19 Rdn. 46 f.). Das folgt letztlich aus § 19 Abs. 1 Satz 2 und ist sachgerecht, da der Arbeitgeber für seine Entscheidung

---

75 BGH v. 29.11.1984, NJW 1985, 1031, 1032 – *Fahrzeugsitz II*.
76 Unklar Boemke/Kursawe/Ulrici Rn. 4 zu § 19.

über die Annahme des Angebots hinreichende Klarheit über die in Rede stehende Erfindung (einschließlich Schutzrechtspositionen) haben muss.

Unbeschadet der Rechtsfolgen des § 19 Abs. 2 kann die arbeitsrechtliche Fürsorgepflicht dem Arbeitgeber im Einzelfall einen kürzeren Prüfungszeitraum nahelegen.[77]

53 Die 3-Monats-Frist ist eine **Ausschlussfrist**[78] (s. hierzu § 6 a.F. Rdn. 45 ff.), da sie mit Ablauf das Recht des Arbeitgebers zur Vertragsannahme untergehen lässt; sie hat den Sinn, eine schnelle Klärung der Rechtsbeziehungen zwischen Arbeitgeber und Arbeitnehmer zu gewährleisten.[79] Zum Bestreiten der Eigenschaft als freie Erfindung durch den Arbeitgeber s. § 19 Rdn. 8, zur Geltendmachung der Unangemessenheit von Bedingungen s. § 19 Rdn. 57 ff.

54 **Nimmt** der Arbeitgeber das Angebot **nicht innerhalb der gesetzlichen Frist** an (vgl. §§ 148, 149 BGB) oder lehnt er es ausdrücklich ab, so erlischt dieses (vgl. § 146 BGB) und der Arbeitnehmer kann seine freie Erfindung anderweitig verwerten, nunmehr lediglich noch gebunden durch eventuelle allgemeine arbeitsrechtliche Treuepflichten, sonstige arbeitsvertragliche Einschränkungen[80] oder gesetzliche Bindungen (etwa § 17 UWG bzw. das künftige GeschGehG, s. dazu § 24 Rdn. 38). Das betrifft einerseits das Verbot der Eigenverwertung, soweit er dadurch in Konkurrenz zum Arbeitgeber tritt[81], andererseits aber auch die zulässige Möglichkeit, die freie Erfindung selbst an Mitbewerber seines Arbeitgebers zu veräußern bzw. diesen Nutzungsrechte einzuräumen[82] (s. auch § 19 Rdn. 37; Näheres s. § 8 n.F. Rdn. 77 ff., § 18 Rdn. 5 u. § 25 Rdn. 40 ff.). Ein erneutes Angebot kann der Arbeitgeber auch dann nicht verlangen, wenn er später seinen Arbeitsbereich ändert.[83]

---

77 Zum früheren Recht vgl. LAG Leipzig v. 21.01.1938, ARS 33, 93 m. Anm. Hueck; a. A. Boemke/Kursawe/Ulrici Rn. 47 zu § 19.
78 Ebenso Marquardt, Freie Erf. im ArbVerh. (2002), S. 140; Volmer/Gaul Rn. 90 zu § 19; Keukenschrijver in Busse/Keukenschrijver, PatG, Rn. 15 zu § 19 ArbEG. Die Möglichkeit der Festlegung einer längeren Frist durch den Arbeitnehmer bejahen Boemke/Kursawe/Ulrici Rn. 49 zu § 19.
79 Amtl. Begründung BT-Drucks. II/1648 S. 37 = BlPMZ 1957, 238.
80 Vgl. etwa Schiedsst. v. 10.03.1993, EGR Nr. 80 zu § 12 ArbEG.
81 Streitig, wie hier Marquardt, Freie Erf. im ArbVerh. (2002), S. 158 f.; Boemke/Kursawe/Ulrici Rn. 59 zu § 19.
82 Wie hier u. a. Marquardt, Freie Erf. im ArbVerh. (2002), S. 149.
83 Wie hier Boemke/Kursawe/Ulrici Rn. 58 zu § 19.

## 3. Zustandekommen eines Vertrages

Erklärt sich der Arbeitgeber gegenüber dem Arbeitnehmer mit dessen Angebot firstgerecht **einverstanden**, so kommt mit Zugang seiner Annahmeerklärung der Vertrag zustande. Das Gesetz schreibt – ebenso wie bei der Angebotsabgabe (s. § 19 Rdn. 43) – keine Form für die Annahme vor; damit kann diese konkludent erfolgen[84], auch wenn zumindest Textform zu Beweiszwecken sinnvoll ist, insbesondere bei Annahme unter Vorbehalt nach § 19 Abs. 3. Ein Vertrag kommt selbstverständlich auch dann zustande, wenn die Arbeitsvertragsparteien auf der Grundlage des Angebots des Arbeitnehmers Vertragsverhandlungen aufnehmen und sich hierbei einigen. Wird das Angebot **vorbehaltslos** angenommen, sind auch die vom Arbeitnehmer vorgegebenen Bedingungen Vertragsinhalt, selbst wenn sie unangemessen sein sollten[85] (s. i.Ü. § 19 Rdn. 57). Zur Unbilligkeit nach § 23 s. § 19 Rdn. 86 f. 55

Der so zustande gekommene Vertrag steht selbstständig neben dem Arbeitsverhältnis und unterscheidet sich rechtlich kaum von einem **Lizenzvertrag**, wie er mit einem außerhalb des Unternehmens stehenden Vertragspartner zustande kommen kann.[86] Die beiderseitigen Rechte und Pflichten in Bezug auf die freie Erfindung bestimmen sich nach dem Inhalt des Lizenzvertrages; allerdings können sich im Einzelfall aus der arbeitsrechtlichen Treue- und Fürsorgepflicht Nebenpflichten konkretisieren. Der Umstand, dass das Bestehen des Arbeitsverhältnisses der Anlass für das Zustandekommen des Lizenzvertrages war, rechtfertigt es aber nicht, die Ansprüche des Arbeitnehmers wegen Benutzung der freien Erfindung dem Arbeitsverhältnis zuzurechnen, sofern diese ihre Grundlage in dem Lizenzvertrag finden; mangels dahingehender Abrede ist die Vertragsdauer auch nicht vom Fortbestehen des Arbeitsverhältnisses abhängig (s. § 19 Rdn. 25). Das aufgrund des Lizenzvertrages geschuldete Entgelt ist auch nicht Arbeitseinkommen[87]. Bei der Abwicklung dieses Lizenzvertrages können ergänzend die allgemeinen Regeln des Lizenzvertragsrechts (außerhalb des ArbEG) einschl. der kartellrechtlichen Beschränkungen der §§ 1, 2 GWB, Art. 101, 102 AEUV (s.a. § 9 Rdn. 131) herangezogen werden.[88] Hiernach bestimmt sich auch, ob Vergütungsansprüche über die Laufzeit eines Schutz- 56

---

84 Vgl. etwa Schiedsst. v. 10.03.1993, EGR Nr. 80 zu § 12 ArbEG.
85 Folgend u. a. Marquardt, Freie Erf. im ArbVerh. (2002), S. 143.
86 BGH v. 29.11.1984, NJW 1985, 1031, 1032 – *Fahrzeugsitz II*.
87 BGH v. 29.11.1984, NJW 1985, 1031, 1032 – *Fahrzeugsitz II*.
88 BGH v. 01.02.1983 – X ZR 16/82, (unveröffentl.) – *Fahrzeugsitz*.

rechts hinaus vereinbart werden können[89] (s. dagegen RL Nr. 42 für die Vergütung von Diensterfindungen). Zur Vergütungsdauer s. § 19 Rdn. 29.

57 **Erklärt** sich der **Arbeitgeber** innerhalb der Frist **grds. zum Erwerb des angebotenen Rechts bereit**, macht er jedoch gleichzeitig die Unangemessenheit einzelner Bedingungen nach § 19 Abs. 3 (s. dazu § 19 Rdn. 59) geltend, so führt auch diese Erklärung – in Abweichung von § 150 Abs. 2, §§ 154, 155 BGB – zu einem Vertragsschluss »**dem Grunde nach**«. Dem Arbeitgeber steht das angebotene Nutzungsrecht zu[90] (vgl. § 23 Abs. 3 Satz 4, Abs. 4 PatG zu der vergleichbaren Situation bei der Lizenzbereitschaftserklärung). Soweit auch dessen Umfang streitig ist, erlangt er zunächst jedenfalls ein nicht ausschließliches Nutzungsrecht. I.Ü. eröffnet § 19 Abs. 3 ihm (und dem Arbeitnehmer) – wenn auch nachträglich keine Einigung erzielt wird – die Möglichkeit, nach (erfolgloser) Anrufung der Schiedsstelle (§§ 28 ff.) ggf. eine gerichtliche Klärung (§§ 37, 39 Abs. 1) herbeizuführen.

**4. Gerichtliche Feststellung der Bedingungen bei Meinungsverschiedenheiten (Abs. 3)**

58 Bestreitet der Arbeitgeber die Angemessenheit der Bedingungen, so muss darüber nach Abs. 3 mangels Einigung ggf. eine gerichtliche Festsetzung erwirkt werden; i.Ü. besteht das Vertragsverhältnis bereits bindend (s. § 19 Rdn. 57); in der Sache geht es also um eine ergänzende Vertragsgestaltung durch Schiedsstelle bzw. Gericht.[91] Die Unangemessenheit muss zeitgleich mit der Erklärung über die Annahmebereitschaft ggü. dem Arbeitnehmer geltend gemacht werden.[92] Daraus muss klar erkennbar sein, welche Bedingungen der Arbeitgeber nicht akzeptiert.[93] Ein nachträgliches Geltendmachen nach Angebotsannahme scheidet aus; denkbar ist allerdings das Nachschieben von Gründen. Zur Berufung auf eine Unbilligkeit s. § 19 Rdn. 86.

---

89 Vgl. (aber) BGH v. 01.02.1983 – X ZR 16/82, (unveröffentl.) – *Fahrzeugsitz*. S. auch EuGH v. 07.07.2016, GRUR 2016, 917 – Genentech/Hoechst.
90 So auch Heine/Rebitzki Anm. 5 zu § 19; Volmer Rn. 34 zu § 19; Volmer/Gaul Rn. 95, 109 zu § 19; a. A. Boemke/Kursawe/Ulrici Rn. 53 zu § 19.
91 So Keukenschrijver in Busse/Keukenschrijver, PatG, Rn. 16 zu § 19 ArbEG.
92 Zust. Marquardt, Freie Erf. im ArbVerh. (2002), S. 147.
93 Abw. wohl Boemke/Kursawe/Ulrici Rn. 51 f. zu § 19, wonach die Erklärung des Arbeitgebers ausreicht, »nicht mit allen dem Gebot der Angemessenheit unterliegenden Vertragsbedingungen vorbehaltlos einverstanden zu sein«.

## a) Angemessenheit der Bedingungen

Unter angemessene Bedingungen fallen alle vom Arbeitnehmer vorgeschlagenen Bestimmungen, die den Inhalt des Nutzungs- (Lizenz-) Vertrags gestalten sollen (Einzelheiten streitig, vgl. dazu § 19 Rdn. 20 ff.). In der Praxis dürften neben der Höhe der vom Arbeitnehmer verlangten Gegenleistung des Arbeitgebers (einschließlich Zahlungsmodalitäten und Rechnungslegung) etwaige vom Arbeitnehmer eingeforderte Nebenleistungen des Arbeitgebers (Aufrechterhaltung und Verteidigung von Schutzrechten, Ausübungspflichten usw.) im Vordergrund stehen. Entsprechend der hier vertretenen Ansicht ist auch der Umfang des Nutzungsrechts (einfaches, ausschließliches Nutzungsrecht, Übertragung der Erfindung) erfasst (s. § 19 Rdn. 14 f., 29); dass der Gesetzgeber den früher im Reg.-Entw. 1952 vorgesehenen Zusatz, der den Umfang des Angebots betraf, fallen ließ, hat ausdrücklich lediglich redaktionelle Gründe (s. § 19 Rdn. 15).

59

## b) Anrufung der Schiedsstelle

Vor Klageerhebung **müssen** (Ausnahmen: § 37 Abs. 1 Nr. 2 und 3) Arbeitgeber oder Arbeitnehmer zunächst die Schiedsstelle zur Herbeiführung einer gütlichen Einigung über die Vertragsbedingungen anrufen (§§ 28, 31).[94] Dies ist notwendige Voraussetzung zur Erhebung der Klage (§ 37 Abs. 1). Es handelt sich nicht um eine Geltendmachung von Rechten aus einer Vereinbarung i.S.d. § 37 Abs. 2 Nr. 1, sondern um die Klärung ihrer inhaltlichen Ausgestaltung.

60

Die ursprünglich im Reg.-Entw. vorgesehene Festsetzung durch die Schiedsstelle wurde fallen gelassen, um unnötige Unterschiede in Verfahren und Aufgabe der Schiedsstelle zu vermeiden;[95] durch diese Änderung sollte aber die Vorschaltung der Schiedsstelle unberührt bleiben.[96] Abs. 3 stellt demzufolge mittelbar klar, dass der Schiedsstelle nur streitschlichtende, aber keine streitent-

61

---

[94] H.M., z.B. Reimer/Schade/Schippel/Rother Rn. 17 zu § 19; Volmer Rn. 36 zu § 19; Volmer/Gaul Rn. 106 zu § 19; Keukenschrijver in Busse/Keukenschrijver, PatG, Rn. 16 zu § 19 ArbEG; Boehmer/Kursawe/Ulrici Rn. 50 zu § 19; HK-Kronisch, § 19 Rn. 4; wohl i. Ergebn. auch Schiedsst. v. 11.12.1967, EGR Nr. 1 zu § 19 ArbEG u. Schiedsst. Beschl. v. 09.03.1981 – Arb.Erf. 56/80, (unveröffentl.); a.A. Lindenmaier/Lüdecke Anm. 7 zu § 19 u. Halbach Anm. 7 zu § 19, die nur ein »Recht« zur Anrufung annehmen.
[95] Vgl. Stellungnahme d. BR in Anl. 2 zu BT-Drucks. II/1648 S. 61; Ausschussber. zu BT-Drucks. II/3327 S. 7 = BlPMZ 1957, 253.
[96] Vgl. Stellungnahme d. BR in Anl. 2 zu BT-Drucks. II/1648 S. 61; Ausschussber. zu BT-Drucks. II/3327 S. 7 = BlPMZ 1957, 253.

scheidende Funktion zukommt, Letzteres vielmehr ausschließlich den Gerichten vorbehalten bleiben soll.

**c) Gerichtliche Klage**

62 Ist vor der Schiedsstelle keine Einigung über die Angemessenheit zustande gekommen (§ 35), so kann jede Arbeitsvertragspartei eine gerichtliche Festsetzung der Bedingungen »**auf Antrag**« erreichen.

63 Das Verfahren wird durch Klage (Einreichung der Klageschrift gem. § 253 ZPO) eingeleitet (vgl. § 37 Abs. 1; die ursprünglich im Reg.-Entw. v. 1955 vorgesehene »Beschlussform« wurde nicht Gesetz, s.a. § 19 Rdn. 61). **Ausschließlich zuständig** sind gem. § 39 Abs. 1 die für Patentstreitsachen zuständigen Gerichte (§ 143 PatG); Einzelheiten s. bei § 39.

64 Die Klage kann auch gegen **mehrere Nutzungsberechtigte** (etwa mehrere Miterfinder, vgl. auch § 19 Rdn. 78 ff.) gerichtet werden; mehrere Arbeitnehmermiterfinder sind notwendige Streitgenossen i.S.d. § 62 Abs. 1 ZPO.[97] Ist an der Erfindung auch ein **außenstehender freier Erfinder** beteiligt, kann der Arbeitgeber nur im Wege der einverständlichen Abrede von diesem Rechte an der Erfindung ableiten; die Möglichkeit des § 19 Abs. 3 ist ihm insoweit verschlossen.

65 Die Anrufung der Schiedsstelle bzw. des Gerichts ist **an keine Frist gebunden**, sollte aber im Interesse der Rechtssicherheit innerhalb angemessener Frist erfolgen.

66 Die Klage nach § 19 Abs. 3 ist eine **Gestaltungsklage**, gerichtet auf gerichtliche Festsetzung bestimmter angemessener Bedingungen[98]; sie kann auch als **Leistungsklage** erhoben werden,[99] also als Klage auf bestimmte Leistungen (z.B. Lizenzgebühren), wie sie der Kläger für richtig erachtet (s. aber auch § 38).

67 Der Kläger hat in der Klageschrift zur Individualisierung des Klageantrags und damit zur **Kennzeichnung des Streitgegenstands** die Umstände anzuführen und zugleich die Beweismittel anzugeben, die für die Festsetzung der Bedingungen von Bedeutung sein können; zweckmäßigerweise sind solche Unterlagen beizufügen, die der gerichtlichen Entscheidung dienlich sind. Es gilt nicht der patentgerichtliche Untersuchungs-, sondern der zivilprozessuale Beibrin-

---

[97] So zu § 14 Abs. 4 PatG a.F. BGH v. 15.06.1967, GRUR 1967, 655, 656 – *Altix*; ebenso Volmer/Gaul Rn. 113 zu § 19.
[98] Zust. Marquardt, Freie Erf. im ArbVerh. (2002), S. 149.
[99] Zust. u. a. Keukenschrijver in Busse/Keukenschrijver, PatG, Rn. 17 zu § 19 ArbEG.

gungs-/Verhandlungsgrundsatz.[100] An ein Einvernehmen der Arbeitsvertragsparteien über einzelne Bedingungen ist das Gericht gebunden.[101]

Die richterliche Bestimmung der Bedingungen erfolgt durch **Gestaltungsurteil**, das gleichzeitig Leistungsurteil sein kann. Die Festsetzung erfolgt nach billigem Ermessen (vgl. § 315 BGB).[102] Dabei stehen allerdings nicht die beiderseitigen Interessen der Arbeitsvertragsparteien, sondern die marktüblichen Bedingungen und die Sicht vernünftiger Lizenzvertragsparteien im Vordergrund; hier gilt nichts Anderes als für den Arbeitnehmer (s. dazu § 19 Rdn. 21 ff.). Das Gestaltungsurteil hat auch den Zeitpunkt des Wirksamwerdens der hierin festgesetzten Bedingungen zu bestimmen. Seine Wirkung tritt erst mit Rechtskraft ein. Jede Arbeitsvertragspartei ist an die rechtskräftige Entscheidung gebunden.[103] Weder kann der Arbeitnehmer sein ursprüngliches Angebot noch der Arbeitgeber seine vorbehaltbehaftete Annahme einseitig zurücknehmen, wenn die gerichtliche Entscheidung nicht seinen Vorstellungen entspricht[104]; dies ist nur einvernehmlich möglich. 68

## C. Neufestsetzung der Bedingungen (Abs. 4)

Ändern sich die Umstände, die für die vereinbarten oder nach Abs. 3 festgesetzten Bedingungen maßgebend waren, **wesentlich**(vgl. hierzu § 12 Rdn. 95 ff.), so können die (Arbeits-) Vertragsparteien gem. § 19 Abs. 4 eine andere Festsetzung der Bedingungen beantragen. Diese Bestimmung verdrängt als Spezialvorschrift § 313 BGB und entspricht wesensmäßig der für das Verfahren nach Erklärung der Lizenzbereitschaft geltenden Regel des § 23 Abs. 5 PatG sowie der des § 12 Abs. 6 ArbEG (Einzelheiten s. dort Rn. 97 ff.); sie soll den besonders unsicheren und schwer voraussehbaren Entwicklungs- und Verwertungsmöglichkeiten Rechnung tragen.[105] 69

Der **Anwendungsbereich** beschränkt sich auf Vereinbarungen im Rahmen des § 19. Nicht erfasst sind grundsätzlich bereits vollständig erfüllte (Übertragungs-)Verträge. Relevant wird Absatz 4 namentlich für laufende Verträge über Benutzungsrechte. § 19 Abs. 4 gilt selbstverständlich auch, wenn sich die Umstände nur für eine einzelne Bedingung (z. B. Vergütungshöhe) geändert 70

---

100 Zutreffend Boemke/Kursawe/Ulrici Rn. 55 zu § 19.
101 Boemke/Kursawe/Ulrici Rn. 56 zu § 19.
102 Im Ergebn. wohl auch Boemke/Kursawe/Ulrici Rn. 50, 53, 56 zu § 19.
103 Zutreffend Boemke/Kursawe/Ulrici Rn. 53 zu § 19.
104 A. A. Reimer/Schade/Schippel/Rother Rn. 16 zu § 19 (eine einseitige Rücknahmemöglichkeit des Arbeitgebers).
105 Amtl. Begründung BT-Drucks. II/1648 S. 37 f. = BlPMZ 1957, 239.

haben; dann ist nur diese erfasst, es sei denn, sonstige Bedingungen stehen dazu in einem Wechsel- bzw. Abhängigkeitsverhältnis (s. § 12 Rdn. 152).

Auslöser sind hier insbesondere die **von Marktgegebenheiten beeinflussten Umstände** (s. § 19 Rdn. 22 f.), die sich **wesentlich geändert haben müssen**[106] (vgl. allgemein § 12 Rdn. 95 ff.). Entscheidend sind auch hier die Sicht vernünftiger Lizenzvertragsparteien und die Usancen des Lizenzverkehrs bei nachträglichen Veränderungen (s. auch § 19 Rdn. 22). Veränderungen, die sich im Rahmen voraussichtlicher bzw. üblicher Entwicklungen halten, können regelmäßig (noch) nicht als wesentlich anerkannt werden. Zur nachträglichen Feststellung der Schutzunfähigkeit s. § 19 Rdn. 29.

71 Kommt zwischen Arbeitgeber und Arbeitnehmer keine einverständliche Regelung zustande, so kann jede Partei das Verfahren entsprechend Abs. 3 einleiten (s. § 19 Rdn. 62 f.), also nach erfolgloser Anrufung der Schiedsstelle (vgl. § 37) **Abänderungsklage** erheben. Der **Klageantrag** ist darauf gerichtet, andere Bedingungen festzusetzen, die ab dem Zeitpunkt des Eintritts der veränderten Umstände angemessen waren. Insoweit kommt es auf den Zeitpunkt der Geltendmachung des Abänderungsanspruchs nicht an[107], so dass der Abänderungsanspruch auch **rückwirkend** ab dem Zeitpunkt der wesentlichen Änderung geltend gemacht werden kann[108] (vgl. § 12 Rdn. 153).

72 Das **Rückforderungsverbot** des § 12 Abs. 6 Satz 2 gilt hier nicht,[109] da es sich nicht um Erfindervergütungen, sondern um Lizenzgebühren handelt (s. § 19 Rdn. 56). Einem Rückzahlungsanspruch des Arbeitgebers können allerdings lizenzvertragsrechtliche Gesichtspunkte ebenso entgegenstehen wie der in § 818 Abs. 3 BGB zum Ausdruck kommende Rechtsgedanke.[110]

**D. Verletzung der Anbietungspflicht**

73 Kommt der Arbeitnehmer seiner **Anbietungspflicht nicht nach**, erwächst dem Arbeitgeber hieraus – über den durchsetzbaren Anspruch auf Angebotsabgabe hinaus (s. § 19 Rdn. 45) – u.U. ein Anspruch auf Schadensersatz (§ 823

---

106 Im Ergebn. ebenso Boemke/Kursawe/Ulrici Rn. 64 f. zu § 19, die allerdings als wesentlich bereits Abänderungen im Umfang von mehr als ca. 10 % ansehen wollen.
107 Vgl. Schiedsst. v. 14.12.1970, BlPMZ 1971, 199.
108 Keukenschrijver in Busse/Keukenschrijver, PatG, Rn. 19 zu § 19 ArbEG.
109 Ebenso Keukenschrijver in Busse/Keukenschrijver, PatG, Rn. 19 zu § 19 ArbEG; folgend auch Marquardt, Freie Erf. im ArbVerh. (2002), S. 155.
110 Zur Bedeutung d. § 818 Abs. 3 BGB vgl. BAG v. 31.03.1960, AP Nr. 5 zu § 394 BGB; s.a. LAG Hamm v. 27.03.1974, BB 1975, 230.

E. Abweichende vertragliche Regelungen                                    § 19

Abs. 2 BGB i.V.m. § 19 Abs. 1 ArbEG,[111] § 826 BGB; Pflichtverletzung § 280 Abs. 1, § 619a BGB[112]), etwa dann, wenn der Arbeitnehmer dadurch ein Wirksamwerden der Nutzungsrechte des Arbeitgebers verzögert oder vereitelt.

Hat der Arbeitnehmer die Rechte an der Erfindung auf einen **Dritten** übertragen bzw. diesem ein ausschließliches Nutzungsrecht eingeräumt, so kann er seine Anbietungspflicht aus Rechtsgründen nicht mehr erfüllen (vgl. § 137 BGB); das relative Verfügungsverbot des § 7 Abs. 2 n.F. bzw. § 7 Abs. 3 a.F., das sich auf Diensterfindungen beschränkt, gilt hier nicht. In solchen Fällen ist der Arbeitgeber auf einen Schadensersatzanspruch gegen seinen Arbeitnehmer beschränkt.[113] Da § 19 **kein gesetzliches Vorkaufsrecht** zugunsten des Arbeitgebers begründet und nur schuldrechtlicher Natur ist (s. § 19 Rdn. 10), ist der Vertrag mit dem Dritten wirksam[114] und der Arbeitgeber kann grds. gegen den Dritten nicht vorgehen, es sei denn, es läge ein kollusives Zusammenwirken (§ 826 BGB) zu seinen Lasten vor. 74

Ggf. kann der Arbeitgeber bei geplanten Verwertungshandlungen seines Arbeitnehmers diesem gü. **vorbeugende Unterlassungsansprüche** geltend machen (§ 823 Abs. 2 BGB, § 19 Abs. 1 ArbEG, § 1004 BGB analog), evtl. im Wege der einstweiligen Verfügung ohne vorherige Anrufung der Schiedsstelle[115] (vgl. § 37 Abs. 4 ArbEG). 75

## E. Abweichende vertragliche Regelungen

**Nach der Mitteilung** einer freien Erfindung (vgl. § 22 Satz 2) sind die Arbeitsvertragsparteien frei darin, unter Beachtung des § 23 vertragliche Regelungen über die Nutzung der Erfindung auch zulasten des Arbeitnehmers zu treffen, etwa eine von § 19 Abs. 1 abweichende vorzeitige bzw. erweiterte Anbietungspflicht, Einschränkungen des Abänderungsrechts aus § 19 Abs. 4 oder die Ver- 76

---

111 Vgl. BGH v. 29.11.1984, NJW 1985, 1031, 1032 – *Fahrzeugsitz II*, der den Schutzcharakter dieser Norm betont; Busse/Keukenschrijver, PatG, Rn. 13 zu § 19 ArbEG; Schwab, Arbeitnehmererfindungsrecht, § 19 Rn. 13 f.
112 Nach Boemke/Kursawe/Ulrici Rn. 46 zu § 19 findet die Privilegierung des § 619a BGB hier keine Anwendung; allerdings sind bei den hier in Rede stehenden Fallgestaltungen keine solchen denkbar, in denen der Arbeitnehmer kein Verschulden hat.
113 Zust. Keukenschrijver in Busse/Keukenschrijver, PatG, Rn. 13 zu § 19 ArbEG; vgl. auch Boemke/Kursawe/Ulrici Rn. 46 zu § 19.
114 Keukenschrijver in Busse/Keukenschrijver, PatG, Rn. 13 zu § 19 ArbEG.
115 Wie hier Volmer/Gaul Rn. 119 zu § 19; zust. auch Boemke/Kursawe/Ulrici Rn. 28 zu § 19.

einbarung eines Vorkaufsrechts (zum Inhalt vgl. § 27 Fassung 1999 Rdn. 66 ff.).

77 Die Vereinbarung eines **generellen Vorkaufsrechts** für künftige freie Erfindungen des Arbeitnehmers verstößt gegen § 22 Satz 1[116] (s.a. § 19 Rdn. 2). Das Vorkaufsrecht geht nicht nur über die Anbietungspflicht gem. § 19 Abs. 1 hinaus; es schränkt den Arbeitnehmer auch in seinen freien Verwertungsmöglichkeiten ein.

### F. Besonderheiten bei mehreren Erfindern

78 Sind mehrere Arbeitnehmer an dem Zustandekommen der freien Erfindung beteiligt, ist unter den Voraussetzungen des § 19 Abs. 1 **jeder Miterfinder** zur Anbietung gegenüber dem Arbeitgeber verpflichtet.

79 Da gem. § 743 Abs. 2 BGB jedem Teilhaber an der Erfinder-Bruchteilsgemeinschaft (vgl. hierzu § 5 Rdn. 52 f.) grds. ein eigenes, vom Willen der übrigen Miterfinder unabhängiges Nutzungsrecht an der gemeinsamen Erfindung zusteht, kann die **Entscheidung** über eine Verwertungsabsicht bei jedem Miterfinder **unterschiedlich** ausfallen. Besteht bei einem oder mehreren Miterfindern keine Verwertungsabsicht, sind diese dem Arbeitgeber auch nicht zur Anbietung verpflichtet.[117]

80 Der eigenverwertungswillige Miterfinder unterliegt zwar der Anbietungspflicht; er wäre aber wegen § 747 Satz 2 BGB an der eigenständigen Einräumung eines (einfachen oder ausschließlichen) Nutzungsrechts zugunsten des Arbeitgebers gehindert[118] (s. auch § 16 Rdn. 99). Da er aber über seinen Anteil frei verfügen kann (§ 747 Satz 1 BGB), steht es ihm frei, diesen Anteil seinem Arbeitgeber anzubieten, der mit Übertragung in die Rechtsgemeinschaft mit den übrigen Miterfindern eintreten würde.

81 Eine vom Arbeitnehmer vorgenommene Eigenverwertung würde im Verhältnis zum Arbeitgeber eine Verletzung der Anbietungspflicht aus § 19 Abs. 1 Satz 1 darstellen (hierzu § 19 Rdn. 73 f., evtl. auch eine Verletzung der arbeitsvertraglichen Wettbewerbsverbotspflicht, vgl. hierzu § 8 n.F. Rdn. 77 ff.).

82 Unter dem Aspekt der Treuepflicht wird der Arbeitnehmer gehalten sein, eine **Verständigung mit den übrigen Miterfindern** über die Vergabe von Nut-

---

[116] So auch Volmer Rn. 3 zu § 19; Volmer/Gaul Rn. 16 zu § 19; Keukenschrijver in Busse/Keukenschrijver, PatG, Rn. 2 zu § 19 ArbEG; a.A. Reimer/Schade/Schippel/Rother Rn. 6 f. zu § 19.
[117] Abw. wohl Boemke/Kursawe/Ulrici Rn. 29 zu § 19 m. H. a. § 745 Abs. 1 BGB!
[118] Vgl. dazu Bartenbach/Volz, GRUR 1978, 668, 675 m.w.N.

zungsrechten an den Arbeitgeber herbeizuführen; indes haben weder der Arbeitnehmer noch der Arbeitgeber diesen ggü. einen durchsetzbaren Anspruch auf Einräumung von Nutzungsrechten, es sei denn, deren mangelnde Verwertungsbereitschaft sei rechtsmissbräuchlich (§ 242 BGB). Scheitert eine solche Verständigung, ist der betr. Miterfinder im Verhältnis zum Arbeitgeber nicht zur Eigennutzung befugt, d. h. er hat diese zu unterlassen oder seinen Erfindungsanteil auf den Arbeitgeber zu übertragen (s. § 19 Rdn. 17).

Ist seitens einiger Miterfinder keine Eigennutzung, wohl aber eine **Lizenzvergabe** an Dritte beabsichtigt, kann diese als Verfügung über die Rechte an der Erfindung[119] nur mit Zustimmung aller Miterfinder erfolgen (§ 747 Satz 2 BGB, s. § 5 Rdn. 53). Mangels Einverständnisses aller Miterfinder liegt keine realisierbare Verwertungsabsicht i.S.d. § 19 Abs. 1 vor, sodass eine Anbietungspflicht (noch) nicht begründet ist, gleichzeitig aber auch ein Verwertungsrecht der einzelnen Miterfinder nicht besteht. 83

Vergleichbare Regeln sind zu beachten, wenn neben den Arbeitnehmermiterfindern freie Erfinder beteiligt sind. 84

I.Ü. sind für den Abschluss und die Durchführung von Nutzungsverträgen i.S.d. § 19 ArbEG die Regeln der Bruchteilsgemeinschaft (§§ 741 ff. BGB) zu beachten (s. dazu § 5 Rdn. 52 ff.). Zur Klage gem. § 19 Abs. 3 s. § 19 Rdn. 64. 85

## G. Unbilligkeit der Vereinbarung (§ 23)

§ 23 eröffnet **beiden Arbeitsvertragsparteien** die Möglichkeit, sich auf eine (ursprüngliche) Unbilligkeit einer zwischen ihnen getroffenen Vereinbarung zu berufen.[120] Dieses Recht steht ihnen auch nach Arbeitsvertragsende (vgl. § 26) zu, allerdings unter Beachtung der Ausschlussfrist des § 23 Abs. 2. Unberührt hiervon sind sonstige Unwirksamkeits- oder Nichtigkeitsgründe sowie die Zulässigkeit einer Anfechtung (§§ 119 ff. BGB). Zum Verhältnis von § 19 Abs. 4 zu § 23 gilt das zu § 12 Abs. 6 Gesagte entsprechend (s. dazu § 12 Rdn. 103 f. u. § 23 Rdn. 20, 24). 86

Eine Einschränkung erfährt die Unbilligkeitsregelung des § 23 in Bezug auf den Arbeitgeber durch § 19 Abs. 3. Soweit Umstände erkennbar waren, die an sich eine Unbilligkeit begründen würden, wird ihm entgegenzuhalten sein,

---

119 Vgl. dazu Bartenbach/Volz, GRUR 1978, 668, 675 m.w.N.
120 Wohl unstreitig, z. B. Marquardt, Freie Erf. im ArbVerh. (2002), S. 152; Reimer/Schade/Schippel/Rother Rn. 2 zu § 23.

dass er dies i.R.d. Verfahrens nach § 19 Abs. 3 bereits hätte geltend machen können. Insofern wird man also hier von gesteigerten Anforderungen für eine erhebliche Unbilligkeit ausgehen können.

87 Allein die Tatsache, dass die zwischen den Arbeitsvertragsparteien getroffene Abrede von »üblichen« Lizenzverträgen abweicht, reicht noch nicht zur Begründung einer Unbilligkeit aus. Vielmehr ist auch hier erforderlich, dass die Vereinbarung insgesamt dem Gerechtigkeitsempfinden in besonderem, gesteigertem Maße entgegensteht (s. § 23 Rdn. 10 ff.). Dies kann bezüglich der vereinbarten Vergütung (Lizenzgebühr) dann der Fall sein, wenn diese um 50 % und mehr von dem Erfindungswert einer vergleichbaren (Dienst-) Erfindung (vgl. RL Nrn. 3 ff., § 9 Rdn. 103 ff.) abweicht, oder bspw., wenn die Arbeitsvertragsparteien in Unkenntnis der Rechtslage die Berücksichtigung des Anteilsfaktors (RL Nrn. 30 ff., s. hierzu § 9 Rdn. 261 ff.) vereinbart haben (vgl. i.Ü. § 23 Rdn. 21 ff.).

Erweist sich die **Erfindung** später als **nicht schutzfähig**, gelten die allgemeinen Grundsätze des Lizenzvertragsrechts (s. § 19 Rn. 29). Gleiches gilt für eine etwaige Einschränkung des Schutzumfangs im Laufe des Erteilungsverfahrens.[121] Da derartige Änderungen nach den Regeln des Lizenzvertragsrechts grds. nur Wirkung für die Zukunft entfalten, bleibt für § 23 kein Raum.

S. i.Ü. die Erläuterungen zu § 23.

---

121 S. hierzu Bartenbach, Patentlizenz- und Know-how-Vertrag, Rn. 1553.

# 3. Technische Verbesserungsvorschläge

## § 20 Technische Verbesserungsvorschläge

(1) Für technische Verbesserungsvorschläge, die dem Arbeitgeber eine ähnliche Vorzugsstellung gewähren wie ein gewerbliches Schutzrecht, hat der Arbeitnehmer gegen den Arbeitgeber einen Anspruch auf angemessene Vergütung, sobald dieser sie verwertet. Die Bestimmungen der §§ 9 und 12 sind sinngemäß anzuwenden.

(2) Im Übrigen bleibt die Behandlung technischer Verbesserungsvorschläge der Regelung durch Tarifvertrag oder Betriebsvereinbarung überlassen.

Lit.:
*Allgaier*, Beamtenrecht u. Betr. Vorschlagswesen, DÖD 2006, 123; *Anic*, Ideenmanagement, Diss. 2001; *Bächle*, Schwachstellen i. Betriebl. Vorschlagswesen DB 1984, 1333; *Bartenbach/Volz/Kelter*, Identischer technischer Gegenstand u. d. erfinderrechtlichen Wirkungen unterschiedl. (Schutz-)Rechte, in Festschr. Mes (2009), S. 11; *Bechmann*, Ideenmanagement u. betriebl. Vorschlagswesen, 2013; *ders.* Trendbericht: Prämiensysteme f. VVe m. rechenbarem Nutzen, hrsg. v. d. Hans-Böckler-Stiftung 2013 (auch abrufbar unter www.boekler.de); *Bontrup*, Ideenmanagement – Motor f. mehr Konkurrenzfähigkt., AuA 2001, 436; *Brachmann/Menzel*, Modernes Ideenmanagement, AuA 2014, 632; *Brandner*, Zur Rechtsstellung e. angest. Programmierers, GRUR 2001, 883; *Buchner*, Die Vergütg. f. Sonderleistungen d. ArbN – ein Problem d. Äquivalenz d.i. ArbVerh. zu erbringenden Leistungen, GRUR 1985, 1; *Danner*, ArbEG, TVV u. betriebl. Vorschlagswesen, GRUR 1984, 565; *Einsele*, Verbesserungsvorschlags-Prämien u. Vergütg. ArNErf – Diskrepanz u. Übereinstimmungen, Betriebl. Vorschlagswesen 1986, 97; *ders.*, Spannungsfeld Verbesserungsvorschläge – Erf. i. Erfindungsumfeld 200x, in Festschr. Bartenbach (2005) S. 89; *Fiedler-Winter*, Das betriebl. Vorschlagswesen im Zeitalter d. Mitbestimmung, ArbuSozPol. 1984, 18; *Friemel*, Die Betriebsvereinbarung über ArbNErf. u. tVV., Diss. 2004; *Ganz*, Verbesserungsvorschläge i. Betrieb – Eine soziolog. Untersuchung ü.d. betriebl. Vorschlagswesen i. zwei Industriebetrieben, Diss. Mannheim; *Fischer*, Ideenmanagement – Neuere Entwicklungen u. Perspektiven, AiB 2001, 262; *Gaul*, Der Verbesserungsvorschlag i. s. Abgrenzung z. ArbErf., BB 1983, 1357; *ders.*, Gemeinsamkeiten u. Unterschiede v. schutzwürdigen Erf. u. Verbesserungsvorschlägen, GRUR 1984, 713; *Gaul/Bartenbach*, ArbNErf. u. Verbesserungsvorschlag, 2. Aufl. 1972; *dies.*, Betriebl. Regelungen d. Verbesserungsvorschlagswesens, 1984 = Heidelberger Musterverträge 65; *dies.*, Die kollektivrechtl. Ordnung d. betriebl. Verbesserungsvorschlagswesens DB 1980, 1843; *Grabinski*, Anm. z. Vergütungsanspruch f. tVV n. § 20 Abs. 1 ArbEG, GRUR 2001, 922; *Haberkorn*, Bedeutung u. Aufbau d. betriebl. Vorschlagswesens, BlfStSozArbR 1970, 27; *Hartung*, Die Vergütg. v. d. Verbesserungsvorschläge, Diss. Köln 1979; *Holzmann*, Einführung e. Vorschlagswesens b. d. Sozialversicherungsträgern, ZfS 1980, 200; *Krafft*, Das betriebl. Vorschlagswesen als Gruppenaufgabe u. Gruppenproblem 1966; *Keukenschrijver*, Arbeitnehmerzüchtg. und -entdeckung im Sortenschutzrecht, in Festschr. Bartenbach (2005) S. 243; *Martin*, Die arbeitsrechtl.

## § 20 Technische Verbesserungsvorschläge

Behandlg. Betriebl. VV unter Berücksichtigg. Immalerialgüterrechtl. Grundlage, Diss. 2003; *Melullis*, Zum Verhältnis v. Erf. u. tVV nach dem ArbEG, GRUR 2001, 684; *Rieble/Gistel*, Ideenmanagement u. betriebl. Mitbestimmung, DB 2005, 1382; *Schade*, ArbEG u. betriebl. Vorschlagswesen, VDI-Zeitschr. 1961, 49; *Schoden*, Die Beteiligungsrechte d. Betriebsrats b. betriebl. Vorschlagswesen, AuR 1980, 73; *ders.*, Das Recht d. ArbNErf. u. d. betriebl. Verbesserungsvorschlagswesens, BetrR 1987, 119; *ders.*, Betriebl. ArbNErf. u. betriebl. Vorschlagswesen, 1995; *Schwab*, Das betriebl. Vorschlagswesen, AR-Blattei (D)»Vorschlagswesen I«; *ders.*, Erf. u. Verbesserungsvorschlag i. ArbVerh., 2. Aufl. 1991 (= Schr. z. Arbeitsrecht-Blattei 15); *ders.*, Betriebsrat u. betriebl. Vorschlagswesen, AiB 1999, 445; *ders.*, Betriebsrat u. betriebl. Ideenmanagement, AiB 2007, 520; *ders.*, Der ArbN als Vorschlagseinreicher, NZA-RR 2015, 225; *Wollwert*, Ideenmanagement im Konzern, NZA 2012, 889; *Wrieske*, Die Organisation d. betriebl. Vorschlagswesens DB 1971, 2028, s. i.Ü. Lit. bei §§ 2, 3.

### Übersicht

| | | Rdn. |
|---|---|---|
| A. | Allgemeines | 1 |
| B. | Vergütung von qualifizierten technischen Verbesserungsvorschlägen (Abs. 1) | 10 |
| I. | Begriff | 10 |
| | 1. Technische Verbesserungsvorschläge | 10 |
| | 2. Qualifizierte technische Verbesserungsvorschläge | 11 |
| II. | Entstehung und Fälligkeit des Vergütungsanspruchs | 24 |
| | 1. Entstehung (tatsächliche Verwertung) | 24 |
| | 2. Vergütungsregelung und Fälligkeit | 32 |
| III. | Dauer | 33 |
| IV. | Bemessung der Vergütung | 39 |
| | 1. Grundsatz | 39 |
| | 2. Erfindungswert | 41 |
| | a) Wahl der Berechnungsmethode | 41 |
| | b) Lizenzanalogie | 42 |
| | c) Erfassbarer betrieblicher Nutzen | 44 |
| | d) Schätzung | 45 |
| | e) Außerbetriebliche Verwertung | 46 |
| | 3. Anteilsfaktor | 47 |
| V. | Besonderheiten bei mehreren Vorschlagenden | 48 |
| VI. | Mitbestimmungsrechte des Betriebsrates | 50 |
| C. | Behandlung einfacher technischer Verbesserungsvorschläge (Abs. 2) | 51 |
| I. | Grundsatz | 51 |
| II. | Begriff | 52 |
| III. | Kollektivrechtliche Regelungen | 53 |
| IV. | Vergütungsanspruch (Prämienanspruch) | 60 |
| V. | Bewertung durch innerbetriebliche Ausschüsse | 62 |
| D. | Schiedsstellen- und Gerichtsverfahren | 63 |
| E. | Sonstige Rechtsgrundlagen für die Vergütung von technischen Verbesserungsvorschlägen – Sonderleistungsprinzip | 65 |
| F. | Besonderheiten im öffentlichen Dienst bzgl. einfacher Verbesserungsvorschläge | 67 |

| | Rdn. |
|---|---|
| G. Nachfolgende Behandlung eines prämierten Verbesserungsvorschlags als Diensterfindung | 70 |

## A. Allgemeines

§ 20 Abs. 1 normiert die – sodann durch RL Nr. 29 konkretisierte – Vergütungspflicht des Arbeitgebers für sog. **qualifizierte technische Verbesserungsvorschläge.** Der Gesetzgeber ist damit dem Wunsch der Arbeitnehmerseite gefolgt, in Abweichung zum früheren Recht und zum RegEntw. 1955 solche technischen Verbesserungsvorschläge in die Vergütungspflicht des Arbeitgebers einzubeziehen, die – ohne schutzfähig zu sein – dem Arbeitgeber eine monopolähnliche Vorzugsstellung gewähren, solange sie nicht allgemein bekannt werden und er sie allein auswerten kann.[1] Auch hier kommt also das dem ArbEG zugrunde liegende **Monopolprinzip** (s. dazu § 9 Rdn. 9 f.) zum Tragen, wonach maßgebend für die Vergütungspflicht des Arbeitgebers das Bestehen eines durch die technische Neuerung vermittelten Monopols ist, sei es rechtlich (Patent oder Gebrauchsmuster) oder faktisch (qualifizierter technischer Verbesserungsvorschlag).[2] Der qualifizierte technische Verbesserungsvorschlag ist dabei – jedenfalls soweit es um die entscheidende Frage der Entlohnung geht – dem Recht der Arbeitnehmererfindungen und nicht dem arbeitsrechtlichen Bereich der »Verbesserungsvorschläge« zugeordnet[3] (vgl. etwa den Bezug auf §§ 9, 12 durch § 20 Abs. 1).

1

Entgegen ursprünglichen Überlegungen und trotz der Kritik an § 20 Abs. 1 hat die **ArbEG-Novelle 2009** (s. Einl. Rdn. 42 f.) die Bestimmungen des ArbEG über technische Verbesserungsvorschläge unverändert gelassen (s. dazu und zur Kritik an § 20 Abs. 1 ArbEG Rn. 2 f. vor § 3). Allerdings ergeben sich durch die Änderungen in §§ 12, 23 auch Auswirkungen für qualifizierte technische Verbesserungsvorschläge, und zwar aufgrund der Ersetzung des bisherigen Erfordernisses der Schriftform durch die **Textform**; das betrifft die Vergütungsfestsetzung des Arbeitgebers (§ 20 Abs. 1 Satz 2 i. V. m. § 12 Abs. 3 Satz 1 n.F.), den diesbezüglichen Widerspruch des Arbeitnehmers (§ 20 Abs. 1 Satz 2 i. V. m. § 12 Abs. 4 Satz 1 n.F.) sowie die Geltendmachung der Unbilligkeit (§ 23 Abs. 2 n.F.). Nach dem **Übergangsrecht** zur ArbEG-Novelle 2009 gelten die bisherigen Vorschriften nach § 43 Abs. 3 ArbEG n.F. entspre-

---

1 S. Ausschussber. zu BT-Drucks. II/3327 S. 7 = BlPMZ 1957, 253.
2 Schiedsst. v. 26.03.1986 – Arb.Erf. 43/86, (unveröffentl.).
3 Schiedsst. v. 26.06.2004 – Arb.Erf. 22/03 u. v. 18.10.2002 – Arb.Erf. 93/00.

chend für technische Verbesserungsvorschläge, die dem Arbeitgeber vor dem 01.10.2009 mitgeteilt worden sind (s. § 43 Rdn. 14 ff.); demzufolge verbleibt es insoweit bei dem bisherigen Schriftformerfordernis nach §§ 12, 23 a.F.

2 Die **Legaldefinition** des technischen Verbesserungsvorschlages enthält § 3 in Form einer **Negativabgrenzung** zur schutzfähigen Erfindung (s. § 3 Rdn. 3, 9 ff. u. unten § 20 Rdn. 10).

3 Alleiniger gesetzlicher **Schuldner** des Vergütungsanspruchs ist auch hier der jeweilige Arbeitgeber (s. zur Erfindervergütung § 9 Rdn. 4 ff.). Das gilt ebenfalls im Konzern, und zwar sowohl nach § 20 Abs. 1 ArbEG als auch beim Prämienanspruch für einfache technische Verbesserungsvorschläge.[4] Unmittelbare Ansprüche des Arbeitnehmers gegenüber anderen Konzernunternehmen bestehen nicht, auch wenn diese den Verbesserungsvorschlag verwerten (s. auch unten § 20 Rdn. 27, 61 sowie § 1 Rdn. 129). Alleiniger Schuldner ist der Arbeitgeber auch dann, wenn Dritte den Vorschlag aufgrund erworbener Nutzungsrechte nutzen. Besonderheiten gelten namentlich beim Leiharbeitsverhältnis (s. § 1 Rdn. 63) und Betriebsübergang (§ 613a BGB, s. § 1 Rdn. 121).

**Gläubiger** ist der Arbeitnehmer, der den Verbesserungsvorschlag entwickelt hat (zur Erfindervergütung s. § 9 Rdn. 8), und zwar bei mehreren beteiligten Arbeitnehmern (s. dazu § 20 Rdn. 48) jeder von ihnen gesondert (zur Erfindervergütung s. § 9 Rdn. 311). Einen Vergütungsanspruch hat selbstverständlich nur der wahre Urheber des technischen Verbesserungsvorschlags.[5]

Die **sonstigen Regelungen des ArbEG** über technische Verbesserungsvorschläge (s. dazu § 3 Rdn. 2) beschränken sich auf die vergütungsrechtliche Behandlung der qualifizierten technischen Verbesserungsvorschläge i. S. des § 20 Abs. 1. Für diese technischen Verbesserungsvorschläge gelten damit die die Vertragsfreiheit einengenden Vorschriften der § 22 Satz 1, § 23, die auf **einfache technische Verbesserungsvorschläge** i.S.d. § 20 Abs. 2 nicht anwendbar sind (s. § 22 Rdn. 11 u. § 23 Rdn. 8); außerhalb des in § 20 Abs. 1 allein geregelten Vergütungsbereichs sind Vereinbarungen über qualifizierte technische Verbesserungsvorschläge ungeachtet der §§ 22, 23 möglich, und zwar auch solche kollektiv-rechtlicher Art (s. dazu § 20 Rdn. 50). Das gemäß § 27 Abs. 2 Fassung 1957 eingeräumte Konkursvorrecht war bereits seit 1999 für die seitdem eröffneten Insolvenzverfahren entfallen (s. § 27 Fassung 1999).

---

4 Zu einfachen VV s. Wollwert, NZA 2012, 889, 890.
5 Vgl. etwa zum einfachen VV den Sachverhalt bei LAG Rheinland-Pfalz v. 13.04.2005 – 10 Sa 1051/04 (juris).

A. Allgemeines § 20

Daran hat die ArbEG-Novelle 2009 festgehalten (s. § 27 Fassung 2009). Sonderbestimmungen bei Insolvenz des Arbeitgebers für (qualifizierte) technische Verbesserungsvorschläge bestehen nicht (s. § 27 n.F. Rdn. 41).

Die Grundsätze zum **Auskunfts- bzw. Rechnungslegungsanspruch** für die Vergütung von Diensterfindungen gelten auch für qualifizierte technische Verbesserungsvorschläge i.S.d. § 20 Abs. 1, wie sich bereits aus der Verweisung auf die §§ 9 und 12 in § 20 Abs. 1 Satz 2 ergibt[6] (s. dazu § 12 Rdn. 162 ff.).

Absatz 2 stellt klar, dass die **sonstigen technischen Verbesserungsvorschläge nicht** dem Anwendungsbereich des **ArbEG** – und damit auch nicht den RLn. 1959 – unterliegen, sondern vorrangig kollektivrechtlichen Regelungen (Tarifvertrag, Betriebsvereinbarung) vorbehalten sind. 4

Vergütungspflichtig sind qualifizierte technische Verbesserungsvorschläge nach § 20 Abs. 1 unter **zwei Voraussetzungen**: Einmal bedarf es einer **tatsächlichen Verwertung** durch den Arbeitgeber nach Mitteilung des Vorschlags (s. Rdn. 24 ff.), zum anderen müssen diese nicht schutzfähigen technischen Neuerungen eine **faktische Monopolstellung** vermitteln (Monopolprinzip, s. § 20 Rdn. 11 ff.). Hinzukommt (begriffsnotwendig) die **ordnungsgemäße Mitteilung** (s. § 20 Rdn. 24). 5

Die **Bemessung der Vergütung** erfolgt gem. § 20 Abs. 1 Satz 2 in sinngemäßer Anwendung der §§ 9 u. 12. Eine unmittelbare Anwendung verbietet sich einmal wegen des Fehlens eines rechtlichen Monopols (vgl. etwa § 12 Abs. 3) und zum anderen deshalb, weil der qualifizierte technische Verbesserungsvorschlag wie jede Arbeitsleistung unmittelbar dem Eigentum des Arbeitgebers zugeordnet wird, ohne dass es eines Rechtsübergangs wie bei einer schutzfähigen Diensterfindung bedarf[7] (s. dazu § 3 Rdn. 26 f.). 6

§ 20 Abs. 1 gilt uneingeschränkt auch für technische Verbesserungsvorschläge **im öffentlichen Dienst** (§§ 40, 41). Zum Hochschulbereich s. § 42 n.F. Rdn. 52 ff. 7

Zu den **neuen Bundesländern** s. § 3 Rdn. 2.1.

Gem. § 26 berührt das **Ausscheiden** des Arbeitnehmers (Beamten) den Vergütungsanspruch nicht (s. § 20 Rdn. 36; vgl. aber auch § 20 Rdn. 15).

---

6 OLG Düsseldorf v. 05.03.1998, WRP 1998, 1202, 1205 – *Wetterführungspläne I* (einen Vergütungsanspruch aus § 20 Abs. 1 in diesem Fall ablehnend BGH v. 24.10.2000, GRUR 2001, 155, 157 – *Wetterführungspläne*.
7 Beil in Chem.-Ind.-Technik 1957, 757, 758.

**8** Zu dem **Begriff** des technischen Verbesserungsvorschlages und seinen Voraussetzungen sowie zu den damit in Zusammenhang stehenden sonstigen Rechten und Pflichten s. hier § 20 Rdn. 10 sowie die Erläuterungen zu § 3; zum Leiharbeitsverhältnis s. § 1 Rdn. 61.

**9** § 20 Abs. 1 ist **kein Auffangtatbestand** zur Vergütung von schutzfähigen Erfindungen für Benutzungshandlungen des Arbeitgebers vor Schutzrechtserteilung oder vor Inanspruchnahme. Solches widerspräche u. E. der in den §§ 2, 3 zum Ausdruck kommenden Systematik (s. dazu § 2 Rdn. 20 und § 12 Rdn. 63). Vielmehr stehen die Vergütungsansprüche nach §§ 9, 10 a.F. und nach § 20 Abs. 1 **alternativ nebeneinander**, sodass sich die Frage des Vergütungsanspruchs aus § 20 Abs. 1 überhaupt erst stellt, wenn ein rechtliches Monopol des Arbeitgebers aufgrund mangelnder Schutzfähigkeit der technischen Neuerung ausscheidet;[8] eine Vergütung nach bzw. analog § 20 Abs. 1 (anstelle einer vorläufigen Vergütung nach § 9, s. dazu § 12 Rdn. 64 ff.) als Auffangtatbestand für die Zeit bis zur amtlichen Entscheidung über die Schutzrechtserteilung ist daher u. E. nicht möglich[9]; insoweit gelten nach der Rechtsprechung des *BGH* die Grundsätze zur vorläufigen Vergütung nach § 9 (s. § 12 Rdn. 60 ff.). Nutzt der Arbeitgeber die Diensterfindung als betriebsgeheim i. S. v. § 17, scheidet demzufolge ein Vergütungsanspruch nach § 20 Abs. 1 bis zur (rechtsbeständigen) Feststellung der mangelnden Schutzfähigkeit durch die Schiedsstelle aus.[10] Ansonsten liegt in der Behandlung einer nicht formgerecht gemeldeten Diensterfindung als Verbesserungsvorschlag keine Inanspruchnahme.[11]

Hat ein Arbeitgeber eine Diensterfindung ausdrücklich freigegeben (etwa, weil er sie nicht für schutzfähig hält), und meldet der Arbeitnehmer diese Erfindung nicht zum Schutzrecht an, so sind die deshalb zulässigen Benutzungs-

---

8 Schiedsst. v. 07.02.1984 – Arb.Erf. 39/81, (unveröffentl.); v. 18.07.2012 – Arb.Erf. 30/10, (www.dpma.de, nur LS); v. 11.12.2012 – Arb.Erf. 46/11; v. 19.12.2014 Arb.Erf. 48/12 u. v. 01.04.2015 – Arb.Erf. 49/11, (alle www.dpma.de); im Ergebn. auch Schiedsst. v. 20.03.2003, Mitt. 2003, 559, 560; Bartenbach/Volz/Kelter in Festschr. Mes (2009), S. 11 f.; Reimer/Schade/Schippel/Rother Rn. 5, 17 zu § 20; Boemke/Kursawe/Raif Rn. 55 zu § 2 u. Boemke/Kursawe/Nebel Rn. 6 zu § 20. Vgl. auch BGH v. 23.10.2001, GRUR 2002, 149, 151 l. Sp. – *Wetterführungspläne II* (aber letztlich offengelassen).

9 A.A. Schwab, Arbeitnehmererfindungsrecht, § 20 Rn. 10 m.w.N.; s. auch Melullis, GRUR 2001, 684, 687 f., der § 3 ArbEG als Auffangtatbestand im Verhältnis zu § 2 ArbEG ansieht.

10 I. d. Sinn wohl auch Schiedsst. v. 01.04.2015 – Arb.Erf. 49/11, (www.dpma.de).

11 Busse/Keukenschrijver, PatG (7. Aufl. 2013), Rn. 10 zu § 6 ArbEG m. H. a. OLG München v. 26.06.2008, InstGE 10, 87 – *Keramikschneidwerkzeug II*.

handlungen des Arbeitgebers auch nicht nach § 20 Abs. 1 vergütungspflichtig[12] (s. i.Ü. Rn. 122 zu § 8 n.F.). Ein Vergütungsanspruch nach § 20 Abs. 1 kann aber im Grundsatz nach der Rechtsprechung in den Fällen in Betracht gezogen werden, in denen Ansprüche nach § 9 bzw. § 10 a.F. wegen **beiderseitiger Verkennung des Erfindungscharakters** ausscheiden, nachdem eine potenzielle Diensterfindung, deren Gegenstand vom Arbeitgeber wissentlich genutzt wurde, weder vom Arbeitnehmer förmlich gemeldet noch vom Arbeitgeber in Anspruch genommen worden ist.[13] Ist eine Diensterfindung dagegen nach § 5 gemeldet und vom Arbeitgeber nach § 13 zum Schutzrecht angemeldet worden, scheidet eine Vergütung nach § 20 aus, es sei denn, die technische Neuerung wird vom Arbeitgeber im Einvernehmen mit dem Arbeitnehmer als Verbesserungsvorschlag verwertet.[14]

## B. Vergütung von qualifizierten technischen Verbesserungsvorschlägen (Abs. 1)

### I. Begriff

#### 1. Technische Verbesserungsvorschläge

Der Vergütungsanspruch des Arbeitnehmers setzt nach § 20 Abs. 1 den aus § 3 abzuleitenden Begriff des technischen Verbesserungsvorschlags voraus. Der Legaldefinition des § 3 zufolge sind unter technischen Verbesserungsvorschlägen solche technischen Neuerungen zu verstehen, die nicht patent- oder gebrauchsmusterfähig sind. Nach der hier vertretenen Auffassung umfasst der **Begriff** jede – dem Arbeitgeber übermittelte – Lehre zum technischen Handeln, die einerseits nicht schutzfähig ist und andererseits zumindest den internen Stand der Technik des jeweiligen Unternehmens bereichert[15] (s. im Einzelnen § 3 Rdn. 4 ff.; zum gesetzlich ausgeschlossenen Patentschutz s. § 3

10

---

12 Schiedsst. v. 04.11.1982, BlPMZ 1982, 107; zust. Keukenschrijver in Busse/Keukenschrijver, PatG, Rn. 4 zu § 20 ArbEG.
13 Vgl. BGH v. 23.10.2001, GRUR 2002, 149, 151 – *Wetterführungspläne II*, aber letztlich offen gelassen. S. dazu auch Grabinski in GRUR 2001, 922, 924 f. m. H. a. OLG Düsseldorf v. 05.03.1998, WRP 1998, 1202, 1208 – *Wetterführungspläne I* u. OLG Braunschweig v. 17.07.1997 – 2 U/97, (unveröffentl.).
14 In diesem Sinn wohl BGH v. 18.05.2010 – X ZR 79/07, GRUR 2010, 817, 821 [Rn. 34] – *Steuervorrichtung* unter Klarstellung von BGH v. 09.01.1964 – I a ZR 190/63, GRUR 1964, 449, 452 r. Sp. – *Drehstromwicklung*.
15 Dabei kann für den einfachen Verbesserungsvorschlag nach Einsele (in Festschr. Bartenbach [2005] S. 89, 93) bereits – unabhängig vom Stand der Technik in einem Unternehmen – die »Übertragungsverbesserung« von einem Bereich oder einem Anwendungsfall auf einen anderen ausreichen.

Rdn. 9). Da § 3 keine dem § 4 vergleichbare Differenzierung zwischen »gebundenen« und »freien« technischen Verbesserungsvorschlägen kennt, sind u. E. alle technischen Verbesserungsvorschläge dem Arbeitgeber als **Arbeitsergebnis** von vornherein zuzuordnen (streitig, s. § 3 Rdn. 15, 26 f.) und damit vom Arbeitnehmer dem Arbeitgeber mitzuteilen (z. Mitteilungspflicht s. § 3 Rdn. 28 ff.). Die Vergütungspflicht erfordert demzufolge die **ordnungsgemäße Mitteilung** voraus, da nur hierdurch dem Arbeitgeber eine Grundlage für seine Verwertungsentscheidung ermöglicht wird (s. i.Ü. § 20 Rdn. 24).

Anders als beim einfachen technischen Verbesserungsvorschlag[16] (s. § 20 Rdn. 62) ist ein qualifizierter technischer Verbesserungsvorschlag wegen der Orientierung an der Vergütung für Diensterfindungen auch dann zu vergüten, wenn er vom Arbeitnehmer im Rahmen seines **arbeitsvertraglich geschuldeten Arbeits- und Pflichtenkreises** entwickelt wird;[17] insoweit gilt hier nichts anderes als bei Diensterfindungen (vgl. § 4 Abs. 2 Nr. 1; s. auch unten § 20 Rdn. 47). Dahingehenden Einflüssen wird bei der Vergütung nach § 20 Abs. 1 ArbEG über den Anteilsfaktor Rechnung getragen (s. § 20 Rdn. 47).

Wird eine als technischer Verbesserungsvorschlag mitgeteilte und genutzte Entwicklung **nachträglich** zum Gegenstand einer Erfindungsmeldung gemacht und als **Diensterfindung** (unbeschränkt) in Anspruch genommen, verbleibt es nach Auffassung der *Schiedsstelle* bis zur Inanspruchnahme bei den Vergütungsansprüchen als Verbesserungsvorschlag und Ansprüche aus § 9 können sich erst ab Inanspruchnahme ergeben[18] (s. auch § 20 Rdn. 70).

## 2. Qualifizierte technische Verbesserungsvorschläge

11 Der **in der Praxis übliche Begriff** des »qualifizierten« technischen Verbesserungsvorschlages ist im Gesetzeswortlaut (vgl. § 20 Abs. 1) nicht enthalten. Der Begriff »qualifiziert« ist nur eine – nicht recht gelungene – Umschreibung für die gesetzliche Formulierung der »ähnlichen Vorzugsstellung wie ein gewerbliches Schutzrecht«.[19] Insoweit kommt es nicht auf das schöpferische Ausmaß der Leistung des Arbeitnehmers an oder darauf, ob die Verwertung des Vorschlages einen außergewöhnlichen wirtschaftlichen Erfolg verspricht oder bringt; **maßgeblich** für die Qualifizierung ist allein, ob der Verbesse-

---

16 Vgl. etwa BAG v. 19.05.2015, NZA 2015, 1468 (Rn. 20 ff.) – *Legierungskonzept für Stähle.*
17 Schiedsst. v. 25.01.1994 – Arb.Erf. 139/92, (unveröffentl.). Zur abweichenden Situation beim einfachen techn. Verbesserungsvorschlag s. z. B. LAG Köln v. 17.04.2014 – 7 Sa 705/12, (juris, Rn. 57 ff.).
18 Schiedsst. v. 04.11.2003, BlPMZ 2005, 83, 84 f. m.w.N.
19 Schiedsst. v. 17.10.1974 – Arb.Erf. 13/74, (unveröffentl.).

## B. Vergütung von qualifizierten technischen Verbesserungsvorschlägen (Abs. 1) § 20

rungsvorschlag dem Arbeitgeber eine **monopolähnliche Vorzugsstellung** vermittelt. die es dem Arbeitgeber ermöglicht, den Gegenstand des Verbesserungsvorschlags unter Ausschluss der Wettbewerber allein zu verwerten.[20] Es geht also um einen faktischen Wettbewerbsvorteil infolge einer dank des Verbesserungsvorschlags erworbenen tatsächlichen Monopolstellung im Markt.[21] Der Verbesserungsvorschlag des Arbeitnehmers muss dem Arbeitgeber damit einen ausschließlichen Wissensvorsprung gegenüber Dritten (Mitbewerbern) vermitteln.[22] Dies greift auch RL Nr. 29 Satz 1 auf.

Die Anspruchsgrundlage des § 20 Abs. 1 ArbEG hat Ausnahmecharakter mit der Folge eines **strengen Prüfungsmaßstabs**.[23] Die *Schiedsstelle* hat in ihrer langjährigen Praxis einen qualifizierten Verbesserungsvorschlag »nur bei sehr vereinzelten und nur besonders gelagerten Sachverhaltskonstellationen in Betracht gezogen«.[24]

Bei der Vorzugsstellung ist an eine solche gedacht, die der aus einem gewerblichen Schutzrecht insoweit ähnelt, als sie (anstatt eines rechtlichen Monopols) eine **technisch begründete tatsächliche Monopolstellung** gewährt; eine rechtliche Monopolstellung kann ein technischer Verbesserungsvorschlag in aller Regel schon deshalb nicht verschaffen, weil er sich bereits nach der Begriffsbestimmung in § 3 nicht auf eine patent- oder gebrauchsmusterfähige Erfindung beziehen kann, die ein Ausschließungsrecht begründen könnte,[25] 12

---

20 BGH v. 26.11.1968, GRUR 1969, 341, 343 – *Räumzange*; Schiedsst. v. 27.03.1973 – Arb.Erf. 66/72, (unveröffentl.), v. 12.09.1986, BlPMZ 1987, 133, 134 u. v. 20.03.2003, Mitt. 2003, 559, 560; v. 19.12.2014 – Arb.Erf. 48/12, u. v. 01.04.2015 – Arb.Erf. 49/11, (beide www.dpma.de); Keukenschrijver in Busse/Keukenschrijver, PatG, Rn. 5 zu § 20 ArbEG m.w.N.; ähnl. LG Düsseldorf v. 16.03.1999 – 4 O 171/98, (unveröffentl.).
21 S. BAG v. 19.05.2015, NZA 2015, 1468 (Rn. 30) – *Legierungskonzept für Stähle*.
22 Boemke/Kursawe/Nebel Rn. 9 zu § 20.
23 Zutr. Schiedsst. v. 19.12.2014 Arb.Erf. 48/12; v. 01.04.2015 – Arb.Erf. 49/11, u. v. 01.12.2016 – Arb.Erf. 42/14, (alle www.dpma.de).
24 So Schiedsst. v. 01.12.2016 – Arb.Erf. 42/14, (www.dpma.de).
25 So BGH v. 26.11.1968, GRUR 1969, 341, 343 – *Räumzange* m. zust. Anm. Schippel, = AP Nr. 2 zu § 20 ArbEG m. zust. Anm. Volmer; im Ergebnis auch BGH v. 23.10.2001, GRUR 2002, 149, 151 r. Sp. – *Wetterführungspläne II*; krit. Voigt, BB 1969, 1310 f.

sodass hier nur eine **tatsächliche Vorzugsstellung** in Betracht kommt[26] (s. aber auch § 20 Rdn. 14 f.). Im Vordergrund steht die tatsächliche **Stellung im Markt** gegenüber Wettbewerbern auf Grund der durch den Verbesserungsvorschlag vermittelten besonderen Vorteile[27], die dem Arbeitgeber – unter Ausschluss der Wettbewerber – eine alleinige und zugleich gesicherte unangreifbare Verwertung ermöglichen.[28] Entscheidend ist letztlich, dass die Verbesserung von Dritten nicht nachgeahmt werden kann[29] (s. RL Nr. 29 Satz 2).

Allerdings wird eine Vergütung als qualifizierter Verbesserungsvorschlag bejaht, wenn die Arbeitsvertragsparteien wegen Ungewissheit der Rechtslage unverschuldet den Erfindungscharakter eines Vorschlags **nicht erkannt** und übereinstimmend die Neuerung als (Dritten nicht offenbartes) Arbeitsergebnis behandelt hatten (s. oben § 20 Rdn. 9 sowie § 3 Rdn. 24). Gleiches muss gelten, wenn die Arbeitsvertragsparteien die Neuerung bei **Zweifeln an deren Schutzfähigkeit** bewusst als technischen Verbesserungsvorschlag behandeln wollen,[30] ferner, wenn sie sich **über die mangelnde Schutzfähigkeit einer technischen Neuerung einig** sind und dabei übereinstimmend die ausschließliche Verwertung im Arbeitgeberunternehmen zu Grunde legen[31] (vgl. auch § 2 Rdn. 2). Ob und wie die Neuerung dann zu vergüten ist, ob also nach § 20 Abs. 1

---

26 H.M. vgl. Schiedsst. v. 12.12.1966, BlPMZ 1967, 159 = GRUR 1968, 195 (LS) m. Anm. Schippel u. v. 11.12.2012 – Arb.Erf. 46/11, (www.dpma.de); Dörner, GRUR 1963, 72, 73; Lindenmaier/Lüdecke, Anm. 2 zu § 20; Reimer/Schade/Schippel/Rother Rn. 4 zu § 20; wohl auch Heine/Rebitzki Anm. 2 zu § 20; Keukenschrijver in Busse/Keukenschrijver, PatG, Rn. 5 zu § 20 ArbEG; Volmer/Gaul Rn. 74 zu § 3; vgl. auch OLG München v. 26.06.2008, InstGE 10, 87, 95 – *Keramikschneidwerkzeug II*; abw. Volmer Rn. 20, 21 zu § 20; ders. i. Anm. AP Nr. 2 zu § 20 ArbEG; Troidl, BB 1974, 468, 469; Hueck/Nipperdey, Lehrb. d. ArbR Bd. 1 § 53 III 2 a (dort Fn. 52); wohl auch Hartung Vergütg. d. VV (1979) S. 34 ff.
27 LG Düsseldorf v. 16.03.1999 – Az. 4 O 171/98, (unveröffentl.); vgl. Reimer/Schade/Schippel/Rother Rn. 3 zu § 20 m. H. a. Schiedsst. v. 11.06.1991 – Arb.Erf. 37/90, (unveröffentl.).
28 Vgl. auch BAG v. 19.05.2015, NZA 2015, 1468 (Rn. 30) – *Legierungskonzept für Stähle*.
29 Schiedsst. v. 20.03.2003, Mitt. 2003, 559, 560. m.H.a. BGH v. 26.11.1968, GRUR 1969, 341, 343 – *Räumzange*; bestätigt durch Schiedsst. v. 01.04.2015 – Arb.Erf. 49/11, (www.dpma.de); ebenso OLG Düsseldorf v. 05.03.1998, WRP 1998, 1202, 1211 – *Wetterführungspläne I*; vgl. auch Schiedsst. v. 19.12.2014 – Arb.Erf. 48/12, (www.dpma.de).
30 Reimer/Schade/Schippel/Rother Rn. 4 zu § 3; Grabinski, GRUR 2001, 922, 924.
31 Schiedsst. v. 20.03.2003, Mitt. 2003, 559, 560; vgl. (aber) auch OLG München v. 26.06.2008, InstGE 10, 87 ff. – *Keramikschneidwerkzeug II* m. abl. Besprechung Bartenbach/Volz/Kelter in Festschr. Mes (2009), S. 11, 17 ff.

bzw. Abs. 2, bestimmt sich dann – mangels abweichender Vereinbarung – nach den allgemeinen Grundsätzen, so dass bei Fehlen der Qualifizierung i.S. von § 20 Abs. 1 nur eine Vergütung nach den Regeln des betrieblichen Vorschlagswesens (§ 20 Abs. 2) in Betracht kommt.[32]

Anders ist die Sachlage, wenn der Arbeitgeber eine von ihm nicht als schutzfähig bewertete »Diensterfindung« ohne Vorbehalt seiner Nutzungsrechte aus dem **Verbesserungsvorschlag freigibt**. Dann ist der Arbeitnehmer nach § 8 jederzeit ohne Abstimmung mit dem Arbeitgeber bzw. ohne dessen Erlaubnis in der Lage, den Gegenstand seiner Erfindungsmeldung frei zu verwerten; zudem würde es dann auch an einer monopolähnlichen Stellung des Arbeitgebers fehlen, gleichgültig, ob der Arbeitnehmer von seinen Verwertungsmöglichkeiten Gebrauch macht und die Erfindung einem konkurrierenden Unternehmen anbietet[33] (s. aber auch § 20 Rdn. 70).

Wie schon aus den Worten »technischer Verbesserungsvorschlag« folgt, knüpft dieser Begriff an die in § 2 genannten **gewerblichen Schutzrechte** an, die im Inland schutzfähige (s. § 2 Rdn. 25 f.) Patente und Gebrauchsmuster als technische Schutzrechte umfassen, nicht dagegen an designschutz- oder urheberrechtsfähige Schöpfungen (z. Begriff vgl. § 2 Rdn. 27 ff.). Die Sonderstellung muss folglich in technischer Hinsicht gegeben sein, also auf technischem Gebiet gründen.[34]

Zugleich folgt aus der Negativabgrenzung zum inländischen (europäischen) Patent- und Gebrauchsmusterschutz in § 3 ArbEG, dass eine faktische Monopolstellung auf technischem Gebiet, die sich **aus einem anderweitigen Ausschließlichkeitsrecht ableitet**, einer Einstufung als qualifizierter technischer Verbesserungsvorschlag nicht grundsätzlich entgegensteht[35] (s. auch § 20 Rdn. 13.1–14; zum UrhG siehe nachfolgend).

Schöpferische **Ergänzungen und Weiterentwicklungen einer (Dienst-)-Erfindung** unterliegen nach der höchstrichterlichen Rechtsprechung ggf. einer erneuten Meldepflicht nach § 5 (»Nachmeldepflicht«[36], s. § 5 Rdn. 21 f.) und damit den Regelungen des ArbEG über Diensterfindungen einschließlich

---

32 S. Schiedsst. v. 20.03.2003, Mitt. 2003, 559, 560.
33 Schiedsst. v. 04.11.1982, BlPMZ 1983, 107.
34 S. BGH v. 23.10.2001, GRUR 2002, 149, 151 – *Wetterführungspläne II*.
35 A.A. wohl allg. OLG München v. 26.06.2008, InstGE 10, 87, 95. – *Keramikschneidwerkzeug II* m. abl. Bespr. Bartenbach/Volz/Kelter in Festschr. Mes (2009), S. 11, 17 ff.; s. a. Boemke/Kursawe/Nebel Rn. 8 zu § 20.
36 So Scharen VPP-Rundbrief 2007, 155, 158.

§ 9.³⁷ Wird ein schöpferischer Beitrag des Arbeitnehmererfinders in eine früher gemeldete und in Anspruch genommene Diensterfindung einbezogen, hat der Arbeitnehmererfinder nach § 9 einen Vergütungsanspruch für die Diensterfindung, die durch die Weiterentwicklung entstanden ist, ohne dass dies jedoch zwangsläufig zu einer höheren Vergütung führt[38] (s. auch § 5 Rdn. 21.1 u. § 20 Rdn. 70; zum Quotenanteil bei Miterfinderschaft s. § 12 Rdn. 110). Bei fehlendem Patent- oder Gebrauchsmusterschutz kann eine Weiterentwicklung einer (Dienst-) –Erfindung, die über das Schutzrecht hinausgeht (s. hierzu § 9 Rdn. 90 ff.), unter den Voraussetzungen des § 20 Abs. 1 Vergütungsansprüche auslösen.³⁹ Sind diese obigen Voraussetzungen nicht erfüllt, sind Ergänzungen und Weiterentwicklungen vergütungsrechtlich nach dem ArbEG regelmäßig unbeachtlich[40] (ggf. aber Prämie als einfacher Verbesserungsvorschlag; s. im Übrigen § 9 Rdn. 91.2).

Besteht ein ausschließliches Nutzungsrecht des Arbeitgebers an einem urheberschutzfähigen **Computerprogramm** nach § 69b UrhG (s. dazu § 2 Rdn. 7), schließt dies eine Vergütung als technischen Verbesserungsvorschlag aus, da die Sonderstellung des Arbeitgebers nicht auf technischem Gebiet, sondern auf dem durch § 69b UrhG vermittelten Ausschließlichkeitsrecht beruht[41] (Kausalität, s. § 9 Rdn. 2; s. auch § 1 Rdn. 4.4).

13.1 Nach (noch) herrschender Meinung hat allerdings der Arbeitnehmer-Züchter bei den nach dem **Sortenschutzgesetz geschützten Pflanzensorten** (s. dazu

---

37 S. dazu BGH v. 05.10.2005, GRUR 2006, 141, 142 f. – *Ladungsträgergenerator* u. BGH v. 14.02.2017 – X ZR 64/15, GRUR 2017, 504 (Rn. 33 ff.) – *Lichtschutzfolie*; Scharen VPP-Rundbrief 2007, 155, 160.
38 Scharen, VPP-Rundbrief 2007, 155, 160 in Anm. zu BGH v. 05.10.2005, GRUR 2005, 141 – *Ladungsträgergenerator* und m. H. a. BGH v. 28.04.1970, GRUR 1971, 459 – *Scheinwerfereinstellgerät*.
39 Vgl. auch BGH v. 28.04.1970, GRUR 1970, 459, 460 – *Scheinwerfereinstellgerät*.
40 So im Ergebnis auch Schiedsst. v. 05.12.1995 – Arb.Erf. 37/94, (unveröffentl.); vgl. auch Schiedsst. v. 17.01.2013 – Arb.Erf. 23/11, (www.dpma.de).
41 BGH v. 24.10.2000, GRUR 2001, 155, 157 – *Wetterführungspläne* u. BGH v. 23.10.2001, GRUR 2002, 149, 151 – *Wetterführungspläne II*; im Anschluss daran OLG Düsseldorf v. 27.05.2004, ZUM 2004, 756, 757 – *Wetterführungspläne II*; s. auch Keukenschrijver in Festschr. Bartenbach (2005), S. 243, 248 f.; Bayreuther, GRUR 2003, 570, 581 f.; a.A. Brandner, GRUR 2001, 883 ff.; s. auch Gennen, ITRB 2001, 84 ff. differenzierend B. Gaul in Festschr. Bartenbach (2005), S. 505, 513 ff., 522; s. ferner Benecke, NZA 2002, 883, 884.

§ 2 Rdn. 8) einen Vergütungsanspruch zumindest analog § 20 Abs. 1[42], sofern man nicht deren Zuordnung zum Arbeitgeber bzw. dessen (einseitiges) Überleitungsrecht ablehnt und für einen Rechtsübergang eine individual- bzw. kollektivvertragliche Vereinbarung fordert, nach der sich dann auch der grundsätzlich anzuerkennende Anspruch des Arbeitnehmers auf angemessene Entschädigung ergibt.[43]. Zum Halbleitererzeugnis s. § 1 Rdn. 5.1. Zum Vergütungsanspruch bei parallelem Patentschutz s. § 2 Rdn. 8.

Da nach der hier vertretenen Auffassung technische Neuerungen, für die zwar nicht im Inland, wohl aber im **Ausland ein Schutzrecht** erlangt werden kann, nicht als Erfindungen i.S.d. § 2 anzusehen sind (streitig, s. § 2 Rdn. 25 f.), können solche Auslandsschutzrechte – sofern sie gleichzeitig eine tatsächliche Vorzugsstellung gewähren (s. § 20 Rdn. 12) – qualifizierte technische Verbesserungsvorschläge darstellen, die bei Verwertung im Ausland – auch als Sperrpatent – gem. § 20 Abs. 1 zu vergüten sind (s. § 9 Rdn. 15 f. sowie KommRL Rn. 8, 47 ff. zu RL Nr. 26). Eine Vergütung zusätzlicher Verwertungshandlungen im Inland bestimmt sich danach, ob für diesen räumlichen Bereich die qualifizierenden Voraussetzungen des § 20 Abs. 1 vorliegen; dies kann angesichts der ausländischen Schutzrechtsveröffentlichung allerdings zweifelhaft sein.

14

Das Gesetz verlangt nicht eine Stellung, die der aus einem gewerblichen Schutzrecht »entspricht«, sondern nur eine solche, die ihr »**ähnelt**«. Die Ähnlichkeit liegt nicht in der Befugnis, Dritten die Benutzung zu verbieten; sie besteht vielmehr in der **tatsächlichen Möglichkeit** – bei Einsatz der Verbesse-

15

---

42 Schiedsst. v. 09.03.1973 – Arb.Erf. 33/72, (unveröffentl.); BPatG v. 16.07.1973, Mitt. 1984, 94 – *Rosenmutation*; BayVGH München v. 31.03.1982 GRUR 1982, 559, 561 – *Albalonga*; a. A. Hesse GRUR 1980, 407 ff. u. Mitt. 1984, 81 f.; im Anschluss daran Leßmann GRUR 1986, 279, 283; vgl. auch Straus GRUR 1986, 767, 775; s. auch Amtl. Begr. z. SortenschutzG BlPMZ 1986, 136 ff.; für unmittelbare Geltung des § 20 Reimer/Schade/Schippel/Rother Rn. 13 zu § 2 u. Rn. 4, 8 zu § 20; für analoge Anwendung der §§ 2, 5 ff. ArbEG dagegen MünchArbR/Sack (2. Aufl. 2000) § 103 Rn. 3 ff. sowie wohl Nirk/Ullmann (1999) S. 179; s. dazu auch MünchArb/Bayreuther, § 99 Rn. 1 m.w.Nachw.; vgl. auch LG München I v. 16.01.1976 EGR Nr. 8 zu 2 ArbEG. Vergütungsanspr. grundsätzl. abl. Veigel, Immaterialgüterrechte im Arbeitsverh. (2016), S. 151 ff. Gem. Urt. des BFH v. 10.11.1994 BStBl. II 1995, 455 findet die Vergünstigung des § 4 Nr. 3 der früheren ErfVO auf Einkünfte aus der Neuentwicklung von Pflanzensorten keine Anwendung (vgl. dazu auch Straus a. a. O.).
43 So mit beachtlichen Gründen Keukenschrijver in Festschr. Bartenbach (2005) S. 243, 250 ff.

rung – den Gegenstand des Vorschlags unter Ausschluss der Mitbewerber **allein zu verwerten**[44] (vgl. auch RL Nr. 29 Satz 2 f.).

An dieser alleinigen Verwertungsmöglichkeit **fehlt** es, wenn bereits ein weiterer Wettbewerber den Gegenstand der technischen Neuerung (außerhalb eines Know-how-Vertrages mit dem Arbeitgeber) kennt bzw. benutzt, selbst dann, wenn der Wettbewerber diese Erkenntnis auch seinerseits als Betriebsgeheimnis behandelt (vgl. auch § 9 Rdn. 333 u. § 12 Rdn. 117). Maßgeblich ist, dass ein solcher Mitbewerber dem Arbeitgeber nicht zur Geheimhaltung verpflichtet ist und der Arbeitgeber ihn deshalb nicht daran hindern kann, das Wissen an Dritte weiterzugeben, wenn ihm dies zweckdienlich erscheint.[45] Eine unangreifbare Stellung im Wettbewerb besteht also nur dann, wenn die Monopolstellung ggü. jedem Dritten (vgl. RL Nr. 29 Satz 2), insb. **ggü. allen Mitbewerbern**, vorhanden ist[46] (s. § 20 Rdn. 19).

**Scheidet der Arbeitnehmer** aus dem Arbeitsverhältnis aus und hat der Arbeitgeber ihm ausdrücklich (vgl. auch § 26 Rdn. 34) das Recht überlassen, den Gegenstand des technischen Verbesserungsvorschlages selbst zu verwerten oder verwerten zu lassen, entfällt – unabhängig davon, ob von diesem Nutzungsrecht Gebrauch gemacht wird – eine (eventuelle) Alleinstellung des (früheren) Arbeitgebers[47] (s. i.Ü. § 20 Rdn. 36).

16  Entscheidend für eine Monopolstellung ist die tatsächliche Gestaltung der Verhältnisse und nicht die Willensrichtung des Arbeitgebers,[48] so dass die Erklärung des Gegenstandes des Verbesserungsvorschlags zum **Betriebsgeheimnis** (vgl. § 17 UWG) bzw. Geschäftsgeheimnis (vgl. § 2 Nr. 1 GeschGehG-E)

---

44 BGH v. 26.11.1968, GRUR 1969, 341, 343 – *Räumzange* m. zust. Anm. Schippel = AP Nr. 2 zu § 20 ArbEG m. zust. Anm. Volmer; LG Düsseldorf v. 26.11.1985 – 4 O 57/85, (unveröffentl.); zust. Schultz-Süchting, GRUR 1973, 293, 301; Schiedsst. v. 16.08.1988 – Arb.Erf. 62/87, (unveröffentl.) u. v. 20.03.2003, Mitt. 2003, 559, 560; Keukenschrijver in Busse/Keukenschrijver, PatG, Rn. 5 zu § 20 ArbEG; Grabinski, GRUR 2001, 922, 925.
45 Schiedsst. v. 17.05.1994 – Arb.Erf. 150/92, (unveröffentl.).
46 Hartung Vergütg. d. VV (1979) S. 44 gg. Danner, Mitt. 1960, S. 171, 177 a. E.
47 Schiedsst. v. 27.07.1973 – Arb.Erf. 66/72, u. ZB v. 06.08.1979 – Arb.Erf. 64/78, (beide unveröffentl.).
48 LG Düsseldorf v. 16.03.1999 – 4 O 171/98, (unveröffentl.); Schiedsst. v. 13.12.1974 – Arb.Erf. 76/3, (unveröffentl.).

B. Vergütung von qualifizierten technischen Verbesserungsvorschlägen (Abs. 1)    § 20

weder notwendige Voraussetzung des § 20 Abs. 1 ist,[49] noch zwangsläufig einen qualifizierten Verbesserungsvorschlag zu begründen vermag[50] (zur Geheimhaltung s. § 20 Rdn. 20 ff.). Die für die Vergütung maßgebliche **Vorzugsstellung** muss sich vielmehr aus **dem Verbesserungsvorschlag selbst** in seiner tatsächlichen Ausschlusswirkung im Verhältnis zu den Wettbewerbern, also im Markt, ergeben (s. § 20 Rdn. 22). Aus § 20 Abs. 1 ist auch nicht die Verpflichtung des Arbeitgebers herzuleiten, Verbesserungsvorschläge geheim zu halten;[51] ein vergütungsschädliches (s. § 20 Rdn. 33 ff.) **Bekanntwerden** einer als Verbesserungsvorschlag gemeldeten Neuerung, das auf betrieblichen Erfordernissen beruht, muss der Arbeitnehmer gegen sich gelten lassen.[52] Inwieweit eine Geheimhaltung erfolgt oder nicht, richtet sich allein nach den **betrieblichen Gegebenheiten und Bedürfnissen**.[53] Der Arbeitgeber ist lediglich gehindert, einen Verbesserungsvorschlag, der an sich Dritten nicht zugänglich ist, diesen bewusst zugänglich zu machen[54] bzw. ihm mögliche und ohne Weiteres zumutbare Geheimhaltungsmaßnahmen zu unterlassen (s. § 20 Rdn. 35).

Die Neuerung muss dem Arbeitgeber eine vorteilhafte **Sonderstellung in technischer Hinsicht** vermitteln.[55] Die technische Qualität des Vorschlags muss diesen **ggü. dem allgemeinen Stand der Technik herausheben**.[56] Gibt es im bekannten Stand der Technik keine vergleichbare Vorrichtung bzw. kein entsprechendes Verfahren, so spricht dies – bei fehlender Schutzfähigkeit – für

17

---

49 BGH v. 26.11.1968, GRUR 1969, 341, 343 – *Räumzange* m. zust. Anm. Schippel, = AP Nr. 2 zu § 20 ArbEG m. zust. Anm. Volmer; ebenso Schiedsst. v. 27.08.1980, EGR Nr. 24 zu § 5; v. 14.01.1991 – Arb.Erf. 37/90, (unveröffentl.); Reimer/Schade/Schippel/Rother Rn. 6 zu § 20 m. H. a. Schiedsst. v. 11.06.1991 – Arb.Erf. 37/90, (unveröffentl.); vgl. auch Keukenschrijver in Busse/Keukenschrijver, PatG, Rn. 13 zu § 20 ArbEG; abw. wohl Heine/Rebitzki, Vergütg. f. Erf. Anm. 4 zu RL Nr. 29; Kraßer/Ann, PatR § 21 V 8 Rn. 116, wonach ein qual. tVV »objektiv die Voraussetzungen für den Schutz als Betriebsgeheimnis nach §§ 17 ff. UWG« erfüllen muss; krit. auch Kollmer, BVW 1987, Heft 1; vgl. aber auch Schiedsst. v. 20.03.2003, Mitt. 2003, 559, 560.
50 Ebenso Schiedsst. v. 16.08.1988 – Arb.Erf. 62/87, (unveröffentl.); a.A. aber wohl Troidl, BB 1974, 468, 470 a. E.; vgl. auch Kraßer/Ann, PatR, § 27 Rn. 116.
51 So zutr. Reimer/Schade/Schippel/Rother Rn. 6 zu § 20.
52 Schiedsst. v. 12.09.1986, BlPMZ 1987, 113; Keukenschrijver in Busse/Keukenschrijver, PatG, Rn. 13 zu § 20 ArbEG.
53 S. Keukenschrijver in Busse/Keukenschrijver, PatG, Rn. 13 zu § 20 ArbEG.
54 Vgl. BGH v. 09.01.1964 – I a ZR 190/63, GRUR 1964, 449, 452 – *Drehstromwicklung*.
55 S. BGH v. 23.10.2001, GRUR 2002, 149, 151 – *Wetterführungspläne II*; Schiedsst. v. 11.12.2012 – Arb.Erf. 48/11, u. v. 27.02.2013 – Arb.Erf. 20/10, (beide www.dpma.de).
56 Schiedsst. v. 27.02.2013 – Arb.Erf. 20/10, (www.dpma.de).

einen qualifizierten Verbesserungsvorschlag, sofern auch die weiteren Voraussetzungen gegeben sind. Die Neuerung darf also den Mitbewerbern weder **bekannt** sein noch durch ihren Einsatz sogleich allgemein bekannt werden bzw. für einen Fachmann ohne besonderen Aufwand erkennbar sein.[57]

An einer **Vorzugsstellung fehlt** es stets, wenn die Neuerung zuvor **Allgemeingut der Technik** gewesen ist[58], etwa, wenn sie bereits in einer Patentschrift[59] oder in sonstigen Veröffentlichungen[60] beschrieben wurde. War die Neuerung selbst zuvor bereits zum Patent angemeldet, so gehört sie bei Offenlegung zum Stand der Technik und eine Vergütung nach § 20 Abs. 1 ArbEG scheidet aus.[61] Dagegen soll es unschädlich sein, wenn die Neuerung nur in entlegenen Druckschriften beschrieben ist[62] (sog. papierner Stand der Technik;[63] zweifelhaft). Schädlich ist es ebenso, wenn der Gegenstand des Vorschlags in seinen Einzelheiten den Mitbewerbern bereits durch seine Veröffentlichung[64] oder seine erstmalige Verwertung zugänglich wird. Ebenso scheidet die Qualifizierung aus, wenn ein entsprechendes Produkt des Arbeitgebers von Mitbewerbern jederzeit durch Nachbau nachgeahmt werden kann[65] (s. RL Nr. 29 Satz 2) oder wenn die Verbesserung so **naheliegend** ist, dass ein mit dem Problem befasster Fachmann ohne besondere Bemühungen eine identische

---

57 Ähnl. LG Hamburg v. 27.03.1968 – 15 O 215/65, (unveröffentl.); Schiedsst. v. 18.02.1997 – Arb.Erf. 52/95, (unveröffentl.).
58 Schiedsst. v. 13.07.1962, BlPMZ 1963, 75 = GRUR 1963, 522 (LS) m. zust. Anm. Schippel; v. 20.03.2003, Mitt. 2003, 559, 560; bestätigt u.a. durch Schiedsstelle v. 04.08.1988 – Arb.Erf. 15/88, v. 16.08.1988 – Arb.Erf. 62/87, v. 05.11.1990 – Arb.Erf. 21/90, u. v. 14.02.2002 – Arb.Erf. 77/99, (alle unveröffentl.); v. 20.03.2003 Mitt. 2003, 559, 560; ferner v. 11.12.2012 – Arb.Erf. 46/11; v. 27.02.2013 – Arb.Erf. 20/10; v. 19.12.2014 – Arb.Erf. 48/12, u. v. 01.04.2015 – Arb.Erf. 49/11, (alle www.dpma.de); Reimer/Schade/Schippel/Rother Rn. 6 zu § 20 m. H. a. Schiedsst. v. 04.10.1976, BlPMZ 1979, 184, 185; Keukenschrijver in Busse/Keukenschrijver, PatG, Rn. 5 zu § 20 ArbEG; s. auch Schade, GRUR 1970, 579, 582.
59 Schiedsst. v. 19.12.2014 – Arb.Erf. 48/12, (www.dpma.de).
60 Vgl. Schiedsst. v. 01.04.2015 – Arb.Erf. 49/11, (www.dpma.de).
61 Schiedsst. v. 11.12.2012 – Arb.Erf. 46/11, (www.dpma.de).
62 Krauss, Betriebl. Vorschlagswesen (1977) S. 33.
63 S. dazu Grabinski, GRUR 2001, 922, 924. Abl. Boemke/Kursawe/Nebel Rn. 10 zu § 20.
64 Schiedsst. ZB v. 24.04.1986 – Arb.Erf. 48/85, (unveröffentl.).
65 Schiedsst. v. 19.12.2014 Arb.Erf. 48/12, u. v. 01.04.2015 – Arb.Erf. 49/11, (beide www.dpma.de) m. H. a. Schiedsst. v. 20.03.2002, Mitt. 2002, 559.

bzw. gleichwertige Lösung finden würde.[66] Es kommt nur darauf an, ob der Fachmann die technische Lösung mit normalen Überlegungen bzw. Arbeiten hätte finden müssen,[67] etwa durch einfaches Ausprobieren.[68] Ist die einschlägige Fachliteratur so gehalten, dass sie zu den vom Arbeitnehmer entwickelten Lösungen praktisch hinführt, scheidet ein qualifizierter Verbesserungsvorschlag regelmäßig aus.[69] Gleiches gilt, wenn der Verbesserungsvorschlag **Standardüberlegungen** in dem einschlägigen Industriezweig lediglich in technisch naheliegender Weise umsetzt[70], also Mitbewerber auf der Grundlage des äußeren Standes der Technik zumindest **vergleichbare Verbesserungen** vornehmen könnten[71], oder wenn ein Fachmann, dem die hier relevante technische Aufgabe gestellt würde, zu einer grundsätzlich identischen Lösung gekommen wäre[72]. Ist ein Wettbewerber in der Lage, ein Produkt gleicher Wirkung, aber völlig unterschiedlicher Substanz herzustellen, schließt dies eine Vorzugsstellung nicht von vornherein aus; dies wäre erst dann der Fall, wenn Mitbewerber in der Lage sind, ein bisher geheimes Herstellungsverfahren hinsichtlich der Ausgangsstoffe und der Verfahrensschritte nachzuvollziehen[73] oder wenn gleichwertige Alternativlösungen im Markt vorliegen.

Eine Vorzugsstellung scheidet selbstverständlich aus, wenn **Mitbewerber** – etwa aufgrund eigener Mitteilung des Arbeitnehmers – bereits **im Besitz der technischen Lehre** sind.[74] Eine Vorzugsstellung entfällt schon, wenn ein einziger Mitbewerber die Möglichkeit hat, von der technischen Lehre Gebrauch zu machen, es sei denn, dieser ist dem Arbeitgeber ggü. zur Geheimhaltung verpflichtet[75] (s. § 20 Rdn. 16; zu Geheimhaltungsabreden s. § 20 Rdn. 21).

---

66 Schiedsst. – Arb.Erf. 73/69, (unveröffentl.), zit. b. Schade, GRUR 1970, 579, 581; i. Ergebn. ebenso Schiedsst. v. 27.08.1980, EGR Nr. 24 zu § 5 ArbEG v. 14.11.2000 – Arb.Erf. 13/97, (unveröffentl.); v. 20.03.2003, Mitt. 2003, 559, 560 u. v. 27.02.2013 – Arb.Erf. 20/10, (www.dpma.de).
67 Schiedsst. v. 04.08.1988 – Arb.Erf. 15/88; v. 16.08.1988 – Arb.Erf. 62/87, (beide unveröffentl.) u. v. 27.02.2013 – Arb.Erf. 20/10, (www.dpma.de).
68 Schiedsst. v. 20.03.2003, Mitt. 2003, 559, 560.
69 Schiedsst. v. 04.10.1976, BlPMZ 1979, 184, 185 u. v. 16.08.1988 – Arb.Erf. 62/87, (unveröffentl.).
70 Ebenso Schiedsst. v. 27.02.2013 – Arb.Erf. 20/10, (www.dpma.de).
71 S. Schiedsst. v. 14.11.2000 – Arb.Erf. 13/97 (Datenbank).
72 Schiedsst. v. 27.02.2013 – Arb.Erf. 20/10, (www.dpma.de).
73 Vgl. zur Geheimrezeptur BGH v. 12.02.1980, GRUR 1980, 750, 571 f. – *Pankreaplex II*.
74 Ähnl. Schiedsst. v. 07.02.1984 – Arb.Erf. 39/81, (unveröffentl.).
75 Schiedsst. v. 17.05.1994 – Arb.Erf. 150/92, (unveröffentl.).

**18** Von einer Vorzugsstellung, die der aus einem gewerblichen Schutzrecht ähnlich ist, kann zudem nur gesprochen werden, wenn ihr von vornherein eine **gewisse Beständigkeit** anhaftet.[76] Dies entscheidet sich insb. nach der **Analysierbarkeit bzw. Zugänglichkeit** der technischen Neuerung im Rahmen ihrer Benutzung. Die schutzrechtsähnliche Vorzugsstellung, also die Möglichkeit der alleinigen Verwertung des Verbesserungsvorschlags durch den Arbeitgeber, entfällt nicht stets dann, wenn die Mitbewerber in der Lage sind, die Neuerung kennenzulernen; dies ist aber dann der Fall, wenn die Neuerung den **Mitbewerbern ohne nennenswerte Schwierigkeiten zugänglich** ist.[77]

Dementsprechend kann es **für eine Vorzugsstellung ausreichen**, wenn die Mitbewerber von einer Verwertung der Neuerung für geraume Zeit abgehalten werden, etwa wenn mit deren Analyse Schwierigkeiten und Opfer verbunden sind.[78] Kann ein fachkundiger Leser einer allgemein gehaltenen Veröffentlichung keinen essenziellen Hinweis auf die Einzelheiten der Neuerung entnehmen, benötigen die Mitbewerber vielmehr zur Ausübung des Verfahrens noch einen erheblichen und zeitintensiven Entwicklungsaufwand (etwa um in den Besitz des Quellcodes zur Anwendung eines Verfahrens zu kommen), ist eine Zugänglichkeit ebenfalls noch nicht gegeben.[79] Zu betriebsgeheimen Verfahren s. § 20 Rdn. 20.

**Ausgeschlossen** ist eine Vorzugsstellung, wenn der Gegenstand des Vorschlags in seinen Einzelheiten den Mitbewerbern bereits unmittelbar durch seine Veröffentlichung[80] oder seine erstmalige Verwertung zugänglich wird. Kann den Mitbewerbern die Verbesserung nach den gegebenen Verhältnissen innerhalb kurzer Zeit, etwa ohne besonders aufwendige Untersuchung eines die Verbesse-

---

76 So BGH v. 26.11.1968, GRUR 1969, 341, 343 a. E –*Räumzange*; zust. Schiedsst. v. 24.01.1990 – Arb.Erf. 21/89, (unveröffentl.); Keukenschrijver in Busse/Keukenschrijver, PatG, Rn. 5 zu § 20 ArbEG m. H. a. OLG Braunschweig v. 17.07.1997 – 2 U 6/97, (unveröffentl. wonach bei 2 Jahren dies »bei weitem erreicht« sein soll); insoweit krit. Volmer, i. Anm. AP Nr. 2 zu § 20 ArbEG.
77 BGH v. 26.11.1968, GRUR 1969, 341, 343 – *Räumzange* m. zust. Anm. Schippel = AP Nr. 2 zu § 20 ArbEG m. zust. Anm. Volmer; Schiedsst. v. 20.03.2003, Mitt. 2003, 559, 560; Reimer/Schade/Schippel/Rother Rn. 7 zu § 20; abw. (noch) OLG Frankfurt am Main v. 01.12.1966, BB 1967, 333.
78 S. Grabinski, GRUR 2001, 922, 925.
79 Schiedsst. v. 25.01.1994 – Arb.Erf. 139/92, (unveröffentl.); bestätigt durch OLG Düsseldorf v. 05.03.1998, WRP 1998, 1202, 1211 ff. – *Wetterführungspläne I* (betr. Entwicklung eines Software-Programms; der BGH v. 24.10.2000, GRUR 2001, 155, 157 – *Wetterführungspläne* hat dazu nicht Stellung genommen, da dort ein Vergütungsanspruch m.H.a. § 69b UrhG abgelehnt wurde).
80 Schiedsst. ZB v. 24.04.1986 – Arb.Erf. 48/85, (unveröffentl.).

## B. Vergütung von qualifizierten technischen Verbesserungsvorschlägen (Abs. 1) § 20

rung verkörpernden Gegenstandes bekannt werden, fehlt ebenfalls eine Vorzugsstellung.[81] Gleiches gilt, wenn nicht ermittelt werden kann, welche konkreten (technischen) Eigenschaften der Neuerung die Verbesserung bewirken.[82]

Abgrenzungsschwierigkeiten können sich im Einzelfall bei der Bewertung von **Verbesserungen bereits eingeführter Produkte/Verfahren** ergeben. Handelt es sich um spezielle Verbesserungen bzw. individuelle Weiterentwicklungen, die keine Außenwirkung entfalten und dem Arbeitgeber alleine zur Verfügung stehen, spricht dies für einen qualifizierten Verbesserungsvorschlag.[83] Anders liegt es dagegen, wenn die Verbesserungen für den Durchschnittsfachmann analysierbar sind bzw. zum Allgemeingut der Technik gehören. Regelmäßig liegt hier kein qualifizierter Verbesserungsvorschlag vor, da die Monopolstellung im Markt keine aus der verbessernden Neuerung folgende Eigenschaft ist, sondern auf anderen Umständen beruht (Marktposition und/bzw. oder Schutzfähigkeit des Ursprungsprodukts, Marktführerschaft des Arbeitgebers etc.). Ausnahmsweise hat die *Schiedsstelle* eine Qualifikation dann anerkannt, wenn es sich um ein seit längerer Zeit eingeführtes Produkt handelt, welches durch den technischen Verbesserungsvorschlag qualitativ verbessert wurde und zunächst nicht anzunehmen war, dass Mitbewerber das Produkt auf die Verbesserung hin sofort überprüfen würden; allerdings ist die Vergütung auf einen Zeitraum begrenzt worden, bis zu dem mit einer genauen Untersuchung durch die Mitbewerber zu rechnen war[84] (vgl. i. Übr. § 20 Rdn. 22). Zur Weiterentwicklung von Diensterfindungen s. § 20 Rdn. 13. 19

Die **Gefahr des** (vergütungsschädlichen, s. § 20 Rdn. 33 ff.) **Offenkundigwerdens** einer technischen Neuerung ist regelmäßig bei **geheim gehaltenen Verfahren** ausgeschlossen,[85] insbesondere wenn das Verfahrenserzeugnis nicht analysiert werden kann (vgl. RL Nr. 29 Satz 2; s. auch § 20 Rdn. 16). Aber auch wenn die konkrete Zusammensetzung analytisch nachweisbar ist, kann die Vorzugsstellung fortbestehen. Dies ist z.B. bei chemischen Substanzen der Fall, wenn der Erfolg des Produktes auf geheimen Verfahrensbedingungen beruht, die bei der Herstellung eingehalten werden müssen (z.B. Temperatur, Intervalle der Zusätze usw.).[86] Gleiches gilt für lediglich **betriebsintern** 20

---

81 Vgl. BGH v. 26.11.1968, GRUR 1969, 341, 343 a. E. – *Räumzange*.
82 Schiedsst. v. 20.03.2003, Mitt. 2003, 559, 560.
83 Schiedsst. v. 26.02.1997 – Arb.Erf. 56/95, (unveröffentl.).
84 Schiedsst. v. 02.03.1983 – Arb.Erf. 67/80, (unveröffentl.).
85 Allg.A., Heine/Rebitzki Vergütg. f. Erf. Anm. 2 zu § 20; Schiedsst. v. 06.08.1979 – Arb.Erf. 64/68, (unveröffentl.).
86 Schiedsst. v. 21.05.1982 – Arb.Erf. 14/81, (unveröffentl.).

**genutzte Vorrichtungen**, die dem Zutritt Dritter entzogen sind[87] oder keinerlei Außenwirkung entfalten,[88] bzw. für solche Gegenstände, die zwar im Markt angeboten werden, aber von ihrer Beschaffenheit her nicht ohne Weiteres erkannt werden können.[89]

21 Auch eine vom Arbeitgeber den **Abnehmern auferlegte** und von diesen eingehaltene **Geheimhaltungspflicht** kann die Möglichkeit des Offenkundigwerdens ausschließen.[90] Ggf. kann sich für den Arbeitgeber – ohne dass § 20 Abs. 1 für sich allein eine neue Geheimhaltungsvorschrift schafft (s. § 20 Rdn. 16) – aus der Beschaffenheit des Gegenstandes heraus die Pflicht ergeben, eine Geheimhaltung aufzuerlegen.[91] Unterlässt er dies, muss sich der Arbeitgeber einen etwaigen Verlust der Vorzugsstellung selbst zuschreiben und kann sich hierauf nach Treu und Glauben (§ 242 BGB) dem Arbeitnehmer ggü. nicht berufen[92] (s. auch § 20 Rdn. 34 f.). Das gilt aber dann nicht, wenn sich der Arbeitgeber mangels Hinweises des Arbeitnehmers der besonderen Qualität des Verbesserungsvorschlags nicht bewusst war.[93] Verletzt der Dritte schuldhaft eine ihm obliegende Geheimhaltungspflicht, so muss sich der Arbeitgeber auch dies zurechnen lassen; der Arbeitnehmer hat zumindest analog § 285 BGB einen Anspruch auf Beteiligung an dem vom Dritten zu leistenden Schadensersatz im Umfang des entgangenen Vergütungsanspruchs.

22 Die **Vorzugsstellung** muss **in dem technischen Verbesserungsvorschlag als solchem** begründet sein[94] (vgl. RL Nr. 29 Satz 3), etwa in einem besonderen, dem Endprodukt nicht zu entnehmenden Verfahrenskniff, ferner bei einer Kombination von Maßnahmen, die durch den Stand der Technik nicht nahe-

---

87 Vgl. Reimer/Schade/Schippel/Rother Rn. 6 zu § 20.
88 Schiedsst. v. 26.02.1997 – Arb.Erf. 56/95, (unveröffentl.).
89 Heine/Rebitzki, Vergütg. f. Erf. Anm. 8 zu RL Nr. 29; Kumm, GRUR 1967, 621, 625; vgl. auch BGH v. 26.11.1968, GRUR 1969, 341, 344 l. Sp.; s.a. die Einzelbeispiele f. qualif. t. VV bei Schade in VDI-Zeitschrift 1961, 51 f. u. GRUR 1970, 579, 581 f.
90 BGH v. 09.01.1964 – I a ZR 190/63, GRUR 1964, 449, 452 (zu 3) – *Drehstromwicklung*.
91 Grundsätzl. zustimmend Schiedsst. v. 27.02.2013 Arb.Erf. 20/10 (www.dpma.de).
92 BGH v. 09.01.1964 – I a ZR 190/63, GRUR 1964, 449, 452 (zu 3) – *Drehstromwicklung*.
93 Schiedsst. v. 27.02.2013 – Arb.Erf. 20/10, (www.dpma.de).
94 Wie hier Schiedsst. ZB v. 24.04.1986 – Arb.Erf. 48/85, u. EV v. 24.01.1990 – Arb.Erf. 21/89, (beide unveröffentl.); LG Hamburg v. 27.03.1968 – 15 O 215/65, (unveröffentl.); Grabinski, GRUR 2001, 922, 925; ähnl. Halbach Anm. 2 zu § 20; Mönig, GRUR 1972, 518, 522; Reimer/Schade/Schippel/Rother Rn. 9 zu § 20; Volmer Rn. 19 zu § 20 u. ders., VergütgRL Rn. 12 zu RL Nr. 29.

liegt.⁹⁵ Die Monopolstellung darf also nicht allein auf außerhalb liegende Umstände zurückzuführen sein, wie etwa eine ohnehin schon gegebene Vormachtstellung des Arbeitgebers im Wettbewerb, eine schlagkräftige Vertriebsorganisation, ein anderweitiger technologischer Vorsprung, moderne Fertigungsmethoden, besondere Auslandsverbindungen, gesteigerter Werbeeinsatz, eine allein dem Arbeitgeber erteilte behördliche Genehmigung oder ihm allein zugängliche Materialien (Vor- oder Zwischenprodukte) bzw. Produktionsmittel.

Für den erforderlichen Kausalzusammenhang zwischen Verbesserungsvorschlag und Vorzugsstellung kann es ausnahmsweise ausreichen, dass der Vorschlag eine bereits vorhandene (faktische oder rechtliche) Monopolstellung eigenständig verstärkt⁹⁶ oder erweitert, indem er z.b. weitere Umgehungsmöglichkeiten ausschließt⁹⁷ (vgl. RL Nr. 29 Satz 3 Halbs. 2). An einer Vorzugsstellung fehlt es aber dann, wenn der Verbesserungsvorschlag nur deshalb nicht von Konkurrenten aufgegriffen wird, weil dieser nur im Zusammenhang mit anderweitigen Schutzrechten des Arbeitgebers wirtschaftlich/technisch verwendet werden kann⁹⁸ (vgl. auch § 20 Rdn. 19).

Von einer Vorzugsstellung kann schließlich keine Rede sein, wenn die Wettbewerber die **Verbesserung trotz Kenntnis nicht anwenden**⁹⁹ oder wenn die Verbesserung für **Wettbewerber** (technisch und/oder wirtschaftlich) nicht von Interesse ist¹⁰⁰. Die Verwertung des Verbesserungsvorschlages mag zwar auch in diesem Fall dem Arbeitgeber eine tatsächliche Vorzugsstellung im Wettbewerb geben. Diese Stellung hat aber keine Ähnlichkeit mit derjenigen aus einem gewerblichen Schutzrecht; denn es fehlt der mit einem gewerblichen Schutzrecht vergleichbare Monopolcharakter.¹⁰¹ Bei bestehender Erkenntnismöglichkeit hinsichtlich der technischen Neuerung kann sie jederzeit durch

---

95 Schiedsst. v. 11.06.1991 – Arb.Erf. 37/90, (unveröffentl.).
96 Röpke, ArbNErf. u. Arbeitsverh,. S. 145.
97 Ebenso Reimer/Schade/Schippel/Rother Rn. 9 zu § 20.
98 LG Hamburg v. 27.03.1968 – 15 O 215/65, (unveröffentl.); Reimer/Schade/Schippel/Rother Rn. 9 zu § 20; s. auch MünchArbR/Bayreuther, § 98 Rn. 56.
99 BGH v. 26.11.1968, GRUR 1969, 341, 343 l. Sp. – *Räumzange* unter Aufhebg. v. OLG Frankfurt am Main v. 01.12.1966, BB 1967, 333, 475; Schiedsst. v. 25.11.1980 – Arb.Erf. 30/80, v. 16.08.1988 – Arb.Erf. 62/87, u. v. 11.06.1991 – Arb.Erf. 37/90, (alle unveröffentl.); diff. Volmer in Anm. AP Nr. 2 zu § 20 ArbEG.
100 Wie hier Volmer/Gaul Rn. 32 zu § 20; Halbach Anm. 2 zu § 20; MünchArbR/Bayreuther, § 98 Rn. 56; a.A. Volmer Rn. 18, 19 zu § 20 u. ders. i. Anm. AP Nr. 2 zu § 20 ArbEG; offen gelassen von BGH v. 26.11.1968, GRUR 1969, 341, 343 r. Sp. – *Räumzange*.
101 BGH v. 26.11.1968, GRUR 1969, 341, 343 l. Sp. – *Räumzange*.

den Markteintritt eines Wettbewerbers beeinträchtigt werden.[102] Allerdings steht allein die Tatsache eines fehlenden Wettbewerbs auf dem betreffenden Markt einem Vergütungsanspruch noch nicht entgegen.[103]

Eine Monopolstellung fehlt nach Auffassung der *Schiedsstelle* auch dann, wenn der Arbeitgeber zur Umsetzung des Verbesserungsvorschlags zwingend auf bestimmte **Drittprodukte angewiesen** ist, die nur von einem einzelnen Lieferanten bezogen werden können, ohne dass der Arbeitgeber selbst bzw. der Markt über Alternativen verfügt; etwa weil die vorgeschlagene Verbesserung ausschließlich mittels eines bestimmten Ausgangsstoffes zu realisieren ist und der Arbeitgeber bei Produktänderung bzw. –einstellung des Ausgangsstoffes seitens der Herstellerfirma außerstande wäre, den Verbesserungsvorschlag weiter zu nutzen.[104] Zum gesetzlich ausgeschlossenen Patentschutz s. § 3 Rdn. 9.

Zur **Beweislast** s. § 20 Rdn. 37.

Sind die Voraussetzungen eines qualifizierten technischen Verbesserungsvorschlags nicht gegeben, kommt evtl. die Behandlung als einfacher technischer Verbesserungsvorschlag (§ 20 Abs. 2) in Betracht.

**II. Entstehung und Fälligkeit des Vergütungsanspruchs**

**1. Entstehung (tatsächliche Verwertung)**

24 Anders als bei einer Diensterfindung (§§ 6, 7) setzt die Vergütung für einen qualifizierten technischen Verbesserungsvorschlag **nicht** dessen **Inanspruchnahme** durch den Arbeitgeber voraus,[105] da der Verbesserungsvorschlag mit seiner Entstehung dem Arbeitgeber als Arbeitsergebnis gehört (s. § 3 Rdn. 26).

**Voraussetzung** für den Vergütungsanspruch ist allerdings, dass der qualifizierte Verbesserungsvorschlag dem Arbeitgeber **ordnungsgemäß mitgeteilt** wird,[106] namentlich gesondert und unter Kenntlichmachung der Qualifizierung der vorgeschlagenen technischen Neuerung[107], da nur hierdurch dem Arbeitgeber eine Grundlage für seine Verwertungsentscheidung ermöglicht wird (s. dazu Rn. 28 ff. zu § 3, insbes. dort Rdn. 30.1; s. auch hier § 20 Rdn. 10, 25). Die

---

102 Grabinski, GRUR 2001, 922, 926.
103 So Keukenschrijver in Busse/Keukenschrijver, PatG, Rn. 8 zu § 20 ArbEG m. H. a. OLG Braunschweig v. 17.07.1997 – 2 U 6/97, (unveröffentl.).
104 Schiedsst. v. 20.03.2003, Mitt. 2003, 559, 560.
105 Zutr. Volmer Rn. 33 zu § 20.
106 Ebenso ständ. Praxis d. Schiedsst., z.B. v. 11.12.2012 – Arb.Erf. 46/11, u. v. 27.02.2013 – Arb.Erf. 20/10, (beide www.dpma.de).
107 Schiedsst. v. 27.02.2013 – Arb.Erf. 20/10, (www.dpma.de).

B. Vergütung von qualifizierten technischen Verbesserungsvorschlägen (Abs. 1)    § 20

gegenteilige Ansicht[108] übersieht, dass die Mitteilung an den Arbeitgeber bereits begriffsnotwendiger Bestandteil des Verbesserungsvorschlags ist und auch vom ArbEG vorausgesetzt wird, wie dies aus § 22 Satz 2 und § 42 Abs. 3 Satz 2 ArbEG hervorgeht (s. auch § 3 Rdn. 28 ff.). In langjähriger Praxis steht die *Schiedsstelle* deshalb zu Recht auf dem Standpunkt, dass ein Arbeitgeber nicht unbewusst in einen Vergütungstatbestand »quasi hineinrutschen darf«.[109] Sie hat demgemäß Vergütungen für Umsätze abgelehnt, wenn **ohne Wissen der Betriebsführung** oder anderer verantwortlicher Stellen und ohne deren Entscheidung ein Verbesserungsvorschlag benutzt wird, der eine Vergütungspflicht nach sich zieht. Die Vergütungspflicht für einen Verbesserungsvorschlag entsteht also frühestens mit der **Billigung der Geschäftsleitung** zur Durchführung einer ausdrücklich als technische Verbesserungsvorschlag mitgeteilten Neuerung[110] (s. auch § 3 Rdn. 30.1).

Dagegen erfordert die Vergütung – im Unterschied zu kollektivrechtlichen Regelungen zur Prämierung einfacher Verbesserungsvorschläge (s § 20 Rdn. 6) – **keine** (ausdrückliche) **Anerkennung der Neuerung als qualifizierter technischer Verbesserungsvorschlag** durch den Arbeitgeber. Das ArbEG geht vielmehr mit §§ 3, 20 Abs. 1 davon aus, dass es sich um eine der vorgeschlagenen Neuerung von vornherein anhaftende Eigenschaft handelt, die objektiv gegeben sein muss, ohne dass es eines weiteren, konstitutiven Annahmeaktes bedarf.

Der Vergütungsanspruch wird erst durch **Aufnahme der tatsächlichen Verwertung** seitens des Arbeitgebers begründet[111] (vgl. RL Nr. 29 Satz 1 und 5), wobei Voraussetzung ist, dass der Arbeitgeber **bei Beginn der Verwertung** die

25

---

108 Boemke/Kursawe/Nebel Rn. 32 zu § 20 (s. aber auch dort Rn. 34 f., wonach der Arbeitnehmer offenlegen muss, worin die technische Verbesserung besteht; zutreffend eine Mitteilungspflicht bejahend dagegen Boemke/Kursawe/Raif Rn 8, 10, 46 ff. zu § 3).
109 Schiedsst. ZB v. 06.08.1979 – Arb.Erf. 64/78; v. 21.05.1982 – Arb.Erf. 14/81, v. 23.09.1996 – Arb.Erf. 2 (B)/93, v. 14.11.2000 – Arb.Erf. 13/97; v. 10.05.2001 – Arb.Erf. 17/99, (alle unveröffentl.); v. 26.02.2008 – Arb.Erf. 88/03 (Datenbank) u. v. 27.02.2013 – Arb.Erf. 20/10, (www.dpma.de); zust. Boemke/Kursawe/Nebel Rn. 32 zu § 20.
110 Schiedsst. ZB v. 06.08.1979 – Arb.Erf. 64/78, (unveröffentl.).
111 Allg. A. z.B. BAG v. 30.04.1965, GRUR 1966, 88 – *Abdampfverwertung*; BGH v. 26.11.1968, GRUR 1969, 341, 344 r. Sp. – *Räumzange*; OLG Frankfurt am Main v. 01.12.1966, BB 1967, 333 – *Räumzange*; LAG Bayern v. 06.05.1970, AMBl. (Bay.ArbMin.) 1971, C 35; Schiedsst. v. 12.12.1973 – Arb.Erf. 35/73, (unveröffentl.), u. v. 11.12.2012 – Arb.Erf. 46/11, (www.dpma.de); Keukenschrijver in Busse/Keukenschrijver, PatG, Rn. 7, 10 zu § 20 ArbEG.

Möglichkeit der ausschließlichen Benutzung hat und diese wenigstens für einen **gewissen Zeitraum** behält[112] (vgl. oben § 20 Rdn. 18). Zur **Beweislast** s. § 20 Rdn. 37.

26 »**Verwertung**« ist weder identisch mit dem umfassenderen Begriff der Verwertbarkeit (§ 9 Abs. 2; s. § 9 Rdn. 86 ff. sowie KommRL Rn. 7 ff. zu RL Nr. 22 u. Rn. 14 ff. zu RL Nr. 24) noch mit dem engeren Begriff der Benutzung (§ 10 Abs. 1 a.F.; s. § 10 a.F. Rdn. 8 ff.).

27 Der Begriff der **Benutzung** stimmt mit dem der »Verwertung« insoweit überein, als beide sich auf alle hiervon erfassten Nutzungshandlungen entsprechend §§ 9 PatG, 11 Abs. 1 GebrMG erstrecken (s. § 20 Rdn. 30). Darüberhinausgehend umfasst die Benutzung auch die **Lohnfertigung durch Dritte** in fremden Betrieben (verlängerte Werkbank, s. KommRL Rn. 31 zu RL Nr. 7) sowie eine Verwertung durch **Vergabe von Nutzungsrechten** an dieser technischen Neuerung[113] (Wissensübermittlung durch Know-how-Vertrag[114]) bzw. durch »Verkauf« der Verbesserung[115] (vgl. RL Nr. 16 Abs. 2). Auch wenn der technische Verbesserungsvorschlag dem Arbeitgeber keine rechtlich durchsetzbare Monopolstellung vermittelt, stellt er als Know-how einen wirtschaftlichen, von der Rechtsordnung anerkannten Wert[116] dar. An dem hieraus erlangten wirtschaftlichen Nutzen ist der Arbeitnehmer ebenso wie bei einer Erfindung zu beteiligen.

Im Rahmen einer **konzernweiten Nutzung** muss ggf. ein fiktiver Erlös zugunsten des Arbeitnehmers berücksichtigt werden; ein Anspruch auf Vergütung des mit diesem qualifizierten Verbesserungsvorschlag erzielten gesamten Konzernnutzens kann dagegen grds. nicht geltend gemacht werden; insofern gelten wiederum die gleichen Kriterien wie bei einer Erfindung[117] (s.

---

112 BGH v. 26.11.1968, GRUR 1969, 341, 344 l. Sp. (zu 4) – *Räumzange*.
113 Röpke, DB 1962, 406; Volmer/Gaul, Rn. 55 zu § 20 m. H. a. LG Düsseldorf v. 08.01.1957, WuW 1957, 269; ähnlich Reimer/Schade/Schippel/Rother, Rn. 11 zu § 20, die den Begriff der »Verwertung« allerdings weiter fassen als den der »Benutzung«.
114 Zum Begriff vgl. Bartenbach, Patentlizenz- und Know-how-Vertrag, Rn. 2530 ff.
115 Hartung, Vergütg. d. VV (1979) S. 46, 49; ähnlich Reimer/Schade/Schippel/Rother Rn. 11 zu § 20.
116 Vgl. zum Know-how etwa Enders GRUR 2012, 25 ff.
117 Abw. will LAG Hamm v. 16.01.1985 – 14 Sa 676/83, (unveröffentl.) aus der »Betriebsbezogenheit« eines Verbesserungsvorschlags ausschließlich auf eine betriebsinterne Nutzung des ArbG abstellen. Zur nicht vergütungspflichtigen Verwertung einfacher Verbesserungsvorschläge bei ausländischen Konzerntöchtern auf Grund einer Gesamtbetriebsvereinbarung wegen des Territorialitätsprinzips des BetrVG s. LAG Köln v. 17.07.2014 – 7 Sa 705/12, (juris, Rn. 47 ff.).

### B. Vergütung von qualifizierten technischen Verbesserungsvorschlägen (Abs. 1) § 20

KommRL Rn. 76 ff. zu RL Nr. 7 sowie hier § 1 Rdn. 129 ff. u. § 9 Rdn. 185 ff.). Zum einfachen Verbesserungsvorschlag s. aber § 20 Rdn. 61.

Der Zustand der Verwertung ist noch nicht erreicht, wenn der Vorschlag noch geprüft und erprobt wird[118]; wann die **Prüfung und Erprobung** beendet ist und die Verwertung beginnt, muss im Einzelfall entschieden werden[119] (s. auch KommRL Rn. 9 ff. zu RL Nr. 23 sowie § 9 Rdn. 90 ff. u. § 10 a.F. Rdn. 9). Zwar finden die Regeln der RL Nr. 23 auf qualifizierte technische Verbesserungsvorschläge mangels vergütungspflichtiger Verwertbarkeit keine Anwendung, auch nicht entsprechend. Jedoch gilt auch hier der allgemeine Grundsatz, dass eine bloße Prüfung und Erprobung der technischen Lehre eine bloße Vorbereitungshandlung und damit noch keine vergütungspflichtige Verwertung darstellt.[120] Vielmehr muss feststehen, dass die vorgeschlagene technische Lösung realisiert werden kann, und die betriebsreife Lösung im Unternehmen auch tatsächlich eingesetzt wird. Betrifft der Verbesserungsvorschlag beispielsweise einen Ersatzbrennstoff, dessen Einsatz eine Modifizierung der Verbrennungsanlage erfordert, kann von einer Realisierung des Vorschlags und damit von einer Verwertung solange nicht gesprochen werden, wie die modifizierte Verbrennungsanlage noch erprobt und die Anlage noch nicht in (Echt-)Betrieb genommen wird.[121] Darüber hinaus ist auch bei qualifizierten technischen Verbesserungsvorschlägen eine wirtschaftliche Betrachtungsweise maßgebend. Von einer vergütungspflichtigen Verwertung kann u. E. erst dann ausgegangen werden, wenn die vorschlagsgemäße Vorrichtung bzw. das vorschlagsgemäße Verfahren den daran gestellten Anforderungen uneingeschränkt genügt und sich die Verbesserung, d.h. der Vorteil des Vorschlages, auch tatsächlich realisiert.[122] Indiz für das Stadium der Verwertung ist beispielsweise das Erreichen der Gewinnzone, wenn also der Verbesserungsvorschlag dem

28

---

118 Allg. A., vgl. etwa BAG v. 16.12.2014, NZA-RR 2015, 229 (Rn. 51) – *Ersatzbrennstoff*, dort zum einfachen techn. Verbesserungsvorschlag.
119 BAG v. 30.04.1965, GRUR 1966, 88, 89 – *Abdampfverwertung* m.w.N.; s. auch Keukenschrijver in Busse/Keukenschrijver, PatG, Rn. 7 zu § 20 ArbEG.
120 Wohl allg. A., z.B. BAG v. 30.04.1965 GRUR 1966, 88, 89 – Abdampfverwertung; Keukenschrijver in Busse/Keukenschrijver, PatG, Rn. 7 zu § 20 ArbEG; Reimer/Schade/Schippel/Rother Rn. 11 zu § 20; vgl. auch zum einfachen techn. Verbesserungsvorschlag BAG v. 16.12.2014, NZA-RR 2015, 229 (Rn. 51 ff.) – *Ersatzbrennstoff*.
121 So BAG v. 16.12.2014, NZA-RR 2015, 229 (Rn. 51, 53) – *Ersatzbrennstoff*, dort zum einfachen techn. Verbesserungsvorschlag.
122 Ähnl. Keukenschrijver in Busse/Keukenschrijver, PatG, Rn. 7 zu § 20 ArbEG; Reimer/Schade/Schippel/Rother Rn. 11 zu § 20.

# § 20

Arbeitgeber nach Abzug der Einsatzkosten einen Nutzen vermittelt[123], ferner, wenn der Verbesserungsvorschlag in der laufenden Produktion in Serie oder – allein innerbetrieblich – über einen längeren Zeitraum (vgl. auch RL Nr. 23) ohne Probleme eingesetzt wird.

29   Im Gegensatz zur Verwertbarkeit kommt es allein auf den **tatsächlichen Einsatz** der technischen Neuerung an; **bloße** (ungenutzte) **Verwertungsmöglichkeiten** (vgl. RL Nr. 21 ff.) – auch als »Vorratsrecht« – haben außer Ansatz zu bleiben (vgl. RL Nr. 29 Satz 5; s. auch § 20 Rdn. 31). Im Unterschied zu Diensterfindungen (vgl. RL Nr. 24) wird keine Vergütung geschuldet, wenn der Arbeitgeber den Vorschlag (ganz oder teilweise) nicht benutzt[124] (vgl. auch KommRL Rdn. 13 zu RL Nr. 24). Eine Sperrwirkung wie bei einem Sperrpatent (vgl. RL Nr. 18) scheidet mangels Vorliegens eines Schutzrechts und der hieraus resultierenden Abwehrmöglichkeit gegenüber Dritten aus (Ausnahme: Auslandspatent, s. § 20 Rdn. 14).

30   Eine Verwertung stellt es auch dar, wenn ein technischer Verbesserungsvorschlag in einer **veränderten Form** benutzt wird, sofern der Arbeitgeber hierbei **den Kerngedanken, die Hauptidee des Vorschlags, verwertet**.[125] Zur Abgrenzung können die im Patentverletzungsrecht entwickelten Kriterien der »unvollkommenen Benutzung«[126] (verbesserte oder verschlechtere Ausführungsform) herangezogen werden. Dagegen fehlt es an einer Verwertung, wenn der Arbeitgeber zwar das vom Arbeitnehmer erkannte technische Problem bzw. den Mangel aufgreift, aber einen gänzlich **anderen Lösungsweg** als den vom Arbeitnehmer vorgeschlagenen geht.[127]

31   Ob und in welchem Umfang der Arbeitgeber von seinem Verwertungsrecht Gebrauch macht, steht grds. in seinem **Belieben**, so dass der Arbeitnehmer

---

123 Hartung, Vergütg. d. VV (1979) S. 54.
124 Schiedsst. v. 24.01.1990 – Arb.Erf. 21/89, (unveröffentl.).
125 OLG Frankfurt am Main v. 01.12.1966, BB 1967, 333, 475 – *Räumzange*; insoweit offen gelassen von BGH v. 26.11.1968, GRUR 1969, 341, 342 r. Sp. – *Räumzange*; zust. Reimer/Schade/Schippel/Rother Rn. 11 zu § 20; ähnl. Keukenschrijver in Busse/Keukenschrijver, PatG, Rn. 6 zu § 20 ArbEG m. H. a. OLG Braunschweig v. 17.07.1997 – 2 U 6/97, (unveröffentl.): Bei Ausführung muss »der Kerngedanke des Vorschlags aufgegriffen und dessen Lösungsweg eingehalten werden«.
126 A.A. Boemke/Kursawe/Nebel Rn. 13 zu § 20. Zur sog. unvollkommenen Benutzung s. BGH v. 01.02.1977, BlPMZ 1977, 303 – *Absetzwagen III*; BGH v. 15.04.1975, GRUR 1975, 484 – *Etikettiergerät I*; BGH v. 17.07.2012 GRUR 2012, 1122 – *Palettenbehälter III*; Mes, PatG, Rn. 113 f. zu § 14; Schulte/Rinken, PatG, § 14 Rn. 90; vgl. auch Jestaedt in Festschr. König (2003), S. 239, 245 f.
127 BAG v. 09.05.1995 – 9 AZR 580/93, (WKRS 1995, 27998, Rn. 23 f., 31); Schiedsst. v. 12.12.1973 – Arb.Erf. 35/73, (unveröffentl.).

**keinen Anspruch auf Verwertung** hat.[128] Trotz des Mitbestimmungsrechts des Betriebsrates über die Grundsätze des betrieblichen Vorschlagswesens (s. hierzu § 20 Rdn. 50) ist der Arbeitgeber in seiner Ermessensfreiheit lediglich begrenzt durch das Gebot der guten Sitten und durch das **Verbot von Rechtsmissbrauch** und Willkür (§ 242 BGB)[129] (vgl. auch § 7 n.F. Rdn. 21., § 10 a.F. Rdn. 10). Es stellt kein treuwidriges Verhalten dar, wenn der Arbeitgeber eine Verwertung deshalb unterlässt, um aus wirtschaftlichen Gründen (auch) eine Vergütung einzusparen.[130] Der Arbeitgeber kann die **Verwertung** später **einstellen** oder von vornherein unterlassen, ohne dass der Arbeitnehmer daraus Ansprüche aus §§ 8 bzw. 16 (analog) oder § 20 Abs. 1 ableiten kann (s. vor § 3 Rdn. 1 u. unter § 20 Rdn. 29, 33). Da der Verbesserungsvorschlag dem Arbeitgeber als Arbeitsergebnis zugeordnet ist (s. § 3 Rdn. 26 f.), verliert der Arbeitgeber sein alleiniges Nutzungsrecht nicht dadurch, dass er von einer Verwertung des Verbesserungsvorschlags (noch) keinen Gebrauch macht.[131]

Hat der Arbeitgeber – was zulässig ist (s. § 20 Rdn. 50) – im Rahmen einer **freiwilligen Betriebsvereinbarung** gem. § 88 BetrVG die Feststellung der (tatsächlichen) Realisierung eines Verbesserungsvorschlags auf eine (paritätisch besetzte) Bewertungskommission übertragen, ist er an deren eigenverantwortliche Entscheidung gebunden.[132]

## 2. Vergütungsregelung und Fälligkeit

Für die Regelung der Vergütung gelten nach § 20 Abs. 1 Satz 2 die Vorgaben für Diensterfindungen in § 12 Abs. 1 und 3 sinngemäß (s. dazu § 12 Rdn. 11 ff.). Damit ist zunächst eine **Vergütungsvereinbarung** maßgebend, die die (früheren) Arbeitsvertragsparteien jederzeit nach Mitteilung des Vor- 32

---

128 Allg. A., z.B. BAG v. 30.04.1965, GRUR 1966, 88, 89 l. Sp. – *Abdampfverwertung*; v. 24.04.1981, DB 1981 u. v. 16.03.1982, DB 1982, 1468, 1470; LAG Bayern v. 06.07.1970, AMBl. (Bay.ArbMin.) 1971, C 35; LAG Düsseldorf v. 08.02.1980, EGR Nr. 10 zu § 20 ArbEG; ArbG Heilbronn v. 15.05.1986, DB 1987, 541; Schiedsst. v. 25.11.1980 – Arb.Erf. 30/80, (unveröffentl.); Halbach Anm. 4 zu § 20; Keukenschrijver in Busse/Keukenschrijver, PatG, Rn. 6 zu § 20 ArbEG; Reimer/Schade/Schippel/Rother, Rn. 11 zu § 20; MünchArbR/Bayreuther, § 98 Rn. 57.
129 BAG v. 30.04.1965, GRUR 1966, 88, 89 l. Sp. – *Abdampfverwertung*.
130 Zutr. Röpke, DB 1962, 402 r. Sp.; zust. Hartung, Vergütg. d. VV (1979) S. 56; abw. Volmer Rn. 19 zu § 20.
131 A. A. Bechmann, Ideenmanagement (2013), S. 88 (ohne nähere Begr.).
132 Vgl. ArbG Heilbronn v. 15.05.1986, DB 1987, 541; vgl. auch LAG Köln v. 14.12.1998, Mitt. 2000, 72; vgl. ferner BAG v. 16.12.2014, NZA-RR 2015, 229 (Rn. 23 ff.) – *Ersatzbrennstoff*, dort zur Feststellung der betrieblichen Umsetzung eines einfachen Verbesserungsvorschlags als Prämierungsvoraussetzung.

schlags formfrei schließen können (§ 12 Abs. 1, § 22 Satz 2, s. § 12 Rdn. 14 ff.). Bleibt eine solche Vereinbarung (Feststellung) der Arbeitsvertragsparteien – gleich aus welchen Gründen – aus, so ist die Vergütung vom Arbeitgeber spätestens bis zum Ablauf von 3 Monaten nach Aufnahme der Verwertung (s.o. § 20 Rdn. 25 ff.) formgerecht (s. § 20 Rdn. 2) **festzusetzen**[133] (§ 12 Abs. 3 Satz 2 Halbs. 2., s. Einl. Rdn. 50 ff. sowie § 12 Rdn. 55 ff.; zur »Miterfinderschaft« s.u. § 20 Rdn. 49). Insoweit tritt die Verwertungsaufnahme an die Stelle der Schutzrechtserteilung i.S.v. § 12 Abs. 3 Satz 2.

Nach der getroffenen Vergütungsregelung bestimmt sich auch die **Fälligkeit der Vergütungszahlung**, also der Zeitpunkt, von dem ab der Arbeitnehmer vom Arbeitgeber die Zahlung der Vergütung verlangen kann (§ 271 BGB). Auch insoweit gelten die Maßstäbe für Diensterfindungen sinngemäß (vgl. § 9 Rdn. 20 ff.). Allerdings kommt bei qualifizierten technischen Verbesserungsvorschlägen eine vorläufige Vergütung zwangsläufig nicht zum Tragen. Ähnlich wie bei schutzfähigen Erfindungen ist jedoch auch hier im Stadium des Benutzungsbeginns eine verlässliche Beurteilung des wirtschaftlichen Wertes des qualifizierten Verbesserungsvorschlags (»Erfindungswert«, s. § 20 Rdn. 41 ff.) nur schwer möglich, nicht zuletzt deshalb, weil die Einführung neuer technischer Ideen erfahrungsgemäß mit hohen Investitionen verbunden sein kann. Es wird im Interesse beider Arbeitsvertragsparteien liegen, wenn sie sich darauf verständigen, eine Konkretisierung der Vergütung erst nach ein bis zwei Jahren der praktischen Verwertung der technischen Neuerung vorzunehmen. Jedenfalls sollten die für die Bemessung der Vergütung erforderlichen Daten tatsächlich feststehen und vorliegen.

Bei **wesentlich veränderten Umständen** ist eine getroffene Vergütungsregelung entsprechend § 12 Abs. 6 anzupassen. Das **Rückforderungsverbot** des § 12 Abs. 6 Satz 2 gilt auch hier uneingeschränkt.

### III. Dauer

33 Der qualifizierte technische Verbesserungsvorschlag ist so lange vergütungspflichtig, wie der Arbeitgeber ihn **tatsächlich verwertet** und zugleich die **schutzrechtsähnliche Vorzugsstellung** (Alleinverwertung durch den Arbeitgeber, s. oben § 20 Rdn. 15 ff.) **andauert**[134] (vgl. RL Nr. 29 Satz 6). Wegen der

---

133 Wie hier h. M., z.B. Lindenmaier/Lüdecke Anm. 4 zu § 20; Reimer/Schade/Schippel/Rother Rn. 17 zu § 20; a. A. Heine/Rebitzki, Vergütg. f. Erf. Anm. 2 zu RL Nr. 29.
134 Allg. A. s. Ausschußber. zu BT-Drucks. II/3327 S. 7 = BlPMZ 57, 253; BGH v. 26.11.1968, GRUR 1969, 341, 343 f. – *Räumzange*; Beil in Chem.Ing.-Techn. 1957, 757, 758.

### B. Vergütung von qualifizierten technischen Verbesserungsvorschlägen (Abs. 1) § 20

Anlehnung an das Rechtsmonopol eines Schutzrechts ist es gerechtfertigt, die Dauer der Vergütungspflicht **maximal** auf die für Patente geltende Schutzdauer von 20 Jahren (vgl. § 16 Abs. 1 PatG) bzw. die maximale 10-jährige Schutzdauer von Gebrauchsmustern (§ 23 GebrMG) zu begrenzen[135], sofern die Parteien nicht eine pauschale Abfindungsregelung (s. dazu KommRL Rdn. 6 ff. zu RL Nr. 40 sowie hier § 9 Rdn. 57 ff.) getroffen haben (s. dazu § 20 Rdn. 40). Die für die Vergütungsdauer maßgebliche Abgrenzung zwischen den beiden (fiktiven) Schutzrechtsarten bestimmt sich nach den Kriterien des § 13 Abs. 1 Satz 2 (s. § 13 Rdn. 11 ff.; s. auch unten § 20 Rdn. 40, 43). Will man – trotz fehlender Erwähnung der qualifizierten technischen Verbesserungsvorschläge in RL Nrn. 29 und 42 – die entsprechende Anwendung der **Verlängerungsgrundsätze der RL Nr. 42 Sätze 4 ff.** befürworten, kann sich dies nur auf seltene Ausnahmefälle mit starker faktischer Monopolwirkung beschränken.

Ist die Möglichkeit der **Kenntnisnahme durch Mitbewerber** zunächst nicht gegeben oder nur mit Schwierigkeiten zu verwirklichen, so kann sich dieser Umstand jedoch **im Laufe der Zeit** verändern, was zwar nicht die Entstehung der schutzrechtsähnlichen Vorzugsstellung verhindert, diese aber dann mit dem tatsächlichen Bekanntwerden der Verbesserung für die Zukunft beseitigt[136] (vgl. auch § 20 Rdn. 19). **34**

Aus § 20 Abs. 1 lässt sich eine (gesetzliche) **Geheimhaltungspflicht** des Arbeitgebers nicht ableiten.[137] Ein **Bekanntwerden** der Neuerung, das auf **betrieblichen Erfordernissen** beruht (etwa Vertrieb des in seiner Funktionsweise von einem Fachmann sofort analysierbaren Produktes), muss der Arbeitnehmer in Kauf nehmen, denn er soll nach § 20 Abs. 1 nur an den Vorteilen teilhaben, die sein Verbesserungsvorschlag dem Arbeitgeber **i.R.d. betrieblichen Gegebenheiten** verschafft.[138] **35**

Der Arbeitgeber kann sich im Grundsatz seiner Vergütungspflicht nach § 20 Abs. 1 aber nicht dadurch entziehen, dass er eine nach den Umständen ohne

---

135 Wie hier Heine/Rebitzki, Vergütg. f. Erf. Anm. 8 zu RL Nr. 29; im Ergebn. auch Schiedsst. v. 23.09.1996 – Arb.Erf. 2 (B)/93, (unveröffentl.), wonach bei Fortbestehen der Vorzugsstellung die Vergütung bis zur max. Laufzeit eines potenziellen Schutzrechts zu entrichten ist.
136 BGH v. 26.11.1968, GRUR 1969, 341, 344 l. Sp. oben – *Räumzange*.
137 So zutreffend Keukenschrijver in Busse/Keukenschrijver, PatG, Rn. 13 zu § 20 ArbEG.
138 BGH v. 26.11.1968, GRUR 1969, 341, 344 r. Sp. – *Räumzange*; zust. auch Keukenschrijver in Busse/Keukenschrijver, PatG, Rn. 13 zu § 20 ArbEG.

Weiteres mögliche **Geheimhaltung** des Verbesserungsvorschlags **unterlässt**,[139] indem er etwa auf Geheimhaltungsabreden oder Auflagen im Verhältnis zu Zulieferern oder sonstigen Dritten, die Zutritt zum Betrieb haben (vgl. auch § 20 Rdn. 21), verzichtet (s. auch § 20 Rdn. 16, 20 f.). In solchen Fällen hat sich der Arbeitgeber den Verlust einer etwaigen Vorzugsstellung selbst zuzuschreiben; er kann sich hierauf nach Treu und Glauben (§ 242 BGB) nicht berufen.[140] Der Arbeitgeber kann deshalb verpflichtet sein, den Arbeitnehmer im Wege des Schadensersatzes nach § 280 BGB so zu stellen, als sei der Verbesserungsvorschlag weiterhin qualifiziert (Vergütungsersatzanspruch).

Hinsichtlich der möglichen Geheimhaltungsmaßnahmen gilt zunächst die Grenze der Zumutbarkeit, und zwar unter organisatorischen, technischen und/ oder (betriebs-)wirtschaftlichen Aspekten. Allerdings sind die **betrieblichen Bedürfnisse vorrangig** zu berücksichtigen.[141] So kann der Arbeitgeber z.B. auf besondere Geheimhaltungsvorrichtungen verzichten, wenn diese den Arbeitsablauf erschweren oder behindern. Auch kann es den Unternehmensinteressen zuwiderlaufen, bei erwünschten Betriebsbesichtigungen (»Politik der offenen Tür«) einzelne Fertigungsbereiche vom freien Zutritt auszunehmen, selbst wenn hierbei einzelne Verbesserungsvorschläge offenkundig werden.[142]

Allerdings führt eine Offenlegung des Verbesserungsvorschlags dann nicht zum Verlust des Vergütungsanspruchs, wenn dies seitens der Erfüllungsgehilfen des Arbeitgebers erfolgt, um dem Arbeitnehmer seinen Vergütungsanspruch zu nehmen.[143]

Der Vergütungsanspruch **entfällt dagegen, wenn der Arbeitnehmer selbst die technische Neuerung offenbart**, etwa indem er ein Gebrauchsmuster anmeldet und eingetragen erhält.[144]

Mit Wegfall der faktischen Monopolstellung oder Einstellung der Verwertung endet der Vergütungsanspruch selbst dann, wenn der **wirtschaftliche Vor-**

---

139 BGH v. 09.01.1964 – I a ZR 190/63, GRUR 1964, 449, 452 r. Sp. – *Drehstromwicklung*; u. v. 26.11.1968, GRUR 1969, 341, 344 r. Sp. – *Räumzange*.
140 BGH v. 09.01.1964 – I a ZR 190/63, GRUR 1964, 449, 452 r. Sp. – *Drehstromwicklung*.
141 Schiedsst. v. 12.09.1986, BlPMZ 1987, 133, 134 f.; zust. Reimer/Schade/Schippel/ Rother Rn. 6 zu § 20.
142 Schiedsst. v. 12.09.1986, BlPMZ 1987, 133, 134 f. Dies dürfte aber i. H. a. möglicher Sicherungsmaßn. des ArbG eine Frage des Einzelfalls sein.
143 Schiedsst. v. 12.09.1986, BlPMZ 1987, 133, 134 f.
144 Schiedsst. Arb.Erf. 62/78, (unveröffentl.) u. v. 14.02.2002 – Arb.Erf. 77/99, (unveröffentl.).

B. Vergütung von qualifizierten technischen Verbesserungsvorschlägen (Abs. 1)  § 20

**sprung** des Arbeitgebers gegenüber seinen Wettbewerbern rein faktisch noch andauert[145] (vgl. auch RL Nr. 42).

Im Übrigen erlischt der Vergütungsanspruch – von einer Pauschalvergütung  36
(s. dazu KommRL Rdn. 6 ff. zu RL Nr. 40 sowie hier § 9 Rdn. 57 ff.) und der Einstellung der Verwertung (s. § 20 Rdn. 24 ff.) abgesehen – nach den sonstigen allgemeinen Erlöschungsgründen des bürgerlichen Rechts (s. dazu § 9 Rdn. 37).

Der Vergütungsanspruch bleibt andererseits vom **Ausscheiden eines Arbeitnehmers** unberührt, solange die tatsächliche Vorzugsstellung des Arbeitgebers fortbesteht[146] (§ 26; s. aber auch § 20 Rdn. 15). Auch wenn § 24 Abs. 2 ArbEG auf Verbesserungsvorschläge keine Anwendung findet (s. KommArbEG Rn. 2 zu § 24), kommt hier u.E. eine nachvertragliche Verschwiegenheitspflicht des ausgeschiedenen Arbeitnehmers unter dem Gesichtspunkt des Betriebsgeheimnisses zum Tragen (s. KommArbEG Rn. 38 zu § 26), die auch ein Verwertungsverbot umfasst, sofern andernfalls der Verbesserungsvorschlag offenkundig wird. Im Übrigen steht es den (früheren) Arbeitsvertragsparteien frei, die Vorzugstellung des früheren Arbeitgebers (vorsorglich) durch eine Geheimhaltungsabrede zu sichern, die § 22 Satz 2 ArbEG – ohne eine über die Vergütung nach § 20 Abs. 1 ArbEG hinausgehende Karenzentschädigung – uneingeschränkt zulässt.

Zum Wegfall der Vergütungspflicht bei Unzumutbarkeit s. § 10 a.F. Rdn. 16 ff.

Die **Darlegungs- und Beweislast** für die Tatbestandsvoraussetzungen des § 20  37
Abs. 1 (technischer Verbesserungsvorschlag, Mitteilung, Vorzugsstellung, tatsächliche Verwertung) trifft den Arbeitnehmer;[147] der Beweisantritt durch Einholung eines Sachverständigengutachtens ist statthaft, wenn der Arbeitnehmer

---

145 Reimer/Schade/Schippel/Rother Rn. 12 zu § 20.
146 A.A. Boemke/Kursawe/Nebel Rn. 10 zu § 20 (Vergütungspflicht endet mit Ausscheiden wegen Verwertungs- und Offenbarungsrecht des ausgeschiedenen Arbeitnehmers).
147 BGH v. 26.11.1968, GRUR 1969, 341, 344 r. Sp. – *Räumzange*; ebenso LG Düsseldorf v. 16.03.1999 – 4 O 171/98, (unveröffentl.); Schiedsst. v. 24.01.1990 – Arb.Erf. 21/89, (unveröffentl. – dort zur Frage der tatsächl. Nutzung) u. v. 27.02.2013– Arb.Erf. 20/10, (www.dpma.de, dort für die ordnungsgemäße Mitteilung des Verbesserungsvorschlags); ArbG München v. 10.12.1998 – 7 a Ca 2805/98, (unveröffentl.); Keukenschrijver in Busse/Keukenschrijver, PatG, Rn. 14 zu § 20 ArbEG; abw. Dörner, GRUR 1963, 72, 76 u. Hartung, Vergütg. d. VV (1979) S. 44 f.; s. auch Boemke/Kursawe/Nebel Rn. 21 zu § 20 (schlüssige Darlegung von Indizien für eine Monopolstellung).

konkrete Angaben unterbreitet. So stellt z.B. die allgemeine Behauptung, ein Verbesserungsvorschlag werde verwertet, keinen hinreichenden Sachvortrag dar, der einen derartigen Beweisantritt rechtfertigen würde (unzulässiger Ausforschungsbeweis[148]; beachte aber die **Auskunftspflicht des Arbeitgebers**, s. oben § 20 Rdn. 3). Beruft sich der Arbeitgeber auf den (späteren) Wegfall der Vorzugsstellung, ist er seinerseits dafür darlegungs- und beweispflichtig.[149]

38 Hinsichtlich der **Verjährung** und **Verwirkung** gelten die gleichen Grundsätze wie bei den Vergütungsansprüchen für (unbeschränkt) in Anspruch genommene Diensterfindungen (s. dazu § 9 Rdn. 39 ff.). Dabei ist jedoch zu beachten, dass – anders als im Fall einer Diensterfindung, bei der die maßgeblichen Vergütungskriterien eindeutiger bestimmbar sind – bei Verbesserungsvorschlägen die Feststellung einer Qualifikation im Sinne von § 20 Abs. 1 nach einer schnellen Klärung drängt, da sich gerade die Frage einer tatsächlichen Vorzugsstellung nach Ablauf von vielen Jahren kaum noch schlüssig beantworten lässt.[150] Zu tarifvertraglichen Ausschlussfristen s. § 9 Rdn. 51. Siehe zur Verjährung beim einfachen Verbesserungsvorschlag aber § 20 Rdn. 61.3.

### IV. Bemessung der Vergütung

#### 1. Grundsatz

39 Der Arbeitnehmer hat gem. § 20 Abs. 1 Satz 1 einen Anspruch auf **angemessene Vergütung**. Zur Ausfüllung des Begriffs ist § 9 »sinngemäß anzuwenden« (§ 20 Abs. 1 Satz 2, s. § 20 Rdn. 6). Auch hier bestimmt sich die Vergütung durch Multiplikation des Erfindungswertes mit dem Anteilsfaktor (s. § 20 Rdn. 47; ggf. unter Berücksichtigung des »Miterfinderanteils«, s. hierzu § 20 Rdn. 48 f.).

40 Anhaltspunkte für die Bemessung der Vergütung gibt zudem **RL Nr. 29**. Obschon § 20 lediglich die §§ 9 und 12 einbezieht, nicht dagegen § 11 als Rechtsgrundlage der Vergütungsrichtlinien, hat der Richtliniengeber in Ausfüllung des umfassenden Gesetzesauftrages des § 11 zutreffend in den Richtlinien auch den qualifizierten technischen Verbesserungsvorschlag aufgenommen.[151]

Die Heranziehung der früheren **Vergütungsgrundsätze** zur **beschränkten Inanspruchnahme** (vgl. § 10 a. F.) erscheint – wie schon die Verweisung des

---

148 LAG Düsseldorf v. 08.02.1980, EGR Nr. 10 zu § 20 ArbEG.
149 BGH v. 26.11.1968, GRUR 1969, 341, 344 r. Sp. – *Räumzange*; s. auch Keukenschrijver in Busse/Keukenschrijver, PatG, Rn. 14 zu § 20 ArbEG.
150 LAG Hamm v. 16.01.1985 – 14 Sa. 676/83, (unveröffentl.).
151 Die vorsichtigen Bedenken von Volmer, Vergütg.-RL Rn. 2 zu RL Nr. 29, werden nicht geteilt.

## B. Vergütung von qualifizierten technischen Verbesserungsvorschlägen (Abs. 1) § 20

§ 20 Abs. 1 Satz 2 auf § 9 und nicht auf § 10 a.F. zeigt – nicht tauglich.[152] Denn hinsichtlich der schutzrechtsähnlichen Vorzugsstellung gem. § 20 Abs. 1 wird auf den Vergleich mit dem durch ein Schutzrecht gewährten Monopol abgestellt (s.o. § 20 Rdn. 11 ff.); zudem ist – anders als bei dem einfachen Benutzungsrecht des Arbeitgebers aus der früheren beschränkten Inanspruchnahme – die Vergütungspflicht des Arbeitgebers nach § 20 Abs. 1 von der alleinigen Verwertung durch ihn abhängig. Die betriebliche Praxis bedient sich hier vielfach der Vergütungssätze für Gebrauchsmuster (s. § 20 Rdn. 43, 44).

Zugrunde zu legen ist der Vergütungsermittlung der gesamte durch den qualifizierten Verbesserungsvorschlag bestimmte tatsächliche Verwertungsumfang (**wirtschaftliche Bezugsgröße** – RL Nr. 7). Unerheblich ist dabei, ob die Verwertung des qualifizierten technischen Verbesserungsvorschlags im **In- oder Ausland** erfolgt.[153] Zur Behandlung von Auslandsschutzrechten bei mangelnder Schutzfähigkeit im Inland s.o. § 20 Rdn. 14.

Hinsichtlich der **Zahlungsart** ist der Erfahrungssatz aus der betrieblichen Praxis zu berücksichtigen, dass vielfach für die Übermittlung ungeschützter geheim gehaltener bzw. geheim zu haltender technischer Neuerungen nur eine **einmalige Pauschalvergütung** vereinbart wird (s. dazu RL Nr. 40, s. KommRL Rdn. 6 ff. zu RL Nr. 40 sowie hier § 9 Rdn. 57 ff.). Dies gilt hier insbesondere im Hinblick auf die Ungewissheit, wann der Gegenstand des qualifizierten technischen Verbesserungsvorschlags offenkundig wird und damit die zu vergütende Vorzugsstellung entfällt. Als Erfahrungswert aus der betrieblichen Praxis wird der Vergütung qualifizierter technischer Verbesserungsvorschläge – vorbehaltlich eines abweichenden innerbetrieblichen Nutzungs- und Innovationszyklusses – vielfach eine **durchschnittliche Nutzungsdauer von 4 bis 6 Jahren** zugrunde gelegt.

Hinsichtlich der **Abstaffelung** gelten ebenfalls die allgemeinen Grundsätze (vgl. RL Nr. 11, s insb. KommRL Rdn. 14 ff. zu RL Nr. 11 sowie hier § 20 Rdn. 141 ff. u. § 9 Rdn. 166 f.).

Im Interesse einer ausreichenden Motivation der Mitarbeiter sollte eine deutliche **Abgrenzung zum** Dotierungsrahmen eines sich auf einfache technische

---

[152] Anders aber Volmer Vergüt.-RL Rn. 14 zu RL Nr. 29; Hartung, Vergüt. d. VV (1979) S. 63; wie hier nunmehr Reimer/Schade/Schippel/Rother Rn. 13 zu § 20.
[153] Anders bei der Prämierung eines einfachen Verbesserungsvorschlags nach einer Betriebsvereinbarung LAG Köln v. 17.04.2014 – 7 Sa 705/12, (juris, Rn. 47 ff.) wegen des Territorialitätsprinzips des BetrVG.

Verbesserungsvorschläge beziehenden **betrieblichen Vorschlagswesens** beachtet werden.[154]

Die früheren **steuerlichen Begünstigungen** für Verbesserungsvorschlagsprämien[155] sind bereits mit Wirkung seit 01.01.1989 entfallen. Seitdem unterliegen die Prämien für Verbesserungsvorschläge uneingeschränkt der Besteuerung nach den allgemeinen Vorschriften (s. § 9 Rdn. 350 ff.). Die Vorschlagsprämie stellt keine Entlohnung für mehrjährige Tätigkeit i. S. d. § 34 Abs. 2 Nr. 4 EStG dar, wenn sie- wie regelmäßig – nicht nach dem Zeitaufwand des Arbeitnehmers, sondern ausschließlich nach der Kostenersparnis des Arbeitgebers berechnet wird.[156]

## 2. Erfindungswert

### a) Wahl der Berechnungsmethode

41 Vom Berechnungsfaktor der »unausgenutzten wirtschaftlichen Verwertbarkeit« (RL Nr. 24) abgesehen, sind bei der **Ermittlung des Wertes des qualifizierten technischen Verbesserungsvorschlages** dieselben Methoden anzuwenden wie bei der Ermittlung des Erfindungswertes für schutzfähige Diensterfindungen (vgl. RL Nr. 29 Sätze 4, 5).

Werden unter Verwendung des qualifizierten Verbesserungsvorschlags Umsätze erzielt, bietet sich die Berechnungsmethode der **Lizenzanalogie** – auch hier vorrangig gegenüber der Methode nach dem erfassbaren betrieblichen Nutzen[157] – an (s. hierzu RL Nrn. 6 ff. sowie hier § 9 Rdn. 121 ff.). Der im Schrifttum erhobene Vorbehalt, die Berechnungsmethode der Lizenzanalogie werde deshalb häufig ausscheiden, weil vergleichbare Lizenzsätze nicht vorhanden bzw. bekannt seien,[158] muss relativiert werden. In der betrieblichen Praxis werden ständig auch Nutzungsrechte an nicht geschütztem technischen Wissen (Know-how) vergeben, sei es im Rahmen eines gemischten Patent-Lizenz- und

---

154 S. dazu Gaul/Bartenbach, DB 1978, 1161, 1168 f.
155 Vgl. Verordnung über die steuerliche Behandlung von Prämien für Verbesserungsvorschläge v. 18.02.1957 (BStBl. I, S. 33 – BStBl. I, S. 145).
156 BFH v. 31.08.2016, NZA-RR 2017, 143 (Rn. 15) in Bestätigg. v. BFH v. 16.12.1996, BFHE 181, 161; letzteres zuvor bestätigt durch BFH v. 02.09.2008, DB 2008, 2682.
157 Im Ergebn. so auch Schiedsst. v. 25.01.1994 – Arb.Erf. 139/92, (unveröffentl.).
158 So Lindenmaier/Lüdecke Anm. 2 zu § 11 (RL Nr. 29); Reimer/Schade/Schippel/Rother, Rn. 14 zu § 20; Heine/Rebitzki, Vergütg. f. Erf. Anm. 5 zu RL Nr. 29; Hartung, Vergütg. d. VV (1979) S. 44 f.

B. Vergütung von qualifizierten technischen Verbesserungsvorschlägen (Abs. 1) § 20

Know-how-Vertrages, sei es als eigenständiger Know-how-Vertrag,[159] so dass entsprechende Erfahrungswerte vorliegen bzw. ermittelt werden können (s. i.Ü. § 20 Rdn. 42).

Wird kein Umsatz erzielt, wirkt sich der technische Verbesserungsvorschlag also insbesondere nur innerbetrieblich aus, kommt die Berechnung nach dem **erfassbaren betrieblichen Nutzen** (RL Nr. 12, s. hier § 9 Rdn. 161 ff.) zum Tragen.[160] Die **Methode der Schätzung** (RL Nr. 13, s. KommRL zu RL Nr. 13 sowie hier § 9 Rdn. 176 ff.) sollte auch hier nur subsidiär herangezogen werden, wenn eine Berechnung nach den vorrangigen Methoden der Lizenzanalogie bzw. hilfsweise des erfassbaren betrieblichen Nutzens nicht oder nur schwer möglich ist.

**b) Lizenzanalogie**

Im Grundsatz gelten bei dieser Berechnungsmethode die für schutzfähige Erfindungen aufgestellten Regelungen entsprechend (s. RL Nrn. 6 ff.). Liegen konkrete, auf die technische Neuerung bezogene Lizenzverträge vor, sind diese Lizenzsätze heranzuziehen[161] (konkrete Lizenzanalogie, s. KommRL Rdn. 11 ff. zu RL Nr. 6). Ansonsten ist der übliche Lizenzsatz zu ermitteln. 42

Dabei bedarf es zunächst der Bestimmung der (technisch-wirtschaftlichen) **Bezugsgröße**, also der Klärung, in welchem Umfang die Erzeugung bzw. der Umsatz von dem qualifizierten technischen Verbesserungsvorschlag geprägt wird (s. dazu i. Einz. RL Nr. 8).

**Fehlen** im Arbeitgeber-Unternehmen bzw. in dem betreffenden Industriezweig vergleichbare **übliche Lizenzsätze** für die Nutzung qualifizierter technischer Verbesserungsvorschläge bzw. für qualifiziertes Know-how, können übliche Lizenzsätze für schutzfähige Erfindungen herangezogen werden (s. dazu RL Nr. 10). Allerdings wird sich das Fehlen eines rechtlichen Monopols im Regelfall mindernd auf den Erfindungswert auswirken.[162] Die gegenteilige Auffas-

---

159 Vgl. BGH v. 29.03.1984, GRUR 1984, 753 – *Heizkessel-Nachbau* u. OLG Frankfurt am Main v. 23.06.1988, GRUR 1988, 853 – *Zelthallen-Nachbau*; vgl. dazu i.Ü. Bartenbach, Patentlizenz- und Know-how-Vertrag, Rn. 2680 ff.
160 So die verbreitete betriebl. Praxis; ebenso Schiedsst. v. 26.02.1997 – Arb.Erf. 56/95, (unveröffentl.); vgl. auch Heine/Rebitzki, Vergütg. f. Erf. Anm. 7 zu RL Nr. 29.
161 So auch Schiedsst. v. 25.01.1994 – Arb.Erf. 139/92, (unveröffentl.).
162 A.A. h.M., Halbach Anm. 3 zu § 20; Hartung Vergütg. d. VV (1979) S. 44 f.; wie hier Schiedsst. v. 26.02.1997 – Arb.Erf. 56/95, (unveröffentl. – dort RL Nr. 12); Danner, Mitt. 1960, 171, 177; Heine/Rebitzki Vergütg. f. Erf. Anm. 5 zu RL Nr. 29; Reimer/Schade/Schippel/Rother Rn. 13 zu § 20.

sung, die von der in § 20 Abs. 1 zugrunde gelegten Gleichstellung der faktischen mit der rechtlichen Monopolsituation ausgeht, verkennt die Bedeutung des Erfindungswertes: Wenn Erfindungswert der Preis ist, der in der betrieblichen Praxis einem außenstehenden freien Erfinder gezahlt würde (s. KommRL Rdn. 5 ff. vor RL Nr. 3 und hier § 9 Rdn. 75 f.), ist hier zu berücksichtigen, dass ein Unternehmen im Regelfall nicht bereit wäre, für die Nutzung einer (ungeschützten) technischen Neuerung ohne Verbietungsrecht so viel zu zahlen wie für die Nutzung eines Monopolrechts.

Die **Höhe eines Lizenzsatzes** orientiert sich immer an den Vorteilen des Lizenznehmers im (Produkt-)Markt. Hierzu rechnen bei Patentlizenzen wesentlich die Möglichkeit, Wettbewerber aus einer (gesicherten) Rechtsposition heraus wirksam und auf Dauer von einer Nutzung als Konkurrent auszuschließen (vgl. § 9 Satz 2 PatG). Hieran scheitert auch ein Vergleich mit den Lizenzsätzen bei einer betriebsgeheimen Erfindung im Sinne des § 17. Grundlage dieses Vergütungsanspruchs ist die objektiv gegebene oder anerkannte Möglichkeit eines Schutzrechtserwerbs für eine technische Neuerung, deren Fehlen dem Arbeitnehmererfinder gem. § 17 Abs. 3 nicht zum Nachteil gereichen darf.

43 Im Regelfall wird deshalb der für einen qualifizierten technischen Verbesserungsvorschlag zu wählende Lizenzsatz **unterhalb der üblichen Lizenzsätze für Patente** liegen. In der betrieblichen Praxis ist deshalb auch die Orientierung der Vergütung für qualifizierte technische Verbesserungsvorschläge an der Vergütung für (ungeprüfte) **Gebrauchsmuster** anzutreffen. Dies bedeutet, dass der Lizenzsatz vielfach mit der **Hälfte (bis zu zwei Dritteln) des für Patente üblichen Lizenzsatzes** angesetzt wird (s. KommRL Rn. 25 ff. zu RL Nr. 28), und zwar je nach Qualität des Verbesserungsvorschlags. Dazu gehören insbesondere die vermittelten wirtschaftlichen Vorteile, Dauerhaftigkeit des Verbesserungsvorschlags, der Abstand zum äußeren und inneren Stand der Technik, die technisch-wirtschaftliche Bezugsgröße, der Einsatzbereich und sonstige wertbildende Faktoren, wie etwa das Fehlen von Alternativlösungen im Markt.

Sind bei **Schutzrechtskomplexen** i. S. v. RL Nr. 19 qualifizierte technische Verbesserungsvorschläge einbezogen (s. KommRL Rn. 9 zu RL Nr. 19 sowie hier § 9 Rdn. 128), gelten die gleichen Grundsätze wie bei schutzfähigen Erfindungen. Der Verbesserungsvorschlag nimmt an der Bildung des Gesamterfindungswertes (s. KommRL Rn. 37 ff. zu RL Nr. 19 sowie hier § 9 Rdn. 129) ebenso teil wie an der Aufteilung auf die einzelnen Rechte (s. KommRL Rn. 54 ff. zu RL Nr. 19 sowie hier § 9 Rdn. 130). Bei der Bestimmung der Wertigkeit des qualifizierten technischen Verbesserungsvorschlags ist auch hier zu berücksichtigen, dass dessen Anteil wegen des fehlenden rechtlichen Monopols grundsätzlich geringer ausfällt. Dabei mag es ein gewisses Indiz sein, dass bei einer gemischten Know-how/Patentlizenz – mangels abweichender Bewertungskriterien- der auf (ungeschütztes) Know-how entfallende Anteil vielfach mit 25 % der (Brutto-) Lizenzeinnahmen angesetzt wird (s. KommRL Rn. 142 zu RL Nr. 14).

### c) Erfassbarer betrieblicher Nutzen

44 Soweit insb. wegen ausschließlich innerbetrieblicher Nutzung des qualifizierten technischen Verbesserungsvorschlags die Berechnung nach dem erfassbaren betrieblichen Nutzen erfolgt (s. § 20 Rdn. 41), gelten die **Grundsätze der RL Nr. 12** entsprechend. Folglich ist auch hier die Differenz zwischen Kosten und Erträgen aus der Benutzung des qualifizierten Verbesserungsvorschlags zu ermitteln. Betrifft der Vorschlag bspw. eine Vorrichtung, die der Arbeitgeber speziell für seinen Bedarf herstellt, so kann als Bruttonutzen die Ersparnis zwischen den Herstellungskosten des Arbeitgebers und dem Marktpreis für eine vergleichbare Vorrichtung herangezogen werden.[163] Auszugehen ist von dem kausal durch den Vorschlag bewirkten Nutzen, wobei dem Umfang der Vorzugsstellung sowie dem Abstand zum allgemeinen (ggf. auch zu einem höheren innerbetrieblichen) Stand der Technik maßgeblicher Einfluss zukommt. Auch hier gilt, dass – ebenso wie bei Erfindungen (s. dazu hier § 9 Rdn. 164 sowie KommRL Rn. 48 ff. zu RL Nr. 12) – eine Vergütungspflicht nur insoweit besteht, als der Verbesserungsvorschlag über den allgemeinen Stand der Technik bzw. einen ggf. höheren innerbetrieblichen Stand der Technik hinausgeht.[164]

Da ebenso wie bei schutzfähigen Erfindungen der erzielte Bruttonutzen nicht dem Erfindungswert gleichgestellt werden kann (s. KommRL Rdn. 59 zu RL Nr. 12 sowie hier § 9 Rdn. 165), muss auch hier auf den festgestellten Bruttonutzen ein **Umrechnungsfaktor** bezogen werden. In Orientierung an der Vergütung für Gebrauchsmuster (s. hierzu oben § 20 Rdn. 43 sowie KommRL Rn. 11 f. zu RL Nr. 28) ist dieser Umrechnungsfaktor regelmäßig zwischen **1/16 und 1/6 (bis zu 1/12 und 2/9) des Bruttonutzens** anzusetzen, wobei als Regelsatz 1/10 (= 10 %) bis zu 2/15 (= 13,5 %) zugrunde gelegt werden kann.[165] Auch hier können die Wertmaßstäbe zur Lizenzanalogie herangezogen werden (s. § 20 Rdn. 43). Bei besonders wertvollen technischen Verbesserungsvorschlägen mit erheblichem technischen Fortschritt, starker und dauer-

---

163 Schiedsst. v. 26.02.1997 – Arb.Erf. 56/95, (unveröffentl. – dort RL Nr. 12).
164 Schiedsst. v. 27.02.2013 – Arb.Erf. 20/1,0 (www.dpma.de).
165 Ebenso Schiedsst. v. 27.02.2013 – Arb.Erf. 20/10, (www.dpma.de, dort aber ohne Anhebung auf bis zu 1/12 und 2/9).

hafter Monopolstellung und entsprechendem wirtschaftlichen Vorteil kann der Umrechnungsfaktor bis auf 1/5 (= 20 %) im Einzelfall ansteigen.[166]

**d) Schätzung**

45 Versagen die vorgenannten Berechnungsmethoden (s. § 20 Rdn. 41), ist der Erfindungswert entsprechend RL Nr. 13 zu schätzen. Auch hier können regelmäßig die Investitionskosten als Anhaltspunkt dienen (davon 1/16 bis 1/6 bzw. 1/12 bis 2/9, i.d.R. 1/10 bis 2/15; s. oben § 20 Rdn. 44 sowie § 9 Rdn. 177 und ferner KommRL Rn. 12 zu RL Nr. 28).

**e) Außerbetriebliche Verwertung**

46 Wird einem Dritten das in dem qualifizierten technischen Verbesserungsvorschlag verkörperte Know-how (unter Geheimhaltungsabrede) zur Verfügung gestellt, so ist die **Lizenzeinnahme** entsprechend RL Nrn. 14, 15 (wie bei Gebrauchsmuster-Lizenzen) zu vergüten[167] (s. auch KommRL Rdn. 138, 162 f. zu RL Nr. 14). Wird dieses technische Wissen – etwa im Zusammenhang mit einem Betriebsübergang – **verkauft**, kommen die Grundsätze der RL Nr. 16 zum Tragen. (s. KommRL Rdn. 3 zu RL Nr. 16).

**3. Anteilsfaktor**

47 Der Anteilsfaktor bestimmt sich nach den RL Nrn. 30 ff. In diesem Rahmen wirkt sich die Unterscheidung zwischen »gebundenen« und »freien« technischen Verbesserungsvorschlägen aus[168] (s. § 20 Rdn. 10).

Bei der Bestimmung des Anteilsfaktors ist zu beachten, dass die Entwicklung eines (qualifizierten) technischen Verbesserungsvorschlags vielfach Gegenstand der vom Arbeitnehmer arbeitsvertraglich geschuldeten Leistungspflicht ist[169] **(Prinzip der Vorschlagsnähe)**, was sich insb. bei der RL Nr. 31 auswirkt. Da der technische Verbesserungsvorschlag regelmäßig darauf abzielt, einen vorhan-

---

166 Die Schiedsst. hat im Einzelfall in Orientierung an dem üblichen Umrechnungsfaktor 20 % des Bruttonutzens für einen bedeutsamen tVV vorgeschlagen (Teil-EV v. 11.06.1991 – Arb.Erf. 37/90, unveröffentl.). Im EV v. 26.02.1997 – Arb.Erf. 56/95, (unveröffentl. – dort RL Nr. 12) hat sie wegen der über eine Ersparnis hinausgehenden Qualitätsverbesserung und der von einer potenziellen Zusatzverwertung losgelösten Pauschalabfindung 15 % angesetzt.
167 Schiedsst. v. 05.11.1986 – Arb.Erf. 61/85, u. v. 25.01.1994 – Arb.Erf. 139/92, (beide unveröffentl.).
168 Hartung, Vergütg. d. VV (1979) S. 64.
169 Vgl. auch Reimer/Schade/Schippel/Rother, Rn. 15 f. zu § 20; Gaul/Bartenbach, DB 1978, 1161, 1167.

B. Vergütung von qualifizierten technischen Verbesserungsvorschlägen (Abs. 1)  § 20

denen innerbetrieblichen Stand der Technik zu verbessern, rechtfertigen diese betrieblichen Einflüsse bei den **RL Nrn. 31 und 32 häufig niedrigere Wertzahlen als bei Diensterfindungen.**

**V. Besonderheiten bei mehreren Vorschlagenden**

Auch beim technischen Verbesserungsvorschlag ist eine »**Miterfinderschaft**« 48 denkbar (Gruppenvorschlag[170]). Da das Vorliegen einer gegenüber dem objektiven Stand der Technik erfinderischen Leistung für einen technischen Verbesserungsvorschlag i.S.d. § 20 nicht erforderlich ist (s. § 3 Rdn. 11), sind an den Nachweis geringere Anforderungen zu stellen. Es reicht aus, wenn das Gesamtergebnis der Entwicklung den Anforderungen des § 20 Abs. 1 genügt und der Arbeitnehmer einen sich in der technischen Neuerung niederschlagenden, hierfür wesentlichen, eigenständig entwickelten Beitrag leistet;[171] ähnlich wie bei einer Miterfinderschaft muss auch hier der einzelne Beitrag für sich genommen nicht bereits die Qualifizierungsvoraussetzung des § 20 Abs. 1 erfüllen[172] (vgl.im Übrigen z. Miterfinderschaft § 5 Rdn. 44 f.). Die Darlegungs- und Beweislast trifft den Arbeitnehmer.[173]

Der »Miterfinder« eines qualifizierten technischen Verbesserungsvorschlages 49 hat einen eigenständigen Vergütungsanspruch (s. § 20 Rdn. 3) und erhält in entsprechender Anwendung des § 12 Abs. 2 auch nur eine seinem Anteil an der Gesamtentwicklung entsprechende Vergütung.[174] Auch im Übrigen gelten die zu § 12 dargestellten Grundsätze bei Miterfinderschaft entsprechend (s. dazu § 12, insb. Rdn. 28 ff. u 88 ff.).

**VI. Mitbestimmungsrechte des Betriebsrates**

Gem. § 87 Abs. 1 Halbs. 1 BetrVG wird ein Mitbestimmungsrecht des 50 Betriebsrates nur wirksam, soweit keine gesetzliche oder tarifvertragliche Regelung besteht. Da das ArbEG die Vergütung der qualifizierten technischen Verbesserungsvorschläge selbst behandelt und lediglich die einfachen technischen

---

170 S. dazu Schwab, AiB 1999, 445, 448 u. ders., Arbeitnehmererfindungsrecht, Anhang zu § 20 Rn. 50 ff. Zur Betriebspraxis vgl. Bechmann, Ideenmanagement (2013), S. 62.
171 Vgl. BGH v. 26.11.1968, GRUR 1969, 341, 342 – *Räumzange*; ähnl. Keukenschrijver in Busse/Keukenschrijver, PatG, Rn. 7 zu § 20 ArbEG m. w. Nachw.
172 Keukenschrijver in Busse/Keukenschrijver, PatG, Rn. 7 zu § 20 ArbEG.
173 Vgl. zur Urheberschaft und Einreichung eines einfachen Verbesserungsvorschlages bei einem Personalleiter LAG Rheinland-Pfalz v. 13.04.2005 – 10 Sa 1051/04, (juris).
174 BGH v. 26.11.1968, GRUR 1969, 341, 342 – *Räumzange*.

Verbesserungsvorschläge einer kollektivrechtlichen Regelung zuweist (vgl. § 20 Abs. 2), ist insoweit ein **Mitbestimmungsrecht** des Betriebsrates i. S. des § 87 Abs. 1 Nr. 12 BetrVG **ausgeschlossen;**[175] dies gilt jedoch nur insoweit, **als** es die in § 20 Abs. 1 geregelte **Vergütung** selbst betrifft.[176] Dementsprechend sind kollektiv-rechtliche Regelungen außerhalb des Vergütungsbereichs möglich, etwa über die organisatorische Behandlung auch der qualifizierten technischen Verbesserungsvorschläge im Rahmen des betrieblichen Vorschlagswesens, wie beispielsweise Regelungen über die Art der **Mitteilung** gegenüber dem Arbeitgeber[177] (s. hierzu im Einzelnen § 20 Rdn. 53 ff.).

Soweit der gesetzliche Regelungsbereich des § 20 Abs. 1 reicht, bewendet es bei der Möglichkeit **freiwilliger Betriebsvereinbarungen** i. S des § 88 BetrVG, die jedoch in Bezug auf die Vergütung qualifizierter technischer Verbesserungsvorschläge ebenfalls die Schranke des § 22 Satz 1 zu beachten haben[178] (s. auch § 20 Rdn. 31).

Insgesamt dürfen die im Grundsatz vom ArbEG zugelassenen individual- oder kollektivvertraglichen Vereinbarungen über qualifizierte technische Verbesserungsvorschläge gemäß § 22 Abs. 1 Satz 1 den Vergütungsanspruch aus § 20 Abs. 1 weder materiell noch in seiner Geltendmachung einschließlich der (rechtlichen) Durchsetzung einschränken. Wegen der Zuordnung zum Vergütungsbereich sind beispielsweise keine kollektivrechtlichen Regelungen zuungunsten des Arbeitnehmers darüber möglich, welche Voraussetzungen für die Qualifizierung als Verbesserungsvorschlag i. S. des § 20 Abs. 1 notwendig sind. Gleiches gilt beispielsweise für Ausschlussfristen (s. § 9 Rdn. 51 u. § 20

---

175 Vgl. Einigungsstellenspruch v. 16.05.1977, DB 1977, 1564; Fitting/Engels/Schmidt/Trebinger/Linsenmaier, BetrVG § 87 Rn. 544; Richardi/Richardi, BetrVG, § 87 Rn. 955; Gaul, GRUR 1977, 686, 700 u. ders. ArbR i. Betr. F VIII Rn. 52; Schaub/Koch, ArbRHandb., § 114 Rn. 43; Gaul/Bartenbach, DB 1980, 1843; Stege/Weinspach, BetrVG Rn. 201 zu § 87.
176 Vgl. Friemel (Diss. 2004), 83 f., 85; Schaub/Koch, ArbRHandb., § 114 Rn. 43; Worzalla in Hess/Worzalla/Glock/Nicola/Rose/Huke, BetrVG, § 87 Rn. 696; Wiese/Gutzeit in GK-BetrVG, § 87 Rn. 1052; vgl. auch Schwab, Arbeitnehmererfindungsrecht, § 20 Rn. 12; a. A. Stege/Weinspach, BetrVG, Rn. 201 zu § 87.
177 I.d.S. auch Schiedsst. v. 05.11.1986, BlPMZ 1987, 209 f., wonach auch qual. t. VV dann schriftl. mitzuteilen sind, wenn die betriebl. Richtlinien f. VV Schriftform vorsehen; i. Ergebn. auch Schiedsst. v. 25.01.1994 – Arb.Erf. 139/92, (unveröffentl.); i. Ergebn. wie hier ganz h.M., u. a. Richardi/Richardi, BetrVG, § 87 Rn. 955; Wiese/Gutzeit in GK-BetrVG, § 87 Rn. 1052; ErfK/Kania, § 87 BetrVG Rn. 129; a.A. Stege/Weinspach BetrVG Rn. 201 zu § 87; S. im Übrigen auch Bartenbach/Volz in HzA Gruppe 14 Rn. 309 ff.
178 Vgl. ArbG Heilbronn v. 15.05.1986, DB 1987, 541; Gaul, ArbuR 1987, 359; Friemel (Diss. 2004), 118.

Rdn. 61.3) oder für Vorgaben zur Rechtsverfolgung wie etwa die Einschaltung einer betrieblichen Kommission als Schiedsgutachter in vergütungsrelevanten Fragen (z. B. Qualifizierung, Verwertung usw.).

## C. Behandlung einfacher technischer Verbesserungsvorschläge (Abs. 2)

### I. Grundsatz

§ 20 Abs. 2 stellt klar, dass einfache technische Verbesserungsvorschläge dem Anwendungsbereich des ArbEG entzogen sind. Diese sollen vielmehr eine kollektivrechtliche Regelung (durch Tarifvertrag oder Betriebsvereinbarung) erfahren, um sie nicht aus dem Gesamtbereich des – in der Praxis sehr bedeutsamen[179] – betrieblichen Vorschlagswesens herauszulösen und sie im Verhältnis zu den kaufmännischen, organisatorischen, werbemäßigen und sonstigen Verbesserungsvorschlägen nicht bevorzugt zu behandeln.[180] § 20 Abs. 2 stellt einerseits klar, dass die weiteren Regelungen des ArbEG auf einfache technische Verbesserungsvorschläge **keine Anwendung** finden, auch nicht analog (s. auch vor § 3 Rdn. 1 ff.). Dementsprechend werden einfache Verbesserungsvorschläge auch nicht von RL Nr. 29 erfasst. Andererseits begründet § 20 Abs. 2 ArbEG keinen Mitbestimmungstatbestand, sondern ergänzt die Vorgabe des § 87 Abs. 12 BetrVG (s. auch § 20 Rdn. 55). Rechtsgrundlage eines Vergütungsanspruchs für einfache technische Verbesserungsvorschläge ist in aller Regel eine **Betriebsvereinbarung**, in Ausnahmefällen auch ein (Haus-) Tarifvertrag.[181] Derartige kollektivrechtliche Vereinbarungen zum Verbesserungsvorschlagswesen (zum Ideenmanagement, s. § 20 Rdn. 57) beschränken sich – wovon auch der Gesetzgeber ausgegangen ist – üblicherweise nicht auf Verbesserungsvorschläge technischer Art, sondern erfassen regelmäßig zugleich sons-

51

---

179 Vgl. dazu u.a. Einsele in Festschr. Bartenbach (2005) S. 89 ff., Schwab, Arbeitnehmererfindungsrecht, Anhang zu § 20, Rn. 1 ff.; Klebe in Däubler/Kittner/Klebe/Wedde, BetrVG, § 87 Rn. 360.
180 Amtl. Begründung BT-Drucks. II/1648 S. 38 = Bl. 1957, 239; insoweit bestätigt durch Ausschußber. zu BT-Drucks. II/3327 S. 7 = BlPMZ 57, 253; s. hierzu i.E. Bartenbach Festschr. Bauer (2010), 85, 101 ff.; zur Einbeziehung von Geschmacksmustern (Design) u. urheberrechtsfähigen Leistungen in das Vorschlagswesen vgl. Danner, GRUR 1984, 565 ff. u. Gaul, GRUR 1984, 713 ff.; dies ablehnend Grabinski, GRUR 2001, 922, 923.
181 In diesem Sinne auch Schiedsst. v. 17.04.2007 – Arb.Erf. 7/06, (Datenbank), u. v. 10.11.2005 – Arb.Erf. 94/03, (Datenbank). Bei seiner empirischen Untersuchung ist Bechmann, Trendbericht (2013), S. 6, nur eine tarifvertragliche Regelung bekannt geworden, und zwar bei der hamburgischen Verwaltung.

tige **Verbesserungsvorschläge**, die nicht vom ArbEG angesprochen sind[182] (s. auch § 3 Rdn. 22). Das entspricht den übergeordneten **Zielen des Vorschlagswesens**, das kreative Potential der Beschäftigten für eine Steigerung von Wettbewerbsfähigkeit und Wirtschaftlichkeit des Unternehmens sowie zur Verbesserung von Arbeitsbedingungen zu gewinnen und zu nutzen[183] (s. auch § 20 Rdn. 57).

## II. Begriff

52 Die **einfachen technischen Verbesserungsvorschläge** sind in der Negativabgrenzung zu § 20 Abs. 1 solche, die dem Arbeitgeber nicht die dort vorausgesetzte schutzrechtsähnliche Vorzugsstellung (s. dazu oben § 20 Rdn. 11 ff.) von Anfang an vermitteln. Zum Begriff des technischen Verbesserungsvorschlages s. § 3 Rdn. 3 ff., 22 u. § 2 Rdn. 8 zu. Sie sind kein Aliud, sondern ein Minus zum qualifizierten technischen Verbesserungsvorschlag.[184]

## III. Kollektivrechtliche Regelungen

53 **Tarifverträge** sind solche i.S.d. § 1 TVG, **Betriebsvereinbarungen** solche i.S.d. § 77 BetrVG. Da der **Regelungsabrede** (Betriebsabsprache) keine normative, die einzelnen Arbeitsverhältnisse unmittelbar gestaltende Rechtswirkung zukommt,[185] der Arbeitgeber vielmehr noch Einzelvereinbarungen mit den Arbeitnehmern treffen müsste,[186] bezieht § 20 Abs. 2 – anders als § 21 a.F. – diese nicht ein; Regelungsabreden werden jedoch im Rahmen des § 87 Abs. 1 Nr. 12 BetrVG überwiegend als möglich angesehen[187]. Zur Bedeutung des Spruchs der Einigungsstelle s. § 21 Rdn. 7.

54 Soweit **tarifvertragliche Regelungen** bestehen, ist der **Sperrvorrang des Tarifvertrages** gegenüber der Betriebsvereinbarung zu beachten (vgl. § 87 Abs. 1 Eingangssatz, § 77 Abs. 3 BetrVG). Eine Tarifnorm schließt allerdings das Mitbestimmungsrecht des Betriebsrats nur aus, wenn sie die mitbestimmungspflichtige Angelegenheit selbst abschließend und zwingend regelt, das

---

182 Zu den möglichen Gegenständen vgl. u.a. Schwab, Arbeitnehmererfindungsrecht, Anhang zu § 20, Rn. 2 ff.
183 Bechmann, Ideenmanagement (2013), S. 17 ff., 41.
184 Zust. Schwab, AIB 1999, 445, 448; s.a. Melullis, GRUR 2001, 684, 687.
185 Wohl ganz h.M., z. B. Düwell/Lorenz, BetrVG, § 77 Rn. 24 m. w. Nachw.
186 Vgl. Galperin/Löwisch BetrVG Rn. 101 zu § 77.
187 U. a. Worzalla in Hess/Worzalla/Glock/Nicola/Rose/Huke, BetrVG, § 87 Rn. 709; a. A. Richardi/Richardi, BetrVG, § 87 Rn. 970; vgl. im Übr. die Nachw. bei Krauss, Betriebl. Vorschlagswesen (1977), S. 59 f.; Schwab, Arbeitnehmererfindungsrecht, Anhang zu § 20 Rn. 73.

## C. Behandlung einfacher technischer Verbesserungsvorschläge (Abs. 2) § 20

einseitige Bestimmungsrecht des Arbeitgebers beseitigt und damit schon selbst dem Schutzzweck des sonst gegebenen Mitbestimmungsrechts Genüge tut.[188] Wegen der jeweils unterschiedlichen betrieblichen Verhältnisse und des Umstandes, dass der Tarifvertrag nur die tarifgebundenen Arbeitgeber und Arbeitnehmer erfasst, haben die einfachen technischen Verbesserungsvorschläge praktisch keine tarifvertragliche Behandlung erfahren, von Haustarifverträgen abgesehen.[189]

Die einfachen technischen Verbesserungsvorschläge sind **üblicherweise 55 Gegenstand von Betriebsvereinbarungen**.[190] Der Betriebsrat kann sich in einer Regelungsabrede auch darauf beschränken, der Einführung der Grundsätze über das betriebliche Vorschlagswesen durch einseitige **Organisationsanweisung** des Arbeitgebers zuzustimmen.[191] Dem Betriebsrat steht ein die **Grundsätze über das betriebliche Vorschlagswesen** betreffendes **Mitbestimmungsrecht** zu (§ 87 Abs. 1 Nr. 12 BetrVG[192]).

Allerdings wird von der wohl h. M. ein Mitbestimmungsrecht verneint, soweit Verbesserungsvorschläge zum arbeitsvertraglichen Aufgabenkreis gehören, so dass nur »**freie Verbesserungsvorschläge**« erfasst sein sollen.[193] Nach der hier vertretenen Auffassung scheidet jedoch bei technischen Verbesserungsvorschlägen eine Differenzierung zwischen freien und dienstlichen Verbesserungsvorschlägen aus (s. § 3 Rdn. 15). Vielmehr unterliegen u. E. technische Verbesserungsvorschläge nach dem Willen des Gesetzgebers ausweislich §§ 20 Abs. 2, 40 Nr. 2 ArbEG uneingeschränkt dem Mitbestimmungsrecht, auch soweit

---

188 BAG v. 18.04.1989, NZA 1989, 887, 888 m.w.N.
189 Einen gewissen Bezug z. Innovationsbereich enthält der für allgemeinverbindlich erklärte Tarifvertrag für das holz- und kunststoffverarbeitende Handwerk über die Errichtung von Innovationsstelle und Förderungswerk v. 12.12.1990 i.d.F. v. 01.08.1991 (BAnz. Nr. 212 v. 14.11.1991).
190 Ausf. dazu Friemel (Diss. 2004), 119 ff., 137 ff.; Bechmann, Ideenmanagement u. betriebl. Vorschlagswesen, 2013, u. ders., Trendbericht: Prämiensysteme für Verbesserungsvorschläge mit betriebl. Nutzen, hrsg. v. d. Hans Böckler Stiftung 2013 (auch abrufbar unter www.boeckler.de/betriebsvereinbarungen); s. ferner Schwab, NZA-RR 2015, 225, 226 ff.
191 Galperin/Löwisch BetrVG Rn. 276 zu § 87.
192 S. hierzu Rieble/Gistel, DB 2005, 1382; Bartenbach in Festschr. Bauer (2010), 85, 101 f.
193 ErfK/Kania § 87 BetrVG Rn. 130 m.H.a. ArbG Heilbronn v. 15.05.1986, DB 1987, 541; Wiese/Gutzeit in GK-BetrVG, § 87 Rn. 1049; Klebe in Däubler/Kittner/Klebe/Wedde, BetrVG, § 87 Rn. 364 m.H.a. BAG v. 20.01.2004, NZA 2004, 994, 997, 999; ferner Worzalla in Hess/Worzalla/Glock/Nicola/Rose/Huke, BetrVG, § 87 Rn. 697.

Verbesserungsvorschläge in den (unmittelbaren) Arbeits- und Pflichtenkreis von Beschäftigten fallen (s. aber § 20 Rdn. 57).

56 **Die Einführung eines betrieblichen Vorschlagswesens** unterliegt grds. der unternehmerischen Entscheidung des Arbeitgebers; soweit die Mitbestimmung nach § 87 Abs. 1 Nr. 12 BetrVG reicht, hat der Betriebsrat aber ein **Initiativrecht**, sobald für eine allgemeine Regelung ein Bedürfnis besteht.[194] Das Verlangen des Betriebsrats, Grundsätze für das betriebliche Vorschlagswesen zu vereinbaren, ist nicht von irgendeiner Vorentscheidung des Arbeitgebers über die Einführung eines betrieblichen Vorschlagwesens abhängig. Es kann jedoch dann rechtsmissbräuchlich sein, wenn aufgrund der konkreten betrieblichen Situation keinerlei Bedürfnis zur Regelung der Behandlung betrieblicher Verbesserungsvorschläge besteht.[195] Nach verbreiteter Auffassung kann der Arbeitgeber aber über die Mitbestimmung weder gezwungen werden, technische Verbesserungsvorschläge über § 20 Abs. 1 ArbEG hinaus zu vergüten, noch diese zu verwerten.[196] Die Betriebsparteien können die Regelungen einer Betriebsvereinbarung jederzeit für die Zukunft auch für bereits eingereichte Verbesserungsvorschläge **ändern**, selbst wenn dadurch die Rechtsposition des Arbeitnehmers verschlechtert wird;[197] soweit die Betriebsparteien eine solche Rückwirkung nicht ausschließen, geht die jüngere Betriebsvereinbarung der älteren vor.[198]

Eine Verpflichtung des Arbeitgebers, **finanzielle Mittel** zur Vergütung von Verbesserungsvorschlägen zur Verfügung zu stellen, besteht nach h. L. nicht,[199] und damit auch keine generelle Pflicht, Verbesserungsvorschläge zu vergüten[200]. Die Notwendigkeit für den Arbeitgeber, **finanzielle Mittel** zur Vergü-

---

194 BAG v. 28.04.1981, AP Nr. 1 zu § 87 BetrVG – *Vorschlagswesen*; Wiese/Gutzeit in GK-BetrVG, § 87 Rn. 1060; Busse/Keukenschrijver, PatG, Rn. 16 zu § 20 ArbEG; weitergehend wohl Klebe in Däubler/Kittner/Klebe/Wedde, BetrVG, § 87 Rn. 365 (Entscheidung des Betriebsratsüber Sinnhaftigkeit »nach eigenem Ermessen«). A.A. (h.M.) bis zur Entsch. d. BAG v. 28.04.1981, z.B. Einigungsstellenspruch v. 16.05.1977, BB 1977, 1564; Krauss Betriebl. Vorschlagswesen (1977) S. 50 f. m.w.N.; Kunze, RdA 1975, 42, 46.
195 BAG v. 28.04.1981, AP Nr. 1 zu § 87 BetrVG – *Vorschlagswesen*.
196 So Richardi/Fischinger in Staudinger, BGB Bd. 2 (Dienstvertragsrecht I, 2016), § 611 BGB Rn. 1264.
197 BAG v. 16.12.2014, NZA-RR 2015, 229 (Rn. 18 f.) – *Ersatzbrennstoff*.
198 BAG v. 16.12.2014, NZA-RR 2015, 229 (Rn. 18) – *Ersatzbrennstoff*.
199 Wohl h. M., z. B. Fitting/Engels/Schmidt/Trebinger/Linsenmaier BetrVG, § 87 Rn. 549; Wiese/Gutzeit in GK-BetrVG, § 87 Rn. 1056.
200 Richardi/Richardi, BetrVG, § 87 Rn. 962 ff.

## C. Behandlung einfacher technischer Verbesserungsvorschläge (Abs. 2) § 20

tung verwerteter Verbesserungsvorschläge aufzuwenden,[201] ist nicht Folge der vom Betriebsrat initiierten Grundsätze über das betriebliche Vorschlagswesen, sondern folgt unmittelbar aus der Verwertung des Verbesserungsvorschlages.[202] Allerdings kann der Arbeitgeber aufgrund des Mitbestimmungsrechts nicht gezwungen werden, Verbesserungsvorschläge anzunehmen und zu verwerten.[203] Damit bestimmt der Arbeitgeber auch, ob zukünftig ein eingeführtes Vorschlagswesen beibehalten wird. Im Rahmen des Mitbestimmungsrechts des Betriebsrats besteht auch eine Zuständigkeit der betrieblichen **Einigungsstelle** (§ 87 Abs. 2 i.V.m. § 76 BetrVG).[204]

Zur förmlichen **Aufhebung** der Grundsätze über das Vorschlagswesen ist er einseitig nicht befugt.[205] Er kann allerdings für die Zukunft auf eine Annahme und Verwertung von Verbesserungsvorschlägen verzichten, so dass dann die Betriebsvereinbarung ins Leere laufen würde.[206]

Das Mitbestimmungsrecht des Betriebsrats erstreckt sich gem. § 87 Abs. 1 Nr. 12 BetrVG auf die »**Grundsätze über das betriebliche Vorschlagswesen**«.

Soweit – wie seit Jahren zunehmend[207] – anstelle des klassischen Begriffs des betrieblichen Vorschlagswesens der Begriff »**Ideenmanagement**« verwendet wird, muss dies in der Sache keine inhaltliche Veränderung bedeuten und entzieht dies nicht dem Mitbestimmungsrecht nach § 87 Abs. 1 Nr. 12

57

---

201 BAG v. 30.04.1965, GRUR 1966, 88 – *Abdampfverwertung*; best. durch BAG v. 28.04.1981, AP Nr. 1 zu § 87 BetrVG – *Vorschlagswesen*.
202 BAG v. 28.04.1981, AP Nr. 1 zu § 87 BetrVG – *Vorschlagswesen*; GK-Wiese BetrVG Rn. 743 zu § 87.
203 BAG v. 28.04.1981, AP Nr. 1 zu § 87 BetrVG – *Vorschlagswesen*; Wiese/Gutzeit in GK-BetrVG, § 87 Rn. 1059; Worzalla in Hess/Worzalla/Glock/Nicola/Rose/Huke, BetrVG, § 87 Rn. 707; Fitting/Engels/Schmidt/Trebinger/Linsenmaier, BetrVG § 87 Rn. 550.
204 BAG v. 22.01.1980, DB 1980, 1895; v. 28.04.1981, AP Nr. 1 zu § 87 BetrVG – *Vorschlagswesen* u. BAG v. 16.03.1982, AP Nr. 2 zu § 87 – *Vorschlagswesen*; Gaul, ArbR i. Betr. F VIII Rn. 53.
205 LAG Düsseldorf v. 24.01.1978, EZA Nr. 1 zu 87 BetrVG 1972 – *Vorschlagswesen*; Wiese/Gutzeit in GK-BetrVG, § 87 Rn. 1063; Worzalla in Hess/Worzalla/Glock/ Nicola/Rose/Huke, BetrVG, § 87 Rn. 705; a.A. Stege/Weinspach BetrVG Rn. 203 b zu § 87.
206 Wiese/Gutzeit in GK-BetrVG, § 87 Rn. 1063; Worzalla in Hess/Worzalla/Glock/ Nicola/Rose/Huke, BetrVG, § 87 Rn. 705.
207 Nach Bechmann, Ideenmanagement (2013), S. 16 wird der Begriff Ideenmanagement ohne eine ähnl. Bezeichnung »bei gut der Hälfte« der neuen Betriebsvereinbarungen im Titel verwendet.

BetrVG.[208] Auch beim Ideenmanagement handelt es sich um ein System der Erarbeitung, Behandlung und Verwertung von Verbesserungsvorschlägen.[209] Auch sonstige (meist) synonyme Begriffe sind gebräuchlich, wie »Innovationsmanagement«, »kontinuierliche Verbesserungs-programme«, »Innovationswesen« (s. auch § 3 Rdn. 8 sowie unten § 20 Rdn. 68).

Die Auslegung des Begriffs der »Grundsätze über das betriebliche Vorschlagswesen« erfolgt anhand von **Sinn und Zweck dieses Mitbestimmungsrechts**, nämlich ein betriebliches Vorschlagwesen für die Arbeitnehmer einerseits transparent, gleichmäßig sowie der Billigkeit entsprechend und andererseits individuell fördernd und zugleich im Unternehmensinteresse motivierend zu gestalten[210] und damit den Zielen des Vorschlagswesens Rechnung zu tragen (s. dazu § 20 Rdn. 51).[211]

Dementsprechend erstreckt sich der **Umfang des Mitbestimmungsrechts** auf unterschiedliche Regelungsinhalte.[212] Die »Grundsätze« umfassen namentlich solche zu **Geltungsbereich sowie Einreichung, Bearbeitung, Anerkennung und Bewertung von Verbesserungsvorschlägen**.[213]

Mitbestimmungspflichtig ist die Regelung der **Organisation des Vorschlagswesens** und **des Verfahrens** innerhalb dieser Organisation, insb. auch die Zusammensetzung der Organe und die Festlegung der Aufgaben der einzelnen Organe,[214] etwa die Bildung eines Bewertungsausschusses. Eine paritätische Besetzung des Bewertungsausschusses erfolgt häufig im Interesse einer gleichrangigen Beteiligung des Betriebsrats an der Organisation und am Verfahren

---

208 Zum Meinungsstreit, inwieweit dieses Mitbestimmungsrecht über das Verbesserungsvorschlagswesen hinausgehende Elemente eines betriebl. Ideenmanagements erfasst, vgl. u. a. Brachmann/Menzel, AuA 2014, 632, 635 f.
209 Rieble/Gistel, DB 2005, 1382 ff. Ähnl. Brachmann/Menzel AuA 2014, 632 m. H. a. Jeberien/Stephan/Schneider, Management v. Ideen, Univ. Marburg Jan. 2013, S. 6 f., die darin eine Kombination von betrieblichem Ideenmanagement und kontinuierlichem Verbesserungsprozess (KVP) sehen und es als »integriertes Konzept, welches verschiedene Instrumente der Ideenfindung,- erfassung, -bearbeitung und -umsetzung vereint«, verstehen. In der Betriebspraxis sind Abgrenzungen häufig schwierig, vgl. Bechmann, Ideenmanagement (2013), S. 30 ff.
210 Vgl. BAG v. 28.04.1981, AP Nr. 1 zu § 87 BetrVG – Vorschlagswesen.
211 S. hierzu Rieble/Gistel, DB 2005, 1382; Bartenbach in Festschr. Bauer (2010), 85, 101 f.
212 S. dazu die Übersichten von Schwab, NZA-RR 2015, 225, 226 ff u. ders. Rn. 64 Anh. zu § 20; ausf. zur Betriebspraxis Bechmann, Ideenmanagement (2013), S. 17 ff.
213 S. auch Fitting/Engels/Schmidt/Trebinger/Linsenmaier BetrVG, § 87 Rn. 551.
214 BAG v. 28.04.1981, AP Nr. 1 zu § 87 BetrVG – *Vorschlagswesen*.

## C. Behandlung einfacher technischer Verbesserungsvorschläge (Abs. 2) § 20

des betrieblichen Vorschlagswesens; sie ist aber nicht zwingend.[215] Die personelle Besetzung der Organe ist dagegen – abgesehen von § 99 BetrVG – mitbestimmungsfrei.[216]

Da **organisatorische Einzelmaßnahmen** vom Mitbestimmungsrecht nicht mehr erfasst werden, hat der Betriebsrat kein Mitbestimmungsrecht bei der Bestellung des jeweiligen **Beauftragten für das betriebliche Verbesserungsvorschlagswesen**,[217] soweit nicht bei einer Neueinstellung oder Versetzung ein Mitbestimmungsrecht nach § 99 BetrVG in Betracht kommt.

Die »Grundsätze« umfassen ferner die **Festlegung des Personenkreises**, der berechtigt sein soll, am betrieblichen Vorschlagswesen teilzunehmen.[218] Ausgenommen ist der Kreis der leitenden Angestellten i.S.d. § 5 Abs. 3 BetrVG (s. hierzu § 1 Rdn. 64 ff. u. § 20 Anh. Rdn. 4); diese können aber durch Einzelvereinbarung mit dem Arbeitgeber in den persönlichen Anwendungsbereich einbezogen werden; es sind auch Sonderregelungen hierfür möglich.

Zu den Grundsätzen rechnet auch die **Definition** der einbezogenen (einfachen) **Verbesserungsvorschläge**.[219] Damit erfasst ist die Bestimmung des **sachlichen Anwendungsbereichs** des Vorschlagswesens, z.B. die Frage, ob das Vorschlagswesen neben einfachen technischen Vorschlägen auch solche organisatorischer, kaufmännischer, wirtschaftlicher, werbemäßiger Art wie auch Vorschläge zur Gestaltung, Verbesserung oder Vereinfachung der betrieblichen Arbeit umfasst, wie auch die Frage der Anerkennung von Design- und Produktgestaltungen und die Einbeziehung von sonstigen designschutzfähigen Neuerungen und urheberrechtsfähigen Leistungen.[220]

Bei der Frage, welche Verbesserungsvorschläge einbezogen werden, ist nach der hier vertretenen Auffassung auch eine Differenzierung zwischen solchen Verbesserungsvorschlägen danach möglich und angezeigt, ob diese in den

---

215 BAG v. 28.04.1981, AP Nr. 1 zu § 87 BetrVG – Vorschlagswesen; Schwab, AIB 1999, 445, 453; Stege/Weinspach BetrVG Rn. 204 zu § 87 m.w.N.; Wiese/Gutzeit in GK-BetrVG, § 87 Rn. 1067; vgl. auch Fitting/Engels/Schmidt/Trebinger/Linsenmaier, BetrVG, § 87 Rn. 552; a.A. Klebe in Däubner/Kittner/Klebe/Wedde, BetrVG, § 87 Rn. 368.
216 Wollwert, NZA 2012, 889, 892.
217 BAG v. 16.03.1982, AP Nr. 2 zu § 87 – *Vorschlagswesen*.
218 Schwab, AIB 1999, 445, 450; Richardi/Richardi, BetrVG, § 87 Rn. 960; Stege/Weinspach BetrVG Rn. 204 zu § 87; Wiese/Gutzeit in GK-BetrVG, § 87 Rn. 1065; Gennen, ITRB 2008, 45. Vgl. zur Praxis bei Betriebsvereinbarungen u. a. Bechmann, Ideenmanagement (2013), S. 27 ff.
219 Vgl. Wollwert, NZA 2012, 889, 893 m.w.Nachw.
220 Vgl. auch Gaul, GRUR 1984, 713 f.

dienstlichen Aufgaben- und Pflichtenkreis eines Arbeitnehmers fallen, oder ob sie im Zusammenhang mit dem Arbeitsverhältnis entstanden sind (s. zur Mitbestimmung § 20 Rdn. 55). Die explizite Herausnahme von »dienstlichen« Verbesserungsvorschlägen, d. h. solchen, die in den arbeitsvertraglichen Tätigkeits-/Aufgabenbereich des Arbeitnehmers fallen, aus dem betrieblichen Vorschlagswesen entspricht weitgehender Betriebspraxis.[221]

Auch das **Verfahren** zur Behandlung derartiger Vorschläge, insb. das Anmelde- bzw. Einreichungsverfahren, ferner die Handhabung bei mehreren Urhebern, innerbetriebliche Prioritätsgrundsätze[222], Sperrfrist nach Eingang eines Vorschlags, fallen unter diese Grundsätze.[223]

58  Das Mitbestimmungsrecht des Betriebsrats erstreckt sich auch auf die **Grundsätze für die Bemessung der Prämie**.[224] Grundsätze sind Richtlinien, Orientierungspunkte und Bewertungsmaßstäbe allgemeiner Art, die geeignet sind, das Geschehen so zu ordnen und zu verfestigen, dass es in vorhersehbaren und nachprüfbaren Bahnen verläuft; damit bezieht sich das Mitbestimmungsrecht nur auf die abstrakt-generelle Regelung der Bemessung der Vergütung für einen verwerteten Verbesserungsvorschlag, nicht jedoch auf **Prämienhöhe und Zahlung im Einzelfall**.[225] Während die vom Arbeitgeber bereitgestellte

---

221 Vgl. etwa den Sachverhalt bei BAG v. 09.05.1995 – 9 AZR 580/93, (WKRS 1995, 27998) u. LAG Köln v. 17.07.2014 – 7 Sa 705/12, (juris, Rn. 57 ff.). Dort weist das BAG (Urt. v. 09.05.1995 a.a.O., Rn. 21) darauf hin, dass eine Herausnahme von Verbesserungsvorschlägen aus dem arbeitsvertraglichen Aufgabenbereich nicht zugleich die Herausnahme von solchen Verbesserungsvorschlägen bedeutet, mit deren Gegenstand der Vorschlagende »dienstlich in Berührung kommt«.
222 Vgl. dazu etwa den Sachverhalt BAG v. 09.05.1995 – 9 AZR 580/93, (WKRS 1995, 27998, Rn. 24 ff.), wo zutreffend für eine Proitität den Erstvorschlags darauf abgestellt wird, ob der dortige Lösungsweg tatsächlich aufgegriffen und verwirklicht worden ist oder nur der des nachfolgenden Vorschlags.
223 Stege/Weinspach BetrVG Rn. 204 zu § 87.
224 Worzalla in Hess/Worzalla/Glock/Nicola/Rose/Huke, BetrVG, § 87 Rn. 702; Wiese/Gutzeit in GK-BetrVG, § 87 Rn. 1071; Schwab, AIB 1999, 445, 450; abw. wohl Boemke/Kursawe/Nebel Rn. 26 zu § 20 m. H. a. Löwisch/Kaiser Rn. 266 zu § 87 BetrVG, wonach nicht umfasst ist die Höhe einer Prämie oder Vergütg. für einf. Techn. Verbesserungsvorschläge; ähnl. Münch/ArbR/Bayreuther, § 98 Rn. 63 m,. H.a. BAG AP Nrn. 1 und 2 zu § 87 BetrVG-Vorschlagswesen, wonach konkrete Prämienhöhe und Dotierungsrahmen der Mitbestimmung entzogen sind.
225 BAG v. 28.04.1981, AP Nr. 1 zu § 87 BetrVG – *Vorschlagswesen* u. BAG v. 16.03.1982, AP Nr. 2 zu § 87 – *Vorschlagswesen*; Richardi/Richardi, BetrVG, § 87 Rn. 644 m.w.N.; Wiese/Gutzeit in GK-BetrVG, § 87 Rn. 1072; Volmer/Gaul Rn. 122 f. zu § 20; krit. Fitting/Engels/Schmidt/Trebinger/Linsenmaier, BetrVG, § 87 Rn. 554 zu § 87; a. A. Klebe in Däubner/Kittner/Klebe/Wedde, BetrVG, § 87 Rn. 370.

finanzielle Grundausstattung des betrieblichen Vorschlagswesens, der »**Prämienetat**«, mitbestimmungsfrei ist,[226] hat der Betriebsrat, außer bei den Grundsätzen und Methoden der Bemessung der Prämie, auch mitzubestimmen bei der Frage, wie der **Nutzen** eines Verbesserungsvorschlags **zu ermitteln** ist, ferner über die Grundsätze der **Art der Prämie** und über die Verteilung einer Prämie bei **Gruppenvorschlägen** sowie darüber, wie eine Prämie für einen Verbesserungsvorschlag bestimmt werden soll, dessen Nutzen nicht zu ermitteln ist.[227]

Nicht mehr um allgemeine Grundsätze für die Ermittlung der Prämienhöhe handelt es sich, wenn in einer Betriebsvereinbarung bestimmt wird, dass die Prämie X-Prozent eines mit dem Einsatz des Verbesserungsvorschlags erlangten Netto-Jahresnutzens beträgt, da es sich insoweit um die **mitbestimmungsfreie Festlegung der Prämienhöhe** selbst handelt.[228] Der Arbeitgeber bleibt frei, zu bestimmen, in welchem Verhältnis zum Jahresnutzen eines Verbesserungsvorschlags die zu gewährende Prämie stehen soll.[229] Eine Parallele zum Mitbestimmungsrecht nach § 87 Abs. 1 Nr. 10 BetrVG besteht nicht. Nicht vom Mitbestimmungsrecht gedeckt ist eine Regelung, die die Zahlung einer Anerkennungsprämie für **nicht verwertete Verbesserungsvorschläge** vorsieht,[230] da hierdurch der Arbeitgeber zu einer Leistung verpflichtet wird, auf die der Arbeitnehmer keinen Anspruch hat (s. § 20 Rdn. 60, 66). Das Mitbestimmungsrecht des Betriebsrats lässt die **freie** unternehmerische **Entscheidung**, ob Verbesserungsvorschläge überhaupt **angenommen und verwertet** werden, unberührt[231] (s.o. § 20 Rdn. 56).

Im Rahmen einer **freiwilligen betrieblichen Ordnung** können Arbeitgeber und Betriebsrat über den gesetzlich vorgegebenen Mitbestimmungsrahmen

---

226 Fitting/Engels/Schmidt/Trebinger/Linsenmaier, BetrVG, § 87 Rn. 549 m.w.N.; Gaul, DB 1980, 1843.
227 BAG v. 28.04.1981, AP Nr. 1 zu § 87 BetrVG – *Vorschlagswesen* unter Bezug auf GK-Wiese, BetrVG, Rn. 162 zu § 87 u. Krauss, Betriebl. Vorschlagswesen (1977), S. 56.
228 BAG v. 28.04.1981, AP Nr. 1 zu § 87 BetrVG – *Vorschlagswesen* u. v. 16.03.1982, AP Nr. 2 zu § 87 – *Vorschlagswesen*.
229 BAG v. 28.04.1981, AP Nr. 1 zu § 87 BetrVG – *Vorschlagswesen*; s.a. BAG v. 16.03.1982, AP Nr. 2 zu § 87 – *Vorschlagswesen*.
230 BAG v. 28.04.1981, AP Nr. 1 zu § 87 BetrVG – *Vorschlagswesen* u. v. 16.03.1982, AP Nr. 2 zu § 87 – *Vorschlagswesen*; Schwab, AIB 1999, 445, 450 u. ders, Arbeitnehmererfindungsrecht, Anhang zu § 20 Rn. 126; aber streitig.
231 BAG v. 28.04.1981, AP Nr. 1 zu § 87 BetrVG – *Vorschlagswesen* u. BAG v. 16.03.1982, AP Nr. 2 zu § 87 – *Vorschlagswesen*; Richardi/Richardi, BetrVG, § 87 Rn. 963.

hinaus ergänzende betriebliche Regelungen gem. § 88 BetrVG herbeiführen und hierbei ggf. auch die materielle Seite der Prämienordnung regeln.[232]

## IV. Vergütungsanspruch (Prämienanspruch)

60 **Rechtsgrundlage** für einen Vergütungsanspruch (Prämienanspruch) ist zunächst eine **Betriebsvereinbarung**. Darin können die Betriebsparteien die Voraussetzungen für den Prämienanspruch festlegen und auch begrenzen, etwa dahingehend, dass ein Vergütungsanspruch nur bei betrieblicher Realisierung innerhalb bestimmter Fristen besteht.[233]

Eine solche Betriebsvereinbarung gilt nach § 77 Abs. 4 BetrVG (ggf. i.V.m. § 50 Abs. 1 Satz 1 BetrVG bei einer Gesamtbetriebsvereinbarung) für die Arbeitnehmer unmittelbar und zwingend.[234]

**Schuldner** des Vergütungsanspruchs ist auch hier der jeweilige Arbeitgeber (s. § 20 Rdn. 3).

**Fehlt** eine **Betriebsvereinbarung** oder ist diese **unwirksam**[235] (s. dazu auch § 40 Rdn. 31) und liegen keine sonstigen arbeitsvertraglichen Regelungen oder Zusagen des Arbeitgebers vor, kommt eine Vergütung nur dann in Betracht, wenn es sich bei dem einfachen Verbesserungsvorschlag um eine **Sonderleistung** des Arbeitnehmers handelt[236] (s. hierzu § 20 Rdn. 65 f.).

Üblicherweise bestimmt die Betriebsvereinbarung den **persönlichen Anwendungsbereich** dahin, dass die von dem Arbeitnehmer vorgeschlagene Verbesserung bzw. der Gegenstand des Verbesserungsvorschlages »**außerhalb seines Aufgabengebietes**« bzw. »auf einem fremden Arbeitsgebiet« liegen muss oder

---

232 Ebenso Volmer/Gaul Rn. 137 zu § 20; Schwab, AIB 1999, 445, 451.
233 LAG Hamm v. 04.09.1996, NZA – RR 1997, 258, 259.
234 BAG v. 09.05.1995 – 9 AZR 580/93, (WKRS 1995, 27998, Rn. 18).
235 ArbG München v. 03.11.1999 – 19 Ca 304/99, (unveröffentl.).
236 BAG v. 28.04.1981, AP Nr. 1 zu § 87 BetrVG – Vorschlagswesen m.H.a. BAG v. 30.04.1965, GRUR 1966, 88 – *Abdampfverwertung*; vgl. auch Volmer/Gaul Rn. 108 ff., 131 ff., 152 f. zu § 3; nach Schiedsst. v. 19.01.1981 – Arb.Erf. 45/80 u. v. 29.03.1982 – Arb.Erf. 2 (B)/80, (beide unveröffentl.) soll der einfache technische VV dem ArbG als Arbeitsergebnis grundsätzl. ohne bes. Vergütung zustehen; im Ergebn. wie hier Keukenschrijver in Busse/Keukenschrijver, PatG, Rn. 2 zu § 20 ArbEG; Schaub/Koch, ArbRHdb., § 114 Rn. 44. Demgegenüber prüft das BAG im Urt. v. 19.05.2015 (NZA 2015, 1468 – *Legierungskonzept für Stähle* (Rn. 28 f.) – wohl neben der dort aus Treu und Glauben (§ 242 BGB) abgeleiteten Vergütung als Sonderleistung – einen Vergütungsanspruch aus § 612 BGB, der im Falle einer Betriebsvereinbarung zum betr. Vorschlagswesen (als Vergütungsregelung) ausscheidet.

## C. Behandlung einfacher technischer Verbesserungsvorschläge (Abs. 2) § 20

»nicht zu seinem sachlichen Aufgabenbereich« bzw. »nicht zu den zugewiesenen Aufgaben« gehören darf[237] (s. auch § 20 Rdn. 61.3).

Diese Abgrenzung hat ihren Grund darin, dass das betriebliche Verbesserungsvorschlagswesen regelmäßig den Bereich solcher Leistungen nicht erfassen soll, die **typischerweise vom Arbeitsentgelt mit abgegolten** sind; Arbeitnehmer, die lediglich ihre Arbeitspflicht erfüllen, sollen für einen Verbesserungsvorschlag nicht noch zusätzlich eine Prämie beanspruchen können.[238] Wenn schon bei einer Erfindung nicht erforderlich ist, dass die Lösung des Problems mit zu den spezifischen Aufgaben des Arbeitnehmers gehört (s. § 4 Rdn. 23), ist es bei Verbesserungsvorschlägen erst recht angebracht, von einer weiten Auslegung des Begriffs »Aufgabengebiet« dahin auszugehen, dass nicht nur die in einer Arbeitsplatzbeschreibung o. ä. ausdrücklich genannten Einzelaufgaben in das Aufgabengebiet fallen, sondern auch all diejenigen Lösungsvorschläge, die mittelbar hiermit in Zusammenhang stehen.[239] Dies ist z.B. dann der Fall, wenn sich der Verbesserungsvorschlag aus den Gesamtaufgaben der Abteilung oder auch aus einer Fortentwicklung und einem Weiterdenken von Anstößen ergibt, die im Zusammenhang mit den wahrgenommenen Aufgaben des Arbeitnehmers anfallen. Für Mitarbeiter in den **Bereichen Entwicklung, Forschung und Konstruktion** liegt im Allgemeinen ein Zusammenhang mit der betrieblichen Aufgabenstellung nahe, wenn der Verbesserungsvorschlag in den Arbeitsbereich des Arbeitgeberunternehmens fällt. So liegt beispielsweise bei einem »Fachkoordinator Gütesicherung« eines Unternehmens der Stahlindustrie die Entwicklung eines kostengünstigeren Legierungskonzeptes für den dort produzierten Stahl noch im Aufgabenbereich, selbst wenn der Arbeitnehmer nur zu einem geringen Teil mit bloßen Unterstützungs- und Mitwirkungsaufgaben im Bereich »Forschung und Entwicklung« betraut war.[240] In wessen dienstlichen Bereich »Planung, Beschaffung und Controlling« fällt, von dem kann im Rahmen seiner Dienstpflicht auch die Mitteilung naheliegender Ideen zur Kosteneinsparung erwartet werden.[241] Zudem kommt es nicht darauf an, ob der Verbesserungsvorschlag während oder außerhalb der Arbeitszeit entwi-

---

237 Vgl. dazu beispielsweise BAG v. 20.01.2004, NZA 2004, 994, 998; v. 19.05.2015, NZA 2015, 1468 (Rn. 20, 22 ff.) – *Legierungskonzept für Stähle*; VG Bayreuth v. 07.06.2016 – B 5 K 14.701, (www.gesetze-bayern.de). Die Prämienwürdigkeit außerhalb des eigenen Arbeitsgebiets entspricht bei den betriebl. Regelungen der Üblichkeit, vgl. Bechmann, Ideenmanagement (2013), S. 15, 36 f.
238 Vgl. etwa BAG v. 20.01.2004, NZA 2004, 994, 998 f.
239 LAG Köln v. 07.10.1991 – 14 (a) Sa 731/90, (unveröffentl.).
240 So im Ergebn. BAG v. 19.05.2015, NZA 2015, 1468 (Rn. 22 ff.) – *Legierungskonzept für Stähle*.
241 Vgl. BAG v. 20.01.2004, NZA 2004, 994, 998.

ckelt worden ist (s. auch § 3 Rdn. 15). Auch eine geringere Gehaltshöhe ist letztlich nicht maßgebend[242], während höhere Bezüge gerade bei Mitarbeitern in den Bereichen Produktion und Technik Ausdruck eines umfassenderen Aufgabenbereichs und einer gesteigerten Leistungserwartung sein können.

Den Vergütungsanspruch erwirbt der Arbeitnehmer regelmäßig nicht bereits mit der Einreichung seines Verbesserungsvorschlags, sondern erst, wenn dieser durch die dazu berufenen Personen bzw. Gremien (Bewertungsausschuss) als **für den Betrieb** (Unternehmen) **brauchbar** festgestellt (§ 661 Abs. 2 BGB analog)[243] und vom Arbeitgeber **angenommen**[244] worden ist (vgl. auch § 75 Abs. 3 Nr. 12 BPersVG).

Ebenso wie beim qualifizierten Verbesserungsvorschlag ist weitere Voraussetzung, dass der Arbeitgeber den Verbesserungsvorschlag auch **tatsächlich verwertet**,[245] also die Idee des Arbeitnehmers aufgreift und verwirklicht.[246] Dies kann ggf. auch in abgewandelter Form erfolgen, sofern die verwirklichte Änderung auf dem Grundgedanken (Kern) des Vorschlages beruht[247] (s. § 20 Rdn. 25 ff. sowie § 20 Rdn. 66; zur Erprobung s. § 20 Rdn. 28).

Eine **bloße Verwertbarkeit** – wie nach § 9 Abs. 2 ArbEG für Diensterfindungen – ist dagegen auch für eine Prämierung als einfacher Verbesserungsvorschlag nicht ausreichend, selbst wenn die kollektivrechtliche Regelung dazu (ausnahmsweise) keine Regelung enthalten sollte.[248] Eine weitergehende Betriebsvereinbarung wäre dem *BAG* zufolge unwirksam (s. § 20 Rdn. 59).

Wird ein Verbesserungsvorschlag **ohne Kenntnis des Arbeitgebers verwertet**, löst dies keinen Vergütungsanspruch aus, da der Arbeitgeber die freie Entschei-

---

242 Vgl. auch BAG v. 19.05.2015, NZA 2015, 1468 (Rn. 26) – *Legierungskonzept für Stähle*.
243 Vgl. BAG v. 16.12.2014, NZA-RR 2015, 229 (Rn. 23 ff.) – *Ersatzbrennstoff*; LAG Bayern v. 06.05.1970, AMBl. (BayArbMin.) 1971, C 35; abw. f. d. öffentl. Dienst OVG Nordrhein-Westfalen v. 06.02.1975, ZBR 1975, 349, 350; i. Ergebn. best. d. BVerwG v. 31.01.1980, DÖD 1980, 250 f.
244 LAG Hamm v. 28.03.2013 – 8 Sa 1259/12, (www.justiz.nrw.de, Rn. 44) u.a. m.H. a. BAG v. 30.04.1965 – 3 AZR 291/63, GRUR 1966, 88 – *Abdampfverwertung*), insoweit nicht thematisiert vom aufhebenden BAG-Urteil v. 16.12.2014, NZA-RR 2015, 229.
245 Ganz h.M. vgl. BAG v. 28.04.1981, AP Nr. 1 zu § 87 BetrVG – *Vorschlagswesen* (zu III 4).
246 S. BAG v. 09.05.1995 – 9 AZR 580/93, (WKRS 1995, 27998, Rn. 23 f.).
247 S. BAG v. 09.05.1995 – 9 AZR 580/93, (WKRS 1995, 27998, Rn. 24.) – dort bei entsprechender Betriebsvereinbarung.
248 Im Ergebn. ganz h. M., z.B. Schwab, NZA-RR 2015, 225, 226; vgl. auch Wollwert, NZA 2012, 889, 891.

## C. Behandlung einfacher technischer Verbesserungsvorschläge (Abs. 2) § 20

dung über den Einsatz des Verbesserungsvorschlags haben muss (s. auch § 20 Rdn. 25). Etwas anderes kann dann gelten, wenn aufgrund der besonderen Umstände des Einzelfalls anzunehmen ist, dass dies mit Billigung und stillschweigender Zustimmung des Arbeitgebers erfolgt ist oder er nachträglich seine Zustimmung (konkludent) zum Ausdruck gebracht hat.

Die **Beweislast** für den Prämienanspruch trägt der Arbeitnehmer. Das gilt auch dafür, dass ein Verbesserungsvorschlag außerhalb seines Aufgabengebietes liegt.[249]

Eine **betriebliche Ordnung** des Vorschlagwesens bestimmt üblicherweise auch die Grundsätze zur **Höhe der Vergütung** (z. Mitbestimmungsrecht des Betriebsrats s. § 20 Rdn. 59; zur Höhe der Vergütung bei Sonderleistungen s. § 20 Rdn. 66). Regelmäßig wird **unterschieden** zwischen **Vorschlägen mit und ohne (er-)rechenbarem Nutzen**, d. h. mit und ohne messbare wirtschaftliche (geldwerte) Vorteile für das Unternehmen auf Grund des betrieblichen Einsatzes der Neuerung.[250] Bei technischen Verbesserungsvorschlägen liegt der Schwerpunkt darauf, den Arbeitnehmer an dem festgestellten **Nutzen** (vermögenswerten Vorteil) zu beteiligen, der dem Arbeitgeber aus dem Einsatz des Verbesserungsvorschlages **innerhalb eines bestimmten Zeitraumes** gegenüber dem betrieblichen Ist-Zustand tatsächlich zugeflossen ist[251] (s. auch zum allgemeinen Vergütungsgrundsatz bei schutzfähigen Erfindungen, § 9 Rdn. 2). Verfahren, Zeitraum und Bezugsgrößen zur Ermittlung des Nutzens bestimmen sich nach der Betriebsvereinbarung. Bleibt – wie häufig[252] – der innerbetriebliche Stand der Technik hinter dem äußeren Stand der Technik zurück, sind u. E. – da es auf den tatsächlichen Nutzen des Verbesserungsvorschlags ankommt – auch einfache technische Verbesserungsvorschläge nur insoweit vergütungspflichtig, als sie sich vom allgemeinen Stand der Technik abheben, es sei denn die betriebliche Ordnung bestimmt etwas anderes; insoweit gelten u. E. ähnliche Grundsätze wie bei qualifizierten technischen Verbesserungsvorschlägen (s. hier § 20 Rdn. 44 sowie § 9 Rdn. 164).

61

---

249 LAG Köln v. 07.10.1991 – 14 (a) Sa 731/90, (unveröffentl.).
250 Zur Betriebspraxis ausf. Bechmann, Ideenmanagement (2013), S. 96 ff. u. ders. Trendbericht (2013), S. 8 ff. Zumindest missverständlich ist deshalb der Hinweis von Schwab (Arbeitnehmererfindungsrecht, Anhang zu § 20 Rn. 22), Maßstab für die Vorschlagsprämie sei »einzig und allein der konkrete wirtschaftliche Vorteil für das Unternehmen«, da dann z.B. Verbesserungsvorschläge im Bereich des Arbeitsschutzes nicht prämierungsfähig wären.
251 S. zum breiten Spektrum der betrieblichen Regelungen insbes. Bechmann, Trendbericht (2013), S. 8 ff.
252 Schiedsst. v. 07.07.2005 – Arb.Erf. 41/3 (Datenbank); v. 20.11.2008 – Arb.Erf. 27/07, (unveröffentl.).

Inweit im **Konzern** über den Arbeitgeber hinaus ein Nutzen anderer Konzernunternehmen bzw. der Nutzen des Gesamtkonzerns zu berücksichtigen ist, bestimmt sich nach der (Konzern-/Gesamt-)Betriebsvereinbarung über das Ideenmanagement.[253] Danach bestimmt sich dann, ob und in welchem Umfang Verwertungen anderer Konzernunternehmen in die Prämienbemessung einbezogen werden sollen.[254] Allerdings sind Verwertungen bei **ausländischen** Konzerntöchtern bei einer Gesamtbetriebsvereinbarung wegen des Territorialitätsprinzips des BetrVG (s. § 1 Rdn. 113) grundsätzlich nicht einzubeziehen.[255]

Die **durchschnittliche Prämienhöhe** im gesamten betrieblichen Vorschlagswesen ist allerdings seit Anfang des Jahrtausends kontinuierlich gesunken, und zwar von 218 € in 2001 auf 137 € in 2010, wohingegen die Anzahl der Vorschläge pro 100 Beschäftigte in diesem Zeitraum von 52 auf 61 gestiegen ist.[256] Allerdings ergeben sich dabei zum Teil markante **Unterschiede** zwischen Prämien für **Vorschläge mit und ohne (er-)rechenbarem Nutzen**, d. h. mit und ohne messbare wirtschaftliche (geldwerte) Vorteile für das Unternehmen auf Grund des betrieblichen Einsatzes der Neuerung.[257]

Für Vorschläge, die einen **tatsächlichen, (er-)rechenbaren betrieblichen Nutzen** vermitteln, erhält der Vorschlagende meist eine einmalige Prämie. Diese kann – üblicherweise degressiv gestaffelt, nicht selten mit Unter-/Obergrenzen – im Durchschnitt insgesamt bei **15 % bis 20 %**, vereinzelt auch bei **25 % und mehr des einjährigen Nettonutzens** eines (verwerteten, vgl. dazu § 20

---

253 Vgl. etwa den Sachverhalt bei VG Bayreuth v. 07.06.2016 – B 5 K 14.701, (www.gesetze-bayern,de); LAG Köln v. 16.10.2014 – 7 Sa 943/13, (www.justiz.nrw.de) u. Thür. LAG v. 16.01.2007 – 7/1/7 Sa 212/04, (juris). Ausf. zum Ideenmanagement im Konzern Wollwert NZA 2012, 889 ff., dort auch zur Konzernbetriebsvereinbarung.
254 Vgl. etwa den Sachverhalt bei LAG Köln v. 17.07.2014 – 7 Sa 705/12, (juris). Siehe auch Wollwert NZA 2012, 889, 892 f., der sich für eine Grundprämie bei Arbeitgeber- und eine Zusatzprämie bei Konzernnutzungen ausspricht, sofern auf freiwilliger Basis konzernweite Nutzungen einbezogen werden sollen.
255 Zur nicht vergütungspflichtigen Verwertung einfacher Verbesserungsvorschläge bei ausländischen Konzerntöchtern wegen des Territorialitätsprinzips des BetrVG s. LAG Köln v. 17.07.2014 – 7 Sa 705/12, (juris, Rn. 47 ff.).
256 Bechmann, Ideenmanagement (2013), S. 16.
257 Zur Betriebspraxis ausf. Bechmann, Ideenmanagement (2013), S. 96 ff. u. ders. Trendbericht (2013), S. 8 ff.

## C. Behandlung einfacher technischer Verbesserungsvorschläge (Abs. 2) § 20

Rdn. 25 ff.) einfachen Verbesserungsvorschlags liegen.[258] Als Bemessungszeitraum wird regelmäßig das erste Jahr der Nutzung herangezogen; sachgerecht erscheint es jedoch, auch das 2. und ggf. 3. Jahr bei der Bestimmung eines Durchschnittsjahresnutzens mit zu berücksichtigen, um so gewissen Anlaufschwierigkeiten Rechnung zu tragen.[259] Dieser Nutzungszeitraum ist zu einem (entsprechenden) Vergleichszeitraum vor Einführung des Vorschlags in Bezug zu setzen.[260] Die Kosten notwendiger Investitionen sind bei der Ermittlung des Nettonutzens zu gewichten; sofern es sich um Investitionen mit längerer Einsatzdauer handelt, sind ggf. übliche Abschreibungskriterien zu berücksichtigen. Vielfach wird auch ein **Höchstrahmen** für die Vorschlagsprämie festgelegt (z.B. »maximal 100.000 €«).[261]

Ein **Beispiel einer Prämienberechnung** enthält die seit 27.01.2010 in der Bundesverwaltung geltende »Rahmenrichtlinie für ein Ideenmanagement« (s. § 20 Rdn. 68), die – ebenso wie die Vorgängerrichtlinie vom 14.01.2001 – als Prämie von bis zu 20 % einer durchschnittlich erwarteten haushaltswirksamen Jahresersparnis – höchstens 25.000 € – für Vorschläge mit berechenbarem wirtschaftlichen Nutzen ausgeht.

Erfordert die Ermittlung der Ersparnis einen unverhältnismäßig hohen Aufwand, kann der Jahresnettonutzen von dem Beauftragten des betrieblichen Verbesserungsvorschlagswesens (Ideenmanagements) bzw. dem Bewertungsausschuss unter Berücksichtigung betrieblicher oder allgemeiner Erfahrungswerte

---

258 Ebenso Schiedsst. v. 20.11.2008 – Arb.Erf. 27/07, (unveröffentl.) – dort 15 – 20 %; vgl. auch Gaul/Bartenbach, DB 1978, 1161, 1166 ff.; s.a. FAZ v. 23./24.07.2011 m.H.a. Umfrageergebnisse 2010 des Dt. Instituts f. Betriebswirtschaft (dib), dort 10–20 %; ferner Uditor in ZfVw 1997, 33, 35, wonach bspw. bei Ciba-Geigy die Prämie für außerhalb der Berufspflicht liegende VVe 20 % der tatsächl. erzielten Einsparung im 1. Jahr ausmacht; vgl. auch Gasior in ZfVw 1997, 21 ff. zum Vorschlagswesen bei Siemens; s.a. die Hinweise bei Schwab, AIB 1999, 445, 447, dort Fn. 5. In den Fällen BAG v. 16.12.2014, NZA-RR 2015, 229 – *Ersatzbrennstoff* u. BAG v. 19.05.2015, NZA 2015, 1468 – *Legierungskonzept für Stähle* ging jeweils um eine Prämie von 25 % des jährlichen (Netto-)Nutzens.
259 Im Einzelnen hierzu Gaul/Bartenbach, DB 1978, 1161, 1166 ff.; dies., Betr. Regelungen des VV-Wesen (1984) S. 10 ff.
260 LAG Köln v. 14.12.1998, Mitt. 2000, 72, 73.
261 Vgl. etwa den Sachverhalt bei BAG v. 09.05.1995 – 9 AZR 580/93 (WKRS 1995, 27998, dort »100.000,- DM«). Im Fall BAG v. 16.12.2014, NZA-RR 2015, 229 – *Ersatzbrennstoff* unter Aufhebung von LAG Hamm v. 28.03.2013 – 8 Sa 1259/12, (www.justiz.nrw.de) ging es auf Grund der ursprünglichen Betriebsvereinbarung (von 1992) um eine Prämie von 25 % des jährlichen Nutzens, die durch nachfolgende Betriebsvereinbarungen (von 2009/2001) auf max. 150.000 € begrenzt worden war.

bei entsprechender Beachtung der Grundsätze des § 317 BGB **geschätzt** werden.

**61.1** Bei Verbesserungsvorschlägen **ohne (er-)rechenbaren betrieblichen (vermögenswerten) Nutzen**, etwa bei Verbesserungen der Arbeitssicherheit bzw. des Gesundheitsschutzes, der Qualitätskontrolle, des Umweltschutzes oder im weiteren immateriellen Bereich, werden üblicherweise einmalige Anerkennungsprämien in festgelegter Höhe gezahlt[262] (vielfach zwischen 100 bis 2.000 €, im Durchschnitt 150 €[263]).

**61.2 Darlegungs- und beweispflichtig** für die anspruchsbegründenden Voraussetzungen eines Vergütungsanspruchs nach der jeweiligen betrieblichen Prämienordnung ist der Arbeitnehmer.[264] Die Berechnung des betrieblichen Nutzens muss jedoch als Grundlage für die Prämienentscheidung nachvollziehbar und widerspruchsfrei sein, so dass **Unklarheiten** zu Lasten des Arbeitgebers gehen.[265]

Der Arbeitnehmer kann nach Treu und Glauben (§ 242 BGB) als Hilfsanspruch einen **Auskunftsanspruch** gegenüber dem Arbeitgeber haben[266] (s. zur Erfindervergütung § 12 Rdn. 162 ff.). Voraussetzung ist, dass ein Prämienanspruch dem Grunde nach besteht.[267] Der Umfang bestimmt sich strikt nach denjenigen Tatsachen, die nach der kollektivrechtlichen Ordnung im konkreten Einzelfall vergütungsrelevant sind.

**61.3** Anders als bei Vergütungen für Diensterfindungen und für qualifizierte technische Verbesserungsvorschläge wird in der betrieblichen Praxis bei einfachen Verbesserungsvorschlägen ein **Anteilsfaktor** (vgl. hierzu RL Nr. 30 ff. sowie § 9 Rdn. 261 ff. und oben § 20 Rdn. 47) **nicht in Abzug** gebracht.[268] Dies rechtfertigt sich aus der Überlegung, dass ein einfacher Verbesserungsvorschlag üblicherweise nur dann in das betriebliche Vorschlagswesen fällt, wenn er eine zusätzliche Leistung des Arbeitnehmers darstellt, also **über seinen Pflichten-**

---

262 Zur Betriebspraxis s. Bechmann, Ideenmanagement (2013), S. 113 ff.
263 FAZ v. 23./24.07.2011 m.H.a. Umfrageergebnisse 2010 des Dt. Instituts f. Betriebswirtschaft (dib).
264 LAG Düsseldorf v. 08.02.1980, EGR Nr. 10 zu § 20; LAG Rheinland-Pfalz v. 01.12.2010 – 8 Sa 252/10, (juris, Rn. 38).
265 VG Bayreuth v. 07.06.2016 – B 5 K 14.701, (www.gesetze-bayern.de).
266 So im Ergebnis u. a. LAG Rheinland-Pfalz v. 01.12.2010 – 8 Sa 252/10, (juris, Rn. 30 ff.); LAG Schleswig-Holstein 11.08.2011 – 5 Sa 25/11, (juris, Rn. 75) u. LAG Köln v. 16.10.2014 – 7 Sa 943/13, (www.justiz.nrw.de, Rn. 23).
267 So im Ergebn. auch LAG Köln v. 16.10.2014 – 7 Sa 943/13, (www.justiz.nrw.de, Rn. 23) u. LAG Rheinland-Pfalz v. 01.12.2010 – 8 Sa 252/10, (juris, Rn. 30 ff.).
268 Vgl. Einsele i. Betr. Vorschlagswesen 1986 S. 97, 100 u. ders., BVW 1989, 178 ff.

## C. Behandlung einfacher technischer Verbesserungsvorschläge (Abs. 2) § 20

**kreis** aufgrund des Arbeitsverhältnisses **hinausgeht** (s. § 20 Rdn. 57; s. auch § 20 Rdn. 66).

Selbstverständlich bleibt aber ein »**Miterfinderanteil**« bei Gruppen- bzw. Gemeinschaftsvorschlägen zu berücksichtigen. Insoweit gelten die allgemeinen Grundsätze zur Bestimmung der Miterfinderschaft hier entsprechend (vgl. dazu § 5 Rdn. 44 ff. und oben § 20 Rdn. 48 f.).

Die **Fälligkeit** des Prämienanspruchs bestimmt sich vorrangig nach der Betriebsvereinbarung (vgl. § 271 BGB). Sie hängt im Allgemeinen von der Verwertung des Verbesserungsvorschlags ab[269] (zur Fälligkeit siehe auch § 20 Rdn. 220 ff.). Bestimmt sich die Prämie nach der Einsparung für einen bestimmten Zeitraum (z.b. im ersten Jahr nach Beginn der Verwertung des Verbesserungsvorschlags), liegt darin eine Zeitbestimmung i.S.v. § 271 Abs. 2 BGB, so dass die Fälligkeit nicht vor Ablauf dieses Zeitraums eintritt.[270] Erfolgt eine Prämienzahlung – nach Betriebsvereinbarung oder Individualabrede – zusammen mit der monatlichen Lohnabrechnung, bestimmt sich nach deren Zahlungstermin auch die Fälligkeit, sofern die sonstigen prämienrelevanten Tatsachen feststehen.[271]

Nach § 77 Abs. 4 Satz 4 BetrVG können in einem Tarifvertrag oder in einer Betriebsvereinbarung auch für Rechte, die Arbeitnehmer aus einer Betriebsvereinbarung erwerben, **Ausschlussfristen** vereinbart werden.[272] Insoweit ist also auch die Vereinbarung von Ausschlussfristen für Vergütungsansprüche aus einfachen Verbesserungsvorschlägen zulässig.[273] Allgemeine tarifvertragliche Ausschlussfristen erfassen im Zweifel auch Prämienansprüche für einfache Verbesserungsvorschläge aus einer Betriebsvereinbarung, beginnend ab endgültiger Entscheidung über die Prämierung.[274] Erben des Arbeitnehmers sind durch

---

269 Siehe dazu BAG v. 22.01.2008 NJW-RR 2008, 525 (Rn. 24 ff.).
270 LAG Rheinland-Pfalz v. 25.02.2011 – 9 Sa 559/10, (juris, Rn. 25) m.H.a. BAG v. 22.01.2008, EzA § 4 TVG – *Ausschlussfristen*, Rn. 190.
271 LAG Rheinland-Pfalz v. 25.02.2011 – 9 Sa 559/10, (juris, Rn. 25).
272 BAG v. 03.04.1990, EzA § 4 TVG Ausschlussfristen Nr. 94; v. 30.11.1994, DB 1995, 781.
273 Vgl. auch LAG Hamm v. 04.09.1996, NZA-RR 1997, 258, 259.
274 Vgl. etwa LAG Berlin-Brandenburg v. 08.04.2008 – 5 Sa 2008/07, (juris, Rn. 76 f.), dort beginnend ab endgültiger Ablehnung eines vorgesehenen betriebl. Einspruchs-/Reklamationsverfahrens. S. (aber) auch LAG Rheinland-Pfalz v. 25.02.2011 – 9 Sa 559/10, (juris, Rn. 20 ff.), wonach dort die allgemeine Ausschlussfrist eines Manteltarifvertrages zwar zugrunde gelegt wurde, aber beginnend ab Nutzungsaufnahme wegen der Anknüpfung der Prämie an die Einsparung für das erste Jahr ab betrieblicher Einführung des VV (§ 271 Abs. 2 BGB) unter Berücksichtigung der jeweiligen Lohnabrechnung (Bruttozahlung), wobei dort die endgültige Entscheidung der Bewertungskommission erst weit nach Nutzungsaufnahme erfolgt war.

solche Ausschlussfristen in gleicher Weise gebunden, wie es der Erblasser selbst war. Eine Hemmung des Ablaufs der Ausschlussfrist findet nicht statt[275] (s. auch § 20 Rdn. 60; zur tarifvertraglichen Ausschlussfrist bei Erfindervergütungen s. § 9 Rdn. 51).

Bei der **Verjährung** des Prämienanspruchs stellt das *BAG* auf den Anspruch des Arbeitnehmers auf ordnungsgemäße Vornahme der Leistungsbestimmung (s. § 20 Rdn. 62) ab und knüpft für den Beginn der 3-jährigen Verjährungsfrist nach § 195 BGB an die Mitteilung der ablehnenden Entscheidung der betriebsinternen Bewertungskommission (Bewertungsausschuss) durch den Arbeitgeber an den Arbeitnehmer an[276] (zur Verjährung s. allg. § 9 Rdn. 39 ff.). Sieht die Betriebsvereinbarung ein betriebsinternes Einspruchs- bzw. Widerspruchsverfahren des Arbeitnehmers gegen die Entscheidung der betriebsinternen Bewertungskommission vor, kann u. E. die Verjährung nicht vor Ablauf eines solchen Verfahrens bzw. der Einspruchsfrist beginnen.[277] Eine Verjährung des Leistungsbestimmungsanspruchs schließt nach Auffassung des *BAG* die Durchsetzbarkeit des Anspruchs auf Zahlung einer Prämie nach der Betriebsvereinbarung aus.[278]

61.4 Vergütungen für einen Verbesserungsvorschlag sind in der **Sozialversicherung** uneingeschränkt **beitragspflichtig**. Die **Steuerbegünstigung** ist mit Wirkung ab 01.01.1989 auch für Prämien für einfache Verbesserungsvorschläge entfallen (s. i.Ü. § 9 Rdn. 350 ff.).

**V. Bewertung durch innerbetriebliche Ausschüsse**

62 Die Feststellungs- und Bewertungskompetenz für die von den Arbeitnehmern eingereichten Verbesserungsvorschläge wird regelmäßig – auf der Grundlage einer dahingehenden (freiwilligen – § 88 BetrVG) Betriebsvereinbarung – einem **Bewertungs- bzw. Prüfungsausschuss** (z.B. paritätisch besetzte Kom-

---

275 Reiter, BB 2006, 42, 46 f.
276 BAG v. 16.12.2014, NZA-RR 2015, 229 (Rn. 36 f., 39 ff.) – *Ersatzbrennstoff* unter Aufhebung v. LAG Hamm v. 28.02.2013 – 8 Sa 1259/12, (www.justiz.nrw.de, Rn. 35).
277 Im Ergebn. möglicherweise abw. BAG v. 16.12.2014, NZA-RR 2015, 229 (Rn. 41) – *Ersatzbrennstoff*, wobei im dortigen Fall ein »Widerspruchsausschuss« erst durch eine spätere Betriebsvereinbarung eingeführt worden war; wie hier für den Beginn tarifvertragl. Ausschlussfristen LAG Berlin-Brandenburg v. 08.04.2008 – 5 Sa 2008/07, (juris, Rn. 77 ff.).
278 BAG v. 16.12.2014, NZA-RR 2015, 229 (Rn. 39) – *Ersatzbrennstoff* unter Aufhebung v. LAG Hamm v. 28.02.2013 – 8 Sa 1259/12, (www.justiz.nrw.de, Rn. 31 ff.).

## C. Behandlung einfacher technischer Verbesserungsvorschläge (Abs. 2) § 20

mission) zugewiesen[279], ggf. mit mehrstufigem Aufbau für bestimmte Verbesserungsvorschläge bzw. Prämienhöhen oder zu Beschwerdemöglichkeiten[280] (s. auch § 20 Rdn. 62.1). Die Einrichtung solcher Bewertungsausschüsse liegt im Rahmen des Mitbestimmungsrechts nach § 87 Abs. 1 Nr. 12 BetrVG.[281] Feststellungen, die sinnvollerweise besser betriebsnah als von Außenstehenden getroffen werden können, sollen von dem Bewertungsausschuss verbindlich getroffen werden.[282] Diesem Ausschuss kommt üblicherweise Feststellungs- und Bewertungskompetenz für die eingereichten Verbesserungsvorschläge zu, wobei der Ausschuss nicht etwa nur eine »billige« Entscheidung, sondern eine richtige Feststellung zu treffen hat.[283] Aus einer solchen kollektivrechtlichen Regelung folgt der – vom Zahlungsanspruch zu trennende – **Anspruch** des Arbeitnehmers **auf ordnungsgemäße Vornahme der Leistungsbestimmung** durch den Bewertungsausschuss i.S.v. §§ 317 ff. BGB.[284] Dieser Anspruch auf ordnungsgemäße Leistungsbestimmungsvornahme ist dem *BAG* zufolge spätestens mit Bekanntgabe der (erstmaligen) Ablehnung des Bewertungsausschusses fällig[285] (zur Verjährung s. § 20 Rdn. 61.3; zur gerichtlichen Geltendmachung s. § 20 Rdn. 64).

Für die **Überprüfung** der Entscheidung eines Bewertungs- bzw. Prüfungsausschusses gilt: 62.1

Besteht ein **innerbetrieblicher Berufungsausschuss**, ist nach der betrieblichen Ordnung im Regelfall zunächst dessen Entscheidung einzuholen.[286] Denkbar ist auch, dass im Einzelfall in Ergänzung zu einem Bewertungsausschuss noch ein **erweiterter Ausschuss** besteht, dem eine Vermittlungsfunktion zukommt; er soll dazu beitragen, gerichtliche Auseinandersetzungen bei

---

279 Vgl. die Hinweise bei Brinkmann/Heidack/Deichsel, Betriebl. Vorschlagswesen, S. 169; Fitting/Engels/Schmidt/Trebinger/Linsenmaier, BetrVG, § 87 Rn. 552. Aus der neueren Rspr. vgl. etwa BAG v. 19.05.2015, NZA 2015, 1468– *Legierungskonzept für Stähle*; VG Bayreuth v. 07.06.2016 – B 5 K 14.701, (www.gesetze-bayern.de). Zum Alleinentscheidungsrecht von Fachvorgesetzten dann einschränkend Schwab, Arbeitnehmererfindungsrecht, Anhang zu § 20 Rn. 82.
280 Zur Betriebspraxis s. Bechmann, Ideenmanagement (2013), S. 42 ff.
281 BAG v. 20.01.2004, NZA 2004, 994, 997; ebenso BAG v. 20.01.2004 – 9 AZR 23/03, (unveröffentl.) – *Wasserkästen*.
282 BAG v. 16.12.2014, NZA-RR 2015, 229 (Rn. 26) – *Ersatzbrennstoff* m.H.a. BAG v. m.H.a. BAG v. 20.01.2004, BAGE 109, 193.
283 LAG Hamm v. 23.04.1980 – 14 Sa 1527/79, (unveröffentl.).
284 BAG v. 16.12.2014, NZA-RR 2015, 229 (Rn. 24 ff.) – *Ersatzbrennstoff*.
285 BAG v. 16.12.2014, NZA-RR 2015, 229 (Rn. 41) – *Ersatzbrennstoff*.
286 Vgl. Fitting/Engels/Schmidt/Trebinger/Linsenmaier, BetrVG, § 87 Rn. 552.

Verbesserungsvorschlägen nach Möglichkeit zu vermeiden.[287] Im Interesse des Betriebsfriedens kann auch ein **mehrstufiges Beschwerde-/Einspruchsverfahren** eingerichtet werden.[288]

Mangels einer innerbetrieblichen Kontrollmöglichkeit kommt eine unmittelbare gerichtliche Überprüfung in Betracht (s. Rn. 62.3). Der gerichtlichen Überprüfung sind jedoch wegen des Rechtscharakters der betrieblichen Bewertungsgremien Grenzen gesetzt.

62.2 Haben die Betriebsparteien ein Gremium mit der verbindlichen Prüfung und Feststellung der tatsächlichen Voraussetzungen für eine Prämierung eines Verbesserungsvorschlages bzw. für dessen Annahme bzw. Ablehnung betraut, haben sie damit einen sog. **Schiedsgutachtervertrag** mit unmittelbarer Wirkung für den betroffenen einzelnen Arbeitnehmer geschlossen.[289] Rechtlich wird dem Bewertungsausschuss die Stellung eines Schiedsgutachters zugewiesen, der materiell-rechtlich verbindlich solche Feststellungen trifft, die sinnvollerweise besser betriebsnah als von außenstehenden Dritten getroffen werden können.[290] Der Ausschuss soll aufgrund seiner besonderen Sachkunde und Kenntnis der betrieblichen Zusammenhänge für Arbeitgeber und Arbeitnehmer **bindend die Feststellung** treffen, ob die (tatsächlichen) Voraussetzungen für einen Verbesserungsvorschlag i.S.d. von den Betriebsparteien vorgegebenen Verbesserungsvorschlagsrichtlinien vorliegen und ggf. wie dieser zu prämieren ist. Der Bewertungsausschuss hat damit quasi das Recht zur Leistungsbestim-

---

287 Gaul/Bartenbach, Betr. Regelungen des VV-Wesens (1984) S. 13.
288 Vgl. etwa den Sachverhalt bei BAG v. 19.05.2015, NZA 2015, 1468 (s. dort insbes. Rn. 19) – *Legierungskonzept für Stähle*. Vgl. auch Bechmann, Ideenmanagement, S. 49 ff.
289 Vgl. BAG v. 20.01.2004, NZA 2004, 994 = BAGE 109, 193 ff.; bestätigt durch BAG v. 16.12.2014, NZA-RR 2015, 229 (Rn. 26) – *Ersatzbrennstoff*; LAG Köln v. 14.12.1998, Mitt. 2000, 72, 78 = NZA-RR 1999, 354 u. v. 29.06.2001 – 12 Sa 270/01, (unveröffentl.); LAG Rheinland-Pfalz v. 25.02.2011 – 9 Sa 559/10, (juris, Rn. 27); vgl. auch BAG v. 19.05.2015, NZA 2015, 1468 (Rn. 19) – *Legierungskonzept für Stähle*.
290 BAG v. 16.12.2014, NZA-RR 2015, 229 (Rn. 25 f.) – *Ersatzbrennstoff* m.H.a. BAG v. 20.01.2004, BAGE 109, 193.

## C. Behandlung einfacher technischer Verbesserungsvorschläge (Abs. 2) § 20

mung i.S.v. §§ 317 ff. BGB.[291] Hier sind die §§ 317 bis 319 BGB entsprechend anwendbar.[292]

Anders als bei einem Preisgericht[293] (§ 661 BGB) sind die Entscheidungen des Bewertungsausschusses nicht völlig der **gerichtlichen Überprüfbarkeit** entzogen. Auch durch dahingehende Betriebsvereinbarungen kann der **Rechtsweg nicht ausgeschlossen** werden, da eine solche Disposition über eine kollektivrechtliche Regelung, die die Ausschuss-Entscheidung generell der gerichtlichen Überprüfung entzieht, nichtig ist.[294] Dazu fehlt nicht nur die Regelungskompetenz der Betriebsparteien; dies wäre auch mit rechtsstaatlichen Grundsätzen unvereinbar (s. auch § 20 Rdn. 69). Die Mitglieder des Bewertungsausschusses haben nicht die Stellung eines Schiedsgerichts i.S.d. §§ 1025 ff. ZPO, da die Vereinbarung eines Schiedsgerichts mit Wirkung auf das einzelne Arbeitsverhältnis unzulässig wäre (vgl. § 101 Abs. 3 ArbGG).[295] In **Abgrenzung zur unzulässigen Schiedsgerichtsvereinbarung** kommt es nach der Rechtsprechung darauf an, ob dem Bewertungsausschuss zulässigerweise nicht nur die verbindliche Feststellung der bewertungsrelevanten Tatsachen obliegt, sondern diesem darüber hinaus auch deren verbindliche Subsumtion unter einzelne Tatbestandsmerkmale übertragen wird, etwa zur Ausfüllung unbestimmter Rechtsbegriffe.[296] Eine unzulässige Schiedsgerichtsvereinbarung

62.3

---

291 BAG v. 16.12.2014, NZA-RR 2015, 229 (Rn. 25 f.) – *Ersatzbrennstoff* m.H.a. BAG v. 20.01.2004, BAGE 109, 193.
292 BAG v. 16.12.2014, NZA-RR 2015, 229 (Rn. 26, 29 f.) – *Ersatzbrennstoff* m.H.a. BAG v. 20.01.2004, BAGE 109, 193; im Ergebn. auch BAG v. 19.05.2015, NZA 2015, 1468 (Rn. 19) – *Legierungskonzept für Stähle*. Vgl. auch LAG Rheinland-Pfalz v. 25.02.2011 – 9 Sa 559/10, (juris, Rn. 27 ff.). S. hierzu auch MünchKomm/Söllner Rn. 17, 18 zu § 317 BGB; LG Düsseldorf v. 26.11.1985 – 4 O 57/85, (unveröffentl.).
293 Zur Stellung des Ausschusses wird aber auch eine Parallele zum Preisrichter im Sinne von § 661 BGB gezogen, vgl. LAG Hamm v. 23.04.1980 – 14 Sa 1527/79, (unveröffentl.); vgl. auch VGH Baden-Württemberg v. 14.06.1989 – 11 S 3164/87, [juris] m. H. a. BVerwG v. 31.01.1980, DÖD 1980, 250 f.
294 LAG Köln v. 29.06.2001 – 12 Sa 270/01, (unveröffentl.); s. auch Schwab, NZA-RR 2015, 225, 228 m. w. Nachw. S. aber auch zur einer Rahmenrichtlinie für ein Ideenmanagement in der Bundesverwaltung 2001 LAG Rheinland-Pfalz 20.10.2011 – 2 Sa 425/11, (juris, Rn. 45, 47), welches einen Prämienanspruch im Ergebn. allerdings auch wegen Beachtung der RahmenRL zurückgewiesen hat.
295 LAG Hamm v. 23.04.1980 – 14, Sa 1527/79, (unveröffentl.); s. ferner BAG v. 19.05.2015, NZA 2015, 1468 (Rn. 19) – *Legierungskonzept für Stähle* u. BAG v. 20.01.2004 NZA 2004, 994, 997.
296 BAG v. 20.01.2004, NZA 2004, 994, 997; BAG v. 16.12.2014, NZA-RR 2015, 229 (Rn. 27) – *Ersatzbrennstoff*; bestätigt durch BAG v. 19.05.2015, NZA 2015, 1468 (Rn. 19) – *Legierungskonzept für Stähle*.

liegt etwa dann vor, wenn dem Bewertungsausschuss die verbindliche Einordnung unter die in einer Betriebsvereinbarung vorgesehenen Rechtsbegriffe »Verbesserungsvorschlag mit/ohne rechenbaren Nutzen« obliegt.[297] Mit der Stellung als Schiedsgutachter ist es indes vereinbar, wenn z. B. der Bewertungsausschuss (paritätische Kommission) verbindlich klären soll, ob ein Bezug des Verbesserungsvorschlags zu den Arbeitsaufgaben des Vorschlagenden besteht und damit ein Prämienanspruch ausscheidet[298], ferner, ob der Verbesserungsvorschlag im Betrieb umgesetzt wird[299]. Insoweit geht das *BAG* von dem Grundsatz aus, dass dem Bewertungsausschuss solche verbindlichen Feststellungen übertragen werden können, die sinnvollerweise besser betriebsnah als von Außenstehenden getroffen werden können (s. § 20 Rdn. 62). Selbst soweit der Bewertungsausschuss über die vorgeschlagene Prämie innerbetrieblich abschließend entscheidet, ohne dass dabei der Rechtsweg zu den Arbeitsgerichten ausgeschlossen wird, geht das *BAG* im Ergebnis davon aus, dass der Ausschuss über die Feststellung der maßgeblichen Tatsachen hinaus nicht verbindlich i.S. v. § 101 ArbGG entscheidet.[300] Wenn der Gesetzgeber durch § 20 Abs. 2 die Behandlung technischer Verbesserungsvorschläge der Regelung durch Betriebsvereinbarung überlässt, vertraut er den Betriebsparteien insb. die Aufgabe an, ein angemessenes Verfahren und angemessene sachliche Maßstäbe für die Vergütung technischer Verbesserungsvorschläge festzulegen. Der Ausschuss übt die **Funktion eines Schiedsgutachters** aus, der unter gleichmäßiger Berücksichtigung der Interessen beider Seiten auf Basis kollektivrechtlicher Vorgaben die tatsächlichen Grundlagen für die angemessene Vergütung feststellen soll, um einen Streit hierüber zwischen Arbeitgeber und Arbeitnehmer zu vermeiden. Hierin liegt auch keine unzulässige Beschränkung des Anspruchs des Arbeitnehmers auf eine angemessene Vergütung. § 20 Abs. 2 zielt vielmehr gerade darauf ab, die Behandlung einfacher technischer Verbesserungsvorschläge derartigen betriebsinternen Regelungen anheim zu geben, ohne bestimmte gesetzliche Maßstäbe oder Verfahrensregeln vorzugeben.[301] Zum öffentl. Dienst s. § 20 Rdn. 69.

Überprüfbar ist das Ergebnis des Bewertungsausschusses analog §§ 317, 319 BGB nur auf **grobe Unbilligkeit**, die sich aus dem Inhalt der Entscheidung und dem zugrunde liegenden Verfahren ergeben kann, sowie auf Verstöße

---

[297] BAG v. 16.12.2014, NZA-RR 2015, 229 (Rn. 27) – *Ersatzbrennstoff.*
[298] BAG v. 19.05.2015, NZA 2015, 1468 (Rn. 19) – *Legierungskonzept für Stähle* m. H. a. BAG v. 20.01.2004 – 9 AZR 393/03 (= NZA 2004, 994).
[299] BAG v. 16.12.2014, NZA-RR 2015, 229 (Rn. 23, 27) – *Ersatzbrennstoff.*
[300] BAG v. 20.01.2004 – 9 AZR 23/03, (unveröffentl.) – *Wasserkästen.*
[301] LG Düsseldorf v. 26.11.1985 – 4 O 57/85, (unveröffentl.).

## C. Behandlung einfacher technischer Verbesserungsvorschläge (Abs. 2) § 20

gegen die zugrunde liegenden Vorschriften[302], die zum Zeitpunkt der Leistungsbestimmung[303] maßgeblich waren. Folglich erstreckt sich die **Nachprüfungsbefugnis der Gerichte** für Arbeitssachen nur noch darauf, ob die Entscheidung des Bewertungsausschusses (Schiedsgutachtergremiums) **offenbar unrichtig, unsachlich, unvernünftig oder willkürlich ist.**[304]

**Inhaltlich** ist die Entscheidung grob unbillig, wenn sich die Unrichtigkeit jedermann oder wenigstens dem sachkundigen unbefangenen Beobachter unmittelbar aufdrängt[305], wobei es in erster Linie auf das Ergebnis ankommt.[306] Letzteres ist z. B. dann der Fall, wenn das Ergebnis des Bewertungsausschusses auf offensichtlich unzutreffenden Tatsachen beruht[307] oder sich die Ablehnung als Verbesserungsvorschlag auf unmaßgebliche Gründe stützt[308], ferner wenn die Entscheidung sonst wie auf falscher Tatsachengrundlage[309] oder auf sachfremden Erwägungen beruht. Andererseits fehlt es an einer groben Unrichtigkeit, wenn die maßgeblichen Erwägungen – wenn auch kurz – inhaltlich so dargestellt werden, dass die Entscheidungsgründe nachvollzogen werden können und sich keine Unrichtigkeit unmittelbar aufdrängt.[310].

**Verfahrensmäßig** ist zu prüfen, ob die Feststellungen unter Verstoß gegen die zugrunde liegende Betriebsvereinbarung zustande gekommen sind und das Ergebnis beeinflusst haben können.[311] Dabei ist auch hier nicht jeder Verfahrensverstoß relevant, sondern entsprechend § 319 BGB nur ein solcher, der

---

302 So BAG v. 19.05.2015, NZA 2015, 1468 (Rn. 19) – *Legierungskonzept für Stähle*; zuvor bereits BAG v. 16.12.2014, NZA-RR 2015, 229 (Rn. 29) – *Ersatzbrennstoff* u. BAG v. 20.01.2004 NZA 2004, 994, 997; ferner LAG Rheinland-Pfalz v. 01.12.2010 – 8 Sa 252/10, (juris, Rn. 36).
303 Vgl. BAG v. 16.12.2014, NZA-RR 2015, 229 (Rn. 29) – *Ersatzbrennstoff*.
304 Vgl. BAG v. 20.01.2004, NZA 2004, 994; LAG Hamm v. 23.04.1980 – 14, Sa 1527/79, (unveröffentl.); bestätigt durch LAG Köln v. 14.12.1998, Mitt. 2000, 72, 78 = NZA-RR 1999 u. v. 29.06.2001 – 12 Sa 270/01, (unveröffentl.); LAG Düsseldorf v. 08.02.1980, EGR Nr. 10 zu § 20 ArbEG u. v. 26.11.1985 – 4 O 57/85, (unveröffentl.); ebenso z. öffentl. Dienst BVerwG v. 31.01.1980, DÖD 1980, 250; Schwab, Arbeitnehmererfindungsrecht, Anhang zu § 20 Rn. 134; Keukenschrijver in Busse/Keukenschrijver, PatG, Rn. 17 zu § 20 ArbEG m. w. Nachw.
305 BAG v. 20.01.2004, NZA 2004, 994, 997.
306 LAG Köln v. 29.06.2001 – 12 Sa 270/01, (unveröffentl.).
307 Vgl. auch BAG v. 20.01.2004 – 9 AZR 23/03, (unveröffentl.) – *Wasserkästen*.
308 Vgl. etwa LAG Berlin-Brandenburg v. 08.04.2008 – 5 Sa 2008/07, (juris, Rn. 63).
309 Vgl. etwa LAG Schleswig-Holstein 11.08.2011 – 5 Sa 25/11, (juris, Rn. 80).
310 LAG Rheinland-Pfalz 25.02.2011 – 9 Sa 559/10 – (Rn. 29) [JURIS].
311 BAG v. 20.01.2004, NZA 2004, 994, 997; LAG Rheinland-Pfalz v. 25.02.2011 – 9 Sa 559/10, (juris, Rn. 27) m. zust. Anm. Matthes jurisPR-ArbR 21/2011 Anm. 5.

schwerwiegend ist und sich damit in seinen Auswirkungen auf das Ergebnis als grob unbillig darstellt.[312] Erforderlich ist darüber hinaus ein (vom Arbeitnehmer nachzuweisender) Kausalzusammenhang zwischen Verfahrensfehler und der Entscheidung, d. h. deren Fehlerhaftigkeit muss auf dem Verfahrensverstoß beruhen.[313] Ein grober Verstoß gegen Verfahrensregeln kann **beispielsweise** eine danach nicht ordnungsgemäße Besetzung der Bewertungskommission sein[314], ferner, wenn bei der Bewertung nicht alle Mitglieder beteiligt bzw. die vorgeschriebenen Fachleute nicht hinzugezogen worden sind. Allein eine fehlende Unterschrift einzelner Kommissionsmitglieder begründet dagegen im Regelfall noch keinen schwerwiegenden Verfahrensverstoß.[315] Anders ist es dagegen, wenn die Bewertungsentscheidung auf Feststellungen beruht, die nicht nach den Regeln der Fachkunde getroffen worden sind.[316] Eine vorgesehene, aber unterbliebene Anhörung des einreichenden Arbeitnehmers kann aber nur dann einen kausalen Verfahrensverstoß darstellen, wenn die bewertungsrelevanten Tatsachen nicht vollständig bekannt waren.[317]

Die verfahrensmäßige Fehlerhaftigkeit kann sich auch aus einer lückenhaften **Begründung** ergeben, aus der selbst der Fachmann das Ergebnis aus dem Zusammenhang nicht überprüfen kann oder aus der nicht nachvollziehbar ist, auf welche Tatsachen die Kommission ihre Entscheidung gestützt hat.[318] Dabei dürfen jedoch die Anforderungen an die Begründung der Kommissionsentscheidung nicht überspannt werden.[319] Fehlerhaft wäre z.B. ein Ergebnis, das ohne Sachgrund von einer in der bisherigen betrieblichen Bewertungspraxis gebildeten festen Übung oder Vorgaben einer Betriebsvereinbarung

---

312 So im Ergebn. auch BAG v. 20.01.2004, NZA 2004, 994, 997 u. LAG Rheinland-Pfalz v. 25.02.2011 – 9 Sa 559/10, (juris, Rn. 27 ff.).
313 Vgl. etwa BAG v. 09.05.1995 – 9 AZR 580/93, (WKRS 1995, 27998, Rn. 33); LAG Rheinland-Pfalz v. 01.12.2010 – 8 Sa 252/10, (juris, Rn. 36).
314 So im Ausgangspunkt etwa LAG Rheinland-Pfalz v. 25.02.2011 – 9 Sa 559/10, (juris, Rn. 30).
315 I.d.S. wohl auch LAG Rheinland-Pfalz 25.02.2011 – 9 Sa 559/10 – (juris, Rn. 30), wobei es dort allerdings keine Vorgaben zur Unterzeichnung in einer betrieblichen Ordnung gab.
316 LAG Rheinland-Pfalz v. 25.02.2011 – 9 Sa 559/10, (juris, Rn. 27) m.H.a. BAG 20.01.2004 – 9 AZR 393/03 – EzA § 87 BetrVG 2001 – Schiedsgutachten Nr. 1.
317 Zutreffend LAG Rheinland-Pfalz v. 25.02.2011 – 9 Sa 559/10, (juris, Rn. 32) m. zust. Anm. Matthes jurisPR-ArbR 21/2011 Anm. 5.
318 S. BAG v. 20.01.2004, NZA 2004, 994, 997 f.; vgl. auch LAG Berlin-Brandenburg v. 08.04.2008 – 5 Sa 2008/07, (juris, Rn. 64).
319 LAG Rheinland-Pfalz v. 01.12.2010 – 8 Sa 252/10, (juris, Rn. 36) m.H.a. BAG v. 20.01.2004 – 9 AZR 393/03 – AP Nr. 3 zu § 87 BetrVG 1972–*Vorschlagswesen*.

## C. Behandlung einfacher technischer Verbesserungsvorschläge (Abs. 2) § 20

abweicht.[320] Gleiches gilt, wenn die Begründung im Wesentlichen den Text der Betriebsvereinbarung wiederholt ohne die Entscheidung mit den zugrunde gelegten Tatsachenfeststellungen nachvollziehbar zumindest stichwortweise zu begründen.[321] Allerdings reicht es aus, wenn der Ausschuss eine vorliegende anderweitige Begründung autorisiert bzw. sich zu eigen macht.[322] Erforderlich ist ferner eine nachvollziehbare und widerspruchsfreie Berechnung der Prämie und des zugrunde liegenden betrieblichen Nutzens (s. § 20 Rdn. 69, dort auch zur persönlichen Befangenheit).

**Rechtsfolge** der inhaltlich oder verfahrensmäßig **fehlerhaften Bewertung** durch den Bewertungsausschuss ist, dass gerichtlich in vollem Umfang zu prüfen ist, ob ein Arbeitnehmer einen Anspruch auf Prämierung für seinen Verbesserungsvorschlag nach der Betriebsvereinbarung hat oder nicht.[323] An die Stelle der Leistungsbestimmung durch einen Dritten tritt damit entsprechend § 319 Abs. 1 Satz 2 der Ausspruch des Gerichts[324] (s. im Übrigen § 20 Rdn. 64). Eine Zurückverweisung an z.b. eine innerbetriebliche paritätische Kommission kommt nicht in Betracht.[325]

Die **Darlegungs- und Beweislast** für eine Fehlerhaftigkeit der Kommissionsentscheidung obliegt der Partei, die sich darauf beruft.[326]

An einer Schiedsgutachterstellung fehlt es, wenn die **betriebliche Kommission** nach der Betriebsvereinbarung keine bindenden Feststellungen zu treffen, sondern nur **unverbindliche Empfehlungen** auszusprechen hat.[327] In diesen Fällen greift u. E. für die Prämierung eines einfachen Verbesserungsvorschlags im Zweifel ein Leistungsbestimmungsrecht des Arbeitgebers nach § 315 BGB

62.4

---

320 LAG Köln v. 14.12.1998, Mitt. 2000, 72, 78.
321 BAG v. 20.01.2004, NZA 2004, 994, 998.
322 Vgl. BAG v. 20.01.2004 – 9 AZR 23/03, (unveröffentl.) – *Wasserkästen*.
323 BAG v. 20.01.2004, NZA 2004, 994, 998; vgl. auch BAG v. 16.12.2014, NZA-RR 2015, 229 (Rn. 30) – *Ersatzbrennstoff*; LAG Berlin-Brandenburg v. 08.04.2008 – 5 Sa 2008/07, (juris, Rn. 65).
324 BAG v. 16.12.2014, NZA-RR 2015, 229 (Rn. 30) – *Ersatzbrennstoff*.
325 BAG v. 20.01.2004, NZA 2004, 994, 998; zust. auch Keukenschrijver in Busse/Keukenschrijver, PatG, Rn. 17 zu § 20 ArbEG.
326 BAG v. 20.01.2004 – 9 AZR 23/03, (unveröffentl.) – *Wasserkästen*; LAG Köln v. 14.12.1998, Mitt. 2000, 72, 78 u. v. 29.06.2001 – 12 Sa 270/01, (unveröffentl.); MünchKomm-Gottwald Rn. 2 zu § 319 BGB.
327 Thür. LAG v. 16.01.2007 – 7/1/7 Sa 212/04, (juris, Rn. 24).

unter Beachtung der Vorgaben der Betriebsvereinbarung und eine eingeschränkte Billigkeitsprüfung der Arbeitsgerichte.[328]

## D. Schiedsstellen- und Gerichtsverfahren

63 Bei Streitigkeiten über qualifizierte technische Verbesserungsvorschläge ist zunächst – während eines bestehenden Arbeitsverhältnisses – die **Schiedsstelle** anzurufen (§§ 28 ff., 37). Für einfache technische Verbesserungsvorschläge ist diese jedoch mit Rücksicht auf die Regelung des § 20 Abs. 2 nicht zuständig,[329] auch nicht für die Frage der ausreichenden Prämierung aufgrund von Betriebsvereinbarungen.[330]

64 Die **Arbeitsgerichte** sind ausschließlich für Streitigkeiten zwischen den Arbeitsvertragsparteien über einfache und qualifizierte technische Verbesserungsvorschläge zuständig[331] (zur gerichtlichen Zuständigkeit vgl. § 39 Rdn. 27–35). Bei qualifizierten technischen Verbesserungsvorschlägen ist die unbezifferte Vergütungsklage nach § 38 möglich, ggf in Verbindung mit einer Stufenklage.

Will der Arbeitnehmer bei einfachen Verbesserungsvorschlägen das Leistungsbestimmungsrecht eines Bewertungsgremiums im Klageweg angreifen, kann er eine Gestaltungsklage auf gerichtliche Leistungsbestimmung entsprechend § 319 Abs. 1 Satz 2 BGB erheben, die in einer Zahlungsklage enthalten und inzident zu prüfen ist[332] (s. auch § 20 Rdn. 62.3). Der Rechtsweg kann auch hier nicht gänzlich ausgeschlossen werden (s. § 20 Rdn. 62.3). Wegen des Vorrangs der **Leistungsklage** scheidet dagegen eine Feststellungsklage (§ 256 ZPO) in der Regel aus.[333] Mit Blick auf eine Trennung zwischen Ermittlung der Prämie und deren Zahlung kommt eine **Stufenklage** auf Auskunft (und Rechnungslegung) über prämienrelevante Umstände (Umfang der Verwertung, erzielte Einsparungen) sowie Festlegung und Zahlung der sich daraus ergeben-

---

328 Unklar Thür. LAG v. 16.01.2007 – 7/1/7 Sa 212/04, (juris, Rn. 25 ff.), wo allerdings im Ergebnis zu Recht die volle Überprüfbarkeit bzgl. des Vorliegens eines Verbesserungsvorschlags i. S. d. Definition der Betriebsvereinbarung bejaht wird.
329 Allg. A., Schiedsst. v. 09.11.1972, BlPMZ 1973, 261; v. 04.10.1976, BlPMZ 1979, 184 u. v. 12.09.1986 – Arb.Erf. 100/85, (unveröffentl.); Reimer/Schade/Schippel/ Rother Rn. 23 zu § 20.
330 Schiedsst. v. 05.11.1985 Arb.Erf. 11/85 (unveröffentl.).
331 S. dazu u.a. Anja Bartenbach/Britta Bartenbach in Festschr. Bartenbach (2005) S. 629, 634 f.; vgl. etwa BAG v. 19.05.2015, NZA 2015, 1468 – *Legierungskonzept für Stähle.*
332 BAG v. 16.12.2014, NZA-RR 2015, 229 (Rn. 30) – *Ersatzbrennstoff.*
333 S. etwa LAG Schleswig-Holstein 11.08.2011 – 5 Sa 25/11 – [JURIS].

den Prämie in Betracht³³⁴ (s. zur Stufenklage auch § 38 Rdn. 3, 8). Zur eingeschränkten gerichtlichen Überprüfung s. § 20 Rdn. 62.3.

Solange die schiedsgutachterliche **Entscheidung** eines dafür eingesetzten **Bewertungsgremiums aussteht**, ist eine arbeitsgerichtliche Klage auf Vergütungsbestimmung für den einfachen Verbesserungsvorschlag grundsätzlich unzulässig³³⁵, jedenfalls eine auf Prämienfestlegung gerichtete Klage abzuweisen³³⁶, es sei denn, der Arbeitgeber hat unter Übergehung des Bewertungsgremiums den Vorschlag abgelehnt³³⁷ oder es liegt eine Verzögerung i. S. v. § 319 Abs. 1 Satz 2 BGB vor.

## E. Sonstige Rechtsgrundlagen für die Vergütung von technischen Verbesserungsvorschlägen – Sonderleistungsprinzip

§ 20 schließt – wie auch § 25 zeigt – sonstige Ansprüche des Arbeitnehmers auf Vergütung von technischen Verbesserungsvorschlägen wie insbesondere solche aus arbeitsrechtlichen Sonderleistungen zwar nicht grundsätzlich aus³³⁸ (s. auch § 20 Rdn. 60). 65

Sofern den Arbeitgeber bei einem **qualifizierten technischen Verbesserungsvorschlag** aber bereits eine Vergütungspflicht nach § 20 Abs. 1 trifft, scheidet daneben ein ergänzender Anspruch als Sonderleistung – entgegen der h. M.³³⁹ – aus.³⁴⁰ Dies folgt daraus, dass das ArbEG die Vergütungspflicht für

---

334 S. dazu etwa LAG Rheinland-Pfalz 01.12.2010 – 8 Sa 252/10, (juris); vgl. auch LAG Rheinland-Pfalz 20.10.2011 – 2 Sa 425/11, (juris, Rn. 42, 46) u. LAG Schleswig-Holstein 11.08.2011 – 5 Sa 25/11, (juris, Rn. 75 f.).
335 ArbG Eisenach v. 21,.04.2004 – 3 Ca 896/03, (unveröffentl.), offen gelassen vom Berufungsgericht Thür. LAG v. 16.01.2007 – 7/1/7 Sa 212/04, (juris, Rn. 22).
336 Hess. LAG 24.08.2010 – 12 Sa 940/09, (juris, Rn. 20 ff.).
337 Vgl. dazu z.B. LAG Berlin-Brandenburg v. 08.04.2008 – 5 Sa 2008/07, (juris, Rn. 56 ff.).
338 H.M. vgl. BAG v. 20.01.2004, AP Nr. 3 zu § 87 BetrVG – *Vorschlagswesen für einfache Verbesserungsvorschläge*; LAG Rheinland-Pfalz v. 22.09.2004, AR-Blattei, ES 1760 Nr. 9; Haas, Vergütungsanspruch (1975) S. 138 ff.; Hueck in Festschr. f. Nikisch (1958) S. 63, 72 ff.; Röpke, DB 1962, 406, 407; Reimer/Schade/Schippel/Rother Rn. 11 zu § 20; diff. Janert, Betriebl. Verfahrensweisen (1968) S. 170 ff.; abw. Volmer Rn. 13 zu § 20; offengelassen f. § 20 Abs. 1 ArbEG BAG i. Urt. v. 30.04.1965, GRUR 1966, 88, 90 – *Abdampfverwertung*; vgl. auchBAG v. 19.05.2015, NZA 2015, 1468 (Fn. 28) – *Legierungskonzept für Stähle*.
339 S. u. a. Reimer/Schade/Schippel/Rother Rn. 11 zu § 20 m. H. a. Hueck in Festschr. Nikisch (1958) S. 63, 74; Hartung, Vergütg. d. VV (1979) S. 182 ff sowie die vorstehenden Nachw.
340 Wie hier u.a. Volmer Rn. 13 zu § 20; offengelassen f. § 20 Abs. 1 ArbEG BAG i. Urt. v. 30.04.1965, GRUR 1966, 88, 90 – *Abdampfverwertung*. An unserer abweichenden Auffassung in der 5. Vorauf. wird nicht festgehalten.

Erfindungen und qualifizierte technische Verbesserungsvorschläge abschließend regelt (s. Einl. Rdn. 4). Für arbeitsrechtliche Ansprüche i. S. v. § 25 bleibt daher nur außerhalb der Vergütung Raum. Folglich besteht bezüglich der Vergütung nach § 20 Abs. 1 auch kein Mitbestimmungsrecht (s. § 20 Rdn. 50). Deshalb kommt es nicht darauf an, dass eine Anspruchskonkurrenz kaum praktische Auswirkungen haben würde – sei es, weil die Voraussetzungen ebenso wie der Vergütungsumfang regelmäßig übereinstimmen[341], sei es, weil § 20 Abs. 1 über das Sonderleistungsprinzig hinausgeht.[342]

Entsprechendes gilt zur Vergütung von **einfachen technischen Verbesserungsvorschlägen** bei einer betrieblichen Regelung über das Verbesserungsvorschlagswesen.[343] Besteht für einfache technische Verbesserungsvorschläge eine kollektivrechtliche Regelung zum betrieblichen Vorschlagswesen, kommt eine Vergütung des Verbesserungsvorschlags regelmäßig nur in den darin vorgesehenen Fällen in Betracht,[344] also u. E. nicht davon losgelöst als Sonderleistung[345].

66 **Voraussetzung** für eine Vergütung bei Fehlen eines betrieblichen Vorschlagwesens ist eine echte Sonderleistung des Arbeitnehmers (s. § 9 Rdn. 332 ff.). Diese muss – als faktisch höherwertige Leistung[346] – über seine **arbeitsvertraglich geschuldete Arbeitsleistung hinausgehen**[347] (wobei allerdings vorübergehend erbrachte höherwertige Leistungen grds. noch i.R.d. arbeitsvertraglichen Leistungsaustauschverhältnisses liegen[348]), für den Arbeitgeber einen **besonderen wirtschaftlichen Wert** haben und von diesem auch **tatsächlich**

---

341 So Reimer/Schade/Schippel/Rother Rn. 11 zu § 20; Röpke, DB 1962, 406, 407.
342 So Hartung, Vergütg. d. VV (1979) S. 182 ff.
343 Ausf. Hartung, Vergütg. d. VV (1979) S. 191 ff. Im Urt. v. 09.05.1995 (Az. 9 580/93, unveröffentl.) hat das BAG allerdings betont, dass i. H. a. § 20 Abs. 2 ArbEG als Anspruchsgrundlagen für einen Prämienanspruch nur die Bestimmungen der Betriebsvereinbarung des beklagten Arbeitgebers über das Vorschlagswesen in Betracht kämen; vgl. auch LAG Hamm v. 04.09.1996, NZA-RR 1997, 258, 259.
344 BAG v. 19.05.2015 NZA 2015, 1468 (Rn. 28), dort zur Vergütung nach § 612 BGB.
345 Möglicherweise weitergehend insoweit BAG v. 19.05.2015, NZA 2015, 1468 (Rn. 29) – *Legierungskonzept für Stähle*; vgl. aber BAG v. 20.01.2004, AP Nr. 3 zu § 87 BetrVG – *Vorschlagswesen*. S. auch allg. zu § 612 BGB als Grundlage BAG v. 23.09.2015 – 5 AZR 626/13, (juris, Rn. 20 ff.). Abweichend wohl die bislang h.L., vgl. die obigen Nachw.
346 BGH v. 11.11.1977, AP Nr. 30 zu § 613 BGB – *Buchmanuskript*.
347 BAG v. 19.05.2015, NZA 2015, 1468 (Rn. 29) – *Legierungskonzept für Stähle*; vgl. auch BAG v. 20.01.2004, NZA 2004, 994, 999.
348 BAG v. 16.02.1978, AP Nr. 31 zu § 612 BGB; Buchner, GRUR 1985, 1, 12 f.; vgl. auch allg. BAG v. 23.09.2015 – 5 AZR 626/13, (juris, Rn. 21).

### E. Sonstige Rechtsgrundlagen für die Vergütung – Sonderleistungsprinzip § 20

**verwertet** werden[349] (vgl. § 9 Rdn. 332 ff.; s. auch hier § 20 Rdn. 25 ff. u. 60). Ob die Voraussetzungen für eine Sonderleistung (unbestimmter Rechtsbegriff[350]) gegeben sind, ist objektiv, losgelöst von persönlichen Auffassungen der Beteiligten anhand der konkreten Umstände des Einzelfalls zu bestimmen (s. § 9 Rdn. 332). An eine vergütungspflichtige Sonderleistung sind angesichts des Ausnahmecharakters strenge Anforderungen zu stellen (s. § 9 Rdn. 332). Allein die Tatsache, dass der Verbesserungsvorschlag erhebliche Einsparungen erbracht hat und/oder gegen den Widerstand von Fachvorgesetzten durchgesetzt worden ist, reicht für die Annahme einer Sonderleistung noch nicht aus.[351] Gehört die Erarbeitung des technischen Verbesserungsvorschlags zu der üblichen vom Arbeitnehmer geschuldeten Arbeitsleistung, scheidet eine Sonderleistung aus[352], ebenso, wenn es sich um eine im Rahmen der Dienstpflicht naheliegende Idee[353] handelt.

Für die **Höhe der Vergütung aus Sonderleistung**, die sich aus § 242 BGB ableitet, gilt mit der h. M. § 612 BGB analog (s. § 9 Rdn. 332). Feste Berechnungsmaßstäbe gibt es allerdings ebenso wenig wie eine übliche Sondervergütung. Eine Analogie zu § 20 Abs. 1 ArbEG scheidet u. E. aus.[354] Die Höhe sollte sich einerseits an dem kausal auf dem Verbesserungsvorschlag beruhendem wirtschaftlichen (Netto-)Nutzen des Arbeitgebers (vgl. auch RL Nr. 12; zum allg. erfinderrechtlichen Vergütungsgrundsatz s. § 9 Rdn. 2) orientieren. Das kann u. E. aber nicht der alleinige Maßstab[355] sein. Vielmehr müssen in die Vergütungsbemessung analog § 612 BGB sowohl erfolgs- als auch leistungsbezogene Aspekte einfließen. So muss sich der dem Arbeitnehmer zuer-

---

349 BAG v. 30.04.1965, GRUR 1966, 88, 90 – *Abdampfverwertung* u. v. 28.04.1981, AP Nr. 1 zu § 87 BetrVG – Vorschlagswesen (zu III 4); ähnl. BAG v. 20.01.2004 NZA 2004, 997, 999, wonach vorausgesetzt wird, dass die Leistung »über die übliche Arbeitsleistung hinausgeht und dem Arbeitgeber einen nicht unerheblichen Vorteil bringt«; s. im Übrigen Buchner GRUR 1985, 1 ff.; Ulrici RdA 2009, 92, 98 m.w.Nachw.; Reimer/Schade/Schippel/Himmelmann Rn. 12 ff. zu § 9 u. dort Rother Rn. 11 zu § 20; GK-Wiese, BetrVG Rn. 1028 zu § 87; ausf. z. Sonderleistung Hartung, Vergütg. d. VV (1979) S. 78 ff.; s. auch Bayreuther, GRUR 2003, 570, 576 f.; Schwab NZA-RR 2015, 225, 226 m.w.Nachw.
350 BAG v. 19.05.2015, NZA 2015, 1468 (Rn. 29) – *Legierungskonzept für Stähle*.
351 Vgl. BAG v. 19.05.2015, NZA 2015, 1468 (Rn. 29) – *Legierungskonzept für Stähle*.
352 BAG v. 19.05.2015, NZA 2015, 1468 (Rn. 29) – *Legierungskonzept für Stähle*.
353 Vgl. BAG v. 20.01.2004, NZA 2004, 994, 998 f.
354 So aber Wollwert NZA 2012, 889, 891 i. Anschl. an Küttner/Reinecke, Personalbuch, 18. Aufl. 2011, Verbesserungsvorschläge Rn. 5.
355 So aber wohl Schwab NZA 2015, 225, 226, allerdings wohl bezogen nicht auf Sonderleistungen, sondern auf die allgemeine Prämierung von Verbesserungsvorschlägen; dem folgend MünchArbR/Bayreuther, § 98 Rn. 59.

kannte (prozentuale) Anteil an diesem Nutzen – im Prinzip vergleichbar mit dem Anteilsfaktor bei der Vergütung von Diensterfindungen (s. § 9 Rdn. 261 ff.) – einzelfallbezogen am Maß der über die berechtigte Leistungserwartung des Arbeitgebers hinausgehenden überobligatorischen und eigenständigen (Sonder-)Leistung des Arbeitnehmers orientieren. Dabei können u. E. analog § 612 BGB die Erfahrungswerte aus kollektivrechtlichen Regelungen wertend mitberücksichtigt werden (Vorschlagsnähe zum dienstlichen Aufgabengebiet, Maß der Eigeninitiative, Gehaltshöhe, degressive Abstaffelung der Sondervergütung bei hohem Nutzen usw.).

Liegt **keine Sonderleistung** im obigen Sinne vor, kann der Arbeitnehmer für die Nutzung sonstiger von ihm i.R.d. Arbeitsverhältnisses geschaffener schöpferischer Leistungen eine Vergütung nur verlangen, wenn dies mit dem Arbeitgeber vereinbart ist. War der Arbeitnehmer arbeitsvertraglich nicht zur Erbringung solcher schöpferischen Leistungen verpflichtet, so kann eine Vergütungsvereinbarung den Umständen zu entnehmen sein.[356]

## F. Besonderheiten im öffentlichen Dienst bzgl. einfacher Verbesserungsvorschläge

67 Das Mitbestimmungsrecht des **Personalrates** ist infolge § 75 Abs. 3 Nr. 12 BPersVG begrenzt auf die Mitbestimmung über die **Grundsätze zur Bewertung** von **anerkannten Vorschlägen** i.R.d. betrieblichen Vorschlagswesens. Sein Mitbestimmungsrecht erstreckt sich damit insb. nicht auf die Anerkennung der Vorschläge selbst und die einzelnen Prämierungen. § 40 Nr. 2 eröffnet i.Ü. die Möglichkeit der Behandlung technischer Verbesserungsvorschläge i.S.d. § 20 Abs. 2 durch **Dienstvereinbarungen** (s. dazu § 40 Rdn. 30 ff.). Gegenüber Beamten und Soldaten besteht keine Rechtspflicht des Dienstherrn zur Prämierung von Verbesserungsvorschlägen, auch nicht unter dem Aspekt der Fürsorgepflicht[357] (vgl. auch § 2 BBesG); damit scheidet bei **Fehlen einer Dienstvereinbarung** ein Vergütungsanspruch von Beamten/Soldaten aus, selbst wenn der Dienstherr den Verbesserungsvorschlag mit Erfolg einsetzt. Im Ergebnis handelt es sich um eine freiwillige Leistung des Arbeitgebers/Dienstherrn, so dass im öffentlichen Dienst keine gerichtlich einklagbaren Rechtsansprüche auf Zahlung von Prämien für Verbesserungsvorschläge bestehen.[358] Daran soll auch eine Verwaltungsvorschrift/-richtlinie zur Prämierung

---

356 Vgl. BAG v. 13.09.1983, GRUR 1984, 429, 432 – *Statikprogramme*; s. auch BGH v. 11.11.1977, AP Nr. 30 zu § 613 BGB – *Ratgeber für Tierheilkunde* u. BGH v. 10.05.1984 – I ZR 85/82, GRUR 1985, 129, 130 – *Elektrodenfabrik*.
357 VG Bayreuth v. 07.06.2016 – B 5 K 14.701, (www.gesetze-bayern.de).
358 VG München v. 09.02.2007 – M 9 K 05.1227, (juris, Rn. 25).

von Verbesserungsvorschlagen nichts ändern (s. § 20 Rdn. 69). Für Arbeitnehmer des öffentlichen Dienstes verbleibt es im Übrigen zumindest bei den allgemeinen arbeitsrechtlichen Grundsätzen (s. § 20 Rdn. 60). Zur Zuständigkeit der VG s. § 39 Rdn. 30, zum Vorverfahren s. § 37 Rdn. 1.

Für die **Bundesverwaltung** gilt die am 27.01.2010 vom BMI bekannt gegebene »Rahmenrichtlinie für ein Ideenmanagement in der Bundesverwaltung«.[359] Diese hat die »Rahmenrichtlinie für ein modernes Ideenmanagement in der Bundesverwaltung« vom 14.11.2001[360] abgelöst. Bereits damit wurde das Vorschlagswesen in der Bundesverwaltung neu strukturiert[361] und zu einem Ideenmanagement umgestaltet, das – ausgerichtet auf Leistungssteigerung, Qualitätsverbesserung und Kostensenkung – einen wichtigen Beitrag zur Modernisierung der gesamten Bundesverwaltung geleistet hat.[362] Um das kreative Potenzial der Bundesbeschäftigten gleichermaßen nutzen zu können, ist so ein einheitlicher Rahmen mit ressortübergreifenden Vorgaben für das Ideenmanagement gesetzt worden.[363] Damit eröffnen die für die Bundesressorts verbindlichen Vorgaben durch die Rahmenrichtlinie Mitbestimmungsrechte der Personalvertretungen nur bei der behördenbezogenen Umsetzung, und zwar auch nur insoweit, als die verbindlichen Rahmenvorgaben ressort- bzw. behördenspezifische Abweichungen zulassen.[364] Die Bundesressorts haben die Rahmenrichtlinien weitgehend umgesetzt und ein Ideenmanagement eingeführt.[365] So gilt im Bereich des Bundesverteidigungsministeriums als dem personalstärksten Ressort, bei dem das Vorschlagswesen seit jeher angesichts des

68

---

359 GMBl. 2010, 61 ff. Abrufbar auch im Internet unter www.bmi.bund.de.
360 GMBl. 2001, 1127.
361 Zu den zuvor geltenden »Richtlinien für das Vorschlagswesen« – zuletzt geändert durch Fassung vom 21.06.1989 (GMBl. 1989, 434) – vgl. Hartung Vergütg. d. VV (1979) S. 177 ff.; s. ferner VG Köln v. 12.09.1973, DÖD 1974, 37 f.; OVG Nordrhein-Westfalen v. 06.02.1975, ZBR 1975, 349 f., best. d. BVerwG v. 31.01.1980, DÖD 1980, 250 f.
362 Vgl. die Vorbemerkung zu den »Erläuterungen und Ausführungshinweisen zur Rahmenrichtlinie« v. 14.11.2001; ferner BReg. v. 06.04.2009 in BT-Drucks. 16/12570 S. 1 f.
363 Vgl. BReg., 06.04.2009 in BT-Drucks. 16/12570 S. 1 f. (zur Rahmenrichtlinie 2001).
364 Bartenbach/Volz, Praxisleitfaden, Rn. 405; abw. VG Berlin, 27.08.2002, PersR 2003, 424, 425 f., das bei der Vorgängerrichtlinie (vom 14.11.2001) von einer weiter gehenden Mitbestimmung ausgeht.
365 Die Umsetzung der Rahmenrichtlinie 2010 hatte bis 31.12.2010 zu erfolgen. Zur Umsetzung der Rahmenrichtlinie 2001 vgl. BReg., 06.04.2009 in BT-Drucks. 16/12570, 2 f.

hohen Investitionsvolumens bei der **Bundeswehr** besondere Bedeutung hat,[366] die seinerzeit vom BMVg unter dem 01.10.2008 erlassene Dienstvorschrift 91/500 »Das Kontinuierliche Verbesserungsprogramm in der Bundeswehr (KVP)«.[367] Zum Mitbestimmungsrecht der Personalvertretung s. § 40 Rdn. 31.

Bei **Landesverwaltungen** bestehen z.T. ähnliche Richtlinien.[368]

69 Für den Bereich der Bundesverwaltung beträgt die Prämie bis zu 20 % der durchschnittlich erwarteten haushaltswirksamen Jahresersparnis, mindestens 100 und höchstens 25.000 €, und zwar bei mehreren Beschäftigten aufgeteilt zu gleichen Teilen mit der Möglichkeit eines Aufschlags von 50 %, höchstens jedoch 500 €. Maßgeblich für die **Vergütungsbemessung** sind insb. das Ausmaß der haushaltswirksamen Ersparnis für den Dienstherrn dank des Einsatzes der Verbesserung, ansonsten die Faktoren: Umfang des Anwendungsbereichs sowie Bedeutung und Nutzen der Verbesserung für den Dienstherrn. So wurde die Höchstprämie von 25.000 € z.B. bei einer längerfristig einsetzbaren Verbesserung eines Flugabwehrraketensystems mit haushaltswirksamen Einsparungen von rund 730.000 € in den ersten 4 Jahren zuerkannt.[369] Ist der Nutzen wirtschaftlich nicht berechenbar oder überwiegend qualitativ, liegt die Prämie – je nach Umfang des Anwendungsbereichs, der Bedeutung und des Nutzens des Vorschlags – zwischen 100 und 3.000 €.

Der Dienstherr soll – in Ermangelung einer gesetzlichen Regelung – grds. nach seinem pflichtgemäßen Ermessen darüber entscheiden können, ob er einen einfachen Verbesserungsvorschlag anerkennt, ob und in welcher Höhe er ihn prämiert und in welcher Weise er den Vorschlag bei der weiteren dienstlichen Verwendung oder bei etwaigen Beförderungen des Vorschlagenden in seine

---

366 S. zuvor die aufgehobenen Richtlinien für das Vorschlagswesen in der Bundeswehr (VgRBw) i.d.F. v. 06.09.1989, VMBl. 1989, 322 und die vorangegangene KVP-RL vom 13.01.2003.
367 Abrufbar unter www.bundeswehr.de. Zur vorangegangenen KVP-RL vom 13.01.2003 s. u.a. Portugal, Strategien zur Forcierung des Kontinuierlichen Verbesserungsprogramms [KVP] in der Bundeswehr (2006), S. 7 ff. Vgl. ferner VG München, 09.02.2007 – M 9 K 05.1227, (juris, Rn. 21 ff.).
368 Z.B. für die Beschäftigten des Freistaates Bayern die »Innovationsrichtlinie Moderne Verwaltung« (InnovR) vom 30.09.2008 (AllMBl, BY 2008, 623) und für das Land Hessen die »Richtlinien der Landesregierung Ideenmanagement in der Hessischen Landesverwaltung« vom 14.10.2008 (Hess.StAnz. 2008, 2807). Vgl. auch die Nachw. bei Bartenbach/Volz, Praxisleitfaden, Rn. 26.
369 S. Pressemitteilung des BMVg vom 02.11.2011, abrufbar unter www.bmvg.de.

Erwägungen einbezieht³⁷⁰ (vgl. aber für den privaten Dienst § 20 Rdn. 60). Demzufolge sollen sich – auch mit Blick auf den in § 661 Abs. 2 Satz 2 BGB zum Ausdruck gekommenen Rechtsgedanken – aus solchen Richtlinien jedenfalls keine materiell-rechtlichen Prämienansprüche ergeben, die gerichtlich geltend machen können.³⁷¹ (zweifelhaft, s. § 20 Rdn. 62.3).

Davon zu trennen ist die Frage, ob der Rechtsweg insoweit ausgeschlossen ist, als sich der Arbeitnehmer bei Einreichung seines Vorschlags einer entsprechenden Vorgabe des Arbeitgebers unterworfen hat (vgl. etwa Ziff. 5.1 der Rahmenrichtlinie für ein Ideenmanagement in der Bundesverwaltung).³⁷² Ein **genereller Ausschluss des Rechtsweges** wäre mit Art. 19 Abs. 4 Satz 1 GG unvereinbar³⁷³ (s. auch § 20 Rdn. 62.3).

Ansonsten unterliegen auch im Bereich des öffentlichen Dienstes die Entscheidungen von verwaltungsinternen Kommissionen auf Grund von Dienstvereinbarungen einer nur **eingeschränkten gerichtlichen Kontrolle**³⁷⁴ (s. auch § 20 Rdn. 62.3). Diese bezieht sich im Wesentlichen auf Einhaltung des Willkürverbotes nach Art. 3 Abs. 1 GG,³⁷⁵ also darauf, dass bei der Bewertung und Prämierung als Verbesserungsvorschlag das Verbot von sachfremden und willkürlichen Erwägungen beachtet und die Chancengleichheit gewährleistet wurde.³⁷⁶ U. E. folgt daraus zugleich, dass die Verwaltung unter dem Aspekt der Selbstbindung (Art. 3, 20 GG) auch verpflichtet ist, von den in der Richtlinie vorgegebenen materiellen und verfahrensmäßigen Regelungen nicht ohne sachlichen Grund abzuweichen. Dazu gehört nicht zuletzt eine nachvollziehbare und widerspruchsfreie Berechnung des einer Prämierung zu Grunde lie-

---

370 OVG Nordrhein-Westfalen v. 06.02.1975, ZBR 1975, 349 f., best. d. BVerwG v. 31.01.1980, DÖD 1980, 250 f.
371 So VGH Baden-Württemberg v. 14.06.1989 – 11 S 3164/87 (juris) m. H. a. BVerwG v. 31.01.1980, DÖD 1980, 250 f. zur früheren RLn.
372 S. dazu etwa LAG Rheinland-Pfalz, v. 20.10.2011 – 2 Sa 425/11, (juris).
373 VG München, 09.02.2007 – M 9 K 05.1227, (juris, Rn. 21) m. H. a. BVerwG v. 31.01.1980, BVerwGE 59, 348 ff. = DÖD 1980, 250 f.
374 Vgl. BVerwG v. 31.01.1980, DÖD 1980, 250 f.
375 So zur früheren KVP-RL in der Bundeswehr vom 13.01.2003 VG München v. 09.02.2007 – M 9 K 05.1227, (juris, Rn. 23, 25) m. H. a. BVerwG v. 31.01.1980, BVerwGE 59, 348 ff. = DÖD 1980, 250 f.
376 S. VG Bayreuth v. 07.06.2016 – B 5 K 14.701, (www.gesetze-bayern.de) m. H. a. BVerwG v. 31.01.1980 BVerwGE 59, 348, 350 ff.; OVG Schleswig-Holstein v. 15.04.1994 ZBR 1995, 216, VG Baden-Württemberg v. 14.06.1989 – 11 S 3164/87, (juris, Rn. 21); VG Darmstadt v. 05.12.2003 – 5 E 657/97 [3] (juris) u. VG Neustadt a.d.W. v. 26.09.2011 – 3 K 133/11, NW S. 8 f.

genden betrieblichen Nutzens aus dem Einsatz des Verbesserungsvorschlags.[377] Die persönliche Befangenheit eines Mitglieds der Bewertungskommission führt – abweichend von hier nicht einschlägigen Vorschriften des Verwaltungsverfahrensrechts – nur dann zur Fehlerhaftigkeit der Entscheidung, wenn sich gerade dessen Mitwirkung objektiv auf die abschließende Entscheidung ausgewirkt haben kann.[378]

### G. Nachfolgende Behandlung eines prämierten Verbesserungsvorschlags als Diensterfindung

70 In der Praxis sind die Fälle nicht selten, in denen ein Arbeitnehmer eine schutzfähige Diensterfindung als technischen Verbesserungsvorschlag mitteilt und damit die weitere tatsächliche und rechtliche, insbesondere vergütungsrechtliche Behandlung durch den Arbeitgeber grundsätzlich zu vertreten hat (s. vor § 3 Rdn. 4 ff.). Der Arbeitgeber hat aus seiner Fürsorgepflicht den Arbeitnehmer zur ordnungsgemäßen Erfindungsmeldung nur dann anzuhalten, wenn er die Schutzfähigkeit erkennt (s. § 5 Rdn. 43.1). In der Behandlung als Verbesserungsvorschlag liegt grundsätzlich **keine Inanspruchnahme** (s. vor § 3 Rdn. 4). Wird eine **technische Neuerung** vom Arbeitnehmer **zunächst als technischer Verbesserungsvorschlag mitgeteilt** und dieser **nachträglich als schutzfähige Diensterfindung gemeldet**, ist nach der hier vertretenen Auffassung danach zu differenzieren, ob eine Inanspruchnahme der Diensterfindung durch den Arbeitgeber erfolgt oder nicht[379]:

71 **Meldet** der Arbeitnehmer diesen Verbesserungsvorschlag **nachträglich** als **Erfindung**, »erweitert« der Arbeitgeber mit Inanspruchnahme (§§ 6, 7) seine durch den mitgeteilten Verbesserungsvorschlag erworbenen Verwertungsrechte (s. § 3 Rdn. 26) auf die nach Meldung erworbenen Schutzrechtspositionen.

72 Erfolgt über eine innerbetriebliche Nutzung des Gegenstandes der technischen Neuerung hinaus eine **weitergehende (außerbetriebliche) Verwertung** durch den Arbeitgeber, z.B. durch Nutzung in geschützten Auslandsstaaten, Lizenzierung oder Verkauf der Schutzrechtspositionen, sind diese wirtschaftlichen Vorteile nicht mehr von der auf die innerbetrieblichen Vorteile abstellenden Verbesserungsvorschlagsprämie umfasst und damit nach § 9 auf Grund der uneingeschränkten Monopolsituation beim Arbeitgeber zusätzlich vergütungspflichtig (s. vor § 3 Rdn. 6 ff.).

---

377 VG Bayreuth v. 07.06.2016 – B 5 K 14.701, (www.gesetze-bayern.de).
378 Vgl. auch VG Bayreuth v. 07.06.2016 – B 5 K 14.701, (www.gesetze-bayern.de).
379 S. dazu insbes. Bartenbach/Volz/Kelter, Festschr. Mes (2009), S. 11 ff.

## G. Nachfolgende Behandlung als Diensterfindung § 20

Für eine **innerbetriebliche Eigennutzung**, die mit der Verwertung als Verbesserungsvorschlag identisch ist und damit keine zusätzlichen wirtschaftlichen Vorteile vermittelt, schuldet der Arbeitgeber dagegen – trotz Schutzrechtserteilung – u. E. keine über die Zahlung der Verbesserungsvorschlagsprämie hinausgehende Erfindervergütung (s. vor § 3 Rdn. 6.2). Diese technische Lehre ist als Arbeitsergebnis nach §§ 611, 611a BGB Eigentum des Arbeitgebers.[380] Eine Vergütung nach § 20 Abs. 1 kommt auch nicht in Betracht, da dies eine faktische Monopolstellung voraussetzt.[381] 73

**Gibt der Arbeitgeber die nachgemeldete Diensterfindung** mit Hinweis auf das durch den Verbesserungsvorschlag vermittelte Verwertungsrecht **frei** (§ 6 Abs. 2 n.F., § 8 Satz 1 a.F.), sei es, weil er die Erfindung nicht für schutzfähig hält, oder weil ihm die Eigennutzung als Verbesserungsvorschlag ausreicht, ist der Arbeitnehmer in der weiteren Verfügung über den Erfindungsgegenstand frei (vgl. § 8 Satz 2 n.F.). Erwirbt der **Arbeitnehmer** auf den Erfindungsgegenstand **eigene Schutzrechtspositionen**, steht ihm deren Verwertung im Verhältnis zu Dritten (Lizenzierung, Geltendmachung von Schutzrechtsverletzungsansprüchen, Verkauf der Erfindungsrechte) frei. Entgegen *OLG München*[382] kann der Arbeitnehmer u. E. aber ggü. dem Arbeitgeber angesichts dessen Nutzungsrecht aus dem mitgeteilten Verbesserungsvorschlag keine Verbietungsrechte aus den erlangten Schutzrechtspositionen geltend machen[383] (s. vor § 3 Rdn. 7). 74

Unabhängig von Vorstehendem sind die rechtssystematischen **Unterschiede** zwischen den **Vergütungssystemen** nach dem betrieblichen Vorschlagswesen 75

---

380 Ebenso Schiedsst. v. 25.07.2017 – Arb.Erf. 13/16, u. v. 12.09.2017 – Arb.Erf. 05/16, (beide www.dpma.de).
381 Schiedsst. v. 25.07.2017 – Arb.Erf. 13/16, (www.dpma.de).
382 OLG München v. 26.06.2008, InstGE 10, 87; ebenso vorgehend LG München v. 17.01.2007, InstGE 8, 136 – *Keramikwerkzeug*; vgl. auch OLG Karlsruhe v. 28.04.2010, GRUR 2011, 318 ff. – *Formlose Meldung einer Initialidee*.
383 Bartenbach/Volz/Kelter, FS Mes (2009), S. 11, 17 ff. Im Ergebn. auch Keukenschrijver in Busse/Keukenschrijver, PatG, Rn. 6 zu § 20 ArbEG m.H.a. Schiedsst. v. 02.02.1999 – Arb.Erf. 43/97, (Datenbank) u.v. 07.10.1999 Arb.Erf. 43/98 (unveröffentl.), wonach ein Benutzungsrecht d. ArbG »jedenfalls dann bestehen [bleibt], wenn der Verbesserungsvorschlag eingeführt und prämiert worden ist.« S. auch Ohly, Mitt. 2006, 241 – zur Wirkung prioritätsgleicher Patente m.d.H., dass auch bei erteilten Patenten Besitzstände anderer Berücksichtigung verdienen.

und für Diensterfindungen nach dem ArbEG zu sehen.[384] Eine Konsequenz hieraus ist, dass die *Schiedsstelle* eine **Verrechnung** von Verbesserungsvorschlagsprämien mit der Erfindervergütung ausschließt, es sei denn, die Arbeitsvertragsparteien haben dies privat- oder arbeitsrechtlich vereinbart (Vertrag bzw. Betriebsvereinbarung)[385] (s. vor § 3 Rdn. 6.4).

---

[384] S. hierzu Schiedsst. v. 02.02.1999 – Arb.Erf. 43/97; v. 20.03.2003, Mitt. 2003, 559, 560; v. 22.10.2004 – Arb.Erf. 79/02; v. 20.11.2005 – Arb.Erf. 94/03, (alle in Datenbank); ferner v. 21.06.2006 – Arb.Erf. 38/05, u. v. 17.04.2007 – Arb.Erf. 7/06, (beide unveröffentl.).

[385] Schiedsst. v. 10.11.2005 – Arb.Erf. 94/03, (Datenbank), u. v. 17.04.2007 – Arb.Erf. 7/06 (unveröffentl.), dort auch zur Zulässigkeit einer Verrechnungsvereinbarung unter dem Aspekt der §§ 22, 23 ArbEG; ebenso EV v. 09.12.2008 – Arb.Erf. 19/08, (unveröffentl.) u. v. 25.07.2017 – Arb.Erf. 13/16, (www.dpma.de); zust. Keukenschrijver in Busse/Keukenschrijver, PatG, Rn. 7 zu § 20 ArbEG. A. A. Schwab, Arbeitnehmererfindungsrecht, Anhang zu § 20 Rn. 40.

# Anhang zu § 20 Die sonstigen Rechte des Betriebsrates (Personalrates) im Rahmen des Arbeitnehmererfindungsrechts – Rechte des Sprecherausschusses

**Lit:**

*Bartenbach*, Betriebsverfassung u. innerbetr. Innovation – Grenzen d. betriebl. Mitbestimmung, Festschr. Bauer (2010), 85; *Gaul*, Einflussrechte des BR b. Arbeitnehmererfindungen ArbuR 1987, 359; *Hinrichs/Plitt*, D. Anspruch d. Betriebsrats auf d. Freistellung von Beratungskosten, NZA 2011, 1006; *Leuze*, Mitbestimmung b. betriebl. Vorschlagswesen, PersV 2009, 364.

## Übersicht

| | Rdn. |
|---|---|
| A. Allgemeines | 1 |
| B. Zuständigkeit des Betriebsrates | 3 |
| C. Kontroll- und Informationsrechte des Betriebsrates (Personalrates) gem. § 80 BetrVG (§ 68 BPersVG). | 7 |
| I. Überwachung der Durchführung von Rechtsvorschriften zugunsten der Arbeitnehmer (§ 80 Abs. 1 Nr. 1 BetrVG, § 68 Abs. 1 Nr. 2 BPersVG) | 7 |
| II. Antragsrecht und Übermittlung von Arbeitnehmer-Anregungen (§ 80 Abs. 1 Nr. 2 u. 3 BetrVG; § 68 Abs. 1 Nr. 1 u. 3 BPersVG) | 13 |
| III. Informationsrecht (§ 80 Abs. 2 BetrVG, § 68 Abs. 2 BPersVG). | 14 |
| IV. Hinzuziehung von Sachverständigen (§ 80 Abs. 3 BetrVG) | 21 |
| D. Unterstützung des Arbeitnehmers gem. §§ 82 bis 84 BetrVG | 24 |
| E. Behandlung von Arbeitnehmerbeschwerden durch den Betriebsrat (§ 85 BetrVG; § 68 Abs. 1 Nr. 3 BPersVG). | 28 |
| F. Mitbestimmungsrecht des Personalrats | 31 |

## A. Allgemeines

Ausdrückliche Regelungen über Mitwirkungsrechte des Betriebsrates (Personalrates) i.R.d. Arbeitnehmererfindungsrechts enthalten lediglich § 20 Abs. 2 (§ 87 Abs. 1 Nr. 12 BetrVG, § 75 Abs. 3 Nr. 12 BPersVG), sowie § 40 Nr. 2 ArbEG. Während sich diese Normen auf die Mitwirkung des Betriebsrates (Personalrates) bei der Festlegung kollektiver Vereinbarungen erstrecken, fehlen Spezialregelungen über deren Beteiligung bei Individualmaßnahmen ggü. einem oder mehreren Arbeitnehmererfindern (Beamten). Insoweit ist auf die allgemeinen Bestimmungen des **Betriebsverfassungsgesetzes**, insb. die §§ 80 ff. BetrVG, bzw. der **Personalvertretungsgesetze**, insb. §§ 66 ff. BPersVG, zurückzugreifen. Aufgrund der gesetzlichen Regelung des ArbEG folgt aus § 87 Abs. 1 Halbs. 1 BetrVG, dass (gebundene und freie) Erfindungen von Arbeitnehmern einschließlich deren Vergütung sowie die Vergütung

1

von qualifizierten technischen Verbesserungsvorschlägen (§ 20 Abs. 1) dem Mitbestimmungsrecht des Betriebsrats entzogen sind.[1] Die Erfindervergütung stellt auch keine Vergütung i.S.d. § 87 Abs. 1 Nr. 10 und 11 BetrVG dar, da sie als Anspruch eigener Art kein Arbeitsentgelt ist (s. hierzu Rdn. 3 ff. zu § 9). Denkbar sind allerdings freiwillige Betriebsvereinbarungen i.S.v. §§ 77, 88 BetrVG.[2] An eine zwischen Arbeitgeber und Betriebsrat getroffene freiwillige Betriebsvereinbarung ist der Arbeitnehmer nicht gebunden, soweit dadurch im Verhältnis zum ArbEG gesetzliche Rechte eingeschränkt bzw. gesetzliche Pflichten erweitert werden[3] (zur Unabdingbarkeit der Regelungen des ArbEG zuungunsten des Arbeitnehmers s. § 22 Rdn. 7 ff.).

Das Gesetz über **Europäische Betriebsräte** – EBRG – vom 28.10.1996 (neu gefasst durch Bekanntmachung v. 07.12.2011, BGBl. I, S. 2650)[4] hat erfinderrechtlich keine spezifischen Auswirkungen (s. zur Zuständigkeit und den Mitwirkungsrechten bei grenzübergreifenden Angelegenheiten §§ 29, 30 EBRG; zur örtlichen Zuständigkeit bei betriebsverfassungsrechtl. Streitigkeiten s. § 82 Abs. 2 ArbGG).

Wegen der Parallelität des BetrVG 1972 und des BPersVG 1974 in wesentlichen Grundfragen beschränkt sich die nachfolgende Darstellung auf den Anwendungsbereich des BetrVG. Entsprechende Regeln des BPersVG sind lediglich ergänzend aufgeführt (s. i.Ü. Anh. zu § 20 Rdn. 31 ff.).

2 Das **Sprecherausschussgesetz** (SprAuG) sieht in den §§ 25 ff. SprAuG einzelne Informations- und Mitwirkungsrechte des Sprecherausschusses in Bezug auf **leitende Angestellte** vor. Diese sind ggü. den Rechten des Betriebs- bzw. Personalrates erheblich eingeschränkt.[5] Die Wahrnehmung individueller Belange der einzelnen leitenden Angestellten ist dem Sprecherausschuss verwehrt.

## B. Zuständigkeit des Betriebsrates

3 Die im Betriebsverfassungsgesetz normierten Befugnisse des Betriebsrates erstrecken sich auf alle Arbeitnehmer (zum Begriff vgl. Rn. 9 ff. zu § 1), also

---

1 Allg. Ansicht; s. Fitting, BetrVG, § 87 Rn. 542; Schwab, AiB 2009, 545.
2 S. hierzu Bartenbach, Festschr. Bauer (2010) 85, 95 ff.
3 Schiedsst. v. 21.03.1988 – Arb.Erf. 79/87, (unveröffentl.) m.H.a. Volmer/Gaul Rn. 364 zu § 12.
4 S.a. RL 2009/38/EG v. 06.05.2009 über die Einsetzung eines Europäischen Betriebsrates (ABl. L 122/28 ff. v. 16.05.2009).
5 Allgemein hierzu Dänzer-Vanotti, DB 1990, 41; Wlotzke, DB 1989, 177; Bauer, NZA 1989 Beil. 1 S. 26; Buchner, NZA 1989 Beil. 1 S. 16.

die im aktiven Arbeitsverhältnis stehenden Arbeitnehmer (Arbeiter und Angestellten) einschl. der zur Berufsausbildung Beschäftigten (§ 5 Abs. 1 BetrVG); zum Anwendungsbereich der PersVGe s. die entsprechenden Bestimmungen (z.B. § 4 BPersVG).

**Ausgeschiedene Arbeitnehmer** und **Pensionäre** unterliegen nicht mehr dem Einwirkungsrecht des Betriebsrates.[6]

Das Betriebsverfassungsgesetz gilt nur für Betriebe, die in der BRD gelegen sind (Territorialitätsprinzip).[7] Bei **Inlandsbetrieben ausländischer Unternehmen** kann das deutsche Betriebsverfassungsgesetz nur einheitlich durchgeführt werden, gilt also auch für die Arbeitnehmer, deren Arbeitsverhältnis sich i.Ü. nach ausländischem Recht regelt.[8]

**Ausländische Betriebe eines inländischen Unternehmens** sind aufgrund des Territorialitätsprinzips dem deutschen Betriebsverfassungsrecht auch dann entzogen, wenn sie sich nach deutschem Betriebsverfassungsrecht nur als unselbstständige Betriebsteile oder Nebenbetriebe (§ 4 BetrVG) darstellen.[9] Dies gilt nach allgemeiner Ansicht auch dann, wenn mit den im Ausland tätigen Arbeitnehmern die Geltung des deutschen Arbeitsrechts vereinbart wurde.[10]

Eingeschränkt ist dieses Territorialprinzip durch sog. »**Ausstrahlungen**« **eines inländischen Betriebs** über die Grenzen des Geltungsbereiches des Betriebsverfassungsgesetzes hinaus. Dem Arbeitnehmer bleibt die Vertretung seiner Interessen durch den Betriebsrat auch dann erhalten, wenn er zwar im Ausland tätig ist, aber noch zum inländischen Betrieb gehört, also etwa bei Monteuren, die im Ausland außerhalb einer dort bestehenden, festen betrieblichen Organisation beschäftigt werden oder bei Mitarbeitern, die zwar im Ausland in eine betriebliche Organisation eingegliedert sind, deren Tätigkeit aber nur zeitlich beschränkter Natur ist, wie z.B. zur Vertretung oder zur Erledigung eines zeitlich befristeten Auftrags.[11] Aufgrund der Beschäftigungsbedingungen ist zu ermitteln, ob der im Ausland tätige Mitarbeiter weiterhin dem Inlandsbetrieb

---

6 Gaul, ArbuR 1987, 359, 369 m.w.N.
7 BAG v. 09.11.1977, AP Nr. 13 Intern. Privatrecht, Arbeitsrecht; v. 25.04.1978, DB 1978, 1840; v. 27.05.1982, AP Nr. 3 zu § 42 BetrVG 1972; v. 07.12.1989, AP Intern. Privatrecht Nr. 27; v. 22.03.2000, AP AÜG § 14 Nr. 8; LAG Düsseldorf v. 14.02.1979, DB 1979, 2233, 2234.
8 BAG v. 09.11.1977, AP Nr. 13 Intern. Privatrecht, Arbeitsrecht u. v. 25.04.1978, DB 1978, 1840.
9 BAG v. 01.10.1974, DB 1975, 453.
10 BAG v. 25.04.1978, DB 1978, 1840.
11 BAG v. 25.04.1978, DB 1978, 1840; v. 21.10.1980, DB 1981, 696 u. v. 27.05.1982, AP Nr. 3 zu § 42 BetrVG; s.a. Gaul, BB 1990, 700 m.w.N.

zuzuordnen ist oder nicht[12]. Voraussetzung ist stets, dass zunächst eine persönliche, tätigkeitsbezogene und rechtliche Bindung an den entsendenden Inlandsbetrieb vorliegt, was nicht gegeben ist, wenn ein Mitarbeiter im Inlandsbetrieb nur auf den (längerfristigen bzw. dauerhaften) Auslandseinsatz vorbereitet wird.[13] S. i.Ü. zum Auslandsbezug § 1 Rdn. 113.

4 Dagegen findet das Betriebsverfassungsgesetz gem. § 5 Abs. 3 BetrVG keine Anwendung auf **leitende Angestellte** (Näheres s. Rdn. 64 ff. zu § 1 u. Rdn. 57 zu § 20), soweit nicht ausdrücklich etwas anderes bestimmt ist (vgl. etwa § 105 BetrVG), sodass dem Betriebsrat auch keine Kontrollbefugnisse ggü. dem Arbeitgeber hinsichtlich dieses Personenkreises zustehen.[14] Im Einzelfall können dem Sprecherausschuss gem. §§ 25 ff. SprAuG Informations- bzw. Mitwirkungsrechte zustehen (vgl. auch Rdn. 12, 24).

Mit der Erlangung des Status als leitender Angestellter ist ein Arbeitnehmererfinder dem Wirkungsbereich des Betriebsrates entzogen; ausgehend vom Gesetzeszweck gilt dies auch dann, wenn die **Erfindung** zu einem Zeitpunkt fertiggestellt wurde, als der Erfinder noch nicht dieser Gruppe angehörte. Entsprechendes gilt für den umgekehrten Fall, dass ein Arbeitnehmer seinen bisherigen Status als Leitender verliert.[15]

5 Besteht eine **Erfindergemeinschaft** aus leitenden Angestellten und sonstigen Arbeitnehmern, kann der Betriebsrat im Rahmen seiner Kontroll- und Betreuungsrechte zwar nur für die sonstigen Arbeitnehmer tätig werden; seine Befugnis kann aber nicht deshalb eingeschränkt werden, weil er dabei – soweit dies zur ordnungsgemäßen Erfüllung seiner Aufgaben notwendig ist – auch Informationen über die übrigen Miterfinder erhält.

6 Missachtet der Arbeitgeber Mitbestimmungsrechte des Betriebsrats (s. dazu Rdn. 1) durch einseitige Anweisungen oder individualrechtliche Regelungen mit den betroffenen Arbeitnehmern, sind die Rechtsfolgen umstritten.[16] Bei groben Verstößen des Arbeitgebers greifen kollektivrechtliche Sanktionen nach § 23 Abs. 2 BetrVG. Soweit der Arbeitnehmer durch eine mit ihm getroffene

---

12 BAG v. 25.04.1978, DB 1978, 1840; v. 21.10.1980, DB 1981, 696 u. v. 27.05.1982, AP Nr. 3 zu § 42 BetrVG; s. auch Gaul, BB 1990, 700 m.w.N.
13 BAG v. 21.10.1980, DB 1981, 696.
14 BAG v. 23.02.1973 u. v. 10.06.1974, AP Nr. 2, 8 zu § 80 BetrVG 1972.
15 Allerdings kann d. Tarifvertrag o. einzelvertragl. Absprache die Geltung des betriebl. Vorschlagswesens auch für ltd. Angestellte vereinbart werden, s. Volmer/Gaul Rn. 110 zu § 20.
16 S. hierzu im Einzelnen ErfKomm/Kania, § 87 Rn. 136 ff.; Schwab, Arbeitnehmererfindungsrecht, Anhang zu § 20 Rn. 75 ff.

Regelung eine Besserstellung erfährt, dürfte auch bei Unwirksamkeit der Regelung einem Herausgabeverlangen des Arbeitgebers der Grundsatz von Treu und Glauben (§ 242 BGB) entgegenstehen.[17] Den Arbeitnehmer einschränkende Maßnahmen sind unwirksam.

## C. Kontroll- und Informationsrechte des Betriebsrates (Personalrates) gem. § 80 BetrVG (§ 68 BPersVG)

### I. Überwachung der Durchführung von Rechtsvorschriften zugunsten der Arbeitnehmer (§ 80 Abs. 1 Nr. 1 BetrVG, § 68 Abs. 1 Nr. 2 BPersVG)

Nach § 80 Abs. 1 Nr. 1 BetrVG (§ 68 Abs. 1 Nr. 2 BPersVG) hat der Betriebsrat die **allgemeine Aufgabe**, darüber zu wachen, dass die zugunsten der Arbeitnehmer geltenden Gesetze, Verordnungen, Tarifverträge und Betriebsvereinbarungen durchgeführt werden. Dabei ist der Betriebsrat nicht auf die Sachbereiche beschränkt, in denen ihm gem. §§ 87 bis 113 BetrVG Mitwirkungs- und Mitbestimmungsrechte eingeräumt sind.[18] Es bedarf auch keiner besonderen arbeitnehmerseitigen Beanstandung oder Beschwerde, um diese Überwachungsberechtigung des Betriebsrates auszulösen.[19] Sie ist auch nicht von einem begründeten Zweifel des Betriebsrates abhängig.[20] Im Rahmen dieser Überwachungsaufgabe ist der Betriebsrat aber kein dem Arbeitgeber übergeordnetes Kontrollorgan.[21]

7

Will man unter den dem Überwachungsrecht des Betriebsrates unterliegenden Rechtsvorschriften solche »Regelungen, die das zwischen Arbeitgeber und Arbeitnehmer bestehende Arbeitsverhältnis als solches gestalten oder auf es gerade als Arbeitsverhältnis unmittelbar einwirken«[22] verstehen, so erscheint es fraglich, ob die begünstigenden Normen des ArbEG hiervon erfasst sind.

8

---

17 Im Ergebn. wohl auch Schwab, Arbeitnehmererfindungsrecht, Anhang zu § 20 Rn. 78.; vgl. auch allg. ErfKomm/Kania, § 87 Rn. 136.
18 BAG v. 19.02.2008 – 1 ABR 84/06, DB 2008, 1635 (nur LS) = juris.
19 S. dazu u. a. Richardi/Thüsing, BetrVG, § 80 Rn. 6 ff.; Weber in GK-BetrVG, § 80 Rn. 11 ff.
20 BAG v. 18.09.1973, AP Nr. 3 zu § 80 BetrVG 1972.
21 BAG v. 11.07.1972, AP Nr. 1 zu § 80 BetrVG 1972.
22 BAG v. 11.12.1973, AP Nr. 5 zu § 80 BetrVG 1972.

Im Hinblick auf den Charakter des **ArbEG als Schutzgesetz** zugunsten des Arbeitnehmers (s. Einl. Rdn. 2) ist dies zu bejahen.[23]

9 Da die gem. § 11 ArbEG erlassenen **Vergütungsrichtlinien** vom 20.07.1959 (abgedruckt im Anh. 1 zu § 11) keine verbindlichen Rechtsvorschriften darstellen, sondern nur Anhaltspunkte für eine angemessene Vergütung geben (vgl. Nr. 1 der RL; Rdn. 5 zu § 11), fallen sie jedenfalls nicht unter die in § 80 Abs. 1 Nr. 1 BetrVG genannten allgemeinen Rechtsnormen. Die Überwachungspflicht des Betriebsrates kann sich daher nicht auf die Beachtung der Vergütungsrichtlinien allgemein beziehen, wohl aber im Einzelfall darauf, ob die Pflicht zur angemessenen Vergütung i.S.d. ArbEG bzw. des arbeitsrechtlichen Gleichbehandlungsgrundsatzes beachtet worden ist (vgl. auch § 75 BetrVG bzw. § 67 Abs. 1 Sätze 1, 2 BPersVG).

10 Als zu beachtende **Tarifverträge** bzw. **Betriebsvereinbarungen** kommen namentlich die i.R.d. §§ 20 sowie 21 a.F. ArbEG geschlossenen Vereinbarungen in Betracht. Dagegen bezieht sich § 80 Abs. 1 Nr. 1 BetrVG nicht auf die Einhaltung individualrechtlicher, d.h. einzelvertraglicher Regelungen.[24]

11 Der **Arbeitgeber** hat alle Maßnahmen des Betriebsrates oder seiner Ausschüsse **zu dulden**, die der Wahrnehmung der Überwachungsaufgabe dienen.[25] Diese Aufgabe darf aber nicht als Selbstzweck missverstanden werden, muss ihre Grenze bei willkürlichen bzw. rechtsmissbräuchlichen Maßnahmen finden[26] und das Gebot vertrauensvoller Zusammenarbeit (§ 2 Abs. 1 BetrVG, § 2 Abs. 1 BPersVG) beachten.[27]

Der Betriebsrat kann sich **gegenständlich** mit allen Ansprüchen und Forderungen, die zugunsten des Arbeitnehmers aus dem ArbEG begründbar sind, befassen. Ergeben sich Anhaltspunkte für einen Rechtsverstoß, hat der Betriebsrat den Arbeitgeber darauf hinzuweisen und auf baldige Abhilfe zu drängen[28] (vgl. auch § 74 Abs. 1 Satz 2 BetrVG, § 66 Abs. 1 Satz 3 BPersVG). Aus dem Gebot der vertrauensvollen Zusammenarbeit (§§ 2 Abs. 1, 74

---

23 So auch Gaul, GRUR 1977, 686, 701; im Ergebn. auch Boemke/Kursawe/Boemke Rn. 5 zu § 31; ferner Schwab, Arbeitnehmererfindungsrecht, Anhang zu § 20 Rn. 79 f. S. auch allg. Lelley/Bruck/Yildiz, BB 2018, 2164 f.
24 Allg. A., z.B. Mayer-Maly, DB 1979, 985, 986; Weber in GK-BetrVG Rn. 17 f. zu § 80.
25 Weber in GK-BetrVG, § 80 Rn. 26.
26 Vgl. BAG v. 11.07.1972, v. 18.09.1973, AP Nr. 1, 4 zu § 80 BetrVG u. v. 19.02.2008 – 1, ABR 84/06, DB 2008, 1635 (nur LS) = juris.
27 S. auch Richardi/Thüsing, BetrVG, § 80 Rn. 18.
28 BAG v. 09.12.2003, NZA 2004, 746.

BetrVG, §§ 2 Abs. 1, 66 BPersVG) folgt, dass sich der Arbeitgeber mit einer solchen Beanstandung sachlich auseinanderzusetzen hat.

Der Betriebsrat hat jedoch **keinen gerichtlich durchsetzbaren Anspruch**, vom Arbeitgeber die zutreffende Durchführung der einschlägigen Rechtsvorschriften verlangen zu können oder gar eine Regelung in bestimmter Weise.[29] Eine Durchsetzung seiner Anträge kann der Betriebsrat nur in den im Gesetz ausdrücklich genannten Fällen erzwingen (vgl. etwa § 85 Abs. 2, §§ 87, 91, 93, 95 Abs. 2 BetrVG); insoweit korrespondiert das Überwachungsrecht des Betriebsrates nicht zugleich mit einem entsprechenden zusätzlichen Mitbestimmungsrecht.[30] Zudem würde der Individualrechtsschutz des einzelnen Arbeitnehmers andernfalls auf das Verhältnis Arbeitgeber/Betriebsrat verlagert werden[31] (Rückschluss aus § 99 BetrVG). Es ist vielmehr Sache des einzelnen Arbeitnehmers, etwaige Ansprüche selbst gegen den Arbeitgeber geltend zu machen.

Dieses allgemeine Überwachungsrecht begründet auch keine Befugnis des Betriebsrates, bei der individuellen Berechnung der Erfindungsvergütung von sich aus mitzuwirken; dies bleibt allein den Arbeitsvertragsparteien vorbehalten (zu § 85 BetrVG s.u. Rdn. 28 ff.). Das Überwachungsrecht des Betriebsrats umfasst nur eine **Rechtskontrolle** und keine Zweckmäßigkeitskontrolle;[32] auch nicht die Entwicklung von Alternativen, die nicht von seinem Beteiligungsrecht gedeckt sind.

Nach § 27 SprAuG hat der **Sprecherausschuss** darüber zu wachen, dass alle leitenden Angestellten nach den Grundsätzen von Recht und Billigkeit behandelt werden, insb. dem arbeitsrechtlichen **Gleichbehandlungsgrundsatz** Geltung verschafft wird. 12

## II. Antragsrecht und Übermittlung von Arbeitnehmer-Anregungen (§ 80 Abs. 1 Nr. 2 u. 3 BetrVG; § 68 Abs. 1 Nr. 1 u. 3 BPersVG)

§ 80 Abs. 1 Nr. 2 u. 3 BetrVG gibt dem Betriebsrat – ohne einen durchsetzbaren Anspruch zu gewähren[33] – das Recht, beim Arbeitgeber Maßnahmen zur 13

---

29 BAG v. 10.06.1986, NZA 1987, 28; vgl. auch Boemke/Kursawe/Boemke Rn. 5 zu § 31.
30 BAG v. 25.05.1982, AP Nr. 2 zu § 87 BetrVG 1972 – Prämie u. v. 16.07.1985, AP Nr. 17 zu § 87 BetrVG 1972 – Lohngestaltung.
31 BAG v. 10.06.1986, NZA 1987, 28.
32 BAG v. 16.11.2005, NZA 2006, 553, 556, dort für in Formularverträgen enthaltene Vertragsklauseln.
33 Vgl. BAG v. 25.05.1982, AP Nr. 2 zu § 87 BetrVG 1972 – Prämie.

besseren Gestaltung des betrieblichen Geschehens zu beantragen und Anregungen (Vorschläge und Beschwerden) der Arbeitnehmer anzubringen. Hierzu gehören Vorschläge zur organisatorischen Abwicklung des Erfindungswesens (z.B. Einführung von Formularen).

### III. Informationsrecht (§ 80 Abs. 2 BetrVG, § 68 Abs. 2 BPersVG)

14 Über § 80 Abs. 2 BetrVG hat der Betriebsrat zur ordnungsgemäßen Durchführung seiner Aufgaben ein weitgehendes Informationsrecht, das den Arbeitgeber verpflichtet, dem Betriebsrat **auf Verlangen** jederzeit die hierzu **erforderlichen Unterlagen** zur Verfügung zu stellen;[34] als Unterfall des Informationsrechts ist das in § 80 Abs. 2 Satz 2 Halbs. 2 BetrVG geregelte **Einblicksrecht** in Bruttolohn- und -gehaltslisten anzusehen[35]. Dieses Einsichtsrecht erstreckt sich aber nicht auf die mit dem jeweiligen Arbeitnehmererfinder individuell abgeschlossenen arbeitsvertraglichen Absprachen, wie insb. den Arbeitsvertrag und die darauf bezogenen Ergänzungen.[36]

Die Regelung des § 80 Abs. 2 BetrVG wurde in Bezug auf leitende Angestellte bewusst nicht in § 25 Abs. 2 SprAuG übernommen.

15 Dieses Informationsrecht unterliegt den gleichen **Schranken** wie das Überwachungsrecht (vgl. Rdn. 7 f.). Soweit der Betriebsrat sein Informationsrecht i.R.d. ihm obliegenden Schutzfunktion ausübt, soll – grds. – das Interesse auf Schutz der Individualsphäre des einzelnen Arbeitnehmers zurücktreten.[37] Weist dagegen ein betroffener Arbeitnehmer berechtigterweise besondere **schutzwürdige Individualinteressen** nach, ist das Unterrichtungsrecht des Betriebsrates insoweit eingeschränkt.[38]

16 Zwar ist die Geltendmachung des Informationsrechts nicht von einem besonderen Anlass oder greifbaren Anhaltspunkten für ein Fehlverhalten des Arbeitgebers abhängig; (»jederzeit«),[39] jedoch muss der Betriebsrat **schlüssig darlegen**, für welche Aufgabe des Betriebsrats er die Information und insb.

---

34 BAG v. 30.09.2008, DB 2009, 407 u. v. 19.02.2008, DB 2008, 1635; z. Öffentl. Dienst vgl. Volz, Öffentl. Dienst (1985) 210.
35 BAG v. 15.06.1976 AP Nr.9 zu § 80 BetrVG 1972; ebenso BAG v. 10.02.1987 NZA 1987, 385; z. Öffentl. Dienst vgl. Volz, Öffentl. Dienst (1985) 210.
36 Gaul, ArbuR 1987, 359, 368.
37 So BAG v. 18.09.1973 u. v. 30.06.1981, AP Nr. 3, 15 zu § 80 BetrVG 1972; zu Recht krit. Mayer-Maly, DB 1979, 985, 990; Glawatz, DB 1983, 1543.
38 Ebenso Mayer-Maly, DB 1979, 985, 990; Galperin/Löwisch BetrVG Rn. 27 zu § 80; streitig; weitergehend Weber in GK-BetrVG, § 80 Rn. 87 f. m. w. Nachw. zum Meinungsstand.
39 BAG v. 19.02.2008, DB 2008, 1635 m.w.N.

auszuhändigende Unterlagen benötigt, damit der Arbeitgeber den Umfang seiner Unterrichtungspflicht erkennen kann.[40]

Die **erforderlichen Unterlagen** sind – soweit vorhanden – dem Betriebsrat zur Verfügung zu stellen (§ 80 Abs. 2 Satz 2 Halbs. 1 BetrVG), d.h. ihm zur Einsichtnahme vorzulegen[41] und ggf. auszuhändigen.[42] Zu diesen Unterlagen können neben einer Erfindungsakte bspw. die unternehmenseigenen Patentakten (zur Prüfung etwa der Erfüllung der Anmeldepflicht nach § 13 Abs. 1 ArbEG und der Freigabepflicht nach § 14 Abs. 2 ArbEG) gehören. 17

Soweit damit notwendigerweise **Geschäfts- oder Betriebsgeheimnisse** dem Betriebsrat offenbart werden müssen, besteht eine Geheimhaltungspflicht des Betriebsrates unter den Voraussetzungen des § 79 BetrVG[43] (insb.: »ausdrücklicher Hinweis auf die Geheimhaltungsbedürftigkeit durch den Arbeitgeber«!) bzw. § 10 BPersVG. Da das Informationsrecht des Betriebsrates auf § 80 Abs. 2 BetrVG beruht, greift die besondere Geheimhaltungspflicht nach § 24 Abs. 3 ArbEG nicht ein.[44] § 3 Abs.1 Nr. 3 GeschGehG-E normiert einen besonderen Erlaubnistatbestand für die Erlangung von Geschäftsgeheimnissen. Auch wenn § 79 Abs. 1 Satz 1 BetrVG anders als die §§ 23 Abs. 3, 74 Abs. 2 BetrVG kein ausdrückliches Unterlassungsgebot normiert, folgt aus dieser Bestimmung doch ein Anspruch des Arbeitgebers, von den Betriebsratsmitgliedern die Unterlassung der Offenbarung und Verwertung von Betriebs- oder Geschäftsgeheimnissen verlangen zu können.[45] Dieser Unterlassungsanspruch richtet sich nicht nur gegen die Betriebsratsmitglieder, sondern auch gegen den Betriebsrat als Organ der Betriebsverfassung[46]. 18

Die eigentlichen Unterlagen über die Berechnung, Festsetzung oder Feststellung und Auszahlung der **Vergütung** unterliegen dagegen nur dem **eingeschränkten Einblicksrecht** nach § 80 Abs. 2 Satz 2 Halbs. 2 BetrVG. Zwar handelt es sich bei Erfindervergütungen nicht um Arbeitsentgelt im Sinne dieser Bestimmungen (»Bruttolöhne und -gehälter«), sondern um einen belohnenden Anspruch eigener Art (s. Rdn. 3 zu § 9); der mit der Einschränkung 19

---

40 Vgl. BAG v. 19.02.2008, DB 2008, 1635. Vgl. auch Lelley/Bruck/Yildiz, BB 2018, 2164, 2166 f.
41 BAG v. 15.06.1976, AP Nr. 9 zu § 80 BetrVG 1972.
42 S. Nicolai in Hess/Worzalla/Glock/Nicola/Rose/Huke, BetrVG, § 80 Rn. 67 ff.
43 Wie hier Gaul, ArbuR 1987, 359, 367; vgl. auch Wochner, BB 1975, 1541 ff.
44 A. A. Boemke/Kursawe/Kursawe Rn. 15 zu § 24, wonach § 24 Abs. 3 ArbEG neben § 79 BetrVG bzw. § 29 SprAuG steht.
45 BAG v. 26.02.1987, DB 1987, 2526.
46 BAG v. 26.02.1987, DB 1987, 2526.

des Informationsrechts des Betriebsrates bei Lohn- und Gehaltslisten verfolgte Gesetzeszweck, die Individualsphäre durch verminderte Offenbarungsmöglichkeit zu schützen, muss hier aber in gleichem Maße zum Tragen kommen, zumal auch die Erfindervergütungsberechnung über die Bestimmung der einzelnen Wertfaktoren des Anteilsfaktors A ebenso wie über die Abzüge (insb. Steuern) Rückschlüsse auf die persönlichen Verhältnisse des Arbeitnehmers zulässt.

20 Diesem bloßen Einblicksrecht des Betriebsrates, also dem Recht auf Vorlage zur Einsicht,[47] steht das **Eigeninitiativrecht des Arbeitnehmers** auf Erörterung des Arbeitsentgelts (ggf. unter Hinzuziehung eines Betriebsratsmitglieds – vgl. unten Rdn. 24) gem. § 82 Abs. 2 BetrVG nicht entgegen, da beide Vorschriften auf verschiedenen Ebenen liegen und sich nicht ausschließen (s.a. Anh. zu § 20 Rdn. 26).

### IV. Hinzuziehung von Sachverständigen (§ 80 Abs. 3 BetrVG)

21 Soweit dies zur ordnungsgemäßen Erfüllung seiner Aufgaben erforderlich ist, kann der Betriebsrat gem. § 80 Abs. 3 BetrVG **nach näherer Vereinbarung mit dem Arbeitgeber** (z.B. über Thema, Person des Sachverständigen, Kosten, Zeitpunkt[48]) Sachverständige hinzuziehen. Dies gilt dann, wenn der Betriebsrat in den seinen Beteiligungsrechten (Informations-, Mitbestimmungs- und Kontrollrechten) unterliegenden Angelegenheiten wegen der Schwierigkeit der Materie im Einzelfall nicht ohne fachkundigen Rat auskommen kann und er des Sachverständigen bedarf, um sich fehlende fachliche und/oder rechtliche Kenntnisse vermitteln zu lassen und damit seine betriebsverfassungsrechtlichen Aufgaben sachgerecht wahrzunehmen.[49]

Voraussetzung für die Hinzuziehung eines Sachverständigen ist indes, dass der Betriebsrat sich **vorab** der ihm vom Arbeitgeber angebotenen bzw. sonst vorhandenen **betrieblichen Informationsquellen bedient** und sich z.B. durch die Mitarbeiter der Patentabteilung des Unternehmens unterrichten und informieren lässt,[50] um sich das notwendige Wissen anzueignen. Ohnehin hat der Arbeitgeber gem. § 80 Abs. 2 Satz 3 BetrVG dem Betriebsrat sachkundige Arbeitnehmer als Auskunftspersonen zur Verfügung zu stellen, soweit es zur

---

47 BAG v. 15.06.1976, AP Nr. 9 zu § 80 BetrVG 1972 u. v. 10.02.1987, NZA 1987, 385.
48 BAG v. 19.04.1989, AP Nr. 35 zu § 80 BetrVG 1972; Kritisch hierzu Schierbaum, CR 1995, 742 ff.
49 BAG v. 06.12.1983, AP Nr. 7 zu § 87 BetrVG 1972 Überwachung (zu V 3 c); Hinrichs/Plitt, NZA 2011, 1006.
50 S. allgem. BAG v. 16.11.2005, NZA 2006, 553.

ordnungsgemäßen Erfüllung der Aufgaben des Betriebsrates erforderlich ist.[51] Der sachkundige Arbeitnehmer ist kein Sachverständiger i.S.d. § 80 Abs. 3 BetrVG.[52]

Hat der Arbeitgeber seine Unterrichtungspflicht gem. § 80 Abs. 2 BetrVG erfüllt, gebietet es der Grundsatz der vertrauensvollen Zusammenarbeit und der Grundsatz der Verhältnismäßigkeit, dass der Betriebsrat, wenn er trotz der vom Arbeitgeber erhaltenen Information tatsächlich und/oder rechtlich seine betriebsverfassungsrechtlichen Aufgaben nicht sachgerecht wahrnehmen kann, sich vor Hinzuziehung eines Sachverständigen **selbst weiter informiert** (z.B. bei der Gewerkschaft, in der Fachliteratur usw.) und insb. ihm vom Arbeitgeber gebotene Möglichkeiten der Unterrichtung durch Fachkräfte des Unternehmens oder sachkundige Dritte nutzt.[53] Ggf. kann er auch vom Arbeitgeber weitere Einzelauskünfte und Einzelerklärungen verlangen.[54] Hat sich der Betriebsrat nicht zuvor beim Arbeitgeber um die Klärung der offenen Fragen bemüht, ist die Beauftragung eines Sachverständigen nicht erforderlich.[55] Die kostenaufwendige Hinzuziehung betriebsfremder Sachverständiger kommt grds. erst dann in Betracht, wenn diese (betriebsinternen) Informationsquellen ausgeschöpft sind.[56]

Die vom Betriebsrat hinzugezogenen Sachverständigen unterliegen ebenfalls der **Geheimhaltungspflicht** nach Maßgabe des § 79 BetrVG (vgl. § 80 Abs. 3 Satz 2 BetrVG).

Eine § 80 Abs. 3 BetrVG entsprechende Vorschrift fehlt im BPersVG (vgl. § 68 BPersVG) ebenso wie im Sprecherausschussgesetz für leitende Angestellte.

**Sachverständige** sind Personen, die dem Betriebsrat die ihm fehlenden fachlichen oder rechtlichen Kenntnisse vermitteln, damit sich die Zusammenarbeit mit dem Arbeitgeber i.R.d. Betriebsverfassung sachgemäß vollzieht.[57] Als Sachverständige kommen in diesem Zusammenhang etwa Patent- und Rechtsanwälte sowie Erlaubnisscheininhaber und Gewerkschaftsvertreter in Betracht, soweit sie über die zur Vermittlung der Kenntnisse erforderlichen Qualifikationen und Fähigkeiten verfügen. Die Beauftragung eines Sachverständigen setzt einen ordnungsgemäßen Beschluss des Betriebsrats über die Beraterbestellung

22

---

51 S. hierzu Natzel, NZA 2001, 872.
52 Weber in GK-BetrVG Rn. 113 zu § 80.
53 BAG v. 04.06.1987, DB 1988, 50 u. v. 26.02.1992, CR 1993, 98.
54 Vgl. Jobs, RDV 1987, 125 ff. m.w.H.
55 BAG v. 16.11.2005, NZA 2006, 553.
56 BAG v. 04.06.1987, DB 1988, 50.
57 BAG v. 25.04.1978, AP Nr. 11 zu § 80 BetrVG 1972.

für den konkreten Beratungsgegenstand voraus.[58] Die **Kosten** aus einer erforderlichen Beiziehung eines Sachverständigen trägt der Arbeitgeber gem. § 40 BetrVG. Das betrifft nur solche Honorarkosten, die der Betriebsrat unter Berücksichtigung seines Beurteilungsspielraums für erforderlich halten durfte und die bei mehreren gleichgeeigneten Möglichkeiten die für den Arbeitgeber kostengünstigeren sind.[59] Die Kostentragungspflicht des Arbeitgebers gemäß § 40 BetrVG begründet ein gesetzliches Schuldverhältnis zwischen Arbeitgeber und Betriebsrat.[60] Der Anspruch des Betriebsrats richtet sich auf Zahlung an einen Dritten (Sachverständigen) oder auf Freistellung von einer Verbindlichkeit diesem gegenüber;[61] der Sachverständige hat also keinen unmittelbaren Anspruch gegen den Arbeitgeber, da mit diesem kein Vertragsverhältnis begründet wird.[62]

23 Die Sachverständigentätigkeit kann sich immer nur auf **konkrete Problemkreise** beziehen, um dem Betriebsrat sachkundige Verhandlungen mit dem Arbeitgeber zu ermöglichen. Es ist weder Aufgabe eines Sachverständigen noch die eines Beraters, als Vertreter des Betriebsrats Verhandlungen mit dem Arbeitgeber zu führen.[63] Auch eine grundlegende Information des Betriebsrates über allgemeine Fragen des Arbeitnehmererfindungsrechts wäre nicht erfasst.[64] Derartige Grundkenntnisse können sich die Betriebsratsmitglieder im Rahmen vorübergehender Arbeitsbefreiung ohne Minderung des Arbeitsentgelts nur unter den Voraussetzungen des § 37 Abs. 6 und 7 BetrVG verschaffen.[65]

### D. Unterstützung des Arbeitnehmers gem. §§ 82 bis 84 BetrVG

24 Macht der Arbeitnehmer von seinen Individualrechten nach §§ 82 bis 84 BetrVG Gebrauch, kann er jeweils ein einzelnes, von ihm zu bestimmendes Betriebsratsmitglied hinzuziehen (vgl. § 82 Abs. 2 Satz 2, § 83 Abs. 1 Satz 2,

---

58 Hinrichs/Plitt, NZA 2011, 1006.
59 BAG v. 14.12.2016, NZA 2017, 514 (Rn. 17 ff., 22); s. auch BAG v. 25.06.2014, NZA 2015, 626 (Rn. 28).
60 BAG v. 24.10.2001, AP Nr. 71 zu § 40 BetrVG 1972.
61 BAG v. 24.10.2001, AP Nr. 71 zu § 40 BetrVG 1972; Wilhelm, Festschr. Bauer (2010), 1105, 1106.
62 Wilhelm, FS Bauer (2010), 1105, 1106.
63 BAG v. 14.12.2016, NZA 2016 (Rn. 14).
64 Vgl. auch Hinrichs/Plitt, NZA 2011, 1006 f. m.H.a. BAG v. 16.11.2005, NZA 2006, 553.
65 BAG v. 17.03.1987, AP Nr. 29 zu § 80 BetrVG 1972; BAG v. 16.11.2005, NZA 2006, 553; Hinrichs/Plitt, NZA 2011, 1006 f.; Pflüger, NZA 1988, 45; a.A. Gaul, ArbuR 1987, 359, 368.

§ 84 Abs. 1 Satz 2 BetrVG). Dieses Recht steht auch den leitenden Angestellten gem. § 26 Abs. 1 SprAuG hinsichtlich eines Mitglieds des Sprecherausschusses zu. Entsprechende Vorschriften fehlen im BPersVG.

Soweit sich nicht bereits unmittelbar aus dem ArbEG ein Informationsanspruch des Arbeitnehmers über die Berechnung seiner Erfindervergütung ergibt (vgl. etwa § 12 Abs. 2 ArbEG), steht ihm ein Recht auf Erläuterung und Erörterung der Erfindervergütung entsprechend § 82 Abs. 2 BetrVG aufgrund des mit dieser Norm verfolgten Schutzzwecks zu. In diesem Rahmen kann er sich der Hilfe eines Betriebsratsmitglieds bedienen.

Dagegen lässt sich aus § 83 BetrVG i.d.R. kein **Einsichtsrecht** des Arbeitnehmers in die Erfindungsakten herleiten; folglich entfällt auch die Möglichkeit zur Hinzuziehung eines Betriebsratsmitglieds nach § 83 Abs. 1 Satz 2 BetrVG.[66] Unabhängig von den eigentlichen Personalakten geführte Erfindungsakten, insb. Vergütungsunterlagen, fallen grds. nicht unter den Begriff der »Personalakte« i.S.d. § 83 BetrVG, da sie nicht die Person des Arbeitnehmers als solche, sondern den Erfindungsgegenstand betreffen. Macht der Arbeitgeber die Vergütungsunterlagen zum Bestandteil der Personalakte, kann sich ein Einsichtsrecht des Betriebsrats hierauf erstrecken. Zwar kann – wie § 83 Abs. 1 BetrVG zeigt – die Vorlage der Personalakten als solche vom Betriebsrat nicht verlangt werden;[67] im Einzelfall muss der Arbeitgeber aber konkrete Informationen auch aus der Personalakte erteilen, wenn diese für die Aufgabenerfüllung des Betriebsrats erforderlich sind[68] (s.a. Anh. zu § 20 Rdn. 14 ff.).

Eine Hinzuziehung eines Betriebsratsmitglieds zur Unterstützung und Vermittlung kommt wiederum i.R.d. Beschwerderechts des Arbeitnehmers gem. § 84 Abs. 1 Satz 2 BetrVG in Betracht; denn die Beschwerdemöglichkeit hat der Arbeitnehmer in allen Fällen, in denen er sich benachteiligt, ungerecht behandelt oder sonst wie beeinträchtigt fühlt.

Der Betriebsrat ist dann gehalten, sich mit dem Sachverhalt zu befassen und die Berechtigung der Beschwerde des Arbeitnehmererfinders zu überprüfen.

---

66 Im Ergebn. s.a. Gaul, GRUR 1977, 686, 701.
67 BAG v. 20.12.1988, AP Nr. 5 zu § 92 ArbGG.
68 BAG v. 20.12.1988, AP Nr. 5 zu § 92 ArbGG; v. 18.10.1988, AP Nr. 57 zu § 99 BetrVG; LAG Baden-Württemberg v. 21.02.1994, DB 1995, 51.

## E. Behandlung von Arbeitnehmerbeschwerden durch den Betriebsrat (§ 85 BetrVG; § 68 Abs. 1 Nr. 3 BPersVG)

**28** Gem. § 85 Abs. 1 BetrVG hat der Betriebsrat Beschwerden von Arbeitnehmern entgegenzunehmen und ggf. beim Arbeitgeber auf Abhilfe hinzuwirken. Begriff und Gegenstand der Beschwerde entsprechen denen des § 84 BetrVG.[69]

Im BPersVG fehlt zwar eine dem Umfang des § 85 BetrVG entsprechende Vorschrift; zu den Aufgaben des Personalrates gehört es aber gem. § 68 Abs. 1 Nr. 3 BPersVG ebenfalls, auf berechtigte Beschwerden des bediensteten Erfinders hin tätig zu werden.

**29** Die in § 85 Abs. 2 BetrVG vorgesehene Möglichkeit der Anrufung der **Einigungsstelle** bei Meinungsverschiedenheiten zwischen Arbeitgeber und Betriebsrat mit der Folge der Zwangsschlichtung wirkt sich bei der Geltendmachung von Ansprüchen aus dem ArbEG nicht aus, da es sich hierbei um dem bindenden Spruch der Einigungsstelle entzogene **Rechtsansprüche** i.S.d. § 85 Abs. 2 Satz 3 BetrVG handelt.[70] Bei Überprüfung der Zuständigkeit der Einigungsstelle im arbeitsgerichtlichen Beschlussverfahren gem. § 98 Abs. 1 Satz 2 ArbGG muss die Entscheidung des ArbG so lauten, dass eine Einigungsstelle nicht offensichtlich unzuständig, sondern materiell nicht entscheidungsbefugt[71] wäre.

Allerdings ist nicht ausgeschlossen, dass sich die Einigungsstelle im Rahmen eines freiwilligen Einigungsstellenverfahrens mit der Angelegenheit befasst und unter den Voraussetzungen des § 76 Abs. 6 Satz 2 BetrVG verbindlich über die Beschwerde entscheidet.

**30** Ein solches Einigungsstellenverfahren ersetzt das Schiedsstellenverfahren (§§ 28 ff. ArbEG) als besondere Prozessvoraussetzung gem. § 37 Abs. 1 ArbEG nicht. Es kann jedoch zuvor oder daneben betrieben werden, da beide Verfahren grds. voneinander unabhängig sind. Ein bindender Spruch der Einigungsstelle kann allerdings zur Unzulässigkeit eines (anhängigen) Begehrens im Schiedsstellen- oder Klageverfahren führen.

---

69 Bruns, Arbeit u. Arbeitsrecht 2001, 444.
70 Ebenso Gaul, ArbuR 1987, 359, 368; im Ergebn. auch Boemke/Kursawe/Boemke Rn. 7 zu § 31 m.H.a. ein freiwilliges Einigungsstellenverf. nach § 76 Abs. 6 BetrVG.
71 Vgl. Gaul, ArbuR 1987, 359, 368.

## F. Mitbestimmungsrecht des Personalrats

Soweit Mitwirkungs- bzw. Mitbestimmungsrechte des Personalrates denen des Betriebsrats entsprechen, sind sie vorstehend mitbehandelt worden bzw. kann auf die vorstehenden Ausführungen zu den Rechten des Betriebsrates verwiesen werden.

31

Darüber hinaus kommt ein Mitbestimmungsrecht des Personalrates in den Fällen in Betracht, in denen die Verwertung einer Erfindung durch den Bediensteten eine Nebentätigkeit i.S.d. Nebentätigkeitsrechts darstellt (§ 75 Abs. 1 Nr. 7, § 76 Abs. 1 Nr. 7 BPersVG). Ferner besteht ein Mitwirkungsrecht bei der Vorbereitung einer Allgemeinen Anordnung i.S.d. § 40 Nr. 3 ArbEG (s. dort Rdn. 34 ff.).

Wegen des Vorrangs des ArbEG scheidet ein Initiativ- bzw. Mitwirkungsrecht des Personalrates zur Aufstellung von Bemessungskriterien für die Vergütung von Diensterfindungen aus.[72]

32

Die Mitglieder der Personalvertretung trifft eine Schweigepflicht gem. § 10 BPersVG; die besondere Geheimhaltungspflicht nach § 24 Abs. 3 ArbEG greift nicht ein, weil hier die Kenntnisnahme allein aufgrund des Personalvertretungsrechts erfolgt.

33

---

[72] Volz, Öffentl. Dienst (1985) 211 f. m.w.N.; vgl. auch Gaul, ZTR 1987, 289, 290.

## 4. Gemeinsame Bestimmungen

### § 21 Erfinderberater

*(aufgehoben)*

**1 Hinweise:**

I.R.d. ArbEG-Novelle 2009 (s. dazu Einl. Rdn. 42) ist die Bestimmung des § 21 über Erfinderberater gem. Art. 7 Nr. 12 des Patentrechtsmodernisierungsgesetzes vom 31.07.2009 (BGBl. I, S. 2521), das am 01.10.2009 in Kraft getreten ist, ersatzlos aufgehoben worden.

**2** Die aufgehobene Vorschrift lautete:

*§ 21 ArbEG a. F.*

*Erfinderberater*

*(1) In Betrieben können durch Übereinkunft zwischen Arbeitgeber und Betriebsrat ein oder mehrere Erfinderberater bestellt werden.*

*(2) Der Erfinderberater soll insbesondere den Arbeitnehmer bei der Abfassung der Meldung (§ 5) oder der Mitteilung (§ 18) unterstützen sowie auf Verlangen des Arbeitgebers und des Arbeitnehmers bei der Ermittlung einer angemessenen Vergütung mitwirken.*

**3** Eine **Übergangsregelung** für Erfinderberater fehlt in § 43 Abs. 3. Folglich verbleibt es bei der allgemeinen Rechtsfolge des Inkrafttretens der Aufhebung, d.h. § 21 ist ersatzlos zum 01.10.2009 entfallen (s. § 43 Rdn. 14). Soweit Erfinderberater bestellt sind, bleibt die Bestellung wirksam. Insoweit liegt die Bedeutung der Aufhebung des § 21 in dem Verzicht des Gesetzgebers auf die überflüssige gesetzliche Regelung der Institution des Erfinderberates.[1] Demzufolge bedeutet die Aufhebung des § 21 kein Bestellungs- oder gar Tätigkeitsverbot. Soweit Erfinderberater bestellt worden sind und nichts anderes vereinbart ist bzw. wird, verbleibt es bei den bisherigen Regelungen, unbeschadet denkbarer Anpassungsnotwendigkeiten (§ 313 BGB) der zwischen dem Arbeitgeber und dem Erfinderberater abgeschlossenen dienst-/arbeitsvertraglichen Vereinbarungen.[2]

---

[1] S. Begr. zum PatRModG in BR-Drucks. 757/08 S. 52 (zu Art. 7 Nr. 12).
[2] Einzelheiten zum Rechtsverhältnis Arbeitgeber/Erfinderberater bei Gaul in BB 1981, 1781, 1786 f.

Nach Auffassung des Gesetzgebers ist die gesetzliche Regelung der **Institution** 4
des Erfinderberaters **überflüssig**: Die praktische Bedeutung der Institution des
Erfinderberates blieb – wie die Amtl. Begründung zum Patentrechtsmodernisierungsgesetz zutreffend bemerkt[3] – gering, da in der Praxis davon so gut wie
kein Gebrauch gemacht worden war. Die Amtl. Begründung weist darauf hin,
dass die in § 21 Abs. 2 genannten Unterstützungshandlungen bei größeren
Unternehmen i.d.R. von den Patentabteilungen, bei mittleren und kleinen
Unternehmen oftmals von Patent- bzw. Rechtsanwälten sowie von den bei
einigen Gewerkschaften eingerichteten Erfinderberatungsstellen für deren Mitglieder wahrgenommen werden.

Zudem gibt es zahlreiche **Patentinformationszentren**, die auf öffentliche (s. 5
§ 34 Abs. 2 PatG u. § 4 a GebrMG) und/oder private Initiative zurückgehen.
Diese führen keine Rechtsberatung über arbeitnehmererfinderrechtliche Fragen
durch,[4] sondern gewähren vorrangig freien, privaten Erfindern wirtschaftliche,
technische und patentrechtliche Unterstützung (»von der Idee bis zum Produkt«).[5] Hierzu gehören praxisnahe Dienstleistungen wie Informationen zu
Anmeldeverfahren, Recherche und Überwachung, strategische Patentberatung,
Produktmanagement, Beschaffung von Fördermitteln und Vermittlung von
Kontakten zur Industrie. Ergänzt wird diese Dienstleistung durch die von
Arbeitnehmervereinigungen beschäftigten oder beauftragten, meist überregional tätigen Berater ebenso wie durch die bei Handwerks- bzw. Industrie- und
Handelskammern sowie Landesgewerbeanstalten eingerichteten Erfinderberatungsstellen.[6] Schließlich bietet das Deutsche Patent- und Markenamt in München und über seine Dienststellen in Berlin und Jena Erfinderberatungen an.[7]

I.Ü. kann sich der Arbeitnehmer bei einer darüberhinausgehenden **Beratung** 6
in technischer Hinsicht **über den konkreten Erfindungsgegenstand**, z.B. bei
der Ausarbeitung einer Erfindungsmeldung, an diejenigen Personen wenden,
die von Berufs wegen zur Geheimhaltung verpflichtet sind (s.a. § 24
Rdn. 47 ff.).

Zur Rechtsberatung wird i.Ü. auf das Rechtsdienstleistungsgesetz verwiesen.

---

3 Amtl. Begründung in BR-Drucks. 757/08 S. 52 (zu Art. 7 Nr. 12 des Entwurfs).
4 Zu den Befugnissen und Grenzen der Beratung durch Patentinformationszentren s. van Raden, Mitt. 1996, 202 ff.
5 S.d. Aufstellung (Stand 01.01.2018) in BlPMZ 2018, 29 ff.
6 S. d. Aufstellung (Stand 01.01.2018) in BlPMZ 2018, 29 ff.
7 S. dazu die Informationen i. Internet unter: www.dpma.de/docs/dpma/koopersation/pitz-dt.pdf; www.patentanwaltskammer.de; www.piznet.de und zum europäischen Netzwerk Patlib: www.epo.org/patents/patentinformation/patlib-de.html.

7 Den Betriebsparteien bleibt es unbenommen, auf der Grundlage einer **freiwilligen Betriebsvereinbarung** nach § 77 BetrVG einen Erfinderberater zu bestellen.[8] Die Aufhebung des § 21 bedeutet kein Bestellungs- oder Tätigkeitsverbot (s. § 21 Rdn. 3). Soweit diesem keine in die erfinderrechtliche Position des Arbeitnehmers eingreifenden Befugnisse eingeräumt werden, ist dies nach § 22 Satz 1 unbedenklich.

---

8 Reinecke, FA 2010, 98, 100.

## § 22 Unabdingbarkeit

Die Vorschriften dieses Gesetzes können zuungunsten des Arbeitnehmers nicht abgedungen werden. Zulässig sind jedoch Vereinbarungen über Diensterfindungen nach ihrer Meldung, über freie Erfindungen und technische Verbesserungsvorschläge (§ 20 Abs. 1) nach ihrer Mitteilung.

**Lit.:**
*Haupt*, Die Unabdingbarkeit i. ArbNErfG, GRUR 1956, 405; ***Karl***, Die Unabdingbarkeit i. ArbNErfG, GRUR 1956, 51, 406; ***Tetzner, K.***, Pauschalabfindungsklausel f. Diensterf. i. Anstellungsverträgen, Mitt. 62, 194; ***Tetzner, V.***, Die Pauschalabfindung f. Diensterf., BB 63, 649.

| Übersicht | Rdn. |
|---|---|
| A. Allgemeines | 1 |
| B. Unabdingbarkeit zuungunsten des Arbeitnehmers (Satz 1) | 5 |
| I. Unabdingbarkeit | 6 |
| 1. Begriff | 6 |
| 2. Geltungsbereich | 7 |
| II. Zuungunsten des Arbeitnehmers | 17 |
| 1. Grundsatz | 17 |
| 2. Maßstab | 18 |
| III. Einzelfälle | 25 |
| IV. Rechtsfolgen | 28 |
| C. Zulässige Vereinbarung zuungunsten des Arbeitnehmers nach Meldung bzw. Mitteilung (Satz 2) | 34 |
| D. Formulare/Kontrolle von Allgemeinen Geschäftsbedingungen | 41 |

## A. Allgemeines

In Anlehnung an das frühere Recht (§ 9 DVO 1943)[1] ist mit dem Grundsatz der Unabdingbarkeit der Vorschriften des ArbEG eine **zentrale Norm** (»Angelpunkt«)[2] **zugunsten des Arbeitnehmers** geschaffen worden. Sie ist seit 1957 – auch nicht im Zuge der ArbEG-Novelle 2009 (s. dazu Einl. Rdn. 42) – im Interesse der Gewährleistung der gesetzlichen Rechte der Arbeitnehmererfinder nicht verändert worden. Dieser die Vertragsfreiheit einschränkende Grundsatz ist dem deutschen Arbeitsrecht nicht fremd, wie bspw. § 4 Abs. 3 TVG, § 77 Abs. 4 Satz 1 BetrVG, §§ 75 d, 90 a HGB, § 13 Abs. 1 BUrlG, § 25 BBiG zeigen. Der **Sinn der Regelung** besteht im Schutz des Arbeitnehmers als dem

1

---

[1] Vgl. dazu BGH v. 20.11.1962 – I ZR 40/61, GRUR 1963, 315, 316 f. – *Pauschalabfindung*.
[2] So Ausschussber. zu BT-Drucks. II/3327 S. 8 = BlPMZ 1957, 254.

sozial Schwächeren; er soll vornehmlich vor übereilten, unüberlegten oder in Sorge um den Erwerb bzw. Erhalt eines Arbeitsplatzes bzw. zur Sicherung von Arbeitsbedingungen gemachten Zugeständnissen über zukünftige Erfindungen bewahrt werden (Selbstschutz). § 22 ist damit eine Schutzvorschrift zugunsten des Arbeitnehmers[3] und als solche **zwingendes Recht**.[4] Die Vorschrift ist damit **streng auszulegen**, auch um damit Umgehungsmöglichkeiten von vornherein auszuschließen, selbst wenn der Arbeitnehmer Verständnis für die Position des Vertragspartners haben oder ihm die Vereinbarung insgesamt gesehen sogar Vorteile bringen sollte.

2 Allerdings kann es durchaus auch im Interesse des Arbeitnehmers selbst liegen – angesichts der besonderen betrieblichen Verhältnisse im Einzelfall bzw. der vielfältigen Möglichkeiten der Verwertung schutzfähiger Erfindungen – vom ArbEG abweichende Abreden mit dem Arbeitgeber zu treffen.[5] Dies erkennt das Gesetz in zweifacher Weise an:

3 Zunächst sind nach dem Grundsatz des § 22 Satz 1 nur **Vereinbarungen zuungunsten des Arbeitnehmers** unzulässig. Eine Ausnahme dazu bildet § 22 Satz 2. Anstelle des unklaren Begriffs »im Voraus« in § 9 DVO 1943 hat der Gesetzgeber in Satz 2 die Meldung (§ 5) bzw. Mitteilung (§ 18) der Erfindung, bei technischen Verbesserungsvorschlägen ebenfalls deren Mitteilung (vgl. dazu § 3 Rdn. 28 ff.), als den maßgeblichen – weil eindeutig feststellbaren – Zeitpunkt festgesetzt, von dem ab Vereinbarungen auch zuungunsten des Arbeitnehmers möglich sind.

4 Von diesem Zeitpunkt an tritt der Selbstschutzgedanke des § 22 Satz 1 zugunsten des **Prinzips der Vertragsfreiheit** zurück, da für den Arbeitnehmer die mit der Fertigstellung der Erfindung erlangte Rechtsposition überschaubar wird und damit einer konkreten Gestaltung zugeführt werden kann; zudem vermag das Vorliegen der Erfindung für den Arbeitnehmer regelmäßig eine gestärkte Verhandlungsposition zu begründen. Für derartige Abreden verbleibt es dann nur bei der **Unbilligkeitsklausel des § 23**, die durch die allgemeinen Regelungen des BGB ergänzt wird (vgl. dazu § 23 Rdn. 10 ff.). Eine Sonderregelung trifft § 37 Abs. 2 Nr. 4 für den **Verzicht auf** die Durchführung des **Schiedsstellenverfahrens** (s. § 37 Rdn. 19 ff.).

---

3 LG Düsseldorf v. 03.10.1978, EGR Nr. 5 zu § 22 ArbEG.
4 Ebenso Reimer/Schade/Schippel/Rother Rn. 2 zu § 22; Keukenschrijver in Busse/Keukenschrijver, PatG, Rn. 1 zu § 22 ArbEG (»einseitig zwingend«).
5 Amtl. Begründung BT-Drucks. 1648 S. 39 f. = BlPMZ 1957, 240.

## B. Unabdingbarkeit zuungunsten des Arbeitnehmers (Satz 1)

§ 22 Satz 1 stellt den Grundsatz auf, dass die Vorschriften des ArbEG nicht zuungunsten des Arbeitnehmers abbedungen werden können; Satz 2 enthält eine Ausnahmeregelung für den Zeitpunkt nach der Meldung bzw. Mitteilung einer technischen Neuerung.

Beide Vorgaben betreffen auch Beamte und Soldaten (vgl. § 41), wobei allerdings § 40 Nrn. 1 und 2 Besonderheiten für den **öffentlichen Dienst** zulässt (s. dort).

Die Vertragsfreiheit nach § 22 Satz 2 erfasst selbstverständlich auch den **ausgeschiedenen Arbeitnehmer** (§ 26, s. auch § 22 Rdn. 16) sowie die Erben eines verstorbenen Arbeitnehmererfinders (§ 26). § 22 Satz 1 kann hier allerdings kaum relevant werden. Zudem wird bei Abschluss einer erfindungsbezogenen Vereinbarung durch einen ausgeschiedenen Arbeitnehmer regelmäßig von einem **vorwerfbaren Unterlassen der Erfindungsmeldung** auszugehen sein, welches u. E. dem Berufen auf die Unwirksamkeitsfolge des § 22 Satz 1 entgegensteht (Rechtsgedanke des § 162 BGB, s. § 5 Rdn. 20.3).

## I. Unabdingbarkeit

### 1. Begriff

Der Unabdingbarkeitsgrundsatz des § 22 Abs. 1 enthält die gesetzgeberische Wertung, dass die zugunsten des Arbeitnehmers erlassenen Vorschriften des ArbEG grds. (einseitig) zwingend sind, sie also nicht zur Disposition der Beteiligten stehen. Die durch das ArbEG geschaffene Rechtsposition des Arbeitnehmers soll demnach im Grundsatz nicht von vornherein verschlechtert werden können.

### 2. Geltungsbereich

Von der Einschränkung der Vertragsfreiheit werden vorrangig **Individualabreden zwischen den Arbeitsvertragsparteien** (z.B. Arbeits-/Anstellungsverträge) erfasst. Sie gilt aber ebenso für **Betriebsvereinbarungen**[6] **und Tarifverträge**[7] (s.a. § 9 Rdn. 51) einschließlich darin enthaltener Ausschluss- bzw. Verfallfris-

---

[6] Vgl. Schiedsst. v. 04.10.1976, BlPMZ 1979, 184, 185; Bauer, Aufhebungsverträge, Rn. 608; Friemel, Diss 2004, 55 ff.
[7] Vgl. Schiedsst. v. 20.11.1967/26.06.1968, BlPMZ 1969, 23; Volmer/Gaul Rn. 29 zu § 22; Keukenschrijver in Busse/Keukenschrijver, PatG, Rn. 3 zu § 22 ArbEG; Reimer/Schade/Schippel/Rother Rn. 2 zu § 22; s. auch BAG v. 21.06.1979, DB 1979, 2187.

ten,[8] soweit sie normativ das Arbeitsverhältnisses unmittelbar ausgestalten (s.a. § 22 Rdn. 26).

8 § 22 erstreckt sich gem. §§ 40, 41 auch auf den **öffentlichen Dienst**, sodass bspw. Dienstvereinbarungen, Tarifverträge nicht belastend in die Rechtsstellung des Arbeitnehmers, Beamten oder Soldaten als Erfinder eingreifen dürfen (zur freiwilligen Betriebsvereinbarung s. Anhang zu § 20 Rdn. 1). Aus § 22 Satz 1 ist zugleich abzuleiten, dass erst Recht einseitige Maßnahmen des Arbeitgebers nicht unmittelbar in die Rechtsstellung des Arbeitnehmererfinders eingreifen können, wie etwa **Richtlinien, Verwaltungsvorschriften**, Verordnungen oder Erlasse, die geeignet sind, die Erfinderrechte aus dem ArbEG einzuschränken bzw. die Erfinderpflichten auszudehnen; bestätigt wird das durch § 40 Nr. 3, der als Ausnahmeregelung allgemeine Anordnungen zur Art der Verwertung einer Diensterfindung zulässt (s. § 40 Rdn. 34 ff.).

In den **neuen Bundesländern** gilt § 22 für alle ab dem 03.10.1990 fertiggestellten Arbeitnehmererfindungen (s. Einl. Rdn. 31).

9 § 22 steht auch der Bildung von zulasten des Arbeitnehmers abweichendem Gewohnheitsrecht entgegen; Gleiches gilt wegen der arbeitsvertraglichen Auswirkungen für **betriebliche Übungen**[9] (vgl. hierzu § 25 Rdn. 22).

10 § 22 erfasst nach Sinn (s. § 22 Rdn. 1) und Systematik des ArbEG nur Abreden, die das **Rechtsverhältnis zwischen Arbeitgeber und Arbeitnehmer** aus dem ArbEG bzw. die arbeitnehmererfinderrechtliche Stellung des (auch ausgeschiedenen, s. § 22 Rdn. 5) Arbeitnehmers unmittelbar betreffen (s. zu § 23 dort Rdn. 5). Grundsätzlich von § 22 erfasst sind damit nur **Vereinbarungen zwischen Arbeitgeber und Arbeitnehmer**, ferner – wegen der normativen Wirkung für das Arbeitsverhältnis – **kollektivrechtliche Regelungen (s. § 22 Rdn. 7)**. Dem stehen Vereinbarungen mit dem **Insolvenzverwalter** gleich (vgl. § 27 n.F. Rdn. 33).

**Vereinbarungen des Arbeitgebers mit Dritten sind dagegen von § 22 nicht erfasst (streitig).** Das gilt auch, wenn sich (als Reflex) nachteilige Auswirkungen für den Arbeitnehmererfinder ergeben können, ohne unmittelbar in deren

---

8 Insoweit abw. Schwab, Arbeitnehmererfindungsrecht, § 22 Rn. 5 für Ausschluss- u. Verfallsfristen bei konkretisierten Vergütungsansprüchen (s. aber auch dort § 9 Rn. 69). S. auch ErfK/Preis, §§ 194–218 BGB Rn. 50 (allg. zu schöpferischen Sonderleistungen).

9 Zum Begriff vgl. Gaul, ArbR i. Betr. A III 9 ff.; Schaub/Koch, ArbRHdb. § 111 Rn. 1 ff.; zust. auch Boemke/Kursawe/Nebel Rn. 12 zu § 22.

### B. Unabdingbarkeit zuungunsten des Arbeitnehmers (Satz 1) § 22

Rechtsstellung nach dem ArbEG einzugreifen.[10] Mithin unterliegen **eigene Verpflichtungen des Arbeitgebers**, die dieser über zukünftige Diensterfindungen **im Verhältnis zu außenstehenden Dritten** eingeht, etwa die Vorausabtretung eines im Auftragsverhältnis geschaffenen Forschungs- und Entwicklungsergebnisses, die Verpflichtung zur Einräumung unentgeltlicher Nutzungsrechte an künftigen (in Anspruch genommenen) Diensterfindungen sowie die Einräumung von entsprechenden Kaufoptionen, nicht der Verbotswirkung des § 22 Satz 1[11] (s. auch § 42 Rdn. 196 f.). Solche (in der Praxis bei Auftragsforschung seit jeher übliche und auch bei Konzernen verbreitete[12]) Übertragungsvereinbarungen regeln lediglich das »Außenverhältnis Arbeitgeber/Dritter« und nicht das durch das ArbEG erfasste »Innenverhältnis Arbeitgeber/Arbeitnehmererfinder«. Insbesondere die Vorgaben der §§ 5 bis 9, 12 bleiben davon unberührt, d. h. in solchen Fällen besteht namentlich der Vergütungsanspruch des Arbeitnehmers gegenüber dem Arbeitgeber fort (Einzelheiten s. § 9 Rdn. 251 f.). Soweit infolge eines späteren Übergangs von Rechten an der Diensterfindung auf den Dritten (Auftragnehmer) insbesondere Ansprüche des Arbeitnehmers aus §§ 13 bis 16 nicht mehr praktisch werden, ist dies zwangsläufige Folge des dem Arbeitgeber auf Grund späterer Inanspruchnahme nach § 7 zustehenden freien Verfügungs- und Verwertungsrechtes (s. § 7 n.F. Rdn. 20 ff.; s. auch § 13 Rdn. 3).

§ 22 gilt ferner nicht für **Vereinbarungen des Arbeitnehmererfinders mit Dritten (streitig)**. Besondere Bedeutung hat dies für einen Verzicht auf das Recht der negativen Publizitätsfreiheit nach § 42 Nr. 2 in Forschungs- und Entwicklungsaufträgen mit einem außenstehenden Auftraggeber (s. hierzu § 42 Rdn. 196). Das betrifft aber auch **Vereinbarungen zwischen** potentiellen **Miterfindern**, etwa für den Fall des Freiwerdens einer Diensterfindung oder zur zukünftigen Verwertung einer etwaigen freien Erfindung nach deren Mitteilung bzw. nach deren ergebnislosem Anbieten (§§ 18, 19 ArbEG).

Da das ArbEG seiner Zweckbestimmung nach ein **Schutzgesetz** zugunsten des 11 Arbeitnehmers ist (s. Einl. Rdn. 2), erstreckt sich der Unabdingbarkeitsgrundsatz **sachlich** auf **alle Vorschriften des ArbEG**, gleichgültig, ob es sich um

---

10 Vgl. allg. zu den (unabhängig von § 22 ArbEG) unwirksamen »Verträgen zu Lasten Dritter« u. a. Palandt/Grünberg, BGB, vor § 328 BGB Rn. 10.
11 Vgl. auch Volmer Rn. 37 zu § 22; Volmer/Gaul Rn. 28 zu § 22; abw. Kroitzsch, GRUR 1974, 177, 180, 186; a. A. ferner Boemke/Kursawe/Nebel Rn. 34 zu § 22 (Unwirksamkeit von Vorausübertragungen zukünftiger Arbeitsergebnisse durch den Arbeitgeber nach § 22 »im Verhältnis gegenüber dem Arbeitnehmererfinder«).
12 Vgl. etwa LG Braunschweig v. 26.04.2017 – 9 O 1722/16, (www.rechtsprechung.niedersachsen.de, Rn. 114 ff.) – Schwenkfüße.

materielle, formelle oder verfahrensrechtliche Normen handelt[13] (s. zu letztgenannten § 22 Rdn. 11). Mit erfasst sind auch die **gefestigten Auslegungsgrundsätze**, die die Bestimmungen des ArbEG durch Rechtsprechung und Schrifttum erfahren haben.

12 **Nicht** dazu zählen allerdings die (rechtlich unverbindlichen) **Vergütungsrichtlinien**[14] (zum Rechtscharakter s. § 11 Rdn. 5); werden die **Vergütungsrichtlinien** insgesamt oder einzeln abbedungen und durch andere Regelungen ersetzt, so kommt es bei der Prüfung im Einzelfall darauf an, ob dadurch der Anspruch auf »angemessene Vergütung« im Sinne der §§ 9, 10 a.F., 14 Abs. 3, § 16 Abs. 3, § 20 Abs. 1, den die Richtlinien konkretisieren wollen, entgegen § 22 Satz 1 eingeschränkt wird (s.a. § 11 Rdn. 13 ff.). Nicht dazu rechnen auch Rechte und Pflichten außerhalb des ArbEG, die in § 25 angesprochen sind.

13 Durch den umfassenden Begriff »Vorschriften des Gesetzes« sollen nicht nur die im ArbEG genannten Rechte und Pflichten selbst, sondern auch deren **Geltendmachung** geschützt werden.[15] So wären vorherige Vereinbarungen, die dem Arbeitnehmer das Geltendmachen von Rechten aus dem ArbEG erschweren, unzulässig, wie z.B. ein Schriftformerfordernis für den Festsetzungswiderspruch nach § 12 Abs. 3.

14 § 22 bezieht sich auf **gebundene und freie Erfindungen** i.S.d. §§ 2, 4 sowie auf die Vergütung für **qualifizierte technische Verbesserungsvorschläge** (§ 20 Abs. 1); außerhalb der Vergütung sind also Vereinbarungen über qualifizierte technische Verbesserungsvorschläge möglich, sei es im Arbeitsvertrag oder kollektivrechtlich (s. § 20 Rdn. 50). Einfache technische Verbesserungsvorschläge (s. dazu § 20 Rdn. 51 ff.) sind nicht erfasst, sondern gem. § 20 Abs. 2 vom Regelungsbereich des ArbEG ausgenommen, da es sich hierbei gerade nicht um Erfindungen, sondern um bloße, dem Arbeitgeber zuzuordnende Arbeitsergebnisse handelt. Voraussetzung für deren Zuordnung ist aber, dass die arbeitsrechtlich begründeten Schranken des arbeitgeberseitigen Direktionsrechts beachtet bleiben.[16]

Eine **außerhalb des ArbEG liegende Erfindung** fällt nicht unter den Geltungsbereich des § 22. Eine solche hat die *Schiedsstelle* in dem Fall angenom-

---

13 Wohl allg. A., z.B. Volmer/Gaul Rn. 24; im Ergebn. auch Reimer/Schade/Schippel/Rother Rn. 2 zu § 22.
14 Ebenso Volmer/Gaul Rn. 24 zu § 22; Keukenschrijver in Busse/Keukenschrijver, PatG, Rn. 3 zu § 22 ArbEG; Boemke/Kursawe/Nebel Rn. 22 zu § 22; a. A. Schwab, Arbeitnehmererfindungsrecht, § 22 Rn. 9.
15 Schiedsst. v. 20.11.1967, BlPMZ 1969, 23, 24.
16 Schiedsst. v. 05.11.1986, BlPMZ 1987, 209; Volmer/Gaul Rn. 102 zu § 3.

## B. Unabdingbarkeit zuungunsten des Arbeitnehmers (Satz 1) § 22

men, dass die Erfindung aufgrund eines eigenständigen Entwicklungsvertrages zwischen den Arbeitsvertragsparteien entwickelt worden ist, in dem sich der Arbeitnehmer zu bestimmten Konstruktionsarbeiten verpflichtet hatte, wobei der Arbeitgeber seinerseits die Räumlichkeiten, Arbeitsgerätschaften, Materialien usw. zur Verfügung stellte und der Arbeitnehmer eine Lizenzgebühr als Vergütung für die Verwertung der von ihm geschaffenen Erfindungsrechte erhielt.[17]

Die Unabdingbarkeit betrifft nur technische Neuerungen, die **während der Dauer des Arbeits- (Dienst-) Verhältnisses** entwickelt werden (s. § 4 Rdn. 10 ff.); sie umfasst sämtliche Abreden bzw. Regelungen in dem **Zeitraum vor und nach Zustandekommen von technischen Neuerungen bis zu ihrer Meldung bzw. Mitteilung**.[18] Dementsprechend ist es bspw. unzulässig, dass ein Arbeitnehmer in seinem Anstellungsvertrag über solche (gebundenen oder freien) Erfindungen im Voraus verfügt, die er während des aufzunehmenden Arbeitsverhältnisses entwickelt.[19] Gleiches gilt, wenn i.R.d. Vergütungsvereinbarung für eine konkrete Diensterfindung – entsprechend verbreiteten Regelungen in Lizenzverträgen – bestimmt wird, dass durch die Vergütungszahlung nicht nur gegenwärtige und zukünftige Nutzungen dieser Erfindung abgegolten sein sollen, sondern auch weitere, auf diesem Gebiet noch entstehende Erfindungen des Arbeitnehmers.[20]

15

Dagegen liegt kein Verstoß gegen das Unabdingbarkeitsgebot vor, wenn der Arbeitnehmer vor seinem Ausscheiden über solche technischen Neuerungen Abreden trifft, die er **nach Beendigung des Arbeitsverhältnisses** als freier Erfinder – bspw. als Pensionär – **fertigstellt**, da diese nicht mehr den »Vorschriften dieses Gesetzes« unterliegen (zum persönlichen Anwendungsbereich des ArbEG s.a. § 1 Rdn. 7 ff.). Zur Festlegung des für die Bestimmung als Diensterfindung maßgeblichen Aufgabenbereichs des Arbeitnehmers s. § 4 Rdn. 23 f.

16

Erfindungen können auch Gegenstand von **Zielvereinbarungen** der Arbeitsvertragparteien sein[21] (zur Pflicht zur erfinderischen Betätigung s. § 25 Rdn. 25 f.). Dabei haben verbindliche Vorgaben, die im Geltungszeitraum die

16.1

---

17 Schiedsst. Beschl. v. 11.07.1984 – ArbErf. 73/84, (unveröffentl.), worin sie ihre Zuständigkeit für derartige Fälle verneint hat.
18 Reimer/Schade/Schippel/Rother Rn. 2 zu § 22; Haupt, GRUR 1956, 405; abw. Karl, GRUR 1956, 51 u. 406.
19 Schiedsst. v. 20.05.1994 – Arb.Erf. 149/92, (unveröffentl.).
20 Schiedsst. v. 14.05.1988 – Arb.Erf. 70/87, (unveröffentl.).
21 S. hierzu ausführl. A. Bartenbach-Fock/K. Bartenbach FS Ulrich Eisenhardt (2007), 185 ff.

Rechte und Pflichten bei Arbeitnehmererfindungen konkretisieren sollen, die Schranken der §§ 22, 23 ArbEG zu beachten (zu Sonderzahlungen anstelle von Erfindervergütung s. § 9 Rdn. 63.1). Die Auswirkungen unwirksamer erfinderrechtlicher Abreden auf die sonstigen Festlegungen in der Zielvereinbarung bestimmen sich auch hier nach § 139 BGB.

## II. Zuungunsten des Arbeitnehmers

### 1. Grundsatz

17 Regelungen »zuungunsten des Arbeitnehmers« sind solche, die (objektiv[22]) **geeignet sind**, diesen – gemessen an den gesetzlichen Bestimmungen des ArbEG – **rechtlich schlechter zu stellen**,[23] **dessen gesetzliche Rechtsposition also nachteilig zu beeinflussen**. Maßgeblich ist insb., ob dessen gesetzliche Rechte – gänzlich, teilweise oder zeitweise – ausgeschlossen, eingeschränkt, gemindert, umgangen oder deren Geltendmachung bzw. Durchsetzung erschwert werden, ferner, ob dessen Pflichtenkreis ggü. der gesetzlichen Wertung ausgeweitet wird. Die Darlegungs- und **Beweislast** hat der Arbeitnehmer, der sich auf die Unwirksamkeit nach § 22 Satz 1 beruft.

### 2. Maßstab

18 Ob eine Regelung zuungunsten des Arbeitnehmers abbedungen ist, muss bei objektiver Betrachtungsweise im Einzelfall durch einen **Vergleich der Rechtsstellung** des Arbeitnehmers, die ihm die Vereinbarung zuweist, mit der, die ihm das ArbEG einräumt, entschieden werden.[24] Maßgeblich ist ein vom Einzelfall losgelöster **objektiver Rechtsvergleich**, auch wenn eine Vereinbarung im betreffenden Einzelfall bzw. in der konkreten Situation für den Arbeitnehmer wirtschaftlich günstiger oder »unterm Strich« finanziell vorteilhaft sein sollte.[25] Dabei können die Grundsätze des § 4 Abs. 3 TVG angesichts des unterschiedlichen Normzwecks nur begrenzt herangezogen werden.[26]

19 Für diesen **Günstigkeitsvergleich** kommt es nicht auf die Rechtsstellung an, die die Vereinbarung dem einzelnen Arbeitnehmer in ihrer Gesamtheit

---

22 Keukenschrijver in Busse/Keukenschrijver, PatG, Rn. 5 zu § 22 ArbEG.
23 Schiedsst. v. 30.06.1972, BlPMZ 1973, 289, 290, bestätigt durch EV. v. 20.05.1994 – Arb.Erf. 149/92, (unveröffentl.); zust. u. a. Keukenschrijver in Busse/Keukenschrijver, PatG, Rn. 4 zu § 22 ArbEG; im Ergebn. auch Boemke/Kursawe/Nebel Rn. 37 zu § 22.
24 Allg. A., z.B. Lindenmaier/Lüdecke Anm. 2 zu § 22.
25 Vgl. auch Keukenschrijver in Busse/Keukenschrijver, PatG, Rn. 5 zu § 22 ArbEG; Boemke/Kursawe/Nebel Rn. 36 zu § 22.
26 Weitergehend aber Boemke/Kursawe/Nebel Rn. 36 zu § 22.

## B. Unabdingbarkeit zuungunsten des Arbeitnehmers (Satz 1) § 22

gewährt (Gesamtvergleich); vielmehr ist **jede Einzelbestimmung** des Vertrages an den entsprechenden gesetzlichen Regelungen zu messen[27] (**Einzelvergleich**).

Demzufolge verstößt eine einzelne Abrede, die für den Arbeitnehmer ungünstiger ist als die gesetzliche Bestimmung, auch dann gegen § 22, wenn sich die Abrede in ihrer Gesamtheit im Verhältnis zum ArbEG rechtlich vorteilhafter darstellt bzw. sich im konkreten Fall im Ergebnis nachträglich als wirtschaftlich nicht ungünstiger erweist.[28] Soweit einzelne **Abreden in einem inneren Zusammenhang** stehen, können diese nur dann zum Vergleich zusammengefasst werden, wenn sie für sich allein nicht rechtlich selbstständig sind und (nur) zusammen mit weiteren Abreden eine rechtliche Einheit bilden.[29] Ein bloß sachlicher Zusammenhang (Sachgruppenvergleich)[30] reicht dagegen nach Wortlaut und Regelungszweck nicht aus. 20

Maßgeblich ist allein die durch die Absprache geschaffene **Rechtsstellung**, auch wenn sich die abweichende Vereinbarung im Einzelfall (nachträglich) als wirtschaftlich günstig erweist;[31] so ist bspw. die Abgeltung etwaiger zukünftiger Erfindervergütungsansprüche durch bestimmte **Erhöhungen des Monatsgehaltes** von vornherein – auch wenn der Arbeitnehmer später keine Erfindung entwickelt haben sollte – unzulässig, weil damit der Arbeitnehmer seine in §§ 9, 10 a.F. verankerten, potenziellen Ansprüche auf angemessene Vergütung verliert;[32] etwas anderes kann gelten, wenn sich diese Gehaltsanhebung als zu verrechnende Vorauszahlung auf zukünftige Erfindervergütungen darstellt. In gleicher Weise ist eine **Pauschalvergütungsabrede im Anstellungsvertrag** unwirksam, da – worauf die *Schiedsstelle* zutreffend hinweist – für die Nichtigkeitsfolge die theoretische Möglichkeit ausreicht, dass die Pauschalsätze unter der nach dem ArbEG geschuldeten Vergütung liegen können.[33] Unwirksam ist auch eine arbeitsvertragliche Regelung dahin, dass entweder alle oder gar keine Diensterfindungen an einem Pauschalvergütungssystem des Arbeitgebers teilnehmen, da dies die einzelfallabhängige Entscheidungsfreiheit des 21

---

27 Ebenso Volmer/Gaul Rn. 37 zu § 22; im Ergebn. auch Reimer/Schade/Schippel/Rother Rn. 3 zu § 22.
28 Schiedsst. v. 20.05.1994 – Arb.Erf. 149/92, (unveröffentl.).
29 So zutr. Reimer/Schade/Schippel/Rother Rn. 3 zu § 22.
30 So aber Boemke/Kursawe/Nebel Rn. 38 f. zu § 22.
31 Wie hier h.M., z.B. Klauer/Möhring/Nirk PatG Rn. 4 Anh. zu § 3; Keukenschrijver in Busse/Keukenschrijver, PatG, Rn. 5 zu § 22 ArbEG; Reimer/Schade/Schippel/Rother Rn. 3 zu § 22.
32 So auch Reimer/Schade/Schippel/Rother Rn. 3 zu § 22; Volmer/Gaul Rn. 44 zu § 22; Haupt, GRUR 1956, 405; a.A. Karl, GRUR 1956, 51, 52 f.
33 Schiedsst. v. 11.08.1986 – Arb.Erf. 69/85, (unveröffentl.).

Arbeitnehmers zur angemessenen Vergütung der jeweiligen Diensterfindung ausschließt.[34]

Für die Beurteilung kommt es allein auf die **objektive Schlechterstellung** an. Damit ist es **ohne Belang, ob die Parteien**, insbesondere der Arbeitnehmer, **mit der Vereinbarung zufrieden sind**.[35] Ohne Einfluss ist auch, von wem die Initiative zu der Regelung ausgegangen ist und ob den Arbeitgeber ein Verschulden trifft.

22 **Maßgeblicher Beurteilungszeitpunkt** ist der Augenblick des Zustandekommens der vom ArbEG abweichenden Regelung.[36] Das die Bewertung vom Einzelall losgelöst ist, kommt es dagegen nicht auf den Zeitpunkt des Konfliktfalls an. Eine Bewertung ex post verbietet sich (zum schuldhaften Unterlassen einer Meldung s. aber § 22 Rdn. 5).

23 Ist eine getroffene **Regelung nicht eindeutig** und kann nicht von vornherein ausgeschlossen werden, dass sie für den Arbeitnehmer ungünstiger ist, ist sie unzulässig.[37] Das folgt aus dem Normzeck (s. § 22 Rdn. 1). In diesem Sinne sind auch sog. »**zweischneidige Regelungen**«, also solche, die sich je nach den Umständen rechtlich günstiger oder ungünstiger auswirken können, unzulässig, da ihre Folgen für den Arbeitnehmer nicht im Voraus überschaubar sind.[38] Dies kann namentlich dann der Fall sein, wenn unbestimmte Rechtsbegriffe des ArbEG durch Abreden konkretisiert werden, etwa die Bestimmung einer Mindestfrist zur Ausfüllung des Begriffs »unverzüglich« i.S. des § 5 Abs. 1, § 13 Abs. 1 Satz 3.

24 Dagegen sind solche Vertragsgestaltungen individual- oder kollektivrechtlicher Art unbedenklich möglich und zulässig, die in jedem Punkt (Einzelvergleich) in ihrer Wirkung dem ArbEG entsprechen (**neutrale Abreden**) oder den Arbeitnehmer rechtlich **vorteilhafter** stellen.

**III. Einzelfälle**

25 Eine Regelung **zuungunsten** des Arbeitnehmers ist **beispielsweise** bei folgenden **vor der Meldung** (Mitteilung) einer Erfindung getroffenen Abreden zwischen Arbeitgeber und Arbeitnehmer anzunehmen:

---

34 Schiedsst. v. 22.02.2017 – Arb.Erf. 45/15, (www.dpma.de).
35 Schiedsst. v. 30.06.1972, BlPMZ 1973, 289, 290.
36 A. A. Boemke/Kursawe/Nebel Rn. 44 zu § 22 (Zeitpunkt, in dem gesetzliche und vertragliche Regelung erstmals kollidieren).
37 Vgl. Schiedsst. v. 30.06.1972, BlPMZ 1973, 289, 290; weitergehend (bei Wahlrecht des ArbN) Boemke/Kursawe/Nebel Rn. 41 f. zu § 22; s. auch BAG v. 12.04.1972, AP Nr. 13 zu § 4 TVG – Günstigkeitsprinzip.
38 A. A. Boemke/Kursawe/Nebel Rn. 43 zu § 22 (Einzelfallentscheidung).

B. Unabdingbarkeit zuungunsten des Arbeitnehmers (Satz 1) § 22

Erweiterung des Kreises der Diensterfindungen über den Katalog des § 4 **26**
Abs. 2 hinaus[39] (vgl. aber § 4 Rdn. 23 f.); unmittelbarer Übergang einer
Diensterfindung ohne Inanspruchnahme bzw. sonstige Vorausverfügungen
über künftige Erfindungen[40] (s.a. § 22 Rdn. 15); Pflicht des Arbeitnehmers
zur Überlassung der Erfindung an Dritte (s. aber auch § 42 Rdn. 195 f.);
Änderung der Fiktionsfrist des § 6 Abs. 2 n.F. (s. aber auch § 6 n.F.
Rdn. 89); Ausdehnung des Nutzungsrechts aus einer früheren beschränkten
Inanspruchnahme (§ 7 Abs. 2 a.F.) bzw. einem Benutzungsvorbehalt (§ 14
Abs. 3, § 16 Abs. 3); Vereinbarung der Möglichkeit einer beschränkten Inanspruchnahme zukünftiger Erfindungen (s. § 6 n.F. Rdn. 22); Einschränkungen des Verwertungsrechts des Arbeitnehmers bei frei gewordenen Diensterfindungen (vgl. aber auch § 8 n.F. Rdn. 77 ff.) bzw. freien Erfindungen
(§§ 18, 19); Ausschluss oder Minderung des Erfindervergütungsanspruchs[41]
(s.a. oben § 22 Rdn. 15–21) bzw. der Überprüfungsrechte[42] (z.B. § 12
Abs. 6 Satz 1) wie etwa Vereinbarung einer (laufenden) Pauschalabfindung
zur endgültigen Abgeltung zukünftiger Diensterfindungen[43] (s.a. § 22
Rdn. 15–21) oder Abhängigkeit eines Pauschalvergütungssystems von der
Erstreckung auf zukünftige Diensterfindungen[44], Begrenzung der Vergütung
auf tatsächliche bzw. gewinnbringende Verwertungen, Festlegung von
Anteilsfaktoren (s. § 9 Rdn. 265.1), Vereinbarung einer Maximalvergütung;[45] Vorausabtretung von Vergütungsanspruchen zugunsten Dritter[46]; ferner Verzicht auf die Rechte zur Einreichung oder Fortführung von Inlands-
oder Auslandsanmeldungen (§ 13 Abs. 4, § 14 Abs. 2, § 16 Abs. 1, 2);

---

39 Amtl. Begründung BT-Drucks. 1648 S. 39 f. = BlPMZ 1957, 240; abw. Karl, GRUR 1956, 51, 52.
40 Allg. A., z.B. OLG Hamburg v. 06.11.1958, GRUR 1960, 487, 490; s.a. BGH v. 16.11.1954, GRUR 1955, 286, 289 – *Schnellkopiergerät*; LG Braunschweig v. 26.04.2017 – 9 O 1722/16, (www.rechtsprechung.niedersachsen.de, Rn. 109) – Schwenkfüße; s. ferner die Beispiele b. Riemschneider/Barth Anm. 1 zu § 9, DVO 1943.
41 Amtl. Begründung BT-Drucks. 1648 S. 39 f. = BlPMZ 1957, 240; Haupt, GRUR 1956, 405; a.A. Karl, GRUR 1956, 51, 52 f.
42 Vgl. auch BGH v. 20.11.1962 – I ZR 40/61, GRUR 1963, 315, 316 – *Pauschalabfindung*.
43 I. Ergebn. ebenso Schiedsst. v. 11.08.1986 – Arb.Erf. 69/85, (unveröffentl.) bzgl. e. Pauschalverg.-Vereinbg. i. Anst.vertrag; V. Tetzner, BB 1963, 649, 650 – dort zu Recht ablehnend zum Lösungsvorschlag von Heinr. Tetzner, Mitt. 1962, 194 f.
44 Schiedsst. v. 22.02.2017 – Arb.Erf. 45/12, (www.dpma.de).
45 Volmer/Gaul Rn. 43 zu § 22; im Ergebn. auch Schiedsst. v. 22.02.2017 – Arb.Erf. 45/12, (www.dpma.de).
46 Vgl. Keukenschrijver in Busse/Keukenschrijver, PatG, Rn. 1 zu § 9 ArbEG.

genereller » Abkauf« von Arbeitnehmerrechten etwa aus §§ 14, 16[47] (s. § 11 Rdn. 29 f.); Vereinbarung eines generellen Vorkaufsrechts für freie Erfindungen (s. § 19 Rdn. 77); Ausweitung der Geheimhaltungspflicht des § 24 Abs. 2 auf freie oder frei gewordene Erfindungen. Zum Verzicht auf die Meldung der Erfindung bzw. die Text-/Schriftform (§ 5) vgl. § 5 Rdn. 30, 38 f.; zur Verlängerung der früheren Inanspruchnahmefrist und zum Verzicht auf die Schriftform vgl. § 6 a.F. Rdn. 31 f., 47–57; zur Verlängerung der Freigabefrist s. § 6 n.F. Rdn. 89 und zum Verzicht auf die Schriftform vgl. § 6 a.F. Rdn. 31 ff.; zum Ausschluss des Rechts auf Anrufung der Schiedsstelle vgl. § 37 Abs. 2 Nr. 4; zur Unwirksamkeit von Schiedsabreden zwischen den Arbeitsvertragsparteien vgl. auch §§ 4, 101 Abs. 3 ArbGG, § 1025 Abs. 2 ZPO sowie § 39 Rdn. 36; auch die Abrede, eine Entscheidung der Schiedsstelle sei in jedem Fall bindend (zweischneidige Regelung, s.o. § 22 Rdn. 23), nimmt dem Arbeitnehmer das Widerspruchsrecht nach § 34 Abs. 3 und ist auch deshalb unzulässig. arbeits- oder tarifvertragliche Verfallfristen weichen ebenfalls zuungunsten des Arbeitnehmers vom Gesetz ab[48] (s. auch § 9 Rdn. 51). Zur Zulässigkeit von Ausgleichsquittungen s. § 26 Rdn. 56 ff.; zur Zulässigkeit von Abtretungsverboten s. § 9 Rdn. 8.

27 Ungeachtet des § 22 Satz 1 **zulässige Abreden zugunsten** des Arbeitnehmers stellen dagegen die Regelungen dar, die ausschließlich Rechte des Arbeitgebers betreffen. Dementsprechend sind auch **vor Meldung** einer Diensterfindung **zulässig:** Verzicht des Arbeitgebers auf Formerfordernisse[49] (vgl. auch § 5 Rdn. 38 f.; § 6 a.F. Rdn. 31 f., 57); Ausschluss bestimmter Erfindungen aus der rechtlichen Behandlung als Diensterfindung[50] (als vorweggenommene Freigabe – s. § 8 n.F. Rdn. 34; § 8 a.F. Rdn. 20); Verzicht des Arbeitgebers auf sein Inanspruchnahmerecht[51] (s. § 6 n.F. Rdn. 36; s.a. § 6 a.F. Rdn. 16), auf das Recht zur Schutzrechtsanmeldung im Ausland (§ 14), auf die Mitteilung bzw. Anbietung freier Erfindungen (§§ 18, 19); Vereinbarung von Mindestver-

---

47 Etwa Schiedsst. ZB. v. 03.05.2017 – Arb.Erf. 09/16, Mitt. 2018, 356, 359, (= www.dmpa.de).
48 LG Frankfurt v. 22.11.2000 – 2/6 O 239/00, (unveröffentl.). S. allg. zu vertragl. Ausschlussfristen einschl. AGB-Kontrolle Naber/Schulte, BB 2018, 2100 ff.
49 BGH v. 24.11.1961 – I ZR 156/59, GRUR 1962, 305, 307 – *Federspannvorrichtung*; BGH v. 19.05.2005 – X ZR 152/01, GRUR 2005, 761 – *Rasenbefestigungsplatte*; abw.Boemke/Kursawe/Nebel Rn. 24 zu § 5 u. Rn. 32 zu § 22.
50 A.A. Volmer/Gaul Rn. 36 zu § 4.
51 BGH v. 24.11.1961 – I ZR 156/59, GRUR 1962, 305, 307 – *Federspannvorrichtung* u. BGH v. 19.05.2005 – X ZR 152/01, GRUR 2005, 761 – *Rasenbefestigungsplatte*.

gütungen. Solche Abreden lassen aber evtl. Beschränkungen des Arbeitnehmers aus der Treuepflicht (s. dazu § 25 Rdn. 28 ff.) im Zweifel unberührt.

### IV. Rechtsfolgen

Die zwingende Wirkung des § 22 Satz 1 führt zur **Nichtigkeit** der hiergegen verstoßenden Regelung (§ 134 BGB).[52] Aus der Nichtigkeit einer einzelnen Bestimmung (**Teilnichtigkeit**) folgt indes nicht die Nichtigkeit der gesamten Abrede. § 139 BGB ist nicht anwendbar;[53] es wäre mit dem Schutzzweck des § 22 Satz 1 nicht vereinbar, dem geschützten Arbeitnehmer sonstige, in einer Abrede begründete Rechte oder Vorteile zu nehmen; soll – wie hier – ein gesetzliches Verbot bestimmter Abreden einen der Beteiligten vor Benachteiligung schützen, so beschränkt sich die Nichtigkeit einer gegen diese Vorschrift verstoßenden Regelung entsprechend dem gesetzlichen Schutzzweck auf die verbotene Klausel, an deren Stelle die zwingende gesetzliche Regelung tritt.[54] Dies kann auch durch eine salvatorische Klausel[55] klargestellt werden.[56]

28

Auf **die Kenntnis der Verbotswidrigkeit** kommt es nicht an, da die Nichtigkeit keine Strafe darstellt, sondern eine mit dem Schutzzweck des ArbEG unverträgliche Regelung vermeiden soll[57] (s. auch § 22 Rdn. 21).

29

Auch eine **Anfechtung** der getroffenen Gesamtabsprache wegen Irrtums über die Rechtsfolgen kann ebenso wenig wie eine Kündigung der Vereinbarung aus wichtigem Grund in Betracht kommen.

30

Verlangt ein Arbeitnehmer unter Berufung auf die Nichtigkeit die Einhaltung der Vorschriften des ArbEG und ist dies Anlass für den Arbeitgeber zur **Kündigung**, so ist Letztere nach § 134 BGB unwirksam.

31

Nach der Meldung bzw. Mitteilung der technischen Neuerung steht es den Parteien nach § 22 Satz 2 frei, die Abrede – bezogen auf die konkrete techni-

32

---

52 Allg. A., z.B. Schiedsst. v. 26.06.1968, BlPMZ 1969, 23, 26; Keukenschrijver in Busse/Keukenschrijver, PatG, Rn. 10 zu § 22 ArbEG; Volmer/Gaul Rn. 33 zu § 22.
53 Schiedsst. v. 20.05.1994 – Arb.Erf. 149/92, (unveröffentl.); zust. auch Boemke/Kursawe/Nebel Rn. 45 zu § 22; vgl. auch Keukenschrijver in Busse/Keukenschrijver, PatG, Rn. 10 zu § 22 ArbEG (»Nichtigkeit, die jedoch nicht die gesamte Abrede erfassen muss«).
54 S. allg. BAG v. 13.03.1975, DB 1975, 1417, 1418 m.w.N.
55 S. dazu allg. BGH v. 08.02.1994, GRUR 1994, 463 – *Pronuptia II* m. krit. Anm. Martinek BGH EWiR § 15 GWB 1/94, 575; einschränkend BGH v. 24.09.2002, GRUR 2004, 353 – *Tennishallenpacht*.
56 Schiedsst. v. 20.05.1994 – Arb.Erf. 149/92, (unveröffentl.).
57 Zust. Boemke/Kursawe/Nebel Rn. 46 zu § 22. Vgl. allg. MünchKomm-Mayer-Maly BGB Rn. 108 zu § 134.

sche Neuerung – **erneut zu vereinbaren**.[58] Auch für eine wirksame **Bestätigung** i.S.d. § 141 Abs. 1 BGB bedarf es der Mitwirkung beider Vertragsparteien; das bestätigte Rechtsgeschäft entfaltet keine rückwirkende Kraft und ist damit erst vom Zeitpunkt der Bestätigung an voll wirksam.[59] Einer aus Billigkeitsgründen gem. § 141 Abs. 2 BGB rückbezogenen Verpflichtung des Arbeitnehmers steht der Schutzzweck des § 22 entgegen.[60]

33 Darüber hinaus ist es grds. mit dem Zweck des § 134 BGB unvereinbar, durch den Einwand der **unzulässigen Rechtsausübung** (§ 242 BGB) der verbotswidrigen Abrede letztlich zur Geltung zu verhelfen.[61]

### C. Zulässige Vereinbarung zuungunsten des Arbeitnehmers nach Meldung bzw. Mitteilung (Satz 2)

34 § 22 Satz 2 lässt vom ArbEG abweichende Vereinbarungen über Diensterfindungen (§ 4 Abs. 2) nach ihrer Meldung (§ 5), über freie Erfindungen (§ 4 Abs. 3) und qualifizierte technische Verbesserungsvorschläge (s. dazu § 20 Rdn. 11 f.) nach deren Mitteilung (§ 18, für technische Verbesserungsvorschläge s. § 3 Rdn. 28 ff.) zu. Maßgeblich ist der **Zugang der** Meldung/Mitteilung **beim Arbeitgeber** (s. § 5 Rdn. 38).

35 Als **Ausnahmeregelung**[62] zu § 22 erfasst Satz 2 die Abreden zuungunsten (s. dazu oben § 22 Rdn. 17 ff.) des Arbeitnehmers allerdings nur insoweit, als die Vorschriften des ArbEG der Disposition der Parteien unterliegen. Der Disposition der Parteien entzogen sind die **zwingenden** Normen des ArbEG, also die gesetzlichen Verbote der §§ 22, 23 sowie § 27.[63] Gleiches gilt grundsätzlich für Vereinbarungen über die **verfahrensrechtlichen Vorschriften** der §§ 28 bis 39. Soweit solche Vereinbarungen ausnahmsweise möglich sind (vgl. zum einverständlichen Verzicht auf die Anrufung der Schiedsstelle s. § 37 Abs. 2 Nr. 4; zur Zuständigkeitsvereinbarung s. § 39 Rdn. 18, 24), fallen sie wegen ihres (zumindest auch) materiell-rechtlichen Charakters[64] und ihres Bezugs zur

---

58 Zust. Keukenschrijver in Busse/Keukenschrijver, PatG, Rn. 10 zu § 22 ArbEG.
59 Allg. A., vgl. RG v. 07.01.1911, RGZ 75, 114, 115.
60 Reimer/Schade/Schippel/Rother Rn. 2 zu § 22.
61 Vgl. allg. Wieacker, JZ 1961, 229.
62 A.A. Volmer/Gaul Rn. 61 zu § 22 (»spezialgesetzl. Ausprägung d. Prinzips d. Vertragsfreiheit«).
63 Für § 23 ArbEG offen gelassen LG Braunschweig v. 12.05.1970 – 9 c O 13/63, (unveröffentl.).
64 Vgl. allg. zum materiellrechtl. Rechtscharakter von Gerichtsstandsvereinbarungen und Schiedsverträgen sowie zu einer u. E. bestehenden Doppelnatur von prozessualen Vereinbarungen Palandt/Ellenberger, BGB, vor § 104 BGB Rn. 37.

Diensterfindung unter § 22; davon geht erkennbar auch § 37 Abs. 2 Nr. 4 aus (s. auch § 22 Rdn. 11).

Entsprechend dem Gesetzessinn und -wortlaut bezieht sich die Abdingbarkeit nur auf die Behandlung der **konkreten**, gemeldeten bzw. mitgeteilten **technischen Neuerung** (s.a. § 22 Rdn. 15–21). Damit kommen als Vereinbarung i.S.d. § 22 Satz 2 nur die auf den Einzelfall bezogenen **Individualabreden** zwischen Arbeitgeber und Arbeitnehmer (s.o. § 22 Rdn. 7 ff.) in Betracht. Mangels eines Bezugs auf den Einzelfall scheiden kollektivrechtliche Gestaltungen aus.[65] 36

An diese formlos, mithin auch konkludent möglichen Abreden[66] sind wegen ihrer rechtseinschränkenden Wirkung **strenge Anforderungen** zu stellen; insb. müssen die Parteien ihren »Abänderungswillen« klar und unzweideutig zum Ausdruck gebracht haben.[67] So wird eine stillschweigende vertragliche Überleitung einer frei gewordenen oder freien Erfindung nur dann anzunehmen sein, wenn sich nach außen erkennbar aus dem gesamten Sachverhalt klar und **unzweideutig ergibt,** dass der Arbeitnehmer seine Erfindung dem Arbeitgeber übertragen und Letzterer die Erfindung übernehmen will[68] (s. § 6 a.F. Rdn. 62). Im Schrifttum und in der Rechtsprechung wird für eine Abdingbarkeit von Rechten aus dem ArbEG darüber hinaus verlangt, dass der Arbeitnehmer die ihm gesetzlich gewährte Rechtsstellung kennt.[69] Dementsprechend müssen sich bei einem nach Erfindungsmeldung grundsätzlich möglichen ganzen oder teilweisen **Verzicht** (Erlassvertrag bzw. negatives Schuldanerkenntnis, vgl. § 397 BGB) auf gesetzliche Ansprüche aus dem ArbEG beide Vertragsparteien, insbesondere der Verzichtende, des tatsächlichen bzw. möglichen Bestehens des erfinderrechtlichen Anspruchs sowie der Bedeutung des Verzichts 37

---

65 A. A. Boemke/Kursawe/Nebel Rn. 50, 54 f. zu § 22 (möglich für die Behandlung bereits gemeldeter Erfindungen).
66 LG Düsseldorf v. 20.06.1978, EGR Nr. 4 zu § 22 ArbEG; Schiedsst. v. 08.04.1993, EGR Nr. 34 zu § 6 ArbEG; vgl. auch Schiedsstelle v. 14.02.1973, BlPMZ 1973, 290, 291.
67 LG Braunschweig v. 26.04.2017 – 9 O 1722/16, (www.rechtsprechung.niedersachsen.de, Rn. 111) – Schwenkfüße; Reimer/Schade/Schippel/Rother Rn. 7 zu § 22 m.w.N.; ebenso Schiedsst. v. 08.04.1993, EGR Nr. 34 zu § 6 ArbEG; vgl. auch BGH v. 23.05.1952 – I ZR 149/51, GRUR 1952, 573 – *Zuckerdiffuseur* = AP 53 Nr. 120 m. Anm. Volmer.
68 OLG Düsseldorf v. 26.07.2018 – I – 15 U 2/17, (BeckRS 2018, 17622, Rn. 56) – *Flammpunktprüfung*, dort zu frei gewordenen Diensterfindungen.
69 Reimer/Schade/Schippel/Rother Rn. 7 zu § 22 m.w.N.; LG Braunschweig v. 12.05.1970 – 9 c O 13/63, (unveröffentl.).

bewusst sein[70] (zur Unbilligkeitsschranke s. § 23 Rdn. 21, zum Abkauf der Rechte aus §§ 14, 16 s. insbes. § 11 Rdn. 22 ff., zum Verzicht auf den Anpassungsanspruch s. § 12 Rdn. 96.1 und zur Ausgleichsquittung s. § 26 Rdn. 56 ff.).

Die Darlegungs- und **Beweislast** für den Abschluss einer gemäß § 22 Satz 2 zugelassenen Vereinbarung nach Meldung hat grundsätzlich der Arbeitgeber.

38 Die Möglichkeit abweichender Vereinbarungen wird erst durch die Meldung (§ 5 Abs. 1) bzw. Mitteilung (§ 18 bzw. §§ 3, 20) eröffnet. **Maßgeblich** ist der **Zeitpunkt des Zugangs der Erfindungsmeldung** beim Arbeitgeber (s. dazu § 5 Rdn. 10 ff.). Da das Gesetz ausdrücklich auf einen Zeitpunkt »nach« (Zugang) der Meldung abstellt, reicht der gleichzeitige Verzicht nicht aus.[71] Folglich entfaltet jedenfalls ein vom Arbeitgeber entwickeltes Meldeformular, in dem zugleich ein Verzicht auf bestimmte Rechte aus dem ArbEG angesprochen wird, keinerlei Wirkung. Gleiches gilt für eine Inanspruchnahmeerklärung, die im Meldeformular des Arbeitgebers enthalten ist.[72] Da eine Vereinbarung erst mit Annahme eines Angebots zustande kommt (vgl. §§ 145 ff. BGB), reicht es aus, wenn der Arbeitnehmer nach Meldung ein vorangegangenes Angebot des Arbeitgebers angenommen hat.

39 Da die Ausnahmeregelung des Satz 2 sich aus der an die Fertigstellung der Erfindung anknüpfenden verstärkten Position des Arbeitnehmers rechtfertigt und auf die Meldung bzw. Mitteilung als eindeutig fixierbaren Zeitpunkt abgestellt wird (s.o. § 22 Rdn. 3), muss eine **Erfindungsmeldung** i.S.d. § 5 Abs. 1 genügen; ein Abstellen auf das Beanstandungsrecht des Arbeitgebers und den Fristablauf gem. § 5 Abs. 3 verbietet sich deshalb.[73]

40 **Fehlt eine förmliche Meldung** i.S.d. § 5 Abs. 1 bzw. eine Mitteilung, erhält der Arbeitgeber aber auf andere Weise Kenntnis vom Gegenstand der technischen Neuerung, ist eine danach zuungunsten des Arbeitnehmers getroffene Abrede nicht schlechthin nichtig;[74] für die Zulässigkeit einer Vereinbarung ist vielmehr darauf abzustellen, wann diese Kenntniserlangung des Arbeitgebers

---

70 Vgl. zum Verzicht u. a. Volz in Festschr. Bartenbach (2005), S. 199, 214 ff.
71 Schiedsst. v. 05.11.1986 – Arb.Erf. 1(B)/86, (unveröffentl.).
72 Schiedsst. v. 26.04.2012 – Arb.Erf. 28/11, (www.dpma.de, nur LS. 3).
73 Im Ergebn. h.M., z.B. Volmer Rn. 29 zu § 22; a.A. Lindenmaier/Lüdecke Anm. 4 zu § 22.
74 Vgl. auch BGH v. 04.04.2006 – X ZR 155/03, GRUR 2006, 754, 757 (Rn. 26) – *Haftetikett*; für Nichtigkeit aber wohl LAG Baden-Württemberg v. 24.01.1958, DB 1958, 312.

nach außen in Erscheinung getreten, dokumentiert worden ist[75] (s. dazu § 5 Rdn. 31), also insbesondere mit Einreichung einer Schutzrechtsanmeldung[76] unter Benennung aller (Arbeitnehmer-)Miterfinder mit ausdrücklicher Inanspruchnahmeerklärung[77] (§ 6 Abs. 1 n.F., § 6 a.F.). Bei vereinbarter Überleitung einer nicht gemeldeten Diensterfindung ist auf den Vertragsabschluss abzustellen.[78]

## D. Formulare/Kontrolle von Allgemeinen Geschäftsbedingungen

In größeren Unternehmen, wie auch in einigen öffentlichen Verwaltungen,[79] hat sich die Verwendung von **Formularen** (Vordrucken) als zweckmäßig erwiesen.[80] Angesichts der nunmehr möglichen Textform haben auch Formulare zur **elektronischen** Abgabe von erfinderrechtlichen Erklärungen zugenommen, die nicht selten von der Erfindungsmeldung bis hin zur Zustimmung zu Vergütungsvereinbarungen oder zu Incentive-Programmen (s. dazu § 11 Rdn. 22 f.) reichen. Der Zweckbestimmung nach geht es meist darum, erfinderrechtliche Vorgänge im Interesse eines geringeren Verwaltungsaufwandes, einer vollständigen und konzentrierten (Sachverhalts-) Erfassung, einer gleichmäßigen Verfahrensweise und/oder einer zielgerichteten bzw. beschleunigten Bearbeitung zu vereinheitlichen und zu kanalisieren.

41

Soweit die Formulare sich darauf beschränken, lediglich die **Vorgaben des ArbEG wiederzugeben bzw. nachzuvollziehen** und keine vom Gesetz zulasten der Erfinder abweichenden Erklärungen bzw. Vereinbarungen enthalten sind, ist der Regelungsbereich von §§ 22, 23 nicht berührt, auch soweit sie erfinderrechtlich relevante Willenserklärungen bzw. Rechtshandlungen zum Gegenstand haben. Das gilt z.B. für elektronische Muster von Erfindungsmeldungen, in denen die gesetzlichen Vorgaben des § 5 durch auszufüllende »Pflichtfelder« nachvollzogen werden (zur Erfindungsmeldung s.a. § 5 Rdn. 15 ff.). Solche Formulare/Vordrucke sind sinnvoll und aus Sicht des ArbEG grds. bedenkenlos zulässig.

42

---

75 Vgl. Keukenschrijver in Busse/Keukenschrijver, PatG, Rn. 9 zu § 22 ArbEG.
76 Keukenschrijver in Busse/Keukenschrijver, PatG, Rn. 9 zu § 22 ArbEG.
77 H.M. zu § 6 a.F., z.B. LG Düsseldorf v. 20.06.1978, EGR Nr. 4 zu § 22 ArbEG.
78 So im Ergebn. auch Schiedsst. v. 28.01,2010 – Arb.Erf. 56/08, (www.dpma.de, LS. 3); vgl. auch Keukenschrijver in Busse/Keukenschrijver, PatG, Rn. 9 zu § 22 ArbEG.
79 Vgl. etwa für den Bereich der Bundeswehr die Dienstanweisung »Arbeitnehmererfindungen in der Bundeswehr« v. 29.07.2004 (VMBl. S. 126).
80 Vgl. dazu u. a. Pitz/Schubert i. Münchener Vertragshandbuch Bd. 3.II, 6. Aufl. 2009, S. 711; Bartenbach/Volz i. Bartenbach/Buddeberg u. a. Formularsammlung z. gewerbl. Rechtsschutz 2. Aufl. 1998 Teil 2.

43 Die **Nichtbeachtung** (zulässiger) Formulare/Vordrucke, deren Verwendung der Arbeitgeber i.R.d. Direktionsrechts vorgibt, hat ggf. arbeitsrechtliche Konsequenzen (z.B. Abmahnung). Jedoch hat eine Nichtbeachtung nicht zwangsläufig erfinderrechtliche Auswirkungen (s.a. § 5 Rdn. 67; zu Arbeitgeber-Vorgaben zum Adressat der Erfindungsmeldung s. aber § 5 Rdn. 15 ff.). Unklarheiten oder Auslegungszweifel gehen allerdings zulasten des Arbeitgebers als Verwender[81] (analog § 305c Abs. 2 BGB). Zur Mitbestimmung s. § 20 Anh. Rdn. 1 ff.

44 Enthalten die Vordrucke zugleich Vereinbarungen oder handelt es sich um sonstige vom Arbeitgeber für eine Vielzahl von Verträgen mit Arbeitnehmern vorformulierte Vereinbarungen, unterliegen diese den Schutz- und **Kontrollbestimmungen zu Allgemeinen Geschäftsbedingungen** (AGB) der §§ 305 ff. BGB (zum Übergangsrecht s. Art. 229 § 5 EGBGB; zur Auslegung s. § 11 Rdn. 33). AGB liegen nur dann nicht vor, wenn die Vertragsbedingungen zwischen den Vertragsparteien im Einzelnen »**ausgehandelt**« sind (§ 305 Abs. 1 Satz 3 BGB), also jede Partei Gestaltungsfreiheit zur Wahrung eigener Interessen hatte.[82] Diese Vorschriften gelten – abweichend vom früheren AGBG (vgl. § 23 Abs. 1 AGBG a.F.) – im Grundsatz auch für Vereinbarungen zwischen den Arbeitsvertragsparteien, soweit nicht die Schranken der Inhaltskontrolle nach § 310 Abs. 3 BGB greifen,[83] wie dies etwa für Vereinbarungen über die Vergütung nach §§ 9, 12 Abs. 1 ArbEG gilt[84]. Im Übrigen sind nach **§ 310 Abs. 4 Satz 2 BGB**[85] (Bereichsausnahme), der u.E. auch im Rahmen von arbeitnehmererfinderrechtlichen Vereinbarungen gilt, bei der AGB-Kontrolle die im Arbeitsrecht geltenden Besonderheiten angemessen zu berücksichtigen. Das betrifft im Rahmen des ArbEG die spezialgesetzlichen Schranken der §§ 22, 23 ArbEG (streitig). Mit Blick darauf folgt aus der Bereichsaus-

---

81 S. allg. Palandt/Ellenberger, BGB, § 133 Rn. 23, 26.
82 BGH v. 19.05.2005, NJW 2005, 2543, 2544; BAG v. 06.09.2007, NZA 2008, 219.
83 S. dazu u. a. Palandt/Grüneberg, BGB, § 307 Rn. 41 ff.
84 Zutr. MünchArbR/Bayreuther, § 98 Rn. 31 m. H. a. BGH v. 31.05.2012, GRUR 2012, 1031 – *Honorarbedingungen Freie Journalisten* (dort zum UrhG). S. allg. zu unmittelbaren Preis- und Vergütungsvereinbarungen Palandt/Grüneberg, BGB, § 307 Rn. 46 f.
85 S. dazu grundlegend BAG v. 04.03.2004, ZIP 2004, 1277, 1279 ff.

nahme des § 310 Abs. 4 Satz 2 BGB nach unserer Auffassung:[86] Neben § 305 Abs. 1 BGB kommen bei nach §§ 22, 23 ArbEG zugelassenen Vereinbarungen über Arbeitnehmererfindungen der Vorrang von Individualabreden (§ 305b BGB), der Schutz vor ungewöhnlichen Klauseln (§ 305c BGB), das Umgehungsverbot (§ 306a BGB) und die Rechtsfolgenregel des § 306 BGB zum Tragen[87], nicht jedoch (aus hiesiger Sicht) die Vorschriften über die Inhaltskontrolle nach §§ 307 bis 309 BGB. Insoweit stellt sich nach der hier vertretenen Auffassung § 23 für alle von § 22 zugelassenen Abreden als erfinderrechtliche Generalklausel zur Inhaltskontrolle von Vereinbarungen zwischen den (ehemaligen) Arbeitsvertragsparteien dar.[88] Folglich kann auch die Ausschlussfrist des § 23 Abs. 2 nicht unter Berufung auf die allgemeine zivilrechtliche Inhaltskontrolle nach §§ 307 bis 309 BGB unterlaufen werden.[89] Das betrifft u. E. auch das seit 01.10.2016 geltende Verbot in § 309 Nr. 13 Buchst. b BGB, keine strengere Form als Textform (§ 126 b BGB) zu vereinbaren (s. dazu § 9 Rdn. 51).

---

86 Ausf. Bartenbach/Volz, FS Tilmann (2003), S. 431, 442 ff.; unter Bezug darauf zust. Keukenschrijver in Busse/Keukenschrijver, PatG, Rn. 10 zu § 12 ArbEG bei Vergütungsfestlegungen, wonach dort »für eine Inhaltskontrolle nach den Grundsätzen des Rechts der Allgemeinen Geschäftsbedingungen ... kein Raum sein« dürfte (in der Tendenz auch dort bei Rn. 4 zu § 22); folgend ferner u.a. Trimborn, Mitt. 2015, 116, 120 zugl. m.H.a. Schrader/Schubert, NZA-RR 2005, 225, 230. Abw. Boemke/Kursawe/Nebel Rn. 52 zu § 22 u. Rn. 3 zu § 23, ohne allerdings auf § 310 Abs. 4 BGB einzugehen; a. A. Schwab, Arbeitnehmererfindungsrecht, § 9 Rn. 45 u. § 22 Rn. 8 sowie ders. NZA-RR 2014, 281, 282, der uneingeschränkt eine Inhaltskontrolle nach §§ 307–309 BGB bejaht. Diff. Schaub/Koch, ArbRHdb., § 114 Rn. 46 (regelmäßige AGB-Kontrolle ja, nicht aber Angemessenheitskontrolle bei Vergütung wg. § 23 ArbEG).
87 Ebenso Keukenschrijver in Busse/Keukenschrijver, PatG, Rn. 4 zu § 22 ArbEG.
88 Volz FS Bartenbach (2005) S. 199, 200 ff.
89 Volz FS Bartenbach (2005) S. 199, 201.

## § 23 Unbilligkeit[1]

(1) Vereinbarungen über Diensterfindungen, freie Erfindungen oder technische Verbesserungsvorschläge (§ 20 Abs. 1), die nach diesem Gesetz zulässig sind, sind unwirksam, soweit sie in erheblichem Maße unbillig sind. Das Gleiche gilt für die Festsetzung der Vergütung (§ 12 Abs. 4).

(2) Auf die Unbilligkeit einer Vereinbarung oder einer Festsetzung der Vergütung können sich Arbeitgeber und Arbeitnehmer nur berufen, wenn sie die Unbilligkeit spätestens bis zum Ablauf von sechs Monaten nach Beendigung des Arbeitsverhältnisses durch Erklärung in Textform gegenüber dem anderen Teil geltend machen.

Lit.:
*v. Hoyningen-Huene*, Die Billigkeit im ArbR 1978; *Rosenberger* Kriterium f. d. Erf.wert, erhebl. Unbilligkeit v. Vergütungsvereinbarungen, Vergütung bei zu enger Fassung v. Schutzrechtsansprüchen, GRUR 1990, 238; *Volz*, Zur Unbilligkeit i. S. d. § 23 ArbEG, Festschr. Bartenbach (2005), S. 199.

| Übersicht | Rdn. |
|---|---|
| A. Allgemeines | 1 |
| B. »Vereinbarung« – Geltungsbereich | 4 |
| C. »In erheblichem Maße unbillig« | 10 |
| I. Begriff der Unbilligkeit | 10 |
| II. Beurteilungsmaßstab | 11 |
| III. Beurteilungszeitpunkt | 20 |
| IV. Unbilligkeit einer Vergütungsvereinbarung bzw. -festsetzung | 21 |
| D. Geltendmachen der Unbilligkeit (Abs. 2) | 25 |
| I. Geltendmachen | 25 |
| II. Berechtigter Personenkreis | 27 |
| III. Form, Frist | 28 |
| IV. Verwirkung | 32 |
| E. Rechtsfolgen | 33 |
| F. Verhältnis zu anderen Vorschriften | 35 |

### A. Allgemeines

1 Nach der **gesetzgeberischen Absicht** stellt § 23 in erster Linie eine Ergänzung zu § 22 Satz 2 dar, der Vereinbarungen nach der Meldung bzw. Mitteilung einer technischen Neuerung zulässt. Die **generalklauselartige Unbilligkeits-**

---

1 Abs. 2 i.d.F. des Art. 7 des Gesetzes zur Vereinfachung und Modernisierung des Patentrechts vom 31.07.2009 (BGBl. I, S. 2521).

**regelung** des § 23 soll vornehmlich Benachteiligungen des Arbeitnehmers, die sich aus dem Abhängigkeitsverhältnis zum Arbeitgeber ergeben können, als Äquivalent zu der nach § 22 Satz 2 eröffneten Vertragsfreiheit ausschließen.[2]

§ 23 dient damit zwar vorrangig dem Schutz des Arbeitnehmers; um aber eine »ausgeglichenere Fassung« dieser Vorschrift zu erreichen, ist auch dem Arbeitgeber die Berufungsmöglichkeit auf die Unbilligkeit zugestanden worden.[3] Entsprechend dem Normzweck dieser die Vertragsfreiheit begrenzenden Vorschrift ist § 23 **zwingendes Recht**,[4] sodass auf dieses Recht nicht verzichtet werden kann[5] (s. aber zum einzelfallbezogenen Verzicht auf eine Geltendmachung § 23 Rdn. 26.1). Zum Verhältnis zu anderen Vorschriften s. § 23 Rdn. 35 ff.; zum Auskunftsanspruch s. § 9 Rdn. 335.

2

Die Unbilligkeit einer **während** des Arbeitsverhältnisses getroffenen Vereinbarung kann über § 26 auch nach **Beendigung des Arbeitsverhältnisses** geltend gemacht werden, allerdings gem. § 23 Abs. 2 nur innerhalb von 6 Monaten nach Arbeitsvertragsende (s. dazu § 23 Rdn. 29 ff.).

§ 23 ist i.R.d. **ArbEG-Novelle 2009** (s. dazu Einl. Rdn. 42) durch Art. 7 Nr. 12 des Patentrechtsmodernisierungsgesetzes lediglich in Abs. 2 wegen der im ArbEG weitgehend vollzogenen Ersetzung der Schriftform durch die Textform (s. Einl. Rdn. 9) geändert[6] (s. § 23 Rdn. 28).

3

In den **neuen Bundesländern** sind von § 23 Vereinbarungen (Vergütungsfestsetzungen) für seit dem 03.10.1990 fertiggestellte Arbeitnehmererfindungen und qualifizierte technische Verbesserungsvorschläge erfasst; auf DDR-Alterfindungen ist die Vorschrift auch nicht analog anwendbar (s. 4. Vorauflage § 23 Rdn. 3).

## B. »Vereinbarung« – Geltungsbereich

Ausgehend vom Gesetzeszweck und der in Abs. 2 – abweichend von § 22 – enthaltenen Einschränkung auf die Arbeitsvertragsparteien erfasst § 23 nicht

4

---

2 Vgl. Amtl. Begründung BT-Drucks. II/1648 S. 40 = BlPMZ 1957, 240.
3 Vgl. Ausschussber. zu BT-Drucks. II/3327 S. 8 = BlPMZ 1957, 254.
4 Ebenso Schiedsst. z.B. v. 09.02.1995 – Arb.Erf. 65/93, (unveröffentl.) u. v. 21.03.2006 – Arb.Erf. 34/05 (Datenbank); Boemke/Kursawe/Nebel Rz. 2 zu § 23; Schwab, Arbeitnehmererfindungsrecht, § 23 Rn. 4; vgl. auch Schiedsst. v. 22.08.1969, EGR Nr. 1 zu § 23 ArbEG; Palandt/Putzo, BGB, 49. Aufl., Anm. 13 zu § 611 BGB; abw. aber Trimborn, Mitt. 2015, 116, 120.
5 Schiedsst. v. 21.03.2006 – Arb.Erf. 34/05 (Datenbank).
6 Vgl. Amtl. Begründung zum Patentrechtsmodernisierungsgesetz in BR-Drucks. 757/08 S. 53 (zu Art. 7 Nr. 13 d. Entw.).

kollektivrechtliche Abreden⁷ (Tarifverträge, Betriebsvereinbarungen), sondern nach der hier vertretenen Auffassung nur **Individualvereinbarungen zwischen Arbeitgeber und Arbeitnehmer**; das verdeutlicht nicht zuletzt § 23 Abs. 2. Dem stehen Vereinbarungen mit dem Insolvenzverwalter gleich.⁸ Erfasst sind auch angenommene Einigungsvorschläge i.S.v. § 34, da diese den privatrechtlichen Ckarakter eines Vertrages haben (s. § 34 Rdn. 12; vgl. auch § 37 Abs. 2 Nr. 1)

5 **Vereinbarungen** sind nicht nur solche i.S.d. § 22 Satz 2 (s. dort § 22 Rdn. 36), sondern alle vertraglichen Regelungen, die freie (s. dazu § 19 Rdn. 86 f.) oder gebundene (einschließlich frei gewordene⁹) Erfindungen und die Vergütung für qualifizierte technische Verbesserungsvorschläge zum Gegenstand haben¹⁰ (zu Vereinbarungen über einfache Verbesserungsvorschläge s. § 23 Rdn. 8).

Erfasst werden – wie aus Regelungszweck, Systematik und aus Absatz 2 folgt – nur Vereinbarungen zwischen Arbeitgeber und Arbeitnehmererfinder (bei Ausscheiden s. § 23 Rdn. 8.1), **nicht** dagegen Vereinbarungen **mit Dritten**¹¹, **wie** etwa Verträge des Arbeitgebers mit Lizenznehmern oder mit Kunden¹² (zur Miterfindervereinbarung s. unten § 23 Rdn. 7.1; s. auch § 22 Rdn. 10; zu Vereinbarungen des Insolvenzverwalters mit dem Erwerber einer Diensterfindung s. § 27 Fassung 1999 Rdn. 94). § 23 gilt auch nicht für Vereinbarungen, die **Erben** eines Arbeitnehmererfinders nach dessen Tod mit dem Arbeitgeber abschließen (s. auch § 26 Rdn. 8.1); diese können sich allerdings innerhalb der Frist des § 23 Abs. 2 auf die Unbilligkeit vorangegangener Vereinbarungen bzw. Vergütungsfestsetzungen berufen. Zu Vereinbarungen über freie Erfindungen s. § 19 Rdn. 55 ff., 86 f.

---

7 Zutr. v. Hoyningen-Huene Billigkt. i. ArbR (1978) S. 185; zust. Schwab, Arbeitnehmererfindungsrecht, § 23 Rn. 5; a.A. Friemel, Diss. 2004, 61 f.; Marquardt, Freie Erf. im ArbVerh. (2002), S. 210 f.; Volmer Rn. 4 zu § 23 u. Volmer/Gaul Rn. 21 zu § 23; Keukenschrijver in Busse/Keukenschrijver, PatG, Rn. 3 zu § 23 ArbEG; Boemke/Kursawe/Nebel Rn. 7, 11 f. zu § 23.
8 Vgl. Schiedsst. v. 09.02.2010 – Arb.Erf. 50/08, (in www.dpma.de nur LS. 1 u. 3).
9 So im Ergebnis – wenn auch unter Vorbehalten – Schiedsst. v. 16.06.1983, BlPMZ 1984, 250, 251 r.Sp.
10 Ähnl. Heine/Rebitzki Anm. 2 zu § 23; insoweit zu eng Ausschussber. zu BT-Drucks. II/3327 S. 8 = BlPMZ 1957, 254.
11 Insoweit zust. Keukenschrijver in Busse/Keukenschrijver, PatG, Rn. 5 zu § 23 ArbEG; ferner Boemke/Kursawe/Nebel Rn. 8 zu § 23.
12 Vgl. BGH v. 06.03.2012, Mitt. 2012, 285 (Rn. 34) – *Antimykotischer Nagellack*.

B. »Vereinbarung« – Geltungsbereich § 23

Eine **analoge Anwendung** des § 23 auf Vereinbarungen über nicht schutzfähige Entwicklungsergebnisse (vgl. auch unten § 23 Rdn. 8) kommt nicht in Betracht.[13] Liegt ein gemeinschaftlicher Irrtum der Vertragsparteien bei Vertragsabschluss über einen für ihre Willensbildung wesentlichen Umstand vor, können die Grundsätze über das Fehlen der Geschäftsgrundlage anwendbar sein (§ 313 Abs. 2 BGB, s. § 12 Rdn. 107), wobei die Grundsätze der Risikozuweisung zu beachten sind (s.a. § 23 Rdn. 18). Scheidet § 313 Abs. 2 BGB trotz beiderseitigen Irrtums aus, kann eine Unwirksamkeit nach § 23 ArbEG in Betracht kommen.[14]

§ 23 greift allerdings nur insoweit, als die Vereinbarung nicht bereits **aus anderen Gründen unzulässig** bzw. nichtig ist (z.b. nach § 22 Satz 1 ArbEG, § 134 BGB). Unter § 23 fallen damit insbesondere die nach § 22 Satz 2 zulässigen Abreden zu Gunsten des Arbeitnehmers sowie die im ArbEG selbst geregelten Vereinbarungen nach § 12 Abs. 1, §§ 2 und 6,[15] §§ 16, 19, § 27 Nr. 3 n.F. bzw. § 27 Nr. 2 a.F., § 34 Abs. 3,[16] § 37 Abs. 2 Nr. 4, § 40 Nr. 1.

6

Die Vorschrift erstreckt sich auch auf gerichtliche oder außergerichtliche **Vergleiche**,[17] jedoch mit den sich aus **§ 779 BGB** (s. dazu auch § 23 Rdn. 18) bzw. der Rechtskraft ergebenden Einschränkungen (zur Ausgleichsquittung vgl. § 26 Rdn. 56 ff.). Abs. 1 Satz 2 dehnt die Anwendbarkeit auf die **einseitig** vom Arbeitgeber vorgenommene **Vergütungsfestsetzung** nach § 12 Abs. 4 aus, was selbstverständlich auch für den Fall der Miterfinderschaft (§ 12 Abs. 5) gilt (s.a. § 23 Rdn. 27). Ist die Festsetzung mangels Widerspruchs des Arbeitnehmers für beide Seiten als bindend angesehen worden, kann selbstverständlich jede Arbeitsvertragspartei eine Unbilligkeit geltend machen. Entfaltet die Festsetzung auf Grund Widerspruchs dagegen nur für den Arbeitgeber als »Mindestzahlungspflicht« (s. § 12 Rdn. 75) Wirkungen, kann sich der Arbeitgeber auf eine Unbilligkeit berufen;[18] dass § 23 auch eine nicht verbindlich gewordene Festsetzung erfasst, folgt bereits aus der allgemeinen Bezugnahme des § 23 Abs. 1 Satz 2 auf § 12 Abs. 4.

7

---

13 A.A. LG Düsseldorf v. 17.09.1991 – 4 O 335/89, (unveröffentl.).
14 Vgl. auch Schiedsst. v. 15.03.2012 – Arb.Erf. 48/10, (Datenbank, in www.dpma.de nur LS.).
15 Amtl. Begründung BT-Drucks. II/1648 S. 40 = BlPMZ 1957, 240.
16 Vgl. z.B. den Fall b. Schiedsst. v. 09.02.1976, EGR Nr. 16 zu § 12 ArbEG.
17 Vgl. BGH v. 17.04.1973 – X ZR 59/69, GRUR 1973, 649, 650 – *Absperrventil*; Schiedsst. v. 09.02.1995 – Arb.Erf. 65/93, (unveröffentl.).
18 Im Ergebn. ebenso Schiedsst. v. 23.02.2011 – Arb.Erf. 45/08, (www.dpma.de, nur LS. 3).

Bestand zwischen den Arbeitsvertragsparteien (lediglich) Streit über einzelne Berechnungsparameter der Vergütung, sei es über den Umsatz, den angemessenen Lizenzsatz, den Anteilsfaktor oder den Miterfinderanteil und haben sie sich darüber **vergleichsweise** im Wege des gegenseitigen Nachgebens verständigt, schließt dies die Anwendbarkeit des § 23 nicht aus. Jedoch bestimmt sich die Feststellung der Unbilligkeit nicht allein nach der vereinbarten Vergütung; abzustellen ist vielmehr auf das **Maß des beiderseitigen Nachgebens** und auf den Rahmen, innerhalb dessen die Parteien sich verständigt haben. War bspw. zwischen den Arbeitsvertragsparteien streitig, ob der vergütungspflichtige Umsatz eher bei 10 oder bei 20 Mio. € lag und haben sie sich auf einen Umsatz von 15 Mio. € verständigt, scheidet eine Berufung auf § 23 aus, wenn sich nachträglich der Ansatz von 20 Mio. € als zutreffend herausstellt. Denn die Parteien haben im Wege des gegenseitigen Nachgebens ihren Streit bzw. die Ungewissheit hierüber bewusst beseitigt (§ 779 Abs. 1 BGB), sodass dies nicht nachträglich i.R.d. § 23 überprüft werden kann[19]. Lag dagegen der vergütungspflichtige Umsatz in Wahrheit bei 40 Mio. €, kommt wegen des »**nicht verglichenen**« **Rahmens** eine Berufung auf § 23 in Betracht. § 23 kann für den verglichenen Rahmen auch dann in Betracht kommen, wenn von einer Seite ein übermäßiges Nachgeben abgefordert wurde, also im obigen Beispielsfall ein Vergleich etwa über 12 Mio. €. Zur Wirkung einer vergleichsweisen Vergütungsfeststellung i.R.d. § 12 Abs. 6 s. § 12 Rdn. 20.

7.1 Haben sich die **Arbeitnehmererfinder** untereinander **über ihre Miterfinderanteile verständigt** und werden diese vom Arbeitgeber bei der Vergütungsregelung übernommen, können sich die Miterfinder nicht auf die Unbilligkeit ihrer Vereinbarung berufen, da es auch bei Vereinbarungen zwischen Miterfindern an dem Merkmal des § 23, der Vereinbarung zwischen den Arbeitsvertragsparteien, fehlt[20] (s. § 23 Rdn. 5, s.a. § 12 Rdn. 32.2). Dies gilt auch dann, wenn sich ein Miterfinder auf die Beeinflussung durch andere Miterfinder (insb. Vorgesetzte) beruft. Da die Bestimmung des Miterfinderanteils nicht Gegenstand des Direktionsrechts sein kann, müsste der betreffende Miterfinder schon eine besondere Drucksituation (»Nötigung«, s. §§ 123, 138 BGB) darstellen.[21] Anders können Fälle zu beurteilen sein, in denen der Arbeitgeber am Zustandekommen einer solchen Miterfindervereinbarung (auch inhaltlich)

---

19 Vgl. BGH v. 17.04.1973 – X ZR 59/69, GRUR 1973, 649, 650 – *Absperrventil*.
20 Vgl. BGH v. 17.05.1994, GRUR 1994, 898, 902 – *Copolyester* I; Schiedsst. v. 08.10.1997 – Arb.Erf. 27/96, u. v. 09.07.2008 – Arb.Erf. 45/03, (beide unveröffentl.); s. auch allg. zur Nichtgeltung von § 23 für reine Miterfindervereinbarungen Keukenschrijver in Busse/Keukenschrijver, PatG, Rn. 5 zu § 23 ArbEG.
21 LG Düsseldorf v. 07.11.1989 – 4 O 146/86, (unveröffentl.).

## B. »Vereinbarung« – Geltungsbereich § 23

mitgewirkt oder eine Unrichtigkeit der Miterfinderanteile gekannt hat oder hätte kennen müssen.²² Zur Unbilligkeit bei Übernahme vereinbarter Miterfinderanteile durch den Arbeitgeber s. § 12 Rdn. 32.3, zur Geltendmachung s. u. § 23 Rdn. 27.

Hat der Arbeitnehmer einer **Vergütungsfestsetzung** wirksam **widersprochen** (§ 12 Abs. 4), kann sich der Arbeitgeber auf eine Unbilligkeit i.S.d. § 23 berufen, da die Vergütungsfestsetzung für ihn auch bei Widerspruch des Arbeitnehmers eine Zahlungspflicht auslöst (s. hierzu § 12 Rdn. 75 ff., 87). In diesem Fall fehlt es zwar (noch) an der Verbindlichkeit der Festsetzung für beide Teile; da aber § 23 Abs. 1 Satz 2 auf § 12 Abs. 4 insgesamt Bezug nimmt, ist auch der Fall des Widerspruchs (§ 12 Abs. 4 Satz 1) erfasst, sodass eine möglicherweise abweichende Wertung des Gesetzgebers im Gesetz keinen Niederschlag gefunden hat.²³ 7.2

Zu einer Änderung der für ihn verbindlichen Festsetzung ist der Arbeitgeber auch unter den Voraussetzungen des § 12 Abs. 6 berechtigt (s. dort § 23 Rdn. 96).

Sind Teile einer Vergütungsfestsetzung für beide Parteien verbindlich (s. dazu § 12 Rdn. 84), ist auch insoweit eine Berufung auf eine Unbilligkeit möglich. 7.3

**Nicht erfasst** sind – nach dem Willen des Gesetzgebers²⁴ – die dem ArbEG entzogenen Vereinbarungen über **einfache technische Verbesserungsvorschläge;**²⁵ dies folgt bereits aus dem Wortlaut dieser Ausnahmevorschrift. 8

Nach dem Zweck dieser Norm, die namentlich den in abhängiger Stellung stehenden Arbeitnehmer schützen soll, erfasst § 23 nur **Vereinbarungen** (und Vergütungsfestsetzungen), die **während des Arbeitsverhältnisses** zustande gekommen sind.²⁶ Nicht erfasst sind also insbesondere Vereinbarungen, die erst nach (rechtlicher) Beendigung des Arbeitsverhältnisses geschlossen wer- 8.1

---

22 BGH v. 17.05.1994, GRUR 1994, 898, 902 – *Copolyester I*; s. auch Keukenschrijver in Busse/Keukenschrijver, PatG, Rn. 5 zu § 23 ArbEG m. H. a. Schiedsst. v. 08.10.1997 – Arb.Erf. 27/96.
23 Vgl. Amtl. Begründung BT-Drucks. II/1648 S. 40 = BlPMZ 1957, 240.
24 Vgl. Amtl. Begründung BT-Drucks. II/1648 S. 17, 38 = BlPMZ 1957, 227, 239 u. Ausschussber. zu BT-Drucks. II/3327 S. 3 = BlPMZ 1957, 250.
25 A.A. Volmer Rn. 1 zu § 23.
26 Im Ergebn. wie hier Keukenschrijver in Busse/Keukenschrijver, PatG, Rn. 6 zu § 23 ArbEG; Reimer/Schade/Schippel/Rother Rn. 1 zu § 23; abw. Volmer/Gaul Rn. 27 zu § 23.

den[27] (zu vertraglichen Abreden anlässlich der Auflösung des Arbeitsverhältnisses s. § 26 Rdn. 55). Wie § 23 Abs. 2 verdeutlicht, liegt darin keine Unvereinbarkeit mit § 26. Da der Arbeitnehmer sich gem. § 23 Abs. 2 nach Ablauf der 6-monatigen Ausschlussfrist nicht mehr auf die Unbilligkeitsregelung des § 23 Abs. 1 berufen kann, sind von daher Vereinbarungen, die außerhalb des von § 23 Abs. 2 erfassten Ausschlusszeitraums zustande kommen, erst recht nicht der Überprüfungsmöglichkeit nach § 23 Abs. 1 unterworfen.[28]

**8.2** Vereinbarungen über **Erfindungen**, die der Arbeitnehmer **vor** dem (rechtlichen) **Beginn eines Arbeitsverhältnisses** fertiggestellt hat, unterliegen nicht der Schutzwirkung des § 23 (s. § 4 Rdn. 47). Gleiches gilt für Vereinbarungen über Erfindungen, die er **nach** (rechtlicher) **Beendigung des Arbeitsverhältnisses** macht, etwa als Pensionär oder freier Erfinder[29] (s.a. § 4 Rdn. 12, 16 f., 18 u. § 26 Rdn. 22).

**9** Der Annahme **stillschweigender Vereinbarungen**, etwa einer schlüssigen Übertragung von freien oder frei gewordenen Erfindungen auf den Arbeitgeber, kann § 23 entgegenstehen, wenn sich eine solche als unbillig darstellen würde.[30]

## C. »In erheblichem Maße unbillig«

### I. Begriff der Unbilligkeit

**10** Nach Abs. 1 sollen Vereinbarungen »unwirksam« (s.u. § 23 Rdn. 33) sein, soweit sie in erheblichem Maße unbillig sind. Der Begriff der »Unbilligkeit in erheblichem Maße« ist ein **unbestimmter Rechtsbegriff**; er indiziert den normativen, generalklauselartigen Begriff der Billigkeit,[31] der auf das Gebot der Gerechtigkeit im Einzelfall verweist.

Zur **Beweislast** s. § 23 Rdn. 33.

---

27 So im Ergebn. auch Schiedsst. v. 09.02.2010 – Arb.Erf. 50/08, (in www.dpma.de nur LS. 3).
28 Ebenso LG Düsseldorf v. 12.08.1986 – 4 O 329/85, (unveröffentl.); zust. auch Schiedsst. ZB v. 22.07.1992, EGR Nr. 79 zu § 12 ArbEG u. v. 05.02.1997 – Arb.Erf. 46/95.
29 Ebenso Schiedsst. v. 05.12.2002 – Arb.Erf. 80/01, (Datenbank).
30 Vgl. Bartenbach, Mitt. 1971, 232, 239; s.a. Schiedsst. v. 16.06.1983, BlPMZ 1984, 250, 251 r.Sp.
31 Vgl. dazu insb. von Hoyningen-Huene Billigkt. i. ArbR, 1978.

C. »In erheblichem Maße unbillig«  § 23

## II. Beurteilungsmaßstab

Ob eine vertraglich vereinbarte Vergütung **unbillig** ist, also hinter einer angemessenen Vergütung in erheblichem Maße zurückbleibt, ist im Einzelfall unter **wertender Betrachtung aller Umstände** zu bestimmen, insb. aufgrund einer Abwägung der beiderseitigen Interessen, der gegenseitig begründeten Rechte und Pflichten und dem sich daraus ergebenden Verhältnis von Vor- und Nachteilen; Ausgangspunkt ist ein Vergleich der vertraglichen Stellung des Einzelnen mit der ihm gesetzlich eingeräumten Position,[32] bezogen auf die Tatsachenlage im Zeitpunkt des Abschlusses der Vereinbarung[33] (s.u. § 23 Rdn. 20). 11

Bei dieser **individuellen Betrachtung** sind sowohl die konkreten Umstände, die zu der Vereinbarung geführt haben, als auch deren rechtliche und wirtschaftliche Auswirkungen für den jeweiligen Vertragspartner zu berücksichtigen;[34] Letztere allerdings nur insoweit, als sie bereits bei Vertragsabschluss erkennbar waren (s. dazu unten § 23 Rdn. 20). 12

Mit dem zusätzlichen Erfordernis, dass diese Unbilligkeit **in erheblichem Maße** bestehen muss, fordert der Gesetzgeber das Hinzutreten eines qualitativen Momentes; es ist also ein höherer Grad von Unbilligkeit erforderlich. Diesen Begriff hat der Gesetzgeber anstelle des ursprünglich vorgesehenen Begriffs der »offenbaren Unbilligkeit« (vgl. etwa § 319 Abs. 1 Satz 1 BGB[35]) gewählt, da Letzterer – aus damaliger Sicht – die Unwirksamkeit von Vereinbarungen nahezu völlig ausschließen würde[36] (zu § 319 BGB s. § 23 Rdn. 22). 13

Demzufolge muss die Unbilligkeit weder für jedermann offenkundig noch offenbar sein, d.h., i.R.d. § 23 braucht sich die Unbilligkeit vom Ergebnis her dem sachkundigen Beobachter nicht sofort aufzudrängen[37] bzw. den mit der Sachlage Vertrauten sofort ins Auge zu springen. Ebenso wenig wird eine Sittenwidrigkeit der Vereinbarung vorausgesetzt.[38] Andererseits ist auch keine »grobe Unbilligkeit« in dem Sinne notwendig, dass die Vereinbarung dem Gerechtigkeitsempfinden in unerträglicher Weise widersprechen müsste.[39] 14

---

32 Ähnl. Reimer/Schade/Schippel/Rother Rn. 3 zu § 23.
33 Ebenso OLG Frankfurt am Main v. 14.05.2009 – 6 U 68/08, (unveröffentl.).
34 Ebenso LG München v. 21.12.1998 – 21 O 22876/95, (unveröffentl.).
35 S. dazu etwa BGH v. 26.04.1991, NJW 1991, 2761.
36 Ausschussber. zu BT-Drucks. II/3327 S. 8 = BlPMZ 1957, 254.
37 Vgl. zu § 319 BGB: BGH v. 14.10.1958, NJW 1958, 2067 f.
38 BGH v. 04.10.1988 – X ZR 71/86, BlPMZ 1989, 135, 136 l.Sp. – *Vinylchlorid*.
39 So zu § 138 BGB: BGH v. 20.12.1972, NJW 1973, 749; s.a. v. Hoyningen-Huene Billigkt. i. ArbR, 1978, S. 40; zu weitgehend Heine/Rebitzki Anm. 3 zu § 23.

15 Eine Vereinbarung ist jedenfalls dann in erheblichem Maße unbillig, wenn sie im Einzelfall dem **Gerechtigkeitsempfinden in besonderem, gesteigerten Maße entgegensteht** und mit Treu und Glauben (§ 242 BGB) unvereinbar ist,[40] woran im Grundsatz strenge Anforderungen zu stellen sind.[41]

16 Ausreichend, aber auch erforderlich ist, dass die erhebliche Unbilligkeit **objektiv vorhanden** ist;[42] es ist also nicht notwendig, dass ein Beteiligter bewusst gehandelt hat oder dass ihn sonst wie ein Schuldvorwurf trifft. Es kommt auch nicht darauf an, ob das Missverhältnis seine Ursache in einer »ermessensfehlerhaften« oder »nicht vertretbaren« Handhabung des ArbEG hat[43] (s.a. § 23 Rdn. 21 ff.). Entscheidend ist also letztlich das objektive Vorhandensein einer erheblichen Unbilligkeit, gemessen an den Vorgaben des ArbEG. Dementsprechend müssen **subjektive Gründe** bei der Feststellung der Unbilligkeit keine Rolle spielen, sie können es aber,[44] etwa in dem sie eine vorhandene Unbilligkeit auf die Schwelle der »Erheblichkeit« anheben (s.a. § 23 Rdn. 23).

17 **Beispielsweise** mag es einerseits von ausschlaggebender Bedeutung sein, inwieweit der Arbeitgeber seine Position bewusst missbräuchlich ggü. dem Arbeitnehmer ausnutzt;[45] andererseits darf dem Arbeitnehmer in leitender Stellung und bei entsprechender Fachkunde zugemutet werden, seine Bedenken vor Vertragsabschluss zu äußern[46], und zwar insb. dann, wenn der Arbeitgeber auf der Grundlage dieser Vereinbarung erkennbar Dispositionen mit weitreichen-

---

40 Zust. Schiedsst. v. 16.04.1996 – Arb.Erf. 94/94, (unveröffentl.); ähnl. Reimer/Schade/Schippel/Rother Rn. 3 zu § 23; vgl. auch Boemke/Kursawe/Nebel Rn. 15 f. zu § 23.
41 Von Hoyningen-Huene Billigkt. i. ArbR, 1978, S. 185; zust. Schiedsst. v. 17.10.1985 – Arb.Erf. 46/84, u. v. 26.04.1994 – Arb.Erf. 2/94, (beide unveröffentl.).
42 In diesem Sinne bereits Schiedsst. v. 06.08.1979 – Arb.Erf. 64/78, (unveröffentl.); s.a. EV v. 28.01.1970, BlPMZ 1970, 454; wie hier auch OLG Karlsruhe v. 12.12.2001 – 6 U 100/00, im Anschl. an LG Mannheim v. 12.05.2000 – 7 O 412/98, (beide unveröffentl.); Keukenschrijver in Busse/Keukenschrijver, PatG, Rn. 7 zu § 23 ArbEG; Volmer/Gaul Rn. 48 ff. zu § 23; Boemke/Kursawe/Nebel Rn. 16 zu § 23; vgl. auch zu § 319 Abs. 1 BGB Palandt/Grüneberg, BGB, § 319 Rn. 3.
43 Ebenso Schiedsst. v. 16.04.1996 – Arb.Erf. 94/94, (unveröffentl.); krit. Rosenberger, GRUR 1990, 238, 247.
44 H.M., so Schiedsst. v. 06.08.1979 – Arb.Erf. 64/78, (unveröffentl.); Keukenschrijver in Busse/Keukenschrijver, PatG, Rn. 7 zu § 23 ArbEG; Volmer/Gaul Rn. 52 zu § 23 (aber z.T. abweichend); Boemke/Kursawe/Nebel Rn. 16 zu § 23; abw. Volkmar Tetzner, BB 1963, 649, 650.
45 Vgl. Schiedsst. v. 30.07.1970, BlPMZ 1971, 137, 139; vgl. auch LG München v. 21.12.1998 – 21 O 22876/95, (unveröffentl.).
46 Vgl. Schiedsst. v. 30.07.1970, BlPMZ 1971, 137, 139.

C. »In erheblichem Maße unbillig« § 23

dem Umfang treffen will. Eine Berufung auf § 23 kann trotz objektiven Missverhältnisses bspw. auch dann ausgeschlossen sein, wenn der Erfinder aufgrund seiner betrieblichen Stellung die Verhältnisse bei Abschluss der an sich unbilligen Vereinbarung genau übersehen und (teilweise) beeinflussen konnte.[47] Allerdings schließen weder eine Fehlbewertung – etwa durch den die Faktoren einer Vergütungsberechnung regelmäßig besser überschauenden Arbeitgeber – noch die Möglichkeit, vor Vertragsabschluss bzw. Vergütungsregelung fachkundigen Rat einzuholen, das Recht aus, sich auf die Unbilligkeit zu berufen.[48]

Demgegenüber ist ein **beiderseitiger Irrtum** der Vertragsparteien über die der Vereinbarung zu Grunde liegenden Umstände zwar ein Merkmal des § 779 BGB, nicht aber ein solches des § 23[49] (s.a. § 23 Rdn. 5). 18

Die Unbilligkeit kann sich **im Einzelfall** daraus ergeben, dass ein **krasses Missverhältnis** zwischen den sich gegenüberstehenden Leistungen besteht, dass gesetzliche Rechte in ungerechtfertigter Weise – im Kernbereich – eingeschränkt oder aufgehoben bzw. offenbar sachlich unbegründete Pflichten auferlegt werden, oder dass die Regelung sich für den Betroffenen als von Anfang an schlechthin unzumutbar darstellt, die Vereinbarung einseitig zum Nachteil einer Partei vom Üblichen grob abweicht oder eine im Verhältnis zu vergleichbaren Sachverhalten erhebliche, nicht gerechtfertigte Ungleichbehandlung vorliegt. Zur Unbilligkeit eines sog. Abkaufs von Rechten aus §§ 14, 16 s. § 11 Rdn. 30 ff. 19

### III. Beurteilungszeitpunkt

Die erhebliche Unbilligkeit muss der Vereinbarung **von Anfang an** innewohnen.[50] Es ist also eine ursprüngliche Unbilligkeit erforderlich. Später eintretende Umstände sind nicht i.R.d. § 23 zu berücksichtigen, sondern nur nach § 12 Abs. 6,[51] eine Rückschau ist unzulässig. Für die Beurteilung nach § 23 sind mithin nur die Verhältnisse und Erkenntnismöglichkeiten der Vertrags- 20

---

47 Schiedsst. v. 30.12.1983 – Arb.Erf. 1(B)/82, (unveröffentl.); LG Mannheim v. 12.05.2000 – 7 O 412/98, (unveröffentl.); vgl. aber auch Schiedsst. v. 15.12.1982, BlPMZ 1983, 133, 134.
48 Schiedsst. v. 16.04.1996 – Arb.Erf. 94/94, (unveröffentl.).
49 BGH v. 17.04.1973 – X ZR 59/69, GRUR 1973, 649, 652 f. – *Absperrventil*. m. Anm. Schade.
50 BGH v. 17.04.1973 – X ZR 59/69, GRUR 1973, 649, 652 f. – *Absperrventil*; m. Anm. Schade; Schiedsst. v. 14.12.1995 – Arb.Erf. 41/94, u. v. 14.03.1996 – Arb.Erf. 70/94, (beide unveröffentl.); v. 17.12.2014 – Arb.Erf. 52/13, (www.dpma.de).
51 BGH v. 17.04.1973 – X ZR 59/69, GRUR 1973, 649, 652 f. – *Absperrventil*. m. Anm. Schade.

parteien im **Zeitpunkt des Zustandekommens** der Vereinbarung maßgebend.[52] Bei einer Vergütungsregelung läuft dies im Ergebnis auf die Ermittlung der angemessenen Vergütung aus der Sicht zum Zeitpunkt des Abschlusses der Regelung und auf deren Vergleich mit der festgelegten Vergütung hinaus.[53]

Liegen z.B. bei der **Bestimmung der Miterfinderanteile** übereinstimmende Erklärungen (Vereinbarungen) der Miterfinder einerseits vor und fehlen bessere eigene Erkenntnisse des Arbeitgebers über das Zustandekommen der Erfindung, ist diese Tatsachenlage im Zeitpunkt einer Vergütungsregelung entscheidend.[54] Ergibt sich später die Fehlerhaftigkeit der Miterfinderanteile, eröffnet dies den Anwendungsbereich des § 23 und nicht den des § 12 Abs. 6 (zur Abgrenzung s. § 12 Rdn. 110 f. u. hier § 23 Rdn. 7.1).

Auch bei einer **Pauschalabfindung**[55] muss von der Tatsachenlage ausgegangen werden, die im Zeitpunkt des Abschlusses dieser Vereinbarung vorlag; der vereinbarten Gesamtpauschalzahlung ist also die angemessene Vergütung gegenüberzustellen, die dem Arbeitnehmer nach dem damaligen Erkenntnisstand aufgrund des vom Arbeitgeber aus der Erfindung bereits gezogenen und des absehbaren Nutzens von Gesetzes wegen zustand[56] (s. i.Ü. § 23 Rdn. 24). In der Pauschalvergütungsvereinbarung erfolgt eine Abschätzung (Prognose) des der Vergütungsberechnung zugrunde zu legenden (zukünftigen) Benutzungs-(Gesamt) Umsatzes bzw. Vergütungszeitraums, wobei jede Vertragspartei ein **Schätzungsrisiko** bewusst in Kauf nimmt.[57] Für den Arbeitgeber liegt es in einem evtl. zu hoch angesetzten und für den Arbeitnehmererfinder in einem evtl. zu niedrig angesetzten Benutzungsumfang. Abweichungen des tatsächli-

---

52 BGH v. 17.04.1973 – X ZR 59/69, GRUR 1973, 649, 652 f. – *Absperrventil* m. Anm. Schade; OLG Karlsruhe v. 12.12.2001 – 6 U 100/00, (unveröffentl.); LG Frankfurt v. 17.10.1979 – 2/6 O 287/79, (unveröffentl.); LG Mannheim v. 12.05.2000 – 7 O 412/98, (unveröffentl.); Schiedsst. v. 09.12.1996 – Arb.Erf. 15/94; v. 30.12.1983 – Arb.Erf. 1(B)/82; v. 16.04.1996 – Arb.Erf. 94/94; v. 20.01.1997 – Arb.Erf. 34/93, (alle unveröffentl.); v. 18.07.2012 – Arb.Erf. 30/10, (Datenbank); v. 12.09.2013 – Arb.Erf. 21/12, (www.dpma.de); ZB. v. 03.05.2017 – Arb.Erf. 09/16, Mitt. 2018, 356,359 (= www.dpma.de); im Ergebn. auch Keukenschrijver in Busse/Keukenschrijver, PatG, Rn. 9 zu § 23 ArbEG.
53 Ebenso Schiedsst. v. 16.04.1996 – Arb.Erf. 94/94, (unveröffentl.), u. v. 30.03.2017 – Arb.Erf. 36/15, (www.dpma.de).
54 LG Düsseldorf v. 07.11.1989 – 4 O 146/86, (unveröffentl.) u. LG Mannheim v. 12.05.2000 – 7 O 412/98, (unveröffentl.).
55 Vgl. dazu Volkmar Tetzner, BB 1963, 649, 650.
56 BGH v. 04.10.1988 – X ZR 71/86, BlPMZ 1989, 135, 136 l.Sp. – *Vinylchlorid*.
57 Schiedsst. v. 14.03.1996 – Arb.Erf. 70/94, (unveröffentl.); v. 17.12.2014 – Arb.Erf. 52/13, (www.dpma.de).

chen von dem geschätzten Benutzungsumfang machen die Vergütungsvereinbarung nicht unbillig, wenn der geschätzte Benutzungsumfang den Erkenntnissen zum Zeitpunkt des Vertragsabschlusses entsprochen hat.[58] Dabei spielt der zugrunde gelegte Innovationszyklus eine maßgebliche Rolle. Ein Informationsgefälle zwischen Arbeitgeber und Arbeitnehmer als solches hat auf die Rechtswirksamkeit keinen Einfluss.[59]

Zu berücksichtigen ist schließlich, ob und inwieweit seinerzeit bei Vertragsabschluss bereits von der Möglichkeit (weiterer) Lizenzabschlüsse im In- und Ausland ausgegangen werden konnte, die dann einbezogen werden müssen.[60] Stellt eine Vergütungsvereinbarung nur auf die beim Vertragsabschluss vorhandenen und erkennbaren Benutzungsverhältnisse im Inland ab, führen später hinzutretende (bisher nicht berücksichtigte) Auslandsnutzungen nicht zur Unbilligkeit der Vergütungsregelung; diese sind vielmehr über § 12 Abs. 6 zu würdigen.[61]

### IV. Unbilligkeit einer Vergütungsvereinbarung bzw. -festsetzung

Bei Regelungen über eine Erfindervergütung liegt eine erhebliche Unbilligkeit 21 dann vor, wenn (von Anfang an) ein **objektiv** (ungerechtfertigtes) **erhebliches Missverhältnis** zwischen der vereinbarten (§ 12 Abs. 1) bzw. (verbindlich bzw. wegen Widerspruchs den Arbeitgeber bindend, s. § 23 Rdn. 7) festgesetzten (§ 12 Abs. 4) Vergütung und der gesetzlich nach § 9 (i.V.m. den Richtlinien) geschuldeten Vergütung besteht.[62] Dabei kommt es nicht darauf an, ob das Missverhältnis seine Ursache in einer ermessensfehlerhaften oder nicht vertretbaren Berechnung hat; auch ist es unerheblich, ob das Missverhältnis auf der unvertretbaren Ermittlung eines einzelnen Bewertungsfaktors beruht oder das Ergebnis des Zusammentreffens mehrerer vertretbarer Fehlbeurteilungen ist,

---

58 Schiedsst. v. 14.03.1996 – Arb.Erf. 70/94, (unveröffentl.); v. 17.12.2014 – Arb.Erf. 52/13, (www.dpma.de).
59 Vgl. Boemke/Kursawe/Engemann Rn. 123 zu § 9.
60 OLG Frankfurt am Main v. 26.06.1986, EGR Nr. 10 zu § 23 ArbEG – *Vinylchlorid*.
61 Schiedsst. ZB v. 17.03.1994 – Arb.Erf. 177/92 u. LG Mannheim v. 12.05.2000 – 7 O 412/98, (beide unveröffentl.).
62 Vgl. BGH v. 04.10.1988 – X ZR 71/86, BlPMZ 1989, 135, 136 l.Sp. – *Vinylchlorid*; v. 06.03.2012, Mitt. 2012, 285 [Rn. 27] – *Antimykotischer Nagellack I* u. v. 12.06.2012, GRUR 2012, 959 (LS u. Rn. 5) – *Antimykotischer Nagellack II*; LG München v. 21.12.1998 – 21 O 22876/95, (unveröffentl.); Schiedsst. v. 28.01.1970, BlPMZ 1970, 454; v. 23.10.1969, BlPMZ 1971, 141; v. 17.03.1994 – Arb.Erf. 177/92, u. v. 16.04.1996 – Arb.Erf. 94/94, (beide unveröffentl.); Tetzner, BB 1963, 649, 650.

die zu einer Kumulierung geführt haben.⁶³ Entscheidend ist letztlich, ob die gesetzlich dem Arbeitnehmer zustehende Vergütung ganz wesentlich unterschritten wird⁶⁴ bzw. erheblich über der vom Arbeitgeber gesetzlich geschuldeten Vergütung liegt.

Der **Grund** für die von vornherein unangemessene Vergütungsbemessung kann vielfältig sein. So kann er bspw. in einer fehlerhaften Bestimmung der Bezugsgröße bzw. des Lizenzsatzes bei der Berechnung nach der Lizenzanalogie liegen, ferner in einer nicht zutreffenden Abstaffelung,⁶⁵ in der fehlerhaften Bewertung der Miterfinderschaft ebenso wie in der unrichtigen Bestimmung des Anteilsfaktors.⁶⁶ Allerdings lässt sich nichts für eine Unbilligkeit daraus abgeleiten, dass der Arbeitgeber über vergütungsrelevante Faktoren, etwa über den Produktabgabepreis oder die Höhe und Bemessung einer Vertragslizenz, entscheidet bzw. darauf Einfluss nimmt.⁶⁷ Maßgeblich bleiben die Auswirkungen auf die Angemessenheit der Vergütung. Zu konzerninternen Abgabepreisen s. § 9 Rdn. 186.1.

Zur Vergütungsvereinbarung bei **freien Erfindungen** s. § 19 Rdn. 87 zu, zur Vereinbarung von Miterfinderanteilen s.o. § 23 Rdn. 7.1, zum Beurteilungszeitpunkt s. § 23 Rdn. 20.

Im Hinblick auf die nach § 22 Satz 2 vom Gesetzgeber zugelassene Möglichkeit von Vereinbarungen zuungunsten des Arbeitnehmers ist ein (bewusster oder in Kauf genommener) vollständiger oder teilweiser **Verzicht auf Vergütungsansprüche** nicht schlechthin unbillig.⁶⁸ § 22 Satz 2 und § 23 Abs. 1 weichen insofern von gesetzlichen Vorschriften mit ausdrücklichem Verzichtsverbot (vgl. z.B. § 75d, § 90a Abs. 4, vgl. auch § 89b Abs. 4 Satz 1 HGB) ab. Der Verzicht ist als Vereinbarung zulässig (§ 397 BGB, s. § 22 Rdn. 37). Voraussetzung ist, dass sich der Verzichtende der Bedeutung seines Handelns bewusst ist, also sowohl seiner Rechte als auch der Konsequenzen seines Handelns. Demzufolge ist ein (ganzer oder teilweiser) Verzicht auf Vergütungsan-

---

63 BGH v. 04.10.1988 – X ZR 71/86, BlPMZ 1989, 135, 136 l.Sp. – *Vinylchlorid*.
64 Schiedsst. v. 28.01.1970, BlPMZ 1970, 454, 455; ähnl. OLG Karlsruhe v. 12.12.2001 – 2 U 100/00, (unveröffentl.): »Die vereinbarte Vergütung muss hinter der angemessenen in erheblichem Maße zurückbleiben«.
65 Vgl. etwa BGH v. 04.10.1988 – X ZR 71/86, BlPMZ 1989, 135, 136 l.Sp. – *Vinylchlorid*.
66 So z.B. Schiedsst. v. 25.08.1998 – Arb.Erf. 9/97, (unveröffentl.).
67 BGH v. 06.03.2012, Mitt. 2012, 285 (Rn. 31 f. u. 41 ff.) – *Antimykotischer Nagellack*.
68 Ausführlich hierzu Volz Festschr. Bartenbach (2005) 199, 215 m.H.a. Schiedsst. v. 20.03.2003, GRUR 2003, 559 f.; zust. Boemke/Kursawe/Nebel Rn. 22 f. zu § 23.

sprüche wirksam, wenn der Arbeitnehmer sich im Klaren ist, damit gesetzliche Vergütungsansprüche preiszugeben, er die wirtschaftliche Tragweite überschaut und sich nicht in einer (arbeitsbezogenen) Drucksituation befindet.[69] Erforderlich ist weiter, dass der Verzicht unmissverständlich und eindeutig in der Vereinbarung zum Ausdruck kommt.[70] An die Feststellung eines Verzichtswillens sind strenge Anforderungen zu stellen, da im Zweifel niemand auf Rechte verzichten will.[71] (z. Verzicht auf den Anpassungsanspruch s. § 12 Rdn. 96.1; zur Ausgleichsquittung § 26 Rdn. 56 ff.; zu Unbilligkeit eines Vergütungsverzichts im Rahmen einer Abfindungsvereinbarung s. § 26 Rdn. 61.). Ein Vergütungsverzicht kann beispielsweise in einem uneingeschränkten Verzicht auf eine Schutzrechtsanmeldung bei zweifelhafter Schutzfähigkeit liegen (s. § 13 Rdn. 34; zu den Auswirkungen eines Teilverzichts auf die Schutzrechtsanmeldung auf den Vergütungsanspruch s. § 9 Rdn. 85). Gleiches gilt bei der in Zusammenhang mit einer Arbeitnehmererfindung stehenden Aufforderung an den früheren Arbeitgeber, künftige Zahlungen jedweder Art zu unterlassen.[72] Ob in der Reduzierung der ursprünglichen Vergütungsforderung im Rahmen des Schiedsstellenverfahrens ein endgültiger Teilverzicht oder ein vorläufiges Entgegenkommen bzw. Angebot zum Erreichen einer gütlichen Einigung liegt, bedarf der Auslegung anhand der Gesamtumstände. Schließlich lässt auch § 23 Vereinbarungen unberührt, die »bloß« unbillig sind (vgl. etwa § 315 Abs. 3 BGB) und versagt die Rechtswirksamkeit nur dann, wenn dies »in erheblichem Maße« der Fall ist.

Die Unbilligkeit einer (einvernehmlichen) Vergütungsfeststellung kann nicht allein darauf gestützt werden, der Arbeitgeber habe **keine** Einzelheiten zur **Begründung** seines Zahlungsangebotes mitgeteilt[73] (s.a. § 12 Rdn. 17 f.; zur fehlenden Begründung einer Vergütungsfestsetzung s. § 12 Rdn. 54).

Bei der Bewertung ist stets ein Vergleich der Gesamtleistung des Arbeitgebers mit der insgesamt für die Verwertung der Erfindung gesetzlich geschuldeten Vergütung vorzunehmen (**Gesamtbetrachtung**).[74] Die einzelnen Vergütungs-

---

69 LG Frankfurt v. 22.11.2000 – 2/6 O 239/00; LG Düsseldorf v. 11.12.2007 – 4b O 69/07; Schiedsst. v. 30.12.1983 – Arb.Erf. 1 (B)/82, (beide unveröffentl.).
70 Vgl. auch Schiedsst. ZB v. 12.05.2016 – Arb.Erf. 41/12, (www.dpma.de); s. allg. BAG v. 06.09.2007, NZA 2008, 219 m. Anm. Ahrens, RdA 2009, 111.
71 Vgl. allg. BGH v. 29.11.1995, NJW 1996, 588.
72 Vgl. Keukenschrijver in Busse/Keukenschrijver, PatG, Rn. 18 zu § 9 ArbEG.
73 Schiedsst. v. 02.10.1989 – Arb.Erf. 95/88, (unveröffentl.).
74 Schiedsst. v. 09.10.2007 – Arb.Erf. 40/05 u. v. 28.07.2006 – Arb.Erf. 5/05 (beide Datenbank); v. 29.04.2010 – Arb.Erf. 11/09; v. 16.03.2010 – Arb.Erf. 31/8, (beide unveröffentl.) u. v. 11.07.2012 – Arb.Erf. 03/11, (www.dpma.de).

parameter werden nicht einzeln auf eine Unbilligkeit überprüft, maßgebend ist das Gesamtergebnis der Vereinbarung.[75] I.R.d. § 23 kommt es also darauf an, ob der Erfinder **gemessen am Gesamtnutzen** des Arbeitgebers so wenig Vergütung erhalten hat, dass von einem **objektiven Missverhältnis** gesprochen werden muss.[76] Unterschreitet dementsprechend die Vergütung für eine bestimmte Verwertungsart für sich allein gesehen die gesetzlich geschuldete Vergütung wesentlich, ist dies dann nicht unbillig, wenn die zugleich festgesetzte Vergütung für andere Verwertungsformen so günstig ist, dass sie diese Nachteile nahezu aufwiegt. Ist also bspw. die Vergütung für Lizenzeinnahmen relativ gering angesetzt, andererseits aber die Vergütung für die betriebliche Eigenverwertung zu hoch bewertet, kann sich dies kompensieren. Kommt es damit auf die Höhe der Vergütung insgesamt an, ist nicht entscheidend, ob einzelne Vergütungskriterien (z.B. Erfindungswert) zu niedrig angesetzt wurden, wenn dies durch andere Bewertungsmaßstäbe (z.B. umfassende Bezugsgröße, hoher [nicht abgestaffelter] Lizenzsatz oder hoher Anteilsfaktor) ausgeglichen wird.[77] Die zu § 319 Abs. 1 Satz 1 BGB entwickelten Wertmaßstäbe zur »offenbaren Unbilligkeit«[78] können – auch rechtssystematisch – nicht auf § 23 ArbEG übertragen werden[79] (s.a. oben § 23 Rdn. 13). Insoweit sind zu § 23 eigenständige Toleranzgrenzen entwickelt worden.

Bezugspunkt für die anzustellende Gesamtbetrachtung ist grds. nur die **konkret zu vergütende Erfindung** des Arbeitnehmers. Ausnahmen können sich nach der hier vertretenen Auffassung nur bei Erfindungskomplexen ergeben, soweit ein Komplex mit mehreren Erfindungen Gegenstand einer Vergütungsregelung ist und Identität der Erfinder (sei es auch als Miterfinder) besteht;[80] Gleiches gilt bei einer Pauschalvergütungsvereinbarung, die global mehrere Erfindungen umfasst.[81] Ansonsten haben Vergütungsregelungen und Vergütungszahlungen, die sich auf andere Erfindungen des Arbeitnehmers beziehen, außer Ansatz zu bleiben. Eine »Zuwenigzahlung« im Fall einer Diensterfindung kann also nicht mit der »Zuvielzahlung« für eine andere Erfindung dieses Arbeitnehmers »kompensiert« werden. Bezugsgröße zur Bestimmung der Unbilligkeit ist stets die Angemessenheit der Vergütung, die für die **konkrete**

---

75 Schiedsst. v. 28.07.2006 – Arb.Erf. 5/05, (Datenbank).
76 OLG Frankfurt am Main v. 28.01.1982 – 6 U 234/79 – *Vinylchlorid*, (unveröffentl.).
77 Ganz h.M., z.B. Schiedsst. ZB v. 07.01.1993 – Arb.Erf. 11/92, (unveröffentl.) – dort zu den wechselbezüglichen Einzelfaktoren Lizenzsatz/Bezugsgröße/Abstaffelung; v. 28.07.2006 – Arb.Erf. 5/05, (unveröffentl.).
78 Vgl. z.B. BGH v. 26.04.1991, NJW 1991, 2761.
79 Volz in Festschr. Bartenbach (2005) S. 199, 207 ff.
80 I.d.S. wohl auch Schiedsst. ZB v. 01.06.1995 – Arb.Erf. 34/93, (unveröffentl.).
81 Schiedsst. v. 19.12.1995 – Arb.Erf. 3 (B)/94, (unveröffentl.).

C. »In erheblichem Maße unbillig«  § 23

**Diensterfindung** geschuldet wird. Ebenso wenig, wie ein Vergütungsanspruch nach §§ 9, 10 a.F. mit Hinweis auf Vergütungszahlungen für andere Diensterfindungen abgelehnt oder eingeschränkt werden kann, können Vergütungszahlungen für andere Erfindungen in die Gesamtbetrachtung grds. einbezogen werden.

Für Vergütungsregelungen über **laufende Vergütungszahlungen** (zur abweichender Betrachtung bei Pauschalvergütungsregelungen s. § 23 Rdn. 22.5) ist von Folgendem auszugehen: 22.1

Nach der – vom *BGH* im Ergebnis gebilligten – ständigen Entscheidungspraxis der *Schiedsstelle* ist eine Vergütungsvereinbarung (oder -festsetzung) dann in erheblichem Maße unbillig, wenn die nach dem ArbEG und den Vergütungsrichtlinien geschuldete angemessene **Vergütung des Arbeitnehmers mindestens doppelt so hoch** ist[82] (z.B. 5.000 €), also bei einer Unterschreitung der gesetzlich geschuldeten Vergütung ab 50 %, oder umgekehrt **zulasten des Arbeitgebers mindestens das Doppelte der gesetzlich geschuldeten Vergütung vereinbart oder festgesetzt** worden ist[83] (z.B. 10.000 € anstatt geschuldeter 5.000 €). Im Einzelfall hat die *Schiedsstelle* eine **Unterschreitung der gesetzlich zustehenden Vergütung um ca. 40 %**, gemessen an den vertraglich vor längerer Zeit erbrachten Zahlungen, für unschädlich gehalten, da dies noch i.R.d. Risikos liegt, welches der Erfinder bei einer sehr früh (etwa beim Anlaufen der Produktion lange vor Patenterteilung) geleisteten Pauschalzahlung in Kauf nehmen müsse; zudem wurde der Kaufkraftschwund berücksichtigt.[84]

Bei **hohen absoluten Unterschiedsbeträgen** sinkt diese Erheblichkeitsschwelle, sodass dann der **absolute Unterschiedsbetrag** in den Vordergrund

---

82 Zustimmend BGH v. 12.06.2012, GRUR 2012, 959 (LS u. Rn. 8) – *Antimykotischer Nagellack II*; OLG Düsseldorf v. 07.05.1992 – 2 U 117/91, (unveröffentl.); i. Ergebn. auch LG Frankfurt v. 17.10.1979 – 2/6 O 287/79, (unveröffentl.); Schiedsst. v. 30.12.1983 – Arb.Erf. 1 (B)/82; v. 17.03.1994 – Arb.Erf. 177/92; v. 14.06.1994 – Arb.Erf. 3/94; v. 04.04.1995 – Arb.Erf. 53/93; v. 19.12.1995 – Arb.Erf. 3 (B)/94; v. 16.04.1996 – Arb.Erf. 94/94; v. 20.01.1997 – Arb.Erf. 34/93; v. 28.07.2006 – Arb.Erf. 5/05; v. 16.03.2010 – Arb.Erf. 31/08, (sämtl. unveröffentl.); v. 22.07.2013 – Arb.Erf. 40/11, (www.dpma.de).
83 Schiedsst. v. 11.03.2008 – Arb.Erf. 24/07; v. 17.04.2008 – Arb.Erf. 49/06, u. v. 01.04.2008 – Arb.Erf. 52/05 (sämtl. Datenbank) ferner v. 29.04.2010 – Arb.Erf. 11/09, (unveröffentl.).
84 Schiedsst. v. 23.10.1969, BlPMZ 1971, 141, 142.

tritt[85] (z.B. anstatt geschuldeter Vergütung von 125.000 € lediglich vereinbarte Erfindervergütung von 85.000 €). So schuldete in dem vom *BGH* entschiedenen Fall »Vinylchlorid«[86] der Arbeitgeber seinem Arbeitnehmererfinder nach dem ArbEG umgerechnet 334.302,06 €, während er lediglich eine Vergütung von umgerechnet 245.420,10 € gezahlt hatte. Nach Auffassung des *BGH* genügte die Differenz von 88.881,96 € zur Annahme einer erheblichen Unbilligkeit, obwohl es sich lediglich um eine **Differenz von 26,59 %** handelte. In einem vergleichbaren Fall hat die *Schiedsstelle*[87] bei einem absoluten Unterschiedsbetrag von 51.824,21 € (geschuldete Vergütung 174.699,21 € ggü. gezahlter Vergütung von 122.875,00 €) eine Unbilligkeit des Vereinbarten angenommen (29,66 %).

22.2 **Beruft sich** der **Arbeitgeber auf** eine **Überschreitung** der nach dem ArbEG geschuldeten (laufenden) Vergütung, gelten die vorstehenden Maßstäbe im Grundsatz entsprechend. Jedoch ist hierbei i.R.d. Gesamtwürdigung zu werten, dass regelmäßig der Arbeitgeber zunächst die Initiative zur Vergütungsregelung ergreift, er üblicherweise mit den Kriterien besser vertraut ist und den maßgeblichen Einblick in die wirtschaftliche Relevanz der Erfindung und ihre zukünftige Verwertbarkeit im Unternehmen hat; hinzukommt, dass die Erfindervergütung häufig in Anerkennung der Gesamtleistung eines Arbeitnehmers und zu dessen Motivation großzügig bemessen wird. Daraus folgt, dass unter dem Aspekt von Treu und Glauben[88] ein Überschreiten der zugunsten des Arbeitnehmers entwickelten Toleranzgrenzen (s. § 23 Rdn. 22.1) nicht automatisch eine Unbilligkeit indiziert; aber auch hier bleibt bei hohen Vergütungsleistungen der absolute Unterschiedsbetrag von maßgeblicher Bedeutung.[89] Nach der Praxis der *Schiedsstelle* liegt eine Unbilligkeit zulasten des

---

85 Wie hier OLG Frankfurt am Main v. 26.06.1986, EGR Nr. 10 zu § 23 ArbEG, best. d. BGH v. 04.10.1988 – X ZR 71/86, BlPMZ 1989, 135, 137 – *Vinylchlorid*; Schiedsst. v. 16.04.1996 – Arb.Erf. 94/94; v. 29.04.2010 – Arb.Erf. 11/09, u. v. 16.03.2010 – Arb.Erf. 31/08, (sämtl. unveröffentl.); ferner v. 17.04.2013 – Arb.Erf. 11/11; v. 22.07.2013 – Arb.Erf. 40/11, (beide www.dpma.de); vgl. auch Volmer Rn. 14 zu § 23; nicht dagegen b. OLG Frankfurt am Main v. 28.01.1982 – 6 U 234/79, unveröffentl. (dort Differenzen von 4000 DM bei einer geschuldeten Gesamtvergütung von 40.000 DM); vgl. auch Schiedsst. v. 16.06.1983, BlPMZ 1984, 250, 252 (dort m. d. Hinw., die Schiedsst. habe bislang noch in keinem Fall eine erhebliche Unbilligkeit bejaht, wenn die gezahlte Vergütung unter 110 % der geschuldeten Vergütung lag = Unterschreitung von 10 %).
86 BGH v. 04.10.1988 – X ZR 71/86, GRUR 1990, 271 – *Vinylchlorid*.
87 EV v. 11.03.2008 – Arb.Erf. 24/07 (Datenbank).
88 Schiedsst. v. 28.07.2006 – Arb.Erf. 5/05 (Datenbank).
89 Schiedsst. v. 16.04.1996 – Arb.Erf. 94/94, u. v. 20.01.1997 – Arb.Erf. 34/93, (beide unveröffentl.).

## C. »In erheblichem Maße unbillig« § 23

Arbeitgebers regelmäßig erst vor, wenn der vereinbarte bzw. festgesetzte Vergütungsbetrag mindestens das **Doppelte der gesetzlich geschuldeten Vergütung** beträgt oder wenn der Absolutbetrag der zu viel vereinbarten Vergütung eine Größenordnung erreicht, die auch für ein Unternehmen als nach Treu und Glauben nicht mehr zumutbare Zuvielzahlung angesehen werden muss.[90] Die *Schiedsstelle* berücksichtigt auch hier, dass bei hohen Vergütungsleistungen der absolute Unterschiedsbetrag von maßgeblicher Bedeutung ist.[91]

Im Einzelfall lehnt die *Schiedsstelle* eine Unbilligkeit ab, wenn das Doppelte der gesetzlich geschuldeten Vergütung geringfügig überschritten wurde und es angesichts der Größenordnung dem Arbeitgeber zumutbar erschien, an der getroffenen (Pauschal-) Vergütungsvereinbarung festgehalten zu werden.[92] Leitet der Arbeitgeber die erhebliche Unbilligkeit aus einem von ihm zu hoch angesetzten **Anteilsfaktor** her (RL Nr. 30 ff.), kann ihm u.U. die Berufung auf § 23 versagt sein, sofern er sich nicht von bewusst unrichtigen Angaben des Arbeitnehmers hat leiten lassen. Hier kann der Erfahrungssatz beachtlich sein, dass häufig diese mit dem Arbeitsverhältnis untrennbar verbundenen Bewertungskriterien des Anteilsfaktors in Anerkennung der Gesamtleistung eines Arbeitnehmers nicht »spitz« berechnet werden. So hat die *Schiedsstelle* zutreffend – trotz relativ hoher Vergütungsleistungen – einen gewählten Anteilsfaktor von 21 % im Verhältnis zu dem an sich zutreffenden Anteilsfaktor von 13 % nicht als erheblich unbillig angesehen.[93] Differenzierter ist dies bei einem zu hohen Ansatz des **Erfindungswertes** zu betrachten. Dies gilt insb. in den Fällen, in denen die Ermittlung des Erfindungswertes besondere Schwierigkeiten bereitet, etwa wenn die Erfindung in komplexen Produkten benutzt wird.[94]

Eine angemessene Erfindervergütung wird nicht dadurch unbillig, dass der Erfinder daneben anderweitige **Sonderzahlungen** aus der Verwertung der Erfindung erhält (z.B. Gewinnbeteiligung, umsatzabhängige Tantieme usw.), da derartige Sonderleistungen außerhalb des ArbEG gewährt werden.

22.3

---

90 EV. v. 26.04.1994 – Arb.Erf. 2/94, (unveröffentl.); v. 16.04.1996 – Arb.Erf. 94/94, (unveröffentl.) – dort das 4,3-fache der geschuldeten Vergütung; ebenso bei EV v. 18.04.2002 – Arb.Erf. 60/99 (Datenbank); v. 28.06.2006 – Arb.Erf. 5/05, (unveröffentl.).
91 EV v. 24.07.2003 – Arb.Erf. 74/01 (Datenbank) – dort Vergütungsüberschreitung von rd. 80.000 DM ggü. festgesetzter Vergütung von rd. 380.000 DM (21 %) nicht ausreichend, allenfalls Grenzfall zur Unbilligkeit.
92 EV v. 05.02.1998 – Arb.Erf. 83/94, (unveröffentl.), dort das 2,16-fache an Überzahlung (Rückforderungsbetrag rd. 20.00 DM).
93 Schiedsst. v. 21.05.1984 – Arb.Erf. 49/83, (unveröffentl.).
94 Schiedsst. v. 16.04.1996 – Arb.Erf. 94/94, (unveröffentl.).

**§ 23**

22.4 Die **zeitliche Begrenzung der Vergütungspflicht** des Arbeitgebers auf eine bestimmte Laufzeit des Schutzrechts bzw. auf einen bestimmten Verwertungszeitraum ist zwar bei Vergütungsregelungen – anders als bei Lizenzverträgen – unüblich, aber zulässig, und deshalb nur dann grob unbillig, wenn – etwa bei einer Pauschalabfindung – die Zahlungen insgesamt erheblich unter den Beträgen liegen, die bei fortlaufender Vergütung bis zum Ablauf des Schutzrechts geschuldet würden.[95]

22.5 Bei einer **Pauschalabfindung** sind bei der Prüfung der erheblichen Unbilligkeit neben der Differenz von gezahlter und gesetzlich geschuldeter Vergütung der mit einer vorzeitigen Zahlungsweise verbundene Zinseffekt, der Kaufkraftschwund wie aber auch das beiderseits in Kauf genommene Risiko unvorhersehbarer Entwicklungen (s.a. § 12 Rdn. 111 f. u. oben § 23 Rdn. 20) sowie das Maß eines wechselseitigen Nachgebens (s.o. § 23 Rdn. 18) zu werten.

In ständiger Spruchpraxis nimmt die *Schiedsstelle* bei einer **Pauschalvergütungsvereinbarung**, die für beide Seiten ein Risikogeschäft darstellt, eine Überschreitung des Prognosebereichs durch unerwartet gestiegene Umsätze erst dann an, wenn das **Nutzungsvolumen etwa das Dreifache des von der Prognose noch Erfassten überschritten** hatte.[96] Allerdings kann auch diese Erheblichkeitsschwelle bei hohen absoluten Unterschiedsbeträgen sinken[97] (s. dazu Rn. 22.1).

Wird bei einer Pauschalvergütung **nur von zurückliegenden Nutzungshandlungen ausgegangen**, ohne zusätzlich die tatsächlich fortlaufende, zukünftige Verwertung zu berücksichtigen, so kann dies unbillig sein, sofern die zukünftigen Verwertungssteigerungen nicht wegen ihres geringen Ausmaßes zu vernachlässigen sind.[98]

23 Soweit **subjektive Momente** (z.B. Missbrauch der Arbeitgeberposition) hinzutreten, sind diese zu beachten (s.o. § 23 Rdn. 16), sodass eine Unbilligkeit schon bei geringerer Unterschreitung in Betracht kommen kann. Allerdings reicht die bloße Tatsache, dass der Arbeitnehmer generell in einem gewissen Abhängigkeitsverhältnis steht, als beachtenswertes Moment nicht aus.

---

95 I.d.S. Schiedsst. v. 28.05.1985 – Arb.Erf. 69/85, (unveröffentl.).
96 Schiedsst. v. 19.08.1999 – Arb.Erf. 77/97; v. 12.09.2005 – Arb.Erf. 97/03, (beide Datenbank); v. 19.10.2010 – Arb.Erf. 03/09, (www.dpma.de, LS. 3); v. 16.12.2011 – Arb.Erf. 63/08, (unveröffentl.); v. 17.12.2014 – Arb.Erf. 52/13, (www.dpma.de); folgend Trimborn, Mitt. 2015, 116, 122.
97 Schiedsstelle v. 16.12.2011, Arb.Erf. 63/08, (unveröffentl.).
98 I.d.S. Schiedsst. ZB v. 24.04.1986 – Arb.Erf. 48/85, (unveröffentl.); vgl. auch Schiedsst. v. 15.12.1982, BlPMZ 1983, 133, 134.

C. »In erheblichem Maße unbillig« § 23

Das aus der Vergütungsvergleichsberechnung ermittelte Missverhältnis muss – 24
nach dem oben Gesagten (§ 23 Rdn. 20) – **schon im Zeitpunkt des Vertragsabschlusses** vorliegen, ausgehend von den Umständen, wie sie sich für einen mit den Verhältnissen vertrauten Fachkundigen objektiv darstellen.[99] War zu diesem Zeitpunkt die umsatzintensivere Verwertung der Erfindung **absehbar**, hat der Arbeitgeber aber bewusst oder irrig eine geringere Pauschalvergütung angestrebt bzw. war das Missverhältnis für den Arbeitgeber offen erkennbar, so kommt § 23 zum Tragen;[100] stellt sich die positive Entwicklung erst später heraus, so greift nur § 12 Abs. 6.[101] Kann der Arbeitgeber bei dem Angebot einer Pauschalvergütungsregelung aufgrund der bisherigen Entwicklung die Umsatzerwartungen der Folgejahre prognostizieren und legt er dies dem Arbeitnehmer nicht offen, mit der Folge, dass als Grundlage für die Pauschalabfindung niedrigere Umsatzerwartungen berücksichtigt werden, ist eine solche Vergütungsregelung nicht an § 12 Abs. 6, sondern an § 23 zu messen; denn eine eventuelle Unbilligkeit haftet einer solchen Vergütungsvereinbarung von Anfang an an.[102] Entsprechendes gilt für den umgekehrten Fall, dass die Parteien (irrtümlich) bei der Vergütungsvereinbarung von einer zu großen (wirtschaftlichen) Bedeutung der Erfindung ausgegangen sind.[103] Nicht § 12 Abs. 6, sondern ggf. § 23 ist einschlägig, wenn der Anteilsfaktor unzutreffend beurteilt worden ist[104] (s.a. § 12 Rdn. 106). Gleiches gilt für die Bezugsgröße, wenn die Benutzungsform unverändert bleibt.[105] (s. i.Ü. § 12 Rdn. 103 ff. u. 131 ff.). Haben bei einer Vergütungsvereinbarung beide Vertragsparteien ein zukünftiges **objektives Missverhältnis vorausgesehen** und dieses bewusst hingenommen, scheidet u. E. eine (ursprüngliche) Unbilligkeit aus (zum Verzicht s. § 23 Rdn. 22; vgl. auch § 32a Abs. 1 Satz 2 UrhG sowie § 779 BGB).

---

99 Schiedsst. v. 17.04.2008 – Arb.Erf. 49/06; v. 29.07.2008 – Arb.Erf. 18/07, (beide Datenbank) u. v. 29.04.2010 – Arb.Erf. 11/09, (unveröffentl.); vgl. auch Tetzner, BB 1963, 649, 650; Schiedsst. v. 17.04.2013 – Arb.Erf. 11/11, (www.dpma.de) u. ZB. v. 03.05.2017 – Arb.Erf. 09/16, Mitt. 2018, 356, 359, (= www.dpma.de).
100 LG Braunschweig v. 12.05.1970 – 9 c O 13/69, (unveröffentl.).
101 Vgl. BGH v. 17.04.1973 – X ZR 59/69, GRUR 1973, 649, 652 f. – *Absperrventil* m. Anm. Schade; vgl. auch Schiedsst. ZB. v. 03.05.2017 – Arb.Erf. 09/16, Mitt. 2018, 356, 359, (= www.dpma.de).
102 Schiedsst. v. 23.03.1995 – Arb.Erf. 177/92, (unveröffentl.).
103 Vgl. Tetzner, BB 1963, 649, 650.
104 Allg. Ansicht, z.B. Schiedsst. v. 12.06.1996 – Arb.Erf. 86/94 u. 19/95, (unveröffentl.) m. H. a. Reimer/Schade/Schippel/Trimborn Rn. 47 zu § 12.
105 Schiedsst. v. 12.06.1996 – Arb.Erf. 86/94 u. 19/95, (unveröffentl.).

## D. Geltendmachen der Unbilligkeit (Abs. 2)

### I. Geltendmachen

25 Wie Abs. 2 verdeutlicht, **bedarf es einer Geltendmachung** der Unbilligkeit ggü. dem anderen Vertragspartner (»dem anderen Teil«, vgl. § 23 Abs. 2). Die Berufung einer Partei auf § 23 entbindet die andere Partei nicht, die Unbilligkeit ihrerseits geltend zu machen, wenn sie sich ebenfalls hierauf berufen will. Als einseitige, empfangsbedürftige Willenserklärung muss sie dem anderen Teil zugehen[106] (§ 130 BGB; s. dazu § 5 Rdn. 10 ff.). Eine Zustellung an Dritte (z.B. Patent- oder Rechtsanwälte) entfaltet nur Wirkung, wenn diese zur Entgegennahme einer solchen Erklärung bevollmächtigt sind.[107] Dem Rechtscharakter nach macht § 23 Abs. 2 allerdings die Geltendmachung noch nicht zwingend zu einem Gestaltungsrecht[108], da nach § 23 Abs. 1 der Vereinbarung bzw. Vergütungsfestsetzung die Unbilligkeit und damit deren Unwirksamkeit von Anfang an – vergleichbar mit §§ 134, 138 BGB – innewohnt (s. § 23 Rdn. 34) und diese nicht erst – wie etwa bei Anfechtung (vgl. § 142 BGB), Rücktritt (§ 346 BGB), Widerruf (vgl. § 355 BGB) oder Kündigung – mit der Geltendmachung einer Unbilligkeit (rückwirkend) entsteht.

26 Die Geltendmachung hat die **unmissverständliche Erklärung** zu enthalten, dass der Betreffende die Vereinbarung (Vergütungsfestsetzung) für unbillig erachtet und dieser daher keine Rechtswirkungen zukommen sollen;[109] ggf. ist der Inhalt im Wege der Auslegung zu ermitteln (§ 133 BGB). Ein bloßer (unverbindlicher) Hinweis reicht nicht aus, wie etwa der Hinweis einer Arbeitsvertragspartei, sie behalte sich die Geltendmachung von Rechten aus § 23 vor.[110] Gleiches gilt für die bloße Bitte, zu überprüfen, ob die Voraussetzungen des § 23 gegeben sind.[111] Auch der Wunsch nach einer »Neuregelung wegen geänderter Umstände« genügt nicht,[112] da diese Forderung gerade von

---

106 Schiedsst. v. 22.09.1992, EGR Nr. 14 zu § 23 ArbEG.
107 Schiedsst. v. 08.10.2009 – Arb.Erf. 50/08, (insoweit nicht in www.dpma.de).
108 Uneingeschränkt für die Einordnung als Gestaltungsrecht (noch) die 5. Vorauflage, dort Rn. 29 f., 38 zu § 23.
109 Ebenso Schiedsst. v. 16.07.2008 – Arb.Erf. 49/03; v. 17.04.2008 – Arb.Erf. 49/06; v. 01.04.2008 – Arb.Erf. 52/05, u. v. 29.07.2008 – Arb.Erf. 18/07, (sämtl. Datenbank); ferner v. 16.03.2010 – Arb.Erf. 31/08, (unveröffentl.); sehr weitgehend EV v. 24.07.2003 – Arb.Erf. 74/01, (Datenbank).
110 S. allgem. BAG v. 10.12.1997, DB 1998, 682. Vgl. auch Schiedsst. v. 15.03.2012 – Arb.Erf. 48/10, (Datenbank, in www.dpma.de nur LS. 1), dort anders, wenn das mit der konkreten Darlegung überhöhter Vergütungsparameter verbunden ist.
111 S. allgem. BAG v. 10.12.1997, DB 1998, 682.
112 Schiedsst. v. 15.12.1999 – Arb.Erf. 70/98, (unveröffentl.).

## D. Geltendmachen der Unbilligkeit (Abs. 2) § 23

der Wirksamkeit der getroffenen Vergütungsregelung ausgeht (vgl. § 12 Abs. 6). Andererseits ist eine ausdrückliche Bezugnahme auf die Gesetzesbestimmung des § 23 oder der Gebrauch des Begriffs »Unbilligkeit« nicht erforderlich.[113] Es genügt bspw. die Beschwerde des Arbeitnehmers, angesichts des ihm bekannten Nutzungsumfangs sei seine Erfindervergütung viel zu gering,[114] oder die Übermittlung einer eigenen Vergütungsberechnung mit erheblich abweichenden Ergebnissen ggü. den bisherigen Vergütungsregelungen verbunden mit einer Geltendmachung des Differenzbetrages oder mit einer Prüfbitte,[115] ferner dessen Erklärung »*Bezugsgröße/Lizenzsatz/Abstaffelung müssen für die Erfinder besser gestaltet werden*«, verbunden mit einer Vergütungsforderung, die die bisherige Zahlung um mehr als 50 % überschritt.[116] Ebenso reicht es aus, wenn der Arbeitgeber unter Bezug auf § 23 darlegt, dass bzw. warum einzelne benannte Vergütungsparameter überhöht sind.[117] Erforderlich ist stets, dass sich aus dem Zusammenhang ergibt, dass ein erhebliches Missverhältnis von Geleistetem und Angemessenem bestehen soll; die Gegenseite muss das Anliegen zweifelsfrei der Vorschrift des § 23 Abs. 1 ArbEG zuordnen können.[118] So soll auch die an die Schiedsstelle herangetragene Bitte um »Prüfung auf angemessene Beteiligung an Lizenzeinnahmen« ausreichend sein. Gleiches soll für die Erklärung des Erfinders gelten, für ihn müssten »Bezugsgröße, Lizenzsatz, Abstaffelung ... besser gestaltet werden«.[119]

---

113 Schiedsst. v. 09.07.1990 – Arb.Erf. 104/89, (unveröffentl.); v. 17.04.2008 – Arb.Erf. 49/06; v. 11.03.2008 – Arb.Erf. 24/07, u. v. 16.07.2008 – Arb.Erf. 49/03, (sämtl. Datenbank).
114 So im Ergebn. Schiedsst. v. 09.07.1990 – Arb.Erf. 104/89, (unveröffentl.); v. 01.04.2008 – Arb.Erf. 52/05, (Datenbank); bestätigt durch v. 16.03.2010 – Arb.Erf. 31/08, (unveröffentl.).
115 Vgl. Schiedsst. v. 22.09.1992, EGR Nr. 14 zu § 23 ArbEG; bestätigt durch Schiedsst. v. 16.03.2010 – Arb.Erf. 31/08, (unveröffentl.).
116 Schiedsst. v. 11.03.2008 – Arb.Erf. 24/07, u. v. 16.07.2008 – Arb.Erf. 49/03, (beide Datenbank).
117 Vgl. Schiedsst. v. 15.03.2012 – Arb.Erf. 48/10, (Datenbank, in www.dpma.de nur LS. 1), dort nach Vorbehalt einer Anpassung gemäß § 23 ArbEG.
118 Schiedsst. v. 16.05.2003 – Arb.Erf. 37/01, BlPMZ 2003, 400, 401; v. 24.07.2003 – Arb.Erf. 74/01; v. 11.03.2008 – Arb.Erf. 24/07; v. 29.07.2008 – Arb.Erf. 18/07; v. 16.03.2010 – Arb.Erf. 31/08, u. v. 29.04.2010 – Arb.Erf. 11/09, (sämtl. unveröffentl.). Vgl. auch Keukenschrijver in Busse/Keukenschrijver, PatG, Rn. 11 zu § 23 ArbEG, wonach sich die Behauptung eines erhebl. Missverhältnisses zugleich »auf konkret benannte Punkte beziehen« muss.
119 Keukenschrijver in Busse/Keukenschrijver, PatG, Rn. 11 zu § 23 ArbEG m. H. a. Schiedsst. v. 16.07.2008 – Arb.Erf. 49/03.

Einer **Begründung** bedarf es nicht, sie ist aber zweckmäßig.[120]

Die nach Abs. 2 erforderliche Geltendmachung betrifft nicht nur Vergütungsvereinbarungen und -festsetzungen, sondern alle (sonstigen) **Vereinbarungen und Regelungen** i.S.d. § 23 Abs. 1 (s.o. § 23 Rdn. 4 ff.).

26.1 Diejenige Partei, die sich auf die Unbilligkeit beruft, muss die sie begründenden Umstände **darlegen und beweisen**.[121] Wird im Prozess die Unbilligkeit geltend macht, reicht dies allein nicht aus, wenn nicht zugleich die Gründe hinreichend dargelegt und die begründenden Tatsachen vorgetragen werden.[122]

Zu den Rechtsfolgen s. § 23 Rdn. 33 f.

Ebenso wie ein Verzicht auf die Einrede der Verjährung zulässig ist,[123] ist nach Auffassung der *Schiedsstelle* auch ein (einzelfallbezogener) **Verzicht** auf das Geltendmachen der Unbilligkeit einer Vergütungsvereinbarung oder -festsetzung zulässig[124] (zum zwingenden Charakter d. § 23 s. § 23 Rdn. 2). Die Einrede der Verjährung wird genauso wie die Einrede der Unwirksamkeit einer Vergütungsvereinbarung oder -festsetzung nach § 23 Abs. 2 nicht von Amts wegen, sondern nur auf entsprechende Einrede (s. § 23 Rdn. 33) beachtet.

**II. Berechtigter Personenkreis**

27 Nur **Arbeitgeber und Arbeitnehmer** als Vertragsparteien bzw. deren Rechtsnachfolger (Erben, s. § 26 Rdn. 5), nicht aber Dritte,[125] können die Unbilligkeit geltend machen und sich auf die Unwirksamkeit der Vereinbarung (Vergütungsfestsetzung) berufen.

Bei Beteiligung von Arbeitnehmer-**Miterfindern** an einer Vereinbarung kann jeder von ihnen für sich die Unbilligkeit geltend machen, allerdings nur inso-

---

120 OLG Düsseldorf v. 07.05.1992 – 2 U 117/91, (unveröffentl.); Reimer/Schade/Schippel/Rother Rn. 8 zu § 23; a.A. Heine/Rebitzki Anm. 5 zu § 23.
121 OLG Karlsruhe v. 12.12.2001 – 6 U 100/00, (unveröffentl.); LG Düsseldorf v. 24.02.2012 – 4a O 286/10, (juris, Rn. 135) – Kälteanlage; Schiedsst. v. 02.12.1984 – Arb.Erf. 24/82; v. 14.04.1986 – Arb.Erf. 1(B)/84; v. 19.12.1995 – Arb.Erf. 3(B)/94; v. 16.04.1996 – Arb.Erf. 94/94; v. 27.07.2010 – Arb.Erf. 40/09; v. 19.10.2010 – Arb.Erf. 3/09; v. 23.02.2011 – Arb.Erf. 45/08, u.v. 16.12.2011 – Arb.Erf. 63/08, (alle unveröffentl.).
122 LG Düsseldorf v. 24.02.2012 – 4a O 286/10, (juris, Rn. 135) – Kälteanlage.
123 Palandt/Ellenberger, BGB, § 202 Rn. 7 m.w.N.
124 Schiedsst. v. 27.07.2010 – Arb.Erf. 40/09, (unveröffentl.).
125 Lüdecke Erfindungsgemeinschaften S. 97; Keukenschrijver in Busse/Keukenschrijver, PatG, Rn. 12 zu § 23 ArbEG.

### D. Geltendmachen der Unbilligkeit (Abs. 2) § 23

weit, als die Unbilligkeit im Verhältnis zu ihm vorliegt.¹²⁶ Eine festgestellte Unbilligkeit wirkt sich grds. nur im Verhältnis zwischen Arbeitgeber und dem betreffenden Miterfinder, der sich darauf berufen hat, aus. Dies gilt auch bei Korrektur des Miterfinderanteils. Eine derartige Korrektur wirkt sich – abweichend von § 12 Abs. 5 – den anderen Miterfindern ggü. nur aus, wenn der Arbeitgeber auch diesen ggü. eine erhebliche Unbilligkeit geltend machen kann (ggf. Streitverkündung). Diese Grundsätze gelten auch hinsichtlich sonstiger Vergütungskriterien. Zur Frage der Unbilligkeit bei Festlegung der Miterfinderanteile durch die Arbeitnehmer s. § 12 Rdn. 32.3 u. oben § 23 Rdn. 7.1.

Will der Arbeitgeber sich auf die Unbilligkeit einer Vergütungsregelung berufen, die mehrere Miterfinder betrifft, so muss er diese Unbilligkeit ggü. jedem beteiligten Miterfinder geltend machen.

### III. Form, Frist

Die Geltendmachung hat durch Erklärung in **Textform** (§ 126b BGB, s. dazu § 5 Rdn. 35 ff.) zu erfolgen (zum Inhalt s.o. § 23 Rdn. 26). Auch hier hat die ArbEG-Novelle die Schriftform durch die Textform ersetzt (s. § 23 Rdn. 3). Lediglich für Alterfindungen, die vor dem 01.10.2009 gemeldet worden sind, verbleibt es nach § 43 Abs. 3 bei dem **Schriftformerfordernis** (s. § 43 Rdn. 14 ff.); nur bei diesen Alterfindungen bedarf es auch zukünftig – unabhängig vom Zeitpunkt – zur wirksamen Geltendmachung der Unbilligkeit einer **schriftlichen Erklärung**¹²⁷ (§§ 126, 126a BGB, zur Schriftform s. § 5 Rdn. 36 ff.) Die Form wird auch durch einen der anderen Partei zugehenden (unterzeichneten) Schriftsatz im Verfahren vor der Schiedsstelle oder vor Gericht gewahrt¹²⁸ (s. § 23 Rdn. 29). 28

Aus Gründen der Rechtssicherheit¹²⁹ und Rechtsklarheit bestimmt Abs. 2 als Frist, dass die Unbilligkeit spätestens bis zum Ablauf von **6 Monaten nach rechtlicher Beendigung des Arbeitsverhältnisses** (s. dazu § 26 Rdn. 3 ff.) geltend zu machen ist. Dies bedeutet einmal, dass während der Dauer des Arbeitsverhältnisses keine Frist für die Geltendmachung besteht (zur Verwirkung s. § 23 Rdn. 32), sondern eine solche erst mit Beendigung des Arbeitsverhältnisses einsetzt. Die Frist soll es jeder bisherigen Arbeitsvertragspartei – 29

---

126 Lüdecke Erfindungsgemeinschaften S. 97.
127 Z. B. Schiedsst. v. 19.10.2010 – Arb.Erf. 03/09, (www.dpma.de, LS 1).
128 LG Düsseldorf v. 17.09.1991 – 4 O 335/89, (unveröffentl.); Schiedsst. v. 22.09.1992, EGR Nr. 14 zu § 23 ArbEG; Reimer/Schade/Schippel/Rother Rn. 8 zu § 23.
129 Amtl. Begründung BT-Drucks. II/1648 S. 40 = BlPMZ 1957, 240.

unbelastet von Bindungen aus dem Arbeitsverhältnis – ermöglichen, die Frage einer Unbilligkeit von Vereinbarungen und Vergütungsfestsetzungen sorgsam zu prüfen und eine etwaige Geltendmachung zu überdenken. Das Gesetz unterstellt unwiderlegbar, dass dafür eine Frist von einem halben Jahr ausreicht. Damit kommt es im Einzelfall nicht auf die tatsächliche Kenntnis der Frist durch die Beteiligten an. Die Frist soll zeitnah zum Ende des Arbeitsverhältnisses klare Verhältnisse auch in Bezug auf Arbeitnehmererfindungen schaffen.

Die Frist kann aber andererseits u. E. nicht beginnen, bevor die Arbeitsvertragsparteien überhaupt **Klarheit über das Ende des Arbeitsverhältnisses** haben. Die Möglichkeit einer rechtskräftigen Abweisung der Kündigungsschutzklage, so dass erst damit die Rechtswirksamkeit der Kündigung feststeht,[130] macht es u. E. nicht erforderlich, die Unbilligkeit parallel zum Gerichtsverfahren ausdrücklich geltend zu machen[131]; vielmehr beginnt u. E. die Frist frühestens mit der Verkündung des Urteils[132], will man nicht sogar darauf abstellen, dass die Beendigung für die Parteien definitiv feststehen muss und sich damit auf die Rechtskraft des Urteils beziehen[133]. Bei rückwirkender Beendigung durch (gerichtlichen oder außergerichtlichen) Vergleichsvertrag ist der Zeitpunkt des Vertragsschlusses maßgebend.

Im Unterschied zur Vergütung (s. § 23 Rdn. 37) unterliegt die Möglichkeit, eine Unbilligkeit geltend zu machen, nach h. M. **keiner Verjährung**;[134] insoweit sei verwiesen auf die 6-monatige Ausschlussfrist des § 23 Satz 2 (zum Rechtscharakter s. § 23 Rdn. 25, 30; zur Verjährung d. Vergütungsanspruchs s. § 23 Rdn. 37; zur Verjährung des Anpassungsanspruchs nach § 12 Abs. 6 s. § 12 Rdn. 96.2). Allerdings wird dieses Ergebnis verschiedentlich in Zweifel gezogen. Immerhin geht der *BGH* für den Anpassungsanspruch des Urhebers bei (bereits ursprünglich) unangemessener Vergütung nach § 32 Abs. 1 Satz 3 UrhG von einer Regelverjährung nach §§ 195, 199 BGB aus, und zwar einma-

---

130 Charakter und Rechtswirkung der Kündigungsschutzklage als Feststellungsklage entspricht auch mit Blick auf § 7 KSchG ganz h. M. (s. ErfK/Kiel, § 4 KSchG Rn. 9, 35); eine »Rückwirkung« dagegen grundsätzl. abl. Boemke/Kursawe/Boemke Rn. 28 zu § 26.
131 So aber Boemke/Kursawe/Nebel Rn. 27 zu § 23.
132 Vgl. etwa die Verfahrensbestimmung des § 93 Abs. 1 BVerfGG.
133 Zur im Ergebn. rechtswahrenden Wirkung bei tariflichen Ausschlussfristen s. ErfK/Kiel, § 4 Rn. 41.
134 U. a. auch Hoffmann NJ 2013, 361, 366; Schwab, Arbeitnehmererfindungsrecht, § 23 Rn. 4, 13; ebenso Vorauflage; im Ergebn. auch Boemke/Kursawe/Nebel, Rn. 32 zu § 23.

D. Geltendmachen der Unbilligkeit (Abs. 2) § 23

lig beginnend im Zeitpunkt des Vertragsabschlusses.[135] Dabei darf aber nicht verkannt werden, dass eine Vergleichbarkeit zwischen dem gesetzlichen Anpassungsanspruch aus § 32 UrhG und der Unbilligkeitsregelung des § 23 ArbEG inhaltlich und in den Wirkungen schwer fällt, zumal § 23 die Unwirksamkeit einer Vereinbarung zur Folge hat, die allerdings eine fristgebundene Geltendmachung voraussetzt.

Die praktische Bedeutung der Ausschlussfrist hat sich allerdings unter den kürzeren Verjährungsfristen stark relativiert (s. § 23 Rdn. 37).

Die formgerechte **Erklärung**, mit der die Unbilligkeit geltend gemacht wird, muss spätestens bis zum Ablauf der 6-Monats-Frist dem Vertragspartner **zugegangen** sein[136] (§ 130 BGB; zur Fristberechnung s. § 6 a.F. Rdn. 5 ff.).

Diese Erklärung kann unter Wahrung von Form (s. § 23 Rdn. 28) und Frist auch noch **innerhalb eines Schiedsstellenverfahrens** abgegeben werden;[137] allerdings ist dafür zu fordern, dass der Schriftsatz noch vor Fristablauf der anderen Arbeitsvertragspartei zugestellt wird[138] (vgl. § 31 Abs. 2 u. dort § 23 Rdn. 18). Die Geltendmachung der Unbilligkeit in einem Schriftsatz an die Schiedsstelle enthält eine entsprechende Behauptung auch ggü. dem anderen Verfahrensbeteiligten, dem mit der Zustellung des Schriftsatzes Gelegenheit zu einer entsprechenden Reaktion gegeben wird.[139] Diese Rechtswirkung entspricht der Doppelnatur von Verfahrenshandlungen vor der Schiedsstelle, die zugleich Rechtsgeschäft des Privatrechts und Verfahrenshandlungen des Schiedsstellenverfahrensrechts sein können, und steht in Einklang mit der der Schiedsstelle in § 28 Satz 2 zugewiesenen Funktion, auf eine gütliche Einigung

---

135 BGH v. 16.06.2016, WRP 2016, 1517 (Rn. 22 ff.) – *Geburtstagskarawane*.
136 Schiedsst. v. 22.09.1992, EGR Nr. 14 zu § 23 ArbEG; Keukenschrijver in Busse/Keukenschrijver, PatG, Rn. 15 zu § 23 ArbEG.
137 Schiedsst. v. 30.12.1983 – Arb.Erf. 1 (B)/82, (unveröffentl.); v. 22.09.1992, EGR Nr. 14 zu § 23 ArbEG; u. v. 01.04.2008 – Arb.Erf. 52/05, (Datenbank).
138 Grundlegend hierzu Schiedsst. v. 11.03.2008 – Arb.Erf. 24/07, (Datenbank) unter Aufgabe der gegenteiligen Auffassung in EV v. 16.10.2001 – Arb.Erf. 80/99, (Datenbank); ebenso v. 16.07.2008 – Arb.Erf. 49/03, u. v. 29.07.2008 – Arb.Erf. 18/07 (beide Datenbank); v. 27.07.2010 – Arb.Erf. 40/09, u. v. 16.03.2010 – Arb.Erf. 31/08, (beide unveröffentl.); zust. auch Keukenschrijver in Busse/Keukenschrijver, PatG, Rn. 11 zu § 23 ArbEG.
139 Schiedsst. v. 22.09.1992, EGR Nr. 14 zu § 23 ArbEG.

hinzuwirken.[140] Diese Grundsätze gelten entsprechend für Schriftsätze im Gerichtsverfahren.[141]

30 Die Frist ist eine von Amts wegen zu beachtende materiellrechtliche **Ausschlussfrist**,[142] die weder gehemmt oder unterbrochen noch u. E. verlängert werden kann (vgl. auch § 6 n.F. Rdn. 87 ff. u. § 6 a.F. Rdn. 45, 47 f.). Mit Fristablauf geht die Möglichkeit, sich auf eine Unwirksamkeit nach § 23 berufen zu können, verloren, und die Vereinbarung bzw. Vergütungsfestsetzung bleibt als von Anfang an als zulässig bestehen, soweit sie nicht aus anderen Gründen unwirksam ist[143] (s. dazu unten § 23 Rdn. 35). Dies gilt auch dann, wenn der Arbeitnehmer sich zunächst nur mündlich auf eine Unbilligkeit berufen hat und nach Fristablauf die erforderliche formgerechte Erklärung nachreicht.[144] Darauf, ob der Arbeitnehmererfinder die Frist **schuldhaft versäumt** hat, kommt es nicht an.[145] Ebenso ist die Kenntnis unerheblich (s. § 23 Rdn. 29).

Begründet der ausgeschiedene Arbeitnehmer **innerhalb der Ausschlussfrist** ein **neues Arbeitsverhältnis mit seinem bisherigen Arbeitgeber**, ist die durch die Beendigung des früheren Arbeitsverhältnisses in Gang gesetzte Ausschlussfrist gegenstandslos;[146] durch diese Begründung des neuen Arbeitsverhältnisses ist der Normzweck der Ausschlussfrist des Abs. 2, den Parteien kurzfristig Rechtssicherheit zu verschaffen, überholt. Wird ein Arbeitsverhältnis dagegen erst **nach Ablauf der Ausschlussfrist** neu begründet, scheidet ein Berufen auf die Unbilligkeit nach Abs. 2 aus. Zum an ein beendetes Arbeitsverhältnis anschließenden Beratervertrag s. § 1 Rdn. 77.1.

---

140 Schiedsst. v. 11.03.2008 – Arb.Erf. 24/07; v. 01.04.2008 – Arb.Erf. 52/05; v. 09.07.2008 – Arb.Erf. 45/03; v. 16.07.2008 – Arb.Erf. 49/03, (sämtl. Datenbank); v. 16.03.2010 – Arb.Erf. 31/08, u. v. 27.07.2010 – Arb.Erf. 40/09, (beide unveröffentl.).
141 So im Ergebn. auch LG Düsseldorf v. 17.09.1991 – 4 O 335/89, (unveröffentl.).
142 Reimer/Schade/Schippel/Rother Rn. 10 zu § 23; Keukenschrijver in Busse/Keukenschrijver, PatG, Rn. 15 zu § 23 ArbEG; ebenso OLG Düsseldorf v. 09.08.2007 – 2 U 41/06 – *Ummantelung von Stahlrohren I* (unveröffentl.); vgl. auch Schiedsst. v. 22.08.1969, EGR Nr. 1 zu § 23 ArbEG; LAG Hamm v. 16.01.1985 – 14 Sa 676/83, (unveröffentl.).
143 Vgl. BGH v. 17.04.1973 – X ZR 59/69, GRUR 1973, 649, 650 – *Absperrventil*; Schiedsstelle v. 22.08.1969, EGR Nr. 1 zu § 23 ArbEG.
144 Schiedsst. v. 22.11.1988 – Arb.Erf. 11/88, (unveröffentl.).
145 LG Düsseldorf v. 20.06.1995, Entscheidungen 4. ZK 2/1995 – *Presszylinderlagerung*; Reimer/Schade/Schippel/Rother Rn. 10 zu § 23.
146 A.A. Schiedsst. v. 11.04.1994 – Arb.Erf. 93/93, (unveröffentl.).

D. Geltendmachen der Unbilligkeit (Abs. 2) § 23

Während der Dauer des Arbeitsverhältnisses läuft keine Frist. Insb. muss die **31** Erklärung nicht unverzüglich mit Kenntnis der Unbilligkeitsgründe erfolgen (zur Verwirkung s.u. § 23 Rdn. 32); zur Verjährung s. § 23 Rdn. 37). Einer sich auf die Dauer des Arbeitsverhältnisses erstreckenden Befristung durch individual- bzw. kollektivvertragliche Regelung steht neben § 22 der zwingende Charakter dieser Vorschrift entgegen.

Aus § 23 Abs. 2 kann nicht ein allgemeiner Rechtssatz dahin abgeleitet werden, dass Ansprüche aus dem ArbEG stets nur bis zu 6 Monaten nach Ausscheiden geltend gemacht werden können;[147] insoweit handelt es sich um eine eng auszulegende Ausnahmevorschrift; sie ist nicht analogiefähig.[148]

Da das Recht, sich auf die Unbilligkeit und damit Unwirksamkeit einer Vereinbarung berufen zu können, mit Fristablauf erlischt,[149] ist eine auf die (verfristet geltend gemachte) Unbilligkeit gerichtete Klage unbegründet.[150] **31.1**

Die **Darlegungs- und Beweislast** für die Einhaltung der Frist zur Geltendmachung der Unbilligkeit nach § 23 Abs. 2 trägt derjenige, der sich auf die Unbilligkeit beruft[151] (s.a. § 23 Rdn. 26). **31.2**

### IV. Verwirkung

Das Recht, sich auf die Unbilligkeit zu berufen, kann in Ausnahmefällen verwirkt sein.[152] Allerdings ist angesichts der relativ kurzen Verjährungsfristen dafür kaum noch Raum, sodass die bisherigen Entscheidungen und Grundsätze nur noch bedingt herangezogen werden können (s. § 23 Rdn. 37). **32**

Eine Verwirkung ist allgemein dann anzunehmen, wenn seit der Möglichkeit der Geltendmachung eine längere Zeit verstrichen ist, der andere Vertragsteil aus dem bisherigen Verhalten des Berechtigten entnehmen durfte, dass dieser sein Recht nicht mehr wahrnehmen will, und er sich deshalb darauf eingerichtet hat.[153]

---

147 Schiedsst. v. 28.04.1986 – Arb.Erf. 76/84, (unveröffentl.) m.H.a. BGH v. 23.06.1977, GRUR 1977, 784 – *Blitzlichtgeräte*.
148 So Keukenschrijver in Busse/Keukenschrijver, PatG, Rn. 15 zu § 23 ArbEG.
149 Vgl. allgemein BGH v. 18.01.2006, NJW 2006, 903.
150 Reimer/Schade/Schippel/Rother, Rn. 11 zu § 23.
151 Schiedsst. v. 27.07.2010 – Arb.Erf. 40/09, (unveröffentl.).
152 Allg.A., z.B. Schiedsst. ZB. v. 07.01.1993 – Arb.Erf. 11/92, (unveröffentl.); Reimer/Schade/Schippel/Rother Rn. 13 zu § 23.
153 Vgl. z.B. BGH v. 27.04.1957, BGHZ 25, 47, 52 u. v. 23.06.1977, GRUR 1977, 784, 785 – *Blitzlichtgeräte*.

Die jährliche Zahlung überhöhter Vergütungsbeträge über einen Zeitraum von 8 Jahren hinweg schließt das Recht des **Arbeitgebers**, sich auf die Unbilligkeit einer Vergütungsvereinbarung zu berufen, noch nicht aus; es müssen vielmehr neben dem Zeitmoment noch weitere Umstände für eine Verwirkung hinzutreten.[154]

Zulasten des **Arbeitnehmers** greift **während der Dauer des Arbeitsverhältnisses** der Einwand der Verwirkung im Regelfall nicht durch,[155] da der Arbeitgeber in dieser Zeit mit Zurückhaltung rechnen muss und deshalb nicht darauf vertrauen darf, dass die Geltendmachung der Unbilligkeit unterbleiben wird;[156] dies gilt unverändert auch angesichts der verkürzten Verjährungsfristen. Eine Verwirkung kann aber **ausnahmsweise** dann angenommen werden, wenn der Arbeitnehmer gegen eine Vergütungsregelung zunächst Bedenken geltend gemacht, aber in der Folgezeit durch die widerspruchslose Annahme der Vergütung den Eindruck erweckt hat, er lasse diese Bedenken fallen, und er nunmehr nach Jahren (vor Ablauf der Verjährungshöchstfrist) seine früheren Bedenken erneut herausstellt.[157] Gleiches kommt bei herausgehobenen Positionen innerhalb eines Arbeitgeberunternehmens in Betracht; insbesondere, wenn es um beträchtliche Vergütungsansprüche geht, darf von Arbeitnehmererfindern in leitenden Funktionen erwartet werden, dass sie mit einem Unbilligkeitseinwand zeitnah an den Arbeitgeber herantreten und erst recht nicht bis zur Beendigung des Arbeitsverhältnisses zuwarten. Ähnliches kann für Arbeitnehmer gelten, die dienstlich mit Erfinderangelegenheiten befasst sind.

Angesichts der ohnehin kurzen Dauer der Frist zur Geltendmachung der Unbilligkeit **nach Ablauf des Arbeitsverhältnisses** (vgl. § 23 Abs. 2) ist in Bezug auf diesen Zeitraum für eine Berufung auf die Verwirkung i.d.R. – von Ausnahmefällen abgesehen – kein Raum (vgl. auch § 9 Rdn. 47 f.).

---

154 Schiedsst. v. 16.04.1996 – Arb.Erf. 94/94, (unveröffentl.).
155 H.M., Schiedsst. v. 06.08.1979 – Arb.Erf. 64/78, (unveröffentl.) u. v. 20.11.1967, BlPMZ 1969, 23, 24; ebenso LAG Hamm v. 16.01.1985 – 14 S a 676/83, (unveröffentl.); OLG Nürnberg v. 19.11.1974 – *Blitzlichtgeräte* – 3 U 137/73, (unveröffentl.); Keukenschrijver in Busse/Keukenschrijver, PatG, Rn. 17 zu § 23 ArbEG; insoweit offen gelassen BGH v. 23.06.1977, GRUR 1977, 784, 785 – *Blitzlichtgeräte*; abw. Heine/Rebitzki Anm. 6 zu § 23.
156 Vgl. auch BAG v. 23.09.1954, NJW 1955, 157, 159. Nach Keukenschrijver in Busse/Keukenschrijver, PatG, Rn. 17 zu § 23 ArbEG m. H. a. Schiedsst. v. 09.07.2008 – Arb.Erf. 45/03 ist beispielsweise bei einem Zuwarten von über 27 Jahren Verwirkung anzunehmen.
157 Schiedsst. v. 02.12.1982 – Arb.Erf. 24/82, (unveröffentl.) – dort z. erneuten Einwand e. zu geringen Miterfinderanteils n. Ablauf v. 8 Jahren (unter Geltung der 30-jährigen Verjährung).

E. Rechtsfolgen § 23

Zur Verjährung s. § 23 Rdn. 37.

## E. Rechtsfolgen

Eine in erheblichem Maße unbillige Vereinbarung ist nicht in dem Sinne **33** »**unwirksam**«, dass sie schlechthin nichtig ist; vielmehr muss sich derjenige, der die Unwirksamkeit geltend macht, darauf ggü. dem anderen Teil **berufen** (s. § 23 Rdn. 25 f.). Sie ist daher im Prozess nicht von Amts wegen, sondern nur **auf Einrede zu beachten**.[158] Im Unterschied zur Nichtigkeit i.S.d. § 134 BGB beschränkt sich die Unwirksamkeit aus § 23 auf die Vertragsparteien, sodass Dritte sie nicht geltend machen können (s. § 23 Rdn. 27).

Liegt eine erhebliche Unbilligkeit vor, so ist die Vereinbarung über die Arbeit- **34** nehmererfindung bzw. den technischen Verbesserungsvorschlag oder die Vergütungsfestsetzung (von Anfang an) unwirksam, d.h. **nichtig**. Inwieweit andere, damit im Zusammenhang stehende Regelungen miterfasst werden, richtet sich nach § 139 BGB (vgl. § 22 Rdn. 28).

Soweit die Vereinbarung bzw. Vergütungsfestsetzung nichtig ist, greifen die allgemeinen **Regelungen des ArbEG** Platz, falls diese nicht durch neue Vereinbarungen ersetzt werden. Betrifft die Unwirksamkeit eine **Vergütungsvereinbarung** bzw. Vergütungsfestsetzung, ist nunmehr (erneut) das Verfahren nach § 12 eröffnet, da es an einer Konkretisierung des Vergütungsanspruchs fehlt.[159] Während für die Feststellung der Unbilligkeit auf den Erkenntnisstand zum Zeitpunkt des Zustandekommens der (unbilligen) Regelung abzustellen ist (s.o. § 23 Rdn. 20), sind nunmehr für die Neuregelung der angemessenen Vergütung die **tatsächlichen Verhältnisse im Zeitpunkt der Neuregelung** maßgeblich.[160] Dabei geht es nicht nur um die Beseitigung des Missverhältnisses, sondern um die Neuregelung der angemessenen Vergütung insgesamt.[161] Dementsprechend sind bspw. bei einer unwirksamen Pauschalvergütung nunmehr die gesamten, in der Vergangenheit nach der unwirksamen Pauschalabrede eingetretenen wirtschaftlichen Entwicklungen ebenso zu berücksichtigen

---

158 Lindenmaier/Lüdecke Anm. 5 zu § 23; Keukenschrijver in Busse/Keukenschrijver, PatG, Rn. 11 zu § 23 ArbEG; Volmer/Gaul Rn. 76 f. zu § 23; Reimer/Schade/Schippel/Rother Rn. 6 zu § 23.
159 Vgl. BGH v. 04.10.1988 – X ZR 71/86, BlPMZ 1989, 135, 137 – *Vinylchlorid*, Busse/Keukenschrijver, PatG, Rn. 18 zu § 23 ArbEG.
160 BGH v. 04.10.1988 – X ZR 71/86, BlPMZ 1989, 135, 137 – *Vinylchlorid*; so i. Ergebn. auch Schiedsst. v. 28.01.1970, BlPMZ 1970, 454, 455 l.Sp.; ferner Keukenschrijver in Busse/Keukenschrijver, PatG, Rn. 18 zu § 23 ArbEG.
161 Zutreffend Keukenschrijver in Busse/Keukenschrijver, PatG, Rn. 18 zu § 23 ArbEG m. H. a. BGH GRUR 2002, 153 -Kinderhörspiele.

wie mögliche zukünftige Verwertungshandlungen. Dies kann bedeuten, dass im Ergebnis ein noch höherer Vergütungsbetrag geschuldet wird als der für die Unbilligkeit maßgebliche Differenzbetrag zwischen erbrachter und (aus damaliger Sicht) geschuldeter Vergütung.

Eine **Bestätigung** der Arbeitsvertragsparteien i. S. d. § 141 Abs. 2 BGB in Kenntnis der erheblichen Unbilligkeit ist möglich. Allerdings sind daran insbesondere bei stillschweigenden Vereinbarungen strenge Anforderungen zu stellen.

**Zur Verjährung** der Ansprüche s. § 23 Rdn. 37.

Zu einem evtl. **Rückforderungsanspruch des Arbeitgebers** nach den Grundsätzen über die ungerechtfertigte Bereicherung (§§ 812 ff. BGB), dem Wirksamwerden evtl. arbeitsvertraglicher/tariflicher Ausschlussfristen und dem **Rückforderungsverbot** nach § 12 Abs. 6 Satz 2 s. § 12 Rdn. 157 ff.

### F. Verhältnis zu anderen Vorschriften

35 Von § 23 erfasst werden Vereinbarungen nur insoweit, als sie nach § 22 wirksam sind (s. § 23 Rdn. 6). § 23 lässt ein **Anfechtungsrecht** nach **§§ 119 ff. BGB** unberührt[162] (s. hierzu § 12 Rdn. 20 f., 47–105).

Verstößt die Vereinbarung gegen die guten Sitten, kann sie über § 23 hinaus nach **§ 138 BGB** nichtig sein.[163] Im Unterschied zu § 23 genügt zur Annahme einer Sittenwidrigkeit nach § 138 BGB, die von Amts wegen zu prüfen ist, grds. nicht jedes Ungleichgewicht zwischen Leistung (Erfindervergütung) und Gegenleistung (Erfindung und deren wirtschaftliche Vorteile für den Arbeitgeber); im Regelfall muss vielmehr ein vorwerfbares, persönliches Fehlverhalten hinzutreten, das die Sittenwidrigkeit einer solchen Vereinbarung herbeiführt, wie etwa die verwerfliche Gesinnung eines der Vertragspartner.[164] Eine (vom Erfinder häufig geltend gemachte) mangelnde Rechtskenntnis des ArbEG kann nicht einer Unerfahrenheit i.S.d. § 138 Abs. 2 BGB gleichgestellt werden;[165]

---

162 Ebenso Keukenschrijver in Busse/Keukenschrijver, PatG, Rn. 18 zu § 23 ArbEG.
163 Im Ergebn. wohl allg. A., z. B. Volmer/Gaul Rn. 45 zu § 23; Schwab, Arbeitnehmererfindungsrecht, § 23 Rn. 3; Reimer/Schade/Schippel/Rother Rn. 6 zu § 23; ferner auch Boemke/Kursawe/Nebel Rn. 3 zu § 23, wobei die Frage, ob § 138 BGB gegenüber § 23 ArbEG subsidiär ist (so Kursawe/Nebel) oder nicht (h. M.), mehr akademischer Natur erscheint.
164 Vgl. Volz in Festschr. Bartenbach (2005) S. 199, 204 f. Im Einzelnen allg. streitig, vgl. BGH v. 16.06.1971, LM Nr. 4 zu § 138 (Cc) BGB; Palandt/Ellenberger, BGB, § 138, Rn. 8 f., 24; MünchKommMayer-Maly BGB Rn. 103 ff., 108 f. zu § 138.
165 LAG München v. 12.02.1986, DB 1986, 2191.

## F. Verhältnis zu anderen Vorschriften § 23

hier gilt allgemein, dass eine Unerfahrenheit nicht mangelnde Fachkenntnisse bedeutet, sondern einen Mangel an Lebens- und Geschäftserfahrung auf dem in Rede stehenden Gebiet erfordert, der mit der Unfähigkeit der eigenen Interessenwahrnehmung korrespondiert[166]

Zu **§§ 307 ff. BGB** s. § 22 Rdn. 42, zu **§ 779 BGB** s. § 23 Rdn. 7, 18.

Während § 23 die ursprüngliche (von vornherein gegebene) Unbilligkeit behandelt, betrifft **§ 12 Abs. 6** den auf nachträgliche Veränderungen abstellenden Anpassungsanspruch (s. hier § 23 Rdn. 20, 24 sowie § 12 Rdn. 103 f.). 36

Unbeschadet des § 23 werden im Einzelfall die aus **§ 242 BGB** entwickelten Grundsätze zur **Verwirkung** (zur Verwirkung von Vergütungsansprüchen s. § 9 Rdn. 46 ff.), zur **Unzumutbarkeit einer Vergütungsfortzahlung** (s. dazu § 9 Rdn. 35) oder zur **unzulässigen Rechtsausübung**[167] zum Tragen kommen. Dies wird insb. in den Fällen bedeutsam, in denen die Ausschlussfrist des § 23 Abs. 2 abgelaufen ist. Ebenso wie der Arbeitgeber[168] muss sich auch der Arbeitnehmererfinder auf § 242 BGB ungeachtet des Fristablaufs berufen können.

Zum **Verjährungsrecht** ergibt sich: 37

Das Recht, sich auf die Unbilligkeit zu berufen, ist als solches wohl **unverjährbar** und unterliegt nur der Ausschlussfrist nach Abs. 2 (s. § 23 Rdn. 29).

Die **zugrunde liegenden** (erfinderrechtlichen) **Ansprüche**, die infolge der Unbilligkeit und damit Unwirksamkeit der Vereinbarung bzw. Vergütungsfestsetzung fortgelten, unterliegen den allgemeinen Verjährungsbestimmungen.[169] Dabei bestimmt sich auch der Beginn nach den allgemeinen Regeln der

---

166 OLG Düsseldorf v. 09.08.2007 – 2 U 44/06, (unveröffentl.).
167 Vgl. etwa Schiedsst. v. 27.01.2011 – Arb.Erf. 49/09, (www.dpma.de, dort LS. 2).
168 Vgl. etwa BGH v. 29.09.1987 – X ZR 44/86,(GRUR 1988, 123, 124 f. – *Vinylpolymerisate*), der die Frage des Vergütungswegfalls nach § 242 BGB unter dem Aspekt der Unzumutbarkeit und des Fehlens der Geschäftsgrundlage ungeachtet des Fristablaufs nach § 23 Abs. 2 anspricht bzw. prüft.
169 So zu § 195 BGB a.F. z.B. LG Braunschweig v. 12.05.1970 – 9 c O 13/69, (unveröffentl.); im Ergebn. auch Schiedsst. v. 11.12.2014 Arb.Erf. 31/10, (www.dpma.de), wonach die Fristenregelung in § 23 Abs. 2 ArbEG die zivilrechtliche Verjährung eines Vergütungsanspruchs unberührt lässt; a. A. Boemke/Kursawe/Nebel Rn. 33 zu § 23.

§§ 199 ff. BGB.[170] Unter Geltung des früheren Verjährungsrechts verblieb es folglich für die Vergütungsansprüche im Fall einer unbilligen und damit fehlenden Vergütungsregelung bei der 30-jährigen Regelverjährung nach § 195 BGB a.F.[171] (zum Übergangsrecht s. § 9 Rdn. 44 f.). Angesichts der Neugestaltung des Verjährungsrechts kommt § 23 u.E. grds. nur zum Tragen, wenn und soweit die von der Geltendmachung erfassten erfinderrechtlichen Ansprüche bei grober Unbilligkeit und damit Unwirksamkeit der Regelung (s. § 23 Rdn. 33 f.) nicht der – zu erhebenden – Einrede der Verjährung nach §§ 195 ff. BGB n.F. unterliegen[172] (§ 242 BGB; zur Verjährung s. § 9 Rdn. 39 ff.). Fehlt es für die regelmäßige Verjährung von 3 Jahren (§ 195 BGB n.F.) an den subjektiven Voraussetzungen des Kennens oder Kennenmüssens der für die Vergütungsbemessung relevanten Grunddaten (§ 199 Abs. 1 BGB n.F., s. dazu § 9 Rdn. 40.3), dann gilt die 10-jährige Verjährungshöchstfrist des § 199 Abs. 4 BGB n.F. (zu Schadensersatzansprüchen s. aber insb. die Höchstfristen nach § 199 Abs. 3 BGB n.F.). Gerade im Zusammenhang mit der Geltendmachung der Unbilligkeit sind insb. mögliche verjährungshemmende Umstände zu beachten, wie etwa Verhandlungen (s. §§ 203 ff. BGB n.F., s. dazu auch § 9 Rdn. 43); § 205 BGB kann allerdings nicht einschlägig werden, da die Vorschrift ausschließlich vereinbarte Leistungsverweigerungsrechte erfasst.[173]

§ 23 Abs. 2 ist keine Sonderregelung zur Verjährung.[174] Die Fristenregelung in § 23 Abs. 2 ArbEG lässt die **Verjährung** eines Vergütungsanspruchs nach dem allgemeinen Zivilrecht **unberührt**.[175] Die gegenteilige Auffassung, die § 23 Abs. 2 ArbEG als vorrangige Sonderregelung (lex specialis) zum allgemei-

---

170 Die auf Basis des früheren Rechts vorgeschlagene entsprechende Heranziehung des § 202 BGB a.F. (vgl. Palandt/Heinrichs, BGB (2004) Rn. 4 zu § 200 a.F.; streitig) scheidet nach BGB n.F. u.E. hier aus, da § 205 BGB n.F. bewusst ausschließlich die vereinbarten vorübergehenden Leistungsverweigerungsrechte erfassen soll (vgl. Amtl. Begründung z. SchuldRModG BT-Drucks. 14/6040, S. 118, zu § 205 BGB-E).
171 LG Braunschweig v. 12.05.1970 – 9 c O 13/69, (unveröffentl.).
172 Zustimmend Busse/Keukenschrijver, PatG, Rn. 15 zu § 23 ArbEG; im Ergebn. auch Schiedsst. v. 11.12.2014 Arb.Erf. 31/10, (www.dpma.de); a.A. Reimer/Schade/Schippel/Rother Rn. 12a zu § 23 ArbEG, die § 23 Abs. 2 ArbEG als Sonderregelung zu den allgemeinen Verjährungsregelungen verstehen; im Ergebn. wohl auch Boemke/Kursawe/Nebel Rn. 32 f. zu § 23.
173 Vgl. Palandt/Ellenberger, BGB, § 205 Rn. 1.
174 Schiedsst. v. 11.12.2014 – Arb.Erf. 31/10, (www.dpma.de); zust. auch Trimborn Mitt. 2017, 151, 162.
175 Schiedsst. v. 11.12.2014 Arb.Erf. 31/10, (www.dpma.de); zust. auch Trimborn Mitt. 2017, 151, 162; abw. Reimer/Schade/Schippel/Rother Rn. 12a zu § 23 ArbEG.

## F. Verhältnis zu anderen Vorschriften § 23

nen Verjährungsrecht ansehen will[176], widerspricht den Konzentrationsabsichten der Reformen der Verjährungsvorschriften 2002/2004, die Verjährungsvorschriften möglichst im BGB zusammen zu fassen und zu vereinfachen; sie würde zudem einen offenkundigen Wertungswiderspruch provozieren, wenn die dem Rechtfrieden und der Rechtssicherheit dienende Ausschlussfrist des § 23 Abs. 2 ArbEG bewirken soll, den Beginn der denselben Zwecken dienenden Verjährung auf einen quasi unbestimmten Zeitpunkt der Geltendmachung einer Unbilligkeit, max. sogar auf die Zeit nach Beendigung des Arbeitsverhältnisses, zu verschieben. Im Ergebnis bedeutet das zugleich, dass in die Beurteilung der Frage, ob eine grobe Unbilligkeit vorliegt, u. E. nur die nicht verjährten Vergütungsansprüche einfließen.[177]

Der Ablauf der **Ausschlussfrist** nach § 23 Abs. 2 gibt im Unterschied zur Verjährung kein Verweigerungsrecht, sondern bewirkt die Rechtsbeständigkeit der Vereinbarung (s. § 23 Rdn. 30). Allerdings ist durch das neue Verjährungsrecht deren praktische **Bedeutung** ebenfalls relativiert. Die Fristenregelung des § 23 Abs. 2 darf nicht dahingehend missverstanden werden, dass sich die Arbeitsvertragsparteien für die Geltendmachung ihrer weiter gehenden erfinderrechtlichen Ansprüche 6 Monate nach Beendigung des Arbeitsverhältnisses Zeit lassen dürfen. Vielmehr wird die Berufung auf § 23 nur in dem Umfang greifen, wie für die zugrunde liegenden gesetzlichen Ansprüche nicht die Einrede der Verjährung durchgreift (§ 242 BGB). 38

---

176 So Reimer/Schade/Schippel/Rother Rn. 12a zu § 23 ArbEG, die § 23 Abs. 2 ArbEG als Sonderregelung zu den allgemeinen Verjährungsregelungen verstehen; im Ergebn. wohl auch Boemke/Kursawe/Nebel Rn. 32 f. zu § 23. Den Charakter als Sonderregelung zu Recht ablehnend Schiedsst. v. 11.12.2014 Arb.Erf. 31/10, (www.dpma.de) m. zust. Hinw. Trimborn Mitt. 2017, 151, 162.
177 Offen gelassen aber bei Trimborn Mitt. 2017, 151, 162.

## § 24 Geheimhaltungspflicht

(1) Der Arbeitgeber hat die ihm gemeldete oder mitgeteilte Erfindung eines Arbeitnehmers so lange geheim zu halten, als dessen berechtigte Belange dies erfordern.

(2) Der Arbeitnehmer hat eine Diensterfindung so lange geheim zu halten, als sie nicht frei geworden ist (§ 8).

(3) Sonstige Personen, die auf Grund dieses Gesetzes von einer Erfindung Kenntnis erlangt haben, dürfen ihre Kenntnisse weder auswerten noch bekannt geben.

Lit.:
*Ann/Loschelder/Grosch*, Praxishdb. Know-how-Schutz, 2010; *Bartenbach*, Der Schutz von Betriebs- und Geschäftsgeheimnissen im Arbeitsleben, in Festschr. Küttner (2006), 109; *Depenheuer*, Zulässigkeit und Grenzen der Verwertung von Unternehmensgeheimnissen durch den ArbN, Diss. jur. Köln 1995; *ders.* Mitt. 1997, 1; *Fischer, S*, Der Schutz v. Know-how im dt. materiellen u. intern. Privatrecht, 2012 (= Diss. Hagen 2011); *Gaugenrieder/Unger-Hellmich*, Know-how-Schutz – gehen mit dem Mitarbeiter auch die Unternehmensgeheimnisse, WRP 2011, 1364; *Gaul*, Die Geheimheimhaltungspflicht b. ArbNErfindungen, Mitt. 1981, 207; *ders.*, Der erfolgreiche Schutz v. Betriebs- u. Geschäftsgeheimnissen, 1994; *Greßlin/Römer*, Arbeitsrechtl. Gestaltungsmöglichkeiten z. Schutz d. betriebl. Know-how, BB 2016, 1461; *Grunewald*, Fern der Quelle – Geheimnisschutz u. Outsourcing, WRP 2007, 1307; *Hillenbrand*, Der Begriff d. Betriebs- u. Geschäftsgeheimnisses – Eine vergl. Untersuch. m. d. Begriff d. *trade secret* in den USA u. d. engl. *common law*, 2017 (= Diss. Augsburg 2016); *Kalbfus*, Die EU-Geschäftsgeheimnis-Richtlinie, GRUR 2016, 1009; *Kather*, Arbeitgeberwechsel von Know-how-Trägern – Know-how-Schutz/Haftung/Risiken/Kosten, VPP-Rundbrief 2005, 108; *Krause*, Der Schutz d. Know-how nach dt. Recht, GRUR 1970, 587; *ders.*, Grundlagen d. zivilrechtl. Schutzes v. Geschäfts- u. Betriebsgeheimnissen sowie von Know-how, GRUR 1977, 177; *Lampenius*, Geheimhaltungsvereinbarungen mit entliehenen Softwareentwicklern im Spannungsfeld zw. Arbeits-, AGB-, Wettbewerbs- u. Urheberrecht, K&R 2012, 12; *McGuire*, Der Schutz v. Know-how im System d. Immaterialgüterrechts, GRUR 2016, 1000; *McGuire/Joachim/Künzel/Weber*, Der Schutz v. Geschäftsgeheimnissen durch Rechte d. Geistigen Eigentums u. durch d. Recht d. unlauteren Wettbewerbs, GRUR Int. 2010, 829; *Poth*, Wahrung von Betriebsgeheimnissen d. ArbN Mitt. 1981, 114; *Richters/Wodtke*, Schutz v. Betriebsgeheimnissen aus Unternehmenssicht, NZA-RR 2003, 281; *Salger/Breitfeld*, Regelungen z Schutz v. betr. Know-how – die Sicherung v. Geschäfts- und Betriebsgeh., BB 2005, 154; *Sander*, Schutz nicht offenbarter betriebl. Informationen nach d. Beendigung d. ArbVerh. im dt. u. amerikan. Recht, GRURInt. 2013, 217; *Schwab*, Die arbeitsrechtl. Geheimhaltungspflicht, AiB 2011, 512; *Taeger*, Die Offenbarung v. Betriebs- u. Geschäftsgeheimnissen, 1988; *Vollrath*, Die frei gewordene Diensterf. u. d. benutzten geheimen Erfahrungen d. Betriebes, GRUR 1987, 670; *Vorwerk*, Kann d. ArbG e. freie ArbNErf. benutzen?, GRUR 1975, 4; *Westermann*, Handb. Know-how-Schutz, 2007; *Witt/Freudenberg*, Der Entw. d. RL ü. d. Schutz v. Geschäftsgeheimnissen im Spiegel zentraler dt. Verbotstatbestände, WRP 2014, 374. S. auch Lit. bei §§ 17, 25, 26.

A. Allgemeines **§ 24**

**Übersicht** Rdn.
A. **Allgemeines** .................................................. 1
B. **Geheimhaltungspflicht des Arbeitgebers (Abs. 1)** ................. 3
 I. Inhalt und Umfang ............................................. 4
 II. Dauer – »solange berechtigte Belange dies erfordern« ............... 14
 III. Verletzung .................................................... 23
 IV. Verhältnis zur arbeitsrechtlichen Fürsorgepflicht .................. 25
C. **Geheimhaltungspflicht des Arbeitnehmers (Abs. 2)** ................ 28
 I. Inhalt und Umfang ............................................. 29
 II. Dauer – »Freiwerden der Diensterfindung« ....................... 35
 III. Verhältnis zu arbeitsrechtlicher Treuepflicht und zu §§ 3, 17, 18 UWG, 823, 826 BGB sowie zum GeschGehG ................................. 38
 IV. Verletzung .................................................... 44
D. **Geheimhaltungspflicht sonstiger Personen (Abs. 3)** ............... 47
 I. Personenkreis .................................................. 48
 II. »Erlangte Kenntnis« ............................................ 51
 III. »Auswerten oder bekannt geben« ............................... 53
 IV. Dauer ......................................................... 55
 V. Verletzung .................................................... 56


## A. Allgemeines

Um die Arbeitsvertragsparteien vor erheblichen Schäden, die eine frühzeitige Offenbarung der Erfindung mit sich bringt, zu bewahren, hat der Gesetzgeber die gegenseitige Geheimhaltungspflicht, die auch das frühere Recht kannte (vgl. § 4 Abs. 3 DVO 1943), in § 24 Abs. 1 und 2 ausdrücklich festgelegt.[1] Darüber hinaus wird diese Pflicht auf die mit der Erfindung befassten sonstigen Personen gemäß Abs. 3 ausgedehnt. Sinn der umfassenden Regelung ist es, vornehmlich das **Schutzrechtserteilungsverfahren zu sichern**, also insb. neuheitsschädliche Vorveröffentlichungen zu unterbinden.[2] Ferner ergänzt diese Vorschrift für die betriebsgeheime Erfindung den § 17, der eine Geheimhaltungspflicht voraussetzt (vgl. § 17 Rdn. 3 f.). Für Hochschulwissenschaftler normiert § 42 Nrn. 1 und 2 spezielle Vorgaben. 1

Durch § 24 werden **Geheimhaltungspflichten aus anderen Bestimmungen** nicht verdrängt. Solche bleiben bestehen, gleich, ob sie auf Gesetz, Tarifvertrag, Betriebs-/Dienstvereinbarung oder Arbeits-/Dienstvertrag beruhen; sie können die Geheimhaltungspflichten aus § 24 ergänzen bzw. sich damit überschneiden (s. § 24 Rdn. 25 ff, 38 ff, 47). Das entspricht der allgemeinen Vor-

---

1 Vgl. Amtl. Begründung BT-Drucks. II/1648 S. 40 = BlPMZ 1957, 240; Depenheuer, Mitt. 1997, 1, 5.
2 Ebenso Schiedsst. v. 22.10.2002 – Arb.Erf. 47/00 (Datenbank).

gabe, wonach »sonstige Verpflichtungen« im Zusammenhang mit dem Arbeits- bzw. Dienstverhältnis unberührt bleiben (§§ 25, 40 Eingangssatz, 41). § 24, der von einem rechtmäßigen Erwerb der vertraulichen Tatsachen ausgeht, steht in Einklang[3] mit EU-GeschäftsgeheimnisRL und dem vorgesehenen Gesetz zum Schutz von Geschäftsgeheimnissen (s. § 24 Rdn. 38 f.).

2 Abs. 1 u. 2 sind **Konkretisierungen der arbeitsrechtlichen Fürsorge- bzw. Treuepflicht**[4] (zu den Begriffen s. § 25 Rdn. 11) § 24 lässt aus sonstigen Nebenpflichten folgende, weitergehende Geheimhaltungspflichten unberührt[5] (vgl. auch § 25); ebenso können sonstige gesetzliche Bestimmungen – insb. solche des UWG bzw. eines zukünftigen GeschGehG – (ergänzend) daneben Anwendung finden (zum Verhältnis zu sonstigen Bestimmungen s. § 24 Rdn. 38 ff.). Zudem ist die Geheimhaltungspflicht des § 24 nicht auf die rechtliche Dauer des Arbeitsverhältnisses beschränkt (vgl. § 26; s. dort zur nachvertraglichen Geheimhaltungspflicht § 24 Rdn. 34 ff.; s. i.Ü. unten § 24 Rdn. 14 ff. u. 35 ff., 55). Andererseits gilt § 24 nur für Erfindungen i.S.d. § 2; auf **technische Verbesserungsvorschläge** findet § 24 keine (analoge) Anwendung;[6] diesbezüglich verbleibt es bei den allgemeinen Verschwiegenheitspflichten (§ 24 Rdn. 25 ff., 43; vgl. auch § 3 Rdn. 31). Insoweit kann § 24 keine allgemeine Geltung für sonstige, nicht schutzfähige technische Neuerungen beanspruchen[7]

In § 24 Abs. 2 ist als rein redaktionelle Folgeänderung[8] zur Neufassung des § 8 i.R.d. **ArbEG-Novelle** (s. dazu Einl. Rdn. 42) durch Art. 7 Nr. 14 des Patentrechtsmodernisierungsgesetzes vom 31.07.2009 (BGBl. I, S. 2521) in der Verweisung auf § 8 der Hinweis auf den früheren Abs. 1 entfallen. Materielle Änderungen sind damit nicht verbunden.

§ 24 betrifft uneingeschränkt die in den **neuen Bundesländern** seit dem 03.10.1990 fertiggestellten Arbeitnehmererfindungen.

---

3 Vgl. Witt/Freudenberg WRP 2014, 374, 378; s. auch Kalbfus GRUR 2016, 1009, 1014.
4 Vgl. Röpke, Arbeitsverh. u. ArbNErf., S. 24, 90.
5 Vgl. Amtl. Begründung BT-Drucks. II/1648 S. 40 = BlPMZ 1957, 240.
6 Ebenso Keukenschrijver in Busse/Keukenschrijver, PatG, Rn. 3 f. zu § 24 ArbEG; a. A. wohl Schwab, NZA-RR 2015, 225, 226.
7 Zust. Boemke/Kursawe/Kursawe Rn. 3 zu § 24; a. A. für nicht schutzfähige Erf. Reimer/Schade/Schippel/Rother Rn. 5 zu § 24; Volmer/Gaul Rn. 25 ff. zu § 24 unter Außerachtlassung des § 2; Gaul, Mitt. 1981, 207, 209.
8 So Amtl. Begründung zum Patentrechtsmodernisierungsgesetz vom 31.07.2009 in BR-Drucks. 757/08 S. 53 (dort zu Art. 7 Nr. 14 des Entwurfs).

## B. Geheimhaltungspflicht des Arbeitgebers (Abs. 1)

Nach Abs. 1 hat der Arbeitgeber eine ihm gemeldete (§ 5) oder mitgeteilte (§ 18) Erfindung seines Arbeitnehmers so lange geheim zu halten, wie dessen berechtigte Belange dies erfordern. Bei juristischen Personen des privaten und öffentlichen Rechts sind Träger der Geheimhaltungspflichten nach § 24 Abs. 1 neben den Organmitgliedern (s. dazu § 1 Rdn. 68 ff.) bzw. Leitern der obersten Dienstbehörde und deren dienstlich Beauftragten (s. § 40 Rdn. 5) alle mit der Wahrnehmung der Rechte und Pflichten aus dem ArbEG befassten Mitarbeiter. Das betrifft z. B. nicht nur Mitarbeiter der eigenen Patentabteilung, sondern auch die einer zentralen Patentabteilung eines Konzerns (s. dazu § 5 Rdn. 16). Soweit diese Personen nicht für den Arbeitgeber/Dienstherrn handeln, unterliegen sie den Bestimmungen des § 24 Abs. 3 (insb. im außerdienstlichen bzw. privaten Bereich).

### I. Inhalt und Umfang

Die Geheimhaltungspflicht gilt damit sowohl **für gebundene als auch für freie bzw. frei gewordene Erfindungen** (§§ 2, 4 Abs. 2 u. 3, § 6 Abs. 2 n.F., § 8 n.F.), nicht dagegen für nicht schutzfähige technische Neuerungen (s. § 24 Rdn. 2).

§ 24 knüpft nach dem eindeutigen Wortlaut des Abs. 1 an den **Zugang** (s. dazu § 5 Rdn. 10 ff.) **der Erfindungsmeldung** (§ 5) **bzw. -mitteilung** (§ 18) beim Arbeitgeber an, mithin an eine Wissensübermittlung durch den Arbeitnehmer. Soweit eine ordnungsgemäße Meldung (vgl. auch § 5 Abs. 3) oder Mitteilung noch nicht vorliegt bzw. ganz fehlt, der Arbeitgeber aber bereits **auf sonstige Weise Kenntnis** von der Erfindung erlangt hat, unterliegt er der aus seiner Fürsorgepflicht abgeleiteten arbeitsrechtlichen Verschwiegenheitspflicht (vgl. unten § 24 Rdn. 25 ff.).[9] Darunter fallen auch Kenntnisse des Arbeitgebers über laufende Entwicklungsarbeiten seiner Arbeitnehmer vor Fertigstellung der Erfindungen. Derartige Kenntnisse können zudem eine Pflicht begründen, besondere Schutzmaßnahmen – etwa durch organisatorische Vorkehrungen – gegen eine vorzeitige Offenbarung zu treffen (vgl. auch § 25 Rdn. 17).[10]

---

9 Abw. h.M., die auch in diesen Fällen § 24 unmittelbar anwendet: z.B. Röpke, Arbeitsverh. u. ArbNErf., S. 90; Lindenmaier/Lüdecke Anm. 2 zu § 24; Reimer/Schade/Schippel/Rother Rn. 5 zu § 24; wie hier wohl Volmer/Gaul Rn. 29 zu § 24; Gaul, Mitt. 1981, 207, 210.
10 Gaul ArbR i. Betr. F VIII 31.

**6** **Geheimhaltung** bedeutet, die in der Erfindung verkörperte technische Lehre Dritten nicht in irgendeiner Form mitzuteilen oder sonst wie zur Kenntnis zu bringen bzw. deren Kenntnisnahme zu ermöglichen. Entsprechend dem Schutzzweck des § 24 hat der Arbeitgeber alles zu **unterlassen**, was die Gefahr einer Neuheitsschädlichkeit i.S.d. § 3 PatG (Art. 54, 55 EPÜ) bzw. der Nutzung durch Dritte in sich birgt.

**7** Die aufgrund des Straßburger Patentübereinkommens zum 01.08.1980 wirksam gewordene (vgl. Art. XI § 3 Abs. 6 IntPatÜG) **Einschränkung der Neuheitsschonfrist** und des Ausstellungsschutzes (vgl. § 3 Abs. 5 PatG)[11] verstärkt diese Geheimhaltungspflicht auch in Bezug auf evtl. Schutzrechtsanmeldungen des Arbeitnehmers im Inland. Dementsprechend darf der Arbeitgeber bspw. – mangels Zustimmung des Arbeitnehmers – die Produkte nicht Dritten (z.B. bei Ausstellungen) zugänglich machen, es sei denn, die neue technische Lehre als solche wird weder durch Analyse noch durch Demontage des Gegenstandes erkennbar.[12]

**8** Keinen Verstoß gegen die Geheimhaltungspflicht stellt die Offenbarung der erfinderischen Lehre ggü. solchen Personen dar, die **gesetzlich** (beruflich) – z.B. Erlaubnisscheininhaber, Notare, Patent- oder Rechtsanwälte, ferner frühere Erfinderberater (§ 21 a.F.) – **oder vertraglich** (z.B. Mitarbeiter der Patentabteilung oder sonstige Mitarbeiter des Unternehmens, Sachverständige) oder aufgrund einer ausdrücklichen Geheimhaltungserklärung (vgl. etwa für Betriebsratsmitglieder § 79 BetrVG) **zur Geheimhaltung verpflichtet** sind.[13] Diese Grundsätze gelten auch bei Mitteilung von Diensterfindungen an verbundene Unternehmen innerhalb eines **Konzerns**[14] (vgl. dazu auch § 1 Rdn. 129 ff. u. § 5 Rdn. 16). S. i.Ü. § 24 Rdn. 13.

---

11 Vgl. auch Präs. DPA BlPMZ 1980, 157.
12 H.M., vgl. Lindenmaier/Lüdecke Anm. 3 zu § 24; s.a. BGH v. 20.01.1956, GRUR 1956, 208; BPatG v. 20.01.1978, BPatGE 21, 24, 25; z. Kenntniserlangung durch Zerlegen eines Produktes s. OLG Hamburg v. 19.10.2000, Mitt. 2001, 440; weitergehend Westermann, HdB Know-how-Schutz (2007), Kap. 5 Rn. 21: »... körperliche Gegenstände (dürfen) nicht zugänglich gemacht werden, die bereits unter mittlerem Aufwand auf enthaltene Informationen analysierbar sind«.
13 Ähnl. Heine/Rebitzki Anm. 2 zu § 24; krit. bezügl. vertragl. Geheimhaltungsabreden Reimer/Schade/Schippel/Rother Rn. 5 zu § 24; abl. für betriebsfremde Dritte Boemke/Kursawe/Kursawe Rn. 4 zu § 24.
14 Krit. zu Recht Schiedsst. (EV v. 10.10.1989 – Arb.Erf. 37/89, unveröffentl.) zur Konzernabrede, wonach sogar freigegebene Diensterf. anderen Konzern-Unternehmen mitzuteilen waren, zur Absicherung durch Geheimhaltungserklärungen verbundener Unternehmen s. A. Bartenbach, Arbeitnehmererfindungen i. Konzern (2018), Rn. 923 ff.

## B. Geheimhaltungspflicht des Arbeitgebers (Abs. 1) § 24

I.Ü. kann die Geheimhaltungspflicht des Arbeitgebers dadurch unterschiedlich 9
beeinflusst sein, ob es sich um eine **gebundene oder freie Erfindung** handelt.

Bei einer **als »freie« mitgeteilten Erfindung** bleibt das Recht des Arbeitgebers, 10
außenstehende Dritte ohne Einverständnis des Arbeitnehmers, aber unter Auferlegung einer (vertraglichen) Geheimhaltungspflicht zu informieren, auf die Prüfung der Schutzfähigkeit der Erfindung und deren Eigenschaft i.S.d. § 4 Abs. 2, 3 beschränkt.

Hat der Arbeitnehmer eine freie Erfindung dem Arbeitgeber **zur Verwertung angeboten** (vgl. § 19), kann Letzterer zur Geheimhaltung verpflichtete Dritte auch im Zusammenhang mit der Prüfung der Eigenverwertungsmöglichkeiten über die technische Lehre unterrichten (vgl. auch § 24 Rdn. 19 f.).

Bei der **Diensterfindung** hat der Arbeitgeber – insb. um sich für die Entscheidung über eine (unbeschränkte) Inanspruchnahme ein umfassendes Bild zu verschaffen – weiter gehende Befugnisse; er kann bspw. ohne Zustimmung des Arbeitnehmers Lizenzverhandlungen mit potenziellen Lizenznehmern führen, sofern sich diese ihm ggü. zur umfassenden Geheimhaltung verpflichtet haben;[15] ebenso kann er außerbetriebliche Versuche zur Erlangung der zweckmäßigsten Ausgestaltung des Erfindungsgegenstandes bzw. seiner Produktionsreife ausführen lassen[16] (vgl. auch § 24 Rdn. 18, 21, dort zur frei gewordenen Diensterfindung).

Bei **Lizenzaustauschverträgen**, die eine Arbeitnehmererfindung mit umfassen, 11
ergeben sich keine Probleme, soweit sie sich auf gemeldete und (unbeschränkt) in Anspruch genommene Diensterfindungen beziehen; ansonsten ist eine Unterrichtung über die technische Lehre nur mit Zustimmung des Arbeitnehmers bzw. bei vertraglich vereinbarter Geheimhaltungspflicht zulässig. Bei Austauschverträgen mit Auslandspartnern, die den Arbeitgeber zu einer frühzeitigen Offenbarung verpflichten, kann die Unterstützungspflicht nach § 14 Abs. 3 den Arbeitnehmer zum Einverständnis hierzu anhalten.[17]

Ist die Diensterfindung im Rahmen einer mehrbetrieblichen **Forschungs- und** 12
**Entwicklungskooperation** entstanden, so ist auch hier der Arbeitgeber i.d.R. zur Weitergabe seiner Kenntnisse befugt, da die Geheimhaltungspflicht des

---

15 I. Ergebn. wie hier Heine/Rebitzki Anm. 2 zu § 24 u. Volmer/Gaul Rn. 57 zu § 24; a. A. wohl Reimer/Schade/Schippel/Rother Rn. 5 zu § 24; zur konkludent begründeten Geheimhaltungspflicht bei Lizenzverhandlungen s. BGH v. 13.03.2001 – X ZR 155/98, Mitt. 2001, 250 – *Schalungselement*.
16 Volmer Rn. 12, 13 zu § 24; Schiedsstelle v. 27.02.1984, BlPMZ 1984, 301, 302; Volmer/Gaul Rn. 54 zu § 24.
17 Reimer/Schade/Schippel/Rother Rn. 6 zu § 24.

Kooperationspartners entweder als Nebenpflicht aus der Kooperationsabrede selbst oder aus der gesellschafterlichen Treuepflicht folgt[18] (s. dazu auch § 24 Rdn. 38, 50).

13 Bei vertraglich begründeter **Geheimhaltungspflicht Dritter** (s. § 24 Rdn. 8) sollte der Arbeitgeber vorsorglich im Einzelfall auf die Geheimhaltungsbedürftigkeit hinweisen, wozu er ansonsten nur bei Vorliegen besonderer Umstände gehalten ist. U. U. kann er auch verpflichtet sein, die Geheimniswahrung durch den Dritten ggf. mittels besonderer Schutzmaßnahmen zu fördern. Hat der Arbeitgeber konkrete Anhaltspunkte für ein geheimhaltungswidriges Verhalten des Kenntnisempfängers, so muss er sowohl im eigenen Interesse als auch im Interesse des Arbeitnehmers eine Unterrichtung unterlassen.

**II. Dauer – »solange berechtigte Belange dies erfordern«**

14 Die Dauer der Geheimhaltungspflicht des Arbeitgebers ist **unabhängig vom rechtlichen Fortbestand des Arbeitsverhältnisses**; sie besteht nach § 26 ggf. auch über das Ende des Arbeitsverhältnisses fort (s.a. § 26 Rdn. 31 ff.). Der Arbeitgeber hat die Erfindung so lange geheim zu halten, wie die berechtigten Belange des Arbeitnehmers dies erfordern. Diese Zeitdauer der Geheimhaltungspflicht ist nicht aufgrund einer Abwägung der Interessen von Arbeitgeber und Arbeitnehmer zu bestimmen;[19] **maßgeblich** sind vielmehr allein die **Belange des Arbeitnehmers**, die sich im Einzelfall als gerechtfertigt darstellen müssen.

15 Ausgehend vom Schutzzweck des § 24 sind »berechtigte Belange« an einer Geheimhaltung der Erfindung im Grundsatz **so lange** anzunehmen, wie dem Arbeitnehmer die **Möglichkeit der prioritätsbegründenden Schutzrechtsanmeldung und/oder der Nutzung** des Erfindungsgegenstandes unter Ausschaltung Dritter verbleibt. Solches ist dann nicht mehr der Fall, wenn die technische Lehre **offenkundig** geworden oder durch die technische Entwicklung **überholt** ist.[20] Die Geheimhaltungspflicht entfällt ferner, wenn der Arbeitnehmer auf deren Einhaltung **verzichtet** hat; an einen konkludenten Verzicht sind jedoch strenge Anforderungen zu stellen. Entsprechendes gilt, wenn der

---

18 S. hierzu Bartenbach, Zwischenbetr. F.+E.-Kooperation, S. 114.
19 Vorwerk, GRUR 1975, 4, 5.
20 Volmer Rn. 16 zu § 24; Volmer/Gaul Rn. 24 zu § 24; zust. auch Marquardt, Freie Erf. im ArbVerh. (2002), S. 160 f.; ferner Boemke/Kursawe/Kursawe Rn. 6 zu § 24; wohl auch Reimer/Schade/Schippel/Rother Rn. 7 zu § 24. Vgl. (aber) auch Vorwerk, GRUR 1975, 4, 5 ff;

## B. Geheimhaltungspflicht des Arbeitgebers (Abs. 1) § 24

Arbeitnehmer gesichert[21] zu erkennen gibt, dass er keinerlei Interesse an der Erfindung selbst hat.[22]

Kommt der Arbeitgeber bei einer **Diensterfindung** seiner **Anmeldepflicht im Inland** gem. § 13 Abs. 1 nach, ist eine ausreichende Absicherung des Erfindungsgedankens auch im Interesse des Arbeitnehmers – etwa für den Fall der Weiterverfolgung (§ 13 Abs. 4) – gegeben, sodass ein Geheimhaltungsinteresse jedenfalls nach Offenlegung der Schutzrechtsanmeldung (§ 31 Abs. 2 Nr. 2, 32 PatG) nicht weiter berechtigt ist.[23] Denn nach § 33 Abs. 1 PatG ist die Benutzung des Gegenstandes der offengelegten Patentanmeldung durch Dritte nicht als unbefugt oder rechtswidrig anzusehen.[24] Entsprechendes gilt, wenn der Arbeitnehmer im Fall des § 13 Abs. 3 eine Inlandsanmeldung selbst herbeigeführt hat. Das bloße Recht des Arbeitnehmers auf Rückübertragung von Anmelderechten nach § 16 Abs. 1 ist für die Geheimhaltungspflicht nach § 24 ohne Belang.[25] 16

In der betrieblichen Praxis besteht häufig das Interesse, andere **Mitarbeiter** – insb. aus dem Forschungs- und Entwicklungsbereich – über den Inhalt einer eingereichten Patentanmeldung **zu informieren**, um damit insbes. parallele Entwicklungstätigkeiten zu vermeiden. Auch wenn diese Arbeitnehmer keinen Rechtsanspruch auf solche Informationen oder Einsicht in die Patentanmeldungsunterlagen haben, ist die vertrauliche Unterrichtung dieses Personenkreises sachlich gerechtfertigt und kein Verstoß gegen § 24[26]; durch die Schutzrechtsanmeldung ist eine Priorität gesichert und die anderen Arbeitnehmer unterliegen durch die Vertraulichkeitsvorgabe des Arbeitgebers einer Geheimhaltungspflicht nach allgemeinen arbeitsvertraglichen und sonstigen zivilrechtlichen Grundsätzen (s. dazu § 24 Rdn. 38 ff.) Damit kann die bloße Gefahr eines Fehlverhaltens dieses Personenkreises (z.B. Offenbarung ggü. Dritten und damit ermöglichte frühere Entwicklungstätigkeit etc.) dieser Information nicht entgegenstehen. 16.1

---

21 Nach Keukenschrijver (in Busse/Keukenschrijver, PatG, Rn. 3 zu § 23 ArbEG m. H. a. Schiedsst. v. 16.07.1998 – Arb.Erf. 32/96) müssen » gesicherte Anhaltspunkte dafür vorliegen, dass der ArbN ein Schutzrecht nicht erwirken wird.«.
22 Vorwerk, GRUR 1975, 4, 5.
23 Vgl. auch Lindenmaier/Lüdecke Anm. 3 zu § 24; Volmer Rn. 15 zu § 24. Im EV v. 25.01.1996 (Arb.Erf. 54/94, unveröffentl.) hat die Schiedsst. festgestellt, dass nach Offenlegung ein Verstoß gegen § 24 Abs. 2 ArbEG ausscheidet. Im Ergebn. so auch Depenheuer, Mitt. 1997, 1, 5 m. H. a. Poth, Mitt. 1981, 114, 118.
24 BGH v. 11.04.1989, GRUR 1989, 411 – *Offenend-Spinnmaschine*.
25 Vgl. Reimer/Schade/Schippel/Rother Rn. 7 zu § 24 gg. Volmer Rn. 15 zu § 24.
26 Zust. Boemke/Kursawe/Kursawe Rn. 4 zu § 24 mit ergänzendem Bezug auf § 24 Abs. 3.

**17** Ausgehend vom Gedanken der Prioritätssicherung erfordert der Gesetzeszweck **nicht die endgültige Schutzrechtserteilung**, sodass ein Abstellen auf diesen Zeitpunkt die Geheimhaltungspflicht übermäßig ausdehnen würde.[27]

**18** Die bloße Tatsache der (unbeschränkten) **Inanspruchnahme** einer Diensterfindung lässt die Geheimhaltungspflicht des Arbeitgebers nicht entfallen.[28] Zwar geht damit die Erfindung in die alleinige Verfügungsgewalt des Arbeitgebers über. Da jedoch die (unbeschränkte) Inanspruchnahme keine – durch § 24 gerade mit bezweckte – Prioritätssicherung begründet, hat der Gesetzgeber bewusst die noch in § 4 Abs. 3 Satz 1 DVO 1943 vorgegebene zeitliche Grenze der Inanspruchnahme nicht übernommen (vgl. auch § 24 Rdn. 10 f.).

**Überträgt** der Arbeitgeber vor Schutzrechtsanmeldung **die Rechte an der Erfindung auf einen Dritten**, so erlischt die Geheimhaltungspflicht (zur Zulässigkeit s. § 13 Rdn. 3 u. § 7 n.F. Rdn. 24). Da die Rechte an einer Diensterfindung keine dingliche Belastung darstellen, geht die Geheimhaltungspflicht auch nicht auf den Erwerber über; der Arbeitgeber ist auch zu keiner dahingehenden Vereinbarung verpflichtet, da sich mit der Rechtsübertragung die Rechte des Arbeitnehmererfinders auf bloße Vergütungsansprüche hinsichtlich der Beteiligung am vom Arbeitgeber für die Rechtsübertragung erlangten Kaufpreis erschöpfen. Besteht ein erkennbares Arbeitgeberinteresse an einer weiteren Geheimhaltung (z.B. nach Übertragung einer noch ungeschützten Diensterfindung auf Konzerngesellschaft, Auftraggeber, Kooperationspartner), kann allerdings die arbeitsrechtliche Verschwiegenheitspflicht greifen, sofern keine erfindungsbezogene Vertraulichkeit vereinbart wird; diese kann im Ergebnis aber nicht weitergehen als die gesetzliche Pflicht aus § 24 Abs. 2 (vgl. § 25: »Sonstige Verpflichtungen«). Den Erwerber, der die Kenntnisse über die Diensterfindung ja nicht »auf Grund des ArbEG« erlangt hat, trifft auch keine Geheimhaltungspflicht nach § 24 Abs. 3.

**19** Hat der Arbeitgeber sämtliche Rechte an einer **freien Erfindung** des Arbeitnehmers im Rahmen einer Vereinbarung gem. § 19 vom Arbeitnehmer **übernommen**, kann er hierüber – ohne durch § 24 Abs. 1 gebunden zu sein – frei verfügen. In diesem Fall hat der Arbeitnehmer keinen Anspruch auf Prioritätssicherung, da – bei Fehlen abweichender Vertragsbedingungen – mit Vertrags-

---

27 So zu Recht Reimer/Schade/Schippel/Rother Rn. 7 zu § 24 gg. Röpke, Arbeitsverh. u. ArbNErf., S. 95.
28 Wie hier Dantz, Inanspruchnahmerecht (1968), S. 48; Lindenmaier/Lüdecke Anm. 3 zu § 24; Röpke, Arbeitsverh. u. ArbNErf., S. 95; Volmer Rn. 15 zu § 24; nunmehr auch Reimer/Schade/Schippel/Rother Rn. 7 zu § 24; a.A. Beil i. Chemie-Ing.-Technik 1957, 758; Heine/Rebitzki Anm. 2 zu § 24; Johannesson Anm. 2 zu § 24.

B. Geheimhaltungspflicht des Arbeitgebers (Abs. 1) § 24

schluss keine berechtigten Belange des Arbeitnehmers an einer Geheimhaltung mehr bestehen.[29]

Bei einer **freien** (§ 4 Abs. 3) bzw. **frei gewordenen** (§§ 6 Abs. 2, § 8 n.F./a.F.) **Erfindung** (vgl. auch § 24 Rdn. 9), die dem Arbeitnehmer verbleibt, erlischt die Geheimhaltungspflicht jedenfalls dann, wenn der Arbeitnehmer diese selbst zum Schutzrecht anmeldet bzw. anmelden lässt, und zwar spätestens mit deren Offenlegung (§§ 31 Abs. 2 Nr. 2, 32 PatG). Hat der Arbeitnehmer dagegen von dieser in seinem Belieben stehenden Möglichkeit noch keinen Gebrauch gemacht, so entfällt die Geheimhaltungspflicht des Arbeitgebers nicht innerhalb einer angemessenen Frist[30] bzw. der 3-Monats-Frist des § 19 Abs. 2,[31] sondern erst dann, wenn gesicherte Anhaltspunkte dafür bestehen, dass der Arbeitnehmer an einer Geheimhaltung nicht weiter interessiert ist;[32] erst ab diesem Zeitpunkt ist dem Arbeitgeber auch die Möglichkeit der Eigenverwertung eröffnet[33] (zum Eigenverwertungsrecht des Arbeitgebers s. § 8 n.F. Rdn. 93 ff.). Allerdings kann sich bei größer werdendem Zeitabstand vom Zeitpunkt der Mitteilung bzw. des Freiwerdens der Erfindung ab eine Obliegenheit des Arbeitnehmers entwickeln, berechtigte Geheimhaltungsbelange substantiiert darzulegen und nachzuweisen, will er nicht sein Geheimhaltungsinteresse verlieren. Gibt der Arbeitgeber eine Diensterfindung frei, kann er ggf. mit dem Arbeitnehmererfinder vereinbaren, dass dann, wenn ein Jahr (zwei Jahre) nach Zugang des Freigabeschreibens keine Schutzrechtsanmeldung durch den Erfinder oder dessen Rechtsnachfolger erfolgt ist, er den Erfindungsgegenstand veröffentlichen kann. Ggf. kann auch vereinbart werden, dass der Erfinder dann, wenn er eine Schutzrechtsanmeldung erst nach Ablauf dieser Zeit plant, er vor Zeitablauf den Arbeitgeber entsprechend unterrichtet. 20

Auch bei der früheren **beschränkten Inanspruchnahme** für Alterfindungen (s. § 43 Rdn. 14 ff.) oder in sonstigen Fällen eines nicht ausschließlichen Benutzungsrechts (vgl. § 14 Abs. 3, § 19 Abs. 1) endet die Geheimhaltungspflicht des Arbeitgebers nicht erst mit Erteilung des Schutzrechts,[34] sondern nach Schutzrechtsanmeldung durch den Arbeitnehmer,[35] und zwar spätestens 21

---

29 Im Ergebn. wohl auch Boemke/Kursawe/Ulrici Rn. 44 zu § 19.
30 So aber Heine/Rebitzki Anm. 2 zu § 24; wie hier Reimer/Schade/Schippel/Rother Rn. 7 zu § 24.
31 So aber wohl Lindenmaier/Lüdecke Anm. 3 zu § 24.
32 Zust. Schiedsst. v. 16.07.1998 – Arb.Erf. 32/96; vgl. ausführl. Vorwerk, GRUR 1975, 4, 6 f.; s.a. Röpke, Arbeitsverh. u. ArbNErf., S. 127.
33 Im Ergebn. auch Schiedsst. v. 16.07.1998 – Arb.Erf. 32/96; (unveröffentl.).
34 So aber Röpke, Arbeitsverh. u. ArbNErf., S. 95 f.
35 Reimer/Schade/Schippel/Rother Rn. 7 zu § 24.

mit deren Offenlegung (§§ 31 Abs. 2 Nr. 2, 32 PatG). Hat der Arbeitnehmer von seiner alleinigen Anmeldebefugnis noch keinen Gebrauch gemacht, so kann er vom Arbeitgeber nicht verlangen, dass dieser sein gesetzlich verankertes Benutzungsrecht im Interesse der Geheimhaltungspflicht nicht ausübt.[36] Begründet aber die Benutzung die Gefahr, dass dadurch die technische Lehre in irgendeiner Form offenbar werden kann (vgl. auch oben § 24 Rdn. 6 f.), so hat der Arbeitgeber den Arbeitnehmer vor Aufnahme von Verwertungshandlungen zu unterrichten und sich während einer angemessenen (Überlegungs-) Frist (i.d.R. 2 bis 3 Monate) – vgl. auch die Fristen der § 16 Abs. 2, § 19 Abs. 2 – einer Verwertung zur Wahrung der Arbeitnehmerinteressen (z.B. Schutzrechtsanmeldung) zu enthalten.[37]

22 Zur Dauer der Geheimhaltungspflicht bei **betriebsgeheimen Erfindungen** s. § 17 Rdn. 39 ff.

### III. Verletzung

23 § 24 Abs. 1 stellt ein **Schutzgesetz** i.S.d. § 823 Abs. 2 BGB dar, sodass eine vorsätzliche oder fahrlässige Pflichtverletzung durch den Arbeitgeber zum Schadensersatz verpflichtet.[38] Daneben tritt ein Schadensersatzanspruch wegen Pflichtverletzung (§ 280 Abs. 1 BGB) wegen Verstoßes gegen die Fürsorgepflicht bzw. gegen das gesetzliche Schuldverhältnis aus dem ArbEG (s. § 1 Rdn. 160). Ein Fehlverhalten von Mitarbeitern hat der Arbeitgeber sich ggf. über §§ 278, 831 BGB zurechnen zu lassen.

24 Soweit sonstige **Dritte** (z.B. Lizenznehmer, nicht aber solche i.S.d. § 24 Abs. 3), denen der Arbeitgeber seine Kenntnisse anvertraut hat, ihre vertraglichen Geheimhaltungspflichten verletzen, hat der Arbeitnehmer i.d.R. keinen unmittelbaren Anspruch gegen diese; er kann jedoch im Innenverhältnis vom Arbeitgeber, der den Schaden des Arbeitnehmers (ggf. im Wege der Schadensliquidation im Drittinteresse) mit geltend macht, Ersatz verlangen; traf den Arbeitgeber ein Mitverschulden (§ 254 BGB; s.a. § 24 Rdn. 11 ff.), so hat der Arbeitnehmer ggf. einen ergänzenden Anspruch gegen diesen. Zum Schaden s. § 13 Rdn. 70 f. u. § 16 Rdn. 76 f.

---

36 Johannesson Anm. 2.4 zu § 24.
37 So auch Reimer/Schade/Schippel/Kaube Rn. 7 zu § 24; Johannesson Anm. 2.4 zu § 24.
38 Reimer/Schade/Schippel/Rother Rn. 4, 8 zu § 24; Keukenschrijver in Busse/Keukenschrijver, PatG, Rn. 2 zu § 24 ArbEG; Vorwerk, GRUR 1975, 4, 6; § 823 BGB und pVV ablehnend Volmer/Gaul Rn. 95 zu § 24; z. Schadensbemessg. s. BGH v. 18.02.1977 – I ZR 112/75, GRUR 1977, 539 ff. – *Prozessrechner*.

## IV. Verhältnis zur arbeitsrechtlichen Fürsorgepflicht

§ 24 soll weitergehende Geheimhaltungspflichten des Arbeitgebers **nicht ausschließen**[39] (vgl. auch § 25). Während § 24 Abs. 1 auf die Arbeitnehmererfindung als solche abstellt, gebietet es die allgemeine Fürsorgepflicht des Arbeitgebers (s. dazu § 25 Rdn. 11 ff.), zur Schadensverhütung über alle **mit einer Arbeitnehmererfindung zusammenhängenden Umstände** und Erkenntnisse zu schweigen, sofern hierdurch Schutzrechtserwerb, Aufrechterhaltung und/oder Verwertung beeinträchtigt werden können[40] (s.a. oben § 24 Rdn. 5).

25

Diese Verschwiegenheitspflicht des Arbeitgebers besteht **nur insoweit und so lange**, wie berechtigte Belange des Arbeitnehmers es erfordern und dies für den Arbeitgeber zumutbar ist. Bspw. verstoßen gezielte Informationen an Dritte über Nichtigkeitsgründe in Bezug auf ein freigegebenes Schutzrecht (z. Recht des Arbeitgebers zur Nichtigkeitsklage s. aber § 25 Rdn. 47 f.) ebenso gegen die arbeitsrechtliche Verschwiegenheitspflicht wie Aussagen über zukünftige Verwertungsabsichten des Arbeitnehmers bei freien bzw. frei gewordenen Erfindungen.

26

Soweit sich die arbeitsvertragliche Verschwiegenheitspflicht auf weitergehende schutzwürdige Belange des Arbeitnehmers in Bezug auf die Erfindung erstreckt (z.B. Verwertungsabsichten, Marktanalysen, Lizenzpolitik usw.), kann sie u.U. **zeitlich** sogar über den Zeitpunkt der Schutzrechtserteilung hinausgehen. I.d.R. endet sie allerdings mit dem rechtlichen Ende des Arbeitsverhältnisses. Zur ergänzenden Anwendbarkeit der §§ 3 UWG, 823 Abs. 2, § 826 BGB bzw. eines künftigen GeschGehG, die auch für den Arbeitgeber zur Anwendung kommen können, vgl. unten § 24 Rdn. 38 ff.

27

## C. Geheimhaltungspflicht des Arbeitnehmers (Abs. 2)

Die Geheimhaltungspflicht des Arbeitnehmers gem. Abs. 2 soll dem Arbeitgeber den wirtschaftlichen Wert der Diensterfindung sichern, die er mit der Inanspruchnahme auf sich überleiten und später monopolartig nutzen kann. Über § 26 wirkt die Geheimhaltungspflicht für die Erben eines Arbeitnehmererfinders fort[41] (zur Stellung der Erben s. § 1 Rdn. 146 ff.). Zur Geheimhaltungspflicht bei Leiharbeitnehmers s. § 1 Rdn. 61.

28

---

39 Amtl. Begründung BT-Drucks. II/1648 S. 40 = BlPMZ 1957, 240; Depenheuer, Mitt. 1997, 1, 5.
40 Röpke, Arbeitsverh. u. ArbNErf., S. 127.
41 Im Ergebn. auch Cordt, Vererbung arbeitsrechtl. Ansprüche (2017), S. 175.

## I. Inhalt und Umfang

**29** Die Geheimhaltungspflicht des Arbeitnehmers beschränkt sich auf seine **Diensterfindungen** i.S.d. § 4 Abs. 2.[42] Für **freie Erfindungen** (vgl. § 4 Abs. 3, §§ 18, 19) kann sich angesichts der alleinigen Verfügungsbefugnis des Arbeitnehmers nur in Ausnahmefällen eine ihm obliegende Geheimhaltungspflicht nach den allgemeinen arbeitsvertraglichen und gesetzlichen Pflichten (vgl. dazu unten § 24 Rdn. 39 ff. sowie § 8 n.F. Rdn. 81) ergeben. Aus der allgemeinen Treuepflicht (s. dazu § 25 Rdn. 28) folgt darüber hinaus, dass der Arbeitnehmer eine freie Erfindung so lange nicht offenbaren darf, wie ein Erwerb des Arbeitgebers über § 19 noch möglich ist.[43] Bestehen Zweifel, ob eine freie oder gebundene Erfindung vorliegt, muss der Arbeitnehmer die Erfindung unverzüglich melden (s. § 5 Rdn. 23) und den Erfindungsgegenstand bis zur Klärung bzw. Einigung über den Charakter der Erfindung nach § 24 Abs. 2 geheim halten.

Die Geheimhaltungspflicht für **Verbesserungsvorschläge** bestimmt sich derzeit nach den §§ 17 ff. UWG (bzw. zukünftig nach dem GeschGehG, s. § 24 Rdn. 38) und arbeitsvertraglichen Pflichten.[44] Bei Streit über den Charakter einer technischen Neuerung als Erfindung/Verbesserungsvorschlag ist bis zur Klärung von der Geheimhaltungspflicht nach § 24 Abs. 2 ArbEG auszugehen.

**30** Die Geheimhaltung **erstreckt sich** auf all das, worauf sich auch die Meldepflicht des Arbeitnehmers gem. § 5 bezieht (vgl. hierzu § 5).[45] Sie umfasst sämtliche technischen Kenntnisse des Arbeitnehmers, die die (gemeldete) Diensterfindung betreffen, und die sich für die Schutzrechtsanmeldung nutzen lassen. Dies gilt auch für solche Entwicklungsergebnisse, die in der Erfindungsmeldung (vgl. insb. § 5 Abs. 2) nicht bzw. nur unvollkommen zum Ausdruck gekommen sind.[46] Auch hat der Arbeitnehmer die Tatsache ebenso wie den Inhalt einer Patentanmeldung geheim zu halten. Zur Geheimhaltungspflicht bei betriebsgeheimen Erfindungen i.s.d. § 17 s. dort § 24 Rdn. 39 ff.

**31** In Bezug auf Erfindungen und sonstige technischen Entwicklungsergebnisse anderer Arbeitnehmer oder dritter Personen (freie Erfinder, Kooperationspartner usw.), bestimmt sich die Geheimhaltungspflicht des Arbeitnehmers –

---

42 Keukenschrijver in Busse/Keukenschrijver, PatG, Rn. 4 zu § 24 ArbEG.
43 Reimer/Schade/Schippel/Rother Rn. 12 zu § 24; vgl. aber auch Boemke/Kursawe/Kursawe Rn. 12 zu § 24.
44 S. auch Schwab, Arbeitnehmererfindungsrecht, § 20 Rn. 10 ff.
45 H.M., z.B. Lindenmaier/Lüdecke Anm. 6 zu § 24.
46 Vgl. allgemein BGH v. 05.10.2005, GRUR 2006, 141, 142 – *Ladungsträgergenerator*, dort zum Umfang der Inanspruchnahme.

## C. Geheimhaltungspflicht des Arbeitnehmers (Abs. 2) § 24

soweit nicht § 24 Abs. 3 einschlägig ist (s. § 24 Rdn. 48 ff.) – nach allgemeinen arbeitsvertraglichen und sonstigen zivilrechtlichen Grundsätzen (s. dazu § 24 Rdn. 38 ff.)

Zum Inhalt der Geheimhaltungspflicht s. i.Ü. oben § 24 Rdn. 4 ff.; zu Verfügungen und Verwertungshandlungen vor Inanspruchnahme s.a. § 7 n.F. Rdn. 94 ff. und § 25 Rdn. 38.

Inhaltlich und zeitlich kann die Geheimhaltungspflicht nach § 24 Abs. 2 zuungunsten des Arbeitnehmers nur i.R.d. § 22 Satz 2 **vertraglich ausgeweitet** werden.[47]

Die Geheimhaltungspflicht des Arbeitnehmers besteht grds. **nicht ggü.** solchen **Personen**, die gesetzlich (beruflich) zur Geheimhaltung verpflichtet sind (s.o. § 24 Rdn. 8).[48] 32

Anders als beim Arbeitgeber berechtigt eine bloß vertraglich begründete Geheimhaltungspflicht den Arbeitnehmer nicht zur **Offenbarung an Dritte** (z.B. potenzielle Lizenznehmer), da hierfür ein berechtigtes Interesse fehlt, es sei denn[49], der Arbeitnehmer kann im Einzelfall gesichert mit einer Freigabe der Diensterfindung (§ 6 Abs. 2 n.F., § 8 n.F.) rechnen; Entsprechendes gilt im Fall des § 16 Abs. 1 im Zusammenhang mit dem Angebot zur Übernahme einer Schutzrechtsanmeldung bzw. eines Schutzrechts. 33

Die Geheimhaltungspflicht besteht auch ggü. solchen **Arbeitskollegen**, die weder am Zustandekommen der Erfindung mitgearbeitet haben, noch nach dem (mutmaßlichen) Willen des Arbeitgebers zur Entgegennahme derartiger Informationen berechtigt sein sollen, wozu auch Vorgesetzte und im Einzelfall Mitarbeiter der Patentabteilung rechnen können.[50] Ggü. **Miterfindern** umfasst sie alle geheimhaltungsbedürftigen Tatsachen, von denen diese nicht bereits aufgrund ihrer Miterfindereigenschaft und/oder Betriebszugehörigkeit Kenntnis erlangt haben. 34

### II. Dauer – »Freiwerden der Diensterfindung«

Die Diensterfindung ist vom Arbeitnehmer so lange geheim zu halten, wie sie **nicht frei geworden** ist (§ 6 Abs. 2, § 8 n.F., s. § 24 Rdn. 4; zum Verwertungsrecht des Arbeitnehmers und seinen Schranken bei frei gewordenen 35

---

47 Vgl. OLG Hamburg v. 06.11.1958, GRUR 1960, 489, 490.
48 Allg. A., z.B. Volmer Rn. 18 zu § 24.
49 Diese Einschränkung teilen Boemke/Kursawe/Kursawe Rn. 11 zu § 24 nicht.
50 Vgl. auch Heine/Rebitzki Anm. 3 zu § 24 u. Reimer/Schade/Schippel/Rother Rn. 9 zu § 24; einschr. Volmer Rn. 18 zu § 24.

Diensterfindungen s. § 8 n.F. Rdn. 66 ff., 77 ff.). Diese Verpflichtung gilt auch **über die Beendigung des Arbeitsverhältnisses hinaus** (§ 26 Rdn. 34 ff.).

36 Die Geheimhaltungspflicht erlischt ferner, wenn (und insoweit) die technische Lehre **offenkundig** geworden ist oder wenn der Arbeitgeber auf eine weitere Geheimhaltung **verzichtet** hat; Gleiches gilt ab dem Zeitpunkt der (ersten) **Offenlegung** einer Schutzrechtsanmeldung des Arbeitgebers[51] (vgl. § 31 Abs. 2 Nr. 2, § 32 PatG, vgl. § 24 Rdn. 16). Dagegen befreit der Umstand, dass die erfinderische Lehre **technisch überholt** ist, den Arbeitnehmer grds. nicht[52] (zur betriebsgeheimen Erfindung s.a. § 17 Rdn. 39 ff.).

37 Hat der Arbeitgeber gem. § 14 Abs. 2 dem Arbeitnehmer die Erfindung zur Schutzrechtsanmeldung in **ausländischen Staaten freigegeben**, ist der Arbeitnehmer zu solchen Anmeldungen i.d.R. selbst dann befugt, wenn der Arbeitgeber eine vorhergehende Schutzrechtsanmeldung im Inland (§ 13) versäumt hat; eine Offenbarung der erfinderischen Lehre im Ausland muss der Arbeitgeber grds. als Konsequenz seiner Freigabe und der Vernachlässigung seiner Pflicht aus § 13 hinnehmen.

### III. Verhältnis zu arbeitsrechtlicher Treuepflicht und zu §§ 3, 17, 18 UWG, 823, 826 BGB sowie zum GeschGehG

38 Eine **ergänzende Geheimhaltungspflicht** des Arbeitnehmers kann sich derzeit aus den §§ 3, 17, 18 UWG, 823 Abs. 1, 826 BGB ebenso wie aus der arbeitsrechtlichen Treuepflicht (s. dazu § 25 Rdn. 28 ff.) ergeben.[53]

Die §§ 17, 18 UWG sollen durch das bei Redaktionsschluss noch nicht verabschiedete, vom Bundeskabinett am 18.07.2018 im **Entwurf** beschlossene »**Gesetz zum Schutz von Geschäftsgeheimnissen**« (GeschGehG-E) abgelöst werden.[54] Damit soll die EU-Richtlinie 2016/943 über den Schutz vertraulichen Know-hows und vertraulicher Geschäftsinformationen (Geschäftsgeheimnisse) vor rechtswidrigem Erwerb sowie rechtswidriger Nutzung und

---

51 Schiedsst. v. 25.01.1996 – Arb.Erf. 54/94, (unveröffentl.); ferner Keukenschrijver in Busse/Keukenschrijver, PatG, Rn. 4 zu § 24 ArbEG; Boemke/Kursawe/Kursawe Rn. 10 zu § 24.
52 Ebenso Reimer/Schade/Schippel/Rother Rn. 10 zu § 24; Röpke, Arbeitsverh. u. ArbNErf., S. 44 gg. Volmer Rn. 20 zu § 24.
53 Siehe dazu u.a. Mc Guire/Joachim/Künzel/Weber GRUR Int. 2010, 829 ff.; Sander GRURInt. 2013, 217, 223 ff.; ferner S. Fischer, Schutz v. Know-how (2012), S. 104 ff.
54 BR-Drucks. 382/18 v. 10.08.2018. Vgl. Trebeck/Schulte-Wissermann NZA 2018, 1175 ff.; s. im Vorfeld dazu u. a. GRUR-Stellungn. in GRUR 2018, 708; ferner Kiefer WRP 2018, 910 ff.; Triebe WRP 2018, 795 ff.; Haedicke Mitt. 2018, 249 ff.

Offenlegung[55] (EU-GeschäftsgeheimnisRL) im Rahmen eines neuen Stammgesetzes umgesetzt und ein in sich stimmiger Schutz von Geschäftsgeheimnissen vor rechtswidriger Erlangung, Nutzung und Offenlegung erreicht werden[56], und zwar insbesondere bei Begrifflichkeiten, Schutz von Geschäftsgeheimnissen sowie Haftung und Strafbarkeit bei Verletzungen.

Zum **Verhältnis zwischen ArbEG und zukünftigem GeschGehG** ergibt sich u. E. auf Basis des Entwurfs, dass sich zukünftig beide Gesetze ergänzen. Nach der Legaldefinition des Geschäftsgeheimnisses in § 2 Nr. 1 GeschGehG-E (vgl. auch Art. 2 Nr. 1 der EU-GeschäftsgeheimnisRL) sind sowohl Betriebsgeheimnisse als auch (vom Arbeitgeber geheimgehaltenes) Know-how umfasst.[57] Auch wenn die Erwägungsgründe 1 und 2 der EU-GeschäftsgeheimnisRL zwischen Patenten und Geschäftsgeheimnissen unterscheidet, erfüllen Diensterfindungen, die gemäß § 13 ArbEG unverzüglich vom Arbeitgeber zum (Inlands-)Schutzrecht anzumelden sind, in Übereinstimmung mit der umfassenden Geheimhaltungspflicht des § 24 ArbEG jedenfalls bis zu einer patentamtlichen Offenlegung u. E. den Gesetzesbegriff des Geschäftsgeheimnisses; dies entspricht der bisherigen Rechtslage zu § 17 UWG (s. § 24 Rdn. 39). Sie sind rechtmäßig erlangt; deren Nutzung und (sonstige) Offenlegung ist in den Grenzen des ArbEG zugelassen (s. § 3 Abs. 1 Nr. 1, Abs. 2 GeschGehG-E, vgl. auch Art. 3 Abs. 1 Buchst. a, Abs. 2 der EU-GeschäftsgeheimnisRL). Eine Geheimnisverletzung i. S. v. § 24 ArbEG stellt damit zugleich eine verbotene Nutzung oder Offenlegung nach § 4 Abs. 2 Nr. 3 GeschGehG-E dar. Qualifizierte technische Verbesserungsvorschläge sind ebenfalls Geschäftsgeheimnisse i. S. v. § 2 Nr. 1 GeschGehG-E. Das ArbEG geht partiell in demjenigen Umfang dem künftigen GeschGehG vor, als im ArbEG spezielle Regelungen getroffen sind; das würde sowohl den privaten als auch den öffentlichen Dienst (inkl. § 42 Nrn. 1 bis 3 ArbEG) betreffen, soweit letzterer dem künftigen GeschGehG unterliegen sollte[58] (vgl. auch § 1 Abs. 2 GeschGehG-E). So kann beispielsweise die Geheimhaltungspflicht aus § 24 ArbEG nicht unter Beru-

---

55 ABl. (EU) L 157 v. 15.6.2016, S. 1. Siehe dazu u. a. Witt/Freudenberg, WRP 2014, 374 ff.; McGuire GRUR 2016, 1000 ff.; Kalbfuß GRUR 2016, 1009 ff., hier insbes. 1013 f.; ferner Trebeck/Schulte-Wissermann NZA 2018, 1175 ff.
56 Amtl. Begründung z. GeschGehG-E in BR-Drucks. 382/18, S. 14.
57 Vgl. Amtl. Begründung z. GeschGehG-E in BR-Drucks. 382/18, S. 19 f. (zu Art. 1 § 2 Nr. 1 d. Entw.).
58 Nach der Amtl. Begründung z. GeschGehG-E zu Art. 1 § 1 Abs. 2 d. Entw. (in BR-Drucks. 382/18, S. 18 m.H.a. die Erwägungsgründe 11 u. 18 d. EU-GeschäftsgeheimnisRL) ist das geplante Gesetz nicht auf Verschwiegenheitspflichten für Angehörige des öffentlichen Dienstes anwendbar: zu diesen Verschwiegenheitspflichten gehört ausweislich §§ 40, 41 auch § 24 ArbEG.

fung auf Rechtfertigungsgründe i.S. d. § 5 GeschGehG-E durchbrochen werden; das gilt u. E. auch im Verhältnis zu Arbeitnehmervertretungen, soweit dadurch eine Geheimhaltungspflicht nach § 24 ArbEG verletzt wird (vgl. § 3 Abs. 1 Nr. 3, § 5 Nr. 3 GeschGehG-E). Dagegen schließen Verletzungen der Geheimhaltungspflichten des § 24 ArbEG (siehe § 24 Rdn. 44 f.) u. E. die Unterlassungs- und Schadensersatzansprüche nach dem künftigen GeschGehG (vgl. §§ 6 ff. GeschGehG-E) ebensowenig aus, wie die Geltung künftiger Strafvorschriften (vgl. § 23 GeschGehG-E).

Besondere Bedeutung hat das künftige GeschGehG im Rahmen zwischenbetrieblicher **Forschungs- und Entwicklungskooperationen** für eingebrachte oder erlangte Geschäftsgeheimnisse von Kooperationspartnern (Know-how, ungeschützte Erfindungen usw.). Diese können daraus – auch mit Blick auf die üblichen wechselseitigen Geheimhaltungspflichten – bei Rechtsverletzungen zukünftig unmittelbare Rechtsansprüche ableiten (zur mangelnden Geltung des § 24 Abs. 3 s. § 24 Rdn. 50).

§ 23 GeschGehG-E soll die derzeitigen **Strafvorschriften** der §§ 17 bis 19 UWG ablösen (zu deren Aufhebung s. Art. 5 d. Entwufs). § 23 GeschGehG entspricht im Wesentlichen den bisherigen §§ 17 bis 19 UWG.[59] Von daher dürften die nachfolgenden Grundsätze weitgehend auch nach Inkrafttreten des GeschGehG zum Tragen kommen.

39 **§ 17 Abs. 1 UWG** verbietet – als Straftatbestand – dem Arbeitnehmer den Verrat eines ihm anvertrauten oder zugänglich gewordenen Geschäfts- oder Betriebsgeheimnisses[60] während der rechtlichen Dauer des Arbeitsverhältnisses (**Treuebruch**).

Ein Geschäfts- und Betriebsgeheimnis i. S. d. UWG ist jede mit dem Geschäftsbetrieb im Zusammenhang stehende Tatsache, die nicht offenkundig, sondern nur einem begrenzten Personenkreis bekannt ist und die nach dem bekundeten Willen des Betriebsinhabers geheim gehalten werden soll.[61] Das

---

[59] Amtl. Begründung z. GeschGehG-E in BR-Drucks. 382/18, S. 39.
[60] Z. d. Begriffen vgl. BAG v. 16.03.1982, BB 1982, 1792, 1793; v. 26.02.1987, NZA 1988, 63 u. v. 15.12.1987, NZA 1988, 502; s. ferner BGH v. 23.02.2012, GRUR 2012, 1048 – *MOVICOL-Zulassungsantrag*; Sander GRURInt. 2013, 217, 223 f.; Gaugenrieder/Unger-Hellmich, WRP 2011, 1364; Mes, GRUR 1979, 584, 585; Kraßer, GRUR 1970, 587 ff. u., GRUR 1977, 177 ff.; Hillenbrand, Der Begriff d. Betriebs- und Geschäftsgeheimnisses – Eine vergleichende Untersuchung (2017), S. 19 ff. S.a. BGH v. 15.05.1955, AP Nr. 1 zu § 17 UWG m. Anm. Volmer.
[61] BGH v. 26.02.2009, GRUR 2009, 603 (Rn. 13) – Versicherungsvertreter u. v. 09.12.2015, VersR 2016, 177 (Rn. 14).

## C. Geheimhaltungspflicht des Arbeitnehmers (Abs. 2) § 24

entspricht weitgehend der übergreifenden Definition in § 2 Nr. 1 GeschGehG-E (siehe § 24 Rdn. 38), wobei letztgenannte Regelung allerdings eine den Umständen nach angemessene (aktive) Geheimhaltungsmaßnahme als objektive, im Streitfall vom Geheimnisinhaber zu beweisende Voraussetzung erfordert.[62] Während **Geschäftsgeheimnisse** i.S.d. UWG vornehmlich kaufmännisches Wissen (wie etwa Umsätze, Kundenlisten, Ertragslage, Bezugsquellen, Patentanmeldungen, Entwicklungs- und Forschungsprojekte, Unternehmenpolitik) betreffen, erfassen **Betriebsgeheimnisse** im Wesentlichen technisches Wissen im weitesten Sinn.[63] Der Geheimnisschutz des § 17 Abs. 1 UWG erfasst nur die Mitteilung von Geheimnissen, die zu Zwecken des Wettbewerbs oder aus Eigennutz, zugunsten eines Dritten oder in der Absicht erfolgt, dem Arbeitgeber Schaden zuzufügen. Dabei reicht der Schutz einer vertraglichen Verschwiegenheitspflicht weiter.

Die **Diensterfindung** stellt ein Betriebsgeheimnis im Sinne des § 17 UWG auch dann dar, wenn sie dem Arbeitgeber (etwa aufgrund unterbliebener Meldung i.S.d. § 5 ArbEG) noch nicht zur Kenntnis gelangt ist.[64] Es genügt, dass das »Arbeitsergebnis« ohne das Dienstverhältnis nicht erzielt worden wäre und der Wille des Unternehmers, es als geheim zu behandeln, wenn er davon erfahren hätte, feststeht[65] bzw. im Rahmen berechtigter unternehmerischer Interessen von einem mutmaßlichen Geheimhaltungswillen des Arbeitgebers auszugehen ist. Ein Geheimnisverrat i.S.d. § 17 UWG liegt auch dann vor, wenn mehrere Arbeitnehmererfinder eine nicht gemeldete Diensterfindung in eine von ihnen gegründete GmbH zum Zwecke der gewerblichen Verwertung einbringen, »da das Betriebsgeheimnis auf diese Weise aus dem Bereich des Unternehmens des Arbeitgebers heraustritt[66]«. **Know-how** als solches (z. Begriff s. KommRL Nr. 136 ff. zu RL Nr. 14) kann zwar dem Begriff der Geschäfts- bzw. Betriebsgeheimnisse i. S. d. UWG nicht vollständig gleichgestellt werden,

---

62 Amtl. Begründung z. GeschGehG-E in BR-Drucks. 382/18, S. 20. S. dazu Trebeck/Schulte-Wissermann NZA 2018, 1175, 1176 ff.
63 BGH v. 09.12.2015, VersR 2016, 177 (Rn. 14).
64 H.M., z.B. BGH v. 16.11.1954, AP Nr. 1 zu § 60 HGB (Anreißgerät) m. Anm. Hueck; a.A. Poth, Mitt. 1981, 114, 115; abw. Röpke, Arbeitsverh. u. ArbNErf., S. 24, wonach eine »eigene Erf.« d. ArbN weder »anvertraut« noch »zugänglich gemacht« ist.
65 BGH v. 18.02.1977 – I ZR 112/75, GRUR 1977, 539, 541 – *Prozessrechner* m. Anm. Krieger; BGH v. 16.11.1954, AP Nr. 1 zu § 60 HGB (*Anreißgerät*) m. Anm. Hueck.
66 LG Berlin v. 08.04.1972 – 16 O 23/72, (unveröffentl.), bestätigt durch BGH v. 18.02.1977 – I ZR 112/75, GRUR 1977, 539, 541 – *Prozessrechner* m. Anm. Krieger.

da es für solche Geheimnisse nicht auf deren praktische Nachahmbarkeit, einen technischen Charakter und betrieblichen Ursprung ankommt, kann jedoch zugleich Geschäfts- bzw. Betriebsgeheimnis sein;[67]

**40** Über die in der Diensterfindung verkörperte technische Lehre hinaus erfasst § 17 UWG als Betriebsgeheimnis **jede nicht offenkundige Tatsache auf technischem Gebiet**, die mit dem Unternehmen des Arbeitgebers und seinem Tätigkeitsbereich zusammenhängt, insb. mit innerbetrieblichem Erfahrungswissen und (schutzfähigen) Entwicklungsergebnissen im Zusammenhang steht, nur einem eng begrenzten Personenkreis bekannt ist und nach dem erklärten oder offensichtlichen, auf berechtigten wirtschaftlichen Interessen beruhenden Willen des Arbeitgebers geheim gehalten werden soll.[68] Hierzu können z.B. Angaben über den technischen Betriebsablauf, Herstellung und Herstellungsverfahren, ferner Versuchsergebnisse, sonstige betriebsinterne Erfahrungswerte, Kunstgriffe, Angaben über das Zustandekommen ebenso wie die Erfindung betreffende Marktanalysen des Unternehmens gehören, soweit sie nicht offenkundig sind, d.h. von jedem Interessierten ohne besondere Mühe zur Kenntnis beschafft werden können.[69] Auch Informationen, die zum Stand der Technik gehören, können ein Betriebsgeheimnis darstellen.[70] Für den Schutz als Betriebsgeheimnis kommt es darauf an, ob die fragliche Information allgemein, d.h. ohne großen Zeit- und Kostenaufwand, aus allgemein zugänglichen Quellen erstellt werden kann.[71] Demgegenüber umfasst der Stand der Technik eine Fülle von unaufbereiteten Informationen, die nur mit großem Aufwand ausfindig und zugänglich gemacht werden können.[72] So kann ein Betriebsge-

---

67 Vgl. Hillenbrand, Der Begriff d. Betriebs- und Geschäftsgeheimnisses – Eine vergleichende Untersuchung (2017), S. 26 f.
68 Vgl. BAG v. 15.12.1987, NZA 1988, 502, 503 m.w.N.; BGH v. 03.05.2001, GRUR 2002, 91, 94 – *Spritzgießwerkzeuge*; BGH v. 07.11.2002, GRUR 2003, 356, 358 – *Präzisionsmessgeräte*; v. 27.04.2006 – I ZR 126/03, WRP 2006, 356, 358 – *Kundendatenprogramm*; OLG Frankfurt am Main v. 08.03.2005, InstGE 7, 152 – *PET-Spritzwerkzeug I*; ähnl. ErfK/Preis, § 611a BGB, Rn. 711; Brock in Ann/Loschelder/Grosch, Praxishdb. Know-how-Schutz (2010), Rn. 45 ff.; McGuire/Joachim/Künzel/Weber, GRUR Int. 2010, 829 ff.
69 Allg. BGH v. 22.01.1963, GRUR 1963, 311, 312 – *Stapelpresse*; BAG v. 16.03.1982, BB 1982, 1792, 1793, v. 26.02.1987, NZA 1988, 63 u. v. 15.12.1987, NZA 1988, 502, 503; Molkenbur, BB 1990, 1196 f.; Richters/Wodtke, NZA-RR 2003, 281.
70 BGH v. 13.12.2007, GRUR 2008, 727, 728 f. – *Schweißmodulgenerator*, dort auch zur Darlegungs- und Beweispflicht.
71 BGH v. 26.02.2009 – I ZR 28/06, GRUR 2009, 603, 604 – *Versicherungsuntervertreter* u. BGH v. 27.04.2006 – I ZR 126/03, GRUR 2006, 1044 – *Kundendatenprogramm*.
72 BGH v. 13.12.2007, GRUR 2008, 727, 729 – *Schweißmodulgenerator*.

## C. Geheimhaltungspflicht des Arbeitnehmers (Abs. 2) § 24

heimnis auch eine großen Zeit- oder Kostenaufwand erfordernde Zusammenstellung von veröffentlichten wissenschaftlichen Studien und Informationen aus Fachzeitschriften und Fachbüchern darstellen.[73]

Während § 17 Abs. 1 UWG den Geheimnisverrat durch den Mitarbeiter während der Dauer des Dienstverhältnisses behandelt, geht **§ 17 Abs. 2 UWG** darüber hinaus und erfasst sowohl die **Betriebsspionage (Nr. 1)** wie auch die **verbotene Geheimnisverwertung (Nr. 2)**, sei es durch die unbefugte Mitteilung an Dritte oder Eigenverwertung bzw. Drittverwertung. Insoweit will § 17 Abs. 2 UWG sämtliche Fälle unbefugter Geheimniserlangung erfassen. Das kann auch einen ausgeschiedenen Arbeitnehmer betreffen (s. § 26 Rdn. 34). 41

Das Ausspähen als das **unbefugte Verschaffen von Geschäfts- oder Betriebsgeheimnissen** ist gem. § 17 Abs. 2 UWG nur dann strafbar, wenn es in den dort genannten Erscheinungsformen, vor allem also unter Einsatz technischer Hilfsmittel, geschieht. Hierunter fallen insb. heimliche Aufzeichnungen,[74] unerlaubte Einsicht in Unterlagen, planmäßiges Einprägen von betriebsinternen Verfahrensmethoden, systematisches Zusammentragen von internen Unterlagen bis hin zur sonstigen Herstellung einer verkörperten Wiedergabe der Betriebsgeheimnisse, auch wenn dies nicht heimlich geschieht.[75]

Betriebsgeheimnisse i.S.d. § 17 Abs. 2 Nr. 2 UWG, die dem Zweck dienen, einen zeitlichen Vorsprung vor Wettbewerbern zu sichern, werden nicht absolut geschützt, sondern nur während eines begrenzten Zeitraums, etwa in Orientierung an den Wettbewerbsverboten des Handelsrechts (z.B. § 74 a Abs. 2 HGB) während eines Zeitraums von etwa 2 Jahren.[76]

Bei einem Verstoß gegen § 17 Abs. 2 Nr. 2 UWG ergibt sich der Unterlassungsanspruch gegen den Arbeitnehmer aus § 8 Abs. 1 i.V.m. §§ 3, 4 Nr. 11 UWG.[77] Der Anspruch auf Herausgabe oder Vernichtung der im Besitz des Arbeitnehmers befindlichen Unterlagen kann mit dem Anspruch auf Beseitigung nach § 8 Abs. 1 Satz 1 UWG durchgesetzt werden. Eine Schadensersatz-

---

73 BGH v. 23.02.2012, GRUR 2012, 1048 (Rn. 20 f.) – MOVICOL-Zulassungsantrag.
74 Vgl. BGH v. 14.01.1999 – I ZR 2/97, GRUR 1999, 934, 935 f. – *Weinberater*.
75 Vgl. im Einzelnen Köhler/Bornkamm, UWG, Rn. 12, 29 ff., 32 ff. zu § 17 UWG; vgl. auch BGH v. 19.11.1982 – I ZR 99/80, GRUR 1983, 179 – *Stapel-Automat* u. BAG v. 16.03.1982, BB 1982, 1792, 1793.
76 OLG Celle v. 23.05.1994, WRP 1995, 114 f.
77 Zur Fassung des Unterlassungsantrags s. OLG Frankfurt am Main v. 08.03.2005, InstGE 7, 152 – *PET-Spritzwerkzeug I*.

pflicht folgt aus § 9 Satz 1 UWG bzw. § 823 Abs. 2 BGB i.V.m. § 17 UWG,[78] der vorbereitende Auskunftsanspruch aus § 242 BGB.

Ist die **Diensterfindung frei geworden**, folgt aus den dem Erfinder gem. § 8 Satz 2 n.F./§ 8 Abs. 2 a.F. vermittelten Verfügungs- und Verwertungsrechten, dass es jedenfalls an einem »unbefugten Mitteilen« bzw. »unbefugten Verwerten« i.S.d. § 17 UWG fehlt, sodass sein Anwendungsbereich insoweit ausgeschlossen ist (vgl. auch § 17 Rdn. 33). Etwas Anderes kann allerdings dann gelten, wenn das Zustandekommen der Erfindung auf Handlungen beruht, die nach §§ 17, 18 UWG strafbewehrt sind. In solchen Fällen kann auch das Freiwerden der Diensterfindung den vorangegangenen Strafrechtsverstoß nicht sanktionieren, es sei denn, die Freigabe erfolgte in Kenntnis des Geheimnisverrats. Diese Grundsätze dürften nach § 3 Abs. 2 den zukünftigen GeschGehG-E (siehe § 24 Rdn. 38) entsprechend für den Geheimnisschutz gelten, soweit die frei gewordene Diensterfindung und/oder die Freigabe nicht unredlich i. S. v. § 4 Abs. 1, 2 Nr. 1 GeschGehG-E erlangt wurde.

42 U. E. ist die noch nicht abschließend entschiedene[79] Frage, ob das Betriebsgeheimnis als ein zum Gewerbebetrieb gehörender Vermögensgegenstand gegen unmittelbare Eingriffe, wie den Geheimnisverrat, auch als **besonders geschütztes Rechtsgut** nach § 823 Abs. 1 BGB geschützt ist, zu bejahen.[80] Jedenfalls sind die strafrechtlichen Bestimmungen der §§ 17 ff. UWG Schutzgesetze i.S. des § 823 Abs. 2 BGB.[81] Die rechtliche Behandlung von Knowhow und vertraulichen Geschäftsinformationen als eigenständiges Recht des geistigen Eigentums legt auch die EU- GeschäftsgeheimnisRL vom 08.06.2016 nahe.[82]

Insoweit soll nunmehr § 10 GeschGehG-E einen eigenständigen Haftungstatbestand bei Rechtsverletzungen schaffen, wie dies bereits aus § 97 UrhG bekannt ist. Dabei soll durch den ausdrücklichen Verweis auf § 619a BGB klargestellt werden, dass Arbeitnehmer dem Arbeitgeber nur dann Schadenser-

---

78 Zur vollständigen Herausgabe des Verletzergewinns (vgl. § 139 Abs. 2 Satz 2 PatG) s. BGH v. 19.03.2008 – I ZR 225/06, WRP 2008, 938 – *Entwendete Datensätze mit Konstruktionszeichnungen* m. Anm. Maume Mitt. 2009, 379 ff.; zur Schadensberechnung nach den 3 Berechnungsmethoden OLG Frankfurt am Main v. 09.03.2008, InstGE 7, 162 – *PET-Spritzwerkzeug II*; z. Darlegungspflicht des Arb.G. BGH v. 13.12.2007, GRUR 2008, 727, 728 (Rn. 13 ff.) – *Schweißmodulgenerator*.
79 Offen gelassen b. BGH v. 21.12.1962, GRUR 1963, 367, 369 – *Industrieböden*.
80 Vgl. Mes, GRUR 1979, 584, 590 ff.; Asendorf, GRUR 1990, 229, 235; grundlegend Nastelski, GRUR 1957, 1 ff.; zweifelnd Ann, GRUR 2007, 39, 43.
81 Köhler/Bornkamm, UWG, Rn. 53 zu § 17 m.w.N.
82 Vgl. McGuire GRUR 2016, 1000, 1003 ff.

## C. Geheimhaltungspflicht des Arbeitnehmers (Abs. 2) § 24

satz zu leisten haben, wenn sie die Pflichtverletzung nachweisbar unter Beachtung der höchstrichterlichen Grundsätze über die beschränkte Arbeitnehmerhaftung zu vertreten haben.[83]

Unabhängig von ausdrücklich getroffenen Geheimhaltungsabreden und gesetzlichen Vorgaben unterliegt der Arbeitnehmer ferner nach Treu und Glauben (§ 242 BGB) einer **Verschwiegenheitspflicht während** der rechtlichen **Dauer des Arbeitsverhältnisses** (zur Geheimhaltungspflicht des Arbeitnehmers aufgrund nachwirkender vertraglicher Pflichten s. § 26 Rdn. 34 ff.). Wegen dieser jedem Arbeitsverhältnis als Nebenpflicht immanenten Schweigepflicht ist der Arbeitnehmer gehalten, über Geschäfts- und Betriebsgeheimnisse, die er im Zusammenhang mit dem Arbeitsverhältnis erfahren hat, Verschwiegenheit zu wahren, soweit und solange an der Geheimhaltung ein berechtigtes (wirtschaftliches) Interesse des Arbeitgebers besteht.[84] Der Arbeitnehmer hat insoweit über alle mit der Erfindung zusammenhängenden Umstände und Erkenntnisse zu schweigen, z.B. über zukünftige Verwertungsabsichten des Arbeitgebers, Verhandlungen mit (potenziellen) Lizenznehmern, laufende Verbesserungsarbeiten an der Erfindung; er hat sämtliche, auch die auf ihn zurückgehenden, technischen Verbesserungsvorschläge geheim zu halten.[85] 43

Über §§ 17, 18 UWG bzw. das künftige GeschGehG und § 24 ArbEG hinaus ist es dem **ausgeschiedenen Arbeitnehmer** – mangels vertraglicher Abrede – **grds. nicht verwehrt**, seine redlich erworbenen **Erfahrungen, Fertigkeiten und Kenntnisse weiterzugeben** bzw. zu nutzen (s.o. § 24 Rdn. 41 sowie § 26 Rdn. 34).

### IV. Verletzung

§ 24 Abs. 2 ist ein **Schutzgesetz** i.S.d. § 823 Abs. 2 BGB und verpflichtet den Arbeitnehmer bei vorsätzlichem oder fahrlässigem Verstoß zum Schadensersatz.[86] Soweit der Schaden bei einem Lizenznehmer des Arbeitgebers eintritt, 44

---

83 Amtl. Begründung z. GeschGehG-E in BR-Drucks. 382/18, S. 30 m. H. a. den grundlegenden BAG-Beschluss v. 17.09.1994 – GS 1/89 (A).
84 Vgl. im Einzelnen u. a. Erk/Preis, § 611a BGB Rn. 710 ff.
85 H.M., Reimer/Schade/Schippel/Rother Rn. 4 zu § 24; vgl. dazu Röpke, ArbN als Erf., S. 85 ff.
86 Allg. A., z.B. Reimer/Schade/Schippel/Rother Rn. 13 zu § 24; Boemke/Kursawe/Kursawe Rn. 13 zu § 24; z. Schadensbemessung s. BGH v. 18.02.1977 – I ZR 112/75, GRUR 1977, 539 ff. – *Prozessrechner* u. BAG v. 24.06.1986, AP Nr. 4 zu § 611 BGB – Betriebsgeheimnis.

kann Letzterer diesen ggf. im Wege der Schadensliquidation im Drittinteresse geltend machen.[87]

45 Daneben stehen dem Arbeitgeber Ansprüche wegen Pflichtverletzung (§ 280 Abs. 1, § 619a BGB) zu. Ein Verstoß gegen die §§ 17, 18 UWG löst **Schadensersatzansprüche** nach § 9 UWG, § 823 Abs. 2 BGB aus; u.U. kann eine Schadensersatzpflicht auch aus § 826 BGB folgen. Ein Unterlassungsanspruch ist analog § 1004 BGB möglich[88] (vgl. auch § 8 UWG sowie oben § 24 Rdn. 43 und Rn. 94.2 zu § 5 ArbEG). An die Stelle der §§ 17, 18 UWG treten zukünftig die Unterlassungs-, Schadensersatz- und sonstige Ansprüche aus Rechtsverletzungen nach dem geplanten GeschGehG (s. § 24 Rdn. 38, 42).

46 Je nach den Umständen rechtfertigt ein Geheimnisverrat die fristgerechte oder gar fristlose **Kündigung** des Arbeitsverhältnisses.[89] Auch begründete Verdachtsmomente, die eine zukünftige Weitergabe von Betriebsgeheimnissen befürchten lassen, können eine außerordentliche Kündigung rechtfertigen.[90]

## D. Geheimhaltungspflicht sonstiger Personen (Abs. 3)

47 Durch Abs. 3 wird die Geheimhaltungspflicht auf Personen ausgedehnt, die außerhalb des Arbeits- oder Dienstvertrages stehen, aber »auf Grund dieses Gesetzes« Kenntnis von der (freien oder gebundenen) Erfindung eines Arbeitnehmers erlangt haben. § 24 Abs. 3 lässt weitergehende Geheimhaltungspflichten aus anderen Bestimmungen, etwa aus Beamten-, Dienstrecht oder Standesrecht sowie aus Vertrag, unberührt (s. § 24 Rdn. 1). § 24 gilt aber auch, wenn und soweit solche Regelungen bestehen.[91]

### I. Personenkreis

48 Entsprechend dem Schutzzweck dieser Norm, Arbeitgeber und Arbeitnehmer die Priorität und die ungestörte Nutzungsmöglichkeit einer Erfindung zu sichern, muss der Begriff »auf Grund des Gesetzes« in einem **weiten Sinne**

---

87 Vgl. BAG v. 24.06.1986, AP Nr. 4 zu § 611 BGB – Betriebsgeheimnis; vgl. auch BGH v. 18.02.1977 – I ZR 112/75, GRUR 1977, 539, 541 – *Prozessrechner*.
88 Zur Bestimmtheit des Klageantrages bei Unterlassungsansprüchen wegen Betriebsgeheimnissen s. BAG v. 25.04.1989, NJW 1989, 3237 u. BGH v. 03.05.2001, WRP 2001, 1174, 1179 – *Spritzgießwerkzeuge* u. v. 13.12.2007, GRUR 2008, 727, 728 – *Schweißmodulgenerator*.
89 Vgl. BAG v. 22.07.1965, AP Nr. 8 zu § 70 HGB.
90 Vgl. LAG Bayern v. 15.06.1967, BB 1969, 315.
91 Vgl. (aber) auch Keukenschrijver in Busse/Keukenschrijver, PatG, Rn. 5 zu § 24 ArbEG.

D. Geheimhaltungspflicht sonstiger Personen (Abs. 3)  § 24

verstanden werden; er umfasst alle Personen, die im Zusammenhang mit einem Tatbestand des ArbEG von einer Erfindung erfahren haben; zur Abgrenzung zum Personenkreis des Abs. 1 s. § 24 Rdn. 3.

»**Kenntnisse auf Grund des ArbEG**« können insb. erlangen: Mitarbeiter des Unternehmens des Arbeitgebers[92], namentlich der Patentabteilung, Vorgesetzte des Erfinders, sonstige Personen, die etwa vom Arbeitgeber zur Entgegennahme der Meldung (vgl. § 5 Rdn. 14 ff.) oder zur Erklärung der Inanspruchnahme bzw. zur Anmeldung des Schutzrechts beauftragt werden; ebenso sonstige Arbeitskollegen des Arbeitnehmers, die bei Ausführung ihrer betrieblichen Tätigkeit Kenntnis von der Erfindung erlangt haben; ferner ehemalige Erfinderberater (§ 21 a.F.) sowie Mitglieder einer betrieblichen Kommission des Verbesserungsvorschlagswesens, wenn sie etwa von einer als Verbesserungsvorschlag mitgeteilten Erfindung erfahren. Dazu gehören aber auch Patent- oder Rechtsanwälte bzw. Erlaubnisscheininhaber (§ 33), die bspw. im Schutzrechtserteilungs- oder Schiedsstellenverfahren eingeschaltet werden (einschließlich deren Mitarbeiter); weiterhin Insolvenzverwalter (vgl. § 27); ferner Beschäftigte einer Patentverwertungsgesellschaft für Hochschulerfindungen, soweit sie Arbeitgeberpflichten aus dem ArbEG wahrnehmen (s. § 42 Rdn. 6); schließlich Mitglieder der Schiedsstelle und alle Beteiligten eines Schiedsstellenverfahrens (§§ 28, 32, 40 Nr. 5) sowie Richter der mit Arbeitnehmererfindungsstreitigkeiten befassten Gerichte, allerdings mit der Einschränkung, die sich durch das – von § 24 unangetastete[93] – Prinzip der Öffentlichkeit der Verhandlung (vgl. § 169 Satz 1 GVG) ergibt; Zeugen und Sachverständige in Schiedsstellen- oder Gerichtsverfahren. 49

**Nicht erfasst** von § 24 Abs. 3 werden die Personen, deren Kenntnis von einer Erfindung nicht im Zusammenhang mit einem im ArbEG geregelten Sachverhalt entsteht. Dies sind z.B. freie Miterfinder,[94] da das ArbEG die Miterfinderschaft voraussetzt, sie aber selbst nicht regelt (s.a. § 5 Abs. 1 Satz 2); ebenso Lizenznehmer bzw. sonstige Vertrags- oder Gesprächspartner des Arbeitgebers, Kooperationspartner und deren Mitarbeiter (s. dazu § 24 Rdn. 12, 38), ferner Mitglieder von Erfinderberatungsstellen. Eine Geheimhaltungspflicht für den nicht von § 24 Abs. 3 erfassten Personenkreis kann sich aber aus vertraglichen Absprachen bzw. sonstigen gesetzlichen Regelungen ergeben; ein Geheimnisverrat ist insb. unter den Voraussetzungen der §§ 1, 17, 18 UWG, 823, 826 BGB zu beurteilen. Zur Geheimhaltungspflicht von Betriebsratsmitgliedern s. 50

---

92 Keukenschrijver in Busse/Keukenschrijver, PatG, Rn. 5 zu § 24 ArbEG.
93 S. Keukenschrijver in Busse/Keukenschrijver, PatG, Rn. 5 zu § 24 ArbEG.
94 Keukenschrijver in Busse/Keukenschrijver, PatG, Rn. 5 zu § 24 ArbEG; im Ergebn. auch Boemke/Kursawe/Kursawe Rn. 17 zu § 24; a.A. Volmer Rn. 22 zu § 24.

§ 20 Anh. Rdn. 18; zur Geheimhaltungspflicht beim Erfindungsverkauf s.o. § 24 Rdn. 18.

## II. »Erlangte Kenntnis«

51 Mit der Bezugnahme auf die Vorschriften des ArbEG stellt Abs. 3 nur auf die **redlich erworbenen Kenntnisse** ab. Dabei muss es gleichgültig sein, ob diese Kenntnis unmittelbar vom Arbeitgeber bzw. Arbeitnehmer herrührt oder über Dritte vermittelt wurde; ohne Belang ist es ferner, inwieweit dieses Wissen auf gezielten Informationen beruht oder ob die Kenntnis bei Gelegenheit der beruflichen Tätigkeit erlangt worden ist. Bei unerlaubt erlangter Kenntnis ergibt sich ein Mitteilungs- und Verwertungsverbot vor allem aus § 17 Abs. 2, § 18 UWG, 823 BGB (s. dazu oben § 24 Rdn. 41 f.).

52 Die »**Kenntnis**« bezieht sich nicht nur auf das Wissen vom Inhalt der in der Erfindung verkörperten technischen Lehre, sondern umfasst alle damit im Zusammenhang stehenden Umstände technischer oder wirtschaftlicher Art, soweit an deren Geheimhaltung Arbeitgeber oder Arbeitnehmer im Hinblick auf Prioritätssicherung und/oder ungestörte Nutzungsmöglichkeit der Erfindung ein berechtigtes Interesse haben.

## III. »Auswerten oder bekannt geben«

53 Unter »**auswerten**« ist jede Form der Nutzung der spezifischen Kenntnisse zu verstehen, ohne dass es auf eine bestimmte Zweckverfolgung ankommen kann; demnach also die Eigennutzung (z.B. Schutzrechtsanmeldung) oder Fremdnutzung sowie jede sonstige Verwendung (z.B. im Rahmen einer die Erfindung darstellenden Publikation), gleichgültig, ob aus privaten (persönlichen – vgl. auch § 11 Nr. 1 PatG) oder gewerblichen Zwecken (z.B. Lizenzvergabe).

54 »**Bekanntgeben**« bedeutet grds. jede Offenbarung der Erfindung bzw. damit im Zusammenhang stehender technischer/wirtschaftlicher Umstände; nicht erforderlich ist es, dass der Empfänger die Mitteilung versteht; ebenso wenig kommt es auf eine Schädigungsabsicht an, noch auf ein Handeln aus Eigennutz oder zu Wettbewerbszwecken; anders dagegen bei nicht erfindungsbezogenen, allgemeinen wissenschaftlichen Zwecken.

## IV. Dauer

55 Abs. 3 enthält keine Angabe, wie lange die Geheimhaltungspflicht besteht. Zeitlich wird man sie so lange ansetzen müssen, wie dies **berechtigte Interessen von Arbeitgeber und Arbeitnehmer erforderlich** erscheinen lassen. Da der Dritte an der Erfindung keinerlei Anteil hat, kann es auf seine Interessen nicht ankommen; von ihm muss deshalb eine weiter gehende Geheimhaltungs-

### D. Geheimhaltungspflicht sonstiger Personen (Abs. 3)                      § 24

pflicht verlangt werden als von den Arbeitsvertragsparteien. Berechtigte Interessen des Arbeitgebers und Arbeitnehmers entfallen insb., wenn beide auf eine weitere Geheimhaltung verzichten oder die mitgeteilten Tatsachen offenkundig geworden sind.

### V. Verletzung

§ 24 Abs. 3 ist ein **Schutzgesetz** im Sinne von § 823 Abs. 2 BGB zugunsten des Arbeitgebers und des Arbeitnehmers.[95] Jedem steht ein eigenständiger Schadensersatzanspruch gegen den schuldhaft handelnden Dritten zu; ein Unterlassungsanspruch kann analog § 1004 BGB geltend gemacht werden. Stellt sich der Geheimnisverrat zugleich als Vertragsverletzung eines Mitarbeiters dar, stehen dem Arbeitgeber Ansprüche aus Pflichtverletzung (§ 280 Abs. 1, § 619a BGB) sowie u.U. auch ein Kündigungsrecht zu. Er kann ggf. ergänzende Ansprüche aus §§ 3, 17, 18, 19 UWG, 823, 826 BGB herleiten. Weitergehende Ansprüche aus Rechtsverletzungen nach dem zukünftigen GeschGehG-E beiben auch hier unberührt (s. § 24 Rdn. 38).

**56**

---

[95] Wie hier u. a. Keukenschrijver in Busse/Keukenschrijver, PatG, Rn. 2 zu § 24 ArbEG; vgl. auch Reimer/Schade/Schippel/Rother Rn. 4 zu § 24.

## § 25 Verpflichtungen aus dem Arbeitsverhältnis[1]

Sonstige Verpflichtungen, die sich für den Arbeitgeber und den Arbeitnehmer aus dem Arbeitsverhältnis ergeben, werden durch die Vorschriften dieses Gesetzes nicht berührt, soweit sich nicht daraus, dass die Erfindung frei geworden ist (§ 8), etwas anderes ergibt.

**Lit.:**
*A. Bartenbach-Fock/K. Bartenbach*, Zielvereinbarungen i. gewerbl. Rechtsschutz, Festschr. Eisenhardt (2007), 185; *Bartenbach/Volz*, Nichtangriffspflicht d. (ausgeschiedenen) ArbNErf. gegenüber s. i. Anspr. genommenen pat.gesch. Diensterf., GRUR 1987, 859; *Depenheuer*, Zulässigkeit u. Grenzen der Verwertung von Unternehmensgeheimnissen durch d. Arbeitnehmer, Mitt. 1997, 1; *Dohr*, Die Nichtigkeitsklage d. ArbN b. d. ArbNErf., Diss. Köln 1961; *Dolder*, Nachwirkende Nichtangriffspflichten d. ArbNErf. i. schweizerischen Recht, GRUR Int. 1982,158; *Hagen*, Ist eine Nichtigkeitsklage d. Staates gg. d. Patent e. Ruhestandsbeamten zulässig?, GRUR 1976, 350; *Moll/Reufels*, Ziel-Tantiemen ohne Ziele, Festschr. Bartenbach (2005), 559; *Röpke*, Arbeitsverh. u. ArbNErf. Düsseldorf o. J. (um 1961 = Diss. Köln 1961); *ders.*, Arbeitsrechtl. Verpflichtungen b. Verbesserungsvorschlägen, DB 1962, 369, 406; *ders.*, Die Zulässigkeit d. Nichtigkeitsklage b. ArbNErf., GRUR 1962, 173; siehe auch Lit. bei §§ 8, 24, 26.

### Übersicht

|  |  | Rdn. |
|---|---|---|
| A. | Allgemeines | 1 |
| B. | Verpflichtungen aus dem Arbeitsverhältnis | 4 |
| C. | Pflichten des Arbeitgebers | 5 |
| I. | Beschäftigungspflicht – Weisungsbefugnis | 5 |
| II. | Vergütungspflicht – Aufwendungsersatz | 8 |
| III. | Fürsorgepflicht | 11 |
|  | 1. Umfang und Dauer | 11 |
|  | 2. Einzelne Verhaltenspflichten | 16 |
| IV. | Betriebliche Übung, Gesamtzusage | 22 |
| D. | Pflichten des Arbeitnehmers | 23 |
| I. | Arbeitspflicht | 23 |
| II. | Treuepflicht | 28 |
|  | 1. Umfang und Dauer | 28 |
|  | 2. Einzelne Verhaltenspflichten | 32 |
| E. | Arbeitsrechtliche Bindungen des Arbeitnehmers bei der Verwertung frei gewordener Erfindungen (§ 25 Halbs. 2) | 40 |
| F. | Zulässigkeit von Nichtigkeits- und Löschungsklagen, Einsprüchen | 42 |

---

1 § 25 i.d.F. des Art. 7 des Gesetzes zur Vereinfachung und Modernisierung des Patentrechts vom 31.07.2009 (BGBl. I, S. 2521).

## A. Allgemeines

Um jedwede Zweifel auszuräumen, soll § 25 verdeutlichen, dass das ArbEG nicht in die Arbeitgeber und Arbeitnehmer aus dem Arbeitsvertrag (§ 611a BGB n.F., s. dazu § 1 Rdn. 9 f.) obliegenden Verpflichtungen eingreift.[2] § 25 bezweckt damit eine **Klarstellung** dahin, dass – von der Konkretisierung einer arbeitsrechtlichen Pflicht durch das ArbEG (z.b. in §§ 15, 19, 24) abgesehen – die **allgemeinen arbeitsrechtlichen Bindungen** für Arbeitgeber und Arbeitnehmer neben den Vorschriften dieses Gesetzes **bestehen bleiben**; die im ArbEG normierten Rechte und Pflichten sollen im Grundsatz nicht die unter Umständen weiter gehenden Verpflichtungen aufheben oder einschränken, die sich einerseits aus der allgemeinen Fürsorgepflicht des Arbeitgebers und andererseits aus der damit korrespondierenden Treuepflicht des Arbeitnehmers ergeben[3]. 1

Der im Gesetzgebungsverfahren angefügte Halbs. 2 des § 25 stellt sicher, dass eine frei gewordene Diensterfindung (§ 6 Abs. 2, § 8 n.F.) dem Arbeitnehmer zur freien Verfügung zusteht, er sie also grds. auch einem Konkurrenten anbieten darf[4] (s. dazu § 8 n.F. Rdn. 74 ff. u. unten § 25 Rdn. 40). In § 25 Halbs. 2 ist als rein redaktionelle Änderung[5] infolge der Neufassung des § 8 i.R.d. **ArbEG-Novelle** (s. dazu Einl. Rdn. 42) durch Art. 7 Nr. 14 des Patentrechtsmodernisierungsgesetzes vom 31.07.2009 (BGBl. I, S. 2521) bei der Verweisung auf § 8 der Hinweis auf dessen früheren Abs. 1 entfallen. Irgendwelche materiellen Änderungen waren und sind damit folglich nicht verbunden. 2

Diese Regelung ist – insb. mit ihrem Halbs. 2 – seit jeher stark **umstritten**.[6] Bereits *Röpke* hat vor über 50 Jahren in seiner Monografie zu § 25 (»Arbeitsverhältnis und Arbeitnehmererfindung«) nachgewiesen, dass sich die Verpflichtungen aus dem Arbeitsverhältnis und die Vorschriften des ArbEG, soweit sie sich berühren, i.d.R. wechselseitig ergänzen.[7] Dabei **verdrängt das ArbEG** als sondergesetzliche Regelung die allgemeinen arbeitsrechtlichen Vorschriften 3

---

2 Vgl. Amtl. Begründung BT-Drucks. II/1648 S. 40 = BlPMZ 1957, 240.
3 Vgl. Amtl. Begründung BT-Drucks. II/1648 S. 40 = BlPMZ 1957, 240.
4 Ausschussber. zu BT-Drucks. II/3327 S. 8 = BlPMZ 1957, 254.
5 So Amtl. Begründung zum Patentrechtsmodernisierungsgesetz in BR-Drucks. 757/08 S. 53 (dort zu Art. 7 Nr. 14 des Entwurfs).
6 Vgl. die Kritik b. Friedrich, GRUR 1958, 270, 281; Hueck in Festschr. f. Nikisch (1958), S. 63, 77 f.; Reimer/Schade/Schippel/Rother Rn. 2 zu § 25; Röpke, Arbeitsverh. u. ArbNErf., S. 171 ff.; Schramm, BB 1961, 110; Volmer Rn. 3, 4 zu § 25 (anders Volmer/Gaul Rn. 6 ff. zu § 25); Wendel, AuR 1958, 297, 302; zu weitgehend Peters, GRUR 1961, 514, 518 f., der eine Verfassungswidrigkeit nachweisen will.
7 Röpke, Arbeitsverh. u. ArbNErf., S. 169.

insoweit, als hierin für Arbeitnehmererfindungen spezielle (abschließende) Normen enthalten sind.[8] In seinem Urt. v. 31.01.1978[9] hat es der BGH offen gelassen, ob die Verletzung einer Pflicht aus dem ArbEG zugleich eine arbeitsvertragliche Pflichtverletzung darstellt. Der Begriff der »sonstigen« Verpflichtungen aus dem Arbeitsverhältnis verdeutlicht, dass der arbeitsvertragliche Pflichtenkreis nicht (mehr) für solche Pflichten gilt, die durch das ArbEG spezialgesetzlich geregelt sind bzw. durch das ArbEG erst begründet werden.[10] Eine Verletzung von Pflichten aus dem ArbEG kann neben Ansprüchen aus der Verletzung eines Schutzgesetzes auch **Unterlassungs- und/oder Schadensersatzansprüche** aus Pflichtverletzung (s. dazu § 1 Rdn. 160) begründen. Verstößt der Arbeitnehmer wiederholt bzw. schwerwiegend gegen seine Pflichten aus dem ArbEG, kann das nach Maßgabe des § 626 BGB als wichtiger Grund eine **außerordentliche Kündigung des Arbeitsverhältnisses** rechtfertigen.

Die **generalklauselartige Fassung** des § 25 Halbs. 1 ermöglicht eine Anpassung an die fortschreitende Entwicklung des Arbeitsrechts und an eine mit sich verändernden Lebensverhältnissen und Rechtsanschauungen einhergehende Wandlung von Begrifflichkeiten und Vorstellungen, wie das gerade in dem von allgemeinen Entwicklungen stark geprägten Bereich des Arbeitsrechts kennzeichnend ist.

3.1 In den **neuen Bundesländern** wird § 25 unmittelbar einschlägig für den Geltungsbereich des ArbEG, also bei Arbeitnehmererfindungen und qualifizierten technischen Verbesserungsvorschlägen, die ab dem 03.10.1990 fertig gestellt sind (s. i.Ü. 4. Vorauflage § 25 Rdn. 3.1).

## B. Verpflichtungen aus dem Arbeitsverhältnis

4 Der Bereich der sich für Arbeitgeber und Arbeitnehmer aus dem Arbeitsverhältnis ergebenden sonstigen Verpflichtungen ist entsprechend dem Normzweck **weit zu fassen**. Hierunter fallen unabhängig von der Rechtsgrundlage alle Pflichten, die sich für Arbeitgeber oder Arbeitnehmer aus Gesetz, Tarifvertrag, Betriebsvereinbarung, Arbeitsvertrag (§ 611a BGB, s. § 1 Rdn. 9 f.), sonstiger Individualabrede, Gesamtzusage (s. § 25 Rdn. 22.4) oder betrieblicher Übung (s. dazu § 25 Rdn. 22) ergeben.

---

8 Zust. Reimer/Schade/Schippel/Rother Rn. 3 zu § 25; Volmer/Gaul Rn. 16 zu § 25; im Ergebn. auch Boemke/Kursawe/Boemke Rn. 2 zu § 25; weitergehend aber OLG Frankfurt am Main v. 19.12.1991, GRUR 1993, 910, 911 – *Bügelverschließmaschinen* (bzgl. der nachvertragl. Fürsorgepflicht).
9 BGH v. 31.01.1978, GRUR 1978, 430, 434 – *Absorberstab-Antrieb*.
10 Ebenso Reimer/Schade/Schippel/Rother Rn. 3 zu § 25.

Gegenstand der nachfolgenden Darstellung sind diese wechselseitigen Pflichten nur insoweit, als sie sich bei den vom ArbEG erfassten Sachverhalten auswirken können. Zum Verhältnis z. § 26 s. dort Rdn. 30. Die nachfolgenden Grundsätze gelten weitgehend auch für Arbeitnehmer des **öffentlichen Dienstes**[11] (zu Beamten s. § 41 Rdn. 13 zu; s. i.Ü. § 25 Rdn. 14, 30).

## C. Pflichten des Arbeitgebers

### I. Beschäftigungspflicht – Weisungsbefugnis

Nach ganz herrschender Meinung hat der Arbeitnehmer in Anerkennung der durch Art. 1 und 2 GG geschützten Würde des Menschen und des Rechts auf freie Entfaltung seiner Persönlichkeit einen aus §§ 611, 613 BGB i.V.m. § 242 BGB folgenden Rechtsanspruch auf tatsächliche vertragsgemäße Beschäftigung.[12] Ist der Arbeitnehmer mit der Ausführung von **Forschungs- und Entwicklungsarbeiten** beschäftigt, ist eine **Freistellung** gegen seinen Willen nur in Ausnahmefällen bei überwiegenden, besonders schutzwürdigen Interessen des Arbeitgebers zulässig.[13] Das kann z.B. der Fall sein bei Wegfall der Vertrauensgrundlage oder zur Wahrung von Betriebsgeheimnissen bei einem demnächst zur Konkurrenz wechselnden Arbeitnehmer.[14] Inwieweit diese Grundsätze allgemein für **gekündigte Arbeitnehmer** während der Dauer des Kündigungsschutzprozesses über den Ablauf der Kündigungsfrist hinaus (außerhalb des Weiterbeschäftigungsanspruchs gem. § 102 Abs. 5 BetrVG) gelten, ist umstritten.[15]

5

Zum wesentlichen Inhalt eines jeden Arbeitsverhältnisses gehört das auf dem Arbeitsvertrag beruhende **Weisungsrecht des Arbeitgebers** (Direktionsrecht, vgl. § 611a Abs. 1 Satz 2 BGB n.F., § 106 GewO), durch das er grds. Inhalt, Durchführung, Zeit und Ort der Arbeitsleistung nach billigem Ermessen (s.a. § 315 BGB) unter Zubilligung eines weiten Gestaltungsspielraums festlegen

6

---

11 Ausf. dazu Volz, ArbNErf. i. öffentl. Dienst (1985) S. 177 ff.
12 BAG i. stÄnd. Rspr. seit BAG v. 10.11.1955, AP Nr. 2 zu § 611 – Beschäftigungspflicht; grundlegend BAG GS v. 27.02.1985, AP Nr. 14 zu § 611 – Beschäftigungspflicht m.w.N.; Schaub/Ahrendt, ArbRHdb., § 109 Rn. 8 m.w.N.
13 Vgl. allg. BAG v. 19.08.1976 u. v. 27.02.1985, AP Nr. 4 u. 14 zu § 611 BGB – Beschäftigungspflicht.
14 BAG GS v. 27.02.1985, AP Nr. 14 zu § 611 – Beschäftigungspflicht, dort C I 3; v. 19.12.1985, AP Nr. 17 zu § 611 BGB – Beschäftigungspflicht.
15 Vgl. d. Nachweise b. Schaub/Ahrendt, ArbRHdb. § 109 Rn. 17.

kann.[16] Umfang und Grenzen des Weisungsrechts können aber nicht nur durch Gesetz und Kollektivrecht, sondern auch durch Individualabrede (Arbeitsvertrag) eingeschränkt bzw. konkretisiert sein[17] (vgl. § 611a Abs. 1 BGB n.F., § 106 Satz 1 Halbs. 2 GewO). Ist die Dienstleistungspflicht des Arbeitnehmers nicht oder nur allgemein umschrieben, so ist dieser grds. verpflichtet, alle Arbeiten auszuführen, die zu dem betreffenden Berufsbild bzw. seiner Tätigkeitsbeschreibung gehören.[18] Dabei erkennt die höchstrichterliche Rechtsprechung die Berücksichtigung von **Gewissenskonflikten** ggü. privatrechtlichen Pflichten i.R.d. Ermessensabwägung (§ 315 BGB, § 106 GewO) an.[19] Hiernach soll auch angestellten Forschern das Recht zustehen, aus Gewissensgründen die Durchführung eines Forschungs- bzw. Entwicklungsauftrages zu verweigern; besteht für den betreffenden Arbeitnehmer keine andere Einsatzmöglichkeit, kann der Arbeitgeber dann aber von seinem Recht zur ordentlichen Kündigung nach § 1 KSchG Gebrauch machen.[20]

Soweit der Tätigkeitsbereich des Arbeitnehmers durch den Arbeitsvertrag konkret bestimmt wird, bedeutet jede **Zuweisung einer anderen Tätigkeit** eine Änderung des Arbeitsvertrages, die im Regelfall nicht einseitig vom Arbeitgeber bestimmt werden kann.[21] Folglich kann einem Arbeitnehmer, dessen »erfinderische Tätigkeit« (vgl. unten § 25 Rdn. 25) Inhalt seines Arbeitsvertrages (geworden) ist, i.d.R. kein anderer Arbeitsbereich einseitig zugewiesen werden (s.a. § 25 Rdn. 24).

7 Davon zu unterscheiden ist der Fall, dass ein Arbeitnehmer von laufenden Forschungs- und Entwicklungsarbeiten kraft des **Direktionsrechts** des Arbeitgebers **für andere Beschäftigungen abgezogen** werden soll; hier wird die Fürsorgepflicht dem Arbeitgeber gebieten, zunächst dem Arbeitnehmer – zumindest in fortgeschrittenem Stadium – die Fertigstellung der technischen

---

16 Vgl. BAG v. 27.03.1980, AP Nr. 26 zu § 611 BGB – Direktionsrecht u. v. 23.09.2004, AP Nr. 64 zu § 611 BGB – Direktionsrecht; ErfK/Preis § 106 GewO, Rn. 3 ff.; Schaub/Linck, ArbRHdb., § 45 Rn. 13 ff.
17 BAG v. 10.11.1955, AP Nr. 2 zu § 611 – Beschäftigungspflicht u. v. 27.03.1980, AP Nr. 26 zu § 611 BGB – Direktionsrecht; Schaub/Linck, ArbRHdb., § 45 Rn. 15 f.
18 BAG v. 20.12.1984, AP Nr. 27 zu § 611 BGB – Direktionsrecht; s. i.Ü. ErfK/Preis § 106 GewO, Rn. 9 ff.
19 BAG v. 20.12.1984, AP Nr. 27 zu § 611 BGB – Direktionsrecht u. v. 24.05.1989, DB 1989, 2538.
20 BAG v. 24.05.1989, DB 1989, 2538.
21 Vgl. BAG v. 10.11.1955, AP Nr. 2 zu § 611 – Beschäftigungspflicht; s. im Einzelnen ErfK/Preis § 106 GewO, Rn. 9 ff. u. Schaub/Linck, ArbRHdb., § 45 Rn. 16.

Neuerung zu ermöglichen, sofern nicht übergeordnete, betriebliche Interessen entgegenstehen.[22]

## II. Vergütungspflicht – Aufwendungsersatz

Die Vergütungspflicht des Arbeitgebers für Arbeitnehmererfindungen und qualifizierte technische Verbesserungsvorschläge folgt aus dem ArbEG (§§ 9 ff. 20 Abs. 1) und findet ihren Rechtsgrund nicht – wie die Zahlungspflicht der Arbeitsvergütung (vgl. § 611a Abs. 2 BGB) – unmittelbar im Arbeitsvertrag.[23] Der **gesetzliche Anspruch auf Erfindervergütung** ist ein Anspruch eigener Art, der unabhängig vom Anspruch auf Arbeitsvergütung besteht und auch nicht darauf anrechenbar ist (s. § 9 Rdn. 3). Er wird allerdings wie steuerpflichtiger Arbeitslohn dem Lohnsteuerabzug unterworfen (s. § 9 Rdn. 350). Zur Gewährung der Erfindervergütung in Form von Gehaltserhöhungen vgl. § 9 Rdn. 62 ff., zur Vergütung von einfachen technischen Verbesserungsvorschlägen s. § 20 Rdn. 60 f., 65 f.; zur Vergütung f. Sonderleistungen s. § 9 Rdn. 332 f. 8

Macht ein Arbeitnehmer im Zusammenhang mit der Entwicklung einer Diensterfindung oder eines technischen Verbesserungsvorschlages **Aufwendungen**, zu deren Abgeltung ihm gewährte Arbeitsvergütungen nicht bestimmt sind und die er auch nach dem Inhalt seines Arbeitsvertrages nicht zu tragen hat, kann er vom Arbeitgeber neben der Erfindervergütung in – zumindest entsprechender – Anwendung der §§ 670, 683 BGB (angemessenen) Ersatz der Aufwendungen verlangen, soweit diese erforderlich waren oder er sie nach den Umständen für erforderlich halten durfte.[24] Dies gilt jedenfalls dann, wenn der Arbeitgeber die Erfindung gewinnbringend einsetzt.[25] In jedem Fall ist Voraussetzung, dass der Arbeitgeber die Erfindung in Anspruch genommen hat.[26] Zu den Auswirkungen des Aufwendungsersatzes auf den Anteilsfaktor (RL Nr. 32 »technische Hilfsmittel«) s. § 9 Rdn. 279. 9

---

22 Vgl. auch Röpke, Arbeitsverh. u. ArbNErf., S. 86.
23 Abw. Volmer/Gaul Rn. 35 zu § 25.
24 Ebenso Schiedsst. v. 19.03.2009 – Arb.Erf. 24/06; v. 03.03.2009 – Arb.Erf. 9/07, (beide unveröffentl.); vgl. allg. BAG v. 01.02.1963, AP Nr. 10 zu § 670 BGB; Volmer/Gaul Rn. 37 f. zu § 25; diff. Boemke/Kursawe/Boemke Rn. 10 ff. zu § 25 zwischen Aufgabenerfindungen (Aufwendungsersatz: ja) und Erfahrungserfindungen (nein). S. allg. Schaub/Koch, ArbRHdb., § 82 Rn. 5 ff.
25 Schiedsst. ZB v. 24.04.1986 – Arb.Erf. 48/85 u. v. 19.03.2009 – Arb.Erf. 24/06, (beide unveröffentl.).
26 Röpke, Arbeitsverh. u. ArbNErf., S. 123.

**10** Zu den Aufwendungen zählen etwa aus eigenem Bestand verwendetes Material, Kosten für Versuche, gefertigte Modelle, sofern hierfür keine betrieblichen Einrichtungen zur Verfügung standen. Hierzu kann ggf. auch ein angemessener Ausgleich für »Überstunden« (in der Freizeit) gehören, sofern nicht – insb. bei leitenden Angestellten – ein solcher zeitlicher Mehraufwand bereits durch die Arbeitsvergütung als ausgeglichen anzusehen ist[27] bzw. ein unmittelbarer Entgeltanspruch gem. § 611 BGB besteht. Handelt es sich um Aufwendungen, die nicht zu einem brauchbaren Ergebnis geführt haben, muss der Arbeitnehmer diese selbst tragen, es sei denn, er habe im Auftrage des Arbeitgebers die ergebnislos gebliebenen Arbeiten unternommen[28].

### III. Fürsorgepflicht

#### 1. Umfang und Dauer

**11** Die aus § 242 BGB herzuleitende Fürsorgepflicht des Arbeitgebers (zur gesetzlichen Fürsorgepflicht vgl. etwa § 62 HGB) ist eine zur Treuepflicht des Arbeitnehmers korrespondierende Grundpflicht (**Hauptpflicht**), die das ganze Arbeitsverhältnis durchdringt.[29] Sie ist Ausfluss des Gedankens von Treu und Glauben, der auch den Inhalt des Arbeitsvertrages bestimmt.[30]

Die Fürsorgepflicht des Arbeitgebers einerseits und die Treuepflicht des Arbeitnehmers andererseits sind jedenfalls auch die heute noch verbreiteten Oberbegriffe für die aus dem Arbeitsverhältnis folgenden Nebenpflichten der Arbeitsvertragsparteien,[31] gleich, ob sich solche aus Verfassungsrecht, Zivilrecht (insb.

---

27 Ausführlich Röpke, Arbeitsverh. u. ArbNErf., S. 121 ff.
28 Ausführlich Röpke, Arbeitsverh. u. ArbNErf., S. 121 ff.; vgl. auch Boemke/Kursawe/Boemke Rn. 11 zu § 25.
29 BAG v. 01.07.1965, AP Nr. 75 zu § 611 BGB – Fürsorgepflicht; vgl. im Einzelnen MünchArbR/Reinhold, § 91, 1 ff.
30 BAG v. 25.10.2007, AP Nr. 6 zu § 611 BGB – Mobbing.
31 Die Weiterverwendbarkeit dieser Begrifflichkeiten wird heute – auch mit Blick auf die alle Schuldverhältnisse umfassende Blankettnorm des § 241 Abs. 2 BGB – verbreitet als überholt angesehen (vgl. etwa zur Fürsorgepflicht bei Schaub/Koch, ArbRHdb., § 106 Rn. 1 und zur Treuepflicht bei Schaub/Linck, ArbRHdb. § 53 Rn. 1 f.; abl. auch ErfK/Preis § 611a BGB Rn. 615, 707); s. dagegen aber BAG v. 13.08.2009, AP Nr. 4 zu § 241 BGB (zur Fürsorgepflicht) u. v. 12.03.2009, AP Nr. 15 zu § 626 BGB Krankheit (zur Treuepflicht).

## C. Pflichten des Arbeitgebers  §25

§ 241 Abs. 2, § 242 BGB) oder sonstigen Bestimmungen ergeben.[32] Diese Nebenpflichten können sowohl in einem Tun als auch in einem Unterlassen bestehen und bei (schuldhafter) Verletzung Schadensersatzpflichten auslösen.[33]

Der Arbeitgeber ist hiernach bei allen seinen Maßnahmen, auch soweit er Rechte ausübt, gehalten, auf **das Wohl und die berechtigten Interessen seines Arbeitnehmers bedacht zu sein**.[34] Ferner dient die Fürsorgepflicht dazu, einzelne aus dem Arbeitsverhältnis sich ergebende Verpflichtungen zu beeinflussen und näher auszugestalten[35].

Inhalt und **Umfang** der Fürsorgepflicht lassen sich im Einzelfall nur aufgrund einer eingehenden Abwägung der beiderseitigen Interessen bestimmen. Sie richten sich – so der BGH[36] – danach, was im **berechtigten Interesse des Arbeitnehmererfinders** liegt, von letzterem erwartet und vom Arbeitgeber in zumutbarer Weise erfüllt werden kann. Diese Pflicht darf allerdings nicht übermäßig »strapaziert« werden; dem Arbeitgeber ist nur das zuzumuten, was nach Treu und Glauben unter Berücksichtigung der im Einzelfall gegebenen Umstände von ihm erwartet werden kann.[37] Je mehr der Arbeitgeber kraft seiner Weisungsbefugnis (Direktionsrecht, § 106 GewO) die näheren Einzelheiten des Arbeitsverhältnisses bestimmen kann, um so umfassender kann seine Fürsorgepflicht sein. Umgekehrt nimmt die Schutzwürdigkeit der Belange des Arbeitnehmers ab, je ausgeprägter seine (selbstständige) betriebliche Stellung ist.[38] Soweit das Fürsorgeverlangen den Arbeitgeber finanziell belastet, ist der Kostenaufwand in möglichst geringem Rahmen zu halten.[39]

12

---

32 Die dogmatische Herleitung einschließlich Rechtsgrundlagen ist im Einzelnen streitig. Zu den Rechtsgrundlagen der Fürsorgepflicht vgl. etwa Schaub/Koch, ArbRHdb., § 106 Rn. 1 f. u. MünchArbR/Reinhold, § 91, 5 ff. Dagegen wird die Treuepflicht nach verbreiteter Ansicht nicht mehr aus § 242 BGB, sondern als Rücksichtnahmepflicht allein aus § 241 Abs. 2 BGB abgeleitet (so etwa Palandt/Weidenkaff, BGB, § 611 Rn. 39; abw. dagegen ErfK/Preis § 611a BGB Rn. 707 f.).
33 S. dazu u.a. Richardi, NZA 2002, 1004 ff.; vgl. auch BGH v. 04.04.2006 – X ZR 155/03, GRUR 2006, 754, 759 [Rn. 41] – *Haftetikett*.
34 BAG v. 09.07.1977 u. v. 27.11.1985, AP Nr. 83, 93 zu § 611 BGB – Fürsorgepflicht; BAG v. 25.10.2007, AP Nr. 6 zu § 611 BGB Mobbing; OLG Frankfurt am Main v. 19.12.1991, GRUR 1993, 910, 911 – *Bügelverschließmaschinen* (zum ArbEG; aber sehr weit zur nachvertragl. Fürsorgepflicht).
35 Vgl. im Einzelnen MünchArbR/Reinhold, § 91, 8 ff.
36 BGH v. 04.04.2006 – X ZR 155/03, GRUR 2006, 754, 759 [Rn. 41] – *Haftetikett*.
37 BAG v. 22.11.1963, AP Nr. 6 zu § 611 BGB – öffentl. Dienst u. v. 15.11.2005, AP Nr. 18 zu § 50 BAT.
38 Gaul ArbR i. Betr. F. I 13; vgl. auch BAG v. 11.06.1958, AP Nr. 2 zu § 611 – Direktionsrecht m. Anm. Hueck.
39 BAG v. 18.12.1972, AP Nr. 81 zu § 611 BGB – Fürsorgepflicht.

Trifft den Arbeitgeber eine **Pflichtverletzung** in Bezug auf Vorgaben des ArbEG, können von ihm ggf. gesteigerte Rücksichtnahmepflichten verlangt werden.[40]

13 Die Fürsorgepflicht gebietet es dem Arbeitgeber – wenn auch in abgeschwächter Form –, schon bei Einstellungsverhandlungen auf die Interessen des Arbeitnehmers Rücksicht zu nehmen.[41] Ebenso ist anerkannt, dass auch nach Beendigung des Arbeitsverhältnisses die Fürsorgepflicht eingeschränkt fortwirken kann[42] (vgl. dazu § 26 Rdn. 31 ff.).

14 An den Arbeitgeber des **öffentlichen Dienstes** sind hinsichtlich seiner Fürsorgepflicht keine weiter gehenden Anforderungen als an den Arbeitgeber der privaten Wirtschaft zu stellen.[43] Jedenfalls wird in Übereinstimmung mit dem erfinderrechtlichen Grundsatz der Gleichstellung (s. vor §§ 40 bis 42 Rdn. 4) in Bezug auf Arbeitnehmererfindungen der Umfang dem im privaten Dienst weitgehend entsprechen.[44]

15 Ein **Verstoß** gegen die Fürsorgepflicht kann einen Schadensersatzanspruch des Arbeitnehmers wegen Pflichtverletzung (§ 280 Abs. 1 BGB) auslösen;[45] auch ein Erfüllungs- bzw. Unterlassungsanspruch kann begründet sein.

## 2. Einzelne Verhaltenspflichten

16 Die Auswirkungen der Fürsorgepflicht **i.R.d. ArbEG** werden regelmäßig bei den einzelnen Vorschriften dargestellt. Das ArbEG selbst enthält in einigen Normen, so z.B. in den § 5 Abs. 1 Satz 3 u. Abs. 3 Satz 2, § 13 Abs. 1, § 14 Abs. 2, § 15 Abs. 1, § 24 Abs. 1 Regelungen als Ausfluss des Fürsorgegedankens.

17 In Ergänzung hierzu können dem Arbeitgeber besondere **Unterstützungsleistungen** bei laufenden Forschungs- und Entwicklungsarbeiten seines Arbeit-

---

40 So im Ergebn. BGH v. 04.04.2006 – X ZR 155/03, GRUR 2006, 754, 759 f. [Rn. 41] – *Haftetikett*.
41 BAG v. 12.12.1957, NJW 1958, 727.
42 Vgl. BAG v. 31.10.1972, AP Nr. 80 zu § 611 BGB – Fürsorgepflicht; BAG v. 05.02.2009, AP Nr. 69 zu § 4, KSchG 1969; einschränkend BAG v. 13.05.2004, AP Nr. 264 zu § 613a BGB.
43 Vgl. BAG v. 07.11.2002, AP Nr. 13 zu § 580 ZPO; a.A. noch BAG v. 09.09.1966, AP Nr. 76 zu § 611 BGB – Fürsorgepflicht u. v. 22.11.1963, AP Nr. 6 zu § 611 BGB – öffentl. Dienst.
44 Ausf. hierzu Volz, ArbNErf. i. öffentl. Dienst (1985), S. 183 ff.
45 Vgl. BAG v. 27.11.1974, AP Nr. 82 zu § 611 BGB-Fürsorgepflicht; zu den weiteren Rechtsfolgen s. Schaub/Koch ArbRHdb. § 106, insb. Rn. 5 u. MünchArbR/Reinhold, § 91, 16.

## C. Pflichten des Arbeitgebers § 25

nehmers obliegen (s.a. oben § 25 Rdn. 7); der Arbeitgeber kann gehalten sein, den Arbeitnehmer auf parallele Entwicklungen im eigenen Unternehmen oder – soweit bekannt – bei Dritten aufmerksam zu machen, sei es, um die erfinderische Betätigung zu fördern oder um diese nicht sinnlos werden zu lassen. Dagegen kann im Regelfall nicht die **Anschaffung** von besonderen **Geräten** für weitere Forschungsarbeiten verlangt werden,[46] ebenso wenig die Bereitstellung von weitergehenden personellen, sächlichen oder finanziellen Mitteln, auch wenn solche vorhanden bzw. erreichbar sein sollten[47] (s. aber auch § 25 Rdn. 9 f.). Ggf. kommt dem Arbeitgeber eine **Vermittlungsfunktion** bei Streit unter mehreren Arbeitnehmer-Miterfindern über die Miterfinderanteile zu. Die Fürsorgepflicht wird es dem Arbeitgeber gebieten, sich um eine zutreffende Erfinderbenennung zu bemühen und diese sicherzustellen;[48] er hat für eine ordnungsgemäße Erfassung, Weiterleitung und sachgerechte **Behandlung von Erfindungsmeldungen** Sorge zu tragen. Von ihm können **Vorkehrungen** erwartet werden, die die **Geheimhaltung** von Erfindungen und qualifizierten technischen Verbesserungsvorschlägen sicherstellen (s. § 24 Abs. 1).

Andererseits **verpflichtet** der Fürsorgegedanke den Arbeitgeber grds. **nicht**, eine in Anspruch genommene Diensterfindung überhaupt bzw. in einem bestimmten Umfang **zu verwerten**. Dieser Gedanke wird erst dann relevant, wenn der Arbeitgeber sich bei seinem freien Wahl- und Verfügungsrecht von willkürlichen Überlegungen zulasten des Arbeitnehmers leiten lässt[49] (vgl. auch § 7 n.F. Rdn. 20 f.). 18

Aus der freien Verwertungs- und Verfügungsbefugnis des Arbeitgebers folgt ferner, dass dieser grds. nicht verpflichtet ist, gegen **Schutzrechtsverletzungen Dritter** vorzugehen (zu den vergütungsrechtlichen Folgen s. § 9 Rdn. 9).

Die Fürsorgepflicht kann den Arbeitgeber anhalten, nach Treu und Glauben **Auskunft** über eine Vergütungsberechnung und Rechnungslegung über ihre Grundlagen (vgl. auch RL Nr. 5 Abs. 2) zu leisten (s. dazu § 12 Rdn. 162 ff.). 19

Eine **Unterrichtungs- bzw. Belehrungspflicht** des Arbeitgebers über die sich aus dem ArbEG ergebenden Rechte und Pflichten des Arbeitnehmererfinders 20

---

46 Volmer/Gaul Rn. 32 zu § 41.
47 Volz, ArbNErf. i. öffentl. Dienst, S. 185.
48 Vgl. OLG Karlsruhe v. 27.08.1975, EGR Nr. 10 zu § 6 ArbEG; vgl. auch BGH v. 17.05.1994 – X ZR 82/92, GRUR 1994, 898, 902 – *Copolyester*.
49 Zu weitgehend Reimer/Schade/Schippel/Rother Rn. 7 zu § 25. Diff. Boemke/Kursawe/Boemke Rn. 16 f. zu § 25.

**besteht** grds. **nicht.**[50] Auch bezüglich des ArbEG verbleibt es bei dem Grundsatz, dass sich der Arbeitnehmer über die für das Arbeitsverhältnis einschlägigen Vorschriften selbst informieren muss.[51] Er ist auch nicht gehalten, dem Arbeitnehmer alle anspruchsbegründenden bzw. -vernichtenden Tatsachen mitzuteilen[52] und diesen bei der Geltendmachung der gegen ihn als Arbeitgeber gerichteten Ansprüche zu unterstützen.[53] Dies gilt insb. hinsichtlich gesetzlicher Formen und Fristen und der Rechtsfolgen einer Fristversäumnis[54] (vgl. dazu auch § 12 Rdn. 82). Es liegt vielmehr im eigenen Interesse des Arbeitnehmers, sich eine solche Information selbst zu verschaffen.[55] Das gilt auch bei Aufhebung eines Arbeitsverhältnisses und den sich aus einem Aufhebungsvertrag ergebenden Folgen, soweit der Arbeitgeber dabei keinen besonderen Vertrauenstatbestand zur Wahrung von Arbeitnehmerinteressen geschaffen hat.[56]

---

50 Schiedsst. v. 23.04.1979, BlPMZ 1980, 233; v. 08.06.1973, BlPMZ 1973, 366, 367; v. 02.02.1981, BlPMZ 1981, 420, 421; v. 18.11.1994 – Arb.Erf. 97/93, u. v. 15.01.1997 – Arb.Erf. 39/95, (beide unveröffentl.); v. 10.04.2008 – Arb.Erf. 43/06, (Datenbank), u. v. 29.04.2010 – Arb.Erf. 11/09, (www.dpma.de, LS. 1); v. 14.10.2010 – Arb.Erf. 34/08, (www.dpma.de, LS. 4); v. 17.01.2013 – Arb.Erf. 23/11; v. 17.09.2013 – Arb.Erf. 13/12, (beide www.dpma.de); s.a. OLG Düsseldorf v. 25.08.2005, GRUR-RR 2006, 118, 119 – *Drehschwingungstilger*, ferner OLG Düsseldorf v. 09.08.2007 – 2 U 41/06 – *Ummantelung von Stahlröhren I* u. v. 25.08.2005 – I-2 U 52/04, (beide unveröffentl.); ebenso Keukenschrijver in Busse/Keukenschrijver, PatG, Rn. 3 zu § 25 ArbEG; Boemke/Kursawe/Engemann Rn. 5 zu § 11. S. allg. BAG v. 15.06.1972, DB 1972, 1780, v. 26.08.1993, AP Nr. 8 zu § 72 LPersVG NW u. v. 11.12.2001, AP Nr. 2 zu § 1 BetrAVG – Auskunft; LAG Hamm v. 26.05.2011 – 17 Sa 247/11, [Rn. 96] (JURIS); einschränkend BAG v. 17.10.2000, NZA 2001, 206; vgl. aber auch Schiedsst. v. 12.08.1966, BlPMZ 1967, 131, 132; BGH v. 23.05.1952 – I ZR 149/51, GRUR 1952, 573 – *Zuckerdiffuseur*. A. A. Schwab, Arbeitnehmererfindungsrecht, § 25 Rn. 6.
51 S. allg. LAG Hamm v. 26.05.2011 – 17 Sa 247/11, (juris, Rn. 96) m. H.a. BAG v. 26.08.1993, AP Nr. 8 zu § 72 LPersVG NW.
52 S. allg. BAG v. 23.01.2002, AP Nr. 5 zu § 2 NachwG; Lindena, DB 1988, 1114, 1116 m.w.N.
53 OLG Düsseldorf v. 25.08.2005, GRUR-RR 2006, 118, 119 – *Drehschwingungstilger*.
54 Schiedsst. v. 23.04.1979, BlPMZ 1980, 233 u. v. 08.10.2009 – Arb.Erf. 50/08, (unveröffentl.); OLG Düsseldorf v. 25.08.2005, GRUR-RR 2006, 118 – *Drehschwingungstilger*; ebenso allgemein BAG v. 15.03.2006, AP Nr. 14 zu § 59 BAT; a.A. BGH v. 04.04.2006 – X ZR 155/03, GRUR 2006, 754 – *Haftetikett*, s. allg. BAG v. 15.06.1972, DB 1972, 1780.
55 BAG v. 14.06.1994, NZA 1995, 229, 230 u. v. 03.09.2003, BAGE 107, 241; Schiedsst. v. 18.11.1994 – Arb.Erf. 97/93, (unveröffentl.); v. 10.04.2008 – Arb.Erf. 43/06, (Datenbank) u. v. 29.04.2010 – Arb.Erf. 11/09, (unveröffentl.).
56 Vgl. allg. BAG v. 11.12.2001 AP Nr. 2 zu § 1 BetrAVG – Auskunft.

## C. Pflichten des Arbeitgebers § 25

Soweit die EG-Richtlinie des Rates vom 14.10.1991[57] und das diese Richtlinie umsetzende Nachweisgesetz v. 20.07.1995[58] Pflichten des Arbeitgebers zur Unterrichtung des Arbeitnehmers über die für seinen Arbeitsvertrag oder sein Arbeitsverhältnis geltenden Bedingungen begründen, beschränkt sich dies auf Mindestinformationen über die wesentlichen Punkte des Arbeitsvertrages oder des Arbeitsverhältnisses. Der hierzu vorgegebene Katalog enthält keine Belehrungspflicht über die Grundsätze des ArbEG einschließlich der Vergütungsrichtlinien. Zur Unterrichtungspflicht nach § 613a Abs. 5 BGB s. § 1 Rdn. 117.

Eine Informationspflicht kann nach Treu und Glauben erst recht nicht gefordert werden, wenn es um die Unterstützung des Arbeitnehmers bei der Geltendmachung gegen den Arbeitgeber selbst gerichteter Ansprüche geht und der Arbeitgeber damit zu einem Handeln gegen eigene Interessen verpflichtet würde.[59] So ist der Arbeitgeber im Fall einer **Bruchteilsgemeinschaft** zwischen ihm und Arbeitnehmer-Miterfindern, bei der ihn kein Verschuldensvorwurf trifft (s. § 6 n.F. Rdn. 141), nicht verpflichtet, die anderen Teilhaber auf die Möglichkeit eines Ausgleichsverlangens (§ 745 BGB) hinzuweisen;[60] die entsprechenden Rechtsinformationen kann und muss sich der Arbeitnehmer vielmehr grds. selbst verschaffen.[61]

**Ausnahmen** bzw. besondere Aufklärungspflichten können den Arbeitgeber **einzelfallbezogen nach § 242 BGB** indes treffen, wenn er erfinderrechtliche Arbeitgeberpflichten nicht beachtet hat und als Folge dieses **fehlerhaften Arbeitgeberverhaltens** dem Arbeitnehmererfinder Schäden drohen, die durch Aufklärung unschwer zu vermeiden wären, wie etwa der unterbliebene Hinweis auf mögliche Auslandsanmeldungen (analog § 14) für eine frei gewordene Diensterfindung, obwohl der Arbeitgeber den Rechtsschein der wirksamen, in Wirklichkeit aber unwirksamen Inanspruchnahme gesetzt hat[62] (zum Schadensersatz s. § 14 Rdn. 81). Gleiches gilt, wenn der Arbeitgeber durch sein Verhalten einen Vertrauenstatbestand oder eine Gefahrenquelle für den Arbeit-

---

57 Amtsblatt EG 1991 Nr. L 288 S. 32.
58 S. hierzu Schiefer, DB 1995, 1910 ff.; Richardi, NZA 2001, 57.
59 OLG Düsseldorf v. 25.08.2005 – I-2 U 52/04, (unveröffentl.) m. H. a. BAG AP Nr. 99 zu § 611 BGB – Fürsorgepflicht u. AP Nr. 22 zu § 1 BetrAVG – Zusatzversorgungskassen; Erman/Hanau BGB § 611 Rn. 489 m.w.N.
60 Weitergehend dagegen Scharen VPP-Rundbrief 2007, 155, 160.
61 Vgl. allg. BAG v. 11.12.2001 AP Nr. 2 zu § 1 BetrAVG – Auskunft u. v. 26.08.1993 AP Nr. 8 zu § 72 LPVG NW.
62 BGH v. 04.04.2006 – X ZR 155/03, GRUR 2006, 754, 760 [Rn. 41] – *Haftetikett*.

nehmer geschaffen hat.⁶³ Folglich sind **unrichtige Angaben**, die ein zuständiger Mitarbeiter des Arbeitgebers ggü. dem Erfinder macht, zu korrigieren.⁶⁴**Weicht** der Arbeitgeber bei einer Vergütungsregelung **erkennbar** von den **Amtlichen Vergütungsrichtlinien** ab (z.B. bei der Umsatzstaffel), ist dies nicht fehlerhaft; vielmehr folgt aus der Unverbindlichkeit der Richtlinien (vgl. RL Nr. 1 Satz 1), dass dem Arbeitgeber – ohne Hinzutreten weiterer Umstände – keine Pflicht zur Aufklärung über den Inhalt der Richtlinie und etwaige Abweichungen hiervon auferlegt werden kann.⁶⁵

Eine Belehrungspflicht aus dem Gesichtspunkt der Fürsorgepflicht kann sich im Einzelfall ferner dann ergeben, wenn sich der **Arbeitnehmer erkennbar in einem Irrtum** über die wahre Rechtslage befindet oder wenn er den Arbeitgeber ausdrücklich um Auskunft über die Rechtslage bittet.⁶⁶ Von einer Informationspflicht geht das *BAG* nach § 242 BGB auch dann aus, wenn der Arbeitnehmer – für den Arbeitgeber unschwer erkennbar – ein **außergewöhnliches Informationsbedürfnis** besitzt und berechtigterweise Hinweise des Arbeitgebers erwartet.⁶⁷

21 Der ggf. betriebsübergreifend geltende⁶⁸ arbeitsrechtliche **Gleichbehandlungsgrundsatz**⁶⁹ verbietet dem Arbeitgeber eine Schlechterstellung einzelner Arbeitnehmer aus sachfremden oder willkürlichen Gesichtspunkten.⁷⁰ Dieser

---

63 S. allg. BAG v. 11.12.2001, AP Nr. 2 zu § 1 BetrAVG – Auskunft.
64 Vgl. allg. BGH v. 13.03.2008, WM 2008, 993, 996 [Rn. 15].
65 OLG Düsseldorf v. 09.08.2007 – 2 U 41/06, (unveröffentl.).
66 Volz, ArbNErf. i. öffentl. Dienst, S. 186; ebenso OLG Düsseldorf v. 25.08.2005, GRUR-RR 2006, 118, 119 – *Drehschwingungstilger*; Schiedsst. v. 10.04.2008 – Arb.Erf. 43/06, u. v. 15.01.2009 – Arb.Erf. 51/0,7 (beide Datenbank); Keukenschrijver in Busse/Keukenschrijver, PatG, Rn. 3 zu § 25 ArbEG. S. allg. BAG v. 26.08.1993, AP Nr. 8 zu § 72 LPersVG NW.
67 BAG v. 17.10.2000, NZA 2001, 206; ebenso Schiedsst. v. 29.04.2010 – Arb.Erf. 11/09, (unveröffentl.); im Ergebn. auch Keukenschrijver in Busse/Keukenschrijver, PatG, Rn. 2 zu § 25 ArbEG m.H.a. Schiedsst. v. 10.04.2008 – Arb.Erf. 43/06, (Datenbank). Ebenso nunmehr Schiedsst. v. 29.04.2010 – Arb.Erf. 11/09, (www.dpma.de, LS. 2); v. 17.01.2013 – Arb.Erf. 23/11; v. 17.09.2013 – Arb.Erf. 13/12, (beide www.dpma.de).
68 BAG v. 03.12.2008, DB 2009, 460 m.H.a. BAG v. 08.11.2006, BAGE 120, 97.
69 Vgl. hierzu BAG v. 13.09.1976, AP Nr. 3 zu § 242 BGB – Gleichbehandlung; v. 30.11.1982, AP Nr. 54 zu § 242 BGB – Gleichbehandlung u. v. 27.05.2015 – 5 AZR 724/13, (juris, Rn. 14 ff.); Gaul ArbR i. Betr. F II 1 ff.; ErfK/Preis § 611a BGB Rn. 572 ff.; Schaub/Linck, ArbRHdb., § 112 Rn. 1 ff.
70 BAG v. 06.10.1993, NZA 1994, 257; v. 08.03.1995, NJW 1995, 3140; v. 17.02.1998, ZIP 1998, 965 u. v. 03.12.2008, NJW 2009, 1101; s.a. EuGH v. 26.06.2001, RIW 2001, 932.

Grundsatz gebietet es dem Arbeitgeber insbesondere, seine Arbeitnehmer bzw. Gruppen seiner Arbeitnehmer, die sich in vergleichbarer Lage befinden, bei Anwendung einer von ihm selbst gesetzten Regel gleich zu behandeln, es sei denn, eine Ungleichbehandlung ist sachlich gerechtfertigt.[71] **Sachfremd** ist eine Differenzierung, wenn es für die unterschiedliche Behandlung keine billigenswerten Gründe gibt, wenn also einzelne Arbeitnehmer von einer allgemeinen begünstigenden Regelung willkürlich, d.h. ohne Vorliegen sachlicher Gründe, ausgenommen werden. Dies beurteilt sich namentlich anhand der Zweckbestimmung der vom Arbeitgeber gesetzten Regel.[72] Liegt ein legitimer sachlicher Grund nicht vor, kann der übergangene Arbeitnehmer verlangen, nach Maßgabe der allgemeinen Regel behandelt zu werden;[73] im Fall der Gewährung von Leistungen hat der benachteiligte Arbeitnehmer Anspruch auf die vorenthaltene Leistung.[74] Will der Arbeitgeber einzelne Arbeitnehmer aus dem Kreis der Begünstigten auf Grund eines legitimen Zwecks herausnehmen, so kann er in einer allgemeinen Ordnung die Voraussetzungen festlegen, nach denen sich die Entscheidung richten soll, wobei die Kriterien nach sachgerechten und objektiven Merkmalen bestimmt und abgestuft werden müssen; nur in diesem Rahmen steht dem Arbeitgeber in der Auswahl der Leistungsbedingungen ein Ermessensspielraum offen.[75] Ein Anspruch auf Gleichbehandlung im Unrecht oder aufgrund eines Rechtsirrtums besteht nicht, es sei denn, der Arbeitgeber hat die Leistung bewusst in Kenntnis der Unrechtmäßigkeit erbracht.[76]

Anlass zur Beachtung des Gleichbehandlungsgrundsatzes kann insb. bei der Freigabe ggü. einzelnen Miterfindern (§ 6 Abs. 2, § 8 Satz 1 n.F.) oder bei der Bestimmung der **Erfindervergütung** bestehen. Eine allgemeine »Verpflichtung zur gleichmäßigen Verteilung der Erfindungsvergütung« und einer »Berechnung der Vergütung nach gleichen Maßstäben« gibt es nicht[77] und kann es

---

71 BAG v. 27.05.2015 – 5 AZR 724/13, (juris, Rn. 14, 19).
72 Vgl. BAG v. 27.05.2015 – 5 AZR 724/13, (juris, Rn. 20).
73 BAG v. 15.11.1994, NZA 1995, 939; v. 12.02.2002, DB 2002, 1381 u. v. 14.03.2007, NZA 2007, 682.
74 BAG v. 27.05.2015 – 5 AZR 724/13, (juris, Rn. 14 ff.) m.H.a. BAG v. 03.09.2014 – 5 AZR 6/13, (juris, Rn. 19).
75 BAG v. 19.08.2008, NZA 2009, 196; vgl. auch BAG v. 03.09.2014 – 5 AZR 6/13, (juris, Rn. 19).
76 ErfK-Preis § 611a BGB Rn. 574a.
77 So aber Boemke/Kursawe/Boemke Rn. 14 zu § 25 (anders dagegen Boemke/Kursawe/Engemann Rn. 11 zu § 9; s. auch dort Rn. 6 zu § 11); vgl. auch Schwab, Arbeitnehmererfindungsrecht, § 25 Rn. 7; im Ergebn. wie hier Keukenschrijver in Busse/Keukenschrijver, PatG, Rn. 2 zu § 25 ArbEG m. H. a. Schiedsst. v. 25.01.1995 – Arb.Erf. 54/94 (kein »Gleichzahlungsanspruch«).

wegen des Gebots der Angemessenheit und der gesetzlichen Vorgaben in § 9 Abs. 2 zum individuellen Anteilsfaktor auch nicht geben[78]. Das gilt auch für die Verfahrensabwicklung[79], so dass der Arbeitgeber beispielsweise nicht gehindert ist, mit einzelnen Arbeitnehmermiterfindern die Vergütung zu vereinbaren (§ 12 Abs. 1) und gegenüber anderen einseitig festzusetzen, wenn eine Vereinbarung nicht in Betracht kommt (§ 12 Abs. 3). An im Verhältnis zu RLn 1959 günstigere firmeninterne Vergütungsrichtlinien ist der Arbeitgeber aus dem Gebot der Gleichbehandlung grundsätzlich gebunden (s. dazu § 11 Rdn. 13). Nicht gehindert ist dagegen der Arbeitgeber, aus sachlichen, d.h. vom Zweck der Leistung gedeckten Gründen einzelne Arbeitnehmer zu begünstigen bzw. sachgemäße Unterscheidungen zu treffen.[80] Dies ist etwa der Fall, wenn ein Arbeitnehmererfinder eine ihm frühzeitig bei noch günstigen Benutzungsaussichten für eine Diensterfindung angebotene abschließende Pauschalvergütung akzeptiert, während der Miterfinder diese im Hinblick auf abweichende höhere Vorstellungen über den Umfang einer zukünftigen Nutzung als zu niedrig ausschlägt; bei der späteren konkreten Vergütungsermittlung und einer sich dann ergebenden verschlechterten Benutzungssituation kann er keine Anpassung des Vergütungsbetrages an die dem anderen Miterfinder erbrachte Pauschalzahlung verlangen.[81]

Zu beachten bleibt stets das gesetzliche **Benachteiligungsverbot**, also insb. aus den Bestimmungen des Allgemeinen Gleichbehandlungsgesetzes (**AGG**).[82]

Der Arbeitnehmer hat einen Anspruch darauf, dass in einem ihm erteilten **Zeugnis** (§ 630 BGB) auch seine (erfolgreiche) erfinderische Tätigkeit aufgeführt wird.[83]

Zur Zulässigkeit von Nichtigkeits- und Löschungsklagen vgl. unten § 25 Rdn. 42 ff.; zur Verschwiegenheitspflicht des Arbeitgebers s. die Erläuterungen zu § 24 Abs. 1.

---

78 Vgl. auch Schiedsst. v. 18.06.2015 – Arb.Erf. 17/13, (www.dpma.de = Mitt. 2016, 570, dort nur LS).
79 A. A. Boemke/Kursawe/Boemke Rn. 14 zu § 25.
80 Schaub/Linck ArbRHdb. § 112 Rn. 19 ff. m.w.N.
81 Schiedsst. v. 08.05.1995 – Arb.Erf. 6/92, (unveröffentl.).
82 Zum Verhältnis des AGG z. allg. arbeitsrechtl. Gleichbehandlungsgrundsatz s. Maier/Mehlich, DB 2007, 110 ff.
83 Vgl. Schwab, Arbeitnehmererfindungsrecht, § 25 Rn. 5 m.H.a. ArbG Köln v. 14.11.1985 – 8 Ca 6170/85, (unveröffentl.).

## IV. Betriebliche Übung, Gesamtzusage

Auch aus einer betrieblichen Übung können ggf. Pflichten des Arbeitgebers 22 bzw. Rechte vom Arbeitnehmererfinder hergeleitet werden, soweit keine andere Anspruchsgrundlage besteht (Subsidiarität);[84] hierfür gelten regelmäßig strenge Maßstäbe.[85] Eine betriebliche Übung ist ein heute weitgehend gewohnheitsrechtlich anerkanntes Rechtsinstitut.[86] Sie besteht in der regelmäßigen Wiederholung bestimmter Verhaltensweisen des Arbeitgebers, aus denen die Arbeitnehmer oder zumindest eine bestimmte Gruppe von ihnen schließen können, ihnen solle eine Leistung oder Vergünstigung auch zukünftig auf Dauer gewährt bzw. eingeräumt werden[87] bzw. die bei ihnen den Eindruck einer Gesetzmäßigkeit oder eines Brauchs erwecken.[88] Gegenstand der Übung kann jede Leistung oder Vergünstigung sein.[89] Dieser Übung kommt keine normative Bindungswirkung zu. Ihre rechtliche Bedeutung besteht nach der vom *BAG* in ständiger Rechtsprechung vertretenen Vertragstheorie vielmehr darin, dass aus diesem als Willenserklärung des Arbeitgebers zu wertenden Verhalten (Vertragsangebot) durch stillschweigende Annahme seitens der Arbeitnehmer (§ 151 BGB) diesen **vertragliche Ansprüche** auf die üblich gewordenen Leistungen für die Zukunft erwachsen.[90] Ihr Inhalt geht kraft konkludenter einzelvertraglicher Vereinbarungen in die einzelnen Arbeitsverhältnisse ein und

---

84 Vgl. allg. BAG v. 27.06.1985, AP Nr. 14 zu § 77 BetrVG 1972; ausführlich Waltermann, RdA 2006, 257 ff.; ErfK/Preis § 611a BGB, Rn. 220 ff.
85 Schiedsst. v. 17.03.2005, BlPMZ 2005, 324, 326.
86 Streitig, so h. M.; abw. ErfK/Preis § 611a BGB, Rn. 220 m. Nachw. zum Meinungsstand; s. i.Ü. z.B. BAG v. 07.12.1982, BB 1983, 1282, 1283, v. 24.03.1993, DB 1993, 2161 u. v. 14.08.1996, AP Nr. 47 zu § 242 BGB – Betriebliche Übung; v. 18.03.2009, NZA 2009, 601; Schiedsst. v. 22.12.2016 Mitt. 2017, 561, 563 m.w.Nachw.
87 Vgl. u. a. BAG v. 18.07.2017 – 9 AZR 850/16, (juris, Rn. 21) u. v. 23.08.2017, NZA 2018, 44 (Rn. 18).
88 St. Rspr. BAG, vgl. Urt. v. 04.09.1985, AP Nr. 22 zu § 242 BGB – betriebl. Übung; v. 09.07.1985, AP Nr. 16 zu § 75 BPersVG – jeweils m.w.N.; v. 23.06.1988, AP Nr. 33 zu § 242 BGB – betriebliche Übung; v. 30.01.2002, NZA 2002, 815; v. 28.06.2006, DB 2007, 113; v. 19.08.2008, NZA 2009, 196; v. 18.03.2009, NZA 2009, 601, 602 u. v. 17.11.2009, NZA-RR 2010, 293; ebenso Schiedsst. v. 17.03.2005 – Arb.Erf. 99/03, (Datenbank); s. auch allg. Mikosch, FS Düwell (2011), 115 ff.
89 S. ErfK/Preis § 611a BGB, Rn. 220a.
90 BAG v. 12.01.1994, DB 1994, 2034 u. v. 14.08.1996, NZA 1996, 1323; v. 04.05.1999, NZA 1999, 1162, 1163; v. 28.06.2006, NZA 2006, 1174, 1176; v. 18.03.2009, NZA 2009, 601; v. 18.02.2014 – 3 AZR 568/12, (juris, Rn. 37) u. v. 23.08.2017, NZA 2018, 44 (Rn. 18); folgend u. a. Schiedsst. v. 22.12.2016 Mitt. 2017, 561, 563.

ergänzt die Arbeitsverträge. Bei der Anspruchsentstehung ist nicht entscheidend ein Verpflichtungswille des Arbeitgebers, sondern nur die Frage, ob die Arbeitnehmer als Erklärungsempfänger die Erklärung oder das Verhalten des Arbeitgebers nach Treu und Glauben sowie der Verkehrssitte unter Berücksichtigung aller Begleitumstände dahin verstehen durften (§§ 133, 157 BGB), der Arbeitgeber habe sich zu einer über seine gesetzlichen, tarifvertraglichen oder vertraglichen Pflichten hinausgehenden Leistung verpflichten wollen.[91] Ein vertraglicher Bindungswille wird regelmäßig anzunehmen sein, wenn besondere Umstände ein schutzwürdiges Vertrauen der Arbeitnehmer begründen.[92] Eine betriebliche Praxis der Gewährung von Vergünstigungen verdichtet sich erst nach Ablauf einer gewissen Zeit zur betrieblichen Übung, ohne dass es allgemeinverbindliche Regeln zur Dauer gibt, sondern diese einzelfallbezogen von der Zahl der Anwendungsfälle im Verhältnis zur Belegschaft sowie von Art, Inhalt und Bedeutung der Leistungen abhängt.[93] Sofern kein Vorbehalt des Arbeitgebers (s. dazu § 25 Rdn. 22.1) erfolgt, gilt eine bestehende betriebliche Übung auch für **neu eintretende Arbeitnehmer**; diese dürfen das Angebot des Arbeitgebers zum Abschluss des Arbeitsvertrages so verstehen, dass der Arbeitgeber sie zu den im Betrieb üblichen Bedingungen einstellen will.[94] Jedenfalls kann sich ein Anspruch aus dem Grundsatz der Gleichbehandlung (s. dazu oben § 25 Rdn. 21) ergeben.

Im Allgemeinen sind an die Begründung einer über die gesetzlichen Vorgaben des ArbEG zu Gunsten der Erfinder hinausgehenden betrieblichen Übung **strenge Anforderungen** zu stellen.[95] Allein eine über das ArbEG deutlich hinausgehende Großzügigkeit der Handhabung begründet als solche nicht bereits eine betriebliche Übung.[96] Insoweit gilt allgemein der Grundsatz, dass für eine betriebliche Übung nur dort Raum besteht, wo es an einer gesetzlichen

---

91 St. Rspr. BAG, z.B. v. 08.12.2010 – 10 AZR 671/09, BB 2011, 1459 ff.; v. 18.02.2014 – 3 AZR 568/12, (juris, Rn. 38); v. 27.05.2015 – 5 AZR 724/13, (juris, Rn.14).; zur Bedeutung tarifvertraglicher Schriftformvorbehalte s. allg. BAG v. 01.04.2009, ZTR 2009, 485.
92 BAG v. 13.06.2007, AP BGB § 242 – Betriebliche Übung Nr. 2.
93 Vgl. BAG v. 15.05.2012 – 3 AZR 128/11, (www.bundesarbeitsgericht.de, Rn. 58) m. w. Nachw.; ErfK/Preis § 611a BGB, Rn. 220b (anders zur mindestens 3-maligen jährlichen Sonderzuwendung).
94 Waltermann, RdA 2006, 257, 265; Henssler, Festschr. 50 Jahre BAG (2004), S. 683, 692.
95 So im Ergebn. auch Schiedsst. v. 17.03.2005, BlPMZ 2005, 324, 326.
96 So zutreffend zur Vergütungspraxis Keukenschrijver in Busse/Keukenschrijver, PatG, Rn. 5 zu § 9 ArbEG m. H. a. Schiedsst. v. 17.03.2005 Blatt 2005, 324.

## C. Pflichten des Arbeitgebers § 25

Rechtsgrundlage für das Verhalten des Arbeitgebers fehlt[97] oder wenn sich der Arbeitgeber erkennbar nicht zu der Leistung verpflichtet glaubte;[98] in anderen Fällen kann der Arbeitnehmer nicht davon ausgehen, ihm solle die Leistung auf Dauer unabhängig von dieser Rechtspflicht zustehen[99]. Aus einem wiederholten Verhalten ggü. **einzelnen Arbeitnehmererfindern** ergibt sich mangels des erforderlichen kollektiven Elements keine betriebliche Übung, sondern ggf. nur eine Individual-Absprache.[100] Gleiches gilt bei wiederholtem Verhalten ggü. mehreren Arbeitnehmern, soweit dies einzelfallbezogen individuell zu beurteilende Sachverhalte betrifft, also ein »kollektiver Charakter« fehlt (etwa bei wiederholtem Verzicht des Arbeitgebers auf einen Widerspruch gegen Einigungsvorschläge der Schiedsstelle).[101] Insgesamt gibt es auch für den Bereich der Arbeitnehmererfindung keine festen Regeln dafür, welche Voraussetzungen an Art, Dauer und Intensität der Leistung für eine betriebliche Übung zu stellen sind, so dass dies nur einzelfallbezogen insbesondere nach Art, Bedeutung, Häufigkeit und Anzahl der Leistungen bestimmt werden kann.[102]

Für die Arbeitsverhältnisse des **öffentlichen Dienstes** gelten die Grundsätze zur betrieblichen Übung u. E. letztlich nur mit Einschränkungen. Der öffentliche Arbeitgeber darf bei der Schaffung materieller Dienst- und Arbeitsbedingungen nicht autonom wie ein Privatunternehmer handeln, da er an die Vorgaben des Dienstrechts und der Tarifverträge sowie an die Festlegungen des Haushaltsrechts gebunden ist.[103] Aufgrund des gebotenen sparsamen und wirtschaftlichen Umgangs mit öffentlichen Mitteln ist hier davon auszugehen, dass der Arbeitgeber im Zweifel nur die von ihm zu beachtenden gesetzlichen und tarifvertraglichen Normen vollziehen,[104] d.h. nur die Leistungen gewähren

---

97 Vgl. allg. u. a. BAG v. 18.02.2014 – 3 AZR 568/12, (juris, Rn. 39); Palandt//Weidenkaff, BGB, vor § 611 Rn. 76.
98 Vgl. allg. u. a. BAG v. 18.02.2014 – 3 AZR 568/12, (juris, Rn. 39) u. v. 11.12.2014 – 3 AZR 849/11, (juris, Rn. 55).
99 S. allg. BAG v. 11.12.2014 – 3 AZR 849/11, (juris, Rn. 55) u. v. 23.08.2017, NZA 2018, 44 (Rn. 18).
100 Ebenso Schiedsst. v. 22.12.2016, Mitt. 2017, 561, 563. Vgl. allg. BAG v. 26.05.1993, AP Nr. 2 zu § 12 AVR Diakonisches Werk u. v. 18.07.2017 – 9 AZR 850/16, (juris, Rn. 22).
101 OLG Düsseldorf v. 05.03.1998, WRP 1998, 1202, 1207 – *Wetterführungspläne*; vgl. allgemein BAG v. 28.07.2004, NZA 2004, 1152 ff. – *25. Dienstjubiläum* u. v. 28.05.2008, NZA 2008, 941.
102 Schiedsst. v. 22.12.2016, Mitt. 2017, 561, 563.
103 BAG v. 14.09.1994, DB 1995, 327; v. 11.10.1995, NZA 1996, 718 u. v. 15.05.2012 – 3 AZR 128/11, (www.bundesarbeitsgericht.de, Rn. 76).
104 BAG v. 24.03.1993, DB 1993, 2621.

will, zu denen er rechtlich verpflichtet ist.[105] Etwas anderes kann im Einzelfall dann gelten, wenn der Arbeitgeber in dem betreffenden Bereich weder durch Gesetz noch durch andere Rechtsgrundlagen oder durch Weisungen bzw. Vorgaben Dritter gebunden ist.[106] Daher müssen selbst bei langjährigen Vergünstigungen (auch wegen der haushaltsmäßigen Bindungen) gerade im gesetzlich umfassend geregelten Bereich der Arbeitnehmererfindung (s. Einl. Rdn. 4) besondere zusätzliche Anhaltspunkte dafür vorliegen, dass der Arbeitgeber des öffentlichen Dienstes über das gewährte tarifliche Entgelt hinaus weitere Leistungen einräumen will, die auf Dauer gewährt und damit Vertragsbestandteil werden sollen.[107] Auch bei langjähriger Gewährung einer zusätzlichen Vergünstigung darf der Arbeitnehmer nicht darauf vertrauen, sie sei Vertragsinhalt geworden und werde unbefristet weitergewährt.[108] Deshalb wird teilweise davon ausgegangen, der öffentliche Arbeitgeber könne freiwillig gewährte Vergünstigungen regelmäßig einseitig wieder einstellen.[109]

22.1 Ob und inwieweit der Arbeitgeber durch entsprechenden (**Freiwilligkeits-)Vorbehalt** eine betriebliche Übung ausschließen oder begrenzen kann, ist streitig und wird nicht zuletzt mit Blick auf das AGB-Recht kritisch gesehen.[110] Erforderlich ist jedenfalls, dass der Vorbehalt klar und unmissverständlich kundgetan wird, was ggf. am Maßstab der § 307 Abs. 1 Satz 2 Nr. 1, § 308 Nr. 4 BGB zu messen ist.[111]

22.2 Eine betriebliche Übung i.R.d. privaten Dienstes ist bei der **Vergütungshandhabung** nur eingeschränkt denkbar. Die *Schiedsstelle*[112] weist in ihrer neueren Praxis im Ergebnis zu Recht darauf hin, dass die Möglichkeit einer betrieblichen Übung für den Bereich der Vergütungsbemessung nach § 9 ArbEG

---

105 BAG v. 03.08.1982, AP Nr. 12 zu § 242 BGB – Betriebliche Übung u. v. 15.05.2012 – 3 AZR 128/11, (www.bundesarbeitsgericht.de, Rn. 76); jedwede Privilegierung d. öffentl. Dienstes abl. aber ErfK/Preis § 611a BGB, Rn. 226.
106 Vgl. BAG v. 15.05.2012 – 3 AZR 128/11, (www.bundesarbeitsgericht.de, Rn. 77 f.).
107 BAG v. 10.04.1985, NZA 1986, 604; v. 09.07.1985, AP Nr. 16 zu § 75 BPersVG u. v. 05.02.1986, NZA 1986, 605.
108 BAG v. 14.09.1994, DB 1995, 327.
109 Abl. die heute h. M., u. a. Palandt/Weidenkaff, BGB, vor § 611 Rn. 76 m. w. Nachw.; krit. auch ErfK/Preis § 611a BGB, Rn. 223; a. A. noch BAG v. 14.09.1994, DB 1995, 327 (für Arbeitsfreistellungen).
110 S. dazu ErfK/Preis § 611a BGB, Rn. 222.
111 BAG v. 12.01.2005, NZA 2005, 465, 467 u. v. 20.01.2010, AP BGB § 305 c Nr. 12. S. auch allg. BAG v. 21.01.2009, NZA 2009, 310; s. zur Abgrenzung BAG v. 08.12.2010, BB 2011, 1459 ff., Rn. 18 ff.
112 Schiedsst. v. 22.12.2016 Mitt. 2017, 561, 562 f.

grundsätzlich nicht besteht (aber streitig[113]). Sie folgert dies aus der Einordnung des ArbEG als außerhalb des Arbeitsvertrages und damit einer betrieblichen Übung stehendes Arbeitnehmerschutzrecht.[114] Im Übrigen besteht mit dem ArbEG eine Rechtsgrundlage, auf Grund derer der Arbeitgeber Vergütungszahlungen erbringt, welches bereits gegen einen Bindungswillen spricht (s. § 1 Rdn. 22). Zudem steht der Begriff der Angemessenheit der Vergütung (§ 9 Abs. 1) einer gleichförmigen Übung entgegen. Hat der Arbeitgeber bislang Erfindungswerte zwar »großzügig«, aber gleichwohl differenziert nach den Umständen des Einzelfalls geregelt, kann eine »tendenzielle Großzügigkeit« den Arbeitgeber arbeitsvertraglich nicht dazu verpflichten, auch zukünftig die Vergütung über die gesetzlich gebotene Angemessenheit hinaus stets großzügig zu bemessen.[115] Insgesamt kann eine deutlich über das Gesetz und die Amtlichen Vergütungsrichtlinien hinausgehende Großzügigkeit des Arbeitgebers als solche keine betriebliche Übung begründen.[116]

Soweit es allerdings um **im ArbEG nicht vorgesehene Leistungen des Arbeitgebers** geht, kann durch wiederholte einheitliche Zahlungen eine betriebliche Übung begründet werden, etwa bei (nicht anrechenbaren) Anerkennungsprämien für die Erfindungsmeldung, für die Einreichung von Schutzrechtsanmeldungen und/oder für die Erteilung von Schutzrechten oder bei sonstigen gesetzlich nicht begründeten Zusatzvergütungen.[117] Ggf. mag eine betriebliche Übung auch bei **Zahlungsmodalitäten** denkbar sein (vgl. § 9 Rdn. 55.2).

In jedem Fall ist angesichts der gesetzlichen Vorgaben des ArbEG i. V. m. den RLn 1959 von **strengen Anforderungen** für eine betriebliche Übung auszugehen.[118] Denkbar sind betriebliche Übungen bei inzwischen weit verbreiteten Incentive- und Abkaufprogrammen (s. dazu § 11 Rdn. 13 ff. u. § 14

---

113 So hat die Schiedsst. früher u. a. den Ansatz eines für alle Erfinder angehobenen Erfindungswertes unter dem Aspekt der betrieblichen Übung als möglich angesehen (vgl. Schiedsst. v. 17.03.2005 – Arb.Erf. 99/03, [Datenbank]; vgl. auch Schiedsst. v. 22.12.2004 BlPMZ 2005, 324, 326); weitergehend auch noch 5. Vorauflage.
114 Schiedsst. v. 22.12.2016 Mitt. 2017, 561, 562 f.
115 So im Ergebn. auch Schiedsst. v. 22.12.2004 BlPMZ 2005, 324, 326.
116 So zu Recht Busse/Keukenschrijver, PatG, Rn. 5 zu § 9 ArbEG m.H.A: Schiedsst. v. 25.09.2008 Arb.Erf. 36/07 (unveröffentl.); s. auch Boemke/Kursawe/Engemann Rn. 6 zu § 9.
117 Im Ergebn. nunmehr auch Schiedsst. v. 22.12.2016 Mitt. 2017, 561, 563.
118 Die Schiedsst. v. 22.12.2016 Mitt. 2017, 561, 563, geht in tatsächlicher Hinsicht für die Vergütungsbemessung nach § 9 ArbEG sogar davon aus, es sei »schwer vorstellbar, dass es überhaupt möglich ist, die Tatbestandsmerkmale der betrieblichen Übung (Kollektivcharakter, Gleichartigkeit der Leistung, langer Zeitraum und vielfache Wiederholungen) vollumfänglich zu erfüllen.«.

Rdn. 71 ff.). Schließlich kommen betriebliche Übungen i.R.d. **Verbesserungsvorschlagswesens** in Betracht, insb. wenn vorgegebene Regeln (Tarifvertrag oder Betriebsvereinbarung) nicht bestehen.

Dagegen ist für die Annahme einer betrieblichen Übung grds. kein Raum, wenn sich dies zuungunsten des Arbeitnehmers auswirken würde. Da die betriebliche Übung Vertragsbestandteil wird, unterliegt sie insoweit auch der **Zulässigkeitsschranke** für Vereinbarungen gem. **§ 22 Satz 1**. Auch nur im Einzelfall kann etwa ein Verzicht auf die Meldeerfordernisse durch den Arbeitgeber angenommen werden (vgl. § 5 Rdn. 30, 38 f.). Eine dahingehende betriebliche Übung kann nicht unterstellt werden, sofern sich diese konkret zulasten des Arbeitnehmers, etwa bei der Berechnung der Fristen, auswirken würde,[119] bzw. bei der Bestimmung des Fristbeginns für die Inanspruchnahme, oder wenn dadurch gänzlich von einer gesonderten Meldung, die den Erfindungscharakter herausstellt, abgesehen wird.[120]

22.3 Ist die betriebliche Übung zum **Inhalt des Arbeitsvertrages** geworden, kann ein daraus resultierender Anspruch grds. nicht durch einseitige Handlung des Arbeitgebers, wie etwa eine entsprechende Mitteilung oder einen Aushang beseitigt, verschlechtert oder unter Vorbehalt gestellt werden.[121] Hierzu bedarf es einer einvernehmlichen Änderung des Arbeitsvertrages[122] oder einer sozial gerechtfertigten Änderungskündigung.[123] In dem bloßen Schweigen des Arbeitnehmers auf eine entsprechende Ankündigung des Arbeitgebers liegt noch keine Annahme (vgl. §§ 147, 151 BGB); hierauf muss der Arbeitnehmer auch nicht ablehnend reagieren.[124] Eine widerspruchslose Hinnahme der Änderung kann nur dann eine konkludente Annahmeerklärung sein, wenn sich die Änderung unmittelbar im Arbeitsverhältnis auswirkt, die Änderung also tatsächlich praktiziert wird.[125]

Nach früherer Praxis des *BAG* konnte eine betriebliche Übung durch eine gegenläufige betriebliche Übung **geändert** werden, also dadurch, dass die Arbeitnehmer einer neuen Handhabung (z.B. Wegfall bisheriger Leistungen)

---

119 Weitergehend Volmer/Gaul Rn. 204 f. zu § 5.
120 BGH v. 17.01.1995 – X ZR 130/93, Mitt. 1996, 16, 17 – *Gummielastische Masse*.
121 BAG v. 14.08.1996, NZA 1996, 1323; v. 24.11.2004, NZA 2005, 349 u. v. 18.03.2009, NZA 2009, 601, 602.
122 BAG v. 17.12.1994 – 10 AZR 285/94, (unveröffentl.).
123 BAG v. 18.03.2009, NZA 2009, 601, 602 u. v. 25.11.2009, NZA 2010, 283; ErfK/Preis § 611a BGB, Rn. 225.
124 BAG v. 14.08.1996, NZA 1996, 1323.
125 BAG v. 25.11.2009, NZA 2010, 283, 285.

über einen Zeitraum von 3 Jahren nicht widersprachen.[126] Dies setzte indes voraus, dass der Arbeitgeber klar und unmissverständlich die Beendigung der bisherigen Übung erklärte. An dieser Rechtsprechung hält das *BAG* im Hinblick auf das Klauselverbot für fingierte Erklärungen in § 308 Nr. 5 BGB nicht mehr fest.[127] Eine Beseitigung einer betrieblichen Übung durch gegenläufige Übung düfte damit kaum mehr in Betracht kommen.

Allerdings ist in Ausnahmefällen (z.b. Notlage des Unternehmens) eine Berufung auf den Wegfall der Geschäftsgrundlage (§ 313 BGB) denkbar. Eine Änderung durch kollektivvertragliche Regelungen (Tarifvertrag oder Betriebsvereinbarung) erscheint nur zulässig, wenn der Arbeitsvertrag einen solchen Vorbehalt der Abänderung durch Kollektivvertrag enthält[128] bzw. bei der Neuregelung das kollektive Günstigkeitsprinzip beachtet wird.[129]

Beruft sich ein Arbeitnehmer auf eine über das ArbEG und die RLn 1959 hinausgehende Vergütung aufgrund betrieblicher Übung, ist er für eine entsprechende Bindung des Arbeitgebers einschließlich dessen Bindungswillen **darlegungs- und beweispflichtig**.[130]

Die betriebliche Übung ist von einer sog. **Gesamtzusage** abzugrenzen. 22.4 Gesamtzusagen haben wie die betriebliche Übung einen kollektiven Bezug, d. h. sind auf einheitliche Arbeitsvertragsbedingungen ausgerichtet,[131] unterscheiden sich aber davon namentlich durch eine ausdrückliche Verlautbarung mit Rechtsbindungswillen. Eine betriebliche Übung scheidet angesichts deren Subsidiarität im Fall einer Gesamtzusage aus.[132]

Eine Gesamtzusage ist die in allgemeiner Form an alle Arbeitnehmer des Betriebs oder an einen nach abstrakten Merkmalen bestimmten Teil der Arbeitnehmer gerichtete Willenserklärung des Arbeitgebers, zusätzlich

---

126 BAG v. 04.05.1999, NZA 1999, 1162, 1163 (z. Wegfall von Weihnachtsgeld) u. v. 24.11.2004, NZA 2005, 349; in diesem Sinne wohl auch Schiedsst. v. 25.03.2003 – Arb.Erf. 43/01, (Datenbank).
127 BAG v. 18.03.2009, NZA 2009, 601; Bieder, DB 2009, 1929.
128 Waltermann, RdA 2006, 257, 267 ff.; Bepler, RdA 2004, 226, 240.
129 BAG v. 05.08.2009, NZA 2009, 1105.
130 So im Ergebn. bereits Schiedsst. v. 18.11.1993 – Arb.Erf. 19/93, (unveröffentl.). Siehe allg. u. a. BAG v. 18.02.2014 – 3 AZR 568/12, (juris, Rn. 39) u. v. 11.12.2014 – 3 AZR 849/11, (juris, Rn. 55).
131 Vgl. BAG v. 24.10.2017 – 1 AZR 846/15 (juris, Rn. 18).
132 ErfK/Preis, § 611a BGB Rn. 221.

**bestimmte Leistungen (freiwillig) erbringen zu wollen.**[133] Sie ist nur **zugunsten des Arbeitnehmers** möglich.[134] Gesamtzusagen sind auch im Bereich des öffentlichen Dienstes denkbar.[135] Das in der Gesamtzusage liegende Angebot wird stillschweigend vom Arbeitnehmer angenommen (§ 151 Satz 1 BGB) und damit ergänzender Inhalt des Arbeitsvertrages.[136] Dadurch erwerben die betreffenden Arbeitnehmer einen einzelvertraglichen Anspruch auf die zugesagte Leistung, wenn die Anspruchsvoraussetzungen erfüllt sind.[137]

Die Gesamtzusage hat die **Rechtswirkung** einer einzelvertraglichen Regelung, durch die der Arbeitgeber arbeitsvertraglich gebunden wird. Der Arbeitgeber kann sich damit von einer Gesamtzusage lediglich einvernehmlich oder mittels gerichtlich voll überprüfbarer Änderungskündigung i. S. d. KSchG lösen[138] bzw. eine solche zum Nachteil der Arbeitnehmer verschlechtern. Etwas anderes gilt nur dann, wenn sich der Arbeitgeber eine Änderung oder einen Widerruf vorbehalten hat.[139] Da es sich bei der Gesamtzusage um ein an eine Vielzahl von Arbeitnehmern gerichtetes Vertragsangebot i. S. d. § 305 Abs. 1 Satz 1 BGB handelt, erfüllt diese regelmäßig die Voraussetzungen Allgemeiner Geschäftsbedingungen i. S. v. §§ 305 ff. BGB[140] (s. dazu § 22 Rdn. 44).

Eine Gesamtzusage bedarf der **Verlautbarung** gegenüber den (betreffenden) Arbeitnehmern und setzt damit eine bewusste und gezielte Bekanntgabe an die Arbeitnehmer voraus.[141] Dafür kann beispielsweise eine Bekanntgabe im Intranet eines Unternehmens ausreichen, wenn dadurch erkennbar eine selbständige Grundlage für einen Leistungsanspruch begründet werden soll.[142] Bekanntgaben an Mitarbeiter erfüllen nur dann die Voraussetzungen einer

---

133 BAG v. 24.10.2017 – 1 AZR 846/15 (juris, Rn. 13); v. 22.03.2017 NZA 2017, 1073 (Rn. 13); v. 12.10.2011 – 10 AZR 770/10, (www.bundesarbeitsgericht.de, Rn. 33); s. ferner ErfK/Preis, § 611a BGB Rn. 218.
134 ErfK/Preis, § 611a BGB Rn. 218.
135 So im Ergebn. etwa BAG v. 15.05.2012 – 3 AZR 128/11, (www.bundesarbeitsgericht.de, Rn. 51).
136 BAG v. 22.03.2017 NZA 2017, 1073 (Rn. 13) u. v. 19.08.2015 – 5 AZR 450/18, (juris, Rn.17).
137 BAG v. 22.03.2017 NZA 2017, 1073 (Rn. 13) m.H.a. BAG v. 08.12.2010 – 5 AZR 697/09, Rn. 17 u. v. 19.08.2015 – 5 AZR 450/14, Rn. 17.
138 BAG v. 26.01.2017 – 2 AZR 405/16, (juris, Rn. 27).
139 ErfK/Preis, § 611a BGB Rn. 218 m. w. Nachw.
140 BAG v. 20.08.2014, NZA 2014, 1333 (Rn. 20) m. H. a. BAG v. 13.11.2013 – 10 AZR 848/12, (juris, Rn. 18).
141 BAG v. 12.10.2011 – 10 AZR 770/10, (www.bundesarbeitsgericht.de, Rn. 33) m. H. a. BAG v. 28.06.2006 – 10 AZR 385/05, BAGE 118, 360 (Rn. 32).
142 Vgl. etwa BAG v. 12.10.2011 – 10 AZR 770/10, (www.bundesarbeitsgericht.de, Rn. 33 f.).

Gesamtzusage, wenn sie nicht lediglich informatorischen Charakter haben, sondern einen Rechtsbindungswillen des Arbeitgebers dergestalt erkennen lassen, dass sich dieser unmittelbar durch seine Erklärung gegenüber den Arbeitnehmern verpflichten will,[143] und zwar über gesetzliche oder kollektivrechtliche Vorgaben hinaus. Dafür reichen Personal- bzw. Mitarbeiterinformationen in der Regel nicht aus, da sie über bloße Mitteilungen und Informationen nicht hinausgehen und nicht rechtsbegründend wirken sollen.[144]

Im **Bereich der Arbeitnehmererfindung** dürften Gesamtzusagen damit – auch angesichts des umfassenden Regelungswerks des ArbEG (s. Einl. Rdn. 4) – die Ausnahme sein. Das gilt mit Blick auf das einzelfallbezogene Gebot der Angemessenheit insbesondere für den Bereich der Vergütung (s. auch § 25 Rdn. 22.2; zu Unternehmensrichtlinien s. § 11 Rdn. 19 u. zu Incentiveprogrammen s. § 11 Rdn. 22 f.).

## D. Pflichten des Arbeitnehmers

### I. Arbeitspflicht

Die persönlich zu erbringende Arbeitspflicht als eine **Hauptpflicht** des Arbeitnehmers bestimmt sich nach den gesetzlichen Vorschriften und den getroffenen Absprachen, ergänzt durch die Verkehrssitte bzw. eine etwaige betriebliche Übung.[145] Der Art der vom Arbeitnehmer zu leistenden Arbeit kommt – bezogen auf das ArbEG – bei der Kennzeichnung einer Erfindung als Diensterfindung (vgl. § 4 Abs. 2 Nr. 1 u. 2 und die dortigen Erläuterungen) maßgebliche Bedeutung zu. Die arbeitsvertragliche Arbeitspflicht des Arbeitnehmers kann erfinderrechtlich durch die Treuepflicht insoweit beeinflusst sein, als der Arbeitnehmer bspw. in dringenden Fällen gehalten sein kann, **andere** als die vereinbarten bzw. bislang zugewiesenen **Arbeiten** zu übernehmen oder über die vorgegebene **Arbeitszeit** hinaus zu arbeiten, wenn dies aus dringenden betrieblichen Gründen geboten erscheint (z.B. termingebundene Fertigstellung einer technischen Neuerung). Ebenso kann der Arbeitnehmer i.R.d. Direktionsrechts des Arbeitgebers veranlasst werden, laufende **Tätigkeiten zurückzustellen**, und sei es auch nur, um eine Erfindungsmeldung auszuarbeiten oder fertig zu stellen. Zum Weisungsrecht des Arbeitgebers s. § 25 Rdn. 6 f., dort auch zum Verweigerungsrecht bei **Gewissenskonflikten**; zum **Aufwendungsersatz** s. § 25 Rdn. 9 f.

23

---

143 S. allg. BAG v. 15.05.2012 – 3 AZR 128/11, (www.bundesarbeitsgericht.de, Rn. 52 f.).
144 Vgl. BAG v. 15.05.2012 – 3 AZR 128/11, (www.bundesarbeitsgericht.de, Rn. 53).
145 Gaul ArbR i. Betr. D I 1 f.

**24** Der Arbeitgeber kann einen Arbeitnehmer ohne dessen Zustimmung zu Tätigkeiten im Rahmen einer **zwischenbetrieblichen** Forschungs- und **Entwicklungskooperation** (s. dazu § 1 Rdn. 106 f.) oder zu einem auf Forschungs- und Entwicklungsleistungen ausgerichteten **Auslandseinsatz** (s. dazu § 1 Rdn. 36 ff.) regelmäßig nur dann veranlassen, wenn dies arbeitsvertraglich vorbehalten ist bzw. einvernehmlich geregelt wird. Anderenfalls bedarf es einer Änderungskündigung unter Beachtung der arbeitsvertraglichen Kündigungsfristen, der Regeln des Kündigungsschutzgesetzes und der Anhörung des Betriebsrates gem. § 102 BetrVG (s.a. § 25 Rdn. 6 f.).

**25** Die Streitfrage, ob sich ein Arbeitnehmer »**zum Erfinden**« **verpflichten** und zu diesem Zweck angestellt werden kann,[146] wird nur in seltenen Fällen akut, etwa im Zusammenhang mit auf die Fertigstellung von Erfindungen ausgerichteten **Zielvereinbarungen**;[147] regelmäßig wird der dem Arbeitnehmer erteilte Auftrag dahin gehen, ein bestimmtes technisches Problem zu lösen bzw. sich auf seinem Fachgebiet erfinderisch zu betätigen, wobei es allenfalls als wünschenswert angesehen wird, wenn das Ergebnis eine schutzfähige Erfindung ist.[148]

Der *BGH* begründet das generelle Verneinen einer Pflicht des Arbeitnehmers zur Entwicklung sonderrechtsfähiger technischer Leistungen – womit auch eine Abgeltung derartiger Entwicklungen durch das Arbeitsentgelt ausschei-

---

146 Verneinend: Ausschussber. zu BT-Drucks. II/2327 S. 8 = BlPMZ 1957, 254; A. Bartenbach-Fock/K. Bartenbach in Festschr. Eisenhardt (2007) 185, 190 ff.; Gaul, GRUR 1963, 341, 343 u. ders. i. Volmer/Gaul Rn. 40 zu § 1 u. Rn. 76 zu § 25; Kroitzsch, GRUR 1974, 177, 179; Reimer/Schade/Schippel/Himmelmann Rn. 9 zu § 9 u. Reimer/Schade/Schippel/Rother Rn. 9 zu § 25; Ullmann, CR 1986, 364, 368; Windisch, GRUR 1985, 829, 830 f.; wohl auch BGH v. 25.11.1980 – X ZR 12/80, GRUR 1981, 263, 265 r. Sp. – *Drehschiebeschalter*; Boemke/Kursawe/Engemann Rn. 31 zu § 9 u. Boemke/Kursawe/Boemke Rn. 22 f. zu § 25; bejahend: Röpke, Arbeitsverh. u. ArbNErf., S. 16 ff.; Volmer, BB 1960, 1334; wohl auch BAG v. 08.02.1962, AP Nr. 1 zu § 611 BGB – Erfinder m. Anm. Volmer; s.a. BGH v. 21.10.1980 – X ZR 56/78, GRUR 1981, 128 – *Flaschengreifer*; vgl. auch Kantonsgericht St. Gallen v. 09.02.1983, GRUR Int. 1984, 708, 710 – *Orthofotogerät*; LAG Hamm v. 12.02.1954, BlPMZ 1954, 341; BPatG v. 25.04.1979, GRUR 1979, 851 – *Schmiermittel*.
147 S. hierzu i. Einzelnen A. Bartenbach-Fock/K. Bartenbach in Festschr. Eisenhardt (2007) 185 ff.
148 Vgl. dazu die Fälle b. BGH v. 24.06.1952, GRUR 1953, 29, 30 – *Plattenspieler I*; BGH v. 12.07.1955 – I ZR 31/54, GRUR 1955, 535 – *Zählwerkgetriebe* u. BGH v. 21.03.1961 – I ZR 133/59, GRUR 1961, 432, 435 – *Klebemittel*; LAG Stuttgart v. 30.12.1966, AP Nr. 1 zu § 25 ArbEG; BPatG v. 25.04.1979, GRUR 1979, 851 – *Schmiermittel*.

D. Pflichten des Arbeitnehmers                                              § 25

det – mit dem unterschiedlich gewachsenen Inhalt der arbeitsvertraglichen Pflichten bei technischen Entwicklungen einerseits und urheberschutzfähigen Werken andererseits[149] (vgl. für urheberschutzfähige Computerprogramme § 69 b UrhG).

Unabhängig davon wird es im Einzelfall sicherlich zulässig sein, dass sich jemand zur erfinderischen Betätigung und ggf. auch **zur Erbringung schöpferischer Leistungen verpflichtet**. So kann sich ein Arbeitnehmer arbeitsvertraglich verpflichten, (urheberschutzfähige[150]) Computerprogramme zu entwerfen.[151] Zulässig ist auch, die Entwicklung von (technischen) Verbesserungsvorschlägen zum Inhalt des Arbeitsvertrages zu machen[152] (s. a. § 3 Rdn. 27). Die ablehnende Auffassung verwechselt mutmaßlich die (zulässige) Verpflichtung zum Erfinden mit der Erzwingbarkeit dieser Leistungen.[153] Für das Arbeitsverhältnis folgt die mangelnde Durchsetzbarkeit ebenso wie bei sonstigen Dienstverträgen aus § 888 Abs. 2 ZPO. Der Arbeitgeber kann je nach der dem Arbeitnehmer obliegenden Tätigkeit erfinderische Leistungen erwarten (vgl. § 30 Abs. 4 Satz 3 ArbEG) und hat bei **Ausbleiben des ernsthaften Bemühens um geeignete Problemlösungen** u.U. ein Recht zur (ordentlichen) Kündigung, ggf. auch auf Schadensersatz.[154] Somit schuldet der derart verpflichtete Arbeitnehmer nicht ein erfinderisches (schutzfähiges) Arbeitsergebnis, wohl aber das darauf gerichtete Bemühen.[155]

26

Hat ein Arbeitnehmer es **pflichtwidrig unterlassen**, während der Dauer seines Arbeitsverhältnisses Überlegungen hinsichtlich einer ihm aufgetragenen technischen Verbesserung anzustellen, und findet er eine solche Lösung alsbald nach seinem Ausscheiden aus dem Arbeitsverhältnis, ist er, falls anzunehmen ist, dass er die Erfindung bei pflichtgemäßer Arbeitsleistung bereits während des Bestehens des Arbeitsverhältnisses gemacht hätte, aus dem rechtlichen Gesichtspunkt des Schadensersatzes wegen Pflichtverletzung (§ 280 Abs. 1,

---

149 BGH v. 23.10.2001, GRUR 2002, 149, 152 – *Wetterführungspläne II*; Ulmer, GRUR 1984, 432, 433.
150 BAG v. 13.09.1983, DB 1984, 991 f. m.w.N. = GRUR 1984, 429; OLG Koblenz v. 13.08.1983, BB 1983, 992; LAG Schleswig-Holstein v. 24.06.1981, BB 1983, 994.
151 BAG v. 13.09.1983, DB 1984, 991 f. m.w.N. = GRUR 1984, 429.
152 Schaub/Koch, ArbRHdB. § 114 V 2 Rn. 42.
153 So zutr. Volmer Rn. 6 zu § 25 (krit. aber Volmer/Gaul Rn. 76 zu § 25).
154 S. dazu BGH v. 21.10.1980 – X ZR 56/78, GRUR 1981, 128 – *Flaschengreifer*; wie hier auch Schaub/Koch, ArbRHdB. § 114 V 2 Rn. 42.
155 Zu Zielvereinbarungen über Erfindungen s. A. Bartenbach-Fock/K. Bartenbach, FS U. Eisenhardt (2007), S. 185 ff.

§ 619a BGB) verpflichtet, dem früheren Arbeitgeber das auf die Erfindung angemeldete Schutzrecht zu übertragen.[156]

27 Zum Recht des Arbeitgebers an den vom Arbeitnehmer geschaffenen (nicht schutzfähigen) **Arbeitsergebnissen**, der hierauf bezogenen Mitteilungspflicht des Arbeitnehmers und zur Zuordnung dieser Arbeitsergebnisse vgl. § 3 Rdn. 26, 28 ff.

## II. Treuepflicht

### 1. Umfang und Dauer

28 Die über die Arbeitspflicht hinausgehende Treuepflicht des Arbeitnehmers kennzeichnet – als auch heute noch verbreiteter Oberbegriff, der aber zunehmend durch die Pflicht zur Rücksichtnahme ersetzt wird – die aus dem Arbeitsverhältnis folgenden **Nebenpflichten** des Arbeitnehmers (s. § 25 Rdn. 11). Sie steht korrespondierend zur Fürsorgepflicht des Arbeitgebers, und zwar gleich, ob diese vorrangig auf § 241 Abs. 1 BGB oder § 242 BGB beruht.[157] Die Treuepflicht gebietet – u. E. unverändert – dem Arbeitnehmer, **sich für die Interessen seines Arbeitgebers** und für das Gedeihen des Unternehmens **einzusetzen und alles zu unterlassen, was dem Arbeitgeber** oder dem Unternehmen **abträglich ist.**[158]

29 Der **Umfang** der Treuepflicht wird durch die Stellung des Arbeitnehmers im Betrieb bestimmt und ist im Einzelfall u. a. nach der Dauer der Betriebszugehörigkeit, der Vertrauensposition des Arbeitnehmers und seinem Tätigkeitsbereich festzustellen.[159] Erfinderrechtlich wirkt sich die Treuepflicht in der Weise aus, dass sie Rechte und Pflichten aus dem ArbEG im Einzelfall ergänzt und konkretisiert und darüber hinaus den Pflichtenkreis des Arbeitnehmers dahin gehend ausfüllt, dass von ihm im Zusammenhang mit Entwicklung und Fertigstellung technischer Neuerungen bestimmte Verhaltensweisen erwartet werden können.

---

156 BGH v. 21.10.1980 – X ZR 56/78, GRUR 1981, 128 – *Flaschengreifer*; vgl. auch Buchner, GRUR 1985, 1, 7 ff.
157 Nach verbreiteter Ansicht wird die Treuepflicht nicht mehr aus § 242 BGB, sondern als Rücksichtnahmepflicht allein aus § 241 Abs. 2 BGB abgeleitet (so etwa Palandt/Weidenkaff, BGB, § 611 Rn. 39; krit. ErfK/Preis § 611a BGB Rn. 708 f.).
158 OLG Düsseldorf v. 27.02.2003, Mitt. 2004, 418 (Rn. 198 ff.) – *Hub-Kippvorrichtung*; so auch schon früher allg. A., z.B. BAG v. 17.10.1969, AP Nr. 7 zu § 611 BGB – Treuepflicht. Krit. i. H. a. die Bedeutung als selbstständ. Rechtsinstitut LAG Hamm v. 09.02.1996, NZA-RR 1997, 17, 18 f. m.w.N.
159 BAG v. 09.02.2006, BAGE 117, 81 u. v. 18.11.2004, BAGE 112, 351.

Im **öffentlichen Dienst** ergeben sich im Allgemeinen aufgrund der Treue- 30
pflicht gesteigerte Anforderungen im Verhältnis zum privaten Dienst.[160] Hier
ist auch zu berücksichtigen, dass die Treuepflicht durch tarifvertragliche Regelungen, gesetzliche Vorschriften oder Verwaltungsanordnungen eine nähere
Konkretisierung erfahren hat. Nach dem Grundsatz der Gleichstellung (s. vor
§§ 40 bis 42 Rdn. 4) wird man jedoch im Allgemeinen in Bezug auf Arbeitnehmererfindungen keine wesentlich weiter gehenden Verhaltenspflichten der
Angehörigen des öffentlichen Dienstes erwarten können.[161]

Ebenso wie die Fürsorgepflicht des Arbeitgebers (vgl. oben § 25 Rdn. 11 ff.) 31
kann die Treuepflicht – wenn auch in u.U. sehr abgeschwächter Form – über
das **Arbeitsvertragsende hinaus** wirken[162] (etwa im Ruhestandsverhältnis –
vgl. dazu § 26 Rdn. 31 ff.).

Eine **Verletzung** der Treuepflicht führt bei Verschulden (§ 276 BGB) zu einem
Schadensersatzanspruch wegen Pflichtverletzung (§ 280 Abs. 1, § 619a BGB)
und (auch ohne Verschulden) zu einem Unterlassungsanspruch;[163] ggf. kann
die Treuepflicht auch eine **Pflicht des Arbeitnehmers zu einem (positiven)
Tun** begründen.[164]

## 2. Einzelne Verhaltenspflichten

Die Treuepflicht begründet zahlreiche Nebenpflichten des Arbeitnehmers. Sie 32
hat **im ArbEG** in einigen Normen, so z.B. in § 5 Abs. 2 Sätze 2 u. 3, § 5
Abs. 3 Satz 1, § 14 Abs. 3, § 15 Abs. 2, § 16 Abs. 3, §§ 17, 18, 19, § 24 Abs. 2
gesetzlichen Niederschlag gefunden; ihre Auswirkungen sind regelmäßig bei
den einzelnen Vorschriften behandelt. Zur Schweigepflicht s. § 24 Rdn. 38 ff.

Aus der Verpflichtung, die Interessen des Arbeitgebers nach besten Kräften 33
wahrzunehmen und diesen vor Schäden zu bewahren, folgt, dass der Arbeitnehmer je nach den Umständen des Einzelfalls gehalten ist, **Unregelmäßigkeiten bzw. eingetretene Störungen** i.R.d. Forschungs- und Entwicklungsarbeiten seinem Vorgesetzten ohne Zögern **mitzuteilen**. Jedenfalls auf Befragen hat
er **Auskunft über Stand und Fortgang** seiner Forschungs- und Entwicklungs-

---

160 Ebenso Schiedsst. v. 10.04.2008 – Arb.Erf. 43/06, (Datenbank).
161 Ausf. Volz, ArbNErf. i. öffentl. Dienst, S. 180 ff.; a.A. Reimer/Schade/Schippel/
Leuze Rn. 41 zu § 40.
162 BAG v. 11.12.1967, AP Nr. 4 zu § 242 BGB – nachvertragl. Treuepflicht.
163 OLG Düsseldorf v. 27.02.2003, Mitt. 2004, 418 (Rn. 198 ff.) – *Hub-Kippvorrichtung*; Palandt/Weidenkaff, BGB, Rn. 39 ff. zu § 611.
164 S. dazu allg. u.a. Richardi, NZA 2002, 1004, 1009 ff.

tätigkeit und deren Erfolgsaussichten zu geben.[165] Diese Auskunftspflicht kann sich auch auf weitere Begleitumstände der Erfindungsentwicklung erstrecken, etwa auf neue, zwischenzeitlich gewonnene Erkenntnisse zur Verbesserung oder weiteren Ausgestaltung der Erfindung bzw. auf die Möglichkeit eines zusätzlichen Einsatzgebietes; je nach den Umständen des Einzelfalls, insb. bei erkennbarem betrieblichen Interesse, kann vom Arbeitnehmer erwartet werden, dass er insoweit auch **selbst initiativ** wird.[166] Dies gilt insb. bei Arbeitnehmern in Führungspositionen und bei Tätigkeiten im Forschungs- und Entwicklungsbereich; s.a. § 25 Rdn. 36.

Der Arbeitnehmer hat dem Arbeitgeber in gewünschtem Umfang auch **Einblick in die übertragenen Aufgaben** zu geben. Weigert sich der Arbeitnehmer, dieser Offenbarungs- und Unterrichtungspflicht nachzukommen, hat der Arbeitgeber – unbeschadet seines Erfüllungsanspruchs – auch das Recht, das Arbeitsverhältnis nach vorheriger erfolgloser Abmahnung aus wichtigem Grund (vgl. § 626 BGB) zu kündigen.[167]

34 Anders als diese Auskunftspflicht knüpfen die **gesetzlichen Meldepflichten** (vgl. §§ 5, 18 ArbEG) und die arbeitsvertragliche Mitteilungspflicht (insb. bei technischen Verbesserungsvorschlägen – vgl. § 3 Rdn. 28 ff.)[168] erst an das Vorliegen einer fertigen technischen Neuerung an.

35 Bezieht sich die Entwicklungstätigkeit des Arbeitnehmers auf eine **freie Erfindung**, so beschränkt sich der Auskunftsanspruch des Arbeitgebers darauf, zu erfahren, womit sich der Arbeitnehmer (insb. während der Arbeitszeit) befasst.[169] Hat der Arbeitnehmer während der Dauer seines Arbeitsverhältnisses Erfindungen zum Patent angemeldet, so kann der Arbeitgeber über §§ 5, 18 hinaus auch spezifizierte Auskunft über die Patentanmeldungen verlangen.[170] Zur Übertragungspflicht bei einer während des Arbeitsverhältnisses unterlassenen Forschungstätigkeit s. hier § 25 Rdn. 26 sowie § 26 Rdn. 22.

---

165 LAG Stuttgart v. 30.12.1966, AP Nr. 1 zu § 25 ArbEG m. Anm. Volmer; differenzierend Röpke, Arbeitnehmer als Erf., S. 22 f.; s.a. ders. Arbeitsverh. u. ArbNErf. S. 40 ff.; Volmer/Gaul Rn. 109 zu § 25. Vgl. auch allg. BAG v. 18.01.1996, NZA 1997, 41, 42.
166 I. d. S. wohl auch Schiedsst. ZB v. 23.06.1983 – Arb.Erf. 3 (B)/83, (unveröffentl.).
167 LAG Stuttgart v. 30.12.1966, AP Nr. 1 zu § 25 ArbEG m. Anm. Volmer.
168 S. dazu Röpke, DB 1962, 369, 406.
169 Röpke, Arbeitsverh. u. ArbNErf., S. 41 m.H.a. LAG Baden-Württemberg v. 08.08.1956, BB 1956, 1141.
170 Vgl. BGH v. 25.02.1958, GRUR 1958, 334, 338 – *Mitteilungs- und Meldepflicht*; m. Anm. Friedrich; a. A. Boemke/Kursawe/Ulrici Rn. 27 zu § 18.

### D. Pflichten des Arbeitnehmers        § 25

Dass die Pflicht, Schäden zu vermeiden, auch die Verpflichtung zur **sorgsamen** 36
**und sparsamen Behandlung** dienstlich anvertrauter Arbeitsmittel umfasst, hat
der Arbeitnehmer auch im Rahmen seiner Forschungs- und Entwicklungstätigkeit zu beachten.

Die Pflicht zur Interessenwahrung kann es dem Arbeitnehmer gebieten, über
§ 15 Abs. 2 ArbEG hinaus **bei Versuchen** sowohl zur Erprobung seiner
Erfindung als auch zur Erlangung einer zweckmäßigen, fabrikationsreifen Ausgestaltung **mitzuwirken**. Erlangt er dabei **neue Erkenntnisse**, die auf eine
Verbesserung, weitere Ausbildung der Erfindung (vgl. § 16 Abs. 1 Satz 2
PatG a.F.) oder einen zusätzlichen Anwendungsbereich hinauslaufen, hat er
den Arbeitgeber aus eigener Initiative auch nach Meldung und Inanspruchnahme der Diensterfindung hierauf aufmerksam zu machen[171] (s.a. oben
§ 25 Rdn. 33).

Besteht die Gefahr von **Interessenkollisionen**, kann die Treuepflicht dem
Arbeitnehmer nicht nur gebieten, seinen Vorgesetzten darauf hinzuweisen,
sondern auch, sich im Einzelfall bestimmter Handlungen zu enthalten.[172] Dies
gilt etwa dann, wenn ein Erfinder unmittelbar oder mittelbar auf die Verwertung seiner Diensterfindung Einfluss nehmen kann. Es wäre zumindest treuwidrig, wenn er aus sachfremden, insb. aus eigennützigen (Vergütungs-) Interessen heraus dem Einsatz seiner Erfindung Vorrang vor anderen Produkten
des Arbeitgebers gäbe[173].

Ist dem Arbeitnehmererfinder zugleich das Patentwesen zur eigenverantwortli- 36.1
chen Erledigung übertragen worden, muss er alles tun, um **Schaden vom
Unternehmen abzuwenden**.[174] Zur sachgemäßen Erledigung gehört es dann
auch, Rechte an Diensterfindungen, deren Nutzung im betrieblichen Interesse
liegt, auf den Arbeitgeber überzuleiten. Über die dazu erforderlichen Schritte
muss er sich informieren oder zumindest den Arbeitgeber bitten, sachkundigen
Rat (z.B. Einschaltung eines Patent- oder Rechtsanwalts) einzuholen. Dies gilt
insb. dann, wenn die Gefahr von Interessenkollisionen gegeben ist.[175] Eine
bloße Beteiligung an den Entscheidungen des Arbeitgebers, ob für technische

---

171 Röpke, Arbeitsverh. u. ArbNErf., S. 37.
172 Volz, ArbNErf. i. öffentl. Dienst, S. 182 f. m.H.a. BVerwG v. 10.12.1969 – I D 17/
69 (nur auszugsweise in ZBR 1970, 195).
173 Volz, ArbNErf. i. öffentl. Dienst, S. 182 f. m.H.a. BVerwG v. 10.12.1969 – I D 17/
69 (nur auszugsweise in ZBR 1970, 195).
174 OLG Düsseldorf v. 27.02.2003, Mitt. 2004, 418 (Rn. 198) – *Hub-Kippvorrichtung*.
175 OLG Düsseldorf v. 27.02.2003, Mitt. 2004, 418 (Rn. 198) – *Hub-Kippvorrichtung*.

**§ 25**   Verpflichtungen aus dem Arbeitsverhältnis

Neuentwicklungen Schutzrechte angemeldet werden sollen, und eine Mitwirkung am Erteilungsverfahren reichen hierfür nicht aus.[176]

37  Es besteht grds. keine Pflicht des Arbeitnehmers, sich während der Dauer des Arbeitsverhältnisses jedweder **Nebentätigkeiten** zu enthalten (zu den Besonderheiten beim öffentlichen Dienst s. § 41 Rdn. 14). Nebentätigkeitsverbote sind im Hinblick auf Art. 12 GG nur insoweit zulässig, als der Arbeitgeber an deren Unterlassung ein berechtigtes Interesse geltend machen kann,[177] insbesondere, wenn Nebentätigkeiten mit der Arbeitspflicht kollidieren, d.h. vor allem, wenn sie gleichzeitig ausgeübt werden oder – bei nicht gleichzeitiger Ausübung –, wenn die vertraglich vereinbarte Arbeitsleistung darunter leidet.[178]

Besonderheiten können sich aufgrund des **während des Arbeitsverhältnisses bestehenden Wettbewerbsverbots** ergeben, das in der Treuepflicht (§ 25 Rdn. 28 ff.) wurzelt.[179] Dem Arbeitnehmer ist in dieser Zeit ohne Rücksicht auf die tatsächliche Betätigung jede Form von Tätigkeit verboten, die dem Arbeitgeber Konkurrenz machen könnte[180] (vgl. §§ 68, 61 HGB), insb. darf er Dienste und Dienstleistungen nicht Dritten im Marktbereich seines Arbeitgebers anbieten[181] oder selbst tätig werden. Dagegen sind Vorbereitungshandlungen, die sich ausschließlich auf die Zeit nach Beendigung des Arbeitsverhältnisses beziehen, regelmäßig zulässig.[182]

38  **Verfügungen** über eine Diensterfindung vor (unbeschränkter) Inanspruchnahme verstoßen ebenso wie Eigenverwertungshandlungen (s. dazu § 7 n.F. Rdn. 109) gegen die Treuepflicht und die Geheimhaltungspflicht (§ 24 Abs. 2, s. dort § 24 Rdn. 28 ff.);[183] Verfügungen sind nach § 7 Abs. 2 dem Arbeitgeber ggü. unwirksam (s. § 7 n.F. Rdn. 94 ff.). Eigene Nutzungshandlungen in dieser Zeit verletzen auch das arbeitsvertragliche Wettbewerbsverbot. Aus der

---

176 OLG Düsseldorf v. 27.02.2003, Mitt. 2004, 418 (Rn. 198) – *Hub-Kippvorrichtung*.
177 BAG v. 26.08.1976, AP Nr. 68 zu § 626 BGB.
178 BAG v. 18.01.1996, NZA 1997, 41, 42 – dort auch zur Auskunftspflicht des Arbeitnehmers.
179 BAG v. 20.09.2006, BAGE 119, 294.
180 BAG v. 17.10.1969, AP Nr. 7 zu § 611 BGB – Treuepflicht u. v. 20.09.2006, BAGE 119, 294.
181 BAG v. 16.06.1976, NJW 1977, 646.
182 Vgl. BGH v. 16.11.1954, NJW 1955, 463 (Anreißgerät) = AP Nr. 1 zu § 60 HGB m. Anm. Hueck; BAG v. 30.05.1978, NJW 1979, 335 (Abschluss eines Franchise-Vertrages).
183 Ebenso Schiedsst. v. 10.04.2008 – Arb.Erf. 43/06, (Datenbank).

D. Pflichten des Arbeitnehmers                                               § 25

Verletzung der Treuepflicht folgt auch die Pflicht des Arbeitnehmers zur Auskunft über von ihm vor Inanspruchnahme getroffene Verfügungen.[184] Zum Verwertungsrecht bei frei gewordenen Diensterfindungen gem. § 6 Abs. 2, § 8 n.F. vgl. unten § 25 Rdn. 40 sowie § 8 n.F. Rdn. 74 ff.; bei freien Erfindungen § 19 Rdn. 37 u. § 18 Rdn. 5; zur Verschwiegenheitspflicht des Arbeitnehmers s. die Erläuterungen zu § 24 Abs. 2; zu nachvertraglichen Geheimhaltungs- und Wettbewerbsverbotspflichten des Arbeitnehmers s. § 26 Rdn. 34 ff.

Ob der Arbeitnehmer ggü. Ansprüchen des Arbeitgebers aus dem ArbEG ein **Zurückbehaltungsrecht** geltend machen kann, bestimmt sich nach den Grundsätzen des § 273 BGB.[185] Im Regelfall ist davon auszugehen, dass zwar die erforderliche Konnexität (innerlich zusammengehörendes, einheitliches Lebensverhältnis) für Anspruch und Gegenanspruch zwischen Arbeitnehmer und Arbeitgeber aus dem Arbeitsverhältnis bzw. ArbEG besteht. Das Zurückbehaltungsrecht ist aber immer dann ausgeschlossen, wenn sich aus Vertrag, Inhalt oder Natur des Schuldverhältnisses oder sonst aus Treu und Glauben etwas anders ergibt.[186] Grds. können die Arbeitsvertragsparteien im Zusammenhang mit einer Arbeitnehmererfindung ihre gesetzlichen Verpflichtungen nicht im Wege des Vorgriffs oder wegen befürchteter Rechtsverletzungen der jeweils anderen Seite unerfüllt lassen.[187]

39

Werden vom Arbeitnehmererfinder **Mitwirkungspflichten** etwa bei der Erfindungsmeldung[188] (§ 5 Abs. 1) oder der Ergänzung einer Erfindungsmeldung (§ 5 Abs. 2 u. 3) oder bei dem Erwerb von Schutzrechten (§ 15 Abs. 2) **zurückgehalten**, so verbietet sich dies aus dem Inhalt des gesetzlichen Schuldverhältnisses nach dem ArbEG. Dieses ist auf eine kurzfristige Prioritätssicherung (vgl. § 13) bzw. baldigen Schutzrechtserwerb ausgerichtet. Insofern ist ein Zurückbehaltungsrecht ausgeschlossen, das zu einer Entwertung oder gar einem Verlust der angestrebten Rechte führt. Das Zurückbehaltungsrecht kann auch nicht in einer Weise ausgeübt werden, die im Einzelfall gegen Treu und Glauben verstoßen würde (§ 242 BGB). So darf der Arbeitnehmer auch sonstige Pflichten aus dem ArbEG nicht verweigern, wenn Vergütungsrückstände verhältnismäßig gering sind bzw. eine anderweitige Sicherung des Anspruchs

---

184 Schiedsst. v. 10.04.2008 – Arb.Erf. 43/06, (Datenbank).
185 BGH v. 25.02.1958, GRUR 1958, 334, 337 – *Mitteilungs- und Meldepflicht*.
186 BGH v. 25.02.1958, GRUR 1958, 334, 337 – *Mitteilungs- und Meldepflicht*; ausf. hierzu allgemein BGH v. 08.01.1990, NJW 1990, 1171, 1172.
187 Schiedsst. v. 23.01.1996 – Arb.Erf. 42/94, (unveröffentl.).
188 Schiedsst. v. 23.01.1996 – Arb.Erf. 42/94, (unveröffentl.).

gegeben ist, nur kurzfristige Verzögerungen zu erwarten sind oder wenn dem Arbeitgeber ein unverhältnismäßig hoher Schaden aus der Verzögerung droht.[189] Das Zurückbehaltungsrecht wäre nach Treu und Glauben auch dann ausgeschlossen, wenn die Klärung der eigenen Forderung derart schwierig und zeitraubend ist, dass die Durchsetzung der Gegenforderung auf unabsehbare Zeit verzögert werden könnte.[190] Dies wird häufig dann gegeben sein, wenn Grund und vor allem Höhe eines Vergütungsanspruchs nach dem ArbEG streitig sind und eine Auseinandersetzung vor der Schiedsstelle oder den Gerichten nicht auszuschließen ist.

Zum Zurückbehaltungsrecht des Arbeitnehmers bei der Mitteilung freier Erfindungen s. § 18 Rdn. 20; zum Zurückbehaltungsrecht des Arbeitgebers bei Vergütungsansprüchen s. § 9 Rdn. 29.

### E. Arbeitsrechtliche Bindungen des Arbeitnehmers bei der Verwertung frei gewordener Erfindungen (§ 25 Halbs. 2)

**40** Entsprechend dem Hinweis in § 25 Halbs. 2 auf § 8 n.F. sind die arbeitsrechtlichen Bindungen des Arbeitnehmers (Verschwiegenheitspflicht, Wettbewerbsverbot) bezüglich frei gewordener Erfindungen eingeschränkt. Das gilt auch für die durch ausdrückliche Freigabeerklärung nach § 6 Abs. 2 n.F. frei gegebene Diensterfindung, da diese von den Wirkungen des § 8 mitumfasst ist (s. § 6 n.F. Rdn. 108 und § 13 Rdn. 32; zur Gesetzesänderung s. § 25 Rdn. 2). § 25 Halbs. 2 sollte – nach der ursprünglichen Absicht des Gesetzgebers – gerade im Hinblick auf das frühere Institut der beschränkten Inanspruchnahme gewährleisten, dass die frei gewordene Erfindung (§ 8) dem Arbeitnehmer zur **freien Verfügung** zusteht, ohne dass der Arbeitgeber unter Berufung auf die allgemeine arbeitsvertragliche Treuepflicht dieses Verfügungsrecht einschränken kann.[191]

**41** Indes engt das aus der Treuepflicht folgende arbeitsvertragliche Wettbewerbsverbot den Arbeitnehmer dahin ein, dass ihm Konkurrenztätigkeit durch **Eigenverwertung** der Erfindung untersagt bleibt.[192] Damit stellt § 25 Halbs. 2 also klar, dass dem Arbeitnehmer zwar ein **Verfügungsrecht** an der frei gewordenen Diensterfindung zusteht, nicht jedoch ein Eigenverwertungs-

---

189 Vgl. allgem. z. Arb.Verh. BAG v. 25.10.1984, DB 1985, 763 f. u. v. 09.05.1996, ZIP 1996, 1841, 1843.
190 Vgl. allgem. BGH v. 08.01.1990, NJW 1990, 1171, 1172.
191 Vgl. Ausschussber. zu BT-Drucks. II/3327 S. 8 = BlPMZ 1957, 254.
192 Vgl. Ausschussbericht zu BT-Drucks. II/3327 S. 8 = BlPMZ 1957, 254; Keukenschrijver in Busse/Keukenschrijver, PatG, Rn. 4 zu § 25 ArbEG.

recht, soweit er damit während des Arbeitsverhältnisses in Konkurrenz zu seinem Arbeitgeber tritt (Einzelheiten s. § 8 n.F. Rdn. 77 ff.).

## F. Zulässigkeit von Nichtigkeits- und Löschungsklagen, Einsprüchen

Die Nichtigkeitsklage gegen ein Patent (§§ 22, 81 PatG; vgl. auch Art. 138 EPÜ) und das Löschungsverfahren gegen ein Gebrauchsmuster (§§ 7 ff. GebrMG) sind als Popularverfahren ausgestaltet, sodass jedermann zur Verfahrenseinleitung befugt ist. Diese Befugnis entfällt durch eine (wirksame) **Nichtangriffsabrede** (exceptio pacti), deren Geltendmachung nach herrschender Meinung zur Abweisung der Klage als unzulässig führt.[193]    42

Insoweit sind die Arbeitsvertragsparteien frei darin, eine derartige Abrede sowohl **für die Dauer des Arbeitsverhältnisses** als auch für die **Zeit nach Arbeitsvertragsende** zu treffen.[194] § 22 Satz 1 ArbEG steht einer unabhängig vom Zustandekommen einer Diensterfindung getroffenen allgemeinen Nichtangriffsabrede nicht entgegen, denn von einer solchen Abrede wird nicht die durch das ArbEG geschaffene Rechtsposition des Arbeitnehmers tangiert. Auch diesbezügliche **kartellrechtliche Schranken** (vgl. §§ 1, 2 GWB, Art. 101 AEUV i.V.m. Art. 5 Abs. 1 TT-GVO)[195] sind regelmäßig mangels Unternehmereigenschaft des Arbeitnehmererfinders und der fehlenden Vergleichbarkeit des in Anspruch nehmenden Arbeitgebers mit einem Lizenznehmer nicht zu beachten[196] (vgl. auch § 9 Rdn. 136 ff.). Eine derartige **Nichtangriffsabrede ist auch formlos** (konkludent) möglich.[197] Ihrem Inhalt nach kann sie außer auf Nichtigkeits- bzw. Löschungsklagen auch auf Einspruchs- und Einspruchsbeschwerdeverfahren erstreckt werden.    43

Auch **ohne** vertragliche **Nichtangriffsabrede** kann eine solche **Klage unzulässig** sein. Das betrifft einmal die Fälle der Mitinhaberschaft von Schutzrech-    44

---

[193] BGH v. 20.05.1953, BGHZ 10, 22, 24 ff. – *Konservendosen*; BGH v. 30.11.1967 – Ia ZR 93/65, GRUR 1971, 243 – *Gewindeschneidvorrichtung*; BGH v. 04.10.1988 – X ZR 3/88, BlPMZ 1989, 155 – *Flächenentlüftung*. S. (aber) auch BGH v. 24.01.2011 – X ZB 33/08, GRUR 2011, 409 [Rn. 9] – *Deformationsfelder*.
[194] S. auch Boemke/Kursawe/Boemke Rn. 32 f. zu § 25.
[195] S. allg. zu §§ 20, 21 GWB a.F. BGH v. 04.10.1988, BlPMZ 1989, 155 – *Flächenentlüftung* u. zu Art. 85 EWGV EuGH v. 25.02.1986, GRUR Int. 1986, 635 – *Windsurfing International* u. EuGH v. 27.09.1988, Mitt. 1989, 112 – *Bayer/Süllhöfer*; EG-Kommission v. 02.12.1975, GRUR. Int. 1976, 182 – *AOIP/Beyrard*.
[196] Bartenbach/Volz, GRUR 1987, 859, 860; a.A. Volmer/Gaul Rn. 158 zu § 25.
[197] S.a. BGH v. 24.01.2011 – X ZB 33/08, GRUR 2011, 409 [Rn. 9 f.] – *Deformationsfelder*.

ten.[198] Das gilt aber ferner dann, wenn zwischen den Parteien vertragliche Bindungen bestehen, die wegen ihrer individuellen Ausgestaltung, insb. wegen Bestehens eines besonderen Vertrauensverhältnisses nach Inhalt, Sinn und Zweck, die Klageerhebung als **Verstoß gegen Treu und Glauben** (§ 242 BGB) erscheinen lassen.[199] Das bedarf nach der neueren Rechtsprechung des *BGH* einer Prüfung im Einzelfall unter Würdigung aller Umstände, und zwar auch im Lichte des Allgemeininteresses an der Beseitigung nicht schutzwürdiger Schutzrechte.[200] Als eine nach Treu und Glauben relevante Bindung kommt sowohl eine aus dem Arbeitsvertrag abzuleitende Fürsorge- und Treuepflicht (s. hierzu oben § 25 Rdn. 11 ff., 28 ff.) als auch eine Pflicht aus dem durch das ArbEG begründeten gesetzlichen Schuldverhältnis (s. § 1 Rdn. 160) in Betracht.[201] Eine solche Verpflichtung kann implizit begründet sein, wenn sich aus dem Arbeitsverhältnis bzw. dem durch das ArbEG begründeten gesetzlichen Schuldverhältnis die unausgesprochene Pflicht ergibt, schädigende Handlungen zu unterlassen, oder wenn sich der Einsprechende treuwidrig zu seinem eigenen früheren Verhalten in Widerspruch setzt (venire contra factum proprium).[202]

45 **Während der Dauer eines Arbeitsverhältnisses** ist die **Nichtangriffspflicht des Arbeitnehmererfinders** als Konsequenz der arbeitsvertraglichen Treuepflicht und des durch die Erfindungsmeldung und Inanspruchnahme(fiktion) begründeten Schuldverhältnisses uneingeschränkt zu bejahen; Nichtigkeitsklagen des Erfinders gegen die auf seine (in Anspruch genommenen) Diensterfindungen erteilten Schutzrechte seines Arbeitgebers sind grds. unzulässig.[203]

---

198 Vgl. BGH v. 24.01.2011 – X ZB 33/08, GRUR 2011, 409 [Rn. 9] – *Deformationsfelder*.
199 BGH v. 14.07.1964, GRUR 1965, 135, 137 – Vanal-Patent m. zust. Anm. Fischer; BGH v. 17.12.1974, Mitt. 1975, 117 – *Rotationseinmalentwickler*; BGH v. 04.10.1988, BlPMZ 1989, 155 – *Flächenentlüftung*; BPatG, BlPMZ 1991, 313.
200 BGH v. 24.01.2011 – X ZB 33/08, GRUR 2011, 409, 410 [Rn. 16] – *Deformationsfelder*.
201 Zu diesem Problemkreis s. Röpke, GRUR 1962, 173 ff.; Dohr Nichtigkeitsklage, Diss. Köln 1961; Bartenbach/Volz, GRUR 1987, 859; Dolder, GRUR Int. 1982, 158 (zum Schweiz. Rechtskreis).
202 Vgl. BPatG v. 19.07.2007, Mitt. 2007, 467 – *Gasflammenbehandlungsvorrichtung*; vgl. auch Schulte/Moufang, PatG § 59, Rn. 59.
203 Reimer/Schade/Schippel/Rother Rn. 15 zu § 25; Benkard/Rogge/Kober-Dehm. PatG, Rn. 46 zu § 22 PatG; im Ergebn. auch Keukenschrijver in Busse/Keukenschrijver, PatG, Rn. 91 zu § 81 PatG; vgl. auch BGH v. 04.10.1988, BlPMZ 1989, 155, 156 – *Flächenentlüftung*. Diff. aber Boemke/Kursawe/Boemke Rn. 35 ff. zu § 25.

# F. Zulässigkeit von Nichtigkeits- und Löschungsklagen, Einsprüchen § 25

Dies gilt nach Treu und Glauben (§ 242 BGB) grds. auch für einen **ausgeschiedenen Arbeitnehmererfinder**, solange er einen durchsetzbaren Vergütungsanspruch hat oder bereits voll abgefunden ist.[204] Ohne Einfluss auf die Zulässigkeit der Nichtigkeitsklage ist es einerseits, ob die Erfindung kraft Vereinbarung oder aufgrund (unbeschränkter) Inanspruchnahme auf den Arbeitgeber übergegangen ist;[205] zum anderen ist die konkrete Höhe des dem Arbeitnehmer zustehenden bzw. bereits erfüllten Vergütungsanspruchs ohne Bedeutung.

Wenn der *BGH* schlechthin die Möglichkeit ausschließt, dass **überwiegende Eigeninteressen** des ausgeschiedenen Arbeitnehmererfinders eine Nichtigkeitsklage im Einzelfall zulässig erscheinen lassen,[206] kann dem angesichts der gebotenen Einzelfallbetrachtung (s. § 25 Rdn. 44) nicht uneingeschränkt gefolgt werden. Richtig ist zwar, dass der ausgeschiedene Arbeitnehmer die Verweigerung eines Mitbenutzungsrechts an dem Schutzrecht durch seinen früheren Arbeitgeber nicht zum Anlass für eine Nichtigkeitsklage nehmen kann.[207] Der *BGH* führt aber einen solchen Ausnahmefall selbst an, und zwar den, dass der Arbeitnehmer seinen Anspruch auf wirtschaftliche Gegenleistung – etwa wegen Zahlungsunfähigkeit des früheren Arbeitgebers – nicht mehr durchsetzen kann. Gleiches kann gelten, wenn der Arbeitgeber trotz Abmahnung eine Erfüllung berechtigter Vergütungsansprüche verweigert.[208] Hier kann der Arbeitnehmer nicht darauf verwiesen werden, seine Vergütungsansprüche klageweise durchzusetzen. Dieser Situation ist der Ausnahmefall gleichzusetzen, dass der frühere Arbeitgeber willkürlich eine Verwertung der Erfindung unter

---

204 BGH v. 02.06.1987, GRUR 1987, 900, 902 – *Entwässerungsanlage* u. BGH v. 04.10.1988, BlPMZ 1989, 155 – *Flächenentlüftung*; bestätigt durch BGH v. 15.05.1990 – X ZR 119/88, GRUR 1990, 667 – *Einbettungsmasse* (dort versehentliches Zitat [»oder noch nicht voll abgefunden ist«] zu BGH v. 02.06.1987); Benkard/Rogge/Kober-Dehm. PatG, Rn. 46 zu § 22 PatG; s.a. BGH v. 12.07.1955 – I ZR 31/54, GRUR 1955, 535, 537 – *Zählwerkgetriebe* = AP Nr. 1 zu § 12 ArbNErfindVO m. krit. Anm. Volmer = MDR 1956, 83 m. krit. Anm. Nipperdey; enger BPatG v. 25.04.1979, GRUR 1979, 851, 852 – *Schmiermittel*.
205 BGH v. 12.07.1955 – I ZR 31/54, GRUR 1955, 535, 537 – *Zählwerkgetriebe* = AP Nr. 1 zu § 12 ArbNErfindVO m. krit. Anm. Volmer = MDR 1956, 83 m. krit. Anm. Nipperdey.
206 BGH v. 02.06.1987, GRUR 1987, 900, 902 – *Entwässerungsanlage* gegen Röpke, GRUR 1962, 173, 176; dem BGH folgend Boemke/Kursawe/Boemke Rn. 41 zu § 25; vgl. auch Keukenschrijver in Busse/Keukenschrijver, PatG, Rn. 91 zu § 81 PatG.
207 So aber Volmer/Gaul Rn. 157, 165 zu § 25.
208 BPatG v. 19.07.2007, Mitt. 2007, 467, 468 – *Gasflammbehandlungsvorrichtung*; insoweit zust. Boemke/Kursawe/Boemke Rn. 38 zu § 25.

Missbrauch seiner unternehmerischen Ermessensfreiheit unterlässt und zugleich die Aufrechterhaltung der Schutzrechtsposition nutzt, um den früheren Arbeitnehmer von einer Eigenverwertung abzuhalten.[209] Dagegen ist ein schutzwürdiges Eigeninteresse nicht anzunehmen, wenn die Nichtigkeitsklage erhoben wird, um dem Arbeitnehmer die Verwertung einer von seiner früheren Diensterfindung abhängigen freien Zusatzerfindung zu ermöglichen.[210]

Klagt der (ausgeschiedene) Arbeitnehmererfinder nicht selbst, sondern ein Dritter, so kann diesem mit der Folge der Unzulässigkeit der Nichtigkeitsklage eine »**Strohmann-Eigenschaft**« entgegengehalten werden, sofern der Dritte als Kläger lediglich vorgeschoben wird, um die Einwendungen des (früheren) Arbeitgebers – etwa aus einer wirksamen Nichtangriffspflicht (s.o. § 25 Rdn. 45) – zu umgehen.[211] Dies gilt insb. bei der Klage einer Gesellschaft, an der der Arbeitnehmererfinder beteiligt ist.[212] Die Beweislast trägt allerdings der Schutzrechtsinhaber[213] (Arbeitgeber).

46 Hat der Arbeitgeber die Schutzrechtsposition auf einen Dritten (**Rechtserwerber**) übertragen, so kann sich auch dieser auf die Nichtangriffspflicht des (ausgeschiedenen) Arbeitnehmers berufen.[214]

47 Der (frühere) **Arbeitgeber** ist dagegen – etwa zur Abwehr von Vergütungs- oder Ausgleichsansprüchen des Erfinders – grds. nicht gehindert, gegen ein auf eine Diensterfindung erteiltes Schutzrecht Nichtigkeits- oder Löschungsklage zu erheben, nachdem die Diensterfindung **frei geworden** ist (§ 6 Abs. 2,

---

209 Vgl. Schiedsst. v. 28.01.1970, BlPMZ 1970, 454 m. Bespr. Schade, GRUR 1970, 579, 584.
210 BGH v. 12.07.1955 – I ZR 31/54, GRUR 1955, 535, 537 – *Zählwerkgetriebe* = AP Nr. 1 zu § 12 ArbNErfindVO m. krit. Anm. Volmer = MDR 1956, 83 m. krit. Anm. Nipperdey.
211 BGH v. 02.06.1987, GRUR 1987, 900, 903 – *Entwässerungsanlage*.
212 BGH v. 02.06.1987, GRUR 1987, 900, 903 – *Entwässerungsanlage*; BPatG v. 25.04.1979, GRUR 1979, 851, 852 – *Schmiermittel*.
213 BGH v. 24.01.2011 – X ZB 33/08, GRUR 2011, 409, 411 [Rn. 19] – *Deformationsfelder*.
214 Bartenbach/Volz, GRUR 1987, 859, 862 f.; offen gelassen bei BGH v. 02.06.1987, GRUR 1987, 900, 903 – *Entwässerungsanlage*.

## F. Zulässigkeit von Nichtigkeits- und Löschungsklagen, Einsprüchen § 25

8 n.F.) bzw. freigegeben (§ 14) oder die Schutzrechtsposition übertragen (§ 16) wurde[215] (zum Einspruchsrecht s. § 25 Rdn. 51).

Dies gilt nach der hier vertretenen Auffassung selbst dann, wenn dem Arbeitgeber (einfache) Nutzungsrechte an der Arbeitnehmererfindung gem. § 7 Abs. 2 a.F. bzw. § 16 Abs. 3 zustehen.[216] Die Gegenansicht, wonach die Nichtigkeitsklage wegen Verstoßes gegen die Treuepflicht unzulässig sein soll, sofern nicht besondere Umstände vorliegen, unter denen dem Arbeitgeber die völlige Freigabe nicht zumutbar sei,[217] ist nicht mit dem System wechselseitiger Rechte und Pflichten aus dem ArbEG in Einklang zu bringen. Sowohl im Fall der – nur noch übergangsrechtlich relevanten (s. § 43 Rdn. 14 ff.) – beschränkten Inanspruchnahme als auch bei Vorbehalt eines Benutzungsrechts nach § 14 Abs. 3 bzw. § 16 Abs. 3 bleibt der Arbeitgeber nach der höchstrichterlichen Rechtsprechung grds. bis zur Nichtigerklärung oder bis zur rechtskräftigen Zurückweisung der Schutzrechtsanmeldung zur Vergütungszahlung verpflichtet,[218] sodass ihm ohne amtliche bzw. gerichtliche Klärung der mangelnden Schutzfähigkeit ein dahingehender Einwand verwehrt wäre. Dies entspricht zugunsten des Arbeitgebers auch § 25 Halbs. 2, wonach die Verpflichtungen aus dem Arbeitsverhältnis nur insoweit unberührt bleiben, als sich aus

48

---

215 BGH v. 14.07.1964, GRUR 1965, 135, 137 – *Vanal-Patent* m. zust. Anm. Fischer; bestätigt durch BGH v. 15.05.1990 – X ZR 119/88, GRUR 1990, 667, 668 – *Einbettungsmasse* (ausweislich BGH v. 17.05.1994 – X ZR 82/92, GRUR 1994, 898, 899 – *Copolyester* wurde das angegriffene Patent auch für nichtig erklärt); DPA v. 15.04.1958, BlPMZ 1958, 301, 302 f.; ausführl. Röpke, GRUR 1962, 173, 177 f.; Benkard/Rogge/Kober-Dehm, PatG, Rn. 46 zu § 22 PatG; Keukenschrijver, Patentnichtigkeitsverfahren m.H.a. BPatG v. 05.10.2004 – 1 Ni 13/03; Keukenschrijver in Busse/Keukenschrijver, PatG, Rn. 92 zu § 81 PatG; Rother Festschr. Bartenbach (2005), 159, 168; vgl. auch BPatG v. 31.05.2012 – 2 Ni 1/11, (juris, Rn. 26, dort auch zur Situation, dass das Schutzrecht erloschen ist); Boemke/Kursawe/Boemke Rn. 42 zu § 25; Schulte/Voit, PatG, § 81 Rn. 60; a. A. Schwab, Arbeitnehmererfindungsrecht, § 25 Rn. 10 bei nach § 8 frei gewordenen Diensterf.
216 Vgl. Röpke, GRUR 1962, 173, 177 f.; wie hier Boemke/Kursawe/Boemke Rn. 43 zu § 25; vgl. auch BGH v. 17.02.1981 – X ZR 51/76, GRUR 1981, 516, 517 – *Klappleitwerk*; offen gelassen von BGH i. Urt. v. 15.05.1990 – X ZR 119/88, GRUR 1990, 667, 668 – *Einbettungsmasse* – dort hatte der Arbeitgeber auf das Benutzungsrecht aus § 16 Abs. 3 ArbEG verzichtet.
217 BPatG v. 08.11.1990, GRUR 1991, 755 – *Tiegelofen*; im Anschluss daran Reimer/Schade/Schippel/Rother Rn. 22 zu § 25 – einschränkend dagegen Rn. 20 zu § 16; einschränkend Schulte/Voit, PatG, § 81 Rn. 60. Offen gelassen nunmehr von BPatG v. 31.05.2012 – 2 Ni 1/11, (juris, Rn. 22); s. auch Keukenschrijver in Busse/Keukenschrijver, PatG, Rn. 93 zu § 81 PatG.
218 Vgl. BGH v. 15.05.1990 – X ZR 119/88, GRUR 1990, 667, 668 – *Einbettungsmasse*.

dem Freiwerden der Diensterfindung nichts anderes ergibt.[219] Der Arbeitgeber darf in seinem Recht, mit der Nichtigkeits- bzw. Löschungsklage Ansprüche des Arbeitnehmers aus und im Zusammenhang mit einer Arbeitnehmererfindung abzuwehren,[220] nicht eingeschränkt werden; er muss auch die Möglichkeit haben, Vergütungsansprüchen des Arbeitnehmers aus § 10 Abs. 2 a.F. und § 16 Abs. 3 entgegenzutreten. Ihm muss ferner die Möglichkeit bleiben, gerichtlich klären zu lassen, ob es sich um eine nicht schutzfähige Neuerung und damit um ein ihm zustehendes Arbeitsergebnis (§ 950 BGB) handelt; dies unterscheidet ihn vom Lizenznehmer, der Nichtigkeitsklage gegen das lizenzierte Schutzrecht erhebt. Zudem ist der Arbeitgeber nicht verpflichtet, sich i.R.d. früheren beschränkten Inanspruchnahme bzw. der Aufgabe der Schutzrechtsposition ggü. dem Arbeitnehmer eine Nichtigkeitsklage ausdrücklich vorzubehalten.[221] Angesichts dieser anzuerkennenden Interessen des Arbeitgebers wäre es nicht gerechtfertigt, das Allgemeininteresse an einer Beseitigung nicht schutzwürdiger Schutzrechte ggü. den Individualinteressen des Arbeitnehmers am Fortbestand des Schutzrechts zurücktreten zu lassen.

Eine Nichtigkeitsklage ist auch zum Schutz einer laufenden Produktion vor Verbietungsansprüchen des Arbeitnehmers als Schutzrechtsinhaber zulässig.[222]

Eine Nichtigkeits- bzw. Löschungsklage des Arbeitgebers kann unzulässig sein, wenn besondere Umstände vorliegen.[223] Dies gilt auch dann, wenn der Arbeitgeber sich nicht von sachgerechten, insb. unternehmerischen Interessen leiten lässt, sondern ausschließlich von der Absicht, den Arbeitnehmer zu schädigen (vgl. § 226 BGB).

49 Die vorstehenden Grundsätze gelten auch für auf **freie Erfindungen erteilte Schutzrechte** (§ 4 Abs. 3), deren Entstehung ohnehin – wenn überhaupt – in wesentlich geringerem Maße auf betriebliche Einflüsse zurückzuführen ist; insoweit steht der Arbeitgeber dem (ausgeschiedenen) Arbeitnehmer wie jeder

---

219 So zutr. Reimer/Schade/Schippel/Rother Rn. 23 zu § 25.
220 Vgl. BGH v. 14.07.1964, GRUR 1965, 135, 137 – Vanal-Patent m. zust. Anm. Fischer; im Ergebn. auch BPatG v. 07.07.1988 – 3 NI 1/88, (unveröffentl.); vgl. BPatG v. 13.03.1984, BlPMZ 1984, 366 (für das Rechtsverhältnis des Patentanwalts zum Mandanten); OGH Wien v. 27.11.1979, GRUR Int. 1981, 247 – *Hauptkühlmittelpumpen*.
221 BGH v. 15.05.1990 – X ZR 119/88, GRUR 1990, 667, 668 – *Einbettungsmasse* – zu § 16 ArbEG.
222 BGH v. 14.07.1964, GRUR 1965, 135, 137 – *Vanal-Patent* m. zust. Anm. Fischer.
223 So grunds. BGH v. 14.07.1964, GRUR 1965, 135, 137 – *Vanal-Patent* m. zust. Anm. Fischer, bestätigt durch BGH v. 15.05.1990 – X ZR 119/88, GRUR 1990, 667, 668 – *Einbettungsmasse*.

Dritte ggü.²²⁴ Dies gilt auch dann, wenn dem Arbeitgeber ein Nutzungsrecht an der Arbeitnehmererfindung zusteht (vgl. § 19 Abs. 1), da insoweit eine vergleichbare Position mit der eines Lizenznehmers vorliegt.

Ebenso ist der Staat aus seiner Fürsorgepflicht heraus grds. nicht gehindert, **50** Nichtigkeitsklage gegen das **Patent eines Beamten** (Ruhestandsbeamten) zu erheben.²²⁵

Die vorstehenden Grundsätze über die Wirkung von Nichtangriffsabreden **51** bzw. Nichtangriffspflichten gelten auch für das an sich jedermann gem. § 59 PatG zustehende **Einspruchsrecht** gegen ein Patent.²²⁶ Auch hier können Treu und Glauben die Einspruchsberechtigung ausschließen.²²⁷ Das ist nach Auffassung des *BGH*²²⁸ einzelfallbezogen unter umfassender Würdigung aller Umstände zu prüfen, wobei sowohl das Allgemeininteresse an der Beseitigung nicht patentwürdiger Schutzrechte als auch die gesetzgeberische Wertung zu den kartellrechtlichen Grenzen von Nichtangriffsabreden zu berücksichtigen sind. Hiernach kann der Patentinhaber dem Einspruch des Miterfinders grds. den Einwand der Treuwidrigkeit der Einspruchseinlegung entgegenhalten.²²⁹ Demzufolge ist es dem (ausgeschiedenen) Arbeitnehmer regelmäßig verwehrt, Einspruch gegen das Patent, das auf seine vom Arbeitgeber in Anspruch genommene Diensterfindung erteilt ist, zu erheben²³⁰ (s. auch § 25 Rdn. 45). Der Arbeitgeber ist aber einspruchsberechtigt bei Streit, ob es sich um eine freie bzw. frei gewordene Erfindung handelt,²³¹ wobei streitig ist, ob das DPMA im Einspruchsverfahren über das Freiwerden der Diensterfindung als

---

224 Röpke, GRUR 1962, 173, 177 f.; Keukenschrijver in Busse/Keukenschrijver, PatG, Rn. 92 zu § 81 PatG u. ders., Patentnichtigkeitsverfahren, Rn. 132.
225 BPatG v. 27.11.1975 – 2 Ni 22/74, wiedergegeben bei Hagen, GRUR 1976, 350 betr. Ruhestandsbeamte; zust. Keukenschrijver in Busse/Keukenschrijver, PatG, Rn. 92 zu § 81 PatG u. Keukenschrijver, Patentnichtigkeitsverfahren Rn. 132.
226 Vgl. Benkard/Schäfers/Schwarz, PatG, Rn. 21 ff. zu § 59 PatG; Vollrath, Mitt. 1982, 43 ff.; Volmer/Gaul Rn. 139 f. zu § 2 und Rn. 154 ff. zu § 25.
227 BGH v. 24.01.2011 – X ZB 33/08, GRUR 2011, 409, 410 [Rn. 11] – *Deformationsfelder* m. Anm. Klein, Mitt. 2011, 234 ff.; Schulte/Moufang, PatG, § 59 Rn.59.
228 BGH v. 24.01.2011 – X ZB 33/08, GRUR 2011, 409, 410 [Rn. 11] – *Deformationsfelder* m. Anm. Klein, Mitt. 2011, 234 ff.
229 BGH v. 24.01.2011, GRUR 2011, 409, 410 [Rn. 16] – Deformationsfelder. Nach Klein (Mitt. 2011, 234, 235) sind damit künftig neben Patentinhaber und Mitinhaber auch Erfinder und Miterfinder vom Einspruch ausgeschlossen. Abw. Schulte/Moufang, PatG, § 59 Rn. 57.
230 Benkard/Schäfers/Schwarz, PatG, Rn. 28 zu § 59 PatG.
231 Benkard/Schäfers/Schwarz, PatG, Rn. 28 zu § 59 PatG m.H.a. BPatG v. 09.02.1968, BPatGE 10, 207, 216; Schulte/Moufang, PatG, § 59 Rn. 130.

Vorfrage entscheidet[232] (vgl. i.Ü. § 25 Rdn. 47). Ebenso kann der Arbeitgeber gegen das Patent eines Dritten, der die frei gewordene Diensterfindung vom Arbeitnehmer erworben hat, Einspruch einlegen, und zwar auch dann, wenn er sich selbst ein Benutzungsrecht (§ 7 Abs. 2 a.F., § 14 Abs. 3, § 16 Abs. 3) vorbehalten hat.[233]

Unzulässig ist eine Klage, die darauf gerichtet ist, dem einsprechenden Arbeitgeber oder Arbeitnehmer zu verbieten, in einem Patenterteilungsverfahren seinen Einspruch auf ein bestimmtes tatsächliches Vorbringen zu stützen.[234]

---

[232] Dafür Schulte/Moufang, PatG, § 59 Rn. 130 m. H. a. Patentamt BlPMZ 1959, 115 entgegen BPatG v. 09.02.1968, BPatGE 10, 207.
[233] So bei Schiedsst. v. 25.11.1985 – Arb.Erf. 28/84, (unveröffentl.).
[234] BGH v. 29.10.1981, GRUR 1982, 161 – *Einspruchsverbietungsklage* (hiernach hält auch das BAG an seiner abweichenden Auffassung i. Urt. v. 26.07.1979, NJW 1980, 608 nicht mehr fest).

## § 26 Auflösung des Arbeitsverhältnisses

Die Rechte und Pflichten aus diesem Gesetz werden durch die Auflösung des Arbeitsverhältnisses nicht berührt.

Lit.:
*Bartenbach*, Die Rechtsst. d. Erben eines ArbNErf., Mitt. 1982, 205; *Bartenbach/Volz*, Nichtangriffspflicht d. (ausgeschiedenen) ArbNErf gegenüber seinen i. Anspr. gen. pat. gesch. DErf., GRUR 1987, 859; ***Bauer***, Chancen u. Risiken v. Ausgleichsklauseln in arbeitsrechtl. Aufhebungs- u. Abwicklungsverträgen, FS Bartenbach (2005), 607; ***Bengelsdorf***, Berücksichtigung v. Verg. f. ArbN.Erfindungen u. Verb.Vorschläge b. d. Karenzentschädigung gem. § 74 Abs. 2 HGB, DB 1989, 1024; ***Gaul***, D. Nachvertragl. Geheimhaltungspflicht e. ausgesch. ArbN, NZA 1988, 225; ***Gaul/Bartenbach***, Erf. e. gekündigten ArbN, GRUR 1979, 750; ***Mes***, Arbeitsplatzwechsel u. Geheimnisschutz, GRUR 1979, 584; ***Vollrath***, D. frei gewordene DErf. u. d. benutzten geheimen Erfahrungen d. Betriebes, GRUR 1987, 670; s. auch Lit. b. §§ 8, 24, 25.

### Übersicht

| | | Rdn. |
|---|---|---|
| A. | Allgemeines | 1 |
| B. | **Auflösung des Arbeitsverhältnisses** | 3 |
| I. | Auflösungsgründe | 3 |
| II. | Fehlerhaftes (faktisches) Arbeitsverhältnis | 13 |
| III. | Ruhen des Arbeitsverhältnisses | 14 |
| C. | **Fortbestehen der Rechte und Pflichten aus dem ArbEG** | 19 |
| I. | Grundsatz | 19 |
| II. | Rechte und Pflichten | 21 |
| III. | Einschränkungen und Ausnahmen | 25 |
| D. | **Fortbestehen sonstiger Rechte und Pflichten außerhalb des ArbEG** | 30 |
| I. | Nachwirkende Fürsorge- und Treuepflicht | 31 |
| II. | Nachvertragliche Geheimhaltungs- und Wettbewerbsverbotspflichten des Arbeitnehmers | 34 |
| | 1. Grundsatz | 34 |
| | 2. Geheimhaltungsabrede | 38 |
| | 3. Vereinbarung eines Wettbewerbsverbotes | 40 |
| III. | Zulässigkeit von Nichtigkeits- und Löschungsklagen | 54 |
| E. | **Vertragliche Abreden anlässlich der Auflösung des Arbeitsverhältnisses** | 55 |
| I. | Grundsatz | 55 |
| II. | Ausgleichsquittung, Ausgleichsklausel | 56 |

### A. Allgemeines

§ 26, der inhaltlich § 8 DVO 1943 entspricht, **stellt klar**, dass sich die Arbeitsvertragsparteien durch Beendigung des Arbeitsverhältnisses nicht einseitig von den durch das ArbEG begründeten gegenseitigen Rechten und Pflichten lösen 1 können, diese vielmehr fortbestehen[1] (z. vertraglichen Abrede s.u. § 26 Rdn. 55 ff.). Das entsprach bereits der Rechtslage vor Inkrafttreten der DVO 1943.[2] § 26 trennt im **Interesse beider Arbeitsvertragsparteien** zwischen erfinderrechtlichen und arbeitsvertraglichen Rechtsbeziehungen: Zum einen sollen die wechselseitigen Rechte und Pflichten aus dem ArbEG nicht mit dem von unterschiedlichsten Umständen beeinflussten Fortbestand des Arbeitsverhältnisses verknüpft werden; zum anderen wird erreicht, dass die beiderseitigen Rechte und Pflichten aus dem ArbEG und deren (ggf. mit Meinungsunterschieden belastete) Geltendmachung keinerlei Einfluss auf den Fortbestand des Arbeitsverhältnisses haben dürfen.

2 Die Vorschrift umfasst sachlich (freie und gebundene) **Erfindungen** (§§ 2, 4) und **qualifizierte technische Verbesserungsvorschläge** (§ 20 Abs. 1), soweit diese während der rechtlichen Dauer des Arbeitsverhältnisses fertiggestellt (vgl. dazu § 4 Rdn. 10 ff.) worden sind. Sie gilt nicht für die über § 20 Abs. 2 dem Anwendungsbereich des ArbEG entzogenen **einfachen technischen Verbesserungsvorschläge**, ferner nicht für die nach (wirksamer) Beendigung des Arbeitsverhältnisses gemachten Erfindungen und sonstigen technischen Neuerungen (s. aber auch § 26 Rdn. 22). Die im RegE 1955 vorgesehene gesetzliche Vermutung, wonach eine innerhalb von 6 Monaten **nach Auflösung des Arbeitsverhältnisses angemeldete Erfindung** als während des Arbeitsverhältnisses zustande gekommen angesehen werden sollte,[3] wurde im Gesetzgebungsverfahren als diskriminierend empfunden und ersatzlos gestrichen;[4] dabei war der Gesetzgeber sicherlich von der Überlegung ausgegangen, dass ein Erfinder auch wegen der Dynamik des technischen Fortschritts und der Gefahr schutzrechtshindernder Anmeldungen Dritter regelmäßig kurzfristig an einer prioritätssichernden Schutzrechtsanmeldung interessiert sein wird[5] (zur tatsächlichen Vermutung s. § 4 Rdn. 16–18 u. § 26 Rdn. 22).

---

1 Vgl. Amtl. Begründung BT-Drucks. II/1648 S. 40 f. = BlPMZ 1957, 240, die als wesentliche Pflichten die Melde- bzw. Mitteilungspflicht des Arbeitnehmers und dessen Unterstützung bei Schutzrechtserlangung einerseits und die Vergütungspflicht des Arbeitgebers andererseits aufführt.
2 Vgl. RAG v. 14.02.1940, ARS 39, 10, 21 f. m. Anm. zust. Hueck.
3 Vergleichbare Regelungen enthalten einige ausländische Gesetze, wie z.B. Art. 8 des norweg. Ges. über ArbNErf. v. 17.04.1970 (BlPMZ 1976, 179 f.); zur rechtshist. Entw. s. Volmer/Gaul Rn. 6 ff. zu § 26 u. Boemke/Kursawe/Boemke Rn. 1 f. zu § 26.
4 Ausschussber. zu BT-Drucks. II/3327 S. 8 f. = BlPMZ 1957, 254.
5 LG Mannheim v. 25.08.1989 – 7 O 83/89, (unveröffentl.).

B. Auflösung des Arbeitsverhältnisses § 26

Die Vorschrift gilt persönlich für alle **Arbeitnehmer im privaten und öffentlichen Dienst** (z. Arbeitnehmerstatus i.S.d. ArbEG s. § 1 Rdn. 7 ff.) und über § 41 auch für alle **Beamten und Soldaten.**

In den **neuen Bundesländern** findet § 26 auf alle ab 03.10.1990 fertiggestellten Erfindungen und qualifizierten technischen Verbesserungsvorschläge Anwendung (s. Einl. Rdn. 31). Für Alterfindungen aus der Zeit vor dem Beitritt gelten die allgemeinen Grundsätze des fortwirkenden DDR-Erfinderrechts.[6]

2.1

## B. Auflösung des Arbeitsverhältnisses

### I. Auflösungsgründe

Der Begriff »Auflösung des Arbeitsverhältnisses« richtet sich mangels einer eigenständigen Regelung durch das ArbEG nach **allgemeinem Arbeitsrecht.**[7] § 26 umfasst jede rechtliche Beendigung (s. dazu § 4 Rdn. 10, 12 ff.) des Arbeitsverhältnisses (als Dauerschuldverhältnis), gleichgültig aus welchen Gründen.[8] Für Beamte gelten die allgemeinen beamtenrechtlichen Vorschriften zur Beendigung des Beamtenverhältnisses.

3

Als **Auflösungsgründe** i. S. d. § 26 ArbEG kommen insb. in Betracht: wirksame – auch außerordentliche[9] – Kündigung, Aufhebungsvertrag, Befristung, Zeitablauf, Anfechtung (§§ 119, 123 BGB), auflösende (rechtskräftige) Entscheidungen des ArbG (§§ 9 KSchG, 104 BetrVG). Zum Sozialplan s. § 27 Rdn. 51.

4

Die Geltendmachung des Anspruchs des Arbeitnehmers auf **vorläufige Weiterbeschäftigung** nach ordentlicher Kündigung **gem. § 102 Abs. 5 BetrVG** begründet bis zur rechtskräftigen Entscheidung des Kündigungsschutzprozesses **ein gesetzliches Arbeitsverhältnis**, welches durch die rechtskräftige Abweisung der Kündigungsschutzklage auflösend bedingt ist.[10] Die beiderseitigen

5

---

6 Vgl. dazu Möller Die Übergangsbestimmungen f. ArbNErf. i. d. neuen Bundesländern (1996), S. 301 f. Von der vom Bestand d. Arb.Verh. unabhängigen Fortgeltung des DDR-Rechts geht im Ergebn. auch die Schiedsstelle aus, vgl. z.B. EV v. 06.10.1992, GRUR 1994, 608 – *Trennvorrichtung*.
7 Zust. auch Keukenschrijver in Busse/Keukenschrijver, PatG, Rn. 2 zu § 26 ArbEG.
8 Wie hier auch Reimer/Schade/Schippel/Rother Rn. 1 zu § 26; Boemke/Kursawe/Boemke Rn. 5 zu § 26.
9 Vgl. BAG v. 08.02.1962, AP Nr. 1 zu § 611 – Erfinder m. Anm. Volmer; zu Erfindungen eines gekündigten Arbeitnehmers s. Gaul/Bartenbach, GRUR 1979, 750, 751 ff.
10 BAG v. 12.09.1985, AP Nr. 7 zu § 102 BetrVG – Weiterbeschäftigung u. v. 10.03.1987, DB 1987, 1045, 1046; ErfK/Kania, § 102 BetrVG Rn. 35.

Leistungen werden aufgrund des bisherigen Arbeitsverhältnisses von den Arbeitsvertragsparteien erbracht. Dementsprechend gelten die Rechte und Pflichten aus dem ArbEG unverändert weiter[11] (zur tatsächlichen Weiterbeschäftigung während des Kündigungsschutzprozesses ohne Widerspruch des Betriebsrates nach § 102 Abs. 5 BetrVG s. 5. Vorauflage § 25 Rn. 5).

Beachtlich bleibt das durch **§ 12 KSchG** dem Arbeitnehmer gewährte **Wahlrecht** zwischen der Fortführung des bisherigen oder eines neuen, zwischenzeitlich mit einem Dritten begründeten Arbeitsverhältnisses.[12] Der Arbeitnehmer kann binnen 1 Woche nach Rechtskraft des Feststellungsurteils, dass das bisherige Arbeitsverhältnis durch die Kündigung des Arbeitgebers nicht aufgelöst ist, durch Erklärung ggü. dem alten Arbeitgeber die Fortsetzung des Arbeitsverhältnisses bei diesem verweigern. Die Wirkung dieser Erklärung besteht nach § 12 Satz 3 KSchG darin, dass das alte Arbeitsverhältnis im Zeitpunkt des Zugangs der Nichtfortsetzungserklärung erlischt.[13] Erfinderrechtlich treten mit diesem Zeitpunkt im Verhältnis zum bisherigen Arbeitgeber die Wirkungen des § 26 ArbEG ein; für die bis zu diesem Zeitpunkt geschaffenen Erfindungen gelten die Grundsätze über das Doppelarbeitsverhältnis (s. dazu § 1 Rdn. 19 ff.).[14]

Zum Überleitungsanspruch des Arbeitgebers bei unterlassener Entwicklungstätigkeit während des rechtlich fortbestehenden Arbeitsverhältnisses s.u. § 26 Rdn. 22 und § 4 Rdn. 16 sowie § 1 Rdn. 30.

6 Ausnahmsweise kann bei **Wegfall der Geschäftsgrundlage** (§ 313 BGB) ein Arbeitsverhältnis gegenstandslos werden, wenn der Zweck des Arbeitsverhältnisses erkennbar durch äußere Ereignisse endgültig oder doch für unabsehbare Zeit unerreichbar geworden ist.[15] Grds. führt der Wegfall der Geschäftsgrundlage nicht zur automatischen Beendigung des Arbeitsverhältnisses.[16] Bei einem Arbeitsverhältnis als Dauerschuldverhältnis werden bei Wegfall der Geschäftsgrundlage regelmäßig zugleich die Voraussetzungen für eine Kündigung aus wichtigem Grund (§ 626 BGB) gegeben sein.[17]

---

11 Ebenso Volmer/Gaul Rn. 200 ff. zu § 1; Boemke/Kursawe/Raif Rn. 32 zu § 4.
12 Vgl. hierzu allg. Brill, DB 1983, 2519 ff.
13 BAG v. 19.07.1978, AP Nr. 16 zu § 242 – *Auskunftspflicht*; s. im Übr. ErfK/Kiel, § 12 KSchG Rn.4.
14 Vgl. Gaul/Bartenbach, GRUR 1979, 750, 751 ff.
15 Vgl. BAG v. 12.03.1963 u. v. 21.05.1963, AP Nr. 5, 6 zu § 242 BGB – Geschäftsgrundlage.
16 BAG v. 05.04.1960, AP Nr. 3 zu 242 BGB – Geschäftsgrundlage.
17 BAG v. 09.07.1986, AP Nr. 7 zu § 242 BGB – Geschäftsgrundlage.

## B. Auflösung des Arbeitsverhältnisses § 26

Bei Beendigung des Arbeitsverhältnisses durch Tod des Arbeitnehmers (§ 613 Satz 1 BGB)[18] gehen die Rechte und Pflichten aus dem ArbEG auf dessen **Erben** über, soweit es sich nicht um unübertragbare, höchstpersönliche Rechte (z.B. § 14 Abs. 2, § 27 Abs. 1) handelt[19] (s. i.Ü. § 1 Rdn. 146 ff.). 7

Der Tod des Arbeitgebers beendet dagegen das Arbeitsverhältnis grds. nicht, vielmehr tritt an dessen Stelle der Erbe als Gesamtrechtsnachfolger (§ 1922 BGB; s. § 1 Rdn. 153). Gleiches gilt für sonstige Fälle der Rechtsnachfolge gem. §§ 25 HGB. Auch der Betriebsübergang nach § 613 a BGB lässt die bisherigen Arbeitsverhältnisse fortbestehen, beendet aber mit dem Zeitpunkt des Betriebsübergangs die arbeitsvertraglichen Beziehungen zwischen Arbeitnehmer und bisherigem Arbeitgeber[20] (s. auch § 1 Rdn. 114 ff.). 8

Während der (rechtmäßige) **Streik** und die suspendierende **Aussperrung** den Bestand des Arbeitsverhältnisses unberührt lassen, führt die lösende Aussperrung durch den Arbeitgeber (soweit überhaupt rechtlich zulässig[21]) zur rechtlichen Beendigung des Arbeitsverhältnisses.[22] 9

Die **Insolvenz** begründet keine Auflösung des Arbeitsverhältnisses (s. dazu § 27 n.F. ArbEG, dort insb. § 26 Rdn. 16). 10

Zu Einzelheiten des Ruhestandsverhältnisses s. § 1 Rdn. 77 ff.

Von der Auflösung des Arbeitsverhältnisses sind die Fälle der **Freistellung** (Suspendierung) des Arbeitnehmers zu unterscheiden, durch die der Arbeitnehmer lediglich von **arbeitsvertraglichen** Pflichten, vornehmlich der Pflicht zur Arbeitsleistung, entbunden wird. 11

### II. Fehlerhaftes (faktisches) Arbeitsverhältnis

Erbringt der Arbeitnehmer ohne bzw. ohne wirksamen Arbeitsvertrag (§ 611a BGB) Arbeitsleistungen, so liegt ein faktisches Vertragsverhältnis vor, das von jeder Arbeitsvertragspartei nur mit Wirkung für die Zukunft aufgelöst werden kann. Die Geltendmachung von Nichtigkeits- und Anfechtungsgründen führt aber dazu, dass das »Arbeitsverhältnis« ex nunc beendet wird und damit die Rechtsfolge des § 26 auslöst (Einzelheiten s. § 1 Rdn. 11 ff.). 13

---

18 Zu den arbeitsrechtl. Auswirkungen s. BAG v. 25.09.1996, ZIP 1997, 46.
19 Ausf. Bartenbach, Mitt. 1982, 205 ff.; Cordt, Vererbung arbeitsrechtl. Ansprüche (2017), S. 171 ff.
20 BAG v. 10.08.1994, BB 1995, 521, 522.
21 S. hierzu Schaub/Treber ArbRHdb. § 194 Rn. 4, 15 m.w.N.
22 BAG (GS) v. 28.01.1955, AP Nr. 1 zu § 9 GG – Arbeitskampf.

### III. Ruhen des Arbeitsverhältnisses

14 Nicht als Auflösung sind die Fälle des Ruhens des Arbeitsverhältnisses anzusehen. Hier besteht das Arbeitsverhältnis rechtlich fort, während in der Zeit des Ruhens die wechselseitigen Hauptleistungspflichten beider Arbeitsvertragsparteien entfallen.[23]

15 Keine Beendigung, sondern ein Ruhen des Arbeitsverhältnisses wird es i.d.R. darstellen, wenn ein Arbeitnehmer mit seinem Einverständnis zu einer **Arbeitsgemeinschaft**, an der sein bisheriger Arbeitgeber beteiligt ist, abgeordnet wird und mit dieser ein (zweites) Arbeitsverhältnis eingeht, um nach dessen Beendigung das (erste) Arbeitsverhältnis wieder fortzuführen.[24] Zur Spin-Off-Situation s. § 42 Rdn. 208 f.

16 Macht der Arbeitnehmer in der Zeit des **ruhenden Arbeitsverhältnisses** eine Erfindung, unterliegt diese dem ArbEG. Da das Ruhen den rechtlichen Fortbestand des Arbeitsverhältnisses unberührt lässt, wird das Tatbestandsmerkmal des § 4 Abs. 2 ArbEG der »während der Dauer des Arbeitsverhältnisses gemachten Erfindungen« auch im Falle des Ruhens erfüllt, da es dafür allein auf den rechtlichen Bestand des Arbeitsverhältnisses und nicht auf die Verpflichtung zur Arbeitsleistung ankommt (s. § 4 Rdn. 12). Für die Zuordnung der Erfindung gelten bei mehreren Arbeitsverhältnissen zwar die Grundsätze über die Behandlung von Arbeitnehmererfindungen in **Doppelarbeitsverhältnissen** (vgl. hierzu § 1 Rdn. 19 ff.); jedoch ist dem Ruhen des Arbeitsverhältnisses Rechnung zu tragen, so dass es letztlich hier nicht darauf ankommen kann, ob der Arbeitnehmer tatsächlich zugleich für diesen Arbeitgeber tätig geworden ist.[25] Angesichts der ruhenden Arbeitspflichten kommen in solchen Fällen regelmäßig **Erfahrungserfindungen** in Betracht, sofern die Erfindung maßgeblich auf Erfahrungen oder Arbeiten des Arbeitgebers des ruhenden Arbeitsverhältnisses beruht.[26] Wegen des fortgeltenden Arbeitsverhältnisses können auch die über das ArbEG hinausgehenden Rechte und Pflichten (Treue- und Fürsorgepflicht, weitergehende Geheimhaltungspflichten, Wettbewerbsverbot für Arbeitnehmer) grds. unverändert fortgelten.

17 Bei der einverständlichen **Abordnung** eines Arbeitnehmers zu einem **Konzernunternehmen** oder einem auf sonstige Weise verbundenen Unternehmen

---

23 Ganz h. M., z. B. BAG v. 17.03.2016 NZA 2016, 1220 (Rn. 46).
24 Vgl. den Fall bei BAG v. 23.12.1971, AP Nr. 10 zu § 1 LohnFG m. Anm. Meisel u. v. 11.03.1975, AP Nr. 1 zu § 24 BetrVG 1972.
25 Vgl. auch Volmer, GRUR 1978, 393, 402. An der abw. Auffassung der 5. Vorauflage wird nicht festgehalten.
26 Wie hier Boemke/Kursawe/Raif Rn. 28 zu § 4.

hängt es – soweit kollektivrechtliche Regelungen fehlen – von der getroffenen Absprache bzw. der Art (zeit-/projektbezogen) der Abordnung ab, ob bei einem vorübergehenden Arbeitseinsatz bei einem Dritten unter ansonsten unverändertem Fortbestehen des Arbeitsverhältnisses ein Ruhen des bisherigen Arbeitsverhältnisses oder dessen Beendigung gewollt ist (zum Auslandseinsatz s. § 1 Rdn. 36 ff. und zu Leiharbeitnehmern § 1 Rdn. 56 ff.).

Soweit sich eine **Altersteilzeit** – anstatt einer gleichmäßigen Reduzierung der (wöchentlichen) Arbeitszeit – aus einer (aktiven) Arbeitsphase und einer (passiven) Freistellungsphase zusammensetzt (sog. Blockmodell), endet das Arbeitsverhältnis nicht (zur mangelnden Pflicht zur Anrufung der Schiedsstelle s. § 37 Rdn. 18). Deshalb sind auch Erfindungen in einer passiven Phase der Altersteilzeit uneingeschränkt Arbeitnehmererfindungen (§ 4), wobei jedoch – wegen des Ruhens der Arbeitspflicht – grds. nur eine Diensterfindung i.S.d. § 4 Abs. 2 Nr. 2 in Betracht kommen wird[27]. Im Unterschied dazu liegt bei einem **Vorruhestandsverhältnis** regelmäßig bereits eine Beendigung des Arbeitsverhältnisses vor[28] (s. § 1 Rdn. 79). 18

## C. Fortbestehen der Rechte und Pflichten aus dem ArbEG

### I. Grundsatz

Für das Fortbestehen der Rechte und Pflichten aus dem ArbEG ist es **ohne Einfluss, aus welchen Gründen** das Arbeitsverhältnis aufgelöst wird; selbst wenn das Verhalten einer Arbeitsvertragspartei Anlass für eine außerordentliche Kündigung (§ 626 BGB) ist, berührt dies die Rechte und Pflichten beider Arbeitsvertragspartner aus dem ArbEG nicht; dies gilt namentlich für die Fortzahlung der Erfindervergütung, da diese keine freiwillige Leistung des Arbeitgebers, sondern die gesetzlich geschuldete Gegenleistung für die bereits erbrachte Erfindungsleistung des Arbeitnehmers ist.[29] 19

Der Grundsatz gilt nur für die durch das ArbEG unmittelbar bis zur rechtlichen Beendigung des Arbeitsverhältnisses (s. dazu oben § 26 Rdn. 3 f.) begründeten Rechte und Pflichten;[30] § 26 bezieht sich damit nicht auf solche **Erfindungen**, die erst **nach (wirksamer) Beendigung des Arbeitsverhältnisses** fertiggestellt worden sind (s. § 4 Rdn. 1 f.). Zur Übertragungspflicht bei 20

---

27 Im Ergebn. zust. Boemke/Kursawe/Boemke Rn. 44 f. zu § 1.
28 So im Ergebn. zu § 23 Abs. 2 auch Schiedsst. v. 09.07.2013 – Arb.Erf. 45/12, (www.dpma.de).
29 BAG v. 08.02.1962, AP Nr. 1 zu § 611 – Erfinder m. Anm. Volmer; s.a. RAG v. 14.02.1940, ARS 39, 10, 21 f. m. Anm. Hueck.
30 Weitergehend Volmer/Gaul Rn. 45 zu § 26.

unterlassener Forschungstätigkeit während des Arbeitsverhältnisses s. § 26 Rdn. 22.

Die **Fortdauer sonstiger** mit dem Arbeitsverhältnis in Zusammenhang stehender **Rechte und Pflichten** richtet sich nach den hierfür geltenden Regeln (Gesetz, Tarifvertrag, Betriebsvereinbarung, Vertrag – über diese arbeitsrechtlichen Nachwirkungen vgl. unten § 26 Rdn. 30 ff.).

**II. Rechte und Pflichten**

21 § 26 bezieht sich umfassend auf **alle** (»die«) (**materiellen**) **Rechte und Pflichten** aus dem ArbEG mit Ausnahme der §§ 19, 23 (s. dazu § 26 Rdn. 25 f.).

Von der Fortgeltung **umfasst** sind **ferner** begleitende Rechte und Pflichten, wie etwa der Auskunfts- und Rechnungslegungsanspruch des ausgeschiedenen Arbeitnehmers (s. dazu § 12 Rdn. 164), ferner Obliegenheiten, wie etwa aus § 12 Abs. 1 vorrangig eine einvernehmliche Vergütungsregelung anzustreben (vgl. § 12 Rdn. 10, 15). Erfasst sind ebenso die Schutzvorschrift des § 22 (s. § 22 Rdn. 5) sowie die insolvenzrechtliche Sondervorschrift des § 27 (s. § 27 n.F. Rdn. 9). Die Geltung der Verfahrensvorgaben über das Ende des Arbeitsverhältnisses hinaus folgt dagegen nicht unmittelbar aus § 26[31], sondern aus den jeweiligen Verfahrensvorschriften (s. § 28 Rdn. 13 u. § 39 Rdn. 4). Zu den Ausnahmen s. § 26 Rdn. 25 ff und zu den nicht erfassten Rechte und Pflichten außerhalb des ArbEG § 26 Rdn. 30 ff.

22 Gem. § 26 hat der **Arbeitnehmer** auch nach Ausscheiden insbesondere die während des bestehenden Arbeitsverhältnisses fertiggestellten Erfindungen (vgl. dazu § 4 Rdn. 16 f.) dem Arbeitgeber zu melden (§ 5) bzw. mitzuteilen (§ 18).[32] Er ist ferner verpflichtet, den Arbeitgeber beim Schutzrechtserwerb zu unterstützen[33] (§ 15 Abs. 2); er unterliegt – ebenso wie der Arbeitgeber – weiterhin der Geheimhaltungspflicht nach § 24.

Der Arbeitnehmer muss dem Arbeitgeber Unterlagen über eine unmittelbar **nach** seinem **Ausscheiden bewirkte Patentanmeldung** vorlegen, damit der Arbeitgeber selbst prüfen kann, ob es sich um eine Diensterfindung oder eine freie Erfindung handelt[34] (s.a. oben § 26 Rdn. 2 sowie § 18 Rdn. 14; zum Akteneinsichtsrecht des Arbeitgebers s. § 4 Rdn. 16).

---

31 So aber Boemke/Kursawe/Boemke Rn. 10 zu § 26.
32 Vgl. hierzu Gaul/Bartenbach, GRUR 1979, 750 f.; Volmer/Gaul Rn. 53 ff. zu § 26; s. auch Amtl. Begründung BT-Drucks. II/1648 S. 40 f. = BlPMZ 1957, 240.
33 Vgl. Amtl. Begründung BT-Drucks. II/1648 S. 40 f. = BlPMZ 1957, 240.
34 OLG München v. 09.03.1967, Mitt. 1967, 237; LG Mannheim v. 25.08.1989 – 7 O 83/89, (unveröffentl.). A. A. Marquardt, Freie Erf. im ArbVerh. (2002), S. 78.

### C. Fortbestehen der Rechte und Pflichten aus dem ArbEG   § 26

Hat der Arbeitnehmer es **pflichtwidrig unterlassen**, während der Dauer seines Arbeitsverhältnisses Überlegungen hinsichtlich einer ihm aufgetragenen technischen Verbesserung anzustellen, und erfindet er eine solche Verbesserung alsbald nach seinem Ausscheiden aus dem Arbeitsverhältnis, ist er, falls anzunehmen ist, dass er die Erfindung bei pflichtgemäßer Arbeitsleistung bereits während des Bestehens des Arbeitsverhältnisses gemacht hätte, aus dem rechtlichen Gesichtspunkt des Schadensersatzes wegen Pflichtverletzung (§ 280 Abs. 1) gehalten, dem früheren Arbeitgeber das von ihm auf die Erfindung angemeldete Schutzrecht zu übertragen;[35] s.a. § 4 Rdn. 12, 16, 18 u. § 1 Rdn. 30 sowie § 26 Rdn. 2.

Gemäß § 26 hat der **Arbeitgeber** seine Vergütungspflichten weiter zu erfüllen[36] (§§ 9, 10 a.F., 12, § 14 Abs. 3, § 16 Abs. 3, §§ 17, 20 Abs. 1); er bleibt zur Schutzrechtsanmeldung im Inland (§ 13) ebenso wie zur Freigabe für Schutzrechtsanmeldungen im Ausland (§ 14 Abs. 2) bzw. der Rechtsübertragung nach § 16 verpflichtet, ferner zur Information nach § 15 Abs. 1. 23

Dem Fortbestehen der Pflichten der jeweiligen (früheren) Arbeitsvertragspartei entspricht das Bestehenbleiben hierauf bezogener bzw. sonstiger Rechte des Partners (z.B. für den ausgeschiedenen Arbeitnehmer § 7 Abs. 2 a.F., § 8 Satz 2 n.F. bzw. § 8 Abs. 2 a.F., § 12 Abs. 4 u. 6; für den Arbeitgeber § 5 Abs. 2 u. 3; § 6 Abs. 1; § 7 Abs. 2 n.F. bzw. Abs. 3 a.F.; § 12 Abs. 5 Satz 2, Abs. 6; § 14 Abs. 1; § 16 Abs. 2, 3; § 17). 24

### III. Einschränkungen und Ausnahmen

Während für die freie Erfindung § 19 Abs. 1 Satz 1 die Anbietungspflicht des Arbeitnehmers auf die Dauer des Arbeitsverhältnisses beschränkt ist, richtet sich der Wegfall evtl. nicht im ArbEG begründeter Beschränkungen der Verwertbarkeit einer **frei gewordenen Diensterfindung** ausschließlich nach arbeitsrechtlichen Grundsätzen (vgl. hierzu § 8 n.F. Rdn. 74 ff., § 8 a.F. Rdn. 46 ff.). 25

Die Auflösung des Arbeitsverhältnisses hat zur Folge, dass sich keine Arbeitsvertragspartei auf die **Unbilligkeit (§ 23)** einer erst nach (rechtlicher) Beendigung des Arbeitsverhältnisses zustande gekommenen Vereinbarung berufen kann (s. § 23 Rdn. 8.1) und dieses Recht auch für frühere Vereinbarungen gem. § 23 Abs. 2 erlischt, wenn es nicht bis zum Ablauf von 6 Monaten nach Beendigung des Arbeitsverhältnisses geltend gemacht worden ist (s. hierzu § 23 Rdn. 29 ff.). 26

---

35 BGH v. 21.10.1980 – X ZR 56/78, GRUR 1981, 128 – *Flaschengreifer*.
36 Vgl. Amtl. Begründung BT-Drucks. II/1648 S. 40 f. = BlPMZ 1957, 240.

27 Ggf. kann sich durch die Auflösung des Arbeitsverhältnisses ein Anspruch auf **Anpassung/Neuregelung der Vergütung gem. § 12 Abs. 6** dann ergeben, wenn die getroffene Vergütungsabrede an den Bestand des Arbeitsverhältnisses anknüpft, wie etwa bei einer Beförderung, Gehaltserhöhung oder sonstigen geldwerten Vorteilen zugunsten des Arbeitnehmers anstelle einer laufenden Vergütungszahlung[37] (Näheres s. § 12 Rdn. 109).

Dagegen verpflichtet die Auflösung des Arbeitsverhältnisses den Arbeitnehmer nicht, über § 12 Abs. 6 anstelle einer bisherigen laufenden, umsatzbezogenen Vergütung nunmehr einer **pauschalen Erfindungsvergütungsabgeltung** zuzustimmen.[38]

28 Einem berechtigten Interesse des Arbeitgebers an einer Geheimhaltung seiner Abrechnungsunterlagen kann i.R.d. **Auskunftsanspruchs**, der auch dem ausgeschiedenen Arbeitnehmer zusteht, durch (strafbewehrte) Geheimhaltungsverpflichtung und den üblichen **Wirtschaftsprüfervorbehalt** (vgl. hierzu § 12 Rdn. 250 ff.) Rechnung getragen werden.

29 In **verfahrensrechtlicher** Hinsicht bedarf es gem. § 37 Abs. 2 Nr. 3 nach Ausscheiden des Arbeitnehmers nicht mehr der Anrufung der Schiedsstelle vor Klageerhebung (s. dazu § 37 Rdn. 17 f.); dies gilt uneingeschränkt auch für den Pensionär.[39]

## D. Fortbestehen sonstiger Rechte und Pflichten außerhalb des ArbEG

30 § 26 gilt nur für die Rechte und Pflichten aus dem ArbEG. § 25, der insb. die arbeitsvertraglichen Pflichten anspricht, macht diese nicht zu »Pflichten aus dem ArbEG« und wird deshalb von § 26 nicht mit umfasst, da ihm nur klarstellende Funktion ohne weitergehenden Regelungscharakter zukommt. Es ist daher im Einzelfall zu prüfen, ob und in welchem Umfang durch vertragliche Abreden bezüglich der Erfindungen und technischen Verbesserungsvorschläge weitergehende Rechte und Pflichten auch für die Zeit nach Beendigung des Arbeitsverhältnisses begründet wurden.

---

[37] Vgl. Schiedsst. v. 13.10.1977, BlPMZ 1979, 221 u. v. 14.02.1966, BlPMZ 1967, 30.
[38] A. A. Volmer Rn. 21 zu § 26; wie hier Volmer/Gaul Rn. 260 zu § 12 u. Rn. 123 zu § 26.
[39] OLG Düsseldorf v. 26.05.1961, GRUR 1962, 193, 194 – *Ruhegehaltsempfänger*.

D. Fortbestehen sonstiger Rechte und Pflichten außerhalb des ArbEG  § 26

## I. Nachwirkende Fürsorge- und Treuepflicht

Die arbeitsrechtliche Fürsorge- bzw. Treuepflicht (vgl. hierzu § 25 Rdn. 11 ff., 28 ff.) wirken nach Arbeitsvertragsende eingeschränkt fort.[40]  31

Da sie sich wechselseitig bedingen, bildet sich die Treuepflicht des Arbeitnehmers in gleichem Maße wie die Fürsorgepflicht des Arbeitgebers zurück. Beschränken sich dessen Pflichten nunmehr im Wesentlichen auf Auskunftspflichten ggü. dem Arbeitnehmer,[41] so unterliegt auch der Arbeitnehmer nur noch minimalen Anstands- und Rücksichtnahmepflichten.[42]  32

So ist der Arbeitnehmer grds. nicht verpflichtet, über seine **Mitwirkungspflicht** nach § 15 Abs. 2 hinausgehend, nach Ausscheiden an der Behebung technischer Probleme, die sich bei der Nutzung seiner Erfindung ergeben, mitzuwirken (s. hierzu § 15 Rdn. 33); ebenso wenig besteht regelmäßig eine Unterstützungspflicht bei der Verteidigung erlangter Schutzrechte gegen Nichtigkeits- und Löschungsklagen, es sei denn, Mitwirkungsakte des Arbeitnehmers als Erfinder sind nach der jeweiligen nationalen Rechtsordnung zwingend vorgeschrieben. Bei Ausscheiden hat der Arbeitnehmer in seinen Besitz gelangte **Arbeitsmittel und Geschäftsunterlagen** grds. **herauszugeben**.[43] Dagegen ist es zu weitgehend, die Verletzung der Mitteilungspflicht des § 16 Abs. 1 nach Ende des Arbeitsverhältnisses zugleich als Verstoß gegen eine nachvertragliche Fürsorgepflicht anzusehen[44] (vgl. auch § 25 Rdn. 3).  33

## II. Nachvertragliche Geheimhaltungs- und Wettbewerbsverbotspflichten des Arbeitnehmers

### 1. Grundsatz

Die wettbewerbsrechtliche Verpflichtung eines Arbeitnehmers, Betriebsgeheimnisse zu wahren und sie nicht zu verwerten, besteht grds. nur für die Dauer des Dienstverhältnisses. Mit dessen Beendigung entfällt für ihn nicht  34

---

40 Vgl. BAG v. 27.02.1958, AP Nr. 1 zu § 242 BGB – Nachvertragl. Treuepflicht u. v. 10.07.1959, NJW 1959, 2011, 2012; BGH v. 14.07.1964, GRUR 1965, 135, 137 – *Vanal-Patent*.
41 Vgl. BAG v. 10.07.1959, NJW 1959, 2011, 2012.
42 BAG v. 11.12.1967, AP Nr. 4 zu § 242 BGB – nachvertragl. Treuepflicht.
43 So wohl im Ergebnis BGH v. 21.12.1989 – X ZR 30/89, GRUR 1990, 515 – *Marder* m.H.a. ArbG Marburg, DB 1989, 2041 u. Schaub/Linck ArbRHdb. § 150 Rn. 1 f. – dort auch zum berechtigten Verweigern der Herausgabe wegen vergütungsrechtl. Auskunftsanspruchs.
44 So aber OLG Frankfurt am Main v. 19.12.1991, GRUR 1993, 910, 911 – *Bügelverschließmaschinen*.

nur das allgemeine Wettbewerbsverbot des § 60 HGB, sondern – gemäß einem Rückschluss aus § 17 UWG (vgl. § 23 Abs. 1 Nr. 3 GeschGehG-E) – auch die Verpflichtung zur Geheimhaltung der ihm aufgrund seines Arbeitsverhältnisses auf redliche Weise bekannt gewordenen **Betriebsgeheimnisse**.[45] Neben dem Rückschluss aus § 17 UWG spricht hierfür auch der Aspekt, dass eine sichere Abgrenzung von Geheimnis und Erfahrungswissen nur schwer möglich ist[46], und nachvertragliche Verschwiegenheitspflichten nicht die durch Art. 12 GG geschützte freie Wahl des Arbeitsplatzes beeinträchtigen dürfen[47]. Im Grundsatz ist davon auszugehen, dass der Arbeitnehmer mangels Absprache nicht gehindert ist, seine **rechtmäßig erlangten beruflichen Kenntnisse und Erfahrungen** nach Ausscheiden unbeschränkt zu **offenbaren und zu verwerten**[48] und dabei auch zu seinem früheren Arbeitgeber in Wettbewerb zu treten. Daran dürfte im Ergebnis die EU-GeschäftsgeheimnisRL vom 08.06.2016 mit deren Art. 4 Abs. 3 i. V. m. Art. 1 Abs. 3 nichts geändert haben.[49] Im Gegenteil: Nach dem 14. Erwägungsgrund der EU-GeschäftsgeheimnisRL werden gerade »die Erfahrungen und Qualifikationen, die Beschäftigte im Zuge der Ausübung ihrer üblichen Tätigkeiten erwerben«, von der Definition des Geschäftsgeheimnisses ausgeschlossen; nach deren Art. 1 Abs. 3 Satz 2

---

45 BGH v. 19.11.1982 – I ZR 99/80, GRUR 1983, 179, 181 – *Stapel-Automat*; v. 03.05.2001, WM 2001, 1824 u. BGH v. 27.04.2006 – I ZR 126/03, WRP 2006, 356 – *Kundendatenprogramm*; OLG München v. 06.02.1992 – 6 U 2295/91, (unveröffentl.); vgl. auch Schwab, Arbeitnehmererfindungsrecht, § 16 Rn. 11 ff.
46 BGH v. 03.05.2001, GRUR 2002, 91, 92 – *Spritzgießwerkzeuge*; gegen BAG, NJW 1983, 134, 135 u., NJW 1988, 1686, 1687, das auch ohne bes. Vereinbarung eine nachwirkende Verschwiegenheitspflicht für Geschäfts- u. Betriebsgeheimnisse annimmt; wie BGH Kraßer, GRUR 1977, 177, 186.
47 Vgl. Sander GRURInt. 2013, 217, 224 m.w.Nachw.
48 BGH v. 27.04.2006 – I ZR 126/03, GRUR 2006, 1044 – *Kundendatenprogramm*; BGH v. 03.05.2001, GRUR 2002, 91, 92 – *Spritzgießwerkzeuge*; v. 16.11.1954, AP Nr. 1 zu § 60 HGB – Anreißgerät m. Anm. Hueck; v. 15.05.1955, AP Nr. 1 zu § 17 UWG m. Anm. Volmer; BAG v. 11.12.1967, AP Nr. 4 zu § 242 BGB – *nachvertragl. Treuepflicht*, v. 15.06.1993, NZA 1994, 502, 504 u. v. 19.05.1998, NZA 1999, 200 (betr. Entwicklungsleiter); ArbG Siegburg v. 09.08.1978, BB 1979, 166; einschränkend z. Betriebsgeheimnissen, die nicht integrierter Bestandteil einer Dienstfindung sind, Vollrath, GRUR 1987, 670 ff.; z. nachvertragl. Verschwiegenheitspflicht vgl. insb. Röpke Arbeitsverh. u. ArbNErf. S. 46 ff.; Gaul, NZA 1988, 225 ff. u. ders. in Volmer/Gaul Rn. 65 zu § 26; Mes, GRUR 1979, 548 ff.; Depenheuer, Mitt. 1997, 1, 2 ff.; Siems, WRP 2007, 1146 ff.; Zum Geheimnisschutz bei Outsourcing Grunewald, WRP 2007, 1307 ff.; Mautz/Löblich, MDR 2000, 67 ff.; z. techn. Verbesserungsvorschlag s.a. Westhoff, RdA 1976, 353, 357; einschränkend z. qual. techn. Verbesserungsvorschlag Johannesson Anm. 3 zu § 26.
49 Zutr. Kalbfus GRUR 2016, 1009, 1015 f.

Buchst. b) dürfen »Erfahrungen und Fähigkeiten, die Arbeitnehmer im normalen Verlauf ihrer Tätigkeit ehrlich erworben haben«, keinen Nutzungsbeschränkungen nach der EU-GeschäftsgeheimnisRL unterliegen (vgl. auch § 23 Abs. 1 Nr. 3 GeschGehG-E, s. dazu § 24 Rdn. 38).

Erfasst sind indessen nur solche Informationen, die der frühere Mitarbeiter **in seinem Gedächtnis bewahrt**[50] hat oder auf die er dank anderer, ihm befugtermaßen zugänglicher Quellen zugreifen kann.[51] (s.a. § 24 Rdn. 38 ff., dort auch zum erlaubten Erwerb und zur zugelassenen Nutzung nach §§ 3, 4 GeschGehG-E; zur Verwertung von erfinderischen Beiträgen aus dem früheren Arbeitsverhältnis s. aber § 4 Rdn. 12).

Die Berechtigung, erworbene Kenntnisse nach Beendigung des Dienstverhältnisses auch zum Nachteil des früheren Arbeitgebers einzusetzen, bezieht sich dagegen nicht auf **vertrauliche Informationen** bzw. Betriebsgeheimnisse, über die der ausgeschiedenen Mitarbeiter nur durch (unbefugten) Zugriff auf seine früheren Unterlagen (z.B. Konstruktionsunterlagen) verfügt.[52] Das gilt bspw. auch für Unterlagen in Form einer auf dem privaten Notebook abgespeicherten Datei, die er während des früheren Dienstverhältnisses zusammengestellt und im Rahmen seiner früheren Tätigkeit befugtermaßen bei seinen privaten Unterlagen aufbewahrt hat; entnimmt er diesen nach seinem Ausscheiden ein Geschäftsgeheimnis seines früheren Arbeitgebers, verschafft er sich damit dieses Geschäftsgeheimnis jedenfalls unbefugt i.S.v. § 17 Abs. 2 Nr. 2 UWG[53] (vgl. [aber] auch §§ 4, 23 Abs. 1 GeschGehG-E).

Die Nutzung eines auf redliche Weise erfahrenen **Betriebsgeheimnisses** kann auch dann **wettbewerbswidrig** nach § 3 i.V.m. § 4 Nr. 3 Buchst. c) UWG sein, wenn ein Arbeitnehmer schon während seines Beschäftigungsverhältnisses damit beginnt, über eine bloß organisatorische Vorbereitung seines späteren Konkurrenzunternehmens hinaus konkrete Maßnahmen zu ergreifen, die auf die Verwertung dieser Betriebsgeheimnisse in zu missbilligender Weise ausgerichtet sind. Hierzu gehören etwa das parallele Anlaufenlassen des Konstrukti-

---

50 BGH v. 14.01.1999 – I ZR 2/97, GRUR 1999, 934, 935 – *Weinberater* u. BGH v. 26.02.2009 – I ZR 28/06, GRUR 2009, 603, 604 f. [Tz. 15] – *Versicherungsuntervertreter*.
51 BGH v. 26.02.2009 – I ZR 28/06, GRUR 2009, 603, 604 – *Versicherungsuntervertreter*.
52 BGH v. 19.12.2002 – I ZR 119/00, GRUR 2003, 453, 454 – *Verwertung von Kundenlisten*.
53 BGH v. 27.04.2006 – I ZR 126/03, Mitt. 2007, 38 – *Kundendatenprogramm* m.w.N. m. Anm. Westermann, GRUR 2007, 116 u. BGH v. 26.02.2009 – I ZR 28/06, GRUR 2009, 603, 604 f. [Tz. 15] – *Versicherungsuntervertreter*.

ons- und Herstellungsprozesses, das Verleiten von Mitarbeitern seines Arbeitgebers zum Vertragsbruch und/oder der Missbrauch seiner Vertrauensstellung bei der Ausnutzung von Geschäftsverbindungen seines Arbeitgebers zur Beschaffung eigener Produktionsmittel.[54] Gleiches gilt, wenn ein Arbeitnehmer in einer Vertrauensstellung während des bestehenden Arbeitsverhältnisses Entwicklungsergebnisse seinem Arbeitgeber vorenthält, um sie später selbst in seine Konkurrenzproduktion einzuarbeiten und somit einen Wettbewerbsvorsprung auf dem Markt zu erringen.[55]

**Unredlich** kann der Erwerb der Kenntnis eines Betriebsgeheimnisses auch dann sein, wenn dies durch eine nicht i.R.d. dienstvertraglichen Tätigkeit liegende Beschäftigung mit Konstruktionsunterlagen geschieht, sei es durch Zuhilfenahme technischer Mittel, sei es auch durch Anfertigung von Zeichnungen oder bloßes Sich-Einprägen derart, dass der Arbeitnehmer imstande ist, nach seinem Ausscheiden aus dem Unternehmen hiervon Gebrauch zu machen.[56] Dabei dürfen die Anforderungen an den Nachweis des unredlichen Erwerbs nicht überspannt werden.[57] Im Ergebnis dürfte der Begriff des »redlichen« dem des »ehrlichen« Kenntniserwerbs i. S. d. Art. 1 Abs. 3 Satz 2 Buchst. b) der EU-GeschäftsgeheimnisRL vom 08.06.2016 entsprechen[58] (s. auch § 24 Rdn. 38).

Will der Arbeitgeber die Nutzung eines auf redliche Weise erfahrenen Betriebsgeheimnisses verhindern, bleibt es ihm unbenommen, entsprechende **nachvertragliche Geheimhaltungs- und/oder Wettbewerbsabreden** zu treffen (s. dazu § 26 Rdn. 38 f., 40 ff.). Ohne solche Regelungen oder nach Verzicht des Arbeitgebers auf eine nachvertragliche Wettbewerbsabrede (§ 75 a HGB) unterliegt der ausgeschiedene Arbeitnehmer nur den allgemeinen wettbewerbsrechtlichen und sonstigen zivilrechtlichen Schranken; für ihn gelten die gleichen allgemeinen Schranken wie für jeden beliebigen Dritten.[59] Das Fehlen einer solchen Vereinbarung kann ein Indiz für das Nichtvorhandensein eines Geheimhaltungsinteresses des früheren Arbeitgebers sein.[60]

---

54 BGH v. 19.11.1982 – I ZR 99/80, GRUR 1983, 179, 181 – *Stapel-Automat*.
55 BAG v. 16.03.1982, BB 1982, 1792, 1794 = AP Nr. 1 zu § 611 BGB – Betriebsgeheimnis.
56 BGH v. 19.11.1982 – I ZR 99/80, GRUR 1983, 179, 181 – *Stapel-Automat*.
57 BGH v. 21.12.1989 – X ZR 30/89, GRUR 1990, 515 – *Marder*; BGH v. 19.11.1982 – I ZR 99/80, GRUR 1983, 179, 181 – *Stapel-Automat*.
58 Vgl. auch Kalbfus GRUR 2016, 1009, 1014.
59 OLG München v. 06.02.1992 – 6 U 2295/91, (unveröffentl.).
60 BGH v. 03.05.2001, GRUR 2002, 91, 94 – *Spritzgießwerkzeuge*.

### D. Fortbestehen sonstiger Rechte und Pflichten außerhalb des ArbEG § 26

Soweit Geschäfts- und Betriebsgeheimnisse über § 17 UWG hinaus dem Schutzbereich des § 823 BGB unterliegen (s. dazu § 24 Rdn. 42, dort auch zu § 10 GeschGehG-E), ergibt sich u.E ein über das Arbeitsverhältnis hinfort dauerndes Offenbarungs- und Verwertungsverbot. Gleiches gilt für Erfindungen und sonstige noch nicht offenkundige schöpferische Leistungen Dritter einschließlich Miterfinderbeiträgen, etwa unter dem Aspekt des aus § 6 PatG folgenden Immaterialgüterrechts an einer Erfindung als sonstiges Recht i.S.d. § 823 Abs. 1 BGB[61] (vgl. dazu § 7 n.F. Rdn. 81 ff.). Zu vergütungsrechtlichen Konsequenzen s. aber auch § 20 Rdn. 15; zur betriebsgeheimen Erfindung s. § 26 Rdn. 36.

Eine **allgemeine Schranke** bilden die in den §§ 3, 17, 18 UWG, §§ 242, 823, 826 BGB (ggf. i.V.m. den jeweiligen Schutzgesetzen; zum zukünftigen GeschGehG s. § 24 Rdn. 38) zum Ausdruck gekommenen Maßstäbe. So kann dem Arbeitnehmer ein Nutzungsrecht u.a. dann verwehrt sein, wenn er in einer gesetz- oder sittenwidrigen Weise seine Kenntnisse erlangt hat oder die Ausnutzung sich nach den besonderen Umständen des Einzelfalles als unlautere Wettbewerbshandlung, treuwidriges Verhalten oder als schuldhafte Schädigung darstellt[62] (vgl. auch § 24 Rdn. 38 ff.). Soweit unter Beachtung dieser allgemeinen Schranken die Verwertung von Betriebsgeheimnissen zulässig ist, ist erst recht die Verwertung allgemeiner beruflicher Kenntnisse und beruflichen Erfahrungswissens gestattet.[63] **35**

§ 24 Abs. 2 ArbEG (für die Geheimhaltungspflicht) sowie die §§ 74 ff. HGB, § 90a HGB, § 110 GewO und § 12 Abs. 1 BBiG (für das Wettbewerbsverbot) zeigen, dass Kenntnisverwertung und Wettbewerb durch den Arbeitnehmer keine aus sich heraus zu missbilligenden Tatbestände darstellen, der ausgeschiedene Arbeitnehmer also zur weitergehenden Geheimhaltung sowie zur Unterlassung von Wettbewerb grds. nicht verpflichtet ist.[64] **36**

---

61 Vgl. BGH v. 17.01.1995 – X ZR 130/93, Mitt. 1996, 16, 17 – *Gummielastische Masse*.
62 Vgl. BGH v. 28.03.1977 – VIII ZR 242/75, AP Nr. 28 zu § 611 BGB – Konkurrenzklausel; BGH v. 21.12.1962, GRUR 1963, 367, 369 f. – *Industrieböden* u. BGH v. 19.11.1982 – I ZR 99/80, GRUR 1983, 179, 181 – *Stapel-Automat*; ArbG Siegburg v. 09.08.1978, BB 1979, 166; s.a. BGH v. 18.02.1977 – I ZR 112/75, GRUR 1977, 539, 541 – *Prozessrechner* u. v. 16.11.1954, AP Nr. 1 zu § 60 HGB – *Anreißgerät* m. Anm. Hueck; BAG v. 05.10.1982, AP Nr. 42 zu § 74 HGB.
63 Vgl. BAG v. 15.06.1993, NZA 1994, 502, 505.
64 Vgl. BGH v. 28.03.1977 – VIII ZR 242/75, AP Nr. 28 zu § 611 BGB – Konkurrenzklausel.

Eine Nachwirkung vertraglicher Pflichten kann, ohne diese gesetzgeberische Entscheidung zu entwerten, nur in einem eng begrenzten Umfang angenommen werden. Soweit sich für die Berufsausübung aus nachwirkenden Treuepflichten überhaupt Grenzen ergeben können, können diese **nur auf einzelne treuwidrige Verhaltensweisen** bezogen sein, nicht aber auf eine den Wettbewerbsinteressen des alten Arbeitgebers zuwiderlaufende Tätigkeit schlechthin.[65]

36.1 Die über das Arbeitsvertragsende hinaus andauernde **Erfindervergütungszahlung** durch den früheren Arbeitgeber begründet für sich allein keine (nachvertragliche) Geheimhaltungspflicht und kein Wettbewerbsverbot.[66] Erfindervergütungen werden nicht dafür gezahlt, dass der Arbeitnehmer nach seinem Ausscheiden keinen Wettbewerb ggü. seinem früheren Arbeitgeber betreibt, sondern dafür, dass die Erfindungen auch nach seinem Ausscheiden beim Arbeitgeber verbleiben und dieser daraus Nutzen zieht.[67] Wirkt sich eine (zulässige) Wettbewerbstätigkeit des ausgeschiedenen Arbeitnehmers auf die Verwertung der Diensterfindung bei dem früheren Arbeitgeber aus, kann dieser ggf. eine Änderung der Vergütungsregelung nach § 12 Abs. 6 verlangen.

Nimmt der ausgeschiedene Arbeitnehmer – etwa unter Verstoß gegen eine entsprechende Abrede – unzulässige Wettbewerbshandlungen vor, können sich hieraus Gegenansprüche des Arbeitgebers ergeben, mit denen er ggü. Vergütungsansprüchen des Arbeitnehmers **aufrechnen** kann. Auf Entstehen und Umfang der Erfindervergütungsansprüche und die den Arbeitgeber in diesem Zusammenhang treffende Auskunftspflicht ist dies jedoch ohne Belang.[68]

36.2 Bei einer **betriebsgeheimen Erfindung** (§ 17) wirkt die Anerkennung der Schutzfähigkeit über die rechtliche Beendigung des Arbeitsverhältnisses hinaus. Zugleich hat der Arbeitnehmer den Erfindungsgegenstand zur Sicherung dieses Betriebsgeheimnisses weiterhin geheim zu halten, d.h. er darf ohne Absprache mit dem Arbeitgeber die Erfindung weder offenbaren noch verwerten. Stellt sich später die mangelnde Schutzfähigkeit heraus und entfallen die Bindungswirkungen des Anerkenntnisses nach § 17 Abs. 1, 2 (zur Streitfrage s. § 17

---

65 BAG v. 15.06.1993, NZA 1994, 502, 505 m.w.N.; Buchner Wettbewerbsverbot S. 18; vgl. auch BAG v. 11.12.1967, AP Nr. 4 zu § 242 BGB – nachvertragliche Treuepflicht.
66 OLG München v. 06.02.1992 – 6 U 2295/91, (unveröffentl.); vgl. Riemschneider/Barth Anm. 2 zu § 8, DVO 1943 m.H.a. ArbG Frankfurt v. 16.10.1936, ARS 32, 204, 297 f. m. zust. Anm. Hueck; unklar Reimer/Schade/Schippel/Rother Rn. 7 zu § 26.
67 OLG München v. 06.02.1992 – 6 U 2295/91, (unveröffentl.).
68 OLG München v. 06.02.1992 – 6 U 2295/91, (unveröffentl.).

Rdn. 35 ff.), handelt es sich also um ein bloßes Arbeitsergebnis, gelten die oben dargestellten allgemeinen Grundsätze (s. § 26 Rdn. 34 ff.).

Zur **Schadensberechnung bei wettbewerbswidriger Ausnutzung** eines Betriebsgeheimnisses durch den Arbeitnehmer gelten die gleichen Grundsätze wie bei wettbewerbsrechtlich unzulässigen Nachahmungen. Der verletzte Arbeitgeber kann seinen Schaden in dreifacher Weise berechnen. Insb. kann er Herausgabe des Verletzergewinns verlangen.[69] Alternativ kann der Arbeitgeber den entstandenen Schaden im Wege der Lizenzanalogie berechnen, also solche Lizenzgebühren verlangen, die bei einer Lizenzvergabe erzielt worden wären.[70] Bei einer unzulässigen Offenbarung gelten die allgemeinen Grundsätze zur Schadensberechnung, sodass der Arbeitgeber im Regelfall einen konkreten Schadensnachweis führen muss. 37

## 2. Geheimhaltungsabrede

Die grundsätzliche Offenbarungs- und Wettbewerbsfreiheit des Arbeitnehmers kann für die Zeit nach Beendigung des Arbeitsverhältnisses durch **besondere Vereinbarung** eingeschränkt werden.[71] 38

Ein **vertragliches Geheimhaltungsgebot** unterliegt grds. nicht den besonderen Wirksamkeitsvoraussetzungen der §§ 74 ff. HGB; insb. bedarf es also keiner Karenzentschädigungszusage des Arbeitgebers,[72] es sei denn, es kommt in seinen Auswirkungen einem Wettbewerbsverbot gleich.[73] Nach der Auffassung des *BAG* kann ein Arbeitnehmer auch ohne ausdrücklichen Geheimhaltungsvertrag im Einzelfall aufgrund der Nachwirkung des Arbeitsvertrages verpflichtet sein, ein Betriebsgeheimnis weiter zu wahren.[74]

Besteht eine **nachvertragliche Verschwiegenheitspflicht**, beschränkt sich diese auf die Pflicht zur Unterlassung der Handlungen, in denen eine 39

---

69 OLG Frankfurt am Main v. 28.11.2006, InstGE 7, 162 – *PET-Spritzwerkzeug II*.
70 BAG v. 24.06.1986, DB 1986, 2289 = AP Nr. 4 zu § 611 BGB – Betriebsgeheimnis.
71 Vgl. dazu BAG v. 16.03.1982, AP Nr. 1 zu § 611 BGB-Betriebsgeheimnis; u. v. 15.12.1987, AP Nr. 5 zu § 611 BGB – Betriebsgeheimnis; BVerfG v. 10.10.1989, AP Nr. 5 a zu § 611 BGB – Betriebsgeheimnis; vgl. auch OGH Wien v. 27.04.1995, GRUR Int 1997, 50 – *Folienproduktionsverfahren*; Gaul, NZA 1988, 325 ff.; Depenheuer, Mitt. 1997, 1, 4 f.; Kather, VPP-Rundbrief 2005, 108; vgl. auch Lampenius K&R 2012, 12, 14 f.
72 BAG v. 16.03.1982, AP Nr. 1 zu § 611 BGB – Betriebsgeheimnis; LAG Berlin v. 28.10.1985, BB 1986, 1159; a.A. LAG Hamm v. 16.04.1986, DB 1986, 2087.
73 LAG Hamm v. 16.04.1986, DB 1986, 2087.
74 BAG v. 15.12.1987, NZA 1988, 503 f. ablehnend BGH v. 03.05.2001, GRUR 2002, 91, 92 – *Spritzgießwerkzeuge*.

Verletzung der Verschwiegenheitspflicht liegt; sie ist begrenzt auf das **Verbot einer Verwertung** durch **Weitergabe der geheim zu haltenden Tatsachen**[75] und besteht nur solange und soweit die Geheimhaltung durch berechtigte betriebliche Interessen des früheren Arbeitgebers gedeckt ist.[76] So kann der ausgeschiedene Arbeitnehmer gehalten sein, betriebsgeheime Kenntnisse nicht zu veräußern; die Verschwiegenheitspflicht umfasst jedoch **nicht** ein entschädigungsloses **Verbot der Nutzung** des eigenen Erfahrungswissens, das ihm bei seiner Tätigkeit bekannt geworden ist, weil dann die Grenze zum Wettbewerbsverbot überschritten würde. Dieses Erfahrungswissen ist als solches kein Geschäftsgeheimnis des früheren Arbeitgebers[77] und kann vom Arbeitnehmer genutzt werden.

Im Rahmen einer Geheimhaltungsabrede muss der Arbeitnehmer betriebliches Know-how solange geheim halten, als auch der Arbeitgeber dies als Betriebsgeheimnis behandelt bzw. bis das Know-how offenkundig wird.

Ein Verstoß gegen eine Geheimhaltungsabrede macht den Arbeitnehmer schadensersatzpflichtig (§ 280 Abs. 1, § 619a BGB).

### 3. Vereinbarung eines Wettbewerbsverbotes

40  Nach dem oben Gesagten (§ 26 Rdn. 34 ff.) kann die Wettbewerbstätigkeit des Arbeitnehmers für die Zeit nach Auflösung des Arbeitsverhältnisses i.d.R. nur durch vertragliche Vereinbarungen eingeschränkt werden. Hierbei handelt es sich um einen gegenseitigen Vertrag, bei dem die diesbezüglichen Regeln über Leistungsstörungen Anwendung finden.[78] Wird arbeitsvertraglich ein Wettbewerbsverbot vereinbart, so soll dies im Zweifel nicht mit Beginn des Ruhestandes des Arbeitnehmers außer Kraft treten.[79]

41  Grds. ist es möglich, ein Wettbewerbsverbot auf einzelne selbstständige und/oder abhängige, gewerbliche Tätigkeiten ebenso wie auf einmalige bestimmte Handlungen bzw. Tätigkeiten zu beziehen.[80] Wird der ausscheidende Arbeitnehmer verpflichtet, dem bisherigen Arbeitgeber alle zukünftigen Forschungs-

---

75 BAG v. 15.06.1993, NZA 1994, 502, 505; vgl. auch Depenheuer, Mitt. 1997, 1, 4 f.
76 BAG v. 19.05.1998, NZA 1999, 200; LAG Hamm v. 05.10.1988, DB 1989, 783.
77 BAG v. 15.06.1993, NZA 1994, 502, 505; s.a. Bauer/Diller, Wettbewerbsverbote, 5. Aufl. 2009, Rn. 151 ff.
78 Ständ. RSpr. BAG, z.B. v. 10.09.1985, AP Nr. 49 zu § 74 HGB.
79 BAG v. 30.10.1984, AP Nr. 46 zu § 74 HGB.
80 Schaub/Vogelsang ArbRHdb § 55 Rn. 64 ff. m.w.N.; vgl. auch BAG v. 19.01.1961, GRUR 1961, 475 – *Friseurkopf*.

## D. Fortbestehen sonstiger Rechte und Pflichten außerhalb des ArbEG    § 26

ergebnisse auf seinem früheren Arbeitsgebiet ohne wirtschaftliche Gegenleistung zur Verfügung zu stellen, handelt es sich um ein nach § 74 Abs. 2 HGB unverbindliches (partielles) Wettbewerbsverbot.[81]

**Gesetzliche Regelungen** hinsichtlich nachvertraglicher Wettbewerbsvereinbarungen enthalten die §§ 74 ff. HGB für kaufmännische und § 110 GewO für technische Angestellte. Derartige Vereinbarungen sind gem. § 12 Abs. 1 BBiG mit Volontären und Auszubildenden nicht möglich. 42

Da diesen Bestimmungen der allgemeine Gedanke zugrunde liegt, dem Arbeitnehmer nach Beendigung des Arbeitsvertrages die Entfaltungsfreiheit hinsichtlich seiner gewerblichen Tätigkeit zu gewährleisten,[82] ist die Rechtsprechung dazu übergegangen, die gem. § 75 d Satz 1 HGB zwingenden Bestimmungen der §§ 74 ff. HGB analog auf sonstige Arbeitnehmer, die nicht kaufmännische Angestellte sind, anzuwenden.[83] 43

Daher unterliegen Wettbewerbsabreden nicht nur den **strengen Formbestimmungen** des § 74 Abs. 1 HGB, sondern können auch nur für die Dauer von höchstens 2 Jahren nach Dienstvertragsbeendigung vereinbart werden (§ 74 a Abs. 1 Satz 3 HGB) und sind nur gegen **Karenzentschädigung** verbindlich (§ 74 Abs. 2 HGB, Ausnahme § 75 b HGB). 44

Darüber hinaus unterliegt das Wettbewerbsverbot zahlreichen **Zulässigkeitsschranken** (vgl. § 74 a HGB). So ist es nur verbindlich, soweit es dem Schutz berechtigter geschäftlicher Interessen des Arbeitgebers dient (§ 74 a Abs. 1 Satz 1 HGB) und das berufliche Fortkommen des Arbeitnehmers nach Ort, Zeit und Gegenstand nicht unbillig erschwert (§§ 74 a Abs. 1 Satz 2 HGB, 110 GewO). 45

An einem **berechtigten Unternehmensinteresse** wird es fehlen, wenn der Arbeitnehmer an der Verwertung solcher Erfindungen gehindert werden soll, deren Gegenstand der Arbeitgeber nicht (mehr) nutzt und die für seine geschäftlichen Aktivitäten bedeutungslos (geworden) sind bzw. darüber hinausgehen. Eine unbillige Erschwerung kann regelmäßig bejaht werden, wenn dem Arbeitnehmer die Ausübung seines Berufes unmöglich gemacht[84] oder jede 46

---

81 BAG v. 09.03.1993 – 9 AZR 390/91, (unveröffentl.) m. Anm. Bormann, EWIR 1995, 71.
82 BGH v. 28.03.1977 – VIII ZR 242/75, AP Nr. 28 zu § 611 BGB – Konkurrenzklausel.
83 BAG v. 13.09.1969 u. 26.11.1971, AP Nr. 24, 26 zu § 611 BGB – Konkurrenzklausel; v. 16.05.1969, AP Nr. 23 zu § 133 GewO; v. 02.05.1970, AP Nr. 26 zu § 74 HGB u. v. 27.09.1983, AP Nr. 2 zu § 75 f. HGB; v. 09.01.1990, BAGE 64, 1.
84 Vgl. BAG v. 19.01.1961, GRUR 1961, 475, 476 – *Friseurkopf*.

Beschäftigung in Konkurrenzunternehmen untersagt wird, obschon eine partielle Beschränkung auf gewisse Tätigkeiten oder räumliche Bereiche ausreichend wäre.[85]

47 Dem Arbeitnehmer kann auch nicht pauschal jegliche **Forschungs- und Entwicklungsarbeit** in unselbstständiger Stellung verboten werden, zumal wenn sie auch Bereiche außerhalb des Geschäftszweiges des früheren Arbeitgebers umfasst.

48 Selbst im Geschäftsbereich des früheren Arbeitgebers kann dem ausgeschiedenen Arbeitnehmer durch eine solche Abrede nicht die **Erarbeitung neuer Forschungsergebnisse** und deren Weiterentwicklung bis zur Stufe der industriellen Verwertbarkeit untersagt werden, da er erst durch die Verwertung dieser Forschungs- und Entwicklungsergebnisse mittelbar oder unmittelbar in Wettbewerb zum früheren Arbeitgeber treten würde (§§ 74 a Abs. 1 Satz 1 HGB bzw. 138 BGB).[86]

49 Der Arbeitnehmer ist auch nicht gehindert, diese Ergebnisse **zum Schutzrecht anzumelden** und sie nach Ablauf der Karenzfrist zu nutzen (zulässige Vorbereitungshandlungen; s. aber auch § 4 Rdn. 12).

50 Macht der ausgeschiedene Arbeitnehmer beim neuen Arbeitgeber im Rahmen einer nach dem Wettbewerbsverbot grds. zulässigen Betätigung eine Erfindung, deren Verwertung eine unter das Wettbewerbsverbot fallende Konkurrenztätigkeit erst begründen würde, stellt dies keinen Verstoß gegen die Wettbewerbsvereinbarung dar.[87]

51 Ein (zulässiges) Wettbewerbsverbot kann den Arbeitnehmer nur hindern, die untersagte Wettbewerbstätigkeit auszuüben. Ein Verstoß berechtigt den bisherigen Arbeitgeber nur zu **Unterlassungs- und Schadensersatzansprüchen**. Dagegen begründet das Wettbewerbsverbot als solches keine **Mitteilungs- und Anbietungspflicht**[88] des Arbeitnehmers bzw. ein Inanspruchnahmerecht des früheren Arbeitgebers hinsichtlich der unter Verstoß gegen das Verbot verwendeten Erfindungen.

52 Da auch die Nichtbeachtung des Wettbewerbsverbotes die Wirksamkeit eines neuen Arbeitsvertrages nicht berührt, bestimmen sich die Rechte und Pflichten

---

85 Vgl. Schaub/Vogelsang ArbRHdb. § 55 Rn. 64 ff.
86 EG-Komm. v. 26.07.1976, GRUR-Int. 1977, 130, 133 – Reuter/BASF m. Bespr. Neumann, RIW/AWD 1977, 196, 198 ff.; vgl. auch Gaul, NJW 1961, 1509, 1512.
87 Gaul, NJW 1961, 1509, 1512.
88 A.A. Röpke Arbeitsverh. u. ArbNErf. S. 78.

an nunmehr fertig gestellten Erfindungen ausschließlich im **Verhältnis zum neuen Arbeitgeber**.[89]

Ein **kollusives Zusammenwirken** des neuen Arbeitgebers mit dem vertrags- 53 brüchigen Arbeitnehmer löst allenfalls Unterlassungs- und Schadensersatzansprüche des früheren Arbeitgebers auch ggü. dem neuen Arbeitgeber aus (§§ 823, 826, 1004 BGB); ein Zugriff auf die Erfindungen bleibt dem früheren Arbeitgeber dagegen verwehrt (vgl. aber § 1 Rdn. 29 f.).

### III. Zulässigkeit von Nichtigkeits- und Löschungsklagen

Für Nichtigkeitsklagen gegen ein Patent und Löschungsklagen gegen ein 54 Gebrauchsmuster der früheren Arbeitsvertragsparteien gelten weitgehend die gleichen Grundsätze wie während eines bestehenden Arbeitsverhältnisses (Einzelheiten s. § 25 Rdn. 42 ff.).[90]

## E. Vertragliche Abreden anlässlich der Auflösung des Arbeitsverhältnisses

### I. Grundsatz

Wie § 22 Satz 2 zeigt, sind die Arbeitsvertragsparteien (**nach Erfindungsmel-** 55 **dung**) frei darin, anlässlich der Auflösung des Arbeitsvertrages Abreden über die zukünftige Handhabung der Rechte und Pflichten aus dem ArbEG für die während der Dauer des Dienstverhältnisses gefertigten Erfindungen zu treffen.[91] Kommt diese Vereinbarung vor der rechtlichen Beendigung des Arbeitsverhältnisses zustande, unterliegt sie der Unbilligkeitskontrolle nach § 23;[92] nach Ablauf der Ausschlussfrist des § 23 Abs. 2 verbleibt es für diese Vereinbarungen ebenso wie für die nach Arbeitsvertragsende getroffenen Abreden bei den allgemeinen Vertragsgrundsätzen, insb. der Schranke des § 138 BGB[93] (s. § 23 Rdn. 8.1).

Erstreckt sich die bei oder nach Beendigung des Arbeitsverhältnisses getroffene Abrede (ausschließlich) auf **zukünftige, nach rechtlicher Beendigung** des Arbeitsverhältnisses vom Arbeitnehmer **fertiggestellte Erfindungen**, greifen die §§ 22, 23 nicht ein, da sich die Regelung auf einen Zeitraum bezieht, der nicht mehr dem Anwendungsbereich des ArbEG unterliegt (vgl. § 1 sowie

---

89 Gaul/Bartenbach, GRUR 1979, 750, 751.
90 Vgl. BGH v. 14.07.1964, GRUR 1965, 135, 137 – *Vanal-Patent*.
91 Vgl. auch Bauer, Aufhebungsverträge, Rn. 89.
92 Ebenso Tschöpe, CR 1995, 611, 616; Reimer/Schade/Schippel/Rother Rn. 4 zu § 23; a.A. Bauer, Aufhebungsverträge, Rn. 609.
93 Vgl. z. entspr. österr. Recht OGH Wien v. 27.11.1984, GRUR Int. 1986, 62 – *Fackelgas – Rückgewinnungsanlage*.

dort § 26 Rdn. 77 ff.); zudem handelt es sich bei den nach Beendigung des Arbeitsverhältnisses fertiggestellten Erfindungen um freie, nicht dem ArbEG unterworfene Erfindungen.[94]

## II. Ausgleichsquittung, Ausgleichsklausel

56 Als zulässig wird anerkannt, dass der **Arbeitnehmer** vertraglich bzw. im Rahmen eines gerichtlichen Vergleichs auf seine gesetzlichen und sonstigen Rechte im Zusammenhang mit seinen Erfindungen und technischen Verbesserungsvorschlägen verzichtet (s. § 23 Rdn. 21). Dies kann auch im Rahmen einer Ausgleichsquittung bzw. einer Ausgleichsklausel geschehen[95] oder im Rahmen einer Abfindungsregelung.[96]

57 Üblicher Inhalt einer **Ausgleichsregelung** ist die »Bestätigung« einer oder beider Arbeitsvertragsparteien, »keine Ansprüche aus dem Arbeitsverhältnis und seiner Beendigung mehr zu haben« bzw. dass »alle beiderseitigen Ansprüche aus dem Arbeitsverhältnis und seiner Beendigung abgegolten sind«.[97]

Diese Klauseln sollen im Interesse des Rechtsverkehrs klare Verhältnisse schaffen und künftigen Streitigkeiten vorbeugen.[98] Gleichwohl ist im Einzelfall zu prüfen, ob und inwieweit davon Rechte und Pflichten aus dem ArbEG erfasst sind. Bei der **Auslegung** ist nach §§ 133, 157 BGB nicht allein am Wortlaut der Erklärung zu haften, sondern es sind alle tatsächlichen Begleitumstände der Erklärung zu berücksichtigen, die für die Frage von Bedeutung sein können, welchen Willen der unterzeichnende Arbeitnehmer bei seiner Erklärung gehabt hat und wie die Erklärung vom Arbeitgeber als Empfänger zu verstehen war; dabei muss sich nach dem Wortlaut der Erklärung und den Begleitumständen klar ergeben, dass und in welchem Umfang der Arbeitneh-

---

94 Vgl. aber auch BAG v. 03.05.1994, BB 1994, 2282 z. karenzentschädigungslosen, vor Arbeitsvertragsende vereinbarten, nachvertraglichen Wettbewerbsverbot; kritisch hierzu Bauer, Aufhebungsverträge, Rn. 576; s.a. Bauer in Festschr. Bartenbach (2005), 607, 618.
95 Schiedsst. v. 13.10.1977, BlPMZ 1979, 220, 221 u. v. 18.02.1970, EGR Nr. 8 zu § 9 ArbEG (VergAnspr.) u. ZB v. 05.08.1981 – Arb.Erf. 20/81, (unveröffentl.); ArbG Darmstadt v. 07.02.1952, AP 53 Nr. 119 m. Anm. Volmer; z. Ausgleichsquittung allgem. Plander, DB 1986, 1873; Zur Inhaltskontrolle nach Maßgabe der §§ 305 ff. BGB Preis/Bleser/Rauf, DB 2006, 2812 ff.
96 Vgl. etwa BGH v. 18.05.2010 – X ZR 79/07, GRUR 2010, 817, 819 [Rn. 21] – *Steuervorrichtung*.
97 S. hierzu BAG v. 22.10.2008, NJW 2009, 618; z. AGB-Kontrolle s. Bauer in Festschr. Bartenbach (2005), 607, 609.
98 BAG v. 09.11.1973, BB 1974, 487 (dort auch z. Rechtsnatur); v. 16.09.1974, DB 1975, 155, 156; krit. Moritz, BB 1979, 1610 f.

### E. Vertragliche Abreden anlässlich der Auflösung des Arbeitsverhältnisses § 26

mer ihm bekannte oder mögliche Ansprüche aufgibt.[99] Dabei kann auch dem nachvertraglichen Verhalten der Vertragsparteien bei der Abwicklung des beendeten Arbeitsverhältnisses eine besondere Bedeutung zukommen.[100]

Eine **allgemeine Ausgleichsquittung**, mit der in erster Linie der Empfang 58 von Arbeitspapieren und möglicherweise die Richtigkeit der Abrechnung des Arbeitsentgelts bestätigt werden soll, bezieht sie sich im Regelfall nicht auf Ansprüche, die erst nach der Beendigung des Arbeitsverhältnisses wirksam sein sollen; hier muss das Gegenteil klar zum Ausdruck gebracht werden.[101]

Dem ggü. kommt einer **Ausgleichsklausel z.B. in einem gerichtlichen Vergleich** eine wesentlich umfassendere Bedeutung zu. Diese ist im Interesse klarer Verhältnisse grds. weit auszulegen. In einem **Aufhebungsvergleich** (auch im Rahmen eines Aufhebungsvertrages) wollen die Parteien i.d.R. das Arbeitsverhältnis abschließend bereinigen und alle Ansprüche erledigen, gleichgültig, ob sie daran dachten oder nicht. Der bekundete Vergleichswille wäre wertlos, wenn die Vergleichsverhandlungen sogleich Quelle neuer, über den beurkundeten Inhalt hinausgehender Ansprüche und damit neuen Parteistreits sein könnten.[102] Deshalb können auch **Ansprüche von einigem Gewicht**, wie etwa ein nachvertragliches Wettbewerbsverbot und die damit verbundene Karenzentschädigung (s. nachfolgend Rdn. 59), grds. von einer solchen Ausgleichsklausel umfasst sein. Maßgeblich ist, dass es sich dabei um Ansprüche handelt, die ihre Grundlage im Arbeitsverhältnis haben und daher »aus dem Arbeitsverhältnis« stammen.[103]

Bei **Ansprüchen von existenzieller wirtschaftlicher Bedeutung**, zu denen 59 insb. Ansprüche aus betrieblicher Altersversorgung für den Arbeitnehmer zählen, geht die höchstrichterliche Rechtsprechung davon aus, dass diese von einer allgemeinen Ausgleichsklausel im Zweifel nicht erfasst sind;[104] ein Verzicht auf solche gewichtigen Ansprüche muss sich deshalb klar und eindeutig (zweifelsfrei) aus dem Wortlaut der Klausel oder zumindest den Begleitumständen (z.B.

---

99 S. allg. BAG v. 20.08.1980, AP Nr. 3 zu § 9 LohnFG = BB 1981, 119, 120 f.; v. 20.10.1981, AP Nr. 39 zu § 74 HGB u. v. 17.10.2000, ZIP 2001, 168, 170; Schaub/Linck ArbRHdb. § 72 II 2 m.w.N. Vgl. auch OLG Düsseldorf v. 26.03.2009 – 2 U 6/08, (Düsseldf. Entsch. Nr. 1058) – Erosionsmatten.
100 BAG vom 22.10.2008, NJW 2009, 618.
101 Vgl. BAG vom 20.10.1981, AP HGB § 74 Nr. 39; Schaub/Linck, ArbRHdb. § 72 III Rn. 16 ff.; Böhm, NZA 2008, 919.
102 BAG vom 05.04.1973, AP ZPO § 794 Nr. 22; BAG vom 22.10.2008, NJW 2009, 618.
103 BAG vom 22.10.2008, NJW 2009, 618.
104 BAG vom 17.10.2000, AP BetrAVG § 1 Zusatzversorgungskassen Nr. 56.

ausführliche erläuternde Hinweise des Arbeitgebers) ergeben.[105] In diesen Fällen ist der Arbeitgeber gezwungen, »die Karten auf den Tisch zu legen«, also den Arbeitnehmer darauf aufmerksam zu machen, dass er mit seiner Unterschrift unter die Ausgleichsquittung auch auf derartige Ansprüche verzichtet[106] Nach der Rechtsprechung des *BAG* lassen allerdings auch in diesen Fällen besondere Umstände eine andere Auslegung zu.[107] So soll nach dieser Rechtsprechung ein nachvertragliches Wettbewerbsverbot und die damit verbundene Karenzentschädigung nicht dieselbe weitreichende Bedeutung für die künftige Existenz eines Arbeitnehmers haben wie die betriebliche Altersversorgung, da die Entschädigungsansprüche zeitlich begrenzt und im Volumen überschaubar sind.[108] Letzteres ist aber bei gesetzlichen Vergütungsansprüchen aus dem ArbEG jedenfalls dann nicht der Fall, wenn diese – wie häufig – im hier maßgebenden Zeitpunkt der Ausgleichsregelung weder zeitlich eindeutig begrenzt noch im Umfang überschaubar sind.[109]

60 Ob auch Ansprüche im Zusammenhang mit **Erfindungen und technischen Verbesserungsvorschlägen** mangels ausdrücklicher Erwähnung von einer solchen Ausgleichsklausel erfasst sind, ist nach den vorgenannten Auslegungsgrundsätzen zu ermitteln.

Ansprüche im Zusammenhang mit Erfindungen und Vergütungsansprüche für qualifizierte technische Verbesserungsvorschläge ergeben sich nicht unmittelbar »aus dem Arbeitsverhältnis«, sondern aus dem ArbEG, so dass ein diesbezüglicher allgemeiner Verzicht erfinderrechtliche Ansprüche nicht erfasst.[110] Gleiches gilt für patentrechtliche Ansprüche des Arbeitnehmers bei Vorenthalten

---

105 Vgl. die Nachweise bei Schaub/Linck ArbRHdb. § 72 III 2 Rn. 19 ff.
106 BAG v. 20.08.1980, AP Nr. 3 zu § 9 LohnFG = BB 1981, 119, 120 f.
107 BAG vom 22.10.2008, NJW 2009, 618.
108 BAG vom 22.10.2008, NJW 2009, 618.
109 OLG Düsseldorf v. 26.03.2009 – 2 U 6/08, (Düsseldf. Entsch. Nr. 1058) – Erosionsmatten.
110 LG Braunschweig v. 26.04.2017 – 9 O 1722/16 (www.rechtsprechung.niedersachsen.de, Rn. 111) – Schwenkfüße; Schiedsst. v. 12.07.1977, BlPMZ 1979, 220; Gaul/Bartenbach i. Anm. EGR Nr. 3 zu § 22 ArbEG; Bauer, Aufhebungsverträge Rn. 609, 804; ders. in Festschr. Bartenbach (2005), 607, 618; Schwab, Arbeitnehmererfindungsrecht, § 22 Rn. 7; Volmer/Gaul Rn. 196 f. zu § 9. Rn. 338 ff. u. § 12; abw. noch Schiedsst. v. 18.02.1970, EGR Nr. 8 zu § 9 ArbEG (VergAnspr.); vgl. auch ArbG Darmstadt v. 07.02.1952, AP 53 Nr. 119 m. Anm. Volmer; LG Düsseldorf v. 10.10.1972 – 4 O 229/70, (unveröffentl.); s.a. BAG v. 21.06.1979, BB 1979, 1605 = AP Nr. 4 zu § 9 ArbEG.

E. Vertragliche Abreden anlässlich der Auflösung des Arbeitsverhältnisses   § 26

einer frei gewordenen Erfindung.[111] Allerdings lässt das BAG für die Zuordnung von Ansprüchen »aus dem Arbeitsverhältnis« genügen, dass sie ihre Grundlage im Arbeitsverhältnis haben.[112] Der Erfindervergütungsanspruch findet im Arbeitsverhältnis seinen Ursprung, ist also seiner Natur nach dem Arbeitsverhältnis zuzuordnen[113] (s. dazu die Nachweise in § 9 Rdn. 3).

Die *Schiedsstelle*[114] geht zu Recht davon aus, dass eine **allgemeine Regelung** (s. § 26 Rdn. 57) ohne konkreten Hinweis auf Rechte aus dem ArbEG (insb. Vergütungsansprüche) zum Erlass **nicht ausreicht**,[115] sofern sich nicht aus dem nachweisbaren Zusammenhang der Verhandlung und/oder einer solchen Verzichtsklausel ergibt, dass sich die Arbeitsvertragsparteien darüber bewusst waren, durch die Klausel auch erfinderrechtliche Ansprüche mit abzugelten.[116] Letzteres kann dann der Fall sein, wenn i.R.d. Verhandlungen erfinderrechtliche Ansprüche ausdrücklich diskutiert worden sind und die abschließende Vereinbarung keinen entsprechenden Vorbehalt aufweist.[117] Wechselseitige Absprüche aus dem ArbEG sind im Zweifel auch dann von einer allgemeinen

---

111 Im Ergebn. OLG Karlsruhe v. 13.04.2018 – 6 U 161/16, (www.lrbw.juris.de, Rn. 175) – *Rohrprüfsystem* = GRUR 2018, 1030 (Rn. 53) – *Rohrleitungsprüfung*.
112 BAG vom 22.10.2008, NJW 2009, 618.
113 Vgl. auch OLG Düsseldorf vom 09.08.2007 – 2 U 41/06 – *Ummantelung von Stahlröhren*, (unveröffentl.); Bartenbach/Volz Festschr. Melullis, GRUR 2009, 220.
114 Schiedsst. v. 23.12.1996 – Arb.Erf. 42/95; ZB v. 26.08.1997 – Arb.Erf. 30/96, (beide unveröffentl.); v. 01.02.2005 – Arb.Erf. 72/03, u. v. 21.10.2008 – Arb.Erf. 34/07, (beide Datenbank); s.a. BAG v. 21.06.1979, BB 1979, 1605 = AP Nr. 4 zu § 9 ArbEG für vertragliche und tarifliche Ausschlussfristen bei Vergütungsansprüchen aus schöpferischer Tätigkeit des Arbeitnehmers.
115 Schiedsst. v. 18.08.1983 – Arb.Erf. 46/82; ZB v. 29.08.1985 – Arb.Erf. 13/84; v. 13.06.1991 – Arb.Erf. 105/89, u. ZB v. 26.08.1997 – Arb.Erf. 30/96, (alle unveröffentl.); ebenso Volmer/Gaul Rn. 197 zu § 5 u. Rn. 341 ff. z. § 12; Schaub/Linck ArbRHdb. § 72 III 2b Rn. 21; Boemke/Kursawe/Boemke Rn. 26 f. zu § 26, die zudem auf die AGB-Kontrolle nach §§ 310 ff. BGB verweisen, sowie Boemke/Kursawe/Engemann Rn. 93 zu § 9; zurückhaltend gegenüber Ausgleichsquittungen auch Keukenschrijver in Busse/Keukenschrijver, PatG, Rn. 27 zu § 9 ArbEG u. Rn. 6 zu § 26 ArbEG (»umfassen nicht ohne Weiteres«); ferner Reimer/Schade/Schippel/Himmelmann Rn, 29 zu § 9 u. Reimer/Schade/Schippel/Rother Rn, 4 zu § 26; Vgl. auch OLG Düsseldorf v. 26.03.2009 – 2 U 6/08, (Düsseldf. Entsch. Nr. 1058) – *Erosionsmatten*. S. ferner BAG v. 21.06.1979, BB 1979, 1605 = AP Nr. 4 zu § 9 ArbEG; OLG Düsseldorf 10.06.1999, GRUR 2000, 49, 51 – *Geschäftsführer-Erfindung* u. FG Münster v. 27.04.2013 Mitt. 2014, 148 (Rn. 30 ff.) – *Aluminium Silicon Tape*.
116 Schiedsst. ZB v. 05.08.1981 – Arb.Erf. 20/81, (unveröffentl.); zust. auch Schwab, Arbeitnehmererfindungsrecht, § 22 Rn. 7.
117 OLG Düsseldorf v. 10.06.1999, GRUR 2000, 49, 51 – *Geschäftsführer-Erfindung*.

Ausgleichsklausel erfasst, wenn im Zusammenhang damit eine **Pauschalabfindung** für Erfindervergütung ohne Vorbehalte vereinbart wird.

61 Zweifelsfragen werden vermieden, wenn in der Ausgleichsklausel ausdrücklich der Vorbehalt aufgenommen wird, dass Fragen des Arbeitnehmererfindungsrechts von der Ausgleichswirkung unberührt bzw. noch zu klären sind. Ein üblicher Wortlaut ist etwa der, dass »*etwaige Ansprüche gemäß dem Arbeitnehmererfindungsgesetz nicht mit der Beendigung des Anstellungsverhältnisses erledigt und abgegolten sind*«. Mit einer solchen Regelung wird weder eine Aussage über den Bestand solcher Ansprüche getroffen, noch werden solche Ansprüche durch die Klausel erstmals begründet.[118] Hierin liegt lediglich die Klarstellung, dass evtl. erfinderrechtliche Ansprüche von der Rechtswirkung der Ausgleichsklausel ausgenommen sind.

Eine alternative Formulierung lautet wie folgt: »*Mit Erfüllung der in diesem Vertrag geregelten Ansprüche sind sämtliche Ansprüche gleich aus welchem Rechtsgrund mit Ausnahme etwaiger Ansprüche aus dem ArbEG erledigt.*«[119] Von dieser Ausnahme erfasst werden nicht nur die unmittelbar im ArbEG geregelten Ansprüche, sondern im Zweifel sämtliche denkbaren Ansprüche, die dem Arbeitnehmer – gleich aus welchem Rechtsgrund – gegen den Arbeitgeber wegen seiner Diensterfindungen möglicherweise zustehen einschließlich etwaiger Schadensersatz- und Bereicherungsansprüche.[120]

Soweit nach Auffassung des *Schiedsstelle* eine Aufhebungsvereinbarung, mit der ausdrücklich zugleich alle Ansprüche aus dem ArbEG abgegolten werden, dann wegen **Unbilligkeit nach § 23 ArbEG** unwirksam sein soll, wenn die Abfindungszahlungen nur übliche Abfindungsbeträge zum Ausgleich anderweitiger Ansprüche (z.B. für den Verlust des Arbeitsplatzes), jedoch keinen (ausdrücklichen) Abfindungsbetrag für Arbeitnehmererfindungen enthält[121], ist dies u. E. zweifelhaft[122], nicht zuletzt mit Blick auf die rechtliche Zulässig-

---

118 OLG München v. 10.05.2007 – 6 U 3150/06, (unveröffentl.).
119 Bauer in Festschr. Bartenbach (2005), 607, 618 f. Ebenso: »Ansprüche gemäß dem Gesetz über Arbeitnehmererfindungen ausgenommen sind« (s. etwa die Fallgestaltung bei BGH v. 18.05.2010 – X ZR 79/07, GRUR 2010, 817 – *Steuervorrichtung*).
120 S. BGH v. 18.05.2010 – X ZR 79/07, GRUR 2010, 817, 819 [Rn. 21] – *Steuervorrichtung*.
121 Vgl. Schiedsst. v. 30.03.2017 – Arb.Erf. 36/15, (www.dpma.de, in Mitt. 2018, 292 nur LS.), wobei dort angesichts einer laufenden Benutzung die Unbilligkeit aus der ausdrücklichen Vertragsregelung »als Ausgleich für den Verlust des Arbeitsplatzes« i.V.m. § 26 ArbEG gefolgert wurde.
122 Vgl. auch BGH v. 18.05.2010 – X ZR 79/07, GRUR 2010, 817, 819 [Rn. 21] – *Steuervorrichtung*.

### E. Vertragliche Abreden anlässlich der Auflösung des Arbeitsverhältnisses § 26

keit eines Vergütungsverzichts (s. § 23 Rdn. 21) und eine übliche Bestimmung von Abfindungsbeträgen im Rahmen eines »Gesamtvergleichs« i.S.d. § 779 BGB.

Bei einer für eine Vielzahl von Aufhebungsverträgen vorformulierte Regelung sind die Vorgaben zu AGB nach §§ 305 ff. BGB zu beachten, soweit diese nach der hier vertretenen Auffassung im Bereich des ArbEG Anwendung finden (s. dazu § 22 Rdn. 44), also hier namentlich der Vorrang von Individualabreden (§ 305b BGB) sowie der Schutz vor ungewöhnlichen Klauseln (§ 305c BGB), wozu auch ein unentgeltlicher Rechtsverzicht gehören kann.[123]

Soweit technische Verbesserungsvorschläge Gegenstand einer **tarifvertraglichen Regelung** sind, steht einem Verzicht des Arbeitnehmers § 4 Abs. 4 TVG entgegen;[124] bei darauf bezogenen Betriebsvereinbarungen (vgl. § 20 Abs. 2) ist ein Verzicht auf eingeräumte Rechte nur mit Zustimmung des Betriebsrates zulässig[125] (§ 77 Abs. 4 BetrVG). 62

Das in der Ausgleichsklausel enthaltene Rechtsgeschäft kann gem. §§ 119 ff., 123 ff. BGB **angefochten** werden.[126] Unterschreibt der Arbeitnehmer eine Ausgleichsquittung ungelesen, kann er sie regelmäßig nicht anfechten, es sei denn, er hat sich über den Inhalt des Schriftstückes eine bestimmte, allerdings unrichtige Vorstellung gemacht.[127] Gleiches gilt bei einem Vertragstext, der nicht in der Sprache des (ausländischen) Arbeitnehmers verfasst ist, da es im Allgemeinen zumutbar ist und erwartet werden kann, dass ein ausscheidender Arbeitnehmer die Unterzeichnung eines unverstandenen Dokuments zunächst verweigert und verlangt, eine der Vertragssprache mächtige Person hinzuziehen oder eine Übersetzung zu ermöglichen.[128] 63

Das in einer Ausgleichsregelung enthaltene Rechtsgeschäft ist nicht allein deshalb unwirksam, weil dem Arbeitnehmer weder eine Bedenkzeit noch ein

---

123 Vgl. etwa LAG Rheinland-Pfalz 20.10.2011 – 2 Sa 425/11, (juris, Rn. 25, 40), dort zu einf. Techn. VV. S. dazu auch Boemke/Kursawe/Boemke Rn. 27 zu § 26.
124 S. dazu Bauer in Festschr. Bartenbach (2005), S. 607, 614 f.
125 Wohl unstreitig, wie hier etwa Schwab NZA-RR 2015, 225, 226.
126 BAG v. 06.06.1977, AP Nr. 4 zu § 4, KSchG 1969; v. 30.09.1993, DB 1994, 279 m. Anm. Boemke, WiB 1994, 168; BAG v. 16.02.1983, AP Nr. 22 zu § 123 BGB; Schiedsst. v. 27.12.1977, BlPMZ 1979, 221 m.H.a. LG Düsseldorf v. 10.10.1972 – 4 O 229/70, (unveröffentl.).
127 BAG v. 27.08.1970, AP Nr. 33 zu § 133 BGB u. BGH, NJW 1995, 190; weitere Nachweise bei Palandt/Ellenberger, BGB, § 119 Rn. 9.
128 Hinrichs/Stütze, NZA-RR 2011, 113, 117 m.H.a. LAG Niedersachsen, NZA-RR 2005, 401, 402.

Rücktritts- bzw. Widerrufsrecht eingeräumt und ihm auch das Thema des beabsichtigten Gesprächs über den Inhalt der zu treffenden Regelung vorher nicht mitgeteilt wurde.[129]

Zur Unbilligkeit gem. § 23 s.o. § 26 Rdn. 55. Zur Aufklärungspflicht des Arbeitgebers s. § 25 Rdn. 20.

---

[129] Vgl. BAG v. 30.09.1993, DB 1994, 279, dort zum arbeitsrechtlichen Aufhebungsvertrag.

## § 27 n.F. Insolvenzverfahren (Fassung 2009)

Wird nach Inanspruchnahme der Diensterfindung das Insolvenzverfahren über das Vermögen des Arbeitgebers eröffnet, so gilt folgendes:
1. Veräußert der Insolvenzverwalter die Diensterfindung mit dem Geschäftsbetrieb, so tritt der Erwerber für die Zeit von der Eröffnung des Insolvenzverfahrens an in die Vergütungspflicht des Arbeitgebers ein.
2. Verwertet der Insolvenzverwalter die Diensterfindung im Unternehmen des Schuldners, so hat er dem Arbeitnehmer eine angemessene Vergütung für die Verwertung aus der Insolvenzmasse zu zahlen.
3. In allen anderen Fällen hat der Insolvenzverwalter dem Arbeitnehmer die Diensterfindung sowie darauf bezogene Schutzrechtspositionen nach Ablauf eines Jahres nach Eröffnung des Insolvenzverfahrens anzubieten; im Übrigen gilt § 16 entsprechend. Nimmt der Arbeitnehmer das Angebot innerhalb von zwei Monaten nach dessen Zugang nicht an, kann der Insolvenzverwalter die Diensterfindung ohne Geschäftsbetrieb veräußern oder das Recht aufgeben. Im Falle der Veräußerung kann der Insolvenzverwalter mit dem Erwerber vereinbaren, dass sich dieser verpflichtet, dem Arbeitnehmer die Vergütung nach § 9 zu zahlen. Wird eine solche Vereinbarung nicht getroffen, hat der Insolvenzverwalter die Vergütung aus dem Veräußerungserlös zu zahlen.
4. Im Übrigen kann der Arbeitnehmer seine Vergütungsansprüche nach §§ 9 bis 12 nur als Insolvenzgläubiger geltend machen.

Lit.:
*Bartenbach/Volz*, Die Novelle d. Ges. ü. ArbnErf 2009, GRUR 2009, 997; *Bartenbach/Volz/Kunzmann*, ArbNErf in d. Insolvenz, in: FK-InsO – Frankfurter Komm. z. InsO, 9. Aufl. 2018, Anh. I S. 4011; *Berger*, Immaterielle Wirtschaftsgüter i. d. Insolvenz, ZInsO 2013, 569; *Gaul*, Z. geplanten Insolvenzreform i. Verh. z. Erfindervergütungen u.z. Erfindungsförderung, GRUR 1986, 405, 498; *Häcker*, Verwertungs- u. Benutzungsbefugnis d. Insolvenzverwalters für sicherungsübertragene gewerbl. Schutzrechte, ZIP 2001, 995; *Kelbel*, Die Behandlg. d. Vergütg. f. ArbNErf i.d. geplanten Reform d. Insolvenzrechts, GRUR 1987, 218; *Lakies*, D. Vergütungsansprüche d. Arbeitnehmers i.d. Insolvenz, NZA 2001, 521; *Mulch*, ArbNErfindungen i. d. Insolvenz, IPRB 2010, 232; *Oster*, ArbNErfindungen b. Betriebsübergang i. d. Insolvenz, GRUR 2012, 467; *Paul*, Rechte des ArbNErfinders in d. Insolvenz d. ArbG – Einige Zweifelsfragen z. Anwendbarkt. u. z. Regelungsgehalt v. § 27 ArbEG, KTS 2005, 445; *ders.*, ArbNErfRechte in d. Insolvenz d. ArbG – Zur Novellierung von § 27 ArbNErfG durch d. Ges. z. Vereinfachung u. Modernisierung. d. PatR., ZInsO 2009, 1839; *Schwab*, Die Rechtsposition d. ArbNErfinders i.d. Insolvenz d. ArbG, NZI 1999, 257; *Wiedemann, Markus*, Lizenzen u. Lizenzverträge in d. Insolvenz, 2006; *Wiedemann, Maximilian*, Die Vergütg. d. ArbNErfinders i. d. Insolvenz d. ArbG (§ 27 ArbNErfG), 2016 (zugl. Diss. Leipzig 2016); *Zeising*, Die insolvenzrechtl. Verwertung u. Verteidigung v. gewerbl. Schutzrechten, Mitt.

**§ 27 n.F.** Insolvenzverfahren (Fassung 2009)

2000, 206, 353 u. Mitt. 2001, 60; *ders.*, Verfügungs- u. Verwaltungsbefugnisse d. Insolvenzverwalters über gewerbl. Schutzrechte, Mitt. 2001, 411; *ders.*, Die Abwicklung v. Know-how-Verträgen u. Schutzrechtsveräußerungen i. Insolvenzverfahren, Mitt. 2001, 287; *ders.*, Wettlauf d. gewerbl. Schutzrechte i. Insolvenzverfahren, KTS 2002, 367; *Zimmermann*, Das Erfinderrecht in d. Zwangsvollstreckung, GRUR 1999, 121. Siehe a. Lit bei § 6 n.F.

**Übersicht** Rdn.
A. Allgemeines .................................................. 1
B. **Wirkung der Eröffnung des Insolvenzverfahrens**................. 16
   I. Bedeutung des Insolvenzverfahrens ........................... 16
  II. Insolvenzmasse ............................................ 19
 III. Stellung des Insolvenzverwalters ............................. 31
C. **Verwertung der Diensterfindung durch den Insolvenzverwalter**...... 41
   I. In Anspruch genommene Diensterfindung ...................... 41
  II. Veräußerung der Diensterfindung mit dem Geschäftsbetrieb (Nr. 1)..... 47
    1. Veräußerung des Geschäftsbetriebes ....................... 48
    2. Betriebsübergang und dessen Auswirkungen ................. 51
    3. Eintritt in die Vergütungspflicht ......................... 55
 III. Verwertung der Diensterfindung durch den Insolvenzverwalter im Unternehmen des Schuldners (Nr. 2).................................... 101
    1. Verwertung durch Insolvenzverwalter im Unternehmen........... 106
    2. Angemessene Vergütung aus der Insolvenzmasse ................ 113
 IV. Auffangtatbestand für »alle anderen Fälle« (Nr. 3).................. 121
    1. Rechtscharakter als Auffangtatbestand ...................... 121
    2. Erfasste Fallsituationen – sachlicher Anwendungsbereich (Satz 1)...... 123
    3. Überlegungsfrist von einem Jahr (Satz 1 Halbs. 1) ................. 130
    4. Anbietungspflicht des Insolvenzverwalters und deren Folgen bei Annahme (Satz 1 Halbs. 2)................................. 139
      a) Angebot des Insolvenzverwalters entsprechend § 16 .......... 139
      b) Annahme des Arbeitnehmers........................... 148
    5. Nichtannahme des Arbeitnehmers und Wahlrecht des Insolvenzverwalters (Satz 2)............................................ 158
    6. Vereinbarung der Vergütungszahlung mit dem Rechtserwerber (Satz 3).. 164
    7. Vergütung aus dem Veräußerungserlös (Satz 4) ................ 180
D. **Der Arbeitnehmer als Insolvenzgläubiger**........................ 187
   I. Vergütungsansprüche für vor Insolvenzeröffnung in Anspruch genommene Diensterfindungen (Nr. 4)................................ 189
  II. Sonstige Ansprüche......................................... 195
 III. Rechtsstellung als Insolvenzgläubiger........................... 205

## A. Allgemeines

**1** Bereits die Insolvenzrechtsreform 1999 hatte zu einer grundlegenden Neufassung der Vorschrift zum 01.01.1999 (s. dazu hier die Kommentierung zu § 27

## A. Allgemeines

§ 27 n.F.

a. F.) und Aufhebung der zum Konkursverfahren ergangenen Ursprungsfassung des § 27 geführt.[1] Im Rahmen der ArbEG-Novelle 2009 (s. dazu Einl. Rdn. 42) ist § 27 durch Art. 7 des Patentrechtsmodernisierungsgesetzes erneut inhaltlich geändert worden, und zwar mit Wirkung ab 01.10.2009. Übergangsrechtlich gilt das bisherige Recht gem. § 43 Abs. 3 noch für diejenigen Diensterfindungen, die vor dem 01.10.2009 gemeldet worden sind (streitig, s. § 43 Rdn. 14 ff.).

Die **frühere**, zum 01.01.1999 in Kraft getretene **Fassung** des § 27 geht zurück auf Art. 56 EGInsO vom 05.10.1994 (BGBl. I, S. 2911, 2938) und entsprach dem damaligen RegE[2]. Die Regelung war Ausfluss der **Zielsetzung der Insolvenzrechtsreform**, dem Insolvenzverfahren die Funktionstüchtigkeit zurückzugeben und marktkonform die bestmögliche gemeinschaftliche Verwertung des Schuldnervermögens herbeizuführen (vgl. § 1 InsO).[3] Dazu gehörte die allgemeine Vorgabe, frühere Konkursvorrechte grds. abzuschaffen.[4] Daher wurden alle herkömmlichen Konkursvorrechte (vgl. § 61 KO) auch für Arbeitnehmer gestrichen[5] und damit – trotz der vorangegangenen Kritik im Schrifttum[6] – auch das frühere Vorrecht für Vergütungsansprüche der Arbeitnehmererfinder[7] (§ 27 Abs. 2 ArbEG Fassung 1957). In Abkehr von § 27 Abs. 2 Fassung 1957 wurde mit § 27 Fassung 1999 auch auf Sonderregelungen für Vergütungsansprüche bei beschränkt in Anspruch genommenen Diensterfindungen (§ 10 a.F.) und qualifizierten technischen Verbesserungsvorschlägen (§ 20 Abs. 1) verzichtet.[8] Dagegen wurde das erst mit der ArbEG-Reform 2009 entfallene Vorkaufsrecht für die Diensterfindung nach § 27 Abs. 1 Fassung 1957 inhaltlich beibehalten, nicht zuletzt zum Ausgleich für den Wegfall

2

---

1 S. dazu Bartenbach/Volz, DB 1981, 1121 ff. sowie 3. Aufl. KommRL zu § 27 (Fassung 1957). Ausf. zur hist. Entwicklung Wiedemann, Vergütg. i. d. Insolvenz (2016), S. 17 ff.
2 BR-Drucks. 511/92 = BT-Drucks. 12/3803 (dort Art. 54 EGInsO-Entwurf).
3 Amtl. Begründung z. Entwurf d. InsO i. BT-Drucks. 12/3803 S. 99 (zu Art. 54 EGInsO-Entwurf).
4 Amtl. Begründung z. Entwurf d. InsO i. BT-Drucks. 12/3803 S. 99 (zu Art. 54 EGInsO-Entwurf).
5 Hess/Pape, InsO und EGInsO Rn. 32.
6 Vgl. Gaul, GRUR 1986, 405, 498 ff.; Kelbel, GRUR 1987, 218 ff.
7 Amtl. Begründung z. Entwurf d. InsO i. BT-Drucks. 12/3803 S. 99 (zu Art. 54 EGInsO-Entwurf); s. dazu ferner Kelbel, GRUR 1987, 218 ff. Zur Entstehungsgeschichte vgl. auch Boemke/Kursawe/Ulrici Rn. 1 ff. zu § 27.
8 Für eine Ausweitung (im Auslegungsweg) zumindest des Vorkaufsrechts des § 27 Nr. 2 auf technische Verbesserungsvorschläge hatte sich Schwab, NZI 1999, 257, 259 ausgesprochen.

der Konkursvorrechte[9] Zusätzlich wurden in § 27 Fassung 1999 weitere Regelungen getroffen, um die Position des Arbeitnehmererfinders bei unbeschränkter Inanspruchnahme seiner Erfindung zu verbessern und dessen Rechtsstellung an die eines absonderungsberechtigten Gläubigers anzunähern,[10] sei es im Hinblick auf die Vergütung bei nachfolgender Verwertung seiner Diensterfindung, sei es durch zusätzliche Möglichkeiten, seine Diensterfindung durch Übernahme selbst zu nutzen oder durch Befugnisse zur Aufrechnung. § 27 Fassung 1999 trat erst am 01.01.1999 in Kraft und betraf nur solche **Insolvenzverfahren, die nach dem 31.12.1998** gem. **§§ 13 ff. InsO beantragt** worden waren (vgl. Art. 103, 104 EGInsO).

3 Die **zweite Neufassung** des § 27 im Zuge der **ArbEG-Novelle 2009** ist am 01.10.2009 in Kraft getreten und hat für die seitdem gemeldeten Diensterfindungen § 27 Fassung 1999 abgelöst (s. dazu nachfolgend Rdn. 4). Sie hält im Grundsatz an den allgemeinen insolvenzrechtlichen Zielsetzungen fest und baut auf den Regelungen aus der Insolvenzrechtsrefom auf. § 27 n. F. führt zu einer Straffung der insolvenzbezogenen Regelungen, die gleichzeitig an den Bedürfnissen der Praxis ausgerichtet werden sollen.[11] Die durch die ArbEG-Novelle 2009 geänderte Vorschrift verabschiedet sich deshalb von dem früher in § 27 Nr. 2 Fassung 1999 normierten Vorkaufsrecht, das noch auf die Ursprungsfassung aus dem Jahr 1957 zurückgeht. Die durch §§ 463 ff. BGB vorgegebene Handhabung hatte sich in der Praxis als zu langwierig und schwerfällig erwiesen und wurde – im Interesse von Insolvenzverwalter und Arbeitnehmer – durch die Einführung einer unmittelbaren Anbietungspflicht des Insolvenzverwalters in § 27 Nr. 3 n.F. ersetzt.[12] In diese Regelung ist – entsprechend dem Charakter als neuer Auffangtatbestand – die frühere Anbietungspflicht nach § 27 Nr. 4 Fassung 1999[13] einbezogen. Wenn auch mit geänderter Nummernfolge sind die sonstigen Regelungen des § 27 Fassung 1999 beibehalten: Nr. 1 ist unverändert, Nr. 2 entspricht der bisherigen Nr. 3 und die bisherige Nr. 5 ist neue Nr. 4 geworden.[14] Vereinzelt wird ein erneuter

---

9 Vgl. Kelbel, GRUR 1987, 218 f.
10 Vgl. Amtl. Begründung zur InsO i. BT-Drucks. 12/3803 S. 99 (zu Art. 54 EGInsO-Entwurf); vgl. auch Kelbel, GRUR 1987, 218, 220.
11 S. die Hinweise in der Amtl. Begründung zum Patentrechtsmodernisierungsgesetz in BR-Drucks. 757/08 S. 53 (zu Art. 7 Nr. 15 d. Entw.).
12 Vgl. Amtl. Begründung zum Patentrechtsmodernisierungsgesetz in BR-Drucks. 757/08 S. 53 (zu Art. 7 Nr. 15 d. Entw.).
13 S. dazu Amtl. Begründung zum Patentrechtsmodernisierungsgesetz in BR-Drucks. 757/08 S. 53 (zu Art. 7 Nr. 15 d. Entw.).
14 S. dazu Amtl. Begründung zum Patentrechtsmodernisierungsgesetz in BR-Drucks. 757/08 S. 53 (zu Art. 7 Nr. 15 d. Entw.).

A. Allgemeines **§ 27 n.F.**

Reformbedarf insbesondere im Zusammenhang mit § 27 Nrn. 1 und 3 n.F. gesehen[15], welches allerdings stark von spezifischen Auslegungsfragen und -lösungen geprägt ist.

Diese Neufassung gilt gemäß der **Übergangsregelung** des § 43 Abs. 3 für alle  4 seit dem 01.10.2009 **gemeldeten** Diensterfindungen (streitig, s. dazu § 43 Rdn. 14 ff.).; für die vor diesem Stichtag gemeldeten Diensterfindungen verbleibt es bei § 27 Fassung 1999, die auszugsweise im Anschluss an § 27 n. F. kommentiert wird (für den Fall der vor dem 01.01.1999 beantragten Insolvenzverfahren s. § 27 Fassung 1999 Rdn. 3). Für das (vom früheren Recht abweichende) Übergangsrecht ist es also grundsätzlich ohne Belang, wann die Fertigstellung der Diensterfindung erfolgt ist, wann sie (unbeschränkt) in Anspruch genommen wurde oder wann das Insolvenzverfahren eröffnet worden ist. Für die Stichtagsregelung des § 43 Abs. 3 ist allein der Zugang der Erfindungsmeldung beim Arbeitgeber maßgeblich (s. § 43 Rdn. 15 ff.), wann also die Meldung des Arbeitnehmers beim Schuldner bzw. Insolvenzverwalter erfolgt ist.[16] Die Ansicht, § 27 ArbEG n.F. gelte »für alle Diensterfindungen, soweit der Zeitpunkt der Einleitung des Insolvenzverfahrens nach dem 30.09.2009 liegt«[17], findet im Gesetz keine Stütze: Der Gesetzgeber hat – in offenkundiger Abkehr zu Art. 104 EGInsO – für die Geltung des § 27 n. F. weder auf den Eröffnungsantrag noch auf den Eröffnungsbeschluss abgestellt, sondern es bei der allgemeinen Übergangsvorschrift des § 43 Abs. 3 ArbEG belassen, wonach das frühere Recht für alle vor dem 01.10.2009 gemeldeten Erfindungen gilt. Auch wenn eine andere Übergangsvorschrift im Interesse eines einheitlichen Insolvenzrechts gelegen haben mag, ist die klare und abschließende Vorgabe des § 43 Abs. 3 ArbEG weder einer ergänzenden Auslegung noch einer teleologischen Reduktion zugänglich, zumal dies mit der auch im Insolvenzrecht geltenden Strenge von Stichtagsregelungen nicht vereinbar wäre und im Insolvenzverfahren ohnedies nicht nur bei Miterfinderschaft, sondern auch bei mehreren Diensterfindungen unterschiedliche Regelungen des ArbEG a.F./n.F. zu beachten sind. Im Übrigen wäre es ein Wertungswiderspruch, wenn bei Miterfinderschaft mit unterschiedlichen Erfindungsmeldun-

---

15 Wiedemann, Vergütg. i. d. Insolvenz (2016), S. 229 ff.
16 Wie hier ganz h.M., z. B. Schiedsst. v. 26.02.2015 – Arb.Erf. 51/12, u. v. 22.02.2017 – Arb.Erf. 45/12, (beide www.dpma.de); Wiedemann, Vergütg. i. d. Insolvenz (2016), S. 64; Mulch IPRB 2010, 232, 234; vgl. auch Keukenschrijver in Busse/Keukenschrijver, PatG, Rn. 2 zu § 27 ArbEG u. Rn. 4 zu § 43 ArbEG, der keine Ausnahme von der Maßgeblichkeit der Erfindungsmeldung macht.
17 So Boemke/Kursawe/Ulrici Rn. 4, 14 zu § 27 und Boemke/Kursawe/Boemke Rn. 36 zu § 27, die eine teleologische Reduktion »entgegen § 42 III« (sic!) auf den Zeitpunkt der Einleitung des Insolvenzverfahrens annehmen.

§ 27 n.F.  Insolvenzverfahren (Fassung 2009)

gen (vor/nach dem 30.09.2009) insolvenzrechtlich einheitlich § 27 ArbEG n.F., bei dessen Umsetzung, etwa die §§ 6 – 8 a.F./n.F. oder §§ 12, 16 ArbEG a.F./n.F., gelten sollten, also das einheitliche materielle Übergangsrechts bei Miterfinderschaft verlassen würde. Das Übergangsrecht kann namentlich bei zeitversetzten Meldungen von **mehreren Arbeitnehmererfindern** relevant werden: Da § 43 Abs. 3 jedem einzelnen Arbeitnehmer ggü. zu beachten ist, kann dieses Abstellen auf die Erfindungsmeldung bei **Miterfindern** mit differierenden Einzelmeldungen in dem für das Übergangsrecht relevanten Zeitraum nicht nur zu unterschiedlichen Rechtswirkungen im allgemeinen Erfinderrecht führen (s. § 43 Rdn. 14 ff.), sondern darüber hinaus auch unterschiedliche insolvenzrechtliche Folgen haben, insbesondere bezüglich der Frage des (bisherigen) Vorkaufsrechts. Ggf. können hier einvernehmliche Ergebnisse in den Grenzen der §§ 23, 27 angestrebt werden. Damit wäre bspw. vereinbar, im Fall der Geltung des Vorkaufsrechts nach § 27 Nr. 2 Fassung 1999 bei einem der Miterfinder mit dem Erfindungserwerber zugunsten des anderen Miterfinders ein dieser Vorschrift inhaltlich entsprechendes Vorkaufsrecht vertraglich zu verankern.

5 §§ 27 n.F./a.F. enthalten – wie auch die Einbindung des § 27 Fassung 1999 in das EGInsO zeigt – **insolvenzrechtliche Sonderregelungen**[18] und sind damit **zwingendes Recht**[19] (s.a. § 22 Rdn. 35). Vereinbarungen sind nur insoweit möglich, als § 27 solche ausdrücklich zulässt (vgl. Nr. 3, zum Verzicht auf ein Angebot s. § 27 Rdn. 121 und zur einvernehmlichen Verlängerung der Jahresfrist s. § 27 Rdn. 132). Auch über die Höhe der Vergütung können Vereinbarungen getroffen werden (§ 12 Abs. 1 i.V.m. § 9). Stets sind die Schranken des § 23 zu beachten. Einschränkungen der Arbeitnehmerrechte nach § 27 Nrn. 1 bis 4 im Rahmen eines **Insolvenzplanes** (§§ 217 ff. InsO) sind u. E. damit nicht möglich.[20] Einschränkungen im Fall der **Masseunzulänglichkeit** (§§ 208, 209 InsO) zugunsten von (anderen) Massegläubigern[21] scheiden u. E. nach dem Normzweck und -charakter des § 27 ArbEG ebenfalls

---

18 Wohl allg. A. zu § 27 Fassung 1999, wie hier u. a. Zeising, Mitt. 2001, 60, 65; s.a. Reimer/Schade/Schippel/Rother § 27 Fassung 1999 Rn. 6 (dort zu Nr. 2).
19 Wohl ganz h.H., z. B. Mulch, IPRB 2010, 232; Boemke/Kursawe/Ulrici Rn. 21 zu § 27. Wiedemann, Vergütg. i. d. Insolvenz (2016), S. 208 hält allerdings einen »einseitigen Verzicht« des Arbeitnehmers auf seine Rechte aus § 27 für möglich.
20 Abw. Wiedemann, Vergütg. i. d. Insolvenz (2016), S. 219 ff., der allerdings nur im Grundsatz die Möglichkeit einer Abweichung bejaht, solche im Ergebnis aber stark begrenzt.
21 Dafür Wiedemann, Vergütg. i. d. Insolvenz (2016), S. 193 ff. im Weg einer »teleologischen Reduktion« von § 27 Nr. 1 und 3 Satz 3, 4 ArbEG.

A. Allgemeines                                                    § 27 n.F.

aus. Zur abzulehnenden analogen Anwendung auf Erfindungsübertragungen außerhalb einer Insolvenz s. § 1 Rdn. 116.

In den Genuss der Rechte des § 27 n.F./a.F. kommt der Arbeitnehmer **nur bei** 6 **Eröffnung des Insolvenzverfahrens** über das Vermögen **seines Arbeitgebers**. Damit scheidet der Anwendungsbereich aus, wenn die Eröffnung mangels Masse unterbleibt.[22] Keine Anwendung findet § 27 ferner bei Insolvenzverfahren über das Vermögen eines **Dritten**, auf den der Arbeitgeber Rechte an der Diensterfindung übertragen hat; dies folgt aus dem eindeutigen Wortlaut der Vorschrift und entspricht dem Grundsatz des ArbEG, dass die Ansprüche des Erfinders aus diesem Gesetz nicht dinglicher, sondern schuldrechtlicher Natur sind[23] (s. dazu § 7 n.F. Rdn. 24 f.). Das gilt auch für § 27 Nr. 1, soweit kein Arbeitgeberwechsel i.S.v. § 613a BGB vorliegt (s. § 27 Rdn. 69).

**Erwirbt** ein Dritter die Diensterfindung **vom Insolvenzverwalter**, erwirbt er 7 sie grds. lastenfrei, mithin unbelastet von Vergütungsansprüchen des Arbeitnehmers oder sonstigen Ansprüchen aus dem ArbEG (s. § 7 n.F. Rdn. 24 f.), es sei denn, einer der **Ausnahmefälle** des § 27 n.F./a.F. ist gegeben (vgl. Nr. 1, 3 Satz 3).

Im Fall des **Betriebsübergangs**, in dem der Erwerber nach § 613 a Abs. 1 Satz 1 BGB in das Arbeitsverhältnis mit dem Arbeitnehmer eintritt, hat dieser kraft Gesetzes gem. § 27 Nr. 1 n.F./a.F. auch die Vergütungspflichten nach dem Gesetz über Arbeitnehmererfindungen zu erfüllen; wegen dieser Sonderregelung scheidet eine weiter gehende Haftung des Betriebserwerbers aus § 613a Abs. 1 BGB aus (s. § 27 Rdn. 61 f.).

Im Rahmen eines gewerbsmäßigen **Leiharbeitsverhältnisses** gilt § 27 8 ArbEG n.F./a.F. über § 11 Abs. 7 AÜG zugunsten des Leiharbeitnehmers bei Eröffnung des Insolvenzverfahrens über das Vermögen des Entleihers[24] (Einzelheiten s. § 1 Rdn. 59 ff., 131).

§ 27 n.F./a.F.erfasst nicht nur die bei Insolvenzeröffnung noch im Arbeitsver- 9 hältnis stehenden Erfinder. Vielmehr sind auch die zuvor **ausgeschiedenen** oder die nach Verfahrenseröffnung ausscheidenden **Arbeitnehmer** erfasst

---

22 Ebenso Paul, ZInsO 2009, 1839, 1840.
23 Schiedsst. v. 26.01.1981, BlPMZ 1982, 56 (zu § 27 Fassung 1957); zust. Schwab, Arbeitnehmererfindungsrecht, § 27 Rn. 2.
24 Zust. auch Schwab, Arbeitnehmererfindungsrecht, § 27 Rn. 3.

(§ 26).²⁵ Zwar könnte man aus der dem § 27 vorangestellten Normierung in § 26 folgern, dass die nachfolgende insolvenzrechtliche Sonderregelung nicht einbezogen wäre. Solches würde aber verkennen, dass § 26 nur klarstellende Funktion hat und gerade der Schutz des Vergütungsanspruchs des Arbeitnehmererfinders ein maßgebliches, auch mit § 26 verfolgtes Anliegen des Gesetzgebers ist (s. § 26 Rdn. 1).

**10** § 27 n.F./a.F. ist bei **Insolvenz des Arbeitnehmererfinders** nicht einschlägig.²⁶ Die bereits (unbeschränkt) in Anspruch genommene Diensterfindung ist beim insolventen Arbeitnehmer infolge des Rechtsübergangs auf den Arbeitgeber (§ 7 Abs. 1) zwangsläufig nicht Teil der Insolvenzmasse.²⁷ Ob der Arbeitgeber bei Insolvenz des Arbeitnehmers während der Inanspruchnahmefrist vor (ausdrücklicher oder fingierter) Inanspruchnahme ein Aussonderungsrecht gem. § 47 InsO hat, ist u. E. zwar angesichts der gesetzlichen Rechtsposition des Arbeitgebers nach §§ 6, 7 ArbEG (s. § 6 n.F. Rdn. 8) naheliegend, aber – soweit ersichtlich – (höchst-)richterlich noch nicht geklärt²⁸ (vgl. aber auch Anh. zu § 27 n.F. Rdn. 5). Als dem Arbeitgeber zugeordnete Arbeitsergebnisse (s. § 3 Rdn. 27) fallen technische Verbesserungsvorschläge nicht in die Insolvenzmasse des Arbeitnehmers.²⁹ Zu dessen Insolvenzmasse zählen aagegen freie Erfindungen, wobei der Insolvenzverwalter den noch nicht erfüllten Arbeitnehmerverpflichtungen aus §§ 18, 19 nachzukommen hat.³⁰ Im Übrigen ist der Insolvenzverwalter auf Grund der Eröffnung des Insolvenzverfahrens auch Adressat der Rechte und Pflichten des Arbeitnehmers aus dem ArbEG (vgl. §§ 27, 56 ff., 80 InsO; zum Sonderfall der sog. Eigenverwertung s. hier § 27 n.F. Rdn. 32).

Noch nicht entschieden ist der **Rechtsbestand der Nutzungsrechte des Arbeitgebers** nach § 7 Abs. 2 a.F., § 14 Abs. 3, § 16 Abs. 3, § 19 Abs. 1

---

25 Ebenso Schiedsst. v. 23.04.2015 – Arb.Erf. 08/12, (www.dpma.de); insoweit für vor Eröffnung ausgeschiedene ArbN noch offen gelassen Schiedsst. v. 15.12.2005 – Arb.Erf. 39/04 (Datenbank); im Ergebn. wie hier Boemke/Kursawe/Boemke Rn. 24 zu § 26.
26 Paul, ZInsO 2009, 1839, 1840. Ausf. zur Insolvenz d. ArbN Boemke/Kursawe/Ulrici Rn. 36 ff. zu § 27.
27 S. u.a. Wiedemann, Lizenzen i. d. Insolvenz (2006), Rn. 607.
28 Vgl. auch Boemke/Kursawe/Ulrici Rn. 14, 36 zu § 27, wonach der ArbN auch nach Insolvenzeröffnung Adressat einer (ausdrücklichen) Inanspruchnahmeerklärung des ArbG nach § 6 ArbEG bleibt und das Inanspruchnahmerecht des ArbG nach §§ 6, 7 ArbEG von der Eröffnung des Insolvenzverfahrens nicht berührt wird.
29 Im Ergebn. auch Wiedemann, Lizenzen i. d. Insolvenz (2006), Rn. 611.
30 So Wiedemann, Lizenzen i. d. Insolvenz (2006), Rn. 610, 616; zust. Boemke/Kursawe/Ulrici Rn. 21 zu § 27.

ArbEG im Falle der Insolvenz des Arbeitnehmers. Auch wenn diese Nutzungsrechte inhaltlich einer einfachen Lizenz entsprechen (s. § 7 a.F. Rdn. 29 ff. u. § 14 Rdn. 51), dürften u. E. die Fragen zur Insolvenzfestigkeit von einfachen Lizenzen, die sich nach der h. M. de lege lata bei Insolvenz des Lizenzgebers ergeben,[31] nicht übertragbar sein. Die Nutzungsrechte des Arbeitgebers haben eine gesetzliche Grundlage und beruhen nicht auf gegenseitigen Verträgen i.S. der §§ 103 InsO.[32]

*Rdn. 11 – 15 frei*

## B. Wirkung der Eröffnung des Insolvenzverfahrens

### I. Bedeutung des Insolvenzverfahrens

Dient die Einzelzwangsvollstreckung der zwangsweisen Befriedigung eines Gläubigers unter Zugriff auf bestimmte Vermögensgegenstände (vgl. dazu auch Anhang zu § 27), so verfolgt das Insolvenzverfahren den Zweck, **alle persönlichen Gläubiger**, die einen z.Zt. der Eröffnung des Insolvenzverfahrens begründeten Vermögensanspruch gegen den Schuldner haben (**Insolvenzgläubiger**, vgl. § 38 InsO), gemeinschaftlich zu befriedigen, indem das Vermögen des Schuldners verwertet und der Erlös verteilt oder in einem Insolvenzverfahren eine abweichende Regelung insb. zum Erhalt des Schuldnerunternehmens getroffen wird (vgl. § 1 InsO). 16

Von der Verfahrenseröffnung unberührt bleibt der **Bestand des Arbeitsverhältnisses**; für die Kündigung enthält die InsO Sonderregelungen (vgl. § 113 InsO, s. ferner §§ 122 ff. InsO). I.Ü. bildet die Eröffnung des Insolvenzverfahrens als solche keinen wichtigen Grund zur fristlosen Kündigung i.S.d. § 626 BGB.[33]

*Rdn. 17, 18 frei*

### II. Insolvenzmasse

Das Insolvenzverfahren erfasst gem. § 35 InsO das gesamte Vermögen, das dem Schuldner z.Zt. der Eröffnung des Verfahrens gehört und das er während 19

---

31 Vgl. u. a. BGH v. 17.11.2005 GRUR 2006, 435 (Rn. 11 ff.) – Softwarenutzungsrecht u. v. 21.10.2015, GRUR 2016, 201 (Rn.- 49 ff.) – Ecosoil (zur Markenlizenz) m. Anm. Berberich NZI 2016, 150 ff. u. Dahl BB 2016, 780 ff.; LG München I v. 09.02.2012 GRUR-RR 2012, 142 ff. m. Anm. Haedicke m.w.Nachw., (auch zu § 108a InsO-E); Berger GRUR 2013, 321 ff.; Benkard/Ullmann/Deichfuß, PatG, Rn. 231 ff. zu § 15 PatG.
32 Vgl. auch Boemke/Kursawe/Ulrici Rn. 38 ff. zu § 27.
33 BAG v. 25.10.1968, NJW 1969, 525 (zur KO).

des Verfahrens erlangt; Gegenstände, die nicht der Zwangsvollstreckung unterliegen, gehören jedoch nicht zur Insolvenzmasse (§ 36 Abs. 1 InsO). Damit gehören zur Insolvenzmasse **alle übertragbaren Rechte**.

20 Zur Insolvenzmasse gehören **technische Neuerungen** (gleich, ob schutzfähig oder nicht – vgl. §§ 2, 3 ArbEG). Sie sind dann eigenständige Vermögensrechte, wenn sich der hierin verkörperte Erfindungsgedanke entweder durch schriftliche Niederlegung in Form einer Meldung (vgl. § 5 ArbEG), Mitteilung (vgl. § 18 ArbEG) oder durch sonstige Verwertungshandlungen bzw. hierauf gerichtete Veranstaltungen (vgl. § 12 Abs. 1 Satz 1 PatG) **konkretisiert** hat[34] (vgl. Anh. zu § 27 Rdn. 4). Das Inanspruchnahmerecht gehört nicht dazu (s. § 27 Rdn. 41).

*Rdn. 21 frei.*

22 Ein dem Arbeitgeber (Schuldner) als bloßes Arbeitsergebnis unmittelbar zugeordneter **technischer Verbesserungsvorschlag** (§§ 3, 20 ArbEG) fällt unter diesen Voraussetzungen ab dem Zeitpunkt seiner Konkretisierung als Vermögensrecht in die Insolvenzmasse.[35]

23 Vom Arbeitnehmer entwickelte **Diensterfindungen**, die der Arbeitgeber (Schuldner) vor Eröffnung des Insolvenzverfahrens (unbeschränkt) in Anspruch genommen (§§ 6, 7 Abs. 1 ArbEG n.F./a.F.) hatte, fallen stets in die Insolvenzmasse. Gleiches gilt für die Diensterfindung, die während des Insolvenzverfahrens vom Insolvenzverwalter (unbeschränkt) in Anspruch genommen wird, gleichgültig, ob sie vor oder nach Eröffnung des Insolvenzverfahrens fertiggestellt und/oder gemeldet worden ist (vgl. § 35 InsO)[36] (zur insolvenzrechtlichen Behandlung s. § 27 Rdn. 198).

24 **Freie Erfindungen** (§ 4 Abs. 3 ArbEG), die der Arbeitgeber (Schuldner) vor Eröffnung des Insolvenzverfahrens erworben hat (vgl. § 19 ArbEG), sind als

---

34 Zur KO: Jaeger/Henkel, KO, Rn. 35 zu § 1 m.w.N.; Böhle/Stamschräder/Kilger, KO, Anm. 2 Cc zu § 1; Lüdecke/Fischer, Lizenzverträge H 14; OLG Düsseldorf v. 20.07.1978, NJW 1980, 1284; vgl. auch BGH v. 25.01.1955, NJW 1955, 628, 629; i. Einzelnen str.; abw. u.a. Zeising, Mitt. 2000, 359 ff., 2001, 60, 65, wonach auf die objektive Verwertbarkeit abzustellen ist.
35 Vgl. auch Wiedemann, Lizenzen i. d. Insolvenz (2006), Rn. 511; abw. Zeising, Mitt. 2000, 359 ff. u. 2001, 60, 65.
36 Ebenso Amtl. Begründung zur InsO i. BT-Drucks. 12/3803 S. 99 (zu Art. 54 EGInsO-Entwurf).

## B. Wirkung der Eröffnung des Insolvenzverfahrens § 27 n.F.

pfändbares Vermögen ebenfalls von der Insolvenzmasse mitumfasst;[37] Gleiches gilt bei Erwerb durch den Insolvenzverwalter während des Insolvenzverfahrens.

**Ohne Einfluss** auf die Massezugehörigkeit ist es, ob die Erfindung, die (bereits) zum Schutzrecht angemeldet ist, vom Arbeitgeber (Schuldner) bzw. Insolvenzverwalter verwertet wird oder ob sie geheim gehalten[38] werden soll. 25

Ferner fallen in die Insolvenzmasse die mit einer einfachen Lizenz vergleichbaren **Benutzungsrechte** i.S.d. § 7 Abs. 2 a.F., § 14 Abs. 3, § 16 Abs. 3, § 19 Abs. 1 ArbEG, die der Arbeitgeber (Schuldner) oder Insolvenzverwalter vorbehalten bzw. erworben hat.[39] Das Insolvenzverfahren verändert deren Rechtsnatur nicht, sodass deren Betriebs-/Unternehmensgebundenheit fortbesteht (s. § 27 Rdn. 36) und sie nicht isoliert übertragbar sind[40] (vgl. § 7 a.F. Rdn. 31, 80 ff. zu § 16). Besteht der Betrieb nicht mehr fort, sind die Nutzungsrechte der Insolvenzmasse (faktisch) entzogen.[41] 26

*Rdn. 27 – 30 frei*

### III. Stellung des Insolvenzverwalters

Das Insolvenzverfahren wird nur **auf Antrag** eröffnet; antragsberechtigt ist jeder Gläubiger sowie der Schuldner (vgl. § 13 Abs. 1, §§ 14, 15 InsO). Antragsberechtigt kann damit auch ein Arbeitnehmer sein, wenn er eine Forderung gegen seinen Arbeitgeber geltend macht und ein rechtliches Interesse an der Eröffnung des Insolvenzverfahrens hat (vgl. § 14 Abs. 1 InsO). 31

Ab Eröffnungsbeschluss (vgl. §§ 27 ff. InsO) **verliert der Schuldner die Verwaltungs- und Verfügungsbefugnis** über das zur Insolvenzmasse gehörende Vermögen (vgl. § 80 Abs. 1 InsO). Er darf bspw. die Erfindung nicht mehr zum Schutzrecht anmelden, eine bereits erfolgte Anmeldung nicht zurückziehen, die Erfindung weder selbst verwerten, noch veräußern oder daran Lizen- 32

---

37 Zeising, Mitt. 2001, 60, 65. Ausf. zu § 19 ArbEG im Zusammenhang mit der Insolvenz Boemke/Kursawe/Ulrici Rn. 30 ff. zu § 27.
38 Vgl. dazu auch BGH v. 25.01.1955, NJW 1955, 628, 629; wie hier Reimer/Schade/Schippel/Rother § 27 Fassung 1999 Rn. 2.
39 Ebenso Reimer/Schade/Schippel/Rother § 27 Fassung 1999 Rn. 3, 4; Zeising, Mitt. 2001, 60, 65; s. dazu auch Boemke/Kursawe/Ulrici Rn. 27 zu § 27; vgl. auch BGH, 10.09.2009 v. GRUR 2010, 47, 48 (Rn. 11) – *Füllstoff*, dort zum Vorbenutzungsrecht nach § 12 PatG.
40 Ebenso Zeising, Mitt. 2001, 60, 65; Wiedemann, Lizenzen i. d. Insolvenz (2006), Rn. 648 ff., 654 f.
41 So im Ergebnis wohl zum Vorbenutzungsrecht nach § 12 PatG BGH v. 10.09.2009, GRUR 2010, 47, 48 (Rn. 11) – *Füllstoff*.

zen erteilen oder sonstwie darüber verfügen. Etwas anderes gilt jedoch im Fall der sog. Eigenverwertung, wenn also der Schuldner mit Einverständnis der Gläubiger während des Insolvenzverfahrens verwaltungs- und verfügungsbefugt bleibt und lediglich der Aufsicht eines Sachverwalters unterstellt wird (vgl. dazu §§ 270 ff. InsO) und damit § 27 selbst zu beachten hat.[42]

Möglich ist, dass bereits im Eröffnungsverfahren entsprechende Sicherungsmaßnahmen angeordnet wurden und ein **vorläufiger Insolvenzverwalter** ggf. unter Auferlegung eines allgemeinen Verfügungsverbotes und Übergang der Verfügungsbefugnis bestellt worden ist (vgl. § 21 Abs. 2, §§ 22, 55 Abs. 2 InsO). Da § 27 erst ab Eröffnung gilt (s. § 27 Rdn. 43), findet die Vorschrift u. E. auf einen vorläufigen Insolvenzverwalter **keine Anwendung**, gleich, ob auf ihn die Verwaltungs- und Verfügungsbefugnis übergegangen ist oder nicht (vgl. § 22 Abs. 1 Satz 1 u. Abs. 2 InsO). Dies entspricht auch dessen vorrangiger Aufgabe, das Schuldnervermögen zu sichern und zu erhalten und das Schuldnerunternehmen fortzuführen, soweit nicht (ausnahmsweise) das Insolvenzgericht einer Stilllegung zugestimmt hat (§ 22 Abs. 1 Satz 2 Nrn. 1, 2 InsO); dieser Zielsetzung und dem vorläufigen Charakter (vgl. § 21 Abs. 1, Abs. 2 Nr. 1 InsO) würden die auf Verwertung der Insolvenzmasse ausgerichteten Regelungen des § 27 ArbEG nicht gerecht. Vergütungsansprüche aus Nutzungs- und Verwaltungshandlungen eines vorläufigen Insolvenzverwalters sind nach Maßgabe des § 55 Abs. 2 InsO Masseverbindlichkeiten, so dass dessen Nutzungshandlungen ohne Rückgriff auf § 27 Nr. 2 ArbEG erfasst sind.[43] Dessen Inanspruchnahme steht u. E. der des Schuldners gleich (s. § 27 Rdn. 43). Wird das **Schuldnerunternehmen** (ausnahmsweise) vom vorläufigen Insolvenzverwalter mit gerichtlicher Zustimmung **veräußert** (vgl. § 22 Abs. 1 Satz 2 Nr. 2 InsO), gilt nach der hier vertretenen Auffassung nicht § 27 Nr. 1 ArbEG, so dass eine Vergütungspflicht des Erwerbers für mitübertragene Diensterfindungen nur unter den Voraussetzungen des § 613a BGB oder bei vertraglicher Regelung (Schuldübernahme, Schuldbeitritt usw.) in Betracht kommt; ansonsten wird für den Verkauf eine Vergütung nach § 9 ArbEG i.V.m. RL Nr. 16 aus der Insolvenzmasse geschuldet (§ 55 Abs. 2 InsO).

33 An die Stelle des Schuldners (Arbeitgebers) tritt mit Verfahrenseröffnung der vom Gericht bestellte **Insolvenzverwalter** (vgl. §§ 27, 56 ff., 80 InsO; zum

---

42 Im Ergebn. ebenso Boemke/Kursawe/Hoppe-Jänisch Rn. 20 zu § 16 u. Boemke/Kursawe/Ulrici Rn. 14 zu § 27.
43 Für Geltung von § 27 Nr. 2 dagegen Paul ZinsO 2009, 1839, 1842; Boemke/Kursawe/Ulrici Rn. 68 zu § 27; vgl. auch Reimer/Schade/Schippel/Rother Rn. 11 zu § 27 (a.F.). Soweit in der 5. Vorauflage unter Rdn. 110 zu § 27 n.F. noch eine abweichende Auffassung vertreten wurde, wird daran nicht festgehalten.

## B. Wirkung der Eröffnung des Insolvenzverfahrens § 27 n.F.

Sonderfall der sog. Eigenverwertung vgl. §§ 270 ff. InsO, dazu und zum vorläufigen Insolvenzverwalter s. vorstehend § 27 Rdn. 32). Der Insolvenzverwalter tritt in die Stellung des Arbeitgebers ein und übt – statt des Vertragsarbeitgebers – die Funktion des Arbeitgebers aus, ist also für die Dauer des Insolvenzverfahrens »**Arbeitgeber kraft Amtes**«.[44]

Der Insolvenzverwalter hat das gesamte zur Insolvenzmasse gehörende Vermögen sofort mit Verfahrenseröffnung in Besitz und Verwaltung zu nehmen (vgl. § 148 InsO). Nach dem Berichtstermin (vgl. §§ 156 ff. InsO) hat der Insolvenzverwalter unverzüglich mangels abweichender Beschlüsse der Gläubigerversammlung das zur Insolvenzmasse gehörende Vermögen zu verwerten (vgl. § 159 InsO). Bei beabsichtigten Rechtshandlungen, die für das Insolvenzverfahren von besonderer Bedeutung sind, hat der Insolvenzverwalter die Zustimmung des vom Insolvenzgericht bzw. der Gläubigerversammlung eingesetzten (vgl. §§ 67 ff. InsO) **Gläubigerausschusses** einzuholen, ersatzweise die der Gläubigerversammlung. Das betrifft insbesondere die Fälle einer Unternehmens- oder Betriebsveräußerung (vgl. § 160 InsO, § 27 Nr. 1 ArbEG n.F.), nicht dagegen – nach der hier vertretenen Auffassung – im Regelfall innerbetriebliche Verwertungshandlungen i.S.d. § 27 Nr. 2 n.F. Einer Zustimmungspflicht unterliegt u.E. auch nicht die ansonsten zwingend vorgeschriebene Anbietungspflicht nach § 27 Nr. 3 Satz 1 n.F. (s. § 27 Rdn. 118 ff.) Gleiches gilt u.E. auch regelmäßig bei Einzelveräußerungen von Diensterfindungen nach § 27 Nr. 3 Satz 2 n.F., ferner bei Inanspruchnahme von Diensterfindungen (vgl. dazu § 27 Rdn. 158) und der Wahrnehmung der sonstigen Rechte und Pflichten aus dem ArbEG (s. § 27 Rdn. 34 f.).

In diesem Rahmen ist der **Insolvenzverwalter** – unter Ausschluss des Schuldners (Arbeitgebers) – **allein befugt**, u.a. Erfindungsmeldungen (§ 5 ArbEG) bzw. Mitteilungen (§ 18 ArbEG) entgegenzunehmen, Diensterfindungen in Anspruch zu nehmen (§§ 6, 7 ArbEG), zum Schutzrecht anzumelden (§§ 13, 14 Abs. 1 ArbEG), Rechtspositionen aufzugeben (vgl. § 6 Abs. 2 n.F./§ 8 Satz 1 n.F./§ 8 Abs. 1 a.F., § 14 Abs. 2, § 16 ArbEG) oder Rechte an der Erfindung zu vergeben (z.B. Lizenzen) und Rechte in Bezug auf die Erfindung ggü. dem Erfinder oder Dritten (gerichtlich[45]) geltend zu machen (vgl. §§ 139 ff. PatG; zur Zustimmungsbedürftigkeit vgl. § 160 Abs. 2 Nr. 3 InsO). Er ist auch allein zur Veräußerung der Diensterfindung berechtigt (vgl. § 27 Nr. 1 und 3 Satz 2 ArbEG). Da der Insolvenzverwalter an die Stelle des Arbeit- 34

---

44 So GmS-OBG v. 27.09.2010, NZA 2011, 534, 535 [Rn. 18].
45 OLG Karlsruhe v. 12.02.1997, Mitt. 1998, 101, 102 – *Umschreibung während des Vindikationsrechtsstreits*.

gebers tritt, hat er das Inanspruchnahmerecht nach §§ 6, 7 ArbEG – trotz dessen Unpfändbarkeit – nicht nur für die erst seit Eröffnung des Insolvenzverfahrens gemeldeten Diensterfindungen, sondern auch für die vor Verfahrenseröffnung nach § 5 ArbEG gemeldeten Erfindungen, bei denen die Fristen nach § 6 Abs. 2 ArbEG n.F./a.F. noch nicht abgelaufen sind.[46] Ihm gegenüber greift die Inanspruchnahmefiktion. Bei der Mitteilung einer freien Erfindung obliegt dem Insolvenzverwalter bei Zweifeln ein etwaiges Bestreiten nach § 18 Abs. 2 ArbEG. Er ist Adressat eines Angebots nach § 19 ArbEG.

35 Der Insolvenzverwalter hat in gleicher Weise – über § 27 ArbEG hinaus – die **sonstigen Pflichten aus dem ArbEG** zu erfüllen, wie z.B. die Pflicht zur Schutzrechtsanmeldung (§ 13 ArbEG), zur Freigabe im Ausland (§ 14 Abs. 2 ArbEG), zur Unterrichtung bei Schutzrechtserteilungsverfahren (§ 15 Abs. ArbEG) sowie zur Zahlung der Vergütung einschließlich der Festsetzung (vgl. § 12 Abs. 3, 5 ArbEG; s. § 27 Rdn. 113 ff.). Er unterliegt insoweit auch Auskunfts- und Rechnungslegungspflichten[47] (vgl. hierzu auch § 12 Rdn. 162 ff.), und zwar über seine Berichtspflichten ggü. dem Gläubigerausschuss und der Gläubigerversammlung hinaus (zu den Auskunfts- und Mitwirkungspflichten des Arbeitgebers als Schuldner vgl. § 97 InsO). Die **Schutzrechtsaufgabe** nach § 16 ArbEG wird allerdings durch § 27 Nr. 3 ArbEG modifiziert (s. § 27 Rdn. 139 ff.). Wurde dem Arbeitnehmer vor Insolvenzeröffnung eine Schutzrechtsposition nach § 16 Abs. 1 ArbEG angeboten und ist deren Rechtsübergang auf den Arbeitnehmer noch nicht vollzogen, so besteht mit Eröffnung kein Anspruch des Arbeitnehmers gegen den Insolvenzverwalter und keine Insolvenzforderung nach § 38 InsO[48], da vom Schuldner eingegangene Verpflichtungsgeschäfte wegen § 80 InsO keine durchsetzbaren Ansprüche gegen die Insolvenzmasse begründen können[49] (zum Benutzungsrecht nach § 16 Abs. 3 ArbEG s. § 27 Rdn. 26).

36 Der Insolvenzverwalter, der unter Aufsicht des Insolvenzgerichts steht (vgl. § 58 InsO), ist in seinen **Verwertungs- und Verfügungsmöglichkeiten** nicht

---

46 Im Ergebn. wohl h. M., u. a. FK-InsO/Bartenbach/Volz/Kunzmann, Anh. I Rn. 31 ausf. zu § 27 a. F. Wiedemann, Lizenzen i. d. Insolvenz (2006), Rn. 657 ff.; wie hier Boemke/Kursawe/Ulrici Rn. 18, 24 zu § 27; im Ergebn. auch Reimer/Schade/Schippel/Rother Rn. 1, 13 zu § 27 (a.F.).; vgl. aber auch OLG Karlsruhe v. 26.09.2012, Mitt. 2013, 91, 92 f. – Formatkreissäge (s. dazu hier § 27 n.F. Rdn. 41).
47 OLG Hamburg v. 29.10.1987, EGR Nr. 62 zu § 12 ArbEG (zu § 27 ArbEG Fassung 1957).
48 So aber Boemke/Kursawe/Ulrici Rn. 26 zu § 27.
49 Vgl. allg. FK-InsO/Wimmer-Amend Rn. 4 zu § 81 InsO m. w. Nachw.

## B. Wirkung der Eröffnung des Insolvenzverfahrens § 27 n.F.

gänzlich frei. Sinn der Insolvenzreform war es gerade, auch die Stellung der Insolvenzgläubiger zu stärken und diesen Einfluss auf den Ablauf des Insolvenzverfahrens zu geben. Dies kommt nicht nur im Insolvenzplan (vgl. §§ 217 ff. InsO) zum Ausdruck, sondern auch in der Haftungsbestimmung des § 60 InsO, die schuldhafte Verletzungen der insolvenzrechtlichen Sonderregelung u.a. des § 27 Nr. 3 miterfasst[50] (ggf. gesamtschuldnerisch mit einem Gläubigerausschuss nach § 71 InsO). I.R.d. Vorgaben der InsO kann der Insolvenzverwalter die zur Insolvenzmasse gehörenden Erfindungen weiter nutzen (vgl. auch § 27 Nr. 2, s. unten § 27 Rdn. 100 ff.) und diese zusammen mit dem Unternehmen (Betrieb) oder ggf. gesondert hiervon veräußern (vgl. § 27 Nr. 1 und 3 Satz 2, s. unten § 27 Rdn. 47 f. u. 158 f.). Für die Benutzungsrechte an Erfindungen (s. § 27 Rdn. 26) kann er weiterhin von den innerbetrieblichen Verwertungsmöglichkeiten Gebrauch machen; wegen der Betriebsbezogenheit (s. § 7 a.F. Rdn. 31 u. § 16 Rdn. 80) scheidet jedoch eine Einzelübertragung bzw. Einzelverwertung getrennt vom Unternehmen (Betrieb) aus. Soweit das ArbEG keine Sonderregelungen trifft, unterliegt der Insolvenzverwalter auch in Bezug auf Arbeitnehmererfindungen den allgemeinen Vorgaben der InsO. So kann er beispielsweise frühere unentgeltliche Verfügungen des Arbeitgebers (Schuldners) über eine von ihm in Anspruch genommene Diensterfindung nach Maßgabe der §§ 134, 143 InsO anfechten.[51]

Der Anwendungsbereich des § 27 ist ausweichlich des Eingangssatzes erst **ab** **37** **Eröffnung des Insolvenzverfahrens** gegeben (s. § 27 Rdn. 42). § 27 gilt dementsprechend noch nicht im Vorfeld zwischen Antrag (§ 13 InsO) und Eröffnungsbeschluss (§ 27 InsO), also auch nicht für einen vorläufigen Insolvenzverwalter (streitig, s. § 27 Rdn. 32).

Für Streitigkeiten zwischen Insolvenzverwalter (auch dem vorläufigen) und **38** Arbeitnehmer aufgrund des § 27 ArbEG oder anderer Bestimmungen des ArbEG gelten die Vorschriften über das **Schiedsstellenverfahren**[52] (§§ 28 ff.,

---

50 Wie hier Boemke/Kursawe/Ulrici Rn. 100 zu § 27.
51 Vgl. dazu OLG Karlsruhe v. 26.09.2012, Mitt. 2013, 91, 92 f. – Formatkreissäge m. krit. Anm. Cranshaw in juris PR-InsR 24/2012 Anm. 2 unter C III); siehe dazu ferner die Kritik v. Hofmann GRUR-RR 2013,233, 234 f. Dem OLG Karlsruhe zust. auch Kraßer/Ann, PatR, § 21 Rn. 81. Vgl. auch Kunzmann NZA 2012, 995.
52 Unstreitig, ebenso ständ. Praxis d. Schiedsst., z. B. v. 26.11.1993, GRUR 1996, 49 – *Gießereimaschinen* u. v. 09.02.2010, – Arb.Erf. 50/08, (www.dpma.de, LS. 1).

s. § 28 Rdn. 14) und das **gerichtliche Verfahren**[53] (§§ 37 ff.; zum Erfindungserwerber s. § 27 Rdn. 80, zum Feststellungsverfahren s. § 27 Rdn. 206).

*Rdn. 39 – 40 frei*

## C. Verwertung der Diensterfindung durch den Insolvenzverwalter

### I. In Anspruch genommene Diensterfindung

41 Im Unterschied zu § 27 Fassung 1957, aber in Einklang mit § 27 Fassung 1999 (s. § 27 a.F. Rdn. 41) erstreckt sich der **Anwendungsbereich des § 27 n.F.** ausweislich des Eingangssatzes nur auf die **vor Eröffnung des Insolvenzverfahrens** (s.o. Rdn. 32) gem. §§ 6, 7 n.F. in Anspruch genommenen Diensterfindungen[54] (zur übergangsrechtlichen Geltung des § 27 Fassung 1999 s. § 27 a.F. Rdn. 3). § 27 knüpft an § 7 an, wonach erst mit Inanspruchnahme die vermögenswerten Rechte an der Diensterfindung auf den Arbeitgeber (Schuldner) übergegangen und damit in die Insolvenzmasse gefallen sind[55] (s. § 7 n.F. Rdn. 19), so dass das Inanspruchnahmerecht als solches nicht in die Insolvenzmasse fällt.[56]

Der Begriff der **Diensterfindung** (s. § 4 Abs. 2) ist auch hier umfassend zu verstehen. Erfasst sind dabei grundsätzlich auch sog. betriebsgeheime Diensterfindungen (§ 17 Rdn. 25). § 27 ist nicht nur einschlägig, wenn die Gesamtheit aller Rechte aus einer Diensterfindung betroffen ist, sondern auch dann, wenn es um einzelne darauf bezogene Schutzrechtspositionen geht, etwa die innerbetriebliche Verwertung des Inlandspatentes (§ 27 Nr. 2 n.F.) oder das Anbieten bzw. der Verkauf bei Verzicht auf Verwertung und Veräußerung einzelner Schutzrechtspositionen (§ 27 Nr. 3 Satz 1 und 3 n.F., s. dazu § 27 Rdn. 125 ff., 164 ff.).

Dementsprechend findet die Vorschrift **keine** (analoge) **Anwendung** bei freien Erfindungen (§ 4 Abs. 3), bei frei gewordenen Diensterfindungen (§ 8) und

---

53 Unstreitig, so im Ergebn. z. B. LG Düsseldorf v. 10.08.2010, NZI 2012, 627 ff. Zur Insolvenzanfechtung s. OLG Karlsruhe v. 26.09.2012, Mitt. 2013, 91 – Formatkreissäge.
54 Im Ergebn. unstreitig, vgl. etwa Wiedemann, Vergütg. i. d. Insolvenz (2016), S. 102 f.
55 So im Ergebn. zu Recht OLG Karlsruhe v. 26.09.2012, Mitt. 2013, 91, 92 f. – Formatkreissäge m. krit. Anm. Cranshaw in juris PR-InsR 24/2012 Anm. 2 unter C III); krit. auch Hofmann GRUR-RR 2013,233, 235.
56 So im Ergebn. OLG Karlsruhe v. 26.09.2012, Mitt. 2013, 91, 92 f. – Formatkreissäge; zust. Keukenschrijver in Busse/Keukenschrijver, PatG, Rn. 4 zu § 6 ArbEG; s. dazu auch Kunzmann NZI 2012, 995 ff.; abw. Cranshaw in juris PR-InsR 24/2012 Anm. 2 unter C III); ferner Hofmann GRUR-RR 2013,233, 235.

### C. Verwertung der Diensterfindung durch den Insolvenzverwalter § 27 n.F.

bei technischen Verbesserungsvorschlägen[57] (§§ 3, 20 Abs. 1; zum Vergütungsanspruch s. § 27 Rdn. 195 f.). Eine analoge Anwendung von § 27 auf sonstige Rechte, etwa bei urheberschutzfähigen Leistungen eines Arbeitnehmers, scheidet aus.[58]

Maßgeblich ist, ob die Diensterfindung **vom Arbeitgeber vor Eröffnung des Insolvenzverfahrens** (s. dazu § 27 Rdn. 32) gem. §§ 6, 7 Abs. 1 n.F. **in Anspruch genommen** worden ist, d.h. die ausdrückliche Inanspruchnahmeerklärung (§ 6 Abs. 1 n.F.) muss vor Verfahrenseröffnung dem Arbeitnehmer zugegangen sein (s. § 6 n.F. Rdn. 55 ff.) bzw. die Inanspruchnahmefiktion (§ 6 Abs. 2 n.F.) muss wegen Fristablaufs vor Verfahrenseröffnung wirksam geworden sein (vgl. hierzu § 6 n.F. Rdn. 78 ff.). Dies entspricht für § 27 Fassung 1999 der unbeschränkten Inanspruchnahme nach §§ 6, 7 Abs. 1 a.F. Erfasst werden u. E. auch solche Diensterfindungen, die anstelle einer Inanspruchnahme vor Verfahrenseröffnung durch Vereinbarung auf den Arbeitgeber übergegangen sind, es sei denn, es handelt sich um die Überleitung von Erfindungen, die zuvor bereits frei geworden sind[59] (§ 8 Satz 2 n.F.). Dazu zählen ferner Diensterfindungen von Arbeitnehmern, die vor Eröffnung vom Arbeitgeber (Insolvenzschuldner) im Rahmen eines Betriebsübergangs nach § 613a BGB übernommen worden sind,[60] nicht dagegen sonstige Erfindungen, die der Insolvenzschuldner von Dritten erworben hat. 42

Folglich greift die Vorschrift nicht, wenn die – erklärte oder fingierte – Inanspruchnahme der Diensterfindung durch den Insolvenzverwalter **nach Eröffnung des Insolvenzverfahrens** erfolgt (s. hierzu unten § 27 n.F. Rdn. 198; zur Möglichkeit der Inanspruchnahme durch den Insolvenzverw. s. § 27 n.F. Rdn. 34). Demgegenüber ist § 27 angesichts des eindeutigen Wortlauts – ungeachtet des § 55 Abs. 2 InsO – aber einschlägig, wenn der **vorläufige Insolvenzverwalter** (s. § 27 Rdn. 32) bei übergegangener Verfügungsbefugnis (vgl. § 21 Abs. 2 InsO) die Inanspruchnahme vorgenommen hat.[61] 43

---

57 Ebenso Paul, ZInsO 2009, 1839, 1840 entgegen Schwab, NZI 1999, 257, 259; ferner Keukenschrijver in Busse/Keukenschrijver, PatG, Rn. 14 zu § 27 ArbEG. Das entspricht – im Anschluss an die Amtl. Begründung zur InsO i. BT-Drucks. 12/3803 S. 99 (zu Art. 54 EGInsO-Entwurf) – auch der zu § 27 Fassung 1999 h.M., z.B.: Reimer/Schade/Schippel/Rother § 27 Fassung 1999 Rn. 4.
58 Ganz h.M., FK – InsO/Bartenbach/Volz/Kunzmann, Anh. I Rn. 26 ff.; ausf. Wiedemann, Lizenzen i. d. Insolvenz (2006), Rn. 643 ff. m.w.N.
59 Zust. Boemke/Kursawe/Ulrici Rn. 15 zu § 27.
60 Zutr. Mulch, IPRB 2010, 232 f.
61 A. A. Boemke/Kursawe/Ulrici Rn. 15 zu § 27.

**44** Teilen des Schrifttums zufolge soll § 27 n.F. insgesamt als ungeschriebenes Tatbestandsmerkmal voraussetzen, dass die **Vergütungsansprüche** des Arbeitnehmers **noch nicht** (voll) **erfüllt** sind.[62] Für einzelne Normvorgaben versteht sich dies von selbst (§ 27 Nrn. 1 und 4, s. § 27 Rdn. 55, 190) oder folgt aus dem Regelungszusammenhang (§ 27 Nr. 2 bei Bestehen einer verbindlichen Vergütungsregelung, s. § 27 Rdn. 112), gilt aber u. E. nicht in der Allgemeinheit, also namentlich nicht für § 27 Nr. 3 (s. § 27 Rdn. 140).

*Rdn. 45, 46 frei*

## II. Veräußerung der Diensterfindung mit dem Geschäftsbetrieb (Nr. 1)

**47** Veräußert der Insolvenzverwalter die Diensterfindung mit dem Geschäftsbetrieb, sieht Nr. 1 den Eintritt des Erwerbers in die Vergütungspflicht vor, und zwar für den Zeitraum ab Eröffnung des Insolvenzverfahrens. Daran hat die Neufassung i.R.d. **ArbEG-Novelle 2009** nichts geändert. Die Streichung des früheren Klammerzusatzes mit Hinweis auf § 9 ist rein redaktioneller Art; der ausdrückliche Hinweis auf § 9 wurde durch den Wegfall des Instituts der beschränkten Inanspruchnahme und damit der diesbezüglichen Vergütungspflicht (§ 10 a.F.) entbehrlich.[63] § 27 Nr. 1 n.F. entspricht inhaltlich unverändert § 27 Nr. 1 Fassung 1999.[64] Bei Veräußerung ohne Geschäftsbetrieb gilt nunmehr Nr. 3 als Auffangtatbestand (s. § 27 Rdn. 121 ff.).

Die Veräußerung der Diensterfindung im Rahmen eines Betriebsübergangs hatte bereits bei der Novelle 1999 im Vordergrund der gesetzgeberischen Überlegungen gestanden und der rechtspolitischen Zielsetzung der Insolvenzrechtsreform entsprochen, im Insolvenzfall vorrangig die Arbeitsplätze zu erhalten und zu sichern (s. § 27 a.F. Rdn. 48). Rechtssystematisch soll es sich um einen gesetzlichen Schuldeintritt mit Übergang der Vergütungspflicht[65] handeln.

### 1. Veräußerung des Geschäftsbetriebes

**48** § 27 Nr. 1 kommt nur zum Zuge, wenn der Insolvenzverwalter die (unbeschränkt) in Anspruch genommene Diensterfindung zusammen mit dem

---

62 So Boemke/Kursawe/Ulrici Rn. 16 zu § 27; folgend Wiedemann, Vergütg. i. d. Insolvenz (2016), S. 103 ff., 206 f.
63 Vgl. Amtl. Begründung zum Patentrechtsmodernisierungsgesetz in BR-Drucks. 757/08 S. 53 (zu Art. 7 Nr. 15).
64 Amtl. Begründung zum Patentrechtsmodernisierungsgesetz in BR-Drucks. 757/08 S. 53 (zu Art. 7 Nr. 15); Paul, ZInsO 2009, 1839, 1841.
65 So Reimer/Schade/Schippel/Rother § 27 Fassung 1999 Rn. 5; dem zust. LG Düsseldorf v. 20.03.2013 – 4b O 43/12, (Düsseldorf. Entsch. Nr. 2024) – Rückhalteprofil.

Geschäftsbetrieb veräußert, während Nr. 2 eine geplante Veräußerung ohne Geschäftsbetrieb erfasst. Die **Abgrenzung** zwischen einer Veräußerung mit oder ohne Geschäftsbetrieb hängt – ebenso wie bei § 27 Fassung 1999 – entscheidend davon ab, was im Einzelnen veräußert wird und welche Bedeutung der übergehende Betriebskomplex im Hinblick auf das gesamte Unternehmen einerseits und im Hinblick auf die betreffende Diensterfindung andererseits hat.[66]

**Veräußern i.S.d. Vorschrift** erfasst jedes auf Übertragung der Erfindung (des Schutzrechts) gerichtete Verpflichtungsgeschäft[67] des Insolvenzverwalters. Auch wenn dies regelmäßig in Form des freihändigen Verkaufs (Rechtskauf) erfolgt und im Interesse aller Gläubiger auch erfolgen sollte, ist eine Entgeltlichkeit, d. h. ein Erfindungs- bzw. Schutzrechtsverkauf, u. E. keine zwingende begriffliche Voraussetzung.[68] Die Veräußerung wird durch den Wechsel des Rechtsinhabers gekennzeichnet. Im Unterschied zu § 27 Abs. 1 Fassung 1957 wird hier jedoch für den Eintritt in die Vergütungspflicht der Vollzug der Rechtsübertragung (§§ 413, 398 BGB) vorausgesetzt. Nicht darunter fällt eine einfache oder ausschließliche Lizenzvergabe durch den Insolvenzverwalter.[69] Auch die Ausübung eines Pfandrechts oder die Durchsetzung der Rechte aus Sicherungseigentum durch Dritte stellen keine freihändige Veräußerung durch den Insolvenzverwalter dar.[70] Will der Insolvenzverwalter Erfindungsrechte aufgeben oder auf ihre Zugehörigkeit zur Insolvenzmasse verzichten, gilt § 27 Nr. 3 als Auffangtatbestand (s. § 27 Rdn. 121 ff.). Hat der Insolvenzverwalter die Schutzrechtsposition dem Arbeitnehmer nach § 16 angeboten, so dokumentiert er damit, die Diensterfindung nicht veräußern zu wollen.[71] Erfasst ist nur die Veräußerung durch den Insolvenzverwalter, also nicht eine solche des Arbeitgebers vor Verfahrenseröffnung.[72]

---

66 I.d.S. bereits Schiedsst. v. 12.05.1982, BlPMZ 1982, 305, 306 – zu § 27 ArbEG Fassung 1957.
67 Zust. u. a. LG Düsseldorf v. 14.02.2012 – 4a O 132/09, (BeckRS 2012, 05105, dort unter I.1.a); v. 10.08.2010 – 4a O 67/09, (Düsseldf. Entsch. Nr. 1497, unter I.1.a) u. v. 10.08.2010 – 4a O 132/09, NZI 2012, 627, 629.
68 Abw. zur Veräußerung i.S.v. § 27 Nr. 3 Boemke/Kursawe/Ulrici Rn. 95 zu § 27.
69 Zust. Boemke/Kursawe/Ulrici Rn. 51 zu § 27; im Ergebn. auch Wiedemann, Vergütg. i. d. Insolvenz (2016), S. 212.
70 Schiedsst. v. 30.06.1980, EGR Nr. 3 zu § 27 ArbEG Fassung 1957, i. Anschl. daran Bartenbach/Volz, DB 1981, 1121, 1122 (zu § 27 ArbEG Fassung 1957).
71 Schiedsst. v. 26.02.2015 – Arb.Erf. 59/12, (www.dpma.de), zu § 27 Nrn. 1, 4 ArbEG a.F.
72 Schiedsst. v. 02.04.1996 – Arb.Erf. 95/94, (unveröffentl.) – zu § 27 Abs. 1 ArbEG Fassung 1957.

**§ 27 n.F.**

**48.1** Da die Erfindungsrechte rechtlich dem Unternehmen (Arbeitgeber) als Rechtsträger zugeordnet sind, liegt in der Übertragung von Betrieben oder Betriebsteilen noch nicht zwingend die Übertragung von Erfindungsrechten. Insoweit kommt es auf die im Einzelfall getroffenen Abreden an (s. § 27 Rdn. 49).

**48.2** Obschon der Wortlaut – auch im Vergleich zu § 27 Nr. 3 Satz 1 n.F. – darauf hindeutet, dass der Eintritt des Erwerbers an die vollständige Übertragung der Diensterfindung, also einschließlich aller darauf bezogener Schutzrechtspositionen[73], anknüpft, muss die Vorschrift nach ihrem Sinn und Zweck auch für die **Veräußerung einzelner Schutzrechtspositionen** gelten. Insoweit können sich – obschon die identische Diensterfindung betroffen ist – unterschiedliche Ansprüche aus § 27 ergeben: Dies betrifft etwa den Fall, dass der Insolvenzverwalter das Inlandsschutzrecht zusammen mit dem Geschäftsbetrieb überträgt (§ 27 Nr. 1), jedoch parallele Auslandsschutzrechte – aus welchen Gründen auch immer – nicht mitübertragen werden, etwa weil diese in einem ausländischen Betrieb des Arbeitgebers noch verwertet werden oder weil insoweit noch laufende Lizenzverträge mit Dritten bestehen (s.a. unten Rdn. 55), so dass dafür § 27 Nr. 2 und bei späterer Einstellung von Verwertungshandlungen § 27 Nr. 3 einschlägig wird. § 27 Nr. 1 gilt im Grundsatz auch dann, wenn sich der Insolvenzverwalter vorab von einzelnen Schutzrechtspositionen getrennt hat (insoweit greift ausschließlich § 27 Nr. 3, s. § 27 Rdn. 58) und erst später verbleibende Schutzrechte zusammen mit dem Geschäftsbetrieb veräußert[74]; wollte man als Voraussetzung für § 27 Nr. 1 die Veräußerung der Diensterfindung einschließlich aller darauf bezogener Schutzrechtspositionen fordern, würde dies zu dem sachwidrigen (und bei Übergang des Arbeitsverhältnisses auch mit § 613a BGB unvereinbaren) Ergebnis führen, dass § 27 Nr. 3 zum Tragen käme. Dass § 27 Nr. 1 nur die Diensterfindung und nicht – wie Nr. 3 Satz 1 – zusätzlich »darauf bezogene Schutzrechtspositionen« erwähnt, dürfte auch mit Blick auf § 613a BGB (s. dazu § 1 Rdn. 120.2) als Redaktionsversehen anzusehen sein, da eine Abweichung von § 27 Nr. 1 Fassung 1999 nicht gewollt war (s. dazu 4. Vorauflage § 27 Fassung 1999 Rdn. 48.2).

**49** Der Gesetzgeber hat den missverständlichen Begriff des **Geschäftsbetriebes** aus § 27 Abs. 1 Fassung 1957 übernommen. Die Begriffsbestimmung wird dadurch erschwert, dass der Gesetzgeber in § 27 an anderer Stelle den Begriff des »Unternehmens« verwendet (vgl. Nr. 2) und zudem die InsO zwischen

---

73 So aber Boemke/Kursawe/Ulrici Rn. 49 f. zu § 27, ggf. nur ausgenommen völlig untergeordnete bzw. bedeutungslose Schutzrechtspositionen.
74 Dies erkennen auch Boemke/Kursawe/Ulrici Rn. 60 zu § 27.

Unternehmen und Betrieb unterscheidet (vgl. etwa § 160 Abs. 2 Nr. 1 InsO). Der Begriff des Geschäftsbetriebes kann nicht mit dem sonst im ArbEG verwendeten Begriff des Betriebes (= Unternehmen, s. hierzu § 1 Rdn. 101 ff. u. unten § 27 Rdn. 111) gleichgestellt werden.[75] Ausgehend vom Normzweck unterliegt er einer wirtschaftlichen Betrachtungsweise,[76] und zwar bezogen auf die Verwertbarkeit der (mit-)übertragenen Diensterfindung[77] (s. § 27 Rdn. 48). Dementsprechend kann die Veräußerung eines von mehreren technisch und organisatorisch selbstständigen Betrieben (Betriebseinheiten) ausreichen.[78] Hiervon und damit von einer Veräußerung mit Geschäftsbetrieb kann zunächst dann ausgegangen werden, wenn alle diejenigen Betriebsteile (als technisch organisatorische Einheit), die für die Auswertung der Diensterfindung maßgeblich sind, mit veräußert werden.[79] Gleiches gilt, wenn zwar lediglich einzelne Betriebsteile übertragen werden, von diesen aber die mitübertragenen Erfindungsrechte im Wesentlichen genutzt werden bzw. genutzt werden können. Dementsprechend liegt im Zweifel eine Veräußerung mit Geschäftsbetrieb vor, wenn das Kaufobjekt den erfindungsrelevanten Kern des Geschäftsbetriebes umfasst, also z.B. ein gesamtes Maschinen– (Fertigungs-) Programm einschließt[80] (vgl. auch die entsprechende Vermutung für Markenrechte in § 27 Abs. 2 MarkenG), ferner, wenn das erfindungsbezogene Fertigungsmaterial nebst Anlagen und Teilen der Belegschaft übernommen wird;[81] auch kleinere Einheiten sind ausreichend, wenn diese als selbstständiges Unternehmen fortgeführt werden können bzw. eine eigene technisch-organisatori-

---

75 Bestätigt d. Schiedsst. v. 12.05.1982, BlPMZ 1982, 304 f. – zu § 27 ArbEG Fassung 1957.
76 Schiedsst. v. 12.05.1982, BlPMZ 1982, 304 f. – zu § 27 ArbEG Fassung 1957; Volmer/Gaul Rn. 60 – zu § 27 ArbEG Fassung 1957.
77 Ähnl. Reimer/Schade/Schippel/Rother § 27 Fassung 1999 Rn. 7.
78 Vgl. LG Düsseldorf v. 29.01.1970, BB 1970, 1229; Schiedsst. ZB. v. 26.01.1981, BlPMZ 1982, 56; Gaul, GRUR 1986, 498, 502 – alle zu § 27 ArbEG Fassung 1957; Reimer/Schade/Schippel/Rother Rn. 7 zu § 27 Fassung 1999.
79 Schiedsst. v. 24.02.2005 – 085/03, (unveröffentl.); OLG Düsseldorf v. 23.10.1970, GRUR 1971, 218, 219 – *Energiezuführungen* – zu § 27 ArbEG Fassung 1957; ähnl. LG Düsseldorf v. 14.2.2012 – 4a O 132/09 (BeckRS 2012, 05105, dort unter I.1.a). Zust. auch Reimer/Schade/Schippel/Rother § 27 Fassung 1999 Rn. 7 u. Boemke/Kursawe/Ulrici Rn. 52 zu § 27.
80 Schiedsst. v. 12.05.1982, BlPMZ 1982, 304 f. (zu § 27 ArbEG Fassung 1957); zust. LG Düsseldorf v. 14.2.2012 – 4a O 132/09, (BeckRS 2012, 05105, dort unter I.1.a).
81 Schiedsst. v. 30.06.1980, EGR Nr. 3 zu § 27 ArbEG. – zu § 27 ArbEG Fassung 1957.

sche Einheit bilden, in der die Erfindung genutzt wird[82] (s.a. § 27 a.F. Rdn. 69). Wird ein Betriebsteil veräußert, kann diesem eine (noch) nicht verwertete Diensterfindung dann zugeordnet werden, wenn sie im Wesentlichen dort verwendet werden kann bzw. soll.[83] Ausreichend ist auch, wenn die mitübertragenen und die vom Veräußerer zur Nutzung überlassenen Betriebsmittel es dem Erfindungserwerber ermöglichen, den Geschäftsbetrieb unverändert fortzuführen, auch wenn nicht der gesamte bisherige Geschäftsbereich übergegangen ist[84] (s. § 27 a.F. Rdn. 69). Erst recht gilt das, wenn der veräußerte Betriebsteil den für die Entwicklung, die Herstellung und den Vertrieb erfindungsgemäßer Produkte maßgeblichen Kern des Geschäftsbereichs mit den Fertigungsanlagen, Schutzrechten nebst Know How, Kundenlisten usw. umfasst.[85]

Wegen der Verbindung mit § 613a BGB (s. § 27 Rdn. 51 f.) kann sich auch die Frage, ob eine Veräußerung mit dem Geschäftsbetrieb erfolgt, nach den Kriterien des Betriebsübergangs i.S.d. § 613a BGB bestimmen[86] (vgl. auch §§ 128, 160 Abs. 2 Nr. 1, § 162 f. InsO). Sind die Voraussetzungen des § 613a BGB gegeben und wird die Diensterfindung an den Betriebserwerber (mit-) übertragen, liegt zugleich eine Veräußerung mit Geschäftsbetrieb vor.

Nach ihrem Zweck gilt Nr. 1 auch dann, wenn Betriebsveräußerung und Erfindungsveräußerung nicht unmittelbar in einem Rechtsakt vollzogen werden, sondern in **engem zeitlichen und sachlichen Zusammenhang** stehen.

Zur Erfindungsveräußerung ohne Übergang des Arbeitsverhältnisses s. § 27 Rdn. 62.

*Rdn. 50 frei.*

### 2. Betriebsübergang und dessen Auswirkungen

51 Bislang nicht höchstrichterlich entschieden ist die **Streitfrage, ob** auch i. R. d. Neufassung des § 27 durch die ArbEG-Novelle 2009 an unserer zu § 29 Fassung 1999 umstrittenen Auffassung festgehalten werden kann, dass der Ein-

---

82 So Schiedsst. ZB. v. 26.01.1981, BlPMZ 1982, 56 l.Sp.; i. Ergebn. auch EV v. 06.08.1986 – Arb.Erf. 99/85, (unveröffentl.). – zu § 27 ArbEG Fassung 1957; ähnl. Reimer/Schade/Schippel/Rother § 27 Fassung 1999 Rn. 7.
83 S. Reimer/Schade/Schippel/Rother § 27 Fassung 1999 Rn. 7 m.H.a. Schiedsst. v. 12.05.1982, BlPMZ 1982, 304 f. (zu § 27 ArbEG Fassung 1957).
84 LG Düsseldorf v. 14.2.2012 – 4a O 132/09, (BeckRS 2012, 05105, dort unter I.1.b).
85 LG Düsseldorf v. 14.2.2012 – 4a O 132/09, (BeckRS 2012, 05105, dort unter I.1.a).
86 Im Ergebn. so auch LG Düsseldorf v. 14.2.2012 – 4a O 132/09, BeckRS 2012, 05105 (unter I.1.a und b).

## C. Verwertung der Diensterfindung durch den Insolvenzverwalter § 27 n.F.

tritt in die Vergütungspflicht **von dem Übergang des Arbeitsverhältnisses** des Erfinders abhängt[87] oder nicht[88], wie letzteres die h. M. bereits zu § 27 Nr. 1 a. F. angenommen hat (s. die Nachweise bei § 27 a.F. Rdn. 61 f.). Der Frage, ob der Fortbestand des Arbeitsverhältnisses gem. § 613a Abs. 1 BGB Voraussetzung für die Eintrittspflicht des Erwerbers nach § 27 Nr. 1 Fassung 1999 ist, hat erhebliche praktische Bedeutung. Betroffen sind nicht nur diejenigen Arbeitnehmer, die einer Fortsetzung des Arbeitsverhältnisses widersprechen (s. § 1 Rdn. 116), sondern vor allem solche Arbeitnehmer, deren Arbeitsverhältnis vor Betriebsübergang beendet worden ist, etwa im Rahmen von **Sozialplanregelungen** (vgl. §§ 123 ff. InsO). Eine zwingende Regelung erfinderrechtlicher Ansprüche in einem Sozialplan (§ 112 BetrVG) scheidet allerdings generell aus.[89] Kommt es bei § 27 Nr. 1 Fassung 1999 nicht auf die Fortführung des Arbeitsverhältnisses an, würde diese Vorschrift gem. § 26 ArbEG auch einen unmittelbaren Vergütungsanspruch von ausgeschiedenen und nicht übergehenden Arbeitnehmern ggü. dem Erwerber der Diensterfindung begründen.

Für das Erfordernis eines Übergangs des Arbeitsverhältnisses nach § 613a BGB würde sprechen, dass der Gesetzeswortlaut in § 27 Nr. 1 nahezu unverändert geblieben ist, und zwar einschließlich des – von § 27 Nr. 3 Satz 3 n.F. abweichenden – Begriffs des »Eintritts in die Vergütungspflicht« und des darauf bezogenen Hinweises auf den »Arbeitgeber«. Andererseits ist in § 27 n. F. die Nr. 3 insgesamt neu gefasst und als neuer Auffangtatbestand konzipiert (s. unten Rdn. 121). Diese Regelung sieht in den Fällen, in denen das Arbeitsverhältnis nicht mit übergeht, nicht mehr unmittelbar eine angemessene Abfindung aus dem Veräußerungserlös – wie § 27 Nr. 3 Fassung 1999 – vor. Die

---

[87] Das Erfordernis eines Übergangs des Arbeitsverhältnisses bejahend (auch) zu § 27 Nr. 1 n. F.: Paul, ZInsO 2009, 1839, 1841; Mulch (IPRB 2010, 232, 233); Wiedemann, Vergütg. i. d. Insolvenz (2016), S. 117 ff. Früher auch wir noch in Praxisleitfaden, 5. Voraufl. 2010, Rn. 399.

[88] Das Erfordernis eines Übergangs d. Arbeitsverh. ablehnend zu § 27 Nr. 1 n. F.: LG Düsseldorf v. 20.03.2013 – 4b O 43/12, (Düsseldf. Entsch. Nr. 2024) – Rückhalteprofil (zu § 27 a.F./n.F.); folgend LG Magdeburg v. 24.08.2016 – 7 O 548/15, (www.landesrecht.sachsen-anhalt.de/jportal, Rn. 19 ff.); ferner Oster, GRUR 2012, 467, 470; Boemke/Kursawe/Ulrici Rn. 55 ff. zu § 27; Schwab, Arbeitnehmererfindungsrecht, § 27 Rn. 6; Kunzmann NZI 2012, 631, 632 in zust. Anm. zu LG Düsseldorf v. 10.08.2010 NZI 2012, 627 f. Im Ergebn. auch Schiedsst., z. B. ZB v. 26.02.2015 – Arb.Erf. 51/12, (www.dpma.de = Mitt. 2016, 279 LS); EV. v. 23.04.2015 – Arb.Erf. 08/12, (www.dpma.de) u. v. 10.10.2018 – Art.Erf. 49/18, (vorg. f. www.dpma.de).

[89] S. Keukenschrijver in Busse/Keukenschrijver, PatG, Rn. 4 zu § 26 ArbEG m. H. a. Schiedsst. v. 16.12.1996 – Arb.Erf. 97/94.

stattdessen bestehende unmittelbare Pflicht des Insolvenzverwalters, »in allen anderen Fällen« dem Arbeitnehmer die Diensterfindung sowie darauf bezogene Schutzrechtspositionen anzubieten, scheidet zwangsläufig aus. Es wäre auch wirtschaftlich kaum nachvollziehbar, wenn der Widerspruch eines Arbeitnehmererfinders gegen den Übergang seines Arbeitsverhältnisses die Anbietungspflicht gemäß § 27 Nr. 3 (Auffangtatbestand) auslösen würde. Die neue Regelungssystematik mit dem neuen Auffangtatbestand des § 27 Nr. 3 n.F. spricht folglich mit der h. M. dafür, dass es in den Fällen des § 27 Nr. 1 n. F. **nicht auf die Fortführung des Arbeitsverhältnisses mit dem Erwerber** und damit **nicht auf einen Betriebsübergang ankommt**.[90] § 27 Nr. 1 n.F. und § 613a BGB stehen vielmehr eigenständig nebeneinander.[91]

52 Daraus folgt nach der hier vertretenen Auffassung:[92] Alle Arbeitnehmer – auch soweit deren Arbeitsverhältnisse aufgrund **Widerspruchs nach § 613a Abs. 6 BGB** oder aus sonstigen Gründen nicht auf den Erfindungserwerber übergehen – haben einen Vergütungsanspruch nach dem ArbEG gegen den Erfindungserwerber gem. § 27 Nr. 1. Tritt der Erwerber in das Arbeitsverhältnis mit dem Arbeitnehmererfinder ein, so ergeben sich weitergehende Rechte und Pflichten aus dem ArbEG nach § 613a BGB. **Ausgeschiedene Arbeitnehmer** haben nach der hier vertretenen Ansicht gemäß § 27 Nr. 1 einen Vergütungsanspruch ggü. dem Erwerber der Diensterfindung.[93]

Wollte man dagegen an dem Erfordernis eines Betriebsübergangs nach § 613a BGB festhalten, würde sich der Vergütungsanspruch der nicht zum Erfindungserwerber wechselnden Arbeitnehmer nach § 27 Nr. 2 bestimmen[94] (s. a. § 27 a.F. Rdn. 61, 108); das würde auch für die Ausgeschiedenen gelten (§ 26, s. § 27 Rdn. 9).

---

90 So bereits Bartenbach/Volz, Praxisleitfaden (2014), Rn. 399; FK-InsO/Bartenbach/Volz, 8. Aufl. 2015, Anh. III Rn. 130; tendenziell dafür schon in unserer 5. Vorauflage (dort Rn. 51 zu § 27 n.F.).
91 Kunzmann NZI 2012, 631, 632 (allerdings zugleich zu § 27 Nr. 1 a.F.); FK-InsO/Bartenbach/Volz/Kunzmann, Anh. I Rn. 130 f.
92 Im Ergebn. so bereits Kunzmann NZI 2012, 631, 632 (allerdings zugleich zu § 27 Nr. 1 a.F.); ähnl. Oster GRUR 2012, 467, 469 f., wonach bei übergehendem Arbeitsverh. in der Insolvenz § 613a BGB und bei nicht übergehendem Arbeitsverh § 27 Nr. 1 ArbEG a.F./n.F. gelten soll.
93 FK-InsO/Bartenbach/Volz/Kunzmann Anh. I Rn. 132; so schon zu § 27 Nr. 1 Fassung 1999: Wiedemann, Lizenzen i. d. Insolvenz (2006), Rn. 628 f.
94 Abw. Wiedemann, Vergütg. i. d. Insolvenz (2016), S. 121 ff., 141 (Vergütungsanspruch nach § 27 Nr. 3 Satz 4, soweit nichts Abweichendes nach Satz 3 vereinbart ist)

## C. Verwertung der Diensterfindung durch den Insolvenzverwalter § 27 n.F.

Unverändert stellt sich die Frage der **Rechtfolgen im Fall des Übergangs** 53 **des Arbeitsverhältnisses auf den Betriebserwerber,** ob also § 27 Nr. 1 als spezialgesetzliche Regelung etwaige **weitergehende Rechte und Pflichten aus § 613a BGB** verdrängt und damit der Arbeitnehmer trotz Übergangs des Arbeitsverhältnisses – bis auf die Vergütungsansprüche – seine sonstigen Ansprüche aus dem ArbEG (§§ 13 bis 16, 23, 24) und die verfahrensrechtlichen Möglichkeiten (§§ 28 ff., §§ 37 ff.) verliert. Nachdem der Gesetzgeber die frühere Streitfrage durch den Auffangtatbestand der Nr. 3 zwar geklärt, aber den Wortlaut der Nr. 1 weitgehend beibehalten hat, kann diese Frage u. E. verneint werden. Eine Verschlechterung der Rechtsstellung des Arbeitnehmers war nicht beabsichtigt. Ausweislich der Amtlichen Begründung ist der Gesetzgeber vielmehr von einer »unveränderten Variante Nummer 1« ausgegangen.[95] Daraus folgt u.E., dass § 27 Nr. 1 in den Fällen des § 613a BGB lediglich den Beginn der Vergütungspflicht des Betriebserwerbers auf den Zeitpunkt der Insolvenzeröffnung vorverlagert, i.Ü. aber im Fall eines Betriebsübergangs gem. § 613a Abs. 1 Satz 1 BGB die sonstigen Rechte und Pflichten aus dem ArbEG gegenüber den wechselnden Arbeitnehmererfinder bestehen bleiben[96] (s. § 1 Rdn. 115).

*Rdn. 54 frei.*

### 3. Eintritt in die Vergütungspflicht

Bei Erwerb der Diensterfindung mit dem Geschäftsbetrieb tritt der Erwerber 55 nach § 27 Nr. 1 Fassung 1999/2009 für die **Zeit von der Eröffnung des Insolvenzverfahrens** an in die Vergütungspflicht des Arbeitgebers ein (»gesetzlicher Schuldeintritt«[97]). Die Formulierung ist unscharf, da damit weder die noch nicht erfüllten Vergütungspflichten des Arbeitgebers (Insolvenzforderungen, s. § 27 Nr. 4) gemeint sein können noch Vergütungsansprüche aus dem eigenen Erfindungsverkauf an den Erwerber, der für den Arbeitgeber (Insolvenzverwalter) nach § 9 i.V.m. RL Nr. 16 vergütungspflichtig wäre (Masseverbindlichkeit, s. dazu § 27 Rdn. 58). Der Erwerber übernimmt vielmehr einmal kraft Gesetzes (rückwirkend) etwaige noch nicht erfüllte Vergütungsansprüche für die vorangegangenen Verwertungshandlungen des Insolvenzverwalters, die an sich Masseverbindlichkeiten darstellen (s. unten Rdn. 105). Insoweit wird

---

95 Amtl. Begründung zum Patentrechtsmodernisierungsgesetz in BR-Drucks. 757/08 S. 53 (zu Art. 7 Nr. 15 d. Entw.).
96 So (noch) FK-InsO/Bartenbach/Volz, 8. Aufl. 2015, Anh. III Rn. 130, Im Ergebn.wohl auch Boemke/Kursawe/Ulrici Rn. 58 zu § 27. S. (aber) jetzt FK-InsO/Bartenbach/Volz/Kunzmann, Anh. I Rn. 98. Abw. Trimborn Mitt. 2012, 70, 73.
97 So Keukenschrijver in Busse/Keukenschrijver, PatG, Rn. 4 zu § 27 ArbEG.

die Masse durch § 27 Nr. 1 kraft Gesetzes von Vergütungsverbindlichkeiten befreit.[98] Darüber hinaus geht das Gesetz von einem Schuldnerwechsel für die zukünftigen und für die seit Eröffnung des Insolvenzverfahrens begründeten Vergütungsansprüche aus, also von einer befreienden Schuldübernahme und nicht lediglich von einem Schuldbeitritt oder der Begründung einer Gesamtschuld. Der Erwerber haftet andererseits **nicht für rückständige Vergütungspflichten des Schuldners** aus Verwertungshandlungen vor Eröffnungsbeschluss (vgl. dazu § 27 InsO u. § 27 Nr. 4 ArbEG Fassung 2009/§ 27 Nr. 5 ArbEG Fassung 1999, s. unten Rdn. 189 ff.). Er haftet auch nicht für Verwertungen aus der Zeit, in der ein vorläufiger Insolvenzverwalter nach § 21 Abs. 2 InsO bestellt war (s. § 27 Rdn. 110).

Vom alten § 27 Fassung 1957 weicht die Regelung in § 27 Nr. 1 Fassungen 1999/2009 insoweit ab, als der Betriebserwerber nicht erst für Verwertungen ab Betriebsübergang, sondern bereits ab Eröffnung des Insolvenzverfahrens haftet.[99] Insoweit geht Nr. 1 über § 613a Abs. 1 BGB hinaus, da bei Insolvenz – jedenfalls nach herrschender Meinung (s. dazu § 1 Rdn. 114 ff.) – die sonstigen Rechte und Pflichten aus dem ArbEG erst mit Betriebsinhaberwechsel übergehen.

Dieser »rückwirkende« Eintritt bedeutet, dass der Rechtserwerber nicht nur seine eigenen (zukünftigen) Verwertungshandlungen zu vergüten hat, sondern auch die vor Rechtserwerb **vom Insolvenzverwalter ausgehenden Verwertungshandlungen**, soweit sie noch nicht erfüllt sind.[100] Das gilt allerdings u. E. nur insoweit, als diese auf die vom Betriebserwerber übernommene Schutzrechtsposition entfallen (s.a. oben § 27 Rdn. 48.2; s. ferner allgemein zum Betriebsübergang § 1 Rdn. 120.2). Dagegen hat der Betriebserwerber u. E. nicht für anderweitige Veräußerungen von erfindungsbezogenen Schutzrechtspositionen einzustehen, da insoweit die spezielle Regelung in § 27 Nr. 3 ArbEG n.F. einschlägig ist[101] (z.B. vorheriger Verkauf eines Auslandspatentes an einen Dritten). Bei sonstigen Verwertungshandlungen, die andere, nicht mit übergegangene Schutzrechtspositionen betreffen, ist § 27 Nr. 2 ArbEG n.F. (früher § 27 Nr. 3 ArbEG Fassung 1999) einschlägig (s. dazu

---

98 Zust. Berger ZInsO 2013, 569, 575. So auch zu § 27 Fassung 1999 Reimer/Schade/Schippel/Rother § 27 Fassung 1999 Rn. 5 u. Paul, KTS 2005, 445, 449. Abw. Wiedemann, Vergütg. i. d. Insolvenz (2016), S. 140.
99 FK-InsO/Bartenbach/Volz/Kunzmann Anh. I Rn. 92, 97.
100 Ebenso Paul, ZInsO 2009, 1839, 1841 (aber mit Kritik aus rechtspolitischen Gründen); im Ergebn. wie hier Keukenschrijver in Busse/Keukenschrijver, PatG, Rn. 4 zu § 27; Boemke/Kursawe/Ulrici Rn. 59 f., 64 zu § 27.
101 Zust. Boemke/Kursawe/Ulrici Rn. 60 zu § 27.

## C. Verwertung der Diensterfindung durch den Insolvenzverwalter § 27 n.F.

unten Rdn. 100 ff.). Das betrifft bspw. eine Verwertung von nicht mitübertragenen Auslandspatenten durch den Insolvenzverwalter im Wege der Lizenzvergabe.

Der Eintritt des Rechtserwerbers in die Vergütungspflicht nach § 27 Nr. 1 ArbEG bewirkt, dass der Arbeitnehmer so gestellt wird, als seien die Verwertungshandlungen des Betriebserwerbers (ggf. auch die vorangegangenen Nutzungen des Insolvenzverwalters) solche des Schuldners (Arbeitgebers). Dies ergibt sich sowohl aus dem Begriff des »Eintretens«, der hier – ebenso wie bei § 613a Abs. 1 Satz 1 BGB – eine **Sonderrechtsnachfolge** kennzeichnet.[102] 56

Folglich sind – auch wenn das Gesetz nur auf § 9 ArbEG verweist – etwaige **Vergütungsfestsetzungen bzw. Vergütungsvereinbarungen** des Schuldners bzw. Insolvenzverwalters für den Betriebserwerber bindend, soweit für die Vergütungsregelungen nicht § 12 Abs. 6 bzw. § 23 ArbEG einschlägig werden.[103] Solches rechtfertigt sich aus dem »Eintreten in die Vergütungspflicht«. Dies hat auch zur Folge, dass im Fall einer pauschalen Abfindung der Vergütungsansprüche vor Verfahrenseröffnung keine weiter gehende Vergütungspflicht des Erwerbers – von den Sonderfällen der § 12 Abs. 6, § 23 ArbEG abgesehen – mehr besteht. I.R.d. **Abstaffelung** (RL Nr. 11) sind erfindungsgemäße Umsätze bis zur Verfahrenseröffnung einzubeziehen.[104] 57

Aus dem Normzweck des § 27 Nr. 1 und dem Wechselbezug zu § 27 Nr. 3 folgt, dass der **Arbeitnehmer keinen (zusätzlichen) Anspruch auf Vergütung** für den Verkauf der Diensterfindung durch den Insolvenzverwalter (RL Nr. 16) hat[105], und zwar weder ggü. der Insolvenzmasse noch ggü. dem Erfindungserwerber. Ebenso sind Vergütungsansprüche gegen den Insolvenzverwalter aus sonstigen Verwertungshandlungen nach Verfahrenseröffnung (§ 27 Nr. 2) ausgeschlossen, soweit der Erwerber diese zu vergüten hat (s. § 27 Rdn. 55). Dagegen bleibt der Anspruch des Erfinders auf die zum Zeitpunkt der Insolvenzeröffnung rückständigen Vergütungen nach § 27 Nr. 4 unberührt bestehen (s. § 27 Rdn. 189 ff.). 58

*Rdn. 59 – 68 frei*

---

102 Ebenso Zeising, Mitt. 2001, 60, 66 (zu § 27 Fassung 1999).
103 Zust. LG Düsseldorf v. 20.03.2013 – 4b O 43/12, (Düsseldf. Entsch. Nr. 2024) – Rückhalteprofil. Wie hier auch Zeising, Mitt. 2001, 60, 66; im Ergebn. auch Reimer/Schade/Schippel/Rother § 27 Fassung 1999 Rn. 5; zust. auch Keukenschrijver in Busse/Keukenschrijver, PatG, Rn. 4 zu § 27 ArbEG u. Boemke/Kursawe/Ulrici Rn. 61 zu § 27.
104 Zust. Boemke/Kursawe/Ulrici Rn. 61 zu § 27.
105 Zust. Keukenschrijver in Busse/Keukenschrijver, PatG, Rn. 4 zu § 27 ArbEG.

**§ 27 n.F.** Insolvenzverfahren (Fassung 2009)

**69** Ist **kein Arbeitgebergeberwechsel** nach § 613a BGB gegeben (s. § 27 Rdn. 52), treffen u. E. weder den Erfindungserwerber noch den Arbeitnehmererfinder die **Rechte und Pflichten aus dem ArbEG**, soweit sie nicht mit der Vergütung (also insbes. §§ 9, 12, 23 ArbEG) in Zusammenhang stehen.[106] Da § 27 Nr. 1 ArbEG nur einen Eintritt in die Vergütungspflicht normiert, gilt u. E. ansonsten der allgemeine Grundsatz des ArbEG, dass der Erwerber einer Diensterfindung diese – ohne »dingliche Belastung« – **frei von den Rechten und Pflichten aus dem ArbEG erwirbt** (s. § 7 n.F. Rdn. 24 f.). Folglich ist der Erwerber u. E. nicht zur Auslandsfreigabe nach § 14 verpflichtet. Bei seiner Insolvenz gelten u. E. auch nicht die Sonderrechte des Erfinders aus § 27. Nur soweit es um die Vergütung geht, können Arbeitnehmererfinder und Erfindungserwerber Beteiligte eines **Schiedsstellenverfahrens** sein[107], es sei denn, ein Betriebsübergang nach § 613a BGB liegt vor. Bei **Streitigkeiten** über die Vergütung im Zusammenhang mit § 27 Nr. 1 gelten u. E. die §§ 28 ff., §§ 37 ff.

**70** Damit ist u. E. bei fehlendem Betriebsübergang auch nicht § 16 ArbEG im Verhältnis Erwerber/Arbeitnehmererfinder einschlägig. Nach verbreiteter Auffassung soll sich indes der Erwerber seiner Vergütungspflicht für die Zukunft durch **Aufgabe der Schutzrechtsposition nach § 16 ArbEG** entledigen können.[108] Dies mag im Ergebnis sinnvoll sein, folgt u. E. aber aus den dargelegten Gründen dogmatisch nicht aus einer unmittelbaren Geltung des § 16 ArbEG. Näher liegt u. E. ein Rückgriff auf die Rechtsgedanken der §§ 162, 242 BGB, d.h. will der Erwerber die erfinderische Lehre unabhängig von einem Schutzrecht weiter nutzen, kann und muss er die Schutzrechtsposition analog § 16 ArbEG anbieten (ggf. unter Vorbehalt eines Nutzungsrechts), ebenso wie er zuvor für den Fortbestand von übernommenen Schutzrechtspositionen Sorge tragen muss. Ansonsten bleibt er nach §§ 162, 242 BGB in seiner Vergütungspflicht, wenn er Schutzrechtspositionen fallen lässt. Hat der Erwerber an der Nutzung der Diensterfindung kein Interesse, hat er die Möglichkeit, die Diensterfindung (einvernehmlich) freizugeben[109], u. E. aber ohne entsprechende Rechtspflicht. Unterlässt er dies, kann er im Ausnahmefall wegen unausgenutzter Verwertbarkeit vergütungsrechtlich so gestellt werden, als bestehe ein Schutzrecht (fort). Da die Haftung für Altverbindlichkeiten

---

106 So bereits Bartenbach/Volz, HzA, Gruppe 14 Teil B Rn. 302.
107 Vgl. dazu etwa Schiedsst. v. 23.04.2015 – Arb.Erf. 08/12, (www.dpma.de).
108 So Schiedsst. v. 23.04.2015 – Arb.Erf. 08/12, (www.dpma.de = Mitt. 2016, 517 nur LS.) m. H. a. LG Düsseldorf – 4a O 132/09, NZI 2010, 627, 629; Boemke/Kursawe/Ulrici Rn. 61 zu § 27.
109 So zutr. LG Düsseldorf – 4a O 132/09, NZI 2010, 627, 629.

ausgeschlossen ist, dürfte es dafür ebenso wie für die – vergleichbar mit § 16 Abs. 1 – eine Anbietungspflicht ausschließende **vollständige Erfüllung des Vergütungsanspruchs** nur darauf ankommen, ob Verwertungen bzw. unausgenutzte Verwertungsmöglichkeiten ab Eröffnung des Insolvenzverfahrens noch nicht vergütet sind.

*Rdn. 71 – 790 frei*

Bei Arbeitnehmer-**Miterfindern** ergeben sich – anders als nach § 27 Fassung 1999 (s. § 27 a.F. Rdn. 62) – u. E. keine Besonderheiten.[110] Da der Eintritt in die Vergütungspflicht kraft Gesetzes erfolgt, gilt dies einheitlich für alle Arbeitnehmer-Miterfinder des betreffenden Arbeitgebers (Schuldners). 80

*Rdn. 81 – 790 frei*

### III. Verwertung der Diensterfindung durch den Insolvenzverwalter im Unternehmen des Schuldners (Nr. 2).

§ 27 Nr. 2 n. F. entspricht unverändert dem bisherigen § 27 Nr. 3 Fassung 1999 (s. a. § 27 Rdn. 3). Die Vorschrift behandelt die Situation, dass der – anstelle des Arbeitgebers (Schuldners) entscheidungs- und verfügungsberechtigte – Insolvenzverwalter die Erfindung im insolventen Unternehmen verwertet. Dadurch soll sichergestellt werden, dass der Arbeitnehmererfinder für diese Verwertungshandlungen, die die Insolvenzmasse im Endergebnis bereichern, seine angemessene Vergütung erhält. Bereits unter Geltung des § 27 Fassung 1957 war von der herrschenden Meinung anerkannt, dass Verwertungshandlungen des Konkursverwalters eine Masseschuld i.S.d. § 59 Abs. 1 Nr. 1 KO begründeten.[111] Ausweislich der Klarstellung des § 27 Nr. 2 handelt es sich bei den Vergütungsansprüchen aufgrund der Verwertungen des Insolvenzver- 101

---

110 Abw. Wiedemann, Vergütg. i. d. Insolvenz (2016), S. 152 f., 169, 215 wonach bei Übergang des Arbeitsverhältnisses einzelner Miterfinder auf den Betriebserwerber nur für diese eine Anbietungspflicht nach § 27 Nr. 1 greift und gegenüber den anderen Miterfindern eine Anbietung nach § 27 Nr. 3 Satz 1, 2 entfallen soll, denen dann ein isolierter Anspruch nach § 27 Nr. 3 Satz 3, 4 zuerkannt wird.
111 So im Anschluss an 2. und 3.Vorauflage (Rn. 31 zu § 23 ArbEG Fassung 1957) u.a. Schiedsst. v. 26.02.1993, GRUR 1996, 49, 52 ff. – *Gießereimaschinen*; v. 04.06.1993, GRUR 1994, 615, 617 f. – *Anspruchsentstehung* u. v. 19.09.1995, Mitt. 1996, 176, 1777 – *Patentverkauf*; Kuhn Uhlenbruck, K0, 11. Aufl. 1994; Volmer/Gaul Rn. 36 zu § 27; Schwab, Erf. u. VV i. ArbVerh. (1991) S. 42; a.A. LG München I v. 19.06.1991, GRUR 1994, 626 f. – *Unternehmenskonkurs* – alle zu § 27 Fassung 1957; ferner Boemke/Kursawe/Ulrici Rn. 66 zu § 27.

walters u. E. um **Masseverbindlichkeiten**[112] (vgl. §§ 55, 61 InsO); der Arbeitnehmer ist insoweit **Massegläubiger** (vgl. §§ 53, 209 InsO). U. E. ist – trotz der Entstehung des Vergütungsanspruchs »dem Grunde nach« mit der Inanspruchnahme vor Insolvenzeröffnung (s. § 9 Rdn. 11) – von einer Verbindlichkeit i. S. v. § 55 Abs. 1 Nr. 1 InsO auszugehen;[113] das steht in Übereinstimmung mit den Vorstellungen des Gesetzgebers zur unveränderten Beibehaltung des bisherigen Rechtszustandes[114] und entspricht der Einheitlichkeit des Vergütungsanspruchs, dessen Höhe erst durch die Verwertungshandlungen bestimmt wird. Soweit bereits eine verbindliche Vergütungsregelung i. S. v. § 12 ArbEG vorliegt, ergäbe sich u. E. der Charakter als Masseverbindlichkeit ohnehin – ungeachtet eines Wahlrechts nach § 103 InsO – aus § 55 Abs. 1 Nr. 2 InsO.[115] Zum zuvor bereits voll erfüllten Vergütungsanspruch s. § 27 Rdn. 112. Nicht erfasst sind – wie der Eingangssatz des § 27 n. F./1999 zeigt – solche Erfindungen, die erst der Insolvenzverwalter in Anspruch genommen hat[116] (s. dazu § 27 Rdn. 198 f.).

102 Bei der Neufassung des § 27 stellt sich die Frage des **Konkurrenzverhältnisses** der Regelung in Nr. 2 zu Nrn. 1 und 3: Die Fassung des § 27 Nr. 1 ArbEG, wonach der Betriebs- und Erfindungserwerber ab Eröffnung des Insolvenzverfahrens in die Vergütungspflichten eintritt (s.o. § 27 Rdn. 55 ff.), sowie die systematische Stellung der Vorschriften zeigen u. E., dass § 27 Nr. 2 nicht als lex specialis ggü. § 27 Nr. 1 ArbEG zu verstehen ist, sondern – umgekehrt –, dass **§ 27 Nr. 1** der Nr. 2 ArbEG n. F. **vorgeht**.[117] Daraus folgt, dass kein Vergütungsanspruch nach Nr. 2 besteht, soweit der Rechtserwerber des Geschäftsbetriebes in die Vergütungspflicht aus vorangegangenen Verwertun-

---

112 Streitig, wie hier z. B. Mulch, IPRB 2010, 232, 233 f.; Reimer/Schade/Schippel/Rother Rn. 11 zu § 27 Fassung 1999. A. A. Wiedemann, Vergütg. i. d. Insolvenz (2016), S. 92 ff.; Boemke/Kursawe/Ulrici Rn. 66 zu § 27.
113 Ebenso Paul ZinsO 2009, 1839, 1842.
114 Vgl. zu § 27 Nr. 2 n.F., der § 27 Nr. 3 a.F. entspricht, Amtl. Begründung zum Patentrechtsmodernisierungsgesetz in BR-Drucks. 757/08 S. 53 (zu Art. 7 Nr. 15 d. Entw.); s. auch Busse/Keukenschrijver, PatG, Rn. 5 zu § 27 ArbEG.
115 Dagegen Masseverbindlichkeiten nach § 55 Abs. 1 Nr. 2 InsO ebenfalls allgemein ablehnend Wiedemann, Vergütg. i. d. Insolvenz (2016), S. 93 f.; Boemke/Kursawe/Ulrici Rn. 66 zu § 27 (ohne allerdings auf Vergütungsvereinbarungen einzugehen).
116 Abw. wohl Reimer/Schade/Schippel/Rother Rn. 11 zu § 27 Fassung 1999.
117 Dagegen gehen Boemke/Kursawe/Ulrici Rn. 10 zu § 27 von einem gesetzgeberisch gewollten Alternativverh. aus, betonen jedoch andererseits, dass Nrn. 1 bis 3 auch nacheinander eingreifen können (dort Rn. 13; s. auch dort Rn. 74 f.); abw. auch Wiedemann, Vergütg. i. d. Insolvenz (2016), S. 112 ff.; unklar Paul, ZInO 2009, 1839, 1842, der von einem »sich ausschließenden Eventualverhältnis« zwischen § 27 Nr. 2 und Nr. 1 n. F. spricht.

C. Verwertung der Diensterfindung durch den Insolvenzverwalter   § 27 n.F.

gen des Insolvenzverwalters eintritt (s. § 27 Rdn. 55). I.Ü. geht § 27 Nr. 3 der Nr. 2 insoweit vor, als es um die Veräußerung der Diensterfindung und darauf bezogener Schutzrechtspositionen geht (s. § 27 Rdn. 108).

Die vorstehenden Ergebnisse decken sich mit der Auffassung, § 27 Nr. 3 Fassung 1999 und damit auch § 27 Nr. 2 n. F. seien **eng auszulegen**.[118]

Über § 27 Nr. 2 hinaus soll der Insolvenzverwalter als verpflichtet angesehen werden, auch die zukünftigen Vergütungsansprüche aus **Verwertungshandlungen nach Abschluss des Insolvenzverfahrens** sicherzustellen.[119] Eine solche Pflicht des Insolvenzverwalters ist allerdings weder aus § 27 noch aus sonstigen Bestimmungen des ArbEG abzuleiten und damit zweifelhaft. 103

*Rdn. 104, 105 frei*

**1. Verwertung durch Insolvenzverwalter im Unternehmen**

Der Begriff der **Verwertung im Unternehmen** kann auch hier nicht dem Begriff der »betrieblichen Benutzung« i.S.d. RL Nrn. 3 ff. gleichgestellt werden. Vielmehr ist dieser Begriff nach dem Zweck der Vorschrift (s. § 27 Rdn. 100) und in Einklang mit dem allgemeinen Begriff der Verwertung (s. § 9 Abs. 2, s. dazu § 9 Rdn. 90 ff.; s. ferner § 19 Abs. 1 Satz 1, s. § 19 Rdn. 35) weit auszulegen. Die Verwertung umfasst damit nicht nur die inner-, sondern auch die außerbetriebliche Verwertung.[120] Wäre dies nicht der Fall, wäre der Erfinder insb. von der vergütungsrechtlichen Teilhabe an Lizenzeinnahmen oder an wirtschaftlichen Vorteilen aus eingetauschten Fremdlizenzen ausgeschlossen, obschon durch diese Drittleistungen die Insolvenzmasse bereichert wird. Eine derartige Benachteiligung des Arbeitnehmers im Insolvenzfall würde den Sinn des § 27 ArbEG, der die Rechtsstellung des Arbeitnehmererfinders gerade verbessern soll (s. § 27 Rdn. 2), ins Gegenteil verkehren. Folglich ist der Begriff der »betrieblichen Benutzung« nicht räumlich als innerbetriebliche Benutzung in einen bestimmten Produktionsbetrieb zu verstehen, so dass alle Verwertungshandlungen einbezogen werden müssen, die nach § 9 ArbEG eine Vergütungspflicht auslösen. Ausgenommen sind allerdings Veräußerungen von Erfindungsrechten (Schutzrechtspositionen), da insoweit § 27 Nr. 3 als speziellere Regelung vorgeht (s. § 27 Rdn. 108). 106

---

118 So M. Wiedemann, Lizenzen i. d. Insolvenz (2006), S. 204 (dort Fn. 513) – zu § 27 Nr. 3 Fassung 1999.
119 So Kelbel, GRUR 1987, 218, *222* (allerdings auf der Grundlage eines hausinternen BMJ-RefE als Vorentwurf zu § 27 Fassung 1999).
120 Zust. Keukenschrijver in Busse/Keukenschrijver, PatG, Rn. 5 zu § 27 ArbEG.

**107** Damit **umfasst die Verwertung** einerseits insb. die Fortführung der erfindungsgemäßen Produktion und des Vertriebs erfindungsgemäß hergestellter Waren im Unternehmen des Schuldners, ferner ebenfalls die Herstellung durch Drittunternehmen als sog. verlängerte Werkbank (zum Begriff der tatsächlichen Verwertung s. § 9 Rdn. 90 ff.). Tatsächliche Verwertung sind ferner der Einsatz als Sperrpatent (RL Nr. 18) sowie die außerbetrieblichen Verwertungen in Form ausschließlicher oder einfacher Lizenzvergaben[121] (RL Nr. 14, 15) und Austauschverträge[122] (RL Nr. 17).

**108** Zweifelhaft ist allerdings, inwieweit auch i.R.d. Neufassung des § 27 die **Veräußerung von Erfindungsrechten** bzw. Schutzrechtspositionen (RL Nr. 16) von Nr. 2 erfasst ist. Zwar stellt auch der Verkauf bzw. die Übertragung eine Form der tatsächlichen Verwertung dar (s. auch § 27 Rdn. 106). Obschon Nr. 2 gesetzestechnisch der Nr. 3 vorangestellt und Nr. 3 als Auffangtatbestand konzipiert ist (s. § 27 Rdn. 121), hat im Fall der Veräußerung von Erfindungsrechten nach der hier vertretenen Auffassung § 27 Nr. 3 n. F. – im Unterschied zu § 27 Nr. 2 Fassung 1999 – als spezielle Vorschrift Vorrang.[123] Dies folgt aus der Konzeption der Nr. 3 als Auffangtatbestand, der die früheren Regelungen des § 27 Nr. 2 und 4 Fassung 1999 ersetzt hat (s. § 27 Rdn. 121), und aus deren Zielrichtung; die Differenzierung zwischen Verwertung und Veräußerung entsprach zudem den Vorgaben des § 27 Nr. 4 Satz 1 ArbEG 1999. Dies bedeutet: Will der Insolvenzverwalter die Diensterfindung bzw. darauf bezogene Schutzrechtspositionen ohne Geschäftsbetrieb veräußern, ist er zuvor zur Anbietung nach § 27 Nr. 3 Satz 1 und 2 n. F. verpflichtet (s. dazu § 27 Rdn. 123) und muss die Vorgaben zu den Zahlungspflichten nach § 27 Nr. 3 Satz 3 und 4 vorrangig beachten (s. dazu § 27 Rdn. 164 ff.). Das gilt allerdings nur bei Rechtsabtretung, nicht dagegen im Fall der Erteilung einer – auch ausschließlichen – Lizenz.[124] Im Übr. sind »Doppelleistungen« zulasten der Insolvenzmasse ausgeschlossen, soweit gesetzliche Vergütungsansprüche durch den Rechtserwerber nach § 27 Nr. 3 Satz 3 erfüllt werden.

**109** Wegen der Begrenzung auf das »Verwerten« ist die bloße **Verwertbarkeit**, die ja die Insolvenzmasse nicht bereichert, nicht privilegiert. Von § 27 Nr. 2 ArbEG werden damit weder der Einsatz der Diensterfindung als reines Vorrats-

---

[121] So auch Reimer/Schade/Schippel/Rother Rn. 11 zu § 27 Fassung 1999; im Ergebn. auch Wiedemann, Vergütg. i. d. Insolvenz (2016), S. 212; Boemke/Kursawe/Ulrici Rn. 67 zu § 27.
[122] So auch Zeising, Mitt. 2001, 60, 68 (zu § 27 Fassung 1999).
[123] Ähnl. Boemke/Kursawe/Ulrici Rn. 67 zu § 27, wonach eine Veräußerung mit Blick auf § 27 Nr. 3 keine Verwertung im Unternehmen ist.
[124] FK-InsO/Bartenbach/Volz/Kunzmann Anh. I Rn. 129 i.V.m. Rn. 64.

## C. Verwertung der Diensterfindung durch den Insolvenzverwalter  § 27 n.F.

patent noch die sonstigen Fälle der nicht (voll) ausgenutzten Verwertbarkeit (vgl. RL Nr. 20 ff.) erfasst;[125] insoweit ist allenfalls § 27 Nr. 4 einschlägig (s. § 27 Rdn. 187 ff.).

Es muss sich um **Verwertungshandlungen des Insolvenzverwalters** handeln. Nicht erfasst sind u. E. vergütungspflichtige Verwertungshandlungen des vorläufigen Insolvenzverwalters aufgrund übergegangener Verfügungsbefugnis (s. § 27 Rdn. 32). Verwertungshandlungen von Dritten sind ebenfalls nicht umfasst, etwa Nutzungshandlungen von Drittfirmen (als Mitinhaber eines Patents). **110**

Soweit mit Blick auf § 27 Nr. 3 eine Verwertung i. S. v. § 27 Nr. 2 nur eine solche sein soll, die bei wirtschaftlicher Betrachtung **endgültigen Charakter habe**, also dauerhaft die verbleibende Schutzrechtslaufzeit bzw. die faktische Monopolstellung abdecken würde und so mit einer Anbietungspflicht unvereinbar sei[126], kann dem **nicht gefolgt** werden.[127] Mit der Neufassung des § 27 hat der Gesetzgeber bewusst nicht mehr ausschlaggebend auf die Willensrichtung des Insolvenzverwalters – wie in § 27 Nr. 4 a. F. (s. § 27 a.F. Rdn. 120 f.) – abgestellt, sondern auf die Tatsache seiner Verwertung, losgelöst von deren Ausrichtung und Zielsetzung.

Die Verwertung muss »im **Unternehmen**« erfolgen, d.h. vom Unternehmen ausgehen, sei es auch etwa im Wege der Lizenzvergabe (s. § 27 Rdn. 107). Der Gesetzgeber verwendet hier erstmals diesen organisatorisch geprägten Begriff des Unternehmens (s. dazu § 1 Rdn. 102), während in den sonstigen Bestimmungen des ArbEG und in den RLn 1959 auf den »Betrieb« abgestellt wird (vgl. etwa § 4 Abs. 2, § 5 Abs. 2, § 9 Abs. 2, § 17 Abs. 1, § 18 Abs. 3, § 19 Abs. 1 ArbEG): **111**

Eine rechtswirksam vom Arbeitgeber **getroffene Vergütungsregelung** nach § 12 ArbEG, die auch zukünftige Verwertungshandlungen nach § 12 ArbEG umfasst, **bindet** u.E. auch den Insolvenzverwalter.[128] Dies folgt zwar – wie der Vergleich mit § 27 Nr. 1 ArbEG zeigt – nicht unmittelbar aus dem Gesetzeswortlaut (»eine angemessene Vergütung für die Verwertung zu zahlen«). Sinn **112**

---

125 Ebenso Zeising, Mitt. 2001, 60, 68 (zu § 27 Fassung 1999); Wiedemann, Vergütg. i. d. Insolvenz (2016), S. 108 f.; Keukenschrijver in Busse/Keukenschrijver, PatG, Rn. 5 zu § 27 ArbEG.
126 So Boemke/Kursawe/Ulrici Rn. 84 f. zu § 27 mit Hinweis auf § 27 Nr. 4 ArbEG a.F.
127 Im Ergebn. auch Wiedemann, Vergütg. i. d. Insolvenz (2016), S. 154 ff. mit ausführl. Begründung.
128 A. A. Boemke/Kursawe/Ulrici Rn. 71 zu § 27.

des § 27 ArbEG ist es aber, dem Arbeitnehmer die angemessene Vergütung zu sichern (s. § 27 Rdn. 101), und nicht, diesen im Verhältnis zum früheren Rechtsstand besser oder schlechter zu stellen. Zudem kann es nicht eine – vom Gesetzgeber gewollte – Aufgabe des Insolvenzverwalters sein, verbindliche Vergütungsparameter (Berechnungsmethode einschl. der Frage einer Abstaffelung, Anteilsfaktor usw.) nachträglich auf den Prüfstand zu stellen. Einer Anwendbarkeit der §§ 103 ff. InsO dürfte bereits der gesetzliche Vergütungsanspruch entgegenstehen, dessen Ausfüllung die Vergütungsregelung nach § 12 ArbEG dient. Ein Wahlrecht nach § 103 InsO besteht u.E. angesichts der Sonderregelung des § 27 ArbEG nicht.[129] Die § 103 InsO zu Grunde liegende Umwandlung des Rechtsverhältnisses zwischen dem Schuldner und seinem Vertragspartner in einen einseitigen Anspruch als Insolvenzgläubiger auf Schadensersatz wegen Nichterfüllung (§ 103 Abs. 2 Satz 1 InsO) passt in den Fällen einer Weiterverwertung durch den Insolvenzverwalter nicht (vgl. § 55 Abs. 1 Nr. 1 InsO). Unabhängig davon dürfte insb. das Wahlrecht aus § 103 InsO angesichts der Sonderregelung des § 27 Nr. 2 nicht einschlägig sein; dies wird auch durch die Systematik des § 27 Nrn. 2 und 3 bestätigt, wonach der Insolvenzverwalter nur die Wahl hat zwischen Veräußerung, Verwertung und Übertragung bzw. Aufgabe. Zudem hat der Arbeitnehmererfinder auf Grund der vorangegangenen Inanspruchnahme seiner Diensterfindung seinerseits bereits voll geleistet.[130] Davon zu trennen ist die Frage, ob ein Anspruch auf **Anpassung** nach § 12 Abs. 6 ArbEG besteht. Einen solchen können auch wesentliche wirtschaftliche Veränderungen, die einen konkreten Bezug zur Diensterfindung haben, begründen (s. § 12 Rdn. 131).

Ist mit dem Arbeitgeber (Schuldner) verbindlich eine **abschließende Vergütung vereinbart bzw. festgesetzt** worden, wirkt diese ebenfalls fort. Insoweit ist der Arbeitnehmer bei etwaigen rückständigen Zahlungen – ggf. über § 103 Abs. 2 InsO – Insolvenzgläubiger (s. § 27 Rdn. 187 ff.). Wird keine Vergütung mehr geschuldet, kommt § 27 Nr. 2 nicht zum Tragen, namentlich wenn der Schuldner den **Vergütungsanspruch** (ausnahmsweise) **bereits** durch eine rechtswirksame und auch unter Beachtung von § 12 Abs. 6 abschließende Pauschalabfindung **voll erfüllt** hat[131], oder wenn der Arbeitnehmer vor Insolvenzeröffnung auf weitergehende Vergütungsansprüche rechtswirksam gegenüber dem Arbeitgeber (Schuldner) verzichtet hatte (s. auch § 27 Rdn. 44). Ein

---

129 FK-InsO/Bartenbach/Volz/Kunzmann, Anh. I Rn. 107.
130 Wiedemann, Vergütg. i. d. Insolvenz (2016), S. 182.
131 Im Ergebn., aber mit abw. Begr. insoweit auch Boemke/Kursawe/Ulrici Rn. 16 zu § 27 (s. aber auch dort Rn. 71) u. Wiedemann, Vergütg. i. d. Insolvenz (2016), S. 103 f.

## C. Verwertung der Diensterfindung durch den Insolvenzverwalter    § 27 n.F.

anderes Verständnis würde hier dazu führen, dass der Arbeitnehmer bei Fortsetzung der Verwertung im Schuldnerunternehmen aufgrund der Insolvenz besser stehen würde als ohne dieses Ereignis. Auch dies zeigt, dass § 27 Nr. 2 erfinderrechtlich keinen neuen Vergütungsanspruch begründen kann.

### 2. Angemessene Vergütung aus der Insolvenzmasse

Der Anspruch ist gerichtet auf angemessene Vergütung für die Verwertung. Für die Höhe der Vergütung gelten unverändert die **allgemeinen Maßstäbe des § 9 ArbEG**,[132] und zwar i.V.m. den RLn 1959. Bestehen bereits Vergütungsregelungen, so bleiben diese bindend, von der Möglichkeit des § 12 Abs. 6 oder § 23 ArbEG abgesehen (s. a. § 27 Rdn. 112. vgl. auch §§ 80, 148 InsO). Ein Wahlrecht nach § 103 InsO besteht nicht (s. § 27 Rdn. 112, dort auch zur Anpassung bei wirtschaftlichen Veränderungen). Fehlt eine Vergütungsregelung, so hat der Insolvenzverwalter eine solche ggf. im Verfahren nach § 12 herbeiführen.

113

Der Vergütungsanspruch ist **aus der Insolvenzmasse** zu zahlen. Damit handelt es sich um eine spezialgesetzliche Zuerkennung einer Masseverbindlichkeit.[133] Demzufolge ergibt sich ggf. ein Haftungsanspruch nach § 61 InsO.

114

*Rdn. 115–120 frei.*

### IV. Auffangtatbestand für »alle anderen Fälle« (Nr. 3)

#### 1. Rechtscharakter als Auffangtatbestand

Die grundlegende Änderung des § 27 durch die ArbEG-Novelle 1999 (s. dazu Einl. Rdn. 9) liegt in dem Verzicht auf das zwar seit 1957 bestehende, aber unpraktikable Vorkaufsrecht bei Veräußerung der Diensterfindung ohne Geschäftsbetrieb (früher § 27 Abs. 1 Fassung 1957, dann § 27 Nr. 2 Fassung 1999) und deren Ersatz durch Zusammenführung mit der bisherigen Anbietungspflicht aus § 27 Nr. 4 Fassung 1999. Der Gesetzgeber ist zu Recht davon ausgegangen, dass sich die gut gemeinte Lösung über das gesetzliche Vorkaufsrecht des Arbeitnehmererfinders (zu den früheren Gesetzesmotiven s. 3. Aufl. § 27 Fassung 1957 Rdn. 66) als zu langwierig und schwerfällig erwiesen hat.[134] Das Vorkaufsrecht ist in § 27 n. F. durch die Anbietungspflicht in Nr. 3

121

---

132 Amtl. Begründung zur InsO i. BT-Drucks. 12/3803 S. 99 (zu Art. 54 EGInsO-Entwurf); Keukenschrijver in Busse/Keukenschrijver, PatG, Rn. 5 zu § 27 ArbEG.
133 Zustimmend Paul, ZInsO 2009, 1839, 1842 m.w.N.; ferner Zeising, Mitt. 2001, 60, 68 (zu § 27 Fassung 1999).
134 Amtl. Begr. zum Patentrechtsmodernisierungsgesetz in BR-Drucks. 757/08 S. 53 (zu Art. 7 Nr. 15 d. Entw.).

Satz 1 und 2 ersetzt (s. § 27 Rdn. 3). Auch hier hat die Anbietungspflicht den Zweck, dem Arbeitnehmer die Übernahme seiner Erfindung und damit eine (zusätzliche) Verwertungschance zu eröffnen. Zugleich regelt Nr. 3 die bisherige Anbietungspflicht aus § 27 Nr. 4 Fassung 1999 mit. Damit verbindet die neue Nr. 3 die früheren Regelungen zur Veräußerung ohne Geschäftsbetrieb (Nr. 2 Fassung 1999) sowie zur Fallsituation, dass die Diensterfindung weder verwertet noch veräußert wird (Nr. 3 Fassung 1999), und zwar – so die Vorstellung des Gesetzgebers – als **Auffangtatbestand**.[135] Soweit § 27 Nr. 3 zum Tragen kommt, verdrängt diese Spezialvorschrift im Insolvenzverfahren § 16 ArbEG.

Nach der **Zielsetzung** soll Nr. 3 als Auffangtatbestand die nicht auf das Vorkaufsrecht bezogenen Regelungen des § 27 Nr. 2 Fassung 1999 sowie die bisherige Anbietungspflicht des § 27 Nr. 4 Fassung 1999 im materiellen Gehalt ohne Nachteile für den Arbeitnehmererfinder übernehmen. Deshalb ist es verkürzt, den Normzweck der Nr. 3 darauf zu reduzieren, dass damit eine »Verschleuderung der Diensterfindung« durch Aufgabe oder zu geringen Kaufpreis verhindert werden soll.[136] Dies war lediglich ein Begleiteffekt des früheren Vorkaufsrechts; im Vordergrund stand vielmehr die Möglichkeit für den Arbeitnehmererfinder, seine Erfindung mit Blick auf eine potentielle Eigenverwertung zu übernehmen (s. § 27 a.F. Rdn. 66). Normzweck des § 27 Nr. 3 ist, die Diensterfindung dem Arbeitnehmererfinder dann zur Verfügung zu stellen, wenn weder ein Verkauf mit Geschäftsbetrieb (§ 27 Nr. 1) noch eine Verwertung im Unternehmen (§ 27 Nr. 2) möglich waren und deshalb nach 1 Jahr die Vermutung nahe liegt, dass die Diensterfindung auf absehbare Zeit weder gewinnbringend für die Masse noch vergütungswahrend für den Arbeitnehmererfinder genutzt werden kann, und damit dessen wirtschaftliche und ideelle Interessen an einer Übernahme seiner Erfindung Vorrang genießen.

122 Ein **Verzicht** des Arbeitnehmers auf das Angebot nach § 27 Nr. 3 Satz 1, 2 ist grundsätzlich zulässig (§ 22 Satz 2) und nicht von vornherein unbillig (vgl. auch § 23 Rdn. 21). Eine grobe Unbilligkeit könnte ggf. dann vorliegen, wenn der Verzicht ausschließlich dazu dienen soll, die Diensterfindung ohne vermögenswerte Vorteile für den Arbeitnehmer aufgeben zu können (vgl. § 27 Nr. 3 Satz 2 2. Alt.). Sucht der Insolvenzverwalter mit Blick auf einen potentiellen Erfindungserwerber um den Verzicht nach, fehlt es an einer Unbilligkeit wegen

---

135 So ausdrücklich Amtl. Begr. zum Patentrechtsmodernisierungsgesetz in BR-Drucks. 757/08 S. 53 (zu Art. 7 Nr. 15 d. Entw.). Boemke/Kursawe/Ulrici Rn. 10 zu § 27 sehen daneben in § 27 Nr. 3 den Grundtatbestand (vgl. aber auch dort Rn. 13 u. 74 f.).
136 So aber Wiedemann, Vergütg. i. d. Insolvenz (2016), S. 134, 149, 165.

der dadurch eröffneten Vergütungsansprüche des Arbeitnehmers nach § 27 Nr. 3 Satz 3, ersatzweise nach Satz 4[137] (s. auch § 27 a.F. Rdn. 89).

Eine **isolierte Anwendung von Satz 3 und 4** des § 27 Nr. 3[138] scheidet aus. Die Systematik der Nummer 3 zeigt, dass der Gesetzgeber von einem gestaffelten Verfahrensablauf ausgeht und der einzelne Verfahrensschritt auf dem vorangestellten Schritt aufbaut. So ist der Begriff »Veräußerung« in Satz 4 nicht eigenständig, sondern knüpft offenkundig an das »veräußern« des Satzes 3 an. Diese Systematik entspricht der Zielsetzung der Vorschrift (s. § 27 Rdn. 121). Soweit die Gegenansicht isoliert auf Sätze 3 und 4 in den Fällen zurückgreifen will, in denen zwar die Erfindungsrechte zusammen mit dem Geschäftsbetrieb veräußert werden, das Arbeitsverhältnisse eines (Mit-)Erfinders jedoch nicht mit übergeht[139], scheint es letztlich zur Schließung einer Regelungslücke zu dienen, wenn man bei § 27 Nr. 1 n.F. einen Übergang des Arbeitsverhältnisses nach § 613a BGB voraussetzt – also einer Regelungslücke, die nach h. M. nicht besteht (s. § 27 Rdn. 51 f.)

**2. Erfasste Fallsituationen – sachlicher Anwendungsbereich (Satz 1)**

Entsprechend dem Wortlaut, dem Charakter als Auffangtatbestand (s. § 27 Rdn. 121) und der systematischen Stellung regelt Nr. 3 »alle anderen Fälle«. Erfasst sind damit alle **Sachverhalte**, die weder eine Veräußerung der in Anspruch genommenen Diensterfindung mit Geschäftsbetrieb im Sinn von Nr. 1 (s. § 27 Rdn. 47 ff.) noch die Verwertung dieser Diensterfindung im Unternehmen des Schuldners im Sinne von Nr. 2 darstellen (s. aber zum Vorrang der Nr. 3 bei Veräußerungen § 27 Rdn. 102). Anders ausgedrückt geht es im Ergebnis um die bisherigen Fälle des § 27 Nr. 2 Fassung 1999 (Erfindungsveräußerung ohne Geschäftsbetrieb) und des § 27 Nr. 4 Fassung 1999 (Nicht-Verwertung einschließlich Nicht-Veräußerung; s. auch hier § 27 Rdn. 102). Nicht erfasst sind solche Diensterfindungen, die (erst) vom Insolvenzverwalter in Anspruch genommen worden sind (s. § 27 Rdn. 198 f.). Zu betriebsgeheimen Erfindungen s. § 27 Rdn. 140. **123**

Nr. 3 setzt – wie das Bindewort »sowie« zeigt – nicht zwingend die Betroffenheit der gesamten **Diensterfindung** als solche voraus, sondern erstreckt sich auch auf einzelne **Schutzrechtspositionen**, also auf (rechtsbeständig) erteilte **124**

---

137 Vgl. auch Busse/Keukenschrijver, PatG (7. Aufl. 2013), Rn. 11 zu § 27 ArbEG, wonach der Arbeitnehmer gegenüber dem Insolvenzverwalter vorab auf eine Angebotsannahme verzichten kann.
138 So aber Wiedemann, Vergütg. i. d. Insolvenz (2016), S. 133 ff., 185 f.
139 Vgl. Wiedemann, Vergütg. i. d. Insolvenz (2016), S. 152 f., 201 (dort Fn. 730)

§ 27 n.F. Insolvenzverfahren (Fassung 2009)

Schutzrechte (deutsches bzw. europäisches sowie sonstige nationale ausländische Schutzrechte) und auf entsprechende Schutzrechtsanmeldungen (s.a. § 27 Rdn. 48.2, 55). Erfasst wäre u. E. wegen des Charakters als insolvenzrechtliche Sondervorschrift über Art. 7 EPVO (s. dazu § 2 Rdn. 1) im Ergebnis auch das europäische Einheitspatent.[140] Im Unterschied zu § 16 erfordert die neue Regelung indes **keine vorangegangene Schutzrechtsanmeldung** (s. § 27 Rdn. 124).

125 Die (zwingende) Anbietungspflicht nach Nr. 3 betrifft demnach im Wesentlichen **folgende Fallgestaltungen:**[141]
– Der Insolvenzverwalter beabsichtigt eine (Einzel-) Veräußerung aller vermögenswerte Rechte (§ 7 Abs. 1) an einer Diensterfindung ohne gleichzeitige (Mit-) Veräußerung des Geschäftsbetriebs.
– Der Insolvenzverwalter beabsichtigt eine Veräußerung einzelner Schutzrechtspositionen an einer Diensterfindung ohne gleichzeitige (Mit-) Veräußerung des Geschäftsbetriebs.
– Bei Veräußerung der Diensterfindung mit Geschäftsbetriebs (§ 27 Nr. 1) sind einzelne Schutzrechtspositionen – gleich aus welchen Gründen – nicht mitübertragen worden (s. § 27 Rdn. 48.2, 55);
– Der Insolvenzverwalter will die Diensterfindung bzw. einzelne Schutzrechtspositionen weder an Dritte veräußern noch sonst wie verwerten (Vorratsschutzrechte, unbenutzte Schutzrechtsanmeldungen usw.).
– Die Diensterfindung wurde zunächst i.S.d. § 27 Nr. 2 verwertet, deren Verwertung wird aber innerhalb der Jahresfrist des § 27 Nr. 3 eingestellt.[142]

125.1 Unbefriedigend erscheint die Vorschrift dagegen für solche Erfindungen, bei denen die **Verwertung** im Schuldnerunternehmen **über die Jahresfrist des § 27 Nr. 3 hinaus** andauert (s. auch § 27 Rdn. 102). Sofern man hier nicht bei späterer Einstellung der Verwertung § 27 Nr. 3 analog heranzieht, verbleibt

---

140 S. allg. zu dessen Schicksal i. d. Insolvenz und Zwangsvollstreckung Müller-Stoy/Paschold GRUR Int. 2014, 646, 648 ff.
141 Teilw. abweichend insbes. Wiedemann, Vergütg. i. d. Insolvenz (2016), S. 142 ff.; Boemke/Kursawe/Ulrici Rn. 80 ff. zu § 27.
142 Abw. Boemke/Kursawe/Ulrici Rn. 84 f. zu § 27, wonach im Rahmen von § 27 Nr. 3 eine anderweitige Verwertung i. S. v. § 27 Nr. 2 nur eine solche mit endgültigem Charakter sein soll (s. dazu hier § 27 Rdn. 102).

## C. Verwertung der Diensterfindung durch den Insolvenzverwalter § 27 n.F.

es in jedem Fall bei der Verpflichtung aus § 16 für den Fall der Aufgabe der Schutzrechte.[143]

Die für die Geltung des § 27 Nr. 3 relevanten Entscheidungen liegen – ebenso wie im Fall des § 27 Nr. 4 Fassung 1999 (s. dazu § 27 a.F. Rdn. 120) – im **pflichtgemäßen Ermessen des Insolvenzverwalters**[144] (vgl. § 60 Abs. 1 InsO), ggf. unter Beachtung entsprechender Beschlüsse der Gläubiger bzw. des Insolvenzplanes. Der Arbeitnehmer kann darauf keinen Einfluss nehmen. Der Arbeitnehmer hat z.B. keinen Anspruch darauf, dass der Insolvenzverwalter Erfindungsverwertungen bzw. -veräußerungen i. S. d. Nrn. 1 und 2 unterlässt, um ihm die Rechte anbieten zu können (vgl. auch § 16 Rdn. 17, 26). 126

Die Vorschrift gilt auch bei **ausgeschiedenen Arbeitnehmern** (§ 26 ArbEG, s. § 27 Rdn. 9). 127

Im Fall **mehrerer Arbeitnehmererfinder** ist die Bestimmung jedem einzelnen Miterfinder ggü. zu beachten. Demzufolge hat das Angebot jedem einzelnen Arbeitnehmer-Miterfinder ggü. zu erfolgen. Jeder einzelne kann für sich das Angebot annehmen. Jeder einzelne Miterfinder hat einen Rechtsanspruch auf Übernahme nur im Umfang seines Miterfinderanteils (s. § 16 Rdn. 95). Davon zu trennen ist die Frage, ob das Übernahmeangebot von den Berechtigten nur einheitlich angenommen werden kann bzw. welche Konsequenzen die Ablehnung durch einzelne Arbeitnehmer-Miterfinder hat. Im Rahmen des § 16 beantwortet sich die Frage nach dem Recht der Bruchteilsgemeinschaft, die bezüglich der ablehnenden Miterfinder mit dem Arbeitgeber fortbesteht (s. § 16 Rdn. 96 ff.). Dies folgt aus dem ausdrücklichen Gesetzesverweis auf § 16. Allerdings sind die Besonderheiten des neuen Auffangtatbestands des § 27 Nr. 3 n.F., der im Unterschied zu § 27 Fassung 1999 auf einen schuldrechtlichen Vertrag aus Angebot des Insolvenzverwalters und Annahme durch die Erfinder ausgerichtet ist (s. § 27 Rdn. 141, 150), ebenso wenig zu übersehen, wie ein Bedarf an zügiger und interessengerechter Verwertung im Insolvenzverfahren. Im Schrifttum wird deshalb vorgeschlagen, analog § 461 BGB – auch bei Verzicht einzelner Miterfinder – nur eine Ausübung im Ganzen zuzulassen.[145] Für diese Lösung spricht sicherlich die Intention des Gesetzgebers, mit dem Auffangtatbestand interessenwahrend das frühere Vorkaufs-

---

143 S. Bartenbach/Volz, GRUR 2009, 997, 1005. Abw. Boemke/Kursawe/Ulrici Rn. 84 f. zu § 27, wonach § 27 Nr. 3 eine »endgültige« Entscheidung des Insolvenzverwalters innerhalb der Jahresfrist erfordert; dies ablehnend und bei Überschreiten der Jahresfrist eine analoge Anwendung von § 27 Nr. 3 favorisierend Wiedemann, Vergütg. i. d. Insolvenz (2016), S. 154 ff.
144 Zust. Boemke/Kursawe/Ulrici Rn. 81 zu § 27.
145 Wiedemann, Vergütg. i. d. Insolvenz (2016), S. 172 ff.

recht abzulösen, bei dem mit § 472 BGB eine inhaltsgleiche Vorgabe bestanden hat (s. § 27 a.F. Rdn. 80). Mit der Übertragung der Erfindungsrechte auf die Miterfinder würden diese erneut – mangels anderweitiger Absprache – eine Bruchteilsgemeinschaft i.S.d. § 741 BGB bilden (vgl. dazu § 5 Rdn. 52 f.). Wegen der Rechtsfolgen i.Ü. wird auf § 16 Rdn. 99, 101 verwiesen.

128 Da die Vorschrift – ebenso wie § 27 Nr. 4 Fassung 1999 (s. § 27 a.F. Rdn. 122) – nur schuldrechtliche Wirkungen entfaltet, führt ein **Verstoß** des Insolvenzverwalters nicht zur Nichtigkeit der Maßnahme im Außenverhältnis, sondern begründet (nur) Schadensersatzansprüche des Arbeitnehmererfinders.[146]

*Rdn. 127–129 frei.*

### 3. Überlegungsfrist von einem Jahr (Satz 1 Halbs. 1)

130 Die Anbietungspflicht des Insolvenzverwalters (Nr. 3) greift erst nach Ablauf einer Frist von einem Jahr nach Eröffnung des Insolvenzverfahrens, also regelmäßig gerechnet ab dem **Zeitpunkt der richterlichen Unterzeichnung des Eröffnungsbeschlusses**, der im Beschluss angegeben ist[147] und sodann in der Bekanntmachung aufgeführt wird (vgl. § 27 Abs. 2, §§ 30 i.V.m. 9 InsO). Bei der Jahresfrist handelt es sich um eine Überlegungsfrist, die das Gesetz dem Insolvenzverwalter einräumt, damit dieser bei etwaigen Verkaufsverhandlungen im Hinblick auf eine übertragende Sanierung nicht durch erfinderrechtliche Pflichten unter Zeitdruck gerät.[148] Von kürzeren Fristen wurde bewusst abgesehen, um den vorrangigen Sanierungsbelangen ausreichend Rechnung zu tragen.[149]

131 Die **Fristberechnung** erfolgt nach den allgemeinen Grundsätzen der §§ 186 ff. BGB, also insb. nach § 187 Abs. 1 i.V.m. § 188 Abs. 2 BGB. § 191 BGB ist nicht einschlägig.

132 Es obliegt dem pflichtgemäßen Ermessen des Insolvenzverwalters, ob und inwieweit er diese **Überlegungsfrist voll ausschöpft**. Insoweit schreibt das Gesetz weder eine »unverzügliche« Entscheidung noch eine solche »innerhalb

---

146 Paul, ZInsO 2009, 1839, 1842.
147 Vgl. allg. u.a. FK-InsO/Schmerbach, § 30, Rn. 6 ff. m.w.N.
148 Amtl. Begr. zum Patentrechtsmodernisierungsgesetz in BR-Drucks. 757/08 S. 53 (zu Art. 7 Nr. 15 d. Entw.).
149 Vgl. Amtl. Begr. zum Patentrechtsmodernisierungsgesetz in BR-Drucks. 757/08 S. 53 (zu Art. 7 Nr. 15 d. Entw.).

## C. Verwertung der Diensterfindung durch den Insolvenzverwalter § 27 n.F.

angemessener Frist« vor. Aus dem Sinn der Überlegungsfrist (s. § 27 Rdn. 130) folgt, dass vorrangig eine Veräußerung von Erfindungsrechten mit Geschäftsbetrieb i.S.des § 27 Nr. 1 anzustreben ist. Angesichts des vom Gesetzgeber eingeräumten Vorrangs der ordnungsgemäßen Durchführung des Insolvenzverfahrens haben Interessen des Arbeitnehmererfinders an einem alsbaldigen Angebot der Erfindungsrechte zwangsläufig zurückzustehen. Insoweit kann der Arbeitnehmer im Grundsatz keine Fristverkürzung verlangen. Solange das Insolvenzverfahren noch nicht abgeschlossen ist, hat der Insolvenzverwalter seine Entscheidungsfindung an den Zielen des Insolvenzverfahrens zu orientieren. Eine Pflicht des Insolvenzverwalters, sein Zuwarten ggü. dem Arbeitnehmer zu begründen, besteht nicht. Andererseits hat der Insolvenzverwalter keinen Anspruch ggü. dem Arbeitnehmer auf **Verlängerung** der Jahresfrist; dies ist nur auf freiwilliger Basis einvernehmlich möglich (§ 22 Satz 2).

Der Insolvenzverwalter muss selbstverständlich die **Jahresfrist nicht abwarten**. Vielmehr kann er die Diensterfindung bzw. darauf bezogene Schutzrechtspositionen auch schon zuvor anbieten. Es ist u. E. auch zulässig, vor Ablauf der Jahresfrist zunächst einzelne Schutzrechtspositionen anzubieten, etwa um im Kosteninteresse amtliche Gebühren oder sonstige Aufwendungen zur Schutzrechtsverwaltung oder eine Verteidigung des Schutzrechtes vermeiden zu wollen. Ein Anspruch des Arbeitnehmers auf Einhaltung der Jahresfrist sieht das Gesetz nicht vor (»spätestens«). 133

Während der Jahresfrist einschließlich der Zwei-Monats-Frist des Satzes 2 hat der Insolvenzverwalter die Diensterfindung und alle diesbezüglichen **Schutzrechtspositionen aufrechtzuerhalten** und Schutzrechtsanmeldungen fortzuführen. Er muss also ab Insolvenzeröffnung alles tun, um dem Übernahmeanspruch des Arbeitnehmers aus § 27 Nr. 3 gerecht zu werden. Insoweit gelten die allgemeinen Grundsätze zu § 16 auch hier entsprechend (s. insb. § 16 Rdn. 41 f.). Will der Insolvenzverwalter innerhalb der Jahresfrist die Schutzrechtspositionen – gleich aus welchen Gründen – nicht weiter aufrechterhalten und erfolgt auch keine Veräußerung, so kann er die Diensterfindung nicht von sich aus aufgeben bzw. fallen lassen; vielmehr muss er sie dem Arbeitnehmer im Verfahren nach § 16 anbieten (s. § 27 Rdn. 139 ff.). Ansonsten macht er sich dem Arbeitnehmererfinder ggü. **schadensersatzpflichtig** (§§ 280, 823 Abs. 2 BGB); insoweit können die allgemeinen Grundsätze zu § 16 entsprechend herangezogen werden (s. dort § 16 Rdn. 70 ff.). Auch ein nicht rechtzeitiges Anbieten kann bei nachgewiesenem Schaden des Arbeitnehmers zum Schadensersatz verpflichten.[150] 134

---

150 So Busse/Keukenschrijver, PatG (7. Aufl. 2013), Rn. 7 zu § 27 ArbEG.

*Rdn. 135–138 frei.*

**4. Anbietungspflicht des Insolvenzverwalters und deren Folgen bei Annahme (Satz 1 Halbs. 2)**

**a) Angebot des Insolvenzverwalters entsprechend § 16**

139  Das Gesetz sieht **keinen automatischen Rückfall** der Diensterfindung bzw. der vorhandenen Schutzrechtspositionen an den Arbeitnehmererfinder vor. Vielmehr hat der Insolvenzverwalter die Diensterfindung bzw. die Schutzrechtspositionen unter Beachtung des Verfahrens nach § 16 anzubieten, und zwar spätestens nach Ablauf der Jahresfrist (s. § 27 Rdn. 130 ff.). Das Angebot muss bei Ablauf der Jahresfrist die **Diensterfindung** sowie **alle darauf bezogenen Schutzrechtspositionen** erfassen, soweit solche noch im Schuldnervermögen stehen, also weder an Dritte veräußert, noch zuvor auf den Arbeitnehmer übertragen bzw. wegen ergebnislosen Angebots an den Arbeitnehmer aufgegeben sind.

140  Die Verweisung auf § 16 betrifft – wie aus dem Wortlaut (»im übrigen«) und der systematischen Stellung hervorgeht – nur das Angebotsverfahren, nicht jedoch die Verpflichtung zum Angebot. Es handelt sich folglich nicht um eine Rechtsgrund-, sondern um eine (begrenzte) **Rechtsfolgenverweisung**. Damit besteht die Anbietungspflicht – ebenso wie im früheren Recht (s. dazu § 27 a.F. Rdn. 119) – u. E. auch dann, wenn der Schuldner bzw. der Insolvenzverwalter den Vergütungsanspruch (ausnahmsweise) bereits voll erfüllt hat[151] (s. aber § 27 Rdn. 44) oder wenn der Arbeitnehmer auf Ansprüche aus § 16 verzichtet hat (z.B. bei »Abkauf«). Der Gesetzgeber hat dies dadurch zum Ausdruck gebracht, dass die Anbietung der Diensterfindung ohne jedwede Einschränkung vorausgehen muss und der Verweis auf § 16 erst daran (»im übrigen«) anknüpft; dies entspricht auch dem Normzweck (s. § 27 Rdn. 121) und ist im Interesse des Arbeitnehmererfinders sachgerecht. Weitere Konsequenz der Rechtsfolgenverweisung ist, dass § 27 Nr. 3 n. F. – wie bei § 27 Nr. 4 Fassung 1999, aber abweichend von § 16 – auch **betriebsgeheime Erfindungen** erfasst[152] (s. § 27 a.F. Rdn. 126).

141  Der Insolvenzverwalter muss **von sich aus** – ohne dass es einer Aufforderung des Arbeitnehmererfinders bedarf – dem Arbeitnehmer die Übertragung der

---

151  Bartenbach/Volz, GRUR 2009, 997, 1005; Reimer/Schade/Schippel/Rother Rn. 12 zu § 27 Fassung 1999; a. A. Boemke/Kursawe/Ulrici Rn. 16, 76 zu § 27; Wiedemann, Vergütg. i. d. Insolvenz (2016), S. 104 f., wonach bei vollständiger Erfüllung das Schutzbedürfnis für eine Anbietungspflicht entfällt.
152  Ebenso Keukenschrijver in Busse/Keukenschrijver, PatG, Rn. 9 zu § 27 ArbEG.

## C. Verwertung der Diensterfindung durch den Insolvenzverwalter § 27 n.F.

Diensterfindung bzw. hierauf bezogener Schutzrechtspositionen **anbieten**. Aus den Unterschieden zu § 27 Nr. 4 Fassung 1999, dem Wortlaut und dem Regelungskonzept von Satz 1 und 2 folgt, dass es sich bei dem Angebot um ein Vertragsangebot i. S. v. § 145 BGB handelt[153], an das der Insolvenzverwalter für die zweimonatige Überlegungsfrist gebunden ist (s. § 27 Rdn. 149). Ein **Wortlaut** ist nicht vorgeschrieben. Es reicht aus, wenn aus der Mitteilung für den Arbeitnehmer (zweifelsfrei) erkennbar wird, dass der Insolvenzverwalter dem Arbeitnehmer anbietet, ihm die (zu kennzeichnende) Diensterfindung und die näher bezeichneten Schutzrechtspositionen zu übertragen. Auch hier ist die Mitteilung **formlos** möglich, sollte aber wegen der Beweispflicht – etwa mittels Textform – dokumentiert sein.[154] I.Ü. gelten die gleichen Grundsätze wie zu § 16 Abs. 1.

Soweit die Auffassung vertreten wird, der Insolvenzverwalter müsse die Diensterfindung dem Arbeitnehmer zum Kauf zu einem angemessenen Preis anbieten,[155] kann dem nicht gefolgt werden; vielmehr hat die Anbietung **unentgeltlich** zu erfolgen[156]. Zwar wird nicht verkannt, dass das frühere Vorkaufsrecht des § 27 Nr. 2 Fassung 1999 und § 27 Abs. 1 Fassung 1957 einen entgeltlichen Erwerb durch den Erfinder und damit eine Bereicherung der Insolvenzmasse zur Folge hatte. Richtig ist auch, dass es dem Insolvenzverwalter um die bestmögliche Verwertung der Erfindungen gehen sollte. Es mag auch sein, dass die Amtl. Begründung möglicherweise missverständlich ist, wenn sie lediglich von einem Auffangtatbestand spricht, der die bisherigen Regelungen in § 27 Nr. 2 und 4 Fassung 1999 verbindet und durch die Begründung einer unmittelbaren Anbietungspflicht den Interessen von Insolvenzverwalter und Arbeitnehmer besser Rechnung trägt.[157] Jedoch findet eine Entgeltlichkeit im Gesetz keinerlei Niederschlag, unabhängig davon, dass auch § 16 von der Unentgelt- 142

---

153 Ebenso Wiedemann, Vergütg. i. d. Insolvenz (2016), S. 163. Abw. Boemke/Kursawe/Ulrici Rn. 88 zu § 27 (geschäftsähnl. Handlung).
154 Mulch, IPRB 2010, 232, 234.
155 So Paul, ZInsO 2009, 1839, 1842 m.H.a. die Amtl. Begr. zum Patentrechtsmodernisierungsgesetz in BR-Drucks. 757/08 S. 53 (zu Art. 7 Nr. 15 d. Entw.); im Ergebn. auch Mulch, IPRB 2010, 232, 235. Nach Wiedemann, Vergütg. i. d. Insolvenz (2016), S. 160 ff., 199 f., kann der Insolvenzverwalter entweder die Diensterfindung bei Aufgabeabsicht unentgeltlich oder zu Gunsten der Masse entgeltlich anbieten kann. Nach Berger, ZInsO 2013, 569, 576 (dort Fußn. 76), soll eine entgeltliche Anbietungspflicht jedenfalls bei vorangegangener Pauschalvergütungszahlung an den ArbNErfinder bestehen.
156 Zust. Boemke/Kursawe/Ulrici Rn. 88, 93 zu § 27.
157 Amtl. Begr. zum Patentrechtsmodernisierungsgesetz in BR-Drucks. 757/08 S. 53 (zu Art. 7 Nr. 15 d. Entw.).

lichkeit des Anbietens ausgeht (s. § 16 Rdn. 33). Auch aus der Amtlichen Begründung kann nicht gefolgert werden, der Insolvenzverwalter habe die Erfindung zum Kauf anzubieten. Das Gegenteil ist u. E. der Fall: Die Amtl. Begründung spricht nur von Anbietungspflicht und verweist zudem auf den bisherigen § 27 Nr. 4 Fassung 1999,[158] der unstreitig nur die unentgeltliche Anbietungspflicht entsprechend § 16 erfasst hat. Soweit das ArbEG eine Anbietung gegen Entgelt meint, wird solches ausdrücklich klargestellt, wie § 19 Abs. 1 zeigt. Das muss erst recht für ein Kaufangebot gelten. Zudem fehlt hier eine im früheren Recht (vgl. § 27 Nr. 2 Satz 2 und Nr. 4 Satz 2 Fassung 1999) zuerkannte Aufrechnungsmöglichkeit, welches ebenfalls die Vorstellung des Gesetzgebers von der Unentgeltlichkeit unterstreicht. Aus dem Wortlaut, der Systematik sowie aus dem Gesetzesverweis auf das Verfahren nach § 16 und aus der Amtlichen Begründung folgt u. E., dass der Insolvenzverwalter kraft Gesetzes nicht berechtigt ist, vom Arbeitnehmererfinder für die Übertragung der Erfindung ein Entgelt zu verlangen.[159] Damit stellt sich auch nicht die Frage, inwieweit der Arbeitnehmer mit seinen Vergütungsansprüchen aufrechnen kann.[160] Zur Kostentragung s. § 27 Rdn. 153.

143 Der Insolvenzverwalter hat ausweislich der uneingeschränkten **Gesetzesverweisung** auf § 16 u. E. die Möglichkeit, ein **nichtausschließliches Benutzungsrecht** für das Schuldnerunternehmen nach § 16 Abs. 3 vorzubehalten.[161] Auch wenn dies im Regelfall kaum sinnvoll sein dürfte, lässt das Gesetz diesen Vorbehalt zu. Dem kann auch nicht mit Hinweis auf eine notwendige teleologische Reduktion entgegnet werden, enthielt doch § 27 Nr. 4 Fassung 1999 mit dem auf § 16 Abs. 1 und 2 begrenzten Verweis ausdrücklich den Ausschluss des § 16 Abs. 3 (s. § 27 a.F. Rdn. 119). Diese offenkundige Änderung in § 27 Nr. 3 Fassung 2009 steht auch der Annahme eines Redaktionsversehens entgegen. Folgerichtig kann dann der Arbeitnehmer bei Nutzung eines vorbehaltenen Nutzungsrechts durch den Insolvenzverwalter als Masseverbindlichkeit eine angemessene Vergütung verlangen.

144 Wegen des Vorrangs des Insolvenzverfahrens hat der Arbeitnehmer auch ansonsten **keinen Anspruch auf einen lastenfreien Erwerb**. Haben der Schuldner oder der Insolvenzverwalter insb. Lizenzen vergeben, wirken diese

---

158 Amtl. Begr. zum Patentrechtsmodernisierungsgesetz in BR-Drucks. 757/08 S. 53 (zu Art. 7 Nr. 15 d. Entw.).
159 FK-InsO/Bartenbach/Volz/Kunzmann, Anh. I Rn. 146.
160 S. dazu Paul, ZInsO 2009, 1839, 1843; eine Aufrechnung ablehnend Wiedemann, Vergütg. i. d. Insolvenz (2016), S. 168.
161 Zust. Wiedemann, Vergütg. i. d. Insolvenz (2016), S. 166; jetzt auch Keukenschrijver in Busse/Keukenschrijver, PatG, Rn. 9 zu § 27 ArbEG.

fort (§ 15 Abs. 3 PatG, s. dazu § 16 Rdn. 62 f.). Auch kann der Arbeitnehmer nicht beanspruchen, dass der Insolvenzverwalter über die Fristen des § 27 Nr. 3 hinaus die Schutzrechtspositionen gegen Angriffe Dritter verteidigt.

*Rdn. 145 – 147 frei*

**b) Annahme des Arbeitnehmers**

Der Arbeitnehmer muss seine Entscheidung, ob er die angebotenen Erfindungsrechte (Schutzrechtspositionen) übernimmt, innerhalb der **Überlegungsfrist von 2 Monaten** nach Zugang der Mitteilung des Insolvenzverwalters treffen (§ 27 Abs. 3 Satz 2). Die – ggü. § 16 Abs. 2 um einen Monat verkürzte – Frist von 2 Monaten bezweckt, dem Insolvenzverwalter möglichst zeitnah Rechtssicherheit in Bezug auf das zu verwertende oder verwertbare Schuldnervermögen zu gegeben.[162] Zur Frist und deren Berechnung s. i.Ü. die Grundsätze bei § 16 Rdn. 38 ff. 148

Der **Insolvenzverwalter** ist auch hier an seine Mitteilung bis zum Fristablauf **gebunden** (s.a. § 145 BGB); er kann also bis dahin die Diensterfindung bzw. diesbezügliche Schutzrechtspositionen weder fallen lassen noch an Dritte veräußern und muss auch ansonsten den Bestand der angebotenen Erfindungsrechte sichern (s. § 16 Rdn. 41 ff. und oben § 27 Rdn. 134). Die Bindungswirkung besteht auch bei einer Änderung der Umstände; insoweit gilt nichts Anderes als bei § 16[163] (s. § 16 Rdn. 31). 149

Entscheidet sich der Arbeitnehmer für eine Übernahme der Erfindung, bedarf es einer **Annahme des Angebots** des Insolvenzverwalters. Diese ist als Vertragsannahme i. S. d. §§ 147 ff. BGB[164] empfangsbedürftige Willenserklärung und muss innerhalb der Zwei-Monats-Frist dem Insolvenzverwalter zugehen (s. i.Ü. § 16 Rdn. 37). Sie ist **formlos** möglich, auch wenn sich zu Nachweiszwecken zumindest Textform empfiehlt. Nur durch fristgerechte Annahme kommt die schuldrechtliche Vereinbarung mit dem Insolvenzverwalter zustande (vgl. §§ 148 ff. BGB). In einer **verspäteten Annahme** liegt ein neues Angebot des Arbeitnehmers (§ 150 Abs. 1 BGB), das der Insolvenzverwalter nach eigenem Ermessen annehmen kann, sofern er das Verfahren nach Satz 2 noch nicht eingeleitet hat. 150

---

162 S. Amtl. Begr. zum Patentrechtsmodernisierungsgesetz in BR-Drucks. 757/08 S. 53 (zu Art. 7 Nr. 15 d. Entw.).
163 Im Grundsatz wohl abw. Boemke/Kursawe/Ulrici Rn. 86 zu § 27.
164 So wohl auch Wiedemann, Vergütg. i. d. Insolvenz (2016), S. 167. Abw. Boemke/Kursawe/Ulrici Rn. 92 zu § 27 (geschäftsähnl. Handlung).

**151** Die Annahme ist grds. **bedingungsfeindlich** (s. § 150 Abs. 2 BGB, s. auch § 16 Rdn. 37). Zweifelhaft erscheint allerdings, ob der Arbeitnehmer gleichwohl bei mehreren Schutzrechtspositionen (Schutzrechte, Schutzrechtsanmeldungen) berechtigt ist, seine Annahme auf **einzelne Schutzrechtspositionen zu beschränken**. Zwar spricht § 27 Nr. 3 im Unterschied zu § 16 Abs. 2 und § 27 Nr. 4 Fassung 1999 von der »Annahme des Angebots« und Einschränkungen gelten nach § 150 Abs. 2 BGB als Ablehnung eines Angebots. Andererseits ergeben sich dadurch für die Insolvenzmasse keine Nachteile. Zudem ist durch die Neufassung eine Schlechterstellung des Erfinders im Verhältnis zur Schutzrechtsaufgabe nach § 16 (s. dort Rdn. 37) nicht beabsichtigt. Damit dürfte u. E. eine Begrenzung der Annahme auf einzelne Schutzrechtspositionen zulässig sein[165], ohne dass dies nach § 150 Abs. 2 BGB als Ablehnung und annahmebedürftiges Angebot des Arbeitnehmers zu verstehen ist.

**152 Rechtsfolge der** Annahme ist nach der hier vertretenen Auffassung, dass die schuldrechtliche Verpflichtung auf (formlos mögliche) Abtretung der Rechte gem. §§ 413, 398 ff. BGB begründet wird[166] (s. im Einzelnen § 16 Rdn. 44 ff.). Auch hier vollzieht sich der Erwerb der Erfindungsrechte bzw. Schutzrechtspositionen u. E. nicht »automatisch«; zwar spricht § 27 Nr. 3 von Angebot und Annahme, stellt aber in Satz 1 klar, dass »im Übrigen« die Rechtsfolgen des § 16 gelten (s. § 27 Rdn. 139 ff.). Dem Arbeitnehmer sind die zur Rechtswahrung erforderlichen Unterlagen auszuhändigen[167] (s. § 16 Rdn. 49 ff.).

**153** Die Rechtsübertragung **erfolgt auf Kosten des Arbeitnehmers;**[168] davon geht § 27 Nr. 4 Satz 1 entsprechend § 16 Abs. 1 aus (Einzelheiten s. § 16 Rdn. 53 ff.). Ob der Arbeitnehmer – ungeachtet des § 96 InsO – gegen den Anspruch auf Kostenerstattung mit seinen noch nicht erfüllten Vergütungsansprüchen für die konkrete Diensterfindung **aufrechnen** kann, erscheint fraglich; insoweit fehlt es an einer – dem § 27 Nr. 4 Satz 2 Fassung 1999 entsprechenden – gesetzlichen Ermächtigung.[169]

*Rdn. 154–157 frei.*

---

165 Bartenbach/Volz, GRUR 2009, 997, 1006; zust. Boemke/Kursawe/Ulrici Rn. 92 zu § 27.
166 Ebenso zu § 27 Fassung 1999 Reimer/Schade/Schippel/Rother § 27 Fassung 1999 Rn. 12.
167 Paul, ZInsO 2009, 1839, 1842.
168 Ebenso Paul, ZInsO 2009, 1839, 1842; Reimer/Schade/Schippel/Rother § 27 Fassung 1999 Rn. 12.
169 Zust. Boemke/Kursawe/Ulrici Rn. 93 zu § 27 m. H. a. § 96 Abs. 1 Nr. 1 InsO; a. A. Busse/Keukenschrijver, PatG, Rn. 9 zu § 27 ArbEG.

## 5. Nichtannahme des Arbeitnehmers und Wahlrecht des Insolvenzverwalters (Satz 2)

Nimmt der Arbeitnehmer das (ordnungsgemäße) Angebot des Insolvenzverwalters nicht bzw. nicht fristgerecht (s. § 27 Rdn. 150) an, hat der Insolvenzverwalter nach § 27 Nr. 3 Satz 2 die Möglichkeit, die Diensterfindung und/oder angebotene Schutzrechtspositionen 158
- insgesamt oder einzeln ohne Geschäftsbetrieb zu veräußern oder
- insgesamt oder einzeln aufzugeben, also fallen zu lassen.

Ob der Insolvenzverwalter ein freies **Wahlrecht** zwischen beiden Alternativen hat, ist trotz des Wortlauts (»kann«) fraglich. U. E. hat im Vergütungsinteresse des Arbeitnehmererfinders und einer Bereicherung der Insolvenzmasse die Veräußerung gegen Entgelt den Vorrang.[170] Deshalb sollte der Insolvenzverwalter zunächst (erneut) eine Veräußerung anstreben, sei es eine Gesamtveräußerung aller Erfindungsrechte oder – sofern dies nicht wirtschaftlich ist – eine Veräußerung einzelner Schutzrechtspositionen.[171]

Der Begriff »veräußern« bzw. »**Veräußerung**« entspricht dem von § 27 Nr. 1 (s. § 27 Rdn. 48 f.). Auch hier ist eine Entgeltlichkeit nicht begriffsnotwendig[172], aber im Interesse der Masse sinnvoll und mit Blick auf Satz 4 geboten, wenn der Erwerber nicht die Vergütungszahlung nach Satz 3 übernimmt.

Das »Aufgeben des Rechts« entspricht begrifflich der Aufgabe i.S.v. § 16[173], also dem Fallenlassen der angebotenen Schutzrechtspositionen gegenüber der Erteilungsbehörde (s. § 16 Rdn. 11 ff.). Dies kann sich auch auf einzelne Schutzrechtspositionen beziehen, namentlich, wenn andere bereits veräußert worden sind oder noch veräußert werden sollen.

Soweit eine Veräußerung nicht gelingt oder aussichtslos erscheint, kann der Insolvenzverwalter entsprechend § 16 Abs. 2 die Erfindungsrechte aufgeben bzw. die Schutzrechtspositionen fallen lassen (vgl. § 16 Rdn. 67 ff.). 159

*Rdn. 160–163 frei.*

## 6. Vereinbarung der Vergütungszahlung mit dem Rechtserwerber (Satz 3)

§ 27 Nr. 3 Satz 3 setzt ein vorangegangenes ergebnisloses Angebot an den Arbeitnehmer (§ 27 Nr. 3 Satz 1 und 2) voraus. Nach der Vorschrift, die dem 164

---

170 Abw. Boemke/Kursawe/Ulrici Rn. 94 zu § 27 m. H. a. § 60 Abs. 1 Satz 2 InsO.
171 Bartenbach/Volz, GRUR 2009, 997, 1006.
172 A. A. Boemke/Kursawe/Ulrici Rn. 95 zu § 27.
173 Wiedemann, Vergütg. i. d. Insolvenz (2016), S. 168 f.

früheren § 27 Nr. 2 Satz 3 Fassung 1999 nachgebildet ist (s. § 27 a.F. Rdn. 89 ff.), kann der Insolvenzverwalter mit dem Erwerber vereinbaren, dass sich dieser zur Zahlung der Vergütung nach § 9 an den Arbeitnehmer verpflichtet. Der Zusammenhang der Sätze 3 und 4 der Nr. 3 macht deutlich, dass der Gesetzgeber den Vergütungsanspruch gegen den Erwerber als (zusätzlichen) **Vorteil für den Erfinder** ansieht. Der **Insolvenzverwalter** ist nach unserem Verständnis aufgrund des Normzwecks, die Insolvenzmasse zu entlasten und dem Arbeitnehmer seine Vergütungsansprüche zu sichern[174], gehalten, sich für eine dahingehende Vereinbarung mit einem Rechtserwerber einzusetzen, ohne dass das Gesetz dies zur Voraussetzung für die Veräußerung macht (»kann ... vereinbaren«). Folglich hält § 27 Nr. 3 Satz 3 u. E. den Insolvenzverwalter an, im Interesse des/der Arbeitnehmererfinder(s) auf die **Übernahme einer Vergütungspflicht** durch den Rechtserwerber im Kaufvertrag **hinzuwirken**, ohne jedoch den Insolvenzverwalter – auch mit Blick auf seine allgemeine Aufgabe zur marktgerechten und vermögensorientierten Abwicklung – zum Abschluss einer solchen Eintrittspflicht des Erwerbers zu zwingen. S. i.Ü. unten § 27 Rdn. 166.

165 Das Gesetz enthält **keine zwingenden Vorgaben** für den Insolvenzverwalter, und zwar weder zum Vertragsinhalt mit dem Rechtserwerber noch zum Umfang der Vergütungspflicht. Die Gesetzesmaterialien heben letztlich nur hervor, dass Satz 3 »im Wesentlichen« § 27 Nr. 2 Satz 3 Fassung 1999 entspricht und somit die Möglichkeit bestehen bleibt, dass der Insolvenzverwalter mit einem Erwerber die Vereinbarung trifft, dass dieser dem Arbeitnehmer die nach Gesetz vorgesehene Vergütung zahlt.[175] Damit zeigt die Vorschrift nur die Möglichkeit der Übernahme einer vertraglichen Vergütungspflicht durch den Rechtserwerber im Kaufvertrag auf, die nach dem Grundsatz der Privatautonomie (§ 311 Abs. 1 BGB) frei vereinbart werden kann.

166 Der Insolvenzverwalter hat sich um eine dahingehende Vereinbarung mit einem Rechtserwerber zu bemühen (s. § 27 Rdn. 154), ohne zum Abschluss gezwungen zu sein. Dementsprechend steht der Abschluss **im pflichtgemäßen Ermessen des Insolvenzverwalters**.[176] Der Insolvenzverwalter muss seine Entscheidung im Rahmen seiner allgemeinen Aufgabe zur marktgerechten und

---

174 Boemke/Kursawe/Ulrici Rn. 97 zu § 27 sehen »die eigentliche Bedeutung« darin, ein Eingreifen von § 27 Nr. 3 Satz 4 zu verhindern.
175 Amtl. Begr. zum Patentrechtsmodernisierungsgesetz in BR-Drucks. 757/08 S. 53 (zu Art. 7 Nr. 15 d. Entw.).
176 Vgl. auch Boemke/Kursawe/Ulrici Rn. 90 zu § 27. S. (aber) auch Keukenschrijver in Busse/Keukenschrijver, PatG, Rn. 11 zu § 27 ArbEG, der wohl von einer freien Entscheidungsmöglichkeit ausgeht.

## C. Verwertung der Diensterfindung durch den Insolvenzverwalter  § 27 n.F.

vermögensorientierten Abwicklung unter Berücksichtigung der durch das ArbEG anerkannten Interessen des Arbeitnehmererfinders treffen. Der Abschluss einer solchen Vereinbarung kann einerseits geeignet sein, die Insolvenzmasse von den Abfindungsansprüchen des Erfinders zu entlasten; andererseits werden sich übernommene Vergütungspflichten zumindest im Kaufpreis niederschlagen. Hier ist eine wirtschaftliche Betrachtung geboten. Damit wird man einerseits einen dahingehenden Vorstoß des Insolvenzverwalters ggü. potenziellen Kaufinteressenten erwarten dürfen; andererseits können die Interessen von Arbeitnehmererfindern nicht so weit gehen, einen Verkauf mit nennenswerter Bereicherung der Insolvenzmasse an der Weigerung des Erwerbers zu zusätzlichen Erfindervergütungszahlungen scheitern zu lassen.[177] Allerdings würde es dem Normzweck zuwiderlaufen und sich als Gesetzesumgehung darstellen, würde der Insolvenzverwalter trotz grundsätzlicher Bereitschaft des Rechtserwerbers auf die vertragliche Übernahme von Vergütungspflichten gezielt zum Nachteil des Erfinders verzichten und die damit dem Erwerber ersparten Vergütungszahlungen dem Kaufpreis zuschlagen

**Beteiligte der Vereinbarung** sind ausschließlich der Insolvenzverwalter (als amtliches Organ) und der Erwerber der Diensterfindung oder aller bzw. einzelner darauf bezogener Schutzrechtspositionen (s. § 27 Rdn. 151). Sofern es um verschiedene Erwerber für unterschiedliche parallele Schutzrechtspositionen geht, sind mehrere gesonderte Vereinbarungen i.S.d. § 27 Nr. 2 möglich. **167**

Der **Arbeitnehmer** ist nicht Vertragspartei. Der Arbeitnehmer hat weder einen Anspruch auf Abschluss der Vereinbarung[178] (»kann … vereinbaren«), noch hat er bei Verhandlungen zwischen Insolvenzverwalter und potenziellen Rechtserwerbern ein Mitspracherecht. Erreicht der Insolvenzverwalter keine solche Vereinbarung mit dem Rechtserwerber über die Erfindervergütung, verbleibt dem Erfinder jedenfalls ein Vergütungsanspruch nach Satz 4. **168**

Ihrer **Rechtsnatur** nach handelt es sich bei der Vereinbarung nicht um einen Schuldnerwechsel bzw. eine befreiende Schuldübernahme, die der Mitwirkung des Arbeitnehmers bedürfte (vgl. § 415 BGB). Vielmehr kann sich die Vereinbarung – je nach Ausgestaltung – als Schuldbeitritt bzw. als nur im Innenverhältnis wirkende Schuldübernahme darstellen. Vielfach wird die Vereinbarung zugleich als echter Vertrag zugunsten Dritter ausgestaltet sein, durch den der **169**

---

177 FK-InsO/Bartenbach/Volz/Kunzmann, Anh. I Rn. 153 f.
178 Zust. Boemke/Kursawe/Ulrici Rn. 96 zu § 27; im Ergebn. auch Keukenschrijver in Busse/Keukenschrijver, PatG, Rn. 11 zu § 27.

Arbeitnehmer einen eigenen Anspruch gegen den Erfindungserwerber erlangt[179] (§ 328 BGB).

170 Die Vereinbarung bedarf **keiner bestimmten Form**, ist also auch mündlich bzw. konkludent möglich. Im Interesse der Rechtssicherheit und -klarheit und aus Beweisgründen – auch wegen der Wirkungen für den Arbeitnehmer und für die Insolvenzmasse – ist eine (schriftliche) Dokumentation des Vertragsinhalts sinnvoll.

171 **Gegenstand der Vereinbarung** ist die Zahlung der gesetzlichen Vergütung des Arbeitnehmers nach § 9. Im Unterschied zu § 27 Nr. 2 Satz 3 Fassung 1999 ist der Regelungsinhalt nicht auf eine »weitere Verwertung« beschränkt. Der Begriff der »Vergütung nach § 9« ist im Interesse des Arbeitnehmererfinders und der Insolvenzmasse weit zu verstehen und vom Insolvenzverwalter einzelfallbezogen auszufüllen. Die Vereinbarung der Vergütungspflicht hat sich an dem gesetzlichen Vergütungsanspruch aus § 9 (einschließlich Anteilsfaktor) auszurichten und kann sich inhaltlich u. E. (alternativ oder kumulativ) auf **drei unterschiedliche Sachverhalte** erstrecken:
(1) Vorrangig bezieht sich die Vergütungspflicht auf die Vergütung für das zu Grunde liegende **Verkaufsgeschäft** (§ 9 i.V.m. RL Nr. 16)
(2) Ferner kann sich die Vereinbarung auf die Vergütung für **künftige Verwertungshandlungen** des Erfindungserwerbers erstrecken, sei es für die Eigenverwertung im Unternehmen des Erwerbers (RL Nr. 3 ff.) oder durch dessen außerbetriebliche Nutzung, etwa durch Lizenzvergabe usw. (RL Nr. 14 ff.). Zwar stellt die Vergütungspflicht des Arbeitnehmererfinders keine dingliche Belastung der Diensterfindung dar (s. § 7 n.F. Rdn. 24). Die Einbeziehung entspricht aber der Vorbildregelung des § 27 Nr. 2 Satz 3 Fassung 1999 (s. i. Einz. zum Vertragsinhalt § 27 a.F. Rdn. 92.1 ff.), deren materieller Gehalt einfließen sollte (s. § 27 Rdn. 121).
(3) Erfasst sind nach Wortlaut, systematischer Stellung und wegen des Unterschieds zu § 27 Nr. 2 Satz 3 Fassung 1999 – ungeachtet der damit verbundenen Privilegierung der Arbeitnehmererfinder – u. E. auch **rückständige Vergütungsansprüche** i.S.d. § 27 Nr. 2 ArbEG n.F.[180] Dies folgt zudem dem Normzweck, die Insolvenzmasse zu entlasten.

Ob dagegen nicht erfüllte Vergütungsansprüche aus der Zeit vor Verfahrenseröffnung einzubeziehen sind, erscheint mit Blick auf § 27 Nr. 4 zweifelhaft.[181] Ist der Vergütungsanspruch – etwa durch frühere Pauschalabfindung – bereits

---

179 Ebenso Keukenschrijver in Busse/Keukenschrijver, PatG, Rn. 11 zu § 27.
180 A. A. Boemke/Kursawe/Ulrici Rn. 98 f. zu § 27.
181 Im Ergebn. ebenfalls ablehnend Boemke/Kursawe/Ulrici Rn. 99 zu § 27.

**voll erfüllt**, soll § 27 Nr. 3 auch in den Fällen des Satzes 3 ins Leere laufen[182], wobei die Wortfassung u. E. durchaus die Auslegung zulässt, dass in jedem Fall eine Vergütung nach § 9 i. V. m. RL Nr. 16 Vereinbarungsgegenstand sein dürfte[183] (s. aber oben § 27 Rdn. 140).

Nach dem oben Gesagten und angesichts der »Kann-Regelung« (s. § 27 Rdn. 166) besteht also u. E. grundsätzliche **Vertragsfreiheit**. Aus Normzweck und aus dem Zusammenhang mit Satz 4 folgt, dass – sofern Weitergehendes ggü. dem Erwerber nicht durchsetzbar ist – zumindest die gesetzliche Vergütung für die betreffende Veräußerung der Erfindungsrechte enthalten sein sollte. Letztlich bleiben die Einzelheiten der Vereinbarung mit dem Erwerber u. E. der Qualität der Diensterfindung und dem Geschick des Insolvenzverwalters überlassen. Zur Rechtsfolge einer Unangemessenheit s. u. Rdn. 173.

Der Gesetzesbezug in § 27 Nr. 3 Satz 3 erstreckt sich auf den Vergütungsanspruch aus **§ 9 ArbEG**. Zur **inhaltlichen Gestaltung** macht das Gesetz keine Vorgaben. So würde es u. E. nach dem Gesetz u. a. ausreichen, wenn sich die Regelung nur auf die »weitere Verwertung« der Diensterfindung beim Erwerber bezieht und der Insolvenzverwalter mit diesem lediglich vereinbart, dass dieser dem Erfinder für die zukünftige Verwertung der Diensterfindung eine angemessene Vergütung nach § 9 ArbEG zu zahlen hat, ohne dass es einer Konkretisierung des Vergütungsanspruchs nach Art und Umfang unter Bezeichnung der einzelnen Bemessungsfaktoren bedarf (s. dazu § 27 a.F. Rdn. 93). 172

**Nicht** einbezogen sind die **sonstigen Bestimmungen des ArbEG** (s. auch § 27 a.F. Rdn. 92.1 und oben § 27 Rdn. 69). Daraus folgt die gesetzgeberische Wertung, dass der Rechtserwerber nicht vollständig in die bisherige Stellung des Arbeitgebers eintreten soll, sondern nur in gesetzliche Vergütungsansprüche aus § 9. Der Insolvenzverwalter kann dem Rechtserwerber vertraglich weder ein Recht zur einseitigen Vergütungsregelung ggü. dem Arbeitnehmer nach § 12 Abs. 4 einräumen noch den Arbeitnehmer darin verpflichten, in eine über § 27 Nr. 3 hinausgehende Vereinbarung einzuwilligen (Vertrag zulasten Dritter). § 16 findet u. E. keine Anwendung (s. aber § 27 Rdn. 70). U.E. gelten auch die verfahrensrechtlichen Sonderbestimmungen des ArbEG über das **Schiedsstellenverfahren** nach §§ 28 ff. ArbEG hier nicht, da es an einem Streitfall zwischen den Arbeitsvertragsparteien fehlt und die Vergütungspflicht des Erwerbers – im Unterschied zu § 27 Nr. 1 ArbEG (s. dazu § 27 Rdn. 69) –

---

182 Boemke/Kursawe/Ulrici Rn. 16 zu § 27.
183 In diesem Sinne möglicherweise allg. Keukenschrijver in Busse/Keukenschrijver, PatG, Rn. 11 zu § 27 ArbEG.

nicht auf zwingendem Recht, sondern auf (fakultativer) vertraglicher Grundlage beruht.[184]

173 Da § 27 Nr. 3 Satz 3 einen zusätzlichen Vorteil für den Erfinder bewirken soll (s. § 27 Rdn. 164), darf die Regelung nicht dazu führen, dass der Arbeitnehmer dadurch Rechtsnachteile im Verhältnis zum Status quo (Ansprüche aus Verwertungen des Insolvenzverwalters nach § 9 und nach § 27 Nr. 3 Satz 4 und Nr. 4) erleidet. Daraus folgt: Ist die zwischen Insolvenzverwalter und Rechtserwerber **vereinbarte Vergütung unbillig**, kann das u. E. zur Unwirksamkeit nach 23 ArbEG führen[185] (s. § 27 a.F. Rdn. 94). Die Voraussetzungen dürften allerdings auch mit Blick auf den Charakter der § 27 Nr. 3 Satz 3 als »Kann-Vorschrift« (s. § 27 Rdn. 158, 166) nur im Ausnahmefall erfüllt sein. Dies ist insb. dann der Fall, wenn der vereinbarte Vergütungsumfang (erheblich) hinter dem gesetzlichen Anspruch auf Vergütung für die Veräußerung (RL Nr. 16) zurückbleibt. Soweit § 23 nicht zum Zuge kommt, kann bei Vereinbarung einer unangemessen **geringen Vergütung** u. E. ein ergänzender Anspruch zumindest analog § 27 Nr. 3 Satz 4 in Betracht kommen, da es hier an einer hinreichenden Vereinbarung der »Vergütung nach § 9« fehlt (s. § 27 a.F. Rdn. 94); insoweit scheidet u. E. angesichts der Verwertungshandlung des Insolvenzverwalters eine Insolvenzforderung i. S. v. § 27 Nr. 4 als Ergänzung aus.[186]

Ansonsten bestehen im **Verhältnis zur Insolvenzmasse** keine weiter gehenden Ansprüche auf Beteiligung am Kaufpreiserlös oder auf Abfindung, soweit diese vom Erwerber geleistet worden ist. Ob ein (ergänzender) Anspruch ggü. der Insolvenzmasse nach § 27 Nr. 3 Satz 4 auch dann besteht, wenn der Rechtserwerber seinen vertraglichen Zahlungspflichten nicht nachkommt, ist offen, erscheint aber angesichts der Fassung des § 27 Nr. 3 Satz 4 zweifelhaft.

174 Im Interesse des Rechtsfriedens ist es empfehlenswert, wenn sich Arbeitnehmer und Rechtserwerber bilateral über die Kriterien der Vergütungsbemessung verständigen. Eine derartige **Vereinbarung zwischen Arbeitnehmer und Rechtserwerber** unterliegt allerdings nicht mehr dem ArbEG; es gelten dafür die

---

184 A.A. Busse/Keukenschrijver, PatG (6. Aufl. 2003), zu § 27 ArbEG Fassung 1999, dort Rn. 11 im Anschluss an Kelbel, GRUR 1987, 218, 211; vgl. auch allg. Boemke/Kursawe/Boemke Rn. 12 f. zu § 28.
185 A. A. Keukenschrijver in Busse/Keukenschrijver, PatG, Rn. 11 zu § 27 ArbEG, wonach § 23 wegen der Vereinbarung mit einem Dritten und der fehlenden Abschlusspflicht nicht in Betracht kommt.
186 Abw. Keukenschrijver in Busse/Keukenschrijver, PatG, Rn. 13 zu § 27 ArbEG: »ergänzender Anspruch als einfache Insolvenzforderung«.

Regeln der Vertragsfreiheit, die nur durch allgemeines Zivilrecht eingeschränkt sind (vgl. insb. § 138 BGB).

*Rdn. 175–179 frei.*

### 7. Vergütung aus dem Veräußerungserlös (Satz 4)

Bei **Fehlen** einer (wirksamen) **Vergütungsvereinbarung mit dem Erfindungserwerber** (s. § 27 Rdn. 173) hat der Insolvenzverwalter die Vergütung aus dem Veräußerungserlös zu zahlen. Die Regelung entspricht ausweislich der Amtlichen Begründung – trotz unterschiedlicher Fassung – im Wesentlichen § 27 Nr. 2 Satz 4 Fassung 1999.[187] Es geht dabei um Masseverbindlichkeiten[188] (s. a. § 27 Rdn. 114). 180

**Voraussetzung** ist ein vorangegangenes ergebnisloses Angebot an den Arbeitnehmer (§ 27 Nr. 3 Satz 1 und 2) und eine Veräußerung von Erfindungsrechten (Schutzrechtspositionen) ohne Geschäftsbetrieb. Aus welchen Gründen eine (rechtswirksame) Vereinbarung unterblieben ist, hat für den Anspruch des Arbeitnehmers grds. keine Bedeutung. Einschlägig ist Satz 4 auch, wenn die Vergütungsvereinbarung – gleich aus welchen Gründen – unwirksam ist, da auch in diesem Fall eine Vereinbarung »nicht getroffen« ist ist (s. § 27 Rdn. 173, dort auch zur unangemessen niedrigen Vergütung). 181

Angesprochen ist (nur) der gesetzliche Anspruch des Arbeitnehmers aus § 9. Um welche **Vergütungsansprüche** es sich dabei konkret handelt und inwieweit auch rückständige Vergütungsansprüche umfasst sind, erschließt sich nicht unmittelbar. Da es hier nicht darum gehen kann, abgeschaffte Vorrechte erneut einzuführen, bezieht sich die Regelung nur auf Verwertungshandlungen des Insolvenzverwalters, die Masseverbindlichkeiten (vgl. §§ 55, 61 InsO) begründen würden,[189] also vorrangig auf Vergütungsansprüche aus der Veräußerung, ggf. zusätzlich auf weitergehende Vergütungsansprüche für sonstige Verwertungshandlungen des Insolvenzverwalters nach § 27 Nr. 2 (s. dazu § 27 Rdn. 100 ff.). Der Vorteil für den Erfinder liegt folglich darin, dass er nicht auf eine – wenn auch bevorzugte – Befriedigung aus der Insolvenzmasse verwiesen ist, sondern vorab am Kaufpreiserlös beteiligt wird und erst der danach verbleibende Betrag in die Insolvenzmasse fließt. 182

---

187 Amtl. Begr. zum Patentrechtsmodernisierungsgesetz in BR-Drucks. 757/08 S. 53 (zu Art. 7 Nr. 15 d. Entw.).
188 Insoweit abw. Wiedemann, Vergütg. i. d. Insolvenz (2016), S. 146, wonach die Zahlung die Insolvenzmasse allerdings »in aller Regel wirtschaftlich wie eine Masseverbindlichkeit« belastet.
189 Ebenso wohl Paul, ZInsO 2009, 1839, 1843.

**183** Privilegiert wird nur der Anspruch auf **angemessene Vergütung**.[190] Maßstab für die Vergütung aufgrund der Veräußerung sind nicht die potenziellen Verwertungshandlungen des Erwerbers, sondern die Höhe des Kaufpreises, sodass hier die Grundsätze der RL Nr. 16 einschlägig werden (s. dazu § 9 Rdn. 251 ff.) einschließlich Anteilsfaktor (RL Nr. 30 ff.) und etwaigem Miterfinderanteil. Ein zusätzlicher Vergütungsanspruch aus § 27 Nr. 2 für denselben Veräußerungsvorgang scheidet selbstverständlich neben § 27 Nr. 3 aus (s. § 27 Rdn. 105). Ist der Vergütungsanspruch bereits voll erfüllt, soll § 27 Nr. 3 auch in den Fällen des Satzes 4 ins Leere laufen[191], wobei die Wortfassung auch hier die Auslegung zulässt, dass in jedem Fall eine Vergütung nach § 9 i. V. m. RL Nr. 16 geschuldet werden soll[192] (s. aber oben § 27 Rdn. 140).

*Rdn. 184–186 frei.*

### D. Der Arbeitnehmer als Insolvenzgläubiger

**187** § 27, der ausschließlich die Ansprüche im Zusammenhang mit einer zum Zeitpunkt der Eröffnung des Insolvenzverfahrens bereits (unbeschränkt) **in Anspruch genommenen Diensterfindung** regelt (s. § 27 Rdn. 41 ff. ), stellt in Nr. 4 klar, dass der Arbeitnehmer immer dann, wenn der Insolvenzmasse kein Gegenwert aus der Erfindung mehr zufließt, nicht bevorzugt, sondern mit seinen bislang unerfüllten Vergütungsansprüchen wie ein üblicher Insolvenzgläubiger behandelt werden soll.[193] Durch den begrenzten Anwendungsbereich des § 27 wird zugleich deutlich, dass der Arbeitnehmer auch hinsichtlich seiner sonstigen Ansprüche im Zusammenhang mit Arbeitnehmererfindungen und qualifizierten technischen Verbesserungsvorschlägen (nur) die Stellung eines Insolvenzgläubigers hat.[194]

Daran hat auch die ArbE-Novelle 2009 nichts geändert, bei der die frühere Regelung des 27 Nr. 5 Fassung 1999 wort- und inhaltsgleich in § 27 Nr. 4 n.F. übernommen worden ist.[195]

---

190 Vgl. Amtl. Begr. zum Patentrechtsmodernisierungsgesetz in BR-Drucks. 757/08 S. 53 (zu Art. 7 Nr. 15 d. Entw.).
191 Boemke/Kursawe/Ulrici § 27 Rn. 16.
192 In diesem Sinne möglicherweise allg. Keukenschrijver in Busse/Keukenschrijver, PatG, Rn. 11 zu § 27 ArbEG.
193 Vgl. Amtl. Begr. zur InsO i. BT-Drucks. 12/3803 S. 99 (zu Art. 54 EGInsO-Entwurf).
194 Amtl. Begr. zur InsO i. BT-Drucks. 12/3803 S. 99 (zu Art. 54 EGInsO-Entwurf); Reimer/Schade/Schippel/Rother § 27 Fassung 1999 Rn. 12.
195 Amtl. Begr. zum Patentrechtsmodernisierungsgesetz in BR-Drucks. 757/08 S. 53 (zu Art. 7 Nr. 13 d. Entw.).

D. Der Arbeitnehmer als Insolvenzgläubiger § 27 n.F.

*Rdn. 188 frei.*

**I. Vergütungsansprüche für vor Insolvenzeröffnung in Anspruch genommene Diensterfindungen (Nr. 4)**

§ 27 Nrn. 1 – 3 n.F. betreffen Sachverhalte, die nach Eröffnung des Insolvenzverfahrens liegen. Demgegenüber stellt § 27 Nr. 4 klar, dass Vergütungsansprüche, die aus Handlungen des Arbeitgebers vor Eröffnung des Insolvenzverfahrens entstanden sind, normale Forderungen sind; der Arbeitnehmer ist also insoweit **Insolvenzgläubiger** (§ 38 InsO). Die Vorschrift ist Konsequenz des mit Streichung des § 27 Abs. 2 Fassung 1957 entfallenen Konkursvorrechts; der Gesetzgeber hatte dieses Konkursvorrecht zwangsläufig nicht fortgeführt, da die InsO keine derartigen Vorrechte mehr kennt.[196] Zu Verwertungshandlungen nach Eröffnung durch den Insolvenzverwalter s. § 27 Rdn. 197 f. 189

Im Grundsatz gilt für § 27 Nr. 4 n.F. das Gleiche wie bereits nach § 27 Fassung 1999; dessen Nr. 5 entspricht für Vergütungsansprüche bei unbeschränkt nach §§ 6, 7 a.F. in Anspruch genommenen Diensterfindungen dem nunmehrigen § 27 Nr. 4 n. F.

Die Regelung betrifft insb. **sämtliche Vergütungsansprüche** aus der Zeit vor Insolvenzeröffnung, also insb. für Nutzungs- und Verwertungshandlungen mit in Anspruch genommenen Diensterfindungen, die vor Insolvenzeröffnung erfolgt und noch nicht voll erfüllt sind.[197] Erfasst werden auch – unabhängig vom Zeitpunkt der Schutzrechtserteilung – Ansprüche auf Nachzahlung eines Risikoabschlags (s. § 12 Rdn. 69) für Verwertungen bis zur Insolvenzeröffnung,[198] ferner etwaige Ansprüche aus nicht ausgenutzter Verwertbarkeit (RL Nr. 24) sowie Ansprüche aus dem Einsatz als Sperrpatent (RL Nr. 18) oder als Vorratspatent (RL Nr. 21) bzw. Vorratsgebrauchsmuster. Darunter fallen auch Ansprüche aus einem außerbetrieblichen Einsatz der Erfindung, etwa im Rahmen einer Lizenzvergabe (RL Nr. 14, 15) oder eines Austauschvertrages (RL Nr. 17). Umfasst ist ferner ein (unerfüllter) Anspruch auf rückwirkende Vergütungsanpassung für die Zeit vor Insolvenzeröffnung nach § 12 Abs. 6 (s. § 12 Rdn. 153). Diese Ansprüche gelten – losgelöst von Fälligkeitsterminen aus einer Vergütungsregelung i. S. v. § 12 Abs. 1, 3 bzw. aus § 12 Abs. 3 Satz 2 ArbEG – gem. § 41 Abs. 1 InsO als (sofort) fällig. 190

---

196 Wohl allg. A., z.B. Schiedsst. v. 15.12.2005 – Arb.Erf. 39/04, (Datenbank).
197 Ebenso Paul, ZInsO 2009, 1839, 1843; s. auch Schiedsst. ZB v. 26.02.2015 – Arb.Erf. 51/12, (www.dpma.de).
198 Vgl. (aber) auch Kelbel, GRUR 1987, 218, 221.

Das Gesetz räumt den Arbeitnehmererfindern **keine Sonderstellung** ggü. den anderen Insolvenzgläubigern ein, sieht man von der Möglichkeit einer zulasten eines Dritten (Rechtserwerbers) vorgesehenen Vergütungsvereinbarung nach § 27 Nr. 3 Satz 3 ab. Eine Ausnahme bestand unter Geltung des § 27 Fassung 1999 bei den aus Billigkeitsgründen eingeräumten Aufrechnungsmöglichkeiten nach § 27 Nr. 2 Satz 2 und Nr. 4 Satz 2 Fassung 1999; diese Sonderrechte sind nicht in § 27 Fassung 2009 übernommen. Etwaige seit Eröffnung des Insolvenzverfahrens angefallene Zinsansprüche für Vergütungsforderungen sind nachrangige Forderungen[199] (§ 39 Abs. 1 Nr. 1 InsO).

*Rdn. 191 – 194 frei*

## II. Sonstige Ansprüche

195 **Nicht** von § 27 n.F/Fassung 1999 **erfasst** (s. § 27 Rdn. 41 ff.) sind Vergütungsansprüche aus einer früheren beschränkten Inanspruchnahme (§ 10 a.F.) oder aus den sonstigen einfachen Nutzungsrechten (§ 14 Abs. 3 – zur Ausnahme s. § 27 a.F. Rdn. 84 – und § 16 Abs. 3[200]); ferner Vergütungsansprüche bei freien Erfindungen (vgl. § 19) und bei qualifizierten Verbesserungsvorschlägen[201] (§ 20 Abs. 1; zu einfachen Verbesserungsvorschlägen s. § 20 Rdn. 60 ff.), schließlich solche, die eine (unbeschränkt) in Anspruch genommene Diensterfindung nach Eröffnung des Insolvenzverfahrens betreffen. Bei solchen Ansprüchen ist danach zu **differenzieren**, ob es sich um vergütungspflichtige Sachverhalte vor oder nach Verfahrenseröffnung handelt.

196 Rückständige Vergütungsansprüche aus Verwertungshandlungen des Arbeitgebers oder aus unausgenutzter Verwertbarkeit, die **vor Eröffnung** des Insolvenzverfahrens begründet sind, stellen normale Forderungen i.S.d. §§ 174 ff. InsO dar, mit denen der Arbeitnehmer als Insolvenzgläubiger am Insolvenzverfahren teilnimmt (§ 38 InsO).

197 Soweit der Insolvenzverwalter **nach Verfahrenseröffnung** – außerhalb der Regelungsbereiche des § 27 Nrn. 1 bis 3 – Nutzungs- oder Verwertungshandlungen vornimmt, stellen die daraus resultierenden Vergütungsansprüche nach §§ 10 a.F., 14 Abs. 3, § 16 Abs. 3, §§ 19, 20 Abs. 1 u. E. Masseverbindlichkeiten dar (§ 55 Abs. 1 Nr. 1 InsO), mit denen der Arbeitnehmer als Massegläu-

---

199 Ebenso u. a. Reimer/Schade/Schippel/Rother Rn 13 zu § 27 Fassung 1999.
200 Ebenso Boemke/Kursawe/Ulrici Rn. 27 zu § 27.
201 Schwab, AiB 1999, 445, 447. De lege ferenda eine Ausweitung des § 27 auf techn. VV befürwortend Oster GRUR 2012, 467, 471.

D. Der Arbeitnehmer als Insolvenzgläubiger                    § 27 n.F.

biger (vgl. §§ 53, 61, 209 InsO) am Insolvenzverfahren teilnimmt[202] (vgl. auch § 27 Nr. 2, s. § 27 Rdn. 100 ff.). Dies gilt auch für entsprechende Vergütungsansprüche der ausgeschiedenen Arbeitnehmer (vgl. § 26 ArbEG, s. § 27 Rdn. 9). Die Frage war nach altem Recht streitig (vgl. 3. Vorauflage § 27 Fassung 1957 Rdn. 36). Der Gesetzgeber hatte dies bereits ausdrücklich in der Amtl. Begründung zu § 27 Fassung 1999 klargestellt[203] und im Ergebnis in § 27 Nr. 3 Fassung 1999 und inhaltsgleich in § 27 Nr. 2 n.F. festgehalten. Etwaige Vergütungsansprüche aus unterlassener Verwertung i.S.d. RL Nr. 21 ff. unterliegen dagegen § 27 Nr. 4 (s.a. § 27 Rdn. 190).

Masseverbindlichkeiten sind auch Vergütungsansprüche gem. § 9, die eine nach Eröffnung des Insolvenzverfahrens durch den **Insolvenzverwalter** (unbeschränkt) **in Anspruch genommene Diensterfindung** betreffen; auch hier ist der Arbeitnehmer voll aus der Insolvenzmasse zu befriedigen[204] (§ 55 Abs. 1 Nr. 1 InsO).

**198**

Bei Diensterfindungen, die der Insolvenzverwalter (unbeschränkt) in Anspruch genommen hat, kommen die Sonderregelungen des § 27 n.F./Fassung 1999 bereits ausweislich des Eingangssatzes nicht zum Tragen.[205] Auch besteht insoweit kein gesetzliches Absonderungsrecht (vgl. §§ 49 ff. InsO). Ein solches Ergebnis führt zwar letztlich zu Unbilligkeiten.[206] Dies wird offenkundig etwa in den Fällen, in denen es wegen der viermonatigen Inanspruchnahmefiktion (§ 6 Abs. 2 n.F.) bzw. der früheren viermonatigen Inanspruchnahmefrist (§ 6 Abs. 2 a.F.) von Zufälligkeiten abhängt, ob noch der Arbeitgeber (Schuldner) oder erst der Insolvenzverwalter die Inanspruchnahme (fiktiv) erklärt hat.

---

202 Streitig, wie hier z.B. zu Ansprüchen aus § 10 Abs. 1 a.F., §§ 19, 20 Paul, KTS 2005, 445, 456 f.; ferner wohl allg. Reimer/Schade/Schippel/Rother Rn 11 zu § 27 Fassung 1999; a. A. Wiedemann, Vergütg. i. d. Insolvenz (2016), S. 96 f. (zu §§ 10 a.F., 20 Abs. 1).
203 Amtl. Begr. zur InsO i. BT-Drucks. 12/3803 S. 99 (zu Art. 54 EGInsO-Entwurf); s.a. Zeising, Mitt. 2001, 60, 67.
204 Wohl allg. A., so bereits Amtl. Begr. zur InsO i. BT-Drucks. 12/3803 S. 99 (zu Art. 54 EGInsO-Entwurf); z. B. Wiedemann, Vergütg. i. d. Insolvenz (2016), S. 95 f. m. w. Nachw.; Reimer/Schade/Schippel/Rother Rn. 11 zu § 27 Fassung 1999.
205 Ebenso Paul, ZInsO 2009, 1839, 1840 u. ders., KTS 2005, 445, 455 (zu § 27 Fassung 1999); ferner zu § 27 Fassung 1999: Zeising, Mitt. 2001, 60, 66; M. Wiedemann, Lizenzen i. d. Insolvenz (2006), Rn. 641 f.; Reimer/Schade/Schippel/Rother § 27 Rn. 12.
206 Kritisch auch Paul, ZInsO 2009, 1839, 1840; ferner ders., KTS 2005, 445, 455 (zu § 27 Fassung 1999); vgl. auch Berger, ZInsO 2013, 569, 576; abw. Boemke/Kursawe/Ulrici Rn. 6 zu § 27.

Bereits bei der Insolvenzrechtsreform hatte der Gesetzgeber aber für die durch den Insolvenzverwalter in Anspruch genommenen Diensterfindungen auf das allgemeine Insolvenzrecht verwiesen.[207] Damit besteht auch **kein Raum für eine analoge Anwendung** des § 27 n.F./Fassung 1999.[208] Veräußert der Insolvenzverwalter eine derartige Diensterfindung, steht dem Arbeitnehmer also nur ein Vergütungsanspruch gem. § 9 i.V.m. RL Nr. 16 als Masseverbindlichkeit (§ 55 Abs. 1 Nr. 1 InsO) zu.[209] Will der Insolvenzverwalter derartige Diensterfindungen weder im Schuldnerunternehmen verwerten noch veräußern, verbleibt es – da die spezialgesetzliche Regelung des § 27 Nr. 3 n.F. bzw. § 27 Nr. 4 Fassung 1999 nicht gilt – bei den allgemeinen Regelungen des **§ 16 ArbEG**.

**199** Bei **Veräußerung dieser nach Eröffnung in Anspruch genommenen Diensterfindung** mit Geschäftsbetrieb gilt für die Rechte und Pflichten aus dem ArbEG § 613a BGB nach den allgemeinen Grundsätzen (s. hierzu § 1 Rdn. 126). Da § 27 Nr. 1 n.F./Fassung 1999 keine Anwendung findet, besteht eine Eintrittspflicht des Rechtserwerbers für Vergütungsansprüche erst ab Betriebsübergang und nicht bereits ab Eröffnung des Insolvenzverfahrens.[210] Bei Veräußerung ohne Geschäftsbetrieb verbleibt es bei dem Vergütungsanspruch aus § 9 i.V.m. RL Nr. 16.

*Rdn. 200 – 204 frei*

### III. Rechtsstellung als Insolvenzgläubiger

**205** Als Insolvenzgläubiger (vgl. § 38 InsO) können auch Arbeitnehmererfinder ihre Ansprüche nur nach den **Vorschriften über das Insolvenzverfahren** geltend machen (vgl. § 87 InsO). Etwaige vorangegangene Zwangsvollstreckungsmaßnahmen unterliegen der sog. Rückschlagsperre des § 88 InsO; neue Zwangsvollstreckungen sind nach § 89 InsO unzulässig. Die Arbeitnehmer nehmen bezüglich ihrer erfinderrechtlichen Ansprüche an der Verteilung der Insolvenzmasse nach Maßgabe der §§ 187 ff. InsO teil. Dazu bedarf es der vorherigen schriftlichen Anmeldung ihrer Forderungen (§§ 174 ff. InsO). Mit der Anmeldung erwirbt der Arbeitnehmererfinder gem. § 77 InsO das Stimmrecht in der Gläubigerversammlung. Die **Verjährung** der Ansprüche wird nach

---

207 Amtl. Begründung zur InsO i. BT-Drucks. 12/3803 S. 99 (zu Art. 54 EGInsO-Entwurf).
208 Im Ergebn. auch Wiedemann, Vergütg. i. d. Insolvenz (2016), S. 157 ff. m. w. Nachw.
209 Wie hier zu § 27 Fassung 1999: Paul, KTS 2005, 445, 455 und Reimer/Schade/Schippel/Rother Rn. 13 zu § 27 Fassung 1999.
210 Zeising, Mitt. 2001, 60, 66.

D. Der Arbeitnehmer als Insolvenzgläubiger   § 27 n.F.

§ 204 Abs. 1 Nr. 10 BGB gehemmt. Bezüglich etwaiger Zinsansprüche aus rückständigen Vergütungsansprüchen haben sie die eingeschränkte Stellung eines nachrangigen Insolvenzgläubigers (vgl. u.a. §§ 39, 77 Abs. 1 Satz 2, § 174 Abs. 3, § 187 Abs. 2 Satz 2 InsO). Nach **Aufhebung des Insolvenzverfahrens** verbleibt der Anspruch der Insolvenzgläubiger auf Geltendmachung nicht befriedigter (Rest-) Forderungen nach Maßgabe der §§ 201 ff. InsO. (zur Restschuldbefreiung s. §§ 286 ff. InsO).

Zur Rechtsstellung als Massegläubiger s. § 27 Rdn. 197.

Wird eine angemeldete **Forderung des Arbeitnehmers** vom Insolvenzverwalter oder einem anderen Insolvenzgläubiger **bestritten**, so muss der Arbeitnehmer Klage auf Feststellung gegen den Bestreitenden erheben (vgl. § 179 InsO; zum Widerspruch des Schuldners, der für eine zukünftig gegen ihn zu betreibende Zwangsvollstreckung relevant wird, s. §§ 184, 201, 215 Abs. 2 Satz 2 InsO). Allerdings ist die Frage des **Rechtsweges** noch ungeklärt: Da es sich dabei nicht um eine reine Zahlungs-, sondern um eine Feststellungsklage (in den Grenzen des § 181 InsO) handelt, kann es naheliegen, die Patentstreitkammern aufgrund des § 39 Abs. 1 ArbEG entsprechend § 185 InsO als funktionell ausschließlich zuständig anzusehen[211]; dies wäre zwar angesichts der Schwierigkeit der Rechtsmaterie sachgerecht, bedeutet allerdings eine Abweichung von § 180 Abs. 1 InsO. Ob solches von § 185 InsO gedeckt wird, ist – soweit ersichtlich – gerichtlich noch nicht geklärt. 206

Letzteres gilt auch für die Frage, inwieweit im Feststellungsverfahren bei Streit zwischen Arbeitnehmer (Insolvenzgläubiger) und Insolvenzverwalter die vorherige **Anrufung der Schiedsstelle** (§§ 28 ff. ArbEG) gem. § 37 ArbEG erforderlich ist, wenn kein Ausnahmefall i.S.d. § 37 Abs. 2 ArbEG gegeben ist. Die Notwendigkeit eines vorgeschalteten Schiedsstellenverfahrens im insolvenzrechtlichen Feststellungsverfahren erscheint kaum sachgerecht[212] (anders im Klageverfahren nach § 184 InsO); dies folgt u.E. aus § 185 InsO: Soweit § 185 Satz 1 InsO für die Klage die Durchführung eines Vorverfahrens fordert, setzt dies eine Entscheidungskompetenz der »Verwaltungsbehörde« voraus, die der Schiedsstelle nach § 28 Satz 2, § 34 Abs. 2, 3 ArbEG aber gerade nicht zukommt. Bei bestrittenen Forderungen ist mit deren Anmeldung nach Maßgabe des § 77 Abs. 2 InsO das Stimmrecht in der Gläubigerversammlung denkbar. Bei den vom Insolvenzverwalter oder einem Insolvenzschuldner

---

211 So im Ergebn. wohl Boemke/Kursawe/Ulrici Rn. 102 zu § 27.
212 Offengelassen Schiedsst. v. 12.02.2003 – Arb.Erf. 31/01, (unveröffentl.). wie hier Schwab, Arbeitnehmererfindungsrecht, § 27 Rn. 3. Für Anrufung der Schiedsst. nach § 37 ArbEG dagegen Boemke/Kursawe/Ulrici Rn. 102 zu § 27.

bestrittenen Forderungen bedarf es des Feststellungsverfahrens (vgl. § 189 InsO).

*Rdn. 207 – 208 frei*

209 Inwieweit Vergütungsansprüche aus dem ArbEG in das **Insolvenzgeld nach § 165 SGB III**[213] einfließen, ist – soweit ersichtlich – höchstrichterlich nicht entschieden. Das Schrifttum bejaht dies jedenfalls für Vergütungsansprüche bei Verbesserungsvorschlägen.[214] Angesichts der weitgehenden Begriffsbestimmung des *BSG*, das unter »Bezügen aus dem Arbeitsverhältnis« alle Leistungen des Arbeitgebers versteht, die eine Gegenleistung für Leistungen des Arbeitnehmers darstellen und in untrennbarem Zusammenhang mit der Beschäftigung stehen,[215] wird man das auch für Vergütungszahlungen für Diensterfindungen bejahen müssen. Sieht man Vergütungen für Erfindungen und Verbesserungsvorschläge allgemein als Arbeitsentgelt i.S.d. § 14 SGB IV an (s. § 9 Rdn. 3), würde auch das eine Einbeziehung von Vergütungsansprüchen in das Insolvenzgeld rechtfertigen. Voraussetzung ist dann, dass diese Vergütungsansprüche trotz Fälligkeit bei Insolvenzeröffnung bzw. bei Abweisung der Eröffnung mangels Masse noch nicht erfüllt sind; weitere Voraussetzung wäre u. E., dass sich diese Ansprüche auf Verwertungshandlungen aus den diesem Zeitpunkt vorausgehenden 3 Monaten des Arbeitsverhältnisses beziehen (ggf. als zeitanteiliger Anteil dieses »aufgestauten Arbeitentgelts«[216]).

---

213 Vgl. allg. zum Begriff des Arbeitsentgelts nach SGB III FK-InsO/Mues Anh. zu § 113 Rn. 7 ff.
214 Keukenschrijver in Busse/Keukenschrijver, PatG, Rn. 14 zu § 27 ArbEG im Anschluss an Schwab, NZI 1999, 257, 259 u. Reimer/Schade/Schippel/Rother Rn. 12 zu § 27 Fassung 1999.
215 BSG v. 08.09.2010 NZA-RR 2011, 437 (Rn. 14 ff.), dort zu § 183 SGB III a.F.
216 S. dazu allg. BSG v. 11.03.2014, ZIP 2014, 1188 (Rn. 16 ff.).

## § 27 a.F. Insolvenzverfahren (Fassung 1999)

*Wird nach unbeschränkter Inanspruchnahme der Diensterfindung das Insolvenzverfahren über das Vermögen des Arbeitgebers eröffnet, so gilt Folgendes:*
1. *Veräußert der Insolvenzverwalter die Diensterfindung mit dem Geschäftsbetrieb, so tritt der Erwerber für die Zeit von der Eröffnung des Insolvenzverfahrens an in die Vergütungspflicht des Arbeitgebers (§ 9) ein.*
2. *Veräußert der Insolvenzverwalter die Diensterfindung ohne den Geschäftsbetrieb, so hat der Arbeitnehmer ein Vorkaufsrecht. Übt der Arbeitnehmer das Vorkaufsrecht aus, so kann er mit seinen Ansprüchen auf Vergütung für die unbeschränkte Inanspruchnahme der Diensterfindung gegen die Kaufpreisforderung aufrechnen. Für den Fall, dass der Arbeitnehmer das Vorkaufsrecht nicht ausübt, kann der Insolvenzverwalter mit dem Erwerber vereinbaren, dass sich dieser verpflichtet, dem Arbeitnehmer eine angemessene Vergütung (§ 9) für die weitere Verwertung der Diensterfindung zu zahlen. Wird eine solche Vereinbarung nicht getroffen, so erhält der Arbeitnehmer eine angemessene Abfindung aus dem Veräußerungserlös.*
3. *Verwertet der Insolvenzverwalter die Diensterfindung im Unternehmen des Schuldners, so hat er dem Arbeitnehmer eine angemessene Vergütung für die Verwertung aus der Insolvenzmasse zu zahlen.*
4. *Will der Insolvenzverwalter die Diensterfindung weder im Unternehmen des Schuldners verwerten noch veräußern, so gilt § 16 Abs. 1 und 2 entsprechend. Verlangt der Arbeitnehmer die Übertragung der Erfindung, so kann er mit seinen Ansprüchen auf Vergütung für die unbeschränkte Inanspruchnahme der Diensterfindung gegen den Anspruch auf Erstattung der Kosten der Übertragung aufrechnen.*
5. *Im Übrigen kann der Arbeitnehmer seine Vergütungsansprüche nur als Insolvenzgläubiger geltend machen.*

**Lit.:**
siehe bei § 27 n. F. (Fassung 2009)

## Hinweis:

I.R.d. ArbEG-Novelle 2009 ist § 27 grundlegend neu gefasst worden (s. § 27 n.F. Rdn. 1 ff.). Nachstehend ist die Kommentierung der bis zum 30.09.2009 geltenden, alten Fassung des § 27 Fassung 1999 auszugsweise beibehalten worden. § 27 a.F. findet nach § 43 Abs. 3 n.F. übergangsrechtlich noch auf alle Diensterfindungen Anwendung, die vor dem 01.10.2009 dem Arbeitgeber gemeldet worden sind (Einzelheiten streitig, siehe bei § 43 Rdn. 14 ff.).

## § 27 a.F. Insolvenzverfahren (Fassung 1999)

**Übersicht** Rdn.
A. **Allgemeines** .................................................. 1
B. **Verwertung der Alterfindung durch den Insolvenzverwalter** .......... 41
   I. Unbeschränkt in Anspruch genommene Diensterfindung. ............. 41
  II. Veräußerung der Alterfindung mit dem Geschäftsbetrieb (Nr. 1) ......... 47
 III. Veräußerung der Alterfindung ohne den Geschäftsbetrieb – Vorkaufsrecht des Arbeitnehmererfinders (Nr. 2) ....................................... 66
    1. Veräußerung ohne Geschäftsbetrieb ....................... 67
    2. Ausübung des Vorkaufsrechts ............................ 75
    3. Aufrechnung mit Vergütungsansprüchen (Satz 2) ............. 83
    4. Vereinbarung der Vergütungspflicht des Erwerbers (Satz 3) ........ 89
    5. Angemessene Abfindung aus dem Veräußerungserlös (Satz 4) ...... 99
  IV. Verwertung der Alterfindung im Unternehmen des Schuldners (Nr. 3).. .... 105
    1. Verwertungshandlungen des Insolvenzverwalters im Unternehmen des Schuldners .......................................... 105
    2. Angemessene Vergütung aus der Insolvenzmasse ............... 113
   V. Absehen von einer Verwertung der Alterfindung (Nr. 4) ............. 118
    1. Anwendungsbereich – Abgrenzung zu § 16. ................. 118
    2. Anbietungspflicht – Übertragungsanspruch. ................. 125
    3. Rechtsübertragung – Aufrechnung ........................ 133
C. **Der Arbeitnehmer als Insolvenzgläubiger** ..................... 139
   I. Vergütungsansprüche für vor Insolvenzeröffnung unbeschränkt in Anspruch genommene Alterfindungen (Nr. 5) ............................ 139
  II. Sonstige Ansprüche. ....................................... 145

## A. Allgemeines

**1** Durch Art. 56 EGInsO, der unverändert aus dem RegE[1] übernommen wurde, war § 27 Fassung 1957 grundlegend novelliert und den **Zielsetzungen der Insolvenzrechtsreform** angepasst worden. Zur Rechtsentwicklung s. § 27 n.F. Rdn. 1 f.

*Rdn. 2 frei*

**3** § 27 Fassung 1999 betrifft grds. nur noch **Diensterfindungen, die vor dem 01.10.2009** dem Arbeitgeber vom Arbeitnehmer nach § 5 (wirksam) **gemeldet** worden sind (s. § 27 n.F. Rdn. 3 ff.; Einzelheiten zum streitigen Übergangsrecht bei § 43 Rdn. 14 ff.). Jedenfalls für die danach gemeldeten Diensterfindungen gilt uneingeschränkt die Neufassung des § 27 durch die ArbEG-Reform 2009 (s. § 27 n.F., Rdn. 1 ff.).

Für die vor dem 01.10.2009 gemeldeten Diensterfindungen (**Alterfindungen**) ist u. E. bis auf Weiteres nach dem Verfahren zu **differenzieren**:

---

1 BR-Drucks. 511/92 = BT-Drucks. 12/3803 (dort Art. 54 EGInsO-Entwurf).

B. Verwertung der Alterfindung durch den Insolvenzverwalter     § 27 a.F.

- **§ 27 Fassung 1999**, der am 01.01.1999 in Kraft getreten war, gilt seit jeher nur für solche **Insolvenzverfahren, die nach dem 31.12.1998** gem. §§ 13 ff. InsO **beantragt** worden sind. Dies ist unabhängig davon, zu welchem früheren Zeitpunkt das der Diensterfindung zugrunde liegende Arbeitsverhältnis und die diesbezüglichen Rechte begründet worden sind, also insb. unabhängig davon, wann die Diensterfindung fertig gestellt oder gemeldet worden ist, zu welchem Zeitpunkt die unbeschränkte Inanspruchnahme erfolgte und wann die vergütungspflichtigen Tatbestände entstanden sind (vgl. Art. 104 EGInsO).
- **§ 27 Fassung 1957** galt über den 31.12.1998 hinaus fort für alle **Konkursverfahren**, die **vor 1999 beantragt** worden waren, ferner für Anschlusskonkursverfahren aufgrund eines zuvor beantragten Vergleichsverfahrens (vgl. Art. 103 EGInsO).

Wegen der Bedeutung und Rechtswirkungen einer Insolvenz kann auf § 27 n.F. Rdn. 5 bis 40 verweisen werden. **4**

*Rdn. 5–40 frei.*

## B. Verwertung der Alterfindung durch den Insolvenzverwalter

### I. Unbeschränkt in Anspruch genommene Diensterfindung

Im Unterschied zu § 27 Fassung 1957, aber übereinstimmend mit § 27 Fassung 2009 (s. § 27 n.F. Rdn. 41 f.), erstreckt sich der Anwendungsbereich des § 27 Fassung 1999 ausweislich des Eingangssatzes nur auf die vor Eröffnung des Insolvenzverfahrens (s. § 27 n.F. Rdn. 31. ff.) gem. §§ 6, 7 a.F. unbeschränkt in Anspruch genommenen **Diensterfindungen** (§ 4 Abs. 2) einschließlich betriebsgeheimer Diensterfindungen (sofern diese vor dem 01.10.2009 gemeldet worden sind, s. § 27 n.F. Rdn. 3 ff.). Auf freie Erfindungen, frei gewordene Diensterfindungen (§ 8 a.F.) und auf technische Verbesserungsvorschläge findet die Vorschrift **keine** (analoge) **Anwendung**[2] (§§ 3, 20 Abs. 1) Auch bei sonstigen Rechten, etwa urheberschutzfähigen Leistungen eines Arbeitnehmers, scheidet eine analoge Anwendung von § 27 Fassung 1999 aus.[3] S. i.Ü. § 27 n.F. Rdn. 41. **41**

Die Alterfindung musste **vom Arbeitgeber vor Eröffnung des Insolvenzverfahrens** (s. dazu § 27 n.F. Rdn. 23) gem. §§ 6, 7 Abs. 1 a.F. **unbeschränkt in 42**

---

2 Das entspricht – im Anschluss an die Amtl. Begründung zur InsO i. BT-Drucks. 12/3803 S. 99 (zu Art. 54 EGInsO-Entwurf) – auch der ganz h.M., z.B. Reimer/Schade/Schippel/Rother § 27 Fassung 1999 Rn. 4; abw. Schwab, NZI 1999, 257, 259.
3 Ganz h.M., ausf. Wiedemann, Lizenzen i. d. Insolvenz (2006), Rn. 643 ff. m.w.N.

**Anspruch genommen** worden sein, d.h. die ausdrückliche Inanspruchnahmeerklärung (§ 6 Abs. 1 a.F.) musste dem Arbeitnehmer vor Verfahrenseröffnung zugegangen sein. Erfasst werden u. E. auch solche Diensterfindungen, die anstelle einer Inanspruchnahme vor Verfahrenseröffnung durch Vereinbarung auf den Arbeitgeber übergegangen sind (s. dazu § 6 a.F. Rdn. 57 ff.), es sei denn, es handelt sich um die Überleitung von Erfindungen, die zuvor bereits frei geworden sind (§ 8 a.F.).

43 Wurde die unbeschränkte **Inanspruchnahme** der Alterfindung **durch den Insolvenzverwalter** nach Eröffnung des Insolvenzverfahrens erklärt, findet die Vorschrift ausweislich des Eingangssatzes keine Anwendung[4] (zu den Folgen s. § 27 n.F. Rdn. 198 f.). Zum vorläufigen Insolvenzverwalter s. § 27 n.F. Rdn. 32.

*Rdn. 44–46 frei.*

### II. Veräußerung der Alterfindung mit dem Geschäftsbetrieb (Nr. 1)

47 Veräußert der Insolvenzverwalter die Diensterfindung mit dem **Geschäftsbetrieb** (zum Begriff s. § 27 n.F. Rdn. 49), sieht Nr. 1 den Eintritt des Erwerbers in die Vergütungspflicht vor, und zwar für den Zeitraum ab Eröffnung des Insolvenzverfahrens. Bei Veräußerung ohne Geschäftsbetrieb gilt Nr. 2 (s. u. § 27 a.F. Rdn. 66 ff.). Die Vorschrift gilt nur noch für die vor dem 01.10.2009 gemeldeten Alterfindungen (s. o. § 27 a.F. Rdn. 3). Auch wenn § 27 Nr. 1 n.F. der bisherigen Nr. 1 nachgebildet ist, ergeben sich aufgrund der Systematik Besonderheiten (s. u. § 27 a.F. Rdn. 61).

48 Die Veräußerung der Diensterfindung im Rahmen eines **Betriebsübergangs** hatte bereits bei der Novelle 1999 im Vordergrund der gesetzgeberischen Überlegungen gestanden. Sie entspricht der rechtspolitischen Zielsetzung, im Insolvenzfall vorrangig die Arbeitsplätze zu erhalten und zu sichern.[5] § 27 Nr. 1 Fassung 1999 knüpft damit an § 613a Abs. 1 BGB an.[6] Danach tritt der Erwerber auch bei Erwerb eines Betriebes aus der Insolvenzmasse in bestehende Arbeitsverhältnisse ein, ohne jedoch für Altverbindlichkeiten aus der Zeit vor Betriebsübergang zu haften (s. § 1 Rdn. 114, 126). § 613a BGB erfasst nach heute herrschender Meinung die Rechte und Pflichten aus dem ArbEG (s. § 1 Rdn. 115 und unten § 27 a.F. Rdn. 61). Die Regelung wirft

---

[4] Jedenfalls de lege ferrenda abweichend Paul, KTS 2005, 445, 447 f.
[5] Vgl. allg. Amtl. Begründung zur InsO i. BT-Drucks. 12/3803 S. 99 (zu Art. 54 EGInsO-Entwurf); vgl. auch Kelbel, GRUR 1987, 218.
[6] Darauf weist die Amtl. Begründung zur InsO zu Art. 54 EGInsO i. BT-Drucks. 12/3803 S. 99 ausdrücklich hin.

## B. Verwertung der Alterfindung durch den Insolvenzverwalter  § 27 a.F.

Probleme auf, die letztlich einer Lösung durch die Rechtsprechung vorbehalten bleiben (s. insb. unten § 27 a.F. Rdn. 61 f. sowie § 27 n.F. Rdn. 49).

Zum Begriff der **Veräußerung mit Geschäftsbetrieb** und der daran anknüpfenden Rechtsfolgen s. i.Ü. § 27 n.F. Rdn. 48 ff.

*Rdn. 49–60 frei.*

Angesichts des unscharfen Wortlauts war und ist bei § 27 Nr. 1 Fassung 1999 **61** seit jeher streitig, ob der Eintritt in die Vergütungspflicht **von dem Übergang des Arbeitsverhältnisses** des Erfinders abhängt (zu § 27 Fassung 2009 s. § 27 n.F. Rdn. 51 f., dort auch zur praktische Bedeutung der Streitfrage).

Die nunmehr h. M. lehnt das Erfordernis eines Betriebsübergangs ab; danach ist der Vergütungsanspruch nach § 27 Nr. 1 Fassung 1999 vom Bestand des Arbeitsverhältnisses unabhängig.[7] Begründet wird dies unter Hinweis auf § 26 mit der Absicht der Insolvenzreform, die Rechtsstellung des Arbeitnehmers der eines absonderungsberechtigten Gläubigers anzunähern und ihm mit dem Erfindungserwerber einen solventen Gläubiger gegenüberzustellen.[8] Zudem profitiere der Betriebsnachfolger von der miterworbenen Diensterfindung unabhängig vom Übergang des Arbeitsverhältnisses[9] und der Arbeitnehmererfinder müsse nach dem Normzweck mit dem Rechtserwerber einen neuen solventen Schuldner für seine Vergütungsansprüche erhalten, ohne auf den Übergang seines Arbeitsverhältnisses angewiesen zu sein.[10]

Inwieweit der zwischenzeitlich h. M. auch für den Bereich des § 27 Fassung 1999 (zu § 27 Fassung 2009 s. § 27 n.F. Rdn. 51 ff.) gefolgt werden kann, ist

---

7 LG Düsseldorf v. 10.08.2010 – 4a O 67/09, (Düsseldorfer Entscheidung Nr. 1497, unter I.1.a); v. 10.08.2010 – 4a O 132/09, NZI 2012, 627, 629 f., 631 m. zust. Anm. Kunzmann; v. 14.02.2012 – 4a O 132/09, BeckRS 2012, 05105 (unter I.1.a); v. 20.03.2013 – 4b O 43/12, (Düsseldf. Entsch. Nr. 2024) – Rückhalteprofil; folgend auch LG Magdeburg v. 24.08.2016 – 7 O 548/15, (www.landesrecht.sachsen-anhalt.de/jportal, Rn. 19 ff.); Schiedsst. ZB v. 26.02.2015 – Arb.Erf. 51/12, (www.dpma.de = Mitt. 2016, 279, dort nur LS.); v. 23.04.2015 – Arb.Erf. 08/12, (www.dpma.de); Zeising, Mitt. 2001, 60, 66 u. ders., KTS 2002, 367, 402 f.; Wiedemann, Lizenzen i. d. Insolvenz (2006), Rn. 626 ff.; Busse/Keukenschrijver, PatG (6. Aufl. 2003), § 27 ArbEG Fassung 1999 Rn. 3; Reimer/Schade/Schippel/Rother § 27 Fassung 1999 Rn. 5; Boemke/Kursawe/Ulrici Rn. 55 ff. zu § 27. S. auch Oster GRUR 2012, 467, 469 f., wonach bei übergehendem Arbeitsverh. in der Insolvenz § 613a BGB und ansonsten § 27 Nr. 1 ArbEG a.F./n.F. gelten soll. Ferner jetzt FK-InsO/Bartenbach/Volz/Kunzmann, Anh. I Rn. 94 ff.
8 Zeising, Mitt. 2001, 60, 66 u. ders., KTS 2002, 367, 402 f.
9 Wiedemann, Lizenzen i. d. Insolvenz (2006), Rn. 630.
10 LG Düsseldorf v. 14.2.2012 – 4a O 132/09, BeckRS 2012, 05105 (unter I.1.a).

streitig.[11] Wegen der Gründe wird auf die Vorauflage Rn. 61 zu § 27 a.F. verwiesen.

62 Sollte sich der Geltungsbereich des § 27 Nr. 1 Fassung 1999 entgegen der h. M. auf übergeleitete Arbeitsverhältnisse i.S.d. § 613a BGB beschränken, so stünden nur den übergeleiteten Arbeitnehmern Ansprüche gegen den Betriebserwerber zu; insoweit käme § 27 Nr. 1 Fassung 1999 eine den § 613a BGB ergänzende und zugleich klarstellende Bedeutung zu. Die Arbeitnehmererfinder, deren Arbeitsverhältnisse nicht auf den Betriebserwerber übergeleitet werden, wären damit nach § 27 Nr. 3 Fassung 1999 auf eine angemessene Abfindung aus dem Veräußerungserlös für die Erfindungsrechte beschränkt[12] (s.u. § 27 a.F. Rdn. 108). Letzteres betrifft auch die Situation, dass die Arbeitsverhältnisse einzelner **Miterfinder** auf den Betriebserwerber übergehen (insoweit § 27 Nr. 1 a.F.) und andere wegen Widerspruchs nicht (insoweit § 27 Nr. 3 a.F.). Vergütungsansprüche für sonstige Verwertungshandlungen des Insolvenzverwalters bestimmen sich ebenfalls nach § 27 Nr. 3 Fassung 1999 (s.u. § 27 a.F. Rdn. 113). Zur Geltung von § 16 s. § 27 n.F. Rdn. 70.

*Rdn. 63 – 65 frei*

**III. Veräußerung der Alterfindung ohne den Geschäftsbetrieb – Vorkaufsrecht des Arbeitnehmererfinders (Nr. 2)**

66 Die Regelungen betreffen nur noch die vor dem 01.10.2009 gemeldeten Diensterfindungen (Alterfindungen, s. o. § 27 a.F. Rdn. 3). Die ArbEG-Novelle 2009 hat auf das (unpraktikable) Vorkaufsrecht des § 27 Nr. 2 Satz 1 und 2 Fassung 1999 insgesamt verzichtet (s. § 27 n.F. Rdn. 3).

§ 27 Nr. 2 Satz 1 Fassung 1999 hatte noch das zuvor in § 27 Abs. 1 ArbEG Fassung 1957 geregelte Vorkaufsrecht des Arbeitnehmererfinders übernommen und ausweislich der Amtlichen Begründung zur Insolvenzrechtsreform[13] »inhaltlich unverändert« auf das Insolvenzverfahren übertragen. Danach besteht zugunsten des Arbeitnehmers ein Vorkaufsrecht, wenn der Insolvenzverwalter die vor Verfahrenseröffnung unbeschränkt in Anspruch genommene

---

11 Ablehnend Vorauflage; ebenso Paul, KTS 2005, 445, 450 ff.; ferner für § 27 Nr. 1 a.F./n.F. Wiedemann, Vergütg. i. d. Insolvenz (2016), S. 117 ff.
12 Diese Rechtsfolge wird von den Vertretern der h.M., wonach § 27 Nr. 1 ArbEG Fassung 1999 auch außerhalb eines Betriebsübergangs zur Anwendung kommt, zwangsläufig abgelehnt, s. LG Düsseldorf v. 14.2.2012 – 4a O 132/09, (BeckRS 2012, 05105, unter I.1.a).
13 S. Amtl. Begründung zur InsO i. BT-Drucks. 12/3803 S. 99 (zu Art. 54 EGInsO-Entwurf).

Diensterfindung ohne den Geschäftsbetrieb veräußert. Durch die Gewährung eines Vorkaufsrechts an der Diensterfindung soll dem Arbeitnehmer die Möglichkeit eröffnet werden, seine Erfindung wieder zu übernehmen und selbst eine vorteilhaftere Verwertung zu versuchen.[14] Damit wird zugleich der Gefahr Rechnung getragen, dass eine Diensterfindung anlässlich eines Insolvenzverfahrens unter Wert an Dritte verkauft wird.[15] Im Vordergrund stand also das gesetzgeberische Anliegen, für eine **möglichst günstige Verwertung** der Diensterfindung **im Interesse des Erfinders** Sorge zu tragen.[16] Aus Billigkeitsgründen hatte der Gesetzgeber dem Arbeitnehmer in Satz 2 das – i.R.d. ArbEG-Reform 2009 nicht mehr einschlägige – Recht eingeräumt,[17] mit rückständigen Vergütungsansprüchen ggü. dem Kaufpreis bei Ausübung des Vorkaufsrechts aufzurechnen. Nicht selten – etwa mangels eigener Verwertungsmöglichkeiten bzw. -chancen – wird der Arbeitnehmer von der Ausübung des Vorkaufsrechts absehen; dazu kann der Insolvenzverwalter mit dem Erfindungserwerber die Zahlung einer angemessenen Vergütung an den Arbeitnehmererfinder vereinbaren (Satz 3); erfolgt dies nicht, ist der Arbeitnehmer mit einer angemessenen Abfindung an dem Veräußerungserlös zu beteiligen (Satz 4). Insoweit hatte sich der Gesetzgeber zur »insolvenzrechtlichen Lösung« entschieden und den Arbeitnehmer einem absonderungsberechtigten Gläubiger gleichgestellt[18] (s.a. oben § 27 a.F. Rdn. 2).

An den Vorgaben in § 27 Nr. 2 Satz 3 und 4 Fassung 1999 hat der Gesetzgeber i.R.d. ArbEG-Novelle 2009 im Wesentlichen festgehalten (§ 27 Nr. 3 Satz 3 und 4 n.F.). Da insoweit jedoch keine vollkommene Deckungsgleichheit besteht, wurde die nachfolgende Kommentierung beibehalten.

---

14 Amtl. Begründung z. § 27 ArbEG Fassung 1957 in BT-Drucks. II/1648 S. 41 = BlPMZ 1957, 241.
15 Schiedsst. v. 12.05.1982, BlPMZ 1982, 304; Reimer/Schade/Schippel/Rother § 27 Fassung 1999 Rn. 6; Volmer/Gaul Rn. 47 zu § 27; s.a. Amtl. Begründung z. § 27 ArbEG Fassung 1957 in BT-Drucks. II/1648 S. 41 = BlPMZ 1957, 241.); LG Düsseldorf v. 29.01.1970, BB 1970, 1229 u. OLG Düsseldorf v. 23.10.1970, GRUR 1971, 218 – *Energiezuführungen* (jeweils zu § 27 ArbEG a.F.); einschränkend Kelbel, GRUR 1987, 218, 219.
16 Schiedsst. v. 12.05.1982 BlPMZ 192, 304; vgl. auch BGH v. 10.05.1988 – X ZR 89/87, GRUR 1988, 762, 764 – *Windform* (zu § 27 ArbEG a.F.).
17 Amtl. Begründung zur InsO i. BT-Drucks. 12/3803 S. 99 (zu Art. 54 EGInsO-Entwurf).
18 Vgl. Kelbel, GRUR 1987, 218, 221.

## 1. Veräußerung ohne Geschäftsbetrieb

**67** Nr. 2 ist nur einschlägig, wenn der Insolvenzverwalter die Alterfindung ohne den Geschäftsbetrieb veräußert. Bei Veräußerung mit Geschäftsbetrieb gilt Nr. 1.

Auch hier umfasst der Begriff der **Veräußerung** jedes auf Übertragung der Erfindung (des Schutzrechts) gerichtete Verpflichtungsgeschäft des Insolvenzverwalters, ohne dass es jedoch einer entsprechenden Verfügung (§§ 413, 398 BGB) bedarf. I.Ü. gelten die zu § 27 Nr. 1 Fassung 1999 dargestellten Grundsätze auch hier (s.o. § 27 a.F. Rdn. 48 sowie § 27 n.F. Rdn. 48 ff.).

**68** Die **Abgrenzung**, ob eine Veräußerung mit oder **ohne Geschäftsbetrieb** erfolgt, hängt entscheidend davon ab, was im Einzelnen veräußert worden ist und welche Bedeutung der veräußerte Betriebskomplex im Hinblick auf das gesamte Unternehmen einerseits und im Hinblick auf die Arbeitnehmererfindung andererseits hat.[19] Zum Begriff des Geschäftsbetriebs gelten die Grundsätze der Nr. 1 (s.o. § 27 a.F. Rdn. 49; zum Begriff s. § 27 n.F. Rdn. 48 ff.). Da Nr. 1 und Nr. 2 des § 27 Fassung 1999 in einem untrennbaren Wechselbezug stehen, hat das Fehlen der tatbestandlichen Voraussetzungen der Nr. 1 bei Erfindungsveräußerung grds. die Geltung der Nr. 2 zur Folge; gleiches gilt im umgekehrten Fall. Eine Abweichung kann es u. E. nur in dem Fall geben, in dem das Arbeitsverhältnis trotz Betriebsveräußerung nicht mit übergeht (s. § 27 a.F. Rdn. 61).

**69** Eine (**Einzel-**) **Veräußerung** ohne Geschäftsbetrieb ist stets gegeben, wenn die Schutzrechtsposition alleine verkauft wird und kein enger zeitlicher und sachlicher Zusammenhang mit der Veräußerung des Geschäftsbetriebs besteht. Eine Einzelveräußerung liegt auch dann vor, wenn nicht alle auf die Diensterfindung bezogenen Schutzrechtspositionen bei Veräußerung des Geschäftsbetriebes mit übergehen, etwa wenn bei Veräußerung des Geschäftsbetriebes nur das Inlandspatent mitübertragen wird, nicht dagegen die Auslandsschutzrechte; für Letztere ist Nr. 2 im Veräußerungsfall einschlägig. Eine Veräußerung ohne Geschäftsbetrieb stellt es ferner dar, wenn die Erfindung (Patent) quasi als Draufgabe zu einem anderen Teil des Unternehmens gegeben wird, mit dem die Erfindung überhaupt nichts zu tun hat[20] bzw. nur die an der Erfindungsauswertung nicht beteiligten Betriebe oder Betriebsteile veräußert werden;[21] nicht oder noch nicht ausgewertete Erfindungen sind in diesem

---

19 Schiedsst. v. 12.05.1982, BlPMZ 1982, 305, 306 – zu § 27 ArbEG Fassung 1957.
20 Schiedsst. v. 12.05.1982 BlPMZ 1982, 305, 306 – zu § 27 ArbEG a.F.
21 OLG Düsseldorf v. 23.10.1970, GRUR 1971, 218, 219 – *Energiezuführungen* (zu § 27 Fassung 1957); Höhn, BB 1971, 788, 790 – jeweils zu § 27 ArbEG a.F.

Zusammenhang grds. dem Betrieb oder Betriebsteil wirtschaftlich zuzurechnen, in dem sie ausgewertet werden sollen oder ausgewertet werden können.[22] Wird in solchen Fällen das Arbeitsverhältnis des Erfinders mit übergeleitet, spricht dies regelmäßig für eine Veräußerung mit Geschäftsbetrieb.

Gleichgültig ist, **aus welchem Grund** die Veräußerung ohne den Geschäftsbetrieb erfolgt. Auch dann, wenn die bisherige Unternehmens- bzw. Betriebseinheit aufgelöst ist oder durch Aus- und Absonderungsrechte so aufgeteilt wird, dass sie nicht mehr arbeiten kann, kommt ein Vorkaufsrecht des Arbeitnehmererfinders in Betracht.[23] 70

*Rdn. 71 – 74 frei*

## 2. Ausübung des Vorkaufsrechts

Auf dieses gesetzliche Vorkaufsrecht des Arbeitnehmers finden die §§ 463 ff. BGB über das schuldrechtliche Vorkaufsrecht Anwendung.[24] Gem. § 473 BGB ist dieses unübertragbar und unvererblich; § 471 BGB gilt nicht.[25] 75

Das Vorkaufsrecht vermittelt dem Arbeitnehmer die Befugnis, vom Insolvenzverwalter die Alterfindung zu erwerben, **sobald** dieser mit einem Dritten einen **Kaufvertrag** (Rechtskauf, §§ 453, 433 BGB n.F.) über die Erfindung **abgeschlossen** hat (§ 463 BGB). Gem. § 469 Abs. 1 BGB ist der Insolvenzverwalter verpflichtet, dem Arbeitnehmer den **Inhalt** des mit dem Dritten abgeschlossenen **Vertrages unverzüglich** (vgl. hierzu § 5 Rdn. 28 f.) **mitzuteilen**.[26] 76

---

22 OLG Düsseldorf v. 23.10.1970 GRUR 1971, 218, 219 – *Energiezuführungen* – zu § 27 ArbEG a.F.
23 LG Düsseldorf v. 29.01.1970, BB 1970, 1229 – zu § 27 ArbEG a.F.; vgl. aber auch BGH v. 07.10.1965, GRUR 1966, 370, 374 – *Dauerwellen II*.
24 Allg. A. OLG Düsseldorf v. 23.10.1970, GRUR 1971, 218, 219 – *Energiezuführungen* (zu § 27 Fassung 1957); zu § 27 ArbEG Fassung 1999: ebenso Palandt/Weidenkaff, BGB, vor § 463 Rn. 4; Zeising, Mitt. 2001, 60, 66; Reimer/Schade/Schippel/Rother § 27 Fassung 1999 Rn. 7 Busse/Keukenschrijver, PatG (6. Aufl. 2003), § 27 ArbEG Fassung 1999 Rn. 7. Die Amtl. Begründung zum Patentrechtsmodernisierungsgesetz (in BR-Ducks. 757/08 S. 53 – zu Art. 7 Nr. 15 d. Entw.). hebt insoweit nur die §§ 469 ff. BGB hervor.
25 OLG Düsseldorf v. 23.10.1970, GRUR 1971, 218, 219 – *Energiezuführungen* – zu § 27 ArbEG Fassung 1957; Zeising, Mitt. 2001, 60, 66; Wiedemann, Lizenzen i. d. Insolvenz (2006), Rn. 631; Reimer/Schade/Schippel/Rother § 27 Fassung 1999 Rn. 7.
26 Das hebt auch die Amtl. Begründung zum Patentrechtsmodernisierungsgesetz (in BR-Ducks. 757/08 S. 53 – zu Art. 7 Nr. 15 d. Entw.). hervor.

77  Nach Zugang dieser Mitteilung kann das Vorkaufsrecht nur **befristet** bis zum Ablauf einer Woche **ausgeübt** werden[27] (§ 469 Abs. 2 Satz 1 BGB).

Die Ausübung des Vorkaufsrechts erfolgt durch **formfreie**, bedingungsfeindliche **Erklärung** ggü. dem Insolvenzverwalter (§ 464 Abs. 1 BGB).

78  Durch die Ausübung wird ein neuer, selbstständiger **Kaufvertrag** zwischen Insolvenzverwalter und Arbeitnehmer begründet,[28] der den Arbeitnehmer grds. verpflichtet, die Leistungen zu erbringen, die der Insolvenzverwalter mit dem Dritten vereinbart hat (§ 464 Abs. 2 BGB). Der Arbeitnehmer hat keinen Anspruch auf Einräumung anderer (günstigerer) Bedingungen. Zur Aufrechnung mit Vergütungsansprüchen s.u. § 27 a.F. Rdn. 83 ff.

79  Hat der Insolvenzverwalter die **Rechte an der Alterfindung bereits auf den Dritten übertragen** (§§ 413, 398 BGB), wird die Wirksamkeit dieses dinglichen Geschäfts durch die Ausübung des Vorkaufsrechts nicht berührt;[29] eine Rückabwicklung scheidet aus.[30] Der Dritte ist auch nicht zur Rückübertragung verpflichtet.[31] Kann der Insolvenzverwalter deshalb seine Übertragungspflicht ggü. dem Arbeitnehmer nicht mehr erfüllen, bestimmen sich die Rechte des Arbeitnehmers nach den allgemeinen zivilrechtlichen Regeln der Leistungsstörung i.V.m. § 55 Abs. 1 Nr. 1 InsO.[32] Darüber hinaus kommt eine Haftung des Insolvenzverwalters nach § 60 InsO in Betracht.[33] Unabhängig davon hat die *Schiedsstelle* eine angemessene Abfindung aus dem Veräußerungserlös analog § 27 Nr. 2 Satz 4 Fassung 1999 vorgeschlagen.[34]

80  Arbeitnehmer-**Miterfinder** können das Vorkaufsrecht nur im Ganzen ausüben (§ 472 Satz 1 BGB). Soweit ein Miterfinder sein Recht nicht ausübt, sind die Übrigen berechtigt, das Vorkaufsrecht im Ganzen auszuüben (§ 472 Satz 2 BGB). Mit der Übertragung der Erfindungsrechte auf die Miterfinder bilden diese erneut – mangels anderweitiger Absprache – eine Bruchteilsgemeinschaft i.S.d. § 741 BGB (vgl. dazu § 5 Rdn. 52 f.).

---

27  Davon geht auch die Amtl. Begründung zum Patentrechtsmodernisierungsgesetz (in BR-Ducks. 757/08 S. 53 – zu Art. 7 Nr. 15 d. Entw.). aus.
28  Ebenso die Amtl. Begründung zum Patentrechtsmodernisierungsgesetz (in BR-Ducks. 757/08 S. 53 – zu Art. 7 Nr. 15 d. Entw.).
29  Zustimmend Schiedsst. vom 19.05.2005 – Arb.Erf. 8/04, (Datenbank). Vgl. allg. RG v. 10.05.1928, RGZ 121, 137, 138.
30  Schiedsst. vom 19.05.2005 – Arb.Erf. 8/04, (Datenbank).
31  Wie hier Reimer/Schade/Schippel/Rother § 27 Fassung 1999 Rn. 7.
32  Wie hier Zeising, Mitt. 2001, 60, 67; Mulch, IPRB 2010, 232, 235. Vgl. auch LG Düsseldorf v. 14.2.2012 – 4a O 132/09, (BeckRS 2012, 05105, unter I.1.c).
33  Ebenso Mulch, IPRB 2010, 232, 235.
34  Schiedsst. vom 19.05.2005 – Arb.Erf. 8/04, (Datenbank).

## B. Verwertung der Alterfindung durch den Insolvenzverwalter § 27 a.F.

Aufgrund der Gesetzessystematik (s. o. § 27 a.F. Rdn. 68) und der wirtschaftlichen Zielsetzung der Insolvenzrechtsreform (s. o. § 27 a.F. Rdn. 1) erscheint es zweifelhaft, ob die Veräußerung von Erfindungsrechten für einen Miterfinder dem Tatbestand der Nr. 1 zuzuordnen ist (etwa bei Mitüberleitung des Arbeitsverhältnisses) und für den anderen (**ausgeschiedenen**) **Miterfinder** den Tatbestand der Nr. 2 Fassung 1999 erfüllt. Ansonsten stünde in solchen Fällen Letzterem das Vorkaufsrecht zu, und zwar bezogen auf seinen Anteil am Zustandekommen der Erfindung. Näher liegt es deshalb, dem anderen Miterfinder anstelle eines Vorkaufsrechts nach § 27 Nr. 2 Fassung 1999 lediglich eine Beteiligung am Verkaufserlös (§ 9 i.V.m. RL Nr. 16) als Massegläubiger zuzuerkennen.

*Rdn. 81 – 82 frei*

### 3. Aufrechnung mit Vergütungsansprüchen (Satz 2)

Bei Ausübung des Vorkaufsrechts kann der Arbeitnehmer gem. Satz 2 mit Vergütungsansprüchen gegen die Kaufpreisforderung aufrechnen. Der Gesetzgeber hatte diese Regelung aus Billigkeitsgründen aufgenommen.[35] Sie entsprach dem Grundgedanken, die Rechtsstellung des Arbeitnehmererfinders bei Insolvenz zu stärken.[36] 83

Die Aufrechnungsmöglichkeit besteht – losgelöst von den Vereinbarungen zwischen Insolvenzverwalter und dem Dritten – kraft Gesetzes. §§ 95 ff. InsO finden, soweit diese die Möglichkeit zur Aufrechnung einschränken, wegen der spezialgesetzlichen Regelung in § 27 Nr. 2 ArbEG Fassung 1999 keine Anwendung.[37]

Aufgerechnet werden kann mit **Ansprüchen auf Vergütung** »für die unbeschränkte Inanspruchnahme der Diensterfindung«. Dieser Begriff ist aus der insoweit wenig geglückten Fassung des § 27 Abs. 2 Satz 1 ArbEG Fassung 1957 übernommen worden. Erfasst werden danach alle bei Fälligkeit des Kaufpreises rückständigen,[38] d.h. fälligen, aber noch nicht erfüllten Vergütungsansprüche nach § 9 i.V.m. den RLn 1959 für die Alterfindung. Dies betrifft auch einbehaltene Risikoabschläge[39] (s. dazu § 12 Rdn. 69). 84

Stets müssen sich die Vergütungsansprüche auf die **konkrete**, mit dem Vorkaufsrecht **belastete Diensterfindung** beziehen; Vergütungsansprüche für

---
35 Amtl. Begründung InsO i. BT-Drucks. 12/3803 S. 99 (zu Art. 54 EGInsO-Entwurf).
36 Vgl. auch Kelbel, GRUR 1987, 218 f.
37 Ebenso Zeising, Mitt. 2001, 60, 67.
38 Amtl. Begründung InsO i. BT-Drucks. 12/3803 S. 99 (zu Art. 54 EGInsO-Entwurf).
39 Vgl. (aber) auch Kelbel, GRUR 1987, 218, 220 f.

sonstige Erfindungen können nicht zum Gegenstand der Aufrechnung gemacht werden.[40]

Aus der verkürzten Fassung des § 27 Nr. 2 Satz 2 ArbEG Fassung 1999 im Verhältnis zur Fassung des § 27 Abs. 2 Satz 1 ArbEG Fassung 1957 könnte der Schluss gezogen werden, die Aufrechnung erstrecke sich nicht auf erfindungsbezogene Vergütungsansprüche aus einfachen Benutzungsrechten für Auslandsnutzungen in freigegebenen Auslandsstaaten (§ 14 Abs. 3). Dieser Rückschluss wird jedoch der Intention des Gesetzgebers nicht gerecht, dem Erfinder eine umfassende Aufrechnung mit seinen rückständigen Vergütungsansprüchen für die unbeschränkt in Anspruch genommene Diensterfindung zuzugestehen.

Die Aufrechnungsmöglichkeit erstreckt sich im Ergebnis auf alle Vergütungsansprüche, die entweder aus Nutzungshandlungen aus der Zeit vor Eröffnung des Insolvenzverfahrens resultieren[41] und nach § 174 InsO angemeldet und unbestritten (vgl. § 179 InsO) sind, oder auf Verwertungshandlungen des Insolvenzverwalters beruhen[42] (§ 27 Nr. 3 Fassung 1999). Damit wird der Arbeitnehmererfinder bezüglich der vor Insolvenzeröffnung begründeten Vergütungsansprüche privilegiert, obschon diese Forderungen ansonsten nicht bevorzugt werden (vgl. § 27 Nr. 5 Fassung 1999). Die Gegenansicht, die eine Privilegierung ggü. anderen Insolvenzgläubigern ablehnt und sich auf die Vergleichbarkeit mit einem absonderungsberechtigten Gläubiger beruft,[43] will den Arbeitnehmer für vor Verfahrenseröffnung entstandene Vergütungsansprüche auf § 27 Nr. 5 Fassung 1999 verweisen;[44] dies ist u. E. weder mit dem Gesetzeswortlaut, noch mit der Gesetzessystematik (vgl. § 27 Nr. 1, Nr. 2 Satz 3, Nr. 4 Satz 2, Nr. 5 Fassung 1999), noch der vom Gesetzgeber angestrebten Billigkeit vereinbar.[45]

85 Aufgerechnet werden kann mit der **Kaufpreisforderung**, die für die Übernahme der Erfindungsrechte geschuldet wird. Diese bestimmt sich nach dem

---

40 Wie hier Zeising, Mitt. 2001, 60, 67; Wiedemann, Lizenzen i. d. Insolvenz (2006), Rn. 632.
41 Ebenso Reimer/Schade/Schippel/Rother § 27 Fassung 1999 Rn. 8; Wiedemann, Lizenzen i. d. Insolvenz (2006), Rn. 634 ff.
42 Im Ergebn. wie hier Reimer/Schade/Schippel/Rother § 27 Fassung 1999 Rn. 8 m.H.a. Busse/Keukenschrijver, PatG (6. Aufl. 2003), § 27 ArbEG Fassung 1999 Rn. 9.
43 So Paul, KTS 2005, 445, 454 f.
44 So aber Zeising, Mitt. 2001, 60, 67; im Ergebn. auch Paul, KTS 2005, 445, 454 f.; vgl. auch Kelbel, GRUR 1987, 218, 221.
45 Ausf. auch Wiedemann, Lizenzen i. d. Insolvenz (2006), Rn. 633 ff.

## B. Verwertung der Alterfindung durch den Insolvenzverwalter § 27 a.F.

Inhalt des mit dem Dritten abgeschlossenen Kaufvertrages (§ 464 Abs. 2, §§ 466 bis 468 BGB). Enthält der Kaufvertrag bereits eine Vereinbarung zur Vergütungspflicht des Dritten gem. § 27 Nr. 2 Satz 3 Fassung 1999, ist diese als Nebenleistung gem. § 466 BGB zu kapitalisieren, wenn eine dahingehende Schuldverpflichtung eine Ermäßigung des Kaufpreises zur Folge hat; bei der Kapitalisierung ist mindernd der auf den Erfinder entfallende Vergütungsanteil vom Kaufpreiserlös (RL Nr. 16) zu berücksichtigen.

Die **Aufrechnung** selbst bestimmt sich nach den allgemeinen Regeln der §§ 387 ff. BGB. Sie ist ggü. der Insolvenzmasse (Insolvenzverwalter) zu erklären, und zwar ohne Bedingungen (§ 388 BGB). Eine Form schreibt das Gesetz nicht vor, sodass sie auch formlos (konkludent) möglich ist. Bei mehreren Arbeitnehmererfindern kann der einzelne Miterfinder nur mit seinem eigenen Vergütungsanspruch, nicht dagegen mit denen seiner Miterfinder aufrechnen (vgl. § 422 Abs. 2 BGB). 86

*Rdn. 87 – 88 frei*

### 4. Vereinbarung der Vergütungspflicht des Erwerbers (Satz 3)

Nach Satz 3 kann der Insolvenzverwalter mit dem Erwerber der Alterfindung die Zahlung einer angemessenen Vergütung vereinbaren, und zwar für den Fall, dass der Arbeitnehmer das Vorkaufsrecht nicht ausübt. Der Regelungsgehalt der **Vorschrift ist unscharf**: Bei wortgetreuer Auslegung wäre der Insolvenzverwalter berechtigt, vom Dritten (Käufer) noch nach Erlöschen des Vorkaufsrechts des Erfinders (durch Fristablauf – § 469 Abs. 2 BGB), also nachträglich, die Übernahme der Vergütungspflicht zu verlangen. Ein derartiger auf einen Kontrahierungszwang hinauslaufender Eingriff in die Bindungswirkung schuldrechtlicher Vereinbarungen kann weder sachlich noch rechtlich gemeint sein. Sollte die Regelung – und dies liegt nahe – bloß die Möglichkeit der Übernahme einer vertraglichen Vergütungspflicht durch den Rechtserwerber im Kaufvertrag aufzeigen, handelt es sich letztlich um eine Selbstverständlichkeit, weil derartige Vereinbarungen nach dem Grundsatz der Privatautonomie (§ 311 Abs. 1 BGB) uneingeschränkt zulässig sind. Um einen Fall eines gesetzlich zugelassenen Schuldnerwechsels, der ansonsten der Genehmigung des Gläubigers bedürfte (vgl. § 415 BGB), kann es nicht gehen, da sich die vereinbarte Vergütungspflicht nur auf die »weitere«, d.h. zukünftige Verwertung durch den Rechtserwerber erstreckt. Vergütungsansprüche stellen jedoch keine dingliche Belastung der Diensterfindung dar, gehen also nicht kraft Gesetzes auf den Erwerber über (s. § 7 n.F. Rdn. 24 f.); nach dem Gesetzeswortlaut werden eben nicht die rückständigen Vergütungsforderungen des Arbeitnehmers erfasst, sondern nur solche aus einer weiteren Verwertung der Diensterfindung durch den Rechtserwerber. 89

Sinnvoll erscheint diese Regelung nur dann, wenn sie in Abweichung von der Unabdingbarkeit insolvenzrechtlicher Sondervorschriften dem Insolvenzverwalter zugleich die Möglichkeit eröffnen soll, **bereits vorab mit dem Erfinder eine Vereinbarung** dahin zu treffen, dass dieser auf sein **Vorkaufsrecht dann verzichtet**, wenn ein Erwerber der Erfindungsrechte eine angemessene Vergütung für dessen Eigennutzung zahlt.[46] Damit gewinnt der Insolvenzverwalter eine zusätzliche Chance zur Vermarktung der Erfindungsrechte.

90 Der Zusammenhang der Sätze 3 und 4 der Nr. 2 macht deutlich, dass der Gesetzgeber den Vergütungsanspruch gegen den Erwerber als (zusätzlichen) **Vorteil für den Erfinder** ansieht, da er hierdurch eine Chance erhält, an der zukünftigen, laufenden Verwertung der Erfindungsrechte durch den Rechtserwerber beteiligt zu werden. Dann teilt der Arbeitnehmererfinder aber auch das wirtschaftliche Risiko der Ausnutzung seiner Diensterfindung durch den Erwerber. Als Alternative bleibt dem Erfinder rechtlich dann nur, sein Vorkaufsrecht auszuüben. Übt der Erfinder sein Vorkaufsrecht nicht aus und trifft der Insolvenzverwalter keine Vereinbarung mit dem Rechtserwerber über die Erfindervergütung, verbleibt dem Erfinder jedenfalls ein Vergütungsanspruch nach Satz 4.[47]

91 **Beteiligte** der Vereinbarung sind ausschließlich der Insolvenzverwalter (als amtliches Organ) und der Erwerber der Diensterfindung.

§ 27 Nr. 2 Satz 3 Fassung 1999 begründet **keinen Anspruch des Erfinders auf Abschluss** einer derartigen Vereinbarung oder auf Verpflichtung des Insolvenzverwalters, eine derartige Abrede zugunsten des Arbeitnehmererfinders aufzunehmen.[48] Vielmehr folgt bereits aus dem Wortlaut (»kann ... vereinbaren«), dass der Abschluss **im pflichtgemäßem Ermessen des Insolvenzverwalters** steht. Dieser muss im Rahmen seiner allgemeinen Aufgabe zur marktgerechten und vermögensorientierten Abwicklung entscheiden, ohne zum Abschluss derartiger Vereinbarungen verpflichtet zu sein. Der Abschluss einer solchen Vereinbarung kann aus Sicht des Insolvenzverwalters zweckmäßig sein, um die Insolvenzmasse von den Abfindungsansprüchen des Erfinders zu entlasten. Hier ist – unter wertender Berücksichtigung der durch das ArbEG anerkannten Interessen des Arbeitnehmererfinders – eine wirtschaftliche Betrach-

---

46 Vgl. auch Keukenschrijver in Busse/Keukenschrijver, PatG, Rn. 11 zu § 27 ArbEG.
47 Ebenso Reimer/Schade/Schippel/Rother § 27 Fassung 1999 Rn. 8.
48 Wie hier Zeising, Mitt.Pat. 2001, 60, 67; Reimer/Schade/Schippel/Rother § 27 Fassung 1999 Rn. 9; vgl. auch Keukenschrijver in Busse/Keukenschrijver, PatG, Rn. 11 zu § 27 ArbEG.

## B. Verwertung der Alterfindung durch den Insolvenzverwalter § 27 a.F.

tung geboten, zumal der Rechtserwerber u.U. auf eine erhebliche Reduzierung des Kaufpreises angesichts zukünftiger Vergütungspflichten bestehen wird.

Die Vereinbarung bedarf weder der Zustimmung noch der Mitwirkung des Arbeitnehmererfinders, noch hat er bei Verhandlungen mit potenziellen Rechtserwerbern ein Mitspracherecht. Davon zu trennen ist die Frage, inwieweit eine **vorherige Abstimmung mit dem Arbeitnehmererfinder** zweckmäßig ist: Da der Abschluss der Vereinbarung mit einem Dritten aufgrund der nicht recht geglückten Gesetzesfassung davon abhängt, ob der Arbeitnehmer sein Vorkaufsrecht ausübt, kann es im Einzelfall zweckmäßig sein, den Arbeitnehmererfinder in die Vertragsverhandlungen einzubeziehen und mit dem Erfinder zu klären, ob er an der Übernahme der Erfindung interessiert ist, eine Einstandspflicht des Rechtserwerbers wünscht oder eine Abfindung aus dem Kaufpreiserlös zweckmäßiger erscheint. Zugleich kann es im Interesse des potenziellen Erfindungserwerbers liegen, bereits im Vorfeld etwaige Vergütungspflichten ggü. dem Arbeitnehmererfinder zu konkretisieren. Allerdings besteht auch insoweit kein Anspruch des Insolvenzverwalters bzw. potenziellen Rechtserwerbers darauf, dass sich der Arbeitnehmererfinder dazu im Vorfeld der Entscheidungsfindung erklärt.

Die Vereinbarung bedarf **keiner bestimmten Form**, ist also auch mündlich bzw. konkludent möglich. Aufgrund des Vorkaufsrechts und aus Beweisgründen – auch wegen der Wirkungen für den Arbeitnehmer – ist eine (schriftliche) Dokumentation des Vertragsinhalts sinnvoll. 92

**Gegenstand der Vereinbarung** ist ausschließlich die Übernahme zukünftiger Vergütungspflichten bezüglich der Alterfindung zugunsten des Arbeitnehmererfinders. Der Klammerhinweis in § 27 Nr. 2 Satz 3 Fassung 1999 erstreckt sich nur auf § 9 ArbEG. § 12 ist nicht einbezogen. Damit sind weder die einvernehmliche Feststellung noch die einseitige Festsetzung der Vergütung nach § 12 ArbEG möglich; der Insolvenzverwalter kann dem Rechtserwerber vertraglich auch kein Recht zur einseitigen Vergütungsregelung einräumen noch den Arbeitnehmer verpflichten, in eine bestimmte Vergütungsregelung einzuwilligen (Vertrag zulasten Dritter). Einbezogen sind aber auch nicht die **sonstigen Bestimmungen des ArbEG**, wie etwa die Arbeitgeberpflichten aus §§ 14, 16 ArbEG. Daraus folgt auch hier die gesetzgeberische Wertung, dass der Rechtserwerber nicht vollständig in die bisherige Stellung des Arbeitgebers einzutreten hat, sondern nur in den Vergütungsanspruch als solchen mit Wirkung für die Zukunft (s.a. § 7 n.F. Rdn. 24 f.). Die **Anmeldepflicht nach § 13 ArbEG** ist ebenfalls nicht angesprochen; ist die Diensterfindung noch nicht zum Schutzrecht angemeldet, wird man nach Sinn und Zweck der Regelung davon ausgehen müssen, dass hier der Insolvenzverwalter in der Pflicht bleibt (s. § 27 n.F. Rdn. 35), also regelmäßig nicht befugt ist, die Diensterfindung 92.1

ohne Sicherung der inländischen Schutzrechtsanmeldung zu übertragen. Eine Ausnahme besteht dann, wenn der Arbeitnehmer der Nichtanmeldung zustimmt (s. dazu § 13 Rdn. 33 ff.), ferner, wenn der Rechtserwerber ein berechtigtes Interesse an einer Geheimhaltung analog § 17 Abs. 1 ArbEG hat und in der Vereinbarung zur Vergütung sichergestellt wird, dass sich die Geheimhaltung nicht nachteilig auf Höhe und Dauer der Vergütung auswirkt.

93 Dem Inhalt nach betrifft die Vereinbarung die Übernahme von Vergütungspflichten für die weitere Verwertung der Alterfindung (bzw. diesbezüglicher Schutzrechtspositionen) zugunsten des Arbeitnehmererfinders durch den Erwerber. Zur **inhaltlichen Gestaltung** reicht es u.E. nach dem Gesetz aus, wenn der Insolvenzverwalter mit dem Erwerber lediglich vereinbart, dass dieser dem Erfinder für die zukünftige Verwertung der Diensterfindung eine angemessene Vergütung nach § 9 ArbEG zu zahlen hat. Einer Konkretisierung des Vergütungsanspruchs nach Art und Umfang unter Bezeichnung der einzelnen Bemessungsfaktoren bedarf es nicht. Abgesehen vom Anteilsfaktor und ggf. Miterfinderanteil wäre solches im Zeitpunkt des Rechtserwerbs auch kaum realistisch, da gesicherte Kriterien zu Nutzungsart und -umfang beim Rechtserwerber und damit zum Erfindungswert zwangsläufig noch nicht feststehen.

94 Werden in der Vereinbarung gleichwohl nähere Regelungen zu Art und Höhe der Vergütung getroffen, müssen diese der **Angemessenheit** i.S.d. § 9 ArbEG entsprechen. Dazu gelten die allgemeinen Grundsätze (s. dazu § 9 Rdn. 69 ff.). Dabei hat – von Anteilsfaktor und Miterfinderanteil abgesehen – eine Orientierung an den Verhältnissen beim Rechtserwerber, insb. nach Art und Umfang seiner zukünftigen Verwertungshandlungen, zu erfolgen. Angemessen ist die Vergütung jedenfalls dann, wenn der Rechtserwerber die Diensterfindung für seine Verwertung so vergütet, als sei es eine originäre Diensterfindung aus seinem Unternehmen. Zur Vergütungshöhe s. i. Übr. unten § 27 a.F. Rdn. 96.1.

Die durch die Bezugnahme auf § 9 ArbEG vorgegebenen Bewertungskriterien sind letztlich Mindestansätze, die nicht unterschritten werden können. Selbstverständlich sind Insolvenzverwalter und Erwerber frei darin, zugunsten des Arbeitnehmers günstigere Vergütungspflichten zu vereinbaren, auch wenn der Arbeitnehmer darauf keinen Anspruch hat.

Probleme ergeben sich aber dann, wenn die zwischen Insolvenzverwalter und Rechtserwerber **vereinbarte Vergütung unangemessen** ist. Da es sich dabei um eine im ArbEG gesetzlich verankerte Vereinbarung über eine Diensterfindung handelt, unterliegt sie u.E. der Billigkeitskontrolle des § 23 ArbEG, auch wenn diese Regelung ansonsten nur für Vereinbarungen zwischen Arbeitneh-

### B. Verwertung der Alterfindung durch den Insolvenzverwalter     § 27 a.F.

mer und Arbeitgeber greift[49] (s. § 23 Rdn. 5). Angesichts der Charakterisierung als Vertrag zugunsten Dritter (s. u. § 27 a.F. Rdn. 97) kann der Arbeitnehmer die Unbilligkeit selbst geltend machen, wobei jedoch die Ausschlussfrist des § 23 Abs. 2 zu beachten ist. Zweifelhaft ist dagegen die Rechtslage, wenn § 23 ArbEG nicht greift, insbesondere, weil die Vereinbarung zwar nicht die Schwelle der Unbilligkeit erreicht, aber die vereinbarte Vergütung gleichwohl nicht angemessen ist, weil die Vereinbarung nach Beendigung des Arbeitsverhältnisses abgeschlossen worden ist (s. § 23 Rdn. 8.1) oder weil man generell die Geltung des § 23 ArbEG ablehnt[50]. Da der Arbeitnehmer – im Unterschied zu § 12 ArbEG – bei der Vereinbarung weder zu beteiligen ist noch ein Widerspruchsrecht hat, verbleibt es u.E. nach der Gesetzessystematik mangels Angemessenheit bei einem ergänzenden Anspruch aus dem Abfindungserlös, der i.H.a. die Angemessenheit ggf. um Zahlungen des Rechtserwerbers zu reduzieren ist. Ist dieser ergänzende Anspruch nicht durchsetzbar, hat der Arbeitnehmer ggf. einen entsprechenden **Schadensersatzanspruch** nach § 60 InsO ggü. dem Insolvenzverwalter wegen Verletzung der Rechtspflichten aus § 27 ArbEG. Der Schaden ist (ggf. unter Anrechnung von Leistungen des Rechtserwerbers) zwangsläufig der Höhe nach auf dasjenige begrenzt, was der Arbeitnehmer ohne Vereinbarung nach § 27 Nr. 2 Satz 4 ArbEG Fassung 1999 erhalten hätte. Entsprechendes müsste gelten, wenn § 23 ArbEG wegen des vorherigen Ausscheidens des Arbeitnehmers unanwendbar ist. Beschränkt sich die Vereinbarung lediglich auf die Begründung einer Pflicht zur Zahlung einer angemessenen Vergütung für die weitere Verwertung (s. u. § 27 a.F. Rdn. 93), stellen sich diese Probleme allerdings nicht.

Unter dem Begriff der **weiteren Verwertung** sind alle Verwertungshandlungen des Rechtserwerbers zu verstehen, also sowohl die betriebliche Eigenverwertung im In- und Ausland (einschließlich Einsatz als Sperrpatent) als auch die Verwertung mittels Lizenzvergabe, Austausch oder Verkauf von Erfindungsrechten (Schutzrechtspositionen). Da sich der Vergütungsanspruch auf die gesamte weitere Verwertung der Diensterfindung erstreckt, kann dieser in der Vereinbarung weder bedingt, noch zeitlich begrenzt noch auf bestimmte Verwertungshandlungen verkürzt werden. Wird bspw. ein Vergütungsanspruch nur für den Fall der Lizenzvergabe durch den Rechtserwerber vereinbart, nicht aber für dessen eigene Nutzungshandlungen, wäre eine solche Vereinbarung unangemessen und regelmäßig unbillig (zu den Folgen s. o. § 27 a.F. Rdn. 94).    95

---

49 A. A. Keukenschrijver in Busse/Keukenschrijver, PatG, Rn. 11 zu § 27 ArbEG.
50 So wohl Keukenschrijver in Busse/Keukenschrijver, PatG, Rn. 11 zu § 27 ArbEG.

Der Gesetzesinhalt umfasst dagegen – abweichend von § 9 Abs. 2 ArbEG – nicht die bloße **Verwertbarkeit** (vgl. RL Nr. 20 ff.). Deshalb trifft den Rechtserwerber weder die Pflicht, etwaige unterlassene bzw. unausgenutzte Verwertungsmöglichkeiten vergüten zu müssen, noch schuldet er eine Vergütung als Vorratspatent. Angesichts der Gesetzesfassung und der Tatsache, dass dem ArbEG eine Mindestvergütung fremd ist, muss dies selbst dann gelten, wenn die Vergütung wegen geringer Verwertungshandlungen des Rechtserwerbers geringer ausfällt als eine Abfindung i.S.d. § 27 Nr. 2 Satz 4 Fassung 1999.

96 Bezüglich der **Art der Vergütung** ist – wie auch der Gesetzeshinweis auf die »weitere Vergütung« nahelegt – im Zweifel von der Angemessenheit einer laufenden Vergütung in Geld auszugehen (s. § 9 Rdn. 52 ff.). Da der Arbeitnehmer über die Vereinbarung die Chance eines weiter gehenden Vergütungsanspruchs erhalten soll, wird man – auch mit Blick auf die ansonsten nach § 27 Nr. 2 Satz 4 a.F. zu zahlende Abfindung – eine über diese Abfindung hinausgehende, an den allgemeinen Grundsätzen orientierte (s. dazu § 9 Rdn. 57 ff.) Pauschalvergütung als möglich ansehen können. Dagegen wäre eine von der Benutzung der Erfindung bzw. der Dauer des Schutzrechts losgelöste Befristung der Vergütungszahlung im Regelfall unangemessen.

96.1 In Übereinstimmung mit der Amtl. Begründung[51] gelten ansonsten auch für die **Höhe der Vergütung** die allgemeinen Maßstäbe des § 9 ArbEG i.V.m. den Vergütungsrichtlinien. Soweit nichts Näheres vereinbart ist, erfolgt die Vergütungsbemessung mittels der Faktoren Erfindungswert und Anteilsfaktor ggf. unter Berücksichtigung eines Miterfinderanteils.

Die »Angemessenheit« des **Erfindungswertes** orientiert sich dabei an den allgemeinen Kriterien der RL Nrn. 3 ff., 19, 28 für die betriebliche Benutzung und der RL Nrn. 14–18 für die außerbetriebliche Verwertung, und zwar bezogen auf die Verhältnisse beim Rechtserwerber (s. o. § 27 a.F. Rdn. 94). Die früheren Kriterien zum Erfindungswert, die im Unternehmen des Schuldners gegolten haben, wirken nicht fort. Sie können zwar indiziell wirken, sind allerdings in ihrer Aussagekraft begrenzt, da die Erfindung ja ohne Geschäftsbetrieb veräußert wird. Dies gilt wegen der Relation von Bezugsgröße und Lizenzsatz und der Orientierung am Produktmarkt auch für die **Lizenzanalogie** (RL Nrn. 6 ff.). Erst recht gilt dies für die Methode nach dem erfassbaren betrieblichen Nutzen (RL Nr. 12). Soweit eine **Abstaffelung** (RL Nr. 11) in Betracht kommt, ist die Einbeziehung früherer Umsätze (vor bzw. ab Eröffnung) nicht sachgerecht, zumal für die Umsätze beim Rechtserwerber andere Kausalitäten maßgeblich sein können (zur Kausalitätsverschiebung s. § 9 Rdn. 141 ff.). Nur

---

51 Amtl. Begründung InsO i. BT-Drucks. 12/3803 S. 99 (zu Art. 54 EGInsO-Entwurf).

wenn für eine Kausalitätsverschiebung keine Anhaltspunkte bestehen und es auch i.Ü. bei den bisherigen Ansätzen zum Erfindungswert verbleibt, mag eine Einbeziehung der Altumsätze unter dem Aspekt gerechtfertigt sein, dass der Erfinder aufgrund der Insolvenz nicht besser gestellt werden muss, als er ohne ein solches Ereignis gestanden hätte.

Für die Bemessung des **Anteilsfaktors** (RL Nrn. 30 ff.) bleibt dagegen die konkrete Erfindungsgeschichte im Unternehmen des Schuldners maßgeblich; Gleiches gilt für einen etwaigen Miterfinderanteil. Sind mit dem Arbeitnehmererfinder bereits verbindliche Vergütungsregelungen vom Schuldner bzw. Insolvenzverwalter getroffen worden (Vergütungsvereinbarung, Vergütungsfestsetzung i.S.d. § 12 Abs. 1, 3 ArbEG), können diese (unveränderbaren) Werte für die Bemessung der Höhe des Anteilsfaktors und (ggf.) des Miterfinderanteils übernommen werden.

Die **Rechtswirkungen der Vereinbarung** sind zunächst allgemein davon abhängig, dass der Arbeitnehmer von seinem Vorkaufsrecht keinen Gebrauch macht. Macht er davon Gebrauch, ist die Vereinbarung gegenstandslos (zur Miterfinderschaft s. o. § 27 a.F. Rdn. 80). Macht der Arbeitnehmer davon keinen Gebrauch, ist zu differenzieren:

Im **Verhältnis zur Insolvenzmasse** folgt aus § 27 Nr. 2 Satz 4 ArbEG Fassung 1999, dass der Arbeitnehmer aufgrund der Vereinbarung bezüglich des Verkaufs der betreffenden Erfindungsrechte (Schutzrechtspositionen) keine weiter gehenden Ansprüche auf Beteiligung am Kaufpreiserlös oder auf Abfindung hat (zur Ausnahme s.o. § 27 a.F. Rdn. 94; zu Vergütungsansprüchen aus der Zeit vor Erfindungsübertragung s. u. § 27 a.F. Rdn. 145).

Im **Verhältnis zum Rechtserwerber** handelt es sich um einen echten **Vertrag zugunsten Dritter** i.S.d. § 328 BGB.[52] Die Rechtsbeziehungen zwischen Arbeitnehmer und Rechtserwerber beruhen auf diesem Vertrag und stellen sich wie folgt dar: Der Arbeitnehmer erhält damit einen unmittelbaren Anspruch auf Erfüllung ggü. dem Rechtserwerber. Als Hilfsanspruch zu seinem Vergütungsanspruch wird man dem Arbeitnehmer einen – auf den Inhalt der getroffenen Vereinbarung abgestellten – **Auskunfts- und Rechnungslegungsanspruch** ggü. dem Rechtserwerber zugestehen müssen. Dem Rechtserwerber räumt das Gesetz weder die Möglichkeit einer einseitigen Festsetzung nach § 12 Abs. 3 ArbEG ein noch hat er ein einseitiges Leistungsbestimmungsrecht

---

52 Wohl allg. A., z.B. Zeising, Mitt.Pat. 2001, 60, 67; Wiedemann, Lizenzen i. d. Insolvenz (2006), Rn. 637; Busse/Keukenschrijver, PatG (6. Aufl. 2003), § 27 ArbEG Fassung 1999 Rn. 11 (ebenso zu § 27 n.F. dort Rn. 11 zu § 27); Reimer/Schade/Schippel/Rother § 27 Fassung 1999 Rn. 9.

i.S.d. § 315 BGB. Zahlt der Rechtserwerber nicht oder hält der Arbeitnehmer die Zahlungen für unangemessen, kann er nach allgemeinen zivilrechtlichen Grundsätzen auf Erfüllung klagen. U.E. gelten insoweit die verfahrensrechtlichen Sonderbestimmungen des ArbEG über das **Schiedsstellenverfahren** nach §§ 28 ff. ArbEG nicht, da es an einem Streitfall zwischen den Arbeitsvertragsparteien fehlt und die Vergütungspflicht des Erwerbers nicht auf zwingendem Recht, sondern auf (fakultativer) vertraglicher Grundlage beruht.[53] Jedoch ist angesichts der weiten Fassung des § 39 ArbEG für das gerichtliche Verfahren die darin begründete Zuständigkeit der **Patentstreitkammern** nach § 143 PatG gegeben. Eines nach § 37 ArbEG vorzuschaltenden Schiedsstellenverfahrens bedarf es nicht; insoweit ist die Situation vergleichbar mit den in § 37 Abs. 2 Nr. 1, 3 sowie in § 38 ArbEG geregelten Sachverhalten.

**Wird der Rechtserwerber selbst** insolvent, findet § 27 ArbEG keine Anwendung.

Ein gesetzlicher **Anpassungsanspruch** des Arbeitnehmers aus § 12 Abs. 6 ArbEG ggü. dem Rechtserwerber besteht nicht (s.o. § 27 a.F. Rdn. 92). Inwieweit der Arbeitnehmer ggü. dem Rechtserwerber einen Anpassungsanspruch wegen veränderter Geschäftsgrundlage nach § 313 BGB geltend machen kann, bestimmt sich dann nach allgemeinen Regeln.

98  Im Interesse des Rechtsfriedens ist es empfehlenswert, wenn sich Arbeitnehmer und Rechtserwerber bilateral über die Kriterien der Vergütungsbemessung verständigen. Eine derartige **Vereinbarung zwischen Arbeitnehmer und Rechtserwerber** unterliegt allerdings nicht mehr dem ArbEG; es gelten dafür die Regeln der Vertragsfreiheit, die nur durch allgemeines Zivilrecht eingeschränkt sind (vgl. § 138 BGB).

### 5. Angemessene Abfindung aus dem Veräußerungserlös (Satz 4)

99  Bei Fehlen einer Vergütungsvereinbarung mit dem Erfindungserwerber hat der Arbeitnehmer einen Anspruch auf angemessene Abfindung aus dem Veräußerungserlös (Satz 4). Eine Vereinbarung fehlt nicht nur dann, wenn der Insolvenzverwalter davon absieht, sondern auch in den Fällen, in denen zwar der Vertrag Vergütungspflichten ggü. dem Erfinder festlegt, diese aber nicht den Mindestvoraussetzungen (s.o. § 27 a.F. Rdn. 92) entsprechen. Den Gründen, aus denen die Vereinbarung unterblieben ist, kommt rechtlich keine Bedeu-

---

53 A.A. Busse/Keukenschrijver, PatG (6. Aufl. 2003), § 27 ArbEG Fassung 1999 Rn. 11 im Anschluss an Kelbel, GRUR 1987, 218, 211; vgl. auch allg. Boemke/Kursawe/Boemke Rn. 12 f. zu § 28.

tung zu. Mangels einer den gesetzlichen Vorschriften entsprechenden Regelung verbleibt es u. E. bei einem Anspruch des Arbeitnehmererfinders auf (ergänzende) Abfindung aus dem Veräußerungserlös.

Die angemessene Abfindung bestimmt sich nach § 9 i.V.m. den RLn 1959. Maßstab sind nicht die potenziellen Verwertungshandlungen des Erwerbers, sondern die Höhe des Kaufpreises für die Alterfindung, sodass hier die Grundsätze der RL Nr. 16 einschlägig werden[54] (s. dazu § 9 Rdn. 251 ff.). Da es sich hierbei um eine einmalige Vergütungszahlung handelt, ist insoweit der Begriff der »Abfindung« als Pauschalabfindung kein Widerspruch zu dem für das ArbEG üblichen Begriff der angemessenen Vergütung.[55] Der Anteilsfaktor (RL Nrn. 30 ff.) ist dabei ebenso zu berücksichtigen[56] wie ein etwaiger Miterfinderanteil. **100**

Der Vorteil dieser Regelung für den Erfinder liegt folglich darin, dass er nicht auf eine – wenn auch bevorzugte – Befriedigung aus der Insolvenzmasse verwiesen, sondern vorab am Kauferlös beteiligt wird und erst der danach verbleibende Betrag in die Insolvenzmasse fließt. **101**

*Rdn. 102 – 104 frei*

### IV. Verwertung der Alterfindung im Unternehmen des Schuldners (Nr. 3).

#### 1. Verwertungshandlungen des Insolvenzverwalters im Unternehmen des Schuldners

Nr. 3 Fassung 1999 entspricht inhaltlich weitgehend § 27 Nr. 2 n. F. (s. dort § 27 Rdn. 101 ff.). Allerdings ergeben sich für die vor dem 01.10.2009 gemeldeten Diensterfindungen (Alterfindungen, s. o. § 27 a.F. Rdn. 3) aufgrund der Systematik des § 27 Fassung 1999 Besonderheiten bei Verkauf der Diensterfindung, auf die nachfolgend noch einzugehen ist (s. u. § 27 a.F. Rdn. 108 f.). **105**

Die Regelung behandelte erstmals gesetzlich die Situation, dass der anstelle des Arbeitgebers (Schuldners) entscheidungs- und verfügungsberechtigte Insolvenzverwalter die Erfindung im insolventen Unternehmen verwertet. Dadurch sollte klargestellt werden, dass der Arbeitnehmererfinder für diese Verwertungshandlungen, die die Insolvenzmasse im Endergebnis bereichern, angemessen vergütet wird. Bereits unter Geltung des § 27 Fassung 1957 entsprach es herr-

---

54 So wohl auch Reimer/Schade/Schippel/Rother § 27 Fassung 1999 Rn. 10.
55 S. die Amtl. Begründung z. InsO i. BT-Drucks. 12/3803 S. 99 (zu Art. 54 EGInsO-Entwurf), die auch insoweit von angemessener »Vergütung« spricht.
56 Ebenso Reimer/Schade/Schippel/Rother § 27 Fassung 1999 Rn. 10.

§ 27 a.F.                                           Insolvenzverfahren (Fassung 1999)

schender Meinung, dass der Vergütungsanspruch für Verwertungshandlungen des Konkursverwalters eine Masseschuld i.S.d. § 59 Abs. 1 Nr. 1 KO begründete.[57]

Verwertungshandlungen des Insolvenzverwalters begründen damit **Masseverbindlichkeiten** (vgl. §§ 55, 61 InsO) und der Arbeitnehmer ist insoweit mit seinen Vergütungsansprüchen **Massegläubiger** (vgl. §§ 53, 209 InsO).

Die Fassung des § 27 Nr. 1 Fassung 1999, wonach der Erwerber ab Eröffnung des Insolvenzverfahrens in die Vergütungspflichten eintritt, sowie die systematische Stellung der Vorschriften zeigen, dass § 27 Nr. 3 Fassung 1999 nicht als lex specialis ggü. § 27 Nrn. 1 und 2 Fassung 1999 zu verstehen ist, sondern umgekehrt Letztere der Nr. 3 vorgehen.

*Rdn. 106, 107 frei.*

108 Auch der **Verkauf von Erfindungsrechten** (RL Nr. 16) stellt eine Form der tatsächlichen Verwertung dar. In diesen Fällen ergeben sich die vergütungsrechtlichen Folgen zunächst aus § 27 Nrn. 1 und 2 Fassung 1999, die als spezialgesetzliche Regelungen vorgehen. Nur soweit § 27 Nrn. 1 bzw. Nr. 2 Fassung 1999 nicht einschlägig sind, verbleibt es bei der Regelung der Nr. 3.[58] So hat der Rechtserwerber im Fall des § 27 Nr. 1 Fassung 1999 nur die Verwertungshandlungen ab Eröffnung zu vergüten, die vom Insolvenzverwalter ausgehen und auf die erworbene Schutzrechtsposition entfallen; dagegen hat nicht der Betriebserwerber, sondern die Insolvenzmasse nach § 27 Nr. 3 Fassung 1999 einzustehen für die Verwertungen des vorläufigen Insolvenzverwalters (s. auch § 27 n.F. Rdn. 32) sowie für Verwertungen, die zwar die Diensterfindung, aber nicht mitveräußerte Schutzrechtspositionen betreffen (z.B. Verkauf des Inlandspatentes und Verwertung des Auslandspatents im Schuldnerunternehmen mittels Lizenzvergabe). Im Fall des § 27 Nr. 2 Satz 3 Fassung 1999 schuldet der Rechtserwerber nur die Vergütung für seine weitere Verwertung der betreffenden Schutzrechtsposition, nicht dagegen für vor Erfindungsverkauf liegende Verwertungen des Insolvenzverwalters oder die Verwertung paralleler Schutzrechtspositionen. Ferner verbleibt es nach der hier vertretenen Auffas-

---

57 So im Anschluss an 2. u. 3. Vorauflage (Rn. 31 zu § 23 ArbEG a.F.) u.a. Schiedsst. v. 26.02.1993, GRUR 1996, 49, 52 ff. – *Gießereimaschinen*; v. 04.06.1993, GRUR 1994, 615, 617 f. – *Anspruchsentstehung* u. v. 19.09.1995, Mitt. 1996, 176, 1777 – *Patentverkauf*; Kuhn Uhlenbruck, KO, 11. Aufl. 1994; Volmer/Gaul Rn. 36 zu § 27; Schwab, Erf. u. VV i. ArbVerh. (1991), S. 42; a.A. LG München I v. 19.06.1991, GRUR 1994, 626 f. – *Unternehmenskonkurs*.
58 So im Ergebnis wohl auch LG Düsseldorf v. 14.2.2012 – 4a O 132/09, (BeckRS 2012, 05105, unter I.1.c).

## B. Verwertung der Alterfindung durch den Insolvenzverwalter § 27 a.F.

sung beim Anspruch aus § 27 Nr. 3 Fassung 1999 bei fehlendem Übergang des Arbeitsverhältnisses trotz Erfindungsverkaufs mit Geschäftsbetrieb (s. o. § 27 a.F. Rdn. 61).

Da § 27 Nr. 3 der Fassung 1999 ansonsten inhaltlich § 27 Nr. 2 n. F. entspricht, kann wegen der weiteren Einzelheiten auf die Kommentierung zu § 27 Nr. 2 n.F. verwiesen werden (s. § 27 n.F. Rdn. 100 ff.). **109**

*Rdn. 110 – 112 frei*

### 2. Angemessene Vergütung aus der Insolvenzmasse

Der Anspruch ist gerichtet auf angemessene Vergütung. Für die Höhe der Vergütung gelten auch insoweit die allgemeinen Maßstäbe des § 9,[59] und zwar i.V.m. den RLn 1959. Bestehen bereits Vergütungsregelungen, so bleiben diese bindend, von der Möglichkeit des § 12 Abs. 6 bzw. § 23 ArbEG abgesehen (vgl. auch §§ 80, 148 InsO). Ein Wahlrecht nach § 103 InsO besteht u.E. angesichts der Sonderregelung des § 27 ArbEG nicht[60] (zur Anpassung bei wirtschaftlichen Veränderungen s. § 12 Rdn. 131 ff.). Fehlt eine Vergütungsregelung, so hat der Insolvenzverwalter eine solche ggf. im Verfahren nach § 12 herbeiführen. **113**

Der Vergütungsanspruch ist **aus der Insolvenzmasse** zu zahlen. Damit handelt es sich um eine spezialgesetzliche Zuerkennung einer Masseverbindlichkeit.[61] Demzufolge ergibt sich ggf. ein Haftungsanspruch nach § 61 InsO. **114**

*Rdn. 107 – 117 frei*

### V. Absehen von einer Verwertung der Alterfindung (Nr. 4)

#### 1. Anwendungsbereich – Abgrenzung zu § 16

Die Regelung betrifft die Fälle, in denen die Diensterfindung weder innerbetrieblich – auch nicht als Sperrpatent – noch außerbetrieblich (insbes. durch Lizenzvergabe, Verkauf) verwertet wird. Sie ist nur noch für die vor dem 01.10.2009 gemeldeten Diensterfindungen von Bedeutung (Alterfindungen, s. § 43 Rdn. 14 ff.), da § 27 Nr. 2 und 4 Fassung 1999 durch die ArbEG-Novelle 2009 zusammengefasst worden sind (s. § 27 n.F. Rdn. 3). Deshalb wurde die **118**

---

[59] Amtl. Begründung z. InsO i. BT-Drucks. 12/3803 S. 99 (zu Art. 54 EGInsO-Entwurf).
[60] S. FK-InsO/Bartenbach/Volz/Kunzmann in Anhang I Rn. 107.
[61] Wie hier Zeising, Mitt. 2001, 60, 68.

**§ 27 a.F.**

nachfolgende Kommentierung für die vor dem 01.10.2009 gemeldeten Diensterfindungen beibehalten.

Nach dem Willen des Gesetzgebers sollte durch § 27 Nr. 4 Fassung 1999 im Interesse des Erfinders die Lücke zwischen der betrieblichen Nutzung und der Veräußerung der Erfindung geschlossen werden, indem hier dem Erfinder die Möglichkeit zur Übernahme seiner Diensterfindung eröffnet wird.[62]

119 Sieht man § 27 Nr. 4 Satz 1 Fassung 1999 als Spezialregelung an, ergibt sich hieraus:

§ 16 Abs. 1 und 2 wird mit der Folge eingeschränkt, dass der Insolvenzverwalter gehindert ist, ein Nutzungsrecht i.S.d. § 16 Abs. 3 (s. hierzu § 16 Rdn. 77 ff.) vorzubehalten.[63] Diese Begrenzung auf § 16 Abs. 1 Satz 2 eröffnet nur die Alternative, dass der Arbeitnehmer die Übertragung der Rechtsposition verlangt (§ 16 Abs. 1) oder der Insolvenzverwalter – bei Nichtgeltendmachung dieses Rechts – die Schutzrechtsposition aufgibt. Dabei verstärkt Nr. 4 die Pflicht des Insolvenzverwalters ggü. der Regelung in § 16 Abs. 1 insoweit, als die Anbietungspflicht hier unabhängig davon besteht, ob der Vergütungsanspruch bereits vollständig erfüllt ist[64] (s. § 16 Rdn. 15 ff.). Ebenso überlässt es § 16 Abs. 1 außerhalb des Insolvenzverfahrens der freien Entscheidung des Arbeitgebers, ob er im Fall der Nichtverwertung die Schutzrechtsposition fallen lässt, während nunmehr über Nr. 4 im Fall der Nichtverwertung bzw. Nichtveräußerung eine Pflicht des Insolvenzverwalters zum Anbieten der Schutzrechtsposition begründet wird. Zusätzlich besteht die Aufrechnungsmöglichkeit mit Vergütungsansprüchen.

120 Der Arbeitnehmer hat keinen Anspruch darauf, dass der Insolvenzverwalter die Verwertung der Erfindung zugunsten einer Übertragung auf ihn unterlässt (vgl. auch § 16 Rdn. 17, 26). Der Entschluss, die Erfindung weder im Schuldnerunternehmen noch durch Veräußerung zu verwerten, liegt im **pflichtgemäßen Ermessen des Insolvenzverwalters**[65] (vgl. § 60 Abs. 1 InsO), ggf. unter Beachtung entsprechender Beschlüsse der Gläubiger bzw. des Insolvenzplanes. Erst wenn der Insolvenzverwalter von einer Verwertung der Alterfin-

---

62 Vgl. Amtl. Begründung z. InsO i. BT-Drucks. 12/3803 S. 99 (zu Art. 54 EGInsO-Entwurf).
63 Ebenso Zeising, Mitt. 2001, 60, 68; Reimer/Schade/Schippel/Rother § 27 Fassung 1999 Rn. 12.
64 Ebenso Reimer/Schade/Schippel/Rother Rn. 12 zu § 27 Fassung 1999; a. A. (zu § 27 Nr. 3 n.F.) Boemke/Kursawe/Ulrici Rn. 16, 76 zu § 27; Wiedemann, Vergüt. i. d. Insolvenz (2016), S. 104 f.
65 Ebenso Zeising, Mitt. 2001, 60, 68.

dung absieht, hat er dem Arbeitnehmer die Erfindung entsprechend § 16 Abs. 1 ArbEG anzubieten.[66] Allerdings sind die Gründe für die unterbleibende Verwertung für die Geltung des § 27 Nr. 4 ohne Relevanz.

§ 27 Nr. 4 Fassung 1999 legt keinen **Zeitpunkt** für die Entscheidung des Insolvenzverwalters fest. Die Vorschrift erfasst deshalb auch den Fall, dass die Alterfindung zunächst im Unternehmen eingesetzt wird (§ 27 Nr. 3 Fassung 1999) und erst später eine Entscheidung über eine Einstellung der Verwertung fällt.[67]   121

*Rdn. 122 – 124 frei*

## 2. Anbietungspflicht – Übertragungsanspruch

Im Unterschied zu § 16 Abs. 1 stellt § 27 Nr. 4 Satz 1 a.F. dem Wortlaut nach nicht auf **Schutzrechtsanmeldungen und erteilte Schutzrechte** ab, sondern auf die Diensterfindung als solche. Aus der entsprechenden Anwendung des § 16 Abs. 1 und 2 und aus der in Satz 2 unterstellten Erstattung der Kosten der Übertragung folgt u.e., dass auch hier der Gesetzgeber nur von der Übertragung von Schutzrechtspositionen, d.h. zumindest von zum Schutzrecht angemeldeten Erfindungen ausgegangen ist.[68] Für die bloße Übertragung von ungeschützten Erfindungsrechten entstehen keine Übertragungskosten. I.Ü. soll die Vorschrift nach ihrem Sinn und Zweck dem Arbeitnehmer eine zusätzliche Verwertungschance eröffnen; es ist nicht erkennbar, dass der Insolvenzverwalter zulasten des Arbeitnehmers von seiner Verpflichtung zur Schutzrechtsanmeldung nach § 13 entbunden wird. Dementsprechend darf der Insolvenzverwalter regelmäßig nur bei Einvernehmen mit dem Erfinder von der Schutzrechtsanmeldung absehen (§ 13 Abs. 2 Nr. 2).   125

Im Unterschied zu § 16 Abs. 1 dürften hier auch **betriebsgeheime Erfindungen** von der Anbietungspflicht umfasst sein[69] (vgl. § 17 Rdn. 35 f.). Es wäre mit dem Normzweck schwer vereinbar, bei betriebsgeheimen Erfindungen, für deren weitere Verwertung aufgrund der Insolvenz des Arbeitgebers kein wirtschaftliches Interesse mehr besteht, dem Erfinder die Verwertungsmöglichkeit zu nehmen. Reagiert der Arbeitnehmer innerhalb der Frist des § 16 Abs. 2   126

---

66 Amtl. Begründung z. InsO i. BT-Drucks. 12/3803 S. 99 (zu Art. 54 EGInsO-Entwurf).
67 Ebenso Reimer/Schade/Schippel/Rother § 27 Fassung 1999 Rn. 12.
68 Unklar Zeising, Mitt. 2001, 60, 68; a.A. wohl Reimer/Schade/Schippel/Rother § 27 Fassung 1999 Rn. 12.
69 Ebenso Zeising, Mitt. 2001, 60, 68; Keukenschrijver in Busse/Keukenschrijver, PatG, Rn. 9 zu § 27 ArbEG; Reimer/Schade/Schippel/Rother § 27 Fassung 1999 Rn. 12.

nicht, kann der Insolvenzverwalter den Erfindungsgegenstand offenbaren, da aufgrund des Aufgaberechts die Geheimhaltungspflicht nach § 24 Abs. 1 zwangsläufig entfällt.

127 Die Vorschrift erfasst i.Ü. Schutzrechtsanmeldungen und erteilte Schutzrechte, und zwar auch dann, wenn der Insolvenzverwalter nur **einzelne Schutzrechtspositionen** weder verwerten noch veräußern will. Dies gilt etwa, wenn eine Verwertungsabsicht nur hinsichtlich des Inlandschutzrechts besteht, nicht jedoch für parallele Auslandsschutzrechte; Letztere sind dann dem Erfinder anzubieten.

128 Steht die Entscheidung fest, die Alterfindung weder im Schuldnerunternehmen zu verwerten noch an Dritte zu veräußern, hat der Insolvenzverwalter dem Arbeitnehmer die unterbliebene Verwertung mitzuteilen und die Übernahme der Schutzrechtsposition anzubieten (s. § 16 Rdn. 27 ff.). Eine Gegenleistung für die Überlassung der Erfindung kann nicht verlangt werden.[70] Diese **Pflicht** besteht auch ggü. dem ausgeschiedenen Arbeitnehmer (§ 26). Ein Vorbehalt eines Benutzungsrechts (§ 16 Abs. 3) scheidet aus (s.o. § 27 a.F. Rdn. 119). Einen bestimmten Wortlaut schreibt das Gesetz für die Mitteilung nicht vor. Aus der Erklärung muss aber für den Arbeitnehmer erkennbar sein (Empfängerhorizont!), dass der Insolvenzverwalter ihm die Übertragung der (zu kennzeichnenden) Diensterfindung und der (näher bezeichneten) Schutzrechtspositionen anbietet. Auch hier ist eine formlose Mitteilung möglich, aber wegen der Beweislast nicht zweckmäßig.[71] I.Ü. gelten die gleichen Grundsätze wie zu § 16 Abs. 1 (s. dort insbes. § 16 Rdn. 27 ff.).

Eine Verletzung der Mitteilungspflicht kann Schadensersatzansprüche des Erfinders (Masseverbindlichkeiten) sowie ggf. eine persönliche Haftung des Insolvenzverwalters nach § 60 Abs. 1 InsO begründen.[72] Zu den Folgen s. i.Ü. § 16 Rdn. 70 ff.

129 Entsprechend § 16 Abs. 2 muss sich der Arbeitnehmer **innerhalb von 3 Monaten** nach Zugang der Mitteilung des Insolvenzverwalters **entscheiden** (s. dazu § 16 Rdn. 36 ff.). Verlangt der Arbeitnehmer nicht innerhalb dieses Zeitraums die Rechtsübertragung, ist der Insolvenzverwalter entsprechend § 16 Abs. 2 berechtigt, die Erfindungsrechte aufzugeben bzw. die Schutzrechtsposition fallen zu lassen. Auch hier gelten die gleichen Grundsätze wie bei § 16 Abs. 2 (s. dort Rdn. 67 ff.). Der Insolvenzverwalter ist auch hier – bei

---

70 Vgl. auch Wiedemann, Vergütg. i. d. Insolvenz (2016), S. 161 ff,
71 Mulch, IPRB 2010, 232, 234.
72 Mulch, IPRB 2010, 232, 234.

C. Der Arbeitnehmer als Insolvenzgläubiger § 27 a.F.

Fehlen einer abweichenden Vereinbarung mit dem Erfinder (§ 22) – an seine Mitteilung bis zum Fristablauf gebunden, kann also bis dahin die Diensterfindung bzw. diesbezügliche Schutzrechtspositionen weder fallen lassen noch an Dritte veräußern (s. § 16 Rdn. 41 ff.).

*Rdn. 130 – 132 frei*

### 3. Rechtsübertragung – Aufrechnung

Verlangt der Arbeitnehmer die Übertragung der Erfindungsrechte bzw. Schutzrechtspositionen, vollzieht sich der Rechtserwerb nicht »automatisch«. Vielmehr bedarf es einer (formlos möglichen) **Abtretung** der Rechte gem. §§ 413, 398 ff. BGB (s. im Einzelnen § 16 Rdn. 44 ff., dort auch zur Aushändigung der Unterlagen, § 16 Rdn. 49 ff.). 133

Die Rechtsübertragung **erfolgt auf Kosten des Arbeitnehmers**; davon geht § 27 Nr. 4 Satz 2 a.F. entsprechend § 16 Abs. 1 aus (Einzelheiten s. § 16 Rdn. 53 ff.). 134

Gegen diesen Anspruch auf Kostenerstattung kann der Arbeitnehmer – vergleichbar mit § 27 Nr. 2 Satz 2 Fassung 1999 und ungeachtet des § 96 InsO – mit seinen noch nicht erfüllten Vergütungsansprüchen für die konkrete Alterfindung **aufrechnen**. Für diese Aufrechnungsmöglichkeit, die der Gesetzgeber aus Billigkeitsgründen eingeräumt hat,[73] gelten die allgemeinen Vorschriften (§§ 387 ff. BGB). Der Umfang der Vergütungsansprüche bestimmt sich nach den gleichen Grundsätzen wie zu § 27 Nr. 2 Satz 2 Fassung 1999 (s. o. § 27 a.F. Rdn. 84); auch hier sind Vergütungsansprüche aus der Zeit vor Verfahrenseröffnung umfasst.[74] 135

*Rdn. 136 – 138 frei*

## C. Der Arbeitnehmer als Insolvenzgläubiger

### I. Vergütungsansprüche für vor Insolvenzeröffnung unbeschränkt in Anspruch genommene Alterfindungen (Nr. 5)

§ 27 Fassung 1999, der ausschließlich die Ansprüche im Zusammenhang mit einer zum Zeitpunkt der Eröffnung des Insolvenzverfahrens bereits unbeschränkt in Anspruch genommenen Diensterfindung regelte (s. § 26 Rdn. 41), stellt in Nr. 5 klar, dass der Arbeitnehmer immer dann, wenn der Insolvenz- 139

---

73 Amtl. Begründung z.InsO i. BT-Drucks. 12/3803 S. 99 (zu Art. 54 EGInsO-Entwurf).
74 Wie hier Reimer/Schade/Schippel/Rother § 27 Fassung 1999 Rn. 12.

masse kein Gegenwert aus der Erfindung mehr zufließt, nicht bevorzugt, sondern **wie ein üblicher Insolvenzgläubiger** behandelt werden soll.[75] Nr. 5 der Fassung 1999 entspricht inhaltlich unverändert § 27 Nr. 4 Fassung 2009, sodass auf die dortige Kommentierung verwiesen wird (§ 27 n.F. Rdn. 189 ff.).

*Rdn. 140 – 144 frei*

### II. Sonstige Ansprüche

145 **Von § 27 Fassung 1999 nicht erfasst** (s. o. § 27 a.F. Rdn. 41 ff.) sind Vergütungsansprüche aus einer früheren beschränkten Inanspruchnahme (§ 10 a.F.) oder aus den sonstigen einfachen Nutzungsrechten (§ 14 Abs. 3 – zur Ausnahme s. o. § 27 a.F. Rdn. 84 – und § 16 Abs. 3); ferner Vergütungsansprüche bei freien Erfindungen (vgl. § 19) und bei qualifizierten Verbesserungsvorschlägen[76] (§ 20 Abs. 1; zu einfachen Verbesserungsvorschlägen s. § 20 Rdn. 60 ff.), schließlich solche, die eine unbeschränkt in Anspruch genommene Diensterfindung nach Eröffnung des Insolvenzverfahrens betreffen. Insoweit wird auf die Kommentierung zu § 27 Fassung 2009 verwiesen, s. § 27 n.F. Rdn. 41 ff., 198 f.

---

75 Vgl. Amtl. Begründung z. InsO i. BT-Drucks. 12/3803 S. 99 (zu Art. 54 EGInsO-Entwurf).
76 Schwab, AiB 1999, 445, 447.

# Anhang zu § 27 Vergleichsverfahren und Zwangsvollstreckung

**Lit.:**

*Sikinger*, Genießt d. Anspr. auf Erfindervergütung d. Lohnpfändungsschutz der §§ 850 ff. ZPO?, GRUR 1985, 785; Zeising, Die insolvenzrechtl. Verwertung u. Verteidigung von gewerbl. Schutzrechten, Mitt. 2000, 206. Siehe auch Lit. zu § 27.

| Übersicht | Rdn. |
|---|---|
| A. Vergleichsverfahren des Arbeitgebers | 1 |
| B. Zwangsvollstreckung | 4 |
| I. In Erfindungsrechte | 4 |
| II. In Vergütungsansprüche des Arbeitnehmers | 8 |

## A. Vergleichsverfahren des Arbeitgebers

Zum früheren Vergleichsverfahren zur Abwendung eines Konkurses nach der aufgehoben Vergleichsordnung siehe KommArbEG 4. Auflage. 1

*Rdn. 2, 3 frei*

## B. Zwangsvollstreckung

### I. In Erfindungsrechte

Unzweifelhaft unterliegt eine Erfindung ab deren **Anmeldung** bei der Erteilungsbehörde (Patentamt) der Zwangsvollstreckung nach §§ 857, 851 ZPO, 15 PatG.[1] Die umstrittene Frage, ob dies auch für eine noch nicht zum Schutzrecht angemeldete Erfindung gilt, ist jedenfalls dann zu bejahen, wenn der Erfinder seine **Absicht kundgetan** hat, die **Erfindung wirtschaftlich zu verwerten**.[2] Ebenso wie die vom Arbeitgeber erklärte Inanspruchnahme einer Diensterfindung (§§ 6, 7 ArbEG) als Kundgabe der Verwertungsabsicht angesehen wird,[3] ist dies u. a. auch mit der Meldung (§ 5 ArbEG) oder Mitteilung 4

---

1 Vgl. z.B. BGH v. 24.03.1994, GRUR 1994, 602, 603 f. – *Rotationsbürstenwerkzeug* – für ein Pfändungspfandrecht; Schulte/Moufang, PatG, § 6 Rn. 29 (Anspruch auf Erteilung des Patents).
2 Vgl. BGH v. 25.01.1955, NJW 1955, 628, 629 i. Anschl. a. Tetzner, DJ 1941, 1139 f.; Benkard/Melullis, PatG, Rn. 27 zu § 6 PatG m. zahlr. Nachw. zum Meinungsstand.; weitergehend – bereits vor bekundeter Verwertungsabsicht – u.a. Jänisch, Geistiges Eigentum (2002), S. 331 u. Zimmermann, GRUR 1999, 122 ff.; ferner Zeising, Mitt. 2000, 206, 207 ff.; s. auch Kraßer/Ann, PatR, § 40 Rn. 15 f.
3 So z. Recht Jaeger/Henckel, KO, Rn. 35 zu § 1.

bzw. Anbietung einer Erfindung (§§ 18, 19 ArbEG) durch den Arbeitnehmer anzunehmen.

5 Der **Gläubiger des Arbeitnehmers** kann ab einem solchen Zeitpunkt in die gebundene (§ 4 Abs. 2 ArbEG), freie (§ 4 Abs. 3 ArbEG) oder frei gewordene (§ 6 Abs. 2, § 8 ArbEG) Erfindung des Arbeitnehmers vollstrecken, natürlich nur, soweit diese (noch) nicht auf den Arbeitgeber nach § 7 Abs. 1, § 19 ArbEG übergegangen ist. Handelt es sich um eine noch nicht unbeschränkt in Anspruch genommene Diensterfindung, so steht § 7 Abs. 2 ArbEG n.F. der Wirksamkeit einer Pfändung nicht entgegen;[4] der Arbeitgeber muss vielmehr Drittwiderspruchsklage erheben (§§ 771, 772 Satz 2 ZPO i.V.m. § 7 Abs. 2 ArbEG n.F., § 135 BGB).

6 Ist die Diensterfindung infolge (unbeschränkter) Inanspruchnahme auf den Arbeitgeber übergegangen (§ 7 Abs. 1 ArbEG) oder hat dieser eine freie Erfindung über § 19 ArbEG erworben, so kann vom **Gläubiger des Arbeitgebers** das Recht auf das Schutzrecht, der Anspruch auf Erteilung des Schutzrechts bzw. das Recht aus dem (erteilten) Schutzrecht nach §§ 857, 829 ZPO gepfändet werden. Ein Vorkaufsrecht steht dem Arbeitnehmer nicht zu. Bezugsgröße für die Bemessung der Vergütungsansprüche des Arbeitnehmers sind jedenfalls die Vermögensvorteile, welche die Verwertung (vgl. § 844 ZPO) der Erfindung erbringt (z.B. der gesamte Verkaufs- oder Versteigerungserlös).

7 Unübertragbar und damit **unpfändbar** (§ 851 ZPO) sind die rein persönlichkeitsrechtlichen Ausflüsse einer Erfindung (s. § 7 n.F. Rdn. 81 ff.), ebenso wie das höchstpersönliche Inanspruchnahmerecht des Arbeitgebers aus § 6 ArbEG (s. § 6 a.F. Rdn. 8) sowie die betriebsbezogenen Benutzungsrechte aus § 14 Abs. 3, § 16 Abs. 3 ArbEG als solche (s.a. § 7 a.F. Rdn. 31).

**II. In Vergütungsansprüche des Arbeitnehmers**

8 Auf die nach § 829 ZPO durchzuführende Pfändung von Erfindervergütungsansprüchen des Arbeitnehmers finden grds. die allgemeinen **Pfändungsschutzvorschriften** der §§ 850 ff. ZPO Anwendung.[5]

9 Da der Begriff des **Arbeitseinkommens** (§ 850 Abs. 1, 2 ZPO) in einem weiteren Sinne dahin auszulegen ist, dass darunter alle in Geld zahlbaren Vergütungen für Arbeitsleistungen aller Art zu verstehen sind,[6] müssen auch Vergü-

---

4 A.A. Reimer/Schade/Schippel/Rother Rn. 1 in Anh. zu § 27.
5 Schaub/Koch, ArbRHdb., § 92 II 4 Rn. 11 m.H.a. BGH v. 12.12.2003, NJW-RR 2004, 644 – *Pfändungsschutz für Lizenzgebühren*.
6 Vgl. BAG v. 23.07.1976, NJW 1977, 75, 76 u. v. v. 30.07.2008, NJW 2009, 167 [Rn. 34].

tungszahlungen, die aus der im Rahmen eines Arbeitsverhältnisses entwickelten **Diensterfindung** resultieren, darunter fallen,[7] obwohl der gesetzliche Anspruch auf Erfindervergütung ein Anspruch eigener Art ist, dem allerdings ein belohnender Charakter zukommt[8] (streitig; s.a. § 9 Rdn. 3). Dies gilt auch für Vergütungen aus der Verwertung **technischer Verbesserungsvorschläge**.[9]

Handelt es sich dagegen um **Vergütungen für eine freie Erfindung** (§ 4 Abs. 3, § 19 ArbEG), die der Arbeitnehmer dem Arbeitgeber übertragen bzw. diesem daran Nutzungsrechte eingeräumt hat, scheidet wegen des im Vordergrund stehenden kauf-/lizenzvertraglichen Entgelts die Annahme eines Arbeitseinkommens aus,[10] sodass für diese die §§ 850 ff. ZPO nicht gelten.[11] Dementsprechend bewirkt eine bloße Pfändung des Arbeitseinkommens eines Arbeitnehmers nicht die Verstrickung seiner Vergütungsansprüche für eine freie Erfindung. 10

Eine Pfändung ist zulässig, sobald der Vergütungsanspruch dem Grunde nach entstanden ist, da die Forderung damit sowohl dem Inhalt als auch der Person des Drittschuldners nach bestimmt werden kann;[12] gegen eine etwaige Überpfändung (§ 803 ZPO) steht dem Arbeitnehmer der Rechtsbehelf des § 766 ZPO zu. 11

---

7 Str., so h.M., vgl. BGH v. 12.12.2003, NJW-RR 2004, 644 – *Pfändungsschutz für Lizenzgebühren*; BAG v. 30.07.2008, NJW 2009, 167 [Rn. 34]; Busse/Keukenschrijver, PatG, Rn. 4 zu § 9 ArbEG; Lindenmaier/Lüdecke Anm. 5 zu § 27; Volmer/Gaul Rn. 315 zu § 12; Schaub/Koch, ArbRHdb., § 92 II 4 Rn. 11; Stöber, Forderungspfändung (2010), Rn. 881; s.a. LG Berlin v. 07.07.1960, WRP 1960, 291; diff. nach Art d. Vergütungszahlg. Reimer/Schade/Schippel/Rother Rn. 5 in Anh. zu § 27; diff. zw. Dienserf. nach § 4 Abs. 2 Nrn. 1 und 2 ArbEG Boemke/Kursawe/Ulrici Rdn. 22 zu § 27; a.A. Boewer/Bommermann, Lohnpfändung, B I 4 f.; Sikinger, GRUR 1985, 785, 786 ff. (wegen fehlender Existenzsicherungsfunktion).
8 Vgl. dazu BGH v. 23.06.1977, GRUR 1977, 784, 786 – *Blitzlichtgeräte*.
9 BAG v. 30.07.2008, NJW 2009, 167 [Rn. 34], dort bei Prämien für einf. Verbesserungsvorschläge; Schwab, Arbeitnehmererfindungsrecht, § 27 Rn. 19; Stöber, Forderungspfändung (1993), Rn. 881; a.A. Boewer/Bommermann, Lohnpfändung B I 4 f.
10 BGH v. 29.11.1984 – X ZR 39/83, NJW 1985, 1031, 1032 – *Fahrzeugsitz II*; folgend BAG v. 30.07.2008, NJW 2009, 167 [Rn. 34].
11 Ebenso BGH v. 29.11.1984 – X ZR 39/83, NJW 1985, 1031, 1032 – *Fahrzeugsitz II*; Sikinger, GRUR 1985, 785, 786 m.w.N.; Schwab, NZA-RR 2014, 281, 287; i.d.S. wohl auch LG Essen v. 03.01.1958, MDR 1958, 433; OLG Karlsruhe v. 28.03.1958, BB 1958, 629; abw. LG Berlin v. 07.07.1960, WRP 1960, 291; vgl. auch BAG v. 30.07.2008, NJW 2009, 167. [Rn. 34].
12 Abw. Volmer Rn. 9 zu § 9, der eine Konkretisierung (i.S.d. § 12 ArbEG) fordert.

# 5. Schiedsverfahren

## Einleitung vor § 28

**Lit.:**
*Kaube/Volz*, Die Schiedsst. n. d. Ges. ü. ArbNErf. b. DPA, RdA 1981, 213; *Schade*, Aus d. bisherigen Praxis d. Schiedsst. f. ArbNErf. in München, Mitt. 1959, 253; *ders.*, Verfahrensvorschriften im Recht d. ArbNErf., BB 1963, 1261; *Schippel*, Die Schiedsst. f. ArbNErf., Der Ltde. Angest. 1968, 72; *Tschischgale*, Das Schiedsverf. nach d. Ges. ü. ArbNErf. u. seine Kosten, JurBüro 1966, 169; *Volmer*, Zehn Jahre Tätigk. d. Schiedsst. f. ArbNErf., BB 1968, 253; s. auch Lit. bei Einl. vor § 1.

1 In Anlehnung an das frühere Recht[1] (vgl. § 10 Abs. 1 DVO 1943) hat der Gesetzgeber den Arbeitsvertragsparteien die Möglichkeit gegeben, sich vor Beschreiten des Klageweges in einem Schiedsstellenverfahren gütlich zu einigen. Das Vorschalten des Schiedsstellenverfahrens ist – um das Verhältnis zwischen Arbeitgeber und Arbeitnehmer durch Auseinandersetzungen vor Gericht möglichst wenig zu belasten[2] – grds. **zwingend als Prozessvoraussetzung** vorgeschrieben (s. § 37 Abs. 1, Ausnahmen § 37 Abs. 2 ff., Einzelheiten dort).

2 Das Verfahren vor der Schiedsstelle ist auch nach deren Selbstverständnis ein **behördliches, auf Streitschlichtung angelegtes zweiseitiges Verfahren**, in dem die Schiedsstelle als neutraler Mittler auftritt.[3] **Verfahrensbeteiligte** sind – wie insbesondere aus § 31 Abs. 1 folgt– der Antragsteller (s. § 31 Rdn. 3) und als »anderer Beteiligter« der Antragsgegner (s. § 31 Rdn. 10; zum Hinzutreten weiterer Verfahrensbeteiligter s. § 33 Rdn. 9). **Beteiligtenfähig** sind jedoch im Grundsatz nur die (ehemaligen) Arbeitsvertragsparteien (s. im Einz. § 28 Rdn. 12 ff., 31).

Das Schiedsstellenverfahren bezweckt eine gütliche Einigung zwischen den Arbeitsvertragsparteien (§ 28). Es dient dem Interesse an der **Erhaltung des**

---

1 S. dazu Volmer/Gaul Rn. 41 ff. zu § 28 u. Boemke/Kursawe/Boemke Rn. 1 f. zu § 28.
2 S. Amtl. Begründung BT-Drucks. II/1648 S. 47 (zu § 37 d. Entw.) = BlPMZ 1957, 244.
3 So Schiedsst. Beschl. v. 11.08.2014 – Arb.Erf. 45/11- u. v. 05.03.2015 – Arb.Erf. 27/08, (beide www.dpma.de).

**Arbeits- und Rechtsfriedens.**[4] Dabei hat der Gesetzgeber nicht nur die Schwierigkeit der Rechtsmaterie und die mit dem ArbEG verbundenen Bewertungsfragen, sondern auch den Umstand berücksichtigt, dass ein Arbeitnehmer sich wegen seiner persönlich und wirtschaftlich abhängigen Lage meist nur schwer entschließen kann, gegen seinen Arbeitgeber zu klagen.[5] Anders als bei dem auf gütliche Verständigung ausgerichteten Schiedsstellenverfahren bedingt das förmliche Verfahren vor Gericht zudem eine stärkere Gegnerstellung der Beteiligten – ein Umstand, der sich mittelbar oder unmittelbar belastend auf das durch den Arbeitsvertrag begründete enge Vertrauensverhältnis auswirken kann (zur Mitwirkungspflicht s. § 33 Rdn. 12).

Selbstverständlich übt die Schiedsstelle **keinerlei staatliche Aufsichtsfunktion** über die Einhaltung des ArbEG gegenüber Arbeitgebern und Arbeitnehmern aus;[6] ist also kein staatliches »Überwachungsorgan« für Arbeitgeber oder Arbeitnehmer über die Beachtung des ArbEG.[7] Sie wird nicht von sich aus, sondern ausschließlich auf Antrag einer der (ehemaligen) Arbeitsvertragsparteien tätig (s. §§ 31, 32).

Andererseits ist sie auch **keine Rechtsberatungsstelle**. Zur einseitigen **Auskunftserteilung** ist sie nicht berufen (s. § 28 Rdn. 24 ff.) und damit auch nicht für einseitige Rechtsauskünfte zuständig.[8] Andernfalls würde sie ihre Neutralität verletzen und sich für die Durchführung eines (anschließenden) Schiedsstellenverfahrens befangen machen.[9]

Ebenso wenig ist sie zur **Erstattung von Gutachten** zuständig[10] (s.a. § 28 Rdn. 26). Dafür besteht keine gesetzliche Grundlage. § 29 Abs. 1 PatG findet

---

4 Schiedsst. v. 17.12.1963, BlPMZ 1964, 166 = GRUR 1964, 508 (LS) m. Anm. Schippel u. v. 23.10.1996 – Arb.Erf. 36/95, (unveröffentl.); v. 05.08.2015 – Arb.Erf. 26/12, (www.dpma.de); v. 15.06.2016, Mitt. 2017, 502; v. 06.07.2017 – Arb.Erf. 51/16, (z.Z. unveröffentl.); Keukenschrijver in Busse/Keukenschrijver, PatG, Rn. 1 vor § 28 ArbEG.
5 Vgl. Amtl. Begründung BT-Drucks. II/1648 S. 42 = BlPMZ 1957, 242.
6 Schiedsst. Beschl. v. 11.08.2014 – Arb.Erf. 45/11; v. 05.03.2015 – Arb.Erf. 27/08, (beide www.dpma.de).
7 Schiedsst. v. 18.11.1994 – Arb.Erf. 97/93, u. v. 23.10.2004 – Arb.Erf. 24/03, (beide unveröffentl.); Keukenschrijver in Busse/Keukenschrijver, PatG, Rn. 2 zu § 28 ArbEG.
8 Schiedsst. v. 05.02.1976, BlPMZ 1977, 200, 201.
9 Kaube/Volz, RdA 1981, 213, 218.
10 Ganz h. M., z. B. Schiedsst. v. 26.10.1959/08.02.1960, BlPMZ 1960, 315; v. 04.03.1993, EGR Nr. 79 zu § 12 ArbEG; v. 23.05.2014 – Arb.Erf. 38/12, (www.dpma.de); Keukenschrijver in Busse/Keukenschrijver, PatG, Rn. 2 zu § 28 ArbEG.

## Einleitung vor § 28

keine Anwendung, da die dort behandelte Gutachtenpflicht nur das DPMA betrifft, während die Schiedsstelle organisationsrechtlich nicht Bestandtteil des DPMA, sondern diesem als eine eigenständige Behörde lediglich angegliedert ist (s. § 29 Rdn. 2). Ausnahmsweise könnte sich eine Pflicht zur Erstattung von Gutachten aus Art. 35 GG (Amtshilfe) ergeben, die aber ggü. § 29 PatG nur subsidiär sein kann. Zur Beurteilung der Schutzfähigkeit betriebsgeheimer Erfindungen s. § 17 Abs. 2 Rdn. 46 ff. Hiervon zu trennen ist die Frage, ob einzelne Mitglieder der Schiedsstelle als Gutachter oder Mitglied eines Schiedsgerichts beauftragt werden können, was zulässig ist (s. § 1 Rdn. 93; s. aber auch unten § 28 Rdn. 17). Zur Verfahrensnatur s.a. § 33 Rdn. 1 ff.

3 Der Schiedsstelle hat **keine Entscheidungskompetenz**.[11] Ihr kommt keine streitentscheidende, sondern **streitschlichtende Funktion** zu.[12] Sie soll ein **Gerichtsverfahren** nicht ersetzen, sondern dieses **vermeiden**.[13] Sie ist weder Gericht noch Schiedsgutachter (s. § 28 Rdn. 5). Der *BGH* stellt das Schiedsstellenverfahren mit seiner Ausrichtung auf eine gütliche Einigung vielmehr mit dem Güteverfahren vor einer durch die Landesjustizverwaltung eingerichteten Gütestelle gleich[14] (s. dazu § 31 Rdn. 19). Als unabhängige, neutrale Stelle[15] bietet die Schiedsstelle aufgrund ihrer in juristischer und technischer Hinsicht besonders qualifizierten Besetzung eine Gewähr für sachkundige, auf die gütliche Verständigung der Beteiligten abzielende Einigungsvorschläge.[16] Bei ihrer Aufgabe sieht sich die *Schiedsstelle* zu Recht – wie auch § 29 ArbEG zeigt – als **Teil der vollziehenden Gewalt** nach Art. 20 Abs. 3 GG (s. § 28 Rdn. 7 u. § 33 Rdn. 22). Zum rechtlichen Gehör s. § 33 Rdn. 11 f.

4 Die **Bedeutung der Schiedsstelle**, die ihr der Gesetzgeber beimisst, zeigt sich nicht zuletzt an der Neufassung des § 33 ArbEG durch das Schiedsverfahrens-Neuregelungsgesetz vom 22.12.1997 (BGBl. I, S. 3224); dadurch wurden die für Richter geltenden §§ 41 ff., 1042 Abs. 1 und § 1050 ZPO für die Schiedsstelle als anwendbar erklärt. Folgerichtig sieht sich die *Schiedsstelle* nicht als

---

11 BGH v. 26.11.2013 GRUR 2014, 357 (Rn. 23) – Profilstrangpressverfahren.
12 Ebenso ständ. Praxis d. Schiedsst., z. B. v. 23.05.2014 – Arb.Erf. 38/12, (www.dpma.de).
13 Ständ. Praxis, z.B. Schiedsst. v. 03.04.1974, Mitt. 1974, 137, 138 r.Sp.; v. 27.08.1980, EGR Nr. 16 zu § 28; v. 10.01.1983, BlPMZ 1983, 188, 189; v. 16.06.1983, BlPMZ 1984, 250, 251; v. 13.01.2010 – Arb.Erf. 38/07, (unveröffentl.); v. 23.05.2014 – Arb.Erf. 38/12, (www.dpma.de) u. ZB. v. 03.05.2017 – Arb.Erf. 09/16, Mitt. 2018, 356, 357, (= www.dpma.de).
14 BGH v. 26.11.2013 GRUR 2014, 357 (Rn. 26, 29) – Profilstrangpressverfahren.
15 S. Schiedsst. v. 17.12.1963, BlPMZ 1964, 166 = GRUR 1964, 508 (LS) m. Anm. Schippel.
16 Gaul, GRUR 1977, 686, 702 r.Sp.

Forum oder gar Instrument, um für die eine oder andere am Schiedsverfahren beteiligte Seite das »letztmögliche« an Vergütungszahlung bzw. Nichtzahlung herauszuholen.[17] Die Ausgewogenheit und Praxisnähe der Einigungsvorschläge der Schiedsstelle werden daran deutlich, dass die Annahmequote der seit 2005 ergangenen Einigungsvorschläge regelmäßig bei 60 % bis 70 % liegt.[18] Dabei nicht berücksichtigt sind außeramtliche Einigungen auf der Grundlage anhängiger Schiedsstellenverfahren (rd. 10 – 15 % der eingegangenen Anträge) wie auch der Umstand, dass (zunächst) nicht angenommene Einigungsvorschläge der Schiedsstelle häufig die Grundlage einer nachfolgenden außeramtlichen Verständigung der Arbeitsvertragsparteien bilden; belegt wird das auch durch die geringe Quote gerichtlicher Auseinandersetzungen (s. hierzu § 37 Rdn. 2). Damit leistet die Schiedsstelle zugleich einen wichtigen Beitrag zur gebotenen **Entlastung der Gerichte**.

Um ihre Aufgaben sachgerecht erfüllen zu können, ist die Schiedsstelle auf die **konstruktive Mitwirkung der Beteiligten** angewiesen, wenn sich beide Seiten auf das Schiedsstellenverfahren einlassen[19] (s. zur Mitwirkungspflicht § 33 Rdn. 12).

Die nunmehr rd. 60-jährige Praxis des Schiedsstellenverfahrens hat zu einer **besonderen Vertrautheit der Schiedsstelle** mit der Problematik des Arbeitnehmererfindungsrechts geführt und deren **hohe Fachkunde** in dieser schwierigen Rechtsmaterie begründet und damit den Wunsch des Gesetzgebers nach einer »einheitlichen **Schiedsstellenrechtsprechung**«[20] realisiert. Mit der Ausdehnung des Berufungszeitraums des Schiedsstellenvorsitzenden auf 4 Jahre hat der Gesetzgeber der Bedeutung der »einheitlichen Vorschlagspraxis« der Schiedsstelle für Arbeitgeber- und Arbeitnehmerschaft Rechnung getragen (s. § 30 Rdn. 5). Um die Entscheidungen der Öffentlichkeit zugänglich zu machen, wurden die wesentlichen Einigungsvorschläge der Schiedsstelle (seit 1991) anonymisiert als CD-ROM **Aktuelle Schiedsstellenpraxis – Rechtsprechungsdatenbank ArbEG** – von **O. Hellebrand** u. **W. Schmidt** – zitiert »**Datenbank**« (65929 Frankfurt am Main) herausgegeben.

5

Seit 2015[21] veröffentlicht die Schiedsstelle auf der **Internetseite des DPMA unter** »www.dpma.de« ausgewählte, anonymisierte Einigungsvorschläge, sei

---

17 Schiedsst. v. 23.10.1996 – Arb.Erf. 36/95, (unveröffentl.).
18 Vgl. d. Jahresstatistiken im jew. März- bzw. April-Heft d. »BlPMZ«, u. a. BlPMZ 2018, 94.
19 Vgl. auch Schiedsst. v. 05.08.2015 – Arb.Erf. 26/12, (www.dpma.de).
20 S. Amtl. Begründung BT-Drucks. II/1648 S. 44 = BlPMZ 1957, 242; s. dazu auch Schade, Mitt. 1959, 253, 255.
21 Vgl. den amtl. Hinweis in BlPMZ 2015, 334.

### Einleitung vor § 28

es im Volltext oder auszugsweise, wobei Einigungsvorschläge vor Mitte 2012 im Regelfall nur in Leitsätzen (»LS.«) aufgeführt sind und im Laufe der Zeit zur Verfügung gestellt werden. Der Zusatz »www.dpma.de« in den Fußnoten unseres Kommentars verweist auf eine Veröffentlichung auf den Internetseiten des DPMA unter der Rubrik »Wir über uns/Weitere Aufgaben« und den Stichworten »Schiedstelle Arbeitnehmererfindungen/Einigungsvorschläge«.

6 Weitere Vorteile des Schiedsstellenverfahrens liegen in der **Kostenfreiheit** (vgl. § 36), der weitgehend **freien Verfahrensgestaltung** und der durch die **Nichtöffentlichkeit** (vgl. § 33 Rdn. 20) bedingten Vertraulichkeit des Verfahrens.

7 Durch die **ArbEG-Novelle** i.R.d. Patentrechtsmodernisierungsgesetzes vom 31.07.2009 (BGBl. S. 2521, s. dazu Einl. Rdn. 42) sind die Vorgaben zur Besetzung der Schiedsstelle »aktualisiert«[22] worden. In der Sache geht es dabei letztlich nur um verwaltungsinterne Regelungen zur Berufung des Vorsitzenden der Schiedsstelle und zur Zuständigkeit bei der Dienstaufsicht (s. § 30 Rdn. 5, 14 ff.).

---

22 So Amtl. Begründung des RegE in BR-Drucks. 757/08 S. 25.

## § 28 Gütliche Einigung

In allen Streitfällen zwischen Arbeitgeber und Arbeitnehmer auf Grund dieses Gesetzes kann jederzeit die Schiedsstelle angerufen werden. Die Schiedsstelle hat zu versuchen, eine gütliche Einigung herbeizuführen.

| Übersicht | Rdn. |
|---|---|
| A. Allgemeines | 1 |
| B. Rechtsnatur des Schiedsstellenverfahrens | 5 |
| C. Zulässigkeit des Schiedsstellenverfahrens | 9 |
| I. Ordnungsgemäßer Anrufungsantrag | 10 |
| II. Zuständigkeit | 11 |
|    1. Örtliche | 11 |
|    2. Sachliche | 12 |
|       a) »Streitfälle zwischen Arbeitgeber und Arbeitnehmer« | 12 |
|       b) »Streitfälle auf Grund dieses Gesetzes« | 18 |
| III. Anrufungsinteresse | 24 |
| IV. Anrufungsfrist | 27 |
| V. Sonstige Verfahrensvoraussetzungen | 29 |
| D. Versuch einer gütlichen Einigung (Satz 2) | 30 |
| E. Besonderheiten für den öffentlichen Dienst | 31 |
| F. Darlegungs- und Beweislast | 33 |
| G. Zuständigkeit der Schiedsstelle für Streitfälle betreffend DDR-Erfindungen | 34 |

## A. Allgemeines

§ 28 regelt die sachliche **Zuständigkeit** der Schiedsstelle (Satz 1) und legt deren **Funktion** (s. dazu vor § 28 Rdn. 2 ff.) dahin fest, dass ihr keine materielle Entscheidungsbefugnis zukommt, sie vielmehr streitschlichtend versuchen muss, eine gütliche Einigung der Verfahrensbeteiligten herbeizuführen (Satz 2).   **1**

Eine weitere Aufgabe ist der Schiedsstelle durch § 17 Abs. 2 dahin zugewiesen, eine Einigung über die Schutzfähigkeit einer **betriebsgeheimen Diensterfindung** herbeizuführen (Einzelheiten s. § 17 Rdn. 46 ff.). Zu Streitfällen über **DDR-Erfindungen** s. § 28 Rdn. 34 f.   **2**

Die Schiedsstelle hat gem. § 29 Abs. 1 ihren **Sitz** beim Deutschen Patent- und Markenamt (München). Die frühere Schiedsstelle bei der Dienststelle **Berlin** ist gem. Art. 4 des 2. PatÄndG v. 16.07.1998 (BGBl. I, S. 1827) mit Wirkung ab 01.11.1998 aufgelöst.   **3**

Von der in § 40 Nr. 5 eingeräumten Befugnis zur Errichtung eigener Schiedsstellen für den **öffentlichen Dienst** hat derzeit nur das Bundesamt für Verfassungsschutz Gebrauch gemacht (s. § 40 Rdn. 52). Somit ist die Schiedsstelle   **4** beim DPMA in München auch für die Angehörigen des öffentlichen Dienstes uneingeschränkt zuständig (vgl. §§ 40, 41, s.u. § 28 Rdn. 31 f.).

Zur Abgrenzung des Schiedsstellenverfahrens vom betriebsverfassungsrechtlichen Einigungsstellenverfahren s. § 20 Anh. Rdn. 29 f.

**B. Rechtsnatur des Schiedsstellenverfahrens**

5  I.R.d. ihr durch das ArbEG übertragenen Befugnis wird die Schiedsstelle weder als Gericht noch als Schiedsgericht bzw. Schiedsgutachter tätig.[1] Sie ist kein staatliches »Überwachungsorgan« über die Einhaltung des ArbEG (s. vor § 28 Rdn. 2). Zutreffend betont die Schiedsstelle in ständiger Entscheidungspraxis, dass sie nicht dazu da ist, Recht zu sprechen; vielmehr hat sie die gesetzliche Aufgabe, als unabhängiges Organ zu versuchen, nach Anhörung beider Seiten eine **gütliche Einigung** zwischen den Beteiligten herbeizuführen.[2] Die Schiedsstelle spricht kein Recht.[3] **Eine materielle Entscheidungsbefugnis** kommt ihr **nicht** zu.[4] Die Schiedsstelle hat also generell **keine streitentscheidende, sondern streitschlichtende Funktion** (s. vor § 28 Rdn. 2 ff.; s. auch § 34 Rdn. 10). Insoweit sollte der vielfach – auch im ArbEG (vgl. etwa §§ 35, 36 sowie Kapitelüberschrift) – verwendete Begriff des Schiedsverfahrens zur Vermeidung von Missverständnissen durch den Begriff des »Schiedsstellenverfahrens« ersetzt werden.

6  Die Schiedsstelle wird ausschließlich im **zweiseitigen Verfahren** tätig[5] (vgl. insbes. §§ 28, 31, § 35 Abs. 1), und zwar nur auf Antrag (s. §§ 31, 32). Zur einseitigen **Auskunftserteilung,** Rechtsberatung oder Erstattung von Gutachten ist sie nicht berufen (s. vor § 28 Rdn. 2).

7  Die Schiedsstelle zählt nicht zur rechtsprechenden, sondern zur vollziehenden Gewalt i.S.d. Art. 20 Abs. 3 GG (s. § 29 ArbEG) und ist als solche **an Recht**

---

1 S. BGH v. 09.01.1964 – I a ZR 190/63, GRUR 1964, 449, 452 r.Sp. – *Drehstromwicklung*; Schade, Mitt. 1959, 253, 255; Schippel »Der ltde. Angestellte« 1968, 72; Volmer, BB 1968, 253, 255.
2 Ständ. Praxis: z.B. EV. v. 16.06.1983, BlPMZ 1984, 250, 251 u. v. 08.09.1986, BlPMZ 1987, 306, 307; EV v. 23.10.1996 – Arb.Erf. 36/95, u. v. 06.10.2005 – Arb.Erf. 51/03, (unveröffentl.); Reimer/Schade/Schippel/Himmelmann Einl. Rn. 41.
3 Schiedsst. v. 23.05.2014 – Arb.Erf. 38/12, (www.dpma.de).
4 BGH v. 09.01.1964 – I a ZR 190/63, GRUR 1964, 449, 452 r.Sp. – *Drehstromwicklung*.
5 Keukenschrijver in Busse/Keukenschrijver, PatG, Rn. 2 zu § 28 ArbEG.

## B. Rechtsnatur des Schiedsstellenverfahrens   § 28

und Gesetz gebunden.[6] Ihr kommt **Behördeneigenschaft** zu (s. § 29 Rdn. 2). Dennoch sind weder ihre Zwischenbescheide (s. dazu § 33 Rdn. 44) noch ihre Einigungsvorschläge (s. § 34) Verwaltungsakte i.S.d. § 35 BVwVfG,[7] sodass diese auch nicht im Verwaltungsrechtsweg überprüfbar sind. Das BVwVfG findet keine Anwendung[8] (vgl. § 2 Abs. 2 Nr. 3 BVerwVfG). Allerdings kann die Wirksamkeit eines verbindlich gewordenen Einigungsvorschlages im Verfahren vor den ordentlichen Gerichten (Patentstreitkammern – bei schutzfähigen Erfindungen) oder den ArbG bzw. VG (bei qualifizierten technischen Verbesserungsvorschlägen) überprüft werden (vgl. § 37 Abs. 2 Nr. 1; s. aber auch § 28 Rdn. 22.1).

Lehnt die Schiedsstelle dagegen das Schiedsstellenverfahren als unzulässig ab, erfolgt ein das **Schiedsstellenverfahren einstellender Beschluss**.[9] Dieser **Beschluss** stellt einen **Verwaltungsakt** dar,[10] und zwar soweit damit das anhängige Schiedsstellenverfahren nicht nur partiell bezüglich Teilstreitigkeiten, sondern insgesamt eingestellt wird.[11] Dagegen kann innerhalb eines  8

---

6  S. Schiedsst. v. 08.12.2010 – Arb.Erf. 6/09, (unveröffentl.) v. 21.07.2011 Arb.Erf. 27/10, (Datenbank); v. 25.10.2012 – Arb.Erf. 36/11, (unveröffentl.); v. 19.03.2013 – Arb.Erf. 55/12, u. ZB. v. 08.10.2013 – Arb.Erf. 69/11, (beide www.dpma.de); s. auch Schade, Mitt. 1959, 253, 255; Jestaedt, Patentrecht, Rn. 390 (dort Fn. 122); ferner Keukenschrijver in Busse/Keukenschrijver, PatG, Rn. 4 vor § 28 u. Rn. 1 zu § 28 ArbEG, dort auch mit dem kritischen Hinweis auf die Beachtung der höchstrichterl. Rspr.
7  Allg. A., z.B. Lindenmaier/Lüdecke Anm. (4) zu § 28; Schade, Mitt. 1959, 253, 255; Volmer Rn. 17 zu § 28 u. Rn. 9 zu § 34 u. Volmer/Gaul Rn. 64 ff. zu § 28.
8  Keukenschrijver in Busse/Keukenschrijver, PatG, Rn. 3 vor § 28 ArbEG.
9  So z.B. Schiedsst. Beschl. v. 09.03.1981 – Arb.Erf. 56/80; v. 21.03.1975 – Arb.Erf. 80/74; v. 20.11.1990 – Arb.Erf. 6/90; v. 13.10.1994 – Arb.Erf. 180/92, (sämtl. unveröffentl.); ferner v. 12.06.1996 – Arb.Erf. 86/94 u. 19/65, (Datenbank); v. 18.10.2001 – Arb.Erf. 57/98; v. 01.10.2007 – Arb.Erf. 53/04, (beide unveröffentl.); v. 01.04.2008 – Arb.Erf. 52/05, (Datenbank); v. 16.12.2008 – Arb.Erf. 19/07, (unveröffentl.); v. 05.02.2009 – Arb.Erf. 25/08, (Datenbank); v. 19.03.2009 – Arb.Erf. 24/06; v. 28.01.2010 – Arb.Erf. 56/08, (beide unveröffentl.); Beschl. v. 11.12.2012 – Arb.Erf. 46/11; v. 14.03.2013 – Arb.Erf. 20/11; v. 22.07.2013 – Arb.Erf. 40/11, (alle www.dpma.de).
10 H.M., z. B. LG Mannheim v. 24.06.1963, Mitt. 1964, 196; Keukenschrijver in Busse/Keukenschrijver, PatG, Rn. 3 vor § 28 ArbEG; a.A. Volmer/Gaul Rn. 105 zu § 28; unklar Boemke/Kursawe/Boemke Rn. 34 zu § 28.
11 So zu Recht klarstellend VG München v. 18.10.2013 – M 17 K 12.3338, (juris, Rn. 30 ff.), im Ergebn. bestätigt durch Zurückweisungsbeschl. VGH München v. 11.02.2014 – 5 C 13.2390, (www.gesetze.bayern.de). Wie hier Keukenschrijver in Busse/Keukenschrijver, PatG, Rn. 6 zu § 35 ArbEG m.d.H., dass insoweit die Zuständigkeit der Zivilgerichte nach § 39 ArbEG unter dem »Gesichtspunkt des Sachzusammenhangs« begründet ist.

Monats nach seiner Bekanntgabe Widerspruch (Widerspruch i.S.d. § 69 VwGO) erhoben werden, der schriftlich oder zur Niederschrift bei der Schiedsstelle einzulegen ist. Gegen den Widerspruchsbescheid der Schiedsstelle kann Klage beim VG München erhoben werden.[12] Gleiches gilt, wenn über den Widerspruch ohne zureichenden Grund in angemessener Frist sachlich nicht entschieden wird, was nicht vor Ablauf von 3 Monaten seit Einlegung des Widerspruchs üblich ist (vgl. § 75 VwGO), außer, wenn wegen besonderer Umstände des Falles eine kürzere Frist geboten ist (vgl. i.Ü. § 33 Rdn. 45; § 34 Rdn. 7, 10 u. § 35 Rdn. 10).

### C. Zulässigkeit des Schiedsstellenverfahrens

9   Nach § 28 Satz 1 kann die Schiedsstelle in allen Streitfällen zwischen Arbeitgeber und Arbeitnehmer auf Grund des ArbEG angerufen werden. Die Vorschrift **korrespondiert zu § 37**, wonach ein vorangegangenes Schiedsstellenverfahren grundsätzlich Prozessvoraussetzung ist. Die Begrifflichkeiten »Streitfällen auf Grund des ArbEG« (§ 28 Satz 1) und die im ArbEG »geregelten Rechte oder Rechtsverhältnisse« (§ 37 Abs. 1) unterscheiden sich zwar angesichts der unterschiedlichen Ausrichtung (Schiedsstellen-/Klageverfahren) in der Wortwahl, sind jedoch inhaltlich nicht weit voneinander entfernt: Es versteht sich von selbst, dass ein Schiedsstellenverfahren nur dann Prozessvoraussetzung nach § 37 sein kann, wenn die Schiedsstelle zuständig ist und nach § 28 angerufen werden kann.[13] Andererseits steht die Schiedsstelle mit ihrer streitschlichtenden Funktion auch in solchen erfinderrechtlichen Streitfällen zur Verfügung, in denen nach § 37 ein vorheriges Schiedsstellenverfahren nicht Prozessvoraussetzung ist (s. dazu § 37 Rdn. 10 ff.). Folgerichtig ist § 28 als **Kann-Bestimmung** ausgestaltet. Insoweit kann angesichts der »komplexen gesetzlichen Verknüpfung zwischen Anrufung der Schiedsstelle und Zulässigkeit der Klage«[14] von einem begrenzten Wechselbezug zwischen §§ 28 und 37 gesprochen werden. Allerdings bedeutet dies – entgegen der neueren Auffas-

---

12  LG Mannheim v. 24.06.1963, Mitt. 1964, 196; Volmer Rn. 18 f. zu § 28; Keukenschrijver in Busse/Keukenschrijver, PatG, Rn. 3 vor § 28 ArbEG; im Ergebn. wohl auch VG München v. 18.10.2013 – M 17 K 12.3338, (juris, Rn. 30, nicht thematisiert bei bestätigendem Zurückweisungsbeschluss VGH München v. 11.02.2014 – 5 C 13.2390, (www.gesetze.bayern.de); offen gelassen b. Schade, Mitt. 1959, 253, 255; a.A. Volmer/Gaul Rn. 105 zu § 28; Boemke/Kursawe/Boemke Rn. 34 zu § 28.
13  Vgl. auch VGH München v. 11.02.2014 – 5 C 13.2390, (www.gesetze.bayern.de).
14  So BGH v. 26.11.2013 GRUR 2014, 357 (Rn. 23) – Profilstrangpressverfahren.

sung der Schiedsstelle[15] – angesichts der Unterschiede bei Gesetzeswortlaut und -zweck u. E. nicht zwangsläufig, dass kein Anspruch auf Prüfung im Verfahren vor der Schiedsstelle insoweit besteht, als das Schiedsstellenverfahren für die Klärung einer rechtlichen Fragestellung nicht Sachurteilsvoraussetzung im Klageverfahren vor den Zivilgerichten ist (s. § 28 Rdn. 22.1). Zum Verhältnis zu § 39 s. § 39 Rdn. 9.

Die Verfahrensvoraussetzungen des Schiedsstellenverfahrens hat die Schiedsstelle von **Amts wegen** zu prüfen. Fehlt es an einer Voraussetzung, so ist der Anrufungsantrag, wenn diese Voraussetzung nicht nachholbar ist bzw. nicht nachgeholt wird, durch Beschluss zu verwerfen, d.h. das Verfahren durch Beschluss einzustellen; der Beschluss stellt einen verwaltungsgerichtlich überprüfbaren Verwaltungsakt dar (s. § 28 Rdn. 8).

## I. Ordnungsgemäßer Anrufungsantrag

Das Schiedsstellenverfahren kann nur durch Antrag eingeleitet werden. Die Einzelheiten des Antrags bestimmen sich nach § 31 (s. dort). Zur erforderlichen Einzelvollmacht bei Vertretung vor der Schiedsstelle s. § 31 Rdn. 5.  10

## II. Zuständigkeit

### 1. Örtliche

Zuständig ist – nach Auflösung der Schiedsstelle Berlin (s. § 28 Rdn. 3) – ausschließlich die Schiedsstelle in München.  11

### 2. Sachliche

#### a) »Streitfälle zwischen Arbeitgeber und Arbeitnehmer«

Das Schiedsstellenverfahren ist nur vorgesehen für Streitigkeiten zwischen Arbeitgeber und Arbeitnehmer (Satz 1). Für die damit umrissene **Beteiligtenfähigkeit** der Verfahrensbeteiligten (z. Begriff s. vor § 28 Rdn. 2) gelten die **allgemeinen Begriffsbestimmungen** (zum Begriff »Arbeitgeber« s. § 1 Rdn. 95 ff., zum »Arbeitnehmer«-Begriff § 1 Rdn. 9 ff.; zu Zweifeln an der Arbeitnehmereigenschaft s. § 33 Rdn. 44). Mit Blick auf § 11 Abs. 7 AÜG (s. dazu § 1 Rdn. 56 ff.) ist die Schiedsstelle auch für erfinderrechtliche Streitig-  12

---

15 Schiedsst. Beschl. v. 11.08.2014 – Arb.Erf. 45/11, ZB. v. 12.05.2016 – Arb.Erf. 41/13; EV v. 21.11.2017 – Arb.Erf. 06/15, (alle www.dpma.de); v. 30.01.2018 – Art.Erf. 36/16, (vorg. f. www.dpma.de) – jeweils unter Bezug auf BayVGH v. 11.02.2014 – 5 C 13.2380, (juris = www.gesetze.bayern.de).

keiten zwischen Entleiher und Leiharbeitnehmer zuständig[16] (s. auch § 1 Rdn. 61). Dagegen scheidet ein Schiedsstellenverfahren für Steitigkeiten, die ausschließlich untereinander zwischen Arbeitgebern (z.b. als Kooperationspartner) bzw. zwischen Arbeitnehmern (z.b. als Miterfinder) bestehen, aus.[17]

Sowohl Arbeitgeber als auch Arbeitnehmer können die Schiedsstelle anrufen; ein Anrufungsantrag kann auch gemeinschaftlich gestellt werden (s. § 31 Rdn. 3). Auch wenn die §§ 28 ff. von dem Leitbild ausgehen, dass sich nur der Arbeitgeber und ein Arbeitnehmer im Schiedsstellenverfahren gegenüberstehen, können sich an dem Verfahren weitere Arbeitnehmer beteiligen und die Schiedsstelle gemeinsam anrufen (s.a. § 35 Rdn. 13 ff.).

13 Der **ausgeschiedene Arbeitnehmer** (s. dazu § 1 Rdn. 28 ff.) kann mit Rücksicht auf seine materiellrechtliche Stellung nach § 26 die Schiedsstelle anrufen oder sonst Beteiligter des Verfahrens sein, auch wenn die Durchführung des Verfahrens keine Prozessvoraussetzung für eine Klage ist (§ 37 Abs. 2 Nr. 3 Rdn. 17 f.). Dies gilt uneingeschränkt auch für den **Pensionär** (zum Begriff s. § 1 Rdn. 77 ff.; s. aber auch unten § 28 Rdn. 16) bzw. **Ruhegehaltsempfänger**.[18] Dass die Schiedsstelle auch nach Beendigung des Arbeitsverhältnisses angerufen werden kann, ist im Ergebnis seit jeher unstreitig[19] und wird der streitschlichtenden Funktion der Schiedsstelle sowie deren »jederzeitiger« Anrufungsmöglichkeit (s. § 28 Rdn. 27) gerecht. Insoweit ist es unscharf, wenn § 28 – im Unterschied zu §§ 37 bis 39 – von Streitfällen »zwischen Arbeitgeber und Arbeitnehmer« spricht. Davon dürfte letzlich auch die Ausnahmeregelung des § 37 Abs. 2 Nr. 3 ausgehen. Der ausgeschiedene Arbeitnehmer und sein früherer Arbeitgeber sind folglich bei allen arbeitnehmererfinderrechtlichen Streitfällen über die vor Beendigung des Arbeitsverhältnisses fertiggestellten Arbeitnehmererfindungen und qualifizierten technischen Verbesserungsvorschlägen uneingeschränkt beteiligtenfähig. Es stellt sogar nach wie vor ein (letztlich bedauernswertes) Phänomen dar, dass die überwiegende

---

16 Schiedsst. v. 15.01.2009 – Arb.Erf. 51/07, (Datenbank); Keukenschrijver in Busse/Keukenschrijver, PatG, Rn. 3 zu § 28 ArbEG.
17 Vgl. auch Schiedsst. Beschl. v. 11.08.2014 – Arb.Erf. 45/11, (www.dpma.de).
18 OLG Düsseldorf v. 26.05.1961, GRUR 1962, 193, 194 l. Sp. – *Ruhegehaltsempfänger*.
19 Ebenso ständ. Praxis d. Schiedsst., z. B. vgl. etwa EV. v. 26.05.1961, GRUR 1962, 193, 194 l. Sp. – *Ruhegehaltsempfänger*; v. 03.07.2015, Mitt. 2016, 277; Keukenschrijver in Busse/Keukenschrijver, PatG Rn. 3 zu § 28; Reimer/Schade/Schippel/Trimborn Rn. 9 zu § 28. Im Ergebn. auch Boemke/Kursawe/Boemke Rn. 10 zu § 26, die dies jedoch unmittelbar aus § 26 ableiten (s. auch dort Rn. 7 zu § 28). Davon geht letztlich auch BGH v. 26.11.2013 – X ZR 3/13, GRUR 2014, 357 (Rn. 22) – *Profilstrangpressverfahren* aus.

## C. Zulässigkeit des Schiedsstellenverfahrens § 28

Zahl von Schiedsstellenverfahren von Arbeitnehmern erst nach ihrem Ausscheiden aus dem Arbeitsverhältnis eingeleitet wird.[20]

Für **arbeitnehmerähnliche Personen** ist die Schiedsstelle nicht zuständig[21] (s. § 1 Rdn. 27); Gleiches gilt für **freie Mitarbeiter** (s. dazu § 1 Rdn. 44 ff.); **Handelsvertreter** (§ 1 Rdn. 50 ff.), **Organmitglieder**[22] (gesetzliche Vertreter; s. § 1 Rdn. 68 ff.). Ihre Zuständigkeit kann auch nicht – selbst bei umfassender Einbeziehung sämtlicher Vorschriften des ArbEG – vereinbart werden (s. § 1 Rdn. 74, 93).

13.1

Die Schiedsstelle ist auch dann sachlich zuständig, wenn der **Gesamtrechtsnachfolger** des Arbeitgebers oder des Arbeitnehmers an einem Verfahren vor der Schiedsstelle beteiligt ist.[23] Als »Arbeitgeber« zur Anrufung der Schiedsstelle befugt ist auch der **Betriebsnachfolger** i.S.d. § 613a BGB (s. dazu § 1 Rdn. 114 ff.), der anstelle des früheren Arbeitgebers in das Arbeitsverhältnis eintritt.[24] Gegen den früheren Arbeitgeber i.S.d. § 613a BGB kann (analog der Rechtsposition des ausgeschiedenen Arbeitnehmers, s.o. § 28 Rdn. 13) ein Schiedsstellenverfahren anhängig gemacht werden. Gleiches gilt bei Übernahme des Geschäftsbetriebs nach § 27 Nr. 1 ArbEG n.F. Kraft Amtes ist auch der **Insolvenzverwalter**[25] bzw. der Verwalter im Gesamtvollstreckungsverfahren[26] beteiligtenfähig. Zum **Leiharbeitsverhältnis** s. § 28 Rdn. 12.

14

---

20 S. auch Schade, Mitt. 1959, 253, 254; Schippel in Der ltde. Angest. 1968, 72, 77 r.Sp.
21 Z. B. Schiedsst. v. 03.08.2017 – Arb.Erf. 12/15, (z.Z. unveröffentl.).
22 Schiedsst. v. 29.10.1958, BlPMZ 1959, 16 = GRUR 1959, 182 (LS) m. Anm. Friedrich; Beschl. v. 27.08.1986 – Arb.Erf. 19/86, u. v. 20.11.1990 – Arb.Erf. 6/90, (beide unveröffentl.); v. 15.04.1997 – Arb.Erf. 1 (B)/95; v. 01.07.1999 – Arb.Erf. 49/97; v. 07.12.1999 – Arb.Erf. 42/98, u. v. 25.09.2001 – Arb.Erf. 96/99, (sämtl. unveröffentl.).
23 Schiedsst. v. 20.01.2009 – Arb.Erf. 40/06, (Datenbank).
24 Ganz h.M. u. ständ. Praxis d. Schiedsst. seit 1988, Schiedsst. v. 18.07.2006 – Arb.Erf. 44/05; v. 20.01.2009 – Arb.Erf. 40/06; v. 03.02.2009 – Arb.Erf. 53/07; v. 09.12.2009 – Arb.Erf. 53/06; v. 26.01.2010 – Arb.Erf. 61/08; v. 04.03.2010 – Arb.Erf. 59/08, u. v. 22.09.2010 – Arb.Erf. 94/04, (sämtl. unveröffentl.); vgl. auch Reimer/Schade/Schippel/Trimborn Rn. 5 zu §; Boemke/Kursawe/Boemke Rn. 10 zu § 28; a.A. Volmer/Gaul Rn. 78 zu § 28.
25 Ständ. Praxis Schiedsst., z.B. EV. v. 26.02.1993, GRUR 1996, 49 – *Gießereimaschinen*; v. 19.09.1995, Mitt. 1996, 176 – *Patentverkauf*; v. 09.02.2010, – Arb.Erf. 50/08, (www.dpma.de, LS. 1).
26 Schiedsst. v. 04.06.1993, GRUR 1994, 615 – *Anspruchsentstehung*.

**14.1** Für den **Erben** als Gesamtrechtsnachfolger bejaht die *Schiedsstelle* die Beteiligtenfähigkeit.[27] Da insoweit der wesentliche Zweck des Schiedsstellenverfahrens, die Erhaltung des Arbeitsfriedens, nicht greift, erscheint allenfalls eine fakultative Anrufung angebracht.[28] Nach § 325 Abs. 1 ZPO, den die *Schiedsstelle* nach § 33 Abs. 2 ArbEG analog anwendet, wirkt ein Einigungsvorschlag für und gegen die Personen, die nach dem Eintritt der Anhängigkeit des Schiedsstellenverfahrens (s. § 33 Rdn. 5) Rechtsnachfolger einer Partei geworden sind.[29]

**15** Ansonsten können **Dritte** nicht Beteiligte des den (ehemaligen) Arbeitsvertragsparteien und deren Gesamtrechtsnachfolgern vorbehaltenen Schiedsstellenverfahrens sein. Das betrifft auch Miterfinder ohne Arbeitnehmerstatus (z. B. Organmitglieder, freie Mitarbeiter) sowie Miterfinder eines anderen Arbeitgebers (z.b. Kooperationspartner; s. ansonsten § 28 Rdn. 19.1) Auch durch **Einzelrechtsnachfolge** (Erfindungsübertragung, Abtretung von Vergütungsansprüchen pp.) erwirbt ein Dritter keine Beteiligtenfähigkeit für ein Schiedsstellenverfahren[30] (zum Abtretungsverbot s. § 9 Rdn. 8). Dies gilt auch dann, wenn der Rechtserwerber selbst in einem Arbeitsverhältnis zu dem Arbeitgeber steht oder gestanden hat.[31] Bei Meinungsverschiedenheiten zwischen dem Arbeitnehmer und Erfindungserwerber ist die Schiedsstelle auch in den Fällen des § 27 Nr. 1 nur eingeschränkt zuständig (s. § 27 n.F. Rdn. 69, 172, 206). Keine Zuständigkeit besteht auch in sonstigen Fällen, in denen der Erwerber eine Vergütungspflicht übernimmt[32] (s. hierzu § 7 n.F. Rdn. 26 f.). Der an

---

27 Vgl. Schiedsst. v. 19.10.2007 – Arb.Erf. 14/06, (Datenbank); v. 18.01.1966, BlPMZ 1966, 124; v. 19.10.2007 – Arb.Erf. 14/06; v. 12.05.2010 – Arb.Erf. 38/09, (sämtl. unveröffentl.); ferner Beschl. v. 05.03.2015 – Arb.Erf. 27/08, (www.dpma.de); Cordt (2017), S. 176; Reimer/Schade/Schippel/Trimborn Rn. 5 zu § 28; im Ergebn. auch Schiedsst. v. 15.11.1994 – Arb.Erf. 3/93, (unveröffentl.). Widersprüchlich Boemke/Kursawe/Boemke Rn. 15 zu § 28 bejahend, dagegen Rn. 21 zu § 37 verneinend.
28 Vgl. i.Ü. Bartenbach, Mitt. 1982, 205, 208 f.
29 Schiedsst. v. 19.10.2007 – Arb.Erf. 14/06, (Datenbank).
30 Schiedsst. v. 06.05.1996 – Arb.Erf. 1/95; v. 09.01.2001 – Arb.Erf. 69/00, u. v. 12.05.2010 – Arb.Erf. 38/09, (sämtl. unveröffentl.); Reimer/Schade/Schippel/Trimborn Rn. 5 zu § 28 ArbEG; s.a. Volmer Rn. 16 zu § 28; abw. Volmer/Gaul Rn. 81 ff. zu § 28; Boemke/Kursawe/Boemke Rn. 13 zu § 28; weitergehend Schiedsst. z.B. v. 23.11.2000 – Arb.Erf. 3/98, (unveröffentl.).
31 Schiedsst. v. 12.05.2010 – Arb.Erf. 38/09, (unveröffentl.) u. v. 22.05.2017 – Arb.Erf. 21/15, (www.dpma.de).
32 Schiedsst. v. 06.05.1996 – Arb.Erf. 1/95, u. v. 18.07.2006 – Arb.Erf. 44/05, (beide n.v.); a. A. wohl allg. Boemke/Kursawe/Boemke Rn. 12 zu § 28, wonach der an der Übertragung unbeteiligten Arbeitsvertragspartei nicht das Recht zur Anrufung der Schiedsst. genommen werden darf.

## C. Zulässigkeit des Schiedsstellenverfahrens § 28

einem Verfahren vor der Schiedsstelle Beteiligte muss nicht bloß Arbeitnehmer, sondern Arbeitnehmererfinder derjenigen Erfindung sein, über die gestritten wird.[33]

Im **Konzern** ist dementsprechend nur dasjenige Unternehmen anrufungsberechtigt bzw. passivlegimitiert, das bezüglich des betroffenen Arbeitnehmers die Arbeitgeberfunktion ausübt, bzw. die Parteien, die in einem Arbeitsverhältnis zueinander stehen. Andere Konzernunternehmen gelten als Dritte, soweit nicht der Ausnahmefall der wirtschaftlichen Einheit vorliegt.[34] Auch die Übertragung von Rechten an einer Erfindung lässt Dritte grds. nicht beteiligtenfähig i.S.d. § 28 ArbEG werden.[35] Eine Ausnahme besteht aber bei den in § 27 ArbEG geregelten Sachverhalten. Eine weitere Ausnahme erkennt die *Schiedsstelle* dann an, wenn die Erfindungsrechte auf ein Unternehmen im Konzernverbund übertragen worden sind.[36] Nach ihrer Auffassung wäre es unbillig, den Beteiligten eine Anrufung der Schiedsstelle zu entziehen, zumal die sozialen Gesichtspunkte einer Vermeidung materieller Belastungen des Arbeitsverhältnisses durch die Bereitstellung des Schiedsverfahrens sich mittelbar über den Konzernverbund auch auf das eigentliche Verhältnis des Erfinders zu seinem Arbeitgeber auswirken können.[37]

15.1

Die Zuständigkeit der Schiedsstelle bezieht sich nur auf Streitfälle **zwischen den (früheren) Arbeitsvertragsparteien** (bzw. Parteien des Beamten/Soldatenverhältnisses). Demzufolge entfällt eine Zuständigkeit für Streitigkeiten zwischen Arbeitgeber und Pensionär hinsichtlich nach Beendigung des Arbeitsverhältnisses fertiggestellter Erfindungen.[38] Ebenso entfällt die Zuständigkeit bei Streit zwischen Arbeitnehmern, etwa als Miterfinder,[39] ferner bei Auseinander-

16

---

33 Schiedsst. v. 12.05.2010 – Arb.Erf. 38/09, (unveröffentl.). Abw. wohl Boemke/Kursawe/Boemke Rn. 12, 15 zu § 28.
34 S. hierzu i. Einzelnen A. Bartenbach, Arbeitnehmererfindungen i. Konzern (2018), Rn. 86 ff. u. z. Zuständigkeit der Schiedsst. Rn. 969 ff.
35 Schiedsst. v. 06.05.1996 – Arb. Erf. 1/95, u. v. 09.01.2001 – Arb. Erf. 69/00, (beide unveröffentl.); Reimer/Schade/Schippel/Trimborn, § 28 ArbEG, Rn. 5.
36 Schiedsst. v. 27.01.1998 – Arb. Erf. 49/96, (Datenbank).
37 Schiedsst. v. 27.01.1998 – Arb. Erf. 49/96, (Datenbank).
38 Ebenso Schiedsst. v. 19.03.2009 – Arb.Erf. 24/06, (unveröffentl.).
39 Schiedsst. Beschl. v. 06.08.1982 – Arb.Erf. 62/81; v. 25.07.1995 – Arb.Erf. 98/93; v. 08.02.1996 – Arb.Erf. 61/94, u. v. 18.12.2001 – Arb.Erf. 57/98, (alle unveröffentl.); Lindenmaier/Lüdecke Anm. (2) a. E. zu § 28; Volmer/Gaul Rn. 86 zu § 28; Keukenschrijver in Busse/Keukenschrijver, PatG, Rn. 4 zu § 28 ArbEG s.a. LG Nürnberg/Fürth v. 25.10.1967 – X ZR 5/72, GRUR 1968, 252, 253 1. Sp. – *Softeis*.

setzungen des Arbeitgebers oder des Arbeitnehmers mit Dritten,[40] etwa mit Kooperationspartnern des Arbeitgebers.[41] Dritte können auch nicht (sonst) Beteiligte des Schiedsstellenverfahrens sein.[42] Auch Streitigkeiten des Arbeitgebers mit dem **Betriebsrat**, etwa hinsichtlich Kontroll- oder Mitwirkungsrechten des Betriebsrates (s. dazu Anh. zu § 20), unterliegen nicht der Zuständigkeit der Schiedsstelle. Gleiches gilt bei Streitigkeiten zwischen Hochschulen und Auftraggebern (Industriepartnern).

17 Fehlt es an einem Streitfall zwischen Arbeitgeber und Arbeitnehmer oder ist die Schiedsstelle sonst wie unzuständig (s. dazu § 28 Rdn. 22), kann die (gesetzliche) Zuständigkeit der Schiedsstelle auch nicht durch dahingehende **Vereinbarung** begründet werden.[43] Es ist auch nicht möglich, in einem Schiedsvertrag die Schiedsstelle, die eine staatliche Behörde darstellt, als Schiedsgericht i.S.d. §§ 1025 ff. ZPO einzusetzen[44] (s.o. § 28 Rdn. 6). Auch ein **rügeloses Einlassen** einer Partei kann keine Zuständigkeit der Schiedsstelle begründen.[45] Zu Organmitgliedern s. § 28 Rdn. 13.1.

Wird eine freigewordene Diensterfindung unter Vereinbarung der Geltung des ArbEG nachträglich einvernehmlich auf den Arbeitgeber übergeleitet, kann

---

40 Schiedsst. v. 01.03.1961, BlPMZ 1962, 17 = GRUR 1962, 191 (LS) m. Anm. Schippel; v. 23.04.1979 – Arb.Erf. 68/78, (unveröffentl.); Keukenschrijver in Busse/Keukenschrijver, PatG, Rn. 5 zu § 28 ArbEG.
41 Schiedsst. Beschl. v. 18.07.2006 – Arb.Erf. 44/05 (dort Verfahren gegen mit dem Arbeitgeber kooperierendes Herstellerunternehmen) u. v. 24.03.1987 – Arb.Erf. 24/86, (beide unveröffentl.).
42 Reimer/Schade/Schippel/Trimborn Rn. 4 zu § 28.
43 Schiedsst. v. 29.10.1958, BlPMZ 1959, 16; Beschl. v. 27.08.1986 – Arb.Erf. 19/86; v. 07.12.1999 – Arb.Erf. 42/98 u. v. 25.09.2001 – Arb.Erf. 96/99, (sämtl. unveröffentl. – betr. GmbH-Geschäftsführer); v. 22.01.1985, BlPMZ 1985, 195 (betr. vertragl. Überleitung frei gewordener Diensterf.); v. 04.02.1986, BlPMZ 1986, 346, 347 (betr. Rechtsbeziehungen zwischen Erfinder und Lizenznehmer des Arbeitgebers nach Übertragung einer lizenzierten Diensterfindung gem. § 16 ArbEG); v. 20.11.1990 – Arb.Erf. 6/90, (unveröffentl. – betr. AG-Vorstandsmitglied) u. v. 19.03.2009 – Arb.Erf. 24/06, (unveröffentl. – betr. nach Pensionierung fertiggestellte Erfindung); Boemke/Kursawe/Boemke Rn. 24 zu § 28; Reimer/Schade/Schippel/Rother Rn. 4 zu § 1 m. H. a. Schiedsst. v. 07.12.1999 – Arb.Erf. 42/98, (unveröffentl. u. Reimer/Schade/Schippel/Trimborn Rn. 4 zu § 28 m.H.a. Schiedsst. v. 25.09.2001 – Arb.Erf. 39/96, (unveröffentl.); Schwab, Arbeitnehmererfindungsrecht, § 36 Rn. 7; Keukenschrijver in Busse/Keukenschrijver, PatG, Rn. 3 zu § 28 ArbEG.
44 Schippel, GRUR 1959, 167, 170.
45 Boemke/Kursawe/Boemke Rn. 24 zu § 28.

C. Zulässigkeit des Schiedsstellenverfahrens                                 § 28

dies nicht die Zuständigkeit der Schiedsstelle begründen.[46] Zur irrtümlichen Annahme der Zuständigkeit s. § 34 Rdn. 35.

**b) »Streitfälle auf Grund dieses Gesetzes«**

Der Begriff »Streitfälle auf Grund dieses Gesetzes« erfasst – wie § 37 Abs. 1 Satz Halbs. 1 verdeutlicht – alle im ArbEG geregelten Rechte und Rechtsverhältnisse. Demgegenüber bestehen Unterschiede zu den Zuständigkeiten der Patentstreitkammern nach § 39 Abs. 1 (vgl. § 39 Rdn. 9).   18

Ausgehend vom Zweck des Schiedsstellenverfahrens (Wahrung des Arbeits- und Rechtsfriedens zwischen den Arbeitsvertragsparteien s. Einl. vor § 28 Rdn. 2), sind die Begriffe »Streitfälle« und »auf Grund dieses Gesetzes« **weit auszulegen**.[47]   19

**Streitfälle** erfassen sämtliche Meinungsverschiedenheiten zwischen den (auch früheren) Arbeitsvertragsparteien. Allerdings muss es noch nicht zu einem Austausch gegensätzlicher Auffassungen gekommen sein; vielmehr reicht auch die bloße Untätigkeit einer Partei aus, etwa wenn der Arbeitgeber keinerlei Reaktion auf ein Vergütungsverlangen des Arbeitnehmers zeigt[48] (s.a. § 35 Abs. 1 Nr. 1 ArbEG; vgl. dagegen § 74 Abs. 1 Satz 2 BetrVG für die betriebliche Einigungsstelle). Darauf, ob sich die Parteien selbst einigen können[49], kommt es nicht an, sondern nur darauf, dass keine Einigkeit in der Sache besteht, gleich aus welchen Gründen. Bestehen Meinungsverschiedenheiten zu **mehreren Erfindungen**[50] und/oder qualifizierten technischen Verbesserungsvorschlägen, ist es zulässig – wenn auch nicht notwendig –, diese zusammenfassend in einem Schiedsstellenverfahren klären zu lassen (vgl. auch § 33 Rdn. 7). Insoweit ist die Schiedsstelle auch berechtigt, mehrere Schiedsstellenverfahren zu einem Verfahren zusammenzufassen (s. § 33 Rdn. 10). So betrafen etwa im Jahr 2017 die insgesamt 55 Einigungsvorschläge der Schiedsstelle 204 techni-

---

46 Schiedsst. v. 05.12.2002 – Arb.Erf. 1/02; v. 25.09.2001 – Arb.Erf. 96/99, (beide Datenbank).
47 So auch Volmer Rn. 12 zu § 28; Keukenschrijver in Busse/Keukenschrijver, PatG, Rn. 6 zu § 28 ArbEG; s. aber auch Schiedsst. Beschl. v. 11.08.2014 – Arb.Erf. 45/11, (www.dpma.de).
48 Weitergehend fordern Boemke/Kursawe/Boemke Rn. 16 zu § 28 hier eine gesetzl Pflicht zum Tätigwerden oder eine vorherige ergebnislose Setzung einer angemessenen Frist durch die andere Arbeitsvertragspartei.
49 Vgl. aber Boemke/Kursawe/Boemke Rn. 76 zu § 37.
50 Schiedsst. v. 04.02.1993, BlPMZ 1994, 422, 426.

sche Schutzrechte bzw. Erfindungen.[51] Zum fehlenden Rechtsschutzinteresse mangels Streitfalls s. § 28 Rdn. 26.

**19.1** Durch die Worte »auf Grund dieses Gesetzes« sollen **alle im ArbEG unmittelbar geregelten Rechte und Rechtsverhältnisse** erfasst werden, also alle Ansprüche, die sich aus den dort behandelten Rechten und Rechtsverhältnissen unmittelbar herleiten, nicht aber solche, die sich **ausschließlich aus anderen Bestimmungen** ergeben.[52] Soweit (**ausschließlich**) **Streit über Rechte oder Rechtsverhältnisse aus anderen Bestimmungen** besteht, die das ArbEG nicht regelt, wie etwa im Patentrecht geregelte Problemfelder, beispielsweise die zutreffende Erfindernennung,[53] das Erfinderpersönlichkeitsrecht,[54] die widerrechtliche Entnahme,[55] oder patentrechtliche Sachverhalte, die das ArbEG voraussetzt, wie etwa die Rechtsqualität als Erfindung, ihre Schutzfähigkeit[56] (vom Ausnahmefall des § 17 abgesehen), Fragen der **Erfinderschaft**[57] bzw. **Miterfinderschaft**[58] einschließlich der Höhe des Miterfinderanteils[59] (s. aber nachfolgend § 28 Rdn. 19.3; s. a. § 28 Rdn. 15, 16). Keine Zuständigkeit besteht auch bei Streit über die Arbeitgeber- oder Arbeitnehmereigenschaft bzw. das **Bestehen eines Arbeitsverhältnisses** (z.B. bei zwischen-

---

51 Vgl. Geschäftsbericht d. Schiedsst. f. d. Jahr 2017 in BlPMZ 2018, 94.
52 Ebenso ständ. Prais d. Schiedsst., z. B. ZB v. 12.05.2016 – Arb.Erf. 41/13, (www.dpma.de) u. EV v. 15.06.2016, Mitt. 2017, 502 f.
53 Schiedsst. v. 23.04.1979, BlPMZ 1980, 233, 234; v. 19.09.2013 – Arb.Erf. 29/12, (www.dpma.de); ferner Beschl. v. 11.08.2014 – Arb.Erf. 45/11, (www.dpma.de).
54 Schiedsst. v. 23.04.1998 – Arb.Erf. 92/96, (unveröffentl.).
55 Z.B. Schiedsst. v. 16.09.1993 – Arb.Erf. 171/92, (unveröffentl.).
56 Ständ. Entsch.praxis, vgl. Schiedsst. v. 26.04.1976, EGR Nr. 5 zu § 13 ArbEG u. v. 24.01.2008 – Arb.Erf. 12/07, (Datenbank).
57 Schiedsst. v. 25.07.1977, EGR Nr. 20 zu § 5 ArbEG m. krit. Anm. Gaul/Bartenbach; ZB. v. 29.09.1994 – Arb.Erf. 12/93, (unveröffentl.); v. 11.12.2012 – Arb.Erf. 46/11, (www.dpma.de); Schade, GRUR 1972, 510, 515.
58 Schiedsst. v. 14.06.1977, BlPMZ 1979, 159; v. 10.03.1993 – Arb.Erf. 3/92; v. 23.07.1995 – Arb.Erf. 98/93; v. 15.11.1994 – Arb.Erf. 3/93; v. 05.12.1995 – Arb.Erf. 37/94; Beschl. v. 23.10.1996 – Arb.Erf. 36/95, u. v. 18.12.2001 – Arb.Erf. 57/98; v. 12.01.2005 – Arb.Erf. 21/02; v. 11.12.2012 – Arb.Erf. 46/11; v. 22.07.2013 – Arb.Erf. 40/11; v. 17.09.2013 – Arb.Erf. 13/12; ausf. Beschl. v. 11.08.2014 – Arb.Erf. 45/11; ferner v. 04.05.2015 – Arb.Erf. 64/13, (alle www.dpma.de); ausf. auch ZB. v. 12.05.2016 – Arb.Erf. 41/13, (www.dpma.de); ferner ZB. v. 15.06.2016, Mitt. 2017, 502, 503; EV v. 06.07.2016 – Arb.Erf. 23/13, (www.dpma.de); v. 06.07.2017 – Arb.Erf. 51/16, (z.Z. unveröffentl.); LG Frankfurt v. 10.10.2007 – 2–6 O 774/06, (sämtl. unveröffentl.); Schade, GRUR 1972, 510, 515.
59 So z. B. Schiedsst. v. 18.01.2017 – Arb.Erf. 67/14, (www.dpma.de).

## C. Zulässigkeit des Schiedsstellenverfahrens                                                       § 28

betrieblicher Kooperation – s. § 1 Rdn. 106 f.)[60], da es hierbei um einen Streit über die Zuständigkeitsvoraussetzungen nach § 28 geht und diese Streitfrage nach § 2 Abs. 1 Nr. 3 b) ArbGG von den Arbeitsgerichten zu klären ist.[61] Keine Zuständigkeit besteht insgesamt für die Klärung **allgemeiner arbeitsrechtlicher Fragen**,[62] wie z.b. das Bestehen einer betrieblichen Übung[63] (s.a. § 28 Rdn. 22). Gleiches gilt für außerhalb von § 14 Abs. 3, § 16 Abs. 3 oder § 19 abgeschlossene **Lizenzvereinbarungen** zwischen Arbeitgeber und Arbeitnehmer.[64]

Etwas anderes gilt dann, wenn diese Probleme als **notwendige Vorfragen** oder wesentliche Voraussetzungen für einen Anspruch aus dem ArbEG (insb. für einen Vergütungsanspruch) zu klären sind und auch dieser Anspruch bei der Schiedsstelle (mit-) anhängig ist[65] bzw. (ergänzend) anhängig gemacht wird. Dies betrifft etwa die Frage, ob Verwertungshandlungen im **Schutzbereich** der geschützten Diensterfindung liegen.[66] Siehe (aber) auch § 28 Rdn. 19.1.                    19.2

Zur Vorfrage gehört u. E. grundsätzlich die Klärung der Höhe eines **Miterfinderanteils**, wenn es sich um eine Vorfrage für einen Anspruch aus dem ArbEG handelt, insbesondere zur Bemessung der Vergütung.[67]: Die Schiedsstelle hält sich allerdings regelmäßig nur dann für sachlich zuständig, etwa zur Höhe des Miterfinderanteils einen Einigungsvorschlag zu unterbreiten, wenn der jeweilige konkrete Beitrag, den jeder Miterfinder zu der technischen Lehre der Erfindung geleistet hat, der Schiedsstelle vorgetragen und zwischen den Erfindern und den sonstigen Beteiligten unstreitig oder ohne weiter gehende             19.3

---

60 Schiedsst. Beschl. v. 23.03.1987 – Arb.Erf. 24/86, (unveröffentl.).
61 I. d. S. Schiedsst. v. 03.08.2017 – Arb.Erf. 12/15, (z.Z. unveröffentl.), dort bei Streit über das Bestehen eines Arbeitsverhältnisses; s. aber auch Schiedsst. v. 16.08.1988, BlPMZ 1989, 57; v. 05.07.1991 – Arb. Erf. 43/90, BlPMZ 1993, 274; v. 18.07.2006 – Arb.Erf. 44/05, (Datenbank).
62 Schiedsst. Beschl. v. 27.11.2008 – Arb.Erf. 2/08, u. v. 28.01.2009 – Arb.Erf. 34/06, (beide Datenbank).
63 Schiedsst. v. 22.12.2016 Mitt. 2017, 561, 563.
64 Im Ergebn. auch Schiedsst. v. 23.05.2014 – Arb.Erf. 38/12, (www.dpma.de); v. 15.11.2017 – Arb.Erf. 14/15, (www.dpma.de, dort zu § 15).
65 Schiedsst. v. 25.07.1977, EGR Nr. 20 zu § 5 ArbEG m. krit. Anm. Gaul/Bartenbach u. 14.06.1977, BlPMZ 1979, 159; v. 11.04.1988 – Arb.Erf. 85/87; v. 20.12.1988 – Arb.Erf. 29/88 u. v. 31.07.1991 – Arb.Erf. 25/90 u. 11/91, (alle unveröffentl. – jeweils z. Miterfinderschaft); z. Schutzfähigkeit vgl. Schiedsst. v. 26.04.1976, EGR Nr. 5 zu § 13 ArbEG; s.a. Schiedsst. v. 21.01.1963, BlPMZ 1963, 177 u. v. 23.04.1979, BlPMZ 1980, 233.
66 Z.B. Schiedsst. v. 20.08.1987, BlPMZ 1988, 173; v. 05.12.1995 – Arb.Erf. 37/94; v. 24.10.1995 – Arb.Erf. 21/94, (alle unveröffentl.).
67 Vgl. Schiedsst. v. 22.07.2013 – Arb.Erf. 40/11, (www.dpma.de).

Sachaufklärung (etwa durch Zeugeneinvernahme) dem Akteninhalt entnehmbar ist, sodass die Schiedsstelle insbesondere mit Hilfe der Fachkompetenz der technischen Beisitzer ohne weitere Aufklärung nur die **gewichtende Bewertung dieser Beiträge** vorzunehmen hat.[68] Aus hiesiger Sicht kommt es bei unstreitigen und bekannten Beiträgen aller Miterfinder nicht zusätzlich darauf an, ob all diese Miterfinder (frühere) Arbeitnehmer des anderen Beteiligten (Arbeitgeber) sind und sich sämtlich auf das Schiedsstellenverfahren eingelassen haben.[69]

Gleiches gilt, wenn es bei unstreitigem Sachverhalt letztlich um reine Rechtsfragen zur erfinderischen Qualität einer technischen Neuerung geht.[70] Auch die auf Grundlage des PatG, GebrMG bzw. EPÜ zu entscheidende Feststellung der **Schutzfähigkeit** fällt nicht in die Zuständigkeit der Schiedsstelle, sondern in die der Erteilungsbehörden bzw. Gerichte.[71] Die *Schiedsstelle* verweist die Beteiligten dann darauf, sich außerhalb des Schiedsverfahrens zu einigen oder diese patentrechtlichen Fragen durch die ordentlichen Gerichte (§ 39 ArbEG, § 143 PatG) gerichtlich klären zu lassen,[72] und stellt ansonsten das Verfahren durch Beschluss ein.[73] Soweit Fragen der Schutzfähigkeit **Ansprüche aus dem ArbEG unmittelbar ausgestalten**, nimmt die Schiedsstelle allerdings dazu Stellung. Das betrifft die vergütungsrelevante Prüfung der Vernichtbarkeit und der offenbar oder wahrscheinlich gewordenen Nichtigkeit eines Schutzrechts im Zusammenhang mit RL Nr. 43.[74] Gleiches gilt für die Festlegung des Risikoabschlags bei vorläufiger Vergütung vor Schutzrechterteilung (s. § 9 Rdn. 59 ff.) oder die Klärung der Schutzfähigkeit im Fall des § 17 Abs. 2.

---

68 Vgl. Schiedsst. v. 10.03.1993 – Arb.Erf. 3(B)/92; v. 13.12.1993 – Arb.Erf. 127/92; ZB. v. 29.09.1994 – Arb.Erf. 12/93; EV. v. 03.03.1995 – Arb.Erf. 90/93; Beschl. v. 05.02.1996 – Arb.Erf. 49/94; v. 23.10.1996 – Arb.Erf. 36/95; v. 07.11.1997 – Arb.Erf. 29/96; v. 17.04.2001 – Arb.Erf. 82/99; v. 23.11.2004 – Arb.Erf. 24/03; v. 06.10.2005 – Arb.Erf. 51/03; v. 24.02.2005 – Arb.Erf. 85/03; v. 12.01.2005 – Arb.Erf. 21/02; v. 09.07.2008 – Arb.Erf. 45/03; 25.11.2008 – Arb. Erf. 3/08; v. 28.01.2009 – Arb.Erf. 34/06; v. 05.03.2009 – 26/08; v. 18.11.2009 – Arb.Erf. 28/04; v. 28.01.2010 – Arb. Erf. 56/08, (alle unveröffentl.); ferner ausf. Beschl. v. 11.08.2014 – Arb.Erf. 45/11, (www.dpma.de).
69 A. A. aber Schiedsst. ZB. v. 12.05.2016 – Arb.Erf. 41/13, (www.dpma.de); vgl. aber auch ZB v. 15.06.2016, Mitt. 2017, 502, 503.
70 Schiedsst. v. 08.02.1996 – Arb.Erf. 61/94, (unveröffentl.).
71 Schiedsst. v. 30.07.2002 – Arb.Erf. 38/00, (Datenbank).
72 Z.B. Beschl. v. 05.02.1996 – Arb.Erf. 49/94; EV v. 06.10.2005 – Arb.Erf. 51/03, (beide unveröffentl.) u. v. 12.01.2005 – Arb.Erf. 21/02, (Datenbank).
73 Schiedsst. v. 18.12.2001 – Arb.Erf. 57/98, (unveröffentl.).
74 Schiedsst. v. 03.12.2009 – Arb.Erf. 16/08, (unveröffentl.).

## C. Zulässigkeit des Schiedsstellenverfahrens § 28

Die *Schiedsstelle* hält sich (zu Recht) für berufen, auch bezüglich nicht ausschließlich im ArbEG geregelter Ansprüche Einigungsvorschläge zu unterbreiten, wenn diese in **engem sachlichen und rechtlichen Zusammenhang** mit den von der Schiedsstelle zuständigkeitshalber zu behandelnden Fragen stehen und die Beantwortung der offenen Fragen ohne weitere und ins Einzelne gehende Sachaufklärung erfolgen kann.[75] Allerdings sieht sie sich hier letztlich nicht als verpflichtet, sondern nur als berechtigt an, um im Interesse des Rechtsfriedens eine gütliche Einigung bei erfinderrechtlichen Auseinandersetzungen zu erreichen.

19.4

Bei **Auslandsberührung** (s. dazu § 1 Rdn. 32 ff.) ist die Zuständigkeit der Schiedsstelle dann gegeben, wenn das Arbeitsverhältnis deutschem Recht und damit auch dem ArbEG unterliegt.[76] Kommt ausländisches Arbeitnehmererfindungsrecht zur Anwendung, ist die Schiedsstelle mangels eines Streitfalls auf Grund des ArbEG unzuständig.[77]

Die Schiedsstelle ist nicht gehindert, einen in erster Linie auf das ArbEG gestützten Anspruch auch im Hinblick auf **andere Anspruchsgrundlagen** zu prüfen und ggf. darauf zu »erkennen«. So ist die Schiedsstelle zuständig für Schadensersatzansprüche, soweit sie ihre Grundlage im ArbEG haben (s. § 28 Rdn. 22.4). Im Interesse des Rechtsfriedens und der Rechtssicherheit kann sie den Einigungsvorschlag aber auch auf andere Rechtsgrundlagen zu erstrecken, etwa auf Schadensersatzansprüche aus unerlaubter Handlung (§§ 823 ff. BGB)[78] oder Bereicherungsansprüche nach §§ 812 ff. BGB.[79] Die *Schiedsstelle* hält sich auch für berufen, ihren Einigungsvorschlag auf evtl. erfolgte Teilvereinbarungen der Arbeitsvertragsparteien auszudehnen.[80] Dies ist auch sachge-

20

---

75 Schiedsst. v. 05.07.1991, GRUR 1992, 499, 500 – *Einheitliches Arbeitsverhältnis*; zust. auch Keukenschrijver in Busse/Keukenschrijver, PatG, Rn. 6 zu § 28 ArbEG m.w.N.
76 Unstreitig, z.B. Schiedsst. v. 09.01.1986 – Arb.Erf. 30/85, (unveröffentl.); Beschl. v. 11.12.2014 – Arb.Erf. 05/13, (www.dpma.de); zust. auch Boemke/Kursawe/Boemke Rn. 30 zu § 28.
77 Schiedsst. Beschl. v. 11.12.2014 – Arb.Erf. 05/13; EV. v. 04.08.2017 – 21/13, (beide www.dpma.de).
78 Vgl. etwa Schiedsst. v. 11.12.2014 – Arb.Erf. 31/10, (www.dpma.de).
79 Vgl. etwa Schiedsst. v. 12.10.2016 – Arb.Erf. 07/14, (www.dpma.de). Dazu hat die Schiedsst. alternativ in einem Zwischenbescheid Stellung genommen, z. B. ZB. v. 15.06.2016, Mitt. 2017, 502, 503 f.
80 Schiedsst. v. 05.02.1976, BlPMZ 1977, 200, 201; bestätigt durch EV. v. 29.07.1985 – Arb.Erf. 70/84, (unveröffentl.). Vgl. auch allg. BGH v. 19.10.2016, WRP 2017, 179, wonach – bezogen auf das UWG – zu »Ansprüchen auf Grund dieses Gesetzes« auch vertragliche Ansprüche (dort Vertragsstrafe) zu rechnen sind; krit. dazu Bernreuther WRP 2017, 1315 ff.

recht, da es bei einem Einigungsvorschlag nicht selten im beiderseitigen Interesse um eine vergleichsweise »Gesamtlösung« geht (s. § 34 Rdn. 33), deren Verbindlichkeit in der Hand der Beteiligten unabhängig von Zuständigkeitsfragen liegt (s. § 34 Rdn. 26). Allerdings hat sich die *Schiedsstelle* selbst regelmäßig für die zusätzliche Prüfung von Ansprüchen aus anderen rechtlichen Bestimmungen für nicht zuständig erklärt[81]; diese Praxis sollte von der *Schiedsstelle* überprüft werden[82] (s. § 28 Rdn. 22.1).

21 Zu den von § 28 erfassten **Tatbeständen** rechnen **beispielsweise** die Abgrenzung zwischen Diensterfindung und freier Erfindung (§ 4),[83] die Erfüllung der Meldepflicht (§ 5)[84] und die Voraussetzungen des Beanstandungsrechtes (§ 5 Abs. 3);[85] die Wirksamkeit der Inanspruchnahme (§§ 6, 7);[86] die Feststellung des Freiwerdens einer Diensterfindung (§ 8 a.F.[87]/§ 6 Abs. 2 u. § 8 n.F.); die Vergütungsansprüche bei Inanspruchnahme, sei es bei (unbeschränkter) Inanspruchnahme nach § 9 i.V.m. §§ 6, 7 n.F. oder §§ 6, 7 Abs. 1 a.F.[88] und bei früherer beschränkter Inanspruchnahme[89] (§ 10 a.F.) einschl. Fragen der bindenden Feststellung[90] bzw. Festsetzung (§ 12)[91] und Verwirkung[92] sowie des

---

81 Vgl. z.B. für urheberrechtl. Fragen Schiedsst. v. 11.12.1967, BlPMZ 1968, 326, 327 a. E.; ebenso in ständ. Praxis zur Verfügung über freie oder frei gewordene Erfindungen (z.B. Beschl. v. 09.03.1981 – Arb.Erf. 56/80, unveröffentl.; v. 22.08.1985, BlPMZ 1986, 205, 207 r.Sp.).
82 Ablehnend Reimer/Schade/Schippel/Trimborn Rn. 8 zu § 28.
83 Z.B. Schiedsst. v. 03.10.1961, BlPMZ 1962, 54; v. 12.02./09.11.1970, BlPMZ 1971, 170; v. 06.02.1987, BlPMZ 1987, 362.
84 Z.B. Schiedsst. v. 12.07.1963, BlPMZ 1963, 342; v. 11.03.1976, EGR Nr. 13 zu § 5 ArbEG; v. 17.10./19.12.1988, BlPMZ 1989, 366, 368.
85 Schiedsst. v. 08.04.1993, EGR Nr. 34 zu § 6 ArbEG; a. A. Boemke/Kursawe/Boemke Rn. 23 zu § 28.
86 Z.B. Schiedsst. v. 18.12.1976, EGR Nr. 18 zu § 5 ArbEG u. v. 28.02.1991, GRUR 1991, 910.
87 Z.B. Schiedsst. v. 19.04.1960, BlPMZ 1960, 282; v. 21.03.1973, EGR Nr. 8 zu § 6 ArbEG; v. 08.01.1986, BlPMZ 1986, 273 u. v. 04.03.1999 – Arb.Erf. 87/97, (unveröffentl.) – alle zu § 8 a.F.
88 Dies ist die absolute Mehrzahl der Streitfälle, z.B. Schiedsst. v. 8.6./06.09.1967, BlPMZ 1968, 130; v. 06.02.1970, BlPMZ 1970, 456; v. 15.07.1974, Mitt. 1975, 97; v. 07.02.1983, BlPMZ 1984, 218.
89 Z.B. Schiedsst. v. 29.06.1972, BlPMZ 1973, 58 u. v. 01.12.1992, EGR Nr. 6 zu § 10 ArbEG.
90 Z.B. Schiedsst. v. 09.10.1973/08.07.1974, BlPMZ 1974, 385; v. 19.11.1981, BlPMZ 1984, 57 u. v. 22.02.1996 – Arb.Erf. 66/94, (unveröffentl.).
91 Z.B. Schiedsst. v. 10.07.1963, BlPMZ 1963, 342; v. 30.06.1972/14.02.1973, BlPMZ 1973, 289; v. 08.06.1973, BlPMZ 1973, 366; v. 02.03.1993, EGR Nr. 86 zu § 9 ArbEG (Verg.Anspr.).
92 Z.B. Schiedsst. v. 02.03.1993, EGR Nr. 86 zu § 9 ArbEG (Verg.Anspr.).

Auskunftsanspruchs;[93] Anpassung eines Vergütungsanspruchs an veränderte Umstände (§ 12 Abs. 6);[94] Geltungsbereich unternehmenseigener Richtlinien;[95] Ansprüche aus unterlassener Inlandsanmeldung (§ 13)[96] bzw. Schadensersatzansprüche wegen fehlerhafter Schutzrechtsanmeldung,[97] aus unterlassener Freigabe (§ 14 Abs. 2)[98] bzw. Aufgabe (§ 16 Abs. 2);[99] Feststellung der Schutzfähigkeit einer betriebsgeheimen Diensterfindung (§ 17 Abs. 2)[100] und deren Vergütung;[101] Erfüllung der Mitteilungs- und Anbietungspflicht für freie Erfindungen (§§ 18, 19); Festsetzung der Bedingungen eines nicht ausschließlichen Benutzungsrechts gem. § 19 Abs. 3;[102] Vergütung für qualifizierte technische Verbesserungsvorschläge (§ 20 Abs. 1);[103] Feststellung eines Verstoßes gegen die Unabdingbarkeitsregelung des § 22;[104] Feststellung der Unbilligkeit nach § 23;[105] Feststellung eines Schadensersatzanspruchs wegen Verletzung des § 24;[106] Vergütungsansprüche bei Insolvenz des Arbeitgebers[107] (s.a. oben § 28 Rdn. 14).

**Nicht** von § 28 **erfasst** sind i.Ü. (s.a. § 28 Rdn. 19) Streitigkeiten über die dem Anwendungsbereich des ArbEG entzogenen **einfachen technischen Ver-**

---

93 Z.B. Schiedsst. v. 12.01.1995 – Arb.Erf. 37/93, u. v. 05.12.1995 – Arb.Erf. 37/94, (alle unveröffentl.).
94 Z.B. Schiedsst. v. 14.12.1970, BlPMZ 1971, 99; v. 27.10.1972, BlPMZ 1973, 146; v. 10.01.1983, BlPMZ 1983, 188; v. 12.05.1992, EGR Nr. 84 zu § 12 ArbEG.
95 Schiedsst. v. 26.05.1992, EGR Nr. 32 zu § 13 ArbEG.
96 Z.B. Schiedsst. v. 21.06.1976, EGR Nr. 4 zu § 13 ArbEG; v. 27.02.1984, BlPMZ 1984, 301.
97 Schiedst. v. 28.02.1991, GRUR 1991, 910 u. v. 18.12.1992 – Arb.Erf. 81/88, (unveröffentl.); v. 11.12.2014 – Arb.Erf. 31/10, (www.dpma.de).
98 Z.B. Schiedsst. v. 09.07.1974, BlPMZ 1975, 258.
99 Z.B. Schiedsst. v. 15.10.1964, BlPMZ 1965, 66; v. 02.06.1992, EGR Nr. 34 zu § 16 ArbEG.
100 Z.B. Schiedsst. v. 27.09.1969, BlPMZ 1970, 425; v. 26.04.1976, EGR Nr. 5 zu § 13 ArbEG.
101 Schiedsst. v. 28.09.1992, EGR Nr. 13 zu § 17 ArbEG u. v. 06.05.1996 – Arb.Erf. 1/95, (unveröffentl.).
102 Z.B. Schiedsst. v. 11.12.1967, BlPMZ 1968, 326.
103 Z.B. Schiedsst. v. 13.07.1962, BlPMZ 1963, 75.
104 Z.B. Schiedsst. v. 20.11.1967/26.06.1968, BlPMZ 1969, 23.
105 S. Schiedsst. v. 22.08.1969, EGR Nr. 1 zu § 23 ArbEG; v. 28.01.1970, BlPMZ 1970, 454; v. 16.06.1983, BlPMZ 1984, 250; v. 15.12.1982, BlPMZ 1983, 133; v. 22.09.1992, EGR Nr. 14 zu § 23 ArbEG u. v. 16.04.1996 – Arb.Erf. 94/94, (unveröffentl.).
106 Schiedsst. v. 10.10.1989 – Arb.Erf. 37/89, (unveröffentl.).
107 Z.B. Schiedsst. v. 09.05.1985, BlPMZ 1985, 383; v. 26.02.1993, EGR Nr. 7 zu § 27 ArbEG u. v. 19.09.1995, Mitt. 1996, 176.

besserungsvorschläge[108] (vgl. § 20 Abs. 2 Rdn. 51) sowie über sonstige, nichttechnische Verbesserungsvorschläge,[109] ferner Streitigkeiten über **Urheberrechte**[110] (einschl. über urheberschutzfähige Computerprogramme[111]), **Marken** oder **Design**.[112]

22.1 Die Schiedsstelle ist ferner nicht berufen, über **rein bürgerlich-rechtliche Fragen** zu befinden, z.b. ob ein wirksamer Vergleichs-[113] oder Vergütungsvertrag[114] vorliegt, wie ein solcher Vertrag auszulegen ist, ob mit Gegenforderungen aufgerechnet werden kann[115] bzw. insoweit Zurückbehaltungsrechte bestehen[116] (zur Auslegung eines Einigungsvorschlags s. nachfolgend). Auch zu Fragen der Anfechtung einer Vergütungsvereinbarung oder deren Nichtigkeit wegen Sittenwidrigkeit nach § 138 BGB hat sie sich für unzuständig erklärt, da es sich nicht um im ArbEG geregelte Fragen handelt.[117] Gleiches gilt für Ansprüche aus ungerechtfertigter Bereicherung nach §§ 812 ff. BGB[118] (s. aber auch § 28 Rdn. 20). Insoweit wird aus § 37 Abs. 2 Nr. 1 ArbEG gefol-

---

108 H.M., z.B. Schiedsst. v. 04.10.1976, BlPMZ 1979, 184, 185; v. 12.09.1985, BlPMZ 1987, 133; v. 30.10.1989 – Arb.Erf. 30/89; v. 18.10.1993 – Arb.Erf. 72/93; v. 17.05.1994 – Arb.Erf. 150/92 u. v. 25.07.1995 – Arb.Erf. 98/93; v. 18.02.1997 – Arb.Erf. 52/95 u. v. 23.07.2009 – Arb.Erf. 10/05, (alle unveröffentl.); v. 20.03.2003, Mitt. 2003, 559, 560; v. 18.07.2012 – Arb.Erf. 30/10, (insoweit nicht bei www.dpma.de); v. 17.01.2013 – Arb.Erf. 23/11, u. v. 23.07.2013 – Arb.Erf 20/10, (beide www.dpma.de); Keukenschrijver in Busse/Keukenschrijver, PatG, Rn. 8 zu § 28 ArbEG; Reimer/Schade/Schippel/Trimborn Rn. 6 zu § 28; a.A. Gaul, GRUR 1977, 686, 702; wie hier Volmer/Gaul Rn. 90 zu § 28.
109 Schiedsst. v. 24.07.1973 – Arb.Erf. 39/72, u. v. 05.11.1985 – Arb.Erf. 11/85, (beide unveröffentl.).
110 Z.B. Schiedsst. v. 23.02.1995 – Arb.Erf. 80/93, (unveröffentl.); Keukenschrijver in Busse/Keukenschrijver, PatG, Rn. 8 zu § 28 ArbEG.
111 Schiedsst. v. 18.07.2012 – Arb.Erf. 30/10, (insoweit nicht bei www.dpma.de).
112 Z.B. Schiedsst. Beschl. v. 13.10.1994 – Arb.Erf. 180/92, (unveröffentl., zu früheren Geschmacksmustern); Keukenschrijver in Busse/Keukenschrijver, PatG, Rn. 8 zu § 28 ArbEG.
113 Schiedsst. v. 14.03.1960, BlPMZ 1960, 316 = GRUR 1961, 135 (LS) m. Anm. Friedrich; v. 06.04.1981 – Arb.Erf. 51/77, (unveröffentl.).
114 Vgl. auch VGH München Beschl. v. 11.02.2014 – 5 C 13.2390, (www.gesetze.bayern.de, Rn. 1).
115 Schiedsst. v. 25.01.1963, BlPMZ 1963, u. v. 20.11.1967/26.06.1968, BlPMZ 1969, 23, 25 l.Sp.
116 Schiedsst. v. 22.12.1988 – Arb.Erf. 36/88, (unveröffentl.).
117 Schiedsst. v. 16.12.2011 – Arb.Erf. 63/08, (unveröffentl.).
118 Z.B. Schiedsst. v. 22.07.2013 – Arb.Erf. 40/11; v. 04.08.2017 – 21/13, (beide www.dpma.de); im Ausgangspunkt auch Schiedsst. ZB. v. 15.06.2016, Mitt. 2017, 502, 503.

gert, dass die Schiedsstelle zur vollumfänglichen Prüfung allgemeiner bürgerlich-rechtlicher Fragen nicht berufen ist und damit kein Anspruch auf vollumfängliche »bürgerlich-rechtliche Prüfung« durch die Schiedsstelle besteht.[119] Allerdings ist dieser Rückschluss auf § 37 Abs. 1 ArbEG nicht zwingend (s. auch § 28 Rdn. 9); beispielsweise ist das Schiedstellenverfahren nach § 37 Abs. 2 Nr. 3 ArbEG bei erfinderrechtlichen Streitigkeiten von ausgeschiedenen Arbeitnehmererfindern keine Prozessvoraussetzung – ein Fall, in dem die Zuständigkeit der Schiedsstelle unstreitig gegeben ist und der im langfristigen Vergleich sogar die Mehrzahl der Schiedsstellenverfahren bilden dürfte. Näher liegt u. E. der Rückgriff auf § 28 ArbEG, der die Zuständigkeit auf Streitfälle »auf Grund dieses Gesetzes« begrenzt (s. § 28 Rdn. 20), so dass u. E. eine Unzuständigkeit grundsätzlich (nur) insoweit angenommen werden sollte, als es bei dem Streitfall maßgebend auf rein bürgerlich-rechtliche Fragen ankommt. Im Übrigen ist die Praxis der *Schiedsstelle* seit jeher nicht stringent, sondern von ihrem Bemühen um eine gütliche Einigung geprägt, soweit solches im Bereich ihrer Möglichkeiten liegt[120] (s. auch § 28 Rdn. 20 f.). Im Einzelfall hat sich die *Schiedsstelle* für allgemeine zivilrechtliche (Vor- bzw. Begleit-)Fragen für zuständig erklärt, etwa zur Vergütungspflicht aufgrund Schuldübernahme[121] oder zur Verjährung und Verwirkung eines Vergütungsanspruchs.[122] Gleiches gilt bei Fragen des Fehlens der Geschäftsgrundlage nach § 313 Abs. 2 BGB (s. hierzu § 12 Rdn. 107); dies folgt aus der Sachnähe zur Zuständigkeit der Schiedsstelle für Fragen des Wegfalls der Geschäftsgrundlage nach § 12 Abs. 6 Satz 1 ArbEG.[123]

Soweit es um Streitfälle im Zusammenhang mit einer **Aufrechnung** geht, besteht die Zuständigkeit der Schiedsstelle u. E. ausschließlich bezüglich einer streitigen (Haupt- oder Gegen-)Forderung auf Grund des ArbEG (z. B. Vergütungsanspruch aus §§ 9, 12), nicht jedoch für die andere Forderung sowie für

---

119 VGH München Beschl. v. 11.02.2014 – 5 C 13.2390, (www.gesetze.bayern.de, Rn. 1); zust. auch Schiedsst., u. a. v. 19.09.2016 – Arb.Erf. 05/14, Mitt. 2018, 289, 291, (= www.dpma.de).
120 Das zeigt exemplarisch auch der EV v. 19.09.2016 – Arb.Erf. 05/14, Mitt. 2018, 289, 291, (= www.dpma.de), in dem die Schiedsstelle »ungeachtet ihrer fehlenden Zuständigkeit« (u. E. zu Recht) auf die zivilrechtliche Streitfrage eingegangen ist.
121 Vgl. z.B. Schiedsst. v. 05.07.1991, BlPMZ 1993, 274, 277.
122 Schiedsst. v. 03.04.2008 – Arb.Erf. 46/06; v. 13.01.2009 – Arb.Erf. 19/06 u. v. 18.09.2008 – Arb.Erf. 56/07 (sämtl. Datenbank).
123 Schiedsst. v. 06.05.2010 – Arb.Erf. 46/08, (unveröffentl.); v. 15.03.2012 – Arb.Erf. 48/10, (www.dpma.de nur LS. 3).

Streitigkeiten zu Voraussetzungen, Möglichkeiten und Folgen einer Aufrechnung nach §§ 387 ff. BGB.[124]

Die Schiedsstellenpraxis zu den Rechtsfolgen eines **Verzugs** (§§ 286 ff. BGB n.F.), insb. zum Verzug des Arbeitgebers mit der Erfüllung von Vergütungsansprüchen (s. dazu § 9 Rdn. 26 ff.), ist nicht einheitlich (s. dazu u. zur Zuständigkeit d. Schiedsstelle § 34 Rdn. 46).

Die Schiedsstelle ist nicht für die Klärung **prozessrechtlicher Fragen** zuständig, etwa bezüglich der Rechtmäßigkeit einer einstweiligen Verfügung,[125] oder der Erstattung von Kosten eines zivilgerichtlichen Rechtsstreits im Anschluss an einen Einigungsvorschlag.[126] Dagegen hält sich die *Schiedsstelle* zutreffend für zuständig, wenn die Beteiligten über Umfang, **Auslegung** und Handhabung eines verbindlich gewordenen **Einigungsvorschlags** streiten[127] oder über dessen Rechtswirksamkeit.[128] Andererseits verneint sie ihre Zuständigkeit mit Hinweis auf § 39 Abs. 2 ArbEG bei Streitigkeiten über Nutzungsumfang und Auskunftsbegehren bei Vorliegen einer (wirksamen) Vergütungsvereinbarung.[129]

22.2 Nicht zuständig ist die Schiedsstelle für **frei gewordene oder aufgegebene Diensterfindungen**, soweit die diesbezüglichen Ansprüche nicht unmittelbar im ArbEG ihre Grundlage finden[130] (vgl. § 6 Abs. 2, § 8 Satz 1 n.F./§ 8 Abs. 2 a.F., § 10 a.F., § 14 Abs. 3, § 16 Abs. 3): So ist die Schiedsstelle zwar zur Feststellung, ob eine Erfindung nach früherem (§ 8 Abs. 1 a.F.) oder neuem Recht frei geworden ist (§ 6 Abs. 2, § 8 Satz 1 n.F.), zuständig; ihre Zuständigkeit endet aber dann mit der Feststellung, dass die Erfindung freigeworden ist.[131] Diese Praxis ist zutreffend, da es mit Freiwerden der Erfindung nicht mehr um einen Streitfall nach dem ArbEG geht, sondern um einen Streitfall des Rechtsinhabers einer Erfindung auf Grundlage allgemeiner zivil-

---

124 Im Ergebn. auch Keukenschrijver in Busse/Keukenschrijver, PatG, Rn. 6 zu § 28 ArbEG m. H. a. Schiedsst. v. 28.11.1995 BlPMZ 1969, 23.
125 Schiedsst. v. 21.12.1993 – Arb.Erf. 73/93, (unveröffentl.).
126 Schiedsst. Beschl. v. 27.11.2008 – Arb.Erf. 2/08, (Datenbank).
127 Schiedsst. v. 03.01.1979, BlPMZ 1983, 159 u. v. 06.11.1986 – Arb.Erf. 60/86, (unveröffentl.); a. A. Boemke/Kursawe/Boemke Rn. 23, 29 zu § 28 u. 30 zu § 37.
128 Schiedsst. v. 24.08.1989 – Arb.Erf. 5/89, (unveröffentl.) – dort zur Prüfung der Wirksamkeit nach § 779 BGB; a. A. Boemke/Kursawe/Boemke Rn. 23, 29 zu § 28 u. 30 zu §b 37.
129 Schiedsst. ZB. v. 27.01.1982 – Arb.Erf. 47/81, (unveröffentl.).
130 Zust. u. a. Schiedsst. 17.09.2013 – Arb.Erf. 13/12, (www.dpma.de); wie hier ferner Schiedsst. v. 15.06.2016 – Arb.Erf. 60/13, (www.dpma.de).
131 Schiedsst. Beschl. v. 27.06.2006 – Arb.Erf. 46/04, u. v. 18.06.2004 – Arb.Erf. 16/03, (beide Datenbank).

bzw. patentrechtlicher Ansprüche.[132] Das gilt auch für die Frage der Vergütung freigewordener Diensterfindungen,[133] selbst wenn es um Ansprüche für Benutzungshandlungen des Arbeitgebers im Zeitraum vor Freiwerden der Erfindung geht (zweifelhaft, vgl. § 9 Rdn. 31 f.).[134] Unzuständig ist die Schiedsstelle damit auch für Ansprüche, die ausschließlich auf vertragliche Ansprüche gestützt werden, etwa auf eine vertragliche Überleitung einer freigewordenen Erfindung unter Geltung des § 6 ArbEG a.F.[135] (s. dazu § 6 a.F. Rdn. 57 ff.); ferner für die Feststellung von Ansprüchen aus Patentverletzung bei frei gewordenen Diensterfindungen[136] sowie bei Ansprüchen nach Übertragung eines Schutzrechts bzw. einer Anmeldeposition gem. § 16 ArbEG,[137] jedenfalls, soweit sie sich auf den Zeitraum nach Abtretung der Schutzrechtsposition beziehen, wie etwa für patentrechtliche Schadensersatzansprüche gegen den das übertragene Schutzrecht weiter nutzenden Arbeitgeber nach § 139 PatG[138]. Ein bei der Schiedsstelle anhängiges Verfahren zur Klärung der Schutzfähigkeit nach § 17 Abs. 2 wird mit Freiwerden der Erfindung gegenstandslos (s.a. § 17 Rdn. 51).

Die Schiedsstelle ist auch nicht zuständig bei Meinungsverschiedenheiten über (unstreitig) **freie Erfindungen** (§ 4 Abs. 3), soweit es sich nicht um Ansprüche bzw. Pflichten aus §§ 18, 19 handelt,[139] ferner nicht für Erfindungen, die bereits vor rechtlichem Beginn des Arbeitsverhältnisses fertiggestellt waren[140]

22.3

---

132 Ständ. Praxis d. Schiedsst., z.B. v. 14.07.1977, EGR Nr. 8 zu § 28 ArbEG; v. 12.08.1986 – Arb.Erf. 102/85; v. 08.01.1986, BlPMZ 1986, 273, 274 r.Sp.; v. 13.10.1994 – Arb.Erf. 180/92; v. 21.11.2000 – Arb.Erf. 11/98; v. 17.11.2004 – Arb.Erf. 60/03; v. 13.09.2006 – Arb.Erf. 19/05, u. v. 27.06.2006 – Arb.Erf. 46/04, (sämtl. unveröffentl.); Reimer/Schade/Schippel/Trimborn Rn. 6 zu § 28; Volmer/Gaul Rn. 111 zu § 8.
133 Ständ. Praxis d. Schiedsst., z.B. v. 13.10.1994 – Arb.Erf. 180/92, (unveröffentl.); v. 30.01.2018 – Art.Erf. 36/16, (vorg. f. www.dpma.de).
134 Schiedsst. v. 08.01.1986, BlPMZ 1986, 273; v. 20.01.1994 – Arb.Erf. 168/92; v. 13.09.1994 – Arb.Erf. 20/94, u. v. 28.01.2009 – Arb.Erf. 34/06, (alle unveröffentl.), dort für die Feststellung von Ansprüchen aus Patentverletzung.
135 Schiedsst. Beschl. v. 22.05.1985, BlPMZ 1985, 195 u. EV. v. 30.01.2018 – Arb.Erf. 36/16, (www.dpma.de).
136 Ständ. Praxis Schiedsst., z.B. Beschluss v. 20.01.1994 – Arb.Erf. 168/92, u. EV v. 13.09.1994 – Arb.Erf. 20/94, (beide unveröffentl.).
137 Ständ. Praxis d. Schiedsst., z.B. v. 12.10.1978, BlPMZ 1979, 255, 258 a. E.; v. 19.12.1973 – Arb.Erf. 29/83; zust. auch Keukenschrijver in Busse/Keukenschrijver, PatG, Rn. 8 zu § 28 ArbEG.
138 Z. B. Schiedsst. v. 12.10.2016 – Arb.Erf. 07/14, (www.dpma.de).
139 Ständ. Praxis der Schiedsst., z.B. v. 24.07.1973 – Arb.Erf. 39/72, u. v. 10.01.1995 – Arb.Erf. 142/92, (beide unveröffentl.).
140 Schiedsst. v. 15.09.1994 – Arb.Erf. 172/92, (unveröffentl.).

oder die erst nach Ausscheiden des Arbeitnehmers aus dem Arbeits- bzw. Dienstverhältnis gemacht worden sind[141] oder solchen aufgrund eines eigenständigen Entwicklungsauftrages (s. § 22 Rdn. 14). Zur Vereinbarung der Zuständigkeit s. § 28 Rdn. 17.

22.4 Die Zuständigkeit der Schiedsstelle ist grds. zu bejahen, wenn es sich um **Schadensersatzansprüche** wegen der Verletzung von Pflichten aus dem ArbEG handelt[142] (vgl. etwa § 13 Rdn. 58 ff., § 14 Rdn. 81, § 16 Rdn. 70 ff., § 17 Rdn. 22; § 24 Rdn. 23 f. u. oben § 28 Rdn. 21). Das gilt sowohl für Schadensersatzansprüche des Arbeitnehmers als auch des Arbeitgebers. Maßgebend ist, ob diese Ansprüche ihre Grundlage im ArbEG haben.[143]

22.5 Die Schiedsstelle ist nicht befugt, **strafrechtliche Ermittlungen** aufzunehmen und in materieller Hinsicht zu beurteilen.[144]

23 Sieht sich die Schiedsstelle als unzuständig an, so erklärt sie **durch Beschluss die Einstellung** des Verfahrens (s.o. § 28 Rdn. 8 u. § 35 Rdn. 10).

### III. Anrufungsinteresse

24 Die Schiedsstelle muss angerufen werden, wird also nur auf Antrag eines Beteiligten tätig (§ 31 Abs. 1, Einzelheiten dort). Entsprechend allgemeinen Rechtsgrundsätzen muss der Anrufende ein **berechtigtes Interesse** an dem Tätigwerden der Schiedsstelle haben (Anrufungsinteresse).[145] Es gilt der prozessrechtliche Grundsatz, dass eine staatliche Einrichtung nicht unnötig und ggf. für anderweitig leichter erreichbare Ergebnisse eingeschaltet und

---

141 Schiedsst. v. 19.11.1985 – Arb.Erf. 50/85, u. v. 13.09.1994 – Arb.Erf. 20/94, (beide unveröffentl.); vgl. aber auch Schiedsst. v. 05.07.1991, BlPMZ 1993, 274.
142 Schiedsst. v. 15.10.1964, BlPMZ 1965, 66; v. 09.07.1974, BlPMZ 1975, 258 u. v. 18.12.1992 – Arb.Erf. 81/88, (unveröffentl.); Keukenschrijver in Busse/Keukenschrijver, PatG, Rn. 6 zu § 28 ArbEG. Allerdings ist die Schiedsstellenpraxis hierzu nicht einheitlich.
143 Schiedsst. v. 18.12.1992 – Arb.Erf. 81/88, (unveröffentl.); Keukenschrijver in Busse/Keukenschrijver, PatG, Rn. 6 zu § 28 ArbEG m.w.N.
144 Schiedsst. v. 22.08.2006 – Arb.Erf. 8/01; v. 27.11.2008 – Arb.Erf. 2/08, (beide Datenbank); v. 15.04.2010 – Arb.Erf. 36/08; v. 29.04.2010 – Arb.Erf. 11/09, u. v. 16.12.2011 – Arb.Erf. 63/08, (alle unveröffentl.).
145 Kaube/Volz RdA 1981, 213 f. I.d.S. auch die Entscheidungspraxis d. Schiedsst., z.B. EV v. 24.10.1996 – Arb.Erf. 21/94; v. 29.05.1996 – Arb.Erf. 9/95, (beide unveröffentl.); v. 20.06.2013 – Arb.Erf. 32/12; v. 09.07.2013 – Arb.Erf. 45/12, (beide www.dpma.de); ebenso Busse/Keukenschrijver, PatG, Rn. 9 zu § 28 ArbEG (»Anrufungsbedürfnis«) m. H. a. Schiedsst. v. 04.07.2004 – Arb.Erf. 14/03, u. v. 16.12.2005 – Arb.Erf. 3/03; Boemke/Kursawe/Boemke Rn. 27 ff. zu § 28; a. A. Volmer/Gaul Rn. 93 zu § 28.

## C. Zulässigkeit des Schiedsstellenverfahrens § 28

benutzt werden darf.[146] Die Vorgabe in § 28 Satz 1, dass eine Arbeitsvertragspartei die Schiedsstelle »jederzeit« anrufen könne, hat zeitliche Bedeutung (s. § 28 Rdn. 27) und lässt das allgemeine Erfordernis des Rechtsschutzbedürfnisses nicht entfallen. Dieses Anrufungsinteresse, das dem Rechtsschutzbedürfnis im Prozess vergleichbar ist, ist als **Zulässigkeitsvoraussetzung** des Schiedsstellenverfahrens von Amts wegen regelmäßig nur dann zu prüfen, wenn Anhaltspunkte für ein Fehlen erkennbar sind. Entsprechend der Funktion der Schiedsstelle (s. vor § 28 Rdn. 2 ff.) ist der Begriff des Anrufungsinteresses **weit zu verstehen**. Zur Insolvenz s. § 33 Rdn. 46.

Ein Anrufungsinteresse fehlt, wenn über diesen Verfahrensgegenstand (zum Begriff s. § 33 Rdn. 7) bereits ein Einigungsvorschlag,[147] ein Urteil[148] (s.a. § 28 Rdn. 27), der Spruch einer Einigungsstelle (s. § 20 Anh. Rdn. 29 f.) oder – bei Beamten – ein bestandskräftiger Verwaltungsakt (Widerspruchsbescheid; s. dazu § 28 Rdn. 32) vorliegt,[149] es sei denn, § 12 Abs. 6 ist einschlägig (s.o. § 28 Rdn. 21) oder die Unwirksamkeit eines Einigungsvorschlages bzw. dessen Auslegung (s.o. § 28 Rdn. 22.1) wird geltend gemacht (vgl. § 37 Abs. 2 Nr. 1). Liegt ein Einigungsvorschlag der Schiedsstelle vor, ist der Antrag auf **Neudurchführung des Schiedsstellenverfahrens** mangels Anrufungsinteresses als unzulässig zurückzuweisen; das Recht der Beteiligten auf Anrufung der Schiedsstelle ist verbraucht und eine Wiederaufnahme des Verfahrens zum Zwecke einer anderslautenden Entscheidung der Schiedsstelle unstatthaft[150] (s.a. § 34 Rdn. 41); das gilt u. E. mit Blick auf die Vermeidung unnötiger

---

146 Schiedsst. Beschl. v. 16.12.2005 – Arb.Erf. 3/03 u. Beschl. v. 04.07.2004 – Arb.Erf. 14/03 (Datenbank).
147 Schiedsst. v. 25.02.1999 – Arb.Erf. 3/97, (unveröffentl.); Beschl. v. 27.11.2008 – Arb.Erf. 2/08, (Datenbank); v. 24.07.2008 – Arb.Erf. 5/07; v. 23.07.2009 – Arb.Erf. 10/05, (beide unveröffentl.); v. 20.06.2013 – Arb.Erf. 32/12; v. 09.07.2013 – Arb.Erf. 45/12, (beide www.dpma.de).
148 Ebenso Schiedsst. v. 20.06.2013 – Arb.Erf. 32/12; v. 09.07.2013 – Arb.Erf. 45/12, (beide www.dpma.de).
149 Vgl. auch Lindenmaier/Lüdecke zu § 34; Reimer/Schade/Schippel/Trimborn Rn. 10 zu § 31; i. d. Sinne auch Schiedsst. v. 24.10.1996 – Arb.Erf. 21/94, (unveröffentl.), wonach ein Rechtsschutzinteresse so lange vorhanden ist, als sich die Beteiligten noch nicht über den anhängigen Streitpunkt geeinigt haben bzw. durch rechtskräftiges Urteil in dieser Sache befriedet sind. S.a. Volmer Rn. 20 zu § 34, der bei Einigungsvorschlägen von einem »Verbrauch des Anrufungsrechts« spricht.
150 Schiedsst. v. 13.10.1993 – Arb.Erf. 81/88; v. 12.01.1993 – Arb.Erf. 57/89; v. 20.07.1992 – Arb.Erf. 74/89; v. 29.05.1996 – Arb.Erf. 9/95; v. 25.02.1999 – Arb.Erf. 3/97, u. v. 27.11.2000 – Arb.Erf. 98/99, (sämtl. unveröffentl.); v. 10.06.2008 – Arb.Erf. 17/07, (Datenbank); Reimer/Schade/Schippel/Trimborn Rn. 6 zu § 34.

Befassung staatlicher Stellen auch im Falle eines Widerspruchs nach § 35 Abs. 1 Nr. 3[151]. Voraussetzung ist jedoch, dass es um den identischen Lebenssachverhalt und Verfahrensgegenstand geht.[152] Zur erneuten Anrufung bei Beendigung wegen Nichteinlassung des Antraggegners s. § 35 Rdn. 4.

Erhebt ein Verfahrensbeteiligter während des anhängigen Schiedsstellenverfahrens **Klage** mit demselben Streitgegenstand wie im Schiedsstellenverfahren, entfällt hierdurch in aller Regel das Rechtsschutzinteresse für das Schiedsstellenverfahren.[153] Das mit Verwaltungs- und Haushaltsaufwand verbundene, gleichwohl kostenfreie Schiedsstellenverfahren soll das Klageverfahren vermeiden (s. vor § 28 Rdn. 3) und soll weder – wie aus dem Regelungssystem des ArbEG folgt (vgl. insbes. §§ 28, 37 Abs. 1 bis 4) – als zweiter Weg neben einer Klage dienen noch gar in einen Wettlauf zum Klageverfahren treten. Zur Verzögerung des Schiedsstellenverfahrens s.a. § 37 Abs. 2 Nr. 2 Rdn. 15 f.; zur **Einigung** zwischen den Beteiligten **außerhalb des Schiedsstellenverfahrens** s. § 35 Rdn. 12.

Etwas Anderes gilt dann, wenn der Schiedsstelle im Ergebnis ein **neuer Streitgegenstand** vorgetragen wird,[154] z.B., wenn die Schiedsstelle seinerzeit nur die Vorratswirkung eines Patentes zu beurteilen hatte und jetzt der Erfindungswert für die tatsächliche Verwertung zu bestimmen ist. Der Streitgegenstand wird durch den Lebenssachverhalt bestimmt, den der Antragsteller (zum Begriff s. § 31 Rdn. 3) der Schiedsstelle zur Beurteilung vorlegt, also durch den Streitfall, der die Anrufung der Schiedsstelle veranlasst hat.[155] Eine Veränderung des Verfahrensgegenstandes durch einen Beteiligten kann nur mit Zustimmung des anderen erfolgen (s. § 33 Nr. 2 Rdn. 7 ff.).

26 Ein Anrufungsinteresse fehlt ferner, wenn die Beteiligten lediglich eine **rechtsgutachterliche Äußerung** (s.a. vor § 28 Rdn. 2) begehren, ohne dass daran

---

151 Vgl. Keukenschrijver in Busse/Keukenschrijver, PatG, Rn. 9 zu § 28 ArbEG (dort aber auch Hinweis auf § 14e UrhWarnG).
152 Vgl. Schiedsst. v. 20.06.2013 – Arb.Erf. 32/12; v. 09.07.2013 – Arb.Erf. 45/12, (beide www.dpma.de).
153 Schiedsst. Beschl. v. 16.12.2005 – Arb.Erf. 3/03, (unveröffentl.); zust. Keukenschrijver in Busse/Keukenschrijver, PatG, Rn. 9 zu § 28 ArbEG; a. A. Boemke/Kursawe/Boemke Rn. 32 f. zu § 35.
154 Schiedsst. v. 27.11.2001 – Arb.Erf. 98/99, u. v. 24.07.2008 – Arb.Erf. 5/07, (beide unveröffentl.).
155 Schiedsst. Beschl. v. 27.11.2008 – Arb.Erf. 2/08, (Datenbank).

## C. Zulässigkeit des Schiedsstellenverfahrens § 28

Rechtsfolgen anknüpfen,[156] oder wenn nicht ersichtlich ist, dass ein Beteiligter (erfinderrechtlich) einen Rechtsnachteil erlitten haben könnte.[157] Die *Schiedsstelle* betont zu Recht, dass sie weder »Auskunftsstelle« noch »Beratungsstelle« für Fragen des Arbeitnehmererfindungsrechts sei, sondern sich ihre Zuständigkeit aus dem Gesetzesauftrag ergebe, in einem zweiseitigen Verfahren den Versuch einer Schlichtung konkreter Streitfälle zwischen den Beteiligten zu unternehmen.[158] Fragen hypothetischer Natur kann die Schiedsstelle daher nicht beantworten[159] (s. auch vor § 23 Rdn. 2 f.).

Werden der Schiedsstelle vom Antragsteller trotz wiederholter Aufforderung keine Informationen oder Unterlagen überlassen, die es erlauben, ein Verfahren durchzuführen, zeigt diese Nichterfüllung der Mitwirkungspflicht einen **fehlenden Rechtsverfolgungswillen** und damit ein fehlendes Anrufungsinteresse.[160] Das gilt auch dann, wenn sich ein Antragsteller trotz wiederholter Aufforderung nicht mehr zur Sache äußert.[161] Ein Anrufungsinteresse ist ferner nicht gegeben, wenn die Schiedsstelle ausschließlich angerufen wird, um strafrechtliche Ermittlungen aufzunehmen und in materieller Hinsicht zu beurteilen,[162] und zwar unabhängig davon, ob der strafrechtliche Vorwurf im Zusammenhang mit Arbeitnehmererfindungen steht.[163]

Ein Anrufungsinteresse ist auch dann nicht erkennbar, wenn **überhaupt noch kein Streitfall** i.S.d. Gesetzes vorliegt, also keine unterschiedlichen Auffassungen der Arbeitsvertragsparteien z.B. über einen Vergütungsanspruch bestehen.[164] Dies ist etwa dann der Fall, wenn der Arbeitnehmer seine Ansprüche

---

156 S. Schiedsst. v. 26.10.1959/08.02.1960, BlPMZ 1960, 315; v. 04.03.1993, EGR Nr. 79 zu § 12 ArbEG u. v. 21.05.1997 – Arb.Erf. 93/96, (unveröffentl.). Vgl. auch Schiedsst. v. 05.02.1976, BlPMZ 1977, 200, 201 z. bloßen Rechtsauskunft; zust. Reimer/Schade/Schippel/Trimborn Rn. 8 zu § 28.
157 Schiedsst. Beschl. v. 21.03.1975 – Arb.Erf. 80/74, (unveröffentl.); zust. auch Keukenschrijver in Busse/Keukenschrijver, PatG, Rn. 9 zu § 28 ArbEG.
158 Schiedsst. v. 21.12.1993 – Arb.Erf. 73/93, (unveröffentl.).
159 Schiedsst. v. 04.03.1993, EGR Nr. 79 zu § 12 ArbEG u. v. 21.12.1993 – Arb.Erf. 73/93, (unveröffentl.).
160 Im Ergebn. Schiedsst. v. 14.07.2004 – Arb.Erf. 14/03, (unveröffentl.).
161 Vgl. auch Keukenschrijver in Busse/Keukenschrijver, PatG, Rn. 7 zu § 33 ArbEG m. H. a. Schiedsst. Beschl. v. 21.01.2004 – Arb.Erf. 17/02 (Datenbank); bei einem Antragsteller, der sich nach Unterbrechung wegen Eröffnung des Insolvenzverf. weder zur Ablehnung des Insolvenzverw. an der Verfahrensaufnahme noch sonstwie geäußert hatte (siehe dazu hier § 33 Rdn. 46).
162 Schiedsst. Beschl. v. 22.08.2006 – Arb.Erf. 8/01, (Datenbank).
163 Schiedsst. Beschl. v. 28.01.2009 – Arb.Erf. 34/06, (Datenbank), dort Vorwurf der betrügerischen Aneignung eines Miterfinderanteils.
164 Schiedsst. v. 17.07.2003 – Arb.Erf. 25/03, (Datenbank).

noch nicht ggü. seinem Arbeitgeber geltend gemacht oder mit seinem Arbeitgeber erörtert hat, sondern sofort die Schiedsstelle anruft. Dagegen fehlt das berechtigte Interesse nicht schon dann, wenn es zu Meinungsverschiedenheiten (noch) keine rechtsverbindliche Regelung zwischen den Arbeitsvertragsparteien gibt.[165]

### IV. Anrufungsfrist

27 Die Schiedsstelle kann von Arbeitgeber oder Arbeitnehmer »**jederzeit**« angerufen werden (Satz 1), also während eines bestehenden Arbeitsverhältnisses oder nach dessen Beendigung, da es sich auch dann ausweislich § 26 um einen Streifall »**auf Grund des Gesetzes« handelt**[166] (s. auch § 28 Rdn. 13). Anrufungsfristen kennt das ArbEG damit im Interesse der streitschlichtenden Funktion bewusst nicht.[167]

Auch die Anrufung während eines zwischen den Beteiligten **anhängigen gerichtlichen Verfahrens** wird als zulässig angesehen[168] (s. aber auch § 37 Rdn. 15); dies gilt auch bei einem vorangegangenen Beweissicherungsverfahren.[169] Zur Aussetzung durch das Gericht s. § 37 Rdn. 8 zu.

*Rdn. 28 frei.*

### V. Sonstige Verfahrensvoraussetzungen

29 Die Partei- und »Prozessfähigkeit« sind von Amts wegen zu prüfen (vgl. §§ 50 bis 53 ZPO). Zur Vertretung durch Verfahrensbevollmächtigte s. § 33 Rdn. 37; zum vertraglichen Ausschluss des Schiedsstellenverfahrens s. § 37 Rdn. 23.

### D. Versuch einer gütlichen Einigung (Satz 2)

30 Satz 2 kennzeichnet als **zentrale Vorschrift** die der Schiedsstelle zugewiesene Aufgabe, als neutrale und sachkundige Stelle zu versuchen, eine gütliche Einigung zwischen den Beteiligten herbeizuführen[170] (s.a. Einl. vor § 28 Rdn. 3).

---

165 S. Schiedsst. v. 20.10.2011 – Arb.Erf. 09/10, (www.dpma.de, LS. 2).
166 Vgl. auch Reimer/Schade/Schippel/Trimborn Rn. 9 zu § 28, wonach die Schiedsstelle daraus ihre Zuständigkeit für Streitfälle nach Ausscheiden abgeleitet hat.
167 Im Ergebn. auch Keukenschrijver in Busse/Keukenschrijver, PatG, Rn. 11 zu § 28 ArbEG.
168 So Lindenmaier/Lüdecke Anm. 1 zu § 33; Reimer/Schade/Schippel/Trimborn Rn. 9 zu § 28; Keukenschrijver in Busse/Keukenschrijver, PatG, Rn. 11 zu § 28 ArbEG; im Ergebnis wohl auch Schiedsst. v. 24.10.1996 – Arb.Erf. 21/94, (unveröffentl.).
169 Schiedsst. v. 24.10.1996 – Arb.Erf. 21/94, (unveröffentl.).
170 S. Schiedsst. v. 17.12.1963, BlPMZ 1964, 166.

Sie hat also keine materielle Entscheidungsbefugnis (s.o. § 28 Rdn. 5). Einzelheiten zum Einigungsvorschlag s. i.Ü. bei § 34.

### E. Besonderheiten für den öffentlichen Dienst

Gem. §§ 40, 41 ist die Schiedsstelle **uneingeschränkt** auch für die Angehörigen des öffentlichen Dienstes **zuständig**, gleichgültig, ob es sich um Arbeitnehmer, Beamte oder Soldaten handelt[171] (Ausnahme: Bundesamt für Verfassungsschutz, s. § 40 Rdn. 51 ff.). Verfahrensbeteiligter ist neben dem Arbeitnehmer (Beamten, Soldaten) der Arbeitgeber (Dienstherr), vertreten durch die jeweilige oberste Dienstbehörde, soweit diese ihre Befugnisse nicht delegiert hat (vgl. auch § 174 BBG). Erfasst sind auch hier alle Streitfälle zwischen Arbeitnehmer/Beamter/Soldat und öffentlichem Arbeitgeber/Dienstherr auf Grund des ArbEG über Erfindungen einschließlich Vergütungsstreitigkeiten über qualifizierte technische Verbesserungsvorschläge nach § 20 Abs. 1 ArbEG (s. § 28 Rdn. 21). 31

Zum **Vorverfahren** im Beamtenverhältnis (§§ 68 ff. VwGO) s. § 37 Rdn. 1. 32

### F. Darlegungs- und Beweislast

Die Darlegungs- und Beweispflicht für die sachliche Zuständigkeit der Schiedsstelle hat zunächst der Antragsteller.[172] 33

### G. Zuständigkeit der Schiedsstelle für Streitfälle betreffend DDR-Erfindungen

Gem. §§ **49 Satz 1, 50** ErstrG ist für alle arbeitnehmererfinderrechtlichen Streitigkeiten, die vor dem Beitritt der ehemaligen DDR (03.10.1990) fertiggestellte Erfindungen betreffen, die **Schiedsstelle** zuständig. Diese Sonderregelungen sind zwischenzeitlich durch Zeitablauf gegenstandslos. Wegen der Einzelheiten wird auf die 5. Vorauflage verwiesen (dort Rn. 34 bis 36 zu § 28). 34

---

171 Unstreitig, z. B. Schiedsst. v. 09.10.2012 – Arb.Erf. 39/11, u. v. 18.06.2015 – Arb.Erf. 17/13, (beide www.dpma.de, dort Beamte); v. 27.02.2013 – Arb.Erf. 20/10, u. v. 18.06.2015 – Arb.Erf. 17/13, (beide www.dpma.de, dort Tarifbeschäftigte); v. 18.06.2015 – Arb.Erf. 17/13, (www.dpma.de).
172 Schiedsst. v. 24.07.1973 – Arb.Erf. 39/72, (unveröffentl.).

## § 29 Errichtung der Schiedsstelle

(1) Die Schiedsstelle wird beim Patentamt errichtet.
(2) Die Schiedsstelle kann außerhalb ihres Sitzes zusammentreten.

1 Mit Inkrafttreten des ArbEG am 01.10.1957 (vgl. § 49) ist die »Schiedsstelle nach dem Gesetz über Arbeitnehmererfindungen beim Deutschen Patent- und Markenamt« errichtet worden (**Anschrift:** 80297 München, **Adresse:** Zweibrückenstraße 12, 80331 München, Internetauftritt unter: www.dpma.de).

2 Aus dem Gesetzeswortlaut (»beim«) folgt, dass es sich um eine eigenständige, unabhängige **Behörde**[1] handelt, die als besondere Einrichtung dem Deutschen Patent- und Markenamt lediglich angegliedert ist.[2] Die Schiedsstelle ist also nicht Teil des DPMA, sondern eigenständiger Spruchkörper.[3] Sie ist kein Gericht[4], unterliegt aber uneingeschränkt der Gesetzesbindung nach Art. 20 Abs. 3 GG (s. § 28 Rdn. 7). Der Vorsitzende, der die Funktion eines Behördenleiters ausübt, unterliegt nunmehr der Dienstaufsicht des Präsidenten des DPMA (§ 30 Abs. 6 n.F.).

3 Die **weitere Schiedsstelle** bei der **Dienststelle Berlin** ist **aufgelöst** (s. § 28 Rdn. 3). Zum öffentlichen Dienst vgl. § 40 Nr. 5, s. dort Rdn. 51 ff.

4 Um Nachteile aus der räumlichen Lage der Schiedsstelle in München für Beteiligte in entfernteren Gebieten zu vermeiden,[5] kann die Schiedsstelle gem. Abs. 2 auch **außerhalb ihres Sitzes** zusammentreten. Dies empfiehlt sich insb., wenn eine Inaugenscheinnahme, etwa bei einer Verfahrensanlage, oder eine umfangreiche Beweisaufnahme »vor Ort« erforderlich erscheinen. Die Schiedsstelle ist an eine entsprechende Anregung eines/aller Beteiligten nicht gebun-

---

1 So bereits Schiedsst. v. 23.06.1983 – Arb.Erf. 3 (B)/83, (unveröffentl.) unter Bezugnahme auf den Erlass des BMJ v. 26.10.1976 – 3621–2–36697/76 u. 3621–2–36878/76; ferner Schiedsst. v. 13.10.1993 – Arb.Erf. 81/88, (unveröffentl.); wie hier auch Keukenschrijver in Busse/Keukenschrijver, PatG, Rn. 3 vor § 28; Boemke/Kursawe/Boemke Rn. 4 zu § 28. Abw. Volmer Rn. 5 zu § 28; offen gelassen v. BGH v. 09.01.1964 – I a ZR 190/63, GRUR 1964, 449, 452 r.Sp. – *Drehstromwicklung*.
2 Schiedsst. v. 13.10.1993 – Arb.Erf. 81/88, (unveröffentl.); Widerspruchsbescheid v. 25.01.2008 – Arb.Erf. 8/01, (Datenbank); Widerspruchsbescheid v. 04.05.2009 – Arb.Erf. 2/08 u. EV v. 27.07.2010 – Arb.Erf. 40/09, (beide unveröffentl.); ähnl. Reimer/Schade/Schippel/Trimborn Rn. 1 zu § 29; Busse/Keukenschrijver, PatG (7. Aufl. 2013), Rn. 3 vor § 28 ArbEG m. H. a. Amtl. Begründung z. 6. ÜberlG in BlPMZ 1991, 1650.
3 Schiedsst. v. 19.12.2014 Arb.Erf. 48/12 (www.dpma.de).
4 Ebenso Jestaedt, Patentrecht, Rn. 390 (dort Fn. 122).
5 Amtl. Begründung BT-Drucks. II/1648 S. 44 = BlPMZ 1957, 243.

den, sondern entscheidet hierüber nach freiem Ermessen.[6] Allerdings macht die Schiedsstelle davon nur selten Gebrauch, welches auch mit Blick auf die Möglichkeiten des schriftlichen Verfahrens, die gebotene Neutralität sowie zur Vermeidung eines hohen Verwaltungsaufwandes (des für die Beteiligten kostenfreien Verfahrens) nachvollziehbar ist.[7]

---

[6] Ebenso Volmer Rn. 5 zu § 29; Keukenschrijver in Busse/Keukenschrijver, PatG, Rn. 2 zu § 29 ArbEG.

[7] Nach Boemke/Kursawe/Boemke Rn. 12 zu § 29 soll im Ausnahmefall, »wenn die Durchführung des Schiedsverfahrens an einem anderen Ort außerhalb des Sitzes als die einzige pflichtgemäße Entscheidung erscheint«, eine Ermessensreduzierung auf »Null« möglich sein, benennen allerdings keine konkrete Fallsituation.

## § 30 Besetzung der Schiedsstelle[1]

(1) Die Schiedsstelle besteht aus einem Vorsitzenden oder seinem Vertreter und zwei Beisitzern.

(2) Der Vorsitzende und sein Vertreter sollen die Befähigung zum Richteramt nach dem Deutschen Richtergesetz besitzen. Sie werden vom Bundesminister der Justiz für die Dauer von vier Jahren berufen. Eine Wiederberufung ist zulässig.

(3) Die Beisitzer sollen auf dem Gebiet der Technik, auf das sich die Erfindung oder der technische Verbesserungsvorschlag bezieht, besondere Erfahrung besitzen. Sie werden vom Präsidenten des Patentamtes aus den Mitgliedern oder Hilfsmitgliedern des Patentamts für den einzelnen Streitfall berufen.

(4) Auf Antrag eines Beteiligten ist die Besetzung der Schiedsstelle um je einen Beisitzer aus Kreisen der Arbeitgeber und der Arbeitnehmer zu erweitern. Diese Beisitzer werden vom Präsidenten des Patentamtes aus Vorschlagslisten ausgewählt und für den einzelnen Streitfall bestellt. Zur Einreichung von Vorschlagslisten sind berechtigt die in § 11 genannten Spitzenorganisationen, ferner die Gewerkschaften und die selbständigen Vereinigungen von Arbeitnehmern mit sozial- oder berufspolitischer Zwecksetzung, die keiner dieser Spitzenorganisationen angeschlossen sind, wenn ihnen eine erhebliche Zahl von Arbeitnehmern angehört, von denen nach der ihnen im Betrieb obliegenden Tätigkeit erfinderische Leistungen erwartet werden.

(5) Der Präsident des Patentamtes soll den Beisitzer nach Absatz 4 aus der Vorschlagsliste derjenigen Organisation auswählen, welcher der Beteiligte angehört, wenn der Beteiligte seine Zugehörigkeit zu einer Organisation vor der Auswahl der Schiedsstelle mitgeteilt hat.

(6) Die Dienstaufsicht über die Schiedsstelle führt der Vorsitzende, die Dienstaufsicht über den Vorsitzenden der Präsident des Patentamtes. Die Mitglieder der Schiedsstelle sind an Weisungen nicht gebunden.

| Übersicht | Rdn. |
|---|---|
| A. Allgemeines | 1 |
| B. Besetzung der Schiedsstelle | 2 |
| I. Der Vorsitzende (Vertreter) | 4 |
| II. Beisitzer | 8 |

---

[1] Abs. 2 und 6 i.d.F. des Art. 7 des Gesetzes zur Vereinfachung und Modernisierung des Patentrechts vom 31.07.2009 (BGBl. I, S. 2521).

B. Besetzung der Schiedsstelle § 30

|  | Rdn. |
|---|---|
| III. Erweiterte Besetzung | 10 |
| C. **Stellung der Schiedsstelle und ihrer Mitglieder.** | 14 |

## A. Allgemeines

§ 30, der erstmals durch das 6. Überleitungsgesetz v. 23.03.1961 (BGBl. I, **1** S. 274 = BlPMZ 1961, 124) und in den Abs. 2 und 6 im Rahmen der ArbEG-Novelle 2009 mit Wirkung ab dem 1. Oktober 2009 geändert worden ist[2], regelt die Besetzung der Schiedsstelle. Die Schiedsstelle besteht im Regelfall aus drei Mitgliedern (Abs. 1) und kann auf Antrag um zwei außeramtliche Beisitzer erweitert werden (Abs. 4).

## B. Besetzung der Schiedsstelle

Die Schiedsstelle setzt sich grds. aus einem Vorsitzenden (bzw. dessen Vertre- **2** ter) und zwei amtlichen Beisitzern zusammen (Abs. 1).

Während der Vorsitzende Volljurist sein soll, werden die zwei Beisitzer aus **3** dem Kreis der technischen Mitglieder oder Hilfsmitglieder des Patentamtes berufen. Durch die Besetzung mit juristischen und technischen Mitgliedern soll eine sachgerechte Behandlung des einzelnen Streitfalles sowohl von rechtlicher als auch technischer Seite gewährleistet werden.[3]

### I. Der Vorsitzende (Vertreter)

Nach Abs. 2 sollen der Vorsitzende und sein Vertreter die Fähigkeit (Befähi- **4** gung) zum Richteramt gem. § 5 DRiG (früher § 2 GVG a.F.) besitzen. Entsprechend der Zielsetzung (s.o. § 30 Rdn. 3) und dem – i.R.d. ArbEG-Reform 2009 (s. dazu Einl. Rdn. 9 f.) angepassten – Verweis auf das DRiG genügt die den technischen Mitgliedern des BPatG gem. § 120 DRiG eingeräumte Befähigung zum Richteramt nicht.[4]

Im Unterschied zu den Beisitzern wird der **Vorsitzende** (Vertreter) nicht für **5** jeden einzelnen Streitfall, sondern längerfristig durch den Bundesminister der Justiz bestellt, um dadurch eine gleichmäßige Vorschlagspraxis der Schiedsstelle

---

2 Ausf. zu Änderungen und Bedeutung der Vorschrift Boemke/Kursawe/Boemke Rn. 1 ff. zu § 30.
3 S. Amtl. Begründung BT-Drucks. II/1648 S. 44 = BlPMZ 1957, 243.
4 Zust. Keukenschrijver in Busse/Keukenschrijver, PatG, Rn. 3 zu § 30 ArbEG; Boemke/Kursawe/Boemke Rn. 7 zu § 30; a.A. Reimer/Schade/Schippel/Trimborn Rn. 4 zu § 30.

für alle Gebiete der Technik sicherzustellen.[5] Die ursprüngliche Berufungsdauer betrug ein Kalenderjahr. Sie wurde i.R.d. ArbEG-Reform 2009 durch Art. 7 Nr. 16 Buchst. A) des Patentrechtsmodernisierungsgesetzes vom 31.07.2009 (BGBl. I, S. 2521) auf 4 Jahre ausgedehnt, und zwar mit der Möglichkeit der Wiederberufung. Damit wurde schon die bisherige Praxis bestätigt und untermauert, wonach eine langjährig gleichbleibende Besetzung des Vorsitzes zu einer **sachdienlichen** Kontinuität der Spruchpraxis der Schiedsstelle führt, was nicht zuletzt – wie die Amtl. Begründung zu Recht hervorhebt – für die Entwicklung einer einheitlichen Vorschlagspraxis der Schiedsstelle in allen Bereichen des Arbeitnehmererfindungsrechts von großer Bedeutung ist.[6] Eine Abberufung (Versetzung) des Vorsitzenden während der Amtszeit scheidet nach der gesetzlichen Vorgabe im Allgemeinen aus[7]; eine Niederlegung des Vorsitzes ist jedoch nach allgemeinen Grundsätzen möglich.

6 In der Tat hat sich die langjährige Besetzung des Vorsitzes der Schiedsstelle bewährt. Sie hat zu der für die Arbeitsvertragsparteien **sinnvollen Kontinuität der Entscheidungspraxis** geführt, die sowohl in verfahrensmäßiger als auch in sachlicher und rechtlicher Hinsicht von Vorteil ist.[8] Damit wird die praktische Handhabung des ArbEG nachhaltig erleichtert. Die maßgeblich durch die Vorsitzenden geprägte Vorschlagspraxis der Schiedsstelle ist zum leichteren Verständnis und zur praxisgerechten Umsetzung dieser schwierigen Rechtsmaterie unverzichtbar.[9] Insoweit ist es zu begrüßen, dass der Gesetzgeber von der (formalen) jährlichen Neubesetzung abgesehen hat, zumal die zeitliche Begrenzung mit ihrer Möglichkeit der Wiederbestellung als Eingriff in die Unabhängigkeit der Entscheidungsfindung missverstanden werden konnte.

7 Dem **Vertreter** des Vorsitzenden kommt nur eine Ersatzfunktion bei Verhinderung des Vorsitzenden zu;[10] nach den Vorstellungen des Gesetzgebers kann demzufolge auch keine Aufteilung der dem Vorsitzenden obliegenden Schiedsstellentätigkeit durch anteilige Zuweisung an den Vertreter erfolgen.

---

5 S. Amtl. Begründung BT-Drucks. II/1648 S. 44 = BlPMZ 1957, 243.
6 Amtl. Begründung zum Patentrechtsmodernisierungsgesetz in BR-Drucks. 757/08 S. 54 (zu Art. 7 Nr. 16 a bb d. Entw.).
7 Vgl. aber Boemke/Kursawe/Boemke Rn. 13 ff. zu § 30.
8 S.a. Haertel, Mitt. 1971, 202 f.
9 Zur Bedeutung der Schiedsstellenpraxis s. u. a. Bartenbach/Volz Beil. I GRUR 4/ 2008, 1, 14 ff.
10 Ebenso Volmer Rn. 4 zu § 30; im Ergebn. auch Keukenschrijver in Busse/Keukenschrijver, PatG, Rn. 2 zu § 30 ArbEG, aber m. d. Hinw. auf die abw. Amtl. Begründung f. d. ehem. Einigungsstelle nach ErstrG in BlPMZ 1992, 244 ff. und auf die erschwerte Einarbeitung. Ausf. zum Vertreter Boemke/Kursawe/Boemke Rn. 18 ff. zu § 30.

## B. Besetzung der Schiedsstelle § 30

### II. Beisitzer

Die (amtlichen) Beisitzer müssen dem Kreis der Mitglieder oder Hilfsmitglieder (s. § 26 PatG) des DPMA entstammen. Entsprechend der gesetzgeberischen Zielsetzung (s.o. § 30 Rdn. 3) soll es sich um technische Mitglieder i.S.d. § 26 Abs. 2, 3 PatG handeln, die vom Präsidenten des DPMA nach pflichtgemäßem Ermessen für den einzelnen Streitfall entsprechend ihrer technischen Kenntnisse berufen werden.[11] Durch die Berufung für den Einzelfall wird ermöglicht, jeweils Prüfer auszuwählen, die auf dem speziellen Gebiet der Technik, auf das sich der Streitfall bezieht, besondere Sachkunde besitzen;[12] zugleich hat der Gesetzgeber damit eine durch die Errichtung der Schiedsstelle verbundene Arbeitsbelastung auf einen größeren Personenkreis verteilen wollen[13].

In der bisherigen Schiedsstellenpraxis ist der erste Beisitzer i.d.R. der technische Prüfer, der für die Prüfung und Erteilung eines auf die streitbefangene Erfindung angemeldeten Patents zuständig ist oder wäre.[14] Bei Streitigkeiten über qualifizierte technische Verbesserungsvorschläge wird üblicherweise der Prüfer gewählt, dessen Prüfgebiet die technische Neuerung im Fall ihrer Schutzfähigkeit zuzurechnen wäre. Zum zweiten Beisitzer wird regelmäßig der Prüfer berufen, der in einem möglichen Einspruchsverfahren für die betreffende Erfindung als weiteres Mitglied der Patentabteilung vorgesehen ist.[15]

Diese Auswahl der Beisitzer ist sachgerecht und hat sich seit Jahrzehnten bewährt. Allein aufgrund der vorangegangenen Befassung mit dem Erfindungsgegenstand kann eine Befangenheit (vgl. § 42 Abs. 1 ZPO, s. dazu § 33 Rdn. 31 ff.) nicht angenommen werden;[16] das gilt auch dann, wenn der Beisitzer bereits eine patentamtliche Entscheidung zur streitumfangenen Diensterfindung getroffen hat, zumal es sich um zwei verschiedene und voneinander

---

11 Ausf. zu Qualifikation, Bestellung u. Abberufung Boemke/Kursawe/Boemke Rn. 24 ff. zu § 30.
12 Amtl. Begründung BT-Drucks. II/1648 S. 44 = BlPMZ 1957, 243.
13 S. Amtl. Begründung BT-Drucks. II/1648 S. 44 = BlPMZ 1957, 243.
14 Auf diese langjährige Praxis weist die Schiedsst. in EV v. 24.10.1995 – Arb.Erf. 21/94, (unveröffentl.) hin.
15 Schiedsst. v. 24.10.1995 – Arb.Erf. 21/94, (unveröffentl.).
16 Zutreffend Schiedsst. Beschl. v. 17.07.1985 – Arb.Erf. 31/84, (unveröffentl.); zust. auch Keukenschrijver in Busse/Keukenschrijver, PatG, Rn. 2 zu § 30 ArbEG u. Boemke/Kursawe/Boemke Rn. 33 zu § 30.

unabhängige Verfahren handelt.[17] Ein allgemeines Verbot der Mitwirkung wegen vorangegangener Tätigkeit in Bezug auf den Streitgegenstand gibt es nicht (vgl. § 41 Nr. 6 ZPO). Ergibt sich, dass die amtlichen Beisitzer nicht zutreffend gewählt sind, hat die Schiedsstelle nach Ankündigung an die Beteiligten die Umbesetzung durch den Präsidenten des DPMA im Beschlusswege veranlasst.[18]

### III. Erweiterte Besetzung

10 Wenn einer der Verfahrensbeteiligten es innerhalb der **in § 32 vorgeschriebenen Frist** (s. dort § 32 Rdn. 2) beantragt, muss die Schiedsstelle um je einen **Beisitzer aus Kreisen der Arbeitgeber und Arbeitnehmer** erweitert werden (Abs. 4). Diese Erweiterung auf ein fünfköpfiges Gremium kann nur **auf Antrag** und nicht von Amts wegen erfolgen.[19]

**Weder** ist von Gesetzes wegen eine bestimmte **Form** erforderlich (streitig, s. § 32 Rdn. 2), noch eine **Begründung**. Dementsprechend hängt eine begehrte Erweiterung auch nicht davon ab, ob der Streitfall grundsätzliche Bedeutung hat.[20]

Der Antrag auf Erweiterung erfasst das **gesamte Schiedsstellenverfahren**. Eine nur für einzelne Verfahrensgegenstände begehrte Erweiterung führt dementsprechend gleichwohl zur Beratung sämtlicher Punkte des Verfahrens.[21]

11 Da durch die amtlichen Beisitzer eine sachkundige Behandlung auftretender technischer Probleme gewährleistet wird, ist die Erweiterung durch sog. außeramtliche Beisitzer namentlich dann sachdienlich, wenn insbesondere (auch) arbeitsrechtliche oder umfassendere wirtschaftliche Fragen anstehen.[22] Da die Beisitzer unmittelbar aus der Praxis kommen, verfügt die Schiedsstelle durch sie über eine erheblich **breitere Beurteilungsgrundlage** und ein erweitertes Erfahrungspotenzial; darüber hinaus bedeutet die außeramtliche Besetzung zugleich eine »**interne Kontrollinstanz**«, in der oftmals richtungsweisende

---

17 Schiedsst. Widerspruchsbescheid v. 25.01.2008 – Arb.Erf. 8/01, (unveröffentl.) unter Bezug auf Beschl. v. 20.09.2001 – Arb.Erf. 8/01, (unveröffentl.).
18 Schiedsst. v. 14.01.1991 – Arb.Erf. 37/90, (unveröffentl.) – dort bei späterem Wechsel zu einem zweiten techn. Verbesserungsvorschlag auf gänzlich anderem techn. Gebiet als der ursprüngl. streitbefangene Verbesserungsvorschlag.
19 Allg. A. Volmer, BB 1968, 253, 254 l.Sp. a.E.; im Ergebn. auch Keukenschrijver in Busse/Keukenschrijver, PatG, Rn. 4 zu § 30 ArbEG.
20 Ebenso Schiedsst. v. 20.10.2011 – Arb.Erf. 09/10, (www.dpma.de, LS. 3).
21 Schiedsst. v. 08.10.2002 – Arb.Erf. 49/00, (Datenbank).
22 Zust. Keukenschrijver in Busse/Keukenschrijver, PatG, Rn. 4 zu § 30 ArbEG.

Entscheidungen für die zukünftige Schiedsstellenpraxis getroffen werden.[23] Die Bedeutung der erweiterten Besetzung der Schiedsstelle nimmt zu; heute wird in über 10 % aller Schiedsstellenverfahren die Erweiterung beantragt.

Die persönlichen Voraussetzungen der vom Präsidenten des DPMA aus den Vorschlagslisten nach pflichtgemäßem Ermessen ausgewählten und für den einzelnen Streitfall durch Verfügung bestellten außeramtlichen Beisitzer sind in der 2. VO vom 01.10.1957 (abgedr. in **Anhang 3**) niedergelegt. Darin werden u.a. auch die Erfordernisse der Vorschlagslisten, die Zurückweisung und Abberufung von Beisitzern und deren Entschädigung geregelt.[24] Gem. § 10 der 2. VO finden diese Bestimmungen auf den öffentlichen Dienst, soweit es sich um Beamte und Soldaten handelt, entsprechend Anwendung. Die Bestellungsverfügung des Präsidenten des DPMA enthält neben der Nennung der Verfahrensbeteiligten den Hinweis, dass der bestellte Beisitzer um unverzügliche Mitteilung gebeten wird, falls er »zu einem der am Schiedsstellenverfahren Beteiligten in einem Verhältnis steht, das seine Ablehnung rechtfertigen würde (§ 33 Abs. 1 ArbEG, § 1032 Abs. 1 ZPO)«. 12

Zur Einreichung von Vorschlagslisten, die eine schnelle Auswahl der zusätzlichen Beisitzer gewährleisten sollen,[25] sind gem. Abs. 4 Satz 3 die in § 11 ArbEG genannten Spitzenorganisationen (s. dort Rn. 1 u. 3) sowie gleichgestellte, selbstständige Vereinigungen, etwa von Arbeitgeberseite unabhängige Arbeitnehmervereinigungen[26], berechtigt[27] (z.B. ULA, VAA; vgl. auch § 11 Abs. 1 Sätze 2 und 3 ArbGG). Gem. § 40 Nr. 4 sind auch Bundesregierung und Landesregierungen zur Einreichung von Vorschlagslisten für Arbeitgeberbeisitzer berechtigt (s. dort Rn. 50 f.). Durch die Änderung der 2. VO aufgrund der VO v. 22.08.1968 (BGBl. I, S. 994) ist gewährleistet, dass der Kreis der zu berufenden Beisitzer aus Kreisen der Arbeitgeber unverändert bleibt, also insb. auch die Leiter der Patentabteilungen von Unternehmen zu Beisitzern berufen werden können.[28] 13

## C. Stellung der Schiedsstelle und ihrer Mitglieder

Der dem DPMA angegliederten Schiedsstelle kommt **Behördeneigenschaft** zu (s. § 29 Rdn. 2). Die **Dienstaufsicht** über die Schiedsstelle hat deren Vor- 14

---

23 Ausf. Kaube/Volz, RdA 1981, 213, 215 f.
24 Ausf. dazu Boemke/Kursawe/Boemke Rn. 50 ff. zu § 30.
25 Amtl. Begründung BT-Drucks. II/1648 S. 45 = BlPMZ 1957, 243.
26 S. Amtl. Begründung BT-Drucks. II/1648 S. 45 = BlPMZ 1957, 243.
27 Ausf. dazu Boemke/Kursawe/Boemke Rn. 63 ff. zu § 30.
28 BB 1968, 1121 (ohne Verf.-Angabe).

sitzender, der wiederum der Dienstaufsicht des Präsidenten des DPMA unterliegt[29] (Abs. 6). Letzteres gilt auch für den Vertreter des Vorsitzenden.[30] Der Wechsel der Dienstaufsicht vom Bundesminister der Justiz auf den Präsidenten des DPMA, der i.R.d. ArbEG-Novelle 2009 durch Art. 7 Nr. 16 Buchst. b) des Patentrechtsmodernisierungsgesetzes vom 31.07.2009 (BGBl. I, S. 2521) zum 01.10.2009 vollzogen wurde, ist ausweislich der Amtlichen Begründung sachgerecht, da die Dienstaufsicht durch den BMJ mit praktischen Schwierigkeiten verbunden war und auch nicht den üblichen Verwaltungszuständigkeiten entsprach.[31]

15 Alle Mitglieder der Schiedsstelle (auch die überstimmten Mitglieder) haben das **Beratungsgeheimnis** zu wahren; sie sind auch ansonsten zur Geheimhaltung verpflichtet (§ 24 Abs. 3 ArbEG, s. dort Rn. 49). Zur Verpflichtung der außeramtlichen Beisitzer durch den Vorsitzenden s. § 5 Abs. 2 der 2. VO v. 01.10.1957 (abgedr. in **Anhang 3**).

16 Die Mitglieder sind bei ihren Entschließungen **sachlich unabhängig**, d.h. sie haben aus eigener Verantwortung zu entscheiden, ohne an Weisungen oder Aufträge gebunden zu sein. Diese seit jeher einhellig vertretene Rechtsauffassung[32] stellt Satz 2, der i.R.d. ArbEG-Novelle 2009 durch Art. 7 Nr. 16 Buchst. b) des Patentrechtsmodernisierungsgesetzes vom 31.07.2009 (BGBl. I, S. 2521) eingefügt wurde, ausdrücklich klar. Danach sind die Mitglieder der Schiedsstelle nicht an Weisungen gebunden. Ohne die Funktion eines Richters auszuüben, besitzen die Mitglieder der Schiedsstelle damit – so zutreffend die Amtl. Begründung zum Patentrechtsmodernisierungsgesetz – die mit einem Richter vergleichbare sachliche Unabhängigkeit.[33] Diese Unabhängigkeit bringt auch der Verweis auf §§ 41 ff. ZPO in § 33 Abs. 1 ArbEG zum Aus-

---

29 Ausf. dazu Boemke/Kursawe/Boemke Rn. 91 ff. zu § 30.
30 A. A. Boemke/Kursawe/Boemke Rn. 97 zu § 30 m. H. a. Volmer/Gaul Rn. 48 zu § 30 a.F.: Dienstaufsicht durch den Vorsitzenden. Solches würde allerdings im Vertretungsfall auf zwangsläufige Probleme stoßen. Vgl. auch Amtl. Begründung zum Patentrechtsmodernisierungsgesetz in BR-Drucks. 757/08 S. 54 (zu Art. 7 Nr. 16 b aa d. Entw.).
31 Vgl. Amtl. Begründung zum Patentrechtsmodernisierungsgesetz in BR-Drucks. 757/08 S. 54 (zu Art. 7 Nr. 16 b aa d. Entw.).
32 Zum früheren Recht so u. a. – neben unseren Vorauflagen – Reimer/Schade/Schippel/Trimborn Rn. 8 zu § 30; ferner Busse/Keukenschrijver, PatG (6. Aufl. 2003), Rn. 1 zu § 30 ArbEG.
33 In BR-Drucks. 757/08 S. 54 (zu Art. 7 Nr. 16 c aa d. Entw.).

### C. Stellung der Schiedsstelle und ihrer Mitglieder § 30

druck (s. dort Rn. 31). Alle Mitglieder der Schiedsstelle üben ein öffentliches Amt i.S.d. Art. 34 GG aus.[34] Obschon den Mitgliedern der Schiedsstelle nicht die Funktion von Richtern zukommt, dürfte jedoch dem Wesen des Schiedsstellenverfahrens zufolge das **Richterprivileg** des § 839 Abs. 2 BGB entsprechend gelten.[35]

---

34 Volmer, BB 1968, 253, 254 r.Sp.
35 Zust. Boemke/Kursawe/Boemke Rn. 88 zu § 30.

## § 31 Anrufung der Schiedsstelle

(1) Die Anrufung der Schiedsstelle erfolgt durch schriftlichen Antrag. Der Antrag soll in zwei Stücken eingereicht werden. Er soll eine kurze Darstellung des Sachverhalts sowie Namen und Anschriften des anderen Beteiligten enthalten.

(2) Der Antrag wird vom Vorsitzenden der Schiedsstelle dem anderen Beteiligten mit der Aufforderung zugestellt, sich innerhalb einer bestimmten Frist zu dem Antrag schriftlich zu äußern.

Übersicht                                                                     Rdn.
A. Allgemeines . . . . . . . . . . . . . . . . . . . . . . . . . . . . . . . . . . . . . . . . . . .   1
B. Anrufung der Schiedsstelle . . . . . . . . . . . . . . . . . . . . . . . . . . . . . .   3
 I. Antragsteller/schriftlicher Antrag . . . . . . . . . . . . . . . . . . . . . . .   3
 II. Inhalt des Antrages/Antragsgegner . . . . . . . . . . . . . . . . . . . . . .   6
 III. Zustellung des Antrages . . . . . . . . . . . . . . . . . . . . . . . . . . . . . . . 14
C. Wahrung gesetzlicher Fristen und Verjährungshemmung durch Anrufung der Schiedsstelle . . . . . . . . . . . . . . . . . . . . . . . . . . . . . . . . . . . 18
D. Antragsrücknahme . . . . . . . . . . . . . . . . . . . . . . . . . . . . . . . . . . . . 20

### A. Allgemeines

1  Wie § 31 i.V.m. § 28 Abs. 1 zeigt, wird die Schiedsstelle **nicht von Amts wegen tätig**; die Anrufung durch eine der beiden (früheren) Arbeitsvertragsparteien ist vielmehr notwendige Voraussetzung für deren rechtswirksames Tätigwerden. Mit Eingang des Anrufungsantrages wird das Schiedsstellenverfahren anhängig (s. § 33 Rdn. 5). Zugleich kennzeichnet § 31 die **Verfahrensbeteiligten** (s. vor § 28 Rdn. 2).

2  Der Gesetzgeber hat die Anrufung der Schiedsstelle nach § 31 bewusst **einfach ausgestaltet**, um sie jedem Arbeitnehmer auch ohne Hinzuziehung eines besonderen Beraters zu ermöglichen.[1] Ein Anwaltszwang besteht dementsprechend nicht (s. auch § 31 Rdn. 38).

### B. Anrufung der Schiedsstelle

### I. Antragsteller/schriftlicher Antrag

3  Die Anrufung der Schiedsstelle erfolgt durch schriftlichen Antrag (Abs. 1 Satz 1) einer natürlichen oder juristischen Person (**Antragsteller**). Mehrere Antragsteller sind möglich (s. im Übrigen § 35 Rdn. 13 ff.). Ein Antragsteller

---

1 Amtl. Begründung BT-Drucks. II/1648 S. 45 = BlPMZ 1957, 243.

erwirbt diese verfahrensrechtliche Stellung durch seinen Antrag, losgelöst davon, ob die Voraussetzungen nach § 28 erfüllt sind (s. dazu § 28 Rdn. 12 ff.; zur Zurückweisung mangels Zulässigkeit s. § 28 Rdn. 8) und unabhängig von der materiellen Rechtslage nach dem ArbEG.[2] Es muss aber Rechtssicherheit über die Verfahrensbeteiligten bestehen, ohne dass es Sache der Schiedsstelle ist, diese von Amts wegen zu ermitteln (s. § 31 Rdn. 10). Ruft bspw. bei einer Miterfinderschaft ein Miterfinder die Schiedsstelle unter Berufung auf die übrigen Arbeitnehmer-Miterfinder an, so muss er zugleich klarstellen, ob er den Antrag im eigenen Namen oder – unter Angabe von Namen und Anschrift – auch für die Miterfinder stellt; unterlässt er dies, ist der **Antrag (ausnahmsweise) als unzulässig** zurückzuweisen.[3] Zum Antragsgegner s. unten § 31 Rdn. 10; zu Beteiligtenwechsel, **Nebenintervention** und **Streitverkündung** s. § 33 Rdn. 10.

Zur Wahrung der **Schriftform** bedarf es eines vom Antragsteller bzw. dessen Bevollmächtigten unterzeichneten Schriftstückes (§ 126 BGB; zur Schriftform s. i.Ü. § 5 Rdn. 35 ff.). Eine fernmündliche Antragstellung reicht ebenso wenig aus[4] wie eine Textform, etwa E-Mail.[5] Insoweit hat es die ArbEG-Reform 2009 (s. dazu Einl. Rdn. 9 f.) – anders als bei den Formvorgaben im Rechtsverkehr der Arbeitsvertragsparteien zueinander – bewusst bei der Schriftform belassen. Die Schiedsstelle fordert entsprechend der gesetzlichen Vorgabe die Einhaltung der Schriftform. Für ausreichend wird allerdings im Schrifttum eine Übermittlung per Tele- oder Computerfax analog § 130 Nr. 6 ZPO und in elektronischer Form analog § 130a ZPO erachtet[6] (s. zum Widerspruch § 34 Rdn. 32).

Das Erfordernis der **schriftlichen Antragstellung** dient namentlich der 4 Rechtsklarheit und – im Hinblick auf das Ingangsetzen von Fristen (vgl. §§ 32, 35 Abs. 1 Nr. 1, § 37 Abs. 2 Nr. 2) sowie wegen der besonderen Prozessvoraussetzung nach § 37 – der Sicherheit des Rechtsverkehrs. Das Formerfordernis ist damit **nicht verzichtbar**; ein Fehlen führt zur Unwirksamkeit der Anrufung, die jedoch mit Wirkung ex nunc[7] nachgeholt werden kann.

---

2 Ähnl. Keukenschrijver in Busse/Keukenschrijver, PatG, Rn. 2 zu § 33 ArbEG m. H. a. Schiedsst. v. 28.01.2003 – Arb.Erf. 13/01.
3 Schiedsst. v. 28.10.1993 – Arb.Erf. 188/92, (unveröffentl.).
4 Ebenso Schiedsst. v. 22.08.2006 – Arb.Erf. 8/01, (unveröffentl.).
5 So auch Keukenschrijver in Busse/Keukenschrijver, PatG, Rn. 2 zu § 31 ArbEG.
6 So Boemke/Kursawe/Boemke Rn. 26 zu § 31. Vgl. aber auch Keukenschrijver in Busse/Keukenschrijver, PatG, Rn. 2 zu § 31 ArbEG.
7 Zutr. Boemke/Kursawe/Boemke Rn. 14 f. zu § 31.

Eine Antragstellung zur **Niederschrift** bei der Schiedsstelle ist **nicht möglich**;[8] insoweit findet § 64 BVwVfG gem. § 2 Abs. 2 Nr. 3 BVwVfG keine Anwendung. Eine gemeinschaftliche Anrufung durch mehrere Arbeitnehmer (Miterfinder) ist zulässig (vgl. auch § 32 Rdn. 4 zu u. § 35 Rdn. 13 ff.). Denkbar ist auch eine gemeinsame Anrufung durch die (früheren) Arbeitsvertragsparteien.[9] Zum anrufungsberechtigten Personenkreis s. § 28 Rdn. 12 ff.

5 Erfolgt die Anrufung durch einen **Bevollmächtigten**, ist die vom Antragsteller eigenhändig zu unterzeichnende Vollmacht mit Antragstellung, spätestens jedoch nach Aufforderung der Schiedsstelle, vorzulegen. Im Verfahren vor der Schiedsstelle reicht nur eine **Einzelvollmacht**, nicht jedoch eine beim DPMA registrierte »Allgemeine Vollmacht«[10] bzw. »Angestelltenvollmacht«[11] aus, da das Schiedsstellenverfahren nicht zum »Geschäftskreis des DPMA« gehört[12] (vgl. § 29 Rdn. 2). Alle prozessfähigen Personen können Verfahrensbevollmächtigte sein (vgl. § 79 ZPO). Als Verfahrensbevollmächtigte kommen insb. Rechtsanwälte, Patentanwälte, Erlaubnisscheininhaber (§§ 177 ff. PatAnwO 1966), Verbandsvertreter i.S.d. § 11 ArbGG[13] oder Mitarbeiter des Arbeitgebers in Betracht (vgl. auch § 33 Abs. 1 Satz 2 u. § 35 Rdn. 3).

Zur **Vollmachtsvorlage** wendet die *Schiedsstelle* die einschlägigen Vorschriften der ZPO, insbesondere die §§ 78 ff. ZPO, entsprechend an. Nach § 80 Satz 1 ZPO ist die Vollmacht zu den Gerichtsakten einzureichen, was allerdings innerhalb einer zu bestimmenden Frist erfolgen kann (§ 80 Satz 2 ZPO). Analog § 88 Abs. 2 ZPO kann die Schiedsstelle den Mangel einer Vollmacht von Amts wegen berücksichtigen, wenn kein Rechtsanwalt als Bevollmächtigter auftritt.[14] Die Schiedsstelle berücksichtigt in entsprechender Anwendung des § 88 Abs. 2 ZPO auf Rüge hin stets einen **Mangel der Vollmacht**.[15] Soll diese Rüge durchgreifen, erfordert die Darlegungs- und Beweislast ausreichende Nachweise.[16]

---

8 Ebenso u. a. Keukenschrijver in Busse/Keukenschrijver, PatG, Rn. 2 zu § 31 ArbEG.
9 Ständ. Praxis d. Schiedsst., z.B. EV v. 11.07.1991 – Arb.Erf. 18/91, u. v. 17.09.1991 Arb.Erf. 62/86, (beide unveröffentl.).
10 S. dazu Mitt.Präs.DPA v. 30.03.2006, BlPMZ 2006, 165 f.; Schiedsst. v. 02.12.2009 – Arb.Erf. 53/06, u. v. 27.07.2010 – Arb.Erf. 40/09, (beide unveröffentl.).
11 S. dazu (noch) Mitt. Präs. DPA v. 12.01.1988, BlPMZ 1988, 25 f.
12 Im Ergebn. auch Keukenschrijver in Busse/Keukenschrijver, PatG, Rn. 2 zu § 31 ArbEG; Reimer/Schade/Schippel/Trimborn Rn. 2 zu § 31.
13 Ebenso Keukenschrijver in Busse/Keukenschrijver, PatG, Rn. 16 zu § 33 ArbEG.
14 Hierzu Schiedsst. v. 27.07.2010 – Arb.Erf. 40/09, (unveröffentl.).
15 Beschl. v. 22.08.2006 – Arb.Erf. 8/01, (unveröffentl.).
16 Beschl. v. 22.08.2006 – Arb.Erf. 8/01, (unveröffentl.).

## B. Anrufung der Schiedsstelle § 31

Zur Kostenerstattung s. § 36 Rdn. 3 ff.; zu den Zulässigkeitsvoraussetzungen des Schiedsstellenverfahrens s. § 28 Rdn. 11 ff.

### II. Inhalt des Antrages/Antragsgegner

Zwingende inhaltliche Erfordernisse schreibt das Gesetz nicht vor. Vielmehr »soll« als (sanktionslose[17]) Ordnungsmaßnahme der Antrag nach § 31 Abs. 1 Satz 3 »eine kurze Darstellung des Sachverhaltes sowie Namen und Anschrift des anderen Beteiligten enthalten«. Entsprechend dem Sinn des Schiedsstellenverfahrens (s. vor § 28 Rdn. 2 ff.) und der vom Gesetz beabsichtigten Einfachheit (s. § 31 Rdn. 2) sind an den Antrag **keine strengen inhaltlichen Anforderungen** zu stellen. Gleichwohl sind die Angaben im Interesse der Erleichterung und Beschleunigung des Verfahrens sinnvoll: 6

Durch die **Darstellung des Sachverhaltes** wird – ggf. i.V.m. einem bestimmten Antrag – der Gegenstand des Verfahrens (zunächst) festgelegt (s. dazu § 28 Rdn. 18 f. u. § 33 Rdn. 7 f.). Es geht dabei um die für den Streitfall (vgl. § 28 Satz 1) maßgebenden Tatsachen. Diese müssen nicht bis ins Detail dargestellt werden. Die Darstellung soll jedoch der Schiedsstelle erlauben, den streitbefangenen Lebenssachverhalt zu erfassen und erfinderrechtlich beurteilen zu können. Bei Bedarf sind während des Schiedsstellenverfahrens Vervollständigungen und Konkretisierungen relevanter Umstände möglich, etwa auf Grund von Erwiderungen bzw. Gegendarstellungen des anderen Verfahrensbeteiligten oder auf Grund von Hinweisen des Vorsitzenden der Schiedsstelle (s. § 33 Rdn. 42) oder in einem Zwischenbescheid (s. § 33 Rdn. 44 f.). Insoweit hat der Gesetzgeber mit §§ 31, 33 bewusst auf strikte Vorgaben wie in den Prozessordnungen verzichtet. 7

Der in § 31 Abs. 1 Satz 1 u. 2 genannte »**Antrag**« bezieht sich auf die Einleitung des Schiedsstellenverfahrens als solche. Er muss dementsprechend ein auf die Durchführung des Schiedsstellenverfahrens gerichtetes **Begehren hinreichend erkennen** lassen, ohne dass es einer ausdrücklichen Bezeichnung als »Anrufung« oder »Antrag auf Verfahrenseinleitung« bedarf. Die Anrufung der Schiedsstelle ist bedingungsfeindlich. 8

Eines weitergehenden formulierten Antrages für das materielle Begehren des Antragstellers bedarf es nicht.[18] Dennoch empfiehlt sich zur Kennzeichnung des Begehrens ein bestimmter bzw. bestimmbarer Antrag, aus dem das Verfah- 9

---

17 So zu Recht Keukenschrijver in Busse/Keukenschrijver, PatG, Rn. 3 zu § 31 ArbEG.
18 H.M., vgl. Kaube/Volz, RdA 1981, 213, 216; Reimer/Schade/Schippel/Trimborn Rn. 3 zu § 31; abw. wohl Heine/Rebitzki Anm. (1) zu § 31; Volmer Rn. 4 zu § 31.

rensziel des Antragstellers hervorgeht. Soweit es um die Zuerkennung einer angemessenen Vergütung (z. B. nach § 9) geht, bedarf es – wie auch § 38 zeigt – keiner Angabe eines bezifferten Vergütungsbetrages.[19]

10 Nach § 31 Abs. 1 Satz 2 soll der schriftliche Antrag **Namen und Anschrift des »anderen Beteiligten«** (Antragsgegner) enthalten. Der »andere Beteiligte« und damit **Antragsgegner** ist diejenige natürliche oder juristische Person, gegen die sich nach Angabe des Antragstellers (s. § 31 Rdn. 3) sein Antragsbegehren richtet. Eine Mehrzahl von Antragsgegnern ist möglich (s. im Übrigen § 35 Rdn. 13 ff.). Auch ein Antragsgegner erwirbt mit der Kennzeichnung durch den Antragsteller die verfahrensrechtliche Beteiligtenstellung unabhängig davon, ob er erfinderrechtlich der richtige Adressat des Begehrens des Antragstellers ist (s. dazu § 28 Rdn. 12 ff.; s. auch § 31 Rdn. 3). Die genaue Kennzeichnung ist auch im Hinblick auf die Zustellung nach § 31 Abs. 2 notwendig. Angaben hierzu können jedoch nachgeholt werden.[20] Zum Antragsteller s. oben § 31 Rdn. 3; zu Beteiligtenwechsel, **Nebenintervention** und **Streitverkündung** s. § 33 Rdn. 10.

Aus allgemeinen verfahrensrechtlichen Grundsätzen ergibt sich, dass für die Schiedsstelle selbstverständlich **Klarheit über die Beteiligten**, also den (die) Antragsteller (s. oben § 31 Rdn. 3) und den (die) Antragsgegner bestehen muss. Denn ohne Kenntnis der Beteiligten auf beiden Seiten ist eine rechtsstaatlichen Grundsätzen entsprechende Durchführung des Verfahrens nicht möglich.[21] Die Vollständigkeit der Angaben über die Beteiligten ist auch wegen der Rechtswirkung, die ein Schiedsverfahren zivilrechtlich (vgl. § 34) und in Bezug auf die Zulässigkeit einer Klage vor den ordentlichen Gerichten hat (vgl. § 37), unabdingbar. Es ist nicht Sache der Schiedsstelle, die Verfahrensbeteiligten von Amts wegen zu ermitteln.[22] Stellt der Antragsteller (z. B. Arbeitnehmer) den Antragsgegner (z. B. Arbeitgeber bzw. Rechtsnachfolger) trotz Aufforderung durch den Vorsitzenden der Schiedsstelle nicht unter Angabe von Namen und Anschrift klar, so ist der **Antrag (ausnahmsweise) als unzulässig** zurückzuweisen.[23]

---

19 Im Ergebn. unstreitig und ständ. Praxis, z. B. Schiedsst. v. 21.10.2010 – Arb.Erf. 21/09, (Datenbank, in www.dpma.de, LS 2)
20 Zust. Keukenschrijver in Busse/Keukenschrijver, PatG, Rn. 3 zu § 31 ArbEG.
21 Schiedsst. v. 12.01.1993, EGR Nr. 1 zu § 31 ArbEG u. v. 28.10.1993 – Arb.Erf. 188/92, (unveröffentl.).
22 Im Ergebn. so Schiedsst. v. 12.01.1993, EGR Nr. 1 zu § 31 ArbEG.
23 Vgl. Schiedsst. v. 12.01.1993, EGR Nr. 1 zu § 31 ArbEG.

## B. Anrufung der Schiedsstelle § 31

Der **Anrufungsantrag** soll **in zwei Stücken** eingereicht werden. Als Zweit- 11
schrift reicht eine Kopie (»soll«).[24] Die sich ansonsten nach der Zahl der Verfahrensbeteiligten bestimmende Anzahl von Abschriften des Antrags und der dem Antrag beigefügten **Anlagen** kann ebenfalls nachgeholt werden. Ist die Gegenseite bereits im Besitz der Anlagen, brauchen diese nicht mehr beigefügt zu werden; es ist ausreichend, diese so genau zu bezeichnen, dass sich der andere Beteiligte ein Bild davon machen kann, was im Einzelnen eingereicht worden ist.[25] Andererseits kann sich der Antragsteller nicht darauf beschränken, anstelle der Beifügung der notwendigen Anlagen die Schiedsstelle aufzufordern, die Unterlagen beim Antragsgegner zu beschaffen.

Die **Einreichung von Unterlagen** und Dokumenten, die den eigenen Sachvortrag stützen, schreibt das Gesetz zwar nicht vor; kann aber zur vollständigen Sachverhaltsdarstellung zweckmäßig sein (z. B. Kopien der Erfindungsmeldung, Inanspruchnahmeerklärung, Vergütungsvereinbarung/-festsetzung, des relevanten Schriftwechsels usw.). Der Vorlage inländischer **Schutzrechtsunterlagen** bedarf es nicht, da diese von der Schiedsstelle ohnehin i.d.R. beigezogen werden.

Kommt der Antragsteller den Sollvorschriften des Abs. 1 nicht nach, kann 12
der Vorsitzende der Schiedsstelle zu Ergänzungen des Sachverhaltes bzw. der Erklärungen auffordern (s. § 33 Rdn. 42). Kommt der Beteiligte dem nicht nach, führt die Nichtbeachtung der Sollvorgaben des § 31 Abs. 1 Satz 3 grundsätzlich nicht zur Zurückweisung des Antrags als unzulässig[26] (zur Ausnahme bei unklaren Beteiligten s. § 31 Rdn. 10); vielmehr kann die Schiedsstelle den Einigungsvorschlag dann nur auf Grundlage der ihr bekannten Fakten unterbreiten (s. zur Mitwirkungspflicht § 33 Rdn. 12).

Beabsichtigt der Antragsteller – etwa wegen anstehender arbeitsrechtlicher oder 13
wirtschaftlicher Fragen – eine **Erweiterung der Besetzung** der Schiedsstelle, muss er diesen Antrag zugleich mit der Anrufung der Schiedsstelle stellen (§ 32 Rdn. 2).

### III. Zustellung des Antrages

Eine Abschrift des schriftlichen Antrages ist nach § 31 Abs. 2 von dem Vorsit- 14
zenden der Schiedsstelle dem (den) anderen Beteiligten mit der Aufforderung zuzustellen, sich innerhalb einer bestimmten Frist zu dem Antrag **schriftlich**

---

24 Nach Boemke/Kursawe/Boemke Rn. 27 zu § 31: neben Originalantrag beglaubigte Kopie.
25 Kaube/Volz, RdA 1981, 213, 216.
26 Abw. wohl Boemke/Kursawe/Boemke Rn. 47 zu § 31.

**zu äußern.** Die Schriftform dient auch mit Blick auf § 35 Abs. 1 Nr. 1 der Rechtssicherheit (zur Schriftform s. § 126 BGB, s. i.Ü. § 5 Rdn. 35 ff.). Ebenso wie beim Widerspruch gegen einen Einigungsvorschlag reichen u. E. Telegramm, Telefax und Fernschreiben zur Schriftformwahrung aus (vgl. § 34 Rdn. 32). Durch die Möglichkeit der Kenntnisnahme des Begehrens und Vorbringens des Antragstellers und die Aufforderung zur Stellungnahme wird auch im Schiedsstellenverfahren dem Grundsatz auf rechtliches Gehör genügt (vgl. dazu § 33 Rdn. 11 f.).

15 Mit Rücksicht auf die Rechtsfolgen (vgl. dazu § 31 Rdn. 4) bedarf es einer **förmlichen Zustellung**; dies ist zwingendes Recht, sodass ein Zustellungsmangel nicht geheilt werden kann.[27] Für die Zustellung gelten entsprechend § 127 PatG[28] die Vorschriften des Verwaltungszustellungsgesetzes (VwZG). Gem. § 2 Abs. 3 VwZG steht die Wahl der Zustellungsart im pflichtgemäßen Ermessen des Vorsitzenden der Schiedsstelle. Für Zustellungen an Erlaubnisscheininhaber gilt § 5 Abs. 4 VwZG entsprechend.[29]

16 I.R.d. Zustellung des Antrages hat der Vorsitzende der Schiedsstelle nach pflichtgemäßem Ermessen eine angemessene **Frist zur Gegenäußerung zu bestimmen**; der zeitliche Umfang dieser Frist wird wegen der 6-Monats-Frist des § 37 Abs. 2 Nr. 2 regelmäßig zwischen 1 und 2 Monaten liegen. Geht die Gegenäußerung nicht innerhalb dieser Frist bei der Schiedsstelle ein, ist gem. § 35 Abs. 1 Nr. 1 das Verfahren vor der Schiedsstelle erfolglos beendet (s. § 35 Rdn. 4). Eine **Fristverlängerung** auf Antrag steht im Ermessen des Vorsitzenden der Schiedsstelle.[30] Unterbleibt die gebotene Aufforderung zur Gegenäußerung, tritt die Rechtsfolge des § 35 Abs. 1 Nr. 1 nicht ein; es bedarf in solchen Fällen einer erneuten ordnungsgemäßen Zustellung (s.a. § 33 Rdn. 19).

**Inhaltlich** kann sich die **Gegenäußerung** zunächst – wie aus § 35 Abs. 1 Nr. 2 folgt – auf die Erklärung des Antragsgegners beschränken, ob er sich auf das Verfahren vor der Schiedsstelle einlässt. Die *Schiedsstelle* trägt dem Rechnung; in ihrem Zustellungsschreiben setzt sie deshalb üblicherweise eine Frist von einem Monat zur Erklärung über die Einlassung (§ 35 Abs. 1 Nr. 2) und eine weitere Frist zur sachlichen Äußerung des Antragsgegners zum Antrag des

---

27 Schiedsst. v. 11.10.1982 – Arb.Erf. 4/82, (unveröffentl.); im Ergebn. wohl auch Keukenschrijver in Busse/Keukenschrijver, PatG, Rn. 5 zu § 31 ArbEG.
28 Insoweit zust. Boemke/Kursawe/Boemke Rn. 49 zu § 31, a. A. Keukenschrijver in Busse/Keukenschrijver, PatG, Rn. 6 zu § 31 ArbEG (»unmittelbare« Geltung d. VwZG und »nicht über § 127 PatG«).
29 A.A. Volmer/Gaul Rn. 32 zu § 31 (zu § 5 Abs. 2 VwZG a.F.).
30 Vgl. Kaube/Volz RdA 1981, 213, 214.

Antragstellers (§ 31 Abs. 2). Allerdings ist zu bedenken, ob nicht in dem Antrag auf Erweiterung der Schiedsstelle, der nach § 32 innerhalb von 2 Wochen nach Antragszustellung gestellt werden muss, zugleich eine Frist verkürzende konkludente Einlassungserklärung liegt. Damit wäre eine spätere Nichteinlassung ausgeschlossen, auch wenn diese Erklärung noch innerhalb der Monatsfrist erfolgt.

Die an das Schiedsstellenverfahren anknüpfenden gesetzlichen (s. § 31 Rdn. 4) und von der Schiedsstelle bestimmten Fristen beginnen erst mit der Zustellung.[31]

**17**

## C. Wahrung gesetzlicher Fristen und Verjährungshemmung durch Anrufung der Schiedsstelle

Soweit Fristen des ArbEG durch mündliche oder schriftliche Erklärung bzw. nunmehr Erklärung in Textform ggü. der anderen Arbeitsvertragspartei eingehalten werden können (s. z.B. § 5 Abs. 3, § 6 Abs. 2, § 12 Abs. 4, § 16 Abs. 2, § 23 Abs. 2, § 40 Nr. 1, § 42 Abs. 2), wahrt die Anrufung der Schiedsstelle bzw. ein sonstiger Schriftsatz an die Schiedsstelle diese gesetzlichen Fristen nur dann, wenn der Antrag bzw. Schriftsatz zugleich eine den jeweiligen gesetzlichen Erfordernissen entsprechende Erklärung enthält und innerhalb der jeweiligen Frist dem Erklärungsempfänger zugeht[32] (s.a. § 12 Rdn. 79 u. § 23 Rdn. 29). Grundlage dieser Wertung ist die **Doppelnatur von Verfahrenshandlungen vor der Schiedsstelle**, die zugleich Rechtsgeschäft des Privatrechts und Verfahrenshandlungen des Schiedsstellenverfahrens sein können; mit zu berücksichtigen ist die Funktion der Schiedsstelle, die nach § 28 Satz 2 eine gütliche Einigung herbeiführen soll.[33] Jedenfalls der Vergütungsfestsetzung nach § 12 Abs. 3 Satz 1, dem Widerspruch gegen eine solche Festsetzung nach § 12 Abs. 4 Satz 1, der Geltendmachung der Unbilligkeit nach § 23

**18**

---

31 Keukenschrijver in Busse/Keukenschrijver, PatG, Rn. 6 zu § 31 ArbEG.
32 Schiedsst. v. 08.06.1973, BlPMZ 1973, 366, 367; v. 25.11.1981 – Arb.Erf. 17/81; v. 25.02.1991 – Arb.Erf. 50/90, u. v. 29.07.1999 – Arb.Erf. 16/98, (sämtl. unveröffentl.); vgl. auch Schiedsst. v. 25.10.1989, BlPMZ 1991, 253, 254 u. v. 27.01.2004 – Arb.Erf. 48/02, (Datenbank); ferner v. 15.02.2011 – Arb.Erf. 67/09, (www.dpma.de, LS. 43) – jeweils für d. Widerspruch nach § 12 Abs. 4 ArbEG; Schiedsst. v. 30.12.1983 – Arb.Erf. 1 (B)/82, u. v. 22.09.1992 – Arb.Erf. 50/91, (beide unveröffentl.) – betr. die Geltendmachung der Unbilligkeit nach § 23.
33 Schiedsst. v. 11.03.2008 – Arb.Erf. 24/07, u. v. 16.07.2008 – Arb.Erf. 49/03, (beide Datenbank).

Abs. 2 und der Anfechtungserklärung ggü. dem Anfechtungsgegner nach § 143 Abs. 1 BGB kommt eine solche Doppelnatur zu.[34]

19 Nach der Rechtsprechung des *BGH* **hemmt** die Anrufung der Schiedsstelle die Verjährung **analog § 204 Abs. 1 Nr. 4 BGB**, und zwar **unabhängig davon, ob** das Schiedsstellenverfahren nach § 37 ArbEG **Prozessvoraussetzung** ist oder nicht.[35] Nach Auffassung des *BGH* scheidet zwar ein Rückgriff auf § 204 Abs. 1 Nrn. 11 und 12 BGB aus; jedoch steht die Schiedsstelle mit ihrem auf gütliche Einigung ausgerichteten Verfahren (§ 28 ArbEG) insoweit den Gütestellen im Sinne des § 204 Abs. 1 Nr. 4 BGB gleich.[36] Dem ist zuzustimmen, zumindest soweit sich der andere Beteiligte auf das Schiedsstellenverfahren eingelassen hat.[37] Die Hemmung endet entsprechend § 204 Abs. 2 Satz 1 BGB sechs Monate nach erfolgloser Beendigung des Schiedsstellenverfahrens.[38]

Damit sind unsere bisherigen Überlegungen **gegenstandlos**, wonach die Verjährungshemmung im Falle des Schiedsstellenverfahrens als Prozessvorausset-

---

34 Schiedsst. v. 11.03.2008 – Arb.Erf. 24/07, (Datenbank); s. im Übrigen die vorstehenden Nachweise.
35 BGH v. 26.11.2013 GRUR 2014, 357 (Rn. 24 ff.) – Profilstrangpressverfahren.
36 BGH v. 26.11.2013 GRUR 2014, 357 (Rn. 16 ff., 26) – Profilstrangpressverfahren.
37 Dem BGH folgend u. a. LG Düsseldorf vom 20.04.2017 – 4c O 67/16, (www.justiz.nrw.de, Rn. 33) – Hydraulikhämmer; Schiedsst., u. a. v. 11.12.2014 – Arb.Erf. 31/10; ZB. v. 26.02.2015 – Arb.Erf. 51/12, u. v. 04.05.2015 – Arb.Erf. 64/13, (alle www.dpma.de); ferner Kraßer/Ann, PatR, § 27 Rn. 158. Unsere frühere Auffassung (Vorauflage § 31 Rn. 19) wird nicht beibehalten. Abw. Boemke/Kursawe/Boemke Rn. 63 f. zu § 31, wonach in den Fällen des Schiedsstellenverfahrens als Prozessvoraussetzung § 204 Abs. 1 Nr. 12 BGB analog greifen soll, dagegen § 204 Abs. 1 Nr. 4 BGB analog bei beendetem Arbeitsverhältnis mit Anrufungsantrag des Anspruchsberechtigten. Wegen der Vergleichbarkeit mit einer Gütestelle dagegen bereits früher eine Analogie zu § 204 Abs. 1 Nr. 4 BGB befürwortend: Schiedsst. v. 09.03.1973 – Arb.Erf. 33/73, (unveröffentl.) – zu § 209 Abs. 2 Nr. 1a BGB a.F. u. v. 01.12.2009 – Arb.Erf. 48/08, (unveröffentl.) – zu § 204 Abs. 1 Nr. 4 BGB; a. A. Volmer/Gaul Rn. 46 zu § 31. In der 5. Vorauflage hatten wir dies letztlich offengelassen.
38 So BGH v. 26.11.2013 GRUR 2014, 357 (Rn. 33) – Profilstrangpressverfahren, dort für den Fall des form- und fristgerechten Widerspruchs gegen einen Einigungsvorschlag nach § 34 Abs. 3 ArbEG; folegnd u. a. vgl. auch LG Düsseldorf vom 20.04.2017 – 4c O 67/16, (www.justiz.nrw.de, Rn. 33) – Hydraulikhämme; rzust. auch Keukenschrijver in Busse/Keukenschrijver, PatG, Rn. 7 zu § 31 ArbEG.

zung aus einer Analogie zu § 204 Abs. 1 Nr. 12 BGB[39] und ansonsten vorrangig aus entsprechender Anwendung des § 204 Abs. 1 Nr. 11 BGB[40] hergeleitet wurde.

## D. Antragsrücknahme

Der Antrag kann bis zur Gegenäußerung des Antragsgegners (s. § 31 Rdn. 16) **20** **einseitig** vom Antragsteller unter Beachtung der Schriftform[41] zurückgenommen werden.[42] Danach ist – bis zur Verbindlichkeit des Einigungsvorschlags (s. dazu § 34 Rdn. 26 ff.) – eine Rücknahme durch einen am Verfahren Beteiligten grds. nur mit **Einwilligung des Verfahrensgegners** möglich[43] (streitig). Dies folgt nicht so sehr aus dem Rechtsgedanken des § 269 Abs. 1 ZPO als vielmehr aus der Überlegung, dass jeder Beteiligte in aller Regel ein eigenes rechtliches Interesse an der streitschlichtenden Entscheidung durch die Schiedsstelle durch Unterbreitung eines Einigungsvorschlags hat; zudem würde ansonsten – mangels erfolgloser Beendigung i.S.d. § 35 Abs. 1 – das Schiedsstellenverfahren seines Sinnes entkleidet.

Willigt der Antragsgegner nach seiner Einlassung nicht in die einseitige Rücknahme ein, kann die Schiedsstelle aufgrund des bisherigen Sachvortrags einen **21** Einigungsvorschlag unterbreiten. Reichen die Erkenntnisse für einen Einigungsvorschlag nicht aus und auch nicht für einen Zwischenbescheid (s. hierzu § 33 Rdn. 11, 44 f.), kann sie (bei erfolgloser Aufforderung zur weiteren Sachinformation) u. E. ausnahmsweise das Verfahren zum **Ruhen** bringen[44] (s.

---

39 Siehe 5. Vorauflage in Übereinstimmung mit Schiedsst. v. 03.04.2008 – Arb.Erf. 46/06, (Datenbank); v. 01.12.2009 – Arb.Erf. 48/08, u. v. 17.06.2010 – Arb.Erf. 14/09, (beide unveröffentl.); i. Ergebn. auch Schiedsst. v. 11.09.1996 – Arb.Erf. 18/95, (unveröffentl.). Die abweichende Auffassung in der 5. Vorauflage wird nicht beibehalten.
40 Dazu neigte 5. Vorauflage – alternativ zu § 204 Abs.1 Nr. 4 BGB – vorrangig in Übereinstimmung mit Schiedsst. v. 03.04.2008 – Arb.Erf. 46/06, (Datenbank).
41 Partiell abw. wohl Boemke/Kursawe/Boemke Rn. 75 f. zu § 31.
42 Wohl unstreitig, vgl. etwa Keukenschrijver in Busse/Keukenschrijver, PatG, Rn. 5 zu § 31 ArbEG.
43 Wie hier Praxis d. Schiedsst., z.B. Schiedsst. v. 09.04.1997 – Arb.Erf. 56/96, (Datenbank) u. v. 02.02.2010 – Arb.Erf. 15/09, (unveröffentl.); Reimer/Schade/Schippel/Trimborn Rn. 11 zu § 31 m.w.N.; zust. auch Boemke/Kursawe/Boemke Rn. 71 ff. zu § 31; a.A. Lindenmaier/Lüdecke Anm. 5 zu § 31; Volmer Rn. 8 zu § 31; Volmer/Gaul Rn. 54 zu § 31; wohl tendenziell auch Busse/Keukenschrijver, PatG, Rn. 4 zu § 31 ArbEG.
44 Ebenso wohl Keukenschrijver in Busse/Keukenschrijver, PatG, Rn. 23 zu § 33 ArbEG. Insoweit aber abw. wohl Boemke/Kursawe/Boemke Rn. 73 zu § 31.

aber auch § 33 Rdn. 47). Jedenfalls kann mit Ablauf der 6-Monats-Frist des § 37 Abs. 2 Nr. 2 jeder Beteiligte Klage erheben.[45]

Allerdings berechtigt der bloße Ablauf der 6-Monats-Frist i.S.d. § 37 Abs. 2 Nr. 2 u. E. nicht zur einseitigen Antragsrücknahme.[46] Hat der Antragsteller nach Ablauf der 6 Monate **Klage erhoben**, wird das Schiedsstellenverfahren allerdings gegenstandslos (s. § 37 Rdn. 15). Eine »Antragsrücknahme« ist dann für die Schiedsstelle Anlass, die erfolglose Beendigung des Schiedsstellenverfahrens nach § 35 festzustellen.[47]

22 Mit wirksamer Antragsrücknahme gilt das Schiedsstellenverfahren als nicht anhängig geworden; es kann damit **jederzeit wiederholt** werden[48] (s.a. § 32 Rdn. 3). Ein bereits ergangener, noch nicht verbindlicher Einigungsvorschlag wird wirkungslos, ohne dass es eines förmlichen Widerspruchs nach § 34 Abs. 3 bedarf. Die Erhebung einer gerichtlichen Klage ist grds. von der erneuten vorherigen Anrufung der Schiedsstelle abhängig, es sei denn, mit der einverständlichen Antragsrücknahme haben die Beteiligten zugleich einverständlich von der (erneuten) Anrufung der Schiedsstelle abgesehen (vgl. § 37 Abs. 2 Nr. 4).

23 Zur Weigerung des Antragsgegners auf weitere Einlassung nach vorangegangener sachlicher Einlassung s. § 35 Rdn. 6.

---

45 Keukenschrijver in Busse/Keukenschrijver, PatG, Rn. 5 zu § 31 ArbEG; im Ergebn. wohl auch Boemke/Kursawe/Boemke Rn. 73 zu § 31.
46 Abw. Keukenschrijver in Busse/Keukenschrijver, PatG, Rn. 5 zu § 31 ArbEG, wonach der Bedarf »der Konstruktion über die Rücknahme« angezweifelt wird.
47 Die Schiedsst. (EV v. 09.04.1997 – Arb.Erf. 56/96, Datenbank, u. v. 16.12.1999 – Arb.Erf. 23/99, unveröffentl.) wertet dies als auch gegen den Willen des Antraggegners zulässige Antragsrücknahme. A. A. Boemke/Kursawe/Boemke Rn. 73 f. zu § 31.
48 Wohl allg. A., u. a. Reimer/Schade/Schippel/Trimborn Rn. 9 zu § 31; Keukenschrijver in Busse/Keukenschrijver, PatG, Rn. 5 zu § 31 ArbEG.

## § 32 Antrag auf Erweiterung der Schiedsstelle

Der Antrag auf Erweiterung der Besetzung der Schiedsstelle ist von demjenigen, der die Schiedsstelle anruft, zugleich mit der Anrufung (§ 31 Abs. 1), von dem anderen Beteiligten innerhalb von 2 Wochen nach Zustellung des die Anrufung enthaltenden Antrags (§ 31 Abs. 2) zu stellen.

Während § 30 Abs. 4 das Recht jedes Beteiligten begründet, eine Erweiterung der Schiedsstelle zu beantragen (s. dort § 30 Rdn. 10 f.), schreibt § 32 die **Fristen** vor, innerhalb derer der Antrag zu stellen ist. Die Schiedsstelle ist an diese Anträge gebunden. Eine Begründung des Antrags ist weder erforderlich noch üblich. Zur Bedeutung der erweiterten Besetzung s. § 30 Rdn. 10 f.  1

Die Arbeitsvertragspartei, die die Schiedsstelle anruft, muss ihr Begehren auf Erweiterung der Besetzung der **Schiedsstelle zugleich mit der Anrufung** (§ 31 Abs 1) geltend machen, d.h. ein gemeinsamer, zumindest zeitgleicher Zugang bei der Schiedsstelle ist u. E. erforderlich, aber auch ausreichend. Die Frage der **Form** ist streitig. Der Schriftform bedarf es u. E. entgegen verbreiteter Auffassung[1] nicht, so dass der Antrag u. E. auch formlos oder in Textform gestellt werden kann. Das Adjektiv »**zugleich**« fordert begrifflich, dass Anrufung und Erweiterungsantrag gemeinsam bzw. zum selben Augenblick bei der Schiedsstelle vorliegen müssen, nicht aber zwangsläufig deren Verbindung in demselben Dokument bzw. deren Beifügen[2] zum Anrufungsantrag. Hat der Anrufende in seiner schriftlichen Anrufung der Schiedsstelle den Antrag auf Erweiterung vergessen, so kann er diesen nach der hier vertretenen Auffassung z. B. per E-Mail »nachreichen«, **sofern der Erweiterungsantrag vor bzw. zumindest zur gleichen Zeit wie die Anrufung bei der Schiedsstelle eingeht.** In der Praxis ist allerdings die Aufnahme des Antrages in den Anrufungsantrag zweckmäßig und üblich.  2

Der andere Beteiligte muss seinen dahingehenden Antrag innerhalb von **2 Wochen** nach Zustellung des die Anrufung enthaltenden Antrags (§ 31 Abs. 2) stellen. Auch insoweit besteht u. E. kein Schriftformerfordernis.[3] Eine Verbindung des Erweiterungsantrages mit der schriftlichen Einlassung (§ 31 Abs. 2) schreibt das Gesetz nicht vor; dies folgt bereits daraus, dass die Frist

---

1 So aber Boemke/Kursawe/Boemke Rn. 46 zu § 30 u. Rn. 5 zu § 32 m. H. a. Volmer/Gaul Rn. 3 zu § 32.
2 So aber Boemke/Kursawe/Boemke Rn. 60 zu § 31 (wie hier aber Boemke/Kursawe/Boemke Rn. 7 zu § 32).
3 A. A. Boemke/Kursawe/Boemke Rn. 46 zu § 30 u. Rn. 5 zu § 32 m. H. a. Volmer/Gaul Rn. 3 zu § 32.

nach § 31 Abs. 2 nicht identisch mit der Zwei-Wochen-Frist des § 32 ist (s. § 32 Rdn. 16). In einem Erweiterungsantrag kann allerdings zugleich die konkludente Einlassungserklärung liegen (s. § 31 Rdn. 16).

3 Für beide Beteiligten handelt es sich um – bewusst knapp bemessene – **prozessuale Ausschlussfristen**,[4] da von Anfang an feststehen muss, in welcher Besetzung die Schiedsstelle im Einzelfall tätig zu werden hat.[5] Eine Wiedereinsetzung bei Fristversäumung ist nicht möglich.[6] Durch Rücknahme des Antrags auf Anrufung der Schiedsstelle (s. § 31 Rdn. 20) und anschließende erneute Anrufung mit Erweiterungsantrag kann dieses Versäumnis aber faktisch ausgeglichen werden;[7] allerdings steht dem Verfahrensgegner nach der Rücknahme des ursprünglichen Antrags nunmehr der sofortige Klageweg (etwa für eine negative Feststellungsklage) offen (vgl. § 37 Abs. 1).

4 Sind **mehrere Arbeitnehmer** an dem Verfahren beteiligt, wirkt der Erweiterungsantrag eines Arbeitnehmers auch ggü. den anderen verfahrensbeteiligten Arbeitnehmern.[8] Zur **Verbindung** mehrerer Schiedsstellenverfahren s. § 33 Rdn. 10.

---

[4] Heine/Rebitzki Anm. 2 zu § 32; Volmer Rn. 3 zu § 32; Keukenschrijver in Busse/Keukenschrijver, PatG, Rn. 1 zu § 32 ArbEG.
[5] Amtl. Begründung BT-Drucks. II/1648 S. 45 = BlPMZ 1957, 243.
[6] Allg. A., z.B. Reimer/Schade/Schippel/Trimborn Rn. 2 zu § 32.
[7] Heute ganz h.M., Kaube/Volz, RdA 1981, 213, 215; Volmer/Gaul Rn. 6 zu § 32; Keukenschrijver in Busse/Keukenschrijver, PatG, Rn. 1 zu § 32 ArbEG; zu weitgehend Volmer Rn. 2 zu § 32, wenn er dies als rechtsmissbräuchlich rügt.
[8] Heute wohl allg. A., zust. bereits Volmer/Gaul Rn. 7 zu § 33; zust. auch Keukenschrijver in Busse/Keukenschrijver, PatG, Rn. 2 zu § 32 ArbEG.

## § 33 Verfahren vor der Schiedsstelle

(1) Auf das Verfahren vor der Schiedsstelle sind §§ 41 bis 48, 1042 Abs. 1 und § 1050 der Zivilprozessordnung sinngemäß anzuwenden. § 1042 Abs. 2 der Zivilprozessordnung ist mit der Maßgabe sinngemäß anzuwenden, dass auch Patentanwälte und Erlaubnisscheininhaber *(Artikel 3 des Zweiten Gesetzes zur Änderung und Überleitung von Vorschriften auf dem Gebiet des gewerblichen Rechtsschutzes vom 2. 7. 1949 – WiGBL. S. 179)* sowie Verbandsvertreter im Sinne des § 11 des Arbeitsgerichtsgesetzes von der Schiedsstelle nicht zurückgewiesen werden dürfen.

(2) Im Übrigen bestimmt die Schiedsstelle das Verfahren selbst.

*Lit.*: S. Lit. bei Einl. vor § 28.

| Übersicht | Rdn. |
|---|---|
| A. Allgemeines | 1 |
| B. Beginn und Ende des Verfahrens, Verfahrensgegenstand | 5 |
| C. Einzelheiten des Verfahrens | 11 |
| I. Verfahrensgrundsätze | 11 |
|    1. Rechtliches Gehör/Gleichbehandlung | 11 |
|    2. Eingeschränkter Untersuchungsgrundsatz | 13 |
|    3. Grundsatz der Unmittelbarkeit | 16 |
|    4. Grundsatz der Leichtigkeit und Beschleunigung des Verfahrens | 18 |
|    5. Nichtöffentlichkeit | 20 |
|    6. Gesetzesbindung (Legalitätsprinzip) | 22 |
| II. Gestaltung des Verfahrens | 30 |
|    1. Zwingende Verfahrensvorschriften (Abs. 1) | 30 |
|       a) Ablehnung eines Mitglieds der Schiedsstelle (§§ 41 bis 48 ZPO entspr.) | 31 |
|       b) Vernehmung von Zeugen und Sachverständigen, Parteivernehmung (§ 1050 ZPO entspr.) | 34 |
|       c) Vertreter (§ 33 Abs. 1 Satz 2 ArbEG, § 1042 Abs. 2 ZPO entsprechend) | 37 |
|    2. Eigene Verfahrensgestaltung durch die Schiedsstelle (Abs. 2) | 39 |

## A. Allgemeines

Das Verfahren vor der Schiedsstelle lehnt sich durch die in § 33 Abs. 1 einbezogenen Bestimmungen der §§ 41 bis 48, 1042 Abs. 1, 2 und § 1050 ZPO z.T. an das schiedsrichterliche Verfahren der ZPO an, ist jedoch weder ein

1

Schiedsgerichts- noch ein Schiedsgutachterverfahren, da der Schiedsstelle **keine materielle Entscheidungsbefugnis** zusteht[1] (s. Einl. vor § 28 Rdn. 3).

Die Vorschrift überlässt im Wesentlichen der Schiedsstelle die Gestaltung ihres Verfahrens (Abs. 2) und schränkt diese **Gestaltungsfreiheit** nur durch solche Vorgaben ein, die aus Sicht des Gesetzgebers unter rechtsstaalichen Aspekten geboten sind (Abs. 1). Durch diese für die Schiedsstelle ganz wesentliche Vorschrift wird sie in ihrem Bemühen, eine gütliche Einigung zwischen den Beteiligten zu erreichen, erheblich freier gestellt als sonstige staatliche Gremien. Zum Verfahren nach § 17 ArbEG s. dort Rn. 46 ff. Zur Schiedsgerichtsvereinbarung siehe § 39 Rdn. 36 f.

Abs. 1 ist durch § 17 des Schiedsverfahrens – Neuregelungsgesetzes (SchiedsVFG) vom 22.12.1997 (BGBl. I, S. 3224) geändert worden. Es handelt sich dabei um Folgeänderungen wegen der Neufassung des 10. Buches der ZPO[2] (s. aber auch § 33 Rdn. 31).

2 Obschon die Schiedsstelle zum Bereich der Exekutive zählt, ist dank ihrer spezifischen Funktion das Verfahren **kein Verwaltungsverfahren** i.S.d. VwVfG des Bundes (s. dort § 2 Abs. 2 Nr. 3, s.a. § 28 Rdn. 7), noch gilt insoweit das E-Government-Gesetz (s. § 1 Abs. 5 Nr. 2 EGovG).

3 Das Schiedsstellenverfahren ist ein (behördliches) **Verfahren eigener Art**, das im Interesse des Arbeitsfriedens auf die **gütliche Einigung** der Arbeitsvertragsparteien gerichtet (§ 28 Satz 2 ArbEG) und deshalb einer gerichtlichen Auseinandersetzung vorgeschaltet ist (vgl. § 37 ArbEG). Diese Funktion muss **Richtschnur** des Handelns der Schiedsstelle sein.[3]

Entsprechend dem Zweck des Schiedsstellenverfahrens, alsbald eine gütliche Einigung zwischen den Beteiligten herbeizuführen, hat der Gesetzgeber darauf **verzichtet**, das Verfahren vor der Schiedsstelle **stark zu formalisieren**. Von der **zwingenden Anwendbarkeit** der in Abs. 1 erwähnten Normen der ZPO über das Schiedsgerichtsverfahren abgesehen, bestimmt die Schiedsstelle i.Ü. das Verfahren **nach freiem Ermessen** selbst (Abs. 2).

4 Das in Abs. 1 Satz 2 zitierte Gesetz vom 02.07.1949 ist durch § 188 Abs. 2 PatAnwO v. 07.09.1966 (BGBl. I, S. 557) aufgehoben (vgl. auch § 33 Rdn. 37).

---

1 S. BGH v. 09.01.1964 – I a ZR 190/63, GRUR 1964, 449, 452 r.Sp. – *Drehstromwicklung*. Zur Nähe zu einer Gütestelle siehe aber BGH v. 26.11.2013 – X ZR 3/13, GRUR 2014, 357 (Rn. 16 ff., 26) – *Profilstrangpressverfahren*.
2 Amtl. Begründung z. SchiedsVfG in BT-Drucks. 13/5274.
3 Schade, Mitt. 1959, 253, 254.

## B. Beginn und Ende des Verfahrens, Verfahrensgegenstand

Das Schiedsstellenverfahren wird nicht von Amts wegen, sondern auf **schriftlichen Antrag** einer Arbeitsvertragspartei eingeleitet (§ 31; Einzelheiten s. dort). Ggf. ist zugleich mit der Anrufung der Antrag auf Erweiterung der Besetzung der Schiedsstelle zu stellen (§ 32). Das Verfahren wird bereits mit Eingang des Anrufungsantrags bei der Schiedsstelle und nicht erst mit Zustellung des Antrags beim Antragsgegner (vgl. hierzu § 31 Rdn. 14 ff.) **anhängig**.[4]

5

Eine (erfolgreiche) **Verfahrensbeendigung** tritt ein mit ausdrücklicher Erklärung der Annahme (s. § 34 Rdn. 28) eines Einigungsvorschlags bzw. bei Unterbleiben eines Widerspruchs mit Ablauf der Frist des § 34 Abs. 3 (s. dort § 34 Rdn. 29). Fälle der erfolglosen Beendigung des Verfahrens sind in dem nicht abschließenden Katalog des § 35 Abs. 1 aufgeführt (s. dort § 35 Rdn. 3 ff., 9 ff.). Im Fall der Verwerfung des Anrufungsantrags wegen Unzulässigkeit des Schiedsstellenverfahrens tritt die Verfahrensbeendigung mit Bestandskraft dieses Bescheides ein (s. § 35 dazu Rdn. 10). Verfahrensbeendende Wirkung kommt auch einer Verfahrenseinstellung (s. § 35 Rdn. 11 f.) sowie der Antragsrücknahme (s. dazu § 31 Rdn. 19 ff.) zu. Zur Aussetzung s. § 33 Rdn. 47.

6

Die genaue Kennzeichnung des **Verfahrensgegenstandes** ist insb. im Hinblick auf den Umfang des Einigungsvorschlags, die Zulässigkeit einer erneuten Anrufung der Schiedsstelle (s. § 28 Rdn. 25) und die Eröffnung des Klageweges nach § 37 Abs. 1 (s. § 37 Rdn. 7) von ausschlaggebender Bedeutung. Der Verfahrensgegenstand wird bestimmt durch den Streitfall, der die Anrufung veranlasst hat (vgl. § 28), also den vom Antragsteller der Schiedsstelle zur Beurteilung vorgelegten Lebenssachverhalt[5] (s.a. § 33 Rdn. 43); dieser kann sich auch auf mehrere Erfindungen bzw. qualifizierte technische Verbesserungsvorschläge erstrecken (s.a. § 28 Rdn. 19). Eine Darstellung sollte im Anrufungsantrag enthalten sein (§ 31 Abs. 1 Satz 2, s. § 31 Rdn. 7). Ggf. muss dies von der Schiedsstelle von Amts wegen per Auslegung festgestellt werden. Geht z. B. der Antrag des Antragstellers allgemein auf Zahlung einer angemessenen Vergütung nach § 9 ArbEG für eine bestimmte Diensterfindung, so umfasst dieser Antrag regelmäßig auch dann künftige sowie anderweitige Benutzungshandlungen des Arbeitgebers, wenn sich der bislang vorgetragene Sachverhalt auf einzelne Verwertungen in einem bestimmten Zeitraum erstreckt; lässt sich

7

---

4 Ebenso Schiedsst. v. 19.10.2007 – Arb.Erf. 14/06, (Datenbank).
5 Ebenso Schiedst. v. 01.10.2007 – Arb.Erf. 53/04, (Datenbank); v. 15.04.2010 – Arb.Erf. 36/08, (unveröffentl.); v. 15.01.2013 – Arb.Erf. 44/11; v. 14.03.2013 – Arb.Erf. 20/11; v. 09.07.2013 – Arb.Erf. 45/12, (alle www.dpma.de).

der Arbeitgeber darauf vorbehaltslos ein, ist Verfahrensgegenstand der gesamte vergütungsrelevante Lebenssachverhalt.[6]

8 Der Verfahrensgegenstand (s. dazu § 28 Rdn. 25) kann – ohne dass daran verfahrensrechtliche Konsequenzen anknüpfen – im Laufe des Schiedsstellenverfahrens **geändert**, d.h. eingeschränkt bzw. erweitert werden.[7] Eine Erweiterung, Einschränkung oder sonstige Veränderung des Verfahrensgegenstandes durch einen Beteiligten (etwa Einbringung weiterer streitiger Erfindungskomplexe) kann aber nur mit Zustimmung des anderen Beteiligten erfolgen.[8] In jedem Fall bedarf es dazu eindeutiger Verfahrenserklärungen der Beteiligten, die ggf. durch den Vorsitzenden der Schiedsstelle durch Nachfrage zu klären sind. Eine »Kenntnisnahme« i. V.m. einem sachlichen Eingehen reicht jedenfalls aus.[9] Ohne Zustimmung handelt es sich um einen neuen, eigenständigen Streitfall, auf den sich eine Partei vor der Schiedsstelle nicht einzulassen braucht (vgl. §§ 31, 35 Abs. 1 Nr. 1 bzw. 2, dort Rdn. 7). Äußert sich ein Verfahrensbeteiligter nicht zu dem Antrag auf Erweiterung bzw. Einschränkung des Verfahrensgegenstandes oder lehnt er die Einlassung hierauf ab, muss die Schiedsstelle das Verfahren insoweit für erfolglos beendet erklären (s. § 35 Rdn. 7).

9 Diese Grundsätze gelten entsprechend – vom Fall der »notwendigen Streitgenossenschaft« (vgl. § 62 ZPO, s. hierzu § 35 Rdn. 13 ff.) abgesehen – auch für das **Hinzutreten weiterer Verfahrensbeteiligter**. Eine solche Erweiterung des Kreises der Antragsteller bzw. Antragsgegner durch freiwillige zusätzliche Beteiligung eines Dritten kann die Schiedsstelle im Interesse einer Verfahrensvereinfachung und Sachdienlichkeit u. E. bei identischem Lebenssachverhalt und Identität der jeweils anderen Beteiligten mit allseitiger Zustimmung zulassen (§ 33).

10 Die Schiedsstelle kann **mehrere Schiedsstellenverfahren** derselben Beteiligten (auch Miterfinder) – auch wenn sie verschiedene Erfindungen betreffen – (ent-

---

6 Im Ergebn. ebenso Schiedsst. v. 15.01.2013 – Arb.Erf. 44/11, (www.dpma.de).
7 Ebenso Schiedsst. v. 01.10.2007 – Arb.Erf. 53/04, (Datenbank); vgl. auch Schiedsst. v. 12.01.2011 – Arb.Erf. 12/08, (www.dpma.de, dort nur LS. 2).
8 Ebenso Schiedsst. v. 01.10.2007 – Arb.Erf. 53/04; Beschl. v. 27.11.2008 – Arb.Erf. 2/08, (beide Datenbank); v. 13.01.2010 – Arb.Erf. 38/07; v. 15.04.2010 – Arb.Erf. 36/08; v. 16.03.2010 – Arb.Erf. 31/08, (sämtl. unveröffentl.); ferner v. 15.01.2013 – Arb.Erf. 44/11; v. 14.03.2013 – Arb.Erf. 20/11, (beide www.dpma.de); v. 30.03.2017 – Arb.Erf. 11/15, Mitt. 2018, 359, 360, (= www.dpma.de); Keukenschrijver in Busse/Keukenschrijver, PatG, Rn. 3 zu § 33 ArbEG (bzgl. Erweiterung). Siehe auch Schiedsst. v. 12.01.2011 – Arb.Erf. 12/08, (www.dpma.de, dort nur LS. 2).
9 Vgl. Schiedsst. v. 14.03.2013 – Arb.Erf. 20/11, (www.dpma.de).

sprechend § 147 ZPO) **miteinander verbinden**[10] und ihre Entschließung in einem **gemeinsamen Einigungsvorschlag** zusammenfassen.[11] Diese Zusammenfassung setzt allerdings die identische Besetzung der Schiedsstelle voraus, sodass u.a. die Erweiterung der Schiedsstelle für alle Verfahren beantragt sein muss.[12] Dabei ist es allen Beteiligten überlassen, unabhängig voneinander den Einigungsvorschlag anzunehmen oder ihm zu widersprechen[13] (zur notwendigen Streitgenossenschaft s. § 35 Rdn. 15). Sie kann ebenso – auch aus Gründen der Zweckmäßigkeit – mehrere ursprünglich in einem Anrufungsantrag zusammengefasste Lebenssachverhalte **abtrennen** und als gesonderte Verfahren fortführen[14] (z. Teileinigungsvorschlag s. § 34 Rdn. 9). Bei der Entscheidung über ein Verbinden oder Trennen wird die Schiedsstelle auch den Umstand zu berücksichtigen haben, dass ein etwaiger Widerspruch grundsätzlich den gesamten Einigungsvorschlag erfasst (s. § 34 Rdn. 33).

Die Regelungen über eine **Nebenintervention** (§§ 66 ff. ZPO) und über eine **Streitverkündung** (§§ 72 ff. ZPO) greifen nicht. Beim Schiedsstellenverfahren handelt es sich weder um ein gerichtliches Verfahren (s.o. § 33 Rdn. 1 ff.), noch um ein schiedsgerichtliches Verfahren. Auch der mit der Nebenintervention bzw. der Streitverkündung angestrebte Zweck einer Rechtskrafterstreckung auf Dritte ist im Zusammenhang mit dem Einigungsvorschlag wegen dessen besonderer Rechtsnatur (s. § 34 Rdn. 8 ff.) nicht erreichbar. Diese Einschränkung folgt i.Ü. aus der sachlichen Zuständigkeit der Schiedsstelle durch § 28 Satz 1 in Abgrenzung zur sachlichen Zuständigkeit des Gerichts nach § 39.

---

10 So i. Ergebn. Schiedsst. v. 09.05.1988 – Arb.Erf. 24/87, (unveröffentl.).
11 Z.B. EV v. 27.08.1986 – Arb.Erf. 63, 64 u. 65/85, sowie GEV v. 11.05.1999 – Arb.Erf. 68/97 u. 69/97, (beide unveröffentl.). Ebenso hat die Schiedsst. (z.B. Arb.Erf. 90, 93 u. 103/89) ursprünglich getrennte Verfahren mehrerer Antragsteller, die in wechselnder Beteiligung an verschiedenen streitbefangenen Patenten als Erfinder beteiligt waren, in einem EV beschieden (hier EV v. 08.08.1989, unveröffentl.); ähnl. Schiedsst. v. 31.07.1991 (Arb.Erf. 25/90 u. 11/91, unveröffentl.), um mit einem EV die streitige Frage der Miterfinderschaft der wechselseitigen Beteiligten einheitl. zu klären. Ferner Schiedsst. v. 12.06.1996 (Arb.Erf. 86/94 u. 19/92, unveröffentl.) für die Situation, dass der Arbeitgeber im Anschluss an die Anrufung der Schiedsstelle durch den Arbeitnehmer seinerseits die Schiedsstelle in Bezug auf die Diensterf. anruft.
12 Schiedsst. Vfg. v. 13.01.1997 – Arb.Erf. 118/96, (unveröffentl.).
13 Schiedsst. v. 11.05.1999 – Arb.Erf. 68/97, (unveröffentl.).
14 Z.B. Schiedsst. Beschl. v. 24.07.1985 – Arb.Erf. 21/84, (unveröffentl.) – dort bzgl. mehrerer Antragsgegner.

Davon zu trennen ist die grundsätzliche Möglichkeit des Hinzutretens durch freiwillige Beteiligung eines Dritten (s. § 33 Rdn. 9). Demgegenüber lassen §§ 28, 31 – abgesehen von den Fällen einer Gesamtrechtsnachfolge (Erbe, Betriebserwerber nach § 613a BGB, ferner Insolvenzverwalter, s. § 28 Rdn. 14 f.) – einen Austausch eines Beteiligten (**Beteiligtenwechsel**) während des laufenden Schiedsstellenverfahrens u. E. selbst bei Sachdienlichkeit nicht zu. Dies ist – anders als der gewillkürte Parteiwechsel im Klageverfahren (vgl. § 263 ZPO) – u. E. keine bloße Antragsänderung (s. § 31 Rdn. 8), sondern ein neuer Streitfall zwischen anderen Beteiligten i. S. v. § 28. Ein neuer Antragsteller muss daher seinerseits die Schiedsstelle nach § 31 anrufen (zur einvernehmlichen Beendigung des bisherigen Verfahrens s. § 35 Rdn. 12). Auf Seiten des Antraggegners bleibt mangels Möglichkeit eines einseitigen Lösens vom Schiedsstellenverfahren die Möglichkeit eines (ablehnenden) Einigungsvorschlags (s. § 35 Rdn. 6; zur einvernehmlichen Beendigung s. § 35 Rdn. 12) und die Einleitung eines neuen Schiedsstellenverfahrens bezüglich des (»einzutauschenden«) Dritten.

Einzelheiten zur Zulässigkeit des Schiedsstellenverfahrens, insb. zur sachlichen Zuständigkeit, s. § 28 Rdn. 12 ff.

## C. Einzelheiten des Verfahrens

### I. Verfahrensgrundsätze

#### 1. Rechtliches Gehör/Gleichbehandlung

11  Die Schiedsstelle hat, bevor sie einen Einigungsvorschlag unterbreitet, **jedem Beteiligten** in Ausfüllung des Verfassungsgrundsatzes des Art. 103 GG **rechtliches Gehör** zu gewähren[15] (§ 33 Abs. 1 Satz 1 i.V.m. § 1042 Abs. 1 Satz 2 ZPO). Hierzu muss den Beteiligten Gelegenheit gegeben werden, alles ihnen erforderlich Erscheinende vorzutragen und zu allen Tatsachen und Beweismitteln Stellung nehmen zu können, die die Schiedsstelle ihrer Entscheidung zugrunde zu legen gedenkt[16] (s.a. § 33 Rdn. 34). Dies bedingt, dass entscheidungserhebliches Vorbringen eines Beteiligten dem Anderen zur Kenntnis gebracht und ihm Gelegenheit zur (rechtzeitigen) Stellungnahme eingeräumt

---

15 Ebenso Schiedsst. ZB v. 16.10.2008 – Arb.Erf. 38/07, (unveröffentl.); ferner EV v. 22.07.2010 – Arb.Erf. 25/09, (www.dpma.de, LS.); v. 22.07.2013 – Arb.Erf. 40/11, (www.dpma.de). Bietet der Geheimhaltungsverpflichtete der Schiedsst. geheim zu haltende Unterlagen zur Prüfung auf ihre Relevanz an, macht sie hiervon Gebrauch; s. auch Keukenschrijver in Busse/Keukenschrijver, PatG, Rn. 2 zu § 33 ArbEG.

16 So zu § 1041 ZPO a.F. BGH v. 08.10.1959, BGHZ 31, 43, 45.

## C. Einzelheiten des Verfahrens § 33

wird[17] (zur Auskunftspflicht bei Geheimhaltungsinteresse s. § 12 Rdn. 245 ff.).

Im Hinblick auf die lediglich »sinngemäße« Anwendung des § 1042 Abs. 1 Satz 2 ZPO und die Möglichkeit des Widerspruchs gegen einen Einigungsvorschlag (§ 33 Abs. 4) sind allerdings an den Grundsatz des rechtlichen Gehörs nicht dieselben strengen Voraussetzungen zu stellen wie bei streitentscheidenden ordentlichen Gerichten und Schiedsgerichten.[18]

So liegt es im Ermessen der Schiedsstelle, ob und in welchem Umfang sie – auf Antrag – **Fristverlängerung** gewährt.[19] Nur im Ausnahmefall kann sich deren Ermessen auf Null reduzieren, sollte ohne Fristverlängerung dem Gebot des rechtlichen Gehörs nicht mehr entsprochen werden.

Da die Schiedsstelle im Rahmen ihres summarischen Verfahrens in die Lage versetzt werden soll, möglichst umgehend einen Einigungsvorschlag vorzulegen (vgl. § 37 Abs. 2 Nr. 2 ArbEG), können sich die Beteiligten grds. nicht darauf verlassen, dass die Schiedsstelle in allen Fällen erst in der Form eines **Zwischenbescheides** ihre Meinung kundtun und den Beteiligten Gelegenheit zur Stellungnahme geben wird[20] (zum Zwischenbescheid s. i.Ü. § 33 Rdn. 44 f.).

Die (offenkundige) Verletzung des Grundsatzes des rechtlichen Gehörs, an den – wie gesagt – allerdings nicht die gleichen strengen Voraussetzungen wie bei den streitentscheidenden ordentlichen Gerichten und Schiedsgerichten zu stellen sind, führt nach allgemeinen Rechtsgrundsätzen zur **Unwirksamkeit** des Einigungsvorschlags der Schiedsstelle.[21] In einem solchen Fall kommt eine Weiterführung des Schiedsstellenverfahrens in Betracht.[22]

Das Gesetz gibt ferner den **Grundsatz der Gleichbehandlung** vor (§ 33 Abs. 1 Satz 1 ArbEG i.V.m. § 1042 Abs. 1 Satz 1 ZPO). Dies bedeutet letztlich, dass die Schiedsstelle einen Beteiligten – gleich aus welchen Gründen – weder bevorzugen noch benachteiligen darf.[23]

12

---

17 Wie hier auch Schiedsst. v. 22.07.2013 – Arb.Erf. 40/11, (www.dpma.de).
18 Schiedsst. v. 13.01.2010 – Arb.Erf. 38/07, (unveröffentl.).
19 Schiedsst. v. 22.07.2013 – Arb.Erf. 40/11, (www.dpma.de).
20 Schiedsst. v. 01.02.1988 – Arb.Erf. 3/86, (unveröffentl.); vgl. auch EV v. 22.07.2010 – Arb.Erf. 25/09, (www.dpma.de, LS.).
21 So auch Schiedsst. v. 04.01.1993, EGR Nr. 4 zu § 33 ArbEG; Volmer Rn. 18 zu § 33; im Ergebn. auch Keukenschrijver in Busse/Keukenschrijver, PatG, Rn. 11 zu § 34 ArbEG abw. Volmer/Gaul Rn. 26 ff. zu § 33; a. A. Boemke/Kursawe/Boemke Rn. 25 u. 56 zu § 33: Widerspruchsmöglichkeit reicht, ansonsten Verbindlichkeit.
22 Schiedsst. v. 04.01.1993, EGR Nr. 4 zu § 33 ArbEG.
23 Vgl. i.Ü. die einschlägigen Kommentierungen zu § 1042 ZPO.

Ferner geht das Gesetz von einer grundsätzlichen **Verpflichtung der Verfahrensbeteiligung zur Mitwirkung** aus, sobald sie sich auf das Schiedsstellenverfahren i.S.d. § 35 Abs. 2 Nr. 1, 2 eingelassen haben. Diese Mitwirkungspflicht ist dem Zweck des Schiedsstellenverfahrens (s. vor § 28 Rdn. 2 ff.) immanent. Wie die *Schiedsstelle*[24] zu Recht betont, sind alle Beteiligten bei Einlassung auf das Schiedsstellenverfahren bis zum Abschluss des Schiedsstellenverfahrens durch die Schiedsstelle zur konstruktiven Mitwirkung verpflichtet, um das Verfahrensziel einer gütlichen Einigung nicht zu gefährden. Kommt ein Beteiligter der ihm obliegenden Mitwirkung nicht nach, bleibt das zwar sanktionsfrei. Auf Grund der ungenutzten Gelegenheit zum rechtlichen Gehör nimmt der Beteiligte jedoch zwangsläufig etwaige nachteilige Auswirkungen bei der Sachverhaltsaufklärung und damit etwaige Beeinträchtigungen bei der anzustrebenden umfassenden Bewertung des Lebenssachverhaltes durch die Schiedsstelle in Kauf (s. dazu § 31 Rdn. 12; § 33 Rdn. 13, 15, 44; § 34 Rdn. 14 u. § 35 Rdn. 11).

### 2. Eingeschränkter Untersuchungsgrundsatz

13 Der dem Streitfall zu Grunde liegende Sachverhalt ist von der Schiedsstelle insoweit zu ermitteln, als sie dies für die Zwecke einer gütlichen Einigung für erforderlich hält, **ohne** dass es **einer vollständigen, umfassenden Aufklärung** bedarf (s.a. § 33 Rdn. 18). Hier ist der im allgemeinen Verwaltungsverfahren geltende Untersuchungsgrundsatz auf Grund der nicht streitentscheidenden, sondern streitschlichtenden Funktion der Schiedsstelle in privatrechtlichen Angelegenheiten (s. vor § 28 Rdn. 2 ff.) zu Lasten der notwendigen Mitwirkung der Beteiligten bei der Sachverhaltsaufklärung, denen es ja um die Lösung ihres eigenen Streitfalls geht, eingeschränkt.[25]

In ihrer ständigen Praxis hat die *Schiedsstelle* zutreffend klargestellt, dass es nicht ihre Aufgabe ist, einen Sachverhalt bis in sämtliche Einzelheiten hin aufzuklären.[26] Es ist notwendig, aber zugleich ausreichend, dass die Schiedsstelle eine Basis hat, die ihr einen **genügenden Überblick über den Sachver-**

---

24 Schiedsst. ZB. v. 12.06.2016 – Arb.Erf. 41/13, (www.dpma.de); v. 06.07.2017 – Arb.Erf. 51/16, (z.Z. unveröffentl.).
25 Zu Recht Boemke/Kursawe/Boemke Rn. 35 f. zu § 33.
26 Z.B. Schiedsst. v. 27.08.1980, EGR Nr. 16 zu § 28 ArbEG; v. 20.01.1983 – Arb.Erf. 41/82, (unveröffentl.); v. 04.01.1993, EGR Nr. 4 zu § 33 ArbEG; v. 06.10.2005 – Arb.Erf. 51/03 (unveröffentl.); v. 23.05.2014 – Arb.Erf. 38/12, (www.dpma.de). Im Ergebn. auch Keukenschrijver in Busse/Keukenschrijver, PatG, Rn. 12 zu § 33 ArbEG (»insb durch Sachkunde der Mitglieder und das Verhältnis von Aufwand und Ergebnis begrenzt«).

## C. Einzelheiten des Verfahrens § 33

halt erlaubt, um dann einen Vorschlag vorlegen zu können.²⁷ Sie kann in ihrem Verfahren, das erheblich freier gestaltet ist als ein Gerichtsverfahren, unter angemessener Wahrung der beiderseitigen Interessen und eines vernünftigen Umfangs des Streitstoffs,²⁸ zu **Kompromissen** greifen und darf sich stärker an der **allgemeinen Lebenserfahrung** orientieren²⁹ sowie von der besonderen Sachkunde ihrer Mitglieder leiten lassen.³⁰ Da sie einen Rechtsstreit nicht ersetzen, sondern ihn vermeiden soll, müssen zugleich **Aufwand und erzielbares Ergebnis in einem vertretbaren Verhältnis** stehen³¹ (s.a. § 33 Rdn. 18). Dies gilt vor allem dann, wenn die eigene Sachkunde der Schiedsstelle – etwa bei schwierigen betriebswirtschaftlichen Fragen – nicht ausreicht und eine Beweisaufnahme den vertretbaren Aufwand und damit den Rahmen des Schiedsstellenverfahrens sprengen würde.³² Die Suche nach einem vernünftigen Ausgleich setzt nicht voraus, dass ein **komplexer Sachverhalt** bis in alle Einzelheiten aufgeklärt wird oder die Schiedsstelle bei **mangelndem Sachvortrag** der Verfahrensbeteiligten weiteren Sachvortrag abfordert.³³ Ein pauschales, unsubstantiiertes Bestreiten des Tatsachenvortrags des anderen Beteiligten hindert die Schiedsstelle nicht, diesen vorgetragenen Sachverhalt zu Grunde zu legen.³⁴ Zur Vernehmung von Zeugen und Sachverständigen s.u. § 33 Rdn. 15, 18–34 ff.; zur Entscheidungsreife s. § 34 Rdn. 14 zu.

Die Schiedsstelle kann von sich aus **Nachforschungen und Ermittlungen** 14 anstellen, ohne an allgemeine Beweislastgrundsätze und allein an das Parteivorbringen oder Anträge gebunden zu sein³⁵ (s.a. § 33 Rdn. 18, 43). Mit Blick auf den eingeschränkten Untersuchungsgrundsatz und den regelmäßigen Verzicht auf eine Beweisaufnahme ist die *Schiedsstelle* zu Recht zurückhaltend, ihre Vorschläge maßgeblich auf allgemeine **Grundsätze der Darlegung- und Beweislast** zu stützen.³⁶ Sie kann jedoch Behauptungen einer Partei, die von

---

27 Schiedsst. v. 27.08.1980, EGR Nr. 16 zu § 28 ArbEG; v. 25.07.1991 – Arb.Erf. 86/89, (unveröffentl.); v. 04.01.1993, EGR Nr. 4 zu § 33 ArbEG u. v. 06.05.2010 – Arb.Erf. 46/08, (unveröffentl.).
28 Schiedsst. v. 06.10.2005 – Arb.Erf. 51/03, (unveröffentl.).
29 Ständ. Praxis, z.B. Schiedsst. v. 27.08.1980, EGR Nr. 16 zu § 28 ArbEG.
30 Schiedsst. v. 08.09.1986, BlPMZ 1987, 306, 307.
31 Ständ. Praxis der Schiedsst., z.B. v. 16.03.1983, BlPMZ 1984, 250, 251 l.Sp.
32 S. Schiedsst. v. 03.04.1974, Mitt. 1974, 137, 138 r.Sp.; s.a. Schiedsst. v. 08.05.1961, BlPMZ 1961, 434 u. v. 24.08.1964 (s. Rn. 144 ff.); BlPMZ 1964, 354.
33 Schiedsst. v. 23.11.2004 – Arb.Erf. 24/03, (unveröffentl.); s. auch Schiedsst. v. 02.05.2018 – Art.Erf. 45/16, (vorg. f. www.dpma.de).
34 Reimer/Schade/Schippel/Trimborn m. H. a. Schiedsst. v. 20.02.2003 Arb.Erf. 42/02, (Datenbank); zust. Boemke/Kursawe/Boemke Rn. 37 zu § 33.
35 Ähnl. Volmer, BB 1968, 253, 257.
36 Weitergehend aber Boemke/Kursawe/Boemke Rn. 49 zu § 33.

der Gegenseite nicht bestritten werden, analog § 138 Abs. 3 ZPO **als zugestanden** ansehen.[37]

Bei ihrer Ermittlung ist die Schiedsstelle allerdings beschränkt auf den Verfahrensgegenstand (s.o. § 33 Rdn. 7), der allein der Verfügungsfreiheit der Beteiligten vorbehalten bleibt (s.o. § 33 Rdn. 8).

15 **Beweis** kann von der Schiedsstelle – auch ohne Antrag – nach freiem Ermessen erhoben werden, soweit sie dies für notwendig erachtet[38] (s.a. § 33 Rdn. 42; vgl. aber auch § 33 Rdn. 13, 18). So steht auch die Anordnung der Vernehmung von Zeugen oder Sachverständigen im freien Ermessen der Schiedsstelle[39] (s.a. § 33 Rdn. 34 f.). **Zwangsmittel** stehen ihr aber zur Amtsermittlung nicht zu (s. § 33 Rdn. 34 ff.); sie ist damit letztendlich zur Entscheidungsfindung auf die (letztlich freiwillige) Mitwirkung der Verfahrensbeteiligten angewiesen[40] (zur Mitwirkungspflicht s. § 33 Rdn. 12).

### 3. Grundsatz der Unmittelbarkeit

16 Der Grundsatz der Unmittelbarkeit gilt für das Schiedsstellenverfahren[41], und zwar mit der Maßgabe, dass die Schiedsstelle in ihrer **vollen Besetzung** vor Beschlussfassung über den Einigungsvorschlag Gelegenheit haben muss, sich mit dem gesamten Sachvortrag der Beteiligten auseinander zu setzen.

17 Eine etwaige **mündliche Verhandlung** hat ebenso wie eine (freiwillige – vgl. § 1035 Abs. 1 ZPO) Beweisaufnahme vor allen Schiedsstellenmitgliedern stattzufinden. Zum Anwesenheitsrecht s. § 33 Rdn. 34. Zur mündlichen Verhandlung s. i.Ü. § 33 Rdn. 40 f. Zur Beschlussfassung im schriftlichen Verfahren seitens der Schiedsstelle s. § 34 Rdn. 5.

---

37 Ständ. Praxis d. Schiedsstelle, z.B. EV v. 09.01.1986 – Arb.Erf. 30/85; v. 01.02.1988 – Arb.Erf. 3/86; v. 27.12.1989 – Arb.Erf. 27/89, u. v. 30.06.2009 – Arb.Erf. 51/98, (alle unveröffentl.); ferner v. 09.10.2012 – Arb.Erf. 39/11; v. 09.07.2013 – Arb.Erf. 45/12, (beide www.dpma.de); zust. auch Keukenschrijver in Busse/Keukenschrijver, PatG, Rn. 12 zu § 33 ArbEG.
38 Ebenso Keukenschrijver in Busse/Keukenschrijver, PatG, Rn. 12 zu § 33 ArbEG; vgl. z.B. d. Fall b. Schiedsst. v. 15.10.1964, BlPMZ 1965, 66.
39 Ebenso ständ. Praxis d. Schiedsst., z. B. v. 19.09.2013 – Arb.Erf. 29/12, (www.dpma.de). Vgl. auch Schiedsst. v. 17.01.2017 – Arb.Erf. 32/14, (www.dpma.de).
40 Schiedsst. v. 25.05.1981 – Arb.Erf. 32/78, (unveröffentl.); vgl.auch Schiedsst. ZB. v. 12.06.2016 – Arb.Erf. 41/13, (www.dpma.de).
41 Zust. Keukenschrijver in Busse/Keukenschrijver, PatG, Rn. 13 zu § 33 ArbEG.

## 4. Grundsatz der Leichtigkeit und Beschleunigung des Verfahrens

Aus der Eigenart des Schiedsstellenverfahrens, das auf eine gütliche Einigung 18 der Beteiligten gerichtet ist, und aus seiner besonderen Bedeutung als nicht kostenintensives Vorschaltverfahren folgt die Notwendigkeit, es schnell und einfach, d.h. **unbelastet von besonderen Förmlichkeiten**, durchzuführen.[42] Der Gesetzgeber hat das Schiedsstellenverfahren – wie auch § 37 Abs. 2 Nr. 2 zeigt – bewusst als **beschleunigtes, kurzes und ggf. auch in Teilen kursorisches Verfahren** zur Herstellung einer zeitnahen gütlichen Einigung zwischen den Beteiligten ausgestaltet[43] (s.a. § 33 Rdn. 13, 39 ff.). Dieser Grundsatz kann die Durchführung einer Beweisaufnahme, z.b. die Anhörung von Sachverständigen oder Einholung von Gutachten, verbieten,[44] zumal die Schiedsstelle nach ihrem Wesen nicht in der Lage ist, zeitraubende und umfassende Ermittlungen anzustellen[45] (s.a. § 33 Rdn. 14 f.). So kann auch – etwa zur **Vermeidung besonderer Kosten oder einer zeitlichen Verzögerung** – ohne weitere Sachaufklärung und unter Verzicht auf Aufforderungen zu weitergehendem Sachvortrag – ein Kompromissvorschlag (z.b. im Wege der Schätzung des Erfindungswerts[46]) unterbreitet werden[47] (s.a. § 33 Rdn. 14). Da das Schiedsstellenverfahren kostenfrei ist (§ 36), müssen notgedrungen die Kosten, die innerhalb eines Schiedsstellenverfahrens entstehen, möglichst gering gehalten werden.[48] Dabei hat sie grundsätzlich die Möglichkeit der **freien Würdigung des Vortrags** der Beteiligten,[49] um zeitnah im Interesse des Arbeits- und Rechtsfriedens einen Einigungsvorschlag vorlegen zu können. Ist eine Partei der Auffassung, die Schiedsstelle sei i.R.d. vorgelegten Einigungsvorschlags einer falschen Würdigung unterlegen, hat sie dann die Möglichkeit, nach

---

42 S. Kaube/Volz RdA 1981, 213, 217. Vgl. a. Schiedsst. v. 01.04.1964, BlPMZ 1964, 235.
43 Schiedsst. Beschl. v. 06.12.1993 – Arb.Erf. 34/93, (unveröffentl.); ähnl. Schiedsst. v. 23.05.2014 – Arb.Erf. 38/12, u. v. 17.01.2017 – Arb.Erf. 32/14, (beide www.dpma.de); vgl. auch Schiedsst. Beschl. v. 05.03.2015 – Arb.Erf. 27/08, (www.dpma.de); Keukenschrijver in Busse/Keukenschrijver, PatG, Rn. 15, 22 zu § 33 ArbEG.
44 Vgl. Schiedsst. v. 21.07.1967, BlPMZ 1968, 72; v. 08.05.1961, BlPMZ 1961, 434; v. 24.08.1964, BlPMZ 1964, 354.
45 Schiedsst. v. 01.04.1964, BlPMZ 1964, 235.
46 Vgl. z.B. Schiedsst. v. 03.04.1974, BlPMZ 1974, 137, 138 r.Sp.
47 Schiedsst. v. 30.06.1983 – Arb.Erf. 5/83, (unveröffentl.).
48 Schiedsst. v. 04.02.1986 – Arb.Erf. 43/84, (unveröffentl.); s. auch Boemke/Kursawe/Boemke Rn. 38 f. zu § 33 (»Verfahrensökonomie«).
49 Schiedsst. v. 28.05.2014 – Arb.Erf. 49/12, (www.dpma.de).

Widerspruch (vgl. § 34 Abs. 3) vor den zuständigen Gerichten eine weitere Sachaufklärung zu erreichen[50] (s. auch § 34 Rdn. 35).

Ausfluss des Grundsatzes der Leichtigkeit des Schiedsstellenverfahrens ist die Regelung des § 33 Abs. 2, wonach die Schiedsstelle ihr Verfahren selbst bestimmt (s. dazu § 33 Rdn. 39 ff.); § 37 Abs. 2 Nr. 2 trägt dem Beschleunigungsgrundsatz Rechnung. S. auch § 35 Rdn. 11.

19 Um die **Dauer des Schiedsstellenverfahrens** möglichst an der Zeitvorgabe des § 37 Abs. 2 Nr. 2 (6 Monate) auszurichten, setzt die Schiedsstelle den Beteiligten relativ kurze Fristen (i.d.R. 1–2 Monate). Darüberhinausgehende Fristverlängerungen werden im Hinblick auf die gebotene Zügigkeit des Verfahrens von der Schiedsstelle grds. nur ausnahmsweise gewährt, wobei die Schiedsstelle längere Fristen regelmäßig von der Zustimmung des anderen Beteiligten abhängig macht.[51] Vielfach erhalten die Beteiligten zweimal Gelegenheit zur Äußerung bzw. Stellungnahme; im Anschluss daran folgt die interne Beratung zwischen den Mitgliedern der Schiedsstelle, wobei die Schiedsstelle bemüht ist, dies innerhalb von 4–5 Monaten nach Anrufung durchzuführen.[52] Soweit Zwischenbescheide erforderlich werden (s. dazu § 33 Rdn. 44 f.), verlängert sich die Verfahrensdauer unter Umständen sogar erheblich, es sei denn, auf der Grundlage eines Zwischenbescheides kann ein außeramtlicher Vergleich der Beteiligten erreicht werden.

Eine **Verlängerung** der von der Schiedsstelle im Schiedsstellenverfahren gesetzten Fristen ist auf Antrag möglich; sie steht im Ermessen der Schiedsstelle und erfolgt häufig unter Abstimmung mit den Beteiligten. Ein Anspruch auf Fristverlängerung besteht nicht, sondern nur ein solcher auf pflichtgemäße und ermessensfehlerfreie Entscheidung, ob und inwieweit nach den vorgetragenen Gründen die Frist angemessen zu verlängern ist. Zur Frist zur Gegenäußerung gem. § 31 Abs. 2 s. § 31 Rdn. 16; zur zwingenden Widerspruchsfrist beim Einigungsvorschlag s. § 34 Rdn. 30.

Eine **Unterbrechung** des Schiedsstellenverfahrens ist auf Antrag mit Zustimmung des anderen Beteiligten grundsätzlich möglich und steht im Ermessen der Schiedsstelle[53] (s. aber zur Insolvenz § 33 Rdn. 46). Dem sollte jedoch angesichts des Gebote eines beschleunigten Verfahrens nur in Ausnahmesitua-

---

50 Schiedsst. v. 27.08.1980, EGR Nr. 16 zu § 28 ArbEG; v. 23.05.2014 – Arb.Erf. 38/12, (www.dpma.de).
51 Schiedsst. v. 06.12.1993 – Arb.Erf. 34/93, (unveröffentl.).
52 Vgl. Kaube/Volz, RdA 1981, 213, 217.
53 Vgl. z. B. Schiedsst. Beschl. v. 05.03.2015 – Arb.Erf. 27/08, (www.dpma.de), im dortigen Verfahren analog § 239 ZPO bei Tod eines Beteiligten.

## C. Einzelheiten des Verfahrens                                           § 33

tionen und mit begrenzter Zeitdauer entsprochen werden (vgl. auch § 35 Rdn. 11).

### 5. Nichtöffentlichkeit

Im Interesse der Beteiligten an der Wahrung der Vertraulichkeit sind die 20 mündlichen Erörterungen vor der Schiedsstelle – wie jedes Verfahren vor einer Behörde – **nicht öffentlich**[54] (vgl. auch § 6 Abs. 2 UrhSchiedsVO). Einmal geht es um eine u. U. noch ungeschützte Diensterfindung, für die das Gesetz allen Wissensträgern besondere Geheimhaltungspflichten auferlegt (vgl. § 24). Die Beteiligten haben darüber hinaus einen Anspruch darauf, dass ihre Geheimnisse, insbesondere die zum persönlichen Lebensbereich gehörenden Sachverhalte sowie Betriebs- und Geschäftsgeheimnisse, von der Behörde nicht unbefugt offenbart werden[55] (vgl. auch § 30 VwVfG). Im Verfahren vor der Schiedsstelle werden regelmäßig sowohl auf der Arbeitnehmererfinderseite als auch insb. auf der Arbeitgeberseite vertrauliche Angaben über die Beteiligten, Betriebsinterna usw. offenbart werden müssen, damit die Schiedsstelle sich ein zutreffendes Bild zur Unterbreitung eines Einigungsvorschlags machen kann.

Mit Zustimmung der Beteiligten kann allerdings öffentlich verhandelt werden.[56] In der Gestaltung der mündlichen Verhandlung (etwa Hinzuziehung eines Protokollführers, eigene Protokollführung) ist die Schiedsstelle frei.

Die anonymisierte **Veröffentlichung von Entscheidungen** der Schiedsstelle, die sie seit Beginn ihrere Tätigkeit praktiziert, hat maßgeblich zur Aufklärung der Arbeitsvertragsparteien über ihre beiderseitigen Rechte und Pflichten nach dem ArbEG sowie über die damit verbundenen Rechtsfragen beigetragen; dies ist auch im allgemeinen Interesse uneingeschränkt zu begrüßen und tangiert – ebenso wie die übliche Veröffentlichung von Gerichtsentscheidungen – weder die Vertraulichkeit noch den Grundsatz der Nichtöffentlichkeit.

Entsprechend § 299 ZPO ist den Verfahrensbeteiligten stets **Einsicht in die** 21 **Akten** der Schiedsstelle zu gewähren.[57] Eine Einsicht lehnt die Schiedsstelle

---

54 Schiedsst. v. 03.12.1992 – Arb.Erf. 21/92, (unveröffentl.); Keukenschrijver in Busse/Keukenschrijver, PatG, Rn. 14 zu § 33 ArbEG.
55 Erichsen/Martens/Münch, Allg. Verwaltungsrecht, § 3 I.3 u. § 40 II.4.
56 So auch Keukenschrijver in Busse/Keukenschrijver, PatG, Rn. 14 zu § 33 ArbEG.
57 Zust. Schiedsst. Beschl. v. 04.01.1993, EGR Nr. 4 zu § 33 ArbEG u. v. 13.10.1993 – Arb.Erf. 81/88, (unveröffentl.); Keukenschrijver in Busse/Keukenschrijver, PatG, Rn. 10 zu § 33 ArbEG (wie hier entspr. § 299 ZPO); i. Ergebn. auch Volmer Rn. 17 zu § 33 (analog § 809 BGB); Boemke/Kursawe/Boemke Rn. 50 zu § 33 (analog § 29 VwVfG).

für solche Aktenteile ab, die ihr von einem der Beteiligten ausschließlich zur vertraulichen Kenntnisnahme überlassen worden sind.[58] Dies gilt etwa für die Inhalte ärztlicher Atteste o.ä.[59] Bei von einer Seite nur zur Kenntnis der Schiedsstelle eingereichten vertraulichen Unterlagen kann es im Interesse ausreichenden rechtlichen Gehörs geboten sein, dem anderen Beteiligten Gelegenheit zur Einsichtnahme im Rahmen einer mündlichen Verhandlung vor der Schiedsstelle zu geben.[60]

Die Einsichtnahme kann durch Zusendung von Kopien der Akte bzw. von Aktenteilen erfolgen oder durch persönliche Einsichtnahme in die Akte in der Geschäftsstelle der Schiedsstelle; eine Versendung der Originalakten kommt nicht in Betracht.[61]

**Dritte** haben – von wissenschaftlichen Zwecken abgesehen – grds. nur mit Einwilligung der Beteiligten Anspruch auf Einsicht in die Akten.[62] Eine Akteneinsicht kann am Schiedsstellenverfahren nicht beteiligten Dritten auch dann nicht gewährt werden, wenn sie ein berechtigtes oder gar rechtliches Interesse daran geltend machen könnten, weil eine derartige Regelung im ArbEG nicht vorgesehen ist. Dies gilt auch für **Miterfinder**. Diese haben aber die Möglichkeit, in einem von ihnen zu beantragenden Schiedsstellenverfahren Gehör zu finden.[63]

Nach dem Grundsatz der Parteiöffentlichkeit haben die Beteiligten bei einer evtl. Beweisaufnahme ein Recht auf Anwesenheit (vgl. § 357 Abs. 1 ZPO).

## 6. Gesetzesbindung (Legalitätsprinzip)

22  Als Behörde ist die Schiedsstelle gem. **Art. 20 Abs. 3 GG** an Gesetz und Recht gebunden (s.a. Rn. 2 zu § 28); obwohl sie eine gütliche Entscheidung über Streitfragen aus dem ArbEG herbeizuführen hat, darf sie sich nicht über zwingende Rechtsvorschriften hinwegsetzen, sondern ist daran gebunden.[64] Eine strikte Bindung der Schiedsstelle an die höchstrichterliche Rechtsprechung wie

---

58  Schiedsst. v. 04.01.1993, EGR Nr. 4 zu § 33 ArbEG, dort zur Vorlage von Lizenzverträgen über andere Schutzrechte zum Nachweis marktüblicher Lizenzsätze.
59  Schiedsst. v. 13.10.1993 – Arb.Erf. 81/88, (unveröffentl.).
60  Schiedsst. v. 28.11.2000 – Arb.Erf. 12/98, (unveröffentl.).
61  Schiedsst. v. 04.01.1993, EGR Nr. 4 zu § 33 ArbEG im Anschluss an BGH v. 12.10.1960, NJW 1961, 559.
62  Ähnl. Keukenschrijver in Busse/Keukenschrijver, PatG, Rn. 10 zu § 33 ArbEG m. H. a. Schiedsst. v. 03.12.1991 – Arb.Erf. 21/92.
63  Schiedsst. v. 03.12.1992 – Arb.Erf. 21/92, (unveröffentl.).
64  Schiedsst. v. 22.08.1969, EGR Nr. 1 zu § 23 ArbEG u. v. 08.12.2010 – Arb.Erf. 6/09, (unveröffentl.).

## C. Einzelheiten des Verfahrens § 33

bei anderen Verwaltungsbehörden wäre u. E. weder mit ihrem gesetzlichen Auftrag noch mit der Weisungsungebundenheit ihrer Mitglieder kompatibel.[65] Das Gebot des gesetzlichen Richters gilt für das Schiedsstellenverfahren nicht[66] (s. auch Rdn. 3 vor § 28).

*Rdn. 23 – 29 frei*

### II. Gestaltung des Verfahrens
#### 1. Zwingende Verfahrensvorschriften (Abs. 1)

§ 33 Abs. 1 regelt den Verfahrensablauf nur eingeschränkt. Er erklärt die entsprechende Anwendbarkeit der §§ 41 bis 48 ZPO (Ablehnung eines Mitglieds der Schiedsstelle). Ebenso sind die – auf Schiedsverfahren bezogenen – Vorschriften des § 1042 ZPO (Allgemeine Verfahrensregeln) sowie des § 1050 (Gerichtliche Unterstützung bei der Beweisaufnahme und sonstige richterliche Handlungen) sinngemäß anwendbar; ferner werden besondere Regelungen über Vertretungsbefugnisse vorgegeben. 30

#### a) Ablehnung eines Mitglieds der Schiedsstelle (§§ 41 bis 48 ZPO entspr.)

Die Ablehnung eines Mitglieds der Schiedsstelle entspricht der eines staatlichen Richters nach §§ 41 bis 48 ZPO. Dies stellt Abs. 1 Satz 1 mit der Bezugnahme auf eine sinngemäße Anwendbarkeit dieser Vorschriften klar. Damit ist auch der frühere Meinungsstreit über die Entscheidungsbefugnis[67] gegenstandslos; im Ergebnis ist der Gesetzgeber der zutreffenden Praxis der Schiedsstelle gefolgt, als staatliche Behörde selbst über ein Ablehnungsgesuch nach § 33 Abs. 1 ArbEG i.V.m. § 45 Abs. 1 ZPO entscheiden zu können.[68] 31

Zu den Ablehnungsgründen (§§ 41, 42 ZPO; s.a. § 30 Rdn. 9) und zum Verfahren im Einzelnen wird auf die entsprechenden Kommentare zur ZPO verwiesen. Zur Zuständigkeit als Prüfer und Beisitzer s. § 30 Rdn. 9. 32

---

65 Enger wohl Keukenschrijver in Busse/Keukenschrijver, PatG, Rn. 4 vor § 28 ArbEG.
66 Keukenschrijver in Busse/Keukenschrijver, PatG, Rn. 19 zu § 33 ArbEG m.H.a. Schiedsst. v. 25.01.2008 – Arb.Erf. 8/01.
67 Für gerichtliche Entscheidung analog § 1045 Abs. 1 ZPO a.F.: Heine/Rebitzki Anm. 2 zu § 33; Lindenmaier/Lüdecke Anm. 5 zu § 33; a.A. Volmer Rn. 15 f. zu § 33 (Schiedsst. selbst und ggf. VG); Schwab, Erf. u. VV (1991), S. 54 (stets VG); offen gelassen bei Reimer/Schade/Schippel/Kaube (6. Aufl.) Rn. 9 zu § 33 u. Volmer/Gaul Rn. 42 zu § 33.
68 Schiedsst. Widerspruchsbescheid v. 25.01.2008 – Arb.Erf. 8/01, (Datenbank); Beschl. v. 17.07.1985 – Arb.Erf. 31/84, (unveröffentl.); zust. 5. Vorauflage (Rn. 33 zu § 33).

Das Ablehnungsgesuch ist unter Glaubhaftmachung der Ablehnungsgründe (§ 44 Abs. 2 ZPO analog) vorzubringen, und zwar entsprechend §§ 43, 44 Abs. 4 ZPO spätestens bis zur Stellung eines Antrags bzw. einer Einlassung in einer evtl. mündlichen Verhandlung.[69] Es ist bei der Schiedsstelle in München einzureichen (§ 44 Abs. 1 ZPO analog).

33 Über das Ablehnungsgesuch **entscheidet die Schiedsstelle** – ebenso wie ein Kollegialgericht – selbst analog § 45 Abs. 1 ZPO.[70] Eine Selbstablehnung (einschl. einer Ablehnung von Amts wegen durch die Schiedsstelle) ist analog § 48 ZPO möglich. Lehnt die Schiedsstelle den Befangenheitsantrag (per Verwaltungsakt) ab und wird dem vom Antragsteller widersprochen, sieht die Schiedsstelle darin einen Widerspruch i.S.d. § 69 VwGO und nimmt selbst im Rahmen eines Widerspruchsbescheids Stellung.[71] Gegen die Zurückweisung der Ablehnung durch die Schiedsstelle findet keine sofortige Beschwerde zu dem nach § 39 Abs. 1 ArbEG zuständigen Gericht statt[72]; vielmehr ist der Rechtsweg vor dem Verwaltungsgericht eröffnet[73].

**b) Vernehmung von Zeugen und Sachverständigen, Parteivernehmung (§ 1050 ZPO entspr.)**

34 Wenn auch die Anordnung einer Zeugen- oder Sachverständigenvernehmung **im freien Ermessen der Schiedsstelle** steht (s. § 33 Rdn. 15), ist sie hinsichtlich der Ausführung einer solchen Beweisaufnahme eingeschränkt.[74] Entscheidet sie sich unter Abwägung ihrer Funktion (s. vor § 28 Rdn. 2 ff.), des eingeschränkten Untersuchungsgrundsatzes (s. § 33 Rdn. 13 ff.) sowie der Vor- und Nachteile (Relevanz, gesichertere Entscheidungsgrundlagen, Zeit- und Verwaltungsaufwand, Kosten usw.) ausnahmsweise[75] für eine Beweisaufnahme,

---

69 Zu weitgehend Reimer/Schade/Schippel/Trimborn Rn. 9 zu § 33 (vor dem EV d. Schiedsst.).
70 Zust. Reimer/Schade/Schippel/Trimborn Rn. 9 zu § 33; Keukenschrijver in Busse/Keukenschrijver, PatG, Rn. 19 zu § 33 ArbEG; Schiedsst. Widerspruchsbescheid vom 25.01.2008 – Arb.Erf. 8/01, (unveröffentl.) unter Bezug auf Beschl. v. 20.09.2007 – Arb.Erf. 8/01, (unveröffentl.).
71 So Schiedsst. Widerspruchsbescheid vom 25.01.2008 – Arb.Erf. 8/01, (unveröffentl.); zust. Keukenschrijver in Busse/Keukenschrijver, PatG, Rn. 19 zu § 33 ArbEG.
72 So aber Boemke/Kursawe/Boemke Rn. 35 zu § 28 u. Rn. 16 zu § 33.
73 Zutr. Keukenschrijver in Busse/Keukenschrijver, PatG, Rn. 19 zu § 33 ArbEG.
74 Zust. Schiedsst. v. 12.06.2013 – Arb.Erf. 61/11, (www.dpma.de).
75 Im Regelfall erfolgt nach ständ. Praxis d. Schiedsst. keine Vernehmung von Zeugen und Sachverständigen, vgl. z.B. Schiedsst. v. 26.01.2015 Mitt. 2016, 140, 142.

## C. Einzelheiten des Verfahrens § 33

besteht ein **Anwesenheitsrecht** der Beteiligten entsprechend § 357 Abs. 1 ZPO.[76]

Sie kann nur **freiwillig erscheinende** Zeugen und Sachverständige vernehmen.[77] Daran hat auch die Neufassung des Abs. 1 nichts geändert.[78] Dies kann auch nur **uneidlich** geschehen.[79] Zur Entschädigung s. § 36 Rdn. 2. 35

Eine **eidesstattliche Versicherung** kann die Schiedsstelle nicht selbst abnehmen.[80] Deren Vorlage wird im Schiedsstellenverfahren nicht mit ihrer spezifischen Wirkung der Glaubhaftmachung (§ 294 Abs. 1 ZPO) und ihrer Auswirkung auf eine Beweiswürdigung (vgl. § 33 Abs. 1 Satz 1 ArbEG i.V.m. § 1050 ZPO) gewürdigt, sondern nur als uneidliche einfache schriftsätzliche Parteierklärung.[81]

Analog § 1050 BGB können weitergehende, von der Schiedsstelle für erforderlich erachtete **richterliche Handlungen** nur auf deren Antrag durch das zuständige Gericht vorgenommen werden. Zuständig sind nicht die Patentstreitkammern des LG,[82] sondern das AG, in dessen Bezirk die richterliche Handlung vorzunehmen ist (§ 1062 Abs. 4 ZPO);[83] also im Regelfall das für den Wohnsitz des Zeugen bzw. Sachverständigen zuständige AG;[84] dies allein entspricht – wegen des sonst gegebenen Anwaltszwangs (§ 78 ZPO) – auch dem gesetzgeberischen Leitbild der Kostenfreiheit des Schiedsstellenverfahrens

---

76 Keukenschrijver in Busse/Keukenschrijver, PatG, Rn. 14 zu § 33 ArbEG.
77 Wie hier Schiedsst. v. 18.06.2012 – Arb.Erf. 63/08, (unveröffentl.); v. 12.06.2013 – Arb.Erf. 61/11; v. 19.09.2013 – Arb.Erf. 29/12, (beide www.dpma.de); v. 26.01.2015 Mitt. 2016, 140, 142 u. v. 17.01.2017 – Arb.Erf. 32/14, (www.dpma.de).
78 Vgl. Reimer/Schade/Schippel/Trimborn Rn. 5 zu § 33.
79 Ebenso Schiedsst. v. 12.06.2013 – Arb.Erf. 61/11; v. 19.09.2013 – Arb.Erf. 29/12, (beide www.dpma.de); v. 26.01.2015 Mitt. 2016, 140, 142; so auch zum früheren Recht Schiedsst. v. 21.05.1985 – Arb.Erf. 14/84, (unveröffentl.); zum neuen Recht Reimer/Schade/Schippel/Trimborn Rn. 6 zu § 33; zust auch Boemke/Kursawe/Boemke Rn. 27 zu § 33.
80 Keukenschrijver in Busse/Keukenschrijver, PatG, Rn. 20 zu § 33 ArbEG.
81 Schiedsst. v. 10.06.2005 – Arb.Erf. 68/03; v. 21.05.1985 – Arb.Erf. 14/84, v. 05.08.1998 – Arb.Erf. 103/96, (sämtl. Datenbank), u. v. 08.10.2009 – Arb.Erf. 50/08, (unveröffentl.).
82 So zum früheren Recht: Heine/Rebitzki Anm. 2 zu § 33 u. Lindenmaier/Lüdecke Anm. 10 zu § 33.
83 Reimer/Schade/Schippel/Trimborn Rn. 5 zu § 33; zust. Boemke/Kursawe/Boemke Rn. 28 zu § 33.
84 Ebenso Keukenschrijver in Busse/Keukenschrijver, PatG, Rn. 21 zu § 33; ebenso zum früheren Recht Volmer Rn. 24 zu § 33; wohl auch Schiedsst. v. 22.08.1969, EGR Nr. 1 zu § 23 ArbEG; v. 04.09.1978 – Arb.Erf. 62/77, u. v. 09.05.1988 – Arb.Erf. 21/86, (beide unveröffentl.).

(§ 36) und steht in Einklang mit der Fassung des § 33 Abs. 1 Satz 1 und des § 39 Abs. 1 Satz 1 ArbEG. Auch nach der Neufassung ist davon auszugehen, dass der Schiedsstelle zur Amtsermittlung eigene **Zwangsmittel** nicht zur Verfügung stehen[85] (zur Kostentragung s. § 36 Rdn. 2).

Von der Hinzuziehung von Sachverständigen sieht die Schiedsstelle regelmäßig bereits aus Kostengründen ab (s. § 33 Rdn. 42).

Die Schiedsstelle ist aber nicht gehindert, von den Beteiligten vorgelegte **schriftliche Zeugen- oder Sachverständigenaussagen** als einfache schriftliche Erklärungen anzunehmen bzw. sich solche selbst zu verschaffen und zu würdigen; ebenso kann sie die Aussage von freiwillig vor ihr erschienenen Zeugen ihrer Meinungsbildung zugrunde legen[86] (s.o.). Derartige Aussagen müssen den Beteiligten zur Stellungnahme zugänglich gemacht werden. Möglich ist auch eine bloß informatorische Anhörung von Zeugen vor der Schiedsstelle (s.a. § 33 Rdn. 42).

36 Der **Beweis durch Parteivernehmung** ist gem. §§ 445 ff. ZPO nur subsidiär vorgesehen; es kann nur die Vernehmung des Gegners beantragt werden (§ 445 Abs. 1 ZPO; vgl. aber auch §§ 448, 447 ZPO). Zivilprozessrechtlich kann die Parteivernehmung außer auf Antrag aber auch von Amts wegen erfolgen (§ 448 ZPO).

Von einer **eidlichen Parteivernahme** sieht die *Schiedsstelle* in ständiger Praxis ab, da sie hierzu weder befugt ist[87] (s.o. § 33 Rdn. 35), noch sie hieraus eine besondere Gewichtung herleitet, wenn letztlich Aussage gegen Aussage stehen würde.[88] Einer uneidlichen Parteivernahme käme kein größeres Gewicht zu als einfachen, schriftlichen Erklärungen der Beteiligten.

**c) Vertreter (§ 33 Abs. 1 Satz 2 ArbEG, § 1042 Abs. 2 ZPO entsprechend)**

37 Analog dem eingefügten § 1042 Abs. 2 ZPO dürfen **Rechtsanwälte** als Bevollmächtigte nicht ausgeschlossen werden. Dementsprechend können Rechtsanwälte ebenso wie **Patentanwälte**, Erlaubnisscheininhaber (vgl. § 160 PatAnwO, wonach für Inhaber von Erlaubnisscheinen die §§ 177–183

---

85 Vgl. Keukenschrijver in Busse/Keukenschrijver, PatG, Rn. 12 zu § 33 ArbEG. Zum bisherigen Recht vgl. Schiedsst. v. 17.04.1967, BlPMZ 1967, 321 u. v. 08.09.1986, BlPMZ 1987, 306, 307; vgl. auch Reimer/Schade/Schippel/Trimborn Rn. 5 zu § 33.
86 Schiedsst. v. 21.05.1985 – Arb.Erf. 14/84, (unveröffentl.).
87 Vgl. Reimer/Schade/Schippel/Trimborn Rn. 6 zu § 33.
88 Schiedsst. v. 10.12.1992 – Arb.Erf. 81/90, (unveröffentl.).

PatAnwO in der bis zum 31.08.2009 geltenden Fassung weiter anzuwenden sind) und **Verbandsvertreter** i.S.d. § 11 Abs. 1 ArbGG als Verfahrensbevollmächtigte vor der Schiedsstelle, sei es im schriftlichen Verfahren, sei es in der mündlichen Verhandlung, tätig werden.[89]

Es besteht **kein Anwaltszwang** (s. § 31 Rdn. 2). Treten Bevollmächtigte auf, müssen sie eine **schriftliche Vollmacht** vorlegen (s. § 31 Rdn. 5).  38

Eine **Kostentragung** durch den unterlegenen Teil **scheidet aus** (s. § 36 Rdn. 3). Zur Gebührenfrage s. § 36 Rdn. 5.  38.1

### 2. Eigene Verfahrensgestaltung durch die Schiedsstelle (Abs. 2)

Um die Schiedsstelle bei ihrem Bemühen, eine gütliche Einigung zu erreichen, möglichst nicht an starre Förmlichkeiten zu binden und damit auch als Ausfluss des Grundsatzes der Leichtigkeit und Beschleunigung des Verfahrens (s. § 33 Rdn. 18 f.), hat der Gesetzgeber die sonstige Verfahrensgestaltung durch Abs. 2 dem **Ermessen der Schiedsstelle** überlassen (vgl. auch § 10 UrhSchiedsVO). Es steht im pflichtgemäßen Ermessen der Schiedsstelle, das Verfahren unter Beachtung rechtsstaatlicher Grundsätze (s. § 33 Rdn. 22) so zu führen und zu gestalten, wie sie es im Hinblick auf ihre Funktion für geboten und zweckmäßig hält.[90] Lediglich die Zustellung des Anrufungsantrags (§ 31 Abs. 1) mit der Aufforderung an den anderen Beteiligten zur schriftlichen Gegenäußerung ist gem. § 31 Abs. 2 zwingend vorgeschrieben. Auch eine eigenständige Erweiterung der Besetzung der Schiedsstelle ist ihr nicht möglich (vgl. § 32).  39

Dagegen steht es ihr frei, ob sie ein **schriftliches oder mündliches Verfahren** wählt.[91] Letzteres erfolgt regelmäßig nur mit Zustimmung aller Beteiligten[92] und im Grundsatz auch nur dann, wenn es sich um einen besonders schwierigen bzw. komplexen Sachverhalt handelt, dessen Klärung im schriftlichen Ver-  40

---

89 Vgl. auch. Keukenschrijver in Busse/Keukenschrijver, PatG, Rn. 16 zu § 33 ArbEG; vgl. auch Schiedsst. v. 19.09.2013 – Arb.Erf. 29/12, (www.dpma.de).
90 S. Kaube/Volz, RdA 1981, 213, 216; Boemke/Kursawe/Boemke Rn. 33,43 zu § 33.
91 Vgl. Schiedsst. v. 10.10.1978, BlPMZ 1980, 60, 61; v. 18.09.2008 – Arb.Erf. 56/07; v. 28.01.2009 – Arb.Erf. 34/06, (beide Datenbank); v. 15.10.2009 – Arb.Erf. 44/08; 12.11.2009 – Arb.Erf. 7/08; v. 13.10.2009 – Arb.Erf. 38/06; v. 06.05.2010 – Arb.Erf. 46/08, (alle unveröffentl.); ferner v. 05.03.2013 – Arb.Erf. 57/11; v. 22.07.2013 – Arb.Erf. 40/11; v. 19.09.2013 – Arb.Erf. 29/12, (alle www.dpma.de); zust. auch Keukenschrijver in Busse/Keukenschrijver, PatG, Rn. 22 zu § 33 ArbEG.
92 Ebenso Praxis d. Schiedsst., z. B. v. 19.09.2013 – Arb.Erf. 29/12, (www.dpma.de); vgl. auch Schiedsst. v. 06.04.2016 – Arb.Erf. 13/14, (www.dpma.de).

fahren zu viel Zeit in Anspruch nehmen würde[93], ggf. auch bei schwierigen rechtlichen Problemen.[94] In der Praxis kommt dies bei Beteiligung mehrerer Erfinder an dem Schiedsstellenverfahren in Betracht,[95] ferner zur Herbeiführung eines möglich erscheinenden Vergleichs bei umfangreichem Streitgegenstand; hier hat die Erfahrung gezeigt, dass in der überwiegenden Mehrzahl aller Fälle, in denen eine mündliche Erörterung stattfindet, die Verfahren mit einem direkten Vergleich der Beteiligten auf Vorschlag der Schiedsstelle beendet werden[96]. Kann das Verfahren nicht durch Vergleich abgeschlossen werden, hat die Schiedsstelle einen Einigungsvorschlag vorzulegen.

Die *Schiedsstelle* hat nur dann eine mündliche Verhandlung vorgeschlagen, wenn sie sich davon eine **weitere Aufklärung des Sachverhaltes** oder eine **Annäherung der Standpunkte** der Beteiligten erhofft. Selbst dann aber wird die Durchführung der Verhandlung regelmäßig davon abhängig gemacht, dass **alle Beteiligten** ihr **zustimmen**, weil die Schiedsstelle niemanden zwingen kann, irgendwelche Erklärungen i.R.d. Schiedsstellenverfahrens abzugeben bzw. irgendwelche Handlungen vorzunehmen.[97] Zur Entscheidungsreife s. § 34 Rdn. 14. Eine mündliche Verhandlung kann auch angezeigt sein, wenn es um die Einsichtnahme in **vertrauliche Unterlagen** geht, deren Weitergabe ein Beteiligter aus sachlich nachvollziehbaren Gründen ablehnt.[98]

Mangels einer entsprechenden Anregung der Beteiligten verzichtet die *Schiedsstelle* schon aus Kostengründen **im Regelfall** auf eine mündliche Verhandlung; dies gilt insb. für die Fälle, in denen nur noch Rechtsfragen zu klären sind oder wenn die Schiedsstelle insb. nach umfangreichem Schriftwechsel der Beteiligten davon ausgehen kann, dass die tatsächlichen Aussagen sich nicht mehr ändern werden.[99]

41 Die Schiedsstelle ist bei der Entscheidung, ob ein schriftliches Verfahren (Regelfall) oder eine mündliche Verhandlung (Ausnahme) erfolgt, auch nicht an dahingehende **Anträge** der Beteiligten gebunden (s.a. § 33 Rdn. 43). Ihr ist es auch überlassen, ob sie eine mündliche Verhandlung und/oder Beschlussfassung **an ihrem Sitz** (§§ 29, 47) vornimmt oder **außerhalb** zusammentritt (§ 29 Abs. 2).

---

93 Vgl. Schiedsst. v. 19.09.2013 – Arb.Erf. 29/12, (www.dpma.de).
94 Kaube/Volz, RdA 1981, 213, 217.
95 Vgl. etwa Schiedsst. v. 06.04.2016 – Arb.Erf. 13/14, (www.dpma.de).
96 Kaube/Volz, RdA 1981, 213, 217.
97 Schiedsst. v. 13.12.1974 – Arb.Erf. 76/73, (unveröffentl.).
98 Vgl. Keukenschrijver in Busse/Keukenschrijver, PatG, Rn. 2 zu § 33 m. H. a. Schiedst. v. 28.11.2000 – Arb.Erf. 12/98, u. v. 16.10.2008 – Arb.Erf. 38/07.
99 Schiedsst. v. 29.11.1985 – Arb.Erf. 71/83, (unveröffentl.).

## C. Einzelheiten des Verfahrens § 33

Die Fertigung einer **Verhandlungsniederschrift** ist nicht zwingend (vgl. aber § 6 Abs. 4 UrhSchiedsVO), aber vielfach – etwa bei Anhörung von Zeugen oder Sachverständigen – sinnvoll.

Die Schiedsstelle ist nicht an die strengen prozessrechtlichen Beweisregeln gebunden;[100] sie kann sich vielmehr zu ihrer Überzeugungsfindung auch des **Freibeweises** bedienen (s.a. § 33 Rdn. 13 f.). Der Vorsitzende der Schiedsstelle kann die Beteiligten zu Ergänzungen des Sachverhaltes bzw. ihrer Erklärungen auffordern, namentlich wenn der bisherige Vortrag unvollständig, missverständlich oder widersprüchlich ist. Im Hinblick auf die Kosten und den »Beschleunigungsgrundsatz« (s.o. § 33 Rdn. 18; vgl. auch § 37 Abs. 2 Nr. 2 ArbEG) sieht die *Schiedsstelle* regelmäßig von einer Beweisaufnahme, insb. einer Hinzuziehung von Sachverständigen ab.[101] Letzteres entfällt grds. dann, wenn sie selbst – auch durch ihre technischen Beisitzer – die erforderliche Erfahrung und Sachkunde besitzt[102] (s.a. § 33 Rdn. 35 f.). 42

Die Schiedsstelle ist grds. **nicht an Anträge** der Beteiligten **gebunden**.[103] Dies gilt uneingeschränkt für sog. Verfahrensanträge, etwa den Antrag auf mündliche Verhandlung,[104] oder für Beweisanträge (z.B. Hinzuziehung von Zeugen oder Sachverständigen).[105] An **Sachanträge** ist sie insoweit gebunden, als dadurch der Verfahrensgegenstand gekennzeichnet wird[106] (s.o. § 33 Rdn. 7). Im Übrigen kann sie sich aber in Erfüllung ihrer Aufgabe, als sachkundige Institution eine angemessene, gütliche Einigung herbeizuführen, insbesondere 43

---

100 Bestätigend auch Keukenschrijver in Busse/Keukenschrijver, PatG, Rn. 22 zu § 33 ArbEG.
101 Vgl. z.B. Schiedsst. v. 21.07.1967, BlPMZ 1968, 72; v. 27.08.1980 – Arb.Erf. 64/78, (unveröffentl.); s.a. Schiedsst. v. 08.05.1961, BlPMZ 1961, 434.
102 S. Schiedsst. v. 06.08.1965, EGR Nr. 1 zu § 3 ArbEG; vgl. auch Amtl. Begründung BT-Drucks. II/1648 S. 44 = BlPMZ 1957, 242; Schiedsst. v. 24.08.1964, BlPMZ 1964, 354; v. 24.10.1995 – Arb.Erf. 21/94, u. v. 12.02.1998 – Arb.Erf. 56/96, (beide unveröffentl.).
103 Keukenschrijver in Busse/Keukenschrijver, PatG, Rn. 29 zu § 33 ArbEG m. w. Nachw.
104 Ständ. Praxis, z.B. Schiedsst. v. 10.10.1978, BlPMZ 1980, 60.
105 Kaube/Volz, RdA 1981, 213, 216; Schiedsst. v. 04.08.1989, BlPMZ 1989, 338, 339 u. v. 01.10.2009 – Arb.Erf. 36/06, (unveröffentl.).
106 Missverständl. Schiedsst. v. 05.02.1976, BlPMZ 1977, 200, 201.

über den Grundsatz »**ne ultra petitum**« (vgl. § 308 ZPO) hinwegsetzen.[107] So hat sie in Einzelfällen durchaus mehr vorgeschlagen, als eine Partei geltend gemacht hatte, etwa wenn Letztere den von ihr vorgetragenen Sachverhalt falsch bewertet hat.[108] Dies gilt insb. bei Streitigkeiten über die **Höhe der Erfindervergütung**; hier fühlt sich die *Schiedsstelle* an die von den Beteiligten geäußerten Wertvorstellungen nicht gebunden; sie sucht dabei im Regelfall keinen Kompromiss zwischen den einzelnen Sachdarstellungen der Beteiligten,[109] sondern verschafft sich selbst ein Bild von der Angemessenheit und behält sich hierbei vor, sowohl zugunsten als auch zuungunsten von den Vorstellungen der Parteien abzuweichen.[110] Insoweit gilt – von Bindungswirkungen einer (wirksamen) Vergütungsvereinbarung oder -festsetzung abgesehen (vgl. dazu § 12 Rdn. 14 ff., 40 ff.) – das Verbot der Verschlechterung (»reformatio in peius«) nicht.

**44** Um den Beteiligten möglichst frühzeitig Gelegenheit zu einer eigenständigen vergleichsweisen Verständigung zu geben[111] oder sie auf einen von ihnen möglicherweise bisher nicht erkannten rechtlichen Gesichtspunkt aufmerksam zu machen oder um weitere für die rechtliche Beurteilung erhebliche, bisher aber nicht vorgetragene Umstände des Sachverhaltes zur Vorbereitung eines Einigungsvorschlages aufzuklären,[112] stellt die *Schiedsstelle* in ständiger Übung[113] häufig ihre aufgrund der internen Beratung gewonnenen, vorläufigen Erkenntnisse den Beteiligten in Form eines **Zwischenbescheides** zur Diskussion bzw. Stellungnahme. Diese Praxis ist auch im Hinblick auf Art. 103 GG (rechtliches Gehör, s.o. § 33 Rdn. 11) und den Rechtsgedanken der Aufklärungspflicht (vgl. § 139 ZPO) besonders zu begrüßen; zudem sind derartige Zwischenbe-

---

107 Ständ. Praxis d. Schiedsst., z.B. v. 10.10.1978, BlPMZ 1980, 60, 61 r.Sp. u. v. 01.03.1985 – Arb.Erf. 25/84, (unveröffentl.); Schiedsst. v. 24.07.2008 – Arb.Erf. 05/07, (Datenbank); s.a. Schiedsst. v. 22.02.1979, BlPMZ 1980, 211, 213 (dort bzgl. des Antrags, bestimmte Erfindungen aus dem EV »auszuklammern«); zust. auch Reimer/Schade/Schippel/Trimborn Rn. 4 zu § 33; zurückhaltend dagegen Boemke/Kursawe/Boemke Rn. 48 zu § 33 (»allenfalls in Ausnahmefällen«), im Ergebn. dagegen wie hier Boemke/Kursawe/Boemke Rn. 18 zu § 34.
108 Kaube/Volz, RdA 1981, 213, 216.
109 Schiedsst. v. 10.07.1985 – Arb.Erf. 72/84, (unveröffentl.).
110 Schiedsst. v. 14.03.1984 – Arb.Erf. 14/83 u. v. 23.10.1996 – Arb.Erf. 36/95, (beide unveröffentl.); im Ergebn. zust. auch Keukenschrijver in Busse/Keukenschrijver, PatG, Rn. 17 zu § 33 ArbEG.
111 So etwa Schiedsst. ZB. v. 07.03.2016 – Arb.Erf. 09/14, (www.dpma.de = Mitt. 2017, 134 nur LS.) u. ZB. v. 03.05.2017 – Arb.Erf. 09/16, Mitt. 2018, 356, 357, (= www.dpma.de).
112 Schiedsst.ZB. v. 07.02.1985, BlPMZ 1986, 74.
113 S. Reimer/Schade/Schippel/Trimborn Rn. 4 zu § 33.

## C. Einzelheiten des Verfahrens § 33

scheide nicht selten Grundlage einer Einigung der Parteien außerhalb des Schiedsstellenverfahrens.[114] Allerdings hat der Umfang der Schiedsstellenverfahren stark zugenommen; deshalb ist es verständlich, wenn die Schiedsstelle zunehmend dazu übergeht, Zwischenbescheide nur dort vorzulegen, wo es unumgänglich ist[115] (s.a. § 33 Rdn. 11). Auf die Möglichkeit eines Zwischenbescheids hat sie im Einzelfall auch bei Zweifeln an der Arbeitnehmereigenschaft zurückgegriffen[116] oder um im Interesse des Rechtsfriedens den Beteiligten einen Lösungsvorschlag zur Einigung außerhalb ihrer Zuständigkeit zu unterbreiten[117] oder um den Weg zu einer gütlichen Einigung außerhalb des Verfahrens zu ebnen, wenn eine Seite ihrer Mitwirkungspflicht bislang offenkundig nicht nachkommen wollte[118]. Wenn es sachdienlich ist, erlässt sie dann auch mehrere Zwischenbescheide.[119] Eine Rechtspflicht zur Vorlage eines Zwischenbescheides besteht jedoch nach § 33 auch unter dem Gesichtspunkt des rechtlichen Gehörs nicht.[120]

Ein solcher Zwischenbescheid stellt **keinen Verwaltungsakt** dar. Es handelt sich um einen Beschluss i.S.d. § 34 Abs. 1 (s. dort § 34 Rdn. 2), der nicht selbstständig angreifbar ist. Weicht die Schiedsstelle in ihrem Einigungsvorschlag von einer im Zwischenbescheid geäußerten Rechtsansicht ohne vorherige Mitteilung an die Beteiligten ab und werden diese dadurch am Vorbringen von Angriffs- und Verteidigungsmitteln gehindert, liegt hierin eine Verletzung des Anspruchs auf rechtliches Gehör.[121] 45

Bei **Insolvenz** wird das Schiedsstellenverfahren analog § 240 ZPO **unterbrochen**. Gem. § 86 InsO kann das Verfahren fortgesetzt werden, wenn eine Seite das Verfahren wieder aufnimmt. Nehmen weder Insolvenzverwalter noch Arbeitnehmer das Verfahren auf, geht die *Schiedsstelle* davon aus, dass ein Rechtsverfolgungswille (s. dazu § 28 Rdn. 24 ff.) nicht (mehr) besteht, sodass es an einer Zulässigkeitsvoraussetzung für das Schiedsstellenverfahren fehlt.[122] 46

---

114 Vgl. etwa die Hinweise in ZB. v. 26.01.1981, BlPMZ 1982, 56 u. ZB. v. 25.05.1981, BlPMZ 1982, 166.
115 Schiedsst. v. 30.03.1988 – Arb.Erf. 76/87, (unveröffentl.).
116 Vgl. etwa ZB v. 18.06.2015 – Arb.Erf. 17/13, (www.dpma.de = Mitt. 2016, 570, dort nur LS. 2).
117 Vgl. etwa Schiedsst. ZB. v. 15.06.2016, Mitt. 2017, 502 ff.
118 Vgl. etwa Schiedsst. ZB. v. 12.06.2016 – Arb.Erf. 41/13, (www.dpma.de).
119 Vgl. z.B. Schiedsst. v. 5.3./13.10.1969, BlPMZ 1970, 457.
120 Schiedsst. v. 22.07.2010 – Arb.Erf. 25/09, (www.dpma.de, nur LS.).
121 Vgl. OLG Frankfurt am Main v. 30.09.1976, BlPMZ 1977, 17 (zu § 1034 ZPO a.F.).
122 Schiedsst. Beschl. v. 21.01.2004 – Arb.Erf. 17/02, (Datenbank); zust. Keukenschrijver in Busse/Keukenschrijver, PatG, Rn. 7 zu § 33.

**47** Eine **Aussetzung** des Verfahrens bzw. **Anordnung des Ruhens** kann im Regelfall schon mit Rücksicht auf § 37 Abs. 2 Nr. 2 ArbEG nicht infrage kommen[123] (s. aber zur Ausnahme § 31 Rdn. 21). Ggf. ist das Verfahren einzustellen (s. auch § 35 Rdn. 11) und nach Klärung der der Beschlussfassung der Schiedsstelle entzogenen Fragen die Schiedsstelle erneut anzurufen[124] (s. aber auch § 31 Rdn. 21 und oben § 33 Rdn. 11).

**48** Ein **Versäumnisverfahren** i.S.d. ZPO findet nicht statt.[125] Lässt sich der Antragsgegner von Anfang an nicht auf das Schiedsstellenverfahren ein, tritt die Wirkung des § 35 Abs. 1 Nr. 1 ein; äußert er sich nach anfänglicher Einlassung nicht mehr, kann die Schiedsstelle bei hinreichender Klärung des Sachverhaltes einen Einigungsvorschlag vorlegen (s. § 35 Rdn. 6). Mit einem **Antrag, nach Lage der Akten zu entscheiden**, macht diese Partei nach Auffassung der *Schiedsstelle* deutlich, dass es für sie ausreicht, wenn ein Einigungsvorschlag auf der Grundlage allein des (weiteren) Vortrags der Gegenseite ergeht, sodass deren Vorbringen als zugestanden gilt.[126] Dies enthebt aber die Schiedsstelle nicht einer eigenen Würdigung des auf diese Weise unstreitig gewordenen Sachverhalts; dabei kann sie von den Anträgen der Beteiligten abweichen.

**49** Eine **einstweilige Verfügung** (Anordnung) ist im Schiedsstellenverfahren nicht möglich; ein dahingehender Antrag ist unzulässig.[127] Der Gesetzgeber hat generell die Anordnung eines Arrestes oder einer einstweiligen Verfügung den allgemeinen Schiedsgerichten (§§ 1025 ff. ZPO) entzogen; derartige Sicherungsmaßnahmen obliegen immer den staatlichen Gerichten.[128] Erst recht muss dies für die Schiedsstelle gelten, da sie ja keine streitentscheidende Funktion hat (s. § 28 Rdn. 5 f.). Bestätigt wird dies auch durch § 37 Abs. 4 ArbEG (s. dort Rn. 27).

---

123 Schiedsst. v. 14.03.1960, BlPMZ 1960, 316; abw. Volmer Rn. 40 ff. zu § 33 u. Volmer/Gaul Rn. 72 zu § 33.
124 Schiedsst. v. 14.03.1960, BlPMZ 1960, 316; vgl. auch Schiedsst. v. 07.02.1984, 218, 220 r.Sp.
125 Wie hier Volmer/Gaul Rn. 69 f. zu § 33.
126 Schiedsst. v. 20.02.2003 – Arb.Erf. 42/02, (Datenbank).
127 So auch zum UrhWahrnG die dortige Schiedsst. im Beschl. v. 19.03.1984, BlPMZ 1984, 253.
128 Vgl. allg. Nicklich, RIW 1978, 633, 638 ff. m.w.N.

## § 34 Einigungsvorschlag der Schiedsstelle

(1) Die Schiedsstelle fasst ihre Beschlüsse mit Stimmenmehrheit. § 196 Abs. 2 des Gerichtsverfassungsgesetzes ist anzuwenden.

(2) Die Schiedsstelle hat den Beteiligten einen Einigungsvorschlag zu machen. Der Einigungsvorschlag ist zu begründen und von sämtlichen Mitgliedern der Schiedsstelle zu unterschreiben. Auf die Möglichkeit des Widerspruchs und die Folgen bei Versäumung der Widerspruchsfrist ist in dem Einigungsvorschlag hinzuweisen. Der Einigungsvorschlag ist den Beteiligten zuzustellen.

(3) Der Einigungsvorschlag gilt als angenommen und eine dem Inhalt des Vorschlages entsprechende Vereinbarung als zustande gekommen, wenn nicht innerhalb eines Monats nach Zustellung des Vorschlages ein schriftlicher Widerspruch eines der Beteiligten bei der Schiedsstelle eingeht.

(4) Ist einer der Beteiligten durch unabwendbaren Zufall verhindert worden, den Widerspruch rechtzeitig einzulegen, so ist er auf Antrag wieder in den vorigen Stand einzusetzen. Der Antrag muss innerhalb eines Monats nach Wegfall des Hindernisses schriftlich bei der Schiedsstelle eingereicht werden. Innerhalb dieser Frist ist der Widerspruch nachzuholen. Der Antrag muss die Tatsachen, auf die er gestützt wird, und die Mittel angeben, mit denen diese Tatsachen glaubhaft gemacht werden. Ein Jahr nach Zustellung des Einigungsvorschlages kann die Wiedereinsetzung nicht mehr beantragt und der Widerspruch nicht mehr nachgeholt werden.

(5) Über den Wiedereinsetzungsantrag entscheidet die Schiedsstelle. Gegen die Entscheidung der Schiedsstelle findet die sofortige Beschwerde nach den Vorschriften der Zivilprozessordnung an das für den Sitz des Antragstellers zuständige Landgericht statt.

| Übersicht | Rdn. |
|---|---|
| A. Allgemeines | 1 |
| B. Beschlüsse der Schiedsstelle (Abs. 1) | 2 |
| C. Einigungsvorschlag | 8 |
| I. Wesen | 8 |
| II. Beschlussfassung über den Einigungsvorschlag | 14 |
| III. Form und Inhalt des Einigungsvorschlags | 18 |
| IV. Zustellung des Einigungsvorschlages | 25 |
| D. **Verbindlichkeit des Einigungsvorschlags** | 26 |
| I. Annahme des Einigungsvorschlags | 26 |
| II. Widerspruch | 29 |
| III. Unverbindlichkeit des Einigungsvorschlags | 35 |

|  | Rdn. |
|---|---|
| E. Wiedereinsetzung in den vorigen Stand. | 40 |
| F. Besonderheiten bei Ansprüchen aus Verzug | 46 |

## A. Allgemeines

**1** § 34 regelt vornehmlich das Verfahren für den Einigungsvorschlag, den die Schiedsstelle den Beteiligten zu unterbreiten hat. Der Einigungsvorschlag, dessen inhaltliche Erfordernisse § 34 Abs. 2 normiert, stellt die klassische Entscheidungsform der Schiedsstelle dar; im Unterschied zum Zwischenbescheid (s. dazu § 33 Rdn. 44) enthält er die abschließende Äußerung der Schiedsstelle. Gem. § 34 Abs. 3 entfaltet der Einigungsvorschlag spätestens dann Bindungswirkung, wenn kein fristgerechter Widerspruch eines der Beteiligten vorliegt. Mit Rücksicht auf die in § 34 Abs. 3 gesetzte kurze Widerspruchsfrist ist auf Anregung des 17. Bundestagsausschusses in § 34 Abs. 4 und 5 die Möglichkeit einer Wiedereinsetzung in den vorigen Stand eröffnet worden.[1] Nach der Praxis der Schiedsstelle geht einem Einigungsvorschlag gelegentlich ein Zwischenbescheid voraus (s. dazu § 33 Rdn. 44 f.).

Selbstverständlich ist es den Parteien unbenommen, sich auch außerhalb eines anhängigen Schiedsstellenverfahrens zu einigen. Bspw. lag der Prozentsatz der außeramtlichen Einigungen im Jahr 2010 bei rd. 10 %.[2] Rund 60 % bis 70 % aller eingeleiteten Schiedsstellenverfahren werden dagegen durch angenommenen Einigungsvorschlag der Schiedsstelle abgeschlossen (s. Einl. vor § 28 Rdn. 4).

## B. Beschlüsse der Schiedsstelle (Abs. 1)

**2** Als Beschlüsse sind alle **sachlichen Entschließungen** der Schiedsstelle anzusehen, die für die Außenwelt bestimmt sind und auf materiellrechtlichen oder verfahrensrechtlichen Erwägungen beruhen, gleichgültig, ob ihnen abschließender (insb. Einigungsvorschläge; Zurückweisungsbescheide, s. dazu § 28 Rdn. 8 zu und § 35 Rdn. 10; Einstellungsbescheide, s. dazu § 35 Rdn. 11 f.; Vorbescheide über die Wiedereinsetzung, s. dazu unten § 34 Rdn. 40 ff.) oder vorbereitender (insb. Zwischenbescheide, s. dazu § 33 Rdn. 44; Beweisbeschlüsse) Charakter zukommt.

---

1 Vgl. Ausschussber. zu BT-Drucks. II/3327 S. 9 = BlPMZ 1957, 255.
2 Vgl. Geschäftsbericht der Schiedsstelle 2010 in BlPMZ 2011, 99.

## B. Beschlüsse der Schiedsstelle (Abs. 1) § 34

Nicht zu den Beschlüssen rechnen die bloß verwaltungsmäßigen oder **verfahrensleitenden Anordnungen**, die dem Vorsitzenden der Schiedsstelle vorbehalten sind[3] (s. z.B. § 31 Abs. 2, § 35 Abs. 2). — 3

Nach § 34 Abs. 1 hat die Schiedsstelle ihre Beschlüsse mit **Stimmenmehrheit** zu fassen, also mit der absoluten Mehrheit, bezogen auf die gültigen Ja- und Nein-Stimmen.[4] Bilden sich bezüglich Summen (insb. betr. die Vergütungshöhe) mehr als zwei Meinungen, von denen keine die absolute Mehrheit für sich hat, gilt § 196 Abs. 2 GVG. — 4

I.Ü. ist § 34 bezüglich der Beschlussfassung lückenhaft. Es wird die **Anwesenheit** und **Mitwirkung** aller Mitglieder dieser Kollegialbehörde zu fordern sein[5] (s.a. § 33 Rdn. 16 f.). Entsprechend allgemeinen Grundsätzen ist auch eine **Stimmenthaltung** nicht zulässig.[6] Mangels entgegenstehender gesetzlicher Regelung kann eine **Beschlussfassung im schriftlichen Wege** für möglich erachtet werden, sei es, dass allen Mitgliedern die Urkunden im Umlaufverfahren nacheinander zugeleitet, sei es, dass ihnen gleichlautende Urkunden übersandt werden.[7] — 5

Beschlüsse der Schiedsstelle sind den Beteiligten mitzuteilen und werden erst mit **Bekanntgabe wirksam**. Dabei reicht jede Form der Bekanntgabe aus, es sei denn, eine Zustellung ist gesetzlich vorgeschrieben[8] (insb. beim Einigungsvorschlag, s. dazu § 34 Rdn. 25). — 6

Die Beschlüsse der Schiedsstelle sind **unwirksam**[9] (nichtig), wenn die Mitgliederbesetzung nicht vollständig oder fehlerhaft war,[10] es an einer für die Wil- — 7

---

3 Keukenschrijver in Busse/Keukenschrijver, PatG, Rn. 2 zu § 34 ArbEG.
4 S. allg. Dagtoglou, Kollegialorgane u. Kollegialakte d. Verw., (1960) S. 131.
5 Wie hier Volmer/Gaul Rn. 9 zu § 34 (vgl. aber dort auch Rn. 12); Reimer/Schade/Schippel/Trimborn Rn. 1 zu § 34; a.A. z.B. Lindenmaier/Lüdecke Anm. 2 zu § 34; Volmer Rn. 5 zu § 34.
6 Wie hier Keukenschrijver in Busse/Keukenschrijver, PatG, Rn. 4 zu § 34 ArbEG; Lindenmaier/Lüdecke Anm. 2 zu § 34; Volmer/Gaul Rn. 15 zu § 34; vgl. auch allg. z. Verwaltungsverf. VG Berlin v. 25.10.1972, DÖV 1973, 317, 319; Dagtoglou, Kollegialorgane u. Kollegialakte d. Verw. (1960), S. 138 f.; abw. Volmer Rn. 5 zu § 34.
7 Im Ergebn. ebenso Schiedsst., z.B. Beschl. v. 15.02.1996 – Arb.Erf. 3 (B)/93, (unveröffentl.) – dort m.H.a. die *Eilbedürftigkeit*; Busse/Keukenschrijver, PatG, Rn. 4 zu § 34 ArbEG; auf Ausnahmefälle einschränkend aber Volmer/Gaul Rn. 10 f. zu § 34.
8 Volmer Rn. 7 zu § 34; Keukenschrijver in Busse/Keukenschrijver, PatG, Rn. 5 zu § 34 ArbEG.
9 Die Möglichkeit einer Unwirksamkeit von Entscheidungen der Schiedsst. generell einschränkend aber Boemke/Kursawe/Boemke Rn. 56 ff. zu § 33.
10 Lindenmaier/Lüdecke Anm. 2 zu § 34.

lensbildung erforderlichen Beteiligung eines Mitglieds fehlt[11] (s.a. § 33 Rdn. 16 f.) oder keine Übereinstimmung der Entscheidung mit dem Abstimmungsergebnis vorliegt (zur Nichtigkeit von Verwaltungsakten vgl. auch § 44 BVwVfG). Ist dagegen der Beschluss aus sonstigen Gründen rechtsfehlerhaft, so ist er dennoch grds. beachtlich, allerdings – soweit er einen Verwaltungsakt mit eigenständigem Regelungsbereich darstellt (also nicht Zwischenbescheid oder Einigungsvorschlag) – im Verwaltungsrechtsweg anfechtbar.

Der **verwaltungsgerichtlichen Kontrolle** unterliegen damit **insbesondere**[12]
– die vollständige Ablehnung des Tätigwerdens der Schiedsstelle bzw. des Schiedsstellenverfahrens als unzulässig (s. § 28 Rdn. 8),
– die Zurückweisung des Antrags auf Erweiterung der Besetzung der Schiedsstelle (§§ 30 Abs. 4, 32),
– die Zurückweisung der Ablehnung eines Schiedsstellenmitglieds durch die Schiedsstelle (§ 33 Rdn. 33).

## C. Einigungsvorschlag

### I. Wesen

8 Der in § 34 Abs. 2 normierte Einigungsvorschlag stellt die eigentliche »Entscheidung« der Schiedsstelle dar. Diesem kommt – im Unterschied zum Zwischenbescheid (s. dazu § 33 Rdn. 44) – abschließende, **verfahrensbeendigende Wirkung** bezüglich des ihm zugrunde liegenden Streitfalles (zum Begriff des Verfahrensgegenstandes s. § 33 Rdn. 7 f.) zu.

9 Obschon § 34 Abs. 2 dies nicht ausdrücklich vorsieht, wird man entsprechend dem Grundsatz der Leichtigkeit des Schiedsstellenverfahrens (s. dazu § 33 Rdn. 18) bzw. der Verfahrensökonomie[13] und im Hinblick auf § 37 Abs. 1 die Zulässigkeit von sog. **Teil-Einigungsvorschlägen**, die über einen selbstständigen Teil eines Streitfalles abschließend befinden, grds. bejahen müssen.[14] So hat die *Schiedsstelle* z.B. bei Streit über Grund und Höhe einer Erfindervergütung einen Teil-Einigungsvorschlag über die Grundlagen des Vergütungsanspruchs vorgelegt, um bei dessen Annahme (§ 34 Abs. 3) zur Höhe der Vergü-

---

11 Volmer Rn. 3 zu § 34.
12 S. Schwab, Arbeitnehmererfindungsrecht, § 36 Rn. 21; s. (aber) auch VG München v. 18.10.2013 – M 17 K 12.3338, (juris, Rn. 23 ff.), im Ergebn. bestätigt durch VGH München v. 11.02.2014 – 5 C 13.2390, (www.gesetze.bayern.de).
13 Schiedsst. Teil-EV v. 01.12.1992, Mitt. 1996, 351, 352 – *Straßenbau*.
14 Ebenso Schiedsst. v. 08.05.2008 – Arb.Erf. 26/06; v. 18.09.2008 – Arb.Erf. 56/07 u. v. 28.01.2010 – Arb.Erf. 56/08 (sämtl. Datenbank).

C. Einigungsvorschlag                                                          § 34

tung Stellung zu nehmen[15] bzw. den Beteiligten die Basis für eine außeramtliche Einigung zu geben und erst bei erneuter Anrufung abschließend zu befinden.[16] Gleiches ist denkbar, wenn wesentliche Vorfragen streitig sind, wie Erfindereigenschaft und Vorliegen einer Diensterfindung[17] oder die Verwirkung des Vergütungsanspruchs.[18]

Erfolgt nach Zustellung eines Teil-Einigungsvorschlags keine weitere Aktivität der Verfahrensbeteiligten, die auf deren Willen zur Fortsetzung des Verfahrens zu den im Teileinigungsvorschlag nicht entschiedenen Fragen schließen lässt, insb. keine sachliche Äußerung, kann die Schiedsstelle das noch anhängige (Rest-) Verfahren einstellen. Die *Schiedsstelle* geht wohl von der Möglichkeit einer erneuten Anrufung nach § 34 Abs. 1 aus.[19] Zur Zusammenfassung/ Abtrennung mehrerer Verfahren s. § 33 Rdn. 10.

Zum gemeinsamen Einigungsvorschlag s. § 33 Rdn. 10.

Der Einigungsvorschlag stellt – ebenso wie der Zwischenbescheid – **keinen**  10
(im Verwaltungsrechtsweg anfechtbaren) **Verwaltungsakt** i.S.d. § 35 BVwVfG dar, da es an einer für die Beteiligten unmittelbar verbindlichen, kraft hoheitlicher Gewalt ergehenden Regelung fehlt;[20] andererseits kommt dem Schiedsstellenverfahren auch keine streitentscheidende, sondern nur streitschlichtende Funktion zu (§ 28 Satz 2, s. vor § 28 Rdn. 2 f.), sodass der Einigungsvorschlag nicht einer gerichtlichen Entscheidung oder einem Schiedsspruch i.S.d. § 1040 ZPO gleichgestellt werden kann.[21] Der Einigungsvorschlag ist auch im Fall des Widerspruchs **kein gerichtlich überprüfbarer Rechtsakt**, so dass das streitige Rechtsverhältnis zwischen den Beteiligten nur im Klagewege nach §§ 37 ff.

---

15 So im Ergebn. Schiedsst. Teil-EV v. 05.07.1991, GRUR 1992, 499, 500 – *Einheitliches Arbeitsverhältnis*, v. 01.12.1992, Mitt. 1996, 351, 352 – *Straßenbau* u. v. 10.02.1994 – Arb.Erf. 18/93, (unveröffentl.).
16 So im Ergebn. Schiedsst. v. 04.02.1993, GRUR 1994, 611, 615 – *Regelkreisanordnung*; teilw. abw. Boemke/Kursawe/Boemke Rn. 19 zu § 34.
17 Schiedsst. ZB. v. 06.12.1994 – Arb.Erf. 66/87, u. Teil-EV v. 25.07.1991 – Arb.Erf. 86/91, (beide unveröffentl.).
18 Schiedsst. v. 18.09.2008 – Arb.Erf. 56/07, (Datenbank).
19 TEV v. 08.05.2008 – Arb.Erf. 26/06, (Datenbank) u. v. 28.01.2010 – Arb.Erf. 56/ 08, (unveröffentl.).
20 So auch Volmer Rn. 9 zu § 34. Im Ergebn. auch VG München v. 18.10.2013 – M 17 K 12.3338, (juris, Rn. 22), im Ergebn. bestätigt durch VGH München v. 11.02.2014 – 5 C 13.2390, (www.gesetze.bayern.de).
21 S. BGH v. 09.01.1964 – I a ZR 190/63, GRUR 1964, 449, 452 r.Sp. – *Drehstromwicklung*.

ArbEG geklärt werden kann[22] (s. auch § 34 Rdn. 34, 36 ff.). Der Einigungsvorschlag kann sich allerdings der Bedeutung eines Schiedsspruchs nähern, wenn die Beteiligten sich vorher untereinander verpflichtet haben, keinen Widerspruch (§ 34 Abs. 3) einzulegen;[23] dies ist rechtlich zulässig (s. i.Ü. § 34 Rdn. 30).

11 Der Einigungsvorschlag ist ein **Rechtsinstitut eigener Art**.[24] Seinem Wesen nach stellt er einen von neutraler Seite in einem förmlichen Verfahren gefassten **Vorschlag** an die Beteiligten zum Abschluss eines inhaltlich festgelegten Vertrages zur gütlichen Beilegung eines Streitfalles dar, der zugleich mit der Fiktionswirkung des Vertragsabschlusses bei unterbliebenem Widerspruch ausgestattet und nicht selbstständig im Verwaltungsrechtsweg anfechtbar ist. Es handelt sich zunächst um einen unverbindlichen Vorschlag, der erst bei fehlendem Widerspruch privatrechtliche Bindungen auslösen kann.[25]

12 Nehmen die Parteien den Einigungsvorschlag an oder tritt die Fiktionswirkung des Abs. 3 ein, entfaltet der Einigungsvorschlag Rechtswirkungen als **privatrechtlicher Vertrag** zwischen den am Verfahren beteiligten (früheren) Arbeitsvertragsparteien[26] (zur Verbindlichkeit s. § 34 Rdn. 26 ff.; zur Unwirksamkeit s. § 34 Rdn. 35 ff.). Vom zivilrechtlichen Charakter als Vereinbarung geht auch § 37 Abs. 2 Nr. 1 aus. Häufig kann diesem Vertrag die **Rechtsnatur eines Vergleiches** i.S.d. § 779 BGB zukommen, insb. wenn die früheren Arbeitsvertragsparteien sich über streitige, erfinderrechtlich relevante Fragen

---

22 VG München v. 18.10.2013 – M 17 K 12.3338, (juris, Rn. 22, 35), im Ergebn. bestätigt durch VGH München v. 11.02.2014 – 5 C 13.2390, (www.gesetze.bayern.de).
23 BGH v. 09.01.1964 – I a ZR 190/63, GRUR 1964, 449, 452 r.Sp. – *Drehstromwicklung*; Reimer/Schade/Schippel/Trimborn Rn. 10 zu § 28.
24 Zust. Keukenschrijver in Busse/Keukenschrijver, PatG, Rn. 6 zu § 34 ArbEG; Schwab, Arbeitnehmererfindungsrecht, § 36 Rn. 19; a.A. (schlichtes Verwaltungshandeln) Volmer/Gaul Rn. 48 zu § 34 (wie hier aber Rn. 89 zu § 12); unentschieden Boemke/Kursawe/Boemke Rn. 17 zu § 34.
25 BVerfG v. 24.04.1998, NJW 1998, 3704, 3705 – *Induktionsschutz von Fernmeldekabeln*.
26 Wohl allg. A., z.B. BVerfG v. 24.04.1998, NJW 1998, 3704, 3705 – *Induktionsschutz von Fernmeldekabeln*; Schiedsst. v. 28.09.1992, EGR Nr. 2 zu § 11 ArbEG (RL NR. 42); v. 19.10.2010 – Arb.Erf. 03/09, (www.dpma.de, LS 2); v. 20.06.2013 – Arb.Erf. 32/12; v. 09.07.2013 – Arb.Erf. 45/12; v. 23.05.2014 – Arb.Erf. 38/12, (alle www.dpma.de); bei einem EV zw. Beamten und Dienstherrn hat der VGH Bayern (Urt. v. 31.03.1989 in Slg. Schütz, Beamtenrecht, Nr. 13 zu ES/B I 1.4) offengelassen, ob es sich u.U. um einen öffentl.-rechtl. Vertrag i. S.d. §§ 54 ff. VwVfG handeln könnte.

## C. Einigungsvorschlag § 34

im angenommenen Vorschlag der Schiedsstelle durch gegenseitiges Nachgeben verglichen haben[27] (s.a. § 34 Rdn. 39).

Rechtswirkungen gegenüber nicht am Schiedsstellenverfahren beteiligten **Dritten** kommt auch dem angenommenen Einigungsvorschlag nicht zu (s. § 34 Rdn. 26).

Der Einigungsvorschlag ist **kein Vollstreckungstitel** i.S.d. § 794 ZPO[28] und die Schiedsstelle kann keine vollstreckbare Ausfertigung erteilen.[29] Zur Vollstreckbarkeit bedarf es vielmehr eines gerichtlichen Verfahrens (§ 37 Abs. 2 Nr. 1, § 39 Abs. 1 ArbEG), bei reinen Zahlungsklagen also eines Mahnverfahrens (§§ 688 ff. ZPO, 46 a ArbGG) oder einer Klage (beachte § 39 Abs. 2 ArbEG). Ein auf einen verbindlichen Einigungsvorschlag gestützter Urkundenprozess i.S.d. §§ 592 ff. ZPO scheidet bei Zahlungsansprüchen i.d.R. aus, da gem. § 46 Abs. 2 Satz 2 ArbGG im arbeitsgerichtlichen Verfahren diese Bestimmungen nicht gelten.

### II. Beschlussfassung über den Einigungsvorschlag

Die Schiedsstelle hat den Einigungsvorschlag zu treffen, wenn sie den Streitfall für **entscheidungsreif** hält.[30] Dabei ist nicht an eine Entscheidungsreife i.S.d. § 300 Abs. 1 ZPO gedacht.[31] Eine vollständige Aufklärung des Sachverhaltes ist nicht erforderlich (s.a. § 33 Rdn. 13 f., 18, 40–42 f.). Vielmehr reicht es einerseits aus, dass auf der Grundlage des bisherigen Verfahrensergebnisses eine rechtliche und technische Bewertung des Streitgegenstandes sowie eine für beide Parteien **annehmbare, angemessene Regelung des Streitfalles möglich erscheint**.[32] Einem Einigungsvorschlag steht – auch mit Blick auf die Möglichkeit des Widerspruchs einerseits und der gebotenen Verfahrenökonomie – nicht entgegen, wenn ein Beteiligter seiner Mitwirkungspflicht (s. vor § 28 Rdn. 4) nicht oder nur unzureichend nachgekommen ist und damit der

---

27 Schiedsst. v. 24.08.1989 – Arb. Erf. 5/89; v. 12.05.2010 – Arb.Erf. 38/09, (beide unveröffentl.); v. 20.06.2013 – Arb.Erf. 32/12, (www.dpma.de); im Ergebn. auch Schiedsst. v. 09.07.2013 – Arb.Erf. 45/12, (www.dpma.de), dort »in der Regel die Rechtsnatur eines Vergleiches i.S.d. § 779 BGB«; zust. Reimer/Schade/Schippel/Trimborn Rn. 1 zu § 34.
28 Allg. A., z.B. Volmer Rn. 9 zu § 34; Keukenschrijver in Busse/Keukenschrijver, PatG, Rn. 11 zu § 34 ArbEG; Schwab, NZA 2014, 282, 286; dies entspricht auch der ständigen Handhabung der Schiedsst.; vgl. Kaube/Volz, RdA 1981, 213, 218.
29 Schiedsst. Beschl. v. 15.02.1996 – Arb.Erf. 3 (B)/96, (unveröffentl.).
30 Amtl. Begründung BT-Drucks. II/1648 S. 45 = BlPMZ 1957, 243.
31 Ebenso Keukenschrijver in Busse/Keukenschrijver, PatG, Rn. 7 zu § 34 ArbEG.
32 Vgl. z.B. Schiedsst. v. 04.01.1993, EGR Nr. 4 zu § 33 ArbEG (a.E.).

Lebenssachverhalt nicht umfassend aufgeklärt werden konnte. Andererseits kann die Schiedsstelle das Verfahren weiter betreiben, wenn aus ihrer Sicht der bisher festgestellte Sachverhalt zur Vorlage eines sachgerechten Einigungsvorschlags noch nicht ausreicht, sondern weiter klärungsbedürftig und klärungsfähig ist. Weder besteht ein gerichtlich durchsetzbarer Anspruch auf Vorlage eines Einigungsvorschlages noch kommt nach allgemeinen Grundsätzen ein Amtshaftungsanspruch in Betracht[33], wenn die Schiedsstelle (noch) keinen Einigungsvorschlag vorlegt bzw. den Streitfall (aus Sicht eines Beteiligten) nicht zur Entscheidungsreife bringt. Unabhängig davon, dass die Voraussetzungen für eine Amtspflichtverletzung angesichts der streitschlichtenden Funktion der Schiedsstelle ohnehin kaum gegeben sein dürften (s. auch § 30 Rdn. 16), scheidet ein Ersatzanspruch bereits wegen der jedenfalls nach sechs Monaten gemäß § 37 Abs. 2 Nr. 2 eröffneten Klagemöglichkeit aus.

Entscheidet die Schiedsstelle – wie im Regelfall – **im schriftlichen Verfahren** (s. § 33 Rdn. 41), unterliegt es ihrer eigenen Beurteilung, wann Entscheidungsreife eingetreten ist. In Einzelfällen weist sie die Beteiligten auf anstehende interne Beratungstermine hin, damit die Angelegenheit bis zu einer angemessenen Frist vor diesem Termin »ausgeschrieben« werden kann. Eine gesetzliche Regelung über verspätetes Vorbringen (vgl. etwa §§ 296, 528 ZPO, Art. 114 Abs. 2 EPÜ) gibt es im Schiedsstellenverfahren nicht. Da eine Bindung der Schiedsstelle an ihren Einigungsvorschlag erst mit dessen Zustellung eintritt (s. § 34 Rdn. 19, 25), handelt es sich bei der vorangegangenen Beratung und Beschlussfassung noch um interne Vorgänge ohne Außenwirkung,[34] sodass das Vorbringen eines Beteiligten bis zur Zustellung des Einigungsvorschlages nicht schlechthin als unbeachtlich angesehen werden kann. Demzufolge ist auch »verspätetes Vorbringen« stets auf seine sachliche Relevanz hin zu prüfen. Ist es erheblich, muss es – unter Beachtung des rechtlichen Gehörs des anderen Beteiligten – zugrunde gelegt werden. Ist es dagegen für den Einigungsvorschlag sachlich nicht relevant, bedarf es keines näheren sachlichen Eingehens mehr.

15 Für den Einigungsvorschlag dürfen **nur solche Tatsachen verwertet** werden, die von den Parteien selbst vorgebracht wurden bzw. die beiden Parteien bekannt sind und zu denen sie Stellung nehmen konnten[35] (s.a. § 33 Rdn. 11 f.). Die Schiedsstelle ist aber grds. frei darin, eigene Erfahrungen und

---

33 Letzteres aber im Grundsatz bejahend Boemke/Kursawe/Boemke Rn. 22 zu § 34.
34 Vgl. auch allg. z.B. EPA v. 17.12.1993, ABl. EPA 1994, 285.
35 Reimer/Schade/Schippel/Trimborn Rn. 1 zu § 34; s.a. Schiedsst. v. 04.01.1993, EGR Nr. 4 zu § 33 ArbEG (a.E.); Volmer, BB 1968, 253, 256 l.Sp. oben.

C. Einigungsvorschlag                                              § 34

allgemein bekannte Tatsachen in ihre Würdigung einzubeziehen (s. § 33 Rdn. 13).

An Anträge ist die Schiedsstelle nicht gebunden (s. § 33 Rdn. 43); allerdings bestimmen ausschließlich die Parteien den Umfang des Verfahrensgegenstandes, sodass sich eine darüberhinausgehende Regelung verbietet (s. § 33 Rdn. 43). Zur Beschlussfassung s. i.Ü. § 34 Rdn. 4 f. **16**

Um den Klageweg zu eröffnen (vgl. § 37 Abs. 1), muss die Schiedsstelle stets – wenn eine Verfahrensbeendigung nicht aus sonstigen Gründen vorliegt (vgl. § 35 Rdn. 9 f.) – einen Einigungsvorschlag treffen (§ 34 Abs. 2 Satz 1: »hat ... einen Einigungsvorschlag zu machen«); dies gilt auch dann, wenn eine gütliche Einigung entsprechend dem zukünftigen Einigungsvorschlag aussichtslos erscheint[36] bzw. ein Beteiligter von vornherein Widerspruch gegen einen Einigungsvorschlag angekündigt hat.[37] **17**

### III. Form und Inhalt des Einigungsvorschlags

Aus den Erfordernissen der Unterzeichnung (Abs. 2 Satz 2) und der Zustellung (Abs. 2 Satz 4) folgt, dass der Einigungsvorschlag **schriftlich** abzufassen ist; bloß mündlich ergangene Einigungsvorschläge entfalten keine Rechtswirkung.[38] Davon zu unterscheiden ist die Situation, dass die Parteien durch wechselseitige mündliche Erklärungen vor der Schiedsstelle unmittelbar eine Vereinbarung treffen (vgl. auch § 35 Rdn. 12). **18**

Auch aufgrund des § 33 Abs. 2 gelten nicht die zivilprozessualen Regularien zur Urteilsgestaltung, etwa zur Fassung des Rubrums und zur Benennung von Verfahrensbevollmächtigten.[39] So ist im Rubrum – im Hinblick auf die Rechtswirkungen (vgl. § 34 Abs. 3, § 37 Abs. 1) – die namentliche Benennung aller Beteiligten (Antragsteller und -gegner) ausreichend, sofern sich – ggf. im Zusammenhang mit der Begründung – eine eindeutige Identifizierung ergibt.

Der **Einigungsvorschlag als solcher** ist im weitesten Sinne mit einer Urteilsformel (Tenor) vergleichbar. Er legt den Inhalt der den Beteiligten vorgeschlagenen Vereinbarung fest. Ein **zugestellter Einigungsvorschlag** kann von der **19**

---

36 Zust. Reimer/Schade/Schippel/Trimborn Rn. 1 zu § 34.
37 Schiedsst. v. 20.09.1994 – Arb.Erf. 106/93, (unveröffentl.).
38 So auch Volmer Rn. 15 zu § 34; vgl. aber auch die Kritik bei Boemke/Kursawe/Boemke Rn. 31 f. zu § 34, die allerdings auf einen mündlichen Einigungsvorschlag nicht eingehen, aber bei fehlenden Unterschriften von Mitgliedern der Schiedsst. ebenfalls zu dem Ergebnis kommen, dass dann »kein wirksamer Einigungsvorschlag« vorliegt und »der Fristlauf nicht in Gang gesetzt werden kann«.
39 Schiedsst. Beschl. v. 15.02.1996 – Arb.Erf. 3 (B)/93, (unveröffentl.).

Schiedsstelle weder ergänzt, geändert oder zurückgenommen werden. Auch eine inhaltliche Änderung der Begründung ist unzulässig.[40] Allerdings ist eine Berichtigung von Berechnungsfehlern und offenbaren Unrichtigkeiten entsprechend § 319 ZPO zulässig.[41] Eine **Berichtigung des Tatbestandes** gem. § 320 ZPO lehnt die *Schiedsstelle* als nicht statthaft und damit unzulässig ab; § 320 ZPO findet auf Einigungsvorschläge der Schiedsstelle keine Anwendung, weil es sich bei diesen Vorschlägen nicht um die Beteiligten hoheitlich bindende Urteile handelt.[42] Vorschläge der Schiedsstelle für eine gütliche Einigung der Beteiligten können diese annehmen oder ihnen widersprechen. Mit Widerspruch entfaltet der Einigungsvorschlag in der Sache keine Rechtswirkungen.

20 Das gesetzliche Erfordernis der **schriftlichen Begründung** des Einigungsvorschlages bezweckt, den Parteien eine eigene Entscheidung über die Richtigkeit des Einigungsvorschlages und damit über dessen Annahme bzw. über die Aussichten eines Rechtsstreites zu erleichtern. Dementsprechend sollen die den Einigungsvorschlag tragenden Gründe derart aufgeführt werden, dass sie die Erwägungen der Schiedsstelle in sachlicher und rechtlicher Hinsicht erkennen lassen.[43]

21 Dabei ist weder eine Aufteilung in »Tatbestand« und »Entscheidungsgründe« erforderlich, noch eine vollständige Aufführung aller Gründe. Fehlerhaftigkeit des Einigungsvorschlags bewirkt i.d.R. nur das gänzliche Fehlen von Gründen (streitig);[44] dem ist die Situation gleichzustellen, dass die Gründe in offenbarem Widerspruch zur »Entscheidungsformel« (Vorschlagstext) stehen. Aller-

---

40 Schiedsst. v. 15.02.1996 – Arb.Erf. 3 (B)/93, (unveröffentl.).
41 Ebenso Schiedsst. v. 15.02.1996 – Arb.Erf. 3 (B)/93, (unveröffentl.) u. Berichtigungsbeschl. v. 24.08.1998 – Arb.Erf. 81/96, (unveröffentl.); eine »Tatbestandsberichtigung analog § 319 ZPO« dagegen ablehnend Boemke/Kursawe/Boemke Rn. 54 zu § 33 im Anschluss an Reimer/Schade/Schippel/Trimborn Rn. 11 zu § 33 (wie hier aber Reimer/Schade/Schippel/Trimborn Rn. 2 zu § 34); differenzierend dagegen Boemke/Kursawe/Boemke Rn. 29 zu § 34: Berichtigung analog § 319 ZPO nur innerhalb der Widerspruchsfrist.
42 Schiedsst. v. 13.10.1993 – Arb.Erf. 81/88, (unveröffentl.) u. v. 15.02.1996 – Arb.Erf. 3 (B)/93, (unveröffentl.); wie hier auch Reimer/Schade/Schippel/Trimborn Rn. 11 zu § 33; Keukenschrijver in Busse/Keukenschrijver, PatG, Rn. 8 zu § 34 ArbEG; s. aber Boemke/Kursawe/Boemke Rn. 30 zu § 34, wonach die Schiedsst. »innerhalb der Widerspruchsfrist von sich aus den Tatbestand oder die Begründung ergänzen bzw. verändern« kann.
43 Ähnl. Lindenmaier/Lüdecke Anm. 3 zu § 34.
44 So auch Volmer Rn. 16 zu § 34; vgl. auch Keukenschrijver in Busse/Keukenschrijver, PatG, Rn. 6 (dort Fn. 13) zu § 34 ArbEG.

dings wird man entsprechend § 1041 Abs. 2 ZPO einen beiderseitigen Verzicht der Parteien auf eine Begründung für zulässig erachten dürfen.

Es bedarf ferner der **Unterzeichnung** des Einigungsvorschlages durch alle Schiedsstellenmitglieder (§ 34 Abs. 2 Satz 2 ArbEG; vgl. auch § 1054 Abs. 1 Satz 1 ZPO für den Schiedsspruch). Bei Verhinderung kann sie entsprechend § 315 Abs. 1 Satz 2 ZPO ersetzt werden.[45]   22

Im Hinblick auf die Fiktionswirkung des § 34 Abs. 3 schreibt § 34 Abs. 2 Satz 3 zwingend einen **Hinweis** in der Urkunde **auf die Möglichkeit eines Widerspruchs** und auf die Folgen der Versäumung der Widerspruchsfrist vor **(Rechtsbelehrung)**.   23

**Unterbleibt** diese **Belehrung** oder ist sie unrichtig (z.B. kürzere Frist, irrtumserregende Zusätze, gesetzlich nicht vorgesehene zusätzliche Erfordernisse), beginnt die Widerspruchsfrist des § 34 Abs. 3 grds. nicht zu laufen.[46] Ist eine längere als die gesetzlich vorgeschriebene Frist angegeben, gilt diese.[47] Eine fehlende (unrichtige) Belehrung kann jederzeit mit ex-nunc-Wirkung nachgeschoben (berichtigt) werden. Durch einen innerhalb der Monatsfrist des § 34 Abs. 3 eingelegten Widerspruch wird ein Fehler der Belehrung geheilt. Eine Unwirksamkeit des Einigungsvorschlages (s. § 34 Rdn. 35) begründet eine fehlende bzw. fehlerhafte Rechtsmittelbelehrung nicht.   24

### IV. Zustellung des Einigungsvorschlages

Während die von allen Mitgliedern der Schiedsstelle unterzeichnete Urschrift des Einigungsvorschlages bei den Akten der Schiedsstelle verbleibt, ist eine **beglaubigte Ausfertigung** des Einigungsvorschlages allen Beteiligten zuzustellen (s. dazu § 31 Rdn. 15). Mit der (ordnungsgemäßen[48]) Zustellung entfaltet der Einigungsvorschlag Außenwirkung (zur Verbindlichkeit s. § 34 Rdn. 26 ff.), und die Frist des § 34 Abs. 3 beginnt. Zur Änderung s.o. § 34 Rdn. 19; zur erneuten Anrufung s. § 28 Rdn. 25 und § 31 Rdn. 22 u. unten § 34 Rdn. 34; zur Antragsrücknahme s. § 31 Rdn. 20 ff.   25

---

45 Wie hier Reimer/Schade/Schippel/Trimborn Rn. 2 zu § 34 u. ständ. Praxis d. Schiedsst.
46 Im Ergebn. auch Boemke/Kursawe/Boemke Rn. 34 zu § 34.
47 Zust. Keukenschrijver in Busse/Keukenschrijver, PatG, Rn. 18 zu § 34 ArbEG.
48 Vgl. dazu Boemke/Kursawe/Boemke Rn. 39 zu § 34.

## D. Verbindlichkeit des Einigungsvorschlags

### I. Annahme des Einigungsvorschlags

**26** Wegen des Rechtscharakters des Einigungsvorschlages (s.o. § 34 Rdn. 8 ff.) erwächst dieser nicht in formelle oder materielle Rechtskraft (Bestandskraft); der Einigungsvorschlag wird vielmehr **als vertragliche Vereinbarung** (s. § 34 Rdn. 12) zwischen den Verfahrensbeteiligten **verbindlich**, vorausgesetzt, er ist von diesen angenommen worden, sei es ausdrücklich oder kraft gesetzlicher Fiktion (§ 34 Abs. 3). Er bindet als schuldrechtliche Vereinbarung auch Gerichte.[49]

Auch ein angenommener Einigungsvorschlag hat kine Bindungswirkung für **Dritte**, nicht am Verfahren Beteiligte, entsteht nicht.[50] Der Annahme eines Vertrags zugunsten Dritter sowie eines Vertrags mit Schutzwirkung für Dritte stehen sowohl der Zweck des zweiseitigen Schiedsstellenverfahrens (s. vor § 28 Rdn. 2) als auch der des auf eine gütliche Einigung zwischen den Verfahrensbeteiligten ausgerichteten Einigungsvorschlags entgegen. Das gilt im Grundsatz auch dann, wenn es es sich bei den um Arbeitnehmermiterfinder handelt.[51] Im Fall einer **notwendigen Streitgenossenschaft** (z.B. bei Miterfindern, s. dazu § 35 Rdn. 13 ff.) hat die *Schiedsstelle* im Einzelfall die Verbindlichkeit des Einigungsvorschlags davon abhängig gemacht, dass die am Verfahren nicht förmlich Beteiligten (hier die übrigen Miterfinder) ihre Zustimmung innerhalb der Frist des § 34 Abs. 3 ggü. der Schiedsstelle erklären.[52] Jedenfalls wäre der Arbeitgeber bei einer durch Einigungsvorschlag erfolgenden Neubestimmung eines Miterfinderanteils berechtigt, die Anteile für die übrigen Miterfinder gem. § 12 Abs. 5 Satz 2 neu festzusetzen[53] (§ 12 Abs. 5 Satz 1; s. dort § 34 Rdn. 93 f.). Allerdings wirkt der Einigungsvorschlag entsprechend § 325 Abs. 1 ZPO für und gegen **Gesamtrechtsnachfolger** eines Verfahrensbeteiligten, die nach dem Eintritt der Anhängigkeit des Schiedsstellenverfahrens, also nach dem Eingang des Anrufungsantrags (§ 31 Abs. 1) Rechtsnachfolger einer Partei geworden sind.[54] Für Erben folgt dies aus § 1922 BGB (zu deren Beteiligtenfähigkeit s. § 28 Rdn. 15).

---

49 Z.B. OLG Frankfurt am Main v. 27.09.2007 – 6 U 176/06, (juris).
50 So auch Schiedsst. v. 19.10.2010 – Arb.Erf. 03/09, (www.dpma.de, LS 2).
51 Wie hier auch Schiedsst. v. 19.10.2010 – Arb.Erf. 03/09, (www.dpma.de, LS 2).
52 Schiedsst. v. 18.06.1963 – Arb.Erf. 25/65, u. v. 20.06.1963 – Arb.Erf. 27/62, (beide unveröffentl.); a.A. (wohl) bei Miterfindern Volmer/Gaul Rn. 88 zu § 12.
53 Schiedsst. v. 28.09.1993 – Arb.Erf. 133/92, (unveröffentl.).
54 Schiedsst. v. 19.10.2007 – Arb.Erf. 14/06, (unveröffentl.).

## D. Verbindlichkeit des Einigungsvorschlags § 34

Die **Annahmeerklärung** kann ausdrücklich oder stillschweigend (s.u. § 34 Rdn. 29) ggü. dem anderen Teil oder – im Umkehrschluss aus § 34 Abs. 3 – nach hier vertretener Auffassung auch ggü. der Schiedsstelle erfolgen (streitig).[55] **Unterbleibt** ein frist- und formgerechter **Widerspruch** seitens aller Beteiligten, so gilt der Einigungsvorschlag unwiderlegbar **als angenommen**, es sei denn, ein Ausnahmefall nach § 34 Abs. 4, 5 liegt vor (zur Wiedereinsetzung in den vorherigen Stand s. § 34 Rdn. 40 ff.; zur Unverbindlichkeit eines Einigungsvorschlags s. § 34 Rdn. 35 ff.).

Die **Verbindlichkeit umfasst** den Einigungsvorschlag als solchen (s. § 34 Rdn. 19), nicht dagegen die Begründung (s. dazu § 34 Rdn. 20). Die Verbindlichkeit erstreckt sich auf den gesamten Inhalt des Einigungsvorschlages und nicht nur auf Teile davon. Dies ist auch sachgerecht, da es sich nicht selten um einen Vergleichsvorschlag handelt, der im beiderseitigen Interesse eine »**Gesamtlösung**« darstellt (s. § 34 Rdn. 33). Auf Grund des Rechtscharakters als privatrechtliche Vereinbarung (§ 34 Rdn. 12) werden auch solche Teile verbindlich, die nicht oder nur teilweise in die Zuständigkeit der Schiedsstelle fallen[56], die aber im Interesse des Rechtsfriedens und der Rechtssicherheit einbezogen worden sind (s. dazu § 28 Rdn. 19.4 f.). Sofern ein Beteiligter damit nicht einverstanden ist, hat er es in der Hand, dem Einigungsvorschlag fristgerecht zu widersprechen. Auch für den Einigungsvorschlag gelten der Anpassungsanspruch nach § 12 Abs. 6 (s. § 12 Rdn. 37) und die Unbilligkeitsschranke des § 23. Der Einigungsvorschlag kann selbstverständlich von den Beteiligten jederzeit durch Vereinbarung geändert oder aufgehoben werden.[57]

Für die **Auslegung** des Einigungsvorschlags gelten u. E. die allgemeinen Grundsätze zur Auslegung von Verträgen (§§ 133, 157 BGB). Dabei ist allerdings dem Umstand Rechnung zu tragen, dass die Schiedsstelle aufgrund ihrer streitschlichtenden Funktion und ihrer besonderen Sachkunde die erfinderrechtlich relevanten Begrifflichkeiten inhaltlich exakt verwendet. Wird bspw. bei einem Konzernunternehmen auf den vergütungspflichtigen Umsatz abgestellt, ist damit der Umsatz des Arbeitgebers gemeint und – mangels ausdrücklicher Erwähnung – nicht der gesamte Konzernaußenumsatz.[58] Zur Auslegung

27

---

55 Zust. Boemke/Kursawe/Boemke Rn. 43 zu § 34; a.A. m.H.a. § 130 Abs. 1 BGB: Keukenschrijver in Busse/Keukenschrijver, PatG, Rn. 12 zu § 34 ArbEG: nur Annahme gegenüber dem Gegner, nicht gegenüber d. Schiedsst.
56 Davon geht auch offenkundig die ständ. Praxis d. Schiedsst. aus, z. B. EV v. 12.10.2016 – Arb.Erf. 07/14, (www.dpma.de).
57 Vgl. etwa Schiedsst. v. 09.07.2013 – Arb.Erf. 45/12, (www.dpma.de).
58 Vgl. OLG Frankfurt am Main v. 27.09.2007 – 6 U 176/06, (juris).

kann insbesondere die Begründung (s. dazu § 34 Rdn. 20) herangezogen werden.

Will ein Beteiligter den Einigungsvorschlag nicht annehmen, bedarf es zur Vermeidung der Fiktionswirkung des § 34 Abs. 3 eines Widerspruchs ggü. der Schiedsstelle binnen eines Monats nach Zustellung.

28 Wird der Einigungsvorschlag angenommen, so ist das **Schiedsstellenverfahren beendet**. Zur Unverbindlichkeit eines Einigungsvorschlages s. § 34 Rdn. 35 ff., zur Wiedereinsetzung bei Versäumung des Widerspruchs s. § 34 Rdn. 40 ff., zur Verfahrensbeendigung s. i.Ü. § 35.

## II. Widerspruch

29 Der Einigungsvorschlag gilt gem. § 34 Abs. 3 kraft **gesetzlicher Fiktion** als angenommen, wenn nicht innerhalb eines Monats ein schriftlicher Widerspruch eines Beteiligten bei der Schiedsstelle eingeht. Entgegen sonstigen Rechtsgrundsätzen gilt hier Schweigen als Vertragsannahme.[59] Diese Ausnahmevorschrift rechtfertigt sich im Hinblick auf eine im Interesse des Arbeitsfriedens liegende baldige, abschließende Beilegung des Streitfalles; sie dient der Rechtssicherheit. Ohne Widerspruch ist der Einigungsvorschlag unwiderlegbar angenommen (s. § 34 Rdn. 26).

30 Die Vereinbarung der Beteiligten eines Schiedsstellenverfahrens, sich dem Einigungsvorschlag zu unterwerfen bzw. auf einen **Widerspruch zu verzichten**, ist materiell-rechtlich zulässig.[60] An den Nachweis einer solchen vertraglichen Verpflichtung sind strenge Anforderungen zu stellen; das Einlassen des Arbeitgebers auf ein zunächst abgelehntes Schiedsstellenverfahren rechtfertigt die Annahme eines solchen Verzichts nicht.[61] Ein entgegen einer solchen (ausdrücklichen) Absprache eingelegter Widerspruch führt verfahrensrechtlich dazu, dass die Schiedsstelle die erfolglose Beendigung des Schiedsstellenverfahrens gemäß der zwingenden Vorschrift des § 35 Abs. 1 Nr. 3 feststellt und mitteilt. Es ist nicht Aufgabe der Schiedsstelle, die materiell-rechtliche Wirksamkeit solcher »Verzichtsvereinbarungen« zu überprüfen (vgl. auch § 28

---

59 S. Amtl. Begründung BT-Drucks. II/1648 S. 45 = BlPMZ 1957, 243.
60 BGH v. 23.10.2001, GRUR 2002, 149, 150 – *Wetterführungspläne II*; so im Ergebn. auch Schiedsst. v. 18.12.1992 – Arb.Erf. 81/88, (unveröffentl.); OLG Düsseldorf v. 05.03.1998, WRP 1998, 1202, 1206 – *Wetterführungspläne* (insges. aufgehoben durch BGH v. 24.10.2000, GRUR 2001, 155; s. hierzu Brandi-Dohrn, CR 2001, 285 ff.); Keukenschrijver in Busse/Keukenschrijver, PatG, Rn. 12 zu § 34 ArbEG; Reimer/Schade/Schippel/Trimborn Rn. 10 zu § 28.
61 BGH v. 23.10.2001, GRUR 2002, 149, 150 – *Wetterführungspläne II*.

## D. Verbindlichkeit des Einigungsvorschlags § 34

Rdn. 19, 22). Trotz des Widerspruchs entfaltet der Einigungsvorschlag im Innenverhältnis der Beteiligten materiell-rechtliche Wirkung (quasi als Schiedsspruch, s. § 34 Rdn. 10). Dem Rechtsverhältnis der Beteiligten ist der Inhalt des Einigungsvorschlags zugrunde zu legen, sei es, dass dies hergeleitet wird aus dem Gesichtspunkt des Schadensersatzes wegen Pflichtverletzung (§ 280 Abs. 1 BGB),[62] sei es aus dem Gesichtspunkt des widersprüchlichen Verhaltens bzw. der Arglist (§ 242 BGB) oder weil die materiell-rechtliche Wirkung des § 34 Abs. 3 wegen des Rechtsverzichts nicht eintritt[63]. Erhebt z.b. der Arbeitnehmer aufgrund dieses Einigungsvorschlags Zahlungsklage beim ArbG (§ 39 Abs. 2), ist dort zur Überprüfung seiner Zuständigkeit die Vorfrage der Bindungswirkung des Einigungsvorschlags zu klären (s. Rn. 17 zu § 39). Bei Klage des Arbeitgebers vor dem LG (§ 39 Abs. 1) auf Feststellung fehlender Vergütungspflicht, wäre die Klage bei Bindungswirkung des Einigungsvorschlags als unzulässig abzuweisen.

Die **Widerspruchsfrist** ist eine für jeden Beteiligten mit Zustellung (s. Rn. 25) beginnende, nicht verlängerbare Ausschlussfrist.[64] Zur Fristberechnung gelten die §§ 186 ff. BGB[65] (zur Fristberechnung s. Rdn. 104 f. zu § 6 n.F.). Die Monatsfrist läuft nicht bei fehlender oder fehlerhafter Belehrung (s. Rn. 24). Eine »Beschwer« wird in § 34 Abs. 3 nicht vorausgesetzt.[66] Sind auf der Antragsteller- bzw. Antragsgegnerseite **mehrere Personen** beteiligt, kann jeder von ihnen nach § 34 Abs. 3 innerhalb der für ihn geltenden Frist widersprechen (s. dazu § 35 Rdn. 13 ff.).

31

Der Widerspruch muss **bei der Schiedsstelle eingehen**. Ein Widerspruch ggü. dem anderen Beteiligten ersetzt den Zugang ebenso wenig wie eine Klageerhebung.

Im Fall einer **Berichtigung des Einigungsvorschlages** (s.o. Rn. 19) wird die Widerspruchsfrist mit Zustellung des Berichtigungsbeschlusses erneut in Lauf gesetzt.[67]

---

62 So OLG Düsseldorf v. 05.03.1998, WRP 1998, 1202, 1206 – *Wetterführungspläne*; folgend wohl Keukenschrijver in Busse/Keukenschrijver, PatG, Rn. 16 zu § 34 ArbEG.
63 So wohl Boemke/Kursawe/Boemke Rn. 61 zu § 34.
64 Schiedsst. Verfg. v. 21.06.1996 – Arb.Erf. 37/94, (unveröffentl.); Vfg. v. 27.07.2012 – Arb.Erf. 57/10, (unveröffentl.); Beschl. v. 30.10.2013 – Arb.Erf. 25/12, (www.dpma.de); Keukenschrijver in Busse/Keukenschrijver, PatG, Rn. 18 zu § 34.
65 Allg. A., z. B. Schiedsst. v. 20.06.2013 – Arb.Erf. 32/12, (www.dpma.de).
66 Abw. wohl Boemke/Kursawe/Boemke Rn. 53 zu § 34.
67 Schiedsst. Berichtigungsbeschl. v. 24.08.1998 – Arb.Erf. 81/96, (unveröffentl.); diff. BGH v. 05.11.1998 – VII ZB 24/98, (für den Lauf von Rechtsmittelfristen).

Ein vor Zustellung des Einigungsvorschlags **vorsorglich erklärter Widerspruch** ist als Verstoß gegen § 34 Abs. 3 unbeachtlich und entfaltet keinerlei Wirkungen.

32 Es ist ein **schriftlicher** Widerspruch erforderlich. Ein mündlicher Widerspruch – etwa fernmündlich ggü. dem Vorsitzenden – reicht nicht aus (zur Schriftform s. § 5 Rdn. 36 ff.). Von dem Erfordernis der eigenhändigen Unterschrift sieht die gerichtliche Praxis bei Telegramm, Telefax und Fernschreiben für Verfahrenserklärungen ab, sodass diese Telekommunikationsmittel zur Schriftformwahrung der Übermittlung des Originals der Unterschrift gleichgestellt werden;[68] diese gerichtliche Praxis greift auch i.R.d. § 34 Abs. 3.[69]

33 **Inhaltliche Anforderungen** stellt das Gesetz nicht auf. Eine Bezeichnung als Widerspruch ist ebenso wenig wie eine Begründung erforderlich. Es reicht aus, wenn aus dem Schriftstück hinreichend hervorgeht, dass der betreffende Beteiligte den Einigungsvorschlag nicht für sich gelten lassen will. Eine Annahme mit Änderungen (Bedingungen, Erweiterungen, Einschränkungen, Vorbehalten) ist als Widerspruch anzusehen (vgl. § 150 Abs. 2 BGB).[70]

Auch wenn sich der Widerspruch nur gegen Teile des Einigungsvorschlags richtet, **erfasst** er grundsätzlich den **gesamten Einigungsvorschlag**.[71] Das ArbEG lässt **keinen Teilwiderspruch** zu[72], und zwar auch nicht bei einem »teilbaren Einigungsvorschlag«[73]. Insoweit ist – neben der Fassung der § 34 Abs. 3, § 35 Abs. 1 Nr. 3, die einen Teilwiderspruch nicht vorsehen – zu berücksichtigen, dass die Schiedsstelle entsprechend ihrer Funktion, Kompromisslösungen zu suchen (vgl. hierzu § 28 Rdn. 5), regelmäßig den **Einigungsvorschlag als »Gesamtlösung«** gestaltet, bei der eine Verknüpfung aller maßgeblichen Vergütungskriterien vorgenommen wird, diese sich also gegenseitig

---

68 Vgl. z.B. BGH v. 11.10.1989, DB 1990, 374 u. v. 02.10.1991, NJW 1992, 244.
69 Wohl jetzt allg. A., z. B. Schiedsst. v. 22.08.2006 – Arb.Erf. 8/01 u. v. 26.07.2010 – Arb.Erf. 11/09, (beide unveröffentl.); Keukenschrijver in Busse/Keukenschrijver, PatG, Rn. 17 zu § 34 ArbEG; Heine/Rebitzki Anm. 4 zu § 34; Reimer/Schade/Schippel/Trimborn Rn. 6 zu § 34; Boemke/Kursawe/Boemke Rn. 58 zu § 34.
70 So bereits Kaube/Volz, RdA 1981, 213, 218; so u. a. auch Reimer/Schade/Schippel/Trimborn Rn. 6 zu § 34; Keukenschrijver in Busse/Keukenschrijver, PatG, Rn. 17 zu § 34 ArbEG; im Ergebn. ebenso Schiedsst. Verfg. v. 12.12.1996 – Arb.Erf. 36/95, (unveröffentl.).
71 Ständ. Praxis d. Schiedsst., z.B. EV v. 22.02.1989 – Arb.Erf. 55/88; ZB v. 11.05.1990 – Arb.Erf. 102/98, (beide unveröffentl.); ferner Vfg. d. Vors. d. Schiedsst. v. 07.03.2013 – Arb.Erf. 68/11, (www.dpma.de).
72 H. M., wie hier u. a. Vfg. d. Vors. d. Schiedsst. v. 07.03.2013 – Arb.Erf. 68/11, (www.dpma.de); im Ergebn. auch Reimer/Schade/Schippel/Trimborn Rn. 6 zu § 34.
73 So aber Boemke/Kursawe/Boemke Rn. 49 zu § 34.

## D. Verbindlichkeit des Einigungsvorschlags § 34

bedingen bzw. in eine Abhängigkeit zueinander gesetzt werden[74] oder vom gegenseitigen Nachgeben der Beteiligten in ihren verschiedenen Positionen geprägt sind[75] (zum Teileinigungsvorschlag s. § 34 Rdn. 9; zum Teilwiderspruch gem. § 12 Abs. 4 Rdn. 79, 84). Das ist nicht selten auch dann der Fall, wenn sich der Einigungsvorschlag auf mehrere Erfindungen mit unterschiedlichen Vergütungsberechnungen erstreckt (z. B. wegen paralleler Verwertung, Einsatz in gleichen/gleichartigen Produkten, Heranziehung identischer Lizenzsätze bei der Lizenzanalogie als Kompromissvorschlag, Beschreiten eines Mittelweges für alle Erfindungen im Einigungsinteresse usw.). Letztlich ist der Einigungsvorschlag nach Ziel und Absicht vergleichbar einem Vorschlag »für ein einheitliches Rechtsgeschäft« (vgl. auch §§ 139, 150 Abs. 2 BGB). Wollte man einen Teilwiderspruch zulassen, würde dies dem Ziel des durchgeführten Schiedsstellenverfahrens, den vorgelegten Streitfall insgesamt einer gütlichen Einigung zuzuführen, nicht entsprechen. Zudem wäre solches für den Rechtsfrieden nicht dienlich, da zusätzlich die schwierige Frage einer Teilbarkeit des betreffenden Einigungsvorschlags in Streit kommt, wenn eine Partei nur dem aus ihrer Sicht ungünstigen Teil widersprechen würde. Es besteht auch kein Bedarf für einen Teilwiderspruch: Soweit beide Seiten ein Interesse an einer Teillösung haben, steht es ihnen frei, sich darüber nach Widerspruch (außergerichtlich) zu verständigen. Insoweit ergeben sich hier deutliche Unterschiede zu der Situation, dass sich ein Beteiligter von vornherein nur teilweise auf das Schiedsstellenverfahren einlässt (s. dazu § 35 Rdn. 7).

Als **Rechtsfolge** bewirkt ein Widerspruch, dass der Einigungsvorschlag nicht verbindlich wird (s. § 34 Rdn. 29) und die erfolglose Beendigung des Schiedsstellenverfahrens (§ 35 Abs. 1 Nr. 3) eintritt. Ein Zwang, anschließend den Klageweg zu beschreiten, besteht nicht. Solange keine gütliche Einigung erzielt bzw. keine gerichtliche Klärung angestrebt wird, bleiben die **Rechtsbeziehungen in der Schwebe** (vgl. auch § 12 Rdn. 83 ff.). Eine einseitige »**Rücknahme**« des Widerspruchs mit dem Ziel, nachträglich die Verbindlichkeit des Einigungsvorschlags zu erreichen, ist nicht möglich;[76] unbenommen bleibt die Möglichkeit, durch Vereinbarung mit dem anderen Beteiligten die Verbindlichkeit des Einigungsvorschlages »wiederherstellen«.[77]

Hat ein Beteiligter einem Einigungsvorschlag rechtzeitig **widersprochen** und ist damit das Schiedsstellenverfahren nach § 35 Abs. 1 Nr. 3 erfolglos beendet,

34

---

74 Zust. Vfg. d. Vors. d. Schiedsst. v. 07.03.2013 – Arb.Erf. 68/11, (www.dpma.de).
75 Vgl. etwa Schiedsst. v. 28.05.2014 Arb.Erf. 49/12 (www.dpma.de).
76 Schiedsst. Vfg. v. 21.06.1996 – Arb.Erf. 37/94, (unveröffentl.) m.H.a. § 35 Abs. 1 Nr. 3 ArbEG u. § 146 BGB.
77 Schiedsst. Vfg. v. 21.06.1996 – Arb.Erf. 37/94, (unveröffentl.).

kann er auch durch einen »Wiedereinsetzungsantrag« keine Wiederaufnahme des Schiedsstellenverfahrens erreichen.[78] Das ArbEG kennt keine Regelung der **Wiederaufnahme** eines bereits abgeschlossenen Schiedsstellenverfahrens.[79] Zudem fehlt jegliches Rechtsschutzinteresse, da der Einigungsvorschlag wegen des Widerspruchs unverbindlich ist (Abs. 3). Ist das rechtliche Gehör im abgeschlossenen Schiedsstellenverfahren in ausreichender Weise gewährt worden, besteht kein Anspruch auf Wiederholung des Schiedsstellenverfahrens (vgl. auch § 33 Rdn. 12 und § 28 Rdn. 25) Ein Antrag auf Wiederaufnahme wird deshalb von der Schiedsstelle als unstatthaft und damit unzulässig zurückgewiesen.[80]

Auch für sonstige **nachträgliche Maßnahmen der Schiedsstelle** besteht keine gesetzliche Ermächtigung, und zwar weder für eine von den Beteiligten begehrte »Überarbeitung« eines Einigungsvorschlags, noch für eine nachträgliche »Rechtfertigung« seines Inhalts.

Eine **nochmalige Anrufung** der Schiedsstelle kann nur bei wesentlich veränderten Umständen gegenüber den Gegebenheiten des ursprünglichen Streitfalls zulässig sein.[81]

### III. Unverbindlichkeit des Einigungsvorschlags

35 Der Einigungsvorschlag entfaltet – trotz Annahme oder Fristablaufs – keine Verbindlichkeit, wenn er aus verfahrensrechtlichen oder aus sonstigen schwerwiegenden Gründen **unwirksam** (nichtig) ist.[82] Das gilt namentlich bei schwerwiegenden Fehlern zur Beschlussfassung (s. § 34 Rdn. 7, s. auch § 33 Rdn. 11 ff.), bei Verletzung des rechtlichen Gehörs (s. § 33 Rdn. 11), bei Verstoß gegen das Schriftformerfordernis (s. § 34 Rdn. 18), bei fehlerhafter Bezeichnung als »Beschluss«[83] sowie bei gänzlichem Fehlen von Gründen

---

78 Schiedsst. Beschl. v. 20.07.1992, EGR Nr. 3 zu § 33 ArbEG.
79 Schiedsst. v. 26.07.2010 – Arb.Erf. 11/09, (unveröffentl.); ferner Vfg. d. Vors. d. Schiedsst. v. 07.03.2013 – Arb.Erf. 68/11, (www.dpma.de); s. aber auch Keukenschrijver in Busse/Keukenschrijver, PatG, Rn. 9 zu § 33 ArbEG (bei wesentl. veränderten Umständen).
80 Schiedsst. Vfg. v. 17.07.1996 – Arb.Erf. 57/96, (unveröffentl.).
81 Vgl. auch Keukenschrijver in Busse/Keukenschrijver, PatG, Rn. 9 zu § 33 ArbEG m. H. a. Schiedsst. v. 27.11.2000 – Arb.Erf. 98/99: »Wiederaufnahme« bei wesentl. Änderung der für die ursprüngl. Feststellungen d. Schiedsst. maßgebenden Umstände.
82 So auch Schiedsst. Beschl. v. 15.02.1996 – Arb.Erf. 3(B)/93, (unveröffentl.); im Ergebn. auch Keukenschrijver in Busse/Keukenschrijver, PatG, Rn. 6, 12 zu § 34.
83 Reimer/Schade/Schippel/Trimborn Rn. 1 zu § 34 m. H. a. Schiedsst. Beschl. v. 29.07.2003 – Arb.Erf. 65/01, (Datenbank).

### D. Verbindlichkeit des Einigungsvorschlags § 34

(streitig, s. § 34 Rdn. 21). Fehler bei der Tatsachenwürdigung und Rechtsanwendung begründen schon mit Rücksicht auf den eingeschränkten Untersuchungsgrundsatz (s. § 33 Rdn. 13 ff.) keine Unwirksamkeit[84]; insoweit bleibt es bei der Möglichkeit des Widerspruchs und des anschließenden Rechtsweges (s. a. § 33 Rdn. 18). Zur fehlerhaften Rechtsbelehrung s. § 34 Rdn. 24.

Von einer Verbindlichkeit des Einigungsvorschlags geht die Schiedsstelle m.H.a. § 34 Abs. 3 allerdings dann aus, wenn sich nach Verfahrensbeendigung ergibt, dass ein Beteiligter nicht Arbeitsvertragspartei gewesen ist, sich aber auf das Schiedsstellenverfahren eingelassen und dem Einigungsvorschlag nicht widersprochen hat.[85]

Da dem Einigungsvorschlag die Wirkung eines privatrechtlichen Vertrages zukommt, gelten für dessen Unwirksamkeit (auch) die allgemeinen Bestimmungen des BGB (z.B. §§ 134, 138 BGB) und die §§ 22, 23 ArbEG.[86] Eine (stillschweigende) Annahmeerklärung unterliegt als (auch) rechtsgeschäftliche Willenserklärung den bürgerlich-rechtlichen Vorschriften über Willensmängel, insbesondere der **Anfechtung** nach §§ 119 ff. BGB (s. auch unten § 34 Rdn. 39); im Unterschied zur Annahme (s. § 34 Rdn. 26) ist die **Anfechtung** nicht ggü. der Schiedsstelle, sondern nach § 143 BGB ausschließlich ggü. dem Vertragspartner zu erklären und hat ebenso wie ein Widerspruch eine verfahrensbeendende Wirkung.[87] 36

Kommt einem verbindlich gewordenen Einigungsvorschlag – wie vielfach – die **Rechtsnatur eines Vergleichs** zu (s. § 34 Rdn. 12), so steht dieser im Hinblick auf § 779 BGB nur noch der Überprüfung offen, ob die Beteiligten und die Schiedsstelle von einem unstreitigen Sachverhalt ausgegangen sind, der sich nachträglich als falsch erweist;[88] dagegen sind alle Streitfragen, die durch den angenommenen (s. § 34 Abs. 3) Einigungsvorschlag vergleichsweise geregelt wurden, verbindlich, auch wenn sich nachträglich ergeben sollte, dass die ursprüngliche Auffassung einer Partei zu Recht bestanden hat[89] (Ausnahme: § 12 Abs. 6, § 23).

---

84 Im Ergebn. wohl auch Keukenschrijver in Busse/Keukenschrijver, PatG, Rn. 12 zu § 33 ArbEG.
85 So Schiedsst. v. 21.08.1997 – Arb.Erf. 15/96, (unveröffentl.); zust. Keukenschrijver in Busse/Keukenschrijver, PatG, Rn. 11 zu § 34 ArbEG.
86 Vgl. dazu den Fall b. Schiedsst. v. 09.02.1996, EGR Nr. 16 zu § 12 ArbEG; v. 28.09.1992, EGR Nr. 2 zu § 11 ArbEG (RL Nr. 42).
87 Zutr. Volmer Rn. 22 zu § 34.
88 Schiedsst. v. 24.08.1989 – Arb.Erf. 5/89, (unveröffentl.).
89 Schiedsst. Vfg. v. 17.07.1996 – Arb.Erf. 57/96, (unveröffentl.) m.H.a. Beschl. v. 12.01.1993 – Arb.Erf. 57/89 (unveröffentl.).

Der **Widerruf** eines von der Schiedsstelle erlassenen Einigungsvorschlags ist gesetzlich nicht vorgesehen, so dass ein dahingehender Antrag ebenso wie ein Antrag auf Wiederaufnahme eines Schiedsstellenverfahrens (s. dazu § 34 Rdn. 34) – als unzulässig zurückgewiesen wird.[90] Davon zu trennen ist die Möglichkeit der Wiedereinsetzung in den vorigen Stand bei Versäumung eines Widerspruchs (s.u. § 34 Rdn. 40 ff.).

37 Im Fall einer nachträglichen **Veränderung der Umstände** gilt auch bezüglich Einigungsvorschlägen, die Vergütungszahlungen zum Gegenstand haben, § 12 Abs. 6[91] (s. § 12 Rdn. 95 ff.).

38 Ein unwirksamer Einigungsvorschlag kann von den Parteien – bei Vermeidung des Nichtigkeitsgrundes – inhaltlich einer **neuen Vereinbarung** zugrunde gelegt werden (s. § 141 Abs. 2 BGB). Ebenso kann ein verbindlich gewordener Einigungsvorschlag **einverständlich aufgehoben oder geändert** werden.

39 Ein **Streit über die Wirksamkeit** des Einigungsvorschlages kann ohne vorherige Anrufung der Schiedsstelle vor den Patentstreitkammern (s. § 39 Abs. 1) durchgeführt werden[92] (§ 37 Abs. 2 Nr. 1 Rdn. 11 f.). Wird die Unwirksamkeit des Einigungsvorschlages festgestellt, ist das Verfahren vor der Schiedsstelle wiedereröffnet, sofern die Parteien nicht einverständlich davon absehen wollen.[93] Zur Zuständigkeit der Schiedsstelle – auch zur Auslegung eines Einigungsvorschlages – s. § 28 Rdn. 22.

Eine **Verfassungsbeschwerde** gegen einen Einigungsvorschlag ist gem. § 90 Abs. 1 BVerfGG unzulässig[94].

## E. Wiedereinsetzung in den vorigen Stand

40 § 34 Abs. 4 und 5 behandeln die bei Versäumung des Widerspruchs (§ 34 Abs. 3) gegebene Möglichkeit einer Wiedereinsetzung in den vorherigen Stand. Dadurch soll bei unverschuldeter Verhinderung die vom Gesetz in § 34 Abs. 3 aufgestellte Fiktion eines Schweigens als Annahme (s. § 34 Rdn. 29) durchbrochen und über eine Wiedereinsetzung in den vorherigen Stand die Möglichkeit der gerichtlichen Klärung nach §§ 37 ff. eröffnet werden.

---

90 Vgl. z.B. Schiedsst. v. 28.09.1992, EGR Nr. 2 zu § 11 ArbEG (RL Nr. 42).
91 Vgl. z.B. Schiedsst. v. 28.09.1992, EGR Nr. 2 zu § 11 ArbEG (RL Nr. 42); v. 20.06.2013 – Arb.Erf. 32/12, (www.dpma.de).
92 Keukenschrijver in Busse/Keukenschrijver, PatG, Rn. 15 zu § 34 ArbEG.
93 BVerfG, Beschl. v. 24.04.1998, NJW 1998, 3704, 3705 – *Induktionsschutz v. Fernmeldekabeln.*
94 BVerfG, Beschl. v. 24.04.1998, NJW 1998, 3704, 3705 – *Induktionsschutz v. Fernmeldekabeln.*

## E. Wiedereinsetzung in den vorigen Stand § 34

Der Begriff des »**unabwendbaren Zufalls**« ist weit auszulegen. Das entspricht 41 dem Normzweck (s. § 34 Rdn. 40). Eine weite Auslegung gebieten auch Art. 19 Abs. 4 GG ebenso wie die durch die Vereinfachungsnovelle vom 03.12.1976 (BGBl. I, S. 3281) in §§ 233 ZPO, 123 Abs. 1 PatG geschaffenen Erleichterungen. Entsprechend diesen Vorschriften, deren früheren Fassungen § 34 Abs. 4 zwar nachgebildet, aber (wohl versehentlich) nicht angepasst worden ist, muss es für die Wiedereinsetzung und damit für die Ausfüllung des unbestimmten Rechtsbegriffs des »**unabwendbaren Zufalls**« ausreichen, wenn der Beteiligte »ohne Verschulden« verhindert war, den ordnungsgemäßen Widerspruch i.S.d. § 34 Abs. 3 bei der Schiedsstelle einzulegen.[95] Maßstab ist also u. E. auch hier nicht mehr die äußerste, den Umständen nach mögliche und zumutbare Sorgfalt, sondern die im Verkehr erforderliche und vernünftigerweise zu erwartende Sorgfalt.[96] Maßgeblich sind also die Umstände des Einzelfalls. Ein unabwendbarer Zufall liegt z. B. in der fehlerhaften Unterrichtung der Schiedsstellen-Geschäftsstelle über die Möglichkeit einer Verlängerung der Frist des § 34 Abs. 3.[97] Zur »Wiedereinsetzung« bei fristgerechtem Widerspruch gegen einen Einigungsvorschlag s. § 34 Rdn. 34.

Erforderlich ist ein **begründeter** (s. dazu § 34 Abs. 4 Satz 4[98]), schriftlicher 42 Antrag (zur Schriftform gilt das oben in § 34 Rdn. 32 Gesagte entsprechend), der **innerhalb eines Monats** nach Wegfall des Hindernisses – also, wenn dieses entfällt bzw. dessen Fortbestehen nicht mehr unverschuldet ist – bei der Schiedsstelle eingereicht werden muss. Innerhalb dieser Monatsfrist des § 34 Abs. 4 Satz 2 ist nach § 34 Abs. 4 Satz 3 auch der Widerspruch i.S.d. § 34 Abs. 3 nachzuholen[99] (Rückschluss auch aus § 34 Abs. 4 Satz 5). Nach Ablauf der Ausschlussfrist des § 34 Abs. 4 Satz 5 kann die Wiedereinsetzung nicht mehr gewährt werden, gleichgültig, ob und wann das Hindernis weggefallen ist.

---

95 Wie hier Reimer/Schade/Schippel/Trimborn Rn. 10 zu § 34; a.A. Keukenschrijver in Busse/Keukenschrijver, PatG, Rn. 19 zu § 34 ArbEG, wonach wg. d. Gesetzeswortlauts neben fehlendem Verschulden weiterhin ein unabwendbares Ereignis erforderlich bleibt; ferner Boemke/Kursawe/Boemke Rn. 66 ff. zu § 34. Offen gelassen von Schiedsst. Beschl. v. 30.10.2013 – Arb.Erf. 25/12, (www.dpma.de). Entspr. Einzelheiten dazu s. b. d. Komm. z. § 233 ZPO u. z. § 123 PatG, z.B. Benkard/Schäfers, PatG, Rn. 11 ff. zu § 123 PatG; Schulte/Schell, PatG, § 123 Rn. 66 ff.
96 Vgl. zu § 123 PatG Benkard/Schäfers, PatG, Rn. 15 zu § 123 PatG m. H. a. BGH v. 17.08.2011 NJW RR 2012, 122 (Rn. 12); strenger Boemke/Kursawe/Boemke Rn. 66 zu § 34.
97 Schiedsst. Beschl. v. 30.10.2013 – Arb.Erf. 25/12, (www.dpma.de).
98 Ausf. Boemke/Kursawe/Boemke Rn. 73 zu § 34.
99 Ebenso Schiedsst. Beschl. v. 30.10.2013 – Arb.Erf. 25/12, (www.dpma.de).

**43** Die **Entscheidung über den Wiedereinsetzungsantrag** obliegt der Schiedsstelle (Abs. 5). Der Beschluss über die Wiedereinsetzung ist wie der Einigungsvorschlag zuzustellen (s. dazu § 34 Rdn. 25), da er die Beschwerdefrist in Gang setzt. Mit Gewährung der Wiedereinsetzung werden die Folgen der Versäumnis beseitigt und der nachgeholte Widerspruch gilt als fristgerecht mit den daran anknüpfenden Rechtswirkungen[100] (s. § 34 Rdn. 34). Gegen die Gewährung ist dem anderen Beteiligten kein Rechtsbehelf eingeräumt[101] (vgl. § 238 Abs. 3 ZPO). Die Versagung kann dagegen vom Antragsteller im Wege der sofortigen Beschwerde innerhalb einer Notfrist von 2 Wochen (§§ 567, 569 Satz 1 ZPO) bei dem für den Sitz des Antragstellers (§§ 13, 17 ZPO) örtlich zuständigen LG angefochten werden[102] (wegen des Anwaltszwangs – § 78 ZPO – sollte diese Regelung unter Beachtung des Grundsatzes der Kostenfreiheit – § 36 – de lege ferenda überdacht werden). Die Patentstreitkammern sind funktionell nicht zuständig.[103]

*Rdn. 44, 45 frei*

### F. Besonderheiten bei Ansprüchen aus Verzug

**46** Ob auch auf einen fälligen Vergütungsanspruch bezogene Verzugsansprüche von der Bindungswirkung eines Einigungsvorschlags (s. § 34 Rdn. 26) umfasst sind, hängt vom Einzelfall ab:

Wesentliche Vorfrage ist die **Zuständigkeit der Schiedsstelle** für Verzugsansprüche. Das ArbEG enthält keine gesetzliche Verzinsungspflicht von Vergütungsforderungen bei Fälligkeit, sodass hierfür die allgemeinen Vorschriften gelten.[104] Damit wäre die Schiedsstelle sachlich nicht zuständig. Davon geht grundsätzlich die *Schiedsstelle* aus.[105] Allerdings ist die Schiedsstellenpraxis zu den Rechtsfolgen eines Verzugs (§§ 286 ff. BGB) nicht einheitlich. So hat sie einerseits eine Entscheidung über die Erstattungsfähigkeit von Anwaltskosten aus dem Gesichtspunkt des Verzuges (s. § 36 Rdn. 3) mangels Zuständigkeit

---

100 Vgl. auch Schiedsst. Beschl. v. 30.10.2013 – Arb.Erf. 25/12, (www.dpma.de).
101 Im Ergebn. ebenso Keukenschrijver in Busse/Keukenschrijver, PatG, Rn. 20 zu § 34 ArbEG; Reimer/Schade/Schippel/Trimborn Rn. 13 zu § 34; a. A. Boemke/Kursawe/Boemke Rn. 77 zu § 34.
102 Zust. Keukenschrijver in Busse/Keukenschrijver PatG Rn. 20 zu § 34 ArbEG.
103 S. Ausschussber. zu BT-Drucks. II/3327 S. 9 = BlPMZ 1957, 255; Reimer/Schade/Schippel/Trimborn Rn. 14 zu § 34.
104 Schiedsst. v. 01.04.2008 – Arb.Erf. 52/05; v. 01.10.2007 – Arb.Erf. 53/04 (beide Datenbank); v. 11.04.2018 – Arb.Erf. 27/16, (Vorg. f. www.dpma.de).
105 U. a. Schiedsst. v. 31.01.2018 – Arb.Erf. 53/15, u. v. 11.04.2018 – Arb.Erf. 27/16, (beide vorg. f. www.dpma.de).

## F. Besonderheiten bei Ansprüchen aus Verzug § 34

abgelehnt;[106] andererseits hat sie in Einzelfällen die Voraussetzungen des Verzugs und den Umfang des Verzugsschadens geprüft.[107] Im Einzelfall hat sich die *Schiedsstelle* für die Feststellung des Verzugseintritts für zuständig gehalten, soweit dies mit Fragen der Vergütungsfälligkeit zusammenhängt, wie auch im Interesse einer Gesamteinigung zu Feststellungen zur **Höhe von Verzugszinsen**[108], auch wenn sie an anderer Stelle ihre grundsätzlich fehlende Zuständigkeit für den Ersatz von Verzugsschäden einschließlich Verzugszinsen betont hat[109]. Lediglich zu Feststellungen über die Höhe eines **sonstigen Verzugsschadens** sieht sie sich wegen der Notwendigkeit von Beweiserhebungen, die sie z.T. selbst nicht durchführen kann, als nicht zuständig an.[110] In neuerer Entscheidungspraxis lehnt sie jegliche Zuständigkeit für Fragen des Verzugs und des Ersatzes eines etwaigen Verzugsschadens regelmäßig ab[111], es sei denn um außerhalb ihrer Zuständigkeit im Interesse des Rechtsfriedens zugleich die Streitfrage des Verzugs und seiner Folgen mitbereinigen zu können[112].

Soweit also die Schiedsstelle ihre Zuständigkeit bejaht, wird auch der gesamte Vortrag der Beteiligten im Schiedsstellenverfahren zum Verfahrensgegenstand (s. § 33 Rdn. 7 f.) und fällt damit in die **Bindungswirkung eines Einigungs-**

---

106 Schiedsst. v. 19.11.1987 – Arb.Erf. 44/87, (unveröffentl.).
107 Schiedsst. v. 08.02.1989 – Arb.Erf. 88/87, (unveröffentl.). Dagegen hat sie im Beschl. v. 12.06.1996 (Arb.Erf. 19/95, unveröffentl. u. Arb.Erf. 86/94, Datenbank) ihre Zuständigkeit für die Feststellung des Verzugseintritts m.H.a. rein bürgerlich-rechtliche Fragen abgelehnt.
108 Schiedsst. v. 22.07.2002 – Arb.Erf. 35/00; v. 13.11.2001 – Arb.Erf. 76/99; ZB. v. 23.11.2000 – Arb.Erf. 3/98, EV v. 05.08.1998 – Arb.Erf. 103/96; v. 08.10.1996 – Arb.Erf. 26/95; v. 23.03.1995 – Arb.Erf. 177/92 u. v. 14.03.1995 – Arb.Erf. 48/93, (sämtlich Datenbank); ferner v. 06.06.2014 – Arb.Erf. 54/12, (www.dpma.de); v. 25.04.2016, Mitt. 2016, 230, 233 f.
109 Schiedsst. Beschl. v. 22.07.2013 – Arb.Erf. 40/11, (www.dpma.de) m.H.a. Beschlüsse v. 12.06.1996 – Arb.Erf. 86/94 u. 19/95 – u. v. 18.07.2012 – Arb.Erf. 30/10, (beide Datenbank); ferner v. 30.07.2015 – Arb.Erf. 03/13, (www.dpma.de); s. auch Schiedsst. v. 06.06.2014 – Arb.Erf. 54/12, (www.dpma.de).
110 Schiedsst. v. 09.11.1995 – Arb.Erf. 1/94; v. 21.11.1995 – Arb.Erf. 16/94, u. v. 12.06.1996 – Arb.Erf. 19/95, (sämtl. unveröffentl.); zust. Keukenschrijver in Busse/Keukenschrijver, PatG, Rn. 6 zu § 28 ArbEG.
111 Schiedsst. v. 01.04.2008 – Arb.Erf. 52/05; ebenso v. 25.04.2008 – Arb.Erf. 95/04; v. 16.12.2008 – Arb.Erf. 19/07 u. v. 14.05.2009 – Arb.Erf. 47/07, (sämtl. unveröffentl.); ebenso EV v. 28.07.2009 – Arb.Erf. 29/06 (Datenbank); v. 15.04.2010 – Arb.Erf. 36/08; v. 29.04.2010 – Arb.Erf. 11/09; v. 04.03.2010 – Arb.Erf. 59/08, (sämtl. unveröffentl.), u. v. 18.07.2012 – Arb.Erf. 30/10, (insoweit nicht in www.dpma.de). Allerdings ist die Spruchpraxis nicht durchgängig einheitlich.
112 Vgl. Schiedsst. v. 25.04.2016, Mitt. 2016, 230, 233 f.; v. 31.01.2018 – Arb.Erf. 53/15, v. 11.04.2018 – Arb.Erf. 27/16, (beide vorg. f. www.dpma.de).

**vorschlags** (s. § 34 Rdn. 26). Werden – neben dem Vergütungsanspruch – hierauf bezogene Verzugszinsen geltend gemacht, enthält der Einigungsvorschlag auch dann eine (negative) Entscheidung über die Verzugszinsen, wenn er nur einen Vergütungsbetrag zuspricht. Diese Bindungswirkung tritt nur dann nicht ein, wenn Verzugszinsen in der Entscheidung ausdrücklich ausgenommen werden. Dies gilt auch dann, wenn Verzugsumstände vorgetragen, ein Anspruch auf Verzugszinsen aber nicht ausdrücklich geltend gemacht worden ist. Der ausschließlich einen Vergütungsanspruch zuerkennende Einigungsvorschlag erstreckt sich auf den gesamten vorgetragenen Lebenssachverhalt (s. § 33 Rdn. 7–43), beurteilt diesen also abschließend. Insb. ist hiervon auszugehen, wenn er geschätzte Pauschalvergütungsbeträge vorschlägt und damit die einzelnen Aspekte zur Bestimmung der Vergütung pauschal erfasst werden sollen.[113] Diese Bindungswirkung tritt nur dann nicht ein, wenn die Schiedsstelle ausdrücklich erklärt, dass sie einen bestimmten Antragsgegenstand, wie etwa die Verzugszinsen, nicht zum Gegenstand ihres Vorschlags gemacht hat[114] bzw. der Antragsteller einen eventuellen Anspruch auf Verzugszinsen ausdrücklich vom Verfahren ausnimmt.

---

113 Schiedsst. v. 14.06.2005 – Arb.Erf. 77/04, (unveröffentl.).
114 Vgl. auch Schiedsst. v. 24.04.2016 – Arb.Erf. 24/13, (www.dpma.de).

## § 35 Erfolglose Beendigung des Schiedsverfahrens

(1) Das Verfahren vor der Schiedsstelle ist erfolglos beendet,
1. wenn sich der andere Beteiligte innerhalb der ihm nach § 31 Abs. 2 gesetzten Frist nicht geäußert hat;
2. wenn er es abgelehnt hat, sich auf das Verfahren vor der Schiedsstelle einzulassen;
3. wenn innerhalb der Frist des § 34 Abs. 3 ein schriftlicher Widerspruch eines der Beteiligten bei der Schiedsstelle eingegangen ist.

(2) Der Vorsitzende der Schiedsstelle teilt die erfolglose Beendigung des Schiedsverfahrens den Beteiligten mit.

### Übersicht

| | | Rdn. |
|---|---|---|
| A. | Allgemeines | 1 |
| B. | Tatbestände der erfolglosen Beendigung (Abs. 1) | 3 |
| I. | Nichteinlassung des Antragsgegners (Nrn. 1 u. 2) | 3 |
| II. | Widerspruch eines Beteiligten gegen den Einigungsvorschlag (Nr. 3) | 8 |
| III. | Sonstige Beendigungsgründe | 9 |
| IV. | Besonderheiten bei mehreren Beteiligten | 13 |
| C. | Mitteilung der erfolglosen Beendigung (Abs. 2) | 17 |

## A. Allgemeines

Ausgehend vom Zweck des Schiedsstellenverfahrens, eine gütliche Einigung zwischen den Beteiligten herbeizuführen (§ 28 Satz 2, s. vor § 28 Rdn. 2 ff.), wird deren Beteiligung an dem Verfahren vom Gesetz nicht erzwungen. Auf Grund der Freiwilligkeit des Verfahrens steht es dem **Antragsgegner frei, sich auf das Verfahren einzulassen.**[1] Die schlüssig oder ausdrücklich erklärte Weigerung regelt § 35 Abs. 1 Nr. 1 u. 2. Einen weiteren Fall der erfolglosen Beendigung des Schiedsstellenverfahrens behandelt § 35 Abs. 1 Nr. 3, wonach bei Widerspruch eines Beteiligten gegen einen Einigungsvorschlag der Schiedsstelle (§ 34 Abs. 3) der Versuch einer gütlichen Einigung gescheitert ist. Der **Katalog** des § 35 Abs. 1 ist **nicht abschließend**,[2] sondern fasst nur die wesentlichen Fallsituationen zusammen[3] (s. § 35 Rdn. 9 ff.). Eine **Auflösung des Arbeitsverhältnisses** führt nicht zur Beendigung des Schiedsstellenverfahrens; der ausgeschiedene Arbeitnehmer und sein früherer Arbeitgeber sind uneingeschränkt Verfahrensbeteiligte (s. § 28 Rdn. 13).

1

---

1 Schiedsst. v. 18.12.1992 – Arb.Erf. 81/88, (unveröffentl.).
2 So auch Volmer Rn. 5 zu § 35; Keukenschrijver in Busse/Keukenschrijver, PatG, Rn. 1 zu § 35 ArbEG; Schwab, Arbeitnehmererfindungsrecht, § 36 Rn. 23.
3 S.a. Amtl. Begründung BT-Drucks. II/1648 S. 46 = BlPMZ 1957, 243.

Ausweislich der Jahresstatistiken der Schiedsstelle für den Zeitraum 2011 bis 2017[4] wurden knapp 20 % der beantragten Schiedsstellenverfahren beendet, bevor ein Einigungsvorschlag unterbreitet worden ist, und zwar einschließlich außeramtlicher Einigungen auf Basis von Zwischenbescheiden. Bei knapp 25 % der in diesem Zeitraum beantragten Schiedsstellenverfahren hat sich der jeweilige Antragsgegner nicht auf das Schiedsstellenverfahren eingelassen. Wird von den Möglichkeiten des § 35 Abs. 2 Nrn. 1, 2 kein Gebrauch gemacht und lässt ein Verfahrensbeteiligter damit auf das freiwillige Schiedsstellenverfahren ein, so besteht eine grundsätzliche **Mitwirkungspflicht** (s. § 33 Rdn. 12).

2  § 35 Abs. 2 schreibt **zwingend** die von Amts wegen vorzunehmende **Mitteilung** der erfolglosen Verfahrensbeendigung durch den Vorsitzenden der Schiedsstelle vor. Die Mitteilung ist insb. im Hinblick auf die Rechtsfolge der erfolglosen Beendigung von Bedeutung; nach § 37 Abs. 1 kann eine Klage wegen desselben Streitfalles erst geltend gemacht werden, nachdem ein Verfahren vor der Schiedsstelle vorausgegangen ist (s. dazu § 37 Rdn. 4 ff.). Die erfolglose Beendigung des Schiedsstellenverfahrens begründet aber **keinen Zwang zur Klageerhebung** (s. § 34 Rdn. 34; s. auch hier § 35 Rdn. 11).

### B. Tatbestände der erfolglosen Beendigung (Abs. 1)

### I. Nichteinlassung des Antragsgegners (Nrn. 1 u. 2)

3  Äußert sich der andere Beteiligte nicht innerhalb der ihm vom Vorsitzenden der Schiedsstelle nach § 31 Abs. 2 mit der Zustellung des Anrufungsantrages gesetzten Frist, bewirkt dies unmittelbar die Verfahrensbeendigung, ohne dass es auf den Willen der Beteiligten ankommt (Nr. 1). Damit trägt der Gesetzgeber dem Umstand Rechnung, dass die Schiedsstelle ihre Aufgabe nur dann erfüllen kann und soll, wenn sich beide (früheren) Arbeitsvertragsparteien auf das Schiedsstellenverfahren einlassen (s. auch vor § 28 Rdn. 4). Diese Regelungen über die Nichteinlassung des Antragsgegners finden u.E. keine Anwendung im **Verfahren nach § 17 Abs. 2** (s. § 17 Rdn. 47.1).

Eine erfolglose Beendigung soll auch dann vorliegen, wenn sich der **vollmachtlose Vertreter** einer Partei sachlich einlässt, der Vertretene diese Erklärung aber nicht fristgerecht genehmigt.[5] Dies gilt stets in den Fällen, in denen der Vertretene eine Genehmigung ausdrücklich ablehnt. Steht dagegen die Genehmigung bzw. die Vorlage der Vollmacht innerhalb der nach § 31 Abs. 2

---

[4] Vgl. die Jahresstatistiken i. jeweiligen März-Heft d. BlPMZ, etwa BlPMZ 2018, 94.
[5] Schiedsst.Beschl. v. 01.07.1985 – Arb.Erf. 74/83, (unveröffentl.).

gesetzten Frist aus, reicht dies noch nicht für eine erfolglose Beendigung. Vielmehr bedarf es dazu einer nochmaligen Aufforderung und Fristsetzung zur Vorlage der Genehmigung bzw. Vollmacht. Wird auch diese Frist nicht eingehalten, wird man entsprechend den allgemeinen Rechtsgrundsätzen zu § 89 ZPO[6] eine Heilung durch Vorlage der Vollmacht bzw. durch Genehmigung so lange zulassen müssen, bis die Mitteilung über die erfolglose Beendigung nach § 35 Abs. 2 vorliegt.

Geht die Gegenäußerung des Antragsgegners nicht innerhalb der mit der Zustellung beginnenden Frist (s. dazu § 31 Rdn. 16), sondern **verspätet** bei der Schiedsstelle ein, so wurde nach früherer Praxis der Schiedsstelle das Verfahren bei Einverständnis des Antragstellers fortgesetzt.[7] Nach zutreffender und zwischenzeitlich gefestigter Übung erklärt die Schiedsstelle das Verfahren – mangels gesetzlicher Möglichkeit der Wiedereinsetzung[8] – für erfolglos beendet.[9] Es bleibt jedem Beteiligten – wie auch in allen sonstigen Fällen der Nichteinlassung[10] – überlassen, sofort zu klagen oder die **Schiedsstelle erneut anzurufen;**[11] ein Anrufungsinteresse besteht hier fort, da es – im Unterschied zum Einigungsvorschlag (s. § 28 Rdn. 25) – an einer sachlichen Befassung der Schiedsstelle mit dem Streitfall (§§ 28, 34) fehlt und eine erneute Anrufungsmöglichkeit im Interesse des Rechtsfriedens liegt. Zu Besonderheiten bei mehreren Beteiligten s. § 35 Rdn. 13 f. 4

Eine erfolglose Beendigung tritt ebenso ein, wenn der andere Beteiligte es ausdrücklich durch schriftliche oder mündliche Erklärung ggü. der Schiedsstelle **ablehnt, sich auf das Verfahren einzulassen (Nr. 2).** Unerheblich ist, aus welchen Gründen die Ablehnung erfolgt. Selbst eine unzutreffende 5

---

6 Vgl. allg. BGH v. 10.01.1995 – X ZB 11/92, GRUR 1995, 333, 334 – *Aluminium-Trihydroxid*; BPatG v. 19.12.1991, BlPMZ 1992, 473 u. v. 24.02.1992, BlPMZ 1993, 27 m.w.N.
7 Reimer/Schade/Schippel/Trimborn Rn. 7 zu § 31.
8 Ebenso Schiedsst. Bescheid v. 08.12.2004 – Arb.Erf. 62/04.
9 Bescheid d. Schiedsst. v. 25.09.1978 – Arb.Erf. 44/78; v. 07.06.1976 – Arb.Erf. 14/78, u. ZB. v. 02.05.1995 – Arb.Erf. 63/93, (sämtlich unveröffentl.); ferner v. 10.06.2008 – Arb.Erf. 17/07 (Datenbank); v. 19.06.2008 – Arb.Erf. 14/07, u. v. 23.07.2009 – Arb.Erf. 10/05, (beide unveröffentl.); zust. auch Keukenschrijver in Busse/Keukenschrijver, PatG, Rn. 2 zu § 35 ArbEG.
10 So im Ergebn. auch Schiedsst. v. 18.10.1989 – Arb.Erf. 20/89, (unveröffentl.); zust. bereits Busse/Keukenschrijver, PatG (6. Aufl. 2003), Rn. 2 zu § 35 ArbEG.
11 Ebenso Keukenschrijver in Busse/Keukenschrijver, PatG, Rn. 9 zu § 28 ArbEG u. Rn. 3 zu § 35 ArbEG m. H. a. Schiedsst. v. 10.06.2008 – Arb.Erf. 17/07.

Begründung, etwa die irrige Annahme der Unzuständigkeit der Schiedsstelle, genügt,[12] da die Ablehnung einer Begründung überhaupt nicht bedarf.

Eine Nichteinlassung auf das Schiedsstellenverfahren ist dem Antragsgegner verwehrt, wenn er sich zuvor zur Einlassung auf ein Schiedsverfahren verpflichtet hat. Dies kann z.b. im Rahmen einer arbeitsvertraglichen Aufhebungsvereinbarung erfolgen, bei der streitige Erfindervergütungsansprüche einer nachfolgenden Klärung durch die Schiedsstelle vorbehalten werden. Eine solche Verpflichtung entfaltet allerdings nur materiell-rechtliche Wirkung im Verhältnis der (früheren) Arbeitsvertragsparteien, kann die Schiedsstelle im Hinblick auf die zwingende Regelung des § 35 Abs. 1 Nr. 2 jedoch verfahrensrechtlich nicht binden. Zur Verpflichtung der Arbeitsvertragsparteien, einem Schiedsspruch nicht zu widersprechen, s. § 34 Rdn. 30.

**6** § 35 Abs. 1 Nr. 2 behandelt nur den Fall, dass der Antragsgegner sich **von Anfang an nicht zur Hauptsache einlässt**[13] (zur Antragsrücknahme s. § 31 Rdn. 20 f.). Hat er sich dagegen zur Sache geäußert, hindert die Weigerung eines Beteiligten, weiterhin am Schiedsstellenverfahren teilzunehmen, die Schiedsstelle nicht, bei hinreichender Klärung des Sachverhaltes einen Einigungsvorschlag vorzulegen;[14] es besteht insoweit auch keine Möglichkeit für den Antragsgegner, sich nach Einlassung einseitig, d. h. ohne Zustimmung des Antragstellers, aus dem Schiedsstellenverfahren herauszulösen[15] (s.a. § 35 Rdn. 12). Fordert der Antragsgegner den Antragsteller auf, sein Antragsbegehren klarzustellen, liegt hierin noch keine sachliche Einlassung. Lässt der Antragsgegner sich nur auf bestimmte Anträge des Antragstellers bzw. nur hinsichtlich bestimmter Schutzrechte sachlich ein, wird insoweit das Schiedsstellenverfahren in Gang gesetzt mit der Folge, dass er sich hieraus gegen den Willen des Antragstellers nicht mehr zurückziehen kann. Lehnt er aber i.Ü. eine sachliche Einlassung ab, ist insoweit das Schiedsstellenverfahren erfolglos beendet (§ 35 Abs. 1 Nr. 2 und Abs. 2).[16]

---

12 Schiedsst. v. 18.12.1992 – Arb.Erf. 81/88, (unveröffentl.).
13 Ganz h. M., vgl. Keukenschrijver in Busse/Keukenschrijver, PatG, Rn. 3 zu § 35 ArbEG; Reimer/Schade/Schippel/Trimborn Rn. 11 zu § 31; Boemke/Kursawe/Boemke Rn. 16 f. zu § 35; ebenso Schiedsst. (s. die nachfolgenden Nachweise).
14 Schiedsst. v. 9.1./17.12.1963, BlPMZ 1964, 166 = GRUR 1964, 504 (LS) m. zust. Anm. Schippel; v. 10.01.1983, BlPMZ 1983, 188, 189 l.Sp., bestätigt u. a. durch Beschl. v. 09.04.1997 – Arb.Erf. 56/96, (unveröffentl.).
15 Schiedsst. v. 06.02.1985, BlPMZ 1985, 222; im Ergebn. auch Schiedsst. v. 20.09.1994 Arb.Erf. 106/93, (unveröffentl.); v. 09.04.1997 – Arb.Erf. 56/96, (unveröffentl.), u. v. 02.02.2010 – Arb.Erf. 15/09, (www.dpma.de, LS. 4).
16 So Schiedsst. v. 10.10.1995 – Arb.Erf. 36/95, u. Beschl. v. 01.03.1995 – Arb.Erf. 66 u. 67/93, (beide unveröffentl.).

### B. Tatbestände der erfolglosen Beendigung (Abs. 1) § 35

Das bewusste Scheiternlassen des Schiedsstellenverfahrens stellt – wie aus der Regelung des § 35 Abs. 1 hervorgeht – weder einen Verwirkungsgrund noch einen Hinderungsgrund für eine Klage dar.[17]

Hat sich der Antragsgegner auf das Schiedsstellenverfahren eingelassen, steht es ihm selbstverständlich frei, durch einen Widerspruch nach § 34 Abs. 3 die Wirkungen gem. § 35 Abs. 1 Nr. 3 herbeizuführen.

Erfasst der Verfahrensgegenstand von vornherein **mehrere selbstständige Lebenssachverhalte** oder wird er im Verlauf des Verfahrens geändert, steht es dem anderen Beteiligten frei, sich nur auf einen oder einzelne Sachverhalte sachlich einzulassen.[18] Entscheidend für die Bestimmung des Gegenstandes des Schiedsverfahrens ist daher der i.R.d. gestellten Antrags geäußerte Wille des Antragsgegners, sich (nur) auf bestimmte Gegenstände des Antrags einzulassen.[19] Werden in ein laufendes Verfahren Streitfälle bezüglich einer weiteren Erfindung eingebracht, so können diese bei Ablehnung der anderen Partei nicht zum Gegenstand des laufenden Verfahrens gemacht werden[20] (vgl. auch § 33 Rdn. 8, 10). 7

Hinsichtlich der nicht einbezogenen Sachverhalte muss die Schiedsstelle durch Beschluss und entsprechende Mitteilung nach § 35 Abs. 2 das Verfahren insoweit für erfolglos beenden erklären;[21] um dem Antragsteller den Klageweg alsbald zu eröffnen, sollte dies regelmäßig vorab, also unabhängig vom weiteren Verfahrensverlauf, erfolgen.[22]

Eine auf bestimmte rechtliche Gesichtspunkte beschränkte Einlassung ist dagegen nicht möglich.[23]

---

17 LG Berlin v. 17.03.1977 – 16 O 415/76, (unveröffentl.).
18 Schiedsst. v. 22.09.2010 – Arb.Erf. 94/04, (unveröffentl.); v. 14.03.2013 – Arb.Erf. 20/11, u. v. 09.07.2013 – Arb.Erf. 45/12, (beide www.dpma.de); zust. ferner Boemke/Kursawe/Boemke Rn. 8 ff. zu § 35; vgl. auch Reimer/Schade/Schippel/Trimborn Rn. 3 zu § 35; Keukenschrijver in Busse/Keukenschrijver, PatG, Rn. 3 zu § 35 ArbEG.
19 Schiedsst. v. 18.12.1992 – Arb.Erf. 81/88, (unveröffentl.).
20 So i. Ergebn. Schiedsst. v. 25.05.1983 – Arb.Erf. 14/84, (unveröffentl.).
21 Ebenso Schiedsst. v. 13.01.2010 – Arb.Erf. 38/07; v. 16.03.2010 – Arb.Erf. 31/08, (beide unveröffentl.); ferner v. 15.01.2013 – Arb.Erf. 44/11, (www.dpma.de).
22 Wie hier Volmer/Gaul Rn. 8 zu § 35.
23 Schiedsst. v. 03.07.1968 – Arb.Erf. 52/67, (unveröffentl.), zitiert b. Reimer/Schade/Schippel/Trimborn Rn. 3 zu § 35.

## II. Widerspruch eines Beteiligten gegen den Einigungsvorschlag (Nr. 3)

8   Das Schiedsstellenverfahren kann nach Erlass des Einigungsvorschlags aufgrund fristgerechten Widerspruchs gem. § 34 Abs. 3 durch jeden Beteiligten erfolglos beendet werden (Einzelheiten s. § 34 Rdn. 29 ff.).

## III. Sonstige Beendigungsgründe

9   Eine »**erfolgreiche**« Beendigung tritt mit Annahme des Einigungsvorschlags ein (s. § 34 Rdn. 28). Da der **Katalog** des § 35 Abs. 1 **nicht abschließend** ist (s. § 35 Rdn. 1), sind **weitere Situationen einer erfolglosen Beendigung** möglich.

10  Bei fehlender Zuständigkeit (s. dazu § 28 Rdn. 12 ff.) erklärt sich die Schiedsstelle **durch Beschluss für unzuständig** und stellt das Verfahren ein (s. § 28 Rdn. 8 f.). Eine entsprechende Entscheidung wird getroffen, wenn der **Anrufungsantrag** aus sonstigen Gründen **unzulässig** ist (s. dazu § 28 Rdn. 7 ff.). Derartige Beschlüsse können **als Verwaltungsakte** vor dem **VG München** angreifbar sein (s. § 28 Rdn. 8). Der Klageweg »für die Hauptsache« vor den ordentlichen Gerichten wird durch diesen Beschluss, der regelmäßig zugleich auch die erfolglose Beendigung des Schiedsstellenverfahrens zwar nicht ausspricht, jedoch enthält, eröffnet, ohne dass es einer besonderen Mitteilung nach § 35 Abs. 2 bedarf (s.a. unten § 35 Rdn. 18).

11  Tritt während des Schiedsstellenverfahrens ein Tatbestand des § 37 Abs. 2 Nr. 2 und 3 ein, führt dies nicht notwendig zur erfolglosen Beendigung des Schiedsstellenverfahrens.[24] Dadurch wird lediglich die Möglichkeit der sofortigen **Klageerhebung** eröffnet. Diese Möglichkeit der Klageerhebung hindert die Parteien aber nicht, hiervon (zunächst) abzusehen und stattdessen das eingeleitete Schiedsstellenverfahren fortzuführen; dies ist in der Praxis insbesondere bei komplexen Sachverhalten nicht selten der Fall. Wird dagegen Klage erhoben, ist das Schiedsstellenverfahren regelmäßig wegen fehlenden Rechtsschutzbedürfnisses einzustellen (s. § 28 Rdn. 25; s.a. § 37 Rdn. 15, 18).

Bei **langer Unterbrechung** setzt die Schiedsstelle per Beschluss in Analogie zu § 54 Abs. 5 S. 4 ArbGG eine angemessene Frist, wonach der Anrufungsantrag als zurückgenommen gilt, soweit nicht einer der Beteiligten das Schiedsstellenverfahren zeitgerecht wieder aufnimmt und in der Sache inhaltlich im Sinne des Zwecks des Schiedsstellenverfahrens vorträgt.[25] Das ist mit Blick auf das

---

24  Wie hier Lindenmaier/Lüdecke Anm. 1 zu § 35; Volmer/Gaul Rn. 19 zu § 35; abw. wohl Volmer Rn. 5 zu § 35; Tschischgale Jur.Büro 1966, 169, 172.
25  Schiedsst. Beschl. v. 05.03.2015 – Arb.Erf. 27/08, (www.dpma.de).

gebotene beschleunigte Verfahren (s. § 33 Rdn. 18) sachgerecht und liegt auch im Kosten- und Verwaltungsinteresse.

Auch die **Verständigung der Beteiligten**, von der weiteren Durchführung eines eingeleiteten Schiedsstellenverfahrens abzusehen (vgl. § 37 Abs. 2 Nr. 4 Rdn. 20), führt ebenso zur Verfahrenseinstellung wie die zwischenzeitliche Einigung der Beteiligten in der Sache (außerhalb des Schiedsstellenverfahrens[26] oder durch Vergleich vor der Schiedsstelle). Eine Einstellung nebst Ausspruchs der erfolglosen Beendigung kommt auch dann in Betracht, wenn die Schiedsstelle aus Rechtsgründen außerstande ist, einen Einigungsvorschlag zu machen.[27] Nicht zulässig ist es jedoch, auf Antrag nur eines Beteiligten ein laufendes Schiedsstellenverfahren für erfolglos beendet zu erklären.[28]   12

### IV. Besonderheiten bei mehreren Beteiligten

Sind auf Seiten der Antragsgegner bzw. Antragsteller mehrere Beteiligte, laufen **alle Fristen** für jeden Beteiligten **gesondert**. Von der Situation einer »notwendigen Streitgenossenschaft« abgesehen, steht jeder Beteiligte regelmäßig so, als sei er alleiniger Verfahrensgegner des anderen Beteiligten. Einem Einigungsvorschlag kann jeder von ihnen unabhängig von den anderen innerhalb der für ihn geltenden Frist und losgelöst von seiner Betroffenheit[29] widersprechen; davon geht auch § 34 Abs. 3 aus. Zum Hinzutreten und Wechsel von Beteiligten s. § 33 Rdn. 9 f.   13

Eine **einheitliche Erklärung** – sei es die stillschweigende (§ 35 Abs. 1 Nr. 1) bzw. ausdrückliche (§ 35 Abs. 2 Nr. 2) Nichteinlassung aller Antragsgegner einerseits oder ein übereinstimmender Widerspruch aller Antragsteller bzw. Antragsgegner andererseits – führt stets zur erfolglosen Verfahrensbeendigung für alle.   14

Liegen dagegen **unterschiedliche Erklärungen** vor, so ist entscheidend, ob in einem nachfolgenden Rechtsstreit ein Fall der **notwendigen Streitgenossenschaft** nach § 62 ZPO gegeben wäre.[30] Eine solche wird etwa bei einem Streit   15

---

26 Vgl. etwa Schiedsst. Beschl. v. 09.12.2014 – Arb.Erf. 22/08, (www.dpma.de). Ausf. dazu Boemke/Kursawe/Boemke Rn. 37 ff. zu § 28.
27 S. Schiedsst. v. 14.03.1960, BlPMZ 1960, 316 u. v. 12.01.1993, EGR Nr. 1 zu § 31 ArbEG.
28 Schiedsst. v. 20.09.1994 – Arb.Erf. 106/93, (unveröffentl.).
29 Abw. wohl Boemke/Kursawe/Boemke Rn. 53 zu § 34.
30 Zur notwendigen Streitgenossenschaft bei mehreren Patentinhabern vgl. BGH v. 15.06.1967, GRUR 1967, 655, 656 – *Altix* und bei gemeinschaftlicher Patentanmeldung s. Benkard/Schäfers, PatG, Rn. 11 zu § 34 PatG m.w.Nachw.

über die Bewertung einer technischen Neuerung als (Dienst-) Erfindung ebenso anzunehmen sein, wie wenn die Eigenschaft als Miterfinder oder die Höhe der Miterfinderanteile streitig ist (vgl. auch § 12 Abs. 5 ArbEG). In diesen Fällen wird ein »säumiger« Beteiligter – nach unserer Ansicht – hinsichtlich der Wahrung der Fristen des § 31 Abs. 2 bzw. § 34 Abs. 3 entsprechend dem Rechtsgedanken des § 62 Abs. 1 ZPO so angesehen, als sei er durch den »nicht säumigen« Beteiligten vertreten; der »säumige« Beteiligte ist bei einer Äußerung anderer nach § 31 Abs. 2 am weiteren Schiedsstellenverfahren zu beteiligen (vgl. § 62 Abs. 2 ZPO).[31] **Widersprechen nur einzelne Beteiligte**, wirkt dies u. E. auf den Einigungsvorschlag in seiner Gesamtheit und erfasst damit nach § 34 Abs. 3 auch die Beteiligten, die nicht widersprochen haben, so dass der Einigungsvorschlag insgesamt nicht verbindlich wird.

16 **Fehlt** es dagegen an der Situation einer **notwendigen Streitgenossenschaft**, ist u. E. die Frage einer Fristversäumung bzw. eines Widerspruchs und damit die Frage des Verfahrensausgangs für jeden Beteiligten gesondert zu behandeln.

### C. Mitteilung der erfolglosen Beendigung (Abs. 2)

17 Da nach § 37 Abs. 1 eine Klage in demselben Streitfall erst eingereicht werden kann, nachdem ein abgeschlossenes Verfahren vor der Schiedsstelle vorausgegangen ist, ist es erforderlich, die Verfahrensbeendigung den Beteiligten möglichst schnell zur Kenntnis zu bringen.[32] Insofern hat der Vorsitzende der Schiedsstelle die erfolglose Beendigung von Gesetzes wegen allen Beteiligten mitzuteilen. Dies ist zwar – mangels entsprechender Regelung – auch formlos möglich; um vor Gericht jedoch einen entsprechenden Nachweis führen zu können, hat jeder Beteiligte einen Anspruch auf schriftliche Ausfertigung der Mitteilung.

18 Wird die Einstellung des Verfahrens oder die Verwerfung des Anrufungsantrages durch **Beschluss** festgestellt, tritt dessen Zustellung an die Stelle der Mitteilung.[33]

---

31 Zust. u. a. Volmer/Gaul Rn. 38 zu § 35; Reimer/Schade/Schippel/Trimborn Rn. 6 zu § 35. Vgl. auch zur mündlichen Verhandlung vor dem BPatG Benkard/Schäfers, PatG, Rn. 11 zu § 34 PatG.
32 S. Amtl. Begründung BT-Drucks. II/1648 S. 46 = BlPMZ 1957, 243 a.E.
33 Zust. Keukenschrijver in Busse/Keukenschrijver, PatG, Rn. 7 zu § 35 ArbEG.

## § 36 Kosten des Schiedsverfahrens

Im Verfahren vor der Schiedsstelle werden keine Gebühren oder Auslagen erhoben.

*Lit.*: *Tschischgale*, Das Schiedsverf. n. d. Ges. ü. ArbNErf. u. seine Kosten, JurBüro 66, 169.

| Übersicht | Rdn. |
|---|---|
| A. Allgemeines | 1 |
| B. Verfahrenskosten | 2 |
| C. Kosten der Beteiligten | 3 |

### A. Allgemeines

Um dem Zweck des Schiedsstellenverfahrens (s. dazu vor § 28 Rdn. 2 f.) gerecht zu werden und die Bereitschaft der Beteiligten zur Anrufung der Schiedsstelle nicht durch ein Kostenrisiko zu belasten, normiert § 36 den Grundsatz der **Kostenfreiheit** des Schiedsstellenverfahrens (anders bei der Schiedsstelle für Urheberrechtsstreitfälle, vgl. §§ 13 ff. UrhSchiedsVO). Die Kostenfreiheit hat zudem den Zweck, eine einvernehmliche Lösung eines Streifalls unter Mitwirkung der Schiedsstelle nicht an Kosten scheitern zu lassen.[1] Die Kostenfreiheit hat aber auch zur Folge, dass das Schiedsstellenverfahren mit einem vertretbaren Aufwand durchgeführt werden sollte[2] (s.a. § 35 Rdn. 13, § 33 Rdn. 18). Zur **Rechtsschutzversicherung** s. § 39 Rdn. 38. 1

### B. Verfahrenskosten

Zur Durchführung des Verfahrens werden weder Gebühren für das Tätigwerden der Schiedsstelle noch für deren Auslagen (also die geldwerten Aufwendungen wie z.B. Schreibkosten, Postgebühren, Entschädigung der Beisitzer, Kosten der von der Schiedsstelle geladenen Zeugen und Sachverständigen) erhoben. § 36 gilt nach zutreffender Auffassung der Schiedsstelle auch in den sonstigen damit zusammenhängenden Entscheidungen der Schiedsstelle, etwa beim Widerspruchsverfahren gegen einen die Befangenheit der Schiedsstellenmitglieder ablehnenden Beschluss.[3] Amtlich herangezogene Sachverständige und Zeugen werden u. E. entsprechend § 128a PatG nach Maßgabe des Justiz- 2

---

1 Schiedsst. v. 10.01.1983, BlPMZ 1983, 188, 189.
2 Schiedsst. v. 16.06.1983, BlPMZ 1984, 250, 251.
3 So im Ergebn. Schiedsst. Widerspruchsbescheid v. 25.01.2008 – Arb.Erf. 8/01, (unveröffentl.).

vergütungs- und -entschädigungsgesetzes (JVEG) entschädigt.[4] Die Kosten gehen wegen der Kostenfreiheit des Schiedsstellenverfahrens zulasten des Bundeshaushalts.[5]

## C. Kosten der Beteiligten

3  Mangels ausdrücklicher gesetzlicher Bestimmung haben die Beteiligten des Schiedsstellenverfahrens **keinen Anspruch auf Erstattung** eigener Kosten und Auslagen;[6] sofern die Beteiligten selbst Zeugen und Sachverständige stellen, müssen sie deren Kosten ebenso tragen[7] wie auch die Gebühren für Privatgutachten oder Recherchen. Entsprechendes gilt für die Kosten der Verfahrensbevollmächtigten.[8] Ob und inwieweit im Einzelfall ein Anspruch auf Erstattung der Anwaltskosten aus dem Gesichtspunkt des Verzugs des Antragsgegners (§ 286 BGB) besteht, kann mangels Zuständigkeit nicht im Schiedsstellenverfahren (s. § 34 Rdn. 46) entschieden werden[9] und ist deshalb grundsätzlich auch nicht Gegenstand eines Einigungsvorschlages[10] (vgl. aber § 35 Rdn. 4).

4  In einem **nachfolgenden gerichtlichen Verfahren** (vgl. §§ 37 ff.) sind die Kosten des vorangegangenen Schiedsstellenverfahrens von der unterliegenden Partei nach § 91 Abs. 1 ZPO dann zu tragen, wenn das Schiedsstellenverfahren zwingend vorgeschrieben war (also nicht in den Ausnahmefällen des § 37 Abs. 2) und die Kosten notwendig, also für die Rechtswahrung bzw. Rechtsver-

---

4 Im Ergebn. wie hier Boemke/Kursawe/Boemke Rn. 4 zu § 36; a. A. Keukenschrijver in Busse/Keukenschrijver, PatG, Rn. 12 zu § 33 ArbEG (keine Rechtsgrundlage für JVEG).
5 Wohl unstreitig, so auch Reimer/Schade/Schippel/Trimborn Rn. 1 zu § 36; Keukenschrijver in Busse/Keukenschrijver, PatG, Rn. 1 zu § 36 ArbEG.
6 Amtl. Begründung BT-Drucks. II/1648 S. 46 = BlPMZ 1957, 244; ebenso Schiedsst. v. 16.10.1958, BlPMZ 1959, 15; v. 30.06.1994 – Arb.Erf. 181/92, (Datenbank), u. v. 15.12.2009 – Arb.Erf. 16/09, (unveröffentl.); Keukenschrijver in Busse/Keukenschrijver, PatG, Rn. 2 zu § 36 ArbEG.
7 Amtl. Begründung BT-Drucks. II/1648 S. 46 = BlPMZ 1957, 244; Schiedsst. v. 25.07.1977, EGR Nr. 20 zu § 5 ArbEG.
8 Allg. A., z.B. Schiedsst. v. 28.02.1991, BlPMZ 1992, 21, 22 a.E. – *Exzentrizitätsmessung*; ferner Schiedsst. v. 29.03.1982 – Arb.Erf. 2(B)/80; ZB. v. 02.06.1983 – Arb.Erf. 3(B)/83; EV v. 27.11.1989 – Arb.Erf. 50/89, u. v. 30.06.1994 – Arb.Erf. 181/92, (alle unveröffentl.); v. 21.03.2006 – Arb.Erf. 34/05, (Datenbank); Heine/Rebitzki Anm. 1 zu § 37; Kaube/Volz, RdA 1981, 213, 218; Volmer/Gaul Rn. 12 zu § 36.
9 Schiedsst. v. 19.11.1987 – Arb.Erf. 44/87, (unveröffentl.); ebenso Keukenschrijver in Busse/Keukenschrijver, PatG, Rn. 2 zu § 36 ArbEG.
10 Abw. Boemke/Kursawe/Boemke Rn. 5 zu § 36.

## C. Kosten der Beteiligten § 36

folgung objektiv erforderlich und geeignet waren;[11] so kann im Einzelfall die Vertretung durch einen Anwalt geboten gewesen sein.[12]

Grundlage des **Gebührenanspruchs** eines Rechtsanwaltes ggü. seinem Auftraggeber ist § 17 Nr. 7 Buchst. d) RVG.[13] Hiernach erhält er eine 1,5 Geschäftsgebühr. Diese Gebühr wird, da es sich bei einem Schiedsstellenverfahren nach § 17 Nr. 7 RVG um eine eigene Angelegenheit handelt, auf ein evtl. nachfolgendes gerichtliches Verfahren nicht angerechnet.[14] Durch diese Geschäftsgebühr ist seine gesamte Tätigkeit im Verfahren (Antragstellung, Schriftwechsel, evtl. Terminwahrnehmung) abgegolten. Wirkt der Rechtsanwalt bei einer Einigung der Beteiligten (etwa aufgrund eines Vorschlags der Schiedsstelle) mit, erhält er noch eine weitere 1,5 Einigungsgebühr gemäß RVG VV Teil 2 Nr. 1000. 5

Entsprechendes gilt für Patentanwälte.

**Verfahrens- oder Prozesskostenhilfe** im Schiedsstellenverfahren lehnt die *Schiedsstelle* ebenso ab wie die Beiordnung eines Anwalts.[15] 6

---

11 Bestätigt d. Schiedsst. v. 19.11.1987 – Arb.Erf. 44/87, (unveröffentl.); zust. auch Schwab, Arbeitnehmererfindungsrecht, § 36 Rn. 16; HK-Kronisch, § 36 Rn. 1; vgl. auch Lindenmaier/Lüdecke Anm. 1 zu § 36; ausführl. dazu Tschischgale Jur.Büro 1966, 169, 172 ff.; einschränkend Volmer/Gaul Rn. 14 zu § 36; zu weitgehend Volmer Rn. 6 zu § 36 u. ders., BB 1968, 253, 256 – auch bei freiwilliger Anrufung d. Schiedsst. S. dazu auch Boemke/Kursawe/Boemke Rn. 10 ff. zu § 36.
12 Im Ergebn. wohl auch Keukenschrijver in Busse/Keukenschrijver, PatG, Rn. 3 f. zu § 36 ArbEG; s. allg. OLG München v. 24.10.1975, Jur.Büro 1976, 209, 210; s. aber auch OLG München v. 14.09.1965, NJW 1965, 2112 i. H. a. § 91 Abs. 3 ZPO.
13 Ebenso nunmehr Keukenschrijver in Busse/Keukenschrijver, PatG, Rn. 4 zu § 36 ArbEG.
14 Ottofülling, WRP 2006, 410, 412; a.A. Schwab, Arbeitnehmererfindungsrecht, § 36, Rn. 15, der von einer hälftigen Anrechnung ausgeht; ebenso Boemke/Kursawe/ Boemke Rn. 18 zu § 36 m. w. Nachw. S. z. früheren Recht (§ 65 Abs. 1 Nr. 4 u. Abs. 2 BRAGO): LG Mannheim v. 24.06.1963, Mitt. 1964, 196. Zur Gebührenberechnung s. Tschischgale Jur.Büro 1966, 169, 173 ff.; Gerold/Schmidt BRAGO Rn. 6 zu § 65.
15 Zust. Reimer/Schade/Schippel/Trimborn Rn. 10 zu § 33 m. H. a. den ablehnenden Beschluss der Schiedsst. Arb.Erf. 30/86, (unveröffentl.); ferner Keukenschrijver in Busse/Keukenschrijver, PatG, Rn. 8 zu § 33 ArbEG.

# 6. Gerichtliches Verfahren

## § 37 Voraussetzungen für die Erhebung der Klage

(1) Rechte oder Rechtsverhältnisse, die in diesem Gesetz geregelt sind, können im Wege der Klage erst geltend gemacht werden, nachdem ein Verfahren vor der Schiedsstelle vorausgegangen ist.

(2) Dies gilt nicht,
1. wenn mit der Klage Rechte aus einer Vereinbarung (§§ 12, 19, 22, 34) geltend gemacht werden oder die Klage darauf gestützt wird, dass die Vereinbarung nicht rechtswirksam sei;
2. wenn seit der Anrufung der Schiedsstelle sechs Monate verstrichen sind;
3. wenn der Arbeitnehmer aus dem Betrieb des Arbeitgebers ausgeschieden ist;
4. wenn die Parteien vereinbart haben, von der Anrufung der Schiedsstelle abzusehen. Diese Vereinbarung kann erst getroffen werden, nachdem der Streitfall (§ 28) eingetreten ist. Sie bedarf der Schriftform.

(3) Einer Vereinbarung nach Absatz 2 Nummer 4 steht es gleich, wenn beide Parteien zur Hauptsache mündlich verhandelt haben, ohne geltend zu machen, dass die Schiedsstelle nicht angerufen worden ist.

(4) Der vorherigen Anrufung der Schiedsstelle bedarf es ferner nicht für Anträge auf Anordnung eines Arrestes oder einer einstweiligen Verfügung.

(5) Die Klage ist nach Erlass eines Arrestes oder einer einstweiligen Verfügung ohne die Beschränkung des Absatzes 1 zulässig, wenn der Partei nach den §§ 926, 936 der Zivilprozessordnung eine Frist zur Erhebung der Klage bestimmt worden ist.

Lit.: *Hase*, Die statistische Erfassung von Rechtsstreitigkeiten i. Patent-, Gebrauchsmuster- u. ANErf.-Sachen in der BRD, Mitt. 1992, 23; Mitt. 1993, 289 u. Mitt. 1994, 329.

| Übersicht | Rdn. |
|---|---|
| A. Allgemeines | 1 |
| B. Schiedsstellenverfahren als Prozessvoraussetzung (Abs. 1) | 3 |
| C. Ausnahmen von der Notwendigkeit des Schiedsstellenverfahrens | 10 |
| I. Klage aufgrund einer Vereinbarung (Nr. 1) | 11 |
| II. Verzögerung des Schiedsstellenverfahrens (Nr. 2) | 15 |
| III. Ausscheiden des Arbeitnehmers (Nr. 3) | 17 |
| IV. Vertraglicher Ausschluss des Schiedsstellenverfahrens (Nr. 4) | 19 |

|  | Rdn. |
|---|---|
| V. Verzicht auf das Schiedsstellenverfahren durch »rügeloses Einlassen« (Abs. 3) . | 24 |
| VI. Arrest und einstweilige Verfügung (Abs. 4) . . . . . . . . . . . . . . . . . . . . . . . | 27 |
| VII. Anordnung der Klageerhebung gem. §§ 926, 936 ZPO (Abs. 5) . . . . . . . . . | 28 |

## A. Allgemeines

Im **6. Unterabschnitt** (§§ 37 bis 39) sind die Vorschriften zum gerichtlichen Verfahren bei Rechtsstreitigkeiten über Erfindungen von Arbeitnehmern zusammengefasst. Über §§ 40, 41 finden diese auch bei Erfindungen von Beamten und Soldaten Anwendung.  **1**

Über § 11 Abs. 7 AÜG gelten die §§ 37 bis 39 auch bei **Leiharbeitnehmern** (s. § 1 Rdn. 61).

Soweit für Klagen von bzw. gegen **Beamte**(n) nach Beamtenrecht (vgl. § 54 Abs. 2 BeamtStG, § 126 Abs. 2 BBG) ein **Vorverfahren** (§§ 68 ff. VwGO) vorgeschrieben ist, entfällt dieses.[1] Aufgrund der spezialgesetzlichen Stellung des ArbEG, insb. des § 37, können und dürfen von Beamten keine zusätzlichen Maßnahmen erwartet werden. Gleiches sollte auch für solche Streitigkeiten gelten, die ausschließlich Ansprüche auf Leistung einer festgelegten oder festgesetzten Vergütung für eine Erfindung zum Gegenstand haben (§ 39 Abs. 2 ArbEG) bzw. für solche, bei denen ein Schiedsstellenverfahren gem. § 37 Abs. 2 Nr. 1 ArbEG nicht erforderlich ist.[2] Demgegenüber ist für einfache Verbesserungsvorschläge, für die die §§ 28 ff. und §§ 37 ff. ArbEG nicht gelten, ein gesetzlich vorgeschriebenes Vorverfahren zu beachten.[3]

Die §§ 37 bis 39 fanden nach dem durch Zeitablauf zwischenzeitlich überholten § 49 Satz 1 ErstrG auch auf erfinderrechtliche Streitigkeiten über Arbeitnehmererfindungen aus der Zeit der ehemaligen DDR Anwendung (s.a. § 28 Rdn. 34). Für Arbeitnehmererfindungen, die ab dem 03.10.1990 in den **neuen Bundesländern** fertig gestellt worden sind, gilt das ArbEG uneingeschränkt (s. Einl. Rdn. 31).  **1.1**

---

1 Schiedsst. ZB. v. 09.03.1973 – Arb.Erf. 33/72, (unveröffentl.); Keukenschrijver in Busse/Keukenschrijver, PatG, Rn. 10 zu § 28 ArbEG; wohl auch Reimer/Schade/Schippel/Leuze Rn. 12 zu § 41; ausf. Volz, ArbNErf. im öffentl. Dienst, S. 202 ff.; zust. Schwab, Arbeitnehmererfindungsrecht, § 37 Rn. 4; offen gelassen v. VGH Bayern v. 31.03.1982, GRUR 1982, 559, 560 – *Albalonga*; abw. Volmer/Gaul Rn. 103 zu § 28.
2 Vgl. Volz, ArbNErf. im öffentl. Dienst, S. 204.
3 In diesem Sinne auch VGH Baden-Württemberg v. 14.06.1989 – 11 S 3164/87, (juris).

**2** In Anlehnung an § 10 Abs. 1 DVO 1943 schreibt § 37 Abs. 1 den Grundsatz fest, dass einem Rechtsstreit über Arbeitnehmererfindungen das Verfahren vor der Schiedsstelle (§§ 28 bis 36) vorausgehen muss (vgl. auch vor § 28 Rdn. 1 ff.). Die zwingende **Vorschaltung** des kostenfreien, nicht öffentlichen, streitschlichtenden **Schiedsstellenverfahrens bezweckt**, das Verhältnis zwischen Arbeitgeber und Arbeitnehmer möglichst wenig durch Auseinandersetzungen vor Gericht zu belasten.[4] Aufgrund der hohen Annahmequote der Einigungsvorschläge der Schiedsstelle (Einl. vor § 28 Rdn. 4) werden zudem die Gerichte entlastet.[5] Im Übrigen kann die vorgeschaltete sachkundige Befassung der Schiedsstelle für die Gerichte eine besondere Entscheidungshilfe bedeuten.

Abs. 2 bis 5 enthalten im Unterschied zum früheren Recht Ausnahmefälle, in denen eine Klage sofort durchgeführt werden kann.

**2.1** Für die **Prozesskostenhilfe** verbleibt es bei den allgemeinen Grundsätzen (vgl. §§ 114 ff. ZPO; 11a ArbGG); daneben kann eine **Kostenbegünstigung** gem. § 144 PatG im Einzelfall gewährt werden (s. § 39 Rdn. 25). Bezüglich der **Beratungshilfe** für die außergerichtliche Wahrnehmung von Rechten aus dem ArbEG ist das Beratungshilfegesetz zu beachten, wobei u. E. das kostenfreie Schiedsstellenverfahren (§§ 28, 36 ArbEG) nicht entgegensteht, da die Schiedsstelle nicht zur einseitigen Rechtsberatung, sondern ausschließlich zur Streitschlichtung im zweiseitigen Verfahren berufen ist (s. vor § 28 Rdn. 2). Zur Rechtsschutzversicherung s. § 39 Rdn. 40.

## B. Schiedsstellenverfahren als Prozessvoraussetzung (Abs. 1)

**3** Nach dem Grundsatz des Abs. 1 können die im ArbEG geregelten Rechte oder Rechtsverhältnisse im Klagewege erst geltend gemacht werden, wenn das Schiedsstellenverfahren i.S.d. §§ 28 ff. vorausgegangen ist (s. aber auch § 39 Rdn. 9). Insoweit besteht ein (begrenzter) **Wechselbezug zu § 28**, so dass Abs. 1 nur einschlägig ist, wenn die Schiedsstelle in diesem Streitfall zuständig ist und angerufen werden kann (s. § 28 Rdn. 9).

---

[4] Amtl. Begründung BT-Drucks. II/1648 S. 47 = BlPMZ 1957, 244; OLG Düsseldorf v. 26.05.1961, GRUR 1962, 193, 194 – *Ruhegehaltsempfänger*; LG Frankfurt v. 21.12.2005 – 2–06 O 328/05, (unveröffentl.).

[5] Von Ungern-Sternberg FS Schricker (2003) S. 567, 568 – für das z.T. vergleichbare Schiedsstellenverfahren nach dem Urheberrechtswahrnehmungsgesetz; Hase, Mitt. 1994, 329, 330, wonach u.a. 1992 bei sämtlichen OLG nur 5 Berufungsverfahren anhängig waren.

### B. Schiedsstellenverfahren als Prozessvoraussetzung (Abs. 1) § 37

§ 37 betrifft nur das **Klageverfahren** (vgl. §§ 253 ff. ZPO). § 37 ist allerdings auch im **Mahnverfahren** (§§ 688 ff. ZPO) zu beachten, da auch dort die allgemeinen Prozessvoraussetzungen vorliegen müssen (um Arrest und einstweiligen Verfügungsverfahren s.u. § 37 Rdn. 27). § 37 gilt – auch auf Grund seiner systematischen Stellung – für **alle Klagen zu** im ArbEG geregelten Rechten bzw. Rechtsverhältnissen, gleichgültig welches Gericht sachlich zuständig ist, also nicht nur bei Klagen vor den Landgerichten (§ 39 Abs. 1), sondern auch bei Klagen vor den Arbeits- bzw. Verwaltungsgerichten (s. dazu § 39 Rdn. 15 ff.). Erfasst sind damit auch die im ArbEG geregelten Vergütungsansprüche aus § 20 Abs. 1, für die die Schiedsstelle nach § 28 zuständig ist[6] (s. § 28 Rdn. 21).

Entsprechend dem Normzweck ist der Begriff der **im ArbEG geregelten** 4 **Rechte und Rechtsverhältnisse** weit auszulegen.[7] Darunter fallen nicht nur die im ArbEG ausdrücklich geregelten Rechte und die dazu korrespondierenden Pflichten, sondern auch die zwischen Arbeitgeber und Arbeitnehmer bezüglich einer Arbeitnehmererfindung getroffenen Vereinbarungen, soweit diese das aufgrund des ArbEG bestehende Rechtsverhältnis einschränken, erweitern oder modifizieren; ferner Schadensersatzansprüche bei Verletzung von Schutzbestimmungen des ArbEG. Nicht erfasst werden dagegen solche Ansprüche (Rechtsverhältnisse), die in keinem rechtlichen Bezug zum ArbEG stehen, sondern sich ausschließlich aus anderen Bestimmungen herleiten. Dementsprechend scheiden – trotz eines Bezugs zu einer Arbeitnehmererfindung – Rechte und Rechtsverhältnisse aus anderen arbeitsrechtlichen Normen sowie dem BGB (Verletzung des Arbeitsvertrags, Kündigung, Verstoß gegen ein Wettbewerbsverbot u. ä.; anders bei Schadensersatz) ebenso aus, wie solche aus dem PatG/GebrMG (z.B. widerrechtliche Entnahme, Vindikationsklage[8], Nichtigkeitsklage[9] Erfindernennung § 63 PatG[10]; s. auch § 39 Rdn. 10). Im Fall einer streitigen **Aufrechnung** greift § 37 nur insoweit, als bezüglich der (Haupt- oder Gegen-)Forderung die Zuständigkeit der Schiedsstelle gegeben ist[11] (s. § 28 Rdn. 22.1). Vgl. im Übrigen § 28 Rdn. 19 ff.

---

6 Im Ergebn. ebenso MünchArbR/Bayreuther, § 98 Rn. 66.
7 So auch Keukenschrijver in Busse/Keukenschrijver, PatG, Rn. 1 zu § 37 ArbEG; zust. Boemke/Kursawe/Boemke Rn. 14 zu § 37.
8 Unstreitig, z. B. LG Düsseldorf v. 22.10.2015 – 4c O 41/13, (Düsseldf. Entsch. Nr. 2470) – Kettenkratzförderer.
9 S.a. Janert Betriebl. Verfahrensweisen (1969), S. 142 ff.
10 Hier gilt die Zuständigkeitsregelung d. § 143 PatG, vgl. Benkard/Schäfers/Schwarz, PatG, Rn. 17 zu § 63 PatG. Insoweit a.A. Volmer Rn. 12 zu § 28.
11 So wohl im Ergebn. auch Boemke/Kursawe/Boemke Rn. 92 f. zu § 37.

5 § 37 gilt entsprechend seinem Normzweck (s. § 37 Rdn. 2) und des Wechselbezugs zu § 28 (s. § 28 Rdn. 9) **nur** bei **Rechtsstreitigkeiten zwischen den Arbeitsvertragsparteien**, also zwischen Arbeitgeber (Betriebsnachfolger, s. dazu § 1 Rdn. 114 ff.; Insolvenzverwalter, s. § 27 Rdn. 35) und Arbeitnehmer (zur Beendigung des Arbeitsverhältnisses s. § 37 Rdn. 17 f.), nicht aber bei Streitigkeiten mit Dritten[12] (z.B. Lizenznehmer, Erwerber der Erfindungsrechte, freie [Mit-] Erfinder, Betriebsrat, Miterfinder untereinander; s.a. § 28 Rdn. 12 ff. u. § 37 Rdn. 17). Sie gilt auch nicht für Streitigkeiten zwischen Organmitgliedern und ihren Dienstherren[13] (s. dazu § 1 Rdn. 74, 93). Zu Erben s. § 28 Rdn. 14.1.

6 Abs. 1 normiert nicht etwa eine prozesshindernde Einrede,[14] sondern eine besondere **Prozessvoraussetzung** für die Klageerhebung, deren Fehlen **von Amts wegen** zu berücksichtigen ist.[15] Ist das Verfahren vor der Schiedsstelle noch nicht durchgeführt, wird die **Klage** durch Prozessurteil als **unzulässig** – also ohne Entscheidung zur Sache – abgewiesen[16], es sei denn, ein Ausnahmefall nach § 37 Abs. 1 Nr. 2 (s.u. § 37 Rdn. 15 f.) bzw. Nr. 3 (s. § 35 Rdn. 11), Abs. 3 (s.u. § 37 Rdn. 24 f.) ist gegeben, oder die Arbeitsvertragsparteien haben einverständlich von einer Fortführung des Schiedsstellenverfahrens abgesehen (s. unten § 37 Rdn. 20; vgl. auch § 35 Rdn. 12).

7 Das Schiedsstellenverfahren muss vorausgegangen sein, d.h. die **erfolglose Beendigung** dieses Verfahrens – gleich aus welchen Gründen (s.a. § 35 Rdn. 6) – ist erforderlich (s. dazu § 35, insb. § 35 Rdn. 1, 3 ff.; 9 ff.; zur Situa-

---

12 Unklar Reimer/Schade/Schippel/Trimborn Rn. 1 zu § 37.
13 Ebenso OLG Düsseldorf v. 08.06.2006 – I-2 U 28/05, (unveröffentl., in Mitt. 2006, 471 nur LS); Keukenschrijver in Busse/Keukenschrijver, PatG, Rn. 1 zu § 37 ArbEG.
14 So aber OLG Düsseldorf v. 26.05.1961, GRUR 1962, 193, 194; ähnl. wohl Lindenmaier/Lüdecke, Anm. 1 zu § 37; wohl auch Baumbach/Lauterbach/Hartmann, ZPO Anm. 1 D zu § 253.
15 H.M. i. Anschl. a. d. Amtl. Begr. BT-Drucks. II/1648 S. 47 = BlPMZ 1957, 244, z.B. LG Düsseldorf v. 10.02.2005 – 4a O 150/04, (www.justiz.nrw.de/nrwe, Rn. 21) – Strangpressverfahren; Keukenschrijver in Busse/Keukenschrijver, PatG, Rn. 1 zu § 37 ArbEG (»Sachurteilsvoraussetzung«) m. H. a. OLG Düsseldorf v. 08.06.2006 – 2 U 28/05, (unveröffentl., in Mitt. 2006, 471 nur LS) u. vglweise auf BGH GRUR 2016, 71 – Ramses (zum UrhWarnG); Heine/Rebitzki Anm. 3 zu § 37; Reimer/Schade/Schippel/Trimborn Rn. 3 zu § 37; Volmer/Gaul Rn. 6 zu § 37; Schwab, Arbeitnehmererfindungsrecht, § 37 Rn. 5. Vgl. auch Boemke/Kursawe/Boemke Rn. 3 f. zu § 37.
16 Keukenschrijver in Busse/Keukenschrijver, PatG, Rn. 1 zu § 37 ArbEG m. H. a. BGH GRUR 2000, 872 – Schiedsstellenanrufung (dort zum UrhWarnG); s. auch BGH v. 22.11.2004 NJW 2005, 437, 439 (dort zum vorgeschalteten Schlichtungsverf. nach § 15a EGZPO i.V.m. § 37a SaarlSchlichtungsG).

tion bei erfolgreicher Beendigung s.u. § 37 Rdn. 9), und zwar **vor Klageerhebung**[17], wie dies bereits der Wortlaut von Abs. 1 zeigt und Abs. 4 (»Der vorherigen Anrufung bedarf es nicht ...«) bestätigt (zum fehlenden Anrufungsinteresse für ein Schiedsstellenverfahren s. § 28 Rdn. 25; zur Aussetzung s. nachfolgend § 37 Rdn. 8). Während eines Klageverfahrens kann das Schiedsstellenverfahren u. E. grundsätzlich nicht nachgeholt werden.[18] Fehlt das Schiedsstellenverfahren, so ist die Klage als unzulässig abzuweisen (s. oben § 37 Rdn. 6; aber auch § 37 Rdn. 8),

Der Klageweg ist zudem nur eröffnet, wenn der **Streitgegenstand** der Klage mit dem des beendeten Schiedsstellenverfahrens (s. dazu § 33 Rdn. 7 f.) identisch ist.[19]

Die vielfach in Übereinstimmung mit beachtlichen Teilen des Schrifttums[20] anzutreffende Praxis, ein anhängiges **gerichtliches Verfahren** zwecks Anrufung der Schiedsstelle bzw. Beendigung des Schiedsstellenverfahrens **auszusetzen**, ist zwar aus Gründen der Prozessökonomie nachvollziehbar, u. E. aber nicht unbedenklich,[21] und zwar auch dann, wenn die Schiedsstelle bereits vor Klageerhebung angerufen worden ist[22]: Eine Aussetzung steht nicht im Belieben des Gerichts, sondern ist grds. nur in den gesetzlich vorgesehenen Fällen zulässig.[23] Die in § 28 aufgeführte Möglichkeit einer »jederzeitigen Anrufung« der Schiedsstelle vermag eine Aussetzung nicht zu rechtfertigen, da die Vorschrift nicht das gerichtliche, sondern das Schiedsstellenverfahren betrifft. Ein Rück-

**8**

---

17 So im Grundsatz h. M., z. B. Reimer/Schade/Schippel/Trimborn Rn. 2 zu § 37. A. A. Boemke/Kursawe/Boemke Rn. 5 – 12 zu § 37, wonach das Schiedsstellenverfahren erst bis zum Schluss der mündl. Gerichtsverhandlung erfolglos beendet sein muss (vgl. auch dort Rn. 31 zu § 37).
18 So zu Recht (noch) Busse/Keukenschrijver, PatG (7. Aufl. 2013), Rn. 1 zu § 37 ArbEG m. H. a. BGH v. 22.11.2004 NJW 2005, 437, 438 (dort zum Schlichtungsverf. nach § 15a EGZPO i.V.m. § 37a SaarlSchlichtungsG).
19 Wie hier Volmer/Gaul Rn. 23 ff. zu § 37, die allerdings keine strengen Anforderungen stellen wollen.
20 Lindenmaier/Lüdecke Anm. 1 zu § 37; Reimer/Schade/Schippel/Trimborn Rn. 9 zu § 28 u. Rn. 3 zu § 37; im Ergebnis auch Keukenschrijver in Busse/Keukenschrijver, PatG, Rn. 2 zu § 37 ArbEG (»Prozesswirtschaftlichkeit«, s. aber auch dort Rn. 1 zu § 37 ArbEG).
21 Vgl. auch Volmer Rn. 2 zu § 37, der eine Aussetzungsmöglichkeit generell ablehnt. Eine Aussetzung analog § 148 ZPO ablehnend Boemke/Kursawe/Boemke Rn. 10 f. zu § 37, die nur ein von beiden Parteien zu beantragendes Ruhen des Verfahrens nach § 251 ZPO in Betracht ziehen.
22 A. A. Keukenschrijver in Busse/Keukenschrijver, PatG, Rn. 2 zu § 37 ArbEG.
23 Vgl. allg. Baumbach/Lauterbach/Albers/Hartmann, ZPO, Einf. zu. §§ 148 bis 155 Rn. 3.

griff auf § 148 ZPO, der eine Aussetzung ermöglicht, wenn die Zulässigkeit der Klage von einer »Vorentscheidung« einer Verwaltungsbehörde abhängt,[24] ist u. E. jedenfalls mangels Entscheidungskompetenz der Schiedsstelle fraglich, auch wenn man die Schiedsstelle als Verwaltungsbehörde ansehen kann (s. § 28 Rdn. 7). Zum Anrufungsinteresse s. § 28 Rdn. 24 ff.

9 Ist in dem Verfahren **vor der Schiedsstelle** eine **Einigung** zwischen den Parteien zustande gekommen (vgl. § 34 Abs. 3), kann eine Klage wegen desselben Streitgegenstandes (s. dazu § 33 Rdn. 7 f.) nur Erfolg haben, wenn damit Rechte aus der Vereinbarung (Einigung) oder deren Unwirksamkeit geltend gemacht werden; ansonsten ist eine solche Klage bei fehlendem Rechtsschutzbedürfnis unzulässig,[25] regelmäßig unbegründet. Da der unter Mitwirkung der Schiedsstelle zustande gekommenen Vereinbarung nicht die Wirkung eines gerichtlichen Urteils zukommt – § 1055 ZPO gilt nicht –, erwächst die Einigung nicht in Rechtskraft und wirkt nur zwischen den Parteien; demzufolge kann sie zwischen den Parteien einverständlich wieder aufgehoben und dann der Klageweg ohne erneutes Schiedsstellenverfahren beschritten werden.

Das angerufene Gericht ist nicht dazu berufen, den **unverbindlichen Einigungsvorschlag** der Schiedsstelle zu überprüfen, da dieser mit dem Widerruf keinerlei Wirkung mehr entfaltet (vgl. § 34 Rdn. 34). Das erkennende Gericht hat ohne jede Beschränkung oder Bindung durch das vorangegangene Schiedsstellenverfahren den vorgetragenen Sachverhalt eigenständig zu würdigen;[26] es kann aber selbstverständlich die besondere Sachkunde der Schiedsstelle (etwa zur Vergütungspraxis) in seine Entscheidungsfindung mit einbeziehen.

## C. Ausnahmen von der Notwendigkeit des Schiedsstellenverfahrens

10 Im Gegensatz zum früheren Recht (vgl. § 10 DVO 1943) normieren die Abs. 2 bis 5 Ausnahmefälle, in denen eine **Klage sofort durchgeführt** werden kann. Einer Anrufung der Schiedsstelle bedarf es daher in diesen Fällen nicht, sie steht aber grds. im Belieben der Parteien (Ausnahme: Abs. 2 Nr. 4, s. § 37

---

24 Thomas/Putzo/Reichold, ZPO, Rn. 5 zu § 148 m.H.a. BGH v. 23.11.1951, BGHZ 4, 68, 77 u. Baumbach/Lauterbach/Albers/Hartmann, ZPO, § 148 Rn. 9 f. m.H.a. BGH VersR 1988, 75.
25 Vgl. auch Keukenschrijver in Busse/Keukenschrijver, PatG, Rn. 2 zu § 37 ArbEG (»kann ... im Einzelfall ... unzulässig sein«).
26 Volmer/Gaul Rn. 59 zu § 28.

Rdn. 22). Streitig ist, ob bei einer sog. Einmischungsklage (§ 64 ZPO)[27] und einer Widerklage[28] die Notwendigkeit des Schiedsstellenverfahrens entfällt.

## I. Klage aufgrund einer Vereinbarung (Nr. 1)

Das Verfahren vor der Schiedsstelle entbehrt einer Grundlage und ist damit nicht notwendige Voraussetzung einer Klage, wenn bereits eine **Einigung** zwischen den Parteien über Tatbestände des ArbEG zustande gekommen ist und sie nunmehr die Durchsetzung einer Vereinbarung anstreben, also mittels Klage die Rechte aus der Vereinbarung geltend machen wollen. Gleiches gilt, wenn mit der Klage die Feststellung der Unwirksamkeit der Vereinbarung begehrt wird, z.B. nach §§ 22, 23 ArbEG, 134, 138, 779 BGB oder infolge Anfechtung gem. §§ 119, 123 i.V.m. 142 BGB[29] (vgl. [aber] auch § 28 Rdn. 22). Nicht erfasst ist der Anspruch auf nachträgliche Anpassung einer bestehenden Vergütungsvereinbarung nach § 12 Abs. 6 Satz 1, so dass hier das Schiedsstellenverfahren Prozessvoraussetzung bleibt.[30] 11

Als **Vereinbarung** i.S.d. § 37 Abs. 2 Nr. 1 gelten insb. einverständliche Abreden (§§ 145 ff. BGB) zwischen Arbeitgeber und Arbeitnehmer über die Vergütung (§ 12 Abs. 1, 2, 6 ArbEG), über freie Erfindungen (§ 19), ferner solche, die i.S.d. § 22 Vorschriften des ArbEG abbedingen sowie sonstige Arbeitnehmer-Erfindungen betreffende Vereinbarungen (z.B. Vergleich im Schiedsstellenverfahren[31]) bzw. bindend gewordene Einigungsvorschläge (§ 34). 12

Nach §§ 40, 41 fallen darunter auch Vereinbarungen über Beteiligungsrechte i.S.d. § 40 Nr. 1. 13

Dagegen scheiden **einseitige Festsetzungen des Arbeitgebers** nach § 12 Abs. 3 u. 5, § 40 Nr. 3 (bereits begrifflich) als »Vereinbarungen« aus, es sei 14

---

27 Für Entfallen: Volmer Rn. 18 zu § 37; Schwab, Arbeitnehmererfindungsrecht, § 37 Rn. 1; a.A. Volmer/Gaul Rn. 43 ff. zu § 37; Boemke/Kursawe/Boemke Rn. 88 ff. zu § 37.
28 Für Geltung des § 37 Abs. 1: Boemke/Kursawe/Boemke Rn. 91 zu § 37 gegen Volmer/Gaul Rn. 33 zu § 39.
29 Vgl. auch VGH München Beschl. v. 11.02.2014 – 5 C 13.2390, (www.gesetze.bayern.de, Rn. 1); Schiedsst. v. 19.09.2016 – Arb.Erf. 05/14, Mitt. 2018, 289, 291, (= www.dpma.de).
30 Im Ergebn. wie hier Boemke/Kursawe/Gennen Rn. 166 zu § 12.
31 LG Berlin v. 17.03.1977 – 16 O 415/76, (unveröffentl.); Keukenschrijver in Busse/Keukenschrijver, PatG, Rn. 3 zu § 37 ArbEG; vgl. auch Schiedsst. v. 14.03.1960, BlPMZ 1960, 316 = GRUR 1961, 135;.

denn, sie sind mangels Widerspruchs gem. § 12 Abs. 4 (s. dazu § 12 Rdn. 74 ff.) für beide Teile »verbindlich« geworden.[32]

**II. Verzögerung des Schiedsstellenverfahrens (Nr. 2)**

15 Der Klageweg ist auch dann eröffnet, wenn seit der **Anrufung** der Schiedsstelle **6 Monate verstrichen** sind. Durch Fristablauf wird ein laufendes Schiedsstellenverfahren nicht beendet (s. § 35 Rdn. 11). Vielmehr soll mit der Regelung verhindert werden, dass durch eine zu lange Dauer des Schiedsstellenverfahrens die Durchführung des Rechtsstreites über Gebühr verzögert wird[33] (Ausfluss des Beschleunigungsgrundsatzes, s. dazu § 33 Rdn. 18 f.). Regelmäßig ist durch eine Klageerhebung das dann noch laufende Schiedsstellenverfahren überholt (zur Verfahrenskonkurrenz und zum Anrufungsinteresse s.a. § 28 Rdn. 25); der Vorsitzende der Schiedsstelle wird den Beteiligten dessen Beendigung entsprechend § 35 Abs. 2 mitteilen, ohne dass es dieses (formalen) Nachweises bei Gericht bedarf (s.a. § 35 Rdn. 11).

16 Die 6-Monats-Frist **beginnt** mit Eingang des (schriftlichen) Antrages bei der Schiedsstelle[34] (vgl. § 31 Abs. 1).

**III. Ausscheiden des Arbeitnehmers (Nr. 3)**

17 Nr. 3 trägt dem Interesse der Arbeitsvertragsparteien auf beschleunigte Auseinandersetzung nach Ausscheiden des Arbeitnehmers Rechnung. Zudem soll gerade der Arbeitnehmer nach seinem Ausscheiden nicht mehr gezwungen werden, zur Durchsetzung seiner Ansprüche vorab ein Schiedsstellenverfahren durchzuführen[35]. Auch hier muss die Schiedsstelle nicht, kann aber von den (früheren) Arbeitsvertragsparteien angerufen werden,[36] was in der Praxis der *Schiedsstelle* häufig ist (s. § 28 Rdn. 13).

18 Es ist – wie bereits der abweichende Wortlaut zeigt – keine Auflösung des Arbeitsverhältnisses i.S.d. § 26 erforderlich (rechtliche Beendigung; s. dazu § 26 Rdn. 3 ff.; vgl. auch § 23 Abs. 2 Rdn. 29). Vielmehr reicht bereits ein

---

32 A.A. Reimer/Schade/Schippel/Trimborn Rn. 9 zu § 37; wie hier für § 12 Abs. 4 Satz 2: Keukenschrijver in Busse/Keukenschrijver, PatG, Rn. 3 zu § 37 ArbEG; Lindenmaier/Lüdecke Anm. 2 zu § 12; Volmer Rn. 5 zu § 37; Boemke/Kursawe/ Boemke Rn. 38 zu § 37; wohl auch Volmer/Gaul Rn. 27 zu. § 37.
33 Amtl. Begründung BT-Drucks. II/1648 S. 47 = BlPMZ 1957, 244.
34 Wohl allg. A., ebenso Keukenschrijver in Busse/Keukenschrijver, PatG, Rn. 4 zu § 37 ArbEG; im Ergebn. auch LG Düsseldorf v. 28.04.2016 – 4a O 154/14, (www.justiz.nrw.de, Rn. 135 f.).
35 Amtl. Begründung BT-Drucks. II/1648 S. 47 = BlPMZ 1957, 244.
36 Vgl. z.B. Schiedsst. v. 07.02.1983, BlPMZ 1984, 218, 220.

C. Ausnahmen von der Notwendigkeit des Schiedsstellenverfahrens   § 37

**tatsächliches Ausscheiden** aus dem »Betrieb«, d.h. Unternehmen (s. dazu § 1 Rdn. 104), aus, welches nach dem Willen der Parteien nicht nur vorübergehend sein darf.[37] Dies kommt etwa in den Fällen in Betracht, in denen die Pflicht zur Arbeitsleistung bereits vor dem Zeitpunkt der rechtlichen Beendigung des Arbeitsverhältnisses entfällt, wie etwa durch unwiderrufliche Freistellung, u. E. auch bei Freistellung nach Kündigung und erhobener Kündigungsschutzklage[38] (vgl. auch § 26 Rdn. 5), sowie bei Schlussurlaub (s. dazu § 4 Rdn. 12). Besteht auf der Grundlage des Altersteilzeitgesetzes (ATZ) ein Altersteilzeitvertrag, erfüllt der Übergang in die Freistellungsphase (passive Altersteilzeit) ein »Ausscheiden« aus dem Betrieb des Arbeitgebers.[39] Zwar besteht in diesen Fällen das Arbeitsverhältnis noch fort (s. § 26 Rdn. 18); maßgebend ist aber hier die **endgültige Freistellung von der Arbeitsleistung**. § 37 Abs. 2 Nr. 3 greift – entsprechend seinem Gesetzeszweck – auch dann Platz, wenn der Arbeitnehmer während eines anhängigen Schiedsstellenverfahrens ausgeschieden ist (s.a. § 35 Rdn. 11). Bezieht ein früherer Arbeitnehmer betriebliche Altersversorgung oder sonstiges Ruhegehalt, ändert dies nichts am Ausscheiden i. S. v. Nr. 3.[40]

Für das Vorliegen des tatsächlichen Ausscheidens bzw. der rechtlichen Beendigung des Arbeitsverhältnisses kommt es auf den Schluss der mündlichen Verhandlung an, da es sich bei § 37 um eine **Sachurteilsvoraussetzung** handelt.[41]

### IV. Vertraglicher Ausschluss des Schiedsstellenverfahrens (Nr. 4)

Eine vorherige Durchführung des Schiedsstellenverfahrens entfällt ferner, wenn die Beteiligten **nach Entstehen des Streitfalles** (§ 28) schriftlich vereinbart haben, von der Anrufung der Schiedsstelle abzusehen. Da ein Schiedsstellenverfahren gegen den erklärten Willen zwecklos erscheint, sieht das Gesetz auch in diesen Fällen vom Anrufungszwang ab.[42] Um den Arbeitnehmer vor einem unüberlegten Verzicht zu bewahren, ist **Schriftform** (§ 126 BGB, s. dazu § 5

19

---

37 OLG Düsseldorf v. 26.05.1961, GRUR 1962, 193, 194 u. v. 08.06.2006 – I-2 U 28/05, (unveröffentl.); LG Düsseldorf v. 20.03.2013 – 4b O 43/12, (Düsseldf. Entsch. Nr. 2024) – Rückhalteprofil; Reimer/Schade/Schippel/Trimborn Rn. 11 zu § 37; zust. auch Boemke/Kursawe/Boemke Rn. 49, 51 f. zu § 37.
38 Vgl. (aber) dazu auch Boemke/Kursawe/Boemke Rn. 49, 54, 60 – 72 zu § 37.
39 LG Frankfurt v. 21.12.2005 – 2–06 O 328/05, (unveröffentl.).
40 OLG Düsseldorf v. 26.05.1961, GRUR 1962, 193, 194; Heine/Rebitzki Anm. 4.4 zu § 37.
41 OLG Düsseldorf v. 08.06.2006 – I-2 U 28/05, (unveröffentl.) m.H.a. Baumbach/Lauterbach, ZPO, Grundz. § 253 Rn. 13 u. Zöller/Greger, ZPO, Rn. 9 vor § 253.
42 Amtl. Begründung BT-Drucks. II/1648 S. 47 = BlPMZ 1957, 244.

Rdn. 35 f.) vorgeschrieben (§ 37 Abs. 2 Nr. 4 Satz 3), an der auch die ArbEG-Novelle 2009 festgehalten hat.

20 In Abweichung von § 22 Satz 2 kann eine Verzichtsvereinbarung erst nach Entstehen des Streitfalles geschlossen werden; sie ist aber – wie § 37 Abs. 3 zeigt – auch noch nach Klageerhebung möglich.[43] Ein einverständliches Absehen von der Fortführung des Schiedsstellenverfahrens ist dem Rechtsgedanken des § 37 Abs. 2 Nr. 4 zufolge zulässig und hat verfahrensbeendigende Wirkung i.S.d. § 35 Rdn. 12 mit der Folge, dass dann der Klageweg gem. § 37 Abs. 1 beschritten werden kann.

21 Ein **Streitfall ist entstanden**, sobald sich Arbeitnehmer und Arbeitgeber über Rechte und Pflichten aus dem ArbEG nicht selbst einigen können; erforderlich und ausreichend ist, dass Sachverhalte vorliegen, die vom ArbEG erfasst werden und eine Einigung zwischen den Parteien über die aus dem ArbEG folgenden Rechte und Pflichten in absehbarer Zeit wegen divergierender Ansichten nicht möglich, zumindest ungewiss erscheint (s.a. § 28 Rdn. 19).

22 Dieser beiderseitige Verzicht auf die Durchführung des Schiedsstellenverfahrens ist ein privatrechtlicher Vertrag über prozessuale Beziehungen, der sich – namentlich im Hinblick auf Willensmängel – nach bürgerlichem Recht beurteilt.[44]

23 Wird die Schiedsstelle trotz einer solchen Vereinbarung von einer Partei angerufen, so ist das Verfahren vor der Schiedsstelle als unzulässig zurückzuweisen, sofern die andere Partei sich auf die Vereinbarung beruft.[45]

**V. Verzicht auf das Schiedsstellenverfahren durch »rügeloses Einlassen« (Abs. 3)**

24 Haben die Parteien **mündlich zur Hauptsache verhandelt**, ohne die fehlende Anrufung der Schiedsstelle geltend zu machen, so steht dies nach Abs. 3 einer Vereinbarung i.S.d. § 37 Abs. 2 Nr. 4 gleich.

25 Diese Bestimmung, die § 39 ZPO nachgebildet ist[46], vermutet **unwiderlegbar** eine stillschweigende Vereinbarung i.S.d. § 37 Abs. 2 Nr. 4[47]. Ein rechtsgeschäftlicher Wille ist demnach weder erforderlich noch erheblich; ein evtl.

---

43 Zust. Keukenschrijver in Busse/Keukenschrijver, PatG, Rn. 6 zu § 37 ArbEG.
44 Wie hier Reimer/Schade/Schippel/Trimborn Rn. 6 zu § 37; unklar Heine/Rebitzki Anm. 4.5 zu § 37.
45 Zust. auch Keukenschrijver in Busse/Keukenschrijver, PatG, Rn. 6 zu § 37 ArbEG.
46 Amtl. Begründung BT-Drucks. II/1648 S. 47 = BlPMZ 1957, 244.
47 Amtl. Begründung BT-Drucks. II/1648 S. 47 = BlPMZ 1957, 244.

Irrtum (z.B. über die Wirkung der rügelosen Einlassung oder über die Notwendigkeit des Schiedsstellenverfahrens) ist bedeutungslos.[48] Einer Belehrung durch das Gericht bedarf es nicht.

**Verhandlung zur Hauptsache** bedeutet die mit der Stellung der Anträge beginnende (vgl. § 137 Abs. 1 ZPO) Sacherörterung mit den Parteien zum Streitgegenstand, nicht aber die Verhandlung über Verfahrensfragen.[49] Im schriftlichen Verfahren (§ 128 Abs. 2 ZPO) gilt diese Vorschrift ebenfalls,[50] und zwar in dem Sinn, dass die vorbehaltlose, schriftliche Einlassung zur Fiktion einer Verzichtsvereinbarung führt. Bei Säumnis des Klägers kann § 37 Abs. 3 Anwendung finden, nicht aber bei Säumnis des Beklagten.[51] 26

### VI. Arrest und einstweilige Verfügung (Abs. 4)

Im Verfahren zur Erreichung eines Arrestes (§§ 916 ff. ZPO) oder einer einstweiligen Verfügung (§§ 935 ff. ZPO) ist ein Schiedsstellenverfahren gem. Abs. 4 nicht notwendig. Dadurch wird dem Interesse der Parteien an einer alsbaldigen Entscheidung des Gerichts Rechnung getragen.[52] Denkbar ist ein besonderes Eilinteresse an einer vorläufigen Sicherungsmaßnahme etwa dann, wenn zwischen den Arbeitsvertragsparteien Streit über den Charakter einer Erfindung (Diensterfindung oder freie Erfindung) bzw. über die Wirksamkeit einer Inanspruchnahme besteht und Verfügungen des Arbeitnehmers über die Erfindung drohen, ferner wenn der Arbeitgeber Schutzrechtspositionen ohne Beachtung des Verfahrens nach § 16 ArbEG fallen lassen will[53]. Zur einstweiligen Verfügung bei unterlassener Schutzrechtsanmeldung s. § 13 Rdn. 58 f. und bei drohendem Fallenlassen einer widerrechtlichen Schutzrechtsanmeldung s. § 13 Rdn. 92. Arrest und einstweilige Verfügung können auch wäh- 27

---

48 So auch Reimer/Schade/Schippel/Trimborn Rn. 7 zu § 37.
49 Vgl. dazu die Kommentare zu § 39 ZPO, z.B. Baumbach/Lauterbach/Albers/Hartmann, ZPO, § 39 Rn. 6 ff.
50 Wie hier Volmer Rn. 14 zu § 37 u. Volmer/Gaul Rn. 38 zu § 37; zust. auch Boemke/Kursawe/Boemke Rn. 82 zu § 37; so auch die h.M. zu § 39 ZPO, z.B. Zöller/Schutzky, ZPO, Rn. 6 zu § 39; vgl. auch BGH v. 10.11.1969, NJW 1970, 198; a. A. Lindenmaier/Lüdecke Anm. 6 zu § 37; Reimer/Schade/Schippel/Trimborn Rn. 8 zu § 37.
51 Wie hier Boemke/Kursawe/Boemke Rn. 83 zu § 37. Vgl. aber auch Volmer/Gaul Rn. 39 zu § 37.
52 Amtl. Begründung BT-Drucks. II/1648 S. 47 = BlPMZ 1957, 244.
53 Zur entsprechenden Situation eines widerrechtlichen Fallenlassens einer Schutzrechtsanmeldung bei einer freigewordenen Diensterf. vgl. LG Frankfurt v. 22.10.2014 – 2.06 O 214/14, (juris, Rn. 80).

rend eines anhängigen Schiedsstellenverfahrens bei den ordentlichen Gerichten beantragt werden (vgl. § 34 Rdn. 49).

**VII. Anordnung der Klageerhebung gem. §§ 926, 936 ZPO (Abs. 5)**

28 Hat das Gericht im Verfahren zur Erwirkung eines Arrestes oder einer einstweiligen Verfügung gem. §§ 926, 936 ZPO angeordnet, dass die Klage innerhalb einer bestimmten Frist erhoben werden muss, bedarf es für diese Klage der vorherigen Anrufung der Schiedsstelle nicht. Eine missbräuchliche Umgehung des Schiedsstellenverfahrens wird durch die strengen Voraussetzungen für den Erlass eines Arrestes bzw. einer einstweiligen Verfügung ausgeschlossen[54]. Den Parteien steht es aber auch hier frei, die Schiedsstelle innerhalb der Frist anzurufen; diese Anrufung steht natürlich nicht der Klageerhebung gleich. Wird die Klage fristgerecht erhoben, kommt eine Aussetzung des Verfahrens zwecks Anrufung der Schiedsstelle nur unter den oben in § 37 Rdn. 8 dargestellten Voraussetzungen bzw. einvernehmlich zwischen den Klageparteien in Betracht. Wird keine Frist zur Klageerhebung gesetzt, gilt für eine Klage die Voraussetzung des § 37 Abs. 1 ArbEG.[55]

---

54 Amtl. Begründung BT-Drucks. II/1648 S. 47 = BlPMZ 1957, 244.
55 So von Ungern-Sternberg FS Schricker (2003) S. 567, 573 m.w.N. – für das z.T. vergleichbare Schiedsstellenverfahren nach dem Urheberrechtswahrnehmungsgesetz.

## § 38 Klage auf angemessene Vergütung

Besteht Streit über die Höhe der Vergütung, so kann die Klage auch auf Zahlung eines vom Gericht zu bestimmenden angemessenen Betrages gerichtet werden.

Übersicht Rdn.
A. Allgemeines .......................................... 1
B. Klage auf angemessene Vergütung ........................... 3
C. Möglichkeiten der Vergütungsklage ......................... 10

## A. Allgemeines

Diese Vorschrift, die uneingeschränkt auch in den neuen Bundesländern gilt (s. § 37 Rdn. 1.1 zu), hat im Hinblick auf § 253 Abs. 2 Nr. 2 ZPO klarstellende Funktion;[1] sie soll für Erfindervergütungen die Rechtsprechung festschreiben, wonach in gewissen Fällen, in denen die Höhe des dem Kläger zuzusprechenden Betrages vom richterlichen Ermessen abhängt, auch **unbezifferte Klageanträge** zulässig sind.[2] Sinn der Regelung ist es, den Arbeitnehmer von dem mit einer eigenen Schätzung der Vergütung, womit er häufig überfordert wäre, verbundenen Prozesskostenrisiko zu befreien.[3]  1

Der **Streitwert** ist gem. § 3 ZPO nach freiem Ermessen festzusetzen, wobei grundsätzlich auf den vom Gericht auf Grund des klägerischen Sachvortrags als angemessen erachteten Vergütungsbetrag abzustellen ist.[4] Zur Bestimmung des Streitwertes sind dieselben Grundsätze wie in anderen Fällen unbestimmter Klageanträge, etwa beim Schmerzensgeldantrag,[5] heranzuziehen. Maßgeblich kann grundsätzlich der Betrag sein, der sich aufgrund des Tatsachenvortrages des Klägers bei objektiver Würdigung als angemessen ergibt.[6] Entscheidend ist das ursprüngliche Interesse des Klägers, nicht allein ein bereits auf seine  2

---

1 Amtl. Begründung BT-Drucks. II/1648, S. 48 = BlPMZ 1957, 245.
2 Vgl. RG v. 01.04.1933, RGZ 140, 211, 213; BGH vom 13.12.1951, BGHZ 4, 138, 142; vom 13.03.1967, NJW 1967, 1420, 1421; v. 04.11.1969, LM Nr. 25 zu § 511 ZPO u. v. 24.04.1975, WM 1975, 599; vgl. auch Pawlowski, NJW 1961, 341 ff.
3 Vgl. Volmer Rn. 1 zu § 37 ArbEG; Keukenschrijver in Busse/Keukenschrijver, PatG, Rn. 2 zu § 38 ArbEG.
4 BGH v. 12.06.2012 – X ZR 104/09, GRUR 2012, 959 (LS u. Rn. 5) – *Antimykotischer Nagellack II*.
5 S. dazu die Nachweise bei Baumbach/Lauterbach/Albers/Hartmann, ZPO, § 39 ZPO Anh. zu § 3 Rn. 99 f. (Stichwort: »Schmerzensgeld«) und bei Zöller/Herget, ZPO, Rn. 16 zu § 3 (Stichwort: »Unbezifferte Klageanträge«).
6 Keukenschrijver in Busse/Keukenschrijver, PatG, Rn. 7 zu § 38 ArbEG.

Schlüssigkeit durchgeprüftes und Erfolg versprechendes Klagevorbringen,[7] daher auch nicht der Betrag, der dem Kläger auf seine Klage hin zuerkannt worden ist.[8] Offensichtlich übertriebene Einschätzungen und Angaben insbesondere zu Umständen, über die der Arbeitgeber erst Auskunft geben soll, müssen außer Betracht bleiben, ebenso unvertretbare, persönliche Rechtsansichten des Klägers, die den Bereich der Angemessenheit verlassen.[9]

Die im Urteil zugesprochene Summe kann dann für die Wertfestsetzung entscheidend sein, wenn die nach dem Tatsachenvortrag des Klägers bei objektiver Bewertung maßgeblichen Bemessungsumstände und deren rechtliche Würdigung auch zugleich der Entscheidung zugrunde liegen; das ist z.B. nicht der Fall, wenn ein Teil der Klagebehauptung unbewiesen geblieben ist.[10] Soweit das *OLG Düsseldorf* einschränkend den besonderen sozialen Zweck berücksichtigt hatte, den der Gesetzgeber mit der ausdrücklichen Zulassung des Antrages auf Zahlung einer angemessenen Erfindervergütung in § 38 verfolgt,[11] lässt dies die soziale Funktion des (auch hier geltenden, s. dazu § 39 Rdn. 25) § 144 PatG (Antrag auf Streitwertermäßigung) außer Betracht.[12] In seiner neueren Entscheidungspraxis hält das *OLG Düsseldorf* deshalb an seiner früheren Auffassung nicht mehr fest[13] und sieht zu Recht für eine über § 144 PatG und einen – daneben möglichen – Prozesskostenhilfeantrag (s. § 37 Rdn. 2.1

---

7 OLG Braunschweig v. 10.07.1969 – 2 U 70/67 – *Anrufbeantworter*, (unveröffentl.) – in ständ. Rspr.; OLG München v. 13.04.1966, Mitt. 1967, 39, 40; ArbG Heide v. 13.05.1958, ARSt. XX, Nr. 399.
8 So OLG Braunschweig v. 10.07.1969 – 2 U 70/67 – *Anrufbeantworter*, (unveröffentl.); abw. Volmer Rn. 12 zu § 38 sowie Volmer/Gaul Rn. 5 zu § 38; a.A. wohl auch OLG Düsseldorf v. 22.02.1984, GRUR 1984, 653 – *unbezifferter Klageantrag I*.
9 BGH v. 12.06.2012 – X ZR 104/09, GRUR 2012, 959 (LS u. Rn. 5, 9) – *Antimykotischer Nagellack II*. S. auch Keukenschrijver in Busse/Keukenschrijver, PatG, Rn. 7 zu § 38 ArbEG, wonach sich das vom Kläger verfolgte »Rechtsschutzziel im Streitwert niederschlagen« muss, wobei jedoch »umso mehr Zurückhaltung geboten« sei, je fernliegender dessen rechtl. Erwägungen zur Vergütungshöhe sind.
10 S. OLG München v. 08.08.1973, VersR 1974, 347 u. KG v. 16.10.1972, MDR 1973, 146 (zum Streitwert b. Schmerzensgeldklagen). S. auch BGH v. 12.06.2012 – X ZR 104/09, GRUR 2012, 959 (LS u. Rn. 5, 9) – *Antimykotischer Nagellack II*.
11 OLG Düsseldorf v. 22.02.1984, GRUR 1984, 653 – *unbezifferter Klageantrag I*.
12 Dem OLG Düsseldorf folgend Reimer/Schade/Schippel/Trimborn Rn. 3 zu § 38; im Ergebn. wie hier Boemke/Kursawe/Boemke Rn. 39 zu § 38; ähnl. auch HK-Kronisch, § 38 Rn. 3.
13 OLG Düsseldorf, Beschl. v. 12.05.2011, InstGE 13, 237 – *Unbezifferter Klageantrag II*.

zu) hinausgehende, zusätzliche Privilegierung weder nach Sinn noch nach Wortlaut des § 38 Raum (s. § 37 Rdn. 8).

## B. Klage auf angemessene Vergütung

Der Arbeitnehmer kann mithin **unbezifferte Leistungsklage** auf Zahlung eines vom Gericht zu bestimmenden, angemessenen Betrages erheben, wenn mit dem Arbeitgeber Streit über die Angemessenheit und damit über die Höhe der Erfindervergütung besteht. Sachlich ist der Klageantrag ausweislich des »Ramipril I«-Urteils des *BGH*[14] – wegen der Qualifizierung der Festsetzung als Leistungsbestimmungsrecht (s. § 12 Rdn. 48) – auf **gerichtliche Bestimmung der angemessenen Vergütung** im Sinne von § 315 Abs. 3 Satz 2 Halbs. 2 BGB gerichtet.

**Persönlich** erfasst sind Klagen von Arbeitnehmern, und zwar auch einzelner Arbeitnehmer-Miterfinder[15] sowie ausgeschiedener Arbeitnehmer (vgl. § 37 Abs. 2 Nr. 3). Da es um Zahlungs-/Leistungsklagen auf Vergütung geht, betrifft die Vorschrift nicht etwaige Klagen des Arbeitgebers (z. B. auf Feststellung, ungerechtfertigte Bereicherung, Schadensersatz,), für die es bei den allgemeinen Vorgaben verbleibt.

**Sachlich** umfasst § 38 alle Vergütungsansprüche für in Anspruch genommene oder durch Vereinbarung übergeleitete Diensterfindungen und qualifizierte technische Verbesserungsvorschläge,[16] also insb. die gesetzlichen Ansprüche aus den §§ 9, 10 a.F., 12 Abs. 6, § 14 Abs. 3, § 16 Abs. 3, § 17 Abs. 3, § 20 Abs. 1. Zweifelhaft erscheint, ob die Schutzwirkung des § 38 noch angemessen ist, wenn es um Bereicherungs- oder Schadensersatzansprüche des Arbeitnehmers im Zusammenhang mit der Verwertung einer frei gewordenen Diensterfindung durch den Arbeitgeber (s. § 8 a.F. Rdn. 58 ff.) oder um Ansprüche auf Leistung mit Blick auf »angemessene Bedingungen« bei Verwertung einer freien Erfindung (§ 19 Abs. 1 u. 3) geht, zumal sich § 38 als Ausnahmevorschrift nur auf »Vergütungen« erstreckt.

Der Anspruch auf angemessene Vergütung ist ab Rechtshängigkeit (§ 291 BGB) zu **verzinsen**, es sei denn, der Zinsanspruch ist aus anderen Gründen bereits vorher entstanden.[17]

---

14 BGH v. 04.12.2007 – X ZR 102/06, GRUR 2008, 606, 607 [Rn. 15] – *Ramipril I*.
15 Keukenschrijver in Busse/Keukenschrijver, PatG, Rn. 1 zu § 38 ArbEG m.H.a. BGH v. 17.10.2000, GRUR 2001, 226 – *Rollenantriebseinheit*.
16 Im Ergebn. ebenso Keukenschrijver in Busse/Keukenschrijver, PatG, Rn. 3 zu § 38 ArbEG.
17 BGH v. 05.01.1965, NJW 1965, 531 u. v. 15.01.1965, NJW 1965, 1376 (z. unbezifferten Schmerzensgeldanspruch).

5 **Voraussetzung** einer Klage auf angemessene Vergütung ist entsprechend dem Sinn der Regelung, dass die Höhe der angemessenen Vergütung noch nicht für beide Parteien verbindlich feststeht[18], etwa aufgrund einer rechtswirksamen Vereinbarung (insb. § 12 Abs. 1 bzw. Abs. 3 i.V.m. Abs. 4 Satz 2) oder eines bindend gewordenen Einigungsvorschlages (§ 34 Abs. 3). Dementsprechend kommt § 38 auch zum Tragen, wenn dies eine Partei im Rahmen des Anpassungsanspruchs nach § 12 Abs. 6 Satz 1 klageweise geltend machen will[19] (s. auch § 12 Rdn. 147).

6 § 38 erfasst Klagen vor den Patentstreitkammern (§ 39 Abs. 1); ferner vor den ArbG (§ 2 Abs. 2 a ArbGG) und vor den VG (vgl. § 54 Abs. 1 BeamtStG, § 126 Abs. 1 BBG und entsprechendes Landesrecht) hinsichtlich der Vergütung für qualifizierte technische Verbesserungsvorschläge von Arbeitnehmern bzw. Beamten. Nicht § 38, sondern die allgemeinen Grundsätze gelten bei Vergütungsklagen für einfache technische Verbesserungsvorschläge.[20]

7 Erforderlich ist die Klage eines (auch ausgeschiedenen, vgl. § 26) Arbeitnehmers. **Keine Anwendung** findet diese Vorschrift auf arbeitnehmerähnliche Personen (str., s. § 1 Rdn. 27); für sie verbleibt es bei den allgemeinen Grundsätzen des § 253 ZPO zu unbezifferten Klageanträgen.[21] Gleiches gilt dem Sinn und Wortlaut (»Vergütung«) des § 38 zufolge auch bei Klagen des Dienstherrn auf angemessene Beteiligung gem. § 40 Nr. 1;[22] es ist also im Einzelfall zu prüfen, ob dem Dienstherrn ein bezifferter Klageantrag unmöglich bzw. unzumutbar ist. Wird die Anwendbarkeit des ArbEG ausdrücklich oder stillschweigend vereinbart, gilt dies nicht für die verfahrensrechtliche Bestimmung des § 38 (s. § 1 Rdn. 93).

8 § 38 befreit nur von der Bezifferung des Klageantrages; erforderlich ist u. E. aber, dass der Arbeitnehmer dem Gericht die tatsächlichen Grundlagen und die in Betracht gezogene bzw. vorgestellte (ungefähre) **Größenordnung** so genau wie möglich angibt, sodass dem Gericht die Festlegung der Höhe der

---

18 Keukenschrijver in Busse/Keukenschrijver, PatG, Rn. 3 zu § 38 ArbEG; so auch Volmer Rn. 7 zu § 37; wohl auch Volmer/Gaul Rn. 13 zu § 38.
19 I.d.S. auch BGH für die Anpassung gem. § 36 UrhG, vgl. BGH v. 27.06.1991 – I ZR 22/90, GRUR 1991, 901 – *Horoskop-Kalender*. Im Ergebn. wie hier Boemke/Kursawe/Gennen Rn. 164 zu § 12.
20 A.A. Volmer/Gaul Rn. 22 f. z. § 38; Schwab, Arbeitnehmererfindungsrecht, § 38 Rn. 2.
21 Zust. Boemke/Kursawe/Boemke Rn. 20 zu § 38. A.A. Volmer/Gaul Rn. 11 zu § 38.
22 A.A. Volmer Rn. 8, 9 zu § 37 u. Reimer/Schade/Schippel/Trimborn Rn. 2 zu § 38; s. ausf. Boemke/Kursawe/Boemke Rn. 11 f. zu § 38.

Klageforderung ermöglicht wird[23] (z.B. durch Nennung eines Mindest- oder Ungefährbetrages; vgl. auch § 253 Abs. 2 ZPO).

**Tatsächliche Grundlagen** sind dabei alle für die Vergütungsberechnung nach dem ArbEG unter Berücksichtigung der Richtlinien maßgeblichen Umstände, insb. die wirtschaftliche Verwertbarkeit der Erfindung (des qualifizierten technischen Verbesserungsvorschlages), die Aufgaben und die Stellung des Arbeitnehmers im Betrieb, der Anteil des Betriebes am Zustandekommen der Erfindung (des technischen Verbesserungsvorschlages), ggf. Miterfinderanteile, Höhe evtl. Vergütungszahlungen des Arbeitgebers an (potenzielle) Miterfinder[24] u. ä. Ein Antrag auf Schätzung durch Gutachter ersetzt dagegen die notwendige Darlegung der Berechnungsgrundlagen nicht.[25]

Verfügt der Arbeitnehmer über **keine ausreichenden Bemessungsgrundlagen**, insb. hinsichtlich des Verwertungsumfangs, kann er im Wege der **Stufenklage** (§ 254 ZPO) zunächst Auskunft und ggf. Rechnungslegung vom Arbeitgeber verlangen (s. dazu § 12 Rdn. 316.). Auf der Grundlage dieser tatsächlichen Angaben ist es Sache des erkennenden Gerichts, entweder aus eigener Sachkenntnis oder durch Sachverständigengutachten festzustellen, ob der begehrte Vergütungsanspruch eine angemessene Vergütung i.S.d. § 9 darstellt.

I.R.d. auch hier geltenden[26] § 287 ZPO ist das Gericht gehalten, z.B. bei der Lizenzanalogie, den angemessenen, marktüblichen Lizenzsatz auf gesicherter Grundlage[27] selbst zu ermitteln. Beruft sich eine Partei in Abweichung von den vom erkennenden Gericht herangezogenen Grundlagen auf andere für sie günstigere Berechnungsfaktoren, z.B. auf einen höheren Lizenzsatz, ist sie – aber auch nur insoweit – hierfür beweispflichtig.[28]

---

23 Ähnl. Keukenschrijver in Busse/Keukenschrijver, PatG, Rn. 4 zu § 38 ArbEG; im Ergebnis so ständ. Rspr. z. § 253 ZPO: BGH v. 24.04.1975 – I ZR 112/75, WM 1975, 599 m.w.N.; v. 18.02.1977, GRUR 1977, 539, 542 – *Prozessrechner*; v. 10.10.2002, NJW 2002, 3769 f. u. v. 18.03.2010, NJW 2010, 2970 (Rn. 19) Zöller/Greger, ZPO, § 253 Rn. 14 f.; vgl. auch BAG v. 29.11.1983, NJW 1984, 1650 f., 11.09.2006, NZA 2007, 508 (Rn. 12) u. v. 22.01.2009, NZA 2009, 945 (Rn. 22).
24 Wie hier Reimer/Schade/Schippel/Trimborn Rn. 2 zu § 38; s.a. Keukenschrijver in Busse/Keukenschrijver, PatG, Rn. 4 zu § 38 ArbEG; a. A. Boemke/Kursawe/Boemke Rn. 24 zu § 38 (s. aber auch dort Rn. 25 f. u. 30, wie hier allerdings Boemke/Kursawe/Engemann Rn. 458 zu § 9).
25 BGH v. 24.04.1975, WM 1975, 599 f.
26 Vgl. Keukenschrijver in Busse/Keukenschrijver, PatG, Rn. 5 zu § 38 ArbEG.
27 Vgl. BGH v. 30.05.1995 – X ZR 54/93, GRUR 1995, 578, 579 – *Steuereinrichtung II*.
28 Vgl. auch OLG Nürnberg v. 26.09.1978, GRUR 1979, 234 – *Fußschalter*.

Wenn der Kläger – selbst bei großzügiger Betrachtung – seine Vorstellungen nicht zu erkennen gibt, ist das Klagebegehren unzulässig.[29] Auch wenn § 38 dazu keine Aussage enthält, befreit der Aspekt der Minimierung des Kostenrisikos u. E. nicht von der auch sonst bestehenden Pflicht, den unbestimmten Klageantrag durch einen bestimmten **Mindest- bzw. Höchstbetrag** einzugrenzen[30] (s.a. § 38 Rdn. 2). Die Rechtsklarheit gebietet, dass Gericht und Gegner wissen, welchen Umfang letztlich der Streitgegenstand haben soll. Zur **Kennzeichnung** der vorgestellten Größenordnung ist es daher regelmäßig angebracht, den Antrag auf Zahlung eines vom Gericht festzusetzenden Betrages mit der Angabe eines bezifferten Mindestbetrages zu verbinden.[31]

9 Der unbezifferte Klageantrag ermöglicht es dem Gericht, den vom Kläger verbindlich genannten Betrag (Betragsvorstellung) im Rahmen einer gewissen Bandbreite zu über- oder unterschreiten.[32] Der Kläger ist dann **nicht beschwert**, wenn das Gericht ihm einen Vergütungsbetrag zuerkennt, dessen Höhe der vorgestellten und im Klagevortrag zum Ausdruck gebrachten Größenordnung entspricht.[33] **Weicht** dagegen das Gericht mit dem durch seine Entscheidung zugesprochenen Vergütungsbetrag **wesentlich von der Größenordnung ab**, die sich als Vorstellung des Klägers aus seinen Angaben in der Klageschrift oder seinem sonstigen Vorbringen ergibt, so ist er i.S.d. **Rechtsmittelrechts beschwert**;[34] in diesen Fällen hat – trotz des unbestimmten Kla-

---

29 S. allerdings v. Gerlach, VersR 2000, 527.
30 Reimer/Schade/Schippel/Trimborn, Rn. 3 zu § 38. Abw. aber noch OLG Düsseldorf v. 22.02.1984, GRUR 1984, 653 – *Unbezifferter Klageantrag*; im Ergebn. wohl auch LG Düsseldorf v. 23.11.2010 – 4b O 20/10 – Düsseldf. Entsch. Nr. 1509 – *Stahlbetontunnel*, anders OLG Düsseldorf im Beschl. v. 12.05.2011, InstGE 13, 237 – *Unbezifferter Klageantrag II* (s. dazu oben § 38 Rdn. 2); vgl. auch Keukenschrijver in Busse/Keukenschrijver, PatG, Rn. 4 zu § 38 ArbEG (Angabe eines bezifferten Mindestbetrages ist »angebracht«). A. A. Boemke/Kursawe/Boemke Rn. 27 f. zu § 38 (wie hier aber Boemke/Kursawe/Engemann Rn. 458 zu § 9).
31 Vgl. BGH v. 04.11.1969, LM Nr. 25 zu § 511 ZPO; Reimer/Schade/Schippel/Trimborn, Rn. 3 zu § 38 m.H.a. RG v. 29.10.1937, JW 1938, 605; s.a. allg. OLG München v. 13.04.1966, Mitt. 1967, 39, 40.
32 BGH v. 21.06.1977, LM § 253 ZPO Nr. 59 u. NJW 1996, 2425; Wurm, JA 1989, 65, 70.
33 S. allg. BGH v. 24.09.1991, NJW 1992, 311 u. v. 02.02.1999, NJW 1999, 1339.
34 BGH v. 31.01.1969, NJW 1969, 1427, 1428; v. 01.02.1966, BGHZ 45, 91, 93 u. v. 08.07.1993, NJW 1993, 2875, 2876; Dunz, NJW 1984, 1734, 1737.

geantrages – eine teilweise Klageabweisung zu erfolgen,[35] mit der Folge einer dem teilweisen Unterliegen entsprechenden Kostenteilung, es sei denn, das Gericht macht von der Befugnis des § 92 Abs. 2 ZPO Gebrauch.[36] Dagegen ist der Kläger, der den Betrag seines Klagebegehrens (nur) durch die Angabe einer Mindestsumme bezeichnet hat, regelmäßig nicht beschwert, wenn ihm dieser Betrag zugesprochen wird;[37] erstrebt er später einen darüber hinausgehenden Betrag, bedarf es einer Klageerweiterung[38].

## C. Möglichkeiten der Vergütungsklage

Ist der **Vergütungsanspruch** noch **nicht fällig** (s. dazu § 12 Rdn. 55 ff.), kann Klage auf Feststellung des Bestehens erhoben werden,[39] sobald der Anspruch dem Grunde nach entstanden ist, also bei (unbeschränkter) Inanspruchnahme mit Zugang der Inanspruchnahmeerklärung (s. § 9 Rdn. 11 ff.), bei früherer beschränkter Inanspruchnahme und im Fall des § 20 Abs. 1 mit Nutzungsaufnahme (s. § 10 a.F. Rdn. 7 ff.). 10

**Nach Fälligkeit** (s. dazu § 9 Rdn. 20 ff.) kann der Arbeitnehmer wahlweise Klage auf **Festsetzung** der Vergütung oder stattdessen Klage auf **Zahlung** einer angemessenen Vergütung erheben (Einzelheiten s. § 12 Rdn. 44 f.), auch als Stufenklage (s. § 12 Rdn. 316). Möglich ist alternativ die Klage auf gerichtliche Bestimmung der angemessenen Vergütung mit unbeziffertem Klageantrag (s. § 38 Rdn. 3 ff.). 11

Ist die Vergütung durch Vereinbarung bzw. Festsetzung geregelt und leistet der Arbeitgeber nicht, ist die (reine) Zahlungsklage nach § 39 Abs. 2 vor den ArbG (Verwaltungsgerichten) eröffnet (s. § 39 Rdn. 15 ff.).

---

35 BGH v. 01.02.1966 – I ZR 112/75, BGHZ 45, 91, 93; BGH v. 31.01.1969 – I ZR 112/75, NJW 1969, 1427, 1428 u. BGH v. 18.02.1977 – I ZR 112/75, GRUR 1977, 539, 542 – *Prozessrechner* m. zust. Anm. Krieger sowie v. 02.02.1999, NJW 1999, 1339; OLG Celle v. 14.09.1968, NJW 1969, 279, 280; LG Braunschweig v. 12.01.1993 – 9 O 3/91, (unveröffentl.); Keukenschrijver in Busse/Keukenschrijver, PatG, Rn. 6 zu § 38 ArbEG.
36 BGH v. 18.02.1977 – I ZR 112/75, GRUR 1977, 539, 542 – *Prozessrechner*.
37 BGH v. 04.11.1969, LM Nr. 25 zu § 511 ZPO; vgl. auch BGH v. 15.05.1984, VersR 1984, 739, 740.
38 Vgl. BGH v. 04.11.1969, LM Nr. 25 zu § 511 ZPO.
39 Wie hier Reimer/Schade/Schippel/Himmelmann Rn. 22 zu § 9.

12 Für eine Klage auf **Feststellung der Schadensersatzpflicht des Arbeitgebers aus verspäteter Vergütungszahlung** (Verzugsschaden) fehlt das gem. § 256 ZPO erforderliche qualifizierte Rechtsschutzinteresse, solange nicht feststeht, ob und in welchem Umfang der Arbeitgeber überhaupt Erfindervergütung schuldet.[40]

---

40 OLG Düsseldorf v. 26.07.1995 – 2 U 6/89, (unveröffentl.).

## § 39[1] Zuständigkeit

(1) Für alle Rechtsstreitigkeiten über Erfindungen eines Arbeitnehmers sind die für Patentstreitsachen zuständigen Gerichte (§ 143 des Patentgesetzes) ohne Rücksicht auf den Streitwert ausschließlich zuständig. Die Vorschriften über das Verfahren in Patentstreitsachen sind anzuwenden.[2]

(2) Ausgenommen von der Regelung des Absatzes 1 sind Rechtsstreitigkeiten, die ausschließlich Ansprüche auf Leistung einer festgestellten oder festgesetzten Vergütung für eine Erfindung zum Gegenstand haben.

Lit.:
*Asendorf*, Wettbewerbs- u. Patentstreitsachen vor Arbeitsgerichten? GRUR 1990, 229; *Anja Bartenbach u. Britta Bartenbach*, Die Rechtswegzuständigkeit d. Arbeitsgerichte f. Streitigkeiten ü. ArbNErf. u. Urheberrechtsstreitigkeiten nach § 2 Abs. 2 ArbGG, Festschr. K. Bartenbach (2005), 629 ff.

| Übersicht | Rdn. |
|---|---|
| A. Allgemeines | 1 |
| B. Zuständigkeit bei Erfindungen | 6 |
| I. Sachliche Zuständigkeit, Rechtsweg | 6 |
|    1. Grundsatz | 6 |
|    2. »Rechtsstreitigkeiten über Erfindungen« | 9 |
|    3. Ausnahmen von der sachlichen Zuständigkeit (Abs. 2) | 15 |
| II. Örtliche Zuständigkeit | 21 |
| C. Verfahrensgrundsätze (Abs. 1 Satz 2) | 25 |
| D. Zuständigkeit bei technischen Verbesserungsvorschlägen | 27 |
| E. Rechtswegproblematik bei Zweifeln oder Streit bezüglich der Schutzfähigkeit | 31 |
| F. Schiedsgerichtsvereinbarung | 36 |
| G. Rechtsschutzversicherung | 40 |

## A. Allgemeines

§ 39, der als Vorbild für § 104 UrhG diente, regelt die **sachliche Zuständigkeit** für Rechtsstreitigkeiten über Arbeitnehmererfindungen und normiert darüber hinaus als Spezialvorschrift zu § 2 ArbGG und § 126 BRRG (i.V.m. § 54 Abs. 1 BeamtStG) den Rechtsweg vor den ordentlichen Gerichten. Die

1

---

[1] I.d.F. des Gesetzes z. Änderung des GebrMG v. 15.08.1986 (BGBl. I, S. 1446, dort Art. 2 Nr. 2) u. des Kostenrechtsänderungsgesetzes 1994.
[2] § 39 Abs. 1 Satz 3 ArbEG a.F. ist gem. Art. 9 Nr. 5 des Kostenrechtsänderungsgesetzes 1994 v. 24.06.1994 (BGBl. I, S. 1325 = BlPMZ 1994, 344) aufgehoben (mit Wirkung ab 01.07.1994).

Vorschrift hat die bis 1957 geltende umstrittene Zuständigkeitsaufteilung für Erfindungsstreitigkeiten abgelöst.[3] Sie begründet für alle Rechtsstreitigkeiten zwischen den Arbeitsvertragsparteien über Arbeitnehmererfindungen **einheitlich** die sachliche Zuständigkeit der für Patentstreitsachen zuständigen ordentlichen Gerichte (**Patentstreitkammern**). Mit dieser Konzentration bei den Patentstreitkammern soll erreicht werden, dass diese wegen der Verknüpfung mit dem Patentrecht schwierige Rechtsmaterie von sachkundigen Berufsrichtern entschieden wird, die sich eingehend mit diesen Problemkreisen beschäftigen und damit leichter die notwendigen technischen und rechtlichen Kenntnisse und Erfahrungen sammeln können;[4] die nach früherem Recht für Vergütungsfragen zuständigen Arbeitsgerichte waren dazu i.d.R. überfordert.[5]

Durch Art. 2 Abs. 2 des Gesetzes zur Änderung des Gebrauchsmustergesetzes vom 15.08.1986 (BGBl. I, S. 1446) ist der Hinweis auf die Vorschrift des Patentgesetzes (früher § 51 PatG a.F., jetzt § 143 PatG) redaktionell angepasst worden. Gem. Art. 9 Nr. 5 Kostenrechtsänderungsgesetz v. 24.06.1994 (BGBl. I, S. 1325) ist der frühere Satz 3 in § 39 Abs. 1 aufgehoben (s. § 39 Rdn. 26).

2 Nach wie vor bleiben die **Arbeitsgerichte (Verwaltungsgerichte)** für Streitigkeiten betreffend technische Verbesserungsvorschläge zuständig (s. § 39 Rdn. 11, 27 ff.). Aufgrund dieser Rechtswegaufspaltung wirft § 39 zusätzliche Probleme auf, sodass die Regelung nicht zu Unrecht als unzulänglich kritisiert worden ist[6] (§ 39 Rdn. 31 ff.).

§ 39 Abs. 2 bestimmt, dass es für Streitigkeiten, die ausschließlich Ansprüche auf **Leistung einer festgesetzten oder festgestellten Vergütung** für eine Erfindung zum Gegenstand haben, bei den allgemeinen Bestimmungen verbleibt (s. § 39 Rdn. 15 ff.).

---

3 Ausführl. z. früh. Rechtszustand: Amtl. Begründung BT-Drucks. II/1648 S. 48 f. = BlPMZ 1957, 245; Volmer Rn. 2, 3 zu § 39.
4 Vgl. Amtl. Begründung BT-Drucks. II/1648 S. 49 = BlPMZ 1957, 245; BAG v. 09.07.1997, NZA 1997, 1181, 1182 – *Pulsinduktionsmetall-Detektoren*. LAG Rheinland-Pfalz (Beschl. v. 08.07.2010 – 3 Ta 122/10, unveröffentl.) weist zutreffend darauf hin, dass nicht beide Aspekte zusammentreffen müssen, sondern bereits eine patentrechtlich schwierige Materie nach dem Willen des Gesetzgebers die Zuweisung zu den Patentstreitkammern rechtfertigt. Zu Unrecht kritisch Boemke/Kursawe/Kursawe Rn. 6 zu § 7 bzgl. der Zuständigkeit für die Abgrenzung zw. Dienst- und freier Erfindung, die danach »besser bei den Gerichten für Arbeitssachen aufgehoben« wäre (wie hier aber Boemke/Kursawe/Boemke Rn. 7 zu § 39).
5 Amtl. Begründung BT-Drucks. II/1648 S. 49 = BlPMZ 1957, 245.
6 Vgl. Halbach Anm. 1 zu § 39; Volmer Rn. 12 zu § 39; Kunze, RdA 1975, 42, 46; Schultz-Süchting, GRUR 1973, 293, 300.

Gem. §§ 40, 41 findet die Vorschrift auch auf Rechtsstreitigkeiten über Erfin- 3
dungen eines **Angehörigen des öffentlichen Dienstes** (Arbeitnehmer, Beamter, Hochschulbeschäftigter, Soldat) Anwendung.[7]

Entsprechend dem weitgefassten Wortlaut »alle Rechtsstreitigkeiten über 4
Erfindungen« (s. § 39 Rdn. 9) und dem durch § 26 gewährleisteten materiellrechtlichem Status verbleibt es bei der Zuständigkeitsregelung des § 39 auch nach **Ausscheiden** eines Arbeitnehmers[8] (Beamten usw.; s. auch § 37 Abs. 2 Nr. 3; s. im Übr. § 39 Rdn. 9, 17, 29); die Zuständigkeit gilt auch für die Gesamtrechtsnachfolger (**Erben**[9]). Im Fall einer sonstigen Rechtsnachfolge ist entscheidend, ob es sich um eine Streitigkeit aufgrund des ArbEG handelt (nur dann § 39) oder aufgrund von Regelungen (Vereinbarungen) außerhalb des ArbEG.

Die praktische Relevanz des § 39 sollte nicht unterschätzt werden. Ungeachtet 5
der Frage der erforderlichen Sachkunde (s.o. § 39 Rdn. 1) hat der unterschiedliche Rechtsweg – aufgrund der unterschiedlichen Verfahrensordnung (ZPO bzw. ArbGG/VwGO) – Bedeutung, wie etwa bei der Prozessbevollmächtigung, dem Rechtsmittelverfahren und den Kosten.

Zur Geltung in den **neuen Bundesländern** s. § 37 Rdn. 1.1.

## B. Zuständigkeit bei Erfindungen

### I. Sachliche Zuständigkeit, Rechtsweg

#### 1. Grundsatz

Nach § 39 Abs. 1 Satz 1 sind für alle Rechtsstreitigkeiten über Erfindungen 6
eines (auch ausgeschiedenen[10]) Arbeitnehmers (Beamten[11]) die **für Patent-**

---

7 Allg., A. Vgl. dazu ausf. Volz, ArbNErf. im öffentl. Dienst, S. 205 ff.; im Ergebn. u.a. BGH v. 18.09.2007 GRUR 2008, 150 – Stabilisierendes Kniegelenk (zu § 42 ArbEG); VGH Bayern v. 31.03.1989, Slg. Schütz, Beamtenrecht, Nr. 13 zu ES/B I 1.4.
8 I. Ergebn. unstreitig, so etwa BGH v. 04.04.2006 – X ZR 155/03, GRUR 2006, 754 – *Haftetikett* u. BGH v. 06.03.2012 GRUR 2012, 605 – *Antimykotischer Nagellack*; BAG v. 09.07.1997, NZA 1997, 1181, 1182 – *Pulsinduktionsmetall-Detektoren*; LG Düsseldorf v. 17.09.1991 – 4 O 335/89, (unveröffentl.).
9 Zust. u. a. Cordt (2017), S. 176.
10 Allg. A., z. B. BAG v. 09.07.1997, NZA 1997, 1181, 1182 – *Pulsinduktionsmetall-Detektoren*.
11 Z. B. bei BGH v. 18.09.2007 – X ZR 167/05, GRUR 2008, 150 – *Selbststabilisierendes Kniegelenk*.

streitsachen[12]zuständigen Gerichte (§ 143 PatG) ohne Rücksicht auf den Streitwert (§§ 2 ff. ZPO) ausschließlich zuständig. Über § 11 Abs. 7 AÜG sind auch erfasst Rechtsstreitigkeiten über Erfindungen von Leiharbeitnehmern (s. § 1 Rdn. 61). Umfasst sind nicht nur patent-, sondern auch gebrauchsmusterfähige Erfindungen (vgl. § 2 ArbEG; s. auch § 27 GebrMG). § 39 Abs. 1 betrifft nur die sachliche Zuständigkeit.[13] Die Zuständigkeit ist eine **ausschließliche**,[14] sodass durch Vereinbarung (Prorogation) bzw. durch rügeloses Verhandeln zur Hauptsache die sachliche Zuständigkeit eines anderen Gerichts (AG) nicht begründet werden (§ 40 Abs. 2 ZPO) kann[15] (z. Vereinbarung der örtlichen Zuständigkeit s. § 39 Rdn. 24). Die im Verhältnis zur allgemeinen Zuständigkeitsregel des § 2 Abs. 1 ArbGG »abdrängende Sondervorschrift«[16] des § 39 Abs. 1 erfasst nicht Streitigkeiten wegen technischer Verbesserungsvorschläge (s. § 39 Rdn. 20, 27 ff.).

7 Innerhalb des sachlich zuständigen LG sind **funktionell zuständig**[17] die gem. **§ 143 Abs. 2 PatG errichteten Patentstreitkammern**; eine Zuweisung zu einer anderen Kammer verstößt als Angelegenheit der inneren Geschäftsverteilung[18] gegen den Grundsatz des gesetzlichen Richters (Art. 101 Abs. 1 Satz 2 GG),[19] begründet aber nicht die Einrede der sachlichen Unzuständigkeit[20].

Für das **Berufungsverfahren** ergibt sich die Zuständigkeit der Patentstreitsenate der Oberlandesgerichte aus § 119 Abs. 1 Nr. 2 GVG (vgl. zum Berufungsverfahren allg. §§ 511 ff. ZPO). Das **Revisionsverfahren** beim BGH bestimmt sich nach den allgemeinen Grundsätzen (§ 133 GVG; §§ 542 ff. ZPO). Das betrifft auch die **Mindestbeschwer** für die Zulässigkeit einer

---

12 S. hierzu BGH v. 22.02.2011 – X ZB 4/09, GRUR, 2011, 662, 663 (Rn. 9 ff.) – *Patentstreitsache*.
13 Allg. A., Heine/Rebitzki Anm. 1 zu § 39; LG Braunschweig v. 20.02.1968, GRUR 1969, 135, 136.
14 Allg. A., BGH v. 24.11.1961 – I ZR 156/59, GRUR 1962, 305, 306 – *Federspannvorrichtung*; BAG v. 30.04.1965, GRUR 1966, 88 – *Abdampfverwertung*.
15 Vgl. BGH 24.11.1961 – I ZR 156/59, GRUR 1962, 305, 306 – *Federspannvorrichtung*.
16 So BAG Beschl. v 31.05.2016 – 9 AZB 3/16, (juris, Rn. 8); vgl. auch BAG v. 18.05.1972, DB 1972, 2167, 2168 u. BAG v. 09.07.1997, NZA 1997, 1181, 1182 – *Pulsinduktionsmetall-Detektoren*.
17 LG Düsseldorf v. 27.03.1973, GRUR 1974, 173, 174 – *Blockeinweiser*.
18 BGH v. 24.11.1961 – I ZR 156/59, GRUR 1962, 305, 306 – *Federspannvorrichtung* = AP Nr. 1 zu § 5 ArbEG m. Anm. Volmer.
19 Schulte/Kühnen, PatG (2008), Rn. 15 f. zu § 143.
20 BGH v. 24.11.1961 – I ZR 156/59, GRUR 1962, 305, 306 – *Federspannvorrichtung* = AP Nr. 1 zu § 5 ArbEG m. Anm. Volmer.

## B. Zuständigkeit bei Erfindungen
## § 39

Nichtzulassungsbeschwerde gemäß § 544 ZPO. Der Streitwert für die Rechtsmittelinstanz und für die Beschwer bemisst sich auch hier nach dem Interesse des das Rechtsmittel Einlegenden an einer seinen Rechtsmittelanträgen entsprechenden Änderung, und zwar zur Zeit der Einlegung des Rechtsmittels.[21] Beispielsweise richtet sich die Beschwer bei einer Verurteilung zu Auskunft und Rechnungslegung wegen Erfindervergütung nach dem Interesse des beklagten Arbeitgebers, die Auskunft nicht erteilen zu müssen und damit namentlich – neben einem etwaigen Geheimhaltungsinteresse – nach dessen verurteilungsbedingtem Aufwand an Zeit und Kosten zum Zeitpunkt der Einlegung der Beschwerde;[22] dabei sind die Personalkosten eigener Mitarbeiter nach den Stundensätzen des JVED zu bemessen.[23] Bei einer Nichtzulassungsbeschwerde ist daher innerhalb deren Begründungsfrist der erforderliche Wert der Beschwer darzulegen sowie deren Wert – sofern er sich nicht ohne weiteres aus den Umständen ergibt – glaubhaft zu machen.[24]

Die sachliche Zuständigkeit ist **von Amts wegen** zu beachten. Auch ein rügeloses Verhandeln begründet keine Zuständigkeit (§ 40 Abs. 2 ZPO). Stellt das Gericht erster Instanz seine Unzuständigkeit fest, wird die Klage als unzulässig abgewiesen, sofern nicht auf Antrag des Klägers eine Verweisung gem. § 281 ZPO erfolgt. Der Verweisungsbeschluss ist gem. § 281 ZPO grds. bindend, auch wenn es sich tatsächlich nicht um eine Patentstreitsache handelt.[25] Die Berufung gegen ein Urteil erster Instanz kann nicht darauf gestützt werden, dass das LG seine Zuständigkeit zu Unrecht bejaht habe (§ 513 Abs. 2 ZPO).[26] Im Revisionsverfahren prüft der *BGH* gem. § 545 Abs. 2 ZPO nicht, ob das Gericht des ersten Rechtszuges sachlich oder örtlich zuständig war.[27]

8

Von der sachlichen Zuständigkeit zu trennen ist die Frage des **zulässigen Rechtsweges**. Ist der beschrittene Rechtsweg **unzulässig**, spricht das Gericht dies nach Anhörung der Parteien von Amts wegen aus und **verweist** den Rechtsstreit zugleich **an das zuständige Gericht** des zulässigen Rechtsweges (§ 17 a Abs. 2 Satz 1 GVG). Der Beschluss ist für das Gericht, an das der Rechtsstreit verwiesen worden ist, hinsichtlich des Rechtsweges bindend (§ 17

8.1

---

21 Allg. Benkard/Grabinski/Zülch, PatG, Rn. 169 zu § 139 PatG.
22 S. BGH Beschl. v. 08.09.2009 – X ZR 81/08, (juris, Rn. 8, 17) – *Schnellstart-Glühsystem* u. Beschl. v. 22.05.2013 – X ZR 49/11, (juris, Rn. 2); s. ferner allg. BGH v. 28.02.2017, GRUR-RR 2017, 185 (Rn. 8) – *Derrick*.
23 S. allg. BGH v. 28.02.2017, GRUR-RR 2017, 185 (Rn. 14) – *Derrick*.
24 BGH Beschl. v. 22.05.2013 – X ZR 49/11, (juris, Rn. 2).
25 BGH v. 27.04.1978 – X ZB 3/78, GRUR 1978, 527 – *Zeitplaner*.
26 Schulte/Rinken, PatG, § 143 Rn. 19.
27 BGH v. 21.12.1989 – X ZR 30/89, GRUR 1990, 515, 516 – *Marder*.

a Abs. 2 Satz 3 GVG). Gegen den Verweisungsbeschluss ist die sofortige Beschwerde nach den Vorschriften der jeweils anzuwendenden Verfahrensordnung gegeben (§ 17 a Abs. 4 GVG). Hält sich demnach das Arbeitsgericht für unzuständig, hat es den Rechtsstreit an die zuständige Patentstreitkammer zu verweisen[28] (vgl. § 48 ArbGG); dieser Beschluss ist mit der sofortigen Beschwerde anfechtbar (§ 17 a Abs. 4 Satz 3 GVG i.V.m. §§ 48, 78 ArbGG, § 567 ZPO). Entsprechendes gilt, wenn die angerufene Patentstreitkammer die Zuständigkeit des Arbeitsgerichts für gegeben erachtet (§ 17 a GVG i.V.m. §§ 143 PatG, 567 ZPO). Wurde die fehlende Zuständigkeit nicht gerügt und hat das Arbeitsgericht (unzutreffend) seine Zuständigkeit durch Erlass eines Urteils (stillschweigend) bejaht, ist das Rechtsmittelgericht an der Prüfung des Rechtsweges gehindert[29] (vgl. § 17a Abs. 5 GVG).

Bei **negativen Kompetenzstreitigkeiten** zwischen Gerichten der ordentlichen Gerichtsbarkeit und Arbeitsgerichten ist für die Bestimmung des zuständigen Gerichts nach § 36 ZPO derjenige Oberste Gerichtshof des Bundes zuständig, der zuerst darum angegangen wird (vgl. auch § 17a GVG).[30]

### 2. »Rechtsstreitigkeiten über Erfindungen«

9 Der Begriff der **Rechtsstreitigkeiten** über Erfindungen ist – ebenso wie der in § 143 PatG verwendete Begriff der Patentstreitsachen[31] – grds. weit zu fassen.[32] Darunter fallen alle Klagen oder Widerklagen vermögensrechtlicher oder immaterieller Natur zwischen (ausgeschiedenem) Arbeitnehmer und (früherem) Arbeitgeber, die (freie oder gebundene) Arbeitnehmer-Erfindungen betreffende Rechte bzw. Rechtsverhältnisse zum Gegenstand haben bzw. sonstwie rechtlich oder (auch nur) tatsächlich eng mit einer solchen Erfindung verknüpft sind.[33] Entscheidend ist der **Charakter** des mit der Klage vorgetragenen Sachverhalts und des hieraus geltend gemachten Anspruchs, nicht dage-

---

28 BAG v. 09.07.1997, NZA 1997, 1181, 1182 – *Pulsinduktionsmetall-Detektoren*.
29 BAG v. 21.8.1996, NZA 1996, 1342, 1343 (zu § 104 UrhG).
30 S. hierzu BAG v. 13.01.2003, BB 2003, 427.
31 S. hierzu BGH v. 22.02.2011 – X ZB 4/09, GRUR, 2011, 662, 663 (Rn. 9 ff.) – *Patentstreitsache* sowie die Nachweise bei Schulte/Rinken, PatG, § 143 Rn. 7 ff.
32 So auch LG Düsseldorf v. 08.03.2005 – 4a O 484/04, (unveröffentl.). Zu § 51 PatG a.F.: BGH v. 22.06.1954 – I ZR 225/53, BGHZ 14, 72, 77 – *Autostadt*.
33 Bestätigt durch BAG v. 09.07.1997, NZA 1997, 1181, 1182 – *Pulsinduktionsmetall-Detektoren*; ferner Hess. LAG Beschl. v. 02.08.2010 – 7 Ta 203/10, (www.lareda.hessenrecht.hessen.de, Rn. 18 f.); ähnl. Heine/Rebitzki Anm. 2 zu § 39; ArbG Rheine v. 10.05.1963, BB 1963, 1178; ebenso d. Rspr. z. Begriff Patentstreitsache i.S.d. § 51 PatG a.F.: RG v. 29.09.1942, RGZ 170, 226, 229 f. – *Explosionsrammen*; BGH v. 22.06.1954 – I ZR 225/53, BGHZ 14, 72, 77 – *Autostadt*.

gen etwaige Einwendungen des Beklagten oder die im Einzelnen zu entscheidenden Vorfragen.[34] Es muss sich nicht notwendig um im ArbEG geregelte Rechte oder Rechtsverhältnisse handeln; insoweit ist der Begriff der »Rechtsstreitigkeiten über Erfindungen« umfassender als die Tatbestandsvoraussetzungen in § 28[35] (»in allen Streitfällen ... auf Grund dieses Gesetzes«) bzw. § 37 (»Rechte oder Rechtsverhältnisse, die in diesem Gesetz geregelt sind«). Andererseits ist § 39 Abs. 1 insofern enger als § 28, als sich diese Zuständigkeitsregelung nur auf Erfindungen bezieht. Die Abgrenzung zeigt, dass der Zuständigkeitsrahmen der Schiedsstelle nach § 28 nicht deckungsgleich mit dem der für Patentstreitsachen zuständigen Gerichte nach § 39 sein kann.[36] Folglich sind nicht in allen der Zuständigkeit der Gerichte für Patentstreitsachen unterliegenden **Rechtsstreitigkeiten zwischen den** (früheren) **Arbeitsvertragsparteien** bzw. deren Rechtsnachfolgern die §§ 28, 37 einschlägig. Ausreichend für die Zuständigkeit der Patentstreitkammern ist vielmehr, dass der geltend gemachte allgemeine zivilrechtliche Anspruch (z.B. Schadensersatz) mit dem Recht des Arbeitnehmers als Urheber einer Arbeitnehmererfindung i.S.d. § 2 ArbEG begründet bzw. davon geprägt wird, auch wenn deren **Schutzfähigkeit streitig ist**[37] (s. dazu unten § 39 Rdn. 31).

Beschränkt sich jedoch der Sachvortrag der Klagepartei auf Ansprüche nach allgemeinen arbeits- und wettbewerbsrechtlichen Grundsätzen außerhalb des ArbEG und sind in diesem Zusammenhang **weder erfinder- noch patentrechtliche Fragen zu prüfen**, so kann bei Streitigkeiten zwischen (früheren) Arbeitsvertragsparteien die Zuständigkeit der Arbeitsgerichte begründet sein.[38] Dies gilt etwa für eine Unterlassungs-, Auskunfts- und Schadensersatzklage des Arbeitgebers, die auf ein nachvertragliches Geheimhaltungsverbot bzw. einen

---

34 Ebenso LG Düsseldorf v. 08.03.2005 – 4a O 484/04, (unveröffentl.); im Ergebn. auch Hess. LAG, Beschl. v. 02.08.2010 – 7 Ta 203/10, (www.lareda.hessenrecht.hessen.de, Rn. 18 ff.); s.a. BGH v. 11.11.1959, BGHZ 31, 162, 164 – *Malzflocken* (zu § 87 GWB); OLG Frankfurt am Main, Mitt. 1977, 98, 100.
35 Ebenso Schiedsst. v. 12.10.2016 – Arb.Erf. 07/14, (www.dpma.de).
36 Im Ergebn. auch Schiedsst. Beschl. v. 11.08.2014 – Arb.Erf. 45/11, (www.dpma.de). A.A. Volmer Rn. 12 zu § 28; wie hier Volmer/Gaul Rn. 20 zu § 28.
37 So Hess. LAG Beschl. v. 02.08.2010 – 7 Ta 203/10, (www.lareda.hessenrecht.hessen.de, Rn. 20).
38 Ähnl. LG Düsseldorf v. 08.03.2005 – 4a O 484/04, (unveröffentl.); s.a. ArbG Bielefeld v. 16.08.1983 – 1 Ca 686/83, (unveröffentl.) m.H.a. BAG v. 16.03.1982, AP Nr. 1 zu § 611 BGB – Betriebsgeheimnis. Zur Zuständigkeit der ArbG für die Klage eines GmbH-Geschäftsführers gegen die Kündigung seines Anstellungsvertrags ohne schriftlichen Geschäftsführervertrag s. BAG v. 15.03.2011, NJW 2011, 2684 ff. Zur Zuständigkeit für Rechtsstreitigkeiten zwischen einem Leiharbeitnehmer und einem Entleiher s. BAG v. 15.03.2011, NZA 2011, 653 f.

Verstoß gegen §§ 17, 18 UWG oder auf §§ 823, 826 BGB wegen der Verletzung allgemeiner (arbeitsrechtlicher) Rechte gestützt wird[39] bzw. für Vergütungsansprüche, die auf einer Betriebsvereinbarung über das Vorschlagswesen oder auf dem Gleichbehandlungsgrundsatz gründen.[40] Gleiches dürfte für Klagen auf Herausgabe oder Vorlage von erfindungsbezogenen Unterlagen gelten, soweit diese auf arbeitsrechtliche Ansprüche gestützt werden;[41] (zum Rechnungslegungsanspruch s. § 39 Rdn. 10, 18).

10 Gleichgültig ist, ob es sich um Streitigkeiten **vermögensrechtlicher Art** (z.B. Angemessenheit von Vergütungen nach §§ 9, 10 a.F., 14 Abs. 3, § 16 Abs. 3, § 17 Abs. 3, § 19 Abs. 1, 3 bzw. nach §§ 40 Nr. 1, 42 Nr. 4, Anpassung einer Vergütungsregelung nach § 12 Abs. 6[42] (s. aber auch § 39 Rdn. 18) sowie Schadensersatzansprüche wegen Pflichtverletzung in Bezug auf Arbeitnehmererfindungen,[43] auch auf allgemeiner zivilrechtlicher Grundlage nach §§ 280 ff., 823, 826 BGB[44] oder aus Geschäftsführung ohne Auftrag i. S. v. §§ 677 ff.[45]) oder **nicht vermögensrechtlicher Art** handelt, etwa bei Streit über den Erfindungscharakter (Vorliegen einer Dienst- bzw. freien Erfindung[46]), über Miterfinderschaft,[47] über die Wirksamkeit von Vereinbarungen i.S.d. § 37 Abs. 2 Nr. 1 (s. dazu § 39 Rdn. 17, 19; dies betrifft auch die Frage, ob ein Einigungsvorschlag mangels rechtswirksamen Widerspruchs gem. § 34 Abs. 3 verbindlich geworden ist[48]) oder über sonstige aus dem ArbEG folgende

---

39 BAG v. 16.03.1982, AP Nr. 1 zu § 611 BGB – Betriebsgeheimnis; insoweit bestätigt durch BAG v. 09.07.1997, NZA 1997, 1181, 1182 – *Pulsinduktionsmetall-Detektoren*.
40 LG Düsseldorf v. 08.03.2005 – 4a O 484/04, (unveröffentl.).
41 So wohl BGH v. 21.12.1989, GRUR 1990, 515, 516 m.H.a. § 2 Abs. 1 Nr. 3 a), c) und e) ArbGG.
42 Thür. OLG Beschl. v. 08.06.2011, GRUR-RR 2012, 89 – *Aussetzungsgrund*. Nach Keukenschrijver (in Busse/Keukenschrijver, PatG, Rn. 7 zu § 39 ArbEG) kann der Anpassungsanspruch sowohl vor den Patentstreitkammern als auch als Einwendung gegen eine Zahlungsklage vor den Arbeitsgerichten geltend gemacht werden (s. dazu hier § 39 Rdn. 18).
43 Hess. LAG Beschl. v. 02.08.2010 – 7 Ta 203/10, (www.lareda.hessenrecht.hessen.de, Rn. 17 ff.); vgl. auch d. Sachverh. b. BGH v. 05.06.1984 – X ZR 72/82, GRUR 1984, 652 – *Schaltungsanordnung*.
44 Z.B. Hess. LAG, Beschl. v. 02.08.2010 – 7 Ta 203/10, (www.lareda.hessenrecht.hessen.de, Rn. 18 ff.) im Anschl. an BAG v. 09.07.1997, NZA 1997, 1181, 1182 – *Pulsinduktionsmetall-Detektoren*.
45 Z.B. Hess. LAG, Beschl. v. 02.08.2010 – 7 Ta 203/10, (www.lareda.hessenrecht.hessen.de, Rn. 17 ff.).
46 Vgl. Keukenschrijver in Busse/Keukenschrijver, PatG, Rn. 11 zu § 39 ArbEG.
47 LG Frankfurt v. 10.10.2007 – 2–6 O 774/06, (unveröffentl.).
48 Schiedsst. v. 21.06.1996 – Arb.Erf. 37/97, (unveröffentl.).

Rechte oder Pflichten, insb. nach §§ 5 bis 8, 13–19, 24, z.B. Klage auf Kosten- und Auslagenerstattung für Unterstützungsleistungen nach § 15 Abs. 2; ferner grds. bei Klage auf Rechnungslegung bzw. Auskunftserteilung gem. § 242 BGB[49] (s. dazu aber § 39 Rdn. 18), und zwar auch außerhalb von Stufenklagen.[50] Begehrt ein (früherer) Arbeitnehmer die Feststellung, Erfinder einer technischen Neuerung und deshalb zur Anmeldung von Schutzrechten berechtigt zu sein bzw. verlangt er vom Arbeitgeber damit Unterlassung von Patentanmeldungen und/oder Herstellung/Vertrieb des Erfindungsgegenstandes, sind ebenfalls ausschließlich die Patentstreitkammern zuständig.[51] Gleiches gilt bei Schadensersatzklagen in Bezug auf eine vom Arbeitnehmer nach § 5 gemeldete Arbeitnehmererfindung, auch wenn deren Erfindungscharakter und/oder weitere erfinderrechtliche Fragen zwischen den (früheren) Arbeitsvertragsparteien streitig sind[52] (s. aber § 39 Rdn. 31 f.).

Die Patentstreitkammern sind ferner zuständig bei Streitigkeiten über die Anwendbarkeit von Allgemeinen Anordnungen i.S.d. § 40 Nr. 3, soweit diese in Bezug auf eine konkrete (fertig gestellte) Erfindung streitig sind[53] (zur verwaltungsgerichtl. Feststellungsklage s. § 40 Rdn. 41).

Für **Patentstreitsachen** zwischen (früheren) Arbeitsvertragsparteien, bei denen es also um Ansprüche aus dem PatG (GebrMG) geht, folgt die Zuständigkeit nicht aus §§ 37, 39 ArbEG, sondern aus § 143 PatG (§ 27 GebrMG), etwa bei Streitigkeiten aus Patentverletzung, widerrechtlicher Entnahme, Erfinderpersönlichkeitsrecht[54] bzw. wegen Erfindernennung/-benennung.[55] (s. auch § 37 Rdn. 4).

---

49 Vgl. ArbG Rheine v. 10.05.1963, BB 1963, 1178; s. i. Ergebn. auch LG Berlin v. 15.11.1968, Mitt. 1969, 158, 160; abw. Grunsky, ArbGG (7. Aufl. 1995), Rn. 106 zu § 2.
50 Zur Stufenklage vgl. z.B. BGH v. 17.05.1994 – X ZR 82/92, GRUR 1994, 898 – *Copolyester* m.w.N.; OLG Frankfurt am Main v. 19.12.1991, GRUR 1993, 910 – *Bügelverschließmaschinen*.
51 BAG v. 09.07.1997, NZA 1997, 1181, 1182 – *Pulsinduktionsmetall-Detektoren*.
52 Hess. LAG v. 02.08.2010 – 7 Ta 203/10, (www.lareda.hessenrecht.hessen.de, Rn. 17 ff.); zust. Trimborn, Mitt. 2010, 461, 468.
53 VG Hannover v. 30.09.1966, AP Nr. 1 zu § 39 ArbEG m. abl. Anm. Volmer = RdA 1967, 280 (LS).
54 Vgl auch BAG v. 09.07.1997, NZA 1997, 1181, 1182 – *Pulsinduktionsmetall-Detektoren*.
55 Vgl. Benkard/Schäfers, PatG, Rn. 115 zu Einl. PatG.

**11** **Erfindungen** sind gemäß der allgemein im ArbEG geltenden Legaldefinition in § 2 solche, die patent- oder gebrauchsmusterfähig sind[56] (s.a. § 39 Rdn. 31). Angesichts der weiten Fassung »Erfindungen eines Arbeitnehmers« (so § 39 Abs. 1 ArbEG) bzw. »Arbeitnehmererfindung« (so § 2 Abs. 2 Buchst. a) ArbGG) ist es ausweislich des § 4 Abs. 1 ArbEG ohne Belang, ob die Rechtsstreitigkeit eine Diensterfindung (§ 4 Abs. 2 ArbEG) oder eine freie Erfindung (§ 4 Abs. 3 ArbEG) betrifft; erfasst sind damit auch Streitigkeiten über Diensterfindungen, die nach § 6 Abs. 2, § 8 ArbEG n.F./a.F. frei geworden sind. Durch die ausdrückliche Beschränkung auf Erfindungen (§ 2) werden dagegen sonstige technische Neuerungen i.S.d. § 3, also **technische Verbesserungsvorschläge, nicht erfasst**.[57]

**12** Ist zwischen den (früheren) Arbeitsvertragsparteien das Vorliegen einer patent- oder gebrauchsmusterfähigen Arbeitnehmererfindung im Sinne von § 2 ArbEG **unstreitig**, insb. weil die Schutzfähigkeit von beiden Parteien unterstellt wird oder weil sich beide über die Frage der **Schutzfähigkeit** (stillschweigend) **geeinigt** haben (s. dazu § 2 Rdn. 14 f.),[58] ist der Rechtsweg nach § 39 in jedem Fall eröffnet. Solche Vereinbarungen lässt das ArbEG zu (vgl. z.B. § 17), so dass sie u. E. auch i.R.d. § 39 verfahrensrechtlich beachtlich sein müssen.[59] Darin liegt auch keine – im Hinblick auf die ausschließliche Zuständigkeit – unzulässige Zuständigkeitsvereinbarung, da die Absprache die Qualifikation der Erfindung betrifft und die Frage der Zuständigkeit nur eine (zwangsläufige) Folgeerscheinung ist. Klassisches Beispiel dürften Vereinbarungen über betriebsgeheime Erfindungen sein, sei es außerhalb eines Schiedsstellenverfahrens oder per angenommenem Einigungsvorschlag (§ 17), so dass z. B. bei späterem Streit über die Vergütungshöhe keine Prüfung der angerufenen Patentstreitkammer über die tatsächliche Schutzfähigkeit i. S. v. § 2 ArbEG erforderlich ist[60] (s. § 27 Rdn. 59). Ansonsten ist die Zuständigkeitsfrage bei Zweifeln über die Schutzfähigkeit oder bei diesbezüglichem Streit umstritten (s. dazu § 39 Rdn. 31 ff.).

---

56 Wohl unstreitig, z.B. Hess. LAG, Beschl. v. 02.08.2010 – 7 Ta 203/10, (www.lareda.hessenrecht.hessen.de, Rn. 20)
57 BAG v. 30.04.1965, GRUR 1966, 88 – *Abdampfverwertung*; s. auch BAG Beschl. v 31.05.2016 – 9 AZB 3/16, (juris, Rn. 8).
58 Vgl. auch BAG v. 30.04.1965, GRUR 1966, 88 – *Abdampfverwertung*.
59 A. A. Boemke/Kursawe/Boemke Rn. 45 zu § 39.
60 Demgegenüber müsste Boemke/Kursawe/Boemke Rn. 45 zu § 39 zufolge, wonach es für den Rechtsweg nach § 39 Abs. 1 auf die tatsächl. Verhältnisse i. H. a. § 2 ankommen soll und nicht auf die Einordnung durch die Parteien, hier eine gerichtliche Prüfung der Schutzfähigkeit von Amts wegen erfolgen.

## B. Zuständigkeit bei Erfindungen § 39

Streitigkeiten über **Auslandsschutzrechte** fallen nur insoweit unter § 39 13
Abs. 1, als es sich dabei um nach deutschem Recht (bzw. nach dem EPÜ) schutzfähige Erfindungen handelt (str.; vgl. § 2 Rdn. 25).[61]

Bei Streitigkeiten zwischen Arbeitgeber und Arbeitnehmer über Zuordnung 14
bzw. Rechtsinhaberschaft einer Arbeitnehmererfindung bezüglich der **im Ausland erworbenen Schutzrechtpositionen** greift die Regelung des Art. 24 Nr. 4 der Verordnung (EU) Nr. 1215/2012 v. 12.12.2012 über die gerichtliche Zuständigkeit und die Anerkennung und Vollstreckung von Entscheidungen in Zivil- und Handelssachen (ABl. EU v. 20.12.2012 Nr. L 351, S. 1) über die ausschließliche Zuständigkeit der einzelnen nationalen Gerichte nicht ein; vielmehr knüpft die Zuständigkeit an das zivilrechtliche Arbeitsverhältnis an.[62] Insoweit bewendet es bei der Zuständigkeitsregelung des § 39 Abs. 1, also der Zuständigkeit der LG, sofern es sich um zugleich nach deutschem Recht schutzfähige Erfindungen handelt; anderenfalls – bei der Beurteilung von im Inland nicht schutzfähigen Erfindungen als Arbeitsergebnisse – sind u.E. die Arbeitsgerichte zuständig (s. § 39 Rdn. 27 ff.).

### 3. Ausnahmen von der sachlichen Zuständigkeit (Abs. 2)

Nach § 39 Abs. 2 gilt Abs. 1 nicht für Rechtsstreitigkeiten, die ausschließlich 15
**Ansprüche auf Leistung einer festgestellten oder festgesetzten Vergütung** für eine Erfindung zum Gegenstand haben. § 2 Abs. 2 Buchst. a) ArbGG ist diesbezüglich § 39 Abs. 2 ArbEG angepasst worden (s. § 39 Rdn. 28). Insoweit wiederholt § 2 Abs. 2 ArbGG letztlich nur diese besondere Zuständigkeitsregelung des § 39 Abs. 1 ArbEG,[63] allerdings erweitert um die Vergütung für einen (qualifizierten) technischen Verbesserungsvorschlag nach § 20 Abs. 1. Damit wird die Zuständigkeit der Arbeitsgerichte für bürgerliche Rechtsstreitigkeiten zwischen Arbeitnehmern und Arbeitgebern aus dem (früheren) Arbeitsverhältnis (§ 2 Abs. 1 Nr. 3 Buchst. a) ArbGG) und für Zusammenhangsachen (§ 2 Abs. 3 ArbGG) eingeschränkt und zwar auf die Rechtsstreitigkeiten i.S.d. § 39 Abs. 2 ArbEG.[64] Die Regelung war Vorbild für § 104 Satz 2 UrhG und § 2 Abs. 2 Buchst. b) ArbGG.

Die Ausnahmeregelung des § 39 Abs. 2 ArbEG wird dem Umstand gerecht, 16
dass bei derartigen **reinen Zahlungsklagen**, bei denen technische und/oder

---

61 Weitergehend wohl Lindenmaier/Lüdecke Anm. 2 zu § 39; Volmer Rn. 25 zu § 39.
62 EuGH v. 15.11.1983, GRUR Int. 1984, 693 – *Schienenbefestigung* m. Anm. Stauder – zum früheren Art. 16 Nr. 4 EuGVÜ.
63 BAG v. 09.07.1997, NZA 1997, 1181, 1182 – *Pulsinduktionsmetall-Detektoren*.
64 BAG v. 09.07.1997, NZA 1997, 1181, 1182 – *Pulsinduktionsmetall-Detektoren*; ErfK/Koch, § 2 ArbGG Rn. 26.

patentrechtliche Fragen nicht zur Entscheidung anstehen, kein Anlass mehr zur Zuweisung zu den Patentstreitkammern besteht[65] (s.a. § 39 Rdn. 1). Hier verbleibt es bei den allgemeinen Regelungen zum Rechtsweg, d.h. für Arbeitnehmer sind die **Arbeitsgerichte** gem. § 2 Abs. 2 Buchst. a) ArbGG zuständig,[66] für Soldaten und Beamte, Ruhestandsbeamte und deren Hinterbliebene die **Verwaltungsgerichte** (vgl. § 54 Abs. 1 BeamtStG, § 126 Abs. 1 BBG und entsprechendes Landesrecht, § 82 SoldatenG).

17 Diese **Regelung betrifft** vornehmlich die Fälle des § 12 Abs. 1 bis 5 ArbEG[67], ferner die Situation eines bindend gewordenen Einigungsvorschlages über die Vergütung[68] (vgl. § 34 Abs. 3). Gemeint sind letztlich »glatte« Zahlungsklagen[69], wenn also die Vergütung für die Erfindung (s. § 39 Rdn. 9 f.) auch der Höhe nach zwischen den (auch ehemaligen) Arbeitsvertragsparteien unstreitig ist[70]. Angesichts der Möglichkeit formloser Vergütungsvereinbarungen (s. § 12 Rdn. 18), greift die Zuständigkeit allerdings auch bei stillschweigend getroffenen Vergütungsabreden. Die Zuständigkeit besteht auch nach **Beendigung des Arbeitsverhältnisses**.[71]

Ist **streitig, ob** eine **Vergütungsvereinbarung** besteht, handelt es sich um eine vom Arbeitsgericht selbstständig zu überprüfende Vorfrage i.R.d. Prozesses auf Leistung der festgestellten Vergütung, sofern der Kläger das Bestehen einer

---

65 Vgl. Amtl. Begründung BT-Drucks. II/1648 S. 50 = BlPMZ 1957, 246; ArbG München v. 14.06.2007 – 17 Ca 6150/07, (unveröffentl.): »Glatte Zahlungsklagen«; s. aber auch BAG Beschl. v 31.05.2016 – 9 AZB 3/16, (juris, Rn. 12).
66 Zur Zuständigkeit der ArbG für die Klage eines GmbH-Geschäftsführers gegen die Kündigung seines Anstellungsvertrags ohne schriftlichen Geschäftsführervertrag s. BAG v. 15.03.2011, NJW 2011, 2684 ff. Zur Zuständigkeit für Rechtsstreitigkeiten zwischen einem Leiharbeitnehmer und einem Entleiher s. BAG v. 15.03.2011, NZA 2011, 653 f.
67 Unstreitig, vgl. etwa BAG Beschl. v 31.05.2016 – 9 AZB 3/16, (juris, Rn. 9 f.); Walker in Schwab/Weth, ArbGG, § 2 Rn. 188.
68 So auch VGH Bayern v. 31.03.1989, Slg. Schütz, Beamtenrecht, Nr. 13 zu ES/B I 1.4 – dort verbindl. EV zw. Beamtem u. Dienstherrn; zust. auch Keukenschrijver in Busse/Keukenschrijver, PatG, Rn. 4 zu § 39 ArbEG. S. i. Einzelnen A. u. B. Bartenbach in Festschr. K. Bartenbach (2005), 629, 632 ff.
69 Benkard/Schäfers, PatG, Rn. 115 zu Einl. PatG.
70 Im Ergebn. auch LG Braunschweig v. 26.04.2017 – 9 O 1722/16, (www.rechtsprechung.niedersachsen.de, Rn. 106) – Schwenkfüße.
71 Allg. A., z. B. BAG Beschl. v 31.05.2016 – 9 AZB 3/16, (juris, Rn. 8); ErfK/Koch § 2 ArbGG Rn. 26; s. auch Ulrici GRUR-Prax. 2016, 220.

solchen Vereinbarung behauptet.[72] Verneint das Arbeitsgericht – ggf. nach Beweiserhebung[73] – den Bestand einer Vergütungsvereinbarung, verbleibt es angesichts des eindeutigen Wortlautes (»ausschließlich«) bei der Regelung des § 39 Abs. 1; das Arbeitsgericht hat den Rechtsstreit an das LG zu verweisen (s. § 39 Rdn. 34). Gleiches gilt bei Feststellung der Unwirksamkeit einer Vergütungsvereinbarung (s. i.Ü. § 39 Rdn. 19) oder bei (patentrechtlich schwierigen) Auslegungsfragen zu einer Vergütungsregelung (s. dazu § 39 Rdn. 18). Bei einer vom Arbeitnehmer nach § 12 Abs. 4 **widersprochenen Vergütungsfestsetzung** sind die Arbeitsgerichte unzuständig, sobald es (zugleich) um Vergütungszahlungen geht, die über die festgesetzte »Mindestvergütung« (s. § 12 Rdn. 75) hinausgehen.

Erhebt der Kläger keine Leistungs-, sondern eine auf die Pflicht zur Vergütungszahlung gerichtete **Feststellungsklage**, ändert dies an der sachlichen Zuständigkeit des Arbeitsgerichts nichts.[74] § 39 Abs. 2 enthält keine formale Differenzierung nach Klageart (Leistungsklage oder Feststellungsklage), sodass »Ansprüche auf Leistungen« (als zulässiges Teil-Rechtsverhältnis) auch Gegenstand einer arbeitsgerichtlichen Feststellungsklage gem. § 256 Abs. 1 ZPO sein können.[75]

Die Höhe der Vergütung muss im Fall des § 39 Abs. 2 verbindlich feststehen und deren Rechtsgrund unstreitig sein, so dass die Streitigkeit letztlich nur noch die **Zahlung (Erfüllung) der Vergütung** betrifft. Dabei ist es ohne Belang, ob die Zahlung befristet oder bedingt ist, ferner welcher Zahlungs- oder Berechnungsmodus gewählt wurde. Erforderlich bleibt nur, dass die Höhe der Vergütung eindeutig bestimmt bzw. bestimmbar ist. **18**

---

72 ArbG Köln v. 02.02.1983 – 7 Ca 10622/82, insoweit nicht beanstandet durch LAG Köln v. 14.09.1983 – 5 Sa 526/83, (beide unveröffentl.); ArbG Essen v. 06.07.1989 – 1 a Ca 1017/89, (unveröffentl.); a.A. LG Düsseldorf v. 17.09.1991 – 4 O 335/89, (unveröffentl.); s.a. – zu § 2 Abs. 2 Buchst. b) ArbGG – LAG Baden-Württemberg v. 31.05.2010 – 23 Ta 5/10, (juris = GRURPrax 2010, 376 [LS] m. krit. Anm. Ulrici, JURISPR-ArbR 38/2010, Anm. 4); Keukenschrijver in Busse/Keukenschrijver, PatG, Rn. 4 zu § 39 ArbEG; A. u. B. Bartenbach in Festschr. K. Bartenbach (2005), 629, 633; im Ergebn. wohl wie hier Boemke/Kursawe/Boemke Rn. 23 zu § 39 (auch wenn dort Fn. 39 vom Gegenteil ausgeht); vgl. auch LAG München Beschl. v. 10.12.2015 – 10 Ta 337/15, (www.gesetze-bayern.de, Rn. 21; insoweit nicht thematisiert von BAG Beschl. v 31.05.2016 – 9 AZB 3/16, juris).
73 Schlewing in Germelmann/Prütting/Matthes, ArbGG, § 2 Rn. 113 m. H. a. LAG Hamm v. 30.06.2008 – 2 Ta 871/07, (BeckRS 2008, 55321).
74 LAG Rheinland-Pfalz v. 08.07.2010 – 3 Ta 122/10, (unveröffentl.).
75 So LAG Rheinland-Pfalz v. 08.07.2010 – 3 Ta 122/10, (unveröffentl.).

Deshalb **entfällt die Zuständigkeit des Arbeitsgerichtes**, wenn eine Klagepartei die Richtigkeit der Berechnungskriterien infrage stellt und eine Berechnung nach anderen Kriterien anstrebt, also »nachbessern« will.[76] Die Zuständigkeit der Arbeitsgerichte scheidet ferner aus, wenn in bestehende Vergütungsregelungen zusätzliche Nutzungshandlungen (z.B. Lizenzvergaben) aufgenommen werden sollen[77] oder wenn mit der Klage sonstige Ansprüche aus einer Arbeitnehmererfindung erhoben werden.[78] Die Zuständigkeit entfällt u. E. auch dann, wenn eine Partei die Anpassung einer verbindlichen Vergütungsregelung nach § 12 Abs. 6 wegen geänderter Umstände geltend macht. Hat ein Arbeitsgericht bei Streit über eine vereinbarte Vergütung trotz des Anpassungseinwandes des Arbeitgebers seine Zuständigkeit bejaht, geht das Thür. OLG[79] davon aus, dass bei einer parallel anhängigen Anpassungsklage vor dem LG beide Gerichte die Möglichkeit der **Aussetzung (§ 148 ZPO)** haben; dabei sei es nicht fehlerhaft, wenn das LG das dortige Verfahren mit Blick auf ein bereits vor dem LAG anhängiges Berufungsverfahren aussetzt.[80] Bei geltend gemachtem Wegfall der Geschäftsgrundlage für eine Vereinbarung soll es bei der Zuständigkeit der Arbeitsgerichte verbleiben.[81]

Der Rechtsweg zu den Arbeitsgerichten (Verwaltungsgerichten) kann auch für Rechtsstreitigkeiten zur Vorbereitung der Vergütungsklage, also der Klage auf Leistung einer bereits festgestellten oder festgesetzten Vergütung, gegeben sein, so für **Klagen auf Auskunft oder Rechnungslegung**, unabhängig davon, ob diese Ansprüche im Wege der Stufenklage verfolgt werden.[82] Insb. führt ein Auskunftsanspruch, der seine Grundlage in der Vereinbarung über die Höhe

---

76 A. A. LAG München Beschl. v. 10.12.2015 – 10 Ta 337/15, (www.gesetze-bayern.de, Rn. 28; insoweit aber nicht thematisiert von BAG Beschl. v 31.05.2016 – 9 AZB 3/16, juris).
77 LAG München v. 02.11.2007 – 38 Ca 3994/07 Ta 282/07, (unveröffentl.); a. A. aber LAG München Beschl. v. 10.12.2015 – 10 Ta 337/15, (www.gesetze-bayern.de, Rn. 28; insoweit jedoch nicht thematisiert von BAG Beschl. v 31.05.2016 – 9 AZB 3/16, juris).
78 ErfK/Koch, § 2 ArbGG Rn. 26; s. auch BAG v. 10.06.2010, GRUR-RR 2010, 447 f.
79 Thür. OLG, Beschl. v. 08.06.2011, GRUR-RR 2012, 89, 90 – *Aussetzungsgrund*.
80 Zust. Busse/Keukenschrijver, PatG, Rn. 11 zu § 39 ArbEG. U. E. im Ergebn. zweifelhaft, wenn das Klagebegehren vor den ArbG über eine reine Zahlungsklage hinausgeht.
81 Siehe Keukenschrijver in Busse/Keukenschrijver, PatG, Rn. 4 zu § 39 ArbEG m.H. a. LAG Erfurt v. 01.08.2011 – 1 Ta 117/11.
82 ArbG München v. 10.12.1998 – 7 a Ca 2805/98, (unveröffentl.); Schlewing in Germelmann/Prütting/Matthes, ArbGG, § 2 Rn. 113; Waas in Grunsky/Waas/Benecke/Greiner, ArbGG, § 2 Rn. 97; ErfK/Koch, § 2 ArbGG Rn. 26; Walker in Schwab/Weth, ArbGG, § 2 Rn. 192.

## B. Zuständigkeit bei Erfindungen   § 39

der Vergütung hat, nicht zur Zuständigkeit der Patentstreitkammern i.S.d. Abs. 1[83] (vgl. aber auch § 39 Rdn. 10). § 39 Abs. 2 gilt auch für die Geltendmachung von (Verzugs-) **Zinsen** aufgrund von Vergütungsvereinbarungen.[84]

§ 2 Abs. 2 ArbGG normiert **keine ausschließliche Zuständigkeit** der Arbeitsgerichte für die dortigen Vergütungsansprüche;[85] eine solche folgt auch nicht aus § 39 Abs. 2 ArbEG[86]. Es steht deshalb den Arbeitsvertragsparteien frei, auch für Erfindungsstreitigkeiten i. S. v. §§ 2 Abs. 2 ArbGG, 39 Abs. 2 ArbEG die alleinige Zuständigkeit der Patentstreitkammer beim LG zu vereinbaren[87], so dass sich dort die gerichtliche Zuständigkeit konzentriert. Das ist auch deshalb sachgerecht, weil die Parteien durch eine vorherige Einbeziehung von anderen erfindungsrechtlichen Ansprüchen aus dem ArbEG ohnehin die Zuständigkeit der ordentlichen Gerichte begründen könnten.[88] Derartige Vereinbarungen sind u. E. aber erst nach Erfindungsmeldung zulässig (s. § 22 Rdn. 35). Nicht dispositiv ist dagegen die von § 39 Abs. 2 ArbEG nicht erfasste ausschließliche Zuständigkeit der Arbeitsgerichte für (Vergütungs-)Ansprüche aus einem technischen Verbesserungsvorschlag (streitig, s. dazu § 39 Rdn. 28).

Die Arbeitsgerichte können im Rahmen einer Vergütungsklage über erfinderrechtliche **Vorfragen** entscheiden,[89] ggf. auch über solche technischer bzw. patentrechtlicher Art (z.B. über Benutzungsfragen).[90] Ist die Vergütung nicht als fester Geldbetrag, sondern durch einen Prozentsatz von einer bestimmten Bezugsgröße (Lizenzanalogie) festgelegt, ist die Zuständigkeit der Arbeitsge-

---

83 BAG v. 18.05.1972, AP Nr. 2 zu § 39 ArbEG m. Anm. Volmer.
84 So VGH Bayern v. 31.03.1989, Slg. Schütz, Beamtenrecht, ES/B I 1.4 Nr 14.
85 Schiedsst. Beschluss v. 11.08.2014 Arb.Erf. 45/11(www.dpma.de); Walker in Schwab/Weth, ArbGG, § 2 Rn. 185; Schlewing in Germelmann/Prütting/Matthes, ArbGG, § 2 Rn. 115; HWK/Kalb § 2 ArbGG Rn. 119.
86 Vgl. auch Hoffmann NJ 2013, 361, 368.
87 Schlewing in Germelmann/Prütting/Matthes, ArbGG, § 2 Rn. 115; Keukenschrijver in Busse/Keukenschrijver, PatG, Rn. 5 zu § 39 ArbEG m.w.N.; Waas in Grunsky/Waas/Benecke/Greiner, ArbGG, § 2 Rn. 100; a. A. Boemke/Kursawe/Boemke Rn. 46 zu § 39; Schwab, Arbeitnehmererfindungsrecht, § 39 Rn. 5. Zur internationalen Zuständigkeit vgl. Junker NZA 2005, 199.
88 S. Schlewing in Germelmann/Prütting/Matthes, ArbGG, § 2 Rn. 115.
89 Vgl. LAG Hamm v. 12.02.1954, AP Nr. 1 zu § 2 ArbGG 1953; Schlewing in Germelmann/Prütting/Matthes, ArbGG, § 2 Rn. 116 Waas in Grunsky/Waas/Benecke/Greiner, ArbGG, § 2 Rn. 98 in Grunsky/Waas/Benecke/Greiner, ArbGG, § 2 Rn. 96; Keukenschrijver in Busse/Keukenschrijver, PatG, Rn. 5 zu § 39 ArbEG.
90 Hess. LAG v. 18.07.2006 – 12 Ta 163/06, u. v. 28.06.2007 – 8 Ta 150/07, (beide unveröffentl.).

richte auch bei Streit über den Umfang der Bezugsgröße gegeben.[91] Allerdings dürfen sich die streitigen Fragen u. E. dann auch nur als Vorfragen und nicht als Hauptfragen darstellen.[92]

Auch **Auslegungsfragen zu einer Vergütungsregelung**, bei denen es um die Ermittlung des Regelungsinhalts geht, lassen die Zuständigkeit der Arbeitsgerichte grundsätzlich unberührt.[93] Ob dies allerdings in den Fällen einer ergänzenden Auslegung der Vereinbarung und damit Feststellung des mutmaßlichen Parteiwillens gilt, ist dann streitig, wenn solches eine spezifische Fachkunde im Patentwesen erfordert. Nach Auffassung des *BAG* besteht auch hier die Zuständigkeit der Arbeitsgerichte, da § 39 Abs. 2 ArbEG an das formale Vorliegen einer Vergütungsregelung i. S. v. § 12 Abs. 1, 3 ArbEG anknüpft und das Arbeitsgericht ggf. auf Sachverständige zurückgreifen kann;[94] durch das Aufwerfen einer Auslegungsfrage dürfe den Arbeitsgerichten nicht die Zuständigkeit entzogen werden.[95] Nach dem Gesetzeszweck (s. § 39 Rdn. 16 f.) setzt die Vorschrift aber eine reine Zahlungsklage voraus, bei der die Höhe der Vergütung bzw. deren Bemessung unstreitig ist.[96] Aus unserer Sicht entfällt die Zuständigkeit der Arbeitsgerichte daher, wenn der Leistungsanspruch von der **Auslegung einer Vergütungsvereinbarung** abhängt und diese nach den Regeln der §§ 133, 157 BGB nur in Würdigung des patentrechtlichen Gesamtzusammenhangs und spezifischer Fachkenntnisse im Patentwesen erfolgen kann.[97] Das Ergebnis ist u. E. keines einer einschränkenden Auslegung von § 39 Abs. 2 ArbEG, sondern folgt aus der tatbestandlichen Notwendigkeit einer »ausschließlich Ansprüche auf Leistung einer festgestellten und festgesetzten Vergütung« betreffenden Klage.

19 Der Rechtsstreit muss **ausschließlich festgelegte Vergütungsansprüche** betreffen. Fehlt es an einem Anspruch auf Leistung einer festgelegten Vergütung, kann die Zuständigkeit der Arbeitsgerichte nicht dadurch begründet werden, dass **im Zusammenhang mit einer anderweitigen arbeitsrechtlichen**

---

91 BAG Beschl. v 31.05.2016 – 9 AZB 3/16, (juris, Rn. 12) im Anschl. an Reimer/Schade/Schippel/Trimborn Rn. 7 zu § 39.
92 LAG Rheinland-Pfalz v. 08.07.2010 – 3 Ta 122/10, (unveröffentl.); weitergehend wohl Boemke/Kursawe/Boemke Rn. 24 f. zu § 39.
93 Vgl. BAG Beschl. v. 31.05.2016 – 9 AZB 3/16, (juris, Rn. 12).
94 Dafür BAG Beschl. v 31.05.2016 – 9 AZB 3/16, (juris, Rn. 12) im Anschl. an LAG München Beschl. v. 10.12.2015 – 10 Ta 337/15, (www.gesetze-bayern.de, dort bei Rn. 28 aber unter Verkennung unseres diesseitigen Hinweises in 5. Voraufl.).
95 BAG Beschl. v. 31.05.2016 – 9 AZB 3/16, (juris, Rn. 13).
96 Insoweit zust. Boemke/Kursawe/Boemke Rn. 22 zu § 39.
97 So im Ergebn. auch LAG Rheinland-Pfalz v. 08.07.2010 – 3 Ta 122/10, (unveröffentl.).

## B. Zuständigkeit bei Erfindungen § 39

**Streitigkeit** (z.B. Kündigungsschutzklage) **erfinderrechtliche Vergütungsansprüche geltend gemacht werden**; dem steht bewusst der die Zuständigkeit der Arbeitsgerichte einschränkende § 39 Abs. 1 ArbEG i.V.m. § 2 Abs. 3 ArbGG entgegen.[98] Die Zusammenhangsklage ist nach § 2 Abs. 3 ArbGG ausgeschlossen, wenn für diese zusätzlichen Ansprüche – wie hier über § 39 Abs. 1 ArbEG – die ausschließliche Zuständigkeit eines anderen Gerichts gegeben ist.[99] Sind neben der Zahlung der festgelegten Vergütung **sonstige erfinderrechtliche Fragen** im Streit, verbleibt es ebenfalls bei der Regelung des § 39 Abs. 1 ArbEG, d.h. das LG ist insgesamt (also auch hinsichtlich der Vergütungsfrage) ausschließlich zuständig[100], sodass der Rechtsstreit auf Antrag an dieses zu verweisen ist.[101] Insb. darf kein Teilurteil des Arbeitsgerichts ergehen,[102] es sei denn, die rechtswegfremden Ansprüche sind durch Klagerücknahme entfallen. Etwas anderes gilt, wenn mit der Vergütungsforderung sonstige (erfindungsunabhängige) Ansprüche aus dem Arbeitsverhältnis geltend gemacht werden.[103] Insoweit ist zu prüfen, ob sich eine Zuständigkeit der Arbeitsgerichte aus § 2 Abs. 1 Nr. 3a ArbGG ergibt.[104]

Macht der Arbeitnehmer vor dem Arbeitsgericht einen festgestellten Vergütungsanspruch aus eigenem Recht geltend und zusätzlich ihm **abgetretene Ansprüche** eines Miterfinders aus einer Vergütungsregelung, handelt es sich um unterschiedliche Streitgegenstände.[105] Für die Ansprüche aus abgetretenem Recht ist die Zuständigkeit der Patentstreitkammer gegeben.

Wird der Streitgegenstand einer vor dem Arbeitsgericht anhängigen Vergütungsklage nachträglich durch **Klageerweiterung** verändert, so erfolgt eine neue Zuständigkeitsprüfung ab dem Zeitpunkt der Veränderung, sodass sich daraus auch eine andere (weitere) Zuständigkeit ergeben kann; mit Rücksicht auf § 17 Abs. 1 GVG bleibt das Arbeitsgericht für den Vergütungsanspruch

---

98 Ebenso; Volmer/Gaul Rn. 30 zu § 39. S. zur Zusammenhangsklage auch A. Bartenbach/B. Bartenbach in Festschr. Bartenbach (2005), S. 629, 644.
99 BAG v. 10.06.2010, GRUR-RR 2010, 447, 448.
100 Schlewing in Germelmann/Prütting/Matthes, ArbGG, § 2 Rn. 114; Waas in Grunsky/Waas/Benecke/Greiner, ArbGG, § 2 Rn. 98; im Ergebn. auch Walker in Schwab/Weth, ArbGG, § 2 Rn. 189; abw. GK-ArbGG/Schütz § 2 Rn. 193.
101 ArbG Augsburg v. 29.08.2007 – 8 Ca 252/07 N, (unveröffentl.); Grunsky, ArbGG (7. Aufl. 1995), Rn. 107 f. zu § 2; Schaub Formularslg. § 82 IV 11; im Ergebn. auch Keukenschrijver in Busse/Keukenschrijver, PatG, Rn. 6 zu § 39 ArbEG.
102 S. Walker in Schwab/Weth, ArbGG § 2 Rn. 189.
103 Schlewing in Germelmann/Prütting/Matthes, ArbGG, § 2 Rn. 114.
104 Vgl. LAG Nürnberg Beschl. v. 27.08.2004 – 9 Ta 62/04, (juris, Rn. 8, in Mitt. 2005, 172 nur LS).
105 Vgl. allgemein BAG v. 13.01.2003, BB 2003, 427.

weiterhin zuständig (streitig).[106] Das Arbeitsgericht hat über den geltend gemachten Vergütungsanspruch unter allen in Betracht kommenden rechtlichen Gesichtspunkten zu entscheiden (§ 17 Abs. 2 GVG), sofern der zu ihm beschrittene Rechtsweg für einen Klagegrund zulässig ist.[107] Werden dagegen im Wege der **Klagehäufung** (§ 260 ZPO) mehrere selbstständige Ansprüche beim Arbeitsgericht geltend gemacht, muss die Zulässigkeit des Rechtswegs für jeden Anspruch getrennt geprüft werden; ggf. hat eine Prozesstrennung (§ 145 ZPO) durch Verweisung einzelner Klageansprüche im Verfahren nach § 17a GVG zu erfolgen.[108] Ist bereits beim LG ein Rechtsstreit über die Arbeitnehmererfindung i.S.d. § 39 Abs. 1 ArbEG anhängig und wird später Klage wegen einer Vergütungszahlung für die betreffende Arbeitnehmererfindung vor dem an sich zuständigen Arbeitsgericht erhoben, so kann auch dieser neue Rechtsstreit in die Zuständigkeit des LG fallen;[109] denn nur so wird dem Anliegen des § 39 Abs. 2 (»ausschließlich Ansprüche auf ...«) Rechnung getragen und sichergestellt, dass nicht divergierende Entscheidungen von Gerichten unterschiedlicher Rechtszweige ergehen können.

Wird in einem vor dem Arbeitsgericht anhängigen Vergütungsrechtsstreit vom Beklagten **Widerklage** wegen anderer erfinderrechtlicher Fragen erhoben, ist das Arbeitsgericht (nur hierfür, vgl. § 17 GVG) unzuständig.[110]

Wird in einem vor dem zuständigen Arbeitsgericht geführten Rechtsstreit die **Aufrechnung** mit solchen Gegenforderungen erklärt, für deren Geltendmachung z.B. gem. § 39 Abs. 1 ArbEG die Patentstreitkammern zuständig wären, führt nach der aktuellen Rechtsprechung des *BAG*[111] die Aufrechnung mit rechtswegfremden Gegenforderungen insoweit zur Unzuständigkeit des ange-

---

106 Vgl. Schlewing in Germelmann/Prütting/Matthes, ArbGG, § 2 Rn. 114; Waas in Grunsky/Waas/Benecke/Greiner, ArbGG, § 2 Rn. 98; Walker in Schwab/Weth, ArbGG, § 2 Rn. 189, dort ausf. zum Meinungsstand.
107 Vgl. allgem. OLG Stuttgart v. 19.11.1996, NZA-RR 1997, 267.
108 H. M., s. Zöller/Lückemann, ZPO, § 17 GVG Rn. 6 ff. m. w. Nachw. Vgl. auch Boemke/Kursawe/Boemke Rn. 48 ff. zu § 39.
109 ArbG Siegburg, Beschl. v. 23.09.1988 – 2 Ca 919/88, (unveröffentl.) m.H.a. Kissel GVG Rn. 200 zu § 13; a. A. Boemke/Kursawe/Boemke Rn. 53 zu § 39.
110 Walker in Schwab/Weth, ArbGG, § 2 Rn. 193 m. w. Nachw.; Grunsky, ArbGG (7. Aufl. 1995), Rn. 108 zu § 2; vgl. auch Schlewing in Germelmann/Prütting/Matthes, ArbGG, § 2 Rn. 116; abw. wohl Volmer/Gaul Rn. 27 ff., 34 z. § 39.
111 BAG v. 23.08.2001, NZA 2001, 1158, 1159 m.w.N.; vgl. auch Boemke/Kursawe/ Boemke Rn. 55 ff. zu § 39; differenzierend Palandt/Grüneberg, BGB, § 388 Rn. 5 m.w.N. A. A. noch BAG v. 18.05.1972 AP Nr. 2 zu § 39 ArbEG = DB 1972, 2167 f.; im Anschl. daran Keukenschrijver in Busse/Keukenschrijver, PatG, Rn. 8 zu § 39 ArbEG, wonach die ArbG darüber mitzuentscheiden haben.

rufenen Arbeitsgerichts; die Aufrechnung ist kein »rechtlicher Gesichtspunkt« i. S. v. § 17 Abs. 2 GVG, sondern ein selbstständiges Gegenrecht, das dem durch die Klage bestimmten Streitgegenstand einen weiteren selbstständigen Gegenstand hinzufügt.[112] In diesen Fällen soll das angerufene Arbeitsgericht den Rechtsstreit entweder bis zur rechtsbeständigen Erledigung der Aufrechnungsforderung aussetzen oder über die Klageforderung durch Vorbehaltsurteil unter Verweisung bzgl. der Gegenforderung an das zuständige Gericht entscheiden können.[113]

Die Zuständigkeitszuweisung zu den Patentstreitkammern nach § 39 Abs. 1 gilt ferner nicht für Streitigkeiten über **technische Verbesserungsvorschläge** (s. dazu § 39 Rdn. 27 ff.) sowie für kollektivrechtliche Streitigkeiten. In der Insolvenz findet die Vorschrift nur eingeschränkt Anwendung. Für arbeitnehmerähnliche Personen gilt § 39 ebenfalls nicht (s. § 1 Rdn. 27 u. § 39 Rdn. 29). 20

Eine sachlich gegebene Zuständigkeit des Arbeitsgerichts entfällt nicht, wenn das **Arbeitsverhältnis** der Parteien **beendet** ist[114] (vgl. auch § 39 Rdn. 4). Es genügt vielmehr, dass der Arbeitnehmer mit der Berufung auf eine Vergütungsregelung einen Anspruch aus dem Arbeitsverhältnis geltend macht (vgl. § 2 Abs. 1 Nr. 3 a ArbGG).

**II. Örtliche Zuständigkeit**

Die örtliche Zuständigkeit wird von § 39 nicht erfasst.[115] Für sie gelten die **allgemeinen Grundsätze** der §§ 12 ff. ZPO. Demzufolge ist Gerichtsstand i.d.R. der Wohnsitz des Beklagten (§§ 12, 13 ZPO), bei juristischen Personen deren Sitz (§ 17 ZPO), bei dem Fiskus der Sitz der vertretenden Behörde (§§ 18, 19 ZPO). Ferner kommen die besonderen Gerichtsstände des Aufenthaltsorts (§ 20 ZPO), der Niederlassung (§ 21 ZPO) und des Erfüllungsortes (§ 29 ZPO) in Betracht. 21

Bei der örtlichen Zuständigkeit ist weiterhin zu beachten, dass nach § 143 Abs. 2 PatG nur bestimmte LG mit Patentstreitsachen und demzufolge auch 22

---

112 Schlewing in Germelmann/Prütting/Matthes, ArbGG, § 2 Rn. 116 m. H. a. BAG v. 28.11.2007, AP ArbGG 1979 § 2 Zuständigkeitsprüfung Nr. 11., wonach die abweichende Entscheidung des BAG v. 18.05.1972 AP Nr. 2 zu § 39 ArbEG = DB 1972, 2167 f. überholt ist.
113 Walker in Schwab/Weth, ArbGG, § 2 Rn. 194.
114 Unstreitig, vgl. etwa für techn. Verbesserungsvorschläge LAG Nürnberg Beschl. v. 27.08.2004 – 9 Ta 62/04, (juris, Rn. 8).
115 Allg. A., z.B. LG Braunschweig v. 20.02.1968, GRUR 1969, 135, 136.

mit Rechtsstreitigkeiten über Arbeitnehmererfindungen befasst sind. Nur bei diesen ist also Klage zu erheben.

23 **Patentstreitkammern** gemäß Zuweisung nach § 143 Abs. 2 PatG sind **errichtet bei:**[116] LG Berlin für Berlin und Brandenburg, LG Braunschweig für Niedersachsen, LG Düsseldorf für Nordrhein-Westfalen, LG Erfurt für Thüringen; LG Frankfurt für Hessen und Rheinland-Pfalz, LG Hamburg für Bremen, Hamburg, Mecklenburg-Vorpommern und Schleswig-Holstein, LG Leipzig für Sachsen, LG Magdeburg für Sachsen-Anhalt, LG Mannheim für Baden-Württemberg, LG München I für den OLG-Bezirk München, LG Nürnberg-Fürth für die OLG Bezirke Nürnberg und Bamberg; ferner (ohne besondere Zuweisung nach § 143 Abs. 2 PatG) beim LG Saarbrücken für das Saarland.

24 **Vereinbarungen** über die (örtliche) Zuständigkeit einer anderen Patentstreitkammer sind zwar nach §§ 38 ff. ZPO zulässig,[117] aber infolge der Regelung der §§ 29 Abs. 2, 38 ff. ZPO nur in beschränktem Umfange möglich (vgl. § 38 Abs. 2, 3; § 39 ZPO).

### C. Verfahrensgrundsätze (Abs. 1 Satz 2)

25 Im Hinblick auf die Zuordnung zu den Patentstreitkammern normiert Abs. 1 Satz 2, dass auch bei arbeitnehmererfinderrechtlichen Streitigkeiten die Vorschriften über das Verfahren in Patentstreitsachen anzuwenden sind. Demzufolge sind die §§ 143 bis 145 PatG anwendbar.[118] Neben dem Zwang zur Klagekonzentration (§ 145 PatG)[119] handelt es sich um § 143 Abs. 3 bis 5 PatG (Zulassung von Rechtsanwälten und Kostenregelung[120]), § 144 PatG

---

116 S. die Übersicht b. Benkard/Grabinski/Zülch, PatG, Rn. 15 zu § 143 PatG; s. ferner die Übersichten in GRUR 2000, 36 ff. u. 390 u. BlPMZ 2007, 92 ff.
117 Ebenso OLG Düsseldorf v. 12.05.2011, InstGE 13, 237 – *Unbezifferter Klageantrag II*; LG Braunschweig v. 20.02.1968, GRUR 1969, 135, 136.
118 Keukenschrijver in Busse/Keukenschrijver, PatG, Rn. 2 vor § 37 ArbEG u. Rn. 12 zu § 39 ArbEG.
119 S. dazu BGH v. 25.01.2011 – X ZR 69/08, GRUR 2011, 411 – *Raffvorhang*.
120 S. LG Berlin v. 15.11.1968, Mitt. 1969, 158, 160 zu § 51 PatG a.F.

C. Verfahrensgrundsätze (Abs. 1 Satz 2) § 39

(Streitwertherabsetzung zugunsten des wirtschaftlich Schwächeren[121], s. dazu auch unten Rdn. 41), § 4 Abs. 1 PatAnwO (Mitwirkung von Patentanwälten) sowie um das Gesetz über die Beiordnung von Patentanwälten in Armensachen v. 05.02.1938 (RGBl. I, 116) i. d. Neufassung durch § 187 PatAnwO v. 07.09.1966 (BGBl. I, 557; geändert durch Ges. v. 11.12.1985 BGBl. I, S. 2170).

Nach § 39 Abs. 1 Satz 3 in der bis 30.06.1994 geltenden Fassung war § 74 Abs. 2 und 3 des Gerichtskostengesetzes (GKG) a.F. bzw. § 65 Abs. 1 und 3 GKG n.F. nicht anzuwenden. In diesen Vorschriften war die Vorauszahlungs- bzw. Vorschusspflicht im Klage- und im Mahnverfahren geregelt. Die Nichtanwendbarkeit dieser Vorschriften in den in § 39 ArbEG geregelten Verfahren wurde aufgrund der Neufassung durch das Kostenrechtsänderungsgesetz 1994 vom 24.06.1994 (BGBl. I, S. 1325 = BlPMZ 1994, 344) in § 65 Abs. 2 und 3 GKG a.F. unmittelbar bestimmt, ohne dass damit eine inhaltliche Änderung eingetreten war.[122] Satz 3 des § 39 Abs. 1 ArbEG ist dementsprechend aufgehoben worden. Die entsprechende Regelung ist nunmehr in § 12 Abs. 2 Nr. 3 GKG (in Kraft seit 01.09.2009) enthalten. **26**

Aufgrund dieser lediglich redaktionellen Änderung besteht seit jeher bei arbeitnehmererfinderrechtlichen Streitigkeiten i.S.d. § 39 Abs. 1 keine Pflicht des Klägers zur Vorauszahlung von Prozessgebühren und Zustellungsauslagen.[123] Nach der abweichenden Auffassung ist § 61 GKG a.F. (jetzt § 6 GKG) uneingeschränkt ohne entsprechende Anwendung des § 65 Abs. 2 GKG a.F. (nunmehr § 12 Abs. 2 Nr. 3 GKG – in Kraft seit 01.09.2009) einschlägig[124] und die gewährte kostenrechtliche Privilegierung der Befreiung von der Vorauszah-

---

121 Auch zum Bereich des § 37 ArbEG allg. A., z.B. OLG Düsseldorf v. 12.05.2011, InstGE 13, 237 – *Unbezifferter Klageantrag II*; Keukenschrijver in Busse/Keukenschrijver, PatG, Rn. 12 zu § 39 PatG. Z. verfassungsrechtl. Problematik d. Streitwertbegünstigung. s. allg. d. Nachweise b. OLG Koblenz v. 13.07.1984, GRUR 1984, 746 – *Streitwertbegünstigung* i. Anschl. a. KG v. 19.08.1977, WRP 1977, 717 ff.; d. Aufhebung des zugunsten eines ANErf ergangenen Streitwertbegünstigungsbeschlusses ist nur bei einer wesentlichen Verbesserung der Vermögenslage des Begünstigten möglich, die jedoch noch nicht allein aufgrund der vorläufigen Vollstreckung eines stattgebenden Ersturteils angenommen werden kann (so OLG München, Beschl. v. 26.03.1986 – 6 U 2748/84, unveröffentl.).
122 Vgl. Amtl. Begründung i. BT-Drucks. 12/6962 S. 68 [zu Art. 1 Nr. 33 Buchst. b) d. Entw.].
123 Ebenso Volmer/Gaul Rn. 48 zu § 39.
124 OLG München v. 21.02.1996, JurBüro 1996, 591; OLG Düsseldorf v. 30.09.1999, NJW-RR 2000, 367; Hartmann, Kostengesetze, 47. Aufl. 2017, Rn. 1 zu § 6 GKG u. Rn. 20 zu § 12 GKG.

lungsverpflichtung für die allgemeine Verfahrensgebühr soll nicht so weit reichen, dass sie auch die Verpflichtung zur Zahlung dieser Gebühr nach Fälligkeitseintritt ausnimmt.[125] Damit wird u. E. der Regelungszweck des § 39 Abs. 1 Satz 2 verkannt. Dadurch sollte allgemein erreicht werden, dass für Rechtsstreitigkeiten aufgrund des ArbEG eine Vorauszahlungspflicht nicht besteht;[126] diese Vorschusspflicht wurde – ebenso wie im Arbeitsgerichtsprozess (vgl. § 12 Abs. 4 ArbGG) – aus sozialen Gründen beseitigt, um einer finanzschwachen Partei die Rechtsverfolgung zu erleichtern. Die gegenteilige Ansicht würde letztlich dazu führen, dass sich der »Kostenvorteil« auf einen begrenzten Zeitraum beschränkt. Denn nach § 6 Abs. 1 GKG wäre die Verfahrensgebühr mit der Einreichung der Klage-, Antrags-, Einspruchs- oder Rechtsmittelschrift oder mit der Abgabe der entsprechenden Erklärung zu Protokoll fällig, auch wenn gem. § 12 Abs. 2 Nr. 3 GKG (in Kraft seit 01.09.2009) die Vorauszahlungspflicht entfällt. Diese lediglich zeitliche Beschränkung kann nicht als ausreichend angesehen werden, um das Ziel, einer finanzschwachen Partei die Rechtsverfolgung zu erleichtern, zu verwirklichen. Zwar ist eine gesetzliche Ausnahme von der Fälligkeitsbestimmung des § 6 GKG nur in Verfahren vor den Gerichten für Arbeitssachen geregelt (die Fälligkeit der Kosten richtet sich in diesen Fällen nach § 9 GKG), jedoch ist es ebenfalls Sinn dieser Regelung, dem Arbeitnehmer als i.d.R. finanzschwächerer Partei die Rechtsverfolgung zu erleichtern.

Hält man – abweichend von der hier vertretenen Auffassung – den nicht konkretisierten Vergütungsanspruch des Arbeitnehmererfinders für abtretbar (s. § 9 Rdn. 8), findet § 12 Abs. 2 Nr. 3 GKG keine Anwendung bei Klagen des Zessionars gegen den Arbeitgeber. Insoweit gilt, dass der rechtsgeschäftliche Erwerber des Vergütungsanspruchs nicht schutzwürdig ist, sondern dem Arbeitgeber wie ein Lizenzgeber gegenübertritt.

**D. Zuständigkeit bei technischen Verbesserungsvorschlägen**

27 § 39 bezieht sich nur auf Erfindungen, also gem. § 2 auf solche, die patent- oder gebrauchsmusterfähig sind (s. § 39 Rdn. 11 ff.). Demzufolge verbleibt es bei Streitigkeiten über technische Verbesserungsvorschläge bei den allgemeinen

---

125 S. auch Keukenschrijver in Busse/Keukenschrijver, PatG, Rn. 12 zu § 39 ArbEG.
126 Amtl. Begründung BT-Drucks. II/1648 S. 50 = BlPMZ 1957, 246.

## D. Zuständigkeit bei technischen Verbesserungsvorschlägen § 39

Grundsätzen.[127] Gleiches gilt für reine Zahlungsklagen auf Vergütungen nach § 39 Abs. 2 (s. § 39 Rdn. 15 ff.).

Die **Arbeitsgerichte** sind nach § 2 Abs. 1 Nr. 3a ArbGG für Streitigkeiten 28 zwischen Arbeitgeber und Arbeitnehmer (des öffentlichen und privaten Dienstes) über (einfache) technische **Verbesserungsvorschläge und sonstige nichttechnische Verbesserungsvorschläge ausschließlich zuständig.**[128] Vergütungsansprüche für **qualifizierte technische Verbesserungsvorschläge** nach § 20 Abs. 1 werden – insoweit über § 39 Abs. 2 ArbEG hinausgehend – von der **Sonderregelung des § 2 Abs. 2 Buchst. a) ArbGG** erfasst; danach sind ebenfalls die Ansprüche auf Leistung einer festgestellten oder festgesetzten Vergütung für einen (qualifizierten) technischen Verbesserungsvorschlag nach § 20 Abs. 1 der ausschließlichen Zuständigkeit der Arbeitsgerichte zugewiesen (s. dazu oben § 39 Rdn. 15 ff.). Der im Zuge der Arbeitsgerichtsnovelle 1979 aufgenommene § 2 Abs. 2 Buchst. a) ArbGG dürfte im Verh. zu § 39 Abs. 2 ArbEG i. V. m. § 2 Abs. 1 Nr. 3a ArbGG nur **klarstellenden Charakter** haben.[129] Fehlt eine (wirksame) Vergütungsregelung und geht es um die Zahlung bzw. Bestimmung der Vergütung für einen qualifizierten technischen Verbesserungsvorschlag, verbleibt es ebenfalls bei der Zuständigkeit der Arbeitsgerichte[130] (§ 2 Abs. 1 Nr. 3 a ArbGG); § 39 Abs. 1 ist nicht einschlägig (s. § 39 Rdn. 27). Die Zuständigkeit der Arbeitsgerichte besteht ferner, wenn für eine

---

127 Heute allg. A., z.B. BAG v. 30.04.1965, GRUR 1966, 88 – *Abdampfverwertung*; im Ergebn. u. a. LAG Rheinland-Pfalz, v. 20.10.2011 – 2 Sa 425/11, (juris); LAG Nürnberg Beschl. v. 27.08.2004 – 9 Ta 62/04, (juris, Rn. 8, in Mitt. 2005, 172 nur LS); ferner Reimer/Schade/Schippel/Trimborn Rn. 10 zu § 39; Volmer/Gaul Rn. 16 zu § 39; so auch Amtl. Begründung BT-Drucks. II/1648 S. 50 = BlPMZ 1957, 246; die (i. Hinbl. a. § 20 Abs. 1 ArbEG). Die abw. Ansichten v. Friedrich, GRUR 1958, 282 u. Heine/Rebitzki (2. Aufl. 1957) Anm. 2 zu § 39 sind durch § 2 Abs. 2 a ArbGG n.F. überholt.
128 Schiedsst. v. 18.10.1993 – Arb.Erf. 72/93, (unveröffentl.); LAG Nürnberg Beschl. v. 27.08.2004 – 9 Ta 62/04, (juris, Rn. 8, in Mitt. 2005, 172 nur LS); Waas in Grunsky/Waas/Benecke/Greiner, ArbGG, § 2 Rn. 100; Walker in Schwab/Weth, ArbGG, § 2 Rn. 103, 185; ausführlich A. u. B. Bartenbach in Festschr. K. Bartenbach (2005), 629, 634 f. Nach ArbG München v. 03.11.1999 – 19 Ca 304/99, (unveröffentl.) soll das ArbG auch dann gem. § 2 Abs. 1 Nr. 3 Buchst. a) ArbGG zuständig sein, wenn der VV zum Patent angemeldet worden ist, der Vergütungsanspruch aber auf eine Betriebsvereinbarung z. Vorschlagswesen gestützt wird (bedenklich, soweit Ansprüche aus dem ArbEG nicht rechtswirksam nach Meldung abbedungen sind).
129 Vgl. Walker in Schwab/Weth, ArbGG, § 2 Rn. 184: Konzentration ohne Veränderung des Rechtszustandes.
130 Schlewing in Germelmann/Prütting/Matthes, ArbGG, § 2 Rn. 113.

technische Neuerung ausschließlich arbeitsrechtliche Ansprüche sowie solche aus § 20 Abs. 1 ArbEG geltend gemacht werden und zwischen den Arbeitsvertragsparteien unstreitig ist, dass die (nicht zum Schutzrecht angemeldete) »Diensterfindung« nicht patent- oder gebrauchsmusterfähig ist.[131] Die Zuständigkeit der Arbeitsgerichte ist – ebenso wie generell für (einfache technische) Verbesserungsvorschläge (§ 2 Abs. 1 Nr. 3 lit. A ArbGG) – selbstverständlich auch dann gegeben, wenn es um nichtvergütungsrechtliche Streitigkeiten über qualifizierte technische Verbesserungsvorschläge geht. Ob die Arbeitsvertragsparteien die Zuständigkeit der ordentlichen Gerichte (Patentstreitkammern der Landgerichte) für festgelegte Vergütungsansprüche i. S. d. §§ 2 Abs. 2 Buchst. a) ArbGG, 20 Abs. 1 ArbEG vereinbaren können, ist angesichts der dortigen Erwähnung streitig, u. E. aber mit Blick auf den lediglich klarstellenden Charakter der Regelung mit der h. M. zu verneinen[132] (s. auch § 39 Rdn. 18).

Die Rechtswegzuständigkeit der Arbeitsgerichte für qualifizierte technische Verbesserungsvorschläge hindert die nach § 39 Abs. 1 ArbEG zuständigen Zivilgerichte allerdings nicht, geltend gemachte Vergütungsansprüche für eine Arbeitnehmererfindung auch unter dem Aspekt des § 20 Abs. 1 ArbEG zu prüfen[133] (s.a. § 39 Rdn. 9 f.).

Eine **Verweisung** eines beim Arbeitsgericht anhängigen Rechtsstreites an die Schiedsstelle kommt nicht in Betracht[134] (vgl. auch § 28 Rdn. 17).

29  Diese Zuständigkeit besteht auch mit **Ausscheiden des Arbeitnehmers** unverändert fort[135] (s. auch § 39 Rdn. 4, 17). Für **arbeitnehmerähnliche Personen** betreffende Rechtsstreitigkeiten sind ebenfalls die Arbeitsgerichte nach § 5 Abs. 1 Satz 2 ArbGG zuständig; § 39 findet auf diesen Personenkreis keine Anwendung (s. § 1 Rdn. 27), ggf. aber § 143 PatG.

---

131 So auch im Ergebnis BAG v. 19.05.2015 – 9 AZR 863/13 – (juris); LAG Baden-Württemberg 15.11.2002 – 13 Sa 15/01 – (unveröffentl.; dazu das Revisionsurteil BAG 18.11.2003 – 9 AZR 173/03 – [unveröffentl.]).
132 Schlewing in Germelmann/Prütting/Matthes, ArbGG, § 2 Rn. 115; Waas in Grunsky/Waas/Benecke/Greiner, ArbGG, § 2 Rn. 100; a. A. Walker in Schwab/Weth, ArbGG, § 2 Rn. 195.
133 Vgl. bspw. die Entscheidungsgründe bei BGH v. 18.05.2010 – X ZR 79/07, GRUR 2010, 817, 820 (Rn. 34) – *Steuervorrichtung* m. H. a. BGH v. 09.01.1964 – I a ZR 190/63, GRUR 1964, 449, 452 r. Sp. – *Drehstromwicklung*); ebenso im Ergebn. ferner BGH v. 23.10.2001, GRUR 2002, 149, 151 – *Wetterführungspläne II*.
134 Schiedsst. v. 18.10.1993 – Arb.Erf. 72/93, (unveröffentl.).
135 Vgl. Amtl. Begründung zur Beschleunigungsnovelle z. ArbGG i. BT-Drucks. 8/1567 S. 26 zu Art. 1 Nr. 2 Abs. 1 Nr. 4 d. Entw.

Nach § 35 ZPO hat der Kläger unter mehreren **örtlich zuständigen** Gerichten die Wahl. Dies wird für die Arbeitsgerichte ergänzt durch die Neuregelung in § 48 Abs. 1 a) ArbGG. Hiernach ist für Streitigkeiten nach § 2 ArbGG auch das Arbeitsgericht zuständig, in dessen Bezirk der Arbeitnehmer gewöhnlich seine Arbeit verrichtet oder zuletzt gewöhnlich verrichtet hat. Ist ein gewöhnlicher Arbeitsort i.S.d. Satzes 1 nicht feststellbar, ist das Arbeitsgericht örtlich zuständig, von dessen Bezirk aus der Arbeitnehmer gewöhnlich seine Arbeit verrichtet oder zuletzt gewöhnlich verrichtet hat.

Die **Verwaltungsgerichte** sind nach den allgemeinen beamtenrechtlichen Vorgaben (vgl. § 54 Abs. 1 BeamtStG, § 126 Abs. 1 BBG und entsprechendes Landesrecht) für Streitigkeiten über technische Verbesserungsvorschläge von Beamten zuständig;[136] dies gilt auch für entsprechende Ansprüche von Ruhestandsbeamten, ausgeschiedenen Beamten und Hinterbliebenen der Beamten. Die gleichen Grundsätze gelten für Soldaten, wobei sich die Zuständigkeit der Verwaltungsgerichte aus § 82 SoldatenG ergibt. Zum Vorverfahren s. § 37 Rdn. 1. 30

## E. Rechtswegproblematik bei Zweifeln oder Streit bezüglich der Schutzfähigkeit

Problematisch wirkt sich die Rechtswegaufteilung zwischen Arbeitsgericht (für technische Verbesserungsvorschläge) und Landgericht (für Erfindungen) in den Fällen aus, in denen die **Schutzfähigkeit** (§ 2 ArbEG) einer technischen Neuerung **nicht eindeutig** und/oder **streitig** ist. Gleiches gilt, wenn um Vergütung gestritten wird und dabei (auch) streitig ist, ob es sich bei der zu vergütenden technischen Lehre um eine Erfindung oder einen technischen Verbesserungsvorschlag handelt.[137] Zur einvernehmlichen Behandlung als schutzfähige Erfindung s. § 39 Rdn. 12. Zur Vergütungsklage s. § 39 Rdn. 18. 31

Die angerufenen Gerichte haben ihre Zuständigkeit nach § 39 Abs. 1 (LG) bzw. § 39 Abs. 2, § 2 ArbGG (Arbeitsgericht) von Amts wegen zu prüfen. Ob für bürgerlich-rechtliche Streitigkeiten der Rechtsweg zu den ordentlichen Gerichten (hier: Landgericht/Patentstreitkammer) oder zu den Gerichten für

---

136 Allg. A., Volz, ArbNErf. im öffentl. Dienst, S. 206 f.; vgl. auch Bay.VGH BayVBl. 1979, 699; s. allg. für Verbesserungsvorschläge VGH Baden-Württemberg v. 14.06.1989 – 11 S 3164/87, (juris); OVG Nordrhein-Westfalen v. 06.02.1975, ZBR 1975, 349 f. i. Anschl. a. VG Köln v. 12.09.1973, DÖD 1974, 37 f.; insoweit best. d. BVerwG v. 31.01.1980, DÖD 1980, 250 f.; im Ergebn. auch u. a. VG Bayreuth v. 07.06.2016 – B 5 K 14.701, (www.gesetze-bayern.de) u. VG München v. 09.02.2007 – M 9 K 05.1227, (juris); s. ferner Allgaier DÖD 2006, 123 ff.
137 Zutreffend Asendorf, GRUR 1990, 229, 237.

Arbeitssachen eröffnet ist, bestimmt sich nach dem prozessualen **Streitgegenstand**.[138] Dabei entscheidet sich nach der höchstrichterlichen Rechtsprechung die Frage der Rechtswegzuständigkeit gem. § 17a GVG bei sog. doppelrelevanten Tatsachen, die neben der Zuständigkeit gleichzeitig notwendige Tatbestandsmerkmale des streitigen Anspruchs sind, grds. nach dem **Klagevortrag**.[139] Davon kann im Grundsatz auch i.R.d. § 39 Abs. 1 ausgegangen werden.[140] Insoweit gilt nichts anderes als bei § 143 PatG.[141]

32 Dementsprechend reicht für die **Zuständigkeit der Landgerichte (Patentstreitkammern)** grds. aus, dass der Streitgegenstand ein Anspruch wegen einer Arbeitnehmererfindung ist und der Kläger schlüssig das Vorliegen einer schutzfähigen Arbeitnehmererfindung behauptet.[142] Für die Schlüssigkeit des Klägervortrags kommt es angesichts der im ArbEG allgemein vorgegebenen Begriffsbestimmung des § 2 auch i.R.d. § 39 auf die **Schutzfähigkeit im Sinne von § 2 ArbEG** an (s. § 39 Rdn. 11). Damit reicht die Möglichkeit der Schutzfähigkeit aus, ohne dass es einer vorherigen amtlichen Prüfung bzw. gerichtlichen Feststellung bedarf (s. § 2 Rdn. 12 ff., 16 ff.). Auch hier gilt die allgemeine Erwägung, dass die Prüfung der Schutzfähigkeit den Patentbehörden und Patentgerichten obliegt und die ordentlichen Gerichte bzw. die Arbeitsgerichte das Ergebnis deren noch nicht abgeschlossener Prüfung nicht vorwegnehmen können und sollen.[143] Folglich sind die Vorschriften des ArbEG auch dann einschlägig, wenn zwar Zweifel bzw. Meinungsverschiedenheiten über die

---

138 S. allg. GmS-OBG v. 27.09.2010, NZA 2011, 534 [Rn. 7].
139 S. allg. BGH v. 27.10.2009, NJW 2010, 873.
140 Keukenschrijver in Busse/Keukenschrijver, PatG, Rn. 11 zu § 39 ArbEG i.V.m. Rn. 59 zu § 143 PatG (u. a. m.H.a. LG Düsseldorf InstGE 1, 264); folgend Grabinski, GRUR 2001, 922, 923 (dort Fn. 5). Unsere (teilweise) abweichende Auffassung in früheren Vorauflagen wurde bereits in der 5. Vorauflage aufgegeben. Wie hier im Ergebn. wohl auch Boemke/Kursawe/Boemke Rn. 37 ff zu § 39, wobei die dort weiter geschilderte Situation, dass eine Tatsache nur für die Zuständigkeit und nicht für die Begründetheit maßgebend ist und dann eine Doppelrelevanz fehlt (s. dort Rn, 41), mit Blick auf das Erfordernis des § 39 (»Rechtsstreitigkeiten über Erfindungen eines Arbeitnehmers«) jedenfalls in der Praxis kaum relevant werden dürfte. Vgl. auch Reimer/Schade/Schippel/Trimborn Rn. 3 zu § 39. S. ferner Hess. LAG Beschl. v. 02.08.2010 – 2 Ta 203/10, (www.lareda.hessenrecht.hessen.de, Rn. 18 ff.); Benkard/Rogge/Grabinski/Zülch, PatG, Rn. 3, 6 zu § 143 PatG.
141 Vgl. dazu Benkard/Grabinski/Zülch, PatG, Rn. 3 zu § 143 PatG.
142 So auch LG Düsseldorf v. 15.05.2001, InstGE 1, 264, 265; im Ergebn. auch Hess. LAG, Beschl. v. 02.08.2010 – 7 Ta 203/10, (www.lareda.hessenrecht.hessen.de, Rn. 18 ff.).
143 S. allgemein BGH v. 15.05.2001, GRUR 2001, 823, 825 – *Schleppfahrzeug* (dort zur Patentvindikationsklage).

Schutzfähigkeit der streitbefangenen technischen Neuerung bestehen, aber zuvor übereinstimmend seitens beider Arbeitsvertragsparteien (s. § 39 Rdn. 12) bzw. zumindest durch eine von ihnen (formal) der **für Arbeitnehmererfindungen vorgezeichnete Weg nach dem ArbEG gewählt** wurde. Die Prüfung durch das Gericht kann sich jedenfalls darauf beschränken, ob nach dem Klägervortrag ein solches Verfahren für schutzfähige Erfindungen nach dem ArbEG zumindest von einer Arbeitsvertragspartei eingeleitet wurde, also z.B. die technische Neuerung vom Arbeitnehmer als Diensterfindung gem. § 5 gemeldet bzw. als freie Erfindung gem. § 18 mitgeteilt wurde oder – auch ohne Meldung – eine Schutzrechtsanmeldung oder eine Inanspruchnahmeerklärung des Arbeitgebers erfolgt ist (bzw. die Inanspruchnahmefiktion greift). Einer gerichtlichen Klärung der Schutzfähigkeit, ggf. durch Beweisaufnahme (Sachverständigengutachten), bedarf es – entgegen verbreiteter Meinung[144] – dann nicht[145] (zur Verweisung durch das Arbeitsgericht s.u. § 39 Rdn. 34). Einwendungen des Beklagten ändern an der Zuständigkeit der Patentstreitkammern grundsätzlich nichts[146] (streitig, zur Aufrechnung im arbeitsgerichtl. Verf. siehe § 39 Rdn. 19).

Wird im Laufe des Rechtsstreits die **mangelnde Schutzfähigkeit vom DPMA oder einem dazu berufenen Gericht festgestellt**, ändert dies nichts an der nach § 39 Abs. 1 begründeten Zuständigkeit der Landgerichte[147] (vgl. § 261 Abs. 3 Nr. 2 ZPO). Die Zuständigkeit ist auch gegeben, wenn die mangelnde Schutzfähigkeit bereits vor Klageerhebung amtlich bzw. (patent-) gerichtlich feststeht, mit der Klage aber Ansprüche nach dem ArbEG bzw. sonstige Rechte im Zusammenhang mit der vor Feststellung der Schutzunfähigkeit durch die Patenterteilungsbehörden (bzw. Gerichte) als Arbeitnehmererfindung behandelten Neuerung geltend gemacht werden, wie etwa Vergütungsansprüche für die Zeit bis zur Feststellung der Schutzunfähigkeit (vorläufige Vergütung, s.

---

144 Vgl. LAG Niedersachsen v. 10.11.1978 – 11 a Sa 72/78, (unveröffentl.) unter Aufhebung v. ArbG Stade v. 30.06.1977, EGR Nr. 6 zu § 39 ArbEG m. krit. Anm. Gaul; ArbG Iserlohn v. 11.03.1983 – 3 Ca 636/78, (unveröffentl.); Volmer/Gaul Rn. 38 ff. zu § 39 (vgl. aber auch dort Rn. 162 zu § 3); im Ergebn. wohl auch MünchArbR/Bayreuther, § 98 Rn. 67 (wenn die fehlende Schutzfähigkeit »definitiv geklärt« ist).
145 So bereits Windisch für den Fall der Inanspruchnahme in GRUR 1985, 829, 832; i. Ergebnis auch Asendorf, GRUR 1990, 229, 237.
146 So auch zu § 143 PatG Benkard/Grabinski/Zülch, PatG, Rn. 3 zu § 143 PatG.
147 Vgl. etwa den Sachverhalt bei BGH v. 18.05.2010 – X ZR 79/07, GRUR 2010, 817 ff. – *Steuervorrichtung*.

dazu § 12 Rdn. 64 ff.) oder Schadensersatzansprüche wegen Verletzung erfinderrechtlicher Pflichten.[148]

33 **Fehlt** es für die streitbefangene technische Neuerung (bisher) an einer **förmlichen Behandlung** als Arbeitnehmererfindung nach dem ArbEG (keine Erfindungsmeldung, keine Schutzrechtsanmeldung, keine Inanspruchnahme usw.) und behauptet der Kläger schlüssig, die technische Neuerung sei eine von ihm als Arbeitnehmer entwickelte und dem ArbEG unterliegende Erfindung, so ist die Zuständigkeit der Landgerichte (Patentstreitkammern) gegeben[149] (ausgenommen § 39 Abs. 2 ArbEG).

34 Wird **Klage vor dem Arbeitsgericht** unter Berufung auf die Schutzunfähigkeit der technischen Neuerung erhoben, kommt es nach der hier vertretenen Auffassung zwar im Grundsatz ebenfalls auf den schlüssigen Sachvortrag des Klägers an[150] (s. § 39 Rdn. 31). Aus dem Regelungszweck des § 39 Abs. 1, die Befassung der für diese Sondermaterie sachkundigen Richter sicherzustellen (s. § 39 Rdn. 1), sowie aus dem Charakter als Spezialvorschrift und dem weiten Verständnis des Erfindungsbegriffs mit Blick auf § 2 ArbEG (s. § 39 Rdn. 9, 12, 31) folgt u. E. allerdings, dass an die Schlüssigkeit des Sachvortrags für die Zuständigkeit der Arbeitsgerichtsbarkeit strenge Anforderungen zu stellen sind, sofern die fehlende Erfindungsqualität nicht unstreitig ist. So kann von der Zuständigkeit der Arbeitsgerichte regelmäßig (nur) dann ausgegangen werden, wenn **beide Arbeitsvertragsparteien** die technische Neuerung übereinstimmend **als technischen Verbesserungsvorschlag behandelt** haben (z.B. vom Arbeitnehmer als solcher mitgeteilt und vom Arbeitgeber als solcher prämiert bzw. nach § 20 Abs. 1 vergütet worden ist) und nunmehr Ansprüche in Bezug auf den Verbesserungsvorschlag eingeklagt werden. Ist dies nicht der Fall und ist **allein der Kläger** der Ansicht, es handele sich um einen technischen Verbesserungsvorschlag i.S.d. § 3 ArbEG, darf das Arbeitsgericht seine Zuständigkeit u. E. nicht allein auf den Klägervortrag stützen, sondern hat – angesichts der durch § 39 Abs. 1 vorgegebenen ausschließlichen Zuständigkeit der Landgerichte – von Amts wegen seine ausschließliche sachliche Zuständigkeit

---

148 Vgl. etwa den Sachverhalt bei BGH v. 06.02.2002 – X ZR 215/00, GRUR 2002, 609 ff. – *Drahtinjektionseinrichtung*, dort Schadensersatz wegen Verletzung von § 16 ArbEG.
149 Vgl. allg. BAG v. 24.04.1996, DB 1996, 1578, 1580.
150 Vgl. Busse/Keukenschrijver, PatG (6. Aufl. 2003), Rn. 3 zu § 39 ArbEG i.V.m. Rn. 50 zu § 143 PatG; ihm folgend Grabinski, GRUR 2001, 922, 923 (dort Fn. 5).

weitergehend zu prüfen[151], muss also ggf. Beweis über die Frage der bisherigen Behandlung durch die Arbeitsvertragsparteien (s. § 39 Rdn. 31) bzw. der (potenziellen) Schutzfähigkeit i.S.d. § 2 ArbEG (s. § 39 Rdn. 9) erheben.[152] Da den Arbeitsgerichten i.d.R. die Sachkunde zur Beurteilung der Schutzfähigkeit fehlt, wird sich das Gericht dann durch Einholung eines **Sachverständigengutachtens** von seiner Zuständigkeit zu überzeugen haben, es sei denn, die die Schutzfähigkeit ausschließenden Tatsachen wären offenkundig.[153] Der von Volmer vorgeschlagenen Lösung, im Wege der Amtshilfe analog Art. 35 Abs. 1 GG ein Gutachten der Schiedsstelle beim DPMA einzuholen,[154] stehen die Funktion der Schiedsstelle (vgl. §§ 28, 17 Abs. 2) sowie die Vorschrift des § 29 Abs. 1 PatG entgegen, die nur begrenzt derartige Gutachten zulassen.

Verneint das Arbeitsgericht seine Zuständigkeit wegen feststehender oder festgestellter Behandlung der technischen Neuerung seitens der Arbeitsvertragsparteien als Arbeitnehmererfindung (s. § 39 Rdn. 31) bzw. wegen der potenziellen Qualität der technischen Neuerung als patent- bzw. gebrauchsmusterfähige Erfindung im Sinne von § 2 ArbEG, so ist die Klage durch Prozessurteil **als unzulässig abzuweisen** bzw. **auf Antrag** des Klägers gem. § 48 Abs. 1 ArbGG i.V.m. § 281 ZPO durch Beschluss an das nach § 39 Abs. 1 ArbEG zuständige Landgericht **zu verweisen**.[155] 35

## F. Schiedsgerichtsvereinbarung

Ein Schiedsvertrag in arbeitsrechtlichen Streitigkeiten zwischen Arbeitgeber und Arbeitnehmer ist gem. §§ 4, 101 Abs. 3 ArbGG unzulässig und damit unwirksam. Auch bei technischen Neuerungen liegt eine unzulässige Schiedsgerichtsvereinbarung aber erst dann vor, wenn einer dritten Stelle nicht nur die Feststellung von Tatsachen (als Gegenstand einer zulässigen Schiedsgutachtervereinbarung) übertragen wird, sondern darüber hinaus auch deren verbindliche Subsumtion unter einzelne Tatbestandsmerkmale, etwa zur Ausfüllung 36

---

151 Vgl. auch Kunze, RdA 1975, 42, 46; vgl. ferner auch LAG Hamm v. 12.02.1954, AP Nr. 1 zu § 2 ArbGG 1953 m. Anm. Volmer; s. allg. BAG v. 16.11.1959, AP Nr. 13 zu § 276 ZPO m. Anm. Pohle u. v. 28.10.1993, NJW 1994, 1172, 1173.
152 In diesem Sinn wohl letztlich auch LAG Köln, Beschl. v. 13.03.1996 – 8 Ta 313/95, (unveröffentl.); vgl. allg. BAG v. 28.10.1993, NJW 1994, 1172, 1173 i. Anschl. an BAG v. 30.08.1993, NZA 1994, 141.
153 Darauf weist auch das LAG Köln v. 13.03.1996 – 8 Ta 313/95, (unveröffentl.) hin.
154 Volmer Rn. 33 zu § 39.
155 H. M., z. B. Keukenschrijver in Busse/Keukenschrijver, PatG, Rn. 11 zu § 39 ArbEG.

unbestimmter Rechtsbegriffe[156] wie beispielsweise der angemessenen Vergütung i.S.v. § 20 Abs. 1 ArbEG. Diese gesetzgeberische Wertung des Verbots von Schiedsgerichtsvereinbarungen erfasst u. E. über § 23 ArbEG auch Streitigkeiten, in denen nach § 39 die Zuständigkeit der Patentstreitkammern gegeben ist. Darüber hinaus folgt aus § 22 ArbEG, dass eine Schiedsgerichtsvereinbarung, die dem Arbeitnehmer den ordentlichen Rechtsweg nimmt, jedenfalls vor Fertigstellung einer Erfindung unzulässig ist. Denkbar ist demzufolge eine Schiedsgerichtsvereinbarung – wenn überhaupt – allenfalls dann, wenn diese nach Ausscheiden des Arbeitnehmers aus dem Arbeitsverhältnis über eine bereits fertig gestellte Diensterfindung getroffen wird.

37 Da die **Schiedsstelle** Teil der vollziehenden Staatsgewalt (s. § 28 Rdn. 2) mit strikten gesetzlichen Verfahrensvorgaben ist und ihr keine materielle Entscheidungsbefugnis zusteht (§ 33 Rdn. 1), kann sie auch bei ausgeschiedenen Arbeitnehmern nicht die Funktion eines Schiedsgerichts übernehmen. Davon zu trennen ist die Vereinbarung der Beteiligten eines Schiedsstellenverfahrens, sich einem Einigungsvorschlag zu unterwerfen (s. dazu § 34 Rdn. 30).

*Rdn. 38, 39 frei.*

## G. Rechtsschutzversicherung

40 Inwieweit sich der Versicherungsschutz bei Rechtsschutzversicherungen, die die Wahrnehmung rechtlicher Interessen aus Arbeitsverhältnissen und von dienstrechtlichen Ansprüchen aus öffentlich-rechtlichen Dienstverhältnissen als Beamter/Soldat umfassen, auf die Rechte und Pflichten aus dem ArbEG erstreckt, ist **streitig**. Der Meinungsstreit ergibt sich je nach Blickwinkel (Versicherungsrecht./. gewerblicher Rechtsschutz) und entbrennt an der versicherungsvertraglichen **Ausschlussklausel über Streitigkeiten um Rechte aus geistigem Eigentum** (§ 3 Abs. 2 Buchst. d der Allgemeinen Bedingungen für die Rechtsschutzversicherung 2012 [AHB], zuvor § 3 Abs. 2 Buchst. d der ARB 2010 bzw. ARB 2008, früher § 4 Abs. 1 Buchst. e ARB 1975, sowie Nr. 3.6.2 der Allgemeinen Bedingungen für die Rechtsschutzversicherung [ARB 2012][157]). Eine verbreitete Auffassung[158] unterwirft auch arbeitnehmererfinderrechtliche Streitigkeiten, soweit es um patent- und

---

156 BAG v. 19.05.2015 NZA 2015, 1468 (Rn. 19) m.H.a. Urt. v. 16.12.2014 – 9 AZR 431/13, (juris, Rn. 27).
157 Zu den Musterbedingungen ARB 12 siehe Bauer VersR. 2013, 611 ff.
158 OLG München Hinweisbeschluss v. 09.01.2017 – 25 U 3537/16 (juris) m. Anm. Schäde ArbRB 2017, 78 f.; LG Coburg v. 11.11.2011 – 21 O 489/11 – (juris); LG Ansbach, 28.12.2006, VersR 2007, 1268, 1269;

gebrauchsmusterfähige Arbeitnehmererfindungen i. S. v. § 2 ArbEG geht, dieser versicherungsvertraglichen **Ausschlussklausel**, und zwar – wegen des Sachzusammenhangs – sogar bei reinen Zahlungsklagen i.S.v. § 39 Abs. 2 ArbEG mit Zuständigkeit der Arbeits- bzw. Verwaltungsgerichte.[159] Dem kann nicht zugestimmt werden,[160] da das ArbEG nicht Bestandteil der Gesetze zum geistigen Eigentum ist, sondern sie ausweislich des § 2 ArbEG voraussetzt, und Regelungsmaterie ausschließlich die Rechtsbeziehungen zwischen den (ehemaligen) Arbeitsvertragsparteien sind, wenn eine nach Patent- oder Gebrauchsmusterrecht schutzfähige Erfindung während eines Arbeitsverhältnisses fertig gestellt wird.[161] Gegen das abweichende Verständnis der bislang h. M. spricht sowohl die Unklarheitenregel des § 305c Abs. 2 BGB[162] als auch das Transparenzgebot des § 307 Abs. 1 Satz 2 BGB[163]. Entgegen dem Wortlaut der Ausschlussklausel stellt die h. M. unzutreffend darauf ab, ob diese Ansprüche »in ursächlichem Zusammenhang mit Rechten aus geistigem Eigentum stehen«.[164] Auch der Hinweis, dass nicht die Arbeitsgerichte, sondern die für Patentstreitsachen zuständigen Gerichte berufen seien, trägt diese Argumentation u. E. nicht.

Demgegenüber besteht bei Streitigkeiten über technische **Verbesserungsvorschläge** i.S.v. § 3 ArbEG einschließlich Vergütungsstreitigkeiten aus § 20 Abs. 1 ArbEG nach wohl allgemeiner Auffassung Versicherungsschutz.[165]

---

159 Harbauer/Bauer, Rechtsschutzversicherung, 8. Aufl.; § 3 ARB 200 Rn. 112 f., van Bühren/Plote, ARB, Komm., 3. Aufl. 2013, § 3 Rn. 75; Obarowski in Beckmann/Matusche-Beckmann, Versicherungsrecht-Handbuch, 3. Aufl. 2015, § 37 Rn. 317 f.; Looschelders/Paffenholz, ARB, Komm., 2014, § 3 Rn. 99 ff.; s.a. Schaub, NZA 1989, 865, 867 a.E.
160 Im Ergebnis wie hier AG Viersen, 13.06.2008, VersR 2008, 1530, 1531; Schaub, NZA 1989, 865, 867 f.; Keukenschrijver in Busse/Keukenschrijver, PatG, Rn. 6 vor § 9 ArbEG (s. auch dort Rn. 13 zu § 39 ArbEG); Prölss/Martin/Armbrüster, VVG, Komm., 30. Aufl. 2018, § 3 ARB 2010 Rn. 40 (Vergütungsanspr. Aus § 9 m.H.a. LG Coburg v. 11.11.2011 – 21 O 489/11, [juris]). S. auch Schwab, NZA-RR 2015, 225, 229 (dort Fn. 37).
161 Bartenbach/Volz, Praxisleitfaden, Rn. 467.
162 Dafür AG Viersen 13.06.2008, VersR 2008, 1530, 1531; dagegen LG Ansbach 28.12.2006, VersR 2007, 1268, 1269.
163 Siehe dazu allg. BGH 08.05.2013 – IV ZR 84/12 – DB 2013, 1482 (Rn. 9, 21); zur entsprechenden engen Auslegung siehe allg. BGH 08.05.2013 – IV ZR 233/11 – VersR 2013, 853 (Rn. 40 f.).
164 So aber OLG München Hinweisbeschluss v. 09.01.2017 – 25 U 3537/16, (juris).
165 Harbauer/Bauer, Rechtsschutzversicherung, § 3 ARB 2000 Rn. 114, van Bühren/Plote, ARB, § 3 Rn. 75; Looschelders/Paffenholz, ARB, § 3 Rn. 100; Bartenbach/Volz, Praxisleitfaden, Rn. 468 m.w.N.

**41 Prozessfinanzierungsvereinbarungen** sind auch in erfinderrechtlichen Streitigkeiten möglich und in der Praxis anzutreffen,[166] allerdings aufgrund der fehlenden Einlassungspflicht und der fehlenden Bindung nicht im Schiedsstellenverfahren. Sie können Einfluss auf eine Kostenbegünstigung nach § 144 PatG haben.[167]

---

166 S. dazu Bartenbach/Volz, Praxisleitfaden, Rn. 469.
167 Vgl. BGH Beschl. v. 03.09.2013 – X ZR 1/13 [BPatG], (juris).

# 3. Abschnitt Erfindungen und technische Verbesserungsvorschläge von Arbeitnehmern im öffentlichen Dienst, von Beamten und Soldaten

## Einleitung vor §§ 40–42

Lit:
*Gross*, Z. Recht d. Diensterf., RiA 1965, 29; *Gaul*, ArbNErf. i. öffentl. Dienst, ZTR 1987, 289; *Kumm*, Leitfaden f. Erfinder d. öffentl. Dienstes, 1980; *Leuze*, Erf. u. techn. VV. von Angehörigen d. öffentl. Dienstes, GRUR 1994, 415; *Röpke*, Die Verpflichtung d. Erf. i. Öffentl. Dienst, ZBR 1962, 174; *ders.* Beamtenerfindung, DÖV 1962,128; *Seewald/Freudling*, Der Beamte als Urheber, NJW 1986, 2688; *Volz*, Das Recht der Arbeitnehmererfindung i. öffentl. Dienst, 1985; *Wenzel*, Zum Recht d. Erf. v. ArbN u. Beamten DÖD 1957, 221; s. i. Übr. Lit. bei §§ 40, 41 u. 42.

Entsprechend der Zielsetzung, das Rechtsgebiet der Arbeitnehmererfindung möglichst abschließend und umfassend zu regeln, werden im 3. Abschnitt die Erfindungen von Angehörigen des öffentlichen Dienstes durch die **Sondervorschriften** der §§ 40 bis 42 erfasst.[1] Nachdem § 1 den Anwendungsbereich des ArbEG auf Erfindungen und technische Verbesserungsvorschläge von Arbeitnehmern im öffentlichen Dienst, von Beamten und Soldaten erstreckt, stellt die Generalklausel des § 40 klar, dass auch auf solche technischen Neuerungen die Vorschriften des 2. Abschnitts (§§ 5 bis 39) anzuwenden sind; dazu werden jedoch gewisse Ausnahmeregelungen aufgestellt, die den Belangen des öffentlichen Dienstes Rechnung tragen sollen (s. § 40 Rdn. 2). Aus § 41 ergibt sich, dass die Vorschriften für den Arbeitnehmerbereich entsprechend für Beamte und Soldaten gelten. § 42 a.F. enthielt schließlich als Ausfluss der verfassungsrechtlich garantierten Wissenschaftsfreiheit das sog. Hochschullehrerprivileg für Erfindungen von Hochschulwissenschaftlern. Mit Wirkung ab 07.02.2002 ist § 42 grundlegend reformiert worden. Die vom Bundesminister für Arbeit am 01.12.1960 erlassenen »Richtlinien für die Vergütung von Arbeitnehmererfindungen im öffentlichen Dienst« legen – ebenso wie §§ 40, 41 – allgemein nur fest, dass die RL 1959 für den öffentlichen Dienst entsprechend gelten (s. i.Ü. § 11 Rdn. 12). 1

---

1 Amtl. Begründung BT-Drucks. II/1648 S. 14 f. = BlPMZ 1957, 226.

**2** **Rechtshistorisch** bildet das ArbEG – aufbauend auf der DVO 1943 – den Abschluss einer langjährigen Diskussion um die Erfindungen im öffentlichen Dienst, die bereits unmittelbar nach Inkrafttreten des ersten deutschen Patentgesetzes von 1877 einsetzte.[2]

**3** Das ArbEG ist nach der herrschenden Meinung im Schrifttum ausweislich der §§ 1, 40 bis 43 Teil des **öffentlichen Dienstrechts**.[3] Das entspricht der Einordnung des ArbEG als ein arbeitsrechtliches Schutzgesetz (s. Einl. Rdn. 2). Die **Gesetzgebungskompetenz** des Bundes auch für die Erfindungen der Bediensteten der Länder und Gemeinden ergibt sich zwar nicht aus der Rahmenkompetenz (Art. 75 Nr. 1 GG),[4] ist aber heute letztlich unbestritten, nachdem mit den zunächst weitergeltenden Bestimmungen der DVO 1943 (vgl. § 46) bereits eine bundeseinheitliche Regelung vorgelegen hatte.[5] Der Gesetzgeber hat auch bezüglich der Regelungen der §§ 40 bis 42 die Zuordnung zum **gewerblichen Rechtsschutz** und damit die ausschließliche Gesetzgebungskompetenz des Bundes aus Art. 73 Nr. 9 GG zugrunde gelegt.[6] Der *BGH* hat dies bestätigt.[7] Auch die Einbindung der ArbEG-Novelle 2009 in das Patentrechtsmodernisierungsgesetz (s. Einl. Rdn. 7 ff.) ist Ausfluss dieser

---

2 Grundlegend Gareis Über das Erfinderrecht v. Beamten, Angestellten und Arbeitnehmern, 1879; ausf. z. hist. Entwicklg. Volz, ArbNErf. im öffentl. Dienst, S. 7 ff. m.w.N.

3 Volmer, ArbEG Einl. Rn. 11; Volmer/Gaul Einl. Rn. 31; Volz, ArbNErf. im öffentl. Dienst, 17 ff. Dagegen gehen Bundesregierung und Parlament zum Entwurf d. Gesetzes zur Änderung des ArbEG bzgl. § 42 n.F. davon aus, dass dies keine hochschul- oder dienstrechtliche Norm, sondern Teilregelung auf dem Gebiet des gewerbl. Rechtsschutzes ist (s. BT-Drucks. 14/5975 v. 09.05.2001, S. 8 u. BT-Drucks. 583/01 v. 17.01.2001, S. 14), bestätigt durch BGH v. 18.09.2007 – X ZR 167/05, GRUR 2008, 150, 151 f. – *Selbststabilisierendes Kniegelenk*; s. dazu Bartenbach/Volz Festschr. Melullis, GRUR 2009, 220 ff.; s. auch Keukenschrijver in Busse/Keukenschrijver, PatG, Rn. 1 Einl. ArbEG: »Von einer allein arbeits- oder dienstrechtlichen Zuordnung des ArbEG kann dabei keine Rede sein.«

4 So aber Groß, RiA 1965, 29; so wohl auch Volmer Einl. Rn. 65 u. Volmer/Gaul Einl. Rn. 111.

5 Kraßer/Schricker Pat.- u. UrhR an Hochschulen (1988) S. 52; ausf. Volz, ArbNErf. im öffentl. Dienst, S. 21 ff.

6 Vgl. den Parlaments-Entwurf z. Ges. z. Änderung d. ArbEG v. 09.05.2001, BT-Drucks. 14/5975, S. 8 (dort zu § 42 n.F.); übereinstimmend Reg.-Entwurf v. 17.08.2001, BR-Drucks. 583/01, S. 13 f.

7 BGH v. 18.09.2007 – X ZR 167/05, GRUR 2008, 150, 151 f. – *Selbststabilisierendes Kniegelenk* m.H.a. Reetz (2006) S. 290; zust. Bartenbach/Volz in Festschr. Melullis, GRUR 2009, 220, 221 f.; Schübel-Pfister in: Gärditz/Pahlow (2011), 11, 13 ff. (Rn. 5 ff.); s. auch Keukenschrijver in Busse/Keukenschrijver, PatG, Rn. 6 Einl.ArbEG; s. ferner die zust. Bezugnahme von VGH Baden-Württemberg Vorlagebeschl. v. 26.09.2017 – 9 s 2056/16, (juris, Rn.100 ff.); a.A. Hübner (2003) S. 79 ff.

Sicht, die in der Amtlichen Begründung des RegE vom 17.10.2008 erneut hervorgehoben wird.[8]

Im Grundsatz geht der Gesetzgeber von der gleichen Behandlung der Erfin- 4 dungen und technischen Verbesserungsvorschläge von Angehörigen des öffentlichen Dienstes mit denen des privaten Dienstes aus. Dieser **Grundsatz der Gleichstellung**[9] kommt im ArbEG in § 1, der den Anwendungsbereich normiert, sodann in § 4 Abs. 2 (Gleichstellung von »Betrieb« und »öffentlicher Verwaltung« zur Charakterisierung von Diensterfindungen) sowie insb. in den Sondervorschriften des dritten Abschnitts zum Ausdruck.[10] Dieser Grundsatz, der im Zweifel bei allen Auslegungsfragen heranzuziehen ist, bedeutet im Wesentlichen **zweierlei**:

Einmal folgt daraus, dass über die Sonderbestimmungen des § 40 Nr. 1–5 5 ArbEG hinaus **keine abweichende Behandlung der Erfindungen von Angehörigen des öffentlichen Dienstes** bezüglich der sich aus dem ArbEG ergebenden Rechte und Pflichten im Verhältnis zu den Erfindungen der Arbeitnehmer im privaten Dienst erfolgen darf; die Angehörigen des öffentlichen Dienstes sind erfinderrechtlich letztlich wie die Arbeitnehmer der Privatwirtschaft zu behandeln; ihre Tätigkeit im öffentlichen Dienst darf sich im Grundsatz auf die Behandlung der Erfindungen und auf die Rechte und Pflichten aus dem ArbEG nicht besonders (nachteilig) auswirken.[11] Zur Vergütung s. § 9 Rdn. 341.

Zum zweiten gebietet der Grundsatz der Gleichstellung erfinderrechtlich die 6 **einheitliche Behandlung** aller Angehörigen des öffentlichen Dienstes **untereinander**; in erfinderrechtlicher Hinsicht darf also keinerlei Unterschied darin gemacht werden, ob die Erfindung von einem Beamten, Soldaten oder Arbeit-

---

8 In BR-Drucks. 757/08, S. 17, 26.
9 So auch der Begriff bei Keukenschrijver in Busse/Keukenschrijver, PatG, Rn. 1 zu § 41 ArbEG (dort bezogen auf Beamte).
10 Ausf. Volz, ArbNErf. im öffentl. Dienst (1985) S. 35 ff. m.w.N.
11 Ebenso z. Vergütg. Schiedsst. ZB. v. 03.06.1960 – Arb.Erf. 4/57 u. EV v. 21.12.1960 – Arb.Erf. 4/57, (beide unveröffentl.), auszugsw. bei Volz Öffentl. Dienst (1985) S. 37 (dort Fn. 13). Zust. auch Kelp in: Gärditz/Pahlow (2011), 223, 237. Diff. Reimer/Schade/Schippel/Leuze, die arbeitnehmererfinderrechtlich ebenfalls eine Gleichstellung zw. Arbeitnehmern d. öffentl. Dienstes mit denen des priv. Dienstes befürworten (Rn. 1, 9 zu § 40), allerdings weitergehende Treuepflichten annehmen (s. Rn. 41 zu § 40 u. Rn. 10 zu § 41).

nehmer gemacht worden ist und bei welcher öffentlichen Verwaltung der Erfinder beschäftigt ist[12] (s.a. § 41 Rdn. 4 zu).

**7** Da die Vorschriften des ArbEG – ebenso wie die Vergütungsrichtlinien – auf die gewinnorientierte Ausnutzung einer Erfindung in der gewerblichen Wirtschaft ausgerichtet sind, ergeben sich zwangsläufig bei der Umsetzung der Vorschriften, insb. bei der Ermittlung der angemessenen Erfindervergütung, Probleme aus der Besonderheit der **eingeschränkten wirtschaftlichen Betätigung der öffentlichen Hand**.[13] Die öffentliche Verwaltung ist bezüglich des Erfindungswesens schon im Ansatz wegen der fehlenden Ausrichtung auf industrielle Fertigung und auf Teilnahme am Wettbewerb nicht mit der Privatwirtschaft vergleichbar[14]. Diese in der Natur des öffentlichen Dienstes begründeten Gegebenheiten muss der Bedienstete ebenso hinnehmen wie es bspw. ein Arbeitnehmer des privaten Dienstes bei der Verwertung seiner Diensterfindung akzeptieren muss, dass er bei einem Unternehmen mit nur sehr engem Tätigkeitsbereich beschäftigt ist (z.B. Forschungseinrichtung, Dienstleistungsunternehmen).

Allgemein kann man sagen, dass sich das ArbEG auch in Bezug auf die Erfindungen im Bereich des öffentlichen Dienstes bewährt hat und angemessene Lösungsmöglichkeiten an die Hand gibt; allerdings erscheinen die Ausnahmeregelungen des § 40 in Nr. 3 (Allgemeine Anordnung – vgl. § 40 Rdn. 34 ff.) und in Nr. 5 (Errichtung eigener Schiedsstellen – vgl. § 40 Rdn. 51 ff.) problematisch und de lege ferenda als überflüssig bzw. anpassungsbedürftig. Interne Bindungen des Arbeitgebers/Dienstherrn aufgrund des **Haushaltsrechts** haben im Regelfall keine Auswirkungen auf die kraft Gesetzes zu beachtenden zivilrechtlichen Vorgaben des ArbEG (s. § 42 n.F. Rdn. 213 ff.).

**8** Ob Maßnahmen des Dienstherrn auf dem Gebiet des Arbeitnehmererfindungsrechts – soweit sie einen Beamtenerfinder betreffen – Qualität als verbindliche Regelung durch **Verwaltungsakt** zukommt, ist fraglich; jedenfalls bleibt auch bei einem Widerspruch die Möglichkeit eines Verfahrens vor der Schiedsstelle bzw. einer Klage vor den dazu nach dem ArbEG berufenen Gerichten unberührt (vgl. §§ 37 bis 39, s. i.Ü. § 41 Rdn. 15).

---

12 Wie hier Reimer/Schade/Schippel/Leuze Rn. 1 zu § 41, aber teilw. abw. bzgl. der Auswirkungen d. Treue- u. Fürsorgepflicht b. Beamten (dort Rn. 10 zu § 41).
13 Vgl. i. einz. Volz, ArbNErf. im öffentl. Dienst (1985), S. 27 ff.
14 Vgl. i. einz. Volz, ArbNErf. im öffentl. Dienst (1985), S. 27 ff.

### Einleitung vor §§ 40–42

Die §§ 40 bis 42 gelten in den **neuen Bundesländern** bezüglich aller Erfindungen, die Angehörige des öffentlichen Dienstes seit dem 03.10.1990 fertig gestellt haben (s. Einl. Rdn. 31). Für Alt-Erfindungen aus der Zeit vor dem Beitritt kannte das DDR-Recht keine erfinderrechtlichen Sondervorschriften für ihre Mitarbeiter des Staatsapparates und der staatlichen Organe.[15]

9

---

15 R. Möller, Die Übergangsbestimmungen f. ArbNErf. i. d. neuen Bundesländern (1996), S. 310.

## § 40 Arbeitnehmer im öffentlichen Dienst

Auf Erfindungen und technische Verbesserungsvorschläge von Arbeitnehmern, die in Betrieben und Verwaltungen des Bundes, der Länder, der Gemeinden und sonstigen Körperschaften, Anstalten und Stiftungen des öffentlichen Rechts beschäftigt sind, sind die Vorschriften für Arbeitnehmer im privaten Dienst mit folgender Maßgabe anzuwenden:

1. An Stelle der Inanspruchnahme der Diensterfindung kann der Arbeitgeber eine angemessene Beteiligung an dem Ertrage der Diensterfindung in Anspruch nehmen, wenn dies vorher vereinbart worden ist. Über die Höhe der Beteiligung können im Voraus bindende Abmachungen getroffen werden. Kommt eine Vereinbarung über die Höhe der Beteiligung nicht zustande, so hat der Arbeitgeber sie festzusetzen. § 12 Abs. 3 bis 6 ist entsprechend anzuwenden.
2. Die Behandlung von technischen Verbesserungsvorschlägen nach § 20 Abs. 2 kann auch durch Dienstvereinbarung geregelt werden; Vorschriften, nach denen die Einigung über die Dienstvereinbarung durch die Entscheidung einer höheren Dienststelle oder einer dritten Stelle ersetzt werden kann, finden keine Anwendung.
3. Dem Arbeitnehmer können im öffentlichen Interesse durch allgemeine Anordnung der zuständigen obersten Dienstbehörde Beschränkungen hinsichtlich der Art der Verwertung der Diensterfindung auferlegt werden.
4. Zur Einreichung von Vorschlagslisten für Arbeitgeberbeisitzer (§ 30 Abs. 4) sind auch die Bundesregierung und die Landesregierungen berechtigt.
5. Soweit öffentliche Verwaltungen eigene Schiedsstellen zur Beilegung von Streitigkeiten auf Grund dieses Gesetzes errichtet haben, finden die Vorschriften der §§ 29 bis 32 keine Anwendung.

**Lit:**
*Gaul*, ArbNErf. im öffentl. Dienst, ZTR 1987, 289; *Leuze*, Erf. u. techn. VV von Angehörigen d. öffentl. Dienstes, GRUR 1994, 415; *Röpke*, Die Verpflichtungen des Erfinders im öffentl. Dienst, ZBR 1962, 174; *Volz*, Das Recht d. ArbNErf. im öffentl. Dienst, 1985; *Wenzel*, Zum Recht d. Erf. v. ArbN u. Beamten, DÖD 1957, 221. S. auch Lit. Einl. vor §§ 40–42 u. bei § 41.

| Übersicht | Rdn. |
|---|---|
| A. Allgemeines | 1 |
| B. Persönlicher Geltungsbereich | 3 |
| I. Arbeitnehmer im öffentlichen Dienst | 3 |
| II. Arbeitgeber im öffentlichen Dienst | 5 |
| 1. Öffentliche Betriebe | 6 |

## B. Persönlicher Geltungsbereich § 40

|  | Rdn. |
|---|---|
| 2. Verwaltungen | 7 |
| 3. Körperschaften, Anstalten u. Stiftungen des öffentlichen Rechts | 9 |
| **C. Anwendbarkeit des ArbEG auf Arbeitnehmer im öffentlichen Dienst** | **12** |
| I. Grundsatz | 12 |
| II. Besonderheiten für den öffentlichen Dienst | 15 |
|    1. Inanspruchnahme einer angemessenen Beteiligung (Nr. 1) | 15 |
|    2. Regelung technischer Verbesserungsvorschläge durch Dienstvereinbarungen (Nr. 2) | 30 |
|    3. Verwertungsbeschränkungen im öffentlichen Interesse (Nr. 3) | 34 |
|    4. Besonderheiten für das Schiedsstellenverfahren (Nrn. 4, 5) | 50 |
|       a) Besetzung der Schiedsstelle | 50 |
|       b) Eigene Schiedsstellen der öffentlichen Verwaltungen | 51 |
| **D. Forschungs- und Entwicklungs-Kooperation zwischen öffentlichem Auftraggeber und privatem Auftragnehmer** | **56** |

## A. Allgemeines

§ 40 ist eine **Sondervorschrift** für Erfindungen und technische Verbesserungsvorschläge von Arbeitnehmern im öffentlichen Dienst[1] (vgl. auch vor §§ 40 bis 42 Rdn. 1). § 40 hat besondere Bedeutung nicht zuletzt bei der sog. Ressortforschung, also bei rechtlich selbständigen und unselbständigen Forschungseinrichtungen im Geschäftsbereich eines Ministeriums (s. a. § 40 Rdn. 10).

1

Im Grundsatz geht der Gesetzgeber davon aus, dass Erfindungen und technische Verbesserungsvorschläge dieses Personenkreises und von Arbeitnehmern des privaten Dienstes gleich zu behandeln sind (**Grundsatz der Gleichstellung**, s. dazu vor §§ 40 bis 42 Rdn. 4 ff.).

2

## B. Persönlicher Geltungsbereich

### I. Arbeitnehmer im öffentlichen Dienst

§ 40 erfasst **Arbeitnehmer im öffentlichen Dienst**. Das **Rechtsverhältnis** dieser Arbeitnehmer ist das privatrechtlich[2] begründete Arbeitsverhältnis (§ 611a BGB) zwischen einer natürlichen Person (Arbeitnehmer) und einer juristischen Person des öffentlichen Rechts (Arbeitgeber).[3] Erfasst sind damit insb. die sog.

3

---

[1] Amtl. Begründung BT-Drucks. II/1648 S. 14 f. = BlPMZ 1957, 226. S. auch Reimer/Schade/Schippel/Leuze Vorbem. vor §§ 40 – 42.
[2] Vgl. BVerwG v. 16.12.1955, DVBl. 1956, 267.
[3] MünchArbR/Schneider, § 19 Rdn. 32 f.

Tarifbeschäftigten eines öffentlichen Arbeitgebers. § 40 betrifft ferner außertarifliche Beschäftigte (s. § 41 Rdn. 7) sowie Leiharbeitnehmer (s. § 1 Rdn. 61).

4 **Vom privaten Dienst** grenzt sich der **öffentliche Dienst** nicht nach der Art der Betätigung, sondern allein nach der **Rechtsform des Unternehmens** bzw. der Verwaltung ab (s. § 1 Rdn. 8). Arbeitnehmer im öffentlichen Dienst sind daher alle Personen, die aufgrund eines privatrechtlichen Vertrages oder eines diesem gleichgestellten Rechtsverhältnisses in solchen Betrieben und Verwaltungen in persönlich abhängiger Stellung beschäftigt sind, die in der Rechtsträgerschaft des Bundes, eines Landes, einer Gemeinde (eines Gemeindeverbandes) oder einer sonstigen Körperschaft, Anstalt bzw. Stiftung des öffentlichen Rechts stehen und dementsprechend als Arbeitgeber Partei des Arbeitsverhältnisses sind (Einzelheiten zum Arbeitnehmerbegriff s. § 1 Rdn. 9 ff., 137; zur Geltung in den **neuen Bundesländern** s. vor §§ 40 bis 42 Rdn. 9). Demzufolge sind **Zuwendungsempfänger** in privater Rechtsform, selbst wenn sie sich ausschließlich oder überwiegend aus öffentlichen Mitteln finanzieren, kein öffentlicher Dienst und unterliegen nicht den §§ 40 bis 42 ArbEG (vgl. auch § 42 Rdn. 20).

Soweit Arbeitsverhältnisse mit **zwischenstaatlichen Einrichtungen** deutschem Recht unterliegen, soll § 40 zumindest entsprechend gelten.[4]

## II. Arbeitgeber im öffentlichen Dienst

5 **Arbeitgeber** ist nicht der Dienststellenleiter, sondern die jeweilige juristische Person des öffentlichen Rechts als Partei des Arbeitsvertrages, also die Bundesrepublik Deutschland, das jeweilige Land, die jeweilige Gemeinde oder die mit eigener Rechtspersönlichkeit ausgestattete Anstalt, Körperschaft oder Stiftung des öffentlichen Rechts[5] (s.a. § 1 Rdn. 95 f.). Kraft ihrer Organisationsgewalt kann die oberste Dienstbehörde alle oder auch einzelne Aufgaben aus dem Bereich des ArbEG auf nachgeordnete Behörden übertragen bzw. dort zentralisieren.[6]

---

4 So Keukenschrijver in Busse/Keukenschrijver, PatG, Rn. 1 zu § 40 ArbEG.
5 S. dazu auch Volmer, GRUR 1978, 393, 394; Reimer/Schade/Schippel/Leuze Rn. 3 zu § 40.
6 Volz, ArbNErf. im öffentl. Dienst, S. 52 f.; vgl. auch Reimer/Schade/Schippel/Leuze Rn. 5 zu § 40 m.H.a. Personalvertretungsrecht; vgl. ferner Kumm Leitf. f. Erf. d. öffentl. Dienst (1980), S. 15 f. S. etwa Erlass des BMVg über »Arbeitnehmererfindungen in der Bundeswehr« vom 29.07.2008 (VMBl. S. 16). Vgl. auch Boemke/Kursawe/Boemke/Sachadae Rn. 29 zu § 40.

## B. Persönlicher Geltungsbereich § 40

### 1. Öffentliche Betriebe

Unter (öffentlichen) **Betrieben** sind die unmittelbar von der öffentlichen 6 Hand geführten Organisationen zu verstehen, in denen unter einheitlicher Leitung Personen in Dienst- bzw. Arbeitsverhältnissen beschäftigt und sächliche Mittel zusammengefasst sind; auch dabei steht nach der hier vertretenen Ansicht (s. § 1 Rdn. 101 ff.) nicht die arbeitstechnische Einheit im Vordergrund, sondern die organisatorische Zusammenfassung unter einer eigenständigen, öffentlich-rechtlichen Rechtspersönlichkeit oder unter Zuordnung zu einem Verwaltungsträger als Inhaber (z.b. Eigen- und Regiebetriebe in öffentlich-rechtlicher Rechtsform).[7]

### 2. Verwaltungen

Der Begriff der **Verwaltungen** umfasst nicht die kleinste Einheit einer organi- 7 satorisch selbstständigen Verwaltung, sondern die Gesamtheit der innerhalb eines Bereichs eines öffentlichen Rechtssubjekts angesiedelten Behörden und Verwaltungsstellen[8] (z.b. BGS, WSV, Zollverwaltung, Stadt-/Gemeindeverwaltungen).

Eine eindeutige **Abgrenzung** zwischen (öffentlichen) Betrieben und Verwal- 8 tungen ist schwierig, da die Grenzen zwischen ihnen fließend sind (vgl. auch §§ 1 BPersVG, 130 BetrVG). Sie ist letztlich auch entbehrlich, da Arbeitnehmer öffentlicher Betriebe und Verwaltungen gleichermaßen dem ArbEG unterliegen und zudem auch in § 4 Abs. 2 Nrn. 1 u. 2 die »öffentliche Verwaltung« als Sammelbegriff verwendet wird[9] (vgl. auch § 4 Rdn. 21).

### 3. Körperschaften, Anstalten u. Stiftungen des öffentlichen Rechts

(Sonstige) **Körperschaften** des öffentlichen Rechts sind mitgliedschaftlich 9 organisierte, vom Mitgliederwechsel aber unabhängige, rechtsfähige Verbände des öffentlichen Rechts, welche staatliche Aufgaben mit hoheitlichen Mitteln unter staatlicher Aufsicht wahrnehmen und die durch staatlichen Hoheitsakt entstehen[10] (z.B. DRV Bund, Industrie- und Handelskammern; Landschafts-

---

7 Teilw. abw. Volmer Rn. 10, 11 zu § 40; Kelbel, PatR u. ErfR (1966/67), S. 102. Ausf. Reimer/Schade/Schippel/Leuze Rn. 4 f. zu § 40; Volz, ArbNErf. im öffentl. Dienst, S. 57 ff.
8 Teilw. abw. Volmer Rn. 10, 11 zu § 40; wie hier Reimer/Schade/Schippel/Leuze Rn. 5 zu § 40.
9 Im Ergebn. so auch Reimer/Schade/Schippel/Leuze Rn. 5 zu § 40.
10 Forsthoff, Lehrb. VerwR Bd. 1 AT, § 25 II 2; vgl. auch BGH v. 18.12.1954, NJW 1955, 384 f.; s. im Einzelnen Reimer/Schade/Schippel/Leuze Rn. 6 zu § 40.

verbände; nicht jedoch die in privater Rechtsform betriebenen Technischen Überwachungsvereine).

10 **Anstalt** des öffentlichen Rechts ist ein Bestand von sächlichen und persönlichen Mitteln, der einem öffentlichen Zweck dauernd zu dienen bestimmt und mit eigener Rechtspersönlichkeit ausgestattet ist[11] (z.B. Rundfunkanstalten des Bundes und der Länder, ZDF; Bundesanstalt für Landwirtschaft und Ernährung; Bundesanstalt für Geowissenschaften und Rohstoffe; Bundesanstalt für Materialforschung und -prüfung; Bundesanstalt für Straßenwesen; Physikalisch-Technische Bundesanstalt; BA; Technisches Hilfswerk; ferner kommunale, nicht privatrechtlich geführte Eigenbetriebe zur Versorgung mit Gas, Strom, Wasser; nicht dagegen privatrechtliche Einrichtungen, wie etwa Max-Planck-Institute).

11 Eine **Stiftung** des öffentlichen Rechts ist ein mit eigener Rechtspersönlichkeit ausgestatteter, durch staatlichen Hoheitsakt errichteter oder anerkannter Bestand von sächlichen Mitteln, der vom Stifter einem bestimmten öffentlichen Zweck dauernd gewidmet worden ist[12] (z.B. Deutsches Krebsforschungszentrum, Stiftung Preußischer Kulturbesitz).

### C. Anwendbarkeit des ArbEG auf Arbeitnehmer im öffentlichen Dienst

### I. Grundsatz

12 § 40 ist Ausfluss der gesetzgeberischen Konzeption, mit dem ArbEG eine einheitliche, abschließende und umfassende Regelung zu schaffen; er verwirklicht den **Grundsatz der Gleichstellung** von Arbeitnehmern im öffentlichen Dienst mit denen im privaten Dienst (s. dazu vor §§ 40, 41 Rdn. 4 ff.).

13 Nach der **Gesetzessystematik** gelten die allgemeinen Bestimmungen des 1. Abschnitts (§§ 1 bis 4) und die Übergangs- und Schlussbestimmungen des 4. Abschnitts (§§ 43 bis 49) uneingeschränkt auch für Arbeitnehmer im öffentlichen Dienst sowie für Beamte und Soldaten. Für die Vorschriften des 2. Abschnitts über Erfindungen und technische Verbesserungsvorschläge von Arbeitnehmern im privaten Dienst (§§ 5 bis 39) bestimmt § 40, dass auch diese auf Arbeitnehmer im öffentlichen Dienst Anwendung finden, allerdings mit den in Nr. 1–5 genannten Einschränkungen bzw. Ergänzungen.

14 Nach den »**Richtlinien für die Vergütung von Arbeitnehmererfindungen im öffentlichen Dienst**« v. 01.12.1960 (abgedruckt als Anhang 2) finden die

---

11 O. Mayer, Dt. VerwR, Bd. 2 S. 331; s. dazu Reimer/Schade/Schippel/Leuze Rn. 7 zu § 40.
12 Vgl. Wolff/Bachof/Stober/Kluth, VerwR, Bd. 2 § 102 II.

»Richtlinien für die Vergütung von Arbeitnehmererfindungen im privaten Dienst« v. 20.07.1959 auf Arbeitnehmer des öffentlichen Dienstes entsprechende Anwendung (s. dazu § 11 Rdn. 12). Zur Bemessung der Erfindervergütung im öffentl. Dienst s. § 9 Rdn. 341 ff. u. § 11 Rdn. 12. Beschränkungen von **Nebentätigkeiten** bestimmen sich nach den tariflichen Vorgaben (s. etwa § 3 Abs. 3 TVöD/TV-L) bzw. nach den beamtenrechtlichen Grundsätzen (vgl. dazu § 41 Rdn. 14).

## II. Besonderheiten für den öffentlichen Dienst

### 1. Inanspruchnahme einer angemessenen Beteiligung (Nr. 1)

Der Arbeitgeber hat auch im Bereich des öffentlichen Dienstes – ebenso wie jeder private Arbeitgeber – die Möglichkeit, die Diensterfindung seines Arbeitnehmers gem. §§ 6, 7 (früher auch beschränkt nach §§ 6, 7 Abs. 2 a.F.) in Anspruch zu nehmen. In Anlehnung an § 11 Abs. 4 DVO 1943 wird durch Nr. 1 dem Arbeitgeber bei Diensterfindungen von Arbeitnehmern im öffentlichen Dienst **anstelle der** (unbeschränkten oder der – bis in 2009 zugelassenen – beschränkten) **Inanspruchnahme** als zusätzliche Möglichkeit die »Inanspruchnahme einer angemessenen Beteiligung« an dem Ertrag der Diensterfindung seines Arbeitnehmers eingeräumt.

15

In der **Zielsetzung** soll damit dem Umstand Rechnung getragen werden, dass der öffentlichen Hand – insb. bei staatlichen Forschungsinstituten und Materialprüfungsämtern – die eigene Auswertung der Diensterfindung oftmals nicht möglich ist und demzufolge das Inanspruchnahmerecht aus §§ 6, 7 zwecklos wird;[13] die Einräumung eines Beteiligungsrechts am Ertrag der Diensterfindung trägt dem öffentlichen Interesse Rechnung, Ersatz für die bei den Forschungs- und Entwicklungsarbeiten aufgewandten öffentlichen Mittel zu erlangen[14]. Diese zusätzliche Inanspruchnahmemöglichkeit ist mit Blick auf Haushaltsinteressen zwar nachvollziehbar. Sie ist jedoch im Verhältnis zur Inanspruchnahme nach §§ 6, 7 in der Praxis des öffentlichen Dienstes eine seltene Ausnahme. Die Gründe liegen nicht zuletzt in dem damit verbundenen Verwaltungsaufwand, den häufigen Ungewissheiten bei der vorteilhaften Verwertung durch den Arbeitnehmererfinder und der wirtschaftlich erfolgversprechenderen Inanspruchnahme nach §§ 6, 7 bei wertvollen Erfindungen.

Die Inanspruchnahme einer angemessenen Beteiligung entfaltet lediglich **schuldrechtliche Wirkung** zwischen Arbeitgeber/Dienstherr und dem

16

---

13 Amtl. Begründung BT-Drucks. II/1648 S. 50 f. = BlPMZ 1957, 246.
14 Amtl. Begründung BT-Drucks. II/1648 S. 50 f. = BlPMZ 1957, 246.

bediensteten Erfinder,[15] ruht also nicht als dingliche Belastung auf der Erfindung und geht dementsprechend nicht auf einen potenziellen Rechtserwerber über.[16] Unmittelbare Ansprüche des Arbeitgebers/Dienstherrn gegen einen Vertragspartner des Erfinders (Rechtserwerber/Lizenznehmer) scheiden aus,[17] es sei denn, es ist etwas anderes vereinbart (echter Vertrag zugunsten Dritter, dreiseitige Absprache usw.).

17 Dem Arbeitgeber/Dienstherrn steht im Verhältnis zu seinem Arbeitnehmer/Beamten/Soldaten ein **freies Wahlrecht** zwischen einer (früher auch beschränkten) Inanspruchnahme der Diensterfindung (§§ 6, 7 n.F. bzw. §§ 6, 7 a.F.) und der Möglichkeit einer (vereinbarten) finanziellen Beteiligung nach § 40 Nr. 1 zu.[18] In seiner Freiheit, ein solches besonderes Inanspruchnahmerecht zu vereinbaren und später – anstelle der Rechte aus §§ 6, 7 – auszuüben, ist er nur begrenzt durch das Verbot von Rechtsmissbrauch und Willkür. Etwas anderes gilt jedoch dann, wenn sich der Arbeitgeber/Dienstherr ggü. dem Arbeitnehmer unter – nach § 22 Satz 1 zulässigem – Verzicht auf sein Inanspruchnahmerecht aus §§ 6, 7 vertraglich entsprechend gebunden hat. Davon zu unterscheiden sind interne Bindungen des Arbeitgebers/Dienstherrn, namentlich auf Grund des Haushaltsrechts; solche binden zwar den Dienstherrn intern, grundsätzlich jedoch nicht den Arbeitnehmer in seiner Rechtsstellung als Erfinder.

18 Diese zusätzliche Möglichkeit der »Inanspruchnahme einer angemessenen Beteiligung« betrifft **nur Diensterfindungen** (§ 4 Abs. 2), nicht dagegen freie Erfindungen (§ 4 Abs. 3) oder technische Verbesserungsvorschläge (§ 3).

19 Die tatsächliche finanzielle Beteiligung vollzieht sich nach § 40 Nr. 1 **mehrstufig**. Während § 40 Nr. 1 diese zusätzliche Möglichkeit einer finanziellen Beteiligung dem öffentlichen Arbeitgeber kraft Gesetzes zunächst allgemein eröffnet, entsteht die Befugnis zur tatsächlichen Ausübung dieses Beteiligungsrechts im Einzelfall nur kraft **vertraglicher Vereinbarung**. Der Arbeitgeber kann sich dieses Beteiligungsrecht durch Vereinbarung sowohl für eine konkret in Aussicht stehende Erfindung als auch (generell) für alle zukünftigen Erfindungen seines (seiner) Arbeitnehmer(s) sichern. Diese (vorherige) Vereinbarung setzt aber nur den **Rechtsgrund** für das Wahlrecht des Arbeitgebers. Den schuld-

---

15 Wie hier Keukenschrijver in Busse/Keukenschrijver, PatG, Rn. 4 zu § 40 ArbEG; Reimer/Schade/Schippel/Leuze Rn. 13 zu § 40; Boemke/Kursawe/Boemke/Sachadae Rn. 60 zu § 40; Volmer/Gaul Rn. 67 zu § 40.
16 Volz, ArbNErf. im öffentl. Dienst, S. 84; Volmer/Gaul Rn. 67 zu § 14.
17 Reimer/Schade/Schippel/Leuze Rn. 13 zu § 40.
18 Ebenso Reimer/Schade/Schippel/Leuze Rn. 11 zu § 40.

rechtlichen Beteiligungsanspruch im konkreten Fall erwirbt der Arbeitgeber jeweils erst dann, wenn er das Wahlrecht – bezogen auf die konkrete Diensterfindung – »in Anspruch nimmt« (s. § 40 Rdn. 22).

Als **Vereinbarungen** i.S.d. Satzes 1 kommen vorrangig Individualabreden zwischen Arbeitgeber und Arbeitnehmer in Betracht.[19] Möglich sind aber auch kollektivrechtliche Regelungen durch Tarifverträge oder Dienstvereinbarungen, da § 40 Nr. 1 hinsichtlich des Begriffs »Vereinbarung« keine Einschränkung auf die Arbeitsvertragsparteien vornimmt, wie sie etwa in § 12 Abs. 1 enthalten ist[20] (s. aber § 40 Rdn. 25). Eine einseitige Anordnung seitens des Arbeitgebers scheidet dagegen aus. 20

Da der Gesetzgeber von der Statuierung eines Schriftformerfordernisses abgesehen hat, ist die Vereinbarung grds. auch **formlos** möglich; im Interesse der Rechtssicherheit und Rechtsklarheit ist jedoch eine Text- bzw. Schriftform wünschenswert.[21]

In Abweichung vom Grundsatz der Unabdingbarkeit[22] (§ 22 Satz 1) fordert § 40 Nr. 1, dass die Vereinbarung »**vorher**« getroffen worden sein muss. Im Hinblick auf § 22 Satz 1 ist der Begriff »vorher« dahin zu verstehen, dass die Vereinbarung bereits bei Eintritt in das Arbeitsverhältnis erfolgt sein bzw. erfolgen kann,[23] spätestens aber vor der Meldung der Diensterfindung vorliegen muss[24] (vgl. auch § 22 Satz 2). Fehlt eine vorherige Vereinbarung, ist die Inanspruchnahme einer angemessenen Beteiligung ausgeschlossen. Erklärt sich der Arbeitnehmer nach der Meldung (konkludent) mit einem Beteiligungsrecht seines Arbeitgebers anstelle eines Inanspruchnahmerechts i.S.d. §§ 6, 7 einverstanden, so liegt darin eine zulässige Vereinbarung i.S.d. § 22 Satz 2, wie sie – ungeachtet des § 40 Nr. 1 – stets möglich ist. 21

---

19 Z.B. Schiedsst. v. 25.06.1993 – Arb.Erf. 175/92, (unveröffentl.).
20 I. Ergebn. so auch Schiedsst. ZB. v. 23.01.1980 – Arb.Erf. 41/79, (unveröffentl.); zust. auch Friemel Diss. 2004, 127 ff.; Boemke/Kursawe/Boemke/Sachadae Rn. 43 zu § 40; Schwab, Arbeitnehmererfindungsrecht, § 40 Rn. 4; a.A. Leuze, GRUR 1994, 415, 417 u. Reimer/Schade/Schippel/Leuze Rn. 12 zu § 40.
21 Ebenso Reimer/Schade/Schippel/Leuze Rn. 12 zu § 40; zust. Boemke/Kursawe/Boemke/Sachadae Rn. 46 zu § 40.
22 Ausschussber. zu BT-Drucks. II/3327 S. 10 = BlPMZ 1957, 255.
23 Schiedsst. v. 25.06.1993 – Arb.Erf. 175/92, (unveröffentl.).
24 Wie hier Reimer/Schade/Schippel/Leuze Rn. 12 zu § 40; Schwab, Arbeitnehmererfindungsrecht, § 40 Rn. 4; wohl auch Boemke/Kursawe/Boemke/Sachadae Rn. 44 zu § 40. A.A. Volmer Rn. 20 zu § 40: vor Fertigung d. Erfindg.; i. Anschl. daran Volmer/Gaul Rn. 46, 49 zu § 40.

22 Da die (vorherige) Vereinbarung nur das Wahlrecht alternativ zur Inanspruchnahme nach §§ 6, 7 begründet (s. § 40 Rdn. 19), erwirbt der Arbeitgeber (Dienstherr) den schuldrechtlichen Beteiligungsanspruch im konkreten Einzelfall, erst dann, wenn er – wie bei der Inanspruchnahme nach §§ 6, 7 – bezogen auf die jeweilige Diensterfindung[25] die Beteiligung »in Anspruch nimmt«, also eine dahingehende **Erklärung ggü. dem Arbeitnehmer** abgibt[26] (empfangsbedürftige Willenserklärung, § 130 BGB).

23 Aus der Verwendung des Begriffs der »Inanspruchnahme« bei diesem Beteiligungsrecht des Arbeitgebers wurde auf Basis des früheren Rechts (§ 6 a.F.) gefolgert, dass auch insoweit die **Regeln des § 6 a.F. zu beachten** sind[27] (Form, Frist, Zugang der Erklärung usw.). In der Vereinbarung (§ 40 Rdn. 20) konnte nichts Abweichendes geregelt werden, da sich die Ausnahmeregelung des § 40 Nr. 1 Satz 1 nur auf das »ob«, nicht dagegen auf das »wie« der Erklärung der Inanspruchnahme einer angemessenen Beteiligung bezieht.[28] Angesichts der durch die **ArbEG-Novelle 2009** (s. Einl. Rdn. 9) grundlegend **geänderten** Inanspruchnahme (Wegfall der Formvorgabe, fingierte Inanspruchnahmeerklärung 4 Monate nach Meldung) erscheint es zweifelhaft, ob daran festgehalten werden kann.[29] U. E. wäre es angesichts der Besonderheiten der Ertragsbeteiligung jedenfalls verfehlt, die spezifische Inanspruchnahmefiktion des § 6 Abs. 2 n.F. (analog) heranzuziehen. Im Ergebnis wird man sich – ohne weitere Vorgaben – darauf beschränken können, dass es unverändert einer einseitigen empfangsbedürftigen Inanspruchnahmeerklärung des Arbeitgebers bedarf und der Arbeitnehmer analog § 276 Abs. 1 BGB nicht einwenden kann, er habe die Erträge bereits verbraucht.[30] Auch wenn nicht erforderlich[31], sollte die Erklärung – schon mit Blick auf

---

25 Volz, ArbNErf. im öffentl. Dienst, S. 85. A. A. Boemke/Kursawe/Boemke/Sachadae Rn. 54 zu § 40, wonach dies auch für eine unbestimmte Vielzahl künftiger Erfindungen zulässig sein soll.
26 Ebenso Reimer/Schade/Schippel/Leuze Rn. 13 zu § 40.
27 I. Ergebn. h.M. z.B. Busse/Keukenschrijver, PatG (6. Aufl. 2003), Rn. 4 zu § 40 ArbEG; Volmer/Gaul Rn. 61 f. zu § 40; vgl. auch Reimer/Schade/Schippel (5. Aufl.) Rn. 4 zu § 40 – jeweils zu § 6 a.F.
28 Volz, ArbNErf. im öffentl. Dienst, S. 86 f. (zu § 6 a.F.).
29 Nicht eindeutig Keukenschrijver in Busse/Keukenschrijver, PatG, Rn. 4 zu § 40 ArbEG.
30 So bereits zum früheren Recht Reimer/Schade/Schippel/Leuze Rn. 13 zu § 40.
31 Demgegenüber gehen Boemke/Kursawe/Boemke/Sachadae Rn. 44 f. zu § 40 vom Textformerfordernis aus, auf das erst nach Erfindungsmeldung verzichtet werden kann.

die dem Arbeitgeber obliegende **Beweislast** für die Inanspruchnahme – in **Textform** (s. dazu § 5 Rdn. 35 ff.) erfolgen.

Die Inanspruchnahmeerklärung ist zwangsläufig innerhalb der **Vier-Monats-Frist** des § 6 Abs. 2 n. F. (s. dazu § 6 n.F. Rdn. 94 ff.) abzugeben, soweit zwischen den Arbeitsvertragsparteien nichts anderes vereinbart ist.[32] Die Inanspruchnahmeerklärung löst mit **Zugang beim Arbeitnehmer** (s. dazu § 5 Rdn. 10 ff.) unmittelbar den Beteiligungsanspruch des Arbeitgebers/Dienstherrn aus. Die Vereinbarung gilt im Zweifel mangels abweichender Vereinbarung über das **Ausscheiden des Arbeitnehmers** für die zuvor fertiggestellten Diensterfindungen fort (vgl. auch § 26), so dass auch der ehemalige Arbeitnehmer bei Inanspruchnahme (weiterhin) eine Ertragsbeteiligung schuldet.

Mit der Beanspruchung des Beteiligungsrechts hat der Arbeitgeber (Dienstherr) sein Wahlrecht verbraucht und verliert damit seine Inanspruchnahmerechte aus §§ 6, 7; die **Diensterfindung wird** entsprechend § 8 n.F. (§ 8 Abs. 1 Nr. 1 a.F.) zwingend **frei**, ohne dass es einer ausdrücklichen Freigabeerklärung bedarf;[33] Letztere ist inzident bereits in der Erklärung des Beteiligungsrechts zu sehen. 24

§ 40 Nr. 1 Satz 2 gestattet, auch über die **Höhe der Ertragsbeteiligung** – wiederum abweichend von § 22 Satz 1 (s. § 40 Rdn. 21) – **im Voraus** bindende **Abmachungen** zu treffen; eine dahingehende Abmachung ist aber nicht notwendiger Bestandteil einer Vereinbarung gem. § 40 Nr. 1 Satz 1. Sie muss nicht vorher, sondern kann vielmehr jederzeit, also vor Fertigstellung der Erfindung ebenso wie nach Inanspruchnahme der Ertragsbeteiligung getroffen werden.[34] Wie die Gegenüberstellung zum einseitigen Festsetzungsrecht des Arbeitgebers (vgl. § 40 Nr. 1 Satz 3) verdeutlicht, kommt hier als »Abmachung« nur eine individualrechtliche Vereinbarung zwischen beiden Arbeitsvertragsparteien in Betracht (vgl. auch § 12 Abs. 1 u. 2). 25

Streitig ist, wie der unbestimmte Rechtsbegriff der »angemessenen Beteiligung an dem Ertrage der Diensterfindung« ausgefüllt werden muss, wenn die Arbeitsvertragsparteien darüber im Voraus keine Vereinbarung getroffen haben. Auszugehen ist zunächst von dem vom Arbeitnehmer mit der Diensterfindung erzielten »**Ertrag**«. **Verstanden** wird **darunter** im Schrifttum – falls keine abweichende Vereinbarung vorliegt – der Verwertungserlös nach Abzug aller vom Arbeitnehmer im Zusammenhang mit der Verwertung aufgewandten 26

---

32 Ebenso Boemke/Kursawe/Boemke/Sachadae Rn. 56 zu § 40.
33 Ebenso Reimer/Schade/Schippel/Leuze Rn. 14 zu § 40.
34 Vgl. Reimer/Schade/Schippel/Leuze Rn. 11 zu § 40.

eigenen (notwendigen) Kosten, wie etwa Anmeldekosten, laufende Schutzrechtsgebühren, Schutzrechtsverteidigungskosten einschließlich der Kosten zur Erreichung der Verwertungsreife (Nettoertrag, vgl. auch RL Nr. 14).[35] Dazu gehören auch Versuchs- und Beratungskosten einschließlich der Aufwendungen für Mitarbeiter und für sächliche Mittel, im Grundsatz jedoch nicht die eigene Arbeitskraft des Erfinders als solche.[36]

Demgegenüber geht die *Schiedsstelle* – bei Fehlen einer vertraglichen Konkretisierung[37] – vom Bruttoertrag aus und zieht die vom Arbeitnehmer aufgewandten Kosten im Rahmen eines sog. **Arbeitsfaktors** – als Spiegelbild des Anteilsfaktors der Erfindervergütung (RL Nr. 30 ff.) – ab;[38] dabei hat sie bislang vorgeschlagen, den Bruttoertrag regelmäßig um 1/3 zu kürzen (s. i. Übr. § 40 Rdn. 28).

27  Auszugehen ist von der **Angemessenheit der Beteiligung**.[39] Entsprechend dem generalklauselartigen, unbestimmten Rechtsbegriff der Angemessenheit (vgl. auch § 9 Rdn. 69 ff.) kommt es hier darauf an, dass das Ergebnis, also die summenmäßige Höhe der Beteiligung, den Verhältnissen des Einzelfalls gerecht wird. Ihre Grenze findet die Höhe der Ertragsbeteiligung zunächst in § 23;[40] sie darf also auch der Höhe nach nicht in erheblichem Maße unbillig sein; dies ist jedenfalls dann der Fall, wenn die Beteiligung des Dienstherrn (nahezu) den gesamten (Netto-) Ertrag des Arbeitnehmers erfasst.[41] Allerdings

---

35  So auch Volmer Rn. 33 zu § 40; Volmer/Gaul Rn. 53, 77 zu § 40; zust. auch Schiedsst. v. 25.06.1993 – Arb.Erf. 175/92, (unveröffentl.).
36  Schiedsst. v. 25.06.1993 – Arb.Erf. 175/92, (unveröffentl.) im Anschl an Volz, ArbNErf. im öffentl. Dienst, S. 89. Die Schiedsst. hat jedoch dort i.H.a. die erheblichen Überstunden eines teilzeitbeschäftigten Erfinders für die Entwicklungstätigkeit eine Berücksichtigung der Differenz zum Gehalt bei Vollzeitbeschäftigung für angemessen erachtet.
37  In dem im EV v. 25.06.1993 – Arb.Erf. 175/92, (unveröffentl.) behandelten Fall war eine Beteiligung von 50 % »am Reinerlös« vereinbart, sodass die Schiedsst. dort den Nettoertrag zugrundegelegt hat.
38  Schiedsst. v. 18.06.1963 – Arb.Erf. 25/62, u. v. 20.06.1963 – Arb.Erf. 27/62, (beide unveröffentl.); zust. wohl auch Gaul, ZTR 1987, 289, 293 f.
39  Darauf stellen Reimer/Schade/Schippel/Leuze (Rn. 16 zu § 40) entscheidend ab und verneinen pauschalierende Lösungsansätze. Ähnl. Boemke/Kursawe/Boemke/Sachadae Rn. 71 ff. zu § 40.
40  Schiedsst. v. 25.06.1993 – Arb.Erf. 175/92, (unveröffentl.); im Ergebn. auch Keukenschrijver in Busse/Keukenschrijver, PatG, Rn. 4 zu § 40 ArbEG.
41  Enger Reimer/Schade/Schippel/Leuze Rn. 16 zu § 40 m. H. a. Volmer/Gaul Rn. 83 zu § 40.

können sich die Beteiligten darauf nicht mehr nach Ablauf der Ausschlussfrist des § 23 Abs. 2 berufen.[42]

I.Ü. ist stets der **tatsächlich erzielte Betrag** maßgebend, also die geldwerten Gegenleistungen, die dem Arbeitnehmererfinder aus der Verwertung seiner Erfindung tatsächlich zufließen; etwaige weitergehende, aber nicht ausgenutzte Verwertungsmöglichkeiten sind grds. außer Ansatz zu lassen.[43] Bei der gebotenen wirtschaftlichen Betrachtungsweise sind sodann einerseits der Wert der vom öffentlichen Arbeitgeber/Dienstherrn i.R.d. Entwicklungsarbeiten bis zur Fertigstellung der Erfindung eingesetzten sächlichen und personellen Mittel und andererseits der Anteil des Erfinders am Zustandekommen der Erfindung sowie sein nach Fertigstellung bis hin zur Verwertung der Erfindung entstandener Aufwand zu berücksichtigen. Dabei dürfte auch die Qualität der Erfindung in Relation zum Einsatz des Arbeitnehmers für den Verwertungserfolg zu berücksichtigen sein (Frage der Kausalitätsverschiebung, s. auch § 9 Rdn. 141).

Die **Höhe der vom Arbeitgeber/Dienstherrn aufgewandten Mittel** muss jedoch nicht die oberste Grenze der Ertragsbeteiligung darstellen, da es hier an einer § 42 Abs. 2 Satz 3 ArbEG a.F. vergleichbaren Regelung fehlt.[44] Wenn diese zusätzliche Inanspruchnahmemöglichkeit gerade dem öffentlichen Interesse daran dient, einen Ersatz für die i.R.d. Fertigstellung der Diensterfindung aufgewandten öffentlichen Mittel zu erhalten, wird man aber regelmäßig von einer Angemessenheit ausgehen können, wenn sich die Beteiligungshöhe im Ergebnis an der Summe dieser Mittel orientiert. Soweit jedoch im Schrifttum hervorgehoben wird, dass diese Beteiligung zwischen 10 % und 50 % des Nettoertrages ausmachen kann,[45] wobei im Regelfall eine Übersteigerung von mehr als 50 % als nicht mehr angemessen bezeichnet wird,[46] sollten derartige pauschale Berechnungsformeln im Hinblick auf das am Einzelfall orientierte Gebot der Angemessenheit mit Vorsicht gehandhabt werden. Dieses gilt letztlich aber auch für den von der *Schiedsstelle* eingeschlagenen Weg, den Bruttoertrag regelmäßig um 1/3 zu kürzen (s.o. § 40 Rdn. 26).

28

---

[42] Schiedsst., 25.06.1993 – Arb.Erf. 175/92, (unveröffentl.).
[43] So wohl auch Volmer/Gaul Rn. 80 zu § 40.
[44] So z. Recht Halbach Anm. 2 zu § 40; krit. dazu Volmer Rn. 37 zu § 40 u. Volmer/Gaul Rn. 79 ff. zu § 40; diff. Reimer/Schade/Schippel/Leuze Rn. 16 zu § 40; wie hier Kraßer/Schricker Pat.- u. UrhR a. Hochschulen (1988) S. 30; zust. auch Boemke/Kursawe/Boemke/Sachadae Rn. 82 zu § 40.
[45] Vgl. Heine/Rebitzki Anm. 2 zu § 40.
[46] Volmer/Gaul Rn. 82 zu § 40; vgl. auch Reimer/Schade/Schippel/Leuze Rn. 16 zu § 40.

Allerdings erscheint der Ansatz der *Schiedsstelle*, den geldwerten Vorleistungen des Arbeitgebers i.R.d. sog. Arbeitsfaktors als Spiegelbild des Anteilsfaktors (RL Nr. 30 ff.) Rechnung zu tragen, zutreffend. In Anlehnung an die übliche Vergütungsformel für die Berechnung der Erfindervergütung (Vergütung = Erfindungswert x Anteilsfaktor, s. RL Nr. 39) könnte hier die Berechnung der angemessenen Beteiligung vorgenommen werden nach der

**Formel:** *Beteiligung = Ertragswert x Arbeitsfaktor.*[47]

**Ertragswert** ist dabei grds. der Nettoertrag abzüglich eines »kalkulatorischen Erfinderwertes«; dieser wird nach den Grundsätzen des sog. Unternehmerlohnes bei Verkauf oder Lizenzvergabe ermittelt (s. dazu § 9 Rdn. 224, 252). Wäre bspw. im Rahmen einer Vergütungsberechnung für Lizenzeinnahmen von einem Erfindungswert von 30 % des Nettogewinns auszugehen, so würde der Ertragswert dann 70 % (= 100 % – 30 %) betragen. Fehlen konkrete Angaben oder macht die Berechnung große Schwierigkeiten, so ist es in sinngemäßer Anwendung der RL Nr. 15 auch möglich, zur Berechnung des Ertragswertes den Bruttoertrag zugrunde zu legen und diesen nach den bei RL Nr. 15 geltenden Sätzen umzurechnen (s. dazu § 9 Rdn. 224 f.). Würde bspw. der Erfindungswert dort auf 20 % der Bruttoerträge angesetzt, so bilden 80 % der Bruttoerträge dann den Ertragswert.

Der **Arbeitsfaktor** stellt sich als eine Umkehr des Anteilsfaktors dar. Ergäbe sich bei einer Inanspruchnahme dieser Diensterfindung nach § 9 Abs. 2 i.V.m. RL Nrn. 30 ff. (s. dazu § 9 Rdn. 261 ff.) ein Anteilsfaktor für den betreffenden Arbeitnehmer z.B. von elf Punkten, mithin also 25 % (vgl. RL Nr. 37), so beläuft sich der Anteil der öffentlichen Verwaltung (= Arbeitsfaktor) auf 75 % (also 3/4). Beträgt nach dem obigen Beispiel der Ertragswert 70 % des Nettogewinns, so ergäben sich davon 3/4, also 52,5 % des Nettogewinns als angemessene Beteiligung; sollte der Ertragswert 80 % der Bruttobeträge ausmachen, so wäre die angemessene Beteiligung mithin 60 % des Bruttoerlöses aus der Erfindung.

29 **Fällig** wird die Zahlung der finanziellen Beteiligung erst, wenn der Arbeitnehmer seine Erfindung – unabhängig davon, ob ein Schutzrecht angestrebt oder erteilt ist – verwertet und (über die abzugsfähigen Kosten hinaus) geldwerte Leistungen tatsächlich erzielt.[48] Mangels vertraglicher Vereinbarung mit dem Arbeitgeber/Dienstherrn ist der Erfinder, dessen Diensterfindung durch diese

---

47 Volz, ArbNErf. im öffentl. Dienst, S. 89 ff. Kritsch dazu Boemke/Kursawe/Boemke/Sachadae Rn. 79 zu § 40, wobei dort aber letztlich die konkreten Maßstäbe zur einzelfallbezogenen Ermittlung der Ertragsbeteiligung offenbleiben.
48 Zust. Reimer/Schade/Schippel/Leuze Rn. 17 zu § 40.

Art der Inanspruchnahme frei geworden ist (s. § 40 Rdn. 24), alleiniger Berechtigter. Ohne Vereinbarung, die im Hinblick auf § 22 Satz 2 erst nach Erfindungsmeldung möglich wäre, hat der Arbeitgeber keinen Anspruch darauf, auf die Entschließungen seines Bediensteten bezüglich des Erwerbs und der Aufrechterhaltung von Schutzrechten sowie der Art und des Umfangs der Erfindungsverwertung Einfluss zu nehmen.[49] Eine Einflussnahme des Arbeitgebers/Dienstherrn dürfte u. E. grundsätzlich auch nicht im Wege der Nebentätigkeitsbestimmungen möglich sein, sofern dafür überhaupt Raum ist (vgl. oben Rdn. 14 sowie § 41 Rdn. 14); solches würde zudem in Widerspruch zu dem vorangegangenen Beteiligungsverlangen stehen. Der Arbeitnehmer ist in seiner **Verwertungsfreiheit** lediglich gebunden an das Verbot von Rechtsmissbrauch und sittenwidriger Schädigung (§§ 242, 826 BGB); er macht sich also insb. schadensersatzpflichtig, wenn er eine – ihm zumutbare und wirtschaftlich sinnvolle – Verwertung unterlässt, um den Arbeitgeber zu schädigen.[50] Erfolgt eine tatsächliche Verwertung, so trifft den Erfinder eine umfassende **Auskunfts- und Rechnungslegungspflicht** über die von ihm vorgenommenen Verwertungshandlungen[51] und die erzielten Erträge.

Wird für die Diensterfindung ein angestrebtes **Schutzrecht versagt**, so entfällt der Anspruch auf finanzielle Beteiligung, und zwar – aufgrund der Verweisung in § 40 Nr. 1 auf die Regelung des § 12 Abs. 6 – nur mit Wirkung ex nunc.[52]

Ändern sich nachträglich die Umstände wesentlich, kann jede Partei gem. § 40 Nr. 1 Satz 3 entsprechend § 12 Abs. 6 Satz 1 eine Anpassung der angemessenen Beteiligung beanspruchen; eine Rückforderung bereits geleisteter Zahlungen scheidet grds. aus[53] (§ 12 Abs. 6 Satz 2). Es gelten insoweit die Grundsätze zu § 12 Abs.2 entsprechend (s. § 12 Rdn. 95 ff. u. Rdn. 154 ff.)

---

49 Volz, ArbNErf. im öffentl. Dienst, S. 93; im Ergebn. auch Reimer/Schade/Schippel/Leuze Rn. 17 zu § 40; Boemke/Kursawe/Boemke/Sachadae Rn. 63 ff. zu § 40; abw. Röpke, ZBR 1962, 174, 175 f. m.H.a. d. Treuepflicht.
50 Reimer/Schade/Schippel/Leuze Rn. 17 zu § 40; s. auch Boemke/Kursawe/Boemke/Sachadae Rn. 67 zu § 40 (§ 826 BGB).
51 Volmer/Gaul Rn. 70 ff. zu § 40; Reimer/Schade/Schippel/Leuze Rn. 18 zu § 40; Röpke, ZBR 1962, 174, 176.
52 Zust. Reimer/Schade/Schippel/Leuze Rn. 11 zu § 40.
53 Volz, ArbNErf. im öffentl. Dienst, S. 89. Ebenso Reimer/Schade/Schippel/Leuze Rn. 19 zu § 40. A. A. Boemke/Kursawe/Boemke/Sachadae Rn. 95 zu § 40, die allerdings unbeachtet lassen, dass die entsprechende Anwendung von § 12 Abs. 6 Satz 2 nicht auf einer Wertung beruhen, sondern auf dem uneingeschränkten Gesetzesbefehl des § 40 Nr. 1 Satz 4.

Fehlt eine vorherige Vereinbarung über die Beteiligungshöhe und kommt eine solche auch nicht in angemessener Frist nach Inanspruchnahme zustande (vgl. auch § 12 Abs. 1), hat der Arbeitgeber das Recht, die Beteiligung in entsprechender Anwendung des § 12 Abs. 3 bis 5 **festzusetzen** (vgl. § 40 Nr. 1 Satz 4). Dies erfolgt durch Erklärung in Textform ggü. dem (ausgeschiedenen) Arbeitnehmer; darin ist die festgesetzte Beteiligungshöhe (als Formel bzw. %-Satz) zu bestimmen und zu begründen (vgl. § 12 Abs. 3 Satz 1). Ist der Arbeitnehmer damit nicht einverstanden, verhindert er die Verbindlichkeit der Festsetzung, wenn er durch schriftliche Erklärung binnen 2 Monaten widerspricht (§ 40 Nr. 1 Satz 4 i.V.m. § 12 Abs. 4). Bei Widerspruch verbleibt den Parteien die Möglichkeit einer Einigung oder der Weiterverfolgung ihrer Interessen vor der Schiedsstelle (§§ 28 ff.) und vor den Landgerichten (§§ 37 ff.).

## 2. Regelung technischer Verbesserungsvorschläge durch Dienstvereinbarungen (Nr. 2)

30 Mit Rücksicht auf die in § 73 BPersVG für den öffentlichen Dienst vorgesehene Möglichkeit des Abschlusses von Dienstvereinbarungen zwischen Dienststelle und Personalrat (entsprechende Bestimmungen finden sich in den Landespersonalvertretungsgesetzen) sieht Nr. 2 vor, dass die Behandlung von technischen Verbesserungsvorschlägen nach § 20 Abs. 2 auch durch Dienstvereinbarungen geregelt werden kann. Nr. 2 eröffnet damit im Hinblick auf § 75 Abs. 3 Nr. 12 BPersVG bzw. in Anbetracht der entsprechenden Landesbestimmungen die Zulässigkeit derartiger Dienstvereinbarungen.[54]

31 § 40 Nr. 2 weitet das **personalvertretungsrechtliche Mitbestimmungsrecht** des Personalrats (§ 75 Abs. 3 Nr. 12 BPersVG und entsprechendes Landesrecht) nicht in Richtung »freiwillige Dienstvereinbarungen« aus;[55] nur i.R.d. Personalvertretungsrechts besteht deshalb ein Mitbestimmungsrecht des Personalrats im Hinblick auf Dienstvereinbarungen über technische Verbesserungsvorschläge.[56]

Das Mitbestimmungsrecht wird aber regelmäßig nur dort praktisch, wo keine **Richtlinien über das Vorschlagswesen** bestehen. So gilt beim Bund seit 2010

---

54 Krit. Reimer/Schade/Schippel/Leuze Rn. 23 ff. zu § 40 zum Zusammenhang mit § 75 Abs. 3 Nr. 12 BPersVG; danach läuft die Verweisung in § 40 Nr. 2 auf mögliche Dienstvereinbarungen über tVV weitgehend leer (dort Rn. 24). S. dazu Friemel Diss. 2004, S. 131 f.
55 Weitergehend aber Berg in Altvater/Baden/Berg/Kröll/Noll/Seulen, BPersVG – Bundespersonalvertretungsgesetz, Komm., 9. Aufl. 2016, Rn. 218 zu § 75. Wohl wie hier Boemke/Kursawe/Boemke/Sachadae Rn. 103 ff. zu § 40.
56 Hartung, Vergütg. d. VV. (1979), S. 180 f.

die »Rahmenrichtlinie für ein Ideenmanagement in der Bundesverwaltung«, bei der sich das Mitbestimmungsrecht des Personalrates letztlich nur auf die Umsetzung der Vorgaben durch die Bundesressorts erstreckt (s. § 20 Rdn. 68). Auch im Länderbereich sind ähnliche ressortübergreifende Vorgaben anzutreffen (s. § 20 Rdn. 68). Aufgrund des Letztentscheidungsrechts der Bundes- bzw. einer Landesregierung bestehen bei derartigen Vorgaben u. E. Mitbestimmungsrechte der Personalvertretungen allerdings nur im Rahmen einer behördeninternen Umsetzung, und zwar auch nur insoweit, als die verbindlichen Rahmenvorgaben ressort- bzw. behördenspezifische Abweichungen zulassen.[57]

Zudem hat der Personalrat – im Gegensatz zum Betriebsrat (s. dazu § 20 Rdn. 56) – u. E. **kein lnitiativrecht** (vgl. § 70 BPersVG) zur Einführung eines Verbesserungsvorschlagswesens.[58] Weder die Grundentscheidung zur Einführung eines betrieblichen Vorschlagswesens noch die Grundentscheidung zu dessen Abschaffung unterliegen der Mitbestimmung nach § 73 Abs. 3 Nr. 12 BPersVG.[59] Mit der **Einstellung des betrieblichen Vorschlagswesens** (Ideenmanagements) durch den Dienststellenleiter wird die Dienstvereinbarung ohne Nachwirkung gegenstandslos.[60]

Ein Mitbestimmungsrecht besteht i. Ü. nur hinsichtlich der **Grundsätze über die Bewertung** von anerkannten Vorschlägen i.R.d. betrieblichen Vorschlagswesens. Dementsprechend beschränkt sich u. E. ein Mitbestimmungsrecht, soweit keine ressortübergreifenden Regierungsvorgaben vorliegen, auf die Konkretisierung diesbezüglicher Regelungen, also auf die Bewertungsmaßstäbe und auf das Verfahren zur Ermittlung der Prämien einschließlich der zuständigen

---

57 Streitig, s. Bartenbach/Volz, Praxisleitfaden, Rn. 405; vgl. auch Berg in Altvater/Baden/Berg/Kröll/Noll/Seulen, BPersVG – Bundespersonalvertretungsgesetz, Komm., 9. Aufl. 2016, Rn. 217a zu § 75; a. A. Ilbertz/Widmaier/Sommer, BPersVG, Komm. 13. Aufl. 2014, § 75 Rn. 160; abw. auch VG Berlin 27.08.2002 PersR 2003, 424, 425 f., das bei der Vorgängerrichtlinie (vom 14.11.2001) von einer weitergehenden Mitbestimmung ausgeht.
58 Zust. Schwab, Arbeitnehmererfindungsrecht, Anhang zu § 20 Rn. 86 m. w. Nachw. Nach Reimer/Schade/Schippel/Leuze (Rn. 26 zu § 40 m.w.N.) besteht kein auf Abschluss einer Dienstvereinbarung gerichtetes Initiativrecht, vielmehr nur ein Initiativrecht auf Sachverhandlungen über eine Dienstvereinbarung; a. A. verbreitet zum BPersVG, u. a. Kaiser in Richardi/Dörner/Weber, Personalvertretungsrecht, Komm. 4. Aufl. 2012, Rn. 455 zu § 75 BPersVG m. w. Nachw: Initiativrecht aus § 70 Abs. 1 BPersVG bei Regelungsbedürfnis (wobei andererseits ein Mitbestimmungsrecht zur Einführung eines Vorschlagswesens verneint wird, Kaiser a.a.O. Rn. 448).
59 VG Ansbach Beschl. v. 30.08.2016 – AN 7 P 15.02536, (www.gesetze-bayern.de).
60 VG Ansbach Beschl. v. 30.08.2016 – AN 7 P 15.02536, (www.gesetze-bayern.de). Zur einstw. Vfg. d. Personalrats gegen eine Einstellung des Ideenmanagements vgl. Bay.VGH Beschl. v. 29.10.2015 – 18 PC 15.1624 – (juris).

Organe.⁶¹ Eine **Überschreitung des Mitbestimmungsrechts** nach § 73 Abs. 3 Nr. 12, § 73 Abs. 1 Satz 1 BPersVG führt zur Unwirksamkeit jedenfalls der betreffenden Regelungen.⁶²

32 Gem. **§ 40 Nr. 2 Halbs.** 2 ArbEG finden solche Vorschriften keine Anwendung, nach denen die Einigung über die Dienstvereinbarung durch die Entscheidung einer höheren Dienststelle oder dritten Stelle ersetzt werden kann; dies soll ausschließen, dass bei ausbleibender Verständigung mit dem Personalrat durch einseitige Anordnung eine Behandlung technischer Verbesserungsvorschläge nach § 20 Abs. 2 ArbEG erfolgt.

33 § 40 Nr. 2 Halbs. 2 ArbEG trägt damit dem Bestreben des Gesetzgebers Rechnung, den Arbeitnehmer des öffentlichen Dienstes auch in kollektivrechtlicher Hinsicht dem Arbeitnehmer des privaten Dienstes gleichzustellen (s.a. vor §§ 40 bis 42 Rdn. 4 ff.). Demzufolge kann u. E. dritte Stelle im Sinne dieser Vorschrift nicht die **Einigungsstelle** (vgl. etwa § 71 BPersVG) sein,⁶³ die sonst aufgrund eines Initiativrechts des Personalrats (vgl. etwa § 70 Abs. 1 i.V.m. § 73 Abs. 3 Nr. 12 BPersVG) zur abschließenden Entscheidung (z. B. § 69 Abs. 4 BPersVG) angerufen werden kann. Jedenfalls darf davon ausgegangen werden, dass die Bestimmungen des Bundespersonalvertretungsgesetzes der Regelung in § 40 Nr. 2 Satz 2 ArbEG als die neueren und spezielleren Vorschriften vorgehen.⁶⁴

Zur Bewertung einfacher Verbesserungsvorschläge s. i.Ü. § 20 Abs. 2 ArbEG, dort Rdn. 51 ff. u. Rdn. 67 ff.

---

61 Vgl. u. a. Kaiser in Richardi/Dörner/Weber, Personalvertretungsrecht, Komm. 4. Aufl. 2012, Rn. 453 zu § 75 BPersVG; Volmer/Gaul Rn. 110 zu § 40; Hartung, Vergütg. d. VV. (1979), S. 181; zust. Schwab, Arbeitnehmererfindungsrecht, Anhang zu § 20 Rn. 86. Vgl. auch VG Ansbach Beschl. v. 30.08.2016 – AN 7 P 15.02536, (www.gesetze-bayern.de). Im Einzelnen aber streitig.
62 S. Bay.VGH Beschl. v. 29.10.2015 – 18 PC 15.1624, (juris, Rn. 21) m.H.a. BVerwG Beschl. v. 30.03.2009 PersR 2009, 332 (Rn. 15). Der nachfolgende Beschl. d. VG Ansbach. v. 30.08.2016 – AN 7 P 15.02536, (www.gesetze-bayern.de) hat unentschieden gelassen, »ob und inwieweit die Dienstvereinbarung von vornherein wegen Verstoßes gegen die materiell-rechtlichen Vorgaben aus § 73 Abs. 1 Satz 1 i.V. m. § 73 Abs. 3 Nr. 12 BPersVG nichtig war«.
63 A.A. Reimer/Schade/Schippel/Leuze Rn. 27 zu § 40; Volmer Rn. 45 zu § 40 (allerdings z. BPersVG 1955); wohl auch Volmer/Gaul Rn. 114 zu § 40. Im Ergebn. wie hier Schwab, Arbeitnehmererfindungsrecht, § 40 Rn. 10; Boemke/Kursawe/Boemke/Sachadae Rn. 111 zu § 40.
64 So z. Recht Hartung, Vergütg. d. VV. (1979), S. 181 (dort Fn. 1).

## 3. Verwertungsbeschränkungen im öffentlichen Interesse (Nr. 3)

Durch **Allgemeine Anordnung** der zuständigen obersten Dienstbehörde können dem Arbeitnehmer im öffentlichen Interesse Beschränkungen hinsichtlich der Art der Verwertung der Diensterfindung auferlegt werden (Nr. 3). **Motiv** für die schon nach früherem Recht (vgl. § 3 Abs. 5 Satz 1 DVO 1943) möglichen Einschränkungen gemäß Nr. 3 ist die Überlegung, dass die Verwertung einer Diensterfindung durch den Arbeitnehmer zu Konflikten mit dem Dienstherrn bzw. mit allgemeinen öffentlichen Belangen führen kann.[65]

34

Nach ihrem **Rechtscharakter** handelt es sich bei den Allgemeinen Anordnungen nicht lediglich um verwaltungsinterne Weisungen, sondern um Rechtsetzungsakte der Verwaltung, also um **Verwaltungsvorschriften mit Rechtssatzcharakter**.[66] Davon zu unterscheiden sind Dienstanweisungen über die verwaltungsmäßige Durchführung der Vorgaben des ArbEG, wie etwa der Erlass des BMVg zu Arbeitnehmererfindungen in der Bundeswehr.[67]

35

Da durch eine Allgemeine Anordnung in den grundrechtlichen Schutzbereich der Art. 2 Abs. 1 und Art. 14 GG eingegriffen wird, bestehen erhebliche Bedenken gegen die Verfassungsmäßigkeit dieser Ermächtigungsgrundlage; sie ist weder nach Inhalt und Gegenstand noch nach Zweck und Ausmaß hinreichend bestimmt und begrenzt.[68] Die **bisherige Zurückhaltung der öffentlichen Verwaltung** und deren restriktive Handhabung vorhandener Allgemeiner Anordnungen ist deshalb zu begrüßen.

**Zuständig** für den Erlass ist ausschließlich die **oberste Dienstbehörde**. Wer oberste Dienstbehörde ist, bestimmt sich nach den einzelnen Bundes- oder Landesgesetzen; nach § 3 Abs. 1 BBG ist oberste Dienstbehörde des Beamten die oberste Behörde seines Dienstherrn, in deren Geschäftsbereich er ein Amt wahrnimmt. Eine Übertragung der Zuständigkeit auf andere (nachgeordnete) Behörden ist mangels ausdrücklicher gesetzlicher Ermächtigung nicht möglich.[69]

36

---

65 Amtl. Begründung BT-Drucks. II/1648 S. 51 = BlPMZ 1957, 246 a.E.
66 Volmer Rn. 48 zu § 40 u. Volmer/Gaul Rn. 116 zu § 40; krit. Leuze, GRUR 1994, 415, 419; vgl. auch Keukenschrijver in Busse/Keukenschrijver, PatG, Rn. 6 zu § 40 ArbEG (»Verwaltungsvorschrift«).
67 S. BMVg-Erlass v. 29.07.2004 (VMBl. 2004, 126 f.,) und v. 29.07.2008 – Rü II 5 – 74–30–00 (VMBl. 2008 S. 126).
68 Ausf. Volz, ArbNErf. im öffentl. Dienst, S. 147 ff.
69 Reimer/Schade/Schippel/Leuze Rn. 31 zu § 40; Volmer Rn. 50 zu § 40; Volz, ArbNErf. im öffentl. Dienst, S. 150.

37 Zu ihrer Wirksamkeit bedarf die Allgemeine Anordnung als Rechtssetzungsakt der **Veröffentlichung**.[70] Dabei ist allerdings – entsprechend der bisherigen Handhabung – eine Veröffentlichung in den jeweiligen Ministerial- bzw. Amtsblättern ausreichend.[71]

38 **Umfang und Grenzen** einer Allgemeinen Anordnung sind an dem rechtsstaatlichen Gebot von Rechtssicherheit und Rechtsklarheit zu messen. Sie muss eindeutig erkennen lassen, wozu der betreffende Arbeitnehmererfinder verpflichtet ist.

39 Ihr ist **abschließender Charakter** beizumessen. Dementsprechend ist es nicht zulässig, dass die oberste Dienstbehörde lediglich allgemeine Grundsätze aufstellt und Näheres einer Konkretisierung durch Verwaltungsakt im Einzelfall überlässt.[72] Regelt eine Allgemeine Anordnung bestimmte Tatbestände nicht oder nur in einer bestimmten Weise, kann die Verwaltung nicht durch Einzelanordnung »ergänzende« Bestimmungen treffen.

Wie sich bereits aus dem Begriff ergibt, muss die Anordnung **allgemeinen Charakter** haben, kann also nicht für einzelne Personen bzw. Erfindungen oder für bestimmte, ausgewählte Fälle getroffen werden.[73]

Sie kann auch nur **mit Wirkung für die Zukunft** erlassen werden.

40 In sachlicher Hinsicht dürfen von der Allgemeinen Anordnung nur **Diensterfindungen** erfasst werden. Eine Ausdehnung auf freie Erfindungen i.S.d. § 4 Abs. 3 ist nicht zulässig.[74] Da bezüglich der Diensterfindungen in § 40 Nr. 3 keine weiteren Einschränkungen getroffen sind, werden sämtliche Diensterfindungen erfasst, also sowohl frei gewordene (§ 6 Abs. 2 n.F., § 8 n.F./§ 8 Abs. 1 a.F.), für Auslandsstaaten freigegebene (§ 14 Abs. 2) als auch im Verfahren nach § 16 Abs. 1 übergegangene Schutzrechtspositionen. Nur in diesen Fällen ist dem Arbeitnehmer auch eine Verwertung seiner früheren Diensterfindung möglich (vgl. hierzu § 8 n.F. Rdn. 66 ff.). Die Allgemeine Anordnung kann ihren Geltungsbereich auch von vornherein begrenzen, etwa auf Dienst-

---

70 A.A. Reimer/Schade/Schippel/Leuze Rn. 32 zu § 40, wonach eine Veröffentlichung nützlich sein mag, aber rechtlich nicht geboten ist.
71 Volz, ArbNErf. im öffentl. Dienst, S. 150 f.
72 Wie hier Volmer/Gaul Rn. 129 zu § 40; a.A. (noch) Volmer Rn. 50 zu § 40.
73 Heine/Rebitzki Anm. 5 zu § 40; Reimer/Schade/Schippel/Leuze Rn. 33 zu § 40; Volmer/Gaul Rn. 125 zu § 40; i. Ergebn. auch OLG Düsseldorf v. 23.01.1970 – 2 U 11/69, (unveröffentl.).
74 Zutr. Lindenmaier/Lüdecke Anm. 5 zu § 40; Reimer/Schade/Schippel/Leuze Rn. 34 zu § 40; Volmer/Gaul Rn. 119 u. 127 zu § 40; a.A. Röpke, ZBR 1962, 174, 177; Volmer Rn. 51 zu § 40.

erfindungen, die in konkreten technologischen Bereichen anwendbar sind, welches zugleich mit Blick auf die Erforderlichkeit und Angemessenheit sinnvoll sein kann (s. § 40 Rdn. 44).

Unter den **persönlichen Geltungsbereich** einer Allgemeinen Anordnung fallen alle Arbeitnehmererfinder im Bereich der betreffenden obersten Dienstbehörde. Über § 41 werden auch die Beamten (Soldaten) erfasst. Nach herrschender Meinung erstreckt sich eine Allgemeine Anordnung aber nicht mehr auf Verwertungshandlungen nach **Ausscheiden des Bediensteten** bzw. Eintritt in den Ruhestand.[75] 41

Die Allgemeine Anordnung gilt **nur im Innenverhältnis** zwischen Arbeitgeber/Dienstherr und bedienstetem Erfinder. Davon nicht betroffen sind also außenstehende Miterfinder oder Verhandlungs- bzw. Vertragspartner des Bediensteten.[76] Eine Charakterisierung als Verbotsnorm i.S.d. § 134 BGB scheidet ebenso aus wie die Annahme einer Unveräußerlichkeit i.S.d. § 136 BGB.[77]

Aus dem Begriff **Beschränkungen** folgt, dass der gänzliche Ausschluss einer Erfindungsverwertung unzulässig ist. Daraus ergibt sich zugleich, dass die auferlegten Beschränkungen nicht so sein dürfen, dass sie im Endergebnis wie ein **Verwertungsverbot** wirken[78] (s.a. § 40 Rdn. 43); dies ist in jedem Einzelfall zu prüfen[79]. 42

Der Begriff der Beschränkung »indiziert«, dass der Arbeitnehmer (Beamte) **bestimmte Verwertungshandlungen unterlassen** muss; es kann ihm aber hinsichtlich der Art der Verwertung **keine positive Handlungspflicht** auferlegt werden, bspw. in dem Sinne, dass eine Lizenzvergabe an bestimmte Lizenzinteressenten angeordnet oder ihm eine Übertragungspflicht auf bestimmte Perso-

---

75 So Volmer Rn. 41 zu § 40; i. Ergebn. auch Schiedsst. v. 21.03.1975 – Arb.Erf. 80/74, (unveröffentl.); Reimer/Schade/Schippel/Leuze Rn. 35 zu § 40; a. A. Volmer/Gaul Rn. 128 zu § 40; ferner auch Boemke/Kursawe/Boemke/Sachadae Rn. 140 zu § 40: einzelfallbezoge Betrachtung.
76 Vgl. Reimer/Schade/Schippel/Leuze Rn. 35 zu § 40; Volmer/Gaul Rn. 173 zu § 40 u. Volz, ArbNErf. im öffentl. Dienst, S. 154.
77 Volz, ArbNErf. im öffentl. Dienst, S. 154 m.H.a. RG v. 05.02.1930, JW 1930, 1669, 1672 m. zust. Anm. Kisch = RGZ 127, 197, 205; zust. Busse/Keukenschrijver, PatG (6. Aufl. 2003), Rn. 6 zu § 40.
78 So OLG Düsseldorf v. 21.01.1970 – 2 U 11/69, (unveröffentl.).
79 OLG Düsseldorf v. 21.01.1970 – 2 U 11/69, (unveröffentl.).

nen auferlegt wird.⁸⁰ Die Statuierung eines **Genehmigungsvorbehaltes** wird man jedenfalls dann als zulässig ansehen können, wenn dafür ein konkretes, öffentliches Interesse besteht, wie insb. bei der Gefahr einer Pflichtenkollision.⁸¹

43 Die Beschränkungen können auch nur hinsichtlich der **Art der Verwertung** vorgenommen werden.

Der Begriff der **Verwertung** ist in einem weiten Sinne zu verstehen und umfasst sowohl alle rechtsgeschäftlichen Verfügungen über Erfindungs- bzw. Schutzrechte einschließlich Lizenzvergaben als auch die unmittelbare Nutzung durch den Erfinder selbst⁸² (vgl. auch § 9 Rdn. 90 ff.).

Die **Verwertungsart** betrifft nur die Art und Weise der Verwertung, muss sich also auf Verfügungen über Erfindungs- bzw. Nutzungsrechte oder eigene Nutzungshandlungen des Bediensteten beziehen. Dagegen können bezüglich des **Umfangs** der Verwertung keine Beschränkungen auferlegt werden.⁸³ Zugleich folgt daraus, dass der völlige Ausschluss einer Verwertung nicht möglich ist (s. § 40 Rdn. 42).

44 Alle Beschränkungen hinsichtlich der Art der Verwertung stehen unter dem **Vorbehalt des öffentlichen Interesses.** Dem öffentlichen Interesse wird insoweit Vorrang vor dem Individualinteresse des Erfinders eingeräumt, wobei allerdings die Fürsorgepflicht ggü. dem Arbeitnehmer (Beamten) und die Eigentumsgarantie des Art. 14 GG bei Erlass der Allgemeinen Anordnung nicht unberücksichtigt bleiben dürfen.⁸⁴

Der Begriff des öffentlichen Interesses ist ein gerichtlich voll überprüfbarer unbestimmter Rechtsbegriff. Hierunter ist sowohl das allgemeine als auch das besondere öffentliche Interesse der Verwaltung (Eigeninteresse) zu verstehen.

Zielrichtung sind einmal **allgemeine öffentliche Interessen**, also das Gemeinwohl, wobei hier das Interesse an der »Reinhaltung der Amtsausübung« im

---

80 So auch i. Ergebn. Volmer/Gaul Rn. 130 zu § 40; s. ferner Reimer/Schade/Schippel/Leuze Rn. 36 zu § 40; zust. auch Boemke/Kursawe/Boemke/Sachadae Rn. 127 f. zu § 40.
81 Volz, ArbNErf. im öffentl. Dienst, S. 156 f.; einen Genehmigungsvorbehalt ablehnend Volmer Rn. 48 zu § 40; dagegen generell zulassend Schiedsst. v. 11.02.1959 – Arb.Erf. 15/58, (unveröffentl.); einen Zustimmungsvorbehalt bei Lizenzverträgen bejahend Reimer/Schade/Schippel/Leuze Rn. 36 zu § 40.
82 Ausf. dazu Volz, ArbNErf. im öffentl. Dienst, S. 157 f.
83 Volz, ArbNErf. im öffentl. Dienst, S. 158.
84 Zu weitgehend wohl auch Volmer Rn. 49 zu § 40, der u. H. a. BGH v. 27.10.1955, NJW 1956, 57 eine Beschränkung auf das »unumgänglich Notwendige« annimmt.

Vordergrund steht (s.u.). Allgemeininteressen sind darüber hinaus solche, die zum Schutz des Staates und der Sicherheit seiner Bevölkerung begründet sind.[85] Ein öffentliches Interesse kann es bspw. über die Schranken der §§ 50 ff. PatG hinaus gebieten, dass eine Erfindung nicht im Ausland verwertet wird,[86] z.b. aus Gründen der Landesverteidigung[87] oder weil die Erfindung im staatlichen Auftrag[88] entwickelt wurde. Dagegen reichen allgemeine fiskalische bzw. wirtschaftspolitische Belange oder sonstige Interessen der öffentlichen Wohlfahrt (vgl. § 13 PatG) nicht aus.[89]

Als »öffentliche Interessen« können auch **besondere Belange des öffentlichen Dienstes** gelten. Im öffentlichen Interesse steht grds. die Wahrung des Vertrauens der Allgemeinheit in die Objektivität und Sachlichkeit staatlicher Entscheidungen, also der Ausschluss von Interessenkollisionen, die sich etwa dann ergeben können, wenn der Arbeitnehmer (Beamte) auf die Vergabe von Aufträgen der öffentlichen Hand Einfluss nehmen kann.[90]

Schließlich fallen darunter auch **besonders anerkennenswerte Interessen des Arbeitgebers/Dienstherrn**, etwa die Verhinderung, dass ihm aus der Art der Verwertung einer Diensterfindung, zu deren Zustandekommen er mit erheblichen Mitteln beigetragen hat, besondere Nachteile entstehen.

Nicht verlangt wird aber ein »dringend erforderliches«, »erhebliches« oder »besonderes« öffentliches Interesse. Auch wenn damit öffentlichen Interessen **Vorrang vor den Individualinteressen** des Erfinders eingeräumt ist, müssen jedoch nach dem Gebot der Verhältnismäßigkeit von Zweck und Mittel bei der Wahl der Beschränkungen grds. diejenigen gewählt werden, die den Erfinder am wenigsten belasten. Alle in einer Allgemeinen Anordnung getroffenen Beschränkungen müssen also im Hinblick auf ihre im öffentlichen

---

85 So auch Volmer/Gaul Rn. 117 zu § 40, die ausdrückl. auch allg. Interessen des Umweltschutzes, der Verkehrssicherheit u. des Gesundheitsschutzes einbeziehen.
86 Abw. Reimer/Schade/Schippel/Leuze Rn. 36 zu § 40.
87 Lindenmaier/Lüdecke Anm. 5 zu § 40; a.A. Reimer/Schade/Schippel/Leuze Rn. 36 zu § 40.
88 Amtl. Begründung BT-Drucks. II/1648 S. 51 = BlPMZ 1957, 246.
89 Volz, ArbNErf. im öffentl. Dienst, S. 159; abw. Kelbel PatR u. ErfR (1966) Bd. I, 117, der allg. ein öffentl. Interesse daran ausreichen lassen will, dass eine durch staatl. Unterstützung geförderte Erfindung nicht oder nicht ausschließlich i. Ausland verwertet wird.
90 Vgl. auch das für Beamte des DPMA bestehende Verbot, gewerbl. Schutzrechte anzumelden; s. dazu BVerwG v. 27.06.1961, BVerwGE 12, 173 ff. (bedenkl. lt. Keukenschrijver in Busse/Keukenschrijver, PatG, Rn. 7 zu § 40 ArbEG). Vgl. auch Reimer/Schade/Schippel/Leuze Rn. 37 zu § 40.

Interesse liegende Zweckrichtung **geeignet, erforderlich und angemessen** sein.[91]

45 Der **Personalrat** hat sowohl bei der Vorbereitung des Erlasses einer Allgemeinen Anordnung als auch bei deren Aufhebung oder Änderung ein Mitwirkungsrecht; dies folgt aus § 78 Abs. 1 Nr. 1 BPersVG bzw. den entsprechenden landesrechtlichen Bestimmungen.[92]

46 Die **gerichtliche Kontrolle** einer Allgemeinen Anordnung als solche ist regelmäßig nicht möglich.[93] Ist – wie im Regelfall – die Frage der Wirksamkeit bzw. des Anwendungsbereichs einer Allgemeinen Anordnung in Bezug auf eine konkrete Diensterfindung streitig, so wird diese Rechtsstreitigkeit nach § 39 der sachlichen Zuständigkeit der bei den LG errichteten Patentstreitkammern zugewiesen.[94] Der bedienstete Erfinder ist demnach grds. auf den Zivilrechtsweg beschränkt, sei es, dass er dort die Wirksamkeit einer Allgemeinen Anordnung bezüglich einer von ihm entwickelten Erfindung unmittelbar mittels Feststellungsklage angreift oder sei es, dass er deren Rechtmäßigkeit inzidenter im Rahmen einer Leistungsklage verfolgt, etwa mit der Klage auf Schadensersatz aus Staatshaftung.[95] Trotz § 37 Abs. 1 ArbEG hat die **Schiedsstelle** sich bislang auf den Standpunkt gestellt, dass sie zur Prüfung der (formellen) Wirksamkeit einer Allgemeinen Anordnung nicht berufen sei.[96]

47 Neben den Pflichten aus einer Allgemeinen Anordnung bleibt der Arbeitnehmer (Beamte) den **allgemeinen Treuepflichten** und sonstigen Pflichten (z.B. nach BAT) über § 25 ArbEG unterworfen.[97] Diese Pflichten dürfen hier

---

91 Volz, ArbNErf. im öffentl. Dienst, S. 160; zust. Reimer/Schade/Schippel/Leuze Rn. 38 zu § 40.
92 Reimer/Schade/Schippel/Leuze Rn. 39 zu § 40; Volz, ArbNErf. im öffentl. Dienst, S. 163 f.; zust. Boemke/Kursawe/Boemke/Sachadae Rn. 143 f. zu § 40.
93 S. dazu ausf. Volz, ArbNErf. im öffentl. Dienst, S. 165 ff.
94 So i. Ergebn. auch VG Hannover v. 30.09.1966, AP Nr. 1 zu § 39 ArbNErf m. abl. Anm. Volmer. Krit., im Ergebn. aber wie hier Keukenschrijver in Busse/Keukenschrijver, PatG, Rn. 7 (u. dort Fn. 13) zu § 40 ArbEG. Wie hier Reimer/Schade/Schippel/Leuze Rn. 40 zu § 40.
95 So z.B. d. Fall bei OLG Düsseldorf v. 21.01.1970 – 2 U 11/69, (unveröffentl.).
96 Schiedsst. ZB. v. 11.11.1958 u. v. 11.02.1959 – beide Arb.Erf. 15/58, (unveröffentl.), zit. bei Schade, Mitt. 1959, 253, 259; i.d.S. auch Schiedsst. v. 21.07.1965 – Arb.Erf. 44/64, (unveröffentl.), wonach die Schiedsst. sich bei Versagung einer nach der Allg. Anordnung erforderlichen Genehmigung nicht in der Lage sah, »ihr eigenes Ermessen an die Stelle des Ermessens der zuständigen obersten Dienstbehörde zu setzen«.
97 Vgl. dazu Röpke, ZBR 1962, 174, 177 ff.; Volz, ArbNErf. im öffentl. Dienst, S. 177 ff.

jedoch im Grundsatz nicht weitergehen als die entsprechenden Pflichten eines (vergleichbaren) Arbeitnehmers im privaten Dienst.[98]

Im Verhältnis zu Dritten können sich aus der wiederum auf das (allgemeine) öffentliche Interesse abstellenden Norm des § 24 PatG bzw. entsprechenden ausländischen Bestimmungen über die **Zwangslizenz** weitere Beschränkungen ergeben. 48

Aufgrund des § 40 Nr. 3 und z.T. in Ausfüllung des § 25 ArbEG sind früher u. a. erlassen worden:[99] 49
a) Allgemeine Anordnung über Arbeitnehmererfindungen im Bereich des Bundesministers für Verteidigung vom 26.2.1993 (VMBl. 1993, 108),[100] aufgehoben durch Erlass v. 29.07.2008;[101]
b) Allgemeine Anordnung des Bundesministers für Wirtschaft über Beschränkungen bei der Verwertung von Diensterfindungen von Angehörigen der technisch-wissenschaftlichen Bundesanstalten im Bereich des Bundesministeriums für Wirtschaft vom 17.07.1963 (BWMBl. 1963, 154 = BlPMZ 1963, 324), aufgehoben durch Erlass vom 22.4.1998;[102]
c) Verordnung über Beschränkungen bei der Verwertung von Diensterfindungen der Angehörigen der Landesanstalt für Immissions- und Bodennutzungsschutz des Landes Nordrhein-Westfalen vom 22.06.1971 (GV. NW. 1971 S. 188), aufgehoben durch Verordnung vom 19.12.2003 (GV.NRW 2004 S. 88);
d) Verordnung über Beschränkungen bei der Verwertung von Diensterfindungen der Angehörigen der Landesanstalt für Gewässerkunde und Gewässerschutz Nordrhein-Westfalen vom 28.09.1972 (GV. NW. 1972, 278), aufgehoben durch Verordnung vom 19.12.2003 (GV.NRW 2004 S. 88).

Aktuell sind den Verfassern **keine geltenden Allgemeinen Anordnungen** i.S.d. § 40 Nr. 3 bekannt.

### 4. Besonderheiten für das Schiedsstellenverfahren (Nrn. 4, 5)

#### a) Besetzung der Schiedsstelle

§ 40 Nr. 4 dehnt – bezogen auf die nach § 30 Abs. 4 mögliche Erweiterung der **Besetzung der Schiedsstelle** – das Recht zur Einreichung von Vorschlags- 50

---

98 Zust. Boemke/Kursawe/Boemke/Sachadae Rn. 142 zu § 40; a.A. Leuze, GRUR 1994, 415, 419 m.w.N.; Reimer/Schade/Schippel/Leuze Rn. 41 zu § 40.
99 Diese Aufzählung erhebt keinen Anspruch auf Vollständigkeit.
100 Aufgeführt bei Reimer/Schade/Schippel/Leuze Rn. 42 zu § 40.
101 Das ist nicht mehr Gegenstand des BMVg-Erlasses v. 29.07.2008 – Rü II 5 – 74–30–00 (VMBl. 2008 S. 126) zu Arbeitnehmererfindungen in der Bundeswehr.
102 So der Hinweis bei Reimer/Schade/Schippel/Leuze Rn. 42 zu § 40.

listen für Arbeitgeberbeisitzer auf die Bundesregierung und die Landesregierungen aus.[103] Da es an übergreifenden Spitzenorganisationen (§ 30 Abs. 4 Satz 3) der Arbeitgeber des öffentlichen Dienstes fehlt, soll hiermit für den öffentlichen Dienst Vorsorge getroffen werden, geeignete Persönlichkeiten als Arbeitgeberbeisitzer für alle Zweige des öffentlichen Dienstes benennen zu können.[104]

**b) Eigene Schiedsstellen der öffentlichen Verwaltungen**

51  Den öffentlichen Verwaltungen ist über § 40 Nr. 5 das Recht eingeräumt worden, **eigene Schiedsstellen** zur Beilegung von Streitigkeiten aufgrund dieses Gesetzes (vgl. hierzu § 28 Rdn. 18 ff.) zu errichten. Von dieser Möglichkeit hat (nur) das Bundesamt für Verfassungsschutz Gebrauch gemacht;[105] die früher bei der Deutschen Bundesbahn bestehende Schiedsstelle wurde bereits 1984 aufgelöst.[106]

52  Besteht eine derartige Schiedsstelle für eine bestimmte Verwaltung (wie etwa früher bei der Deutschen Bundesbahn für das gesamte Bundesgebiet) oder wird sie errichtet, so begründet dies deren alleinige Zuständigkeit für das obligatorische Schiedsstellenverfahren, sodass die Zuständigkeit der Schiedsstelle beim Deutschen Patent- und Markenamt nicht gegeben ist.

53  Die anzuerkennende **Zurückhaltung** der öffentlichen Verwaltungen **bei der Errichtung eigener Schiedsstellen** verdeutlicht, dass diese Regelung des § 40 Nr. 5 letztlich nicht zweckmäßig ist. Sachgerecht ist es, auch im Interesse einer einheitlichen Handhabung durch eine neutrale Institution, alle Verfahren bei der Schiedsstelle beim DPMA zu konzentrieren, die zudem aufgrund ihrer nunmehr rd. 60-jährigen Tätigkeit über ein sonst nicht anzutreffendes Erfahrungspotential verfügt.[107]

54  Da die Vorschriften der §§ 29 bis 32 ausdrücklich für nicht anwendbar erklärt worden sind, hat die einrichtende Verwaltung entsprechende Regelungen über Sitz, Besetzung und Anrufung dieser Verwaltungs-Schiedsstelle festzulegen. Eine zwingend einzurichtende erweitere Besetzung analog § 30 Abs. 6, § 32

---

103 Ausf. Boemke/Kursawe/Boemke/Sachadae Rn. 150 ff. zu § 40.
104 Amtl. Begründung BT-Drucks. II/1648 S. 51 BlPMZ 1957, 246; vgl. dazu Reimer/Schade/Schippel/Leuze Rn. 43 zu § 40.
105 So Reimer/Schade/Schippel/Leuze Rn. 1 zu § 28 u. Rn. 44 zu § 40 (dort BND); Jestaedt, Patentrecht, Rn. 390 (dort Fn. 122); ebenso Keukenschrijver in Busse/Keukenschrijver, PatG, Rn. 2 vor § 28 ArbEG.
106 Verfügg. d. DB-Vorstands v. 01.06.1984, DB AmtsBl. 1984, 212.
107 Zust. Reimer/Schade/Schippel/Leuze Rn. 45 zu § 40.

### D. Forschungs- und Entwicklungs-Kooperation mit privaten Auftragnehmern § 40

besteht damit nicht.[108] Die Zuständigkeit dieser Verwaltungs-Schiedsstelle folgt aus der in § 40 Nr. 5 nicht ausgenommenen Vorschrift des § 28. Die dort vorgegebenen Voraussetzungen gelten auch für ein Verfahren vor der Verwaltungsschiedsstelle. I.Ü. bewendet es für das Verfahren und die Entscheidung bei den §§ 33 bis 36; gem. § 37 bleibt die Anrufung dieser Verwaltungs-Schiedsstelle Voraussetzung für die Klageerhebung, soweit nicht einer der Ausnahmefälle des § 37 Abs. 2 bis 5 vorliegt. Für ein nachfolgendes Klageverfahren gelten die Grundsätze der §§ 38, 39 unverändert.

Zulässig wäre es, die sachliche Zuständigkeit der Verwaltungs-Schiedsstelle auf bestimmte Streitfälle i. S, v. § 28 zu begrenzen und es im Übrigen bei der Zuständigkeit der Schiedsstelle beim Deutschen Patent- und Markenamt zu belassen.[109] Jedenfalls bei Streit über die Schutzfähigkeit einer Diensterfindung gem. § 17 Abs. 2 sollte es wegen der größeren Erfahrung und Sachkunde stets bei der Zuständigkeit der Schiedsstelle beim DPMA bewenden. Eine entsprechende Ausnahmeregelung in dem Zuständigkeitserlass wäre zulässig, wenn man die originäre Zuständigkeit der Schiedsstelle beim DPMA nicht bereits aus § 17 Abs. 2 (Bezugnahme auf § 29) herleiten will. 55

Siehe i.Übr. § 28 Rdn. 31 f.

### D. Forschungs- und Entwicklungs-Kooperation zwischen öffentlichem Auftraggeber und privatem Auftragnehmer

Die vertraglichen Beziehungen zwischen den Partnern von Forschungs- und Entwicklungskooperationen im Rahmen öffentlicher Auftragsvergabe lassen die durch das **ArbEG** geschaffenen beiderseitigen Rechte und Pflichten zwischen öffentlichem Arbeitgeber (Dienstherrn) und Arbeitnehmer (Beamten) **unberührt**; sie begründen nur Rechte und Pflichten zwischen den Parteien des Auftragsverhältnisses. Diese können für den jeweiligen Vertragspartner die Pflicht zur Inanspruchnahme von Diensterfindungen seiner Arbeitnehmer bzw. deren Miterfinderanteilen ebenso vorsehen wie die Pflicht zur Einräumung von Nutzungsrechten oder zur Übertragung der Erfindung.[110] 56

Siehe a. § 1 Rdn. 106 f. u, § 9 Rdn. 191 ff., 196 ff. u. § 42 Rdn. 193 ff.

---

108 Volz, ArbNErf. im öffentl. Dienst, S. 199; Reimer/Schade/Schippel/Leuze Rn. 46 zu § 40; a. A. Boemke/Kursawe/Boemke/Sachadae Rn. 171 zu § 40.
109 Boemke/Kursawe/Boemke/Sachadae Rn. 166 zu § 40.
110 Vgl. auch Reimer/Schade/Schippel/Leuze Rn. 47 f. zu § 40; s.a. den Sachverhalt bei OLG Frankfurt am Main v. 30.04.1992, GRUR 1992, 852 – *Simulation von Radioaktivität*; LG Düsseldorf v. 26.06.1990, GRUR 1994, 53 – *Photoplethysmograph*.

**57** Derartige Bestimmungen enthalten bspw. die »Allgemeinen Bedingungen für Entwicklungsverträge mit Industriefirmen« (ABEI), wie sie zunächst in Zusammenarbeit zwischen dem Bundesverteidigungsministerium, dem früheren Bundesamt für Wehrtechnik (jetzt: Bundesamt für Ausrüstung, Informationstechnik Nutzung der Bundeswehr – BAAINBw) und dem BDI entwickelt wurden.[111] Einzelheiten für den Bereich der Arbeitnehmererfindungen regelt § 11 der ABEI; von besonderer Problematik im Hinblick auf die **Vergütungsansprüche** der Arbeitnehmer des privaten Auftragnehmers ist das vom öffentlichen Auftraggeber üblicherweise gem. §§ 12, 13 der ABEI **vorbehaltene, nicht ausschließliche Benutzungsrecht**. Daneben verfügt die Bundeswehr für ihre allgemeinen Vertragsbedingungen über die »Allgemeinen Bedingungen für Forschungsverträge mit Industriefirmen« (ABFI), die weitgehend entsprechende Regelungen in §§ 11 bzw. 12, 13 ABFI haben.[112]

**58** Erfinderrechtliche Auswirkungen von Forschungs- und Entwicklungsaufträgen, bei deren Durchführung Arbeitnehmer des öffentlichen Dienstes bzw. Beamte mitwirken, werden auch hier durch den Grundsatz bestimmt, dass Rechte und Pflichten aus dem ArbEG nur im Verhältnis zwischen den Parteien des Arbeits- bzw. Dienstverhältnisses bestehen und auch keine dingliche Belastung der Arbeitnehmererfindung darstellen[113] (s.a. § 7 n.F. Rdn. 24).

---

111 Vgl. dazu Klemm, DB 1968, 2259; Rimarski, BWV 1960, 253 ff.; Stöcklein i. Wehrtechnik 1976, S. 57 ff.; s.a. Ullrich, Privatrechtsfragen d. Forschungsförderung i. d. BRD (1984), S. 186 ff. Die ABEI sind abrufbar unter www.baainbw.de.
112 Die ABFI sind ebenfalls abrufbar unter www.baainbw.de.
113 S. im Einzelnen Volz, ArbNErf. im öffentl. Dienst, S. 213 ff.; Reimer/Schade/Schippel/Leuze Rn. 47 f. zu § 40; vgl. auch OLG Frankfurt am Main v. 30.04.1992, GRUR 1992, 852 – *Simulation von Radioaktivität*.

## § 41 Beamte, Soldaten

Auf Erfindungen und technische Verbesserungsvorschläge von Beamten und Soldaten sind die Vorschriften für Arbeitnehmer im öffentlichen Dienst entsprechend anzuwenden.

**Lit.:**
*Gross*, Zum Recht d. Diensterf., RiA 1965, 29; *Hagen*, Ist die Nichtigkeitsklage d. Staates gg. d. Patent eines Ruhestandsbeamten zulässig? GRUR 1976, 350; ***Röpke***, Beamtenerf., DÖV 1962, 128; s. i. Übrigen Lit. vor §§ 40, 41.

| Übersicht | Rdn. |
|---|---|
| A. Allgemeines | 1 |
| B. Erfindungen und technische Verbesserungsvorschläge von Beamten | 5 |
| I. Begriff des Beamten/Dienstherrn | 5 |
| II. Besonderheiten für Beamte | 11 |
| C. Erfindungen und technische Verbesserungsvorschläge von Soldaten | 16 |

## A. Allgemeines

§ 41 hält an dem Grundsatz, der schon im früheren Recht bestand (vgl. §§ 1, 11 DVO 1943), fest, dass die Erfindungen und technischen Verbesserungsvorschläge von Beamten und Soldaten mit solchen von Arbeitnehmern (im privaten Dienst) gleich zu behandeln sind[1] (**Grundsatz der Gleichstellung**, s. vor §§ 40, 41 Rdn. 4 ff.). 1

Dies wird einmal mit § 41 durch den Verweis auf § 40 erreicht, der seinerseits wiederum die Vorschriften für Arbeitnehmer im privaten Dienst unter Beachtung der in § 40 Nr. 1–5 angeführten Besonderheiten für anwendbar erklärt; zum anderen gelten die Vorschriften des 1. und 4. Abschnitts (§§ 1 bis 4, 43 bis 49) ohnehin bereits nach der **Gesetzessystematik** (vgl. insb. § 1) uneingeschränkt für den öffentlichen Dienst. Damit wird dem von der Konzeption des ArbEG verfolgten Zweck genügt, eine einheitliche, abschließende und umfassende Regelung für das Gebiet der Erfindungen der in abhängiger Stellung Tätigen zu erreichen.[2] 2

---

1 So schon vor DVO 1943: RG v. 05.02.1930, RGZ 127, 197 ff. Vgl. auch Keukenschrijver in Busse/Keukenschrijver, PatG, Rn. 1 zu § 41 ArbEG.
2 Vgl. Amtl. Begründung BT-Drucks. II/1648 S. 14 f., 40 = BlPMZ 1957, 225 f.

3   § 41 steht in Einklang mit Art. 33 Abs. 5 GG, da diese Vorschrift die **hergebrachten Grundsätze des Berufsbeamtentums** fortentwickelt und den heutigen Erfordernissen angepasst hat.[3]

Zur Gesetzgebungskompetenz s. vor §§ 40 bis 42 Rdn. 3; zur Geltung in den **neuen Bundesländern** s. vor §§ 40 bis 42 Rdn. 9.

4   Der Verweis des § 41 auf eine bloße »**entsprechende Anwendung**« soll keine materielle Änderung der betreffenden Vorschriften des ArbEG bewirken, sondern nur terminologisch klarstellen, dass der Beamte in keinem Arbeitsverhältnis steht.[4] Im Ergebnis bedeutet § 41 i.V.m. § 40, dass die **§§ 5 bis 39 für Beamte und Soldaten uneingeschränkt** mit den wenigen in § 40 geregelten Besonderheiten **zur Anwendung kommen**[5] und lediglich bei der Anwendung an die Stelle der arbeitsrechtlichen Begrifflichkeiten die des Beamten- bzw. Soldatenrechts treten (z. B. statt Arbeitnehmer hier Beamter/Soldat, statt Arbeitgeber hier Dienstherr; s. im Übrigen § 41 Rdn. 11 ff.).

## B. Erfindungen und technische Verbesserungsvorschläge von Beamten

### I. Begriff des Beamten/Dienstherrn

5   Ausgehend von dem hier einschlägigen **staatsrechtlichen Begriff des Beamten**[6] ist die Eigenschaft als Beamter zu bestimmen nach Art. 33 Abs. 4 GG i.V.m. den Bundes- und Landesbeamtengesetzen (vgl. § 3 BeamtStG, § 4 BBG i.V.m. § 8 BeamtStG, § 10 BBG sowie die jeweiligen Landesbeamtengesetze).

6   Danach ist **Beamter**, wer in einem öffentlich-rechtlichen Dienst- und Treueverhältnis steht, in das er unter Aushändigung der vorgeschriebenen Ernennungsurkunde durch die zuständige Stelle (vgl. Art. 60 GG) berufen worden ist.

7   Die **Abgrenzung zu den Arbeitnehmern** im öffentlichen Dienst (vgl. § 40 ArbEG, dort Rdn. 3 f.) erfolgt nicht nach der Art der Tätigkeit, sondern ausschließlich aufgrund des vorgenannten formalen Kriteriums. Während das Rechtsverhältnis der Arbeitnehmer im öffentlichen Dienst privatrechtlicher

---

3   Röpke, DÖV 1962, 128, 130; zust. Reimer/Schade/Schippel/Leuze Rn. 3 zu § 41; Boemke/Kursawe/Boemke/Sachadae Rn. 21 zu § 41; vgl. auch Seewald/Freudling, NJW 1986, 2688, 2691.
4   Amtl. Begründung BR-Drucks. 583/01 S. 51 = BlPMZ 1957, 247.
5   Ähnl. z. B. Schiedsst. v. 09.10.2012 – Arb.Erf. 39/11, (www.dpma.de).
6   Allg. A., z.B. Reimer/Schade/Schippel/Leuze Rn. 4 f. zu § 41; Boemke/Kursawe/Boemke/Sachadae Rn. 7 zu § 41.

### B. Erfindungen und technische Verbesserungsvorschläge von Beamten  § 41

Natur ist,[7] unterliegt das der Beamten dem öffentlichen Recht. § 40 ist auch dann einschlägig, wenn es sich um sog. außertarifliche Beschäftigte des öffentlichen Dienstes handelt, selbst wenn deren Arbeitsvertrag beamtenrechtliche Vorschriften für anwendbar erklärt; Letztes ändert nichts an deren Status als Arbeitnehmer im öffentlichen Dienst (s. § 40 Rdn. 3)

Entsprechend dem oben Gesagten ist der **Begriff des Beamten i.S.d. § 41 ArbEG** umfassend;[8] er schließt sowohl die Beamten des Bundes, der Länder, Gemeinden sowie aller sonstigen Körperschaften, Anstalten und Stiftungen des öffentlichen Rechts ein; darunter fallen Beamte auf Lebenszeit ebenso wie solche auf Probe, auf Zeit, auf Widerruf, ferner Ehrenbeamte, Richter[9] (streitig) sowie Wahlbeamte.[10] Für Hochschulbeschäftigte trifft § 42 eine Sonderregelung in Beachtung des Art. 5 Abs. 3 GG. 8

Das Beamtenverhältnis **endet** insb. mit Entlassung bzw. Übergang in den Ruhestand (vgl. § 21 BeamtStG, § 30 BBG), sodass Erfindungen und technische Verbesserungsvorschläge, die nach diesem Zeitpunkt fertig gestellt (z. Begriff s. § 4 Rdn. 16 f.) worden sind, nicht mehr dem ArbEG unterliegen;[11] auch aus der dem **Ruhestandsbeamten** obliegenden (eingeschränkten) Treuepflicht ergibt sich keine Mitteilungs- oder Anbietungspflicht (vgl. auch § 1 Rdn. 77 ff.). Für die vor Ausscheiden aus dem öffentlichen Dienst fertig gestellten Erfindungen und technischen Verbesserungsvorschläge verbleibt es dagegen gem. § 26 bei den Rechten und Pflichten aus dem ArbEG. 9

Im Fall mangelnder Rechtswirksamkeit der Beamtenernennung gelten die Grundsätze des faktischen Arbeitsverhältnisses entsprechend[12] (vgl. hierzu § 1 Rdn. 11 ff.). 10

Dem Arbeitgeber i.S.d. ArbEG entspricht für den Beamten-/Soldatenbereich der **Dienstherr**. Dienstherr eines Beamten kann nur sein, wer Dienstherrnfähigkeit besitzt; diese kommt neben dem Bund nur den Ländern, den Gemeinden und Gemeindeverbänden sowie den dazu berechtigten, mit eigener

---

7 S. etwa BVerwG v. 16.12.1955, DVBl. 1956, 257.
8 Reimer/Schade/Schippel/Leuze Rn. 5 zu § 41.
9 Wie hier h. M., Volz, ArbNErf. im öffentl. Dienst, S. 47; Volmer/Gaul Rn. 10 zu § 41; Reimer/Schade/Schippel/Leuze Rn. 5 zu § 41; Boemke/Kursawe/Boemke/Sachadae Rn. 8 zu § 41. A.A. Keukenschrijver in Busse/Keukenschrijver, PatG, Rn. 8 zu § 1 ArbEG: »unzulässiger Eingriff in die persönliche Unabhängigkeit (Art 97 GG)«.
10 Reimer/Schade/Schippel/Leuze Rn. 5 zu § 41; Volmer Rn. 8 zu § 41.
11 Schiedsst. v. 19.11.1985 – Arb.Erf. 50/85, (unveröffentl.); OLG Düsseldorf v. 26.05.1961, EGR Nr. 2 zu § 1 ArbEG; Reimer/Schade/Schippel/Leuze Rn. 6 zu § 41; Volz, ArbNErf. im öffentl. Dienst, S. 47 m.w.N.
12 Zust. Reimer/Schade/Schippel/Leuze Rn. 8 zu § 41. S.a. Volmer Rn. 12–14 zu § 41.

Rechtspersönlichkeit versehenen Körperschaften, Anstalten und Stiftungen des öffentlichen Rechts zu (vgl. § 2 BeamtStG, § 2 BBG).

## II. Besonderheiten für Beamte

11 Auf Beamte finden alle Vorschriften des ArbEG einschl. des § 40 mit den dortigen Einschränkungen Anwendung. Für sie gelten über § 40 die Richtlinien für die Vergütung von Arbeitnehmererfindungen im öffentlichen Dienst v. 01.12.1960, die wiederum die Richtlinien für die Vergütung von Arbeitnehmererfindungen im privaten Dienst v. 20.07.1959 für entsprechend anwendbar erklären (s. dazu § 11 Rdn. 11). Zur Bemessung der Vergütung im öffentl. Dienst s. § 9 Rdn. 341 ff.

12 Für Beamte und Soldaten gelten auch uneingeschränkt die Vorgaben zur Erfindungsmeldung nach § 5[13] (zu Hochschulwissenschaftlern siehe aber § 42). Mangels anderslautender Weisung (Anordnung, Bescheid, Erlass) soll der Beamte bei der Erfüllung seiner Pflichten zunächst den **Dienstweg einhalten**, also regelmäßig seinem Dienstvorgesetzten bzw. unmittelbaren Vorgesetzten die Erfindung melden (§ 5) oder mitteilen (§ 18). Dies kann aber auch unmittelbar ggü. der zuständigen obersten Dienstbehörde erfolgen, soweit diese ihre Befugnisse nicht delegiert hat.[14] Bei größeren Verwaltungen finden sich allerdings nicht selten einschlägige Dienstanweisungen, die der Beamte/Soldat zu beachten hat (vgl. etwa § 34 BeamtStG[15]), wie etwa der Erlass des BMVg vom 29.07.2008 für Arbeitnehmererfindungen in der Bundeswehr.[16] Vorstehendes gilt entsprechendes für die Mitteilung eines technischen Verbesserungsvorschlages i.S.d. § 3 (s. dazu auch § 3 Rdn. 28 ff.). Die **Inanspruch-**

---

13 Unstreitig, z. B. Schiedsst. v. 18.06.2015 – Arb.Erf. 17/13, (www.dpma.de).
14 Vgl. i. Einz. Kumm, Leitfaden f. Erfinder d. öffentl. Dienstes (1980), S. 15 f.; Volz, ArbNErf. im öffentl. Dienst, S. 67 ff.; a.A. Leuze in GRUR 1994, 415, 420, wonach die Einhaltung des Dienstwegs als herkömmliche Beamtenpflicht auch bei Erfindungsmeldungen stets zu beachten ist; ebenso Reimer/Schade/Schippel/Leuze Rn. 9 zu § 41. Vgl. demgegenüber Boemke/Kursawe/Boemke/Sachadae Rn. 22 zu § 41, wonach ein Beamter, der den Dienstweg in einem Fall einhält, für den dies nicht per Dienstrecht vorgesehen ist, nicht mehr unverzüglich i. S. v. §§ 5, 18 ArbEG handeln soll.
15 Z. B. Schiedsst. v. 18.06.2015 – Arb.Erf. 17/13, (www.dpma.de).
16 BMVg-Erlass v. 29.07.2008 – Rü II 5 – 74–30–00, (VMBl. 2008 S. 126). S. dazu allg. Volz, ArbNErf. im öffentl. Dienst, S. 69 ff., wonach bei Verletzung einer solchen Dienstvorschrift, die ausdrücklich den zuständigen Adressaten von Erfindungsmeldungen/-mitteilungen vorschreibt, die Abgabe der Meldung/Mitteilung an einen unzuständigen Vorgesetzten diesen zum Erklärungsboten des Arbeitnehmers/Beamten macht.

**nahme** (§§ 6, 7, 40 Nr. 1) erfolgt durch den Dienstherrn, vertreten durch die oberste Dienstbehörde bzw. durch die von dieser ermächtigten, nachgeordneten Behörde.

Zu den Voraussetzungen einer **Diensterfindung** s. § 4 Rdn. 21, zur Mitteilung freier Erfindungen s. § 18 Rdn. 12, 28 und zu deren Anbietung § 19 Rdn. 38.

Über § 25 finden sowohl die besondere **Treuepflicht** des Beamten unter Einschluss der gesetzlich normierten Pflichten (z.B. §§ 61, 67, 99 ff. BBG) als auch die **Fürsorgepflicht** des Dienstherrn (vgl. § 45 BeamtStG, § 78 BBG) i.R.d. ArbEG Beachtung.[17] Nach dem Willen des Gesetzgebers dürfen aber die dem Beamten obliegenden besonderen Pflichten nicht dazu führen, dass ihm weitergehende Beschränkungen auferlegt werden, als dies bei Arbeitnehmern der Fall ist[18] (s. dazu § 25 Rdn. 28 ff. u. Rdn. 40 f.). Wegen der regelmäßig fehlenden Wettbewerbssituation kommt § 25 Halbs. 2 nur eine geringe Bedeutung zu,[19] zumal die oberste Dienstbehörde über Allgemeine Anordnungen i.S.d. § 40 Nr. 3 die Art der Verwertung einer frei gewordenen Diensterfindung beschränken und damit Interessenkollisionen vermeiden kann (vgl. § 40 Rdn. 34 ff.). 13

Bezüglich des **Nebentätigkeitsrechts** ist zu differenzieren: Entwicklungs- und Forschungsarbeiten einschließlich Versuche und Erprobungen zur Fertigstellung einer Erfindung stellen keine genehmigungspflichtige Nebentätigkeit dar,[20] es sei denn, der Beamte hat von dritter Seite einen Forschungs- und Entwicklungsauftrag übernommen.[21] Die Nutzung einer Erfindung im Wege der Lizenzvergabe steht der genehmigungsfreien Kapitalnutzung durch Vermietung bzw. Verpachtung gleich und ist dementsprechend nicht genehmigungspflichtig[22] (vgl. z.B. § 100 Abs. 1 Nr. 1 BBG, § 20 Abs. 6 Nr. 1 SoldatenG). Entsprechendes gilt für den teilweisen oder vollständigen Verkauf von Erfindungsrechten. Eine (nach § 99 Abs. 1 Satz 2 Nr. 2 BBG bzw. entspre- 14

---

17 S. dazu Röpke, ZBR 1962, 174, 178 f.; Volmer Rn. 16 ff. zu § 41; Schütz Beamtenrecht Anm. 4 a zu § 57 LBG NW; ausf. Volz, ArbNErf. im öffentl. Dienst, S. 179 ff.
18 Amtl. Begründung BR-Drucks. 583/01 S. 52 = BlPMZ 1957, 247. Zust. Boemke/Kursawe/Boemke/Sachadae Rn. 26 zu § 41; a.A. Reimer/Schade/Schippel/Leuze Rn. 10 zu § 40.
19 Röpke, ZBR 1962, 174, 179.
20 Ebenso Schiedsst. v. 07.07.1998 – Arb.Erf. 101/96, (unveröffentl.); Reimer/Schade/Schippel/Leuze Rn. 11 zu § 41.
21 Schütz Beamtenrecht Anm. 4 zu § 68 LBG NW; Volz, ArbNErf. im öffentl. Dienst, S. 188.
22 Volz, ArbNErf. im öffentl. Dienst, S. 189 u. Reimer/Schade/Schippel/Leuze Rn. 11 zu § 40 – jeweils m.w.N.

chendem Landesrecht) genehmigungspflichtige gewerbliche Tätigkeit liegt allerdings dann vor, wenn der Beamte die Erfindung selbst oder unter Mitarbeit bzw. Leitung in einem Gewerbebetrieb eines Dritten mit der Absicht auf Gewinnerzielung – sei es auch nur gelegentlich – verwertet, also erfindungsgemäße Gegenstände herstellt, in den Verkehr bringt, feilhält oder sonst wie gewerblich gebraucht.[23] Dementsprechend hat das *BVerwG* die Beteiligung eines Beamten als Miterfinder am gemeinsamen Vertrieb erfindungsgemäßer Produkte als nach § 65 BBG a.F. genehmigungspflichtige Nebentätigkeit angesehen.[24]

Zur Nichtigkeitsklage s. § 25 Rdn. 49.

15 Auch bei **Streitigkeiten über Erfindungen** von Beamten ist das Verfahren vor der Schiedsstelle (§§ 28 ff.) zu beachten (s. § 28 Rdn. 31); ebenso verbleibt es bei der Zuständigkeit der bei den LG eingerichteten Patentstreitkammern nach § 39 (s.a. § 39 Rdn. 1, 3); nur im Ausnahmefall des § 39 Abs. 2 sowie bei Rechtsstreitigkeiten über technische Verbesserungsvorschläge ist der Rechtsweg vor den VG eröffnet (s. § 39 Rdn. 16, 30).

Das ArbEG gesteht dem Dienstherrn eine Reihe von einseitigen Maßnahmen zu, durch die er unmittelbar auf die Rechtsstellung des beamteten Erfinders einwirken kann, sei es durch die Beanstandung der Erfindungsmeldung, durch die Ausübung des Inanspruchnahmerechts oder die Vergütungsfestsetzung. Da diese Maßnahmen – geht man von der überkommenen Lehre zwischen Grund- und Betriebsverhältnis aus – den Beamten in seiner persönlichen Stellung treffen, wären sie **als Verwaltungsakte** zu qualifizieren mit der Folge, dass der Beamte dagegen **Widerspruch** (§§ 68 ff. VwGO) einlegen müsste, um deren Bestandskraft zu vermeiden. Selbst wenn man diesen Maßnahmen Verwaltungsaktqualität – trotz der Rechtswegzuweisung zu den Zivilgerichten (vgl. § 39 ArbEG) – zumessen will, kann doch eine formal-rechtliche Einordnung aufgrund der spezialgesetzlichen Bestimmung des ArbEG nicht dazu führen, dass daran die verwaltungsrechtlichen Wirkungen anknüpfen.[25] Dementsprechend verliert ein Beamter seine Rechte aus dem ArbEG auch dann

---

23 Volz, ArbNErf. im öffentl. Dienst, S. 190 m.w.N.; zust. BVerwG Beschl. v. 14.01.1997 – 1 DB 15.96, (unveröffentl.); wie hier wohl auch Röpke, ZBR 1962, 174, 178; zust. ferner Schiedsst. v. 07.07.1998 – Arb.Erf. 101/96, (unveröffentl.); Boemke/Kursawe/Boemke/Sachadae Rn. 66 f. zu § 41.
24 BVerwG Beschl. v. 14.01.1997 – 1 DB 15.96, (unveröffentl.).
25 So i. Ergebn. Schiedsst. ZB. v. 09.03.1973 – Arb.Erf. 33/72, (unveröffentl.); ausf. Volz, ArbNErf. im öffentl. Dienst, S. 193 ff.; im Ergebn. auch Reimer/Schade/Schippel/Leuze Rn. 12 zu § 41.

nicht, wenn er gegen eine solche Maßnahme keinen oder verspätet Widerspruch eingelegt hat.

Auch bei einem Klageverfahren ist das ansonsten nach Beamtenrecht (vgl. § 54 Abs. 2 BeamtStG, § 126 Abs. 2 BBG) vorgeschriebene **Vorverfahren** nicht erforderlich, soweit nach § 39 ArbEG die Zuständigkeit der Zivilgerichte gegeben ist (s. § 37 Rdn. 1).

## C. Erfindungen und technische Verbesserungsvorschläge von Soldaten

Da weder die Berufssoldaten noch die aufgrund der Wehrpflicht im Wehrdienstverhältnis stehenden Personen Beamte sind, bedurfte es einer **eigenständigen Regelung** in § 41. Zu einfachen Verbesserungsvorschlägen s. § 20 Rdn. 68 und zur Mitbestimmung s. § 40 Rdn. 30 ff. 16

Die Rechtsstellung, die Rechte und Pflichten der Berufssoldaten, Soldaten auf Zeit, (früheren) Wehrpflichtigen und freiwillig Wehrdienstleistenden (s. dazu § 1 Rdn. 89) bestimmen sich im Wesentlichen nach dem SoldatenG, dem WehrpflichtG und den sonstigen einschlägigen, soldatenrechtlichen Vorschriften. 17

**Soldat** i.S.d. ArbEG ist jeder, der aufgrund der Wehrpflicht oder freiwilliger Verpflichtung in einem Wehrdienstverhältnis steht (§ 1 Abs. 1 SoldatenG), also sowohl der Berufssoldat als auch der Soldat auf Zeit sowie für die Dauer seines Wehrdienstes der (frühere) Wehrpflichtige[26] und der freiwillig Wehrdienstleistende (s. dazu § 1 Rdn. 89); in der Zeit ihrer Heranziehung zu (soldatischen) Dienstleistungen (Wehrübungen usw.) stehen auch frühere Soldaten in einem Wehrdienstverhältnis (§ 1 Abs. 2, §§ 59 ff. SoldatenG). 18

Das **Wehrdienstverhältnis** beginnt gem. § 2 Abs. 1 SoldatenG bei Berufssoldaten und Soldaten auf Zeit mit der Ernennung; es endet mit Ablauf des Tages, an dem der Soldat aus der Bundeswehr ausscheidet (§ 2 Abs. 2 i.V.m. §§ 43 ff. SoldatenG). Siehe im Übr., auch zum Bundesfreiwilligendienst, § 1 Rdn. 89 f. 19

Keine Soldaten, sondern Beamte sind die **beamteten Bediensteten der Bundeswehr**. Diese sind Bundesbeamte i. S. d. § 41 ArbEG und unterliegen ebenso wie die im Arbeitsverhältnis stehenden **Tarifbeschäftigten** der Bundeswehr uneingeschränkt § 40 ArbEG. 20

Auf die (örtlichen) **zivilen Arbeitskräfte der alliierten Streitkräfte** finden nach Art. IX NATO-Truppenstatut i.V.m. Art. 56 Abs. 1 Buchst. a) des 21

---

[26] S.a. Ausschussber. zu BT-Drucks. II/3327 S. 3 = BlPMZ 1957, 251.

Zusatzabkommens zum NATO-Truppenstatut[27] (ZA-NTS) grds. die für die zivilen Bediensteten der Bundeswehr maßgebenden arbeitsrechtlichen Vorschriften Anwendung; allerdings gilt nach Art. 56 Abs. 1 Buchst. f) ZA-NTS die Tätigkeit der zivilen Arbeitskräfte nicht als Tätigkeit im deutschen öffentlichen Dienst. Daraus folgt u. E., dass diese örtlichen Zivilbediensteten insoweit dem ArbEG unterliegen, und zwar nach dem für Arbeitnehmer im privaten Dienst geltenden Recht und ohne die Besonderheiten des § 40 ArbEG.[28]

Da sie bei Streitigkeiten aus dem Arbeitsverhältnis der deutschen Gerichtsbarkeit unterliegen, finden auf sie auch die Bestimmungen des Schiedsstellenverfahrens (§§ 28 ff.) sowie des Gerichtsverfahrens nach §§ 37 ff. Anwendung, allerdings mit der Besonderheit, dass Klagen gegen den Arbeitgeber[29] stets gegen die Bundesrepublik als Prozessstandschafterin zu richten sind (Art. 56 Abs. 9 ZA NATO-Truppenstatut).

22 Für die – von den **Zivilbeschäftigten der alliierten Streitkräfte** zu unterscheidenden[30] – (örtlichen) **zivilen Arbeitskräfte der NATO** gelten nach Art. 8 Abs. 1 Buchst. a) des sog. Ergänzungsabkommens[31] weitgehend entsprechende Vorgaben, so dass auch auf diese Arbeitnehmer das ArbEG ohne die Sonderregelungen des § 40 zur Anwendung kommt.

23 Hinsichtlich der besonderen **Treuepflicht** des Soldaten (vgl. §§ 7 ff. SoldatenG) und der **Fürsorgepflicht** des Bundes (§ 31 SoldatenG) gelten die oben behandelten Grundsätze für Beamte entsprechend (s. § 41 Rdn. 13). Wegen des Grundsatzes der Gleichstellung (s. vor §§ 40 bis 42 Rdn. 4 ff.) dürfen diese

---

27 Gilt entspr. für Arbeitskräfte der französischen Truppen, s. dazu BAG v. 28.04.1970, AP Nr. 2 zu Art. 56 ZA-NATO-Truppenstatut m. Anm. Beitzke.
28 Streitig: die Anwendg. d. § 40 bejahend z.B. Kelbel PatR u. ErfR (1966) Bd. 1, 104; Volmer/Gaul Rn. 122 f. zu § 1 u. Rn. 25 zu § 40; vgl. auch Volmer, GRUR 1978, 393, 401 f.; wie hier Reimer/Schade/Schippel/Leuze Rn. 17 zu § 41; Keukenschrijver in Busse/Keukenschrijver, PatG, Rn. 3 zu § 41 ArbEG.
29 Zur Kennzeichnung des ArbEG innerhalb der NATO s. Volmer, GRUR 1978, 393, 401 f.
30 Zu Unrecht beziehen Boemke/Kursawe/Boemke/Sachadae Rn. 16 zu § 41 (unter unzutreffender Bezugnahme auf unsere Vorauflage) das ZA-NTS auf zivile Arbeitskräfte der NATO.
31 Abkommen zwischen der Bundesrepublik Deutschland und dem Obersten Hauptquartier der Alliierten Mächte Europa über die besonderen Bedingungen für die Einrichtung und den Betrieb internationaler Hauptquartiere in der Bundesrepublik Deutschland v. 13.03.1967 (BGBl. 1969 II S. 2009), in Kraft gesetzt durch Art. 1 des Gesetzes zum Protokoll über die NATO-Hauptquartiere und zu den Ergänzungsabkommen v. 17.10.1969 (BGBl. 1969 II S. 1997).

### C. Erfindungen und technische Verbesserungsvorschläge von Soldaten § 41

Pflichten bezogen auf das ArbEG nicht weitergehen als bei Arbeitnehmern und Beamten.

Bei Wehrpflichtigen bzw. freiwillig Wehrdienstleistenden kann die Zuordnung von Erfindungen, die sie in der Zeit des Wehrdienstes fertig gestellt haben, problematisch sein; s. hierzu § 1 Rdn. 89 f. 24

Für Soldaten ist das **Schiedsstellenverfahren** (§§ 28 ff.) obligatorisch vorgeschrieben (s. § 37); für Streitigkeiten über Erfindungen eines Soldaten sind abweichend vom Grundsatz des § 82 SoldatenG die **Patentstreitkammern** der jeweiligen LG gem. § 39 ArbEG sachlich zuständig; i.Ü., insb. im Fall des § 39 Abs. 2 sowie bei technischen Verbesserungsvorschlägen, verbleibt es bei dem Verwaltungsrechtsweg gem. § 82 SoldatenG (s. § 39 Rdn. 16, 30); auch hier ist ein **Vorverfahren** (vgl. § 83 SoldatenG) nicht erforderlich, soweit die Zivilgerichte nach § 39 ArbEG zuständig sind. S. i.Ü. § 41 Rdn. 15. 25

Auf (frühere) **Zivildienstleistende** einschließlich der freiwillig Zivildienst Leistenden finden die Vorschriften der §§ 1, 41 ArbEG entsprechende Anwendung (s. § 1 Rdn. 90, dort auch zum Bundesfreiwilligendienst). 26

## § 42 n.F. Besondere Bestimmungen für Erfindungen an Hochschulen (Fassung 2002)

Für Erfindungen der an einer Hochschule Beschäftigten gelten folgende besonderen Bestimmungen:
1. Der Erfinder ist berechtigt, die Diensterfindung im Rahmen seiner Lehr- und Forschungstätigkeit zu offenbaren, wenn er dies dem Dienstherrn rechtzeitig, in der Regel zwei Monate zuvor, angezeigt hat. § 24 Abs. 2 findet insoweit keine Anwendung.
2. Lehnt ein Erfinder auf Grund seiner Lehr- und Forschungsfreiheit die Offenbarung seiner Diensterfindung ab, so ist er nicht verpflichtet, die Erfindung dem Dienstherrn zu melden. Will der Erfinder seine Erfindung zu einem späteren Zeitpunkt offenbaren, so hat er dem Dienstherrn die Erfindung unverzüglich zu melden.
3. Dem Erfinder bleibt im Fall der Inanspruchnahme der Diensterfindung ein nichtausschließliches Recht zur Benutzung der Diensterfindung im Rahmen seiner Lehr- und Forschungstätigkeit.
4. Verwertet der Dienstherr die Erfindung, beträgt die Höhe der Vergütung 30 vom Hundert der durch die Verwertung erzielten Einnahmen.
5. § 40 Nr. 1 findet keine Anwendung.

**Lit. zu § 42 n.F.:**
*Backs*, Akadem. Patente als Mittel z. Wissens- und Technologietransfer zw. Wissenschaft u. Wirtschaft., Diss. Bielefeld 2016; *Bagdassarov*, Wissens- und Technologietransfer an Universitäten: Interne und externe Gestaltungsansätze am Beispiel d. Technologietranfer-GmbH, Diss. rer. pol. Frankfurt/Oder 2012; *Balzer/Milbradt*, Arbeitnehmererfinderrecht: Die Abschaffung d. Hochschullehrerprivilegs u. ihre Auswirkungen a. Forschungsverträge m. Unversitätskliniken, PharmR 2003, 378; *Bartenbach*, § 42 ArbEG u. die Auswirkungen a. d. Technologietransfer zw. Hochschulen u. Industrie – Bestandsaufnahme, VPP-Rundbrief 4/2013, 150; *Bartenbach/Hellebrand*, Zur Abschaffung d. Hochschullehrerprivilegs (§ 42 ArbEG) – Auswirkungen a. d. Abschluss v. Forschungsaufträgen, Mitt. 2002, 165; *Bartenbach/Volz*, Erfindungen an Hochschulen – Zur Neufassung des § 42 ArbEG, GRUR 2002, 743; *dies.*, Erfindungsrechtliche Aspekte d. univ. Auftragsforschung, in Festschr. 50 Jahre VPP (2005), S. 225; *Beaucamp*, Aufhebung d. »Hochschullehrerprivilegs« im ArbEG, DÖD 2003, 99; *Bergmann*: Erf. v. Hochschulbeschäftigten n. d. Reform v. § 42 ArbNErfG. 2006 (= Diss. Freiburg 2005); *Beyerlein*, Der Wegfall d. »Hochschullehrerprivilegs« (§ 42 ArbEG) – eine Erleichterung f. d. Forschung an dt. Hochschulen, NZA 2002, 1020; *ders.*, Umgehungsgeschäfte b. ArbEG durch Vereinbarungen zw. ArbN u Dritten unter bes. Berücksichtigg. d. Hochschulkooperationsverträge?, Mitt. 2005, 152; *ders.*, Erfindungen an Hochschulen – Der Wegfall des Hochschullehrerprivilegs – ein Zwischenbericht, Forschung & Lehre 2008, 462; *ders.* Berliner Vertragsbausteine & Co. – Eine Übersicht ü. Mustervereinbarungen f. F- & E-Kooperationen, Mitt. 2008, 498; *Böhringer*. Die Novellierung d. Hochschullehrerprivilegs (§ 42 ArbnErfG), NJW 2002, 952; *Bodenburg*, Verfassungswidrig? – Die Änderung des Patentrechts und ihre Folgen, Forschung & Lehre 2003, 601; *Burgstaller*, Dienster-

## § 42 n.F.

findungen im Hochschulbereich, in Löschnigg (Wien 2016), 15 ff.; *Busche*, Der Wegfall d. Hochschullehrerprivilegs b. Diensterf. auf dem Prüfstand d. Verfassungsrechts, CIPReport 2007, 69; *Busche/Greve/Hozuri*, Leitfaden zu Forschungs- u. Entwicklungsverträgen, 5. Aufl. 2015; *Eberle/Handzik*, Forschungskooperationsverträge aus Sicht der Wirtschaft, in: Gärditz/Pahlow (2011), 297; *Fischer/Wagner*, Schlussbetrachtung und Ausblick, in: Wagner/Fischer (2004), 87 ff.; *von Falck/Schmaltz*, Hochschulerfindungen: Zuordnung und Vergütung in Deutschland, den Niederlanden, Frankreich, Großbritanien, den USA und Japan, GRUR 2004, 469; *Fleuchaus/Braitmayer*, Hochschullehrerprivileg ade?, GRUR 2002, 653; *Fritsch*, Hochschulpatente aus d. Sicht d. DPMA, VPP-Rundbrief 2003, 43; *Gärditz*, Dienstrecht d. Hochschulen, in: Gärditz/Pahlow (2011), 35; *ders.* Finanz- u. Haushaltsrecht an Hochschulen, in: Gärditz/Pahlow (2011), 89; *Gärditz/Pahlow (Hrsg.)*, Hochschulerfinderrecht, 2011; *Geibel*, Rechtsform u. Zurechnungen zw. Transparenz u. Abschirmungswirkg. am Bsp. d. Wissenschafts- u. Forschungskooperationen, OdW 2018 (H. 2), 87; *Geis*, Forschungskooperationen: Öffentl. oder Zivilrecht? Positionsbestimmungen u. Regelungszuständigkeiten, OdW 2018 (H. 2), 77; *Goddar*, Vereinbarungen z. Forschungsbeauftragg. aus d. Ind. an d. univ. Forschung – Musterlösungen, VPP-Rundbrief 2003, 41; *Godt*: Patentschutz f. Forschungsergebnisse – eine Herausforderung f. d. Wissenschaft. WissR 2003, 24; *Haase*, 30 Prozent besser als 100 – Ein Interview m.d. Patentverwertungsagentur BayPat, Forschuhg & Lehre 2008, 461; *Haase/Lautenschläger*, Neues Arbeitnehmererfinderrecht an Hochschulen: Eine empir. Bestandsaufnahme in Thüringen, WissR 2006, 137; *Heerma/Maierhöfer*, Drei Fragen z. Vgtg. D. Hochschulerfinders, GRUR 2010, 682; *Hoeren*: Zur Patentkultur an Hochschulen – auf neuen Wegen zum Ziel, WissR 2005, 131; *Hoff*, Forschungs- u. Entwicklungskoop. zw. Ind. u. Lehre, ITRB 2015, 43; *Hübner*, Erfindungen v. Beschäftigten an Hochschulen – Ein Beitrag z. Reform d. ArbEG, 2003 (zugl. Diss. Münster 2002); *ders.*, § 42 Nr. 1 ArbEG u. d. Freiheit d. wiss. Kommunikation, WissR 2005, 34; *Kelp*, Die Rechte abhängig Beschäftigter, in: Gärditz/Pahlow (Hrsg.), Hochschulerfinderrecht (2011), S. 223; *Klawitter/Zintler*, Neuere Mustervertrag für FE-Kooperation zw. Wirtschaft (ind. Auftraggebern) u. Hochschulen, Mitt. 2006, 116; *Körting*, Das Arbeitnehmererfindungsrecht u. d. innerbetriebl. Innovationsförderung, Diss. Bayreuth 2006; *Körting/Kumme*, Von d. Hochschullehrererf. z. Hochschulerfindung. RdA 2003, 279; *Kraßer*: Erfindungsrecht d. wiss. Personals, in: Hartmer/Detmer (Hrsg.), Hochschulrecht – Ein Handbuch f. d. Praxis (2004), S. 451, *Kraßer/Ann*, Erfindungen an e. Hochschule Beschäftigter, in: Kraßer/Ann, PatR –Lehrbuch z. dt. u. europ. Pat-- u. GebrMR., 7. Aufl. 2016, § 21 VII b, S. 436; *Kretzer*, Die Novellierung d. »Hochschullehrerprivilegs« (§ 42 ArbnErfG), Diss. 2007; *Krausnick*, Hochschulorganisationsrecht, in: Gärditz/Pahlow (2011), 67; *Leuze*, Anmerkungen zur Beseitigung d. Hochschullehrerprivilegs im ArbEG, WissR 2002, 342; *ders.* Krit. Anm. zu § 42 ArbEG, GRUR 2005, 27; *ders.*, Die Urheberrechte d. wiss. Mitarbeiter, GRUR 2006, 552; 451; *ders.*, Urheberrechtl. u. arbeitnehmererfinderr. Stellg. d. wiss. Mitarbeiter unter bes. Berücks. D. angest. Ärzte, WissR 2011, 280; *Lux*, Rechtsfragen d. Kooperation zw. Hochschulen u. Wirtschaft – Ein Rechtsvergleich: Deutschland – USA, München 2002 [= Jur. Diss. Köln 2002]; *Matschiner*, Erfindungen im Rahmen d. Hochschulforschung – z. Patentwesen an dt. Hochschulen, in Festschr. 50 J. VPP (2005) S. 174; *Osterrieth*, Erfindungen von Hochschul-Beschäftigten, in: ders., PatR., 3. Aufl. 2007, S. 260 ff.; *Pahlow/Gärditz*, Konzeptionelle Anforderungen an ein modernes Recht d. Hochschulerfindungen., WissR 2006, 48; *Peter*, Die »Flucht in die Nebentätigkeit« – ein Schlupfloch a. d. Neuregelung d. § 42 ArbnErfG b. Erf. v. Hochschullehrern?, Mitt. 2004, 396; *Post/*

**§ 42 n.F.** Besondere Bestimmungen für Erfindungen an Hochschulen (Fassung 2002)

*Kuschka* GRUR 2003, 494; *Reetz*, Erf. an Hochschulen, Diss. Köln 2006; *ders.*, Die Regelung d. § 42 Nr. 1 ArbEG auf d. »verfassungsrechtlichen Prüfstand«, WissR 2008, 206; *Rosenberger/Wündisch* (Hrsg.), Verträge ü. Forschung u. Entwicklung, 3. Aufl. 2018; *Schippan*, Über d. Abschaffung d. Hochschullehrerprivilegs – Eine Analyse aus rechtl. Sicht, Forschung & Lehre 2002, 648; *Schmaltz*, Anm. zu Peter, Die Flucht in die Nebentätigkeit – ein Schlupfloch a. d. Neuregelung d. § 42 ArbnErfG b. Erf. v. Hochschullehrern?, Mitt. 2004, 504; *Schroeder*: Konsequenzen d. Reform – Aus Sicht e. Landesministeriums, in Wagner/Fischer (2004), 67; *Schübel-Pfister*, Verfassungsrechtliche Grundlagen, in: Gärditz/Pahlow (2011), 11; *Schwarz*, Erfindungen an amerikan- Hochschulen. Diss. München 1997; *Sellnick*, Die Neuregelung d. Rechts d. Diensterf. an d. Hochschule durch d. Abschaffung d. Hochschullehrerprivilegs, NVwZ 2002, 1341; *Slopek*, Geistiges Eigentum in FuE-Verträgen zw. Unternehmen u. Hochschulen, Mitt. 2013, 26; *Slopek/Pausewang/Beye*, Auswirkungen d. Novellierg. d. § 42 ArbEG a. d. Umgang d. nordr.-westf. Hochschulen m. ihrem geistig. Eigentum, WissR 2011, 50; *Soudry*, Die Rechtsstellung d. Hochschulerfinders nach d. Neufassung des § 42 ArbNerfG, Diss. Heidelberg 2010; *Stallberg*, Anwendungsfragen d. § 42 Nr. 4 ArbnErfG b. F&E-Verträgen im Hochschulbereich, GRUR 2007, 1035; *Tettinger/Lux-Wesener*, Die Kooperation d. Wissenschaftlers m. d. Wirtschaft u. d. Nebentätigkeitsrecht d. Professoren, in: Hartmer/Detmer (Hrsg.), Hochschulrecht – Ein Handbuch f. d. Praxis (2004), S. 204; *Ullmann*, Verfassungsmäßige Einbindg. d. Beschäftigten dt. Hochschulen in ArbEG (»selbststabilisierendes Kniegelenk«), jurisPraxisReport-Wettbewerbs- u. ImmaterialgüterR 3/2008 Anm. 1; *Ulrici*, Geistiges Eigentum in Forschungsverbünden, OdW 2018 (H. 2), 129; *Volz*, Zur Diensterf. v. Hochschulwissenschaftlern, in Festschr. Müller-Jahncke, Stuttgart 2009, S. 495; *Wagner/Fischer* (Hrsg.), Patentverwertung in Wissenschaft u. Wirtschaft n. Wegfall d. Hochschullehrerprivilegs. Speyer/Bonn 2004; *Walter/Brusch/Hartung*, Präferenzen bzgl. Dienstleistungen v. Patentverwertungsagenturen – Eine explorative Untersuchung, GRUR 2007, 395; *Weyand/Haase*, Der Innovationstransfer an Hochschulen n. Novellierung d. Hochschulerfinderrechts – eine Zwischenbilanz in rechtspolit. Absicht, GRUR 2007, 28; *Winzer*, Forschungs- u. Entwicklungsverträge, 2006; *Wündisch/Hering*, Rücklizenzen bei FuE-Aufträgen: Das Nutzungsrecht f. Forschung u. Lehre, GRUR Int. 2009, 106. Im Übrigen Lit. bei Einl. vor §§ 40–42 und zu § 42 a.F.

## Übersicht

| | Rdn. |
|---|---|
| **A. Allgemeines** | 1 |
| **B. Persönlicher Anwendungsbereich** | 9 |
| I. Beschäftigte an einer Hochschule | 10 |
| II. Nicht einbezogener Personenkreis | 17 |
| III. Miterfinder | 22 |
| IV. Hochschulwissenschaftler – eingeschränkter Anwendungsbereich bei § 42 Nrn. 1 bis 3 | 23 |
| **C. Grundsatz der Geltung des ArbEG** | 26 |
| **D. Diensterfindung** | 30 |
| I. Allgemeine Begriffsmaßstäbe | 31 |
| II. Besonderheiten im Wissenschaftsbereich | 35 |
| III. Rechtsfolgen unterschiedlicher Einstufungen bei Miterfindern | 42 |

# § 42 n.F.

|  |  | Rdn. |
|---|---|---|
| E. | Freie und frei gewordene Erfindung | 45 |
| I. | Freie Erfindung | 46 |
| 1. | Begriffsmaßstäbe | 46 |
| 2. | Rechtliche Behandlung | 47 |
| II. | Frei gewordene Diensterfindung | 50 |
| F. | **Nicht schutzfähige technische Entwicklungen** | 52 |
| I. | Technische Verbesserungsvorschläge | 52 |
| II. | Know-how | 55 |
| G. | **Offenbarungsrecht i.R.d. Lehr- und Forschungstätigkeit (Nr. 1)** | 57 |
| I. | Publikationsfreiheit | 58 |
| II. | Geltungsbereich | 71 |
| III. | Offenbarungsabsicht i.R.d. Lehr- und Forschungstätigkeit (Nr. 1 Satz 1 Halbs. 1) | 75 |
| IV. | Anzeige ggü. dem Dienstherrn, Regelfrist (Nr. 1 Satz 1 Halbs. 2) | 81 |
| V. | Rechtsfolgen/Ausnahme zur Geheimhaltungspflicht (Nr. 1 Satz 2) | 91 |
| H. | **Negative Publikationsfreiheit des Hochschulwissenschaftlers (Nr. 2)** | 101 |
| I. | Negative Publikationsfreiheit | 102 |
| II. | Geltungsbereich | 106 |
| III. | Ablehnung einer Offenbarung aufgrund der Lehr- und Forschungstätigkeit (Nr. 2 Satz 1 Halbs. 1) | 111 |
| IV. | Rechtsfolgen/Ruhen der Meldepflicht (Nr. 2 Satz 1 Halbs. 2) | 118 |
| V. | Spätere Meldung bei Offenbarungsabsicht (Nr. 2 Satz 2) | 125 |
| J. | **Verbleib eines nicht ausschließlichen Nutzungsrechts bei (unbeschränkter) Inanspruchnahme (Nr. 3)** | 131 |
| I. | Geltungsbereich | 132 |
| II. | Inhalt des nicht ausschließlichen Nutzungsrechts | 138 |
| K. | **Vergütung bei Erfindungsverwertung (Nr. 4)** | 145 |
| I. | Geltungsbereich | 153 |
| 1. | Hochschulbeschäftige | 153 |
| 2. | In Anspruch genommene Diensterfindungen | 156 |
| II. | Verwertung durch den Dienstherrn | 160 |
| III. | Vergütungsbemessung | 165 |
| 1. | Erzielte Einnahmen | 166 |
| 2. | Anteil (Dreißig vom Hundert) | 178 |
| L. | **Keine Inanspruchnahme einer angemessenen Beteiligung (Nr. 5)** | 185 |
| M. | **Forschungs- und Entwicklungskooperationen mit Dritten/Auftragsforschung** | 190 |
| I. | Technologiertransfer als Hochschulaufgabe | 190 |
| II. | Formen der Zusammenarbeit zwischen Hochschule und Unternehmen | 193 |
| 1. | Allgemein | 193 |
| 2. | Die Hochschule als Auftragnehmerin/Vertragspartnerin | 194 |
| 3. | Der Hochschulwissenschaftler als Auftragnehmer/Vertragspartner | 198 |
| III. | Probleme der Miterfinderschaft | 200 |
| N. | **Ausgründung von Unternehmen** | 208 |
| O. | **Haushaltsrechtliche Auswirkungen** | 213 |
| I. | Grundsätze | 213 |

§ 42 n.F.   Besondere Bestimmungen für Erfindungen an Hochschulen (Fassung 2002)

|  | Rdn. |
|---|---|
| II. Haushaltsrechtliche Auswirkungen im Einzelnen | 216 |
| 1. Bei allgemeinen erfinderrechtlichen Maßnahmen | 217 |
| 2. Bei Veräußerung und Lizenzierung von Diensterfindungen | 220 |

## A. Allgemeines

1   Die Vorschrift ist im Jahr **2002** durch das Gesetz zur Änderung des ArbEG vom 18.01.2002 (BGBl. I, S. 414) **grundlegend neu** gefasst (zur Gesetzgebungskompetenz s. vor §§ 40 bis 42 Rdn. 3). An die Stelle des Hochschullehrerprivilegs des § 42 a.F., das bis in die Anfänge der Entwicklung des Arbeitnehmererfindungsrechts in Deutschland zurückreichte[1] und im Ergebnis alle Erfindungen der Hochschulwissenschaftler (zum Begriff s. § 42 Rdn. 23) zu freien Erfindungen erklärte, ist seit Februar 2002 das Gegenteil getreten: Alle an der Hochschule fertig gestellten Erfindungen sind nach der Vorstellung des Gesetzgebers im Regelfall Diensterfindungen; für sie gelten nur noch in begrenztem Umfang Ausnahmeregelungen (§ 42 Nrn. 1 bis 3); sie werden aber im Gleichklang mit den Diensterfindungen anderer Hochschulbeschäftigter gesetzlich wesentlich besser vergütet (§ 42 Nr. 4) als alle sonstigen Diensterfindungen im privaten und öffentlichen Dienst. Nach § 42 n.F. sollen damit im Ergebnis nahezu alle an der Hochschule anfallenden Erfindungen als Diensterfindungen der Möglichkeit der Inanspruchnahme unterliegen. Der Rechtsausschuss des Bundestages fasst die Änderungen und deren Folgen kennzeichnend wie folgt zusammen:[2]

> »*Durch Änderung der bisherigen Sonderregelung für Hochschullehrer, frei über die Anmeldung und Verwertung ihrer Erfindungen entscheiden zu können, sollen die Hochschulen die Möglichkeit erhalten, solche Erfindungen zur Verwertung an sich zu ziehen. Dadurch soll die Menge der den Hochschulen zur Verfügung stehenden Erfindungen wesentlich erhöht werden. Die Möglichkeit umfassender Inanspruchnahme aller an der Hochschule anfallenden Erfindungen schafft die Voraussetzungen dafür, dass im Hochschulbereich der Aufbau eines aus Verwertungserlösen finanzierten Patent- und Verwertungswesens in Angriff genommen werden kann.*«

---

1   Zur Rechtsentwicklung s. u.a. Hübner (2003) S. 31 ff.; Reetz (2006) S. 6 ff.; Kretzer (2007) S. 2 ff.; Soudry (2010) S. 25 ff. S.a. Bartenbach/Volz, GRUR 2002, 743; Volz in Festschr. Müller-Jahncke (2009), S. 495, 496 f.
2   S. den Hinweis im Bericht des BT-Rechtsausschusses in BT-Drucks. 14/7573 v. 26.11.2001, S. 2. Vgl. auch die Amtl. Begründung des Reg.Entw. BR-Drucks. 583/01 S. 5.

## A. Allgemeines § 42 n.F.

Die Neufassung des § 42 gilt gem. § 43 Abs. 1 und 2 grds. mit Wirkung für die **seit dem 07.02.2002 gemachten Erfindungen** von Hochschulbeschäftigten, allerdings mit begrenzten Ausnahmen bei vertraglichen Übertragungspflichten des Hochschulwissenschaftlers (s. im Einzelnen die Kommentierung zu § 43 Abs. 1 u. 2).

Die Vorschrift entspricht wörtlich dem am 17.08.2001 vom Bundeskabinett beschlossenen Gesetzentwurf.[3] Die **Gesetzesgeschichte** geht zurück auf eine mehrjährige Diskussion über Auswirkung und Notwendigkeit des sog. Hochschullehrerprivilegs des § 42 a.F.[4] Überwiegend wurde das **Patentaufkommen** an den deutschen Hochschulen mit unter 2 % aller Anmeldungen als unbefriedigend und das Hochschullehrerprivileg als nicht mehr zeitgemäß angesehen.[5] Angesichts positiver Erfahrungen in den USA seit Beginn der 1980er Jahre[6] gewannen die Überlegungen der Bildungspolitiker auf Bundes- und Landesebene zunehmend Raum, Hochschulerfindungen zu fördern, einer stärkeren wirtschaftlichen Verwertung zuzuführen und den Technologietransfer zwischen Hochschulen und Wirtschaft zu intensivieren. Erste Gesetzeskonsequenz war 1998 die Einfügung des Abs. 7 in § 2 HRG, der die **Förderung des Wissens- und Technologietransfers** als Hochschulaufgabe festschrieb.[7] Im Beschluss v. 30.10.2000 hatte sich die damalige Bund-Länder-Kommission für Bildungsplanung und Forschungsförderung (BLK) einstimmig für eine »drastische Modifizierung des § 42[8]« ausgesprochen, die – wenn auch mit besonderen Maßgaben – auf eine grundsätzliche Übernahme der allgemeinen ArbEG-Vorschriften für »Erfindungen des wissenschaftlichen Personals der Hochschulen

---

3 Vgl. BR-Drucks. 583/01 vom 17.08.2001.
4 S. dazu u.a. Barth, GRUR 1997, 880 ff.; Fahse in Festschr. H. Krüger (2001) S. 93 ff.; Rösler (2001); Bergmann (2006) S. 25 ff.; Sellnick, NVwZ 2002, 1340 ff.; Reimer/Schade/Schippel/Leuze Rn. 12 a zu § 42 m.w.N.; s.a. Dessemontet, GRUR Int. 1983, 133 ff.; Dzwonnek, WissR 2000, 95 ff.; Sandberger, WissR 1988, 225 ff.; Reetz (2006) S. 106 f., 129 ff. Zur Rechtsentwicklung s. ferner Kretzer (2007) S. 11 ff.; Soudry (2010) S. 44 ff., 53 f.; Bartenbach/Volz in GRUR Beil. I 4/2008, S. 1, 6 f.
5 Vgl. u.a. die Erläuterungen zum Gesetzentwurf des Bundesrates BR-Drucks. 740/00 vom 09.03.2001, Anlage S. 3 = BT-Drucks. 14/5939 S. 6. Die Zahlen reichten bis zu 4,4 % (vgl. Haase/Lautenschläger, WissR 2006, 137, 140 f.) bzw. 4 – 5 % (Fritsch, VPP-Rundbrief 2003, 43, 44). Von Keukenschrijver in Busse/Keukenschrijver, PatG, Rn. 3 zu § 42 ArbEG wird von 1,8 % bis 5 % ausgegangen.
6 Vgl. etwa Godt, WissR 2003, 24, 31; Hoeren, WissR 2005, 131, 133; vgl. auch Tettinger/Lux-Wesener in: Hartmer/Detmer (2004), S. 211 (Kap. V Rn. 21 f.).
7 S. dazu Lux (2002), S. 77 ff.
8 So die »Begründung zu Änderungsvorschlag für § 42 Arbeitnehmererfindungsgesetz« der BLK vom 30.11.2000 (dort S. 1, abrufbar unter www.bmbf.de).

**§ 42 n.F.**  Besondere Bestimmungen für Erfindungen an Hochschulen (Fassung 2002)

aus dienstlicher Tätigkeit« hinauslief.[9] Zwei Monate nach dem entsprechenden Gesetzentwurf des Bundesrates[10] hatten die damaligen Koalitionsfraktionen im Mai 2001 einen eigenen Gesetzentwurf vorgelegt.[11] Damit stimmte der RegE weitgehend überein; die anschließenden Änderungsempfehlungen des federführenden Rechtsausschuss des Deutschen Bundestages[12] entsprechen den Abweichungen im RegE. Gegenstand der Zustimmung des Bundestages war damit (formal) nicht der RegE, sondern der Gesetzentwurf der Koalitionsfraktionen mit den Änderungsempfehlungen des Rechtsausschusses.[13]

Mit Blick auf die Gesetzgebungskompetenz des Bundes aus Art. 73 Abs. 1 Nr. 9 GG (s. vor §§ 40 bis 42 Rdn. 3) blieb § 42 ArbEG a. F. von den Kompetenzänderungen im Hochschulbereich im Zuge der **Föderalismusreform I**[14] unberührt. Nichts Anderes galt für die in der 16. Legislaturperiode noch geplante Aufhebung des **Hochschulrahmengesetzes** (HRG), das allerdings auch die weitere Legislaturperiode überstanden hat und z Zt. weitgehend fort gilt.[15]

3 Der Gesetzgeber hat sich gegen eine vereinzelt geforderte ersatzlose Streichung des § 42[16] entschieden, da solches aus seiner Sicht rechts- und innovationspolitisch der falsche Weg für die Hochschulforschung gewesen wäre.[17] Der Neufassung des § 42 und dem damit eröffneten Inanspruchnahmerecht steht die durch Art. 5 Abs. 3 GG grundrechtlich geschützte **Freiheit der Forschung**

---

9 S.a. Böhringer, NJW 2002, 952 m.H.a. BLK-Drucks. K 00.66.
10 Vgl. BR-Drucks. 740/00 (Beschluss) vom 09.03.2001 = BT-Drucks. 14/5939.
11 BT-Drucks. 14/5975 vom 09.05.2001.
12 S. Bericht des BT-Rechtsausschusses in BT-Drucks. 14/7573 v. 26.11.2001, S. 4.
13 Vgl. 2/3. Lesung des Deutschen Bundestages am 30.11.2001 (BT-PlPr. 14/206 v. 30.11.2001 S. 20427); darauf weist zutreffend Bergmann (2006) S. 123 hin.
14 Vgl. dazu u. a. Westerburg, WissR 2006, 338 ff. u. Hansaleck, NVwZ 2006, S. 668 ff.
15 Über den von der BReg. beschlossenen Gesetzentwurf zur Aufhebung des Hochschulrahmengesetzes vom 23.07.2007 (BR-Drucks. 352/07 = BT-Drucks. 16/6122) hat der Deutsche Bundestag in der 16. Legislaturperiode nicht mehr abschließend beraten (vgl. Antwort d. BReg. v. 05.01.2009 in BT-Drucks. 16/11550, S. 1 f.). Gemäß Übergangsrecht (Art. 125a Abs. 1 Satz 1 GG i.V.m. Art. 75 Abs. 1 Nr. 1a GG a.F., Art. 125b Abs. 1 Satz 1 GG) gilt das HRG fort, soweit es nicht durch Landesrecht ersetzt worden ist bzw. wird.
16 Vgl. etwa Meusel, Außeruniv. Forschung im Wissenschaftsrecht (2. Aufl. 1999), Rn. 574 f.; s.a. Barth, GRUR 1997 S. 880 ff.; Dzwonnek, WissR 2000, 95, 100 ff.
17 So Amtl. Begründung BT-Drucks. 14/5975 S. 5; übereinstimmend Amtl. Begründung Reg.Entw. BR-Drucks. 583/01 S. 5.

A. Allgemeines                                                    § 42 n.F.

**und der Lehre**[18] nicht entgegen[19] (s. a. § 42 Rdn. 57; zur verfassungskonformen Auslegung s. § 42 Rdn. 29). Das Grundrecht, das sowohl in den Landesverfassungen (vgl. etwa Art. 7 Verf. M-V; Art. 5 Nieders. Verf.) als auch im Hochschulrahmengesetz (vgl. § 5 Abs. 2, 3 HRG) und in Hochschulgesetzen der Länder (vgl. etwa § 4 HG NRW) seinen Niederschlag gefunden hat, ist **prägend** für die Ausnahmeregelungen des heutigen § 42 sowie für deren Verständnis und Auslegung (zur Notwendigkeit einer verfassungskonformen Auslegung s. § 42 Rdn. 29). In den geschützten Bereich der Wissenschaftsfreiheit greift § 42 zwar ein. Das ist angesichts des Entscheidungsrechts des Wissenschaftlers über die Veröffentlichung der Forschungsergebnisse (sog. Publikationsfreiheit, s. dazu § 42 Rdn. 58 ff.) offenkundig.[20] Gleiches gilt u. E. für die wissenschaftliche Be- und Auswertung seiner Forschungsergebnisse.[21] Nach Auffassung des Gesetzgebers[22] – und dem folgt die herrschende Meinung – gebietet das Grundrecht des Art. 5 Abs. 3 GG allerdings nicht die Rechtsinhaberschaft des Hochschullehrers an seinen Forschungsergebnissen, denn die Forschungsfreiheit umfasse nicht das Recht auf kommerzielle Nutzung von Wissenschaftserfindungen (s. dazu § 42 Rdn. 36); zu berücksichtigen sei jedoch das Recht des Wissenschaftlers auf Publikationsfreiheit (s. dazu § 42 Rdn. 58). Insoweit dienen die Sonderbestimmungen in § 42 Nrn. 1 bis 3 der Gewährleistung der verfassungsrechtlich geschützten Wissenschaftsfreiheit.[23] Nach der hier vertretenen Auffassung wird dem Hochschulwissenschaftler durch Art. 5 Abs. 3 GG zumindest die autonome Entscheidung über die wissenschaftliche Verbreitung seiner Forschungsergebnisse (s. § 42 Rdn. 58) und über deren Einsatz zu Wissenschaftszwecken (s. § 42 Rdn. 36) garantiert. Darüberhinaus

---

18 S. dazu allg. u.a. Nettesheim, DVBl. 2005, 1072 ff.
19 Amtl. Begründung BT-Drucks. 14/5975 S. 5; übereinstimmend Amtl. Begründung Reg.Entw. BR-Drucks. 583/01 S. 5; ausf. BGH v. 18.09.2007 – X ZR 167/05, GRUR 2008, 150, 151 ff. – *selbststabilisierendes Kniegelenk* m. Anm. Ullmann, juris-PraxisReport-Wettbewerbs- u. ImmaterialgüterR 3/2008 Anm. 1 u. Reetz, WissR 2008, 206 ff.; s. ferner die Übersicht bei Kretzer (2007) S. 79 ff.; Soudry (2010) S. 63 ff. sowie Schübel-Pfister in: Gärditz/Pahlow (2011), 11, 27 (Rn. 27); vgl. auch Boemke/Kursawe/Boemke Einl. Rn. 74 f.
20 So bereits Amtl. Begründung BT-Drucks. 14/5975 S. 5; ferner BGH v. 18.09.2007, GRUR 2008, 150, 152 – *Selbststabilisierendes Kniegelenk*; zum Schrifttum u. a. Leuze, GRUR 2005, 27 f.; Hübner, WissR 2005, 34, 37 ff.
21 Vgl. BGH v. 27.09.1990 – I ZR 244/88, NJW 1991, 1480, 1482 – *Grabungsmaterialien* (zu urheberrechtl. geschützten Schöpfungen).
22 So Amtl. Begründung BT-Drucks. 14/5975 S. 5; übereinstimmend Amtl. Begründung Reg.Entw. BR-Drucks. 583/01 S. 5.
23 Amtl. Begründung BT-Drucks. 14/5975 S. 6; übereinstimmend Amtl. Begründung Reg.Entw. BR-Drucks. 583/01 S. 8.

**§ 42 n.F.**   Besondere Bestimmungen für Erfindungen an Hochschulen (Fassung 2002)

unterfällt die Publikationstätigkeit des Hochschulwissenschaftlers gegen Entgelt dem **Grundrechtsschutz des Art. 12 GG**[24] und das Erfinderrecht dem Schutz des **Art. 14 GG**[25] (s. Einl. Rdn. 6). Das Erfinderpersönlichkeitsrecht leitet sich zudem aus **Art. 1, 2 GG** her (s. § 7 Rdn. 25). Andererseits können sich – neben der verfassungsrechtlich über Art. 5 Abs. 3 GG gewährleisteten **Funktionsfähigkeit der Hochschulen**[26] – bei beamteten Hochschulwissenschaftlern immanente Schranken aus dem Gesichtspunkt der hergebrachten Grundsätze des Berufsbeamtentums nach Art. 33 Abs. 5 GG auswirken[27] (s. dazu auch § 41 Rdn. 3), soweit die beamtenrechtlichen Grundsätze nicht durch Art. 5 Abs. 3 verdrängt werden.[28] Die nicht wenigen **verfassungsrechtlichen Vorbehalte** gegen die Rechtswirksamkeit des § 42[29] bzw. einzelne Maßgaben der Vorschrift haben sich höchstrichterlich bislang nicht bestätigt (s. zur Gesetzgebungskompetenz vor §§ 40 bis 42 Rdn. 3; zur Verfassungsgemäßheit von § 42 Nr. 1 s. u. § 42 Rdn. 29–57 und von § 42 Nr. 2 s.u. § 42 Rdn. 101).

4 **Ziel der Neufassung des § 42** war, das Gesetz – unter Wahrung der Forschungs- und Lehrfreiheit (Art. 5 Abs. 3 GG) – an die veränderten Rahmenbedingungen der Hochschulforschung anzupassen, die Anreize für innovative Tätigkeiten im Hochschulbereich zu steigern, den Wissens- und Technologietransfer an den Hochschulen (vgl. § 2 Abs. 7 HRG, s. dazu § 42 Rdn. 2, 190 f.) zu fördern und die Rahmenbedingungen für den Aufbau und die Siche-

---

24 Ausf. Reetz (2006) S. 209 ff.
25 S auch Hübner, WissR 2005, 34, 47; Schübel-Pfister in: Gärditz/Pahlow (2011), 11, 27 ff. (Rn. 27 ff.).
26 Darauf verweist im Zusammenhang mit § 42 Nr. 1 auch BVerfG v. 12.03.2004, NVwZ 2004, 974, 975 – *Selbststabilisierendes Kniegelenk*. Daraus abgeleitete Einschränkungen der Wissenschaftsfreiheit zu § 42 ablehnend u. a. Hübner, WissR 2005, 34, 45, 51 ff.; anders dagegen Soudry (2010) S. 82 ff.
27 Davon geht offensichtl. auch BVerfG v. 12.03.2004, NVwZ 2004, 974, 975 – *stabilisierendes Kniegelenk* aus. Sehr weitgehend Beyerlein in Mitt. 2004, 75 f. Siehe i.Ü. Hübner (2003) S. 129 ff. Einschränkungen aus Art. 33 Abs. 5 GG jedenfalls für den Bereich der Publikationsfreiheit ablehnend Hübner, WissR 2005, 34, 48 ff. u. Reetz, WissR 2008, 206, 226 ff.; s. ferner Reimer/Schade/Schippel/Leuze Rn. 23 zu § 42 n.F.
28 Vgl. dazu u. a. BVerfG v. 29.05.1973, BVerfGE 35, 79, 147. Zutreffend weist Leuze (GRUR 2005, 27, 28 u. in Reimer/Schade/Schippel/Leuze Rn. 23 zu § 42 n.F.) darauf hin, dass Art. 33 Abs. 5 GG kein Vorrang vor der Wissenschaftsfreiheit nach Art. 5 Abs. 3 GG zukommt.
29 Bisher am weitesten geht Hübner (2003) S. 79 ff., 138 f. u. ders., WissR 2005, 34 ff., wohingegen Kretzer (2007) S. 77 ff. in allen Aspekten eine Verfassungsgemäßheit konstatiert; so im Ergebn. auch Soudry (2010) S. 61 ff., 124 u. Schübel-Pfister in: Gärditz/Pahlow (2011), 11, 13 ff. (Rn. 5 ff.); vgl. auch Boemke/Kursawe/Boemke/Sachadae Rn. 24 zu § 42.

## A. Allgemeines
## § 42 n.F.

rung eines Hochschul-Patentwesens zu schaffen, welches zur effektiven wirtschaftlichen Verwertung von Forschungsergebnissen unerlässlich ist;[30] schließlich kam es dem Gesetzgeber auch darauf an, den Wissenschafts- und Forschungsstandort Deutschland zu sichern und zu stärken.[31] Im Gegensatz zum früheren Hochschullehrerprivileg geht die Neuregelung demzufolge nicht mehr von der Ungebundenheit aller Erfindungen von Hochschulwissenschaftlern aus. Vielmehr unterstellt das neue Recht die Erfindungen des gesamten Personals an Hochschulen im Grundsatz den allgemeinen Regelungen des ArbEG (s. § 42 Rdn. 26 f.), belässt es also bei den Vorgaben der §§ 40, 41 und trifft in § 42 Nrn. 1 bis 5 lediglich Sonderregelungen für den Wissenschaftsbereich und die Erfindervergütung (s. dazu § 42 Rdn. 57 ff.).

Im Ergebnis setzt § 42 n.F. das forschungs-, haushalts- und wirtschaftspolitische Grundanliegen um, den Hochschulen zu ermöglichen, **alle an den Hochschulen gemachten (Dienst-) Erfindungen in Anspruch zu nehmen, zur Erteilung eines Schutzrechts anzumelden und einer wirtschaftlichen Verwertung zuzuführen.**[32] Anders ausgedrückt: So soll den Hochschulen bzw. dem Arbeitgeber/Dienstherrn (s. § 42 Rdn. 9) eröffnet werden, alle wirtschaftlich nutzbaren Erfindungen in ihrem Bereich schützen zu lassen und auf dieser Basis stärker und effektiver als bisher einer industriellen Verwertung zuzuführen.[33] Das trägt dem legitimen fiskalischen Interesse der öffentlichen Hand Rechnung, den Hochschulen – mit Blick auf deren Funktionsfähigkeit und zur Stärkung deren Autonomie – Mittel aus der Verwertung der dort anfallenden Diensterfindungen zu erschließen.[34] Darüber hinaus kann wettbewerblichen Nachteilen kleinerer und mittlerer Unternehmen bei der Nutzung von For-

---

30 Vgl. die Amtl. Begründung BT-Drucks. 14/5975, insb. S. 1, 5 und 7 (dort zu § 42 Nrn. 4 und 5 des Entwurfs); damit übereinstimmend Amtl. Begründung Reg.Entw. BR-Drucks. 583/01 S. 1 f., 6, 11.
31 Vgl. 2. Lesung des Gesetzentwurfs in BT-Sitzung vom 30.11.2001 [BT-PlPr. 14/206 v. 30.11.2001 S. 20430]. Zu den Zielen s. i.Ü. u. a. Bergmann (2006) S. 33 f.; zu den Anforderungen an die Patentverwertung durch Hochschulen s.a. Matschiner in Festschr. 50 J. VPP (2005) S. 174 ff.
32 Vgl. Amtl. Begründung Allg. Teil BT-Drucks. 14/5975 S. 5; übereinstimmend Amtl. Begründung Reg.Entw. BR-Drucks. 583/01 S. 5. S.a. Sellnick, NVwZ 2002, 1340 ff.
33 Bericht des BT-Rechtsausschusses in BT-Drucks. 14/7573 v. 26.11.2001, S. 2.
34 S. BGH v. 18.09.2007 – X ZR 167/05, GRUR 2008, 150, 152 [Rn. 21]. – *selbststabilisierendes Kniegelenk*; s.a. OLG Braunschweig v. 06.10.2005, Mitt. 2006, 41, 43 – *selbststabilisierendes Kniegelenk* m. weitgehend zust. Anm. Beyerlein. Kritisch u.a. Leuze, GRUR 2005, 27, 28 m. H.a. Fahse in Festschr. H. Küger (2001) S. 93, 94.

§ 42 n.F.    Besondere Bestimmungen für Erfindungen an Hochschulen (Fassung 2002)

schungsergebnissen der Hochschulen vorgebeugt werden.³⁵ Eine verfassungsrechtlich bedenkliche Einschränkung des universitären Forschungsauftrages und gezielte **Abkehr** von der zweckfreien **Grundlagenforschung** hin zu einer marktfähigen angewandten Forschung ist damit nicht verbunden.³⁶

5  § 42 Nrn. 1 bis 5 sind **Ausnahmevorschriften** (Spezialität) ggü. den §§ 40, 41.³⁷ Als solche sind sie grds. eng **auszulegen**,³⁸ wobei allerdings die gesetzgeberische Wertentscheidung im Lichte des Art. 5 Abs. 3 GG zu beachten bleibt³⁹ (s. § 42 Rdn. 26 ff.). Angesichts der wegweisenden Bedeutung der durch Art. 5 Abs. 3 Satz 1 GG garantierten Wissenschaftsfreiheit für die Sondervorschriften des § 42 (s. § 42 Rdn. 3) bedarf es zudem einer verfassungskonformen Auslegung; das betrifft namentlich § 42 Nrn. 1 bis 3 (s. § 42 Rdn. 29). Aufgrund der Zielsetzung und des Ausnahmecharakters ist § 42 grds. **keiner** Ausdehnung des Geltungsbereichs mittels **Analogie** auf andere Personen und Sachverhalte zugänglich⁴⁰ (s. § 42 Rdn. 18 f., 20, 48, 52, 155; zur entsprechenden Anwendung auf urheberschutzfähige Leistungen s. § 1 Rdn. 3; zur Zulässigkeit von Vereinbarungen s. § 42 Rdn. 27).

Das **Schiedsstellenverfahren** nach §§ 28 ff. gilt für Hochschulbeschäftigte uneingeschränkt. Von der (theoretischen) Möglichkeit eigener Schiedsstellen nach § 40 Nr. 5 ist auch im Hochschulbereich kein Gebrauch gemacht wor-

---

35 S. Sellnick, NVwZ 2002, 1340, 1341 m. H. a. die vom BMBF in Auftrag gegebene Studie »Untersuchung zum Verwertungsprivileg – Relevanz des so genannten Hochschullehrerprivilegs nach § 42 ArbNErfG«, 1999, S. 131.
36 S. BGH v. 18.09.2007 – X ZR 167/05, GRUR 2008, 150, 153 [Rn. 24]. – *selbststabilisierendes Kniegelenk* in Abgrenzung zu Leuze, WissR 2002, 348, 350 f. Zu den praktischen Erfahrungen s. Weyand/Haase, GRUR 2007, 28, 34 f.; zur Notwendigkeit einer angewandten Forschung s. S.a. Matschiner in Festschr. 50 J. VPP (2005) S. 174, 178 f.
37 Wohl allg. A., ebenso Beyerlein, NZA 2002, 1020, 1022 f.; Kelp in: Gärditz/Pahlow (2011), 223, 237 (Rn. 37).
38 So auch allg. Ansicht zum Hochschullehrerprivileg des § 42 a.F., z.B. Lindenmaier/Lüdecke Anm. 1 zu § 42 a.F.; Volmer/Gaul Rn. 13 zu § 42 a.F.
39 Bartenbach/Volz, GRUR 2002, 743, 747; im Anschluss daran u. a. Kretzer (2007) S. 33. Vgl. zum Hochschullehrerprivileg des § 42 a.F. u.a. Kraßer/Schricker PatR u. UrhG an Hochschulen (1988) S. 30.
40 Vgl. Schiedsst. v. 17.03.2005, BlPMZ 2005, 324 u. v. 13.03.2012 – Arb.Erf. 19/11, (www.dpma.de, nur LS. 2, 4); zu § 40 Nr. 4 s. BGH v. 06.03.2012, Mitt. 2012, 285 (Rn. 48) – *Antimykotischer Nagellack* in Bestätigung v. OLG Frankfurt v. 14.05.2009 – 6 U 440/07 (unveröffentl.); zust. auch Keukenschrijver in Busse/Keukenschrijver, PatG, Rn. 1 zu § 9 ArbEG. Nicht so klar Kelp in: Gärditz/Pahlow (2011), 223, 240 (dort Fn. 109): »Einer analogen Anwendung ... auf andere Beschäftigte ist ... mit großer Zurückhaltung zu begegnen«.

# A. Allgemeines § 42 n.F.

den. Für **Klagen** bei Streitigkeiten über Erfindungen von Hochschulbeschäftigten im Arbeits- oder Beamtenverhältnis gelten die §§ 37 ff. einschließlich der Zuständigkeit der ordentlichen Gerichte nach § 39.[41]

Die Hochschulen sind mit einem Anteil an der FuE in Deutschland von 17,9 % – so der »Bundesbericht Forschung und Innovation 2016«[42] – eine der **tragenden Säulen des deutschen FuE-Systems**. Hier haben sie sowohl eine Schlüssel- als auch eine Brückenfunktion. Die Neufassung des § 42 ArbEG wurde als ein entscheidender Schritt angesehen, um den **Wissens- und Technologietransfer** von der Wissenschaft zur Wirtschaft verwirklichen zu können. Bereits die HRG-Novelle von 1998 hat den Hochschulen die **Förderung des Wissens- und Technologietransfers** zur Aufgabe gemacht hat (vgl. § 2 Abs. 7 HRG, s. Rdn. 2, 190 f.).[43] **Zwischenzeitlich wird in den Landeshochschulgesetzen der Wissens- und Technologietransfer** ausdrücklich als Dienstaufgabe der Hochschulwissenschafter überwiegend vorgeschrieben.[44] Der Bund trägt sei geraumer Zeit durch diverse Programme und Maßnahmen »zur Stärkung der strategischen Zusammenarbeit zwischen Wissenschaft und Wirtschaft sowie zur schnelleren und effizienteren wirtschaftlichen Verwertung wissenschaftlicher Ergebnisse« bei.[45] Dazu gehört auch die auf Basis des Art. 91b GG zwischen Bund und Ländern im Juni 2016 abgeschlossene Verwaltungsvereinbarung zur Förderung des forschungsbasierten Ideen-, Wissens- und Technologietransfers an deutschen Hochschulen.[46] Die Hochschulen verfügen mit insgesamt rund 130.000 Beschäftigten im Forschungs- und Entwicklungs-

6

---

41 Vgl. z.B. zum beamteten Hochschullehrer BGH v. 18.09.2007 – X ZR 167/05, GRUR 2008, 150, 151 – *Selbststabilisierendes Kniegelenk* im Anschluss an OLG Braunschweig v. 06.10.2005, Mitt. 2006, 41.
42 Dem BT vorgelegt v. d. BReg. mit Schreiben des BMBF v. 13.05.2016 in BT-Drucks. 18/8550 v. 20.05.2016, S. 64.
43 Vgl. dazu u.a. Lux (2002) S. 77 ff.
44 Vgl. die Übersicht in dem vom Wissenschaftsrat in seinem am 21.10.2016 verabschiedeten Positionspapier »Wissens- und Technologietransfer als Gegenstand institutioneller Strategien«, S. 15.
45 So der mit Schreiben des BMBF v. 29.06.2017 vorgelegte »Bericht der Bundesregierung zur internationalen Kooperation in Bildung, Wissenschaft und Forschung 2014 bis 2016«, in BT-Drucks. 18/13061, S. 34 f., und die dortige Aufzählung. Allerdings wird aus Kreisen der Wissenschaft und Wirtschaft neben einem Ausbau der Mittel eine auf den Transfer zielgerichtetere Forschungsförderung gefordert, vgl. u. a. acatech (Hrsg.), Moderne Formen d. Wissens-, Technologie- und Erkenntnistransfers, Dossier f. d. 4. Innovationsdialog am 28.04.2016, S. 7.
46 Siehe die Übersicht zu Fördermaßnahmen in dem im März 2018 v. d. BReg. vorgelegten »Gutachten zu Forschung, Innovation und technologischer Leistungsfähigkeit Deutschlands 2018« in BT-Drucks. 19/1140, S. 29.

bereich über ein erhebliches Innnovationspotential⁴⁷ und sind auf eine effiziente Verwertung ihrer Erfindungen angewiesen.⁴⁸ Im Regelfall halten sich – im Unterschied zur Privatwirtschaft – die verwaltungsinternen Nutzungsmöglichkeiten in engen Grenzen, sodass es vorrangig um eine Vermarktung der Erfindungsrechte geht. Hierzu sind die Hochschulen bzw. deren Verwaltungen häufig selbst kaum imstande.⁴⁹ Auch die mit der Reform des § 42 verbundenen Verpflichtungen des Dienstherrn/Arbeitgebers bedeuteten für viele Hochschulen Neuland, etwa wenn es um die Entscheidung über die Inanspruchnahme (§§ 6, 7), die Pflicht zur Schutzrechtsanmeldung im Inland (§ 13) bzw. zur unverzüglichen Prioritätssicherung nach § 42 Nr. 1 (s. § 42 Rdn. 91) oder um die Auswahl und Umsetzung von Schutzrechtsanmeldungen im Ausland (§ 14) ging.

Die Hochschulen benötigten deshalb und benötigen weiterhin besondere Hilfestellung bei der Bewertung, Anmeldung und Verwertung der in Anspruch genommenen Erfindungen.⁵⁰ Dabei sind die **hochschulinternen Organisationsstrukturen** zum Erfindungswesen nicht einheitlich. Die internen Zuständigkeiten für die Annahme von Erfindungsmeldungen und für die Abgabe erfinderrechtlich relevanter Erklärungen unterscheiden sich vielfach und können von den für Personal bzw. Haushalt zuständigen Stellen über Technologietransferstellen bis hin zu Patentbeauftragten reichen.⁵¹ Zur Zuständigkeit der Hochschulverwaltung s. § 42 Rdn. 9.3.

---

47 Vgl. Slopek/Pausewang/Beye, WissR 2011, 50. Im Zeitraum 2005 bis 2010 hatte sich das FuE-Personal der Hochschulen um 26.800 Vollzeitäquivalente auf rd. 120.000 erhöht (vgl. Stellungnahme d. BReg. vom 14.12.2011 zum »Gutachten zu Forschung, Innovation und technologischer Leistungsfähigkeit Deutschlands 2011« in BT-Drucks. 17/8226 S. 5 f.) und sich auf rd. 130.000 in 2013 gesteigert, davon rd. 100.000 Forscherinnen und Forscher sowie rd. 11.000 techn. Personal (Bundesbericht Forschung und Entwicklung 2016 in BT-Drucks. 18/8550 v. 20.05.2016, S. 64).
48 S. u.a. Weyand/Haase, GRUR 2007, 28, 35 f.; s.a. Beyerlein, Mitt. 2004, 75.
49 Pahlow/Gärditz, WissR 2006, 48, 54 f. Darauf hat frühzeitig u. a. Fahse (in Festschr. H. Krüger [2001], S. 93, 101 f., 105) hingewiesen. Auch die »Begründung zu Änderungsvorschlag für § 42 Arbeitnehmererfindungsgesetz« der BLK vom 30.10.2000 geht darauf ein, dass »nicht alle Hochschulen in Deutschland gleichermaßen gerüstet für die Inanspruchnahme und Verwertung der Erfindungen ihrer Mitglieder« sind und deshalb durchweg Nachholbedarf beim Auf- und Ausbau des Hochschulpatentwesens bestehe (dort zu § 42 Abs. 6 des Entwurfs, abrufbar unter www.bmbf.de).
50 So u. a. Dzwonnk, WissR 2000, 95, 10 f.
51 Vgl. Slopek/Pausewang/Beye, WissR 2011, 50, 61 ff.; s. auch Bagdassarov (2012), S. 52 ff.

A. Allgemeines § 42 n.F.

In **Österreich** verfügen seit der Einfügung des § 106 Universitätsgesetz 2002 (s. § 42 Rdn. 7) nahezu alle Universitäten über eigene Patentstellen bzw. Stellen für den Wissens- und Technologietransfer, wobei der Ausbau von universitären Technologietransferzentren (technology transfer offices – TTOs) als geeignetes Mittel zur Verbesserung und Intensivierung des Transfers in die Wirtschaft angesehen wird.[52]

Demgegenüber führen die Hochschulen die schutzrechtliche Sicherung der Forschungsergebnisse und deren Vermarktung überwiegend nicht in eigener Regie durch; sie bedienen sich vielmehr sog. (externer) **Patentverwertungsagenturen**[53] (PVA, früher auch unter dem Begiff: Patentverwertungsgesellschaft). Nach Maßgabe von Landesrecht können diese auch als Hochschulunternehmen betrieben werden.[54] Deren Zahl war von 21 (September 2005)[55] in 2008 auf 24 angestiegen[56], wobei – über einheitliche Agenturen für die Hochschulen eines Bundeslandes hinaus[57] – auch länderübergreifende Bünde-

6.1

---

52 Vgl. Backs (2016), S 69 ff., 90 ff.
53 S. dazu u. a. Antwort d. BReg. v. 17.11.2011 in BT-Drucks. 17/7759 S. 1 ff. mit ausführlichen Daten zum Sachstand; s. ferner Antwort der BReg. v. 02.06.2003 in BT-Drucks. 15/1085, S. 1 f. S.a. die Beiträge bei Wagner/Fischer (2004); ferner u. a. Bergmann (2006) S. 120 f., 158 ff.; Hoeren, WissR 2005, 131, 140 ff.; Weyand/Haase, GRUR 2007, 28, 35 f.; Walter/Brusch/Hartung, GRUR 2007, 395 ff.; vgl. auch Heerma/Maierhöfer, GRUR 2010, 682, 687; s. (aber) auch Klawitter/Zintler, Mitt. 2006, 116 f.
54 Krausnick in: Gärditz/Pahlow (2011), 67, 85 (Rn. 36 ff.).
55 S. Bundesbericht Forschung 2006 der BReg., vorgelegt mit BT-Drucks. 16/3910 S. 390, wonach diese deutschlandweit ca. 170 Hochschulen und 40 Forschungseinrichtungen betreut hatten.
56 S. den vom BMBF 2009 herausgegebenen Bericht »Forschung und Innovation für Deutschland – Bilanz und Perspektive« S. 82 (abrufbar unter www.bmbf.de) sowie die Stellungnahme der BReg zum»Gutachten zu Forschung, Innovation und technologischer Leistungsfähigkeit«– Unterrichtung durch die Bundesregierung gem. BMBF-Schreiben vom 04.05.2009 in BT-Drucks. 16/12900, S. 49. Die Übersicht in der Antwort d. BReg. v. 17.11.2011 (in BT-Drucks. 17/7759 S. 1, 2 f.) führt 29 PVA'n auf, wovon 24 i.R.d. Förderprogramms »SIGNO Hochschulen« von den Hochschulen mit der Erbringung von Dienstleistungen beauftragt werden.
57 Z.B. zum Verbund der nordrhein-westf. Hochschulen in der PROvendis GmbH s. Slopek/Pausewang/Beye, WissR 2011, 50, 64 f. (ausgenommen die Ruhr-Univ. Bochum, die über eine eigene PVA verfügt).

**§ 42 n.F.** Besondere Bestimmungen für Erfindungen an Hochschulen (Fassung 2002)

lungen[58] in Betracht gezogen worden sind. Diese privatrechtlich organisierten[59] PVA'en übernehmen – neben einer Beratung der Hochschulwissenschaftler etwa bei der Erfindungsmeldung – im Auftrag der Hochschulen die Schutzrechtsanmeldung und -verwaltung sowie die Verwertung der Erfindung im Markt.[60] Durch die Beauftragung einer PVA bleiben die Rechte und Pflichten des öffentlichen Arbeitgebers/Dienstherrn gegenüber seinen Beschäftigten aus dem ArbEG unberührt bestehen. Die Aufgabenerfüllung durch eine PVA ist – ungeachtet öffentlicher Fördermittel[61] – nicht kostenfrei. Vielmehr bedeutet deren Einbindung zwangsläufig über die Schutzrechtskosten und Vergütungspflichten hinausgehende Ausgaben für die Hochschule, die die Verwertungserlöse jedenfalls schmälern und im Einzelfall sogar aufzehren können.[62] So wird zur Frage der Refinanzierung der PVA'en durch Verwertungseinnahmen vielfach davon ausgegangen, dass selbst eine ausgabendeckende Tätigkeit nur langfristig zu erreichen sein dürfte.[63] Die Herausforderungen bei einer gewinnbringenden Vermarktung sind nach wie vor unverkennbar, zumal –

---

58 Vgl. etwa § 23 Abs. 11 HBegleitFestG SH 2011/2012 v. 17.12.2010 (GVOBL. SH 2010, S. 818, wonach das schleswig-holsteinische Ministerium für Wissenschaft, Wirtschaft und Verkehr ermächtigt wird, zur Steigerung der Effizienz der Patentverwertung eine gesellschaftsrechtliche Veränderung der PVA Patent- und Verwertungsagentur für die wissenschaftlichen Einrichtungen in Schleswig-Holstein GmbH und/oder die Zusammenführung der Patentverwertungsaktivitäten von Schleswig-Holstein und Hamburg vorzunehmen.
59 S. dazu Antwort d. BReg. v. 17.11.2011 in BT-Drucks. 17/7759 S. 6 f., danach GmbH – bis auf zwei Ausnahmen (und das DKFZ).
60 Zum Dienstleistungsangebot und dessen Bedeutung in der Praxis s. die Untersuchung von Walter/Brusch/Hartung, GRUR 2007, 395 ff.
61 Dazu ausf. Antwort d. BReg. v. 17.11.2011 in BT-Drucks. 17/7759 S. 3 ff.
62 Zumindest in der Vergangenheit konnte die finanzielle Basis der Patentverwertungsagenturen an Hochschulen (s. dazu Rn. 6) ohne öffentliche Mittel noch nicht gesichert werden. Vgl. dazu Antwort d. BReg. v. 02.06.2003 in BT-Drucks. 15/1085 S. 1 f.; s. ferner Bergmann (2006) S. 160 f., 164. Zu dem vom BMWi innerhalb des Förderprogramms »SIGNO – Schutz von Ideen für die gewerbliche Nutzung« eingerichteten Schwerpunkt »SIGNO Hochschulen«, der den Transfer von Forschungsergebnissen in die Wirtschaft effektiver gestalten soll und dabei die PVA'en unterstützt, vgl. den von der BReg. am 22.05.2008 vorgelegten »Bundesbericht Forschung und Innovation 2008« in BT-Drucks. 16/9260 S. 287 f.; s.a. die Stellungnahme des BReg. zum »Gutachten zu Forschung, Innovation und technologischer Leistungsfähigkeit 2009« in BT-Drucks. 16/12900 S. 49. Nach Haase (Interview in Forschung & Lehre 2008, 461) werden die Einnahmen zwischen der PVA, den Hochschulen und den Erfindern »geteilt«; im 2. Halbj. 2006 lagen z.B. die Einnahmen der PVA »Bayern Patent« – dem Vorgänger der PVA BayPAT der bayer. Hochschulen – bei rd. 200.000 €.
63 S. Antwort d. BReg. v. 17.11.2011 in BT-Drucks. 17/7759 S. 8 f.

## A. Allgemeines § 42 n.F.

ebenso wie allgemein in der Wirtschaft – meist nur ein Teil der Schutzrechte nennenswerte Gewinnpotentiale verspricht.[64] Hier besteht zur Steigerung der Verwertungsaktivitäten nach wie vor Bedarf, auf allen Ebenen durch geeignete Maßnahmen nachhaltig stabile Strukturen und Abläufe beim Technologietransfer zu erreichen.[65] Zur Vergütungspflicht der Einnahmen der PVA und zur Abzugsfähigkeit von deren Kosten s. § 42 Rdn. 168. Anstelle einer Übertragung auf eine PVA oder der Einbindung von Transferstellen wird im Schrifttum u. a. die Einrichtung einer hochschulnahen »**Technologietransfer-GmbH**« zur Verbesserung des Wissens- und Technologietransfers jedenfalls bei einem größeren Patent- und Ausgründungsaufkommen vorgeschlagen, deren Aufgaben sich nicht in der Verwaltung und Verwertung von Hochschulerfindungen und Know-how erschöpfen, sondern die als Bindeglied zwischen Hochschule und Wirtschaft zugleich für weitere transferrelevante Aufgaben bereit stehen soll, etwa als Holding für Ausgründungen.[66] Alternativ wird die Einrichtung von **universitären Technologietransferzentren** (technology transfer offices – TTOs) als geeignetes Mittel zur Verbesserung und Intensivierung des Transfers in die Wirtschaft angesehen.[67]

Dass die Neuregelung seit ihrem Inkrafttreten viel **Kritik** erfahren hat,[68] mag – je nach Blickwinkel – verständlich sein. Diese reicht von der Vorbehalten ggü. Einzelbestimmungen, namentlich einer zu großzügigen Vergütungsregelung in § 42 Nr. 4 (s. § 42 Rdn. 145), über praktische Probleme auf Grund des § 42

7

---

64 So musste die seit ihrer Gründung in 2002 nicht kostendeckend arbeitende Berliner Patentverwertungsagentur »ipal GmbH« infolge des Ablaufs der finanziellen Unterstützung durch das Land Berlin ihre Tätigkeit im Jahr 2013 einstellen (vgl. Asche in ingenieur.de newsletter v. 27.05.2013).
65 S. das von der Expertenkommission Forschung und Innovation im März 2009 vorgelegte »Gutachten zu Forschung, Innovation und technologischer Leistungsfähigkeit«, abgedruckt in BT-Drucks. 16/12900, S. 65, 100, 124 ff.
66 Ausf. Bagdassarov (2012), S. 141 ff., dort auch zu haushalts- und steuerrechtlichen Auswirkungen.
67 Ausf. Backs (2016), S 49 ff.
68 Vgl. statt vieler Bartenbach/Hellebrand, Mitt. 2002, 165 ff.; Beyerlein, NZA 2002, 1020, 1023 f.; Leuze, GRUR 2005, S. 27 ff., ders., WissR 2011, 280, 302 f. u. ders. in Reimer/Schade/Schippel/Leuze Rn. 1 ff. zu § 42 n.F.; Pahlow/Gärditz, WissR 2006, 48 f. und in: Gärditz/Pahlow (2011), 4 f. (Rn. 4); ferner Hübner (2003) S. 138 ff.; Bergmann (2006) S. 201 ff. S.a. die z.T. krit. Zwischenbilanz von Weyand/Haase, GRUR 2007, 28 ff. S. auch Boemke/Kursawe/Boemke/Sachadae Rn. 23 zu § 42, wonach die Regelungen grundsätzlich begrüßt werden, deren Eignung zur Förderung des Technologietransfers jedoch bezweifelt wird.

in der Zusammenarbeit mit der Industrie[69] bis hin zu einer globalen Kritik, etwa einer befürchteten Vernachlässigung der universitären Grundlagenforschung[70] (s. a. § 42 Rdn. 4), der Erschwerung von Unternehmensausgründungen (s. § 42 Rdn. 208), der Festschreibung einer Zweiklassengesellschaft von Hochschulerfindern[71] sowie einer willkürlichen Aufbesserung öffentlicher Finanzen[72] und fortschreitenden Ökonomisierung der Hochschulforschung[73] und schließlich einer Unvereinbarkeit mit den (verwaltungs-) rechtlichen und praktischen Rahmenbedingungen der Hochschulen[74] (zu verfassungsrechtlichen Vorbehalten s. § 42 Rdn. 3). Vereinzelt wird sogar die Rückkehr zum alten Hochschullehrerprivileg gefordert.[75] Seit geraumer Zeit dürfte die Neuregelung bei der Masse der Hochschulbeschäftigten jedoch auf Akzeptanz gestoßen sein,[76] zumal das nicht-wissenschaftliche Personal von der Reform mit § 42 Nr. 4 deutlich profitiert und die Hochschulwissenschaftler von den mit der Verwertung freier Erfindungen verbundenen Mühen, Kosten und Risiken (Schutzrechtsanmeldung, -aufrechterhaltung, -verteidigung und -vermarktung) befreit sind.[77] Den berechtigten Zweifeln am ausreichenden technischen und kaufmännischen Know-how der Hochschulen für die Verwertung von Erfindungen[78] sind Bund und Länder mit dem Aufbau von Verwertungsagenturen begegnet (s. § 42 Rdn. 6.1). Gleichwohl gibt es bei der Umsetzung nach wie vor gewissen Nachholbedarf (s. § 42 Rdn. 8). Die früher im Zusammenhang mit der Novellierung des § 42 weit verbreitete Euphorie sowie die Fokusierung auf fiskalische Ein ahmepotentiale dürfte zwischenzeitlich einem realistischeren

---

69 Vgl. etwa den Erfahrungsbericht v. Slopek Mitt. 2013, 26 ff.; s. ferner d. Folienvortrag v. Bartenbach, § 42 ArbEG u. die Auswirkungen a. d. Technologietransfer zw. Hochschulen u. Industrie – Bestandsaufnahme, VPP-Rundbrief 4/2013, 150 ff.; Ulrici, OdW 2018 (H. 2), 129, 142 ff.
70 Vgl. etwa Leuze, WissR 2002, 342, 346 u. Reimer/Schade/Schippel/Leuze Rn. 4. zu § 42 n.F. unter Bezug auf Fahse in Festschr. H. Krüger (2001) S. 93, 94, 102, 106 ff., dort zugleich zur Bedeutung der Grundlagenforschung für die Industrie.
71 So – u. E. aber zu Unrecht – Fleuchaus/Braitmayer, GRUR 2002, 653, 657.
72 So im Ergebn. Reimer/Schade/Schippel/Leuze Rn. 2, 5 zu § 42 n.F.
73 In diesem Sinn u. a. Hübner, WissR 2005, 34, 52 ff.; s.a. Reimer/Schade/Schippel/Leuze Rn. 4. zu § 42 n.F.
74 Vgl. Pahlow/Gärditz, WissR 2006, 48 ff., 71.
75 So etwa Bodenburg, Forschung & Lehre 2003, 601, 602.
76 Vgl. bereits die Ergebnisse der empirischen Untersuchung an den Thüringer Hochschulen von Haase/Lautenschläger (WissR 2006, 137, 147 f.), wonach dies auch für Hochschullehrer gilt und sich die Vermutung, dass Professoren der Abschaffung des Hochschullehrerprivilegs ablehnend ggü. stehen, nicht bestätigt hat.
77 S.a. Schippan, Forschung & Lehre 2002, 648, 649.
78 So u. a. bereits Fahse in Festschr. H. Krüger (2001), S. 93, 101 f., 105.

A. Allgemeines                                                   § 42 n.F.

Blick auf das Mögliche gewichen sein.[79] In jedem Fall war und ist das **Ziel der Reform forschungs- und wirtschaftspolitisch nachvollziehbar** und zu begrüßen.

Auch im **internationalen Vergleich**[80] ist die mit der Neuregelung eröffnete Zugriffsmöglichkeit der Hochschule bzw. des Arbeitgebers auf dienstbezogene Erfindungen von Hochschulwissenschaftlen durchaus kein Spezifikum des deutschen Rechts. Vielmehr verfügt Deutschland mit dem derzeitigen § 42 international gesehen über eine durchaus »wissenschaftlerfreundliche« Sondervorschrift für Erfindungen von Hochschulwissenschaftlern[81] (s. dazu im Übr. unsere 5. Voraufl. § 42 Rn. 8). Auch in **Österreich** wurde im Jahr 2002 mit § 106 Universitätsgesetz 2002 eine grundlegende Reform vollzogen, wonach die erfinderrechtlichen Regelungen des österreichischen Patentgesetzes grundsätzlich auch auf Universitätsbeschäftigte anzuwenden sind und die Universität dabei als Dienstgeber (Arbeitgeber) gilt, Adressat der Erfindungsmeldung ist und das Recht zu einer Inanspruchnahme einer Diensterfindung hat.[82] Auch die **Türkei** hat mit dem am 10.01.2017 in Kraft getretenen Gesetz Nr. 6769 über das gewerbliche Eigentum das dortige Hochschullehrerprivileg abgeschafft.[83]

Indes ist allerdings unverkennbar, dass die Novellierung **einige wichtige Aspekte vernachlässigt** hat, wie insb. klarstellende Hinweise zur Kennzeichnung einer **Diensterfindung,** zu den Rechtsfolgen einer **Erfindergemeinschaft** (s. § 42 Rdn. 22) sowie zum Bereich der Zusammenarbeit zwischen Hochschule und Unternehmen (s. § 42 Rdn. 190 ff.). Darüber hinaus ist sei-

---

79 So spricht etwa das von acatech hrsg. Dossier »Moderne Formen d. Wissens-, Technologie- und Erkenntnistransfers« f. d. 4. Innovationsdialog am 28.04.2016, S. 38 davon, dass mit der Neufassung des § 42 ArbEG »teilweise überhöhte Erwartungen an das ökonomische Potential der Patentverwertung für die Hochschulen verbunden« waren.
80 Vgl. etwa v. Falck/Schmaltz, GRUR 2004, 469, 472 ff.; Bergmann (2006) S. 190 ff. S.a. die Stellungnahme v. Rother, GRUR Int. 2004, 235, 239. Auf die Verfahrensweise mit Hochschulerfindungen im Ausland als Vorbild weist auch MdB Hartenbach in der 2. Lesung des Gesetzentwurfs in der BT-Sitzung v: 30.11.2001 hin [BT-PlPr. 14/206 v. 30.11.2001, S. 20430 (A)].
81 S. die rechtvergleichenden Übersichten bei von Falck/Schmaltz, GRUR 2004, 469 ff.; Bergmann (2006) S. 190 ff.; Kretzer (2007) S. 105 ff.; Weyand/Haase, GRUR 2007, 28, 29 ff. S. ferner unsere 5. Vorauflage KommArbEG, Rn. 8 zu § 42 n.F.
82 Zu § 106 Universitätsgesetz 2002 s. u. a. Titscher ÖBl. 2008, 123 ff. u. 316 ff.; ferner Burgstaller/Bürscher, Erfindervergütg. f. Dienstnehmer (2014), 53 ff. u. Burgstaller in Löschnigg (Wien 2016), S. 15 ff.; zur Verwaltungspraxis in Österr. s. Backs (2016), S. 69 ff.
83 S. Celik, GRUR Int. 2018, 748, 759.

tens der Wissenschaft – wenn auch ohne starken Rückhalt in der Industrie[84] – mit Blick auf die Publikationsfreiheit, die spezifischen Bedürfnisse bei Hochschulerfindungen und die notwendigen Bearbeitungszeiten von Erfindungsmeldungen die (Wieder-) Einführung einer allgemeinen **Neuheitsschonfrist** im deutschen und europäischen Patentrecht (vgl. etwa § 3 Abs. 1 GebrMG) gefordert worden, und zwar möglichst nach US-amerikanischen Vorbild, das eine Patentanmeldung noch bis zu 12 Monaten nach Publikation der Hochschulerfindung zulässt.[85] Es bleibt abzuwarten, ob dahin gehende Vorschläge weiterhin kaum aussichtsreich sein dürften.[86]

8   Die **Bedeutung der Neuregelung** ist angesichts der hohen Zahl der staatlichen Hochschulen in der Bundesrepublik[87] und der rund 130.000 Beschäftigten im

---

84  Nach dem Hinweis der VPP-Redaktion zum Beitrag von Fritsch, VPP-Rundbrief 2003, 43, 46 lehnen die deutsche und europäische Industrie die Wiedereinführung der Neuheitsschonfrist grds. ab.
85  So auch das von der Expertenkommission Forschung und Innovation im März 2009 vorgelegte »Gutachten zu Forschung, Innovation und technologischer Leistungsfähigkeit«, abgedruckt in BT-Drucks. 16/12900, S. 65, 101 f. S. i.Ü. u a. Godt, WissR 2003, 24, 32 f.; Bergmann (2006) S. 90 ff. m.w.N.; Haase/Lautenschläger, WissR 2006, 137, 155; Kretzer (2007) S. 119 ff. S. dazu auch Vgl. Backs (2016), S 29 ff.; acatech (Hrsg.), Moderne Formen d. Wissens-, Technologie- und Erkenntnistransfers, Dossier f. d. 4. Innovationsdialog am 28.04.2016, S. 38. S. ferner die vom BMBF im Februar 2002. hrsg. Studie des VDI-Technologiezentrums Düsseldorf »Zur Einführung der Neuheitsschonfrist im Patentrecht – ein USA-Deutschland-Vergleich bezogen auf den Hochschulbereich [Schlussbericht]« (abrufbar unter www.bmbf.de, Stand 30.09.2012). In diesem Sinn bereits vor der Novelle des § 42 ArbEG: Dzwonnek, WissR 2000, 95, 105 f. Vgl. auch Kraßer/Ann, PatR, § 21 Rn. 149.
86  So Soudry (2010) S. 90 f. m. H. a. Götting, Mitt. 1999, 81, 86. Vgl. dazu die Workshop Report »The economic effects of introducing a grace period in Europe« vom 26.11.2014 der vom EPA eingesetzten Expertengruppe sowie die Erklärung des EPA-Wirtschafts- und Wissenschaftsbeirates zur »Einführung einer Neuheitsschonfrist in Europa?« von 2015 (abrufbar unter www.epo.org, Stand 01.12.2017). S. auch Benkard/Mellulis, PatG, Rn. 394, 407 f. zu § 3 PatG.
87  Die Antwort d. BReg. v. 17.11.2011 in BT-Drucks. 17/7759 S. 10 ging seinerzeit von 240 deutschlandweit bestehenden öffentlichen (staatlichen) Hochschulen aus, von denen 175 an dem Förderprogramm SIGNO für die Verwertung von Forschungsergebnissen beteiligt waren. Insgesamt ist die Zahl allerdings gegenüber 2006/2007 gestiegen: Nach dem am 13.05.2016 vorgelegten »Bundesbericht Forschung und Innovation 2016« (in BT-Drucks. 18/8550, S. 66) gab es seinerzeit in Deutschland 427 Hochschulen (2006/2007 lt. damaliger BMBF-Statistik: 383), davon 107 Universitäten, 6 Pädagog. Hochschulen, 16 Theolog. Hochschulen, 52 Kunsthochschulen, 217 allg. Fachhochschulen u. 29 Verwaltungsfachhochschulen.

## A. Allgemeines

## § 42 n.F.

Forschungs- und Entwicklungsbereich (s. § 42 Rdn. 6) groß:[88] Keine andere Vorschrift des Erfinderrechts kann für sich beanspruchen, einen neuen Unternehmensbereich – hier die Patentverwertungsagenturen (s. dazu § 42 Rdn. 6.1) – befördert zu haben. Keine andere Reform des Erfinderrechts ist mit so massiven Haushaltsmitteln begleitet worden.[89] Keine Vorschrift in der 140-jährigen Geschichte des Arbeitnehmererfindungsrechts hat – wie schon die nicht abschließende Literaturübersicht und der Umfang unserer Kommentierung belegen – so viel Stoff für Diskussionen geboten. Kein anderes erfinderrechtliches Gesetz hat in so kurzer Folge höchste deutsche Gerichte, sowohl das *BVerfG*[90] als auch den *BGH*,[91] mit der Prüfung der Verfassungsmäßigkeit befasst und auch unbeschadet bestanden (s. dazu vor §§ 40 bis 42 Rdn. 3 sowie § 42 Rdn. 29, 72) – eine Tatsache, die umso mehr erstaunt, als während der 45-jährigen Geltung des alten § 42 lediglich ein einziges erstinstanzliches Urteil veröffentlicht worden ist.[92] Die Neufassung des § 42 bedeutet für Hochschulwissenschaftler und Hochschule ein grundlegendes Umdenken:[93] An die Stelle der früheren Devise: »Der Wissenschaftler publiziert, betätigt sich aber nicht als Erfinder«[94] (»und als Patentinhaber«[95]) soll das Schlagwort »Erst patentieren, dann publizieren« treten[96] – eine Annahme, die sich bislang aber noch nicht überall durchgesetzt haben dürfte (s. § 42 Rdn. 60).

Eine abschließende **Bewertung der Reform** sowie eine gesicherte Bilanz, inwieweit die Neufassung des § 42 die in sie gesetzten Erwartungen erfüllt,

---

88 Bartenbach/Volz, GRUR Beil. 1 GRUR 2008, S. 1, 6 f.
89 S. Antwort der Bundesregierung vom 02.06.2003 in BT-Drucks. 15/1085, S. 1 f. und v. 17.11.2011 in BT-Drucks. 17/7759 S. 1 ff.; s. ferner Hoeren, WissR 2005, 131, 140 ff.
90 BVerfG v. 13.04.2004, NVwZ 2004, S. 974 f. – *stabilisierendes Kniegelenk* [m. Anm. Hübner, WissR 2005, 34 ff.] unter Verwerfung d. Vorlagebeschl. LG Braunschweig v. 17.09.2003, Mitt. 2004, S. 74 f. m. krit. Anm. Beyerlein, Mitt. 2004, 75 f. und zust. Anm. Bodenburg, Forschung & Lehre 2003, 601 f. sowie nachfolgend Hübner, WissR 2005, 34, 35 ff.; s. dazu auch Bergmann (2006) S. 68 ff.
91 BGH vom 18.09.2007, GRUR 2008, 150 ff. – *Selbststabilisierendes Kniegelenk* m. Bespr. Bartenbach/Volz, Festschr Melullis, GRUR 2009, 220 ff.
92 LG Düsseldorf v. 26.06.1990, GRUR 1994, 53 ff. – *Photoplethysmograph*.
93 S. u.a. Hoeren, WissR 2005, 131, 134 f. Allerdings dürfte dieser Prozess nach bisherigen Erfahrungen noch Zeit in Anspruch nehmen, s. Haase/Lautenschläger, WissR 2006, 137, 141, 147.
94 Bergmann (2006) S. 26 u. Bezugn. auf Gramm, GRUR 1987, 864, 865.
95 Vgl. Hoeren, WissR 2005, 131, 134 f.
96 Hübner (2003) S. 16. m.w.N.

wären nach wie vor verfrüht.[97] Immerhin sind die Einnahmen der Hochschulen aus Lizenzvergaben angestiegen (von 0,5 Mio. in 2004 auf 2,6 Mio. € in 2010). Die Gesamteinnahmen beliefen sich im Zeitraum 2004 bis Mitte 2011 auf insgesamt rd. 11,4 Mio. €.[98] Dem stehen allerdings nicht unbeträchtliche Ausgaben gegenüber, namentlich für die Schutzrechtsverwaltung und die -vermarktung (s. auch § 42 Rdn. 6.1). So lagen die durchschnittlichen Ausgaben pro Schutzrechtsanmeldung 2010 bei rd. 23.000 € (einschließlich Dienstleistungen der PVA), von denen rd. 4.000 € auf Patentamtsgebühren und Anwaltskosten entfielen.[99] Maßgebend kann aber nicht allein der fiskalische Blick auf die Einnahmestatistik der Hochschulen aus Verkäufen und Lizenzvergaben sein; vielmehr muss eine Gesamtbilanz auch den übergreifenden Nutzen mitbewerten, wie namentlich die Einwerbung von Drittmitteln und weiteren Forschungsaufträgen, der Ruf der Hochschule bis hin zu den volkswirtschaftlichen Vorteilen für den Wissenschaftsstandort Deutschland. Der Anstieg der Drittmittel[100] ist zugleich Ausdruck der gewachsenen Bedeutung der Hochschulen als Forschungszentren[101] und als Forschungs- und Entwicklungspart-

---

97 Bartenbach/Volz, GRUR Beil. I 4/2008, S. 1, 6 f. S. zur Zwischenbilanz u. a. Fischer/Wagner: Schlussbetrachtung und Ausblick. In: Wagner/Fischer (2004), 87 ff.; ferner Weyand/Haase, GRUR 2007, S. 28 ff. sowie für NRW Slopek/Pausewang/Beye, WissR 2011, 50 ff. Vgl. auch die Antwort des BMBF vom 15.05.2003 in BT-Drucks. 15/1040, S. 46 f. sowie die Antwort der BReg. zu Patentverwertungsagenturen vom 02.06.2003 in BT-Drucks. 15/1085, S. 1 f.
98 Antwort d. BReg. v. 17.11.2011 in BT-Drucks. 17/7759 S. 10.
99 Antwort d. BReg. v. 17.11.2011 in BT-Drucks. 17/7759 S. 7.
100 Das gilt jedenfalls für die Zeit vor der Finanz- und Wirtschaftskrise, s. die Nachweise bei Bartenbach/Volz, GRUR Beil. I 4/2008, S. 1, 7.
101 S. dazu u. a. die Länderübersichten in dem von der BReg. am 22.05.2008 vorgelegten »Bundesbericht Forschung und Innovation 2008« in BT-Drucks. 16/9260, S. 303 ff. unter den jeweiligen Abschnitten »Hochschulforschung«.

A. Allgemeines   § 42 n.F.

ner der Industrie.[102] Ein Anstieg gegenüber der Zeit vor der Reform zeigt sich zugleich im Patentaufkommen[103], auch wenn sich dieses zwischenzeitlich auf deutlich erhöhtem Niveau weitgehend stabilisiert haben dürfte.[104] Hinzu kommt die zunehmende übergreifende Vernetzung zwischen Wissenschaft und Wirtschaft.[105] Zugleich erleichtert die Neufassung des § 42 die Unternehmensausgründungen der Hochschulen auf Basis gewinnversprechender Innovationen (s. § 42 Rdn. 208). Die zur Beratung der Bundesregierung eingesetzte Expertenkommission Forschung und Innovation kam bereits in ihrem zweiten Gutachten 2009 zu dem Ergebnis, die Änderungen im ArbEG hätten weitreichende Konsequenzen an den Hochschulen gehabt und die Bedeutung der Hochschulen für die Innovationsdynamik in Deutschland habe zugenommen, jedoch sei der Wissens- und Technologietransfer zwischen Wissenschaft und

---

102 Vgl. das am 27.02.2008 vorgelegte »Gutachten zu Forschung, Innovation und technologischer Leistungsfähigkeit 2008« in BT-Drucks. 16/8600 S. 68; s. ferner die Länderübersichten in dem von der BReg. am 22.05.2008 vorgelegten »Bundesbericht Forschung und Innovation 2008« in BT-Drucks. 16/9260, S. 303 ff. unter den jeweiligen Abschnitten »Hochschulforschung« und »Technologieförderung und Technologietransfer«. Anschaulich Eberle/Handzik in: Gärditz/Pahlow (2011), 297 ff. Ergänzend betont die Stellungnahme d. BReg. vom 14.12.2011 zum »Gutachten zu Forschung, Innovation und technologischer Leistungsfähigkeit Deutschlands 2011« (in BT-Drucks. 17/8226 S. 10 f.) die Bedeutung der Kooperation von Hochschulen und außeruniversitären Forschungseinrichtungen; das spiegelt unverändert der von der BReg. am 13.05.2016 vorgelegte »Bundesbericht Forschung und Innovation 2016« wieder (dort u. a. S. 64 ff.) und bestätigt auch der mit Schreiben des BMBF v. 29.06.2017 vorgelegte »Bericht der Bundesregierung zur internationalen Kooperation in Bildung, Wissenschaft und Forschung 2014 bis 2016«, in BT-Drucks. 18/13061, S. 34 f.
103 So ging die Bundesregierung bei den deutschen Hochschulen für 2007 von insgesamt rund 620 Patentanmeldungen aus, beklagte aber, dass Patente noch immer unzureichend weiterverfolgt würden und dann die Erlöse hinter dem tatsächlichen Potenzial der patentierten Erfindung zurückblieben (s. vom BMBF 2009 herausgegebenen Bericht »Forschung und Innovation für Deutschland – Bilanz und Perspektive«, S. 82). Jedenfalls ist die Zahl der Patentanmeldungen beim DPMA, bei denen die Hochschule selbst angemeldet hat, seit 2001 kontinuierlich und deutlich angestiegen; nach der Übersicht bei Slopek/Pausewang/Beye (WissR 2011, 50, 57) war eine Steigerung von 249 Anmeldungen in 2001 auf 672 in 2009 zu verzeichnen.
104 Nach dem Jahresbericht des DPMA für 2017 (s. dort Statistik S. 92) lagen die Patentanmeldungen der Hochschulen 2015 bei 742, 2016 bei 671 und 2017 bei 668, also weiterhin noch über dem Stand von 2013 und 2014, allerdings auf dem von Slopek/Pausewang/Beye (WissR 2011, 50, 57) für 2009 angegebene Niveau von 672 Anmeldungen.
105 S. dazu neuerlich u. a. Geis OdW 2018 (H. 2), 77 ff.; Geibel OdW 2018 (H. 2), 87 ff.; Kalous OdW 2018 (H. 2), 161 ff.

Wirtschaft noch nicht optimal gestaltet und es bestehe vielfältiger, außerhalb des ArbEG liegender Verbesserungsbedarf.[106] Zwischenzeitlich wird den Hochschulwissenschaftlern in Deutschland die Bedeutung von Patenten und des Wissens- und Technologietransfers für ihr wissenschaftliches Renomee und zugleich für das Ranking der Hochschule bewusst geworden sein, auch wenn der Wissenstransfer in die Wirtschaft bei Hochschulen und Hochschulwissenschaftlern nur einen untergeordneten Rang in der Prioritätenliste genießt[107] und damit weiterhin hinter dem Verständnis von Forschern in anderen Staaten zurückbleiben mag.[108] Aber auch hier gilt die Binsenwahrheit, dass eine Erfindung für sich allein weder technischen Fortschritt noch finanziellen Gewinn bedeutet, sondern erst deren gewerbliche Umsetzung und deren erfolgreicher Einsatz. Es scheint letztlich ein mühsamer, aber aus Sicht vieler Verantwortlicher ein unverzichtbarerer und lohnender Weg zu sein. Nach wie vor gilt die Feststellung der Expertenkommission »Forschung und Innovation« vom Februar 2013, dass sowohl der Wissens- und Erkenntnistransfer, der Forschungsbeiträge der Wissenschaft für die Wirtschaft erschließt, gestärkt und die Patentverwertung in den Hochschulen deutlich verbessert werden muss.[109] Zudem wird vereinzelt im Zusammenhang mit der Suche nach geeigneten Kooperationsformen zwischen Wissenschaft und Industrie[110] und einer de lege ferenda zu schaffenden Gesamtlösung[111] eine Notwendigkeit zur Überarbeitung des Hochschulerfindungsrechts gesehen[112]. Ein Bedarf zur einer grundlegenden Überarbeitung des § 42 ArbEG besteht u. E. allerdings nicht, da sich

---

106 S. »Gutachten zu Forschung, Innovation und technologischer Leistungsfähigkeit«, abgedruckt in BT-Drucks. 16/12900, S. 65, insb. S. 74, 100 f.
107 Lt. acatech (Hrsg), Moderne Formen d. Wissens-, Technologie- und Erkenntnistransfers, Dossier f. d. 4. Innovationsdialog am 28.04.2016, S. 39 liegen die Prioritäten der Hochschulleitungen nach einer Befragung des Stifterverbandes 2012 zu über 80 % im Bereich Forschung und Lehre und zu nur 10 % im Bereich Transfer in die Wirtschaft.
108 Vgl. bereits Slopek/Pausewang/Beye, WissR 2011, 50, 60 ff.
109 In: »Gutachten zu Forschung, Innovation u. technolog. Leistungsfähigkeit Deutschlands 2013«, Unterrichtung durch die BReg., BT-Drucks. 17/12611, S. 18. So geht auch der Wissenschaftsrat in seinem am 21.10.2016 verabschiedeten Positionspapier »Wissens- und Technologietransfer als Gegenstand institutioneller Strategien«, S. 7 ff. davon aus, dass nach wie vor ungenutzte Transferpotentiale bei Hochschulen und Forschungseinrichtungen sowie erhebliche Defizite bei der Strategie und Anerkennung des Wissenstransfers bestehen, die überwunden werden müssen.
110 Vgl. dazu u. a. Geis OdW 2018 (H. 2), 77 ff.
111 Vgl. dazu u. a. Geibel 2018 (H. 2), 87 ff.
112 Insbes. Ulrici, OdW 2018 (H. 2), 129, 154 ff.

die meisten bislang aufgeworfenen Fragen auf Grundlage des geltenden Rechts wissenschaftsadäquat lösen lassen.

## B. Persönlicher Anwendungsbereich

Im Unterschied zu § 42 a.F. ist der Anwendungsbereich nicht mehr begrenzt auf Erfindungen von Professoren, Dozenten und wissenschaftlichen Assistenten, sondern erfasst zunächst die **Erfindungen aller Beschäftigten an Hochschulen**. Der Gesetzgeber hat sich – im Unterschied zum Ursprungsvorschlag des Bundesrates[113] – bewusst für die Erweiterung des persönlichen Anwendungsbereichs entschieden, um einerseits der angestrebten Innovationsförderung und andererseits dem Faktum häufiger Gemeinschaftsentwicklungen von wissenschaftlichem und technischem Personal gerecht zu werden.[114] Allerdings betreffen die Ausnahmevorschriften in § 42 Nrn. 1 bis 3 nur die Hochschulwissenschaftler (s. § 42 Rdn. 23 ff.). Neu für die Gesamtheit der Hochschulerfindungen sind die großzügige Vergütungsregelung (§ 42 Nr. 4, s. § 42 Rdn. 145 ff.) sowie der Ausschluss der Möglichkeit eines Beteiligungsanspruchs des Dienstherrn (§ 42 Nr. 5 Rdn. 185 ff.). 9

**Pensionierte Hochschulwissenschaftler** sowie entpflichtete **Emeriti** (vgl. § 76 HRG) unterliegen mangels weisungsgebundenen Beschäftigungsverhältnisses[115] nicht mehr dem ArbEG und damit auch für ihre in diesem Zeitraum fertiggestellten Erfindungen nicht § 42.[116] Das gilt wegen der fehlenden Verrichtung von weisungsgebundenen Diensten auch dann, wenn diese weiterhin in Forschung und/oder Lehre tätig sind (vgl. auch § 36 Abs. 2 HRG). Ausnahmsweise kann aber das ArbEG und damit § 42 einschlägig sein, wenn ein

---

113 Vgl. dessen Entwurf e. Ges. z. Förderung d. Patentwesens an d. Hochschulen v. 09.03.2001 BR-Drucks. 740/00 (Beschluss) Anlage S. 1, wonach in § 42 d.Entw. nur die »Erfindungen des wissenschaftlichen Personals der Hochschulen aus dienstlicher Tätigkeit« erfasst werden sollten.
114 Vgl. Amtl. Begründung BT-Drucks. 14/5975 S. 6 (zu Art. 1 Nr. 2 d.Entw.); übereinstimmend Amtl. Begründung Reg.Entw. BR-Drucks. 583/01 S. 8. Zust. auch Reimer/Schade/Schippel/Leuze Rn. 11 zu § 42 n.F.
115 Vgl. zum Emeritus allg. OVG Berlin-Brandenburg v. 27.11.2008 WissR 2009, 274, 275 f.; s. (aber) auch allg. OVG Lüneburg Beschl. v. 13.02.2013 – 5 LA 60/12, (juris, Rn. 13).
116 Bartenbach/Volz, Praxisleitfaden (2014) Rn. 66; ebenso für Österreich nach § 106 (österr.) Universitätsgesetz: Burgstaller in Löschnigg (Wien 2016), S. 81, wo die Position eines Emeritus ebenfalls »mehr von der Berechtigung denn von der Verpflichtung *[zu Lehre und Forschung, Zusatz d. Verf.]* geprägt« ist.

**§ 42 n.F.** Besondere Bestimmungen für Erfindungen an Hochschulen (Fassung 2002)

Arbeitsverhältnis mit der Hochschule bzw. dem Land begründet wird, etwa zur Übernahme eines Forschungsprojekts oder zur Überbrückung einer Vakanz.[117] Soweit § 42 nur vom **Dienstherrn** (zum Begriff s. § 41 Rdn. 10) spricht, bedeutet dies nicht die Begrenzung auf Beamte. Die Vorschrift geht vielmehr – ebenso wie § 42 Abs. 2 a.F.[118] – lediglich vom Regelbild des beamteten Hochschullehrers aus. Bei Arbeitnehmern tritt deshalb an die Stelle des Dienstherrn der Arbeitgeber[119] (s. § 40 Rdn. 5). Für die **Kennzeichnung des Arbeitgebers bzw. Dienstherrn** gelten die allgemeinen Regeln[120] (s. § 40 Rdn. 5 u. § 41 Rdn. 10), auch wenn § 42 – redaktionell unscharf – auf die »an der Hochschule Beschäftigten« und auf den »Dienstherrn« abstellt.[121]

9.1 Zu Recht weisen *Pahlow/Gärditz*[122] darauf hin, dass nach den allgemeinen erfinderrechtlichen Grundsätzen **die Hochschule nicht zwangsläufig** der **Träger der Rechte aus dem ArbEG** ist, sondern allein der jeweilige Arbeitgeber/Dienstherr, und sich damit die rechtliche Situation gerade bei Forschungskooperationen zusätzlich erschwert. **Maßgeblich** bleibt die **(formale) Stellung als Arbeitgeber/Dienstherr**, da allein dieser nach dem ArbEG berechtigt und verpflichtet wird und nur dieser die Erfindungsrechte bei Inanspruchnahme nach § 7 ArbEG erwirbt. Bestätigt wird das auch durch § 42 ArbEG. Die Vorschrift hebt bei den erfinderrechtlichen Maßgaben in Nrn. 1 bis 4 stets die Zuständigkeit und Verantwortlichkeit des »Dienstherrn« (Arbeitgebers) hervor und spricht nicht von »Hochschule« (zu Landesbeschäftigten s. § 42 Rdn. 11). Wenn die Amtl. Begründung[123] und weite Teile des Schrifttums[124] von einer Inspruchnahme- und Verwertungsmöglichkeit »durch die Hochschulen«

---

117 S. dazu allg. Mohr NZA-online 2/2009 S. 1 ff.
118 S. dazu u. a. Leuze, GRUR 1994, 415, 421.
119 Bartenbach/Volz, GRUR 2002, 743, 745; zust. u. a. Kraßer in Hartmer/Detmer (2004) S. 462 (Rn. 56), Pahlow/Gärditz, WissR 2006, 48, 64; Reetz (2006) S. 112.
120 So zutr. Hübner (2003) S. 42 m.w.N. in Auseinandersetzung mit der urheberrechtl. Differenzierung von Hubmann, Urheberrechtsprinzipien f. d. Verhältnis zw. Professoren und Mitarbeitern, in: Patent- und Urheberrecht, Arbeitnehmererfindungs- und Veröffentlichungsrecht, hrsg. v. Arbeitskreis Fortbildung im Sprecherkreis d. Hochschulkanzler (1985), S. 42 f.
121 S. Bergmann (2006) S. 40; Bartenbach/Volz in Festschr. VPP (2005) S. 225, 234.
122 Pahlow/Gärditz, WissR 2006, 48, 64 ff.; ferner Gärditz in: Gärditz/Pahlow (2011), 35, 41 (Rn. 10); s.a. Reimer/Schade/Schippel/Leuze Rn. 44 zu § 42 n.F.
123 Amtl. Begründung BT-Drucks. 14/5975 S. 3; übereinstimmend Amtl. Begründung Reg.Entw. BR-Drucks. 583/01 S. 5.
124 So auch die Verfasser in GRUR 2002, 743, 744 (klarstellend dies. in Festschr. 50 J. VPP [2005] S. 225, 235); Beyerlein, NZA 2002, 1020, 1021; s. die weiteren Nachw. bei Pahlow/Gärditz, WissR 2006, 48, 66.

B. Persönlicher Anwendungsbereich § 42 n.F.

ausgehen, ist dies bezüglich der Rechtsinhaberschaft und der Zuordnung zum Verwaltungsvermögen zweifellos unscharf und letztlich nur »untechnisch« gemeint. Insoweit ist zu differenzieren:
a) Eine Rechtsinhaberschaft der **Hochschulen** an den Diensterfindungen und damit die Zuordung zu deren Vermögen (Körperschafts-, ggf. Stiftungsvermögen bzw. Anstaltsvermögen bei Universitätsklinken) kommt nach § 7 ArbEG nur dann in Betracht, wenn die Hochschulen ausnahmsweise **selbst Arbeitgeber/Dienstherr** sind.[125] Dienstherr von Beamten kann die Hochschule nur dann sein, wenn sie kraft Gesetzes dienstherrnfähig ist. Ein Arbeitsverhältnis als Arbeitgeber werden die Hochschulen – trotz Möglichkeit als juristische Person des öffentlichen Rechts (s. § 42 Rdn. 13) – haushalts- und organisationsrechtlich ebenfalls nur dann begründen, wenn sie dazu ermächtigt sind. Das bestimmt sich danach, ob die Gesetze eine Arbeitgeberfunktion des Trägers (Bund, Land usw.) vorgeben oder positiv die Möglichkeit einer Arbeitgeberstellung der Universität vorsehen bzw. zulassen. Die Möglichkeit der Arbeitgeberstellung der Hochschule gilt etwa für die Länder Berlin,[126] Nordrhein-Westfalen[127] und teilweise das Saarland (dort für die Beschäftigten ohne Professorenstatus[128]), ferner für bestimmte Hochschulen[129] sowie bei den als öffentlich-rechtliche Anstalten bzw. Körperschaften verselbstständigten Universitätskliniken[130] (s. dazu § 42 Rdn. 14). Auch in diesen Fällen liegt die Zuständigkeit für Arbeitnehmererfindungen innerhalb der Hochschule grds. bei der Hochschulleitung.[131]

9.2

---

125 Vgl. dazu etwa Bergmann (2006) S. 41; Leuze, GRUR 2005, 27, 32; Gärditz in: Gärditz/Pahlow (2011), 35, 41 f. (Rn. 10 ff.); Krausnick in: Gärditz/Pahlow (2011), 67, 69 ff., 83 ff.
126 § 2 Abs. 4 BerlHG i. d. Fassung v. 01.04.2009 (GVBl. [Berlin] S. 70).
127 § 2 Abs. 3 Satz 1 HG NRW gem. Art. 1 des Hochschulfreiheitsgesetzes NRW vom 31.10.2006 (GV NRW S. 474).
128 § 9 Satz 4 SaarlUG vom 23.06.2004 (Amtsbl. S. 1782).
129 S.a. die Möglichkeit zur Übernahme der Arbeitgebereigenschaft der techn. Univ. Dresden gem. § 104 SächsHG, ferner die Möglichkeit von »Körperschaftsbediensteten« nach Art. 73 Abs. 4 BayHSchG.
130 Etwa bei den Arbeitnehmern des Universitätsklinikums Jena (§ 92 ThürHG) oder dem nichtwissenschaftl. Personal der Universitätskliniken in Schleswig-Holstein (§ 91 Abs. 1 HSG Schleswig-Holstein). S. i.Ü. die Nachw. bei Pahlow/Gärditz, WissR 2006, 48, 65 (dort Fn. 77); s.a. Reimer/Schade/Schippel/Leuze Rn. 6 zu § 42 n.F. Zur Rechtsentwicklung mit dem KMK-Beschluss zur rechtlichen Verselbstständigung vom 19.11.1999 s. Sandberger in: Hartmer/Detmer (2004) S. 246 ff. (Kap. VI Rn. 12 ff.); s. ferner die gutachterl. Ausarbeitung des Wissenschaftl. Dienstes d. BT: Begriff, Rechtsformen und Finanzierung der Universitätskliniken in Deutschland, Berlin 2009.
131 Krausnick in: Gärditz/Pahlow (2011), 67, 79 ff. (Rn. 21 ff.).

§ 42 n.F.    Besondere Bestimmungen für Erfindungen an Hochschulen (Fassung 2002)

9.3 b) Eine Rechtsinhaberschaft der Hochschulen an den Diensterfindungen auf Grundlage des § 7 ArbEG scheidet aus, wenn ein Dritter der Arbeitgeber/Dienstherr der Hochschulbeschäftigten ist, also namentlich wenn **Arbeitgeber/Dienstherr** das **Land**, der **Bund** oder ausnahmsweise eine sonstige juristische Person des öffentlichen Rechts, etwa **Stiftungen** sind.[132] In der Masse dürften die jeweiligen Bundesländer der Arbeitgeber/Dienstherr des dortigen Hochschulpersonals sein.[133] Hier geht die Diensterfindung mit Inanspruchnahme gem. § 7 ArbEG in das Vermögen des Landes über, dem damit zwangsläufig (zunächst) die Verwertungseinnahmen zustehen. Davon unberührt bleibt die (landes-) gesetzliche Möglichkeit, für solche Erfindungen nach Inanspruchnahme eine Übertragung in das Körperschaftsvermögen der Hochschule vorzusehen. Das betrifft ebenso die Möglichkeit einer Zuweisung von Verwertungserlösen an die Hochschule aus dortigen Forschungs- und Entwicklungsvorhaben (vgl. § 25 Abs. 6, § 26 HRG). Unabhängig davon, ob eine Überleitung in das Körperschaftsvermögen zugelassen wird, besteht in diesen Fällen – und das dürfte der Hintergrund für die vereinfachende Darstellung in den Gesetzesmaterialien sein – eine Verwaltungszuständigkeit der Hochschulen. Im Regelfall ist davon auszugehen, dass die Hochschulen die staatlichen Aufgaben der Länder in Haushalts-, Personal- sowie Wirtschafts- und Finanzangelegenheiten als Auftragsangelegenheiten in eigener Zuständigkeit für das betreffende Land wahrnehmen.[134] Dieser Dualismus von Erfüllung der Selbstverwaltungsaufgaben (Körperschafts-

---

132 Insb. eine gesonderte Stiftung des öffentl. Rechts als Hochschulträger wie bei der Stiftungsuniv. Göttingen nach § 57a Nieders.HG (vgl. auch § 1 Abs. 1, § 58 Nieders.HG), ferner die Stiftungsuniv. Frankfurt am Main nach § 100a HSchG 2007 Hessen oder eine Kommune wie bei der Staatl. Hochschule f. bildende Künste Frankfurt (§ 109 HSchG Hessen).
133 Das gilt für die Mehrzahl der Länder, vgl. § 11 Abs. 1 LHG Baden-Württemberg, Art. 21 Abs. 1 BayHSchG, § 35 Abs. 1 Brandenbg.HG; § 14 Abs. 1 BremHG; § 7 Abs. 1 HmbHG; § 69 Abs. 1 HSchulG 2007 Hessen; § 2 Abs. 4 LHG Mecklenbg.-Vorpommern, § 48 Abs. 3 Nds.HG; § 43 Abs. 1 HochSchG Rheinland-Pfalz, § 9 Satz 1 UG Saarland für die hauptamtl. Mitglieder d. Universitätspräsidiums u. für Professorinnen/Professoren; § 78 Abs. 1 SächsHG; § 110 Abs. 1 HSG Land Sachsen-Anhalt; § 71 HSG Schleswig-Holstein und § 89 Abs. 1 ThürHG.
134 Vgl. etwa Art. 12 BayHSchG, § 5 Abs. 3 Satz 2 Brandenbg.HG; § 47 Nieders.HG; § 9 HochSchG Rheinland-Pfalz; § 2 Abs. 4 ThürHG; § 56 HSG Land Sachsen-Anhalt; § 6 Abs. 1, 3 HSG Schleswig-Holstein. S.a. Kelp in: Gärditz/Pahlow (2011), 223, 239 f. (Rn. 42), wonach dann eine »Übertragung der Rechte und Pflichten aus der Diensterfindung« vom Dienstherrn auf die Hochschule wünschenswert sei.

## B. Persönlicher Anwendungsbereich § 42 n.F.

angelegenheiten) und staatlichen Aufgaben (Landesangelegenheiten) vollzieht sich regelmäßig i.R.d. überkommenen Einheitsverwaltung;[135] dabei werden sowohl die akademischen (Körperschafts-) Aufgaben als auch die (in Auftragsverwaltung zugewiesenen) staatlichen Aufgaben durch eine einheitliche Verwaltung, also ohne organisatorische Trennung, wahrgenommen.[136] Das betrifft dann auch Arbeitnehmererfindungsangelegenheiten. Zudem ist die Zuständigkeit als Dienstvorgesetzter meist kraft Gesetzes oder Verwaltungsanordnung auf die Leitung der Hochschule delegiert.[137] Letztlich bestimmt sich das Tätigwerden der Hochschule für den Arbeitgeber/Dienstherrn nach den jeweiligen dienst- bzw. organisationsrechtlichen Bestimmungen.[138] Denkbar ist dementsprechend auch eine umfassende Bevollmächtigung in Personal- und Vertragsangelegenheiten über Landesvermögen[139] oder speziell zu erfinderrechtlichen Angelegenheiten.[140] Zur Zuweisung der Verwertungserlöse an die Hochschulen s. § 42 Rdn. 223.

Allerdings erleichtern solche Bindungen an das Land die **praktische Handhabung des Erfindungswesens** nicht: Ist das Land Arbeitgeber/Dienstherr und damit Rechtsinhaber an den in Anspruch genommenen Erfindungen, so erweitert sich nach § 4 Abs. 2 zwangsläufig der Kreis der für eine Diensterfindung relevanten Erfahrungen und Vorarbeiten auf den Gesamtbereich des Arbeitge-

9.4

---

[135] Vgl. etwa § 2 Abs. 2 BerlHG; § 5 Abs. 3 Satz 1 Brandenbg.HG; § 2 Abs. 3 LHG Mecklenbg.-Vorpommern; § 2 Abs. 4 Satz 1 ThürHG; § 6 Abs. 1 Satz 2 HSG Schleswig-Holstein.
[136] Zur Einheitsverwaltung s. § 58 Abs. 3 HRG a.F. Zur Bedeutung vgl. etwa Hartmer in: Hartmer/Detmer (2004) S. 171 (Kap. IV Rn. 17 f.).
[137] (Delegation Dienstvorges.) Vgl. etwa § 11 Abs. 5 LHG Baden-Württemberg; Art. 21, 23 BayHSchG; § 48 Abs. 3 NiedersHG; § 44 HochSchG Rheinland-Pfalz; § 44 Abs. 2 und § 78 Abs. 2 Sächs.HG; § 110 Abs. 2, 3 HSG Land Sachsen-Anhalt.
[138] Vgl. Bartenbach/Volz in Festschr. VPP (2005), 225, 235; ferner Bergmann (2006) S. 41; s.a. Kraßer/Ann, PatR, § 21 Rn. 134.
[139] Vgl. etwa § 2 Abs. 5 ThürHG, Art. 21 Abs. 10 Bayer. HG.
[140] Vgl. die Zuständigkeitsübertragung für Befugnisse des Dienstherrn und Arbeitgebers nach dem ArbEG auf die Universität des Saarlandes in § 66 Abs. 3 Saarländ. Universitätsgesetz v. 23.06.2004 (Amtsbl. S. 1782); ferner die Anordnung zur Durchführung des ArbEG des Hamburger Senats vom 11.06.1993 (Amtl. Anz. 1993, S. 1257) zur Zuständigkeit der einzelnen Hochschulen für die Wahrnehmung der Rechte und Pflichten des Arbeitgebers oder Dienstherrn nach dem ArbEG für die dort beschäftigten Arbeitnehmer und Beamten sowie für sonstige dort tätige Personen; vgl. auch die Zuständigkeitsregelung für Zustimmungen zur Veröffentlichung von Forschungsergebnissen bei Drittmittelforschung in § 41 Abs. 1 LHG Baden-Württemberg.

bers/Dienstherrn (s. § 42 Rdn. 39). Im Rahmen von Forschungsprojekten mit Dritten ist erfinderrechtlich – über die Hochschule hinaus – der Arbeitgeber/Dienstherr in die Vertragsbeziehungen einzubeziehen[141] (s. § 42 Rdn. 194). In der Praxis wird dieses dann entschärft, wenn die Hochschule – wie aufgezeigt – zugleich im Auftrag für den Arbeitgeber/Dienstherrn handelt. Es bleiben allerdings die Bindungen der Hochschule an die Fachaufsicht und Weisungsbefugnisse des Landes bzw. Hochschulträgers, wobei hier jedoch Grenzen zugunsten der Hochschule bestehen – gleichgültig, ob man solche aus dem Gebot der Verhältnismäßigkeit, einer die Autonomie der Hochschulen schonenden Handhabung[142] oder aus dem Grundsatz des hochschulfreundlichen Verhaltens[143] herleitet. Auswirkungen ergeben sich auch für freie Erfindungen, da bei der Mitteilungs- und Anbietungspflicht ebenfalls auf den Gesamtbereich des Arbeitgebers/Dienstherrn abzustellen ist (s. § 42 Rdn. 47).

## I. Beschäftigte an einer Hochschule

10 § 42 gilt für alle »Erfindungen der an einer Hochschule Beschäftigten«. Allerdings wird dieser Grundsatz durch die nur für Hochschulwissenschaftler geltenden Sondervorschriften in § 42 Nrn. 1 bis 3 durchbrochen (s. dazu § 42 Rdn. 23 ff.).

Der damit erstmals im ArbEG verwandte Begriff des »**Beschäftigten**« umfasst – in Anlehnung an § 7 SGB IV[144] – alle in weisungsgebundener, persönlich abhängiger Stellung Tätigen, unabhängig davon, ob Grundlage ein privatrechtliches Arbeits- oder ein öffentlich-rechtliches Dienstverhältnis ist. Wie die Amtl. Begründung ausdrücklich klarstellt, betrifft die Vorschrift **alle Bediensteten einer Hochschule**, unabhängig davon, ob es sich um Beamte oder Arbeitnehmer im öffentlichen Dienst bzw. um wissenschaftliches oder

---

141 Bartenbach/Volz in Festschr. 50 J. VPP [2005] S. 225, 235; Pahlow/Gärditz, WissR 2006, 48, 66 f.
142 S. dazu Kempen in: Hartmer/Detmer (2004) S. 44 (Kap. I Rn. 139).
143 S. Hartmer in: Hartmer/Detmer (2004) S. 172 (Kap. IV Rn. 22) m. H. a. Lorenz, WissR 1978, 19 ff.
144 Zust. Leuze, GRUR 2005, 27 u. Reimer/Schade/Schippel/Leuze Rn. 9 zu § 42 n.F.; Kretzer (2007) S. 16; Soudry (2010) S. 125. Krit. aber Reetz (2006) S. 112 f., der im Ergebnis denselben Personenkreis wie hier erfasst und – zu Unrecht – von einer »engen« Begriffsbestimmung des § 7 SGB IV ausgeht.

B. Persönlicher Anwendungsbereich                           § 42 n.F.

technisches Personal handelt.¹⁴⁵ Ohne Belang ist auch, ob sie an der Hochschule aufgrund eines unbefristeten oder – etwa nach WissZeitVG – **befristeten Arbeitsverhältnisses**¹⁴⁶ oder als Beamte auf Zeit oder Lebenszeit beschäftigt sind, ferner ob eine Vollzeit- oder Teilzeitbeschäftigung¹⁴⁷ vorliegt. Einbezogen sind auch die aufgrund Arbeitsvertrages tätigen sog. nebenberuflichen Professoren.¹⁴⁸ Umfasst ist selbstverständlich das sonstige Hochschulpersonal, etwa die in der allgemeinen Verwaltung tätigen Arbeitnehmer und Beamten (s. § 42 Rdn. 12). § 42 gilt ferner für die nach § 25 Abs. 5 Satz 1, § 26 HRG als Hochschulpersonal eingestellten Mitarbeiter an drittmittelfinanzierten Forschungs- bzw. Entwicklungsvorhaben.¹⁴⁹ Ferner erstreckt sich der Anwendungsbereich auch auf die ebenfalls in einer Beschäftigung stehenden Auszubildenden (s. § 1 Rdn. 4). I.Ü. gelten die allgemeinen Grundsätze zum Begriff des Arbeitnehmers (s. § 1 Rdn. 8 ff.) und des Beamten (s. § 41 Rdn. 5 ff.).

Wie die Bezugnahme auf den »Dienstherrn« in § 42 Nrn. 1, 2 und 4 (s: § 42 **11** Rn. 9 ff.), ferner die Ausnahme zu § 40 Nr. 1 in § 42 Nr. 5 und schließlich die Einordnung der Vorschrift in den 3. Abschnitt des ArbEG zeigen, muss es

---

145 Amtl. Begründung BT-Drucks. 14/5975 S. 6 (zu Art. 1 Nr. 2 d.Entw.); übereinstimmend Amtl. Begründung Reg.Entw. BR-Drucks. 583/01 S. 7. S.a. Bergmann (2006) S. 35 f.; Beyerlein, NZA 2002, 1020, 1023; Weyand/Haase, GRUR 2007, 28, 31. Sehr dogmatisch Reetz (2006) S. 110 ff., der im Ergebnis (S. 136) zwar zu Recht »auf den Beschäftigtenbegriff des § 40 f. ArbEG rekurriert«, jedoch nur Beamte, Arbeiter und Angestellte im öffentlichen Dienst unter Berücksichtigung eines »korporationsrechtlichen Ansatzes« als Mitglieder bzw. an der Hochschule Tätige i.S.v. § 36 Abs. 1 Satz 1, 1. Alt. und Satz 2, 1. Alt. HRG einbeziehen will, also wohl nicht z.B. Auszubildende der Hochschule oder in einem Soldatenverhältnis stehende Hochschulbeschäftigte, ferner im Ergebnis wohl nicht z.B. zur Hochschule eines Landes abgeordnete Landesbeschäftigte.
146 Allg. A., z.B. Bergmann (2006) S. 36; Reimer/Schade/Schippel/Leuze Rn. 8 zu § 42 n.F.
147 S. etwa Bartenbach/Hellebrand, Mitt. 2002, 165, 167: für »Doktoranden mit halber BAT-Stelle«; ferner Reimer/Schade/Schippel/Leuze Rn. 8 f. zu § 42 n.F. für wissenschaftliche und studentische Hilfskräfte.
148 So Reimer/Schade/Schippel/Leuze Rn. 12 zu § 42 n.F. m.H.a. § 32 HambgHG unf § 29 NiedersHG.
149 Zust. Reetz (2006) S. 119 f. Wie hier auch Reimer/Schade/Schippel/Leuze Rn. 7 zu § 42 n.F.

§ 42 n.F.    Besondere Bestimmungen für Erfindungen an Hochschulen (Fassung 2002)

sich grds. um eine **Beschäftigung im öffentlichen Dienst** handeln.[150] Insoweit hat sich keine Änderung zu § 42 a.F. ergeben.[151] Darauf, wer der Arbeitgeber bzw. Dienstherr ist (s. dazu oben § 42 Rdn. 9.1 f.), kommt es in Übereinstimmung mit dem bisherigen Recht[152] im Grundsatz nicht an,[153] also auch nicht darauf, ob die Hochschule selbst der Arbeitgeber/Dienstherr ist (zur Kennzeichnung des Arbeitgebers bzw. Dienstherrn s. § 42 Rdn. 9). Erfasst sind sowohl Beschäftigte, bei denen die Hochschule selbst Arbeitgeber/Dienstherr ist, als auch die Masse der Hochschulbeschäftigten im Landesdienst, also die Arbeitnehmer bzw. Beamten, die in einem Arbeits- bzw. Beamtenverhältnis zu einem Land stehen (s. § 42 Rdn. 9 ff., zu sog. Privatdienstverträgen mit Hochschullehrern s. § 42 Rdn. 18). Erfasst sind im Bereich der Hochschulen der Bundeswehr auch die Soldaten, soweit sie hauptamtlich an der Hochschule tätig sind, ferner die Tarifbeschäftigten und Beamten eines Landes, deren Arbeitsplatz bzw. Dienstposten an der Hochschule ist (s. § 42 Rdn. 9.3). Handelt es sich um Beschäftigte des Hochschulträgers, die im Wege der **Abordnung** an der Hochschule eingesetzt werden, gilt u. E. § 42 ebenfalls (bei Dritten s. § 42 Rdn. 19).

Maßgeblich bleibt bei allen Fallgestaltungen des § 42, dass **zum Zeitpunkt der Fertigstellung der Erfindung** (s. dazu § 4 Rdn. 16 f.) tatsächlich eine Beschäftigung an der Hochschule bestanden hat[154] (s. auch § 42 Rdn. 23).

12 Unter § 42 fällt insb. das in § 42 Satz 1 HRG aufgeführte hauptberuflich tätige wissenschaftliche Personal, also die Hochschullehrer, d.h. **Professoren** (vgl. §§ 44, 46 HRG) und **Juniorprofessoren** (vgl. §§ 47 ff. HRG), die **wissenschaftlichen Mitarbeiter**[155] (vgl. § 53 HRG, s.a. § 42 Rdn. 24, 38 f., 47) und die **Lehrkräfte für besondere Aufgaben**[156] (§ 56 HRG, s.a. § 42 Rdn. 24). Dazu gehören aber auch sonstige Personen, die bei der Hochschule

---

150 Davon geht letztlich auch die Amtl. Begründung aus, wenn u.a. das Inanspruchnahmerecht des »jeweiligen Dienstherrn« betont und zudem klargestellt wird, dass für Beschäftigte ohne wissenschaftliche Tätigkeit lediglich bezüglich der Vergütung eine »Besserstellung gegenüber anderen Beamten und Arbeitnehmern im öffentlichen Dienst« bestehe (BT-Drucks. 14/5975 S. 5 f. u. übereinstimmend Amtl. Begründung Reg.Entw. BR-Drucks. 583/01 S. 5, 8). Wie hier u. a. Bergmann (2006) S. 34 f.; Reetz (2006) S. 111; Soudry (2010) S. 125. Zust. auch Boemke/Kursawe/Boemke/Sachadae Rn. 37 zu § 42.
151 S. dazu KommArbEG, 4. Aufl., Rn. 4 zu § 42 a.F.
152 S. dazu KommArbEG, 4. Aufl., Rn. 9 zu § 42 a.F.
153 Wohl allg. A., z.B. Bergmann (2006) S. 40, 129; Kretzer (2007) S. 17.
154 Zust. u.a. Bergmann (2006) S. 40.
155 Allg. A., z.B. Weyand/Haase, GRUR 2007, 28, 31; Bergmann (2006) S. 36.
156 Reimer/Schade/Schippel/Leuze Rn. 7, 10 zu § 42 n.F.

## B. Persönlicher Anwendungsbereich § 42 n.F.

angestellt sind, wie z.B. **wissenschaftliche Hilfskräfte**[157] bzw. **studentische Hilfskräfte**,[158] ferner die an Universitätskliniken beschäftigten (Ober-, Assistenz-) Ärzte und Ärzte im Praktikum[159] und das sonstige Krankenhauspersonal, weiterhin das gesamte **technische Personal** – vom Hausarbeiter bis hin zum Informatiker – sowie (sonstige) **Verwaltungsangestellte, -arbeiter und -beamte**[160] (s.a. § 42 Rdn. 23 ff.). Voraussetzung ist lediglich ein Arbeits- bzw. Beamtenverhältnis zur Hochschule bzw. deren Träger (s. § 42 Rdn. 11). Auch der Rektor der Hochschule ist damit unter § 42 zu subsumieren, sofern nicht die Hochschule selbst, sondern das Land Dienstherr/Arbeitgeber ist.[161]

Der Begriff der **Hochschule** bestimmt sich zunächst nach dem formellen Hochschulbegriff des § 1 Satz 1 HRG.[162] Erfasst sind also Universitäten, Fachhochschulen, ferner Kunst- und Musikhochschulen sowie Pädagogische Hochschulen,[163] ferner die sonstigen Einrichtungen des Bildungswesens, die nach Landesrecht staatliche Hochschulen sind[164] (vgl. z.B. § 1 WissHG NW). Im Unterschied zum früheren Recht ist das Erfordernis der »wissenschaftlichen Hochschule« entfallen; damit sind – wie die Amtl. Begründung hervorhebt – auch die Fachhochschulen einbezogen[165], die bei der anwendungsorientierten Forschung und Entwicklung inzwischen eine zunehmend größere Rolle spie- 13

---

157 Vgl. Amtl. Begründung in BT-Drucks. 14/5975 S. 6 (zu Art. 1 Nr. 2 d.Entw.); übereinstimmend Amtl. Begründung Reg.Entw. BR-Drucks. 583/01 S. 7. Reimer/Schade/Schippel/Leuze Rn. 8 zu § 42 n.F.
158 Ebenso Reetz (2006) S. 119; Körting/Kummer, RdA 2003, 279, 282; Reimer/Schade/Schippel/Leuze Rn. 9 zu § 42 n.F.
159 Balzer/Milbradt, PharmR 2003, 378, 379.
160 Allg. A., z.B. Kretzer (2007) S. 17; Reimer/Schade/Schippel/Leuze Rn. 11 zu § 42 n.F.
161 Insoweit ist u.E. die generelle Ausnahme bei Weyand/Haase (GRUR 2007, 28, 31) nicht zutreffend. S.a. Peters, Mitt. 2004, 396, 400 f.
162 Ebenso u. a. Schiedsst. v. 17.03.2005 – Arb.Erf. 99/03, (Datenbank); Reetz (2006) S. 109 f.; Fleuchaus/Braitmeyer, GRUR 2002, 653, 656; Körting/Kummer, RdA 2003, 279, 282; Reimer/Schade/Schippel/Leuze Rn. 6 zu § 42 n.F.; einschränkend Bergmann (2006) S. 37 f.
163 Wohl allg. A., z.B. Kretzer (2007) S. 15.
164 Wohl ebenfalls allg. A., z.B. Bergmann (2006) S. 38.
165 Amtl. Begründung BT-Drucks. 14/5975 S. 6 (zu Art. 1 Nr. 2 d.Entw.); übereinstimmend Amtl. Begründung Reg.Entw. BR-Drucks. 583/01 S. 7. Zu § 42 n.F. nunmehr allg. A., z.B. Keukenschrijver in Busse/Keukenschrijver, PatG, Rn. 7 zu § 42 ArbEG; Reimer/Schade/Schippel/Leuze Rn. 6 zu § 42 n.F. Zum früheren Meinungsstreit zu § 42 a.F. s. die Übersicht in unserer 4. Vorauflage, Rn. 6 f. zu § 42 a.F.; ferner Soudry (2010) S. 37, 50 f.

**§ 42 n.F.** Besondere Bestimmungen für Erfindungen an Hochschulen (Fassung 2002)

len[166]. Obsolet wurden damit bei Gesamthochschulen auch die früheren Abgrenzungsprobleme. § 42 gilt auch für die Bundeswehr-Hochschulen und die Hochschule des Bundes für öffentliche Verwaltung.[167] Auch wenn das HRG über § 1 Satz 2 i.V.m. § 70 HRG staatlich anerkannte Hochschulen einbezieht, werden diese von § 42 nicht erfasst (streitig); dies folgt daraus, dass die dortigen Arbeitsverhältnisse nicht dem öffentlichen Dienst (s. § 42 Rdn. 11) zuzurechnen sind,[168] gleichgültig, ob das Arbeitsverhältnis mit der Hochschule selbst oder deren (privatrechtlichem) Träger besteht.

Die Hochschulen sind i.d.R. Körperschaften des öffentlichen Rechts[169] (§ 58 Abs. 1 HRG sowie die Hochschulgesetze der Länder, z.B. § 2 Abs. 1 BerlHG oder § 2 Abs. 1 HG NRW; zum Begriff s. § 40 Rdn. 9; s. aber auch § 42 Rdn. 9.2–9.3). Dazu rechnen regelmäßig auch die einer Hochschule zugehörigen, ggf. mit bestimmten Funktionen in Forschung/Lehre betrauten **Institute** und wissenschaftlichen Einrichtungen (s. aber zu sog. An-Instituten § 42 Rdn. 19). Zum nachträglichen Hochschulstatus des Arbeitgebers s. § 42 Rdn. 32.

14 Erfasst sind u. E. auch die eigenständig als Anstalten oder Körperschaften des öffentlichen Rechts betriebenen **Universitätskliniken**[170] (s. § 42 Rdn. 9.2).

---

166 So »Bundesbericht Forschung und Innovation 2016« der BReg. in BT-Drucks. 18/8550, S. 66; in diesem Sinn auch das im März 2018 v. d. BReg. vorgelegte »Gutachten zu Forschung, Innovation und technologischer Leistungsfähigkeit Deutschlands 2018« in BT-Drucks. 19/1140, insbes. 28 f., auch unter Hinweis auf spezifische Förderprogramme.
167 Wie hier wohl allg. A., z.B. Balzer/Milbradt, PharmR 2003, 378, 379.
168 Überzeugend Pahlow/Gärditz, WissR 2006, 48, 63 f.; ebenso Bergmann (2006) S. 38; Soudry (2010) S. 129 f.; Krausnick in: Gärditz/Pahlow (2011), 117, 123 ff. (Rn. 15 ff.); im Ergebn. wohl auch Keukenschrijver in Busse/Keukenschrijver, PatG, Rn. 7 zu § 42 ArbEG; wie hier ferner Boemke/Kursawe/Boemke/Sachadae Rn. 26 zu § 42. Unsere gegenteilige frühere Auffassung in GRUR 2002, 743, 745 wurde bereits in unserer 4. Vorauflage (2013) aufgegeben; unserer früheren Auffassung zustimmend u. a. Reetz (2006) S. 109; Balzer/Milbradt, PharmR 2003, 378, 379; Körting/Kummer, RdA 2003, 279, 282; Kraßer in Hartmer/Detmer (2004) S. 462 (dort Fn. 29); die staatl. anerkannten Hochschulen ebenfalls einbeziehend Reimer/Schade/Schippel/Leuze Rn. 6 zu § 42 n.F.
169 Hartmer in Hartmer/Detmer (2004) S. 167, 168 (dort Kap. IV Rn. 5).
170 H. M., wie hier Leuze, WissR 2011, 280, 301 ff. u. ders. in Reimer/Schade/Schippel/Leuze Rn. 6 zu § 42 n.F.; Trimborn, Arbeitnehmererfindungsrecht, 3. Aufl. 2013, S. 26; Heite in Rosenberger/Wündisch (2018), Kap. 7 Rn. 18. A. A. Boemke/Kursawe/Boemke/Sachadae Rn. 28 zu § 42. Vgl. auch Krausnick in: Gärditz/Pahlow (2011), 67, 84 (Rn. 32 ff.), der maßgebend auf den Dienstherrn/Arbeitgeber abstellt.

## B. Persönlicher Anwendungsbereich § 42 n.F.

Losgelöst vom formellen Hochschulbegriff folgt das aus der engen funktionalen, personellen sowie finanziellen/haushaltsmäßigen Verzahnung von medizinischen Fakultäten/Fachbereichen und Universitätskliniken in den Bereichen Forschung und Lehre; diese reicht von einer organisatorische Zuordnung zur Hochschule[171] über eine Zusammenarbeit von Universität und selbständigem Klinikum in Forschung und Lehre auf Basis von Kooperationsverträgen[172] bis hin zu einer organisationsrechtlichen Fusion von medizinischem Fachbereich und Universitätsklinik in einer juristischen Person des öffentlichen Rechts[173]. Unabhängig von der rechtlichen Konstruktion sind alle Universitätskliniken »Wissenschaftseinrichtungen«.[174] Bei ihnen überschneiden sich die Bereiche Forschung, Lehre und Krankenversorgung, ohne dass eine scharfe Trennlinie gezogen werden kann.[175] Der Schutz des Art. 5 Abs. 3 GG erstreckt sich auch auf Tätigkeiten bei Universitätskliniken, weil dort Wissenschaft und Krankenversorgung untrennbar ineinandergreifen.[176] Das zeigt auch die vielfache Doppelfunktion leitender Ärzte als Klinikarzt und Hochschullehrer.[177] Angesichts der wesensimmanenten Kombination der drei Aufgabenbereiche Forschung, Lehre und Krankenversorgung, die begrifflich alle in öffentlicher Hand (gleich, ob als Hochschulteil oder als juristische Person des öffentlichen Rechts) betriebenen Universitätskliniken kennzeichnet, würde es einen dem Zweck des § 42 widersprechenden Formalismus bedeuten, wollte man maßgeblich auf die aus politischen und/oder fiskalischen Gründen vom jeweiligen Landesgesetzgeber getroffene Organisationsentscheidung (Verbleib oder Verselbständigung) abstellen. Art. 5 Abs. 3 GG gebietet es, auch im Zusammenhang mit staatlichen Organisationsmaßnahmen die ungestörte Freiheit der Wissenschaft

---

171 Vgl. etwa Art. 2 des Bay. Universitätsklinikgesetzes v. 23.05.2006 (GVBl. BY S.286), geändert durch VO v. 22.07.2014 (GVBl. BY S. 286).
172 Vgl. etwa § 2 der UniversitätsklinikumVA von NRW v. 20.12.2007 (GV. NRW S. 744), geändert durch VO v. 22.05.2013 (GV.NRW, S. 278). Zu der arbeitsrechtlichen Situation beim sog. Kooperationsmodell vgl. etwa BAG Beschl. v. 22.11.2016 NZA 2017, 581.
173 Z. B. Charite in Berlin.
174 So auch die Terminologie des BVerfG, und zwar selbst bei rechtlich verselbständigten Universitätskliniken, z. B. BVerfG v. 22.12.2014 – 1 BvR 1553/14, (juris, Rn. 10, 12).
175 Vgl. etwa BAG Beschl. v. 22.11.2016 NZA 2017, 581 (Rn. 16).
176 In diesem Sinn bereits BVerfG v. 08.04.1981, BVerfGE 57, 70; s. auch BAG Beschl. v. 22.11.2016 NZA 2017, 581 (Rn. 16).
177 Vgl. dazu etwa BAG Beschl. v. 22.11.2016 NZA 2017, 581, dort mit gesondertem Beamten- und Arbeitsverh.

sicherzustellen.[178] Dem ist hier durch eine verfassungskonforme Auslegung Rechnung zu tragen. Die Stellung als Wissenschaftseinrichtung erfordert u. E. eine Anwendung des § 42 für alle öffentlich-rechtlichen Universitätskliniken. Die nunmehr auf die formale Trennung abstellende Gegenansicht[179] müsste damit zumindest zu einer analogen Geltung bei den als Anstalten bzw. als Körperschaften des öffentlichen Rechts betriebenen Universitätskliniken kommen.

Nicht erfasst sind jedoch unstreitig **außeruniversitäre Lehrkrankenhäuser**, ferner – mangels öffentlichen Dienstes – **Kliniken in privater Trägerschaft** (s. § 42 Rdn. 13).

Rdn. 15–16 frei.

### II. Nicht einbezogener Personenkreis

17  Nicht erfasst werden zunächst solche Personen, bei denen ein Beschäftigungsverhältnis als Arbeitnehmer oder Beamter fehlt. Das sind nach der Aufzählung in der Amtlichen Begründung[180] »nur« **Gastdozenten**,[181] **Doktoranden** (s. dazu § 1 Rdn. 41) und Studenten.[182] Dazu gehören ferner Honorarprofessoren,[183] außerplanmäßige Professoren, die über keinen Arbeitsvertrag verfügen,[184] sowie Diplomanden.[185] Auch **Studenten** fallen in Bezug auf ihre Mitgliedschaft zur Hochschule seit jeher – wie bereits die Amtliche Begründung

---

178 Vgl. etwa BVerfG v. 22.12.2014 – 1 BvR 1553/14, (juris, Rn. 10, 12) u. v. 24.06.2014, BVerfGE 136, 338 (Rn. 55 f.).
179 Boemke/Kursawe/Boemke/Sachadae Rn. 28 zu § 42.
180 Amtl. Begründung BT-Drucks. 14/5975 S. 6 (zu Art. 1 Nr. 2 d.Entw.); übereinstimmend Amtl. Begründung Reg.Entw. BR-Drucks. 583/01 S. 7. Im Anschluss daran wohl allg. A., z.B. Keukenschrijver in Busse/Keukenschrijver, PatG, Rn. 6 zu § 42 ArbEG. S.a. Böhringer, NJW 2002, 952, 953.
181 Wohl allg. A., z.B. Kelp in: Gärditz/Pahlow (2011), 223, 239 (Rn. 41); Leuze in Reimer/Schade/Schippel Rn. 13 zu § 42 n.F., der zutreffend darauf hinweist, dass § 42 aber dann gilt, wenn mit Gastprofessoren ein befristeter Arbeitsvertrag abgeschlossen ist.
182 Wohl allg. A., z.B. Soudry (2010) S. 125 f.
183 Kraßer/Ann, PatR, § 21 Rn. 133; Beaucamp, DÖD 2003, 99, 100; Kelp in: Gärditz/Pahlow (2011), 223, 239 (Rn. 41). Reimer/Schade/Schippel/Leuze Rn. 13 zu § 42 n.F.
184 S. Kraßer/Ann, PatR, § 21 Rn. 133; Reimer/Schade/Schippel/Leuze Rn. 13 zu § 42 n.F.
185 Bergmann (2006) S. 3; Kraßer/Ann, PatR, § 21 Rn. 133; Körting/Kummer, RdA 2003, 279, 282; Kelp in: Gärditz/Pahlow (2011), 223, 239 (Rn. 41).

B. Persönlicher Anwendungsbereich § 42 n.F.

klargestellt hat[186] – weder unter § 42 noch (mangels Arbeitnehmereigenschaft) sonst wie unter das ArbEG[187] (zur Tätigkeit als Hilfskraft s. aber § 42 Rdn. 12; zum Werkstudenten s. § 1 Rdn. 91 und zum Praktikanten s. § 1 Rdn. 83 f.). Auch bei Erfindungen, die ein Student im Zusammenhang mit Studien- oder Diplomarbeiten entwickelt, hat die Hochschule keine Inanspruchnahme- oder Nutzungsrechte; es unterliegt der freien Entscheidung des Studenten, ob und in welchem Umfang er Erfindungsrechte an die Universität oder Dritte (z.b. bei Forschungsaufträgen) überträgt und welche Gegenleistungen (Lizenzgebühren) i.R.d. nicht durch §§ 22, 23 ArbEG eingeschränkten Vertragsfreiheit er fordert.[188] § 42 gilt ferner nicht für **freie Mitarbeiter** der Hochschule (s. dazu § 1 Rdn. 44), sowie für **Lehrbeauftragte** (i.S.d. § 55 HRG; vgl. auch § 36 Abs. 1 Satz 1 HRG), die über kein Anstellungsverhältnis verfügen.[189]

An dem Merkmal der Beschäftigung an einer Hochschule fehlt es auch bei 18 denjenigen Personen, die aufgrund eines anderweitigen Rechtsverhältnisses bei der Hochschule tätig sind, wie etwa bei **Mitarbeitern des Hochschullehrers**, die er zu seiner Unterstützung in einem privatrechtlichen Dienst- bzw. Arbeitsverhältnis beschäftigt,[190] oder bei Arbeitnehmern eines Hochschulmitglieds aufgrund Privatdienstvertrages im Zusammenhang mit drittmittelfinanzierten Forschungs- bzw. Entwicklungsvorhaben[191] (vgl. § 25 Abs. 5 Satz 3, § 26

---

186 Amtl. Begründung BT-Drucks. 14/5975 S. 6 (zu Art. 1 Nr. 2 d.Entw.); übereinstimmend Amtl. Begründung Reg.Entw. BR-Drucks. 583/01 S. 7.
187 Wie hier Reimer/Schade/Schippel/Leuze Rn. 14 zu § 42 n.F. Zu § 42 a.F. vgl. Ballhaus, GRUR 1984, 1; Wimmer, GRUR 1961, 449, 453 f.; Keukenschrijver in Busse/Keukenschrijver PatG Rn. 6 zu § 42 ArbEG; Volmer Rn. 19, 24 zu § 42 u. Volmer/Gaul Rn. 287 zu § 1 u. 40 ff. zu § 42.
188 Vgl. Kraßer/Schricker PatR u. UrhG an Hochschulen (1988) S. 39 u. Reimer/Schade/Schippel/Leuze Rn. 8 zu § 42 m.w.N.
189 Weyand/Haase, GRUR 2007, 28, 31; Reetz (2006) S. 111, 128 f.; Kelp in: Gärditz/Pahlow (2011), 223, 239 (Rn. 41). Reimer/Schade/Schippel/Leuze Rn. 13 zu § 42 n.F.; ferner Keukenschrijver in Busse/Keukenschrijver, PatG, Rn. 6 zu § 42 ArbEG. Vgl. auch allg. BAG v. 01.11.1995 NJW 1996, 2812, 2813; s. aber zur Möglichkeit eines nicht dem Arbeitsrecht unterliegenden öffentl.-rechtl. Dienstverh. eigener Art BAG v. 08.05.2018 – 9 AZR 531/17, (www.bundesarbeitsgericht.de, Rn. 21 ff.).
190 Wie hier u. a. Weyand/Haase, GRUR 2007, 28, 32; Reetz (2006) S. 111 m.H.a. Löwisch/Wertheimer in Hartmer/Detmer (2004), S. 304 f. (Kap. VII Rn. 10). So auch zu § 42 a.F.: Amtl. Begründung BT-Drucks. II/1648 S. 52 = BlPMZ 1957, 247; Ballhaus, GRUR 1984, 1; Kraßer/Schricker PatR u. UrhG an Hochschulen (1988) S. 146; s. allg. dazu BAG v. 29.06.1988, DB 1989, 388.
191 Reimer/Schade/Schippel/Leuze Rn. 7 zu § 42 n.F.

§ 42 n.F.  Besondere Bestimmungen für Erfindungen an Hochschulen (Fassung 2002)

HRG). Auf diesen Personenkreis findet – trotz der Gleichstellung in § 4 Wiss-ZeitG – § 42 keine (analoge) Anwendung[192] (s.a. § 42 Rdn. 5).

19 § 42 ist auch nicht anwendbar auf die Arbeitnehmer der sog. **An-Institute**. Hierbei handelt es sich – trotz entsprechender Anerkennung und wissenschaftlicher Kooperation mit der Hochschule – um Arbeitsverhältnisse mit Einrichtungen (in privater Trägerschaft) außerhalb des Hochschulbereichs,[193] wobei im Einzelfall aber ein Doppelarbeitsverhältnis gegeben sein kann. Außerhalb des Hochschulbereichs und damit des § 42 stehen im Ergebnis auch Mitarbeiter, die von dritter Seite abgeordnet werden,[194] wie z.B. **Arbeitnehmer eines privaten Auftraggebers oder Kooperationspartners**; auch insoweit gilt, dass § 42 eine Beschäftigung im öffentlichen Dienst voraussetzt (s. § 42 Rdn. 11; bei Abordnung durch den Hochschulträger s. § 42 Rdn. 11). Damit erfasst § 42 auch nicht die Arbeitnehmer von **ausgegründeten Unternehmen** der Hochschule, soweit sie nicht in einem Doppelarbeitsverhältnis zur Hochschule stehen (s.a. § 42 Rdn. 209).

20 Mangels Hochschulbeschäftigung gilt § 42 nicht für die Wissenschaftler und die sonstigen Angehörigen der **außeruniversitären Forschungseinrichtungen**,[195] seien es nun die Bundes- oder Landesforschungseinrichtungen oder die privatrechtlich organisierten Forschungseinrichtungen, wie etwa die Max-

---

192 Wohl allg. A, z.B. Bergmann (2006) S. 37; Hübner (2003) S. 41.
193 Dies wird auch in zahlreichen Landeshochschulgesetzen klargestellt, vgl. etwa § 95 LHG Mecklenbg.-Vorpommern, § 105 ThürHG; § 102 HSG Sachsen-Anhalt. Zur Rechtsstellung s.a. Tettinger/Lux-Wesener in Hartmer/Detmer (2004), S. 206 f. (Kap. V Rn. 7 ff.).
194 Wie hier u.a. Reetz (2006) S. 111 f. So auch zu § 42 a.F.: Ballhaus, GRUR 1984, 1.
195 Ganz h.M., z.B. Schiedsst. v. 17.03.2005, BlPMZ 2005, 324 u. v. 13.03.2012 – Arb.Erf. 19/11, (www.dpma.de, nur LS. 2, 4); Bergmann (2006) S. 39 (m H. a. die vom Deutschen Bundestag mehrheitlich abgelehnte Ausdehnung des Gesetzentwurfs zu § 42 auf »überwiegend staatlich finanzierte Forschungseinrichtungen« gemäß Änderungsantrag vom 28.11.2001 in BT-Drucks. 14/7652); ferner Hoeren, WissR 2005, 131, 136; Kraßer in Hartmer/Detmer (2004) S. 462 (Kap. IX Rn. 55); Reetz (2006) S. 110; Schwab, Arbeitnehmererfindungsrecht, § 42 Rn. 6; Soudry (2010) S. 127 f.; Beaucamp, DÖD 2003, 99, 100; Wündisch/Hering, GRUR Int. 2009, 106, 108; Reimer/Schade/Schippel/Leuze Rn. 7 zu § 42 n.F. Für eine Ausdehnung – wohl de lege ferenda – aber Fleuchaus/Braitmeyer, GRUR 2002, 653, 656.

B. Persönlicher Anwendungsbereich  § 42 n.F.

Planck-Institute[196] oder die Institute der Fraunhofer Gesellschaft zur Förderung der angewandten Forschung e.V.[197] Eine Ausdehnung auf derartige Institutionen außerhalb der Hochschulen hatte der Gesetzgeber bereits im Zusammenhang mit § 42 a.F. wegen der damit verbundenen Abgrenzungsschwierigkeiten ausdrücklich abgelehnt.[198] Für diesen Personenkreis gelten daher die allgemeinen Regeln des ArbEG ohne die Sonderbestimmungen des § 42[199] (zur Vergütung s. auch § 42 Rdn. 145). Angesichts des Ausnahmecharakters besteht u. E. de lege lata auch kein Raum, die in § 42 Nrn. 1 bis 3 speziell für die Hochschulforschung getroffenen Folgerungen aus der Wissenschaftsfreiheit sinngemäß auf außeruniversitäre und **sonstige privatrechtlich organisierte Forschungseinrichtungen** auszudehnen[200] (zu Universitätskliniken s. aber § 42 Rdn. 14). Zu den Beschäftigten der staatlich anerkannten Hochschulen s. § 42 Rdn. 13.

---

196 Vgl. zu § 42 a.F. Ballreich in Mitt. aus d. Max-Planck-Ges. 1958, 193, 198; Volmer/Gaul Rn. 20 zu § 42; s. i.Ü. Dölle Erfindungsregelung i.d. Max-Planck-Ges. (unveröffentl. Gutachten 1967); Kraßer/Schricker, PatR u. UrhG an Hochschulen (1988) S. 42; Kraßer b. Ohly, GRUR Int. 1994, 879, 880. Zur Vergütung bei der Max-Planck-Gesellschaft, bei der lt. Amtl. Begründung zu § 42 Nr. 4 n.F. (in BT-Drucks. 14/5975 S. 7) seit Langem ein Drittel des Verwertungserlöses als Erfindervergütung gezahlt wird, s. Schiedst. v. 04.08.1972/08.03.1973, BlPMZ 1973, 205 m. krit. Bespr. Meusel, GRUR 1974, 437 und ders., GRUR 1975, 3999; hiergegen zutr. Walenda, GRUR 1975, 1 ff.; vgl. auch Kolloquiumsbericht v. Bodewig, GRUR Int. 1980, 597 ff.; zur Tätigkeit s. u.a. Ullrich Privatrechtsfragen der Forschungsförderung i.d. BRD (1984) S. 263 ff.
197 Zur Tätigkeit s. u.a. Ullrich Privatrechtsfragen der Forschungsförderung i.d. BRD (1984) S. 272 ff. Siehe auch die Aufzählung in § 2 des Entwurfs des Wissenschaftsfreiheitsgesetzes BR-Drucks. 252/12 v. 4.5.2012.
198 S. Ausschussbericht zu BT-Drucks. II/3327 S. 10 = BlPMZ 1957, 255. Ebenso die vom Deutschen Bundestag mehrheitlich abgelehnte Ausdehnung des Gesetzentwurfs zu § 42 n.F. auf »außerhochschulische Forschungseinrichtungen« [vgl. die Rede von MdB Böttcher in BT-PlPr. 14/206 v. 30.11.2001 S. 20433 (C)] gemäß Änderungsantrag vom 28.11.2001 in BT-Drucks. 14/7652 [s. Protokoll der Sitzung vom 30.11.2001 BT-PlPr. 14/206 S. 20427 (A, B)], vgl. dazu Bergmann (2006) S. 39.
199 Allerdings sieht § 4 des Wissenschaftsfreiheitsgesetzes (entsprechend dem Reg.Entw. in BR-Drucks. 252/12 v. 4.5.2012) eine Befreiung vom alljährlichen haushaltsrechtlichen Besserstellungsverbot bei institutionellen Zuwendungsempfängern (seit HG 2013) bei solchen Mitteln vor, die weder mittelbar noch unmittelbar von der deutschen öffentlichen Hand finanziert werden, was sich auch erfinderrechtlich auswirken kann.
200 A. A. Keukenschrijver in Busse/Keukenschrijver, PatG, Rn. 7 zu § 42 ArbEG (insbes. bzgl. § 42 Nr. 2); s. auch Fleuchaus/Braitmeyer GRUR 2002, 653, 656 u. Leuze GRUR 2005, 27, 29.

*Rdn. 21 frei.*

### III. Miterfinder

22 § 42 Nrn. 1 bis 3 gelten auch im Fall der **Miterfinderschaft**, obschon das Gesetz nur vom »Erfinder« spricht. Insoweit geht das Gesetz auch hier vom Bild des Alleinerfinders aus. Letzteres ist umso erstaunlicher, als im Hochschulbereich eine Alleinerfinderschaft die Ausnahme und die aus der engen, ggf. interdisziplinären Zusammenarbeit folgende Miterfinderschaft die Regel ist.[201] Zudem hat der Gesetzgeber diesen Problemkreis selbst gesehen (s. § 42 Rdn. 107); vor diesem Hintergrund versteht sich auch § 40 Nr. 4 (s. § 40 Rdn. 9, 145).

Der in § 42 Nrn. 1 bis 3 verwendete Begriff »Erfinder« ist nicht als »Allein-Erfinder« zu missdeuten. Vielmehr kommen die Privilegien des § 42 Nrn. 1 bis 3 den Hochschulwissenschaftern auch im Fall einer Miterfinderschaft zugute.[202] Es gilt die allgemeine Begriffsbestimmung (s. § 5 Rdn. 44). Allerdings ergeben sich gerade bei der Miterfinderschaft zusätzliche Probleme. Diese beginnen bereits bei der Einstufung als Diensterfindung bzw. freie Erfindung (s § 42 Rdn. 42) und manifestieren sich in den Auswirkungen der nur für Hochschulwissensschaftler geltenden Sonderregelungen in § 42 Nrn. 1 bis 3 (zu den Folgen der positiven Publikationsfreiheit bei Miterfindern s. § 42 Rdn. 25; zur Interessenkollision mit der negativen Publikationsfreiheit s. § 42 Rdn. 108 f., zum einfachen Benutzungsrecht als Miterfinder s. § 42 Rdn. 142). Ferner sind von § 42 Nrn. 4 und 5 alle Hochschulbeschäftigten als Miterfinder erfasst (zur Vergütung bei Miterfinderschaft s. § 42 Rdn. 146, 179, 187).

Zwischen den Miterfindern besteht auch im Hochschulbereich regelmäßig eine **Bruchteilsgemeinschaft** (s. § 5 Rdn. 52 ff.). Ausnahmsweise kann eine GbR in Betracht kommen, namentlich in den Fällen, in denen sich mehrere Hochschulwissenschaftler gemeinsam zur Bearbeitung eines bestimmten Forschungsprojektes zusammengeschlossen haben.

### IV. Hochschulwissenschaftler – eingeschränkter Anwendungsbereich bei § 42 Nrn. 1 bis 3

23 § 42 Nrn. 1 bis 3 erfordern gleichermaßen einen Bezug zur »Lehr- und Forschungstätigkeit« des »Erfinders«. Damit will der Gesetzgeber erreichen,

---

[201] Vgl. etwa Kretzer (2007) S. 58.
[202] Unstreitig, z.B. Kretzer (2007) S. 62; Keukenschrijver in Busse/Keukenschrijver, PatG, Rn. 8 zu § 42 ArbEG.

B. Persönlicher Anwendungsbereich § 42 n.F.

dass diese Sonderregelungen als Ausfluss der verfassungsrechtlich geschützten Wissenschaftsfreiheit (s. § 42 Rdn. 3) **nur für solche Hochschulbeschäftigten** (Beamte oder Arbeitnehmer, s. § 42 Rdn. 10 f.) gelten, die aufgrund ihrer wissenschaftlichen Tätigkeit in den Schutzbereich des Grundrechtes des **Art. 5 Abs. 3 GG einbezogen** sind,[203] also im Ergebnis ausschließlich für sog. **Hochschulwissenschaftler**.[204] Dafür kommt dem Merkmal der selbstständigen Wahrnehmung von Forschungstätigkeiten wesentliche Bedeutung zu.[205] Möglich ist, dass sich die wissenschaftliche Selbstständigkeit – wie etwa bei wissenschaftlichen Mitarbeitern (s. § 42 Rdn. 24) – nur auf einzelne Tätigkeitsbereiche bezieht, sodass sie insoweit Träger des Grundrechts der Wissenschaftsfreiheit sind.[206]

Die Lehr- und Forschungstätigkeit muss **an der Hochschule** ausgeübt werden, also zumindest ein Teil der dienstlichen Aufgaben des Erfinders[207], wenn auch nicht zwingend maßgeblich prägend[208] sein. Dementsprechend reicht es für die Geltung der Nrn. 1 bis 3 des § 42 nicht aus, wenn der Erfinder nur außerhalb seiner Hochschulbeschäftigung Lehre und/oder Forschung betreibt.[209]

---

203 S. Amtl. Begründung zu Art. 1 Nr. 2 (BT-Drucks. 14/5975 S. 6; übereinstimmend Amtl. Begründung Reg.Entw. BR-Drucks. 583/01 S. 8). Nach Kraßer/Ann (PatR, § 21 Rn. 147) gelten die Bestimmungen nur für solche Beschäftigte, »die kraft ihrer Dienststellung weisungsfrei über die Veröffentlichung von Forschungsergebnissen entscheiden können, also nur Wissenschaftler«. Nach Keukenschrijver setzen § 42 Nrn. 1 bis 3 »eine Lehr- oder Forschungstätigkeit voraus« (in Busse/Keukenschrijver, PatG, Rn. 6 zu § 42 ArbEG), sodass letztlich »das gesamte Wissenschaftspersonal iSd Hochschulrahmengesetzes« erfasst sei (so a.a.O. Rn. 9 zu § 42 ArbEG, dort zu § 42 Nr. 1); im Ausgangspunkt wie hier, aber sodann einschränkend Reimer/Schade/Schippel/Leuze Rn. 20 zu § 42 n.F. Weitergehend Boemke/Kursawe/Boemke/Sachadae Rn. 42 ff. zu § 42, wonach § 42 Nr. 1 im Grundsatz alle Hochschulbeschäftigten erfassen soll, aber »rechtstatsächlich ... grds. eine wissenschaftliche oder eine selbständige Lehr- und Forschungstätigkeit voaussetzen« wird!
204 Diese Begriffsbestimmung ist wohl heute nahezu einhellig, z.B. Bergmann (2006) S. 6; Reimer/Schade/Schippel/Leuze Rn. 17 zu § 42 n.F.
205 Vgl. dazu Reetz, WissR 2008, 206, 211 f.
206 S. Hübner (2003) S. 44.
207 Im Ergebn. wie hier h. M., z. B. Keukenschrijver in Busse/Keukenschrijver, PatG, Rn. 6 zu § 42 ArbEG, wonach »für Beschäftigte ohne wissenschaftliche Tätigkeit« lediglich in Bezug auf die Vergütung eine Besserstellung greift.
208 Siehe aber zum Begriff des wissenschaftlichen Personals i. S. d. s. § 1 Abs. 1 WissZVG BAG v. 20.01.2016 – 7 AZR 376/14, (juris, Rn. 28 ff.); v. 28.09.2016 – 7 AZR 459/14, (www.bundesarbeitsgericht.de, Rn. 18) u. v. 30.08.2017, NZA 2018, 305 (Rn. 17 ff.).
209 So aber Boemke/Kursawe/Boemke/Sachadae Rn. 69, 99 zu § 42 (zu § 42 Nrn. 1, 2).

**§ 42 n.F.** Besondere Bestimmungen für Erfindungen an Hochschulen (Fassung 2002)

Der notwendige Bezug zur dienstlichen Tätigkeit folgt aus der Gesetzesfassung (»im Rahmen seiner« bzw. »auf Grund seiner« Lehr- und Forschungstätigkeit) und entspricht dem gezielt auf die Hochschulforschung ausgerichteten Ziel und Zweck der gesetzlichen Vorgaben (s. § 42 Rdn. 3 ff.) sowie der allgemeinen Ausrichtung des ArbEG auf das Arbeitsverhältnis und die berufliche Stellung des Arbeitnehmers.

Maßgebend ist auch hier der **Zeitpunkt der Fertigstellung der Diensterfindung** (s. dazu § 4 Rdn. 16 f.; s. auch § 42 Rdn. 11). Von § 42 Nrn. 1 bis 3 nicht erfasst sind damit Erfindungen von Hochschulbeschäftigten, die bei Fertigstellung der Erfindung noch keine Hochschulwissenschaftler waren und erst zukünftig infolge Änderung ihrer Aufgaben eine eigene Lehr- und Forschungstätigkeit im Hochschulbereich ausüben;[210] für solche Diensterfindungen verbleibt es uneingeschränkt bei der Pflicht des Hochschulbeschäftigten zur unverzüglichen Erfindungsmeldung nach §§ 40, 41 i. V. m. § 5 (s. dazu § 5 Rdn. 26 ff.).

24 Der persönliche Geltungsbereich (s. dazu auch § 42 Rdn. 10 ff.) erstreckt sich damit in jedem Fall auf die von § 43 HRG umfassten Hochschullehrer, also auf **Professoren** und **Juniorprofessoren**[211] (vgl. § 42 Satz 1 HRG), gleich, ob im Beamten- oder (außertariflichen) Arbeitsverhältnis. Einbezogen sind – entsprechend § 42 a.F. (s. unsere 4. Vorauflage Rn. 11 zu § 42 a.F.) – auch die kraft Übergangsrechts noch vorhandenen **Hochschulassistenten** (vgl. § 76a HRG), wissenschaftlichen Assistenten, Oberassistenten und Oberingenieure[212] (vgl. § 74 Abs. 1 HRG).

Abweichend von der herrschenden Meinung zu § 42 a.F.[213] ist u.E. das neue Privileg in § 42 Nrn. 1 bis 3 im Grundsatz auch den **wissenschaftlichen Mitarbeitern**[214] (§ 53 HRG) zugänglich. Diese gehören einmal zu dem in § 42 Satz 1 HRG aufgeführten, hauptberuflich tätigen Wissenschaftspersonal. Sie

---

210 A. A. Boemke/Kursawe/Boemke/Sachadae Rn. 62 zu § 42 (zu § 42 Nr. 1).
211 Unstreitig, z.B. Kelp in: Gärditz/Pahlow (2011), 223, 243 (Rn. 51); Reimer/Schade/Schippel/Leuze Rn. 17 zu § 42 n.F. Zu Professoren an Fachhochschulen s. BVerfG v. 13.04.2010, NVwZ 2010, 1285 ff. m. Bespr. Waldeyer, NVwZ 2010, 1279 ff.; s. ferner Kaufhold, NJW 2010, 3276 u. Kutscha, NVwZ 2011, 1178, 1179 f.
212 Zustimmend Weyand/Haase, GRUR 2007, 28, 33; ferner Leuze, GRUR 2005, 27, 29. Zu § 42 a.F. vgl. u. a. Schiedsst. v. 30.06.2009 – Arb.Erf. 51/98, (Datenbank);
213 Zu § 42 a.F. vgl. LG Düsseldorf v. 26.06.1990, GRUR 1994, 53, 55 – *Photoplethysmograph*; Ballhaus, GRUR 1984, 1, 5; Kraßer/Schricker PatR u. UrhG an Hochschulen (1988) S. 40; Reimer/Schade/Schippel/Leuze Rn. 7 zu § 42 m.w.N.
214 Zur Rechtsstellung allg s. Leuze, GRUR 2006, 552 f. u. 559 f. u. ders., WissR 2011, 280, 290 ff.

B. Persönlicher Anwendungsbereich § 42 n.F.

erbringen im Grundsatz wissenschaftliche Dienstleistungen nach Maßgabe des § 53 Abs. 1 HRG. Jedenfalls soweit dieser Personenkreis in den Schutz des Art. 5 Abs. 3 GG einbezogen ist,[215] fällt er zugleich unter § 42 Nrn. 1 bis 3.[216] Dies kommt zumindest dann in Betracht, wenn wissenschaftliche Mitarbeiter selbstständig Aufgaben in Forschung und Lehre wahrnehmen[217] (§ 53 Abs. 1 Satz 4 HRG). Insoweit können sie auch zu den Drittmittelberechtigten gehören.[218] Zur Diensterfindung von wiss. Mitarbeitern s. § 42 Rdn. 38 f., 47. Erfasst sind damit auch die an einer Hochschule tätigen **Privatdozenten,** soweit sie in einem Arbeitsverhältnis zum Land bzw. zur Hochschule stehen (wissenschaftliche Mitarbeiter).

Zweifelhaft erscheint dagegen eine Erstreckung des § 42 Nrn. 1 bis 3 auf **Lehrkräfte für besondere Aufgaben**[219] (§ 56 HRG). Dafür spricht zwar, dass sie nach § 42 HRG zum Wissenschaftspersonal gehören; sie vermitteln allerdings überwiegend nur praktische Fertigkeiten und Kenntnisse. Deshalb werden sie zu Recht von der wohl überwiegenden Auffassung vom Anwendungsbereich des § 42 Nrn. 1 bis 3 ausgenommen.[220]  25

Mangels grundrechtlich geschützter Lehr- und Forschungstätigkeit **nicht erfasst** – auch nicht mittels Analogie – sind alle nicht wissenschaftlich Tätigen (nichtwissenschaftliches Personal); für diesen Beschäftigtenkreis bleiben die

---

215 Vgl. dazu u.a. Maunz/Dürig/Scholz, GG, Rn. 104, 119 ff. zu Art. 5 Abs. 3; Kraßer/Schricker PatR u. UrhG an Hochschulen (1988) S. 65.
216 Vgl auch Schübel-Pfister in: Gärditz/Pahlow (2011), 11, 18 (Rn. 13). A.A. Leuze, GRUR 2005, 27, 29 und Reimer/Schade/Schippel/Leuze Rn. 20 zu § 42 n.F.; abw. ferner zu § 42 a.F. LG Düsseldorf v. 26.06.1990, GRUR 1994, 53, 55 – *Photoplethysmograph.*
217 Insoweit zustimmend Weyand/Haase, GRUR 2007, 28, 33; Kretzer (2007) S. 18; wie hier auch Körting/Kummer, RdA 2003, 279, 282; Soudry (2010) S. 126; s.a. Kraßer in: Hartmer/Detmer (2004) S. 466 (Kap. IX Rn. 72); Hübner (2003) S. 44, 70; Reetz (2006) S. 160 ff.; im Ergebn. so auch Reimer/Schade/Schippel/Leuze Rn. 20 zu § 42 n.F.; vgl. auch Leuze, WissR 2011, 280, 303. Abw. u.a. wohl Beyerlein, NZA 2002, 1020, 1021 l.Sp. (zu § 42 Nr. 2); unklar Fleuchaus/Braitmeyer, GRUR 2002, 653, 657.
218 S. Leuze, GRUR 2006, 552, 559 entgegen Lux (2002) S. 100.
219 Eine Anwendbarkeit von § 42 Nrn. 1 bis 3 generell ablehnend Reimer/Schade/Schippel/Leuze Rn. 21 zu § 42. Auch i.R.d. § 42 a.F. ging zumindest die h.M. von einer Nichtanwendbarkeit aus.
220 So u.a. Leuze, GRUR 2005, 27, 29 und ders. in Reimer/Schade/Schippel/Leuze Rn. 21 zu § 42 n.F.; Weyand/Haase, GRUR 2007, 28, 33; Kelp in: Gärditz/Pahlow (2011), 223, 243 (Rn. 51); nunmehr auch Keukenschrijver in Busse/Keukenschrijver, PatG, Rn. 6 zu § 42 ArbEG.

**§ 42 n.F.** Besondere Bestimmungen für Erfindungen an Hochschulen (Fassung 2002)

Sonderregelungen in § 42 Nrn. 1 bis 3 ohne Auswirkungen.[221] Das betrifft das gesamte **technische Personal** sowie (sonstige) **Verwaltungsangestellte, -arbeiter und -beamte**[222] (vgl. auch § 42 Rdn. 13). Mangels Lehr- und Forschungstätigkeit sind auch **wissenschaftliche Hilfskräfte** nicht einbezogen.[223] Selbstverständlich ausgeschlossen sind auch alle sonstigen Personen, für die – mangels Beschäftigungsverhältnisses – bereits der Anwendungsbereich des § 42 nicht eröffnet ist, wie etwa **Gastdozenten** bzw. **Lehrbeauftragte**, freie Mitarbeiter oder Arbeitnehmer von Kooperationspartnern (s. dazu § 42 Rdn. 17 ff.).

### C. Grundsatz der Geltung des ArbEG

26 Der Eingangssatz des § 42 bezieht sich allgemein auf »Erfindungen der an einer Hochschule Beschäftigten«. Die Vorschrift bestimmt ausweislich der Amtlichen Begründung,[224] dass die allgemeinen Regelungen des ArbEG für Erfindungen des Hochschulpersonals grds. anwendbar sind. § 42 unterstellt also **im Grundsatz** die Erfindungen des gesamten Personals an Hochschulen den **allgemeinen Regelungen des ArbEG**[225] und trifft dazu lediglich Ausnahmeregelungen in Nrn. 1 bis 5 (s. dazu § 42 Rdn. 57 ff.). Mit dieser Ausdehnung des ArbEG auf alle Hochschulerfindungen unterscheidet sich die Neuregelung grundlegend von dem Hochschullehrerprivileg des § 42 a.F., welches ansatzweise bereits in die zweite Hälfte des 19. Jahrhunderts zurückging und die Erfindungen der Hochschulwissenschaftler weitgehend vom Anwendungsbereich des ArbEG ausnahm (s. unsere 4. Vorauflage Rn. 1, 17 ff., 24 ff. zu § 42 a.F.).

27 Die grundsätzliche Geltung des ArbEG betrifft – entsprechend dem Wortlaut – alle »Erfindungen«, d. h. **Arbeitnehmererfindungen** i. S. d. § 2. Umfasst werden damit sowohl die Vorschriften über Diensterfindungen als auch die allgemeinen Regeln über freie Arbeitnehmererfindungen i.S.d. § 4

---

221 Amtl. Begründung zu Art. 1 Nr. 2 (BT-Drucks. 14/5975 S. 6; übereinstimmend Amtl. Begründung Reg.Entw. BR-Drucks. 583/01 S. 8). S. ferner Weyand/Haase, GRUR 2007, 28, 33.
222 Wohl allg. A., wie hier u. a. Kelp in: Gärditz/Pahlow (2011), 223, 243 (Rn. 51).
223 Zust. Kelp in: Gärditz/Pahlow (2011), 223, 243 (Rn. 51). Dies war allg. Ansicht zu § 42 a.F., vgl. z.B. Reimer/Schade/Schippel/Leuze Rn. 7 zu § 42 a.F. m.w.N.
224 Amtl. Begründung BT-Drucks. 14/5975 S. 6 (zu Art. 1 Nr. 2 d.Entw.); übereinstimmend Amtl. Begründung Reg.Entw. BR-Drucks. 583/01 S. 7.
225 Amtl. Begründung BT-Drucks. 14/5975 S. 5; übereinstimmend Amtl. Begründung Reg.Entw. BR-Drucks. 583/01 S. 5. Reimer/Schade/Schippel/Leuze Rn. 15 zu § 42 n.F.

Abs. 3[226] (zur Behandlung freier Erfindungen s. § 42 Rdn. 45 ff.). Der Eingangssatz bezieht sich also nicht auf die nachfolgenden Nrn. 1 bis 5, sondern auf die Geltung der sonstigen Bestimmungen des ArbEG für den Hochschulbereich. Auf Erfindungen von Hochschulbeschäftigten finden folglich die Bestimmungen des 2. Abschnitts ebenso Anwendung wie die §§ 40, 41.[227] Dies gilt nur insoweit nicht, als in § 42 Nrn. 1 bis 5 Abweichungen zugelassen sind (zum Ausnahmecharakter s. § 42 Rdn. 5), die nach h. M. nur Diensterfindungen betreffen (s. § 42 Rdn. 30, 156; zu freien und frei gewordenen Erfindungen s. § 42 Rdn. 45 ff.).

Folglich unterliegen bei Diensterfindungen alle Hochschulbeschäftigten einschließlich der Hochschullehrer – wie auch der Rückschluss aus § 42 Nr. 2 zeigt – der **Meldepflicht** ggü. ihrem Arbeitgeber/Dienstherrn gem. § 5 (zum Adressat s. § 5 Rdn. 9, 14 ff. u. § 41 Rdn. 13; zur Meldung im Fall von § 42 Nr. 1 s. unten Rdn. 86), soweit nicht die Ausnahme des § 42 Nr. 2 greift[228] (s. § 42 Rdn. 101 ff.). Der jeweilige Arbeitgeber/Dienstherr hat das Recht zur **Inanspruchnahme**[229] grds. bei allen an der Hochschule gemachten Diensterfindungen, auch solchen der Hochschullehrer;[230] dafür gelten die allgemeinen Regeln,[231] insb. die §§ 6, 7 n.F. (zur Ausnahme aufgrund von § 42 Nr. 2 s. § 42 Rdn. 101 ff.; zum Ausschluss der Inanspruchnahme einer angemessenen Ertragsbeteiligung s. § 42 Rdn. 185 ff.) bzw. – bei den vor dem 01.10.2009 gemeldeten Erfindungen (vgl. § 43 Abs. 3) – die §§ 6, 7 a.F. über die unbeschränkte bzw. beschränkte Inanspruchnahme. Mit Blick auf die haushaltsrechtlichen Vorgaben (s. § 42 Rdn. 217) drängt auch die Inanspruchnahmefiktion des § 6 Abs. 2 n.F. zu einer unverzüglichen Prüfung und **zeitgerechten Entscheidung über die Inanspruchnahme**. Dies wird im Fall des § 42 Nr. 1

---

226 Folgerichtig hebt die Amtl. Begründung zu Art. 1 Nr. 2 d. Entw (BT-Drucks. 14/5975 S. 6; übereinstimmend Amtl. Begründung Reg.Entw. BR-Drucks. 583/01 S. 7) die wesentlichen Vorschriften für Diensterfindungen und freie Erfindungen hervor.
227 Zust. u. a. Kelp in: Gärditz/Pahlow (2011), 223, 240 (Rn. 43).
228 Vgl. Amtl. Begründung zu Art. 1 Nr. 2 d. Entw. (BT-Drucks. 14/5975 S. 6.; übereinstimmend Amtl. Begründung Reg.Entw. BR-Drucks. 583/01 S. 7).
229 Von der früheren Möglichkeit der beschränkten Inanspruchnahme ging – trotz des lediglich einfachen Benutzungsrechts des Arbeitgebers/Dienstherrn – die wohl h.M. aus, z.B. Kretzer (2007) S. 32.
230 Vgl. Amtl. Begründung BT-Drucks. 14/5975 S. 5, 6; übereinstimmend Amtl. Begründung Reg.Entw. BR-Drucks. 583/01 S. 5, 7.
231 Die Amtl. Begründung zu Art. 1 Nr. 2 d. Entw (BT-Drucks. 14/5975 S. 6.; übereinstimmend Amtl. Begründung Reg.Entw. BR-Drucks. 583/01 S. 7) weist ausdrücklich darauf hin: »Für die Inanspruchnahme und das Verfahren gelten die allgemeinen Regeln.«

**§ 42 n.F.** Besondere Bestimmungen für Erfindungen an Hochschulen (Fassung 2002)

durch die dortige 2-Monats-Frist faktisch verstärkt.[232] Ausweislich der Amtlichen Begründung[233] haben auch alle Wissenschaftler eine Veröffentlichung ihrer Forschungsergebnisse bis zur Patentanmeldung oder Freigabe der Diensterfindung (§ 6 Abs. 2, § 8 n.F.) zurückzustellen (vgl. § 24 Abs. 2). Etwas anderes kann sich nach § 42 Nrn. 1, 2 aufgrund der Lehr- und Forschungstätigkeit ergeben (s. § 42 Rdn. 58 ff., 101 ff.). So wird die allgemeine **Geheimhaltungspflicht** des Hochschulwissenschaftlers aus § 24 Abs. 2 u. E. im Lichte der Wissenschaftsfreiheit durch § 42 Nr. 1 Satz 2 insoweit modifiziert, als jedenfalls für wissenschaftliche Zwecke die Geheimhaltungspflicht nach § 24 Abs. 2 ArbEG mit (erfolgter) prioritätsbegründender Schutzrechtsanmeldung endet (s. auch § 42 Rdn. 60). Andererseits wird die Geheimhaltungspflicht des Arbeitgebers/Dienstherrn nach § 24 Abs. 1 durch § 42 Nr.2 vorverlagert (s. § 42 Rdn. 101).

Mit den Einschränkungen aus § 42 gelten für Diensterfindungen u. a. auch die wechselseitigen Rechte und Pflichten aus den §§ 13 bis 17 (s. § 42 Rdn. 28 f.) sowie die Schranken für die Vertragsfreiheit nach §§ 22, 23 und die Verfahrensvorgaben der §§ 28 ff. (s. § 42 Rdn. 5).

§ 42 begründet – ebenso wie § 41 i.V.m. §§ 5 ff. (s. § 41 Rdn. 3) – **Dienstpflichten** für die beamteten Hochschulbeschäftigten.[234] Die Nichtbeachtung der Meldepflicht oder eine vorzeitige Veröffentlichung sind – so die Amtl. Begründung[235] – **Dienstpflichtverletzungen;**[236] bei Arbeitnehmern haben Verletzungen arbeitsrechtliche Konsequenzen (zu den zivilrechtlichen Folgen s. § 5 Rdn. 94 ff. u. § 24 Rdn. 56; zu § 40 Nr. 2 Satz 2 s. § 42 Rdn. 123).

---

232 S. Soudry (2010) S. 59 f. m.w.N.
233 Zu Art. 1 Nr. 2 d. Entw (BT-Drucks. 14/5975 S. 6.; übereinstimmend Amtl. Begründung Reg.Entw. BR-Drucks. 583/01 S. 7).
234 S. aber Gärditz in: Gärditz/Pahlow (2011), 35, 42 f. (Rn. 13 f.).
235 Zu Art. 1 Nr. 2 d. Entw (BT-Drucks. 14/5975 S. 6.; übereinstimmend Amtl. Begründung Reg.Entw. BR-Drucks. 583/01 S. 7); so u. a. Hoeren, WissR 2005, 131, 137.
236 Zust. auch Keukenschrijver in Busse/Keukenschrijver, PatG, Rn. 4 zu § 42 ArbEG; Kelp in: Gärditz/Pahlow (2011), 223, 241 (Rn. 44). Im Ergebnis auch Pahlow/Gärditz, WissR 2006, 48, 60 f. die dies – nach etwas konstruierter Erörterung der Gesetzgebungskompetenz – letztlich zutreffend aus der Missachtung von allgemeinen Ge- und Verbotnormen und damit aus der (schuldhaften) Verletzung beamtenrechtlicher Pflichten (vgl. § 47 Beamtenstatusgesetz) ableiten, hier der Pflicht zur uneigennützigen Aufgabenwahrnehmung (vgl. § 34 Satz 2 Beamtenstatusgesetz) sowie zu ordnungsgemäßem, dem Dienstherrn keinen Schaden zufügenden Verhalten. S. aber auch Soudry (2010) S. 95 f.

Von § 42 abweichende Vereinbarungen zwischen dem Arbeitgeber/Dienstherrn und den Hochschulbeschäftigten sind vor Meldung einer Diensterfindung nach § 22 Satz 1 auch hier nur möglich, soweit sie sich ausschließlich zugunsten der Hochschulbeschäftigten auswirken.[237] Letzteres betrifft bspw. den Verzicht des Arbeitgebers/Dienstherrn auf sein Inanspruchnahmerecht aus §§ 6, 7 (s. § 42 Rdn. 199). Dagegen unterliegt ein Verzicht des Hochschulbeschäftigten vor Erfindungsmeldung auf alle oder einzelne Sonderrechte aus § 42 Nrn. 1 bis 5 dem Verbot nach § 22 Satz 1 und wäre damit unwirksam. Da § 42 keine Ausnahmen zulässt, betrifft dies vertragliche Einschränkungen der Publikationsfreiheit nach § 42 Nrn. 1 und 2[238] sowie des Vergütungsanspruchs aus § 42 Nr. 4 ebenso wie die Rechte aus § 42 Nr. 3 (s. § 42 Rdn. 138) und Nr. 4 (s. § 42 Rdn. 149).

Individualvereinbarungen zwischen den Arbeitsvertragsparteien i. S. v. § 22 Satz 2, durch die von § 42 abgewichen werden soll, sind zwar auch **formlos** möglich; an konkludente, rechtseinschränkende Vereinbarungen sind jedoch **strenge Anforderungen** zu stellen.[239] Der erforderliche Abänderungswille des Hochschulbeschäftigten setzt dessen Kenntnis von einem damit verbundenen (ganzen oder teilweisen) Verlust seiner Rechte aus § 42 voraus und muss klar und unzweideutig zum Ausdruck kommen.[240] Dafür reicht beispielsweise die bloße Beteiligung an Vertragsverhandlungen der Hochschule mit Dritten (Lizenznehmern) nicht aus, selbst wenn es dabei um ein erkennbar risikobehaftetes Geschäft geht.[241]

Bei den nach § 22 Satz 2 zugelassenen Vereinbarungen über gemeldete Hochschulerfindungen ist die allgemeine **Schranke des § 23** zu beachten.[242] Während auch hier ein vollständiger oder teilweiser Verzicht auf Vergütungsansprüche nach § 42 Nr. 4 unter Beachtung der allgemeinen Grundsätze (s. dazu § 23 Rdn. 21 ff.) zulässig ist,[243] können sich aufgrund der verfassungsrechtlich garantierten Wissenschaftsfreiheit bei Vereinbarungen zwischen Hochschule

---

237 Statt vieler Kraßer/Ann, PatR, § 21 Rn. 132, wobei dort (unter § 21 Rn. 154) allerdings im Zusammenhang mit der Publikationsfreiheit vertragliche Einschränkungen zugelassen werden, »soweit sie mit dem Grundrecht [der Wissenschaftsfreiheit, d. Verf.], die die Sonderbestimmungen des ArbEG rechtfertigt, vereinbar sind«); ferner Peter, Mitt. 2004, 396, 397 sowie ausf. Soudry (2010) S. 191 ff.
238 Abw. für § 42 Nr. 1 Kretzer (2007) S. 55.
239 Schiedsst. v. 26.01.2015 Mitt. 2016, 140, 142 (dort zu § 42 Nr. 4).
240 Schiedsst. v. 26.01.2015 Mitt. 2016, 140, 142.
241 Schiedsst. v. 26.01.2015 Mitt. 2016, 140, 142 (dort zu § 42 Nr. 4).
242 Ausf. dazu Soudry (2010) S. 203 ff.
243 Ebenso Soudry (2010) S. 207 f.; im Ergebn. auch Schiedsst. v. 26.01.2015 Mitt. 2016, 140, 142.

(Dienstherr) und Hochschulwissenschaftler über die Sonderrechte aus § 42 Nrn. 1 bis 3 Einschränkungen ergeben, soweit solche auf eine **Behinderung der wissenschaftlichen Betätigung** hinauslaufen.[244] Die Hochschulen als Teil der öffentlichen Verwaltung haben nach Art. 5 Abs. 3 GG nicht nur die Wissenschaftsfreiheit des einzelnen Hochschullehrers als Grundrechtsträger insbesondere vor staatlichen Eingriffen zu schützen, sondern zudem – so das *BVerwG*[245] – »zur größtmöglichen Entfaltung zu bringen.« Unabhängig von §§ 22, 23 zulässig sind dagegen nach der hier vertretenen Auffassung Vereinbarungen mit Dritten, z.B. industriellen Auftraggebern (s. § 42 Rdn. 196) oder Miterfindern (s. § 42 Rdn. 107).

28 **Besonderheiten** für Hochschulerfindungen können sich einerseits aufgrund der Zielsetzung der Ausnahmevorschrift (s. § 42 Rdn. 4) ergeben. So geht der *BGH* bei der Pflicht zur **Schutzrechtsanmeldung (§ 13)** von Erfindungen von Hochschulwissenschaftlern (zum Begriff s. § 42 Rdn. 23 ff.) tendenziell davon aus, dass allein die Anmeldung zum Patent – ggü. dem höchsten 10 Jahre laufenden und nicht alle Technikbereiche abdeckenden Gebrauchsmuster – eine wirtschaftliche Ausnutzung der Diensterfindung über einen langen Zeitraum ermöglicht.[246] Damit dürfte i.R.d. Wahlrechts nach § 13 Abs. 1 Satz 2 Rdn. 11 ff. die Entscheidung regelmäßig zugunsten des Patents ausfallen.[247]

29 Andererseits ist im Lichte der Wissenschaftsfreiheit gerade bei Erfindungen von Hochschulwissenschaftern zu beachten, dass sich die Wirkung des Grundrechtsschutzen nicht auf die verfassungskonforme Auslegung des § 42 beschränkt, sondern insgesamt eine **verfassungskonforme Handhabung des ArbEG g**ebietet.[248] Dem steht nicht entgegen, dass die wirtschaftliche Verwertung von Forschungsergebnissen nicht dem Schutzbereich des Art. 5 Abs. 3 GG unterliegt, da Art. 5 Abs. 3 GG die Forschungsergebnisse insoweit umfasst, als es um deren Veröffentlichung und nicht-kommerzielle, insb. wissenschaftliche Verwertung geht (s. § 42 Rdn. 36). Die Notwendigkeit der verfassungskonformen Handhabung betrifft nicht nur die Ausfüllung des Begriffs der Diensterfindung (s. dazu § 42 Rdn. 32 ff.), sondern bspw. auch die ange-

---

244 Darauf weist zu Recht Soudry (2010) S. 205 ff. hin.
245 BVerwG. v. 11.12.1996, BVerwGE 102, 304, 309.
246 BGH v. 18.09.2007 – X ZR 167/05, GRUR 2008, 150, 153 [Rn. 23] – *selbststabilisierendes Kniegelenk* (zu § 42 Nr. 1).
247 Nach Hübner (2003) S. 29 f. sind Gebrauchsmusteranmeldungen im Hochschulbereich aus Rechtgründen nur »zweite Wahl«. Abw. der Ratschlag von Fritsch, VPP-Rundbrief 2003, 43, 47.
248 Volz in Festschr. Müller-Jahncke (2009), S. 495, 502 ff.; s.a. BVerfG v. 12.03.2004, NVwZ 2004, 974 – *stabilisierendes Kniegelenk*.

messene Berücksichtigung wissenschaftlicher Interessen des Hochschulwissenschaftlers i.R.d. §§ 14, 16, 17 und 24.

## D. Diensterfindung

Die Abgrenzung, ob es sich um eine gebundene oder freie Hochschulerfindung handelt, hat nach der Neufassung des § 42 **ausschlaggebende Bedeutung**: 30
- Es geht um die alles entscheidende Frage, ob ein **Zugriffsrecht** des Arbeitgebers/Dienstherrn (s. § 42 Rdn. 9.1) auf die Erfindung nach §§ 6, 7 besteht. Erfindungen von Hochschulwissenschaftlern (zum Begriff s. § 42 Rdn. 23 ff.) sind – im Gegensatz zum früheren Recht und in Übereinstimmung mit dem allgemeinen Erfinderrecht – nur dann noch frei, wenn sie keine Diensterfindungen darstellen[249] (vgl. § 4 Abs. 3).
- Der **sachliche Anwendungsbereich der Sonderregelungen des § 42** Nrn. 1 bis 5 betrifft – trotz des sich lediglich auf »Erfindungen« beziehenden Eingangssatzes – mit der h. M. ausschließlich Diensterfindungen.[250] Das bestätigt die Fassung der Nrn. 1 bis 3 sowie 5 i.V.m. § 40 Nr. 1 und gilt auch für Nr. 4 (s. § 42 Rdn. 156). Zur analogen Anwendung des § 42 Nr. 2 s. § 42 Rdn. 48.

Im Ergebnis geht der Gesetzgeber von einer **weitgehenden Einstufung** der an Hochschulen gemachten Erfindungen als Diensterfindungen aus (s. § 42 Rdn. 1, 4). Diese globale Aussage bedarf allerdings u. E. bei Hochschulwissenschaftlern wegen der gebotenen **verfassungskonformen Auslegung** (s. Rn. 29) des Begriffs der Diensterfindung einer einzelfallbezogenen Prüfung und Bewertung im Lichte der Wissenschaftsfreiheit (Art. 5 Abs. 3 GG).[251]

### I. Allgemeine Begriffsmaßstäbe

Für die Kennzeichnung einer Arbeitnehmererfindung als Diensterfindung gelten die **allgemeinen Regeln des § 4 Abs. 2**[252] (s. dazu § 4 Rdn. 7 ff.), und zwar auch soweit es sich um Beamte handelt (s. § 4 Rdn. 4). Der Gesetzgeber 31

---

249 Ausf. Volz in Festschr. Müller-Jahncke (2009), S. 495 ff.
250 So zu Recht Bergmann (2006) S. 44 f. Zust. auch Boemke/Kursawe/Boemke/Sachadae Rn. 39 zu § 42. A.A. – bezüglich § 42 Nr. 4 – Keukenschrijver in Busse/Keukenschrijver, PatG, Rn. 8 zu § 42 ArbEG.
251 Volz in Festschr. Müller-Jahncke (2009), S. 495, 502 f.
252 Im Ergebn. ganz h.M., vgl. u.a. Hübner (2003) S. 46 ff.; Bergmann (2006) S. 46 f.; Kretzer (2007) S. 19 f.; Leuze, GRUR 2005, 27, 29 u. ders., WissR 2011, 280, 302; Peter, Mitt. 2004, 396, 397; von Falck/Schmaltz, GRUR 2004, 469.

hat keinen Bedarf für eine Sonderregelung anerkannt.[253] Letztlich nimmt der Gesetzgeber an, dass alle an der Hochschule gemachten Erfindungen Diensterfindungen darstellen (s. § 42 Rdn. 4). Die **Beweislast** obliegt auch bei Hochschulerfindungen dem Dienstherrn/Arbeitgeber[254] (s. allg. § 4 Rdn. 18, 32, 46, 51; s. auch zu Drittmittelforschung § 42 Rdn. 41 a. E.; zum ausländ. Recht s. § 42 Rdn. 8).

32 Es muss eine **während der Dauer der Beschäftigung** bei der Hochschule gemachte[255] (s. dazu allgemein § 4 Rdn. 10 ff.) Aufgaben- oder Erfahrungserfindung vorliegen (s. dazu § 4 Rdn. 19 ff., 35 ff.); dies entspricht § 43 Abs. 1, 2. Ein »Wandel« des Arbeitgebers zu einer Hochschule nach Fertigstellung der Diensterfindung macht letztere folglich nicht zur Hochschulerfindung i. S. d. § 42.[256] Auch hier schließt eine Freistellung, etwa zu Forschungs- bzw. Entwicklungsaufgaben (§ 43 Abs. 3 Satz 2 HRG), eine Diensterfindung nicht aus[257] (s. § 4 Rdn. 12 sowie unten § 42 Rdn. 194). Ebenso ist es – wie auch sonst (s. § 4 Rdn. 15) – unerheblich, wo und wann der Erfinder die Erfindung entwickelt hat, ob also zu Hause bzw. bei Dritten oder in der Freizeit.[258]

33 Nach § 42 ist die **Finanzierung der Erfindungsentwicklung** für die Einstufung als freie oder gebundene Erfindung im Grundsatz ohne Belang, ob also die Erfindung aus Haushaltsmitteln des Dienstherrn oder aus einem mit Drittmitteln finanzierten Forschungsvorhaben hervorgegangen ist bzw. ob und welche Vereinbarungen die Hochschule bzw. der Dienstherr über die Rechte an den potenziellen Forschungsergebnissen getroffen hat.[259] Mit Blick auf die

---

253 Vgl. Amtl. Begründung zu Art. 1 Nr. 2 (BT-Drucks. 14/5975 S. 6; übereinstimmend Amtl. Begründung Reg.Entw. BR-Drucks. 583/01 S. 7).
254 Zu den Beweisproblemen des Arbeitgebers/Dienstherrn s. Hübner (2003) S. 74 f.
255 Im Ergebn. auch Schiedsst. v. 13.03.2012 – Arb.Erf. 19/11, (www.dpma.de, nur LS. 2).
256 Im Ergebn. zu Recht Schiedsst. v. 13.03.2012 – Arb.Erf. 19/11, (www.dpma.de, nur LS. 2).
257 Wohl allg. A., z.B. Kelp in: Gärditz/Pahlow (2011), 223, 241(Rn. 47) m.w.N.
258 S. etwa Bergmann (2006) S. 47, 57; Hübner (2003) S. 46; Volz in Festschr. Müller-Jahncke (2009), S. 495, 502 ff.; abw. Beaucamp (DÖD 2003, 99, 101), der in der Freizeit entwickelte Erfindungen generell als lediglich mitteilungspflichtige freie Erfindungen qualifiziert.
259 Bartenbach/Volz, GRUR 2002, 743, 748; im Anschluss daran u. a. Bergmann (2006), S. 52; Osterrieth, PatR (2007), Rn. 632; im, Ergebn. auch Keukenschrijver in Busse/Keukenschrijver, PatG, Rn. 8 zu § 42 ArbEG. Zu § 42 a.F. so bereits LG Düsseldorf v. 26.06.1990, GRUR 1994, 53, 55 – *Photoplethysmograph*. A.A. Böhringer, NJW 2002, 952, 953, wonach unter den Begriff der obliegenden Tätigkeit i.S.d. § 4 Abs. 2 Nr. 1 alle mit Mitteln der Hochschule und mit öffentlichen oder privaten Drittmitteln einschließlich Forschungsaufträgen ausgeführten Forschungen gehören.

rechtspolitische Rechtfertigung ist es u. E. zu verstehen, wenn demgegenüber in den Gesetzesmaterialien hervorgehoben wird, Diensterfindungen seien Erfindungen aus der wissenschaftlichen Tätigkeit an der Hochschule, welche wiederum »neben der Forschung mit Mitteln der Hochschule auch die Forschung mit Mitteln Dritter i.S.d. § 25 des Hochschulrechtsrahmengesetzes« umfasse.[260] Dies bedeutet u. E. jedoch weder, dass der (ganze oder teilweise) Einsatz von Hochschul- bzw. Drittmitteln zwingend die Einstufung als Diensterfindung begründet, noch, dass bei fehlendem Einsatz solcher Mittel eine Diensterfindung ausscheidet. Vielmehr stellt der Gesetzgeber damit lediglich klar, dass auch ein Drittmitteleinsatz der Annahme einer Diensterfindung nicht entgegensteht.[261] Siehe i.Ü. § 42 Rdn. 41.

*Rdn. 34 frei*

## II. Besonderheiten im Wissenschaftsbereich

Bei dem technischen und sonstigen **nichtwissenschaftlichen Personal** dürfte die Feststellung der Diensterfindung nach den allgemeinen Kriterien des § 4 Abs. 2 keine besonderen Fragen aufwerfen[262] (vgl. u.a. § 4 Rdn. 22; zum wissenschaftlichen Mitarbeiter s. § 42 Rdn. 38 f.; zur Doktorandenerfindung s. § 42 Rdn. 46). Dies betrifft auch drittmittelfinanzierte Forschungsvorhaben (vgl. auch § 25 Abs. 3 Satz 2 HRG, s. § 42 Rdn. 41). 35

Mit Blick auf die grundgesetzlich verankerte Forschungs- und Lehrfreiheit und das Gebot verfassungskonformer Handhabung (s. § 42 Rdn. 29) sind dagegen bei **Hochschulwissenschaftlern** (zum Begriff s. § 42 Rdn. 23 ff.) spezifische Probleme bei der Abgrenzung zwischen Dienst- und freier Erfindung absehbar. Von daher ist die Kennzeichnung einer gebundenen Erfindung bei Hochschulwissenschaftlern seit Inkrafttreten des § 42 n.F. **umstritten:**[263] 36

Die wohl **herrschende Meinung** will im Ergebnis in nahezu jeder Erfindung eines Hochschulwissenschaftlers eine Diensterfindung[264] sehen, da die Hoch-

---

260 Amtl. Begründung des Reg.Entw. BR-Drucks. 583/01 S. 7 (zu Art. 1 Nr. 2), im Anschluss an Erklärung der Koalitionsfraktionen, wiedergegeben in Bericht des BT-Rechtsausschusses in BT-Drucks. 14/7573 v. 26.11.2001, S. 5.
261 Volz in Festschr. Müller-Jahncke (2009), S. 495, 502.
262 S.a. Bergmann (2006) S. 48.
263 Ausf. zum Meinungsstreit Volz in Festschr. Müller-Jahncke (2009), S. 495, 502 ff. m.w.N.; ferner Reetz (2006) S. 137 ff.; s. auch Leuze, WissR 2011, 280, 302 f.
264 Bergmann (2006) S. 25 ff. Vgl. auch OLG Braunschweig v. 06.10.2005, Mitt. 2006, S. 41, 42 m. zust. Anm. Beyerlein; Weyand/Haase, GRUR 2007, 28, 32; Körting/Kummer, RdA 2003, 279, 281; Balzer/Milbradt, PharmR 2003, 378, 379; undiff. Fleuchaus/Braitmayer, GRUR 2002, 653, 654; s.a. von Falck/Schmaltz, GRUR 2004, 469 f.

schulwissenschaftler durch ihre Forschung eine dienstliche Obliegenheit erfüllt haben.[265] Nennenswerte Ausnahmen lässt die herrschende Meinung im Ergebnis wohl nur bei Erfindungen in einer Nebentätigkeit mit außerhalb der Hochschule erworbenem Wissen zu.[266] Gestützt wird diese Auffassung im Wesentlichen darauf, dass Art. 5 Abs. 3 GG nicht die kommerzielle Verwertung von Forschungsergebnissen schützt,[267] sodass das Grundrecht nach Auffassung des Gesetzgebers[268] und der herrschenden Meinung[269] nicht die Rechtsinhaberschaft des Hochschullehrers gebietet; daraus wird gefolgert, die Wissenschaftsfreiheit spiele auch bei der Einordnung als Dienst- oder freie Erfindung keine Rolle.[270]

Demgegenüber ist nach der hier vertretenen Auffassung im Lichte des Art. 5 Abs. 3 GG eine verfassungskonforme und damit im Ergebnis **restriktive Einstufung** bei der Kennzeichnung als Diensterfindung geboten.[271] Hierbei geht es nämlich nicht um die unbestritten mit Art. 5 Abs. 3 GG vereinbare generelle Zulässigkeit der Zuordnung von Hochschulerfindungen zum Dienst-

---

265 So Kraßer/Ann, PatR, § 21 Rn. 135.
266 Bergmann (2006) S. 50 ff., 56 f.
267 Vgl. u. a. BGH vom 18.09.2007 – X ZR 167/05, GRUR 2008, 150 (Rn 18 f.) – *selbststabilisierendes Kniegelenk* mit Hinweis auf BVerfGE Bd. 36, S. 280, 291; ebenso vorinstanzlich OLG Braunschweig vom 06.10.2005 Mitt. 2006, S. 41, 42. S. i.Ü. Körting/Kummer RdA 2003, 279, 282 sowie Böhringer NJW 2002, 952, 953 im Anschluss an Maunz/Dürig/Scholz, Grundgesetz – Kommentar (Stand 2004), Art. 5 Abs. 3 Rn. 84; ferner Lux (2006) 30. S.a. ferner Bergmann 2002 S. 52; Schübel-Pfister in: Gärditz/Pahlow (2011), 11, 27 (Rn. 27). A.A. u. a. Frieling, GRUR 1987, 407, 408.
268 So Amtl. Begründung BT-Drucks. 14/5975 S. 5; übereinstimmend Amtl. Begründung Reg.Entw. BR-Drucks. 583/01 S. 5.
269 Folgend u. a. BGH v. 18.09.2007 – X ZR 167/05, GRUR 2008, 150 [Rn. 19]. – *selbststabilisierendes Kniegelenk* m.H.a. BVerfG 36, 280, 291; ebenso vorinstanzl. OLG Braunschweig v. 06.10.2005, Mitt. 2006, 41, 42. S. i.Ü. Körting/Kummer, RdA 2003, 279, 282 sowie Böhringer, NJW 2002, 952, 953 im Anschl. an Maunz/ Dürig/Scholz, GG (Stand 2001), Art. 5 Abs. 3 Rn. 84; ferner Lux (2002) S. 30. S.a. Bergmann (2006) S. 52. A.A. Frieling, GRUR 1987, S. 407, 408. Auswirkungen der Wissenschaftsfreiheit generell ablehnend Knauer (2007) S. 104 f.
270 So Schmaltz, Mitt. 2004, 504 unter Bezugn. auf von Falck/Schmaltz, GRUR 2004, 469 ff.; im Ergebnis auch Bergmann (2006) S. 51 f., 55.
271 So bereits unsere 4. Vorauflage; ähnl. Leuze, GRUR 2005, 27, 29 f. u. WissR 2011, 280, 302 f.; Peter, Mitt. 2004, S. 396 ff. Generell abl. u. a. von Falck/Schmaltz, GRUR 2004, 469, 470. Einschränkend auch Hübner (2003) S. 70 ff. Zurückhaltend auch Keukenschrijver in Busse/Keukenschrijver, PatG, Rn. 8 zu § 42 ArbEG, wonach Diensterfindungen »bei Hochschullehrern jedenfalls nicht die Regel sein werden«.

herrn/Arbeitgeber, sondern um die Voraussetzungen für eine solche Zuordnung. Zu beantworten ist die Frage, in welchem Umfang der Dienstherr/Arbeitgeber Erfindungen als Diensterfindungen dann für sich in Anspruch nehmen darf,[272] wenn der Erfinder als Hochschulwissenschaftler weisungsfrei forschen kann und im wissenschaftlichen Einsatz eigener Erkenntnisse geschützt ist.[273] Der höchstrichterlich auch in den Entscheidungen »Stabilisierendes Kniegelenk« noch nicht entschiedene[274] Streit konzentriert sich im Kern darauf, ob man – mit der herrschenden Meinung – für eine Diensterfindung bereits den allgemeinen fachbezogenen Forschungsauftrag des Hochschulwissenschaftlers (§ 4 Abs. 2 Nr. 1) ebenso genügen lässt wie selbst gewonnenes, eigenes Erfahrungswissen bzw. eigene Vorarbeiten des Hochschulwissenschaftlers (§ 4 Abs. 2 Nr. 2), oder ob solche Umstände – so die hiesige Sicht – im Lichte des Art. 5 Abs. 3 GG grds. nicht ausreichen.[275]

Wenig hilfreich sind die **Gesetzesmaterialien**, die durch unterschiedliche Aussagen gekennzeichnet sind und so keine gesicherten Rückschlüsse zulassen:[276] Einerseits wird dort hervorgehoben, dass zu den Diensterfindungen »insbesondere auch Erfindungen aus wissenschaftlicher Tätigkeit *im Hauptamt*«[277] gehören. Andererseits wird herausgestellt, dass »insbesondere auch Erfindungen aus wissenschaftlicher Tätigkeit *an einer Hochschule*« Diensterfindungen seien, wobei zusätzlich darauf verwiesen wird, diese wissenschaftliche Tätigkeit umfasse »neben der Forschung mit Mitteln der Hochschule auch die Forschung mit Mitteln Dritter i. S. d. § 25« HRG (s. § 42 Rdn. 33). Zur Kennzeichnung einer freien Erfindung wird einmal betont,[278] dass frei solche

---

272 Volz in Festschr. Müller-Jahncke (2009), S. 495, 503 f.
273 S. dazu u.a. BGH v. 27.09.1990 – I ZR 244/88, NJW 1991, 1480, 1482 – *Grabungsmaterialien* (zum Urheberrecht).
274 Inwieweit diese Auslegungen dem Verständnis von BGH und BVerfG in den Entscheidungen zum »selbststabilisierenden Kniegelenk« entsprechen, muss offenbleiben: Dort war zwischen den Parteien unstreitig (so OLG Braunschweig v. 06.10.2005, Mitt. 2006, 41, 42 m. Anm. Beyerlein), dass das vom habilitierten beamteten Direktor der Kieferorthopädie-Abteilung eines Universitäts-Klinikums »während seiner dienstlichen wissenschaftlichen Tätigkeit« (BGH v. 18.09.2007 – X ZR 167/05, GRUR 2008, 150 – *selbststabilisierendes Kniegelenk*; zuvor LG Braunschweig Vorlagebeschl. v. 17.09.2003, Mitt. 2004, 74) bzw. »im Rahmen seiner biomechanischen Forschungen« (BVerfG v. 13.04.2004, NVwZ 2004, 974) entwickelte künstliche Kniegelenk eine Diensterfindung darstellt.
275 S. im Einzelnen Volz in Festschr. Müller-Jahncke (2009), S. 495, 507 ff., 512 ff. m.w.N.
276 S.a. Bergmann (2006) S. 45 f.
277 So der Fraktions-Entw zu Art. 1 Nr. 2 (Amtl. Begründung Fn. 6, S. 6).
278 So der Fraktions-Entw zu Art. 1 Nr. 2 (Amtl. Begründung Fn. 6, S. 6).

**§ 42 n.F.** Besondere Bestimmungen für Erfindungen an Hochschulen (Fassung 2002)

Erfindungen seien, »die der Wissenschaftler im Rahmen einer genehmigten Nebentätigkeit macht«, ebenso solche, »die privat getätigt werden, ohne dass ein dienstlicher Bezug vorhanden ist«. Demgegenüber weist die Amtl. Begründung des Regierungs-Entwurfs im Anschluss an die Erklärung der Koalitionsfraktionen[279] relativierend darauf hin, dass im Rahmen einer Nebentätigkeit vom Wissenschaftler gemachte Erfindungen frei seien, »wenn sie keine Diensterfindungen i. S. d. § 4 Abs. 2 darstellen.«

37 Bei **Hochschullehrern** gehört die Forschung zu den klassischen dienstlichen Aufgaben. Dieser allgemeine Aufgabenkreis reicht jedoch u. E. – entgegen der wohl h M.[280] – nicht aus, um eine **Aufgabenerfindung** i.S.d. § 4 Abs. 2 Nr. 1 zu begründen.[281] Die Gegenansicht weitet den erfinderrechtlichen Begriffsinhalt der aufgabenbezogenen Diensterfindung (s. dazu § 4 Rdn. 19 ff.) zulasten des Hochschulwissenschaftlers aus und ist mit Art. 5 Abs. 3 GG unvereinbar.[282] Das Grundrecht gewährleistet den Wissenschaftlern die Freiheit auf wissenschaftliche Eigeninitiative sowie auf freie Wahl des Forschungsthemas und der Durchführung ihres Forschungsvorhabens einschließlich der freien Bestimmung von Zeitpunkt, Ort und Dauer ihrer Forschungsarbeiten.[283] Sie können wegen Art. 5 Abs. 3 GG nicht angewiesen werden, bei ihren Forschun-

---

279 So der Reg.-Entw zu Art. 1 Nr. 2 (Amtl. Begründung BR-Drucks. 583/01 S. 7) im Anschluss an Erklärung der Koalitionsfraktionen, wiedergegeben in Bericht des BT-Rechtsausschusses in BT-Drucks. 14/7573 v. 26.11.2001 S. 5. Vgl. auch die Rede von Dr. Loske anlässlich der 2. Lesung des Gesetzentwurfs in der BT-Sitzung vom 30.11.2001, der als Grundsatz davon ausgeht, dass das »Exklusivzugriffsrecht« der Hochschule »auch für Forschung im Rahmen von Drittmitteln und Nebentätigkeiten« gilt [BT-PlPr. 14/206 v. 30.11.2001 S. 20432 (A)].
280 Bergmann (2006) S. 50 ff. im Anschluss an Kraßer, PatR (5. Aufl. 2005), § 21 VII b) 4; Kraßer in Hartmer/Detmer (2004) S. 462 f. (Kap. IX Rn. 58 u. dort Fn. 32); Soudry (2010) S. 133 ff.; von Falck/Schmaltz, GRUR 2004, 469, 470; Weyand/Haase, GRUR 2007, 28, 32; Boemke/Kursawe/Boemke/Sachadae Rn. 48 ff. zu § 42. Ausgehend von der allgemeinen Aufgabenstellung nach der konkreten Ausgestaltung des Amtes diff. Reetz (2006) S. 138 ff., 151 ff.
281 Zustimmend Leuze, GRUR 2005, 27, 30 u. Reimer/Schade/Schippel/Leuze Rn. 17 zu § 42 n.F.; Peter, Mitt. 2004, 396, 397; Körting/Kummer, RdA 2003, 279, 283. Körting (2006) S. 109 f.; Pahlow/Gärditz, WissR 2006, 48, 51; Kretzer (2007) S. 20 f.; im Ergebn. Kelp in: Gärditz/Pahlow (2011), 223, 242 (Rn. 48); Gärditz in: Gärditz/Pahlow (2011), 35, 45 (Rn. 17); vgl. ferner Bartenbach/Hellebrand, Mitt. 2002, 165, 167; Hübner (2003) S. 71 f. Vgl. auch BGH v. 18.09.2007 – X ZR 167/05, GRUR 2008, 150, 152 – *selbststabilisierendes Kniegelenk*.
282 S. im Einzelnen Volz in Festschr. Müller-Jahncke (2009), S. 495, 507 ff.
283 Vgl. allg. u.a. BVerfG v. v. 29.05.1973, BVerfGE 35, 79, 113 u. 08.04.1981, BVerfGE 57, 70, 95; s. dazu u. a. Schübel-Pfister in: Gärditz/Pahlow (2011), 11, 17 f. (Rn. 11 f.); Morgenroth DÖD 2016, 61, 62 f.

## D. Diensterfindung § 42 n.F.

gen auf Erfindungen bedacht zu nehmen.[284] Vielmehr sind die Hochschulwissenschaftler bei den Inhalten ihrer Forschung und Lehre vorbehaltslos weisungsfrei,[285] und zwar auch innerhalb ihres Faches und des ihnen übertragenen Forschungsgebietes.[286] Angesichts der vollständigen fachlichen Weisungsfreiheit können Hochschullehrer auch nicht zum Abschluss einer Zielvereinbarung über die Ausgestaltung ihrer Forschungstätigkeit verpflichtet werden.[287] Mit dieser wissenschaftlichen Weisungsfreiheit stünde es in Widerspruch, wollte man gerade aus der Wissenschaftsfreiheit und der daraus folgenden Selbstständigkeit bei der Aufgabenstellung den Charakter als Aufgabenerfindung herleiten[288] Die Annahme, das Ergebnis einer frei von jedweden Weisungen autonom gewählten, zweckfreien Forschung könne eine Aufgabenerfindung darstellen, verkennt die erfinderrechtlichen Begrifflichkeiten des § 4 Abs. 2 zulasten des Hochschulwissenschaftlers und verwischt die Grenzen zwischen Aufgaben- und Erfahrungserfindung. Da selbst eine Aufgabenerfindung im weiteren Sinn grds. die arbeitgeberseitige Zuweisung bestimmter Forschungs- oder Entwicklungsaufgaben oder entsprechender Tätigkeiten voraussetzt (s. § 4 Rdn. 22 f.), besteht auch dafür angesichts der selbstständigen und autonomen Aufgabenwahrnehmung (vgl. § 43 Abs. 1 Satz 2 HRG) bei Hochschulwissenschaftlern kaum Raum.[289] Folglich reicht es u. E. dafür nicht allein aus, dass der Erfindungsgegenstand innerhalb des Fachgebietes liegt, für das der Hochschullehrer ernannt oder angestellt worden ist,[290] da der Hochschul-

---

284 So zu Recht Keukenschrijver in Busse/Keukenschrijver, PatG, Rn. 8 zu § 42 ArbEG m. H. a. Bartenbach/Hellebrand Mitt. 2002, 165, 167.
285 S. u.a. Sachs/Bethge, GG-Komm., 4. Aufl. 2007, Rn. 207, 22 zu Art. 5 GG m.H.a. BVerfG 47, 27, 67 f.; vgl. auch BVerwG v. 11.12.1996, BVerwGE 102, 304, 307 f.; s. ferner u. a. zur Lehrfreiheit BVerfG v. 13.04.2010, NVwZ 2010, 1285 ff. u. Kutscha, NVwZ 2011, 1178 f.
286 Vgl. u.a. Gärditz in: Gärditz/Pahlow (2011), 35, 38 ff. (Rn. 5 ff.).
287 VG Regensburg v. 18.03.2016 – RN 10a DB 15.776, (www.gesetze-bayern.de).
288 So aber im Ergebn. Kraßer/Ann, PatR, § 21 Rn. 135 (dort Fn. 131); Soudry (2010) S. 135 m. H. a. Kraßer, Die neuen Vorschriften f. Hochschulerfindungen, F & L 2002, S. 8.
289 Volz in Festschr. Müller-Jahncke (2009), S. 495, 505, 508; im Ergebn. auch Leuze, WissR 2002, 342, 347 f.; Pahlow/Gärditz, WissR 2006, 48, 51; ferner Schwab, Arbeitnehmererfindungsrecht, § 42 Rn. 8: Aufgabenerf. nur bei Bereitschaft zur Durchführung eines [drittmittelfinanzierten] Forschungsprojektes der Hochschule.
290 In diesem Sinn wohl die vom Hochschulverband im Oktober 2002 hrsg. Kurzinformation »Das sog. Hochschullehrerprivileg und die Neuregelung des § 42 Arbeitnehmererfindergesetz«, (abrufbar unter www.hochschulverband.de, Stand 02.12.2002); übereinstimmend Kraßer in Hartmer/Detmer (2004) S. 462 f. (Kap. IX Rn. 58); vgl. auch Reetz (2006) S. 155 ff.

wissenschaftler auch insoweit Weisungsfreiheit genießt. Ebenso ist die Finanzierungsfrage nicht entscheidend (s. § 42 Rdn. 33, 41).

Da eine Aufgabenerfindung bei freiwillig eingegangenen Entwicklungsaufgaben möglich ist, kann sie ausnahmsweise dann vorliegen, wenn – eigeninitiativ oder auf Wunsch der Hochschule – einvernehmlich bestimmte Forschungsaufgaben bzw. -vorhaben in den dienstlichen Aufgaben- bzw. Tätigkeitsbereich des Hochschulwissenschaftlers einbezogen werden,[291] wenn er sich freiwillig zur Durchführung eines **Forschungsprojekts der Hochschule** oder eines von der Hochschule übernommenen Forschungsauftrages bereit erklärt hat,[292] ferner wenn er ein in Zusammenhang mit der Erfindung stehendes Forschungsvorhaben dienstlich betreut.[293] Auch soweit es sich dabei um ein von der Hochschule ggü. einem Dritten (Unternehmen) vertraglich übernommenes Forschungsvorhaben handelt, wird die Teilnahme des Hochschulwissenschaftlers dem Hauptamt zugeordnet.[294] Zur Übernahme eines Forschungsauftrages s. § 42 Rdn. 41.

38 Bei **wissenschaftlichen Mitarbeitern** (s. dazu § 42 Rdn. 24), die im Regelfall wissenschaftliche Dienstleistungen erbringen, liegt eine Aufgabenerfindung dann vor, wenn die Erfindung aufgrund zugewiesener Tätigkeiten entwickelt wird. So ist eine Erfindung eines wissenschaftlichen Mitarbeiters im Rahmen eines Forschungs- und Entwicklungsauftrages, bei dem er auf Weisung des vorgesetzten Hochschullehrers tätig wird, eine Aufgabenerfindung.[295] Gleiches gilt, wenn sich der wissenschaftliche Mitarbeiter auf Anweisung seines Fachvorgesetzten (Lehrstuhlinhaber, Institutsleiter usw.) mit einem bestimmten technischen Problem zu befassen hat[296] oder wenn die Diensterfindung in den ihm übertragenen Forschungs- bzw. Lehrbereich fällt.[297]

---

291 Vgl. auch Leuze, GRUR 2005, 27, 30 u. Reimer/Schade/Schippel/Leuze Rn. 17 zu § 42 n.F.
292 Zust. Peter, Mitt. 2004, 396, 397; Leuze, GRUR 2005, 27, 30; Schwab, Arbeitnehmererfindungsrecht, § 42 Rn 8; wie hier auch Körting/Kummer, RdA 2003, 279, 283; vgl. ferner Kretzer (2007) S. 21.
293 Zust. Kretzer (2007) S. 21.
294 U.a. Balzer/Mildradt, PharmR 2003, 378, 380.
295 Vgl. LG Düsseldorf v. 26.06.1990, GRUR 1994, 53 – *Photoplethysmograph*; zust. Körting (2006) S. 111.
296 Vgl. Bergmann (2006) S. 53.
297 Ähnl. auch Reetz (2006) S. 160 ff.

D. Diensterfindung § 42 n.F.

Ob eine **Erfahrungserfindung** (§ 4 Abs. 2 Nr. 2) vorliegt, hängt ebenfalls von 39 den Umständen des Einzelfalls ab.[298] Eine verbreitete Auffassung bezieht in die dafür relevanten Umstände die **eigenen**»**Erfahrungen** und Arbeiten« des Hochschulwissenschaftlers aus dessen Tätigkeit an der (derzeitigen) Hochschule ein,[299] und zwar auch soweit sie aus Nebentätigkeiten stammen.[300] Dem vermögen wir nicht zuzustimmen: Wollte man eigenes wissenschaftlich-technisches Wissen des Hochschulwissenschaftlers ausreichen lassen, liefe der Wissenschaftler Gefahr, dass spätestens auf diesem Weg jede seiner Erfindungen zur Diensterfindung würde. Aus diesseitiger Sicht können die auf der eigenen wissenschaftlichen Tätigkeit beruhenden Kenntnisse, Erfahrungen und Arbeiten des Hochschullehrers unter Berücksichtigung der durch Art. 5 Abs. 3 Satz 1 GG verfassungsrechtlich gewährleisteten Wissenschaftsfreiheit nicht der Verwaltung (Dienstherrn/Arbeitgeber bzw. Hochschule) als deren Erfahrungen und Arbeiten zugeordnet werden.[301] Das Gegenteil kann auch nicht aus der vermögensmäßigen Zugriffsmöglichkeit der Hochschule gefolgert werden,[302] da diese nach dem ArbEG eben nicht Voraussetzung, sondern Folge einer Diensterfindung ist. Aus diesen Gründen scheidet auch eine Differenzierung zwischen Erfahrungen aus dem Hauptamt bzw. aus »dienstlich betriebener Forschung« (dann Diensterfindung) und sonstigen eigenen Erkenntnissen (dann freie Erfindung)[303] aus – ungeachtet des Problems der Praxistauglichkeit

---

298 Die Möglichkeit von Erfahrungserfindungen hier wohl generell ausschließend Leuze, GRUR 2005, 27, 30; stärker einschränkend auch Hübner (2003) S. 73 f.
299 Bergmann (2006), S. 54 ff.; im Ergebn. auch Kraßer/Ann, PatR, § 21 Rn. 135 u. dort Fn. 133 sowie ders. in: Hartmer/Detmer (2004), S. 463 (dort Rn. 59 sowie dort Fn. 35); Soudry (2010) S. 136 f.; ferner wohl letztlich Peter, Mitt. 2004, 396, 400 u. Weyand/Haase, GRUR 2007, 28, 32; Boemke/Kursawe/Boemke/Sachadae Rn. 54 f. zu § 42; s auch Schmaltz, Mitt 2004, 504.
300 Vgl. Weyand/Haase, GRUR 2007, 28, 32. Dagegen stellt Böhringer, NJW 2002, 952, 953 wohl darauf ab, ob der Hochschulwissenschaftler – was die Regel sei – bei den Forschungsarbeiten »seine Erfahrungen aus dem Hauptamt nutzt«; ähnl. Gärditz in: Gärditz/Pahlow (2011), 35, 39 f. (Rn. 18).
301 Bartenbach/Volz, GRUR 2002, 743, 749; Bartenbach/Hellebrand, Mitt. 2002, 165, 167; Volz in Festschr. Müller-Jahncke (2009), S. 495, 512 ff.; zust. Reimer/Schade/Schippel/Leuze Rn. 19 zu § 42 n.F.; Kelp in: Gärditz/Pahlow (2011), 223, 242 (Rn. 49). Vgl. auch Kretzer (2007), S. 22, 25 f.; Reetz (2006) S. 180 f.; Körting/Kummer, RdA 2003, 279, 283; Leuze, GRUR 2005, 27, 30; Peter, Mitt. 2004, 396, 398. Vgl. auch Pahlow/Gärditz, WissR 2006, 48, 51, die in diesem Zusammenhang von »Erfahrungen oder Arbeiten anderer Hochschulbeschäftigter« sprechen.
302 Vgl. Kraßer/Ann, PatR, § 21 Rn. 135 (dort Fn. 133).
303 So aber Gärditz in: Gärditz/Pahlow (2011), 35, 39 f. (Rn. 18); ähnl. Böhringer, NJW 2002, 952, 953.

und Rechtssicherheit solcher Abgrenzungsversuche; eine gesetzliche Vermutung für eine Diensterfindung kennt das ArbEG nicht und wäre gerade in dem Bereich zweckfreier Hochschulforschung verfehlt (zur Beweislast s. § 42 Rdn. 31).

Eine Diensterfindung aufgrund von Eigenerfahrungen ist dagegen dann möglich, wenn es sich um Erfahrungswissen aus früheren, vom Wissenschaftler (freiwillig) übernommenen **Forschungsarbeiten der Hochschule** (s. § 42 Rdn. 3) handelt. Inwieweit die Tatsache einer Veröffentlichung von Forschungswissen der Einstufung als betriebliche Erfahrungen entgegensteht, ist Frage des Einzelfalls[304] (s. § 4 Rdn. 40).

I.Ü. kommt es – wie allgemein (s. § 4 Rdn. 20, 24) – auch hier darauf an, ob internes Wissen bzw. Vorarbeiten aus dem Bereich des Arbeitgebers/Dienstherrn (Bund, Land) – und nicht nur der betreffenden Hochschule[305] – einen **maßgeblichen Beitrag** für das Zustandekommen der Erfindung geleistet haben, wenn also die Erfindung maßgeblich auf solchen Arbeitgeberarbeiten und/oder -erfahrungen beruht, z.B. auf wichtigen Vorarbeiten, Know-how oder Dritt-Erfindungen, welche der Hochschulwissenschaftler nutzt. Nicht erforderlich ist, dass die Erfahrungen innerhalb der Hochschule dokumentiert sind (s. § 40 Rdn. 40). Andererseits schließt eine schriftliche Fixierung die Einstufung als Erfahrungswissen nicht aus (s. § 42 Rdn. 40) – wohl aber eine Veröffentlichung, durch die das an der Hochschule erarbeitete Wissen allgemein zugänglicher Stand der Technik geworden ist.[306] I.Ü. ist ausreichend und zugleich entscheidend, ob das (bei der Erfindungsgeschichte wesentliche) Wissen aus der Sphäre des Arbeitgebers (der Hochschule) kommt und diesem Arbeitgeber (der Hochschule) adäquat kausal zuzurechnen ist.[307] Ein solcher Kausalzusammenhang besteht auch bei der Nutzbarmachung von sog. Kollegenwissen[308] (s. allg. § 4 Rdn. 39) und dem Erfahrungswissen sonstiger Hoch-

---

304 Generell für den Hochschulbereich ablehnend Kraßer in Hartmer/Detmer (2004) S. 463 (Kap. IX Rn. 60); im Anschluss daran auch Kretzer (2007), S. 26.
305 So aber u.a Hübner (2003) S. 49 f. (dort S. 69, aber abw. zum Betriebsbegriff des § 42 Nr. 4); ferner Lux (2003) S. 145 Anm. 19.
306 So die vom Hochschulverband im Oktober 2002 hrsg. Kurzinformation »Das sog. Hochschullehrerprivileg und die Neuregelung des § 42 Arbeitnehmererfindergesetz«, (abrufbar unter www.hochschulverband.de, Stand 02.12.2002); übereinstimmend Kraßer in Hartmer/Detmer (2004) S. 463 (Kap. IX Rn. 60).
307 Dies verkennt Peter, Mitt. 2004, 396, 398 f.
308 Volz in Festschr. Müller-Jahncke (2009), S. 495, 511. Darin liegt auch keine Inkonsequenz [so aber Soudry (2010) S. 138], da eine Erfahrungserfindung nicht auf die Berechtigung des Wissenserwerbs abstellt. Abw. zur hier vertretenen Auffassung dagegen Peter, Mitt. 2004, 396, 398 f.; einschränkend auch Kretzer (2007) S. 23.

## D. Diensterfindung

§ 42 n.F.

schulbeschäftigter.[309] Für die Feststellung, ob die Erfindung »maßgeblich« auf dem Erfahrungswissen (einschließlich Vorarbeiten) »beruht«, gelten auch hier die allgemeinen Maßstäbe[310] (s. § 42 Rdn. 42 ff.). Folglich liegt eine Erfahrungserfindung vor, wenn die Erfindung maßgeblich auf Beiträge anderer Hochschulbeschäftigter zurückgeht (s. allgemein § 42 Rdn. 38) oder auf solche, die aus dem Bereich eines Vertragspartners der Hochschule stammen (Kooperationspartner, Auftraggeber; s. i.Ü. § 42 Rdn. 39). Das Gleiche gilt für die Nutzbarmachung von Wissen aus früheren Forschungen anderer Hochschulangehöriger[311] oder aus Forschungskooperationen zwischen Hochschule und Dritten,[312] auch im Rahmen eines vom Hochschulwissenschaftler übernommenen, drittmittelfinanzierten Forschungsvorhabens (s. § 42 Rdn. 41, vgl. auch § 25 Abs. 2, 3 HRG), ferner von Wissen aus einem hochschulinternen bzw. -übergreifenden Erfahrungsaustausch, Kongress oder aus Symposien.[313] Andererseits spricht es gegen eine Erfahrungserfindung, wenn der Wissenschaftler auf Arbeiten oder Wissen aus einer Vortätigkeit bei einem anderem Arbeitgeber aufbaut[314] oder wenn er erstmals ein neues Forschungsgebiet betreten hat.[315] Dass das Erfahrungswissen oberhalb des allgemeinen Standes der Technik liegen muss, ist auch bei Diensterfindungen von Hochschulwissenschaftlern nicht erforderlich[316] (s. § 4 Rdn. 36).

Ebenso kommt es u. E. nicht entscheidend darauf an, dass das Erfahrungswissen aus der Zeit nach Inkrafttreten des § 42 n.F. (ab 07.02.2002) stammt;[317] die Übergangsvorschrift des § 43 Abs. 1 Satz 1 drückt die Wertentscheidung des Gesetzgebers über die Geltung der §§ 4, 6, 7 ArbEG für ab dem 07.02.2002 fertig gestellte Erfindungen aus, lässt dagegen die Ursachen für deren Zustandekommen unberührt. Insoweit gilt nichts anderes als bei (Aufgaben-) Erfindungen aus einem Forschungsvorhaben der Hochschule, das der

---

309 H.M., z.B. Bergmann (2006) S. 55.
310 S. dazu Bergmann (2006) S. 56 f. mit Beispielen für den Hochschulbereich.
311 Weitgehend unstreitig, Bartenbach/Hellebrand, Mitt. 2002, 165, 167; Körting/Kummer, RdA 2003, 279, 283; weiter diff. Peter, Mitt. 2004, 396, 398 ff.
312 Bartenbach/Hellebrand, Mitt. 2002, 165, 167; Körting/Kummer, RdA 2003, 279, 283.
313 Volz in Festschr. Müller-Jahncke (2009), S. 495, 511; einschränkend Hübner (2003) S. 74.
314 Im Ergebn. auch Bergmann (2006) S. 54 f.; Volz in Festschr. Müller-Jahncke (2009), S. 495, 512; vgl. auch Kraßer/Ann, PatR, § 21 Rn. 135.
315 Reimer/Schade/Schippel/Leuze Rn. 19 zu § 42 m.H.a. Pahlow/Gärditz, WissR 2006, 48, 51; Bartenbach/Hellebrand, Mit 2202, 165, 167; abw. Boemke/Kursawe/Boemke/Sachadae Rn. 55 zu § 42.
316 Abw. wohl Peter, Mitt. 2004, 396, 399.
317 So aber wohl Peter, Mitt. 2004, 396, 400.

**§ 42 n.F.** Besondere Bestimmungen für Erfindungen an Hochschulen (Fassung 2002)

Hochschulwissenschaftler vor Februar 2002 übernommen hat (vgl. auch § 42 Abs. 1 Satz 2).

Bei **wissenschaftlichen Mitarbeitern** liegt eine Erfahrungserfindung bereits dann vor, wenn die Erfindung auf Forschungsarbeiten oder sonstigem Erfahrungswissen aus dem Bereich der betreffenden Hochschule beruht,[318] etwa auf Vorarbeiten bzw. Erkenntnissen seiner Fachvorgesetzten, Vorgänger oder Kollegen.

40 Einen umstrittenen Sonderkomplex bildet die Einstufung von Erfindungen, die ein Hochschulwissenschaftler im Rahmen einer wissenschaftlichen oder genehmigten **Nebentätigkeit**[319] außerhalb des Hauptamtes und außerhalb seines dienstlichen/arbeitsvertraglichen Pflichtenkreises entwickelt.[320] Dazu sind die Gesetzesmaterialien nicht eindeutig (s. § 42 Rdn. 36).

Weitgehend unstreitig dürfte sein, dass hier eine Aufgabenerfindung regelmäßig ausscheidet,[321] und zwar auch dann, wenn der Wissenschaftler im Drittauftrag tätig wird.[322] Unstreitig, wenn auch vielfach missverstanden, dürfte ferner sein, dass eine auf statusrechtlichen Vorschriften beruhende Nebentätigkeitsgenehmigung keine erfinderrechtliche Voraus-Freigabe potenzieller Diensterfindungen (i.S.v. § 6 Abs. 2 ArbEG n.F.) bedeuten kann.[323]

Streitig bleibt die Möglichkeit einer Erfahrungserfindung in den Fällen, in denen der Hochschulwissenschaftler – wie häufig – eigene Erfahrungen aus dem Hauptamt nutzt. Auch in diesem Fall geht die wohl herrschende Meinung

---

318 Vgl. auch Bergmann (2006) S. 58.
319 S. dazu Reimer/Schade/Schippel/Leuze Rn. 14 f. zu § 42 m.w.N.; zu vollfinanzierten Drittmittelprojekten als Nebentätigkeit s. VG München v. 19.12.2000 – M5k 98/1902 u. 3883 – wiedergegeben von Hartmer in Forschung & Lehre 2001, 551. Vgl. allg. zum Nebentätigkeitsrecht bei Forschungsarbeiten Tettinger/Lux-Wesener in: Hartmer/Detmer (2004) S. 222 ff. u. Gärditz in: Gärditz/Pahlow (2011), 35, 46 ff. (Rn. 19 ff.). S. zur geschäftsmäßigen Verwertung wissenschaftlicher Tätigkeiten OVG Rheinland-Pfalz Beschl. v. 19.09.2012 ZBR 2013, 98, 99.
320 S. dazu ausf. Peter, Mitt. 2004, 396 ff.
321 Ebenso Körting/Kummer, RdA 2003, 279, 283; Bergmann (2006) S. 52 f.; Reetz (2006) S. 167 f.; Reimer/Schade/Schippel/Leuze Rn. 47 zu § 42 n.F.; Slopek/Pausewang/Beye, WissR 2011, 50, 78; Volz in Festschr. Müller-Jahncke (2009), S. 495, 514 f. Bagdassarov (2012), S. 85 f. So auch allg. zur Nebentätigkeit Boemke/Kursawe/Raif Rn. 62 zu § 4.
322 Vgl. Peter, Mitt. 2004, 396, 397. Zu § 42 a.F. so zutr. Ballhaus, GRUR 1984, 1, 4; Kraßer/Schricker PatR u. UrhG an Hochschulen (1988) S. 42.
323 Zutr. Eberle/Handzik in: Gärditz/Pahlow (2011), 297, 306 (Rn. 41).

D. Diensterfindung  § 42 n.F.

von einer Erfahrungserfindung aus.[324] Dem kann nach der hier vertretenen Auffassung in dieser Allgemeinheit nicht gefolgt werden, da auch und gerade bei Nebentätigkeiten solche Erfindungen keine Erfahrungserfindungen sein können, die bei Fertigstellung im Hauptamt nicht als Erfahrungserfindung (s.o. § 42 Rdn. 39, s.a. § 42 Rdn. 41) einzustufen wären.[325] Ein Teil des Schrifttums lehnt sogar jegliche Qualifizierung als Diensterfindung in allen Fällen einer Entwicklung innerhalb genehmigter Nebentätigkeiten ab.[326] Im Ergebnis liegt es aus unserer Sicht – ungeachtet der Frage der Reichweite des Art. 5 Abs. 3 GG i.R.d. Auftragsforschung bzw. Forschungskooperationen mit der Wirtschaft[327] – nahe, bei Entwicklungen im Rahmen von genehmigten oder wissenschaftlichen Nebentätigkeiten regelmäßig eine Einstufung als Diensterfindung zu verneinen, auch wenn ein Drittauftrag vorliegt.[328] *Kraßer/Ann*[329] wollen dies damit begründen, dass die bei einer Nebentätigkeit gemachten Erfindungen angesichts »einer intensiven Weiterentwicklung« in der Nebentätigkeit »vielfach … nicht maßgeblich auf dienstlich erarbeiteten Forschungsergebnissen beruhen«. Eine **Ausnahme** ist u. E. insb. dann möglich, wenn dienstliche Erfahrungen genutzt werden, die nach der hier vertretenen Auffassung auch im Hauptamt eine Erfahrungserfindung begründen wür-

---

324 So Böhringer, NJW 2002, 952, 953; Weyand/Haase, GRUR 2007, 28, 32; Post/Kuschka, GRUR 2003, 494, 495; Balzer/Milbradt, PharmR 2003, 378, 379; Gärditz in: Gärditz/Pahlow (2011), 35, 44 f. (Rn. 18); im Ergebnis wohl auch Bergmann (2006) S. 57; Kelp in: Gärditz/Pahlow (2011), 223, 242 (Rn. 49); enger Kraßer/Ann, PatR, § 21 Rn. 135; vgl. auch Osterrieth, PatR (2007), Rn. 632. Zu Recht ablehnend u. a. Leuze, GRUR 2005, 27, 29 f.; Peter, Mitt. 2004, 396, 397; vgl. auch Bagdassarov (2012), S. 86 f. Laut Slopek/Pausewang/Beye (in WissR 2011, 50, 80) ist die Streitfrage in der Praxis allerdings weniger bedeutsam, als der Meinungsstreit vermuten lässt.
325 Volz in Festschr. Müller-Jahncke (2009), S. 495, 514 f.
326 Leuze, GRUR 2005, 27, 29 f. u. ders., WissR 2002, 342, 348 f.; Schwab, Arbeitnehmererfindungsrecht, § 42 Rn. 9; im Ergebn. wohl auch von Falck/Schmaltz, GRUR 2004, 469; Soudry (2010) S. 139 sowie Keukenschrijver in Busse/Keukenschrijver, PatG, Rn. 8 zu § 42 ArbEG; vgl. auch Reimer/Schade/Schippel/Leuze Rn. 47 zu § 42 n.F.
327 S. dazu Lux (2002) S. 27 ff.; Tettinger/Lux-Wesener in: Hartmer/Detmer (2004) S. 213 f.
328 Ähnl. Bartenbach/Hellebrand, Mitt. 2002, 165, 167; s.a. Körting/Kummer, RdA 2003, 279, 283; Peter, Mitt. 2004, 396, 397 ff. Zust. auch Busche/Greve/Hozuri, Leitfaden zu Forschungs- u. Entwicklungsverträgen, 5. Aufl. 2015, S. 17.
329 Kraßer/Ann, PatR, § 21 Rn. 135.

den³³⁰ (s. § 42 Rdn. 39). Die Möglichkeiten, durch (arbeits-)vertragliche Vereinbarungen den Kreis der Diensterfindungen bei Nebentätigkeiten vorab rechtswirksam zu definieren, sind mit Blick auf § 22 Satz 1 ArbEG sehr begrenzt.³³¹

Besonderheiten können sich in solchen Fällen ergeben, in denen – was rechtlich denkbar wäre³³² – neben dem Rechtsverhältnis als Hochschulwissenschaftler ein privatrechtliches **Arbeitsverhältnis mit einem Dritten** besteht³³³ (s.a. § 41 Rdn. 14). Jedenfalls im Fall einer erlaubten Nebentätigkeit ist zunächst zu prüfen, in welchem Rechtsverhältnis eine Erfindung entstanden ist, also bei der Tätigkeit in der Hochschule oder beim Dritten und inwieweit es sich um eine Diensterfindung handeln kann (s. hierzu auch die Grundsätze der Sphärentheorie § 1 Rdn. 19 ff.).

41 Besonderheiten ergeben sich ferner im Fall einer **Drittmittelfinanzierung**, auch wenn der Hochschulwissenschaftler selbst einen Forschungsauftrag übernimmt:

Die Durchführung von Forschungsvorhaben, die nicht (ausschließlich) aus Haushaltsmitteln der Hochschule, sondern (auch) aus Mitteln Dritter (Unternehmen, Stiftungen, sonstige private und öffentliche Auftraggeber) finanziert werden (vgl. § 25 Abs. 1 Satz 1 HRG), hat als ergänzende Finanzierungsquelle im Hochschulbereich immer stärkere Bedeutung erlangt.³³⁴ Die Drittmittelforschung gehört zu den **dienstlichen Aufgaben** der in der Forschung tätigen Hochschulmitglieder (§ 25 Abs. 1 HRG: »im Rahmen ihrer dienstlichen Aufgaben«, ähnlich im Landeshochschulrecht, z.B. § 40 BerlHG, § 34 Abs. 1 Satz 1 Bbg.HG, § 71 Abs. 1 Satz 1 HG NRW, ähnl. § 41 Abs. 1 LHG Baden-

---

330 Vgl. Volz in Festschr. Müller-Jahncke (2009), S. 495, 515. Dieser Ansatz entspricht der Auffassung von Pahlow/Gärditz, WissR 2006, 48, 51 sowie – wenn auch mit teilweise divergierenden Ergebnissen – den Folgerungen von Bergmann (2006) S. 57; letztlich auch Kretzer (2007) S. 25 f. Im Ergebn. auch Busche/Greve/Hozuri, Leitfaden zu Forschungs- u. Entwicklungsverträgen, 5. Aufl. 2015, S. 17 bei Verwendung »projektspezifischer Kenntnisse aus der Hochschule«.
331 Darauf weisen zutreffend Slopek/Pausewang/Beye (in WissR 2011, 50, 79 f.) hin.
332 BAG v. 27.07.1994, AP BGB § 611 Abhängigkeit Nr. 72.
333 S. allg. BAG v. 27.06.2001, AP BGB § 611 Faktisches Arbeitsverhältnis Nr. 20; Vgl. auch BAG Beschl. v. 22.11.2016, NZA 2017, 581, dort gesondertes Beamten- und Arbeitsverh. b. Hochschullehrern als leitende Ärzte in rechtlich selbständigem Universitätsklinikum.
334 Vgl. zur Bedeutung etwa Kreckel, Forschung & Lehre 2009, 328 ff. Krit. i. H. a. die Gefahren einer Ersatzfinanzierung u. a. bereits Rollmann, DÖV 1987, 675, 678 ff.

D. Diensterfindung § 42 n.F.

Württemberg),³³⁵ auch wenn kein Zwang des Hochschulwissenschaftlers zur Durchführung bzw. Mitwirkung besteht³³⁶ (vgl. auch § 4 Abs. 2 HRG). Die Drittmittelforschung ist – soweit sie im Hauptamt und nicht in Nebentätigkeit durchgeführt wird – **Teil der Hochschulforschung**³³⁷ (§ 25 Abs. 1 Satz 2 HRG bzw. die entsprechenden Hochschulgesetze der Länder, z.B. § 34 Abs. 1 Satz 3 Bbg.HG, § 71 Abs. 1 Satz 4 HG NRW, § 68 Abs. 1 Satz 4 UG [Saarland]). Dabei ist es auch gleichgültig, ob der Drittmittelgeber einen Anspruch auf Verwertungsrechte an den Forschungsergebnissen hat, wie insb. bei der Auftragsforschung und (Industrie-) Kooperationen, oder ob die Forschungsergebnisse der Hochschule bzw. Allgemeinheit zustehen. Auch die Drittmittelforschung unterliegt dem Grundrechtsschutz des Art. 5 Abs. 3 GG³³⁸ (zur Auftragsforschung des Hochschulwissenschaftlers s.a. § 42 Rdn. 190 ff.). Die Forschungsarbeiten können im Grundsatz in der Hochschule – bei Berücksichtigung anderer Hochschulaufgaben und Beachtung der Rechtspositionen Dritter und etwaiger Folgelasten – unter Inanspruchnahme von Personal und Sachmitteln der Hochschule durchgeführt werden, wenn auch mit bestimmten Maßgaben³³⁹ (vgl. § 25 Abs. 2, 3 HRG sowie die landesrechtl. Vorgaben, z.B. § 41 LHG Baden-Württemberg, § 77 HambgHG, § 71 HG NRW, § 68 UG [Saarland]). Die –gesetzlich vorgegebene – Einbeziehung in den dienstlichen Aufgabenkreis begründet nach Auffassung des Gesetzgebers eine **Diensterfindung**³⁴⁰ – eine Betrachtung, die im Ergebnis auch § 43 Abs. 1 Satz 2 ArbEG n.F. zugrunde liegt (s.a. dort § 43 Rdn. 9), u. E. aber den Regelfall ansprechen dürfte, ohne im Einzelfall eine Subsumtion nach § 4 ArbEG entbehrlich zu machen (s. § 42 Rdn. 33). Eine Diensterfindung ist u.E. jedenfalls dann gegeben, wenn die Forschungsvorhaben ausschließlich oder überwiegend

---

335 Leuze, GRUR 2005, 27, 30 f.; Reimer/Schade/Schippel/Leuze Rn. 13 zu § 42 m.w.N.
336 Im Einzelnen streitig, wie hier Leuze, GRUR 2005, 27, 31; Reich, Bay.HG, Kommentar, 5. Aufl. 2007, Anm. 1 zu Art. 8; wohl auch Tettinger/Lux-Wesener in: Hartmer/Detmer (2004) S. 214 (Kap. V Rn. 28).
337 S. u.a. Gärditz in: Gärditz/Pahlow (2011), 35, 55 ff. (Rn. 34 ff.).
338 Kraßer/Schricker PatR u. UrhR an Hochschulen (1988) S. 65 unter Bezugnahme auf Maunz/Dürig/Herzog GG Rn. 99 f. zu Art. 5 Abs. 3; Kempen in: Hartmer/Detmer (2004) S. 25 (Kap. I Rn. 72) m.w.N.; s. aber auch Tettinger/Lux-Wesener in: Hartmer/Detmer (2004) S. 213 f. (Kap. V Rn. 26).
339 Vgl. u. a. Tettinger/Lux-Wesener in: Hartmer/Detmer (2004) S. 216 ff.
340 So Reg.-Entw zu Art. 1 Nr. 2 in BR-Drucks. 583/01 S. 7 (zu Art. 1 Nr. 2), im Anschluss an Erklärung der Koalitionsfraktionen im Bericht des BT-Rechtsausschusses in BT-Drucks. 14/7573 v. 26.11.2001, S. 5. Vgl. auch Böhringer, NJW 2002, 952, 953; Reetz (2006) S. 167; Weyand/Haase, GRUR 2007, 28, 32; Körting (2006) S. 111; ferner Peter, Mitt. 2004, 396, 397.

**§ 42 n.F.** Besondere Bestimmungen für Erfindungen an Hochschulen (Fassung 2002)

in der Hochschule gem. § 25 Abs. 2 HRG durchgeführt werden[341] (vgl. auch § 25 Abs. 3 Satz 2, Abs. 6 HRG).

Die obigen Folgerungen gelten sinngemäß für **Entwicklungsaufgaben** im Rahmen angewandter Forschung (vgl. § 26 HRG bzw. Landeshochschulrecht, z.B. § 71 Abs. 7 HG NRW).

Denkbar ist allerdings auch, dass ein **Hochschulwissenschaftler** eine (voll finanzierte) Drittmittelforschung **als Auftragnehmer** in Nebentätigkeit durchführt (s. dazu § 42 Rdn. 198). Hier scheidet eine Aufgabenerfindung aus (s. § 42 Rdn. 40) und eine Erfahrungserfindung des Hochschulwissenschaftlers kommt u. E. nur insoweit in Betracht, als es sich nicht um dessen eigenes Erfahrungswissen (s. § 42 Rdn. 40) handelt.[342] Eine solche Nebentätigkeit wird – auch mit Blick auf die regelmäßige Verwaltung der Drittmittel durch die Hochschule[343] – im Zweifel nur ausnahmsweise anzunehmen sein, insb. in den Fällen, in denen der Hochschulwissenschaftler das Forschungsvorhaben persönlich durchführt und dafür vom Auftraggeber unmittelbar eine (über bloßen Aufwendungsersatz hinausgehende) Vergütung erhält.[344] Hinzutritt, dass im öffentlichen Dienst das vom Hochschulwissenschaftler zu beachtende Nebentätigkeitsrecht relativ enge Grenzen setzt.[345] Zur Nebentätigkeit s. § 42 Rdn. 40.

Keine Stütze im Gesetz findet die Auffassung, bei Drittmittelforschung – entgegen den allgemeinen und damit auch hier geltenden Grundsätzen[346] (s. § 4 Rdn. 46, 51) – nicht dem Arbeitgeber die Darlegungs- und Beweislast für die Eigenschaft als Diensterfindung zuzuweisen, sondern den Hochschulwissenschaftler zu verpflichten, den Beweis für das Vorliegen einer freien Erfindung führen zu müssen[347] (s. Rdn. 31).

---

341 Ebenso Körting/Kummer, RdA 2003, 279, 283; Volz in Festschr. Müller-Jahncke (2009), S. 495, 506 m.H.a. Landeshochschulrecht wie § 25 Abs. 2 Satz 2 LHG Sachsen-Anhalt. Zu § 42 a.F. s. Kraßer/Schricker PatR u. UrhG an Hochschulen (1988) S. 412; Ballhaus, GRUR 1984, S. 1, 7 r. Sp.
342 Noch restriktiver Leuze, GRUR 2005, 27, 31.
343 Pautsch/Dillenburger, Kompendium zum Hochschul- und Wissenschaftsrecht, 2. Aufl. 2016, S. 168, 244.
344 So zurecht Leuze, WissR 2002, 342, 348; vgl. auch Reich, Bay.HG, Kommentar, 5. Aufl. 2007, Anm. 1 zu Art. 8.
345 S. Pahlow/Gärditz, WissR 2006, 48, 62 f. Vgl. auch allg. Geis in Forschung & Lehre 2012, 836 ff.
346 Zu den Beweisproblemen des Arbeitgebers/Dienstherrn s. Hübner (2003) S. 74 f.
347 So aber Weyand/Haase, GRUR 2007, 28, 32.

## III. Rechtsfolgen unterschiedlicher Einstufungen bei Miterfindern

In der Praxis ist es im Fall der **Miterfinderschaft** (s. dazu a. § 42 Rdn. 22) denkbar, dass die Erfindung für den einen Hochschulbeschäftigten, etwa für den nichtwissenschaftlichen (technischen) Mitarbeiter eine Diensterfindung, dagegen für den anderen, etwa den Hochschullehrer, eine freie Erfindung darstellt.[348] Hat der Dienstherr (Arbeitgeber) die Diensterfindung ggü. dem Hochschulbeschäftigten (unbeschränkt) in Anspruch genommen, besteht zwischen dem Dienstherrn und dem Hochschullehrer eine Bruchteilsgemeinschaft i.S.d. §§ 741 ff. BGB und der Dienstherr hat entsprechend § 743 Abs. 2 BGB nur ein Eigennutzungsrecht (vgl. § 6 n.F. Rdn. 141 f.). Ein Anspruch des Dienstherrn ggü. dem Hochschullehrer auf Übertragung der auf ihn entfallenden (»freien«) Erfindungsrechte kann angesichts der gesetzlichen Wertung in §§ 6, 19, 40, 41 ArbEG grds. nicht anerkannt werden.[349] Hier besteht häufig ein wechselseitiges Bedürfnis nach einer gem. § 22 Satz 2 zulässigen **einvernehmlichen Lösung**, um eine angemessene Verwertung zu ermöglichen – sei es, dass der Hochschulwissenschaftler seine Erfindungsrechte gegen eine Einmalzahlung oder eine laufende Erlösbeteiligung auf den Arbeitgeber/Dienstherrn überträgt, sei es, dass die Hochschule mit der Verwaltung der Gemeinschaftserfindung beauftragt wird[350] (s. § 745 Abs. 2 BGB, allg. z. Bruchteilsgemeinschaft bei mehreren Erfindern s. § 5 Rdn. 52 ff.).

**Sonderprobleme** ergeben sich im Fall der Miterfinderschaft aufgrund der Publikationsfreiheit (s. § 42 Rdn. 25, 107 f.) sowie bei Auftragsforschung (s. § 42 Rdn. 195 f.).

*Rdn. 43, 44 frei*

## E. Freie und frei gewordene Erfindung

Ebenso wie für die Diensterfindung (s. § 42 Rdn. 31) gelten auch für die Feststellung einer freien Erfindung die allgemeinen Grundsätze. Die in § 42 Abs. 1 a.F. enthaltene Fiktion freier Erfindungen für die vom Hochschulwissenschaftler in dieser Eigenschaft entwickelten Erfindungen ist ersatzlos entfallen.

Weitgehend rechtsgleich sind die Rechtsfolgen nach § 8 n.F./a.F. bei einer frei gewordenen Diensterfindung.

---

348 Soweit Reimer/Schade/Schippel/Leuze Rn. 29 zu § 42 n.F. diese Konstellation für kaum vorstellbar erachten, hängt solches von denjenigen Voraussetzungen ab, die man an eine Diensterfindung von Hochschulwissenschaftlern knüpft.
349 Im Ergebn. auch Bergmann (2006) S. 174.
350 Krit. Reimer/Schade/Schippel/Leuze Rn. 29 zu § 42 n.F.

**§ 42 n.F.** Besondere Bestimmungen für Erfindungen an Hochschulen (Fassung 2002)

## I. Freie Erfindung

### 1. Begriffsmaßstäbe

46 Nach § 4 Abs. 3 ist eine freie Erfindung jede während der Beschäftigung an der Hochschule gemachte Arbeitnehmererfindung, die keine Diensterfindung darstellt (s. § 4 Rdn. 47 f.; zur Diensterfindung von Hochschulwissenschaftlern s. § 42 Rdn. 31 ff.). Im Regelfall sind – auch ausweislich der Gesetzesmaterialien – Erfindungen, die ein Hochschulwissenschaftler im Rahmen einer genehmigten Nebentätigkeit entwickelt, freie Erfindungen (s. § 42 Rdn. 40 ff.). Gleiches gilt für Erfindungen, die außerhalb des Aufgabenbereichs des Hochschullehrers bzw. des Fachgebietes liegen, für das der Hochschulwissenschaftler ernannt oder angestellt ist,[351] und maßgeblich auf seinen eigenen Erkenntnissen und Arbeiten aufbauen (s. § 42 Rdn. 39). Eine freie Erfindung ist auch regelmäßig dann anzunehmen, wenn ein Lehrstuhlinhaber ein Forschungsgebiet neu betritt, ohne dass Erfahrungen oder Arbeiten seines Instituts auf diesem Gebiet vorliegen.[352]

### 2. Rechtliche Behandlung

47 Im Unterschied zu § 42 a.F., bei dem die herrschende Meinung von der Nichtgeltung der §§ 18, 19 ausgegangen war (s. unsere 4. Vorauflage Rn. 25 zu § 42 a.F.), unterliegen nunmehr alle freien Erfindungen grds. der Mitteilungspflicht nach § 18[353] und – bei Vorliegen der gesetzlichen Voraussetzungen – der Anbietungspflicht nach § 19.[354] Das betrifft auch freie Erfindungen, die ein Hochschulwissenschaftler entwickelt hat, etwa im Rahmen einer genehmigten Nebentätigkeit[355] (s. § 42 Rdn. 40), ferner Erfindungen eines wissenschaftlichen Mitarbeiters anlässlich seiner Promotion.[356] Diese entfällt allerdings nach § 18 Abs. 3. Maßgeblich ist auch hier, dass die Erfindung im

---

351 So die vom Hochschulverband im Oktober 2002 hrsg. Kurzinformation »Das sog. Hochschullehrerprivileg und die Neuregelung des § 42 Arbeitnehmererfindergesetz«, (abrufbar unter www.hochschulverband.de, Stand 02.12.2002); übereinstimmend Kraßer in Hartmer/Detmer (2004) S. 462 f. (Kap. IX Rn. 58).
352 Vgl. Pahlow/Gärditz, WissR 2006, 48, 51.
353 Vgl. Amtl. Begründung zu Art. 1 Nr. 2 (BT-Drucks. 14/5975 S. 6; übereinstimmend Amtl. Begründung Reg.Entw. BR-Drucks. 583/01 S. 7).
354 Zust. u. a. Kelp in: Gärditz/Pahlow (2011), 223, 241 (Rn. 45). Insoweit abl. aber Soudry (2010) S. 142 ff.
355 Peter, Mitt. 2004, 396, 400; im Ergebn. auch Kraßer in: Hartmer/Detmer (2004) S. 464 (Kap. IX Rn. 63 f.); abw. Reimer/Schade/Schippel/Leuze Rn. 47 zu § 42 n.F.
356 S. dazu Wimmer, GRUR 1961, 449 ff.; ferner Hübner (2003). S. 53 f., der allerdings – abweichend von gesetzlichen Vorgaben – insoweit auch eine Mitteilungspflcht ausschließen will.

### E. Freie und frei gewordene Erfindung § 42 n.F.

Arbeitsbereich des Dienstherrn bzw. der Hochschule offensichtlich nicht verwendbar ist, d.h. der Erfindungsgegenstand dort nicht (»innerbetrieblich«) benutzt werden kann (s. § 18 Rdn. 27 ff.). Dies würde verkannt, wollte man für eine solche Verwendbarkeit bereits die allgemeine Hochschulaufgabe des Technologietransfers (s. § 42 Rdn. 190 f.) und der wirtschaftlichen Verwertung von Erfindungen – etwa durch Lizenzvergabe oder Verkauf – ausreichen lassen und damit allgemein von einer Mitteilungspflicht ausgehen.[357] Deshalb bedarf es einer weiteren Konkretisierung des Arbeitsbereichs anhand des vorhandenen Lehr- und Forschungsbereichs der Hochschule[358] bzw. – soweit der Bund oder ein Land der Dienstherr/Arbeitgeber ist – der Einbeziehung dessen gesamten Arbeitsbereichs (streitig, s. § 42 Rdn. 39).

Unter den Voraussetzungen des § 19 dürfte grundsätzlich eine Anbietungspflicht bestehen[359] (s. insb. § 19 Rdn. 7 ff.). Allerdings kann auch hier nur eine Verwertung zu gewerblichen, nicht aber zu wissenschaftlichen Zwecken pflichtbegründend sein[360] (s. § 19 Rdn. 35); ansonsten würden Hochschulbeschäftigte schlechter als andere Arbeitnehmer und Beamte gestellt.

Um – auch im Lichte des Art. 5 Abs. 3 GG – einen Wertungswiderspruch zu vermeiden, scheidet u.E. eine Mitteilungs- und Anbietungspflicht dort aus, wo im Fall einer Diensterfindung die Ausnahmeregelungen gem. § 42 Nrn. 1 und 2 greifen würden (»argumentum a maiore ad minus«); folglich kann nach der hier vertretenen Auffassung der Hochschulwissenschaftler aufgrund seiner Lehr- und Forschungstätigkeit auch die **Offenbarung seiner freien Erfindung** 48

---

357 So aber wohl im Ergebn. Kraßer/Ann, PatR, § 21 Rn. 137; weitgehend auch ders. in: Hartmer/Detmer (2004) S. 464 (Kap. IX Rn. 63). Im Ergebn. ähnl. wie hier Kretzer (2007) S. 29.
358 Vgl. auch Kretzer (2007) S. 29, wonach allerdings der »konkrete Aufgabenbereich des entsprechenden Instituts, dem der Hochschullehrer angehört, oder seines Lehrstuhls in die Beurteilung miteinbezogen« werden soll. Soudry [(2010) S. 142] will unter Berufung auf Kraßer [Die neuen Vorschriften ü. Hochschulerfindungen, F & L 2002, S. 9] auf das jeweilige Institut oder den jeweiligen Lehrstuhl abstellen.
359 S. dazu auch Bartenbach/Volz Festschr. 50 J. VPP, 225, 258.
360 A.A. Hübner (2003) S. 69, der allerdings verkennt, dass auch die Überlassung einer Erfindung an Dritte als Mittel zur Forschung eine wirtschaftliche Verwertung ist (s. Rn. 93.2 zu § 9).

in Analogie zu § 42 Nr. 2 Satz 1 ablehnen.[361] U.E. kann der Hochschulwissenschaftler in gleicher Weise von einer Anbietung (§ 19) zudem dann absehen, wenn er seine freie Erfindung unter Verzicht auf eine eigene Schutzrechtsanmeldung (neuheitsschädlich) analog § 42 Nr. 1 offenbaren will.[362]

*Rdn. 49 frei*

## II. Frei gewordene Diensterfindung

50 Die Diensterfindung wird insb. per Freigabe gem. § 6 Abs. 2 i.V.m. § 8 n.F. frei; vor dem 1.10.2009 gemeldete Diensterfindungen sind insbes. mangels fristgerechter unbeschränkter Inanspruchnahme (§§ 6, 7 Abs. 1 a.F.) nach § 8 Abs. 1 a.F. frei geworden. Mitteilungs- und Anbietungspflichten nach §§ 18, 19 bestehen gem. § 8 Satz 2 n.F./§ 8 Abs. 2 a.F. nicht. Mit Freiwerden kann der Hochschulerfinder als Inhaber der Erfindungsrechte die Diensterfindung zum Schutzrecht anmelden bzw. die Schutzrechtsanmeldung fortsetzen und über die Erfindung bzw. die Schutzrechtspositionen im Grundsatz frei verfügen (s. § 8 n.F. Rdn. 77 ff.). Einer Eigenverwertung dürfte zwar nur in seltenen Fällen ein »Wettbewerbsverbot« entgegenstehen (s. dazu § 8 n.F. Rdn. 78 f.); allerdings sind insb. hier die Beschränkungen aus dem Nebentätigkeitsrecht beachtlich (s. dazu § 41 Rdn. 14), einschließlich der Anzeigepflichten. Sofern im Fall einer Miterfinderschaft keine Grenzen aus der Bruchteilsgemeinschaft bestehen, ist er selbstverständlich – auch ohne Berufung auf die Publikationsfreiheit (Art. 5 Abs. 3 GG, s. § 42 Rdn. 58 ff.) – berechtigt, die Erfindung zu offenbaren oder darüber zu schweigen (vgl. auch § 8 n.F. Rdn. 81).

*Rdn. 51 frei*

## F. Nicht schutzfähige technische Entwicklungen

### I. Technische Verbesserungsvorschläge

52 Nach dem eindeutigen Wortlaut des § 42 sind technische Verbesserungsvorschläge (§§ 3, 20) nicht erfasst. Im Gegensatz zum früheren Recht (s. unsere

---

361 Zust. u.a. Kelp in: Gärditz/Pahlow (2011), 223, 245 (Rn. 56); Körting (2006) S. 113; Bergmann (2006) S. 113; Kretzer (2007) S. 29 f.; Kraßer in: Hartmer/Detmer (2004) S. 467 (Kap. IX Rn. 77); Soudry (2010) S. 141 f.; Boemke/Kursawe/Boemke/Sachadae Rn. 95, 115 zu § 42; im Ergebn. auch Keukenschrijver in Busse/Keukenschrijver, PatG, Rn. 14 zu § 42 ArbEG; s.a. Körting/Kummer, RdA 2003, 279, 283; früher auf Basis von § 42 a.F. für freie Erfindungen von Hochschulwissenschaftlern i.S.v. § 4 Abs. 3 ablehnend dagegen u. a. Ballhaus GRUR 1984, 1 ff.; Marquardt, Freie Erf. im ArbVerh. (2002), S. 174 ff.

362 Zust. Boemke/Kursawe/Boemke/Sachadae Rn. 95 zu § 42. Weitergehend Soudry (2010) S. 143 f.

4. Vorauflage Rn. 29 zu § 42 a.F.) besteht **kein Raum** für eine **analoge Anwendung**.[363] Dies betrifft u.E. auch die Vergütungsregelung des § 42 Nr. 4 im Fall eines qualifizierten Verbesserungsvorschlags i.S.d. § 20 Abs. 1. Allerdings ist unverändert dem Hochschulwissenschaftler – anders als sonstigen Arbeitnehmern und Beamten – das Recht zuzubilligen, die im Rahmen seiner Forschungstätigkeit entwickelten Verbesserungsvorschläge neben seinem Dienstherrn zu verwerten,[364] jedenfalls, soweit solches im Rahmen seiner Lehr- und Forschungstätigkeit erfolgt. Auch muss der Hochschulwissenschaftler befugt sein, diese (einfachen) Forschungsergebnisse zu veröffentlichen,[365] es sei denn, dass im Einzelfall eine aufgrund seiner Treuepflicht aus zwingendem öffentlichen Interesse gebotene Geheimhaltung entgegensteht. Diese Befugnis folgt aus Art. 5 Abs. 3 GG, der dem Hochschulwissenschaftler nach der hier vertretenen Auffassung die autonome Entscheidung über die wissenschaftliche Verbreitung der technischen Verbesserung und deren Einsatz zu Wissenschaftszwecken garantiert[366] (s.a. § 42 Rdn. 3, 55).

Ansonsten gelten **betriebliche Regelungen** zum Vorschlagswesen,[367] insb. entsprechende Dienstvereinbarungen (s. § 20 Rdn. 53 ff.) grds. für alle dem Anwendungsbereich unterworfenen Hochschulbeschäftigten. Erfasst wären damit im Zweifel auch Hochschulwissenschaftler, sofern diese nicht – was u. E. mit Blick auf die Lehr- und Forschungsfreiheit naheliegt (s. § 42 Rdn. 55) – ausgenommen werden. Solches entspricht auch dem allgemeinen Verständnis, dass der Hochschulwissenschaftler keine schöpferischen Arbeitsergebnisse schuldet.[368]

53

---

363 Wie hier wohl ganz h.M., z.B. Körting/Kummer, RdA 2003, 279, 282 r. Sp.; Bergmann (2006) S. 59 f.; Kretzer (2007) S. 18 f.; Soudry (2010) S. 130 f.; im Ergebn. auch Keukenschrijver in Busse/Keukenschrijver, PatG, Rn. 8 zu § 42 ArbEG. Unklar Beyerlein, NZA 2002, 1020, 1023 l. Sp.
364 A.A. Bergmann (2006) S. 62 m.w.N.
365 Wie hier Bergmann (2006) S. 61 f. Unter Geltung des § 42 a.F. so zutr. Kraßer/Schricker PatR u. UrhG an Hochschulen (1988) S. 43; vgl. auch Boemke/Kursawe/Boemke/Sachadae Rn. 56 f. zu § 42.
366 Vgl. auch Bartenbach/Volz, GRUR 2002, 743, 747, 749; s. allg. BGH v. 27.09.1990 – I ZR 244/88, NJW 1991, 1480, 1482 – *Grabungsmaterialien* (zu urheberrechtl. geschützten Schöpfungen). A.A. Bergmann (2006) S. 62 m.w.N.
367 Zur Praxis vgl. z.B. Kühn in Ideenmanagement 1/2002, S. 36 ff. zum betrieblichen Vorschlagswesen bei Universitätskliniken in NW; Wagner/Manousakis/Nelde in Ideenmanagement 1/2002, S. 24 ff. zur Umsetzung des Vorschlagswesens an der FH für Technik und Wirtschaft in Berlin (dort unter Einbeziehung der Studenten).
368 Vgl. statt vieler Gärditz in: Gärditz/Pahlow (2011), 35, 39 f. (Rn. 7).

54 Bei **Klagen** hinsichtlich technischer Verbesserungsvorschläge verbleibt es bei den allgemeinen Zuständigkeitsregeln, d.h. für Beamte sind die VG und für Arbeitnehmer die ArbG zuständig (vgl. hierzu § 39 Rdn. 16, 30).

## II. Know-how

55 Soweit es sich bei dem vom Hochschulbeschäftigten erarbeiteten, nicht geschützten technischen Wissen (Know-how) um Verbesserungsvorschläge handelt, gilt das zuvor Gesagte (s. § 42 Rdn. 52 f.). Ansonsten wird man sicherlich zwischen den Hochschulbeschäftigten differenzieren müssen: Bei Beschäftigten außerhalb des Wisssenschaftsbereichs gilt der allgemeine Grundsatz, dass es sich um Arbeitsergebnisse handelt, die (vergütungsfrei) dem Arbeitgeber/Dienstherrn zuzuordnen sind (s. auch § 3 Rdn. 26 ff.).

Bei Hochschulwissenschaftlern ist dieser arbeitsrechtliche Grundsatz im Lichte der Wissenschaftsfreiheit (Art. 5 Abs. 3 GG) zu hinterfragen. So wird für den Bereich des Urheberrechts herrschend anerkannt, dass die in der Forschung an Hochschulen geschaffenen Werke – abweichend von § 43 UrhG – grds. frei von Zugriffsrechten des Arbeitgebers und von Anbietungspflichten der Hochschulwissenschaftler sind.[369] Gerade wegen des autonomen Entscheidungsrechts des Wissenschaftlers über die Veröffentlichung seiner Forschungsergebnisse (s. dazu § 42 Rdn. 58 ff.) und über deren wissenschaftliche Auswertung[370] spricht viel dafür, dass bereits dieses uneingeschränkte Offenbarungsrecht der Bildung von Know-how beim Arbeitgeber bzw. der Hochschule im Rahmen wissenschaftlicher Betätigung entgegensteht.[371] Allerdings schließt dies entsprechende Individualvereinbarungen nicht aus, zumal § 22 Satz 1 nur Erfindungen und die Vergütung qualifizierter Verbesserungsvorschläge betrifft (s. § 22 Rdn. 14).

*Rdn. 56 frei*

### G. Offenbarungsrecht i.R.d. Lehr- und Forschungstätigkeit (Nr. 1)

57 Die Ausnahmevorschriften in § 42 Nrn. 1 und 2 ergänzen sich. Sie sind Ausfluss der grundgesetzlich in Art. 5 Abs. 3 GG verankerten **Lehr – und For-**

---

[369] S. u.a. BGH v. 27.09.1990 – I ZR 244/88, NJW 1991, 1480, 1482 – *Grabungsmaterialien*; Obergfell in: Gärditz/Pahlow (2011),195, 207 f. (Rn. 16) – jeweils m.w.N.
[370] Vgl. BGH v. 27.09.1990 – I ZR 244/88, NJW 1991, 1480, 1482 – *Grabungsmaterialien* (zu urheberrechtl. geschützten Schöpfungen).
[371] Drauf weisen Eberle/Handzik (in: Gärditz/Pahlow [2011], 297, 311 [Rn. 61]) zu Recht hin.

**schungsfreiheit**[372] (s. § 42 Rdn. 3). Ansonsten wären Wissenschaftler aufgrund der allgemeinen Geheimhaltungspflicht aus § 24 Abs. 2 (s. § 24 Rdn. 36) – trotz ihres legitimen Publikationsinteresses (s. § 42 Rdn. 60) – auf den u. U. lange währenden Zeitraum bis zur Offenlegung der Patentanmeldung angewiesen (s. § 42 Rdn. 27). § 42 Nr. 1 stellt – ebenso wie § 42 Nr. 2 (s. dazu § 42 Rdn. 101) – nach ganz herrschender Meinung **keinen verfassungswidrigen Eingriff** in die grundgesetzlich geschützte Wissenschaftsfreiheit dar.[373] Vielmehr wird bereits Kritik laut, die Regelungen des § 42 Nrn. 1 und 2 gingen zugunsten der Wissenschaftler über das verfassungsrechtlich Gebotene hinaus und sollten stärker dem Allgemeininteresse an Patenten Rechnung tragen.[374] Teilweise wird sogar die Auffassung vertreten, das Publikationsinteresse des Hochschulwissenschaftlers könne als Teil des sozialen Gemeinwesens generell mit Blick auf die sozial nützlichen Aspekte von Hochschulforschung, Drittmitteleinwerbung, technischem Fortschritt und Steigerung des Bruttosozialproduktes zurücktreten.[375] Im Ergebnis sieht die herrschende Lehre die Regelung jedoch zu Recht als (weitgehend) sach- und interessengerechte Lösung an.[376] Dass § 42 Nr. 2 dem Hochschulwissenschaft-

---

372 Amtl. Begründung zu § 42 Nrn. 1 und 2 (BT-Drucks. 14/5975 S. 6 f.; übereinstimmend Amtl. Begründung Reg.Entw. BR-Drucks. 583/01 S. 8 f.). S. i.Ü. u.a. Beyerlein, NZA 2002, 1020, 1022.
373 BGH v. 18.09.2007 – X ZR 167/05, GRUR 2008, 150, 151 f. – *selbststabilisierendes Kniegelenk* (zu § 42 Nr. 1) in Bestätigung von OLG Braunschweig v. 06.10.2005, Mitt. 2006, 41, 43 f. m. zust. Anm. Beyerlein (s.a. ders. in Anm zum LG Braunschweig, Beschl. v. 17.09.2003, Mitt. 2004, 74, 75 f.) und insoweit zust. Anm. Ullmann in jurisPraxisReport-Wettbewerbs- u. ImmaterialgüterR 3/2008 Anm. 1; s. dazu aber auch die Sicht des unterlegenen Klägers in Forschung & Lehre 2008, 458 ff. Vgl. auch BVerfG v. 13.04.2004, NVwZ 2004, S. 974, 975 – *stabilisierendes Kniegelenk* [m. abl. Anm. Hübner, WissR 2005, 34 ff.] unter Verwerfung d. Vorlagebeschl. LG Braunschweig v. 17.09.2003, Mitt. 2004, S. 74 f. Die Verfassungsgemäßheit des § 42 Nr. 1 bejahend auch Bergmann (2006) S. 68 ff., 107 (zugl. ausführlich zu dem Vorlagebeschl. LG Braunschweig und dem diesbezügl. Beschluss d BVerfG a.a O.); Kretzer (2007) S. 82 ff., Schübel-Pfister in: Gärditz/Pahlow (2011), 11, 22 ff. (Rn. 19 ff.); im Ergebn. auch Soudry (2010) S. 75 ff. A.A. Hübner, WissR 2005, 34 ff. (krit. bereits ders. [2003] S. 120 ff.); ferner Reetz (2006) S. 223 ff. und ders., WissR 2008, 206, 219 ff., wonach das Offenbarungsverbot des § 24 Abs. 2 i.V.m. § 42 Nr. 1 Satz 1 verfassungswidrig sein soll, eine Verfassungswidrigkeit bejahend auch Bodenburg, Forschung & Lehre 2003, 601 f.; krit. ferner Busche, CIPReport 2007, 69, 70 f. sowie Leuze, GRUR 2005, 27, 28 und Reimer/Schade/Schippel/Leuze Rn. 22 f. zu § 42 n.F.
374 Vgl. Weyand/Haase, GRUR 2007, 28, 34.
375 In diesem Sinn Ullmann in jurisPraxisReport-Wettbewerbs- u. ImmaterialgüterR 3/2008, Anm. 1.
376 S. insb. Bergmann (2006) S. 105 ff. m.w.N.

**§ 42 n.F.** Besondere Bestimmungen für Erfindungen an Hochschulen (Fassung 2002)

ler die Möglichkeit eröffnet, eine Erfindungsmeldung aus beliebigen Gründen – also auch solchen nicht wissenschaftlich-ethischer Natur – zu vermeiden.[377] muss als allgemeine Folge der Wissenschaftsfreiheit hingenommen werden (s. § 42 Rdn. 112).

Zur vertraglichen Abdingbarkeit nach § 22 s. § 42 Rdn. 27, 196.

## I. Publikationsfreiheit

58 § 42 Nrn. 1 und 2 sichern das aus der Forschungsfreiheit folgende und durch Art. 5 Abs. 3 GG geschützte Recht des Hochschulwissenschaftlers auf sog. Publikationsfreiheit[378] (vgl. auch § 4 Abs. 2 Satz 1 HRG). Diese betrifft die freie Entscheidungsbefugnis des Hochschulwissenschaftlers, ob er die Ergebnisse seiner Forschungsarbeiten der Öffentlichkeit mitteilen will,[379] d.h. ob und in welcher Weise er seine Erfindung veröffentlichen möchte [positive Publikationsfreiheit], oder ob er von jeglicher Veröffentlichung absehen will [negative Publikationsfreiheit][380] (s. § 42 Rdn. 102). Weder Dienstherr noch Hochschule können nach § 42 Nrn. 1 und 2 ArbEG auf die Entscheidung des Erfinders Einfluss nehmen und eine wissenschaftliche Veröffentlichung untersagen oder anordnen, ob, wann und auf welche Weise er seine Forschungsergebnisse einer Öffentlichkeit zugänglich macht.

59 Die Vorschriften sind im Ergebnis nur einschlägig, **solange eine Schutzrechtsanmeldung nach §§ 13, 14 aussteht** und wenn die technische Lehre noch

---

377 Vgl. die Kritik bei Haase/Lautenschläger, WissR 2005, 137, 143; vgl. auch Bartenbach/Hellebrand, Mitt. 2002, 168.
378 So Amtl. Begründung zu § 42 Nrn. 1 und 2 (BT-Drucks. 14/5975 S. 6 f.; übereinstimmend Amtl. Begründung Reg.Entw. BR-Drucks. 583/01 S. 8 f.); s. dazu u.a. Maunz/Dürig/Scholz, GG, Rn. 101 f., 108 f. zu Art. 5 Abs. 3; Schübel-Pfister in: Gärditz/Pahlow (2011), 11, 19 ff. (Rn. 15 ff.); Hübner, WissR 2005, 34, 37 ff.; Reetz (2006) S. 194 ff. u. ders., WissR 2008, 206, 208 ff.; Kraßer/Schricker, PatR u. UrhR an Hochschulen (1988) S. 67, 152; Reimer/Schade/Schippel/Leuze Rn. 16 zu § 42 m.w.N.
379 Vgl. dazu u. a. BVerfG v. 01.03.1978, BVerfGE 47, 327, 367; BVerwG v. 11.12.1996, BVerwGE 102, 304, 307 m.w.N.; Kraßer/Schricker, PatR u. UrhR an Hochschulen (1988) S. 67; Leuze, GRUR 2005, 27, 28 m. H. a. ders., Urheberrechte d. Beschäftigten im ö. D. (2003) S. 120 ff.
380 Amtl. Begründung im Allg. Teil sowie zu § 42 Nrn. 1 und 2 (BT-Drucks. 14/5975 S. 5, 6 f.; übereinstimmend Amtl. Begründung Reg.Entw. BR-Drucks. 583/01 S. 5, 8 f.).

nicht offenkundig geworden ist;[381] sie setzt damit den Fortbestand der Geheimhaltungspflichten aus § 24 voraus.

§ 42 Nr. 1 soll gewährleisten, dass die **positive Publikationsfreiheit** nicht in unzumutbarer bzw. unzulässiger Weise beeinträchtigt und beschränkt wird.[382] Normzweck ist, dem Hochschulwissenschaftler eine beabsichtigte Veröffentlichung seiner Diensterfindung – losgelöst von § 24 Abs. 2[383] – bereits vor deren Freiwerden bzw. vor Offenkundigkeit der erfinderischen Lehre oder Offenlegung der Schutzrechtsanmeldung zu ermöglichen, sofern er zuvor dem Dienstherrn Gelegenheit zur Schutzrechtsanmeldung nach § 13 gegeben hat, um eine Neuheitsschädlichkeit seiner Veröffentlichung zu vermeiden.[384] Damit **endet die Geheimhaltungspflicht** eines Hochschulwissenschaftlers nach § 24 Abs. 2 **für eigene wissenschaftliche Bekanntgaben** mit der Schutzrechtsanmeldung (s. § 42 Rdn. 27, 91).

60

Zugleich soll der Dienstherr (Arbeitgeber) bzw. die von diesem beauftragte Stelle (z.B. Patentstelle der Hochschule) in solchen Fällen zu einer **beschleunigten Schutzrechtsanmeldung** – zumindest zu einer Zeitrangsicherung (s. § 42 Rdn. 91) – angehalten werden, zu deren unverzüglicher Vornahme er ohnehin gem. § 13 verpflichtet ist (s. § 13 Rdn. 7 ff.). Insoweit stellt § 42 Nr. 1 eine Kompromisslösung zwischen Publikationsinteresse des (Mit-) Erfinders und Anmeldeinteresse der Hochschule (Arbeitgebers) dar;[385] die Vorschrift geht davon aus, dass sich Publikation und Patentierung von Erfindungen nicht wechselseitig ausschließen, sondern – wie *Matschiner*[386] dies ausdrückt – in ihrer Reihenfolge stimmig sein müssen.

Der Gesetzgeber hat damit der **Bedeutung von Publikationen im Wissenschaftsbetrieb** Rechnung getragen. Nach traditionellem Verständnis bieten wissenschaftliche Veröffentlichungen die adäquate Möglichkeit für den Hochschulwissenschaftler, seine Erkenntnisse und die Ergebnisse seiner Forschungsarbeiten zu verbreiten und im wissenschaftlichen Wettbewerb seine Urheber-

---

381 Bartenbach/Volz, GRUR 2002, 743, 750 f.; zust. u. a. Keukenschrijver in Busse/Keukenschrijver, PatG, Rn. 10 zu § 42 ArbEG (wenn »die Erfindung bereits StdT [Stand der Technik] geworden« ist).
382 Vgl. Amtl. Begründung Allg. Teil sowie zu § 42 Nr. 1 (BT-Drucks. 14/5975 S. 5, 6; übereinstimmend Amtl. Begründung Reg.Entw. BR-Drucks. 583/01 S. 5, 8 a.E.).
383 Insoweit modifiziert § 42 Nr. 1 die Geheimhaltungspflicht des Hochschulwissenschaftlers aus § 24 Abs. 2, worauf Reetz (2006) S. 214 f. zu Recht hinweist.
384 Vgl. Amtl. Begründung zu § 42 Nr. 1 (BT-Drucks. 14/5975 S. 6; übereinstimmend Amtl. Begründung Reg.Entw. BR-Drucks. 583/01 S. 8 f.).
385 S. von Falck/Schmaltz, GRUR 2004, 469, 470.
386 Matschiner in Festschr. 50 J. VPP (2005) S. 174, 180.

schaft zu dokumentieren. Nach dem Selbstverständnis zahlreicher Hochschulwissenschaftler spiegelt sich in den für Fachkreise bestimmten Publikationen ihre Forschungsarbeit und damit ihre wissenschaftliche Leistung wider, sodass deshalb häufig die zeitnahe Publizierung einer Patentierung von Forschungsergebnissen vorgezogen wird[387]. Die Qualität und Anzahl der wissenschaftlichen Publikationen dürfte auch weiterhin der beherrschende Maßstab für die Reputation innerhalb der Wissenschaft und damit für den Wissenstransfer sein[388], wobei sicherlich graduelle Unterschiede zwischen »allgemeinen« und »technischen« Hochschulen bestehen[389] (s.a. § 42 Rdn. 2, 8).

61 Die Vorschrift lässt das **Inanspruchnahmerecht des Dienstherrn/Arbeitgebers** unberührt. Sie berechtigt den Hochschulwissenschaftler nicht, seine Diensterfindung Dritten im Rahmen eines Beratervertrages exklusiv zu offenbaren und damit die Zuordnung der Diensterfindung zum öffentlichen Arbeitgeber zu unterlaufen.[390] Zur frei gewordenen Diensterfindung s. § 42 Rdn. 50.

62 Ist eine Diensterfindung **bereits zum Schutzrecht angemeldet** worden (vgl. § 13 ArbEG), kann der Hochschulwissenschaftler den prioritätsgesicherten Erfindungsgegenstand ohne Anzeige offenbaren, und zwar auch vor Offenlegung einer Patentanmeldung (§ 32 Abs. 2, § 31 Abs. 2 Nr. 2 PatG). Mit Schutzrechtsanmeldung ist die Anzeigepflicht nach § 42 Nr. 1 u. E. zwangsläufig gegenstandslos und entfällt damit.[391]

*Rdn. 63–70 frei*

## II. Geltungsbereich

71 Der **persönliche** Geltungsbereich erfasst ausschließlich Hochschulwissenschaftler (s. dazu § 42 Rdn. 22 ff.).

---

387 Vgl. Hübner (2003) S. 14 f. m. H. a. die im Auftrag des BMBF erstellte Studie von Cohausz (u.a.), Untersuchung zum Verwertungsprivleg – Relevanz des sog. Hochschullehrer-Privlegs (1999), S. 97 ff., wonach über 70 % der Hochschullehrer wissenschaftlichen Veröffentlichungen den Vorrang vor Patentierung geben; s.a. ders., WissR 2005, 34, 36 ff.; s. i.Ü. Haase/Lautenschläger, WissR 2006, 137, 138 ff., 147.
388 Acatech (Hrsg.), Moderne Formen d. Wissens-, Technologie- und Erkenntnistransfers, Dossier f. d. 4. Innovationsdialog am 28.04.2016, S. 40.
389 Vgl. insbes. für Österreich Backs (2016), S 22 ff., 79 ff.,
390 Sellnick, NVwZ 2002, 1340, 1342.
391 S. Bartenbach/Volz, GRUR 2002, 743, 750; zust. Bergmann (2006) S. 82; Kretzer (2007) S. 39.

Der **sachliche** Geltungsbereich erstreckt sich auf **Diensterfindungen** (s. § 42 Rdn. 30 ff.; zu freien Erfindungen s. § 42 Rdn. 47 f. und zu technischen Verbesserungsvorschlägen § 42 Rdn. 52). Die gesetzgeberische Wertung in § 42 Nrn. 1 und 2 mit Blick auf Art. 5 Abs. 3 GG zeigt, dass die Publikationsfreiheit letztlich Vorrang vor den Interessen der öffentlichen Verwaltung hat; für berechtigte Belange der Hochschule bzw. des Landes als Arbeitgeber i.S.d. § 17 dürfte damit kein Raum sein, d.h. eine einseitige Erklärung zur **betriebsgeheimen Erfindung** scheidet u. E. ohne Zustimmung des Hochschulwissenschaftlers aus.[392]

Bei den nach § 6 Abs. 2, § 8 n.F./§ 8 Abs. 1 a.F. **frei gewordenen Diensterfindungen** geht die Vorschrift ins Leere; sie können ohne Anzeige vom Hochschulwissenschaftler – ebenso wie von jedem anderen Erfinder – offenbart werden[393] (s. § 42 Rdn. 50).

Ob die Privilegien in § 42 Nrn. 1 bis 3 voraussetzen, dass die Erfindung in der **Eigenschaft als Hochschulwissenschaftler gemacht** worden ist, erscheint fraglich. Ansonsten wäre Konsequenz, dass die Bestimmungen u.U. bei Erfindungen im Zusammenhang mit industriellen Forschungsaufträgen nicht greifen. Dafür könnte zwar die Bezugnahme auf die Lehr- und Forschungstätigkeit in § 42 Nrn. 1 bis 3 sprechen. Eine solche Betrachtung würde indes dem Schutzbereich des Art. 5 Abs. 3 GG nicht gerecht, dem auch Auftragsforschung, gutachterliche Forschung und zweckgebundene Industrieforschung unterliegen.[394] Zudem würde solches dem angestrebten Reformziel, den Technologietransfer zu fördern (s. § 42 Rdn. 190 f.), widersprechen. Für die Annahme eines solchen Tatbestandsmerkmals gibt es u. E. auch im Gesetzeswortlaut – im Gegensatz zu § 42 Abs. 1 Satz 1 a.F. (s. unsere 4. Vorauflage § 42 Rdn. 17 ff.) – keine Stütze.

Der Hochschulwissenschaftler kann allerdings als **Miterfinder** von seinem Veröffentlichungsrecht nach § 42 Nr. 1 nicht einseitig Gebrauch machen, wenn solches mangels Schutzrechtsanmeldung neuheitsschädlich und damit schutzrechtsausschließend wirken würde.[395] Dies folgt bei der Bruchteilsgemeinschaft, die regelmäßig zwischen den Miterfindern bis zu einer (unbeschränkten) Inanspruchnahme besteht (s. § 42 Rdn. 22), zumindest aus dem Rechtsgedanken des § 744 BGB (zur gemeinsamen Schutzrechtsanmeldung von Teilhabern s. § 13 Rdn. 3.1), will man die Offenbarung nicht bereits als

---

392 Im Ergebn. wie hier Soudry (2010) S. 172 f.
393 Wohl unstreitig, zust. z.B. Kelp in: Gärditz/Pahlow (2011), 223, 244 (Rn. 53).
394 Vgl. Maunz/Dürig/Herzog/Scholz GG Rn. 98 zu Art. 5 III m.w.N.
395 So im Ergebn. auch Kretzer (2007) S. 63.

Verfügung i.S.d. § 747 BGB ansehen. Ein allgemeiner Vorrang des Publikationsinteresses des Hochschulwissenschaftlers vor den durch Art. 1, 2 und 14 GG geschützten Interessen der anderen Miterfinder besteht u. E. nicht[396] (s. § 42 Rdn. 108). Für den Dienstherrn verbleibt es also bei seiner jedem Miterfinder ggü. bestehenden Pflicht zur Schutzrechtsanmeldung, es sei denn, er gibt die Diensterfindung frei (§ 13 Abs. 2 Nr. 1; zur Freigabe bei Miterfindern s. § 8 n.F. Rdn. 138 ff.).

*Rdn. 73, 74 frei*

### III. Offenbarungsabsicht i.R.d. Lehr- und Forschungstätigkeit (Nr. 1 Satz 1 Halbs. 1)

75 § 42 Nr. 1 greift erst dann ein, wenn sich der Hochschulwissenschaftler dazu entschließt, die Diensterfindung im Rahmen seiner Lehr- oder Forschungstätigkeit zu offenbaren. Der **Entschluss** obliegt – entsprechend dem Wesensgehalt der Publikationsfreiheit (s. § 42 Rdn. 58 f.) – seiner freien Entscheidungsbefugnis.[397] Ein Genehmigungsvorbehalt für die Offenbarung kann nicht gefordert werden, und zwar weder vom Dienstherrn noch von der Hochschule.[398]

76 Der im Patentwesen gebräuchliche[399] und auch hier geltende[400] Begriff der **Offenbarung** (vgl. etwa § 3 Abs. 4, § 34 Abs. 4 PatG) ist im Zusammenhang mit der Geheimhaltungspflicht nach § 24 Abs. 2 (s. § 24 Rdn. 29 ff.) und der damit bezweckten Sicherung der Schutzrechtserlangung zu sehen[401] (s. § 42 Rdn. 59 f.). Demzufolge geht es darum, die patentrechtliche Neuheit zu sichern, d.h. die Erfindung nicht durch eine vorzeitige Publikation zum Stand der Technik i.S.d. § 3 Abs. 1 PatG (Art. 54 Abs. 1 EPÜ; vgl. auch § 3 Abs. 1

---

396 So aber wohl Reimer/Schade/Schippel/Leuze Rn. 29 zu § 42 n.F.; s.a. Kretzer (2007) S. 62 f. Im Ergebn. wie hier Soudry (2010) S. 124.
397 Zust. Boemke/Kursawe/Boemke/Sachadae Rn. 58 zu § 42.
398 Bartenbach/Volz, GRUR 2002, 743, 750; ebenso Hoeren, WissR 2005, 131, 137.
399 Vgl. u.a. BGH v. 19.05.1981 – X ZB 19/80, GRUR 1981, 812, 813 f. – *Etikettiermaschine*; Rogge, GRUR 1996, 931 ff.
400 S. Bericht des BT-Rechtsausschusses in BT-Drucks. 14/7573 v. 26.11.2001, S. 7 (zu § 42 Nr. 2). Wie hier wohl h.M., z.B. Kretzer (2007) S. 35; Keukenschrijver in Busse/Keukenschrijver, PatG, Rn. 9 zu § 42 ArbEG; Reimer/Schade/Schippel/Leuze Rn. 7 zu § 42 n.F. S. (aber) auch Kraßer/Ann, PatR, § 21 Rn. 148, wonach Offenbarungen »ohne unmittelbaren Anwendungsbezug« nicht erfasst sein sollen.
401 Bartenbach/Volz, GRUR 2002, 743; zust. Bergmann (2006) S. 88.

Satz 2 GebrMG) werden zu lassen[402] (s. a. § 42 Rdn. 60). Offenbarung bedeutet mithin in Anlehnung an § 3 Abs. 1 Satz 2 PatG, die Erfindung durch schriftliche oder mündliche Beschreibung, durch Benutzung oder in sonstiger Weise der Öffentlichkeit zugänglich zu machen.[403] Offenbarung liegt nicht nur dann vor, wenn das Wesen der Diensterfindung z.B. in einer Fachzeitschrift dargestellt wird.[404] So können bereits wissenschaftliche Erörterungen jedenfalls dann eine Offenbarung sein, wenn dadurch anderen Fachkundigen die technische Lehre enthüllt wird.[405] Ein öffentlicher Vortrag mit Darstellung der Erfindung ist ebenfalls neuheitsschädlich.[406] Wird z.B. in einem Vortrag, zu dem ein nicht begrenzter Personenkreis Zugang hat, die Erfindung in ihren wesentlichen Merkmalen demonstriert oder deren technische Lehre sonstwie erläutert, wird sie offenkundig.[407] Gleiches gilt bei Lieferung eines erfindungsgemäßen Modells (Prototyps) an ein Hochschullabor[408] oder für die Veröffentlichung von Zeichnungen bzw. Formeln, nach denen ein Durchschnittsfachmann ohne unzumutbares Herumprobieren die erfinderische Lehre

---

402 Vgl. Amtl. Begründung zu § 42 Nr. 1 (BT-Drucks. 14/5975 S. 6; übereinstimmend Amtl. Begründung Reg.Entw. BR-Drucks. 583/01 S. 9); BGH v. 18.09.2007 – X ZR 167/05, GRUR 2008, 150, 153 [Rn. 23] – *selbststabilisierendes Kniegelenk*.
403 Folgend u. a. Bergmann (2006) S. 88 f.; Reetz (2006) S. 184; Kretzer (2007) S. 35. S. ferner Reimer/Schade/Schippel/Leuze Rn. 24 zu § 42 n.F. Vgl. auch Boemke/Kursawe/Boemke/Sachadae Rn. 59 f. zu § 42.
404 Vgl. z.B. EPA v. 01.04.1997, ABl. EPA 1998, 32. Auch nach EPA v. 10.11.88 ABl. EPA 1990, 213 wird ein wissenschaftlicher Artikel mit der Auslieferung der Zeitschrift an die Abonnenten öffentlich zugänglich. Auf dieser Linie auch BPatG (Beschl. v. 19.07.1995 – 7 W [patG] 90/93), wonach allein durch die Zusendung eines Manuskriptes an den Verlag einer Fachzeitschrift dessen Inhalt noch nicht ohne Weiteres offenkundig wird, da aus dem Einverständnis mit dem Abdruck grds. nicht das Einverständnis zur unkontrollierten Weitergabe an beliebige Dritte vor der regulären Veröffentlichung abgeleitet werden kann; zitiert nach Possentrup/Keukenschrijver/Ströbele, GRUR 1996, 303, 304.
405 Vgl. Keukenschrijver in Busse/Keukenschrijver, PatG, Rn. 26 zu § 3 PatG.
406 Singer/Stauder/Spangenberg EPÜ Rn. 29 zu Art. 54. Dies gilt auch für die Veröffentlichung eines Vortragsmanuskriptes über einen Vortrag auf einer Fachkonferenz (EPA – T 534/88 und T 348/94, beide unveröffentl.).
407 Vgl. die Beispiele von Keukenschrijver in Busse/Keukenschrijver, PatG, Rn. 23 ff., 32 ff. zu § 3 PatG m.w.Nachw. Vgl. aber auch BPatG Mitt. 1970, 17 bei engem, ausgewählten Teilnehmerkreis.
408 Vgl. etwa BPatG v. 26.04.1990, Mitt. 1991, 118.

**§ 42 n.F.** Besondere Bestimmungen für Erfindungen an Hochschulen (Fassung 2002)

nacharbeiten kann,[409] ferner für das Einstellen von Darstellungen der technischen Lehre im Internet.[410]

Das Offenbarungsrecht besteht nur bei einer fertigen Erfindung, nicht in Bezug auf eine **noch nicht fertiggestellte Diensterfindung**.[411] Insoweit kann eine arbeits- bzw. beamtenrechtliche Geheimhaltungspflicht zum Tragen kommen[412] bzw. sich eine solche aus allgemeinen Treue- bzw. Rücksichtnahmepflichten ergeben.[413]

77 Erfasst wird nur die Offenbarung **i.R.d. Lehr- und Forschungstätigkeit**. Der Begriff ist im Lichte der Publikationsfreiheit (s. § 42 Rdn. 58 f.) **weit auszulegen**[414] (s.a. § 42 Rdn. 29). Umfasst wird im Grundsatz das Gesamtgebiet der grundgesetzlich geschützten Betätigung des Hochschulwissenschaftlers im universitären und außeruniversitären Bereich[415] (vgl. auch § 4 Abs. 2 u. 3 HRG). Den Gesetzesmaterialien zu § 42 Nr. 3 zufolge ist allerdings nur eine **nichtkommerzielle Benutzung** im wissenschaftlichen Bereich privilegiert.[416] Lehr- und Forschungstätigkeit brauchen nicht kumulativ gegeben zu sein.[417] Die Lehr – bzw. Forschungstätigkeit muss maßgeblicher, wenn auch nicht aus-

---

409 Kraßer in: Hartmer/Detmer (2004) S. 466 (Kap. IX Rn. 73).
410 Vgl. Kretzer (2007) S. 35. Zur Veröffentlichung gegenüber einer Facebook-Gruppe s. LG München I v. 31.01.2018 GRUR-RR 2018, 406 ff. – Mythos – H. (zu § 15 UrhG).
411 Kraßer/Ann, PatR, § 21 Rn. 148.
412 Vgl. Kraßer/Ann, PatR, § 21 Rn. 148 (Fn. 151). Eine Geheimhaltung im Entwicklungsstadium generell ablehnend Hübner (2003) S. 76.
413 S.a. Bergmann (2006) S. 105.
414 Zust. Reimer/Schade/Schippel/Leuze Rn. 25, 27 zu § 42 n.F.; Kelp in: Gärditz/Pahlow (2011), 223, 244 (Rn. 54); Boemke/Kursawe/Boemke/Sachadae Rn. 61 zu § 42.
415 Bartenbach/Volz, GRUR 2002, 743, 751; im Anschluss daran u. a. Kretzer (2007) S. 35. Abw. Boemke/Kursawe/Boemke/Sachadae Rn. 69 zu § 42, die hier den Anwendungsbereich nicht auf Hochschulwissenschaftler beschränken, sondern auch sonstige Hochschulbeschäftigte erfassen wollen, wenn diese außerhalb der Hochschule Lehr- und Forschungsarbeiten durchführen.
416 Amtl. Begründung BT-Drucks. 14/5975 S. 7; übereinstimmend Amtl. Begründung Reg.Entw. BR-Drucks. 583/01 S. 10; Bartenbach/Volz, GRUR 2002, 743, 750; zust. Bergmann (2006) S. 89. Abw. Reimer/Schade/Schippel/Leuze Rn. 25 zu § 42 n.F.
417 Bartenbach/Volz, GRUR 2002, 743, 751; zust. Bergmann (2006) S. 89; Kretzer (2007) S. 35; Reimer/Schade/Schippel/Leuze Rn. 25 zu § 42 n.F.

schließlicher Anlass sein (»im Rahmen«).⁴¹⁸ Hierzu gehören zunächst die klassischen dienstlichen Aufgaben wie die Hochschulforschung (einschließlich einer druckschriftlichen Verbreitung von Forschungsergebnissen) und das Abhalten von Lehrveranstaltungen. Umfasst sind nach diesseitiger Auffassung aber auch Vorhaben i.S.d. §§ 25, 26 HRG, da deren Durchführung Teil der Hochschulforschung ist⁴¹⁹ (§ 25 Abs. 1 Satz 2 HRG, s. dazu § 42 Rdn. 41). Nicht erfasst dürfte dagegen eine Offenbarung im Rahmen privater Nebentätigkeiten sein,⁴²⁰ auch soweit es sich um entgeltliche außeruniversitäre Auftragsforschung, Gutachten usw. handelt (vgl. auch § 52. HRG a.F.). Gleiches gilt für Offenbarungen, die mit sonstigen kommerziellen Verwertungshandlungen verbunden sind.⁴²¹ Diese Einschränkungen folgen zugleich aus § 42 Nr. 1 Satz 2, der den Hochschulwissenschaftler nur »insoweit« von seiner Geheimhaltungspflicht nach § 24 Abs. 2 entbindet (s. dazu § 42 Rdn. 93). Dagegen bewirkt allein das für eine Publikation übliche Verlagshonorar nicht bereits eine kommerzielle Nutzung der Erfindung.⁴²²

Eine **Einschränkung** des Offenbarungsrechts ergibt sich nach dem *BGH* allerdings **aus dem Umfang der vorherigen Unterrichtung des Arbeitgebers** durch den Hochschulwissenschaftler: Danach muss sich die Offenbarung im Rahmen dessen halten, was der Hochschule (dem Arbeitgeber/Denstherrn) zuvor mitgeteilt worden ist und von dieser somit zum Gegenstand der Zeitrangsicherung (s. § 42 Rdn. 91) gemacht werden kann.⁴²³ Das betrifft nach

78

---

418 Ähnl. Bergmann (2006) S. 89 (»Offenbarung, die zumindest überwiegend wissenschaftlich motiviert ist.«); nach Keukenschrijver in Busse/Keukenschrijver, PatG, Rn. 10 zu § 42 ArbEG wird ein »Bezug zur Lehr- und Forschungstätigkeit des Erfinders und eine Offenbarung in diesem Zusammenhang« vorausgesetzt. Abw. Boemke/Kursawe/Boemke/Sachadae Rn. 66 zu § 42, wonach nur rein wirtschaftliche Tätigkeiten nicht gedeckt, dagegen selbst überwiegende wirtschaftliche Motive unschädlich sein sollen; im Ergebn. wohl auch Reimer/Schade/Schippel/Leuze Rn. 25 zu § 42.
419 So auch im Ergebnis zur Erfüllung der Voraussetzungen einer privilegierten Tätigkeit i.S.d. § 42 Abs. 1 a.F. Schiedsst. v. 09.02.1993, EGR Nr. 1 zu § 42 ArbEG; Reimer/Schade/Schippel/Leuze Rn. 13 ff. zu § 42 m.w.N.; vgl. auch Ballhaus, GRUR 1984, 1, 7, 9; Frieling, GRUR 1987, 407; vgl. auch den Sachverhalt bei BGH v. 09.02.1978, NJW 1978, 2548.
420 Zust. Kelp in: Gärditz/Pahlow (2011), 223, 244 (Rn. 54); s. aber auch Boemke/Kursawe/Boemke/Sachadae Rn. 66, 68 zu § 42.
421 Zutreffend Kretzer (2007) S. 36; s. aber auch Boemke/Kursawe/Boemke/Sachadae Rn. 66, 68 zu § 42.
422 Im Ergebnis zu Recht Reimer/Schade/Schippel/Leuze Rn. 25 zu § 42 n.F.
423 BGH v. 18.09.2007 – X ZR 167/05, GRUR 2008, 150 [Rn. 25] – *selbststabilisierendes Kniegelenk*.

der höchstrichterlichen Rechtsprechung vorrangig die Anzeige nach § 42 Nr. 1 ArbEG, die damit – dem *BGH* zufolge[424] – den Rahmen dessen absteckt, was der Hochschulwissenschaftler ohne Verstoß gegen § 42 Nr. 1 offenbaren darf. Geht eine vorherige oder parallele Erfindungsmeldung darüber hinaus, ergibt sich daraus der Rahmen der zugelassenen Offenbarung.

*Rdn. 79, 80 frei*

### IV. Anzeige ggü. dem Dienstherrn, Regelfrist (Nr. 1 Satz 1 Halbs. 2)

81 Die beabsichtigte Offenbarung hat der Hochschulwissenschafter rechtzeitig zuvor seinem Dienstherrn (Arbeitgeber) anzuzeigen. Anzeige bedeutet **inhaltlich** die Erklärung, die Diensterfindung i.R.d. Lehr- und Forschungstätigkeit offenbaren zu wollen. Das Gesetz gibt weder einen bestimmten Wortlaut noch einen bestimmten Inhalt vor[425] (vgl. auch § 25 Abs. 3 Satz 1 HRG). Folglich muss die Anzeige u.E. nicht konkret Anlass, Art oder Ort der geplanten Offenbarung bezeichnen. Das gilt selbst bei etwaigen Zweifeln der Hochschule an einer nicht-kommerziellen Benutzung.[426] Mit Blick auf die u. E. notwendige Erfindungsmeldung ist auch keine nähere Beschreibung der Erfindung, sondern lediglich deren Kennzeichnung geboten, z.B. durch Bezugnahme auf eine parallele Erfindungsmeldung (s. § 42 Rdn. 86, dort auch zu der vom *BGH* geforderten Ermöglichung einer Zeitrangsicherung). Allerdings bestimmt – bei fehlender Erfindungsmeldung – der Umfang der Erfindungskennzeichnung zugleich den Umfang der Offenbarungsbefugnis (s. § 42 Rdn. 78). I.Ü. sind u. E. weder eine Begründung für die beabsichtigte Offenbarung noch der Nachweis berechtigter Belange erforderlich[427] (s.a. § 42 Rdn. 87). Dahin gehende Inhaltserfordernisse wären bedenklich; auch im Lichte der Publikationsfreiheit wird man dem Dienstherrn/Arbeitgeber im Grundsatz kein Recht zur Überprüfung der Sinnhaftigkeit der beabsichtigten Offenbarung zugestehen können.[428] Die Anzeige muss für den Empfänger lediglich gesichert erkennen lassen, dass und zu welchem Zeitpunkt der Hoch-

---

424 BGH v. 18.09.2007 – X ZR 167/05, GRUR 2008, 150 [Rn. 25] – *selbststabilisierendes Kniegelenk*.
425 Wie hier Reimer/Schade/Schippel/Leuze Rn. 24 zu § 42 n.F. Im Ergebn. auch Keukenschrijver in Busse/Keukenschrijver, PatG, Rn. 11 zu § 42 ArbEG; Boemke/Kursawe/Boemke/Sachadae Rn. 72 f. zu § 42.
426 A.A. Kretzer (2007) S. 36 f.
427 Bartenbach/Volz, GRUR 2002, 743, 751. Ebenso Bergmann (2006) S. 64; Reimer/Schade/Schippel/Leuze Rn. 24 zu § 42 n.F.
428 Ebenso Reimer/Schade/Schippel/Leuze Rn. 25 zu § 42 n.F. m. H. a. Kraßer in: Hartmer/Detmer (2004) S. 467 (Kap. IX Rn. 78 – dort zu § 42 Nr. 2).

schulwissenschaftler eine Veröffentlichung (Offenbarung) der Diensterfindung i.R.d. Lehr- und Forschungstätigkeit plant[429] und damit eine beschleunigte Schutzrechtsanmeldung nach § 13 ArbEG geboten ist (s. § 42 Rdn. 60).

**Adressat** der Anzeige ist der Dienstherr bzw. – bei Arbeitnehmern – der Arbeitgeber; für die Klärung, wer konkret Empfänger der Anzeige sein muss, gelten die gleichen Grundsätze wie bei der Erfindungsmeldung (s. dazu § 5 Rdn. 9, 14 ff. u. § 41 Rdn. 13). Im Regelfall dürfte die Hochschule zuständig (s. § 42 Rdn. 9.2 f.) und damit zutreffender Adressat sein. 82

Die Rechtsnatur der Anzeige stellt sich nach der hier vertretenen Auffassung – ebenso wie die Meldung – als **Rechtshandlung** in Form einer »geschäftsähnlichen Handlung« dar[430] (s. dazu und zur abweichenden *BGH*-Rspr. § 5 Rdn. 5 f.). 83

Sie ist – im Unterschied zur Erfindungsmeldung – an **keine Form** gebunden,[431] kann also mündlich,[432] schriftlich, telefonisch, per E-Mail oder Fax erfolgen. Denkbar ist auch eine schlüssige Erklärung, an die allerdings wegen der Rechtsfolgen (Schutzfähigkeit) strenge Anforderungen zu stellen sind. Da den Hochschulwissenschaftler die Darlegungs- und **Beweislast für den Zugang** der Anzeige beim Dienstherrn/Arbeitgeber trifft, empfiehlt sich aus Beweiszwecken Schrift- oder Textform. 84

Bezüglich des Zeitpunkts muss die Anzeige rechtzeitig erfolgen. Der unbestimmte Rechtsbegriff »**rechtzeitig**« ist gerichtlich voll überprüfbar[433] und bezieht sich auf die Möglichkeit des Dienstherrn, innerhalb des Zeitraums vor Offenbarung eine **Schutzrechtsanmeldung im Inland** bzw. eine **prioritätswahrende Auslandsanmeldung** gem. § 13 durchzuführen[434] bzw. zumindest zeitrangsichernde Maßnahmen zu ergreifen (s. § 42 Rdn. 91). Gemeint ist also 85

---

429 Zust. Bergmann (2006) S. 81; ähnl. Keukenschrijver in Busse/Keukenschrijver, PatG, Rn. 11 zu § 42 ArbEG.
430 Zust. Boemke/Kursawe/Boemke/Sachadae Rn. 70 zu § 42. Vgl. auch Reimer/Schade/Schippel/Leuze Rn. 24 zu § 42 n.F.
431 Wohl allg. A., z.B. Kraßer in: Hartmer/Detmer (2004) S. 466 (Kap. IX Rn. 74); Kretzer (2007) S. 37; Beyerlein, NZA 2002, 1020, 1022; Keukenschrijver in Busse/Keukenschrijver, PatG, Rn. 11 zu § 42 ArbEG; Reimer/Schade/Schippel/Leuze Rn. 24 zu § 42 n.F.; Boemke/Kursawe/Boemke/Sachadae Rn. 74 zu § 42.
432 Ebenso u.a. Beyerlein, NZA 2002, 1020, 1022 r. Sp.
433 Krit. Reimer/Schade/Schippel/Leuze Rn. 28 zu § 42 n.F.
434 Vgl. Amtl. Begründung zu § 42 Nr. 1 (BT-Drucks. 14/5975 S. 6; übereinstimmend Amtl. Begründung Reg.Entw. BR-Drucks. 583/01 S. 9).

der Zeitraum zwischen Anzeige und Offenbarung und damit die dem Erfinder zumutbare Wartezeit.[435]

86 Aus dem Begriff »rechtzeitig« und aus dem Zusammenhang mit § 42 Nr. 2 folgt u. E., dass zwangsläufig eine ordnungsgemäße **Meldung der Diensterfindung** nach § 5 ArbEG erfolgt sein muss bzw. zumindest gleichzeitig mit der Anzeige zu erfolgen hat.[436] Ansonsten wird aus unserer Sicht die (Regel-)Frist (noch) nicht ausgelöst.[437] Dies entspricht dem Gebot der Unverzüglichkeit der abzugebenden (s. § 42 Rdn. 27) Erfindungsmeldung (§ 5 Abs. 1 Satz 1). Angesichts des – auch nach der Vorstellung des Gesetzgebers[438] – untrennbaren Zusammenhangs zwischen Anzeigepflicht und Schutzrechtsanmeldung erschließt sich das auch aus der Rechtsfolge des § 13 Abs. 1 Satz 1, wonach die Anmeldebefugnis des Arbeitgebers an die Erfindungsmeldung anknüpft. Nur dann kann die Anzeige letztlich ihren Zweck erfüllen. Damit treffen den Hochschulwissenschaftler nach der hier vertretenen Auffassung bei einer beabsichtigten Offenbarung zwei voneinander unabhängige Pflichten,[439] und zwar die Meldepflicht nach § 5 und die Anzeigepflicht aus § 42 Nr. 1;

---

435 Vgl. Amtl. Begründung zu § 42 Nr. 1 (BT-Drucks. 14/5975 S. 6; übereinstimmend Amtl. Begründung Reg.Entw. BR-Drucks. 583/01 S. 9). Reimer/Schade/Schippel/Leuze Rn. 28 zu § 42 n.F.
436 Bartenbach/Volz, GRUR 2002, 743, 751; zust. Bergmann (2006) S. 80; Kretzer (2007) S. 37; Soudry (2010) S. 58; Reimer/Schade/Schippel/Leuze Rn. 24 zu § 42 n.F.; wie hier wohl auch Kraßer in: Hartmer/Detmer (2004) S. 466 (Kap. IX Rn. 74). Vgl. auch Beyerlein, NZA 2002, 1020, 1022. Ablehnend Reetz, WissR 2008, 206, 216, der allerdings die hier vertretene Differenzierung zwischen Anzeige nach § 42 Nr. 1 Satz 1 und Meldung nach § 5 missversteht und mit dem Zeitpunkt der Erklärung verwechselt. Unklar BGH v. 18.09.2007 – X ZR 167/05, GRUR 2008, 150, 153 [Rn. 25] – *selbststabilisierendes Kniegelenk*, der weder eine Erfindungsmeldung (§ 5) noch eine Schutzrechtsanmeldung (§ 13) anspricht, sondern lediglich »Maßnahmen zur Zeitrangsicherung«. A.A. Reetz (2006) S. 221 f. Demgegenüber setzt Beaucamp (DÖD 2003, 99, 101) die Anzeige n. § 42 Nr. 1 einer Erfindungsmeldung gleich.
437 Bartenbach/Volz, GRUR 2002, 743, 751; zust. Bergmann (2006) S. 80, 83; i.d.S. wohl auch u. Boemke/Kursawe/Boemke/Sachadae Rn. 71 zu § 42. Abweichend wohl BGH v. 18.09.2007 – X ZR 167/05, GRUR 2008, 150, 153 [Rn. 25] – *selbststabilisierendes Kniegelenk*, wonach sich aus der gesetzlichen Regelung eine »längere Wartezeit als eine solche von zwei Monaten nicht herleiten« lässt.
438 Vgl. Amtl. Begründung zu § 42 Nr. 1 (BT-Drucks. 14/5975 S. 6; übereinstimmend Amtl. Begründung Reg.Entw. BR-Drucks. 583/01 S. 9).
439 So zutr. Bergmann (2006) S. 83, 103. Mutmaßlich a.A. BGH v. 18.09.2007 – X ZR 167/05, GRUR 2008, 150, 153 [Rn. 25] – *selbststabilisierendes Kniegelenk*, wonach sich aus der gesetzlichen Regelung wohl generell eine »längere Wartezeit als eine solche von zwei Monaten nicht herleiten« lässt.

dabei bleibt die gleichzeitige Erfüllung beider Pflichten mittels einer Erklärung in Textform (s. § 5 Rdn. 35 ff.) möglich. Die Meldung kann selbstverständlich auch nachgeholt werden; allerdings verlängert sich u. E. dann die Frist für die Offenbarung entsprechend.[440] Dagegen wird – ebenso wie für die Schutzrechtsanmeldung (s. § 13 Rdn. 4) – eine (unbeschränkte) Inanspruchnahme nicht vorausgesetzt.

Hält man – entgegen der hier vertretenen Auffassung – eine vorangegangene bzw. gleichzeitige Erfindungsmeldung für nicht erforderlich, muss der Inhalt der Anzeige zumindest zulassen, dass damit ein zeitrangsichernder Anmeldetag nach § 35 Abs. 2 Satz 1 PatG erreicht werden kann;[441] davon geht wohl auch der *BGH* in seiner Entscheidung »selbststabilisierendes Kniegelenk« aus[442] (s. dazu § 42 Rdn. 91).

Folgt man der umstrittenen »Haftetikett«-Entscheidung des *BGH*, dürfte eine erfolgte Schutzrechtsanmeldung die Frist für die Inanspruchnahmefiktion des § 6 Abs. 2 n.F. auslösen (s. § 6 n.F. Rdn. 130) und damit auch i.R.d. § 42 eine nachzuholende Meldung **entbehrlich** machen.[443] Allerdings kommt der Erfindungsmeldung gerade bei Hochschulerfindungen angesichts der Ausnahmeregelungen des § 42 eine besondere Bedeutung zu, insb. wegen der Feststellung der Erfinderschaft, ihres Umfangs bei Miterfinderschaft sowie der vom *BGH* anerkannten Möglichkeit einer bloß »formalen (vorsorglichen) Schutzrechtsanmeldung« (s. § 42 Rdn. 91).

---

440 Wie hier auch Bergmann (2006) S. 80.
441 So Kraßer/Ann, PatR, § 21 Rn. 150(eine »als Grundlage einer Anmeldung geeignete Meldung«, die »nicht notwendigerweise allen Erfordernissen« für die Ordnungsgemäßheit nach § 5 genügen muss) m. H.a. Reetz (2006) S. 218, 221 f.; s.a. Bergmann (2006) S. 96 ff.
442 Vgl. BGH v. 18.09.2007 – X ZR 167/05, GRUR 2008, 150, 153 [Rn. 25] – *selbststabilisierendes Kniegelenk*, wonach sich aus der gesetzlichen Regelung eine »längere Wartezeit als eine solche von zwei Monaten nicht herleiten« lässt und der eine Erfindungsmeldung (§ 5) nicht anspricht, sondern lediglich von »Maßnahmen zur Zeitrangsicherung« ausgeht.
443 In diesem Sinn wie hier u. a. Soudry (2010) S. 58.

**§ 42 n.F.** Besondere Bestimmungen für Erfindungen an Hochschulen (Fassung 2002)

87 Das Gesetz normiert – entgegen dem Koalitions-Entwurf[444] – eine **Regelfrist** von **zwei Monaten**. D.h. bei Einhaltung dieser Frist geht der Gesetzgeber von der Regelvermutung für eine Rechtzeitigkeit aus.[445]

Für die **Fristberechnung** gelten die allgemeinen Vorgaben (§§ 186 ff. BGB). Die Frist beginnt u. E. ab dem Tag des Eingangs der Anzeige[446] (vgl. auch § 6 Abs. 2 Satz 2 und dort § 6 n.F. Rdn. 50 ff.). Auch wenn es die Gesetzesmaterialien nahelegen könnten,[447] erfordert u. E. der Fristbeginn angesichts des Gesetzeswortlauts keine besonderen Interessen des Wissenschaftlers an einer zügigen Veröffentlichung (s. § 42 Rdn. 81).

Die zweimonatige **Regelfrist gilt**, wenn im konkreten Einzelfall – unter Würdigung der wissenschaftlichen Interessen des Erfinders und dessen verfassungsrechtlich garantierter Publikationsfreiheit[448] – keine besonderen Umstände für eine Verkürzung oder – entgegen der herrschenden Meinung – für eine Verlängerung sprechen. Solche können sich u.U. auch nachträglich ergeben, etwa aufgrund von Problemen im Zusammenhang mit der Schutzrechtsanmeldung. Bei der Bestimmung der Frist soll neben dem Publikationsinteresse des Hochschulwissenschaftlers auch der Grundsatz der Verhältnismäßigkeit zu beachten sein.[449]

88 Das Erfordernis einer **Verkürzung** der Regelfrist kann sich einmal aus Gründen der Prioritätssicherung ergeben. Dies kann andererseits unter dem Aspekt der Wissenschaftsfreiheit geboten sein und steht damit der Annahme einer

---

444 Der Fraktionsentwurf vom 09.05.2001 (BT-Drucks. 14/5975) sah in § 42 Nr. 1 eine Regel-Frist von einem Monat vor. Im BT-Rechtsausschuss wurde die Frist auf 2 Monate erweitert; s. den Hinweis in dessen Bericht in BT-Drucks. 14/7573 v. 26.11.2001, S. 7. Das Bestreben, die Frist auf 4 Monate auszudehnen, fand dagegen keine Mehrheit [s. die Kritik v. MdB Hauser in der 2. Lesung BT v. 30.11.2001 BT-PlPR. 14/206 v. 30.11.2001 S. 20425 (D)]. Zur Entwicklung im Gesetzgebungsverfahren s.a. Bergmann (2006) S. 65 ff.
445 Bartenbach/Volz, GRUR 2002, 743, 751; Hübner, WissR 2005, 34, 42.
446 S. Bartenbach/Volz, GRUR 2002, 743, 751; zust. Bergmann (2006) S. 82 f. Vgl. auch BGH v. 18.09.2007 – X ZR 167/05, GRUR 2008, 150, 153 [Rn. 25]. – *selbststabilisierendes Kniegelenk*: »altersrangsichernde Behandlung der Erfindung innerhalb von zwei Monaten nach ihrer Mitteilung«.
447 Vgl. Amtl. Begründung zu § 42 Nr. 1 (BT-Drucks. 14/5975 S. 6; übereinstimmend Amtl. Begründung Reg.Entw. BR-Drucks. 583/01 S. 9).
448 Zur Notwendigkeit einer verfassungskonformen Auslegung s. Schübel-Pfister in: Gärditz/Pahlow (2011), 11, 23 ff. (Rn. 22 ff.).
449 OLG Braunschweig v. 06.10.2005, Mitt. 2006, 41, 43 – *selbststabilisierendes Kniegelenk* (darauf geht der BGH im Revisionsurt. v. 18.09.2007 – X ZR 167/05, GRUR 2008, 150, 153 – *selbststabilisierendes Kniegelenk* nicht weiter ein).

Grundrechtsbeeinträchtigung entgegen.⁴⁵⁰ Im Einzelfall kann sich die Frist auf wenige Tage oder gar Stunden verkürzen und damit quasi entfallen.⁴⁵¹ Die Verkürzung tritt bei Vorliegen entsprechender Umstände ohne Weiteres, also auch ohne Erklärung des Hochschulwissenschaftlers ein.⁴⁵² Nach Auffassung des *BGH*⁴⁵³ kann sich bspw. im Verlauf einer wissenschaftlichen Tagung die Notwendigkeit ergeben, bisher nicht veröffentlichte Forschungsergebnisse schnell publik zu machen. Anlass kann auch eine unmittelbar bevorstehende Veröffentlichung eines konkurrierenden Wissenschaftlers sein.⁴⁵⁴ Ggf. reicht bereits das Risiko von Vorveröffentlichungen aus, wenn sich weltweit zahlreiche Forscher(teams) mit derselben Forschungsthematik befassen.⁴⁵⁵ Ausreichen kann im Einzelfall auch die Veröffentlichung zum Eignungsnachweis für eine Stellenbewerbung.⁴⁵⁶ In allen Fällen kann der elektronische Verkehr für alle Beteiligten Möglichkeiten zur Beschleunigung einer erfolgreichen Schutzrechtsanmeldung bieten.⁴⁵⁷

Ob und inwieweit den Hochschulwissenschaftler für die Notwendigkeit einer Verkürzung die Darlegungs- und Beweislast trifft, ist streitig.⁴⁵⁸ Trotz der Rechtskonstruktion der Regelvermutung spricht im Lichte des Art. 5 Abs. 3 GG einiges dafür, dass die bloße Anzeige eines dringenden Publikationsinteresses ausreicht.⁴⁵⁹

---

450 Vgl. BGH v. 18.09.2007 – X ZR 167/05, GRUR 2008, 150, 153 [Rn. 26] – *selbststabilisierendes Kniegelenk* m. H. a. BVerfG v. 12.03.2004, NVwZ 2004, 974, 975 – *stabilisierendes Kniegelenk*; s. ferner Reetz (2006) S. 217 ff.
451 Vgl. BGH v. 18.09.2007 – X ZR 167/05, GRUR 2008, 150, 153 [Rn. 26, 27]. – *selbststabilisierendes Kniegelenk*.
452 S. BGH v. 18.09.2007 – X ZR 167/05, GRUR 2008, 150, 153 [Rn. 25]. – *selbststabilisierendes Kniegelenk* m.H.a. Leuze, GRUR 2005, 27, 28.
453 BGH v. 18.09.2007 – X ZR 167/05, GRUR 2008, 150, 153 [Rn. 26] – *selbststabilisierendes Kniegelenk*. S.a. Hübner, WissR 2005, 34, 41 f.; Reetz (2006) S. 217 f.
454 So das Berufungsurteil d. OLG Braunschweig v. 06.10.2005, Mitt. 2006, 41, 43 – *selbststabilisierendes Kniegelenk* (darauf geht der BGH im Revisionsurt. v. 18.09.2007 – X ZR 167/05, GRUR 2008, 150, 153 – *selbststabilisierendes Kniegelenk* nicht weiter ein).
455 I.d.S. wohl Bergmann (2006) S. 84 f.
456 Soudry (2010) S. 97.
457 S. BGH v. 18.09.2007 – X ZR 167/05, GRUR 2008, 150, 153 [Rn. 26] – *selbststabilisierendes Kniegelenk*.
458 So letztlich – wenn auch mit anderer Schlussfolgerung – Hübner, WissR 2005, 34, 42. Reetz, WissR 2008, 206, 215 geht davon aus, dass auch dem BGH zufolge (Urt. v. 18.09.2007 – X ZR 167/05, GRUR 2008, 150, 153 [Rn. 26] – *selbststabilisierendes Kniegelenk*) die »gesetzliche Beweislastentscheidung. zugunsten der Hochschulen« ausfällt.
459 So Reetz (2006) S. 21 f.

**§ 42 n.F.**   Besondere Bestimmungen für Erfindungen an Hochschulen (Fassung 2002)

89   Die Möglichkeit einer **Verlängerung** der Regelfrist schließen wohl der *BGH*[460] – unter Hinweis auf beschleunigte zeitrangsichernde Maßnahmen (s. dazu § 42 Rdn. 91) – und wohl auch das *BVerfG*[461] sowie Teile des Schrifttums[462] aus. Ein solches Ergebnis wäre mit der Auffassung vereinbar, die die 2-Monats-Frist mit Blick auf Art. 5 Abs. 3 GG als gerade noch hinnehmbar ansehen will.[463] Auch bei der gebotenen verfassungskonformen Handhabung der Regelfrist[464] kann dem u. E. nicht gefolgt werden.[465] Die Begriffe »rechtzeitig« und »in der Regel« ausschließlich auf die Möglichkeit einer Fristverkürzung zu reduzieren, ist weder mit dem Wortlaut noch mit der Zielsetzung des § 42 n.F. vereinbar, der Hochschule wirtschaftlich sinnvolle Verwertungsmöglichkeiten zu sichern und einen Ausgleich zwischen Gemeinwohlzielen und Publikationsinteresse des Wissenschaftlers zu erreichen. Eine Verlängerung der Regelfrist, für deren Voraussetzungen sicherlich ein strenger Maßstab gilt,[466] kann aus hiesiger Sicht insb. zur sachgerechten Prioritätssicherung geboten sein, etwa wegen schwieriger bzw. komplexer Schutzrechtsanmeldung[467] oder laufender Neuheitsrecherchen,[468] ferner bei Problemen im Zusammenhang mit einer Miterfinderschaft. Gleiches gilt u. E. grds. im Fall der Beanstandung

---

460   BGH v. 18.09.2007 – X ZR 167/05, GRUR 2008, 150, 153 [Rn. 25] – *selbststabilisierendes Kniegelenk* m.h.a. Fleuchhaus/Braitmayer, GRUR 2002, 653, 655 u. Körting/Kummer, RdA 2003, 279, 284; ebenso Reetz (2006) S. 220 ff. u. ders., WissR 2008, 206, 219.
461   BVerfG v. 12.03.2004, NVwZ 2004, 974, 975 – *stabilisierendes Kniegelenk*.
462   So im Ergebn. Soudry (2010) S. 98 ff.; Keukenschrijver in Busse/Keukenschrijver, PatG, Rn. 10 zu § 42 ArbEG. Vgl.auch Schübel-Pfister in: Gärditz/Pahlow (2011), 11, 24 ff. (Rn. 23 ff.).
463   Vgl. Reimer/Schade/Schippel/Leuze Rn. 23 zu § 42 n.F. m.w.N.
464   S. BVerfG v. 13.04.2004, NVwZ 2004, 974, 975 – *stabilisierendes Kniegelenk*, das ebenfalls nur eine Verkürzung bejaht. Vgl. auch Schübel-Pfister in: Gärditz/Pahlow (2011), 11, 24 ff. (Rn. 23 ff.).
465   Für eine Verlängerungsmöglichkeit im Ergebnis ebenfalls u. a. Fleuchhaus/Braitmayer, GRUR 2002, 653, 655; Hübner (2003) S. 75; Hoeren, WissR 2005, 131, 137; Bartenbach/Volz, GRUR 2002, 743, 751; Boemke/Kursawe/Boemke/Sachadae Rn. 77 zu § 42; s.a. Kraßer in Hartmer/Detmer (2004) S. 466 (Kap. IX Rn. 75); ferner *Ullmann* in jurisPraxisReport-Wettbewerbs- u. ImmaterialgüterR 3/2008, Anm. 1; ebenso noch die Berufungsentscheidung d. OLG Braunschweig v. 06.10.2005, Mitt. 2006, 41, 43 – *selbststabilisierendes Kniegelenk*.
466   So zu Recht Beyerlein, Mitt. 2006, 44.
467   Zust. grds. Bergmann (2006) S. 85; wie hier auch Beyerlein, Mitt. 2006, 44; im Ergebn. auch Boemke/Kursawe/Boemke/Sachadae Rn. 77 zu § 42.
468   Zust. Bergmann (2006) S. 85, wobei dort allerdings empfohlen wird, in beiden Fällen vorrangig die Möglichkeit einer vorsorglichen prioritätssichernden Anmeldung nach § 35 Abs. 2 PatG zu prüfen.

der Erfindungsmeldung.[469] Rechtfertigend kann auch eine unvorhersehbare, entschuldbare und nicht behebbare Überlastung der zuständigen Stelle der Hochschule sein.[470] Sowohl bei der Entscheidung über die Verlängerung als solche (»ob«) als auch bei deren Dauer (»wie«) ist eine einzelfallbezogene Abwägung zwischen den Möglichkeiten und Erfordernissen des Dienstherrn einerseits und den wissenschaftlichen (Publikations-) Belangen des Erfinders andererseits geboten. Das Zeitmaß im Einzelfall kann dabei sowohl von der Art und Komplexität der Erfindung, dem Schwierigkeitsgrad der Prüfung der Patentfähigkeit und der wirtschaftlichen Verwertbarkeit als auch vom Allgemeininteresse an einer frühzeitigen Bekanntgabe von (z.b. lebenserhaltenden) Erfindungen abhängen.[471]

*Rdn. 90 frei.*

### V. Rechtsfolgen/Ausnahme zur Geheimhaltungspflicht (Nr. 1 Satz 2)

Aus § 42 Nr. 1 Satz 2 folgt zunächst der allgemeine Grundsatz, dass für den **Hochschulwissenschaftler** die **Geheimhaltungspflicht** aus § 24 Abs. 2 für wissenschaftliche Bekanntgaben der von ihm entwickelten erfinderischen Lehre mit (erfolgter) prioritätsbegründender **Schutzrechtsanmeldung endet** (s. auch § 42 Rdn. 27, 60).

Für den **Dienstherrn/Arbeitgeber** bewirkt die Anzeige u. E. die Pflicht, **beschleunigt** eine **Schutzrechtsanmeldung nach § 13** zu betreiben,[472] sei es durch Anmeldung eines Patents bzw. Gebrauchsmusters (s. aber § 42 Rdn. 28) im Inland (s. § 13 Rdn. 10 ff.) sei es mittels prioritätsbegründender Auslandsanmeldung (s. § 13 Rdn. 25 ff.). Damit wird das der Anmeldepflicht nach § 13 ohnehin immanente Gebot der Unverzüglichkeit (s. § 13 Rdn. 7 ff.) konkretisiert.[473]

---

469 Abw. Bergmann (2006) S. 86 ff.
470 Vgl. Beyerlein, Mitt. 2006, 44. Abw. Boemke/Kursawe/Boemke/Sachadae Rn. 77 zu § 42, wonach es nicht auf die subjektive Fähigkeit der konkreten Hochschule zur Erfüllung der Anmeldevoraussetzungen ankommt,
471 So Ullmann in jurisPraxisReport-Wettbewerbs- u. ImmaterialgüterR 3/2008 Anm. 1.
472 Ähnl. Reimer/Schade/Schippel/Leuze Rn. 28 zu § 42 n.F.
473 Zustimmend Bergmann (2006) S. 65; a.A. Keukenschrijver in Busse/Keukenschrijver, PatG, Rn. 13 zu § 42 ArbEG, wonach § 42 Nr. 1 eine Obliegenheit zur beschleunigten Schutzrechtsanmeldung begründet, »die neben die Anmeldepflicht nach § 13 tritt, diese aber als solche unberührt lässt«.

**§ 42 n.F.** Besondere Bestimmungen für Erfindungen an Hochschulen (Fassung 2002)

Einschränkend geht der **BGH**[474] in seiner »selbststabilisierendes Kniegelenk«-Entscheidung im Zusammenhang mit § 42 Nr. 1 davon aus, dass sich »die Prüfung der Hochschule [Arbeitgeber/Dienstherr], ob eine Anmeldung erfolgen soll, jedenfalls in der Regel zunächst darauf beschränken« kann, »ob **Maßnahmen zur Zeitrangsicherung** als geboten angesehen werden« (s.a. § 42 Rdn. 78, 86). Für eine altersrangsichernde Maßnahme lässt es der **BGH**[475] – in Anlehnung an § 35 Abs. 2 PatG – **ausreichen**, wenn innerhalb der Wartezeit von 2 Monaten »die Erfindung, so wie sie bisher formuliert worden ist und veröffentlicht werden soll, beim DPMA oder bei einem Patentinformationszentrum mit Angaben« eingereicht wird, »die dem Anschein nach als Beschreibung anzusehen sind (§ 35 Abs. 2 PatG)«. Dabei bleibt offen, ob der **BGH** eine solche, lediglich die gesetzlichen Mindestvoraussetzungen erfüllende Patentanmeldung bereits als Vollzug der Anmeldepflicht aus § 13 ansieht oder ob es sich um einen zulässigen – wenn auch mit den Risiken unzureichender Offenbarung behafteten[476] – spezifischen (provisorischen) Anmeldemodus i.R.d. § 42 Nr. 1 handelt, dem dann eine endgültige Schutzrechtsanmeldung nach Inanspruchnahme nachfolgt.[477]

Davon unberührt bleibt u. E. eine Erfindungsmeldung weiterhin erforderlich (s. § 42 Rdn. 86). Die Schutzrechtsanmeldung ersetzt auch hier nicht die **Inanspruchnahme** der Diensterfindung nach §§ 6, 7. Allerdings stellt sich dank der heutigen Inanspruchnahmefiktion (s. dazu § 6 n.F. Rdn. 78 ff.) nicht mehr in der bisherigen Schärfe die Problematik der faktischen Verkürzung der Inanspruchnahmefrist.[478] Ungeachtet des § 42 Nr. 1 knüpft der Beginn der Inanspruchnahmefrist – wie auch sonst – an die Erfindungsmeldung (§ 5) an. Solange folglich die Anzeige nach § 42 Nr. 1 nicht den Erfordernissen einer (ordnungsgemäßen) Erfindungsmeldung genügt (s. die Übersicht in § 5 Rdn. 2), solange kann die Inanspruchnahmefrist noch nicht beginnen, und zwar u. E. selbst dann nicht, wenn eine lediglich prioritätssichernde Schutz-

---

474 BGH v. 18.09.2007 – X ZR 167/05, GRUR 2008, 150, 153 [Rn. 25]. – *Selbststabilisierendes Kniegelenk* m.H.a. Fleuchhaus/Braitmayer, GRUR 2002, 653, 655; Körting/Kummer, RdA 2003, 279, 284. S.a. Keukenschrijver in Busse/Keukenschrijver, PatG, Rn. 13 zu § 42 ArbEG, der von einer »Obliegenheit, beschleunigt eine Schutzrechtsanmeldung zu betreiben«, spricht. A.A. Beyerlein, NZA 2002, 743, 751 u. Mitt. 2006, 44; Bartenbach/Volz, GRUR 2002, 743, 751.
475 BGH v. 18.09.2007 – X ZR 167/05, GRUR 2008, 150, 153 [Rn. 25]. – *selbststabilisierendes Kniegelenk*. Zu diesem Ausweg tendiert bereits Bergmann (2006) S. 97 ff. Vgl. auch Hübner (2003) S. 17.
476 S. dazu Matschiner in VPP-Festschr. (2005) S. 174, 180 f.
477 S. Bergmann (2006) S. 99 ff.
478 S. dazu u. a. Bergmann (2006) S. 93 ff. m.w.N.

rechtsanmeldung ohne weitere Beschreibung des Erfindungsgegenstandes erfolgt ist (s. § 42 Rdn. 86).

Reicht der Dienstherr/Arbeitgeber die Schutzrechtsanmeldung nicht innerhalb der durch das Merkmal der Rechtzeitigkeit gekennzeichneten Wartefrist (s. § 42 Rdn. 85) ein bzw. trifft er keine Maßnahmen zur Zeitrangsicherung i.S.d. *BGH*-Urteils »selbststabilisierendes Kniegelenk«, so **verletzt** er seine Anmeldepflicht (s. dazu § 13 Rdn. 58 ff.) bzw. seine **Pflicht zur Prioritätssicherung** aus § 42 Nr. 1 (s. zu den Folgen § 42 Rdn. 98). Soweit dann weiterhin eine Gebrauchsmusteranmeldung möglich wäre,[479] ändert dies nichts an der Pflichtverletzung, sondern trägt ggf. nur zur Schadensminderung bei (s. aber auch § 42 Rdn. 28). Hat der Hochschulwissenschaftler nach Fristablauf die Diensterfindung offenbart, so kann der Dienstherr/Arbeitgeber die Schutzrechtsanmeldung wegen fehlender Neuheit nicht mehr nachholen, es sei denn, es besteht ausnahmsweise (s. § 42 Rdn. 7) eine Neuheitsschonfrist (vgl. § 3 Abs. 4 PatG, Art. 55 EPÜ; weitergehend § 3 Abs. 1 Satz 3 GebrMG).

Eine **Pflichtverletzung scheidet aus**, wenn der Dienstherr/Arbeitgeber gem. § 13 Abs. 2 von der Anmeldepflicht entbunden wird, sei es, weil er die Erfindung frei gibt (§ 8 Satz 1 n.F., s. § 42 Rdn. 71) oder der Hochschulwissenschaftler der Nichtanmeldung zustimmt (s. dazu § 13 Rdn. 33 f.).

Ist der **Hochschulwissenschaftler** seiner Anzeigepflicht nachgekommen, kann er nach Ablauf der durch den unbestimmten Rechtsbegriff der »Rechtzeitigkeit« gekennzeichneten Wartezeit (s. § 42 Rdn. 85 f.) die Erfindung **offenbaren**, d.h. der Öffentlichkeit zugänglich machen (s. § 42 Rdn. 76). Diese »automatische Rechtsfolge«[480] gilt als gesetzliche Ausnahme zu § 24 Abs. 2 selbst dann, wenn die Schutzrechtsanmeldung (bzw. Prioritätssicherung, s. § 42 Rdn. 91) noch aussteht.[481] Einer vorherigen Aufforderung an den Dienstherrn/Arbeitgeber zur Schutzrechtsanmeldung oder einer »Nachfrist-Setzung« – wie im Fall des § 13 Abs. 3 – bedarf es nicht; solches kann allerdings im wohlverstandenen Interesse des Erfinders sinnvoll sein.

Angesichts des gerichtlich voll nachprüfbaren Rechtsbegriffs der »Rechtzeitigkeit« (s. § 42 Rdn. 85) und wegen der aus einer Rechtsverletzung folgenden Risiken (s. § 42 Rdn. 96 f.) empfiehlt sich im Regelfall für den Hochschulwis-

---

479 S. dazu Bergmann (2006) S. 92 f. m. H. a. Barth, GRUR 1997, 880 u.a.; vgl. auch Kraßer in: Hartmer/Detmer (2004) S. 467, 456 (Kap. IX Rn. 22).
480 Wohl ganz h.M., z.B. Kretzer (2007) S. 38.
481 Wohl allg. A., z. B. Boemke/Kursawe/Boemke/Sachadae Rn. 80 zu § 42.

senschaftler, vor Offenbarung möglichst eine Klärung mit dem Dienstherrn herbeizuführen.[482]

Ist die Diensterfindung vor Ablauf der (Regel-) Frist zum **Schutzrecht angemeldet** worden, braucht der Erfinder die restliche Frist nicht mehr abzuwarten. Gleiches gilt, wenn der Dienstherr die Diensterfindung zwischenzeitlich nach § 8 Satz 1 a.F., § 8 Abs. 1 n.F. freigibt (s. § 42 Rdn. 50).

Ansonsten darf der Hochschulwissenschaftler die Erfindung – wie § 42 Nr. 1 Satz 1 und 2 zeigen – **während der (Regel-) Frist**, also vor deren Ablauf **nicht offenbaren**,[483] will er sich nicht schadensersatzpflichtig machen (s. § 42 Rdn. 97). Das betrifft »wissenschaftliche Spontanäußerungen«, etwa als Entgegnung im Rahmen von Symposien, ebenso wie Diensterfindungen, deren Verwertung der Wissenschaftler ethisch nicht verantworten möchte;[484] einerseits sieht § 42 Nr. 1 insoweit keine Ausnahme vor und andererseits gesteht § 42 Nr. 2 dem Wissenschaftler – auch bei ethischen oder sozialen Gründen – ein uneingeschränktes und dauerhaftes »Recht auf Schweigen« zu.

93 Das Gesetz lässt eine Offenbarung nicht unbegrenzt, sondern nur **i.R.d. Lehr- und Forschungstätigkeit** zu (zum Begriff s. § 42 Rdn. 77). Diese Einschränkung folgt auch aus Satz 2. Danach wird der Hochschulwissenschaftler nur »insoweit« von seiner Geheimhaltungspflicht als Arbeitnehmer bzw. Beamter nach § 24 Abs. 2 (i.V.m. §§ 40, 41) entbunden. Die Geheimhaltungspflicht ist damit nur für die Lehr- und Forschungstätigkeit des Erfinders ausgeschlossen.[485] Für darüberhinausgehende Bereiche besteht die Geheimhaltungspflicht fort, etwa wenn der Erfinder den Erfindungsgegenstand im Rahmen eines eigenen Gewerbebetriebes offenbaren will.[486] S. i.Ü. § 42 Rdn. 77; zur Geheimhaltungspflicht im Entwicklungsstadium s. § 42 Rdn. 76.

94 **Inhaltlich** muss sich die Offenbarung im Rahmen dessen halten, was der Hochschulwissenschaftler zuvor der Hochschule mitgeteilt hat, da nur dies zum Gegenstand der Prioritätssicherung gemacht werden konnte (s. § 42 Rdn. 91).

95 Gibt der Hochschulwissenschaftler seine ordnungsgemäß angezeigte **Offenbarungsabsicht nachträglich auf**, so ist das unschädlich. Er kann später ohne

---

482 Dem folgend Reimer/Schade/Schippel/Leuze Rn. 28 zu § 42 n.F.
483 Wohl ganz h.M., z.B. Kraßer in: Hartmer/Detmer (2004) S. 467 (Kap. IX Rn. 73).
484 A.A. wohl Reetz, WissR 2008, 206, 216 f.
485 Amtl. Begründung zu § 42 Nr. 1 (BT-Drucks. 14/5975 S. 6; übereinstimmend Amtl. Begründung Reg.Entw. BR-Drucks. 583/01 S. 9).
486 Zust. Reimer/Schade/Schippel/Leuze Rn. 27 zu § 42 n.F.

erneute Anzeige die Diensterfindung im Rahmen seiner Lehr- und Forschungstätigkeit offenbaren, sofern diese nicht bereits aus sonstigen Gründen bekannt ist bzw. eine Geheimhaltungspflicht nach § 24 Abs. 2 bereits anderweitig entfallen ist.[487]

Das Offenbarungsrecht des Hochschulwissenschaftlers nach § 42 Nr. 1 lässt nicht die **Geheimhaltungspflichten des Arbeitgebers/Dienstherrn** nach § 24 Abs. 1 und die **Dritter** nach § 24 Abs. 3 entfallen. Solange die Erfindung nicht offenkundig und damit Stand der Technik geworden ist, bestehen diese Geheimhaltungspflichten fort, sofern sie sich nicht aus sonstigen Gründen erledigt haben (s. dazu § 24 Rdn. 14 ff. u. 55). 96

**Schuldhafte Verletzungen** der wechselseitigen Pflichten aus § 42 Nr. 1 begründen Schadensersatzpflichten[488] und ggf. weitere Konsequenzen. 97

Kommt der **Hochschulwissenschaftler** vor Offenbarung seiner Anzeigepflicht nicht nach oder offenbart er die Erfindung vor Ablauf der Frist und ist die Diensterfindung damit (ganz oder teilweise) nicht mehr schutzfähig, so verletzt er seine Pflichten aus § 42 Nr. 1 i.V.m. § 24 Abs. 2; damit ist er Schadensersatzansprüchen seines Arbeitgebers/Dienstherrn ausgesetzt, und zwar sowohl nach § 280 Abs. 1 BGB (s. § 1 Rdn. 160) als auch nach § 823 Abs. 2 BGB wegen Verstoßes gegen die Geheimhaltungspflicht aus § 24 Abs. 2[489] (s.a. § 24 Rdn. 24 ff.). Bei drohender vorzeitiger Offenbarung hat der Arbeitgeber/Dienstherr einen Unterlassungsanspruch analog § 1004 BGB[490] (s. § 24 Rdn. 45). Eine vorzeitige Veröffentlichung ist zudem Dienstpflichtverletzung (s. § 42 Rdn. 27) und ggf. Abmahnungs- bzw. Kündigungsgrund (vgl. § 24 Rdn. 46).[491] 98

Versäumt der **Arbeitgeber**/Dienstherr innerhalb der Frist schuldhaft eine zumindest zeitrangsichernde Schutzrechtsanmeldung (s. dazu § 42 Rdn. 91), so verstößt er gegen seine Pflichten aus § 42 Nr. 1 i.V.m. § 13 und ist seinerseits dem Hochschulwissenschaftler ggü. sowohl nach § 280 BGB als auch 99

---

487 Im Ergebn. wohl auch Boemke/Kursawe/Boemke/Sachadae Rn. 84 zu § 42.
488 Wohl unstreitig, z.B. Keukenschrijver in Busse/Keukenschrijver, PatG, Rn. 12 zu § 42 ArbEG (für vorzeitige Offenbarung durch den Erfinder unter Verletzung d. Anzeigepflicht).
489 Ähnl. Reimer/Schade/Schippel/Leuze Rn. 29 zu § 42 n.F.
490 Bartenbach/Volz, GRUR 2002, 743, 751; zust. Keukenschrijver in Busse/Keukenschrijver, PatG, Rn. 12 zu § 42 ArbEG; Reimer/Schade/Schippel/Leuze Rn. 29 zu § 42 n.F.
491 Nach Boemke/Kursawe/Boemke/Sachadae Rn. 88 zu § 42 kann unter engen Voraussetzungen eine vorzeitige Offenbarung sogar eine Strafbarkeit nach § 353b StGB begründen, wenn dadurch wichtige öffentl. Interessen gefährdet werden.

nach § 823 Abs. 2 BGB schadensersatzpflichtig (s. i.Ü. § 13 Rdn. 68, 70). Dabei stellt sich ggf. die Frage des Mitverschuldens des Hochschulwissenschaftlers (§ 254 BGB), namentlich dann, wenn der Wissenschaftler unzureichende oder missverständliche Angaben gemacht hat (s.a. § 13 Rdn. 71).

*Rdn. 100 frei*

## H. Negative Publikationsfreiheit des Hochschulwissenschaftlers (Nr. 2)

101 Die Vorschriften in § 42 Nrn. 1 und Nr. 2 betreffen die Publikationsfreiheit, die sich als Ausfluss der in Art. 5 Abs. 3 GG verankerten Lehr- und Forschungsfreiheit darstellt (s. § 42 Rdn. 57 f.). § 42 Nr. 2, der dem Hochschulwissenschaftler die negative Publikationsfreiheit ungeschmälert zugesteht[492] und die Meldepflicht aus § 5 ausschließt, ist mit dem Grundgesetz vereinbar[493] und mit Blick auf die zwangsläufige Publizitätswirkung einer Schutzrechtsanmeldung auch geboten.[494] Beide Bestimmungen stehen in einem Wechselbezug (zur Kritik s. § 42 Rdn. 57). Das Individualrecht des Hochschulwissenschaftlers aus § 42 Nr. 2 **geht sonstigen Regelungen vor**, die der Hochschule bzw. deren Angehörigen im Allgemeininteresse eine Veröffentlichung grds. zur Pflicht machen[495] (im Hochschulrecht z.B. § 25 Abs. 2 HRG bzw. entsprechende Landeshochschulgesetze; ferner im Haushaltsrecht, s. dazu § 42 Rdn. 217). Erlangt der Arbeitgeber auf andere Weise von der Diensterfindung des Hochschulwissenschaftlers Kenntnis, besteht die **Geheimhaltungspflicht nach § 24 Abs. 1** unabhängig naturgemäß losgelöst von der zwangsläufig ausstehenden Erfindungsmeldung (zur Sondersituation bei Miterfinderschaft s. § 42 Rdn. 107 ff.).

Zur vertraglichen Abdingbarkeit s. § 42 Rdn. 27, 196.

### I. Negative Publikationsfreiheit

102 § 42 Nr. 2 sichert die sog. negative Publikationsfreiheit, d.h. das Recht des Hochschulwissenschaftlers, jedwede Veröffentlichung der Ergebnisse seiner

---

492 OLG Braunschweig v. 06.10.2005, Mitt. 2006, 41, 43 – *selbststabilisierendes Kniegelenk.*
493 S. u.a. Reetz (2006) S. 222; Schübel-Pfister in: Gärditz/Pahlow (2011), 11, 21 (Rn. 18); vgl. auch OLG Braunschweig v. 06.10.2005, Mitt. 2006, 41, 43 – *selbststabilisierendes Kniegelenk*; ferner Bergmann (2006) S. 109, 113. S. aber auch Busche, CIPReport 2007, 69, 70 f.
494 S. u.a. Hübner (2003) S. 115 ff.
495 Abw. Reimer/Schade/Schippel/Leuze Rn. 46 zu § 42 n.F., wonach i.H.a.§ 25 Abs. 2 HRG eine Publikation bei Drittmittelverträgen nicht auf Dauer ausgeschlossen werden kann.

Forschungsarbeiten, also auch seiner Diensterfindung, abzulehnen[496] (»**Recht auf Schweigen**«, s.a. § 42 Rdn. 58). Die Vorschrift soll letztlich vermeiden, dass dieses Recht durch eine Pflicht zur Erfindungsmeldung (§ 5) und eine daran anschließende Schutzrechtsanmeldung (§§ 13, 14) unterlaufen wird[497] (zu Kritik des Missbrauchs s. § 42 Rdn. 112).

Infolge der Schutzrechtsmeldung würde die Diensterfindung i.r.d. Offenlegung der Patentanmeldung (§ 32 Abs. 2, § 31 Abs. 2 Nr. 2 PatG) bzw. der Eintragung des Gebrauchsmusters (vgl. § 8 Abs. 3 GebrMG) zwangsläufig bekannt; um das zu vermeiden, gesteht § 42 Nr. 2 dem Erfinder ein Absehen von der Erfindungsmeldung nach § 5 zu, wenn er aufgrund seiner Lehr- und Forschungstätigkeit eine Veröffentlichung nicht will.[498] Insoweit begründet die Vorschrift eine **Ausnahme von der Meldepflicht**, die ansonsten für alle Beamten und Arbeitnehmer des öffentlichen Dienstes nach §§ 40, 41 i.V.m. § 5 besteht. 103

*Rdn. 104, 105 frei*

## II. Geltungsbereich

Vom persönlichen Geltungsbereich sind – ebenso wie nach § 42 Nrn. 1 und 3 – nur **Hochschulwissenschaftler** erfasst[499] (s. § 42 Rdn. 23 ff.). Sachlich ist der Geltungsbereich auch hier auf **Diensterfindungen** begrenzt (s. § 42 Rdn. 30 ff., 71). Bei **freien Erfindungen** ist u.E. allerdings eine analoge Geltung geboten (s. § 42 Rdn. 48). 106

Besondere Rechtsprobleme ergeben sich im Fall der **Miterfinderschaft** (zum Begriff s. § 5 Rdn. 44). Auch dann gilt die Bestimmung zwar zugunsten der Hochschulwissenschaftler (s. § 42 Rdn. 25). 107

Allerdings besteht ein **Wertungskonflikt**, wenn sich einzelne Miterfinder nicht auf § 42 Nr. 2 berufen können oder wollen. Dem Gesetzgeber ist bewusst, dass er den Konflikt zwischen Miterfindern über die Frage der Erfindungs-

---

496 Vgl. Amtl. Begründung Allg. Teil sowie zu § 42 Nr. 2 (BT-Drucks. 14/5975 S. 5, 7; übereinstimmend Amtl. Begründung Reg.Entw. BR-Drucks. 583/01 S. 5, 9).
497 S. Kretzer (2007) S. 39 f.
498 Vgl. Amtl. Begründung zu § 42 Nr. 2 (BT-Drucks. 14/5975 S. 7; übereinstimmend Amtl. Begründung Reg.Entw. BR-Drucks. 583/01 S. 9).
499 H. M., z. B. Keukenschrijver in Busse/Keukenschrijver, PatG, Rn. 14 zu § 42 ArbEG. Abw. Boemke/Kursawe/Boemke/Sachadae Rn. 99 zu § 42, wonach auch Hochschulbeschäftigte erfasst sein sollen, die ausschließlich außerhalb der Hochschule Lehre und Forschung betreiben (s. dazu oben § 42 Rdn. 23).

meldung nicht geregelt hat.[500] Höchstrichterliche Entscheidungen zu diesem schwierigen Problemkreis stehen noch aus. Vorrangig anzustreben ist zweifellos eine **Abrede zwischen den Miterfinden**, die nicht den Regelungen der §§ 22, 23 unterliegt und deshalb auch vorab möglich wäre.[501] Kommt eine solche nicht zustande, ist ein Königsweg bislang noch nicht gefunden. Angesichts der unterschiedlichen Gegebenheiten und mit Blick auf das breite Meinungsspektrum ist es – *Reetz*[502] folgend – sinnvoll, nach der Zusammensetzung der Miterfinder zwischen den drei Fallkonstellationen zu unterscheiden:[503]

**108** Bei der 1. Fallgruppe setzt sich die **Erfindergemeinschaft aus Hochschulwissenschaftlern und sonstigen Hochschulbeschäftigten**, die nicht durch § 42 Nrn. 1 – 3 privilegiert sind, zusammen.

Ist an der Erfindergemeinschaft nur ein einzelner Hochschulwissenschaftler (z.B. projektverantwortlicher Hochschullehrer) beteiligt, geht *Reetz* mit Blick auf Art. 5 Abs. 3 GG vom Vorrang der Entscheidung dieses Wissenschaftlers über die Veröffentlichung aus, sodass im Fall des § 42 Nr. 2 die Interessen der anderen Miterfinder und das Verwertungsinteresse der Hochschule zurückstehen müssen.[504] Ähnlich betont *Kraßer*[505] den Vorrang des Hochschulerfinders, der für sich die negative Publikationsfreiheit in Anspruch nimmt; verlangt wird allerdings an anderer Stelle eine Begründung des Hochschulwissenschaftlers, die die Zurücksetzung der Interessen der anderen Beteiligten rechtfertigt, so dass »ihm trotz dieser Interessen mit Rücksicht auf seine Verantwortung und sein Ansehen als Wissenschaftler die von den anderen Beteiligten gewünschte Offenbarung nicht zugemutet werden kann«.[506] Auch *Leuze*[507] sieht es als unhaltbares Ergebnis an, wenn die umfassend geschützte negative Publikati-

---

500 S. den Hinweis im Bericht des BT-Rechtsausschusses in BT-Drucks. 14/7573 v. 26.11.2001, S. 7.
501 Wohl h.M., z.B. v. Falck/Schmaltz, GRUR 2004, 469, 471; Reetz (2006) S. 294; Körting (2006) S. 170 f. im Ergebn. wohl auch Boemke/Kursawe/Boemke/Sachadae Rn. 106 zu § 42. Vgl. auch Bergmann (2006) S. 177 f., die allerdings tendenziell von einer Geltung der §§ 22, 23 ArbEG ausgehen will.
502 Reetz (2006) S. 297 f.; vgl. auch Bergmann (2006) S. 174 ff. Abw. zur Differenzierung nach Fallgruppen wohl Boemke/Kursawe/Boemke/Sachadae Rn. 100 ff. zu § 42.
503 Siehe dazu auch die Übersicht von Schwab GRUR 2019, 670, 672 f.
504 Reetz (2006) S. 229 f.
505 Kraßer in: Hartmer/Detmer (2004) S. 467 f. (Kap. IX Rn. 81).
506 Kraßer/Ann, PatR, § 21 Rn. 153, dort allerdings nicht differenzierend nach Fallgruppen.
507 Leuze, GRUR 2005, 27, 33 u. Reimer/Schade/Schippel/Leuze Rn. 33 zu § 42 n.F. mit Hinweisen auf Bergmann (2006) S. 174 ff.

## H. Negative Publikationsfreiheit des Hochschulwissenschaftlers (Nr. 2) § 42 n.F.

onsfreiheit des Hochschulwissenschaftlers leer liefe, sodass die negative Publikationsfreiheit den Ausschlag geben müsse, sofern es sich auch für den Hochschulwissenschaftler um eine Diensterfindung handelt.[508]

In die entgegengesetzte Richtung gehen *Weyand/Haase*,[509] die einen generellen Vorrang des verfassungsrechtlich über Art. 14 GG geschützten Verwertungsinteresses der Miterfinder vor dem Recht anderer Miterfinder aus § 42 Nr. 2 auf Unterdrückung einer Veröffentlichung und Verwertung annehmen. Ähnlich sehen *v. Falck/Schmaltz*,[510] die allerdings keine weitere Differenzierung vornehmen, den Lösungsweg darin, dass § 42 ausschließlich die Hochschule (Dienstherrn) bindet, nicht jedoch die anderen Miterfinder, sodass diese – vorbehaltlich zulässiger (Vorab-) Abreden im Innenverhältnis zwischen den Erfindern – nicht an ein negatives Publikationsinteresse von Miterfindern gebunden sind; jedwede Interessenabwägung lehnen sie ab.

Nach der hier vertretenen Auffassung bietet sich eine **zivilrechtliche Lösung des Konflikts** über das bei Miterfinderschaft einschlägige Recht der Bruchteilsgemeinschaft an:[511] Da eine spezialgesetzliche Regelung fehlt und § 42 nur im Verhältnis zwischen Erfinder und Dienstherr/Arbeitgeber gilt, bindet § 42 Nr. 2 die anderen Miterfinder nicht, und zwar unabhängig von der Frage, inwieweit das Grundrecht der Wissenschaftsfreiheit als primär staatsgerichtetes Abwehr- und Teilhaberecht ggü. den Miterfindern als Dritten überhaupt Wirkung entfalten kann.[512] Es gelten vielmehr aus hiesiger Sicht die allgemeinen

---

508 Leuze, GRUR 2005, 27, 33.
509 Weyand/Haase, GRUR 2007, 28, 34. Ähnl. Bartenbach/Hellebrand, Mitt. 2002, 165, 168.
510 V. Falck/Schmaltz, GRUR 2004, 469, 471 (dort auch für die aus Hochschulwissenschaftlern bestehende Erfindergemeinschaft).
511 Auf die Lösung über die zivilrechtlichen Ansprüche wurde i.R.d. Gesetzgebungsverfahren verwiesen; s. die Stellungnahme der Opposition im Bericht des BT-Rechtsausschusses in BT-Drucks. 14/7573 v. 26.11.2001, S. 5. Abl. u.a. Reetz (2006) S. 295 u. 298 f. (dort allerdings für den Fall der sich ausschließlich aus Hochschulwissenschaftlen zusammengesetzten Erfindergemeinschaft).
512 Zust. u. a. Kretzer (2007) S. 63 f. Abw. Reetz ([2006], S. 225 ff.), wonach von einer echten Grundrechtskollision auszugehen ist und das Veröffentlichungsrecht eines Hochschulwissenschaftlers aus § 42 Nr. 1 nicht durch die negative Publikationsfreiheit anderer Hochschulwissenschaftler oder Miterfinder aus § 42 Nr. 2 begrenzt werden könne.

**§ 42 n.F.**  Besondere Bestimmungen für Erfindungen an Hochschulen (Fassung 2002)

zivilrechtlichen Grundsätze[513] der Bruchteilsgemeinschaft (§§ 741 ff. BGB), die regelmäßig zwischen den Miterfindern bis zu einer (unbeschränkten) Inanspruchnahme besteht (s. § 5 Rdn. 52). Insb. auf Grundlage von § 743 Abs. 2, §§ 744, 745 BGB kann der Konflikt zwischen dem negativen Publikationsinteresse (§ 42 Nr. 2) einerseits und den Ansprüchen der Miterfinder andererseits einzelfallbezogen gelöst werden.[514] Bei der verfassungskonformen Ausfüllung sind allerdings die widerstreitenden Grundrechtspositionen zu beachten.[515] Das betrifft zum einen die Wissenschaftsfreiheit des Hochschulwissenschaftlers aus Art. 5 Abs. 3 GG; zum anderen geht es um den Anspruch der verbleibenden Miterfinder auf Schutzrechtsanmeldung (§ 13), der auf dem – aus Art. 1, 2 GG abgeleiteten (s. § 7 n.F. Rdn. 81 f.) – Erfinderpersönlichkeitsrecht und dem durch Art. 14 Abs. 1 GG geschützten Erfinderrecht (s. Einl. Rdn. 6) beruht, und um deren Anspruch auf Vergütung (§§ 9, 42 Nr. 4), der zum Kernbereich der Eigentumsgarantie des Erfinders gehört (s. Einl. Rdn. 5). Hinzutritt im Einzelfall das durch Art. 5 Abs. 3 GG geschützte und im Interesse der Funktionsfähigkeit des Wissenschaftsbetriebes liegende Verwertungsinteresse der Hochschule.[516]

Häufig wird man unter Würdigung aller Umstände des Einzelfalls dazu kommen, dass **Bekanntgabeinteressen Vorrang** haben und es damit – dies gilt

---

513 Auf die Lösung über die zivilrechtlichen Ansprüche wurde i.R.d. Gesetzgebungsverfahren verwiesen; s. die Stellungnahme der Opposition im Bericht des BT-Rechtsausschusses in BT-Drucks. 14/7573 v. 26.11.2001, S. 5. Im Ausgangspunkt zust. auch Boemke/Kursawe/Boemke/Sachadae Rn. 103 zu § 42; wohl auch Schwab GRUR 2019, 670, 672. Abl. u.a. Reetz (2006) S. 295 u. 298 f. (dort allerdings für den Fall der sich ausschließlich aus Hochschulwissenschaften zusammengesetzten Erfindergemeinschaft).
514 S. Kretzer (2007) S. 63 f.; Soudry (2010) S. 124; vgl. ferner Kelp in: Gärditz/Pahlow (2011), 223, 245 f. (Rn. 57) m. H.a. Bergmann (2006) Rn. 714.
515 In diesem Sinn auch Kretzer (2007) S. 63 f. Vgl. auch Soudry (2010) S. 124, der sich deshalb für eine einzelfallbezogene Abwägung ausspricht. Weitergehend lassen Boemke/Kursawe/Boemke/Sachadae Rn. 103 f. zu § 42 (für den Regelfall?) einen Mehrheitsbeschluss gem. § 745 BGB zu, wonach die Erfindung nicht geheim zu halten und deshalb von sämtlichen Miterfindern nach § 5 ArbEG zu melden sei, und eröffnen bei Eilbedürftigkeit gem. § 744 Abs. 2 BGB einzelnen Miterfindern ohne Abstimmung mit den anderen die Möglichkeit, die Meldung vorzunehmen und bei der Hochschule auf baldige Schutzrechtsanmeldung zu drängen.
516 Vgl. BGH v. 18.09.2007 – X ZR 167/05, GRUR 2008, 150, 152 [Rn. 21] – *selbststabilisierendes Kniegelenk* Abl. Reetz (2006) S. 227 ff. und ders., WissR 2008, 206, 220 ff., dessen allgemeine Zweifel an den fiskalischen Vorteilen einer von § 42 angestrebten Patentverwertung durch die Hochschulen jedoch nicht eine einzelfallbezogene Prüfung eines Verwertungsinteresses der Hochschule ersetzen können.

## H. Negative Publikationsfreiheit des Hochschulwissenschaftlers (Nr. 2)   § 42 n.F.

auch, wenn man den Auffassungen von *Weyand/Haase*[517] und *v. Falck/Schmaltz* folgt – für die anderen, nicht privilegierten Miterfinder bei deren Meldepflichten aus § 5 verbleibt.[518] Im Fall einer Inanspruchnahme der auf die Miterfinder entfallenden Erfindungsanteile besteht die Bruchteilsgemeinschaft zwischen dem Dienstherrn und dem nicht meldepflichtigen Erfinder fort (s. § 6 n.F. Rdn. 140 f.), sofern Letzterer die Erfindung nicht seinerseits als Diensterfindung meldet und damit die Inanspruchnahme bezüglich seines Anteils auslöst (s. a. § 42 Rd. 120; s. aber auch § 42 Nr. 2 Satz 2).

Sollte wegen überragender Interessen des Hochschulwissenschaftlers dessen **negatives Publikationsinteresse Vorrang** haben, wird man u. E. allerdings von den nicht durch § 42 Nr. 2 privilegierten Hochschulbeschäftigten erwarten können, dass sie unter Beachtung der formalen Pflichten aus § 5 Abs. 1 (gesonderte, kenntlich gemachte Erklärung in Textform) dem Arbeitgeber/Dienstherrn ggü. anzeigen, dass sie eine Diensterfindung gemacht haben und dass ihnen sonstige Angaben i.S.d. § 5 angesichts des § 42 Nr. 2 verwehrt sind.[519] Ansonsten würde man den Konflikt zwischen an sich zwingender Meldepflicht (§ 5) und Publikationsinteressen eines Dritten auf dem Rücken der Miterfinder austragen und der Hochschule wäre eine Beteligung an der Entscheidungsfindung verwehrt.

Die 2. Fallgruppe kennzeichnet **kollidierende Interessen von privilegierten Hochschulwissenschaftlern**, bei denen sich also ein Miterfinder auf seine negative Publikationsfreiheit (§ 42 Nr. 2) und der andere auf seine positive Publikationsfreiheit (§ 42 Nr. 1) beruft.[520] Angesichts der gleichförmigen Grundrechte wird zu Recht auf den Vorrang einer Verständigung zwischen den Hochschulwissenschaftlern und die Möglichkeit vorheriger erfinderinterner Absprachen verwiesen.[521]

109

Während *Weyand/Haase*[522] diesen Konfliktfall ansonsten nicht für lösbar ansehen, befürworten *v. Falck/Schmaltz*[523] – ohne nähere Differenzierung und

---

517 Weyand/Haase, GRUR 2007, 28, 34.
518 Vgl. auch Keukenschrijver in Busse/Keukenschrijver, PatG, Rn. 14 zu § 42 ArbEG.
519 Zust. Keukenschrijver in Busse/Keukenschrijver, PatG, Rn. 14 zu § 42 ArbEG.
520 Reetz, WissR 2008, 206, 230 f. unterstellt unter Hinweis auf die kurze Frist des § 42 Nr. 1 ein »Scheinproblem«, lässt dabei aber das durchaus auch auf Dauer zugelassene »Recht auf Schweigen« über eine Erfindung nach § 42 Nr. 2 unberücksichtigt, das einer – ggf. auch kurzzeitigen – Offenbarung entgegensteht.
521 Bartenbach/Hellebrand, Mitt. 2002, 165, 168; Weyand/Haase, GRUR 2007 28, 34.
522 Weyand/Haase, GRUR 2007 28, 34.
523 V. Falck/Schmaltz, GRUR 2004, 469, 471.

unter Ablehnung jedweder Interessenabwägung – den Vorrang der positiven Publikationsfreiheit der anderen Miterfinder, da diese nicht an ein ausschließlich die Hochschule (bzw. den Dienstherrn) verpflichtendes negatives Publikationsinteresse von anderen Miterfindern gebunden sind. Demgegenüber gibt *Kraßer*[524] im Konfliktfall der negativen Publikationsfreiheit den Vorrang, sofern der Hochschulwissenschaftler seine Haltung aus seiner Lehr- und Forschungsfreiheit zu rechtfertigen vermag.

Vermittelnd können nach *Reetz*[525] angesichts der gleichermaßen Grundrechtsschutz genießenden gegenläufigen Publikationsinteressen keine verbindlichen Entscheidungsgrundsätze aufgestellt werden; vielmehr ist eine einzelfallbezogene Abwägung erforderlich, wobei der Anteil am Zustandekommen und die Beweggründe für das Geheimhaltungsinteresse von Bedeutung sein sollen.

Aus unserer Sicht ist auch hier grds. über die Regeln der §§ 741 ff. BGB eine im Einzelfall interessengerechte Lösung anzustreben.[526] Insoweit gilt das zuvor Gesagte (s. § 42 Rdn. 108) weitgehend entsprechend. Eine Anzeigepflicht des Hochschulwissenschaftlers ggü. dem Arbeitgeber/Dienstherrn besteht allerdings nicht, wenn das negative Publikationsinteresse des anderen Hochschulwissenschaftlers im Einzelfall Vorrang hat. Teilt man diese Auffassung vom Vorrang des einen nicht, bliebe dem anderen Hochschulwissenschaftler ggf. der oben aufgezeigte Weg einer bloß formalen Anzeige nach § 5 Abs. 1 ohne inhaltliche Angaben (s. § 42 Rdn. 108 a.E.).

110 Besondere Probleme ergeben sich bei der 3. Fallgruppe, bei der neben den Hochschulwissenschaftlern (und sonstigen Hochschulbeschäftigten) **Externe** als **Miterfinder** (z.B. Studenten, sonstige freie Erfinder, Mitarbeiter eines Kooperationspartners oder Auftraggebers) beteiligt sind.

Sofern man mit *v. Falck/Schmaltz*[527] eine generelle Ungebundenheit anderer Miterfinder an die negative Publikationsfreiheit einzelner Erfinder annimmt, ergeben sich auch hier keine besonderen Probleme. Demgegenüber verzichtet *Reetz*[528] auf einen Lösungsvorschlag.

Auch hier liegt u. E. die Lösung in den Regeln der Bruchteilsgemeinschaft[529] (s. dazu § 42 Rdn. 108). Bei der Interessenabwägung[530] wird auch zu berück-

---

[524] Kraßer in: Hartmer/Detmer (2004) S. 467 (Kap. IX Rn. 80).
[525] Reetz (2006) S. 298 f.
[526] Vgl. auch Bartenbach/Hellebrand, Mitt. 2002, 165, 168.
[527] V. Falck/Schmaltz, GRUR 2004, 469, 471.
[528] Reetz (2006), S. 300 f.
[529] So bereits unsere 4. Vorauflage sowie Bartenbach/Helleband, Mitt. 2002, 165, 168.
[530] S. dazu Bartenbach/Volz in Festschr. 50 J. VPP (2005) S. 225, 251 f.

sichtigen sein, dass das Grundrecht aus Art. 5 Abs. 3 GG grds. keine einschränkende Wirkung ggü. dem freien Erfinder oder dem Kooperationspartner/Auftraggeber entfaltet und dessen durch Art. 14 geschützte Vermögensinteressen nicht verdrängen kann. Folglich spricht viel dafür, im Regelfall die negative Publikationsfreiheit einzelner Miterfinder zurücktreten zu lassen und es uneingeschränkt bei der Meldepflicht der anderen Miterfinder und dem diesbezüglichen Inanspruchnahmerecht der anderen Arbeitgeber (Kooperationspartner, Auftraggeber usw.) zu belassen. Mit (unbeschränkter) Inanspruchnahme der auf diese Miterfinder entfallenden Erfindungsanteile besteht dann die Bruchteilsgemeinschaft zwischen diesem Arbeitgeber und dem nicht meldepflichtigen Erfinder fort (s. dazu und zur Situation bei unterschiedlichen Arbeitgebern s. § 7 n.F. Rdn. 138 ff., 145 ff.), es sei denn, die Hochschulwissenschaftler melden ihrerseits die Erfindung und lösen damit die Inanspruchnahme ihnen gegenüber aus (s. a. § 42 Rd. 120; s. aber auch § 42 Nr. 2 Satz 2).

### III. Ablehnung einer Offenbarung aufgrund der Lehr- und Forschungstätigkeit (Nr. 2 Satz 1 Halbs. 1)

§ 42 Nr. 2 entbindet den Hochschulwissenschaftler von der Erfindungsmeldung nach § 5, wenn er »auf Grund seiner Lehr- und Forschungstätigkeit die Offenbarung seiner Diensterfindung« ablehnt. Die **Entscheidung** darüber liegt allein beim Hochschulwissenschaftler.[531] Darauf, ob die Entscheidung des Hochschulwissenschaftlers sachgerecht bzw. sinnvoll ist, kommt es mit Blick auf die Publikationsfreiheit nicht an (s.a. § 42 Rdn. 114).

111

Der Begriff der **Offenbarung** entspricht dem des § 42 Nr. 1[532] (s. dazu § 42 Rdn. 76), so dass es hier (negativ) darum geht, die Erfindung weder durch schriftliche oder mündliche Beschreibung noch durch Benutzung oder in sonstiger Weise der Öffentlichkeit zugänglich zu machen. Im RegE trat dieser Begriff an die Stelle des noch im Koalitions-Entwurf enthaltenen Begriffs der »Veröffentlichung«;[533] damit wurde die – mit Blick auf die Publikationsfreiheit – folgerichtige Übereinstimmung zu § 42 Nr. 1 hergestellt.

---

531 So zu Recht Keukenschrijver in Busse/Keukenschrijver, PatG, Rn. 14 zu § 42 ArbEG.
532 Wohl allg. A. im Anschluss an Amtl. Begründung BT-Drucks. 14/7573 S. 7, z.B. Bergmann (2006) S. 110.
533 BT-Drucks. 14/5975, S. 4, § 42 Nr. 2 d. Entw.

112 Auch hier ist das Merkmal »**auf Grund der Lehr- und Forschungstätigkeit**« weit auszulegen[534] (s. i.Ü. § 42 Rdn. 77). Es genügt dementsprechend ein Zusammenhang mit der Tätigkeit des Hochschulwissenschaftlers in Forschung oder Lehre.[535] In der Sache geht es vorrangig darum, dass der Hochschulerfinder eine Veröffentlichung seiner Erfindung aus **wissenschaftlich-ethischen Gründen** ablehnt,[536] etwa weil er Gefahren für Menschen oder Umwelt befürchtet.[537] Denkbar sind auch **sonstige Gründe**,[538] wie etwa ein Geheimhaltungsbedürfnis mit Blick auf laufende Forschungsarbeiten oder geplante Weiterentwicklungen, ferner wirtschaftliche Aspekte (Erprobung von Anwendungsbereichen, Streben nach Verbesserungserfindungen) oder rein persönliche Beweggründe,[539] und sei es auch der Wunsch nach »ungestörter« Fortsetzung der eigenen wissenschaftlichen Arbeiten oder gar die Vermeidung von eigenem Arbeitsaufwand für Erfindungsmeldung und -verwertung (auch wenn ganz überwiegend bei der wirtschaftlichen Verwertung mitgewirkt wird).[540] Solche Motive entfernen sich zweifellos von den Vorstellungen des Gesetzgebers.[541] Da die Wissenschaftsfreiheit keine Kontrolle zulässt (s. § 42 Rdn. 114), sind solche Motive zwar bedauerlich, aber als Ausfluss der negativen Publikationsfreiheit zwangsläufig hinzunehmen.

113 Die **Geheimhaltungsabsicht** muss im Regelfall – wie auch der Zusammenhang mit Satz 2 zeigt – zunächst auf **unbestimmte Zeit** ausgerichtet sein.[542]

---

534 Bartenbach/Volz, GRUR 2002, 743, 752; zust. Bergmann (2006) S. 110 m.w.N.; Kretzer (2007) S. 40; Schübel-Pfister in: Gärditz/Pahlow (2011), 11, 21 (Rn. 18).
535 Bartenbach/Volz, GRUR 2002, 743, 752 f.; zust. Bergmann (2006) S. 110 u. Boemke/Kursawe/Boemke/Sachadae Rn. 97 zu § 42.
536 Dies ist ausweislich der Amtl. Begründung zu § 42 Nr. 2 (BT-Drucks. 14/5975 S. 7; übereinstimmend Amtl. Begründung Reg.Entw. BR-Drucks. 583/01 S. 9) wohl der aus Sicht des Gesetzgebers ausschlaggebende Aspekt. Krit. Reimer/Schade/Schippel/Leuze Rn. 30 zu § 42 n.F.
537 S. Kraßer in: Hartmer/Detmer (2004) S. 467 (Kap. IX Rn. 77).
538 Wohl ganz h.M., z.B. Bergmann (2006) S. 110 f.; Kretzer (2007) S. 40; Reimer/Schade/Schippel/Leuze Rn. 30 zu § 42 n.F.
539 Vgl. Bartenbach/Volz, GRUR 2002, 743, 752 f.; zustimmend Bergmann (2006) S. 110 f.; Kretzer (2007) S. 40 u. Reimer/Schade/Schippel/Leuze Rn. 30 zu § 42 n.F.
540 Zu den Gründen in der Praxis s. Haase/Lautenschläger, WissR 2006, 137, 151.
541 Haase/Lautenschläger (WissR 2006, 137, 157) sprechen insoweit bei § 42 Nr. 2 von einem »Schlupfloch«, mit dem nach der Untersuchung rd. 1/5 der befragten Hochschulbeschäftigten zusätzlichem Arbeitsaufwand umgehen wollten.
542 Davon geht wohl auch die Amtl. Begründung zu § 42 Nr. 2 aus (vgl. Amtl. Begründung BT-Drucks. 14/5975 S. 7; übereinstimmend Amtl. Begründung Reg.Entw. BR-Drucks. 583/01 S. 9). Zust. Reimer/Schade/Schippel/Leuze Rn. 31 zu § 42 n.F. A.A. Kretzer (2007) S. 41.

## H. Negative Publikationsfreiheit des Hochschulwissenschaftlers (Nr. 2) § 42 n.F.

Die Zielrichtung, die Erfindung nur zeitweise zu verschweigen, macht die durch § 42 Nr. 2 eröffnete Ablehnung der Offenbarung jedoch nicht unzulässig.[543] Damit wäre ein (innerer) Vorbehalt des Hochschulwissenschaftlers, seine Erfindung nicht auf Dauer, sondern nur vorübergehend »für sich behalten zu wollen«, unschädlich.

Es bedarf **keiner Anzeige** oder sonstigen Erklärung des Erfinders, von seiner negativen Publikationsfreiheit Gebrauch zu machen.[544] Insoweit befreit bereits die eigenverantwortliche,[545] rein persönliche Willensbildung von der gesetzlichen Meldepflicht! Einen Anspruch des Dienstherrn auf Darlegung der Gründe gewährt das Gesetz u. E. nicht.[546] Auch hier hat der Dienstherr im Lichte der negativen Publikationsfreiheit kein Recht auf Überprüfung der Begründetheit der Ablehnung einer Veröffentlichung[547] (s.a. § 42 Rdn. 58). Damit bestehen weder ein Rechtfertigungszwang noch eine (Rechts-) Kontrolle der Erwägungsgründe des Hochschulwissenschaftlers, sodass bereits aus faktischen Gründen die Berechtigung zum Schweigen weder vom Wissenschaftler dargelegt werden muss noch seitens der Hochschule bzw. des Arbeitgebers/Dienstherrn in Zweifel gezogen oder gar bestritten werden kann.[548] Erlangt die Hochschule auf anderen Wegen Kenntnis von der Diensterfindung und wird er wegen einer Erfindungsmeldung von seinem Arbeitgeber/Dienst-

114

---

543 Vgl. auch Bergmann (206) S. 111.
544 Bartenbach/Volz, GRUR 2002, 743, 753; zustimmend Bergmann (2006) S. 111; Reimer/Schade/Schippel/Leuze Rn. 31 zu § 42 n.F.; Boemke/Kursawe/Boemke/Sachadae Rn. 107 zu § 42.
545 So zu Recht Kraßer/Ann, PatR, § 21 Rn. 152.
546 Bartenbach/Volz, GRUR 2002, 743, 753; zust. Schübel-Pfister in: Gärditz/Pahlow (2011), 11, 21 (Rn. 18). Im Ergebnis wohl auch Kraßer/Ann, PatR, § 21 Rn. 152. A.A. wohl Weyand/Haase, GRUR 2007, 28, 34, wonach im Auslegungsweg und klarstellend durch Gesetzesänderung die Inanspruchnahme der negativen Publikationsfreiheit davon abhängig sein soll, »dass von Seiten des Hochschulwissenschaftlers wissenschaftlich-ethische Gründe angeführt werden können« (s. aber Haase/Lautenschläger, WissR 2006, 137, 143). S.a. Reetz (2006) S. 186, wonach »eine entsprechende Absichtserklärung des Wissenschaftlers verlangt werden müsste, die auf einen entsprechenden Willen, die Offenbarung aus Gründen der Lehr- und Forschungsfreiheit abzulehnen, schließen lässt«.
547 Zust: Kretzer (2007) S. 40 auch m. H. a. Kraßer, Forschung & Lehre Beil. zu Heft 11/2002, S. 8, 15; wie hier auch Kraßer/Ann, PatR, § 21 Rn. 152.
548 S.a. Kraßer in: Hartmer/Detmer (2004) S. 467 (Kap. IX Rn. 78); Bergmann (206) S. 111; Reimer/Schade/Schippel/Leuze Rn. 31 zu § 42 n.F.

herrn angesprochen, reicht u. E. die bloße Erklärung des Hochschulwissenschaftlers, diese nicht offenbaren zu wollen.[549]

*Rdn. 115–117 frei*

### IV. Rechtsfolgen/Ruhen der Meldepflicht (Nr. 2 Satz 1 Halbs. 2)

118 Zwangsläufige Rechtsfolge der Entscheidung des Erfinders ist das **Ruhen der Meldepflicht** nach § 5;[550] d.h. solange der Erfinder die Diensterfindung nicht offenbaren will, wird seine Meldepflicht nicht ausgelöst. Wie der Zusammenhang mit Satz 2 zeigt, wird die Erfindung dadurch nicht frei i.S.d. § 8. Auch eine Inanspruchnahmefiktion für die Erfindung nach § 6 Abs. 2 n.F. scheidet aus (s. § 42 Rdn. 120). Vielmehr bleibt ihr Charakter als gebundene Erfindung, die potenziell einer späteren Meldung und damit dem Inanspruchnahmerecht nach §§ 6, 7 unterliegt, unverändert bestehen[551] (s. § 42 Rdn. 125). Zur Miterfinderschaft s. § 42 Rdn. 107 ff.

119 Wie die Amtl. Begründung zu Recht hervorhebt, hat der Hochschullehrer eine **eigene Veröffentlichung**, eine Schutzrechtsanmeldung[552] oder Verwertung seines Forschungsergebnisses **zu unterlassen;**[553] ansonsten würde der Erfinder sowohl gegen §§ 5, 13 als auch gegen § 24 Abs. 2 verstoßen.[554] Der Hochschulwissenschaftler kann die Erfindung damit auch nicht »exklusiv« Dritten offenbaren.[555] Er macht sich sonst **schadensersatzpflichtig**[556] (s. § 42 Rdn. 97). Zudem liegt darin eine disziplinarrechtlich relevante Dienstpflichtverletzung[557] (s. § 42 Rdn. 27, 97).

120 Ein **Inanspruchnahmerecht** des Dienstherrn/Arbeitgebers ggü. dem betreffenden Hochschulwissenschaftler besteht nicht, und zwar auch dann

---

549 Weitergehend wohl Boemke/Kursawe/Boemke/Sachadae Rn. 98 zu § 42, wonach der Erfinder »zu seiner Verteidigung« darzulegen habe, »inwieweit die Geheimhaltung auf seiner Lehr- und Forschungsfreiheit beruhte«.
550 Wohl allg. A., z.B. Kretzer (2007) S. 41.
551 Zust. u. a. Bergmann (2006) S. 112.
552 Vgl. Amtl. Begründung zu § 42 Nr. 2 (BT-Drucks. 14/5975 S. 7; übereinstimmend Amtl. Begründung Reg.Entw. BR-Drucks. 583/01 S. 9 a.E.), OLG Braunschweig v. 06.10.2005, Mitt. 2006, 41, 43 – *selbststabilisierendes Kniegelenk*.
553 Vgl. Amtl. Begründung zu § 42 Nr. 2 (BT-Drucks. 14/5975 S. 7; übereinstimmend Amtl. Begründung Reg.Entw. BR-Drucks. 583/01 S. 9 a.E.).
554 Zust: u. a. Bergmann (2006) S. 112.
555 Vgl. Sellnik NVwZ 20002, 165, 168.
556 Auch im Fall des § 42 Nr. 2 wohl allg. A., z.B. Keukenschrijver in Busse/Keukenschrijver, PatG, Rn. 15 zu § 42 ArbEG.
557 Hoeren, WissR 2005, 131, 137; Keukenschrijver in Busse/Keukenschrijver, PatG, Rn. 15 zu § 42 ArbEG.

nicht, wenn er anderweitig (z.B. bei Miterfinderschaft) von der Diensterfindung Kenntnis erlangt.[558] Das ist untrennbare Folge des Entfallens der Meldepflicht. Davon gehen auch die Gesetzesmaterialien aus, wonach eine gleichwohl vom Dienstherrn ausgesprochene Inanspruchnahme und Schutzrechtsanmeldung den Hochschullehrer in seiner negativen Publikationsfreiheit verletzen würde[559] (zu Miterfindern s. § 42 Rdn. 107 f.). Es kann damit auch keine Frist für die Inanspruchnahmefiktion des § 6 Abs. 2 n.F. laufen. Da es an einer Meldung fehlt, kommen im Grundsatz auch die sonstigen, an eine Meldung anknüpfenden Rechtsfolgen nicht zum Tragen. Allerdings dürften **Vereinbarungen über die Diensterfindung** analog § 22 Satz 2 zulässig sein, da die negative Publikationsfreiheit ansonsten die Vertragsfreiheit des Erfinders einschränken würde (s.a. § 22 Rdn. 40).

Nach § 24 Abs. 1 knüpfen die **Geheimhaltungspflichten des Dienstherrn/Arbeitgebers** an die hier entfallende Meldung an (s. dazu § 24 Rdn. 3 ff.). Sofern man diese Bestimmung mit Blick auf die negative Publikationsfreiheit nicht (analog) anwenden will, folgt eine Geheimhaltungspflicht des Dienstherrn/Arbeitgebers zumindest aus dem Aspekt der Fürsorgepflicht, wenn dort auf andere Weise Kenntnis erlangt wurde[560] (§ 24 Rdn. 5–25 ff.). Die Beachtung der erst mit Fertigstellung einer Diensterfindung begründeten negativen Publikationsfreiheit kann u.U. den Dienstherrn hindern, im Rahmen eines Forschungsauftrags dem Auftraggeber über laufende Forschungs-/Zwischenergebnisse zu berichten. 121

Die Geheimhaltungspflicht **Dritter** folgt dagegen unmittelbar aus § 24 Abs. 3 (s. dazu § 24 Rdn. 47 ff.).

*Rdn. 122–124 frei*

### V. Spätere Meldung bei Offenbarungsabsicht (Nr. 2 Satz 2)

Das Gesetz geht davon aus, dass sich der Erfinder zunächst auf unbestimmte Zeit gegen die Veröffentlichung seiner Diensterfindung entschieden hat (s. § 42 Rdn. 113). Will der Erfinder – so die Amtl. Begründung[561] – das For- 125

---

558 Bartenbach/Volz, GRUR 2002, 743, 753; zust. Bergmann (2006) S. 112; Kretzer (2007) S. 41; von Falck/Schmaltz, GRUR 2004, 469, 471; im Ergebn. auch Keukenschrijver in Busse/Keukenschrijver, PatG, Rn. 14 zu § 42 ArbEG.
559 Zu § 42 Nr. 2 (BT-Drucks. 14/5975 S. 7; übereinstimmend Amtl. Begründung Reg.Entw. BR-Drucks. 583/01 S. 9).
560 Zust. Kretzer (2007) S. 41; ferner zust. Boemke/Kursawe/Boemke/Sachadae Rn. 108 zu § 42.
561 Zu § 42 Nr. 2 (BT-Drucks. 14/5975 S. 7; übereinstimmend Amtl. Begründung Reg.Entw. BR-Drucks. 583/01 S. 9 a.E., 10 oben).

schungsergebnis (die Diensterfindung) entgegen seiner ursprünglichen Absicht zu einem späteren Zeitpunkt veröffentlichen oder verwerten, hat er die Erfindung unverzüglich zu melden und eine bevorstehende Veröffentlichung rechtzeitig anzuzeigen. Mit der nachträglichen **Willensänderung** lebt also die **Meldepflicht nach § 5** mit ihren Rechtsfolgen (insb. der §§ 6, 7, 13) wieder auf.[562] Beabsichtigt er eine zeitnahe Veröffentlichung, hat er das Verfahren nach § 42 Nr. 1 zu beachten[563] (s. § 42 Rdn. 75 ff.).

126 Unterlässt er die unverzügliche Erfindungsmeldung, verletzt er damit seine wieder aufgelebten Pflichten aus § 5 und löst die entsprechenden Folgen aus (Erfüllungsanspruch, Schadensersatzpflicht usw., s dazu § 5 Rdn. 94 ff.). Die **Verletzung** der Meldepflicht nach § 42 Nr. 2 begründet ebenfalls u.a. Schadensersatzpflichten (s. § 42 Rdn. 97). Die Unterlassung einer solchen Meldung ist zudem Dienstpflichtverletzung[564] (streitig, s.a. § 42 Rdn. 27) und ggf. Abmahnungs- bzw. Kündigungsgrund (vgl. § 5 Rdn. 98).

*Rdn. 127–130 frei.*

### J. Verbleib eines nicht ausschließlichen Nutzungsrechts bei (unbeschränkter) Inanspruchnahme (Nr. 3)

131 Der Gesetzgeber gesteht dem Hochschulwissenschaftler in Anerkennung der Tatsache, dass die Diensterfindung im Rahmen wissenschaftlicher Tätigkeit gemacht wurde, ein Benutzungsrecht für seine Forschungsergebnisse im Rahmen seiner Lehr- und Forschungstätigkeit zu.[565] Die Vorschrift ist ebenfalls Ausfluss der grundgesetzlich verankerten Wissenschaftsfreiheit[566] und beruht auf dem Erfinderrecht des Hochschulwissenschaftlers.[567] Damit soll eine

---

562 Wohl unstreitig, z.B. Reimer/Schade/Schippel/Leuze Rn. 32 zu § 42 n.F.
563 Wohl allg. Ansicht, z.B. Bergmann (2006) S. 112 m.w.N.; Beyerlein, NZA 2002, 1020, 1021; Kretzer (2007) S. 42; Reimer/Schade/Schippel/Leuze Rn. 32 zu § 42 n.F.; Boemke/Kursawe/Boemke/Sachadae Rn. 114 zu § 42; wohl auch Kraßer in: Hartmer/Detmer (2004) S. 467 (Kap. IX Rn. 79).
564 So Amtl. Begründung zu § 42 Nr. 2 (BT-Drucks. 14/5975 S. 7; übereinstimmend Amtl. Begründung Reg.Entw. BR-Drucks. 583/01 S. 10). Zust. u. a. Kretzer (2007) S. 42.
565 Vgl. Amtl. Begründung zu § 42 Nr. 3 (BT-Drucks. 14/5975 S. 7; übereinstimmend Amtl. Begründung Reg.Entw. BR-Drucks. 583/01 S. 10).
566 Davon geht die Amtl. Begründung des Bundesrates für die von ihm in seinem Entwurf e. Ges. z. Förderung d. Patentwesens an d. Hochschulen v. 09.03.2001 vorgeschlagene inhaltsgleiche Regelung zu § 42 Abs. 1 Nr. 4 aus (s. BR-Drucks. 740/00 [Beschluss] Anlage S. 5). Zust. u. a. Bergmann (2006) S. 114, 117 f.
567 Kraßer/Ann, PatR, § 21 Rn. 142.

Behinderung in seiner künftigen Forschungs- und Lehrtätigkeit vermieden und die Eigennutzung der technischen Neuerung in Forschung und Lehre gesichert werden.[568] Die Regelung ist **verfassungskonform**,[569] auch wenn damit kein Recht zur Überlassung der Erfindung zur wissenschaftlichen Benutzung durch Dritte verbunden ist.[570] Die Regelung begründet gezielt ein **gesetzliches Benutzungsrecht zu nichtgewerblichen Zwecken**[571] zugunsten des Hochschulwissenschaftlers und seiner persönlichen, von Art. 5 Abs. 3 GG geschützten Lehr- und Forschungstätigkeit. Soweit der Dienstherr/Arbeitgeber alleiniger Rechtsinhaber wird (s. § 42 Rdn. 132), steht es ihm frei, dem Hochschulwissenschaftler im Rahmen einer lizenzvertraglichen Abrede weitergehende Benutzungsrechte einzuräumen, auch wenn kein Rechtsanspruch des Hochschullehrers besteht.

Der **Dienstherr/Arbeitgeber** erwirbt die Diensterfindung bei Inanspruchnahme nach § 7 Abs. 2 belastet mit dem gesetzlichen Nutzungsrecht aus § 42 Nr. 3.[572] Der Dienstherr/Arbeitgeber kann die von ihm in Anspruch genommene Diensterfindung unbeschadet des Nutzungsrechts (s. § 42 Rdn. 140) grundsätzlich frei verwerten[573] (s. dazu § 42 Rdn. 160). Dessen Vergütungspflicht nach § 42 Nr. 4 wird durch das Benutzungsrecht nicht beeinflusst, insbesondere nicht geschmälert. Allerdings muss es der Hochschulwissenschaftler zwangsläufig hinnehmen, wenn ein Rechtserwerber im Einzelfall das Benutzungsrecht (trotz des nicht-kommerziellen Charakters) bei der Bemessung der Gegenleistung mindernd berücksichtigen will.

## I. Geltungsbereich

Zum **persönlichen** Geltungsbereich gelten dieselben Grundsätze wie zu § 42 Nrn. 1 und 2, d.h. erfasst sind ausschließlich Hochschulwissenschaftler (s. § 42 Rdn. 23 ff.). Das Benutzungsrecht besteht auch im Fall der Auftragsforschung (s. § 42 Rdn. 196). 132

---

568 S. die »Begründung zu Änderungsvorschlag für § 42 Arbeitnehmererfindungsgesetz« der BLK vom 30.10.2000 zu dem nahezu gleichlautenden § 42 Abs. 5 des Entwurfs (früher abrufbar unter www.bmbf.de).
569 So u. a. Kretzer (2007) S. 43.
570 Abw. wohl Hübner (2003) S. 110 ff.
571 Zust. Keukenschrijver in Busse/Keukenschrijver, PatG, Rn. 16 zu § 42 ArbEG; vgl. auch Kretzer (2007) S. 43 f.
572 Boemke/Kursawe/Boemke/Sachadae Rn. 18 zu § 42 gehen wohl von einem vom Rechtsübergang nach § 7 Abs. 1 ArbEG abgespaltenen Nutzungsrecht aus.
573 Im Ergebn. auch Keukenschrijver in Busse/Keukenschrijver, PatG, Rn. 18 zu § 42 ArbEG.

Problematisch ist auch hier die Situation der **Miterfinderschaft** (zum Begriff s. § 5 Rdn. 44; zur grundsätzlichen Geltung des § 42 s. § 42 Rdn. 25). Unstreitig ist zunächst, dass Miterfinder aus anderen Behörden oder Verwaltungen des Dienstherrn/Arbeitgebers (z.b. zur Hochschule abgeordnete Landesbeschäftigte) nicht erfasst sind. Unstreitig dürfte auch sein, dass das Nutzungsrecht die gesamte Erfindung und nicht nur den auf den Hochschulwissenschaftler entfallenden schöpferischen Beitrag erfasst. Probleme ergeben sich indes namentlich dann, wenn der Dienstherr (Arbeitgeber) des Hochschulwissenschaftlers durch die Inanspruchnahme nicht alleiniger Inhaber aller Erfindungsrechte wird (z.b. im Fall einer Kooperations-Erfindung). Nach dem Recht der Bruchteilsgemeinschaft können Nutzungsrechte nur gemeinschaftlich von allen Teilhabern vergeben werden (s. § 16 Rdn. 99); Entsprechendes würde bei einer GbR nach §§ 709, 718, 719 BGB gelten (s. § 5 Rdn. 53). Konsequenz einer solchen zivilrechtlichen Wertung wäre, dass in derartigen Fällen ein Benutzungsrecht nicht entstehen könnte. Dem kann jedoch nicht gefolgt werden.[574] Letztlich wird man die Bestimmung verfassungskonform dahin gehend auslegen müssen, dass das gesetzliche Benutzungsrecht auch im Fall einer Miterfinderschaft persönlich zugunsten des Hochschulwissenschaftlers besteht und damit zugleich eine sondergesetzliche Regelung auch im Verhältnis zum allgemeinen Patentrecht darstellt.[575] Der Gesetzeswortlaut (»Dem Erfinder bleibt«) steht dem nicht entgegen; vielmehr wird damit bestätigt, dass dem Hochschulwissenschaftler persönlich sein zuvor mit Fertigstellung der Erfindung als Miterfinder zustehendes eigenes Nutzungsrecht partiell erhalten bleiben soll (s. allgemein § 16 Rdn. 99).

Will der Hochschulwissenschaftler von seinem gesetzlichen Nutzungsrecht Gebrauch machen, bedarf es – die unverzügliche Schutzrechtsanmeldung durch den Arbeitgeber/Dienstherrn vorausgesetzt (s. § 42 Rdn. 140) – nach der gesetzlichen Regelung dank des gesetzlichen Benutzungsrechts (s. § 42 Rdn. 133, 140) **keiner weiteren Abstimmung**, und zwar weder mit dem Arbeitgeber noch mit anderen Inhabern der Erfindung. Erst recht ist keine Abstimmung mit den Miterfindern nach §§ 743 Abs. 2, 744 Abs. 1, 745 BGB erforderlich[576], zumal die frühere Bruchteilsgemeinschaft mit den anderen Miterfindern auf Grund der Inanspruchnahme ihr Ende gefunden hat,

---

574 Bartenbach/Volz, GRUR 2002, 743, 754; zust. auch Bergmann (2006) S. 178 f.
575 Bartenbach/Volz, GRUR 2002, 743, 754; im Ergebn. zust. Kretzer (2007) S. 65; im Ergebn. ferner Keukenschrijver in Busse/Keukenschrijver, PatG, Rn. 16 f. zu § 42 ArbEG.
576 Dafür aber Ulrici, OdW 2018 (H. 2), 129, 156.

Sachlich ist der Geltungsbereich ebenfalls auf **Diensterfindungen** begrenzt (s. § 42 Rdn. 30 ff.). Vorausgesetzt wird begriffsnotwendig eine (unbeschränkte) **Inanspruchnahme** i.S.d. §§ 6, 7 n.F. bzw. der §§ 6, 7 Abs. 1 a.F. (s. dazu die Übersicht bei § 6 n.F. Rdn. 5 f.), da der Dienstherr im Fall der früheren beschränkten Inanspruchnahme nur ein nichtausschließliches Benutzungsrecht nach § 7 Abs. 2 a.F. erworben hat und der Erfinder Rechtsinhaber geblieben ist[577] (s. § 7 a.F. Rdn. 28 ff.).

133

**Vor Inanspruchnahme** der Dienserfindung besteht schon mit Blick auf die Gefahr einer neuheitsschädlichen Offenbarung der erfinderischen Lehre (vgl. § 3 Abs. 1 Satz 2 PatG), für die bereits die bloße Möglichkeit einer Kenntnisnahme durch einen nicht begrenzten Personenkreis ausreicht, kein Benutzungsrecht des Hochschulwissenschaftlers, soweit nicht § 42 Nr. 1 zum Tragen kommt[578] (s. dazu § 42 Rdn. 57 ff.; s. auch § 7 n.F. Rdn. 109).

*Rdn. 134–137 frei.*

### II. Inhalt des nicht ausschließlichen Nutzungsrechts

Angesichts des gleichen Gesetzeswortlauts ist das nichtausschließliche Benutzungsrecht inhaltlich den entsprechenden Rechten des Arbeitgebers in § 7 Abs. 2 a.F., § 14 Abs. 3, § 16 Abs. 3 und § 19 Abs. 1 gleichzustellen. Es entspricht dem einer **einfachen Lizenz** (s. im Einzelnen § 7 a.F. Rdn. 28 ff.). Es haftet untrennbar der in Anspruch genommenen Dienserfindung an (siehe auch § 42 Rdn. 131) und ist damit zugleich an die Person des Hochschulerfinders gebunden[579] – auch für den Fall des Hochschulwechsels[580] und auch bei Miterfinderschaft (s. § 42 Rdn. 132) – und folglich weder übertragbar[581]

138

---

577 Keukenschrijver in Busse/Keukenschrijver, PatG (7. Aufl. 2013), Rn. 4 zu § 42 ArbEG, hatzu Recht darauf hingewiesen, dass die frühere beschränkte Inanspruchnahme bei Hochschulerfindungen wegen einer Verwertung des Dienstherrn durch ein eigenes Benutzungsrecht praktisch nicht in Betracht gekommen war.
578 Abw. Boemke/Kursawe/Boemke/Sachadae Rn. 120 zu § 42.
579 Wohl allg. A., z.B. Böhringer, NJW 2002, 952, 953; Kretzer (2007) S. 44; Reimer/Schade/Schippel/Leuze Rn. 34 zu § 42 n.F.
580 Sellnick, NVwZ 2002, 1340; zust. Bergmann (2006) S. 117.
581 Bartenbach/Volz, GRUR 2002, 743, 754; Keukenschrijver in Busse/Keukenschrijver, PatG, Rn. 16 zu § 42 ArbEG; Reimer/Schade/Schippel/Leuze Rn. 34 zu § 42 n.F.; Kelp in: Gärditz/Pahlow (2011), 223, 246 (Rn. 58); Pahlow/Gärditz, WissR 2006, 48, 53; Bergmann (2006) S. 116 m.w.N.; Kretzer (2007) S. 44.

noch pfändbar[582] noch vererblich.[583] Es steht auch weder der Hochschule zu noch ist es auf diese abtretbar.[584] Soweit das Benutzungsrecht dagegen (generell) nicht **abdingbar** sein soll,[585] kann dem u. E. mit Blick auf § 22 Satz 2 für erfindungsbezogene Vereinbarungen ab Meldung nicht gefolgt werden.

139 Das Nutzungsrecht erzeugt auch hier nur die gesetzlich niedergelegten schuldrechtlichen Wirkungen (s. § 7 a.F. Rdn. 30; zum Sukzessionsschutz s. § 42 Rdn. 140), auch wenn es wirtschaftlich eine Belastung des Nutzungsrechts aus der Diensterfindung darstellen kann. Gegenständlich wird das Nutzungsrecht gesetzlich eingeschränkt: Es besteht nur für eine Benutzung **i.R.d. Lehr- und Forschungstätigkeit**. Der Begriff »im Rahmen der Lehr- und Forschungstätigkeit« entspricht dem des § 42 Nr. 1 (s. § 42 Rdn. 77) und umfasst jedenfalls jede nicht-kommerzielle Verwendung der Erfindung im wissenschaftlichen Bereich.[586] Mit dieser Einschränkung, die verfassungskonform in einem weiten Sinn zu verstehen ist (s. § 42 Rdn. 29, 77), erstreckt sich das Benutzungsrecht auf alle **Benutzungshandlungen**, die ein etwaiges Schutzrecht gem. § 9 PatG umfassen würde. Erfasst ist damit auch der Einsatz zu Forschungszwe-

---

582 Keukenschrijver in Busse/Keukenschrijver, PatG, Rn. 16 zu § 42 ArbEG; Reimer/Schade/Schippel/Leuze Rn. 34 zu § 42 n.F.; Beyerlein, NZA 2002, 1020, 1022; Kretzer (2007) S. 44.
583 U. a. Bartenbach/Volz, GRUR 2002, 743, 754; Keukenschrijver in Busse/Keukenschrijver, PatG, Rn. 16 zu § 42 ArbEG; Reimer/Schade/Schippel/Leuze Rn. 34 zu § 42 n.F.; Kelp in: Gärditz/Pahlow (2011), 223, 246 (Rn. 58); Pahlow/Gärditz, WissR 2006, 48, 53; Bergmann (2006) S. 117; Kretzer (2007) S. 44.
584 Vgl. Bartenbach/Volz in Festschr. 50 J. VPP (2005) S. 225, 239; zust. Bergmann (2006) S. 115.
585 So wohl Böhringer, NJW 2002, 952, 953. Demgegenüber geht Heite (in Rosenberger/Wündisch [2018], Kap. 7 Rn. 86) auch zu § 42 Nr. 3 von einer generellen Verzichtsmöglichkeit gegenüber Dritten (industriellen Auftraggebern) aus.
586 Vgl. Amtl. Begründung zu § 42 Nr. 3 (BT-Drucks. 14/5975 S. 7; übereinstimmend Amtl. Begründung Reg.Entw. BR-Drucks. 583/01 S. 10). Ebenso Bergmann (2006) S. 116 m.w.N.; Kretzer (2007) S. 44 f.; Reimer/Schade/Schippel/Leuze Rn. 34 zu § 42 n.F.; ferner wohl auch Wündisch/Hering, GRUR Int. 2009, 106, 111 f. Eine Beschränkung auf wissenschaftliche Tätigkeiten ablehnend Reetz (2006) S. 252, wonach allerdings darüber hinaus eine erweiterte Auslegung des Benutzungsberechtigten auf alle Hochschulwissenschaftler geboten sein soll (S. 253). Abw. wohl Schwab, Arbeitnehmererfindungsrecht, § 42 Rn. 13: »begrenzt auf die konkrete Lehr- und Forschungstätigkeit«. Nach Boemke/Kursawe/Boemke/Sachadae Rn. 130 f. zu § 42 soll die Mitverfolgung wirtschaftlicher Interessen unschädlich sein und ein Nutzungsrecht nur dann nicht bestehen, »wenn die Tätigkeiten rein wirtschaftlichen Zwecken dienen«.

cken des Erfinders.[587] Benutzungshandlungen i.R.d. wissenschaftlichen Tätigkeit kann der Hochschulwissenschaftler auch durch seine Mitarbeiter, Doktoranden oder Studenten durchführen lassen.[588]

**Nicht** vom Nutzungsrecht umfasst sind **gewerbliche** oder gezielt auf Gewinnerzielung ausgerichtete Verwertungshandlungen. Hier soll ein Wettbewerb mit der Hochschule oder einem potentiellen Erfindungserwerber bzw. Lizenznehmer von vornherein vermieden sowie deren alleinige und ungestörte wirtschaftliche Verwertung sichergestellt werden.

Wie die Gesetzesmaterialien klarstellen, geht das Benutzungsrecht damit über das sog. **Versuchsprivileg des § 11 Nr. 2 PatG**[589] hinaus, da das Benutzungsrecht des Hochschulwissenschaftlers nicht nur die Verwendung der Erfindung als Versuchsgegenstand erlaubt, sondern auch deren Nutzung als Arbeitsmittel i.R.d. Lehr- und Forschungsbetriebs des Erfinders.[590] Gleiches gilt für § 12 Nr. 2 GebrMG.[591]

Das Nutzungsrecht **entsteht** kraft Gesetzes mit fiktiver Inanspruchnahmeerklärung (vgl. § 6 Abs. 2 n.F.) bzw. mit Zugang der (unbeschränkten) Inanspruchnahmeerklärung beim Erfinder (vgl. §§ 6, 7 n.F./§§ 6, 7 Abs. 1 a.F.). Auf den Willen oder das Bewusstsein der Beteiligten kommt es nicht an.[592] Davon darf jedoch – wie auch der Rückschluss aus § 42 Nr. 1 zeigt – **nicht neuheitsschädlich vor** (provisorischer, s. § 42 Rdn. 91) **Schutzrechtsanmeldung** bzw. vor Fristablauf i.S.d. § 42 Nr. 1 Gebrauch gemacht werden[593] (s. auch § 42 Rdn. 27, 60, 91).

140

Das Nutzungsrecht **wirkt** auch **ggü. Dritten**, d.h. es besteht weiter, wenn die Erfindung bzw. das hierauf erteilte Schutzrecht an Dritte veräußert oder eine

---

587 Bartenbach/Volz, GRUR 2002, 743, 754; Bergmann (2006) S. 116 m.w.N. Vgl. auch Keukenschrijver in Busse/Keukenschrijver, PatG, Rn. 17 zu § 42 ArbEG, wonach diese privilegierte Nutzung als Forschungsgegenstand und -mittel bereits aus der Forschungsfreiheit abgeleitet werden kann.
588 So zu Recht Kraßer in: Hartmer/Detmer (2004) S. 468 (Kap. IX Rn. 82); zust. Bergmann (2006) S. 116 f.
589 Vgl. für den Hochschulbereich Fritsch, VPP-Rundbrief 2003, 43, 45.
590 So Amtl. Begründung zu § 42 Nr. 3 (BT-Drucks. 14/5975 S. 7; übereinstimmend Amtl. Begründung Reg.Entw. BR-Drucks. 583/01 S. 10). S. dazu u. a. Hübner (2003), S. 105 ff.; Reetz (2006) S. 247 ff.; Wündisch/Hering, GRUR Int. 2009, 106, 112; ebenso Reimer/Schade/Schippel/Leuze Rn. 35 zu § 42 n.F.; Keukenschrijver in Busse/Keukenschrijver, PatG, Rn. 17 zu § 42 ArbEG.
591 Bergmann (2006) S. 116.
592 Zust. Reimer/Schade/Schippel/Leuze Rn. 34 zu § 42 n.F.
593 Zutreffend Bergmann (2006) S. 118 f.

ausschließliche Lizenz erteilt wird.[594] Dies folgt – jedenfalls analog – aus § 15 Abs. 3 PatG bzw. § 22 Abs. 3 GebrMG[595] (s. § 7 a.F. Rdn. 35). Das Benutzungsrecht entfaltet kraft Gesetzes auch Wirkung gegenüber sonstigen Mitinhabern der Erfindungsrechte, etwa Kooperationspartnern des Arbeitgebers. Sein Bestand ist – im Unterschied zu den Benutzungsrechten nach §§ 14, 16 – nicht vom Bestehen einer Schutzrechtsposition abhängig; fehlt es an einem Schutzrecht und ist die Erfindung offenkundig und damit gemeinfrei, kann der Hochschulwissenschaftler diese wie jeder Dritte frei nutzen (vgl. auch § 7 a.F. Rdn. 61). Zum Forschungsvertrag s. § 42 Rdn. 195.

*Rdn. 141–144 frei*

### K. Vergütung bei Erfindungsverwertung (Nr. 4)

145 Zentrale, über die Hochschulwissenschaftler weit hinausgehende Bedeutung hat die neue Vergütungsregelung in § 42 Nr. 4. Sie stellt – wie auch aus dem Eingangssatz des § 42 folgt – eine **Spezialvorschrift zu § 9 Abs. 2** dar.[596] Sie setzt mit Blick auf die Vergütungspraxis in außeruniversitären Forschungseinrichtungen (s. § 42 Rdn. 178) – abweichend von den allgemeinen Vergütungskriterien des § 9 ArbEG und den Vergütungsrichtlinien (Erfindungswert und Anteilsfaktor, s. § 9 Rdn. 74) – die Höhe der Vergütung pauschal fest[597] (s.a. § 42 Rdn. 165; zum Miterfinderanteil s. § 42 Rdn. 179). Die besondere Ver-

---

594 Amtl. Begründung zu § 42 Nr. 3 (BT-Drucks. 14/5975 S. 7; übereinstimmend Amtl. Begründung Reg.Entw. BR-Drucks. 583/01 S. 10). Im Anschluss daran wohl allg. A., z.B. Keukenschrijver in Busse/Keukenschrijver, PatG, Rn. 16 zu § 42 ArbEG; Pahlow/Gärditz, WissR 2006, 48, 53; Bergmann (2006) S. 117 m.w.N.
595 Zust. Boemke/Kursawe/Boemke/Sachadae Rn. 126 f. zu § 42; a.A. Beyerlein, NZA 2002, 1020, 1022 (im Ergebn. allerdings wie hier). Nach Keukenschrijver in Busse/Keukenschrijver, PatG, Rn. 16 zu § 42 ArbEG soll es sich um eine am Schutzrecht haftende »gesetzliche Lizenz« handeln.
596 Wohl überwiegende A., wie hier z.B. OLG Düsseldorf v. 12.04.2012 *Mitt. 2012, 463, 464 – Verwendung einer Genveränderung* im Anschl. an LG Düsseldorf v. 18.01.2011, – 4b O 7/10 (juris, Rn. 20) – *Krankheitsvorhersage* (insoweit nicht thematisiert von BGH v. 05.02.2013 – X ZR 59/12, GRUR 2013, 498 – *Genveränderungen*); Schiedsst. v. 12.06.2013 – Arb.Erf. 61/11, (www.dpma.de); *Heerma/Maierhöfer,* GRUR 2010, 682, 683; Keukenschrijver in Busse/Keukenschrijver, PatG, Rn. 20 zu § 42 ArbEG; s. Reimer/Schade/Schippel/Leuze Rn. 36 zu § 42 n.F.; ferner Fleuchaus/Braitmayer, GRUR 2002, 653, 658 m. H. a. Amtl. Begründung zu § 42 Nr. 4 BT-Drucks. 14/5975 S. 7; Bergmann (2006) S. 119 m.w.N. Abw. Soudry (2010) S. 119 f., 151 ff. S. a. BGH v. 06.03.2012 – X ZR 104/09, Mitt. 2012, 285 (Rn. 48) – *Antimykotischer Nagellack.*
597 Vgl. Amtl. Begründung zu § 42 Nr. 4 BT-Drucks. 14/5975 S. 7; übereinstimmend Amtl. Begründung Reg.Entw. BR-Drucks. 583/01 S. 10.

gütungsregelung hat für den Hochschulbereich erkennbar und nach der gesetzgeberischen Zielsetzung sowohl abschließenden als auch pauschalisierenden Charakter, selbst wenn im Einzelfall eine Vergütungsbemessung nach § 9 i. V. m. den RL Nrn. 1959 zu einer höheren Vergütung führen würde.[598] Die pauschalierende Vergütungsermittlung löst sich bewusst vom ökonomischen Wert der Diensterfindung[599] (s. auch § 42 Rdn. 178). § 42 Nr. 4 schließt damit einen ergänzenden Vergütungsanspruch aus § 9 aus[600] (s. im Übrigen § 42 Rdn. 162, 165).

Bei § 42 Nr. 4 handelt sich um eine – mit der sonstigen Vergütungssystematik des ArbEG nicht kompatible – Sonderregelung mit **Ausnahmecharakter** für den Hochschulbereich und damit um einen keinesfalls verallgemeinerbaren Vergütungsgrundsatz.[601] Die Vorschrift stellt eine gezielte Privilegierung der Hochschulerfinder durch den Gesetzgeber dar, und rechtfertigt damit nicht, anderen Arbeitgebern ohne gesetzliche Grundlage höhere Vergütungspflichten aufzuerlegen.[602] Die Vorschrift ist folglich **nicht auf andere Bereiche übertragbar**,[603] auch nicht auf außeruniversitäre Forschungseinrichtungen (s. § 42 Rdn. 20). Erst recht scheidet eine Ausdehnung auf Mitarbeiter in industriellen Forschungsabteilungen aus, auch wenn diese mit Hochschulen zusammenarbeiten. Der Gleichheitssatz ist nicht verletzt (s. § 42 Rdn. 155).

Die Gesetzesfassung erschließt nicht unmittelbar die in den Gesetzesmaterialien dargelegten **Erwägungen**. Wesentliches Motiv für die großzügige Vergütungsregelung ist – in Orientierung an außeruniversitären Forschungseinrichtungen (s. aber § 42 Rdn. 178) – letztlich die Überlegung, im Interesse der

---

598 Partiell abw. Boemke/Kursawe/Boemke/Sachadae Rn. 150 ff. zu § 42.
599 So im Ergebn. auch BGH v. 05.02.2013 – X ZR 59/12, GRUR 2013, 498 (Rn. 26 f.) – *Genveränderungen*.
600 A. A. Boemke/Kursawe/Boemke/Sachadae Rn. 150 ff. zu § 42 m. H. a. Stallberg GRUR 2007, 1035, 1040. Im Ergebn. wie hier Keukenschrijver in Busse/Keukenschrijver, PatG, Rn. 20 zu § 42 ArbEG m. H. a. OLG Düsseldorf v. 12.04.2012 Mitt. 2012, 463, 464 – Verwendung einer Genveränderung (§ 42 Nr. 4 » als Spezialnorm ... verdrängt in ihrem Anwendungsbereich« den § 9 Abs. 2).
601 Vgl. Schiedsst. v. 23.12.2004, BlPMZ 2005, 326, 327; s.a. Bartenbach/Volz, GRUR 2002, 743, 746; v. Falckenstein, FS Bartenbach (2005), S. 73 ff.; Bartenbach/Hellebrand, Mitt. 2002, 165, 168. Ähnl. OLG Frankfurt v. 14.5.2009 – 6 U 440/07 (unveröffentl.), bestätigt durch BGH v. 06.03.2012 – X ZR 104/09, Mitt. 2012, 285 (Rn. 48) – *Antimykotischer Nagellack*.
602 BGH v. 06.03.2012 – X ZR 104/09, Mitt. 2012, 285 (Rn. 48) – *Antimykotischer Nagellack*.
603 Ebenso u. a. Leuze, WissR 2011, 280, 303; vgl. auch Weyand/Haase, GRUR 2007, 28, 33.

Personalgewinnung und -bindung und der Förderung verwertbarer Forschungsergebnisse an Hochschulen besondere materielle Anreize anzubieten[604] (zur Zielsetzung der 30 % Beteiligung s. § 42 Rdn. 165) – ein Ziel, das nach ersten Untersuchungen tendenziell aufgegangen zu sein scheint.[605] Aus Sicht des Gesetzgebers sprechen angesichts der nicht selten aus wissenschaftlichen und technischen Hochschulbeschäftigten bestehenden Erfindergemeinschaften – nach verbreiteter Ansicht zu Recht[606] – personalwirtschaftliche Gründe für eine Gleichbehandlung aller Hochschulbeschäftigten bei der Berechnung der Vergütung.[607]

Eine Pflicht zur **Ablieferung** der gesetzlich zustehenden Erfindervergütung, etwa aus Nebentätigkeitsrecht, scheidet aus;[608] dem steht bereits der Charakter der Vergütung als verfassungsrechtlich garantierte Gegenleistung für die Überlassung der Erfindungsrechte entgegen (s. § 9 Rdn. 1.2)

Die Vorschrift, die wegen der außerordentlichen Vergütungshöhe und der Gefahr von »Minusgeschäften« zulasten der Hochschule (s.a. § 42 Rdn. 6, 168) auf deutliche **Kritik** gestoßen ist,[609] hält im Vergütungsvolumen einem **internationalen Vergleich** zum Hochschulbereich von Industrienationen weitgehend stand.[610] Ungeachtet vereinzelter Forderungen nach zusätzlichen

---

604 Vgl. Amtl. Begründung des Reg.Entw. BR-Drucks. 583/01 S. 10. S.a. Sellnick, NVwZ 2002, 1340, 1341 a.E., 1342; Weyand/Haase, GRUR 2007, 28, 32 f.
605 Vgl. Haase/Lautenschläger, WissR 2006, 137, 149, 155 f. (zu den empirischen Untersuchungen bei den Thüringer Hochschulen).
606 Vgl. etwa Kretzer (2007) S. 45 f.
607 Vgl. Amtl. Begründung zu § 42 Nr. 4 BT-Drucks. 14/5975 S. 6.
608 Zutr. Gärditz in: Gärditz/Pahlow (2011), 35, 50 (Rn. 27).
609 S. etwa Bartenbach/Hellebrand, Mitt. 2002, 165, 169 f.; Fleuchaus/Braitmayer, GRUR 2002, 653, 657; Beaucamp, DÖD 2003, 99, 100; v. Falck/Schmaltz, GRUR 2004, 469, 471.; Hoeren, WissR 2005, 131, 138. Ausf. Bergmann (2006) S. 119 f., 139 f., 141 ff., die de lege ferenda zu Recht den Übergang zum Nettoprinzip befürwortet, dies jedoch mit einer – im ArbEG generell abzulehnenden (s. hier § 9 Rdn. 69.1) – »Mindestvergütung von derzeit 2.000 €« (!) verbinden will! S. ferner Reetz, WissR 2008, 206, 223 ff.; Pahlow/Gärditz, WissR 2006, 48, 54 f.; Kelp in: Gärditz/Pahlow (2011), 223, 247 (Rn. 59).
610 S. dazu u.a. v. Falck/Schmaltz, GRUR 2004, 469, 472 ff.; Weyand/Haase, GRUR 2007, 28, 30 f. Bei den staatlichen Hochschulen in den USA ergeben sich unterschiedliche Vergütungssätze je nach Bundesstaat und Universität, wobei Erfinderanteile von 40 bis 50 % der Nettoeinnahmen bzw. 20 bis 40 % der Bruttoeinnahmen keine Seltenheit sind, vgl. die Übersichten bei Schwarz (1997) S. 121 ff.

finanzwirksamen Anreizen,[611] sehen Hochschulwissenschaftler die Regelung als ausreichend an.[612]

§ 42 Nr. 4 ist **verfassungsgemäß**. In der Pauschalierung auf 30 % liegt keine Verletzung des Art. 14 GG,[613] und zwar bereits deshalb, weil eine weiter gehende Vergütung unter Zugrundelegung der allgemeinen Maßstäbe des § 9 schon wegen des Anteilsfaktors (Teilwerte b + c) und der Bruttobasis rein theoretischer Natur wäre. Ebenso wenig liegt eine Verletzung des Gleichheitsgrundsatzes aus Art. 3 Abs. 1 GG vor (s. § 42 Rdn. 155), und zwar auch nicht zu Lasten des Arbeitgebers der Hochschulangehörigen, soweit diese Grundrechtsträger sind.[614]

Da die Vorschrift im Grundsatz nur die Vergütungshöhe regelt, gelten i.Ü. die **allgemeinen Regeln des ArbEG** zur Vergütung, wie etwa zum **Entstehen** des Vergütungsanspruchs, dessen **Dauer**, dessen Verjährung usw.[615] (s. dazu insb. § 9 Rdn. 3 ff.). 146

**Schuldner** des Vergütungsanspruchs ist auch hier der Dienstherr/Arbeitgeber (s. § 9 Rdn. 4 ff.). Übernimmt ein Dritter, etwa ein Unternehmen als Auftraggeber eines Forschungsvertrages oder ein Kooperationspartner, Vergütungspflichten für die Hochschulerfinder, wird es sich – mangels abweichender Vereinbarung – meist lediglich um eine Freistellungsverpflichtung im Innenverhältnis zur Hochschule handeln.[616]

Gleiches gilt für das **Auskunftsrecht** ggü. dem Dienstherrn (s. dazu § 12 Rdn. 162 ff.) – allerdings bezogen auf die nach § 42 Nr. 4 maßgeblichen Faktoren, also insb. auf die tatsächlich erzielten (Brutto-) Einnahmen.[617] Bei Sachleistungen und mittelbaren Vorteilen schließt dies nicht aus, dass sich der Arbeitgeber/Dienstherr auskunftsrelevante Tatsachen von seinem Geschäfts-

---

611 Vgl. etwa Weyand/Haase, GRUR 2007, 28, 36 f.
612 S. Slopek/Pausewang/Beye, WissR 2011, 50, 72 ff.
613 So aber wohl Hübner (2003) S. 89 ff. Im Ergebnis wie hier Kretzer (2007) S. 98 f.
614 Vgl. BGH v. 06.03.2012 – X ZR 104/09, Mitt. 2012, 285 (Rn. 48) – *Antimykotischer Nagellack*.
615 Wohl allg. A., wie hier Bergmann (2006) S. 121.
616 S. im Einzelnen Bartenbach/Volz in Festschr. 50 J. VPP (2005), S. 225, 244 f.
617 Vgl. etwa LG Düsseldorf v. 18.01.2011, InstGE 12, 264 ff. – *Krankheitsvorhersage*; vgl. auch das bestätigende Urt. BGH v. 05.02.2013 – X ZR 59/12, GRUR 2013, 498 – *Genveränderungen*. S.a. Kraßer in: Hartmer/Detmer (2004) S. 465 (dort Rn. 71); Bergmann (2006) S. 121.

partner besorgen muss, sofern dieser nach Treu und Glauben zur Mitwirkung verpflichtet ist.[618]

147 Da die Vorschrift (lediglich) eine Sonderregelung zu § 9 darstellt, erfolgt die Konkretisierung auch hier im Verfahren nach § 12,[619] d.h. vorrangig ist der Abschluss einer **Vergütungsvereinbarung** und erst als zweiter Schritt erfolgt eine **Vergütungsfestsetzung**. S. dazu die Kommentierung zu § 12.

148 Insoweit ergeben sich allerdings namentlich folgende **Besonderheiten**: I.R.d. nach § 12 Abs. 3 vorgeschriebenen Begründung (s. dazu § 12 Rdn. 52 f.) treten an die Stelle der Angaben zum Erfindungswert und Anteilsfaktor die Angaben zu den erzielten (Brutto-) Einnahmen. Da die Festsetzung in nachvollziehbarer Klarheit alle für die Bemessung der Vergütung wesentlichen Faktoren enthalten muss (s. § 12 Rdn. 51), sind – neben etwaigen Miterfinderanteilen (s. § 12 Rdn. 35 ff. 54 und § 42 Rdn. 179) – die Art und Höhe der durch die Verwertung erzielten Einnahmen einschließlich etwaiger Abzugspositionen (s. § 42 Rdn. 166 ff.) anzugeben.[620] Der Hinweis auf den Beteiligungssatz von 30 v.H. ist sinnvoll, aufgrund der gesetzlichen Vorgaben aber nicht zwingend. Eine vorläufige Vergütung einschließlich des Risikoabschlags scheidet aus (s. § 42 Rdn. 157). Wird die Erfindung nicht verwertet, wird noch keine Vergütung geschuldet (s. § 42 Rdn. 161) und die Vergütung ist spätestens 3 Monate nach Schutzrechtserteilung gem. § 12 Abs. 3 mit »Null« festzusetzen[621] (s. § 12 Rdn. 72.1). Auch hier besteht bezüglich der nicht durch § 42 Nr. 4 vorgegebenen Vergütungskriterien ein **Widerspruchsrecht** der Hochschulbeschäftigten nach § 12 Abs. 4 (s. dazu § 12 Rdn. 77 ff.) mit der daran anknüpfenden Mindestzahlungspflicht des Dienstherrn (s. § 12 Rdn. 75 f.) Bei **Miterfindern** (zur Aufteilung s. § 42 Rdn. 179) sind insb. die Bekanntgabepflichten nach § 12 Abs. 2 (s. § 12 Rdn. 28 ff.), die Pflicht zur gesonderten Festsetzung (s. § 12 Rdn. 54) und die Konsequenzen eines Widerspruchs nach § 12 Abs. 5 (s. § 12 Rdn. 88 f.) zu beachten. Ebenfalls besteht bei veränderten Umständen ein wechselseitiger Anpassungsanspruch nach § 12 Abs. 6 (s. dazu § 12 Rdn. 95 ff.).

---

618 So im Ergebn. BGH v. 05.02.2013 – X ZR 59/12, GRUR 2013, 498 (Rn. 37) – *Genveränderungen*.
619 Wohl ganz h.M., z.B. Bartenbach/Volz, GRUR 2002, 743, 755; zust. Heerma/Maierhöfer, GRUR 2010, 682, 683 f.; Bergmann (2006) S. 121; Kretzer (2007) S. 50; zust. auch Boemke/Kursawe/Boemke/Sachadae Rn. 155 zu § 42; wie hier auch Kraßer/Ann, PatR, § 21 Rn. 145.
620 Unscharf Heerma/Maierhöfer, GRUR 2010, 682, 684.
621 Insoweit zutreffend Heerma/Maierhöfer, GRUR 2010, 682, 685.

Vor Erfindungsmeldung sind die Vorgaben des § 42 Nr. 4 **weder ganz noch** 149 **teilweise dispositiv** (§ 22 Satz 1, s. dazu § 42 Rdn. 27). Zulässig sind allerdings abweichende Vereinbarungen, die ausschließlich zugunsten der Hochschulbeschäftigten wirken, etwa höhere Vergütungsansätze (zum Haushaltsrecht s. aber § 40 Rdn. 222).

*Rdn. 150 – 152 frei*

## I. Geltungsbereich

### 1. Hochschulbeschäftige

Abweichend von § 42 Nrn. 1 bis 3 erfasst § 42 Nr. 4 i.V.m. dem Eingangssatz 153 **alle Beschäftigten an Hochschulen**[622] (zum Begriff s. § 42 Rdn. 10 ff.). Der Gesetzgeber hat es angesichts der Verzahnung von wissenschaftlichem und technischem Personal in Forschungsteams und der erheblichen Schwierigkeiten bei der Vergütungsberechnung als unbillig empfunden, die erfinderischen Beiträge der Beschäftigten ein und derselben Einrichtung unterschiedlichen Methoden der Vergütungsermittlung zu unterwerfen; er hat sich mit Blick auf die Zielsetzung der Novelle (Förderung des Wissens- und Technologietransfers, Beitrag zur Innovationssteigerung, s. § 42 Rdn. 2, 4, 190 f.) zu einer Erweiterung des persönlichen Anwendungsbereichs über die wissenschaftlich Tätigen hinaus auf alle Hochschulbeschäftigten entschieden.[623]

Folglich sind auch diejenigen Beschäftigten einbezogen, die sich nicht auf die grundrechtlich verankerte Wissenschaftsfreiheit berufen können. Der Gesetzgeber hat bewusst[624] für allgemeine Hochschulbeschäftigte eine Besserstellung ggü. sonstigen Verwaltungsangehörigen begründet. Mit dieser Privilegierung wird an dieser Schnittstelle der Grundsatz der Gleichstellung der Arbeitnehmer des öffentlichen Dienstes untereinander und mit denen der Privatwirtschaft (s. vor §§ 40 bis 42 Rdn. 4 ff.) rechtssystematisch durchbrochen, auch wenn die Vergütungspraxis bei Großforschungseinrichtungen dafür Pate gestanden hat (s. § 42 Rdn. 145 f.). Unabdingbare Voraussetzung bleibt selbstverständlich,

---

622 Wohl allg. A., z.B. Bartenbach/Hellebrand, Mitt. 2002, 165, 168; Bartenbach/Volz, GRUR 2002, 743, 755; Fleuchhaus/Braitmayer, GRUR 2002, 653, 655; Keukenschrijver in Busse/Keukenschrijver, PatG, Rn. 19 zu § 42 ArbEG; Reimer/Schade/Schippel/Leuze Rn. 7 ff., 36 zu § 42; Boemke/Kursawe/Boemke/Sachadae Rn. 137 zu § 42.
623 Vgl. Amtl. Begründung zu Art. 1 Nr. 2 (BT-Drucks. 14/5975 S. 6; übereinstimmend Amtl. Begründung Reg.Entw. BR-Drucks. 583/01 S. 8).
624 Vgl. den Hinweis der Amtl. Begründung zu § 42 Nr. 4 (BT-Drucks. 14/5975 S. 7; übereinstimmend Amtl. Begründung Reg.Entw. BR-Drucks. 583/01 S. 11).

dass der Beschäftigte als (Mit-) Erfinder einen gesetzlichen Vergütungsanspruch nach § 9 hat, ohne jedoch zu dem privilegierten Personenkreis der Hochschulwissenschaftler gehören zu müssen.[625]

154 Da die Vorschrift im Grundsatz nur die Vergütungshöhe regelt, erfasst § 42 Nr. 4 alle Fälle von Diensterfindungen von Hochschulbeschäftigten, **gleichgültig, ob** an der Diensterfindung **Hochschulwissenschaftler beteiligt** sind oder nicht. Eine einschränkende Auslegung auf solche Diensterfindungen, an denen ausschließlich (als Allein- oder Miterfinder) Hochschulwissenschaftler beteiligt sind,[626] scheidet angesichts der weiten Fassung der Vorschrift und der Ziele des Gesetzgebers aus und ist auch von Verfassung wegen nicht geboten.

155 Die bewusste (s. Rdn. 153) Abweichung zur Vergütung der sonstigen Erfinder des öffentlichen und privaten Dienstes ist in **verfassungsrechtlicher Sicht sachlich begründet.**[627] Zwar ist zu bezweifeln, ob ein derart weitgehender Schritt sich bereits mit dem Wegfall des Hochschullehrerprivilegs rechtfertigen lässt.[628] Die höhere Vergütung rechtfertigt sich aber aus dem Umstand, dass der Gesetzgeber den Hochschulen im Interesse ihrer Funktionsfähigkeit und zur Stärkung deren Autonomie die wirtschaftlich verwertbaren Diensterfindungen erschließen will (s. § 42 Rdn. 4) und dabei alle Hochschulbeschäftigten vergütungsmäßig untereinander gleich stellt, um nicht zuletzt eine einheitliche Anreizwirkung zu erzeugen und zugleich personalwirtschaftlichen Interessen (Betriebsfrieden) Rechnung zu tragen. Andererseits wird hier – abweichend von § 9 Abs. 2 und im Unterschied zu sonstigen Arbeitnehmererfindern – eine bloße Verwertbarkeit nicht honoriert (s. § 42 Rdn. 161). Eine Verletzung des Gleichheitssatzes (Art. 3 Abs. 1 GG) ggü. sonstigen Arbeitnehmererfindern im privaten und öffentlichen Dienst[629] kann in § 42 Nr. 4 nicht gesehen werden.[630] Das hat der *BGH* nunmehr im Ergebnis bestätigt.[631] Das betrifft auch »außeruniversitäre« Miterfinder (s. § 42 Rdn. 180).

---

625 Insoweit ist die Aussage von Reetz (2006) S. 122 missverständlich, wir würden auch Personen, »die nicht Erfinder im Sinne des § 42 Nrn. 1 – 3 ArbEG« sind, erfassen.
626 So aber Reetz (2006) S. 253 ff.
627 S. auch BGH v. 06.03.2012 – X ZR 104/09, Mitt. 2012, 285 (Rn. 48) – *Antimykotischer Nagellack*.
628 Vgl. Bartenbach/Hellebrand, Mitt. 2002, 165, 168.
629 So aber Reetz (2006) S. 264 ff.
630 Ähnl. wie hier Bergmann (2006) S. 153 ff.; Kretzer (2007) S. 99 ff.; Reimer/Schade/Schippel/Leuze Rn. 11 zu § 42 n.F.; im Ergebn. auch Soudry (2010) S. 113 ff.
631 BGH v. 06.03.2012 – X ZR 104/09, Mitt. 2012, 285 (Rn. 48) – *Antimykotischer Nagellack* in Bestätigung v. OLG Frankfurt v. 14.05.2009 – 6 U 440/07 (unveröffentl.); zust. auch Keukenschrijver in Busse/Keukenschrijver, PatG, Rn. 1 zu § 9 ArbEG.

## 2. In Anspruch genommene Diensterfindungen

Sachlich ist der Geltungsbereich auf **Diensterfindungen** begrenzt (s. § 42 Rdn. 30 ff.), auch wenn hier – im Gegensatz zu § 42 Nrn. 1 bis 3 – rechtsuntechnisch nur von »Erfindung« gesprochen wird[632] (s.a. § 42 Rdn. 30). Die Einbeziehung freier Erfindungen scheidet bereits i.H.a. die Notwendigkeit einer vertraglichen Vergütungsregelung nach § 19 (s. dort § 42 Rdn. 9, 28 f.) aus (streitig).[633] Das entspricht im Ergebnis auch der Amtlichen Begründung[634] und steht auch nicht in Widerspruch zum Eingangssatz des § 42, der sich nicht auf die nachfolgenden Nrn. 1 bis 5, sondern auf die Geltung der sonstigen Bestimmungen des ArbEG bezieht (s. § 42 Rdn. 4 f.).

156

Die Gesetzesmaterialien gehen davon aus, dass die Regelung nur bei (unbeschränkter) **Inanspruchnahme** i.S.d. §§ 6, 7 Abs. 1 n.F. bzw. §§ 6, 7 Abs. 1 a.F. gilt.[635] Der Gesetzeswortlaut ist allerdings zum früheren Recht offen, zumal die Begriffe »Verwertung« und »Einnahmen« nicht zwingend auf eine »unbeschränkte Inanspruchnahme« im früheren Sinn begrenzt sind (s. § 42 Rdn. 160, 167). Folglich gilt die Regelung u.E. auch im Fall der früheren bloß beschränkten Inanspruchnahme;[636] solche dürfte allerdings angesichts der Zielsetzung der Reform die Ausnahme gewesen sein.

Der Vergütungsanspruch ist u.E. von der Einreichung einer **Schutzrechtsanmeldung** grds. unabhängig. Maßgeblich ist allein, ob und welche Einnahmen aus der Verwertung der Diensterfindung erzielt werden. Folglich entfällt auch die mindernde Berücksichtigung einer bloß vorläufigen Vergütung und damit der sog. **Risikoabschlag**[637] (s. dazu § 12 Rdn. 64 ff.). Eine unterbliebene Schutzrechtsanmeldung dürfte allerdings die Ausnahme sein, berücksichtigt

157

---

632 Davon geht auch die Amtl. Begründung zu § 42 Nr. 4 aus (vgl. BT-Drucks. 14/5975 S. 7; übereinstimmend Amtl. Begründung Reg.Entw. BR-Drucks. 583/01 S. 10). Wie hier wohl allg. A., z.B. ganz h.M., z.B. Bergmann (2006) S. 44 f. m.w.N.; im Ergebn. auch Reimer/Schade/Schippel/Leuze Rn. 38 zu § 42 n.F.
633 Für Einbeziehung aber Keukenschrijver in Busse/Keukenschrijver, PatG, Rn. 8 zu § 42 ArbEG.
634 Vgl. Amtl. Begründung zu § 42 Nr. 4 in BT-Drucks. 14/5975 S. 7 u. zum Reg.Entw. in BR-Drucks. 583/01 S. 10.
635 Vgl. Amtl. Begründung zu § 42 Nr. 4 (BT-Drucks. 14/5975 S. 7; übereinstimmend Amtl. Begründung Reg.Entw. BR-Drucks. 583/01 S. 10).
636 S. Bartenbach/Volz, GRUR 2002, 743, 754 f. Ebenso Beyerlein, NZA 2002, 1020, 1021 l.Sp.; Pahlow/Gärditz, WissR 2006, 48, 52; Reimer/Schade/Schippel/Leuze Rn. 38 zu § 42 n.F.; s. aber auch Busse/Keukenschrijver, PatG (7. Aufl. 2013), Rn. 20 zu § 42 ArbEG. A.A. Kretzer (2007) S. 46 f.
637 Bartenbach/Volz, GRUR 2002, 743, 755; zust. Schiedsst. v. 12.06.2013 – Arb.Erf. 61/11, (www.dpma.de); Bergmann (2006) S. 121; Kretzer (2007) S. 50.

man die Zielsetzung der Neufassung, den Hochschulen zu ermöglichen, alle dort gemachten Erfindungen (unbeschränkt) in Anspruch zu nehmen, zum Schutzrecht anzumelden und einer wirtschaftlichen Verwertung zuzuführen.[638]

158 Bei **Wegfall eines Schutzrechts**, etwa wenn die Anmeldung zurückgewiesen bzw. das Schutzrecht versagt oder später vernichtet wird, fällt auch hier der Vergütungsanspruch weg (vgl. zur [unbeschränkten] Inanspruchnahme § 9 Rdn. 31 ff.). Werden aus einer Lizenzvergabe gleichwohl weitere Einnahmen erzielt, bleiben diese allerdings vergütungspflichtig (s.a. RL Nr. 42 S. 4 ff., s. dazu KommRL Rn. 11 ff. zu RL Nr. 42); angesichts der kartellrechtlichen Wertung in § 1 GWB/Art. 101 AEUV (s. § 9 Rdn. 136 ff.) ist allerdings genau zu prüfen, ob die Zahlungen tatsächlich für die Diensterfindung geleistet werden (Kausalität, s. § 42 Rdn. 167, 174). Zur betriebsgeheimen Erfindung s. § 42 Rdn. 71.

*Rdn. 159 frei*

### II. Verwertung durch den Dienstherrn

160 Der Begriff der **Verwertung** ist in einem weiten Sinn zu verstehen[639] und umfasst sowohl die innerbetriebliche (Eigen-) Nutzung beim Dienstherrn (Arbeitgeber, s. § 42 Rdn. 9) als auch die außerbetriebliche Nutzung im Wege des Erfindungsverkaufs, des Lizenzaustauschs oder der Lizenzvergabe (s.a. § 42 Rdn. 166 ff.). Während der Koalitions-Entwurf die Verwertung auf Patentverkauf und Lizenzvergabe begrenzt hatte,[640] stellt die Begründung des RegE klar, dass die Verwertung »in einer anderen Form, durch die Vermögenswerte zufließen«, umfasst ist.[641] Im Ergebnis gilt hier kein anderer Verwertungsbegriff, als etwa bei § 7 Abs. 2 a.F. (vgl. dort § 7 Abs. 2 a.F. Rdn. 47 f.), § 9 Abs. 2 (s. dort insb. § 9 Abs. 2 Rdn. 86), § 19 Abs. 1 (s. dort § 19 Abs. 1 Rdn. 35), § 27 Nr. 3 a.F. (s. dort § 27 Nr. 3 Rdn. 107) und § 40 Nr. 3 (s. dort § 40 Nr. 3 Rdn. 43). Folglich gehört dazu einerseits die **außerbetriebliche**

---

638 Vgl. Amtl. Begründung Allg. Teil (BT-Drucks. 14/5975 S. 5; übereinstimmend Amtl. Begründung Reg.Entw. BR-Drucks. 583/01 S. 5).
639 Bartenbach/Volz, GRUR 2002, 743, 755; Kretzer (2007) S. 47; Keukenschrijver in Busse/Keukenschrijver, PatG, Rn. 21 zu § 42 ArbEG; Reimer/Schade/Schippel/Leuze Rn. 39 zu § 42 n.F.
640 Vgl. Amtl. Begründung zu § 42 Nr. 4 (vgl. BT-Drucks. 14/5975 S. 7).
641 Vgl. Amtl. Begründung zu § 42 Nr. 4 des Reg.Entw. BR-Drucks. 583/01 S. 10.

## K. Vergütung bei Erfindungsverwertung (Nr. 4) § 42 n.F.

Verwertung durch Vergabe (einfacher[642] oder ausschließlicher[643]) Lizenzen, Austausch und Verkauf bzw. Übertragung[644] (einschließlich der mit Inanspruchnahme wirksam werdenden Vorausabtretung von Erfindungsrechten[645]); zur Ausgründung s. § 42 Rdn. 208 f. Andererseits ist auch die **arbeitgeberinterne Nutzung** erfasst,[646] etwa der hochschulinterne Einsatz im Laborbetrieb oder als Mittel zu anderweitigen Forschungen (zu Versuchen s. § 42 Rdn. 173) oder der tatsächliche Einsatz im Zusammenhang mit Forschungsaufträgen. Eine vergütungspflichtige innerbetriebliche Nutzung liegt ferner in der Verwertung aufgrund eines im Forschungs- und Entwicklungsvertrag vorbehaltenen bzw. mittels Rücklizenz zugestandenen Nutzungsrechts der Hochschule bei einer an den Auftraggeber übertragenen Diensterfindung[647] (s.allg. KommRL Rn. 5 zu RL Nr. 16).

Vergütungspflichtig soll auch das Halten von Erfindungen zur **Drittmitteleinwerbung** sein.[648] Letzteres ist in dieser Allgemeinheit zweifelhaft. Eine vergütungspflichtige Verwertung hängt u. E. bei diesen in der Praxis nicht seltenen[649] Fällen von dem erforderlichen Nachweis kausaler wirtschaftlicher Vorteile ab, die ohne die Erfindung nicht erlangt worden wären. Gleiches mag für sonstige Fallgestaltungen gelten, in denen die Hochschule die Rechtsinha-

---

642 Pahlow/Gärditz (WissR 2006, 48, 57 ff.) treten für die Vergabe einfacher, d.h. nicht ausschließlicher Lizenzen als Regelform der außerbetrieblichen Verwertung ein und befürworten bei Drittmittelforschung den Vorbehalt der Vergabe einfacher Lizenzen zu Forschungszwecken.
643 Vgl. etwa den Fall bei BGH v. 05.02.2013 – X ZR 59/12, GRUR 2013, 498 – *Genveränderungen* im Anschl. an LG Düsseldorf v. 18.01.2011, InstGE 12, 264 ff. – *Krankheitsvorhersage*.
644 Allg. A. im Anschluss an Amtl. Begründung BT-Drucks. 14/5975 S. 7, z.B. Stallberg, GRUR 2007, 1035 f.; Bergmann (2006) S. 136 f.
645 Stallberg, GRUR 2007, 1035, 1036, 1038.
646 Zust. Stallberg, GRUR 2007, 1035, 1036; ferner Bergmann (2006) S. 126, 134 f.; Soudry (2010) S. 160; abw. Hübner (2003) S. 63, der einen Vergütungsanspruch nicht aus § 42 Nr. 4, sondern aus § 9 herleiten will.
647 Vgl. allg. zur Vertragsgestaltung Wündisch/Hering, GRUR 2009, 106 ff.
648 So Bergmann (2006) S. 128 m. H. a. Kohler/Beyer in Asche/Bauhaus/Kaddatz/Seel, Modernes Patentbewusstsein in Hochschulen – Patent Offensive Westfalen Ruhr, Bd. 1 (2004), S. 79, 81 und BMBF-Studie, Existenzgründungen mit Hochschulpatenten – Gutachten über Gestaltungsmöglichkeiten von Hochschulen, hrsg. vom BMBF 2004, S. 23; wohl auch Boemke/Kursawe/Boemke/Sachadae Rn. 135 zu § 42. Bergmann a.a.O. (S. 128) lehnt indes an anderer Stelle (a.a.O. S. 135 f.) – im Ergebnis zu Recht – eine Vergütungspflicht ab, wenn auch mangels erzielter Einnahmen.
649 Vgl. Slopek/Pausewang/Beye, WissR 2011, 50, 56.

berschaft bestimmter Erfindungen zu Werbezwecken einsetzt. Auch insoweit bedarf es u. E. belegbarer geldwerter Vorteile (Kausalität der Erfindung).

Darauf, ob für die konkrete Verwertung eine **Gegenleistung** vereinbart ist, kommt es für den Begriff der Verwertung grds. nicht an[650] (zu »kostenlosen« Rechtsvergaben s. § 42 Rdn. 171, zu Dritt- oder Fördermitteln s. § 42 Rdn. 174).

Ob sich der Einsatz als **Sperrpatent** (s. dazu § 9 Rdn. 201, 206) mit dem Auftrag der Hochschulen vereinbaren lässt, ist streitig.[651] Zum Betriebsgeheimnis s. § 42 Rdn. 71.

**161** Andererseits folgt aus dem Erfordernis der »Verwertung«, dass es nur um die tatsächliche Verwertung (s. dazu § 9 Rdn. 90 ff.) gehen kann (s. § 42 Rdn. 161); eine bloße wirtschaftliche **Verwertbarkeit** i.S.d. § 9 Abs. 2 (s. dazu § 9 Rdn. 86 ff., 210 ff.) ist dagegen u. E. nicht vergütungspflichtig.[652] Die Gegenansicht[653] verkennt die Rechtsnatur des § 42 Nr. 4 als abschließende Spezialvorschrift zu § 9 Abs. 2 (s. § 42 Rdn. 145), die es einerseits rechtfertigt, im Fall der Verwertung wesentlich mehr als sonst üblich zu zahlen, und es andererseits bei bloßer Verwertbarkeit zulässt, von einer Vergütungszahlung abzusehen (s. a. § 42 Rdn. 155). Die fehlende Vergütungspflicht betrifft ebenfalls Vorratspatente (zum Begriff s. § 9 Rdn. 202). Darin liegt – auch mit Blick auf den Normzweck (s. § 42 Rdn. 4) und den Schutz der Funktionsfähigkeit der Hochschulen nach Art. 5 Abs. 3 GG – keine Verletzung des § 14 GG[654]

---

650 Stallberg, GRUR 2007, 1035, 1036 f.; vgl. auch Boemke/Kursawe/Boemke/Sachadae Rn. 136 zu § 42.
651 Abl. Soudry (2010) S. 171.
652 Bartenbach/Volz, GRUR 2002, 743, 755; zust. Heerma/Maierhöfer, GRUR 2010, 682, 684 f.; Bergmann (2006) S. 126, 130 f.; Kretzer (2007) S. 47; Keukenschrijver in Busse/Keukenschrijver, PatG, Rn. 21 zu § 42 ArbEG; Reimer/Schade/Schippel/Leuze Rn. 39 zu § 42 n.F.; im Ergebn. wohl auch Beyerlein, NZA 2002, 1020, 1021; OLG Düsseldorf v. 12.04.2012 Mitt. 2012, 463, 464 f. – Verwendung einer Genveränderung (insoweit nicht thematisiert bei BGH v. 05.02.2013 – X ZR 59/12, GRUR 2013, 498 – *Genveränderungen*).
653 Stallberg, GRUR 2007, 1035, 1038 ff.; im Anschluss daran Soudry (2010) S. 118 ff., 153 ff.; ferner Boemke/Kursawe/Boemke/Sachadae Rn. 150 zu § 42; wohl auch Schwab, Arbeitnehmererfindungsrecht, § 42 Rn. 19; vgl. auch Hübner (2003) S. 62; diff. Kraßer/Ann, PatR, § 21 Rn. 144, 146 (im praktischen Ergebn. keine und nur selten eine nennenswerte Vergütung bei bloßer Verwertbarkeit, anders dagegen bei Verwertung ohne oder nicht wertentsprechende Einnahmen); s.a. Schippan, Forschung & Lehre 2002, 648, 650 f.
654 S. aber Hübner (2003) S. 62; Soudry (2010) S. 152.

### K. Vergütung bei Erfindungsverwertung (Nr. 4) § 42 n.F.

(zum Schutzbereich s. Einl. Rdn. 6) noch des Art. 3 Abs. 1 GG.[655] Die Inanspruchnahme der Hochschule ist auf die tatsächliche Verwertung ausgerichtet; durch deren besondere Vergütung nach § 42 Nr. 4 wird der fehlende – und in der Unternehmenspraxis (von bloßer Vorratsvergütung abgesehen) seltene – Vergütungsanspruch bei bloßer Verwertbarkeit ab Schutzrechtserteilung (s. § 9 Rdn. 210 ff.) mehr als kompensiert.

Auch für eine **nicht (voll) ausgenutzte Verwertbarkeit** wird angesichts der Spezialität des § 42 Nr. 4 keine Vergütung geschuldet;[656] dies rechtfertigt sich ebenfalls aus dem Normzweck und der mit Blick auf die Funktionsfähigkeit gebotenen Vermeidung finanzieller Einbußen der Hochschule aus dem Erfindungswesen. Zudem kann nach den allgemeinen Grundsätzen eine Vergütung für unausgenutzte Verwertungsmöglichkeiten nur in besonderen Ausnahmefällen in Betracht kommen (s. § 9 Rdn. 214); für eine solche Ausnahmesituation dürfte angesichts der wettbewerbsneutralen Funktion der Hochschulen und der haushaltsrechtlich gebotenen Vermeidung finanzieller Risiken (s. § 42 Rdn. 217) ohnehin kaum Raum sein. Zur Vergütung bei kostenlosem Verkauf bzw. unentgeltlicher Lizenzvergabe s. § 42 Rdn. 171; zum Ausschluss eines ergänzenden Vergütungsanspruchs bei geringen Einnahmen s. § 42 Rdn. 145.

Erfinderrechtlich besteht auch bei Hochschulerfindungen grds. **keine Verwertungspflicht** der Hochschule ggü. dem Arbeitnehmererfinder[657] (streitig, s. allg. § 7 n.F. Rdn. 20 ff.; zum Haushaltsrecht s. aber § 42 Rdn. 217). Das Gegenteil folgt auch nicht aus der mangelnden Vergütungspflicht für nicht verwertete Diensterfindungen[658]: Die Hochschule ist nach Rechtsstellung und Funktion nicht mit einem allgemeinen Marktteilnehmer vergleichbar. Der Gesetzgeber hat eine bloße Verwertbarkeit oder nicht voll ausgenutzte Verwertbarkeit bewusst nicht in die Vergütungspflicht einbezogen (s. § 42 Rdn. 161). Zudem wäre die Hochschule sonst gezwungen, sehenden Auges unwirtschaftliche bzw. risikobelastete Verwertungen einzugehen und damit der gesetzgeberischen Zielsetzung einer effektiven wirtschaftlichen

162

---

655 S. aber Soudry (2010) S. 115 ff., der zwecks verfassungskonformer Auslegung einen Rückgriff auf § 9 ArbEG fordert.
656 A.A. Soudry (2010) S. 161 ff.; im Ergebn. auch Boemke/Kursawe/Boemke/Sachadae Rn. 150 f. zu § 42.
657 Wie hier Bergmann (2006) S. 130 f.; Reetz (2006) S. 190; im Ergebn. auch Soudry (2010) S. 166 ff. m.w.N.; s.a. Hübner (2003) S. 59; a.A. Post/Kuschka, GRUR 2003, 494, 497 f. auch m.H.a. Art. 114 Abs. 1 GG; letztlich wohl auch Kretzer (2007) S. 31 f.; für Verwertungspflicht des Dienstherrn ferner Keukenschrijver in Busse/Keukenschrijver, PatG, Rn. 18 zu § 42 ArbEG; Busche/Greve/Hozuri, Leitfaden zu Forschungs- u. Entwicklungsverträgen, 5. Aufl. 2015, S. 19.
658 So aber Keukenschrijver in Busse/Keukenschrijver, PatG, Rn. 18 zu § 42 ArbEG.

**§ 42 n.F.** Besondere Bestimmungen für Erfindungen an Hochschulen (Fassung 2002)

Verwertung der Forschungsergebnisse (s. § 42 Rdn. 4) zuwider zu handeln. Eine Verwertungspflicht kann auch nicht aus allgemeinen Hochschulaufgaben, etwa aus § 2 HRG, abgeleitet werden;[659] dabei handelt es sich um Pflichten der Hochschule als Körperschaft ggü. dem Staat bzw. Träger der Hochschule und nicht um Pflichten ggü. dem einzelnen Hochschulbeschäftigten.[660] Gleiches gilt für Art. 114 Abs. 2 GG und das allgemeine Gebot der wirtschaftlichen Haushaltsführung[661], da Haushaltsrecht keine individuellen Rechtsanprüche begründen kann. Zudem gibt das ArbEG dem Hochschulerfinder – wie auch sonst – kein Mitspracherecht bei Art und Umfang der Verwertung (s. § 7 n.F. Rdn. 22). Insoweit ist erfinderrechtlich auch bei Hochschulerfindungen von der freien Entscheidung des Arbeitgebers/ Dienstherrn auszugehen, ob und in welcher Weise von einer Diensterfindung Gebrauch gemacht wird (s. § 7 Rdn. 20 f.). Ebenso können sich aus dem die Hochschulen intern als Teil der staatlichen Verwaltung bindenden Haushaltsrecht (s. dazu § 42 Rdn. 213 ff.) keine individuellen Rechtsansprüche der Erfinder, namentlich auf Verwertung, ergeben.[662] Unbeschadet der Entscheidungsbefugnis kann es indes ratsam sein, die Hochschulerfinder bei der Verwertungsplanung zu beteiligen,[663] namentlich um deren Kenntnisse über die technische Bedeutung der Erfindung und deren Einsatzmöglichkeiten nutzbar zu machen.[664] Eine effiziente Erfindungsverwertung liegt sowohl im Allgemein- und im Haushaltsinteresse als auch im Interesse des Erfinders.[665] Letzteres dürfte gerade bei Hochschulwissenschaftlern angesichts der gesetzgeberischen Zielsetzung des § 42 besondere Bedeutung haben. Dabei

---

659 So aber Kretzer (2007) S. 31.
660 Im Ergebnis so auch Soudry (2010) S. 170 f.
661 Als Begründung heranziehend aber Busche/Greve/Hozuri, Leitfaden zu Forschungs- u. Entwicklungsverträgen, 5. Aufl. 2015, S. 19.
662 Zutr. Soudry (2010) S. 170.
663 S. die Empfehlung in der »Begründung zum Änderungsvorschlag für § 42 Arbeitnehmererfindungsgesetz« der BLK vom 30.10.2000 (dort zu § 42 Abs. 2 des Entwurfs, früher abrufbar unter www.bmbf.de). Auch die Empfehlungen der Expertenkommission Forschung und Innovation in dem im März 2009 vorgelegten »Gutachten zu Forschung, Innovation und technologischer Leistungsfähigkeit« (abgedruckt in BT-Drucks. 16/12900, S. 65, 100 f.) gehen zur Verbesserung des Technologietransfers von der faktischen Notwendigkeit aus, die beteiligten Wissenschaftler in den Tranferprozess einzubinden.
664 S.a. den Hinweis von Haase (Forschung & Lehre 2008, 461), wonach die Patentverwertungsagenturen mit den Erfindern zusammenarbeiten, »da meist die Wissenschaftler vor Ort am besten wissen, welche Firmen an der Nutzung ihrer Ideen interessiert sein können«.
665 Vgl. Volz, ArbNErf. im öffentl. Dienst, S. 31 f., 109 m.w.N.

K. Vergütung bei Erfindungsverwertung (Nr. 4) § 42 n.F.

dürfen allerdings die praktischen Probleme und rechtlichen Hindernisse, die eine Erfindungsverwertung mit sich bringen kann, nicht übersehen werden.[666] Ggf. kann eine Anbietung der Diensterfindung im Verfahren nach § 16 naheliegen.

*Rdn. 163, 164 frei*

### III. Vergütungsbemessung

Als spezialgesetzliche Ausnahme zu § 9 Abs. 2 (s. § 42 Rdn. 145) beträgt die Höhe der Vergütung **pauschal 30 %** der durch die Verwertung erzielten **Einnahmen**. Vorbild war das sog. Drittelmodell (s. § 42 Rdn. 178). Die von § 9 Abs. 2 zur Angemessenheit vorgegebenen Bemessungskriterien bleiben damit nach Systematik, Wortlaut und Zielsetzung unberücksichtigt (s.a. § 42 Rdn. 145, 161). Das betrifft nicht nur den auch eine Verwertbarkeit erfassenden Erfindungswert (s, dazu § 9 Rdn. 83 ff.; zur Verwertbarkeit s.o. § 42 Rdn. 161) und einen Risikoabschlag (s. § 42 Rdn. 157). Keine Anwendung findet – entsprechend dem sog. Drittelmodell – ferner der individuelle **Anteilsfaktor**[667] (zum Anteilsfaktor bei fehlender Einnahme s. § 42 Rdn. 171, zum Miterfinderanteil s. § 42 Rdn. 179). Damit treten die erzielten Einnahmen an die Stelle des Erfindungswertes und der 30 %-Anteil an die Stelle des sonst üblichen Anteilsfaktors[668] (zum üblichen Anteilsfaktor s. § 9 Rdn. 261 ff.). Diese pauschale Vergütungsbemessung ist im Verhältnis zum bisherigen Recht und zu den üblichen Vergütungskriterien des ArbEG einschließlich der Vergütungsrichtlinien gänzlich neu und bedeutet eine massive Besserstellung aller Hochschulbeschäftigten ggü. der sonstigen Verwaltung (zur Verfassungsgemäßheit s. § 42 Rdn. 155).

**Zielsetzung** ist eine vereinfachte, also transparente und den Verwaltungsaufwand begrenzende Vergütungsberechnung, die der Streitvermeidung dient und zugleich attraktiver Anreiz für erfinderische Betätigung sein soll[669] (s.a. § 42 Rdn. 145, 155). Sie löst sich bewusst vom ökonomischen Wert der Diensterfindung. (s. § 42 Rdn. 145). Mit diesem gesetzgeberischen Ziel und der eindeutigen Gesetzesfassung wäre es unvereinbar, wollte man bei (vermeintlich)

165

---

666 S. dazu Pahlow/Gärditz, WissR 2006, 48, 54 ff.
667 Wie hier ganz h.M., u.a. Bartenbach/Hellebrand Mitt. 2002, 165; Bartenbach/Volz, GRUR 2002, 743, 755; Bergmann (2006) S. 142, 144. Insoweit a.A. Hübner (2003) S. 62 f., 64 ff.
668 Nach Keukenschrijver in Busse/Keukenschrijver, PatG, Rn. 23 zu § 42 ArbEG soll allerdings der Anteilsfaktor hier »pauschal 30 %« betragen.
669 S. Amtl. Begründung des Reg.Entw. BR-Drucks. 583/01 S. 10. Vgl. auch Bergmann (2006) S. 122 ff.

zu **geringen Einnahmen** einen ergänzenden Vergütungsanspruch nach § 9 zu Lasten allgemeiner Haushaltsmittel zuerkennen.[670] § 42 Nr. 4 verdrängt u. E. allgemeine Vergütungsansprüche aus § 9 (s. § 42 Rdn. 145). Ein ergänzender Anspruch aus § 9 würde zudem in nahezu jedem Einzelfall die zusätzliche (sachverständige) Ermittlung »marktgerechter Einnahmen« für jede Verwertungshandlung erforderlich machen und damit zu einer (regelmäßigen) Vergleichsberechnung zwingen, also zu einem – gegenüber dem privaten Dienst sogar deutlich erhöhten – Verwaltungsaufwand, den der Gesetzgeber gerade ausschließen wollte. Zudem wären die Hochschulen dann gezwungen, vorsorglich stets alle für den Anteilsfaktor wesentlichen Kriterien zu dokumentieren und festzuhalten. Damit würde das weiteres Ziel der Reform, eine vereinfachte Vergütungsbemessung, verfehlt. Hinzukämen erhebliche Rechtsunsicherheiten, die schwerlich mit dem Interesse des Gesetzgebers am Aufbau eines funktionsfähigen Hochschul-Patentwesens kompatibel wären. Zur »unentgeltlichen« Rechtseinräumung s. § 42 Rdn. 171.

Eine **Verrechnung** mit leistungsbezogenen Entgelt- oder Besoldungsbestandteilen (Leistungsprämien/-zulagen oder Forschungszulagen[671]) ist nicht zulässig (s. a. § 9 Rdn. 62 f.).

## 1. Erzielte Einnahmen

166 Wirtschaftlich-rechnerische Bezugsgröße für die Vergütungsbemessung sind die durch die Verwertung erzielten Einnahmen. Das Merkmal der **Verwertung** korrespondiert mit dem Eingangshalbsatz, sodass alle Verwertungshandlungen unabhängig von der Gegenleistung umfasst sind (s. § 42 Rdn. 160).

167 Der erstmals im ArbEG verwendete Begriff der **Einnahmen** ist in einem weiten Sinn zu verstehen.[672] Umfasst sind – wie auch der Begründung zum RegE zu entnehmen ist (s. § 42 Rdn. 160) – **alle Vermögenswerte**, die dem Dienst-

---

670 So aber Boemke/Kursawe/Boemke/Sachadae Rn. 151 ff. zu § 42 m. H. a. Stallberg GRUR 2007, 1035, 1040.
671 Ausf. dazu u. a. Gärditz in: Gärditz/Pahlow (2011), 35, 60 ff. (Rn. 42 ff.).
672 Bartenbach/Volz, GRUR 2002, 743, 755; zust auch OLG Düsseldorf v. 12.04.2012 Mitt. 2012, 463, 464 – Verwendung einer Genveränderung im Anschl. an LG Düsseldorf v. 18.01.2011 – 4b O 7/10 (juris, Rn. 22) – *Krankheitsvorhersage* (im Ergebn. bestätigend BGH v. 05.02.2013 – X ZR 59/12, GRUR 2013, 498– *Genveränderungen*); ebenso Heerma/Maierhöfer, GRUR 2010, 682, 685; Keukenschrijver in Busse/Keukenschrijver, PatG, Rn. 22 zu § 42 ArbEG; Reimer/Schade/Schippel/Leuze Rn. 40 zu § 42 n.F.; Boemke/Kursawe/Boemke/Sachadae Rn. 139 zu § 42. Im Ergebn. auch BGH v. 06.03.2012 – X ZR 104/09, Mitt. 2012, 285 [Rn. 48] – *Antimykotischer Nagellack*.

herrn/Arbeitgeber – also im Regelfall dem Bundesland (s. § 42 Rdn. 9.2 f.) – **aus der Verwertung der Diensterfindung** zufließen[673] Dieses Verständnis entspricht dem allgemeinen Vergütungsgrundsatz (s. § 9 Rdn. 2 ff.). Erforderlich ist also auch hier, dass die Einnahmen einerseits **kausal** auf die Diensterfindung und deren Verwertung zurückgehen[674] (s. § 42 Rdn. 174, dort auch zu Drittmitteln); andererseits ist nur auf den wirtschaftlichen Nutzen (Vermögensbereicherung) beim betreffenden Dienstherrn/Arbeitgeber ohne eine Einbeziehung von Vermögensvorteilen Dritter abzustellen.[675] Unberücksichtigt bleiben interne Verteilungsregeln – wie etwa § 25 Abs. 6 HRG. Eine Differenzierung nach der Art der Vermögenswerte erfolgt nicht, so dass **alle geldwerten Vorteile des Dienstherrn/Arbeitgebers** in Folge der Erfindungsverwertung einzubeziehen sind, also sowohl Geld- als auch Sacheinnahmen sowie mittelbare Vermögensvorteile.[676]

Es kommt auf die **erzielten**, d.h. tatsächlich zugeflossenen Einnahmen an. Folglich sind nicht realisierbare Ansprüche bzw. bloße Forderungen (noch) nicht vergütungspflichtig;[677] Gleiches gilt für eine bloße Verwertbarkeit (s. § 42 Rdn. 161; zu geringen Einnahmen s. § 42 Rdn. 145). Behält sich die Hochschule die Möglichkeit der Vergabe von einfachen Lizenzen für Forschungszwecke vor,[678] ist nicht der Vorbehalt als solcher, sondern erst die

168

---

673 Wie hier u. a. BGH v. 05.02.2013 – X ZR 59/12, GRUR 2013, 498 (Rn. 16 f.) – *Genveränderungen* in Bestätigung von OLG Düsseldorf v. 12.04.2012 Mitt. 2012, 463, 464 f. – Verwendung einer Genveränderung im Anschl. an LG Düsseldorf v. 18.01.2011 – 4b O 7/10 (juris, Rn. 22) – *Krankheitsvorhersage*; so bereits Bartenbach/Volz, GRUR 2002, 743, 755 f; ferner Körting/Kummer, RdA 2003, 279, 283; Bergmann (2006) S. 131; Kretzer (2007) S. 48; Stallberg, GRUR 2007, 1035, 1037; Keukenschrijver in Busse/Keukenschrijver, PatG, Rn. 22 zu § 42 ArbEG; Reimer/Schade/Schippel/Leuze Rn. 40 f. zu § 42 n.F. Zu eng u.a. Beyerlein, NZA 2002, 1020, 1021 f. Bergmann a.a.O. (S. 131) mutmaßt, dass Kraßer [in: Hartmer/Detmer (2004) S. 465 (Kap. IX Rn. 69)] weiter geht, wenn er alle »Vermögenswerte« als vergütungspflichtig ansieht, »für deren Zufluss die Erfindung ursächlich ist«; lässt aber unberücksichtigt, dass Kraßer einleitend auf die Tatbestandsvoraussetzung der »Verwertung« abstellt.
674 Bestätigend BGH v. 05.02.2013 – X ZR 59/12, GRUR 2013, 498 (Rn. 16 f., 35) – *Genveränderungen*.
675 Wie hier u. a. Stallberg, GRUR 2007, 1035, 1037.
676 BGH v. 05.02.2013 – X ZR 59/12, GRUR 2013, 498 (Rn. 17 ff.) – *Genveränderungen*.
677 Zust. Kretzer (2007) S. 48.
678 Diese Möglichkeit befürworten Pahlow/Gärditz, WissR 2006, 48, 59 als Regelform bei Drittmittel- oder Kooperationsverträgen.

**§ 42 n.F.** Besondere Bestimmungen für Erfindungen an Hochschulen (Fassung 2002)

Lizenzeinnahme nach realisierter Lizenzvergabe vergütungspflichtig (s. § 9 Rdn. 223).

Im Unterschied zu dem in § 40 Nr. 1 und in § 42 Abs. 2 a.F. verwendeten Begriff des Ertrages (s. dazu § 40 Rdn. 26, 28–4. Vorauflage Rn. 35 zu § 42 a.F.) sind erzielte Einnahmen nicht die Nettoerlöse, sondern die gesamten erfindungsbezogenen **Bruttoeinnahmen**[679] (nach Abzug von Steuern, insb. USt,[680] aber ohne Ertragssteuern,[681] wie Körperschaftsteuer). Den ursprünglichen Vorstellungen des Bundesrates, auf den »Verwertungserlös nach Abzug der Patentierungskosten« und damit auf den »Nettoerfindungserlös« abzustellen,[682] wurde nicht gefolgt.[683] Die Gesetzesmaterialien stellen dazu ausdrücklich klar: »Ein Abzug der Schutzrechtserwirkungs-, -aufrechterhaltungs-, -verteidigungs- und -verwertungskosten findet dabei nicht statt.«[684] Ebenso ausgeschlossen sind vorherige Abzüge wegen interner Verteilungsvorgaben für finanzielle Erträge aus Forschungsvorhaben; demzufolge versteht sich der Begriff Bruttoertrag z. B. »vor Zuweisung« von Erträgen an die Hochschule nach § 25 Abs. 6 HRG. Eine Differenzierung zwischen Kosten vor und nach Verwertung ist unerheblich und erfolgt nicht.[685]

---

679 Ebenso Weyand/Haase (GRUR 2007, 28, 32), die von der »gesamten erfindungsbezogenen Bruttoeinnahme nach Abzug von Steuern, insbesondere Umsatzsteuer« sprechen. Wie hier auch Bergmann (2006) S. 133; im Ausgangspunkt auch Boemke/Kursawe/Boemke/Sachadae Rn. 145 zu § 42. Im Ergebn. auch BGH v. 05.02.2013 – X ZR 59/12, GRUR 2013, 498 (Rn. 25 f.) – *Genveränderungen*; ferner Schiedsst. v. 12.06.2013 – Arb.Erf. 61/11, (www.dpma.de).
680 Wohl allg. A., z.B. Schiedsst. v. 26.01.2015 Mitt. 2016, 140, 141; Kretzer (2007) S. 49; Keukenschrijver in Busse/Keukenschrijver, PatG, Rn. 22 zu § 42 ArbEG.
681 Bartenbach/Volz, GRUR 2002, 743, 756; Kretzer (2007) S. 49; Reimer/Schade/Schippel/Leuze Rn. 40 zu § 42 n.F.
682 Vgl. BR-Gesetzentwurf BT-Drucks. 14/5939 S. 5 – § 42 Abs. 1 Nr. 1 d. Entw. – nebst Begründung S. 6. So auch der vorangegangene »Änderungsvorschlag für § 42 Arbeitnehmererfindungsgesetz« der BLK vom 30.10.2000 (dort § 42 Abs. 2 des Entwurfs [»ein Drittel des Verwertungserlöses nach Abzug der Patentierungskosten«], abrufbar unter www.bmbf.de).
683 Vgl. 2. Lesung des Gesetzentwurfs in der BT-Sitzung vom 30.11.2001 [BT-PlPr. 14/206 v. 30.11.2001 S. 20431 (A)].
684 Vgl. Amtl. Begr. zu § 42 Nr. 4 (BT-Drucks. 14/5975 S. 7; übereinstimmend Amtl. Begr. Reg.Entw. BR-Drucks. 583/01 S. 10). Im Anschluss daran wohl ganz h. M., z.B. BGH v. 05.02.2013 – X ZR 59/12, GRUR 2013, 498 (Rn. 39) – *Genveränderungen*.
685 BGH v. 05.02.2013 – X ZR 59/12, GRUR 2013, 498 (Rn. 22) – *Genveränderungen* u. Busse/Keukenschrijver, PatG, Rn. 22 zu § 42 ArbEG (für Kosten vor und nach Abschluss eines Lizenzvertrags) m. H. a. OLG Düsseldorf v. 12.04.2012 Az. I – 2 U 15/11, (juris) gegen Heerma/Maierhöfer, GRUR 2010, 682, 685 f.

## K. Vergütung bei Erfindungsverwertung (Nr. 4) § 42 n.F.

Die für die pauschale Vergütungszahlung maßgebende **Bewertung** bei Sacheinnahmen[686] bzw. mittelbaren Vorteilen richtet sich nach den objektiven Vorteilen für den Dienstherrn/Arbeitgeber. Auf den Wert der Erfindung kommt es dabei nicht an.[687] Ggf. ist der Wert des Vorteils im Wege der Schätzung zu bestimmen.

Einnahmen können damit auch dessen **ersparte Aufwendungen** sein (s. auch § 42 Rdn. 170). Dabei kann im Einzelfall auch auf die tatsächlichen Aufwendungen des Dritten abgestellt werden, wie etwa bei der Übernahme der amtlichen und anwaltlichen Kosten für Schutzrechtserwerb, -aufrechterhaltung und -verteidigung, da hier zwischen vergütungspflichtiger Kostenerstattung und Kostenübernahme aus wirtschaftlicher Sicht kein Unterschied besteht.[688] Auch die Übernahme von Lohnkosten eines für ein Forschungsprojekt tätigen Mitarbeiters, die ansonsten von der Hochschule zu tragen wären, können geldwerte Vorteile sein, nicht dagegen solche Fördergelder, die die Einrichtung und Finanzierung einer (Plan-)Stelle zugunsten eines Forschungsprojekts erst ermöglichen sollen und ohne die der betreffende Mitarbeiter nicht eingestellt worden wäre.[689]

Im praktischen Ergebnis entspricht ein Anteil von 30 % der Bruttoeinnahmen nicht selten einem Anteil von deutlich mehr als 50 % der Nettoeinnahmen.[690] Das wirtschaftliche Risiko einer nicht kostendeckenden Verwertung trägt damit allein der Arbeitgeber/Dienstherr[691] – eine Umstand, den der Gesetzgeber gesehen und mit Blick auf Anreizwirkung, Rechtsklarheit und Verwaltungsvereinfachung hingenommen hat.[692] Damit sind im Einzelfall finanzielle Einbußen, d.h. »Minusgeschäfte« der Hochschule im Fall der Erfindungsver-

---

686 Vgl. auch BGH v. 05.02.2013 – X ZR 59/12, GRUR 2013, 498 (Rn. 19) – *Genveränderungen*.
687 BGH v. 05.02.2013 – X ZR 59/12, GRUR 2013, 498 (Rn. 26 f.) – *Genveränderungen*.
688 BGH v. 05.02.2013 – X ZR 59/12, GRUR 2013, 498 (Rn. 25 ff.) – *Genveränderungen*.
689 Schiedsst. v. 12.06.2013 – Arb.Erf. 61/11, (www.dpma.de) in Abgrenzung zu Schiedsst. v. 24.10.2002 – Arb.Erf. 29/01, (Datenbank).
690 Bartenbach/Hellebrand, Mitt. 2002, 165, 169 gehen sogar für den Regelfall von einem Anteil von 80 bis 90 % der Nettoeinnahmen aus.
691 Böhringer, NJW 2002, 952, 954; Heerma/Maierhöfer, GRUR 2010, 682, 687; s. auch LG Düsseldorf v. 18.01.2011, – 4b O 7/10 (juris, Rn. 31) – *Krankheitsvorhersage*.
692 S. zum Verlauf des Gesetzgebungsverfahrens ausf. Bergmann (2006) S. 122 ff., 132 f.

wertung denkbar⁶⁹³ (s.a. § 42 Rdn. 6). Eine Vergütungsminderung wie bei Vergütungsvereinbarungen bzw. -festsetzungen nach § 12 Abs. 6 scheidet angesichts der gesetzlichen Vergütungsbemessung aus.⁶⁹⁴

Bedient sich der Arbeitgeber zur Verwaltung und Vermarktung der Diensterfindung einer **Patentverwertungsagentur** (s. § 42 Rdn. 6.1), so sind die von dieser für die Diensterfindung vereinnahmten Entgelte nach § 42 Nr. 4 vergütungspflichtig. Das betrifft etwa die vom Lizenznehmer an eine Patentverwertungsgesellschaft des Arbeitgebers entrichteten Lizenzgebühren.⁶⁹⁵ Ob und inwieweit dem Arbeitgeber von der Patentverwertungsagentur in Rechnung gestellte **Kosten** abzugsfähig sind, ist fraglich. Der Umstand, dass die Schutzrechtsverwaltung und -vermarktung rechtlich und wirtschaftlich dem Arbeitgeber obliegt, dürfte angesichts des »Bruttoprinzips« des § 42 Nr. 4 gegen eine Abzugsfähigkeit von Kosten der Patentverwertungsagentur sprechen.⁶⁹⁶

169 Die Einnahmen bestimmen sich nach der **Art der Verwertung**. Bei der Feststellung, welche Vermögensvorteile überhaupt Einnahmen darstellen, können vielfach die Grundsätze zum Erfindungswert (s. dazu § 9 Rdn. 83 ff.) wertend mit herangezogen werden.⁶⁹⁷

170 Zu den in der Praxis wesentlichen außerbetrieblichen Verwertungsarten gehört der **Erfindungsverkauf** bzw. die Übertragung einzelner darauf bezogener Schutzrechtspositionen; hier ist Einnahme der erzielte Kaufpreiserlös (s. § 9 Rdn. 251 f.). Nach Kenntnis der Bundesregierung liegt im Zeitraum 2004 bis Mitte 2011 der durchschnittliche Verkaufserlös (vor Abzug der Erfindervergütung) von öffentlich geförderten und schutzrechtlich gesicherten Erfindungen bei rd. 15.000 €.⁶⁹⁸

---

693 Soudry (2010) S. 178 ff.
694 Abw. Soudry (2010) S. 180 ff., der im Ergebnis de lege ferenda einen Übergang zur Vergütungsbemessung aus Basis des Nettoertrages bzw. eine gestaffelte Pauschalvergütung vorschlägt (a.a.O. S. 189 ff., 227 ff.). Auch nach Keukenschrijver in Busse/Keukenschrijver, PatG, Rn. 22 zu § 42 ArbEG wird insoweit die Frage von Härten für die Hochschulen diskutiert.
695 So auch Schiedsst. v. 15.03.2005 – Arb.Erf. 63/03, (Datenbank) zu § 9 bei Zahlungen an die Verwertungsgesellschaft einer außeruniversitären Forschungseinrichtung; allg. zust. auch Keukenschrijver in Busse/Keukenschrijver, PatG, Rn. 12 zu § 11 ArbEG, wonach bei Einbringung in eine Verwertungsgesellschaft auf deren Umsätze abzustellen ist.
696 Ausf. Heerma/Maierhöfer, GRUR 2010, 682, 687 f.
697 Zust. Reimer/Schade/Schippel/Leuze Rn. 41 zu § 42 n.F.
698 Antwort d. BReg. v. 17.11.2011 in BT-Drucks. 17/7759, S. 9.

## K. Vergütung bei Erfindungsverwertung (Nr. 4) § 42 n.F.

Bei **Lizenzvergabe** – gleich, ob einfache oder ausschließliche, – ist auf alle zufließenden (Brutto-)Lizenzgebühren – gleich ob laufend oder einmalig[699] – abzustellen, ggf. auch auf sonstige vermögenswerte Vorteile des Dienstherrn/ Arbeitgebers, wie z.b. die nachträgliche Übernahme von Entwicklungskosten[700] oder sonstige Einmalzahlungen[701] oder die Überlassung von Nutzungsrechten (s. im Einzelnen KommRL, Rn. 54 ff. zu RL Nr. 14). Vergütungspflichtig ist auch hier die Erstattung bzw. Übernahme von (anwaltlichen und/ oder amtlichen) Kosten der Schutzrechtsanmeldung und -verwaltung (einschließlich Kosten der Aufrechterhaltung) durch den Lizenznehmer, und zwar auch soweit diese nach Abschluss des Lizenzvertrages anfallen.[702] Das gilt gleichermaßen bei in- und ausländischen Schutzrechten.[703] Wie die Vorgaben in §§ 13, 14, 16 zeigen, ist neben der Schutzrechtsanmeldung die Fortführung und Aufrechterhaltung der Schutzrechtspositionen eine Rechtspflicht des Arbeitgebers, der er auf seine Kosten nachzukommen hat, sodass die Kostenerstattung durch Dritte einen Vermögensvorteil darstellt[704] (s.a. § 42 Rdn. 168 und den dortigen Hinweis auf die Amtl. Begründung). Dabei besteht zwischen Kostenerstattung und Kostenübernahme kein Unterschied (s. § 42 Rdn. 168).

---

699 Z. B. Schiedsst. v. 26.01.2015, Mitt. 2016, 140, 141 (dort »einmalige Grundlizenzgebühr«).
700 Zust. u.a. LG Düsseldorf v. 18.01.2011, – 4b O 7/10 (juris, Rn. 22) – *Krankheitsvorhersage* (nicht thematisiert von bestätigenden Urt. BGH v. 05.02.2013 – X ZR 59/12, GRUR 2013, 498 – *Genveränderungen*); wie hier ferner Schiedsst. v. 26.01.2015 – Arb.Erf. 13/13, (www.dpma.de); zust. auch Boemke/Kursawe/ Boemke/Sachadae Rn. 140 zu § 42. Vgl. dazu allg. Reimer/Schade/Schippel/Himmelmann Rn. 4 zu § 11/RL Nr. 15; Bartenbach/Volz, KommRL, Rn. 77 zu RL Nr. 14.
701 Ebenso LG Düsseldorf v. 18.01.2011, – 4b O 7/10 (juris, Rn. 22] – *Krankheitsvorhersage*; im Ergebn. bestätigt durch BGH v. 05.02.2013 – X ZR 59/12, GRUR 2013, 498 (Rn. 17, 28) – *Genveränderungen*; im Ergebn. auch Schiedsst. v. 26.01.2015 Mitt. 2016, 140, 141 (»einmaliger Betrag für Forschungszwecke«).
702 BGH v. 05.02.2013 – X ZR 59/12, GRUR 2013, 498 (Rn. 14, 20 f.) – *Genveränderungen* in Bestätigung von OLG Düsseldorf v. 12.04.2012 Mitt. 2012, 463, 464 f. – *Verwendung einer Genveränderung* im Anschl. an LG Düsseldorf v. 18.01.2011, InstGE 12, 264, – 4b O 7/10, (juris, Rn. 23 ff.) – *Krankheitsvorhersage*; Schiedsst. v. 26.01.2015 Mitt. 2016, 140, 141; a.A. Heerma/Maierhöfer, GRUR 2010, 682, 685 ff.
703 OLG Düsseldorf v. 12.04.2012 *Mitt. 2012, 463,* 465 – *Verwendung einer Genveränderung* im Anschl. an LG Düsseldorf v. 18.01.2011 – 4b O 7/10 (juris, Rn. 23, 27) – *Krankheitsvorhersage*; im Ergebn (ohne Thematisierung) bestätigend BGH v. 05.02.2013 GRUR 2013, 498 (Rn. 37) – Genveränderungen.
704 Zutr. LG Düsseldorf v. 18.01.2011 – 4b O 7/10 (juris, Rn. 23 f.) – *Krankheitsvorhersage*; im Ergebn. bestätigend BGH v. 05.02.2013 GRUR 2013, 498 (Rn. 14, 20 f., 26, 31) – Genveränderungen.

**§ 42 n.F.** Besondere Bestimmungen für Erfindungen an Hochschulen (Fassung 2002)

Soweit die Kosten durch den Lizenznehmer aufgrund der Lizenzierung übernommen bzw. erstattet werden, ist deren Vergütungspflicht unabhängig davon, ob sich dadurch die Lizenzgebühren verringern oder nicht.[705] Den Lizenzeinnahmen stehen **Schadensersatzzahlungen** Dritter bei Schutzrechtsverletzungen gleich[706] (s. dazu § 9 Rdn. 239 f.).

Bei **Lizenzaustauschverträgen** ist – in Anlehnung an RL Nr. 17 – Einnahme der Gesamtnutzen des Vertrages für den Arbeitgeber/Dienstherrn, wobei allgemein auf dessen (Brutto-) Einnahmen bzw. Vermögensvorteile aus den eingetauschten Fremdrechten abgestellt wird (s. dazu im Einzelnen KommRL Rn. 32 zu RL Nr. 17).

**171** Ist **kein Kaufpreis** bzw. **keine Lizenzgebühr** ausgewiesen, entfällt die Vergütung nicht.[707] Damit käme es trotz Erfindungsverwertung[708] zu einer massiven Schlechterstellung der Hochschulbeschäftigten ggü. anderen Arbeitnehmererfindern; solches wäre weder sachlich gerechtfertigt noch mit der Zielsetzung der Reform (s. § 42 Rdn. 4, 165–190) noch mit der verfassungsrechtlichen Bedeutung der Vergütung (s. § 9 Rdn. 1.2) zu vereinbaren. Folglich besteht auch hier ein Vergütungsanspruch, zumal im Wirtschaftsleben grds. von einer Gegenleistung auszugehen ist (s. KommRL Rn. 43 zu RL Nr. 16; s.a. vor § 9 Rdn. 13) und ganz oder teilweise unentgeltliche Zuwendungen bereits haushaltsrechtlich bedenklich wären (s. § 42 Rdn. 220 f.).

Zur Vergütungsbemessung will ein Teil des Schriftums die »angemessene Vergütung« i.S.d. § 9 Abs. 2 jedenfalls als »Mindestmaß« für die Vergütung der Hochschulbeschäftigten heranziehen.[709] Das soll etwa in den Fällen gelten, in

---

705 Abw. wohl LG Düsseldorf v. 18.01.2011 – 4b O 7/10 (juris, Rn. 32 f.) – *Krankheitsvorhersage*; insoweit nicht thematisiert von BGH v. 05.02.2013 – X ZR 59/12, GRUR 2013, 498 – *Genveränderungen*.
706 Zust. Boemke/Kursawe/Boemke/Sachadae Rn. 140 zu § 42; Reimer/Schade/Schippel/Leuze Rn. 41 zu § 42 n.F. So auch allg. A. zu RL Nr. 14, 15, z.B. Schiedsst. v. 08.09.1986, BlPMZ 1987, 306, 307 u. v. 15.05.2001 – Ar.Erf. 59/98, (unveröffentl.); Keukenschrijver in Busse/Keukenschrijver, PatG, Rn. 24 zu § 11 ArbEG.
707 Im Ergebnis wohl ganz h.M., z.B. Bartenbach/Volz, GRUR 2002, 743, 756; Bergmann (2006) S. 137 ff.; Beyerlein, Forschung & Lehre 2008, 462, 463.
708 Dies ist unstreitig, so auch Stallberg, GRUR 2007, 1035, 1036 f.
709 So Beyerlein, Forschung & Lehre 2008, 462, 463; im Ergebnis geht auch Stallberg (GRUR 2007, 1035, 1040 f.) von einem Vergütungsanspruch nach § 9 aus. S.a. Soudry (2010) S. 161 ff., der bei Verwertung mit geringen Einnahmen einen »Günstigkeitsvergleich« zwischen der Vergütungs nach § 42 Nr. 4 und der allgemeinen Vergütung nach § 9 ArbEG vorschlägt. Im Ergebn. auch Boemke/Kursawe/Boemke/Sachadae Rn. 150 ff. zu § 42.

denen die Verwertung zu nur geringen Einnahmen führt.[710] Dies würde allerdings bedeuten, auch bei Hochschulbeschäftigten einen **Anteilsfaktor** (s. dazu § 9 Rdn. 261 ff.) zu ermitteln. Ein solcher Ansatz entspricht nicht der hier vertretenen Auffassung, wonach § 42 Nr. 4 einen ergänzenden Vergütungsanspruch aus § 9 ausschließt (s. § 42 Rdn. 165). U. E. kommt es darauf an, welche geldwerten (mittelbaren) Vorteile aus der Übertragung bzw. Nutzungsrechtseinräumung erzielt werden (s. § 42 Rdn. 168).

Ausgehend von dem Erfahrungssatz, dass gerade in der öffentlichen Verwaltung vermögenswerte Rechte an einer Erfindung üblicherweise nicht verschenkt werden, ist u. E. für die Vergütungsbemessung in solchen Fällen zunächst zu prüfen, welche (sonstigen) geldwerten Gegenleistungen der Verwaltung für die (tatsächliche oder potenzielle) Überlassung von Erfindungsrechten durch den Vertragspartner (Auftraggeber/Kooperationspartner/Lizenznehmer usw.) zufließen. Sind solche nicht feststellbar, ist der Erlös u. E. **fiktiv nach dem marktüblichen (Brutto-) Kaufpreis bzw. (Brutto-) Lizenzsatz** zu bestimmen.[711] Dazu kann auf die Grundsätze zum Erfindungswert bei kostenloser Lizenzvergabe bzw. Erfindungsübertragung zurückgegriffen werden (s. dazu § 9 Rdn. 187 und KommRL Rn. 31 ff. zu RL Nr. 14 u. Rn. 44 f. zu RL Nr. 16), wobei mit Blick auf die Wertung in § 42 Nr. 4 die beim Erfindungswert üblichen Minderungen wegen Unkosten und fiktiven Unternehmergewinnen ausscheiden. Da gesetzlicher Maßstab die tatsächlichen (Brutto-) Einnahmen der Hochschule (Dienstherrn) sind und es um Erfindervergütung und nicht um Schadensersatz geht, wäre es allerdings mit dieser Zielsetzung unvereinbar, wenn der Dienstherr aufgrund fiktiver Bemessung »drauf zahlt«, sodass Obergrenze u. E. stets 30 % der Summe aller geldwerten Gegenleistungen (Entgeltzahlungen) des Auftraggebers bzw. Erfindungserwerbers sein dürfte (s. a. § 42 Rdn. 161).

Regelmäßig besteht bei einer **Auftragsforschung** bzw. einem **Entwicklungsvertrag** (s. zur Vertragsgestaltung § 42 Rdn. 193) für die Hochschule (Dienstherrn) die Vertragspflicht, potenzielle Erfindungen dem Auftraggeber zu übertragen bzw. Nutzungsrechte einzuräumen.[712] Wird ein gesondertes Entgelt für die potenzielle Überlassung von schutzfähigen Forschungsergebnissen verein-

---

710 Soudry (2010) S. 161 f.; Boemke/Kursawe/Boemke/Sachadae Rn. 151 ff. zu § 42.
711 Zust. Reimer/Schade/Schippel/Leuze Rn. 42 zu § 42 n.F.; Kretzer (2007) S. 49; wohl auch Kraßer in: Hartmer/Detmer (2004) S. 465 (Kap. IX Rn. 70); vgl. auch Bergmann (2006) S. 138 f.; abw. Stallberg, GRUR 2007, 1035, 1037 ff.
712 S. dazu u. a. Eberle/Handzik in: Gärditz/Pahlow (2011), 297, 309 ff. und Groß in: Gärditz/Pahlow (2011), 321, 323, 327 f., 340 ff. Vgl. auch Schiedsst. v. 12.06.2013 – Arb.Erf. 61/11, (www.dpma.de).

bart,[713] sind die Hochschulbeschäftigten daran nach Maßgabe des § 42 Nr. 4 zu beteiligen. Häufig wird allerdings für (schutzfähige) Forschungsergebnisse kein gesonderter Betrag bzw. Anteil des Auftraglohns vereinbart bzw. ausgewiesen;[714] dann ist regelmäßig im Auftragslohn – über eine bloße Kostenerstattung hinaus (zur Vollkostenerstattung bei Auftragsforschung s. § 42 Rdn. 192) – das Entgelt für die potenzielle Einräumung bzw. Überlassung von Erfindungsrechten enthalten; folglich muss dann der Anteil und damit die Einnahme fiktiv bestimmt werden[715] (s. § 9 Rdn. 196 f.). Angesichts des Brutto-Maßstabs des § 42 Nr. 4 müssen allerdings auch hierbei sonst übliche Abzüge vom Erfindungswert wegen Unkosten und fiktiven Unternehmergewinnen unterbleiben. Ansonsten verbieten sich u. E. schematische Lösungen. Wertend ist zu berücksichtigen, inwieweit der Auftraggeber die Zahlung der Gesamtauftragssumme unabhängig davon schuldet, ob schutzfähige Erfindungen entwickelt werden oder nicht. Die üblichen Ansätze der *Schiedsstelle* zur Bestimmung des Erfindungswertes (s. dazu § 9 Rdn. 197) können bereits im Hinblick auf den Brutto-Grundsatz (s. § 42 Rdn. 168) nur bedingt herangezogen werden. Als Einnahme ist mangels anderweitiger Anhaltspunkte ein Bruchteil der Gesamtauftragssumme zu wählen, und zwar bemessen nach dem **Wertanteil**, der der Bedeutung der Erfindung im Verhältnis zu den sonstigen (vertraglich geschuldeten) Leistungen des Auftragnehmers (Hochschule) entspricht.[716] Bei einem Forschungsauftrag für ein Hochschulinstitut hat die *Schiedsstelle* einen Anteil von 5 % der Auftragssumme im Einzelfall bejaht, weil dort die Entwicklung von Erfindungen für den Auftraggeber im Vordergrund stand.[717] Da sich eine Schätzung auch an den Investitionskosten orientieren kann (s. § 9 Rdn. 177), mag es im Einzelfall angemessen sein, ausnahmsweise auf die für das Forschungsprojekt zur Verfügung gestellten Drittmittel **anteilig** abzustellen und davon als Vergütung 30 % des auf die Diensterfindung entfallenden Wertanteils anzusetzen.

---

713 Vgl. Reimer/Schade/Schippel/Leuze Rn. 45 zu § 42 n.F.
714 S. dazu Goddar, VPP-Rundbrief 2003, 41 f.; Bartenbach/Volz in Festschr. 50 J. VPP (2005) S. 225, 241 ff.; s. ferner – aber teilw. abw. – Stallberg, GRUR 2007, 1035, 1039 ff.
715 So im Ergebn. wohl auch Stallberg, GRUR 2007, 1035, 1040 f. Unklar Schwab, Arbeitnehmererfindungsrecht, § 42 Rn. 19. Vgl. auch Schiedsst. v. 12.06.2013 – Arb.Erf. 61/11, (www.dpma.de).
716 S. dazu Bartenbach/Volz in Festschr. 50 J. VPP (2005) S. 225, 243; s.a. Stallberg, GRUR 2007, 1035, 1040 f. Krit. Boemke/Kursawe/Boemke/Sachadae Rn. 144 zu § 42.
717 Schiedsst. v. 24.10.2002 – Arb.Erf. 29/01, (Datenbank).

K. Vergütung bei Erfindungsverwertung (Nr. 4)  §  42 n.F.

Auch **Vorauszahlungen** (etwa sog. IP-Aufgelder), die vom Industriepartner zu Beginn oder während der Forschungsarbeiten an die Hochschule bzw. den Dienstherrn gezahlt werden und mit denen im Voraus dessen Nutzungsrechte an potenziellen Erfindungen abgegolten werden sollen,[718] sind vergütungspflichtig (s. allg. KommRL Rn. 71 ff. zu RL Nr. 14). Zur Bestimmung der Bruttoeinnahme liegt es nahe, nachträglich, nach Abschluss der Forschung (ex post) die Beträge als (fiktive) Lizenzeinnahme nach der Wertigkeit aller Entwicklungsergebnisse aufzuteilen (vgl. auch § 9 Rdn. 223, 229).

Erfolgt (ausnahmsweise) eine **betriebliche Eigennutzung** innerhalb der Hochschule bzw. im sonstigen Bereich des Dienstherrn/Arbeitgebers, so ist diese (zusätzlich) vergütungspflichtig (s. § 42 Rdn. 160); nicht vergütungspflichtig ist dagegen die Nutzung durch einen Dritten, z.B. Kooperationspartner (vgl. § 9 Rdn. 2.4 m. w. Hinweisen). Zur Ermittlung der Einnahmen können als Maßstab die Grundsätze zum Erfindungswert herangezogen werden[719] (s. dazu § 9 Rdn. 101 ff.), also insb. die Lizenzanalogie (RL Nr. 6 ff.), sofern Umsätze erzielt werden, und die Methode nach dem erfassbaren betrieblichen Nutzen (RL Nr. 12) bei bloß innerbetrieblichen Auswirkungen. Allerdings ist angesichts der gesetzgeberischen Wertung in § 42 Nr. 4 die sonst übliche Minderung wegen Unkosten, eines fiktiven Unternehmerlohns oder Kausalitätsverschiebungen (Abstaffelung i.S.d. RL Nr. 11) nicht möglich.[720] Folglich kann solches weder mindernd beim Lizenzsatz nach der Lizenzanalogie (s. § 9 Rdn. 124, 131 ff.) noch beim erfassbaren betrieblichen Nutzen über einen Umrechnungsfaktor berücksichtigt werden (s. dazu § 9 Rdn. 163.3, 165), d.h. es ist vom Brutto-Nutzen auszugehen. 172

Bei **Versuchen** ist zu unterscheiden: Vergütungsfrei sind Versuche, bei denen die Erfindung selbst Gegenstand der Forschung ist, auch wenn dazu Drittmittel zur Verfügung gestellt werden (s. § 9 Rdn. 93.2). Dies gilt nach der in § 11 Nr. 2 PatG getroffenen Wertung auch in den sonstigen Fällen, in denen sich die Versuche auf den Gegenstand der Diensterfindung beziehen.[721] Wird die Erfindung dagegen für anderweitige Forschungszwecke eingesetzt, ist sie also Mittel zur Forschung, so hat sie im Grundsatz einen Vermögenswert und ist 173

---

718 S. dazu Eberle/Handzik in: Gärditz/Pahlow (2011), 297, 313 (Rn. 63).
719 Bartenbach/Volz, GRUR 2002, 743, 756; zust. Bergmann (2006) S. 134 f.; Soudry (2010) S. 160 f.; Boemke/Kursawe/Boemke/Sachadae Rn. 141 zu § 42.
720 Zust. Bergmann (2006) S. 134; im Ergebn. auch Soudry (2010) S. 160 f.
721 Vgl. zu § 11 Nr. 2 PatG BVerfG v. 10.05.2000, GRUR 2001, 43 ff. – *Klinische Versuche*; vorangehend BGH v. 11.07.1995 – X ZR 99/92, GRUR 1996, 109 ff. – *Klinische Versuche* u. BGH v. 17.04.1997 – X ZR 68/94, Mitt. 1997, 253 ff. – *Klinische Versuche II*.

damit vergütungspflichtig (s. § 9 Rdn. 93.1); mangels sonstiger Anhaltspunkte wird man die Einnahmen fiktiv danach bestimmen können, was der Dienstherr Dritterfindern für die Nutzungsmöglichkeit gezahlt hätte (vgl. § 9 Rdn. 176).

174 Allerdings ist auch i.R.d. § 42 Nr. 4 stets zu prüfen, ob die **Einnahmen kausal** aufgrund der zu vergütenden Diensterfindung anfallen, d. h. erforderlich ist ein Kausalzusammenhang zwischen der konkreten Verwertung der Diensterfindung und dem zugeflossenen Vermögensvorteil.[722] Nur insoweit kann von »Einnahmen aus der Verwertung der Erfindung« gesprochen werden. Nur dann ist im Grundsatz eine Vergütung gerechtfertigt (s. § 42 Rdn. 167, s. auch § 9 Rdn. 95). Dass die Lizenz- bzw. Übertragungsvereinbarung und deren Vergütungspflicht bereits vor Fertigstellung der Diensterfindung rechtlich begründet worden ist, steht einer Kausalität der Diensterfindung nicht entgegen.[723] Andererseits spricht für die Kausalität, wenn der geldwerte Vorteil des Dienstherrn/Arbeitgebers Gegenstand des Lizenz- bzw. Kaufvertrages ist.[724] Die Kausalität fehlt, wenn die Geld- oder Sachmittel vom Zuwendenden nicht für dessen Verwertung der Diensterfindung, sondern ausschließlich zu anderen Zwecken erbracht werden.[725] Keine Einnahmen sind folglich staatliche Forschungsmittel und entwicklungsbezogene **Drittmittel** i.S.d. § 25 HRG[726] (s. dazu § 42 Rdn. 41); solche werden nicht aufgrund erbrachter (erfinderischer) Leistungen eingenommen, sondern zur Deckung bzw. Teil-Finanzierung von anfallenden Kosten bereit gestellt (s. aber auch § 42 Rdn. 160–171). Auch private oder öffentliche **Finanzmittel zur Forschungsförderung** gehören grds. nicht zu Einnahmen aus der Erfindungsverwertung, und zwar auch dann nicht, wenn solche erst nach Fertigstellung der Erfindung (aus-)gezahlt werden;

---

722 BGH v. 05.02.2013 – X ZR 59/12, GRUR 2013, 498 (Rn. 16, 23, 35) – *Genveränderungen*; ähnl. Schiedsst. v. 12.06.2013 – Arb.Erf. 61/11, (www.dpma.de) u. v. 26.01.2015 Mitt. 2016, 140, 141.
723 Kraßer/Ann, PatR, § 21 Rn. 143 (dort Fn. 138) in Kritik an Stallberg, GRUR 2007, 1039 ff.; s. auch BGH v. 05.02.2013 – X ZR 59/12, GRUR 2013, 498 (Rn. 35) – *Genveränderungen*.
724 So im Ergebn. BGH v. 05.02.2013 – X ZR 59/12, GRUR 2013, 498 (Rn. 35) – *Genveränderungen*, dort zu § 42 Nr. 4.
725 BGH v. 05.02.2013 – X ZR 59/12, GRUR 2013, 498 (Rn. 35) – *Genveränderungen*.
726 Ebenso Schiedsst. v. 12.06.2013 – Arb.Erf. 61/11, (www.dpma.de); Weyand/Haase, GRUR 2007, 28, 32; wie hier auch Körting/Kummer, RdA 2003, 279, 283; Kretzer (2007) S. 49; im Ergebn. auch Kraßer in: Hartmer/Detmer (2004) S. 465 (Kap. IX Rn. 70); Reimer/Schade/Schippel/Leuze Rn. 40 zu § 42 n.F.; Schwab, Arbeitnehmererfindungsrecht, § 42 Rn. 16. Vgl. auch BGH v. 05.02.2013 – X ZR 59/12, GRUR 2013, 498 (Rn. 34) – *Genveränderungen*.

ders zur Diensterfindung an. Ohne Belang sind dagegen die sonstige dienstliche Tätigkeit oder die Stellung innerhalb der Hochschulhierarchie, da ein Anteilsfaktor i.R.d. § 42 Nr. 4 nicht berücksichtigt wird.

Die **Vergütungsformel** lautet bei Miterfinderschaft demzufolge:

Vergütung = (Brutto-) Einnahme x 30 % x Miterfinderanteil.

Die Besonderheiten bei Miterfindern i.R.d. **Vergütungsregelung** sind zu beachten (s. § 42 Rdn. 148).

Für die **Miterfinder außeruniversitärer Arbeitgeber**, für die § 42 nicht gilt (s. § 42 Rdn. 19 f.), verbleibt es dagegen – neben dem Miterfinderanteil – bei den allgemeinen Vergütungsparametern von Erfindungswert und Anteilsfaktor, selbst wenn sie ebenfalls dem öffentlichen Dienst angehören sollten.[733] Diese unterschiedliche Behandlung ist sachlich gerechtfertigte Folge des § 42.[734] Einen über den Hochschulbereich hinausgehenden Rechtsanspruch auf Gleichbehandlung erkennt das ArbEG nicht an[735] (s.a. § 42 Rdn. 155). Zur Miterfinderschaft s. im Übr. § 42 Rdn. 200.

180

*Rdn. 181–184 frei*

## L. Keine Inanspruchnahme einer angemessenen Beteiligung (Nr. 5)

§ 42 Nr. 5 **schließt** für den Hochschulbereich die Anwendung des § 40 Nr. 1 und damit die Inanspruchnahme einer **Ertragsbeteiligung des Dienstherrn/ Arbeitgebers aus**. Nach Auffassung des Gesetzgebers widerspricht die durch § 40 Nr. 1 ermöglichte Freigabe der Diensterfindung zugunsten einer Ertragsbeteiligung (s. dazu § 40 Rdn. 15 ff.) der Zielsetzung der Reform; eine solche Freigabe der Diensterfindung stünde im Gegensatz zur Absicht, die Rahmenbedingungen für den Aufbau eines Hochschul-Patentwesens zu fördern und der damit verbundenen Vorstellung, dass Hochschulen eine aktive Rolle im Patentgeschäft übernehmen; zudem würde § 40 Nr. 1 die Verwertungsrisiken

185

---

733 Wohl allg. A., Bartenbach/Volz, GRUR 2002, 743, 757; Bergmann (2006) S. 179; Keukenschrijver in Busse/Keukenschrijver, PatG, Rn. 23 zu § 42 ArbEG.
734 Vgl. Schiedsst. v. 13.03.2012 – Arb.Erf. 19/11, (www.dpma.de, nur LS. 4), dort zum rechtl. Zusammenschluss von außeruniv. Forschungseinrichtg. u. Univ.
735 S. auch BGH v. 06.03.2012 – X ZR 104/09, Mitt. 2012, 285 (Rn. 48) – *Antimykotischer Nagellack*.

§ 42 n.F. Besondere Bestimmungen für Erfindungen an Hochschulen (Fassung 2002)

einseitig auf den Hochschulerfinder verlagern.[736] Der Arbeitgeber/Dienstherr hat also allein die Wahlmöglichkeit zwischen Inanspruchnahme der Diensterfindung (§ 6 Abs. 1, § 7 n.F.) und deren Freigabe (§ 6 Abs. 2 i.V.m. § 8 n.F.).

Eine **Freigabe unter der Bedingung**, die Hochschule am Verwertungserlös des Hochschulwissenschaftlers zu beteiligen, wäre mit § 42 Nr. 5 unvereinbar und unwirksam[737] und würde damit die Fiktionswirkung des § 6 Abs. 2 auslösen (zur auch ansonsten geltenden Bedingungsfeindlichkeit einer Freigabe s. § 6 n.F. Rdn. 114). Möglich bleiben allerdings – über § 22 Satz 2 – **abweichende Vereinbarungen** zur gemeldeten Diensterfindung, etwa die Vereinbarung einer Ertragsbeteiligung der Hochschule analog § 40 Nr. 1 anlässlich einer von den Hochschulerfindern beabsichtigten Unternehmensausgründung[738] (s. dazu § 42 Rdn. 208).

186 Aus dem Ausnahmecharakter des § 42 Nr. 5 im Verhältnis zu §§ 40, 41 folgt zugleich, dass die **sonstigen Sonderregelungen des § 40** auch für den Hochschulbereich gelten,[739] also sogar die Möglichkeit einer Allgemeinen Anordnung nach § 40 Nr. 3 (s. dazu § 40 Rdn. 34 ff.). Allerdings dürfte solches angesichts des Eingriffs in den grundrechtlich geschützten Wissenschaftsbereich kaum praktisch werden (vgl. auch § 40 Rdn. 35).

187 Der Geltungsbereich des § 42 Nr. 5 erstreckt sich ausweislich des Eingangssatzes auf **alle Beschäftigten an Hochschulen**[740] (zum Begriff s. § 42 Rdn. 10 ff.); insoweit ergibt sich nichts anderes als bei der Vergütung nach § 42 Nr. 4 (s. dort § 42 Rdn. 153). Dies ist angesichts der Zielsetzung des Gesetzes folgerichtig. Miterfinder aus anderen Behörden oder Verwaltungen des Dienstherrn/Arbeitgebers (z.B. zur Hochschule abgeordnete Beschäftigte) sind nicht erfasst.

---

736 Amtl. Begründung zu § 42 Nr. 5 (BT-Drucks. 14/5975 S. 7; übereinstimmend Amtl. Begründung Reg.Entw. BR-Drucks. 583/01 S. 11. S.a. Kretzer (2007) S. 51 f. Anders noch der »Änderungsvorschlag für § 42 Arbeitnehmererfindungsgesetz« der BLK vom 30.11.2000, wonach im Fall des § 40 Nr. 1 die Ertragsbeteiligung des Dienstherrn i.d.R. ein Viertel betragen sollte (dort § 42 Nr. 3 des Entwurfs, abrufbar unter www.bmbf.de).
737 Unzutreffend Kretzer (2007) S. 53 f., soweit solche eine bedingte Freigabe für gemachte Erfindungen zulassen will, sofern der Hochschulerfinder diese nicht ablehnt (sic!). Denkbar wäre aber entsprechend § 140 BGB die Umdeutung in ein Angebot auf Vereinbarung einer Ertragsbeteiligung.
738 Sellnick, NVwZ 2002, 1340, 1342; vgl. dazu auch v. Falck/Schmaltz, GRUR 2004, 469, 471; Bergmann (2006) S. 167 (dort Fn. 665).
739 Keukenschrijver in Busse/Keukenschrijver, PatG, Rn. 24 zu § 42 ArbEG.
740 Allg. A, z.B. Bergmann (2006) S. 165, 169.

Da abweichende Vereinbarungen nach Erfindungsmeldung zulässig sind (§ 22 **188** Satz 2), wäre der Dienstherr/Arbeitgeber allerdings nicht gehindert, dann eine den Wirkungen des **§ 42 Abs. 2 a.F. entsprechende Vereinbarung** mit dem Hochschulerfinder abzuschließen.[741] Das dürfte nach der vom Gesetzgeber verfolgten Intention aber nur eingeschränkt praktisch werden, etwa dann, wenn die Diensterfindung mangels Bedarfs ansonsten »entschädigungslos« freigegeben würde.

*Rdn. 189–191 frei*

## M. Forschungs- und Entwicklungskooperationen mit Dritten/ Auftragsforschung

### I. Technologiertransfer als Hochschulaufgabe

Die Novellierung des § 42 ist im Zusammenhang mit der **Reform des Hoch-** **190** **schulrechts** zu sehen. Die Förderung des Wissens- und Technologietransfers gehört nach § 2 Abs. 7 HRG (zur HRG-Novelle von 1998 s. § 42 Rdn. 2) zu den grundlegenden Aufgaben der Hochschule[742] und ist primäre Selbstverwaltungsangelegenheit der Hochschule;[743] das entspricht einer wesentlichen Zielsetzung des § 42 n.F. (s. § 42 Rdn. 4). Die Bedeutung von Technologiekooperationen und Partnerschaften zwischen Wissenschaft und Wirtschaft ist sowohl auf europäischer als auch auf nationaler Ebene anerkannt.[744] Das zeigt auch § 25 Abs. 1 HRG (s. dazu § 42 Rdn. 41). Zugleich wird so dem u. a. in Art. 179 Abs. 2 AEUV verankerten Gebot Rechnung getragen, die Zusammenarbeitsbestrebungen von Unternehmen, Forschungszentren und Hochschulen auf dem Gebiet der Forschung und technologischen Entwicklung zu fördern.[745] Die Zusammenarbeit bringt aus beider Sicht (Unternehmen/Hoch-

---

741 Ebenso Sellnick, NVwZ 2002, 1340, 1342; zust. auch Bergmann (2006) S. 167; Kelp in: Gärditz/Pahlow (2011), 223, 247 (Rn. 60). Ein einseitiges Verlangen einer Erttragsbeteiligung scheidet aus, worauf Keukenschrijver in Busse/Keukenschrijver, PatG, Rn. 24 zu § 42 ArbEG zu Recht hinweist.
742 So der Hinweis zur Zielsetzung in der Amtl. Begründung (BT-Drucks. 14/5975 S. 2; übereinstimmend Amtl. Begründung Reg.Entw. BR-Drucks. 583/01 S. 1).
743 Tettinger/Lux-Wesener in: Hartmer/Detmer (2004) S. 216 (Kap. V Rn. 35).
744 Zu den Anstrengungen s. etwa den Bericht der Bundesregierung zur Internationalisierung von Wissenschaft und Forschung vom 20.07.2009 in BT-Drucks. 16/13852. Zu den Aktivitäten der Länder s. u.a. die Länderübersichten in dem von der BReg. am 22.05.2008 vorgelegten »Bundesbericht Forschung und Innovation 2008« in BT-Drucks. 16/9260, S. 303 ff. unter den Abschnitten »Technologieförderung und Technologietransfer«.
745 Vgl. dazu u.a. Tettinger/Lux-Wesener in: Hartmer/Detmer (2004) S. 210 (Kap. V Rn. 20).

**§ 42 n.F.** Besondere Bestimmungen für Erfindungen an Hochschulen (Fassung 2002)

schule) zahlreiche Vorteile.[746] Die Hochschulen betreiben heute mehr als nur reine Grundlagenforschung; eine projektbezogene Forschung und die praktische Anwendung wissenschaftlicher Erkenntnisse ist zum wichtigen Bestandteil der Hochschulforschung geworden[747] (vgl. auch § 22 HRG). Der prozentuale Anteil der Hochschulforschung an den Bruttoinlandsausgaben ist – wenn auch nur leicht – im Zeitraum 2005 bis 2015 angestiegen, während der der Wirtschaft leicht gesunken ist, wobei sich in diesem Zeitraum das Ausgabenvolumen – gerechnet in US-Dollar – um fast 80 % erhöht hat.[748]

**191** Seit jeher waren und sind – den bisherigen Erfahrungswerten zufolge – die **Forschungskooperationen** zwischen innovativen Unternehmen und Hochschulen **in Deutschland noch nicht so ausgeprägt** wie in vielen anderen Mitgliedsstaaten der EU. Das gilt auch nach Inkrafttreten der Reform des § 42 noch. Indes scheint sich eine Trendwende abzuzeichnen. So sahen noch 2004 nur 3,4 % der befragten Unternehmen die Universitäten und Hochschuleinrichtungen im Zeitraum 2002 bis 2004 als äußerst wichtige Informationsquelle für Innovationstätigkeiten an.[749] Andererseits ist bereits ausweislich des »Gutachtens zu Forschung, Innovation und technologischer Leistungsfähigkeit 2008« der Expertenkommission Forschung und Innovation[750] seit 2001 die Bedeutung der Hochschulen als Forschungs- und Entwicklungspartner der Industrie ständig gestiegen. Jedenfalls bis zur internationalen Finanz- und Schuldenkrise gab es eine kontinuierliche Steigerung der Einnahmen der deutschen Hochschulen aus Drittmitteln; diese Gelder aus der Wirtschaft, die im Regelfall für Forschungsaufträge bestimmt sind, hatten bereits 2005 einen Stand von 3,7 Mrd. € erreicht und machten rund 28 % der über die Grundfinanzierung der Länder hinausgehenden Forschungsmittel aus.[751] Nach

---

746 Dazu anschaulich Eberle/Handzik in: Gärditz/Pahlow (2011), 297 f. (Rn. 4 ff.), ferner Groß in: Gärditz/Pahlow (2011), 321, 322 ff. (Rn. 2 ff.).
747 Darauf weist auch die Amtl. Begründung hin (BT-Drucks. 14/5975 S. 2; übereinstimmend Amtl. Begründung Reg.Entw. BR-Drucks. 583/01 S. 1). Vgl. zur aktuellen Situation etwa Kreckel, Forschung & Lehre 2009, 328 ff.; Krull, Forschung & Lehre 2009, 338 ff. Vgl. auch Fahse in Festschr. H. Krüger [2001] S. 93, 106 ff.
748 S. die Übersicht zur prozentualen Verteilung der FuE-Bruttoinlandsausgaben in dem im März 2018 v. d. BReg. vorgelegten »Gutachten zu Forschung, Innovation und technologischer Leistungsfähigkeit Deutschlands 2018« in BT-Drucks. 19/1140, S. 98 (danach Anteil Wirtschaft zu Hochschulen in 2005 69,3 % zu 16,5 % und in 2015 68,7 % zu 17,3 % bei rd. 63, 7 Mrd. $ zu rd. 114,8 Mrd. $).
749 S. Parvan in: Statistik kurzgefasst – Wissenschaft und Technologie – 81/2007, hrsg. von EuroStat April 2007, S. 2 f.
750 Vorgelegt am 27.02.2008 als BT-Drucks. 16/8600, S. 68.
751 S. Bericht von Grillmann »Hochschulen zapfen zunehmend fremde Finanzquellen an« in Handelsblatt Nr. 168 vom 31.08./02.09.2007 S. 6.

Erkenntnissen in NRW hatten dort 15 befragte Hochschulen für 2008 auf ein Volumen von 36.000 Forschungskooperationen und Kunden aus der Privatwirtschaft verwiesen.[752]

Vor dieser im gemeinsamen europäischen Interesse liegenden Kooperationsförderung dürfte sich der Einwand relativieren, in der Forschungstätigkeit der Hochschulen könnte eine mit dem Binnenmarkt unvereinbare **staatliche Beihilfe** i.S.v. Art. 107 Abs. 1 AEUV liegen. Im Grundsatz ist u. E. davon auszugehen, dass die Hochschulforschung auch im Rahmen einer Forschungskooperation oder einer Auftragsforschung eine wissenschaftliche und keine wirtschaftliche Tätigkeit darstellt. Das stellt das Hochschulrecht (vgl. § 2 Abs. 7, §§ 22, 25 HRG) im Einklang mit Art. 179 Abs. 2 AEUV ausdrücklich klar. Schon angesichts des Umstandes, dass die Hochschulen mit der Zusammenarbeit ihrem gesetzlichen Auftrag entsprechen, scheint es u. E. im Grundsatz fraglich, ob solches überhaupt im Rechtssinn geeignet ist, den Handel zwischen den Mitgliedsstaaten zu beeinträchtigen oder den Wettbewerb zu verfälschen. Allerdings kann die Praxis nicht darüber hinweg sehen, dass die **EU-Kommission** bereits in ihrem früheren »Gemeinschaftsrahmen für staatliche Beihilfen für Forschung, Entwicklung und Innovation (2006/C 323/01)« auch Hochschulen als Forschungseinrichtungen einbezieht und die Auftragsforschung und deren Einzelprojekte als mögliche wirtschaftliche Tätigkeiten der Hochschulen eingestuft hatte.[753] Die nachfolgende VO (EU) Nr. 651/2014 der Kommission vom 17.06.2014[754] ermöglicht für Forschungs- und Entwicklungsvorhaben eine Freistellung vom Beihilfeverbot insbesondere unter den Freistellungsvoraussetzungen des dortigen Art. 25 für die Kategorien Grundlagenforschung, industrielle Forschung, experimentelle Entwicklung und Durchführbarkeitsstudien, wobei ansonsten für die Verwaltungspraxis der ebenfalls von der EU-Kommission herausgegebene »Unionsrahmen für staatliche Beihilfen zur Förderung von Forschung, Entwicklung und Innovation«[755] erhebliche Bedeutung hat.[756] Hinzutritt die Bekanntmachung der EU-Kommission zum Begriff der staatlichen Beihilfe im Sinne des Art. 107 Absatz 1

---

752 Slopek/Pausewang/Beye, WissR 2011, 50, 68 m. H. a. die Antwort der nordrh.-westf. Landesreg. in Landtag NRW – Drucks. 14/10072 S. 68.
753 Vgl. dazu u. a. Schwendinger GRUR 2013, 447 ff.
754 VO zur Feststellung der Vereinbarkeit bestimmter Gruppen von Beihilfen mit dem Binnenmarkt in Anwendung der Artikel 107 und 108 des AEUV, ABl. EU L 187, 1 vom 26.06.2014, S. 1.
755 ABl. EU C 198 vom 27.06.2014, S. 1.
756 S. dazu u. a. Hoenig, Universitätsforschung i, Beihilferecht d. EU, 2016; Geibel OdW 2018 (H. 2), 87, 90 f.

AUEV.[757] Gleichwohl verbleiben für die Praxis kartellrechtliche Unsicherheiten, die weiterhin als zusätzliches Hemmnis beim Technologietransfer angesehen werden.[758]

## II. Formen der Zusammenarbeit zwischen Hochschule und Unternehmen

### 1. Allgemein

193 Bei der Zusammenarbeit zwischen Hochschule/Hochschulwissenschaftler und Industrie bestehen – von den institutionalisierten Formen abgesehen (An-Institute, Technologietransferunternehmen usw.[759]) – unterschiedliche **Möglichkeiten in der Vertragsgestaltung**.[760] Vom Vertragstypus her reicht dies von der durch enge Zusammenarbeit der Partner gekennzeichneten Forschungskooperation, für die regelmäßig die Grundsätze der BGB-(Innen-)Gesellschaft zur Anwendung kommen (s. § 1 Rdn. 106 ff.), über die gemeinsame Errichtung einer rechtfähigen Forschungseinrichtung[761] bis hin zu einer durch einseitige Durchführung gekennzeichneten Forschungsarbeit (z.B. Prüfung oder Erprobung), sei es in Form (projektbezogener) Auftragsforschung[762] oder (gezielter) Forschung auf Basis eines Dienst- oder Werkvertrages, je nachdem, ob Tätigkeiten im Bereich der Forschung/Entwicklung (Dienstleistung) oder

---

757 ABl. EU C 262 v. 19.07.2016, S. 1.
758 Vgl. etwa Geibel OdW 2018 (H. 2), 87, 90 ff.
759 Vgl. dazu u. a. Tettinger/Lux-Wesener in: Hartmer/Detmer (2004) S. 206 ff.;
760 S. u.a. den vom BMWi herausgegebene Leitfaden »Mustervereinbarungen für Forschungs- und Entwicklungskooperationen – ein Leitfaden für die Zusammenarbeit zw. Wissenschaft und Wirtschaft«, 3. Aufl. (Juli) 2017, S. 10 ff. Ausf. Zu den Formen und Inhalten Eberle/Handzik in: Gärditz/Pahlow (2011), 297, 303 ff. (Rn. 27 ff.); Eberbach/Hommelhoff/Lappe, OdW 2017 (H 1), S. 1 ff.; Geis OdW 2018 (H. 2), 77 ff.; Geibel OdW 2018 (H. 2), 87, 90 ff. S. i.Ü. zu Forschungs- und Entwicklungsverträge im Hochschulbereich Winkler (2006) Teil III Rn. 39 ff.; Wündisch/Hering, GRUR Int. 2009, 106 ff. Vgl. auch Beyerlein, Mitt. 2008, 498 ff. u. Bergmann (2006) S. 180 f. S. ferner »Forschungs- und Entwicklungskooperation – Ein Leitfaden für die Zusammenarbeit zwischen Unternehmen und Hochschulen« des Deutschen Industrie und Handelskammertages sowie den Leitfaden »Forschungs- und Entwicklungsverträge zwischen Hochschulen und Unternehmen« hrsg. von der Industrie- und Handelskammer in NRW und der Arbeitsgemeinschaft hess. Industrie- und Handelskammern (abrufbar u.a. unter: www.ihk-nrw.de). Vgl. auch Slopek Mitt. 2013, 26 ff. u. Bartenbach VPP-Rundbrief 4/2013, 150 ff. Zur Situation bzgl. Urheberrechte s. u. a. Hoff. ITRB 2015, 43 ff.
761 Vgl. etwa Geis OdW 2018 (H. 2), 77, 79 ff.
762 S. dazu u.a. Bartenbach/Volz in Festschr. 50 J. VPP (2005), S. 225, 230 ff.

ein bestimmter Erfolg (Entwicklungsergebnis) geschuldet werden.[763] Dabei sind in der Praxis insb. die Grenzen zwischen Auftragsforschung und Dienst-/Werkvertrag nicht immer trennscharf.

Neben der Rechtsnatur des Vertrages sind die Vertragsverhältnisse in zwei Grundformen danach zu unterscheiden, wer Vertragspartner dieses Hauptvertrages ist, ob also die Hochschule oder der einzelne Hochschulwissenschaftler.[764]

### 2. Die Hochschule als Auftragnehmerin/Vertragspartnerin

Der (Forschungs-) Vertrag mit der Hochschule dürfte seit der Neufassung des § 42 (2002) der Regel- und der Vertrag mit dem einzelnen Hochschullehrer dagegen der Ausnahmefall sein. Davon geht auch § 43 Abs. 1 aus. **194**

Die von privaten oder öffentlichen Auftraggebern veranlasste projektbezogene Forschung der Hochschule ist aufgrund der Drittfinanzierung zugleich **Drittmittelforschung** (s. dazu § 42 Rdn. 41). Da bei Hochschullehrern angesichts der Wissenschaftsfreiheit eine Einbeziehung kraft Direktionsrechts ausscheidet, kommt nur deren freiwillige Teil- bzw. Gesamtübernahme in Betracht. Der einbezogene Hochschulwissenschaftler nimmt wissenschaftliche Forschungstätigkeit i.S.d. § 42 Nrn. 1 bis 3 wahr (s. § 42 Rdn. 41).

In der Praxis haben sich für die Zusammenarbeit zwischen Industrie und Hochschulen einschließlich Auftragsforschung unterschiedliche **Vertragsmodelle**[765] entwickelt, wie etwa der sog. Berliner Vertrag,[766] die Düsseldorfer

---

763 Zur Abgrenzung s. BGH v. 16.07.2002, BB 2002, 2039 f.; s. i.Ü. Goddar, VPP-Rundbrief 2002, 41 f.; s.a. die Übersicht in »Mustervereinbarungen für Forschungs- und Entwicklungskooperationen – ein Leitfaden für die Zusammenarbeit zw. Wissenschaft und Wirtschaft«, hrsg. v. BMWi, 3. Aufl. (JUuli) 2017, S. 10 f.; s. ferner Bartenbach/Volz in Festschr. 50 J. VPP (2005), S. 225, 230 f.
764 Zu den Fallgestaltungen s.a. Balzer/Milbradt, PharmR 2003, 378, 379 ff. m.H.a. Osterrieth/Holeweg, MPR 2002, 18 ff.
765 S. dazu die Übersicht von Beyerlein, Mitt. 2008, 498 ff.; Busche/Greve/Hozuri, Leitfaden zu Forschungs- u. Entwicklungsverträgen, 5. Aufl. 2015, S. 21 ff.; s.a. Slopek Mitt. 2013, 26 ff; Weyand/Haase, GRUR 2007, 28, 38; Reimer/Schade/Schippel/Leuze Rn. 45 f. zu § 42 n.F.
766 S. dazu u.a. Goddar, VPP-Rundbrief 2003, 41 ff.; Kretzer (2007) S. 73 ff.; Beyerlein, Mitt. 2008, 498 f.; Bergmann (2006) S. 181 f.; Körting (2006) S. 168. S.a. Balzer/Milbradt, PharmR 2003, 378, 381.

Vertragsbausteine,⁷⁶⁷ der sog. Hamburger Vertrag⁷⁶⁸ oder der sog. Münchener Vertrag sowie die vom BMWi herausgegebenen Mustervereinbarungen für Forschungs- und Entwicklungskooperationen,⁷⁶⁹ die den juristischen und administrativen Aufwand verringern und insb. kleinere Unternehmen zu entsprechenden Kooperationen ermutigen sollen.⁷⁷⁰ Zwischenzeitlich sollen nahezu sämtliche Hochschulen über eigene Musterverträge für Auftrags- und Kooperationsvorhaben verfügen, und zwar regelmäßig auf Grundlage des Berliner Vertrags.⁷⁷¹

Da § 22 Satz 1 einer Vorausabtretung entgegensteht (s. § 22 Rdn. 26), kommt der Kennzeichnung als **Diensterfindung** wesentliche Bedeutung zu. Dies bereitet im Regelfall keine besonderen Probleme beim nichtwissenschaftlichen Personal (s. § 42 Rdn. 35). Schwieriger ist die Rechtslage dagegen bei dem wissenschaftlichen Personal. Hier ist allerdings auch nach der hier vertretenen Auffassung. – in gewissem Einklang mit den Gesetzesmaterialien (s. § 42 Rdn. 36) – bei den mit ihrem Einverständnis in die Durchführung eingeschalteten Hochschulwissenschaftlern regelmäßig von einer aufgabenbezogenen Diensterfindung auszugehen (s. § 42 Rdn. 41).

Ist der Hochschulwissenschaftler – unter **Ruhen seines Arbeitsverhältnisses** ohne Fortzahlung der Dienstbezüge – (ausnahmsweise) für ein Vorhaben freigestellt (vgl. auch § 43 Abs. 3 Satz 3 HRG), so entfällt nicht von vornherein seine Einstufung als Hochschulbeschäftigter i.S.d. § 42⁷⁷² (s. § 26 Rdn. 16).

Die **Vergütung** bestimmt sich nach § 42 Nr. 4 (s. insb. § 42 Rdn. 167 ff., 171).

**195** Dem industriellen Kooperationspartner bzw. Auftraggeber wird in jeder Fallkonstellation daran gelegen sein, (schutzfähige) **Forschungsergebnisse nutzen**

---

767 Abrufbar unter: www.gewrs.de. S. dazu insbes. Beyerlein, Mitt. 2008, 498, 499 f. sowie ausf. Busche/Greve/Hozuri, Leitfaden zu Forschungs- u. Entwicklungsverträgen, 5. Aufl. 2015, S. 43 ff.
768 S. dazu u. a. Klawitter/Zintler, Mitt. 2006, 116 ff.; ferner Beyerlein, Mitt. 2008, 498, 499.
769 »Mustervereinbarungen für Forschungs- und Entwicklungskooperationen – Ein Leitfaden für die Zusammenarbeit zw. Wissenschaft und Wirtschaft«, hrsg. v. BMWi, 3. Aufl. April 2017, S. 10 ff. (abrufbar auch unter: www.bmwi.de); s. dazu auch Beyerlein, Mitt. 2008, 498, 500.
770 S. Stellungnahme der BReg. zum »Gutachten zu Forschung, Innovation und technologischer Leistungsfähigkeit« – Unterrichtung durch die Bundesregierung gemäß BMBF-Schreiben vom 04.05.2009 in BT-Drucks. 16/12900, S. 49.
771 So Slopek Mitt. 2013, 26, 28.
772 Zum früheren Recht s. Schiedsst. v. 09.02.1993, EGR Nr. 1 zu § 42 ArbEG.

## M. Forschungs- und Entwicklungskooperationen § 42 n.F.

**und/oder sonstwie vermarkten** zu können, sei es in Form der Eigennutzung, durch Lizenzvergabe bzw. -austausch (auch an Konzernunternehmen) und/ oder auf sonstige Weise. Dabei bestehen unterschiedliche Gestaltungsmöglichkeiten.[773] Die Vertragsverhandlungen betreffen – ungeachtet der beihilferechtlichen Problematik (s. § 42 Rdn. 192) – mit Fragen der Rechtsinhaberschaft bzw. Einräumung von Rechten an Forschungsergebnissen sowie der Vergütung zwei zentrale Regelungskomplexe, die naturgemäß durch nicht gleichlaufende Interessen von Hochschule, Hochulwissenschaftler und Industriepartner gekennzeichnet sind und sich damit in der Praxis für alle Seiten als schwierig erweisen.[774] Die Rechtseinräumung kann vom Verbleib der Rechtsinhaberschaft an Erfindungsrechten bzw. der Rechtsübertragung an den Industriepartner bis hin zur Einräumung von im Einzelnen konkretisierten einfachen Nutzungsrechten (Lizenzen) reichen. Demgegenüber geht es bei der Vergütung um die Gegenleistungen des Auftraggebers bzw. Kooperationspartners für die Forschungsleistungen der Hochschule, nicht zuletzt um die Ausgleichsansprüche für die Überlassung von Erfindungs- bzw. Nutzungsrechten (Abgeltung durch den Auftragslohn, zusätzliche Einmalzahlung, laufende Lizenzgebühr, Kostenübernahme bei Patentverwaltung, Vergütungsansprüche von Erfindern usw.).

Schließen nur die Hochschule und der Industriepartner **ohne Einbeziehung des Hochschulwissenschaftlers** einen Vertrag, sind weder die (dienstliche) Einbindung des Hochschullehrers an dem Projekt noch die Möglichkeit der Verwertung von Diensterfindungen sichergestellt, sofern sich der Hochschullehrer auf die negative Publikationsfreiheit beruft. Zu beachten ist auch das Nutzungsrecht des Hochschulwissenschaftlers aus § 42 Nr. 3,[775] das ungeachtet eines Übergangs der Erfindungsrechte fortbesteht (zum Sukzessionsschutz s. § 42 Rdn. 140). Zusätzliche Probleme können sich im Fall der Miterfinderschaft ergeben. Übernimmt die Hochschule ggü. dem Industriepartner gleichwohl die Verpflichtung zur Übertragung der Erfindungsrechte bzw. zur Einräumung von Nutzungsrechten und fehlen mehrseitige Vereinbarungen, kann sie dem gesichert nur nachkommen, wenn es sich um Diensterfindungen (s. dazu § 42 Rdn. 41) und damit der Inanspruchnahme (§§ 6, 7) unterliegende For-

---

773 Eberle/Handzik in: Gärditz/Pahlow (2011), 297, 302, 310 ff. (Rn. 22, 60 ff.).
774 Siehe dazu insbes. den Erfahrungsbericht v. Slopek Mitt. 2013, 26, 28 ff.; ferner den Folienvortrag v. Bartenbach in VPP-Rundbrief 4/2013, 150, 154 ff.
775 Wündisch/Herin, GRUR Int. 2009, 106, 108.

schungsergebnisse handelt.[776] Mit Blick auf die negative Publikationsfreiheit kann die Hochschule übernommenen Informations- und Übertragungspflichten ggü. dem Auftraggeber nur dann nachkommen, wenn sie diese Pflichten vertraglich auf gemeldete Diensterfindungen beschränkt[777] und die Rechte des Hochschulwissenschaftlers aus § 42 Nrn. 1 und 3 vorbehält.

Will sich der Industriepartner uneingeschränkte Eigentums- oder Nutzungsrechte an patent- oder gebrauchsmusterfähigen Forschungsergebnissen sichern, bedeutet die Reform des § 42 für die praktische Zusammenarbeit zwischen Industrie, Hochschule und Wissenschaftler[778] im Ergebnis, dass vertragliche Regelungen unter Einbeziehung aller drei Beteiligten (Unternehmen, Hochschule/Dienstherr, Hochschulwissenschaftler) – ggf. unter Einbeziehung einer Patentverwertungsagentur[779] (s. dazu Rn. 6) – zielführend sind. Notwendig ist also eine **vertragliche Einbindung der Hochschulwissenschaftler**. Letzteres gilt auch, sofern sich der Auftraggeber von vornherein etwaige Einflüsse auf das dem Hochschulwissenschaftler kraft Gesetzes gegenüber dem Dienstherrn/Arbeitgeber eingeräumte Nutzungsrecht aus § 42 Nr. 3 sichern will.[780]

Soweit die Hochschule nicht ausnahmsweise selbst Arbeitgeber ist, bedarf es erfinderrechtlich – namentlich für Regelungen zur Inanspruchnahme- und Überleitungspflicht – der **Einbindung des Hochschulträgers** (Land, Bund) als Arbeitgeber/Dienstherr der Hochschulbeschäftigten. Das kann auch in der Weise erfolgen, dass die Hochschule zugleich als Vertreter des Arbeitgebers/Dienstherrn auftritt[781] (s. § 42 Rdn. 9 f.).

Ggf. sind auch **Dritte**, die als freie Erfinder nicht in einem Anstellungsverhältnis stehen (z.B. Studenten, Doktoranden usw.) vertraglich einzubinden.[782]

Der Abschluss solcher **mehrseitigen Vereinbarungen** ist – regelmäßig in getrennten Verträgen – zwischenzeitlich wohl der Standard bei Forschungskoo-

---

776 Im Ergebn. so auch zu den bereits früher dem allg. Inanspruchnahmerecht unterliegenden sonstigen Arbeitnehmern des öffentl. Dienstes LG Düsseldorf v. 26.06.1990, GRUR 1994, 53 – *Photoplethysmograph*.
777 Vgl. Kraßer/Ann, PatR, § 21 Rn. 154.
778 Ausf. zu den erfinderrechtlichen Auswirkungen Bartenbach/Volz in Festschr. 50 Jahre VPP (2005) S. 225 ff.: s. ferner Balzer/Milbradt, PharmR 2003, 378 ff.
779 Dazu krit. u. a. Klawitter/Zintler, Mitt. 2006, 116, 117.
780 Vgl: auch Wündisch/Hering, GRUR 2009, 106, 108.
781 Vgl. Bartenbach/Volz in Festschr. 50 J. VPP (2005), S. 225, 234 f.; Pahlow/Gärditz, WissR 2006, 48, 66 f.
782 Vgl. Bartenbach/Volz in Festschr. 50 J. VPP (2005), S. 225, 237 f.

perationen und in der Auftragsforschung mit Hochschulen.[783] Davon gehen auch die unterschiedlichen Vertragsmodelle aus (s. § 42 Rdn. 194). Solche dreiseitigen Vertragsbeziehungen bedeuten zweifellos bürokratische Hemmnisse,[784] sind aber aus Rechtsgründen nachvollziehbar und interessengerecht.

Damit eine Überleitung von schutzfähigen Forschungsergebnissen und damit vielfach ein wesentlicher Zweck der Zusammenarbeit gesichert ist, bedarf es bei der Beteiligung eines Hochschulwissenschaftlers im Regelfall dessen vorherigen **Verzichts** auf die **positive und negative Publikationsfreiheit**[785] (§ 42 Nrn. 1 und 2). Ein dahingehender Vorab-Verzicht wäre im Verhältnis zwischen Arbeitgeber (Hochschule) und Hochschulwissenschaftler unwirksam (§ 22 Satz 1, s.o. § 42 Rdn. 27). Da § 22 – ebenso wie § 23 – nach herrschender Meinung jedoch keine Verträge mit Dritten erfasst (s. § 22 Rdn. 10 und § 23 Rdn. 5), ist der von uns vorgezeichnete Weg[786] eines vertraglichen **Verzichts des Hochschulwissenschaftlers ggü. dem Dritten (Auftraggeber)** auf seine

**196**

---

[783] S. dazu Goddar, VPP-Rundbrief 2003, 41, 42; Balzer/Milbradt, PharmR 2003, 378, 380 f.; Bartenbach/Volz in Festschr. 50 Jahre VPP (2005) S. 225, 233 ff.; Eberle/Handzik in: Gärditz/Pahlow (2011), 297, 302, 309 f. (Rn. 21, 57 f.); ferner von Falck/Schmaltz, GRUR 2004, 469, 472; Bergmann (2006) S. 182 ff.; Körting (2006) S. 164 ff.; Kretzer (2007) S. 67 ff.; ferner Beyerlein, Forschung & Lehre 2008, 462, 463 u. ders., Mitt. 2008, 498 ff.; Osterrieth, PatR (2007), Rn. 632; Schwab, Arbeitnehmererfindungsrecht, § 42 Rn. 18. Davon gehen im Ergebnis auch die Muster-Vorschläge aus, die eine vom BMWi eingesetzte Arbeitsgruppe aus Vertretern von Politik, Industrie und Forschungsinstitutionen entwickelt hat, vgl. »Mustervereinbarungen für Forschungs- und Entwicklungskooperationen – ein Leitfaden für die Zusammenarbeit zw. Wissenschaft und Wirtschaft«, hrsg. v. BMWi, 3. Aufl. Juli 2017, S. 57, 62. Vgl. auch Leuze, GRUR 2005, 27, 31 f.; ferner (aber abweichend) Beyerlein, Forschung & Lehre 2008, 462, 463 u. ders., Mitt. 2008, 498 ff.
[784] Klawitter/Zintler, Mitt. 2006, 116, 118.
[785] Ein solcher Verzicht entspricht nach Eberle/Handzik (in: Gärditz/Pahlow [2011], 297, 302 [Rn. 21]) der Erwartungshaltung des Industriepartners.
[786] Bartenbach/Volz GRUR 2002, 743, 758.

Rechte aus der Publikationsfreiheit (§ 42 Nrn. 1 und 2) mit der heute herrschenden Auffassung zulässig.[787]

Die Gegenansicht, die darin eine nach §§ 134, 138 BGB nichtige Umgehung des ArbEG sehen will,[788] verkennt, dass es sich bei diesen im Interesse des (industriellen) Auftraggebers abgeschlossenen Verträgen weder um Verträge zugunsten der Hochschule handelt (§ 328 BGB) noch um Verträge, aus denen die Hochschule bzw. der Arbeitgeber sonst wie eigene Rechte oder gar Druckmittel ggü. dem Hochschulwissenschaftler ableiten können. Normadressat des § 22 ist indes ausschließlich der Arbeitgeber (s. § 22 Rdn. 7 ff.); der industrielle Auftraggeber bzw. Kooperationspartner ist Dritter und steht außerhalb der Rechte und Pflichten aus dem ArbEG und damit außerhalb der Vorgaben des § 22. Auch nach dem Schutzzweck des § 22 scheidet eine Umgehung aus: Danach soll der Arbeitnehmer als der sozial Schwächere vor übereilten, unüberlegten oder aus Sorge um den Arbeitsplatz bzw. um die Arbeitsbedingungen gemachten erfinderrechtlichen Zugeständnissen ggü. seinem Arbeitgeber bewahrt werden[789] (s. § 22 Rdn. 1). Bei den hier in Rede stehenden Abreden zwischen Hochschulwissenschaftler und Auftraggeber/Kooperationspartner geht es weder um die rechtsmissbräuchliche Ausnutzung von Abhängigkeiten des Hochschulwissenschaftlers noch um den funktionswidrigen Missbrauch gesetzgeberischer Ziele. Hier fehlt es bereits an der erforderlichen Vereitelung zwingenden Rechts durch rechtsmissbräuchliche Gestaltungsmöglichkeiten, die ohne einen sachlich rechtfertigenden Grund erfolgen und bei denen nicht nur der Weg, sondern auch das Ziel verboten ist.[790] Ebenso wenig kann von einer aus der Zusammenfassung von Inhalt, Beweggrund und Zweck der

---

787 Bartenbach/Volz, GRUR 2002, 743, 758; dies. in Festschr. 50 Jahre VPP (2005) S. 225, 250; zustimmend u.a. Körting (2006) S. 168; Kretzer (2007) S. 56, 71; Balzer/Milbadt, PharmR 2003, 378, 380; von Falck/Schmaltz, GRUR 2004, 469, 472; Eberle/Handzik in: Gärditz/Pahlow (2011), 297, 302, 309 f. (Rn. 21, 57 f.); Schwab, Arbeitnehmererfindungsrecht, § 42 Rn. 18. Ebenso im Ergebnis der vom BMWi herausgegebene Leitfaden »Mustervereinbarungen für Forschungs- und Entwicklungskooperationen – ein Leitfaden für die Zusammenarbeit zw. Wissenschaft und Wirtschaft«, 3. Aufl. (Juli) 2017, S. 62; ferner Osterrieth, PatR (2007), Rn. 632; im Ergebn. auch Goddar, VPP-Rundbrief 2003, 41, 42; diff. Kraßer in: Hartmer/Detmer (2004) S. 468 f. (dort Kap. IX Rn. 84 f.).
788 Beyerlein, Mitt. 2005, 152, 154 f., ders., Forschung & Lehre 2008, 462, 463 u. ders., Mitt. 2008, 498, 506; im Anschluss daran Bergmann (2006) S. 183 ff.; Ulrici OdW 2018 (H. 2), 129, 149 ff.; vgl. auch Hübner (2003) S. 78; Soudry (2010) S. 198. Unklar Reimer/Schade/Schippel/Leuze Rn. 42 zu § 42 n.F.
789 Ebenso Kretzer (2007) S. 72.
790 S. allg. zu § 134 BGB u. a. BAG v. 18.03.2009, DB 2009, 1189, 1190.

## M. Forschungs- und Entwicklungskooperationen § 42 n.F.

Abrede zu entnehmenden Unvereinbarkeit mit den grundlegenden Wertungen unserer Rechts- und Sittenordnung[791] die Rede sein. Im Gegenteil: Hier steht die für alle Seiten sinnvolle Zusammenarbeit zwischen Hochschule und Privatwirtschaft im Vordergrund und damit die Verwirklichung eines mit der Neufassung des § 42 verbundenen Gesetzesauftrages, der mit dem Auftrag aus Art. 179 Abs. 2 AEUV und § 2 Abs. 7 HRG übereinstimmt. Ohne eine Vorabklärung der Nutzbarkeit von Forschungsergebnissen wären die staatlich angestrebten Forschungskooperationen mit Hochschulen bzw. die Vergabe von Forschungsaufträgen an Hochschulen für die Unternehmen wertlos.[792]

Dieses Ergebnis ist auch nicht unbillig: Einerseits kann ein Hochschulwissenschaftler zulässigerweise auf seine Publikationsfreiheit verzichten;[793] andererseits würde er sich treuwidrig verhalten, wenn er sich freiwillig an einem Forschungsauftrag beteiligt, die Nutzbarmachung eines schutzfähigen Forschungsergebnisses aber unterläuft, indem er durch vorzeitige Offenbarung dessen Neuheitsschädlichkeit provozieren oder durch Berufung auf seine negative Publikationsfreiheit die Verwertbarkeit ausschließen würde (vgl. Rechtsgedanke aus § 162 BGB). Wollte man der Gegenauffassung folgen, die sich in dem Hinweis auf einen vermeintlichen Umgehungscharakter erschöpft und auf eigene geeignete Lösungswege verzichtet, würde man das vom Gesetzgeber mit der Neufassung des § 42 angestrebte Ziel, den drittmittelrelevanten Wissens- und Technologietransfer mit der Wirtschaft nachhaltig zu fördern (s. § 42 Rdn. 190 f.), konterkarrieren. Insoweit ist nicht nachvollziehbar, wenn man einerseits (de lege lata) ein sittenwidriges Umgehungsgeschäft annehmen will und andererseits – zur Sicherung des Wissenschaftsstandortes Deutschland und der Funktionsfähigkeit der Hochschulen und der dortigen Forschung – nach dem Gesetzgeber ruft, um das Gesetz zugunsten der Vertragsfreiheit bei Forschungsvorhaben (de lege ferenda) abzuändern[794] oder – anders ausgedrückt – um einen solchen (vermeintlichen) Rechtsmissbrauch gesetzlich zu sanktionieren. U. E. kann von einem von der Rechtsordnung missbilligten

---

791 S. allg. zu § 138 BGB u. a. BGH v. 03.04.2008, WM 208, 996, 997 f. m.w.N.
792 Darauf wies zu Recht die vom BMWi 2007 eingesetzte Arbeitsgruppe aus Vertretern von Politik, Industrie und Forschungsinstitutionen zu den von ihnen entwickelten »Mustervereinbarungen für Forschungs- und Entwicklungskooperationen – ein Leitfaden für die Zusammenarbeit zw. Wissenschaft und Wirtschaft«, hrsg. v. BMWi, in der Vorauflage (2. Aufl. April 2010, S. 68) hin.
793 Dies erkennt auch Beyerlein bezüglich der positiven Publikationsfreiheit an (in NZA 2002, 1024).
794 So Bergmann (2006) S. 187 ff.

Umgehungsgeschäft oder von einer mit den sittlichen Maßstäben schlechthin unvereinbaren Rechtsgeschäft i.S.d. §§ 134, 138 BGB keine Rede sein.

Damit kann u. E. bei Verzicht des Hochschulwissenschaftlers auf seine Rechte aus § 42 Nrn. 1, 2 ArbEG gegenüber dem Industriepartner auch nicht generell eine treuwidrige, unangemessene Benachteiligung i.S. von § 307 Abs. 1 Satz 1 BGB unterstellt werden[795], zumal die hier regelmäßig individuell mit dem Hochschulwissenschaftler ausgehandelten Vertragsbedingungen keine AGB sind (§ 305 Abs. 1 Satz 3 BGB), und zwar ggf. infolge nachträglicher Verhandlungen[796]; selbst wenn Vertragsregelungen aus Vertragsmustern Dritter entnommen und damit AGB darstellen sollten, fehlt es an dem Erfordernis des »Stellens« durch den Industriepartner, wenn – wie regelmäßig – dem Hochschulwissenschaftler ein Entwurf nicht nur zur Unterzeichnung vorgelegt oder lediglich mit dem Hinweis übermittelt wird, »Anmerkungen oder Änderungswünsche« mitzuteilen, sondern er tatsächlich die Gelegenheit hat, eigene Textvorschläge in die Verhandlungen einzubringen, so dass sich eine Einbeziehung als Ergebnis seiner freien Entscheidung darstellt.[797] Angesichts der herausragenden Bedeutung der Hochschulwissenschaftler für ein Forschungsvorhaben und deren prägendem Einfluss auf die Projektarbeit ist es auch nicht gerechtfertigt, diese als bloße, für die Universität als dem eigentlichen Geschäftspartner »tätige Gehilfen«[798] einzustufen.

Hat der Gesetzgeber die Üblichkeit von Vereinbarungen über die Zuordnung von Hochschulerfindungen erkannt (vgl. auch § 43 Abs. 1) und – trotz der Vorgängernorm (vgl. § 42 Abs. 1 Satz 2 a.F.) und trotz entsprechender Vorschläge[799] – auch im Rahmen der ArbEG-Novelle 2009 keine Notwendigkeit gesehen, § 42 bzw. § 22 zu modifizieren, so spricht auch dies gegen einen Rechtsverstoß und für die hier vertretene Auffassung, dass entsprechende Individualabreden zwischen industriellem Auftraggeber und Hochschulwissenschaftler uneingeschränkt möglich und zugelassen sind.[800]

Die von Vertretern der **Gegenansicht vorgeschlagene Alternative**, den **Forschungsverbund mit eigener Rechtspersönlichkeit** auszustatten, der dann

---

795 So aber Ulrici, OdW 2018 (H. 2), S. 129, 152.
796 Palndt/Grüneberg, BGB, § 305 Rn. 20.
797 S. allg. BGH v. 20.01.2016 WM 2016, 668 (Rn. 24 f., 29 f.).
798 So Ulrici, OdW 2018 (H. 2), S. 129, 152.
799 S. den Gesetzentwurf des Bundesrates in BR-Drucks. 740/00 (Beschluss) vom 09.03.2001 = BT-Drucks. 14/5939.
800 Im Ergebnis eine Nichtigkeit nach §§ 134, 138 BGB ebenfalls ablehnend Kretzer (2007) S. 71 f.

die Arbeitgeberposition unbelastet des § 42 übernehmen soll[801], ist realitätsfern und nicht interessengerecht: Für den Hochschulwissenschaftler würde das einen vielfach ungewollten Einschnitt in seine Wissenschaftsbiographie bedeuten und ihn – selbst bei einer Wiedereinstellungszusage (mit all den damit verbundenen Problemen) – zwingen, seinen Dienstposten als Beamter bzw. seinen Arbeitsplatz als Arbeitnehmer bei der Hochschule aufzugeben; die Hochschule würde einen Wissenschaftler verlieren und könnte aus ihrer Beteiligung an der rechtlich selbständigen Forschungseinrichtung diversen haushalts-, kartell- und steuerrechtlichen Folgeproblemen[802] ausgesetzt sein. Hinzutritt die von den Vertretern diese Alternative bislang vernachlässigte Problematik der Qualifizierung als Diensterfindung, wenn eine Erfindung maßgeblich auf Erfahrungen aus dem früheren Arbeitsverhältnis beruht (s. dazu § 4 Rdn. 14.2). Wollte man den Weg beschreiten, das Dienst- bzw. Arbeitsverhältnis mit der Hochschule bzw. dem Land fortzuführen und für die Dauer der Forschungstätigkeit bei der Einrichtung ruhend zu stellen, so ergeben sich daraus nicht nur schwierige dienst- und sozialrechtliche Zusatzfragen; zudem würden so die vermeintlichen erfinderrechtlichen Probleme des § 42 nicht gelöst, sondern verschärft, da dann trotz ruhender Arbeits-/Dienstpflichten die Grundsätze des Doppelarbeitsverhältnisses greifen (s. § 26 Rdn. 14 ff.) und sich bei dem angestrebten Ausschluss des § 42 an dem von der Gegenansicht erhobenen Vorwurf einer vermeintlichen Umgehung des § 22 Satz 1 u. E. qualitativ wenig ändern würde.

U. E. bedarf es auch **keiner vermittelnden Lösung**, etwa dahin, nach § 22 Satz 1 eine vertragliche Verpflichtung des Hochschulwissenschaftlers zuzulassen, sich auf seine negative Publikationsfreiheit ausschließlich für den Fall berufen zu können, dass ihm eine Offenbarung der Diensterfindung nicht zuzumuten ist.[803]

197

Aus den obigen Gründen sind auch Vereinbarungen zwischen dem Auftraggeber eines Forschungsauftrags und dem Hochschulwissenschaftler möglich, soweit es dem Auftragnehmer um vertragliche Einschränkungen bzw. Modifizierungen des **Nutzungsrechts aus § 42 Nr. 3** geht.[804] Dieses Nutzungsrecht ist ansonsten i.R.d. Auftragsforschung zwingende Belastung von schutzfähigen

---

801 So aber Ulrici, OdW 2018 (H. 2), S. 129, 153 f.
802 Anschaulich Geibel OdW 2018 (H. 2), 87, 89 ff.
803 So aber Kraßer/Ann, PatR, § 21 Rn. 155 (dort Fn. 155).
804 Soweit Kretzer (2007) S. 70 derartige Vereinbarungen einschränken sollte, steht solches in Widerspruch zu dem von ihr zugelassenen Verzicht auf die negative Publikationsfreiheit (a.a.O. S. 71 f.).

universitären Forschungsergebnissen,[805] aber wegen seiner Bindung an die Person des Hochschulwissenschaftlers (s. § 42 Rdn. 138) in der wirtschaftlichen Bedeutung begrenzt. Im Verhältnis zwischen Erfinder und Hochschule bzw. Arbeitgeber wären vertragliche Einschränkungen allerdings erst nach Meldung gem. § 22 Satz 2 zulässig. Kommt es dem Hochschulwissenschaftler bzw. der Hochschule auf dessen Nutzungsrecht aus § 42 Nr. 3 an, so ist es denkbar und – trotz des Sukzessionsschutzes (s. § 42 Rdn. 140) – zur Klarstellung sinnvoll, den Vorbehalt dieses Nutzungsrechts mit dem Auftraggeber im Zusammenhang mit einer (Voraus-) Abtretung bzw. -Einräumung einer ausschließlichen Lizenz vertraglich zu verankern.[806]

Soweit dem Auftraggeber bereits vor Inanspruchnahme die Möglichkeit zur Schutzrechtsanmeldung überlassen werden soll, befreit dies den Arbeitgeber der Hochschulbeschäftigten nicht von seinen **Pflichten zur unverzüglichen Schutzrechtsanmeldung** aus § 13[807] (s. aber auch § 13 Rdn. 3). Mangels abweichender Vereinbarung (§ 22 Satz 2) bleibt der Hochschulwissenschaftler ggü. seinem Arbeitgeber vor einer wissenschaftlichen Veröffentlichung der Erfindung zur Anzeige nach § 42 Nr. 1 verpflichtet.[808] Nach der hier vertretenen Auffassung (s.o.) ist allerdings – ungeachtet der nur im Verhältnis Arbeitgeber/Hochschulwissenschaftler geltenden §§ 22, 42 Nr. 1 – auch eine vorherige vertragliche Geheimhaltungsverpflichtung des Hochschulwissenschaftlers ggü. dem industriellen Auftraggeber zulässig.[809]

### 3. Der Hochschulwissenschaftler als Auftragnehmer/Vertragspartner

**198** Dass der Hochschulwissenschaftler selbst der Auftragnehmer eines Forschungsauftrags ist, dürfte heute die **Ausnahme** sein (s. § 42 Rdn. 194). Im Grundsatz möglich wäre es, dass ein Hochschulwissenschaftler eine (voll finanzierte) Drittmittelforschung als Auftragnehmer in genehmigter[810] **Nebentätigkeit**

---

805 Vgl: Wündisch/Hering, GRUR 2009, 106, 108.
806 S.a. Wündisch/Herimng, GRUR Int. 2009, 106, 108 ff.
807 S. dazu Bartenbach/Volz in Festschr. 50 Jahre VPP (2005) S. 225, 247 f.
808 Bartenbach/Volz in Festschr. 50 Jahre VPP (2005) S. 225, 248.
809 Ebenso Balzer/Milbradt, PharmR 2003, 378, 380.
810 Bei von Dritten finanzierten Forschungs-/Entwicklungsvorhaben gegen Entgelt handelt es sich dienstrechtlich regelmäßig um genehmigungspflichtige Nebentätigkeiten (in diesem Sinn auch Reich, Bay.HG, Kommentar, 5. Aufl. 2007, Anm. 1 zu Art. 8).

durchführt, sofern die entsprechenden dienstrechtlichen Voraussetzungen erfüllt sind.[811]

Hier werden die Vertragsparteien insb. **zu beachten** haben, dass alle seit dem 07.02.2002 fertig gestellten Erfindungen des Hochschulwissenschaftlers entweder als Diensterfindungen (auch als sog. Erfahrungserfindung i.S.d. § 4 Abs. 2 Nr. 2, s. § 42 Rdn. 30 ff.) dem Inanspruchnahmerecht des Dienstherrn (Hochschule, s. § 42 Rdn. 9) oder als freie Erfindungen der Mitteilungs- und ggf. Anbietungspflicht nach §§ 18, 19 unterfallen (s. zur Einstufung als Dienst- oder freie Erfindung § 42 Rdn. 41), ferner, dass bei Diensterfindungen die Berufung auf die negative Publikationsfreiheit ggü. der Hochschule (bzw. dem Dienstherrn) nach § 42 Nr. 2 für den Hochschulwissenschaftler zugleich ein eigenes Verwertungsverbot nach sich zieht (s. § 42 Rdn. 119) und dass das ihm durch § 42 Nr. 3 zuerkannte gesetzliche Benutzungsrecht nicht übertragbar ist (s. § 42 Rdn. 138 f.).

Streitig ist, ob und unter welchen Voraussetzungen hier eine **Diensterfindung** bzw. eine freie Erfindung vorliegt. Auch wenn nach der hier vertretenen Auffassung eine aufgabenbezogene Diensterfindung regelmäßig ausscheiden dürfte (s. § 42 Rdn. 41), ist aber eine Erfahrungserfindung i.S.d. § 4 Abs. 2 Nr. 2 nicht auszuschließen (s. § 42 Rdn. 39). Damit kann der Hochschulwissenschaftler dem Auftraggeber Eigentums- oder Nutzungsrechte an schutzfähigen Forschungsergebnissen nur dann vermitteln (vgl. § 7 Abs. 2), wenn an solchen Erfindungen keine weiteren Hochschulbeschäftigten als Miterfinder beteiligt sind, seine Erfindungen keine Dienst-, sondern freie Erfindungen (§ 4 Abs. 3) darstellen und wenn auch keine – hier ebenfalls geltende[812] – Anbietungspflicht aus § 19 besteht (s.a. § 42 Rdn. 47 f.). Ansonsten würde bei potenziellen Diensterfindungen bereits eine Mitteilung an den Auftraggeber die Geheimhaltungspflicht des Hochschulwissenschaftlers aus § 24 Abs. 2 verletzen; i.Ü. bestünde auch bei freien Erfindungen eine Mitteilungspflicht des Hochschulwissenschaftlers ggü. seinem Arbeitgeber nach § 18 (s. § 42 Rdn. 47). Insoweit ist der Hochschullehrer nicht mehr – wie noch unter Geltung des § 42 a.F. – bezüglich seiner schutzfähigen Forschungsergebnisse gänzlich ungebunden.

---

811 Pahlow/Gärditz, WissR 2006, 48, 62 unter Bezug auf Tettinger/Lux-Wesener in: Hartmer/Detmer (2004) S. 216 f. (Kap. V Rn. 37); s.a. Detmer in: Hartmer/Detmer (2004) S. 90 (Kap. II Rn. 164) unter Hinweis auf VG München v. 19.12.2000 – M 5 k 98/1902 u. 3883 – wiedergegeben von Hartmer in Forschung & Lehre 2001, 551.

812 Peter, Mitt. 2004, 396, 400; Bartenbach/Volz in Festschr. 50 J. VPP (2005), S. 225, 258.

**§ 42 n.F.** Besondere Bestimmungen für Erfindungen an Hochschulen (Fassung 2002)

**199** In jedem Fall empfiehlt sich bei dieser Auftragsform die **vertragliche Einbindung der Hochschule sowie des Arbeitgebers/Dienstherrn** (zur ausnahmsweisen Arbeitgeberstellung der Hochschule s. § 42 Rdn. 9.3). Das betrifft namentlich den Verzicht auf Arbeitgeberrechte aus dem ArbEG, insb. indem ggü. dem Hochschulwissenschaftler vorab auf ein etwaiges Inanspruchnahmerecht und auf etwaige Ansprüche aus §§ 18, 19 verzichtet wird.[813] Ein solcher Verzicht auf das Inanspruchnahmerecht ist nach der hier vertretenen Auffassung uneingeschränkt zulässig (s. a. § 42 Rdn. 27), auch wenn dadurch die Anmeldepflicht des Arbeitgebers entfällt[814] (s. § 6 Rdn. 36). Die Einbeziehung der Hochschule empfiehlt sich zudem mit Blick auf das Nebentätigkeitsrecht und mögliche Überschneidungen mit gesetzlichen Aufgaben der Hochschule (Technologietransfer, Haushaltsangelegenheiten). Zu haushaltsrechtlichen Bindungen s. § 42 Rdn. 216 ff.

### III. Probleme der Miterfinderschaft

**200** I.R.d. Zusammenarbeit mit gewerblichen Unternehmen bzw. bei der Auftrags-/Drittmittelforschung können sich besondere Probleme aufgrund einer **Miterfinderschaft** ergeben (zum Verhältnis von miterfindenden Hochschulwissenschaftlern und Arbeitnehmer-Miterfindern des Auftraggebers/Kooperationspartners s. § 42 Rdn. 110). Hier verbleibt es bei den allgemeinen Regeln: Sind an der Diensterfindung Mitarbeiter des Dritten (Auftraggeber, Kooperationspartner) beteiligt, etwa aufgrund der Forschungskooperation oder durch gezielte Einbindung eigener Arbeitnehmer des Auftraggebers,[815] so hat der jeweilige Erfinder nur seinem Arbeitgeber/Dienstherrn die Diensterfindung (s. § 42 Rdn. 30 ff.) zu melden (s. § 5 Rdn. 9, 58), jeder Arbeitgeber/Dienstherr hat ein Inanspruchnahmerecht nur bezüglich der auf seine Mitarbeiter entfallenden Erfindungsanteile (s. § 6 n.F. Rdn. 145), der jeweilige Arbeitgeber/Dienstherr ist seinen Erfindern ggü. zur Schutzrechtsanmeldung verpflichtet (s. § 13 Rdn. 3 f.), nur der jeweilige Arbeitgeber/Dienstherr schuldet seinen Erfindern die Vergütung (s. § 9 Rdn. 191, 199; zur unterschiedlichen Vergütung s. § 42 Rdn. 180), wobei es einerseits ausschließlich auf seinen Nutzen als Arbeitgeber ankommt (s. § 42 Rdn. 167 sowie § 9 Rdn. 193, 199) und andererseits die Miterfinderanteile der Drittarbeitnehmer regelmäßig nicht vergütungsmindernd angesetzt werden (s. § 9 Rdn. 314 f.).

**201** Sind **vom Hochschulwissenschaftler einbezogene wissenschaftliche Mitarbeiter** zugleich Miterfinder, so kann insoweit eine Diensterfindung vorliegen

---

[813] Bartenbach/Volz in Festschr. 50 J. VPP (2005), S. 225, 259.
[814] Noch offen gelassen von uns in Festschr. 50 J. VPP (2005), S. 225, 259.
[815] Vgl. dazu Kretzer (2007) S. 72.

(s. § 42 Rdn. 38). Bei Alleinerfindungen bzw. Miterfinderschaft der vom Hochschulwissenschaftler eingestellten Arbeitnehmer (s. § 42 Rdn. 18) handelt es sich um Diensterfindungen im Verhältnis zum Hochschulwissenschaftler. Er ist Arbeitgeber mit den allgemeinen Folgen (s. a. § 42 Rdn. 195), wobei sich die Vergütung nicht nach § 42 Nr. 4, sondern nach den allgemeinen Bestimmungen der §§ 9, ggf. 10 a.F. bemisst. Ist der Hochschulwissenschaftler daneben selbst als Miterfinder einer Diensterfindung beteiligt, hat dies die bemerkenswerte Folge, dass nach Inanspruchnahme seines Anteils durch die Hochschule und der anderen Miterfinderanteile durch ihn nunmehr eine Bruchteilsgemeinschaft zwischen Hochschule und ihm entsteht.

Im Fall von Gemeinschaftserfindungen bei mehreren Arbeitgebern/Dienstherrn stellt sich nach deren Inanspruchnahme das **Rechtsverhältnis zwischen den (Erfindungs-) Rechtsinhabern** entweder als Gesellschaft i.S.d. §§ 705 ff. oder als Bruchteilsgemeinschaft i.S.d. §§ 741 ff. BGB dar (s. § 5 Rdn. 52 f.). **202**

*Rdn. 203 – 207 frei*

### N. Ausgründung von Unternehmen

Die durch § 42 eröffnete Inanspruchnahme von Diensterfindungen begünstigt zugleich die Möglichkeit der Hochschulen, zur Verwertung technischer Neuerungen rechtlich selbstständige Unternehmen – meist in der Rechtsform der GmbH – zu gründen, sei es als alleiniger Inhaber, gemeinsam mit Unternehmen aus der Privatwirtschaft oder mit natürlichen Personen, etwa (ausgeschiedenen) Hochschulbeschäftigten[816](sog. **Spin-offs**). Die Gründung solcher Spin-off-Unternehmen hat als wichtiges Instrument des Technologietransfers auch in der öffentlichen Diskussion zu Recht an Bedeutung gewonnen[817] und genießt zunehmend seit geraumer Zeit staatliche Ankennung[818] sowie Förde- **208**

---

816 Vgl. u. a. die vom BMBF 2004 herausgegebene Studie »Existenzgründungen mit Hochschulpatenten – Gutachten über Gestaltungsmöglichkeiten von Hochschulen,« S. dazu auch Krausnick in: Gärditz/Pahlow (2011), 89, 85 (Rn. 36) und Gärdnitz in: Gärditz/Pahlow (2011), 89, 113 f. (Rn. 41 f.); zur Umsetzung s. Haase/Lautenschläger, WissR 2006, 137 f.
817 S. das von der Expertenkommission Forschung und Innovation im März 2009 vorgelegte »Gutachten zu Forschung, Innovation und technologischer Leistungsfähigkeit«, abgedruckt in BT-Drucks. 16/12900, S. 65, 74, 102 ff. Vgl. auch die Diskussionsergebnisse bei Fahrenberg/Assmann/Doppelberger/Heydebreck/Link/Mahn/Mahr/Mayer, Sollen sich Wissenschaftseinrichtungern an ihren Ausgründungen beteiligen?, hrsg. v. Karlsruher Institut für Technologie (2013).
818 Vgl. etwa § 3 Abs. 8 Satz 3 Hess.HG.

rung.[819] Erfinderrechtlich ergeben sich letztlich keine Besonderheiten. Die **Arbeitnehmer** dieser Unternehmen fallen nicht unter § 42 (s. § 42 Rdn. 19); sie unterliegen vielmehr den allgemeinen Vorschriften für Arbeitnehmererfindungen im privaten Dienst. Besonderheiten können sich bei einem Doppelarbeitsverhältnis ergeben, etwa, wenn Hochschulbeschäftigte für eine Tätigkeit bei der Gesellschaft (ohne Bezüge) beurlaubt werden (s. oben Rdn. 19, 194 sowie allg. § 1 Rdn. 19 ff. u. § 26 Rdn. 11 ff.).

**209** Die **Einbringung von Diensterfindungen** in die Gesellschaft als Sacheinlage stellt – ebenso wie Verkauf oder Lizenzvergabe – eine besondere Form der Verwertung dar, die nach § 42 Nr. 4 vergütungspflichtig ist.[820] Zur Ermittlung des Erfindungswertes gelten die allgemeinen Grundsätze zur Einbringung als Sacheinlage, die zu RL Nr. 16 entwickelt worden sind[821] (s. KommRL Rn. 60 zu RL Nr. 16), wobei allerdings Kosten für die Übertragung in das Gesellschaftsvermögen nicht in Abzug gebracht werden können. Um gerade in der Anfangsphase den wirtschaftlichen Erfolg des neuen Unternehmens nicht zu gefährden, bedarf es unterstützender Maßnahmen. Solche können nicht zuletzt mit einer einvernehmlichen Flexibilisierung des Vergütungsanspruchs der Erfinder zugunsten von Ausgründungen verbunden sein[822] (§ 22 Satz 2). Denkbar wäre auch die Vereinbarung einer Ertragsbeteiligung der Hochschule analog § 40 Nr. 2 (s. § 42 Rdn. 185).

*Rdn. 210–212 frei.*

## O. Haushaltsrechtliche Auswirkungen

### I. Grundsätze

**213** Die haushaltsrechtlichen Auswirkungen auf den Vollzug des ArbEG sind auch im Hochschulbereich nicht gering. Die Hochschulen von Bund und Ländern unterliegen dem jeweiligen Haushaltsrecht, also der BHO bzw. den (meist

---

819 S. dazu u. a. das Förderprogramm EXIST des BMWi (abrufbar unter www.exist.de). Vgl. auch die Länderübersichten in dem von der BReg. am 22.05.2008 vorgelegten »Bundesbericht Forschung und Innovation 2008« in BT-Drucks. 16/9260, S. 303 ff. unter den Abschnitten »Technologieförderung und Technologietransfer«. Laut Antwort d. BReg. v. 17.11.2011 in BT-Drucks. 17/7759 S. 9 wurden seinerzeit in 69 Fällen Schutzrechte, auf deren Basis Ausgründungen erfolgten, mit Fördermitteln unterstützt.
820 Bergmann (2006) S. 127 f., 137 f.; Pahlow/Gärditz, WissR 2006, 48, 53 m. H. a. die vom BMBF 2004 herausgegebene Studie »Existenzgründungen mit Hochschulpatenten – Gutachten über Gestaltungsmöglichkeiten von Hochschulen,«, S. 23 ff.
821 Bergmann (2006) S. 138 geht von RL Nr. 17 aus.
822 Vgl. dazu Weyand/Haase, GRUR 2007, 28, 37.

## O. Haushaltsrechtliche Auswirkungen § 42 n.F.

daran orientierten) Haushaltsordnungen der Länder, insoweit, als gesetzlich nichts Abweichendes geregelt ist.[823] Nachdem durch das Haushaltsrechts-Fortentwicklungsgesetz vom 22.12.1997 der rechtliche Rahmen eröffnet und durch das Haushaltsgrundsätzemodernisierungsgesetz 2009 fortentwickelt wurde,[824] hat die Flexibilisierung des Haushaltsrechts gerade im Hochschulbereich seit Ende der 1990'er Jahre an Konturen gewonnen.[825] Kennzeichnend für die Rechtsentwicklung ist die zunehmende Ablösung des überkommenen kameralistischen, sich auf die Gegenüberstellung von Soll und Ist beschränkenden Systems des Haushalts- und Rechnungswesens durch eine an Erfolg und kaufmännischen Grundsätzen ausgerichtete Wirtschaftsführung und Rechnungslegung. Dieser haushaltsmäßige Paradigmenwechsel betrifft nicht nur die wenigen, mit eigener Dienstherrnfähigkeit und Arbeitgeberstellung ausgestatteten Hochschulen (s. § 42 Rdn. 9 f.). Erfasst sind auch diejenigen Hochschulen, die als Körperschaften des öffentlichen Rechts der Aufsicht des jeweiligen Landes unterliegen und haushaltsrechtlich als sog. landesunmittelbare juristische Personen des öffentlichen Rechts eingestuft werden (vgl. § 48 Abs. 1 Haushaltsgrundsätzegesetz). Die allgemeinen Vorgaben der jeweiligen Landeshaushaltsordnungen kommen teilweise nur eingeschränkt zur Anwendung. Dabei ergeben sich allerdings Unterschiede innerhalb der einzelnen Bundesländer.[826] Allein der Umstand, dass sich der öffentliche Arbeitgeber/Dienstherr bzw. die Hochschule zur Erfüllung der Aufgaben eines Dritten – namentlich einer Patentverwertungsagentur (s. dazu § 42 Rdn. 6.1) – bedient, befreit grundsätzlich nicht vom Haushaltsrecht; allerdings können die Auswirkungen je nach Rechtskonstruktion unterschiedlich ausfallen. Vor diesem Hintergrund ist eine hochschulbezogene Klärung der jeweiligen haushaltsrechtlichen und hochschul- bzw. wissenschaftsspezifischen Vorgaben erforderlich.[827]

Als allgemeines, überragendes Haushaltsprinzip gilt auch für Hochschulen das allgemeine **Gebot von Wirtschaftlichkeit und Sparsamkeit** (vgl. Art. 114 Abs. 2 GG, ferner § 7 BHO bzw. die entsprechenden Landeshaushaltsordnungen). Dieses Gebot hat auch für Arbeitnehmererfindungen besondere Bedeutung.[828] Daneben können in der Praxis – abhängig von den jeweiligen (landes-)gesetzlichen Vorgaben – die Grundsätze des § 63 BHO bzw. des

---

823 Vgl. etwa § 2 Abs. 3, § 5 Abs. 2 HG NW.
824 S. Das System der öffentl. Haushalte, hrsg. vom BMF (2015), S. 19 f.
825 S. dazu u. a. Seidler in: Hartmer/Detmer (2004) S. 478, 480 ff.
826 Vgl. etwa Art. 5 Bay.HG; § 49 Nieders.HG; § 103 HochSchG Rheinld.-Pfalz; § 41 Sächs.HG.
827 S. dazu exemplarisch Gärditz in: Gärditz/Pahlow (2011), 89 ff.
828 S. dazu auch Volz, Öffentl. Dienst (1985), S. 31 f. S. ferner Soudry (2010) S. 170 ff. u. Gärdnitz in: Gärditz/Pahlow (2011), 89, 103 f. (Rn. 21, 23).

entsprechenden Landesrechts zu **Erwerb und Veräußerung von Vermögensgegenständen** einschließlich Überlassung von Nutzungsrechten relevant werden (s. a. § 42 Rdn. 218).

Bei der praktischen Anwendung des Haushaltsrechts ist jedoch stets die besondere, gesetzlich auferlegte und auch europarechtlich anerkannte Hochschulaufgabe des Technologietransfers wertend zu beachten (s.a. § 42 Rdn. 2, 190 f.).

214 Angesichts des Charakters des Haushaltsrechts, insb. des § 63 BHO (bzw. des entsprechenden Landesrechts), als »staatsinterne Ordnungsvorschriften«,[829] führen Verstöße **nicht** zwangsläufig zur zivilrechtlichen **Unwirksamkeit** eines Rechtsgeschäftes nach § 134 BGB,[830] jedenfalls, soweit es sich nicht um unentgeltliche Zuwendungen handelt.[831] Eine Unwirksamkeit nach § 138 BGB kann sich allerdings dann ergeben, wenn ein Rechtsgeschäft in krassem Widerspruch zum Gemeinwohl steht und der Verstoß gegen Haushaltsrecht beiden Seiten subjektiv zuzurechnen ist,[832] etwa bei kollusivem Zusammenwirken zwischen Verwaltung und Drittem zur bewussten Schädigung der öffentlichen Hand bzw. einem sonstwie vorsätzlichen sittenwidrigenm Verhalten der Beteiligten, insb. einer wissentlich groben Verletzung von Haushaltsgesetzen.[833]

Haushaltsrechtliche Bindungen sind Ausdruck der Gewaltenteilung; sie binden die Verwaltung, begründen jedoch **keine individuellen Rechtsansprüche** der Erfinder (s.a. § 42 Rdn. 162). Das gilt auch bei Hochschulerfindungen.[834]

*Rdn. 215 frei*

---

829 So zu § 63 BHO: Gatzer in Piduch, Bundeshaushaltsrecht, Komm., Rn. 10 zu § 63 BHO.
830 Vgl. Gatzer in Piduch, Bundeshaushaltsrecht, Komm., (Rn. 10 zu § 63 BHO; Dittrich, BHO, Komm., Anm. 7 zu § 63 BHO; vgl. ferner BAG v. 26.09.1984, AP Nr. 21 zu § 1 TVG u. v. 25.04.2007, AP Nr. 29 zu §§ 22, 23 BAT Zuwendungs-TV [Rn. 22].
831 Zum allgemeinen Haushaltsverbot unentgeltlicher Zuwendungen von öffentlichem Vermögen geht das OLG Magdeburg (Urt. v. 13.05.2003 – 11 U 82/02, [juris, Rn. 31]) davon aus, dass sich dies auch an den Adressaten der Zuwendung richtet und daher § 134 BGB erfüllt sein kann. S.a. BGH v. 30.01.1967, BGHZ 47, 30, 35 f., 40.
832 BGH v. 24.04.2014, NJW 2014, 2354 (Rn. 11) m.w.Nachw.
833 Vgl. dazu BGH v. 07.03.1962, BGHZ 32, 395, 397 ff. u. v. 30.01.1967, BGHZ 47, 30, 35 f.; BGH v. 24.04.2014, NJW 2014, 2354 (Rn. 10 f.); OLG Magdeburg v. 13.05.2003 – 11 U 82/02 (juri, Rn. 27 ff.), m.w.N.; im Anschluss an die höchstricherl. Rspr. auch Gatzer in Piduch, Bundeshaushaltsrecht, Komm., Rn. 10 zu § 63 BHO; Dittrich, BHO, Komm., Anm. 7 zu § 63 BHO.
834 Vgl. Gärdnitz in: Gärditz/Pahlow (2011), 89, 107. (Rn. 29).

O. Haushaltsrechtliche Auswirkungen   § 42 n.F.

**II. Haushaltsrechtliche Auswirkungen im Einzelnen**

Bei den haushaltsrechtlichen Auswirkungen ist zunächst nach den jeweiligen (bundes- bzw. landes-)gesetzlichen Vorgaben (s. § 42 Rdn. 213) und sodann zwischen den einzelnen Maßnahmen zu differenzieren: 216

**1. Bei allgemeinen erfinderrechtlichen Maßnahmen**

Erfinderrechtliche Maßnahmen, die auf **gesetzlicher Verpflichtung** beruhen, sind haushaltrechtlich im Regelfall unproblematisch. Insoweit gilt – wie auch der Umkehrschluss aus § 51 BHO zeigt – der haushaltsrechtliche Grundsatz, dass Personalausgaben, die auf Gesetz oder Tarifvertrag beruhen, zu erfüllen sind und nicht unter Berufung auf Haushaltsrecht zurückgewiesen werden können.[835] Ggf. bedarf es überplanmäßiger Ausgaben.[836] Zu erfüllen sind ebenso sonstige zivilrechtliche Ansprüche der Arbeitnehmer, die begründet sind,[837] auch soweit sie auf arbeitsvertraglicher Grundlage beruhen.[838] Diese Grundsätze betreffen im Ergebnis alle Arbeitgeberpflichten aus dem ArbEG. Dazu gehört die Pflicht zur Schutzrechtsanmeldung im Inland (§ 13) ebenso wie die Aufrechterhaltung der Schutzrechtsposition bis zu deren Aufgabe unter Wahrung des Verfahrens nach § 16.[839] 217

Die **Inanspruchnahme** stellt sich grds. – auch wenn man diese als einseitiges, den Arbeitgeber/Dienstherrn begünstigendes Rechtsgeschäft unter ggf. geltende Beschränkungen nach § 63 Abs. 1 BHO bzw. entsprechendem Landesrecht subsumieren will – ebenfalls als pflichtgemäße Erfüllung von gesetzlichen Aufgaben der Hochschulen dar, insb. der Förderung des Technologiertransfers (s. § 42 Rdn. 190 f.); sie steht in Einklang mit der Zielsetzung des § 42 (s. § 42 Rdn. 4; zur Ausnahme des § 42 Nr. 2 s. § 42 Rdn. 101). Sofern nicht Vertragspflichten zur Inanspruchnahme zwingen (Auftrag, Kooperation), gebietet der Grundsatz von Wirtschaftlichkeit und Sparsamkeit gleichwohl eine Kosten-Nutzen-Analyse,[840] um möglichst dem Risiko entgegenzuwirken, dass eine in Anspruch genommene Erfindung angesichts Schutzrechtserlan-

---

835 So zu § 51 BHO BAG v. 26.09.1984, AP Nr. 21 zu § 1 TVG im Anschluss an Urt. v. 06.12.1978, AP Nr. 11 zu §§ 22, 23 BAT 1975.
836 Vgl. etwa VV Nr. 10 zu § 37 BHO.
837 Vgl. BAG v. 06.12.1978, AP Nr. 11 zu §§ 22, 23 BAT 1975.
838 BAG v. 26.09.1984, AP Nr. 21 zu § 1 TVG.
839 Zur Geltung im Hochschulbereich »auf Kosten« des Dienstherrn vgl. etwa LG Düsseldorf v. 18.01.2011 – 4b O 7/10 (juris, Rn. 29 f.) – *Krankheitsvorhersage* u. im Ergebn. bestätigend BGH v. 05.02.2013 – X ZR 59/12, GRUR 2013, 498 (Rn. 30 f.) – *Genveränderungen*.
840 Vgl. Volz, ArbNErf. im öffentl. Dienst, S. 31 f., 72 f.

gung, Verwaltung, Vermarktung und Erfüllung der erfinderrechtlichen Arbeitgeberpflichten mehr kostet als sie voraussichtlich einbringt (s. auch § 42 Rdn. 6, 168).

Die **Pflicht der Hochschule**, nach Inanspruchnahme die Diensterfindung – über die sachgerechte Durchführung des Schutzrechtserteilungsverfahrens hinaus – möglichst effektiv und sinnvoll **zu verwerten**, wird aus einer sich aus Art. 114 Abs. 2 GG ergebenden Verpflichtung der öffentlichen Hand zur wirtschaftlichen und ordnungsgemäßen Haushalts- und Wirtschaftsführung abgeleitet[841] (s.a. § 42 Rdn. 162). Davon unberührt bleibt die haushaltsrechtlich gebotene Zurückhaltung bei risikobehafteten Verwertungschancen.

Die Festsetzung und Zahlung einer angemessenen **Vergütung** der in Anspruch genommenen Diensterfindung beruht auf der haushaltsrechtlich bindenden Gesetzespflicht aus § 42 Nr. 4 i.V.m. §§ 9, 12 ArbEG; das gilt uneingeschränkt jedenfalls insoweit, als es um eine laufende Vergütung nach Maßgabe des § 42 Nr. 4 geht. Bei einer (freiwilligen) Pauschalabfindung, die mit Blick auf einen unangemessenen Verwaltungsaufwand oder aus sonstigen Gründen angestrebt wird (s. dazu § 9 Rdn. 57 ff.), werden dagegen verwaltungsintern – neben der Vorschüssigkeit der Zahlung – die zur Verfügung stehenden Haushaltsmittel zu beachten sein.

218 Auch wenn §§ 22, 23 ArbEG **erfinderrechtliche Vereinbarungen** zugunsten der Hochschulbeschäftigten zulassen, müssen sich allerdings Abreden, in denen haushaltswirksam von den Vorgaben des ArbEG unter Erhöhung von Ausgaben oder Minderung von Einnahmen abgewichen werden soll, an den Vorgaben des Haushaltsrechts messen lassen, letztlich am Gebot von Wirtschaftlichkeit und Sparsamkeit (s. § 42 Rdn. 213). Mangels übergeordneter Gründe dürften solche Abreden die Ausnahme sein.

219 Im Fall der Stellung als **Zuwendungsempfänger** dürfte angesichts der besonderen Vorgaben des § 42 ArbEG das haushaltsrechtliche **Besserstellungsverbot**, wonach Zuwendungsempfänger ihre Beschäftigten nicht besser als vergleichbare Bundes- bzw. Landesbeschäftigte stellen dürfen[842] (vgl. etwa § 8

---

841 Reimer/Schade/Schippel/Leuze Rn. 37 zu § 42 n.F. unter Bezug auf Post/Kuschka, GRUR 2003, 494 ff.; ähnl. Gärdnitz in: Gärditz/Pahlow (2011), 89, 104 f. (Rn. 23). Abw. Bergmann (2006) S. 130 f.
842 Das Besserstellungsverbot ist regelmäßig auch Inhalt eines Zuwendungsbescheides, vgl. etwa BVerwG, Beschl. v. 03.05.1999 – 3 B 91/98, [juris]. Die partielle Befreiung vom haushaltsrechtlichen Besserstellungsverbot in § 4 des Wissenschaftsfreiheitsgesetzes (WissFG) betrifft nur wissenschaftsspezifische Beschäftigte der außeruniversitären Forschungseinrichtungen i.S.d. § 2 WissFG.

O. Haushaltsrechtliche Auswirkungen                                § 42 n.F.

Abs. 2 HG 2019 [Bund]), kaum relevant werden. Etwas Anderes gilt bspw. dann, wenn eine über § 42 Nr. 4 hinausgehende Erfindervergütung gezahlt werden soll. Dagegen stellt eine zusätzliche Belohnung derselben erfinderischen Tätigkeit durch eine tarif- oder besoldungsrechtlich eröffnete Leistungsbezahlung keine Besserstellung dar, da diese eigenen, von § 42 unabhängigen Regeln folgt.

**2. Bei Veräußerung und Lizenzierung von Diensterfindungen**

Auch wenn das Haushaltsrecht keine Individualansprüche der Erfinder begründet (s. § 42 Rdn. 214), haben die haushaltsmäßigen Bindungen bei Veräußerung und Nutzungsüberlassung von Vermögensgegenständen Auswirkungen auf die erfinderrechtlichen Folgen. Unter den Haushaltsbegriff »**Vermögensgegenstände**« fallen auch Rechte einschließlich Immaterialgüterrechte[843] und damit Diensterfindungen; folglich kann – abhängig von den jeweiligen gesetzlichen Vorgaben (s. § 42 Rdn. 213) – sowohl bei einer Übertragung von Erfindungen auf Dritte als auch bei der Einräumung von Nutzungsrechten § 63 Abs. 2 bis 4 BHO bzw. das entsprechende Landesrecht zum Tragen kommen.[844] Will man das bejahen, ergäbe sich als Konsequenz: Erfindungen bzw. Schutzrechtspositionen, die – wie regelmäßig – in absehbarer Zeit nicht zur Aufgabenerfüllung benötigt werden (§ 63 Abs. 2 Satz 1 BHO), müssen grds. zum »vollen Wert« (§ 63 Abs. 3 Satz 1 BHO), also dem im Geschäftsverkehr für die betreffenden Erfindungsrechte zu erzielenden Preis veräußert werden, und zwar unter Berücksichtigung der Beschaffenheit und aller den Preis beeinflussender Umstände – ausgenommen ungewöhnliche oder persönliche Verhältnisse.[845] Das gilt entsprechend für die Einräumung von Nutzungsrechten (§ 63 Abs. 4 BHO), d.h. auch hier ist der – unter Berücksichtigung der jeweiligen Gegebenheiten zu ermittelnde – volle wirtschaftliche Wert der Nutzungsüberlassung,[846] d.h. die marktübliche Lizenzgebühr, maßgebend (s. dazu allg. KommRL RL Nr. 10). Dabei werden haushaltsmäßig allerdings die konkreten Marktgegebenheiten zu beachten sein; das gilt auch für den allgemeinen Erfahrungswert, dass die Entgelte im Patent- und Lizenzmarkt zwangsläufig das Ergebnis von Angebot und Nachfrage in einem regelmäßig engen Marktsegment sind und damit natürlichen Schwankungen unterliegen; damit werden marktübliche Kaufpreise bzw. Lizenzgebühren im

220

---

843 Wohl allg. A., z.B. Nebel in Piduch, Bundeshaushaltsrecht, Komm. (Stand Febr. 2015) Rn. 2 zu § 63 BHO; Volz, ArbNErf. im öffentl. Dienst, S. 31.
844 Vgl. Tettinger/Lux-Wesener in: Hartmer/Detmer (2004) S. 220 (Kap. V Rn. 51).
845 Vgl. VV Nr. 2 zu § 63 BHO.
846 S. VV Nr. 5 zu § 63 BHO.

Einzelfall nicht feststellbar bzw. – wenn doch feststellbar – angesichts eines begrenzten Interessentenkreises häufig nicht realisierbar bzw. durchsetzbar sein.

Davon zu trennen ist die haushaltsrechtliche Möglichkeit zum Verzicht auf den vollen Preis bei **geringem Wert**[847] (vgl. § 63 Abs. 3 Satz 2 BHO), etwa, weil ein Preisnachlass der Förderung des Technologietransfers und damit der Erfüllung der öffentlichen Aufgaben dient. Zudem lässt das Haushaltsrecht im Einzelfall eine Unterschreitung des vollen Wertes auch dann zu, wenn ein belegbares **Eigeninteresse** der öffentlichen Verwaltung besteht, etwa bei Übernahme und Durchführung des Forschungs- und Entwicklungsauftrages[848] – eine Situation, die mit Blick auf das EU-Beihilferecht allerdings nicht häufig sein dürfte (s. § 42 Rdn. 192).

Die vorstehenden Regeln werden auch dann wertend heranzuziehen sein, wenn § 63 BHO bzw. entsprechendes Landeshaushaltsrecht nicht einschlägig ist. Eine Veräußerung bzw. Nutzungsüberlassung unterhalb eines tatsächlich realisierbaren (Markt-) Wertes würde den Grundsätzen von Wirtschaftlichkeit und Sparsamkeit widersprechen; ganz oder teilweise unentgeltliche Zuwendungen sind haushaltsrechtlich grds. unzulässig (s. § 42 Rdn. 214).

221 Mit Blick auf § 42 Nr. 4 ArbEG kommt der haushaltsrechtlichen Vorgabe, **Einnahmen rechtzeitig und vollständig** zu erheben (vgl. etwa § 34 Abs. 1 BHO), besondere Bedeutung zu. Diese Haushaltspflicht betrifft auch Lizenzeinnahmen und Kaufpreiserlöse aus Hochschulerfindungen.[849] Die Einnahmen sind bei Fälligkeit zu erheben, unabhängig von einer Veranschlagung im Haushaltsplan[850] Entstehen und Fälligkeit ist durch eindeutige Vertragsabsprachen sicherzustellen.[851] Auch wenn sich das zugunsten des Erfinders auswirkt (s. § 42 Rdn. 168), begründet das Haushaltsrecht keinen Individualanspruch (s. § 42 Rdn. 214).

222 Die obigen Grundsätze gelten regelmäßig auch dann, wenn die **Verwertungserlöse** aus Hochschulerfindungen – nach Abzug der Erfindervergütung (§ 42

---

847 Dazu hat das BMF für den Bundesbereich allgemein eine Grenze von 25.000 € bei Veräußerung bzw. 25.000 € im Jahr bei Nutzungsüberlassung zugelassen (Verwaltungsvorschrift Nr. 3 und 5 zu § 63 BHO). Bei den Ländern schwanken die Werte teils erheblich.
848 Vgl. allgemein Güntzel in Heuer/Engels/Eibelshäuser, Kommentar z. Haushaltsrecht d. Bundes u. d. Länder (Stand Februar 2009), Anm. 8 zu § 63 BHO für Forschungsaufträge an Bundesforschungsanstalten.
849 Darauf weist zu Recht Gärdnitz in: Gärditz/Pahlow (2011), 89, 105 (Rn. 24) hin.
850 VV Nr. 3.1 Satz 1 zu § 34 BHO.
851 Vgl. VV Nr. 3.1 Satz 2 zu § 34 BHO.

O. Haushaltsrechtliche Auswirkungen $ 42 n.F.

Nr. 4 ArbEG) – der **Hochschule zufließen**. Neben der jedenfalls faktischen Zugriffs- und Verwertungsmöglichkeit der Hochschule (s. dazu § 42 Rdn. 9.3) geht zumindest die Mehrzahl der Landeshochschulgesetze davon aus, dass die Erträge aus Forschungsvorhaben den jeweiligen Hochschulen zur Erfüllung ihrer Aufgaben zufließen;[852] das dürfte regelmäßig auch Hochschulerfindungen betreffen, selbst wenn dies nicht ausdrücklich gesetzlich klargestellt wird.[853] Diese Zuweisung zur Hochschule und entsprechende haushaltsmäßige Zweckbindung folgen dabei aus § 25 Abs. 6 HRG oder aus sonstigen Rechtsvorgaben[854]

---

852 (Erträge) Vgl. etwa § 41 Abs. 4 LHG Baden-Württembg., § 6 Abs. 3 Brandenburg.HG; § 49 Abs. 2 Satz 3 Nieders.HG.
853 Pahlow/Gärditz (WissR 2006, 48, 69 f.) weisen darauf hin, dass diese Einnahmen der Hochschulen jedoch nicht durch Haushaltsentlastungen der Länder neutralisiert werden dürfen. Zutreffend weist Leuze in Reimer/Schade/Schippel Rn. 44 zu § 42 n.F. darauf hin, dass es sich nur um Klarstellungen handelt, da die Landeshochschulgesetze auch ansonsten von einer Zuordnung der Erträge aus Hochschulpatenten zu den Hochschulen ausgehen.
854 Ausf. Gärdnitz in: Gärditz/Pahlow (2011), 89, 97 ff. u. 109 ff. (insb. Rn. 13 ff. u. 32 ff.).

## § 42 a.F. Besondere Bestimmungen für Erfindungen von Hochschullehrern und Hochschulassistenten (Fassung 1957)

*(1) In Abweichung von den Vorschriften der §§ 40 und 41 sind Erfindungen von Professoren, Dozenten und wissenschaftlichen Assistenten bei den wissenschaftlichen Hochschulen, die von ihnen in dieser Eigenschaft gemacht werden, freie Erfindungen. Die Bestimmungen der §§ 18, 19 und 22 sind nicht anzuwenden.*

*(2) Hat der Dienstherr für Forschungsarbeiten, die zu der Erfindung geführt haben, besondere Mittel aufgewendet, so sind die in Absatz 1 genannten Personen verpflichtet, die Verwertung der Erfindung dem Dienstherrn schriftlich mitzuteilen und ihm auf Verlangen die Art der Verwertung und die Höhe des erzielten Entgelts anzugeben. Der Dienstherr ist berechtigt, innerhalb von drei Monaten nach Eingang der schriftlichen Mitteilung eine angemessene Beteiligung am Ertrage der Erfindung zu beanspruchen. Der Ertrag aus dieser Beteiligung darf die Höhe der aufgewendeten Mittel nicht übersteigen.*

**Lit. zu § 42 a.F.:**
***Ballhaus***, Rechtl. Bindungen b. Erfindungen v. Universitätsangehörigen, GRUR 1984, 1; ***Barth***, Zum 40. Geburtstag d. Hochschullehrerprivilegs, GRUR 1997, 880; ***Damme***, Die Beteiligung d. Fiskus a. d. Verwertung d. v. staatl. angestellten Gelehrten gemachten Erfindungen, DJZ 1898, 399; ***Dessemontet***, Die Universitätserfindungen – Eine rechtsvergleichende Untersuchung a. d. Grundlage v. Recht u. Praxis i. d. Schweiz, GRUR Int. 1983, 133; ***Dzwonnek***, Hoffen auf ein Wunder – zu den Hemmnissen im Verh. Wirtschaft u. Wissenschaft, WissR 2000, 95; ***Fahse***, Das Hochschullehrerprivileg d. ArbEG – beibehalten oder abschaffen?, in: Wissenschaft im Umbruch – Gedächtnisschrift f. H. Krüger (2001), S. 93; ***Fernández de Córdoba***, Patentschutz im universitären Bereich, GRUR Int. 1996, 218; ***Frieling***, Forschungstransfer: Wem gehören universitäre Forschungsergebnisse? GRUR 1987, 407; ***Gaum***, Patent- u. Urheberrecht: ArbNErf. u. Hochschullehrerprivileg in Verträgen d. Univ. u. Industriepartnern aus d. EG-Geltung ausl. Rechts, GRUR 1991, 805; ***Gramm***, Anm. z. Aufsatz v. Frieling GRUR 1987, 864; ***Hübner***, Hochschulen und Patente 200; ***Kraßer/Schricker***, Patent- und Urheberrecht an Hochschulen 1988; ***Mallmann***, Das Handeln der Forschungsverwaltung: Veröffentlichungsrecht, Arbeitnehmererfinderrecht, in: Hdb. d. Wissenschaftsrechts, Bd. 2 (1982), S. 1388; ***Ohly***, Gewerbl. Schutzrechte u. Urheberrechte an Forschungsergebnissen v. Forschungseinrichtungen u. ihren Wissenschaftlern, GRUR Int. 1994, 879; ***Rehbinder***, Zu d. Nutzungsrechten an Werken d. Hochschulangehörigen, in: Festschr. f. H. Hubmann (1985), S. 359; ***Rösler***, Bestand, Reform oder Abschaffung des § 42 ArbNErfG, Diss. München 2001; ***Schwarz***, Erfindungen an amerikanischen Hochschulen, 1997; ***Ullrich***, Privatrechtsfragen d. Forschungsförderung i. d. BRD 1984; ***Wagner/Ilg***, Das Ideenmanagement an Hochschulen, Ideenmanagement 2000, 100; ***Weigelt/Schramm***, Wem gehört die Hochschulerfindung?, Physikalische Blätter 2000, 52; ***Wimmer***, Die wirtschaftliche Verwendung v. Doktorandenerf., GRUR 1961, 449.

## § 42 a.F.

**Hinweis:**

§ 42 Fassung 1957 ist durch das am 07.02.2002 in Kraft getretene Gesetz zur Änderung des ArbEG vom 18.01.2002 (BGBl. I, S. 414) grundlegend geändert. Die Fassung 1957 ist übergangsrechtlich gem. § 43 grds. nur noch für die vor dem 07.02.2002 gemachten Erfindungen relevant (s. im Einzelnen § 43 Rdn. 1 ff.). Von einem Abdruck der Kommentierung zu § 42 Fassung 1957 wird damit weiterhin abgesehen; insoweit wird auf die 4. Auflage (2002) unseres Kommentars verwiesen.

# 4. Abschnitt Übergangs- und Schlussbestimmungen

## § 43 Übergangsvorschrift[1]

(1) § 42 in der am 7. Februar 2002 (BGBl. I S. 414) geltenden Fassung dieses Gesetzes findet nur Anwendung auf Erfindungen, die nach dem 6. Februar 2002 gemacht worden sind. Abweichend von Satz 1 ist in den Fällen, in denen sich Professoren, Dozenten oder wissenschaftliche Assistenten an einer wissenschaftlichen Hochschule zur Übertragung der Rechte an einer Erfindung gegenüber einem Dritten vor dem 18. Juli 2001 vertraglich verpflichtet haben, § 42 des Gesetzes über Arbeitnehmererfindungen in der bis zum 6. Februar geltenden Fassung bis zum 7. Februar 2003 weiter anzuwenden.

(2) Für die vor dem 7. Februar 2002 von den an einer Hochschule Beschäftigten gemachten Erfindungen sind die Vorschriften des Gesetzes über Arbeitnehmererfindungen in der bis zum 6. Februar geltenden Fassung anzuwenden. Das Recht der Professoren, Dozenten und wissenschaftlichen Assistenten an einer wissenschaftlichen Hochschule, dem Dienstherrn ihre vor dem 6. Februar 2002 gemachten Erfindungen anzubieten, bleibt unberührt.

(3) Auf Erfindungen, die vor dem 1. Oktober 2009 gemeldet wurden, sind die Vorschriften dieses Gesetzes in der bis zum 30. September 2009 geltenden Fassung weiter anzuwenden. Für technische Verbesserungsvorschläge gilt Satz 1 entsprechend.

**Lit:**
Zu Absätzen 1 und 2 siehe bei § 42. Zur ArbEG-Novelle: ***Bartenbach/Volz***, Die Novelle d. ArbEG 2009, GRUR 2009, 997; ***Beyerlein***, Die Erfindungsmeldung als Grundlage f. d. Übergangsregelungen im PatRModG – praxisrelevante Überlegungen z. Anwendbarkt. d. neuen Recht, Mitt. 2010, 524; s. im Übrigen Lit. bei Einl.

| Übersicht | Rdn. |
|---|---|
| A. Allgemeines | 1 |
| B. Grundsätze für Hochschulerfindungen (Abs. 1 und 2) | 4 |
| C. Übergangsrecht zur Novelle durch das Patentrechtsmodernisierungsgesetz (Abs. 3) | 14 |

---

[1] Abs. 3 ergänzt durch Art. 7 des Gesetzes zur Vereinfachung und Modernisierung des Patentrechts vom 31.07.2009 (BGBBl. I, S. 2521).

## A. Allgemeines

Die durch das am 07.02.2002 in Kraft getretene Gesetz zur Änderung des ArbEG vom 18.01.2002 (BGBl. I, S. 414) gänzlich neu gefasste Übergangsvorschrift hat die seit Langem überholte Übergangsvorschrift von 1957 ersetzt. Das betrifft zunächst Absätze 1 und 2, die sich ausschließlich auf Hochschulerfindungen (§ 42) beziehen. Absatz 3 ist im Zuge der ArbEG-Novelle 2009 durch Gesetz zur Vereinfachung und Modernisierung des Patentrechts vom 31.07.2009 (BGBl. I, S. 2521) eingefügt worden.   1

*Rdn. 2, 3 frei*

## B. Grundsätze für Hochschulerfindungen (Abs. 1 und 2)

Seit dem 07.02.2002 gilt **§ 42 Abs. 1 und 2 n.F.** für alle **nach dem 06.02.2002** gemachten, d.h. **fertig gestellten**[2] (s. § 4 Rdn. 16 f.) **Arbeitnehmererfindungen** (Abs. 1 Satz 1). Steht der genaue Zeitpunkt der Fertigstellung nicht fest, ist eine Erfindung aber einige Zeit nach dem 06.02.2002 gemeldet und/oder zum Schutzrecht angemeldet bzw. deutlich über 6 Monate nach dem 06.02.2002 in Anspruch genommen worden. kann regelmäßig von einer Fertigstellung nach dem 06.02.2002 ausgegangen werden, da sich mangels besonderer Anhaltspunkte die Annahme verbietet, dass die Arbeitsvertragsparteien gegen ihre gesetzlichen Pflichten bzw. Obliegenheiten (unverzügliche Meldung gem. § 5, unverzügliche Schutzrechtsanmeldung gem. § 13, fristgerechte Inanspruchnahme nach §§ 6, 7 a.F.) verstoßen haben.[3] Die *Schiedsstelle* geht jedenfalls für alle ab 2004 gemeldeten Diensterfindungen von der Anwendbarkeit des § 42 n.F. aus.[4]   4

Auch die Erfindungen der Hochschullehrer sind damit unter den allgemeinen Voraussetzungen des § 4 Abs. 2 Diensterfindungen, die der Meldepflicht und dem Inanspruchnahmerecht des Dienstherrn nach §§ 5 bis 7 unterliegen (Ausnahme § 42 Nr. 2). Die in Abs. 1 Satz 2 aufgeführte Ausnahme war bis 07.02.2003 befristet und hat sich damit durch Zeitablauf erledigt (s. dazu KommArbEG 4. Vorauflage § 43 Rdn. 9 ff.).

---

2 Allg. A., z.B. LG Düsseldorf v. 18.01.2011, InstGE 12, 264, 265 – *Krankheitsvorhersage*; Schiedsst. v. 30.06.2009 – Arb.Erf. 51/98, (unveröffentl.); v. 12.06.2013 – Arb.Erf. 61/11, (www.dpma.de). So bereits Amtl. Begründung zum Fraktionsentwurf in BT-Drucks. 14/5975, S. 8 (zu § 43 Abs. 1 d. Entw.).
3 LG Düsseldorf v. 18.01.2011, InstGE 12, 264, 265 – *Krankheitsvorhersage*, dort Schutzrechtsanmeldung am 19.02.2003 und Inanspruchnahme am 18.03.2003.
4 S. Schiedsst. v. 13.03.2012 – Arb.Erf. 19/11, (www.dpma.de, nur LS. 1).

**5**  Korrespondierend stellt Abs. 2 Satz 1 klar, dass für die **Alt-Erfindungen** der Beschäftigten einer Hochschule (s. zum Begriff § 42 n.F. Rdn. 9 ff.), die diese vor dem 07.02.2002 gemacht, d.h. fertig gestellt[5] (s. § 4 Rdn. 16 f.) haben, das ArbEG in der bis zum 06.02.2002 geltenden Fassung fortgilt.

Demzufolge bleiben die von § 42 a.F. erfassten Erfindungen von **Hochschullehrern und wissenschaftlichen Assistenten** frei[6] (s. im Einzelnen die Kommentierung zu § 42 a.F.). An diesen Alt-Erfindungen bestehen – wie die Amtl. Begründung des Koalitions-Entwurfs[7] hervorhebt – auch nach Inkrafttreten der Novelle keine Rechte des Dienstherrn und zur Schutzrechtsanmeldung und Verwertung ist allein der Erfinder berechtigt.

Für die Alt-Erfindungen von **sonstigen Hochschulbeschäftigten**, die nicht dem Hochschullehrerprivileg des § 42 a.F. unterlagen, verbleibt es bei den Regelungen der §§ 40, 41 (s. § 42 a.F. Rdn. 13 zu). Dies hat insb. zur Folge, dass für die Vergütung von Alt-Diensterfindungen nicht § 42 Nr. 4 n.F., sondern unverändert die §§ 9, 10 a.F. gelten und die Inanspruchnahme einer angemessenen Beteiligung nach § 40 Nr. 1 nicht durch § 42 Nr. 5 n.F. ausgeschlossen ist.

**6**  Die Regelung über das Anbietungsrecht in § 43 Abs. 2 Satz 2 hat ebenfalls nur klarstellende Bedeutung, und zwar insb. mit Blick auf die Unterstützungsangebote von Hochschulen bei der Schutzrechtsanmeldung und Erfindungsverwertung.[8] Aus der Eigenschaft als freie Erfindung ergab sich seit jeher, dass der Hochschullehrer zwar nicht zum Angebot an die wissenschaftliche Hochschule gem. § 19 verpflichtet war (§ 42 Abs. 1 Satz 2 a.F. Rdn. 24 ff.), jedoch von sich aus die Übernahme anbieten konnte. Davon hat die Praxis – auch in Anwendung des sog. Drittel-Modells (s. dazu § 42 n.F. Rdn. 178) – durchaus Gebrauch gemacht. Die Klarstellung hat sich allerdings – nicht zuletzt wegen des patentrechtlichen Neuheitserfordernisses – durch Zeitablauf weitgehend erübrigt und ist nur noch in Streitfällen von Bedeutung.

Rdn. 7–13 frei

---

5  So Amtl. Begr. zum Fraktionsentwurf in BT-Drucks. 14/5975, S. 8 (zu § 43 Abs. 1 d. Entw.).
6  Unstreitig, z. B. Busse/Keukenschrijver, PatG, Rn. 3 zu § 43 ArbEG.
7  Amtl. Begr. zum Fraktionsentwurf in BT-Drucks. 14/5975, S. 8 (zu § 43 Abs. 1 d. Entw.).
8  S. dazu Amtl. Begr. zum Fraktionsentwurf in BT-Drucks. 14/5975, S. 8 (zu § 43 Abs. 1 d. Entw.).

## C. Übergangsrecht zur Novelle durch das Patentrechtsmodernisierungsgesetz (Abs. 3)

Die **ArbEG-Novelle 2009** (s. Einl. Rdn. 9), durch die zahlreiche Vorschriften des Gesetzes – und sei es auch nur als Folge anderer materieller Rechtsänderungen – geändert worden sind (s. Einl. Rdn. 9), ist gem. dessen Art. 9 des Gesetzes zur Vereinfachung und Modernisierung des Patentrechts vom 31.07.2009 (BGBl. I, S. 2521) am 01.10.2009 in Kraft getreten. Über Art. 7 Nr. 17 dieses Gesetzes wurde als Übergangsvorschrift der neue Abs. 3 in § 43 eingefügt. Diese zusätzliche Übergangsbestimmung ist – wie die Amtl. Begründung klarstellt[9] – unabhängig von den unverändert fortgeltenden Abs. 1 und 2, die sich auf einen anderen Regelungsgegenstand, und zwar auf Hochschulerfindungen nach § 42 beziehen. Angesprochen durch Abs. 3 sind (nur) die geänderten Vorschriften des ArbEG, die **Arbeitnehmererfindungen betreffen** (»auf Erfindungen«). Nicht erfasst werden folglich die Verfahrensvorschriften zu §§ 21 a.F. und 31 a.F., die – ohne Übergangsregelung – unmittelbar mit Inkrafttreten des Gesetzes wirksam geworden sind[10] (s.a. § 21 a.F. Rdn. 3).

14

Nach Abs. 3 Satz 1 ist für die Anwendung der Neuregelungen, die die ArbEG-Novelle 2009 mit sich gebracht hat, auf den **Zeitpunkt der Meldung der Erfindung** (§ 5) abzustellen. Diese Orientierung von Übergangsbestimmungen an der Erfindungsmeldung ist neu. Das bisherige Übergangsrecht knüpft üblicherweise an den Zeitpunkt der Fertigstellung an, wie das exemplarisch § 43 Abs. 1 und 2 und der Einigungsvertrag für den Übergang vom Erfinderrecht der ehemaligen DDR zum ArbEG (s. Einl. Rdn. 31) zeigen. Der Amtlichen Begründung kann entnommen werden, dass der Gesetzgeber den Zeitpunkt der Meldung als Stichtag aus Gründen der Rechtssicherheit ausgewählt hat.[11] In der Tat dürfte dieses Datum für die Arbeitsvertragsparteien eher greifbar sein als der Zeitpunkt, in dem eine Diensterfindung fertig gestellt ist.

15

Die Maßgeblichkeit des Zeitpunkts der Erfindungsmeldung bewirkt, dass die aufgehobenen bzw. geänderten Vorschriften des früheren Rechts im Einzelfall **noch langfristig (orientiert an der 20-jährigen Schutzdauer eines Patents für solche Erfindungsmeldungen) zur Anwendung** kommen können. Das betrifft insb. das Schriftformerfordernis (s. dazu § 5 Rdn. 35 ff.), etwa bei einer

16

---

9 Amtl. Begr. zum Patentrechtsmodernisierungsgesetz in BR-Drucks. 757/08 S. 55 (zu Art. 7 Nr. 17 d. Entw.).
10 Im Ausgangspunkt abw. Boemke/Kursawe/Ulrici Rdn. 14 u. Fn. 55 zu § 27 u. Boemke/Kursawe/Ulrici Rdn. 34 f. zu § 43.
11 Amtl. Begr. zum Patentrechtsmodernisierungsgesetz in BR-Drucks. 757/08 S. 54 a.E. (zu Art. 7 Nr. 17 d. Entw.).

erst nach September 2009 erfolgten Vergütungsfestsetzung und dem dagegen gerichteten Widerspruch[12] (§ 12 Abs. 3 und 4 a.F.) sowie beim Geltendmachen der Unbilligkeit nach § 23 Abs. 2 a.F., ferner die Vergütung von beschränkt in Anspruch genommenen Diensterfindungen (s. dazu § 10 a.F. Rdn. 7 ff.) und die bisherigen Insolvenzvorschriften (streitig, s. dazu § 27 Fassung 1999 Rdn. 3).

17 Soweit es um das Übergangsrecht für materielle Regelungen zu **Diensterfindungen** geht (insb. § 5 Abs. 1, §§ 6 bis 8, 12, 23, 27 sowie die Aufhebung des § 10 und – als Folgewirkung von § 6 Abs. 2 – auch § 16), ist u. E. auf den **Zugang der Meldung** der Diensterfindung gem. § 5 beim Arbeitgeber vor dem 01.10.2009 abzustellen[13] (s. dazu § 5 Rdn. 10 ff.; zur Ausnahme s.u. § 43 Rdn. 19). Die abweichende herrschende Auffassung, die letztlich aus pragmatischen Gründen eine bloße »Bekanntgabe von Tatsachen insbesondere im Hinblick auf das Vorhandensein einer Diensterfindung« ausreichen lassen will,[14] findet im Gesetz keine Stütze. Hier gilt im Grundsatz nichts anderes als bei den sonstigen Vorschriften des ArbEG, die als Stichtag an die Meldung und damit an die Begrifflichkeiten des § 5 anknüpfen[15] (vgl. etwa § 22 Satz 2, s. dort § 43 Rdn. 34).

18 Hat der Arbeitgeber eine vor dem 01.10.2009 zugegangene **Erfindungsmeldung** (wirksam) nach § 5 Abs. 3 **beanstandet**, gilt u.E. neues Recht, d.h. für die Ergänzung der Erfindungsmeldung reicht u.E. nunmehr die Textform aus. Das folgt aus der Systematik des ArbEG, das die Rechtswirkungen erst an die ordnungsgemäße Ergänzungsmeldung anknüpft, also diese (nachgeholte) Meldung als maßgeblich ansieht (s. § 5 Rdn. 93). Wurde die Erfindung kurz vor dem Inkrafttreten der Neufassung nicht in Schriftform, sondern bereits in elektronischer (Text-) Form gemeldet, wird – wie § 43 Abs. 3 zeigt – diese Verletzung der im damaligen Zeitpunkt geltenden Formvorschrift des § 5 Abs. 1 a.F. nach hiesiger Auffassung[16] (s. § 43 Rdn. 17) nicht geheilt. Sachge-

---

12 Z.B. Schiedsst. v. 22.12.2016 Mitt. 2017, 561, 562.
13 So im Ergebn. etwa BGH v. 18.05.2010 – X ZR 79/07, GRUR 2010, 817, 818 [Rn. 16] – *Steuervorrichtung*.
14 So aber Beyerlein, Mitt. 2010, 524, 525; ähnl. Boemke/Kursawe/Boemke/Sachadae Rn. 27 ff. zu § 43; ferner Keukenschrijver in Busse/Keukenschrijver, PatG, Rn. 5 zu § 43 ArbEG, wonach auch »die iSd § 5 Abs. 1, 2 nicht ordnungsgem. Meldung« zur Anwendbarkeit des früheren Rechts führt. Soweit BGH v. 12.04.2011 – X ZR 72/10, GRUR 2011, 733, 734 [Rn. 10] – *Initialidee* darauf verweist, geht es um die hier in Rn. 19 behandelten Sonderfälle.
15 In diesem Sinn wohl auch BGH v. 12.04.2011 – X ZR 72/10, GRUR 2011, 733, 734 [Rn. 10] – *Initialidee*.
16 Abw. aber Beyerlein, Mitt. 2010, 524, 525.

recht erscheint es aber, die am 01.10.2009 in Textform vorliegende Erfindungsmeldung ab dann nach neuem Recht zu behandeln.

Ist eine **Erfindungsmeldung** ausnahmsweise aus Rechtsgründen **entbehrlich** (zur »Haftetikett«-Entscheidung des BGH s. § 5 Rdn. 31 ff.), ist davon auszugehen, dass der Gesetzgeber hier ähnliche Konsequenzen sieht, wie bei der Inanspruchnahmefiktion (s. dazu § 6 n.F. Rdn. 78 ff.), d.h. anstelle des Zugangs der Erfindungsmeldung ist auch für das Übergangsrecht der Zeitpunkt maßgeblich, zu dem die Kenntnis des Arbeitgebers offenkundig wird, also im Regelfall der Zeitpunkt des Datums der (ersten) Schutzrechtsanmeldung mit der (vollständigen) Erfinderbenennung der/des Arbeitnehmererfinder/s.[17] Gleiches gilt, wenn die Diensterfindung zuvor – trotz fehlender schriftlicher Meldung – bereits gem. § 6 a.F. in Anspruch genommen worden ist,[18] sodass dann auf den Zeitpunkt des Zugangs der Inanspruchnahmeerklärung beim Arbeitnehmer abzustellen ist. Demgegenüber geht die *Schiedsstelle* in den Fällen, in denen der Zeitpunkt der ordnungsgemäßen Meldung unklar ist oder in denen eine ordnungsgemäße Meldung fehlt, von dem Zeitpunkt aus, zu welchem der Arbeitnehmer die Erfindung unter Wahrung der Unverzüglichkeit (§ 5 Abs. 1) hätte melden müssen;[19] letztlich bestimmt sie den Zeitpunkt aber auf Basis der Schutzrechtsanmeldung.[20] **19**

Für die vor dem 01.10.2009 gemeldeten Diensterfindungen (**Alterfindungen**) bestimmt sich die **Inanspruchnahme** weiterhin nach früherem Recht. Demzufolge war die Inanspruchnahmeerklärung innerhalb der Inanspruchnahmefrist des § 6 Abs. 2 a.F. zu erklären, auch wenn diese erst nach dem 30.09.2009 **20**

---

17 Im Ergebnis BGH v. 12.04.2011 – X ZR 72/10, GRUR 2011, 733, 734 [Rn. 10] – *Initialidee* in Bestätigung von OLG Karlsruhe v. 28.04.2010, GRUR 2011, 318; ferner OLG Karlsruhe v. 13.04.2018 – 6 U 161/16, (www.lrbw.juris.de, Rn. 147) – *Rohrprüfsystem;* vgl. auch BGH v. 14.02.2017 – X ZR 64/15, GRUR 2017, 504 (Rn. 19) – *Lichtschutzfolie.* S.a. Amtl. Begründung zum Patentrechtsmodernisierungsgesetz in BR-Drucks. 757/08 S. 51 a.E. zur Inanspruchnahmefiktion nach § 6 Abs. 2 n.F. (zu Art. 7 Nr. 2 d. Entw.). Vgl. ferner LG Düsseldorf v. 13.04.2010, Mitt. 2010, 541, 544 – *Beschichtung für Solarabsorber* u. LG Düsseldorf v. 12.05.2015 – 4a O 90/13, (Düsseldf. Entsch. Nr. 2422) – *Doppelplattenschieber.*
18 BGH v. 12.04.2011 – X ZR 72/10, GRUR 2011, 733, 734 [Rn. 10] – *Initialidee* m.H.a. Beyerlein, Mitt. 2010, 524, 525.
19 Schiedsst. EV v. 21.10.2010 – Arb.Erf. 21/09, (Datenbank, in www.dpma.de, LS 1) m. H.a. TEV v. 28.01.2010 – Arb.Erf. 56/09, (beide Datenbank); ferner EV v. 19.06.2012 – Arb.Erf. 35/11, u. v. 11.12.2012 – Arb.Erf. 46/11; v. 09.01.2013 – Arb.Erf. 16/10; v. 15.01.2013 Arb.Erf. 44/11, u. v. 22.07.2013 Arb.Erf. 40/11, (alle www.dpma.de).
20 Z.B. Schiedsst. EV v. 21.10.2010 – Arb.Erf. 21/09, (Datenbank, insoweit nicht in www.dpma.de), u. TEV v. 01.12.2010 – Arb.Erf. 47/08, (Datenbank).

abgelaufen ist. Denkbar war es auch, dass der Arbeitgeber für kurz vor dem 01.10.2009 gemeldete Alterfindungen noch nach diesem Datum eine **beschränkte Inanspruchnahme** schriftlich **erklärt** hat. Der Umstand, dass das Rechtsinstitut der beschränkten Inanspruchnahme ab dem 01.10.2009 ersatzlos weggefallen ist, hat für die Altererfindungen keinen Einfluss, da es nach § 43 Abs. 3 uneingeschränkt beim bisherigen Recht verbleibt. Hatte der Arbeitnehmer sodann eine **unbillige Erschwerung** nach § 7 Abs. 2 a.F. geltend gemacht, bedurfte es zur unbeschränkten Inanspruchnahme der ausdrücklichen Inanspruchnahmeerklärung unter Beachtung der Form- und Fristvorgaben nach §§ 6, 7 a.F.; die Inanspruchnahmefiktion greift hier nicht. Gleiches hätte selbstverständlich auch dann gegolten, wenn das Beanstandungsrecht vor dem 01.10.2009 ausgeübt worden wäre, und die 2-Monats-Frist für eine unbeschränkte Inanspruchnahme der Alterfindung über diesen Stichtag hinausläuft.

21 Für diese Alterfindungen verbleibt es auch bei den Vorgaben zur **Schutzrechtsaufgabe** nach § 16. Da hier die u. E. nach § 6 Abs. 2 n.F. anzuerkennende Möglichkeit der Freigabe nach Inanspruchnahme nicht greift, ist hier eine Schutzrechtsanmeldung nach § 13 weiterhin erforderlich (s. § 16 Rdn. 9), und zwar selbstverständlich auch dann, wenn der Freigabe- bzw. Aufgabezeitpunkt erst weit in der Zukunft liegen sollte.

22 Bei **freien Erfindungen**, die ebenfalls von der ArbEG-Novelle 2009 materiell erfasst sind (vgl. §§ 18, 23 Abs. 2), tritt an die Stelle der Meldung die Mitteilung. Auch wenn hier das Übergangsrecht angesichts des Begriffspaares »Erfindungen«/»Meldungen« unscharf formuliert ist, wird analog auf den Zeitpunkt des **Zugangs der Mitteilung** nach § 18 abzustellen sein.[21] Dies entspricht auch dem Regelungssystem des § 22 Satz 2. Folglich verbleibt es beim früheren Recht für alle freien Erfindungen, die dem Arbeitgeber vor dem 01.10.2009 mitgeteilt worden sind (zur Mitteilung s. insb. § 18 Rdn. 21 ff.). Soweit der Arbeitgeber das Vorliegen einer freien Erfindung nach § 18 Abs. 2 ordnungsgemäß bestritten hat, reicht u. E. für eine dann ggf. erforderlich werdende (s. § 18 Rdn. 42) neue Erfindungsmeldung bzw. eine Ergänzungsmeldung die Textform nach § 5 Abs. 1 n.F.

23 Bei **Bestreiten einer freien Erfindung in der Übergangsphase** ist nach der hier vertretenen Auffassung zu unterscheiden:
   – Soweit eine vor dem 01.10.2009 zugegangene Mitteilung einer (Dienst-)Erfindung bereits die inhaltlichen (und sonstigen formellen) Erfordernisse einer Erfindungsmeldung nach § 5 erfüllt hat, dürfte es beim früheren

---

21 Zust. Boemke/Kursawe/Boemke/Sachadae Rn. 32 zu § 43.

### C. Übergangsrecht zur Novelle durch das PatentrechtsmodernisierungsG (Abs. 3) § 43

Recht verbleiben, d.h. Art der Inanspruchnahme, deren Erklärung sowie die Rechtsfolgen bestimmen sich nach §§ 6, 7 a.F. (s. § 18 Rdn. 42).
– Hat der Arbeitgeber dagegen bei einer vor dem 01.10.2009 mitgeteilten Erfindung eine förmliche Meldung nach § 5 gefordert, so ist nach § 43 Abs. 3 der Zugang der ordnungsgemäßen Erfindungsmeldung maßgeblich.

Diese unterschiedlichen Rechtswirkungen sind Folge der Reaktion des Arbeitgebers.

Soweit **technische Verbesserungsvorschläge** von der ArbEG-Novelle 2009 materiell erfasst sind (Änderung der §§ 12, 23 Abs. 2), wird in Satz 2 die entsprechende Geltung angeordnet. Demzufolge gilt noch das frühere Recht, für alle (qualifizierten) technischen Verbesserungsvorschläge, die vor dem 01.10.2009 dem Arbeitgeber mitgeteilt worden sind, d.h. die Mitteilung zugegangen ist (zum Begriff s. § 3 Rdn. 28 ff.). **24**

Im **Insolvenzverfahren** gilt § 27 Fassung 2009 ebenfalls nur für die seit dem 01.10.2009 gemeldeten Diensterfindungen (s. § 27 n.F. Rdn. 4). **25**

Angesichts der vom Gesetzgeber mit dem Stichtag – dem tatsächlichen Zugang der Meldung bzw. Mitteilung – angestrebten Rechtssicherheit (s. § 43 Rdn. 15), **verbietet sich im Fall einer tatsächlichen Meldung grds. ein Rückgriff auf fiktive Geschehensabläufe bzw. Zeitpunkte**, zu denen bei ordnungsgemäßen Abläufen die Meldung bzw. Mitteilung hätte abgegeben werden müssen.[22] So könnte bspw. der Arbeitgeber nicht deshalb eine beschränkte Inanspruchnahme aussprechen, weil die Meldung des Arbeitnehmers bei unverzüglichem Handeln noch vor dem 01.10.2009 zugegangen wäre. Ebenso wenig kann ein Arbeitnehmer ein Vorkaufsrecht nach § 27 Nr. 2 Fassung 1999 mit der Begründung beanspruchen, er sei aus von ihm nicht zu vertretenden Gründen außerstande gewesen, die zuvor fertig gestellte Diensterfindung vor dem 01.10.2009 zu melden. **26**

Faktische Schwierigkeiten können sich bei **Miterfinderschaft** ergeben, sofern in dem für das Übergangsrecht relevanten Zeitraum gesonderte Meldungen zu unterschiedlichen Zeitpunkten vor/seit dem 01.10.2009 zugegangen sein sollten. In diesen Fällen ergeben sich aufgrund des Übergangsrechts zwangsläufig unterschiedliche Rechtswirkungen infolge zeitversetzter Meldungen (Mitteilungen)[23], etwa zur Möglichkeit der beschränkten Inanspruchnahme, zur Inanspruchnahmefiktion und Freigabe. Diese durch die Stichtagsregelung des **27**

---

22 Zust. Keukenschrijver in Busse/Keukenschrijver, PatG, Rn. 5 zu § 43 ArbEG.
23 A. A. Boemke/Kursawe/Boemke/Sachadae Rn. 31 zu § 43, wonach auf den Zeitpunkt der ersten Erfindungsmeldung abzustellen ist.

Abs. 3 vermittelten Rechtspositionen können nicht entzogen werden. Allerdings wird nicht verkannt, dass sich im Interesse einer sachlichen Gleichbehandlung im Einzelfall schematische Lösungen verbieten können, wie namentlich bei der Inspruchnahme. Hier kann es im Einzelfall naheliegen, durch Vereinbarung – soweit zulässig – eine Vereinheitlichung anzustreben.

Zum Erfinderberater (§ 21 a.F.) s. § 43 Rdn. 14 und § 21 a.F. Rdn. 3.

## § 44 Anhängige Verfahren[1]

*(aufgehoben)*

## § 45 Durchführungsbestimmungen

Der Bundesminister der Justiz wird ermächtigt, im Einvernehmen mit dem Bundesminister für Arbeit die für die Erweiterung der Besetzung der Schiedsstelle (§ 30 Abs. 4 und 5) erforderlichen Durchführungsbestimmungen zu erlassen. Insbesondere kann er bestimmen,
1. welche persönlichen Voraussetzungen Personen erfüllen müssen, die als Beisitzer aus Kreisen der Arbeitgeber oder der Arbeitnehmer vorgeschlagen werden;
2. wie die auf Grund der Vorschlagslisten ausgewählten Beisitzer für ihre Tätigkeit zu entschädigen sind.

**1** Von der Ermächtigung, die für die **Erweiterung der Schiedsstelle** (§ 30 Abs. 4 u. 5) erforderlichen Durchführungsbestimmungen zu erlassen, hat der Bundesminister der Justiz durch die 2. VO zur Durchführung des Gesetzes über Arbeitnehmererfindungen vom 01.10.1957 (BGBl. I, S. 1680; hier abgedr. als **Anhang 3**)[1] Gebrauch gemacht.

**2** Durch VO vom 10.10.1969 (BGBl. I, S. 1881)[2] wurde § 1 Abs. 2 der 2. VO 1957 **geändert**, durch VO vom 22.08.1968 (BGBl. I, S. 994)[3] § 2 Abs. 2 Nr. 2 und durch VO vom 10.12.1974 (BGBl. I, S. 3459)[4] § 5 Abs. 2 der 2. VO neu gefasst.

**3** Dem Willen des Gesetzgebers entsprechend[5] lehnen sich die Durchführungsbestimmungen an die Vorschriften des Arbeitsgerichtsgesetzes über die Beisitzer bei ArbG (§§ 21 bis 28 ArbGG) unter Beachtung der Besonderheiten des Patentrechtes an. Die persönlichen Voraussetzungen der Beisitzer sind in §§ 1 bis 3 der 2. DVO behandelt, die Entschädigungsansprüche in § 8 der 2. DVO.

---

1 Aufgehoben durch Art. 1 Nr. 4 des Gesetzes zur Änderung des ArbEG vom 18.01.2002 (BGBl. I S. 414) mit Wirkung zum 07.02.2002.
1 BlPMZ 1957, 333 f.
2 BlPMZ 1969, 329.
3 BlPMZ 1968, 302 f.
4 BlPMZ 1975, 12.
5 Amtl. Begr. BT-Drucks. II/1648 S. 54 = BlPMZ 1957, 248; Keukenschrijver in Busse/Keukenschrijver, PatG, Rn. 2 zu § 45 ArbEG.

## § 46 Außerkrafttreten von Vorschriften

Mit dem Inkrafttreten dieses Gesetzes werden folgende Vorschriften aufgehoben, soweit sie nicht bereits außer Kraft getreten sind:
1. Die Verordnung über die Behandlung von Erfindungen von Gefolgschaftsmitgliedern vom 12. Juli 1942 (Reichsgesetzbl. I S. 466);
2. die Durchführungsverordnung zur Verordnung über die Behandlung von Erfindungen von Gefolgschaftsmitgliedern vom 20. März 1943 (Reichsgesetzbl. I S. 257).

1 § 46 spricht die selbstverständliche **Aufhebung der VO 1942 und der DVO 1943** mit Wirkung vom 01.01.1957 aus. Bis zum Inkrafttreten des ArbEG galten die Vorschriften der VO 1942 und der DVO 1943 grds. fort, soweit sie sich nicht auf besondere Einrichtungen des nationalsozialistischen Staates bezogen.[1]

2 Die **Richtlinien für die Vergütung von Gefolgschaftsmitgliedern** v. 10.10.1944 (RAnz. Nr. 271 v. 05.12.1944) sind erst durch die Richtlinien für die Vergütung von Arbeitnehmererfindungen im privaten Dienst vom 20.07.1959 (Beilage zum Bundesanzeiger Nr. 156 v. 18.08.1959; s. dazu § 11)[2] ersetzt worden.[3]

Die Vorschrift hat zwar sachlich seit längerem keine Bedeutung mehr. Sie wurde aber i.R.d. ArbEG-Novelle 2009 (s. dazu Einl. Rdn. 9) nicht gestrichen, tendenziell wohl zur vorsorglichen Vermeidung ungewollter Regelungslücken (vgl. § 49).

## § 47 Besonderer Bestimmungen für Berlin[1]

*(aufgehoben)*

---

1 BGH v. 23.05.1952, NJW 1952, 1291.
2 Abgedruckt in BlPMZ 1959, 300.
3 Vgl. auch Amtl. Begr. BT-Drucks. II/1648 S. 54 = BlPMZ 1957, 249. Zu den Besonderheiten, insbes. im Saarland bis 1959, s. Boemke/Kursawe/Boemke Rn. 3 ff. zu § 46.
1 Aufgehoben durch Art. 4 des Zweiten Gesetzes zur Änderung des Patentgesetzes und anderer Gesetze (2. PatGÄndG) vom 16.07.1998 (BGBl. I S. 1827, 1833), und zwar mit Wirkung ab 01.11.1998 (Art. 30 Abs. 2 des o. a. Gesetzes).

## § 48 Saarland[1]

*(aufgehoben)*

## § 49 In-Kraft-Treten

**Dieses Gesetz tritt am 1. Oktober 1957 in Kraft.**

Seit dem Inkrafttreten am 01.10.1957 hat das ArbEG nur wenige **Änderungen** erfahren:[1]  1
(1) Durch Art. 5 § 6 des 6. ÜberlG v. 23.03.1961 (BGBl. I, S. 274 ber. S. 316) wurde § 30 Abs. 2 neu gefasst und dort Abs. 6 eingefügt.
(2) Durch Art. 5 des Gesetzes zur Änderung des PatG, WZG und weiterer Gesetze (sog. Vorabgesetz) v. 04.09.1967 (BGBl. I, S. 953) wurde § 17 dem veränderten Patenterteilungsverfahren angepasst.
(3) Durch Art. 2 Abs. 2 des Gesetzes zur Änderung des GebrMG v. 15.08.1986 (BGBl. I, S. 1446) wurde in § 39 Abs. 1 Satz 1 die Angabe »§ 51« durch »§ 143« (PatG) ersetzt.
(4) Durch Art. 9 Nr. 5 Kostenrechtsänderungsgesetz 1994 v. 24.06.1994 (BGBl. I, S. 1325) wurde in § 39 Abs. 1 der Satz 3 aufgehoben.
(5) Durch Art. 56 des Einführungsgesetzes zur InsO v. 05.10.1994 (BGBl. I, S. 2911) ist § 27 mit Wirkung ab 01.01.1999 grundlegend neu gefasst.
(6) Durch § 17 des Schiedsverfahrens-Neuregelungsgesetzes v. 22.12.1997 (BGBl. I, S. 3224) ist § 33 Abs. 1 angepasst worden.
(7) Durch Art. 4 des 2. Gesetzes zur Änderung des Patentgesetzes und anderer Gesetze v. 16.07.1998 (BGBl. I, S. 1827, 1833) ist § 47 mit Wirkung zum 01.11.1998 aufgehoben.
(8) Durch das Gesetz zur Änderung des Gesetzes über Arbeitnehmererfindungen vom 18.01.2002 (BGBl. I, S. 414) sind die §§ 42 und 43 mit Wirkung ab 07.02.2002 grundlegend neu gefasst und § 44 aufgehoben worden.
(9) Durch Art. 7 des Gesetzes zur Vereinfachung und Modernisierung des Patentrechts vom 31.07.2009 (BGBl. I, S. 2521), das die ArbEG-Reform

---

1 Aufgehoben durch Art. 7 Nr. 18 des Gesetzes zur Vereinfachung und Modernisierung des Patentrechts vom 31.07.2009 (BGBl. I S. 2521) mit Wirkung zum 01.10.2009, auch wenn die Regelung bereits seit Mitte 1959 überholt war (s. Amtl. Begründung z. RegE in BR-Ducks. 757/08, S. 55 (zu Art. 7 Nr. 18 d. Entw.).
1 Zur Entwicklung des ArbEG vgl. Gaul, GRUR 1977, 686 f. sowie ausf. Bartenbach/Volz in Beilage I GRUR 4/2008, S. 1, 3 ff. Zur hist. Entwicklung s. Nachw. bei Einl. vor § 1.

2009 kennzeichnet (s. Einl. Rdn. 9), sind § 5 Abs. 1, §§ 6, 7, 8, 11, 12 Abs. 3 u. 4, § 13 Abs. 2 u. 3, § 14 Abs. 1, §§ 18, 23 Abs. 2, § 24 Abs. 2, §§ 25, 27, 30 Abs. 2 u. 6 geändert, § 43 Abs. 3 ergänzt und §§ 21 u. 48 aufgehoben worden.

2 Zur Geltung in den **neuen Bundesländern** s. Einleitung Rdn. 31 ff.

# Anhang 1 Richtlinien[1] für die Vergütung von Arbeitnehmererfindungen im privaten Dienst vom 20.7.1959[2]

**Übersicht**    RL Nr.

**Einleitung** .................................................. (1)
**Erster Teil Erfindungswert**
A. Patentfähige Erfindungen
    I. Betrieblich benutzte Erfindungen
        1. Allgemeines ................................. (3–5)
        2. Ermittlung des Erfindungswertes nach der Lizenzanalogie .... (6–11)
        3. Ermittlung des Erfindungswertes nach dem erfassbaren betrieblichen Nutzen ................................. (12)
        4. Schätzung .................................. (13)
    II. Lizenz-, Kauf- und Austauschverträge ................... (14–17)
    III. Sperrpatente ..................................... (18)
    IV. Schutzrechtskomplexe ............................. (19)
    V. Nicht verwertete Erfindungen ........................ (20)
        1. Vorrats- und Ausbaupatente ..................... (21)
        2. Nicht verwertbare Erfindungen ................... (22)
        3. Erfindungen, deren Verwertbarkeit noch nicht feststellbar ist ..... (23)
        4. Erfindungen, bei denen die Verwertbarkeit nicht oder nicht voll ausgenutzt wird ................................ (24)
    VI. Besonderheiten .................................. (25)
        1. Beschränkte Inanspruchnahme ................... (25)
        2. Absatz im Ausland und ausländische Schutzrechte ........... (26)
        3. Betriebsgeheime Erfindungen (§ 17) ................... (27)
B. Gebrauchsmusterfähige Erfindungen ........................ (28)
C. Technische Verbesserungsvorschläge (§ 20 Abs. 1) ............... (29)
**Zweiter Teil Anteilsfaktor** ................................. (30–37)
a) Stellung der Aufgabe .................................. (31)
b) Lösung der Aufgabe ................................... (32)
c) Aufgaben und Stellung des Arbeitnehmers im Betrieb ........... (33)
Wegfall der Vergütung ..................................... (38)

---

1 Des Bundesministers für Arbeit- und Sozialordnung.
2 Beilage z. BAnz. Nr. 156 v. 18.08.1959 = BArbl. 1959, 599 = BlPMZ 1959, 300; für Berlin auf Grund von Art. II d. Ges. v. 02.08.1957 (GVBl. Berlin 1957, S. 869), veröffentl. am 17.01.1961 (GVBl. Berlin 1961, S. 1111). RL Nr. 11 ist neugefasst durch Änderungsrichtlinie v. 01.09.1983 BAnz. Nr. 169 v. 09.09.1983 = BlPMZ 1983, 350. Der Text ist redaktionell von den Verfassern an die neue Rechtschreibung angepasst.

**Anhang 1**   Richtlinien für die Vergütung im privaten Dienst

RL Nr.

**Dritter Teil Die rechnerische Ermittlung der Vergütung**
I. Formel .................................................... (39)
II. Art der Zahlung der Vergütung ......................... (40, 41)
III. Die für die Berechnung der Vergütung maßgebende Zeit. ............. (42)

Nach § 11 des Gesetzes über Arbeitnehmererfindungen vom 25. Juli 1957 (Bundesgesetzbl. I S. 756) erlasse ich nach Anhörung der Spitzenorganisationen der Arbeitgeber und der Arbeitnehmer folgende Richtlinien über die Bemessung der Vergütung für Diensterfindungen von Arbeitnehmern im privaten Dienst.

## Einleitung

(1) Die Richtlinien sollen dazu dienen, die angemessene Vergütung zu ermitteln, die dem Arbeitnehmer für unbeschränkt oder beschränkt in Anspruch genommene Diensterfindungen (§ 9 Abs. 1 und § 10 Abs. 1 des Gesetzes) und für technische Verbesserungsvorschläge im Sinne des § 20 Abs. 1 des Gesetzes zusteht; sie sind keine verbindlichen Vorschriften, sondern geben nur Anhaltspunkte für die Vergütung. Wenn im Einzelfall die bisherige betriebliche Praxis für die Arbeitnehmer günstiger war, sollen die Richtlinien nicht zum Anlass für eine Verschlechterung genommen werden.

(2) Nach § 9 Abs. 2 des Gesetzes sind für die Bemessung der Vergütung insbesondere die wirtschaftliche Verwertbarkeit der Diensterfindung, die Aufgaben und die Stellung des Arbeitnehmers im Betrieb sowie der Anteil des Betriebs am Zustandekommen der Diensterfindung maßgebend. Hiernach wird bei der Ermittlung der Vergütung in der Regel so zu verfahren sein, dass zunächst die wirtschaftliche Verwertbarkeit der Erfindung ermittelt wird. Die wirtschaftliche Verwertbarkeit (im folgenden als Erfindungswert bezeichnet) wird im Ersten Teil der Richtlinien behandelt. Da es sich hier jedoch nicht um eine freie Erfindung handelt, sondern um eine Erfindung, die entweder aus der dem Arbeitnehmer im Betrieb obliegenden Tätigkeit entstanden ist oder maßgeblich auf Erfahrungen oder Arbeiten des Betriebes beruht, ist ein Abzug zu machen, der den Aufgaben und der Stellung des Arbeitnehmers im Betrieb sowie dem Anteil des Betriebs am Zustandekommen der Diensterfindung entspricht. Dieser Abzug wird im Zweiten Teil der Richtlinien behandelt; der Anteil am Erfindungswert, der sich für den Arbeitnehmer unter Berücksichtigung des Abzugs ergibt, wird hierbei in Form eines in Prozenten ausgedrückten Anteilsfaktors ermittelt. Der Dritte Teil der Richtlinien behandelt die rechnerische Ermittlung der Vergütung sowie Fragen der Zahlungsart und Zahlungsdauer.

# Anhang 1

**Richtlinien für die Vergütung im privaten Dienst**

Bei jeder Vergütungsberechnung ist darauf zu achten, dass derselbe Gesichtspunkt für eine Erhöhung oder Ermäßigung der Vergütung nicht mehrfach berücksichtigt werden darf.

Die einzelnen Absätze der Richtlinien sind mit Randnummern versehen, um die Zitierung zu erleichtern.

## Erster Teil Erfindungswert

### A. Patentfähige Erfindungen

#### I. Betrieblich benutzte Erfindungen

##### 1. Allgemeines

Bei betrieblich benutzten Erfindungen kann der Erfindungswert in der Regel (über Ausnahmen vgl. Nummer. 4) nach drei verschiedenen Methoden ermittelt werden: (3)

a) Ermittlung des Erfindungswertes nach der Lizenzanalogie (Nrn. 6 ff.). Bei dieser Methode wird der Lizenzsatz, der für vergleichbare Fälle bei freien Erfindungen in der Praxis üblich ist, der Ermittlung des Erfindungswertes zugrunde gelegt. Der in Prozenten oder als bestimmter Geldbetrag je Stück oder Gewichtseinheit (vgl. Nr. 39) ausgedrückte Lizenzsatz wird auf eine bestimmte Bezugsgröße (Umsatz oder Erzeugung) bezogen. Dann ist der Erfindungswert die mit dem Lizenzsatz multiplizierte Bezugsgröße.

b) Ermittlung des Erfindungswertes nach dem erfassbaren betrieblichen Nutzen (Nr. 12).

Der Erfindungswert kann ferner nach dem erfassbaren Nutzen ermittelt werden, der dem Betrieb aus der Benutzung der Erfindung erwachsen ist.

c) Schätzung des Erfindungswertes (Nr. 13).

Schließlich kann der Erfindungswert geschätzt werden.

Neben der Methode der Lizenzanalogie nach (Nr. 3 a) kommen im Einzelfall auch andere Analogiemethoden in Betracht. So kann anstatt von dem analogen Lizenzsatz von der Analogie zum Kaufpreis ausgegangen werden, wenn eine Gesamtabfindung (vgl. Nr. 40) angezeigt ist und der Kaufpreis bekannt ist, der in vergleichbaren Fällen mit freien Erfindern üblicherweise vereinbart wird. Für die Vergleichbarkeit und die Notwendigkeit, den Kaufpreis auf das Maß zu bringen, das für die zu beurteilende Diensterfindung richtig ist, gilt das unter Nr. 9 Gesagte entsprechend. (4)

Welche der unter Nr. 3 und 4 aufgeführten Methoden anzuwenden ist, hängt von den Umständen des einzelnen Falles ab. Wenn der Industriezweig mit Lizenzsätzen oder Kaufpreisen vertraut ist, die für die Übernahme eines ähnli- (5)

chen Erzeugnisses oder Verfahrens üblicherweise vereinbart werden, kann von der Lizenzanalogie ausgegangen werden.

Die Ermittlung des Erfindungswertes nach dem erfassbaren betrieblichen Nutzen kommt vor allem bei Erfindungen in Betracht, mit deren Hilfe Ersparnisse erzielt werden, sowie bei Verbesserungserfindungen, wenn die Verbesserung nicht derart ist, dass der mit dem verbesserten Gegenstand erzielte Umsatz als Bewertungsgrundlage dienen kann; sie kann ferner bei Erfindungen angewandt werden, die nur innerbetrieblich verwendete Erzeugnisse, Maschinen oder Vorrichtungen betreffen, und bei Erfindungen, die nur innerbetrieblich verwendete Verfahren betreffen, bei denen der Umsatz keine genügende Bewertungsgrundlage darstellt. Die Methode der Ermittlung des Erfindungswertes nach dem erfassbaren betrieblichen Nutzen hat den Nachteil, dass der Nutzen oft schwer zu ermitteln ist und die Berechnungen des Nutzens schwer überprüfbar sind. In manchen Fällen wird sich allerdings der Nutzen aus einer Verbilligung des Ausgangsmaterials, aus einer Senkung der Lohn-, Energie- oder Instandsetzungskosten oder aus einer Erhöhung der Ausbeute errechnen lassen. Bei der Wahl dieser Methode ist ferner zu berücksichtigen, dass sich für den Arbeitgeber auf Grund der Auskunfts- und Rechnungslegungspflichten, die ihm nach § 242 des Bürgerlichen Gesetzbuches obliegen können, eine Pflicht zu einer weitergehenden Darlegung betrieblicher Rechnungsvorgänge ergeben kann, als bei der Ermittlung des Erfindungswertes nach der Lizenzanalogie. Der Erfindungswert wird nur dann zu schätzen sein, wenn er mit Hilfe der Methoden unter Nummer. 3 a oder Nummer. 4 nicht oder nur mit unverhältnismäßig hohen Aufwendungen ermittelt werden kann (z.B. bei Arbeitsschutzmitteln und -vorrichtungen, sofern sie nicht allgemein verwertbar sind). Es kann ferner ratsam sein, eine der Berechnungsmethoden zur Überprüfung des Ergebnisses heranzuziehen, das mit Hilfe der anderen Methoden gefunden ist.

## 2. Ermittlung des Erfindungswertes nach der Lizenzanalogie

(6) Bei dieser Methode ist zu prüfen, wieweit man einen Vergleich ziehen kann. Dabei ist zu beachten, ob und wieweit in den Merkmalen, die die Höhe des Lizenzsatzes beeinflussen, Übereinstimmung besteht. In Betracht zu ziehen sind insbesondere die Verbesserung oder Verschlechterung der Wirkungsweise, der Bauform, des Gewichts, des Raumbedarfs, der Genauigkeit, der Betriebssicherheit; die Verbilligung oder Verteuerung der Herstellung, vor allem der Werkstoffe und der Arbeitsstunden; die Erweiterung oder Beschränkung der Verwendbarkeit; die Frage, ob sich die Erfindung ohne weiteres in die laufende Fertigung einreihen lässt oder ob Herstellungs- und Konstruktionsänderungen notwendig sind, ob eine sofortige Verwertung möglich ist oder ob noch umfangreiche Versuche vorgenommen werden müssen; die erwartete Umsatz-

steigerung, die Möglichkeit des Übergangs von Einzelanfertigungen zur Serienherstellung, zusätzliche oder vereinfachte Werbungsmöglichkeiten, günstige Preisgestaltung. Es ist ferner zu prüfen, welcher Schutzumfang dem Schutzrecht zukommt, das auf den Gegenstand der Erfindung erteilt ist, und ob sich der Besitz des Schutzrechts für den Betrieb technisch und wirtschaftlich auswirkt. Vielfach wird auch beim Abschluss eines Lizenzvertrages mit einem kleinen Unternehmen ein höherer Lizenzsatz vereinbart als beim Abschluss mit einer gut eingeführten Großfirma, weil bei dieser im Allgemeinen ein höherer Umsatz erwartet wird als bei kleineren Unternehmen. Außerdem ist bei dem Vergleich zu berücksichtigen, wer in den ähnlichen Fällen, die zum Vergleich herangezogen werden, die Kosten des Schutzrechts trägt.

Wenn man mit dem einem freien Erfinder üblicherweise gezahlten Lizenzsatz (7) vergleicht, so muss von derselben Bezugsgröße ausgegangen werden; als Bezugsgrößen kommen Umsatz oder Erzeugung in Betracht. Ferner ist zu berücksichtigen, ob im Analogiefall der Rechnungswert des das Werk verlassenden Erzeugnisses oder der betriebsinterne Verrechnungswert von Zwischenerzeugnissen der Ermittlung des Umsatzwertes zugrunde gelegt worden ist. Bei der Berechnung des Erfindungswertes mit Hilfe des Umsatzes oder der Erzeugung wird im Allgemeinen von dem tatsächlich erzielten Umsatz oder der tatsächlich erzielten Erzeugung auszugehen sein. Mitunter wird jedoch auch von einem vereinbarten Mindestumsatz oder aber von der Umsatzsteigerung ausgegangen werden können, die durch die Erfindung erzielt worden ist.

Beeinflusst eine Erfindung eine Vorrichtung, die aus verschiedenen Teilen (8) zusammengesetzt ist, so kann der Ermittlung des Erfindungswertes entweder der Wert der ganzen Vorrichtung oder nur der wertbeeinflusste Teil zugrunde gelegt werden. Es ist hierbei zu berücksichtigen, auf welcher Grundlage die Lizenz in dem betreffenden Industriezweig üblicherweise vereinbart wird, und ob üblicherweise der patentierte Teil allein oder nur in Verbindung mit der Gesamtvorrichtung bewertet wird. Dies wird häufig davon abhängen, ob durch die Benutzung der Erfindung nur der Teil oder die Gesamtvorrichtung im Wert gestiegen ist.

Stellt sich bei dem Vergleich heraus, dass sich die Diensterfindung und die (9) zum Vergleich herangezogenen freien Erfindungen nicht in den genannten Gesichtspunkten entsprechen, so ist der Lizenzsatz entsprechend zu erhöhen oder zu ermäßigen. Es ist jedoch nicht gerechtfertigt, den Lizenzsatz mit der Begründung zu ermäßigen, es handele sich um eine Diensterfindung; dieser Gesichtspunkt wird erst bei der Ermittlung des Anteilfaktors berücksichtigt.

Anhaltspunkte für die Bestimmung des Lizenzsatzes in den einzelnen Industriezweigen können daraus entnommen werden, dass z.B. im Allgemeinen (10)

in der Elektroindustrie ein Lizenzsatz von 1/2–5 %
in der Maschinen- und Werkzeugindustrie ein Lizenzsatz von 1/3–10 %
in der chemischen Industrie ein Lizenzsatz von 2–5 %
auf pharmazeutischem Gebiet ein Lizenzsatz von 2–10 %

vom Umsatz üblich ist.

(11) Für den Fall besonders hoher Umsätze kann die nachfolgende, bei Umsätzen über 3 Millionen DM einsetzende Staffel als Anhalt für eine Ermäßigung des Lizenzsatzes dienen, wobei jedoch im Einzelfall zu berücksichtigen ist, ob und in welcher Höhe in den verschiedenen Industriezweigen solche Ermäßigungen des Lizenzsatzes bei freien Erfindungen üblich sind:

Bei einem Gesamtumsatz
von 0–3 Millionen DM keine Ermäßigung des Lizenzsatzes,
von 3–5 Millionen DM 10 %ige Ermäßigung des Lizenzsatzes
für den 3 Millionen DM übersteigenden Umsatz,
von 5–10 Millionen DM 20 %ige Ermäßigung des Lizenzsatzes
für den 5 Millionen DM übersteigenden Umsatz,
von 10–20 Millionen DM 30 %ige Ermäßigung des Lizenzsatzes
für den 10 Millionen DM übersteigenden Umsatz,
von 20–30 Millionen DM 40 %ige Ermäßigung des Lizenzsatzes
für den 20 Millionen DM übersteigenden Umsatz,
von 30–40 Millionen DM 50 %ige Ermäßigung des Lizenzsatzes
für den 30 Millionen DM übersteigenden Umsatz,
von 40–50 Millionen DM 60 %ige Ermäßigung des Lizenzsatzes
für den 40 Millionen DM übersteigenden Umsatz,
von 50–60 Millionen DM 65 %ige Ermäßigung des Lizenzsatzes
für den 50 Millionen DM übersteigenden Umsatz,
von 60–80 Millionen DM 70 %ige Ermäßigung des Lizenzsatzes
für den 60 Millionen DM übersteigenden Umsatz,
von 80–100 Millionen DM 75 %ige Ermäßigung des Lizenzsatzes
für den 80 Millionen DM übersteigenden Umsatz,
von 100 Millionen DM 80 %ige Ermäßigung des Lizenzsatzes
für den 100 Millionen DM übersteigenden Umsatz.

**Beispiel:**

Bei einem Umsatz von 10 Millionen DM ist der Lizenzsatz wie folgt zu ermäßigen:

Bis 3 Millionen DM keine Ermäßigung,

für den 3 Millionen DM übersteigenden Umsatz von 2 Millionen um 10 %,

für den 5 Millionen übersteigenden Umsatz von 5 Millionen um 20 %.

Da bei Einzelstücken mit sehr hohem Wert in aller Regel bereits der Lizenzsatz herabgesetzt wird, ist in derartigen Fällen der Lizenzsatz nicht nach der vorstehenden Staffel zu ermäßigen, wenn schon ein einziges unter Verwendung der Erfindung hergestelltes Erzeugnis oder, sofern dem Erfindungswert nur der von der Erfindung wertbeeinflusste Teil des Erzeugnisses zugrunde gelegt wird, dieser Teil einen Wert von mehr als 3 Millionen DM hat. Dasselbe gilt, wenn wenige solcher Erzeugnisse oder nur wenige solcher Teile des Erzeugnisses einen Wert von mehr als 3 Millionen DM haben.

### 3. Ermittlung des Erfindungswertes nach dem erfassbaren betrieblichen Nutzen

Unter dem erfassbaren betrieblichen Nutzen (vgl. zur Anwendung dieser Methode Nr. 5) ist die durch den Einsatz der Erfindung verursachte Differenz zwischen Kosten und Erträgen zu verstehen. Die Ermittlung dieses Betrages ist durch Kosten- und Ertragsvergleich nach betriebswirtschaftlichen Grundsätzen vorzunehmen. Hierbei sind die Grundsätze für die Preisbildung bei öffentlichen Aufträgen anzuwenden (vgl. die Verordnung PR Nr. 30/53 über die Preise bei öffentlichen Aufträgen vom 21. November 1953 und die Leitsätze für die Preisermittlung auf Grund von Selbstkosten), so dass also auch kalkulatorische Zinsen und Einzelwagnisse, ein betriebsnotwendiger Gewinn und gegebenenfalls ein kalkulatorischer Unternehmerlohn zu berücksichtigen sind. Der so ermittelte Betrag stellt den Erfindungswert dar. (12)

Kosten, die vor der Fertigstellung der Erfindung auf die Erfindung verwandt worden sind, sind bei der Ermittlung des Erfindungswertes nicht abzusetzen. Sie sind vielmehr bei der Ermittlung des Anteilsfaktors im Zweiten Teil der Richtlinie zu berücksichtigen, und zwar, soweit es sich um die Kosten für die Arbeitskraft des Erfinders selbst handelt, entsprechend der Tabelle c) in Nr. 34, soweit es sich um sonstige Kosten vor der Fertigstellung der Erfindung handelt, entsprechend der Tabelle b) in Nr. 32 (technische Hilfsmittel).

### 4. Schätzung

In einer Reihe von Fällen versagen die dargestellten Methoden zur Ermittlung des Erfindungswertes, weil keine ähnlichen Fälle vorliegen oder weil ein Nutzen nicht erfasst werden kann. In solchen oder ähnlichen Fällen muss der Erfindungswert geschätzt werden (vgl. zur Anwendung der Schätzungsmethode den letzten Absatz der Nr. 5). Hierbei kann von dem Preis ausgegangen werden, den der Betrieb hätte aufwenden müssen, wenn er die Erfindung von einem freien Erfinder hätte erwerben wollen. (13)

### II. Lizenz-, Kauf- und Austauschverträge

Wird die Erfindung nicht betrieblich benutzt, sondern durch Vergabe von Lizenzen verwertet, so ist der Erfindungswert gleich der Nettolizenzeinnahme. (14)

Um den Nettobetrag festzustellen, sind von der Bruttolizenzeinnahme die Kosten der Entwicklung nach Fertigstellung der Erfindung abzuziehen sowie die Kosten, die aufgewandt wurden, um die Erfindung betriebsreif zu machen; ferner sind die auf die Lizenzvergabe im Einzelfall entfallenden Kosten der Patent- und Lizenzverwaltung, der Schutzrechtsübertragung sowie die mit der Lizenzvergabe zusammenhängenden Aufwendungen (z.B. Steuern, mit Ausnahme der inländischen reinen Ertragssteuern, Verhandlungskosten) abzuziehen. Soweit solche Kosten entstanden sind, wird außerdem ein entsprechender Anteil an den Gemeinkosten des Arbeitgebers zu berücksichtigen sein, soweit die Gemeinkosten nicht schon in den vorgenannten Kosten enthalten sind. Ferner ist bei der Ermittlung der Nettolizenzeinnahme darauf zu achten, ob im Einzelfall der Arbeitgeber als Lizenzgeber ein Risiko insofern eingeht, als er auch in der Zukunft Aufwendungen durch die Verteidigung der Schutzrechte, durch die Verfolgung von Verletzungen und aus der Einhaltung von Gewährleistungen haben kann.

Soweit die Einnahme nicht auf der Lizenzvergabe, sondern auf der Übermittlung besonderer Erfahrungen (know how) beruht, sind diese Einnahmen bei der Berechnung des Erfindungswertes von der Bruttolizenzeinnahme ebenfalls abzuziehen, wenn diese Erfahrungen nicht als technische Verbesserungsvorschläge im Sinne des § 20 Abs. 1 des Gesetzes anzusehen sind. Bei der Beurteilung der Frage, ob und wieweit die Einnahme auf der Übermittlung besonderer Erfahrungen beruht, ist nicht allein auf den Inhalt des Lizenzvertrages abzustellen; vielmehr ist das tatsächliche Verhältnis des Wertes der Lizenz zu dem der Übermittlung besonderer Erfahrungen zu berücksichtigen.

Eine Ermäßigung nach der Staffel in Nr. 11 ist nur insoweit angemessen, als sie auch dem Lizenznehmer des Arbeitgebers eingeräumt worden ist.

(15) Macht die Berechnung dieser Unkosten und Aufgaben große Schwierigkeiten, so kann es zweckmäßig sein, in Analogie zu den üblichen Arten der vertraglichen Ausgestaltung zwischen einem freien Erfinder als Lizenzgeber und dem Arbeitgeber als Lizenznehmer zu verfahren. In der Praxis wird ein freier Erfinder wegen der bezeichneten Kosten und Aufgaben eines Generallizenznehmers (Lizenznehmer einer ausschließlich unbeschränkten Lizenz) mit etwa 20 bis 50 %, in besonderen Fällen auch mit mehr als 50 % und in Ausnahmefällen sogar mit über 75 % der Bruttolizenzeinnahme beteiligt, die durch die Verwertung einer Erfindung erzielt wird. Zu berücksichtigen ist im Einzelnen, ob bei der Lizenzvergabe ausschließliche unbeschränkte Lizenzen oder einfache oder beschränkte Lizenzen erteilt werden. Bei der Vergabe einer ausschließlichen unbeschränkten Lizenz behält der Arbeitgeber kein eigenes Benutzungsrecht, wird im Allgemeinen auch keine eigenen weiteren Erfahrungen laufend zu übermitteln haben. Hier wird daher der Erfindungswert eher bei 50 % und

mehr anzusetzen sein. Bei der Vergabe einer einfachen oder beschränkten Lizenz wird bei gleichzeitiger Benutzung der Erfindung durch den Arbeitgeber, wenn damit die laufende Übermittlung von eigenen Erfahrungen verbunden ist, der Erfindungswert eher an der unteren Grenze liegen.

Wird die Erfindung verkauft, so ist der Erfindungswert ebenfalls durch Verminderung des Bruttoertrages auf den Nettoertrag zu ermitteln. Im Gegensatz zur Lizenzvergabe wird hierbei jedoch in den meisten Fällen nicht damit zu rechnen sein, dass noch zukünftige Aufgaben und Belastungen des Arbeitgebers als Verkäufer zu berücksichtigen sind. Bei der Ermittlung des Nettoertrages sind alle Aufwendungen für die Entwicklung der Erfindung, nachdem sie fertig gestellt worden ist, für ihre Betriebsreifmachung, die Kosten der Schutzrechtserlangung und -übertragung, die mit dem Verkauf zusammenhängenden Aufwendungen (z.B. Steuern, mit Ausnahme der inländischen reinen Ertragssteuern, Verhandlungskosten) sowie ein entsprechender Anteil an den Gemeinkosten des Arbeitgebers, soweit sie nicht schon in den vorgenannten Kosten enthalten sind, zu berücksichtigen. (16)

Soweit der Kaufpreis nicht auf der Übertragung des Schutzrechts, sondern auf der Übermittlung besonderer Erfahrungen (know how) beruht, sind diese Einnahmen bei der Berechnung des Erfindungswertes ebenfalls von dem Bruttoertrag abzuziehen, wenn diese Erfahrungen nicht als technische Verbesserungsvorschläge im Sinne des § 20 Abs. 1 des Gesetzes anzusehen sind. Bei der Beurteilung der Frage, ob und wieweit der Kaufpreis auf der Übermittlung besonderer Erfahrungen beruht, ist nicht allein auf den Inhalt des Kaufvertrages abzustellen; vielmehr ist das tatsächliche Verhältnis des Wertes des Schutzrechts zu dem der Übermittlung besonderer Erfahrungen zu berücksichtigen.

Wird die Erfindung durch einen Austauschvertrag verwertet, so kann versucht werden, zunächst den Gesamtnutzen des Vertrages für den Arbeitgeber zu ermitteln, um sodann durch Abschätzung der Quote, die auf die in Anspruch genommene Diensterfindung entfällt, ihren Anteil am Gesamtnutzen zu ermitteln. Ist dies untunlich, so wird der Erfindungswert nach Nr. 13 geschätzt werden müssen. (17)

Soweit Gegenstand des Austauschvertrages nicht die Überlassung von Schutzrechten oder von Benutzungsrechten, sondern die Überlassung besonderer Erfahrungen (know how) ist, ist dies bei der Ermittlung des Gesamtnutzens des Vertrages zu berücksichtigen, soweit diese Erfahrungen nicht als technische Verbesserungsvorschläge im Sinne des § 20 Abs. 1 des Gesetzes anzusehen sind. Bei der Beurteilung der Frage, ob und wieweit die Übermittlung besonderer Erfahrungen Gegenstand des Austauschvertrages sind, ist nicht allein auf den Inhalt des Vertrages abzustellen; vielmehr ist das tatsächliche Verhältnis des Wertes der Schutzrechte zu dem der Übermittlung besonderer Erfahrungen zu berücksichtigen.

### III. Sperrpatente

(18) Einen besonderen Fall der Verwertung einer Diensterfindung bilden die Sperrpatente. Darunter versteht man im Allgemeinen Patente, die nur deshalb angemeldet oder aufrechterhalten werden, um zu verhindern, dass ein Wettbewerber die Erfindung verwertet und dadurch die eigene laufende oder bevorstehende Erzeugung beeinträchtigt. Bei diesen Patenten unterbleibt die Benutzung, weil entweder ein gleichartiges Patent schon im Betrieb benutzt wird oder ohne Bestehen eines Patentes eine der Erfindung entsprechende Erzeugung schon im Betrieb läuft oder das Anlaufen einer solchen Erzeugung bevorsteht. Wenn schon eine Erfindung im Betrieb benutzt wird, die mit Hilfe der zweiten Erfindung umgangen werden kann, und wenn die wirtschaftliche Tragweite beider Erfindungen ungefähr gleich ist, werden nach der Verwertung der ersten Erfindung Anhaltspunkte für den Erfindungswert bezüglich der zweiten gefunden werden können. Die Summe der Werte beider Erfindungen kann jedoch höher sein als der Erfindungswert der ersten Erfindung. Durch Schätzung kann ermittelt werden, welcher Anteil des Umsatzes, der Erzeugung oder des Nutzens bei Anwendung der zweiten Erfindung auf diese entfallen würde. Selbst wenn man hierbei zu einer annähernden Gleichwertigkeit der beiden Erfindungen kommt, ist es angemessen, für die zweite Erfindung weniger als die Hälfte der Summe der Werte beider Erfindungen anzusetzen, weil es als ein besonderer Vorteil benutzter Erfindungen anzusehen ist, wenn sie sich schon in der Praxis bewährt haben und auf dem Markt eingeführt sind. Eine zweite Erfindung, mit der es möglich ist, die erste zu umgehen, kann für den Schutzumfang der ersten Erfindung eine Schwäche offenbaren, die bei der Feststellung des Erfindungswertes für die erste Erfindung nicht immer berücksichtigt worden ist. Deshalb kann der Anlass für eine Neufestsetzung der Vergütung nach § 12 Abs. 6 des Gesetzes vorliegen.

### IV. Schutzrechtskomplexe

(19) Werden bei einem Verfahren oder Erzeugnis mehrere Erfindungen benutzt, so soll, wenn es sich hierbei um einen einheitlich zu wertenden Gesamtkomplex handelt, zunächst der Wert des Gesamtkomplexes, gegebenenfalls einschließlich nicht benutzter Sperrschutzrechte, bestimmt werden. Der so bestimmte Gesamterfindungswert ist auf die einzelnen Erfindungen aufzuteilen. Dabei ist zu berücksichtigen, welchen Einfluss die einzelnen Erfindungen auf die Gesamtgestaltung des mit dem Schutzrechtskomplex belasteten Gegenstandes haben.

## V. Nicht verwertete Erfindungen

Nicht verwertete Erfindungen sind Erfindungen, die weder betrieblich benutzt noch als Sperrpatent noch außerbetrieblich durch Vergabe von Lizenzen, Verkauf oder Tausch verwertet werden. Die Frage nach ihrem Wert hängt davon ab, aus welchen Gründen die Verwertung unterbleibt (vgl. Nr. 21–24). (20)

### 1. Vorrats- und Ausbaupatente

Vorratspatente sind Patente für Erfindungen, die im Zeitpunkt der Erteilung des Patents noch nicht verwertet werden oder noch nicht verwertbar sind, mit deren späterer Verwertung oder Verwertbarkeit aber zu rechnen ist. Von ihrer Verwertung wird z.B. deshalb abgesehen, weil der Fortschritt der technischen Entwicklung abgewartet werden soll, bis die Verwertung des Patents möglich erscheint. Erfindungen dieser Art werden bis zu ihrer praktischen Verwertung »auf Vorrat« gehalten. Sie haben wegen der begründeten Erwartung ihrer Verwertbarkeit einen Erfindungswert. Vorratspatente, die lediglich bestehende Patente verbessern, werden als Ausbaupatente bezeichnet. (21)

Der Wert der Vorrats- und Ausbaupatente wird frei geschätzt werden müssen, wobei die Art der voraussichtlichen späteren Verwertung und die Höhe des alsdann voraussichtlich zu erzielenden Nutzens Anhaltspunkte ergeben können. Bei einer späteren Verwertung wird häufig der Anlass für eine Neufestsetzung der Vergütung nach § 12 Abs. 6 des Gesetzes gegeben sein. Ob verwertbare Vorratspatente, die nicht verwertet werden, zu vergüten sind, richtet sich nach Nr. 24.

### 2. Nicht verwertbare Erfindungen

Erfindungen, die nicht verwertet werden, weil sie wirtschaftlich nicht verwertbar sind und bei denen auch mit ihrer späteren Verwertbarkeit nicht zu rechnen ist, haben keinen Erfindungswert. Aus der Tatsache, dass ein Schutzrecht erteilt worden ist, ergibt sich nichts Gegenteiliges; denn die Prüfung durch das Patentamt bezieht sich zwar auf Neuheit, Fortschrittlichkeit und Erfindungshöhe, nicht aber darauf, ob die Erfindung mit wirtschaftlichem Erfolg verwertet werden kann. Erfindungen, die betrieblich nicht benutzt, nicht als Sperrpatent oder durch Lizenzvergabe, Verkauf oder Tausch verwertet werden können und auch als Vorratspatent keinen Wert haben, sollten dem Erfinder freigegeben werden. (22)

### 3. Erfindungen, deren Verwertbarkeit noch nicht feststellbar ist

Nicht immer wird sofort festzustellen sein, ob eine Erfindung wirtschaftlich verwertbar ist oder ob mit ihrer späteren Verwertbarkeit zu rechnen ist. Dazu (23) wird es vielmehr in einer Reihe von Fällen einer gewissen Zeit der Prüfung und Erprobung bedürfen. Wenn und solange der Arbeitgeber die Erfindung prüft und erprobt und dabei die wirtschaftliche Verwertbarkeit noch nicht feststeht, ist die Zahlung einer Vergütung in der Regel nicht angemessen. Zwar besteht die Möglichkeit, dass sich eine Verwertbarkeit ergibt. Diese Möglichkeit wird aber dadurch angemessen abgegolten, dass der Arbeitgeber auf seine Kosten die Erfindung überprüft und erprobt und damit seinerseits dem Erfinder die Gelegenheit einräumt, bei günstigem Prüfungsergebnis eine Vergütung zu erhalten.

Die Frist, die dem Betrieb zur Feststellung der wirtschaftlichen Verwertbarkeit billigerweise gewährt werden muss, wird von Fall zu Fall verschieden sein, sollte aber drei bis fünf Jahre nach Patenterteilung nur in besonderen Ausnahmefällen überschreiten. Wird die Erfindung nach Ablauf dieser Zeit nicht freigegeben, so wird vielfach eine tatsächliche Vermutung dafür sprechen, dass ihr ein Wert zukommt, sei es auch nur als Vorrats- oder Ausbaupatent.

### 4. Erfindungen, bei denen die Verwertbarkeit nicht oder nicht voll ausgenutzt wird.

(24) Wird die Erfindung ganz oder teilweise nicht verwertet, obwohl sie verwertbar ist, so sind bei der Ermittlung des Erfindungswertes die unausgenutzten Verwertungsmöglichkeiten im Rahmen der bei verständiger Würdigung bestehenden wirtschaftlichen Möglichkeiten zu berücksichtigen.

## VI. Besonderheiten

### 1. Beschränkte Inanspruchnahme

(25) Für die Bewertung des nichtausschließlichen Rechts zur Benutzung der Diensterfindung gilt das für die Bewertung der unbeschränkt in Anspruch genommenen Diensterfindung Gesagte entsprechend. Bei der Ermittlung des Erfindungswertes ist jedoch allein auf die tatsächliche Verwertung durch den Arbeitgeber abzustellen; die unausgenutzte wirtschaftliche Verwertbarkeit (vgl. Nr. 24) ist nicht zu berücksichtigen.

Wird der Erfindungswert mit Hilfe des erfassbaren betrieblichen Nutzens ermittelt, so unterscheidet sich im Übrigen die Ermittlung des Erfindungswertes bei der beschränkten Inanspruchnahme nicht von der bei der unbeschränkten Inanspruchnahme.

Bei der Ermittlung des Erfindungswertes nach der Lizenzanalogie ist nach Möglichkeit von den für nichtausschließliche Lizenzen mit freien Erfindern üblicherweise vereinbarten Sätzen auszugehen. Sind solche Erfahrungssätze für

Sind bei einer Erfindung die angeführten drei Merkmale teilweise verwirklicht, so kommt ihr für die Lösung der Aufgabe eine zwischen 1 und 6 liegende Wertzahl zu. Bei der Ermittlung der Wertzahl für die Lösung der Aufgabe sind die Verhältnisse des Einzelfalls auch im Hinblick auf die Bedeutung der angeführten drei Merkmale (z.B. das Ausmaß der Unterstützung mit technischen Hilfsmitteln) zu berücksichtigen.

Beruflich geläufige Überlegungen im Sinne dieser Nummer sind solche, die aus Kenntnissen und Erfahrungen des Arbeitnehmers stammen, die er zur Erfüllung der ihm übertragenen Tätigkeiten haben muss.

Betriebliche Arbeiten oder Kenntnisse im Sinne dieser Nummer sind innerbetriebliche Erkenntnisse, Arbeiten, Anregungen, Erfahrungen, Hinweise usw., die den Erfinder zur Lösung hingeführt oder sie ihm wesentlich erleichtert haben.

Technische Hilfsmittel im Sinne dieser Nummer sind Energien, Rohstoffe und Geräte des Betriebes, deren Bereitstellung wesentlich zum Zustandekommen der Diensterfindung beigetragen hat. Wie technische Hilfsmittel ist auch die Bereitstellung von Arbeitskräften zu werten. Die Arbeitskraft des Erfinders selbst sowie die allgemeinen, ohnehin entstandenen Aufwendungen für Forschung, Laboreinrichtungen und Apparaturen sind nicht als technische Hilfsmittel in diesem Sinne anzusehen.

### c) Aufgaben und Stellung des Arbeitnehmers im Betrieb

Der Anteil des Arbeitnehmers verringert sich umso mehr, je größer der ihm (33) durch seine Stellung ermöglichte Einblick in die Erzeugung und Entwicklung des Betriebes ist und je mehr von ihm angesichts seiner Stellung und des ihm z. Z. der Erfindungsmeldung gezahlten Arbeitsentgeltes erwartet werden kann, dass er an der technischen Entwicklung des Betriebes mitarbeitet. Stellung im Betrieb bedeutet nicht die nominelle, sondern die tatsächliche Stellung des Arbeitnehmers, die ihm unter Berücksichtigung der ihm obliegenden Aufgaben und der ihm ermöglichten Einblicke in das Betriebsgeschehen zukommt.

Man kann folgende Gruppen von Arbeitnehmern unterscheiden, wobei die (34) Wertzahl umso höher ist, je geringer die Leistungserwartung ist:

*8. Gruppe:* Hierzu gehören Arbeitnehmer, die im Wesentlichen ohne Vorbildung für die im Betrieb ausgeübte Tätigkeit sind (z.B. ungelernte Arbeiter, Hilfsarbeiter, Angelernte, Lehrlinge) (8).

*7. Gruppe:* Zu dieser Gruppe sind die Arbeitnehmer zu rechnen, die eine handwerklich-technische Ausbildung erhalten haben (z.B. Facharbeiter, Laboranten, Monteure, einfache Zeichner), auch wenn sie schon mit kleineren Aufsichtspflichten betraut sind (z.B. Vorarbeiter, Untermeister, Schichtmeister, Kolonnenführer). Von diesen Personen wird im Allgemeinen erwartet, dass sie die ihnen übertragenen Aufgaben mit einem gewissen technischen Verständnis ausführen. Andererseits ist zu berücksichtigen, dass von dieser Berufsgruppe in der Regel die Lösung konstruktiver oder verfahrensmäßiger technischer Aufgaben nicht erwartet wird (7).

*6. Gruppe:* Hierher gehören die Personen, die als untere betriebliche Führungskräfte eingesetzt werden (z.B. Meister, Obermeister, Werkmeister) oder eine etwas gründlichere technische Ausbildung erhalten haben (z.B. Chemotechniker, Techniker). Von diesen Arbeitnehmern wird in der Regel schon erwartet, dass sie Vorschläge zur Rationalisierung innerhalb der ihnen obliegenden Tätigkeit machen und auf einfache technische Neuerungen bedacht sind (6).

*5. Gruppe:* Zu dieser Gruppe sind die Arbeitnehmer zu rechnen, die eine gehobene technische Ausbildung erhalten haben, sei es auf Universitäten oder technischen Hochschulen, sei es auf höheren technischen Lehranstalten oder in Ingenieur- oder entsprechenden Fachschulen, wenn sie in der Fertigung tätig sind. Von diesen Arbeitnehmern wird ein reges technisches Interesse sowie die Fähigkeit erwartet, gewisse konstruktive oder verfahrensmäßige Aufgaben zu lösen (5).

*4. Gruppe:* Hierher gehören die in der Fertigung leitend Tätigen (Gruppenleiter, d. h. Ingenieure und Chemiker, denen andere Ingenieure und Chemiker unterstellt sind) und die in der Entwicklung tätigen Ingenieure und Chemiker (4).

*3. Gruppe:* Zu dieser Gruppe sind in der Fertigung der Leiter einer ganzen Fertigungsgruppe (z.B. technischer Abteilungsleiter und Werksleiter) zu zählen, in der Entwicklung die Gruppenleiter von Konstruktionsbüros und Entwicklungslaboratorien und in der Forschung die Ingenieure und Chemiker (3).

*2. Gruppe:* Hier sind die Leiter der Entwicklungsabteilungen einzuordnen sowie die Gruppenleiter in der Forschung (2).

*1. Gruppe:* Zur Spitzengruppe gehören die Leiter der gesamten Forschungsabteilung eines Unternehmens und die technischen Leiter größerer Betriebe (1).

Die vorstehende Tabelle kann nur Anhaltspunkte geben. Die Einstufung in die einzelnen Gruppen muss jeweils im Einzelfall nach Maßgabe der tatsächlichen Verhältnisse unter Berücksichtigung der Ausführungen in Nr. 33, 35 und 36 vorgenommen werden. In kleineren Betrieben sind z.B. vielfach die Leiter von Forschungsabteilungen nicht in Gruppe 1, sondern – je nach den Umständen des Einzelfalles – in die Gruppen 2, 3 oder 4 einzuordnen. Auch die Abstufung nach der Tätigkeit in Fertigung, Entwicklung oder Forschung ist nicht stets berechtigt, weil z.B. in manchen Betrieben die in der Entwicklung tätigen Arbeitnehmer Erfindungen näher stehen als die in der Forschung tätigen Arbeitnehmer.

Wenn die Gehaltshöhe gegenüber dem Aufgabengebiet Unterschiede zeigt, kann es berechtigt sein, den Erfinder in eine höhere oder tiefere Gruppe einzustufen, weil Gehaltshöhe und Leistungserwartung miteinander in Verbindung stehen. Dies ist besonders zu berücksichtigen im Verhältnis zwischen jüngeren und älteren Arbeitnehmern der gleichen Gruppe. In der Regel wächst das Gehalt eines Arbeitnehmers mit seinem Alter, wobei weitgehend der Gesichtspunkt maßgebend ist, dass die zunehmende Erfahrung auf Grund langjähriger Tätigkeit eine höhere Leistung erwarten lässt. Hiernach kann also ein höher bezahlter älterer Angestellter einer bestimmten Gruppe eher in die nächstniedrigere einzustufen sein, während ein jüngerer, geringer bezahlter Angestellter der nächsthöheren Gruppe zuzurechnen ist. (35)

Es ist weiter zu berücksichtigen, dass zum Teil gerade bei leitenden Angestellten nicht erwartet wird, dass sie sich mit technischen Einzelfragen befassen. Besonders in größeren Firmen stehen leitende Angestellte zum Teil der technischen Entwicklung ferner als Entwicklungs- und Betriebsingenieure. In solchen Fällen ist daher gleichfalls eine Berichtigung der Gruppeneinteilung angebracht. Auch die Vorbildung wird in der Regel ein Anhaltspunkt für die Einstufung des Arbeitnehmers sein. Sie ist aber hierauf dann ohne Einfluss, wenn der Arbeitnehmer nicht entsprechend seiner Vorbildung im Betrieb eingesetzt wird. Andererseits ist auch zu berücksichtigen, dass Arbeitnehmer, die sich ohne entsprechende Vorbildung eine größere technische Erfahrung zugeeignet haben und demgemäß im Betrieb eingesetzt und bezahlt werden, in eine entsprechend niedrigere Gruppe (also mit niedrigerer Wertzahl, z.B. von Gruppe 6 in Gruppe 5) eingestuft werden müssen.

Von Arbeitnehmern, die kaufmännisch tätig sind und keine technische Vorbildung haben, werden im Allgemeinen keine technischen Leistungen erwartet. Etwas anderes kann mitunter für die so genannten technischen Kaufleute und die höheren kaufmännischen Angestellten (kaufmännische Abteilungsleiter, Verwaltungs- und kaufmännische Direktoren) gelten. Wie diese Personen einzustufen sind, muss von Fall zu Fall entschieden werden. (36)

Für die Berechnung des Anteilsfaktors gilt folgende Tabelle: (37)

| a+b+c = | 3 | 4 | 5 | 6 | 7 | 8 | 9 | 10 | 11 | 12 | 13 | 14 | 15 | 16 | 17 | 18 | 19 | (20) |
|---|---|---|---|---|---|---|---|---|---|---|---|---|---|---|---|---|---|---|
| A = | 2 | 4 | 7 | 10 | 13 | 15 | 18 | 21 | 25 | 32 | 39 | 47 | 55 | 63 | 72 | 81 | 90 | (100) |

In dieser Tabelle bedeuten:

a = Wertzahlen, die sich aus der Stellung der Aufgabe ergeben, b = Wertzahlen, die sich aus der Lösung der Aufgabe ergeben,

c = Wertzahlen, die sich aus Aufgaben und Stellung im Betrieb ergeben,

A = Anteilsfaktor (Anteil des Arbeitnehmers am Erfindungswert in Prozenten).

Die Summe, die sich aus den Wertzahlen a, b und c ergibt, braucht keine ganze Zahl zu sein. Sind als Wertzahlen Zwischenwerte (z.B. 3,5) gebildet worden, so ist als Anteilsfaktor eine Zahl zu ermitteln, die entsprechend zwischen den angegebenen Zahlen liegt. Die Zahlen 20 und 100 sind in Klammern gesetzt, weil zumindest in diesem Fall eine freie Erfindung vorliegt.

**Wegfall der Vergütung**

(38) Ist der Anteilsfaktor sehr niedrig, so kann, wenn der Erfindungswert gleichfalls gering ist, die nach den vorstehenden Richtlinien zu ermittelnde Vergütung bis auf einen Anerkennungsbetrag sinken oder ganz wegfallen.

**Dritter Teil Die rechnerische Ermittlung der Vergütung**

**I. Formel**

(39) Die Berechnung der Vergütung aus Erfindungswert und Anteilsfaktor kann in folgender Formel ausgedrückt werden:

$V = E \times A$

Dabei bedeuten:

V = die zu zahlende Vergütung,

E = den Erfindungswert,

A = den Anteilsfaktor in Prozenten.

Die Ermittlung des Erfindungswertes nach der Lizenzanalogie kann in folgender Formel ausgedrückt werden:

$E = B \times L$

Dabei bedeuten:

E = den Erfindungswert,

B = die Bezugsgröße,

L = Lizenzsatz in Prozenten.

In dieser Formel kann die Bezugsgröße ein Geldbetrag oder eine Stückzahl sein. Ist die Bezugsgröße ein bestimmter Geldbetrag, so ist der Lizenzsatz ein

Prozentsatz (z.B. 3 % von 100 000,- DM). Ist die Bezugsgröße dagegen eine Stückzahl oder eine Gewichtseinheit, so ist der Lizenzsatz ein bestimmter Geldbetrag je Stück oder Gewichtseinheit (z.B. 0,10 DM je Stück oder Gewichtseinheit des umgesetzten Erzeugnisses).

Insgesamt ergibt sich hiernach für die Ermittlung der Vergütung bei Anwendung der Lizenzanalogie folgende Formel:

$V = B \times L \times A$

Hierbei ist für B jeweils die entsprechende Bezugsgröße (Umsatz, Erzeugung) einzusetzen. Sie kann sich auf die gesamte Laufdauer des Schutzrechts (oder die gesamte sonst nach Nr. 42 in Betracht kommende Zeit) oder auf einen bestimmten periodisch wiederkehrenden Zeitabschnitt (z.B. ein Jahr) beziehen; entsprechend ergibt sich aus der Formel die Vergütung für die gesamte Laufdauer (V) oder den bestimmten Zeitabschnitt (bei jährlicher Ermittlung im folgenden mit Vj bezeichnet). Wird z.B. die Vergütung unter Anwendung der Lizenzanalogie in Verbindung mit dem Umsatz ermittelt, so lautet die Formel für die Berechnung der Vergütung:

$V = U \times L \times A$

oder bei jährlicher Ermittlung

$VJ = Uj \times E \times A$

**Beispiel:**

Bei einem Jahresumsatz von 400.000,– DM, einem Lizenzsatz von 3 % und einem Anteilsfaktor von (a + b + c = 8) = 15 % ergibt sich folgende Rechnung:

Vj = 400 000 x  *3 %*  x  *15 %*

Die Vergütung für ein Jahr beträgt in diesem Falle 1.800,– DM.

## II. Art der Zahlung der Vergütung

Die Vergütung kann in Form einer laufenden Beteiligung bemessen werden. (40) Hängt ihre Höhe von dem Umsatz, der Erzeugung oder dem erfassbaren betrieblichen Nutzen ab, so wird die Vergütung zweckmäßig nachkalkulatorisch errechnet; in diesem Falle empfiehlt sich die jährliche Abrechnung, wobei – soweit dies angemessen erscheint – entsprechende Abschlagszahlungen zu leisten sein werden. Wird die Diensterfindung durch Lizenzvergabe verwertet, so wird die Zahlung der Vergütung im Allgemeinen der Zahlung der Lizenzen anzupassen sein.

Manchmal wird die Zahlung einer einmaligen oder mehrmaligen festen Summe (Gesamtabfindung) als angemessen anzusehen sein. Dies gilt insbesondere für folgende Fälle:
a) Wenn es sich um kleinere Erfindungen handelt, für die eine jährliche Abrechnung wegen des dadurch entstehenden Aufwandes nicht angemessen erscheint;
b) wenn die Diensterfindung als Vorrats- oder Ausbaupatent verwertet wird;
c) ist der Diensterfinder in einer Stellung, in der er auf den Einsatz seiner Erfindung oder die Entwicklung weiterer verwandter Erfindungen im Betrieb einen maßgeblichen Einfluss ausüben kann, so ist zur Vermeidung von Interessengegensätzen ebenfalls zu empfehlen, die Vergütung in Form einmaliger oder mehrmaliger Beträge zu zahlen.

In der Praxis findet sich manchmal eine Verbindung beider Zahlungsarten derart, dass der Lizenznehmer eine einmalige Zahlung leistet und der Lizenzgeber im Übrigen laufend an den Erträgen der Erfindung beteiligt wird. Auch eine solche Regelung kann eine angemessene Art der Vergütungsregelung darstellen.

(41) Nur ein geringer Teil der Patente wird in der Praxis für die Gesamtlaufdauer von *achtzehn Jahren* aufrechterhalten. Bei patentfähigen Erfindungen hat es sich bei der Gesamtabfindung häufig als berechtigt erwiesen, im Allgemeinen eine durchschnittliche Laufdauer des Patents von einem Drittel der Gesamtlaufdauer, also von sechs Jahren, für die Ermittlung der einmaligen festen Vergütung zugrunde zu legen. Bei einer wesentlichen Änderung der Umstände, die für die Feststellung oder Festsetzung der Vergütung maßgebend waren, können nach § 12 Abs. 6 des Gesetzes Arbeitgeber und Arbeitnehmer voneinander die Einwilligung in eine andere Regelung der Vergütung verlangen.

**III. Die für die Berechnung der Vergütung maßgebende Zeit**

(42) Die Zeit, die für die Berechnung der Vergütung bei laufender Zahlung maßgebend ist, endet bei der unbeschränkten Inanspruchnahme in der Regel mit dem Wegfall des Schutzrechts. Dasselbe gilt bei der beschränkten Inanspruchnahme, wenn ein Schutzrecht erwirkt ist. Wegen der Dauer der Vergütung bei beschränkter Inanspruchnahme wird im Übrigen auf Nummer 25 verwiesen. In Ausnahmefällen kann der Gesichtspunkt der Angemessenheit der Vergütung auch eine Zahlung über die Laufdauer des Schutzrechts hinaus gerechtfertigt erscheinen lassen. Dies gilt beispielsweise dann, wenn eine Erfindung erst in den letzten Jahren der Laufdauer eines Schutzrechts praktisch ausgewertet worden ist und die durch das Patent während seiner Laufzeit dem Patentinhaber vermittelte Vorzugsstellung auf dem Markt auf Grund besonderer Umstände noch weiter andauert. Solche besonderen Umstände können z.B. darin liegen,

dass die Erfindung ein geschütztes Verfahren betrifft, für dessen Ausübung hohe betriebsinterne Erfahrungen notwendig sind, die nicht ohne weiteres bei Ablauf des Schutzrechts Wettbewerbern zur Verfügung stehen.

Ist das Schutzrecht vernichtbar, so bleibt dennoch der Arbeitgeber bis zur Nichtigkeitserklärung zur Vergütungszahlung verpflichtet, weil bis dahin der Arbeitgeber eine tatsächliche Nutzungsmöglichkeit und günstigere Geschäftsstellung hat, die er ohne die Inanspruchnahme nicht hätte. Die offenbar oder wahrscheinlich gewordene Nichtigkeit ist für den Vergütungsanspruch der tatsächlichen Vernichtung dann gleichzustellen, wenn nach den Umständen das Schutzrecht seine bisherige wirtschaftliche Wirkung so weit verloren hat, dass dem Arbeitgeber die Vergütungszahlung nicht mehr zugemutet werden kann. Dies ist besonders dann der Fall, wenn Wettbewerber, ohne eine Verletzungsklage befürchten zu müssen, nach dem Schutzrecht arbeiten. (43)

Bonn, den 20. Juli 1959 – III a 6 – 1859/59

Der Bundesminister für Arbeit und Sozialordnung

In Vertretung

Dr. Claussen

# Anhang 2 Richtlinien für die Vergütung von Arbeitnehmererfindungen im öffentlichen Dienst

vom 1. 12. 1960[1]

Nach Anhörung der Spitzenorganisationen der Arbeitgeber, der Arbeitnehmer, der Beamten und der Soldaten ergänze ich auf Grund des § 11 in Verbindung mit den §§ 40, 41 des Gesetzes über Arbeitnehmererfindungen vom 25. Juli 1957 (Bundesgesetzbl. I S. 756) die Richtlinien für die Vergütung von Arbeitnehmererfindungen im privaten Dienst vom 20. Juli 1959 (Beilage zum Bundesanzeiger Nr. 156 vom 18. August 1959) dahin, dass diese Richtlinien auf Arbeitnehmer im öffentlichen Dienst sowie auf Beamte und Soldaten entsprechend anzuwenden sind.

Bonn, den 1. Dezember 1960 – III a 6 – 2329/60

Der Bundesminister für Arbeit und Sozialordnung

Im Auftrag

*Dr. Schelp*

---

[1] BAnz. Nr. 237 v. 08.12.1960 = BArbBl. 1960, 767 = Blatt 1961, 69; für Berlin auf Grund Art. II d. Ges. v. 02.08.1957 (GVBl. Berlin 1957, S 869), veröffentl. am 17.01.1961 (GVBl. Berlin 1961, S. 118).

# Anhang 3 Zweite Verordnung zur Durchführung des Gesetzes über Arbeitnehmererfindungen

Vom 1. Oktober 1957[1]

Auf Grund des § 45 des Gesetzes über Arbeitnehmererfindungen vom 25. Juli 1957 (Bundesgesetzbl. I S. 756) wird im Einvernehmen mit dem Bundesminister für Arbeit verordnet:

## § 1 Voraussetzungen für die Bestellung als Beisitzer[2]

(1) Als Beisitzer aus Kreisen der Arbeitgeber und der Arbeitnehmer für die Erweiterung der Schiedsstelle gemäß § 30 Abs. 4 und 5 des Gesetzes über Arbeitnehmererfindungen (Beisitzer) sind Personen zu bestellen, die das fünfundzwanzigste Lebensjahr vollendet haben.

(2) Vom Amt eines Beisitzers ist ausgeschlossen,
1. wer infolge Richterspruchs die Fähigkeit zur Bekleidung öffentlicher Ämter nicht besitzt oder wegen einer vorsätzlichen Tat zu einer Freiheitsstrafe von mehr als sechs Monaten verurteilt worden ist;
2. wer wegen einer Tat angeklagt ist, die den Verlust der Fähigkeit zur Bekleidung öffentlicher Ämter zur Folge haben kann;
3. wer durch gerichtliche Anordnung in der Verfügung über sein Vermögen beschränkt ist;
4. wer das Wahlrecht zum Deutschen Bundestag nicht besitzt.

(3) Beamte und Angestellte des Patentamts dürfen nicht als Beisitzer bestellt werden.

(4) Niemand darf zugleich Beisitzer der Arbeitgeberseite und der Arbeitnehmerseite sein.

## § 2 Beisitzer aus Kreisen der Arbeitgeber[3]

(1) Beisitzer aus Kreisen der Arbeitgeber kann auch sein, wer vorübergehend oder regelmäßig zu gewissen Zeiten des Jahres keine Arbeitnehmer beschäftigt.

---

1 BGBl. I, S. 1680 (= GVBl. Berlin 1957, 1651 = BArbBl. 1957, 738 = BlPMZ 1957, 333); geändert durch VO v. 10.12.1974 (BGBl. I, 3459) und danach Anl. 8 d. Ges. 2. Vereinfachung 4. Modernisierung d. PatR v. 31.07.2009 (BGBl. I S. 2521).
2 § 1 Abs. 2 neu gefasst durch VO v. 10.10.1969 (BGBl. I, 1881 = BlPMZ 1969, 329).
3 § 2 Abs. 2 Nr. 2 geändert durch VO v. 22.8.1968 (BGBl. I, 994 = BlPMZ 1968, 302).

(2) Zu Beisitzern aus Kreisen der Arbeitgeber können auch bestellt werden
1. bei Betrieben einer juristischen Person oder einer Personengesamtheit Personen, die kraft Gesetzes, Satzung oder Gesellschaftsvertrages allein oder als Mitglieder des Vertretungsorgans zur Vertretung der juristischen Personen oder der Personengesamtheit berufen sind;
2. leitende Angestellte, wenn sie zur selbständigen Einstellung und Entlassung von im Betrieb oder in der Betriebsabteilung beschäftigten Arbeitnehmern berechtigt sind oder wenn ihnen Generalvollmacht oder Prokura erteilt ist oder wenn sie Aufgaben wahrnehmen, die regelmäßig wegen ihrer Bedeutung für den Bestand und die Entwicklung des Betriebs nur auf Grund besonderen persönlichen Vertrauens des Arbeitgebers bestimmten Personen im Hinblick auf deren besondere Erfahrungen und Kenntnisse übertragen werden;
3. bei dem Bund, den Ländern, den Gemeinden, den Gemeindeverbänden und anderen Körperschaften, Anstalten und Stiftungen des öffentlichen Rechts Beamte und Angestellte nach näherer Anordnung der zuständigen obersten Bundes- oder Landesbehörde;
4. Mitglieder und Angestellte von Vereinigungen von Arbeitgebern sowie Vorstandsmitglieder und Angestellte von Zusammenschlüssen solcher Vereinigungen, wenn diese Personen kraft Satzung oder Vollmacht zur Vertretung befugt sind.

## § 3 Beisitzer aus Kreisen der Arbeitnehmer

(1) Beisitzer aus Kreisen der Arbeitnehmer kann auch sein, wer arbeitslos ist.

(2) Den Arbeitnehmern stehen für die Bestellung als Beisitzer Mitglieder und Angestellte von Gewerkschaften, von selbständigen Vereinigungen von Arbeitnehmern mit sozial- oder berufspolitischer Zwecksetzung sowie Vorstandsmitglieder und Angestellte von Zusammenschlüssen von Gewerkschaften gleich, wenn diese Personen kraft Satzung oder Vollmacht zur Vertretung befugt sind.

## § 4 Vorschlagslisten

(1) Vorschlagslisten für die Auswahl der Beisitzer sind dem Präsidenten des Patentamts einzureichen.

(2) Die Vorschlagslisten sollen folgende Angaben über die als Beisitzer vorgeschlagenen Personen enthalten:
1. Name,
2. Geburtstag,

3. Beruf,
4. Wohnort.

(3) Den Vorschlagslisten ist eine Erklärung der als Beisitzer vorgeschlagenen Personen darüber beizufügen, dass die Voraussetzungen für die Bestellung als Beisitzer (§§ 1 bis 3) in ihrer Person vorliegen und sie bereit sind, das Amt des Beisitzers zu übernehmen.

(4) Änderungen in der Person eines vorgeschlagenen Beisitzers, die die Voraussetzungen für die Bestellung als Beisitzer (§§ 1 bis 3) oder die nach Absatz 2 erforderlichen Angaben betreffen, sind dem Präsidenten des Patentamts von der Organisation, die den Beisitzer vorgeschlagen hat, unverzüglich mitzuteilen. Sie werden vom Präsidenten des Patentamts in der Vorschlagsliste vermerkt.

## § 5 Ehrenamt[4]

(1) Das Amt des Beisitzers ist ein Ehrenamt.

(2) Der Vorsitzende der Schiedsstelle hat die Beisitzer vor ihrer ersten Dienstleistung auf die Erfüllung der Obliegenheiten ihres Amtes zu verpflichten. Er soll die Beisitzer auf § 24 des Gesetzes über Arbeitnehmererfindungen hinweisen. Über die Verpflichtung soll eine Niederschrift aufgenommen werden, die der Verpflichtete mit zu unterzeichnen hat.

## § 6 Zurückziehung eines Beisitzers

(1) Vorschläge für die Bestellung als Beisitzer können von der Organisation, die sie eingereicht hat, zurückgezogen werden. Die Zurückziehung ist dem Präsidenten des Patentamts schriftlich mitzuteilen.

(2) Der Präsident des Patentamts hat nach Eingang der Mitteilung über die Zurückziehung den vorgeschlagenen Beisitzer in der Vorschlagsliste zu streichen. Ist der Beisitzer bereits für ein Schiedsverfahren bestellt worden, so bleibt die Bestellung bis zur Beendigung des Schiedsverfahrens wirksam.

(3) Der Präsident des Patentamts hat die Zurückziehung dem vorgeschlagenen Beisitzer unverzüglich schriftlich mitzuteilen.

---

4 § 5 Abs. 2 neu gefasst durch VO v. 10.12.1974 (BGBl. I, 3459 = GVBl. Berlin 1975, 104 = BlPMZ 1975, 12).

## § 7 Abberufung eines Beisitzers

(1) Der Präsident des Patentamts darf einen vorgeschlagenen Beisitzer nicht bestellen und hat einen bereits bestellten Beisitzer unverzüglich abzuberufen, wenn das Fehlen einer Voraussetzung für die Bestellung (§§ 1 bis 3) nachträglich bekannt wird oder eine Voraussetzung nachträglich fortfällt. Er hat hiervon die Organisation, die den Beisitzer vorgeschlagen hat, und den Beisitzer unverzüglich schriftlich zu unterrichten.

(2) Das Gleiche gilt, wenn ein Beisitzer seine Amtspflicht grob verletzt.

(3) Vor der Abberufung ist der Beisitzer zu hören.

## § 8 Entschädigung der Beisitzer[5]

Die Beisitzer erhalten eine Entschädigung nach Maßgabe der §§ 2, 3, 5 bis 7 und 16 bis 18 das Justizvergütungs- und Entschädigungsgesetz; § 4 dieses Gesetzes gilt entsprechend. Die Entschädigung wird von dem Vorsitzenden der Schiedsstelle festgesetzt. Für die gerichtliche Festsetzung ist das Verwaltungsgericht zuständig, in dessen Bezirk die Schiedsstelle ihren Sitz hat. Die Festsetzung kann von dem Vorsitzenden der Schiedsstelle auf das Patentamt übertragen werden.

## § 9 Besondere Bestimmungen für die Schiedsstelle in Berlin[6]

*(aufgehoben)*

## § 10 Beisitzer aus Kreisen der Beamten und Soldaten

Für den öffentlichen Dienst sind, soweit es sich um Beamte und Soldaten handelt, die Vorschriften dieser Verordnung entsprechend anzuwenden.

---

5  Satz 1 geändert durch Art. 4 des Kostenrechtsmodernisierungsgesetzes v. 05.05.2004 (BGBl. I S. 718). Satz 4 angefügt durch Art. 8 Nr. 1 des am 01.10.2009 in Kraft getretenen Patentrechtsmodernisierungsgesetzes v. 31.07.2009 (BGBl. I S. 2521).
6  Aufgehoben durch Art. 8 Nr. 2 des am 01.10.2009 in Kraft getretenen Patentrechtsmodernisierungsgesetzes v. 31.07.2009 (BGBl. I S. 2521). Vgl. auch die Hinweise zu § 47 a.F.

## § 11 Geltung im Land Berlin[7]
(aufgehoben)

## § 12 Geltung im Saarland[8]
(aufgehoben)

## § 13 In-Kraft-Treten
Diese Verordnung tritt am Tage nach ihrer Verkündung in Kraft.

---

[7] Aufgehoben durch Art. 8 Nr. 2 des am 01.10.2009 in Kraft getretenen Patentrechtsmodernisierungsgesetzes v. 31.07.2009 (BGBl. I S. 2521). Vgl. auch die Hinweise zu § 47 a.F.

[8] Aufgehoben durch Ant. 8 Nr. 2 des am 01.10.2009 in Kraft getretenen Patentrechtsmodernisierungsgesetzes v. 31.07.2009 (BGBl. I S. 2521). Vgl. auch die Hinweise zu § 48 a.F.

# BGH-Entscheidungsregister (chronologisch)

| Datum | Aktenzeichen | Stichwort | GRUR | Mitt. |
|---|---|---|---|---|
| **1951** | | | | |
| 30.3.51 | I XZ 58/50 | Wechselstromgeneratoren | 1951, 404 | |
| **1952** | | | | |
| 23.5.52 | I ZR 149/51 | Zuckerdiffuseur | 1952, 573; 1952, 273 | |
| 24.6.52 | I ZR 131/51 | Plattenspieler I | 1953, 29 | |
| **1954** | | | | |
| 22.6.54 | I ZR 225/53 | Autostadt | 1955, 83 | |
| 16.11.54 | I ZR 180/53 | Anreißgerät | 1955, 402 | |
| 16.11.54 | I ZR 40/53 | Schnellkopiergerät | 1955, 286 | |
| **1955** | | | | |
| 12.7.55 | I ZR 31/54 | Zählwerkgetriebe | 1955, 535 | |
| **1956** | | | | |
| 2.11.56 | I ZR 49/55 | Unfallverhütungsschuh | 1957, 270 | |
| **1957** | | | | |
| 2.4.57 | I ZR 58/56 | Rechnungslegung | 1957, 336 | |
| 12.4.57 | I ZR 1/56 | Verwandlungstisch | 1957, 595 | |
| 28.6.57 | I ZR 229/55 | Wendemanschette | 1958, 175 | |
| **1958** | | | | |
| 14.1.58 | I ZR 171/56 | Dia-Rähmchen | 1958, 288 | |
| 25.2.58 | I ZR 181/56 | Mitteilungs- und Meldepflicht | 1958, 334 | |
| 21.3.58 | I ZR 160/57 | Wettschein | 1958, 602 | |
| 23.9.58 | I ZR 106/57 | Pansana | 1959, 125 | |
| **1959** | | | | |
| 11.11.59 | KZR 1/59 | Malzflocken | | |
| 4.12.59 | I ZR 135/58 | Krankenwagen | 1960, 247 | |
| **1960** | | | | |
| 29.3.60 | I ZR 109/58 | Kreuzbodenventilsäcke I | 1960, 423 | |
| 5.7.60 | I ZR 63/59 | Holzbauträger | 1961, 27 | |
| 2.12.60 | I ZR 23/59 | Chlormethylierung | 1961, 338 | |
| **1961** | | | | |
| 17.3.61 | I ZR 63/59 | Gewinderollkopf | 1961, 466 | |

# BGH-Entscheidungsregister (chronologisch)

| Datum | Aktenzeichen | Stichwort | GRUR | Mitt. |
|---|---|---|---|---|
| 17.3.61 | I ZR 70/59 | Mitarbeiter-Urkunde | 1961, 470 | |
| 21.3.61 | I ZR 133/59 | Klebemittel | 1961, 432 | |
| 27.10.61 | I ZR 53/60 | Stangenführungsrohre | 1962, 140 | |
| 24.11.61 | I ZR 156/59 | Federspannvorrichtung | 1962, 305 | |
| **1962** | | | | |
| 23.2.62 | I ZR 114/60 | Furniergitter | 1962, 354 | |
| 13.3.62 | I ZR 18/61 | Kreuzbodenventilsäcke III | 1962, 401 | |
| 29.5.62 | I ZR 132/60 | Dia-Rähmchen II | 1962, 509 | |
| 28.6.62 | I ZR 28/61 | Cromegal | 1963, 135 | |
| 20.11.62 | I ZR 40/61 | Pauschalabfindung | 1963, 315 | |
| 21.12.62 | I ZR 47/61 | Industrieböden | 1963, 367 | |
| **1963** | | | | |
| 22.1.63 | Ia ZR 60/63 | Stapelpresse | 1963, 311 | |
| 27.2.63 | Ib ZR 180/61 | Micky Maus Orangen | 1963, 485 | |
| **1964** | | | | |
| 9.1.64 | I a ZR 190/63 | Drehstromwicklung | 1964, 449 | |
| 30.1.64 | Ia ZB 6/63 | Spannungsregler | 1965, 234 | |
| 14.7.64 | Ia ZR 195/63 | Vanal-Patent | 1965, 135 | |
| 22.10.64 | I a ZR 8/64 | Schellenreibungskupplung | 1965, 302 | |
| 5.11.64 | Ia ZR 152/63 | Polymerisationsbeschleuniger | 1965, 138 | |
| **1965** | | | | |
| 23.3.65 | Ia ZB 10/64 | Typensatz | 1965, 533 | 1965, 114 |
| 29.4.65 | Ia ZR 260/63 | Wellplatten | 1965, 591 | |
| 13.5.65 | I a ZB 23/64 | Beschränkter Bekanntmachungsantrag | 1966, 146 | 1966, 66 |
| 7.10.65 | Ia ZR 129/63 | Dauerwellen II | 1966, 370 | |
| **1966** | | | | |
| 5.5.66 | Ia ZR 110/64 | Spanplatten | 1966, 558 | |
| 27.10.66 | Ia ZR 86/64 | Hohlwalze | 1967, 194 | |
| **1967** | | | | |
| 15.6.67 | Ia ZB 13/66 | Altix | 1967, 655 | 1967, 216 |
| 30.11.67 | Ia ZR 93/65 | Gewindeschneidvorrichtung | 1971, 243 | |

## BGH-Entscheidungsregister (chronologisch)

| Datum | Aktenzeichen | Stichwort | GRUR | Mitt. |
|---|---|---|---|---|
| **1968** | | | | |
| 30.4.68 | X ZR 67/66 | Luftfilter | 1969, 133 | 1969, 96 |
| 3.10.68 | X ZR 27/67 | Lotterielos | 1969, 184 | |
| 26.11.68 | X ZR 15/67 | Räumzange | 1969, 341 | |
| 19.12.68 | X ZB 9/67 | Zugseilführung | 1969, 271 | |
| **1969** | | | | |
| 27.3.69 | X ZB 15/67 | Rote Taube | 1969, 672 | |
| 26.6.69 | X ZR 52/66 | Rüben-Verladeeinrichtung | 1969, 677 | |
| 27.11.69 | X ZR 89/65 | Allzweck-Landmaschine | 1970, 296 | |
| **1970** | | | | |
| 28.4.70 | X ZR 38/67 | Scheinwerfereinstellgerät | 1970, 459 | |
| 14.7.70 | X ZR 4/65 | Dia-Rähmchen V | 1971, 78 | 1971, 28 |
| 10.11.70 | X ZR 54/67 | Wildverbissverhinderung | 1971, 210 | |
| 20.11.70 | I ZR 50/69 | Kandinsky II | 1971, 362 | |
| **1971** | | | | |
| 30.3.71 | X ZR 8/68 | Gleichrichter | 1971, 475 | |
| 18.5.71 | X ZR 68/67 | Schlussurlaub | 1971, 407 | |
| 6.7.71 | X ZB 9/70 | Trioxan | 1972, 80 | |
| **1972** | | | | |
| 26.9.72 | X ZB 28/71 | Akteneinsicht XII | 1973, 154 | |
| **1973** | | | | |
| 8.3.73 | X ZR 6/70 | Spielautomat II | 1973, 518 | |
| 17.4.73 | X ZR 59/69 | Absperrventil | 1973, 649 | |
| 13.7.73 | I ZR 101/72 | Nebelscheinwerfer | 1974, 53 | |
| **1974** | | | | |
| 22.2.74 | I ZR 128/72 | Hummelrechte | 1974, 480 | |
| 23.4.74 | X ZR 4/71 | Anlagengeschäft | 1974, 463 | |
| 10.10.74 | KZR 1/74 | Kunststoffschaum-Bahnen | 1975, 206 | |
| 5.12.74 | X ZR 5/72 | Softeis | 1976, 91 | |
| 17.12.74 | X ZR 13/72 | Rotationseinmalentwickler | | 1975, 117 |
| **1975** | | | | |
| 4.3.75 | X ZR 28/72 | Stapelvorrichtung | 1975, 598 | |
| 11.3.75 | X ZB 4/74 | Bäckerhefe | 1975, 430 | |
| 15.4.75 | X ZR 18/72 | Etikettiergerät I | 1975, 484 | 1975, 137 |

2275

## BGH-Entscheidungsregister (chronologisch)

| Datum | Aktenzeichen | Stichwort | GRUR | Mitt. |
|---|---|---|---|---|
| 27.11.75 | X ZR 29/75 | Brillengestelle | 1976, 213 | |
| 27.11.75 | X ZB 24/73 | Rosenmutation | 1976, 385 | |
| **1976** | | | | |
| 3.6.76 | X ZR 57/73 | Tylosin | 1976, 579 | |
| 1.7.76 | X ZB 10/74 | Kennungsscheibe | 1977, 152 | |
| 28.9.76 | X ZR 22/75 | Werbespiegel | 1977, 107 | |
| 30.11.76 | X ZR 81/72 | Kunststoffhohlprofil I | 1977, 250 | 1977, 117 |
| **1977** | | | | |
| 20.1.77 | X ZB 13/75 | Benzolsulfonylharnstoff | 1977, 652 | 1977, 76 |
| 18.2.77 | I ZR 112/75 | Prozessrechner | 1977, 539 | |
| 15.3.77 | X ZB 11/75 | Aluminium-Oxydation | 1977, 780 | 1977, 135 |
| 21.4.77 | X ZB 24/74 | Straken | 1977, 567 | |
| 23.6.77 | X ZR 6/75 | Blitzlichtgeräte | 1977, 784 | |
| 13.7.77 | I ZR 102/75 | Speisekartenwerbung | | |
| **1978** | | | | |
| 31.1.78 | X ZR 55/75 | Absorberstab-Antrieb | 1978, 430 | 1978, 199 |
| 27.4.78 | X ZB 3/78 | Zeitplaner | 1978, 527 | |
| 20.6.78 | X ZR 49/75 | Motorkettensäge | 1978, 583 | 1978, 235 |
| 14.8.78 | X ZB 14/77 | Farbbildröhre | 1979, 461 | |
| 24.10.78 | X ZR 53/08 | Aufwärmvorrichtung | 1979, 145 | 1979, 98 LS |
| **1979** | | | | |
| 20.2.79 | X ZR 63/77 | Biedermeiermanschette | 1979, 540 | |
| 21.6.79 | X ZR 2/78 | Mehrzweckfrachter | 1979, 800 | |
| 10.7.79 | X ZR 23/78 | Oberarmschwimmringe | 1979, 869 | |
| 24.9.79 | KZR 14/78 | Fullplastverfahren | 1980, 38 | 1980, 35 |
| **1980** | | | | |
| 12.2.80 | KZR 7/79 | Pankreaplex II | 1980, 750 | 1981, 25 |
| 14.7.80 | X ZR 1/79 | Rohrverlegeverfahren | | |
| 16.9.80 | X ZB 6/80 | Walzstabteilung | 1981, 39 | |
| 1.10.80 | I ZR 111/78 | Haushaltsschneidemaschine II | 1981, 269 | |
| 21.10.80 | X ZR 56/78 | Flaschengreifer | 1981, 128 | |
| 11.11.80 | X ZR 58/79 | Spinnturbine II | 1981, 186 | |
| 21.11.80 | I ZR 106/78 | Staatsexamensarbeit | 1981, 352 | |
| 25.11.80 | X ZR 12/80 | Drehschiebeschalter | 1981, 263 | |

# BGH-Entscheidungsregister (chronologisch)

| Datum | Aktenzeichen | Stichwort | GRUR | Mitt. |
|---|---|---|---|---|
| **1981** | | | | |
| 13.2.81 | I ZR 111/78 | Wirtschaftsprüfervorbehalt | 1981, 535 | |
| 17.2.81 | X ZR 51/76 | Klappleitwerk | 1981, 516 | |
| 27.2.81 | I ZR 29/79 | Fragen-Sammlung | 1981, 520 | |
| 19.5.81 | X ZB 19/80 | Etikettiermaschine | 1981, 812 | |
| 6.10.81 | X ZR 57/80 | Pneumatische Einrichtung | 1982, 95 | |
| 29.10.81 | X ZR 78/79 | Einspruchsverbietungsklage | 1982, 161 | |
| 24.11.81 | X ZR 36/80 | Fersenabstützvorrichtung | 1982, 286 | 1982, 91 |
| 8.12.81 | X ZR 50/80 | Absorberstab-Antrieb II | 1982, 227 | |
| **1982** | | | | |
| 23.3.82 | X ZR 76/80 | Hartmetallkopfbohrer | 1982, 481 | |
| 23.3.82 | KZR 5/81 | Verankerungsteil | 1982, 411 | 1982, 230 LS |
| 16.9.82 | X ZR 54/81 | Dampffrisierstab | 1982, 723; 1983, 723 | |
| 19.11.82 | I ZR 99/80 | Stapel-Automat | 1983, 179 | |
| **1983** | | | | |
| 25.1.83 | X ZR 47/82 | Brückenlegepanzer | 1983, 237 | 1983, 92 |
| 1.2.83 | X ZR 16/82 | Fahrzeugsitz | | |
| 21.4.83 | I ZR 201/80 | Vertragsstrafenrückzahlung | 1983, 602 | |
| 20.9.83 | X ZB 4/83 | Hydropyriden | 1983, 729 | |
| **1984** | | | | |
| 29.3.84 | I ZR 32/82 | Ausschreibungsunterlagen | 1984, 659 | |
| 29.3.84 | KZR 28/83 | Heizkessel-Nachbau | 1984, 753 | |
| 10.5.84 | I ZR 85/82 | Elektrodenfabrik | 1985, 129 | |
| 5.6.84 | X ZR 72/82 | Schaltungsanordnung | 1984, 652 | |
| 3.7.84 | X ZR 34/83 | Dampffrisierstab II | 1984, 728 | |
| **1985** | | | | |
| 29.1.85 | X ZR 54/83 | Thermotransformator | 1985, 472 | |
| 9.5.85 | I ZR 52/83 | Inkasso-Programm | 1985, 1041 | |
| 7.10.85 | X ZR 31/82 | Melkstand | 1986, 238 | |
| **1986** | | | | |
| 25.2.86 | X ZR 8/85 | Schweißgemisch | 1986, 531 | |
| 11.3.86 | X ZR 65/85 | Flugkostenminimierung | 1986, 531 | |
| 29.4.86 | X ZR 28/85 | Formstein | 1986, 803 | |

2277

# BGH-Entscheidungsregister (chronologisch)

| Datum | Aktenzeichen | Stichwort | GRUR | Mitt. |
|---|---|---|---|---|
| **1987** | | | | |
| 12.2.87 | X ZB 4/86 | Tollwutvirus | 1987, 231 | |
| 19.3.87 | I ZR 98/85 | Briefentwürfe | 1987, 647 | |
| 24.3.87 | X ZB 23/85 | Mittelohr-Prothese | 1987, 510 | 1987, 238 |
| 24.3.87 | X ZR 20/86 | Rundfunkübertragungssystem | 1987, 626 | |
| 2.6.87 | X ZR 97/86 | Entwässerungsanlage | 1987, 900 | |
| 29.9.87 | X ZR 44/86 | Vinylpolymerisate | 1988, 123 | |
| **1988** | | | | |
| 10.5.88 | X ZR 89/87 | Windform | 1988, 762 | |
| 4.10.88 | X ZR 3/88 | Flächenentlüftung | 1989, 39 | |
| 4.10.88 | X ZR 71/86 | Vinylchlorid | 1990, 271 | |
| 29.11.88 | X ZR 63/87 | Schwermetalloxidationskatalysator | 1989, 205 | |
| **1989** | | | | |
| 21.2.89 | X ZR 53/87 | Ethofumesat | 1990, 997 | |
| 11.4.89 | X ZR 26/87 | Offenend-Spinnmaschine | 1989, 411 | |
| 24.10.89 | X ZR 58/88 | Auto-Kindersitz | 1990, 193 | 1990, 99 |
| 21.12.89 | X ZR 30/89 | Marder | 1990, 515 | |
| **1990** | | | | |
| 22.3.90 | I ZR 59/88 | Lizenzanalogie | 1990, 1008 | |
| 15.5.90 | X ZR 119/88 | Einbettungsmasse | 1990, 667 | |
| 12.7.90 | X ZR 121/88 | Befestigungsvorrichtung II | 1991, 436 | |
| 30.10.90 | X ZR 16/90 | Objektträger | 1991, 127 | |
| **1991** | | | | |
| 23.4.91 | X ZR 41/89 | Trockenlegungs-Verfahren | 1991, 744 | 1991, 198 LS |
| 11.6.91 | X ZB 24/89 | Chinesische Schriftzeichen | 1992, 36 | |
| 11.6.91 | X ZB 13/88 | Seitenpuffer | 1992, 33 | |
| 27.6.91 | I ZR 22/90 | Horoskop-Kalender | 1991, 901 | |
| 19.11.91 | X ZR 9/89 | Heliumeinspeisung | 1992, 305 | |
| **1992** | | | | |
| 4.2.92 | X ZR 43/91 | Tauchcomputer | 1992, 430 | |
| 18.2.92 | X ZR 7/90 | Steuereinrichtung | 1992, 432 | |
| 18.2.92 | X ZR 8/90 | Teleskopzylinder | 1992, 599 | |
| 17.6.92 | I ZR 107/90 | Tchibo/Rolex II | 1993, 55 | |
| 8.12.92 | X ZR 123/90 | Mauer-Rohrdurchführungen | 1993, 469 | |

# BGH-Entscheidungsregister (chronologisch)

| Datum | Aktenzeichen | Stichwort | GRUR | Mitt. |
|---|---|---|---|---|
| **1993** | | | | |
| 30.3.93 | X ZB 13/90 | Tetraploide Kamille | 1993, 651 | |
| 25.5.93 | X ZR 19/92 | Mogul-Anlage | 1993, 897 | |
| 14.7.93 | I ZR 47/91 | Buchhaltungsprogramm | 1994, 39 | 1994, 44 |
| 16.12.93 | X ZB 12/92 | Lichtfleck | 1996, 42 | 1994, 75 |
| **1994** | | | | |
| 20.1.94 | X ZR 102/91 | Muffelofen | 1994, 357 | |
| 8.2.94 | KZR 2/93 | Pronuptia II | 1994, 463 | |
| 22.2.94 | X ZB 15/92 | Sulfonsäurechlorid | 1994, 439 | |
| 24.3.94 | X ZR 108/91 | Rotationsbürstenwerkzeug | 1994, 602 | 1994, 332 |
| 17.5.94 | X ZR 82/92 | Copolyester | 1994, 898 | 1994, 265 |
| **1995** | | | | |
| 10.1.95 | X ZB 11/92 | Aluminium-Trihydroxid | 1995, 333 | 1995, 243 |
| 17.1.95 | X ZR 130/93 | Gummielastische Masse | | 1996, 16 |
| 30.5.95 | X ZR 54/93 | Steuereinrichtung II | 1995, 578 | |
| 11.7.95 | X ZR 99/92 | Klinische Versuche | 1995, 109 | 1995, 274 |
| **1996** | | | | |
| 4.6.96 | X ZR 49/94 | Rauchgasklappe | 1996, 857 | |
| **1997** | | | | |
| 17.4.97 | X ZR 68/94 | Klinische Versuche II | | 1997, 253 |
| 16.9.97 | X ZB 21/94 | Handhabungsgerät | 1998, 130 | |
| 13.11.97 | X ZR 132/95 | Copolyester II | 1998, 689 | 1998, 105 |
| 13.11.97 | X ZR 6/96 | Spulkopf | 1998, 684 | 1998, 111 |
| **1998** | | | | |
| 22.1.98 | I ZR 189/95 | Comic-Übersetzungen | 1998, 680 | |
| 5.3.98 | I ZR 250/95 | Popmusikproduzenten | 1998, 673 | |
| 28.5.98 | I ZR 81/96 | Stadtplanwerk | 1998, 916 | |
| 16.6.98 | X ZB 3/97 | Alpinski | 1998, 899 | |
| **1999** | | | | |
| 14.1.99 | I ZR 2/97 | Weinberater | 1999, 934 | |
| 15.9.99 | I ZR 57/97 | Comic-Übersetzungen II | 2000, 144 | |
| 13.12.99 | X ZB 11/98 | Logikverifikation | 2000, 498 | 2000, 293 |
| 14.12.99 | X ZR 61/98 | Karate | 2000, 299 | |

2279

## BGH-Entscheidungsregister (chronologisch)

| Datum | Aktenzeichen | Stichwort | GRUR | Mitt. |
|---|---|---|---|---|
| **2000** | | | | |
| 11.4.00 | X ZR 185/97 | Gleichstromsteuerschaltung | 2000, 788 | |
| 10.10.00 | X ZR 176/98 | Luftheizgerät | 2001, 228 | 2001, 21 |
| 17.10.00 | X ZR 223/98 | Rollenantriebseinheit | 2001, 226 | |
| 24.10.00 | X ZR 72/98 | Wetterführungspläne | 2001, 155 | |
| 2.11.00 | I ZR 246/98 | Gemeinkostenanteil | 2001, 329 | 2001, 125 |
| 14.11.00 | X ZR 137/99 | Bodenwaschanlage | 2001, 223 | |
| 19.12.00 | X ZR 150/98 | Temperaturwächter | 2001, 323 | 2002, 179 |
| **2001** | | | | |
| 29.1.01 | II ZR 331/00 | Rechtsfähigkeit der GbR | | 2001, 176 |
| 13.3.01 | X ZR 155/98 | Schalungselement | 2001, 819 | 2001, 250 |
| 3.5.01 | I ZR 153/99 | Spritzgießwerkzeuge | 2002, 91 | |
| 15.5.01 | X ZR 227/99 | Schleppfahrzeug | 2001, 823 | |
| 17.5.01 | I ZR 291/98 | Entfernung der Herstellungsnummer II | 2001, 841 | |
| 21.6.01 | I ZR 245/98 | Kinderhörspiele | 2002, 153 | |
| 17.10.01 | X ZB 16/00 | Suche fehlerhafter Zeichenketten | 2002, 143 | 2001, 553 |
| 23.10.01 | X ZR 72/98 | Wetterführungspläne II | 2002, 149 | 2002, 232 |
| **2002** | | | | |
| 6.2.02 | X ZR 215/00 | Drahtinjektionseinrichtung | 2002, 609 | |
| 12.3.02 | X ZB 12/00 | Custodiol I | 2002, 523 | 2002, 220 |
| 12.3.02 | X ZR 73/01 | Custodiol II | 2002, 527 | 2002, 224 |
| 12.3.02 | X ZR 43/01 | Kunststoffrohrteil | 2002, 511 | 2002, 228 |
| 12.3.02 | X ZR 168/00 | Schneidmesser I | 2002, 515 | 2002, 212 |
| 12.3.02 | X ZR 135/01 | Schneidmesser II | 2002, 519 | |
| 11.4.02 | I ZR 231/99 | Technische Lieferbedingungen | 2002, 958 | |
| 16.4.02 | X ZR 127/99 | Abgestuftes Getriebe | 2002, 801 | 2002, 357 |
| 10.9.02 | X ZR 199/01 | Ozon | 2003, 237 | 2003, 24 |
| 24.9.02 | KZR 10/01 | Tennishallenpacht | 2004, 353 | |
| 7.11.02 | I ZR 64/00 | Präzisionsmessgeräte | 2003, 356 | 2003, 224 |
| 19.12.02 | I ZR 119/00 | Verwertung von Kundenlisten | 2003, 453 | |

## BGH-Entscheidungsregister (chronologisch)

| Datum | Aktenzeichen | Stichwort | GRUR | Mitt. |
|---|---|---|---|---|
| **2003** | | | | |
| 23.1.03 | I ZR 18/01 | Cartier-Ring | 2003, 433 | 2003, 216 LS |
| 13.3.03 | X ZR 100/00 | Enalapril | 2003, 507 | 2003, 303 LS |
| 18.3.03 | X ZR 19/01 | Gehäusekonstruktion | 2003, 702 | 2003, 409 LS |
| 29.4.03 | X ZR 186/01 | Abwasserbehandlung | 2003, 789 | 2003, 466 |
| 16.9.03 | X ZR 142/01 | Verkranzungsverfahren | 2004, 50 | |
| 30.9.03 | X ZR 114/00 | Blasenfreie Gummibahn II | 2004, 268 | 2004, 70 LS |
| 28.10.03 | X ZR 76/00 | Geflügelkörperhalterung | 2004, 413 | 2004, 188 LS |
| 9.12.03 | X ZR 64/03 | Rotierendes Schaftwerkzeug | 2004, 272 | |
| 12.12.03 | IXa ZB 165/03 | Pfändungsschutz für Lizenzgebühren | | 2004, 231 (LS) |
| **2004** | | | | |
| 17.2.04 | X ZB 9/03 | Signalfolge | 2004, 495 | 2004, 265 |
| 22.4.04 | I ZR 174/01 | Comic-Übersetzungen III | 2004, 938 | |
| 4.5.04 | X ZR 48/03 | Flügelradzähler | 2004, 758 | 2004, 358 |
| 24.5.04 | X ZB 20/03 | Elektronischer Zahlungsverkehr | 2004, 667 | 2004, 356 |
| **2005** | | | | |
| 11.1.05 | X ZR 20/02 | Leichtflüssigkeitsabscheider | 2005, 406 | 2005, 180 LS |
| 22.3.05 | X ZR 152/03 | Gummielastische Masse II | 2005, 663 | 2005, 354 |
| 17.5.05 | GSZ 1/04 | Unberechtigte Schutzrechtsverwarnung | 2005, 882 | 2005, 520 |
| 19.5.05 | X ZR 152/01 | Rasenbefestigungsplatte | 2006, 761 | 2006, 453 LS |
| 5.7.05 | X ZR 14/03 | Abgasreinigungsvorrichtung | 2005, 845 | 2005, 502 |
| 5.10.05 | X ZR 26/03 | Ladungsträgergenerator | 2006, 141 | 2006, 89 LS |
| 17.11.05 | IX ZR 162/04 | Softwarenutzungsrecht | 2006, 435 | |
| 21.12.05 | X ZR 165/04 | Zylinderrohr | 2006, 401 | 2006, 169 |
| **2006** | | | | |
| 4.4.06 | X ZR 155/03 | Haftetikett | 2006, 754 | 2006, 363 |
| 27.4.06 | I ZR 126/03 | Kundendatenprogramm | 2006, 1044 | 2007, 38 |
| 20.6.06 | X ZB 27/05 | Demonstrationsschrank | 2006, 482 | 2006, 512 |
| 26.9.06 | X ZR 181/03 | Rollenantriebseinheit II | 2007, 52 | 2007, 42 |
| 21.12.06 | I ZB 17/06 | Zugang des Abmahnschreibens | 2007, 629 | 2007, 386 |

2281

# BGH-Entscheidungsregister (chronologisch)

| Datum | Aktenzeichen | Stichwort | GRUR | Mitt. |
|---|---|---|---|---|
| **2007** | | | | |
| 30.1.07 | X ZR 53/04 | Funkuhr II | 2007, 313 | 2007, 231 LS |
| 17.4.07 | X ZR 1/05 | Pumpeneinrichtung | 2007, 959 | 2007, 414 LS |
| 12.7.07 | I ZKR 147/04 | Aspirin II | 2008, 156 | 2008, 83 LS |
| 24.7.07 | X ZB 17/05 | Angussvorrichtung für Spritzgießwerkzeuge | 2007, 996 | 2008, 458 |
| 18.9.07 | X ZR 167/05 | selbststabilisierendes Kniegelenk | 2008, 150 | 2008, 87 |
| 22.11.07 | I ZR 12/05 | Planfreigabesystem | 2008, 357 | |
| 4.12.07 | X ZR 102/06 | Ramipril I | 2008, 606 | 2008, 282 |
| 13.12.07 | I ZR 71/05 | Schweißmodulgenerator | 2007, 727 | 2008, 364 LS |
| **2008** | | | | |
| 20.5.08 | X ZR 180/05 | Tintenpatrone | 2008, 896 | 2008, 407 |
| 4.12.08 | I ZR 49/06 | Mambo No. 5 | 2009, 939 | 2009, 428 LS |
| **2009** | | | | |
| 20.1.09 | X ZB 22/07 | Steuereinrichtung für Untersuchungsmodalitäten | 2009, 479 | 2009, 178 |
| 26.2.09 | I ZR 28/06 | Versicherungsuntervertreter | 2009, 603 | 2009, 246 |
| 12.3.09 | Xa ZR 86/06 | Blendschutzbehang | 2009, 657 | 2009, 226 |
| 26.3.09 | I ZR 153/06 | Reifen-Progressiv | 2009, 946 | 2009, 517 LS |
| 14.5.09 | I ZR 98/06 | Tripp-Trapp-Stuhl | 2009, 856 | 2009, 474 LS |
| 29.7.09 | I ZR 169/07 | BTK | 2010, 243 | 2010, 195 LS |
| 8.9.09 | X ZR 81/08 | Schnellstart-Glühsystem | | |
| 10.9.09 | Xa ZR 18/08 | Füllstoff | 2010, 47 | 2009, 566 |
| 7.10.09 | I ZR 38/07 | Talking to Addison | 2009, 1148 | 2009, 35 LS |
| 17.11.09 | X ZR 60/07 | Türbänder | | |
| 17.11.09 | X ZR 137/07 | Türinnenverstärkung | 2010, 223 | 2010, 138 |
| **2010** | | | | |
| 4.2.10 | Xa ZR 36/08 | Gelenkanordnung | 2010, 603 | 2010, 300 |
| 22.4.10 | Xa ZB 20/08 | Dynamische Dokumentengenerierung | 2010, 613 | 2010, 295 |
| 22.4.10 | I ZR 89/08 | Verlängerte Limousinen | 2010, 718 | 2010, 384 |
| 29.4.10 | I ZR 68/08 | Restwertbörse | 2010, 623 | 2010, 389 LS |
| 29.4.10 | I ZR 69/08 | Vorschaubilder einer Suchmaschine | 2010, 628 | 2010, 315 LS |
| 12.5.10 | I ZR 209/97 | Lärmschutzwand | 2011, 59 | 2011, 35 LS |

## BGH-Entscheidungsregister (chronologisch)

| Datum | Aktenzeichen | Stichwort | GRUR | Mitt. |
|---|---|---|---|---|
| 18.5.10 | X ZR 79/07 | Steuervorrichtung | 2010, 817 | 2010, 443 |
| 1.12.10 | I ZR 12/08 | Perlentaucher | 2011, 123 | 2011, 97 LS |
| **2011** | | | | |
| 24.1.11 | X ZB 33/08 | Deformationsfelder | 2011, 409 | 2011, 233 |
| 25.1.11 | X ZR 69/08 | Raffvorhang | 2011, 411 | 2011, 189 |
| 22.2.11 | X ZB 4/09 | Patentstreitsache | 2011, 662 | 2011, 230 |
| 22.2.11 | X ZB 43/08 | Schweißheizung | 2011, 509 | 2011, 286 |
| 24.2.11 | X ZR 121/09 | Webseitenanzeige | 2011, 610 | 2011, 359 |
| 12.4.11 | X ZR 72/10 | Initialidee | 2011, 733 | 2011, 377 |
| 17.5.11 | X ZR 53/08 | Atemgasdrucksteuerung | 2011, 903 | 2011, 470 |
| 1.6.11 | I ZR 140/09 | Lernspiele | 2011, 803 | 2011, 431 LS |
| 22.11.11 | X ZR 35/09 | Ramipril II | 2012, 380 | 2012, 136 |
| 20.12.11 | X ZB 6/10 | Installiereinrichtung II | 2012, 378 | 2012, 183 LS |
| **2012** | | | | |
| 23.2.12 | I ZR 136/10 | MOVICOL-Zulassungsantrag | 2012, 1048 | |
| 6.3.12 | X ZR 104/09 | Antimykotischer Nagellack | 2012, 605 | 2012, 285 |
| 10.5.12 | I ZR 145/11 | Fluch der Karibik | 2012, 1248 | 2012, 91 LS |
| 31.5.12 | I ZR 73/10 | Honorarbedingungen Freie Journalisten | 2012, 1031 | |
| 12.6.12 | X ZR 104/09 | Antimykotischer Nagellack II | 2012, 959 | 2012, 472 |
| 17.7.12 | X ZR 113/11 | Palettenbehälter III | 2012, 1122 | 2012, 450 |
| 19.7.12 | I ZR 70/10 | M2Trade | 2012, 916 | 2012, 466 |
| 19.7.12 | I ZR 24/11 | Take Five | 2012, 914 | 2012, 472 |
| 24.7.12 | X ZR 51/11 | Flaschenträger | 2012, 1226 | 2012, 505 |
| 20.9.12 | I ZR 90/09 | UniBasic-IDOS | 2013, 509 | 2013, 368 LS |
| **2013** | | | | |
| 5.2.13 | X ZR 59/12 | Genveränderungen | 2013, 498 | 2013, 244 |
| 23.4.13 | X ZR 27/12 | Fahrzeugnavigationssystem | 2013, 909 | 2013, 406 |
| 18.6.13 | X ZR 103/11 | Flexibles Verpackungsbehältnis | | 2013, 551 |
| 3.9.13 | X ZR 130/12 | Kabelschloss | 2013, 1213 | 2013, 553 |
| 26.11.13 | X ZR 3/13 | Profilstrangpressverfahren | 2014, 357 | 2014, 182 |
| **2015** | | | | |
| 25.8.15 | X ZR 110/13 | Entsperrbild | 2015, 1184 | 2015, 503 |
| 20.10.15 | X ZR 149/12 | KfZ-Stahlbeutel | 2016, 265 | 2016, 122 |

2283

# BGH-Entscheidungsregister (chronologisch)

| Datum | Aktenzeichen | Stichwort | GRUR | Mitt. |
|---|---|---|---|---|
| **2016** | | | | |
| 14.6.16 | X ZR 29/15 | Pemetrexed | 2016, 921 | 2016, 453 |
| 21.6.16 | X ZR 41/14 | Fahrzeugscheibe II | 2016, 1038 | 2016, 441 |
| 23.8.16 | X ZR 76/14 | V-förmige Führungsanordnung | 2016, 1254 | 2016, 552 |
| 27.9.16 | X ZR 163/12 | Beschichtungsverfahren | 2016, 1257 | 2016, 549 |
| **2017** | | | | |
| 14.2.17 | X ZR 64/15 | Lichtschutzfolie | 2017, 504 | 2017, 182 |
| 28.2.17 | I ZR 46/16 | Derrick | 2017, 627 | |
| 16.5.17 | X ZR 85/14 | Sektionaltor II | 2017, 890 | 2017, 416 |
| **2018** | | | | |
| 27.3.18 | X ZB 18/16 | Feldmausbekämpfung | 2018, 605 | 2018, 281 |

# BGH-Entscheidungsregister nach Stichworten

| Stichwort | Datum | Aktenzeichen | Zitierstelle |
|---|---|---|---|
| Abgasreinigungsvorrichtung | 05.07.2005 | X ZR 14/03 | § 9 91.3 |
| Abgestuftes Getriebe | 16.04.2002 | X ZR 127/99 | § 1 129, 130, 131, 132; § 4 9; § 6 6; § 7 11; § 9 74, 75, 76, 77, 86, 90, 109, 121, 122.2, 185, 186.1, 187, 187.1, 187.2, 187.3, 188, 188.1, 189, 221, 236.1, 261; § 12 162.1, 162.2, 162.3, 164, 164.2, 170.4, 171, 171.1, 173.2, 179, 179.2, 183, 200, 217, 218, 219, 222, 223, 224, 225, 226, 236, 245, 246, 296, 297, 298, 300, 316, 331; § 19 22 |
| Absetzwagen III | 01.02.1977 | X ZR 7/73 | § 20 30 |
| Absorberstab-Antrieb | 31.01.1978 | X ZR 55/75 | § 5 13, 18; § 8 25; § 9 79, 86, 125.2, 142.1, 142.3, 144, 145, 146, 330; § 11 7; § 12 45, 152; § 14 25, 26, 32, 71, 81; § 16 29, 75; § 25 3 |
| Absorberstab-Antrieb II | 08.12.1981 | X ZR 50/80 | § 2 1, 25; § 5 13, 97, 97.2; § 9 246.2, 330, 331; § 13 68, 70; § 14 25, 32, 81; § 16 29, 73, 75, 75.1 |
| Absperrventil | 17.04.1973 | X ZR 59/69 | § 7 22; § 9 57, 60; § 12 2, 16, 17, 20.1, 60, 69, 94, 95, 97, 98, 99, 100, 104, 107, 109, 111, 114, 115, 134, 149; § 17 35.4, 36; § 23 7, 18, 20, 24, 30 |
| Abwasserbehandlung | 29.04.2003 | X ZR 186/01 | § 9 2, 11, 71, 74, 75, 76, 86, 91.2, 109, 121, 138; § 10 9; § 12 162.1, 162.2, 162.8, 179.2, 183, 207, 265, 268, 272, 273; § 19 28 |
| Akteneinsicht XII | 26.09.1972 | X ZB 28/71 | § 4 16; § 13 45 |
| Akteneinsicht XIII | 21.09.1993 | X ZB 31/92 | § 7 81 |
| Allzweck-Landmaschine | 27.11.1969 | X ZR 89/65 | § 5 97.2; § 9 210, 331; § 14 81; § 16 75.1, 75.2 |
| Alpinski | 16.06.1998 | X ZB 3/97 | § 5 71 |
| Altix | 15.06.1967 | Ia ZB 13/66 | § 19 64; § 35 15 |
| Aluminium-Oxydation | 15.03.1977 | X ZB 11/75 | § 7 47 |
| Aluminium-Trihydroxid | 10.01.1995 | X ZB 11/92 | § 35 3 |
| Angussvorrichtung für Spritzgießwerkzeuge | 24.07.2007 | X ZB 17/05 | § 7 56 |

## BGH-Entscheidungsregister nach Stichworten

| Stichwort | Datum | Aktenzeichen | Zitierstelle |
|---|---|---|---|
| Anlagengeschäft | 23.04.1974 | X ZR 4/71 | Einl 3; § **7aF** 29, 30, 31, 33, 35; § **8aF** 9, 28; § **9** 221; § **14** 51, 72; § **16** 7, 8, 79, 80, 81, 82, 84, 85, 88; § **19** 13 |
| Anreißgerät | 16.11.1954 | I ZR 180/53 | § **1** 7, 30; § **24** 39; § **26** 35 |
| Antimykotischer Nagellack | 06.03.2012 | X ZR 104/09 | § **1** 132; § **9** 1.2, 75, 76, 104, 109, 110, 121, 122, 124, 125, 134, 161, 162, 163.1, 163.2, 164, 186.1, 261; § **11** 5, 7; § **12** 298, 331, 336; § **23** 5, 21; § **39** 4; § **42** 5, 145, 155, 167, 180 |
| Antimykotischer Nagellack II | 12.06.2012 | X ZR 104/09 | § **23** 21, 22.1; § **38** 2 |
| Aspirin II | 12.07.2007 | I ZKR 147/04 | § **1** 163 |
| Atemgasdrucksteuerung | 17.05.2011 | X ZR 53/08 | § **5** 44, 46, 48, 50, 51, 51.2; § **7** 83; § **9** 91.2; § **12** 30, 31; § **13** 92 |
| Aufwärmvorrichtung | 24.10.1978 | X ZR 42/76 | § **2** 3; § **5** 51.2, 96.1; § **7** 82, 83; § **13** 87 |
| Auskunft über Tintenpatrone | 18.12.2008 | I ZB 68/08 | § **12** 301 |
| Ausschreibungsunterlagen | 29.03.1984 | I ZR 32/82 | § **1** 3 |
| Auto-Kindersitz | 24.10.1989 | X ZR 58/88 | § **1** 9, 20, 68, 69, 70, 71, 72, 74, 75.2, 75.5, 76.2, 76.3, 76.4, 93; **vor** 9–12 14.1; § **11** 7 |
| Autostadt | 22.06.1954 | I ZR 225/53 | § **39** 9 |
| Autowaschvorrichtung | 06.11.1990 | X ZR 55/89 | § **9** 91.2 |
| Bäckerhefe | 11.03.1975 | X ZB 4/74 | § **2** 5 |
| Befestigungsvorrichtung II | 12.07.1990 | X ZR 121/88 | § **9** 91.2 |
| Benzolsulfonylharnstoff | 20.01.1977 | X ZB 13/75 | § **3** 14 |
| Beschichtungsverfahren | 27.09.2016 | X ZR 163/12 | § **1** 21; § **5** 9.4, 52, 53.2, 53.5; § **6** 141, 142, 146; § **12** 340; § **13** 3.1 |
| Beschränkter Bekanntmachungsantrag | 13.05.1965 | I a ZB 23/64 | § **7** 100 |
| Biedermeiermanschette | 20.02.1979 | X ZR 63/77 | § **1** 48; § **4** 11; § **5** 46, 47, 48, 50, 51, 52, 53; § **9** 91.3, 196; § **12** 30, 31, 32 |
| Blasenfreie Gummibahn II | 30.09.2003 | X ZR 114/00 | § **12** 97 |

# BGH-Entscheidungsregister nach Stichworten

| Stichwort | Datum | Aktenzeichen | Zitierstelle |
|---|---|---|---|
| Blendschutzbehang | 12.03.2009 | Xa ZR 86/06 | § **5** 46, 50.1, 52, 53.1, 53.2, 53.4, 53.5; § **12** 30; § **13** 50.1 |
| Blitzlichtgeräte | 23.06.1977 | X ZR 6/75 | Einl 9; § **2** 15, 17, 22; § **5** 46, 50.1, 60; § **6** 55, 58; § **6aF** 6.1, 6.2, 68; § **9** 3, 12, 17, 21, 34, 35, 39, 46, 48; § **10** 16; § **12** 60, 61, 72, 164.4, 323; § **13** 10.1; § **17** 69; § **23** 31, 32 |
| Bodenwaschanlage | 14.11.2000 | X ZR 137/99 | § **6aF** 66 |
| Briefentwürfe | 19.03.1987 | I ZR 98/85 | § **12** 162.1, 162.2 |
| Brillengestelle | 27.11.1975 | X ZR 29/75 | § **4** 16, 17 |
| Brückenlegepanzer | 25.01.1983 | X ZR 47/82 | § **1** 48; § **9** 34, 196 |
| BTK | 29.07.2009 | I ZR 169/07 | § **9** 134 |
| Buchhaltungsprogramm | 14.07.1993 | I ZR 47/91 | § **1** 3; § **5** 50, 50.1, 51.2 |
| Cartier-Armreif | 24.03.1994 | I ZR 42/93 | § **12** 290 |
| Cartier-Ring | 23.01.2003 | I ZR 18/01 | § **12** 282 |
| Chinesische Schriftzeichen | 11.06.1991 | X ZB 24/89 | § **2** 7 |
| Chlormethylierung | 02.12.1960 | I ZR 23/59 | § **2** 15, 16; § **5** 51, 51.1; § **9** 11, 311, 314; § **12** 1, 15, 24, 25, 30, 36, 38, 39, 42, 44, 52, 53, 54, 56, 65, 92, 93, 162.4, 162.6, 170.1; § **13** 55 |
| Comic-Übersetzungen | 22.01.1998 | I ZR 189/95 | § **12** 97, 98, 101 |
| Comic-Übersetzungen II | 15.09.1999 | I ZR 57/97 | § **9** 46 |
| Comic-Übersetzungen III | 22.04.2004 | I ZR 174/01 | § **1** 4.2 |
| Copolyester | 17.05.1994 | X ZR 82/92 | § **5** 51.1, 51.2; § **9** 11, 109, 142.1, 148; § **12** 2, 11, 17, 24, 32.3, 40, 41, 42, 48, 53.1, 74.3, 75, 85, 90, 92, 93, 110, 132, 146, 156, 157, 162.1, 162.2, 162.6, 162.7, 162.8, 163, 164, 164.1, 170.1, 173, 173.1, 179.1, 180, 189, 191, 195, 209, 222, 236, 245, 250, 265, 316, 323, 329, 331, 335, 336; § **23** 7.1; § **25** 17, 47; § **39** 10 |
| Copolyester II | 13.11.1997 | X ZR 132/95 | § **9** 2, 2.4, 71, 75, 76, 77, 109, 122.2, 246.1; § **12** 52, 75, 162.1, 162.2, 162.8, 170, 171.1, 179, 179.2, 183, 191, 193, 195, 197, 198, 200, 201, 222, 223, 225, 230, 232, 236, 237, 245, 250, 259, 273, 317, 325; § **16** 20, 24 |

2287

## BGH-Entscheidungsregister nach Stichworten

| Stichwort | Datum | Aktenzeichen | Zitierstelle |
|---|---|---|---|
| Cromegal | 28.06.1962 | I ZR 28/61 | § 2 16; § 6aF 31, 68; § 8aF 28; § 9 12, 21, 33, 212; § 10 7; § 12 1, 24, 25, 27, 41, 43, 44, 47, 56, 60, 65, 66, 69.1; § 16 79 |
| Custodiol I | 12.03.2002 | X ZB 12/00 | § 9 91 |
| Custodiol II | 12.03.2002 | X ZR 73/01 | § 9 91 |
| Dampffrisierstab | 16.09.1982 | X ZR 54/81 | § 12 162.5, 173 |
| Dampffrisierstab II | 03.07.1984 | X ZR 34/83 | § 12 171.1, 173, 281, 291 |
| Dauerwellen II | 07.10.1965 | Ia ZR 129/63 | § 27aF 70 |
| Deformationsfelder | 24.01.2011 | X ZB 33/08 | § 7 56; § 25 42, 43, 44, 45, 51 |
| Demonstrationsschrank | 20.06.2006 | X ZB 27/05 | § 2 9 |
| Derrick | 28.02.2017 | I ZR 46/16 | § 9 40.1; § 39 7 |
| Dia-Rähmchen | 14.01.1958 | I ZR 171/56 | § 12 225; § 16 48, 65 |
| Dia-Rähmchen II | 29.05.1962 | I ZR 132/60 | § 9 95 |
| Dia-Rähmchen V | 14.07.1970 | X ZR 4/65 | § 9 91.2 |
| Drahtinjektionseinrichtung | 06.02.2002 | X ZR 215/00 | § 1 161; § 2 18; § 9 12, 14, 17, 35; § 12 61, 65.1, 162.1, 162.6, 162.7, 164.4, 171.1, 340, 341; § 16 4, 11, 25, 36, 41, 43, 44, 47, 70, 73, 74; § 39 32 |
| Drehschiebeschalter | 25.11.1980 | X ZR 12/80 | vor 9–12 9; § 9 2, 3, 125.2; § 12 50.4; § 25 25 |
| Drehstromwicklung | 09.01.1964 | I a ZR 190/63 | § 2 14; § 3 26, 27; § 6 47, 57, 145; § 6aF 6, 27, 30, 31, 66, 74; § 8 40; § 8aF 25, 28, 30; § 9 331; § 10 7, 11, 14, 16, 26, 28; § 12 60; § 13 68, 70; § 14 52; § 20 9, 16, 21, 35; § 28 5; § 29 2; § 33 1; § 34 10; § 39 28 |
| Dynamische Dokumentengenerierung | 22.04.2010 | Xa ZB 20/08 | § 2 7 |
| Einbettungsmasse | 15.05.1990 | X ZR 119/88 | Einl 3; § 2 16, 18, 19; § 6 26, 27.1, 28; § 6aF 17; § 7aF 29; § 8 16; § 8aF 9, 32; § 9 11, 14, 33, 34, 35, 36; § 10 7, 16, 17, 19, 22, 25, 26, 29; § 12 60, 65.1; § 13 57; § 14 61; § 16 9, 78, 79, 89, 91; § 25 45, 47, 48 |
| Einspruchsverbietungsklage | 29.10.1981 | X ZR 78/79 | § 25 51 |

## BGH-Entscheidungsregister nach Stichworten

| Stichwort | Datum | Aktenzeichen | Zitierstelle |
|---|---|---|---|
| Eismann-Franchisevertrag | 04.11.1998 | VII ZB 12/98 | § 1 24, 43 |
| Elektrodenfabrik | 10.05.1984 | I ZR 85/82 | § 1 3, 4.3; § 4 11; **vor 9–12** 14.1; § 9 334; § 19 3; § 20 66 |
| Elektronischer Zahlungsverkehr | 24.05.2004 | X ZB 20/03 | § 2 7 |
| Enalapril | 13.03.2003 | X ZR 100/00 | § 14 36.5 |
| Entfernung der Herstellungsnummer II | 17.05.2001 | I ZR 291/98 | § 12 282 |
| Entsperrbild | 25.08.2015 | X ZR 110/13 | § 2 7 |
| Entwässerungsanlage | 02.06.1987 | X ZR 97/86 | **Einl** 3; § 1 32, 94; § 2 15, 16, 19; § 5 23; § 6 17, 26, 27.1, 28; § **6aF** 5, 17, 44; § 8 78; § 9 4, 14, 21; § 10 19; § 12 60, 61, 65.1; § 13 57; § 15 8; § 17 41; § 18 49; § 25 45, 46 |
| Entwendete Datensätze mit Konstruktionszeichnungen | 19.03.2008 | I ZR 225/06 | § 24 41 |
| Ethofumesat | 21.02.1989 | X ZR 53/87 | § 4 17 |
| Etikettiergerät I | 15.04.1975 | X ZR 18/72 | § 20 30 |
| Etikettiermaschine | 19.05.1981 | X ZB 19/80 | § 42 76 |
| Fahrzeugnavigationssystem | 23.04.2013 | X ZR 27/12 | § 2 7 |
| Fahrzeugscheibe II | 21.06.2016 | X ZR 41/14 | § 9 268 |
| Fahrzeugsitz | 01.02.1983 | X ZR 16/82 | § 9 139; § 19 28, 30, 56 |
| Fahrzeugsitz II | 29.11.1984 | X ZR 39/83 | § 4 47, 48; § 9 3; § 18 5, 46; § 19 7, 9, 20, 49, 56, 73; **27 Anh.** 10 |
| Farbbildröhre | 14.08.1978 | X ZB 14/77 | § 9 91.3 |
| Fash 2000 | 03.03.2005 | I ZR 111/02 | § 1 3, 4.1, 4.2; § 5 50.1 |
| Federspannvorrichtung | 24.11.1961 | I ZR 156/59 | § 5 5, 38, 39; § 22 27; § 39 6, 7 |
| Feldmausbekämpfung | 27.03.2018 | X ZB 18/16 | § 2 9 |
| Fersenabstützvorrichtung | 24.11.1981 | X ZR 36/80 | § 9 55.1 |
| Flächenentlüftung | 04.10.1988 | X ZR 3/88 | § 25 42, 43, 44, 45 |
| Flammenüberwachung | 07.02.1995 | X ZB 20/93 | § 13 30 |
| Flaschengreifer | 21.10.1980 | X ZR 56/78 | § 1 7; § 4 16, 18, 18.1, 26, 30; § 5 51.2, 94; § 7 51; § 18 14; § 25 25, 26; § 26 22 |
| Flaschenträger | 24.07.2012 | X ZR 51/11 | § 9 126 |

2289

# BGH-Entscheidungsregister nach Stichworten

| Stichwort | Datum | Aktenzeichen | Zitierstelle |
|---|---|---|---|
| Flexibles Verpackungsbehältnis | 18.06.2013 | X ZR 103/11 | § 5 36.1, 44, 46, 48, 50, 51; § 6 72; § 6aF 10, 28; § 12 30 |
| Fluch der Karibik | 10.05.2012 | I ZR 145/11 | § 9 40.4; § 12 224, 331 |
| Flügelradzähler | 04.05.2004 | X ZR 48/03 | § 9 246.7 |
| Flugkostenminimierung | 11.03.1986 | X ZR 65/85 | § 2 7 |
| Formstein | 29.04.1986 | X ZR 28/85 | § 9 91 |
| Fragen-Sammlung | 27.02.1981 | I ZR 29/79 | § 1 3 |
| Fullplastverfahren | 24.09.1979 | KZR 14/78 | § 6aF 66; vor 9–12 14; § 9 186.1; § 14 69 |
| Füllstoff | 10.09.2009 | Xa ZR 18/08 | § 1 44, 46, 48, 49; § 5 9.4; § 7 110; § 8 106; § 27 26 |
| Funkuhr II | 30.01.2007 | X ZR 53/04 | § 9 246.7 |
| Furniergitter | 23.02.1962 | I ZR 114/60 | § 12 250 |
| Gebührendifferenz IV | 20.02.1986 | I ZR 153/83 | § 1 131; § 9 187.3; § 16 80 |
| Geburtstagskarawane | 16.06.2016 | I ZR 222/14 | § 9 40.4; § 12 96.2, 147, 149; § 23 29 |
| Geflügelkörperhalterung | 28.10.2003 | X ZR 76/00 | § 9 91 |
| Gehäusekonstruktion | 18.03.2003 | X ZR 19/01 | § 1 5; § 5 1, 20.3, 51.2, 52, 73, 74, 80, 81, 83, 84, 85; § 6 41; § 9 311; § 12 21, 39, 94; § 17 36 |
| Gelenkanordnung | 04.02.2010 | Xa ZR 36/08 | § 9 91 |
| Gemeinkostenanteil | 02.11.2000 | I ZR 246/98 | § 9 78 |
| Genveränderungen | 05.02.2013 | X ZR 59/12 | § 9 2, 2.2, 95, 223, 229; § 12 170.1, 274; § 42 145, 146, 160, 161, 167, 168, 170, 174, 178, 217 |
| Gewinderollkopf | 17.03.1961 | I ZR 63/59 | § 12 173.1 |
| Gewindeschneidvorrichtung | 30.11.1967 | Ia ZR 93/65 | § 25 42 |
| Gleichrichter | 30.03.1971 | X ZR 8/68 | § 2 15; § 6aF 68; § 9 21, 324; § 12 60, 61, 65, 66, 67 |
| Gleichstromsteuerschaltung | 11.04.2000 | X ZR 185/97 | § 1 69, 74, 75.1, 75.3, 75.5, 76.1, 114; § 19 19 |
| Grabungsmaterialien | 27.09.1990 | I ZR 244/88 | § 42 3, 36, 52, 55 |
| Gummielastische Masse | 17.01.1995 | X ZR 130/93 | § 4 12, 17, 23, 30; § 5 1, 27, 31.5, 33, 38, 39, 40, 41, 43, 46, 50, 96.1; § 6 17; § 6aF 44; § 7 42, 45, 51, 54, 66; § 8 67, 113; § 8aF 33; § 13 50.1, 81, 92; § 25 22.2; § 26 34 |

# BGH-Entscheidungsregister nach Stichworten

| Stichwort | Datum | Aktenzeichen | Zitierstelle |
|---|---|---|---|
| Gummielastische Masse II | 22.03.2005 | X ZR 152/03 | § 5 52, 53.2, 53.3, 53.4, 53.5, 53.7; § 6 141 |
| Haftetikett | 04.04.2006 | X ZR 155/03 | § 1 49; § 5 1, 5, 31, 41, 51.2, 52, 95; § 6 5, 18, 55, 58, 87, 141; § 6aF 6, 8, 9, 27, 31, 45, 47, 51, 57, 59, 60, 61, 62, 63; § 7 11; § 8 94, 113, 114, 119; **vor 9–12** 13, 18.2, 18.3; § 9 187.2; § 12 18, 316; § 13 1, 92; § 14 26; § 22 40; § 25 11, 12, 20; § 39 4 |
| Handhabungsgerät | 16.09.1997 | X ZB 21/94 | § 9 186.1 |
| Hartmetallkopfbohrer | 23.03.1982 | X ZR 76/80 | § 12 69.2 |
| Hauptregisseur | 17.08.2011 | I ZR 18/09 | § 5 51.2 |
| Haushaltsschneidemaschine II | 01.10.1980 | I ZR 111/78 | § 2 28 |
| Heizkessel-Nachbau | 29.03.1984 | KZR 28/83 | § 20 41 |
| Heliumeinspeisung | 19.11.1991 | X ZR 9/89 | § 9 91.3 |
| Hohlwalze | 27.10.1966 | Ia ZR 86/64 | § 5 70 |
| Holzbauträger | 05.07.1960 | I ZR 63/59 | § 9 221 |
| Honorarbedingungen Freie Journalisten | 31.05.2012 | I ZR 73/10 | § 22 44 |
| Horoskop-Kalender | 27.06.1991 | I ZR 22/90 | § 1 4.4; § 38 5 |
| Hummelrechte | 22.02.1974 | I ZR 128/72 | § 1 4.2; § 3 27 |
| Hydropyriden | 20.09.1983 | X ZB 4/83 | § 9 91.3 |
| Industrieböden | 21.12.1962 | I ZR 47/61 | § 24 42; § 26 35 |
| Initialidee | 12.04.2011 | X ZR 72/10 | § 4 16, 30, 45; § 5 1, 5, 20.3, 26, 31, 31.2, 31.5, 33, 35, 40, 41, 43, 43.1, 46, 54, 73, 74; § 6aF 9, 27, 29, 51; § 7 11, 42; § 8 81; § 13 81; § 17 20; § 43 17, 19 |
| Inkasso-Programm | 09.05.1985 | I ZR 52/83 | § 1 4.2; § 5 50.1 |
| Installiereinrichtung II | 20.12.2011 | X ZB 6/10 | § 2 9 |
| Isle of Man-Rechtswahlklausel | 19.03.1997 | VIII ZR 316/96 | § 1 32.5 |
| Kabelschloss | 03.09.2013 | X ZR 130/12 | § 9 126 |
| Kandinsky II | 20.11.1970 | I ZR 50/69 | § 6aF 62 |
| Karate | 14.12.1999 | X ZR 61/98 | § 14 36.5 |
| Kennungsscheibe | 01.07.1976 | X ZB 10/74 | § 2 2, 5 |
| KfZ-Stahlbeutel | 20.10.2015 | X ZR 149/12 | § 5 50 |

2291

# BGH-Entscheidungsregister nach Stichworten

| Stichwort | Datum | Aktenzeichen | Zitierstelle |
|---|---|---|---|
| Kinderhörspiele | 21.06.2001 | I ZR 245/98 | § 12 331 |
| Klappleitwerk | 17.02.1981 | X ZR 51/76 | § 10 25, 29; § 25 48 |
| Klebemittel | 21.03.1961 | I ZR 133/59 | § 1 48; § 9 332; § 25 25 |
| Klinische Versuche | 11.07.1995 | X ZR 99/92 | § 4 17; § 9 93.1, 93.2; § 42 173 |
| Klinische Versuche II | 17.04.1997 | X ZR 68/94 | § 42 173 |
| Konservendosen | 20.05.1953 | I ZR 52/52 | § 25 42 |
| Kranhäuser | 26.02.2009 | I ZR 142/06 | § 5 51.2 |
| Krankenhauskartei | 26.10.1951 | I ZR 93/51 | § 1 4.2 |
| Krankenwagen | 04.12.1959 | I ZR 135/58 | § 12 290, 291 |
| Kreuzbodenventilsäcke I | 29.03.1960 | I ZR 109/58 | § 9 93; § 10 9 |
| Kreuzbodenventilsäcke III | 13.03.1962 | I ZR 18/61 | § 9 126 |
| Kundendatenprogramm | 27.04.2006 | I ZR 126/03 | § 24 40; § 26 34 |
| Kunststoffhohlprofil I | 30.11.1976 | X ZR 81/72 | § 8 105 |
| Kunststoffrohrteil | 12.03.2002 | X ZR 43/01 | § 16 11 |
| Kunststoffschaum-Bahnen | 10.10.1974 | KZR 1/74 | § 9 91.3 |
| Kupferberg | 10.11.1965 | I b ZR 101/63 | § 9 50 |
| Ladungsträgergenerator | 05.10.2005 | X ZR 26/03 | § 1 7; § 4 45; § 5 21, 21.1, 21.2, 31, 50.1, 51.2, 54, 74, 75, 87.1; § 6 41, 139; § 6aF 59; § 7 13; § 9 83; § 12 32; § 20 13; § 24 30 |
| Lärmschutzwand | 12.05.2010 | I ZR 209/97 | § 1 3, 4.2; § 19 19 |
| Leichtflüssigkeitsabscheider | 11.01.2005 | X ZR 20/02 | § 8 81 |
| Lernspiele | 01.06.2011 | I ZR 140/09 | § 1 3 |
| Lichtfleck | 16.12.1993 | X ZB 12/92 | § 7 51, 66; § 13 92 |
| Lichtschutzfolie | 14.02.2017 | X ZR 64/15 | § 5 1, 21, 21.1, 21.2, 31, 31.1, 36, 36.2, 39, 46, 50, 50.1, 51.1, 52, 53.2, 82; § 6 141; § 6aF 47; § 12 30, 31, 32, 34; § 20 13; § 43 19 |
| Lizenzanalogie | 22.03.1990 | I ZR 59/88 | § 12 201 |
| Logikverifikation | 13.12.1999 | X ZB 11/98 | § 2 4, 5 |
| Lotterielos | 03.10.1968 | X ZR 27/67 | § 2 10 |
| Luftfilter | 30.04.1968 | X ZR 67/66 | § 5 46, 47; § 7 81, 82, 83, 85 |
| Luftheizgerät | 10.10.2000 | X ZR 176/98 | § 9 92.1 |

## BGH-Entscheidungsregister nach Stichworten

| Stichwort | Datum | Aktenzeichen | Zitierstelle |
|---|---|---|---|
| M2Trade | 19.07.2012 | I ZR 70/10 | § 10 2 |
| Malzflocken | 11.11.1959 | KZR 1/59 | § 1 69; § 39 9 |
| Mambo No. 5 | 04.12.2008 | I ZR 49/06 | § 12 147 |
| Marder | 21.12.1989 | X ZR 30/89 | § 1 71.2; § 12 162.1, 162.2, 162.4, 162.8, 163, 164, 170.1, 259; § 26 33, 34; § 39 8 |
| Mauer-Rohrdurchführungen | 08.12.1992 | X ZR 123/90 | § 19 29 |
| Mehrzweckfrachter | 21.06.1979 | X ZR 2/78 | § 9 3, 39; § 12 50.4 |
| Melkstand | 07.10.1985 | X ZR 31/82 | § 9 91.2 |
| Micky Maus Orangen | 27.02.1963 | Ib ZR 180/61 | § 1 6 |
| Mitarbeiter-Urkunde | 17.03.1961 | I ZR 70/59 | § 7 86 |
| Mitteilungs- und Meldepflicht | 25.02.1958 | I ZR 181/56 | § 1 9, 65; § 5 1, 20, 23.1, 34, 41, 85, 94; § 9 30; § 18 2, 3, 20, 22, 24, 26, 28; § 25 35, 39 |
| Mittelohr-Prothese | 24.03.1987 | X ZB 23/85 | § 9 268 |
| Mogul-Anlage | 25.05.1993 | X ZR 19/92 | § 12 173 |
| Motorkettensäge | 20.06.1978 | X ZR 49/75 | § 5 46, 48, 51.1, 51.2; § 7 81, 82, 84 |
| MOVICOL-Zulassungsantrag | 23.02.2012 | I ZR 136/10 | § 24 39 |
| Muffelofen | 20.01.1994 | X ZR 102/91 | § 9 126 |
| Nebelscheinwerfer | 13.07.1973 | I ZR 101/72 | § 12 173 |
| Oberarmschwimmringe | 10.07.1979 | X ZR 23/78 | § 2 25; § 9 246.2 |
| Objektträger | 30.10.1990 | X ZR 16/90 | § 1 48, 70, 72, 73, 74; § 13 92 |
| Offenend-Spinnmaschine | 11.04.1989 | X ZR 26/87 | § 9 121; § 12 164.1; § 24 16 |
| Ozon | 10.09.2002 | X ZR 199/01 | § 1 71.1, 71.2; § 4 45; § 9 3, 11, 12, 21, 46, 47, 48; § 12 1, 2, 41, 42, 60 |
| Palettenbehälter III | 17.07.2012 | X ZR 113/11 | § 20 30 |
| Pankreaplex II | 12.02.1980 | KZR 7/79 | § 17 3; § 20 17 |
| Pansana | 23.09.1958 | I ZR 106/57 | § 12 50.4 |
| Patentschutz für Software | 26.10.2010 | X ZR 47/07 | § 2 7 |
| Patentstreitsache | 22.02.2011 | X ZB 4/09 | § 1 93; § 39 6, 9 |

## BGH-Entscheidungsregister nach Stichworten

| Stichwort | Datum | Aktenzeichen | Zitierstelle |
|---|---|---|---|
| Pauschalabfindung | 20.11.1962 | I ZR 40/61 | § 9 36, 60; § 12 16, 60, 64, 65, 67, 69, 95, 96.1, 108, 111, 112, 134, 146, 149, 162.1, 162.2, 163, 164.3, 191, 209, 329, 330, 331; § 16 16, 24; § 17 1; § 22 1, 26 |
| Pemetrexed | 14.06.2016 | X ZR 29/15 | § 9 91 |
| Perlentaucher | 1.12.2010 | I ZR 12/08 | § 1 3 |
| Pfändungsschutz für Lizenzgebühren | 12.12.2003 | IXa ZB 165/03 | 27 Anh. 8, 9; § 9 221 |
| Planfreigabesystem | 22.11.2007 | I ZR 12/05 | § 12 316 |
| Plattenspieler I | 24.06.1952 | I ZR 131/51 | § 1 74; § 9 196; § 25 25 |
| Pneumatische Einrichtung | 06.10.1981 | X ZR 57/80 | § 5 51.2, 96.4 |
| Polymerisationsbeschleuniger | 05.11.1964 | Ia ZR 152/63 | § 4 16 |
| Popmusikproduzenten | 05.03.1998 | I ZR 250/95 | § 1 4; § 5 52 |
| Präzisionsmessgeräte | 07.11.2002 | I ZR 64/00 | § 24 40 |
| Profilstrangpressverfahren | 26.11.2013 | X ZR 3/13 | § 9 20, 21, 24, 25, 39, 40; § 28 13; § 33 1 |
| Pronuptia II | 08.02.1994 | KZR 2/93 | § 22 28 |
| Prozessrechner | 18.02.1977 | I ZR 112/75 | § 17 33; § 24 23, 39, 44; § 26 35; § 38 8, 9 |
| Prüfverfahren | 07.06.1977 | X ZB 20/74 | § 2 4 |
| Pumpeneinrichtung | 17.04.2007 | X ZR 1/05 | § 9 91 |
| Raffvorhang | 25.01.2011 | X ZR 69/08 | § 39 25 |
| Ramipril I | 04.12.2007 | X ZR 102/06 | § 9 11, 86, 91, 92, 122, 223, 226; § 12 44, 48, 60; § 38 3 |
| Ramipril II | 22.11.2011 | X ZR 35/09 | § 5 50.1, 53.1; § 9 83, 84, 91, 312, 313; § 12 31, 32 |
| Rasenbefestigungsplatte | 19.05.2005 | X ZR 152/01 | § 4 45; § 5 20.3; § 6 15, 19, 36; § 7 98, 103, 104, 106; § 8 34, 49; § 9 250; § 22 27 |
| Ratgeber für Tierheilkunde | 11.11.1977 | I ZR 56/75 | § 9 332; § 20 66 |
| Rauchgasklappe | 04.06.1996 | X ZR 49/94 | § 9 268 |
| Räumzange | 26.11.1968 | X ZR 15/67 | § 3 11; § 5 46, 48; § 10 16, 18; § 20 11, 12, 15, 16, 18, 23, 25, 30, 33, 34, 35, 37, 48, 49 |
| Rechnungslegung | 02.04.1957 | I ZR 58/56 | § 12 173 |

## BGH-Entscheidungsregister nach Stichworten

| Stichwort | Datum | Aktenzeichen | Zitierstelle |
|---|---|---|---|
| Rechtsberatung durch Entwicklungsingenieur | 31.03.2016 | I ZR 88/15 | § 13 3.1 |
| Rechtsfähigkeit der GbR | 29.01.2001 | II ZR 331/00 | § 1 106.1 |
| Reifen-Progressiv | 26.03.2009 | I ZR 153/06 | § 9 221; § 10 2 |
| Restwertbörse | 29.04.2010 | I ZR 68/08 | § 1 4.2 |
| Rohrverlegeverfahren | 14.07.1980 | X ZR 1/79 | § 16 11, 70, 72, 73, 74, 75, 76 |
| Rollenantriebseinheit | 17.10.2000 | X ZR 223/98 | § 1 69, 73, 75.1; § 5 46, 47, 48, 52, 53; § 6aF 64; § 9 312; § 12 30, 31, 32; § 15 32; § 38 3 |
| Rollenantriebseinheit II | 26.09.2006 | X ZR 181/03 | § 1 49, 69, 74, 75, 75.1, 75.2, 75.3, 75.4, 76, 76.1, 76.2, 76.3, 76.4; § 5 46, 48; § 6 6; § 6aF 64; vor 9–12 13, 18.3; § 9 131, 261, 263; § 15 32 |
| Rosenmutation | 27.11.1975 | X ZB 24/73 | § 1 7, 32, 112, 155 |
| Rotationsbürstenwerkzeug | 24.03.1994 | X ZR 108/91 | 27 Anh. 4 |
| Rotationseinmalentwickler | 17.12.1974 | X ZR 13/72 | § 25 44 |
| Rote Taube | 27.03.1969 | X ZB 15/67 | § 2 4, 27 |
| Rotierendes Schaftwerkzeug | 09.12.2003 | X ZR 64/03 | § 7 82, 83 |
| Rüben-Verladeeinrichtung | 26.06.1969 | X ZR 52/66 | § 2 22; § 9 34, 125.2, 144; § 16 11 |
| Rücknahme der Patentanmeldung | 07.12.1976 | X ZB 24/75 | § 7 100 |
| Rundfunkübertragungssystem | 24.03.1987 | X ZR 20/86 | § 9 93.1 |
| Schaltungsanordnung | 05.06.1984 | X ZR 72/82 | § 5 13; § 6aF 6.1, 63, 65; § 14 25; § 16 29; § 39 10 |
| Schalungselement | 13.03.2001 | X ZR 155/98 | § 24 10 |
| Scheinwerfereinstellgerät | 28.04.1970 | X ZR 38/67 | § 5 50.1; § 9 86, 90, 91.2, 94; § 20 13 |
| Schellenreibungskupplung | 22.10.1964 | I a ZR 8/64 | § 1 68, 69, 72, 73, 74, 75.1, 75.2, 93; § 9 63 |
| Schleppfahrzeug | 15.05.2001 | X ZR 227/99 | § 1 34; § 5 45, 46, 49.1, 50, 51.2, 59, 60; § 7 70; § 13 92; § 14 7; § 39 32 |
| Schlüsselmühle | 26.09.1989 | X ZB 19/88 | § 5 70 |

2295

# BGH-Entscheidungsregister nach Stichworten

| Stichwort | Datum | Aktenzeichen | Zitierstelle |
|---|---|---|---|
| Schlussurlaub | 18.05.1971 | X ZR 68/67 | § 1 7, 28; § 4 10, 12, 15 |
| Schneidmesser I | 12.03.2002 | X ZR 168/00 | § 9 91 |
| Schneidmesser II | 12.03.2002 | X ZR 135/01 | § 9 91 |
| Schnellkopiergerät | 16.11.1954 | I ZR 40/53 | § 1 70, 72, 73, 74; § 5 45; § 6 5, 42; § 6aF 1; § 22 26 |
| Schnellstart-Glühsystem | 08.09.2009 | X ZR 81/08 | § 39 7 |
| Schüsselmühle | 26.09.1989 | X ZB 19/88 | § 9 268 |
| Schweißgemisch | 25.02.1986 | X ZR 8/85 | § 13 10.1 |
| Schweißheizung | 22.02.2011 | X ZB 43/08 | § 1 69; § 2 16; § 4 11, 18.2, 45; § 7 51, 53, 56, 66 |
| Schweißmodulgenerator | 13.12.2007 | I ZR 71/05 | § 24 40, 41, 45 |
| Schwermetalloxidationskatalysator | 29.11.1988 | X ZR 63/87 | § 9 11, 83, 84, 91, 91.2; § 13 10, 33.2, 41, 69 |
| Seitenpuffer | 11.06.1991 | X ZB 13/88 | § 2 7 |
| Sektionaltor II | 16.05.2017 | X ZR 85/14 | § 5 53.2, 53.4, 53.5, 53.6; § 9 109, 134; § 12 34 |
| selbststabilisierendes Kniegelenk | 18.09.2007 | X ZR 167/05 | Einl 3; § 2 9; § 9 1.2, 250; § 13 10, 14.1, 62; § 39 6; vor 40–42 3; § 42 3, 4, 5, 8, 28, 36, 37, 57, 76, 78, 86, 87, 88, 89, 91, 108 |
| Signalfolge | 17.02.2004 | X ZB 9/03 | § 2 9 |
| Softeis | 05.12.1974 | X ZR 5/72 | § 12 97, 117, 118, 146, 147, 148, 153 |
| Softwarenutzungsrecht | 17.11.2005 | IX ZR 162/04 | § 9 221 |
| Spannungsregler | 30.01.1964 | Ia ZB 6/63 | § 2 10 |
| Spanplatten | 05.05.1966 | Ia ZR 110/64 | § 4 4, 16; § 5 46, 50 |
| Speisekartenwerbung | 13.07.1977 | I ZR 102/75 | § 6 32 |
| Spiegel-CD-ROM | 05.07.2001 | I ZR 311/98 | § 9 137 |
| Spielautomat II | 08.03.1973 | X ZR 6/70 | § 16 64 |
| Spinnturbine II | 11.11.1980 | X ZR 58/79 | § 5 70; § 9 268 |
| Sprachanalyseeinrichtung | 11.05.2000 | X ZB 15/98 | § 2 5, 7 |
| Spritzgießwerkzeuge | 03.05.2001 | I ZR 153/99 | § 24 40, 45; § 26 34, 38 |

## BGH-Entscheidungsregister nach Stichworten

| Stichwort | Datum | Aktenzeichen | Zitierstelle |
|---|---|---|---|
| Spulkopf | 13.11.1997 | X ZR 6/96 | **vor 9–12** 9; **§ 9** 2, 2.2, 2.4, 71, 75, 76, 77, 121, 122.2, 134; **§ 12** 52, 162.1, 162.2, 162.6, 162.7, 170, 171.1, 179, 179.2, 183, 191, 192, 193, 195, 197, 198, 200, 223, 225, 236, 237, 259, 277, 316 |
| Staatsexamensarbeit | 21.11.1980 | I ZR 106/78 | § 1 3 |
| Stadtplanwerk | 28.05.1998 | I ZR 81/96 | § 1 3 |
| Stangenführungsrohre | 27.10.1961 | I ZR 53/60 | § 13 92 |
| Stapel-Automat | 19.11.1982 | I ZR 99/80 | **§ 24** 41; **§ 26** 34, 35 |
| Stapelpresse | 22.01.1963 | Ia ZR 60/63 | **§ 24** 40 |
| Stapelvorrichtung | 04.03.1975 | X ZR 28/72 | § 14 36.5 |
| Steuereinrichtung | 18.02.1992 | X ZR 7/90 | **§ 9** 121 |
| Steuereinrichtung II | 30.05.1995 | X ZR 54/93 | **§ 9** 121, 125.2, 126, 130, 131, 134; **§ 38** 8 |
| Steuerungseinrichtung für Untersuchungsmodalitäten | 20.01.2009 | X ZB 22/07 | § 2 7 |
| Steuervorrichtung | 18.05.2010 | X ZR 79/07 | **§ 1** 32, 36; **§ 2** 2, 4, 16; **§ 5** 96.2; **§ 6aF** 27, 31, 57, 59, 61, 62, 63; **§ 7** 11, 81; **§ 8** 102, 103, 107, 114, 115, 116, 117, 118; **vor 9–12** 12, 19; **§ 9** 11, 122; **§ 10** 7; **§ 12** 207, 340, 341; **§ 13** 1, 81; **§ 16** 72, 73, 75.1; **§ 20** 9; **§ 26** 56, 61; **§ 39** 28, 32; **§ 43** 17 |
| Straken | 21.04.1977 | X ZB 24/74 | § 2 4 |
| Suche fehlerhafter Zeichenketten | 17.10.2001 | X ZB 16/00 | § 2 7 |
| Sulfonsäurechlorid | 22.02.1994 | X ZB 15/92 | § 12 56 |
| Take Five | 19.07.2012 | I ZR 24/11 | § 10 2 |
| Talking to Addison | 07.10.2009 | I ZR 38/07 | § 9 73 |
| Tauchcomputer | 04.02.1992 | X ZR 43/91 | § 2 7 |
| Tchibo/Rolex II | 17.06.1992 | I ZR 107/90 | § 12 173 |
| Technische Lieferbedingungen | 11.04.2002 | I ZR 231/99 | § 1 3 |
| Teleskopzylinder | 18.02.1992 | X ZR 8/90 | **§ 8** 117; **§ 9** 79, 126, 134 |
| Temperaturwächter | 19.12.2000 | X ZR 150/98 | § 9 46 |
| Tennishallenpacht | 24.09.2002 | KZR 10/01 | § 22 28 |
| Tetraploide Kamille | 30.03.1993 | X ZB 13/90 | § 2 8 |

2297

# BGH-Entscheidungsregister nach Stichworten

| Stichwort | Datum | Aktenzeichen | Zitierstelle |
|---|---|---|---|
| Thermotransformator | 29.01.1985 | X ZR 54/83 | § 12 162.7 |
| Tintenpatrone | 20.05.2008 | X ZR 180/05 | § 9 134, 221; § 12 173, 197, 199, 341 |
| Tollwutvirus | 12.02.1987 | X ZB 4/86 | § 2 8 |
| Trias | 02.04.1998 | IX ZR 232/96 | § 1 5; § 11 7 |
| Trioxan | 06.07.1971 | X ZB 9/70 | § 5 70 |
| Tripp-Trapp-Stuhl | 14.05.2009 | I ZR 98/06 | § 2 27 |
| Trockenlegungs-Verfahren | 23.04.1991 | X ZR 41/89 | § 9 91.2 |
| Türbänder | 17.11.2009 | X ZR 60/07 | § 2 22; § 9 2, 74; § 12 162.1, 162.2, 162.5, 164.2, 164.4, 170.4, 174, 191, 193, 194, 197, 198, 199, 202, 217, 218, 222, 223, 224, 225, 230, 236, 245, 273, 275, 277, 281, 306, 307 |
| Türinnenverstärkung | 17.11.2009 | X ZR 137/07 | § 1 129, 130, 131; § 9 2, 2.4, 4, 40.4, 52, 74, 75, 76, 77, 86, 105, 109, 121, 122.2, 125.1, 126, 131, 176, 185, 186, 186.1, 187, 187.3, 189.1; § 12 162.1, 162.2, 162.3, 163, 164, 170.4, 173.2, 174, 179, 179.2, 183, 184, 190, 191, 192, 193, 194, 195, 197, 198, 199, 201, 202, 219, 223, 224, 228, 232, 237, 272, 274, 275, 296, 297, 298, 299, 300, 301, 316 |
| Tylosin | 03.06.1976 | X ZR 57/73 | § 12 250, 253; § 14 36.5; § 16 64 |
| Typensatz | 23.03.1965 | Ia ZB 10/64 | § 5 71 |
| Unberechtigte Schutzrechtsverwarnung | 17.05.2005 | GSZ 1/04 | § 7 76 |
| Unfallverhütungsschuh | 02.11.1956 | I ZR 49/55 | § 2 9 |
| UniBasic-IDOS | 20.09.2012 | I ZR 90/09 | § 1 3 |
| V-förmige Führungsanordnung | 23.08.2016 | X ZR 76/14 | § 9 91 |
| Vanal-Patent | 14.07.1964 | Ia ZR 195/63 | § 25 44, 48; § 26 31, 54 |
| Verankerungsteil | 23.03.1982 | KZR 5/81 | § 9 221; § 10 2 |
| Verkranzungsverfahren | 16.09.2003 | X ZR 142/01 | § 5 46, 48 |
| Verlängerte Limousinen | 22.04.2010 | I ZR 89/08 | § 1 5; § 2 27, 28 |
| Versicherungsuntervertreter | 26.02.2009 | I ZR 28/06 | § 24 40; § 26 34 |

## BGH-Entscheidungsregister nach Stichworten

| Stichwort | Datum | Aktenzeichen | Zitierstelle |
|---|---|---|---|
| Vertragsstrafenrückzahlung | 21.04.1983 | I ZR 201/80 | § 12 153 |
| Verwandlungstisch | 12.04.1957 | I ZR 1/56 | § 9 34, 35 |
| Verwertung von Kundenlisten | 19.12.2002 | I ZR 119/00 | § 26 34 |
| Vinylchlorid | 04.10.1988 | X ZR 71/86 | § 9 11, 142.1, 227; § 11 5, 7; § 23 14, 20, 21, 22.1, 34 |
| Vinylpolymerisate | 29.09.1987 | X ZR 44/86 | § 2 22; § 9 35; § 16 91; § 17 19, 34, 35.2, 35.4, 35.5, 35.9, 36, 69; § 23 36 |
| Vorschaubilder einer Suchmaschine | 29.04.2010 | I ZR 69/08 | § 10 2 |
| Walzstabteilung | 16.09.1980 | X ZB 6/80 | § 2 5, 7 |
| Webseitenanzeige | 24.02.2011 | X ZR 121/09 | § 2 7 |
| Wechselstromgeneratoren | 30.03.1951 | I XZ 58/50 | § 4 16; § 5 27 |
| Weinberater | 14.01.1999 | I ZR 2/97 | § 24 41; § 26 34 |
| Wellplatten | 29.04.1965 | Ia ZR 260/63 | § 7aF 30 |
| Wendemanschette | 28.06.1957 | I ZR 229/55 | § 9 35 |
| Werbespiegel | 28.09.1976 | X ZR 22/75 | § 6 32 |
| Wetterführungspläne | 24.10.2000 | X ZR 72/98 | § 1 3, 3.1, 4.1, 4.2, 4.4; § 2 4, 7, 14; § 3 24; § 12 164.1, 164.2; § 20 3, 13, 18 |
| Wetterführungspläne II | 23.10.2001 | X ZR 72/98 | § 1 2, 3.1, 4.1, 4.4, 5; § 9 2, 2.2; § 12 141, 162.2, 162.4, 162.8, 163.2, 164.2, 165, 171.1, 331; § 20 9, 12, 13, 17; § 25 25; § 34 30; § 39 28 |
| Wettschein | 21.03.1958 | I ZR 160/57 | § 2 2 |
| Wiedergabe topographischer Informationen | 26.10.2010 | X ZR 47/07 | § 2 7 |
| Wildverbissverhinderung | 10.11.1970 | X ZR 54/67 | § 1 70; § 4 16, 17; § 5 48; § 6 19; § 7 42, 44; § 7aF 4; § 13 81 |
| Windform | 10.05.1988 | X ZR 89/87 | § 1 69, 72, 73, 75.1, 75.2, 93; § 13 18; § 16 1, 11, 25, 26, 27, 72; § 27aF 66 |
| Wirtschaftsprüfervorbehalt | 13.02.1981 | I ZR 111/78 | § 12 250 |
| Zählwerkgetriebe | 12.07.1955 | I ZR 31/54 | § 25 25, 45 |
| Zahnkranzfräser | 04.05.1995 | X ZR 29/93 | § 2 12 |

## BGH-Entscheidungsregister nach Stichworten

| Stichwort | Datum | Aktenzeichen | Zitierstelle |
|---|---|---|---|
| Zeitplaner | 27.04.1978 | X ZB 3/78 | § 39 8 |
| Zuckerdiffuseur | 23.05.1952 | I ZR 149/51 | § 4 22, 26, 33; § 6 87, 89; § 6aF 45, 47, 49, 57; § 8aF 34, 35; § 22 37; § 25 20 |
| Zugang des Abmahnschreibens | 21.12.2006 | I ZB 17/06 | § 15 36 |
| Zugseilführung | 19.12.1968 | X ZB 9/67 | § 2 9 |
| Zylinderrohr | 21.12.2005 | X ZR 165/04 | § 1 69; § 5 52, 53.2, 53.5; § 6 141, 142; § 9 43.1, 109; § 12 162.1, 307 |

# Stichwortverzeichnis

Halbfett gedruckte Ziffern verweisen auf den Paragraph und mager gedruckte Ziffern auf die Randnummer der Kommentierung.

**Abänderungsklage 12**, 147
– Vergütungsanpassung **19**, 71
**ABEI 40**, 57
**Abfindung** *s. auch Pauschalabfindung*
– angemessene in Insolvenz **27** n.F., 57; **27** a.F., 99 f.
**Abgrenzung privater/öffentlicher Dienst 1**, 8
**Abhängigkeit von Fremdschutzrechten**
– Vergütung **9**, 134; **12**, 72.2
**Abhängigkeit, persönliche**
– Arbeitnehmerbegrifff **1**, 14 f.
**Abkaufregelungen 11**, 22 ff; **14**, 71; **16**, 2
**Ablauf der Schutzdauer** *s. Schutzdauer*
**Ablehnung, Schiedsstellenverfahren 35**, 5 f.
– Schiedsstellenmitglied **33**, 31 ff.
**Abrechnung**
– jährliche bei Vergütung **9**, 55.1
– Verjährung d. Vergütung **9**, 40.2
**Abrechnungsrhythmus**
– bei Vergütung **9**, 55 ff.
**Abschlagszahlung** *s. Vorschusszahlung*
**Abspaltung 1**, 127
**Abstaffelung 9**, 141 ff.; **Anh 1**, (11)
– Absehen von **9**, 144
– Angemessenheit **9**, 142.2, 144
– Auslandsnutzung **9**, 246.3
– Austauschvertrag **9**, 237
– betrieblicher Nutzen **9**, 166 ff.
– Bezugsgröße **9**, 125.2, 128.1, 147
– erfinderrechtliche Üblichkeit **9**, 142.4
– fehlende Kausalitätsverschiebung **9**, 144
– Geldentwertung **9**, 145
– Gesamtumsatz **9**, 146
– Handhabung **9**, 145
– Inflationsausgleich **9**, 145
– Kausalitätsverschiebung **9**, 142.2 ff., 166, 177
– Konzernunternehmen **9**, 142.2
– Lizenzeinnahmen **9**, 227
– Lizenzsatz **9**, 142.3, 144 f.
– Marktführerschaft **9**, 142.2
– Massenartikel **9**, 143
– Schätzung des Erfindungswertes **9**, 177
– Stücklizenz **9**, 146.1
– Tabelle **9**, 149, 168
– technischer Verbesserungsvorschlag **20**, 40
– Teil einer Gesamtvorrichtung **9**, 147
– Üblichkeit **9**, 142 ff.
– Vergütungsanpassung **12**, 132, 151
– Vergütungsfestsetzung **9**, 148; **12**, 52
– Vergütungsvereinbarung **9**, 148
**Abstaffelungstabelle**
– Inflationsausgleich **9**, 145
– Nutzenstaffel **9**, 168
– Umsatzstaffel **9**, 150
**Abtretung**
– Auskunftsanspruch **12**, 162.3
– kostenrechtliche Privilegierung **39**, 26
– Schiedsstellenverfahren **28**, 15
– Verbot, vertragliches **9**, 8
– Vergütungsanspruch **9**, 8
**Abweichung**
– Vergütungsrichtlinien **11**, 5 f.
**Abzweigung**
– Gebrauchsmuster **2**, 11; **13**, 11.1
**AGB-Kontrolle** *(s. im Übr. Allgemeine Geschäftsbedingungen)*; **11**, 29
**Akteneinsicht**
– Arbeitgeber **4**, 16
– Arbeitnehmer **12**, 162.8; **13**, 12, 45; **15**, 23, 37
– Betriebsrat **Anh zu 20**, 17, 19, 26
– Schiedsstellenverfahren **33**, 21
– Schutzrechtserteilungsbehörde **4**, 16; **13**, 12, 45; **15**, 37
**Aktivierungspflicht**
– steuerliche **9**, 352
**Allgemeine Anordnungen im öffentl. Dienst 40**, 34 ff.
– Feststellungsklage **40**, 46
– Geltungsbereich **40**, 40 f.

# Stichwortverzeichnis

- gerichtliche Zuständigkeit **39**, 10; **40**, 46
- öffentliche Interessen **40**, 44
- Personalrat **40**, 45
- Rechtsnatur **40**, 35

**Allgemeine Geschäftsbedingungen** *s. auch Formulare*
- Auslegung **11**, 33
- Incentive-Programme **11**, 29, 33
- Zulässigkeit **22**, 41 ff.

**Allgemeiner Vergütungsgrundsatz 9**, 2

**Allgemeininteresse** *s. Öffentliches Interesse*

**Alterfindung**
- Begriff **43**, 5
- Inanspruchnahme **6 a.F.**, 5; **7 a.F.**, 1
- Insolvenz des Arbeitgebers **27 a.F.**, 2 ff.
- konkludente vertragliche Überleitung **6 a.F.**, 61
- Schriftform
  - Erfindungsmeldung **5**, 36
  - Vergütungsfestsetzung **12**, 49.1
  - Widerspruch gg. Vergütungsfestsetzung **12**, 80.1
- vertragliche Überleitung **6 a.F.**, 57

**Altersteilzeit 26**, 17
- Schiedsstellenverfahren **37**, 18

**Anbietungspflicht bei Aufgabe 16**, 27

**Anbietungspflicht bei freier Erfindung** *s. auch Freie Erfindung*
- Abgrenzung zum Vorkaufsrecht **19**, 10
- anderweitige Verwertung **19**, 31 ff.
- angemessene Bedingungen **19**, 20, 58 f.
- Annahme durch Arbeitgeber **19**, 49 ff.
- Arbeitsbereich **19**, 38 ff.
- bei Mitteilung der Erfindung **19**, 46 f.
- Dauer des Arbeitsverhältnisses **19**, 3, 7, 31 f.
- Form **19**, 43
- frei gewordene Erfindung **19**, 7
- Gegenstand **19**, 7 f.
- Geltungsbereich **19**, 7 f.
- Inhalt **19**, 9 ff.
- Kartellrecht **19**, 30, 56
- Konzern **19**, 38
- Kostenübernahme **19**, 27
- Lizenzvertrag **19**, 9, 55 f.
- Miterfinder **19**, 64, 78 ff.
- nachvertragliche **26**, 51

- Neufestsetzung der Bedingungen **19**, 69 ff.
- öffentlicher Dienst **19**, 38
- Treuepflicht **19**, 2
- und Vorkaufsrecht **19**, 10
- Verhältnis zur Mitteilungspflicht **19**, 6
- Verletzung **19**, 73 ff.
- Voraussetzungen **19**, 31 ff.
- Zeitpunkt **19**, 44 ff.
- Zweck **19**, 1

«andere Beteiligte«
- im Schiedsstellenverfahren **31**, 10

**Änderung der Umstände**
- Einigungsvorschlag **34**, 37
- Vergütung *s. Vergütungsanpassung*

**Änderungen**
- ArbEG **49**, 1
- ArbEG-Novelle 2009 *(s. auch dort)*; **Einl**, 9
- Vergütungsfeststellung **12**, 18.4
- Vergütungsrichtlinien **11**, 2, 3
- wesentliche *s. Vergütungsanpassung*
- wesentlicher Umstände **12**, 95 ff.

**Anderweitige Verwertung**
- freie Erfindung **19**, 31 ff.

**Aneignungsrecht des Arbeitgebers** *s. Inanspruchnahme*

**Anerkenntnis der Schutzfähigkeit**
- Anfechtung **17**, 36
- Aufgabe d. Schutzrechts **16**, 92
- Bindung **17**, 34 ff.
- Dauer **17**, 34 ff.
- Erklärung **17**, 27 ff.
- Form **17**, 30
- Inanspruchnahme kein **6 n.F.**, 17
- Inhalt **17**, 27 ff.
- Rechtsnatur **17**, 27 f.
- Schiedsstellenanrufung **17**, 46 ff.
- Unbilligkeit **17**, 35
- Vereinbarung **17**, 37
- Vergütung **17**, 59 ff.
- Wirkung **17**, 28, 34
- Zeitpunkt **17**, 31 f.

**Anerkenntnis Erfindereigenschaft**
- Inanspruchnahme kein **6 n.F.**, 17; **6 a.F.**, 7.1

**Anfechtung** *s. auch Irrtum*
- Aufgabe des Schutzrechts **16**, 27

# Stichwortverzeichnis

- Ausgleichsquittung **26**, 62
- bei Verletzung des Unabdingbarkeitsgebots **22**, 30
- Einigungsvorschlag **34**, 36
- Freigabe **5**, 95; **6 n.F.**, 115; **8 n.F.**, 46; **8 a.F.**, 36 ff.; **14**, 17
- Freiwerden **8 a.F.**, 39 f.
- Fristversäumung **12**, 74.4
- im Schutzrechtserteilungsverfahren **7 n.F.**, 47
- Inanspruchnahme **6 n.F.**, 125; **6 a.F.**, 68
- Meldung der Diensterfindung **5**, 5
- Miterfinderanteil-Vereinbarung **12**, 51.1
- Motivirrtum **12**, 20
- Rückforderungsverbot **12**, 47
- und Unabdingbarkeit **22**, 30
- Vergütungsfestsetzung **12**, 47, 74.4, 105
- Vergütungsfestsetzung bei unberücksichtigtem Miterfinder **12**, 94, 110
- Vergütungsfeststellung **12**, 20 ff., 105
- Vergütungsvereinbarung **12**, 20 ff.
- vertragliche Erfindungsüberleitung **6 a.F.**, 60, 62
- Widerspruch gg. Vergütungsfestsetzung **12**, 78

**Angebot** *s. auch Anbietungspflicht*
- Vergütung zus. mit Vergütungsfestsetzung **12**, 47
- Vergütungsvereinbarung **12**, 13 ff., 48

**Angemessene Bedingungen**
- bei freier Erfindung **19**, 20 ff.
- gerichtliche Feststellung **19**, 58 ff.
- Neufestsetzung **19**, 69 ff.

**Angemessene Beteiligung 40**, 15 ff.; **42**, 185 ff.

**Angemessene Frist**
- für Schutzrechtsanmeldung **13**, 61 ff.
- für Vergütungsfestlegung **12**, 22 ff.

**Angemessene Vergütung** *s. im Übr. Vergütung*
- Begriff **9**, 69 ff.
- beschränkte Inanspruchnahme **10 a.F.**, 33
- unbeschränkte Inanspruchnahme **9**, 69 ff.

**Angemessenheit der Vergütung**
- Begriff **9**, 69.1 ff.
- Bewertungszeitpunkt **9**, 73

**Angestellter 1**, 10
- leitender *s. dort*

**An-Institute 42**, 19

**Anmeldegebühr**
- Kostentragung **13**, 20, 49, 64 f.; **16**, 53

**Anmeldepflicht**
- Erfindernennung **13**, 40.1
- Freiwerden der Diensterfindung **13**, 32
- Hochschulerfindung **13**, 8

**Anmeldepflicht, Inland** *s. auch Schutzrechtsanmeldung*
- Abkauf *s. Abkaufregelungen*
- Arbeitgeber **13**, 2 ff.
- Ausnahmen **13**, 31 ff.
- Entfallen bei Betriebsgeheimnis **17**, 1, 21
- Entfallen bei Zustimmung **13**, 33 ff.
- Ersatzvornahme Arbeitnehmer **13**, 61 ff.
- Neue Bundesländer **13**, 1
- Übertragung der Erfindungsrechte **13**, 3
- Umfang **13**, 16 ff.
- Verletzung **13**, 15, 58 ff.
- Zeitpunkt **13**, 4 ff.
- Zweifel an Schutzfähigkeit **13**, 53 ff.

**Anmelderecht**
- Arbeitgeber **13**, 38 ff.
- Arbeitnehmer **8 n.F.**, 70; **8 a.F.**, 23, 48 ff.; **13**, 61, 72 ff.
- Ausland **14**, 5 ff.
- Verletzung durch Arbeitnehmer **7 n.F.**, 42; **13**, 46 ff.; **14**, 10 ff.

**Anmeldeunterlagen**
- Herausgabe an Arbeitgeber **7 n.F.**, 43
- Herausgabe an Arbeitnehmer **8 n.F.**, 126; **13**, 81; **15**, 25; **16**, 49 ff.
- Übermittlung an Arbeitnehmer **15**, 15 ff.

**Anmeldung** *s. Anmeldepflicht, Auslandsanmeldung, Inlandsschutzrechtsanmeldung, Schutzrechtsanmeldung, Schutzrechtserteilungsverfahren*

**Annahme**
- Einigungsvorschlag **34**, 26 f.

# Stichwortverzeichnis

– Vergütung **12**, 18
**Anordnung** *s. Allgemeine Anordnungen*
**Anpassung der Vergütung**
– wegen veränderter Umstände *(s. im Übr. Vergütungsanpassung)*; **12**, 95 ff.
**Anregungserfindung 4**, 5
**Anrufung der Schiedsstelle** *s. auch Schiedsstelle, Schiedsstellenverfahren*
– Antrag **31**, 3 ff.
– Antragsrücknahme **31**, 20 ff.
– bei Betriebsgeheimnis **17**, 46 ff.
– berechtigtes Interesse an **28**, 24 ff.
– erneute **28**, 25; **31**, 22; **34**, 34; **35**, 4
– Frist zur **28**, 27 f.
– Inhalt der **31**, 6 ff.
– Unterbrechung gesetzlicher Fristen durch **31**, 18 f.
**Anrufungsfrist**
– Schiedsstellenverfahren **28**, 27 f.
**Anrufungsinteresse**
– Schiedsstellenverfahren **28**, 24 ff.
**Anscheinsbeweis** *s. prima-facie-Beweis*
**Anstalt**
– des öffentlichen Rechts **40**, 10
**Anteil**
– Arbeitnehmererfindungen an Patenten **Einl**, 2
– des Betriebes **4**, 2; **9**, 261 ff., 77
– Miterfinder *s. Miterfinderanteil*
**Anteilsfakor**
– Widerspruch **12**, 84
**Anteilsfaktor 9**, 261 ff.; **Anh 1**, (30), (37)
– Aufgaben und Stellung im Betrieb **9**, 280 ff.; **Anh 1**, (33), (36)
– Bedeutung **9**, 78., 261
– bei vertraglicher Überleitung **vor 9–12**, 12 ff.
– Berechnung **9**, 291; **Anh 1**, (37)
– beruflich geläufige Überlegungen **9**, 277
– betriebliche Arbeiten oder Kenntnisse **9**, 278 ff.
– betriebliche Stellung **9**, 280 f.
– betriebliches Know-how **9**, 278
– betriebsüblicher **9**, 265.1
– Beweislast **9**, 300
– durchschnittlicher **9**, 265

– Formel **9**, 291 f.
– Forschungs- und Entwicklungsbereich **9**, 272.2, 277 f., 282
– freie Erfindung **19**, 28, 87
– freigewordene Diensterfindung **vor 9–12**, 17 ff.
– Gedankenerfindung **9**, 279.2
– Grundsatz **9**, 201 ff.; **Anh 1**, (30), (37)
– Irrtum **12**, 20, 107
– Lösung der Aufgabe **9**, 274 ff.; **Anh 1**, (32)
– »Mängel und Bedürfnisse« **9**, 272.3 ff.
– Miterfinderschaft **9**, 266; **12**, 38, 54
– nicht ausschließliches Benutzungsrecht **14**, 66; **16**, 92.1
– öffentlicher Dienst **9**, 342
– qualifizierte technische Verbesserungsvorschläge **20**, 47
– Stellung der Aufgabe **9**, 267 ff.; **Anh 1**, (31)
– Tabelle **Anh 1**, (37)
– technische Hilfsmittel **9**, 279
– technischer Verbesserungsvorschlag **20**, 47, 61.3
– Teilwerte **9**, 263 ff.
– Teilwiderspruch **12**, 79
– Umrechnungstabelle **9**, 264 f., 291 f.; **Anh 1**, (37)
– Vergütung bei beschränkter Inanspruchnahme **10 a.F.**, 38
– Vergütungsanpassung **12**, 106
– Vergütungsfestsetzung **12**, 52, 54
– Vergütungsvereinbarung **12**, 17
– Versuche **9**, 279.1 f.
– Widerspruch **12**, 79
– Zeitpunkt, maßgebender **9**, 267, 274, 281
– Zielvereinbarung **9**, 272
– Zwischenwerte **9**, 264
**Antrag**
– Schiedsstellenverfahren **31**, 3 ff.
**Antragsbindung**
– Schiedsstellenverfahren **33**, 43
**Antragsgegner**
– Begriff **31**, 10
– Einlassung vor der Schiedsstelle **35**, 1, 3 ff.
– Hinzutreten neuer **33**, 9

– mehrere **35**, 13 ff.
– Wechsel **33**, 10
**Antragsrücknahme**
– Schiedsstellenverfahren **31**, 20 ff.
**Antragsteller**
– Begriff **31**, 3
– Hinzutreten neuer **33**, 9
– mehrere **35**, 13 ff.
– Wechsel **33**, 10
**Anwaltszwang**
– keiner im Schiedsstellenverfahren **31**, 2
**Anzeige**
– Offenbarungsabsicht **42**, 81
**Äquivalente Benutzung**
– Vergütung **9**, 91, 91.2
**Äquivalenzstörung 12**, 99 ff.
**ArbEG**
– abschließender Charakter **Einl**, 4
– als Arbeitsrecht **Einl**, 3
– Anwendbarkeit auf Beamte **1**, 139; **41**, 11 f.
– Anwendbarkeit im öffentlichen Dienst **40**, 12 ff.
– Anwendungsbereich, persönlicher **Einl**, 17; **1**, 7
– Anwendungsbereich, sachlicher **Einl**, 18; **1**, 2 ff.
– ausgeschiedener Arbeitnehmer **26**, 19 ff.
– Ausland **Einl**, 10 ff.
– Beitrittsgebiet **Einl**, 31 ff.
– Belehrungspflicht über **25**, 20
– Entwicklung **Einl**, 1
– Geltung für Hochschulen **42**, 26
– Gesetzesänderungen **49**, 1
– Gesetzgebungskompetenz **Einl**, 6
– internationales Privatrecht **1**, 32 ff., 35 ff., 108 f.
– Mitbestimmungsrecht des Betriebsrates **Anh zu 20**, 6
– Novelle 2009 *(s. auch dort)*; **Einl**, 9
– persönlicher Anwendungsbereich **Einl**, 17; **1**, 7 ff.
– räumlicher Geltungsbereich **1**, 155
– Rückwirkung **43**, 1 ff.
– sachlicher Anwendungsbereich **Einl**, 18; **1**, 2 ff.
– Schutzgesetz **Einl**, 3
– Übersicht **Einl**, 16 ff.

– vertragliche Anwendbarkeit **1**, 55, 74, 81, 92 ff.
– Vertragsfreiheit **22**, 1 ff.; **23**, 1 ff.
– zeitlicher Geltungsbereich **1**, 154; **43**, 1; **49**, 1
– Zielsetzung **Einl**, 3 ff.
– Zuordnung zum Arbeitsrecht, Dienstrecht **Einl**, 3
**ArbEG-Novelle 2009**
– Begriff **Einl**, 9 f.
– Erfinderberater **21 a.F.**, 3 f.
– Inanspruchnahme **6 n.F.**, 1; **7 n.F.**, 1
– Insolvenzverfahren **27 n.F.**, 4; **27 a.F.**, 3
– technischer Verbesserungsvorschlag **Einl**, 2
– Übergangsrecht **43**, 14 ff.
**Arbeiten des Betriebes 4**, 36, 41; **5**, 79
**Arbeiter 1**, 10
**Arbeitgeber**
– Arbeitsgemeinschaft **1**, 106 f.
– Auskunftserteilung *s. Auskunftspflicht*
– ausländische **1**, 108 ff.
– Begriff **1**, 95 ff.
– Belehrungspflicht *s. Belehrung*
– Beschäftigungspflicht **25**, 5 ff.
– Direktionsrecht
– arbeitsrechtliches **25**, 6
– Dienstenfindung **4**, 22
– Erfindungsmeldung **5**, 15
– Fürsorgepflicht **25**, 12
– Unterstützungspflicht **15**, 30 f.
– Fürsorgepflicht **24**, 25 ff.; **25**, 11 ff.; **26**, 31 f.
– Geheimhaltungspflicht *s. dort*
– Gleichbehandlung **12**, 29
– Gleichbehandlungspflicht **25**, 21 f.
– Gruppenarbeitsverhältnis **1**, 23
– Hochschulen **42**, 9
– Insolvenz *(s. auch dort)*
– Insolvenz des **27 a.F.**; **27 n.F.**
– Konzern **1**, 128 ff.
– Leiharbeitsverhältnis **1**, 58, 59, 133
– mehrere *(s. auch Zwischenbetriebliche Kooperation)*; **1**, 19, 106 f.; **6 n.F.**, 145 ff.; **6 a.F.**, 74
– nachwirkende Fürsorgepflicht **26**, 31 ff.
– Nichtigkeitsklage **25**, 42 ff.
– öffentlicher Dienst **1**, 137; **40**, 5 ff.

## Stichwortverzeichnis

- Pflichten aus dem Arbeitsverhältnis **25**, 5 ff.
- Rechtsschein **1**, 98
- Tod **26**, 8
- Unterstützungspflicht *s. dort*
- Vergleichsverfahren **Anh zu 27**, 1 ff.
- Vergütungspflicht *s. Vergütung*
- Verwertungsrecht *s. Verwertung*
- Wahlrecht *s. dort*
- Wechsel des **4**, 12
- Weisungsrecht *s. Direktionsrecht*
- zwischenbetriebliche Kooperation **1**, 106 f.; **4**, 14.1 f.

**Arbeitgeberähnliche Personen 1**, 68, 100
- Meldepflicht **5**, 8

**Arbeitgebervereinigungen 11**, 1, 3; **30**, 10 f.

**Arbeitnehmer** *s. auch Arbeitsverhältnis, Ausgeschiedener Arbeitnehmer, Freier Erfinder*
- Abgrenzung zum Beamten **41**, 7 f.
- Anmelderecht **8 n.F.**, 70
- Anteilsfaktor *s. dort*
- Arbeitspflicht **25**, 23 ff.
- Aufgaben und Stellung im Betrieb **9**, 280 ff.; **Anh 1**, (33), (36)
- Aufwendungsersatz **25**, 9 f.
- ausgeschiedener *s. Ausgeschiedener Arbeitnehmer, Ausscheiden*
- Aushilfsarbeitsverhältnis **1**, 31
- Auskunftpflicht **25**, 33 f.; **26**, 22
- Auskunftsanspruch (*s. auch dort*); **12**, 162 ff.
- ausländische **1**, 35 ff.
- Auslandseinsatz **1**, 36 ff.
- Ausschneiden *s. dort*
- Auszubildender **1**, 40
- Begriff **1**, 9 ff.
- Doppelarbeitsverhältnis **1**, 19 ff.
- Einspruchseinlegung **25**, 50
- Erfindervergütung *s. Vergütung, Vergütungsanspruch u. -bemessung*
- Erstattung von Auslagen (*s. auch Kosten*); **25**, 9 f.
- Geheimhaltungspflicht *s. dort*
- als Gesamtrechtsnachfolger des Arbeitgebers **1**, 128

- Geschäftsführer als **1**, 9, 68
- Gewissenskonflikt **25**, 6
- Insolvenz des **27 n.F.**, 10
- Insolvenz eigene **27 n.F.**, 10
- Insolvenzgläubiger **27 n.F.**, 187 ff.
- Interessenkollision **25**, 36
- Leiharbeitsverhältnis **1**, 56 ff.
- Löschungsklage **25**, 42 ff.
- mehrere Arbeitsverhältnisse **1**, 19 ff.
- Miterfinderschaft *s. Miterfinder*
- Mitteilungspflicht *s. dort*
- nachvertragliche Geheimhaltungspflicht **26**, 34, 38 ff.
- nachvertragliches Wettbewerbsverbot **26**, 34, 40 ff.
- nachwirkende Treuepflicht **26**, 31 ff.
- Nebentätigkeit **25**, 37; **40**, 14; **41**, 14
- Nichtigkeitsklage **25**, 42 ff.
- öffentlicher Dienst **1**, 138; **40**, 3 ff.
- Organmitglieder als **1**, 9, 68
- Pensionäre **1**, 77 ff.
- Persönlichkeitsrecht **3**, 25
- Pflicht zur Erfindungsleistung **25**, 25 f.
- Pflichten aus Arbeitsverhältnis **25**, 23 ff.
- Tod **26**, 7
- Treuepflicht **24**, 38 ff.; **25**, 28 ff.; **26**, 31 ff.
- Überstunden **15**, 33; **25**, 10
- Unterstützung durch Betriebsrat **Anh zu 20**, 24 ff.
- Wehrpflichtiger **1**, 89 f.; **41**, 18 f.
- Wettbewerbsverbot **25**, 37; **26**, 34, 40 ff.

**Arbeitnehmerähnliche Person**
- Begriff **1**, 24, 47, 54
- gerichtliche Zuständigkeit **1**, 27; **39**, 29
- Schiedsstellenverfahren **1**, 27; **28**, 13
- Vergütungsklage **38**, 7

**Arbeitnehmerbeschwerde**
- Betriebsrat **Anh zu 20**, 28 ff.

**Arbeitnehmererfindung**
- Anteil an Patenten **Einl**, 2
- Begriff **Einl**, 1

**Arbeitnehmererfindungsrecht**
- ausländisches **Einl**, 10 ff.
- europäisches **Einl**, 10
- internationales **1**, 108 ff.

# Stichwortverzeichnis

**Arbeitnehmerüberlassung** 1, 56 ff.
– erlaubnisfreie 1, 57 f.
– erlaubnispflichtige 1, 56, 59 ff.
– internationales *s. Leiharbeitnehmer, Leiharbeitsverhältnis*
**Arbeitsbereich**
– des Arbeitgebers 18, 29; 19, 38 ff.
**Arbeitsbeschaffungsmaßnahme** 1, 9; 4, 30
**Arbeitseinkommen**
– Begriff **Anh zu 27**, 9
– Zwangsvollstreckung **Anh zu 27**, 8 f.
**Arbeitsentgelt** *s. auch Gehaltsanhebung*
– Diensterfindung 4, 27
– Sonderleistung 9, 332
– Vergütung 9, 3, 62 ff., 283
**Arbeitsergebnis**
– mangelnde Schutzfähigkeit 6 n.F., 27.2
– technischer Verbesserungsvorschlag 3, 26
– Verwertungsrecht Arbeitnehmer 3, 32; 8 a.F., 43; 25, 37 f.; 26, 34 f.
– Wegfall des Schutzrechts 10 a.F., 29
– Zuordnung zum Arbeitgeber 3, 26 f.
**Arbeitsgemeinschaft** 1, 57, 106 f.; 9, 195
**Arbeitsgericht**
– sachliche Zuständigkeit 39, 16, 27 ff.
– Zuständigkeit für technische Verbesserungsvorschläge 39, 2, 11, 27 ff.
**Arbeitshypothese**
– Schutzfähigkeit als 2, 16 ff.
**Arbeitsordnung** 5, 15, 67
**Arbeitsort, gewöhnlicher**
– ausländische Arbeitnehmer 1, 35
– Auslandseinsatz , 37
– Begriff 1, 33.1
**Arbeitspflicht** 25, 23 ff.
**Arbeitsrecht**
– ArbEG als **Einl**, 3
– Verhältnis zu Rechten/Pflichten aus ArbEG 25, 1 ff.
**Arbeitsstatut**
– deutsches 1, 32 ff.
**Arbeitsverhältnis** *s. auch Arbeitgeber, Arbeitnehmer*
– Abordnung 1, 37, 57, 106; 26, 17; 42, 10

– arbeitsrechtliche Pflichten 25, 5, 23 ff.
– Auflösung 26, 4 ff.
– befristet 1, 85; **42**, 10
– Begriff 1, 10 f.
– Dauer 4, 10 ff., 47
– einheitliches 1, 129.1
– Erfindung *s. Diensterfindung, Erfindung*
– faktisch 1, 11 ff.; 26, 13
– fehlerhaftes 1, 11; 26, 13
– Insolvenz 26, 10
– Konzern 1, 128 ff.
– mehrere 1, 19 f.; 4, 12, 14
– nachvertragliche Geheimhaltungspflicht 26, 34, 38 ff.
– nachvertragliches Wettbewerbsverbot 26, 40 ff.
– Neue Bundesländer 25, 3.1; 26, 2.1; **vor 40–42**, 9
– Ruhen 26, 14 ff.
– Ruhestandsverhältnis 1, 79
– Schlussurlaub 4, 12
– selbständige Tätigkeit neben 1, 22
– Streik 26, 9
– Streit über Bestehen 28, 19.1
– Verwirkung 9, 48
– zur Probe 1, 85
**Arbeitsvertrag** *s. Ausgeschiedener Arbeitnehmer, Ausscheiden*
**Arbeitsvertragsbruch** 1, 30
**Arglistige Täuschung** *s. Anfechtung*
**Arrest** 37, 27
**Art der Vergütungsleistung**
– Vergütungsanspruch 9, 52 ff.; **Anh 1**, (40)
– Vergütungsregelung 12, 12, 50
**Arzneimittelrecht**
– Vergütungsregelung 12, 141
**Assignment** 1, 73; 6 a.F., 64; 15, 32
**Assistent** *s. Hochschulassistent*
**Auffangtatbestand**
– Einordnung als 2, 20; 3, 8; 12, 68; 20, 9, 12
**Aufgabe** *s. im Übr. Anteilfaktor, Schutzrechtsaufgabe*
– technische 5, 70; 9, 267 ff.
**Aufgabeabsicht** *s. auch Schutzrechtsaufgabe*
– Betriebsgeheime Erfindung 17, 35.7

# Stichwortverzeichnis

– Form **16**, 28
– Inhalt **16**, 27
– Insolvenzverfahren **27 n.F.**, 139; **27 a.F.**, 118 ff.
– Mitteilung **16**, 27
– nicht ausschließliches Benutzungsrecht **14**, 70.3
– Übertragungsanspruch des Arbeitnehmers **16**, 36
– Zugang **16**, 36
**Aufgabenerfindung 4**, 7, 19 ff.
– Beweislast **4**, 32
– Einzelfälle **4**, 30 f.
– Hochschulwissenschaftler **42**, 37
– Kausalität **4**, 33 f.
**Aufgabenstellung**
– Anteilsfaktor **9**, 267 ff.; **Anh 1**, (31)
**Aufgaberecht** s. a. Schutzrechtsaufgabe
– des Arbeitgebers **16**, 67 f.
**Aufklärungspflicht d. Arbeitgebers 25**, 17, 20
**Auflage** s. Bedingung
»**Auflösung des Arbeitsverhältnisses**« **26**, 3 ff.
**Aufrechnung**
– gerichtliche Zuständigkeit **39**, 19
– Geschäftsführererfindung **1**, 71.2
– Insolvenzverfahren **27 n.F.**, 190; **27 a.F.**, 83, 133
– Prozessvoraussetzung bei **37**, 4
– Rückforderungsverbot **12**, 160 f.
– Schiedsstellenverfahren **28**, 22.1
– Vergütungsanspruch **5**, 96; **9**, 37; **12**, 160 f.; **27 n.F.**, 190; **27 a.F.**, 83 ff.
**Aufsichtsratsmitglieder 1**, 76.5
**Aufspaltung 1**, 127
**Auftragserfindung 4**, 19 ff.
**Auftragsforschung** s. Forschungs- und Entwicklungsauftrag
**Aufwendungsersatz** s. auch Arbeitnehmer-Kostenerstattung
– durch Arbeitgeber **25**, 9 f.
**Aufzeichnungen**
– vorhandene **5**, 76
**Ausbaupatent**
– Vergütung **9**, 202 ff.; **Anh 1**, (21)
**Ausführungsform** s. Benutzungsform, Schutzumfang

**Ausgeschiedener Arbeitnehmer** s. auch Ausscheiden des Arbeitnehmers, Kündigung, Pensionär
– Abdingbarkeit des ArbEG **22**, 5
– ArbEG **1**, 28 ff.; **26**, 19 ff.
– Berufung auf Unbilligkeit einer Vereinbarung **23**, 29 f.
– betriebsgeheime Erfindung **17**, 1
– Betriebsrat **Anh zu 20**, 3
– Betriebsübergang **1**, 119, 125
– Geheimhaltungspflicht **24**, 14, 27, 43; **26**, 34, 38 ff.
– Inanspruchnahme bei **4**, 16, 18; **6 n.F.**, 55
– Insolvenz des Arbeitgeber **27 n.F.**, 52, 127, 197
– Insolvenz des Arbeitgebers **27 n.F.**, 9
– Klage **37**, 17 f.; **39**, 4
– Konkurs des früheren Arbeitgebers **27 a.F.**, 3
– Kündigungsschutzklage **1**, 29; **26**, 5
– Meldepflicht **5**, 7; **26**, 21 f.
– Mitteilungspflicht **18**, 10, 14; **26**, 21 f.
– qualifizierter techn. Verbesserungsvorschlag **20**, 36
– Rechte und Pflichten aus ArbEG **26**, 21 f.
– Schiedsstellenverfahren **28**, 13; **37**, 17 f.
– Schutzrechtsaufgabe **16**, 1.2
– Treuepflicht **26**, 31 ff.
– Unterstützungspflicht **26**, 33
– Vergütung bei Gehaltsanhebung **9**, 67
– Vergütungsanpassung **12**, 109
– Vergütungsanspruch **9**, 67; **20**, 7, 15, 36; **26**, 27 f.
– Vergütungsfestlegung **12**, 10
– Verwertungsbeschränkungen im öffentl. Interesse **40**, 41
– Weiterbeschäftigungsanspruch **26**, 5
– Wettbewerbsverbot s. dort
**Ausgleichsanspruch**
– freier Erfinder **1**, 49
– Miterfinder **5**, 53.2
**Ausgleichsklausel 26**, 56
**Ausgleichsquittung 26**, 56 ff.
**Ausgliederung 1**, 127
**Aushilfsarbeitsverhältnis 1**, 31

# Stichwortverzeichnis

**Auskunft** s. im Übr. Auskunftsanspruch
- Inhalt bei Vergütungsanspruch, **12**, 170

**Auskunftsanspruch** s. auch Rechnungslegungsanspruch
- Abdingbarkeit **12**, 168
- Abgrenzung zur Rechnungslegung **12**, 162.4, 162.7
- Abnehmernennung **12**, 195
- Abtretbarkeit **12**, 162.3
- Arbeitgeber als Gläubiger **5**, 94.1 f.
- Arbeitgeber als Schuldner **12**, 162.3
- Arbeitnehmerkenntnisse **12**, 228
- Art und Umfang der außerbetriebl. Verwertung **12**, 216 ff.
- Art und Umfang der innerbetriebl. Verwertung **12**, 188 ff.
- Austauschvertrag **12**, 219
- bei außerbetrieblicher Verwertung **12**, 216 ff.
- bei betrieblichem Nutzen **12**, 209 ff.
- bei betrieblicher Eigennutzung **12**, 179 ff.
- Berechnungsmethode als Maßstab **12**, 179 ff.
- Beweislast **12**, 323 ff., 331, 340
- Bezugsgröße **12**, 192
- eidesstattl. Versicherung **12**, 289 f.
- eingeschränkter, bei Wettbewerbsverhältnis **12**, 245 f.
- Einsicht in Geschäftsunterlagen **12**, 162.8, 218, 273
- Erforderlichkeit **12**, 198, 223 ff.
- Erfüllung **12**, 280 ff.
- Ergänzung **12**, 280 f.
- Fälligkeit **12**, 181
- Forschungsstand **25**, 33
- Gegenstand **12**, 163 f.
- Geheimhaltungsbelange des Arbeitgebers **12**, 245 f.
- Geheimhaltungsbelange Dritter **12**, 195, 245
- Geheimhaltungsverpflichtung **12**, 259
- gerichtliche Zuständigkeit **39**, 10, 18
- Gewinne **12**, 199 ff.
- Gläubiger des **12**, 162.3
- Grenzen **12**, 222
- Herstellungskosten **12**, 197
- Herstellungsmengen **12**, 190
- Hilfsanspruch zum Vergütungsanspruch **12**, 162.1
- Hochschullehrer **42**, 146
- Inhalt und Umfang **12**, 170 ff.
- Klageverfahren **12**, 316
- konkrete Lizenzanalogie **12**, 207
- Kontrollbedarf **12**, 162.1, 179.3, 190, 193, 195 ff., 227, 250, 300, 325
- Konzern **12**, 296 ff.
- Liefermengen **12**, 191
- Lieferpreise **12**, 191
- Lieferzeiten **12**, 191
- Lizenzanalogie **12**, 183 ff.
- Lizenzeinnahmen **12**, 217
- Lizenzvertrag **12**, 216 ff.
- Lizenzvertragsrecht **12**, 173.1
- Modifizierung, vertragliche **12**, 169
- Negativauskunft **12**, 282, 324
- Nettoumsätze **9**, 125; **12**, 193
- Null-Auskunft **12**, 282
- Patentverletzung **12**, 173
- Pauschalabfindung **12**, 163.1, 165
- Pflichtverletzung wg. unterlassener Schutzrechtsübertragung **16**, 74
- Rechnungslegung, Abgrenzung **12**, 162.4, 162.7
- Rechtsgrundlage **12**, 162 ff.
- Rechtsmissbrauch **12**, 245, 268
- Rechtsnatur **12**, 162 ff.
- Schadensersatzanspruch Arbeitnehmer **12**, 340
- Schätzung des Erfindungswerts **12**, 213
- Schranken **12**, 171
- Schuldner des **12**, 162.3
- Sperrpatent **9**, 206
- Stufenklage **12**, 316
- Treu und Glauben **12**, 171
- über Anspruchsvoraussetzungen **12**, 162.3
- Umfang **12**, 174
- Unbilligkeit Vergütungsregelung **12**, 335
- Ungewissheit, selbstverschuldete **12**, 228
- Unmöglichkeit **12**, 272 ff.
- Unterlassungsverpflichtungserklärung **12**, 259
- unverhältnismäßiger Aufwand **12**, 236

# Stichwortverzeichnis

– Unzumutbarkeit wegen Zeitablaufs **12**, 265
– Verbesserungsvorschlag **12**, 163; **20**, 3, 61.2
– Vererblichkeit **12**, 162.3
– Vergütungsanpassung **12**, 329
– Vergütungsansprüche **12**, 163
– Vergütungsansprüche als Hauptanspruch zum **12**, 164.1 ff.
– Vergütungsansprüche, Bedeutung für **12**, 174 ff.
– Vergütungsregelung, Bedeutung für **12**, 175
– Verjährung des **12**, 306 f.
– Verjährung des Hauptanspruchs **9**, 40.4
– Verkauf der Diensterfindung **12**, 219
– Verwirkung **12**, 308
– Wettbewerbssituation **12**, 245 f.
– Wirtschaftsprüfervorbehalt **12**, 250 ff.
– Zeitpunkt der Auskunft **12**, 181
– Zumutbarkeit **12**, 223 f., 230 ff., 301
– Zurückbehaltungsrecht **9**, 30; **12**, 309
– Zwangsvollstreckung **12**, 317

**Auskunftserteilung**
– Schiedsstelle **28**, 6
– Unzumutbarkeitgründe **12**, 265 ff.
– Unzumutbarkeitsgründe **12**, 231 ff.
– Wirtschaftsprüfervorbehalt **12**, 250 ff.

**Auskunftspflicht** *s. auch Auskunftsanspruch, Informationspflicht*
– arbeitsrechtliche **25**, 19, 33; **26**, 22

**Auslagen** *s. Kostenerstattung*

**Ausland**
– Arbeitgeber im **1**, 108 ff.
– Arbeitnehmererfinderrecht **Einl**, 10 ff.
– Arbeitseinsatz **1**, 36 ff.
– Nutzung im **7 n.F.**, 20; **7 a.F.**, 36 f.; **9**, 15, 245 ff.; **Anh 1**, (26); **20**, 14, 40
– Schutzfähigkeit **2**, 25 f.; **3**, 19; **8 a.F.**, 45; **9**, 15; **12**, 63; **14**, 4; **16**, 9, 90; **20**, 14
– schutzrechtsfreie Zone **14**, 34, 69.1
– Versetzung **1**, 36
– Zuständigkeit der Schiedsstelle **28**, 19

**Ausländische Schutzfähigkeit**
– Erfindung **2**, 25; **9**, 15, 245
– Risikoabschlag **12**, 363

**Ausländischer Arbeitgeber 1**, 108 ff.

**Ausländischer Arbeitnehmer 1**, 35 ff.

**Ausländisches Recht, Arbeitnehmererfindung Einl**, 10
– Arbeitsverhältnis **1**, 32
– Rechtswahl **1**, 32 ff.
– Schiedsstellenverfahren **28**, 19
– Schutzfähigkeit nach **2**, 25 f.; **3**, 19; **8 a.F.**, 45; **9**, 15 f.; **12**, 63; **14**, 4; **20**, 14

**Auslandsberührung 1**, 32
– Geltung des ArbEG **1**, 32 ff.
– Zuständigkeit Schiedsstelle **28**, 19.4

**Auslandseinsatz**
– Arbeitnehmer **1**, 36 ff.

**Auslandsfreigabe** *s. Freigabe-Ausland*

**Auslandsnutzung**
– Vergütung **9**, 15, 245 ff.; **Anh 1**, (26); **20**, 14

**Auslandsschutzrecht**
– Anmeldung durch Arbeitnehmer **7 n.F.**, 73 f.
– ArbEG-Novelle 2009 **14**, 4.1
– Erwerb durch Arbeitgeber **14**, 1 ff.
– Erwerb durch Arbeitnehmer **14**, 9, 39 ff.
– fehlender Inlandsschutz **2**, 25 f.; **3**, 19; **8 a.F.**, 45; **9**, 15 ff.; **12**, 63; **14**, 4; **16**, 9, 90; **20**, 14
– Freigabe *s. Freigabe-Ausland*
– gerichtliche Zuständigkeit **39**, 14
– mittelbare Patentbenutzungs **9**, 246.7.
– Nutzungsrecht des Arbeitgebers **7 a.F.**, 36 f.
– Risikoabschlag **12**, 63
– Vergütung **9**, 246 ff., 15, 245 ff.; **Anh 1**, (26); **12**, 63, 69; **20**, 14
– Verkauf **9**, 251 f.
– Vorbehalt schutzrechtsfreier Zone **14**, 46 ff.
– Vorratspatent **9**, 246.4 f.

**Auslandsschutzrechtsanmeldung** *s. auch Auslandsschutzrecht, Freigabe-Ausland*
– Abkauf **14**, 71 ff.
– als Inlandsschutzrechtsanmeldung **13**, 25 ff.
– Anwendungsbereich **14**, 4
– Arbeitgeber als Herr des Verfahrens **14**, 5 ff.

# Stichwortverzeichnis

– Aufgabe der **16**, 5 ff.
– bei Verzicht auf Inlandsschutzrechtsanmeldung **13**, 33.2
– durch Arbeitgeber **14**, 1 ff.
– durch Arbeitnehmer **7 n.F.**, 73 f.; **7 a.F.**, 36; **14**, 9 ff., 36 ff., 39 ff.
– durch Miterfinder **14**, 82 ff.
– Einheitspatent, europäisches *s. dort*
– Entscheidungsrecht Arbeitgeber **14**, 5
– Entscheidungsrecht Arbeitnehmer nach Freigabe **14**, 36.2
– europäische als **13**, 27; **14**, 7
– Freigabe zugunsten des Arbeitnehmers für **14**, 14, 39 ff.
– Frist **14**, 4
– Handlungszwang für Arbeitgeber **14**, 4
– Incentive-Programme **11**, 22; **14**, 71
– Information des Arbeitnehmers **15**, 19
– internationale **13**, 28 ff.; **14**, 8, 36.1
– Miterfinderschaft **14**, 82 ff.
– Mitspracherechte Arbeitnehmer **14**, 5
– Neue Bundesländer **14**, 4
– nicht ausschließliches Benutzungsrecht **14**, 45 ff.
– Prioritätsbegründung für Inlandsanmeldung **13**, 25 ff.
– Übertragung auf Dritte durch Arbeitgeber **14**, 20
– unberechtigte durch Arbeitgeber **14**, 13
– unberechtigte durch Arbeitnehmer **7 n.F.**, 73 f.; **14**, 9 ff.
– Unterstützung durch Arbeitgeber **14**, 39 ff.
– Versagung des Inlandsschutzes *(s. auch Auslandsschutzrecht – fehlender Inlandsschutz)*
– Versagung Inlandsschutz **9**, 15
– Verzicht des Arbeitnehmers auf **14**, 36.2, 71, 84 f.
– vor Inanspruchnahme **14**, 6, 9
– Zweifel an Schutzfähigkeit **14**, 4, 16, 64

**Auslandsverträge**
– Vergütung bei Rücksichtnahme **14**, 67 ff.
– Verlangen auf Rücksichtnahme **14**, 53 ff.

**Auslegung**
– AGB **11**, 33
– Einigungsvorschlag **28**, 22; **34**, 27
– Inanspruchnahmeerklärung **6 n.F.**, 72
– verfassungskonforme **42**, 5, 29
– Vergütungsfestsetzung **12**, 47, 50
– Vergütungsregelung **12**, 11
– Vergütungsvereinbarung **12**, 18.3
– Widerspruch **12**, 79
– Zuständigkeit, gerichtl. bei Vergütungsregelung **39**, 18

**Ausscheiden des Arbeitnehmers** *s. auch Ausgeschiedener Arbeitnehmer*
– Ausgleichsquittung **26**, 56 ff.
– Geheimhaltungspflicht **24**, 14, 25, 43; **26**, 34, 38 f.
– Geltendmachen der Unbilligkeit **23**, 29 f.
– Insolvenz des Arbeitgebers kein Anlass **27 n.F.**, 16
– Insolvenz des Arbeitgebers, Sonderregelungen bei **1**, 126
– Konkurs des Arbeitgebers **27 a.F.**, 3
– Löschungsklage **26**, 54
– Neue Bundesländer **26**, 2.1
– Nichtigkeitsklage **25**, 45; **26**, 54
– Rechte und Pflichten aus ArbEG **26**, 21 f.
– Schutzrechtsanmeldung unmittelbar nach **4**, 18; **18**, 14; **26**, 2, 22
– Unabdingbarkeit des ArbEG **22**, 16
– Vergütungsanpassung **12**, 109; **26**, 27
– Vertragsabsprachen **26**, 16, 55 ff.

**Ausschließliche Lizenz** *s. Lizenz*
**Ausschlussfrist** *s. auch Frist*
– bei Anbietung freier Erfindungen **19**, 53 f.
– bei Antrag auf erweiterte Besetzung **32**, 3
– bei Ausübung des Übertragungsanspruchs **16**, 39
– bei Beanstandung der Meldung **5**, 88
– bei Bestreiten freier Erfindungen durch Arbeitgeber **18**, 39
– bei Beteiligungsverlangen des Dienstherrn **40**, 27
– Erfindervergütung **9**, 51
– Freiwerden **8 a.F.**, 31 ff.

# Stichwortverzeichnis

- Fristverlängerung **6 a.F.**, 47
- bei Inanspruchnahme **6 a.F.**, 45 ff.; **8 a.F.**, 31
- tarifvertragliche **9**, 51
- bei unbilliger Erschwerung **7 a.F.**, 52 f.
- bei Unbilligkeit **23**, 29 ff.
- bei Verbesserungsvorschlägen **20**, 61.3
- bei Vereinbarungen zuungunsten Arbeitnehmer **22**, 7
- bei Vergütungsfestsetzung **12**, 74
- Verjährung **23**, 38
- bei Widerspruch gg. Einigungsvorschlag **34**, 30
- bei Widerspruch gg. Vergütungsfestsetzung **12**, 81

**Äußerer Stand der Technik** s. *Stand der Technik*

**Aussetzung**
- Erteilungsverfahren **7 n.F.**, 5, 74
- gerichtliches Verfahren **37**, 8
- Schiedsstellenverfahren **33**, 47

**Aussperrung 26**, 9

**Ausstrahlungstheorie 1**, 37

**Austauschvertrag** s. *Lizenzaustauschvertrag*

**Ausübungspflicht**
- Arbeitgeber **7 a.F.**, 6, 34; **10 a.F.**, 10; **20**, 31

**Auswahlerfindung 5**, 47

»**Auswerten**« **24**, 53

**Auszubildende 1**, 40

**Basic-Design/-Engineering** s. *Engineering*

**Basiszinssatz 9**, 28.3 f.

**Beamter** s. *auch Öffentlicher Dienst*
- Abgrenzung **41**, 7
- Anwendbarkeit des ArbEG **1**, 139; **41**, 11 ff.
- Begriff **41**, 5 ff.
- Erfindung von **4**, 21, 49
- gerichtliche Zuständigkeit **39**, 4, 6, 30; **41**, 15
- Hochschullehrer s. *dort*
- Ruhestand **41**, 9
- Schiedsstellenverfahren **28**, 4, 31 f.; **41**, 15
- Vorverfahren **28**, 32

**Beanstandung**
- Meldung **5**, 84 ff.
- Meldung bei Miterfindern **5**, 84; **12**, 32.2

**Beauftragter**
- Vorschlagswesen **20**, 57

**Bedingung**
- Freigabeerklärung **14**, 18
- Inanspruchnahmeerklärung **6 n.F.**, 60; **6 a.F.**, 7
- Schutzrechtsaufgabe **16**, 33, 37
- Vergütungsfestsetzung **12**, 47

»**Bedürfnisse**«
- Anteilsfaktor **9**, 272.3 ff.
- Widerspruch gg. Vergütungsfestsetzung **12**, 79

**Beendigung des Arbeitsvertrages** s. *Ausscheiden, Ausgeschiedener Arbeitnehmer*

**Beendigung des Schiedsstellenverfahrens** s. *auch Schiedsstellenverfahren*
- Einzeltatbestände **33**, 6; **35**, 3 ff.
- Mitteilung **35**, 17 f.

**Beförderung**
- als Vergütung **9**, 53; **12**, 109

**Befristung** s. *i. übrigen Frist*
- Vergütungsfestsetzung **12**, 47

**Begründung**
- betriebsgeheime Erfindung **17**, 16
- Quotenwiderspruch **12**, 90 f.
- Vergütungsfestsetzung **12**, 52 f.
- Vergütungsvereinbarung **23**, 21
- Widerspruch gg. Vergütungsfestsetzung **12**, 79

**Behörde**
- Begriff s. *Dienstbehörde*

**Beihilfen**
- staatliche **42**, 192

**Beisitzer der Schiedsstelle 30**, 8 ff.
- Ablehnung **33**, 31 ff.
- Beratungsgeheimnis **30**, 15
- Dienstaufsicht **30**, 14
- Vorschlagslisten **30**, 12 f.

**Beitrittsgebiet** s. *Neue Bundesländer*

**Bekanntgabe der Gesamtvergütung 12**, 35 ff.

**Bekanntgabe der Miterfinderanteile 12**, 35 ff.

»**Bekanntgeben**« **24**, 54

# Stichwortverzeichnis

**Bekanntmachung der Patentanmeldung**
- vorläufige Vergütung **12**, 65

**Belehrung** *s. auch Aufklärungspflicht*
- über ArbEG **25**, 20
- bei Auslandsfreigabe **14**, 43
- über Freiwerden **6 a.F.**, 60
- über Fristablauf **6 a.F.**, 56; **16**, 39; **25**, 20
- bei Schutzrechtsaufgabe **16**, 35, 39
- über Widerspruch bei Vergütungsfestsetzung **12**, 82
- über Widerspruchsmöglichkeit bei Einigungsvorschlag **34**, 23 f.

**Bemessung der Vergütung** *s. Vergütung, Vergütungsanspruch, Vergütungsbemessung*

**Benennung als Erfinder 5**, 51.2; **7 n.F.**, 81 ff.; **13**, 40.1

**Benutzung** *s. auch Verwertbarkeit, Verwertung*
- Begriff **9**, 90 ff.; **10 a.F.**, 8 f.; **20**, 27

**Benutzungsform** *s. auch Schutzumfang, Vergütung*
- Miterfinderanteil bei Wechsel der **12**, 132
- Vergütungsanpassung bei Änderungen **12**, 132
- Vergütungsfestlegung **12**, 13
- Vergütungspflicht **9**, 91.1 f.

**Benutzungsrecht** *s. auch Nicht ausschließliches Benutzungsrecht*
- beschränkte Inanspruchnahme **7 a.F.**, 29 ff.
- freie Erfindung **19**, 16
- Freigabe Ausland **14**, 45 ff.
- Insolvenz Arbeitgeber **27 n.F.**, 26
- Insolvenz Arbeitnehmer **27 n.F.**, 10
- Schutzrechtsaufgabe **16**, 77 ff.
- unmittelbares **16**, 84

**Beratervertrag 1**, 46, 77

**Beratungsgeheimnis**
- Schiedsstellenmitglieder **30**, 15

**Beratungshilfe 37**, 2.1

**Berechnung**
- der Vergütung, *s. Vergütungsbemessung*

**Berechnungsformel 9**, 292 f.; Anh 1, (39)
- Wahl **9**, 107 f.

**Berechnungsmethode**
- Bedeutung für Auskunftsanspruch **12**, 176 ff.

**Berechnungsmethoden** *s. auch Betrieblicher Nutzen, Erfindungswert, Lizenzanalogie, Schätzung des Erfindungswertes*
- Erfindungswert **9**, 103 ff.
- Verhältnis zueinander **9**, 104 ff.

**»Berechtigte Belange«**
- betriebsgeheime Erfindung **17**, 7 ff.
- Geheimhaltungspflicht Arbeitgeber **24**, 14 ff.

**Bereicherungsanspruch**
- Auslandsschutzrechtsanmeldung **14**, 9, 13
- freigewordene Erfindung **8 n.F.**, 105, 114 ff.
- Rückforderungsverbot **12**, 157 ff.

**Berichtigung**
- Einigungsvorschlag **34**, 19

**Berlin**
- Geltung ArbEG **47 a.F.**
- Schiedsstelle **28**, 3

**Beruflich**
- geläufige Überlegungen **9**, 277

**Beschäftigte an Hochschulen 42**, 10 ff., 153 ff.

**Beschäftigungspflicht 25**, 5

**Beschleunigungsgrundsatz**
- Schiedsstellenverfahren **33**, 18 f.

**Beschluss**
- Schiedsstellenverfahren **34**, 2 f.

**Beschlussfassung**
- Einigungsvorschlag **34**, 14 ff.
- Unzuständigkeit **28**, 8; **35**, 10

**Beschränkte Inanspruchnahme Alterfindung 6 a.F.**, 10, 13 f.; **7 a.F.**, 28 ff.
- Abgrenzung z. unbeschränkten Inanspruchnahme **6 a.F.**, 9 ff.
- Anmeldefreiheit d. Arbeitnehmers **7 a.F.**, 28; **10 a.F.**, 11
- Auslandsnutzung **7 a.F.**, 36
- Bemessung der Vergütung **10 a.F.**, 31 ff.
- Benutzung **10 a.F.**, 8 ff.
- Einwand der mangelnden Schutzfähigkeit **10 a.F.**, 19 ff.

## Stichwortverzeichnis

– Fälligkeit der Vergütung **10 a.F.**, 13; **12**, 73
– Freigabe durch **8 a.F.**, 29 f.
– Geheimhaltungspflicht Arbeitgeber **7 a.F.**, 38; **24**, 20 ff.
– Inhalt Benutzungsrecht **7 a.F.**, 29
– nicht ausschließliches Benutzungsrecht **7 a.F.**, 28
– Reform **6 a.F.**, 1; **10 a.F.**, 1
– Schutzrecht **10 a.F.**, 11, 14, 19, 37
– Schutzrechtsanmeldung **10 a.F.**, 11
– unbilliges Erschweren **7 a.F.**, 39 ff.
– Vergütung **10 a.F.**, 1 ff.; **Anh 1**, (25)
– Vergütungsfestlegung **10 a.F.**, 3, 13
– Vergütungsfeststellung, Übergangsrecht **12**, 73
– Verzicht des Arbeitgebers **6 a.F.**, 16
– Wechsel zur **6 a.F.**, 15
– Wegfall **6 n.F.**, 1; **7 n.F.**, 1
– Wirkung **7 a.F.**, 28 ff.
– Wirkung Benutzungsrecht **7 a.F.**, 35
**Beschränkungen im Erteilungsverfahren**
– Miterfinderanteil **12**, 30
– Schutzrechtsaufgabe **16**, 12
– Vergütungsanpassung **12**, 117 f.
**Beschreiben**
– Erfindungsmeldung **5**, 68
**Beschwerdegebühr**
– Rückzahlung bei Schutzrechtsübertragung **16**, 59
**Besetzung der Schiedsstelle**
– erweiterte **30**, 10 ff.; **32**, 1 f.; **45**, 1
**Bestätigung der Meldung 5**, 61 ff.
**Bestreiten** *s. auch Zweifel*
– freie Erfindung **18**, 32 ff.
– Schutzfähigkeit betriebsgeheime Erfindung **17**, 43 ff.
– substantiiertes **9**, 300
**Beteiligte**
– Schiedsstellenverfahren **vor 28**, 2
**Beteiligte des Schiedsstellenverfahrens**
  *s. Antragsteller, Antragsgegner*
**Beteiligtenfähigkeit**
– Schiedsstellenverfahren **28**, 12 ff.; **31**, 2
**Beteiligtenwechsel**
– Schiedsstellenverfahren **33**, 10

**Beteiligungsrecht des Dienstherrn**
– Hochschulwissenschaftler **42**, 185 ff.
– öffentlicher Dienst **40**, 15 ff.
**Betrieb** *s. auch Anteilsfaktor, Unternehmen*
– Arbeiten des **4**, 36 ff.
– Arbeitsbereich **18**, 29
– Begriff **1**, 101 ff.; **4**, 20, 38; **27 n.F.**, 49; **27 a.F.**, 108
– des Arbeitgebers **18**, 28
– Erfahrungen **4**, 36 ff.
– Geschäftsbetrieb **27 n.F.**, 49; **27 a.F.**, 47
– öffentlicher **40**, 6
**Betriebliche Altersversorgung 1**, 79 f.; **9**, 3, 68, 72
**Betriebliche Arbeiten**
– oder Kenntnisse **9**, 278
**Betriebliche Doppelerfindung 5**, 29, 59 f.
**Betriebliche Kooperation**
– Inanspruchnahme **6 n.F.**, 145
**Betriebliche Stellung 9**, 280 ff.
**Betriebliche Übung**
– Änderung **25**, 22.3
– Beweislast für **25**, 22.3
– Bindung **25**, 22 ff.
– Erfindungsmeldung **5**, 39
– Freiwilligkeitsvorbehalt **25**, 22.1
– und Unabdingbarkeit **22**, 9; **25**, 22.1
**Betrieblicher Anteil** *s. Anteil des Betriebes, Anteilsfaktor*
**Betrieblicher Nutzen 9**, 161 ff., 110; **Anh 1**, (12)
– Abstaffelung **9**, 166 ff.
– Anpassungsanspruch **9**, 164
– Anwendungsfälle **9**, 110 f.
– Auskunftsanspruch **12**, 209 f.
– Berechnung **9**, 164 ff.
– beschränkte Inanspruchnahme **10 a.F.**, 34
– Differenz zwischen Kosten und Erträgen **9**, 163 f.
– Durchschnittsatz **9**, 165
– Erfindungswert **9**, 165
– Erträge **9**, 163.1
– Gebrauchsmuster **9**, 165
– geringere Umsätze **9**, 162
– Investitionskosten **9**, 164

- Kosten vor Erfindungsfertigstellung **9**, 163
- Kostenfaktoren **9**, 163
- Preisbildung bei öffentlichen Aufträgen **9**, 163.2; **Anh 1**, (12)
- Rechnungslegung **12**, 168
- Stand der Technik **9**, 164
- Umrechnungsfaktor **9**, 165
- Unternehmerlohn **9**, 163.3, 165
- veralteter interner Stand der Technik **9**, 164
- Vergütung qualifizierter technischer Verbesserungsvorschläge **20**, 41, 44
- Verhältnis zur Lizenzanalogie **9**, 110 f.

**Betriebliches Vorschlagswesen 20**, 56 ff.

**Betriebsanteil** s. *Anteil des Betriebes, Anteilsfaktor*

**Betriebsaufspaltung 1**, 123

**Betriebsbezogenheit**
- Verbesserungsvorschlag **3**, 11 ff.

**Betriebserfindung 4**, 4

**Betriebsgebundenheit**
- des einfachen Nutzungsrechts **7 a.F.**, 31; **14**, 51; **16**, 80 ff.

**Betriebsgeheime Erfindung** s. *auch Anerkenntnis der Schutzfähigkeit*
- Anerkenntnis der Schutzfähigkeit *(s. auch dort)*; **17**, 26 ff.
- Anrufung der Schiedsstelle **17**, 46 ff.
- Arbeitnehmerinteressen **17**, 1, 13
- Aufgabe **17**, 35.7
- ausgeschiedener Arbeitnehmer **17**, 1
- Ausgleich wirtschaftlicher Nachteile **17**, 60 ff.
- Auslandsfreigabe **14**, 38; **17**, 21
- Ausscheiden des Arbeitnehmers **26**, 36.2
- Bedeutung **17**, 1 ff.
- Begriff **17**, 4 ff.
- Begründung **17**, 16
- »berechtigte Belange« **17**, 4 ff., 23 f.
- Bestreiten der Schutzfähigkeit bei **17**, 43 ff.
- Beweislast **17**, 16
- Bindungswirkung d. Anerkenntnisses **17**, 34 ff.
- Dauer der Vergütungszahlung **17**, 68 ff.
- Diensterfindung **4**, 44
- Entfallen der Anmeldepflicht **13**, 36 f.
- Erklärung zum **17**, 17 ff.
- fehlerhafte Einstufung als **17**, 21 f.
- freie Erfindung **19**, 27
- Freigabe **17**, 35.1
- Freiwerden **17**, 19 f., 22, 33
- Gebrauchsmuster **17**, 11, 29
- Geheimhaltungspflicht **17**, 39 ff.
- Inanspruchnahme **17**, 19 f.
- Insolvenzverfahren **27 n.F.**, 41, 126, 140; **27 a.F.**, 41, 126
- Konzernbelange **17**, 10
- Lizenzierung **17**, 40
- nachträgliche Schutzrechtsanmeldung **13**, 31; **17**, 35.6
- nicht benutzte **17**, 59
- Nichterwirken eines Schutzrechts **17**, 26 ff.
- öffentlicher Dienst **17**, 5
- Patenterteilungsverfahren bis zur Offenlegung **17**, 44 f.
- Patentierungsausschluss **17**, 34
- Risikoabschlag **17**, 59
- Schiedsstelle,
  - Anrufung **17**, 46 ff.
  - Entscheidung **17**, 54 ff.
- Schutzfähigkeit,
  - Arbeitgeberanerkenntnis **17**, 26 ff.
  - Bestreiten der **17**, 43 ff.
  - Verhandlungen über **17**, 49
  - Vergütung **9**, 81; **Anh 1**, (27); **17**, 59 ff.
- Verletzung der Geheimhaltungspflicht **17**, 39 ff.
- Verzicht auf Schutzrechtserwerb **17**, 26 ff.
- Voraussetzungen **17**, 4 ff.
- vorläufige Vergütung **17**, 59
- Wegfall des Geheimhaltungsinteresses **17**, 23 f.
- wirtschaftlicher Nachteile, Ausgleich **17**, 60 ff.
- Zeitpunkt Anerkenntnis d. Schutzfähigkeit **17**, 31 f.
- Zweifel an Schutzfähigkeit **17**, 43 ff., 59
- Zwischenbetriebliche Kooperation **17**, 10

# Stichwortverzeichnis

**Betriebsgeheimnis** *s. auch Geschäftsgeheimnis*
- Begriff **24**, 39 f.
- Schutz **3**, 31 ff.; **24**, 39 ff.; **26**, 34 f.
- techn. Verbesserungsvorschlag **20**, 16

**Betriebsinhaberwechsel 1**, 114 ff.

**Betriebsrat** *s. auch Betriebsvereinbarung, Personalrat, Sprecherausschuss*
- ausländische Arbeitgeber **1**, 113; **Anh zu 20**, 3
- Ausstrahlung Inlandsbetrieb **1**, 113
- Behandlung von Arbeitnehmerbeschwerden **Anh zu 20**, 28 ff.
- einfache technische Verbesserungsvorschläge **20**, 53 ff.
- Einigungsstelle **Anh zu 20**, 29 f.
- Einsichtsrecht in Unterlagen **Anh zu 20**, 17, 19, 26
- europäischer **Anh zu 20**, 1
- Geheimhaltungspflicht **Anh zu 20**, 18; **24**, 49
- Hinzuziehung von Sachverständigen **Anh zu 20**, 21 ff.
- Informationsrecht **Anh zu 20**, 14 ff.
- Kontroll- und Überwachungsrechte **Anh zu 20**, 7 ff.
- Mitwirkungsrechte **1**, 113; **Anh zu 20**, 1 ff.
- qualifizierte technische Verbesserungsvorschläge **20**, 50
- Sachverständiger, Hinzuziehung durch Betriebsrat **Anh zu 20**, 21 ff.
- Schiedsstellenverfahren **28**, 16
- Unternehmensrichtlinien **11**, 19
- Unterstützung des Arbeitnehmers **Anh zu 20**, 24 ff.
- Vergütungsregelung **Anh zu 20**, 19
- Vergütungsrichtlinien **11**, 14; **Anh zu 20**, 9
- Zuständigkeit **Anh zu 20**, 3 ff.

**Betriebsspionage 24**, 41

**Betriebsübergang 1**, 114 ff.
- beendetes Arbeitsverhältnis **1**, 116
- Begriff **1**, 114
- Erfindungsrechte **1**, 115 ff.
- Geltung ArbEG **1**, 115
- Insolvenz **1**, 114.1, 115, 117, 126; **27 n.F.**, 48; **27 a.F.**, 47, 61 ff.
- Lizenzvertrag **1**, 120.1
- Lohnfertigung **1**, 114
- Miterfinder **1**, 118.8
- nochmaliger **1**, 123
- öffentlicher Dienst **1**, 115
- Organmitglieder **1**, 114
- Schiedsstellenverfahren **1**, 122; **28**, 14
- Schutzrechtsaufgabe **1**, 120.3
- Stellung Betriebserwerber **1**, 118
- techn. Verbesserungsvorschlag **1**, 121; **20**, 46
- Umwandlung **1**, 127
- Unterrichtungspflicht Arbeitgeber **1**, 117
- Vergütungsanspruch **1**, 115, 118 ff.; **9**, 7
- Verkauf der Erfindung **1**, 116; **9**, 253
- Widerspruch **1**, 116

**Betriebsvereinbarung**
- Bewertungskommission über Verwertung **20**, 31
- Bindung des Arbeitnehmers über Gegenstände des ArbEG **Anh zu 20**, 6
- einfache technische Verbesserungsvorschläge **20**, 53 ff.
- Erfindungsmeldung **5**, 15
- freiwillige **Anh zu 20**, 1
- qualifizierte technische Verbesserungsvorschläge **20**, 31, 50
- Überwachung der Durchführung **Anh zu 20**, 10
- Unabdingbarkeit des ArbEG **22**, 7
- Zulässigkeit **22**, 7 f.

**Beurteilungsspielraum** *s. Unternehmerische Handlungsfreiheit*

**Bevollmächtigter** *s. auch Erlaubnisscheininhaber, Patentanwalt, Rechtsanwalt*
- Erfindungsmeldung **5**, 5
- Gebühren Schiedsstellenverfahren **36**, 5
- Inanspruchnahme **6 n.F.**, 57; **6 a.F.**, 29 f.
- Kosten Schiedsstellenverfahren **36**, 3 ff.
- Meldung an **5**, 14 ff.
- Schiedsstellenverfahren **31**, 5; **33**, 37 f.
- Vergütungsfestsetzung durch **12**, 47

**Beweiserhebung**
- Schiedsstellenverfahren **33**, 15, 34 f., 42 f.

# Stichwortverzeichnis

**Beweislast** *s. auch sekundäre Behauptungslast*
- Anmeldepflichtverletzung **13**, 70
- Anpassungsanspruch **12**, 97
- Anteilsfaktor **9**, 300
- Aufgabenerfindung **4**, 32
- Auskunft wg. Anpassung **12**, 331
- Auskunft wg. Schadensersatz **12**, 340
- Auskunftsanspruch **12**, 323 ff.
- Auslandsfreigabe **14**, 25
- betriebliche Übung **25**, 22.3
- betriebsgeheime Erfindung **17**, 16
- Diensterfindung **4**, 18, 32, 46; **42**, 31
- einfacher technischer Verbesserungsvorschlag **20**, 61.2
- Erfahrungserfindung **4**, 46
- Erfinder(be)nennung **7 n.F.**, 84
- Erfindereigenschaft **5**, 51.2
- Erfindungsmeldung **5**, 13, 62
- Fertigstellung der Diensterfindung **4**, 18; **26**, 2
- Formularklausel **22**, 41
- Freigabe **8 n.F.**, 64
- Freigabe Diensterfindung **8 n.F.**, 113, 152; **8 a.F.**, 34
- Inanspruchnahme **6 n.F.**, 152
- Meldepflicht-Verletzung **5**, 97
- Miterfinder **5**, 51.2
- Miterfinderanteil **12**, 32
- Null-Fall **9**, 326
- Nutzung **9**, 300
- Schadensersatz **9**, 331; **13**, 70; **14**, 81; **15**, 35; **16**, 71, 74 f.
- Schutzrechtsaufgabe/Verletzung **16**, 71, 75.1 f.
- technischer Verbesserungsvorschlag **20**, 37, 60, 61.2
- Überleitung d. Diensterfindung **6 a.F.**, 57
- Umfang der Inanspruchnahme **6 a.F.**, 12
- unbilliges Erschweren **7 a.F.**, 45, 59
- Unbilligkeit **23**, 26.1
- Vergütung **9**, 40.3, 299 f.
- Vergütungsanpassung **12**, 97
- Vergütungsanspruch bei vorwerfbarer Nichtverwertung **9**, 214
- Verjährung **9**, 40.3, 43.3
- Verletzung Freigabepflicht- **14**, 81
- Zugang
  - der Aufgabeabsichtsereigabeerklärung **16**, 28, 37
  - der Erfindungsmeldung **5**, 13.1, 36, 62
  - der Freigabeerklärung **6 n.F.**, 152; **14**, 25
  - der Inanspruchnahmeerklärung **6 n.F.**, 152; **6 a.F.**, 6.1; **7 a.F.**, 3
  - des Widerspruchs gg. Vergütungsfestsetzung **12**, 77
- Zuständigkeit der Schiedsstelle **28**, 33

**Beweislast)**
- Ausnahme von Mitteilungspflicht e. freien Erfindung **18**, 27

**Bewertungsausschuss**
- Verbesserungsvorschlag **20**, 62 ff.

**Bezugsgröße 9**, 125 ff.; **Anh 1**, (7), (8)
- Abstaffelung **9**, 125.2, 128.1, 147
- Begriffe **9**, 125 f.
- Einzelteil **9**, 125.1 f.
- Erzeugung **9**, 125
- Gesamtanlage **9**, 125.1 f.
- kennzeichnendes Gepräge **9**, 126
- Lizenzsatz **9**, 125.2
- rechnerische **9**, 125
- Schutzrechtskomplex **9**, 128 ff.; **Anh 1**, (19)
- technisch-wirtschaftliche **9**, 125.1 ff., 128
- Umsatz als **9**, 125; **Anh 1**, (7)

**BGB-Außengesellschaft 1**, 106.1
**BGB-Gesellschaft 1**, 70, 106 ff.; **5**, 52 f.; **6 n.F.**, 146; **6 a.F.**, 75
**BGB-Innengesellschaft 1**, 106.1
**Bindungswirkung**
- Vergütungsfestlegung **12**, 13.1 f.

**Biotechnologie 2**, 8
**Blanco-Formulare 15**, 32
**Brainstorming 5**, 49.1
**Branchenüblicher Lizenzsatz**
- Lizenzanalogie **9**, 122.2, 131 ff.

**Bruchteilsgemeinschaft** *s. auch Miterfinder*
- Anbietungspflicht freier Erfindungen **19**, 78 ff.
- Aufhebung **5**, 53.7

# Stichwortverzeichnis

- Ausgleichsanspruch **5**, 53.2 ff.
- Benutzungsrecht **5**, 53.2
- Freiwerden **8 n.F.**, 132 f.
- gemeinsame Diensterfindung **4**, 50
- Inanspruchnahme bei mehreren Arbeitgebern **6 n.F.**, 146; **6 a.F.**, 71
- Inanspruchnahme bei mehreren Arbeitnehmern **6 n.F.**, 140 ff.; **6 a.F.**, 74; **7 n.F.**, 14
- Lizenzvergabe **5**, 53
- mehrere Arbeitgeber **1**, 21
- Miterfinder **5**, 52 ff.
- Privatautonomie **1**, 36, 108
- Rechtsbeziehungen **5**, 52 ff.
- Schutzrechtsanmeldung **13**, 3.1
- Schutzrechtsaufgabe bei Miterfindern **16**, 94 ff.
- Verzicht **16**, 95
- zwischen Arbeitgeber u. Arbeitnehmer **5**, 53.6
- zwischenbetriebl. Kooperation **1**, 107.2

**Bruttolizenzeinnahme 9**, 223, 225

**Bundesanstalten**
- Allgemeine Anordnung **40**, 49

**Bundesbahn frühere**
- eigene Schiedsstelle **40**, 51 f.
- Vorschlagswesen **20**, 68

**Bundesfreiwilligendienst 1**, 89

**Bundesministerium**
- für Verteidigung, Allgemeine Anordnung **40**, 49
- für Wirtschaft, Allgemeine Anordnung **40**, 49

**Bundesverwaltung**
- Vorschlagswesen **20**, 67 ff.; **40**, 31

**Bundeswehr** *s. auch Soldaten, Wehrpflichtige*
- Allg. Anordnung **40**, 49
- Erfindungen bei **4**, 49; **40**, 49; **41**, 16 ff.
- Zivilbedienstete **41**, 20

**Checkliste**
- Lizenzanalogie **9**, 134

**computerimplementierte Erfindung 5**, 47

**Computerprogramme 1**, 4.1; **2**, 7; **3**, 22.1; **9**, 126

**cross-licencing 9**, 236 ff.

**Darlegungslast** *s. Beweislast*
**Datenverarbeitung** *s. Computerprogramme*
**Dauer** *s. auch Laufdauer*
- Arbeitsverhältnisse **4**, 10 ff., 47
- Schiedsstellenverfahren **33**, 5 f., 19
- Vergütungsregelung **12**, 13.1 f., 17
- Vergütungszahlung **9**, 31 ff., 207.1; **10 a.F.**, 14 ff.; **12**, 143; **Anh 1**, (42); **14**, 61; **17**, 68 f.; **20**, 33 ff.

**DDR** *s. Neue Bundesländer*
**Defensive Publishing 13**, 34.1
**Design 1**, 5; **2**, 27 f.; **3**, 22.1
**Dienstaufsicht**
- Schiedsstelle **30**, 14

**Dienstbehörde**
- oberste **40**, 36

**Diensterfindung**
- Abgrenzung zur freien Erfindung **4**, 9, 15, 47; **13**, 51 f.
- Abordnung des Arbeitnehmers **1**, 36 f.; **26**, 17
- Allgemeine Anordnung *(s. auch dort)*; **40**, 34 ff.
- Arbeitgeberwechsel **4**, 12, 16
- Arbeitsgemeinschaft **1**, 106
- Auslandseinsatz **1**, 36 ff.
- Auslandsschutz *s. Auslandsschutzrecht, Auslandsschutzrechtsanmeldung*
- Aussperrung und Streik **26**, 3 ff.
- Beendigung des Arbeitsverhältnisses **4**, 12, 16
- Begriff **4**, 7 ff.
- Betriebsübergang *(s. auch Betriebsübergang)*; **1**, 114 f.
- Beweislast **4**, 18, 32, 46; **26**, 2
- Doppelarbeitsverhältnis **1**, 19 ff.
- Erfindungsgemeinschaft *(s. auch Miterfinder)*; **4**, 50
- faktisches Arbeitsverhältnis **1**, 12 f.
- Fertigstellung **4**, 10, 16 ff.; **5**, 26 f.
- Freigabe **6 n.F.**, 108 ff.; **8 n.F.**, 7, 21 ff.
- Freistellung **4**, 12
- Freiwerden *(s. auch dort)*; **8 a.F.**, 1 ff.
- Freiwerden, Anmelderecht des Arbeitnehmers **13**, 72 ff.
- Freiwerden, Wegfall der Anmeldepflicht **13**, 32

# Stichwortverzeichnis

- Freizeit **4**, 15
- Geheimhaltungspflicht *(s. auch dort)*; **24**, 3 ff., 29 ff.
- gekündigtes Arbeitsverhältnis **1**, 29
- gerichtliche Zuständigkeit *(s. auch dort)*; **39**, 6 ff.
- Hochschulerfindungen **42**, 30 ff.
- Hochschulwissenschaftler **42**, 36
- Inanspruchnahme *s. dort*
- Inanspruchnahme angemessener Beteiligung **40**, 15 ff.
- Insolvenzverfahren **27 n.F.**, 41 ff.; **27 a.F.**, 3, 41
- Konkurs **27 a.F.**, 3
- Leiharbeitsverhältnisse **1**, 58, 60
- mehrere Arbeitgeber **1**, 13, 20 f.
- Meinungsverschiedenheiten **4**, 52 ff.
- Meldung *s. dort*
- Meldung als Verbesserungsvorschlag **vor 3**, 4 ff.; **5**, 39, 43.1
- Miterfinder **4**, 50
- Nebentätigkeit *(s. auch Hochschulwissenschaftler)*; **4**, 28
- Neue Bundesländer **4**, 2.1
- nicht ausschließliches Benutzungsrecht *(s. auch dort)*; **7 a.F.**, 29 ff.; **14**, 45 ff.; **16**, 77 ff.; **19**, 12 ff.; **42**, 131
- Nichtigkeitsklage *s. dort*
- Pensionäre **1**, 79
- Prüfungspflicht Verbesserungsvorschlag auf Erfindungscharakter **vor 3**, 4; **3**, 24
- Rechtsübergang *(s. im Übr. Inanspruchnahme)*; **7 n.F.**, 10 ff.; **7 a.F.**, 5 ff.
- Ruhen des Arbeitsverhältnisses **4**, 14; **26**, 16
- schlüssige Überleitung **6 a.F.**, 61 ff.
- Schlussurlaub **4**, 12
- Schutzrechtsanmeldung durch Arbeitnehmer **4**, 52; **7 n.F.**, 11, 42 ff.; **8 n.F.**, 70; **8 a.F.**, 48 f.; **13**, 46 ff., 72 ff.
- Streik und Aussperrung **26**, 3 ff.
- Übertragung (s. auch dort) auf Dritte **Einl**, 8; **7 n.F.**, 20, 24 ff.; **7 a.F.**, 6, 35; **9**, 6 f.; **13**, 3; **14**, 21, 51.2; **16**, 4; **27 n.F.**, 47 ff., 69 f., 108, 158 ff.; **27 a.F.**, 47
- Unabdingbarkeit des ArbEG **22**, 14
- unmittelbare Benutzung **16**, 84
- Verbesserungsvorschlag *s. Verbesserungsvorschlag, qualifizierter techn. Verbesserungsvorschlag, technischer Verbesserungsvorschlag*
- Vergütung *s. Vergütung, Vergütungsanspruch, Vergütungsbemessung, Vergütungsrichtlinien*
- Vergütungsanpassung *s. dort*
- Verkauf durch Insolvenzverwalter **27 n.F.**, 48, 158; **27 a.F.**, 47, 66
- vertragliche Erweiterung **22**, 26
- vertragliche Überleitung **6 a.F.**, 57 ff.
- Verwertung durch Arbeitnehmer vor Inanspruchnahme **7 n.F.**, 109 f.; **7 a.F.**, 69
- Verwertungsbeschränkungen im öffentlichen Interesse **40**, 34 ff.
- vor Begründung eines Arbeitsverhältnisses **4**, 11
- Vorkaufsrecht des Arbeitnehmers in Insolvenz **27 n.F.**, 2, 121; **27 a.F.**, 66 ff.
- vorläufige Weiterbeschäftigung **4**, 13
- wissenschaftliche Mitarbeiter **42**, 38
- Zeitpunkt, maßgebender **4**, 10 ff., 16 ff., 34, 38
- Zusammenlegung mehrerer **13**, 10.1
- Zustandekommen **5**, 72
- Zwangsvollstreckung **7 n.F.**, 98; **7 a.F.**, 61; **Anh zu 27**, 4 ff.
- Zweifel an Eigenschaft/Schutzfähigkeit *s. dort*
- Zwischenbetriebliche Kooperation *(s. auch dort)*; **1**, 106 f.; **4**, 14.1

**Dienstherr**
- Begriff **41**, 10
- Beteiligungsrechte **40**, 15 ff.; **42**, 185
- Hochschulen **42**, 9

**Dienstliche Weisungen/Richtlinien 5**, 78

**Dienstreise 4**, 15

**Dienstvereinbarung 20**, 67 f.; **Anh zu 20**, 31 ff.; **40**, 30 ff.

**Dienstvertrag 1**, 44 ff.

**Differenzierungstheorie**
- techn. Verbesserungsvorschlag **3**, 15, 29

**Diplomand 1**, 84; **42**, 17

# Stichwortverzeichnis

**Direktionsrecht 4**, 22; **5**, 15; **15**, 30 f.; **25**, 6, 12
– Erfindungsmeldung **5**, 17.2
**Doktorand 1**, 41 ff.; **42**, 17
**Doppelarbeitsverhältnis 1**, 13, 19, 38; **4**, 14; **26**, 16
**Doppelberücksichtigung**
– Verbot **9**, 82; **Anh 1**, (2)
**Doppelerfindung**
– betriebliche **5**, 9.4, 29, 59 f.
– zwischenbetriebl. Kooperation **5**, 9.4
**Doppelschutz**
– Verbot des **16**, 8
**down payment 9**, 229
**Drittelmodell**
– Hochschulerfindungen **42**, 178
**Drittmittel** *s. Hochschule – Drittmittel*
**Drittmitteleinwerbung**
– Hochschulerfindungen **42**, 160
**Durchführungsbestimmungen 45**, 1
**Durchführungsverordnung**
– Außerkrafttreten **46**, 1
– historische Entwicklung **Einl**, 1
**Eidesstattl. Versicherung**
– Auskunftsanspruch **12**, 289 f.
– Schiedsstellenverfahren **33**, 35
**Eigenhändler 1**, 53
**Eigennutzung**
– betriebliche **9**, 101 ff.
**Einfache Lizenz** *s. Lizenz, einfache Nichtausschließliches Benutzungsrecht*
**Einfache technische Verbesserungsvorschläge** *s. Technische Verbesserungsvorschläge, einfache*
**Ein-Firmenvertreter 1**, 54
**Einfühlungsverhältnis 1**, 85
**Eingriffsnorm**
– ArbEG **1**, 32.4
**Einheitliches Arbeitsverhältnis 1**, 129.1
**Einheitspatent, europäisches**
– Aufgabe des **16**, 8.3, 46, 79
– Auslandsfreigabe **14**, 7
– Begriff **2**, 1
– Benutzungsrecht, Vorbehalt eines **16**, 79
– Insolvenz **27 n.F.**, 124
– Schutzrechtsanmeldung **13**, 27; **14**, 7
– Übertragung **16**, 44

– Vergütung **9**, 246
**Einigungsstelle Anh zu 20**, 29 f.
**Einigungsvertrag Einl**, 31
**Einigungsvorschlag**
– Änderung der Umstände **34**, 38
– Anfechtung **34**, 36
– Annahme **34**, 26 ff.
– Auslegung **28**, 22; **34**, 27
– Begründung **34**, 20
– Belehrung **34**, 23 f.
– Berichtigung **34**, 19
– Beschlussfassung **34**, 4, 14 ff.
– Drittwirkung **34**, 34
– Feststellung der Schutzfähigkeit **10 a.F.**, 28 f.; **17**, 54
– Form **34**, 18 ff.
– Gemeinsamer **33**, 10
– Miterfinder **34**, 26
– Rechtsnachfolge **34**, 26
– Rechtsnatur **34**, 10 ff.
– Schiedsstellenverfahren **34**, 8 ff.
– Streit über die Wirksamkeit **34**, 39
– Streitgenossenschaft **34**, 26
– Teil-Einigungsvorschlag **34**, 9
– Überprüfung in neuem Schiedsstellenverfahren **28**, 22
– Unterzeichnung **34**, 20
– Unverbindlichkeit **34**, 35 ff.
– Unwirksamkeit **34**, 7, 35 ff.
– Verbindlichkeit **34**, 26 ff.
– Verfassungsbeschwerde **34**, 39
– Vergleich **34**, 12, 39
– Vollstreckung **34**, 13
– vorsorglicher Widerspruch **34**, 31
– Widerspruch **34**, 29 ff.; **35**, 8
– Wiedereinsetzung **34**, 1, 40 ff.
– Wirkung für Gesamtrechtsnachfolger **34**, 26
– Zustellung **34**, 25
**Einkaufspreis**
– rechnerische Bezugsgröße **9**, 125
**Einlassung vor der Schiedsstelle 35**, 1, 3 ff.
– rügelose **37**, 24 ff.
**Einnahmen** *s. i. Übr. Vergütung, Vergütungsanspruch, Vergütungsbemessung*
**Einnahmen, Hochschulerfindung 42**, 166

# Stichwortverzeichnis

**Einreichung von Unterlagen**
– im Schiedsstellenverfahren **31**, 11
**Einschlafenlassen** *s. Verjährung*
**Einschränkungen im Erteilungsverfahren 7 n.F.**, 98 ff.; **13**, 44
**Einsichtsrecht** *s. Akteneinsicht*
**Einspruch im Erteilungsverfahren**
– Arbeitgeber **7 n.F.**, 44, 51, 55; **25**, 51
– Arbeitnehmer **25**, 51
– Vergütung **9**, 36; **12**, 56, 65, 68.1
– widerrechtl. Entnahme **7 n.F.**, 51
**Einstellung Schiedsstellenverf. 34**, 2; **35**, 11
**Einstweilige Verfügung 4**, 52; **13**, 58 f.; **33**, 49; **37**, 27
**Einwand der mangelnden Schutzfähigkeit 10 a.F.**, 19 ff.
**Einzelanteile**
– Bekanntgabe an Miterfinder **12**, 35 ff.
**elektronische Form 5**, 35
**E-Mail 5**, 36.1
**Emeritus 42**, 9
**Empfangsbote 5**, 18
**Endtermine**
– Vergütungsfestsetzung **12**, 56
**Engineering**
– Lieferung von **9**, 92.2, 241 f.
**Entdeckung 2**, 3
**Entfallen** *s. Wegfall*
**Entnahme, widerrechtliche** *s. Widerrechtliche Entnahme*
**Entscheidungsfreiheit** *s. Unternehmerische Handlungsfreiheit*
**Entwicklung**
– geschichtliche **Einl**, 1
**Entwicklungsabteilung**
– Anteilsfaktor **9**, 262 ff.
– Aufgabenerfindung **4**, 26 f.
– Erfahrungserfindung **4**, 45
**Entwicklungsauftrag** *s. Forschungs- und Entwicklungsauftrag*
**Entwicklungskooperation 1**, 106 ff.
**Entwicklungskosten 9**, 229
**Entwurf**
– Schutzrechtsanmeldung als Erfindungsmeldung **5**, 37, 42
**Erbe 1**, 146 ff.
– Abdingbarkeit ArbEG **22**, 5

– Arbeitsverhältnis **26**, 7 f.
– Auskunftsanspruch **12**, 162.3
– Auslandsfreigabe **14**, 22
– erfinderrechtliche Stellung **1**, 146 ff.
– Erfindungsmeldung **1**, 148
– Freigabe **1**, 150 f.
– Klage **39**, 4
– Rechtsstellung **1**, 146 ff.
– Schiedsstellenverfahren **28**, 14.1
– Schutzrechtsaufgabe **16**, 25
– Unbilligkeit v. Vereinbarungen **23**, 5
– Vergütungsanspruch **1**, 149; **10 a.F.**, 6
**Erfahrungen des Betriebes 4**, 36 ff.; **5**, 79
**Erfahrungserfindung**
– Begriff **4**, 35 ff.
– Beweislast **4**, 46
– Einzelfälle **4**, 45
– Hochschulwissenschaftler **42**, 39
– Kausalität **4**, 42 ff.
**Erfassbarer betrieblicher Nutzen** *s. Betrieblicher Nutzen*
**Erfinder**
– Begriff **5**, 45
– freier *s. Freier Erfinder*
**Erfinderbenennung 6 a.F.**, 64; **7 n.F.**, 83 ff.; **13**, 40.1; **17**, 60
**Erfinderberater**
– früherer **21 a.F.**, 3 f.
**Erfinderberatung**
– Geheimhaltungspflicht **24**, 49
– Möglichkeiten **21 a.F.**, 4 ff.
**Erfinderehre** *s. Erfinderpersönlichkeitsrecht*
**Erfindereigenschaft** *s. auch Miterfinder*
– Anerkennung **6 n.F.**, 17; **6 a.F.**, 7
– Bestreiten **10 a.F.**, 21
**Erfindergemeinschaft 4**, 50; **5**, 52 f.
– gemischte **6 n.F.**, 141
– Zuständigkeit des Betriebsrats **Anh zu 20**, 6
**Erfindernennung 7 n.F.**, 81 ff.; **13**, 40.1
– Berichtigung **7 n.F.**, 83 ff.
– Beweislast bei unrichtiger **7 n.F.**, 84
– Miterfinder **7 n.F.**, 85
**Erfinderpersönlichkeitsrecht 2**, 3; **3**, 25; **7 n.F.**, 11, 81 ff.; **Anh zu 27**, 7
**Erfinderprinzip 4**, 4
– gerichtliche Zuständigkeit **39**, 10

# Stichwortverzeichnis

**Erfindervergütung** *s. Vergütung, Vergütungsanspruch, Vergütungsbemessung, Fälligkeit der Vergütung, Vergütungsrichtlinien*
– Zielvereinbarung **9**, 63.1; **22**, 16.1
**Erfindung** *s. auch Hochschulerfindung*,
– Abgrenzung zur Entdeckung **2**, 3
– nach Arbeitsverhältnis **1**, 29, 77; **26**, 2, 22
– vor Arbeitsverhältnis **4**, 11, 17, 47; **vor 9–12**, 14 f.
– ausländische Schutzfähigkeit **2**, 25
– Begriff **2**, 2 ff.
– Beweislast **4**, 18, 32, 46
– DDR **Einl**, 31 ff.
– Doppelarbeitsverhältnis **1**, 19 ff.
– Einstufung als technischer Verbesserungsvorschlag **2**, 14, 20; **vor 3**, 4 ff.
– Erfindungsgemeinschaft *(s. auch Miterfinder)*; **4**, 50
– Ergänzung **5**, 21
– faktisches Arbeitsverhältnis **1**, 12 f.
– Fertigstellung **4**, 10, 16 ff.; **5**, 26 f.; **26**, 2, 22
– Feststellung der Schutzfähigkeit **2**, 12
– freie *s. freie Erfindung*
– Freigabe *s. dort*
– Freistellung **4**, 12
– Freiwerden *(s. auch dort)*; **8 a.F.**, 1 ff.
– Freiwerden, Anmelderecht d. Arbeitnehmers **13**, 72 ff.
– Freiwerden, Wegfall der Anmeldepflicht **13**, 32
– Gebrauchsmusterfähigkeit **2**, 9 ff.
– gekündigtes Arbeitsverhältnis **1**, 29 f.
– gerichtliche Zuständigkeit *s. dort*
– Hochschulwissenschaftler *(s. auch dort)*
– Inanspruchnahme *s. dort*
– Inanspruchnahme angemessener Beteiligung **40**, 15 ff.
– vor In-Kraft-Treten des ArbEG **43**, 1 ff.
– Insolvenz **27 n.F.**, 41; **27 a.F.**, 3
– Leiharbeitsverhältnisse **1**, 57 ff.
– mehrere Arbeitgeber **1**, 13, 20 f.
– mehrere, Vergütungsfestsetzung **12**, 51
– Meinungsverschiedenheiten **4**, 52 ff.
– Meldung *s. dort*

– nicht ausschließliches Benutzungsrecht *(s. auch dort)*; **7 a.F.**, 29 ff.; **14**, 45 ff.; **16**, 77 ff.; **19**, 12 ff.
– nicht schutzfähige **2**, 7
– nicht verwertete **9**, 210 ff.
– offensichtliche Schutzunfähigkeit **2**, 19
– Patentfähigkeit **2**, 6 f.
– Pensionäre **1**, 79
– Pflicht zur Entwicklung **4**, 25 ff.; **25**, 25 f.
– Rechtsstreitigkeit über **39**, 9 ff.
– Rechtsübergang *(s. auch Inanspruchnahme)*; **7 n.F.**, 10 ff.; **7 a.F.**, 5 ff.
– Ruhen des Arbeitsverhältnisses **4**, 14; **26**, 16
– schlüssige Überleitung **6 a.F.**, 61 ff.
– Schlussurlaub **4**, 12
– Schutzfähigkeit nach ausländischem Recht **2**, 25
– Schutzfähigkeit nach deutschem Recht **2**, 1
– Schutzrechtsversagung **2**, 22
– Streik und Aussperrung **26**, 3 ff.
– Unterlassene Erfindungstätigkeit **4**, 16
– Urlaub **4**, 15
– Verbesserung **5**, 21
– Verkauf der Erfindung *(s. im Übr. dort)*; **9**, 251 ff.
– Vermutung bei Schutzrechtsanmeldung nach Ausscheiden **4**, 18; **26**, 2, 22
– Weiterentwicklung **5**, 21
– Zwangsvollstreckung **Anh zu 27**, 4 ff.
– Zweifel an Schutzfähigkeit **2**, 16
**Erfindungen, mehrere**
– Doppelerfindung **5**, 29, 59 f.
– Gesamterfindungswert **9**, 128 f.
– Lizenzaustauschverträge **9**, 237
– Vergütungsbemessung **1**, 128 ff.
– Vergütungsfestsetzung **12**, 51
– Zusammenlegung bei Schutzrechtsanmeldung **7 n.F.**, 29; **13**, 10.1; **16**, 13
**Erfindungsgehilfe 5**, 80
**Erfindungshöhe 2**, 6, 9
**Erfindungskomplex 9**, 128 ff.
**Erfindungsmeldung** *s. Meldung*
**Erfindungsmitteilung** *s. Mitteilung*
**Erfindungsrechte**
– Zwangsvollstreckung **Anh zu 27**, 4

# Stichwortverzeichnis

**Erfindungstätigkeit.**
– Unterlassen der **4**, 16
– Vereinbarung **4**, 24; **25**, 25 f.
**Erfindungsverkauf** *s. Verkauf der Erfindung*
**Erfindungswert 9**, 74 ff.; **Anh 1**, (3) ff.
– Abstaffelung *s. dort*
– angereicherte Schutzrechtsanmeldung **9**, 84
– Ausbaupatent **9**, 202; **Anh 1**, (21)
– Auslandsnutzung **9**, 15, 245 ff.; **Anh 1**, (26)
– Austauschvertrag **9**, 236 ff.; **Anh 1**, (17)
– Begriff **9**, 75 f.
– Berechnungsmethoden **9**, 103 ff.
– beschränkte Inanspruchnahme **10 a.F.**, 31 ff.; **Anh 1**, (25)
– betrieblicher Nutzen *(s. im Übr. dort)*; **9**, 161 ff.; **Anh 1**, (12)
– betriebsgeheime Erfindung **Anh 1**, (27); *(s. im Übr. dort)*; **17**, 59
– Bezugsgrößen **9**, 125 ff.
– Bruttolizenzeinnahme **9**, 223, 225
– Checkliste-Lizenzanalogie **9**, 134
– Eigennutzung, betriebliche **9**, 101 ff.
– Engineering **9**, 92.2, 241 f.
– Ermittlung **9**, 86 ff.; **Anh 1**, (3)
– Formel **9**, 292; **Anh 1**, (39)
– gebrauchsmusterfähige Erfindung , 165; **9**, 250; **Anh 1**, (28)
– Gesamterfindungswert **9**, 128 f.
– Grundsatz **9**, 86 ff.
– Höchstbelastbarkeit **9**, 129 f.
– Kartellrecht **9**, 136 ff.
– Kaufpreisanalogie **9**, 123, 306
– Know-How-Abzug **9**, 132 f., 141.2, 224 ff., 236.3, 252 ff.
– Know-How-Einnahmen **9**, 226; **Anh 1**, (14), (15)
– Kontrollrechnung **9**, 113
– Konzernutzung **1**, 131 f.; **9**, 185 ff.
– Lizenzanalogie **9**, 121 ff., 105; **Anh 1**, (6), (11)
– Lizenzaustausch **9**, 236 ff.
– Lizenzeinnahmen **9**, 221 ff.; **Anh 1**, (14), (15)
– Lizenzsatz **9**, 121 ff., 131 ff.
– Lizenzsatzwahl **9**, 124
– Nettolizenzeinnahme **9**, 226 ff.; **Anh 1**, (14), (15)
– nicht ausschließliches Benutzungsrecht **10 a.F.**, 31 ff.; **Anh 1**, (25); **14**, 65; **19**, 28
– nicht verwertbare Erfindungen **9**, 211; **Anh 1**, (22)
– nicht verwertete Erfindungen **9**, 210 ff.; **Anh 1**, (20); **17**, 59
– Schätzung **9**, 104, 176 ff.; **Anh 1**, (13)
– Schutzrechtskomplex **9**, 128 ff.; **Anh 1**, (19)
– Sperrpatente **9**, 206; **Anh 1**, (18)
– tatsächliche Verwertung **9**, 90 ff.
– technische Verbesserungsvorschläge **Anh 1**, (29); **20**, 40 ff.
– Teilwiderspruch **12**, 79
– Unternehmensbezogenheit **9**, 77, 87 f., 122 ff., 211
– Vergütungsanpassung **12**, 131 ff.
– Vergütungsfestsetzung **12**, 52
– Verkauf der Erfindung **9**, 251 ff.; **Anh 1**, (16)
– Vorgehen bei Lizenzanalogie **9**, 121, 131, 134
– Vorratspatent **9**, 207 f.; **Anh 1**, (21)
– wirtschaftliche Verwertbarkeit **9**, 86, 210 f.; **Anh 1**, (23), (24)
– Zeitpunkt für Bewertung **9**, 73
**Erfindungswesen**
– Formulare **22**, 41
**»erforderlich«**
– (Erfindungsmeldung) **5**, 77
**Erfüllung des Auskunftsanspruchs**
– durch Arbeitgeber **12**, 280 ff.
**Erfüllung des Vergütungsanspruchs**
– durch Arbeitgeber **9**, 37, 66; **16**, 18 ff.
– durch Arbeitgeber/Insolvenzverwalter **27 n.F.**, 44
– durch Dritte **9**, 4 ff.
**Erfüllungsort**
– Vergütung **9**, 54
**Ergänzung**
– der Auskunft **12**, 280 f.
– der Meldung **5**, 21, 84, 89
**Erklärungsbote 5**, 18
**Erlassvertrag**
– Vergütung **9**, 37

# Stichwortverzeichnis

**Erlaubnisscheininhaber 31**, 5; **33**, 37
**Erlöschen des Vergütungsanspruchs**
 **9**, 33, 37; **10 a.F.**, 14 ff.; **17**, 69;
 **20**, 33 ff.
**Erlösschmälerung 9**, 125
**Ermäßigung des Lizenzsatzes** *s. Abstaffelung*
**Erprobung** *s. auch Versuche*
– der Erfindung **9**, 93 f., 205, 212
**Ersatzvornahme, bei Inlandsschutzrechtsanmeldungen 13**, 61 ff.
**Erschöpfung des Patentrechts**
– bei Auslandsfreigabe **14**, 36.5, 37, 45
– und Vergütung **9**, 186, 188; **10 a.F.**, 9
**Erschweren, unbilliges 7 a.F.**, 37, 39 ff.;
 **14**, 52; **16**, 85
**Erstattung** *s. im Übr. Kosten*
– Auslagen des Arbeitnehmers **25**, 9 f.
– Forschungskosten **9**, 198, 229
**Erteilungsrisiko** *s. im Übr. Risikoabschlag*
– Nullfall **9**, 324
– vorläufige Vergütung **12**, 66 ff.
**Erteilungsverfahren** *s. Schutzrechtsanmeldung, Schutzrechtserteilungsverfahren*
**Erträge**
– Beteiligung des Dienstherrn **40**, 15 ff.;
 **42**, 185
– betrieblicher Nutzen **9**, 163.1
**Ertragssteuer Anh 1**, (14)
**Erweiterung der Erfindung** *s. Verbesserungen der Erfindung*
**Erweiterung der Schiedsstelle**
– Antrag auf **32**
**Erweiterung des Schiedsstellenverfahrens 33**, 8
**Erzeugnispatent**
– Vergütung **9**, 91.3
**Erzeugung**
– rechnerische Bezugsgröße **9**, 125
– Vergütung **9**, 125
**EU-Einheitspatent** *s. Einheitspatent, europäisches*
**Europäische Patentanmeldung**
– als Auslandsanmeldung **14**, 7
– als Inlandsanmeldung **13**, 27
– Anmeldeunterlagen **15**, 19
– Beteiligung des Arbeitnehmers **14**, 44
– Erfinderbenennung **7 n.F.**, 83

– Erteilungsverfahren **2**, 12
– Freigabe für **14**, 36.1
– Prüfungsantrag **13**, 17
– Schutzrechtsaufgabe **16**, 8, 46
**Europäischer Betriebsrat Anh zu 20**, 1
**Europäisches Arbeitnehmererfinderrecht Einl**, 10; **1**, 35
**Europäisches Patent** *s. auch Einheitspatent*
– Recht auf **1**, 34
– Schutzfähigkeit **2**, 1, 6, 12, 25
– Schutzrechtsaufgabe **16**, 46, 79
– widerrechtliche Entnahme **7 n.F.**, 58
– Zuordnung nach nationalem Recht
 **1**, 37
**Europäisches Patentrecht** *s. auch Europäische Patentanmeldung, Europäisches Einheitspatent*
– Zuordnung Diensterfindung **1**, 35, 37
– zwischenstaatl. Verträge **14**, 29
**exceptio pacti 25**, 42, 50
**Fachhochschule 42**, 13
**Faktisches Arbeitsverhältnis 1**, 11 ff.;
 **26**, 13
**Faktisches Beamtenverhältnis 41**, 10
**Fallenlassen der Anmeldung** *s. Schutzrechtsaufgabe*
**Fälligkeit der Vergütung 9**, 20 ff.
– Angabe in Vergütungsregelung **9**, 23 f.;
 **12**, 50.4 f.
– Auskunftsanspruch **12**, 181
– bei ausstehender Vergütungsregelung
 **9**, 21 f., 24 f.
– Begriff **9**, 20
– Benutzungsaufnahme **9**, 24 f.
– bei bestehender Vergütungsregelung
 **9**, 23 f.
– Festsetzung *(s. im Übr. Fälligkeit der Vergütungsfestsetzung)*; **12**, 55 ff.
– Gebrauchsmuster **9**, 38
– Nutzungsaufnahme **9**, 24 f.
– vor Patenterteilung **12**, 58 ff.
– qualifizierter technischer Verbesserungsvorschlag **20**, 32
– Risikoabschlag **12**, 65 ff.
– trotz Widerspruchs **12**, 75, 87
– Umfang **9**, 24
– Unterbleiben einer Verwertung **9**, 22

– bei Verwertung vor Patenterteilung **9**, 24 f.; **12**, 58 ff.
– Verzug **9**, 26 ff.
– Vorbehalt eines Benutzungsrechts **14**, 63; **16**, 91
– vorläufige Vergütung **12**, 64 ff.
– Vorschuss **9**, 25, 53.3 f.
– Zurückbehaltungsrecht **9**, 29 f.
**Fälligkeit der Vergütungsfestsetzung** **12**, 55 ff.
– Benutzungsaufnahme **12**, 60 ff.
– beschränkte Inanspruchnahme **12**, 73
– Gebrauchsmuster **12**, 71 f.
– Inanspruchnahme **12**, 57 ff.
– nachschüssige Zahlung **12**, 24
– Nutzungsaufnahme **12**, 60 ff.
– vor Schutzrechtserteilung **12**, 60 ff.
– unbeschränkte Inanspruchnahme **12**, 57 ff.
– Unterbleiben einer Verwertung **12**, 72 f.
– bei Verwertung nach Patenterteilung **12**, 70
– bei Verwertung vor Patenterteilung **12**, 58 ff.
**Fehlerhaftes Arbeitsverhältnis 1**, 11; **26**, 13
**Fertigstellung der Diensterfindung** **4**, 16 f.
– nach Arbeitsverhältnis **1**, 29, 77; **26**, 2, 22
– vor Arbeitsverhältnis **4**, 11, 17; **vor 9–12**, 14
– Beweislast **4**, 18
– Meldung **5**, 26 f.
– Versuche **4**, 17
**Festlegung der Vergütung 12**, 3
**Festsetzung der Vergütung** *s. Vergütungsfestsetzung*
**Feststellung der Vergütung**
**Feststellungsklage**
– Schutzunfähigkeit **10 a.F.**, 26
**Fiktion** *s. Inanspruchnahmefiktion*
– Inanspruchnahme **6 n.F.**, 78
**Firmenüblicher Lizenzsatz**
– Lizenzanalogie **9**, 122.1

**Form** *s. im Übr. Schlüssiges Verhalten, Schriftform, Textform*
– Angebot freier Erfindung **19**, 43
– Auslandsfreigabe **14**, 24
– elektronische **5**, 35
– E-Mail **5**, 36.1
– Inanspruchnahmeerklärung **6 n.F.**, 63; **6 a.F.**, 27 ff.
– Mitteilung freier Erfindung **18**, 21 ff.
– Schriftform (*s. auch dort*); **5**, 36
– Textform (*s. auch dort*); **5**, 35
– Vergütungsfeststellung **12**, 18
**Formel**
– Erfindungswert **9**, 292; **Anh 1**, (39)
– Miterfindervergütung **9**, 312; **12**, 34
– Vergütungsberechnung **9**, 292
**Formerfordernisse** *s. Schriftform, Textform*
**Formulare 22**, 41 ff.
– Erfindungsmeldung **5**, 39, 67; **22**, 38
– Erfindungswesen **22**, 41
**Formwechsel 1**, 127
**Forschung**
– Einsatz der Erfindung zur **9**, 93.2
– Mitteilungspflicht über **25**, 33
**Forschungs- und Entwicklungsauftrag**
– Diensterfindung Hochschule **42**, 36, 41
– Folgeauftrag **9**, 200
– Hochschule **42**, 193
– Konzern **9**, 197
– Kostenerstattung **9**, 198.3
– Lieferauftrag **9**, 198.1 f.
– Nutzungsrechtseinräumung **9**, 197.2 f.
– öffentliche Hand **9**, 198; **40**, 56 ff.
– Schutzrechtsanmeldung **13**, 3
– Übertragung der Diensterfindung **9**, 197.1
– Vergütung **9**, 6.1, 196 ff., 229; **42**, 171
**Forschungs- und Entwicklungsbereich**
– Anteilsfaktor **9**, 272.2, 277 f., 282
**Forschungs- und Entwicklungskooperation 1**, 106 ff.
**Forschungsabteilung** *s. Entwicklungsabteilung*
**Forschungseinrichtungen**
– Fraunhofer Gesellschaft **42**, 20
– Max-Planck-Institut **40**, 10; **42**, 20
– Vergütung **9**, 102, 344

# Stichwortverzeichnis

**Forschungsfreiheit**
– Hochschulwissenschaftler **42**, 3, 36, 57, 101

**Forschungsmittel**
– Erstattungsanspruch **25**, 9 f.
– Ertragsbeteiligung **40**, 28; **42**, 185

**Fortschritt**
– technischer **2**, 6, 9; **3**, 13

**Franchising 1**, 43

**Fraunhofer Gesellschaft 42**, 20

**Frei gewordene Diensterfindung** *s. auch Beschränkte Inanspruchnahme, Freigabe, Freiwerden, Schutzrechtsaufgabe*
– Allgemeine Anordnungen **40**, 35 ff.
– Anmelderecht des Arbeitnehmers **13**, 32, 72 ff.
– Anteilsfaktor **vor 9–12**, 12
– Bereicherungsanspruch Arbeitnehmer **8 n.F.**, 105, 114 ff.
– Beweislast **8 n.F.**, 64
– Eigenverwertungsrecht Arbeitnehmer **25**, 41
– Geheimhaltungspflicht **7 a.F.**, 38; **8 n.F.**, 81, 121; **24**, 4, 20, 35, 41
– Hochschule **42**, 50
– Schiedsstellenverfahren **28**, 22.2
– Schutzrechtsanmeldung durch Arbeitgeber **13**, 92
– Schutzrechtsanmeldung durch Arbeitnehmer **13**, 81
– Schutzrechtsaufgabe **16**, 6
– stillschweigende Übertragung auf Arbeitgeber **6 a.F.**, 59 ff.
– Vergütung **vor 9–12**, 12, 19; **20**, 9
– Verwertung durch Arbeitgeber **7 a.F.**, 28, 36, 38; **8 n.F.**, 93; **9**, 11; **20**, 9
– Verwertung durch Arbeitnehmer **7 a.F.**, 69 f.; **8 a.F.**, 48 ff.; **20**, 12; **25**, 40 f.
– Verwertungsbeschränkungen im öffentl. Interesse **40**, 35 ff.
– Wegfall der Anmeldepflicht **13**, 32
– Wegfall der Meldepflicht **5**, 31
– Zwangsvollstreckung **Anh zu 27**, 5

**Freie Erfindung** *s. auch Anbietungspflicht, Mitteilung, Mitteilungspflicht, Zweifel an Eigenschaft als Diensterfindung/freie Erfindung*
– Abgrenzung zur Diensterfindung **4**, 6, 47; **13**, 51 ff.; **42**, 36, 46
– Allgemeine Anordnung **40**, 40
– Anbietungspflicht *(s. auch dort)*; **19**, 7 ff.
– anderweitige Verwertung **19**, 31 ff.
– angemessene Bedingungen **19**, 20, 59
– Anmeldung durch Arbeitgeber **4**, 53
– Anregungserfindung **4**, 5
– Anteilsfaktor **9**, 262 ff.
– Arbeitsbereich des Betriebes **18**, 27 ff.; **19**, 38 ff.
– Begriff **4**, 47 f.
– Bestreiten durch Arbeitgeber **18**, 32 ff.
– betriebsbezogene **18**, 4
– betriebsfremde **18**, 4
– Dauer des Arbeitsverhältnisses **4**, 47
– Geheimhaltungspflicht **18**, 6; **24**, 4, 9, 20, 29
– gerichtliche Zuständigkeit **39**, 6 ff.
– Hochschule **42**, 27, 36, 45
– Hochschullehrer *s. dort*
– Inanspruchnahme **6 n.F.**, 46
– Inanspruchnahme bei Bestreiten **18**, 35
– Insolvenzverfahren **27 n.F.**, 24, 41
– Kartellrecht **19**, 30, 56
– Leiharbeitsverhältnis **1**, 59, 62
– Lizenzvertrag Arbeitgeber/Arbeitnehmer **19**, 9, 55 ff.
– Meinungsverschiedenheiten über Charakter **4**, 51 ff.; **13**, 51 ff.; **18**, 32 ff.
– Meldung als Diensterfindung **18**, 48
– Miterfinder **18**, 15; **19**, 78 ff.
– Mitteilungspflicht *(s. auch dort)*; **18**, 6 ff.
– Neue Bundesländer **18**, 4.1
– Neufestsetzung der Vertragsbedingungen **19**, 69 ff.
– nicht ausschließl. Benutzungsrecht **19**, 12 ff.
– Nichtigkeitsklage **25**, 49
– Pensionär **1**, 78 f.
– Schiedsstelle **19**, 60 f.; **28**, 22.3
– Schutzrechtsanmeldung **18**, 5

# Stichwortverzeichnis

- Schutzrechtsaufgabe **16**, 6
- Unabdingbarkeit des ArbEG **22**, 14
- Unbilligkeit von Vereinbarungen **19**, 86 f.
- Vergütung **vor 9–12**, 12, 15; **19**, 28 f.
- Vergütungsanpassung **19**, 69 ff.
- Verjährung der Vergütung **19**, 29
- Vertragsabsprache **19**, 76
- Verwendungsmöglichkeit im Arbeitsbereich **18**, 29 ff.; **19**, 38 ff.
- Verwertungsrechte des Arbeitnehmers **18**, 5, 43; **19**, 4, 27
- Zwangsvollstreckung **Anh zu 27**, 5, 10
- Zweifel an der Schutzfähigkeit § **18**, 49 f.

**Freie Verfügungsbefugnis**
- Arbeitnehmer **4**, 48; **8 a.F.**, 43 ff.; **14**, 22 f.; **16**, 60 f.
- Hochschullehrer **42**, 47, 50

**Freier Erfinder**
- Anwendbarkeit des ArbEG **1**, 48, 72, 92 ff.
- Arbeitnehmererfindervergütung **9**, 313
- Ausgleichsanspruch **1**, 49
- einkommensteuerl. Behandlung **9**, 350
- Erfindungswert **9**, 86 ff.
- Geheimhaltungspflicht **24**, 50
- Hochschullehrer (s. dort)
- Mitteilungspflicht **18**, 16
- Vergütung des **1**, 49, 76, 128 ff.; **9**, 313
- Vergütungsfestsetzung **12**, 38
- Zuordnung d. Erfindung **1**, 48, 72 ff.; **6 n.F.**, 8

**Freier Mitarbeiter 1**, 15, 44 ff.
- bei Hochschullehrer **42**, 18
- Dienstvertrag **1**, 44
- Meldepflicht **5**, 8
- Schiedsstellenverfahren **28**, 13.1

**Freigabe der Diensterfindung** *s. auch Freigabe-Ausland, Freigabe nach Inanspruchnahmefrist, Schutzrechtsaufgabe, Beschränkte Inanspruchnahme, Frei gewordene Diensterfindung, Freiwerden*
- durch Absehen von der Schutzrechtsanmeldung **13**, 33
- Anfechtung **5**, 95; **6 n.F.**, 115; **7 a.F.**, 58; **8 n.F.**, 46 f.; **8 a.F.**, 36 ff.

- Ausland *s. Freigabe Ausland*
- Auslandsschutzrechtsanmeldungen *(s. im Übr. Freigabe-Ausland)*; **14**, 14 ff.
- Auswirkungen auf Dritte **8 n.F.**, 127
- Bedingungsfeindlichkeit **6 n.F.**, 114; **8 n.F.**, 26
- durch beschränkte Inanspruchnahme **8 a.F.**, 29 ff.
- bei Betriebsgeheimnis **17**, 35.1
- Beweislast **6 n.F.**, 152; **8 a.F.**, 34
- Bruchteilsgemeinschaft bei Kooperationen **6 n.F.**, 146
- Bruchteilsgemeinschaft bei Miterfindern **6 n.F.**, 141 f.
- Erklärung **6 n.F.**, 21, 112 ff.; **8 n.F.**, 22
- Form **6 n.F.**, 112; **8 n.F.**, 30; **8 a.F.**, 17
- Frist **6 n.F.**, 104 ff., 108, 112; **8 n.F.**, 33; **8 a.F.**, 19
- Hochschulerfindung **42**, 50
- vor Inanspruchnahme **8 n.F.**, 108 ff.
- Inhalt **6 n.F.**, 113
- Kostenerstattung **13**, 20 ff.
- Miterfinderschaft **6 n.F.**, 45, 113, 141; **8 n.F.**, 131 ff.
- nach Inanspruchnahmefrist *s. Freigabe nach Inanspruchnahmefrist*
- nachträgliche **8 n.F.**, 39
- Neue Bundesländer **8 a.F.**, 3.1
- nicht schutzfähige technische Neuerung **6 n.F.**, 28 ff.; **8 n.F.**, 56 ff.; **8 a.F.**, 42 ff.
- Rechtsfolgen **6 n.F.**, 118; **8 a.F.**, 63 ff., 46 ff.
- Rechtsnatur **8 a.F.**, 4 ff.
- Schriftform **6 n.F.**, 112; **8 n.F.**, 30; **8 a.F.**, 10, 17 f.
- nach Schutzrechtsanmeldung **6 n.F.**, 108; **8 n.F.**, 7; **8 a.F.**, 4, 23, 24 ff.
- vor Schutzrechtsanmeldung **6 n.F.**, 108; **8 n.F.**, 7
- bei Alterfindungen **8 a.F.**, 22, 24 ff.
- Schutzrechtsanmeldung durch Arbeitnehmer **8 a.F.**, 70 ff., 48 ff.; **13**, 72 ff.
- stillschweigende **6 n.F.**, 112; **11 n.F.**, 30; **8 a.F.**, 29, 31, 39 f.; **13**, 33; **18**, 32
- Systematik des ArbEG **8 n.F.**, 7 ff.
- Textform **6 n.F.**, 112

# Stichwortverzeichnis

- Umfang **6 n.F.**, 118; **8 n.F.**, 13, 67; **8 a.F.**, 5, 46
- nach unbeschränkter Inanspruchnahme **8 a.F.**, 4, 24 ff.
- vor unbeschränkter Inanspruchnahme
  - bei Alterfindungen **8 a.F.**, 21 ff.
- Unwirksamkeit **6 n.F.**, 112, 114 f; **8 n.F.**, 46 ff.; **8 a.F.**, 36 ff.
- Vereinbarungen über Verwertungsbeschränkungen **8 n.F.**, 83
- Verfügungs- und Verwertungsrechte des Arbeitnehmers **8 n.F.**, 74 ff.
- Vergütungsanspruch vor **8 n.F.**, 94
- Verhältnis zur Schutzrechtsaufgabe **8 n.F.**, 7 ff.; **8 a.F.**, 4 ff.; **16**, 3 f., 5
- Verwertungsfreiheit nach Ende d. Arbeitsverh. **8 n.F.**, 84
- Verzicht **8 n.F.**, 68; **8 a.F.**, 46
- Vorbenutzungsrecht des Arbeitgebers **8 n.F.**, 106
- während Inanspruchnahmefrist **6 n.F.**, 108
- Wirksamwerden **6 n.F.**, 108, 118; **8 n.F.**, 25
- Wirkung **6 n.F.**, 118; **8 n.F.**, 65; **8 a.F.**, 46 ff.
- Zeitpunkt **8 n.F.**, 7, 34; **8 a.F.**, 19 f.
- Zugang **6 n.F.**, 118; **8 n.F.**, 25

**Freigabe eines technischen Verbesserungsvorschlags vor 3**, 1; **20**, 31

**Freigabe nach Inanspruchnahmefrist 8 n.F.**, 39
- Anfechtung **8 n.F.**, 46
- Bedingungsfeindlichkeit **8 n.F.**, 26
- Erklärung der **8 n.F.**, 21
- Form **8 n.F.**, 30
- Inhalt **8 n.F.**, 21; **8 a.F.**, 10
- innerhalb Inanspruchnahmefrist **8 n.F.**, 1, 7
- Miterfinder **8 n.F.**, 131
- Miterfinderanteil **8 n.F.**, 12
- nach Inanspruchnahme **8 n.F.**, 39
- nicht schutzfähige Diensterfindung **8 n.F.**, 56
- öffentlicher Dienst **8 n.F.**, 82
- Rechtsfolgen **8 n.F.**, 63
- vor Schutzrechtsanmeldung **8 n.F.**, 15, 39
- Schutzrechtsanmeldung durch Arbeitnehmer **8 n.F.**, 70
- Textform **8 n.F.**, 30
- unter Vorbehalt **6 n.F.**, 30
- Unwirksamkeit **8 n.F.**, 46
- Verhältnis zur Schutzrechtsaufgabe **8 n.F.**, 42
- Vorbenutzungsrecht **8 n.F.**, 106
- Wirkung **8 n.F.**, 12, 63
- Wirkung für Arbeitgeber **8 n.F.**, 93
- Zeitpunkt **8 n.F.**, 7

**Freigabe-Ausland** s. auch Auslandsschutzrecht, Auslandsschutzrechtsanmeldung,
- Abgrenzung zur Aufgabe und zum Freiwerden **8 n.F.**, 7, 12 ff.; **16**, 3, 5
- Abkauf **11**, 25 ff.; **14**, 71 f.
- Anfechtung **14**, 17
- Angabe von Gründen **14**, 26
- Anmelderecht d. Arbeitnehmer **14**, 36.1 f.
- Anspruch des Arbeitnehmers auf **14**, 20 ff.
- Bedingungsfeindlichkeit **14**, 18
- Beratungspflicht Arbeitgeber **14**, 43
- Betriebsgeheimnis **14**, 38; **17**, 60
- dingliche Wirkung **14**, 19
- Entscheidungshoheit Arbeitgeber **14**, 5
- Erbe **1**, 151; **14**, 22
- Erklärung der **14**, 24 ff.
- Ermöglichen der **14**, 39 ff.
- Erschöpfung d. Patentrechts **14**, 37
- europäische Patentanmeldung **14**, 7, 44
- Form **14**, 24 f.
- Geheimhaltungspflicht **24**, 37
- Incentive-Programme **11**, 25 ff.; **14**, 71 f.
- Inhalt der Erklärung **14**, 26
- Initiativpflicht des Arbeitgebers **14**, 32
- Kosten **14**, 42 f.
- Lizenzaustausch **14**, 33
- Miterfinder **14**, 36.3, 82 ff.
- Mitwirkungspflicht des Arbeitgebers zum Schutzrechtserwerb **14**, 39 ff.
- Prioritätsfristen, Beachtung **14**, 29 f.
- Rechtsnatur **14**, 15 f.
- Rechtswirkung **14**, 16
- Rückfall **14**, 36.2
- Rücknahme **14**, 19

## Stichwortverzeichnis

– Rücksichtnahmeverlangen **14**, 53 ff.
– Schadensersatz **14**, 81
– Schutzrechtsanmeldung durch Arbeitnehmer **14**, 36.1 ff.
– schutzrechtsfreie Zone **14**, 34 f., 69.1 f
– schutzrechtsfreies Gebiet **14**, 35
– Systematik des ArbEG **8 n.F.**, 7, 13 f.
– Übertragung der Diensterfindung **14**, 21, 51.2
– Umfang **14**, 36, 36.4
– unbilliges Erschweren **14**, 52
– Unübertragbarkeit **14**, 22
– Vergütungspflicht bei Vorbehaltsrechten **14**, 60 ff.
– Verhältnis zu §§ 8, 16 **8 n.F.**, 13 f.; **16**, 3 f., 5
– Verletzung **14**, 81
– Verzicht auf Auslandsanmeldungen **14**, 36.2
– Verzicht des Arbeitnehmers auf **14**, 71
– Verzicht von Miterfindern **14**, 84
– Vorbehalt eines Benutzungsrechts **14**, 46 ff.
– Wirkung **14**, 16, 33 ff.
– Zeitpunkt **14**, 27 ff.
– Zugang **14**, 25, 30
**Freilizenz** s. *Lizenz, kostenlose*
**Freistellung**
– Arbeitsverhältnis, Klageverfahren **37**, 18
– Diensterfindung während **4**, 12
**Freiwerden der Diensterfindung** s. *auch Beschränkte Inanspruchnahme, Freigabe, Frei gewordene Diensterfindung, Schutzrechtsaufgabe*
– Anfechtung **6 n.F.**, 115; **8 n.F.**, 46; **8 a.F.**, 39 f.; **14**, 17
– Bedeutung **8 a.F.**, 4 ff.
– Bereicherungsanspruch bei Arbeitgebernutzung **8 n.F.**, 113 ff.
– Betriebsgeheimnis **17**, 19 f., 22, 33
– durch Fristablauf **6 a.F.**, 55, 72; **8 a.F.**, 31 ff.
– Erstattung Schutzrechtskosten bei **13**, 22 f.
– Insolvenzverfahren **27 n.F.**, 41
– Rechtsfolgen
  – allseitige **8 n.F.**, 63 ff.
  – bei Alterfindungen **8 a.F.**, 46 ff.

– Bereicherungsanspruch bei Vorenthalten durch Arbeitgeber **8 n.F.**, 113 ff.
– Vindikation bei Arbeitgeberschutzrecht **8 n.F.**, 114; **13**, 92 ff.
– Reform **8 n.F.**, 1, 7; **8 a.F.**, 1
– Schadensersatz bei Vorenthalten d. Schutzrechtsposition durch Arbeitgeber **8 n.F.**, 113 ff.
– Schutzrechtsanmeldung **8 a.F.**, 48 ff.
– Systematik des ArbEG **8 n.F.**, 7 ff.
– Umfang **6 n.F.**, 118; **8 n.F.**, 13, 67; **6 a.F.**, 55; **8 a.F.**, 46; **14**, 33 ff.
– und unbillige Erschwerung **7 a.F.**, 54 ff.
– Verfügungs- und Verwertungsrechte des Arbeitnehmers **8 n.F.**, 74 ff.
– Vergütung bei Berufen auf **12**, 75
– Vergütungsansprüche nach **8 n.F.**; **vor 9 bis 12**, 16 ff.
– Verhältnis zur Freigabe und Aufgabe **8 a.F.**, 4 ff.; **16**, 3
– Verwertung durch Arbeitgeber nach **8 n.F.**, 93 ff.
– Verzicht auf **8 n.F.**, 68; **8 a.F.**, 48; **14**, 71
– Vindikation bei Arbeitgeberschutzrecht **8 n.F.**, 114; **13**, 92 ff.
– Wirkung **6 n.F.**, 118; **8 n.F.**, 63 ff.; **8 a.F.**, 4, 46 ff.
– zwischenbetriebl. Kooperation **13**, 32
**Freiwillige Betriebsvereinbarung** Anh zu **20**, 1
**Freiwilligkeitsvorbehalt 25**, 22.1
**Freizeit**
– erfinderische Tätigkeit **4**, 15; **25**, 10
**Frist** s. *auch Ausschlussfrist*
– Anbietungspflicht im Insolvenzverfahren **27 n.F.**, 130 ff.
– Auslandsfreigabe **14**, 27 ff.
– Belehrungspflicht d. Arbeitgebers über **6 a.F.**, 56; **12**, 82; **16**, 39; **25**, 20
– Bestreiten freier Erfindung **18**, 38 ff.
– betriebsgeheime Erfindung, Anerkenntnis **17**, 31
– Fiktion der Inanspruchnahme **6 n.F.**, 84 ff.
– freie Erfindung, Angebotsannahme **19**, 52 ff.
– Freigabe von Alterfindungen **8 a.F.**, 19

# Stichwortverzeichnis

- Freigabe von Diensterfindungen **6 n.F.**, 112; **8 n.F.**, 33 f.
- Gegenäußerung im Schiedsstellenverfahren **31**, 16
- Inanspruchnahme **5**, 85, 92; **6 n.F.**, 65 ff.; **6 a.F.**, 40, 70; **8 a.F.**, 31
- Inanspruchnahmefiktion **6 n.F.**, 84 ff.
- Meldung durch Arbeitnehmer **5**, 26 ff.
- Meldungbeanstandung **5**, 88
- Mitteilung der Aufgabeabsicht **16**, 34
- Offenbarungsabsicht **42**, 87
- Schutzrechtsanmeldung **13**, 4, 61 f.
- Übertragungsanspruch bei Schutzrechtsaufgabe **16**, 38 ff.
- Unbilligkeit, Geltendmachung **23**, 29 ff.
- Unterbrechung durch Anrufung d. Schiedsstelle **31**, 18 f.
- Vergütungsfestsetzung **12**, 55, 74
- Vergütungsfeststellung **12**, 22, 55 ff.
- Vindikationsanspruch **8 n.F.**, 114; **14**, 7
- Wahlrecht bei unbilliger Erschwerung **7 a.F.**, 52 f.
- Widerspruch gg. Einigungsvorschlag **34**, 30
- Widerspruch gg. Vergütungsfestsetzung **12**, 81 f.

**Fristablauf**
- Freiwerden der Diensterfindung **8 a.F.**, 31 ff.
- nachträgliche »Inanspruchnahme« **6 a.F.**, 59 ff.

**Fristverlängerung**
- Ausschlussfrist **6 n.F.**, 89; **6 a.F.**, 47
- Fälligkeit Vergütungsfestsetzung **12**, 56

**Fürsorgepflicht 24**, 25 ff.; **25**, 11 ff.
- Nachwirken **26**, 31 f.

**Gebrauchsmuster** s. *Gebrauchsmusterfähige Erfindung*

**Gebrauchsmusteranmeldung** s. *im Übr. Inlandsschutzrechtsanmeldung, Schutzrechtsanmeldung, Schutzrechtserteilungsverfahren*
- Ausschöpfung der Diensterfing **13**, 10
- Hochschulerfindungen **42**, 28
- innere Priorität **13**, 11.2
- statt Patentanmeldung **13**, 11 ff.

- Zustimmung zur **13**, 33.4
- Zweckdienlichkeit **13**, 12 ff.

**Gebrauchsmusterfähige Erfindung**
- Abgrenzung zum Patent **2**, 9
- Abzweigung **2**, 11; **13**, 11.1
- Anerkenntnis durch Arbeitgeber **17**, 29
- Begriff **2**, 9 ff.
- Betriebsgeheimnis **17**, 11, 29
- erfassbarer betrieblicher Nutzen **9**, 165
- Erfindungswert **9**, 165, 250
- Fälligkeit der Vergütung **9**, 38
- Fälligkeit der Vergütungsfestsetzung **12**, 71 f.
- Feststellung der Schutzfähigkeit **2**, 13 f.
- Hilfsanmeldung **2**, 11; **13**, 11.1
- Hinterlegung **9**, 250; **13**, 14.1
- Laufdauer **13**, 14
- Meldung **5**, 68
- nicht verwertete **9**, 250
- parallele Patentanmeldung **12**, 71; **16**, 11.1 f.
- Schutzbereich **9**, 91
- Schutzrechtsaufgabe **16**, 7 f., 11 f., 13
- Vergütung **9**, 80, 165, 250; **Anh 1**, (28)
- Vergütungsfestsetzung **12**, 71 f.
- vorläufige Vergütung **12**, 71
- Wahlrecht d. Arbeitgebers bei Anmeldung **13**, 10 f.

**Gedankenerfindung 9**, 279.2
**Gefolgschaftsmitglieder Einl**, 1; **46**, 1
- Richtlinien für die Vergütung von **11**, 3; **46**, 2
- Verordnung über die Behandlung von Erfindungen von **Einl**, 1; **46**, 1

**Gegenäußerung vor Schiedsstelle 31**, 16; **35**, 4
**Gehaltsanhebung als Vergütung 9**, 62, 324; **22**, 21
- Ausscheiden des Arbeitnehmers **9**, 67 f.; **12**, 109
- vollständige Erfüllung der Vergütung **9**, 66
- Zielvereinbarung **9**, 63.1

**Geheimerfindung** s. *Betriebsgeheime Erfindung*

# Stichwortverzeichnis

**Geheimhaltungspflicht**
- des Arbeitgebers
  - arbeitsrechtliche **24**, 43; **26**, 34 ff.
  - beschränkte Inanspruchnahme **7 a.F.**, 38; **24**, 21
  - Betriebsgeheimnis **17**, 39 ff.
  - Dauer **24**, 14 ff., 35 ff.
  - erfinderrechtliche **24**, 3 ff.
  - frei gewordene Erfindung **24**, 4, 20
  - freie Erfindung **18**, 6; **24**, 4, 9, 20 f.
  - aus Fürsorgepflicht **24**, 25 ff.
  - Hochschule **42**, 96, 101, 121
  - Inhalt **24**, 4 ff.
  - Konzern **24**, 8
  - Lizenzvergabe **24**, 10 f.
  - nicht ausschließliches Benutzungsrecht **7 a.F.**, 38
  - Schutzrechtsanmeldung **24**, 16, 20
  - techn. Verbesserungsvorschlag **20**, 21, 35; **24**, 2
  - Übertragung der Diensterfindung **24**, 18
  - Verletzung **8 n.F.**, 121; **24**, 23 ff.
  - Verzicht d. Arbeitnehmers **24**, 15
  - Vorkehrungen zur Sicherstellung **25**, 17
  - zwischenbetriebl. Kooperation **24**, 12
- des Arbeitnehmers
  - arbeitsrechtliche **24**, 38 ff.
  - Auslandsfreigabe **24**, 37
  - Dauer **24**, 35 ff.
  - erfinderrrechtliche **24**, 28 ff.
  - freie Erfindung **24**, 29
  - Hochschulwissenschaftler **42**, 57, 76, 93, 97
  - Inhalt **24**, 29 ff.
  - Miterfinder **24**, 34
  - Offenbarungsrecht Hochschulwissenschaftler **42**, 91
  - techn. Verbesserungsvorschlag **24**, 35, 29
  - Treuepflicht **24**, 38, 38 ff.
  - Verletzung **24**, 44 ff.
- Betriebsgeheimnis, Verletzung **17**, 33, 41 f.; **24**, 38 ff.; **26**, 35 f.; **24**
- Dritter **24**, 47 ff.
- Erben **24**, 28
- Erfinderberatung **24**, 48
- freigegebene Diensterfindung **8 n.F.**, 81
- Gesetze zur **24**, 1 f., 25 ff., 38 ff.
- Hochschulerfindung (s. im Übr. Hochschulwissenschaftler – Geheimhaltungspflicht); **42**, 27
- Insolvenzverwalter **24**, 49
- Know-how **24**, 39, 42
- Leiharbeitsverhältnis **1**, 61
- Miterfinder, freie **24**, 50
- nachvertragliche **24**, 14, 25, 43; **26**, 34, 38 ff.
- Offenbarung an zur Geheimhaltung Verpflichtete **24**, 8, 13, 24, 32 f.
- sonstige Personen **24**, 47 ff.
- technischer Verbesserungsvorschlag **3**, 31 f.; **20**, 21, 35; **24**, 2

**Geheimnisverrat 17**, 33, 41 f.; **24**, 38 ff.; **26**, 35 f.

**Geheimnisverwertung 24**, 41

**Geldleistung**
- als übliche Vergütungsart **9**, 52

**Geltendmachung der Unbilligkeit 23**, 25 ff.

**Geltungsbereich ArbEG**
- räumlicher **1**, 155
- sachlicher **1**, 2 ff.; **4**, 6
- zeitlicher **1**, 154; **43**, 1 ff.; **49**, 1

**Geltungsbereich des ArbEG**
- neue Bundesländer **Einl**, 31
- persönlicher **1**, 7 ff.

**Gemeinkosten 9**, 78

**Gemeinsame Meldung 5**, 54 ff.

**Gemeinschaftsbetrieb 1**, 105

**Gemeinschuldner** s. Insolvenzverfahren

**Gepräge**
- kennzeichnendes **9**, 126

**Gerichtliche Zuständigkeit** s. auch Klage, Sachliche Zuständigkeit
- arbeitnehmerähnliche Person **1**, 27
- Arbeitsgericht **39**, 2, 11, 16, 27 ff.
- Aufrechnung **39**, 19
- Auskunftsanspruch **39**, 10
- Auslandsschutzrechte **39**, 14
- Auslegung Vergütungsregelung **39**, 18
- Entscheidungen der Schiedsstelle **33**, 33, 35
- funktionelle **39**, 7
- Klageerweiterung **39**, 19

# Stichwortverzeichnis

– Klagehäufung **39**, 19
– Leiharbeitsverhältnis **1**, 61
– Miterfinderschaft **39**, 10, 18
– negative Kompetenzstreitigkeit **39**, 8.1
– Öffentlicher Dienst **39**, 3, 30
– örtliche **39**, 21 ff.
– Patentstreitkammern **12**, 76; **39**, 7, 22
– Prüfung von Amts wegen **39**, 8
– Rechtsstreitigkeiten über Erfindungen **39**, 9 ff.
– sachliche **39**, 6 ff.
– Streit über Schutzfähigkeit **10 a.F.**, 24 ff.; **39**, 12, 31 ff.
– technischer Verbesserungsvorschlag **20**, 64; **39**, 20, 27, 31 ff.
– Vergütungsklage **38**, 6; **39**, 15 ff.
– bei Vergütungsregelung **39**, 15 ff.
– Verwaltungsgericht **38**, 6; **39**, 3, 11, 16, 27 ff.; **41**, 15, 25
– Widerklage **39**, 19
– Zweifel an Schutzfähigkeit **39**, 31 ff.
**Gerichtliches Verfahren**
– Grundsätze **39**, 25 f.
**Gesamtabfindung** s. *Pauschalabfindung*
**Gesamtanlage**
– Bezugsgröße **9**, 125.1 f.; **Anh 1**, (8)
**Gesamterfindungswert 9**, 128 ff.; **Anh 1**, (19)
– Höchstlizenzgrenze **9**, 129 ff.
– Miterfinderschaft **9**, 312
**Gesamtrechtsnachfolge 1**, 127 f.; **4**, 47
– Wirkung Einigungsvorschlag **34**, 26
**Gesamtschuldner**
– mehrere Arbeitgeber als **1**, 107, 114
**Gesamtumsatz**
– Abstaffelung **9**, 146
**Gesamtvergütung**
– Bekanntgabe bei Miterfindern **12**, 35, 54
**Gesamtvorrichtung**
– Abstaffelung **9**, 147
**Gesamtzusage 11**, 23; **25**, 22.4
**Geschäftsbetrieb** s. *auch Betrieb, Betriebsübergang, Unternehmen*
– Begriff **27 n.F.**, 49; **27 a.F.**, 47
– Veräußerung in Insolvenz **27 n.F.**, 47; **27 a.F.**, 47
**Geschäftschancenlehre 1**, 74

**Geschäftsentwicklung, übliche**
– Vergütungsanpassung **12**, 111 f., 134
**Geschäftsführer** s. *auch Organmiglied*; **1**, 68 ff.
– Arbeitnehmerbegriff **1**, 9, 68
– als Erfinder **1**, 68 ff.
– Erfindungen **1**, 68 ff.
– Schiedsstelle **28**, 13.1
**Geschäftsgeheimnis** s. *Betriebsgeheime Erfindung, Betriebsgeheimnis*
– ausgeschiedener Arbeitnehmer **26**, 34 f.
– EU-Richtlinie **24**, 38
– Schutz von **24**, 38 f.
**Geschäftsgrundlage**
– Wegfall der **12**, 97 ff.
**Geschäftspapiere**
– Einsicht in **12**, 162.8
– Herausgabe bei Ausscheiden **26**, 33
**Geschmacksmuster** s. *Design*
**Gesellschaft**
– bürgerlich-rechtl. **5**, 52 f.; **6 a.F.**, 75
– zwischenbetriebl. Kooperation **1**, 106 ff.
**Gesellschafter** s. *auch Freier Erfinder, Organmitglied*
**Gesellschaftererfindung 1**, 68 ff.
**Gesetzesänderung**
– Vergütungsanpassung **12**, 141
**Gesetzgebungskompetenz**
– ArbEG **Einl**, 6; **vor 40–42**, 3
– Reform **Einl**, 6
**Gesetzlicher Vertreter 1**, 9, 68 ff.
**Gesetzliches Schuldverhältnis 1**, 160; **7 n.F.**, 12
**Gesonderte**
– Meldung **5**, 40
– Vergütungsfestlegung, Miterfinder **12**, 29, 54
**Gewerkschaften 11**, 1, 3; **Anh zu 20**, 21 f.; **30**, 10 f.
**Gewinn** s. *auch Betrieblicher Nutzen*
– Auskunft **12**, 199 ff.
– Branchen-EBIT **9**, 134
– geringer **9**, 2.3; **12**, 136
– Höchstlizenzgrenze **9**, 129
– Lizenzsatz, Einfluss auf **9**, 134
**Gewinnaufschlag**
– Erzeugung **9**, 125

# Stichwortverzeichnis

**Gewinnausschüttung**
- verdeckte **6 n.F.**, 15

**Gewissenskonflikt 25**, 6

**Gewohnheitsrecht**
- Unabdingbarkeit des ArbEG **22**, 9

**Gleichbehandlungsgrundsatz 12**, 29; **25**, 21

**Gleichstellungsgrundsatz**
- öffentl. Dienst **11**, 12; **vor 9–42**, 4 ff.; **41**, 1, 14

**»gleichzeitig«** 14, 47; **16**, 77, 86 ff.

**Gratifikationen 9**, 62 ff.; **25**, 8

**Gratislizenz** *s. Lizenz, kostenlose*

**Großbritannien**
- Erfinderrecht **Einl**, 11

**Größenordnung**
- unbezifferte Leistungsklage **38**, 3 ff.

**» Grundsätze über das betriebliche Vorschlagswesen«**
- Mitbestimmungsrecht **20**, 55 ff.

**Gruppenarbeitsverhältnis 1**, 23

**Gutachten der Schiedsstelle 10 a.F.**, 26; **vor 28**, 2; **28**, 26; **39**, 33

**Gütliche Einigung** *s. Schiedsstellenverfahren*

**Haftung** *s. auch Schadensersatz*
- Insolvenzverwalter **27 n.F.**, 36; **27 a.F.**, 79, 128
- Schiedsstellenmitglied **30**, 16

**Halbleitererzeugnisse 1**, 5.1

**Handelsvertreter 1**, 50 ff.; **28**, 13.1

**Haushaltsrecht**
- Hochschulerfindungen **42**, 213

**Hemmung Verjährung 9**, 43; **31**, 19

**Herausgabe**
- Anmeldeunterlagen **7 n.F.**, 43; **8 n.F.**, 126; **15**, 25; **16**, 49 f.
- Geschäftspapiere **26**, 33

**Herstellung**
- Vergütung **9**, 125

**Herstellungsverfahren**
- Vergütung **9**, 91.3

**Hilfsmittel**
- technische **9**, 279

**Hinterlegung**
- Gebrauchsmuster **9**, 250; **13**, 14.1

**Hochrechnungsfaktor**
- Erzeugung **9**, 125

**Hochschule**
- An-Institute **42**, 19
- Arbeitgeberstellung **42**, 9 ff.
- Auftragsforschung **42**, 171, 193
- Begriff **42**, 13 f.
- Beihilfen staatliche **42**, 192
- Dienstherrnstellung **42**, 9 ff.
- Drittmittel **42**, 33, 37, 41, 160, 194 f.
- Fachhochschule **42**, 13
- Forschungs- und Entwicklungskooperation **42**, 190 ff.
- Haushaltsrecht **42**, 213
- Patentverwertungsagentur *(s. auch dort)*; **42**, 6.1, 168
- Spin-offs **42**, 208
- staatlich anerkannte **42**, 13
- Technologietransfer-GmbH **42**, 6.1
- Universitätskliniken **42**, 13
- Unternehmensgründung **42**, 208
- wissenschaftliche **42**, 13

**Hochschulen**
- Technologietransferzentren **42**, 6.1

**Hochschulerfindungen**
- Anmeldepflicht **13**, 8
- Anzeige Offenbarungsabsicht **42**, 81
- Ausnahmecharakter **42**, 5, 155
- Begriff **42**, 30 ff.
- Beschäftigte an einer Hochschule **42**, 10 ff., 153 ff.
- Diensterfindung **42**, 30 ff.
- Dienstherr/Arbeitgeber **42**, 9
- Drittmitteleinwerbung **42**, 160
- Drittmittelfinanzierung **42**, 33, 37, 41, 160, 194
- Einbringung in Unternehmen **42**, 209
- Einnahmen **42**, 166
- Entwicklungskosten **42**, 33, 170
- Erfindungsverkauf **42**, 170, 220
- Forschungs- und Entwicklungskooperation **42**, 190
- Forschungseinrichtungen, außeruniversitären **42**, 20, 145, 178
- freie Erfindung **42**, 27, 45
- freigewordene Diensterfindung **42**, 50
- Geheimhaltungspflicht Dienstherr **42**, 96, 121
- Geltung ArbEG **42**, 26
- Haushaltsrecht **42**, 216

# Stichwortverzeichnis

- Hochschulforschung **42**, 41
- Hochschulwissenschaftler **42**, 36
- Inanspruchnahme **42**, 27, 120
- Klage **42**, 5
- Lizenzvergabe **42**, 170, 220
- Organisation Erfindungswesen **42**, 6, 9.3
- Patentverwertungsagenturen **42**, 6.1, 168
- Reform **42**, 1
- Schutzrechtsanmeldung **42**, 28, 85, 197
- Sperrpatent **42**, 160
- Technologietransfer **42**, 2, 4, 6, 190
- Verbesserungsvorschläge **42**, 52
- Verfassungsgemäßheit **vor 9–42**, 3; **42**, 3, 29, 57
- Vergütung **42**, 145
- Vergütungsbemessung **42**, 165
- Vergütungsregelung **42**, 147
- Verwertbarkeit **42**, 161
- Verwertung **42**, 160
- Verwertungspflicht **42**, 162
- Wissenschaftler **42**, 36
- wissenschaftliche Mitarbeiter **42**, 38
- Zeitpunkt, maßgebender **42**, 23

**Hochschulerfinderrecht**
- Bewertung der Reform **42**, 8
- im internat. Vergleich **42**, 7
- Kritik **42**, 7 ff.
- persönlicher Anwendungsbereich **42**, 7 ff.
- sachlicher Anwendungsbereich **42**, 30 ff.
- Übergangsrecht **43**, 4 ff.
- verfassungskonforme Auslegung **42**, 5, 29
- Ziel der Reform 2002 **42**, 4

**Hochschulwissenschaftler**
- Auftragsforschung **42**, 171, 193, 198
- Auskunftsanspruch **42**, 146
- Begriff **42**, 23
- Beteiligung des Dienstherrn am Ertrag **42**, 185
- Diensterfindung **42**, 30 ff., 198
- Dienstherr/Arbeitgeber **42**, 9
- Dienstpflichtverletzung **42**, 27, 98, 119, 126
- Diplomand **42**, 17
- Doktorand **42**, 17
- Emeritus **42**, 9
- Forschungsauftrag **42**, 36, 41, 171, 196, 198
- Forschungsfreiheit **42**, 3, 36, 57, 101
- frei gewordene Diensterfindung **42**, 50
- freie Erfindung **42**, 27, 45
- freie Verfügungsbefugnis **42**, 48, 50
- Frist Offenbarungsabsicht **42**, 87
- Gastdozent **42**, 17, 25
- Geheimhaltungspflicht **42**, 57, 60, 76, 93, 97
- Hilfskräfte **42**, 12, 25
- Hochschulassistent **42**, 24
- Hochschulerfindungen *(s. auch dort)*; **42**, 30
- Hochschullehrerprivileg **42**, 2
- Honorarprofessor **42**, 17
- Juniorprofessor **42**, 12, 24
- Klage **42**, 5, 54
- Know-how **42**, 55
- Lehr- und Forschungstätigkeit **42**, 77, 112
- Lehrbeauftragte **42**, 17, 25
- Lehrkräfte f. bes. Aufgaben **42**, 12, 25
- Meldepflicht **42**, 27, 86, 103, 118, 125
- Miterfinder **42**, 22, 42, 73, 107, 132, 148, 179, 195, 200
- Mitteilungspflicht **42**, 45
- Nebentätigkeit **42**, 36, 39, 40, 50, 77, 198
- Nutzungsrecht vor Inanspruchnahme **42**, 133
- Nutzungsrecht, vorbehaltenes **42**, 131 ff., 197
- Offenbarung *(s. auch dort)*; **42**, 76
- Offenbarungsabsicht **42**, 75
- Offenbarungsrecht **42**, 57
- Pensionär **42**, 9
- Privatdozent **42**, 24
- Professoren **42**, 12, 17, 24
- Publikationsfreiheit, negative **42**, 101 ff.
- Publikationsfreiheit, positive **42**, 58
- Publikationsfreiheit, Verzicht **42**, 196
- Schiedsstelle **42**, 5
- Sonderrechte **42**, 23
- Student **1**, 84; **42**, 17, 195

## Stichwortverzeichnis

- technischer Verbesserungsvorschlag **42**, 52, 54
- Übergangsrecht **42**, 1; **43**, 4
- Unabdingbarkeit **42**, 27, 42, 107, 120, 138, 149, 185, 196
- Unbilligkeit von Vereinbarungen **42**, 27, 196
- Vereinbarungen mit **42**, 27, 196
- Vergütung **42**, 145
- Vergütungshöhe **42**, 178
- Vergütungsregelung **42**, 147
- Verzicht auf Nutzungsrecht **42**, 197
- Verzicht auf Publikationsfreiheit **42**, 196
- Vorschlagswesen **42**, 52
- wissenschaftliche Mitarbeiter **1**, 46; **42**, 12, 18, 24, 38

**Höchstlizenzgrenze 9**, 129 ff.
**Höchstlizenzsatz 9**, 129 ff.
**Ideenmanagement vor 3**, 5; **20**, 57
**Inanspruchnahme der Diensterfindung**
*s. auch Beschränkte Inanspruchnahme, Unbeschränkte Inanspruchnahme*; **6 n.F., 6 a.F.**

- Abgrenzung unbeschränkte/beschränkte **6 a.F.**, 9 ff.
- Alterfindung **6 a.F.**, 5; **7 a.F.**, 1
- angemessene Beteiligung **40**, 15 ff.
- Ausscheiden des Arbeitnehmers **4**, 16, 18; **6 n.F.**, 55; **26**, 24
- Ausschlussfrist **6 a.F.**, 44 ff.
- Bedingungsfeindlichkeit **6 n.F.**, 60; **6 a.F.**, 7
- beschränkte **6 a.F.**, 10; **7 a.F.**, 28 ff.
- betriebsgeheime Erfindung **17**, 19 f.
- Eintritt der **6 n.F.**, 19
- Erklärung *s. Inanspruchnahmeerklärung*
- fingierte *(s. Inanspruchnahmefiktion)*; **6 n.F.**, 78
- Form **6 n.F.**, 63; **6 a.F.**, 27 ff.
- freie Erfindung **4**, 48, 51 f.; **6 n.F.**, 46; **18**, 35
- Freigabe nachträgliche **8 n.F.**, 39
- Frist **5**, 85, 92 f.; **6 n.F.**, 8, 87, 65 ff., 94, 108; **6 a.F.**, 40 ff.; **8 n.F.**, 33 f.; **8 a.F.**, 31
- Fristverlängerung **6 n.F.**, 89; **6 a.F.**, 47
- Gegenstand **6 n.F.**, 40 ff.
- Hochschulerfindungen **6 n.F.**, 48; **42**, 27
- höchstpersönliches Arbeitgeberrecht **6 n.F.**, 16
- Insolvenzverwalter **27 n.F.**, 43, 198; **27 a.F.**, 43
- mehrere Diensterfindungen **6 n.F.**, 44
- Miterfinder **6 n.F.**, 45, 138 ff.; **6 a.F.**, 70 ff.; **7 n.F.**, 14
- nachträgliche **6 n.F.**, 118; **6 a.F.**, 44, 55, 59; **7 a.F.**, 39, 49 ff.
- nachträglicher Wechsel **6 a.F.**, 15; **8 a.F.**, 30
- Neue Bundesländer **6 n.F.**, 4
- öffentlicher Dienst **6 n.F.**, 22; **6 a.F.**, 76; **40**, 15 ff.
- partielle **6 n.F.**, 22
- Persönlichkeitsrechte des Arbeitnehmers **7 n.F.**, 81 ff.
- Rechtfertigung **6 n.F.**, 6
- Rechtsnatur **6 n.F.**, 15 f.; **6 a.F.**, 5 f.
- Rechtsstellung des Arbeitgebers **7 n.F.**, 10; **7 a.F.**, 6 ff.
- Reform ArbEG **6 n.F.**, 1; **6 a.F.**, 1; **7 n.F.**, 1; **7 a.F.**, 5; **9**, 11
- schlüssige **6 a.F.**, 35 ff.
- schlüssige, durch Bestreiten **18**, 35
- Schutzrechtsanmeldung des Arbeitnehmers **7 n.F.**, 11, 42 ff.
- »sobald wie möglich« **6 a.F.**, 41 ff.
- Stellvertretung **6 n.F.**, 57; **6 a.F.**, 29 f.
- stillschweigende **6 n.F.**, 64
- teilweise **6 n.F.**, 45; **6 a.F.**, 13
- Terminologie ArbEG **6 n.F.**, 3
- unbeschränkte **6 n.F.**, 9 ff.; **7 a.F.**, 5 ff.
- unbillige Erschwerung **7 a.F.**, 39 ff.
- Verbesserungsvorschlag **3**, 28; **6 n.F.**, 47
- Verfassungsgemäßheit **6 n.F.**, 8
- Verfügungen des Arbeitnehmers **7 n.F.**, 94 ff.; **7 a.F.**, 60 ff.; **25**, 38
- Vergütung *s. dort*
- Vertretung **6 n.F.**, 57; **6 a.F.**, 6, 29 f.
- Verwertungsrechte Arbeitgeber **7 n.F.**, 20 ff.
- Verzicht
  - auf Inanspruchnahme **6 n.F.**, 36; **6 a.F.**, 16; **8 n.F.**, 7; **8 a.F.**, 9 f.
  - auf Schriftform **6 a.F.**, 31, 51

## Stichwortverzeichnis

- auf Textform **6 n.F.**, 112
- Verzicht mit Freigabe **6 n.F.**, 21, 108
- vorherige Verwertungshandlungen des Arbeitnehmers **7 n.F.**, 109; **7 a.F.**, 69
- vorsorgliche **6 n.F.**, 23; **6 a.F.**, 13
- Wahlrecht des Arbeitgebers **6 a.F.**, 13 f.; **40**, 15 ff.
- Wechsel der **6 a.F.**, 15; **8 a.F.**, 30
- Weiterentwicklung **5**, 21; **6 n.F.**, 49
- Wirkungen **7 n.F.**, 5 ff.
  - ArbEG keine dingliche Belastung **7 n.F.**, 24 f.
  - Arbeitgeber als Herr des Schutzrechtserteilungsverfahrens **7 n.F.**, 40 ff.
  - Beseitigung von Schutzumfangseinschränkungen **7 n.F.**, 47 f.
  - Erfindungsübertragung auf Dritte **7 n.F.**, 24 f.
  - Erwerb aller vermögenswerten Rechte **7 n.F.**, 10 ff.; **7 a.F.**, 5 ff.
  - Miterfinder **7 n.F.**, 14
  - kein Mitspracherecht Arbeitnehmer **7 n.F.**, 22
  - Unterlassen einer Verwertung **7 n.F.**, 23
  - Unterlassungs- und Schadensersatzansprüche **7 n.F.**, 76
  - Unwirksamkeit Arbeitnehmerverfügungen **7 n.F.**, 94 ff.
  - verbleibende Persönlichkeitsrechte des Arbeitnehmers **7 n.F.**, 81 ff.
  - Verwertungen des Arbeitnehmers **7 n.F.**, 109 f.
  - Verwertungs- und Verfügungsbefugnisse des Arbeitgebers **7 n.F.**, 20 ff.
  - Vorbenutzungsrecht Arbeitnehmer **7 n.F.**, 110
  - widerrechtliche Entnahme *(s. im Übr. dort)*; **7 n.F.**, 51 ff.
- Zugang **6 n.F.**, 58; **8 a.F.**, 2
- Zwangsvollstreckung **Anh zu 27**, 7
- Zweifel an Eigenschaft als Diensterfindung *s. dort*
- Zweifel an Schutzfähigkeit *(s. auch dort)*; **6 n.F.**, 26 ff.

**Inanspruchnahme einer angemessenen Beteiligung 40**, 15 ff.

**Inanspruchnahmeerklärung**
- Adressat **6 n.F.**, 55
- Anfechtung **6 n.F.**, 82, 125; **6 a.F.**, 68 f.
- ausdrückliche **6 n.F.**, 55 ff.
- Auslegung **6 n.F.**, 72; **6 a.F.**, 10, 12
- Beweislast **6 n.F.**, 152; **7 a.F.**, 3
- fingierte *(s. Inanspruchnahmefiktion)*; **6 n.F.**, 80
- Form **6 n.F.**, 63; **6 a.F.**, 27 ff.
- Frist **6 n.F.**, 56, 65; **6 a.F.**, 40, 70
- Inhalt **6 n.F.**, 71; **6 a.F.**, 9 ff.
- Miterfinder **6 n.F.**, 138 ff.; **6 a.F.**, 70 f.
- Schriftform bei Alterfindung **6 a.F.**, 27
- Unwirksamkeit **6 n.F.**, 82
- Verhältnis zur Inanspruchnahmefiktion **6 n.F.**, 56
- verspätete **6 n.F.**, 122; **6 a.F.**, 55
- Wirkungen **7 n.F.**, 5 f.
- Zugang **6 n.F.**, 58; **6 a.F.**, 54; **7 n.F.**, 6; **7 a.F.**, 2 ff.

**Inanspruchnahmefiktion 6 n.F.**, 78 ff.
- abweichende Vereinbarung **6 n.F.**, 87
- Ausschöpfen der Frist **6 n.F.**, 66 f.
- bei anderweitiger Wissensdokumentation **6 n.F.**, 130
- bei unwirksamer Inanspruchnahmeerklärung **6 n.F.**, 82
- Beweislast **6 n.F.**, 152
- fehlende förmliche Erfindungsmeldung **6 n.F.**, 128
- Frist **6 n.F.**, 84 ff.
- Fristbeginn **6 n.F.**, 94 ff., 130
- Miterfinder **6 n.F.**, 138
- Rechtswirkung **6 n.F.**, 122
- unvollständige Erfindungsmeldung **5**, 92
- unwiderlegbare Vermutung **6 n.F.**, 78
- Verhältnis zur ausdrücklichen Inanspruchnahme **6 n.F.**, 81
- vorherige Inanspruchnahmeerklärung **6 n.F.**, 56

**Inanspruchnahmefrist**
- Ausschlussfrist **6 n.F.**, 87; **6 a.F.**, 40 ff.
- Beginn **6 n.F.**, 94
- Freigabe der Diensterfindung **6 n.F.**, 108
- Verlängerung Freigabefrist **6 n.F.**, 89

# Stichwortverzeichnis

**Incentive-Programme 9**, 61; **11**, 22 ff.; **13**, 34.1; **14**, 71
**Inflationsbereinigung**
– Abstaffelungstabelle **9**, 145
**Informationspflicht** *s. auch Auskunftspflicht, Mitteilung*
– Arbeitgeber
  – Auslandsfreigabe **14**, 43, 56
  – Schutzrechtsanmeldung **15**, 12 ff.
  – Schutzrechtsaufgabe **16**, 4, 22, 35, 41
  – Vergütungsanpassung **12**, 145
  – Vergütungsanspruch **12**, 162 ff.
– Arbeitnehmer
  – freie Erfindung **18**, 6
**Informationspool**
– Erfindungsmeldung **5**, 9
**Informationsrecht**
– Betriebsrat **Anh zu 20**, 14 ff.
**Initiativpflicht d. Arbeitgebers**
– Auslandsfreigabe **14**, 32
**Initiativrecht d. Betriebsrats**
– Vorschlagswesen **20**, 56
**Inland** *s. auch Ausland, DDR*
– Begriff **13**, 24
**Inlandsschutzrechtsanmeldung** *s. auch Auslandsschutzrechte, Auslandsschutzrechtsanmeldung, Internationale Anmeldung, Schutzrechtsanmeldung, Schutzrechtserteilungsverfahren*
– Akteneinsicht **13**, 45
– Änderungen **13**, 44
– angereicherte **9**, 84
– Anmeldepflicht, Umfang **13**, 16 ff.
– Anmelderecht Arbeitgeber **13**, 38 ff.
– durch Arbeitgeber **13**, 2, 38 ff.
– durch Arbeitnehmer **4**, 18, 52; **13**, 46, 61, 72 ff.; **18**, 14
– Aufgabe der **16**, 5 ff.
– Auslandsanmeldung als **13**, 25 ff.
– Ausnahme von der Anmeldepflicht **13**, 31 ff.
– betriebsgeheime Erfindung **13**, 36 f.; **17**, 44 f.
– eingeschränkte **13**, 32.2
– Eingriff des Arbeitnehmers **13**, 46 ff.
– Erfinderbenennung **13**, 40.1
– Ersatzvornahme durch Arbeitnehmer **13**, 61 ff.

– fehlerhafte **13**, 15
– Fortführung durch Arbeitnehmer **13**, 81 f.
– freigewordene Diensterfindung **8 n.F.**, 113 ff.; **13**, 92 ff.
– Freiwerden der Diensterfindung **13**, 32, 72 ff.
– Frist **13**, 4 ff., 61 f.
– Gebrauchsmuster *(s. auch Gebrauchsmusteranmeldung)*; **13**, 11 ff.
– Gebrauchsmusteranmeldung, Zustimmung **13**, 33.4
– Gesetzeszweck **13**, 1
– Informationspflicht Arbeitgeber **13**, 19; **15**, 12 ff.
– internationale als **13**, 28 ff.
– Kostenerstattung bei Freigabe **13**, 22 f.
– Kostentragung Arbeitgeber **13**, 20 ff.
– Kostentragung Arbeitnehmer **13**, 49 ff.
– Kostentragung Ersatzvornahme **13**, 64 ff.
– Miterfinder, Anmelderechte **13**, 85 ff.
– Mitspracherechte Arbeitnehmer **13**, 41
– Organisationsmängel **13**, 9
– Patent- oder Gebrauchsmuster **13**, 11 ff.
– Pflicht des Arbeitgebers **13**, 2 ff.
– Pflichtverletzung durch Arbeitgeber **13**, 58 ff.
– prioritätsbegründende Auslandsanmeldung **13**, 25 ff.
– Prüfungsantrag **13**, 17, 41.1
– Rücknahme **2**, 24; **16**, 72; **17**, 45
– Schadensersatzanspruch Arbeitnehmer **13**, 68 ff.
– Schutzumfang **13**, 10
– Streit über Erfindungscharakter **13**, 51 ff.
– Übertragung der Erfindungsrechte auf Dritte **13**, 3, 87
– unterlassene Maßnahmen als Schutzrechtsaufgabe **13**, 18
– vergütungspflichtiger Schutzumfang **9**, 84, 91.1; **12**, 116 f.
– Verzicht des Arbeitnehmers auf **13**, 33 ff.; **22**, 26
– Verzicht des Arbeitnehmers gleichzeitig auf Auslandsschutzrechtsanmeldung **13**, 33.2

# Stichwortverzeichnis

- Vorbereitungszeitraum **13**, 8
- Vorrang Patentanmeldung **13**, 12
- Wahl zwischen Patent u. Gebrauchsmuster **13**, 11 ff.
- Wegfall der Geheimhaltungspflicht **24**, 16 f.
- widerrechtliche durch Arbeitgeber **13**, 92 ff.
- widerrechtliche durch Arbeitnehmer **7 n.F.**, 42 ff.; **13**, 46 f.
- Zeitpunkt **13**, 4 ff.
- Zusammenlegung von Erfindungen **13**, 10.1, 50.1
- Zustimmung d. Arbeitnehmers zur Nichtanmeldung **13**, 33 ff.
- Zweckdienlichkeit Gebrauchsmusteranmeldung **13**, 12 ff.
- Zweifel an Schutzfähigkeit **13**, 2, 13, 53 ff., 74
- zwischenbetriebl. Kooperation **13**, 3.1, 33.5, 87

**Innerbetriebliche Priorität 5**, 29, 59 f.
**Innerbetrieblicher Stand der Technik** *s. Stand der Technik*
**Innere Priorität 5**, 50; **13**, 11.2, 14
**Insolvenz**
- des Arbeitgebers *(s. im Übr. Insolvenzrecht, Insolvenzverfahren, Insolvenzverwalter)*; §§ **27 n.F./a.F.**
- des Arbeitnehmers **27 n.F.**, 10

**Insolvenzplan 27 n.F.**, 5
**Insolvenzrecht** *s. im Übr. Insolvenzverfahren*
- Reform **Einl**, 9; **27 n.F.**, 1 ff.; **27 a.F.**, 1 f.
- Sonderregelungen **27 n.F.**, 5
- Übergangsrecht **27 n.F.**, 4; **27 a.F.**, 3
- zwingendes Recht **27 n.F.**, 5

**Insolvenzverfahren**
- »alle anderen Fälle« **27 n.F.**, 121 ff
- Alterfindungen **27 a.F.**, 2 ff.
- Anbietungspflicht Diensterfindung **27 n.F.**, 123; **27 a.F.**, 118
- Angebot des Insolvenzverwalters **27 n.F.**, 139 ff.
- angemessene Abfindung **27 n.F.**, 57; **27 a.F.**, 99 f.
- Annahme der Anbietung Diensterfindung **27 n.F.**, 148 ff.; **27 a.F.**, 129, 133
- ArbEG-Novelle **Einl**, 9; **27 n.F.**, 1 ff.; **27 a.F.**, 1 f.
- beim Arbeitnehmer **27 n.F.**, 10
- des Arbeitnehmers **27 n.F.**, 10
- Auffangtatbestand **27 n.F.**, 3, 121 ff.
- Aufgabe Schutzrechte **27 n.F.**, 123; **27 a.F.**, 118 ff.
- Aufrechnung Vergütungsanspruch **27 n.F.**, 190; **27 a.F.**, 83, 133
- ausgeschiedener Arbeitnehmer im **27 n.F.**, 9
- Benutzungsrecht **27 n.F.**, 26, 143
- betriebsgeheime Erfindung **27 n.F.**, 41, 126, 140; **27 a.F.**, 41, 126
- Betriebsübergang als Voraussetzung **27 a.F.**, 61 ff.
- Betriebsübergang keine Voraussetzung) **27 n.F.**, 51
- Betriebsübergang, Folgen bei **27 n.F.**, 53
- Diensterfindung **27 n.F.**, 41 ff.; **27 a.F.**, 3, 41
- Eintritt Rechtserwerber in Vergütungspflicht **27 n.F.**, 55 ff.
- Erfüllung d. Vergütungsansprüche **27 n.F.**, 44
- Eröffnung **27 n.F.**, 6, 16, 31
- frei gewordene Diensterfindung **27 n.F.**, 41
- freie Erfindung **27 n.F.**, 24, 41; **27 a.F.**, 41
- Frist Anbietungspflicht **27 n.F.**, 130 ff.
- Geschäftsbetrieb **27 n.F.**, 48 f.; **27 a.F.**, 47 f.
- Gläubigerausschuss **27 n.F.**, 33
- Inspruchnahme nach Eröffnung **27 n.F.**, 43, 198; **27 a.F.**, 43, 145
- Inspruchnahme vor Eröffnung **27 n.F.**, 41; **27 a.F.**, 41
- Insolvenzgläubiger, Arbeitnehmer als **27 n.F.**, 187 ff.; **27 a.F.**, 139
- Insolvenzmasse **27 n.F.**, 19 ff.
- Insolvenzverwalter *(s. auch dort)*; **27 n.F.**, 32 ff.
- Klageverfahren **27 n.F.**, 38, 206
- Miterfinder **27 n.F.**, 80, 127

– Vergütungsbemessung **9**, 12 1f., 124
– Vertragsanalyse **9**, 122
**Konkretisierung der Vergütung** *s. Vergütungsfestsetzung, Vergütungsfeststellung*
**Konkurrenztätigkeit, des Arbeitnehmers** *s. auch Wettbewerbsverbot;* 8 n.F., 78; **25**, 37; **26**, 35
**Konkurs des Arbeitgebers 27** a.F., 3
**Konstruktionszeichnung** *s. auch Technische Zeichnung*
– Erfindungsmeldung **5**, 43, 76
– tatsächliche Verwertung **9**, 92 f.
– Urheberrecht **1**, 4
– Vergütung bei Verkauf **9**, 241 ff.
**Kontroll- und Informationsrechte**
– Betriebsrat/Personalrat **Anh zu 20**, 7 ff.
**Kontrollbedarf** *s. Auskunftsanspruch, Kontrollbedarf*
**Kontrollrechnung**
– Erfindungswert **9**, 113
**Konzern 1**, 71, 129 ff.
– Abordnung **26**, 16
– Arbeitgeber **1**, 129
– Arbeitnehmerüberlassung **1**, 57
– Auftragsforschung im **9**, 197
– Auskunftsanspruch **12**, 296 ff.
– Betriebsgeheimnis **17**, 10
– einheitliches Arbeitsverhältnis **1**, 129.1
– Erfindungswert bei Nutzung im **1**, 131; **9**, 185 ff.
– Geheimhaltungspflicht **24**, 8
– Lizenzvergabe **1**, 132; **9**, 187 ff.
– nicht ausschließliches Benutzungsrecht **16**, 80
– Patentpool **9**, 187 ff., 188.1
– Patentverwertungsgesellschaft **1**, 130
– Rechtsübertragung **9**, 187 ff.
– Rücklizenz **9**, 176
– Schiedsstellenverfahren **28**, 15.1
– Schutzrechtspool **1**, 130; **7** n.F., 20; **9**, 187 ff.
– technischer Verbesserungsvorschlag **20**, 3, 27, 61
– Übertragung der Erfindungsrechte im Konzern **1**, 130; **7** n.F., 24; **9**, 176, 187 ff.; **12**, 296
– Vergütungspflicht **9**, 185 f.; **12**, 296
– Verrechnungspreise **9**, 186.1

– Verwendbarkeit freier Erfindung im **18**, 28; **19**, 38
– wirtschaftliche Einheit **1**, 131; **9**, 187.3, 189.1
**Konzernrichtlinien 11**, 19
**Kooperation, zwischenbetriebliche** *s. Zwischenbetriebliche Kooperation*
**Körperschaften 40**, 9
**Kosten**
– Erfindungsentwicklung **9**, 198, 229, 279; **Anh 1**, (32); **40**, 27 f.; **42**, 33, 170
– Erfindungswert nach betriebl. Nutzen **9**, 163
– Erstattung **13**, 22 f.; **15**, 33 f.; **16**, 42, 53 ff.; **25**, 9 f.
– Freigabe?– Ausland **14**, 42 f.
– Lizenzvergabe **9**, 226 ff.; **Anh 1**, (14)
– Patent- und Lizenzverwaltung **Anh 1**, (14)
– Prozesskostenhilfe Schiedsstellenverfahren **36**, 6
– Schiedsstellenverfahren **36**, 1 ff.
– Schutzrechtserteilungsverf. **13**, 20, 49, 64 ff.
– Übernahme bei freier Erfindung **19**, 27
– Unterstützungspflicht des Arbeitnehmers **15**, 33
**Kundenhinweise**
– Aufgabenstellung – Vergütung **9**, 272 ff., 278
– Erfahrungserfindung **4**, 39
**Kündigung d. Arbeitsverhältnisses** *s. im Übr. Ausgeschiedener Arbeitnehmer, Ausscheiden;* **1**, 29; **5**, 97; **22**, 31; **24**, 46; **25**, 3; **26**, 5, 19
**Kündigungsschutzklage 1**, 29; **26**, 5; **39**, 19
**Kurzarbeit 4**, 15
**KVP** *s. Kaizen*
**Laufdauer des Schutzrechts**
– Gebrauchsmuster **13**, 14
– mittlere **9**, 59.1; **13**, 14
– Patent **13**, 14
– Vergütung **9**, 16.1, 33, 59; **Anh 1**, (42); **17**, 68; **20**, 33
**Legalitätsprinzip**
– Schiedsstellenverfahren **33**, 22

# Stichwortverzeichnis

**Lehrling** s. *Auszubildender*
**Leiharbeitnehmer 1**, 56 ff
– Begriff **1**, 56
– Diensterfindung **1**, 59, 60 f.
– Erfindungsmeldung
– freie Erfindung **1**, 59, 62
– Insolvenz des Entleihers **27 n.F.**, 8
– technischer Verbesserungsvorschlag **1**, 59, 62
– Zuständigkeit der Gerichte **1**, 61
– Zuständigkeit der Schiedsstelle **28**, 12
**Leiharbeitsverhältnis** s. *auch Leiharbeitnehmer*
– Arbeitgeberfiktion **1**, 59
– Arbeitgeberstellung **1**, 58, 59, 133
– Arbeitsgemeinschaft **1**, 57
– Beendigung beim Entleiher **1**, 61
– Diensterfindung bei erlaubnisfreiem **1**, 58 f.
– Diensterfindung bei erlaubnispflichtigem **1**, 60 f.
– erlaubnisfreies **1**, 57 f.
– erlaubnispflichtiges **1**, 56, 62
– freie Erfindung **1**, 59, 62
– Geheimhaltungspflichten **1**, 61
– gerichtliche Zuständigkeit **1**, 61
– Insolvenz **27 n.F.**, 8
– Konzern **1**, 57
– Personalgestellung **1**, 56
– Schiedsstellenverfahren **28**, 12
– technische Verbesserungsvorschläge **1**, 59, 63
– unechtes **1**, 56
– Vergütungspflicht **1**, 61
– Werkunternehmer **1**, 56
– Zwischenbetriebl. Kooperation **1**, 57
**Leistung**
– schöpferische **9**, 79
– wiederkehrende **9**, 23
**Leistungsbestimmungsrecht**
– Vergütungsfestsetzung **12**, 48
**Leistungsklage**
– unbezifferte **38**, 3 ff.
**Leistungszeit**
– Vergütung **9**, 55
**Leitende Angestellte** s. *auch Arbeitnehmer*; **1**, 64 ff.; **9**, 283; **Anh 1**, (35), (36)
– Zuständigkeit des Betriebsrates **Anh zu 20**, 4 f.

– Zuständigkeit des Sprecherausschusses (s. *auch dort*); **Anh zu 20**, 2, 4
**Lizenz, ausschließliche**
– Lizenzanalogie **9**, 132
– Lizenzeinnahme **9**, 221
**Lizenz, einfache** s. *auch Nicht ausschließliches Benutzungsrecht*
– Benutzungsrecht als **7 a.F.**, 29 ff.; **14**, 51; **16**, 79; **19**, 13
– Fortbestand bei Übertragung **7 a.F.**, 35; **14**, 51.2; **16**, 62
– Insolvenz **27 n.F.**, 10
– kostenlose **1**, 132; **9**, 187 f., 197.2; **12**, 117
– Vergabe durch Arbeitnehmer **7 a.F.**, 61, 66; **19**, 13
– vorläufige Vergütung **12**, 66
**Lizenzanalogie** s. *auch Erfindungswert, Vergütung, Vergütungsbemessung*; **9**, 121 ff.; **Anh 1**, (6) ff.
– abstrakte **9**, 122.1 ff.
– Anspruch auf **9**, 109
– Auskunftsanspruch **12**, 183 ff.
– beschränkte Inanspruchnahme **10 a.F.**, 35 ff.
– Bewertungsmaßstab **9**, 121 ff., 134
– Bezugsgrößen **9**, 125 ff.; **Anh 1**, (7), (8)
– branchenüblicher Lizenzsatz **9**, 122.2, 131 ff.; **Anh 1**, (10)
– Checkliste **9**, 134
– Einsparungen im Produktionsprozess **9**, 109
– firmenüblicher Lizenzsatz **9**, 122.1
– Gewinnpotential **9**, 134
– Höchstlizenzgrenze **9**, 129 ff.
– konkrete (s. *auch dort*); **9**, 122, 124
– Lizenzsätze bei anderen Arbeitnehmervergütungen **9**, 124
– Lizenzsätze, Ermittlung **9**, 121 f.
– Lizenzsätze, übliche **9**, 131 ff.
– Lizenzsatzrahmen **9**, 131
– praktisches Vorgehen **9**, 121, 131, 134
– Produktmarkt **9**, 131
– Schadensersatz-Lizenzsätze **9**, 135
– Second-Source-Lizenzvertrag **9**, 122
– Umsatzbegriff **9**, 109, 125
– Vergütung qualifizierter technischer Verbesserungsvorschlag **20**, 41 ff.

# Stichwortverzeichnis

– Vergütungsfestsetzung **12**, 52
– Vorbehalt eines Benutzungsrechts **14**, 64
– Vorrang **9**, 109
– Wahl der Lizenzsätze **9**, 134
– Zwangslizenzsätze **9**, 135
– Zwischenprodukte **9**, 109
**Lizenzaustauschvertrag**
– Auskunftsanspruch **12**, 219
– Auslandsfreigabe **14**, 33, 54
– Geheimhaltung **24**, 11
– Konzern **9**, 187
– mehrere Erfindungen **9**, 236.3
– mehrere Verträge **9**, 236.3
– Schutzrechtsstreit **9**, 238
– Vergütung **9**, 236 ff.; **Anh 1**, (17)
**Lizenzbereitschaftserklärung 9**, 240.1; **16**, 35, 41, 62
**Lizenzeinnahmen** *s. auch Bruttolizenzeinnahme, Erfindungswert, Know-How-Vertrag, Nettolizenzeinnahme*
– Abstaffelung *(s. auch dort)*; **9**, 227
– Auskunftsanspruch des Arbeitnehmers **12**, 216 ff.
– aus Austauschvertrag **9**, 237
– Hochschulerfindung **42**, 170
– Konzern **9**, 187
– Pauschalzahlungen **9**, 229
– Risikoabschlag **12**, 69.1
– Schutzzertifikat **12**, 141
– bei technischem Verbesserungsvorschlag **20**, 46
– Vergütung **9**, 221 ff.; **Anh 1**, (14), (15)
– Vergütungserfüllung **16**, 21
**Lizenzsatz**
– Abstaffelung *(s. im Übr. dort)*; **9**, 141 ff.
– aus anderen Arbeitnehmervergütungen **9**, 124
– Bezugsgrößen **9**, 125 ff.
– branchenüblicher **9**, 122.2, 131 ff.; **Anh 1**, (10)
– Checkliste **9**, 134
– Ermäßigung *s. Abstaffelung*
– Ermittlung **9**, 124
– Faustregeln **9**, 134
– Gebrauchsmuster **9**, 250
– Gewinnbezogenheit **9**, 134
– Höchstlizenzgrenze **9**, 129 f.

– Marktsituation **9**, 134
– Massenartikel **9**, 134
– Produktmarktbezug **9**, 131
– übliche **9**, 131 ff.
– Vergütungsfestsetzung **12**, 52
– Wahl **9**, 121, 131
**Lizenzsatzrahmen**
– Lizenzanalogie **9**, 131
**Lizenzvertrag** *s. auch Lizenz, Lizenzaustauschvertrag, Nicht ausschließliches Benutzungsrecht*
– Abschluss durch Arbeitgeber **7 n.F.**, 21; **7 a.F.**, 6, 33; **16**, 81 f.
– Abschluss durch Arbeitnehmer **7 n.F.**, 98; **7 a.F.**, 61, 66
– zw. Arbeitgeber und Arbeitnehmer **vor 9–12**, 14 ff.; **19**, 55 ff.
– Auskunftsanspruch des Arbeitnehmers **12**, 216 ff.
– Auswirkung bei Schutzrechtsaufgabe **16**, 21, 62 f.
– Begriff **9**, 221 f.
– Betriebserwerber **1**, 120.1
– Betriebsgeheime Erfindung **17**, 40
– Erfindungswert **9**, 221 ff.; **Anh 1**, (14), (15)
– Erscheinungsformen **9**, 261.1
– freie Arbeitnehmererfindung **19**, 9, 55
– Geheimhaltungspflicht **24**, 10
– Hochschulerfindung **42**, 170, 220
– Kartellrecht **9**, 136 f.
– Konzern **1**, 132; **9**, 187
– bei Schutzrechtsverletzung **9**, 239 ff.
– Unwirksamkeit **9**, 138 f.
– Vergütungsanpassung **12**, 132
– Vergütungsbemessung **9**, 204 ff.
**Lohnfertigung durch Dritte** *s. auch Verlängerte Werkbank*
– Begriff **16**, 83
– Benutzungsrecht **16**, 83
– Betriebsübergang **1**, 114
– Vergütung **9**, 101
**Lohnpfändung Anh zu 27**, 8 ff.
**Lohnanhaltungspflicht** *s. auch Gehaltsanhebung*; **25**, 8
**Löschungsklage** *s. auch Nichtigkeitsklage*; **25**, 42 ff.
– Vergütungsanspruch **9**, 16, 33 f.; **10 a.F.**, 22, 24 f.; **12**, 117

# Stichwortverzeichnis

**Lösung der Aufgabe**
- Anteilsfaktor **9**, 274 ff.
- Erfindungsmeldung **5**, 71

**Lösung von Vergütungsregelung** **12**, 13.2

**Lump sum 9**, 229

**Mahnverfahren 37**, 3

**»Mängel«**
- Anteilsfaktor **9**, 272.3 f.

**Mangelnde Schutzfähigkeit** *s. Schutzfähigkeit, Schutzunfähigkeit*

**Marken 1**, 6

**Massenartikel**
- Abstaffelung **9**, 143
- Lizenzsatz **9**, 134

**Masseunzulänglichkeit**
- Insolvenz **27** n.F., 5

**Maximalvergütung 9**, 69.1; **22**, 26

**Max-Planck-Institut 40**, 10; **42**, 20

**Mehrere Arbeitgeber** *s. auch Konzern, Zwischenbetriebliche Kooperation*; **1**, 19, 106 f.; **6** n.F., 145 ff.; **6** a.F., 74

**Mehrere Erfinder** *s. Miterfinder*

**Mehrere Erfindungen** *s. Erfindungen, mehrere*

**Mehrfachvergütungsfestsetzung**
- Verbot der **12**, 40

**Meinungsverschiedenheiten** *s. im Übr. Streitfall, Widerspruch, Zweifel an Schutzfähigkeit, Zweifel an Eigenschaft als Diensterfindung*
- angemessene Bedingungen bei freier Erfindung **19**, 58 ff.

**Meldepflicht bei Diensterfindung** *s. auch Mitteilungspflicht*
- Abgrenzung zur Mitteilungspflicht **5**, 3, 22 ff.; **18**, 6, 26
- Bedeutung **5**, 1
- Betriebsübergang **1**, 114; **5**, 9
- Betriebsvereinbarung **5**, 15
- Entfallen **5**, 30 ff.
- Erfindungsverbesserungen **5**, 21
- Frist **5**, 28 f.
- Gebrauchsmuster **5**, 68
- Gegenstand **5**, 20 f.
- »gemacht« **5**, 26 f.
- Hochschulerfindungen **42**, 27, 86, 103, 118, 125
- mehrere Arbeitgeber **5**, 9, 58
- Miterfinder **5**, 54 ff.
- nachträgliche Änderungen **5**, 21
- Neue Bundesländer **5**, 3.1
- Personenkreis **5**, 7 f.
- Verletzung **5**, 21, 83, 94 ff.
- Wegfall **5**, 30
- Zeitpunkt **5**, 26 ff.
- Zweifel an Erfindungseigenschaft **5**, 24 ff.
- Zwischenbetriebliche Kooperation **5**, 9

**Meldung der Diensterfindung** *s. auch Meldepflicht, Mitteilung, Mitteilungspflicht*
- Abdingbarkeit d. ArbEG **20**, 34 ff.
- Adressat **5**, 9, 14
- anderweitig dokumentierte Wissensvermittung **5**, 31 ff.
- Anfechtung **5**, 5
- Ausscheiden des Arbeitnehmers **5**, 7; **26**, 21 f.
- Beanstandungsfrist **5**, 88
- Beanstandungsrecht und Unterstützungspflicht des Arbeitgebers **5**, 84 ff.
- Beschreiben **5**, 68
- Bestätigung durch Arbeitgeber **5**, 61 ff.
- betriebliche Doppelerfindung **5**, 59 f.
- betriebliche Organisation **5**, 14 f.
- an Bevollmächtigte **5**, 14 ff.
- Beweislast **5**, 13.1
- Darstellungsumfang **5**, 65, 70 ff.
- Direktionsrecht **5**, 17.2
- Dritter als Adressat **5**, 18 f.
- elektronische Form **5**, 12
- Entwurf einer Schutzrechtsanmeldung als **5**, 37, 42
- Erbe **1**, 148
- Erfüllungsanspruch Arbeitgeber **5**, 94
- Ergänzung **5**, 21, 63, 89
- Erklärungen Dritter **5**, 7
- erneute **5**, 21.1
- fehlerhafte **5**, 20.3, 29, 94 f.
- Form (*s. auch Textform*); **5**, 33 ff.
- Formular **5**, 17.2, 39, 67; **22**, 38
- bei freier Erfindung **18**, 48
- Gegenstand **5**, 20 f.
- Geheimhaltungspflicht *s. dort*
- gemeinschaftliche **5**, 54 ff.

- gesonderte **5**, 40
- Homepage **5**, 9
- Inanspruchnahmefiktion bei Fehlen **6 n.F.**, 128
- Inanspruchnahmefrist **5**, 4; **6 n.F.**, 94 ff., 105, 139
- Inanspruchnahmefrist bei Alterfindungen **6 a.F.**, 40, 50 f.; **8 a.F.**, 31 f.
- Informationspool **5**, 9
- Inhalt **5**, 65 ff.
- Intranet **5**, 9
- Kenntlichmachung **5**, 41 ff.
- Kennzeichnung als Verbesserungsvorschlag **5**, 43.1 f.
- Konstruktionszeichnung als **5**, 43
- Laborbericht als **5**, 43
- Leiharbeitsverhältnis **1**, 61
- Lösung **5**, 71
- Mitarbeiter **5**, 73, 80 f.
- Miterfinder **5**, 54 ff.; **12**, 32.3
- Mitteilung als Verbesserungsvorschlag vor **3**, 4 ff.; **5**, 43.1 f.
- mündliche **5**, 35.8, 38 f.
- öffentlicher Dienst **5**, 15
- Pflicht zur Inlandsanmeldung **5**, 4; **13**, 5 f.
- Prioritätsverlust **5**, 29, 59 f.
- Rechtsfolgen **5**, 4
- Rechtsnatur **5**, 5 f.
- Rechtspflicht zur **5**, 5
- Richtlinien, dienstliche **5**, 78
- Schiedsstellenanrufung **5**, 37
- Schriftform bei Altererfindungen **5**, 36 ff.
- Schutzrechtsanmeldung **13**, 5
- Sprache **5**, 67
- Stellvertretung **5**, 5
- technische Aufgabe **5**, 70
- Textform **5**, 1, 35 ff., 54
- Übermittlungsrisiko **5**, 13
- Unabdingbarkeit des ArbEG *s. dort*
- Unterschrift **5**, 35, 39
- Unterstützung durch Arbeitgeber **5**, 90 f.
- unverzüglich **5**, 28 f.
- Unvollständigkeit **5**, 83
- Verbesserungserfindung **5**, 21
- Verbesserungsvorschlag vor **3**, 4 ff.; **5**, 43.1 f.
- Vereinbarungen vor **22**, 5, 40
- als Vergütungsgrundlage **9**, 83 ff.
- Verjährung **5**, 94.1
- verspätete **5**, 20.3, 29
- Verstoß gg. die Meldepflicht **5**, 16.1
- Verwirkung **5**, 94.1
- Verzicht auf **5**, 30
- Verzicht auf Kenntlichmachung **5**, 41
- Verzicht auf Textform **5**, 38 f.
- vorhandene Aufzeichnungen **5**, 76 f.
- Weisungen, dienstliche **5**, 78
- Weiterentwicklung **5**, 21
- Wissenserklärung **5**, 5
- Wissensvermittlung, anderweitige **5**, 31 ff.
- Zeitpunkt der **5**, 26 ff.
- Zeitpunkt der Vergütungsfeststellung **12**, 22
- Zugang **5**, 10 ff.
- Zulässigkeit von Vereinbarungen nach **22**, 32, 34 ff.
- Zustandekommen der Erfindung **5**, 72 f.
- Zweifel an Diensterfindung **3**, 25; **5**, 6, 24
- Zweifel an Erfindereigenschaft **5**, 7
- Zweifel an Schutzfähigkeit **5**, 23, 41
- zwischenbetriebl. Kooperation **5**, 9.1 f.

**Merkmalanalyse bei Miterfinderanteil 12**, 31 f.

**Messvorrichtungen 9**, 176

**Mindestbeschwer**
- Revision **39**, 7

**»mindestens ein nicht ausschließl. Recht z. Benutzung« 19**, 12 ff.

**Mindestvergütung 9**, 69; **22**, 27

**Mindestzahlungsverpflichtung**
- Vergütungsfestsetzung **12**, 75

**Missbrauch**
- Arbeitgeberposition **23**, 17, 23

**Mitarbeiter** *s. auch Freier Erfinder, Freier Mitarbeiter*
- Anteilsfaktor **9**, 279.1
- Erfindungsmeldung **5**, 80 f.
- freier **1**, 15, 44 ff.

# Stichwortverzeichnis

**Mitbenutzungsrecht** s. *Nicht ausschließliches Benutzungsrecht*
**Mitbestimmungsrecht** s. *auch Betriebsrat, Gewerkschaften, Personalrat*
– Betriebsrat **11**, 19, 22; **Anh zu 20**, 7 ff.
– Personalrat **Anh zu 20**, 2, 31 ff.
– Vorschlagswesen **20**, 53 ff.
**Miterfinder** s. *auch Bruchteilsgemeinschaft, Doppelarbeitsverhältnis, Erfindereigenschaft, Erfindergemeinschaft, Mehrere Arbeitgeber, Miterfinderschaft, Zwischenbetriebliche Kooperation*
– Anbietung in Insolvenz **27 n.F.**, 127
– Anbietungspflicht **19**, 78 ff.
– Anmelderecht **13**, 85
– Anrufung der Schiedsstelle **31**, 3; **32**, 4
– Anteilsbestimmungen **5**, 51.1; **9**, 312; **12**, 30 ff.
– Anteilsfaktor **9**, 266, 279.1
– Aufgabe des Schutzrechts **16**, 93 ff.
– Aufgabenerfindung **4**, 38
– Aufrechnung Insolvenz **27 a.F.**, 86
– Ausgleichsanspruch **5**, 53.2
– Auslandsfreigabe **14**, 36.3, 82
– Auswahlerfindung **5**, 47
– Beanstandung der Erfindungsmeldung **5**, 84
– Begriff **5**, 44 ff.
– Bekanntgabe der Einzelanteile **12**, 35 ff.
– Bekanntgabe der Gesamtvergütung **12**, 35 ff.
– Benennung **5**, 54
– Bestätigung der Meldung **5**, 64
– Betriebsübergang **1**, 118.8
– Beurteilung **5**, 50 ff.
– Beweislast **5**, 51.2
– Bruchteilsgemeinschaft **5**, 52 ff.
– Diensterfindung **4**, 50
– Einigungsvorschlag **34**, 26
– Erfindungsmeldung **5**, 54 ff.
– Freigabe **6 n.F.**, 113, 141; **8 n.F.**, 131 ff.; **14**, 36.3, 82
– Geheimhaltungspflicht **24**, 34
– gemeinsame Meldung **5**, 54 ff.
– gerichtliche Zuständigkeit **39**, 10
– Gesamterfindungswert **9**, 312
– Gleichbehandlung **12**, 29; **25**, 21

– Hochschule **42**, 22, 42, 73, 107, 132, 148, 179, 195, 200
– Inanspruchnahme **6 n.F.**, 138 ff.; **6 a.F.**, 70 ff.; **7 n.F.**, 14
– Inanspruchnahmefiktion **6 n.F.**, 138
– Incentive-Programme **11**, 31
– innerbetriebliche Priorität **5**, 60
– Insolvenzverfahren **27 n.F.**, 4, 127, 183; **27 a.F.**, 79, 86
– Meldepflicht **5**, 54 ff.
– Mitarbeiter **5**, 80
– Miterfinderanteil s. *dort*
– Miterfindervereinbarung **5**, 51.1
– Mitteilungspflicht freier Erf. **18**, 15
– nachträgliches Auftauchen **5**, 56; **12**, 94, 110
– Quotenwiderspruch **12**, 90
– Rechtsbeziehungen **5**, 52 ff.
– Rechtsstreit **39**, 10
– Rückforderungsverbot **12**, 154
– Schiedsstellenverfahren **28**, 16, 19.1 ff.; **31**, 3; **32**, 4; **34**, 26; **35**, 13 ff.
– Schutzrechtsaufgabe **16**, 93 ff.
– Schutzrechtszusammenlegung **13**, 10.1
– Streitgenossenschaft **34**, 26; **35**, 15
– sukzessive **5**, 44, 50.1
– technischer Verbesserungsvorschlag **3**, 30; **20**, 48, 61.3
– Unbilligkeit von Vereinbarungen **23**, 7.1, 27
– Vereinbarung bei **5**, 51.1, 82; **12**, 32.2 f.; **23**, 7.1
– Vergütung **9**, 311 ff.
– Vergütung bei Schutzrechtsaufgabe **16**, 98
– Vergütungsanpassung **12**, 110
– Vergütungsanspruch, eigenständiger **9**, 311; **12**, 28
– Vergütungsbemessung **9**, 312
– Vergütungsfestsetzung **12**, 54 ff.
– Vergütungsfeststellung **12**, 28 ff.
– Vergütungsformel **9**, 312; **12**, 34
– Vermittlungsfunktion des Arbeitgebers **25**, 17
– Verwirkung **5**, 51.3
– Vorkaufsrecht Insolvenz **27 a.F.**, 86
– Weiterentwicklung Diensterfindung **5**, 21.2

# Stichwortverzeichnis

– Widerspruch gg. Vergütungsfestsetzung **12**, 54, 88 ff.
– Zeitpunkt **5**, 50.1
– zwischenbetriebliche Kooperation **9**, 315

**Miterfinderanteil 9**, 312 ff.; **12**, 30 ff.
– Änderungen des Schutzumfangs **12**, 33
– Anfechtung Anteilsvereinbarung **5**, 51.1
– Beanstandung der Meldung **12**, 32.2
– Begriff **5**, 44; **12**, 30
– Bekanntgabe Einzelanteile **12**, 35 ff
– Bekanntgabe Gesamtvergütung **12**, 35 ff.
– Berechnung **12**, 34
– Bestimmung **12**, 30 ff.
– Bestimmung, Zeitpunkt **12**, 33
– Beweislast **5**, 51.2; **12**, 32
– Einigung der Miterfinder **5**, 51.1
– Erfindungsmeldung **5**, 82
– geringer **12**, 34
– Merkmalanalyse **12**, 31 f.
– Miterfinderausgleich **5**, 53.2
– Realteilung **5**, 53.1
– Unteranspruch **12**, 132
– Vereinbarung über **5**, 51.1, 82; **12**, 32.2 f.; **23**, 7.1
– Vergütungsanpassung **12**, 110
– Vergütungsfestsetzung **12**, 53, 54
– Verzicht **12**, 32.3
– Wechsel der Benutzungsform **12**, 132
– Widerspruch gg. Festsetzung **12**, 79, 90
– zwischenbetriebliche Kooperation **9**, 315

**Miterfinderschaft**
– einheitliche Patentanmeldung **9**, 313
– Zusatzpatent **9**, 313

**Miterfindervereinbarung 5**, 51.1
**Miterfindervereinbarungen 22**, 10; **23**, 7.1

**Mitglieder der Schiedsstelle** *s. auch Schiedsstelle, Schiedsstellenverfahren*
– Stellung **30**, 14 ff.

**Mitspracherechte**
– Arbeitnehmer bei Schutzrechtsanmeldung **13**, 41, 42; **14**, 5
– Arbeitnehmer bei Verwertung **7 n.F.**, 22

**Mitteilung**
– Aufgabeabsicht
– Form **16**, 28
– Frist **16**, 34
– Inhalt **16**, 27 ff.
– Zugang **16**, 36
– freie Erfindung *s. auch Meldung, Mitteilungspflicht*
– Abdingbarkeit des ArbEG? **22**, 34 ff.
– Adressat **18**, 3, 18
– Bestreiten durch Arbeitgeber **18**, 32 ff.
– Darstellungsumfang **18**, 24 ff.
– Form **18**, 21 ff.
– Gegenstand **18**, 8 ff.
– gleichzeitiges Angebot **19**, 46 ff.
– Inhalt **18**, 24 ff.
– Rechtsfolgen **18**, 6
– Rechtsnatur **18**, 7
– Schriftform **18**, 21
– unverzügliche **18**, 19
– Verzicht **22**, 27
– Zeitpunkt **18**, 19
– Zugang **18**, 18, 38
– Zulässigkeit von Vereinbarungen nach **22**, 34 ff.
– Zweck **18**, 3
– Zweifel an Erfindungseigenschaft **18**, 32 ff.
– qualifizierte techn. Verbesserungsvorschläge **3**, 30.1; **20**, 24
– Schiedsstellenverfahren; Beendigung **35**, 17 f.
– der Schutzrechtsaufgabe **16**, 22
– techn. Verbesserungsvorschläge **3**, 28 ff.

**Mitteilungspflicht (freie Erfindungen)** *s. auch Meldepflicht, Meldung, Mitteilung*
– Arbeitsbereich des Betriebes **18**, 28 ff.
– ausgeschiedener Arbeitnehmer **18**, 10, 14; **26**, 21 f.
– Ausnahmen von **18**, 4, 27 ff.
– Begriff **18**, 6 ff.
– Betriebsbegriff **18**, 28
– Beweislast für Ausnahme **18**, 27
– freier Erfinder **18**, 17
– Geltungsbereich **18**, 1, 8 ff.
– Hochschulwissenschaftler **42**, 47
– Inhalt **18**, 24 ff.

# Stichwortverzeichnis

– Konzern **18**, 28
– mangelhafte **18**, 23, 25 f.
– Miterfinder **18**, 15
– nachvertragliche **26**, 51
– offensichtliche Nichtverwendbarkeit **18**, 30 f.
– öffentlicher Dienst **18**, 12, 28
– Personenkreis **18**, 12 ff.
– Schutzrechtsanmeldung unmittelbar nach Ausscheiden **18**, 14
– Störungen **25**, 33
– techn. Verbesserungsvorschlag **3**, 28 ff.
– Textform **18**, 21
– Verbesserung der Erfindung **25**, 36
– Verletzung **18**, 45 ff.
– Zeitpunkt **18**, 19 f.
– Zweck **18**, 3
– zwischenbetr. Kooperation **18**, 28
**Mitteilungspflicht (technische Verbesserungsvorschläge) 3**, 28 ff.
**Mittelbare Patentnutzung**
– Vergütung **9**, 92.1, 246.7
**Mittelbare Vorteile**
– Erfindung **9**, 95
**Mittlere Laufdauer** *s. Laufdauer*
**Miturheberschaft**
– b. techn. Verbesserungsvorschlag **3**, 30; **20**, 48 f.
**Mitwirkungspflicht**
– im Schiedsstellenverfahren **33**, 12
**Mitwirkungsrechte** *s. auch Betriebsrat, Gewerkschaften, Personalrat*
– Betriebsrat **Anh zu 20**, 1 ff.
– Personalrat **Anh zu 20**, 2, 31 ff.
**Monopolprinzip**
– Allgemeiner Vergütungsgrundsatz **9**, 2, 11
– Bedeutung **vor 9–12**, 9 f.
– beschränkte Inanspruchnahme **10 a.F.**, 20
– betrieblicher Nutzen **9**, 164
– Nullfall **9**, 322
– qualifizierter techn. Verbesserungsvorschlag **20**, 1, 5
– Sonderleistungsprinzip **vor 9–12**, 9
– vorläufige Vergütung **12**, 62
**Montage 1**, 36, 56

**Nachfrist**
– Ersatzvornahme d. Schutzrechtsanmeldung **13**, 62
**Nachvertragliches Wettbewerbsverbot 26**, 40 ff.
**Nachzahlung des Risikoabschlags 12**, 69, 115; **16**, 66, 69
**NATO**
– zivile Arbeitskräfte **41**, 22
**ne ultra petita 33**, 43
**Nebentätigkeit 4**, 28; **25**, 37; **40**, 14; **41**, 14; **42**, 36, 39, 40, 50, 77, 198
**Negativauskunft 12**, 282, 324
**Nettolizenzeinnahme** *s. auch Lizenzvertrag*; **9**, 224 ff.; **Anh 1**, (14), (15)
**Nettoverkaufspreis 9**, 125
**Neue Bundesländer Einl**, 31; **4**, 2.1; **5**, 3.1; **6 a.F.**, 4; **8 a.F.**, 3.1; **9**, 1.1; **10 a.F.**, 5.1; **11**, 7; **13**, 1; **14**, 4; **16**, 4.1; **18**, 4.1; **23**, 3; **25**, 3.1; **26**, 2.1; **28**, 34; **37**, 1.1; **vor 40–42**, 9
**Neuerung, technische 1**, 2; **2**, 4; **3**, 4 ff.
**Neuheit 2**, 2, 6; **3**, 5, 12
**Neuheitsschonfrist 7 a.F.**, 38; **24**, 7; **42**, 7
**Neuregelung der Vergütung wegen veränderter Umstände** *(s. im Übr. Vergütunganpassung)*; **12**, 95 ff.
**Nicht ausschließliches Benutzungsrecht 7 a.F.**, 29 ff.; **14**, 45 ff.; **16**, 77 ff.; **19**, 16
– angemessene Bedingungen **19**, 20, 59 ff.
– Ausland **7 a.F.**, 36 f.; **14**, 51 f.
– Auslandsfreigabe **14**, 45 ff.
– Benutzung, nur unmittelbare **16**, 84
– bei beschränkter Inanspruchnahme **7 a.F.**, 29 ff.
– Betriebsgebundenheit **7 a.F.**, 31; **14**, 51; **16**, 80 ff.
– Betriebsübergang **1**, 119.1
– EU-Einheitspatent **16**, 79
– europäisches Patent **16**, 79
– Fortbestand bei Rechtsübertragung **7 a.F.**, 35; **14**, 51.2; **16**, 79
– bei freier Erfindung **19**, 12 ff.
– Frist für Geltendmachung **6 a.F.**, 40 ff.; **14**, 46 f.; **16**, 86 ff.; **19**, 52 ff.

# Stichwortverzeichnis

- Geheimhaltung **7 a.F.**, 38
- Hochschulwissenschaftler **42**, 131 ff.
- Inhalt **7 a.F.**, 29 ff.; **16**, 79 ff.; **42**, 138 ff.
- Insolvenz Arbeitgeber **27 n.F.**, 26
- Insolvenz Arbeitnehmer **27 n.F.**, 10
- Konzern **16**, 80
- Lohnfertigung durch Dritte **16**, 83
- Lzenzgeberpflichten, keine **16**, 89
- Pfändbarkeit **7 a.F.**, 33; **Anh zu 27**, 7
- Rechtsnatur **7 a.F.**, 29 f.; **14**, 51; **16**, 79 f.; **19**, 13
- bei Schutzrechtsaufgabe **16**, 77 ff.
- Schutzrechtsbezug **16**, 79
- Überschreitung des **16**, 84
- Unterlizenzvergabe **7 a.F.**, 33; **14**, 72; **16**, 81 ff.
- Vergütung **14**, 60 ff.; **16**, 90 ff.; **19**, 20 ff.
- Verzicht **8 n.F.**, 16; **8 a.F.**, 9; **14**, 70
- Vorbehalt b. Auslandsfreigabe **14**, 51 f.
- Vorbehalt b. Schutzrechtsübertragung **16**, 77 ff.
- Wegfall **14**, 70
- Zwangsvollstreckung **7 a.F.**, 33; **Anh zu 27**, 7

**Nicht schutzfähige technische Neuerung** *s. im Übr. Schutzfähigkeit, Schutzunfähigkeit*
- Freigabe **8 n.F.**, 56; **8 a.F.**, 42 ff.

**Nicht verwertete Erfindung 9**, 210 ff.; **Anh 1**, (20), (24)

**Nichtangriffsabrede 25**, 42, 50

**Nichtanmeldung**
- schlüssige Zustimmung **13**, 33
- teilweise **13**, 33.2
- Zustimmung zur **13**, 33 ff.

**Nichtigkeit** *s. im Übr. Anfechtung, Unwirksamkeit*
- Arbeitsverhältnis **1**, 11 ff.; **26**, 13; **41**, 10
- Einigungsvorschlag **34**, 7, 35 ff.
- Vereinbarungen **22**, 28 ff.; **23**, 33

**Nichtigkeitsklage 25**, 42 ff.
- ausgeschiedener Arbeitnehmer **25**, 45; **26**, 54
- Auswirkung auf Vergütungsanspruch **9**, 16, 33 f.; **10 a.F.**, 24 f.; **12**, 117

- Lizenzvertrag zur Vermeidung **9**, 230
- Risikoabschlag **9**, 35
- Strohmann **25**, 45
- Unterrichtung über **15**, 8
- Verzicht auf Patentverletzungsansprüche **9**, 214
- Zulässigkeit **25**, 44 ff.

**Nichtverwertbarkeit der Erfindung Anh 1**, (22)

**Niederlassung 1**, 39, 108

**Null-Auskunft 12**, 282

**Nullfall 9**, 321 ff.; **Anh 1**, (38); **12**, 43, 68.2, 72
- Beispiele **9**, 324
- Beweislast **9**, 326
- Vergütungsfestsetzung **12**, 43, 50.6, 72.1

**Nutzen, betrieblicher** *s. Betrieblicher Nutzen*

**Nutzung, ausbleibende**
- vor Schutzrechtserteilung **12**, 72

**Nutzungsaufnahme** *s. auch Benutzung, Verwertbarkeit, Verwertung*
- Fälligkeit der Vergütung **9**, 21; **10 a.F.**, 13
- Fälligkeit der Vergütungsfestsetzung **12**, 60 ff.

**Nutzungsrecht des Hochschulwissenschaftlers**
- vor Inanspruchnahme **42**, 133
- vorbehaltenes **42**, 131 ff., 197

**Nutzungsrecht, des Arbeitgebers** *s. auch Benutzungsrecht, Nicht ausschließliches Benutzungsrecht*
- im Ausland **7 a.F.**, 6, 36 f.; **14**, 2, 4, 51 f.
- an urheberschutzfähigen Leistungen **1**, 4

**Oberste Dienstbehörde**
- Allgemeine Anordnung **40**, 43 ff.

**Obliegende Tätigkeit** *s. auch Anteilsfaktor*
- Anteilsfaktor **9**, 267 ff.
- Diensterfindung **4**, 22 ff.

**Obliegenheitserfindung** *s. Aufgabenerfindung*

**Offenbare, Unbilligkeit** *s. Unbilligkeit*

## Stichwortverzeichnis

**Offenbarung, Hochschulwissenschaftler**
– Ablehnung **42**, 111
– Absicht **42**, 75 ff.
– Anzeige **42**, 81 ff., 114
– Begriff **42**, 76
– Lehr- und Forschungstätigkeit **42**, 77, 112
– Publikationsfreiheit, negative **42**, 101 ff.
– Publikationsfreiheit, positive **42**, 58
– Recht **42**, 57
»**offensichtlich**« 18, 31
**Öffentliche Betriebe 40**, 6
**Öffentliche Verwaltung 4**, 21; **40**, 7 f.
**Öffentlicher Auftraggeber**
– Forschungs- und Entwicklungskooperation **40**, 56
**Öffentlicher Dienst 1**, 136 ff.
– Abgrenzung zum privaten Dienst **1**, 8; **40**, 4
– Allgemeine Anordnungen s. dort
– Anbietungspflicht **19**, 38
– Anstalt **40**, 10
– Anteilsfaktor **9**, 342
– Anwendbarkeit des ArbEG **40**, 12 ff.
– ArbEG als Dienstrecht **Einl**, 3
– Arbeitgeber **1**, 137; **40**, 5 ff.
– Arbeitnehmer **1**, 138; **40**, 3 ff.
– arbeitsrechtliche Verpflichtungen **25**, 4
– Beamte s. dort
– Betriebe **40**, 6
– betriebliche Übung **25**, 22
– betriebsgeheime Erfindung **17**, 5
– Betriebsübergang **1**, 115
– Dienstvereinbarung s. dort
– eigene Schiedsstellen **40**, 51 ff.
– Erfindungsmeldung **5**, 15
– Ertragsbeteiligung s. Angemessene Beteiligung
– Forschungseinrichtungen **9**, 344
– Forschungskooperation **40**, 56 ff.
– Freigabe **8 n.F.**, 82
– Fürsorgepflicht **25**, 14
– gerichtliche Zuständigkeit **39**, 3, 6 ff.
– Grundsatz der Gleichstellung **vor 40–42**, 4 ff.
– Hochschullehrer s. dort
– Inanspruchnahme angemessener Beteiligung **40**, 15 ff.
– Inanspruchnahme der Diensterfindung **6 n.F.**, 151; **6 a.F.**, 76
– Klage **38**, 6; **39**, 3, 6, 16, 30
– Körperschaft **40**, 9
– Mitteilungspflicht freier Erf. **18**, 12, 28
– Mitwirkungsrechte des Personalrates s. Personalrat
– Nebentätigkeitsrecht **40**, 14; **41**, 14
– Neue Bundesländer **vor 40–42**, 9
– Pensionäre s. dort
– persönlicher Geltungsbereich **40**, 3 ff.
– Schiedsstellenverfahren **28**, 31 f.
– Schutzrechtsaufgabe **16**, 25
– Soldaten s. dort
– Sondervorschriften **40 – 42**; **vor 40–42**, 1
– Stiftung **40**, 11
– technische Verbesserungsvorschläge **20**, 7, 67 ff.; **40**, 30 ff.
– Treuepflicht **25**, 30; **40**, 47; **41**, 23
– Unabdingbarkeit des ArbEG **22**, 8
– Vergütung **9**, 341 ff.; **11**, 12
– Vergütung für technische **20**, 69
– Vergütungsanspruch, Verjährung **9**, 42
– Vergütungsfestlegung **12**, 10
– Vergütungsklage **38**, 6
– Vergütungsrichtlinien **11**, 12; **40**, 14
– Vergütungsrichtlinien, Text **Anh. 1**
– Verwaltungen **40**, 7 f.
– Verwertungsbeschränkungen im öffentlichen Interesse **40**, 34 ff.
– Vorverfahren **28**, 32; **37**, 1; **41**, 15
– Zentralisierung **40**, 5
– Zuständigkeit der Patentstreitkammer **39**, 4; **41**, 15
– Zuständigkeit der Schiedsstelle **28**, 31 f.; **41**, 15
– Zuständigkeit der Verwaltungsgerichte **28**, 8; **33**, 32; **39**, 16, 30; **40**, 41
**Öffentliches Interesse**
– an der Erfindung, Vergütung **9**, 79
– Verwertungsbeschränkungen im öffentlichen Dienst **40**, 44
**Öffentlichkeit**
– Schiedsstellenverfahren **33**, 20 f.
**Öffnungsklausel**
– Erfindungskomplex **9**, 130.1

# Stichwortverzeichnis

**Online-Einsicht**
– DPMA **15**, 12
**Optionsrecht 1**, 55; **6 n.F.**, 16, 31; **6 a.F.**, 8
**ordre public 1**, 32.5
**Organmitglied** *s. auch Arbeitgeberähnl. Person;* **1**, 68 ff., 96
– Arbeitnehmerstatus **1**, 9
– Aufrechnung **1**, 71.2
– Betriebsübergang **1**, 114.1
– Geltung ArbEG **1**, 68 ff.
– Meldepflicht **5**, 8
– Schiedsstellenverfahren **28**, 13.1
– Unternehmensfaktor **1**, 76.4
– Vergütung **1**, 75 ff.
– Zuordnung von Erfindungen **1**, 72
**Örtliche Zuständigkeit**
– Patentstreitkammern **39**, 21 ff.
– Vereinbarungen über **39**, 24
**Paid-up-Lizenzvertrag**
– Analogielizenz **9**, 144
**Papierner Stand der Technik 20**, 19
**Parallelwertung in der Laiensphäre 6 a.F.**, 32
**Parteivernehmung 33**, 36
**Patent-/Lizenzverwaltung**
– Kosten **9**, 223; **Anh. 1**, (14)
**Patentabteilung**
– Erfindung durch Patentsachbearbeiter **25**, 36
– Erfindungsmeldung **5**, 16, 37
– Geheimhaltungspflicht **24**, 8, 49
**Patentanmeldung** *s. auch Auslandsschutzrechte, Auslandsschutzrechtsanmeldungen, Einheitspatent, Inlandschutzrechtsanmeldung, Schutzrechtsanmeldung, Schutzrechtserteilungsverfahren*
– europäische **13**, 27; **14**, 7
– internationale **13**, 28; **14**, 8, 44
– parallele Patentanmeldung neben Gebrauchsmuster **12**, 71
– Wahl zw. Gebrauchsmuster- und Patentanmeldung **13**, 11 ff.
**Patentanwalt** *s. auch Rechtsanwalt*
– Erfindungsmeldung an **5**, 16, 37, 39
– Geheimhaltungspflicht **24**, 8, 49
– Schiedsstellenverfahren **31**, 5; **33**, 37
**Patentaustauschvertrag 9**, 236 ff.; **14**, 54

**Patentdauer** *s. a. Laufdauer d. Schutzrechts;* **9**, 33, 59.1; **13**, 14
**Patenterteilungsrisiko** *s. auch Vergütung, Vergütungsanspruch, Vorläufige Vergütung*
– Risikoabschlag **12**, 68
**Patentfähigkeit** *s. auch Erfindung, Schutzfähigkeit;* **2**, 6 f.
**Patentierungsausschluss**
– betriebsgeheime Erfindung **17**, 34
– Erfindungseigenschaft **2**, 26
– nach Patentrecht **2**, 8
– qualifizierter techn. Verbesserungsvorschlag **3**, 9
**Patentinformationszentren 21 a.F.**, 5
**Patentkategorie**
– Schutzrechtsanmeldung **13**, 10
– Vergütung **9**, 91.3
**Patentpool**
– Konzern **1**, 130 ff.; **9**, 187 ff., 188.1
– Vergütung **9**, 236
**Patentrolle** *s. im Übr. Umschreibung*
– Umschreibung **13**, 81
**Patentschutz**
– Ausschluss **2**, 8; **3**, 9
**Patentstreitkammern 1**, 27; **12**, 76; **19**, 63; **39**, 1, 7, 18, 22 f.; **41**, 15, 25
**Patentstreitsache 39**, 6, 10
**Patentverletzung**
– Ansprüche d. Arbeitnehmers gg. Arbeitgeber **7 a.F.**, 36 f.; **8 n.F.**, 100 ff.; **14**, 36.5, 51.1
– Verzicht des Arbeitgebers auf Geltendmachung **9**, 214
**Patentversagung** *s. Schutzrechtsversagung*
**Patentverwertungsagenturen**
– Hochschule **42**, 6.1, 168
**Patentverwertungsgesellschaft 1**, 131; **9**, 223; **42**, 6.1, 168
– Konzern **1**, 130
**Pauschalabfindung** *s. auch Vergütung;* **9**, 57 ff.; **Anh 1**, (40)
– im Anstellungsvertrag **22**, 21
– Ausgleichsquittung bei Ausscheiden **26**, 60
– Auskunftsanspruch **12**, 163.1, 165
– Ausscheiden des Arbeitnehmers **9**, 57.3; **26**, 27

# Stichwortverzeichnis

- Dauer **12**, 17, 18.3
- als Erfüllung d. Vergütungsanspruches **16**, 19
- Festsetzung **12**, 50, 52
- Höhe **9**, 59
- Inhalt **9**, 58; **12**, 13
- techn. Verbesserungsvorschlag **20**, 40
- Unwirksamkeit **9**, 60; **12**, 19 f.; **22**, 21, 26; **23**, 22.5 f.
- Verbindung mit laufender Zahlung **9**, 58; **12**, 13
- Vergütungsanpassung *(s. auch dort)*; **12**, 111, 114, 132; **26**, 27
- Vor-/Nachteile **9**, 57 f.
- Zustandekommen **9**, 57.6; **12**, 13, 17 ff.

**Pauschalvergütungsabrede** *s. Pauschalabfindung*

**Pauschalzahlungen**
- bei Lizenzvergabe **9**, 229

**PCT-Anmeldung** *s. Internationale Anmeldung*

**Pensionäre** *s. auch Ausgeschiedener Arbeitnehmer, Ausscheiden*; **1**, 77 ff.; **18**, 13; **22**, 16; **26**, 29; **28**, 13; **37**, 18; **39**, 4; **41**, 9; **42**, 9

**Personalakte**
- Einsichtsrecht BR **Anh zu 20**, 26

**Personalrat** *s. auch Betriebsrat, Betriebsvereinbarung, Dienstvereinbarung*
- Geheimhaltungspflicht **Anh zu 20**, 33
- Informationsrecht **Anh zu 20**, 7 ff.
- Kontrollrechte **Anh zu 20**, 7 ff.
- Mitbestimmungsrecht bei technischen Verbesserungsvorschlägen **20**, 67 ff.; **40**, 30 ff.
- Mitbestimmungsrecht, allgemein **Anh zu 20**, 31 ff.
- Mitwirkungsrecht **Anh zu 20**, 1 ff.
- Vergütungsbemessung **Anh zu 20**, 32

**Personengesamtheit 1**, 70 ff.

**Persönlicher Geltungsbereich des ArbEG** *s. auch Arbeitgeber, Arbeitnehmer, Beamter*; **1**, 7 ff.

**Persönlichkeitsrecht** *s. Erfinderpersönlichkeitsrecht*; **2**, 3; **3**, 25; **7 n.F.**, 81

**Pfändung**
- Erfindungsrechte **Anh zu 27**, 4 ff.

- Inanspruchnahmerecht **6 n.F.**, 16; **6 a.F.**, 8
- nicht ausschließliches Benutzungsrecht **7 a.F.**, 33; **Anh zu 27**, 7
- Schutzvorschriften **9**, 8; **Anh zu 27**, 8 f.
- Vergütungsanspruch **9**, 8; **10 a.F.**, 6; **Anh zu 27**, 8 ff.

**Pflanzenschutz** *s. Sortenschutz*

**Pflanzensorten 2**, 8

**Pflicht zum Erfinden 4**, 25 ff.; **25**, 25 f.

**Praktikant 1**, 83

**Praktisches Studienjahr 1**, 83.1

**Prämien**
- Verbesserungsvorschlag **20**, 60 ff.

**Preisbildung bei öffentlichen Aufträgen 9**, 163.2; **Anh 1**, (12)

**prima-facie-Beweis 4**, 18

**Priorität**
- Grundsatz der innerbetrieblichen **5**, 29, 59 f.
- innere *s. auch Innere Priorität*
- Verlust der **5**, 29

**Prioritätsfristen**
- Beachtung bei Auslands-Freigabe **14**, 29 f.

**Prioritätssicherung 13**, 2, 16 f.
- durch Auslandsanmeldung **13**, 25 ff.

**Privatdozent**
- Hochschulerfindung **42**, 24

**Privater Dienst**
- Abgrenzung zum öffentlichen **1**, 8; **40**, 4

**Privatrecht**
- internationales **1**, 33, 108 ff.

**Probearbeitsverhältnis 1**, 85

**Produktmarkt**
- Lizenzanalogie **9**, 131

**Professor** *s. Hochschullehrer*

**Prorogation 39**, 6, 24

**Prozessfinanzierung 39**, 41

**Prozesskostenhilfe 36**, 6; **37**, 2.1

**Prozessvoraussetzung**
- Schiedsstellenverfahren als **37**, 3 ff., 10 ff.

**Prüfung der Erfindung** *s. Erprobung*

**Prüfungsantrag 9**, 212; **13**, 17, 41.1, 61; **16**, 11, 41

# Stichwortverzeichnis

**Prüfvorrichtung 9**, 176
**Publikationsfreiheit d. Hochschulwissenschaftlers**
– Begriff **42**, 58
– negative **42**, 58, 101 11.
– positive **42**, 58
**Qualifizierter technischer Verbesserungsvorschlag** *s. auch Technischer Verbesserungsvorschlag*
– Anteilsfaktor **9**, 262; **20**, 47
– ausgeschiedener Arbeitnehmer **20**, 36
– Auskunftsanspruch **12**, 163; **20**, 3
– Auslandsnutzung **9**, 246.2; **20**, 40
– und Auslandsschutzrecht **2**, 25 f.; **9**, 15 f.; **20**, 14
– Begriff **20**, 10 ff.
– Bekanntsein/-werden **20**, 16 ff.
– Betriebsgeheimnis **17**, 56; **20**, 16, 21
– Beweislast **20**, 37
– Erfindungswert **Anh 1**, (29); **20**, 41 ff.
– Geheimhaltungspflicht **20**, 21, 35
– kollektivrechtliche Regelungen **3**, 30; **20**, 31, 50
– Lizenzvergabe **20**, 41, 46
– Mitbestimmungsrecht des Betriebsrates **3**, 30; **20**, 50
– Miterfinder **3**, 30 f.; **20**, 48 f.
– Mitteilungspflicht **3**, 30.1; **20**, 10, 24
– Offenkundigwerden **20**, 20 f.
– Patentierungsausschluss **3**, 9
– Rechtsweg **39**, 28
– Schiedsstellenverfahren **20**, 63; **28**, 21
– Schutzrechtskomplex **20**, 43
– Sonderleistung **20**, 65 f.
– Stand der Technik **20**, 19
– Verbesserung vorhandener Produkte **20**, 19, 22
– Vereinbarungen über **22**, 14, 34; **23**, 5
– Vergütung **Anh 1**, (29); **20**, 10 ff.
– Anpassung **20**, 32
– Anspruch auf **20**, 10 ff.
– Art der **20**, 40
– Ausscheiden des Arbeitnehmers **20**, 15, 36
– Bezugsgröße **20**, 42
– Dauer **20**, 33 ff.
– erfassbarer betrieblicher Nutzen **20**, 41, 44

– Erfindungswert **20**, 41 ff.
– Fälligkeit **20**, 32
– Lizenzanalogie **20**, 42 f.
– Pauschalvergütung **20**, 40
– Pflichtenkreis des Arbeitnehmers **20**, 10, 47
– Rückforderungsverbot **20**, 32
– Schätzung **20**, 45
– steuerliche Begünstigung **20**, 40
– tatsächliche Verwertung als Voraussetzung **20**, 24 ff.
– Vergütungsbemessung **20**, 39 ff.
– Vergütungsfestlegung **12**, 9; **20**, 32
– Verjährung **20**, 38
– Verkauf **20**, 46
– Verwirkung **20**, 38
– Versuche **20**, 28
– Verwertung **20**, 25 ff.
– Verwertungsmöglichkeiten, ungenutzte **20**, 29, 31
– Voraussetzungen **3**, 3 ff.; **20**, 5, 11 ff.
– Vorzugsstellung **20**, 11 ff., 22 f.
– Zuordnung zum Arbeitgeber **3**, 26 f.
**Quotenanteil** *s. Miterfinderanteil*
**Quoten-Widerspruch**
– bei Vergütungsfestsetzung **12**, 32, 90
**Rechenfehler 12**, 20, 160
**Rechnerische Bezugsgröße 9**, 125; **Anh 1**, (7)
**Rechnungslegung**
– Abgrenzung zur Auskunft **12**, 162.4, 162.7
– Begriff **12**, 162.5
– Gegenstand **12**, 163 f.
– Inhalt **12**, 162.6 ff.
**Rechnungslegungsanspruch** *s. auch Auskunftsanspruch*
– Abdingbarkeit **12**, 168
– Inhalt **12**, 277 ff.
– Modifizierung, vertragliche **12**, 169
– Voraussetzungen **12**, 162.6 f.
– Vorlage von Unterlagen **12**, 162.8, 218
– Wirtschaftsprüfervorbehalt **12**, 250
– Zweck **12**, 162.6
**Recht an der Erfindung 2**, 16; **8 n.F.**, 113
**Recht auf das europäisches Patent 1**, 34
**Recht auf das Schutzrecht 2**, 16

# Stichwortverzeichnis

**Rechtliches Gehör**
- Schiedsstellenverfahren **33**, 11 f.; **34**, 34

**Rechtsanwalt** *s. auch Patentanwalt*
- Erfindungsmeldung an **5**, 16
- Geheimhaltungspflicht **24**, 8, 49
- Kosten **36**, 3, 5
- Schiedsstellenverfahren **31**, 5; **33**, 37

**Rechtsbehelfsbelehrung**
- Einigungsvorschlag **34**, 23

**Rechtsdienstleistung**
- Schutzrechtsanmeldung als **13**, 3.1

**Rechtsentwicklung**
- ArbEG **Einl**, 1

**Rechtsform**
- Wechsel **1**, 127

**Rechtshandlung**
- Erfindungsmeldung als **5**, 5
- Erfindungsmitteilung als **18**, 7

**Rechtslage**
- Änderung **12**, 141

**Rechtsmissbrauch** *s. auch Verwirkung*
- Anrufung d. Schiedsstelle **28**, 24 ff.
- Auskunftsanspruch **12**, 245, 268
- Beendigung des Arbeitsverhältnisses **1**, 30
- Berufung auf Ausschlussfrist **6 a.F.**, 49
- Berufung auf mangelnde Schutzfähigkeit **2**, 15, 24
- Einspruchsverfahren **25**, 50
- faktisches Arbeitsverhältnis **1**, 13
- Freigabe nur bei einzelnen Miterfindern **6 n.F.**, 141
- Inanspruchnahmefrist **5**, 17; **6 a.F.**, 49; **8 a.F.**, 35, 40
- Meldepflicht **5**, 17, 91
- Nichtigkeitsklage **25**, 44, 46
- Rückforderungsverbot **9**, 18; **12**, 160
- und Unabdingbarkeit **22**, 33
- unbillige Erschwerung bei Schutzrechtsaufgabe **16**, 85
- Vergütungsanspruch **9**, 17, 46; **10 a.F.**, 18
- Verwertung der techn. Neuerung **7 a.F.**, 6; **10 a.F.**, 10; **20**, 31
- Widerspruch gg. Festsetzung **12**, 77

**Rechtsnachfolge** *s. auch Erbe, Übertragung, Verkauf*
- aufgrund Inanspruchnahme **7 n.F.**, 10 ff.; **7 a.F.**, 5 ff.

- Betriebsübergang **1**, 127 ff.
- bei Erfindungsübertragung **9**, 4 ff.
- bei Freigabe **6 n.F.**, 118; **8 n.F.**, 63 ff.; **8 a.F.**, 6 f.; **14**, 16, 21
- bei Schutzrechtsaufgabe **16**, 3

**Rechtsprechung**
- Änderung **12**, 142

**Rechtsscheinhaftung 1**, 98

**Rechtsschutzbedürfnis**
- Schiedsstellenverfahren **28**, 24 ff.

**Rechtsschutzversicherung 39**, 40

**Rechtsstreit** *s. Klage*

**Rechtsübertragung**
- Konzern **9**, 187

**Rechtsverfolgungswille**
- Schiedsstellenverfahren **28**, 26

**Rechtswahl**
- Arbeitsrecht **1**, 32 ff., 112

**Rechtsweg** *s. Gerichtliche Zuständigkeit*

»**rechtzeitig**« **14**, 30

**Rechtzeitige Anzeige**
- Hochschulwissenschaftler **42**, 85 ff.

**Reform ArbEG** *s. ArbEG-Novelle*

»**reformatio in peius**«
- Festsetzung **12**, 84

**Rentner** *s. Ausgeschiedener Arbeitnehmer, Pensionär, Ruhegeld*

**Ressortforschung 40**, 1

**Restschadensersatzanspruch 8 n.F.**, 104

**Revision 39**, 7

**Richtlinien**
- dienstliche zur Meldung **5**, 78
- für Gefolgschaftsmitglieder *s. Gefolgschaftsmitglieder*
- für Vergütung *s. Vergütungsrichtlien*

**Risikoabschlag** *s. auch Vorläufige Vergütung*; **12**, 67 ff.
- betriebsgeheime Erfindung **17**, 59
- Gebrauchsmuster **12**, 71
- Höhe **12**, 68
- Lizenzvergabe **12**, 69.1
- Nachzahlung bei Patenterteilung **12**, 69
- Nichtigkeitsklage **9**, 35
- Nullfall **9**, 324; **12**, 68.2, 72.1
- Vergütung bei beschränkter Inanspruchnahme **10 a.F.**, 36
- Vergütungsfestsetzung **12**, 52
- Verkauf der Erfindung **12**, 69.2

# Stichwortverzeichnis

**ROM I – VO 1**, 32 ff
– ordre public **1**, 32.5
**Rückfall von Anmelderechten 13**, 67; **14**, 36.2
**Rückforderungsverbot 12**, 154 ff.
– Abschlagszahlung **12**, 158
– allgemeine Bedeutung **12**, 154 ff.
– bei Anfechtung **12**, 47
– Aufrechnung **12**, 160 f.; **27 n.F.**, 190; **27 a.F.**, 83, 133
– Ausschluss des **9**, 18; **12**, 157 f.; **19**, 72; **20**, 32
– Bereicherungsansprüche **12**, 157 ff.
– beschränkte Inanspruchnahme **10 a.F.**, 29
– Geltungsbereich **12**, 156
– generelles **12**, 156
– Miterfinder **12**, 154
– nachträgliches Auftreten von Miterfindern **12**, 94
– qualifizierter techn. Verbesserungsvorschlag **20**, 32
– Rechtsmissbrauch **9**, 18; **12**, 160
– Schadensersatzansprüche **12**, 160
– ungerechtfertigte Bereicherung **12**, 157 ff.
– unwirksame Vergütungsregelung **12**, 157
– Vergütungsanpassung **12**, 153 ff.
– Verjährung **12**, 159
– Verrechnung *s. Aufrechnung*
– Vorschusszahlung **12**, 158
– bei Widerspruch gg. Vergütungsfestsetzung **12**, 75
**Rückrufaktionen**
– Vergütungsanpassung **12**, 132
**Rücksichtnahme auf Auslandsverträge 14**, 53 ff.; **16**, 8.4
– Vergütung **14**, 67 ff.
– Verrechnung *s. Aufrechnung*
**Rügelose Einlassung 37**, 24 ff.
**Ruhegeld 1**, 79; **9**, 3, 68, 72
**Ruhen**
– des Arbeitsverhältnisses **4**, 14; **26**, 14 ff.
– des Schiedsstellenverfahrens **31**, 21; **33**, 47
**Ruhestandsverhältnis** *s. Ausgeschiedener Arbeitnehmer, Pensionär*

**Rundfunkanstalten 40**, 10
**Sachleistungen**
– Vergütung durch **9**, 68
**Sachliche Zuständigkeit** *s. auch Gerichtliche Zuständigkeit, Schiedsstelle*
– Landgericht **39**, 6 ff.
– Schiedsstelle **28**, 12 ff.
**Sachlicher Anwendungsbereich**
– ArbEG **1**, 2
**Sachverständige**
– Hinzuziehung durch Betriebsrat **Anh zu 20**, 21 ff.
– Hinzuziehung durch Gericht **39**, 33
– Kostentragung § 36,3 f **36**, 3 f.
– Schiedsstellenverfahren **33**, 34 ff.
**Säumnis**
– Schiedsstellenverfahren **33**, 48
**Schadensersatz**
– Änderung der Schutzrechtsanmeldung **13**, 44
– Auskunftsanspruch Arbeitnehmer **12**, 340
– Berechnung nach Vergütungsgrundsätzen **9**, 330 f.
– Betriebsgeheime Erfindung **17**, 22, 39 ff.
– Beweislast
– Verletzung der Anmeldepflicht **13**, 70
– bei fehlerhafter Schutzrechtsanmeldung **13**, 15
– Formularklauseln **22**, 41
– bei Freigabe nicht schutzfähiger Neuerung **8 n.F.**, 57
– gerichtliche Zuständigkeit **39**, 10
– Haftung des Insolvenzverwalters **27 n.F.**, 36; **27 a.F.**, 79, 128
– Lizenzanalogie **9**, 135
– Restschadensersatzanspruch **8 n.F.**, 104
– Rückforderungsverbot **12**, 160
– Schutzrechtsversagung **2**, 24
– bei unberechtigter Schutzrechtsanmeldung
– durch Arbeitgeber **13**, 92
– durch Arbeitnehmer **7 n.F.**, 76; **13**, 49; **14**, 10 f.
– bei unberechtigter Schutzrechtsaufgabe **16**, 70 ff.

## Stichwortverzeichnis

- bei unzulässiger Auslandsanmeldung **14**, 13
- bei Verfügung d. Arbeitgebers über Diensterfindung **7 n.F.**, 28
- bei Verfügung d. Arbeitnehmers über Diensterfindung **7 n.F.**, 104
- bei Verletzung
  - der Anbietungspflicht **19**, 73 ff.
  - Anmeldepflicht **13**, 15, 44, 66, 68 ff.
  - Anmelderechts **13**, 49 f.; **14**, 13
  - Erfinderehre **7 n.F.**, 82
  - Freigabepflicht?– Ausland **14**, 81
  - Fürsorgepflicht **25**, 15
  - Geheimhaltungspflicht **24**, 23, 42, 44, 56
  - Meldepflicht **5**, 95 f.
  - Mitteilungspflicht **18**, 45 ff.
  - Rücksichtnahmepflicht Ausland **14**, 59
  - Schutzrechtsaufgabe **16**, 70 f.
  - Treuepflicht **25**, 31
  - Unterrichtungs-/stützungspflicht **15**, 35
  - Vergütungsberechnung **12**, 160
  - Wettbewerbsverbot **26**, 51
- bei Verwertung durch Arbeitgeber
  - von freigegebener Diensterfindung **8 n.F.**, 101, 104, 121
  - Restschadensersatz bei Verjährung **8 n.F.**, 104
- bei Verwertung durch Arbeitnehmer
  - von Diensterfindung **7 n.F.**, 104
  - Verwertung freigewordener Diensterfindung durch Arbeitgeber **8 n.F.**, 93 ff.
- bei Vorenthalten d. Schutzrechts durch Arbeitgeber **8 n.F.**, 113, 119
- Zuständigkeit der Schiedsstelle **28**, 22.4

**Schaltung 2**, 9

**Schätzung des Erfindungswertes** **9**, 176 ff.; **Anh 1**, (13)
- Abstaffelung **9**, 177
- Anhaltspunkte **9**, 178
- Auskunftsanspruch **12**, 213 f.
- Einzelfälle **9**, 177
- Investitionskosten **9**, 177
- bei »kostenloser« Lizenzvergabe **1**, 132; **9**, 187 f.
- Laufdauer des Patentes **9**, 59

- Vergütung für qualifizierte techn. Verbesserungsvorschläge **20**, 45
- Verhältnis zu anderen Berechnungsmethoden **9**, 103 ff., 176

**Scheinselbständiger 1**, 24
**Schiedsgerichtsvereinbarung 39**, 36
**Schiedsstelle**
- Adresse **29**, 1
- Anrufung bei Betriebsgeheimnis **17**, 46 ff.
- Antragsbindung **33**, 43
- Aufgaben der **vor 28**, 2 ff.
- Auskunft **28**, 6
- Behördeneigenschaft **28**, 7; **29**, 2
- Beisitzer **30**, 8 ff.
- Beschlüsse **34**, 2 f.
- Besetzung **40**, 50
- Betriebsrat **28**, 16
- Bundesbahn **40**, 51 f.
- Dienstaufsicht **30**, 14
- eigene des öffentlichen Dienstes **40**, 51 ff.
- eigene Ermittlungen **33**, 14 f.
- Einlassung **35**, 1, 3 ff.; **37**, 24 ff.
- Entscheidung bei Betriebsgeheimnis **17**, 54 ff.
- Erfindungsmeldung durch Anrufung **5**, 37
- erneute Anrufung **28**, 25; **31**, 22; **34**, 34; **35**, 4
- erweiterte Besetzung **30**, 10 ff.; **45**, 1
- Feststellung angemessener Bedingungen für Nutzung freier Erfindung **19**, 58 ff.
- Feststellung der Schutzfähigkeit **10 a.F.**, 28; **17**, 54 ff.
- Fristunterbrechung durch Anrufung **31**, 18 f.
- Funktion **vor 28**, 2 ff.
- Geheimhaltungspflicht **24**, 49
- Gesetzesbindung **33**, 22
- Gutachten **10 a.F.**, 26; **vor 28**, 2; **28**, 26; **39**, 33
- Leiharbeitsverhältnis **28**, 12
- mangelnde Zuständigkeit **35**, 10
- Nichteinlassung **35**, 3 ff.
- öffentlicher Dienst **28**, 31 f.; **40**, 50 ff.
- örtliche Zuständigkeit **28**, 11
- sachliche Zuständigkeit **28**, 12 ff.

# Stichwortverzeichnis

– Stellung der Mitglieder **30**, 14 ff.
– Überprüfung allgemeiner Anordnung **40**, 46
– Verhältnis zum Widerspruchsverfahren **28**, 32
– Verhältnis zur Einigungsstelle **Anh zu 20**, 30
– Veröffentlichung von Entscheidungen **33**, 20
– Vertreter des Vorsitzenden **30**, 4 ff.
– Vorschlagslisten für Besetzung **30**, 12 ff.; **40**, 50
– Vorsitzender **1**, 93; **30**, 4 ff., 14
– Zuständigkeit **28**, 11 ff.
– Ablehnung **28**, 8 f.
– Ansprüche aus Verzug **34**, 46
– arbeitnehmerähnliche Personen **1**, 27; **28**, 13
– aufgegebene Diensterfindung **28**, 22.2
– ausgeschiedene Arbeitnehmer **28**, 13
– Auslandsberührung **28**, 19.4
– betriebsgeheime Erfindung **17**, 46 ff.
– Betriebsrat **28**, 16
– Beweislast **28**, 33
– einfache technische Verbesserungsvorschläge **20**, 63; **28**, 22
– Erben **28**, 14.1
– frei gewordene Erfindung **28**, 22.2
– freie Erfindung **19**, 60, 71; **28**, 22.3
– freier Mitarbeiter **28**, 13.1
– Handelsvertreter **28**, 13.1
– Hochschulbeschäftigte **42**, 5
– Leiharbeitnehmer **28**, 12
– Miterfinderstreit **28**, 16, 19.1 ff.
– Neue Bundesländer **28**, 34
– öffentl. Dienst **28**, 31; **40**, 52 f.; **41**, 15, 25
– Organmitglieder **28**, 13.1
– Pensionäre **28**, 13
– Rechtnachfolger **28**, 14 f.
– Rechtsverhältnisse außerhalb des ArbEG **28**, 19, 22
– Schadensersatzansprüche **28**, 22.4
– strafrechtliche Ermittlungen **28**, 22.5
– Überprüfung eines Einigungsvorschlags **28**, 22
– Vereinbarung **1**, 93; **28**, 17

– Verhältnis zur gerichtl. Zuständigkeit **28**, 9, 22.1; **39**, 9
– Verzugsansprüche **34**, 46
– Zwangsmittel **33**, 15
**Schiedsstellenspruch**
– Beschluss **34**, 2 ff.
– Unwirksamkeit **34**, 7
– Verwaltungsakt **28**, 8; **33**, 45; **34**, 10; **35**, 10
**Schiedsstellenverfahren** s. auch Einigungsvorschlag, Schiedsstelle,
– Ablehnung der Anrufung **28**, 8 f.
– Ablehnung eines Mitglieds **33**, 31 ff.
– Abtrennung **33**, 10
– Abtretung Erfindervergütung **28**, 15
– Akteneinsicht **33**, 21
– Altersteilzeit **37**, 18
– « anderer Beteiligter« **31**, 10
– Anhängigkeit **31**, 1; **33**, 5
– Anordnung der Klageerhebung **37**, 28
– Anrufung **31**, 3 ff., 1 ff.
– Anrufung – s. dort
– Antragsgegner s. dort
– Antragsrücknahme **31**, 20 ff.
– Antragsteller s. dort
– Antragsteller **31**, 3
– Antragszustellung **31**, 14 ff.
– Anwaltszwang, kein **31**, 2
– Arrest und einstw. Verfügung **37**, 27
– aufgegebene Diensterfindung **28**, 22.2
– Aufrechnung **28**, 22.1
– Ausscheiden des Arbeitnehmers während **37**, 17 f.
– Aussetzung **33**, 47
– Bedeutung **vor 28**, 4 f.
– Beendigung **33**, 6; **35**, 1
– Beendigung, erfolglose **35**, 3 ff.
– Beendigungsmitteilung **35**, 17 f.
– Beratungsgeheimnis **30**, 15
– Beschleunigungsgrundsatz **33**, 18 f.
– Beschluss **34**, 2 ff.
– Beschlussfassung **34**, 4, 14 ff.
– Besonderheiten im öffentlichen Dienst **40**, 50 ff.
– Beteiligte **vor 28**, 2; **28**, 12 ff., 31; **31**, 10; **33**, 9 f.
– Beteiligtenfähigkeit **28**, 12 ff.; **31**, 2
– Beteiligtenwechsel **33**, 10

## Stichwortverzeichnis

- betriebsgeheime Erfindung **17**, 35.2, 46 ff.
- Betriebsnachfolge **28**, 14
- Bevollmächtigte **31**, 5; **33**, 37 f.
- Beweiserhebung **33**, 15, 34, 42
- Bindung an Anträge **33**, 44
- Dauer **33**, 5 f., 19
- eidesstattliche Versicherung **33**, 35
- Einlassung des Antragsgegners **35**, 1, 3 ff.
- Einleitung **28**, 8
- Einreichung von Unterlagen **31**, 11
- Einstellung **35**, 12
- Einstweilige Verfügung **33**, 49
- Entscheidung nach Aktenlage **33**, 48
- Erbe **28**, 14.1
- erfolglose Beendigung **35**, 3 ff.; **37**, 7 f.
- Erweiterung **33**, 8
- freie Erfindung **19**, 60 f.; **28**, 22.3
- freigewordene Diensterfindung **28**, 22.2
- Funktion des **vor 28**, 2 ff.
- Gebührenanspruch Rechtsanwalt **36**, 5
- Gegenäußerung des Antragsgegners **31**, 16; **35**, 4
- Gegenstand **33**, 7 f.
- Gerichtsverfahren, anhängiges **28**, 27
- Gerichtsverfahren, Prozessvoraussetzung **37**, 3 ff.
- Gestaltung **33**, 30, 39 ff.
- Insolvenz Beteiligte **33**, 46
- Insolvenzverwalter **27 n.F.**, 38, 206; **28**, 14
- Konzern **28**, 15.1
- Kosten **36**, 1 ff.
- Kostenerstattung **36**, 3
- Kostenfreiheit, Grundsatz **36**, 1
- Legalitätsprinzip **33**, 22
- mehrere Beteiligte **35**, 13 ff.
- Miterfinder **28**, 16, 19.1 ff.; **31**, 3; **32**, 4; **34**, 26; **35**, 13 ff.
- Mitwirkungspflicht der Beteiligten **33**, 12
- mündliche Verhandlung **33**, 17, 40
- Nebenintervention **33**, 10
- Neue Bundesländer **28**, 34
- Nichteinlassung des Antragsgegners **35**, 3 ff.
- Nichtöffentlichkeit **33**, 20 f.
- öffentlicher Dienst **28**, 31 f.; **40**, 50 ff.
- Parteivernahme **33**, 36
- Prozesskostenhilfe **36**, 6
- als Prozessvoraussetzung **37**, 3 ff., 10, 15, 19 ff.
- Prozessvoraussetzung **37**, 3 ff.
- rechtliches Gehör **33**, 11 f.; **34**, 34
- Rechtsnachfolge **28**, 14 f.; **31**, 10; **34**, 26; **39**, 4, 9
- Rechtsnatur **28**, 5 ff.; **33**, 2 f.
- Rechtsschutzbedürfnis **28**, 24 ff.
- Rechtsverfolgungswille, fehlender **28**, 26
- Ruhen des **31**, 21; **33**, 47
- Sachverständige **33**, 15, 34 f.
- Säumnis **33**, 48
- Schadensersatzansprüche **28**, 22.4
- schriftliches Verfahren **33**, 40
- Sitzungsort **29**, 4
- Streit über die Wirksamkeit des Einigungsvorschlages **34**, 39
- Streitfall aufgrund ArbEG **28**, 18 ff.
- »Streitfälle zwischen Arbeitgeber und Arbeitnehmer« **28**, 12 ff.
- Streitgenossenschaft **34**, 26; **35**, 13 ff.
- streitschlichtende Funktion **vor 28**, 2 ff.; **34**, 10
- Streitverkündung **33**, 10
- Teileinigungsvorschlag **34**, 9
- Unmittelbarkeit **33**, 16 f.
- Unterbrechung **33**, 19, 46
- Untersuchungsgrundsatz **33**, 13 ff.
- Unwirksamkeit des Einigungsvorschlages **34**, 7, **35** ff.
- Unwirksamkeit von Beschlüssen **34**, 7
- Unzulässigkeit **35**, 10
- Verbandsvertreter **31**, 5; **33**, 37
- Verbindlichkeit des Einigungsvorschlages **34**, 26 ff.
- Vereinbarte Zuständigkeit **28**, 17
- Verfahrensbeteiligte **vor 28**, 2
- Verfahrensgegenstand **33**, 7 f., 43; **34**, 16; **35**, 7
- Verfahrensgestaltung **33**, 39 ff.
- Verfahrensgrundsätze **33**, 11 ff.
- Verfahrensvoraussetzungen **28**, 9 ff.
- vertraglicher Ausschluss **37**, 19 ff.

# Stichwortverzeichnis

– Verwaltungsakte **28**, 7; **33**, 45; **34**, 10; **35**, 10
– Verwaltungsverfahrensgesetz **33**, 2
– Verzicht auf **37**, 24 ff.
– Verzögerung **37**, 15 f.
– Verzug **43**, 46
– Vollmacht **33**, 37 f.
– Vollmachtsnachweis **31**, 5; **33**, 38
– Vorteile **vor 28**, 1 f.
– Widerspruch gg. Einigungsvorschlag **34**, 29 ff.; **35**, 8
– Widerspruch gg. Vergütungsfestsetzung **12**, 78
– Wiederaufnahme **34**, 34
– Wiedereinsetzung **34**, 1, 40 ff.
– Wiederholung **34**, 41
– Zeugenvernehmung **33**, 15, 34 f.
– Zulässigkeit **28**, 9 ff.
– Zusammenfassung mehrerer **33**, 10
– Zuständigkeit *(s. im Übr. Schiedsstelle – Zuständigkeit)*; **28**, 11 ff.
– Zustellung des Anrufungsantrages **31**, 14 ff.
– Zustellung des Einigungsvorschlages **34**, 25
– Zweck **vor 28**, 1 ff.
– zweiseitiges **28**, 6
– Zwischenbescheid **33**, 11, 44 f.

**Schiedsverfahren** *s. Schiedsstelle, Schiedsstellenverfahren*

**Schiedsvertrag 1**, 93; **22**, 26; **28**, 17; **39**, 36

**Schlüssiges Verhalten**
– Inanspruchnahme **6 n.F.**, 63 f., 122; **6 a.F.**, 35 ff.
– Überleitung einer Diensterf. **6 a.F.**, 61 ff.
– Unbilligkeit **23**, 9
– Vereinbarungen nach Meldung **22**, 37
– Vergütung bei schlüssiger Überleitung **vor 9–12**, 16 ff.; **12**, 18
– Verzicht auf Schriftform **5**, 38 f.

**Schlussurlaub**
– Diensterfindung im **4**, 12

**Schöpferische Leistung 2**, 2 f.; **3**, 8, 10; **5**, 46 f.; **9**, 79

**Schöpferischer Beitrag**
– Miterfinderschaft **5**, 46 ff.

**Schriftform** *s. auch Form*
– AGB-Kontrolle **9**, 51
– Alterfindungen **Einl.**, 9; **5**, 36
– Anbietung freier (Alt-)Erfindung **19**, 43
– Anrufung der Schiedsstelle **31**, 3 ff.
– Begriff **5**, 36
– Bestreiten bei freier Erfindung **18**, 37
– Einigungsvorschlag **34**, 18 ff.
– elektronische Form **5**, 35
– Erfindungsmeldung bei Alterfindung **5**, 36 ff.
– Freigabe Alterfindung **8 a.F.**, 17
– Geltendmachung der Unbilligkeit bei Alterfindungen **23**, 28
– Inanspruchnahme vomn Alterfindungen **6 a.f.**, 27 ff.
– Mitteilung der erfolglosen Beendigung des Schiedsstellenverfahrens **35**, 17
– Mitteilung der freien (Alt-)Erfindung **18**, 21
– Textform **5**, 35
– Vergütungsfestsetzung bei Alterfindungen **12**, 49.1
– Verzicht auf **5**, 38 f.; **6 a.F.**, 31 ff.; **22**, 27
– Widerspruch gg. Vergütungsfestsetzung b. Alterfindungen **12**, 80

**Schriftwechsel**
– Einsicht **12**, 162.8, 218; **15**, 23 ff.

**Schuldner**
– Arbeitsvertrag **1**, 10
– Auskunftspflicht **12**, 162.3
– Vergütungsanspruch **9**, 4; **20**, 3

**Schuldübernahme 1**, 130; **7 n.F.**, 26 f.; **9**, 6

**Schuldverhältnis**
– gesetzliches *s. gesetzliches Schuldverhältnis*

**Schüler** *s. auch Umschüler;* **1**, 91

**Schutzbereich** *s. Schutzumfang*

**Schutzdauer** *s. auch Laufdauer des Schutzrechts*
– Ablauf **3**, 20; **9**, 16.1, 33
– mittlere Laufzeit **9**, 59

# Stichwortverzeichnis

**Schutzfähigkeit der Erfindung** *s. auch Gebrauchsmusterfähige Erfindung, Patentfähigkeit, Schutzrechtsversagung*
- Anerkenntnis *(s. auch dort)*; **2**, 15; **6 n.F.**, 17, 125; **6 a.F.**, 7, 17; **7 a.F.**, 1; 17, 26 ff.
- Anknüpfung des ArbEG an die theoretische **2**, 16 ff.
- ausländisches Recht *(s. auch Auslandsschutzrecht)*; **2**, 25 f.; **12**, 63; **14**, 4; **16**, 9
- Behandlung als technischer Verbesserungsvorschlag **vor 3**, 4 ff.
- Bestreiten bei Betriebsgeheimnis **17**, 43 ff.
- Bestreiten durch Arbeitgeber **6 n.F.**, 26; **8 n.F.**, 22
- deutsches Recht **2**, 1
- Einwand der mangelnden **2**, 15, 16, 24; **10 a.F.**, 19 ff.
- Erfindungshöhe **2**, 6, 9
- Feststellung der **2**, 12 ff.; **10 a.F.**, 28; **17**, 46 ff.
- Feststellung der mangelnden **10 a.F.**, 24 ff.
- Freigabe **8 n.F.**, 56 ff., 139; **8 a.F.**, 2.1, 42
- Irrtum **6 n.F.**, 125; **6 a.F.**, 68 f.; **8 n.F.**, 46; **8 a.F.**, 37 f.; **12**, 20, 116; **17**, 27; **20**, 12
- technischer Fortschritt **2**, 6, 9
- Vereinbarung über **2**, 14 f.; **17**, 26 ff.; **39**, 13
- Wegfall und Vergütung **3**, 20; **9**, 34, 36; **10 a.F.**, 22; **12**, 113 f.
- Wirkung Inspruchnahmefiktion **6 n.F.**, 124
- Zweifel *s. Zweifel an Schutzfähigkeit*
- Zweifel an der Schutzfähigkeit (s. dort)

**Schutzgesetz**
- ArbEG als **Einl**, 3

**Schutzlandprinzip** *s. Territorialitätsprinzip*

**Schutzrechtsamelldung**
- Rechtsdienstleistung **13**, 3.1

**Schutzrechtsänderung** *s. auch Schutzumfang, Wegfall des Schutzrechts*
- Vergütungsanpassung **12**, 113 ff.

**Schutzrechtsanmeldung** *s. im Übr. Anmeldepflicht, Auslandsschutzrechtsanmeldung, Inlandsschutzrechtsanmeldung, Prüfungsantrag, Schutzrechtserteilungsverfahren, Zustimmung z. Nichtanmeldung, widerrechtliche Entnahme*
- angereicherte **9**, 84
- durch Arbeitgeber
  - als Berechtigter **7 n.F.**, 20; **13**, 38 ff.
  - im freigegebenen Ausland **14**, 7 ff.
  - nach Freiwerden **13**, 92
- Arbeitgeber als Berechtigter **13**, 38 ff.
- durch Arbeitnehmer
  - Beweislast **4**, 18 f.
  - Diensterfindung **4**, 16, 18 ff.
  - freie Erfindung **18**, 14
  - nach Freiwerden **8 a.F.**, 46; **13**, 72 ff.
  - nach Inanspruchnahme **7 n.F.**, 66 f.
  - als Verletzungshandlung **13**, 46
  - vor Inanspruchnahme **7 n.F.**, 42 ff.
  - Wirkung der Inanspruchnahme **7 n.F.**, 11
- Aufgabe der **16**, 5 ff.
- Ausland *(s. im Übr. Auslandsschutzrecht)*
- beschränkte Inanspruchnahme **10 a.F.**, 11
- Beschränkung bei **16**, 12 ff.
- durch Dritte **7 n.F.**, 70 f.
- drohende Verletzungshandlung **4**, 52 f.
- eingeschränkte **13**, 33.2
- bei Erfindungsübertragung **13**, 3
- europäische
- Freiwerden **14**, 7 ff.
- als Inlandsanmeldung **13**, 27
- Frist **13**, 4 ff.; **14**, 4
- Gebrauchsmuster *s. dort*
- Hochschulerfindungen **42**, 28, 85, 197
- Neue Bundesländer **13**, 1
- Rücknahme **2**, 24; **16**, 72; **17**, 45
- Schutzumfang **9**, 91.1; **12**, 116 f.; **13**, 10
- widerrechtliche *s. auch Widerrechtliche Entnahme*

# Stichwortverzeichnis

- widerrechtliche durch Arbeitgeber
  - Rechtsfolgen **8 n.F.**, 113 ff.
  - Vindikationsanspruch Arbeitnehmer **13**, 92 ff.
- widerrechtliche durch Arbeitnehmer
  - Ausland **14**, 9 ff.
  - Rechtsfolgen **7 n.F.**, 42 ff.
  - widerrechtliche Entnahme **13**, 46 f.
- Zweifel an Schutzfähigkeit **13**, 2

**Schutzrechtsaufgabe** *s. auch Aufgabeabsicht, Freigabe, Freigabe-Ausland, Schutzrechtsübertragung*
- Abgrenzung zur Freigabe **6 n.F.**, 108; **8 n.F.**, 7, 42; **8 a.F.**, 4 ff.; **16**, 3, 5 f.
- Abkauf d. Übertragungsanspruchs **11**, 25 ff.; **16**, 2
- Ablehnung Übernahmeangebot durch Arbeitnehmer **16**, 39
- Anfechtung **16**, 27
- Aufgaberecht Arbeitgeber bei Fristablauf **16**, 67 f.
- Aufgaberecht Arbeitgeber bei Vergütungserfüllung **16**, 16 f.
- Aufrechterhalten der Schutzrechtsposition innerhalb Frist **16**, 41
- ausgeschiedener Arbeitnehmer **16**, 1.2
- Auslandsschutzrecht **16**, 7
- Bedeutung, praktische **16**, 1.2
- Begriff **16**, 10 ff.
- Benutzungsrecht, vorbehaltenes **16**, 79 ff.
- betriebsgeheime Erfindung **17**, 35.7
- Betriebsübergang **1**, 120.3
- Beweislast bei Pflichtverletzung **16**, 75.1 f.
- Einschränkungen im Erteilungsverfahren **16**, 12
- Entscheidung Arbeitnehmer **16**, 36 ff.
- Erbe **16**, 25
- vor Erfüllung d. Vergütungsanspruchs **16**, 25 ff.
- Erfüllung des Vergütungsanspruchs **16**, 18 ff.
- nach Erfüllung des Vergütungsanspruchs **16**, 15 ff.
- EU-Einheitspatent **16**, 8.3, 46
- europäisches Patent **16**, 8.1, 46
- Fallgestaltungen **16**, 1
- freie Erfindung **16**, 6
- Frist für Übertragungsverlangen des Arbeitnehmers **16**, 38 ff.
- Gebrauchsmuster **16**, 7, 11 f., 13
- Gegenleistung **16**, 33
- Gegenstand **16**, 5 ff.
- Informationspflicht des Arbeitgebers **16**, 22
- Inhalt der Absichtserklärung **16**, 27
- Insolvenz des Arbeitgebers **27 n.F.**, 35, 123 ff., 139 ff.; **27 a.F.**, 118
- Kostentragung **16**, 42, 53 ff.
- mangelndes Arbeitnehmerinteresse **16**, 37, 39
- Miterfinder **16**, 93 ff.
- Mitteilung der Aufgabeabsicht (s. auch Aufgabeabsicht) **16**, 27 ff.
- Motive Arbeitgeber **16**, 26
- Neue Bundesländer **16**, 4.1
- Nutzungsrecht des Arbeitgebers nach **16**, 64 f.
- Patente **16**, 7
- PCT-Anmeldung **16**, 8.2
- Pflichtverletzungen Arbeitgeber **16**, 70 ff.
- Rechtsnachfolge **16**, 3
- Rechtsübertragung auf Arbeitnehmer **16**, 44 ff.
- Rücksichtnahmeverlangen **16**, 8.4
- Schadensersatz bei Pflichtverletzung **16**, 70 ff.
- Schadensumfang bei Pflichtverletzung **16**, 74 ff.
- Schutzfähigkeit, fehlende inländische **16**, 9
- Schutzrechtsübertragung auf Arbeitnehmer **16**, 44 ff.
- Schutzrechtsübertragung auf Dritte **16**, 4
- Schutzrechtswegfall, späterer **16**, 66
- Sperrpatent **16**, 20
- teilweise **16**, 8, 12 ff.
- Übernahmeverzicht des Arbeitnehmers **16**, 1, 25, 39
- Übertragbarkeit Angebotsanspruch **16**, 25
- Übertragung der Diensterfindung auf Dritte **7 n.F.**, 24 ff.

# Stichwortverzeichnis

- Übertragungsanspruch des Arbeitnehmers **16**, 36 ff.
- Übertragungsverlangen des Arbeitnehmers **16**, 37
- Uneingeschränkte Recht bei Erfüllung d. Vergütungsanspruchs **16**, 15 ff.
- Unterlagen **16**, 49 ff.
- unterlassene Maßnahmen bei Schutzrechtsanmeldung als **13**, 18
- Vergleich zum Urheberrecht **16**, 1
- Vergütungsanpassung **12**, 110; **16**, 16
- Vergütungsanspruch
  - für Nutzungshandlungen nach Aufgabe **16**, 24, 66
  - vollständige Erfüllung **16**, 18 ff.
  - Vorbehalt eines Benutzungsrechts **16**, 90 ff.
- im Verhältnis zur Erteilungsbehörde **16**, 11, 76
- Verhältnis zur Freigabe **16**, 3
- Verkauf der Diensterfindung **7 n.F.**, 24 ff.
- Verletzung **16**, 70 ff.
- Vermögensverfall des Arbeitgebers **16**, 26
- Verwertungsrecht des Arbeitgebers bei **16**, 64 f.
- Verwertungsrecht des Arbeitnehmers bei **16**, 60 f.
- Verzicht auf Rechte aus **16**, 36
- Vorausabtretung Angebotsanspruch des Arbeitnehmers **16**, 25
- Vorbehalt eines nichtausschließlichen Benutzungsrechts **16**, 77 ff.
- Vorratspatent **16**, 20
- Wahlrecht Arbeitnehmer **16**, 36
- Willensänderung **16**, 32
- Wirkungen **16**, 23 ff.
- Zeitpunkt **16**, 34
- Zuständigkeit der Schiedsstelle **28**, 21 f.
- Zweifel an Schutzfähigkeit **16**, 9

**Schutzrechtsbeschränkungen**
- Vergütungsanpassung **12**, 117

**Schutzrechtserteilungsverfahren**
- Akteneinsichtsrecht des Arbeitnehmers **13**, 45; **15**, 37
- Anfechtung im **17 n.F.**, 47
- Anspruch auf Vergütungsfestsetzung **12**, 55 ff.
- Aufgabe des **16**, 5 ff.
- betriebsgeheime Erfindung **13**, 31, 36 f.; **17**, 44 ff.
- Durchführung durch Arbeitgeber **13**, 16 ff.
- Einschränkungen im **7 n.F.**, 47 f.; **12**, 30, 68.6, 117 f.; **13**, 44; **16**, 12 f.
- Fälligkeit der Vergütung **12**, 58 ff.
- Fortführungspflicht des Arbeitgebers **13**, 16 ff.; **16**, 1, 41
- Informationspflicht des Arbeitgebers **15**, 12 ff.
- Kosten **13**, 20, 49, 64 ff.
- Prüfungsantrag, Vergütungspflicht **9**, 212
- Rechtsstellung des Arbeitgebers im **13**, 41 f.
- Rechtsstellung des Arbeitnehmers im **13**, 41 f.
- Risikoabschlag *s. dort*
- Schriftwechseleinsicht des Arbeitnehmers **15**, 23 ff.
- Schutzrechtsversagung *s. dort*
- Übermittlung von Anmeldeunterlagen an Arbeitnehmer **15**, 15 ff.
- Umschreibung Patentrolle **13**, 81
- Unterrichtungspflicht **15**, 21 f.
- Unterstützungspflicht **15**, 6, 27 ff.
- Vergütungsanpassung **12**, 113 ff.
- Vergütungsanspruch bei (unbeschränkter) Inanspruchnahme **12**, 56 ff.
- Vergütungsanspruch bei beschränkter Inanspruchnahme **10 a.F.**, 11, 35 ff.
- vorläufige Vergütung **12**, 60 ff.

**Schutzrechtsfreie Zone im Ausland** **14**, 34 f., 69.1

**Schutzrechtskomplexe**
- Vergütung **9**, 128 ff.; **20**, 43; **Anh 1**, (19)

**Schutzrechtspool**
- Konzern **1**, 130; **7 n.F.**, 20; **9**, 187 ff., 188.1

**Schutzrechtsübertragung auf Arbeitnehmer** *s. auch Schutzrechtsaufgabe, Übertragung der Diensterfindung, – Erfindung, Verkauf der Erfindung*
- Aushändigung der Unterlagen **16**, 49 ff.

# Stichwortverzeichnis

– Auswirkung auf Lizenzverträge **16**, 62 f.
– Auswirkung auf Wettbewerbsverbot **16**, 60
– bei Schutzrechtsaufgabe **16**, 44 ff.
– Kostenerstattung **16**, 53 ff.
– Rechtsfolgen **16**, 44 ff.
– Vergütungsanspruch **16**, 66
**Schutzrechtsverletzung** *s. auch Patentverletzung*
– Vergütung **9**, 239 ff.
– Verpflichtung zur Abwehr **25**, 18
**Schutzrechtsversagung** *s. auch Schutzfähigkeit, Wegfall des Vergütungsanspruchs*
– amtliche Entscheidung **2**, 12 ff.
– Folgen **2**, 22 ff.
– Freigabe **6 n.F.**, 32; **8 n.F.**, 56 ff.; **8 a.F.**, 42
– Schadensersatzansprüche **2**, 24
– Schutzrechtsaufgabe **16**, 66, 91
– Vergütungsanpassung **12**, 113 ff.
– Vergütungsanspruch **2**, 22; **9**, 36; **10 a.F.**, 24 f.; **12**, 61, 65.1, 68.5
– Vergütungsfestlegung **2**, 22; **12**, 13.2
**Schutzrechtsverwarnung**
– unberechtigte **7 n.F.**, 76
**Schutzumfang**
– Bestimmung d. Miterfinderanteils **12**, 30 f.
– Einschränkungen im Erteilungsverfahren **7 n.F.**, 47 f.; **9**, 83 f.; **12**, 116 f.; **13**, 10, 44; **16**, 12 ff.
– Irrtum über **12**, 20, 116
– Schutzrechtsanmeldung **13**, 10
– Veränderungen **12**, 116 f.; **13**, 43
– Verbot des Doppelschutzes **16**, 8.1
– Vergütungsbemessung **9**, 85, 90 ff.; **12**, 116 f.
**Schutzunfähigkeit**
– Feststellung **2**, 16, 22 ff.; **6 n.F.**, 32; **8 n.F.**, 56 ff.; **8 a.F.**, 42; **10 a.F.**, 24 ff.; **17**, 43 ff.
**Schutzzertifikat 12**, 141; **16**, 11.2 f.
**Schweigen**
– Wirkung **12**, 53.1
**Second-Source-Lizenzvertrag**
– Lizenzanalogie **9**, 122
**Sekundäre Behauptungslast 9**, 300

**Selbständige Entwicklungstätigkeit des Arbeitnehmers 1**, 22
**Sklavischer Nachbau 3**, 31
**Skonto 9**, 125
**»sobald wie möglich« 6 a.F.**, 41 f.; **8 a.F.**, 19
**Soldat** *s. auch Beamter, Wehrpflichtiger*
– Begriff **1**, 139; **41**, 17 ff.
– Erfindung von **4**, 49
– gerichtliche Zuständigkeit **39**, 4, 30; **41**, 25
– Zuständigkeit der Schiedsstelle **41**, 25
**Sonderformen der Vergütungsberechnung 9**, 301 ff.
**Sonderleistung**
– Organmitglied **1**, 76
– technischer Verbesserungsvorschlag als **20**, 65 f.
– Vergütungshöhe **20**, 66
– Vergütungspflicht bei **9**, 246.2, 332 f.; **20**, 65 ff.
**Sonderleistungsprinzip vor 9–12**, 9; **20**, 66
**Sonderzahlungen 9**, 62 ff.; **23**, 22.3; **25**, 8, 22 ff.
**Sortenschutz**
– Geltung ArbEG **2**, 8
– Streitigkeiten **2**, 8
– Vergütungsanspruch **2**, 8; **20**, 13.1
**Sozialplan 9**, 3; **27 n.F.**, 51
**Sozialversicherung 9**, 3; **20**, 61.4
**Sperrpatent 9**, 201 ff.; **Anh 1**, (18)
– Abgrenzung zum Vorratspatent **9**, 203
– Auskunftsanspruch **9**, 206
– Begriff **9**, 201
– Erfindungswert **9**, 206
– Hochschule **42**, 160
– Schutzrechtsaufgabe **16**, 20
– Vergütung **9**, 201 ff.; **Anh 1**, (18)
– Vergütungsanpassung **12**, 132
– Voraussetzungen **9**, 204 f.
**Spezialvorrichtung**
– Lizenzsatz **9**, 134
**Sphärentheorie 1**, 20, 22, 29, 71, 90; **42**, 40
**Spin-offs 42**, 208
**Spitzenorganisationen 11**, 1, 3; **30**, 13

## Stichwortverzeichnis

**Sprache**
– Erfindungsmeldung **5**, 67
**Sprecherausschuss**
– Gleichbehandlungsgrundsatz **Anh zu 20**, 12
– Informations- u. Mitwirkungsrechte **Anh. zu 20**, 4
– Kontrollrecht **Anh zu 20**, 14
– Unterstützung des Angestellten **Anh zu 20**, 24
– Zuständigkeit **Anh. zu 20**, 2
**Staffel** *s. Abstaffelung*
**Stand der Technik**
– äußerer
  – betrieblicher Nutzen **9**, 164
  – Einfluss auf Lizenzsatz **9**, 134
  – technischer Verbesserungsvorschlag **3**, 11
  – technischer Verbesserungsvortschlag **20**, 19
– innerer
  – Anteilsfaktor **9**, 278
  – betrieblicher Nutzen **9**, 164 f.
  – Diensterfindung **4**, 36, 42
  – Nullfall **9**, 321
  – technischer Verbesserungsvortschlag **3**, 11 f.
**Stellung der Aufgabe**
– Anteilsfaktor **9**, 267 ff.; **Anh 1**, (31)
**Stellung im Betrieb 9**, 280 ff.; **Anh 1**, (33), (36)
**Stellvertretung** *s. Bevollmächtigter*
**Steuerrechtliche Vorschriften 9**, 64, 350 ff.; **20**, 40, 61.4
**Stiftung 40**, 11
**Strafrechtliche Ermittlungen**
– Zuständigkeit Schiedsstelle **28**, 22.5
**Streik 26**, 9
**Streitfälle**
– aufgrund ArbEG **28**, 18 ff.
**Streitgegenstand**
– Schiedsstellenverfahren **33**, 43; **34**, 16; **35**, 7
**Streitgenossenschaft**
– Miterfinder **34**, 26; **35**, 13 ff.
**Streitwert 38**, 2; **39**, 7, 25 f.
**Strohmann 8 n.F.**, 78; **25**, 45

**Stücklizenz 9**, 125
– Abstaffelung **9**, 146.1
**Student** *s. auch Werkstudent*; **1**, 84; 42, 17, 195
**Stufenklage**
– Auskunftsanspruch **12**, 316; **38**, 8
**Stufenverhältnis**
– bei einfachem u. qualifiziertem techn. Verbesserungsvorschlag **20**, 52
– bei Erfindung u. techn. Verbesserungsvorschlag **3**, 8
**Sukzessionsschutz 7 a.F.**, 35; **14**, 51.2; **16**, 79
**Sukzessive Miterfinderschaft 5**, 50.1
**Tabelle**
– Abstaffelung **9**, 150, 168; **Anh 1**, (11)
– Anteilsfaktor **9**, 291; **Anh 1**, (37)
**Tantiemeleistungen** *s. auch Sonderzahlung*; **9**, 62 ff.; **25**, 8
**Tarifverträge**
– Ausschlussfristen **9**, 51
– einfache technische Verbesserungsvorschläge **20**, 53 ff.
– und Unabdingbarkeit **22**, 7
**Tatsächliche Verwertung 9**, 90 ff.; **10 a.F.**, 7 ff.; **12**, 60; **14**, 62 f.; **16**, 91; **20**, 25 ff.
**Täuschung, arglistige** *s. Anfechtung*
**Technik**
– Begriff **2**, 4; **3**, 6
**Technische Aufgabe 5**, 70; **9**, 267 ff.
**Technische Hilfsmittel**
– Anteilsfaktor **9**, 279 ff.
**Technische Neuerung**
– mangelnde Schutzfähigkeit **3**, 21 f.
– Oberbegriff **1**, 2; **2**, 4; **3**, 4 ff.
**Technische Zeichnung** *s. auch Konstruktionszeichnung*; **1**, 4; **3**, 22
**Technischer Fortschritt 2**, 6
– Erfindung **2**, 9
– Technischer Verbesserungsvorschlag **3**, 13
**Technischer Verbesserungsvorschlag** *s. auch Zweifel-Schutzfähigkeit*; **3**, 20
– Abgrenzung Erfindung **3**, 9
– Abgrenzung Vergütungspflicht **vor 3**, 4 ff.
– Ablauf Patentschutz **3**, 20

# Stichwortverzeichnis

- ArbEG-Reform **vor 3**, 2
- Arbeitsergebnis **3**, 26
- als Auffangtatbestand **2**, 20; **3**, 8; **20**, 9, 12
- aufgrund Absprache **2**, 14, 20; **3**, 19
- Auskunftsanspruch **12**, 163; **20**, 3
- Auslandsnutzung **20**, 40
- Auslandsschutz **2**, 25; **3**, 19; **9**, 246.2; **20**, 14
- Ausschluss Patentschutz **3**, 9
- Beauftragter **20**, 57
- Bedeutung ArbEG **vor 3**, 2
- Begriff **3**, 3 ff., 17; **20**, 10
- Behandlung des **20**, 1 ff.
- Berufungsausschuss **20**, 62.1
- betriebliche Übung **25**, 22.2
- Betriebsbezogenheit **3**, 11 ff.
- Betriebsübergang **1**, 121; **20**, 46
- Betriebsvereinbarung über **20**, 31, 50, 53 ff.
- Beweislast **20**, 37, 60, 61.2
- Bewertungsausschuss **20**, 62 ff.
- bei bloßem Auslandsschutz **2**, 25; **3**, 19; **20**, 14
- Computerprogramme **3**, 22.1
- Definition **3**, 17
- Dienstvereinbarung **40**, 30 ff.
- Differenzierung nach Tätigkeit **3**, 15, 27, 29
- einfacher
  - Anteilsfaktor **20**, 61.3
  - Anwendbarkeit des ArbEG **20**, 4, 51
  - Begriff **20**, 52
  - Behandlung **20**, 51 ff.
  - Betriebsvereinbarung **20**, 53 ff.
  - Bewertungsausschuss **20**, 62 ff.
  - Bundesverwaltung **20**, 61, 68 f.; **40**, 31
  - Dienstvereinbarung **40**, 30 ff.
  - freier **20**, 55
  - kollektivrechtliche Regelungen **20**, 53 ff.; **40**, 30 ff.
  - Mitbestimmungsrecht d. Betriebsrates **20**, 53, 55 ff.
  - Nutzen, errechenbarer **20**, 61 f.
  - Prämienhöhe **20**, 61 f.
  - Prämierung **20**, 58, 61 f.
  - Vergütung **20**, 60
- Einstellung Verwertung **vor 3**, 1; **20**, 31
- Einstufung als Erfindung **2**, 14, 20
- Einstufung Erfindung als **vor 3**, 4 ff.
- Einzelfälle **3**, 18 ff.
- Erfindung, Abgrenzung **3**, 9
- Erfindungsmeldung als **vor 3**, 4 ff.; **5**, 39, 43.1 f.
- Erfindungswert **20**, 41 ff.
- fehlerhafte Bewertung **29**, 62.3
- Fortschritt, technischer **3**, 13
- freier **3**, 15, 29; **20**, 10
- Freigabe **vor 3**, 1; **20**, 31
- gebundener **20**, 10
- Geheimhaltungspflicht **3**, 31 f.; **24**, 2
- gerichtliche Überprüfung **20**, 62.3, 64
- gerichtliche Zuständigkeit **39**, 20, 27 ff.
- gewerbliche Verwertbarkeit **3**, 14
- Hochschule **42**, 52, 54
- Initiativrecht **20**, 56
- Insolvenzverfahren **27 n.F.**, 22, 41
- Konzern **20**, 3, 27, 61
- Leiharbeitnehmer **1**, 59, 63, 62
- Lizenzanalogie **20**, 41 ff.
- mangelnde Patent- und Gebrauchsmusterfähigkeit **3**, 9 ff.
- mehrere Arbeitnehmer **3**, 30; **20**, 48 f.
- Mitbestimmungsrecht
  - Betriebsrat **20**, 50, 53 ff.
  - Personalrat **20**, 67; **40**, 30 ff.
  - Umfang **20**, 57 ff.
  - Vergütung **20**, 58 ff.
- Miterfinderschaft **3**, 30; **20**, 48 f., 61.3
- Mitteilung einer Diensterfindung als **vor 3**, 4; **5**, 39, 43.1
- Mitteilungspflicht des Arbeitnehmers **3**, 28 ff.
- Neuheit **3**, 11 f.
- Nichtverwertung **vor 3**, 1; **20**, 31
- öffentlicher Dienst **20**, 7, 67 ff.; **40**, 30 ff.
- Persönlichkeitsrecht **3**, 25
- Prämierung **20**, 58 f., 60 ff.
- Prüfungspflicht auf Erfindungscharakter **3**, 24
- qualifizierter *s. Qualifizierter techn. Verbesserungsvorschlag*

# Stichwortverzeichnis

- Richtlinien über das Vorschlagswesen **40**, 31
- Schiedsgutachtervertrag **20**, 62.2
- Schiedsstellenverfahren **20**, 63; **28**, 21 f.
- schöpferische Leistung **3**, 10
- Schutz **3**, 31 f.
- schutzfähige Erfindung als **vor 3**, 5; **3**, 9; **vor 3**, 4 ff.
- Sonderleistung **20**, 65 f.
- Sozialversicherung **20**, 61.4
- steuerliche Behandlung **20**, 40, 61.3
- Stufenverhältnis **2**, 8; **20**, 52
- Unabdingbarkeit des ArbEG **22**, 14
- Unbilligkeit von Vereinbarungen **23**, 5, 8
- Unternehmensbezogenheit **3**, 11 ff.
- Verbesserungen von Erfindungen **20**, 13
- Verbesserungen von Produkten **20**, 19
- Vergütung **2**, 20; **Anh 1**, (29); **20**, 24, 60 ff.
- Vergütungsanpassung **20**, 32
- Vergütungsbemessung **20**, 39, 61, 69
- Vergütungsdauer **20**, 33 ff.
- Vergütungsfestlegung **20**, 32
- Verhältnis zur schutzfähigen Erfindung **2**, 20; **vor 3**, 4; **3**, 8, 9 f.
- Verjährung Prämie **20**, 61.3
- Verrechnung Vorschlagsprämie mit Erfindervergütung **vor 3**, 6.2, 6.4
- Verstoß gg. gute Sitten **3**, 16
- Verwertung **20**, 25 ff.
- Voraussetzungen **3**, 3 ff.
- Wettbewerbsverstoß **3**, 31 f.
- Wirtschaftlichkeit **3**, 14
- Zulässigkeit von Vereinbarungen über **1**, 94; **3**, 30; **22**, 34
- Zuordnung zum Arbeitgeber **3**, 26 f.

**Technisch-wirtschaftliche Bezugsgröße** *s. auch Bezugsgröße*; **9**, 125.1 ff., 128

**Technologietransfer**
- Hochschulen **42**, 2, 6, 190

**Technologietransfer-GmbH**
- Hochschulen **42**, 6.1

**Technologietransferzentren**
- Hochschulen **42**, 6.1

**Teileinigung**
- Vergütung **12**, 17

**Teileinigungsvorschlag**
- Schiedsstellenverfahren **34**, 9

**Teilerfindungswert 9**, 314

**Teilnichtigkeit 22**, 28

**Teilung**
- Patent **13**, 50.1

**Teilwiderspruch 12**, 79, 84

**Teilzeitbeschäftigung 1**, 86

**Telefax 5**, 36.1; **6 a.F.**, 28; **12**, 80

**Territorialitätsprinzip**
- Betriebsverfassungsrecht **1**, 113; **Anh zu 20**, 3
- Patentrecht **1**, 36; **7 a.F.**, 36; **14**, 51.2

**Textform**
- Anrufung der Schiedsstelle **31**, 3
- ArbEG-Novelle 2009 **Einl**, 9
- Begriff **5**, 35
- Bestätigung Erfindungsmeldung **5**, 61
- Erfindungsmeldung **5**, 1, 33, 35 f., 54
- Erfordernisse **5**, 35.1
- Freigabe **8 n.F.**, 30
- Geltendmachung Unbilligkeit **23**, 28
- Miterfinder Erfindungsmeldung **5**, 54
- Mitteilung freie Erfindung **18**, 21
- Vergütungsfestsetzung **12**, 49
- Verzicht **5**, 30, 38 f.; **6 n.F.**, 112; **8 n.F.**, 30; **22**, 27
- Widerspruch gg. Vergütungsfestsetzung **12**, 80

**Tierrassen 2**, 8

**Tod** *s. auch Erbe*
- Arbeitgeber **1**, 146 f.; **26**, 8
- Arbeitnehmer **1**, 148 f.; **26**, 7

**Treuepflicht 24**, 38 ff.; **25**, 28 ff.
- Nachwirken **26**, 31 ff.
- öffentlicher Dienst **25**, 30; **41**, 23
- Prüfungsantrag d. Arbeitnehmers **13**, 41.1
- Übertragung frei gewordener Diensterf. **7 a.F.**, 35
- Verwertung frei gewordener Diensterf. **8 n.F.**, 77 ff.

**Übergang**
- von beschränkter zu unbeschränkter Inanspruchnahme **6 a.F.**, 15
- von unbeschränkter zu beschränkter Inanspruchnahme **6 a.F.**, 15

**Übergangserfindungen 43**, 5

# Stichwortverzeichnis

**Übergangsrecht** *s. auch ArbEG-Novelle 2009*
– ArbEG-Novelle 2009 **43**, 14 ff.
– Hochschulerfindungen **42**, 1; **43**, 4
– Insolvenzverfahren **27 n.F.**, 4; **27 a.F.**, 3
**Übermittlungsrisiko**
– Erfindungsmeldung **5**, 13
**Überstunden 15**, 3; **25**, 10
**Übertragbarkeit** *s. auch Abtretung*
– Diensterfindung **7 n.F.**, 20 ff.; **7 a.F.**, 6, 61 f.
– freie Erfindung **4**, 48; **18**, 5; **19**, 4
– Freigabeanspruch **14**, 22
– freigewordene Diensterfindung **8 n.F.**, 80
– Inanspruchnahmerecht **6 n.F.**, 16; **6 a.F.**, 8
– nicht ausschließliches Benutzungsrecht **7 a.F.**, 33; **16**, 81
– Vergütungsanspruch **9**, 8; **10 a.F.**, 6
**Übertragung der Diensterfindung**
– Benutzungsrecht des Arbeitgebers **7 a.F.**, 35
– auf Dritte **7 n.F.**, 20, 24 ff.
– Forschungs- und Entwicklungsauftrag **9**, 196 ff.
– Freigabe?– Ausland **14**, 21
– freigewordene Diensterfindung **6 a.F.**, 61 ff.
– Geheimhaltungspflicht **24**, 18
– in Insolvenz **27 n.F.**, 47, 108, 158; **27 a.F.**, 47
– Insolvenz **27 n.F.**, 47 ff., 69 f., 158 ff.
– im Konzern **1**, 130 ff.
– Rechtsfolgen für Erwerber **Einl**, 8; **7 n.F.**, 24 f.; **9**, 6 f.; **13**, 3; **14**, 21, 51.2; **16**, 4
– Schutzrechtsanmeldung **13**, 3
– Sukzessionsschutz für Benutzungsrecht **7 a.F.**, 35; **14**, 51.2; **16**, 79
– Verfügungsbefugnis des Arbeitgebers **7 n.F.**, 24 ff.
**Übertragung der Diensterfindung, rechtsgeschäftliche**
– Schutzrechtsanmeldung *s. auch Schutzrechtsaufgabe, Verkauf*
**Übertragung der Erfindung**
– freie Erfindung **18**, 5; **19**, 17
– Vergütung **9**, 251 ff.; **Anh 1**, (16)
**Übertragungsanspruch bei Schutzrechtsaufgabe 16**, 36 ff.
**Übung**
– betriebliche *s. Betriebliche Übung*
**Umrechnungsfaktor** *s. auch Unternehmerlohn*
– betrieblicher Nutzen **9**, 165
– Gebrauchsmuster **9**, 250
– Lizenzeinnahmen **9**, 224.1 f.
– qualifizierte techn. Verbesserungsvorschläge **20**, 44
– Schätzung **9**, 177
– Verkauf der Erfindung **9**, 252.2
**Umsatz**
– Begriff **9**, 109, 125
– als Bezugsgröße **9**, 125; **Anh 1**, (7)
**Umsatzsteigerungen Vergütungsanpassung**
– Vergütungsanpassung **12**, 131
**Umschreibung b. Erteilungsbehörde 13**, 21, 49, 81; **16**, 45 f.
**Umschüler** *s. auch Schüler*; **1**, 87
**Umstände**
– Neuregelung *(s. im Übr. Vergütungsanpassung)*; **12**, 95 ff.
**Umstrukturierung des Unternehmens 1**, 127
**Umwandlung des Unternehmens 1**, 127
– Betriebsübergang **1**, 127
**Unabdingbarkeit des ArbEG** *s. auch Unwirksamkeit*
– ausgeschiedener Arbeitnehmer **22**, 5
– Begriff **22**, 6, 17 ff.
– betriebliche Übung **22**, 9
– Beurteilungszeitpunkt **22**, 22
– Einzelfälle **22**, 25 ff.
– Ende der **22**, 34 ff.
– Erfindungsmeldung als Zeitpunkt **22**, 15, 32, 34 ff.
– erneute Vereinbarung nach Meldung **22**, 32
– Fehlen der Erfindungsmeldung **22**, 40
– Geltendmachung von Rechten **22**, 13
– Geltungsbereich **22**, 7 ff.
– Hochschule **42**, 27, 42, 107, 120, 138, 149, 185, 196
– Miterfindervereinbarungen **22**, 10

# Stichwortverzeichnis

- Rechtsfolgen **22**, 28 ff.
- Vereinbarungen mit Drittn **22**, 10
- Verfahrensvorschriften **22**, 11, 35
- Vorausverfügung über Erfindungsrechte **22**, 10
- Zeitpunkt, maßgebender **22**, 38 ff.
- zuungunsten des Arbeitnehmers **22**, 17 ff.
- Zweck **22**, 1
- zweischneidige Regelung **22**, 23

**Unabwendbarer Zufall**
- Wiedereinsetzung in Schiedsstellenverfahren **34**, 41

**Unausgenutzte Verwertbarkeit 9**, 86 ff.
- Vergütung **9**, 214, 250

**Unbeschränkte Inanspruchnahme v. Alterfindungen** *s. auch Inanspruchnahme, Beschränkte Inanspruchnahme, Inanspruchnahme der Diensterfindung, Inanspruchnahmeerklärung*
- Abgrenzung zur beschränkten **6 a.F.**, 9 ff.
- Alterfindungen **6 a.F.**, 4; **7 a.F.**, 1
- ArbEG-Novelle 2009 **Einl**, 9; **6 n.F.**, 1
- Bedeutung **6 a.F.**, 5 ff.
- Begriff **6 n.F.**, 3
- Fälligkeit der Vergütung **9**, 20 ff.
- Fälligkeit der Vergütungsfestsetzung **12**, 55 ff.
- Form **6 a.F.**, 27
- Frist **6 a.F.**, 40 ff.
- Geheimhaltungspflicht **24**, 18
- mehrere Arbeitgeber **6 a.F.**, 74 f.
- mehrere Arbeitnehmer **6 a.F.**, 70 ff.
- Optionsrecht **6 a.F.**, 8
- Rechtsnatur **6 a.F.**, 5 ff.
- Vergütungsfestsetzung **12**, 57 ff.
- Verzicht **6 a.F.**, 16
- Wahlrecht **6 a.F.**, 13; **40**, 15 f.
- Wechsel zur beschränkten Inanspruchnahme **6 a.F.**, 15
- Wirkungen **7 a.F.**, 5 ff.

**Unbilliges Erschweren 7 a.F.**, 37, 39 ff.; **14**, 52; **16**, 85

**Unbilligkeit 23**
- ausgeschiedener Arbeitnehmer **23**, 2, 29 ff.
- Auskunftsanspruch bei **12**, 335
- Ausschlussfrist **23**, 30; **26**, 26
- Begriff **23**, 10 ff.
- beiderseitiger Irrtum **23**, 18
- Berufung auf **23**, 25
- betriebsgeheime Erfindung **17**, 35
- Beurteilungsmaßstab **23**, 11 ff.
- Beurteilungszeitpunkt **23**, 20
- Beweislast **23**, 26.1
- Erben **23**, 5
- Erheblichkeit **23**, 13 f.
- Erschweren der Verwertung frei gewordener Dienstf. *s. Unbilliges Erschweren*
- Form der Geltendmachung **23**, 26
- freie Erfindung **19**, 86 f.; **23**, 5
- freigewordene Diensterfindung **23**, 5, 9
- Frist der Geltendmachung **23**, 29 ff.
- Geltendmachung **23**, 25 ff.
- Geltungsbereich **23**, 4 ff.
- Hochschullehrer **42**, 27, 196
- Missbrauch von Positionen **23**, 17, 23
- Miterfinder **23**, 7.1, 27
- nachvertragliche Vereinbarungen **23**, 8.1; **26**, 55
- Neue Bundesländer **23**, 3
- Nichtigkeit bei **23**, 33 f.
- Pauschalabfindung **12**, 74.4; **23**, 20, 22.4
- Rechtsfolgen **23**, 33 f.
- stillschweigende Vereinbarung **23**, 9
- Vereinbarung **23**, 4 ff.; **42**, 27, 196
- Vergleich **23**, 7, 18
- Vergütungsregelung **12**, 74.4; **23**, 7, 21 ff., 34
- Vergütungsvereinbarung Insolvenz **27 n.F.**, 173; **27 a.F.**, 94
- Verhältnis zu anderen Vorschriften **23**, 6, 35 ff.
- Verhältnis zur Vergütungsanpassung **12**, 103 f.; **23**, 20
- Verjährung **23**, 37
- Verjährung bei **23**, 29
- vertragliche Überleitung von Dienstf. **6 a.F.**, 59
- Verwirkung **23**, 32
- Verzicht **23**, 21
- Zustimmung zur Nichtanmeldung **13**, 34 f.
- Zweck **23**, 1

**Ungerechtfertigte Bereicherung** *s. Bereicherungsanspruch*
**Universität** *s. Hochschule, Hochschulwissenschaftler*
**Unkosten** *s. Kosten-Erstattung*
**Unmöglichkeit**
– Auskunftsanspruch **12**, 272 ff.
– unwirksame Arbeitnehmerverfügung **7 n.F.**, 99
**Unteranspruch**
– Miterfinderanteil **12**, 132
**Unterbrechung**
– Schiedsstellenverfahren **33**, 19, 46
– Verjährung *s. Hemmung*
**Unterlagen** *s. auch Auskunftspflicht, Betriebsrat, Meldung, Rechnungslegung*
– Schutzrechtsaufgabe **16**, 49
– Vorlage Vergütungsauskunft **12**, 162.8, 218
**Unterlassen**
– von Erfindungstätigkeit **4**, 16
**Unterlassungsanspruch** *s. auch Schadensersatz*
– bei freigewordenen Diensterfindungen **8 n.F.**, 103, 122; **13**, 92
– Geheimhaltungspflichtverletzung **24**, 38, 41, 56; **26**, 39
– Meldepflichtverletzung **5**, 94.2, 96 f.
– unberechtigte Schutzrechtsanmeldung durch Arbeitnehmer **4**, 52; **5**, 96 f.; **13**, 46, 49
– Verletzung der Erfinderehre **7 n.F.**, 82
– Verstoß gg. Wettbewerbsverbot **26**, 51, 53
**Unterlassungsverpflichtungserklärung**
– Auskunftsanspruch **12**, 259
**Unterlizenzvergabe** *s. auch Lizenzvertrag*; **7 a.F.**, 33; **16**, 81
**Unternehmen** *s. auch Betrieb*
– Begriff **1**, 101 ff.; **27 n.F.**, 111; **27 a.F.**, 105
– Diensterfindung **4**, 20, 38
– Fusionen **1**, 127
– Gründung Hochschule **42**, 208
– Insolvenz **27 a.F.**, 105
– Insolzenz **27 n.F.**, 111
– Richtlinien, Erfindungswesen **11**, 19 f.
– Umstrukturierungen **1**, 127

– verbundene **1**, 129 ff.
– Vergütungsrichtlinien, eigene **11**, 13 ff.
– Verkauf **9**, 251 f.
**Unternehmensbezogenheit**
– Erfindungswert **9**, 77, 87 f.
– Höchstlizenzgrenze **9**, 129.1
– Lizenzanalogie **9**, 122 ff.
– Nicht verwertete Erfindungen **9**, 211
– Nutzungsrecht **7 a.F.**, 31; **10 a.F.**, 2; **14**, 51; **16**, 80 ff.
– Verbesserungsvorschläge **3**, 11 ff.
– Verwertbarkeit d. Erfindung **9**, 87, 214
**Unternehmenseigene Vergütungsrichtlinien 11**, 13
**Unternehmensrichtlinien 11**, 19
**Unternehmerische Handlungsfreiheit 7 n.F.**, 21; **9**, 214 f.
**Unternehmerlohn**
– Betrieblicher Nutzen **9**, 163.3, 165; **20**, 44
– Lizenzeinnahmen **9**, 224.1 f.
– Schätzung des Erfindungswertes **9**, 177
– Verkauf der Erfindung **9**, 252.2
**Unterrichtspflicht**
– Betriebsübergang **1**, 117
– Schutzrechtserteilungsverfahren **15**, 12 ff.
**Unterschrift** *s. Schriftform*
**Unterstützungspflicht**
– des Arbeitgebers
– b. Auslandsschutzrechtsanmeldungen **14**, 39 ff.
– b. Erfindungsmeldung **5**, 90 f.
– b. Forschungsarbeiten **25**, 17
– des Arbeitnehmers
– im Erteilungsverfahren **15**, 27 ff.
– Wegfall bei Ausscheiden **26**, 33
– Wegfall bei Freigabe **8 n.F.**, 88
– Verletzung
– Schadensersatz **15**, 35
**Untersuchungsgrundsatz**
– Schiedsstellenverfahren **33**, 13 ff.
**»unverzüglich« 5**, 28, 89; **13**, 7 ff.; **18**, 19; **22**, 23
**Unwirksamkeit** *s. im Übr. Anfechtung, Nichtigkeit, Unabdingbarkeit, Unbilligkeit*; **22**, 23
– DDR-Vergütungsregelung **23**, 3

# Stichwortverzeichnis

- Freigabe **6 n.F.**, 112; **8 n.F.**, 46 ff.; **8 a.F.**, 36 ff.
- Inanspruchnahme **6 n.F.**, 60, 82; **6 a.F.**, 42, 45, 68
- Lizenzvertrag **9**, 138
- Schiedsstellenspruch **34**, 7, 35 ff.
- Unabdingbarkeit **22**, 28 ff.
- Unbilligkeit **23**, 33 f.
- Verfügungen des Arbeitnehmers **7 n.F.**, 94 f., 103 f.; **7 a.F.**, 60 f.
- Vergütungsfestsetzung **12**, 53 f., 74.4
- Vergütungsregelung und Rückforderung **12**, 157
- Vergütungsvereinbarung **12**, 19 ff.
- vertragliche Regelungen **22**, 23

**Unzulässige Rechtsausübung** *s. Rechtsmissbrauch, Verwirkung*

**Unzulässigkeit von Vereinbarungen** *s. Unabdingbarkeit, Unbilligkeit, Unwirksamkeit*

**Unzulässigkeit von vereinbarungen 22, 23**

**Unzumutbarkeit** *s. auch Nullfall*
- Auskunftserteilung **12**, 231 ff., 265 ff.
- Vergütungsanspruch **9**, 35, 321 ff.; **10 a.F.**, 16 ff.

**Urheberrecht 1**, 3 f.; **2**, 27 ff.; **3**, 27
- Vergütung **1**, 4.4

**Urlaub 4**, 15; **25**, 10

**Ursächlichkeit** *s. Kausalität*

**Veränderungen** *s. auch Verbesserungen der Erfindung*
- Meldung nachträglicher **5**, 21
- Mitteilung nachträglicher **18**, 9
- Vergütungsanpassung *s. dort*

**Veräußerung** *s. im Übr. Übertragung, Verkauf*
- des Unternehmens *s. Betriebsinhaberwechsel*
- Diensterfindung in Insolvenz **27 n.F.**, 48, 108, 158; **27 a.F.**, 47, 66
- Geschäftsbetriebs in Insolvenz **27 n.F.**, 47 ff.; **27 a.F.**, 47 ff.

**Verbandsvertreter 31**, 5; **33**, 37

**Verbesserungen der Erfindung 5**, 21, 32; **9**, 91.2, 130.1; **12**, 132; **18**, 9; **20**, 13, 22; **24**, 43; **25**, 36

**Verbesserungserfindung**
- Meldepflicht **5**, 21
- Vergütung **9**, 109

**Verbesserungsvorschlag** *s. Qualifizierter techn. Verbesserungsvorschlag, Technischer Verbesserungsvorschlag*
- Auskunftsanspruch **12**, 163; **20**, 3, 61.2
- Inanspruchnahme **3**, 28; **6 n.F.**, 47
- nichttechnischer **3**, 22

**Verbesserungsvorschlagswe** *s. i.Übr. Technischer Verbesserungsvorschlag, Qualifizierter technischer Verbesserungsvorschlag, Vorschlagswesen*

**Verbesserungsvorschlagswesen 20**, 51 ff.

**Verbindlichkeit**
- des Einigungsvorschlags **34**, 26 ff.
- Vergütungsfestsetzung **12**, 74 ff.

**Verbindung mehrerer Schiedsstellenverfahren 33**, 10

**Verbot**
- der Doppelberücksichtigung **9**, 82; **Anh 1**, (2)
- des Doppelschutzes **16**, 8.1
- der Mehrfachfestsetzung **12**, 40
- der Rückforderung **12**, 154 ff.; **20**, 32

**Verbrauch**
- der Rückforderung *s. Erschöpfung*

**Verbundene Unternehmen** *s. auch Konzern*; **1**, 129 ff.
- Vergütung **9**, 190

**Verein 1**, 70

**Vereinbarungen** *s. auch Unabdingbarkei, Unbilligkeit, Unwirksamkeit*
- AGB-Kontrolle *(s. im Übr. Allgemeine Geschäftsbedingungen)*; **11**, 29
- vor Erfindungmeldung **22**, 5 ff.
- Hochschulwissenschaftler **42**, 27, 107, 196, 198
- Kartellrecht **9**, 137 f.
- Miterfinderanteile **5**, 51.1, 82; **12**, 32.2 f.
- Schutzfähigkeit **2**, 14 f.; **17**, 26 ff.; **39**, 13
- stillschweigende **22**, 37; **23**, 9
- Überleitung d. Diensterfindung **6 n.F.**, 31; **6 a.F.**, 47, 57 ff.; 61
- Unabdingbarkeit d. ArbEG *(s. im Übr. dort)*; **22**, 5 ff.

– Unbilligkeit, erhebliche *(s. im Übr. Unbilligkeit)*; **22**, 10 ff.
– Vergütungsvereinbarung *s. dort*
**Verfahrensbeteiligte im Schiedsstellenverfahren vor 28**, 2
**Verfahrensgegenstand**
– Schiedsstellenverfahren **33**, 7 f., 43; **34**, 16; **35**, 7
**Verfahrenspatent**
– Vergütung **9**, 91.3
**Verfahrensvoraussetzungen**
– Schiedsstellenverfahren **28**, 9 ff., 29
**Verfallklausel** *s. Ausschlussfrist*
**Verfassungsbeschwerde**
– Einigungsvorschlag **34**, 39
**Verfassungsgemäßheit**
– ArbEG **Einl**, 6
– Gesetzgebungskompetenz **vor 40–42**, 3
– Hochschulerfinderrecht **42**, 3, 29, 57
**Verfügung des Arbeitnehmers** *s. auch Übertragung, Verkauf*
– freie Erfindung **18**, 5
– bei Freigabe **8 n.F.**, 74 ff.; **25**, 40 f.
– nach Inanspruchnahme **7 n.F.**, 106
– vor Inanspruchnahme **7 n.F.**, 94; **7 a.F.**, 60
**Verfügung, einstweilige** *s. dort*
**Verfügungsbeschränkung**
– Arbeitnehmer **7 n.F.**, 94; **7 a.F.**, 60; **8 n.F.**, 78 ff.
**Vergleich**
– Schiedsstellenverfahren **33**, 44; **34**, 12, 39
– Unbilligkeit **23**, 7, 18
– Vergütung **9**, 61; **12**, 20.1
– Vergütungsanpassung **12**, 111
**Vergleichsverfahren Anh zu 27**, 1
**Vergütung** *s. auch Anteilsfaktor, Erfindungswert, Fälligkeit, Vergütungsanpassung, -anspruch, -bemessung, -festsetzung, -festlegung; -richtlinien, Vorläufige Vergütung;* §§ **9, 10, 20, 40 Nr. 4; Anh. 1**, 2
– Abrechnungsrhythmus **9**, 55 ff.
– Abschlagszahlung **9**, 55.4, 65; **12**, 158
– Absehen von Verletzungsansprüchen gg. Dritte **9**, 214, 240

– Abstaffelung *(s. auch dort)*; **9**, 141 ff.; **Anh 1**, (11)
– Allgemeiner Vergütungsgrundsatz **9**, 2
– Angemessenheit **9**, 69 ff.; **10 a.F.**, 33; **11**, 5 f.; **40**, 15 f.; **42**, 145 ff.
– Anrechnung von Arbeitsentgelt **25**, 8
– Anteilsfaktor *(s. auch dort)*; **Anh 1**, (30)
– äquivalente Benutzung **9**, 91, 91.2
– Art der **9**, 52 ff.; **Anh 1**, (40); **12**, 12, 50
– Aufrechnung **9**, 37; **12**, 160 f.; **27 n.F.**, 190; **27 a.F.**, 83, 133
– Ausbaupatent **9**, 202 ff., 207; **Anh 1**, (21)
– ausbleibende Verwertung **9**, 210 ff., 250; **12**, 72 f.
– Ausgleichsquittung **26**, 56 ff.
– Auskunftsanspruch **12**, 162 ff.
– Auslandsnutzung **9**, 15, 245 ff.; **Anh 1**, (26)
– Auslandsschutzrecht bei mangelnder Inlandsschutzfähigkeit **2**, 25 f.; **3**, 19; **8 a.F.**, 45; **9**, 15; **12**, 63; **14**, 4; **16**, 90; **20**, 14
– Auslandsverträge **14**, 67 ff.
– Ausschlussfrist **9**, 51; **12**, 74
– Austauschvertrag **9**, 236 ff.; **Anh 1**, (17)
– Auswirkung der Schutzrechtsversagung **2**, 22 ff.; **9**, 36; **12**, 65, 113
– bei beschränkter Inanspruchnahme **10 a.F.**; **Anh 1**, (25)
– Anteilsfaktor **10 a.F.**, 38
– Bemessung **10 a.F.**, 31 ff.
– Bezugsgröße **10 a.F.**, 32
– Dauer **10 a.F.**, 14 ff.
– Entstehung des Anspruchs **10 a.F.**, 7 ff.
– Erfindungswert **10 a.F.**, 31 ff.
– Fälligkeit **10 a.F.**, 13; **12**, 73
– Festlegung **10 a.F.**, 3, 13; **12**, 73
– Höhe **10 a.F.**, 31 ff.; **Anh 1**, (25)
– Neue Bundesländer **10 a.F.**, 5.1
– Offenkundigwerden **10 a.F.**, 18
– Risikoabschlag **10 a.F.**, 36
– Schutzrechtserteilungsverfahren **10 a.F.**, 11, 19, 35 f.
– Schutzunfähigkeit **10 a.F.**, 24 ff.
– Unzumutbarkeit **10 a.F.**, 16 ff.

## Stichwortverzeichnis

– Verjährung **10 a.F.**, 30
– Verwirkung **10 a.F.**, 30
– Wegfall **10 a.F.**, 14, 22
– bei Erstattung von Forschungskosten **9**, 198, 229
– bei Verlust **9**, 2.3
– Bekanntgabe der Gesamtvergütung b. Miterfindern **12**, 35 ff.
– Bekanntgabe der Miterfinderanteile **12**, 35 ff.
– Bemessung *(s. Vergütungsbemessung)*; **9**, 69 ff.
– Berechnungsfehler **12**, 160
– Berechnungsformel **9**, 292; **Anh 1**, (39)
– Berechnungsmethoden nach RLn **9**, 101 ff.
– Berechnungsmethoden, anderweitige **9**, 301 ff.
– beruflich geläufige Überlegungen **9**, 277
– Berufliche Beförderung **9**, 53
– betriebliche Arbeiten **9**, 278
– betriebliche Übung **25**, 22 ff.
– betrieblicher Anteil *s. Anteil des Betriebes, Anteilsfaktor*
– betrieblicher Nutzen *s. dort*
– betriebsgeheime Erfindung **9**, 81; **Anh 1**, (27); **17**, 59 ff.
– Betriebsrat **Anh zu 20**, 9, 19
– Betriebsübergang **1**, 115, 117, 119; **9**, 7, 253
– Beweislast **9**, 299 f.
– Dauer **9**, 31 ff.; **10 a.F.**, 14; **12**, 13.1 f.; **17**, 68 f.; **20**, 33 ff.
– Einnahmen aus Schutzrechtsverletzungen Dritter **9**, 239 ff.
– Einspruchsverfahren **9**, 36; **12**, 65, 68.6
– Engineering **9**, 92.2
– Erfindung vor Arbeitsverhältnis **4**, 11; **vor 3–12**, 12; **9**, 334
– Erfindungsmeldung, Einfluss **9**, 83 ff.
– Erfindungswert *(s. auch dort)*; **9**, 75 ff.; **Anh 1**, (3), (29)
– Erfüllungsort **9**, 54
– Erprobung **9**, 93 f., 205, 212
– Erzeugnispatent **9**, 91.3
– Fälligkeit bei qualifizierten techn. Verbesserungsvorschlägen **20**, 32

– Fälligkeit der Vergütungsfestsetzung **12**, 55 ff.
– Fälligkeit des Vergütungsanspruchs **9**, 20 ff.
– falsche Berechnung **12**, 160
– Festlegung **12**, 3 ff.
– Festsetzung *(s. Vergütungsfestsetzung)*; **12**, 5, 40 ff.
– Feststellung *(s. Vergütungfeststellung)*; **12**, 4, 14 ff.
– Forschungs- und Entwicklungsauftrag *(s. auch Zwischenbetriebliche Kooperation)*; **9**, 6, 196 ff.
– Forschungseinrichtung **9**, 102
– Forschungseinsatz der Erfindung **9**, 93.2
– frei gewordene Diensterfindung **vor 9–12**, 12 f.; **20**, 9
– freie Erfindung **4**, 11; **vor 9–12**, 12; **19**, 28 f.
– freigegebene Erfindung **vor 9–12**, 16 ff.
– Freizeitbetätigung **25**, 10
– gebrauchsmusterfähige Erfindung **9**, 80, 165, 250; **Anh 1**, (28); **12**, 71 f.
– Gehaltsanhebung **9**, 62, 324; **12**, 109; **22**, 21
– Gesamterfindungswert **9**, 128, 312; **Anh 1**, (19)
– Geschäftsführererfindung **1**, 75 ff.
– Gesellschafterrerfindung **1**, 75 ff.
– Gleichbehandlung **12**, 29; **25**, 21 f.
– Gratifikationen **9**, 62 ff.; **25**, 8
– Herstellung **9**, 125
– Herstellungsverfahren **9**, 91.3
– Hochschulerfindungen **42**, 145
– Höchstbelastbarkeit mit Lizenzen **9**, 129 f.
– Höhe *(s. auch Vergütungsbemessung)*; **9**, 69 ff.; **10 a.F.**, 33; **12**, 13; **17**, 59 ff.; **20**, 39 ff.
– immaterielle Vorteile **9**, 53
– Insolvenzverfahren **27 n.F.**, 55, 101, 112, 113, 164, 180, 187, 189, 195; **27 a.F.**, 61, 84, 89, 99, 105, 113, 135, 139, 145
– Kartellrecht, Einfluss des **9**, 136 f.
– Kausalität **9**, 2, 95

## Stichwortverzeichnis

- Klage auf angemessene Vergütung **12**, 44, 76, 85, 316; **38**, 3 ff.; **39**, 15 ff.
- Klage auf Vergütungsfestsetzung **12**, 44; **38**, 10 f.
- Klagearten **12**, 44, 76, 316; **38**, 10 f.
- Know-how *s. dort*
- Kombinationserfindungen **9**, 91
- Konstruktionszeichnungen **9**, 92, 241 ff.
- Konzern *(s. auch dort)*; **1**, 129 ff.; **9**, 185 ff.; **12**, 296
- kostenlose Lizenzvergabe **1**, 132; **9**, 187 f.
- laufende Zahlung **9**, 55 f.; **12**, 13
- Lizenzanalogie **9**, 121 ff., 105; **10 a.F.**, 34 f.; **Anh 1**, (6), (11); **20**, 41 ff.
- Lizenzaustausch **9**, 236 ff.; **Anh 1**, (17)
- Lizenzbereitschaft **9**, 240.1
- Lizenzeinnahmen **9**, 221 ff.; **Anh 1**, (14), (15)
- Maximalvergütung **9**, 69.1; **22**, 26
- Mindestvergütung **9**, 69; **22**, 27
- Miterfinder *(s. auch dort)*; **9**, 311 ff.; **12**, 28, 88, 110
- Miterfinderanteil *s. dort*
- mittelbare Patentbenutzung **9**, 92.1, 246.7
- mittelbare Vorteile d. Erfindung **9**, 95
- Monopolprinzip **vor 9–12**, 9 ff.
- Neuregelung *s. Vergütungsanpassung*
- nicht ausgenutzte Verwertbarkeit **9**, 86, 210 f.
- nicht verwertbare Erfindungen **9**, 211; **Anh 1**, (22)
- nicht verwertete Diensterfindungen **9**, 210 ff., 250; **Anh 1**, (20), (24)
- nichtausschließliches Benutzungsrecht **14**, 60 ff.; **16**, 90 ff.; **19**, 20 ff.
- Nullfall **9**, 321 ff.; **Anh 1**, (38); **12**, 43, 68.2, 72
- öffentlicher Dienst **9**, 341 ff.; **11**, 12; **12**, 10; **20**, 69; **40**, 14
- Organerfindung **1**, 75 ff.
- Pauschalabfindung *(s. auch dort)*; **9**, 57 ff.; **Anh 1**, (40); **12**, 13, 111, 114, 132
- Prüfung der Diensterf. **9**, 93, 212

- qualifizierter technischer Verbesserungsvorschlag **Anh 1**, (29); *(s. auch dort)*; **20**, 24 ff.
- rechnerische Ermittlung **9**, 292; **Anh 1**, (39)
- Rechnungslegung *(s. auch Rechnungslegungsanspruch)*
- Rechnungslegungsanspruch **12**, 162.4 f.
- Rechtsmissbrauch *(s. auch Verwirkung)*; **9**, 17, 46
- Richtlinien *s. Vergütungsrichtlinien*
- Risikoabschlag *(s. auch dort)*; **vor 9–12**, 7; **10 a.F.**, 36; **12**, 67 ff.
- Rückforderungsanspruch b. Rechtsmissbrauch **9**, 18; **12**, 160
- Rückforderungsverbot *(s. auch dort)*; **12**, 153 ff.; **20**, 32
- Rücksichtnahme auf Auslandsverträge **14**, 67 ff.
- Ruhegeld **9**, 3, 68
- Sachleistungen **9**, 68
- Schadensberechnung nach Vergütungsgrundsätzen **9**, 330 f.
- Schadensersatzleistungen Dritter **9**, 239 ff.
- Schätzung des Erfindungswertes *(s. auch Erfindungswert)*; **9**, 104, 176 ff.; **Anh 1**, (13); **20**, 45
- schlüssige Überleitung Diensterfindung **vor 9–12**, 16
- Schutzrechtserteilungsverfahren **9**, 324; **12**, 64 ff.
- schutzrechtsfreie Zone im Ausland **14**, 35, 69.1 f.
- schutzrechtsfreies Ausland **9**, 246 ff.; **14**, 36
- Schutzrechtskomplexe **9**, 128 ff.; **Anh 1**, (19)
- Schutzrechtsverletzungen, Einnahmen aus **9**, 239 f.
- Schutzrechtsversagung **2**, 22; **9**, 36; **10 a.F.**, 24 f.; **12**, 61, 65.1
- Schutzumfang **9**, 85, 90 ff.; **12**, 116 f.
- Sonderformen der Berechnung **9**, 301 ff.
- Sonderleistung **9**, 246.2, 332 f.; **20**, 65 f.
- Sonderleistungsprinzip **vor 9–12**, 9

# Stichwortverzeichnis

- Sonderzahlungen **9**, 62 ff.; **25**, 22 ff.
- Sperrpatente **9**, 201 ff.; **Anh 1**, (18); **12**, 132
- steuerliche Behandlung **9**, 64, 350 ff.
- tarifvertragliche Ausschlussfristen **9**, 51
- tatsächliche Verwertung **9**, 90 ff.; **10 a.F.**, 7 ff.; **12**, 60; **14**, 62 f.; **16**, 91; **20**, 25 ff.
- technische Hilfsmittel **9**, 279
- technische Verbesserungsvorschläge **Anh 1**, (29); *(s. auch dort)*; **20**, 24, 60 ff.
- Teileinigung **12**, 17
- Unabdingbarkeit des ArbEG **22**, 12, 21, 26
- unbeschränkte Inanspruchnahme **12**, 57 ff.
- unbezifferte Leistungsklage **38**, 3 ff.
- Unbilligkeit **23**, 7, 21, 34
- Urheberrecht **1**, 4.4
- Verbesserung vorhandener Erfindungen **9**, 91.2, 109, 129; **12**, 132; **20**, 13, 22
- Verbesserungserfindung **9**, 109
- Verbot der Doppelberücksichtigung **9**, 82; **Anh 1**, (2)
- verbundene Unternehmen **9**, 190
- Vereinbarung über *(s. auch Vergütungsfeststellung)*; **12**, 14 ff.; **22**, 12, 21, 26; **23**, 11 ff.
- Verfahrenspatent **9**, 91.3
- Vergleich **9**, 61; **12**, 20.1
- Verkauf der Erfindung **9**, 251 ff.; **Anh 1**, (16); **19**, 17
- Versuche **9**, 93 ff.
- Vertrag zugunsten Dritter **9**, 6.1; **34**, 26
- vertragliche Zuordnung der Diensterfindung **vor 9–12**, 12
- Verwendungspatent **9**, 91.3
- Verwertung vor Inanspruchnahme **9**, 11
- Verwertung vor Patenterteilung **12**, 58 ff.
- Verzicht **9**, 37; **12**, 96; **23**, 21
- Verzug **12**, 46
- vollständige Erfüllung **9**, 37, 66; **16**, 18 ff.
- Vorbereitungshandlungen **9**, 93; **10 a.F.**, 9
- vorläufige *s. Vorläufige Vergütung*
- Vorratsgebrauchsmuster **9**, 250
- Vorratspatent **9**, 202 ff.; **Anh 1**, (21)
- Vorrichtung **9**, 91.3
- Wechsel der Benutzungsform u. Miterfinderanteil **12**, 132
- wirtschaftliche Verwertbarkeit **9**, 86, 210
- Zurückbehaltungsrecht **9**, 29 f.
- Zwangslizenzen **9**, 240.1; **12**, 117
- Zwangsvollstreckung **Anh zu 27**, 8 ff.
- Zweifel an Charakter als Dienst- oder freie Erfindung **vor 9–12**, 15
- Zweifel an der Schutzfähigkeit **12**, 43.1
- Zweifel an Schutzfähigkeit **2**, 18, 20; **9**, 14; **10 a.F.**, 19 ff.; **12**, 60 ff.
- zwischenbetriebliche Kooperation **1**, 106 f.; **9**, 191 ff., 314
- Zwischenprodukte **9**, 109, 125

**Vergütungsangebot**
- Verbindung mit Vergütungsfestsetzung **12**, 47
- Vergütungsvereinbarung **12**, 13 ff.

**Vergütungsanpassung**
- Abänderungsklage **12**, 147; **19**, 71
- Abkauf **11**, 26; **12**, 96.1; **22**, 26
- Abstaffelung **12**, 132, 151
- Änderungen, wesentliche **12**, 97 ff.
- Anpassungskriterien **12**, 149 ff.
- Anspruch, schuldrechtlicher **12**, 95
- Anteilsfaktor **12**, 107
- Anwendungsbereich **12**, 95 ff.; **16**, 19; **19**, 69 ff.; **20**, 32
- Äquivalenzstörung **12**, 98 f.
- arbeitsvertragliche Änderungen **12**, 109
- Auskunftsanspruch **12**, 329
- Ausscheiden **12**, 109; **26**, 27 f.
- Benutzungsänderungen **12**, 132
- beschränkte Inanspruchnahme **10 a.F.**, 37
- betriebsgeheime Erfindung **17**, 62
- Beurteilungsmaßstäbe für veränderte Umstände **12**, 98 ff.
- Beweislast **12**, 97
- Durchsetzung **12**, 144 ff.
- Einzelprobleme **12**, 108 ff.

# Stichwortverzeichnis

- Faustregel zur Vergütung **12**, 102
- Fehlbewertung **12**, 116, 132
- freie Erfindung **19**, 69 ff.
- gesamtwirtschaftliche Entwicklungen **12**, 132
- Gesetzesänderung **12**, 141
- Gewinnerwartungen **12**, 132
- Gewinnrückgang **12**, 132, 136
- Hinzutreten produktbezogener Erfindungen **12**, 132
- Informationspflicht des Arbeitgebers **12**, 145
- Irrtum bei Vergütungsfestlegung **12**, 105 ff.
- Irrtum über Schutzfähigkeit **12**, 116
- Irrtum über Schutzumfang **12**, 116
- Kalkulationsirrtum **12**, 20
- Klage **12**, 147
- Kriterien **12**, 149 ff.
- Lizenzvertrag **12**, 132
- Löschungsverfahren **12**, 117
- Miterfinderschaft **12**, 33, 110
- nachträgliche Veränderungen **12**, 98 f., 103
- Nichtigkeitsverfahren **12**, 117
- Pauschalabfindung **12**, 111 f., 114, 132
- qualifizierter techn. Verbesserungsvorschlag **20**, 32
- Rechtsänderung **12**, 141 f.
- Rechtsmissbrauch **12**, 99
- Rechtsnatur **12**, 95
- Rechtsprechungswandel **12**, 142
- Risikoverteilung **12**, 99
- Rückforderungsverbot *(s. auch dort)*; **12**, 153 ff.; **20**, 32
- Rückrufaktionen **12**, 132
- Schutzrechtsänderung **12**, 113 ff.
- Schutzrechtsaufgabe **12**, 110; **16**, 19
- Schutzrechtsbeschränkungen **12**, 117 f.
- Schutzrechtsentwertung **12**, 118
- Schutzrechtswegfall **12**, 68, 113
- Schutzzertifikat **12**, 141
- Sperrpatent **12**, 132
- Stand der Technik **12**, 132
- technische Entwicklungen **12**, 132
- technischer Verbesserungsvorschlag **20**, 32
- übliche Geschäftsentwicklungen **12**, 111 f., 134
- übliche Risiken **12**, 102
- Umsatzsteigerungen, ungewöhnliche **12**, 131
- Umsetzung **12**, 144 ff.
- Veränderung d. Erfindungswerts **12**, 131
- Verbesserung. d. Erfindung **12**, 132
- Vergleich **12**, 111
- Vergütungsdauer **12**, 143
- Vergütungsregelung **12**, 96
- Verhältnis zur Unbilligkeit **12**, 103 f.; **23**, 20
- Verjährung **12**, 96.2
- Verlangen **12**, 96.3
- Verwirkung **12**, 96.2
- Verzicht auf **12**, 96.1; **22**, 26
- Vorbenutzungsrecht Dritter **12**, 117
- Vorratspatent **9**, 207.2; **Anh 1**, (21)
- Wechsel der Benutzungsform u. Miterfinderanteil **12**, 132
- Wegfall der Geschäftsgrundlage **12**, 97
- Wesentlichkeit der Veränderungen **12**, 100 ff.
- Wettbewerbssituation **12**, 132
- wirtschaftliche Veränderungen **12**, 131 ff.
- Wirtschaftskrise **12**, 132
- Zeitpunkt der **12**, 99, 153
- Zwangslizenz **12**, 117

**Vergütungsanspruch** *s. auch Vergütung, Vergütungsanpassung, Vergütungsbemessung*
- Abtretbarkeit **9**, 8
- Abtretungsverbot **9**, 8
- Angemessenheit **9**, 69 ff.
- Arbeitsvergütung **25**, 8
- Aufwendungsersatz **25**, 9 f.
- Auskunft über tatbestandliche Voraussetzungen **12**, 165
- Auskunftserteilung **12**, 162 ff.
- Berufen auf Freiwerden der Erfindung **12**, 75
- Betriebsaufspaltung **1**, 123
- Betriebsübergang **1**, 115, 117, 119 f.; **9**, 7
- Beweislast **9**, 214, 299 f.

# Stichwortverzeichnis

- Dauer **9**, 31 ff.; **10 a.F.**, 14 ff.; **12**, 143; **Anh 1**, (42); **17**, 68 ff.; **20**, 33 ff.
- Einzelrechtsnachfolge **9**, 4 f.
- Entstehen **9**, 11
- Erfindungsmeldung als Grundlage **9**, 83 ff.
- Erfindungswert **9**, 75 ff.
- Erfüllung **9**, 37, 66; **16**, 18 ff.
- Erlassvertrag **9**, 37
- Erlöschen **9**, 33 ff.; **10 a.F.**, 14 ff.; **17**, 69; **20**, 33 ff.
- Erzeugnispatent **9**, 91.3
- Fälligkeit d. Anspruchs **9**, 20 ff.
- Fälligkeit d. Festsetzung **12**, 55 ff.
- freier Erfinder **1**, 49, 76; **9**, 313
- vor Freigabe **8 n.F.**, 94
- freigegebene Diensterfindung **8 n.F.**, 94; **vor 9–12**, 12 ff.
- Gläubiger **9**, 8; **20**, 3
- Grundlage **vor 9–12**, 9 f.
- Haftung Dritter **9**, 4 ff.
- Hochschulerfindungen **42**, 145
- Inanspruchnahme **9**, 11
- innerbetrieblicher Stand d. Technik **9**, 164
- Insolvenzverfahren **27 n.F.**, 55, 101, 112, 113, 164, 180, 187, 189, 195; **27 a.F.**, 61, 84, 89, 99, 105, 113, 139, 145 f.
- Karenzentschädigung **9**, 3
- Löschungsverfahren **9**, 34; **10 a.F.**, 22, 24 f.; **12**, 117
- Lösung der Aufgabe **9**, 274 ff.; **Anh 1**, (32)
- Mindestvergütung **9**, 69
- Neuregelung bei veränderten Umständen (s. auch Vergütungsanpassung) **12**, 95 ff.; **19**, 69 ff.; **20**, 32
- nicht verwertete Erfindungen **9**, 210; **Anh 1**, (20), (24)
- Nichtigkeitsverfahren **9**, 34; **10 a.F.**, 24 f.; **12**, 117
- bei Nutzung frei gewordener Erfindung **8 n.F.**, 93 ff.; **vor 9–12**, 12 ff.
- Nutzungen vor Erfindungsmeldung **9**, 11
- Nutzungen vor Inanspruchnahme **9**, 11
- öffentl. Auftragsvergabe **40**, 57
- öffentl. Dienst **9**, 42, 341 ff.; **11**, 12; **12**, 10; **20**, 69; **40**, 14; **42**, 145
- Patentkategorie **9**, 91.3
- Pfändbarkeit **9**, 8; **Anh zu 27**, 8 ff.
- und Prüfungsantrag **9**, 212
- qualifizierter technischer Verbesserungsvorschlag *(s. auch dort)*; **20**, 10 ff.
- Rechtsmissbrauch **9**, 17 f.
- Rechtsnatur **9**, 3 ff.
- Schuldner **9**, 4 ff.; **20**, 3; **42**, 146
- Schuldübernahme durch Dritte **9**, 6
- Schutzrechtsaufgabe **16**, 14, 18, 24
- Schutzrechtsübertragung **9**, 187 f., 251 ff.; **Anh 1**, (16); **16**, 66; **19**, 17
- Schutzrechtsversagung **2**, 22 ff.; **3**, 20; **9**, 36; **10 a.F.**, 22, 24 f.; **12**, 61, 65.1
- Schutzumfang **9**, 85, 91 f.
- Sonderleistung **9**, 246.2, 332 f.; **20**, 65 f.
- Sonderzahlung **9**, 62 f.
- Sortenschutz **2**, 8
- Sozialplan **9**, 3
- Sozialversicherung **9**, 3; **20**, 61.4
- tarifvertragliche Ausschlussfristen **9**, 51
- technische Verbesserungsvorschläge, einfache *(s. auch dort)*; **20**, 65 f.
- Übertragbarkeit **9**, 8; **10 a.F.**, 6
- Unzumutbarkeit *(s auch Nullfall)*; **9**, 35, 321 ff.; **10 a.F.**, 16 ff.; **17**, 69
- Vererblichkeit **1**, 49; **9**, 8; **10 a.F.**, 6
- Verfahrenspatent **9**, 91.3
- Verjährung **9**, 39 ff.; **10 a.F.**, 30; **19**, 29; **20**, 38; **23**, 37
- bei Verlust **9**, 2.3
- Vermögensübernahme **9**, 7
- Verwertbarkeit **9**, 86, 210 ff.
- Verwirkung **9**, 46 ff.; **10 a.F.**, 30; **12**, 86; **20**, 38
- Verzicht auf **9**, 37; **13**, 34; **23**, 21
- Verzug **12**, 46
- vollständige Erfüllung **9**, 37, 66; **16**, 18 ff.
- Voraussetzungen bei Inanspruchnahme **9**, 1.3
- Vorbenutzungsrecht **9**, 333; **12**, 117
- Vorbereitungshandlungen **9**, 93
- vorwerfbare Nichtverwertung **9**, 214, 88

# Stichwortverzeichnis

- Wegfall **9**, 33 ff.; **10 a.F.**, 14 ff.; **12**, 65; 17, 68 ff.; **20**, 33 ff.
- Zwangsvollstreckung **Anh zu 27**, 8 ff.

**Vergütungsbemessung** *s. auch Abstaffelung, Anteilsfaktor, Betrieblicher Nutzen, Erfindungswert, Lizenzanalogie, Miterfinderanteil, Nullfall, Vergütung, Vergütungsanspruch*
- Abhängigkeit von Fremdschutzrechten **9**, 134; **12**, 72.2
- Angemessenheit **9**, 69 ff.
- Aufgaben und Stellung im Betrieb **9**, 280 ff.; **Anh 1**, (33), (36)
- Auftragsforschung **42**, 171
- betrieblicher Nutzen *s. dort*
- betriebsgeheime Erfindung **17**, 59 ff.
- EBIT-Orientierung **9**, 129, 134
- Erfindungsmeldung **9**, 83 f.
- Erfindungswert **9**, 75 ff.
- freie Erfindung **vor 9–12**, 12 f.; 19, 28 f.
- freigegebene Diensterfindung **vor 9–12**, 12 ff.
- Hochschulerfindungen **42**, 165
- ideelle Vorteile **9**, 2.2
- Inhalt der Vergütungsregelung **12**, 13 f.
- Kartellrecht **9**, 136 ff.
- Maximalvergütung **9**, 69.1; **22**, 26
- Mindestvergütung **9**, 69
- Miterfinder **9**, 312 ff.; **12**, 30 ff.
- Neuregelung **12**, 95 ff.
- öffentlicher Dienst **9**, 341 ff.; **11**, 12; **40**, 14
- öffentliches Interesse an der Erfindung **9**, 79
- Orientierung am Gewinn **9**, 2.3, 129.1, 134
- Prinzip der **9**, 54 ff.
- Qualifizierte techn. Verbesserungsvorschläge **20**, 39 ff.
- Quotenwiderspruch **12**, 90
- rechnerische Ermittlung **9**, 292; **Anh 1**, (39)
- Risikoabschlag *(s. auch dort)*; **12**, 67 ff.
- Schadensersatz bei Fehlern **12**, 160
- und schöpferische Leistung (als solche) **9**, 79
- Sonderformen der **9**, 301 ff.
- Stellung im Betrieb **9**, 280 ff.; **Anh 1**, (33), (36)
- technische Verbesserungsvorschläge **20**, 39 ff., 61, 69
- Übertragung frei gewordener Diensterfindung auf Arbeitgeber **vor 9–12**, 12
- Unbilligkeit **23**, 6, 21 ff.
- Vergütungsrichtlinien *s. dort*
- Verhältnis der Berechnungsmethoden zueinander **9**, 103 ff.
- volkswirtschaftliche Bedeutung d. Erfindung **9**, 2.2, 79
- Wahl der Berechnungsmethode **9**, 107 f.

**Vergütungsdauer** *s. Dauer*

**Vergütungsfestlegung** *(s. im Übr. Vergütungsfeststellung, Vergütungsfestsetzung, Vergütungsvereibarung)*; **12**, 3

**Vergütungsfestsetzung**
- Abhängigkeit von Fremdschutzrechten **12**, 72.2
- Abstaffelung **9**, 148; **12**, 52, 132
- Änderung **12**, 18.4, 74.3, 95 ff.
- Anfechtung **12**, 47, 74.1
- bei Anpassung **12**, 146
- Anteilsfaktor **12**, 52, 54
- Art der Vergütung **12**, 50.1
- ausbleibende Verwertung **12**, 72 f.
- Auskunftsanspruch, Bedeutung der **12**, 175
- Auslegung **12**, 11, 47, 50
- Bedingung **12**, 47
- Befristung **12**, 47, 74.2
- Begriff **12**, 5
- Begründung **12**, 52 f.
- Benutzungsformen, unterschiedliche **12**, 13
- bei beschränkter Inanspruchnahme **10 a.F.**, 3, 13; **12**, 73
- Bevollmächtigte **12**, 47
- Bindung an **12**, 13.1 f.
- Dauer **12**, 13.1, 74
- Endtermine der **12**, 56
- Erfindungswert **12**, 52 f.
- Erklärungsempfänger **12**, 47
- erneute **12**, 40, 85
- Erweiterungen, inhaltliche **12**, 53.2
- Fälligkeit **12**, 55 ff.

# Stichwortverzeichnis

- Form **12**, 49
- formlose **12**, 49.2
- Frist zur **12**, 55 ff.
- Gesamthöhe Vergütung **12**, 54
- Hochschule **42**, 147
- Ingangsetzen der Widerspruchsfrist **12**, 54
- Inhalt **12**, 13 f., 50 ff., 74.1 ff.
- Klage auf **12**, 44; **38**, 10 f.
- laufende Vergütung **12**, 50.2
- Leistungsbestimmungsrecht **12**, 48
- Lizenzanalogie **12**, 52
- Lösung von **12**, 13.2
- mangelhafte **12**, 52.1
- mehrere Diensterfindungen **12**, 51
- Mehrfachfestsetzung, Verbot der **12**, 40
- Mindestzahlungsverpflichtung **12**, 75
- Miterfinder **12**, 54, 88 ff.
- Miterfinderanteile **12**, 32.3
- Nachprüfbarkeit **12**, 52.1
- nicht ausschließliches Benutzungsrecht **14**, 61; **16**, 91
- Nullfall **12**, 43, 52, 72
- öffentlicher Dienst **12**, 10
- Pauschalabfindung *(s. auch dort)*; **12**, 13, 50.2, 52
- Pflicht des Arbeitgebers **12**, 40 ff.
- Quotenwiderspruch **12**, 75, 88 ff.
- Rechtsfolgen bei Unterlassung **12**, 44 ff.
- Rechtsnatur **12**, 47 f.
- Risikoabschlag *s. dort*; **12**, 52
- Rückforderungsverbot *(s. auch dort)*; **12**, 153 ff.
- Schutzrechtserteilungsverfahren **12**, 60 ff.
- Schutzrechtsversagung **2**, 22; **12**, 13.2
- Selbstbindung d. Arbeitgebers **12**, 75, 84
- techn. Verbesserungsvorschlag **20**, 32
- Teilwiderspruch **12**, 79, 84
- Textform **12**, 49
- Umsatz **12**, 52
- bei (unbeschränkter) Inanspruchnahme **12**, 57 ff.
- Unbilligkeit **12**, 74.4; **23**, 6, 7.2, 21, 34
- Unklarheiten **12**, 52.1
- unwirksame **12**, 52.1 f.
- Unwirksamkeit **12**, 74.4
- Verbesserungsvorschlag **20**, 32
- Verbindlichkeit **12**, 74 ff.
- Verbindung mit Vertragsangebot **12**, 47
- für Vergangenheit **12**, 74.1
- versäumte **12**, 44
- verspätete **12**, 56
- Verzug **12**, 45
- Vollständigkeit **12**, 52.1
- vorläufige Vergütung **12**, 64 ff.
- Widerspruch des/der Arbeitnehmer *(s. auch Widerspruch gg. Vergütungsfestsetzung)*; **12**, 77 ff.
- Widerspruch von Miterfindern *(s. auch Quotenwiderspruch)*; **12**, 88 ff.
- wiederholte **12**, 40
- Zahlungsmodalitäten **12**, 50.1 ff.
- Zahlungspflicht **12**, 75, 87
- Zahlungstermine **12**, 50.4 f.
- Zeitpunkt **12**, 53, 55
- Zweck **12**, 2, 40
- Zweifel an Schutzfähigkeit **12**, 43.1

**Vergütungsfeststellung**
- Änderung **12**, 18.4
- Anfechtung **12**, 20 ff.
- Auskunftsanspruch, Bedeutung der **12**, 175
- Begriff **12**, 4
- bei Anpassung **12**, 146
- Bekanntgabe d. Gesamtvergütung u. Einzelanteile **12**, 35 ff.
- Bekanntgabe d. Miterfinderanteile **12**, 35 ff.
- Benutzungsformen, unterschiedliche **12**, 13
- Benutzungsformen, Wechsel **12**, 132
- Bindung an **12**, 13.1 f.
- Dauer **12**, 13.1, 17
- Endtermine der **12**, 26
- Form **12**, 18
- Frist **12**, 22 ff.
- Hochschule **42**, 147
- Inhalt **12**, 17 f.
- Lösung von **12**, 13.2
- Miterfinder **12**, 28 ff.
- Rechtsnatur **12**, 16

- Rückforderungsverbot *(s. auch dort)*; **12**, 153 ff.
- Schutzrechtsversagung **2**, 22; **12**, 13.2
- techn. Verbesserungsvorschlag **20**, 32
- Unbilligkeit **23**, 6, 21, 34
- Unwirksamkeit **12**, 19 ff.
- Verbindlichkeit **12**, 13.1, 14
- Vergleich **12**, 20.1
- Widerspruchsrecht **12**, 19
- Zahlungstermine **12**, 50.4 f.
- Zeitpunkt **12**, 22 f.

**Vergütungsgrundsatz**
- allgemeiner **9**, 2

**Vergütungsklage**
- Arten **12**, 44, 76 f.; **38**, 10 f.; **39**, 15 ff.
- Stufenklage **12**, 316

**Vergütungspflicht**
- arbeitsrechtliche **25**, 8 ff.
- Hochschulerfndungen **42**, 145
- nicht ausschließliches Benutzungsrecht **14**, 60 ff.; **16**, 90 f.; **19**, 20 ff.
- unbeschränkte Inanspruchnahme **9**, 12

**Vergütungsregelung** *s. Vergütungsfeststellung, Vergütungsfestsetzung, Vergütungsvereinbarung*

**Vergütungsrichtlinien** *s. auch Abstaffelung, Anteilsfaktor, Erfindungswert, Nullfall, Vergütung*
- Abweichung von **11**, 5 f.; **Anh. 1**, (1)
- Änderung **11**, 2
- Bedeutung **11**, 4, 7; **Anh. 1**, (1)
- betrieblicher Nutzen *(s. auch dort)*; **9**, 161 ff.; **Anh. 1**, (12)
- betriebseigene **11**, 13 ff.; **25**, 21
- für Gefolgschaftsmitglieder **11**, 3; **46**, 2
- Gleichbehandlung **25**, 21
- Inhaltsübersicht **11**, 8 ff.
- Lizenzanalogie **9**, 121 ff., 109; **Anh. 1**, (6), (11)
- Neue Bundesländer **11**, 7
- öffentlicher Dienst **11**, 12; **40**, 14
- öffentlicher Dienst, Text **Anhang 2**
- Privater Dienst, Text **Anh. 1**
- Rechtsnatur **11**, 5
- Rückwirkung **43**, 6
- Sondermethoden **9**, 301 ff.
- Unabdingbarkeit **22**, 12
- unternehmenseigene **11**, 13
- Unternehmensrichtlinie **11**, 13 ff.
- Verbot der Doppelberücksichtigung **9**, 82; **Anh. 1**, (2)
- und Vergütungsbemessung *(s. auch dort)*; **9**, 73; **11**, 4 ff.
- Verhältnis der Berechnungsmethoden zueinander **9**, 103 ff.
- Wahl der Berechnungsmethode **9**, 107 f.

**Vergütungsvereinbarung** *s. auch Vereinbarung, Vergütungsfeststellung*
- Abstaffelung **9**, 148
- Änderung **12**, 18.4, 95 ff.
- Anfechtung **12**, 20 ff.
- Auslegung **12**, 11, 18.3
- Auslegung, gerichtl. Zuständigkeit **39**, 18
- Benutzungsformen, unterschiedliche **12**, 13
- Benutzungsformen, Wechsel **12**, 132
- Bindung an **12**, 13.1 f.
- Dauer **12**, 13 f.
- Diensterfindung *s. Vergütungsfeststellung*
- freie Erfindung **vor 9–12**, **12**; **19**, 28 f.
- Hochschule **42**, 147
- Inhalt **12**, 13 f.
- konkludente **12**, 18
- Lösung von **12**, 13.2
- Rechtsnatur **12**, 16
- Schutzrechtsversagung **2**, 22
- Unbilligkeit **23**, 7, 21 ff.
- Unwirksamkeit **12**, 19 ff.
- Vergleich **12**, 20.1
- Zustandekommen **12**, 17 ff.

**Verhandlung**
- Hemmung der Verjährung **9**, 43
- mündliche vor Schiedsstelle **33**, 40

**Verjährung** *s. auch Verwirkung*
- Anpassungsanspruch **12**, 96.2
- Ausgleichsanspruch bei Bruchteilsgemeinschaft **5**, 53.4
- Auskunftsanspruch **12**, 306 f.
- Beweislast **9**, 43.3
- Einschlafenlassen Verhandlungen **9**, 43
- Erfindungsmeldung **5**, 94.1
- erneute **9**, 43.4
- Fristbeginn **9**, 40.1 ff.

# Stichwortverzeichnis

– Hemmung durch Anrufung der Schiedsstelle **31**, 19
– Hemmung durch Verhandlung **9**, 43
– Hemmung in Nachlassfällen **1**, 149
– Meldepflicht **5**, 94.1
– Prämierung von Verbesserungsvorschlägen **20**, 61.3
– Rechtsfolgen der **9**, 43.1 ff.
– Rechtsunkenntnis **9**, 40.4
– Rückforderung **12**, 159
– Übergangsrecht **9**, 44 f.
– Unbilligkeit **23**, 29, 37 f.
– Vergütungsanpassung **12**, 96.2
– Vergütungsanspruch für Diensterfindungen **9**, 39 ff.; **10 a.F.**, 30
– Vergütungsanspruch für freie Erfindungen **19**, 29
– Vergütungsanspruch für qual. techn. Verbesserungsvorschläge **20**, 38
– Vergütungsanspruch Unbilligkeit **23**, 34
– Verzicht auf Verjährungseinrede **9**, 43.5

**Verkauf der Erfindung** *s. auch Übertragung*
– Auskunftsanspruch **12**, 219
– Betriebsübergang **9**, 253
– Erfindungswert **9**, 251 ff.; **Anh 1**, (16); **19**, 17
– Hochschulerfindung **42**, 170, 220
– Insolvenzverfahren **27 n.F.**, 48, 158; **27 a.F.**, 47, 67
– mehrere Rechte **9**, 252
– Rechtsfolgen für Erwerber **Einl**, 8; **7 n.F.**, 24 ff.; **7 a.F.**, 35, 61; **9**, 6, 147; **27 n.F.**, 48, 55, 164; **27 a.F.**, 89 ff.
– Risikoabschlag **12**, 69.2
– Umrechnungsfaktor **9**, 252.2
– unentgeltliche Übertragung **9**, 187 f., 252.4
– Unternehmensverkauf **9**, 252
– Verkaufspaket **9**, 252

**Verlangen**
– bei unbilliger Erschwerung **7 a.F.**, 49 ff.
– bei Vergütungsanpassung **12**, 96.3

**Verlängerte Werkbank 9**, 101; **16**, 83

**Verlust**
– Erfindungsmeldung **5**, 13
– Vergütung bei **9**, 2.3

**Vermögensübernahme**
– Betriebsübergang **1**, 124
– Vergütungsanspruch **9**, 7

**Vermögensübertragung 1**, 127

**Vermögensverfall** *s. im Übr. Insolvenzverfahren, Vergleichsverfahren*
– Schutzrechtsaufgabe **16**, 26

**Vernichtbarkeit des Schutzrechts**
– Vergütung **9**, 35 f., 208.

**Veröffentlichung**
– Schiedsstellenentscheidungen **33**, 20

**Verpackungskosten 9**, 125

**Verpflichtungen aus dem Arbeitsverhältnis** *s. auch Arbeitgeber, Arbeitnehmer, Arbeitsverhältnis*; **25**, 4 ff.

**Verrechnung**
– Vergütungsanspruch **12**, 161

**Verrechnungspreise 9**, 186.1

**Verschmelzung 1**, 127 f.

**Verschwiegenheitspflicht** *s. auch Geheimhaltungspflicht*
– Arbeitgeber **7 a.F.**, 38; **8 n.F.**, 121; **17**, 39 ff.; **24**, 3, 25 ff.
– Arbeitnehmer **8 n.F.**, 81; **17**, 39 ff.; **24**, 38 ff.; **26**, 34 ff.

**Versetzung**
– Ausland **1**, 36

**Versicherungskosten 9**, 125

**Versuche**
– Anteilsfaktor **9**, 279.1 f.
– Ersatz von Arbeitnehmerkosten für **25**, 10
– Fertigstellung der Diensterfindung **4**, 17
– Reihenversuche **9**, 279.1
– technischer Verbesserungsvorschlag **20**, 28
– vergütungsfreie Erprobungsphase **9**, 93 f., 212
– Vergütungspflicht **9**, 93 ff.

**Vertrag zugunsten Dritter**
– Einigungsvorschlag **34**, 26
– Vergütung **9**, 6.1

**Vertragsabsprachen**
– über Anwendbarkeit des ArbEG **1**, 73, 92 ff.
– Schutzfähigkeit **2**, 14

# Stichwortverzeichnis

- Überleitung der Diensterfindung 6 n.F., 31; 6 a.F., 57, 61 ff.; **22**, 26
**Vertragsanalyse**
- konkrete Lizenzanalogie **9**, 122
**Vertragsauslegung 12**, 11, 18.3
**Vertragsfreiheit** *s. auch Kartellrecht, Zwingendes Recht*
- internationales Arbeitsrecht **1**, 34, 109 f.
- Vereinbarung d. ArbEG **1**, 93
**Vertreter** *s. auch Bevollmächtigter*
- gesetzlicher **1**, 68 ff.
**Verwaltungen**
- öffentliche **4**, 21; **40**, 7 f.
**Verwaltungsakt**
- Maßnahmen im Bereich des Erfinderrechts als **41**, 15
- Schiedsstelle **28**, 7 f.; **33**, 45; **34**, 10; **35**, 10
**Verwaltungsgericht**
- Zuständigkeit **38**, 6; **39**, 2, 11, 16, 27 ff.; **41**, 15, 25
**Verwendbarkeit im Arbeitsbereich 18**, 29; **19**, 38 ff.
**Verwendungspatent**
- Vergütung **9**, 91.3
**Verwertbarkeit** *s. auch Erfindungswert*
- Hochschulerfindungen **42**, 161
- unausgenutzte **9**, 86, 210 ff., 250
- wirtschaftliche **9**, 21, 75, 86 ff., 210
**Verwertung** *s. auch Auslandsnutzung, Vorbereitungshandlungen*
- Begriff **9**, 90 ff.
- Beschränkungen im öffentlichen Interesse **40**, 34 ff.
- Bewertungskommission/Ent-scheidung über **20**, 31
- Diensterfindung durch Arbeitnehmer vor Inanspruchnahme **7 n.F.**, 94 ff., 109 f.; **7 a.F.**, 60 ff., 69
- Entscheidungsrecht des Arbeitgebers **7 n.F.**, 20 ff.; **7 a.F.**, 6; **25**, 18
- Fälligkeit der Vergütung **9**, 24 ff.; **20**, 32 f.
- Fälligkeit der Vergütungsfestsetzung **12**, 55 ff.
- frei gewordene Erf. durch Arbeitgeber **8 n.F.**, 93

- frei gewordene Erf. durch Arbeitnehmer **8 n.F.**, 74 ff.; **8 a.F.**, 48 ff.; **25**, 40 f.
- freie Erf. durch Arbeitnehmer **18**, 5, 43; **19**, 4, 27, 33 ff.
- Hochschulerfindungen **42**, 160
- nach Inanspruchnahme **7 n.F.**, 20 ff.; **7 a.F.**, 6, 69
- nach Insolvenzeröffnung **27 n.F.**, 41, 101; **27 a.F.**, 41, 105
- Interessenkollision **25**, 36
- Möglichkeiten **9**, 86 ff., 214
- qualifizierter techn. Verbesserungsvorschlag **20**, 25 ff.
- nach Schutzrechtsaufgabe durch Arbeitgeber **16**, 64 f.
- nach Schutzrechtsaufgabe durch Arbeitnehmer **16**, 60 f.
- tatsächliche **9**, 91 ff.; **10 a.F.**, 8 f.; **20**, 25 ff.
- techn. Verbesserungsvorschlag durch Arbeitnehmer **3**, 32; **8 n.F.**, 56 f.; **8 a.F.**, 43
- unbillige Erschwerung **7 a.F.**, 39 ff.; **14**, 52; **16**, 85
- Veränderungen **12**, 132
- Vereinbarungen über Erfindungsverwertung duch Arbeitnehmer **22**, 26
- bei zwischenbetriebl. Kooperation **9**, 191 ff.
**Verwertungsbeschränkung** *s. auch Verwertung, Wettbewerbsverbot*
- des Arbeitnehmers **7 a.F.**, 60 ff.; **8 n.F.**, 77 ff.; **18**, 5; **25**, 40 f.
- öffentlicher Dienst **40**, 34 ff.
**Verwertungspflicht**
- Arbeitgeber **7 n.F.**, 20 f.
- Hochschulerfindungen **42**, 162
**Verwirkung** *s. auch Rechtsmissbrauch*
- Anpassungsanspruch **12**, 96.2
- Auskunftsanspruch **12**, 308
- Berufung auf Freiwerden **6 a.F.**, 34
- Erfindungsmeldung **5**, 94.1
- Inanspruchnahme **6 a.F.**, 56
- Miterfinderschaft **5**, 51.3
- Unbilligkeit **23**, 32
- Vergütungsanpassung **12**, 96.2
- Vergütungsanspruch **9**, 46 ff.; **20**, 38

# Stichwortverzeichnis

- während Arbeitsverhältnis **9**, 48
- Widerspruch gg. Vergütungsfestsetzung **12**, 86

**Verzicht**
- Anbietung durch Insolvenzverwalter **27 n.F.**, 122, 127
- Anpassungsanspruch **12**, 96.1
- Auslandsfreigabe **14**, 71, 84
- Auslandsschutzrechte **14**, 14, 36.2; **22**, 27
- Benutzungsrecht **8 a.F.**, 9; **14**, 70
- Freigabe **8 a.F.**, 46
- Geheimhaltung **24**, 15, 36, 55
- Hochschulwissenschaftler auf Nutzungsrecht **42**, 197
- Hochschulwissenschaftler auf Publikationsfreiheit **42**, 196
- in Anspruch genommene Diensterfindung s. *Schutzrechtsaufgabe*
- Inanspruchnahmerecht **6 n.F.**, 36; **6 a.F.**, 16; **8 a.F.**, 10, 29; **22**, 27
- Meldung **5**, 30
- Miterfinderanteil **12**, 32.3
- Mitteilung freier Erfindung **22**, 27
- nicht ausschließliches Benutzungsrecht **8 n.F.**, 16
- Patentamt, gegenüber **7 n.F.**, 47, 100; **16**, 11 f.
- Rechte aus Schutzrechtsaufgabe **16**, 36
- Schiedsstellenverfahren **37**, 19 ff., 24 ff.
- Schrift-/Textform **5**, 30, 37, 38 f.; **22**, 27
- Schriftform **6 a.F.**, 31 f.
- Schutzrechtsanmeldung **13**, 33 ff.; **22**, 26, 27
- Schutzrechtsübertragung **16**, 25, 36, 39; **22**, 26
- Textform **6 n.F.**, 112; **8 n.F.**, 30
- Unbilligkeit **23**, 21
- Vergütung **9**, 37; **13**, 34; **23**, 21
- Vergütungsanpassungsanspruch **12**, 96.1
- Verjährungseinrede **9**, 43.5
- Widerspruch gg. Einigungsvorschlag **34**, 30
- Widerspruch gg. Vergütungsfestsetzung **12**, 77
- Zulässigkeit **22**, 26 f., 37

**Verzug**
- Vergütung **9**, 26 ff.
- Zinsen **9**, 28.3
- Zuständigkeit Schiedsstelle **34**, 46

**Vindikation** s. *Freigewordene Diensterfindung, Widerrechtliche Entnahme*

**Vindikationsanspruch** s. *widerrechtliche Entnahme*

**Vollmacht** s. *Bevollmächtigter*

**Vollstreckung**
- Einigungsvorschlag **34**, 13

**Volontäre 1**, 88

**Vorausverfügung über Erfindungsrechte 1**, 48, 55, 73 ff.; **22**, 10, 26

**Vorbehalt**
- geheimer **12**, 21.2

**Vorbehalt eines nichtausschließlichen Benutzungsrechts**
- Auslandsfreigabe **14**, 46 ff.
- Schutzrechtsaufgabe **16**, 77 ff.
- Vergütung s. auch *Beschränkte Inanspruchnahme, Nichtausschließliches Benutzungsrecht*; **14**, 60 ff.; **16**, 90 ff.

**Vorbenutzungsrecht vor 3**, 7
- Arbeitgeber bei Freigabe **8 n.F.**, 106
- Arbeitnehmer **7 n.F.**, 110; **7 a.F.**, 69
- betriebsgeheime Erfindung **17**, 61
- Kooperation **5**, 9.4
- unterlassene Erfindungsmeldung **5**, 97.3
- Vergütungsanpassung **12**, 117
- Vergütungspflicht **9**, 333

**Vorbereitungshandlungen** s. auch *Versuche, Verwertung*
- Vergütung **9**, 93; **10 a.F.**, 9

**Vorhandene Aufzeichnungen 5**, 76

**Vorhandener/vorbereiteter Arbeitsbereich 19**, 38 ff.

**Vorkaufsrecht**
- Abgrenzung zur Anbietungspflicht **19**, 10
- freie Erfindung **19**, 77
- Insolvenz d. Arbeitgebers **27 n.F.**, 2, 121; **27 a.F.**, 66 ff., 75 ff.

**Vorlage**
- von Unterlagen, Vergütungsauskunft **12**, 162.8, 218

# Stichwortverzeichnis

**Vorläufige Vergütung 12**, 64 ff.
– Auslandsschutzrecht **12**, 63, 69
– betriebsgeheime Erfindung **17**, 59
– Dauer **12**, 65
– Einspruchsverfahren **12**, 65, 68.6
– Gebrauchsmuster **12**, 71
– Höhe **12**, 66 ff.
– Monopolprinzip **12**, 62
– Nachzahlung **12**, 69; **16**, 66, 69
– Risikoabschlag *(s. auch dort)*; **12**, 67 ff.
– Schutzrechtserteilung **12**, 69
– nach Schutzrechtsversagung **12**, 61, 67, 68.4
– als technischer Verbesserungsvorschlag **2**, 20; **3**, 8
– Umwandlung in volle Vergütung bei Schutzrechtserteilung **12**, 69
– Vorbehalt eines Benutzungsrechts **14**, 65; **16**, 92
**Vorläufiger Insolvenzverwalter 27 n.F.**, 32, 43
**Vorratsgebrauchsmuster 9**, 250
**Vorratspatent**
– Abgrenzung zum Sperrpatent **9**, 203
– Ausland **9**, 246.4 f.
– Begriff **9**, 202
– Entscheidungsfreiheit **9**, 215
– Erfindungswert **9**, 207 f.
– Schutzrechtsaufgabe **16**, 20
– Vergütung **9**, 201 ff.; **Anh 1**, (21)
– Vergütungsverjährung **9**, 40.3
– Vernichtbarkeit **9**, 208
– Zahlungsdauer **9**, 207.1
**Vorrichtung**
– Vergütung **9**, 91.3
**Vorruhestand 1**, 79
**Vorschlagslisten**
– Schiedsstellenbesetzung **30**, 12 f.; **40**, 50
**Vorschlagswesen** *s. im Übr. Technischer Verbesserungsvorschlag*
– betriebliches **20**, 56 ff.; **25**, 22
– Bundesverwaltung **20**, 61, 68 f.; **40**, 31
– Hochschulen **42**, 53
– Mitbestimmung **20**, 53 ff.
– Zweck **20**, 51
**Vorschusszahlungen**
– Kunden **9**, 125

– Rückforderungsverbot **12**, 158
– Vergütung **9**, 25, 55.3, 65
**Vorsitzender der Schiedsstelle**
– Anordnungen **34**, 3
– Bestellung **30**, 4 ff.
– Dienstaufsicht **30**, 14
– Unabhängigkeit **30**, 6, 16
**Vorsorgliche Inanspruchnahme 6 n.F.**, 23; **6 a.F.**, 13
**Vorstandsmitglied** *s. Organmitglied*
**Vorverfahren** *s. Widerspruchsverfahren*
– öffentlicher Dienst **28**, 32; **37**, 1; **41**, 15
**Vorzugsstellung**
– qualifizierter technischer Verbesserungsvorschlag **20**, 11 ff.
– Wegfall **20**, 33 ff.
**Wahlrecht**
– des Arbeitgebers,
– Art der Inanspruchnahme **6 a.F.**, 13 f.
– Ertragsbeteiligung im öffentl. Dienst **40**, 17
– Freigabe oder Inanspruchnahme **6 n.F.**, 21
– Lizenzsatz? für Lizenzanalogie **9**, 124
– bei unbilliger Erschwerung anderweitiger Verwertung **7 a.F.**, 51
– Vergütungsberechnungsmethode **9**, 108
– zwischen Patent- u. Gebrauchsmusteranmeldung **13**, 11 ff.
– des Arbeitnehmers
– Angebot bei freier Erfindung **19**, 18
– bei Schutzrechtsaufgabe **16**, 36
**Warenzeichen** *s. Marke*
**Wechsel**
– Art der Inanspruchnahme **6 a.F.**, 15; **8 a.F.**, 30
– der Benutzungsform **12**, 132
– des Betriebsinhabers *s. Betriebsinhaberwechsel*
– eines Beteiligten im Schiedsstellenverfahren **33**, 10
**Wechselwirkung Bezugsgröße/Lizenzsatz 9**, 125.2
**Wegfall** *s. auch Schutzrechtsversagung*
– Anmeldepflicht **13**, 31 f.
– Geschäftsgrundlage **12**, 97 ff., 107

# Stichwortverzeichnis

– Meldepflicht **5**, 30 ff.
– nachträglicher der Schutzfähigkeit, Vergütung **10 a.F.**, 22, 24 ff.
– nicht ausschließl. Benutzungsrecht **14**, 70
– Schutzrecht, Vergütungsanpassung **12**, 113 ff.
– Vergütungsanspruch **9**, 34, 36; **10 a.F.**, 14, 22; **14**, 61, 70.1; **17**, 68 ff.; **20**, 33 ff.
**Wehrpflichtiger** *s. auch Soldat*; **1**, 89 f.; **4**, 49; **41**, 18 f.
**Weisungen** *s. auch Anteilsfaktor*
– Anteilsfaktor **9**, 272
– Befugnisse des Arbeitgebers **25**, 6
– dienstliche **5**, 78
– obliegende Tätigkeit **4**, 22 ff.
**Weisungsgebundenheit**
– Arbeitnehmerbegrifff **1**, 16 f.
– Miterfinderbegriff **5**, 46, 49
**Weiterbeschäftigungsanspruch 26**, 5
**Weiterentwicklung** *s. Verbesserungen d. Erfindung*
– Meldepflicht **5**, 21
**Werkbank, verlängerte** *- s. Verlängerte Werkbank*
**Werkstudent** *s. auch Student*; **1**, 91
**Werkvertrag 1**, 46, 48
**Wesentliche Änderung der Umstände** *s. i. Übr. Vergütungsanpassung*; **12**, 97 ff.
**Wettbewerbsverbot 25**, 37
– Auswirkung einer Schutzrechtsübertragung **16**, 60
– freie Erfindung **18**, 5
– freigewordene Diensterfindung **8 n.F.**, 77 ff.
– Handelsvertreter **1**, 55
– kollusives Zusammenwirken **26**, 53
– nachvertragliches **26**, 34, 40 ff.
– Pensionär **1**, 79, 82
– und unbilliges Erschweren **7 a.F.**, 48
– Vereinbarung **26**, 40 ff.
– Verletzung **26**, 51 ff.
**Wettbewerbsverhältnis**
– Auskunftspflicht **12**, 246
– Verwertungsbeschränkungen für Arbeitnehmer **8 n.F.**, 78; **18**, 5; **25**, 37, 41; **26**, 35

**Widerklage 39**, 19
**Widerrechtliche Entnahme**
– durch Arbeitgeber, Schadensersatz **8 n.F.**, 113 ff.
– durch Arbeitgeber, Vindikation **13**, 92 ff.
– durch Arbeitnehmer **7 n.F.**, 51 ff.; **13**, 46 f.; **14**, 9 ff.
– durch Dritte **7 n.F.**, 48, 70 f.; **8 n.F.**, 113; **13**, 87
– europäisches Patentrecht **7 n.F.**, 58
– Fristen für Vindikation **8 n.F.**, 114; **14**, 7
– Gebrauchsmusteranmeldung **7 n.F.**, 57
– Mitinhaberschaft **7 n.F.**, 56
**Widerspruch**
– gg. Betriebsübergang **1**, 116
– gg. Einigungsvorschlag **34**, 29 ff.; **35**, 8
– Belehrung **34**, 23 f.
– Form **34**, 32
– Frist **34**, 31
– Inhalt **34**, 33
– Verzicht **34**, 30
– gg. Vergütungsfestsetzung **12**, 77 ff.
– Anfechtung **12**, 78
– Auslegung **12**, 79
– Beweislast **12**, 77
– Erklärung im Schiedsstellenverfahren **12**, 78
– Form **12**, 80
– Frist **12**, 54, 81
– Inhalt **12**, 79
– Miterfinder **12**, 88 ff.
– nachträgliches Berufen auf Unbilligkeit der Festsetzung **23**, 7.2
– Neubemessung **12**, 93
– Rechtsfolgen **12**, 83 ff.
– Rechtsmissbrauch **12**, 77
– Rechtsnatur **12**, 78
– »reformatio in peius« **12**, 84
– Rückforderungsverbot **12**, 75
– Teilwiderspruch **12**, 79, 84
– Textform **12**, 80
– Verwirkung **12**, 86
– Verzicht auf **12**, 77
– Zahlungspflicht des Arbeitgebers **12**, 75, 87
– Zugang **12**, 77, 78

# Stichwortverzeichnis

**Widerspruchsverfahren**
– öffentl. Dienst **28**, 32
**Wiederaufnahme**
– Schiedsstellenverfahren **34**, 34
**Wiedereinsetzung**
– bei Patentamt bei Schutzrechtsaufgabe **16**, 76
– im Schiedsstellenverfahren **34**, 1, 40 ff.
**Wiederholte Vergütungsfestsetzung 12**, 40
**Wiederkehrende Leistung** *s. Leistung*
**Wirtschaftliche Bezugsgröße**
– rechnerische **9**, 125
**Wirtschaftliche Einheit**
– Konzern **1**, 131; **9**, 187.3, 189.1
**Wirtschaftliche Veränderungen** *s. im Übr. Vergütungsanpassung*
– Vergütungsanpassung **12**, 131 ff.
**Wirtschaftskrise**
– Vergütungsanpassung **12**, 132
**Wirtschaftsprüfervorbehalt 12**, 250 ff.; **26**, 28
**Wissenschaftlicher Assistent/Mitarbeiter** *s. Hochschulwissenschaftler*
**Wissensvermittung**
– anderweitige **5**, 31
**Zahlung, laufende 9**, 55 f.; **12**, 13, 50.2
**Zahlungsdauer** *s. Dauer – Vergütungszahlung*
**Zahlungspflicht des Arbeitgebers**
– trotz Festsetzungswiderspruchs **12**, 75, 87
**Zahlungstermine**
– Vergütungsregelung **12**, 50.4 f.
**Zeichnungen**
– als Erfindungsmeldung **5**, 43
– bei Erfindungsmeldung **5**, 69, 76 f.
– technische **1**, 4
**Zeitlicher Geltungsbereich d. ArbEG 43**, 1 ff.; **49**, 1
**Zeitpunkt, maßgebender**
– Anbietung freie Erfindung **19**, 44 ff.
– Anerkenntnis Schutzfähigkeit **17**, 31 f.
– Anmeldung im Inland **13**, 4 ff.
– Anteilsfaktor **9**, 267, 274, 281
– Anzeige Offenbarung durch Hochschulwissenschaftler **42**, 85 ff.
– Arbeitgebereigenschaft **1**, 99

– Arbeitnehmereigenschaft **1**, 7
– Arbeitnehmererfindung **4**, 10 ff.
– Aufgabenerfindung **4**, 34
– Auskunft **12**, 181
– Auslandsfreigabe der Diensterfindung **14**, 27 ff.
– Erfahrungserfindung **4**, 38
– Erfindungsmeldung **5**, 26 ff.
– Erfindungswert **9**, 73
– Fertigstellung der Diensterfindung **4**, 10 ff., 16 ff.
– Freigabe der Diensterfindung **8** n.F., 7, 34; **8 a.F.**, 19 f.; **14**, 27 ff.
– Hochschulerfindung **42**, 23
– Miterfinderanteils-Bestimmung **12**, 33
– Mitteilung freie Erfindung **18**, 19
– Unabdingbarkeit, Beurteilungszeitpunkt **22**, 22
– Unabdingbarkeit, Wegfall der **22**, 15, 32, 38 ff.
– Unbilligkeit, Beurteilungszeitpunkt **23**, 20
– Vergütungsanpassung **12**, 99, 153
– Vergütungsanspruch *(s. im Übr. Fälligkeit der Vergütung)*; **9**, 11
– Vergütungsfestsetzung **12**, 55 ff.
– Vergütungsfeststellung **12**, 22 f.
**Zentrale Patentabteilung 5**, 16; **6 a.F.**, 29
**Zeugenvernehmung**
– Kostentragung **36**, 3 f.
– Schiedsstellenverfahren **33**, 34 ff.
**Zeugnisanspruch 25**, 21
**Zielsetzung**
– – ArbEG **Einl**, 3 ff.
**Zielvereinbarung 25**, 25
– Erfindervergütung **9**, 63.1; **22**, 16.1
**Zinsen bei Verzug 9**, 28.3
**Zivilbedienstete**
– Bundeswehr **41**, 20
– NATO **41**, 22
**Zivildienst 1**, 90; **41**, 26
**Zufall**
– unabwendbarer **34**, 41
**Zufallserfindung 5**, 47
**Zugang**
– Angebot freier Erfindung **19**, 9, 52

# Stichwortverzeichnis

- Antrag auf erweiterte Schiedsstellenbesetzung **32**, 3
- Beanstandung d. Meldung **5**, 88
- Bestreiten freier Erfindung **18**, 33
- Erfindungsmeldung **5**, 10 ff.
- Fiktion in Formularen des Arbeitgebers **22**, 41
- Freigabeerklärung **14**, 25, 30
- Geltendmachung der unbilligen Erschwerung **7 a.F.**, 52
- Geltendmachung der Unbilligkeit **23**, 29
- Inanspruchnahmeerklärung **6 n.F.**, 58; **6 a.F.**, 54; **7 a.F.**, 2 ff.
- Meldung **5**, 10 ff.
- Mitteilung freier Erfindung **18**, 7, 18, 38
- Mitteilung, Aufgabeabsicht **16**, 27, 36
- Vorbehalt eines nichtausschließlichen Benutzungsrechts **14**, 47 f.; **16**, 88
- Widerspruch gg. Einigungsvorschlag **34**, 32
- Widerspruch gg. Vergütungsfestsetzung **12**, 81 ff.
- Widerspruch gg. Vergütungsfestsetzung bei Miterfindern **12**, 88 ff.

**Zurückbehaltungsrecht**
- des Arbeitgebers **9**, 29; **12**, 183
- des Arbeitnehmers **25**, 39
- Mitteilungspflicht **18**, 20

**Zusammenlegung Dienst- und freie Erfindung 13**, 50.1

**Zusammenlegung mehrerer Diensterfindungen 13**, 10.1

**Zusatzpatent, früheres 5**, 21; **6 a.F.**, 14; **9**, 313; **13**, 11

**Zustandekommen der Erfindung** s. auch Anteilsfaktor, **5**, 72 f.

**Zustandekommen einer Vergütungsvereinbarung 12**, 17 ff.

**Zuständigkeit** s. Gerichtliche Zuständigkeit, Patentstreitkammer, Sachliche Zuständigkeit, Schiedsstelle – Zuständigkeit

**Zustellung**
- des Anrufungsantrages **31**, 14 ff.
- des Einigungsvorschlages **34**, 25

**Zustimmung**
- zur eingeschränkten Schutzrechtsanmeldung **13**, 33.2
- zur Gebrauchsmusteranmeldung **13**, 33.4
- zur Nichtanmeldung **13**, 33 ff.

**Zuwendungsempfänger 40**, 4

**Zwangslizenz**
- Lizenzanalogie **9**, 135
- Vergütung **9**, 240.1
- Vergütungsanpassung **12**, 117

**Zwangsvollstreckung**
- Auskunftsanspruch **12**, 317
- Erfindungsrechte **7 a.F.**, 61; **Anh zu 27**, 4 ff.
- Vergütungsansprüche **Anh zu 27**, 8 ff.

**Zweck**
- ArbEG s. Zielsetzung

**Zweckdienlichkeit**
- Gebrauchsmusteranmeldung **13**, 13 f.

**Zweckübertragungsgrundsatz 1**, 4.2, 48, 74; **6 a.F.**, 12; **19**, 19

**Zweifel**
- an Eigenschaft als Diensterfindung/freie Erfindung **4**, 51 f.; **18**, 32, 41 f.
- Bestreiten freier Erfindung **18**, 32, 41
- Erfindungsmeldung **5**, 24 f.
- Inanspruchnahme **4**, 51; **18**, 32, 35
- Schutzrechtsanmeldung **13**, 51 f.
- an Schutzfähigkeit **2**, 16 ff.; **3**, 23 f.
- Anmeldung **13**, 2, 13, 53, 74
- betriebsgeheime Erfindung **17**, 26, 43 ff.
- freie Erfindung **18**, 49 f.
- Freigabe **6 n.F.**, 26 ff.; **8 n.F.**, 139; **8 a.F.**, 2.1, 37, 42, 49
- gerichtliche Zuständigkeit bei **39**, 12, 31 f.
- Inanspruchnahme **6 n.F.**, 26 ff.; **6 a.F.**, 17 f.; **8 a.F.**, 2.1
- Meldung **5**, 22, 39
- Mitteilung als freie Erfindung **18**, 36
- Schutzrechtsanmeldung Ausland **14**, 4, 16, 64
- Schutzrechtsanmeldung Inland **13**, 2, 53 ff., 74
- Schutzrechtsaufgabe **16**, 9
- Vereinbarung **2**, 14 f.

# Stichwortverzeichnis

– Vergütung **2**, 18, 20; **9**, 14; **10 a.F.**, 19 ff.; **12**, 60 ff.
– Vergütungsfortsetzung **12**, 43.1
**Zwingendes Recht 22**, 35; **23**, 2; **27 n.F.**, 5
**Zwischenbescheid**
– Schiedsstellenverfahren **33**, 11, 44 f.
**Zwischenbetriebliche Kooperation 1**, 106 ff.
– Abordnung zur **25**, 24; **26**, 15
– Arbeitgeber **1**, 106 f.; **4**, 14.2; **26**, 15 f.
– Arbeitnehmerüberlassung **1**, 57
– Ausgleichsanspruch **5**, 53
– Beendigung **1**, 107
– Betriebsgeheimnis **17**, 10
– Diensterfindung **4**, 14.1 f.
– Doppelerfindung **5**, 9.4
– Erfindungswert bei Nutzung durch Partner **9**, 191 ff.
– freie Erfindung **18**, 28
– Freiwerden d. Diensterf. **13**, 32
– Geheimhaltungspflicht **24**, 12, 38, 50
– Inanspruchnahme **6 n.F.**, 145 ff.; **6 a.F.**, 74 f.
– Meldepflicht **5**, 9.1, 57
– Miterfinderanteil **9**, 315
– öffentlicher Auftraggeber **40**, 56 ff.
– Schutzrechtsanmeldung **13**, 3.1, 33.5, 87
– Schutzrechtsaufgabe **16**, 100
– Vergütung **1**, 106 f.; **9**, 191 ff, 314 f.
– Verwendbarkeit freier Erfindung **18**, 28
– Verwertungsrecht **5**, 53
**Zwischenprodukte**
– Vergütung **9**, 109, 125
**Zwischenstaatliche Einrichtungen 40**, 4
**Zwischenstaatliche Verträge 14**, 29
**Zwischenwerte**
– Anteilsfaktor **9**, 264